Wertpapierhandelsgesetz (WpHG)

Kommentar

Herausgegeben von

Prof. Dr. Andreas Fuchs

bearbeitet von

Dr. Martin Bouchon
Dr. Klaus-Dieter Dehlinger
Prof. Dr. Holger Fleischer
Prof. Dr. Andreas Fuchs
Niko Jakovou
Prof. Dr. Peter Jung
Dr. Petra R. Mennicke
Markus Pfüller
PD Dr. Volker Schlette
PD Dr. Martin Paul Waßmer
Akad. Rat Dr. Martin Zimmermann

Verlag C. H. Beck München 2009

Verlag C. H. Beck im Internet:
beck.de

ISBN 978 3 406 51527 9

© 2009 Verlag C. H. Beck oHG
Wilhelmstraße 9, 80801 München
Gesamtherstellung: Druckerei C. H. Beck Nördlingen
(Adresse wie Verlag)

Gedruckt auf säurefreiem, alterungsbeständigem Papier
(hergestellt aus chlorfrei gebleichtem Zellstoff)

Vorwort

„Πάντα ῥεῖ" (panta rhei – alles fließt), dieses berühmte Wort des Heraklit kommt einem in den Sinn, wenn man auf die rasante Entwicklung blickt, die das immer noch junge Gebiet des Kapitalmarktrechts seit dem Inkrafttreten des Wertpapierhandelsgesetzes am 1. Januar 1995 genommen hat. Angestoßen vor allem durch Vorgaben des europäischen Sekundärrechts, aber auch durch Neuerungen in der Kommunikationstechnik und Änderungen der wirtschaftlichen Verhältnisse hat ein nicht abreißender Strom an Novellierungen in kurzen Zeitabständen zu zahlreichen, teilweise grundlegenden Änderungen, Umgestaltungen und Erweiterungen des WpHG geführt. Nicht zuletzt durch die hohe „Fließgeschwindigkeit" der Reformen hat dies tiefe Spuren in Aufbau und Systematik des Gesetzes hinterlassen, deren äußeres Zeichen etwa die Ausschöpfung des Alphabets bei der Nummerierung neu eingefügter Paragraphen in § 37z ist.

Die rasche Fortentwicklung lässt das WpHG als „moving target" erscheinen, das nur schwer in den Griff zu bekommen ist, und hat wohl dazu beigetragen, dass die Anzahl der Kommentare zu diesem zentralen Baustein des deutschen Kapitalmarktrechts sehr überschaubar geblieben ist. Dies lässt Raum für ein weiteres Erläuterungswerk, das sich der Herausforderung stellt, die zahlreichen Fragen, die bei der Anwendung des Gesetzes auftreten, zu analysieren, zu systematisieren und Vorschläge zu ihrer Lösung zu unterbreiten. Dies gilt umso mehr, als das im Zentrum des modernen deutschen Kapitalmarktrechts stehende WpHG erst kürzlich durch das Transparenzrichtlinie-Umsetzungsgesetz (TUG) und das Finanzmarktrichtlinie-Umsetzungsgesetz (FRUG) erheblich umgestaltet und erweitert worden ist und insoweit noch keine Kommentierung zum neuen Gesetzesstand existiert.

Das Ziel des hiermit vorgelegten neuen Kommentars zum WpHG ist es, eine aktuelle, umfassende, ausgewogene, wissenschaftlich fundierte und zugleich praxisbezogene Erläuterung der vielfach komplexen Regelungsmaterien des Gesetzes einschließlich ihrer gemeinschaftsrechtlichen Grundlagen und der konkretisierenden Rechtsverordnungen zu geben. Das Werk wendet sich gleichermaßen an Unternehmensjuristen, Rechtsanwälte, Mitarbeiter der Aufsichtsbehörden wie an Wissenschaftler, die im Bereich des Kapitalmarktrechts tätig sind.

Das Autorenteam setzt sich aus erfahrenen Praktikern und Wissenschaftlern zusammen. Auch wenn die zunächst ebenfalls beteiligten Mitarbeiter der BaFin wegen anderweitiger beruflicher Entwicklungen im Kreis der Autoren nicht mehr vertreten sind, hoffen Herausgeber und Bearbeiter, dass die Erläuterungen den Belangen der Aufsichtspraxis ebenfalls gerecht werden. Verlag, Herausgeber und Autoren wünschen sich, dass der neue Kommentar als weitere Stimme im Konzert der kapitalmarktrechtlichen Diskussion auf eine positive Resonanz stoßen möge. Kritik, Hinweise und Anregungen sind jederzeit willkommen und werden an den Herausgeber oder direkt an die jeweiligen Autoren erbeten. Die wissenschaftliche Verantwortung für die Kommentierung liegt allein bei den jeweiligen Autoren.

Die Kommentierung befindet sich in allen Teilen auf dem Stand Frühjahr 2008. Die erheblichen Änderungen und Umgestaltungen durch das Transparenz-

Vorwort

richtlinie-Umsetzungsgesetz (TUG) und das Finanzmarktrichtlinie-Umsetzungsgesetz (FRUG) einschließlich der zu ihrer Konkretisierung überarbeiteten bzw. neu erlassenen Rechtsverordnungen wie WpAIV, FinAnV, WpDVerOV, WpDPV, WpHMV und MarktAngV sind vollständig berücksichtigt. Literatur und Rechtsprechung konnten teilweise noch bis Ende Juli 2008 verarbeitet werden.

Allen Mitautoren sei an dieser Stelle herzlich gedankt für ihre Geduld, Einsatzbereitschaft und ihr Durchhaltevermögen bei der teilweise wiederholten Überarbeitung der Manuskripte, die infolge immer neuer Gesetzesänderungen erforderlich wurde. Besondere Erwähnung verdienen die erst später hinzugekommenen Autoren, die jeweils in relativ kurzer Zeit ihre Manuskripte abgeliefert und den rechtzeitigen Abschluss des Werkes ermöglicht haben.

Dank gebührt ferner Frau Elise Hartwich für die Erstellung des Sachverzeichnisses und – last but not least – der Lektorin Frau Christina Wolfer, die nicht nur die redaktionelle Bearbeitung der Texte betreut hat, sondern geduldig, tatkräftig und durchsetzungsstark die Fertigstellung des Werkes vorangetrieben hat.

Osnabrück, im November 2008   Andreas Fuchs

Die Autoren

Dr. Martin Bouchon, LL.M., Rechtsanwalt in Frankfurt am Main
E-Mail: m.bouchon@bouchon-partner.com

Dr. Klaus-Dieter Dehlinger, Rechtsanwalt in Konstanz
E-Mail: klaus-dieter.dehlinger@kanzlei-dehlinger.de

Prof. Dr. Holger Fleischer, LL.M.,
Universität Bonn, Institut für Handels- und Wirtschaftsrecht
E-Mail: fleischer@jura.uni-bonn.de

Prof. Dr. Andreas Fuchs, LL.M.,
Universität Osnabrück, Institut für Handels- und Wirtschaftsrecht
E-Mail: afuchs@uos.de

Niko Jakovou, LL.M., Rechtsanwalt in Düsseldorf
E-Mail: nikojakovou@raupach.de

Prof. Dr. Peter Jung, Universität Basel
E-Mail: peter.jung@unibas.ch

Dr. Petra R. Mennicke, LL.M., Rechtsanwältin in Düsseldorf
E-Mail: petra.mennicke@hengeler.com

Markus Pfüller, Rechtsanwalt in Frankfurt am Main
E-Mail: markus.pfueller@cliffordchance.com

PD Dr. Volker Schlette, Richter am Verwaltungsgericht Berlin

PD Dr. Martin Paul Waßmer,
Freie Universität Berlin (Lehrstuhlvertretung)
E-Mail: mpwassmer@yahoo.de

Akad. Rat Dr. Martin Zimmermann, LL.M.,
Universität Osnabrück, Institut für Handels- und Wirtschaftsrecht
E-Mail: martin.zimmermann@uos.de

Bearbeiterverzeichnis

Im Einzelnen haben bearbeitet:

Einleitung, §§ 1–2 b	Fuchs
Vor §§ 3–11, §§ 3–11	Schlette/Bouchon
Vor §§ 12–14, § 12	Mennicke
§ 13	Mennicke/Jakovou
§ 14	Mennicke
§§ 15–15 b	Pfüller
§§ 16–20	Schlette/Bouchon
§ 20 a	Fleischer
§§ 21–30	Dehlinger/Zimmermann
§§ 30 a–30 g	Zimmermann
Vor §§ 31–37 a, §§ 31–33	Fuchs
§§ 33 a, 33 b	Zimmermann
§§ 34–34 c	Fuchs
§§ 35–36 c	Schlette/Bouchon
§§ 37–37 c	Fuchs
Vor §§ 37 d–g, §§ 37 e–37 h	Jung
§§ 37 i–37 z	Zimmermann
§§ 38–40 b	Waßmer
§ 41	Dehlinger/Zimmermann
§ 42	Schlette/Bouchon
§ 43	Fuchs
§§ 44–46	Zimmermann

Inhaltsverzeichnis

	Seite
Abkürzungsverzeichnis	XIII
Allgemeines Literaturverzeichnis	XVII

Wertpapierhandelsgesetz

Einleitung 1

Abschnitt 1. Anwendungsbereich, Begriffsbestimmungen
§ 1. Anwendungsbereich 51
§ 2. Begriffsbestimmungen 56
§ 2 a. Ausnahmen 127
§ 2 b. Wahl des Herkunftsstaates 146

Abschnitt 2. Bundesanstalt für Finanzdienstleistungsaufsicht
Vorbemerkung zu den §§ 3 bis 11 150
§ 3. (weggefallen) 167
§ 4. Aufgaben 167
§ 5. Wertpapierrat 219
§ 6. Zusammenarbeit mit Aufsichtsbehörden im Inland 222
§ 7. Zusammenarbeit mit zuständigen Stellen im Ausland 231
§ 8. Verschwiegenheitspflicht 247
§ 9. Meldepflichten 260
§ 10. Anzeige von Verdachtsfällen 283
§ 11. Verpflichtung des Insolvenzverwalters 290

Abschnitt 3. Insiderüberwachung
Vorbemerkung zu den §§ 12 bis 14 296
§ 12. Insiderpapiere 342
§ 13. Insiderinformationen 354
§ 14. Verbot von Insidergeschäften 423
§ 15. Mitteilung, Veröffentlichung und Übermittlung von Insiderinformationen an das Unternehmensregister 553
§ 15 a. Mitteilung von Geschäften, Veröffentlichungen und Übermittlung an das Unternehmensregister 691
§ 15 b. Führung von Insiderverzeichnissen 758
§ 16. Aufzeichnungspflichten 788
§ 16 a. Überwachung der Geschäfte der bei der Bundesanstalt Beschäftigten 792
§ 16 b. Aufbewahrung von Verbindungsdaten 795
§§ 17–20. (weggefallen) 798

Abschnitt 4. Überwachung des Verbots der Marktpreismanipulation
Vorbemerkung zu § 20 a WpHG 799
§ 20 a. Verbot der Marktmanipulation 819
§ 20 b. (weggefallen) 890

Abschnitt 5. Mitteilung, Veröffentlichung und Übermittlung von Veränderungen des Stimmrechtsanteils an das Unternehmensregister
Vorbemerkung zu den §§ 21 bis 30 891
§ 21. Mitteilungspflichten des Meldepflichtigen 923

Inhaltsverzeichnis

	Seite
§ 22. Zurechnung von Stimmrechten	977
§ 23. Nichtberücksichtigung von Stimmrechten	1045
§ 24. Mitteilung durch Konzernunternehmen	1059
§ 25. Mitteilungspflichten beim Halten von sonstigen Finanzinstrumenten	1063
§ 26. Veröffentlichungspflichten des Emittenten und Übermittlung an das Unternehmensregister	1072
§ 26 a. Veröffentlichung der Gesamtzahl der Stimmrechte und Übermittlung an das Unternehmensregister	1083
§ 27. Nachweis mitgeteilter Beteiligungen	1088
§ 28. Rechtsverlust	1096
§ 29. Richtlinien der Bundesanstalt	1125
§ 29 a. Befreiungen	1126
§ 30. Handelstage	1129

Abschnitt 5 a. Notwendige Informationen für die Wahrnehmung von Rechten aus Wertpapieren

Vorbemerkung zu den §§ 30 a bis 30 g	1131
§ 30 a. Pflichten der Emittenten gegenüber Wertpapierinhabern	1136
§ 30 b. Veröffentlichungen von Mitteilungen und Übermittlung im Wege der Datenfernübertragung	1148
§ 30 c. Änderungen der Rechtsgrundlage des Emittenten	1158
§ 30 d. Vorschriften für Emittenten aus der Europäischen Union und dem Europäischen Wirtschaftsraum	1161
§ 30 e. Veröffentlichung zusätzlicher Angaben und Übermittlung an das Unternehmensregister	1161
§ 30 f. Befreiung	1166
§ 30 g. Ausschluss der Anfechtung	1168

Abschnitt 6. Verhaltenspflichten, Organisationspflichten, Transparenzpflichten, Verjährung von Ersatzansprüchen

Vorbemerkung zu den §§ 31 bis 37 a	1169
§ 31. Allgemeine Verhaltensregeln	1212
§ 31 a. Kunden	1348
§ 31 b. Geschäfte mit geeigneten Gegenparteien	1371
§ 31 c. Bearbeitung von Kundenaufträgen	1373
§ 31 d. Zuwendungen	1382
§ 31 e. Erbringung von Wertpapierdienstleistungen und Wertpapiernebendienstleistungen über ein anderes Wertpapierdienstleistungsunternehmen	1417
§ 31 f. Betrieb eines multilateralen Handelssystems	1422
§ 31 g. Vor- und Nachhandelstransparenz für multilaterale Handelssysteme	1427
§ 31 h. Veröffentlichungspflichten von Wertpapierdienstleistungsunternehmen nach dem Handel	1432
§ 32. Systematische Internalisierung	1435
§ 32 a. Veröffentlichen von Quotes durch systematische Internalisierer	1438
§ 32 b. Bestimmung der standardmäßigen Marktgröße und Aufgaben der Bundesanstalt	1443
§ 32 c. Ausführung von Kundenaufträgen durch systematische Internalisierer	1445
§ 32 d. Zugang zu Quotes, Geschäftsbedingungen bei systematischer Internalisierung	1448
§ 33. Organisationspflichten	1451
§ 33 a. Bestmögliche Ausführung von Kundenaufträgen	1523
§ 33 b. Mitarbeiter und Mitarbeitergeschäfte	1543
§ 34. Aufzeichnungs- und Aufbewahrungspflicht	1564
§ 34 a. Getrennte Vermögensverwahrung	1574

Inhaltsverzeichnis

	Seite
§ 34 b. Analyse von Finanzinstrumenten	1587
§ 34 c. Anzeigepflicht	1625
§ 35. Überwachung der Meldepflichten und Verhaltensregeln	1628
§ 36. Prüfung der Meldepflichten und Verhaltensregeln	1633
§ 36 a. Unternehmen, organisierte Märkte und multilaterale Handelssysteme mit Sitz in einem anderen Mitgliedstaat der Europäischen Union oder in einem anderen Vertragsstaat des Abkommens über den Europäischen Wirtschaftsraum	1639
§ 36 b. Werbung der Wertpapierdienstleistungsunternehmen	1644
§ 36 c. *(weggefallen)*	1649
§ 37. Ausnahmen	1650
§ 37 a. Verjährung von Ersatzansprüchen	1651

Abschnitt 7. Haftung für falsche und unterlassene Kapitalmarktinformationen

Vorbemerkung zu den §§ 37 b, 37 c	1659
§ 37 b. Schadenersatz wegen unterlassener unverzüglicher Veröffentlichung von Insiderinformationen	1706
§ 37 c. Schadenersatz wegen Veröffentlichung unwahrer Insiderinformationen	1707

Abschnitt 8. Finanztermingeschäfte

Vorbemerkung zu den §§ 37 e und 37 g	1727
Exkurs: Informationspflichten bei Finanztermingeschäften (Rechtslage 1. 7. 2002–31. 10. 2007)	1776
§ 1. Regelungszweck	1776
§ 2. Kommentierung v. § 37 d a. F.	1781
§ 3. Kommentierung v. § 37 f a. F.	1822
§ 37 e. Ausschluss des Einwands nach § 762 des Bürgerlichen Gesetzbuches	1826
§ 37 g. Verbotene Finanztermingeschäfte	1831

Abschnitt 9. Schiedsvereinbarungen

§ 37 h. Schiedsvereinbarungen	1839

Abschnitt 10. Märkte für Finanzinstrumente mit Sitz außerhalb der Europäischen Union

Vorbemerkung zu den §§ 37 i bis 37 m	1861
§ 37 i. Erlaubnis	1866
§ 37 j. Versagung der Erlaubnis	1878
§ 37 k. Aufhebung der Erlaubnis	1883
§ 37 l. Untersagung	1886
§ 37 m. *(weggefallen)*	1889

Abschnitt 11. Überwachung von Unternehmensabschlüssen, Veröffentlichung von Finanzberichten

Unterabschnitt 1. Überwachung von Unternehmensabschlüssen

§ 37 n. Prüfung von Unternehmensabschlüssen und -berichten	1890
§ 37 o. Anordnung einer Prüfung der Rechnungslegung und Ermittlungsbefugnisse der Bundesanstalt	1900
§ 37 p. Befugnisse der Bundesanstalt im Fall der Anerkennung einer Prüfstelle	1901
§ 37 q. Ergebnis der Prüfung von Bundesanstalt oder Prüfstelle	1916
§ 37 r. Mitteilung an andere Stellen	1923
§ 37 s. Internationale Zusammenarbeit	1925
§ 37 t. Widerspruchsverfahren	1927
§ 37 u. Beschwerde	1931

Inhaltsverzeichnis

Seite

Unterabschnitt 2. Veröffentlichungen und Übermittlung von Finanzberichten an das Unternehmensregister

Vorbemerkung zu den §§ 37 v bis 37 z 1932
§ 37 v. Jahresfinanzbericht 1947
§ 37 w. Halbjahresfinanzbericht 1953
§ 37 x. Zwischenmitteilung der Geschäftsführung 1964
§ 37 y. Konzernabschluss 1970
§ 37 z. Ausnahmen 1972

Abschnitt 12. Straf- und Bußgeldvorschriften

Vorbemerkung zu den §§ 38 bis 40 b 1977
§ 38. Strafvorschriften 1999
§ 39. Bußgeldvorschriften 2042
§ 40. Zuständige Verwaltungsbehörde 2092
§ 40 a. Beteiligung der Bundesanstalt und Mitteilungen in Strafsachen 2115
§ 40 b. Bekanntmachung von Maßnahmen 2123

Abschnitt 13. Übergangsbestimmungen

§ 41. Übergangsregelung für Mitteilungs- und Veröffentlichungspflichten 2129
§ 42. Übergangsregelung für die Kostenerstattungspflicht nach § 11 2132
§ 43. Übergangsregelung für die Verjährung von Ersatzansprüchen nach § 37 a 2136
§ 44. Übergangsregelung für ausländische organisierte Märkte 2136
§ 45. Anwendungsbestimmung zum Abschnitt 11 2137
§ 46. Anwendungsbestimmung für das Transparenzrichtlinie-Umsetzungsgesetz ... 2137

Sachverzeichnis 2139

Abkürzungsverzeichnis

aA	anderer Ansicht
aaO	am angegebenen Ort
aE	am Ende
aF	alte Fassung
aM	anderer Meinung
ABl.	Amtsblatt
Abs.	Absatz
AcP	Archiv für die civilistische Praxis
AG	Aktiengesellschaft; „Die Aktiengesellschaft"
AGB	Allgemeine Geschäftsbedingungen
AktG	Aktiengesetz
Alt.	Alternative
Anm.	Anmerkung
AnsVG	Anlegerschutzverbesserungsgesetz
AO	Abgabenordnung
Art.	Artikel
Aufl.	Auflage
BA, Bank-Arch	Bank-Archiv
BaFin	Bundesanstalt für Finanzdienstleistungsaufsicht
BaFinBefugV	Verordnung zur Übertragung von Befugnissen zum Erlass von Rechtsverordnungen auf die Bundesanstalt für Finanzdienstleistungsaufsicht
BAK/BAKred	Bundesaufsichtsamt für das Kreditwesen
BAnz.	Bundesanzeiger
BAWe	Bundesaufsichtsamt für den Wertpapierhandel
BB	Betriebs-Berater
BDSG	Bundesdatenschutzgesetz
Begr.	Begründung
Beschl.	Beschluss
BFH	Bundesfinanzhof
BGB	Bürgerliches Gesetzbuch
BGBl.	Bundesgesetzblatt
BGH	Bundesgerichtshof
BGHZ	Amtliche Sammlung von Entscheidungen des Bundesgerichtshofs in Zivilsachen
BKR	Zeitschrift für Bank- und Kapitalmarktrecht
BMF	Bundesminister der Finanzen
BörsG	Börsengesetz
BörsO, BörsOen	Börsenordnung, Börsenordnungen
BörsZulV	Verordnung über die Zulassung von Wertpapieren zum regulierten Markt an einer Wertpapierbörse (Börsenzulassungsverordnung)
BR	Bundesrat
BR-Drs.	Bundesratsdrucksache
BT	Bundestag
BT-Drs.	Bundestagsdrucksache
BVerfG, BVerfGE	Bundesverfassungsgericht, Entscheidungen des Bundesverfassungsgerichts
BVerwG, BVerwGE	Bundesverwaltungsgericht, Entscheidungen des Bundesverwaltungsgerichts
CESR	The Committee of European Securities Regulators

Abkürzungen

ders.	derselbe
dies.	dieselbe(n)
Dax/DAX	Deutscher Aktienindex
DB	Der Betrieb
DepotG	Gesetz über die Verwahrung und Anschaffung von Wertpapieren (Depotgesetz)
DJT	Deutscher Juristentag
DRL	Durchführungsrichtlinie
DRS	Deutscher Rechnungslegungsstandard
DVO	Durchführungsverordnung
E	Entwurf
EG	Europäische Gemeinschaften
EGBGB	Einführungsgesetz zum BGB
EU	Europäische Union
EuZW	Europäische Zeitschrift für Wirtschaftsrecht
EWG	Europäische Wirtschaftsgemeinschaft
EWiR	Entscheidungen zum Wirtschaftsrecht
EWR	Europäischer Wirtschaftsraum
EWS	Europäisches Wirtschafts- und Steuerrecht
FESCO	Federation/Forum of European Securities Commissioners
FinA	Finanzausschuss des Bundestages
FinAnV	Finanzanalyseverordnung
FinDAG	Gesetz über die Finanzdienstleistungsaufsicht
FinDAGKostV	Verordnung über die Erhebung von Gebühren und die Umlegung von Kosten nach dem Finanzdienstleistungsaufsichtsgesetz
FMFG	Finanzmarktförderungsgesetz
Fn.	Fußnote
FRUG	Finanzmarktrichtlinie-Umsetzungsgesetz
FS	Festschrift
FVR	Freiverkehrsrichtlinien
FWB	Frankfurter Wertpapierbörse
GebO	Gebührenordnung
GG	Grundgesetz
GmbHG	Gesetz betreffend die Gesellschaften mit beschränkter Haftung
GVBl.	Gesetz- und Verordnungsblatt
GWB	Gesetz gegen Wettbewerbsbeschränkungen
hM	herrschende Meinung
HGB	Handelsgesetzbuch
Hrsg.	Herausgeber
HS/Halbs.	Halbsatz
HypBankG	Hypothekenbankgesetz
idF	in der Fassung
insbes.	insbesondere
i.S.d.	im Sinne des
i.V.m.	in Verbindung mit
IAS	International Accounting Standards
InsO	Insolvenzordnung
InvG	Investmentgesetz
InvMV	Investmentmeldeverordnung
IPR	Internationales Privatrecht
IPRax	Praxis des Internationalen Privat- und Verfahrensrechts
ISIN	Internationale Wertpapierkennnummer, International Securities Identification Number
JR	Juristische Rundschau

Abkürzungen

JW	Juristische Wochenschrift
JZ	Juristenzeitung
krit.	kritisch
KAGG	Gesetz über Kapitalanlagegesellschaften
KapInHaG	Kapitalmarktinformationshaftungsgesetz
KapMuG	Kapitalanleger-Musterverfahrensgesetz
KfW	Kreditanstalt für Wiederaufbau
KG	Kammergericht
KGaA	Kommanditgesellschaft auf Aktien
KlagRegV	Klageregisterverordnung
KölnKomm	Kölner Kommentar
KonTraG	Gesetz zur Kontrolle und Transparenz im Unternehmensbereich
KWG	Gesetz über das Kreditwesen
lit.	littera
LM	Lindenmaier-Möhring, Nachschlagewerk des Bundesgerichtshofs
mwN	mit weiteren Nachweisen
M&A	Mergers & Acquisitions
MaKonV	Marktmanipulations-Konkretisierungsverordnung
MarktangV	Marktzugangsangabenverordnung
M-Dax/MDAX	Deutscher Aktienindex für Midcaps
MiFID	Richtlinie 2004/39/EG des Europäischen Parlaments und des Rates vom 21. April 2004 über Märkte für Finanzinstrumente
MMR	Multimedia und Recht
MoU	Memorandum of Understanding
MTFs	Multilateral Trading Facilities
MünchKomm	Münchener Kommentar
nF	neue Fassung
NJW	Neue Juristische Wochenschrift
NJW-RR	NJW-Rechtsprechungs-Report Zivilrecht
NVwZ	Neue Zeitschrift für Verwaltungsrecht
NZG	Neue Zeitschrift für Gesellschaftsrecht
ÖBA	Österreichisches Bank Archiv
OECD	Organisation für wirtschaftliche Zusammenarbeit und Entwicklung
OGAW	Richtlinie 85/611/EWG des Rates zur Koordinierung der Rechts- und Verwaltungsvorschriften betreffend bestimmte Organismen für gemeinsame Anlage in Wertpapieren v. 20. Dezember 1985
OLG	Oberlandesgericht
OLGE, OLGRspr.	Entscheidungssammlung der Rechtsprechung der Oberlandesgerichte
OTC	over the counter
OVG	Oberverwaltungsgericht
OWiG	Gesetz über Ordnungswidrigkeiten
RefE	Referentenentwurf
RegE	Regierungsentwurf
RG	Reichsgericht
RGBl.	Reichsgesetzblatt
RGZ	Entscheidungen des Reichsgerichts in Zivilsachen
RiLi	Richtlinie
RIW	Recht der Internationalen Wirtschaft
Rn.	Randnummer/-n
Rspr.	Rechtsprechung
st. Rspr.	ständige Rechtsprechung

XV

Abkürzungen

S.	Satz, Seite
S-Dax/SDAX	Deutscher Aktienindex für kleinere Werte
SEA	Securities and Exchange Act
SEC	Securities and Exchange Commission
SolvV	Solvabilitätsverordnung
SteuerBerG	Steuerberatungsgesetz
StGB	Strafgesetzbuch
StPO	Strafprozessordnung
Tec-Dax	Deutscher Aktienindex für Technologiewerte
TranspRLDV	Transparenzrichtlinie-Durchführungsverordnung
TUG	Transparenzrichtlinie-Umsetzungsgesetz
u.a.	unter anderem
UBGG	Gesetz über Unternehmensbeteiligungsgesellschaften
VAG	Versicherungsaufsichtsgesetz
VerkProspG	Wertpapier-Verkaufsprospektgesetz
VermVerkProspV	Vermögensanlagen-Verkaufsprospektgebührenverordnung
VersR	Versicherungsrecht
VerwArch	Verwaltungsarchiv
VO	Verordnung
Vorbem	Vorbemerkungen
VwGO	Verwaltungsgerichtsordnung
VwVfG	Verwaltungsverfahrensgesetz
VwVG	Verwaltungsvollstreckungsgesetz
WKN	Wertpapierkennnummer
WM	Wertpapiermitteilungen
Wohlverhaltensrichtlinie	Richtlinie gemäß § 35 Abs. 6 des Gesetzes über den Wertpapierhandel (WpHG) zur Konkretisierung der §§ 31 und 32 WpHG für das Kommissionsgeschäft, den Eigenhandel für andere und das Vermittlungsgeschäft der Wertpapierdienstleistungsunternehmen (aufgehoben durch Schreiben vom 23. 10. 2007)
WPg	Die Wirtschaftsprüfung
WpAIV	Wertpapierhandelsanzeige- und Insiderverzeichnisverordnung
WpDPV	Wertpapierdienstleistungs-Prüfungsverordnung
WpDRiLi	Richtlinie 93/22/EWG des Rates vom 10. Mai 1993 über Wertpapierdienstleistungen
WpDVerOV	Wertpapierdienstleistungs-Verhaltens- und Organisationsverordnung
WpHG	Wertpapierhandelsgesetz
WpHMV	Wertpapierhandel-Meldeverordnung
WPO	Wirtschaftsprüferordnung
WpPG	Wertpapierprospektgesetz
WpPGebV	Wertpapierprospektgebührenverordnung
WpÜG	Wertpapiererwerbs- und Übernahmegesetz
WuB	Entscheidungssammlung zum Wirtschafts- und Bankrecht
Xetra	Exchange Electronic Trading
zB	zum Beispiel
z. Zt.	zur Zeit
ZBB	Zeitschrift für Bankrecht und Bankwirtschaft
ZfgK	Zeitschrift für das gesamte Kreditwesen
ZGR	Zeitschrift für Unternehmens- und Gesellschaftsrecht
ZHR	Zeitschrift für das gesamte Handelsrecht und Wirtschaftsrecht
Ziff.	Ziffer(n)
ZIP	Zeitschrift für Wirtschaftsrecht
ZPO	Zivilprozessordnung

Allgemeines Literaturverzeichnis

Adler/Düring/Schmaltz, Rechnungslegung und Prüfung der Unternehmen, 6. Aufl. 1995 ff.
Assmann/Pötzsch/Schneider (Hrsg.), Wertpapiererwerbs- und Übernahmegesetz, 2005
Assmann/Schneider (Hrsg.), Wertpapierhandelsgesetz, 3. Aufl. 2003 und 4. Aufl. 2006
Assmann/Schütze (Hrsg.), Handbuch des Kapitalanlagerechts, 2. Aufl. 1997 und 3. Aufl. 2007
Bähre/Schneider, KWG-Kommentar, 3. Aufl. 1986
Bankrechtshandbuch s. u. *Schimansky/Bunte/Lwowski*
Baumbach/Hopt, hrsgg. von *Hopt/Merkt,* Handelsgesetzbuch, 33. Aufl. 2008
Baur, Investmentgesetze, 2. Aufl. 1997
Beck/Samm, KWG-Kommentar, 45. Lfg., 1994
Beck'scher Bilanz-Kommentar, hrsgg. von *Ellrott/Förschle/Hoyos/Winkeljohann,* 6. Aufl. 2006
Boos/Fischer/Schulte-Mattler (Hrsg.) Kreditwesengesetz, 2. Aufl. 2004
Bruns/Kümpel, Kapitalmarktrecht: Handbuch für die Praxis, Stand 2000
Claussen, Bank- und Börsenrecht, 3. Aufl. 2003 und 4. Aufl. 2008
Clouth/Lang (Hrsg.), MiFID Praktikerhandbuch, 2007
Dreher/Tröndle, StGB Kommentar, 54. Aufl. 2007
Dreier, Grundgesetz: Kommentar, 1999 ff.
Ehricke/Ekkenga/Oechsler, WpÜG, 2003
Emmerich/Habersack, Aktien- und GmbH-Konzernrecht, 5. Aufl. 2008
Ensthaler/Bandasch (Hrsg.), Gemeinschaftskommentar zum Handelsgesetzbuch mit UN-Kaufrecht, 7. Aufl. 2006
Feldhaus, Bundes-Immmissionschutzrecht, Kommentar, Heidelberg, Stand 2003
Fülbier, Geldwäschegesetz, 5. Aufl. 2006
Geibel/Süßmann (Hrsg.), Wertpapiererwerbs- und Übernahmegesetz, 2002
Gemeinschaftskommentar BImSchG, Stand Sept. 2000
Geßler/Hefermehl/Eckardt/Kropff, Kommentar zum Aktiengesetz, 1973 ff.
Groß, Kapitalmarktrecht, 2. Aufl. 2002 und 3. Aufl. 2006
Großkommentar HGB, hrsgg. von *Canaris* u. a., 4. Aufl. 1995 ff.
Haarmann/Schuppen (Hrsg.), Frankfurter Kommentar zum WpÜG, 2. Aufl. 2005
Habersack/Mülbert/Schlitt (Hrsg.), Unternehmensfinanzierung am Kapitalmarkt, 2005
Heidel (Hrsg.), Aktienrecht und Kapitalmarktrecht, 2. Aufl. 2007
Hellner/Steuer, Bankrecht und Bankpraxis, 1979 ff.
Hommelhoff/Hopt/v. Werder, Handbuch Corporate Governance, 2003
Hüffer, Aktiengesetz, 7. Aufl. 2006 und 8. Aufl. 2008
Immenga/Mestmäcker, Gesetz gegen Wettbewerbsbeschränkungen, 2. Aufl. 1992, 3. Aufl. 2001 und 4. Aufl. 2007
Jarass/Ruchay/Weidemann, Kreislaufwirtschafts- und Abfallgesetz: Kommentar, 1997 ff.
Jarass/Pieroth, Kommentar zum GG, 9. Aufl. 2007
Klein, Kommentar zur AO, 7. Aufl. 2000
Kleinknecht/Meyer-Goßner, StPO 49. Aufl. 2006
Kölner Kommentar zum AktG, hrsgg. von *Zöllner* u. a., 2. Aufl. 1988 ff. und 3. Aufl. 2004 ff.
Kölner Kommentar zum WpHG, hrsgg. von *Hirte/Möllers,* 2007
Kölner Kommentar zum WpÜG, hrsgg. von *Hirte/von Bülow,* 2003
Kopp/Ramsauer, Verwaltungsverfahrensgesetz, 10. Aufl. 2008
Kopp/Schenke, Kommentar zur VwGO, 14. Aufl. 2005

Literatur

Kümpel, Bank- und Kapitalmarktrecht, 3. Aufl. 2004
Kümpel, Kapitalmarktrecht, 3. Aufl. 2004
Kunig/Paetow/Versteyl, KrW-/AbfG Kommentar, 2. Aufl. 2003
Kuthe/Rückert/Sickinger (Hrsg.), Compliance-Handbuch Kapitalmarktrecht, 2004
Lackner/Kühl, Strafgesetzbuch, 26. Aufl. 2007
von Landmann/Rohmer, Umweltrecht, Kommentar, Stand 2000
Leipziger Kommentar zum StGB, 11. Aufl. 1992 ff.
Lenenbach, Kapitalmarkt- und Börsenrecht, 2. Aufl. 2005
Lutter/Ringleb/Kremer, Kommentar zum Deutschen Corporate Governance Kodex, 3. Aufl. 2007
von Mangoldt/Klein/Starck, Kommentar zum Grundgesetz, 4. Aufl. 1999 ff. und 5. Aufl. 2005
Marsch-Barner/Schäfer (Hrsg.), Handbuch börsennotierte AG, 2005
Maunz/Dürig/Herzog, GG Kommentar, 49. Lfg., 2003
Meyer-Goßner, Kommentar StPO, 45. Aufl. 2001
Münchener Handbuch zum Gesellschaftsrecht, hrsgg. von *Hoffmann-Becking,* 2. Aufl. 1999 ff. und 3. Aufl. 2007
Münchener Kommentar zum Aktiengesetz, hrsgg. von *Kropff/Semler,* 2. Aufl. 2000 ff.
Münchener Kommentar zum BGB, hrsgg. von *Rebmann/Säcker/Rixecker,* 4. Aufl. 2001 ff. und 5. Aufl. 2006 ff.
Münchener Kommentar zum Handelsgesetzbuch, hrsgg. von *K. Schmidt,* 1. Aufl. 1996 ff. und 2. Aufl. 2005 ff.
Musielak, Kommentar ZPO, 4. Aufl. 2005
Palandt, Kommentar BGB, 67. Aufl. 2008
Pfeiffer, Kommentar, StPO, 4. Aufl. 2002
Prölss/Frey, Kommentar VAG, 11. Aufl. 1996
Reischauer/Kleinhans, Kommentar KWG, Stand 2004
Sachs, Kommentar GG, 3. Aufl. 2003
Sadler, Kommentar VwVG/ VwZG, 6. Aufl. 2006
Schäfer (Hrsg.), Wertpapierhandelsgesetz, Börsengesetz, Verkaufsprospektgesetz, 1. Aufl. 1999
Schäfer/Hamann (Hrsg.), Kapitalmarktgesetze (Loseblatt), 2. Aufl. 2006 ff.
Schanz, Börseneinführung, 3. Aufl., München, 2007
Schimansky/Bunte/Lwowski (Hrsg.), Bankrechtshandbuch, 3. Aufl. 2007
Schlüter, Börsenhandelsrecht, 1. Aufl. 2000 (u. d. T. Wertpapierhandelsrecht) und 2. Aufl. 2002
Schönke/Schröder, Kommentar zum StGB, 27. Aufl. 2006
Schwark (Hrsg.), Kapitalmarktrechts-Kommentar, 3. Aufl. 2004
Schwintowski/Schäfer, Bankrecht, 2. Aufl. 2004
Soergel, Bürgerliches Gesetzbuch, 13. Aufl. 1999 ff.
J. v. Staudingers Kommentar zum Bürgerlichen Gesetzbuch, 13. Bearb. 1993 ff.
Steinmeyer/Häger (Hrsg.), Wertpapiererwerbs- und Übernahmegesetz, 2. Aufl. 2007
Stelkens/Bonk/Sachs, Verwaltungsverfahrensgesetz, 6. Aufl. 2001
Szagunn/Haug/Ergenziger, Gesetz über das Kreditwesen, 6. Aufl. 1997
Tipke/Kruse, Abgabenordnung – Finanzgerichtsordnung, 16. Aufl. 1996
Tröndle/Fischer, Strafgesetzbuch und Nebengesetze, 55. Aufl. 2008
Ulmer (Hrsg.), Großkommentar HGB-Bilanzrecht, 2002

Einleitung

Gesetz über den Wertpapierhandel (Wertpapierhandelsgesetz – WpHG)

In der Fassung der Bekanntmachung vom 9. September 1998
Zuletzt geändert durch Art. 11 Telekommunikationsüberwachungs-NeuregelungsG vom 21. 12. 2007 (BGBl. I S. 3198)
(BGBl. I S. 2708) FNA 4110-4

Schrifttum (allg.): *Assmann/Buck,* Europäisches Kapitalmarktrecht, EWS 1990, 110, 190, 220; *Baur,* Das neue Wertpapierhandelsrecht, Die Bank 1997, 346; *Baur/Wagner,* Das Vierte Finanzmarktförderungsgesetz, Die Bank 2002, 530; *Becker,* Das neue Wertpapierhandelsrecht, 1995; *Cahn,* Grenzen des Markt- und Anlegerschutzes durch das WpHG, ZHR 159 (1995); *Dier/Fürhoff,* Die geplante europäische Marktmissbrauchsrichtlinie, AG 2002, 604; *Dreyling,* Das Vierte Finanzmarktförderungsgesetz: Überregulierung oder Notwendigkeit?, Die Bank 2002, 16 ff.; *Elster,* Europäisches Kapitalmarktrecht, 2002; *Eidenmüller,* Regulierung von Finanzinvestoren, DStR 2007, 2116; *Fenchel,* Das Vierte Finanzmarktförderungsgesetz, DStR 2002, 1355; *Fleischer,* Das Vierte Finanzmarktförderungsgesetz, NJW 2002, 2977; *ders.,* Empfiehlt es sich, im Interesse des Anlegerschutzes und zur Förderung des Finanzplatzes Deutschland das Kapitalmarkt- und Börsenrecht neu zu regeln?, Gutachten F für den 64. DJT 2002, S. F 13; *ders.,* Empfiehlt es sich, im Interesse des Anlegerschutzes und zur Förderung des Finanzplatzes Deutschland das Kapitalmarkt- und Börsenrecht neu zu regeln?, NJW-Beilage 23/2002, 37; *Fürhoff,* Neuregelung der Ad hoc-Publizitätspflicht auf europäischer Ebene, AG 2003, 80; *Großmann/Nikoleyczik,* Praxisrelevante Änderungen des Wertpapierhandelsgesetzes: Die Auswirkungen des Vierten Finanzmarktförderungsgesetzes, DB 2002, 2031; *Hadding/Hopt/Schimansky* (Hrsg.), Das Zweite Finanzmarktförderungsgesetz in der praktischen Umsetzung, Bankrechtstag 1995, 1996; *Hagemeister,* Die neue Bundesanstalt für Finanzdienstleistungsaufsicht, WM 2002, 1773; *Hammes,* Die Vorschläge der Europäischen Kommission zur Überarbeitung der Wertpapierdienstleistungsrichtlinie, ZBB 2001, 498; *Hopt,* Vom Aktien- und Börsenrecht zum Kapitalmarktrecht, ZHR 140 (1976), 201 (Teil 1), ZHR 141 (1977), 389 (Teil 2); *ders.,* Grundsatz- und Praxisprobleme nach dem WpHG, ZHR 159 (1995), 135; *ders.,* Zum neuen WpHG, WM-Festgabe für Hellner 1994, S. 29; *ders.,* Das Dritte Finanzmarktförderungsgesetz, FS für Drobnig, 1998, S. 525; *ders.,* Kapitalmarktrecht (mit Prospekthaftung) in der Rechtsprechung des Bundesgerichtshofes, Festgabe 50 Jahre BGH, 2000 S. 497; *ders.,* Der Kapitalanlegerschutz im Recht der Banken, 1975; *Hutter/Leppert,* Das 4. Finanzmarktförderungsgesetz aus Unternehmenssicht, NZG 2002, 649; *Ilberg/Neises,* Die Richtlinien-Vorschläge der EU-Kommission zum „Einheitlichen Europäischen Prospekt" und zum „Marktmissbrauch" aus Sicht der Praxis, WM 2002, 635; *Jentsch,* Die EG-Wertpapierdienstleistungsrichtlinie, WM 1993, 2189; *Keller/Langner,* Überblick über EU-Gesetzgebungsvorhaben im Finanzbereich, BKR 2003, 616; *Kümpel,* Die allgemeinen Verhaltensregeln des Wertpapierhandelsgesetzes, WM 1995, 689; *Leppert/Stürwald,* Die insiderrechtlichen Regelungen des Vorschlags für eine Marktmissbrauchsrichtlinie und der Stand der Umsetzung im deutschen Wertpapierhandelsrecht, ZBB 2002, 90; *Meixner,* Neuerungen im Bankenaufsichts- und Kapitalmarktrecht, NJW 1998, 862; *Merkt,* Empfiehlt es sich, im Interesse des Anlegerschutzes und zur Förderung des Finanzplatzes Deutschland das Kapitalmarkt- und Börsenrecht neu zu regeln?, Gutachten G für den 64. DJT 2002, S. G 130; *ders.,* Reformbedarf im Kapitalmarkt- und Börsenrecht, NJW-Beilage 23/2002, 41; *Möller,* Das Vierte Finanzmarktförderungsgesetz, WM 2001, 2405;

Einl. Einleitung

Möllers, Effizienz als Maßstab des Kapitalmarktrechts, AcP 208 (2008), 1; *Mülbert*, Empfiehlt es sich, im Interesse des Anlegerschutzes und zur Förderung des Finanzplatzes Deutschland das Kapitalmarkt- und Börsenrecht neu zu regeln?: Deutscher Juristentag, 4. Finanzmarktförderungsgesetz und Europa, JZ 2002, 826; *ders.*, Konzeption des europäischen Kapitalmarktrechts für Wertpapierdienstleistungen, WM 2001, 2085; *Park*, Kapitalmarktstrafrechtliche Neuerungen des Vierten Finanzmarktförderungsgesetzes, BB 2003, 1513; *Pötzsch*, Das Dritte Finanzmarktförderungsgesetz, WM 1998, 949; *Rellermeyer*, Das Zweite Finanzmarktförderungsgesetz in der praktischen Umsetzung, WM 1995, 1981; *Reuschle*, Viertes Finanzmarktförderungsgesetz, 2002; *Rott*, Europäisierung des Rechts der Finanzintermediäre, EWS 2008, 21; *Rudolph*, Viertes Finanzmarktförderungsgesetz: Ist der Name Programm?, BB 2002, 1036; *Schulte-Frohlinde*, Art. 11 Wertpapierdienstleistungs-Richtlinie und seine Umsetzung durch das WpHG, 1999; *Seibert*, Das 10-Punkte-Programm „Unternehmensintegrität und Anlegerschutz", BB 2003, 693; *Seidel*, Rechtliche Grundlagen eines einheitlichen Kapitalmarktes der Europäischen Gemeinschaft, Festschrift für Lukes, 1989, S. 575; *Seitz*, Integration der europäischen Wertpapiermärkte und die Finanzgesetzgebung in Deutschland, BKR 2002, 340; *ders.*, Die Regulierung von Wertpapierhandelssystemen in der EU, AG 2004, 497; *Spindler/Christoph*, Die Entwicklung des Kapitalmarktrechts in den Jahren 2003/2004, BB 2004, 2197; *Stackmann*, Grundsatzprobleme im Anlegerschutzprozess, NJW 2008, 1345; *Weber*, Deutsches Kapitalmarktrecht im Umbruch, NJW 1994, 2849; *ders.*, Der Kommissionsentwurf einer Marktmissbrauchsrichtlinie, EuZW 2002, 43; *ders.*, Die Entwicklung des Kapitalmarktrechts im Jahre 2003, NJW 2004, 28; *ders.*, Die Entwicklung des Kapitalmarktrechts im Jahre 2004, NJW 2004, 3674; *ders.*, Die Entwicklung des Kapitalmarktrechts im Jahre 2005, NJW 2005, 3682; *ders.*, Die Entwicklung des Kapitalmarktrechts im Jahre 2006, NJW 2006, 3685; *ders.*, Die Entwicklung des Kapitalmarktrechts im Jahre 2007, NJW 2007, 3688; *Weisgerber*, Das dritte Finanzmarktförderungsgesetz, Die Bank 1998, 200; *Weisgerber/Jütten*, Das Zweite Finanzmarktförderungsgesetz, 1995; *Weisgerber/Baur*, Das dritte Finanzmarktförderungsgesetz und das Richtlinienumsetzungsgesetz, Köln 1998; *Wessel*, Das 2. Finanzmarktförderungsgesetz; *Wiebke*, Das neue Aufsichtsrecht für Finanzdienstleistungsunternehmen, DStR 1998, 491; *Wilsing/Goslar*, Der Regierungsentwurf eines Risikobegrenzungsgesetzes – ein Überblick, DB 2007, 2467; *Zehnter*, Umsetzung des Wertpapierhandelsgesetzes, 2. Aufl. 1998; *Zoller*, Die Bedeutung des zukünftigen Pfandbriefrechts für Universalbanken, Kreditwesen 2004, 1112.

Zum AnSVG: *Bisson/Kunz*, Die Kurs- und Marktpreismanipulation nach In-Kraft-Treten des Gesetzes zur Verbesserung des Anlegerschutzes vom 28.10.2004 und der Verordnung zur Konkretisierung des Verbotes der Marktmanipulation vom 1.3.2005, BKR 2005, 186; *Bürgers*, Das Anlegerschutzverbesserungsgesetz, BKR 2004, 424; *Diekmann/Sustmann*, Gesetz zur Verbesserung des Anlegerschutzes (Anlegerschutzverbesserungsgesetz – AnSVG), NZG 2004, 929; *Dreyling*, Ein Jahr Anlegerschutzverbesserungsgesetz – Erste Erfahrungen, Der Konzern 2006, 1; *Duhnkrack/Hasche*, Das neue Anlegerschutzverbesserungsgesetz und seine Auswirkungen auf Emissionshäuser und geschlossene Fonds, DB 2004, 1351; *Erkens*, Directors'Dealings nach dem neuen WpHG, Der Konzern 2005, 29; *Grothaus*, Reform des Insiderrechts: Großer Aufwand – viel Rechtsunsicherheit – wenig Nutzen, ZBB 2005, 62; *Handelsrechtsausschuss des DAV* – Stellungnahme zum Regierungsentwurf eines Gesetzes zur Verbesserung des Anlegerschutzes (Anlegerschutzverbesserungsgesetz – AnSVG), NZG 2004, 703; *Holzborn/Israel*, Das Anlegerschutzverbesserungsgesetz, WM 2004, 1948; *Kämmerer/Veil*, Analyse von Finanzinstrumenten (§ 34b WpHG) und journalistische Selbstregulierung, BKR 2005, 379; *Koch*, Neuerungen im Insiderrecht und der Ad-hoc-Publizität, DB 2005, 267; *Kuthe*, Änderungen des Kapitalmarktrechts durch das Anlegerschutzverbesserungsgesetz, ZIP 2004, 883; *Nietsch*, Schadensersatzhaftung wegen Verstoßes gegen Ad-hoc-Publizitätspflichten nach dem Anlegerschutzverbesserungsgesetz, BB 2005, 785; *Pluskat*, Die Neuregelung der Directors' Dealings in der Fassung des Anlegerschutzverbesserungsgesetzes, DB 2005, 1097; *Spindler*, Kapitalmarktreform in Permanenz – Das Anlegerschutzverbesserungsgesetz, NJW 2004, 3449; *ders.*, Finanzanalyse vs

Einleitung **Einl.**

Finanzberichterstattung – Journalisten und das AnSVG, NZG 2004, 1138; *Veith,* Die Befreiung von der Ad-hoc-Publizitätspflicht nach § 15 III WpHG, NZG 2005, 154; *Ziemons,* Neuerungen im Insiderrecht und bei der Ad-hoc-Publizität durch die Marktmissbrauchsrichtlinie und das Gesetz zur Verbesserung des Anlegerschutzes, NZG 2004, 537.

Zum Investmentmodernisierungsgesetz (2004)/Investmentänderungsgesetz (2007): *Hermanns,* Die Investmentaktiengesellschaft nach dem Investmentmodernisierungsgesetz – eine neue Gesellschaftsform, ZIP 2004, 1297; *Kaune/Oulds,* Das neue Investmentgesetz, ZBB 2004, 114; *Köndgen/Schmies,* Die Neuordnung des deutschen Investmentrechts, WM 2004, Beilage 1, 1; *Lang,* Das Investmentgesetz, WM 2004, 53; *ders.,* Das neue Investmentgesetz und das fehlende Anlegerleitbild des Gesetzgebers, VuR 2004, 201; *Nickel,* Der Vertrieb von Investmentanteilen nach dem Investmentgesetz, ZBB 2004, 197; *Putz/Schmies,* Die Umsetzung der neuen rechtlichen Rahmenbedingungen für Hedgefonds in der Praxis, BKR 2004, 51; *Ricke,* Stichwort: Hedgefonds, BKR 2004, 60; *Roegele/Görke,* Novelle des Investmentgesetzes (InvG), BKR 2007, 393; *Schindler/Sillern,* Investmentmodernisierungsgesetz – Auswirkungen auf das institutionelle Asset Management, Kreditwesen 2004, 869; *Schmolke,* Die Regelung von Interessenkonflikten im neuen Investmentrecht, WM 2007, 1909; *Steck/Schmitz,* Die Investmentaktiengesellschaft mit veränderlichem und fixem Grundkapital – eine (neue) Rechtsform für Kapitalanlagen, AG 2004, 658; *Volhard/Wilkens,* Änderungen im Investmentrecht, DB 2008, 1195; *Wagner,* Investmentmodernisierungsgesetz – Überblick und Neuerungen für Immobilienfonds, ZfIR 2004, 399; *Zetzsche,* Zwischen Anlegerschutz und Standortwettbewerb: Das Investmentänderungsgesetz, ZBB 2007, 438.

Zum Bilanzkontrollgesetz: *Baetge,* Anmerkungen zum deutschen Enforcement-Modell, ZHR 168 (2004), 428; *Gabriel/Ernst,* Die Entwürfe des Bilanzkontrollgesetzes und des Bilanzrechtsreformgesetzes – Stärkung von Unternehmensintegrität und Anlegerschutz, Der Konzern 2004, 102; *Hommelhoff/Mattheus,* BB-Gesetzgebungsreport – Verlässliche Rechnungslegung – Enforcement nach dem geplanten Bilanzkontrollgesetz, BB 2004, 93; *Müller,* Prüfungsverfahren und Jahresabschlussnichtigkeit nach dem Bilanzkontrollgesetz, ZHR 168 (2004), 414; *Seidel,* Amtshaftung für fehlerhafte Bilanzkontrolle, DB 2005, 651.

Zum KapInHaG: *Casper,* Persönliche Außenhaftung der Organe bei fehlerhafter Information des Kapitalmarkts?, BKR 2005, 83; *Duve/Basak,* Welche Zukunft hat die Organaußenhaftung für Kapitalmarktinformationen?, BB 2005, 2645; *Semler/Gittermann,* Persönliche Haftung der Organmitglieder für Fehlinformationen des Kapitalmarktes – zeigt das KapInHaG den richtigen Weg? NZG 2004, 1081; *Veil,* Die Haftung des Emittenten für fehlerhafte Information des Kapitalmarkts nach dem geplanten KapInHaG, BKR 2005, 91.

Zum KapMuG: *Assmann,* Das Kapitalanleger-Musterverfahren, FS für M. Vollkommer, 2006, S. 119; *Bälz/Blobel,* Collective Litigation German Style – the Act on Model Proceedings in Capital Market Disputes, in: GS van Mehren, 2007, S. 126; *Bergdolt/Hell,* Zurückweisung eines Musterfeststellungsantrags als verspätet?, BKR 2007, 145; *Braun/Rotter,* Der Diskussionsentwurf zum KapMuG – verbesserter Anlegerschutz?, BKR 2004, 296; *Duve/Pfitzner,* Braucht der Kapitalmarkt ein neues Gesetz für Massenverfahren? – Der Entwurf eines Gesetzes über Musterverfahren in kapitalmarktrechtlichen Streitigkeiten (KapMuG) auf dem Prüfstand, BB 2005, 673; *Erttmann/Kaul,* Das Vorlageverfahren nach dem KapMuG – zugleich eine Bestandsaufnahme zur Effektivität des Kapitalanlegermusterverfahrens, WM 2007, 482; *Franklin/Heydn,* KapMuG – Class Actions vor deutschen Gerichten?, ZVglRWiss 105 (2006), 313; *Gebauer,* Zur Bindungswirkung des Musterentscheids nach dem Kapitalanleger-Musterverfahrensgesetz (KapMuG), ZZP 119 (2006), 159; *Gundermann/Härle,* Das Kapitalanleger-Musterverfahrensgesetz – eine Momentaufnahme, VuR 2006, 457; *Hecker,* Der Regierungsentwurf zum Kapitalanleger-Musterverfahrensgesetz (KapMuG) aus übernahmerechtlicher Sicht, ZBB 2004, 503; *Hess,* Musterverfahren im Kapitalmarktrecht, ZIP 2005, 1713; *Hess,* Der Regierungsentwurf für ein Kapitalanlegermusterverfahrensgesetz – eine kritische Bestandsaufnahme, WM 2004, 2329; *Hess/Michailidou,* Das Gesetz über Musterverfahren zu Schadensersatzklagen von Kapitalanlegern, ZIP

Einl.
Einleitung

2004, 1381; *Hess/Reuschle/Rimmelspacher,* Kölner Kommentar zum KapMuG, 2008; *Keller/ Kolling,* Das Gesetz zur Einführung von Kapitalanleger-Musterverfahren – ein Überblick, BKR 2005, 399; *Kilian,* Ausgewählte Probleme des Musterverfahrens nach dem KapMuG, 2007; *Lüke,* Der Musterentscheid nach dem neuen Kapitalanleger-Musterverfahrensgesetz, ZZP 119 (2006), 131; *Maier-Reimer/Wilsing,* Das Gesetz über Musterverfahren in kapitalmarktrechtlichen Streitigkeiten, ZGR 2006, 79; *Möllers/Weichert,* Das Kapitalanleger-Musterverfahrensgesetz, NJW 2005, 2737; *Plaßmeier,* Brauchen wir ein Kapitalanleger-Musterverfahren?, NZG 2005, 609; *Reuschle,* Das Kapitalanleger-Musterverfahrensgesetz (KapMuG), 2006; *Reuschle,* Das Kapitalanleger-Musterverfahrensgesetz, NZG 2004, 590; *Reuschle,* Möglichkeiten und Grenzen kollektiver Rechtsverfolgung, WM 2004, 966; *Rimmelspacher,* Die Beteiligten im Musterverfahren des KapMuG, FS Canaris, 2007, Bd. 2, S. 343; *Schneider,* Auf dem Weg zu Securities Class Actions in Deutschland? – Auswirkungen des KapMuG auf die Praxis kapitalmarktrechtlicher Streitigkeiten, BB 2005, 2249; *Sessler,* Das KapMuG – eine Stellungnahme aus anwaltlicher Sicht, WM 2004, 2344; *Stadler,* Das neue Gesetz über Musterfeststellungsverfahren im deutschen Kapitalanlegerschutz, in: FS für Rechberger, 2005, S. 663; *Veil,* Kapitalanleger im Prozess – Publizität, Haftung und kollektive Rechtsverfolgung, NJW/Sonderheft zum 3. Hannoveraner ZPO-Symposium, 2006, 3; *G. Vollkommer,* Neue Wege zum Recht bei kapitalmarktrechtlichen Streitigkeiten – erste Erfahrungen mit dem Gesetz zur Einführung von Kapitalanleger-Musterverfahren, NJW 2007, 3094; *Vorwerk/Wolf* (Hrsg.), Kommentar zum KapMuG, 2007; *Wolf,* Das Kapitalanleger-Musterverfahrensgesetz – Vorlage- oder Aussetzungsverfahren, NJW/Sonderheft zum 3. Hannoveraner ZPO-Symposium, 2006, 13; *Zypries,* Ein neuer Weg zur Bewältigung von Massenprozessen – Entwurf eines Kapitalanleger-Musterverfahrensgesetzes, ZRP 2004, 177.

Zum Transparenzrichtlinie-Umsetzungsgesetz (TUG): *d'Arcy/Meyer,* Neue Anforderungen an die Zwischenberichterstattung durch die Transparenzrichtlinie, Der Konzern 2005, 151; *Arnold,* Stimmrechtsmitteilungen und -veröffentlichungen nach WpHG – alte und neue Probleme, AG 2007, R163; *Bosse,* Wesentliche Neuregelungen ab 2007 aufgrund des Transparenzrichtlinie-Umsetzungsgesetzes für börsennotierte Unternehmen, DB 2007, 39; *Göres,* Kapitalmarktrechtliche Pflichten nach dem Transparenzrichtlinie-Umsetzungsgesetz (TUG), Der Konzern 2007, 15; *Hutter/Kaulamo,* Transparenzrichtlinie-Umsetzungsgesetz: Änderungen der Regelpublizität und das neue Veröffentlichungsregime für Kapitalmarktinformationen, NJW 2007, 550; *dies.,* Das Transparenzrichtlinie-Umsetzungsgesetz: Änderungen der anlassabhängigen Publizität, NJW 2007, 471; *Mülbert/ Steup,* Das zweispurige Regime der Regelpublizität nach Inkrafttreten des TUG; *Müller/ Oulds,* Transparenz im europäischen Fremdkapitalmarkt, WM 2007, 573; *Mutter/Arnold/ Stehle,* Die Hauptversammlung unter Geltung des TUG, AG 2007, R109; *Nießen,* Die Harmonisierung der kapitalmarktrechtlichen Transparenzregeln durch das TUG, NZG 2007, 41; *Noack,* Neue Publizitätspflichten und Publizitätsmedien für Unternehmen – eine Bestandsaufnahme nach EHUG und TUG, WM 2007, 377; *Rodewald/Unger,* Zusätzliche Transparenz für die europäischen Kapitalmärkte – die Umsetzung der EU-Transparenzrichtlinie in Deutschland, BB 2006, 1917; *Schnabel/Korff,* Mitteilungs- und Veröffentlichungspflichten gemäß §§ 21 ff. WpHG und ihre Änderung durch das Transparenzrichtlinie-Umsetzungsgesetz – Ausgewählte Praxisfragen, ZBB 2007, 179; *Strieder/Ammedick,* Der Zwischenlagebericht als neues Instrument der Zwischenberichterstattung, DB 2007, 1368; *Wiederhold/Pukallus,* Zwischenberichterstattung nach dem Transparenzrichtlinie-Umsetzungsgesetz – Neue Anforderungen an kapitalmarktorientierte Unternehmen aus der Sicht der Corporate Governance, Der Konzern 2007, 264;

Zur MiFID und zum Finanzmarkt-Richtlinie-Umsetzungsgesetz (FRUG): *Assmann,* Interessenkonflikte und „Inducements" im Lichte der Richtlinie über Märkte für Finanzinstrumente (MiFID) und der MiFID-Durchführungsrichtlinie, ÖBA 2007, 40; *Balzer,* Umsetzung der MiFID: Ein neuer Rechtsrahmen für die Anlageberatung, ZBB 2007, 333; *Buchberger/Kammel,* Das Zusammenspiel von UCITS und MiFID aus der Sicht der Kapitalanlagegesellschaft, ÖBA 2007, 35; *Duve/Keller,* MiFID: Die neue Welt des

Einleitung   **Einl.**

Wertpapiergeschäfts, BB 2006, 2425, 2477, 2537; *Elberskirch,* MiFID − Chance kleinerer Börsen im Wettbewerb um die Orders, ZfK 2007, 532; *Fleischer,* Die Richtlinie über Märkte für Finanzinstrumente und das Finanzmarkt-Richtlinie-Umsetzungsgesetz, BKR 2006, 389; *Gomber/Chlistalla/Gsell/Pujol,* Status und Entwicklung der MiFID-Umsetzung in der deutschen Finanzindustrie, ZBB 2007, 313; *Gomber/Hirschberg,* Ende oder Stärkung der konventionellen Börsen?, AG 2006, 777; *Göres,* MiFID − Neue (Organisations-) Pflichten für die Ersteller von Finanzanalysen, BKR 2007, 85; *Handelsrechtsausschuss des DAV* − Stellungnahme zum Regierungsentwurf vom 14. 9. 2006 eines Gesetzes zur Umsetzung der Richtlinie über Märkte für Finanzinstrumente und der Durchführungsrichtlinie der Kommission (Finanzmarktrichtlinie-Umsetzungsgesetz − FRUG), NZG 2006, 935; *Hirschberg,* MiFID − Ein neuer Rechtsrahmen für die Wertpapierhandelsplätze in Deutschland, AG 2006, 398; *Jordans,* Die Umsetzung der MiFID in Deutschland und die Abschaffung des § 37d WpHG, WM 2007, 1827; *Kühne,* Ausgewählte Auswirkungen der Wertpapierdienstleistungsrichtlinie, BKR 2005, 275; *Kühne/Eberhardt,* Erlaubnispflicht eines „Family Office" unter Berücksichtigung des neuen Finanzdienstleistungstatbestands der Anlageberatung, BKR 2008, 133; *Kumpan,* Transparenz als Mittel der Kapitalmarktregulierung − Die neuen Transparenzvorschriften der Richtlinie über Märkte für Finanzinstrumente-, WM 2006, 797; *ders./Hellgardt,* Haftung der Wertpapierdienstleistungsunternehmen nach der Umsetzung der EU-Richtlinie über Märkte für Finanzinstrumente (MiFID), DB 2006, 1714; *Mülbert,* Anlegerschutz bei Zertifikaten − Beratungspflichten, Offenlegungspflichten bei Interessenkonflikten und die Änderungen durch das Finanzmarkt-Richtlinie-Umsetzungsgesetz (FRUG), WM 2007, 1149; *Puszkajler/Weber,* Wann haftet ein Bankberater für seine Empfehlungen an einen Depotkunden?, ZIP 2007, 401; *Röh,* Compliance nach der MiFID − zwischen höherer Effizienz und mehr Bürokratie, BB 2008, 398; *Roth/Loff,* Zu den Auswirkungen der Finanzmarktrichtlinie auf Kapitalanlagegesellschaften, WM 2007, 1249; *Schlicht,* Compliance nach Umsetzung der MiFID-Richtlinie, BKR 2006, 469; *Seyfried,* Die Richtlinie über Märkte für Finanzinstrumente (MiFID) − Neuordnung der Wohlverhaltensregeln, WM 2006, 1375; *Sievert,* Richtlinie über Märkte für Finanzinstrumente (MiFID) Was leisten IT-Systeme?, Die Bank, Heft 2, 2007, 68; *Sollors/Klappstein,* MiFID − Wohlverhaltensregeln und Anlageberatung: Auswirkungen auf eine Privatbank, Kreditwesen 2007, 43; *Spindler/Kasten,* Der neue Rechtsrahmen für den Finanzdienstleistungssektor − Die MiFID und ihre Umsetzung, WM 2006, 1749, 1798; *dies.,* Organisationsverpflichtungen nach der MiFID und ihre Umsetzung, AG 2006, 785; *dies.,* Änderungen des WpHG durch das Finanzmarktrichtlinie-Umsetzungsgesetz (FRUG), WM 2007, 1245; *Teuber,* Finanzmarkt-Richtlinie (MiFID) − Auswirkungen auf Anlageberatung und Vermögensverwaltung im Überblick, BKR 2006, 429; *Veil,* Anlageberatung im Zeitalter der MiFID − Inhalt und Konzeption der Pflichten und Grundlagen einer zivilrechtlichen Haftung −, WM 2007, 1821; *Volhard/Wilkens,* Auswirkungen der Richtlinie über Märkte für Finanzinstrumente (MiFID) auf geschlossene Fonds in Deutschland, DB 2006, 2051; *Voß,* Geschlossene Fonds unter dem Rechtsregime der Finanzmarkt-Richtlinie (MiFID)?, BKR 2007, 45; *Weichert/Wenninger,* Die Neuregelung der Erkundigungs- und Aufklärungspflichten von Wertpapierdienstleistungsunternehmen gem. Art. 19 RiL 2004/39/EG (MiFID) und Finanzmarkt-Richtlinie-Umsetzungsgesetz, WM 2007, 627; *Zingel,* Die Verpflichtung zur bestmöglichen Ausführung von Kundenaufträgen nach dem Finanzmarkt-Richtlinie-Umsetzungsgesetz, BKR 2007, 173.

Inhaltsübersicht

		Rn.
I.	Bedeutung, Regelungsansatz und Regelungsziele des WpHG	1
	1. Das WpHG als Grundpfeiler eines modernen deutschen Kapitalmarktrechts	1
	a) Marktbezogener Regelungsansatz	1
	b) Etablierung der BaFin als zentrale Allfinanzaufsicht	9

Einl. 1 Einleitung

	Rn.
2. Anwendungsbereich und Regelungsgegenstände im Überblick ...	11
3. Anleger- und Funktionsschutz als gesetzliche Ziele	13
a) Allgemeines	13
b) Aspekte des Funktionsschutzes	15
c) Schutz der (individuellen) Anleger	18
II. Entstehung und Entwicklung des WpHG	20
1. Das Zweite Finanzmarktförderungsgesetz.................................	20
a) Vorgeschichte	20
b) Gegenstand	21
2. Wesentliche Novellierungen des WpHG	22
a) Umsetzungsgesetz (1997)	22
b) Das Dritte Finanzmarktförderungsgesetz (1998)	24
c) KonTraG (1998) und weitere Novellen mit überwiegend redaktionellen Änderungen	25
d) Finanzdienstleistungsaufsichtsgesetz (2002)	27
e) Das Vierte Finanzmarktförderungsgesetz (2002)	28
f) Investmentmodernisierungsgesetz (2003)	38
g) Das Anlegerschutzverbesserungsgesetz (AnSVG) (2004)	39
h) Bilanzkontrollgesetz (2004)	49
i) Das Transparenzrichtlinie-Umsetzungsgesetz (TUG) (2007)	50
j) Das Finanzmarkt-Richtlinie-Umsetzungsgesetz (FRUG) (2007)	56
k) Investmentänderungsgesetz (2007)	64
3. Wichtige Rechtsverordnungen zur Konkretisierung von WpHG-Vorschriften	65
4. Sonstige Gesetze mit kapitalmarktrechtlichem Bezug	67
5. Weiterer Reformbedarf?	71
a) Mögliche Ansatzpunkte	71
b) Aktuelle Vorhaben	75
III. Anwendung und Durchsetzung des WpHG	77
1. Anwendung des WpHG	77
a) Allgemeine Auslegungsregeln	78
b) Richtlinienkonforme Auslegung	80
c) Veröffentlichungen der BaFin als praktische Auslegungshilfe ...	83
2. Durchsetzung des WpHG durch die BaFin	88
3. Privater Rechtsschutz	90

I. Bedeutung, Regelungsansatz und Regelungsziele des WpHG

1. Das WpHG als Grundpfeiler eines modernen deutschen Kapitalmarktrechts

a) Marktbezogener Regelungsansatz

1   Das WpHG wurde als Art. 1 des Zweiten Finanzmarktförderungsgesetzes[1] erlassen und trat zum 1. 1. 1995 in Kraft. Es bildet das **Fundament des deutschen Kapitalmarktrechts**. Auf der Grundlage eines **marktbezogenen Ansatzes** regelt es wesentliche Bereiche des Wertpapiertransaktionsrechts in einer **eigenständigen kapitalmarktrechtlichen Kodifikation** und verfolgt dabei insbesondere

---

[1] BGBl. I 1994, S. 1749.

Einleitung 2, 3 **Einl.**

das Ziel, die rechtlichen Rahmenbedingungen der deutschen Kapitalmärkte an **internationale Standards** anzupassen, um so den volkswirtschaftlichen Funktionen der Kapitalmärkte in einer globalisierten Umwelt gerecht zu werden.[2] Seine Regelungen sollen dazu beitragen, das **Vertrauen der Anleger** in die Ordnungsmäßigkeit, Fairness und Integrität des Marktes zu stärken, um so die **Funktions- und Wettbewerbsfähigkeit** des deutschen Kapitalmarkts zu fördern und dadurch die Attraktivität des Finanzplatzes Deutschland insgesamt zu steigern.[3]

Die Regelungen des Wertpapierhandelsgesetzes sind – wie der Name schon sagt – auf das **Marktgeschehen nach dem ersten Inverkehrbringen** von „Wertpapieren"[4] durch den Emittenten ausgerichtet, betreffen also nicht den Primär-, sondern den **Sekundärmarkt**.[5] Besondere Aspekte des „Handels in Wertpapieren" werden neben dem WpHG im **WpÜG** geregelt, das auf öffentliche Kauf- oder Tauschangebote zum Erwerb von Wertpapieren anwendbar ist, die von einer Zielgesellschaft ausgegeben worden und zum Handel an einem organisierten Markt zugelassen sind (§§ 1, 2 WpÜG). Im Hinblick auf den **Primärmarkt,** also das erstmalige Inverkehrbringen von Wertpapieren, sind vor allem das **BörsG,** das **WpPG** sowie das **VerkProspG** zu beachten. Während das BörsG Regeln für die Organisation der als Börsen genehmigten Marktveranstaltungen[6] sowie für den Zugang zum organisierten Kapitalmarkt enthält, normiert das WpPG die Erstellung, Billigung und Veröffentlichung von Prospekten für Wertpapiere, die öffentlich angeboten oder zum Handel an einem organisierten Markt zugelassen werden sollen.[7] In Ergänzung der börsenrechtlichen Prospekthaftung (§§ 44–47 BörsG) enthält das VerkProspG Vorschriften über die Prospektpflicht sowie die Haftung bei unterbliebener oder fehlerhafter Veröffentlichung eines Prospekts für den Vertrieb von Wertpapieren auf dem nicht-organisierten „grauen" Kapitalmarkt (vgl. auch unten Rn. 7).

Das WpHG ist ganz wesentlich durch die bereits im **Segré-Bericht von 1966**[8] 3 angelegte europarechtliche Vorgabe beeinflusst, einheitliche **kapitalmarktrechtliche Regelungen auf europäischer Ebene** zu schaffen.[9] Mit seinem Erlass

---

[2] BegrRegE, BT-Drs. 12/6679, S. 33.
[3] BegrRegE, BT-Drs. 12/6679, S. 33; BT-Drs. 12/7918, S. 92.
[4] Zentraler Anknüpfungspunkt ist heute der Begriff des Finanzinstruments (§ 2 Abs. 2b), zu dem neben den Wertpapieren (§ 2 Abs. 1) auch Geldmarktinstrumente (Abs. 1a), Derivate (Abs. 2) und Rechte auf Zeichnung von Wertpapieren gehören.
[5] KölnKommWpHG-*Hirte/Heinrich,* Einl. Rn. 3.
[6] Verhaltensregeln für außerbörsliche Handelsplattformen wie multilaterale Handelssysteme (Multilateral Trading Facilities – MTF), die zu den früher im BörsG geregelten „börsenähnlichen Einrichtungen" zählen, sind nunmehr in §§ 2 Abs. 3 Nr. 8, 31 f, 31 g WpHG normiert. Auch die regelmäßige bankinterne Zusammenführung von Angebot und Nachfrage im Sekundärmarkt (sog. systematische Internalisierung) ist neuerdings Regelungsgegenstand des WpHG (vgl. §§ 2 Abs. 10, 32–32d).
[7] Die in den Prospekt aufzunehmenden Mindestangaben ergeben sich unmittelbar aus der VO (EG) Nr. 809/2004 v. 29. 4. 2004 zur Umsetzung der europäischen Wertpapierprospektrichtlinie (RiL 2003/71/EG).
[8] EG-Kommission, Der Aufbau des Europäischen Kapitalmarkts, Brüssel 1966. Vgl. dazu und zur weiteren Entwicklung *Assmann/Buck* EWS 1990, 110ff., 190ff., 220ff.
[9] Näher zur Entwicklung des europäischen Kapitalmarktrechts zuletzt KölnKommWpHG-*Hirte/Heinrich,* Einl. Rn. 37ff.; *Bröcker* in *Claussen,* Bank- und Börsenrecht, § 6 Rn. 4ff. jeweils mwN; zuvor bereits ausführlich und instruktiv *Assmann* in: *Assmann/Schütze,* 2. Aufl. 1997, § 1 Rn. 81ff. mwN.

Fuchs 7

wurden insbesondere die Vorgaben der **Insider-**[10] **und der Transparenzrichtlinie**[11] sowie teilweise bereits die Bestimmungen der **Wertpapierdienstleistungsrichtlinie**[12] in nationales Recht umgesetzt. Damit wurden erstmals die praxiswichtigen Bereiche des Insiderhandels, der Offenlegung von Beteiligungen an börsennotierten Aktiengesellschaften sowie der Regulierung von Wertpapierdienstleistungsunternehmen erfasst. Auch in den letzten Jahren hatte das **Gemeinschaftsrecht erhebliche Auswirkungen** auf die Ausgestaltung des WpHG, wie sich etwa an der neuen Wertpapierdienstleistungsrichtlinie (Richtlinie über Märkte für Finanzinstrumente – MiFiD, dazu unten Rn. 56 ff.), der neuen Transparenzrichtlinie (dazu unten Rn. 50 ff.) oder an der weit reichenden Marktmissbrauchsrichtlinie (dazu unten Rn. 39 ff.) gezeigt hat, deren Umsetzung jeweils zu tiefgreifenden Änderungen des WpHG geführt hat.

4   Das WpHG wird zu Recht als **das „Grundgesetz",**[13] **die „Keimzelle und das Kernstück"**[14] **des deutschen Kapitalmarktrechts** charakterisiert, dessen kapitalmarktrechtliche Bedeutung nur mit dem Börsengesetz von 1896 verglichen werden kann.[15] Denn in der Entwicklung des deutschen Kapitalmarktrechts markiert das WpHG (nach ersten marktbezogenen Ansätzen im VerkProspG) den entscheidenden **Übergang von einer rechtsform- und institutionenbezogenen Regelungstechnik zu einem marktbezogenen Ansatz:** Erstmals ist nicht mehr die einzelne Institution (zB die Börse), Anlage- oder Gesellschaftsform (zB Aktie oder Beteiligung an einer Kommanditgesellschaft), sondern der Kapitalmarkt und seine Funktionsfähigkeit als solche Gegenstand gesetzlicher Regelungen.[16]

5   Durch die rechtliche **Anknüpfung an Märkte, in denen Finanzinstrumente** (Wertpapiere, Geldmarktinstrumente, Derivate und Rechte auf Zeichnung von Wertpapieren, vgl. § 2 Abs. 2 b) **gehandelt werden,** hat der Gesetzgeber des WpHG die rechtsform- und institutionenbezogene Regelungsperspektive aufgegeben und das zuvor nur punktuell in Randbereichen anderer Rechtsgebiete zu findende Kapitalmarktrecht als eigenes Rechtsgebiet anerkannt.[17] Der marktbezogene Ansatz des WpHG, der die Effizienz und die Funktionsfähigkeit der Kapitalmärkte zum Schutz der Marktteilnehmer ganz in den Vordergrund stellt, verdeutlicht zugleich, dass ein modernes Kapitalmarktrecht grundsätzlich rechtsformübergreifend ist.[18] Insoweit veranschaulicht das WpHG besonders deutlich

---

[10] Richtlinie 89/592/EWG vom 13. 11. 1989 zur Koordinierung der Vorschriften betreffend Insidergeschäfte, ABl. EG 1989 Nr. L 334, S. 30 ff.
[11] Richtlinie 88/627/EWG vom 12. 12. 1988 über die bei Erwerb und Veräußerung einer bedeutenden Beteiligung an einer börsennotierten Gesellschaft zu veröffentlichenden Informationen, ABl. EG 1988 Nr. L 348, S. 62 ff.
[12] Richtlinie 93/22/EWG vom 11. 6. 1993 über Wertpapierdienstleistungen, ABl. EG Nr. L 141, S. 27.
[13] *Hopt*, ZHR 159 (1995), 135.
[14] *Kümpel*, Bank- und Kapitalmarktrecht Rn. 16.4.
[15] *Assmann*, in: *Assmann/Schneider*, Einl. Rn. 11; vgl. auch KölnKommWpHG-*Hirte/Heinrich*, Einl. Rn. 3 („der zentrale Baustein des deutschen Kapitalmarktrechts").
[16] *Assmann*, in: *Assmann/Schneider*, Einl. Rn. 1; *Kümpel*, Bank- und Kapitalmarktrecht, Rn. 16.5 ff.
[17] Vgl. zuletzt zB *Bröcker* in *Claussen*, Bank- und Börsenrecht, § 6 Rn. 1 sowie schon früher *Kümpel*, Wertpapierhandelsgesetz, S. 33; *Schwark*, FS Stimpel, S. 1087, 1093.
[18] *Kümpel*, Wertpapierhandelsgesetz, S. 34; vgl. bereits *Schwark*, FS Stimpel, S. 1087, 1092.

den Weg „Vom Aktien- und Börsenrecht zum Kapitalmarktrecht".[19] Die **Ausrichtung auf den Kapitalmarkt und seine Funktionsfähigkeit** als solche ermöglicht dem WpHG konzeptionell nicht nur die grundsätzlich gleichmäßige Erfassung organisierter und nicht organisierter Märkte (wegen der Anknüpfung an bestimmte Wertpapiere bzw. Finanzinstrumente bleiben allerdings nicht fungible Anlagetitel, wie sie auf dem grauen Kapitalmarkt verbreitet sind, ausgeklammert),[20] sondern auch die Zusammenfassung verschiedener kapitalmarktbezogener Regelungsprobleme in einer eigenständigen Kodifikation. Dazu gehören etwa Rechtsfragen des Insiderhandels, die Regulierung der Ad-hoc-Publizität und die Offenlegung von Beteiligungen, Fragen der Marktmanipulation sowie Verhaltensregeln für Wertpapierdienstleistungsunternehmen und die Sicherstellung einer zutreffenden und zeitnahen regelmäßigen Unternehmensberichterstattung durch die Emittenten von gehandelten Finanzinstrumenten.[21] Mit dem marktbezogenen Ansatz des WpHG konnte Deutschland insoweit zu einem internationalen Standard aufschließen, den andere Länder, allen voran die USA, schon Jahrzehnte früher erreicht hatten.[22]

Der **vergleichsweise späte Paradigmenwechsel** von einem rechtsform- und institutionenbezogenen zu einem marktbezogenen Regelungsansatz dürfte vor allem darauf zurückzuführen sein, dass sich das deutsche Kapitalmarktrecht bis weit in die 1970iger Jahre hinein im Wesentlichen auf Regelungen konzentrierte, die die Emission von Aktien (als zentralem Kapitalmarkttitel) und deren Handel an der Börse (als wesentlichem Handelsplatz) zum Gegenstand hatten. Dementsprechend fanden sich kapitalmarktrechtliche Vorschriften lange Zeit nicht eigenständig kodifiziert, sondern verstreut im Aktien-, Börsen- und Bankrecht (welches insoweit vor allem Regelungen zum Emissions-, Effekten- und Depotgeschäft zum Gegenstand hat).[23]

Diese **rechtsform- und anlagebezogene Orientierung des überkommenen Kapitalmarktrechts** an der börsennotierten (Publikums-) Aktiengesellschaft ging jedoch an den sich rasch ändernden Verhältnissen realer Kapitalmärkte vorbei: Die Fokussierung auf die komplexe und kostenträchtige Organisationsform der (börsennotierten) Aktiengesellschaft führte in der Praxis nämlich auf der einen Seite dazu, dass nur ein kleinerer Teil der Kapital suchenden Unternehmen ihren Eigenkapitalbedarf über die Kapitalmärkte decken konnte und es dementsprechend zu erheblichen **Defiziten in der Eigenkapitalausstattung deutscher Unternehmen** kam.[24] Auf der anderen Seite fehlte es nicht an

---

[19] So der noch mit einem Fragezeichen versehene Titel des richtungsweisenden Aufsatzes von *Hopt* ZHR 140 (1976), 201 ff., ZHR 141 (1977), 389 ff.; vgl. ohne Fragezeichen nunmehr statt aller die Überschrift bei *Assmann* in: *Assmann/Schütze*, § 1 Rn. 8.

[20] Vgl. zur weiterhin fehlenden Anwendbarkeit des WpHG auf Beteiligungen an Personengesellschaften § 2 Rn. 23.

[21] Vgl. zur Überwachung von Unternehmensabschlüssen im sog. Enforcement-Verfahren sowie zur Veröffentlichung und Übermittlung von Finanzberichten an das Unternehmensregister die Kommentierung der §§ 37 n ff. bzw. der §§ 37 v ff.

[22] Zur Entwicklungsgeschichte zB *Hopt* ZHR 141 (1977), 389 ff.; ausführlich *Assmann*, in: *Assmann/Schütze*, § 1 Rn. 5 ff. mwN.

[23] *Assmann*, in: *Assmann/Schneider*, Einl. Rn. 1.

[24] Vgl. zur wirtschaftlichen Funktion und Bedeutung der AG als Instrument der Eigenkapitalbeschaffung für Unternehmen und Anlagemöglichkeit für Investoren in der historischen Entwicklung *Kübler/Assmann*, Gesellschaftsrecht, § 14 II. (S. 164 ff.).

anlagebereitem Kapital. Dieses floss jedoch zu großen Teilen in andere Anlageformen als Aktien, zB in den **„grauen" Kapitalmarkt**. Naturgemäß mangelte es gerade diesem Segment an klaren und strengen Regelungen, so dass es hier zu einer Vielzahl betrügerischer Aktivitäten kam, die das Vertrauen der Kapitalanleger nachhaltig erschütterten.[25]

8   Die aus diesen **Fehlentwicklungen** resultierende und im internationalen Vergleich wohl einmalige **Zweiteilung der Märkte in organisierte und nicht organisierte (graue) Kapitalmärkte** konnte auch von der Rechtsprechung nicht wirkungsvoll eingedämmt werden.[26] Denn die Rechtsprechung war insoweit lediglich in der Lage, den Anwendungsbereich bestehender Rechtsinstitute wie etwa der c.i.c. in Einzelschritten auf den Bereich der Kapitalmärkte auszudehnen oder rechtsfortbildend Sonderregeln für vom gesetzlichen „Leitbild" abweichende Konstellationen zu entwickeln;[27] sie verfügt aber nicht über die Mittel für ein umfassendes Konzept und eine systematische Kompensation von Regelungsdefiziten, wie sie dem Gesetzgeber zur Verfügung stehen.[28] Dieser kam erst mit der Einführung einer Prospektpflicht auch für den grauen Kapitalmarkt durch das Anlegerschutzverbesserungsgesetz[29] (AnSVG) zum 1. 7. 2005 den in weiten Teilen der Literatur schon lange erhobenen Forderungen nach der Kodifikation einer umfassenden und transparenten Regelung der Kapitalmarktpublizität im Primärmarkt nach. Gemäß §§ 8 ff. VerkProspG besteht nunmehr eine Prospektpflicht für alle im Inland angebotenen, nicht in Wertpapieren verbrieften Anteile, die eine Beteiligung am Ergebnis eines Unternehmens gewähren, für Anteile an einem Vermögen, das der Emittent oder ein Dritter in eigenem Namen hält oder verwaltet (Treuhandvermögen), sowie für Anteile an sonstigen geschlossenen Fonds. Die Haftung für einen fehlerhaften Prospekt richtet sich nunmehr nach § 13 VerkProspG, die Haftung für einen fehlenden Prospekt nach § 13a VerkProspG. Dies mag in Zukunft wieder zu einer gewissen Annäherung der beiden Kapitalmarktsegmente führen.

b) Etablierung der BaFin als zentrale Allfinanzaufsicht

9   Eine weitere Neuerung des WpHG für das deutsche Kapitalmarktrecht lag in der **Zentralisierung der staatlichen Aufsicht**. Das WpHG führte mit dem **früheren Bundesaufsichtsamt für den Wertpapierhandel (BAWe)** erstmals eine für den Bereich des WpHG **zentrale staatliche Kapitalmarktaufsicht** ein.[30] Durch das Gesetz über die integrierte Finanzdienstleistungsaufsicht[31] ist das

---

[25] Näher dazu *Assmann*, in: *Assmann/Schneider*, Einl. Rn. 4 ff.; *Assmann*, in: *Assmann/Schütze*, § 1 Rn. 8 ff.
[26] Einzelheiten bei *Assmann*, in: *Assmann/Schütze*, § 1 Rn. 12 ff.
[27] Vgl. zur Entwicklung der bürgerlich-rechtlichen Prospekthaftung durch die Rechtsprechung zB *Siol*, in: *Schimansky/Bunte/Lwowski*, Bankrechtshandbuch, § 45 Rn. 26 ff.; *Assmann*, in: *Assmann/Schütze*, § 6 Rn. 12 ff., 66 ff., 129 ff. jeweils mwN; zur Herausbildung eines „Sonderrechts der Publikumspersonengesellschaften" über die richterliche Inhaltskontrolle von Gesellschaftsverträgen etwa *Schneider* ZHR 142 (1978), 228 ff.; *Kellermann*, in: FS Stimpel, 1985, S. 295 ff.; *Kübler/Assmann*, Gesellschaftsrecht, § 21 III., S. 342 ff. jeweils mwN.
[28] *Assmann*, in: *Assmann/Schneider*, Einl. Rn. 7.
[29] Gesetz zur Verbesserung des Anlegerschutzes vom 28. 10. 2004, BGBl. I 2004, 2630.
[30] Näher dazu zB *Hagemeister* WM 2002, 1773 ff.
[31] Vom 22. 4. 2002, BGBl. I S. 1310.

BAWe zum 1. 5. 2002 zusammen mit dem Bundesaufsichtsamt für das Kreditwesen (BaKred) und dem Bundesaufsichtsamt für das Versicherungswesen in einer neuen Allfinanzaufsicht, der **Bundesanstalt für die Finanzdienstleistungsaufsicht (BaFin)**, gebündelt worden. Das so verwirklichte **Konzept der Allfinanzaufsicht** lehnt sich an das englische Vorbild der Financial Services Authority (FSA) an und ist letztlich darauf zurückzuführen, dass Banken, Versicherungen und Wertpapierdienstleister in zunehmendem Maße mit ähnlichen Produkten um dieselben Kunden werben.[32] Auch im Bereich der Aufsicht hat das WpHG somit den Übergang von einer institutions- und rechtsformbezogenen zu einem marktbezogenen Ansatz vollzogen. Dadurch konnten zugleich Teilbereiche des **grauen Kapitalmarkts** der Aufsicht unterworfen werden. Die BaFin ist eine bundesunmittelbare rechtsfähige Anstalt des öffentlichen Rechts im Geschäftsbereich des Bundesfinanzministeriums (§ 1 Abs. 1 FinDAG). Im Laufe der Zeit sind ihr immer mehr Kontrollaufgaben und Befugnisse übertragen worden (vgl. im Einzelnen hierzu Vor §§ 3 bis 11 Rn. 10 ff.).

Insgesamt ist die **Marktaufsicht in Deutschland dreistufig** aufgebaut:[33] Während der **BaFin** als nationaler Aufsichtsbehörde die bundesweite Aufsicht über den börslichen und außerbörslichen Handel mit den in § 2 WpHG aufgeführten Finanzprodukten sowie die Kontrolle über alle im WpHG genannten Verhaltenspflichten obliegt, sind die **Börsenaufsichtsbehörden der Länder** gem. § 3 Abs. 1 BörsG für die Einhaltung der börsenrechtlichen Vorschriften sowie für die ordnungsgemäße Durchführung und Abwicklung des börslichen Handels zuständig. Auf einer dritten Ebene stehen die **Handelsüberwachungsstellen der Börsen**. Bei ihnen handelt es sich um Börsenorgane, die gemäß § 7 Abs. 1 S. 1 BörsG im Rahmen der Börsenselbstverwaltung das Handelsgeschehen und die Geschäftsabwicklung an der jeweiligen Börse überwachen.

2. Anwendungsbereich und Regelungsgegenstände im Überblick

Das WpHG findet nach § 1 Abs. 1 Anwendung auf „die Erbringung von Wertpapierdienstleistungen und Wertpapiernebendienstleistungen, den börslichen und außerbörslichen Handel mit Finanzinstrumenten, den Abschluss von Finanztermingeschäften, auf Finanzanalysen sowie auf Veränderungen der Stimmrechtsanteile von Aktionären an börsennotierten Gesellschaften". Diese (nicht ganz vollständige)[34] Aufzählung verdeutlicht den bereits erwähnten primär marktbezogenen Charakter des WpHG: Der Anwendungsbereich des Gesetzes wird nicht durch die Art der in Frage stehenden Anlage (zB Aktie) oder die in Anspruch genommenen Institution (zB Börse), sondern durch allgemeine marktbezogene Anknüpfungspunkte bestimmt. So kommt es für die Eigenschaft als „Wertpapier" im Sinne des Gesetzes (der wichtigsten Unterkategorie der **„Finanzinstrumente"** iSd § 2 Abs. 2b) vor allem auf die **Übertragbarkeit und Handelbarkeit auf den Finanzmärkten** an (vgl. § 2 Abs. 1). Daran fehlt es zwar bei vielen Produkten des „grauen" Kapitalmarktes wie etwa Beteiligungen an Publikumspersonengesellschaften. Doch wird der Handel mit Wertpapie-

---

[32] *Hagemeister* WM 2002, 1773.
[33] Vgl. den Überblick bei *von Rosen*, in: *Assmann/Schütze*, § 2 Rn. 225 ff., 245 ff., 256 ff. mwN.
[34] Vgl. § 1 Rn. 6 ff.

ren, Derivaten, Geldmarktinstrumenten und Rechten auf Zeichnung von Wertpapieren auch außerhalb organisierter Märkte vom WpHG erfasst. Dazu gehören nicht nur der außerbörsliche Telefonhandel (der Banken), sondern zumindest auch standardisierte OTC-Geschäfte, weil diese fungible, an einem Markt handelbare Titel betreffen.[35] An der Fungibilität fehlt es dagegen, wenn die in Frage stehenden Kapitalmarktprodukte nicht handelbar sind, wie dies etwa bei Termingeldern und Sparbriefen der Fall ist.[36]

12 Wegen der durch das WpHG bezweckten Sicherung der Funktionsfähigkeit der Kapitalmärkte durch Stärkung des Anlegervertrauens in die Integrität und Fairness des Marktgeschehens regelt das WpHG vor allem die Bereiche, in denen das Vertrauen der Kapitalanleger in besonderem Maße beeinträchtigt werden kann. **Materielle Regelungsschwerpunkte** bilden daher zunächst die strafbewehrten Verbote des **Insiderrechts** (§§ 12 ff.) einschließlich der flankierenden und mittlerweile schadensersatzbewehrten (§§ 37 b, 37 c) Vorschriften zur **Ad-hoc-Publizität** (§ 15) sowie zur **Offenlegung von Eigengeschäften des Managements** (sog. Directors' Dealings, § 15 a).[37] Zu den „vertrauensbildenden Maßnahmen" des Gesetzgebers gehört ferner ein sehr weitgehendes **Verbot der Marktmanipulation** (§ 20 a). Regelungen zur Offenlegung von Stimmrechtsanteilen an börsennotierten Gesellschaften (§§ 21 ff.) sorgen für eine **weitreichende Transparenz der Beteiligungsstrukturen**.[38] Hinzu treten Pflichten von Emittenten zur Veröffentlichung von notwendigen **Informationen für die Wahrnehmung der Rechte aus Wertpapieren** (§§ 30 a ff.). Eingehende **Verhaltensregeln für Wertpapierdienstleistungsunternehmen sowie Finanzanalysten** (§§ 31 ff.) sollen das Vertrauen in die Tätigkeit dieser Unternehmen als Marktintermediäre stärken. Anlegerschützende Bestimmungen zu den **Finanztermingeschäften** (§§ 37 e, 37 g) runden die materiellen Regelungsbereiche des WpHG ab.[39] In jüngerer Zeit hinzugekommen sind Vorschriften zur **Überwachung von Unternehmensabschlüssen** (§§ 37 n ff., sog. Enforcement-Verfahren)[40] sowie zur **Veröffentlichung und Übermittlung von Fi-**

---

[35] BegrRegE, BT-Drs. 13/7141, S. 100.

[36] BegrRegE, BT-Drs. 13/7141, S. 100; näher dazu *Kümpel,* Bank- und Kapitalmarktrecht, Rn. 16.16.

[37] Solche Geschäfte sind grundsätzlich melde- und veröffentlichungspflichtig sind, da sie einerseits den Verdacht begründen können, von Insiderwissen beeinflusst zu sein, und andererseits einen Hinweis auf die Einschätzung des Managements hinsichtlich der Zukunftsaussichten der eigenen Gesellschaft geben können. Insidergeschäfte werden von den Marktteilnehmern als Verstoß gegen das Gebot der Fairness und Chancengleichheit angesehen.

[38] Die Information über die Stimmrechtsverhältnisse börsennotierter Gesellschaften ist wichtig, weil die Zusammensetzung des Aktionärskreises und die Veränderungen maßgeblicher Beteiligungen insbesondere das Anlageverhalten institutioneller Investoren erheblich beeinflussen können. Sind das Volumen der frei handelbaren Aktien sowie die Existenz von Großaktionären bekannt, so verringern sich zudem die missbräuchlich nutzbaren Informationsvorsprünge, vgl. nur *Kümpel,* Kapitalmarktrecht, S. 24.

[39] Die starke Ausweitung und Ausdifferenzierung der Wohlverhaltens- und Informationspflichten nach den §§ 31 ff. im Zuge der Umsetzung der Finanzmarktrichtlinie hat den deutschen Gesetzgeber zur Aufhebung der speziellen Informationspflichten und ihrer Überwachung im Zusammenhang mit Finanztermingeschäften nach den früheren §§ 37 d, 37 f bewogen, vgl. dazu näher Vor §§ 37 e und 37 g Rn. 100 ff.

[40] Die Vorschriften wurden durch das Bilanzkontrollgesetz in das WpHG eingefügt, BGBl. I 2004, 3408.

nanzberichten an das zentrale Unternehmensregister (§§ 37v ff.). Geregelt werden schließlich auch die Aufgaben und Befugnisse der BaFin (§§ 4 ff.) im Zusammenhang mit der Wertpapieraufsicht, wozu auch die Erteilung oder Versagung der Erlaubnis für das **Betreiben ausländischer organisierter Märkte** außerhalb der EU gehört, sofern sie Handelsteilnehmern mit Sitz in Deutschland einen unmittelbaren Marktzugang gewähren (37 i ff.).

3. Anleger- und Funktionenschutz als gesetzliche Ziele

a) Allgemeines

Die Regelungen des WpHG dienen sowohl dem öffentlichen Interesse an der **Funktionsfähigkeit der Wertpapiermärkte** als auch dem **Schutz der Kapitalanleger**.[41] Die in der Vergangenheit häufig streng getrennten Aspekte des institutionellen Funktionenschutzes einerseits und des Anlegerschutzes andererseits stehen nach heute herrschender Auffassung **in enger und untrennbarer Wechselwirkung gleichberechtigt** nebeneinander.[42] Von einem generellen Vorrang des Funktionenschutzes gegenüber dem Anlegerschutz kann daher keine Rede mehr sein.[43] Im Gegenteil betonen gerade die jüngeren europäischen Richtlinien in besonderem Maße die Aspekte des Anlegerschutzes. So verfolgt die europäische Finanzmarktrichtlinie ausdrücklich die **zweifache Zielsetzung, „die Anleger zu schützen und gleichzeitig ein reibungsloses Funktionieren der Wertpapiermärkte zu gewährleisten"**.[44]

Eng verwoben mit den beiden generellen Schutzzielen – Gewährleistung der Funktionsfähigkeit des Kapitalmarktes und Anlegerschutz (jedenfalls in ihrer Gesamtheit) – ist die weitere, davon zu trennende Frage nach den Instrumenten, mit denen dieser Schutz erreicht werden soll. Nicht selten wird die Dichotomie „Anlegerschutz versus Funktionenschutz" mit der **Gegenüberstellung von individuellem Rechtsschutz durch Einräumung subjektiver Rechte und einem nur reflexartigen Schutz des Einzelnen durch Rechtsnormen objektiven Rechts** gleichgesetzt. Beide Problemstellungen sind jedoch zu unterscheiden: Anlegerschutz muss nicht unbedingt über die Gewährung von individuellen Rechtspositionen oder Ansprüchen des einzelnen Anlegers erfolgen,

---

[41] Lenenbach, Kapitalmarkt- und Börsenrecht, 8.2; vgl. bereits Hopt ZHR 141 (1977), 389, 429, 431; allg. zu den Regelungszielen des Kapitalmarktrechts Kümpel, Bank- und Kapitalmarktrecht, Rn. 8,388 ff.
[42] Lenenbach, Kapitalmarkt- und Börsenrecht, 8.2; Hopt ZHR 159 (1995), 135, 159; Kübler AG 1977, 85, 87 f.
[43] Vgl. nur Kümpel, Bank- und Kapitalmarktrecht, Rn. 16.4, 16.9 ff. (Schutz des Vertrauens der Anleger in die Ordnungsmäßigkeit, Fairness und Integrität der Kapitalmärkte als Voraussetzung für die Funktionsfähigkeit).
[44] Erwägungsgrund Nr. 44 der Richtlinie 2004/19/EG des europäischen Parlaments und des Rates vom 21. 4. 2004 über Märkte für Finanzinstrumente (MiFID); ebenso Erwägungsgrund Nr. 31 („Ein Ziel dieser Richtlinie ist der Anlegerschutz"); vgl. ferner die Erwägungsgründe Nr. 2 („um Anlegern ein hohes Schutzniveau zu bieten"), Nr. 3 (Aufnahme der Anlageberatung in den Katalog der zulassungsbedürftigen Wertpapierdienstleistungen wegen „der wachsenden Abhängigkeit der Anleger von persönlichen Empfehlungen"), Nr. 17 („Aus Gründen des Anlegerschutzes und der Stabilität des Finanzsystems ..."), Nr. 41 („... Anleger, die diesen Schutz am dringendsten benötigen ...") sowie die Überschrift von Kapitel II Abschnitt 2 der MiFID („Bestimmungen zum Anlegerschutz").

sondern kann auch mittelbar über die Auferlegung gesetzlicher Verhaltenspflichten erreicht werden, die gleichzeitig oder sogar primär auf die Herstellung funktionsfähiger Kapitalmärkte gerichtet sind.[45] Die Frage, ob auch dem einzelnen Anleger die Mittel zur **Verwirklichung individuellen Rechtsschutzes** durch Gewährung subjektiver Rechte in die Hand gegeben werden oder ob das Ziel des Anlegerschutzes lediglich durch objektives Recht, insbesondere durch aufsichtsrechtliche Regelungen und die behördliche Überwachung ihrer Einhaltung, verfolgt wird, hängt von der konkreten Ausgestaltung der gesetzlichen Vorschriften ab. Selbst wenn es nicht nur um den Schutz des Anlegerpublikums geht, sondern gerade auch der individuelle Anleger vor Schäden bewahrt werden soll, muss der rechtliche Rahmen nicht zwingend so ausgestaltet sein, dass dem Einzelnen insoweit subjektive Rechte gewährt werden.[46] Vielmehr kann der Gesetzgeber das Ziel des individuellen Anlegerschutzes auch dadurch fördern, dass dem Normadressaten objektive Pflichten auferlegt werden, deren Einhaltung nur durch behördliche Überwachungsmaßnahmen kontrolliert werden soll, ohne dass ihre Verletzung zugleich individuelle Ansprüche des geschädigten Anlegers auslöst.[47] Letzteres ist vielmehr nur dann der Fall, wenn die verletzte Norm konkret drittschützenden Charakter aufweist und damit als „Schutzgesetz" iSd § 823 Abs. 2 BGB zu qualifizieren ist.

b) Aspekte des Funktionenschutzes

15   Die Regelungen des WpHG dienen zunächst dem **Funktionenschutz der Kapitalmärkte.** Die Kapitalmärkte erfüllen eine Vielzahl volkswirtschaftlich wichtiger Aufgaben:[48] Sie ermöglichen es in erster Linie, auf möglichst effiziente Weise den **(Eigen- und längerfristigen Fremd-)Kapitalbedarf der Unternehmen und öffentlichen Haushalte** über den Markt zu befriedigen. Dabei sorgt ein funktionsfähiger Kapitalmarkt nicht nur für den Zufluss inländischen Kapitals, sondern zieht auch Mittel aus dem Ausland an.[49] Aus Sicht der Investoren sind dabei nur solche Kapitalmärkte attraktiv, die neben guten Renditen auch in ein verlässliches und transparentes Regelungsumfeld eingebettet sind. Für private Anleger erfüllen funktionsfähige Kapitalmärkte heute mehr und mehr Aufgaben der **Vermögensbildung und Altersvorsorge** und treten insoweit an die Stelle finanziell kollabierender staatlicher Sozialversicherungssysteme.[50]

16   Der Aspekt der **Funktionsfähigkeit** wird üblicherweise in eine institutionelle, eine operationale sowie eine allokative Komponente unterteilt.[51] Dabei bezeichnet die **institutionelle Funktionsfähigkeit** die Herstellung der grundsätzlichen Rahmenbedingungen, die erst das Vertrauen der Anleger in die Stabilität und Zuverlässigkeit der Märkte begründen soll. Dazu gehören etwa ein unge-

---

[45] Vgl. *Assmann*, in: *Assmann/Schütze*, § 1 Rn. 14, der insoweit zwischen direktem und mittelbarem Anlegerschutz unterscheidet.
[46] Vgl. dazu im Einzelnen am Beispiel des WpÜG *Decker*, Öffentlich-rechtlicher Rechtsschutz der Zielgesellschaft und ihrer Aktionäre in Übernahmesituationen, 2008, S. 75 ff., 131 ff.
[47] Vgl. *Decker*, aaO, S. 7 (intendierte objektivrechtliche Begründung).
[48] Zusammenfassend zB *Kümpel*, Bank- und Kapitalmarktrecht, Rn. 8.393 ff.
[49] BT-Drs. 12/6679, S. 33.
[50] S. zB *Lenenbach* Rn. 1.37; *Kümpel*, Bank- und Kapitalmarktrecht, Rn. 8.396.
[51] *Lenenbach* Rn. 1.39 ff.; *Kümpel*, Bank- und Kapitalmarktrecht, Rn. 8.399 ff.; *Kübler* AG 1977, 85, 87 f.

Einleitung 17–19 **Einl.**

hinderter Marktzugang für Emittenten und Anleger, standardisierte und damit handelbare Kapitalmarktprodukte sowie eine möglichst große Angebotsvielfalt (Marktbreite) und ein möglichst hohes Anlagevolumen (Markttiefe).[52] Die **operationale Funktionsfähigkeit** bezweckt die Senkung der Transaktionskosten, die zu höheren Renditen und damit zu einer höheren Attraktivität des Marktes führen kann.[53]

Die Hauptfunktion des Kapitalmarkts besteht aber nach ganz einhelliger Auffassung in der **allokativen Funktionsfähigkeit**, also der bestmöglichen Zusammenführung potentieller Kapitalgeber und nachfragender Kapitalnehmer. Optimale Kapitalallokation in diesem Sinne liegt vor, wenn Kapital genau dorthin geleitet wird, wo es einerseits am dringendsten benötigt und auf der anderen Seite für seine Überlassung der höchste Preis bezahlt wird.[54] Diese Zielfunktion kann nur dann erreicht werden, wenn transparente Märkte und klare Verhaltensregeln das Vertrauen der Kapitalanleger in die Fairness und Integrität der Märkte dauerhaft gewährleisten. Die Regelungen des WpHG dienen insbesondere dieser Zielsetzung. 17

c) Schutz der (individuellen) Anleger

Viele Vorschriften des WpHG dienen neben dem Funktionenschutz auch dem **Anlegerschutz.** Dabei geht es nicht lediglich um einen **überindividuellen Publikumsschutz,** sondern gerade auch um den **Schutz des einzelnen Anlegers.**[55] Denn das Vertrauen der Kapitalanleger lässt sich nur dann herstellen und aufrechterhalten, wenn auch den individuellen Interessen der einzelnen Anleger Rechnung getragen wird.[56] In der Literatur wird insoweit zutreffend betont, dass eine kategorische Trennung zwischen Individual- und Publikumsschutz nicht möglich ist, sondern „der Funktionenschutz des Kapitalmarkts und der Individualschutz der Anleger (...) zwei Seiten derselben Medaille"[57] sind. Funktional ist der Individualanlegerschutz daher vielfach ein notwendig mitbezwecktes Zwischen- oder Nahziel zur Erreichung des Fern- oder Hauptziels des Funktionenschutzes. 18

Die Hinwendung von einem Konzept des institutionellen Publikumsschutzes zu einer stärkeren Betonung des individuellen Anlegerschutzes zeigt sich in jüngerer Zeit auch im WpHG selbst, etwa durch die Gewährung von Schadensersatzansprüchen bei fehlerhafter oder unterlassener Veröffentlichung von Ad-hoc-Mitteilungen durch §§ 37b, 37c WpHG.[58] Soweit das WpHG selbst keine derartigen **Individualansprüche** für geschädigte Anleger normiert, kann die Verletzung einer Vorschrift des WpHG über § 823 Abs. 2 BGB zur Grundlage für private Schadensersatzansprüche geschädigter Anleger werden, sofern es sich 19

---

[52] *Kümpel*, Bank- und Kapitalmarktrecht Rn. 8.400 ff.; *Assmann*, in: *Assmann/Schütze*, § 1 Rn. 26.
[53] Näher *Kümpel*, aaO, Rn. 8.412 ff.; *Lenenbach* Rn. 1.42; *Assmann* in: *Assmann/Schütze*, § 1 Rn. 26.
[54] *Kümpel*, aaO, Rn. 8.417 f.; *Assmann*, in: *Assmann/Schütze*, § 1 Rn. 24.
[55] Zurückhaltend *Kümpel*, aaO, Rn. 16.9 ff., der aber immerhin für die §§ 31, 32 WpHG aF einen individualschützenden Charakter bejaht (Rn. 16.711).
[56] Vgl. bereits *Hopt* ZHR 159 (1995), 135, 159.
[57] So *Hopt* ZHR 159 (1995), 135, 159; vgl. a. *Fuchs/Dühn* BKR 2002, 1063, 1065 mwN.
[58] Ähnlich *Lenenbach* Rn. 1.38.

um ein „**Schutzgesetz**" i. S. dieser Norm handelt.[59] Daneben können sich **zivilrechtliche Ansprüche** aber auch aus anderen Grundlagen vertraglicher oder deliktischer Art außerhalb des WpHG ergeben, etwa aus der Verletzung (vor-)vertraglicher Aufklärungs- oder Beratungspflichten (§§ 280, 311 Abs. 2 BGB) oder aus § 826 BGB. Welche Rolle die aufsichtsrechtlichen Vorgaben des WpHG bei der Interpretation und Konkretisierung zivilrechtlicher Pflichten spielen, muss für die jeweiligen Regelungskomplexe und Einzelfragen gesondert geprüft werden.[60]

II. Entstehung und Entwicklung des WpHG

1. Das Zweite Finanzmarktförderungsgesetz

a) Vorgeschichte

20 Schon vor Erlass des WpHG war der Gesetzgeber tätig geworden, um die Attraktivität und internationale Wettbewerbsfähigkeit des Finanzplatzes Deutschland zu steigern. Den Beginn dieser Entwicklung markierte das **Börsenzulassungsgesetz vom 16. 12. 1986,** mit dem die EG-Richtlinien zur Koordinierung der Börsenzulassungsbedingungen, des Börsenzulassungsprospekts und der Zwischenberichterstattung in nationales Recht umgesetzt wurden.[61] Von wesentlicher Bedeutung waren insbesondere die erstmalige börsengesetzliche Verankerung wichtiger anlegerschützender Publizitäts- und Verhaltenspflichten (zB Ad-hoc- und Zwischenberichtspublizität). Nach einer weiteren **Novellierung des BörsG** im Jahre 1989[62] folgte das **Erste Finanzmarktförderungsgesetz,**[63] das im Jahre 1990 vor allem das Recht der Kapitalanlagegesellschaften reformierte. Ein umfassendes Konzept für die Ausgestaltung des zukünftigen Kapitalmarkts wurde aber erst im **„Konzept Finanzplatz Deutschland"** vom 16. 1. 1992 skizziert.[64] Darin wurden Ideen für einen international wettbewerbsfähigen Finanzplatz Deutschland entwickelt, die zugleich als Leitlinie für die zukünftige Finanzpolitik dienten. Dieses Konzept lieferte wesentliche Bausteine für den späteren Entwurf des Zweiten Finanzmarktförderungsgesetzes.[65]

b) Gegenstand

21 Am 1. 1. 1995 trat das **Zweite Finanzmarktförderungsgesetz**[66] in Kraft. Es war vor allem von der Zielsetzung geprägt, die Attraktivität und Wettbewerbsfähigkeit des Finanzplatzes Deutschland durch eine Verbesserung der Funktionsfä-

---

[59] Näher hierzu in Bezug auf die Wohlverhaltensregeln des sechsten Abschnitts des WpHG Vor §§ 31 bis 37 a Rn. 80 ff.
[60] Vgl. etwa zur „Ausstrahlungswirkung" der §§ 31 ff. WpHG auf die Ausformung zivilrechtlicher Aufklärungs- und Beratungspflichten im Rahmen von Wertpapierdienstleistungen wie insbesondere Anlageberatung und -vermittlung Vor §§ 31 bis 37 a Rn. 60 ff.
[61] BGBl. I S. 2478 ff.; näher dazu *Kümpel*, Wertpapierhandelsgesetz, 1. Aufl. 1996, S. 22 ff.
[62] BGBl. I S. 1412.
[63] BGBl. I S. 266.
[64] BT-Drs. 11/4721, S. 15, vgl. auch WM 1992, 420.
[65] *Assmann*, in: *Assmann/Schneider,* Einl. Rn. 14; ausführlich zur Entstehungsgeschichte des WpHG KölnKommWpHG-*Hirte/Heinrich,* Einl. Rn. 57 ff. mwN.
[66] Gesetz über den Wertpapierhandel und zur Änderung börsenrechtlicher und wertpapierrechtlicher Vorschriften vom 26. 7. 1994, BGBl. I S. 1749 ff.

higkeit der deutschen Kapitalmärkte zu erhöhen,[67] und brachte u.a. wesentliche **Änderungen im Börsen-, Depot-, Investment- und Aktienrecht** mit sich.[68] Ganz im Mittelpunkt des Gesetzes stand jedoch die **Einführung des WpHG**. Damit verbunden waren nicht nur die Schaffung einer **zentralisierten Aufsichtsbehörde**, sondern auch vielfältige materielle Neuregelungen, insbesondere ein **Verbot des Insiderhandels** (§§ 12 ff.), neu konzipierte Pflichten zur **Ad-hoc-Publizität** (§ 15) und **Offenlegung von Beteiligungen** (§§ 21–30) sowie eine **Regulierung des Verhaltens von Wertpapierdienstleistungsunternehmen** in Form sog. Wohlverhaltenspflichten (§§ 31–37).[69] Dadurch wurden zugleich die europäischen Vorgaben der Insider-[70] und Transparenzrichtlinie[71] und teilweise der Wertpapierdienstleistungsrichtlinie[72] in nationales Recht umgesetzt.

2. Wesentliche Novellierungen des WpHG

a) Umsetzungsgesetz (1997)

Nach kleineren Änderungen durch das **Jahressteuer-Ergänzungsgesetz**[73] und das **Justizmitteilungsgesetz**[74] führte Art. 2 des **Umsetzungsgesetzes**[75] zu einer ersten tief greifenden Umgestaltung und Weiterentwicklung des WpHG.[76] Gegenstand der Novelle war im Wesentlichen die noch ausstehende vollständige **Umsetzung der Wertpapierdienstleistungsrichtlinie** sowie der **Kapitaladäquanz-**[77] und der **BCCI-Folgerichtlinie**.[78] Mit den Änderungen sollte wiederum vor allem das Vertrauen der Anleger in die Funktionsfähigkeit der Märkte gefördert werden.[79]

---

[67] BegrRegE, BT-Drs. 12/6679, S. 1.
[68] Vgl. zum Gang der Gesetzgebung ausführlich *Assmann*, in: *Assmann/Schneider*, Einl. Rn. 16 ff.
[69] *Kümpel*, Bank- und Kapitalmarktrecht, Rn. 16.3.
[70] 89/592/EWG, ABl. EG Nr. L 334 vom 18. 11. 1989, S. 30 ff.
[71] 88/627/EWG, ABl. EG Nr. L 348 vom 12. 12. 1988, S. 62 ff.
[72] 93/22/EWG, ABl. EG Nr. L 141, vom 10. 5. 1993, S. 27 ff.
[73] Gesetz zur Ergänzung des Jahressteuergesetzes 1996 und zur Änderung anderer Gesetze vom 18. 12. 1995, BGBl. I S. 1959. Art. 22 brachte insoweit durch Ergänzung des § 15 Abs. 3 Satz 1 WpHG aF eine Erleichterung für ausländische Emittenten im Rahmen der Ad-hoc-Publizität, als Mitteilungen auch in einer anderen Sprache als Deutsch erfolgen konnten; vgl. zur Sprachenregelung nunmehr § 3b WpAIV.
[74] Justizmitteilungsgesetz und Gesetz zur Änderung kostenrechtlicher Vorschriften und anderer Gesetze vom 18. 6. 1997, BGBl. I S. 1430. Durch Art. 16 des wurde § 40a WpHG eingefügt, das durch bestimmte Mitteilungspflichten für Gerichte, Strafverfolgungs- oder Strafvollstreckungsbehörden zu einer Effektivierung der Wertpapierhandelsaufsicht beitragen sollte.
[75] Gesetz zur Umsetzung von EG-Richtlinien zur Harmonisierung bank- und wertpapieraufsichtsrechtlicher Vorschriften vom 22. 10. 1997, BGBl. I S. 2518.
[76] Einzelheiten bei *Assmann*, in: *Assmann/Schneider*, Einl. Rn. 23 ff.; KölnKomm-WpHG-*Hirte/Heinrich*, Einl. Rn. 65; *Meixner* NJW 1998, 865; *Weber-Rey/Baltzer* WM 1997, 2295; *Wiebke* DStR 1998, 496.
[77] Richtlinie 93/6/EWG vom 15. 3. 1993, ABl. EG Nr. L 141 vom 11. 6. 1993, S. 1.
[78] Richtlinie 95/26/EWG vom 29. 6. 1995, ABl. EG Nr. L 168 vom 18. 7. 1995, S. 7.
[79] BR-Drs. 963/96, S. 57.

23 Eine wesentliche Änderung war vor allem mit der Neufassung der §§ 1 bis 2a verbunden, durch die der sachliche **Anwendungsbereich des WpHG erweitert wurde.** Dies bewirkte insbesondere eine **Ausweitung der Wohlverhaltenspflichten in §§ 31 ff.**[80] Zudem wurde die **Aufsicht** über die Kapitalausstattung und das Marktverhalten von Wertpapierdienstleistungsunternehmen auf andere Finanzdienstleister ausgedehnt, so dass die „grauen" Märkte in einem weiteren Umfang erfasst wurden. Zusätzliche aufsichtsrechtliche Befugnisse begründeten §§ 36 und 36a (Überwachung der Verhaltensregeln und Meldepflichten), § 36b (Verbot bestimmter Arten der Werbung für Wertpapier- und Wertpapiernebendienstleistungen) sowie § 36c (Zusammenarbeit mit zuständigen Stellen im Ausland).[81] Von Bedeutung waren ferner die Veränderungen zur **Effektivierung der Insiderüberwachung** in § 16 (betreffend die Erstreckung der Auskunftspflichten auf Unternehmen mit Sitz im Ausland, die an einer inländischen Börse zur Teilnahme am Handel zugelassen sind und vom Ausland aus über einen Handelsbildschirm an einer inländischen Börse oder im Freiverkehr handeln) sowie die Einführung des **Gebotes der getrennten Vermögensverwahrung** in § 34a für Wertpapierdienstleistungsunternehmen, die über keine Erlaubnis zum Betreiben des Einlage- oder Depotgeschäfts verfügen.[82]

b) Das Dritte Finanzmarktförderungsgesetz (1998)

24 Das **Dritte Finanzmarktförderungsgesetz**[83] bestand aus 30 Artikeln und führte zu **wesentlichen Novellierungen** im Börsen-, Investment- und Wertpapierhandelsrecht, die wiederum dem Ziel dienten, ein effizientes und flexibles Finanzsystem zu fördern und das Vertrauen der Marktteilnehmer in die Integrität und Funktionsfähigkeit des Finanzplatzes zu festigen.[84] Die Veränderungen betrafen im Wesentlichen **vier Bereiche:** Erstens wurden die **Mitteilungs- und Veröffentlichungspflichten** nach §§ 20f. AktG sowie §§ 21 ff. WpHG miteinander harmonisiert, um eine Verdoppelung der Meldepflichten zu vermeiden.[85] Zweitens wurde die wertpapierhandelsrechtliche Marktbeaufsichtigung durch **Erweiterung der Ermittlungs-, Auskunfts- und Eingriffsbefugnisse** des BAWe verbessert[86] und die Möglichkeiten zur internationalen Zusammenarbeit verstärkt. Zudem verpflichtete nunmehr § 16a WpHG die Aufsichtsbehörde zur Überwachung der Geschäfte ihrer Mitarbeiter. Drittens wurde mit § 37a WpHG eine **Verjährungsfrist** von drei Jahren für Schadensersatzansprüche aufgrund fehlerhafter Information und Beratung eingeführt.[87] Der vierte Bereich betraf

---

[80] Vgl. näher *Assmann,* in: *Assmann/Schneider,* Einl. Rn. 25 ff.
[81] Näher dazu *Assmann,* in: *Assmann/Schneider,* Einl. Rn. 27.
[82] Einzelheiten bei *Assmann,* in: *Assmann/Schneider,* Einl. Rn. 26 f.
[83] Gesetz zur weiteren Fortentwicklung des Finanzplatzes Deutschland vom 24. 3. 1998, BGBl. I S. 529.
[84] BR-Drs. 605/97, S. 54 ff.; dazu zB *Pötzsch* AG 1997, 193 ff., *Weisgerber* Die Bank 1998, 200.
[85] Näher *Assmann,* in: *Assmann/Schneider,* Einl. Rn. 29.
[86] Näher dazu *Assmann,* in: *Assmann/Schneider,* Einl. Rn. 30.
[87] Vgl. *Assmann,* in: *Assmann/Schneider,* Einl. Rn. 31; spätestens nach der Reform des allgemeinen Verjährungsrechts im Zuge der Schuldrechtsreform sieht sich die Regelung zunehmender rechtspolitischer Kritik ausgesetzt, vgl. *Zimmermann* ZIP 2007, 410 ff.; vgl. auch unten Rn. 76, näher hierzu § 37a Rn. 3.

eine geringfügige Deregulierung der Ad-hoc-Publizitätspflichten für ausländische Emittenten gemäß § 15 Abs. 2 WpHG.

c) KonTraG (1998) und weitere Novellen mit überwiegend redaktionellen Änderungen

Die partielle Liberalisierung des Erwerbs eigener Aktien durch die Änderung des § 71 AktG im Zuge des Gesetzes zur Kontrolle und Transparenz im Unternehmensbereich (KonTraG)[88] machte eine Anpassung der korrespondierenden wertpapierhandelsrechtlichen Normen der §§ 25 Abs. 1 und 39 Abs. 1 Nr. 2b) erforderlich. Danach unterliegen Gesellschaften, die eigene Aktien handeln, zwar keiner Mitteilungspflicht, müssen aber den **Veröffentlichungspflichten** des § 25 Abs. 1 S. 1 bis 3 nachkommen.[89] 25

Lediglich redaktionelle Änderungen im Wertpapierhandelsrecht in den §§ 25 Abs. 1, 26, 34 a und 39 Abs. 1 WpHG waren Folge des Gesetzes zur Umsetzung der EG-Einlagensicherungsrichtlinie und der EG-Anlegerentschädigungsrichtlinie vom 16. 7. 1998.[90] Obwohl keine gravierenden materiellen Änderungen des WpHG erfolgten,[91] wurde auf Grund von Art. 6b das WpHG am 9. 9. 1998 neu bekannt gemacht.[92] Bloße redaktionelle Anpassungen, aber keine materiellen Rechtsänderungen im WpHG brachte auch die Einführung des Gesetzes zur Regelung von öffentlichen Angeboten zum Erwerb von Wertpapieren und von Unternehmensübernahmen (WpÜG) vom 20. 12. 2001 mit sich.[93] 26

d) Finanzdienstleistungsaufsichtsgesetz (2002)

Gleiches gilt zwar für die zahlreichen Änderungen des WpHG im Gefolge des umfangreichen Artikelgesetzes über die integrierte Finanzdienstleistungsaufsicht vom 22. 4. 2002,[94] dessen Kernstück das Gesetz über die Bundesanstalt für Finanzdienstleistungsaufsicht (**Finanzdienstleistungsaufsichtsgesetz, FinDAG**) ist. Dieses Gesetz führte aber durch die Einrichtung einer **Allfinanz-Aufsichtsbehörde** mit Wirkung vom 1. 5. 2002 zu einer bedeutsamen Änderung der Aufsichtsstrukturen in Deutschland. Die **Bundesanstalt für Finanzdienstleistungsaufsicht (BaFin)** ersetzte das bisherige Bundesaufsichtsamt für das Kreditwesen (BAKred), das Bundesaufsichtsamt für das Versicherungswesen und das Bundesaufsichtsamt für den Wertpapierhandel (BAWe); sie ist als bundesunmittelbare, rechtsfähige Anstalt des öffentlichen Rechts organisiert.[95] Das Konzept der Allfinanz-Aufsicht lehnt sich an das **englische Vorbild der Financial Services Authority (FSA)** an und empfängt ihre sachliche Rechtfertigung vor allem daraus, dass Banken, Versicherungen und Wertpapierdienstleister in zunehmendem Maße mit ähnlichen Produkten um dieselben Kunden werben.[96] 27

---

[88] Vom 27. 4. 1998, BGBl. I S. 786.
[89] *Assmann*, in: *Assmann/Schneider*, Einl. Rn. 32.
[90] Vom 16. 7. 1998, BGBl. I S. 1842.
[91] Näher dazu *Assmann*, in: *Assmann/Schneider*, Einl. Rn. 33.
[92] BGBl. I 1998, S. 2708.
[93] BGBl. I S. 3822.
[94] Vom 22. 4. 2002, BGBl. I S. 1310; dazu *Hagemeister* WM 2002, 1773 ff.
[95] Näher dazu zB *Hagemeister* WM 2002, 1773, 1774 ff.
[96] Vgl. nur *Hagemeister* WM 2002, 1773, 1774.

e) Das Vierte Finanzmarktförderungsgesetz (2002)

28 Am 1. 7. 2002 trat das **Vierte Finanzmarktförderungsgesetz**[97] in Kraft. Es umfasste 26 Artikel und führte zu gravierenden Änderungen und Erweiterungen in Kernbereichen des Kapitalmarktrechts.[98] Zur Stärkung der deutschen Börsen im internationalen Wettbewerb, Verbesserung des Anlegerschutzes sowie Erzielung von Effizienzsteigerungen in der Aufsicht[99] wurde nicht nur das **Börsenrecht in den Bereichen der Preisfeststellung, des Maklerrechts und der Möglichkeiten der Marktsegmentierung**[100] umfassend novelliert, sondern – zusammen mit Änderungen im Investmentrecht[101] – vor allem auch das Wertpapierhandelsrecht mit zahlreichen Neuerungen konfrontiert. **Fünf Regelungskomplexe** sind besonders hervorzuheben:

29 aa) **Verbot der Kurs- und Marktpreismanipulation.** Das Vierte Finanzmarktförderungsgesetz ersetzte den früheren Straftatbestand des Kursbetruges nach § 88 BörsG aF durch ein weit reichendes **Verbot der Kurs- und Marktpreismanipulation** in § 20a WpHG.[102] Die Vorschrift schuf einen zweiteiligen Verbotstatbestand, der zwischen informations- und handelsgestützten Manipulationen unterscheidet. § 20a Abs. 1 Nr. 1 verbietet **unrichtige Angaben oder das pflichtwidrige Verschweigen von Umständen, die für die Bewertung eines Vermögenswertes erheblich sind,** sofern die Angaben oder das Verschweigen geeignet sind, auf den Börsen- oder Marktpreis des Vermögensgegenstandes einzuwirken. § 20a Abs. 1 Nr. 2 verbietet **sonstige Täuschungshandlungen,** die auf eine solche Einwirkung abzielen. Wann eine sonstige Täuschungshandlung vorliegt, kann das Bundesministerium der Finanzen (oder bei Übertragung auf sie auch die BaFin) gemäß § 20a Abs. 2 durch Rechtsverordnung präzisieren.[103]

30 Die Zuständigkeit für die **Überwachung** des Verbots der Kurs- und Marktpreismanipulation wurde durch § 20b ebenfalls der **BaFin** übertragen.[104] Dies ist zum einen deshalb sinnvoll, weil sich das Manipulationsverbot sowohl auf börsliche als auch auf außerbörsliche Transaktionen erstreckt. Zum anderen können

---

[97] Gesetz zur weiteren Fortentwicklung des Finanzplatzes Deutschland vom 21. 6. 2002, BGBl. I S. 2010.

[98] Überblicke zum 4. Finanzmarktförderungsgesetz zB bei *Fleischer* NJW 2002, 2977; *Fenchel* DStR 2002, 1355; *Hutter/Leppert* NZG 2002, 649; *Großmann/Nikoleyczik* DB 2002, 2031; *Baur/Wagner* Die Bank 2002, 530; zur Entwurfsphase zB *Dreyling* Die Bank 2002, 16; *Rudolph* BB 2002, 1036; *Möller* WM 2001, 2405.

[99] BT-Drs. 14/8017, S. 1.

[100] Überblick zur organisationsrechtlichen Seite bei *Fleischer* NJW 2002, 2977, 2982f.; *Fenchel* DStR 2002, 1355ff.; *Hutter/Leppert* NZG 2002, 649, 650f.; *Baur/Wagner* Die Bank 2002, 530ff.

[101] Einzelheiten zB bei *Fenchel* DStR 2002, 1355, 1360ff.

[102] Näher dazu zB *Fleischer* NJW 2002, 2977, 2978; *Großmann/Nikoleyczik* DB 2002, 2031, 2033f.

[103] Dies geschah erstmals durch die Verordnung zur Konkretisierung des Verbotes der Kurs- und Marktpreismanipulation (KuMaKV) vom 18. 11. 2003. Diese wurde durch die neue Verordnung zur Konkretisierung des Verbots der Marktmanipulation (MaKonV) abgelöst, welche am 11. 3. 2005 in Kraft trat.

[104] Die Vorschrift wurde durch Art. 1 Nr. 8 AnSVG (dazu unten Rn. 39ff.) mit Wirkung zum 30. 10. 2004 wieder aufgehoben, da ihr Regelungsgehalt in den allgemeinen Vorschriften zu Verfahren und Befugnissen der BaFin (§§ 4, 7, 10) aufgegangen ist.

Einleitung   31–33   **Einl.**

Manipulationshandlungen nicht nur aus jedem anderen Bundesland und damit auch aus Bundesländern ohne Börsen, sondern auch grenzüberschreitend vorgenommen werden.[105] Der schuldhafte **Verstoß** gegen § 20a Abs. 1 stellt eine **Ordnungswidrigkeit** **31** nach § 39 Abs. 1 dar, die mit einer Geldbuße von bis zu einer Million Euro geahndet werden kann. Die **vorsätzliche Tatbestandsverwirklichung,** die **tatsächlich auf den Börsen- oder Marktpreis** eingewirkt hat, ist nach § 38 Abs. 2 **strafbewehrt.** Obwohl dem Gesetzgeber die umstrittene Rechtslage hinsichtlich § 88 BörsG aF bekannt war, hat er sich zur individualschützenden Wirkung von § 20a nicht geäußert.[106] Es bleibt daher abzuwarten, ob der Verstoß gegen § 20a in der Praxis auch **zivilrechtliche Folgen** nach sich ziehen wird.[107]

bb) Verbesserungen der Ad-hoc-Publizität. Durch das vierte Finanz- **32** marktförderungsgesetz wurden auch die **Anforderungen an Ad-hoc-Mitteilungen konkretisiert.**[108] § 15 Abs. 1 S. 2 bestimmte, dass die in Ad-hoc-Mitteilungen verwendeten Kennzahlen im Geschäftsverkehr üblich sein und einen Vergleich mit den zuletzt benutzten Kennzahlen ermöglichen müssen. Diese Regelung sollte den Emittenten die Möglichkeit nehmen, die Marktteilnehmer durch den Gebrauch unüblicher Kennzahlen (wie etwa „Ergebnis vor Marketing"[109]) oder durch den Wechsel von Kennzahlen über die wirklichen Verhältnisse der Gesellschaft zu täuschen und dadurch den Kapitalmarkt in die Irre zu führen. § 15 Abs. 1 S. 3 untersagte in Reaktion auf vielfältige rechtstatsächliche Missstände ausdrücklich die Veröffentlichung offensichtlich überflüssiger Ad-hoc-Mitteilungen, wie etwa Ad-hoc-Meldungen zu Werbezwecken. Korrespondierend dazu wurde in § 15 Abs. 1 S. 4 die Verpflichtung aufgenommen, unwahre Ad-hoc-Mitteilungen selbst dann unverzüglich zu berichten, wenn an sich die Voraussetzungen einer Ad-hoc-Mitteilungspflicht nicht vorliegen.[110]

Eine ganz wesentliche Neuerung stellte **die Schaffung eines kapitalmarkt-** **33** **rechtlichen Haftungstatbestandes** für fehlerhafte oder unterlassene Ad-hoc-Mitteilungen in §§ **37b, 37c** dar.[111] Dadurch wurde unzutreffend informierten Kapitalanlegern für den Bereich der Sekundärmärkte erstmals eine eigenständige Anspruchsgrundlage zur Verfügung gestellt, die eine Kompensation der durch fehlerhafte oder pflichtwidrig unterbliebene Ad-hoc-Mitteilungen entstandenen Schäden vorsieht. Die §§ 37b, 37c berücksichtigen insoweit zutreffend, dass Kapitalanleger bei fehlerhaften Veröffentlichungen bisher einerseits nur unzureichend geschützt waren, andererseits das Publizitätsverhalten zahlreicher Gesellschaften starke Mängel aufwies.[112] Die Neuregelung ist vor allem deshalb bemerkenswert, weil zuvor § 15 **Abs. 6 S. 1 WpHG aF** individuelle Schadens-

---
[105] *Fenchel* DStR 2002, 1355, 1359.
[106] Zu Recht kritisch *Fleischer* NJW 2002, 2977, 2979.
[107] Vgl. dazu auch § 20a Rn. 152 und Vor §§ 37b, 37c Rn. 64.
[108] *Fleischer,* NJW 2002, 2977; *Fenchel* DStR 2002, 1355, 1358; *Hutter/Leppert* NZG 2002, 649, 652 ff.; *Großmann/Nikoleyczik* DB 2002, 2031, 2032 ff.
[109] Beispiel nach *Fenchel* DStR 2002, 1355, 1358.
[110] Die Anforderungen an Art und Inhalt der Veröffentlichung und der Mitteilung von Informationen nach § 15 sind nunmehr in §§ 3a, 5 WpAIV geregelt; vgl. im Einzelnen § 15 Rn. 239 ff.
[111] *Fleischer* NJW 2002, 2977, 2979 ff.; *Fenchel* DStR 2002, 1355, 1359 f.; *Hutter/Leppert* NZG 2002, 649, 654 f.; *Großmann/Nikoleyczik* DB 2002, 2031, 2034 ff.
[112] BT-Drs. 14/8017, S. 93.

ersatzansprüche wegen fehlerhafter Ad-hoc-Information kategorisch versagte.[113] Die Anspruchsdurchsetzung wird insoweit erleichtert, als das Verschulden der Emittenten vermutet wird. Ob die neuen Vorschriften sich auch in der Rechtspraxis tatsächlich zu einem wirkungsvollen Instrument des Anlegerschutzes entwickeln werden, ist aber fraglich. Denn die §§ 37b, 37c vermögen nicht die Probleme potentieller Kläger beim Nachweis der Kausalität der Pflichtverletzung sowie der Schadensberechnung zu mildern.[114] Auch das zum 1. 11. 2005 in Kraft getretene Kapitalanleger-Musterverfahrensgesetz[115] **(KapMuG)** kann insoweit nur in begrenztem Umfang Abhilfe schaffen, weil sich der Musterentscheid nur auf (rechtliche und tatsächliche) Umstände beziehen kann, die sich für alle am Verfahren beteiligten Kläger gleich darstellen. Soweit sich die Beklagte gegenüber dem einzelnen Anleger auf individuelle Besonderheiten im Kausalverlauf oder beim Schadensumfang beruft, kann dies nicht Gegenstand eines Musterverfahrens sein.[116]

34 cc) **Offenlegung von Eigengeschäften des Managements.** Mit § 15a wurden im deutschen Kapitalmarktrecht erstmals Mitteilungs- und Offenlegungspflichten für Vorstände und Aufsichtsräte börsennotierter Gesellschaften bei Eigengeschäften mit Aktien des von ihnen geführten oder beaufsichtigten Unternehmens begründet (sog. **Directors' Dealings**).[117] Die Neuregelung ist nicht nur von der allgemeinen Erkenntnis beeinflusst, dass jede Offenlegung der Markttransparenz förderlich ist. Sie berücksichtigt vor allem, dass Eigengeschäfte des Managements wegen des besonderen Näheverhältnisses zur eigenen Gesellschaft u. U. (wenn auch nicht zwingend) Rückschlüsse auf die tatsächliche Lage des Unternehmens zulassen. Gleichzeitig verhindert die zeitnahe Offenlegung, dass es zu Informationsdefiziten der Marktteilnehmer kommt und die Verwaltungsmitglieder Insiderwissen ausnutzen können. Da Geschäfte der Verwaltungsmitglieder generell einen gewissen „Anschein des Insiderwissens" in sich tragen,[118] kann die frühzeitige Veröffentlichung insoweit auch zur Vertrauensbildung auf den Kapitalmärkten beitragen.

35 Die Mitteilungs- bzw. Veröffentlichungspflicht knüpfte bis zum 1. 7. 2005 an den **Erwerb oder die Veräußerung von Aktien oder aktiengleichen Rechten** an, wenn ein Geschäftsvolumen von über 25 000,– Euro innerhalb von 30 Tagen betroffen war. Diese Grenze wurde durch das AnSVG zum 30. 10. 2004 auf lediglich 5000,– Euro pro Geschäftsjahr herabgesetzt. Diese Regelung wird allgemein kritisiert, da alle Geschäfte der Führungsperson selbst und der zu ihr in enger Beziehung stehenden Personen zusammengerechnet werden müssen.[119] Die nach § 15a verpflichteten Personen haben ihre Mitteilung unverzüg-

---

[113] Sonstige Ansprüche, die auf anderen Rechtsgrundlagen beruhen (zB § 826 BGB), waren allerdings auch damals schon nicht ausgeschlossen gem. § 15 Abs. 6 S. 2.
[114] Vgl. dazu näher §§ 37b, 37c Rn. 44ff.
[115] BGBl. I, S. 2437; ausführlich dazu Vor §§ 37b, 37c Rn. 81ff.; vgl. auch unten Rn. 69.
[116] G. *Vollkommer* NJW 2007, 3094, 3096; *Möllers/Weichert* NJW 2005, 2437, 2739; *Reuschle* NZG 2004, 590, 591; *Hess/Michailidou* WM 2003, 2318, 2319.
[117] Näher dazu *Fleischer* NJW 2002, 2977, 2978; *Fenchel* DStR 2002, 1355, 1358f.; *Hutter/Leppert* NZG 2002, 649, 655ff.; *Großmann/Nikoleyczik* DB 2002, 2031, 2033.
[118] *Fenchel* DStR 2002, 1355, 1359.
[119] *Erkens* Der Konzern 2005, 29, 35; *Diekmann/Sustmann* NZG 2004, 929, 936.

lich gegenüber dem Emittenten und der BaFin abzugeben. Die Veröffentlichung kann wahlweise durch Bekanntgabe auf der unternehmenseigenen Internetseite oder in einem überregionalen Börsenpflichtblatt erfolgen. Um Umgehungen zu verhindern, gilt die Veröffentlichungspflicht nach § 15a Abs. 1 S. 2 auch für **Ehepartner, eingetragene Lebenspartner und Verwandte ersten Grades.** Der Verstoß gegen § 15a wird gemäß § 39 Abs. 2 Nr. 2d) als Ordnungswidrigkeit mit einem Bußgeld von bis zu 100 000,– Euro geahndet. Ob der Verstoß auch zivilrechtliche Folgen hat, ist bisher nicht geklärt, im Ergebnis aber wohl zu bejahen.[120]

dd) Neues Recht der Finanztermingeschäfte. Das frühere Recht der 36 Börsentermingeschäfte, das in den §§ 50 bis 70 BörsG sowie in Einzelbestimmungen des BGB geregelt war,[121] wurde in §§ 37d bis 37g WpHG grundlegend neu gestaltet.[122] Mit der bislang in § 53 Abs. 2 BörsG a.F. verankerten „Termingeschäftsfähigkeit kraft Information", zu der flankierend die allgemeinen wertpapierhandelsrechtlichen Informationen traten (Zwei-Stufen-Modell), konnte der so genannte Termineinwand überwunden werden, der die Unverbindlichkeit des Börsentermingeschäfts zur Folge hatte.[123] Dieses Modell wurde durch das Konzept **schadensersatzbewehrter standardisierter Informationspflichten in § 37d** ersetzt. Die damit einhergehende Einführung des **Begriffs des Finanztermingeschäfts** in § 37d Abs. 1 sollte nicht nur die Unsicherheiten darüber, was überhaupt ein Termingeschäft ist, beseitigen, sondern auch das unklare Verhältnis der börsenrechtlichen Vorschriften zu § 764 BGB klären. Angesichts der eher tautologischen Definition des Finanztermingeschäfts in § 2 Abs. 2a (dazu § 2 Rn. 62ff.) ist das freilich nur ansatzweise gelungen (vgl. näher Vor §§ 37e und 37g Rn. 8ff., 93ff.). Im Zusammenhang mit der Umsetzung der Finanzmarktrichtlinie durch das FRUG (dazu unten Rn. 56ff., 63) ist es zur Aufhebung der speziellen Informationspflichten nach § 37d und damit zu einem erneuten „Systemwechsel" bei der Behandlung von Finanztermingeschäften gekommen.

ee) Ausdehnung der Wohlverhaltensregeln auf die Wertpapieranalyse. 37 Mit dem neuen § 34b wurden durch das Vierte Finanzmarktförderungsgesetz die schon zuvor im WpHG verankerten Wohlverhaltensregeln für Wertpapierdienstleistungsunternehmen auch auf Wertpapier- und Finanzanalysen ausgedehnt.[124] Dies war erforderlich, weil das Vertrauen der Anleger in die Sorgfalt, Neutralität und Integrität von Wertpapieranalysen von herausragender Bedeutung für die Informationseffizienz der Kapitalmärkte ist. Nach § 34b Abs. 1 S. 1 sind Wertpapieranalysen mit der erforderlichen Sachkenntnis, Sorgfalt und Gewissenhaftigkeit zu erbringen. Mögliche Interessenkonflikte in der Wertpapieranalyse sollen offen gelegt werden. § 34b Abs. 1 S. 2 statuiert einen Katalog von vermuteten Interessenkonflikten mit einer daraus resultierenden Offenlegungspflicht. Die

---

[120] Vgl. dazu *Fleischer* NJW 2002, 2977, 2978; *Sethe*, in: *Assmann/Schneider*, § 15a Rn. 113ff. mwN; ausführlich unten § 15a Rn. 197ff.
[121] Zur alten Rechtslage *Fleischer* NJW 2002, 2977, 2981 mwN.
[122] Überblick bei *Fleischer* NJW 2002, 2977, 2981 f.; *Baur/Wagner* Die Bank 2002, 530, 534f.
[123] Ausführl. *Kümpel,* Bank- und Kapitalmarktrecht, 2. Aufl., Rn. 15.137ff., 3. Aufl., Rn. 15.251ff.
[124] Näher dazu zB *Fenchel* DStR 2002, 1355, 1360; *Großmann/Nikoleyczik* DB 2002, 2031, 2036.

Erfüllung der Verpflichtung aus § 34b Abs. 1 S. 1 wird gemäß §§ 35, 36 durch die BaFin überwacht.

f) Investmentmodernisierungsgesetz (2003)

38 Nach redaktionellen Änderungen des WpHG durch das Gesetz zur Änderung des Mineralölsteuergesetzes und anderer Gesetze vom 23. 7. 2002[125] und die Achte Zuständigkeitsanpassungsverordnung vom 25. 11. 2003[126] führte das **Gesetz zur Modernisierung des Investmentwesens und zur Besteuerung von Investmentvermögen (Investmentmodernisierungsgesetz)** vom 15. 12. 2003[127] zu einer weiteren Novelle des WpHG. Geändert wurden die §§ 2, 2a, 30, 36c WpHG. Grundlage des Gesetzes waren die Richtlinien 2001/107/EG und 2001/108/EG zur Änderung der Richtlinie 85/611/EWG zur Koordinierung der Rechts- und Verwaltungsvorschriften betreffend bestimmte Organismen für gemeinsame Anlagen in Wertpapieren (OGAW) vom 21. Januar 2002.[128] Hauptgegenstand des Gesetzes war die Ersetzung des AuslInVG und des KAGG durch das Investmentgesetz zum 1. 1. 2004 sowie die Einführung des Investmentsteuergesetzes. Praktische Bedeutung hatten die Änderungen vor allem hinsichtlich der Schaffung neuer, relativ liberaler Rahmenbedingungen für die Tätigkeit von Hedgefonds[129] sowie der Investmentaktiengesellschaft als neuer Gesellschaftsform für Kapitalanlagen.[130]

g) Das Anlegerschutzverbesserungsgesetz (AnSVG) (2004)

39 aa) **Allgemeines.** Das Gesetz zur Verbesserung des Anlegerschutzes vom 28. 10. 2004[131] diente der **Umsetzung folgender EU-Richtlinien:**
- der **Marktmissbrauchsrichtlinie** des Europäischen Parlaments und des Rates vom 28. 1. 2003;[132]
- der Richtlinie der Kommission vom 22. 12. 2003 zur Durchführung der Richtlinie 2003/6/EG betreffend die Begriffsbestimmungen und die Veröffentlichung von Insiderinformationen und die Begriffsbestimmungen der Marktmanipulation;[133]
- der Richtlinie der Kommission vom 22. 12. 2003 zur Durchführung der Richtlinie 2003/6/EG in Bezug auf die sachgerechte Darbietung von Anlageempfehlungen und die Offenlegung von Interessenkonflikten;[134]
- der Richtlinie der Kommission vom 29. 4. 2004 zur Durchführung der Richtlinie 2003/6/EG – zulässige Marktpraktiken, Definition von Insider-

---

[125] BGBl. I 2002 S. 2778.
[126] BGBl. I 2003 S. 2304.
[127] BGBl. I 2003 S. 2676; für einen umfassenden Überblick vgl. *Köndgen/Schmies,* Die Neuordnung des deutschen Investmentrechts, WM 2004, Sonderbeilage Nr. 1, S. 3 ff.; zu den Neuregelungen für den Vertrieb von Investmentanteilen *Nickel* ZBB 2004, 197 ff.; *Kaune/Oulds* ZBB 2004, 114 ff.
[128] ABl. EG Nr. L41 S. 20 und 35.
[129] Vgl. dazu *Pütz/Schmies* BKR 2004, 51 ff.; *Ricke* BKR 2004, 60 ff.; *Nickel* ZBB 2004, 197, 203 ff.
[130] Vgl. dazu zB *Steck/Schmitz* AG 2004, 658 ff.; *Hermanns* ZIP 2004, 1297 ff.
[131] BGBl. I 2004 S. 2630.
[132] Richtlinie 2003/6/EG, ABl. EU Nr. L 96 S. 16.
[133] Richtlinie 2003/124/EG, ABl. EU Nr. L 339 S. 70.
[134] Richtlinie 2003/125/EG, ABl. EU Nr. L 339 S. 73.

Einleitung

informationen in Bezug auf Warenderivate, Erstellung von Insiderverzeichnissen, Meldung von Eigengeschäften und Meldung verdächtiger Transaktionen.[135]

Die Marktmissbrauchsrichtlinie hat nach Art. 20 mit Inkrafttreten die bisherige Insiderrichtlinie[136] ersetzt; sie bezweckt eine **Stärkung des Vertrauensschutzes** und eine einheitliche Regelung sämtlicher Missbrauchs- und Manipulationstatbestände. Die mit ihr beabsichtigte Harmonisierung auf europäischer Ebene ist zum einen wegen neuerer tatsächlicher Entwicklungen (wie etwa der verbreiteten Nutzung des Internet, der Entwicklung komplexer Derivate und Finanzprodukte, des Wachstums globaler und international verbundener Märkte und des damit einhergehenden Interesses der organisierten Kriminalität),[137] zum anderen wegen der Unterschiede und Defizite im Recht der Mitgliedstaaten dringend erforderlich.[138] Die Vereinheitlichung auf europäischer Ebene dient nicht nur der **Chancengleichheit,** sondern der **Erhaltung der Wettbewerbsfähigkeit der Kapitalmärkte und Institutionen in Europa.** Einheitliche Regelungen schaffen europaweit größere Klarheit und beseitigen mögliche Investitionshemmnisse länderübergreifend tätiger Marktteilnehmer.[139] Da grundsätzlich jede manipulative Einwirkung auf den Markt, sei es in Form von Insidergeschäften, sei es durch Kursmanipulationen, die Effizienz und Transparenz an den Kapitalmärkten und damit das Vertrauen der Kapitalanleger in die Integrität der Wertpapiermärkte beeinträchtigen kann, soll durch die Marktmissbrauchsrichtlinie eine umfassende, für alle Mitgliedstaaten gleichartige Regelung sämtlicher Missbrauchstatbestände geschaffen und auf diese Weise ein dauerhaftes Vertrauen der Marktteilnehmer (wieder) hergestellt werden.[140] Die Richtlinie erstreckt sich daher auf **Insider-Geschäfte, Marktmanipulationen sowie flankierende Veröffentlichungspflichten zu deren Verhinderung.** Neben den bereits erwähnten Durchführungsrichtlinien (oben Rn. 39) sind in diesem Zusammenhang die folgenden **weiteren Durchführungsvorschriften zur Marktmissbrauchsrichtlinie** zu beachten:

– Verordnung (EG) Nr. 2273/2003 der Kommission vom 22. Dezember 2003 zur Durchführung der Richtlinie 2003/6/EG des Europäischen Parlaments und des Rates – **Ausnahmeregelungen für Rückkaufprogramme und Kursstabilisierungsmaßnahmen.**[141]
– Erste Leitlinien des Kommittees der Europäischen Wertpapieraufsichtsbehörden (CESR) zur Anwendung der Marktmissbrauchsrichtlinie vom 11. Mai 2005 betreffend **Marktmanipulationen und die Anzeige verdächtiger Aktivitäten** („Market Abuse Directive: Level 3 – CESR Guidance and Information on the Common Operation of the Directive").[142]

---

[135] Richtlinie 2004/72/EG, ABl. EU L 162 S. 70.
[136] 89/592/EWG, ABl. EG Nr. L 334 vom 18. 11. 1989, S. 30 ff.
[137] Vgl. nur 25. Erwägungsgrund der Richtlinie.
[138] Vgl. 11. Erwägungsgrund der Richtlinie; zugleich ist sie ein Element in Umsetzung des „Aktionsplans Finanzdienstleistungen" von 1999, KOM (1999) 232 endg., s. auch 3. Erwägungsgrund der Richtlinie.
[139] Vgl. nur 2. Erwägungsgrund der Richtlinie.
[140] 2. Erwägungsgrund der Richtlinie; dazu *Weber* EuZW 2002, 43; *Dier/Fürhoff* AG 2002, 604.
[141] ABl. Nr. L 336 vom 23/12/2003 S. 33–38.
[142] Die englische Fassung ist im Internet unter *www.cesr-eu.org* abrufbar.

In Umsetzung der europäischen Vorgaben brachte das **AnSVG** zum 30. 10. 2004 **bedeutende Änderungen** vor allem in den folgenden Bereichen des WpHG mit sich:

41 bb) **Verbot von Insidergeschäften (§§ 12–14 WpHG).** Der alte Begriff der Inside**rtatsache** wurde durch den neuen, weiter gefassten Begriff der Insider**information** ersetzt. § 13 Abs. 1 enthält eine Legaldefinition der Insiderinformation. Er erfasst nunmehr auch Werturteile und Prognosen. Das Tatbestandsmerkmal des „Ausnutzens" wurde durch das Erwerben oder Veräußern „unter Verwendung" von Insiderinformationen ersetzt (§ 14 Abs. 1). Probleme könnte dieses neue Tatbestandsmerkmal im Rahmen eines Unternehmenskaufs nach einer Due-Diligence-Prüfung mit sich bringen.[143] Eine **Unterscheidung zwischen Primär- und Sekundärinsidern** ist nunmehr nur noch auf der **Rechtsfolgenseite** von Interesse, auf der Tatbestandsseite ergeben sich keine Unterschiede mehr. Die Weitergabe von Insiderinformationen ist jetzt auch für Sekundärinsider verboten. Darüber hinaus ist nunmehr auch der Versuch des Insiderhandels strafbar (§ 38 Abs. 3).

42 cc) **Ad-hoc-Publizität (§ 15 WpHG).** Die Ad-hoc-Pflicht beginnt nun schon mit der **Beantragung** der Zulassung zum Börsenhandel (§ 15 Abs. 1 Satz 1). Der Begriff der Ad-hoc-Tatsache wurde durch den Begriff der Insiderinformation ersetzt. Diese Angleichung an das Insiderrecht führt gleich in mehreren Fällen zur Ausweitung der Ad-hoc-Publizitätspflicht. Zum einen sind **nicht mehr nur Tatsachen** zu veröffentlichen, zum anderen bezieht sich die Publikationspflicht jetzt auf jede Insiderinformation, die den Emittenten „**unmittelbar betrifft**". Das können auch Umstände sein, die von außen kommen (etwa ein Übernahmeangebot oder eine Herabstufung durch eine Rating-Agentur, nicht jedoch allgemeine Marktveränderungen). Diese Ausweitung der Meldepflicht hat zu einer Steigerungsrate bei Ad-hoc-Meldungen von 30% geführt.[144] Ebenfalls neu ist die Regelung des § 15 Abs. 3, wonach sich der **Emittent selbst von der Veröffentlichungspflicht befreien** kann, wenn es der Schutz seiner berechtigten Interessen erfordert, keine Irreführung der Öffentlichkeit zu befürchten ist und der Emittent die Vertraulichkeit der Insiderinformation gewährleisten kann. Im Gegensatz zur alten Rechtslage ist **kein Antrag bei der BaFin** mehr erforderlich. Es genügt die Übersendung einer Begründung (§ 15 Abs. 4). Die Pflicht zur Publizität entfällt jedoch nicht endgültig, sondern wird nur aufgeschoben, bis eine der Befreiungsvoraussetzungen nicht mehr vorliegt. Einzelheiten über die Ad-hoc-Pflicht regelt Abschnitt 3 der Wertpapierhandelsanzeige- und Insiderverzeichnisverordnung (WpAIV).[145]

43 dd) **Directors' Dealings (§ 15a WpHG).** Der Tatbestand der Directors' Dealings wurde erheblich verändert: Der Kreis der Emittenten wurde erweitert, der Kreis der betroffenen natürlichen Personen auf alle Personen mit Führungsaufgaben ausgedehnt, ferner eine Mitteilungspflicht für juristische Personen, die im Zusammenhang mit Führungspersonen stehen, eingeführt. Darüber hinaus wurde die Bagatellgrenze von Geschäften im Wert von 25 000,– Euro innerhalb

---

[143] Siehe dazu *Ziemons* NZG 2004, 537, 539; *Grothaus* ZBB 2005, 62, 63 sowie im Einzelnen § 14 Rn. 303 ff.
[144] *Dreyling* Der Konzern 2006, 1, 3.
[145] BGBl. I 2004, 3376.

Einleitung 44–47 **Einl.**

von 30 Tagen auf nur noch 5000,– Euro bis zum Ende des Geschäftsjahres herabgesetzt. Dabei sind jetzt auch Geschäfte von nahe stehenden Personen der jeweiligen Führungsperson zuzurechnen (§ 15 Abs. 1 Satz 5). Diese Änderungen führten zu einem Anstieg der Zahl von Meldungen um mehr als 100%.[146] Einzelheiten regelt Abschnitt 4 der WpAIV.

ee) Insiderverzeichnisse (§ 15 b WpHG). § 15 b begründet erstmals für 44 alle Emittenten die Pflicht, ein Insiderverzeichnis zu führen, welches der BaFin die Insiderüberwachung erleichtern soll. Einzelheiten zu Inhalt, Berichtigung, Aufbewahrung und Vernichtung normiert Abschnitt 5 der WpAIV.

ff) Verdachtsbezogene Anzeigepflicht (§ 10 WpHG). § 10 enthält erst- 45 mals für alle beruflich am Finanzmarkt tätigen Personen eine Mitteilungspflicht an die BaFin bei Verdacht auf Verstöße gegen das Insiderhandels- und Marktmanipulationsverbot. Um die Bereitschaft zur Anzeigenerstattung zu erhöhen, ist in Abs. 3 eine Haftungsbefreiung für fahrlässige Falschinformationen vorgesehen. Einzelheiten zu Form und Inhalt der Anzeige sind in der WpAIV geregelt.[147]

gg) Verbot der Marktmanipulation (§ 20 a WpHG). § 20 a WpHG ver- 46 wendet in seiner neuen Fassung ausschließlich den Begriff des „Finanzinstruments", der im Wesentlichen dem bisher bekannten Katalog aus Wertpapieren, Geldmarktinstrumenten, Derivaten und Rechten auf Zeichnung von Wertpapieren entspricht. § 20 a wurde damit an die Terminologie der Marktmissbrauchsrichtlinie angepasst. Zugleich wurde der Verbotskatalog in § 20 a erweitert und die erste Tatvariante um die Unzulässigkeit „irreführender Angaben" ergänzt. In § 20 a Abs. 1 Nr. 2 wurde als neue Tatbestandsalternative die Täuschung durch Handelsaktivitäten eingeführt. Gemäß § 20 a Abs. 2 gilt dies jedoch nicht, wenn die Handlung mit der zulässigen Marktpraxis vereinbar ist und der Handelnde hierfür legitime Gründe hat. Von der Ermächtigung, einen Katalog von Handlungen aufzustellen, die keinen Verstoß gegen das Verbot der Marktpreismanipulation darstellen (so genannte safe-harbour-Regelung), hat die BaFin mit dem Erlass der **MaKonV** Gebrauch gemacht.[148] Für einen Verstoß gegen § 20 a genügt nunmehr die **objektive Eignung** der Handlung, auf den Börsenpreis einzuwirken, und **einfacher Vorsatz** bezüglich der Eignung der Täuschungshandlung. Die immer wieder kritisierte und in der Praxis zu Beweisschwierigkeiten führende **Einwirkungsabsicht ist nicht mehr erforderlich.**

hh) Finanzanalyse (§ 34 b WpHG). Der Anwendungsbereich des § 34 b 47 wurde durch das AnSVG sowohl in sachlicher als auch in persönlicher Hinsicht erweitert. Normadressaten sind jetzt nicht mehr nur Wertpapierdienstleistungsunternehmen, sondern alle natürlichen oder juristischen Personen, die im Rahmen ihrer beruflichen Tätigkeit Finanzanalysen erstellen und weitergeben. Trotz der Ausnahmebestimmungen in Abs. 4 für Journalisten ist ein Spannungsverhält-

---

[146] *Dreyling* Der Konzern 2006, 1, 3.
[147] Vgl. näher § 10 Rn. 6 ff.
[148] Verordnung zur Konkretisierung des Verbots der Marktmanipulation (MaKonV) vom 1. 3. 2005, BGBl. I 2005, 515. Die Verordnung bestimmt insbesondere, was bewertungserhebliche Umstände, falsche oder irreführende Signale, ein künstliches Preisniveau und sonstige Täuschungshandlungen sind; außerdem definiert sie Handlungen, die in keinem Fall einen Verstoß gegen das Verbot der Marktpreismanipulation darstellen.

nis der neuen Regelung zur Pressefreiheit (Art. 5 Abs. 1 Satz 2 GG) unverkennbar.[149]

48 In sachlicher Hinsicht fallen nicht mehr nur **Analysen** von Wertpapieren, sondern **von sämtlichen Finanzinstrumenten** unter § 34b, sofern sie direkt oder indirekt eine Empfehlung für eine bestimmte Anlageentscheidung enthalten und einem unbestimmten Personenkreis zugänglich gemacht werden sollen. Dies ist nicht der Fall, wenn sie lediglich zum internen Gebrauch vorgesehen sind. Problematisch könnte darüber hinaus die Anwendung des § 34b auf **Rating-Agenturen** sein.[150] § 34c führt erstmals eine Mitteilungspflicht gegenüber der BaFin für alle natürlichen und juristischen Personen ein, die in Ausübung ihres Berufes oder im Rahmen ihrer Geschäftstätigkeit für die Erstellung oder Weitergabe von Finanzanalysen verantwortlich sind. Einzelheiten zur Finanzanalyse regelt die Finanzanalyseverordnung (FinAnV[151]) vom 17.12.2004.

h) Bilanzkontrollgesetz (2004)

49 Das Gesetz zur Kontrolle von Unternehmensabschlüssen (Bilanzkontrollgesetz – BilKoG)[152] fügte zum 21.12.2004 die §§ 37n bis 37u und 45 in das WpHG ein und änderte § 39 WpHG. Gegenstand des Gesetzes ist die **Einführung eines zweistufiges Systems zur Überwachung der Rechnungslegung kapitalmarktorientierter Unternehmen** (sog. „Enforcement"-Verfahren), um Bilanzmanipulationen zu Lasten der Anleger zu erschweren. Auf der ersten (für die betroffenen Unternehmen freiwilligen) Stufe der Überwachung wird eine private Prüfstelle tätig, auf der zweiten Stufe die BaFin. Prüfungsgegenstand ist der „zuletzt festgestellte Jahresabschluss und der zugehörige Lagebericht oder der zuletzt gebilligte Konzernabschluss und der zugehörige Konzernlagebericht eines Unternehmens" (§ 37o Abs. 1 WpHG). Prüfungen können bei konkreten Anhaltspunkten für Verstöße gegen Rechnungslegungsvorschriften sowie ohne besonderen Anlass (stichprobenartig) erfolgen.

i) Das Transparenzrichtlinie-Umsetzungsgesetz (TUG) (2007)

50 Nach kleineren Änderungen des WpHG durch das Gesetz zur Neuordnung des Pfandbriefrechts vom 22.5.2005[153] führte das **Transparenzrichtlinie-Umsetzungsgesetz (TUG)** vom 10. Januar 2007[154] zu erheblichen Modifikationen der handels- und kapitalmarktrechtlichen Publizitätsvorschriften. Mit diesem Gesetz kam die Bundesrepublik Deutschland (gerade noch rechtzeitig)[155] ihrer Pflicht zur Umsetzung der europäischen Transparenzrichtlinie[156] nach. Die Um-

---

[149] Dazu ausführlich *Spindler* NZG 2004, 1138 ff. und zur Selbstregulierung *Kämmerer/Veil* BKR 2005, 379.

[150] *Spindler* NJW 2004, 3449, 3453. Den Ratings fehlt es jedoch in aller Regel an einer direkten oder indirekten Anlageempfehlung, s. *Möllers*, in: KölnKommWpHG, § 34b Rn. 104.

[151] BGBl. I S. 3522.

[152] Gesetz zur Kontrolle von Unternehmensabschlüssen vom 15.12.2004, BGBl. I S. 3408.

[153] BGBl. I S. 1373; geändert wurden mit Wirkung zum 19.7.2005 die §§ 7, 15a und 20a WpHG.

[154] BGBl. I S. 10.

[155] Nach Art. 31 Abs. 1 TransparenzRL endete die Umsetzungsfrist am 20.1.2007.

[156] Richtlinie 2004/109/EG des europäischen Parlaments und des Rates zur Harmonisierung der Transparenzanforderungen in Bezug auf Informationen über Emittenten, de-

Einleitung 51, 52 **Einl.**

setzung ging teilweise, etwa insbesondere bei der Beteiligungspublizität, über die zwingenden europarechtlichen Vorgaben hinaus (vgl. Rn. 52). Die erst am 8. 3. 2007 von der EU-Kommission endgültig erlassene **Durchführungsrichtlinie zur Transparenzrichtlinie**,[157] die insbesondere die Anforderungen an die Offenlegung bedeutender Beteiligungen und an die Zwischenberichterstattung der kapitalmarktorientierten Unternehmen sowie die Mindestvoraussetzungen für die europaweite öffentliche Verbreitung der bekanntzumachenden Informationen konkretisiert, hat der Gesetzgeber in der Entwurfsfassung bereits beim Erlass des TUG weitgehend berücksichtigt. Nach der Implementierung erforderlicher Gesetzesänderungen im Zuge des Investmentänderungsgesetzes[158] sind die restlichen Vorgaben der Durchführungsrichtlinie dann durch die **Transparenzrichtlinie-Durchführungsverordnung** (TranspRLDV) des BMF vom 13. 3. 2008 umgesetzt worden.[159] Sie betreffen vor allem die Anforderungen an die Unabhängigkeit der Stimmrechtsausübung von Wertpapierdienstleistungsunternehmen und anderen Finanzmarktakteuren als Voraussetzung für eine Ausnahme von der Stimmrechtszurechnung im Rahmen von Meldepflichten, den Inhalt des Halbjahresfinanzberichts eines Inlandsemittenten sowie die Anforderungen an die Gleichwertigkeit von Drittstaatenregelungen.

Die **Transparenzrichtlinie** verfolgt das Ziel, das Anlegervertrauen durch erhöhte Transparenz zu stärken und die Kosten der Kapitalaufnahme zu senken, um die Effizienz der Wertpapiermärkte zu steigern. Sie beruht auf dem Financial Service Action Plan (FSAP)[160] und regelt die **Pflichten kapitalmarktorientierter Unternehmen zur regelmäßigen und laufenden Information der Anleger,** harmonisiert diese und schreibt insoweit europaweite Mindeststandards fest. Die Veröffentlichungspflichten bestehen aus einem geprüften Jahresfinanzbericht nach IAS und einem Lagebericht innerhalb von 4 Monaten nach Ende des Geschäftsjahres (vgl. jetzt § 37v WpHG), aus einem Halbjahresfinanzbericht nach IAS 34 (vgl. § 37w WpHG) sowie für Aktienemittenten zusätzlich aus weniger ausführlichen Quartalsangaben (Zwischenmitteilungen der Geschäftsführung gemäß § 37x WpHG). Das TUG führte für die Mehrheit der kapitalmarktorientierten Unternehmen demnach zu einer deutlichen Ausweitung der periodischen Rechnungslegungspflichten.[161] 51

Darüber hinaus wurde das Recht der **Bekanntgabe von bedeutenden Beteiligungen** geändert. Insoweit war die Reform der §§ 21ff. WpHG unumgänglich, da Mitteilungen nun auch bei Erreichen von 15, 20 und 30 Prozent-Beteiligungen gemacht werden müssen. Das TUG hat die Kapitalmarkttransparenz über das europarechtlich Notwendige hinaus erweitert, indem schon der Erwerb von mehr als 3% der Stimmrechte an einem börsennotierten Unternehmen bekannt zu machen ist.[162] Diese Regelung bezweckt, ein unbemerktes „An- 52

---

ren Wertpapiere zum Handel auf einem geregelten Markt zugelassen sind, und zur Änderung der Richtlinie 2001/34/EG (Transparenzrichtlinie) ABl. EU Nr. L 390 S. 38.
[157] Richtlinie 2007/14/EG der Kommission vom 8. 3. 2007, ABl. EU Nr. L 69, S. 27.
[158] BegrRefE (TranspRLDV) vom 11. 1. 2008, S. 13 (abrufbar unter *www.bund.bmf.de*).
[159] BGBl. I S. 408.
[160] Mitteilung der Europäischen Kommission KOM (1999) 232 vom 11. 5. 1999.
[161] Zu diesen Änderungen ausführlich *Strieder/Ammedick* DB 2007, 1368ff.
[162] Siehe Art. 1 des Transparenzrichtlinie-Umsetzungsgesetzes, BGBl. I 2007, 13.

Fuchs

Einl. 53–55 Einleitung

schleichen" an einen Emittenten zu verhindern.[163] Ebenfalls neu ist die Regelung des § 25 WpHG, nach der die Mitteilungspflichten gemäß § 21 WpHG grundsätzlich auch auf das Halten sonstiger Finanzinstrumente erstreckt werden. Völlig neu eingeführt wurde die Pflicht des Emittenten zur Veröffentlichung der Gesamtzahl der Stimmrechte. § 26a WpHG statuiert eine solche Pflicht für alle Inlandsemittenten am Ende jedes Kalendermonats, in dem es zu einer Zu- oder Abnahme von Stimmrechten gekommen ist.

53 Geändert wurde außerdem das **Publikationsregime.** Nunmehr müssen Emittenten Insiderinformationen, Mitteilungen über Directors' Dealings und Stimmrechtsveränderungen, Finanzberichte und zusätzliche Angaben einem Bündel unterschiedlicher Medien zusenden, die geeignet sind, die **Informationen europaweit zu verbreiten.** Art und Weise sowie nähere Einzelheiten regelt die WpAIV.[164] Zusätzlich sind die Informationen gemäß § 26 WpHG an das neu geschaffene Unternehmensregister als zentraler Speicherstelle zu übermitteln.[165]

54 Für die Anwendung deutscher Veröffentlichungspflichten und die Beaufsichtigung durch die BaFin kommt es nicht mehr darauf an, ob der Emittent an einer inländischen Börse notiert ist. Vielmehr führt das TUG entsprechend den europäischen Vorgaben das **Herkunftsstaatsprinzip** ein. In diesem Zusammenhang werden im WpHG nunmehr „Emittenten mit dem Herkunftsstaat Bundesrepublik Deutschland" (§ 2 Abs. 6) und „Inlandsemittenten" (§ 2 Abs. 7) definiert.[166] § 11 WpHG erweitert insoweit den Adressatenkreis der kapitalmarktrechtlichen Pflichten, als er dem Insolvenzverwalter des Verpflichteten auferlegt, diesen bei der Erfüllung seiner kapitalmarktrechtlichen Pflichten zu unterstützen.

55 Die Richtlinie macht zudem **Vorgaben für elektronisch zur Verfügung zu stellende Informationen für Hauptversammlungen und Handelsregister** (vgl. Art. 21 Abs. 2). Die Veröffentlichung auf elektronischem Wege soll insgesamt erleichtert werden. Dieser Teil der Richtlinie, der auch eine Vereinfachung des Sprachenregimes vorsieht (vgl. Art. 20 Abs. 2), nach der es ausreichen soll, wenn die Veröffentlichungen zusätzlich zur Herkunftslandsprache noch in einer weiteren am Finanzmarkt international geläufigen Sprache (also vor allem Englisch) erfolgen, wurde durch das **Gesetz über elektronische Handelsregister und Genossenschaftsregister sowie das Unternehmensregister (EHUG)** vom 10. 11. 2006[167] umgesetzt. Mit der Einführung des elektronischen Handelsregisters und eines zentralen Unternehmensregisters, in das weitere Angaben wie insbesondere Rechnungsabschlüsse einzustellen sind, wird die grenzüberschreitende Verfügbarkeit kapitalmarktrelevanter Informatio-

---

[163] BT-Drs. 16/2498, S. 34.
[164] Wertpapierhandelsanzeige- und Insiderverordnung vom 13. 12. 2004, zuletzt geändert durch das Transparenzrichtlinie-Umsetzungsgesetz vom 10. 1. 2007.
[165] Das Unternehmensregister ist im Internet unter *www.unternehmensregister.de* für jedermann frei zugänglich. Es ist geplant, zukünftig die Speichermedien aller Mitgliedstaaten der EU und der übrigen Vertragsstaaten des EWR zu einem europäischen Datennetzwerk auszubauen.
[166] Vgl. zu dieser Regelung *Nießen* NJW 2007, 41 ff.
[167] BGBl. I S. 2553; näher zum EHUG insbesondere *Seibert/Decker* DB 2006, 2446 ff.; *Liebscher/Scharff* NJW 2006, 3745 ff.; *Noack* NZG 2006, 801 ff.; *ders.,* FS Eisenhardt, 2007, S. 475 ff.; *Schlotter* BB 2007, 1 ff.; *Kort* AG 2007, 801 ff.

nen erheblich verbessert. Weitere Erleichterungen im Hinblick auf die Wahrnehmung von Mitgliedschaftsrechten (auch) durch nicht im Inland ansässige Aktionäre wird die noch ausstehende **Umsetzung der europäischen Aktionärsrechterichtlinie** bringen.[168] Dabei geht es insbesondere um die stärkere Nutzung neuer Medien bei der Information der Aktionäre vor und während der Hauptversammlung (zB Ermöglichung der elektronischen Teilnahme an der Hauptversammlung, Übersendung von hauptversammlungsrelevanten Mitteilungen in elektronischer Form, Gewährleistung der grenzüberschreitenden Stimmrechtsausübung).[169]

j) Das Finanzmarkt-Richtlinie-Umsetzungsgesetz (FRUG) (2007)

Die bisher wohl umfangreichste Novellierung des WpHG hat das „Gesetz zur Umsetzung der Richtlinie über Märkte für Finanzinstrumente und der Durchführungsrichtlinie der Kommission (Finanzmarkt-Richtlinie-Umsetzungsgesetz – FRUG)" vom 16. 7. 2007[170] bewirkt. Das größtenteils zum 1. 11. 2007 in Kraft getretene umfangreiche Artikelgesetz[171] passt das deutsche Recht an die Nachfolgerin der Wertpapierdienstleistungsrichtlinie, die nunmehr als Richtlinie über Märkte für Finanzinstrumente (Markets in Financial Instruments Directive – MiFiD) bezeichnet wird,[172] sowie an die auf der zweiten Stufe des Komitologieverfahrens[173] erlassene Durchführungsrichtlinie[174] an. Wegen des hohen Detaillierungsgrades der Richtlinien verblieb dem nationalen Gesetzgeber dabei nur ein geringer Gestaltungsspielraum.

aa) Entstehungsgeschichte und Regelungsziele der MiFiD. Ziel der neuen Finanzmarktrichtlinie ist es, Unzulänglichkeiten der alten Wertpapierdienstleistungsrichtlinie zu beheben. Die aus dem Jahre 1993 stammende Richtlinie markierte den Start zu einer Harmonisierung der rechtlichen Anforderun-

---

[168] Richtlinie 2007/36/EG des Europäischen Parlaments und des Rates vom 11. 7. 2007 über die Ausübung bestimmter Rechte von Aktionären in börsennotierten Gesellschaften, ABl. EU Nr. L 184 vom 14. 7. 2007, S. 17; vgl. hierzu zB *Pluskat* WM 2007, 2135 ff. sowie den RefE eines Gesetzes zur Umsetzung der Aktionärsrechterichtlinie (ARUG) vom 6. 5. 2008, abrufbar unter *www.bmj.de;* dazu *Drinhausen/Keinath* BB 2008, 1238 ff.; *Noack* NZG 2008, 441 ff.; *Sauter* ZIP 2008, 1706 ff.; *Zetzsche* Der Konzern 2008, 321 ff.
[169] Vgl. die Erwägungsgründe 5, 6, 9 sowie Art. 5 und 8 der RL 2007/36/EG.
[170] BGBl. I S. 1330.
[171] Außer dem WpHG wurden zehn weitere Gesetze und zwei Rechtsverordnungen geändert.
[172] Richtlinie 2004/39/EG ABl. L 145 S. 1.
[173] Hiermit wird ein Verfahren beschleunigter Rechtsetzung durch die Delegierung der Befugnis zum Erlass von Durchführungsbestimmungen auf die Kommission beschrieben, die den „Basisrechtsakt", die vom Rat und Europäischen Parlament im Mitentscheidungsverfahren nach Art. 251 EG beschlossene Richtlinie mit ihren Rahmenbestimmungen, konkretisieren; vgl. näher zu diesem auch als „Lamfalussy-Verfahren" bezeichneten Rechtsetzungsverfahren mit seinen insgesamt vier Stufen (Rahmengesetzgebung, Erlass von Durchführungsbestimmungen, koordinierte Anwendung und Überwachung der Einhaltung) KölnKommWpHG-*Hirte/Heinrich* Einl. Rn. 49 ff. mwN.
[174] Durchführungsrichtlinie 2006/73/EG der Kommission zur Durchführung der Richtlinie 2004/39/EG des Europäischen Parlaments und des Rates in Bezug auf die organisatorischen Anforderungen an Wertpapierfirmen und die Bedingungen für die Ausübung ihrer Tätigkeit sowie in Bezug auf die Definition bestimmter Begriffe für die Zwecke der genannten Richtlinie vom 10. 8. 2006, ABl. EG L 241/26.

gen an Finanzdienstleistungsunternehmen.[175] Sie bezweckte sowohl die Stärkung des Anlegerschutzes als auch der Funktionsfähigkeit der Wertpapiermärkte.[176] In den Jahren ihrer Geltung haben sich jedoch zahlreiche **Defizite** gezeigt, die aus Sicht der EG-Kommission eine **grundlegende Reform** und damit **komplette Neufassung** (anstelle punktueller Änderungen) erforderlich machten. Zu bemängeln war insbesondere, dass die bisherige Richtlinie nicht das gesamte Dienstleistungsangebot für Wertpapierkunden (zB Anlageberatung, neue Distributionskanäle) und nicht den gesamten Finanzhandel (unter Einschluss zB von Warenderivaten) umfasste.[177] Die vorhandenen Schutzmechanismen entsprachen nicht mehr den neuen Geschäftsmodellen und Marktpraktiken sowie deren Risiken.[178] Neue Fragen regulatorischer Art wurden durch den im Zeitpunkt des Erlasses der WpDRL noch nicht existenten Wettbewerb zwischen Börsen und anderen Handelssystemen aufgeworfen.[179] Schließlich enthielt die alte Richtlinie nur fakultative Bestimmungen zur Regulierung der Marktstruktur, keine ausreichend harmonisierten Regeln für eine gegenseitige Anerkennung der Zulassung von Wertpapierhäusern sowie unpräzise Bestimmungen zur Benennung der zuständigen Behörden und zu ihrer Zusammenarbeit.[180]

58 Im November 2000 fasste die Kommission den von ihr ermittelten Reformbedarf in zwei Mitteilungen zusammen und forderte die interessierten Kreise zu einer Stellungnahme bis zum 31. 3. 2001 auf.[181] Die Überlegungen mündeten Ende 2002 in einen Richtlinienvorschlag für eine neue Wertpapierdienstleistungsrichtlinie.[182] Die daraus hervorgegangene **Richtlinie über Märkte für Finanzinstrumente (MiFiD)**[183] wurde im sog. „Lamfalussy-Verfahren"[184] als Rahmenrichtlinie am 21. 4. 2004 vom EU-Ministerrat angenommen. Sie änderte die Richtlinien 85/611/EWG, 93/6/EWG, 2000/12/EG und hob die alte Wertpapierdienstleistungsrichtlinie (Richtlinie 93/22/EWG) auf.

59 Ursprünglich sollte die Richtlinie bis zum 1. Mai 2006 in das nationale Recht umgesetzt werden.[185] Wegen erheblicher Schwierigkeiten und Verzögerungen beim Erlass der erforderlichen Durchführungsrichtlinien wurde die **Umsetzungsfrist** dann aber **bis zum 31. Januar 2007 verlängert;** darüber hinaus wurde den Unternehmen eine Umstellungsfrist eingeräumt, in der sie ihre technologische Infrastruktur und IT-Software, ihre Meldesysteme, Leitlinien und internen Strategien an die neuen Vorschriften anpassen konnten. **Die neuen,** in Umsetzung der Richtlinie erlassenen **nationalen Bestimmungen** wa-

---

[175] Richtlinie 93/22/EWG vom 10. 5. 1993, ABl. EG Nr. L 141, S. 27 ff.
[176] Vgl. Erwägungsgrund Nr. 42 der Wertpapierdienstleistungsrichtlinie, ABl. EG 1993 Nr. L 141, S. 30.
[177] Vgl. Begr. zum Richtlinienvorschlag, B. I. 3, Ziffer 3 = ZBB 2002, 518, 547.
[178] Vgl. Begr. zum Richtlinienvorschlag, B. I. 3, Ziffer 2 = ZBB 2002, 518, 547.
[179] Vgl. Begr. zum Richtlinienvorschlag, B. I. 3, Ziffer 4 = ZBB 2002, 518, 547.
[180] Vgl. Begr. zum Richtlinienvorschlag, B. I. 3, Ziffer 5, 1, 6 = ZBB 2002, 518, 547 f.
[181] Mitteilung vom 14. 11. 2000 „Anwendung der Wohlverhaltensregeln gemäß Artikel 11 der Wertpapierdienstleistungsrichtlinie (93/22/EWG)", KOM (2000), 722 endg.; Mitteilung vom 15. 11. 2000 „Aktualisierung der Wertpapierdienstleistungsrichtlinie (93/22/EWG)", KOM (2000), 729 endg.
[182] Abgedruckt in ZBB 2002, 518 ff.; vgl. hierzu zB *Balzer* ZBB 2003, 177 ff.
[183] Richtlinie 2004/39/EG, ABl. EU Nr. L 145 S. 1.
[184] Vgl. hierzu oben Fn. 173.
[185] Art. 69, 70 der Richtlinie 2004/39/EG (MiFID).

Einleitung 60–62 **Einl.**

ren daher erst **ab dem 1. November 2007** in den Mitgliedstaaten anzuwenden.[186]

Die MiFID verfolgt vor allem **zwei Ziele: Verbesserungen des Anlegerschutzes** auf der einen **sowie eine Stärkung der Effizienz, Transparenz und Integrität des Kapitalmarkts** auf der anderen Seite, um auf diese Weise das Vertrauen der Anleger zu fördern und damit zugleich zur Verbesserung der Funktionsfähigkeit der Kapitalmärkte beizutragen.[187] Die Richtlinie berücksichtigt insoweit, dass in den vergangenen Jahren immer mehr Anleger an den Finanzmärkten aktiv geworden sind und diesen ein immer komplexeres Spektrum an Dienstleistungen und Finanzinstrumenten angeboten wird. 60

Angesichts der Vielfalt, Komplexität und Internationalität der Finanzdienstleistungen wird der Anwendungsbereich der Regulierung auf die Erfassung grundsätzlich aller **Angebote anlegerorientierter Tätigkeiten der Finanzdienstleister** erstreckt.[188] Dementsprechend wird zB die Anlageberatung nunmehr als Wertpapierdienstleistung ausgestaltet, die nur von zugelassenen Unternehmen erbracht werden darf.[189] Zudem werden die **Bedingungen für den Marktzutritt und die Tätigkeit als Wertpapierdienstleister** bzw. als Betreiber eines Handelssystems grundlegend neu geregelt (vgl. Art. 5 bis 17 MiFID). Darin liegt ein Kernstück des rechtlichen Rahmens für den europäischen Binnenmarkt, der durch Regelungen über die **gegenseitige Anerkennung der Zulassung** für grenzüberschreitend tätige Wertpapierhäuser sowie für den Wettbewerb zwischen den Börsen untereinander und mit alternativen Handelsplattformen ergänzt wird.[190] 61

Zahlreiche Regelungen in den Art. 19 bis 22 dienen der **Verbesserung des Anlegerschutzes.** Dazu gehört insbesondere die **Verschärfung der Wohlverhaltensregeln,** die in Art. 19 Abs. 2 bis 8 im Einzelnen aufgeführt sind. So müssen etwa Marketing-Mitteilungen als solche gekennzeichnet sein und zudem alle Informationen an den Kunden redlich, eindeutig und nicht irreführend sein. In Art. 21 wird das Prinzip der bestmöglichen Ausführung von Kundenaufträgen konkretisiert. Zudem verlangen Art. 13 Abs. 3 und 18 organisatorische Maßnahmen zur Bekämpfung von Interessenkonflikten. Ferner sind in den Artikeln 25 bis 28 umfangreiche Vorschriften zur **Erhöhung der Markttransparenz und -integrität** enthalten, die u. a. Regelungen zur Vor- und Nachhan- 62

---

[186] Art. 69, 70 der Richtlinie 2006/31/EG des Europäischen Parlaments und des Rates vom 5. 4. 2006 zur Änderung der Richtlinie 2004/39/EG über Märkte für Finanzinstrumente in Bezug auf bestimmte Fristen, ABl. Nr. L 114 vom 27. 4. 2006, S. 60, 62.
[187] Vgl. insbesondere die Erwägungsgründe Nr. 2 („um Anlegern ein hohes Schutzniveau zu bieten"), Nr. 5 („Integrität und Gesamteffizienz des Finanzsystems"), Nr. 17 („Aus Gründen des Anlegerschutzes und der Stabilität des Finanzsystems"), Nr. 31 („Ein Ziel dieser Richtlinie ist der Anlegerschutz") und Nr. 44 („Angesichts des zweifachen Ziels, die Anleger zu schützen und gleichzeitig ein reibungsloses Funktionieren der Wertpapiermärkte zu gewährleisten") sowie Nr. 71 („Ziel der Schaffung eines integrierten Finanzmarktes, in dem die Anleger wirksam geschützt und Effizienz und Integrität des gesamten Marktes gesichert sind") der MiFID; vgl. auch Begründung zum Richtlinienvorschlag, B. I. 3, Ziffer 1 bis 3 = ZBB 2002, 518, 547.
[188] Vgl. Erwägungsgrund Nr. 2 der MiFID.
[189] Vgl. Erwägungsgrund Nr. 3 der MiFID und Art. 4 iVm Anhang I Abschnitt A Nr. 5 der MiFID; näher dazu zB *Kühne* BKR 2005, 275 ff.
[190] Vgl. nur die Erwägungsgründe Nr. 5, 17–19, 22, 23, 34, 44, 71 der MiFID.

Einl. 63, 64   Einleitung

delstransparenz für multilaterale Handelssysteme und systematische Internalisierer vorsehen.

63   **bb) Wesentliche Änderungen im WpHG durch das FRUG.** Neben weitreichenden Änderungen im BörsG, KWG und in einer Fülle anderer Gesetze hat das FRUG zu einer tiefgreifenden Umgestaltung des WpHG geführt. Zu den wichtigsten Neuerungen gehören vor allem folgende Regelungen: Zum einen wurde der **Katalog der Wertpapierdienstleistungen** nach § 2 Abs. 3 WpHG wesentlich erweitert. Die Anlageberatung, bislang nur als Wertpapiernebendienstleistung eingeordnet, wird nunmehr als Wertpapierdienstleistung qualifiziert (§ 2 Abs. 3 Nr. 9). Neu hinzugekommen sind auch das Platzierungsgeschäft (§ 2 Abs. 3 Nr. 6) und das Betreiben eines multilateralen Handelssystems (§ 2 Abs. 3 Nr. 8). Durch die Ausweitung des Derivatebegriffs in § 2 Abs. 2 sind nunmehr generell auch Dienstleistungen im Zusammenhang mit Warenderivaten erfasst. Eine umfassende Umgestaltung haben die **Wohlverhaltenspflichten** der §§ 31 ff. WpHG erfahren. Hier differenziert der Gesetzgeber im Pflichtenmaßstab erstmals sowohl zwischen unterschiedlichen Wertpapierdienstleistungen als auch zwischen verschiedenen Kundengruppen. Art und Umfang der Pflichten, die Wertpapierdienstleister zu beachten haben (Erkundigungspflicht über den Kunden, Notwendigkeit einer Geeignetheits- oder Angemessenheitsprüfung nach § 31 Abs. 4 bzw. Abs. 5), hängen damit zum einen von der Art der *in concreto* zu erbringenden Dienstleistungen ab (zB Anlageberatung oder Finanzportfolioverwaltung einerseits, beratungsfreie Tätigkeiten oder gar reines Ausführungsgeschäft andererseits); zum anderen wird der Pflichtumfang durch die Zugehörigkeit des Kunden zu einer der drei (nach ihrer abstrakten Schutzbedürftigkeit abgestuften) Kategorien (Privatkunde, professioneller Kunde, geeignete Gegenpartei, vgl. § 31a) bestimmt.[191] Weitere Anforderungen betreffen den Bereich der **Organisation** und die Pflicht zur bestmöglichen Ausführung von Kundenaufträgen.[192] Neu eingeführt worden sind zudem detaillierte **Vorgaben für den Betrieb von Handelsplattformen** wie multilaterale Handelssysteme und die systematische Internalisierung, insbesondere zur Gewährleistung einer umfassenden Vor- und Nachhandelstransparenz.[193] Weitere wichtige Änderungen betreffen die Regelung der **Finanztermingeschäfte:** Die bisherige Vorschrift über die spezielle, in zweijährigem Rhythmus zu wiederholende Risikoaufklärung von Anlegern vor dem Abschluss von Finanztermingeschäften nach § 37d ist ebenso wie die auf die Überwachung dieser Informationspflichten bezogene Norm des § 37f aufgehoben worden.[194] Künftig gelten insoweit die allgemeinen Informationspflichten im Rahmen der Wohlverhaltensregeln nach den §§ 31 ff.

k) Investmentänderungsgesetz (2007)

64   Schon kurz nach dem Inkrafttreten des FRUG ist es mit dem InvÄndG vom 21. 12. 2007[195] zu einer erneuten Novelle des WpHG gekommen. Mit der Anpassung der §§ 2a, 10, 21, 22, 23, 29a, 31 und 39 WpHG sind insoweit insbesondere die Anforderungen der Artikel 6, 9 und 10 der Richtlinie 2007/14/EG

---

[191] Vgl. näher hierzu Vor §§ 31 bis 37a Rn. 32ff.; § 31 Rn. 1ff., 188ff.
[192] Näher hierzu Vor §§ 31 bis 37a Rn. 41ff.; § 33 Rn. 2ff.; § 33a Rn. 4ff.
[193] Vgl. im Einzelnen die Kommentierung zu §§ 31f bis 32d.
[194] Vgl. zur bisherigen Regelung ausf. Vor §§ 37e und 37g Rn. 1ff., 100ff., 186ff.
[195] BGBl. I S. 3089.

der Kommission vom 8. 3. 2007 zur Harmonisierung der Transparenzanforderungen in Bezug auf Informationen über Emittenten, deren Wertpapiere zum Handel in einem geregelten Markt zugelassen sind,[196] umgesetzt worden.[197] Erwähnenswert ist daneben die Herausnahme des Investmentgeschäfts aus dem Katalog der Finanzdienstleistungen nach dem KWG mit der Folge, dass Kapitalanlagegesellschaften nicht mehr zugleich der Aufsicht als Kreditinstitut unterliegen, und die Modifikation der Regelungen zur Investmentaktiengesellschaft, die deren bisher mangelnde Attraktivität als Anlagevehikel erheblich verbessern soll.[198] Zeitgleich mit dem InvÄndG hat Art. 11 des Telekommunikationsüberwachung-Neuregelungsgesetzes vom 21. 12. 2007[199] zu einer Änderung des § 16b geführt.

3. Wichtige Rechtsverordnungen zur Konkretisierung von WpHG-Vorschriften

Zur Ermöglichung einer raschen Anpassung an die sich ständig ändernden Verhältnisse und Regelungsbedürfnisse auf den Kapitalmärkten und Vereinfachung der Rechtsetzung enthält das WpHG in einer Reihe von Vorschriften **Ermächtigungen** an das Bundesfinanzministerium **zum Erlass von Rechtsverordnungen,** die jeweils nähere Bestimmungen zur Konkretisierung der gesetzlichen Anforderungen treffen können (vgl. zB §§ 20a Abs. 5, 34 Abs. 2, 34a Abs. 3, 34b Abs. 8, 36 Abs. 5, 37g Abs. 1). Das BMF kann die Ermächtigung durch Rechtsverordnung auf die BaFin übertragen und hat von dieser Befugnis teilweise Gebrauch gemacht.[200]

Erwähnenswert sind vor allem die folgenden

(1) Rechtsverordnungen der BaFin:
- Wertpapierhandel-Meldeverordnung **(WpHMV)** vom 21. 12. 1995;[201]
- Marktzugangsangabenverordnung **(MarktAngV)** vom 30. 9. 2004;[202]

---

[196] ABl. EU Nr. L 69 S. 27.

[197] Daneben dient das InvÄndG auch der Umsetzung der sog. OGAW-Richtlinie (Richtlinie 2007/16/EG der Kommission vom 19. 3. 2007 zur Durchführung der Richtlinie 85/611/EWG des Rates zur Koordinierung der Rechts- und Verwaltungsvorschriften betreffend bestimmte Organismen für gemeinsame Anlagen in Wertpapieren (OGAW) im Hinblick auf die Erläuterung gewisser Definitionen), ABl. EU Nr. L 79, S. 11.

[198] Vgl. zu diesen und anderen wesentlichen Regelungen der Novelle des InvG *Roegele/Görke* BKR 2007, 393 ff. (zum RegE), *Zetzsche* ZBB 2007, 438 ff.

[199] BGBl. I S. 3198.

[200] Vgl. Verordnung zur Übertragung von Befugnissen zum Erlass von Rechtsverordnungen auf die Bundesanstalt für Finanzdienstleistungsaufsicht vom 13. Dezember 2002, BGBl. 2003 I S. 3, zuletzt geändert durch die Siebente Verordnung zur Änderung der Verordnung zur Übertragung von Befugnissen zum Erlass von Rechtsverordnungen auf die Bundesanstalt für Finanzdienstleistungsaufsicht vom 21. 4. 2008, BGBl. I S. 748.

[201] Verordnung über die Meldepflichten beim Handel mit Wertpapieren und Derivaten vom 21. 12. 1995, BGBl. I 1995 S. 2094, berichtigt in BGBl. I 1996 S. 220 sowie BGBl. I 1998 S. 519, geändert durch die Zweite Verordnung zur Änderung der Wertpapierhandel-Meldeverordnung vom 26. 6. 2003, BGBl. I S. 1042, zuletzt geändert durch die Dritte Verordnung zur Änderung der Wertpapierhandel-Meldeverordnung vom 18. 12. 2007, BGBl. I S. 3014.

[202] Verordnung über die erforderlichen Angaben und vorzulegenden Unterlagen bei einem Erlaubnisantrag nach § 37i des Wertpapierhandelsgesetzes und einer Anzeige nach § 37m des Wertpapierhandelsgesetzes, BGBl. I S. 2576, geändert durch die Erste Verord-

Einl. 67 Einleitung

- Wertpapierdienstleistungs-Prüfungsverordnung (**WpDPV**) vom 16. 12. 2004;[203]
(2) **Rechtsverordnungen des BMF:**
- Wertpapierhandelsanzeige- und Insiderverzeichnisverordnung (**WpAIV**) vom 13. 12. 2004;[204]
- Finanzanalyse-Verordnung (**FinAnV**) vom 17. 12. 2004;[205]
- Verordnung zur Konkretisierung des Verbots der Marktmanipulation (**MaKonV**) vom 1. 3. 2005;[206] sie hat die Verordnung zur Konkretisierung des Verbotes der Kurs- und Marktpreismanipulation (KuMaKV) vom 18. 11. 2003[207] abgelöst;
- Wertpapierdienstleistungs-Verhaltens- und Organisationsverordnung (**WpDVerOV**) vom 20. 7. 2007;[208]
- Transparenzrichtlinie-Durchführungsverordnung (**TranspRLDV**) vom 13. 3. 2008.[209]

4. Sonstige Gesetze mit kapitalmarktrechtlichem Bezug

67 Auswirkungen auf die Funktionsfähigkeit der Kapitalmärkte haben auch eine Reihe weiterer wichtiger Gesetze aus jüngerer Zeit. So brachte das zum 1. November 2005 in Kraft getretene Gesetz zur Unternehmensintegrität und Modernisierung des Anfechtungsrechts (**UMAG**) vom 22. September 2005[210] bedeutende Änderungen bei den Rahmenbedingungen für deutsche Aktienge-

---

nung zur Änderung der Marktzugangsangaben-Verordnung vom 24. 10. 2007, BGBl. I S. 2498 (jetzt: Verordnung über die erforderlichen Angaben und vorzulegenden Unterlagen bei einem Erlaubnisantrag nach § 37 i des Wertpapierhandelsgesetzes).

[203] Verordnung über die Prüfung der Wertpapierdienstleistungsunternehmen nach § 36 des Wertpapierhandelsgesetzes, BGBl. I S. 3515, zuletzt geändert durch die Zweite Verordnung zur Änderung der Wertpapierdienstleistungs-Prüfungsverordnung vom 24. 10. 2007, BGBl. I 2499.

[204] Verordnung zu der Konkretisierung von Anzeige-, Mitteilungs- und Veröffentlichungspflichten sowie der Pflicht zur Führung von Insiderverzeichnissen nach dem Wertpapierhandelsgesetz, BGBl. I S. 3376, zuletzt geändert durch Art. 2 Transparenzrichtlinie-Umsetzungsgesetz vom 5. 1. 2007, BGBl. I S. 10.

[205] Verordnung über die Analyse von Finanzinstrumenten, BGBl. I S. 3522, geändert durch Art. 1 Erste Verordnung zur Änderung der Finanzanalyse-Verordnung vom 20. 7. 2007, BGBl. I S. 1430.

[206] Verordnung zur Konkretisierung des Verbotes der Marktmanipulation, BGBl. I 2005 S. 515.

[207] Verordnung zur Konkretisierung des Verbotes der Kurs- und Marktpreismanipulation, BGBl. I 2003 S. 2300.

[208] Verordnung zur Konkretisierung der Verhaltensregeln und Organisationsanforderungen für Wertpapierdienstleistungsunternehmen, BGBl. I S. 1432, geändert durch Art. 1 Erste Verordnung zur Änderung der Wertpapierdienstleistungs-Verhaltens- und Organisationsverordnung vom 21. 11. 2007, BGBl. I S. 2602.

[209] Verordnung zur Umsetzung der Richtlinie 2007/14/EG der Kommission vom 8. März 2007 mit Durchführungsbestimmungen zu bestimmten Vorschriften der Richtlinie 2004/109/EG zur Harmonisierung der Transparenzanforderungen in Bezug auf Informationen über Emittenten, deren Wertpapiere zum Handel an einem geregelten Markt zugelassen sind, BGBl. I 2007 S. 408.

[210] BGBl. I 2005 S. 2802.

Einleitung 68, 69 **Einl.**

sellschaften mit sich.[211] Die Haftungsklage, also die Schadensersatzklage der Gesellschaft gegen Vorstände und Aufsichtsräte wegen Unredlichkeiten und groben Rechtsverstößen, wurde in der Durchsetzung verbessert, da Minderheitsaktionäre unter erleichterten Voraussetzungen die Klage erzwingen können. Umgekehrt sollen missbräuchliche Anfechtungsklagen gegen Hauptversammlungsbeschlüsse erschwert werden. Das System der Anmeldung und Legitimation von Aktionären zur Teilnahme an der Hauptversammlung und zur Stimmrechtsausübung wurde modernisiert und auf internationale Gepflogenheiten umgestellt. Weitere diesbezügliche Änderungen im Aktienrecht, die insbesondere die grenzüberschreitende Wahrnehmung von Mitgliedschaftsrechten erleichtern sollen, wird die anstehende **Umsetzung der europäischen Aktionärsrechterichtlinie** mit sich bringen.[212]

Mit der Einführung des **Wertpapierprospektgesetzes**[213] (**WpPG**) durch das Prospektrichtlinienumsetzungsgesetz wurde zum 1. 7. 2005 die EG-Prospektrichtlinie[214] umgesetzt und die Prospektpflicht am Kapitalmarkt vereinheitlicht. Die frühere Unterscheidung zwischen Verkaufsprospekten für öffentliche Angebote von Wertpapieren einerseits (bisher geregelt im Verkaufsprospektgesetz und in der Verkaufsprospektverordnung) sowie Börsenzulassungsprospekten andererseits (bisher geregelt im Börsengesetz und der Börsenzulassungsverordnung), wurde aufgehoben. Von nun an gelten einheitlich für alle Wertpapieremissionen in Deutschland die Regelungen des WpPG, die durch die unmittelbar anwendbare (EG-)Prospektverordnung[215] konkretisiert werden. Die Regelungen in den §§ 1–8 e VerkProspG, §§ 13–47 BörsZulVO und die VerkProspVO wurden aufgehoben und die anderen Gesetze wurden an die Regelungen des WpPG angepasst. Durch die Neuregelungen wird darüber hinaus ein europäischer Pass für Wertpapieremissionen geschaffen, so dass ein Prospekt, der von einer zuständigen Behörde eines Mitgliedstaates des EWR geprüft und gebilligt wurde, in den anderen Mitgliedstaaten des EWR keiner weiteren Prüfung bedarf. 68

Das am 1. 11. 2005 in Kraft getretene und zunächst auf 5 Jahre befristete Gesetz über Musterverfahren in kapitalmarktrechtlichen Streitigkeiten (Kapitalanleger-Musterverfahrensgesetz – **KapMuG**, Artikel 1 des Gesetzes zur Einführung von Kapitalanleger-Musterverfahren)[216] führt für Tatsachen- und 69

---

[211] Vgl. dazu zB *Veil* AG 2005, 567 ff.; *Wilsing* DB 2006, 31 ff.; *Heinrich* DB 2006, 449 ff.; *Rotter,* Neuer Anlegerschutz – Leitfaden Aktionärsforum nach dem UMAG, 2006.

[212] Richtlinie 2007/36/EG des Europäischen Parlaments und des Rates vom 11. 7. 2007 über die Ausübung bestimmter Rechte von Aktionären in börsennotierten Gesellschaften, ABl. EU Nr. L 184 S. 17; vgl. dazu den RefE eines Gesetzes zur Umsetzung der Aktionärsrechterichtlinie (ARUG) vom 6. 5. 2008, abrufbar unter www.bmj.de. sowie die Nw Fn. 168.

[213] Artikel 1 des Prospektrichtlinie-Umsetzungsgesetzes (Gesetz zur Umsetzung der Richtlinie 2003/71/EG des Europäischen Parlaments und des Rates vom 4. 11. 2003 betreffend den Prospekt, der beim öffentlichen Angebot von Wertpapieren oder bei deren Zulassung zum Handel zu veröffentlichen ist, und zur Änderung der Richtlinie 2001/34/EG vom 22. 6. 2005, BGBl. I 2005 S. 1698.

[214] Richtlinie 2003/71/EG, ABl. L 345/64 vom 31. 12. 2003, S. 64.

[215] Verordnung (EG) Nr. 809/2004 der Kommission v. 29. 4. 2004, ABl. Nr. L 215 S. 3.

[216] BGBl. I S. 2437; näher hierzu Vor §§ 37 b, 37 c Rn. 81 ff.; Literaturangaben vor Einl. und Vor §§ 37 b, 37 c.

Fuchs 37

Rechtsfragen, die sich in mindestens zehn individuellen Schadensersatzprozessen[217] wegen falscher, irreführender oder unterlassener öffentlicher Kapitalmarktinformation gleichlautend stellen, ein Musterverfahren durch das Oberlandesgericht ein. Der Musterentscheid entfaltet Bindungswirkung für alle Kläger, die am Musterverfahren als Partei oder als Beigeladene, deren Ausgangsverfahren vom vorlegenden Prozessgericht ausgesetzt worden sind, beteiligt sind. Diese Maßnahme soll nicht nur die Rechtsdurchsetzung für den einzelnen Anleger verbessern, sondern auch die Effizienz des gerichtlichen Verfahrens steigern. Um eine Verfahrenskanalisierung bei einem Gericht zu erreichen, wird zudem ein ausschließlicher Gerichtsstand am Sitz des Unternehmens eingeführt (§ 32b ZPO). Die bisherigen praktischen Erfahrungen mit dem Gesetz sind gemischt.[218] Während im Musterverfahren „Daimler Chrysler" eine erste BGH-Entscheidung vorliegt,[219] befinden sich die beiden Musterverfahren vor dem OLG Frankfurt a. M. in Bezug auf den zweiten und dritten Börsengang der „Deutsche Telekom AG" noch im Vorbereitungsstadium.[220] Die Neuigkeit des Verfahrens führt in der Praxis teilweise auch zu Unsicherheiten hinsichtlich der Benennung zulässiger Feststellungsziele in den Musterfeststellungsanträgen[221] bzw. der Formulierung des Vorlagebeschlusses durch das Prozessgericht.[222]

70 Die **Organisation der BaFin** ist durch das Gesetz zur Modernisierung der Aufsichtsstruktur der Bundesanstalt für Finanzdienstleistungsaufsicht **(Aufsichtsstrukturmodernisierungsgesetz)** vom 28. 3. 2008[223] umgestaltet worden. Nach der Neufassung des § 6 FinDAG wird die Behörde nunmehr von einem gesamtverantwortlichen Direktorium geleitet, das neben dem Präsidenten aus vier Exekutivdirektoren besteht, die jeweils für einen der nunmehr vier Geschäftsbereiche der BaFin (Querschnittsaufgaben/Innere Verwaltung, Bankenaufsicht, Versicherungsaufsicht und Wertpapieraufsicht) zuständig sind.

5. Weiterer Reformbedarf?

a) Mögliche Ansatzpunkte

71 Trotz der nicht abreißenden Kette von in schneller Folge verabschiedeten Gesetzesänderungen ist ein Ende des Reformprozesses im Kapitalmarktrecht nicht in Sicht. Zwar sind **die meisten Punkte aus dem** nach Inkrafttreten des Vierten Finanzmarktförderungsgesetzes vorgelegten „**Maßnahmenkatalog**

---

[217] Für das nach § 4 Abs. 1 Satz 1 Nr. 1, Abs. 4 KapMuG erforderliche Quorum kommt es auf die Anzahl der Verfahren, nicht der Kläger an, OLG München, ZIP 2007, 649.
[218] Vgl. KölnKommKapMuG-*Hess*, Einl. Rn. 44 ff.; näher zu den in der bisherigen Entscheidungspraxis aufgetretenen Streitfragen G. *Vollkommer* NJW 2007, 3094 ff.
[219] BGH, Beschl. v. 25. 2. 2008 – II ZB 9/07, ZIP 2008, 639 ff.; Vorinstanz: Musterentscheid des OLG Stuttgart, ZIP 2007, 481 auf Vorlagebeschluss des LG Stuttgart, ZIP 2006, 1731.
[220] Vgl. KölnKommKapMuG-*Hess*, Einl. Rn. 44; G. *Vollkommer* NJW 2007, 3094, 3098.
[221] Vgl. OLG München, Der Konzern 2007, 681.
[222] KölnKommKapMuG-*Hess*, Einl. Rn. 45.
[223] BGBl. I S. 493.

der **Bundesregierung zur Stärkung der Unternehmensintegrität und des Anlegerschutzes"** vom 25. 2. 2003[224] inzwischen umgesetzt worden.[225] **Nicht verwirklicht** worden ist der erste Punkt des Maßnahmenkatalogs, der die **Einführung der persönlichen Haftung von Vorstands- und Aufsichtsratmitgliedern** gegenüber Anlegern für vorsätzliche oder grobfahrlässige Falschinformationen des Kapitalmarktes vorsah. Zwar wurde ein dahin gehender Vorschlag eines Kapitalmarktinformationshaftungsgesetzes[226] **(KapInHaG)** vom BMF vorgelegt, nach massivem Widerstand der Wirtschaft aber wieder zurückgezogen.[227] Außer der Ausdehnung der Haftung für falsche Ad-hoc-Mitteilungen in sachlicher und personeller Hinsicht (§ 37 a WpHG-E) sollte durch Änderungen im Börsengesetz die Haftung für fehlerhafte Börsenzulassungsprospekte und über die Verweisregelung im Verkaufsprospektgesetz auch für Wertpapier-Verkaufsprospekte und Verkaufsprospekte anderer Anlageformen auf die zuständigen Mitglieder von Verwaltungs- und Aufsichtsorganen (§ 44 BörsG-E) sowie externe Experten erweitert werden. Ob das vorerst gescheiterte Gesetzesvorhaben, ggf. in modifizierter Form, wieder aufgenommen wird und ob dies überhaupt erstrebenswert wäre, wird unterschiedlich beurteilt.[228]

Die Gutachten zum **64. Deutschen Juristentag** (DJT) haben wesentliche Reformanliegen zum Marktorganisationsrecht[229] und zum Markttransaktionsrecht[230]

---

[224] Vgl. dazu Pressemitteilung des Bundesministeriums der Justiz Nr. 10/03 v. 25. 2. 2003 sowie im Einzelnen *Seibert* BB 2003, 693 ff. Im Vorfeld hatte das BMJ am 28. 8. 2002 ein „10-Punkte-Programm zur Stärkung der Unternehmensintegrität und des Anlegerschutzes" vorgelegt, vgl. Pressemitteilung Nr. 48/02 v. 28. 8. 2002.
[225] Das gilt insbesondere für die durch das KapMuG zum 1. 11. 2005 verwirklichte Verbesserung der Möglichkeiten der kollektiven Durchsetzung von Ansprüchen der Anleger (Punkt 2) und für die mit dem Bilanzrechtsreformgesetz (BilReG) vom 4. 12. 2004 und dem Gesetz zur Kontrolle von Unternehmensabschlüssen (Bilanzkontrollgesetz) vom 15. 12. 2004 erreichten Fortschritte bei der Weiterentwicklung und Anpassung der Bilanzregeln an internationale Rechnungslegungsgrundsätze (Punkt 4), bei der Stärkung der Rolle des Abschlussprüfers (Punkt 5) und der Einführung einer Überwachung der Rechtmäßigkeit konkreter Unternehmensabschlüsse durch eine unabhängige Enforcement-Stelle (Punkt 6). Die nach Punkt 8 des Maßnahmenkatalogs angestrebte Verbesserung des Anlegerschutzes im Bereich des sog. „grauen Kapitalmarkts" konnte im Zuge des AnSVG hinsichtlich der Einführung einer Prospektpflicht für öffentlich angebotene Kapitalanlagen nach § 8 f ff. VerkProspG verwirklicht werden. Mit der Neuformulierung des § 34 b ebenfalls durch das AnSVG wurde die Verlässlichkeit von Unternehmensbewertungen durch Finanzanalysten verbessert (Punkt 9), während eine Regulierung von Rating-Agenturen noch aussteht. Eine Verschärfung der Strafvorschriften für Delikte im Kapitalmarktbereich (Punkt 10) hat das AnSVG ebenfalls gebracht, insbesondere bei Verstößen gegen das Insiderrecht und das Verbot der Marktmanipulation.
[226] Referentenentwurf abgedruckt in NZG 2004, 1042.
[227] Siehe dazu näher Vor §§ 37 b, 37 c Rn. 69 ff.
[228] Vgl. zur rechtspolitischen Diskussion Vor §§ 31 bis 37 a Rn. 69 ff. mwN.
[229] *Merkt*, Empfiehlt es sich, im Interesse des Anlegerschutzes und zur Förderung des Finanzplatzes Deutschland das Kapitalmarkt- und Börsenrecht neu zu regeln?, Gutachten G für den 64. DJT 2002, S. G 130; ders. NJW-Beilage 21/2002, 41.
[230] *Fleischer*, Empfiehlt es sich, im Interesse des Anlegerschutzes und zur Förderung des Finanzplatzes Deutschland das Kapitalmarkt- und Börsenrecht neu zu regeln?, Gutachten F für den 64. DJT 2002, S. F 13; ders. NJW-Beilage 21/2002, 37.

aufgelistet.[231] Hinsichtlich des **Marktorganisationsrechts** wurden insbesondere drei Forderungen erhoben:[232] Erstens sei das Nebeneinander von Börsen- und Wertpapierhandelsrecht aufzuheben und unter Einbeziehung des „grauen" Kapitalmarktes und neu entstehender Handelssysteme ein einheitliches Regelwerk in Form eines Finanzdienstleistungsgesetzes zu schaffen; zweitens müsse die öffentlichrechtliche Struktur der Börse auf lange Sicht durch eine effektivere privatrechtliche ersetzt werden und drittens solle die vergleichsweise komplizierte dreistufige Aufsicht mit ihrer zusätzlichen Aufteilung in Börsen- und Wertpapierhandelsaufsicht zentralisiert werden. Nach der umfassenden Reform des Börsengesetzes durch das FRUG im Jahre 2007 und der Verfestigung der Position der Bundesländer hinsichtlich der Börsen- und Aufsichtsstrukturen dürften insoweit in absehbarer Zeit keine erfolgversprechenden Gesetzesinitiativen zu erwarten sein.

73 Die Diskussion über die Verbesserung der **Rahmenbedingungen für** die Durchführung von **Transaktionen**[233] konzentriert sich für den Bereich der Sekundärmärkte im Wesentlichen noch auf folgende Aspekte, nachdem einige Forderungen (zB nach einer wirksameren Ausgestaltung der Kurs- und Marktpreismanipulation auf Tatbestands- und Rechtsfolgenseite sowie Erweiterung und Verschärfung der Regelungen für Finanzanalysten bereits mit dem AnSVG durch die Neuregelung der §§ 20a und 34b WpHG sowie in verfahrensrechtlicher Hinsicht durch das KapMuG) teilweise erfüllt worden sind: Als vordringlich wird die Entwicklung eines umfassenden und systemkonformen **Instrumentariums kapitalmarktrechtlicher Informationshaftung** der Emittenten und ihrer Organmitglieder angesehen, welches nicht nur fehlerhafte Ad-hoc-Mitteilungen, sondern jede Form von Fehlinformationen des Marktes erfassen und zugleich wirkungsvoll prozessual flankieren müsse.[234] Diskutiert wird ferner, ob **Rating-Agenturen** einer gesetzlichen Mindestregulierung zu unterwerfen seien.[235]

74 Auch wenn sich der **Anwendungsbereich des WpHG** längst nicht mehr ausschließlich auf die organisierten Kapitalmärkte beschränkt, sondern zB auch auf außerbörslich gehandelte Derivate und Geldmarktinstrumente und damit zumindest auf Teile des grauen Kapitalmarkts erstreckt, bleibt eine der wichtigs-

---

[231] Die Beschlüsse des 64. DJT sind zB abgedruckt in NJW 2002, 3082 = DB 2002, 2037 = ZIP 2002, 1782; kritischer Überblick zu Gutachten und Beschlussfassung bei *Mülbert* JZ 2002, 826 ff.

[232] Näher dazu *Merkt* NJW-Beilage 21/2002, 41 ff.; *Mülbert* JZ 2002, 826, 828 ff.

[233] Näher dazu *Fleischer* NJW-Beilage 21/2002, 37 ff.; kritisch *Mülbert* JZ 2002, 826, 834 ff.

[234] Vgl. insbesondere zur Problematik einer Haftung für nicht obligatorische Kapitalmarktinformation zB *Casper*, Der Konzern 2006, 32 ff.; *Schwark*, in: FS Hadding, 2004, S. 1117 ff.; *Zimmer* WM 2004, 9 ff.; ein gewisser Fortschritt ist insoweit mit dem Erlass des KapMuG (vgl. dazu oben Rn. 69 sowie Vor §§ 37 b, 37 c Rn. 81 ff.) erreicht worden, dessen Geltungsdauer allerdings vorerst auf fünf Jahre befristet ist (vgl. § 20 KapMuG: Anwendung nur auf Verfahren, in denen vor dem 1. 11. 2010 ein Musterfeststellungsantrag gestellt worden ist).

[235] Vgl. aus der jüngeren Diskussion zB *Reidenbach*, Aktienanalysten und Ratingagenturen – wer überwacht die Überwacher?, 2006; *Fleischer*, Gutachten F zum 64. DJT, S. F 132 ff.; *Blaurock* ZGR 2007, 603 ff.; *Deipenbrock* WM 2007, 2217 ff. jeweils mwN; zu den Möglichkeiten und Grenzen einer regulatorischen Indienstnahme von Ratings zur (mittelbaren) Erreichung kapitalmarktrechtlicher Regelungsziele vgl. ausführlich *Richter*, Die Verwendung von Ratings zur Regulierung des Kapitalmarkts, 2008.

ten Anlageformen dieses Segments, die **Beteiligung an einer Publikumspersonengesellschaft,** nach wie vor **ausgeklammert.** Inwieweit eine stärkere Einbeziehung dieser Anlageformen in das WpHG tatsächlich sinnvoll wäre, bleibt allerdings zu diskutieren. Der marktbezogene Ansatz des WpHG ist jedenfalls grundsätzlich zur Erfassung nicht organisierter Märkte geeignet, so dass langfristig eine stärkere Regulierung dieses Bereiches möglich erscheint.[236] In der Literatur wird insoweit zutreffend darauf hingewiesen, dass das WpHG als „Zentrum einer markt- und vertriebsbezogenen Kapitalmarktregelung alle Anlagen einer umfassenden Kodifikation des deutschen Kapitalmarktrechts" hat.[237]

b) Aktuelle Vorhaben

Im Herbst 2007 hat die Bundesregierung einen Gesetzentwurf vorgelegt, der die „mit Finanzinvestitionen verbundenen Risiken" begrenzen soll **(Risikobegrenzungsgesetz).**[238] Die insoweit geplanten Neuregelungen, mit denen der Gesetzgeber „gesamtwirtschaftlich unerwünschte Aktivitäten von Finanzinvestoren" erschweren will, „ohne zugleich Finanz- und Unternehmenstransaktionen, die effizienzfördernd wirken, zu beeinträchtigen",[239] betreffen im Hinblick auf das WpHG vor allem die **Meldepflichten bei Veränderungen von Stimmrechtsanteilen** nach §§ 21ff.:[240] Neben einer Zusammenrechnung von Stimmrechten aus Aktien und Finanzinstrumenten (§ 25 Abs. 1 Satz 2 WpHG-E) und einer erweiterten Zurechnung von Stimmrechten bei einem sog. *acting in concert* gemäß § 22 Abs. 2 (vgl. auch die Parallelregelung in § 30 Abs. 2 WpÜG) sollen Investoren ab einer Beteiligungshöhe von 10% verpflichtet werden, dem Emittenten auf dessen Verlangen die mit dem Erwerb der Stimmrechte verbundenen Ziele und die Herkunft der für den Erwerb verwendeten finanziellen Mittel mitzuteilen (§ 27 Abs. 2 WpHG-E); diesen soll dann eine entsprechende Veröffentlichungspflicht treffen. Schließlich ist beabsichtigt, die Sanktionen bei grob fahrlässiger oder vorsätzlicher Verletzung der Mitteilungspflichten nach § 21 zu verschärfen (Verlängerung des Rechtsverlusts hinsichtlich der mit den Anteilen verbundenen Verwaltungsrechte auf sechs Monate nach Erfüllung der Mitteilungspflicht, vgl. § 28 WpHG-E). Die Vorstellungen des Gesetzgebers sind wegen ihrer protektionistischen Tendenz und der Eignung zur Erschwerung oder gar Verhinderung wertsteigernder Transaktionen in der Literatur zu Recht auf erhebliche Kritik gestoßen.[241]

---

[236] Assmann, in: *Assmann/Schneider,* Einl. Rn. 10f.
[237] *Assmann,* in: *Assmann/Schneider,* Einl. Rn. 11.
[238] Nach Vorlage des RefE durch das Bundesfinanzministerium am 20. 9. 2007 hat das Bundeskabinett bereits am 24. 10. 2007 den Regierungsentwurf des Risikobegrenzungsgesetzes beschlossen, vgl. BegrRegE, BT-Drucks. 16/7438, S. 1ff.
[239] BegrRegE, BT-Drucks. 16/7438, S. 1.
[240] Zusätzlich soll die Identifizierung der wirtschaftlichen Inhaber von Namensaktien verbessert (§ 67 AktG-E) und die Informationsrechte der Arbeitnehmer bei Unternehmensübernahmen ausgeweitet werden (§§ 106 Abs. 3 Nr. 9a, 109a BetrVG-E).
[241] Vgl. *Eidenmüller* DStR 2007, 2116ff.; *Wilsing/Goslar* DB 2007, 2467ff.; *Diekmann/Merkner* NZG 2007, 921ff.; *Spindler* WM 2007, 2357ff.; *Möllers/Holzner,* NZG 2008, 166ff.; ferner *Schmidtbleicher* AG 2008, 73ff. (Verstoß gegen die Kapitalverkehrsfreiheit der parallelen Neuregelung zum übernahmerechtlichen *„acting in concert");* dessen ungeachtet ist das Risikobegrenzungsgesetz nach kontroverser Diskussion verabschiedet worden und in weiten Teilen am 19. 8. 2008 in Kraft getreten; erste Bewertung bei *König* BB 2008, 1910ff.

76 Am 9. Mai 2008 hat das BMF den Referentenentwurf eines „Gesetzes zur Neuregelung der Rechtsverhältnisse bei Schuldverschreibungen aus Anleihen und zur Anpassung kapitalmarktrechtlicher Verjährungsvorschriften" vorgelegt, der in Art. 4 die ersatzlose **Streichung des § 37a WpHG** mit seiner speziellen kapitalmarktrechtlichen Verjährung von Schadensersatzansprüchen wegen schuldhafter Verletzung von Beratungs- und Informationspflichten im Zusammenhang mit der Erbringung von Wertpapier(neben)dienstleistungen vorsieht.[242]

III. Anwendung und Durchsetzung des WpHG

1. Anwendung des WpHG

77 Das WpHG enthält eine **Vielzahl unbestimmter Rechtsbegriffe,** die der Konkretisierung durch Auslegung bedürfen. Diese wird zum einen dadurch erschwert, dass die Vorschriften des WpHG nicht durchweg einen rein öffentlichrechtlichen Charakter als Aufsichtsrecht aufweisen, sondern teilweise auch zivilrechtlicher, teilweise straf- bzw. ordnungswidrigkeitenrechtlicher Natur sind.[243] Die Besonderheiten der jeweiligen Rechtsgebiete, wie insbesondere das Analogieverbot bei Straf- und Bußgeldvorschriften, sind daher im Rahmen der Normauslegung zu beachten. Zum anderen fehlt es hinsichtlich der zumeist noch jungen Vorschriften des WpHG an einer hinreichend gefestigten und ausdifferenzierten Rechtsprechung, die insoweit konkrete Vorgaben für eine rechtssichere Handhabung der Rechtsbegriffe des WpHG geben könnte.

a) Allgemeine Auslegungsregeln

78 Bei der praktischen Anwendung des WpHG sind zunächst die **allgemein anerkannten Auslegungsgrundsätze** heranzuziehen. Ausgehend vom Wortlaut der in Frage stehenden Vorschrift des WpHG bestimmen im Wesentlichen systematische und teleologische sowie ggf. auch historische Überlegungen das Auslegungsergebnis. Bei Vorschriften des **Straf- oder Ordnungswidrigkeitenrechts ist zwingend das Analogieverbot** (Art. 103 Abs. 2 GG, § 3 OWiG) zu beachten.[244] Danach bildet der **(noch) mögliche Wortlaut** einer straf- oder ordnungswidrigkeitenrechtlichen Vorschrift nicht nur den Ausgangspunkt, sondern **zugleich die Grenze der Auslegung;** gegen den Wortlaut darf mithin auch mit systematischen oder teleologischen Gesichtspunkten nicht argumentiert werden.[245]

79 Dies gilt auch dann, wenn es (lediglich) um die Frage der zivilrechtlichen Rechtsfolgen von Verstößen gegen straf- oder ordnungswidrigkeitenrechtliche

---

[242] Abrufbar unter *www.bmj.de*. Mit der Abschaffung dieser kurzen (kenntnisunabhängigen) kapitalmarktrechtlichen Verjährungsfrist zugunsten der allgemeinen dreijährigen (kenntnisabhängigen) Regelverjährung nach §§ 195, 199 würde der Gesetzgeber einer Anregung des Bundesrates und entsprechenden Forderungen im Schrifttum nachkommen, vgl. dazu § 37a Rn. 3 mwN.

[243] Vgl. *Assmann,* in: *Assmann/Schneider,* Einl. Rn. 66. Bei zahlreichen Vorschriften wie etwa §§ 31 ff. ist zudem eine zivilrechtliche „Ausstrahlungswirkung" zu berücksichtigen, vgl. Vor §§ 31 bis 37a Rn. 60 ff.; ebenso *Assmann,* in: *Assmann/Schneider,* Einl. Rn. 60, 66.

[244] Vgl. nur BVerfGE 71, 114; *Schwark* Vor § 21 Rn. 7; *Assmann,* in: *Assmann/Schneider,* Einl. Rn. 66; *Eser,* in: *Schönke/Schröder,* StGB, 27. Aufl. 2006, § 1 Rn. 24 ff.

[245] *Eser,* in: *Schönke/Schröder,* StGB, 27. Aufl. 2006, § 1 Rn. 37 f., 39, 40 ff.

Einleitung **80 Einl.**

Normen des WpHG geht. Denn insoweit darf es keine „gespaltene" Normauslegung geben, die für die (erwünschten) zivilrechtlichen Rechtsfolgen andere Maßstäbe der Auslegung heranzieht und *insoweit* eine über den Wortlaut hinausgehende, „erweiternde" Auslegung oder analoge Anwendung der straf- oder bußgeldbewehrten Vorschriften zuließe.[246] Das widerspräche nicht nur den Grundsätzen der juristischen Methodenlehre und allgemeinen Dogmatik, sondern wäre auch verfassungsrechtlich bedenklich, weil sie der Rechtsprechung zu Lasten des Gesetzgebers, dem die Bestimmung des Schutzbereiches straf- und ordnungswidrigkeitenrechtlicher Regelungen originär zukommt, einen (zu) großen Einfluss auf und faktisch die Entscheidung über eine (wenn auch nur zivilrechtliche) Sanktionierung bestimmter Verhaltensweisen einräumte.[247]

b) Richtlinienkonforme Auslegung

aa) Auslegung des angeglichenen deutschen Rechts. Bei der Auslegung 80
der Vorschriften des WpHG ist weiter zu beachten, dass es sich bei diesen zumeist um **gemeinschaftsrechtlich harmonisiertes nationales Recht** handelt. Soweit eine Regelung des WpHG europäischen Ursprungs ist, sind daher die **Grundsätze der richtlinienkonformen Auslegung** zu beachten.[248] Dies gilt selbst dann, wenn die deutsche Regelung eine formal richtige und widerspruchsfreie Umsetzung der europäischen Richtlinie darstellt, da eine rechtmäßige Umsetzung allein noch nicht ohne weiteres eine richtige und vollständige Übernahme des materiellen Regelungsgehalts der europäischen Norm garantiert. Vielmehr müssen bei der Auslegung der in Frage stehenden Vorschrift des WpHG auch die **Wertungen der Richtlinie** Berücksichtigung finden.[249] Nach ständiger Rechtsprechung des EuGH gebietet Art. 249 Abs. 3 EG den mitgliedstaatlichen Gerichten, die Auslegung „soweit wie möglich" am Wortlaut und Zweck der Richtlinie auszurichten.[250] Der richtlinienkonformen Auslegung kommt daher zwar kein genereller oder absoluter Vorrang vor den nationalen Auslegungsmethoden zu, bei deren Anwendung ist aber jeder (auch nur wertungsmäßige) Widerspruch zu den Vorgaben der Richtlinie zu vermeiden.[251] Eine richtlinienkonforme Auslegung angeglichener nationaler Rechtsvorschriften *gegen ihren Wortlaut* ist allerdings nicht möglich, selbst wenn der Wille des Gesetzgebers erkennbar ist, die Richtlinie korrekt umsetzen zu wollen.[252] In diesem Fall ist aber von den mitgliedstaatlichen Gerichten zu prüfen, ob eine **richtli-**

---

[246] *Assmann*, in: *Assmann/Schneider*, Einl. Rn. 67; iE auch *Schwark*, Vor § 21 Rn. 7; KölnKommWpHG-*v. Bülow* § 22 Rn. 34; *Schneider* in: *Assmann/Schneider*, Vor § 21 Rn. 27 f.; **aA** *Cahn* ZHR 162 (1998), 9 f.; KölnKommWpHG-*Hirte* § 21 Rn. 7.
[247] Ebenso *Assmann*, in: *Assmann/Schneider*, Einl. Rn. 67; **aA** *Cahn* ZHR 162 (1998), 9 f.
[248] *Assmann*, in: *Assmann/Schneider*, Einl. Rn. 68 ff.; KölnKommWpHG-*Hirte/Heinrich*, Einl. Rn. 109 f.; näher *Roth*, in: *Riesenhuber*, Europäische Methodenlehre, 2006, § 14, S. 308 ff. sowie jüngst *Höpfner*, Die systemkonforme Auslegung, 2008, S. 249 ff. jeweils mwN.
[249] *Heinze*, Kapitalmarktrecht, S. 26; zur Dogmatik ausführlich *Lutter*, JZ 1992, 593 ff.
[250] EuGH v. 13. 11. 1990, Slg. 1990, I-4135 Rn. 8 „Marleasing"; EuGH v. 5. 5. 1994, Slg. 1994, I-1657 Rn. 10 „Habermann-Beltermann"; EuGH v. 5. 10. 2004, Slg. 2004, I-8835 Rn. 113 „Pfeiffer u. a.".
[251] *Heinze*, Kapitalmarktrecht, S. 26 f.
[252] Vgl. nur *Lutter* JZ 1992, 593, 604 f.; KölnKommWpHG-*Hirte/Heinrich*, Einl. Rn 109; **aA** *Heinze*, Kapitalmarktrecht, S. 27.

nienkonforme Rechtsfortbildung (nach den innerstaatlichen Grenzen für eine richterliche Rechtsfortbildung, also insbesondere außerhalb des Straf- und des Eingriffsrechts) in Betracht kommt.[253] Ist das der Fall, gebietet der Grundsatz der Gemeinschaftstreue, von dieser Kompetenz (in gleicher Weise wie bei einer rein innerstaatlich veranlassten Rechtsfortbildung) Gebrauch zu machen, um dem Gemeinschaftsrecht zu voller Wirksamkeit zu verhelfen.[254]

81 **bb) Auslegung der Richtlinien.** Die richtlinienkonforme Auslegung einer „angeglichenen" Norm des nationalen Rechts erfordert Klarheit über den Regelungsgehalt der zugrunde liegenden gemeinschaftsrechtlichen Vorschrift. Insoweit kann es erforderlich werden, die Bestimmungen der einschlägigen europäischen Richtlinie selbst nach den dafür maßgeblichen Auslegungsmethoden zu interpretieren.[255] Die Auslegung der jeweiligen Richtlinie ist dabei Vorfrage für die richtlinienkonforme Auslegung des angeglichenen nationalen Gesetzes.[256] Soweit Zweifel im Hinblick auf das Verständnis einer Richtlinienvorschrift bestehen, kann ein einzelstaatliches Gericht und muss das letztinstanzliche Gericht die Frage, sofern sie entscheidungserheblich ist, dem EuGH zur Vorabentscheidung im Verfahren nach Art. 234 EG vorlegen.

82 Auch für den Bereich der richtlinienbezogenen Auslegung lassen sich **grammatikalische, systematische, teleologische und historische Auslegung** unterscheiden.[257] Zu diesen klassischen Auslegungsmethoden kommt auf europäischer Ebene die **„rechtsvergleichende" Auslegung** hinzu, die die nationalen Rechte und Richtlinienverständnisse der anderen Mitgliedstaaten berücksichtigt.[258] Insoweit ist im Rahmen der rechtsvergleichenden Auslegung vor allem die Art und Weise der Umsetzung und Auslegung einer Richtlinie durch die übrigen Mitgliedstaaten und deren Gerichte zu berücksichtigen.[259] Da die Wortlautauslegung schon im Hinblick auf die sprachlich unterschiedlichen Textfassungen der in Frage stehenden Richtlinie nur selten eindeutig ist, und die Rechtsprechung insoweit regelmäßig eine **„autonome" Wortlautauslegung** verlangt, steht im Zentrum der Auslegung des Gemeinschaftsrechts die **systematisch-teleologische Auslegung.**[260] Es ist daher in erster Linie nach dem Sinn und Zweck der Richtlinienbestimmung im Lichte der Systematik des Gemeinschaftsrechts zu fragen.[261] Ferner werden im Rahmen der teleologischen Auslegung auch die Sachgemäßheit der Norm im Gesamtsystem der Richtlinie, ihre

---

[253] Vgl. *Roth*, in: *Riesenhuber*, Europäische Methodenlehre, 2006, S. 326 ff. mwN.

[254] Vgl. *Roth*, aaO, S. 332 mwN auch zur abw. hM. Eine solche Rechtsfortbildung (außerhalb des noch möglichen Wortsinns der nationalen Regelung) muss jedenfalls dann ausscheiden, wenn der Gesetzgeber bewusst eine gegenteilige Entscheidung getroffen und zB deutlich gemacht hat, nicht richtlinienkonform umsetzen zu wollen. M. a. W.: Eine Korrektur der nationalen Regelung *contra legem* muss vom Willen des Gesetzgebers gedeckt sein, eine richtlinienkonforme Lösung verwirklichen zu wollen, *Roth*, aaO, S. 332 f.

[255] *Assmann*, in: *Assmann/Schneider*, Einl. Rn. 70; ausführlich *Lutter* JZ 1992, 593 ff.

[256] *Heinze*, Kapitalmarktrecht, S. 27.

[257] Näher dazu *Lutter* JZ 1992, 593, 598 ff.; *Heinze*, Kapitalmarktrecht, S. 28 f. mwN.

[258] *Assmann*, in: *Assmann/Schneider*, Einl. Rn. 71; *Heinze*, Kapitalmarktrecht, S. 29; *Lutter* JZ 1992, 593, 604.

[259] *Assmann*, in: *Assmann/Schneider*, Einl. Rn. 71.

[260] *Assmann*, in: *Assmann/Schneider*, Einl. Rn. 70; *Heinze*, Kapitalmarktrecht, S. 28.

[261] *Assmann*, in: *Assmann/Schneider*, Einl. Rn. 70; näher *Heinze*, Kapitalmarktrecht, S. 27 ff.

Eignung zur Durchsetzung des objektiven Zwecks sowie ihre Konformität mit anderen Vorschriften des Gemeinschaftsrechts überprüft.²⁶²

c) Veröffentlichungen der BaFin als praktische Auslegungshilfe

aa) Bedeutung der Veröffentlichungen. Obwohl die BaFin die Einhaltung 83 der Verhaltenspflichten des WpHG überwacht, sind Gerichte und Staatsanwaltschaften ihrerseits nicht verpflichtet, Stellungnahmen der BaFin im Hinblick auf die Auslegung des WpHG (oder der dazu erlassenen Rechtsverordnungen²⁶³) zu beachten.²⁶⁴ Gleichwohl sind Anwendungsbereich und Normauslegung des WpHG in der Praxis regelmäßig durch Stellungnahmen der Aufsichtsbehörde in Form von **Richtlinien, Bekanntmachungen, Rundschreiben und Informationsblättern** näher konkretisiert worden.²⁶⁵ Trotz mangelnder rechtlicher Verbindlichkeit sind diese Veröffentlichungen der BaFin geeignet, Rechtsunsicherheiten zu vermindern und den Marktteilnehmern wichtige Leitlinien für ihr Verhalten zu geben. Da Finanzmarktpraxis und Gerichte die veröffentlichten Hinweise der BaFin regelmäßig beachten, kommt ihnen eine erhebliche faktische Bedeutung zu.²⁶⁶ Die Veröffentlichungen der BaFin sind in der jeweils aktuellsten Form auf ihrer Homepage *(www.bafin.de)* abrufbar.

bb) Richtlinien. Von großer praktischer Bedeutung für die Auslegung des 84 WpHG ist insbesondere die Richtlinienbefugnis in § 29 Satz 1 und § 35 Abs. 4 S. 1. Auf dieser Grundlage kann die BaFin Richtlinien aufstellen, nach denen sie für den Regelfall beurteilt, ob die Anforderungen der §§ 21 ff. bzw. §§ 31 ff. erfüllt sind. Das frühere BAWe hat von der Richtlinienbefugnis nach § 35 Abs. 6 aF in zwei Fällen Gebrauch gemacht und sowohl die Verhaltens- wie die Organisationspflichten der Wertpapierdienstleistungsunternehmen erläutert:
– „Richtlinie gemäß § 35 Abs. 6 des Gesetzes über den Wertpapierhandel (WpHG) zur Konkretisierung der §§ 31 und 32 WpHG für das Kommissionsgeschäft, den Eigenhandel für andere und das Vermittlungsgeschäft der Wertpapierdienstleistungsunternehmen" (**„Wohlverhaltensrichtlinie"**) vom 23. 8. 2001 und²⁶⁷
– „Richtlinie zur Konkretisierung der Organisationspflichten von Wertpapierdienstleistungsunternehmen gemäß § 33 Abs. 1 WpHG" (**„Compliance-Richtlinie"**) vom 25. 10. 1999.²⁶⁸
Beide Richtlinien wurden **durch Schreiben der BaFin** vom 23. Oktober 2007 **zum 1. November 2007 aufgehoben**; die BaFin wies allerdings in diesem Schreiben darauf hin, dass sie die Einhaltung der „Compliance-Richtlinie" weiterhin als angemessenes Verfahren im Sinne von § 33 Abs. 1 Satz 2 Nr. 1 und 3 WpHG ansehen werde.²⁶⁹ Auch der Wohlverhaltensrichtlinie dürften sich trotz

---

²⁶² *Heinze*, Kapitalmarktrecht, S. 28; KölnKommWpHG-*Hirte/Heinrich*, Einl. Rn 56.
²⁶³ Zu den vom BMF und von der BaFin aufgrund einer entsprechenden Übertragung der Rechtsetzungsbefugnis erlassenen Rechtsverordnungen vgl. oben Rn. 66.
²⁶⁴ *Assmann*, in: *Assmann/Schneider*, Einl. Rn. 60.
²⁶⁵ *Assmann*, in: *Assmann/Schneider*, Einl. Rn. 60 ff.
²⁶⁶ Vgl. auch die Kataloge der bisher veröffentlichten Bekanntmachungen, Schreiben und Informationsblätter bei KölnKommWpHG-*Hirte/Heinrich*, Einl. Rn. 104; *Assmann*, in: *Assmann/Schneider*, Einl. Rn. 61 f.
²⁶⁷ BAnz. vom 4. 9. 2001, S. 19 217.
²⁶⁸ BAnz. vom 6. 11. 1999, S. 18 453.
²⁶⁹ Abrufbar unter *www.bafin.de.*

der umfassenden Umgestaltung und Ausdifferenzierung im Einzelfall noch brauchbare Auslegungshinweise entnehmen lassen. Von ihrer Richtlinienkompetenz nach § 29 Satz 1 hat die BaFin bislang noch keinen Gebrauch gemacht, sondern sich mit dem Erlass von „Schreiben" an die Vorstände börsennotierter Aktiengesellschaften begnügt.[270]

85 Dogmatisch sind Richtlinien der BaFin als **norminterpretierende Verwaltungsvorschriften anzusehen,** die für eine gleichmäßige Ausübung der aufsichtsrechtlichen Tätigkeit des BaFin im Hinblick auf die Einhaltung der Verhaltensregeln sorgen sollen. Ihnen kommt daher im Gegensatz zu den Verordnungen **keine unmittelbare Außenwirkung** zu.[271] Trotz fehlender rechtlicher Außenwirkung spiegeln sie immerhin die Auffassung der Behörde und Verwaltungspraxis wider und geben dadurch wichtige Anhaltspunkte für die Auslegung der sehr weit gefassten Verhaltensregeln,[272] an der sich regelmäßig auch die Gerichte orientieren, so dass ihnen in der Praxis trotz mangelnder rechtlicher Bindungswirkung eine **wichtige Bedeutung** zukommen kann.

86 **cc) Bekanntmachungen.** Auch die **Bekanntmachungen der BaFin** sind von erheblicher praktischer Bedeutung für die Auslegung einzelner Vorschriften des WpHG. Seit ihrem Bestehen haben das frühere BAWe und die BaFin eine Vielzahl wichtiger Bekanntmachungen im Hinblick auf die **Auslegung grundsätzlicher Normen des WpHG** veröffentlicht, zum Beispiel:
– 29. 12. 1994: „Bekanntmachung zu Mitteilungs- und Veröffentlichungspflichten bei Veränderungen des Stimmrechtsanteils an börsennotierten Gesellschaften nach §§ 21 ff. Wertpapierhandelsgesetz (WpHG) sowie zu erstmaligen Mitteilungs- und Veröffentlichungspflichten nach § 41 WpHG" (aufgehoben).[273]
– 27. 7. 1999: „Allgemeinverfügung gemäß § 36b Abs. 1 und 2 WpHG bezüglich der Werbung in Form des „cold calling".[274]
– 7. 6. 2000: „Bekanntmachung des Bundesaufsichtsamtes für das Kreditwesen und des Bundesaufsichtsamtes für den Wertpapierhandel über Anforderungen an Verhaltensregeln für Mitarbeiter der Kreditinstitute und Finanzdienstleistungsinstitute in Bezug auf Mitarbeitergeschäfte" (aufgehoben durch Schreiben vom 23. Oktober 2007).[275]
– 7. 3. 2003: „Bekanntmachung der Bundesanstalt für Finanzdienstleistungsaufsicht zur Auslegung einzelner Begriffe in § 34b Wertpapierhandelsgesetz (nach Inkrafttreten des AnSVG am 1. 7. 2005 nicht mehr anwendbar).
– 20. 7. 2005: **Emittentenleitfaden** der BaFin.[276] Der Leitfaden soll eine praxisnahe Hilfestellung bei der Auslegung der neuen gesetzlichen Vorgaben im Bereich des Insiderrechts und der Publizitätsvorschriften geben. Er erläutert das Verbot des Insiderhandels und das Verbot der Marktmanipulation sowie die

---

[270] KölnKommWpHG-*Hirte* § 29 Rn. 15.
[271] Ebenso KölnKommWpHG-*Hirte/Heinrich,* Einl. Rn. 97; *Assmann,* in: *Assmann/ Schneider,* § 35 Rn. 6.
[272] *Kümpel,* Bank- und Kapitalmarktrecht, Rn. 16.506 f.
[273] BAnz. vom 5. 1. 1995, S. 76.
[274] BAnz. vom 12. 8. 1999, S. 13518.
[275] BAnz. vom 15. 7. 2000, S. 13790; vgl. zu diesen sog. „Mitarbeiterleitsätzen" § 33b Rn. 3 f.
[276] Abrufbar unter *www.bafin.de.*

Einleitung 87 **Einl.**

Ad-hoc-Publizität, Directors' Dealings und die Führung von Insiderverzeichnissen. Der Emittentenleitfaden konkretisiert somit die neuen Anforderungen, die durch das AnSVG auf die Emittenten zugekommen sind.

dd) Schreiben und Informationsblätter. Während die Bekanntmachungen 87
im Hinblick auf eher grundsätzliche Auslegungsfragen eine Rolle spielen, sind **Schreiben und Informationsblätter** der BaFin im Wesentlichen für die Auslegung **kleinerer Zweifelsfragen** von Bedeutung. Anders als die Richtlinien und Bekanntmachungen werden Schreiben und Informationsblätter nicht im Bundesanzeiger veröffentlicht, sind jedoch in der jeweils aktuellsten Form über die Internetseiten der BaFin abrufbar. Wichtige Schreiben der Vergangenheit sind zB:[277]
- Juli 1998: Schreiben an alle Finanzdienstleistungsinstitute, die unter Aufsicht des BAWe fallen, betreffend die jährliche Prüfung des Wertpapierdienstleistungsgeschäfts nach § 36 Wertpapierhandelsgesetz (WpHG).
- 1. 11. 1999: Schreiben an die Verbände der Kreditwirtschaft und der Finanzdienstleistungsinstitute betreffend die Richtlinie zur Konkretisierung der Organisationspflichten von Wertpapierdienstleistungsunternehmen gemäß § 33 Abs. 1 WpHG.
- 20. 6. 2000: Schreiben an die Verbände der Kreditwirtschaft und der Finanzdienstleistungsinstitute betreffend die Richtlinie zum Entwurf einer Day-Trading-Richtlinie vom 9. 5. 2000.
- 13. 12. 2001: Schreiben an die Vorstände und persönlich haftenden Gesellschafter der börsennotierten Gesellschaften betreffend die erweiterten Meldepflichten für Inhaber von Stimmrechtsanteilen an börsennotierten Unternehmen.
- 20. 12. 2001: Schreiben zu Mitteilungen nach § 9 WpHG für Geschäfte in Derivaten im System der Terminbörse Eurex.
- 24. 7. 2003: Schreiben zur Bekanntmachung der BaFin zur Auslegung einzelner Begriffe in § 34b WpHG vom 7. 3. 2003.
- 16. 12. 2003: Schreiben zur Übernahme von Reise- und Unterbringungskosten für Wertpapieranalysten durch Emittenten im Rahmen von Analystenkonferenzen und -veranstaltungen.
- 27. 5. 2004: Schreiben zur Änderung der Ermessenskriterien im Rahmen der Prüfungsbefreiung gemäß § 36 Abs. 1 Satz 2 WpHG.
- 29. 10. 2004: Hinweisschreiben zum In-Kraft-Treten des Anlegerschutzverbesserungsgesetzes (AnSVG).
- 1. 9. 2005: Schreiben zur Auslegung einzelner Begriffe des § 34b Wertpapierhandelsgesetz (WpHG) in Verbindung mit der Verordnung über die Analyse von Finanzinstrumenten (Finanzanalyseverordnung – FinAnV).
- 26. 10. 2005: Informationsschreiben zur MiFID.
- 8. 2. 2006: Schreiben zur Auslegung des § 34b WpHG und der FinAnV (hier: unbestimmte Rechtsbegriffe, grenzüberschreitende Sachverhalte und Weitergabe von Analysen von Finanzinstrumenten).
- 6. 2. 2007: Hinweisschreiben zu den Mitteilungs- und Veröffentlichungspflichten gem. §§ 21 ff. WpHG.
- 21. 12. 2007: Schreiben zur Auslegung einzelner Begriffe der §§ 31 Abs. 2 S. 4, 34b Wertpapierhandelsgesetz in Verbindung mit der Verordnung über die Analyse von Finanzinstrumenten (Finanzanalyseverordnung).

---

[277] Vgl. zu Einzelheiten auch die Auflistungen bei *Assmann*, in: *Assmann/Schneider*, Einl. Rn. 62 und KölnKommWpHG-*Hirte/Heinrich*, Einl. Rn. 104.

2. Durchsetzung des WpHG durch die BaFin

88 Entsprechend der **Aufgabenzuweisung in § 4 Abs. 1 S. 1** obliegt die Aufsicht nach den Vorschriften des WpHG der **BaFin**. Sie hat Missständen entgegenzuwirken, welche die ordnungsgemäße Durchführung des Handels mit Finanzinstrumenten oder von Wertpapierdienstleistungen oder Wertpapiernebendienstleistungen beeinträchtigen oder erhebliche Nachteile für den Finanzmarkt bewirken können (§ 4 Abs. 1 S. 2). Zur wirkungsvollen Aufgabenerfüllung räumt das WpHG der BaFin – neben der allgemeinen **Befugnis, geeignete und erforderliche Anordnungen** zur Beseitigung oder Verhinderung derartiger Missstände gemäß § 4 Abs. 1 Satz 3 zu treffen – verschiedene **Einzelbefugnisse** ein (vgl. insbesondere §§ 35–36 c), wobei die Auskunfts-, Vorlage- und Betretungsrechte aus § 35 Abs. 1 von besonderer praktischer Relevanz sind).[278] Daneben ist die BaFin gemäß § 40 WpHG zuständig für die **Verhängung von Bußgeldern** zur Ahndung der in § 39 WpHG normierten Ordnungswidrigkeiten. Besteht der (hinreichende) Verdacht einer Straftat nach § 38, gibt die BaFin das Verfahren an die zuständige Staatsanwaltschaft ab.

89 Darüber, ob und wie die BaFin bei Gesetzesverstößen einschreitet, entscheidet sie grundsätzlich nach pflichtgemäßem **Ermessen**.[279] Andere Marktteilnehmer haben keinen Anspruch auf ein Einschreiten der Behörde.[280] Da die BaFin ihre Aufgaben und Befugnisse gemäß § 4 Abs. 4 FinDAG nur im öffentlichen Interesse wahrnimmt, scheiden Staatshaftungsansprüche nach Art. 34 Satz 1 GG iVm § 839 BGB wegen schuldhaft fehlerhafter Amtshandlungen der BaFin ebenfalls aus.[281]

3. Privater Rechtsschutz

90 Verstöße gegen Vorschriften des WpHG werden nicht nur öffentlich-rechtlich sanktioniert, sondern können auch Anlass für Maßnahmen privaten Rechtsschutzes, insbesondere durch geschädigte Anleger, sein. Im Vordergrund steht insoweit die Verletzung (vor)vertraglicher Aufklärungs- oder Beratungspflichten (§§ 280 Abs. 1, 311 Abs. 2, 241 Abs. 2 BGB); daneben hängen die Möglichkeiten zur Erhebung von Schadensersatzklagen – soweit sie nicht wie bei §§ 37b, 37c ausdrücklich im Gesetz vorgesehen sind – maßgeblich von der Qualifikation der jeweils verletzten Norm als **„Schutzgesetz" iSd § 823 Abs. 2 BGB** ab. Insoweit wird auf die Kommentierung der Einzelvorschriften verwiesen.[282] Ferner können auch Unterlassungs- und ggf. Schadensersatzansprüche von Wettbewerbern nach **§§ 3, 4 Nr. 11 UWG** in Betracht kommen, sofern die verletzte Norm zumindest auch eine Regelung des Marktverhaltens im Interesse der Marktteilnehmer bezweckt. Das dürfte vor allem für die wesentlichen Verhaltenspflichten der Wertpapierdienstleistungsunternehmen gegenüber ihren Kunden nach § 31 ff. (im Gegensatz zu den reinen Organisationspflichten) der Fall sein.

---

[278] Näher dazu die Kommentierung zu § 35.
[279] Vgl. § 4 Rn. 29.
[280] Vgl. § 4 Rn. 10.
[281] Das gilt jedenfalls gegenüber privaten Anlegern; ob gegenüber den der Aufsicht unterliegenden Wertpapierdienstleistungsunternehmen etwas anderes gilt, ist umstritten; vgl. im Einzelnen § 4 Rn. 12 ff.
[282] Vgl. insbesondere den Überblick Vor §§ 31 bis 37 a Rn. 80 ff.

Weitere Ansprüche vertraglicher oder deliktischer Art (zB § 826 BGB) **91**
bleiben grundsätzlich **unberührt.** Zu beachten ist allerdings, dass sich die besondere Verjährungsvorschrift des § 37a bei Schadensersatzansprüchen wegen Informationspflichtverletzungen und fehlerhafter Beratung im Zusammenhang mit Wertpapier(neben)dienstleistungen nicht nur auf Ansprüche aus Vertrag und culpa in contrahendo (§ 311 Abs. 2 BGB) erstreckt, sondern auch auf konkurrierende deliktische Ansprüche, soweit es nicht um vorsätzliche Handlungen geht.[283]

---

[283] Vgl. § 37a Rn. 10 mwN. Nach dem RefE eines Gesetzes zur Neuregelung der Rechtsverhältnisse bei Schuldverschreibungen aus Anleihen vom 9. 5. 2008 ist jedoch geplant, § 37a ersatzlos zu streichen (vgl. Art. 4 des RefE sowie oben Rn. 76).

Abschnitt 1. Anwendungsbereich, Begriffsbestimmungen

§ 1 Anwendungsbereich

(1) Dieses Gesetz ist anzuwenden auf die Erbringung von Wertpapierdienstleistungen und Wertpapiernebendienstleistungen, den börslichen und außerbörslichen Handel mit Finanzinstrumenten, den Abschluss von Finanztermingeschäften, auf Finanzanalysen sowie auf Veränderungen der Stimmrechtsanteile von Aktionären an börsennotierten Gesellschaften.

(2) Die Vorschriften des dritten und vierten Abschnitts sowie die §§ 34 b und 34 c sind auch anzuwenden auf Handlungen und Unterlassungen, die im Ausland vorgenommen werden, sofern sie Finanzinstrumente betreffen, die an einer inländischen Börse gehandelt werden.

(3) Die Vorschriften des dritten und vierten Abschnitts sowie die §§ 34 b und 34 c sind nicht anzuwenden auf Geschäfte, die aus geld- oder währungspolitischen Gründen oder im Rahmen der öffentlichen Schuldenverwaltung von der Europäischen Zentralbank, dem Bund, einem seiner Sondervermögen, einem Land, der Deutschen Bundesbank, einem ausländischen Staat oder dessen Zentralbank oder einer anderen mit diesen Geschäften beauftragten Organisation oder mit für deren Rechnung handelnden Personen getätigt werden.

Schrifttum: s. die Angaben vor der Einleitung zum WpHG.

Übersicht

	Rn.
I. Neufassung durch das AnSVG	1
II. Regelungsgehalt	4
III. Anwendungsbereich des WpHG	6
1. Überblick über wichtige Regelungsgegenstände (Abs. 1)	6
2. Sonderregelungen für die Insiderüberwachung, das Verbot der Marktmanipulation und die Finanzanalyse	11

I. Neufassung durch das AnSVG

§ 1 WpHG wurde mit Wirkung zum 30. Oktober 2004 durch das Gesetz zur **1** Verbesserung des Anlegerschutzes (**Anlegerschutzverbesserungsgesetz** – AnSVG) neu gefasst.[1] Eingefügt wurden die Abs. 2 und 3; Abs. 1 wurde hingegen nur mit der Ersetzung der bisherigen Begriffe „Wertpapiere, Geldmarktinstrumente, Derivate" durch den Begriff der „Finanzinstrumente" an die Terminologie der neueren Gesetze und EU-Richtlinien angepasst.[2] Darüber hinaus empfand der Gesetzgeber es als notwendig, auch die Finanzanalysen in § 1 Abs. 1 separat zu erwähnen, da diese in §§ 34 b und c geregelt werden und es sich dabei weder um Wertpapierdienstleistungen noch um Wertpapiernebendienstleistungen handelt.[3]

---

[1] BGBl. I S. 2630.
[2] Siehe BegrRegE, BT-Drs. 15/3174, S. 28.
[3] BegrRegE, BT-Drucks. 15/3174, S. 28.

§ 1 2–5 Abschnitt 1. Anwendungsbereich, Begriffsbestimmungen

Nachdem die Erstellung, Verbreitung oder Weitergabe von Finanzanalysen nunmehr seit dem 1. 11. 2007 durch das FRUG[4] als Nr. 5 in den Katalog der Wertpapiernebendienstleistungen gemäß § 2 Abs. 3a aufgenommen wurde, hat die Erwähnung in § 1 Abs. 1 nur noch klarstellenden Charakter.

2 § **1 Abs. 2** setzt Art. 10 lit. a) der Marktmissbrauchsrichtlinie[5] um und **erweitert den territorialen Anwendungsbereich** der Insiderüberwachung, des Verbotes der Marktpreismanipulation und der Regelungen über Finanzanalysen auf Handlungen und Unterlassungen im Ausland.

3 § **1 Abs. 3** ersetzt die bisherige Regelung der §§ 20 und 20b Abs. 7 WpHG aF. Er nimmt die genannten, von **Trägern hoheitlicher Gewalt** vorgenommenen Geschäfte von den Regelungen über Insidergeschäfte, Marktpreismanipulation und Finanzanalysen aus.[6] Die bei der Vorgängerregelung des § 20 WpHG aF zweifelhafte Frage, ob die Europäische Zentralbank ebenfalls zu den befreiten Organisationen zählt,[7] hat sich durch die ausdrückliche Aufnahme der EZB in den Gesetzestext erledigt.[8]

II. Regelungsgehalt

4 Die Auflistung bestimmter Regelungsgegenstände in **Abs. 1** hat **keinen eigenen Regelungsgehalt**,[9] da sie keine besonderen Tatbestandsmerkmale enthält, von denen die Anwendbarkeit der einzelnen Normen des Gesetzes abhängt. Die jeweiligen Anwendungsvoraussetzungen ergeben sich vielmehr direkt aus den einzelnen Vorschriften der Abschnitte 2 bis 11 in Verbindung mit den Begriffsbestimmungen der §§ 2, 2a. Die **Funktion des Abs. 1** erschöpft sich daher in einem einführenden, exemplarischen Überblick über die gesetzlichen Regelungsgegenstände,[10] der allerdings nicht einmal vollständig ist (dazu näher Rn. 9). Immerhin wird auf diese Weise **klargestellt,** dass das WpHG sowohl **Anwendung auf den börslichen wie** auch auf den **außerbörslichen Handel** mit Finanzinstrumenten findet.[11] Zweifelhaft ist dagegen – angesichts der ohnehin unvollständigen Auflistung der Regelungsgegenstände in Abs. 1 – die in der Literatur teilweise unternommene Begründung eines Umkehrschlusses, dass die nicht in der Aufzählung des Abs. 1 enthaltene Börsenaufsicht kein Regelungsgegenstand des WpHG sei und damit in die Zuständigkeit der Länder falle.[12]

5 Anders verhält es sich dagegen mit **Abs. 2 und 3**. Diese durch das AnSVG neu eingefügten Bestimmungen weisen einen eigenständigen normativen Gehalt

---

[4] Gesetz zur Umsetzung der Richtlinie über Märkte für Finanzinstrumente und der Durchführungsrichtlinie der Kommission (Finanzmarktrichtlinie-Umsetzungsgesetz) vom 16. Juli 2007, BGBl. I, 1330.
[5] Richtlinie 2003/6/EG vom 28. Januar 2003 über Insider-Geschäfte und Marktmanipulation, ABl. EG Nr. L 96 vom 12. April 2003, S. 16ff.
[6] Vgl. *Assmann,* in: *Assmann/Schneider,* § 1 Rn. 6.
[7] Siehe dazu *Schwark/Zimmer,* § 20 WpHG Rn. 4.
[8] Vgl. auch *Assmann,* in: *Assmann/Schneider,* § 1 Rn. 7.
[9] Vgl. *Assmann,* in: *Assmann/Schneider,* § 1 Rn. 2; *Schwark/Beck,* § 1 Rn. 5; *Schäfer,* in: *Schäfer/Hamann,* § 1 Rn. 2; *Versteegen,* in: KölnKommWpHG, § 1 Rn. 1, 8.
[10] *Versteegen,* in: KölnKommWpHG, § 1 Rn. 1.
[11] *Assmann,* in: *Assmann/Schneider,* § 1 Rn. 3; *Schwark/Beck,* § 1 Rn. 5; *Schäfer,* in: *Schäfer/Hamann,* § 1 Rn. 5.
[12] So aber *Assmann,* in: *Assmann/Schneider,* § 1 Rn. 2; *Schwark/Beck,* § 1 Rn. 6.

Anwendungsbereich 6–8 § 1

auf.[13] Sie enthalten **Sonderregelungen** für den räumlichen (Abs. 2) und persönlichen (Abs. 3) Anwendungsbereich der Vorschriften über die Insiderüberwachung, das Verbot der Marktmanipulation und die Finanzanalyse.

III. Anwendungsbereich des WpHG

1. Überblick über wichtige Regelungsgegenstände (Abs. 1)

Abs. 1 listet deklaratorisch und nicht ganz vollständig die (wichtigsten) sachlichen 6
Regelungsgegenstände des WpHG auf. An erster Stelle steht die **Erbringung von Wertpapierdienstleistungen und Wertpapiernebendienstleistungen**, die in den Verhaltensregeln (iwS) für Wertpapierdienstleistungsunternehmen in Abschnitt 6 (§§ 31–37a) geregelt sind. Bezug zum **börslichen und außerbörslichen Handel mit Finanzinstrumenten** haben folgende Abschnitte des WpHG: Die in den §§ 12ff. normierte Überwachung des Insiderhandels einschließlich der Pflicht zur Ad-hoc-Publizität (Abschnitt 3) sowie die korrespondierenden Schadensersatzvorschriften wegen fehlerhafter Kapitalmarktkommunikation in den §§ 37b, 37c (Abschnitt 7), das Verbot der Kurs- und Marktpreismanipulation in § 20a (Abschnitt 4) sowie Abschnitt 10 über ausländische organisierte Märkte (§§ 37i–m). **Veränderungen der Stimmrechtsanteile von Aktionären an börsennotierten Gesellschaften** sind Gegenstand des Abschnitts 5 (§§ 21 bis 29).

Der in Abs. 1 ebenfalls erwähnte „**Abschluss von Finanztermingeschäf-** 7
ten" bezieht sich auf den 8. Abschnitt des WpHG (§§ 37d bis 37g), welcher das Recht der Finanztermingeschäfte, das früher in den §§ 50 bis 70 BörsG aF sowie in Einzelbestimmungen des BGB geregelt war, einer grundlegenden Revision unterworfen hat. Die Bestimmungen wurden durch das am 1. Juli 2002 in Kraft getretene Vierte Finanzmarktförderungsgesetz[14] in das WpHG aufgenommen. Allerdings kommt den Vorschriften seit der erheblichen Erweiterung des Derivatebegriffs in § 2 Abs. 2 im Zuge der Neufassung der Vorschrift durch das FRUG nur noch geringe Bedeutung zu. Dies spiegelt sich auch in der Aufhebung der §§ 37d und 37f WpHG aF wider. Zudem hat das FRUG die Legaldefinition des Finanztermingeschäfts aus § 2 Abs. 2a WpHG aF in den § 37e Satz 2 verschoben (ausführlich zur Entwicklung des Rechts der Finanztermingeschäfte Vor §§ 37e undg Rn. 8ff.).

Den in der Vergangenheit immer wichtiger gewordenen Bereich der **Finanz-** 8
analysen regeln die §§ 34b und 34c innerhalb des 6. Abschnittes des WpHG. Ihre gesonderte Erwähnung erklärt sich daraus, dass die Erstellung und Verbreitung von Finanzanalysen bis zum Erlass des FRUG vom Gesetz weder als Wertpapierdienstleistung noch als Wertpapiernebendienstleistung eingeordnet wurde. Trotz der nunmehr erfolgten Aufnahme in den Katalog der Wertpapiernebendienstleistungen (§ 2 Abs. 3a Nr. 5) hat der Gesetzgeber den Text des § 1 Abs. 1 nicht angepasst.

---

[13] Ebenso *Assmann*, in: *Assmann/Schneider*, § 1 Rn. 4, 5; *Versteegen*, in: KölnKomm-WpHG, § 1 Rn. 4.

[14] Gesetz zur weiteren Fortentwicklung des Finanzplatzes Deutschland vom 21. Juni 2002, BGBl. I S. 2010.

§ 1   9–12   Abschnitt 1. Anwendungsbereich, Begriffsbestimmungen

9   Nicht in § 1 Abs. 1 **erwähnt** ist der **11. Abschnitt** des WpHG, der in den §§ 37n-37z die Überwachung von Unternehmensabschlüssen sowie die Veröffentlichung und Übermittlung von Finanzberichten an das Unternehmensregister regelt. Der erste Unterabschnitt (§§ 37n–37u) wurde durch das Gesetz zur Kontrolle von Unternehmensabschlüssen (Bilanzkontrollgesetz – BilKoG) vom 15. Dezember 2004[15] in das WpHG eingefügt, der zweite Unterabschnitt (§§ 37v–37z) durch das TUG[16] mit Wirkung zum 20. 1. 2007. Gleiches gilt für den ebenfalls durch das TUG eingeführten **Abschnitt 5a** (§§ 30a–30g), der die notwendigen Informationen für die Wahrnehmung von Rechten aus Wertpapieren definiert. Die insoweit fehlende Anpassung des § 1 Abs. 1 bleibt zwar angesichts seiner lediglich klarstellenden Funktion ohne rechtliche Konsequenzen, stellt aber auch nicht gerade ein Zeugnis guter Gesetzgebung dar.

10   Aus den in § 1 Abs. 1 aufgezählten Tätigkeiten und Vorgängen ergibt sich der **marktbezogene Regelungsansatz des WpHG** (vgl. dazu bereits Einl. Rn. 3ff.). Die meisten Marktteilnehmer unterliegen jedoch zugleich dem Anwendungsbereich der **institutionellen Regulierung des KWG**. Die danach primär unter dem Blickwinkel der Insolvenzprophylaxe erfolgende Beaufsichtigung der Risiken, die Kredit- und Finanzdienstleistungsinstitute im Rahmen ihrer Geschäftstätigkeit eingehen, ergänzt somit die organisations- und marktverhaltensbezogene Regulierung durch das WpHG.[17]

2. Sonderregelungen für die Insiderüberwachung, das Verbot der Marktmanipulation und die Finanzanalyse

11   Abs. 2 betrifft den **räumlichen Anwendungsbereich** der Regelungen über die Insiderüberwachung (§§ 12-16b), das Verbot der Marktmanipulation (§ 20a) und die Finanzanalyse (§§ 34b, 34c) und erstreckt ihn in Umsetzung von Art. 10 lit. a) der Marktmissbrauchsrichtlinie auf Handlungen und Unterlassungen, die im Ausland vorgenommen werden, sofern sie Finanzinstrumente betreffen, die an einer inländischen Börse gehandelt werden. Diese **Form der extraterritorialen Anwendung** zielt insoweit auf einen lückenlosen Schutz des Inlandsmarktes für börsennotierte Finanzinstrumente, indem die Auswirkungen der auf sie bezogenen Handlungen oder Unterlassungen unabhängig davon erfasst werden, ob sie im In- oder Ausland vorgenommen werden. Dies steht im Einklang mit dem (auch völkerrechtlich grundsätzlich anerkannten) kollisionsrechtlichen **Auswirkungsprinzip** („effects doctrine") und erscheint grundsätzlich sachlich geboten, da sich andernfalls erhebliche Schutzlücken auftun könnten.

12   Das gilt auch für die Fälle der **Doppel- oder Mehrfachnotierungen,** in denen die Finanzinstrumente ebenfalls in einem anderen Mitgliedstaat oder innerhalb des EWR an einem organisierten Markt zugelassen sind. Die Konsequenzen

---

[15] BGBl. I S. 3408.
[16] Gesetz zur Umsetzung der Richtlinie 2004/109/EG des Europäischen Parlaments und des Rates vom 15. Dezember 2004 zur Harmonisierung der Transparenzanforderungen in Bezug auf Informationen über Emittenten, deren Wertpapiere zum Handel auf einem geregelten Markt zugelassen sind, und zur Änderung der Richtlinie 2001/34/EG (Tranzparenzrichtlinie-Umsetzungsgesetz – TUG) vom 5. Januar 2007, BGBl. I S. 10.
[17] Näher zum komplementären Verhältnis beider Gesetze *Assmann,* in: *Assmann/Schneider,* § 1 Rn. 9f.

mögen im Einzelfall übertrieben erscheinen – etwa die Anwendung der Vorschriften zu den sog. *Directors' Dealings* (§ 15 a) auch dann, wenn die betroffenen Aktien in einem anderen Staat zum Handel an einem organisierten Markt zugelassen sind, in Deutschland dagegen nur im Freiverkehr notiert werden.[18] Die Kritik dürfte sich hier aber wohl eher gegen den sachlichen Regelungsgehalt der strengen deutschen Mitteilungs- und Veröffentlichungspflichten für Wertpapiergeschäfte des Führungspersonals der erfassten Emittenten wenden, denn als Plädoyer für ein unterschiedliches Schutzniveau bei einem gleichzeitigen Handel der Wertpapiere auf in- und ausländischen Märkten zu verstehen sein. Eine Gefahr von etwaigen „Pflichtenkollisionen" mit ausländischen Rechtsordnungen bei Doppel- oder Mehrfachnotierungen an in- und ausländischen Börsen ist innerhalb des EWR kaum vorstellbar, im Übrigen kann ihr im Rahmen des behördlichen Aufgreifermessens Rechnung getragen werden. Der Entwicklung einer ungeschriebenen Bagatellklausel oder der analogen Heranziehung des § 130 Abs. 2 GWB zur Begrenzung der Anwendung auf Auslandssachverhalte bedarf es dagegen nicht.[19]

Abweichende Anforderungen in den Einzelvorschriften genießen **Vorrang** vor der allgemeinen Regel in Abs. 2.[20] Dies betrifft etwa die Verpflichtung zur Veröffentlichung von Ad-hoc-Meldungen, der nach § 15 Abs. 1 nur Inlandsemittenten (§ 2 Abs. 7) unterliegen. Auf der anderen Seite erweitert § 34 b Abs. 3 Satz 2 den Kreis der erfassten Finanzinstrumente auf solche, in denen zwar noch kein Handel an einer inländischen Börse stattfindet, deren Zulassung zum Handel oder deren Einbeziehung in den geregelten Markt oder den Freiverkehr aber bereits beantragt oder öffentlich angekündigt ist. 13

Die nicht in Abs. 2 aufgeführten Regelungsgegenstände des WpHG können ebenfalls auf Auslandssachverhalte anwendbar sein. Entscheidend ist jeweils die Ausgestaltung der Einzelbestimmungen (vgl. zB die Kollisionsregel des § 31 Abs. 10 für die Anwendung der Wohlverhaltenspflichten durch Unternehmen mit Sitz in einem Drittstaat bei Wertpapierdienstleistungen gegenüber Kunden mit gewöhnlichem Aufenthalt im Inland, sofern die Leistungen nicht ausschließlich im Ausland erbracht werden; näher dazu § 31 (Rn. 322ff.). 14

Abs. 3 beschränkt den persönlichen Anwendungsbereich der genannten Vorschriften, indem er eine **Ausnahme für** die aufgezählten **Träger hoheitlicher Gewalt** statuiert, die aus geld- oder währungspolitischen Gründen oder im Rahmen der öffentlichen Schuldenverwaltung Geschäfte tätigen, also innerhalb ihres gesetzlich zugewiesenen Aufgabenbereichs handeln. Das Gleiche gilt für die von diesen staatlichen oder öffentlich-rechtlichen Institutionen **beauftragten oder für ihre Rechnung handelnden Personen.** Auf diese Weise wird einerseits sichergestellt, dass die genannten staatlichen Institutionen bei der Erfüllung ihrer gesetzlichen Aufgaben nicht behindert werden. Andererseits dient die Ausnahme wohl auch dazu, mögliche Konflikte mit ausländischen Staaten und Hoheitsträgern zu vermeiden. Die daraus zugleich resultierende Einschränkung der extraterritorialen Anwendung des WpHG trägt mit der Rücksicht- 15

---

[18] Sehr krit. *Versteegen*, in: KölnKommWpHG, § 1 Rn. 13 („kaum akzeptable ... Konsequenz").
[19] Wie hier *Versteegen*, in: KölnKommWpHG, § 1 Rn. 15; für Heranziehung des § 130 Abs. 2 GWB aber *Holzborn/Israel* WM 2004, 1948, 1949; *Spindler* NJW 2004, 3449.
[20] Im Ergebnis ebenso *Versteegen*, in: KölnKommWpHG, § 1 Rn. 12.

§ 2 Abschnitt 1. Anwendungsbereich, Begriffsbestimmungen

nahme auf geld- und währungspolitisch motivierte Geschäfte anderer Staaten und ihrer Institutionen dem völkerrechtlichen Grundsatz der *comity* Rechnung.

16 Die durch das AnSVG eingefügte Vorschrift hat die früheren § 20 und § 20 b Abs. 7 ersetzt und den Regelungsgehalt auf die Bestimmungen über die Finanzanalyse ausgedehnt. Ihre Reichweite hängt maßgeblich von der **Bestimmung des Kreises der „anderen mit diesen Geschäften beauftragten Organisation<en>"** ab. Insoweit wird in der Literatur unter Hinweis auf Art. 2 Abs. 4 der EG-Insiderrichtlinie teilweise bezweifelt, ob die Schuldenverwaltung der Gemeinden und Gemeindeverbände neben derjenigen der Bundesländer erfasst ist.[21]

§ 2 Begriffsbestimmungen

(1) Wertpapiere im Sinne dieses Gesetzes sind, auch wenn keine Urkunden über sie ausgestellt sind, alle Gattungen von übertragbaren Wertpapieren mit Ausnahme von Zahlungsinstrumenten, die ihrer Art nach auf den Finanzmärkten handelbar sind, insbesondere

1. Aktien,
2. andere Anteile an in- oder ausländischen juristischen Personen, Personengesellschaften und sonstigen Unternehmen, soweit sie Aktien vergleichbar sind, sowie Zertifikate, die Aktien vertreten,
3. Schuldtitel,
    a) insbesondere Genussscheine und Inhaberschuldverschreibungen und Orderschuldverschreibungen sowie Zertifikate, die Schuldtitel vertreten,
    b) sonstige Wertpapiere, die zum Erwerb oder zur Veräußerung von Wertpapieren nach den Nummern 1 und 2 berechtigen oder zu einer Barzahlung führen, die in Abhängigkeit von Wertpapieren, von Währungen, Zinssätzen oder anderen Erträgen, von Waren, Indizes oder Messgrößen bestimmt wird.

Wertpapiere sind auch Anteile an Investmentvermögen, die von einer Kapitalanlagegesellschaft oder einer ausländischen Investmentgesellschaft ausgegeben werden.

(1 a) Geldmarktinstrumente im Sinne dieses Gesetzes sind alle Gattungen von Forderungen, die nicht unter Absatz 1 fallen und die üblicherweise auf dem Geldmarkt gehandelt werden, mit Ausnahme von Zahlungsinstrumenten.

(2) Derivate im Sinne dieses Gesetzes sind
1. als Kauf, Tausch oder anderweitig ausgestaltete Festgeschäfte oder Optionsgeschäfte, die zeitlich verzögert zu erfüllen sind und deren Wert sich unmittelbar oder mittelbar vom Preis oder Maß eines Basiswertes ableitet (Termingeschäfte) mit Bezug auf die folgenden Basiswerte:
    a) Wertpapiere oder Geldmarktinstrumente,
    b) Devisen oder Rechnungseinheiten,
    c) Zinssätze oder andere Erträge,
    d) Indizes der Basiswerte der Buchstaben a, b oder c, andere Finanzindizes oder Finanzmessgrößen oder
    e) **Derivate**;

---

[21] *Assmann*, in: *Assmann/Schneider*, § 1 Rn. 7.

Begriffsbestimmungen § 2

2. Termingeschäfte mit Bezug auf Waren, Frachtsätze, Emissionsberechtigungen, Klima- oder andere physikalische Variablen, Inflationsraten oder andere volkswirtschaftliche Variablen oder sonstige Vermögenswerte, Indizes oder Messwerte als Basiswerte, sofern sie
   a) durch Barausgleich zu erfüllen sind oder einer Vertragspartei das Recht geben, einen Barausgleich zu verlangen, ohne dass dieses Recht durch Ausfall oder ein anderes Beendigungsereignis begründet ist,
   b) auf einem organisierten Markt oder in einem multilateralen Handelssystem geschlossen werden oder
   c) nach Maßgabe des Artikels 38 Abs. 1 der Verordnung (EG) Nr. 1287/2006 der Kommission vom 10. August 2006 zur Durchführung der Richtlinie 2004/39/EG des Europäischen Parlaments und des Rates betreffend die Aufzeichnungspflichten für Wertpapierfirmen, die Meldung von Geschäften, die Markttransparenz, die Zulassung von Finanzinstrumenten zum Handel und bestimmte Begriffe im Sinne dieser Richtlinie (ABl. EU Nr. L 241 S. 1) Merkmale anderer Derivate aufweisen und nichtkommerziellen Zwecken dienen und nicht die Voraussetzungen des Artikels 38 Abs. 4 dieser Verordnung gegeben sind, und sofern sie keine Kassageschäfte im Sinne des Artikels 38 Abs. 2 der Verordnung (EG) Nr. 1287/2006 sind;
3. finanzielle Differenzgeschäfte;
4. als Kauf, Tausch oder anderweitig ausgestaltete Festgeschäfte oder Optionsgeschäfte, die zeitlich verzögert zu erfüllen sind und dem Transfer von Kreditrisiken dienen (Kreditderivate).
5. Termingeschäfte mit Bezug auf die in Artikel 39 der Verordnung (EG) Nr. 1287/2006 genannten Basiswerte, sofern sie die Bedingungen der Nummer 2 erfüllen.

(2 a) *aufgehoben*

(2 b) **Finanzinstrumente** im Sinne dieses Gesetzes sind Wertpapiere im Sinne des Absatzes 1, Geldmarktinstrumente im Sinne des Absatzes 1 a, Derivate im Sinne des Absatzes 2 und Rechte auf Zeichnung von Wertpapieren.

(2 c) **Waren** im Sinne dieses Gesetzes sind fungible Wirtschaftsgüter, die geliefert werden können; dazu zählen auch Metalle, Erze und Legierungen, landwirtschaftliche Produkte und Energien wie Strom.

(3) **Wertpapierdienstleistungen** im Sinne dieses Gesetzes sind
1. die Anschaffung oder Veräußerung von Finanzinstrumenten im eigenen Namen für fremde Rechnung (Finanzkommissionsgeschäft),
2. die Anschaffung oder Veräußerung von Finanzinstrumenten für eigene Rechnung als Dienstleistung für andere (Eigenhandel),
3. die Anschaffung oder Veräußerung von Finanzinstrumenten in fremdem Namen für fremde Rechnung (Abschlussvermittlung),
4. die Vermittlung von Geschäften über die Anschaffung und die Veräußerung von Finanzinstrumenten (Anlagevermittlung),
5. die Übernahme von Finanzinstrumenten für eigenes Risiko zur Platzierung oder die Übernahme gleichwertiger Garantien (Emissionsgeschäft),
6. die Platzierung von Finanzinstrumenten ohne feste Übernahmeverpflichtung (Platzierungsgeschäft),

Fuchs 57

§ 2 Abschnitt 1. Anwendungsbereich, Begriffsbestimmungen

7. die Verwaltung einzelner oder mehrerer in Finanzinstrumenten angelegter Vermögen für andere mit Entscheidungsspielraum (Finanzportfolioverwaltung),
8. der Betrieb eines multilateralen Systems, das die Interessen einer Vielzahl von Personen am Kauf und Verkauf von Finanzinstrumenten innerhalb des Systems und nach festgelegten Bestimmungen in einer Weise zusammenbringt, die zu einem Vertrag über den Kauf dieser Finanzinstrumente führt (Betrieb eines multilateralen Handelssystems),
9. die Abgabe von persönlichen Empfehlungen an Kunden oder deren Vertreter, die sich auf Geschäfte mit bestimmten Finanzinstrumenten beziehen, sofern die Empfehlung auf eine Prüfung der persönlichen Umstände des Anlegers gestützt oder als für ihn geeignet dargestellt wird und nicht ausschließlich über Informationsverbreitungskanäle oder für die Öffentlichkeit bekannt gegeben wird (Anlageberatung).

Als Wertpapierdienstleistung gilt auch die Anschaffung und Veräußerung von Finanzinstrumenten für eigene Rechnung, die keine Dienstleistung für andere im Sinne des Satzes 1 Nr. 2 darstellt (Eigengeschäft).

(3a) Wertpapiernebendienstleistungen im Sinne dieses Gesetzes sind
1. die Verwahrung und die Verwaltung von Finanzinstrumenten für andere und damit verbundene Dienstleistungen (Depotgeschäft),
2. die Gewährung von Krediten oder Darlehen an andere für die Durchführung von Wertpapierdienstleistungen, sofern das Unternehmen, das den Kredit oder das Darlehen gewährt, an diesen Geschäften beteiligt ist,
3. die Beratung von Unternehmen über die Kapitalstruktur, die industrielle Strategie sowie die Beratung und das Angebot von Dienstleistungen bei Unternehmenskäufen und Unternehmenszusammenschlüssen,
4. Devisengeschäfte, die in Zusammenhang mit Wertpapierdienstleistungen stehen,
5. die Erstellung, Verbreitung oder Weitergabe von Finanzanalysen oder anderen Informationen über Finanzinstrumente oder deren Emittenten, die direkt oder indirekt eine Empfehlungen für eine bestimmte Anlageentscheidung enthalten,
6. Dienstleistungen, die im Zusammenhang mit dem Emissionsgeschäft stehen,
7. Dienstleistungen, die sich auf einen Basiswert im Sinne des Absatzes 2 Nr. 2 oder Nr. 5 beziehen und im Zusammenhang mit Wertpapierdienstleistungen oder Wertpapiernebendienstleistungen stehen.

(4) Wertpapierdienstleistungsunternehmen im Sinne dieses Gesetzes sind Kreditinstitute, Finanzdienstleistungsinstitute und nach § 53 Abs. 1 Satz 1 des Kreditwesengesetzes tätige Unternehmen, die Wertpapierdienstleistungen allein oder zusammen mit Wertpapiernebendienstleistungen gewerbsmäßig oder in einem Umfang erbringen, der einen in kaufmännischer Weise eingerichteten Geschäftsbetrieb erfordert.

(5) Organisierter Markt im Sinne dieses Gesetzes ist ein im Inland, in einem anderen Mitgliedstaat der Europäischen Union oder einem anderen Vertragsstaat des Abkommens über den Europäischen Wirtschaftsraum betriebenes oder verwaltetes, durch staatliche Stellen genehmigtes, geregeltes und überwachtes multilaterales System, das die Interessen einer Vielzahl von Personen am Kauf und Verkauf von dort zum Handel zugelassenen Finanzinstrumenten innerhalb des Systems und nach festgelegten, Bestim-

Begriffsbestimmungen § 2

mungen in einer Weise zusammenbringt oder das Zusammenbringen fördert, die zu einem Vertrag über den Kauf dieser Finanzinstrumente führt.

(6) Emittenten, für die die Bundesrepublik Deutschland der Herkunftsstaat ist, sind

1. Emittenten von Schuldtiteln mit einer Stückelung von weniger als 1000 Euro oder dem am Ausgabetag entsprechenden Gegenwert in einer anderen Währung oder von Aktien,
    a) die ihren Sitz im Inland haben und deren Wertpapiere zum Handel an einem organisierten Markt im Inland oder in einem anderen Mitgliedstaat der Europäischen Union oder einem anderen Vertragsstaat des Abkommens über den Europäischen Wirtschaftsraum zugelassen sind, oder
    b) die ihren Sitz in einem Staat haben, der weder Mitgliedstaat der Europäischen Union noch Vertragsstaat des Abkommens über den Europäischen Wirtschaftsraum ist (Drittstaat), und deren Wertpapiere zum Handel an einem organisierten Markt im Inland oder in einem anderen Mitgliedstaat der Europäischen Union oder einem anderen Vertragsstaat des Abkommens über den Europäischen Wirtschaftsraum zugelassen sind, wenn das jährliche Dokument im Sinne des § 10 des Wertpapierprospektgesetzes bei der Bundesanstalt zu hinterlegen ist,
2. Emittenten, die keine Finanzinstrumente im Sinne der Nummer 1 begeben, wenn sie im Inland oder in einem Drittstaat ihren Sitz haben und ihre Finanzinstrumente zum Handel an einem organisierten Markt im Inland, nicht aber in einem anderen Mitgliedstaat der Europäischen Union oder in einem Vertragsstaat des Abkommens über den Europäischen Wirtschaftsraum zugelassen sind,
3. Emittenten, die keine Finanzinstrumente im Sinne der Nummer 1 begeben und nicht unter Nummer 2 fallen,
    a) wenn sie im Inland ihren Sitz haben und ihre Finanzinstrumente zum Handel an einem organisierten Markt auch oder ausschließlich in einem oder mehreren anderen Mitgliedstaaten der Europäischen Union oder in einem oder mehreren anderen Vertragsstaaten des Abkommens über den Europäischen Wirtschaftsraum zugelassen sind oder
    b) wenn sie ihren Sitz in einem anderen Mitgliedstaat der Europäischen Union oder in einem anderen Vertragsstaat des Abkommens über den Europäischen Wirtschaftsraum haben und ihre Finanzinstrumente zum Handel an einem organisierten Markt auch oder ausschließlich im Inland zugelassen sind oder
    c) wenn sie ihren Sitz in einem Drittstaat haben und ihre Finanzinstrumente zum Handel an einem organisierten Markt im Inland und in einem oder mehreren anderen Mitgliedstaaten der Europäischen Union oder in einem oder mehreren anderen Vertragsstaaten des Abkommens über den Europäischen Wirtschaftsraum zugelassen sind,

und sie die Bundesrepublik Deutschland nach Maßgabe des § 2b als Herkunftsstaat gewählt haben. Für Emittenten, die unter Buchstabe a fallen, aber keine Wahl getroffen haben, ist die Bundesrepublik Deutschland der Herkunftsstaat; das Gleiche gilt für Emittenten, die unter Buchstabe c fallen, aber keine Wahl getroffen haben, wenn das jährliche Dokument im Sinne des § 10 des Wertpapierprospektgesetzes bei der Bundesanstalt zu hinterlegen ist.

§ 2 Abschnitt 1. Anwendungsbereich, Begriffsbestimmungen

(7) Inlandsemittenten sind
1. Emittenten, für die die Bundesrepublik Deutschland der Herkunftsstaat ist, mit Ausnahme solcher Emittenten, deren Wertpapiere nicht im Inland, sondern lediglich in einem anderen Mitgliedstaat der Europäischen Union oder einem anderen Vertragsstaat des Abkommens über den Europäischen Wirtschaftsraum zugelassen sind, soweit sie in diesem anderen Staat Veröffentlichungs- und Mitteilungspflichten nach Maßgabe der Richtlinie 2004/109/EG des Europäischen Parlaments und des Rates vom 15. Dezember 2004 zur Harmonisierung der Transparenzanforderungen in Bezug auf Informationen über Emittenten, deren Wertpapiere zum Handel auf einem geregelten Markt zugelassen sind, und zur Änderung der Richtlinie 2001/34/EG (ABl. EU Nr. L 390 S. 38) unterliegen, und
2. Emittenten, für die nicht die Bundesrepublik Deutschland, sondern ein anderer Mitgliedstaat der Europäischen Union oder ein anderer Vertragsstaat des Abkommens über den Europäischen Wirtschaftsraum der Herkunftsstaat ist, deren Wertpapiere aber nur im Inland zum Handel an einem organisierten Markt zugelassen sind.

(8) Herkunftsmitgliedstaat im Sinne dieses Gesetzes ist
1. für ein Wertpapierdienstleistungsunternehmen der Mitgliedstaat, in dem sich seine Hauptniederlassung befindet;
2. für einen organisierten Markt der Mitgliedstaat, in dem der organisierte Markt registriert oder zugelassen ist, oder, sofern er nach dem Recht dieses Mitgliedstaats keinen Sitz hat, der Mitgliedstaat, in dem sich die Hauptniederlassung des organisierten Marktes befindet.

(9) Aufnahmemitgliedstaat im Sinne dieses Gesetzes ist
1. für ein Wertpapierdienstleistungsunternehmen der Mitgliedstaat, in dem es eine Zweigniederlassung unterhält oder im Wege des grenzüberschreitenden Dienstleistungsverkehrs tätig wird;
2. für einen organisierten Markt der Mitgliedstaat, in dem er geeignete Vorkehrungen bietet, um in diesem Mitgliedstaat niedergelassenen Marktteilnehmern den Zugang zum Handel über sein System zu erleichtern.

(10) Systematischer Internalisierer im Sinne dieses Gesetzes ist ein Unternehmen, das nach Maßgabe des Artikels 21 der Verordnung (EG) Nr. 1287/2006 häufig regelmäßig und auf organisierte und systematische Weise Eigenhandel außerhalb organisierter Märkte und multilateraler Handelssysteme betreibt.

Schrifttum: *Bröker*, Neue Strafvorschriften im deutschen Börsenrecht, wistra 1995, 130; *Casper*, Das neue Recht der Termingeschäfte, WM 2003, 161; *Claussen*, Insiderhandelsverbot und ad hoc-Publizität, Köln 1996; *Cohn*, Alternative Handelssysteme – Ein Beitrag zur Neufassung der §§ 58 ff. BörsG, ZBB 2002, 365; *Derleder/Knops/Bamberger*, Handbuch zum deutschen und europäischen Bankrecht, Berlin 2004; *Deutsche Bundesbank* (Hrsg.), Geldpolitische Aufgaben und Instrumente, Sonderdrucke der Deutschen Bundesbank Nr. 7, 6. Aufl., Frankfurt/Main 1993; *Duve/Keller*, MiFID: Die neue Welt des Wertpapiergeschäfts, BB 2006, 2425 + 2477 + 2537; *Fleckner*, Die Lücke im Recht des Devisenterminhandels, WM 2003, 168; *Fleischer*, Die Richtlinie über Märkte für Finanzinstrumente und das Finanzmarkt-Richtlinie-Umsetzungsgesetz, BKR 2006, 389; *Gomber/Hirschberg*, Ende oder Stärkung der konventionellen Börsen?, AG 2006, 777; *Habersack/Mülbert/Schlitt*, Unternehmensfinanzierung am Kapitalmarkt, Köln 2005; *Hanten*, Der europäische Paß für

Begriffsbestimmungen § 2

Zweigniederlassungen von Kredit- und Finanzinstituten aus deutscher Sicht, ZBB 2000, 245; *Henssler,* Risiko als Vertragsgegenstand, Tübingen 1994; *Jaskulla,* Die Einführung derivativer Finanzinstrumente an den deutschen Wertpapierbörsen als Regelungsproblem, Frankfurt/Main 1995; *Jung,* Die Auswirkungen der 6. KWG-Novelle auf Anlagevermittler, (Börsen-)Makler und Vermögensverwalter, BB 1998, 649; *Kamlah,* Strukturierte Anleihen, WM 1998, 1429; *Kindler,* Der Aktionär in der Informationsgesellschaft, NJW 2001, 1678; *Klenke,* Börsendienstleistungen im Europäischen Binnenmarkt, Die Marktkonzeption der WpDRL am Beispiel der Aktienmärkte, Berlin 1998; *Kühne,* Ausgewählte Auswirkungen der Wertpapierdienstleistungsrichtlinie – MiFiD, BKR 2005, 275; *Kümpel/Decker,* Das Depotgeschäft, Köln 2007; *Lenenbach,* Kapitalmarkt- und Börsenrecht, Köln 2002; *Lenz/Ritz,* Die Bekanntmachung des BAWe zum Wertpapier-Verkaufsprospektgesetz und zur Verordnung über Wertpapier-Verkaufsprospekte, WM 2000, 904; *Meyer-Bullerdiek/Gommlich/Tieftrunk,* Zwei Jahre Warenterminbörse Hannover (WTB) Die Bank 2000, 32; *Mutschler,* Internalisierung der Auftragsausführung im Wertpapierhandel, 2007; *Noack,* Neues Recht für die Namensaktie, ZIP 1999, 1993; *Reiner,* Derivative Finanzinstrumente im Recht, Baden-Baden 2002; *Rodewald/Unger,* Zusätzliche Transparenz für die europäischen Kapitalmärkte – die Umsetzung der EU-Transparenzrichtlinie in Deutschland, BB 2006, 1917; *Röhler,* American Depositary Shares, 1997, *Roth/Loff,* Zu den Auswirkungen der Finanzmarktrichtlinie auf Kapitalanlagegesellschaften, WM 2007, 1249; *Samtleben,* Das Börsentermingeschäft ist tot – es lebe das Finanztermingeschäft, ZBB 2003, 69; *Schäfer,* Die Auslegung von § 1 Abs. 1, 1 a KWG durch die BaFin im Lichte der Rechtsprechung, FS f. N. Horn, 2006, S. 845; *Schäfer/Lang,* Zur Reform des Rechts der Börsentermingeschäfte, BKR 2002, 197; *Schlüter,* Börsenhandelsrecht, 2. Aufl., München 2002; *Schulte-Frohlinde,* Art. 11 Wertpapierdienstleistungs-Richtlinie und seine Umsetzung durch das Wertpapierhandelsgesetz, Frankfurt/Main 1999; *Schwark,* Börsen- und Wertpapierhandelsmärkte in der EG, WM 1997, 293; *Soesters,* Die Insiderhandelsverbote des WpHG, Frankfurt/Main 2002; *Spindler/Kasten,* Der neue Rechtsrahmen für den Finanzdienstleistungssektor – Die MiFID und ihre Umsetzung, WM 2006, 1749 + 1798; *dies.,* Änderungen des WpHG durch das Finanzmarktrichtlinie-Umsetzungsgesetz (FRUG), WM 2007, 1245; *Spindler/Hüther,* Börse ohne Parkett – oder: Alternative Trading Systems – Elektronische Handelssysteme in den USA, RIW 2002, 649; *Straus,* Neue Regelungen für Derivate in Wertpapierfonds, WM 1998, 2221; *Teuber,* Finanzmarkt-Richtlinie (MiFID) – Auswirkungen auf Anlageberatung und Vermögensverwaltung im Überblick, BKR 2006, 429; *Tollmann,* Die Sicherstellung der Insolvenzfestigkeit bei der Asset Backed Securitization, WM 2005, 2017; *Waclawik,* Erlaubnispflicht privater Family Offices nach Umsetzung der MiFID?, ZIP 2007, 1341; *Weber-Rey/Baltzer,* Aufsichtsrechtliche Regelungen für Vermittler von Finanzanlagen und Vermögensverwalter nach der 6. KWG-Novelle, WM 1997, 2288; *Volhard/Wilkens,* Auswirkungen der Richtlinie über Märkte für Finanzinstrumente (MiFID) auf geschlossene Fonds in Deutschland, DB 2006, 2051; *Voß,* Geschlossene Fonds unter dem Rechtsregime der Finanzmarkt-Richtlinie (MiFID)?, BKR 2007, 45; *Wellmann,* Der Handel mit Derivaten an vollelektronischen Terminbörsen, WiB 1995, 663; *Wiegand,* Bankrechtliche Aspekte der Asset Backed Securities, in Horn/Lwowski/Nobbe (Hrsg.), FS Schimansky, Köln 1999; *von Wilmowsky,* Termingeschäft und Insolvenz: Die gesetzliche Regelung, WM 2002, 2264; *Zahn/Kock,* Die Emission von unverbrieften Schuldtiteln durch die Europäische Zentralbank, WM 1999, 1955; *Zingel,* Die Verpflichtung zur bestmöglichen Ausführung von Kundenaufträgen nach dem Finanzmarkt-Richtlinie-Umsetzungsgesetz, BKR 2007, 173.

Übersicht

	Rn.
A. Grundlagen	1
I. Regelungsgegenstand und Zweck der Norm	1
II. Entstehungsgeschichte	5
B. Legaldefinitionen	8
I. Wertpapiere (Abs. 1)	8

		Rn.
	1. Bedeutung und allgemeine Kriterien	8
	2. Beispielskatalog	19
II.	Geldmarktinstrumente (Abs. 1 a)	33
III.	Derivate (Abs. 2)	39
	1. Allgemeine Kennzeichnung	39
	2. Termingeschäfte mit Bezug auf Finanzinstrumente oder finanzielle Messgrößen als Basiswerte (Nr. 1)	48
	3. Termingeschäfte mit physikalischen oder volkswirtschaftlichen Variablen oder sonstigen Vermögenswerten, Indizes oder Messwerten als Basiswerten (Nr. 2)	57
	4. Finanzielle Differenzgeschäfte (Nr. 3)	59
	5. Kreditderivate (Nr. 4)	60
	6. Termingeschäfte mit Bezug auf Basiswerte im Sinne des Art. 39 DVO (Nr. 5)	61
IV.	Finanztermingeschäfte (§ 2 Abs. 2 a WpHG aF, § 37 e Satz 2)	62
V.	Finanzinstrumente (Abs. 2 b)	66
VI.	Waren (Abs. 2 c)	70
VII.	Wertpapierdienstleistungen (Abs. 3)	71
	1. Regelungsgegenstand und -zweck	71
	2. Entstehungsgeschichte	74
	3. Die einzelnen Wertpapierdienstleistungen	76
VIII.	Wertpapiernebendienstleistungen (Abs. 3 a)	116
	1. Regelungszweck	116
	2. Die einzelnen Wertpapiernebendienstleistungen	119
IX.	Wertpapierdienstleistungsunternehmen (Abs. 4)	132
	1. Regelungsgegenstand und -zweck	132
	2. Entstehungsgeschichte	134
	3. Anforderungen	135
	4. Einzelfragen	139
X.	Organisierter Markt (Abs. 5)	141
	1. Entstehungsgeschichte und Bedeutung	141
	2. Tatbestandselemente	144
	3. Anwendungsfälle	149
XI.	Emittenten mit dem Herkunftsstaat Bundesrepublik Deutschland (Abs. 6)	152
	1. Hintergrund und Bedeutung der Vorschrift	152
	2. Allgemeine Voraussetzungen und Systematik	154
	3. Die Anknüpfungspunkte im Einzelnen	157
XII.	Inlandsemittenten (Abs. 7)	161
XIII.	Herkunftsmitgliedstaat (Abs. 8)	163
XIV.	Aufnahmemitgliedstaat (Abs. 9)	165
XV.	Systematischer Internalisierer (Abs. 10)	166

A. Grundlagen

I. Regelungsgegenstand und Zweck der Norm

1 In § 2 werden die für das Wertpapierhandelsgesetz **zentralen Begriffe definiert**. Der durch § 1 nur umrissene **Anwendungsbereich des Gesetzes** wird durch diese Definitionen im Zusammenspiel mit den Tatbestandsmerkmalen der einzelnen Regelungen in den folgenden Abschnitten **konkretisiert und ausgefüllt**. Dieser Vorschrift kommt daher ein **echter Regelungsgehalt** und damit

Begriffsbestimmungen   2–4 § 2

wesentlich höhere Bedeutung als § 1 zu.[1] Die in § 2 enthaltenen Legaldefinitionen sind ohne weiteres und unmittelbar einschlägig für die im WpHG verwendeten Begriffe. Der gelegentlich erfolgende explizite Verweis auf gewisse Begriffsbestimmungen des § 2 ist damit zu erklären, dass in diesen Fällen jeweils nur ein bestimmter Ausschnitt oder Teilbereich in Bezug genommen werden soll, zB eine bestimmte Art von Derivaten (vgl. § 13 Abs. 1 Satz 4 Nr. 2: „Derivate nach § 2 Abs. 2 Nr. 2") oder eine bestimmte Art der Wertpapierdienstleistung (vgl. § 22 Abs. 3 a: „Wertpapierdienstleistung nach § 2 Abs. 3 Nr. 7"). Werden **in anderen kapitalmarktbezogenen Gesetzen** Termini des WpHG verwendet, ist ebenfalls auf die einschlägige Legaldefinition im WpHG als „Grundgesetz des Kapitalmarktrechts" zurückzugreifen, ohne dass es dafür unbedingt einer expliziten Anordnung bedürfte,[2] wie sie etwa § 5 Abs. 1 Nr. 3 WpÜG bezüglich „Wertpapierdienstleistungsunternehmen im Sinne des § 2 Abs. 4" oder § 10 Abs. 2 Nr. 2 WpÜG für „Derivate im Sinne des § 2 Abs. 2" des WpHG enthält.

Der **Katalog des § 2** definiert nicht alle wichtigen im WpHG verwendeten 2 Begriffe, ist also **nicht abschließend**.[3] **Weitere Definitionen,** vor allem solche, die nur für einzelne Vorschriften oder Abschnitte Relevanz besitzen, finden sich an anderer Stelle **verstreut im WpHG,** wie zB „Bundesanstalt" (§ 4 Abs. 1), „Insiderpapiere" (§ 12) und „Insiderinformation" (§ 13 Abs. 1), „Market Maker" (§ 23 Abs. 4), „Finanzanalyse" (§ 34 b Abs. 1) oder „Finanztermingeschäft" (früher in § 2 Abs. 2 a WpHG aF, nunmehr in § 37 e Satz 2). Zudem nimmt das WpHG an manchen Stellen auf **Termini anderer Gesetze** Bezug, vor allem des KWG, wie insbesondere das „Kreditinstitut" und „Finanzdienstleistungsinstitut" im Sinne des § 1 Abs. 1 bzw. Abs. 1 a KWG.

Auch in anderer Hinsicht bestehen vielfältige **Querverbindungen** gerade 3 **zum Bankaufsichtsrecht,** das zahlreiche Parallelregelungen mit weitgehend identischen Regelungsgegenständen und sehr ähnlichen Definitionen enthält. Das kann bei der Auslegung der Legaldefinitionen des § 2 zu berücksichtigen sein, doch ist dabei stets dem **unterschiedlichen Regelungsansatz** – hier kapitalmarktbezogene Verhaltensregulierung, dort Marktzulassung von Kredit- und Finanzdienstleistungsinstituten und Solvenzaufsicht – Rechnung zu tragen.[4] Die zum Teil in ihrem Wortlaut (weitgehend) identischen Parallelnormen des KWG sind daher wegen ihrer unterschiedlichen Zielsetzung nicht notwendigerweise genauso auszulegen wie die Begriffe des WpHG, bei denen neben der spezifischen Funktion der einzelnen Norm stets der kapitalmarktbezogene Regelungsansatz des Gesetzes zu beachten ist.

Maßgeblich für die **Auslegung der Legaldefinitionen** des § 2 ist neben den 4 allgemeinen Grundsätzen besonders ihr **europarechtlicher Hintergrund.** Denn die meisten Begriffe des § 2 WpHG gehen auf europäische Richtlinien zurück, vor allem auf die frühere Wertpapierdienstleistungsrichtlinie (WpDRL),[5] sowie

---

[1] Vgl. *Versteegen,* in: KölnKommWpHG, § 2 Rn. 1; *Schäfer,* in: Schäfer/Hamann, § 2 Rn. 1.
[2] So wohl auch *Versteegen,* in: KölnKommWpHG, § 2 Rn. 2.
[3] *Assmann,* in: Assmann/Schneider, § 2 Rn. 2; Schwark/Beck, § 2 Rn. 2.
[4] *Schäfer,* in: Schäfer/Hamann, § 2 Rn. 5; **aA** (identische Auslegung der regulierten Tätigkeiten) *S. Schneider* WM 2008, 285, 286.
[5] Richtlinie 93/22/EWG vom 11. Juni 1993 über Wertpapierdienstleistungen, ABl. EG Nr. L 141, S. 27, siehe dazu Einl. Rn. 21 ff.

Fuchs

§ 2 5 Abschnitt 1. Anwendungsbereich, Begriffsbestimmungen

nunmehr die Transparenzrichtlinie[6] und die Finanzmarktrichtlinie,[7] so dass die **gemeinschaftsrechtskonforme Auslegung besondere Bedeutung** gewinnt.[8]

II. Entstehungsgeschichte

5   In seiner ursprünglichen, maßgeblich auf die WpDRL zurückgehenden Fassung hatte § 2 lediglich vier Absätze und begnügte sich mit der Definition der Begriffe des Wertpapiers, der Derivate, der Wertpapierdienstleistungen und des Wertpapierdienstleistungsunternehmens. Erste ergänzende Regelungen traf das **Gesetz zur Umsetzung von EG-Richtlinien zur Harmonisierung bank- und wertpapieraufsichtsrechtlicher Vorschriften** vom 22. Oktober 1997,[9] mit dem vor allem die WpDRL[10] endgültig umgesetzt wurde. Das **Vierte Finanzmarktförderungsgesetz**[11] fügte § 2 Abs. 2a und damit den Begriff des Finanztermingeschäfts in das Gesetz ein und löste den bis dahin verwendeten Terminus „Kurs" durch „Preis" ab. Das **Investmentmodernisierungsgesetz**[12] ersetzte in § 2 Abs. 1 Satz 2 den Begriff „Anteilsscheine" durch „Anteile an Investmentvermögen" und passte somit die Terminologie an das Investment- und Investmentsteuergesetz an. Erneut geändert wurde § 2 durch das **Anlegerschutzverbesserungsgesetz**[13] (AnSVG) vom 28. Oktober 2004, das der Umsetzung mehrerer EU-Richtlinien diente.[14] Mit ihm wurden insbesondere sämtliche devisenbezogenen Derivate in Abs. 2 Nr. 5 erfasst und die bei der Vorgängervorschrift (Abs. 2 Nr. 2 aF) noch bestehenden Lücken in der Definition von devisenbezogenen Derivaten geschlossen.[15] Damit wurden auch **außerbörslich gehandelte** Devisentermingeschäfte und Termingeschäfte, deren Preis nur mittelbar vom Preis von Devisen abhängt, in den Anwendungsbereich des WpHG einbezogen. Zudem wurde in Umsetzung von Art. 1 Nr. 3 der Marktmissbrauchsrichtlinie[16] der Begriff des **Finanzinstruments** (Abs. 2b) eingeführt, der für alle Regelungen der Abschnitte 3 und 4 (§§ 12–20a) sowie für die §§ 34b und c maßgeblich ist. In Abs. 3 und 4 wurden als Folgeänderungen die Begriffe

---

[6] Richtlinie 2004/109/EG des Europäischen Parlaments und des Rates zur Harmonisierung der Transparenzanforderungen in Bezug auf Informationen über Emittenten, deren Wertpapiere zum Handel auf einem geregelten Markt zugelassen sind, und zur Änderung der Richtlinie 2001/34/EG vom 15. Dezember 2004, ABl. EG Nr. L 390 S. 38.

[7] Richtlinie 2004/39/EG des Europäischen Parlaments und des Rates vom 21. April 2004 über Märkte für Finanzinstrumente, zur Änderung der Richtlinien 85/611/EWG und 93/6/EWG des Rates und der Richtlinie 2000/12/EG des Europäischen Parlaments und des Rates und zur Aufhebung der Richtlinie 93/22/EWG des Rates, ABl. EG Nr. L 145 S. 1.

[8] *Schwark/Beck*, § 2 Rn. 2; vgl. auch oben Einl. Rn. 80 ff.

[9] Im Folgenden: „Umsetzungsgesetz", BGBl. I S. 2518.

[10] Richtlinie 93/22/EWG des Rates vom 10. Mai 1993, ABl. EG Nr. L 141 vom 11. Juni 1993, S. 27.

[11] Gesetz zur weiteren Fortentwicklung des Finanzplatzes Deutschland vom 21. Juni 2002, BGBl. I S. 2010.

[12] BGBl. I 2003 S. 2676.

[13] BGBl. I S. 2630.

[14] Siehe dazu Einl. Rn. 39 ff.

[15] BegrRegE, BT-Drucks. 15/3174, S. 29.

[16] Richtlinie 2003/6/EG vom 28. Januar 2003 über Insider-Geschäfte und Marktmanipulation, ABl. EG Nr. L 96 vom 12. April 2003, S. 16 ff.

Begriffsbestimmungen 6–8 § 2

„Wertpapiere, Geldmarktinstrumente oder Derivate" jeweils durch die neue Formulierung „Finanzinstrumente" ersetzt.

Das **Transparenzrichtlinie-Umsetzungsgesetz (TUG)** hat sodann zum 10. 1. 2007 die **Definition des Wertpapierbegriffs** in Abs. 1 komplett **umgestaltet** und den Erfordernissen sowie der Systematik der Transparenzrichtlinie angepasst. Des Weiteren wurde durch die Definition der „Emittenten, für die die Bundesrepublik Deutschland Herkunftsstaat ist" und der „Inlandsemittenten" in Abs. 6 bzw. 7 das **Herkunfts- und Aufnahmestaatsprinzip kodifiziert.** 6

Das **Finanzmarktrichtlinie-Umsetzungsgesetz (FRUG)** hat zum 1. 11. 2007 weitere umfangreiche Änderungen mit sich gebracht. Die **Definition des Wertpapierbegriffes** in Abs. 1 ist **erneut überarbeitet** worden. Dieser erfasst nunmehr auch Anteile an in- und ausländischen Personengesellschaften, sofern diese mit Aktien vergleichbar sind. Außerdem wurde klargestellt, dass es sich jeweils um „Gattungen von Wertpapieren" handeln muss, diese also standardisiert ausgestaltet sein müssen. Der Begriff der **Derivate** in Abs. 2 ist ebenfalls überarbeitet und erweitert worden. Die Definition des **Finanztermingeschäfts**, bisher in Abs. 2a geregelt, wurde dort gestrichen und als Satz 2 in § 37e aufgenommen, da dem Begriff nach der Ausdehnung des Derivatbegriffs in Abs. 2 nur noch für § 37e und § 37g Bedeutung zukommt. Auch die Definition der **Wertpapierdienstleistungen** in Absatz 3 hat durch das FRUG redaktionelle Änderungen sowie eine materielle Erweiterung erfahren. Um einen Gleichlauf mit dem Kreditwesengesetz herzustellen, sind für alle Wertpapierdienstleistungen ebenfalls Kurzbezeichnungen eingeführt worden. Dies kommt auch der Übersichtlichkeit und Lesbarkeit des Gesetzes zugute. Darüber hinaus sind zwei neue Wertpapierdienstleistungen in den Katalog des Abs. 3 aufgenommen worden: das Betreiben eines multilateralen Handelssystems (Nr. 8) sowie die Anlageberatung (Nr. 9), die von einer bloßen Wertpapiernebendienstleistung (Abs. 3a Nr. 3 aF) nunmehr zu einer vollwertigen Wertpapierdienstleistung aufgestiegen ist. Der Bereich der **Wertpapiernebendienstleistungen** gemäß Absatz 3a ist ebenfalls erweitert worden. Neu sind hier die Beratung von Unternehmen (Nr. 3), die Erstellung, Verbreitung oder Weitergabe von Finanzanalysen (Nr. 5) und Dienstleistungen, die im Zusammenhang mit dem Emissionsgeschäft stehen (Nr. 6). Zu einer Umgestaltung ist es bei der **Definition des organisierten Marktes** in Abs. 5 gekommen. Anders als nach der bisherigen Rechtslage werden nunmehr nur noch solche Märkte erfasst, die sich räumlich im Geltungsbereich der Finanzmarkt-Richtlinie befinden. **Komplett neu** sind die **Abs. 8-10,** welche die Begriffe „Herkunftsmitgliedstaat", „Aufnahmemitgliedstaat" und „Systematischer Internalisierer" definieren. 7

B. Legaldefinitionen

I. Wertpapiere (Abs. 1)

1. Bedeutung und allgemeine Kriterien

Der Begriff des Wertpapiers, der in § 2 Abs. 1 definiert wird, ist immer noch ein **grundlegender Terminus** des WpHG, obwohl das Gesetz nur noch in wenigen Normen direkt auf „Wertpapiere" Bezug nimmt (vgl. zB § 9 Abs. 1 Satz 2). In den Vordergrund gerückt ist vielmehr (sowohl im WpHG wie auch in 8

Fuchs 65

§ 2 9–11   Abschnitt 1. Anwendungsbereich, Begriffsbestimmungen

den weithin parallel ausgestalteten Normen des Bankaufsichtsrechts nach dem KWG) der Begriff der Finanzinstrumente. Bei deren Definition (§ 2 Abs. 2b WpHG, § 1 Abs. 11 Satz 1 KWG) bilden jedoch die Wertpapiere jeweils einen wesentlichen Bestandteil; zudem stellen sie die praktisch wichtigsten Anwendungsfälle von Finanzinstrumenten dar,[17] so dass es gerechtfertigt erscheint, den Wertpapierbegriff, dem das Gesetz nicht zuletzt seinen Namen verdankt, weiterhin zu den zentralen Termini des WpHG zu rechnen. Bei seiner Auslegung kann insoweit auch auf die Literatur zum KWG zurückgegriffen werden, da unterschiedliche Zielrichtungen zwischen WpHG und KWG beim Wertpapierbegriff nicht erkennbar sind.[18]

9 Die gesetzliche Definition des Wertpapiers ist durch das TUG und das FRUG erheblich umgestaltet worden. Nach der **früheren Fassung** des Abs. 1 erfolgte die Begriffsbestimmung nicht anhand abstrakter Kriterien, sondern **typologisch** durch Aufzählung konkreter Erscheinungsformen von allgemein als Wertpapieren anerkannten Finanztiteln („Aktien, Zertifikate, die Aktien vertreten, Schuldverschreibungen, Genussscheine, Optionsscheine"), und die Erstreckung des Begriffs auf „andere Wertpapiere, die mit Aktien oder Schuldverschreibungen vergleichbar sind". Ergänzt wurde die Definition lediglich durch das (abstrakte) Kriterium der Handelbarkeit auf einem Markt. Diese nicht besonders befriedigende Methode[19] geht auf die europäische WpDRL zurück und wird für die „übertragbaren Wertpapiere" auch von Art. 4 Abs. 1 Nr. 18 der Finanzmarktrichtlinie im Grundsatz fortgeführt.

10 Der deutsche Gesetzgeber hat die europäischen Vorgaben nunmehr dogmatisch klarer umgesetzt und in Abs. 1 nF eine neue Definition kodifiziert, die im wesentlichen an den drei abstrakten **Kriterien der Standardisierung,**[20] **Übertragbarkeit und marktmäßigen Handelbarkeit** ausgerichtet ist[21] und lediglich zur Veranschaulichung und Konkretisierung um einen nicht abschließenden Beispielskatalog (Satz 1 Nr. 1–3 sowie Satz 2) ergänzt wird. Explizit **ausgenommen** vom Wertpapierbegriff werden (ebenso wie in Art. 4 Abs. 1 Nr. 18 der Finanzmarktrichtlinie) **Zahlungsinstrumente;** dazu gehören Bargeld, Schecks und andere liquide Mittel.[22] Mit dieser Kombination von abstrakten Kriterien und konkretisierenden, aber nicht erschöpfenden Beispielen wird der kapitalmarktrechtliche Wertpapierbegriff letztlich klarer und deutlicher gefasst als nach der bisherigen Regelung.

11 Keine Neuerung stellt insoweit der Hinweis dar, dass es **auf eine Verbriefung in Urkunden nicht ankommt.** Schon vor der Neufassung durch TUG und FRUG hat Abs. 1 aF dies klargestellt. Gemäß dem Zweck des WpHG, eine kapitalmarktorientierte Regulierung und Überwachung des Marktverhaltens und der Marktteilnehmer zu ermöglichen und Aufsichtslücken dabei möglichst zu

---

[17] Vgl. *Schäfer*, in: *Schäfer/Hamann,* § 2 Rn. 6.
[18] *Schäfer,* in: *Schäfer/Hamann,* § 2 Rn. 6.
[19] Das gilt insbesondere für die teilweise zirkuläre Bezugnahme auf „andere Wertpapiere" in der Definition der Wertpapiere.
[20] Das Erfordernis der Standardisierung ergibt sich mittelbar aus dem Abstellen auf „*Gattungen* von übertragbaren Wertpapieren" (Hervorhebung hinzugefügt); näher hierzu unten Rn. 14.
[21] BegrRegE, BT-Drucks. 16/4028, S. 53.
[22] BegrRegE, BT-Drucks. 16/4028, S. 54.

Begriffsbestimmungen 12, 13 § 2

vermeiden, kann für das WpHG nicht die allgemeine zivilrechtliche Wertpapierdefinition maßgeblich sein, wonach ein Wertpapier eine Urkunde ist, in der ein privates Recht in der Weise verbrieft wird, dass zur Geltendmachung des Rechts die Innehabung der Urkunde erforderlich ist.[23] Aus kapitalmarktrechtlicher Perspektive ist vielmehr statt der Verbriefung in einer Urkunde die **Fungibilität** der fraglichen Rechte oder Rechtsposition, ihre Handelbarkeit in einem (organisierten oder nicht organisierten) Markt entscheidend. Dementsprechend verlangte bereits die frühere Fassung der Vorschrift ausdrücklich, dass sie „an einem Markt gehandelt werden können". Der neue Wortlaut stellt nunmehr noch klarer darauf ab, dass die Wertpapiere „ihrer Art nach auf den Finanzmärkten handelbar sind".

Der Verzicht auf eine notwendige urkundliche Verbriefung des im Wertpapier 12 enthaltenen Rechts geht einher mit einer **Entmaterialisierung des Wertpapierhandels.** Ursachen dafür sind vor allem die Bedürfnisse des Massengeschäfts begleitet vom Bestreben, die Abwicklungskosten bei Wertpapiergeschäften zu verringern. Die zunehmende Entmaterialisierung fand ihren Ausgangspunkt in der seit 1972 bestehenden Möglichkeit, mehrere gleichartige Wertpapiere in einer **Sammel- oder Globalurkunde** zu verbriefen (§ 9a DepotG).[24] Hinzu tritt die Girosammelverwahrung, die seit 1994 die Regelverwahrform bildet und die ungetrennte Aufbewahrung gleichartiger Wertpapiere in einem Sammelbestand erlaubt. Darüber hinaus haben sich im Bereich der öffentlichen Anleihen **Schuldbuchforderungen** durchgesetzt, bei denen die Verbriefung durch eine Registereintragung (zum Beispiel im Bundesschuldbuch der Bundeswertpapierverwaltung)[25] ersetzt wird. Es handelt sich dabei um **Wertrechte.** Eben diese Wertrechte wie zum Beispiel Schatzbriefe, Bundesanleihen und Obligationen sowie ausländische Wertpapiere, die in einem Register geführt werden, möchte der Gesetzgeber vom WpHG erfasst wissen. Nach seinen Vorstellungen sind daher auch solche Aktien als Wertpapiere anzusehen, die nur in einem Register geführt werden, also Wertrechtscharakter haben.[26] Der generelle Verzicht auf die Verbriefung bezieht sich im Übrigen aber nur auf die Verkörperung des jeweiligen Rechts in Einzelurkunden. Hingegen ist (für Aktien oder Schuldverschreibungen) nach wie vor zumindest eine Sammel- oder Globalurkunde zu verlangen, sofern nicht an deren Stelle die Eintragung der Rechte in ein besonderes Register tritt.[27]

Der Wertpapierbegriff nach § 2 Abs. 1 WpHG weist zwar durchaus **Parallelen** 13 **zu den Wertpapierbegriffen in anderen Gesetzen** auf, unterscheidet sich aber teilweise auch nicht unerheblich von ihnen. Sehr viel enger ist zB der Anwendungsbereich des Wertpapiererwerbs- und Übernahmegesetzes (WpÜG), dessen Wertpapierdefinition sich nur auf „Aktien, mit diesen vergleichbare Wertpapiere und Zertifikate, die Aktien vertreten" sowie auf andere Wertpapiere, die den Erwerb der genannten Wertpapiere zum Gegenstand haben, erstreckt (§ 2 Abs. 2 WpÜG). Einem abweichenden typologischen Ansatz folgt auch die Begriffsbestimmung nach § 1 Abs. 1 DepotG, der die einzelnen erfassten Wert-

---

[23] Vgl. nur *Kümpel/Bruski,* in Bankrechtshandbuch, § 104 Rn. 37.
[24] Dazu *Zahn/Kock,* WM 1999, 1951, 1961 f.; *Kümpel/Decker* Rn. 8/88 ff. mwN.
[25] Vgl. das Bundeswertpapierverwaltungsgesetz (BWpVerwG), BGBl. 2001 I S. 3519 ff.
[26] BT-Drucks. 12/6679, S. 39. Näher zu den Wertrechten *Kümpel/Decker* Rn. 8/111 ff.
[27] So auch *Assmann,* in: *Assmann/Schneider,* § 2 Rn. 11.

Fuchs

§ 2   14, 15   Abschnitt 1. Anwendungsbereich, Begriffsbestimmungen

papiere aufzählt und eine Öffnungsklausel für andere vertretbare Wertpapiere enthält. Dagegen stimmt § 2 Nr. 1 **WpPG**,[28] der erstmals den Begriff des Wertpapiers für den Bereich des Prospektrechts gesetzlich definiert („übertragbare Wertpapiere, die an einem Markt gehandelt werden können, insbesondere …"), schon weitgehend mit der Konzeption des § 2 Abs. 1 WpHG überein. Das Gleiche gilt für den Wertpapierbegriff im Bankaufsichtsrecht. Seit der 6. KWG-Novelle[29] im Jahre 1997 sind Wertpapiere als ein Unterfall der Finanzinstrumente auch im **KWG** (§ 1 Abs. 11 Satz 2) verankert. Zusammen mit der Einführung des Finanzkommissionsgeschäfts in § 1 Abs. 1 Satz 2 Nr. 4 KWG wurde damit der überkommene Effektenbegriff des KWG ersetzt, um Lücken in den Aufgabengebieten der Marktaufsicht nach dem WpHG und der Solvenzaufsicht nach dem KWG zu vermeiden. Das FRUG hat nunmehr die Definition des Wertpapiers im KWG ebenfalls an die Finanzmarktrichtlinie angepasst und zu einer in weiten Teilen wörtlichen Übereinstimmung mit derjenigen des WpHG geführt.

14 Die nicht ausdrücklich genannte Voraussetzung, dass die Wertpapiere **standardisiert** ausgestaltet sein müssen, ergibt sich aus der Bezugnahme auf „**Gattungen** von … Wertpapieren".[30] Damit scheiden jedenfalls individuell auf die Bedürfnisse einzelner Kunden oder (potentieller) Anteilseigner zugeschnittene Wertpapiergestaltungen aus.[31] Offen bleibt indes, welche Kriterien für die Konstituierung einer eigenständigen „Gattung" von Wertpapieren geeignet sind und welche Mindestanzahl an gleich ausgestalteten Wertpapieren vorliegen muss. Bei Beteiligungstiteln fehlt es nicht schon deshalb an der notwendigen Standardisierung, weil die Satzung oder der Gesellschaftsvertrag besondere, auf die Verhältnisse des einzelnen Emittenten zugeschnittene Regelungen enthält. Der gesetzlichen Formulierung lässt sich **kein Erfordernis einer emittentenübergreifenden Standardisierung** durch eine weitgehend einheitliche Ausstattung der Anteile mit gleichen Rechten und Pflichten entnehmen. Daher scheitert zB die Einordnung von GmbH-Anteilen oder Beteiligungen an Personengesellschaften nicht schon daran, dass die Mitgliedschaften innerhalb der jeweiligen Gesellschaftsform ganz unterschiedlich ausgestaltet sein können.

15 Die Standardisierung ist aber nur eine notwendige, keine hinreichende Bedingung für die Qualifizierung als Wertpapier nach dem WpHG. Das letztlich entscheidende und unverzichtbare Merkmal ist die bereits erwähnte (Rn. 11) **Fungibilität** der Anteile oder Schuldverschreibungen. Die Austausch- und damit Handelbarkeit auf den Finanzmärkten setzt neben einer einheitlichen Ausstattung die **Übertragbarkeit** der Wertpapiere voraus. Ebenso wie die Definition des Art. 4 Abs. 1 Nr. 18 der Finanzmarktrichtlinie bezieht sich auch § 2 Abs. 1

---

[28] Gesetz über die Erstellung, Billigung und Veröffentlichung des Prospekts, der beim öffentlichen Angebot von Wertpapieren oder bei der Zulassung von Wertpapieren zum Handel an einem organisierten Markt zu veröffentlichen ist (Wertpapierprospektgesetz) vom 22. Juni 2005, BGBl. I S. 1698 (verkündet als Artikel 1 des Prospektrichtlinie-Umsetzungsgesetzes).
[29] BGBl. I S. 2518.
[30] Vgl. auch *Versteegen*, in: KölnKommWpHG, § 2 Rn. 16, der treffend die unglückliche gesetzliche Formulierung rügt, weil die gesetzlichen Regelungen nicht auf eine abstrakte Kategorie wie eine „Gattung" Anwendung finden sollen, sondern die erfassten „*Wertpapiere einer Gattung gleichartiger Instrumente angehören* müssen" (Hervorhebung im Original).
[31] BegrRegE, BT-Drucks. 16/4028, S. 54.

WpHG von vornherein nur auf „Gattungen von *übertragbaren* Wertpapieren" (Hervorhebung hinzugefügt), ohne freilich deutlich zu machen, welche Einschränkungen der (völlig) freien Übertragbarkeit einer Qualifikation als kapitalmarkttaugliches Wertpapier i. S. d. WpHG entgegenstehen und welche damit noch vereinbar sind. Eine **Erschwerung** der Übertragbarkeit kann **insbesondere durch Formerfordernisse** erfolgen wie etwa eine notarielle Beurkundung (zB bei der Übertragung von GmbH-Anteilen) oder die Notwendigkeit einer schriftlichen Abtretung nach zessionsrechtlichen Grundsätzen (§ 398 BGB) bei Namensschuldverschreibungen und anderen Rektapapieren. Diese schränken die Zirkulationsfähigkeit zu sehr ein und machen einen auf zügige Abwicklung angewiesenen Handel unmöglich.[32] Namensaktien sind dagegen nach § 68 Abs. 1 Satz 1 AktG geborene Orderpapiere und können als Globalurkunde mit Blankozession in die Girosammelverwahrung eingebracht und damit fungibel gemacht werden.[33] Selbst **vinkulierte Namensaktien** (§ 68 Abs. 2 AktG) sind ihrer Art nach übertragbar, auch wenn die Wirksamkeit der Transaktion an der Verweigerung der Zustimmung durch die Gesellschaft scheitern kann. Eine solche **lediglich einzelfallbezogene Einschränkung der Übertragbarkeit** ist aber hinnehmbar und **schließt die Wertpapiereigenschaft nicht aus,** wie schon der Umstand zeigt, dass vinkulierte Namensaktien unter bestimmten Voraussetzungen zum Börsenhandel zugelassen werden können.[34] Bei Personen(handels)gesellschaften kann zwar die prinzipielle Übertragbarkeit durch entsprechende vertragliche Gestaltungen im Gesellschaftsvertrag hergestellt werden. Doch fehlt es insoweit (meist) an anderen Voraussetzungen der Handelbarkeit.

Wertpapiere iSd WpHG müssen zusätzlich „**ihrer Art nach auf den Finanzmärkten handelbar sein**". Dieses übergreifende Kriterium der Handelbarkeit steht in enger Verbindung mit den Einzelkriterien der Standardisierung und Übertragbarkeit, nimmt sie gewissermaßen in sich auf und fügt noch einen **expliziten Marktbezug** hinzu. Die Voraussetzung war bereits in der WpDRL enthalten, die von der Handelbarkeit „auf dem Kapitalmarkt" sprach.[35] In der ursprünglichen Fassung des WpHG war das Merkmal noch beschränkt auf einen geregelten und überwachten, also organisierten Markt. Erst das Umsetzungsgesetz von 1997[36] dehnte die Regelungsreichweite des WpHG richtlinienkonform aus. Erfasst werden seitdem **der organisierte und der nichtorganisierte Geld- und Kapitalmarkt.**[37] Den nichtorganisierten Markt bilden **multilaterale Handelssysteme** gem. § 2 Abs. 3 Nr. 8 und die so genannten **OTC-Geschäfte** *(„over the counter"),* die außerhalb eines organisierten Marktes abgeschlossen werden. Bei diesen Geschäften kann allerdings im Einzelfall fraglich sein, ob Verkehrsfähigkeit und Marktgängigkeit vorliegen. Diese scheitert möglicherweise an der nicht standardisierten, inhomogenen Struktur von OTC-Geschäften, die spezielle Kundenwünsche (zB bzgl. der Laufzeit) berücksichtigen können.

---
[32] Vgl. BegrRegE (2. FFG), BT-Drucks. 12/6679, S. 39; *Assmann,* in: *Assmann/ Schneider,* § 2 Rn. 10; zT anders BegrRegE (FRUG), BT-Drucks. 16/4028, S. 54.
[33] Näher dazu *Schanz,* Börseneinführung, 3. Aufl. 2007, § 3 Rn. 127.
[34] Vgl. dazu *Schanz,* Börseneinführung, 3. Aufl. 2007, § 3 Rn. 162 und unten Rn. 20.
[35] ABl. Nr. L 141 vom 11. Juni 1993, S. 31.
[36] BGBl. I S. 2518.
[37] BR-Drucks. 963/96, S. 100; BegrRegE, BT-Drucks. 16/4028, S. 54.

17 Die Handelbarkeit der fraglichen Anlageinstrumente setzt nicht voraus, dass sich für sie bereits tatsächlich ein Markt gebildet hat.[38] Erforderlich ist lediglich, dass sie **ihrer Art nach geeignete Handelsobjekte** darstellen, wie die Neufassung der Vorschrift nunmehr noch deutlicher herausstreicht. **Mindestvoraussetzung** dafür ist die **Fungibilität** der Papiere: Sie müssen **austauschbar**, d.h. vertretbar im Sinne von § 91 BGB sein, also wegen ihrer gleichartigen, standardisierten Ausstattung nach Zahl oder Stück bestimmt werden, und **zirkulationsfähig** sein.[39] An der Austauschbarkeit fehlt es, wenn der Nennbetrag der Anlage jeweils individuell vereinbart wird oder die Anlagesumme auch ein Bruchteil des festgelegten Nennwertes ausmachen kann.[40] Keine Wertpapiere mangels Zirkulationsfähigkeit sind solche Finanzinstrumente, deren ungehinderte Übertragbarkeit generell durch Formerfordernisse eingeschränkt ist (vgl. oben Rn. 15).

18 Fraglich könnte sein, ob zur Zirkulations- und Verkehrsfähigkeit zwingend auch die rechtliche **Möglichkeit des gutgläubigen Erwerbs** (und Einwendungsausschlusses) gehört. Dafür spricht, dass die fraglichen Finanztitel nur dann uneingeschränkt im Markt handelbar sind, wenn die **Transaktionen auch in rechtlicher Sicht einfach und sicher abgewickelt werden können**,[41] ohne (später) Einwendungen oder Ansprüche Dritter befürchten zu müssen. Auch der deutsche Gesetzgeber sieht offenbar die Möglichkeit eines gutgläubigen Erwerbs vom Nichtberechtigten als eine Bedingung der Handelbarkeit auf den Finanzmärkten an.[42] Ein solcher Schutz des gutgläubigen Erwerbers besteht nicht nur bei allen Inhaberpapieren nach §§ 932 ff. BGB, sondern auch bei Orderpapieren nach dem entsprechend anwendbaren Art. 16 Abs. 2 WG (vgl. zB für Namensaktien den Verweis in § 68 Abs. 1 Satz 2 AktG).[43] In anderen Fällen kommt es darauf an, ob ein vergleichbarer, adäquater Schutz durch spezielle gesetzliche Regelungen besteht.[44]

2. Beispielskatalog

19 Die Subsumtion unter den Wertpapierbegriff des WpHG wird dadurch erleichtert, dass die **abstrakte Definition** mit den drei grundlegenden Kriterien

---

[38] Allg. M., s. nur *Assmann*, in: *Assmann/Schneider*, § 2 Rn. 10.
[39] Vgl. BT-Drucks. 12/6679, S. 39; *Schäfer*, in: *Schäfer/Hamann*, § 2 Rn. 8.
[40] Siehe auch § 1 Nr. 1 der Bekanntmachung der damaligen BAWe (heute BaFin) zum Wertpapier-Verkaufsprospektgesetz und zur Verordnung über Wertpapier-Verkaufsprospekte vom 6. Juli 1999, Bundesanzeiger Nr. 177 vom 21. September 1999, S. 16 180; *Lenz/Ritz*, WM 2000, 904, 905.
[41] In diese Richtung auch *Versteegen*, in: KölnKommWpHG, § 2 Rn. 33, der verlangt, die Berechtigung müsse in dem Sinne zirkulationsfähig sein, dass „Transaktionen auch in rechtlicher Hinsicht extrem unaufwendig und dabei mit einem Höchstmaß an Zuverlässigkeit abgewickelt werden können", ohne freilich die Problematik des Gutglaubenserwerbs anzusprechen.
[42] Vgl. BegrRegE, BT-Drucks. 16/4028, S. 54, wo die Qualifikation von Personengesellschaftsanteilen als Wertpapiere u.a. mit dem Argument der fehlenden Möglichkeit gutgläubigen Erwerbs abgelehnt wird.
[43] Der Einwendungsausschluss bei Inhaber- und Orderpapieren richtet sich nach §§ 796 BGB, 364 Abs. 2 HGB und entsprechend anwendbaren wechselrechtlichen Grundsätzen.
[44] Die im Rahmen der Reform des GmbH-Rechts geschaffene Möglichkeit des gutgläubigen Erwerbs von GmbH-Anteilen dürfte wegen der Einschränkungen nach § 16 Abs. 3 Satz 2 GmbH nF nicht genügen.

der gattungsmäßigen Standardisierung, Übertragbarkeit und Handelbarkeit **durch eine exemplarische Aufzählung bestimmter Wertpapiertypen** („insbesondere") **konkretisiert** wird. Der nicht abschließende Beispielskatalog in Nr. 1–3 sowie Satz 2 ermöglicht zugleich, im Rahmen der Rechtsanwendung der dynamischen Entwicklung des Kapitalmarktes Rechnung zu tragen. Dies ist angesichts der Innovationsfreude und -geschwindigkeit am Kapitalmarkt begrüßenswert, denn auf diese Weise können auch ohne Gesetzesänderung weitere moderne Finanztitel erfasst werden, die nicht schon als Geldmarktinstrumente, Derivate oder Finanztermingeschäfte unter den Begriff des Finanzinstruments (Abs. 2b) fallen. Zudem erleichtert diese Öffnung die Einordnung vergleichbarer ausländischer Wertpapiere. Im Einzelnen werden in Abs. 1 Satz 1 Nr. 1–3 und Satz 2 die folgenden **vier typischen Erscheinungsformen von Wertpapieren i. S. d. WpHG** genannt:

a) Aktien (Satz 1 Nr. 1)

Die an erster Stelle des Beispielskatalogs genannten Aktien verbriefen die **Mitgliedschaft in einer Aktiengesellschaft** (oder auch Kommanditgesellschaft auf Aktien).[45] Die Rechtsposition der Aktionäre kann dabei je nach Gattung unterschiedlich ausgestaltet sein. Die Einordnung als Wertpapier i. S. d. WpHG ist davon unabhängig, ob es sich um (stimmrechtslose) Vorzugsaktien oder stimmberechtigte Stammaktien, um Stück- oder Nennbetragsaktien handelt. Zudem sind nicht nur Inhaber-, sondern auch Namensaktien erfasst,[46] da selbst vinkulierte Namensaktien (§ 68 Abs. 2 AktG) unter bestimmten Voraussetzungen an der Börse notiert werden können.[47] Ob auch die Mitgliedschaft in einer Gesellschaft mit Sitz im Ausland, die materiell einer Aktiengesellschaft entspricht, unter den Begriff der „Aktie" i. S. d. Satz 1 Nr. 1 fällt,[48] erscheint sehr zweifelhaft, kann aber dahingestellt bleiben. Denn die Frage ist praktisch bedeutungslos, werden derartige Anteile an ausländischen juristischen Personen doch jedenfalls von Satz 1 Nr. 2 erfasst.

Dividendenkupons oder Kuponbögen, also verbriefte Zinsansprüche, oder andere **Nebenpapiere** zu Aktien (zB Erneuerungsscheine, sog. Talons) gehören dagegen mangels rechtlicher Selbstständigkeit **nicht** zu den Wertpapieren i. S. d. § 2 Abs. 1.[49]

---

[45] BegrRegE, BT-Drucks. 12/6679, S. 39; *Versteegen,* in: KölnKommWpHG, § 2 Rn. 17.

[46] Vgl. *Schäfer,* in: *Schäfer/Hamann,* § 2 Rn. 10; *Versteegen,* in: KölnKommWpHG, § 2 Rn. 20 (unterschiedslose Erfassung sämtlicher Aktien).

[47] Vgl. § 32b Abs. 1 Nr. 1b BörsG iVm § 5 Abs. 2 Nr. 2 BörsZulV; *Schanz,* Börseneinführung, 3. Aufl. 2007, § 3 Rn. 162. Danach darf die Handhabung der Vinkulierungsbestimmungen nicht zu einer Beeinträchtigung des Börsenhandels führen. Die Gesellschaft muss sich gegenüber der Börse verpflichten, von der Möglichkeit der Zustimmungsverweigerung nur unter bestimmten, eng begrenzten Voraussetzungen Gebrauch zu machen.

[48] Dafür *Versteegen,* in: KölnKommWpHG, § 2 Rn. 18f., der insoweit die Bildung eines „materiellen" Aktienbegriffs postuliert.

[49] Ebenso zu Dividendenscheinen *Assmann,* in: *Assmann/Schneider,* § 2 Rn. 12; *Schäfer,* in: *Schäfer/Hamann,* § 2 Rn. 10 a. E. Anderes kann aber für von Anleihen getrennte und selbstständig handelbare Zinsscheine gelten, die dann als eigenständige Schuldverschreibung zugleich Wertpapierqualität erlangen, vgl. unten Rn. 27 Fn. 62.

b) Mit Aktien vergleichbare Beteiligungstitel an Unternehmen (Satz 1 Nr. 2)

22 Die etwas umständliche Aufzählung der Anlagewerte in Nr. 2 des Beispielskatalogs („andere Anteile an in- oder ausländischen juristischen Personen, Personengesellschaften und sonstigen Unternehmen, soweit sie Aktien vergleichbar sind, sowie Zertifikate, die Aktien vertreten") ist erst durch das FRUG mit Wirkung zum 1. 11. 2007 in dieser Form in das WpHG aufgenommen worden. Die neu zugeschnittene Auflistung **konkretisiert und erweitert** zum einen die in der alten Fassung des WpHG unter dem Punkt „andere Wertpapiere, die mit Aktien ... vergleichbar sind" erfassten Finanzinstrumente. Zum anderen werden die „Zertifikate, die Aktien vertreten" von der früheren Nr. 1 in die Nr. 2 verschoben. Eine sachliche Änderung ist damit insoweit nicht verbunden. Der gemeinsame Nenner aller in der neuen Nr. 2 erwähnten **„Anteile"** und **„Zertifikate"** dürfte darin liegen, dass sie ihrem Inhaber jeweils eine **Position verleihen, die wirtschaftlich der eines Aktionärs vergleichbar** ist. Dies gilt ungeachtet des Umstands, dass es sich bei den „Anteilen" um Beteiligungstitel auf originär gesellschaftsrechtlicher Grundlage handelt, während die „Zertifikate, die Aktien vertreten", ihrem Inhaber keine unmittelbare verbandsrechtliche Mitgliedstellung verschaffen, sondern auf schuldrechtlicher Grundlage eine Rechtsposition einräumen, die wirtschaftlich der eines Aktionärs entspricht und die zugleich dafür sorgt, dass der nominelle Aktionär, dem rechtlich die Aktien gehören, seine mitgliedschaftlichen Rechte nur nach dem Willen des Zertifikatsinhabers ausüben darf.

23 Mit der erstmaligen expliziten Eröffnung der **Möglichkeit einer Einbeziehung von Anteilen an Personengesellschaften** in den Wertpapierbegriff scheint der Gesetzgeber den potentiellen Anwendungsbereich des WpHG auszudehnen. Hiermit wird Art. 4 Abs. 1 Nr. 18 lit. a) der Finanzmarktrichtlinie umgesetzt. Zutreffend weist aber schon die Gesetzesbegründung zum FRUG darauf hin, dass Anteile an deutschen Personengesellschaften, insbesondere **Anteile an geschlossenen Fonds,** auch vom neuen Wertpapierbegriff **in der Regel nicht** erfasst sind, da sie auf Grund ihrer mangelnden Übertragbarkeit, Standardisierung und Handelbarkeit sowie der nicht vorhandenen Möglichkeit ihres gutgläubigen Erwerbs nicht mit Aktien vergleichbar seien.[50] Daraus folgt aber zugleich, dass tatsächliche und begleitende rechtliche Änderungen des Handlungsrahmens künftig zu einer Ausdehnung des Anwendungsbereichs des WpHG führen könnten.[51] So könnten etwa GmbH-Anteile bei Abschaffung des Erfordernisses einer notariellen Beurkundung ihrer Übertragung und Einführung der Möglichkeit eines gutgläubigen Erwerbs die notwendige Fungibilität erlangen. In der jetzigen Form kann der Neuregelung dagegen wohl nur bei Anteilen ausländischer Gesellschaften Bedeutung zukommen. Dabei ist jeweils im Einzelfall zu prüfen, ob sie mit Aktien vergleichbar sind. Entscheidendes Kriterium ist dabei zunächst allein die Verkörperung eines Mitgliedschafts-

---

[50] BegrRegE, BT-Drucks. 16/4028, S. 54; vgl. auch *Voß*, BKR 2007, 45 ff.; *Duve/Keller*, DB 2006, 2425, 2426; *Volhard/Wilkens*, DB 2006, 2051 ff.; *Spindler/Kasten*, WM 2006, 1749, 1751 f.; *dies.*, WM 2007, 1245, 1246 mwN.
[51] Dahingehende Forderungen sind während des Gesetzgebungsverfahrens erhoben worden, vgl. Entschließungsantrag der Fraktion Bündnis 90/Die Grünen, BT-Drucks. 16/4884 S. 4.

Begriffsbestimmungen   24–26 § 2

rechts.⁵² Die Rechtsnatur bzw. konkrete Organisationsform des Verbandes ist dagegen insoweit irrelevant. Des Weiteren müssen aber die allgemeinen Kriterien der Standardisierung, Übertragbarkeit und Handelbarkeit des Mitgliedschaftsrechts gegeben sein.

§ 2 Abs. 1 Nr. 2 dient dem Zweck, den Wertpapierbegriff möglichst weit zu 24
fassen, um dem Wertpapierhandelsgesetz ein großes Anwendungsgebiet zu eröffnen. Auf Grund der geringen praktischen Anwendbarkeit auf deutsche Wertpapiere dürfte diese Vorschrift hauptsächlich auf **ausländische Wertpapiere** Anwendung finden. Diese müssen also mit deutschen Aktien in dem Sinne vergleichbar sein, dass sie eine mitgliedschaftliche Rechtsposition in einer Kapitalgesellschaft verleihen, die mit einer deutschen Aktiengesellschaft vergleichbar ist. Auf eine Einordnung als Wertpapier in der ausländischen Rechtsordnung kommt es dagegen nicht an.

Nunmehr ebenfalls unter Nr. 2 fallen die schon früher nach § 2 Abs. 1 Nr. 1 25
WpHG aF als Wertpapiere qualifizierten **Zertifikate, die Aktien vertreten**. Die Schaffung eines solchen selbstständigen Finanzinstruments, das wirtschaftlich an die Stelle der unmittelbaren Beteiligung am Grundkapital der Aktiengesellschaft tritt, dient vor allem dem Zweck, mittelbar die Handelbarkeit der betreffenden Aktien zu verbessern, etwa bei (vinkulierten) Namensaktien oder ausländischen Aktien. Beispiele aus der Praxis sind etwa Ausgabe von American Depositary Receipts (ADRs), um die betreffenden Aktien in dieser Form an den US-amerikanischen Börsen handelbar zu machen,⁵³ und die Emission von Papieren wie Crest Depositary Interests (CDIs), die eine Teilnahme an der im Heimatland des Emittenten bestehenden Infrastruktur für die laufende „Verwaltung" des Aktienbestands ermöglichen.⁵⁴ Daneben kommt die Ausstellung von Zertifikaten in Betracht, wenn ein Beteiligungstitel über eine Vielzahl von oder einen Bruchteil der bei einer Depotbank hinterlegten Aktien ausgestellt werden soll.⁵⁵ Entscheidend ist jeweils, dass dem Inhaber des Zertifikats **wirtschaftlich die Stellung des Inhabers von Aktien** verschafft werden soll, die de iure einem Dritten gehören.⁵⁶ Die Ausstellung von **Zwischenscheinen** (§ 8 Abs. 6 AktG) vor der Ausgabe der Aktien ist ebenfalls erfasst.⁵⁷

Nicht erfasst sind hingegen **strukturierte Finanzmarktprodukte** wie Ak- 26
tienanleihen oder Discountzertifikate, da sie nicht an die Stelle der Aktie treten, sondern lediglich (einzelne) schuldrechtliche Ansprüche verbriefen, die (teilweise) von der Kursentwicklung der in Bezug genommenen Aktien abhängen (vgl. näher unten Rn. 28); sie fallen daher unter den Begriff der Schuldtitel. Ebenfalls keine Zertifikate, die Aktien vertreten, sondern eine Form der unmittelbaren Verbriefung von Aktien sind Global- und Sammelurkunden.⁵⁸ Nicht mit einem aktienvertretenden Zwischenschein vergleichbar ist auch der sog. **Jungschein**,

---

⁵² So zur alten Fassung („mit Aktien vergleichbare Wertpapiere") BegrRegE (2. FFG), BT-Drucks. 12/6679, S. 39; *Assmann*, in: *Assmann/Schneider*, § 2 Rn. 16.
⁵³ Vgl. ausführlich zu American Depositary Receipts (ADRs) und American Depositary Shares *Röhler*, American Depositary Shares, 1997, *passim*.
⁵⁴ Vgl. dazu *Versteegen*, in: KölnKommWpHG, § 2 Rn. 21.
⁵⁵ *Assmann*, in: *Assmann/Schneider*, § 2 Rn. 13.
⁵⁶ *Versteegen*, in: KölnKommWpHG, § 2 Rn. 22.
⁵⁷ *Schwark/Beck*, § 2 Rn. 5.
⁵⁸ *Versteegen*, in: KölnKommWpHG, § 2 Rn. 23; aA *Schwark/Beck*, § 2 Rn. 5.

mit dem sich ein Emittent von Aktien (oder Schuldverschreibungen) gegenüber einer Wertpapiersammelbank zur Lieferung effektiver Stücke verpflichtet.[59]

c) Schuldtitel (Satz 1 Nr. 3)

27 Die bisherige Aufzählung „Schuldverschreibungen, Genussscheine, Optionsscheine" in § 2 Abs. 1 Nr. 1 WpHG aF ist durch den allgemeinen Begriff der „Schuldtitel" ersetzt worden; dieser wird sodann in lit. a) und lit. b) durch exemplarische Beispiele („insbesondere") konkretisiert,[60] die ausführlicher und differenzierter als der bisherige Katalog sind, in der Sache aber keine Erweiterung des Anwendungsbereichs mit sich bringen. Umgekehrt hat der Fortfall der Kategorie „andere Wertpapiere, die mit ... Schuldverschreibungen vergleichbar sind" (§ 2 Abs. 1 Nr. 2 WpHG aF) materiell keine Einschränkung zur Folge, da der Begriff des Schuldtitels ohnehin **jede am Markt handelbare Forderung** umfasst.[61] Anders als bei den in Nr. 1 und Nr. 2 erfassten Aktien, mit Aktien vergleichbaren Anteilen und aktienvertretenden Zertifikaten gewähren Schuldtitel keine mitgliedschaftliche Beteiligung oder eine dieser wirtschaftlich entsprechende Rechtsposition, sondern lediglich schuldrechtliche Ansprüche gegen den Emittenten. Die **Rechtsform des Emittenten** spielt daher **grundsätzlich keine Rolle,** es kommen sowohl öffentlich-rechtliche Körperschaften wie Bund, Länder oder Kommunen als auch private Unternehmen (meist Industrieunternehmen oder Banken) in Betracht.[62] Ebensowenig bedarf es einer inhaltlichen Eingrenzung der gewährten Berechtigung. Vielmehr ist im Prinzip jegliches Versprechen einer Leistung (vgl. § 793 BGB für die Grundform der Inhaberschuldverschreibung) tauglicher Inhalt eines Schuldtitels, soweit dieser an einem Markt gehandelt werden kann. Da es – anders als im bürgerlichen Recht – für den kapitalmarktrechtlichen Wertpapierbegriff auf eine Verbriefung nicht ankommt, sofern dies nicht *de facto* Voraussetzung der Handelbarkeit ist (vgl. bereits oben Rn. 11f.), wird somit als **Schuldtitel i. S. d. Abs. 1 Satz 1 Nr. 3 jede Begründung eines fungiblen, zirkulationsfähigen und (kapital)marktgängigen schuldrechtlichen Forderungsrechts erfasst.**

28 Der nicht abschließende **Beispielskatalog nach lit. a)** erwähnt ausdrücklich „Genussscheine, Inhaberschuldverschreibungen, Orderschuldverschreibungen und Zertifikate, die Schuldtitel vertreten" und damit die Erscheinungsformen, die in der Praxis wohl die größte Bedeutung haben.[63] So ist die in den §§ 793 ff. BGB

---

[59] *Versteegen,* in: KölnKommWpHG, § 2 Rn. 23 **gegen** *Schwark/Beck,* § 2 Rn. 5.

[60] Unglücklich ist die Stellung des Wortes „insbesondere" am Beginn von lit. a) statt direkt hinter „Schuldtitel", da auch die in lit. b) erwähnten sonstigen Wertpapiere Schuldtitel darstellen.

[61] Vgl. *Versteegen,* in: KölnKommWpHG, § 2 Rn. 30, der daher auch zutreffend zB selbstständig handelbare Zinsscheine ohne weiteres als Schuldverschreibung einordnet und nicht nur als ein dieser vergleichbares Instrument; im Ergebnis ebenso *Schäfer,* in: *Schäfer/Hamann,* § 2 Rn. 11, **anders** aber *Assmann,* in: *Assmann/Schneider,* § 2 Rn. 17; widersprüchlich *Schwark/Beck,* § 2 Rn. 5 einerseits (Zins- und Dividendenscheine als Schuldverschreibung) und Rn. 7 andererseits (mit Schuldverschreibungen vergleichbare Wertpapiere).

[62] Obwohl auch andere Gesellschaftsformen Schuldtitel ausgeben können, treten in der Praxis regelmäßig nur Aktiengesellschaften und Kommanditgesellschaften auf Aktien als Emittenten von Kapitalmarkttiteln auf.

[63] Die mit dem FRUG in § 2 Abs. 1 neu hinzugekommenen „Zertifikate, die Schuldtitel vertreten" dürften allerdings keinen großen praktischen Anwendungsbereich haben.

geregelte **Inhaberschuldverschreibung** die wichtigste Wertpapierform im Anleihegeschäft. Aber auch **Orderschuldverschreibungen** können so ausgestaltet sein, dass sie die notwendige Fungibilität und Zirkulationsfähigkeit besitzen. Zu den erfassten Schuldtiteln zählen nicht nur die klassischen festverzinslichen Anleihen, sondern auch **Null-Kupon-Anleihen (Zerobonds**[64]**)** und **Anleihen mit variablem Zinssatz (Floating Rate Notes**[65]**), Asset-Backed-Securities**[66] und **Credit Linked Notes.**[67] Ebenso erfasst sind die hybriden Finanztitel des § 221 AktG, die eine Schuldverschreibung mit gewissen aktionärstypischen Vermögensrechten kombinieren **(Options- und Wandelanleihen, Gewinnschuldverschreibungen)** oder die versprochene Leistung inhaltlich von vornherein an einem oder mehreren typischen Vermögensrechten eines Aktionärs orientieren: solche **Genussscheine** räumen ihrem Inhaber aber keine mitgliedschaftliche Stellung ein, sondern stellen ebenfalls nur eine besondere Form der Schuldverschreibung dar.[68] Zu den auf schuldrechtlicher Basis gewährten, inhaltlich an typischen Vermögensrechten eines Aktionärs ausgerichteten Rechtspositionen gehören zB eine Beteiligung am Gewinn und/oder am Liquidationserlös sowie Rechte auf den Bezug von Aktien oder anderen hybriden Finanztiteln nach § 221 AktG.[69] Diese können einzeln oder in Kombination gewährt werden (zB in Form von Wandel- oder Optionsgenussscheinen), zusätzlich kann auch eine Verlustbeteiligung der Genussscheininhaber vorgesehen werden. Die Ausgestaltungsmöglichkeiten sind mannigfaltig; verbreitet sind Genussscheine, welche die Voraussetzungen des § 10 Abs. 5 KWG erfüllen und damit das haftende Eigenkapital von Kreditinstituten stärken. Als kapitalmarktgängige Wertpapiere sind ferner **strukturierte Finanzmarktprodukte** zu erwähnen, die Elemente von Schuldverschreibungen mit Derivaten kombinieren, etwa **Wandelanleihen mit Pflichtwandlung,**[70] **Aktienanleihen,** bei denen dem Emittenten unter bestimmten Voraussetzungen die Lieferung von Aktien anstelle der Rückzahlung des Anleihekapitals gestattet ist,[71] oder **Discountzertifikate.**[72]

Die früher explizit erwähnten **Optionsscheine** werden nunmehr **in jeglicher Form von lit. b) erfasst** als „sonstige Wertpapiere, die zum Erwerb oder zur Veräußerung von Wertpapieren nach den Nummern 1 und 2 berechtigen oder zu einer Barzahlung führen, die in Abhängigkeit von Wertpapieren, von Währungen, Zinssätzen oder anderen Erträgen, von Waren, Indizes oder Messgrößen bestimmt wird". Damit sind sowohl *call* als auch *put options* erfasst, „Papiere", die auf die effektive Lieferung des Basiswertes gerichtet sind, ebenso wie solche mit Anspruch auf eine bloße Differenzzahlung in bar (etwa bei sog. In-

---

[64] *Schäfer,* in: *Schäfer/Hamann,* § 2 Rn. 11; näher hierzu zB *Kümpel* Rn. 14.26 f.
[65] Vgl. nur *Schäfer,* in: *Schäfer/Hamann,* § 2 Rn. 11; näher *Kümpel* Rn. 14.21 ff.
[66] *Wiegand,* in: FS Schimansky S. 837, 841; *Assmann,* in: *Assmann/Schneider,* § 2 Rn. 14; *Schäfer,* in: *Schäfer/Hamann,* § 2 Rn. 11; ausführlich zu ABS: *Kümpel* Rn. 14.48; *Lenenbach* Rn. 6.8 ff.
[67] *Kamlah* WM 1998, 1429, 1431.
[68] *Schäfer,* in: *Schäfer/Hamann,* § 2 Rn. 12.
[69] Vgl. näher zu den Ausstattungsmöglichkeiten von Genussscheinen *Rid-Niebler,* Genussrechte, S. 4 ff., *Frantzen,* Genussscheine, S. 97 ff.; *MünchKommAktG-Habersack* § 221 Rn. 63 ff.
[70] Vgl. hierzu ausführlich *Friel,* Wandelanleihen mit Pflichtwandlung, S. 119 ff.
[71] Dazu zB *Lenenbach* Rn. 6.74 ff.
[72] Vgl. hierzu Bank-Verlag, Basisinformationen, S. 47 f.

§ 2 30, 31   Abschnitt 1. Anwendungsbereich, Begriffsbestimmungen

dex- oder Basket-Optionsscheinen). Keine Rolle spielt auch, ob es sich um „gedeckte Optionsscheine" *(covered warrants)*, die zum Bezug von Wertpapieren berechtigen, die der Emittent schon in seinem Bestand hat, oder um „nackte Optionsscheine" *(naked warrants)* handelt, für deren Erfüllung sich der Emittent die fraglichen Wertpapiere erst noch beschaffen muss. Optionsscheine, die im Rahmen einer Optionsanleihe nach § 221 AktG ausgegeben und dann von dieser abgetrennt wurden, sind ebenso erfasst wie selbstständige Optionsscheine, die von vornherein ohne Verbindung mit einer Anleihe emittiert werden. Da Optionsscheine schon unter den Begriff der Schuldverschreibung fallen,[73] dient die explizite Auflistung lediglich der Klarstellung und macht (zusammen mit dem Verzicht auf den Terminus „Optionsschein") insbesondere deutlich, dass auch handelbare, aber **nicht verbriefte Optionsrechte** als kapitalmarktrechtliche Wertpapiere erfasst sein können. Dies wirft freilich die Frage nach einer **Abgrenzung zu den Derivaten** auf. Entscheidend dürfte sein, dass die selbstständigen Optionsscheine am Kassamarkt gehandelt werden.

30   **Keine kapitalmarktrechtlichen Schuldtitel** i. S. d. § 2 Abs. 1 Satz 1 Nr. 3 WpHG sind dagegen **Namensschuldverschreibungen** und **Schuldscheindarlehen,** weil ihnen die für die Wertpapiereigenschaft nach dem WpHG unverzichtbare Zirkulationsfähigkeit fehlt.[74] Namensschuldverschreibungen sind (im Gegensatz zu Namensaktien als geborene Orderpapiere, § 68 Abs. 1 AktG) **Rektapapiere,** die nur durch Abtretung übertragen werden können. Darunter fallen insbesondere Sparbriefe, Sparkassenbriefe, Schiffs- und Hypothekenpfandbriefe, Hypotheken-, Grund- und Rentenschuldbriefe sowie Kommunalobligationen.[75] Bei der bürgerlich-rechtlichen **Anweisung** (§ 783 BGB) fehlt es regelmäßig schon an einem Forderungsrecht des Anweisungsempfängers gegenüber dem Angewiesenen; auch wenn dieser ausnahmsweise die Anweisung angenommen hat (§ 784 BGB), bleibt sie ein nicht fungibles Rektapapier.[76]

d) Anteile an Investmentvermögen (Abs. 1 Satz 2)

31   Die gesonderte Bestimmung für Anteile an Investmentvermögen, die von einer Kapitalanlagegesellschaft oder einer ausländischen Investmentgesellschaft im Sinne des InvG[77] ausgegeben worden sind, geht auf das Umsetzungsgesetz von 1997 zurück[78] und diente seinerzeit der Umsetzung von Abschnitt B Nr. 1 b des Anhangs der WpDRL. Das AnSVG[79] brachte lediglich eine terminologische Anpassung des Wortlauts[80] an das zum 1. Januar 2004 in Kraft getretene Investmentmodernisierungsgesetz[81] ohne inhaltliche Änderung mit sich.[82] TUG und FRUG haben die Vorschrift unangetastet gelassen.

---

[73] *Schäfer,* in: *Schäfer/Hamann,* § 2 Rn. 12; *Kümpel,* Rn. 8.139.
[74] BegrRegE (2. FFG), BT-Drucks. 12/6679, S. 39; *Assmann,* in: *Assmann/Schneider,* § 2 Rn. 14.
[75] *Baumbach/Hefermehl* WPR Rn. 60 ff.; *Schäfer,* in: *Schäfer/Hamann,* § 2 Rn. 11 a. E.
[76] *Assmann,* in: *Assmann/Schneider,* § 2 Rn. 17.
[77] Investmentgesetz vom 15. Dezember 2003, BGBl. I S. 2676.
[78] BGBl. I S. 2518.
[79] Anlegerschutzverbesserungsgesetz, BGBl. I 2004, 2630.
[80] Die Formulierung „Anteilsscheine" wurde durch „Anteile an Investmentvermögen" ersetzt.
[81] BGBl. I S. 2676.
[82] BegrRegE, BT-Drucks. 15/3174, S. 29.

Die selbstständige Erwähnung der Anteile an Investmentvermögen erklärt sich 32
daraus, dass diese als **Wertpapiere *sui generis*** eingeordnet werden, die sowohl
mit Aktien als auch mit Schuldtiteln vergleichbar sind.[83] Zum einen verbriefen
sie die Ansprüche des Anteilscheininhabers gegenüber der Kapitalanlagegesellschaft. Zum anderen sind diese Ansprüche nicht nur schuldrechtlicher, sondern
hinsichtlich des Rechts auf Miteigentum nach Bruchteilen am Sondervermögen
bzw. aufgrund des wirtschaftlichen Eigentums bei der Treuhandlösung auch
dinglicher Art.[84] Mit der Einführung des Abs. 1 Satz 2 beendete der Gesetzgeber
seinerzeit den Streit über die Einordnung der Investmentanteile als kapitalmarktgängiges Wertpapier.[85] Die im Gesetzgebungsverfahren zum AnSVG umstrittene
Frage, ob auch **Index-Fonds** zu den als Wertpapier zu qualifizierenden Anteilen
an Investmentvermögen gehören, ist ebenfalls zu bejahen.[86]

II. Geldmarktinstrumente (Abs. 1 a)

Der Anwendungsbereich des WpHG wurde durch das Umsetzungsgesetz von 33
1997[87] um Geldmarktinstrumente erweitert. Dies beruhte auf der Vorgabe der
WpDRL (Art. 1 Nr. 5 und Abschnitt B Nr. 2 des Anhangs).[88] Bereits zuvor waren einige Geldmarktprodukte unter das WpHG gefallen, da sie gleichzeitig die
Voraussetzungen des Wertpapierbegriffs (§ 2 Abs. 1) erfüllten. Zur Vermeidung
von Überschneidungen erfasst Abs. 1 a von vornherein nur solche Geldmarktinstrumente, die **nicht** bereits **Wertpapiere im Sinne von Abs. 1** sind. Ebenfalls ausgenommen sind **Zahlungsinstrumente** (vgl. dazu bereits oben Rn. 10).
Bei der Umsetzung der entsprechenden Bestimmung der Finanzmarktrichtlinie
(Art. 4 Abs. 1 Nr. 19) durch das FRUG blieb die Vorschrift im Wesentlichen
unverändert; der Text wurde lediglich um das Wort „Gattungen" ergänzt, um
noch deutlicher herauszustellen, dass auch der Begriff der Geldmarktinstrumente
nur standardisierte Produkte erfasst.[89]

Parallele Definitionen der Geldmarktinstrumente finden sich **in § 1** 34
Abs. 11 Satz 3 KWG und **§ 48 Abs. 1 InvG**. Während erstere wortgleich mit
Abs. 1 a ist, enthält letztere (identisch mit der Vorgängerregelung des § 7 a Abs. 2
KAGG)[90] einige zusätzliche Merkmale insbesondere hinsichtlich der zulässigen
Laufzeit. So werden durch § 48 Abs. 1 InvG auch verzinsliche Wertpapiere mit
einer Restlaufzeit von höchstens 12 Monaten oder einer regelmäßigen marktgerechten Zinsanpassung mindestens einmal in 12 Monaten in den Kreis der
Geldmarktinstrumente einbezogen. Dies kann im Wege einer harmonisierenden
Auslegung für die Konkretisierung des Abs. 1 a fruchtbar gemacht werden.

Zwei Elemente bilden den **Kern der gesetzlichen Definition** für Geld- 35
marktinstrumente in Abs. 1 a: Zum einen muss es sich um „**Gattungen von**

---

[83] Vgl. *Assmann*, in: Assmann/Schneider, § 2 Rn. 19.
[84] BR-Drucks. 963/96, S. 100.
[85] *Schäfer*, in: Schäfer/Hamann, § 2 Rn. 15 m. N. zum alten Streitstand.
[86] *Holzborn/Israel*, WM 2004, 1948; *Schäfer*, in: Schäfer/Hamann, § 2 Rn. 16.
[87] BGBl. I S. 2518.
[88] ABl. EG Nr. L 141 vom 11. 6. 1993, S. 31.
[89] BegrRegE, BT-Drucks. 16/4037 S. 124.
[90] Die seinerzeitige Definition im KAGG erfolgte (im Rahmen der Zulassung so genannter Geldmarktfonds) zusammen mit dem Erlass des WpHG durch das Zweite Finanzmarktförderungsgesetz, vgl. BegrRegE, BT-Drucks. 12/7918, S. 98.

Forderungen" handeln, also um standardisierte, nach bestimmten abstrakten Kriterien gebildete Kategorien von Forderungen. Zum anderen müssen diese **„üblicherweise auf dem Geldmarkt gehandelt werden".** Der Geldmarkt ist vom Kapitalmarkt zu unterscheiden, auch wenn eine trennscharfe Abgrenzung nicht möglich ist; als Indiz wird die Dauer der Anlage herangezogen. Auf dem **Geldmarkt** werden Produkte gehandelt, die wegen ihrer **kurzen Laufzeit von in der Regel nicht mehr als einem Jahr** als nicht für den Kapitalmarkt geeignet gelten.[91] Der Geldmarkt setzt sich zusammen aus dem Handel unter Kreditinstituten in Zentralbankguthaben sowie dem Handel in Geldmarktpapieren. Nur der zweite Aspekt ist hier von Bedeutung. Teilnehmer am Handel auf dem Geldmarkt sind neben den Kreditinstituten und der Deutschen Bundesbank auch große Industrieunternehmen. Das wesentliche gemeinsame Merkmal der Geldmarktinstrumente ist ihre Kurzfristigkeit und damit ihre Nähe zum Geldmarkt.

36   Mit dem Kriterium, dass nur solche Instrumente erfasst werden, die **üblicherweise** auf dem Geldmarkt gehandelt werden, geht der Gesetzgeber über die in Abs. 1 für Wertpapiere verlangte bloße Handelbarkeit hinaus und berücksichtigt tatsächliche Marktgewohnheiten. Obwohl hier – anders als in Abs. 1 – keine Beispiele für typische Geldmarktinstrumente im Gesetzestext genannt werden, bedient sich der Gesetzgeber damit im Grunde einer **typologischen Definitionsweise:** Nur solche Instrumente sollen erfasst werden, die *ihrer Art nach* bereits im Geldmarkt etabliert sind. Während für Wertpapiere bereits die Handelbarkeit auf dem Kapitalmarkt ausreicht, und zwar unabhängig davon, ob sich bereits tatsächlich ein Markt für diese Papiere gebildet hat (vgl. oben Rn. 17), sind Geldmarktinstrumente nur solche, für die ein Markt bereits besteht.[92] Etwaige neue Kategorien von Geldmarktinstrumenten werden daher nicht sofort, sondern erst dann in den Anwendungsbereich des WpHG einbezogen, wenn sie im Markt anerkannt sind.

37   Als **Beispiele für üblicherweise auf dem Geldmarkt gehandelte Kategorien von Instrumenten** erwähnt Art. 4 Abs. 1 Nr. 19 der Finanzmarktrichtlinie ebenso wie schon Erwägungsgrund 12 der WpDRL „Schatzanweisungen, Einlagenzertifikate und Commercial Papers".[93] **Commercial Papers** sind verbriefte kurzfristige Forderungen, die vorwiegend von größeren Wirtschaftsunternehmen unter Vermittlung von Kreditinstituten emittiert und bei institutionellen Investoren platziert werden. Commercial Paper Programme haben seit der Abschaffung des staatlichen Emissionsgenehmigungsverfahrens für Schuldverschreibungen im Jahre 1991 stark an Bedeutung gewonnen.[94] **Einlagenzertifikate,** die auch als „Certificates of Deposit" bezeichnet werden, sind Forderungen, die von Kreditinstituten emittiert werden. Commercial Papers und Einlagenzertifikate haben jedoch ebenso wenig wie die im staatlichen Sektor ausgegebenen **Schatzanweisungen** *(Cash Bills, Treasury Bills)* eine eigenständige Bedeutung als Geldmarktinstrumente im Sinne dieses Absatzes, da sie **jeweils als Schuldverschreibungen bereits dem Wertpapierbegriff** in § 2 Abs. 1 **unterfallen.**[95] Das verkennt die

---

[91] Vgl. zu diesem aus § 48 Abs. 1 InvG abgeleiteten Argument oben Rn. 34.
[92] *Assmann,* in: *Assmann/Schneider,* § 2 Rn. 21; *Schwark/Beck,* § 2 Rn. 8.
[93] ABl. EG Nr. L 141 vom 11. Juni 1993, S. 28.
[94] Sonderdrucke der Deutschen Bundesbank Nr. 7, S. 36.
[95] *Versteegen,* in: KölnKommWpHG, § 2 Rn. 38; *Schäfer,* in: *Schäfer/Hamann,* § 2 Rn. 17; *Schwark/Beck,* § 2 Rn. 8 mwN.

Gesetzesbegründung zum FRUG, nach der auch Schatzanweisungen und Commercial Papers zu den Geldmarktinstrumenten des Abs. 1 a gehören sollen.[96] Der eigenständige **Anwendungsbereich** der Geldmarktinstrumente **des** 38 **Abs. 1 a ist deshalb klein.**[97] Es verbleiben vorrangig **Schatzwechsel** sowie **kurzfristige Schuldscheindarlehen.**[98] Sie werden auf dem Geldmarkt gehandelt, ohne Wertpapier zu sein, haben jedoch anleiheähnlichen Charakter.[99] Schatzwechsel dienen der kurzfristigen Mittelbeschaffung des Bundes und der Länder und stellen in der Regel einen Sola-Wechsel gemäß Art. 75 WG dar. Keine Geldmarktinstrumente mangels Fungibilität sind Termingelder und Sparbriefe.[100]

III. Derivate (Abs. 2)

1. Allgemeine Kennzeichnung

a) Ausgangspunkt

Unter den Begriff der Derivate fällt eine Vielzahl von facettenreichen Erschei- 39 nungsformen moderner Finanzinstrumente,[101] insbesondere Optionen, Terminkontrakte, Swaps und andere Finanzinstrumente, deren Wert unmittelbar oder mittelbar **von der Preisentwicklung** oder vom Kursverlauf **eines in Bezug genommenen Basiswertes abhängig** ist. Als übergreifendes Element wird seit jeher der Begriff des Termingeschäfts angesehen, das als Festgeschäft oder Optionsgeschäft ausgestaltet sein kann (dazu näher Rn. 43 ff.) und sich vom sofort, d. h. innerhalb von zwei Handelstagen, zu erfüllenden Kassageschäft durch den **hinausgeschobenen Erfüllungszeitpunkt** auszeichnet.

Derivate stellen einen in der Praxis sehr wichtigen **Teilbereich der Finanz-** 40 **instrumente i. S. d. Abs. 2 b** dar (dazu unten Rn. 66 ff.). Ihre Definition hat daher vor allem Bedeutung für die Reichweite der Wertpapierdienstleistungen nach § 2 Abs. 3 (unten Rn. 71 ff.) und damit der Verhaltenspflichten nach §§ 31 ff., aber auch für die Meldepflichten nach § 9 Abs. 1.[102] Zudem bilden die Derivate zusammen mit den Optionsscheinen die **Finanztermingeschäfte** (§ 2 Abs. 2 a WpHG aF, nunmehr § 37 e Satz 2, vgl. unten Rn. 62 ff.). Sehr ähnliche Begriffsbestimmungen in § 1 Abs. 11 KWG führen insoweit zu einer weitgehenden **aufsichtsrechtlichen Harmonisierung,** zumal auch im **KWG** Derivate unter den Oberbegriff der Finanzinstrumente fallen.

b) Entwicklung

Durch das **Umsetzungsgesetz von 1997**[103] wurde der Kreis der vom ur- 41 sprünglichen Wertpapierhandelsgesetz erfassten Derivate erheblich erweitert. Dabei ging der deutsche Gesetzgeber mit der Einbeziehung der Warenterminge-

---

[96] BegrRegE, BT-Drucks. 16/4028, S. 54.
[97] *Assmann,* in: *Assmann/Schneider,* § 2 Rn. 22; *Schwark/Beck,* § 2 Rn. 8.
[98] BT-Drucks. 13/7142, S. 100; *Kümpel,* Bank- und Kapitalmarktrecht Rn. 8.135; *Assmann,* in: *Assmann/Schneider,* § 2 Rn. 22; *Versteegen,* in: KölnKommWpHG, § 2 Rn. 38.
[99] *Tollmann,* WM 2005, 2017, 2024 Rn. 88.
[100] BegrRegE (Umsetzungsgesetz), BR-Drucks. 963/96 S. 100; *Assmann,* in: *Assmann/Schneider,* § 2 Rn. 23; *Schwark/Beck,* § 2 Rn. 8; *Versteegen,* in: KölnKommWpHG, § 2 Rn. 39.
[101] *Reiner* S. 11; *Jaskulla* S. 13 ff.
[102] Vgl. BegrRegE, BT-Drucks. 12/6679, S. 39.
[103] BGBl. I S. 2518.

schäfte seinerzeit über die Vorgaben der WpDRL hinaus.[104] Die vom Umsetzungsgesetz noch vorgenommene Differenzierung zwischen Derivaten, die sich auf Wertpapiere, Geldmarktinstrumente, Zinssätze sowie Waren und Edelmetalle beziehen (§ 2 Abs. 2 Nr. 1 aF) und solchen, die sich auf Devisen beziehen (§ 2 Abs. 2 Nr. 2 aF), wurde durch das **Anlegerschutzverbesserungsgesetz (AnSVG)**[105] beseitigt. Mit der Neufassung wollte der Gesetzgeber insbesondere Lücken in der Definition von devisenbezogenen Derivaten schließen.[106] Er sah daher insoweit von einem Marktbezug ab, so dass auch OTC-Devisenkontrakte erfasst wurden.[107] Dem durch die Novellierung weiter gefassten Derivatebegriff stand der Verzicht auf einen allgemeinen Definitionsversuch gegenüber; vielmehr war der Gesetzgeber um eine **typologische und an den Marktgegebenheiten orientierte Vorgehensweise** bemüht.

42 Durch das FRUG ist der **Derivatebegriff** zum 1. 11. 2007 noch einmal **grundlegend erweitert** worden. Die Änderung dient der **Umsetzung von Anhang I Abschnitt C Nr. 4 bis 10 der Finanzmarktrichtlinie**, die nach dem in Bezug genommenen Basiswert, der Art der Erfüllung (effektive Leistung oder Barausgleich) und danach differenziert, ob die Finanzinstrumente an einem organisierten Markt bzw. in einem multilateralen Handelssystem gehandelt werden oder nicht.[108] Gegenüber der WpDRL bedeutet dies eine nicht unerhebliche Erweiterung des Anwendungsbereichs; insbesondere werden auf europäischer Ebene erstmals bestimmte Warenderivate erfasst.[109] Insoweit war der Umsetzungsbedarf in Deutschland allerdings gering, da Warentermingeschäfte schon unter die bisherige Derivatedefinition des § 2 Abs. 2 Nr. 4 WpHG aF fielen.

c) Die neue Systematik

43 Durch das FRUG ist der Derivatbegriff in Abs. 2 nicht nur um eine Vielzahl explizit und **abschließend aufgelisteter Basiswerte** erweitert und präzisiert, sondern auch systematisch völlig neu geordnet worden. Unterschieden werden nunmehr **fünf alternative Gruppen von Derivaten.** Deren gemeinsames Merkmal besteht darin, dass es sich um **Termingeschäfte** handelt, deren Preis unmittelbar oder mittelbar von den in Absatz 2 im Einzelnen aufgezählten Basiswerten abhängt. Lediglich Nr. 3 (finanzielle Differenzgeschäfte) und Nr. 4 (Kreditderivate) verzichten auf einen konkreten Basiswert. Zugleich enthält das Gesetz in Abs. 1 Nr. 1 **erstmals eine abstrakte Definition des Termingeschäfts:** Die beiden zentralen Kriterien sind dabei zum einen die **unmittelbare oder mittelbare Abhängigkeit vom Preis oder Maß eines Basiswertes** sowie der **hinausgeschobene Erfüllungszeitpunkt,** mag er auch fest vereinbart sein. Termingeschäfte können entweder **als Fest- oder als Optionsgeschäft ausgestaltet** sein; beide Erscheinungsformen unterscheiden sich erheblich.

---

[104] Vgl. BR-Drucks. 963/96, S. 100.
[105] BGBl. 2004, 2630.
[106] BT-Drucks. 15/3174, S. 29; *Schäfer,* in: *Schäfer/Hamann,* § 2 Rn. 18.
[107] BT-Drucks. 13/7142, S. 100.
[108] Vgl. BegrRegE (FRUG), BT-Drucks. 16/4028, S. 54.
[109] Ihre Ausklammerung hatte in manchen Vertragsstaaten des EWR in der Vergangenheit dazu geführt, dass Wertpapierhäuser bei der grenzüberschreitenden Erbringung von *Wertpapierdienstleistungen mit Warenderivaten* den Europäischen Pass nicht nutzen konnten und dass spezialisierte Warenterminhändler nicht den Pflichten der WpDRL unterfielen, vgl. *Fleischer,* BKR 2006, 389, 392.

Beim **Optionsgeschäft** erkauft sich der Erwerber das Recht, die vereinbarte 44
Lieferung zum vereinbarten Zeitpunkt und zum festgelegten Preis zu kaufen
(Call-Option) oder zu verkaufen (Put-Option); er muss davon jedoch keinen
Gebrauch machen, sondern kann das Recht auch verfallen lassen.[110] Der Stillhalter kann dem Optionskäufer dabei die Befugnis einräumen, die gewährte Gestaltungsmacht (nur) zu einem festgelegten Zeitpunkt oder aber innerhalb eines bestimmten Zeitraums auszuüben, nach dessen Ablauf das Optionsrecht erlischt.

Beim **Festgeschäft** (auch Future genannt) ist der Käufer hingegen unbedingt 45
dazu verpflichtet, das Geschäft durchzuführen, allerdings ist auch hier der Erfüllungszeitpunkt hinausgeschoben. Die tatsächliche Erfüllung wird dabei regelmäßig durch einen Differenzausgleich *(cash settlement)* ersetzt. Es kommt nicht darauf an, ob eine Verbriefung des Geschäfts stattgefunden hat (siehe § 2 Abs. 1 Satz 1).[111] Ebenso spielt es keine Rolle, ob das Termingeschäft an der Börse oder außerbörslich, im Inland oder im Ausland gehandelt wird.[112]

Die **zivilrechtliche Einkleidung der Transaktion** spielt keine entscheidende Rolle. Die Geschäfte können jeweils als Kauf, als Tausch oder anderweitig 46
ausgestaltet sein.

d) Konsequenzen

Die Neufassung des Derivatebegriffs durch das FRUG hat zu einer nicht unerheblichen **Erweiterung** geführt. Das gilt zum einen im Hinblick auf den weit 47
reichenden Katalog an Basiswerten, zum anderen für die Einbeziehung von
Kreditderivaten und finanziellen Differenzgeschäften ohne Beschränkung des
Referenzwertes oder Bezugsobjektes.[113] Dadurch wird mittelbar auch der Anwendungsbereich des Terminus „Finanzinstrument" in Abs. 2b ausgedehnt mit
entsprechenden Konsequenzen nicht nur für die **Reichweite der Verhaltens-
und Meldepflichten** nach §§ 9, 31 ff., sondern auch **der Verbote des Insiderhandels und der Marktmanipulation** (vorbehaltlich spezialgesetzlicher
Begrenzungen in den §§ 12 ff., 20 a)[114] sowie der Definition der **Finanztermingeschäfte** in § 37 e Satz 2 mit der Folge einer erweiterten Freistellung nach
Satz 1 vom Einwand des § 762 BGB.[115]

2. Termingeschäfte mit Bezug auf Finanzinstrumente oder finanzielle Messgrößen als Basiswerte (Nr. 1)

Folgende Bezugswerte sind bei Derivaten im Sinne von § 2 Abs. 2 Nr. 1 möglich: 48

a) Wertpapiere und Geldmarktinstrumente (lit. a)

Nr. 1 lit. a) erfasst die bislang unter § 2 Abs. 2 Nr. 1 und Nr. 2 WpHG aF 49
fallenden Basiswerte und erstreckt sich somit auf alle Termingeschäfte, deren

---

[110] *Assmann,* in: Assmann/Schneider, § 2 Rn. 29; *Schwark/Beck,* § 2 Rn. 9.
[111] BegrRegE (2. FMFG), BT-Drucks. 12/6679 S. 39; BegrRegE (4. FMFG), BT-Drucks. 14/8017, S. 85.
[112] BegrRegE (Umsetzungsgesetz), BR-Drucks. 963/96.
[113] BegrRegE, BT-Drucks. 16/4028, S. 54.
[114] Insoweit ist die Begrenzung auf die an organisierten Märkten zugelassenen oder in den regulierten Markt oder den Freiverkehr einbezogenen Finanzinstrumente zu beachten, vgl. BegrRegE, BT-Drucks. 16/4028, S. 55.
[115] BegrRegE, BT-Drucks. 16/4028, S. 55.

§ 2   50, 51   Abschnitt 1. Anwendungsbereich, Begriffsbestimmungen

Wert unmittelbar oder mittelbar vom Preis von Wertpapieren i. S. d. § 2 Abs. 1 (oben Rn. 8 ff.) oder Geldmarktinstrumenten i. S. d. § 2 Abs. 1 a (oben Rn. 33 ff.) abhängt. **Beispiele für wertpapierbezogene Derivate** sind nicht nur **Aktienoptionen** (Aktienoptionsscheine), sondern auch Optionen auf Aktienindizes wie den DAX, M-DAX, STOXX, Euro-STOXX etc., da deren Wertentwicklung sich mittelbar aus den Kursen der einbezogenen Wertpapiere ableitet.[116] Nicht zu den Derivaten zählen sollen aber *stock appreciation rights* und *phantom stocks*.[117] Ebenso erfasst sind als Festgeschäft ausgestaltete Termingeschäfte wie **Financial Futures,** Aktienfutures, Bund-Futures, DAX-Futures etc.[118] Für Termingeschäfte mit Bezugnahme auf Wertpapierindizes oder andere (Finanz-)Indizes als Basiswert stellt nunmehr Nr. 1 lit. d) in einer eigenen Regelung ausdrücklich klar, dass diese zu den Derivaten zählen.

50   Die explizite Aufnahme der **Geldmarktinstrumente** in den Katalog der Basiswerte dient ebenfalls lediglich der Klarstellung und soll die Kontinuität mit der bisherigen Regelung wahren.[119] Ein **Beispiel** aus der Praxis für ein Derivat, das sich auf ein Geldmarktinstrument bezieht, ist der 91-Tage-US-T-Bill Future der Chicago Mercantile Exchange.[120]

b) Devisen oder Rechnungseinheiten (lit. b)

51   Die durch das FRUG neu gefasste Nr. 1 lit. b) ersetzt den früheren § 2 Abs. 2 Nr. 5 WpHG aF, der lediglich Devisen als Basiswerte anerkannt hatte, und erweitert ihn um die Bezugnahme auf „Rechnungseinheiten".[121] **Eine Parallelvorschrift findet sich in § 1 Abs. 11 Satz 3 Nr. 3 KWG.** Unter **Devisen** versteht man ein auf ausländische Währung lautendes Fremdwährungsguthaben einer Bank sowie auf fremde Währung lautende Schecks oder Wechsel.[122] Ein Devisentermingeschäft liegt in der Vereinbarung zwischen zwei Parteien, einen bestimmten Betrag in einer fremden Währung zu einem späteren Zeitpunkt zu erwerben bzw. zu veräußern, wobei es keine Rolle spielt, ob die Vereinbarung als Festgeschäft oder als Optionsgeschäft ausgestaltet ist. **Beispiele** sind die in der Gesetzesfassung vor dem Anlegerschutzverbesserungsgesetz[123] noch ausdrücklich genannten **Devisenfuture-,**[124] **Devisenop-**

---

[116] So zutreffend *Assmann*, in: *Assmann/Schneider,* § 2 Rn. 30 f. (zu § 2 Abs. 2 Nr. 1 WpHG aF); *Schäfer,* in: *Schäfer/Hamann,* § 2 Rn. 25.
[117] BaFin, Emittentenleitfaden, S. 18; *Merkner/Sustmann,* NZG 2005, 729 ff.; *Schäfer,* in: *Schäfer/Hamann,* § 2 Rn. 18 a. E.
[118] *Versteegen,* in: KölnKommWpHG, § 2 Rn. 49.
[119] BegrRegE (FRUG), BT-Drucks. 16/4028, S. 55.
[120] *Schäfer,* in: *Schäfer/Hamann,* § 2 Rn. 26.
[121] Bisher hatte das WpHG (im Unterschied zu § 1 Abs. 11 Satz 4 KWG aF) mangels praktischer Relevanz für das Geschäft der Wertpapierdienstleister auf die Einbeziehung von Rechnungseinheiten verzichtet, *Schäfer,* in: *Schäfer/Hamann,* § 2 Rn. 18 a. E.
[122] Zum Devisenmarkt siehe *Lenenbach,* Rn. 1.29 ff.
[123] BGBl. I 2004, S. 2630. Mit der Novellierung des WpHG durch das AnSVG wurde neben der Aufzählung der verschiedenen Devisengeschäfte auch auf das Merkmal des Handels an einem organisierten Markt verzichtet. Damit wollte der Gesetzgeber Lücken in der Definition von devisenbezogenen Derivaten schließen, vgl. BegrRegE, BT-Drucks. 15/3174, S. 29.
[124] Damit ist eine *effektiv zu erfüllende* Vereinbarung gemeint, einen bestimmten Fremdwährungsbetrag zu einem bestimmten Kurs zu einem bereits festgelegten künftigen Termin zu kaufen oder zu verkaufen, vgl. nur *Assmann,* in: *Assmann/Schneider,* § 2 Rn. 37.

Begriffsbestimmungen 52–54 § 2

tions-,[125] **Währungsswap-,**[126] **Devisenswapoptions-**[127] sowie **Devisenfutureoptionsgeschäfte.**[128]

Rechnungseinheiten sind „Kunstwährungen", die sich aus einem **Korb** 52 **verschiedener Währungen** zusammensetzen mit der Folge, dass sich dessen Wert entsprechend dem Wert dieser Komponenten verändert. Wichtigste Rechnungseinheit ist heute das 1969 vom Internationalen Währungsfonds (IWF) eingeführte Sonderziehungsrecht (SDR). Sein Währungskorb enthält zu 43% US-Dollar, zu 35% Euro und zu jeweils 11% Pfund Sterling und Yen.

c) Zinssätze und andere Erträge (lit. c)

Die in Nr. 1 lit. c) erwähnten „Zinssätze und andere Erträge" waren bereits 53 nach § 2 Abs. 2 Nr. 3 WpHG aF als mögliche Basiswerte anerkannt, wobei die Aufnahme der „anderen Erträge" auf das Umsetzungsgesetz 1997[129] zurückging. Die sprachlich nicht gerade geglückte Formulierung (Zins*sätze* sind keine Erträge) lässt offen, welche **„anderen Erträge"** (außer Zinsen) als Basiswert gemeint sein könnten; ihr kommt wohl nur eine Auffangfunktion zu.[130] Dies fügt sich ein in das durchgängige Bestreben nach weit gefassten Definitionen.

Beispiele für Termingeschäfte, die von Zinssätzen abhängen,[131] sind etwa 54 **Zinsbegrenzungsverträge wie Caps, Floors, Collars, Swaps** und **Swaptions,**[132] die gegen fallende oder steigende Zinssätze schützen. Ebenfalls erfasst sind **Forward Rate Agreements.** Bei ihnen handelt es sich um individuell vereinbarte, außerbörsliche Festgeschäfte, bei denen ein fester Zinssatz für einen bestimmten Zeitraum vereinbart wird, wobei die Zinsen auf einen festgelegten nominellen Kapitalbetrag berechnet werden, ohne das Kapital tatsächlich zur Verfügung zu stellen. Falls der vereinbarte Zinssatz am Stichtag vom Referenzzinssatz nach oben oder unten abweicht, schulden Käufer oder Verkäufer dem Vertragspartner die Differenz. Diese Geschäfte dienen ebenfalls zur Absicherung

---

[125] Diese begründen lediglich das Recht, nicht aber die Pflicht, einen Fremdwährungsbetrag zu einem bestimmten Kurs bis zu einem bestimmten Zeitpunkt zu kaufen (Call-Option) oder zu verkaufen (Put-Option), vgl. näher zB *Fleckner,* ZBB 2005, 96, 107 f.
[126] Bei derartigen Geschäften tauschen die Parteien die jeweils aus Kreditaufnahmen stammenden Valuten unterschiedlicher Währungen (nebst den zugehörigen Zins- und Tilgungsbeträgen für die Dauer der Kreditlaufzeit) untereinander aus, *Assmann,* in: *Assmann/Schneider,* § 2 Rn. 39; ausführlich zu Arten und wirtschaftlichen Gründen diverser Swapgeschäfte *Jahn,* in: Bankrechtshandbuch, § 114 Rn. 2 ff.
[127] Hierbei geht es um Optionsgeschäfte, die das Recht zum Erwerb oder zur Veräußerung von Währungsswaps zum Gegenstand haben, vgl. *Fleckner,* ZBB 2005, 96, 109 f.
[128] Unter dieser Bezeichnung erfasste § 2 Abs. 2 Nr. 2 aF (vor dem AnSVG) Optionsgeschäfte, die Devisentermingeschäfte zum Gegenstand haben, vgl. *Assmann,* in: *Assmann/Schneider,* § 2 Rn. 40.
[129] BGBl. I S. 2518.
[130] Nach *Schäfer,* in: *Schäfer/Hamann,* § 2 Rn. 27 sind mit der Formulierung wohl „generell zinsabhängige Finanzinnovationen" gemeint, zB Kombinationen von Zinsindizes oder deren Ausprägungen, falls man diese nicht bereits zu den „Zinsen" rechne.
[131] Abschnitt B Nr. 4 des Anh. WpDRL, ABl. EG Nr. L 141 vom 11. 6. 1993.
[132] Vgl. näher *Jahn,* in: Bankrechtshandbuch, § 114 Rn. 8 ff; *Lenenbach* Rn. 6.55 ff.; *Schäfer,* in: *Schwintowski/Schäfer,* § 21 Rn. 82 ff. (Swap-Derivate) jeweils mwN.

Fuchs

§ 2   55–57   Abschnitt 1. Anwendungsbereich, Begriffsbestimmungen

gegen Zins- und Kursbewegungen.[133] Zu den Zinssätzen gehören ferner die gängigen Zinsindizes wie zB der REX oder REXP.[134]

d) Finanzindizes oder -messgrößen (lit. d)

55   Der ausdrücklichen Aufnahme der in Nr. 1 lit. d) genannten Indizes und Finanzmessgrößen in den Katalog der geeigneten Basiswerte von Derivaten kommt **weitgehend nur deklaratorische Bedeutung** zu. Denn schon vor der Einführung dieser Norm durch das FRUG war es unerheblich, ob der Preis des Derivates unmittelbar oder nur mittelbar von den angeführten Basiswerten abhing.[135] So waren auch bisher schon Optionen, die sich auf den DAX beziehen, als mittelbar vom Preis von Wertpapieren abhängige Termingeschäfte erfasst (vgl. Rn. 49). Abgesehen von der Erweiterung um die nunmehr in lit. b) einbezogenen „Rechnungseinheiten" dürfte die Bezugnahme auf „andere Finanzindizes oder Finanzmessgrößen" in der Sache zu keiner wirklich spürbaren Ausdehnung des Anwendungsbereichs des Derivatebegriffs geführt haben.

e) Derivate (lit. e)

56   Auch Derivate, die ihrerseits Derivate im Sinne des Abs. 2 als Basiswert haben, werden nunmehr ausdrücklich vom Derivatbegriff erfasst. Die Regelung setzt Anhang I Abschnitt C Nr. 4 der MiFID um.

3. Termingeschäfte mit physikalischen oder volkswirtschaftlichen Variablen oder sonstigen Vermögenswerten, Indizes oder Messwerten als Basiswerten (Nr. 2)

57   Der Katalog der Termingeschäfte nach Nr. 2 ist durch das FRUG neu eingeführt worden. Als vergleichbare Basiswerte hatte die Vorgängervorschrift § 2 Abs. 2 Nr. 4 WpHG aF nur Waren oder Edelmetalle genannt.[136] Neben dem **Bezug auf einen der** nunmehr zahlreichen **aufgelisteten Basiswerte** (Waren, Frachtsätze, Emissionsberechtigungen, Klima- oder andere physikalische Variablen, Inflationsraten oder andere volkswirtschaftliche Variablen sowie schließlich sonstige Vermögenswerte, Indizes oder Messwerte) müssen die Geschäfte **alternativ** eine der folgenden Bedingungen einhalten: Die Erfüllung durch **Barausgleich** muss entweder zwingend oder zumindest optional auf Verlangen einer Partei vorgesehen sein, ohne dass dieses Recht durch Ausfall oder ein anderes Beendigungsereignis begründet ist (lit. a). Es genügt aber auch, wenn das Geschäft **auf einem organisierten Markt** oder **in einem multilateralen Handelssystem geschlossen** worden ist (lit. b) oder gemäß Art. 38 DVO[137]

---

[133] *Jahn*, in: Bankrechtshandbuch, § 114 Rn. 14.
[134] *Schäfer*, in: *Schäfer/Hamann*, § 2 Rn. 27.
[135] *Assmann*, in: *Assmann/Schneider*, § 2 Rn. 30.
[136] Deren ausdrückliche Einbeziehung sollte seinerzeit verbreiteten Missständen im Bereich der Waren- und Edelmetalltermingeschäfte durch Einbeziehung in die Wohlverhaltenspflichten nach §§ 31 ff. entgegenwirken und den Aufbau einer Warenterminbörse in Deutschland unterstützen, vgl. BegrRegE (Umsetzungsgesetz), BR-Drucks. 963/96, S. 100; *Assmann*, in: *Assmann/Schneider*, § 2 Rn. 34.
[137] VO (EG) Nr. 1287/2006 der Kommission zur Durchführung der Richtlinie 2004/39/EG des Europäischen Parlaments und des Rates betreffend die Aufzeichnungspflichten für Wertpapierfirmen, die Meldung von Geschäften, die Markttransparenz, die Zulassung von Finanzinstrumenten zum Handel und bestimmte Begriffe im Sinne dieser Richtlinie vom 10. 8. 2006, ABl. Nr. L 241/1 v. 2. 9. 2006.

Begriffsbestimmungen   58–60 § 2

Merkmale anderer Derivate aufweist **und nichtkommerziellen Zwecken dient** (lit. c). Daran fehlt es in den Fällen des Art. 38 Abs. 4 DVO.[138] **Ausgeschlossen** vom Derivatbegriff sind auch **Kassageschäfte** im Sinne des Artikels 38 Abs. 2 DVO (im Energiehandel auch „Spotgeschäfte" genannt). Bei ihnen liegt nur ein sehr begrenzter Zeitraum zwischen Vertragsabschluss und Erfüllung (zwei Handelstage oder eine im Markt akzeptierte Standardlieferfrist), so dass kaum von einem „hinausgeschobenen Erfüllungszeitpunkt" gesprochen werden kann und eine Einbeziehung in den Derivatbegriff jedenfalls nicht notwendig ist.

Nr. 2 dient der Umsetzung von Anhang I Abschnitt C Nr. 5–7 und Nr. 10 **58** der Finanzmarktrichtlinie. Bei der Aufzählung in Nr. 2 wurde bewusst auf die bisher erwähnten Edelmetalle verzichtet, da sie unter den in § 2 Abs. 2 c näher definierten Begriff der Waren fallen. Die nunmehr ausdrücklich erwähnten Derivate auf Emissionsberechtigungen waren gemäß § 15 Satz 2 des Treibhausgasemissions-Handelsgesetzes vom 8. Juli 2004 auch bisher schon als Finanzinstrumente anzusehen. Für die Einstufung als Derivat genügt es allerdings nicht, dass ein Terminkontrakt mit einem der aufgezählten Basiswerte vorliegt. Vielmehr muss zusätzlich eine der alternativen Bedingungen nach lit. a)–c) erfüllt sein.

4. Finanzielle Differenzgeschäfte (Nr. 3)

Stets vom Derivatebegriff erfasst sind finanzielle Differenzgeschäfte. Bei ih- **59** nen ist weder der Referenzwert eingegrenzt, noch ein bestimmter Handelsplatz vorgeschrieben. Die Regelung in Nummer 3 setzt Anhang I Abschnitt C Nr. 9 um.

5. Kreditderivate (Nr. 4)

Erstmals unter den Derivatebegriff fallen seit dem 1. 11. 2007 die sog. Kredit- **60** derivate. Ihre Definition übernimmt die meisten Elemente des Termingeschäfts nach Nr. 1 („als Kauf, Tausch oder anderweitig ausgestaltete Festgeschäfte oder Optionsgeschäfte, die zeitlich verzögert zu erfüllen sind"), weicht aber in einem wesentlichen Punkt davon ab. Es kommt nicht entscheidend auf die Abhängigkeit der Geschäfte von einem konkreten Basiswert an, sondern auf ihre **Funktion:** sie müssen dem **Transfer von Kreditrisiken** dienen. Nr. 4 setzt die Nr. 9 des Anhangs I Abschnitt C der Finanzmarktrichtlinie um und führt zu einer **substantiellen Erweiterung des Derivatbegriffs** in diesem Bereich. Bisher waren Instrumente zum Transfer von Kreditrisiken immer nur dann erfasst, wenn sich die entsprechenden Verträge auf die Referenzwerte Wertpapiere, Geldmarktinstrumente, Zinssätze oder andere Erträge (vgl. § 2 Abs. 2 Nr. 1–3 WpHG aF) zurückführen ließen. Da die Finanzmarktrichtlinie eine entsprechende Einschränkung nicht vorsieht, hat sie eine Erweiterung des Derivatebegriffs im deutschen Recht erforderlich gemacht. Im Ergebnis sind nunmehr zB auch **Credit Default Swaps,** die sich ausschließlich auf ein Darlehen oder ein Kreditportfolio als Referenzwert beziehen, erfasst.[139]

---

[138] Insoweit geht es um Geschäfte des Betreibers oder Verwalters eines Energieübertragungsnetzes, Energieausgleichssystems oder eines Rohrleitungsnetzes, die für den Ausgleich des Energieangebotes und der Energienachfrage zu einem bestimmten Moment unabdingbar ist.
[139] BegrRegE (FRUG), BT-Drucks. 16/4028, S. 55.

6. Termingeschäfte mit Bezug auf Basiswerte im Sinne des Art. 39 DVO (Nr. 5)

61 Art. 39 DVO enthält einen **abschließenden Katalog an weiteren Basiswerten,** die nach Nr. 5 geeignet sind, den Anwendungsbereich des Derivatbegriffs zu vergrößern, wenn zugleich die allgemeinen **Kriterien des Termingeschäfts** (Nr. 1) **und die weiteren Bedingungen von Nr. 2** erfüllt sind, also die Möglichkeit eines Barausgleichs besteht (lit. a), der Abschluss auf einem organisierten Markt oder in einem MTF erfolgt (lit. b) oder die Kriterien nach lit. c) eingehalten werden. Im Einzelnen werden in Art. 39 DVO aufgelistet:

„a) Telekommunikations-Bandbreite; b) Lagerkapazität für Waren; c) Übertragungs- oder Transportkapazität in Bezug auf Waren, sei es nun über Kabel, Rohrleitung oder auf sonstigem Wege; d) eine Erlaubnis, ein Kredit, eine Zulassung, ein Recht oder ein ähnlicher Vermögenswert, der bzw. die direkt mit der Lieferung, der Verteilung oder dem Verbrauch von Energie in Verbindung stehen, die aus erneuerbaren Energiequellen gewonnen wird; e) eine geologische, eine umweltbedingte oder eine sonstige physikalische Variable; f) ein sonstiger Vermögenswert oder ein sonstiges Recht fungibler Natur, bei dem es sich nicht um ein Recht auf Dienstleistung handelt, der bzw. das übertragbar ist; g) ein Index oder ein Maßstab, der mit dem Preis, dem Wert oder dem Volumen von Geschäften mit einem Vermögenswert, einem Recht, einer Dienstleistung oder einer Verpflichtung in Verbindung steht".

IV. Finanztermingeschäfte (§ 2 Abs. 2a WpHG aF, § 37e Satz 2)

62 Abs. 2a wurde zwar zum 1. 11. 2007 durch das FRUG **aufgehoben.** In der Sache blieb die **Definition der Finanztermingeschäfte als „Derivate im Sinne des § 2 Abs. 2 und Optionsscheine"** jedoch erhalten; sie findet sich **nunmehr in § 37e Satz 2.** Der Grund für die Verschiebung liegt darin, dass die Definition des Finanztermingeschäfts in Abs. 2 nur noch für die §§ 37e, 37g und 37h relevant ist.[140] Zugleich hat sich allerdings die **Funktion und Reichweite des Begriffs erneut geändert.** Auf der einen Seite sind durch die Erweiterung des Derivatebegriffs in Abs. 2 die wohl letzten Schutzlücken beseitigt worden.[141] Auf der anderen Seite hat der Gesetzgeber – als Zeichen des Bürokratieabbaus und der Flexibilisierung im Bereich der Anlageberatung durch Wertpapierdienstleistungsunternehmen – die besonderen Informationspflichten des § 37d WpHG aF, die erst durch das AnSVG eingeführt worden waren, wieder aufgehoben, da er einen ausreichenden Anlegerschutz durch die erweiterten Verhaltenspflichten der §§ 31 ff. als hinreichend gewährleistet ansah.[142] Für eine nach dem bisherigen Recht mit ihrer typologischen Betrachtungsweise zum Teil für erforderlich gehaltene teleologische Reduktion des Begriffs des Finanzter-

---

[140] Vgl. BegrRegE (FRUG), BT-Drucks. 16/4028, S. 56, 78 (ohne Erwähnung von § 37h, in dem aber der Begriff ebenfalls verwendet wird).

[141] Dies betrifft insbesondere die nicht an organisierten Märkten gehandelten Devisentermingeschäfte, vgl. *Fleckner,* WM 2003, 168, 170 sowie bereits oben Rn. 51, aber auch exotische Produkte wie etwa Immobilienindizes, Katastrophenbonds, die von Rückversicherern als Absicherungsmechanismus verwendet werden, und Fußball- oder Wetterderivate, die allesamt vor dem FRUG nicht erfasst wurden, siehe dazu *Samtleben,* ZBB 2003, 69, 71 Fn. 17; im Ergebnis ebenso *Assmann,* in: *Assmann/Schneider,* § 2 Rn. 40d.

[142] BegrRegE (FRUG), BT-Drucks. 16/4028, S. 78.

mingeschäfts dahingehend, dass nur solche Derivate im Sinne des § 2 Abs. 2 vom Termingeschäftsbegriff erfasst seien, welche dessen spezifische, wesensbestimmende Gefahren aufwiesen,[143] dürfte nach neuem Recht mit der Legaldefinition des Abs. 2 Nr. 1 kein Raum mehr sein.

Damit hat eine längere und bewegte **Entwicklung** vorläufig ihren Abschluss gefunden. Die mit dem Vierten Finanzmarktförderungsgesetz erstmals eingeführte Legaldefinition des Finanztermingeschäfts in § 2 Abs. 2a WpHG aF hatte seinerzeit den über einhundert Jahre alten Begriff des **Börsentermingeschäfts** ersetzt und den ganzen Regelungskomplex zugleich mit einer inhaltlichen Neuausrichtung aus dem Börsengesetz (§§ 50 ff. BörsG aF) in das Wertpapierhandelsgesetz (Abschnitt 8, §§ 37 d–37 g) übergeleitet. Dabei war das frühere Erfordernis einer besonderen Termingeschäftsfähigkeit kraft Status oder Information zugunsten haftungsbewehrter Informationspflichten aufgegeben worden, da nicht nur der unklare, gesetzlich nicht definierte Begriff des Börsentermingeschäfts, sondern gerade auch der auf die Unwirksamkeit des Geschäfts zielende Schutzansatz der §§ 50 ff. BörsG aF vielfältige Probleme mit sich gebracht hatte.[144] Der seinerzeit vollzogene „**Übergang** von dem statusbezogenen Begriff der Börsentermingeschäftsfähigkeit **zu der vertriebsbezogenen, aufsichtsunterworfenen und haftungsbewehrten Informationspflicht**"[145] bleibt trotz der Aufhebung des § 37 d WpHG aF im Zuge des FRUG letztlich **erhalten,** da nunmehr die ausgeweiteten Wohlverhaltenspflichten nach §§ 31 ff. für einen hinreichenden Anlegerschutz sorgen (sollen). 63

Hinzukommt, dass mit der **erstmaligen**[146] **gesetzlichen Definition des Termingeschäfts in Abs. 2 Nr. 1** die Konturen des Derivatebegriffs zumindest insoweit ein wenig schärfer geworden sind, als einige Elemente, die zuvor zum „**Typus Termingeschäft**"[147] gerechnet wurden, wie etwa das Risiko des Totalverlusts, der Hebeleffekt und das Nachschussrisiko,[148] nunmehr keine Rolle mehr spielen, da es nur noch auf die Bezugnahme auf einen der aufgezählten Basiswerte und den hinausgeschobenen Erfüllungszeitpunkt ankommt (vgl. oben Rn. 43). 64

Keine Änderung im Rahmen des Finanztermingeschäfts nach § 37 e Satz 2 erfährt die **Behandlung von Optionsscheinen.** Deren Einstufung als Börsen- 65

---

[143] Vgl. *Assmann*, in: *Assmann/Schneider*, § 2 Rn. 40 d; *Casper*, WM 2003, 161, 164.

[144] Vgl. ausführlich zu Ursprung und Entwicklung der Börsentermingeschäfte sowie zur Regelung der Börsentermingeschäftsfähigkeit nach BörsG aF *Schäfer*, in: *Schäfer/Schwintowski*, Bankrecht, 2. Aufl. 2004, § 20 Rn. 3 ff., 69 ff. jeweils mwN.

[145] *Schäfer/Lang*, BKR 2002, 197, 203 (Hervorhebungen hinzugefügt); siehe dazu im Einzelnen Vor §§ 37 e und g Rn. 100 ff.

[146] Der Auffassung, dass eine gesetzliche Definition des Termingeschäfts nicht möglich sei, war auch noch der Gesetzgeber des AnSVG unter Hinweis auf die vielen erfolglosen Definitionsbemühungen von Rechtsprechung und Wissenschaft gefolgt, vgl. BegrRegE, BT-Drucks. 14/8017, S. 85; ausführlicher Überblick über die verschiedenen Ansätze zur Bestimmung des Börsentermingeschäfts in Rechtsprechung und Literatur insbesondere bei *Schäfer*, in: *Schäfer/Schwintowski*, § 20 Rn. 28 ff. mwN.

[147] Die fehlgeschlagenen Bemühungen um eine durch griffige Tatbestandsmerkmale gekennzeichnete Bestimmung des Termingeschäfts hatten dazu geführt, dieses als Typus zu umschreiben, vgl. zu Vor- und Nachteilen der Typuslehre zB *Casper*, WM 2003, 161, 162, kritisch *Reiner* S. 149; ausführlich Vor §§ 37 e und g Rn. 11 ff.

[148] Vgl. BegrRegE (AnSVG), BT-Drucks. 14/8017, S. 85; näher zu den einzelnen Merkmalen Vor §§ 37 e und g Rn. 17 ff.

bzw. Finanztermingeschäft war lange umstritten gewesen, bevor der Gesetzgeber sich mit dem AnSVG dazu entschlossen hatte, sie ausdrücklich in den Anwendungsbereich einzubeziehen.[149] Seither sind **alle Formen** von Optionsscheinen vom Begriff des Finanztermingeschäfts **erfasst**, also sowohl selbstständige Optionsscheine wie auch die (von Optionsanleihen) abgetrennten Optionsscheine.[150]

V. Finanzinstrumente (Abs. 2b)

66 Dem Begriff der Finanzinstrumente kommt im WpHG eine große Bedeutung zu, weil viele wichtige Vorschriften auf ihn Bezug nehmen (zB §§ 4, 9, 10, 12 ff., 15, 15a, 20a, 34b, 37b, 37c). Eingeführt wurde er durch das AnSVG[151] zwecks Umsetzung des Art. 1 Nr. 3 der Marktmissbrauchsrichtlinie.[152] Dies hat seinerzeit insbesondere zu einer signifikanten Erweiterung des persönlichen Anwendungsbereichs der Ad-hoc-Publizitätspflicht nach § 15 geführt.[153] Im Zuge der Umsetzung der Finanzmarktrichtlinie wurde der ursprünglich vorhandene Satz 2 gestrichen, ohne dass dies jedoch materiell zu einer Einschränkung seines Anwendungsbereichs geführt hätte.[154] Anstelle der Übernahme des detaillierten Katalogs der einzelnen Finanzinstrumente in Art. 4 Abs. 1 Nr. 17 iVm Anhang I Abschnitt C Nr. 1–10 der Finanzmarktrichtlinie hat der deutsche Gesetzgeber sich für eine zusammengesetzte Definition aus einzelnen Elementen entschieden, die ihrerseits (mit einer Ausnahme) in anderen Absätzen des § 2 definiert werden. Zugleich ist der Derivatebegriff in Abs. 2 erheblich erweitert worden (vgl. bereits oben Rn. 42 ff.).

67 Die Legaldefinition des Abs. 2b fasst unter dem **Sammelbegriff** der Finanzinstrumente Wertpapiere im Sinne des Abs. 1, Geldmarktinstrumente nach Abs. 1a, Derivate im Sinne des Abs. 2 und Rechte auf Zeichnung von Wertpapieren (dazu unten Rn. 69) zusammen. Dies dient der terminologischen Vereinfachung und Sicherung einer grundsätzlich einheitlichen Anwendung der Bestimmungen des WpHG. Allerdings ist nicht zu verkennen, dass viele Einzelregelungen weitergehende Anforderungen stellen und damit nicht für Finanzinstrumente schlechthin gelten, sondern nur für eine in bestimmter Weise qualifizierte Teilmenge von Finanzinstrumenten.[155] Gelegentlich wird auch der Begriff des Finanzinstruments selbst für die Zwecke einer speziellen Vorschrift modifiziert (vgl. § 34b Abs. 3 für eine abweichende Definition der Finanzinstrumente im Rahmen der Bestimmungen über die Finanzanalyse).

---

[149] BT-Drucks. 14/8017, S. 85.
[150] *Assmann*, in: *Assmann/Schneider*, § 2 Rn. 40 f.; *Schwark/Beck*, § 2 Rn. 16; *Samtleben*, ZBB 2003, 69, 71.
[151] BGBl. I 2004, S. 2630.
[152] BegrRegE, BT-Drucks. 15/3174, S. 29.
[153] Vgl. auch *Assmann*, in: *Assmann/Schneider*, § 2 Rn. 40h.
[154] Der durch das FRUG aufgehobene Satz 2 des früheren Abs. 2b betraf „sonstige Instrumente", die zum Handel an einem organisierten Markt im Inland oder in einem anderen Mitgliedstaat der EU zugelassen waren oder deren Zulassung beantragt war. Ihre gesonderte Erwähnung hat sich erübrigt, weil sie bereits durch die Erweiterung des Wertpapier- und des Derivatebegriffs als Finanzinstrumente erfasst sind, vgl. BegrRegE, BT-Drucks. 16/4028, S. 56.
[155] *Versteegen*, in: KölnKommWpHG, § 2 Rn. 108.

Im **Vergleich** zu der parallelen Definition in § 1 Abs. 11 Satz 1 **KWG** ist **68** Abs. 2 b teils enger, teils weiter: Die bankaufsichtsrechtliche Vorschrift erstreckt den Begriff des Finanzinstruments auch auf Devisen oder Rechnungseinheiten, erfasst aber keine Rechte auf Zeichnung von Wertpapieren.

Bei den nicht näher umschriebenen **Rechten auf Zeichnung von Wertpa- 69 pieren** handelt es sich in erster Linie um mitgliedschaftliche Bezugsrechte auf Aktien oder hybride Finanztitel nach §§ 186, 203, 221 Abs. 4 AktG. Erfasst sind aber auch vertraglich begründete und aus unterschiedlichen Gründen Dritten gewährte *stock options* (Aktienoptionen) (zB im Rahmen von Mitarbeiterbeteiligungsprogrammen[156] oder als Vergütungsbestandteil für Führungskräfte) oder *naked warrants* (selbstständige Optionsscheine), die zu Finanzierungszwecken ausgegeben worden sind.[157] Rechte auf Zeichnung von Wertpapieren enthalten auch die Bezugs- und Wandelrechte, die mit Options- oder Wandelanleihen[158] oder mit entsprechend ausgestatteten Genussrechten verbunden sind. Der Umstand, dass im Falle der Ausübung eines Wandelrechts ein Umtausch der Anleihe in ein anderes Wertpapier stattfindet, betrifft nur die Modalität der Gegenleistung für das zu erwerbende Wertpapier, ändert aber nichts daran, dass ein Wertpapier durch Zeichnung erworben wird.[159] Ebenso wenig sollte es eine Rolle spielen, ob der durch Ausübung des Bezugs- oder Umtauschrechts entstandene Anspruch durch neu geschaffene, erstmals auszugebende Wertpapiere erfüllt wird oder ob bereits existierende Wertpapiere (zB eigene Aktien der verpflichteten Gesellschaft) geliefert werden.[160]

VI. Waren (Abs. 2 c)

Abs. 2 c definiert erstmals den Begriff der „Waren" im Rahmen des WpHG. **70** Die auf Empfehlung des Finanz- und des Wirtschaftsausschusses durch das FRUG eingefügte Vorschrift hat eine **klarstellende Funktion**. Sie lehnt sich eng an Art. 2 Nr. 1 der MiFID-DVO[161] an und kombiniert eine abstrakte Begriffsbestimmung („fungible Wirtschaftsgüter, die geliefert werden können") mit einem ergänzenden typologischen Ansatz („dazu zählen auch Metalle, Erze und Legierungen, landwirtschaftliche Produkte und Energien wie Strom").

---

[156] *Schäfer*, in: *Schäfer/Hamann*, § 2 Rn. 39.
[157] Vgl. dazu näher *Fuchs*, AG 1995, 433 ff.; MünchKommAktG-*Habersack* § 221 Rn. 36 ff.
[158] *Versteegen*, in: KölnKommWpHG, § 2 Rn. 114.
[159] Bei Wandelschuldverschreibungen, die mit einem bedingten Kapital unterlegt sind, ist eine Bezugserklärung abzugeben, die nach § 198 Abs. 2 AktG die gleiche Wirkung wie eine Zeichnungserklärung hat. Im Ergebnis wie hier für Einbeziehung der Umtauschrechte *Versteegen*, in: KölnKommWpHG, § 2 Rn. 114; **aA** *Schäfer*, in: *Schäfer/Hamann*, § 2 Rn. 38 unter Hinweis auf den abweichenden Wortlaut in Art. 1 Nr. 4 WpDRL (Erwerb „durch Zeichnung oder Umtausch").
[160] *Versteegen*, in: KölnKommWpHG, § 2 Rn. 114 a. E.
[161] VO Nr. 1287/2006 der Kommission zur Durchführung der Richtlinie 2004/39/ EG des Europäischen Parlaments und des Rates betreffend die Aufzeichnungspflichten für Wertpapierfirmen, die Meldung von Geschäften, die Markttransparenz, die Zulassung von Finanzinstrumenten zum Handel und bestimmte Begriffe im Sinne dieser Richtlinie vom 10. 8. 2006, ABl. L 241/1 v. 2. 9. 2006.

VII. Wertpapierdienstleistungen (Abs. 3)

1. Regelungsgegenstand und -zweck

71 Die Definition der **Wertpapierdienstleistungen** in § 2 Abs. 3 (sowie ergänzend der Wertpapier*neben*dienstleistungen in § 2 Abs. 3a) ist **von großer Bedeutung für die Reichweite des Gesetzes.** Systematisch bilden die Wertpapierdienstleistungen die Verknüpfung zwischen der (produktbezogenen) Definition der Finanzinstrumente (Abs. 2b) als den „Handelsgegenständen" und dem Begriff der „Wertpapierdienstleistungsunternehmen" (§ 2 Abs. 4) als den im Markt handelnden Akteuren. Diese sind Adressaten der **Verhaltensregeln und Organisationspflichten** in Abschnitt 6 des Gesetzes (§§ 31–37a). Für die **Meldepflichten** in § 9 **sowie andere Pflichten,** die der Durchsetzung der Verbote des Insiderhandels (§ 14) und der Marktmanipulation (§ 20a) dienen, wie etwa die Anzeige von Verdachtsfällen (§ 10) oder die Aufzeichnungs- und Aufbewahrungspflichten nach §§ 16, 16b, gehören Wertpapierdienstleistungsunternehmen ebenfalls zu den Normadressaten.[162] Schließlich spielt die Erbringung von Wertpapierdienstleistungen eine Rolle für die Nichtberücksichtigung von Stimmrechten im Handelsbestand nach § 23 Abs. 1 Nr. 1 im Zusammenhang mit der Berechnung der maßgeblichen Schwellenwerte für die Mitteilungspflichten über den Erwerb stimmberechtigter Anteile.

72 **Abs. 3 Satz 1** enthält in **Nr. 1–9 einen abschließenden Katalog** von enumerativ aufgezählten **Dienstleistungen für andere im Zusammenhang mit Transaktionen in Finanzinstrumenten,** denen in **Satz 2 das Eigengeschäft gleichgestellt** wird („Als Wertpapierdienstleistung gilt auch ...").[163] Gegenüber dem Katalog des § 2 Abs. 3 WpHG aF hat diese durch das FRUG eingeführte Ergänzung zusammen mit der Auffüllung der Liste der Wertpapierdienstleistungen in Satz 1 die Reichweite der Definition erheblich ausgedehnt. Gänzlich neu ist dabei die Einstufung des Betriebs multilateraler Handelssysteme als Wertpapierdienstleistung nach Abs. 3 Nr. 8. Zudem ist neben dem Emissionsgeschäft nunmehr auch die Platzierung von Finanzinstrumenten ohne feste Übernahmeverpflichtung als Wertpapierdienstleistung erfasst (Platzierungsgeschäft, Abs. 3 Nr. 6). Vor allem aber ist die Anlageberatung von einer bloßen Wertpapiernebendienstleistung (§ 2 Abs. 3a Nr. 3 WpHG aF) zu einer Hauptleistung heraufgestuft und erstmals eingehend definiert worden (Abs. 3 Nr. 9).

73 Trotz des kasuistischen Regelungsansatzes strebt der Gesetzgeber offenbar eine möglichst lückenlose Erfassung sämtlicher Dienstleistungen in Bezug auf Trans-

---

[162] Deren Kreis ist allerdings nicht auf Wertpapierdienstleistungsunternehmen beschränkt, da es insoweit um die Umsetzung der Marktmissbrauchsrichtlinie geht; diese gilt für „Personen, die beruflich Geschäfte mit Finanzinstrumenten tätigen" (Art. 6 Abs. 9). Der deutsche Gesetzgeber hat die relevanten Pflichten daher auf weitere Normadressaten erstreckt, zB nach § 10 WpHG auf „andere Kreditinstitute und Betreiber von außerbörslichen Märkten, an denen Finanzinstrumente gehandelt werden".

[163] Das Eigengeschäft stellt mangels Kundenbezugs keine Wertpapierdienstleistung dar, sondern wird einer solchen lediglich gleichgestellt, so ausdrücklich BegrRegE (FRUG), BT-Drucks. 16/4028, S. 56. Im Übrigen es sich bei allen Wertpapierdienstleistungen nach § 2 Abs. 3 Satz 1 WpHG um die auf der Basis schuldrechtlicher Verträge erbrachte Dienstleistung selbstständiger Unternehmer für den Kunden.

Begriffsbestimmungen 74 § 2

aktionen in Finanzinstrumenten an.[164] Dabei besteht, insbesondere seit der Einführung des Begriffs der Finanzinstrumente auch im WpHG durch das AnSVG, ein **weitgehender Gleichlauf** der „Wertpapierdienstleistung" **mit** dem parallelen **Begriff der „Finanzdienstleistung"** in § 1 Abs. 1a Satz 2 **KWG**, die wiederum entscheidend für das Vorliegen eines Finanzdienstleistungsinstituts ist.[165] Dieses unterliegt ebenso wie ein **Kreditinstitut**, das Bankgeschäfte durchführt, aber auch Finanzdienstleistungen erbringen darf, der **Erlaubnispflicht nach § 32 KWG**. Die weitgehend parallele Ausgestaltung von Bankgeschäften und Finanzdienstleistungen im KWG einerseits und Wertpapierdienstleistungen nach § 2 Abs. 3 WpHG andererseits führt dazu, dass deren Erbringung in den meisten Fällen an die gleichzeitige Erfüllung der hohen Anforderungen einer bankaufsichtsrechtlichen Zulassung nach § 32 KWG als Kredit- oder Finanzdienstleistungsinstitut geknüpft ist.[166] Die Folge ist, dass die speziellen Pflichten, denen Wertpapierdienstleistungsunternehmen nach dem WpHG unterliegen (Rn. 71), in der Praxis neben den zugleich zu erfüllenden bankaufsichtsrechtlichen Anforderungen regelmäßig nicht mehr besonders ins Gewicht fallen.[167] Dennoch bleiben einige Unterschiede zwischen Institutsaufsicht und Marktaufsicht nicht nur im Regelungsansatz, sondern auch in der Reichweite bestehen.[168]

2. Entstehungsgeschichte

Die ursprüngliche Fassung des § 2 Abs. 3 WpHG geht auf Art. 1 Nr. 1 in 74 Verbindung mit Abschnitt A des Anhangs der WpDRL[169] zurück. Der Kreis der erfassten Wertpapierdienstleistungen war zunächst erheblich kleiner als heute und darüber hinaus durch eine Art Größenkriterium beschränkt: Vorausgesetzt wurde, dass ihr Umfang „einen in kaufmännischer Weise eingerichteten Geschäftsbetrieb erfordert". Diese Anforderung wurde durch das **Umsetzungsgesetz** von 1997[170] aus der Definition der Wertpapierdienstleistung herausgenommen und zutreffend beim Begriff des Wertpapierdienstleistungsunternehmens (§ 2 Abs. 4) angesiedelt. Abgesehen von weiteren Modifikationen bei den bestehenden Wertpapierdienstleistungen wurde der Katalog um drei neue Geschäftstypen (Ab-

---

[164] Vgl. zu § 2 Abs. 3 WpHG aF *Versteegen,* in: KölnKommWpHG, § 2 Rn. 120, der freilich die fehlende Eignung des kasuistischen Regelungsansatzes zur Erreichung dieses Ziels kritisiert.

[165] Vgl. zu den umfangreichen Modifikationen und Erweiterungen der Begriffsbestimmungen im KWG durch die 6. KWG-Novelle, die zum Teil zu wortgleichen Definitionen mit dem WpHG geführt hat, zB *Jung,* BB 1998, 649; *Weber-Rey/Baltzer,* WM 1997, 2288.

[166] Die Differenzierung zwischen Bankgeschäften und Finanzdienstleistungen im KWG bleibt dabei ohne Konsequenzen für den Begriff der Wertpapierdienstleistung im WpHG.

[167] *Versteegen,* in: KölnKommWpHG, § 2 Rn. 121.

[168] Vgl. zum unterschiedlichen Regelungsansatz von Solvenz- und Marktaufsicht *Kümpel,* Bank- und Kapitalmarktrecht, Rn. 18.2 ff., 19.4 ff., 19.228 ff. Geringe Unterschiede in der Reichweite ergeben sich zum einen aus gewissen Abweichungen beim Begriff der Finanzinstrumente, die nach § 1 Abs. 11 KWG einerseits nicht die „Rechte auf Zeichnung von Wertpapieren" umfassen, sich andererseits aber auch auf Devisen und Rechnungseinheiten erstrecken (vgl. oben Rn. 68). Zum anderen stellen einige Bankgeschäfte und Finanzdienstleistungen keine Wertpapierdienstleistung dar, zB das Depotgeschäft nach § 1 Abs. 1 Nr. 4 KWG (nur Nebendienstleistung nach § 2 Abs. 3a Nr. 1 WpHG).

[169] ABl. EG Nr. L 141 vom 11. Juni 1993, S. 31.

[170] BGBl. I S. 2518.

schlussvermittlung, Emissionsgeschäft und Finanzportfolioverwaltung) ergänzt. Darüber hinaus kam es zu einer mittelbaren Erweiterung durch die Ausweitung des Wertpapier- und Derivatebegriffs und die spätere Einführung der Finanztermingeschäfte. Das **AnSVG** ersetzte dann die „Wertpapiere, Geldmarktinstrumente und Derivate" durch den neuen Begriff der Finanzinstrumente (Abs. 2b).

75 Abermals erheblich modifiziert und erweitert wurde die Gruppe der Wertpapierdienstleistungen in **Umsetzung** des Art. 4 Abs. 1 Nr. 2 iVm Anhang I Abschnitt A **der Finanzmarktrichtlinie durch das FRUG** zum 1. 11. 2007. Teilweise sind die Änderungen zwar lediglich redaktioneller Natur (so bei Nr. 1, 3, 4, 5, 7), teilweise führen sie aber auch materiell zu einer nicht unerheblichen Ausweitung des Begriffs der Wertpapierdienstleistung (insbesondere durch die neu eingefügten Nrn. 6, 8 und 9). Zu begrüßen ist die generelle Einführung von Kurzbezeichnungen für die einzelnen Wertpapierdienstleistungen nach dem Vorbild und in Übereinstimmung mit den entsprechenden Bestimmungen des KWG, da der Definitionskatalog hierdurch an Übersichtlichkeit gewinnt und in der Praxis besser handhabbar wird. Sie dient insbesondere dazu, die Führung des nach Art. 5 Abs. 3 der Finanzmarktrichtlinie einzurichtenden Registers mit Informationen über die erbrachten Dienstleistungen und Tätigkeiten der registrierten Unternehmen zu erleichtern.[171]

3. Die einzelnen Wertpapierdienstleistungen

a) Finanzkommissionsgeschäft (Nr. 1)

76 Eine „klassische" Wertpapierdienstleistung stellt „die Anschaffung oder Veräußerung von Finanzinstrumenten im **eigenen Namen für fremde Rechnung**" dar. Die Regelung entspricht der Definition des Finanzkommissionsgeschäfts in § 1 Abs. 1 Satz 2 Nr. 4 KWG. Die Bezugnahme auf den Begriff des Finanzinstruments ist durch das AnSVG eingeführt worden und hat den Anwendungsbereich gegenüber der früheren Fassung, die nur „Wertpapiere, Geldmarktinstrumente oder Derivate" erfasste, erheblich erweitert und insbesondere auf die „Rechte auf Zeichnung von Wertpapieren" erstreckt. Die Streichung von Satz 2 in § 2 Abs. 2b WpHG aF durch das FRUG hat insoweit zu keiner materiellen Einschränkung des Anwendungsbereichs geführt;[172] denn es gab praktisch keine Anwendungsfälle für „sonstige Instrumente, die zum Handel an einem organisierten Markt im Sinne des Absatzes 5 im Inland oder in einem anderen Mitgliedstaat der Europäischen Union zugelassen sind oder für die eine solche Zulassung beantragt worden ist", die nicht schon nach Satz 1 als Finanzinstrument erfasst waren.[173]

77 Die **praktische Bedeutung des Kommissionsgeschäfts** ist sehr groß; es stellt den in der Praxis wichtigsten und von den Banken am häufigsten gewählten Weg zur Ausführung von Kundenaufträgen zum An- oder Verkauf von Finanzinstrumenten dar.[174] Eine offene Stellvertretung durch die Bank im Sinne des § 164 BGB wäre zwar konstruktiv ebenfalls denkbar (vgl. dazu Abs. 3 Nr. 3,

---

[171] BegrRegE, BT-Drucks. 16/4028, S. 56.
[172] BegrRegE, BT-Drucks. 16/4028, S. 56.
[173] Ebenso wohl *Versteegen*, in: KölnKommWpHG, § 2 Rn. 118, der zutreffend betont, dass Swaps dafür nicht in Betracht kommen.
[174] So auch *Versteegen*, in: KölnKommWpHG, § 2 Rn. 128 (der „faktisch bedeutsamste Fall der Wertpapierdienstleistung").

unten Rn. 87), spielt jedoch *de facto* nur beim Erwerb von Investmentanteilen eine Rolle, da sie die Offenlegung der Kundenidentität gegenüber dem Vertragspartner voraussetzt.[175] Das Kommissionsgeschäft unterliegt den Regelungen der §§ 383 ff. HGB sowie Nr. 1–12 der Sonderbedingungen der Banken für Wertpapiergeschäfte.[176] Für die Einkaufskommission treten die Bestimmungen der §§ 18–31 DepotG hinzu. Ein Effektenkommissionsgeschäft mit **Selbsteintrittsrecht** der Bank ist zwar nach § 400 HGB möglich und ebenfalls als eine Wertpapierdienstleistung zu qualifizieren. Das Selbsteintrittsrecht ist jedoch **in der Praxis bedeutungslos** geworden, seit die Sonderbedingungen für Wertpapiergeschäfte auf diese Möglichkeit im Sinne größtmöglicher Transparenz verzichten.[177]

Mit der **Anschaffung oder**[178] **Veräußerung** sind prinzipiell alle Rechtsgeschäfte erfasst, die auf einen **Vollrechtserwerb** auf der einen bzw. auf einen entsprechenden Rechtsverlust auf der anderen Seite gerichtet sind. Dazu gehören nicht nur Kaufverträge und die anschließende Eigentumsübertragung zu ihrer Erfüllung.[179] Vielmehr sind auch Tauschgeschäfte und die Wertpapierleihe erfasst.[180] Bei letzterer handelt es sich um ein Sachdarlehen im Sinne des § 607 Abs. 1 BGB, bei dem es ebenfalls zu einem Vollrechtserwerb verbunden mit der schuldrechtlichen Verpflichtung zur Rückübereignung von Wertpapieren gleicher Art, Güte und Menge kommt.[181] **78**

Die **Tätigkeit sog. Botenbanken,** d. h. die bloße Übermittlung von Aufträgen zur Anschaffung oder Veräußerung von Finanzinstrumenten, **fällt** dagegen **nicht unter Nr. 1;** ggf. kann es sich um eine Vermittlungsleistung handeln, die als eigenständige Wertpapierdienstleistung nach Abs. 3 Nr. 4 zu qualifizieren ist.[182] **79**

Umstritten war nach alter Rechtslage, ob die Übernahme von Finanzinstrumenten durch eine Bank oder ein **Begebungskonsortium** vom Emittenten zum Zwecke der Platzierung im Markt als Kommissionsgeschäft im Sinne von Abs. 3 Nr. 1 zu qualifizieren war, wenn der Wertpapierdienstleister kein Absatz- **80**

---

[175] *Lenenbach*, § 4 Rn. 4.7.
[176] Fassung vom 1. 11. 2007, abgedruckt zB bei *Baumbach/Hopt*, HGB, 33. Aufl. 2008, S. 1837 ff.; vgl. auch *Wagner* WM 2007, 1725 ff.
[177] Dazu *Jütten*, in: *Hellner/Steuer*, Rn. 7/28; *Schäfer*, in: *Schwintowski/Schäfer*, § 16 Rn. 23 ff.
[178] Trotz der Verwendung der Konjunktion „und" im Gesetzestext ist es für die Annahme einer Wertpapierdienstleistung nicht erforderlich, dass kumulativ sowohl eine Anschaffung als auch eine Veräußerung von Finanzinstrumenten (für denselben Kunden) erfolgt. Vielmehr macht schon die doppelte Nennung des Artikels „die" deutlich, dass die Veräußerung oder die Anschaffung von Wertpapieren jeweils für sich bereits eine Wertpapierdienstleistung für einen Kunden darstellt, wohl allg. Ansicht, vgl. nur *du Buisson*, WM 2003, 1401, 1407; *Schäfer*, in: *Schäfer/Hamann*, § 2 Rn. 47.
[179] Vgl. *Versteegen*, in: KölnKommWpHG, § 2 Rn. 129, der allerdings den (in der Praxis üblichen) Abschluss auch des dinglichen Geschäfts nicht für erforderlich hält, um von einer „Anschaffung oder Veräußerung" i. S. d. Nr. 1 sprechen zu können, ebenso *du Buisson*, WM 2003, 1401, 1407; **aA** zu Recht *Schäfer*, in: *Schäfer/Hamann*, § 2 Rn. 46.
[180] Vgl. *Schäfer*, in: *Schäfer/Hamann*, § 2 Rn. 45; *Schwark/Beck*, § 2 Rn. 21; *Versteegen*, in: KölnKommWpHG, § 2 Rn. 129; im Ergebnis auch *Assmann*, in: *Assmann/Schneider*, § 2 Rn. 43 (mit problematischer Begründung; dagegen zu Recht *Schäfer*, in: *Schäfer/Hamann*, § 2 Rn. 46).
[181] *Versteegen*, in: KölnKommWpHG, § 2 Rn. 129; *Schäfer*, in: *Schäfer/Hamann*, § 2 Rn. 46.
[182] *Versteegen*, in: KölnKommWpHG, § 2 Rn. 133.

risiko übernahmen, sondern sich lediglich verpflichteten, die Emission der Finanzinstrumente zwar im eigenen Namen, aber für Rechnung des Emittenten durchzuführen.[183] Die fehlende eigene Risikotragung stellt insoweit das Abgrenzungskriterium zum Emissionsgeschäft nach Abs. 3 Nr. 5 dar.[184] Mit der ausdrücklichen **Aufnahme des Platzierungsgeschäfts in Abs. 3 Nr. 6** hat sich die Frage jedoch erledigt: Seit dem 1. 11. 2007 ist die „Platzierung von Finanzinstrumenten ohne feste Übernahmeverpflichtung" als eigenständige Wertpapierdienstleistung anerkannt.

81 Im Gegensatz zum An- und Verkauf von Investmentfondsanteilen für (Bank-)-Kunden stellen die durch **Kapitalanlagegesellschaften** getätigten Anlagegeschäfte, also der Erwerb oder die Veräußerung von Wertpapieren, die zum Fondsvermögen gehören (sollen), **keine Finanzkommissionsgeschäfte** und damit auch keine Wertpapierdienstleistungen dar. Das gilt ungeachtet des Umstands, dass die Anlagegeschäfte von den Investmentgesellschaften im eigenen Namen für gemeinschaftliche Rechnung der Anteilsinhaber (vgl. §§ 2 Abs. 2, 9 Abs. 1 InvG) vorgenommen werden.[185] Denn die An- und Verkäufe erfolgen nicht in deren Auftrag, sondern auf eigene Initiative zur Umsetzung der für das jeweilige Sondervermögen geltenden Anlagerichtlinien.[186] Im Übrigen besteht zwischen den Anteilsinhabern und der Kapitalanlagegesellschaft auch keine Rechtsbeziehung, in der die Wohlverhaltenspflichten nach §§ 31 ff. sinnvoll zur Anwendung kommen könnten.[187]

82 **Investmentähnliche Tätigkeiten** außerhalb von Kapitalanlagegesellschaften stellen ebenfalls keine Dienstleistung gegenüber dem einzelnen Anleger dar. Werden etwa durch Initiatoren oder Beteiligungsgesellschaften (zB Publikumspersonengesellschaften) Einlagen entgegengenommen, um sie auf gemeinsame Rechnung der Anleger in Finanzinstrumenten anzulegen, ggf. unter Ausgabe von Zertifikaten oder Genussscheinen an die Anleger, liegt in den Erwerbs- oder Veräußerungsgeschäften bezüglich der Finanzinstrumente **kein Finanzkommissionsgeschäft für die Anleger.**[188] Denn auch hier fehlt es einem konkreten Auftrag zum Erwerb (oder zur Veräußerung) bestimmter Finanzinstrumente. Nicht jede (mittelbare) wirtschaftliche Beteiligung am Vermögenswert von Finanzinstrumenten oder Tätigkeit zum materiellen Vor- oder Nachteil von Anlegern ist als (Finanz-) Kommissionsgeschäft zu qualifizieren.[189] Vielmehr müssen

---

[183] Dafür die ganz h. M., zB BegrRegE (UmsetzungsG), BT-Drucks. 13/7142, S. 101; *Assmann*, in: *Assmann/Schneider*, § 2 Rn. 45, 58; *Schäfer*, in: *Schäfer/Hamann*, § 2 Rn. 73; dagegen *Versteegen*, in: KölnKommWpHG, § 2 Rn. 130.
[184] Zu den Einzelheiten siehe unten Rn. 93 ff.
[185] *Assmann*, in: *Assmann/Schneider*, § 2 Rn. 46; *Schwark/Beck*, § 2 Rn. 22; *Versteegen*, in: KölnKommWpHG, § 2 Rn. 131; aA *Schäfer*, in: *Schäfer/Hamann*, § 2 Rn. 50 („phänomenologisch ein Kommissionsgeschäft", als Finanzkommission einzuordnen).
[186] Vgl. *Versteegen*, in: KölnKommWpHG, § 2 Rn. 131.
[187] *Versteegen*, in: KölnKommWpHG, § 2 Rn. 131.
[188] BVerwG ZIP 2008, 911, 913 ff.; VGH Kassel ZIP 2007, 999; VGH Kassel, ZIP 2006, 800, 802 f.; *Gstädtner/Elicker*, BKR 2006, 437, 440 f.; *Versteegen*, in: KölnKommWpHG, § 2 Rn. 132; *Hammen*, WM 2005, 813, 819 ff.; *M. Wolf*, DB 2005, 1723 ff.; *Frey*, BKR 2005, 200 ff.; aA BaFin *www.bafin.de/faq/variorenta.htm*); *Schäfer*, in: *Schäfer/Hamann*, § 2 Rn. 51; *Sahavi*, ZIP 2005, 929 ff.; *Voge*, WM 2007, 1640, 1641 ff.; VG Frankfurt a. M., WM 2005, 515, anders jetzt aber VG Frankfurt a. M. ZIP 2006, 415, 417.
[189] So aber *Sahavi*, ZIP 2005, 929, 933; *Voge*, WM 2007, 1640, 1641 ff.

die typischen, das Kommissionsgeschäft i. S. d. §§ 383 ff. HGB prägenden Merkmale gewahrt sein.[190] Investiert der Anleger in Anteile an der Beteiligungsgesellschaft bzw. erwirbt er Finanzinstrumente (Genussscheine, Zertifikate), über deren Wertentwicklung er mittelbar an dem wirtschaftlichen Erfolg der Anschaffungs- und Veräußerungsgeschäfte über die in den Vermögenspool fallenden Finanzinstrumente partizipiert, genügt das nicht, um die jeweiligen Anlagegeschäfte der Beteiligungsgesellschaft bzw. Zertifikatemittenten als „auf fremde Rechnung" getätigt zu qualifizieren. Dementsprechend liegt auch kein erlaubnispflichtiges Finanzkommissionsgeschäft vor, wenn ein Unternehmen sog. **Indexzertifikate** ausgibt und die eingenommenen Gelder im eigenen Namen und auf eigene Rechnung in Finanzinstrumente investiert (zB Aktien, Aktienderivate), aus deren Wert der den Rücknahmepreis bestimmende Index ermittelt wird.[190a]

b) Eigenhandel (Nr. 2)

Eine Wertpapierdienstleistung stellt auch „die Anschaffung oder Veräußerung von Finanzinstrumenten **für eigene Rechnung als Dienstleistung für andere**" dar. Ebenso wie beim Finanzkommissionsgeschäft werden die Erwerbs- und Veräußerungsgeschäfte hier am Markt im eigenen Namen getätigt, doch trägt der Eigenhändler zusätzlich das **Preis- und Erfüllungsrisiko**.[190b] Während das für sämtliche Transaktionen gilt, die für eigene Rechnung abgeschlossen werden, sind als Wertpapierdienstleistung nur solche Erwerbs- oder Veräußerungsgeschäfte erfasst, die sich als Dienstleistung für andere qualifizieren lassen. Voraussetzung dafür ist, dass die Anschaffung oder Veräußerung der fraglichen Finanzinstrumente nicht (lediglich) aus eigener Initiative des Eigenhändlers erfolgt, sondern auf einen entsprechenden **Kundenauftrag** zurückzuführen ist und sich damit letztlich als Transaktion des oder durch den Kunden darstellt.[191] Das geschieht in der Weise, dass sich der Kunde und das Wertpapierdienstleistungsunternehmen als Käufer und Verkäufer gegenübertreten. Der Händler deckt sich seinerseits am Markt ein bzw. veräußert dort die vom Kunden erworbenen Finanzinstrumente, wobei er jeweils im eigenen Namen und auf eigene Rechnung handelt.

Bei **Eigengeschäften ohne Kundenauftrag** fehlt es demgegenüber an dieser Dienstleistungskomponente; sie stellen daher auch keine Wertpapierdienstleistung dar (vgl. auch § 1 Abs. 3 KWG), werden aber seit dem 1. 11. 2007 von **Abs. 3 Satz 2** einer solchen gleichgestellt (näher unten Rn. 115). Zu derartigen Eigengeschäften zählt etwa die Verwaltung des eigenen Finanzportfolios von

---

[190] So die hM, vgl. nur *Roth*, in: *Assmann/Schütze*, § 10 Rn. 31; *Kümpel/Bruski*, in: *Schimansky/Bunte/Lwowski*, Bankrechtshandbuch, § 104 Rn. 3; BVerwG ZIP 2008, 911, 912 ff. mwN m. zust. Anm. *Unzicker*, ZIP 2008, 919 ff.
[190a] BVerwG ZIP 2008, 911 (zu § 1 Abs. 1 Satz 2 Nr. 4 KWG); ebenso die Vorinstanz VGH Kassel ZIP 2007, 999.
[190b] *Oelkers*, WM 2001, 340, 341; *Schäfer*, WM 2002, 361, 365; *Fülbier*, in: *Boos/Fischer/Schulte-Mattler*, § 1 KWG Rn. 132.
[191] *Versteegen*, in: KölnKommWpHG, § 2 Rn. 134; vgl. auch BVerwG ZIP 2008, 911, 919 mwN (zur Parallelvorschrift des § 1 Abs. 1a Satz 2 Nr. 4 KWG): trotz zivilrechtlicher Qualifikation der Vertragsbeziehung zum Kunden als Kaufvertrag aufsichtsrechtliche Einordnung als Dienstleistung, „da das Unternehmen nicht wie beim Eigengeschäft – allein im Eigeninteresse, sondern aufgrund eines Kundenauftrags tätig wird".

Kreditinstituten oder von Familienvermögensverwaltungsgesellschaften. Die **Abgrenzung zwischen** einem **Eigengeschäft** oder einem **Eigenhandel für andere** im Sinne des Abs. 3 Satz 1 Nr. 2 entscheidet sich allein daran, ob ein Kundenauftrag vorliegt. Problematisch kann insofern in der Praxis die mangelnde Erkennbarkeit für Außenstehende sein.[192]

85 Den **Hauptanwendungsfall** des Abs. 3 Nr. 2 stellen **Festpreisgeschäfte** nach Nr. 1 Abs. 3 der Sonderbedingungen für Wertpapiergeschäfte[193] dar.[194] Hier vereinbaren Bank und Kunde einen festen Preis, zu dem der Kaufvertrag über das Finanzinstrument zwischen diesen Parteien zustande kommt. Ob und zu welchen Konditionen der Bank am Markt ein Deckungs- oder Ausführungsgeschäft gelingt, liegt in ihrem Risikobereich. Im Gegensatz zum Kommissionsgeschäft, bei dem sie sich nur verpflichtet, sich um die Auftragsausführung zu bemühen und mit dem Kunden den im Ausführungsfall erzielten Preis abzurechnen, trägt sie beim Abschluss eines Festpreisgeschäftes daher insoweit das Preis- und Erfüllungsrisiko. Dafür besteht auch nicht die Notwendigkeit, den am Markt erzielten Preis an den Kunden weiterzugeben; der Preis kann hier unabhängig davon frei vereinbart werden.[195] Festpreisgeschäfte sind vorrangig im Rentenhandel von Bedeutung, bei Wertpapieren mit einem Börsenkurs sind sie hingegen unüblich.[196]

86 Die **Reichweite der Definition des Eigenhandels für andere** in Abs. 3 Nr. 2, die im Wortlaut mit der Begriffsbestimmung in § 1 Abs. 1a Satz 2 Nr. 4 KWG übereinstimmt, ist damit jedoch noch nicht ausgeschöpft. Nach der Intention des Gesetzgebers, dem WpHG einen möglichst weiten Anwendungsbereich zu eröffnen, sind vielmehr alle Handlungen als Wertpapierdienstleistungen einzustufen, die in der Sache zumindest auch als Dienstleistung für Dritte erbracht werden sollen.[197] Dabei kommt es für die Einordnung als Eigenhandelsgeschäft für andere nicht darauf an, ob tatsächlich ein Deckungs- oder Veräußerungsgeschäft vorgenommen wurde, vielmehr reicht die bloße Bereitschaft dazu aus. Dies kommt zum Ausdruck beim Market Making, welches von besonderer Bedeutung für die Liquidität und Funktionsfähigkeit des Kapitalmarkts ist. Darunter ist die Übernahme der Verpflichtung zu verstehen, gegenüber Dritten jederzeit sog. Quotes, d. h. verbindliche Kaufofferten, für bestimmte Finanzinstrumente abzugeben und diese dann ggf. zu den genannten Preisen zu erwerben oder zu veräußern.[198] Ob die **Tätigkeit als Market Maker** (an der Frankfurter Wertpapierbörse als *Designated Sponsor* bezeichnet) die Voraussetzungen des Eigenhan-

---

[192] Zu möglichen Abgrenzungskriterien siehe *Schwark/Beck,* § 2 Rn. 23.
[193] Neufassung vom 1. 11. 2007, abgedruckt bei *Baumbach/Hopt,* HGB, 33. Aufl. 2008, S. 1837 ff.
[194] Vgl. *Schäfer,* in: *Schäfer/Hamann,* § 2 Rn. 55; entgegen *Schwark/Beck,* § 2 Rn. 23 ist das Festpreisgeschäft nicht „deckungsgleich" mit dem Eigenhandel, sondern nur ein Anwendungsfall dieser Wertpapierdienstleistung, so auch *Versteegen,* in: KölnKommWpHG, § 2 Rn. 134 Fn. 335.
[195] Zur Problematik der sog. IW-Orders (interessewahrenden Orders), bei denen die Kauf- oder Verkaufsaufträge in einzelnen Tranchen ausgeführt werden sollen, weil die Auftragsgröße anderenfalls zu große preisbeeinflussende Wirkungen entfaltet, siehe *Schwark/Beck,* § 2 Rn. 24; *Schäfer,* in: *Schäfer/Hamann,* § 2 Rn. 59.
[196] Vgl. Brandenburgisches OLG, OLG-Report Brandenburg 1999, 265, 266.
[197] *Schäfer,* in: *Schäfer/Hamann,* § 2 Rn. 62.
[198] BegrRegE (UmsetzungsG), BT-Drucks. 13/7142, S. 101.

dels für andere erfüllt, ist allerdings umstritten.[199] Dafür spricht, dass im Unterschied zum bloßen Eigengeschäft nach Abs. 3 Satz 2 die Anschaffung oder Veräußerung nicht aus eigener Initiative erfolgt, sondern wegen der Übernahme einer entsprechenden Verpflichtung.[200] Es kann letztlich nicht ausschlaggebend sein, ob die Bank, wie beim Festpreisgeschäft, nur *ad hoc* auf Kundenanfrage einen Preis für die Veräußerung oder Beschaffung eines bestimmten Finanzinstruments nennt, oder ob sie gewissermaßen im voraus laufend entsprechende Kursofferten stellt, die dann ggf. von (künftigen) Kunden angenommen werden. Zur Begründung des Dienstleistungscharakters der Ausführungsgeschäfte genügt somit schon die Übernahme der Verpflichtung gegenüber Dritten zur Preisstellung und zu entsprechenden Vertragsabschlüssen. Daran ändert auch die Definition des Market Maker in Art. 4 Abs. 1 Nr. 8 der Finanzmarktrichtlinie nichts.[201] Ebenfalls als Eigenhandel für andere einzuordnen sind die **sog. Aufgabegeschäfte der Börsenmakler**.[202]

c) Abschlussvermittlung (Nr. 3)

Erfolgt „die Anschaffung oder Veräußerung von Finanzinstrumenten **im fremden Namen für fremde Rechnung**", kommt insoweit der Vertrag direkt zwischen Erwerber und Veräußerer zustande, während der Wertpapierdienstleister lediglich als Vertreter (einer Partei) auftritt. Diese Abschlussvermittlung stellt ebenfalls eine Wertpapierdienstleistung dar. Ihre Definition in Nr. 3 stimmt mit der entsprechenden Finanzdienstleistung nach § 1 Abs. 1a Satz 2 Nr. 2 KWG überein. Erfasst sind sämtliche Fälle, in denen Kundenaufträge über Finanzinstrumente in **offener Stellvertretung** im Sinne des § 164 Abs. 1 Satz 1 BGB ausgeführt werden. Erforderlich ist somit, dass der **Vermittler** über eine entsprechende **Abschlussvollmacht** verfügt; beschränkt sich seine Tätigkeit auf die Vermittlung von Geschäften, handelt es sich um eine Anlagevermittlung i. S. d. Nr. 4. Unter Nr. 3 fallen an sich auch Vermögensverwalter, deren Tätigkeit sich in Deutschland üblicherweise auf im Eigentum des Kunden verbleibende Vermögensbestandteile bezieht und über den Abschluss von Rechtsgeschäften im Namen und für Rechnung des Kunden vollzieht.[203] Doch enthält insoweit Nr. 7 (Finanzportfolioverwaltung) eine speziellere Regelung, die eingreift, sofern dem Verwalter ein eigener Entscheidungsspielraum hinsichtlich der Verwaltung des in Finanzinstrumenten angelegten Vermögens zusteht.

Außerhalb der Vermögensverwaltung ist die Abwicklung von Wertpapiergeschäften in offener Stellvertretung **in Deutschland** allerdings **unüblich**. Die Einbeziehung dieser Geschäfte in den Kreis der Wertpapierdienstleistungen dient vor allem dem Zweck, dem Wertpapierhandelsgesetz einen möglichst umfassenden Anwendungsbereich zu verschaffen. Von Nr. 3 sollen unter anderem die im **Warenterminbereich** von ausländischen Wertpapierdienstleistern zur Vermei-

---

[199] Vgl. *Schäfer*, in: *Schäfer/Hamann*, § 2 Rn. 60 mwN; **ablehnend** *Versteegen*, in: KölnKommWpHG, § 2 Rn. 135; *Schwark/Beck*, § 2 Rn. 25.
[200] Vgl. BegrRegE (UmsetzungsG), BT-Drucks. 13/7142, S. 101; *Schäfer*, in: *Schäfer/Hamann*, § 2 Rn. 60; ebenso zu § 1 Abs. 1a Satz 2 Nr. 4 KWG *Fülbier*, in: *Boos/Fischer/Schulte-Mattler*, § 1 KWG Rn. 124; *Jung*, BB 1998, 649, 651.
[201] So aber *Schäfer*, in: *Schäfer/Hamann*, § 2 Rn. 60.
[202] *Schäfer*, in: *Schäfer/Hamann*, § 2 Rn. 61; **aA** *Versteegen*, in: KölnKommWpHG, § 2 Rn. 135.
[203] *Schäfer*, in: *Schäfer/Hamann*, § 2 Rn. 63.

§ 2 89, 90   Abschnitt 1. Anwendungsbereich, Begriffsbestimmungen

dung einer aufsichtspflichtigen Tätigkeit erdachten Umgehungskonstruktionen erfasst werden.[204] Von der BaFin werden die Geschäftsführer oder Vorstandsmitglieder von **Investmentclubs**, die in der Rechtsform einer Gesellschaft bürgerlichen Rechts oder eines nichtrechtsfähigen Vereins betrieben werden, als Finanzportfolioverwalter eingestuft.[205] Sofern es an einem Ermessensspielraum beim Abschluss der Wertpapiergeschäfte fehlt, werden sie von der h. M. als Abschlussvermittler qualifiziert.[206] Ebenfalls als Wertpapierdienstleistung nach Nr. 3 ist bislang eine Sonderform des Emissionsgeschäfts eingestuft worden, die mangels Übernahme der zu platzierenden Finanzinstrumente auf eigenes Risiko nicht von Nr. 5 erfasst wird: die Emission durch ein **Geschäftsbesorgungskonsortium**, das sich lediglich verpflichtet, die Finanzinstrumente im Namen und für Rechnung des Emittenten im Markt zu platzieren, ohne diese insgesamt oder den nicht verkauften Teil in seinen eigenen Bestand zu übernehmen. Diese Gestaltungen werden nunmehr allerdings als eigenständige Wertpapierdienstleistung in Nr. 6 **(Platzierungsgeschäft)** erfasst.

d) Anlagevermittlung (Nr. 4)

89   Mit der bloßen „**Vermittlung** von Geschäften über die Anschaffung und die Veräußerung von Finanzinstrumenten" werden durch § 2 Abs. 3 Nr. 4 auch Tätigkeiten als Wertpapierdienstleistung eingestuft, die im Vergleich zu Nr. 1–3 eine weniger direkte Beteiligung des Wertpapierdienstleisters am Abschluss der Transaktion erfordern. Die Definition entspricht derjenigen der Anlagevermittlung in § 1 Abs. 1a Satz 2 Nr. 1 KWG. Gegenüber der bisherigen Regelung hat das **FRUG** zu einer **Einschränkung des Anwendungsbereichs** geführt: Bis zum 1. 11. 2007 waren ausdrücklich sowohl die Vermittlung als auch der Nachweis von Abschlussmöglichkeiten erfasst. Bloße Nachweismakler wurden also ebenfalls als Wertpapierdienstleister eingestuft.[207] Das FRUG hat jedoch den bloßen Nachweis wieder aus dem Gesetzestext gestrichen und in der Gesetzesbegründung ausdrücklich klargestellt, dass die **reine Nachweistätigkeit** ohne sonstige Vermittlungstätigkeit oder Anlageberatung **nicht erfasst** wird.[208]

90   Damit lebt das zu Zeiten der ursprünglichen Fassung des WpHG (§ 2 Abs. 3 Nr. 3 WpHG aF) bekannte Problem der **Abgrenzung zwischen Vermittlung und Nachweis** wieder auf, das seinerzeit durch das Umsetzungsgesetz (nach den Vorgaben aus Art. 1 Nr. 1 in Verbindung mit Abschnitt A Nr. 1 und Abschnitt B Nr. 2, 5 und 6 des Anhangs der WpDRL) durch die Aufnahme der reinen Nachweistätigkeit gelöst worden war. Eine **Vermittlung** im Sinne von § 93 HGB sowie § 652 BGB liegt dann vor, wenn der Vermittelnde mit beiden Parteien des geplanten Geschäfts in Verbindung tritt und dadurch zum Vertragsabschluss beiträgt oder zwei bereits zum Vertragsabschluss entschlossene Parteien

---

[204] BegrRegE (UmsetzungsG), BR-Drucks. 963/96, S. 101; *Schäfer*, in: *Schäfer/Hamann*, § 2 Rn. 63; w. Bsp. für die Abschlussvermittlung bei *Zervas/Hanten*, ZBB 2000, 44, 48 f.
[205] *Schäfer*, in: *Schäfer/Hamann*, § 2 Rn. 64. Näher dazu unten Rn. 103.
[206] *Assmann*, in: *Assmann/Schneider*, § 2 Rn. 52 a; *Schäfer*, in: *Schäfer/Hamann*, § 2 Rn. 64 mwN.
[207] Vgl. nur *Schäfer*, in: *Schäfer/Hamann*, § 2 Rn. 65.
[208] *BegrRegE*, BT-Drucks. 16/4028, S. 56; vgl. zum damit erledigten Streit um die Europarechtswidrigkeit der Erlaubnispflichtigkeit der Nachweisvermittlung *Linker* ZBB 2007, 187 ff.

zusammenführt. Die bloße Weiterleitung von Aufträgen oder eine reine Botentätigkeit zwischen den beiden Vertragspartnern reicht dafür jedoch nicht aus.[209] Der Nachweis (einer Gelegenheit zum Vertragsschluss) ist hingegen bereits dann erbracht, wenn der Auftraggeber von dem Makler Kenntnis von der Vertragsmöglichkeit erhält.[210]

Auch sog. „Botenbanken" und „Introducing Broker" können aber als Anlagevermittler im Sinne der Nr. 4 zu qualifizieren sein, da es für die Erfassung durch das WpHG nicht auf die Bezeichnung, sondern ausschließlich auf den materiellen Inhalt der Tätigkeit ankommt.[211] Als **Botenbanken** werden Kreditinstitute bezeichnet, die ihre Kundenaufträge nicht selbst ausführen, sondern an Dachinstitute in ihrer Institutsgruppe abgeben. Verbreitet ist dies vor allem im Sparkassensektor. Regelmäßig erschöpft sich die Tätigkeit der Botenbank dort aber nicht in der bloßen Weiterleitung der Kundenaufträge, vielmehr wird meist auch eine vorgelagerte Anlageberatung durchgeführt, die dann im Zusammenspiel mit der Weiterleitung die Einordnung als Anlagevermittlung erlaubt. Denn durch ihr Geschäftsgebaren hat die Botenbank einen besonderen Vertrauenstatbestand gegenüber dem Kunden geschaffen.[212] Das gleiche gilt für **Introducing Broker,** die Geschäfte mit deutschen Anlegern für ausländische Wertpapierdienstleistungsunternehmen vermitteln.[213]

Auf der anderen Seite ist die Anlagevermittlung von der reinen **Anlageberatung** zu unterscheiden, die seit dem 1. 11. 2007 eine eigenständige Wertpapierdienstleistung nach Nr. 9 darstellt. Bei ihr steht die Abgabe einer **persönlichen Empfehlung** in Bezug auf bestimmte Finanzinstrumente auf der Basis einer fachkundigen Bewertung und Beurteilung der Anlage und Prüfung der persönlichen Umstände des Anlegers im Vordergrund.[214] Bleibt es bei einer bloßen Empfehlung, ohne dass eine konkrete Tätigkeit im Hinblick auf die Zusammenführung von Kunde und Anbieter des Finanzinstruments entfaltet wird, liegt keine Anlagevermittlung vor. In der Praxis kann dies vor allem im Hinblick auf den Ausnahmetatbestand nach § 2a Abs. 1 Nr. 11 relevant werden.

e) Emissionsgeschäft (Nr. 5)

Als Emissionsgeschäft stellt „die Übernahme von Finanzinstrumenten **für eigenes Risiko** zur Platzierung oder die Übernahme gleichwertiger Garantien" eine Wertpapierdienstleistung dar. Diese Regelung in § 2 Abs. 3 Nr. 5 wurde durch das Umsetzungsgesetz 1997 eingefügt,[215] um den Vorgaben aus Art. 1 Nr. 1 in Verbindung mit Abschnitt A Nr. 4 und Abschnitt B des Anhangs der WpDRL[216] nachzukommen. Die Definition entspricht derjenigen des Emissionsgeschäfts in § 1 Abs. 1 Nr. 10 KWG. Durch die Einführung beider Regelungen wurde die-

---

[209] *Assmann,* in: *Assmann/Schneider,* § 2 Rn. 55; *Schwark/Beck,* § 2 Rn. 28; *Schäfer,* in: *Schäfer/Hamann,* § 2 Rn. 67.
[210] *Baumbach/Hopt,* HGB, § 93 Rn. 13.
[211] BegrRegE, BT-Drucks. 13/7142, S. 101.
[212] Vgl. *Assmann,* in: *Assmann/Schneider,* § 2 Rn. 55 unter Hinweis auf BT-Drucks. 13/7142, S. 101; *Jung,* BB 1998, 649, 651; *Schäfer,* in: *Schäfer/Hamann,* § 2 Rn. 67.
[213] BT-Drucks. 13/7142, S. 101; vgl. auch *Assmann,* in: *Assmann/Schneider,* § 2 Rn. 55; *Schäfer,* in: *Schäfer/Hamann,* § 2 Rn. 67.
[214] Siehe dazu unten Rn. 107 ff.
[215] BGBl. I S. 2518.
[216] ABl. EG Nr. L 141 vom 11. 6. 1993.

§ 2 94, 95 Abschnitt 1. Anwendungsbereich, Begriffsbestimmungen

ser in der Praxis besonders wichtige Bereich in das Normgefüge des Kapitalmarktrechts aufgenommen und unterliegt nun sowohl als Wertpapierdienstleistung (WpHG) als auch als Finanzdienstleistung (KWG) der Aufsicht durch die BaFin.[217]

94 Das Emissionsgeschäft geht in Deutschland regelmäßig mit dem Konsortialgeschäft einher, da **Fremdemissionen** unter Mitwirkung von Emissionskonsortien den Regelfall darstellen. Das Emissions- und Konsortialgeschäft wird in Deutschland ganz überwiegend von Kreditinstituten betrieben. Dabei bilden mehrere Banken ein Konsortium, zumeist in der Form einer Gesellschaft bürgerlichen Rechts. Die Wertpapierdienstleistung wird dabei nicht nur von dem Konsortium, sondern daneben auch von jedem Konsorten erbracht. Das Emissions- und Konsortialgeschäft weist unterschiedliche Formen auf, die sich durch abweichende Risikoverteilungen unterscheiden.[218] Die meisten Formen stellen eine Übernahme für eigenes Risiko zur Platzierung dar (§ 2 Abs. 3 Nr. 5 1. Variante). Dabei ist die Risikoübernahme durch das Konsortium (Underwriting) das entscheidende Abgrenzungskriterium.[219]

95 Das **Übernahmekonsortium** übernimmt sämtliche Finanzinstrumente zu einem vereinbarten festen Preis in seinen Eigenbestand und versucht diese Finanzinstrumente dann auf eigene Rechnung bei den Anlegern zu platzieren. Das Übernahmekonsortium trägt das volle wirtschaftliche Risiko der Emission. Das **Geschäftsbesorgungskonsortium** verkauft hingegen die Finanzinstrumente im Namen und für Rechnung des Emittenten, übernimmt aber gleichzeitig die Verpflichtung, den nicht platzierbaren Rest in seinen eigenen Bestand zu übernehmen. Durch diese Verpflichtung übernimmt das Konsortium ein Absatzrisiko, das die Einstufung als Emissionsgeschäft rechtfertigt.[220] Ohne diese Verpflichtung liegt ein Platzierungsgeschäft nach Nr. 6 (Rn. 98) oder eine Abschlussvermittlung nach Nr. 3 vor (Rn. 87 f.). Ein **Begebungskonsortium,** das im eigenen Namen, aber für Rechnung des Emittenten handelt, trägt rechtlich und wirtschaftlich kein Absatzrisiko. Das Begebungskonsortium ist daher kein Emissionsgeschäft im Sinne von § 2 Abs. 3 Nr. 5, sondern Platzierungsgeschäft nach Nr. 6.[221] Das **Optionskonsortium** übernimmt zunächst nur einen Teil der zu emittierenden Finanzinstrumente zur Platzierung auf eigenes Risiko. Hinzu tritt jedoch eine Option auf den Rest. Dieses wird auch als *Greenshoe-Verfahren* bezeichnet. Dabei handelt es sich um eine Option der konsortialführenden Bank, zusätzliche Aktien, regelmäßig zwischen 10 und 15% des Emissionsvolumens, nach erfolgreicher Erstplatzierung zum Emissionspreis zu übernehmen. Das **Garantiekonsortium** garantiert die Übernahme der Gesamt- oder der Restemission. Dies fällt nur dann unter § 2 Abs. 3 Nr. 5 1. Variante, wenn es sich dabei um eine Übernahme **zur Platzierung** handelt.

---

[217] Krit. zur Einbeziehung in den Kreis der Wertpapierdienstleistungen *Versteegen*, in: KölnKommWpHG, § 2 Rn. 144.
[218] *Hellner/Steuer/Bosch,* Rn. 10/26.
[219] *Versteegen*, in: KölnKommWpHG, § 2 Rn. 147; *Schäfer*, in: *Schäfer/Hamann,* § 2 Rn. 73; **aA** *Schwark/Beck,* § 2 Rn. 30.
[220] Vgl. BegrRegE, BT-Drucks. 13/7142, S. 101; *Assmann*, in: *Assmann/Schneider,* § 2 Rn. 59; *Versteegen*, in: KölnKommWpHG, § 2 Rn. 148.
[221] Vor Einführung der Nr. 6 war umstritten, ob das Begebungskonsortium als Kommissionsgeschäft nach § 2 Abs. 3 Nr. 1 zu qualifizieren ist, dagegen *Versteegen*, in: KölnKommWpHG, § 2 Rn. 130, 147 a. E. mwN auch zur Gegenansicht.

Ob der notwendige **Bezug "zur Platzierung"** besteht, richtet sich nicht nach den rein subjektiven Absichten des Erwerbers, sondern nach der objektiven **vertraglichen Zweckvereinbarung.**[222] Nach § 2 Abs. 3 Nr. 5 2. Variante stellt auch die "Übernahme gleichwertiger Garantien" eine Wertpapierdienstleistung dar. Eine **gleichwertige Garantie** ist jede Verpflichtung zum Einstehen für den Erfolg einer Emission.[223] Es kommt darauf an, dass das Konsortium das wirtschaftliche Risiko der Emission trägt. Hier kommt zum einen der Auffangcharakter der Regelung zum Ausdruck, zum anderen wiederum das Bestreben des Gesetzgebers, den Anwendungsbereich des Gesetzes weit zu fassen. Ein Garantiekonsortium fällt unter diese Auffangnorm, wenn für die garantierte Übernahme der Gesamt- oder der Restemission lediglich eine Abnahmeverpflichtung ohne Platzierungsabsicht besteht.

f) Platzierungsgeschäft (Nr. 6)

Durch das FRUG zum 1. 11. 2007 **neu als Wertpapierdienstleistung aufgenommen** wurde "die Platzierung von Finanzinstrumenten ohne feste Übernahmeverpflichtung". Diese Regelung setzt Anhang I Abschnitt A Nr. 7 der Finanzmarktrichtlinie um und führt zu einer materiellen Erweiterung des Wertpapierdienstleistungsbegriffs. Als Platzierungsgeschäft erfasst werden nunmehr insbesondere reine Begebungskonsortien (Rn. 88, 95).

g) Finanzportfolioverwaltung (Nr. 7)

Die "Verwaltung einzelner oder mehrerer in Finanzinstrumenten angelegter Vermögen für andere **mit Entscheidungsspielraum**" stellt eine Wertpapierdienstleistung dar.[224] Diese Regelung wurde ebenfalls durch das Umsetzungsgesetz[225] nach den Vorgaben aus Art. 1 Nr. 1 in Verbindung mit Abschnitt A Nr. 3 und Abschnitt B des Anhangs der WpDRL[226] eingeführt. Die Definition entspricht der Finanzportfolioverwaltung in § 1 Abs. 1a Satz 2 Nr. 3 KWG. Vor dem 1. 11. 2007 war die Finanzportfolioverwaltung in Nummer 6 geregelt. Die nunmehr ausdrückliche Erwähnung von mehreren Vermögen ist lediglich klarstellender bzw. redaktioneller Natur und führt zu keinen materiellen Änderungen.

Für die Erfassung der Finanzportfolioverwaltung als Wertpapierdienstleistung spielt es keine Rolle, ob sie über die Einräumung einer Vollmacht oder einer Treuhänderstellung erfolgt.[227] Die in Deutschland übliche **Vollmachtsverwaltung** zeichnet sich dadurch aus, dass der Vermögensinhaber Rechtsinhaber der Vermögensgegenstände bleibt und dem Verwalter im Wege der Vollmacht eine Verfügungsbefugnis erteilt, damit dieser für den Anleger als Vertreter agieren kann. Demgegenüber erlangt der **Treuhandverwalter** selbst Eigentum an den

---

[222] *Versteegen*, in: KölnKommWpHG, § 2 Rn. 146; anders dürfte im Ergebnis auch *Schäfer*, in: *Schäfer/Hamann*, § 2 Rn. 75 nicht zu verstehen sein, obwohl er von der "Absicht" des Instituts zur Platzierung der Wertpapiere spricht. Auf die tatsächliche Platzierung der Wertpapiere kommt es nach allg. Ansicht nicht an, so auch *Schwark/Beck*, § 2 Rn. 30.
[223] BT-Drucks. 13/7142, S. 101.
[224] § 2 Abs. 3 Nr. 7 (Hervorhebung hinzugefügt); als Synonym ist in Rechtsprechung und Literatur nach wie vor auch der Terminus "Vermögensverwaltung" gebräuchlich.
[225] BGBl. I S. 2518.
[226] ABl. EG Nr. L 141 vom 11. 6. 1993.
[227] *Assmann*, in: *Assmann/Schneider*, § 2 Rn. 67.

betreffenden Vermögensgegenständen und nimmt die fremden Vermögensinteressen treuhänderisch wahr. Dabei ist jeweils für eine Verwaltung des Vermögens Voraussetzung, dass die Tätigkeit auf **gewisse Dauer** angelegt ist.[228] Einmalige Anlageentscheidungen eines Bevollmächtigens stellen keine Wertpapierdienstleistung dar. Erforderlich ist vielmehr die laufende Überwachung und Anlage von Vermögensobjekten.[229]

101 Als Abgrenzung zur Anlagevermittlung und -beratung ist für eine Finanzportfolioverwaltung außerdem ein eigener **Entscheidungsspielraum des Verwalters** erforderlich. Ein solcher Spielraum ist dann gegeben, wenn die konkrete Anlageentscheidung letztlich auf dem eigenen Ermessen des Verwalters beruht.[230] Keine Finanzportfolioverwaltung liegt hingegen dann vor, wenn der Anleger nach der Anlageberatung eine dem Beratungsergebnis entsprechende Weisung erteilt. Diese Abgrenzung kann im Einzelfall erhebliche Schwierigkeiten aufwerfen, denn den Vermögensverwaltern steht heute zumeist keine unbegrenzte Freiheit bei der Auswahl ihrer Anlageentscheidungen zu; vielmehr sind sie an **Anlagerichtlinien** gebunden. Dies schließt jedoch einen hinreichenden Entscheidungsspielraum nicht aus.[231] Dieser bleibt auch dann erhalten, wenn der Vermögensinhaber gelegentlich Einzelweisungen zu bestimmten Anlageentscheidungen erteilt.[232] An einem Entscheidungsspielraum fehlt es dagegen, wenn die Anlagerichtlinien Indexportfolios vorschreiben und der Vermögensverwalter bei der Auswahl und Gewichtung seiner Anlageobjekte strikt an die Indexzusammenstellung gebunden ist.[233] Gleiches gilt, wenn jedes einzelne Geschäft der Zustimmung des Vermögensinhabers bedarf, dieser also nicht auf die (mögliche) Ausübung eines Vetorechts im Einzelfall beschränkt ist.[234] Seitdem die Anlageberatung ebenfalls als Wertpapierdienstleistung in § 2 Abs. 3 Nr. 9 qualifiziert ist, kommt der Abgrenzung in der Praxis nur noch eine untergeordnete Rolle zu, zumal auch bei den Verhaltenspflichten nach § 31 weitestgehend die gleichen Standards gelten (vgl. § 31 Abs. 4).

102 Der Finanzportfolioverwalter ist grundsätzlich verpflichtet, die erworbenen Wertpapiere unverzüglich an den Auftraggeber weiterzuleiten (§ 667 BGB). Zu einer (nicht ganz vorübergehenden) Verwahrung im eigenen Unternehmen ist er nur berechtigt, wenn er über die der Erlaubnis zum Betreiben des Depotgeschäfts nach § 32 KWG iVm § 1 Abs. 1 Nr. 5 KWG verfügt. Ist das nicht der Fall, muss der Finanzportfolioverwalter die Wertpapiere nach § 34a Abs. 2 WpHG getrennt von seinem eigenen Vermögen verwahren. Gleiches gilt im Übrigen bei der Entgegennahme von Kundengeldern, da auch in diesem Fall

---

[228] *Versteegen,* in: KölnKommWpHG, § 2 Rn. 149; *Assmann,* in: *Assmann/Schneider,* § 2 Rn. 67.
[229] BVerwG ZIP 2005, 385, 387.
[230] BegrRegE, BT-Drucks. 13/7142, S. 101; so wohl auch *Versteegen,* in: KölnKommWpHG, § 2 Rn. 151 (zwar kein Ermessen bei der Auswahl der Anlageobjekte erforderlich, aber bezüglich des Ob oder zumindest des Zeitpunkts der Vornahme des Geschäfts); für notwendiges Auswahlermessen dagegen *Schäfer,* in: *Schäfer/Hamann,* § 2 Rn. 81.
[231] *Versteegen,* in: KölnKommWpHG, § 2 Rn. 151; *Schäfer,* in: *Schäfer/Hamann,* § 2 Rn. 81.
[232] Vgl. *Assmann,* in: *Assmann/Schneider,* § 2 Rn. 66; *Schwark/Beck,* § 33 Rn. 33.
[233] Vgl. *Schwark/Beck,* § 2 Rn. 32; *Versteegen,* in: KölnKommWpHG, § 2 Rn. 151.
[234] *Versteegen,* in: KölnKommWpHG, § 2 Rn. 151.

nicht nur eine Finanzdienstleistung nach § 1 Abs. 1a Satz 2 Nr. 3 KWG, sondern zugleich ein Bankgeschäft in Form des Einlagengeschäfts (§ 1 Abs. 1 Nr. 1 KWG) vorliegt. Ohne eigene Banklizenz als Einlagenkreditinstitut (§ 1 Abs. 3d Satz 1 KWG) muss der Vermögensverwalter Kundengelder nach § 34a Abs. 1 WpHG getrennt verwahren. Bei der Finanzportfolioverwaltung treffen das Wertpapierdienstleistungsunternehmen ebenso wie bei der Anlageberatung die besonderen Erkundigungspflichten des § 31 Abs. 4 WpHG, die über diejenigen für sonstige (beratungsfreie) Wertpapierdienstleistungen gemäß § 31 Abs. 5 hinausgehen. Die Berichtspflichten des Wertpapierdienstleistungsunternehmens bei der Finanzportfolioverwaltung sind in § 31 Abs. 8 iVm § 9 WpDVerOV geregelt.

Die Finanzportfolioverwaltung der **Kapitalanlagegesellschaften** im Sinne von § 6 InvG ist keine Wertpapierdienstleistung i.S.v. § 2 Abs. 3 Nr. 7. Zwar wird der Entscheidungsspielraum der Fondsmanager regelmäßig nicht durch Einzelweisungen beeinträchtigt. Gegenstand der Verwaltung sind jedoch **keine einzelnen Vermögen,** was für die Einordnung als Wertpapierdienstleistung in diesem Sinne erforderlich wäre.[235] Auch wenn das einheitliche Sondervermögen der Investmentgesellschaft seinerseits wirtschaftlich einer Vielzahl ansonsten unverbundener Personen zugeordnet ist, besteht nicht für jeden dieser Kunden ein eigenes Portfolio. Gleiches gilt grundsätzlich bei der Beteiligung an einem **Investmentclub,** der in der Rechtsform des nichtrechtsfähigen Vereins oder einer Gesellschaft bürgerlichen Rechts organisiert ist. Auch hier besteht kein Auftrags- oder Geschäftsbesorgungsverhältnis zwischen dem einzelnen Gesellschafts- oder Vereinsmitglied und dem Geschäftsführer oder Vorstand des Investmentclubs hinsichtlich der (getrennten) Verwaltung der jeweils erbrachten Einlage. Vielmehr investiert der Einzelne in eine Beteiligung an dem Club, dessen Gesamtvermögen der Vorstand bzw. Geschäftsführer im Interesse aller Mitglieder optimal verwalten soll.[236] Das gilt erst recht im Fall von **kollektiven Anlagemodellen,** bei denen eine juristische Person oder Personenhandelsgesellschaft (meist eine KG) Gelder von Anlegern einsammelt und im eigenen Namen in ein Portfolio von Finanzinstrumenten investiert, während die Anleger im Gegenzug entweder Schuldverschreibungen bzw. Genussscheine (sog. schuldrechtliches Modell) oder über einen Treuhandvertrag (mit der Kommanditistin) eine mittelbare Beteiligung am Gesellschaftsvermögen erhalten (sog. KG-Modell).[237a] Auch hier fehlt es an der Verwaltung einzelner Vermögen für die jeweiligen Anleger;[237b] die Bildung von Vermögen zur gemeinsamen Kapitalanlage lässt sich zwar als Vermögensverwaltung i.w.S. begreifen, stellt aber keine Finanzportfolioverwaltung i.S.d. § 2 Abs. 3 Nr. 7 (bzw. § 1 Abs. 1a Satz 2 Nr. 3 KWG) dar, sondern steht allenfalls dem Investmentgeschäft nahe, dessen (bis Ende 2007 in

---

[235] Vgl. *Schwark/Beck,* § 2 Rn. 34; *Schäfer,* in: *Schäfer/Hamann,* § 2 Rn. 79; *Versteegen,* in: KölnKommWpHG, § 2 Rn. 150; aA *Eßer* WM 2008, 671, 675 (Zusammenfassung der Anlagebeträge unterschiedlicher Anleger zu einem Portfolio möglich).

[236] *Versteegen,* in: KölnKommWpHG, § 2 Rn. 152; vgl. auch *Frey,* BKR 2005, 200, 201; aA BVerwG, ZIP 2005, 385, 387f.; *Assmann,* in: *Assmann/Schneider,* § 2 Rn. 52a, 67a; *Eßer,* WM 2008, 671, 675; *S. Schneider,* WM 2008, 285, 288.

[237a] Vgl. näher zu diesen Anlagemodellen *Eßer* WM 2008, 671ff.; *Voge,* WM 2007, 1640ff.; *Schäfer,* in: FS Horn, S. 845, 846; *Gstädtner/Elicker,* BKR 2006, 437, 843; *Hammer* WM 2005, 813; *Sahavi,* ZIP 2005, 939.

[237b] BVerwG ZIP 2008, 911, 918f. in Abgrenzung zu BVerwGE 122, 29 = ZIP 2005, 385; zust. *Unzicker,* ZIP 2008, 919, 920f.; aA *Eßer* WM 208, 671, 675ff.

§ 1 Abs. 1a Satz 2 Nr. 6 KWG,[237c] seither ausschließlich im InvG geregelten) Voraussetzungen bei den genannten kollektiven Anlagemodellen aber ebenfalls nicht erfüllt sind.[237d]

h) Multilaterales Handelssystem (Nr. 8)

104 Die Finanzmarktrichtlinie stuft auch den „Betrieb eines multilateralen Handelssystems (MTF)" als Wertpapierdienstleistung ein.[237] Diese Vorgabe hat das FRUG in § 2 Abs. 3 Nr. 8 umgesetzt. Bei den **„Multilateral Trading Facilities"** handelt es sich nicht um Börsen,[238] sondern um privat betriebene börsenähnliche Einrichtungen, die sich durch eine vergleichbare Funktion auszeichnen: Sie führen „die Interessen einer Vielzahl von Personen am Kauf und Verkauf von Finanzinstrumenten innerhalb des Systems" so zusammen, dass es zu entsprechenden Kaufverträgen über die Finanzinstrumente kommt. Dies geschieht nach festen Regeln, die keinen Ermessensspielraum hinsichtlich der Auswahl der Vertragspartner oder Durchführung der Aufträge zulassen. Die Etablierung eines solchen „Systems" setzt voraus, dass zumindest ein **objektives Regelwerk** besteht, das nähere Bestimmungen über die wichtigsten Punkte enthält, von denen die Gewährleistung eines reibungslosen und ordnungsgemäßen Betriebs abhängt. Dazu gehören mindestens Vorschriften über die Mitgliedschaft im multilateralen Handelssystem, über die Handelsaufnahme von Finanzinstrumenten, den Handel zwischen den Mitgliedern, Meldungen über abgeschlossene Geschäfte und Transparenzpflichten. Eine Handelsplattform im technischen Sinne ist dagegen nicht erforderlich.[239]

105 Die Zahl und **Bedeutung** börsenähnlicher alternativer Handelssysteme hat in der jüngeren Vergangenheit ständig zugenommen und bedurfte daher zum Schutz der Anleger der Regulierung.[240] Ein Teil der multilateralen Handelssysteme fiel bisher unter den Begriff der „börsenähnlichen Einrichtung" nach § 59 BörsG aF, der zugunsten der umfasssenderen neuen Regelung zu den MTF durch das FRUG aufgehoben wurde. Dabei dient die Regulierung von multilateralen Handelssystemen insbesondere dazu, ein *„level playing field"* für alle Handelssys-

---

[237c] Die Vorschrift ist durch Art. 2 Nr. 1 a des Investmentänderungsgesetzes vom 21. 12. 2007 aufgehoben worden, um Investment- und Bankrecht zu trennen, vgl. BegrRegE, BT-Drucks. 16/5576, S. 100.
[237d] Auch das geänderte InvG sieht keine Genehmigungsbedürftigkeit der Tätigkeit anderer Gesellschaften, die der gemeinschaftlichen Kapitalanlage dienen, außer Kapitalanlagegesellschaften nach §§ 7 ff. InvG und Investmentaktiengesellschaften gemäß § 97 InvG vor. Von einer Regulierung von Produkten des „grauen Kapitalmarkts" hat der Gesetzgeber bewusst abgesehen, vgl. BegrRegE, BT-Drucks. 15/1553, S. 74, 76; vgl. zur fehlenden Anwendbarkeit des InvG auch *Zetzsche*, ZBB 2007, 438, 451; *Roegele/Goerke*, BKR 2007, 393, 400; *Unzicker*, ZIP 2008, 919, 921.
[237] Anhang I, Abschnitt A Nr. 8 RL 2004/39/EG vom 21. April 2004, ABl. EG Nr. L 145 vom 30. 4. 2004, S. 1 ff.; siehe dazu auch Vor §§ 31 bis 37a Rn. 46 sowie die Kommentierung zu §§ 31 f bis 31 h.
[238] Vgl. § 1 Abs. 2 BörsG nF (keine Geltung des Börsengesetzes für multilaterale Handelssysteme), § 48 BörsG (nur entsprechende Geltung der Verhaltenspflichten nach §§ 31 f–31 h WpHG für den Freiverkehr der Börse).
[239] BegrRegE (FRUG), BT-Drucks. 16/4028, S. 56.
[240] Vgl. *Cohn* ZBB 2002, 365, 367 ff.; mit Blick auf US-amerikanische Alternative Trading Systems *Spindler/Hüther*, RIW 2002, 649 ff.; siehe auch *Schäfer*, in: *Schäfer/Hamann*, § 2 Rn. 68; *von Rosen*, in: *Assmann/Schütze*, § 2 Rn. 277 ff. mwN.

Begriffsbestimmungen   106–108   § 2

teme zu schaffen.²⁴¹ Mit der **Einbeziehung in das WpHG** werden die Betreiber multilateraler Handelssysteme als neue Kategorie von Wertpapierdienstleistern anerkannt mit der Folge, dass sie ihre Systeme und Dienstleistungen den Nutzern europaweit auf der Basis ihrer Heimatlandzulassung anbieten können. Außerdem werden sie nun nicht mehr von der Börsenaufsicht des jeweiligen Bundeslandes kontrolliert, sondern von der BaFin beaufsichtigt.²⁴² Zu beachten ist allerdings die **Ausnahme nach § 2 a Abs. 1 Nr. 13,** nach der die Betreiber eines multilateralen Handelssystems dann nicht als Wertpapierdienstleistungsunternehmen gelten, wenn sie keine anderen Wertpapierdienstleistungen erbringen.

Die **Pflichten des Betreibers** eines multilateralen Handelssystems sind in   106
§§ 31f–31h geregelt, die vor allem besondere Bestimmungen zur Vor- und Nachhandelstransparenz enthalten.²⁴³ Im Ergebnis sind sie mit denen des Betreibers eines organisierten Marktes vergleichbar. Lediglich die Pflicht zur staatlich überwachten Zulassung des Betriebs eines organisierten Marktes und der dort gehandelten Instrumente entfällt für den Betreiber eines multilateralen Handelssystems. Allerdings benötigt er die Zulassung als Wertpapierfirma, da das Betreiben eines multilateralen Handelssystems eine Wertpapierdienstleistung darstellt.²⁴⁴

i) Anlageberatung (Nr. 9)

Das FRUG hat die bisher lediglich als Wertpapiernebendienstleistung einge-   107
stufte **Anlageberatung** in Umsetzung von Anhang I Abschnitt A Nr. 5 und Art. 4 Abs. 1 Nr. 4 der Finanzmarktrichtlinie²⁴⁵ erstmals zu einer **Wertpapierdienstleistung aufgewertet.** Nach **Abs. 3 Nr. 9** ist die Anlageberatung vor allem durch die „Abgabe von persönlichen Empfehlungen an Kunden" und die Bezugnahme auf „Geschäfte mit bestimmten Finanzinstrumenten" gekennzeichnet. Dadurch unterscheidet sich die Anlageberatung von einer allgemeinen Beratung über „Arten von Finanzinstrumenten", die nicht als Wertpapierdienstleistung zu qualifizieren ist.²⁴⁶ Bei dieser fehlt es jedenfalls an einer Prüfung der persönlichen Umstände des Anlegers; häufig werden derartige allgemeine Hinweise auch lediglich für die Öffentlichkeit oder über allgemeine Informationsverbreitungskanäle weitergegeben. In all diesen Fällen ist Nr. 9 nicht anwendbar. Das gilt etwa für **Börsenbriefe** und **Börseninformationsdienste,** die keine individuelle Anlageberatung enthalten und daher **keine Wertpapierdienstleistung** darstellen.²⁴⁷

Durch die Umstufung der Anlageberatung zu einer „Hauptdienstleistung"   108
soll der „wachsenden Abhängigkeit der Anleger von persönlichen Empfeh-

---

²⁴¹ Vgl. die Erwägungsgründe 5, 34, 44 der MiFID.
²⁴² *Gomber/Hirschberg,* AG 2006, 777, 780.
²⁴³ Zur Vorhandelstransparenz gehört bei zum Handel zugelassenen Aktien und sie vertretenden Zertifikaten die Veröffentlichung des Preises des am höchsten limitierten Kaufauftrags und des am niedrigsten limitierten Verkaufsauftrags sowie das zu diesen Preisen handelbare Volumen. Zur Nachhandelstransparenz gehört die Veröffentlichung von Marktpreis, Volumen und Zeitpunkt der abgeschlossenen Geschäfte.
²⁴⁴ *Duve/Keller,* BB 2006, 2537, 2538.
²⁴⁵ Richtlinie 2004/39/EG, ABl. EG Nr. L 145.
²⁴⁶ Vgl. BegrRegE (FRUG), BT-Drucks. 16/4028, S. 56.
²⁴⁷ Vgl. *Assmann,* in: *Assmann/Schneider,* § 2 Rn. 74 a; *Schwark/Beck,* § 2 Rn. 39; *Schäfer,* in: *Schäfer/Hamann,* § 2 Rn. 94; *Versteegen,* in: KölnKommWpHG, § 2 Rn. 76.

Fuchs   105

lungen" Rechnung getragen werden.[248] Sie führt im Ergebnis zu einem erheblich **erweiterten Anwendungsbereich der Wohlverhaltenspflichten.**[249] So fällt zum Beispiel die Tätigkeit vieler privater *„Family Offices"* nunmehr in ihren Anwendungsbereich.[250] Zudem treffen den Anlageberater – ebenso wie das Wertpapierdienstleistungsunternehmen bei der Finanzportfolioverwaltung (Nr. 7) – nunmehr **teilweise verschärfte Pflichten** wie insbesondere die speziellen Erkundigungspflichten nach § 31 Abs. 4, die über diejenigen für sonstige Wertpapierdienstleistungen im beratungsfreien Geschäft gemäß § 31 Abs. 5 hinausgehen. Auf Grund der Ausrichtung der Anlageberatung auf die persönlichen Verhältnisse des einzelnen Kunden können die besonderen, über die standardisierbaren Basisinformationen nach § 31 Abs. 3 hinausgehenden Aufklärungspflichten nicht in pauschaler Weise erfüllt werden, sondern müssen jeweils im Einzelfall auf die individuellen Verhältnisse des einzelnen Kunden abgestimmt werden.[251]

109 Die ebenfalls durch das FRUG eingeführte Neufassung des **§ 1 Abs. 1a Nr. 1a KWG** qualifiziert die Anlageberatung, die bisher nur als erlaubnisfreie Nebendienstleistung gemäß § 1 Abs. 3 Nr. 6 KWG erfasst war, auch zur **Finanzdienstleistung** um. Die Folge ist, dass Anlageberater nunmehr grundsätzlich einer Erlaubnis gemäß § 32 Abs. 1 KWG bedürfen. Art. 67 Nr. 3 der MiFID regelt allerdings einschränkend, dass Wertpapierfirmen, die ausschließlich Anlageberatung betreiben, nicht den Anforderungen der Kapitaladäquanzrichtlinie unterliegen, sondern nur ein Anfangskapital von 50 000,– € aufweisen oder über eine Berufshaftpflichtversicherung verfügen müssen. Diese Regelungen wurden in § 33 Abs. 1 Satz 1 Nr. 1a und Satz 2 KWG umgesetzt.

110 Eine Anlageberatung liegt nur vor, wenn es sich um eine **„Empfehlung"** des Beraters handelt. Empfehlungen sind **von bloßen Informationen oder der Werbung** für bestimmte Produkte **abzugrenzen**. Dabei wird man eine Empfehlung immer dann anzunehmen haben, wenn der Betreffende dem Kunden (zumindest konkludent) erklärt, wie er selbst handeln würde, wenn er sich in der Situation des Kunden befände.[252] Daran fehlt es bei einer bloßen (neutralen) Information oder (anpreisenden) Werbung; beide fallen deshalb nicht unter den Begriff der Wertpapierdienstleistung. Allerdings müssen auch derartige Mitteilungen redlich, eindeutig und nicht irreführend sein; zudem müssen Werbemitteilungen unmissverständlich als solche erkennbar sein.[253] Bei der näheren Abgrenzung der Anlageberatung von sonstigen Handlungen sind die sehr detaillierten CESR-Empfehlungen an die Kommission für Maßnahmen auf der 2. Stufe des Lamfalussy-Verfahrens vom 29. 4. 2005 sehr hilfreich.[254]

---

[248] Erwägungsgrund 3 der Finanzmarktrichtlinie.
[249] Zu den Auswirkungen der MiFiD vgl. *Kühne*, BKR 2005, 275, 276 und Vor §§ 31 bis 37a Rn. 28 ff.
[250] *Duve/Keller*, BB 2006, 2425, 2426; *Waclawik*, ZIP 2007, 1341, 1344 ff. geht allerdings davon aus, dass das FRUG im Ergebnis wenig Änderungen für *Family Offices* mit sich bringt und erörtert Möglichkeiten, wie durch deren Reorganisation verhindert werden kann, dass sie unter die Wohlverhaltenspflichten fallen.
[251] Vgl. *Weichert/Wenninger*, WM 2007, 627, 634; ausführlich zu der gebotenen individuellen Geeignetheitsprüfung § 31 Rn. 255 ff.
[252] Vgl. *Kümpel*, Bank- und Kapitalmarktrecht Rn. 16.534.
[253] § 31 Abs. 2; hierzu *Teuber*, BKR 2006, 429, 430; näher § 31 Rn. 97 ff.
[254] CESR/05-290 b.

Ferner liegt nur dann eine Anlageberatung vor, wenn eine **„persönliche"** 111
Empfehlung gegeben wird. Das ist zB immer dann nicht der Fall, wenn in öffentlichen Medien oder gegenüber einer Gruppe von Anlegern, etwa in einer Informationsveranstaltung, über Finanzinstrumente berichtet wird, da eine Anlageempfehlung hier nicht auf Grundlage einer **Prüfung der persönlichen Umstände des Anlegers** erfolgt oder als für ihn geeignet dargestellt wird. Dieses Merkmal sollte im Sinne des Anlegerschutzes nicht allzu eng ausgelegt werden. Es genügt demnach, dass der Kunde den Berater nur in allgemeiner Form über seine finanzielle Situation unterrichtet hat und dieser ihm daraufhin eine bestimmte Anlage empfiehlt oder dass der Kunde auf Grund der Art der Empfehlung davon ausgehen kann, dass diese auf seinen persönlichen Umständen beruht, auch wenn dies tatsächlich nicht der Fall ist.[255] Unerheblich ist dagegen, auf wessen Initiative die Beratung zurückgeht; sie muss nicht etwa auf ausdrücklichen Wunsch des Kunden erfolgen.[256] Eine Anlageberatung kann sich auch an den Vertreter des Kunden oder an potenzielle Kunden richten.[257]

Des Weiteren muss sich die Anlageberatung **„auf bestimmte Finanzinstru-** 112
mente beziehen". Fraglich ist, wie eng dieses Merkmal auszulegen ist. Bei weitem Verständnis könnten nämlich auch persönliche Empfehlungen zu Finanzinstrumenten im Allgemeinen erfasst sein, während bei enger Auslegung nicht unter den Begriff der Anlageberatung fielen.[258] Richtigerweise ist danach zu unterscheiden, ob sich die Empfehlung nur auf eine bestimmte *Gattung* von Finanzinstrumenten (zB Aktien, Anleihen, bestimmte Art von Anleihen) bezieht oder ob der Berater ein ganz bestimmtes Produkt bzw. eine Reihe verschiedener **konkreter Finanzinstrumente** nennt. Im zweiten und dritten Fall liegt jeweils eine Anlageberatung vor, auch wenn dem Kunden die Auswahl unter mehreren eingegrenzten, konkreten Finanzinstrumenten überlassen bleibt. Keine Anlageberatung stellt dagegen die Empfehlung eines zugelassenen Instituts, bei dem der Kunde Finanzinstrumente erwerben kann, oder eines Vermögensverwalters dar.[259]

Von Nr. 9 **erfasste Geschäfte mit Finanzinstrumenten** sind insbesondere 113
Kauf, Verkauf, Zeichnung, Tausch, Rückkauf, Halten oder Übernahme von Finanzinstrumenten sowie die Ausübung bzw. Nichtausübung sich darauf beziehender Rechte (Art. 52 DVO). Die Anlageberatung kann sehr unterschiedliche Formen der Vermögensanlage zum Gegenstand haben; sie ist regelmäßig eingebettet in die Erbringung von anderen Wertpapierdienstleistungen wie die Anlagevermittlung oder das Kommissionsgeschäft und **nur vereinzelt als eigenständiges Geschäftsfeld** anzutreffen. Bei der isolierten Anlageberatung besteht lediglich ein Provisionsanspruch gegen den beratenen Kunden, der sich dann die empfohlenen Finanzinstrumente selbst beschafft. Es fehlt hingegen jede Vermittlungsleistung.

Bestimmte Beratungsdienstleistungen sind nach § 2a ausgenommen. 114
So gelten bestimmte Dienstleister nicht als Wertpapierdienstleistungsunterneh-

---

[255] Vgl. „Gemeinsames Informationsblatt der BaFin und der Deutschen Bundesbank zum neuen Tatbestand der Anlageberatung" (abrufbar unter *www.bafin.de*).
[256] BegrRegE (FRUG), BT-Drucks. 16/4028, S. 56.
[257] *Teuber*, BKR 2006, 429, 430.
[258] Vgl. CESR/05-290b.
[259] Vgl. „Gemeinsames Informationsblatt der BaFin und der Deutschen Bundesbank zum neuen Tatbestand der Anlageberatung" (abrufbar unter *www.bafin.de*).

§ 2 115, 116   Abschnitt 1. Anwendungsbereich, Begriffsbestimmungen

men, obwohl sie eine Anlageberatung erbringen. Ausgenommen sind etwa Beratungen, die sich ausschließlich auf Investmentanteile beziehen (§ 2a Abs. 1 Nr. 7) oder im Rahmen einer anderen beruflichen Tätigkeit erbracht werden, sofern sie nicht gesondert zu vergüten sind (§ 2a Abs. 1 Nr. 11).

j) Eigengeschäft (Abs. 3 Satz 2)

115   Die Anschaffung und Veräußerung von Finanzinstrumenten für eigene Rechnung kann, aber muss keine Dienstleistung für andere darstellen. Das Gesetz unterscheidet insofern terminologisch zwischen dem **„Eigenhandel"** i. S. d. Abs. 3 Satz 1 Nr. 2, der eine Wertpapierdienstleistung für Kunden darstellt, und dem in Abs. 3 Satz 2 durch das FRUG neu aufgenommenen **„Eigengeschäft"**. Dieses ist durch den **fehlenden Bezug zu Kundenaufträgen** gekennzeichnet und weist daher keinen Dienstleistungscharakter auf. Das „Eigengeschäft" stellt somit keine **Wertpapierdienstleistung** dar; gleichwohl wird es einer solchen **gleichgestellt**, da die Finanzmarktrichtlinie nicht danach differenziert, ob die in Frage stehende Tätigkeit in Bezug auf Finanzinstrumente eine Dienstleistung für Dritte zum Gegenstand hat.[260] Vielmehr werden auch bestimmte „Anlagetätigkeiten" erfasst.[261] Zu beachten ist jedoch, dass die Finanzmarktrichtlinie **mehrere Ausnahmetatbestände** für bestimmte Formen des Eigenhandels und des Eigengeschäfts enthält, die durch **§ 2a Abs. 1 Nr. 8, 9, 10 und 12** umgesetzt werden. In den erfassten Fällen gilt das fragliche Unternehmen nicht als Wertpapierdienstleister im Sinne von § 2 Abs. 4 und unterliegt somit nicht den Wohlverhaltenspflichten der §§ 31–37a WpHG. Nach Einschätzung des Gesetzgebers werden daher nur sehr wenige Unternehmen allein aufgrund der Einbeziehung des Eigengeschäfts in den Anwendungsbereich des WpHG fallen.[262]

VIII. Wertpapiernebendienstleistungen (Abs. 3a)

1. Regelungszweck

116   Durch die Einbeziehung der in § 2 Abs. 3a definierten Wertpapiernebendienstleistungen wird der Anwendungsbereich der Wohlverhaltenspflichten (§§ 31 ff.) zum Zwecke einer Verstärkung des Anlegerschutzes erweitert. Mit der Einführung dieser Regelung machte der Gesetzgeber von der ursprünglich in Art. 11 Abs. 1 Satz 3 WpDRL vorgesehenen Möglichkeit Gebrauch und setzte diese Norm in Verbindung mit Abschnitt C Nr. 1, 3, 6 und 7 des Anhangs der WpDRL[263] um. Wegen fehlender Schutzbedürftigkeit, insbesondere mangelnden wertpapierspezifischen Aufklärungs- und Beratungsbedarfs, verzichtete der Gesetzgeber dabei auf die Einbeziehung der Schließfachvermietung (Abschnitt C Nr. 2 des Anhangs der WpDRL)[264] in den Kreis der Wertpapiernebendienstleistungen. Mit dem **FRUG** wurde der Katalog der Wertpapiernebendienstleistungen zum 1. 11. 2007 erheblich erweitert. Die Änderungen setzen Art. 4 Abs. 1

---

[260] *BegrRegE (FRUG)*, BT-Drucks. 16/4028, S. 56; zust. *Versteegen,* in: KölnKommWpHG, § 2 Rn. 127.
[261] Vgl. zB Art. 4 Abs. 1 Nr. 2, Art. 5 Abs. 1 der MiFID.
[262] *BegrRegE (FRUG)*, BT-Drucks. 16/4028, S. 56.
[263] ABl. EG Nr. L 141 vom 11. Juni 1993.
[264] BT-Drucks. 13/7142, S. 102.

Nr. 3 iVm Anhang I Abschnitt B der Finanzmarktrichtlinie um. Erfasst sind nun auch die Unternehmensberatung in Nr. 3, Dienstleistungen im Zusammenhang mit dem Emissionsgeschäft gemäß Nr. 6 und Spotgeschäfte nach Nr. 7. In Nr. 1 hat der Gesetzgeber auf die bisherige Bestimmung über die Verwahrung und Verwaltung von „Wertpapieren für andere, soweit nicht das Depotgesetz anzuwenden ist", zugunsten einer umfassenden Einbeziehung des Depotgeschäfts einschließlich verbundener Dienstleistungen verzichtet. Die anderen Wertpapiernebendienstleistungen (Kreditgewährung im Zusammenhang mit Wertpapierdienstleistungen nach Nr. 2, Devisengeschäfte nach Nr. 4) waren bereits zuvor in Abs. 3a geregelt. Die Anlageberatung (§ 2 Abs. 3a Nr. 3 WpHG aF) ist zu einer Wertpapierdienstleistung „hochgestuft" worden (Abs. 3 Nr. 9, vgl. Rn. 107ff.).

§ 2 Abs. 3a ist für die Einhaltung der Verhaltensregeln nach §§ 31–37a von Bedeutung, soweit diese nach dem 6. Abschnitt auch für Wertpapiernebendienstleistungen gelten.[265] Diese werden typischerweise im **Zusammenhang mit Wertpapierdienstleistungen** im Sinne von § 2 Abs. 3 erbracht. Für die Anwendbarkeit der Verhaltensregeln ist ein solcher Zusammenhang jedoch **grundsätzlich nicht erforderlich.**[266] Etwas **anderes gilt** lediglich **für Devisengeschäfte** nach Nr. 4.[267] Allerdings ist zu beachten, dass Normadressaten der Verhaltenspflichten – mit Ausnahme der Regelungen zur Finanzanalyse gemäß § 34b – lediglich Wertpapierdienstleistungsunternehmen sind und als solche nur Unternehmen qualifiziert werden, die jedenfalls auch (ggf. in anderem Zusammenhang) Wertpapierdienstleistungen erbringen (§ 2 Abs. 4).[267a]

Der einzige Grund für die von der Richtlinie getroffene Unterscheidung zwischen Wertpapierdienstleistungen und Wertpapiernebendienstleistungen liegt letztlich in der Unterscheidung zwischen solchen Dienstleistungen, die zwingend unter die Wohlverhaltensregeln fallen und solchen, die fakultativ vom nationalen Gesetzgeber den Wohlverhaltensregeln unterstellt werden können (vgl. Art. 19 Abs. 1 MiFID). Im **KWG** findet sich **keine Parallele** zu den Wertpapiernebendienstleistungen.

2. Die einzelnen Wertpapiernebendienstleistungen

a) Depotgeschäft (Nr. 1)

„Die Verwahrung und die Verwaltung von Finanzinstrumenten für andere und damit verbundene Dienstleistungen" sind nach § 2 Abs. 3a Nr. 1 eine Wertpapiernebendienstleistung. Der Wortlaut ist bis auf die Erwähnung der verbundenen Dienstleistungen mit der Definition des Depotgeschäfts in § 1 Abs. 1 Satz 2 Nr. 5 KWG identisch. Durch die Einstufung als Wertpapiernebendienstleistung soll eine lückenlose Aufsicht des Depotgeschäfts erreicht werden; es handelt sich um einen **Auffangtatbestand.** Die vor der Änderung durch das

---

[265] BT-Drucks. 13/7142, S. 101.
[266] *Assmann*, in: *Assmann/Schneider*, § 2 Rn. 70; *Schäfer*, in: *Schäfer/Hamann*, § 2 Rn. 88; *Derleder/Knops/Bamberger*, § 46 Rn. 26.
[267] Dazu unten Rn. 125 ff.
[267a] Nach altem Recht waren daher die §§ 31 ff. auf Unternehmen, die nur Beratung (als frühere Nebendienstleistung) und keine Wertpapierdienstleistungen erbrachten, nicht anwendbar, *Frisch*, in: *Derleder/Knops/Bamberger*, Hdb. z. dt. u. europ. Bankrecht, § 46 Rn. 26; *Schäfer*, in: *Schäfer/Hamann*, § 2 Rn. 93.

§ 2 120–123   Abschnitt 1. Anwendungsbereich, Begriffsbestimmungen

FRUG in Nummer 1 enthaltene Einschränkung auf solche Geschäfte, die nicht dem Depotgesetz unterfallen, wurde aufgehoben, da ihr Grund, die Vermeidung einer doppelten Beaufsichtigung, seit Gründung der BaFin als Allfinanzaufsicht entfallen ist.[268]

120   Unmittelbare Folge der Verwahrung und Verwaltung von Finanzinstrumenten als Wertpapiernebendienstleistung ist die **Pflicht zur getrennten Vermögensverwahrung** nach § 34a Abs. 2. Danach werden Wertpapierdienstleistungsunternehmen ohne Erlaubnis zum Betreiben des Depotgeschäfts nach KWG verpflichtet, Wertpapiere unverzüglich an ein Kreditinstitut weiterzuleiten, wenn sie Wertpapiere im Zusammenhang mit einer Wertpapierdienstleistung oder Wertpapiernebendienstleistung entgegennehmen.

121   § 2 Abs. 3a Nr. 1 unterstreicht die Bedeutung eines ordnungsgemäßen Depotgeschäfts für den Anlegerschutz. Grundsätzlich soll das Depotgeschäft als Bankdienstleistung nur von Kreditinstituten angeboten werden, weil diese die höchsten aufsichtsrechtlichen Anforderungen erfüllen müssen. Eine Parallele zu § 34a Abs. 2 findet sich auch im Bereich des KWG bei der Finanzdienstleistung „Finanzportfolioverwaltung" nach § 1 Abs. 1a Nr. 3 KWG. Soweit es um Wertpapiere geht, hat der Portfolioverwalter die Papiere auf einem Depotkonto des Kunden bei einem Unternehmen, das zum Betreiben des Depotgeschäfts befugt ist, verwahren zu lassen; anderenfalls bedarf er einer Erlaubnis zum Betreiben des Depotgeschäfts und ist als Kreditinstitut zu qualifizieren.[269]

b) Darlehensgewährung (Nr. 2)

122   Die Nebendienstleistung nach Nr. 2 erfasst **kreditfinanzierte Wertpapierdienstleistungen,** wenn diese durch ein beteiligtes Wertpapierdienstleistungsunternehmen durchgeführt werden. Vor der Änderung durch das FRUG erfasste die Vorschrift ihrem Wortlaut nach nur den Fall, dass das kreditfinanzierende und das die Wertpapierdienstleistung erbringende Institut identisch waren. Allerdings stellte Nr. 3 Abschnitt C des Anhangs der WpDRL[270] klar, dass die **bloße Beteiligung** des kreditgebenden Unternehmens an der Durchführung der Wertpapierdienstleistung ausreiche, um eine Wertpapiernebendienstleistung zu begründen. Kreditnehmer und Auftraggeber der Wertpapierdienstleistung mussten also nicht identisch sein.[271] Anhang I Abschnitt B Nr. 2 der Finanzmarktrichtlinie enthält eine identische Definition. Die Neufassung des Abs. 3a Nr. 2 durch das FRUG führt in diesem Bereich also zu einer wünschenswerten Klarstellung in korrekter Umsetzung der Richtlinie. Die Gewährung von Sachdarlehen ist keine Wertpapiernebendienstleistung im Sinne dieser Bestimmung.[272]

123   Nach dem KWG bleibt das erlaubnispflichtige Kreditgeschäft „Gewährung von Gelddarlehen und Akzeptkrediten" (§ 1 Abs. 1 Satz 2 Nr. 2 KWG) den Kreditinstituten vorbehalten. Es sind daher kaum Fälle denkbar, in denen die Kreditgewährung durch Nicht-Kreditinstitute erfolgen kann.[273] Dadurch wird der durch § 2 Abs. 3a Nr. 2 eröffnete Anwendungsbereich für die Marktaufsicht

---

[268] Begr. des RegE des FRUG, BT-Drucks. 16/4037 S. 129f.
[269] BR-Drucks. 963/96, S. 66.
[270] ABl. EG Nr. L 141 vom 11. 6. 1993.
[271] Vgl. *Assmann*, in: *Assmann/Schneider*, § 2 Rn. 73.
[272] BT-Drucks. 13/7142, S. 102.
[273] So auch *Schäfer*, in: *Schäfer/Hamann*, § 2 Rn. 92.

sehr klein. Dies zeigt erneut das Bemühen des Gesetzgebers, sogar kleinste Schutzlücken zu schließen.

c) Unternehmensberatung (Nr. 3)

Als neue Wertpapiernebendienstleistung hat das FRUG die Unternehmensberatung eingeführt. Sie erfasst „die Beratung von Unternehmen über die Kapitalstruktur, die industrielle Strategie sowie die Beratung und das Angebot von Dienstleistungen bei Unternehmenskäufen und Unternehmenszusammenschlüssen". Die Regelung setzt Anhang I Abschnitt B Nr. 3 der Finanzmarktrichtlinie um.

d) Devisengeschäfte (Nr. 4)

Wertpapiernebendienstleistungen sind auch „Devisengeschäfte, die **in Zu**- **sammenhang mit Wertpapierdienstleistungen** stehen". Abs. 3 a Nr. 4 setzt Anhang I Abschnitt B Nr. 4 der Finanzmarktrichtlinie um. Die vormals enthaltene Beschränkung auf bestimmte Wertpapierdienstleistungen wurde aufgehoben.

Nach Änderung des § 2 Abs. 2 Nr. 1 lit. b) und der dadurch bewirkten Einbeziehung jeglicher Devisengeschäfte in den Derivatebegriff stellen Termingeschäfte, die sich auf Devisen beziehen, bereits Wertpapierdienstleistungen dar. Dies führt dazu, dass für Abs. 3 a Nr. 4 – mit Ausnahme von einfachen Devisenkassageschäften[273a] – so gut wie kein (eigenständiger) Anwendungsbereich mehr ersichtlich ist. Etwas anderes mag in den (seltenen) Fällen gelten, in denen ein Institut die Devisenbeschaffung nicht selbst vornimmt, sondern damit ein anderes Unternehmen beauftragt. Dann würde dieses (nur) eine Wertpapiernebendienstleistung erbringen und insoweit ebenfalls den §§ 31 ff. unterliegen.

Das Publikum soll bei Devisenkassageschäften vor Währungsrisiken und bei Devisentermingeschäften darüber hinaus vor Adressenausfallrisiken geschützt werden. Dieser Schutz wird durch die Aufklärung der Anleger im Rahmen der Verhaltensregeln des 6. Abschnitts gewährleistet.[274] Im Gegensatz zu den zuvor genannten Wertpapiernebendienstleistungen ist hier ein **direkter und einzelgeschäftsbezogener Zusammenhang mit der Erbringung einer Wertpapierdienstleistung erforderlich.**[275] Erfasst sind nach den Änderungen durch das AnSVG und das FRUG nunmehr alle Devisengeschäfte und alle devisenbezogenen Termingeschäfte.[276]

e) Finanzanalysen (Nr. 5)

Das FRUG hat den Kreis der Wertpapiernebendienstleistungen um „die Erstellung, Verbreitung oder Weitergabe von Finanzanalysen oder anderen Informationen über Finanzinstrumente oder deren Emittenten, die direkt oder indirekt eine Empfehlung für eine bestimmte Anlageentscheidung enthalten" erweitert. Damit wurde Anhang I Abschnitt B Nr. 5 der Finanzmarktrichtlinie umgesetzt. Der europäische Gesetzgeber hat eine zunehmende Abhängigkeit der Anleger von externen Analysen und Informationen konstatiert und beabsichtigt, durch die Qualifizierung der Finanzanalyse als Wertpapiernebendienstleistung die

---

[273a] *Schäfer*, in: *Schäfer/Hamann*, § 2 Rn. 95.
[274] BT-Drucks. 13/7142, S. 102.
[275] Vgl. BT-Drucks. 13/7142, S. 102.
[276] BegrRegE BT-Drucks. 15/3174, S. 29.

§ 2 129–131 Abschnitt 1. Anwendungsbereich, Begriffsbestimmungen

Informationsqualität zu sichern bzw. zu verbessern. Vor der Umsetzung der Finanzmarktrichtlinie wurde die Finanzanalyse im deutschen Recht durch die **spezielle Vorschrift des § 34 b** abschließend geregelt. Die Einstufung als Wertpapiernebendienstleistung bedeutet für Wertpapierdienstleistungsunternehmen, dass sie nunmehr erhöhte Organisationspflichten zu beachten haben. Dazu gehören etwa die Kontrolle von Informationsflüssen innerhalb des Wertpapierdienstleistungsunternehmens, das Verbot der Zusage günstiger Empfehlungen sowie das Verbot bestimmter Mitarbeitergeschäfte. Für Finanzanalysen, die nicht von Wertpapierdienstleistungsunternehmen erstellt oder verbreitet werden, bleibt es allerdings bei der alten Rechtslage.[277]

129   Art. 24 DRL[278] definiert den Begriff der Finanzanalyse genauer und grenzt ihn von der Anlageberatung und der reinen Marketingmitteilung ab. Letztere muss nunmehr gemäß § 31 Abs. 2 Nr. 2 eindeutig als Werbemitteilung gekennzeichnet und mit einem Hinweis versehen sein, dass sie nicht allen gesetzlichen Anforderungen zur Gewährleistung der Unvoreingenommenheit von Finanzanalysen genügt und dass sie keinem Verbot des Handels vor der Veröffentlichung von Finanzanalysen unterliegt. Die **Finanzanalyse** unterscheidet sich von der **Anlageberatung** vor allem dadurch, dass sie sich an einen unbestimmten Personenkreis richtet, zu dem keine konkrete Kundenbeziehung besteht.[279]

f) Dienstleistungen im Zusammenhang mit dem Emissionsgeschäft (Nr. 6)

130   Ebenfalls durch das FRUG zum 1. 11. 2007 erstmals als Wertpapiernebendienstleistungen qualifiziert wurden sämtliche „Dienstleistungen, die im Zusammenhang mit dem Emissionsgeschäft stehen". Die Regelung setzt Anhang I Abschnitt B Nr. 6 der Finanzmarktrichtlinie um.

g) Spotgeschäfte (Nr. 7)

131   Nummer 7 qualifiziert „Dienstleistungen, die sich auf einen Basiswert im Sinne von Absatz 2 Nummer 2 oder 5 beziehen und im Zusammenhang mit Wertpapierdienstleistungen oder Wertpapiernebendienstleistungen stehen" als eigenständige Wertpapiernebendienstleistungen. Die Regelung setzt Anhang I Abschnitt B Nr. 7 der Finanzmarktrichtlinie um. Dies hat zur Konsequenz, dass ein Unternehmen, das Wertpapierdienstleistungen in Bezug auf Warendienstleistungen erbringt, auch so genannte Spotgeschäfte in Waren durchführen kann, die keine Termingeschäfte sind. Diese Leistungen fallen ebenfalls unter den „Europäischen Pass".[280]

---

[277] Siehe dazu BaFin Journal 07/07 S. 9 ff., abrufbar unter *www.bafin.de*.
[278] Richtlinie 2006/73/EG der Kommission vom 10. August 2006 zur Durchführung der Richtlinie 2004/39/EG des Europäischen Parlaments und des Rates in Bezug auf die organisatorischen Anforderungen an Wertpapierfirmen und die Bedingungen für die Ausübung ihrer Tätigkeit sowie in Bezug auf die Definition bestimmter Begriffe für die Zwecke der genannten Richtlinie, ABl. EU Nr. L. 241/26 S. 19.
[279] Vgl. § 34 b Abs. 1 Satz 1; bei Erstellung der Analyse für einen konkreten Kunden im Zusammenhang mit einer Wertpapierdienstleistung, sind die §§ 31 ff. und nicht § 34 b anzuwenden, KölnKommWpHG-*Möllers*, § 34 b Rn. 26, 89; näher hierzu § 34 b Rn. 26 f.
[280] BegrRegE (FRUG), BT-Drucks. 16/4037 S. 130.

IX. Wertpapierdienstleistungsunternehmen (Abs. 4)

1. Regelungsgegenstand und -zweck

Der in § 2 Abs. 4 definierte Begriff des Wertpapierdienstleistungsunternehmens hat primär die Funktion, die **Normadressaten der Wohlverhaltenspflichten** des 6. Abschnitts (§§ 31–37a) zu bestimmen. Denn ausschließlich Wertpapierdienstleistungsunternehmen unterliegen diesen Vorschriften. Zu beachten sind allerdings die zahlreichen Ausnahmen nach § 2a einerseits und der erweiterte Adressatenkreis des § 34b über die Finanzanalyse andererseits. Zudem werden Wertpapierdienstleistungsunternehmen in einigen weiteren Vorschriften (§§ 9, 10, 16, 16b) neben anderen Verpflichteten explizit genannt.

Die Qualifikation als **Wertpapierdienstleistungsunternehmen** wird nicht schon durch die Erbringung von Wertpapierdienstleistungen oder Wertpapiernebendienstleistungen erworben. Erfasst werden vielmehr nur Kreditinstitute (§ 1 Abs. 1 KWG), Finanzdienstleistungsinstitute (§ 1 Abs. 1a KWG) und die Zweigstellen von Unternehmen mit Sitz im Ausland, die nach § 53 Abs. 1 S. 1 KWG als Kredit- oder Finanzdienstleistungsinstitut gelten. Darüber hinaus müssen die Wertpapierdienstleistungen (allein oder zusammen mit Nebendienstleistungen)[281] nicht nur gelegentlich, sondern gewerbsmäßig oder in einem Umfang erbracht werden, der einen in kaufmännischer Weise eingerichteten Geschäftsbetrieb erfordert. Die **Finanzmarktrichtlinie**[282] verwendet (wie schon die Wertpapierdienstleistungsrichtlinie)[283] den Begriff der **Wertpapierfirma** und begrenzt diese zunächst auf juristische Personen, die „im Rahmen ihrer üblichen beruflichen oder gewerblichen Tätigkeit gewerbsmäßig eine oder mehrere Wertpapierdienstleistungen für Dritte erbringt und/oder eine oder mehrere Anlagetätigkeiten ausübt" (Art. 4 Abs. 1 Nr. 1 Satz 1). Von der den Mitgliedstaaten eröffneten Möglichkeit, unter bestimmten Voraussetzungen auch Unternehmen, die keine juristische Person sind, als Wertpapierfirma zu definieren, hat der deutsche Gesetzgeber mit § 2 Abs. 4 Gebrauch gemacht und über die Anknüpfung an die Eigenschaft als Kredit- oder Finanzdienstleistungsinstitut[284] dafür gesorgt, dass in der Sache die Bedingungen, die insbesondere ein gleichwertiges Schutzniveau und eine gleichwertige, der Rechtsform angemessene Aufsicht verlangen, gewahrt werden.

2. Entstehungsgeschichte

Durch das Umsetzungsgesetz[285] ist der ursprüngliche Wortlaut der Definition des Wertpapierdienstleistungsunternehmens geändert worden, ohne dass es da-

---

[281] Unternehmen, die ausschließlich Wertpapiernebendienstleistungen anbieten, sind daher nicht als Wertpapierdienstleistungsunternehmen zu qualifizieren, s. nur *Assmann* in: *Assmann/Schneider*, § 2 Rn. 85. Dagegen unterliegt ein Wertpapierdienstleister, der die Voraussetzungen des § 2 Abs. 4 erfüllt, auch dann in vollem Umfang den Pflichten aus §§ 31 ff., wenn er in concreto gegenüber bestimmten Kunden nur Nebendienstleistungen erbringt, KölnKommWpHG-*Versteegen*, § 2 Rn. 170.
[282] Richtlinie 2004/39/EG, ABl. EU Nr. L 145 v. 30. 4. 2004, S. 1.
[283] Richtlinie 93/22/EWG, ABl. EG Nr. L 141 v. 11. 6. 1993, S. 27.
[284] Krit. zur Kompliziertheit des daraus resultierenden Begriffs- und Regelungsgefüges *Assmann* in: *Assmann/Schneider*, § 2 Rn. 81.
[285] BGBl. I S. 2518.

§ 2 135, 136 Abschnitt 1. Anwendungsbereich, Begriffsbestimmungen

durch zu inhaltlichen Modifikationen gekommen ist. Zwar werden in der Definition die Unternehmen nach § 53 b Abs. 1 Satz 1 KWG und gemäß Rechtsverordnung nach § 53 c KWG nicht mehr erwähnt, doch werden alle diese Unternehmen auch von der Bestimmung des § 53 Abs. 1 Satz 1 KWG erfasst, die in § 2 Abs. 4 erhalten blieb.[286] Ebenfalls nicht mehr genannt werden „andere Unternehmen mit Sitz im Inland, die an einer inländischen Börse zur Teilnahme am Handel zugelassen sind" und Wertpapierdienstleistungen erbringen. Die damit bezeichneten Makler und Wertpapierfirmen sind nunmehr als Finanzdienstleistungsinstitute erfasst.[287] Auch die Streichung der Voraussetzung, wonach die Institute ihren Sitz im Inland haben müssen, hat keine materielle Bedeutung, da Kreditinstitute oder Finanzdienstleistungsinstitute im Sinne des nationalen Aufsichtsrechts ohnehin nur bei einem inländischen Sitz vorliegen.[288]

3. Anforderungen

a) Wertpapierdienstleistungen

135 Wertpapierdienstleistungsunternehmen müssen nach § 2 Abs. 4 Wertpapierdienstleistungen[289] allein oder zusammen mit Wertpapiernebendienstleistungen[290] erbringen. Damit wird deutlich, dass **notwendiges Merkmal** die Erbringung von Wertpapierdienstleistungen ist, während die zusätzliche Durchführung von Wertpapiernebendienstleistungen insoweit keine besonderen rechtlichen Konsequenzen auslöst und ihre alleinige Erbringung nicht zur Einstufung als Wertpapierdienstleistungsunternehmen führt. Solche Unternehmen können auch keinen „Europäischen Pass" nach § 53 b KWG beanspruchen.[291]

b) Institute

136 Es muss sich darüber hinaus um Kreditinstitute, Finanzdienstleistungsinstitute oder Zweigstellen von Auslandsinstituten nach § 53 Abs. 1 Satz 1 KWG handeln. **Kreditinstitute** sind gemäß § 1 Abs. 1 Satz 1 KWG „Unternehmen, die Bankgeschäfte gewerbsmäßig oder in einem Umfang betreiben, der einen in kaufmännischer Weise eingerichteten Geschäftsbetrieb erfordert". Dabei sind die Bankgeschäfte in § 1 Abs. 1 Satz 2 KWG nur zu einem geringen Teil mit den Wertpapierdienstleistungen im Sinne des WpHG identisch (Finanzkommissionsgeschäft und Emissionsgeschäft). Die Erfüllung des alternativ zur Gewerbsmäßigkeit verlangten Größenkriteriums (Erfordernis eines kaufmännischen Geschäftsbetriebs) stellt faktisch keine relevante Einschränkung dar.[292] **Finanzdienstleistungsinstitute** sind „Unternehmen, die Finanzdienstleistungen für andere gewerbsmäßig oder in einem Umfang erbringen, der einen in kaufmännischer Weise eingerichteten Geschäftsbetrieb erfordert, und die keine Kreditinstitute sind" (§ 1 Abs. 1a Satz 1 KWG). Diese Finanzdienstleistungen sind überwiegend

---

[286] So auch *Assmann*, in: *Assmann/Schneider*, § 2 Rn. 83.
[287] Vgl. auch *Assmann*, in: *Assmann/Schneider*, § 2 Rn. 83.
[288] BT-Drucks. 13/7142, S. 102; *Assmann*, in: *Assmann/Schneider*, § 2 Rn. 83.
[289] Zu den Wertpapierdienstleistungen siehe oben Rn. 71 ff.
[290] Zu den Wertpapiernebendienstleistungen siehe oben Rn. 116 ff.
[291] *BT-Drucks. 13/7142*, S. 102; *Hanten*, ZBB 2000, 245.
[292] Vgl. zu den Anforderungen *Fülbier*, in: *Boos/Fischer/Schulte-Mattler/KWG*, § 1 Rn. 19 ff.

identisch mit den Wertpapierdienstleistungen, die nicht bereits Bankgeschäfte sind (Eigenhandel, Abschlussvermittlung, Anlagevermittlung und Finanzportfolioverwaltung). Finanzdienstleistungsinstitute sind durch die 6. KWG-Novelle von 1997[293] als neuer aufsichtspflichtiger Typus in das KWG aufgenommen worden. Sie unterliegen mit einigen Einschränkungen und Vereinfachungen grundsätzlich der vollständigen Aufsicht durch die BaFin.[294] Die Einschränkungen hängen mit den unterschiedlichen Risiken zusammen, die sich für Kunden von Finanzdienstleistungsinstituten und Kreditinstituten ergeben. Bei diesen droht der Verlust der Einlagen, während bei jenen Vertragspflichtverletzungen mit der Folge von Schadensersatzansprüchen im Vordergrund stehen.[295] **Unternehmen nach § 53 Abs. 1 Satz 1 KWG** sind inländische Zweigstellen von Unternehmen mit Sitz im Ausland, die Bankgeschäfte betreiben oder Finanzdienstleistungen erbringen. Damit gilt auch die Zweigstelle als Kreditinstitut oder als Finanzdienstleistungsinstitut und unterliegt damit der deutschen Einzelaufsicht.

c) Größenkriterium

Wertpapierdienstleistungsunternehmen müssen ihre Dienstleistungen gewerbsmäßig oder in einem Umfang erbringen, der einen in kaufmännischer Weise eingerichteten Geschäftsbetrieb erfordert. Dieses Größenkriterium war in der ursprünglichen Fassung des Gesetzes bereits Voraussetzung für das Vorliegen von Wertpapierdienstleistungen. Die Beschränkung auf die bloß gewerbsmäßige Erbringung diente der Umsetzung von Art. 1 Nr. 2 WpDRL, der „gewerbsmäßige Wertpapierdienstleistungen" ausreichen ließ.[296] Dies ist insofern konsequent, als es für die Funktionsfähigkeit des Kapitalmarkts und die Gewährleistung des Publikumsschutzes erforderlich ist, alle gewerbsmäßig erbrachten Wertpapierdienstleistungen den Vorschriften des Gesetzes zu unterwerfen.[297] Das Erfordernis der **Gewerbsmäßigkeit** findet sich ebenfalls im KWG als Merkmal von Kreditinstituten und Finanzdienstleistungsinstituten. In beiden Fällen ist der handelsrechtliche Gewerbebegriff zugrunde zu legen.[298] Gewerbe zeichnet sich danach durch eine marktorientierte, planmäßige, auf Dauer angelegte, selbstständige Tätigkeit aus, die auf Gewinnerzielung ausgerichtet ist. Diese Tätigkeit bleibt auch gewerbsmäßig, wenn eine erforderliche Erlaubnis oder Zulassung (zum Beispiel nach § 32 KWG) fehlt (§ 7 HGB).

Welche Anforderungen an einen **in kaufmännischer Weise eingerichteten Gewerbebetrieb** zu stellen sind, richtet sich nach handelsrechtlichen Grundsätzen, es gelten insoweit keine kapitalmarktrechtlichen Besonderheiten. Etwas anderes ergibt sich auch nicht aus der Tatsache, dass in § 2 Abs. 4 besonders auf den Umfang der Dienstleistungen abgestellt wird, der aus der Summe der erbrachten Wertpapierdienstleistungen und Wertpapiernebendienstleistungen zu bestimmen ist. Die Kriterien zur Erforderlichkeit eines in kaufmännischer Weise eingerichteten Gewerbebetriebes ergeben sich aus Art und Umfang der

---

[293] BGBl. I S. 2518.
[294] Vgl. *Fülbier*, in: *Boos/Fischer/Schulte-Mattler*/KWG, § 1 Rn. 117.
[295] *Weber-Rey/Baltzer*, WM 1997, 2288, 2289.
[296] Ebenso jetzt Art. 4 Abs. 1 Nr. 1 MiFID.
[297] Vgl. BT-Drucks. 13/7142, S. 102 f.
[298] Vgl. BT-Drucks. 13/7142, S. 62; *Assmann*, in: *Assmann/Schneider*, § 2 Rn. 87; **aA** KölnKommWpHG-*Versteegen*, § 2 Rn. 171.

Geschäftstätigkeit.²⁹⁹ Ferner sind auch die von der Rechtsprechung zu den §§ 2 und 4 HGB aF entwickelten Grundsätze weiterhin zur Auslegung heranzuziehen.³⁰⁰

4. Einzelfragen

139 **Investmentclubs**³⁰¹ können nach h. M. Wertpapierdienstleistungsunternehmen sein.³⁰² Dies setzt voraus, dass sie Wertpapierdienstleistungen erbringen und die oben dargestellten aufsichtsrechtlichen Kriterien erfüllen. Ihre Tätigkeit ist jedoch solange nicht gewerbsmäßig, wie die handelnden Organe ehrenamtlich tätig sind, was regelmäßig der Fall ist.³⁰³ Dass Investmentclubs einen in kaufmännischer Weise eingerichteten Geschäftsbetrieb erfordern, dürfte ebenfalls nur selten in Betracht kommen.³⁰⁴

140 **Investmentgesellschaften** nach dem InvG sind keine Wertpapierdienstleistungsunternehmen, denn sie erbringen keine Wertpapierdienstleistungen.³⁰⁵ Damit sind die Wohlverhaltenspflichten der §§ 31–37a nicht auf diese Unternehmen anzuwenden. Dies führt jedoch nicht zu Lücken im Anlegerschutzregime, da das InvG umfassende Sonderregelungen bereithält. Darüber hinaus bleiben die Bestimmungen des WpHG anwendbar, die nicht an die Qualifizierung als Wertpapierdienstleistungsunternehmen anknüpfen (zum Beispiel §§ 12 ff. zur Insiderüberwachung, § 20a zum Verbot der Kurs- und Marktpreismanipulation sowie §§ 21 ff. zu den Mitteilungspflichten bei Veränderungen des Stimmrechtsanteils). Die vereinzelt anzutreffende Einstufung von Kapitalanlagegesellschaften als Wertpapierdienstleistungsunternehmen ist abzulehnen.³⁰⁶ Zwar sind Anteile an Investmentvermögen gemäß § 2 Abs. 1 Satz 2 auch Wertpapiere; diese durch das Umsetzungsgesetz³⁰⁷ eingefügte und durch das AnsVG umformulierte Neuregelung diente jedoch nur der Umsetzung von Abschnitt B Nr. 1b des Anhangs der WpDRL³⁰⁸ und sollte auch Beratung und Vertrieb bezüglich Investmentfondsanteilen durch Wertpapierdienstleistungsunternehmen den Verhaltenspflichten des 6. Abschnitts unterwerfen. Hingegen bietet die Bestimmung keinen Anhaltspunkt für die Qualifizierung von Kapitalanlagegesellschaften als Wertpapierdienstleistungsunternehmen. Dies steht im Einklang mit der MiFID, die in Art. 2 Abs. 2 lit. h) Investmentgesellschaften aus ihrem Anwendungsbereich ausnimmt.

---

²⁹⁹ *Assmann*, in: *Assmann/Schneider*, § 2 Rn. 88; *Schäfer*, in: *Schäfer/Hamann*, § 2 Rn. 103; **aA** KölnKommWpHG-*Versteegen*, § 2 Rn. 172 (nur auf den Umfang der Wertpapierdienstleistungen abstellend).

³⁰⁰ BT-Drucks. 13/8444, S. 47f.; vgl. auch *Assmann*, in: *Assmann/Schneider*, § 2 Rn. 88.

³⁰¹ Diese sind meist als GbR oder nicht rechtsfähige Vereine organisiert, *Schäfer*, in: *Schäfer/Hamann*, § 2 Rn. 82.

³⁰² Vgl. oben Rn. 103 zur umstrittenen Frage, ob eine Finanzportfolioverwaltung für die Mitglieder vorliegt, was nach hier vertretener Auffassung grundsätzlich zu verneinen ist; ebenso *Versteegen*, in: KölnKommWpHG, § 2 Rn. 152.

³⁰³ Vgl. auch *Assmann*, in: *Assmann/Schneider*, § 2 Rn. 87a; *Schäfer*, in: *Schäfer/Hamann*, § 2 Rn. 104.

³⁰⁴ Vgl. *Assmann*, in: *Assmann/Schneider*, § 2 Rn. 88a.

³⁰⁵ Siehe dazu Rn. 81, 103.

³⁰⁶ Siehe auch *Assmann*, in: *Assmann/Schneider*, § 2 Rn. 46f.; vgl. aber auch *Schäfer*, in: *Schäfer/Hamann*, § 2 Rn. 50.

³⁰⁷ BGBl. I S. 2518.

³⁰⁸ ABl. EG Nr. L 141 vom 11. 6. 1993.

X. Organisierter Markt (Abs. 5)

1. Entstehungsgeschichte und Bedeutung

Der organisierte Markt („geregelter Markt" im Sinne der WpDRL und der **141** Finanzmarktrichtlinie) bildet einen der **Kernbegriffe des europäischen Börsenrechts.**[309] Ausgangsposition für die Bestimmung eines geregelten Marktes in der WpDRL war die gegenseitige Anerkennung.[310] Die Folge der gegenseitigen Anerkennung und eigentliche Bedeutung der Regelung liegt in der Förderung der EU-weiten Niederlassungs- und Dienstleistungsfreiheit sowie der Schaffung gleicher Wettbewerbsbedingungen.[311]

Die **frühere Legaldefinition** des organisierten Marktes in § 2 Abs. 5 WpHG **142** aF entsprach der Begriffsbestimmung des geregelten Marktes in Art. 1 Nr. 13 der WpDRL. Der deutsche Gesetzgeber war bei der Umsetzung auf die Bezeichnung „organisierter Markt" ausgewichen, um etwaige Missverständnisse zu vermeiden, weil der Begriff „geregelter Markt" bereits in §§ 71 ff. BörsG aF für die Bezeichnung eines Marktsegments an der Börse verwendet wurde.[312] Die **neue Fassung** des § 2 Abs. 5 setzt nunmehr Art. 4 Abs. 1 Nr. 14 der Finanzmarktrichtlinie um und führt zu einer nicht unerheblichen **Erweiterung der Definition.**[313] Obwohl bei der gleichzeitigen Neufassung des Börsengesetzes der Terminus des „geregelten Marktes" zugunsten des „regulierten Marktes" aufgegeben wurde, hat der Gesetzgeber im WpHG am Begriff des „organisierten Marktes" in Abweichung vom Sprachgebrauch der Finanzmarktrichtlinie („geregelter Markt") festgehalten. Infolge der weitgehenden inhaltlichen Übereinstimmung sind keine Abgrenzungsprobleme zum organisierten Markt im Sinne von § 2 Abs. 13 InvG ersichtlich.

Auf den Begriff „organisierter Markt" wird im Rahmen des Gesetzes vielfach **143** Bezug genommen, insbesondere als **Anknüpfungspunkt für die Auferlegung spezieller Verhaltenspflichten,** deren Anwendungsbereich auf diese Weise auf staatlich zugelassene und überwachte Märkte begrenzt werden soll. Dies gilt etwa für die Meldepflichten in § 9 Abs. 1, die Definition des Insiderpapiers nach § 12 Nr. 2 und des Inlandsemittenten nach § 2 Abs. 7 Nr. 2, der mittelbar die Reichweite der Ad-hoc-Publizitätspflicht mitbestimmt, die Abgrenzung der mitteilungspflichtigen Geschäfte von Führungspersonen (§ 15a Abs. 1 Satz 3 Nr. 2) sowie die Reichweite des Verbots der Marktmanipulation (§ 20a Abs. 1 Satz 2 Nr. 2), der Pflicht zur Mitteilung wesentlicher Beteiligungen (§ 21 Abs. 2) sowie der Vorschriften über die Analyse von Finanzinstrumenten (§ 34b Abs. 3 Nr. 2). Hinzu kommt die **Verwendung als negatives Tatbestandsmerkmal** bei der Definition des systematischen Internalisierers (§ 2 Abs. 10), der Ausnahme vom Begriff des Wertpapierdienstleistungsunternehmens in § 2a Abs. 1 Nr. 10 sowie bei der Erlaubnispflicht für ausländische Märkte für Finanzinstrumente nach 37i. Weitere Verweise finden sich zB in § 2 Abs. 8 Nr. 2 (Herkunftsmitgliedstaat) und § 2 Abs. 9 Nr. 2 (Aufnahmemitgliedstaat).

---

[309] *Klenke* S. 112 ff, 154 ff.
[310] *Hopt,* FS Schimansky, 1999, S. 631, 638; vgl. auch den 31. und 33. Erwägungsgrund der WpDRL, ABl. EG Nr. L 141 vom 11 Juni 1993, S. 29.
[311] *Schwark,* WM 1997, 293, 298, 300 f.
[312] Vgl. BT-Drucks. 13/7142, S. 103.
[313] *Schäfer,* in: *Schäfer/Hamann,* § 2 Rn. 105 a. E. (zur Finanzmarktrichtlinie).

2. Tatbestandselemente

144 Die neue Legaldefinition des organisierten Marktes stellt vor allem auf folgende **vier Kernelemente** ab: Es muss sich um ein **(1) multilaterales System zum Kauf und Verkauf von Finanzinstrumenten** handeln, das **(2)** den **Handel mit den dort zugelassenen Finanzinstrumenten nach ermessensunabhängigen Regeln für die Auftragserfüllung** abwickelt, **(3) durch staatliche Stellen genehmigt, geregelt und überwacht** wird sowie **(4) im Inland, einem EU- oder EWR-Staat** betrieben oder verwaltet wird.

145 Das Vorliegen eines **multilateralen Handelssystems,** dessen Betreiben eine Wertpapierdienstleistung nach § 2 Abs. 3 Nr. 8 darstellt, setzt voraus, dass „die Interessen einer Vielzahl von Personen am Kauf oder Verkauf von Finanzinstrumenten innerhalb des Systems und nach festgelegten Bestimmungen" so zusammengeführt werden, dass es zum Abschluss von Kaufverträgen kommt. Mit dem weiten Begriff des „Systems" ist das Gesetz bewusst offen formuliert. Für die Einordnung als organisierter Markt kommt es daher nicht darauf an, auf welcher Technik die Auftragsabwicklung basiert. Vielmehr ist **jede geregelte Zusammenführung von Angebot und Nachfrage** erfasst. Als Beispiele können genannt werden: Das Betreiben von Auktionssystemen, klassischen Handelsplattformen, die auf Servern basieren, aber auch von „Peer-to-peer-Systemen", die ohne zentrale Einheit auskommen und Angebot und Nachfrage per Software zusammenbringen;[314] nach Erwägungsgrund 6 der Finanzmarktrichtlinie **auch Märkte, die (ohne Handelsplattform) ausschließlich auf der Grundlage eines Regelwerks funktionieren.** Darüber hinaus ist es für das Vorliegen eines organisierten Marktes nicht erforderlich, dass es sich im technischen Sinne um ein abgeschlossenes System handelt. Es dürfen vielmehr auch mehrere, jeweils durch Regelwerke definierte, organisierte Märkte auf derselben technischen Handelsplattform betrieben werden.[315] Die Voraussetzung „Interesse am Kauf und Verkauf" ist gemäß Erwägungsgrund 6 der Finanzmarktrichtlinie ebenfalls weit zu verstehen und schließt „Aufträge, Kursofferten und Interessenbekundungen" ein.

146 Eine weitere Voraussetzung ist, dass die **Ausführung des Geschäfts nicht vom Ermessen** der Parteien **abhängen darf,** sondern sich nach den nicht abdingbaren, im Voraus festgelegten Regeln des Systems richten muss.[316] Problematisch könnte dies in der Zukunft dann werden, wenn etwa „lernfähige" künstlich intelligente Systeme zwar zunächst den festgesetzten Regeln folgen, diese aber fortentwickeln und zB die Möglichkeit nutzen, die Bonität eines Handelsteilnehmers vor dem „Matching" zu überprüfen. Ob in diesem Fall die Bedingungen des Abs. 5 noch erfüllt wären, erscheint fraglich.[317] Das Regelwerk muss Bestimmungen enthalten „in Bezug auf die Mitgliedschaft, die Zulassung von

---

[314] *Spindler/Kasten,* WM 2007, 1749, 1754.
[315] BegrRegE, BT-Drucks. 16/4028, S. 57.
[316] Vgl. BegrRegE, BT-Drucks. 16/4028, S. 56 (zu § 2 Abs. 3 Nr. 8), wonach den Parteien kein Entscheidungsspielraum verbleiben darf, „ob sie im Einzelfall das Geschäft mit einem bestimmten Vertragspartner eingehen wollen"; vgl. auch Art. 4 Abs. 1 Nr. 14 sowie *Erwägungsgrund 6 der MiFID* (Zusammenführung der Interessen innerhalb des Systems nach den „nichtdiskretionären, vom Betreiber des Systems festgelegten Regeln").
[317] *Spindler/Kasten,* WM 2007, 1749, 1754.

Begriffsbestimmungen   147–149 § 2

Finanzinstrumenten zum Handel, den Handel zwischen Mitgliedern, die Meldung von Geschäften und gegebenenfalls die Transparenzpflichten".[318]
Die Abgrenzung zwischen einem organisierten Markt nach Abs. 5 und einem 147
multilateralen Handelssystem nach Abs. 3 Nr. 8 erfolgt primär danach, ob das jeweilige System **staatlich zugelassen ist und überwacht wird**. Im Übrigen ist die Definition des organisierten Marktes insofern weiter als diejenige des multilateralen Handelssystems, als erstere ausdrücklich auch solche Systeme erfasst, die nicht direkt zu einem Vertragsabschluss führen, sondern lediglich das Zusammenbringen der Parteien fördern, also erleichtern.[319]
Eine Abweichung gegenüber der Rechtslage vor Umsetzung der Finanz- 148
marktrichtlinie durch das FRUG besteht auch hinsichtlich des räumlichen Geltungsbereichs. Während bisher keine geografische Eingrenzung für die Anerkennung eines organisierten Marktes auch im Ausland bestand und auch Märkte in Drittstaaten unter die rein materiell ausgestaltete Definition des organisierten Marktes fallen konnte (vgl. § 37i WpHG aF), ist der Begriff nunmehr **auf Märkte im Geltungsbereich der Finanzmarktrichtlinie beschränkt**.[320]

3. Anwendungsfälle

Die Voraussetzungen eines organisierten Marktes erfüllt **in Deutschland der** 149
regulierte Markt gem. § 32 ff. BörsG, der an die Stelle der früheren Marktsegmente **amtlicher Markt** (§§ 30 ff. BörsG aF) und **geregelter Markt** (§§ 49 ff. BörsG aF) getreten ist.[321] Hingegen ist der **Freiverkehr** (§ 48 BörsG) **kein organisierter Markt** im Sinne des WpHG, da er ausschließlich privatrechtlich organisiert ist und damit nicht von staatlich anerkannten Stellen geregelt wird.[322] Bei der Bestimmung der Insiderpapiere in § 12 wird der Freiverkehr daher neben dem organisierten Markt ausdrücklich erwähnt. Auch der so genannte **„Entry Standard"** der Frankfurter Wertpapierbörse fällt als Teilbereich des Freiverkehrs somit nicht unter § 2 Abs. 5 WpHG.[323] Das Marktsegment **M:access** der Börse München ist zwar insoweit ein Sonderfall, als dort sowohl Emittenten des Freiverkehrs wie auch solche des bisherigen amtlichen und geregelten Marktes notiert werden. Dieser Umstand ändert jedoch nichts daran, dass dieses privatrechtlich betriebene Börsensegment dem Freiverkehr zuzuordnen ist und daher nicht als Teil des organisierten Marktes i. S. d. § 2 Abs. 5 anerkannt werden kann. Die Überwachung des Freiverkehrs seitens des Börsenträgers kann mangels öffentlich-rechtlicher Vorgaben nicht als staatliche Kontrolle gelten. Seit der Umsetzung der Finanzmarktrichtlinie durch das FRUG zum 1. 11. 2007 fällt der Freiverkehr zwar an sich unter den Begriff des multilateralen Handelssystems gemäß § 2 Abs. 3 Nr. 8,[324] dessen Betreiben eine Wertpapierdienstleistung dar-

---

[318] Erwägungsgrund 6 der Finanzmarktrichtlinie; mit fast identischem Wortlaut Begr-RegE, BT-Drucks. 16/4028, S. 56 (zu § 2 Abs. 3 Nr. 8).
[319] *Spindler/Kasten*, WM 2007, 1749, 1754.
[320] BegrRegE, BT-Drucks. 16/4028, S. 57.
[321] *Versteegen*, in: KölnKommWpHG, § 2 Rn. 181; ebenso zur bisherigen Rechtslage *Assmann*, in: Assmann/Schneider, § 2 Rn. 96; *Schwark/Beck*, § 2 Rn. 46; *Schäfer*, in: *Schäfer/Hamann*, § 2 Rn. 106.
[322] Ebenso schon zu § 2 Abs. 5 WpHG aF BegrRegE (2. FFG), BT-Drucks. 12/6679, S. 45; *Schäfer*, in: Schäfer/Hamann, § 2 Rn. 106; *Kümpel*, Rn. 8.217.
[323] *Schlitt/Schäfer*, AG 2006, 147; *Versteegen*, in: KölnKommWpHG, § 2 Rn. 181.
[324] *Gomber/Hirschberg*, AG 2006, 777, 779.

stellt. Die Vorschriften der §§ 31 f ff. sind jedoch nicht auf den Freiverkehr anzuwenden, da er abschließend im BörsG geregelt ist.[324a] Als organisierter Markt anerkannt ist die **Terminbörse EUREX**.[325]

150   Für die Beantwortung der Frage, welcher **ausländische Markt** ein organisierter Markt im Sinne des § 2 Abs. 5 ist, kann das von der Europäischen Kommission veröffentlichte **Verzeichnis aller geregelten Märkte** hilfreich sein. Gemäß Art. 47 der MiFiD hat jeder Mitgliedstaat der Kommission ein Verzeichnis der geregelten Märkte, für die er Herkunftsmitgliedstaat ist, zu übermitteln. Auf Basis dieser Daten stellt die Kommission ein Verzeichnis her und veröffentlicht dieses einmal jährlich im Amtsblatt der EU. Von größerer praktischer Bedeutung ist demgegenüber die **parallele Veröffentlichung auf der Website der EU,** denn das hier abrufbare Verzeichnis wird nach jeder durch einen Mitgliedstaat gemeldeten Änderung aktualisiert.

151   Das Aktiengesetz verwendet in § 3 Abs. 2 AktG zur Bestimmung des Begriffs der **Börsennotierung** eine Definition, die mit derjenigen des WpHG vor der Änderung durch das FRUG wortgleich war, ohne ausdrücklich auf den organisierten Markt im Sinne von § 2 Abs. 5 zu verweisen. Im Ergebnis sind Aktien dann börsennotiert, wenn sie zu einem organisierten Markt zugelassen sind. Das Wertpapierhandelsgesetz greift in den §§ 21 ff. seinerseits auf das Kriterium der Börsennotierung zurück.

XI. Emittenten mit dem Herkunftsstaat Bundesrepublik Deutschland (Abs. 6)

1. Hintergrund und Bedeutung der Vorschrift

152   Durch das Transparenzrichtlinie-Umsetzungsgesetz (TUG) wurde das durch Art. 2 Abs. 1 lit. i) iVm Art. 1 Abs. 1 der Transparenzrichtlinie vorgegebene **Herkunftsstaatsprinzip** mit Wirkung zum 20. 1. 2007 umgesetzt.[326] Nunmehr kommt es für die Anwendung deutscher Veröffentlichungspflichten und für die Beaufsichtigung durch die BaFin nicht mehr allein darauf an, ob der Emittent an einer inländischen Börse notiert ist, sondern es wird primär an seinen Sitz angeknüpft. In diesem Zusammenhang definieren die neuen Absätze 6 und 7 des § 2 WpHG „Emittenten mit dem Herkunftsstaat Bundesrepublik Deutschland" (Abs. 6) und „Inlandsemittenten" (Abs. 7).[327] Sinn dieser Neuregelung ist es, zu verhindern, dass grenzüberschreitend arbeitende Emittenten die gleichen Transparenzpflichten in mehreren Ländern erfüllen müssen. Denn das wäre wegen der nunmehr verpflichtenden europaweiten Verbreitung von Kapitalmarktinformationen überflüssig.

153   Die Definition des Emittenten, für den die Bundesrepublik Deutschland Herkunftsstaat ist (Abs. 6), hat **insbesondere Bedeutung für die Meldepflichten nach § 21 WpHG**. Diese stellen im Unterschied zu den meisten anderen Publizitätspflichten des WpHG nicht auf den Begriff des Inlandsemittenten gemäß

[324a] Vgl. § 48 Abs. 3 S. 2; Bericht des Finanzausschusses, BT-Drucks. 16/4899, S. 15.
[325] So zu § 2 Abs. 5 WpHG aF *Schäfer,* in: *Schäfer/Hamann,* § 2 Rn. 106; *Schwark/Beck,* § 2 Rn. 46.
[326] Vgl. BegrRegE, BT-Drucks. 16/2498, S. 30.
[327] Vgl. zu dieser Regelung *Nießen,* NJW 2007, 41 ff.

Abs. 7 ab und erfassen damit unter bestimmten Voraussetzungen auch Gesellschaften mit Sitz in Drittstaaten. Dies führt im Vergleich zur früheren Rechtslage zu einem erweiterten Anwendungsbereich der Vorschrift.[328]

2. Allgemeine Voraussetzungen und Systematik

Abs. 6 macht die Qualifikation der Bundesrepublik Deutschland als Herkunftsstaat für Emittenten von unterschiedlichen Voraussetzungen abhängig. In den alternativ anwendbaren Nr. 1–3 wird danach differenziert, welche **Art von Finanzinstrumenten** der Emittent begibt, wo er seinen **Sitz** hat und ob bzw. wo die Finanzinstrumente zum **Handel an einem organisierten Markt** zugelassen sind. Die Vorschrift unterscheidet dabei insbesondere danach, ob es sich um Schuldtitel mit einer kleinen Stückelung (weniger als 1000,– Euro) oder Aktien (Nr. 1) oder um andere Finanzinstrumente handelt. Bei diesen wird weiter danach differenziert, ob die Finanzinstrumente lediglich zum Handel an einem organisierten Markt im Inland (Nr. 2) oder ob sie auch oder ausschließlich in einem anderen EU-Mitgliedstaat oder EWR-Vertragsstaat zugelassen sind (Nr. 3). Ist letzteres der Fall, ist im Regelfall zusätzlich erforderlich, dass der Emittent die Bundesrepublik Deutschland gemäß § 2b als Herkunftsstaat wählt, sofern dies nicht nach Abs. 6 Satz 2 entbehrlich ist. Dabei spielt jeweils auch eine Rolle, ob der Emittent seinen Sitz im Inland, in einem EU- oder EWR-Staat oder in einem Drittstaat hat (näher dazu unten Rn. 157 ff.).

Soweit in Abs. 6 an den **Sitz** angeknüpft wird, fragt es sich, ob insoweit der tatsächliche Verwaltungssitz oder der in der Satzung festgelegte Sitz maßgeblich ist. Unter Berücksichtigung der Rechtsprechung des EuGH zur Niederlassungsfreiheit[329] dürfte unter dem Sitz des Emittenten hier jeweils der **statutarische Sitz** der Gesellschaft zu verstehen sein.[329a]

Zu beachten ist ferner, dass sich die alternativen Anknüpfungspunkte nach Abs. 6 Satz 1 Nr. 1–3 jeweils **insgesamt auf den Emittenten beziehen** und nicht auf einzelne Finanzinstrumente oder Emissionen. Das bedeutet, dass derjenige, der als Emittent von Aktien oder bestimmten Schuldtiteln bereits unter Nr. 1 fällt, bei der Ausgabe anderer Finanzinstrumente kein Wahlrecht mehr nach Nr. 3 haben kann.[330] Dieses steht vielmehr nur solche Emittenten zu, die weder Finanzinstrumente nach Nr. 1 begeben noch unter Nr. 2 fallen.

3. Die Anknüpfungspunkte im Einzelnen

a) Emittenten von bestimmten Schuldtiteln oder Aktien (Nr. 1)

Die erste Alternative erfasst Emittenten von **Schuldtiteln** mit einer kleinen Stückelung (weniger als 1000,– € oder dem am Ausgabetag entsprechenden Gegenwert in einer anderen Währung) oder von **Aktien,** wenn sie ihren **Sitz im**

---

[328] *Bosse*, DB 2007, 39, 40.
[329] EuGH Slg. 1999-I, 1459 („Centros"); Slg. 2002-I, 9919 („Überseering"), Slg. 2003-I, 10155 („Inspire Art").
[329a] Ebenso *Ringe* AG 2007, 809, 810 f. Nach dem RefE des BMJ vom 7. 1. 2008 zur Regelung des Internationalen Gesellschaftsrechts (www.bmj.de) soll die bisherige Anknüpfung nach dem tatsächlichen Verwaltungssitz künftig ganz zugunsten der Gründungstheorie aufgegeben werden; vgl. hierzu auch *Bollacher* RIW 2008, 200 ff.; *Clausnitzer* NZG 2008, 321 ff.
[330] BegrRegE, BT-Drucks. 16/2498, S. 31.

§ 2 158, 159   Abschnitt 1. Anwendungsbereich, Begriffsbestimmungen

Inland haben **und** ihre Wertpapiere **zum Handel an einem organisierten Markt im Geltungsbereich der Finanzmarktrichtlinie** (Inland, EU- oder EWR-Staat) **zugelassen** sind (lit. a). Gleiches gilt für Emittenten mit **Sitz in einem Drittstaat,** sofern das jährliche Dokument i. S. d. § 10 WpPG bei der Bundesanstalt zu hinterlegen ist (lit. b). Die Eingrenzung des Personenkreises auf Emittenten von Aktien und Schuldtiteln mit einer Stückelung von weniger als 1000,– € entspricht Art. 2 Abs. 1 lit. i) der Transparenzrichtlinie. Im Ergebnis wird damit das Wahlrecht des Herkunftslandstaates für Emittenten mit Sitz im Inland oder in Drittstaaten bei solchen Finanzinstrumenten eingeschränkt, die für einen potentiell großen Kreis von kleineren oder privaten Anlegern in Betracht kommen.

b) Emittenten anderer Finanzinstrumente ohne Bezug zu einem anderen EU- oder EWR-Staat (Nr. 2)

158   Die zweite Konstellation, in der die Bundesrepublik Deutschland ohne weiteres Herkunftsstaat ist, betrifft Emittenten, die keine Finanzinstrumente im Sinne der Nr. 1 (also Aktien oder Schuldtitel mit einer Stückelung von unter 1000,– €) begeben, sofern zwar ein Inlandsbezug, aber kein Bezug zu einem anderen Mitgliedstaat der EU oder Vertragsstaat des EWR besteht. Denn in diesem Fall besteht kein Anlass für die Einräumung eines Wahlrechts hinsichtlich des Herkunftsstaates, wie es in Nr. 3 vorgesehen ist.[331] Der notwendige Bezug zur Bundesrepublik Deutschland wird dadurch hergestellt, dass die Finanzinstrumente **zum Handel an einem organisierten Markt im Inland** zugelassen sein müssen. Der **Sitz des Emittenten** (im **Inland oder** in einem **Drittstaat**) ist dagegen insofern nur als negatives Abgrenzungsmerkmal von Bedeutung, als er **nicht in einem anderen Mitgliedstaat der EU oder in einem Vertragsstaat des EWR** liegen darf.[332] Ebenso wenig dürfen die Finanzinstrumente **an einem organisierten Markt** in einem der genannten Staaten **zugelassen** sein. Denn liegt auch nur einer der beiden Fälle vor (Sitz oder Zulassung zum Handel an einem organisierten Markt in einem anderen EU- oder EWR-Staat), besteht kein bloßer Inlandsbezug mehr. Sind aber mindestens zwei Staaten im Geltungsbereich der Finanzmarktrichtlinie tangiert, ist ein Ausschluss des Wahlrechts bezüglich des Herkunftsstaats nicht mehr gerechtfertigt.

c) Emittenten anderer Finanzinstrumente mit Bezügen zum Inland und zu einem anderen EU- oder EWR-Staat (Nr. 3)

159   Emittenten, die nicht unter Nr. 1 oder Nr. 2 fallen, können unter bestimmten Voraussetzungen die **Bundesrepublik Deutschland als Herkunftsstaat nach Maßgabe des § 2b wählen.** Nr. 3 Satz 1 stellt dabei im Kern darauf ab, dass zugleich Bezüge zum Inland wie zu einem anderen Mitgliedstaat der EU oder Vertragsstaat des EWR-Abkommens bestehen. Diese **notwendige Verbindung zu mindestens zwei Staaten innerhalb des Geltungsbereichs der Finanzmarktrichtlinie** wird dabei jeweils durch den Sitz des Emittenten und die Zulassung zu einem oder mehreren organisierten Märkten vermittelt. Je nachdem, ob der fragliche Emittent seinen Sitz im Inland (lit. a), in einem anderen EU- oder

---

[331] Vgl. BegrRegE (TUG), BT-Drucks. 16/2498, S. 30 f.
[332] *Dieses Erfordernis* ist zwar nicht ausdrücklich formuliert, ergibt sich aber eindeutig aus der Textfassung („wenn sie im Inland oder in einem Drittstaat ihren Sitz haben und …").

EWR-Staat (lit. b) oder in einem Drittstaat (lit. c) hat, müssen die Finanzinstrumente auch oder ausschließlich in einem anderen EU- oder EWR-Staat (lit. a), auch oder ausschließlich im Inland (lit. b) oder sowohl im Inland als auch in einem oder mehreren anderen EU- oder EWR-Staaten (lit. c) zugelassen sein.

Für Emittenten, die unter Nr. 3 fallen, wird die Bundesrepublik Deutschland **160** grundsätzlich nur dann Herkunftsstaat, wenn sie ihr Wahlrecht in diesem Sinne und in Übereinstimmung mit § 2b ausüben. Hat der Emittent **keine Wahl** getroffen, so gilt dennoch nach **Abs. 6 Satz 2** die **Bundesrepublik automatisch** als **Herkunftsstaat** für diejenigen Emittenten, die unter lit. a) fallen (Sitz im Inland) und für diejenigen, die unter lit. c) fallen (Sitz in einem Drittstaat) und das jährliche Dokument nach § 10 WpPG bei der BaFin hinterlegt haben. Insofern lebt nach der Gesetzesbegründung das Grundprinzip aus Art. 2 Abs. 1 lit. i) Nr. ii) wieder auf, dass der Sitzstaat bzw. die Hinterlegung des jährlichen Dokuments nach § 10 WpPG über den Herkunftsstaat entscheidet.[333] Demnach kann in den Fällen der lit. b) (Sitz des Emittenten in einem anderen EU- oder EWR-Staat) die Bundesrepublik nicht Herkunftsstaat sein.

XII. Inlandsemittenten (Abs. 7)

Der in Umsetzung von Art. 21 Abs. 3 der Transparenzrichtlinie neu geschaffene **161** Begriff des Inlandsemittenten ist **von erheblicher Bedeutung,** weil zahlreiche Veröffentlichungspflichten des WpHG (zB §§ 15, 15a und 26) an ihn anknüpfen. Die Definition des Inlandsemittenten in Abs. 7 steht in enger Beziehung zu dem ebenfalls neu eingeführten Terminus des Emittenten, für den die Bundesrepublik Deutschland Herkunftsstaat ist (Abs. 6). Im Vergleich zu diesem ist der Begriff des Inlandsemittenten einerseits weiter, andererseits enger; auf diese Weise **modifiziert** er **das Herkunftsstaatsprinzip.**[334] So werden nach Abs. 7 Nr. 2 einerseits auch Emittenten erfasst, für die Deutschland nicht der Herkunftsstaat ist, deren Wertpapiere aber *ausschließlich* im Inland zum Handel an einem organisierten Markt zugelassen sind. Auf der anderen Seite werden durch Abs. 7 Nr. 1 spiegelbildlich die Emittenten mit dem Herkunftsstaat Deutschland, deren Wertpapiere *nur in einem anderen Staat* zum Handel an einem organisierten Markt zugelassen sind, von der Anwendung der Veröffentlichungspflichten nach dem WpHG und der Aufsicht durch die BaFin ausgenommen. Voraussetzung ist allerdings, dass diese Emittenten im Aufnahmestaat den gleichen Veröffentlichungs- und Mitteilungspflichten nach der Transparenzrichtlinie unterliegen. Nur dann können Regelungs- und Aufsichtslücken vermieden werden.

Im Vergleich zur bisherigen Rechtslage sind die **Auswirkungen** der neuen **162** Anknüpfungsregeln für das Publizitätsregime grundsätzlich positiv zu würdigen, weil sie zu einer **wünschenswerten Reduzierung von Doppelmeldungen** führen. Das gilt zum einen für Emittenten mit Sitz in anderen EU-Staaten, die in Deutschland und in ihrem Sitzstaat börsennotiert sind, und daher in Deutschland nicht mehr publizitätspflichtig sind. Zum anderen werden Emittenten mit Sitz in Deutschland entlastet, die ausschließlich in einem anderen EU-Mitgliedstaat notiert sind, weil sie nunmehr von den Mitteilungspflichten nach §§ 15, 15a

---

[333] BegrRegE (TUG), BT-Drucks. 16/2498, S. 31.
[334] BegrRegE (TUG), BT-Drucks. 16/2498, S. 31.

WpHG in Deutschland befreit sind.[335] Eine Gefahr für die Transparenz im Kapitalmarkt besteht dennoch nicht wegen der obligatorischen europaweiten Verbreitung von Kapitalmarktinformationen.

XIII. Herkunftsmitgliedstaat (Abs. 8)

163 Die Vorschrift wurde zum 1. 11. 2007 durch das FRUG in das WpHG aufgenommen und definiert den Herkunftsmitgliedstaat von Wertpapierdienstleistungsunternehmen i. S. d. Abs. 4 und von organisierten Märkten i. S. d. Abs. 5.

164 Für **Wertpapierdienstleistungsunternehmen** bestimmt Abs. 8 Nr. 1 den Mitgliedstaat zum Herkunftsstaat, in dem sich seine **Hauptniederlassung** (im Sinne von § 13 h HGB) befindet. Diese Regelung fasst die unter Art. 4 Abs. 1 Nr. 20 lit. a) i)–iii) der Finanzmarktrichtlinie aufgezählten Varianten zusammen. Für einen **organisierten Markt** kommt es dagegen nach Abs. 8 Nr. 2 in erster Linie auf den **Staat der Zulassung oder Registrierung** an. Nur für den Fall, dass sich nach dem nationalen Recht dieses Mitgliedstaates kein Sitz des organisierten Marktes ergibt, wird **ersatzweise** derjenige Mitgliedstaat zum Herkunftsmitgliedstaat erklärt, in dem sich die **Hauptniederlassung** des organisierten Marktes befindet. Damit wird Art. 4 Abs. 1 Nr. 20 lit. b) der Finanzmarktrichtlinie umgesetzt. Diese Regelung dürfte wohl nur dann zum Zuge kommen, wenn der organisierte Markt in einer Rechtsform betrieben wird, für die das nationale Recht keine Bestimmung eines satzungsmäßigen Sitzes kennt oder erlaubt.

XIV. Aufnahmemitgliedstaat (Abs. 9)

165 Ebenfalls durch das FRUG ist in Umsetzung von Artikel 4 Abs. 1 Nr. 21 der Finanzmarktrichtlinie der (dem Herkunftsmitgliedstaat korrespondierende) Terminus des Aufnahmemitgliedstaats als § 2 Abs. 9 in das WpHG eingefügt worden. Zum Aufnahmemitgliedstaat eines Wertpapierdienstleistungsunternehmens (§ 2 Abs. 4) wird durch Abs. 9 Nr. 1 der Mitgliedstaat bestimmt, der nicht Herkunftsmitgliedstaat des Unternehmens ist, in dem das Wertpapierdienstleistungsunternehmen aber eine Zweigniederlassung unterhält oder im Wege einer grenzüberschreitenden Dienstleistung tätig wird, also das **Zielland der betreffenden Wertpapierdienstleistung**.[336] Für einen **organisierten Markt** ist derjenige Mitgliedstaat Aufnahmestaat, in dem für die dort niedergelassenen Marktteilnehmer eine **Zugangsmöglichkeit zum Handelssystem** angeboten wird.[337]

XV. Systematischer Internalisierer (Abs. 10)

166 Der neu geschaffene und durch das FRUG erstmals in das WpHG eingeführte Begriff des „systematischen Internalisierers" in Abs. 10 geht auf Art. 4 Absatz 1 Nr. 7 der Finanzmarktrichtlinie iVm Art. 21 der DVO zurück und dient der **Einbeziehung systematischer Eigenhandelsaktivitäten von Wertpapier-**

---

[335] *Bosse, DB 2007*, 39, 40.
[336] BegrRegE, BT-Drucks. 16/4028, S. 57.
[337] BegrRegE, BT-Drucks. 16/4028, S. 57.

dienstleistungsunternehmen außerhalb organisierter Märkte und multilateraler Handelssysteme in die kapitalmarktrechtliche Regulierung. Bisher war der Handel auf bilateraler Basis in Deutschland nicht reguliert. Er fällt weder unter den Begriff des Handels am organisierten Markt gemäß Abs. 5 noch unter das Betreiben eines multilateralen Handelssystems nach Abs. 3 Nr. 8. Dieser bilaterale Handel kann generell auch weiterhin außerhalb eines Handelsplatzes stattfinden, unterliegt jedoch nunmehr einschränkenden Regelungen gemäß Art. 27 der Finanzmarktrichtlinie, die in den besonderen Verhaltenspflichten der §§ 32–32d WpHG umgesetzt worden sind. Weitere Einzelheiten sind in den Kapiteln III und IV Abschnitt 2 und 4 der DVO zur Finanzmarktrichtlinie (DVO)[338] geregelt. Sinn und Zweck der Regulierung ist es, sowohl den Wettbewerb zwischen den verschiedenen Handelsplätzen zu fördern als auch zugleich die Markteffizienz und Integrität aller Handelsplätze zu stärken.[339] Die im Rahmen der systematischen Internalisierung erzielten Preise sind allerdings nicht als Referenzkurse für Börsenpreise akzeptiert (vgl. § 24 Abs. 2 BörsG).

Ob ein Wertpapierdienstleistungsunternehmen „**häufig regelmäßig und auf** 167 **organisierte und systematische Weise**" gegen den internen Handelsbestand handelt, hängt davon ab, ob es die in **Art. 21 Abs. 1 DVO** genannten **Kriterien** erfüllt.[340] Es kommt zum einen darauf an, ob die Internalisierung gemäß Art. 21 Abs. 1 lit. a) iVm Erwägungsgrund 15 der DVO „**eine wesentliche kommerzielle Rolle**" im Geschäftsmodell der Wertpapierfirma einnimmt. Die daran teilweise geäußerte Kritik, es handele sich um ein rein subjektives Kriterium,[341] ist nicht berechtigt, da insoweit primär auf objektive Faktoren wie den Umfang der Tätigkeit, sei es im Verhältnis zur gesamten Geschäftstätigkeit, sei es im Verhältnis zu den Marktaktivitäten in Bezug auf die betreffende Aktie, abzustellen ist, um dann auf dieser Basis feststellen zu können, ob die Tätigkeit für das Unternehmen eine bedeutende Einnahme- oder Kostenquelle darstellt (vgl. Erwägungsgrund 15 der DVO). Zum anderen muss die Tätigkeit **nach nichtdiskretionären Regeln und Verfahren ausgeübt** werden (Art. 21 Abs. 1 lit. a) DVO). Für die Qualifizierung als systematischer Internalisierer ist es ferner von Bedeutung, ob die Tätigkeit von **Personal** oder einem **automatisierten technischen System** ausgeführt wird, das **eigens für diesen Zweck vorgesehen** ist (Art. 21 Abs. 1 lit. b) DVO). Nicht erforderlich ist allerdings, dass das Personal

---

[338] Verordnung (EG) Nr. 1287/2006 vom 10. 8. 2006 zur Durchführung der Richtlinie 2004/39/EG des Europäischen Parlaments und des Rates betreffend die Aufzeichnungspflichten für Wertpapierfirmen, die Meldung von Geschäften, die Markttransparenz, die Zulassung von Finanzinstrumenten zum Handel und bestimmte Begriffe im Sinne dieser Richtlinie, ABl. EG Nr. L 241 v. 2. 9. 2006, S. 1 ff.

[339] Vgl. insbesondere Erwägungsgrund 5 der DVO: „Diese Anforderungen sind Bestandteil eines größeren Rahmens an Vorschriften, die den Wettbewerb zwischen den Handelsplätzen bei der Ausführung von Dienstleistungen fördern sollen, um die Auswahl für die Anleger zu erhöhen, Innovationen zu fördern, die Transaktionskosten zu senken und die Effizienz des Preisbildungsprozesses europaweit zu steigern."

[340] Art. 21 Abs. 1 DVO erwähnt nur die Kriterien „organisiert", häufig und systematisch", während § 2 Abs. 10 WpHG zusätzlich das Wort „regelmäßig" enthält. Da insoweit kein zusätzlicher Regelungsgehalt erkennbar ist, besteht kein sachlicher Unterschied, vielmehr stellt die Beibehaltung des „regelmäßig" in der deutschen Fassung des Art. 4 Abs. 1 Nr. 7 MiFID ein Redaktionsversehen dar, s. *Mutschler*, S. 157, 168.

[341] *Hirschberg*, AG 2006, 398, 401.

oder System ausschließlich für diesen Zweck bestimmt ist. Doch muss die Tätigkeit den Kunden auf regelmäßiger oder kontinuierlicher Basis zur Verfügung stehen (Art. 21 Abs. 1 lit. c) DVO). Ein technisches System für die Zusammenführung von Kauf- und Verkaufsorders mit passenden Angeboten aus dem eigenen Haus des Wertpapierdienstleisters ist zB das von der Deutsche Börse AG zur Verfügung gestellte Handelssystem „Xetra Best Execution" (**Xetra-Best**), das zunächst prüft, ob ein Kundenauftrag durch ein eigenes Angebot der ausführenden Bank bedient werden kann, bevor er in das Xetra-Orderbuch eingestellt wird.[342]

168 Auf der anderen Seite nennt Art. 21 Abs. 3 DVO **Ausschlusskriterien,** die anzeigen, dass die Tätigkeit des Wertpapierdienstleistungsunternehmens **nicht** „organisiert, häufig und systematisch" erbracht wird: Neben der Art der Tätigkeit („bilateral *ad hoc* und unregelmäßig"; Ausführung auf andere Art und Weise als durch Nutzung der üblicherweise für solche Geschäfte eingesetzten Systeme) kommt es insoweit auch auf die Gegenpartei an (im Großkundenhandel als Teil einer Geschäftsbeziehung, die durch Geschäfte jenseits der Standardmarktgröße charakterisiert wird). Im Ergebnis ist somit zwischen der Abwicklung der Order eines Kunden innerhalb des eigenen Systems einerseits und (sonstigen) außerbörslichen Geschäften andererseits zu differenzieren.[343] Abzustellen ist im Kern darauf, ob solche Transaktionen nur *ad hoc* und unregelmäßig oder häufig und regelmäßig erfolgen. Ebenso wie die regelmäßige Nutzung von Xetra-Best (Rn. 167) die ausführende Bank zum systematischen Internalisierer macht,[343a] könnte künftig ein planmäßig betriebener außerbörslicher Telefonhandel, der sich wegen der erweiterten *best-execution*-Regel nach § 33a Abs. 5 Satz 2 nicht mehr – wie früher – auf den Interbankenhandel beschränken müsste, als ein unter Einsatz von Personal betriebenes Internalisierungssystem einzuordnen sein.[343b]

169 Die Qualifizierung als systematischer Internalisierer hat erhebliche **Rechtsfolgen.** Das betreffende Wertpapierdienstleistungsunternehmen hat in den von § 32 genannten Fällen (Ausführung von Aufträgen in Aktien und Aktien vertretenden Zertifikaten,[344] sofern es einen liquiden Markt gibt[345]) die in den §§ 32a–d genannten Pflichten zu erfüllen. Dazu gehört in erster Linie die regelmäßige Veröffentlichung von Quotes (verbindliche Kauf- und Verkaufsangebote) gemäß § 32a und die Verpflichtung, Aufträge zu diesem Preis auszuführen (§ 32c). Der systematische Internalisierer hat also eine **besondere Art der Vorhandelstranspa-**

---

[342] Vgl. *Ekkenga*, in: *Claussen*, Bank- und Börsenrecht, § 6 Rn. 250; *Mutschler*, S. 109 f.
[343] *Spindler/Kasten*, WM 2007, 1749, 1755; vgl. auch *Mutschler*, S. 177 ff.
[343a] *Ekkenga*, in: *Claussen*, Bank- und Börsenrecht, § 6 Rn. 251.
[343b] Vgl. *Ekkenga*, aaO, § 6 Rn. 253. Gleiches gilt für die Einrichtung einer Internalisierungssparte unter dem Dach eines geregelten Marktes der MTF, vgl. Erwägungsgrund 49 der MiFID; *Mutschler*, S. 175.
[344] Die Einbeziehung von Aktien vertretenden Zertifikaten geht über die Verpflichtung durch die MIFID hinaus, diese Gleichbehandlung entspricht jedoch ohnehin der gängigen Praxis der Börsen, vgl. *Duve/Keller*, BB 2007, 2537, 2540.
[345] Nach Art. 22 Abs. 1 DVO besteht ein liquider Markt nur dann, wenn eine Aktie täglich gehandelt wird, der Streubesitz mindestens 500 Mio. € beträgt, die durchschnittliche tägliche Anzahl der Geschäfte mit dieser Aktie mindestens bei 500 der durchschnittliche Tagesumsatz bei 2 Mio. € liegt. Auf nationaler Ebene können die Mitgliedstaaten festlegen, ob die beiden letztgenannten Kriterien kumulativ oder alternativ vorliegen müssen.

Ausnahmen § 2a

renz zu erfüllen, da dem Kunden bei ihm – anders als im multilateralen Handel – keine Geld- und Briefkurse angezeigt werden können.[346] Eine Grenze findet diese Vorhandelstransparenz jedoch darin, dass sie nur für systematische Internalisierer gilt, die Aufträge bis zur Standardmarktgröße ausführen.[347] Angesichts des hohen Aufwands, der mit einer Tätigkeit als systematischer Internalisierer verbunden ist, sollte die Entscheidung zur Aufnahme entsprechender Aktivitäten gut überlegt sein.[348]

Für die **Beendigung der Tätigkeit als systematischer Internalisierer** 170 enthält **Art. 21 Abs. 2 DVO** die Vorgabe, dass neben der tatsächlichen Aufgabe der in Abs. 1 genannten Tätigkeit die Absicht zur Einstellung dieser Tätigkeit zuvor öffentlich angekündigt worden sein muss; dabei sind grundsätzlich die gleichen Veröffentlichungskanäle wie für die Publikation der Kursofferten zu benutzen oder, falls das nicht möglich ist, ein anderes Medium, das den Kunden und anderen Marktteilnehmern gleichermaßen zur Verfügung steht.

§ 2a Ausnahmen

(1) **Als Wertpapierdienstleistungsunternehmen gelten nicht**
1. **Unternehmen, die Wertpapierdienstleistungen ausschließlich für ihr Mutterunternehmen oder ihre Tochter- oder Schwesterunternehmen im Sinne des § 1 Abs. 6 und 7 des Kreditwesengesetzes erbringen,**
2. **Unternehmen, deren Wertpapierdienstleistung ausschließlich in der Verwaltung eines Systems von Arbeitnehmerbeteiligungen an den eigenen oder an mit ihnen verbundenen Unternehmen besteht,**
3. **Unternehmen, die ausschließlich Wertpapierdienstleistungen sowohl nach Nummer 1 als auch der Nummer 2 erbringen,**
4. **private und öffentlich-rechtliche Versicherungsunternehmen,**
5. **die öffentliche Schuldenverwaltung des Bundes, eines seiner Sondervermögen, eines Landes, eines anderen Mitgliedstaats der Europäischen Union oder eines anderen Vertragsstaats des Abkommens über den Europäischen Wirtschaftsraum, die Deutsche Bundesbank und andere Mitglieder des Europäischen Systems der Zentralbanken sowie die Zentralbanken der anderen Vertragsstaaten,**
6. **Angehörige freier Berufe, die Wertpapierdienstleistungen nur gelegentlich im Rahmen eines Mandatsverhältnisses als Freiberufler erbringen und einer Berufskammer in der Form der Körperschaft des öffentlichen Rechts angehören, deren Berufsrecht die Erbringung von Wertpapierdienstleistungen nicht ausschließt,**
7. **Unternehmen, die als Wertpapierdienstleistung für andere ausschließlich die Anlageberatung und die Anlagevermittlung zwischen Kunden und**
    a) **Instituten im Sinne des Kreditwesengesetzes,**
    b) **Instituten oder Finanzunternehmen mit Sitz in einem anderen Staat des Europäischen Wirtschaftsraums, die die Voraussetzungen nach § 53b Abs. 1 Satz 1 oder Abs. 7 des Kreditwesengesetzes erfüllen,**

---

[346] *Hirschberg,* AG 2006, 398, 404.
[347] Die Standardmarktgröße errechnet sich anhand der in Anhang II, Tabelle 3 der DVO aufgeführten Liquiditätsbänder und beträgt mindestens 7500,– €. Sofern systematische Internalisierer ausschließlich Aufträge oberhalb dieser Größe ausführen, sind sie von der Pflicht befreit, verbindliche Kursofferten zu veröffentlichen.
[348] *Sievert,* Die Bank, Heft 2/2007, 68, 70.

§ 2a Abschnitt 1. Anwendungsbereich, Begriffsbestimmungen

    c) Unternehmen, die aufgrund einer Rechtsverordnung nach § 53 c des Kreditwesengesetzes gleichgestellt oder freigestellt sind, oder
    d) Kapitalanlagegesellschaften, Investmentaktiengesellschaften oder ausländischen Investmentgesellschaften
betreiben, sofern sich diese Wertpapierdienstleistungen auf Anteile an Investmentvermögen, die von einer inländischen Kapitalanlagegesellschaft oder Investmentaktiengesellschaft im Sinne der §§ 96 bis 111 a des Investmentgesetzes ausgegeben werden, oder auf ausländische Investmentanteile, die nach dem Investmentgesetz öffentlich vertrieben werden dürfen, beschränken und die Unternehmen nicht befugt sind, sich bei der Erbringung dieser Finanzdienstleistungen Eigentum oder Besitz an Geldern oder Anteilen von Kunden zu verschaffen, es sei denn, das Unternehmen beantragt und erhält eine entsprechende Erlaubnis nach § 32 Abs. 1 des Kreditwesengesetzes; Anteile an Sondervermögen mit zusätzlichen Risiken nach § 112 des Investmentgesetzes gelten nicht als Anteile an Investmentvermögen im Sinne dieser Vorschrift,

8. Unternehmen, deren Wertpapierdienstleistung ausschließlich in der Erbringung einer oder mehrerer der folgenden Dienstleistungen besteht:
    a) Eigengeschäfte an inländischen Börsen oder in multilateralen Handelssystemen im Inland, an oder in denen Derivate gehandelt werden (Derivatemärkte), und an Kassamärkten nur zur Absicherung dieser Positionen,
    b) Eigenhandel, Finanzkommissionsgeschäft oder Abschlussvermittlung an Derivatemärkten nur für andere Mitglieder dieser Märkte,
    c) Preisstellung als Market Maker im Sinne des § 23 Abs. 4 im Rahmen des Eigenhandels für andere Mitglieder dieser Derivatemärkte,
sofern für die Erfüllung der Verträge, die diese Unternehmen an diesen Märkten oder in diesen Handelssystemen schließen, Clearingmitglieder derselben Märkte oder Handelssysteme haften,

9. Unternehmen, die Eigengeschäfte in Finanzinstrumenten betreiben oder Wertpapierdienstleistungen in Bezug auf Derivate im Sinne des § 2 Abs. 2 Nr. 2 und 5 erbringen, sofern
    a) sie nicht Teil einer Unternehmensgruppe sind, deren Haupttätigkeit in der Erbringung von Wertpapierdienstleistungen oder Bankgeschäften im Sinne des § 1 Abs. 1 Satz 2 Nr. 1, 2, 8 oder 11 des Kreditwesengesetzes besteht,
    b) diese Wertpapierdienstleistungen auf Ebene der Unternehmensgruppe von untergeordneter Bedeutung im Verhältnis zur Haupttätigkeit sind und
    c) die Wertpapierdienstleistungen in Bezug auf Derivate im Sinne des § 2 Abs. 2 Nr. 2 und 5 nur für Kunden ihrer Haupttätigkeit im sachlichen Zusammenhang mit Geschäften der Haupttätigkeit erbracht werden,

10. Unternehmen, die als einzige Wertpapierdienstleistung Eigengeschäfte und Eigenhandel betreiben, sofern sie nicht
    a) an einem organisierten Markt oder in einem multilateralen Handelssystem kontinuierlich den Kauf oder Verkauf von Finanzinstrumenten im Wege des Eigenhandels zu selbst gestellten Preisen anbieten oder
    b) in organisierter und systematischer Weise häufig für eigene Rechnung außerhalb eines organisierten Marktes oder eines multilateralen Handelssystems Handel treiben, indem sie ein für Dritte zugängliches System anbieten, um mit ihnen Geschäfte durchzuführen,

Ausnahmen § 2a

11. Unternehmen, die als Wertpapierdienstleistung ausschließlich die Anlageberatung im Rahmen einer anderen beruflichen Tätigkeit erbringen, ohne sich die Anlageberatung gesondert vergüten zu lassen,
12. Unternehmen, soweit sie als Haupttätigkeit Eigengeschäfte und Eigenhandel mit Waren oder Derivaten im Sinne des § 2 Abs. 1 Nr. 2 in Bezug auf Waren betreiben, sofern sie nicht einer Unternehmensgruppe angehören, deren Haupttätigkeit in der Erbringung von Wertpapierdienstleistungen oder dem Betreiben von Bankgeschäften im Sinne des § 1 Abs. 1 Satz 2 Nr. 1, 2, 8 oder 11 des Kreditwesengesetzes besteht, und
13. Börsenträger oder Betreiber organisierter Märkte, die neben dem Betrieb eines multilateralen Handelssystems keine anderen Wertpapierdienstleistungen im Sinne des § 2 Abs. 3 Satz 1 erbringen.

(2) ¹Ein Unternehmen, das als vertraglich gebundener Vermittler im Sinne des § 2 Abs. 10 Satz 1 des Kreditwesengesetzes als Wertpapierdienstleistung nur die Abschlussvermittlung, Anlagevermittlung, das Platzieren von Finanzinstrumenten ohne feste Übernahmeverpflichtung oder Anlageberatung erbringt, gilt nicht als Wertpapierdienstleistungsunternehmen. ²Seine Tätigkeit wird dem Institut oder Unternehmen zugerechnet, für dessen Rechnung und unter dessen Haftung es seine Tätigkeit erbringt.

(3) Für Unternehmen, denen eine Erlaubnis als Kapitalanlagegesellschaften oder Investmentaktiengesellschaften nach dem Investmentgesetz erteilt wurde, gelten ausschließlich die §§ 31, 31a, 31b, 31d, 33, 33a, 33b, 34 und 34a entsprechend, wenn sie Dienstleistungen im Sinne des § 2 Abs. 3 Nr. 7, Nr. 9 oder Abs. 3a Nr. 1 erbringen.

Schrifttum: *Grundmann*, Europäisches Schuldvertragsrecht, Berlin 1999; *Hoffmann-Becking*, Münchener Handbuch des Gesellschaftsrechts, Band 4, 3. Aufl., München 2007; *Kühne*, Ausgewählte Auswirkungen der WpDRL – MiFiD, BKR 2005, 275; *Roth/Loff*, Zu den Auswirkungen der Finanzmarktrichtlinie auf Kapitalanlagegesellschaften, WM 2007, 1249; *S. Schneider*, Nichtanwendbarkeit des KWG bzw. WpHG trotz Erbringung regulierter Tätigkeiten, WM 2008, 285; *Schnyder*, Systembildung und Systemlücken im Europäischen Versicherungsvertragsrecht, in: *Grundmann* (Hrsg.), Systembildung und Systemlücken in Kerngebieten des Europäischen Privatrechts, Tübingen 2000; *Weber-Rey/Baltzer*, Aufsichtsrechtliche Regelungen für Vermittler von Finanzanlagen und Vermögensverwalter nach der 6. KWG-Novelle, WM 1997, 2288.

Übersicht

	Rn.
I. Inhalt und Bedeutung der Norm	1
1. Regelungsgegenstand und -zweck	1
2. Entstehungsgeschichte	4
II. Ausnahmetatbestände nach Abs. 1	6
1. Erbringung ausschließlich konzerninterner Wertpapierdienstleistungen	7
2. Arbeitnehmerbeteiligungen	10
3. Kumulative Erbringung von Dienstleistungen im Sinne von Nr. 1 und Nr. 2	13
4. Versicherungsunternehmen	14
5. Öffentliche Schuldenverwaltung	15
6. Freie Berufe	17
7. Anlageberatung und Anlagevermittlung bezüglich Investmentfondsanteilen	19
8. Handel auf Derivatemärkten mit Sicherungssystemen	25

§ 2a 1, 2 Abschnitt 1. Anwendungsbereich, Begriffsbestimmungen

	Rn.
9. Eigengeschäfte als Nebengeschäfte	28
10. Eigengeschäfte und Eigenhandel als einzige Wertpapierdienstleistung	32
11. Anlageberatung im Rahmen einer anderen beruflichen Tätigkeit	34
12. Handel auf eigene Rechnung mit Waren und Warenderivaten	35
13. Börsenträger und Betreiber eines organisierten Marktes	37
14. Kapitalanlagegesellschaften und Investmentaktiengesellschaften	38
III. Vertraglich gebundene Vermittler (Abs. 2)	40
1. Regelungsgegenstand und -zweck	40
2. Voraussetzungen des Befreiungstatbestands (Abs. 2 Satz 1)	42
3. Zurechnungstatbestand (Abs. 2 Satz 2)	47
IV. Pflichten für Kapitalanlagegesellschaften und Investmentaktiengesellschaften (Abs. 3)	48

I. Inhalt und Bedeutung der Norm

1. Regelungsgegenstand und -zweck

1   Durch den **Ausnahmekatalog** in § 2a Abs. 1 sowie durch Abs. 2 werden bestimmte Unternehmen aus dem Kreis der in § 2 Abs. 4 definierten Wertpapierdienstleistungsunternehmen ausgenommen. Da diese die Normadressaten der Wohlverhaltenspflichten nach §§ 31–37a sind, liegt die Bedeutung des § 2a primär darin, den **persönlichen Anwendungsbereich der Wohlverhaltensregeln zu begrenzen.** Daneben sind Wertpapierdienstleistungsunternehmen aber auch Adressaten besonderer Pflichten im Zusammenhang mit der Durchsetzung der Verbote des Insiderhandels und der Marktmanipulation (vgl. die Melde-, Anzeige-, Aufzeichnungs- und Aufbewahrungspflichten nach §§ 9, 10, 16, 16b). Abs. 3 schränkt die grundsätzliche Herausnahme von Kapitalanlagegesellschaften und Investmentaktiengesellschaften aus dem Begriff des Wertpapierdienstleistungsunternehmens nach Abs. 1 Nr. 14 wieder ein, indem die wichtigsten, enumerativ aufgezählten Wohlverhaltenspflichten bei der Erbringung bestimmter Wertpapier(neben)dienstleistungen (individuelle Finanzportfolioverwaltung, Anlageberatung und Depotgeschäft) für entsprechend anwendbar erklärt werden.

2   **Hintergrund** für die Ausnahmebestimmungen ist, dass den Wohlverhaltensregeln zwar grundsätzlich ein weiter Anwendungsbereich eröffnet werden soll, der Gesetzgeber aber die Einbeziehung einzelner Unternehmen, juristischer oder natürlicher Personen mit einem bestimmten Tätigkeitsfeld oder Dienstleistungsangebot als für den Anlegerschutz nicht erforderlich ansieht.[1] Diese werden daher über die Ausklammerung aus dem Begriff des Wertpapierdienstleistungsunternehmens von den Verhaltenspflichten der §§ 31–37a (ganz oder teilweise) entbunden.[2] Dagegen haben die Ausnahmeregelungen des § 2a keinen Einfluss auf die Reichweite

---

[1] Vgl. auch *Assmann,* in: *Assmann/Schneider,* § 2a Rn. 2; *Schäfer,* in: *Hamann/Schäfer,* § 2a Rn. 7; näher zu einzelnen Gründen für ein eingeschränktes Schutzbedürfnis *Versteegen* in KölnKommWpHG, § 2a Rn. 3.

[2] Nach BGHZ 166, 29 ff trägt ein Unternehmen, das sich auf die Verjährung nach § 37a WpHG beruft, trotz des Ausnahmecharakters des § 2a die Beweislast dafür, dass es ein Wertpapierdienstleistungsunternehmen ist und nicht zu den Unternehmen im Sinn des *§ 2a WpHG gehört, die nicht als Wertpapierdienstleistungsunternehmen gelten;* diesem Urteil im Ergebnis zustimmend *Schäfer,* WuB I G 5 § 37a WpHG 1.06; *v. Buttlar,* EWiR 2006, 639; kritisch: *Herresthal,* JZ 2006, 526 ff.

Ausnahmen 3–5 § 2a

der Regelungen in anderen Abschnitten des WpHG, da diese nicht an die Qualifizierung als Wertpapierdienstleistungsunternehmen anknüpfen.

Die Ausnahmeregelungen in Abs. 1 entsprechen im Übrigen weitgehend denen des § 2 Abs. 1 und Abs. 6 KWG, während Abs. 2 seine Entsprechung in § 2 Abs. 10 KWG hat. Eine **weitere,** sachlich begrenzte **Ausnahmebestimmung** für einzelne Verhaltenspflichten besteht gemäß § 37 für Geschäfte zwischen Wertpapierdienstleistungsunternehmen an organisierten Märkten und in multilateralen Handelssystemen. 3

2. Entstehungsgeschichte

Die Vorgängerregelung § 2a WpHG aF wurde durch das **Umsetzungsgesetz von 1997**[3] in das Wertpapierhandelsgesetz eingefügt. Neben der Übernahme zweier zuvor in § 37 Abs. 1 WpHG aF angesiedelter Ausnahmetatbestände wurden damit in Umsetzung von **Art. 2 Abs. 2 der WpDRL**[4] neue Ausnahmetatbestände begründet. Lediglich in einem Fall (Absatz 1 Nr. 7 WpHG aF[5]) schränkte der deutsche Gesetzgeber die Ausnahmeregelung im Vergleich zur Richtlinie ein, so dass die Wohlverhaltenspflichten insoweit auf eine größere Zahl von Unternehmen anwendbar waren, als von der Richtlinie vorgeschrieben. Diese Abweichung war aber europarechtlich unbedenklich, da es den Mitgliedstaaten grundsätzlich freistand, hinsichtlich der Zulassungsbedingungen und der aufsichtsrechtlichen Auflagen strengere Bestimmungen als in der Richtlinie festzulegen.[6] Das **AnSVG** führte zu einer weiteren Einschränkung der Ausnahme des Abs. 1 Nr. 7, die seither nicht mehr für die Weiterleitung von Anteilen mit Risiken aus sog. *Single Hedge Fonds* (§ 112 InvG) gilt. 4

Die **Richtlinie über Märkte für Finanzinstrumente (MiFID)**[7] brachte zwar für den Ausnahmenkatalog (Art. 2)[8] im Vergleich zur WpDRL nur in einigen Punkten materiellen Änderungsbedarf mit sich. Dennoch hat das **FRUG** den Text des § 2a Abs. 1 und Abs. 2 nicht unerheblich umgestaltet und einen neuen Abs. 3 angefügt. Abs. 1 Nr. 1 bis 6 enthalten allerdings lediglich redaktionelle Anpassungen, während in den Nr. 7 bis 14 zum Teil neue Ausnahmen eingeführt worden sind. In den Erwägungsgründen 7–16 zur MiFID finden sich Erläuterungen zu den Motiven für die wichtigsten Ausnahmebestimmungen. Die generelle Linie besteht darin, nur Wertpapierfirmen zu erfassen, die „im Rahmen ihrer üblichen beruflichen oder gewerblichen Tätigkeit" Wertpapierdienstleistungen erbringen und/oder Anlagetätigkeiten ausüben (Erwägungsgrund 7). Nicht erfasst werden sollen daher Personen, die ihr eigenes Vermögen verwalten, und Unternehmen, die keine Wertpapierdienstleistungen erbringen und/oder Anlagetätigkeiten nur im Handel für eigene Rechnung vornehmen, sofern sie dabei 5

---

[3] Gesetz zur Umsetzung von EG-Richtlinien zur Harmonisierung bank- und wertpapieraufsichtsrechtlicher Vorschriften vom 22. Oktober 1997, BGBl. I S. 2518.
[4] ABl. EG Nr. L 141 vom 11. 6. 1993, S. 32.
[5] Siehe unten Rn. 19.
[6] *Schulte-Frohlinde,* Art. 11 WpDRL und seine Umsetzung durch das Wertpapierhandelsgesetz, 1999, S. 93f. unter Bezugnahme auf den 27. Erwägungsgrund der WpDRL, ABl. EG Nr. L 141 vom 11. Juni 1993, S. 29.
[7] Richtlinie 2004/39/EG vom 21. April 2004, ABl. EG Nr. L 145 S. 1.
[8] Weitere fakultative Ausnahmen, von denen die Mitgliedstaaten Gebrauch machen können, enthält Art. 3.

§ 2a 6–8   Abschnitt 1. Anwendungsbereich, Begriffsbestimmungen

nicht als *Market Maker* auftreten oder ein für Dritte zugängliches System anbieten (vgl. Erwägungsgrund 8).

II. Ausnahmetatbestände nach Abs. 1

6   Durch § 2a Abs. 1 werden 14 verschiedene „Unternehmenstypen" bzw. Tätigkeitsbereiche aus dem Kreis der Wertpapierdienstleistungsunternehmen im Sinne von § 2 Abs. 4 ausgenommen. Die Ausnahmeregelungen können jeweils nur Personen in Anspruch nehmen, welche die Voraussetzungen für diese Ausnahmen **auf Dauer** erfüllen.[9]

1. Erbringung ausschließlich konzerninterner Wertpapierdienstleistungen

7   Keine Wertpapierdienstleistungsunternehmen sind nach Abs. 1 Nr. 1 solche „Unternehmen, die Wertpapierdienstleistungen **ausschließlich** für ihre Mutterunternehmen oder ihre Tochter- oder Schwesterunternehmen im Sinne des § 1 Absatz 6 und 7 des Kreditwesengesetzes erbringen". Dies entspricht Art. 2 Abs. 1 lit. b) und Erwägungsgrund 11 der Finanzmarktrichtlinie. Damit sind **Wertpapierdienstleistungen innerhalb eines Konzerns** von den Verhaltenspflichten der §§ 31–37a entbunden, sofern nicht gleichzeitig auch Wertpapierdienstleistungen gegenüber Dritten erbracht werden.[10] Der Ausnahmetatbestand ist darauf zurückzuführen, dass bei alleiniger Durchführung konzerninterner Transaktionen und Wertpapierdienstleistungen *per se* **keine schutzwürdigen Interessen Dritter** berührt sind. An einer Beaufsichtigung besteht daher kein öffentliches Interesse. Durch § 2 Abs. 1 Nr. 7 und § 2 Abs. 6 Nr. 5 KWG sind in einer wortgleichen Definition solche Unternehmen ebenfalls aus dem Kreis der aufsichtspflichtigen Kredit- und Finanzdienstleistungsinstitute ausgenommen. Erbringt das konzernangehörige Unternehmen aber neben konzerninternen auch Wertpapierdienstleistungen für Dritte, ist die Ausnahme insgesamt nicht mehr anwendbar, auch nicht auf die Dienstleistungen gegenüber anderen Konzernunternehmen. Das ist konsequent, weil mit dem Heraustreten aus dem rein konzerninternen Bereich das öffentliche Interesse an der Beaufsichtigung des Dienstleisters (zB auch im Hinblick auf die Einhaltung der Organisationspflichten) begründet wird. Die **Ausnahme** nach Abs. 1 Nr. 1 ist somit nicht etwa tätigkeitsbezogen zu verstehen (keine Anwendung der Wohlverhaltensregeln auf konzerninterne Dienstleistungen), sondern personen- bzw. **unternehmensbezogen** (keine Anwendung auf Dienstleister, die keine Marktteilnehmer sind, weil sie keine Leistungen für Dritte außerhalb des Konzerns erbringen).[10a]

8   Zur Definition des Begriffs des Mutterunternehmens verweist das WpHG auf § 1 Abs. 6 KWG, welcher seinerseits zum Teil auf § 290 HGB verweist. Demnach sind **Mutterunternehmen** Kapitalgesellschaften, die andere Konzernmitglieder unter einheitlicher Leitung führen (§ 290 Abs. 1 HGB) und die eine Beteiligung nach § 271 Abs. 1 HGB halten, also mindestens 20 Prozent des Nennkapitals an dem Tochterunternehmen. Eine **einheitliche Leitung** setzt mindestens eine

---

[9] Erwägungsgrund 16 der MiFID.
[10] Dies betont zu Recht KölnKommWpHG-*Versteegen*, § 2a Rn. 11.
[10a] Das übersieht S. *Schneider* WM 2008, 285, 288 ff. bei seiner Kritik.

Ausnahmen 9, 10 § 2a

Einflussnahmemöglichkeit auf die Geschäfts- und Unternehmenspolitik der anderen Konzernmitglieder voraus. Diese ist nach § 290 Abs. 2 Nr. 1–3 HGB unter anderem dann gegeben, wenn das Mutterunternehmen die Mehrheit der Stimmrechte der Gesellschafter zusteht (Nr. 1), ihr das Recht zusteht, die Mehrheit der Mitglieder des Verwaltungs-, Leitungs- oder Aufsichtsorgans zu bestellen oder abzuberufen, und sie gleichzeitig Gesellschafter ist (Nr. 2) oder wenn ihr das Recht zusteht, einen beherrschenden Einfluss auf Grund eines mit diesem Unternehmen geschlossenen Beherrschungsvertrags oder auf Grund einer Satzungsbestimmung dieses Unternehmens auszuüben (Nr. 3). Darüber hinaus sind auch alle Unternehmen, die einen beherrschenden Einfluss ausüben können, Mutterunternehmen (§ 1 Abs. 6 Alt. 2 KWG). Dieser braucht nicht vertraglich, gesellschaftsrechtlich oder sonst rechtlich vermittelt zu sein, sondern kann auch rein faktischer Natur sein.[11] Um den Begriff des Mutterunternehmens nicht zu weit zu fassen, ist der Begriff des **beherrschenden Einflusses** jedoch im Sinne des § 17 AktG so auszulegen, dass dieser **beständig und umfassend** sein muss.[12] Dabei kommt es, anders als in § 290 HGB, jeweils **nicht auf ihre Rechtsform oder ihren Sitz an** (siehe § 1 Abs. 6 a. E. KWG).[13]

Tochterunternehmen sind solche, die unter der einheitlichen Leitung eines 9 Unternehmens an der Konzernspitze stehen bzw. dessen beherrschendem Einfluss ausgesetzt sind. **Schwesterunternehmen** sind Unternehmen, die ein gemeinsames Mutterunternehmen haben.[14]

2. Arbeitnehmerbeteiligungen

An der Erbringung von Wertpapierdienstleistungen für Dritte fehlt es auch, 10 wenn ein Unternehmen solche Dienstleistungen ausschließlich in Bezug auf Kapitalbeteiligungen der eigenen Arbeitnehmer oder der Mitarbeiter von verbundenen Unternehmen erbringt.[15] Abs. 1 Nr. 2 drückt dies in Übereinstimmung mit Art. 2 Abs. 1 lit. e) der Finanzmarktrichtlinie etwas umständlich in der Weise aus, dass solche Unternehmen nicht als Wertpapierdienstleistungsunternehmen gelten, „deren Wertpapierdienstleistung **ausschließlich** in der **Verwaltung eines Systems von Arbeitnehmerbeteiligungen** an den eigenen oder an mit ihnen verbundenen Unternehmen besteht".[16] Wie bei der Freistellung nach § 2a Abs. 1 Nr. 1 dürfen also auch hier keine weiteren Wertpapierdienstleistungen, sondern ausschließlich solche der in Nr. 2 bezeichneten Art erbracht werden. § 2 Abs. 6 Nr. 6 KWG nimmt in einer wortgleichen Begriffsbestimmung derartige Unternehmen auch von den aufsichtspflichtigen Finanzdienstleistungsinstituten aus.

---

[11] *Assmann*, in: *Assmann/Schneider*, § 2a Rn. 16; *Schwark/Beck*, § 2a Rn. 5; *Schäfer*, in: *Hamann/Schäfer*, § 2a Rn. 12.
[12] *Assmann*, in: *Assmann/Schneider*, § 2a Rn. 18; *Schwark/Beck*, § 2a Rn. 5.
[13] S. *Assmann*, in: *Assmann/Schneider*, § 2a Rn. 5; *Schäfer*, in: *Hamann/Schäfer*, § 2a Rn. 12.
[14] Vgl. *Fülbier*, in: *Boos/Fischer/Schulte-Mattler*, KWG, § 1 Rn 187 ff.
[15] Vgl. Erwägungsgrund 13 der MiFID.
[16] Hervorhebung hinzugefügt. Zu Recht weist *Versteegen*, in: KölnKommWpHG, § 2a Rn. 12 darauf hin, dass die „Verwaltung eines Systems von Arbeitnehmerbeteiligungen" an sich keine Wertpapierdienstleistung i. S. d. § 2 Abs. 3 darstellt. Gemeint ist wohl die Erbringung solcher Leistungen im Zusammenhang mit der Umsetzung und Praktizierung eines Konzepts oder Programms für Arbeitnehmerbeteiligungen.

§ 2a 11, 12   Abschnitt 1. Anwendungsbereich, Begriffsbestimmungen

11   Unter Arbeitnehmerbeteiligungen sind insbesondere **Belegschaftsaktien**[17] und **Aktienoptionen** (§§ 192 Abs. 2 Nr. 3, 193 Abs. 2 Nr. 4 AktG) zu verstehen. Eine Teilhabe am Unternehmenserfolg kann den Arbeitnehmern aber auch durch **hybride Finanztitel** wie die in § 221 AktG geregelten Maßnahmen zur Kapitalbeschaffung (Wandel- und Gewinnschuldverschreibungen, Genussrechte) vermittelt werden, die auf schuldrechtlicher Basis eine gewisse aktionärsähnliche Risikobeteiligung am Unternehmen gewähren.

12   Erfasst werden **Arbeitnehmerbeteiligungen am eigenen oder an verbundenen Unternehmen.** Die Einbeziehung der verbundenen Unternehmen, also der von § 15 AktG umfassten Unternehmensverbindungen,[18] kann nach dem Wortlaut zweierlei bedeuten: Zum einen kann damit gemeint sein, dass die **Verwaltung von Beteiligungsprogrammen konzernangehöriger Unternehmen für deren jeweilige Arbeitnehmer** auf eine andere Konzerngesellschaft übertragen werden kann, ohne dass dieses dadurch zum Wertpapierdienstleistungsunternehmen wird.[19] Zum anderen kann damit aber auch der Fall erfasst sein, dass die verwaltete **Beteiligung der Arbeitnehmer an anderen Konzerngesellschaften** bestehen kann, in denen sie nicht beschäftigt sind. In der Praxis sind konzernweite Beteiligungsprogramme verbreitet, jedenfalls in der Form, dass Arbeitnehmern von Tochtergesellschaften (auch) Aktien der Muttergesellschaft angeboten werden.[20] Einer Einbeziehung dieser zweiten Konstellation tritt jedoch die h.M. im Anschluss an die seinerzeitige Gesetzesbegründung entgegen: Danach werden „Beteiligungen, die Arbeitnehmer an einem anderen Konzernunternehmen, bei dem sie nicht beschäftigt sind, oder an konzernfremden Unternehmen halten, ... nicht erfasst".[21] Diese Einschränkung findet jedoch weder im Wortlaut noch im Zweck der Regelung eine hinreichende Stütze. Der maßgebliche Grund für die Freistellung ist nach Erwägungsgrund 13 der MiFID der fehlende Drittbezug der Wertpapierdienstleistung, die im Zusammenhang mit der Verwaltung eines „Systems der Arbeitnehmerbeteiligung" erfolgt. Ein Erfordernis, dass die Arbeitnehmerbeteiligung nur die eigene Beschäftigungsgesellschaft betreffen darf, nicht aber weitere Konzerngesellschaften, mit denen sie unter einheitlicher wirtschaftlicher Leitung verbunden sind, lässt sich dem nicht entnehmen. Wegen des zwingenden Charakters der Ausnahme nach Art. 2 lit. e) MiFID ist § 2a Abs. 1 Nr. 2 daher richtlinienkonform so auszulegen, dass auch Arbeitnehmerbeteiligungen an anderen konzernangehörigen Gesellschaften, in denen die begünstigten Arbeitnehmer nicht beschäftigt sind, von der Ausnahme

---

[17] Ausführlich hierzu *Krieger*, in: Münchener Hdb. GesR, Bd. 4, § 58 Rn. 59 ff. mwN, zur Beschaffung der benötigten Aktien stehen verschiedene Wege offen, insbesondere eine genehmigte Kapitalerhöhung (§ 202 Abs. 4 AktG) oder der Erwerb eigener Aktien (§ 71 Abs. 1 Nr. 2 AktG).
[18] *Assmann*, in: *Assmann/Schneider*, § 2a Rn. 24.
[19] In diesem Sinne *Assmann*, in: *Assmann/Schneider*, § 2a Rn. 22 (Verwaltung von Arbeitnehmerbeteiligungen an einem verbundenen Unternehmen, sofern sich die Beteiligungen auf das verbundene Unternehmen selbst beziehen).
[20] Vgl. *Versteegen*, in: KölnKommWpHG, § 2a Rn. 13, der daher für die Einbeziehung dieser Fälle plädiert.
[21] BegrRegE (Umsetzungsgesetz), BT-Drucks. 13/7142, S. 103; dem folgend *Assmann*, in: *Assmann/Schneider*, § 2a Rn. 23; ebenso *Schäfer*, in: *Hamann/Schäfer*, § 2a Rn. 14, der die Beschränkung aber wegen der üblichen konzernweiten Auslegung von Arbeitnehmerbeteiligungsprogrammen als „praxisfern" kritisiert.

erfasst sind. Dafür spricht auch der enge Zusammenhang mit der weiteren Ausnahme nach Abs. 1 Nr. 3, die gerade die Kombination von Wertpapierdienstleistungen in der Unternehmensgruppe und zur Abwicklung von Arbeitnehmerbeteiligungen erfasst.

3. Kumulative Erbringung von Dienstleistungen im Sinne von Nr. 1 und Nr. 2

Nach **Abs. 1 Nr.** 3 führt auch die kumulative Erbringung von Wertpapierdienstleistungen im Sinne von Abs. 1 Nr. 1 und Nr. 2 nicht zur Einstufung als Wertpapierdienstleistungsunternehmen. Diese Bestimmung setzt Art. 2 Abs. 1 lit. f) der Finanzmarktrichtlinie um. Ihr wird überwiegend eine lediglich deklaratorische Funktion zugebilligt.[22] Auch wenn die explizite Ausnahme für die gleichzeitige Erbringung von Dienstleistungen innerhalb eines Konzerns und zur Verwaltung von Arbeitnehmerbeteiligungen nicht zur Erweiterung des sachlichen Freistellungsbereichs führt, ist sie doch erforderlich, weil jeweils keine *ausschließliche* Durchführung von Wertpapierdienstleistungen der freigestellten Art erfolgt.[23] Nach der gleich lautenden Regelung in § 2 Abs. 6 Satz 1 Nr. 7 KWG sind entsprechende Unternehmen auch keine aufsichtspflichtigen Finanzdienstleistungsinstitute.

4. Versicherungsunternehmen

Private und öffentliche Versicherungsunternehmen gelten nach **Abs. 1 Nr. 4** nicht als Wertpapierdienstleistungsunternehmen. Dies steht in Übereinstimmung mit Art. 2 Abs. 1 lit. a) der Finanzmarktrichtlinie und ihrem 10. Erwägungsgrund. Auch aus dem Kreis der aufsichtspflichtigen Kredit- und Finanzdienstleistungsinstitute werden Versicherungsunternehmen ausgeschlossen (§ 2 Abs. 1 Nr. 4 und Abs. 6 Nr. 4 KWG). Der Grund liegt in der hinreichenden Beaufsichtigung durch die BaFin nach dem Versicherungsaufsichtsgesetz (VAG).[24]

5. Öffentliche Schuldenverwaltung

Nach **Abs. 1 Nr. 5** gelten „die öffentlichen Schuldenverwaltungen des Bundes, eines seiner Sondervermögen, eines Landes, eines anderen Mitgliedstaats der Europäischen Union oder eines anderen Vertragsstaates des Abkommens über den Europäischen Wirtschaftsraum, die Deutsche Bundesbank und andere Mitglieder des Europäischen Systems der Zentralbanken sowie die Zentralbanken der anderen Vertragsstaaten" nicht als Wertpapierdienstleistungsunternehmen. Die Vorschrift transformiert Art. 2 Abs. 1 lit g) der Finanzmarktrichtlinie. Das KWG enthält in § 2 Abs. 1 Nr. 1 und 3a sowie § 2 Abs. 6 Nr. 1 und 3 Ausnahmevorschriften gleichen Inhalts.

Die Vorschrift ermöglicht nationalen und europäischen Trägern der öffentlichen Schuldenverwaltung sowie den Zentralbanken der EU/EWR-Staaten, Wertpapierdienstleistungen zu erbringen, ohne der Aufsicht nach dem Wert-

---

[22] BegrRegE (Umsetzungsgesetz), BT-Drucks. 13/7142, S. 103; *Assmann*, in: *Assmann/ Schneider*, § 2 a Rn. 25.
[23] So zutreffend *Versteegen*, in: KölnKommWpHG, § 2 a Rn. 15; *Schäfer*, in: *Schäfer/ Hamann*, § 2 a Rn. 16.
[24] Vgl. *Schnyder* S. 613 ff; kritisch *Grundmann* Rn. 4.30.

papierhandelsgesetz unterworfen zu sein.²⁵ Zur nationalen öffentlichen Schuldenverwaltung ist vor allem die „Bundesrepublik Deutschland Finanzagentur GmbH" berufen. Die aufsichtsrechtliche Bindung an die Wohlverhaltenspflichten wird als entbehrlich eingestuft, da durch die Tätigkeit der öffentlichen Schuldenverwaltung regelmäßig nicht unmittelbar schutzwürdige Anlegerinteressen berührt werden. Außer dem **herabgesetzten Schutzbedürfnis** der Marktteilnehmer dürften aber wohl auch **fiskalische Interessen** eine Rolle spielen.²⁶ Da die Ausnahmeregelungen in § 2a lediglich die Nichtanwendbarkeit der Wohlverhaltenspflichten nach sich ziehen, werden die Aktivitäten der öffentlichen Schuldenverwaltung durch § 1 Abs. 3 zudem ausdrücklich von den Restriktionen des Insiderhandelsverbotes ausgenommen.²⁷ Die Finanzmarktrichtlinie hat zur Ausweitung des Ausnahmetatbestands auf „die Mitglieder des Europäischen Systems der Zentralbanken und andere nationale Stellen mit ähnlichen Aufgaben sowie andere staatliche Stellen, die für die staatliche Schuldenverwaltung zuständig oder daran beteiligt sind" geführt. Damit ist klargestellt, dass auch die EZB erfasst ist.²⁸

6. Freie Berufe

17 Angehörige der freien Berufe gelten gemäß **Abs. 1 Nr. 6** dann nicht als Wertpapierdienstleistungsunternehmen, wenn sie die Wertpapierdienstleistungen **nur gelegentlich im Rahmen eines Mandatsverhältnisses** als Freiberufler erbringen. Zusätzlich wird vorausgesetzt, dass sie „einer Berufskammer in der Form der Körperschaft des öffentlichen Rechts angehören, deren Berufsrecht die Erbringung von Wertpapierdienstleistungen nicht ausschließt". Diese Regelung dient der Umsetzung von Art. 2 Abs. 1 lit. c) der Finanzmarktrichtlinie. Das KWG enthält in § 2 Abs. 6 Nr. 10 KWG eine wortgleiche Ausnahmebestimmung.

18 **Angehörige freier Berufe** sind Personen, die Dienstleistungen höherer Art höchstpersönlich erbringen. Eine Auflistung freier Berufe enthält **§ 1 Abs. 2 PartGG**. Für die gelegentliche Erbringung von Wertpapierdienstleistungen kommen insbesondere Rechtsanwälte, Patentanwälte, Notare, Wirtschaftsprüfer, Steuerberater und wohl auch Architekten in Betracht.²⁹ Mit dem FRUG ist ausdrücklich klargestellt worden, dass die Wertpapierdienstleistungen nur **im Rahmen eines Mandatsverhältnisses** erbracht werden dürfen. Dies entspricht der bisherigen Auslegung und hat deshalb zu keiner materiellen Änderung der Rechtslage geführt. Das Merkmal ist nur erfüllt, wenn zwischen der Finanzdienstleistung und der jeweiligen berufstypischen Tätigkeit ein **innerer Zusammenhang** besteht.³⁰ Gleichwohl dürfen Wertpapierdienstleistungen **nur**

---

²⁵ BegrRegE (Umsetzungsgesetz), BT-Drucks. 13/7142, S. 103.
²⁶ KölnKommWpHG-*Versteegen*, § 2a Rn. 17.
²⁷ Die Formulierung in § 1 Abs. 3 weicht jedoch von der des § 2a Abs. 1 Nr. 5 ab, vgl. dazu *Schäfer*, in: *Hamann/Schäfer*, § 2a Rn. 18.
²⁸ *Schäfer*, in: *Hamann/Schäfer*, § 2a Rn. 19.
²⁹ Vgl. *Assmann*, in: *Assmann/Schneider*, § 2a Rn. 29; *Schäfer*, in: *Hamann/Schäfer*, § 2a Rn. 20; enger KölnKommWpHG-*Versteegen*, § 2a Rn. 19 („in erster Linie Rechtsanwälte, Steuerberater und Wirtschaftsprüfer").
³⁰ Vgl. KölnKommWpHG-*Versteegen*, § 2a Rn. 19; ähnlich (sachliche Verbindung gerade zur freiberuflichen Tätigkeit) *Assmann*, in: *Assmann/Schneider*, § 2a Rn. 30; *Schwark/Beck*, § 2a Rn. 11; vgl. auch zur Parallelvorschrift des § 2 Abs. 6 Nr. 10 Schreiben des BAKred vom 6. April 1999 – Az. VII 4 – 71.99.10; *Fülbier*, in: *Boos/Fischer/Schulte-Mattler*, § 2 KWG Rn. 64.

Ausnahmen   19, 20   § 2a

gelegentlich erbracht werden. Damit ist das planmäßige Betreiben von Wertpapierdienstleistungen ausgeschlossen. Zudem muss auch das nur gelegentliche Tätigwerden im Einklang mit den standesrechtlichen Vorschriften stehen.

7. Anlageberatung und Anlagevermittlung bezüglich Investmentfondsanteilen

Abs. 1 Nr. 7 schafft unter gewissen Voraussetzungen eine **begrenzte Bereichsausnahme** für Unternehmen, die lediglich eine auf Investmentfondsanteile beschränkte Anlageberatung und -vermittlung betreiben. Die Vorschrift zielt primär auf die Freistellung der so genannten **Fondsshops**, die sich auf die Vermittlung von Investmentfonds spezialisiert haben. Das KWG enthält eine Parallelvorschrift in § 2 Abs. 6 Nr. 8 KWG. Die frühere Fassung des § 2a Abs. 1 Nr. 7, die noch auf die bloße Weiterleitung von Kauf- und Verkaufsaufträgen über Anteile an Investmentvermögen abstellte,[31] ging auf eine zwingende Ausnahme der Wertpapierdienstleistungsrichtlinie zurück (Art. 2 Abs. 2 lit. g) der WpDRL).[32] Art. 3 der Finanzmarktrichtlinie hat es nunmehr in das Ermessen der Mitgliedstaaten gestellt, von einer entsprechenden fakultativen Ausnahmemöglichkeit Gebrauch zu machen. Dies hat der deutsche Gesetzgeber getan, wobei er neben der Anlagevermittlung nunmehr ausdrücklich auch die Anlageberatung im Hinblick auf Investmentanteile erfasst. Diese Ausdehnung der Bereichsausnahme beruht auf der Aufwertung der Anlageberatung zu einer Wertpapierdienstleistung durch die Finanzmarktrichtlinie und trägt dem Umstand Rechung, dass eine Aufspaltung der Aufsicht über diese beiden meist im Zusammenhang erbrachten Dienstleistungen unzweckmäßig gewesen wäre.[33]

Voraussetzung für die Ausklammerung aus dem Begriff des Wertpapierdienstleistungsunternehmens und damit die Freistellung von den Wohlverhaltenspflichten des 6. Abschnitts ist zunächst, dass **ausschließlich die beiden Wertpapierdienstleistungen Anlageberatung und -vermittlung** erbracht werden und **auf bestimmte Anteile an Investmentvermögen bezogen** sind. Dabei muss es sich entweder um Anteile handeln, die von einer inländischen Kapitalanlagegesellschaft oder Investmentaktiengesellschaft im Sinne der §§ 96 bis 111 des InvG ausgegeben werden, oder um solche, die als ausländische Investmentanteile nach dem InvG öffentlich vertrieben werden dürfen (vgl. §§ 130 ff. InvG). Das Erfordernis des öffentlichen Vertriebs zielt darauf ab, **Single-Hedge-Fonds**, welche in Deutschland zwar aufgelegt, aber nicht öffentlich vertrieben werden dürfen, vom Anwendungsbereich der Vorschrift **auszuklammern**, so dass diese nicht von erlaubnisfreien Fondsvermittlern angeboten werden können.[34] Dadurch ist gewährleistet, dass in diesem besonders riskanten Anlagebereich die Wohlverhaltensregeln der §§ 31 ff. immer Anwendung finden.

---

[31] Erforderlich waren allerdings zumindest gewisse Elemente einer Vermittlungs- oder Nachweistätigkeit, da es bei einer reinen Botentätigkeit schon an einer Wertpapierdienstleistung und damit einem Bedürfnis für eine Freistellung fehlt, vgl. *Assmann*, in: *Assmann/Schneider*, § 2a Rn. 33.
[32] ABl. EG Nr. L 141 vom 11. Juni 1993, S. 33.
[33] Eine mat. Erweiterung der Ausnahme hat der Gesetzgeb. darin nicht gesehen, vgl. BegrRegE, BT-DS 16/4028, S. 91 (zu § 2 Abs. 6 Nr. 8 KWG): „im bisherigen Umfang".
[34] BT-Drucks. 15/3174, S. 29; vgl. auch *Assmann*, in: *Assmann/Schneider*, § 2a Rn. 36; *Schäfer*, in: *Hamann/Schäfer*, § 2a Rn. 25.

§ 2a 21–25   Abschnitt 1. Anwendungsbereich, Begriffsbestimmungen

21 Die Ausnahme nach Nummer 7 ist auf die genannten in- und ausländischen Investmentanteile beschränkt und **nicht auf Wertpapiere übertragbar**. Der Grund für die Privilegierung von Investmentanteilen ist, dass sie noch stärker standardisiert sind als sonstige Wertpapiere. Im Übrigen bedarf es einer Aufsicht in diesem Bereich deshalb nicht, weil die Institute oder Unternehmen, für die die Vermittlung erfolgt, selbst der Aufsicht der BaFin unterliegen.

22 Denn die **Empfänger der weitergeleiteten Orders** müssen Unternehmen nach Abs. 1 Nr. 7 lit. a)–d) sein. Darunter fallen gemäß lit. a) Institute im Sinne des KWG, also Kreditinstitute (§ 1 Abs. 1 Satz 1 KWG) und Finanzdienstleistungsinstitute (§ 1 Abs. 1 a Satz 1 KWG). Nach lit. b) sind Institute oder Finanzunternehmen mit Sitz in einem anderen Staat des Europäischen Wirtschaftsraums, welche die Voraussetzungen nach § 53 b Abs. 1 Satz 1 oder Abs. 7 des KWG erfüllen, ebenfalls erfasst. Als dritter Unternehmenstyp sind gemäß lit. c) Unternehmen, die auf Grund einer Rechtsverordnung nach § 53 c des KWG gleichgestellt oder freigestellt sind, einbezogen. Lit. d) erfasst die Vermittlung für Investmentgesellschaften.

23 Ihre **materielle Legitimation** findet die Bereichsausnahme darin, dass eine Vermittlungs- und Beratungstätigkeit, die sich ausschließlich auf so stark standardisierte Fremdprodukte wie Investmentanteile konzentriert und lediglich für einen begrenzten Empfängerkreis von Unternehmen erbracht wird, die ihrerseits der Aufsicht unterliegen, kaum schutzwürdige Anlegerinteressen berührt und daher keine eigenständige Beaufsichtigung der erwähnten Tätigkeiten erfordert.[35]

24 **Etwas anderes gilt** hingegen, wenn das Unternehmen noch **weitere Wertpapierdienstleistungen oder -nebendienstleistungen** erbringt. Die Ausnahme des Abs. 1 Nr. 7 ist daher nicht anwendbar, wenn etwa zusätzlich eine Vermögensverwaltung angeboten wird, auch wenn sie sich auf Fondsprodukte beschränkt. Auch die Erweiterung des Angebots auf **andere Fondsanteile** als die explizit erwähnten lässt die Ausnahme insgesamt entfallen. Die Unternehmenstätigkeit berührt ferner schutzwürdige Kundeninteressen, sobald der Anlageberater oder Vermittler **Eigentum oder Besitz an Geldern oder Anteilen von Kunden** erwirbt. Dann liegt eine aufsichtsrechtlich relevante Tätigkeit vor. Im Gegensatz zur Vorgängervorschrift bleibt die Ausnahme nach Abs. 1 Nr. 7 in diesem Fall jedoch anwendbar, wenn das Unternehmen (für das Depotgeschäft) eine entsprechende Erlaubnis nach § 32 Abs. 1 KWG beantragt und erhält. Erfüllen die Unternehmen zusätzlich die Vorgaben des WpHG, können sie einen Europäischen Pass erhalten.[36] Die freiwillige Beantragung einer Genehmigung nach § 32 KWG kann daher insbesondere dann sinnvoll sein, wenn das Unternehmen seine Dienstleistungen grenzüberschreitend auch in anderen Staaten des EWR erbringen möchte.

8. Handel auf Derivatemärkten mit Sicherungssystemen

25 Unternehmen, die ausschließlich eine oder mehrere der drei in **Abs. 1 Nr. 8 lit. a) bis c)** aufgezählten Dienstleistungen auf Derivatemärkten erbringen, gelten nicht als Wertpapierdienstleistungsunternehmen. Als **Derivatemärkte** werden neben den inländischen Börsen auch sämtliche multilateralen Handelssysteme im Inland erfasst, an denen Derivate im Sinne von § 2 Abs. 2 (vgl. dazu § 2 Rn. 39 ff.) gehandelt werden. Die Norm setzt Art. 2 Abs. 1 lit. l) der Finanz-

---

[35] Vgl. *BegrRegE* (Umsetzungsgesetz), BT-Drucks. 13/7142, S. 71 f.; vgl. auch *Assmann,* in: *Assmann/Schneider,* § 2a Rn. 32.
[36] BegrRegE, BT-Drucks. 16/4028, S. 58.

Ausnahmen 26–28 § 2a

marktrichtlinie um und passt das bisherige Terminbörsenprivileg an die geänderten Vorgaben für die Tätigkeit der so genannten „**Locals**" („*local firms*") an.[37] Deren Geschäftsmodell erschöpft sich darin, als (zugelassenes) Mitglied eines Derivatemarktes ausschließlich für eigene Rechnung oder für Rechnung anderer (zugelassener) Mitglieder auf diesem Markt tätig zu werden.[38] Die Freistellung dieser Unternehmen von den Wohlverhaltenspflichten ist deshalb gerechtfertigt, weil die privilegierten Wertpapierdienstleistungen nur für andere Mitglieder dieses Marktes erbracht werden dürfen und für die Erfüllung der Verträge ein Sicherungssystem (Haftung der Clearingmitglieder)[39] bestehen muss. Die Tätigkeit der *Locals* berührt daher keine schutzwürdigen Anlegerinteressen. Durch § 2 Abs. 1 Nr. 8 und Abs. 6 Nr. 9 KWG werden Unternehmen, die ausschließlich derartige Dienstleistungen anbieten, auch aus dem Kreis der Kreditinstitute und Finanzdienstleistungsinstitute ausgenommen.[40]

Die nach Abs. 1 Nr. 8 **privilegierten Dienstleistungen** umfassen zunächst **Eigengeschäfte** (§ 2 Abs. 3 Satz 2; vgl. dazu § 2 Rn. 115) **auf Derivatemärkten;** nach lit. a) können die betreffenden Positionen auch an inländischen Kassamärkten abgesichert werden. Damit sind nach der Gesetzesbegründung inländische Börsen und multilaterale Handelssysteme gemeint, an denen Geschäfte mit Finanzinstrumenten gemacht werden, die keine Derivate sind und die mit sofortiger Erfüllung abgewickelt werden.[41] Ebenfalls freigestellt sind **Finanzkommissionsgeschäft** (§ 2 Abs. 3 Nr. 1, § 2 Rn. 76 ff.), **Eigenhandel** (§ 2 Abs. 3 Nr. 2, vgl. § 2 Rn. 83 ff.) **oder Abschlussvermittlung** (§ 2 Abs. 3 Nr. 3, § 2 Rn. 87 f.) an Derivatemärkten, sofern diese Dienstleistungen **nur für andere Mitglieder dieser Märkte** erbracht werden (lit. b). Schließlich ist auch die **Preisstellung als** *Market Maker* (Art. 23 Abs. 4) im Rahmen des Eigenhandels für andere Mitglieder dieser Derivatemärkte privilegiert (lit. c). 26

Voraussetzung für das Eingreifen der Bereichsausnahme ist **jeweils**, nicht nur für die Tätigkeit als *Market Maker* nach lit. c), dass eine Absicherung für die Erfüllung der geschlossenen Verträge besteht. Nachdem die Vorgängervorschrift insoweit nur allgemein ein „System zur Sicherung der Erfüllung der Geschäfte an diesem Markt" verlangt hat, stellt die Neufassung ausdrücklich auf die **Haftung der Clearingmitglieder derselben Märkte oder Handelssysteme** ab. Eine materielle Änderung der Rechtslage ist damit jedoch nicht verbunden. 27

9. Eigengeschäfte als Nebengeschäfte

Keine Wertpapierdienstleistungsunternehmen sind nach **Abs. 1 Nr. 9** Unternehmen, die Finanzinstrumente auf eigene Rechnung anschaffen oder veräußern, ohne damit eine Dienstleistung für andere zu erbringen, sofern diese **Eigengeschäfte** lediglich **Nebengeschäfte zu ihrer kapitalmarktfernen Haupttätigkeit** darstellen. Diese Einschränkung hat zwar im Wortlaut keinen Niederschlag gefunden, ergibt sich aber aus der Systematik der Vorschrift sowie deren Sinn und Zweck.[42] Denn ebenfalls ausgenommen von der Anwendung der 28

---

[37] BegrRegE, BT-Drucks. 16/4028, S. 58.
[38] Vgl. zur Vorgängerregelung *Assmann*, in: *Assmann/Schneider*, § 2a Rn. 38.
[39] *Kümpel*, Bank- und Kapitalmarktrecht Rn 17.466.
[40] Siehe auch *Schäfer*, in: *Hamann/Schäfer*, § 2a Rn. 28.
[41] BT-Drucks. 16/4028, S. 58.
[42] BegrRegE, BT-Drucks. 16/4028, S. 58.

Wohlverhaltensregeln sind **Wertpapierdienstleistungen in Bezug auf bestimmte Termingeschäfte** (Derivate nach § 2 Abs. 2 Nr. 2 und 5), sofern sie **im sachlichen Zusammenhang mit der Haupttätigkeit** des Unternehmens stehen **und nur für deren Kunden** erbracht werden (Nr. 9 lit. c). Ein Beispiel wäre etwa die Vermittlung von Geschäften zur Absicherung von Preis-, Zins- oder Währungsrisiken für künftige Lieferungen. Mit der Aufnahme der Devisentermingeschäfte in § 2 Abs. 2 Nr. 1 (und nicht in Nr. 2 oder Nr. 5) dürfte allerdings die Anwendung der Ausnahmeregelung auf Dienstleistungen für währungsbezogene Sicherungsgeschäfte ausscheiden.[43]

29 Die Vorschrift setzt Artikel 2 Abs. 1 lit. i) der Finanzmarktrichtlinie um. Ihr **Anwendungsbereich** ist in zweifacher Weise **begrenzt**: Zum einen darf die **Wertpapierdienstleistung im Vergleich zur Haupttätigkeit nur von untergeordneter Bedeutung** sein. Ist das Unternehmen Teil einer Unternehmensgruppe, **gilt** dies **auch auf der Ebene der gesamten Unternehmensgruppe** (lit. b). Zum anderen ist die Ausnahmeregelung in keinem Fall anzuwenden, wenn das Unternehmen einer Unternehmensgruppe angehört, deren Haupttätigkeit in der Erbringung von Wertpapierdienstleistungen oder bestimmten Bankgeschäften (Einlagen-, Kredit-, Garantie- oder E-Geldgeschäften) besteht (Nr. 9 lit. a).

30 Die Gesetzesbegründung ordnet exemplarisch die **Tätigkeiten eines Energieversorgers** als kapitalmarktferne Haupttätigkeit im Sinne von Nr. 9 ein und weist ausdrücklich darauf hin, dass die Beschaffung und Veräußerung von Energie, die Verwaltung von Energieportfolios sowie die Absicherung des Preisniveaus durch Finanzinstrumente regelmäßig „in sachlichem Zusammenhang" mit der Haupttätigkeit der Versorgung der Bevölkerung mit Energie (einschließlich des Betriebs und Erhalts der Netzinfrastruktur) stünden.[44] Unter die Ausnahmebestimmung fallen regelmäßig auch „kommunale Beschaffungsgesellschaften" als Mitglieder einer – weit zu verstehenden – Unternehmensgruppe, wenn sie für Stadtwerke und kommunale Stromerzeuger Wertpapierdienstleistungen zur Absicherung der Preise im Rahmen der von diesen verfolgten normalen Wirtschaftstätigkeit erbringen.[45]

31 Da die tatbestandlichen Voraussetzungen für die Ausnahmen vom Begriff des Wertpapierdienstleistungsunternehmens nach Erwägungsgrund 16 der Finanzmarktrichtlinie **auf Dauer erfüllt** sein müssen, entfällt die Freistellung mit Wirkung ex nunc, sobald ein Kriterium nicht mehr erfüllt ist. Daher kann sich ein Unternehmen nicht mehr auf die Ausnahme nach Abs. 1 Nr. 9 berufen, sobald die Durchführung der genannten Wertpapierdienstleistungen sich entweder bei ihm selbst oder innerhalb der Unternehmensgruppe, zu der es gehört, zu einer Haupttätigkeit ausgeweitet hat.[46]

10. Eigengeschäfte und Eigenhandel als einzige Wertpapierdienstleistung

32 Die Ausnahmeregelung in Nr. 10 setzt Art. 2 Abs. 1 lit. d) der Finanzmarktrichtlinie um und nimmt grundsätzlich alle Unternehmen vom Begriff des Wertpapierdienstleistungsunternehmens aus, die als einzige Wertpapierdienstleistung Eigengeschäfte (§ 2 Abs. 3 Satz 2) und Eigenhandel (§ 2 Abs. 3 Nr. 2) betreiben.

---

[43] Vgl. *Versteegen*, in: KölnKommWpHG, § 2a Rn. 27.
[44] *BT-Drucks.* 16/4028, S. 58.
[45] BegrRegE, BT-Drucks. 16/4028, S. 58.
[46] BegrRegE, BT-Drucks. 16/4028, S. 58.

Ausnahmen 33–35 § 2a

Sinn der Ausnahme ist es, insbesondere Industrieunternehmen, die nur Eigengeschäfte betreiben, sowie wohlhabende Personen, die ihr **eigenes Finanzportfolio verwalten,** von den Wohlverhaltenspflichten des WpHG **freizustellen.** Dies gilt auch dann, wenn es sich bei der Tätigkeit um ein regelmäßiges und systematisches Risikomanagement handelt (vgl. Erwägungsgrund 8 der MiFID). Zwei Rückausnahmen stellen jedoch sicher, dass durch systematische Eigenhandelstätigkeiten die Interessen Dritter nicht gefährdet werden.

Die **Bereichsausnahme gilt** daher **nicht für zwei Formen des Eigenhandels,** bei denen Interessen Dritter tangiert sein können: zum einen für das kontinuierliche Anbieten des Kaufs und Verkaufs von Finanzinstrumenten zu selbst gestellten Preisen, also die **Tätigkeit als** *Market Maker* **an einem organisierten Markt oder** in einem **multilateralen Handelssystem** (Nr. 10 lit. a), zum anderen für das organisierte, systematische und häufige Handeltreiben für eigene Rechnung außerhalb eines organisierten Marktes oder eines multilateralen Handelssystems, sofern ein **für Dritte zugängliches System** für die Geschäftsabwicklung angeboten wird. Von dieser Regelung sind alle **systematischen Internalisierer** im Sinne von § 2 Abs. 10 erfasst, darüber hinaus aber auch solche Unternehmen, die (nur) deshalb nicht unter diesen Begriff fallen, weil die Tätigkeit für sie zB keine wesentliche kommerzielle Rolle spielt, ohne Einsatz von speziell dafür vorgehaltenem Personal oder nicht nach ermessensunabhängigen Regeln oder Verfahren durchgeführt wird. Denn der Gesetzgeber will die Rückausnahme ohne Rücksicht auf die Beschränkungen des Art. 21 DRL für systematische Internalisierer weit verstanden wissen, um eine zweckwidrige Umgehung des auch bisher schon erlaubnispflichtigen Geschäfts des Eigenhandels für andere (§ 1 Abs. 1a Nr. 4 KWG) zu vermeiden.[47] Erfasst werden daher **alle** nicht nur in untergeordnetem Umfang durchgeführten **Eigenhandelstätigkeiten,** die häufig und in einem Dritten zugänglichen System angeboten werden. 33

11. Anlageberatung im Rahmen einer anderen beruflichen Tätigkeit

Die Ausnahme nach **Abs. 1 Nr. 11** ist eine indirekte Folge der Aufwertung der Anlageberatung zur Wertpapierdienstleistung. Die Regelung, die Art. 2 Abs. 1 lit. j) der Finanzmarktrichtlinie umsetzt, ermöglicht es Unternehmen, die keine sonstige Wertpapierdienstleistung anbieten, im Rahmen ihrer anderweitigen beruflichen Tätigkeit, also gewissermaßen als integralen Bestandteil oder akzessorische Nebenleistung, auch weiterhin eine Anlageberatung durchzuführen. Voraussetzung ist allerdings, dass keine gesonderte Vergütung der Anlageberatung erfolgt, da dies den Annexcharakter der Anlageberatung in Frage stellen könnte. 34

12. Handel auf eigene Rechnung mit Waren und Warenderivaten

Abs. 1 Nr. 12 schafft eine Bereichsausnahme für Personen, deren **Haupttätigkeit** der Handel auf eigene Rechnung mit Waren und Warenderivaten ist. Erfasst sind nicht nur Eigengeschäfte, sondern auch der Eigenhandel. Ähnlich wie Nr. 9 enthält auch Nr. 12 eine Rückausnahme für solche Unternehmen, die Teil eines Gesamtkonzerns sind, dessen Haupttätigkeit die Erbringung von Wert- 35

---

[47] BegrRegE, BT-Drucks. 16/4028, S. 58 f.

papierdienstleistungen oder Einlagen-, Kredit-, Garantie- oder E-Geldgeschäfte sind. Die Vorschrift setzt Artikel 2 Abs. 1 lit. k) der Finanzmarktrichtlinie um und trägt dem Umstand Rechnung, dass zwischen den einzelnen Mitgliedstaaten der EU unterschiedliche Ansichten über eine angemessene Regulierung **spezialisierter Warenproduzenten und Warenderivathändler** bestand, die Eigengeschäfte betreiben, miteinander Warentermingeschäfte abschließen oder solche Geschäfte mit oder für die gewerblichen Verwender dieser Waren abschließen.[48] Aus diesem Grund wurde vorläufig ein System zur Freistellung dieses spezialisierten Handelssegments geschaffen, dessen Zweckmäßigkeit allerdings nach Art. 65 Abs. 3 lit. a) und d) der Finanzmarktrichtlinie von der Kommission bis zum 30. April 2008 überprüft werden wird.[49] Bis zu einer harmonisierten Regelung plädiert der Gesetzgeber für eine „relativ weite Auslegung der Bereichsausnahme".[50]

36 Im Gegensatz zu Abs. 1 Nr. 10 werden bestimmte Formen des Eigenhandels nicht aus dem Geltungsbereich der Freistellung ausgeklammert. Zudem entfällt die Ausnahme nicht schon dann, wenn auch andere **Wertpapierdienstleistungen als Nebentätigkeit** ausgeübt werden. Diese sind allerdings nur dann erlaubnisfrei und von der Anwendung des WpHG ausgenommen, wenn sie die Voraussetzungen einer anderen Ausnahmebestimmung (zB Abs. 1 Nr. 9) erfüllen.[51]

13. Börsenträger und Betreiber eines organisierten Marktes

37 Abs. 1 Nr. 13 nimmt „Börsenträger und Betreiber organisierter Märkte, die neben dem Betrieb eines multilateralen Handelssystems keine anderen Wertpapierdienstleistungen im Sinne des § 2 Abs. 3 WpHG erbringen" von den Vorschriften des WpHG aus. Die Regelung setzt Artikel 5 Abs. 2 der Finanzmarktrichtlinie um und erklärt sich dadurch, dass die Pflichten der genannten Unternehmen abschließend im Börsengesetz geregelt sind.[52]

14. Kapitalanlagegesellschaften und Investmentaktiengesellschaften

38 Die Bereichsausnahme nach **Abs. 1 Nr. 14** betrifft Kapitalanlagegesellschaften und Investmentaktiengesellschaften, die nach dem Investmentgesetz eine **kollektive Vermögensverwaltung** durchführen. Die Regelung setzt Artikel 2 Abs. 1 lit. h) der Finanzmarktrichtlinie um, der eine entsprechende fakultative Ausnahme für diesen Bereich vorsieht und ihre Implementierung in das Ermessen der Mitgliedstaaten stellt. Die Entscheidung des Gesetzgebers, davon Gebrauch zu machen, ist auf Kritik gestoßen.[53] Bedenklich stimmt insbesondere die Tatsache, dass Fondsvermittler nicht unter die §§ 31 ff. fallen und deshalb nicht gem. § 33a verpflichtet sind, die Aufträge der Kunden bestmöglich auszuführen. Im Ergebnis

---

[48] BegrRegE, BT-Drucks. 16/4028, S. 59.
[49] Die ursprüngliche Frist zum 30. 10. 2006 wurde durch die Richtlinie 2006/31/EG des Europäischen Parlaments und des Rates vom 5. April 2006 zur Änderung der Richtlinie 2004/39/EG über Märkte für Finanzinstrumente in Bezug auf bestimmte Fristen, ABl. EG Nr. L 114 vom 27. 4. 2006, S. 60 ff. verlängert.
[50] BegrRegE, BT-Drucks. 16/4028, S. 59.
[51] BegrRegE, BT-Drucks. 16/4028, S. 59.
[52] BegrRegE, BT-Drucks. 16/4028, S. 59.
[53] Siehe etwa Stellungnahme der Deutschen Schutzvereinigung für Wertpapierbesitz e. V. (DSW) zum FRUG vom 11. 10. 2006 S. 2, abzurufen unter *www.dsw-info.de*.

sind Fondsvermittler daher zB nicht gehalten, die Anleger darüber zu informieren, dass oftmals die Möglichkeit besteht, Anteile an offenen Fonds günstiger über die Börse zu erwerben.[54]

Trotz der Befreiung nach Nr. 14 gelten allerdings gemäß Art. 66 MiFID im Rahmen der **individuellen Vermögensverwaltung,** der Anlageberatung und der Verwaltung und Verwahrung von Anteilsscheinen an einem Sondervermögen oder an der Investmentaktiengesellschaft einige Pflichten des WpHG entsprechend, was in § 2a Abs. 3 klargestellt wird. Des Weiteren wirkt sich die Finanzmarktrichtlinie mittelbar auf die in Nr. 14 genannten Verwaltungsgesellschaften aus, wenn sie mit Kooperationspartnern wie zB Brokern und Vermittlern zusammenarbeiten, die ihrerseits die Vorgaben der Finanzmarktrichtlinie zu erfüllen haben.[55] **39**

III. Vertraglich gebundene Vermittler (Abs. 2)

1. Regelungsgegenstand und -zweck

Kredit- und Finanzinstitute setzen zum Vertrieb der von ihnen angebotenen Finanzinstrumente vielfach andere Unternehmen ein, die insoweit ausschließlich (bestimmte) Wertpapierdienstleistungen für Rechnung des jeweiligen Instituts erbringen. In diesen Fällen stellt sich die Frage, ob auch die solchermaßen in das Vertriebskonzept eingebundenen „Subunternehmen" einer selbstständigen Regulierung als Wertpapierdienstleistungsunternehmen unterliegen sollen. § 2a Abs. 2 sieht insofern eine **Ausnahme für** so genannte **„vertraglich gebundene Vermittler"** im Sinne des § 2 Abs. 10 Satz 1 KWG vor, die nur einen **begrenzten Kanon von Wertpapierdienstleistungen** (Abschlussvermittlung, Anlagevermittlung, Platzieren von Finanzinstrumenten ohne feste Übernahmeverpflichtung oder Anlageberatung) **für Rechnung eines Instituts** erbringen, das dafür die volle Haftung übernimmt („unter dessen Haftung"). Die Vorschrift geht ursprünglich zurück auf die Umsetzung des Art. 1 Abs. 2 Nr. 2 (Unterabsatz 5) der WpDRL.[56] Sie ist durch das FRUG leicht modifiziert und an Art. 4 Nr. 25 sowie Art. 23 der Finanzmarktrichtlinie angepasst worden, die eine entsprechende Befreiungsmöglichkeit für vertraglich gebundene Vermittler vorsehen. **40**

Die **Zielrichtung** der Vorschrift ist es, eine **überflüssige Regulierung** der Tätigkeit von selbstständigen Vermittlern **zu vermeiden,** die wegen ihrer engen Anbindung an Kredit- oder Finanzinstitute tatsächlich eher deren Angestellten gleichstehen als einem selbstständigen Wertpapierdienstleister.[57] Voraussetzung für den Verzicht auf eine eigenständige Beaufsichtigung und Ausnahme von der Anwendung der Wohlverhaltenspflichten ist jedoch, dass dem Schutzbedürfnis der Anleger auf andere Weise in vollem Umfang Rechnung getragen wird. Das ist hier der Fall, weil zum einen das **Verhalten des vertraglich gebundenen Agenten dem Institut,** für dessen Rechnung und „unter dessen Haftung" er tätig ist, **zugerechnet** wird (Abs. 2 Satz 2), und zum anderen dieses Institut sei- **41**

---

[54] *Spindler/Kasten,* WM 2007, 1245, 1246.
[55] *Roth/Loff,* WM 2007, 1249, 1256.
[56] ABl. EG Nr. L 141 vom 11. Juni 1993, S. 31.
[57] Vgl. BegrRegE (Umsetzungsgesetz), BT-Drucks. 13/7142, S. 103; *Assmann,* in: *Assmann/Schneider,* § 2a Rn 45 f.

nerseits in vollem Umfang den Wohlverhaltensregeln und der Finanzmarkt- sowie Institutsaufsicht unterliegt. Damit ist der gebotene Kundenschutz gewährleistet, zumal das der Aufsicht unterliegende Institut für die Einhaltung der Wohlverhaltenspflichten durch die eingeschalteten vertraglich gebundenen Vermittler verantwortlich ist.[58]

2. Voraussetzungen des Befreiungstatbestands (Abs. 2 Satz 1)

42 Während § 2a Abs. 2 WpHG und § 2 Abs. 10 KWG allgemein von einem „**Unternehmen**" als vertraglich gebundenem Vermittler sprechen, heißt es in der Definition des Art. 4 Nr. 25 der Finanzmarktrichtlinie ausdrücklich, dass es sich insoweit um eine natürliche oder juristische Person handeln kann. Im Ergebnis dürfte aber nichts dagegen sprechen, auch rechtsfähige Personengesellschaften einzubeziehen und den Begriff des Unternehmens in Abs. 2 und in § 2 Abs. 10 KWG in Übereinstimmung mit der generellen **Definition des „Unternehmers" in § 14 BGB** auszulegen.

43 Der vertraglich gebundene Vermittler darf **nur bestimmte Wertpapierdienstleistungen** für ein Institut erbringen. Diese beschränken sich auf Geschäfte in offener Stellvertretung (**Abschlussvermittlung** nach § 2 Abs. 3 Nr. 3), die **Anlagevermittlung** nach § 2 Abs. 3 Nr. 4 sowie die **Anlageberatung** nach § 2 Abs. 3 Nr. 9. Letztere ist erst durch das FRUG in Abs. 2 einbezogen worden und Folge der Umqualifizierung der Anlageberatung von einer bloßen Wertpapiernebendienstleistung zu einer Wertpapierdienstleistung durch die Finanzmarktrichtlinie. Hinzu kommt das **Platzieren von Finanzinstrumenten ohne feste Übernahmeverpflichtung,** das in Umsetzung von Anhang I. Abschnitt A Nr. 7 der Finanzmarktrichtlinie ebenfalls neu in den Kreis der Wertpapierdienstleistungen aufgenommen worden ist (§ 2 Abs. 3 Nr. 6).[59] Eine sachliche Ausweitung der Ausnahme ist damit nicht verbunden, da das Platzierungsgeschäft bisher unter die Anlage- oder Abschlussvermittlung subsumiert wurde.[60] Unter die Ausnahmebestimmung des Abs. 2 fallen somit insbesondere Handelsvertreter im Sinne von § 84 HGB sowie alle freien Mitarbeiter, die als selbstständige (Sub-)Unternehmer Anlagen und Abschlüsse vermitteln, bei der Anlage in den vom Institut angebotenen Finanzinstrumenten beraten oder in die Platzierung von Finanzinstrumenten einbezogen sind, ohne diese selbst zu übernehmen.

44 Der gebundene Vermittler darf diese Wertpapierdienstleistungen **nur für die Kunden einer einzigen Wertpapierfirma** erbringen, und auch nur dann, wenn diese dafür unbeschränkt und vorbehaltlos haftet (Art. 4 Nr. 25 MiFID). Die vor dem FRUG nach § 2a Abs. 2 WpHG aF gegebene Möglichkeit, Wertpapierdienstleistungen für Rechnung mehrerer Institute oder Unternehmen zu erbringen, sofern diese gesamtschuldnerisch hafteten, wurde somit abgeschafft.[61]

45 Als **Wertpapierfirma,** die vertraglich gebundene Vermittler zur Förderung ihres eigenen Geschäfts heranzieht (Art. 23 MiFID), kommen **Einlagenkreditinstitute und Wertpapierhandelsunternehmen** in Betracht, die ihren Sitz im Inland haben oder nach § 53b Abs. 1 Satz 1 oder Abs. 7 KWG im Inland tätig

---

[58] *Assmann,* in: *Assmann/Schneider,* § 2a Rn. 50.
[59] BegrRegE, BT-Drucks. 16/4028, S. 56.
[60] BegrRegE, BT-Drucks. 16/4028, S. 93.
[61] Vgl. Erwägungsgr. 36 der FinanzmarktRL; BegrRegE, BT-Drucks. 16/4028, S. 93.

Ausnahmen 46–48 § 2a

sind (§ 2 Abs. 10 Satz 1 KWG). Die rechtlichen Beziehungen zwischen dem Kunden und dem Institut müssen so ausgestaltet sein, dass dem Kunden bei einer Pflichtverletzung des Vermittlers ein **direkter zivilrechtlicher Anspruch** gegen den Wertpapierdienstleister zusteht, für den der Vermittler tätig war.[62] Dies ist dann der Fall, wenn der Vermittler – für den Kunden erkennbar – ein Erfüllungsgehilfe des Instituts ist oder in offener Stellvertretung handelt.[63] Das einschlägige Vertragsverhältnis muss somit grundsätzlich mit dem Wertpapierdienstleister begründet werden, in dessen Vertriebsorganisation der Vermittler eingebunden ist.[64]

Nähere Regelungen zu den Verpflichtungen der haftenden Wertpapierfirmen **46** bei der Heranziehung von vertraglich gebundenen Vermittlern und den Überwachungs- und Eingriffsbefugnissen der Aufsichtsbehörde finden sich in § 2 Abs. 10 Satz 3–8 KWG in Umsetzung von Art. 23 der Finanzmarktrichtlinie. Hervorzuheben ist die **Notwendigkeit der Anzeige** des Einsatzes **jedes vertraglich gebundenen Vermittlers gegenüber der BaFin,** da ohne eine solche Anzeige die Bereichsausnahme nicht eingreift.[65] Die BaFin stellt die Angaben über das haftenden Unternehmen, die eingesetzten vertraglich gebundenen Vermittler sowie die Daten über Beginn und Ende ihrer Tätigkeit in ein **öffentliches Register im Internet** ein (§ 2 Abs. 10 Satz 6 KWG).

3. Zurechnungstatbestand (Abs. 2 Satz 2)

Nach Abs. 2 Satz 2 wird die Tätigkeit des gebundenen Vermittlers „dem Insti- **47** tut oder Unternehmen zugerechnet, für dessen Rechnung und unter dessen Haftung es seine Tätigkeit erbringt". Dieses Wertpapierdienstleistungsunternehmen ist daher insbesondere auch für die Einhaltung der Verhaltensregeln des 6. Abschnitts verantwortlich[66] und wird diesbezüglich besonders beaufsichtigt. Daher besteht kein Bedürfnis, die vertraglich gebundenen Vermittler, die gewissermaßen nur als „verlängerter Arm" des haftenden Wertpapierdienstleisters tätig werden, ebenfalls den Verhaltenspflichten zu unterwerfen.[67] Das von der BaFin gemäß § 2 Abs. 10 Satz 6 KWG geführte öffentliche Register im Internet über alle gebundenen Vermittler dient der Transparenz im Markt und erleichtert den Kunden die Durchsetzung etwaiger Haftungsansprüche.

IV. Pflichten für Kapitalanlagegesellschaften und Investmentaktiengesellschaften (Abs. 3)

Absatz 3 regelt, dass für Kapitalanlagegesellschaften und Investmentaktienge- **48** sellschaften ausschließlich die enumerativ aufgezählten Wohlverhaltenspflichten gemäß §§ 31, 31a, 31b 33, 33a, 33b, 34 und 34a entsprechend gelten, wenn sie Wertpapierdienstleistungen im Sinne des § 2 Abs. 3 Nr. 7 (Finanzportfoliover-

---

[62] *Schwark/Beck,* § 2a Rn. 17.
[63] *Schäfer,* in: *Hamann/Schäfer,* § 2a Rn. 31; *Schwark/Beck,* § 2a Rn. 17.
[64] Vgl. *Versteegen,* in: KölnKommWpHG, § 2a Rn. 30, der sich aber gegen das Erfordernis der Einbindung in die Vertriebsorganisation des Instituts wendet (Rn. 32).
[65] BegrRegE, BT-Drucks. 16/4028, S. 93.
[66] Vgl. *Assmann,* in: *Assmann/Schneider,* § 2a Rn. 50; *Versteegen,* in: KölnKommWpHG, § 2a Rn. 33; *Schwark/Beck,* § 2a Rn. 18.
[67] Vgl. BegrRegE (Umsetzungsgesetz), BT-Drucks. 13/7142, S. 103.

§ 2b 1   Abschnitt 1. Anwendungsbereich, Begriffsbestimmungen

waltung), Nr. 9 (Anlageberatung) oder die Wertpapiernebendienstleistung nach Abs. 3a Nr. 1 (Depotgeschäft) erbringen. Die Vorschrift setzt Artikel 66 der Finanzmarktrichtlinie um. Die Regelung war notwendig, da die Finanzmarktrichtlinie das Fondsgeschäft von ihrem Anwendungsbereich ausnimmt, sofern nicht eine der erwähnten drei Dienstleistungen durchgeführt wird. Absatz 3 ist somit eine **Rückausnahme von Absatz 1 Nr. 14.**

49 Die Vorschrift wird aus Gründen der Gleichbehandlung nicht nur auf harmonisierte Organismen für gemeinsame Anlagen im Sinne der Richtlinie 85/611/EWG, sondern auch auf alle anderen Kapitalanlagegesellschaften oder Investmentaktiengesellschaften im Sinne des Investmentgesetzes angewandt, die sonstige Publikums- oder Spezial-Sondervermögen verwalten.[68] Auch diese kommen in den Genuss der weitgehenden Befreiung von den wertpapierhandelsrechtlichen Vorschriften.

§ 2b Wahl des Herkunftsstaates

(1) **Ein Emittent im Sinne des § 2 Abs. 6 Nr. 3 Buchstabe a bis c kann die Bundesrepublik Deutschland als Herkunftsstaat wählen, wenn er nicht innerhalb der letzten drei Jahre einen anderen Staat als Herkunftsstaat gewählt hat. Die Wahl ist mindestens drei Jahre gültig, es sei denn, die Finanzinstrumente des Emittenten sind an keinem organisierten Markt in einem Mitgliedstaat der Europäischen Union oder in einem anderen Vertragsstaat des Abkommens über den Europäischen Wirtschaftsraum mehr zum Handel zugelassen. Die Wahl ist zu veröffentlichen und dem Unternehmensregister im Sinne des § 8b des Handelsgesetzbuchs zur Speicherung zu übermitteln. Mit der Veröffentlichung wird die Wahl wirksam.**

(2) **Das Bundesministerium der Finanzen kann durch Rechtsverordnung, die nicht der Zustimmung des Bundesrates bedarf, nähere Bestimmungen zur Veröffentlichung der Wahl des Herkunftsstaates treffen.**

Übersicht

	Rn.
I. Regelungsgegenstand und -zweck	1
II. Voraussetzungen und Rechtsfolgen der Wahl des Herkunftsstaates	4
1. Wahlberechtigung	4
2. Bindungswirkung	7
3. Veröffentlichung	9
III. Verordnungsermächtigung	11

I. Regelungsgegenstand und -zweck

1 Die Vorschrift regelt in **Abs. 1,** unter welchen Umständen bestimmte Emittenten die Möglichkeit haben, die Bundesrepublik Deutschland als Herkunftsstaat zu wählen. In Übereinstimmung mit den Vorgaben aus Art. 2 Abs. 1 lit. i) Nr. ii) der Transparenzrichtlinie[1] wird dabei zum einen ausgeschlossen, dass ein

---

[68] *BegrRegE, BT-Drucks.* 16/4028, S. 60.
[1] Richtlinie 2004/109/EG des Europäischen Parlaments und des Rates vom 15. Dezember 2004 zur Harmonisierung der Transparenzanforderungen in Bezug auf Informa-

solcher Emittent gleichzeitig mehrere Staaten als Herkunftsstaat wählt, zum anderen wird eine Mindestbindungsfrist von drei Jahren an die getroffene Wahl des Herkunftsstaates festgesetzt. **Abs. 2** ermächtigt das Bundesministerium der Finanzen zum Erlass einer Rechtsverordnung, um Durchführungsmaßnahmen der Europäischen Kommission zur Wahl des Herkunftsstaates leichter umsetzen zu können.

Die Bedeutung der Wahlmöglichkeit des Herkunftsstaates erschließt sich aus der **Einführung des** (durch zahlreiche Ausnahmen durchbrochenen) **Herkunftsstaatsprinzips** durch die Transparenzrichtlinie. Sie führt für die Adressaten von Transparenzpflichten zu weitgehenden Entlastungen. Abweichend von der bisherigen Regelung kommt es für die Frage, ob ein Adressat den deutschen Transparenzpflichten und der Beaufsichtigung durch die BaFin unterfällt, nun nicht mehr ausschließlich darauf an, ob der Emittent an einer inländischen Börse zugelassen ist. Emittenten, die grenzüberschreitend agieren, sollen durch die Möglichkeit, einen Herkunftsstaat wählen zu können, **davor bewahrt werden, die gleichen Transparenzanforderungen in mehreren Mitgliedstaaten gleichzeitig erfüllen zu müssen.** Ziel der Regelung ist es also, überflüssige Bürokratie und unnötige Kosten für die Emittenten zu vermeiden und damit den europäischen Kapitalmarkt effizienter zu machen und zu stärken. Gleichzeitig bleibt der **Anlegerschutz** dadurch gewahrt, dass die **Informationen** zur Erfüllung der Transparenzpflichten nunmehr durch Einsatz entsprechender Medien **europaweit zu verbreiten** sind.[2]

§ 2b WpHG wurde mit Wirkung zum 20. 1. 2007 durch das Transparenzrichtlinie-Umsetzungsgesetz (TUG)[3] vom 5. 1. 2007 in das Wertpapierhandelsgesetz eingefügt und implementiert die Vorgaben aus Art. 2 Abs. 1 lit. i) Nr. ii) der Transparenzrichtlinie. Das Finanzmarktrichtlinie-Umsetzungsgesetz (FRUG)[4] hat insoweit zu keinen Änderungen geführt.

II. Voraussetzungen und Rechtsfolgen der Wahl des Herkunftsstaates

1. Wahlberechtigung

Die Möglichkeit zur Wahl der Bundesrepublik Deutschland als Herkunftsstaat besteht nur für **Emittenten im Sinne des § 2 Abs. 6 Nr. 3 lit. a) bis c).** Diese zeichnen sich im Kern dadurch aus, dass sie keine ausschließlichen oder überwiegenden Verbindungen zur Bundesrepublik Deutschland[5] (oder einem anderen Staat) haben, sondern gleichzeitig Bezüge zum Inland und zu einem anderen Mitgliedstaat der EU oder Vertragsstaat des EWR-Abkommens aufweisen (vgl. näher § 2 Rn. 159 ff.). Die **notwendige Verbindung zu mindestens**

---

tionen über Emittenten, deren Wertpapiere zum Handel auf einem geregelten Markt zugelassen sind, ABl. EG Nr. L 390/38 ff.
[2] BegrRegE (TUG) BT-Drucks. 16/2498, S. 27.
[3] BGBl. I S. 10.
[4] Gesetz zur Umsetzung der Richtlinie über Märkte für Finanzinstrumente und der Durchführungsrichtlinie der Kommission, BR-Drucks. 147/07.
[5] Für diese Unternehmen ist die BRD nach § 2 Abs. 3 Nr. 1 oder Nr. 2 bereits zwingend der Herkunftsstaat, so dass kein Raum mehr für ein Wahlrecht besteht.

zwei Staaten innerhalb des Geltungsbereichs der Finanzmarktrichtlinie wird dabei jeweils durch den Sitz des Emittenten und die Zulassung zu einem oder mehreren organisierten Märkten vermittelt. Je nachdem, ob der fragliche Emittent seinen Sitz im Inland (lit. a), in einem anderen EU- oder EWR-Staat (lit. b) oder in einem Drittstaat (lit. c) hat, müssen die Finanzinstrumente auch oder ausschließlich in einem anderen EU- oder EWR-Staat (lit. a), auch oder ausschließlich im Inland (lit. b) oder sowohl im Inland als auch in einem oder mehreren anderen EU- oder EWR-Staaten (lit. c) zugelassen sein.

5   Die **Wahlmöglichkeit** ist jedoch **nach Abs. 1 Satz 1 ausgeschlossen,** wenn der Emittent innerhalb der letzten drei Jahre **einen anderen Herkunftsstaat gewählt** hat. Mit dieser Einschränkung soll ein zu häufiger und schneller Wechsel des Herkunftsstaates verhindert werden, der die Wirksamkeit der Aufsicht beeinträchtigen könnte. Die Regelung ergänzt und unterstützt die Einführung einer **dreijährigen Bindungsfrist** für die Wahl der Bundesrepublik als Herkunftsstaat nach § 2 b Abs. 1 Satz 2.

6   Sofern der Emittent trotz bestehender Möglichkeit **keine Wahl getroffen** hat, ist er dagegen **nicht gehindert, später davon Gebrauch zu machen,** ohne insoweit einer zeitlichen Beschränkung zu unterliegen. Das dürfte auch für die Fälle gelten, in denen bei unterbliebener Wahl die Bundesrepublik nach § 2 Abs. 6 Satz 2 bereits automatisch als Herkunftsstaat gilt.[6] Für eine ausdrückliche Wahl nach § 2 b ist dennoch Raum, weil sie mit besonderen Rechtsfolgen (insbesondere der dreijährigen Bindungsfrist nach Abs. 1 Satz 2 sowie der Veröffentlichungspflicht nach Abs. 1 Satz 3) verbunden ist. Eine dogmatische Rechtfertigung dafür bietet der Rechtsgedanke der „Doppelwirkungen im Recht".[7]

2. Bindungswirkung

7   Nach **Abs. 1 Satz 2** ist die Wahl **„mindestens drei Jahre gültig".** Damit führt das Gesetz eine entsprechende **Bindungsfrist** ein, innerhalb der die Emittenten nicht die Möglichkeit haben, eine anderweitige Wahl zu treffen. Nach Ablauf der Dreijahresfrist lebt zwar das Wahlrecht wieder auf, die einmal getroffene Entscheidung behält jedoch solange ihre Gültigkeit, bis sie durch eine anderweitige Wahl ersetzt wird.

8   Ein **vorzeitiges Ende der Bindung** tritt jedoch dann ein, wenn der Emittent keinerlei Bezug mehr zu einem organisierten Markt innerhalb der EU oder

---

[6] Betroffen sind diejenigen Emittenten, die unter § 2 Abs. 6 Nr. 3 lit. a) fallen (Sitz im Inland), sowie diejenigen, die unter lit. c) fallen (Sitz in einem Drittstaat) und das jährliche Dokument nach § 10 WpPG bei der BaFin hinterlegt haben. Insofern lebt nach der Gesetzesbegründung das Grundprinzip aus Art. 2 Abs. 1 lit. i) Nr. ii) der Transparenzrichtlinie wieder auf, dass der Sitzstaat bzw. die Hinterlegung des jährlichen Dokuments nach § 10 WpPG über den Herkunftsstaat entscheidet. Demnach kann in den Fällen der lit. b) (Sitz des Emittenten in einem anderen EU- oder EWR-Staat) die Bundesrepublik nicht Herkunftsstaat sein, vgl. BegrRegE (TUG), BT-Drucks. 16/2498, S. 31.

[7] Grundlegend *Kipp,* in: Festschrift für Martitz, 1911, S. 211 ff. (zur Anfechtbarkeit eines aus anderen Gründen bereits unwirksamen oder nichtigen Rechtsgeschäfts); vgl. ferner zu einem Anwendungsfall im Kartellrecht (konstitutive Freistellungswirkung der Tatbestände einer europäischen Gruppenfreistellungsverordnung trotz gleichzeitiger Erfüllung der Einzelfreistellungskriterien nach Art. 81 Abs. 3 EG) *K. Schmidt,* BB 2003, 1237, 1241; *Fuchs,* ZWeR 2005, 1, 13.

Wahl des Herkunftsstaates 9–11 § 2b

des EWR hat, weil seine Finanzinstrumente an keinem dieser Märkte mehr zum Handel zugelassen sind. Vom Wortlaut her nicht ganz eindeutig ist, ob in diesem Fall auch die **Wahl** der Bundesrepublik Deutschland **als Herkunftsstaat automatisch hinfällig** wird. Das dürfte zu bejahen sein, da für die Anwendung von Vorschriften des WpHG (insbesondere der §§ 21 ff.) auf Emittenten, deren Finanzinstrumente ausschließlich an organisierten Märkten in Drittstaaten notiert werden, kein legitimes Bedürfnis erkennbar ist.

3. Veröffentlichung

Nach **Abs. 1 Satz 3** ist die **erfolgte Wahl** der Bundesrepublik Deutschland 9 als Herkunftsstaat auf zweierlei Weise publik zu machen: Zum einen ist sie **zu veröffentlichen.** Für die Art der Veröffentlichung verweist § 25 WpAIV[8] ausdrücklich auf § 3a WpAIV, der insbesondere eine **europaweite sowie eine möglichst rasche und zeitgleiche Verbreitung** in der gesamten Europäischen Union und in den übrigen Vertragsstaaten des Abkommens über den Europäischen Wirtschaftsraum verlangt. Zum anderen muss der Emittent die Information über die Wahl **dem elektronischen Unternehmensregister** (§ 8b HGB) zwecks Speicherung **übermitteln.**

Die **Wahl** des Herkunftsstaates wird **nach Abs. 1 Satz 4 erst mit** ihrer 10 **Veröffentlichung wirksam.** Bis zum Erscheinen der Publikationsorgane oder der Eintragung im Unternehmensregister kann die Wahl des Herkunftsstaates daher noch korrigiert werden, da die bloße Übermittlung der Information an die Medien oder das Unternehmensregister noch keine Bindungswirkung auslöst.

III. Verordnungsermächtigung

Von der Ermächtigung nach **Abs. 2,** Einzelheiten zur Veröffentlichung der 11 Wahl des Herkunftsstaates durch Rechtsverordnung zu treffen, hat das Bundesfinanzministerium durch die Einführung des § 25 WpAIV Gebrauch gemacht. Damit hat es die Regelung des Art. 2 Durchführungsrichtlinie 2007/14/EG[9] zur Transparenzrichtlinie umgesetzt, der bestimmt, dass die Wahl des Herkunftsstaates nach den gleichen Verfahren zu veröffentlichen ist wie die Publikation der sonstigen vorgeschriebenen Informationen.

---

[8] Verordnung zur Konkretisierung von Anzeige-, Mitteilungs- und Veröffentlichungspflichten sowie der Pflicht zur Führung von Insiderverzeichnissen nach dem Wertpapierhandelsgesetz – Wertpapierhandelsanzeige- und Insiderverzeichnisverordnung (WpAIV) vom 13. Dezember 2004 (BGBl. I S. 3376), geändert durch Artikel 2 des Gesetzes zur Umsetzung der Richtlinie 2004/109/EG des Europäischen Parlaments und des Rates vom 15. Dezember 2004 zur Harmonisierung der Transparenzanforderungen in Bezug auf Informationen über Emittenten, deren Wertpapiere zum Handel auf einem geregelten Markt zugelassen sind, und zur Änderung der Richtlinie 2001/34/EG (Transparenzrichtlinie-Umsetzungsgesetz – TUG) vom 5. Januar 2007 (BGBl. I S. 10).

[9] Richtlinie 2007/14/EG der Kommission mit Durchführungsbestimmungen zu bestimmten Vorschriften der Richtlinie 2004/109/EG zur Harmonisierung der Transparenzanforderungen in Bezug auf Informationen über Emittenten, deren Wertpapiere zum Handel an einem geregelten Markt zugelassen sind, ABl. EG Nr. L 69/27 ff.

Abschnitt 2.
Bundesanstalt für Finanzdienstleistungsaufsicht

Vorbemerkung zu den §§ 3 bis 11

Übersicht

	Rn.
I. Die Neustrukturierung der Aufsicht durch das Gesetz über die integrierte Finanzdienstleistungsaufsicht	1
1. Einführung	1
2. Die bisherige Aufsichtsstruktur	3
3. Änderungen durch das Gesetz über die integrierte Finanzdienstleistungsaufsicht	10
II. Rechtsnatur und Organisation der Bundesanstalt; Sitz; Gerichtsstand..	15
1. Rechtsnatur	15
2. Organisation	24
a) Behördenaufbau	24
b) Behördenleitung	28
b) Behördenleitung	28
c) Personalstruktur	32
3. Sitz	34
4. Gerichtsstand	37
5. Vorläufige Bewertung der neuen Struktur	38

Schrifttum: *Baur/Wagner,* Das Vierte Finanzmarktförderungsgesetz – Neuerungen im Börsen- und Wertpapierhandelsrecht, Die Bank 2002, 530; *Bayer,* Die neue Bankenaufsichtsstruktur in Deutschland, in: *Pitschas* (Hrsg.), Integrierte Finanzdienstleistungsaufsicht, 2002, 283; *Beck,* Die Reform des Börsenrechts im Vierten Finanzmarktförderungsgesetz, BKR 2002, 662; *Benner,* Konsequenzen der Zentralisierungsbestrebungen der Wertpapiermarktaufsicht, ZRP 2001, 450; *Binder,* Die geplante deutsche Allfinanzaufsicht und der britische Prototyp – ein vergleichender Blick auf den deutschen Referentenentwurf, WM 2001, 2230; *Breuer,* Die öffentlichrechtliche Anstalt, VVDStRL 44 (1986), 211; *Brockhausen,* Kapitalmarktaufsicht in Selbstverwaltung – Voraussetzungen und Bedingungen am Beispiel der Handelsüberwachungsstellen gemäß § 1b Börsengesetz, WM 1997, 1924; *Claussen,* Neues zur kommenden Insidergesetzgebung, in: ZBB 1992, S. 267ff.; *ders.,* Das neue Börsenaufsichtsrecht, DB 1994, 969; *Dreyling,* Das Vierte Finanzmarktförderungsgesetz – Überregulierung oder Notwendigkeit, Die Bank 2002, 16; *Groß,* Was bedeutet Fachaufsicht?, DVBl. 2002, 793; *Häde,* Bankenaufsicht und Grundgesetz, JZ 2001, 105; *Häusele,* Aufsicht über Finanzkonglomerate, ZVersWiss 1994, 563; *Hagemeister,* Die neue Bundesanstalt für Finanzdienstleistungsaufsicht, WM 2002, 1773; *Herdegen,* Bundesbank und Bankenaufsicht: Verfassungsrechtliche Fragen, WM 2000, 2121; *Hirte/Heinrich/Tobias,* Entwicklungen im Europäischen Bankrecht – Eine Bestandsaufnahme, ZBB 2001, 388; *Höhns,* Die Aufsicht über Finanzdienstleister – Kompetenzen, Eingriffsbefugnisse, Neustrukturierung, 2002; *Hopt,* Europäisches und deutsches Insiderrecht, in: ZGR 1991, S. 17 ff.; *Hopt/Baum,* Börsenrechtsreform in Deutschland, in: *Rudolf,* (Hrsg.): Börsenreform. Eine ökonomische, rechtsvergleichende und rechtspolitische Untersuchung, 1997; *Jörgens,* Die koordinierte Aufsicht über europaweit tätige Bankengruppen, 2002; *Jung/Schleicher,* Finanzdienstleister und Wertpapierhandelsbanken – Aufsichtsrechtliche Regelungen, 2. Aufl. 2001; *Kurth,* EURO-Kapitalmarkt und regionale Börsenaufsicht – ein Widerspruch?, WM 1998, 1715; *Lange,* Die öffentlichrechtliche Anstalt, VVDStRL 44

Vorbemerkung **1 Vor §§ 3–11**

(1986), 169; *Meixner,* Neuerungen im Bankenaufsichts- und Kapitalmarktrecht, NJW 1998, 862; *Möller,* Das Vierte Finanzmarktförderungsgesetz – Der Regierungsentwurf –, WM 2001, 2405; *Mues,* Anmerkungen zum Börsengesetz nach dem Diskussionsentwurf für das Vierte Finanzmarktförderungsgesetz, ZBB 2001, 353; *Nawrath,* Marktintegrität und Markttransparenz. Den Anlegerschutz am Finanzplatz Deutschland stärken, Finanzplatz Juli 2002, Nr. 4, 2; *Pitschas/Gille,* Allfinanzaufsicht in der EU und in Deutschland, in: *Pitschas* (Hrsg.), Integrierte Finanzdienstleistungsaufsicht, 2002, 219; *Pohl,* Die Deutsche Bundesbank und die Kreditaufsicht, Diss. Freiburg 1982; *Reiter/Geerlings,* Die Reform der Bankenaufsicht – Eine Chance für den Verbraucherschutz? –, DÖV 2002, 562; *Riepe,* Die neue Wertpapieraufsicht in Deutschland – Entstehung, Funktionsweise und Perspektiven –, ZfgK 1994, 1156; *von Rosen,* Allfinanzaufsicht – die reorganisierte Wacht an Rhein und Main als Garant für neues Anlegervertrauen, ZgKW 2002, 634; *Royla,* Grenzüberschreitende Finanzmarktaufsicht in der EG, 2000; *Schlette,* Grund-linien des Kreditwirtschaftsrechts nach der 6. KWG-Novelle, JuS 2001, 1151; *Stern,* Das reformierte Bankenaufsichtssystem der Bundesrepublik Deutschland, FS Selmer, 2004, 519; *Trölitzsch,* Bericht über die Diskussion, in: ZGR 1994, S. 547 ff.; *Trouet,* Derivative und Wirtschaftsaufsicht – Rechtliche Maßstäbe und künftige Gestaltungsmöglichkeiten, 1996; *Waschbusch,* Bankenaufsicht, 2000; *Wiebke,* Das neue Aufsichtsrecht für Finanzdienstleistungsunternehmen, DStR 1998, 491; *Wittich,* Neue Regeln für Finanzdienstleistungsinstitute, die Wertpapierdienstleistungen erbringen, WM 1998, 1526.

I. Die Neustrukturierung der Aufsicht durch das Gesetz über die integrierte Finanzdienstleistungsaufsicht

1. Einführung

Das Gesetz über die integrierte Finanzdienstleistungsaufsicht vom 22. April **1** 2002[1] hat die staatliche Aufsicht über den Kapitalmarkt tiefgreifend umstrukturiert. Die Aufsichtskompetenzen der bisher existierenden drei Bundesoberbehörden – Bundesaufsichtsamt für das Kreditwesen (BAKred), Bundesaufsichtsamt für das Versicherungswesen (BAV), Bundesaufsichtsamt für den Wertpapierhandel (BAWe) – sind in einer selbstständigen Bundesanstalt, der Bundesanstalt für Finanzdienstleistungsaufsicht (BaFin) zusammengefasst worden.[2] Die Schaffung einer derartigen **sektorenübergreifenden Aufsichtsstruktur,** vom Gesetzgeber „Allfinanzaufsicht"[3] genannt,[4] folgt internationalen Vorbildern, insbesondere Großbritannien, wo seit 1998 mit der Financial Services Authority (FSA) eine für alle Teile der Finanzmärkte zuständige Aufsichtsbehörde existiert.[5] Die Neustrukturierung der Aufsicht soll dem Umstand Rechnung tragen,[6] dass

---
[1] BGBl. I 1310.
[2] Internetadresse: http://www.bafin.de.
[3] Unter „Allfinanz" wird die Verbindung von Banken-, Versicherungs- und sonstigen Finanzdienstleistungen verstanden, *Royla,* Grenzüberschreitende Finanzmarktaufsicht, S. 22, mwN.
[4] Entwurfsbegründung, BT-Drs. 14/7033, S. 31.
[5] Hierzu ausführlich *Binder* WM 2001, 2230 ff.; *Höhns,* Aufsicht über Finanzdienstleister, S. 281 ff. Entsprechende Behörden gibt es in Skandinavien, Japan und der Schweiz, vgl. *Hirte/Heinrich* ZBB 2001, 388, 397; *Reiter/Geerlings* DÖV 2002, 562, 567; *von Rosen* ZgKW 2002, 634. Auch in Irland, Österreich und Belgien ist ein solches Aufsichtskonzept geplant, vgl. *Nawrath,* Finanzplatz 2002, S. 3.
[6] Vgl. Entwurfsbegründung, BT-Drs. 14/7033, S. 31.

Vor §§ 3–11 2–4 Abschn. 2. Bundesanstalt für Finanzdienstleistungsaufs.

sich auch in Deutschland ein einheitlicher Finanzmarkt zu bilden beginnt, in dem Banken, Versicherungen und Finanzdienstleister konkurrieren und kooperieren, die Konvergenz zwischen Banken-, Versicherungs- und Wertpapierbereich auf vielfältige Weise wächst[7] und sich Finanzkonglomerate bilden, also Gruppen verbundener Unternehmen („Allfinanz"-Unternehmen), die Banken-, Versicherungs- und sonstige Finanzdienstleistungen verbinden.[8]

2   Von einem derartigen integrierten Aufsichtskonzept,[9] das die **Aufsichtsziele Solvenzaufsicht, Marktaufsicht und Kundenschutz**[10] **verbindet**, erhofft sich der Gesetzgeber eine höhere Effektivität der Aufsicht und die Einsparung von Kosten.[11] Ob diese Ziele erreicht werden, bleibt abzuwarten. Unzweifelhaft hat die Zusammenlegung vormals selbstständiger Aufsichtsbehörden den positiven Effekt, dass (externe) Kompetenzkonflikte nicht mehr auftreten können.

2. Die bisherige Aufsichtsstruktur

3   Bis zum 1. Mai 2002, dem Zeitpunkt der Errichtung der Bundesanstalt für Finanzdienstleistungen, war das BAWe zentrale Aufsichtsbehörde für den Bereich des WpHG. Das BAWe war gem. § 3 aF wie das BAKred und das BAV eine im Geschäftsbereich des Bundesministeriums der Finanzen angesiedelte selbstständige Bundesoberbehörde. Das Amt wurde durch Verfügung des BMF mit Wirkung vom 1. August 1994 errichtet[12] und nahm seine Arbeit zum 1. Januar 1995 auf.[13] Damit wurde für den Bereich des Wertpapierhandels erstmals eine Bundesbehörde mit länderübergreifender Zuständigkeit geschaffen.[14]

4   Die vom BAWe ausgeübte Aufsicht war Bestandteil der durch das **2. Finanzmarktförderungsgesetz** eingeführten und durch das Gesetz zur Umsetzung von EG-Richtlinien zur Harmonisierung bank- und wertpapieraufsichtsrechtlicher Vorschriften **(Richtlinienumsetzungsgesetz)** ausgeweiteten Marktaufsicht für den börslichen und außerbörslichen Wertpapierhandel. Die Einführung einer solchen Marktaufsicht war eines der wesentlichen Regelungsziele des 2. Finanzmarktförderungsgesetzes.[15] Der Gesetzgeber wollte mit diesem Gesetz das Vertrauen der Anleger in den Finanzplatz Deutschland und damit ganz allgemein

---

[7] Beispiele in BT-Drs. 14/7033, S. 31, sowie bei *Nawrath*, Finanzplatz 2002, S. 2 f.

[8] *Royla*, Grenzüberschreitende Finanzmarktaufsicht, S. 22; *Hagemeister* WM 2002, 1773, 1774; *Häusele* ZVersWiss 1994, 563, 567; *Trouet*, Wirtschaftsaufsicht, S. 211. Durch die kürzliche Fusion zwischen Allianz und Dresdner Bank ist in Deutschland erstmals eine Unternehmensgruppe entstanden, die als Allfinanzkonzern bezeichnet werden kann, vgl. *von Rosen* ZgKW 2002, 634.

[9] In ungewöhnlicher Begriffsbildung spricht der Gesetzesentwurf von einer „integralen proaktiven Aufsicht", BT-Drs. 14/7033, S. 32.

[10] Zu diesen Begriffen s. u. Rn. 7.

[11] BT-Drs. 14/7033, S. 32.

[12] Vgl. den Erlass über die Einrichtung des Bundesaufsichtsamtes für den Wertpapierhandel zum 1. 8. 1994 in Frankfurt am Main vom 31. 8. 1994, Bundesanzeiger vom 15. 9. 1994, S. 10 129.

[13] *Schäfer/Geibel*, § 3 Rn. 5.

[14] Die Forderungen nach einer derartigen Behörde sind allerdings alt. Bereits der 11. Deutsche Juristentag hatte im Jahre 1873 die Forderung nach der Schaffung eines „staatlichen Aktienamtes" erhoben. Vgl. dazu und zur Diskussion in der Folgezeit *Hopt*, Der Kapitalanlegerschutz im Recht der Banken, S. 514, 526 ff.

[15] *Kümpel*, Bank- und Kapitalmarktrecht, Rn. 18.1.

dessen Attraktivität und Wettbewerbsfähigkeit erhöhen.[16] Vor dem Hintergrund der zutreffenden Erkenntnis, dass ein wesentliches Entscheidungskriterium des Anlegers bei der Wahl des Börsenplatzes die Qualität der jeweiligen Kapitalmarktaufsicht ist – wobei es insbesondere um Möglichkeiten zur Unterbindung von Insidergeschäften geht –,[17] bedurfte es zur Erreichung dieses Zwecks der Einrichtung einer effektiven staatlichen Aufsicht. Der Gesetzgeber traf im 2. Finanzmarktförderungsgesetz die Entscheidung zugunsten einer zentralen Bundesinstanz, um eine wirksame Überwachung der deutschen Kapitalmärkte zu gewährleisten und die im internationalen Vergleich für unzureichend gehaltene Aufsicht durch die Börsenaufsichtsbehörden der Länder durch ein wirksameres Instrumentarium abzulösen.[18] Die Ausgestaltung dieses Systems, das das frühere System der nur eingeschränkten staatlichen Aufsicht über die weitgehend selbstverwalteten Börsen[19] – das als unzureichend empfunden wurde, vor allem im internationalen Vergleich[20] – durch ein System intensiver Staatsaufsicht ablöste,[21] wurde dabei von gemeinschaftsrechtlichen Vorgaben, nämlich der Insider-Richtlinie, der Transparenz-Richtlinie sowie der Wertpapierdienstleistungsrichtlinie mit beeinflusst. Diese Richtlinien enthielten allerdings nur Minimalregelungen für die organisationsrechtliche Grundstruktur der Aufsicht sowie deren Aufgaben und Kompetenzen und beließen daher dem nationalen Gesetzgeber nicht unerheblichen Spielraum.[22] Durch das 2. Finanzmarktförderungsgesetz wurden dem Bund erstmals zentrale Aufsichtsfunktionen auf dem Gebiet des börslichen und außerbörslichen Wertpapierhandels übertragen.[23] Der Gesetzgeber entschied sich allerdings nicht für eine zentrale, ausschließlich auf Bundesebene organisierte Kontrolle.[24] Vielmehr wurde, nicht zuletzt wegen des Widerstandes der Länder, die ungern Kompetenzen abgeben wollten[25] und ursprünglich statt einer Bundesbehörde eine Gemeinschaftseinrichtung der Länder befürwortet hatten,[26]

---

[16] S. o. § 3 Rn. 5.
[17] Vgl. nur *Rauscher*, Bundesaufsichtsamt, S. 17.
[18] Begründung des Regierungsentwurfs, BT-Drs. 12/6679, S. 33.
[19] S. dazu *Kümpel*, Bank- und Kapitalmarktrecht, Rn. 18.4.; *Rauscher*, Bundesaufsichtsamt, S. 35 ff.
[20] Vgl. nur *Kümpel*, Bank- und Kapitalmarktrecht, Rn. 18.3; BT-Drs. 12/6679, S. 33 f.; rechtsvergleichende Hinweise bei *Ludger Hellenthal*, Das Bankenaufsichtsrecht der Europäischen Gemeinschaft, passim; *Pascal Royla*, Grenzüberschreitende Finanzmarktaufsicht in der EG, S. 24 ff.; zu den USA vgl. *Hütz*, Bankenaufsicht, passim; *Rauscher*, Bundesaufsichtsamt, S. 18 ff.
[21] *Claussen* DB 1994, S. 969.
[22] Vgl. Art. 22, 23, 27 WpDRiL, sowie *Kümpel*, Bank- und Kapitalmarktrecht, Rn. 18.13 f.; *Höhns*, Finanzdienstleister, S. 47; *Rauscher*, Bundesaufsichtsamt, S. 38 f. Die EG-Richtlinien dürften noch nicht einmal zwingend eine Staatsaufsicht fordern, sondern auch eine Kontrolle durch private Institutionen zulassen, die mit hoheitlichen Befugnissen beliehen werden, vgl. *Rauscher*, Bundesaufsichtsamt, S. 41 ff.
[23] *Kümpel*, Kapitalmarktrecht, Rn. 65 S. 125; *Kümpel*, Bank- und Kapitalmarktrecht, Rn. 18.18; *Kümpel*, Bank- und Kapitalmarktrecht, Rn. 18.37.
[24] So die ursprüngliche Konzeption des Bundesfinanzministeriums WM 1992, 420; dafür nachdrücklich auch *Hopt/Baum*, Börsenrechtsreform, S. 450 f.
[25] *Claussen* DB 1994, S. 969.
[26] Vgl. dazu ausführlich *Kümpel*, Bank- und Kapitalmarktrecht, Rn. 18.29 ff.; *Rauscher*, Bundesaufsichtsamt, S. 51 ff., dort auch zu den rechtlichen und praktischen Bedenken gegen diese Konstruktion.

Vor §§ 3–11 5   Abschn. 2. Bundesanstalt für Finanzdienstleistungsaufs.

eine auf mehrere Aufsichtsinstanzen des Bundes und der Länder verteilte Kontrolle eingerichtet, die europarechtlich in dieser Form nicht vorgegeben war.[27] Aufgrund dieses politischen Kompromisses,[28] der in einem gemeinsamen Arbeitskreis von Bund und Ländern, gebildet aus den Börsenfachministerien der Länder und dem Bundesfinanzministerium, erarbeitet worden war,[29] stellte das BAWe nicht die einzige Behörde dar, die eine marktbezogene Wertpapierhandelsaufsicht ausübte. Insgesamt wurde die Aufsicht auf drei Behördeninstanzen verteilt:[30]

5   Das **BAWe** war für das börsliche und außerbörsliche Geschäft mit länderübergreifenden, die einzelne Börse übergreifende, und international geprägten Überwachungsfunktionen zuständig, in Bezug auf den Börsenhandel allerdings im Wesentlichen beschränkt auf die Kontrolle der Einhaltung des Insiderhandelsverbotes (vgl. §§ 16, 37 Abs. 1, 2 WpHG aF). Die Möglichkeit, diese Aufgaben dem bereits bestehenden Bundesaufsichtsamt für das Kreditwesen oder der Deutschen Bundesbank zuzuweisen, wurde zwar diskutiert,[31] wegen der unterschiedlichen Zielsetzungen der Bankenaufsicht und der Wertpapieraufsicht – Funktionsfähigkeit des Bankenwesens einerseits, allgemeine Marktaufsicht zur Stärkung des Vertrauens der Anleger in das Geschehen auf den Wertpapiermärkten andererseits jedoch letztlich nicht als sinnvoll erachtet.[32] Der Gesetzgeber wollte zudem mit der Errichtung einer eigenständigen Bundesbehörde ein besonders deutliches Signal dafür setzen, dass die deutsche Wertpapieraufsicht internationalen Standards entsprach, also gewissermaßen ein Gütesiegel für den Finanzplatz Deutschland schaffen.[33] Die Zuweisung der entsprechenden Aufgaben an das bereits bestehende BAKred hätte diese Signalwirkung nicht gehabt.[34] Das BAWe wurde jedoch dem BAKred in Organisation und Aufgabenstellung weitgehend nachgebildet.[35] Die im Vergleich zum BAKred abweichende Namensgebung (Kredit*wesen* hier, Wertpapier*handel* dort) sollte zum Ausdruck bringen, dass es nicht für die tatsächliche und rechtliche Gestaltung von Wertpapieren und den mit ihnen verbundenen (gesellschaftsrechtlichen) Rechten und Pflichten, sondern nur für den Handel begebener Wertpapiere und Derivate zuständig sein sollte.[36] Die nunmehr, kaum 10 Jahre später erfolgte Zusammenlegung mit dem

---

[27] So sieht Art. 8 der Insider-Richtlinie lediglich die Schaffung einer „Verwaltungsstelle" zur Aufspürung und Verfolgung von Insider-Vergehen vor.
[28] Z. B. *Hopt/Baum*, Börsenrechtsreform, S. 450; *Kümpel,* Kapitalmarktrecht, Rz. 065 S. 125; *Kümpel,* Bank- und Kapitalmarktrecht, Rn. 18.36 f.
[29] BT-Drs. 12/6679, S. 33 f.; *Rauscher,* Bundesaufsichtsamt, S. 59 f.; *Riepe* ZfKW 1994, 1156, 1157.
[30] Näheres bei *Assmann/Schneider/Dreyling,* § 3 Rn. 15 ff.; dort auch graphische Übersicht, § 4 Rn. 16; s. a. *Claussen* DB 1994, S. 969 ff.
[31] Dafür bereits im Vorfeld des Gesetzgebungsverfahrens *Claussen* ZBB 1992, 267, 283; *Hopt* ZGR 1991, S. 63, mwN.
[32] Vgl. BT-Drs. 12/6679, S. 35 f. *Kümpel,* Bank- und Kapitalmarktrecht, Rn. 18.79; *Rauscher,* Bundesaufsichtsamt, S. 45 ff., 54 f., mit eingehender Abwägung der Argumente pro und contra.
[33] Vgl. BT-Drs. 12/6679, S. 36.
[34] *Kümpel,* Bank- und Kapitalmarktrecht, Rn. 18.79.
[35] So auch *Boos/Fischer/Schulte-Mattler,* KWG, Einf Rn. 67; *Bliesener,* Verhaltenspflichten, S. 114.
[36] *Assmann/Schneider/Dreyling,* Rn. 1.

Vorbemerkung 6–8 **Vor §§ 3–11**

BAKred und dem BAV deutet indes darauf hin, dass die Errichtung als eigenständige Behörde nicht die optimale Lösung darstellte.[37]

Neben dem BAWe wurden **Börsenaufsichtsbehörden** der Bundesländer für 6 das börsliche Geschäft, also den gesamten Handel an der Börse und die Börsengeschäftsabwicklung geschaffen.[38] Vor dem Inkrafttreten des 2. Finanzmarktförderungsgesetzes hatte die Börse die Handelsaufsicht eigenverantwortlich ausgeübt.[39] Der Begriff „Börsenaufsichtsbehörde" bezeichnete einen Teil der Landesregierung (§ 1 Abs. 1 S. 1 BörsG aF: „zuständige oberste Landesbehörde"); diese konnte einen Staatskommissar einsetzen (§ 1 Abs. 3 BörsG aF). In Ergänzung der von den Börsenaufsichtsbehörden ausgeübten Kontrolle wurden als Börsenselbstverwaltungsorgane die **Handelsüberwachungsstellen** der Börsen geschaffen, die den Weisungen der Börsenaufsichtsbehörden unterstanden (§ 1b Abs. 1 S. 3 BörsG aF).[40] Als weiteres Instrument der Selbstverwaltung[41] gab es einen **Börsenrat** (§ 3 BörsG aF).

Neben dieser neuen, vom BAWe und den Börsenaufsichtsbehörden ausgeübten Marktaufsicht existierte die Zulassungs- und Solvenzaufsicht des **BAKred** 7 weiter.[42] **Solvenzaufsicht** bedeutet die Überwachung der Fähigkeit von Unternehmen, ihr Bestehen und die ständige Erfüllbarkeit aller fälligen Verbindlichkeiten sowohl durch eine entsprechende Geschäftspolitik als auch durch ausreichendes Eigenkapital sicherzustellen. Die **Marktaufsicht** zielt demgegenüber auf die Sicherstellung des Anlegerschutzes sowie die Transparenz und Integrität des Kapitalmarktes.[43] Die Abgrenzung der Tätigkeitsbereiche von BAWe und BAKred erfolgte also **funktional**, nach dem Inhalt der ausgeübten Aufsicht.[44] Dabei war die Aufsichtstätigkeit des BAKred gem. §§ 6 Abs. 2, 23 Abs. 1 KWG aF subsidiär gegenüber der des BAWe. Überschneidungen zwischen den Aufsichtsbereichen beider Behörden bestanden insoweit, als Kreditinstitute und Finanzdienstleistungsinstitute, die Wertpapierdienstleistungen erbringen, grundsätzlich von beiden Behörden beaufsichtigt wurden.[45]

Verschiedene unterstützende Aufsichtsaufgaben nahm schließlich auch die als 8 bundesunmittelbare juristische Person des öffentlichen Rechts organisierte (§ 2

---

[37] Für eine Zusammenlegung bereits *Schlette* JuS 2001, 1151, 1155; dies erwägend auch *Trouet*, Wirtschaftsaufsicht, S. 253 ff.
[38] Näheres bei *Groß*, Kapitalmarktrecht, §§ 1–2c BörsG, Rn. 9 ff.; *Kümpel*, Bank- und Kapitalmarktrecht, Rn. 18 111 ff.
[39] Vgl. *Rauscher*, Bundesaufsichtsamt, S. 63.
[40] Näheres bei *Groß*, Kapitalmarktrecht, §§ 1–2c BörsG, Rn. 21 ff.; *Kümpel*, Kapitalmarktrecht, Rz. 065 S. 126; *Kümpel*, Bank- und Kapitalmarktrecht, Rn. 18 134 ff.; *Brockhausen* WM 1997, 1924 ff.
[41] Vgl. *Claussen* DB 1994, S. 971; *Rauscher*, Bundesaufsichtsamt, S. 68.
[42] Vgl. *Beck/Samm*, KWG, § 6 Rn. 58a; *Meixner* NJW 1998, 864; *Wiebke* DStR 1998, 491; *Kümpel*, Bank- und Kapitalmarktrecht, Rn. 18.20; *Boos/Fischer/Schulte-Mattler*, KWG, Einf Rn. 68; *Schlette* JuS 2001, 1151, 1153 ff. – Nach *Schäfer/Geibel,* § 4 Rn. 1 ist die vom BAKred ausgeübte Kontrolle jedenfalls nach Einbeziehung der Finanzdienstleister ebenfalls im weiteren Sinne Marktaufsicht.
[43] *Kümpel*, Bank- und Kapitalmarktrecht, Rn. 18.20; *Jung/Schleicher*, S. 22 f., 26.
[44] *Beck/Samm*, KWG, § 6 Rn. 58a; *Assmann/Schneider/Dreyling*, Rn. 5; *Schäfer/Geibel*, § 4 Rn. 11; *Kümpel*, Bank- und Kapitalmarktrecht, Rn. 18.20; *Wittich* WM 1998, 1526; *Boos/Fischer/Schulte-Mattler*, KWG, Einf Rn. 68.
[45] Vgl. *Schäfer/Geibel*, § 4 Rn. 11; *Kümpel*, Bank- und Kapitalmarktrecht, Rn. 18.20.

Vor §§ 3–11 9–11 Abschn. 2. Bundesanstalt für Finanzdienstleistungsaufs.

S. 1 BBankG) **Deutsche Bundesbank** wahr,[46] die, anders als die Bundesaufsichtsämter, mit den Landeszentralbanken (§ 8 BBankG) über die nötige Präsenz vor Ort verfügte.

9   Die Frage, ob dieses komplexe Aufsichtssystem gelungen und zukunftsfähig war, wurde bald Gegenstand **rechtspolitischer Debatte**. Neben positiven Stimmen, gerade auch aus der Kreditwirtschaft,[47] gab es nicht selten heftige Kritik.[48] Ab 1999 setzte dann eine intensive Diskussion über die Neustrukturierung der Finanzmarktaufsicht ein.[49]

3. Änderungen durch das Gesetz über die integrierte Finanzdienstleistungsaufsicht

10   Gem. § 1 Abs. 1 FinDAG ist zum 1. Mai 2002 im Geschäftsbereich des Bundesministeriums der Finanzen durch **Zusammenlegung von BAKred, BAWe und BAV** eine bundesunmittelbare, rechtsfähige Anstalt des öffentlichen Rechts mit der Bezeichnung Bundesanstalt für Finanzdienstleistungsaufsicht errichtet worden. Durch diese Zusammenlegung ist die Abgrenzung der Markt- von der Solvenzaufsicht jedenfalls für den Bereich von KWG und WpHG nach außen hin überflüssig und dadurch und durch die Verringerung der Aufsichtsbehörden das Aufsichtssystem zweifellos wesentlich übersichtlicher gestaltet worden. Die Einhaltung der Vorschriften des KWG und des WpHG werden nunmehr von einer einzigen Behörde überwacht; Zuständigkeitsprobleme können sich nur noch innerbehördlich ergeben.

11   Das Gesetz über die integrierte Finanzdienstleistungsaufsicht beschränkt sich auf eine institutionelle Neuausrichtung und lässt demgemäß das **materielle Aufsichtsrecht** nach VAG, KWG und WpHG **unverändert**. Veränderungen im materiellen Recht des WpHG haben sich wenig später aber durch das am 1. Juli 2002 in Kraft getretene **4. Finanzmarktförderungsgesetz** ergeben, das der BaFin über die bisherigen Aufgaben hinaus eine **Reihe von neuen Überwachungsaufgaben** übertragen hat, nämlich die Überwachung der Offenlegungspflichten von Geschäften des Managements in Wertpapieren des eigenen Unternehmens (§ 15a Abs. 4), des Verbots der Kurs- und Marktpreismanipulation (§ 20b), der Informationspflichten bei Finanztermingeschäften (§ 37f) sowie die Zulassung und Überwachung von Handelsbildschirmen ausländischer Börsen und ihrer Betreiber (§§ 37i ff.). Weitere Modifikationen haben sich durch das Anlegerschutzverbesserungsgesetz vom 28. Oktober 2004 ergeben.

---

[46] Vgl. etwa §§ 7, 13, 14, 24ff., 29 Abs. 3, 44–44c KWG. Näheres bei *Beck/Samm*, KWG, § 7 Rn. 9ff.; *Waschbusch*, Bankenaufsicht, S. 106ff.; *Pohl*, Deutsche Bundesbank, S. 19ff.; *Hubert Humm*, Bankenaufsicht und Währungssicherung, S. 117ff.

[47] *Kurth* WM 1998, 1715; *Rauscher*, Bundesaufsichtsamt, S. 69ff.; *Trouet*, Wirtschaftsaufsicht, S. 148ff.; weitere Nachweise bei *Claussen*, Bank- und Börsenrecht, § 9 Rn. 24.

[48] *Hopt/Baum*, Börsenrechtsreform, S. 450f.; *Schäfer/Geibel*, § 4 Rn. 1; *Jung/Schleicher*, S. 22 („Kompetenzzersplitterung"); *Rauscher*, Bundesaufsichtsamt, S. 71 („wenig transparentes Aufsichtsgeflecht", das „schwerfällig" und „missglückt" sei); *Claussen* DB 1994, S. 972 (komplexes, teures Aufsichtssystem, das bei den ausländischen Investoren eher Verwirrung und Unverständnis auslösen werde); *Trölitzsch* ZGR 1994, 547, 548 („Aufsichtsmoloch"); *Hopt/Baum*, Börsenrechtsreform, S. 451; *Schlüter*, Wertpapierhandelsrecht, Rn. D 49 („Überregulierung").

[49] Näheres bei *Hagemeister* WM 2002, 1773f.; *Höhns*, Aufsicht über Finanzdienstleister, S. 253ff. S. a. unten Rn. 16.

Vorbemerkung 12, 13 **Vor §§ 3–11**

Die BaFin hat auf der Basis des WpHG danach gegenwärtig im wesentlichen 12
folgende **Aufgabenbereiche:**
– Entgegennahme der Meldungen über Wertpapier- und ähnliche Geschäfte von Wertpapierdienstleistungsunternehmen und Überwachung und Prüfung der Einhaltung der entsprechenden Meldepflichten (§§ 9, 35 , 36).
– Prävention und Verfolgung von Insidergeschäften (§ 4 Abs. 2–5 iVm § 14 WpHG).
– Kontrolle der ad-hoc-Publizität von börsennotierten Unternehmen (§ 4 Abs. 2–4 iVm § 15 Abs. 5 WpHG).
– Überwachung der Offenlegungspflichten hinsichtlich Geschäften des Managements in Wertpapieren des eigenen Unternehmens (§ 4 Abs. 2–4 iVm § 15 a WpHG)
– Überwachung des Verbots der Kurs- und Marktpreismanipulation (§ 4 Abs. 2–4 iVm § 20 a WpHG).
– Überwachung der Mitteilungs- und Veröffentlichungspflichten bei Veränderungen des Stimmrechtsanteils an börsennotierten Gesellschaften (§ 4 Abs. 2–4 iVm §§ 21 ff. WpHG).
– Überwachung und Prüfung der Einhaltung der Verhaltensregeln, Aufzeichnungs-, Aufbewahrungs- und Verwahrungspflichten der Wertpapierdienstleistungsunternehmen sowie der Pflichten der Wertpapieranalysten (§§ 35, 36, 36 a).
– Internationale Zusammenarbeit (§ 7).
– Bekämpfung von Missständen bei der Erbringung von Wertpapierdienstleistungen (§§ 4, 36 b).
– Überwachung der Informationspflichten bei Finanztermingeschäften (§ 37 f.)
– Zulassung und Überwachung von Handelsbildschirmen ausländischer Börsen und ihrer Betreiber (§§ 37 i ff.).
Dazu kommen Aufgaben nach dem Wertpapier-Verkaufsprospektgesetz, die Überwachung von Unternehmensabschlüssen (§§ 37 n ff. WpHG) und Aufgaben nach dem Wertpapiererwerbs- und Übernahmegesetz.
Von einer wirklichen „Allfinanzaufsicht", die alle Aufsichtsbefugnisse bei einer 13
zentralen Behörde zusammenfasst, kann aber weiterhin keine Rede sein,[50] weil die zusätzlichen Kontrollmechanismen nach BörsG (o. Rn. 6) durch die Neuregelung im Gesetz über die integrierte Finanzdienstleistungsaufsicht nicht grundsätzlich angetastet worden sind (vgl. §§ 1 ff. BörsG nF) und auch die Deutsche Bundesbank als weitere Aufsichtsinstanz mit eigenen, zumeist von den Landeszentralbanken wahrgenommenen, Aufgaben weiterexistiert.[51] Als Verbindungsglied zwischen Bundes- und Landesaufsicht fungiert der Wertpapierrat (§ 5); die Bundesbank wird durch das Forum für Finanzmarktaufsicht (§ 3 FinDAG) eingebunden. Das auf drei Verwaltungsebenen – Bund, Länder, Börsenselbstverwaltung – verteilte **System föderal-dezentral organisierter Aufsicht**[52] besteht

---

[50] AA wohl *Baur/Wagner* Die Bank 2002, 530.
[51] Verfassungsrechtliche Bedenken wegen Art. 87 Abs. 3 Satz 2 GG insoweit neuerdings bei *Häde* JZ 2001, 105, 114. – Zu abweichenden Konzepten im Vorfeld des Gesetzgebungsverfahrens s. u. Rn. 16.
[52] So oder ähnlich die Charakterisierung des Aufsichtssystems bei *Groß*, Kapitalmarktrecht, §§ 1–2 c BörsG, Rn. 7; *Schäfer/Geibel*, § 4 Rn. 1; *Kümpel*, Kapitalmarktrecht, Rz. 065, S. 15, 125; *Kümpel*, Bank- und Kapitalmarktrecht, Rn. 18.17; *Bliesener*, Verhaltenspflichten, S. 137.

Vor §§ 3–11 14, 15 Abschn. 2. Bundesanstalt für Finanzdienstleistungsaufs.

weiterhin. Auch durch das kurz nach dem Gesetz über die integrierte Finanzdienstleistungsaufsicht erlassene 4. Finanzmarktförderungsgesetz erfuhr das BörsG zwar eine tiefgreifende formale und materielle Umgestaltung; im aufsichtsrechtlichen Bereich der Börse erfolgten jedoch keine relevanten Änderungen.[53] Warum der Gesetzgeber keinen Handlungsbedarf sah, dieses mehrschichtige und häufig kritisierte[54] Aufsichtssystem zu straffen, ist unklar; der Entwurf zum Gesetz über die integrierte Finanzdienstleistungsaufsicht erwähnt die Aufsicht nach BörsenG mit keinem Wort. Es ist zu vermuten, dass die Zentralisierung der Börsenaufsicht auf Bundesebene nach wie vor an den Einzelinteressen der Bundesländer mit Börsensitz scheiterte.[55]

14 Schwerwiegende **Kompetenzkonflikte** zwischen BaFin einerseits, Börsenaufsichtsbehörden und Handelsüberwachungsstellen andererseits werden sich in aller Regel allerdings nicht ergeben.[56] Für den außerbörslichen Handel mit Wertpapieren liegt dies auf der Hand, weil insoweit ausschließlich die BaFin zuständig ist. Aber auch im Hinblick auf den börslichen Handel gilt diese Feststellung, weil die Aufsichtsinstanzen jeweils mit unterschiedlicher Zielsetzung tätig werden. Bei der landesrechtlichen Börsenaufsicht geht es um die Ordnungsmäßigkeit des Börsenhandels gem. den Vorschriften des BörsG – hier steht also die Aufsicht über die Kurs- und Preisfeststellung im Vordergrund –, bei der Tätigkeit der BaFin nach WpHG um die Aufdeckung und Verfolgung von Insiderdelikten sowie die Gewährleistung der Einhaltung der Wohlverhaltens-Regeln nach dem WpHG, also Tätigkeiten, bei denen die Feststellung des Börsenpreises (formal) nicht betroffen ist.[57] Formal gesehen: Die Börsenaufsichtsbehörden der Länder dürfen nur die Einhaltung der Vorschriften des BörsG, die BaFin darf, wie § 4 Abs. 1 auch ausdrücklich festlegt, nur die Einhaltung der Vorschriften des WpHG kontrollieren. Dass der Gesetzgeber gleichwohl im Einzelfall Zuständigkeitsprobleme erwartet, ergibt sich inzidenter aus § 5 Abs. 2 Nr. 3, wonach der Wertpapierrat bei der „Abgrenzung von Zuständigkeiten zwischen dem Bundesaufsichtsamt und den Börsenaufsichtsbehörden" beratend tätig wird.

II. Rechtsnatur und Organisation der Bundesanstalt; Sitz; Gerichtsstand

1. Rechtsnatur

15 Die BaFin ist eine bundesunmittelbare, rechtsfähige Anstalt des öffentlichen Rechts (§ 1 Abs. 1 FinDAG). Eine **Anstalt** ist nach der weithin akzeptierten Definition Otto Mayers „ein Bestand von Mitteln, sächlichen wie persönlichen,

---

[53] Vgl. *Beck* BKR 2002, 662 ff.; *Möller* WM 2001, 2405, 2405 f.; *Mues* ZBB 2001, 353 f., sowie insbes. §§ 1–9 BörsG nF.
[54] S. o. Rn. 9.
[55] Vgl. *Baur/Wagner* Die Bank 2002, 530, 531; *Mues* ZBB 2001, 353, 359.
[56] So auch (im Verhältnis zum BAWe) BT-Drs. 12/6679, S. 59; *Groß*, Kapitalmarktrecht, §§ 1–2 c BörsG, Rn. 28; *Kurth* WM 1998, 1715; *Bliesener*, Verhaltenspflichten, S. 138; *Trouet*, Wirtschaftsaufsicht, S. 149. AA *Rauscher*, Bundesaufsichtsamt, S. 71 ff.; *Claussen* DB 1994, S. 970.
[57] So auch *Groß*, Kapitalmarktrecht, §§ 1–2 c BörsG, Rn. 28; BR-Drs. 963/96, S. 60.

welche in der Hand eines Trägers öffentlicher Verwaltung einem besonderen öffentlichen Zweck dauernd zu dienen bestimmt ist."[58] Der Tätigkeitsbereich einer Anstalt liegt üblicherweise im Bereich der Leistungsverwaltung; die Anstalt hat Benutzer, die ihre Leistungen in Anspruch nehmen.[59] Der Gesetzgeber ist jedoch nicht gehindert, als öffentlichen Anstaltszweck eine ordnungsrechtliche Zielsetzung (hier: Staatsaufsicht über den Wertpapierhandel) zu bestimmen, da Art. 86, 87 Abs. 3 GG (s. u. Rn. 21) den Organisationstypus „Anstalt" nicht auf den Bereich der Leistungsverwaltung festlegen.[60] Demgemäß kann eine Anstalt auch mit Ordnungsaufgaben betraut werden, mag dies auch eine atypische Ausgestaltung sein.[61] Der Gesetzgeber versprach sich von der Verleihung des Anstaltsstatus und der damit verbundenen Lösung vom Bundeshaushalt eine größere Unabhängigkeit im budgetären, organisationsrechtlichen, personellen und damit nicht zuletzt auch operativen Bereich.[62]

Die Anstaltsvariante bedeutet eine Absage an die im Vorfeld des Gesetzgebungsverfahrens von der Expertengruppe Bundesbankstrukturreform unter Vorsitz des früheren Bundesbankpräsidenten Pöhl und von der Deutschen Bundesbank favorisierte Übertragung der (Bank-)Aufsichtsfunktionen auf die Bundesbank.[63] Für die vom Gesetzgeber gewählte **Beibehaltung der institutionellen Trennung von Zentralbank und Finanzaufsichtsbehörde** spricht, dass das Gegenmodell verfassungsrechtlich nicht unproblematisch ist[64] und zu Interessenkonflikten insbesondere zwischen der Durchsetzung geldpolitischer Ziele und dem Schutz einzelner Institute und Marktsegmente vor Insolvenz in Krisenzeiten führen kann,[65] wobei allerdings die Gefahr solcher Konflikte nach der weitgehenden Übertragung geldpolitischer Entscheidungsbefugnisse auf die Europäische Zentralbank nicht überschätzt werden darf.[66]

16

Die durch Art. 87 Abs. 3 GG vorgegebene Einstufung als **„bundesunmittelbare"** Anstalt ist insofern irreführend, als die Errichtung einer Anstalt ein Akt der Dezentralisation ist, der zu einer *mittelbaren* Staatsverwaltung führt.[67] Die Verwendung des Begriffes „bundesunmittelbar" soll lediglich deutlich machen, dass der Bund (und nicht ein Land) diesen selbstständigen Träger errichtet hat

17

---

[58] *Otto Mayer*, Verwaltungsrecht Bd. II, S. 268, 331. Aus der aktuellen Literatur vgl. *Maurer*, Allgem. Verwaltungsrecht, § 23 Rn. 46 f.; *Dreier/Hermes*, GG, Bd. III, 2000, Art. 86 Rn. 32; *Lange* VVDStRL 44 (1986), 170; krit. *Breuer* VVDStRL 44 (1986), 213 ff.
[59] *Maurer*, aaO Rn. 46, 48, 52; *Hermes*, aaO.
[60] Besonders deutlich *Breuer* VVDStRL 44 (1986), 213, 231: Anstalt als „multifunktionale Organisationsform". Vgl. a. BVerfGE 37, 1, 24 f.
[61] So auch *Hagemeister* WM 2002, 1773, 1774.
[62] BT-Drs. 14/7033, S. 33.
[63] Vgl. *Binder* WM 2001, 2230; *Hagemeister* WM 2002, 1773. (Das Gutachten der Pöhl-Kommission sowie das weitere – verfassungsrechtliche – Gutachten von *Heun* sind abrufbar unter http://www.uni-leipzig.de/bankinstitut/dokumente/2000-07-04-01.pdf bzw./2000-09-05-01.pdf). Für eine Ansiedlung der Finanzaufsicht bei der Bundesbank auch *Reiter/Geerlings* DÖV 2002, 562, 568.
[64] Vgl. *Herdegen* WM 2000, 2121 ff., sowie das Gutachten von *Heun*.
[65] Vgl. *Binder* WM 2001, 2230, 2235; *Herdegen* WM 2000, 2121, 2125.
[66] So auch der Hinweis von *Häde* JZ 2001, 105, 109.
[67] *von Mangoldt/Klein/Starck/Burgi*, GG, Bd. 3 Art. 86 Rn. 51; *Dreier/Hermes*, GG, Bd. III, 2000, Art. 86 Rn. 30.

Vor §§ 3–11 18–21 Abschn. 2. Bundesanstalt für Finanzdienstleistungsaufs.

und die Aufsicht über ihn führt. Der Begriff beschreibt also die rechtliche Zuordnung der Anstalt zum Trägergemeinwesen Bund.[68]

18 Anstalten können als Teil eines anderen Verwaltungsträgers (nicht rechtsfähige Anstalt) oder als **selbstständiger Verwaltungsträger** mit Rechtspersönlichkeit (rechtsfähige Anstalt) errichtet werden.[69] Der Gesetzgeber hat sich für die BaFin entsprechend den Vorgaben des Art. 87 Abs. 3 GG ausdrücklich für die letztgenannte Möglichkeit entschieden.[70] Die rechtsfähige Anstalt ist kraft ihrer rechtlichen Verselbstständigung Zuordnungssubjekt von Rechten und Pflichten. Sie ist über ihre Organe handlungsfähig, haftet selbst für Verbindlichkeiten und kann klagen und verklagt werden.[71] Gem. § 12 FinDAG stellt sie einen eigenen Haushaltsplan auf, wobei sie an die Beachtung der §§ 105 ff. BHO gebunden ist.

19 Der Rechtscharakter der BaFin ist also ein anderer als der ihrer **Vorgängerbehörden,** die lediglich Bundesoberbehörden ohne eigene Rechtspersönlichkeit darstellten. Entgegen der missverständlichen Bezeichnung („**selbstständige Bundesoberbehörde**", vgl. etwa § 3 Abs. 1 aF) waren die früheren Bundesoberbehörden nicht rechtlich selbstständig i. S. einer Rechtsfähigkeit. Ihre „Selbstständigkeit" bestand lediglich darin, dass sie organisatorisch und funktional aus dem Ministerium ausgegliedert waren und die gesetzlich übertragenen Aufgaben in eigener Zuständigkeit und nicht etwa im Auftrag des Ministeriums oder als Teil einer anderen Behörde ausführten.[72]

20 Die Rechtsfähigkeit der BaFin hat zur Konsequenz, dass sie **Dienstherrenfähigkeit** besitzt und damit eigene Beamte (und sonstige Bedienstete) haben kann, vgl. §§ 9, 10 FinDAG iVm § 121 Nr. 2 BRRG. Dieser Aspekt dürfte mit ausschlaggebend für die Wahl der neuen Rechtsform gewesen sein, weil dadurch ein vom allgemeinen öffentlichen Dienst abgekoppeltes **besonderes Personalstatut** ermöglicht wurde (s. u. Rn. 32 f.).

21 Die Kompetenz des Bundes zur Schaffung der Bundesanstalt beruht wie die der Vorgängerbehörden auf **Art. 87 Abs. 3 S. 1 GG.** Die Voraussetzungen dieser Vorschrift sind gegeben, weil dem Bund gem. **Art. 74 Nr. 11 GG** die konkurrierende Gesetzgebung im Bereich des Bank-, Börsen- und Versicherungswesens zusteht. Unter das Bank- und Börsenwesen fällt auch der Handel mit Wertpapieren.[73] Nach überwiegender Ansicht muss die Errichtung eines Verwaltungsträgers nach Art. 87 Abs. 3 S. 1 GG die Anforderungen des Art. 72 Abs. 2 GG („Erforderlichkeit" einer bundesgesetzlichen Regelung) nicht erfüllen.[74] Nichtsdestotrotz wäre Art. 72 Abs. 2 GG vorliegend Genüge getan, weil nur die Schaffung einer zentralen Aufsichtsbehörde wie der BaFin die deutsche Kapitalmarktaufsicht bundesweit verbessern kann und zahlreiche der BaFin zugewiese-

---

[68] Vgl. *Dreier/Hermes,* GG, Bd. III, Art. 86 Rn. 31, mwN.
[69] *Maurer,* aaO, Rn. 48; *Lange* VVDStRL 44 (1986), 170 ff., 188 ff.
[70] Im Vorfeld der Gesetzgebung wurde auch die Errichtung einer unselbstständigen, in die Bundesbank eingegliederten Anstalt diskutiert, vgl. *Häde* JZ 2001, 105, 114.
[71] *Maurer,* aaO, Rn. 49.
[72] *Rauscher,* Bundesaufsichtsamt, S. 79; *Schäfer/Geibel,* § 3 Rn. 4; *Waschbusch,* Bankenaufsicht, S. 103; vgl. a. § 4 Abs. 2 FVG.
[73] *Schäfer/Geibel,* § 3 Rn. 2; *v. Mangoldt/Klein/Starck/Oeter,* Bd. 2, Art. 74 Rn. 99; *Dreier/ Stettner,* GG, Bd. II, Art. 74 Rn. 59; *Rauscher,* Bundesaufsichtsamt, S. 49.
[74] *Dreier/Hermes,* GG, Bd. III, Art. 87 Rn. 89; *Maunz/Dürig/Herzog/Scholz/Lerche,* GG (Loseblatt), Art. 87 Rn. 179; *Jarass/Pieroth,* GG, Art. 87 Rn. 12; *Sachs* GG, Art. 87 Rn. 62.

nen Aufgaben (s. für den Bereich des WpHG insbes. Insiderverfolgung und internationale Zusammenarbeit) länderübergreifende Tatbestände betreffen.[75]

Die BaFin untersteht gem. § 2 FinDAG der **Rechts- und Fachaufsicht** des 22 Bundesministeriums der Finanzen, was ein Auskunfts- und Weisungsrecht gegenüber der Anstalt beinhaltet.[76] Die rechtliche Selbstständigkeit der BaFin wird durch die Aufsichtsbefugnisse nicht beeinträchtigt. Eine Freiheit von jeglicher ministerieller Aufsicht wäre umgekehrt sogar im Hinblick auf Art. 20 Abs. 2 GG (Demokratieprinzip) bedenklich, weil die Rückbindung an den Bundesminister als Teil der gewählten und parlamentarisch verantwortlichen Bundesregierung und damit zugleich die erforderliche (indirekte) demokratische Legitimation der Anstalt entfiele.[77] Die vom Gesetzgeber neben der Rechtsaufsicht statuierte unbegrenzte Fachaufsicht ist allerdings eher ungewöhnlich; üblicherweise werden rechtsfähige Anstalten von fachaufsichtlichen Weisungsmöglichkeiten weitgehend freigestellt und unterliegen vornehmlich einer Rechtsaufsicht.[78] Die mit der Verleihung des Anstaltsstatus vom Gesetzgeber bezweckte größere sachliche Unabhängigkeit der Aufsichtsbehörde wird mit der Statuierung einer unbegrenzten Fachaufsicht, die sich auch auf Zweckmäßigkeitsfragen erstreckt,[79] nicht unerheblich relativiert.

Die **Aufgaben** der BaFin in Bezug auf den Wertpapierhandel entsprechen 23 denen des BAWe, mit den durch das 4. Finanzmarktförderungsgesetz bewirkten Ergänzungen (s. o. Rn. 12). Die Wahrnehmung dieser Aufgaben stellt den erforderlichen Anstaltszweck dar.[80] Genauso wie früher das BAWe kann sich die Bundesanstalt bei der Durchführung ihrer Aufgaben anderer Personen und Einrichtungen bedienen (§ 4 Abs. 3 FinDAG);[81] ihre Aufgaben und Befugnisse nimmt sie nur im öffentlichen Interesse wahr (§ 4 Abs. 4 FinDAG).[82] Ihre Verfügungen können mit Zwangsmitteln durchgesetzt werden (§ 17 FinDAG).[83]

2. Organisation

a) Behördenaufbau

Die Bundesanstalt besteht aus den **drei Bereichen Bankenaufsicht, Versi-** 24 **cherungsaufsicht und Wertpapieraufsicht,** die jeweils von einem Ersten Direktor geleitet werden (§ 6 Abs. 3 FinDAG) und in Abteilungen und Referate gegliedert sind.[84] Einzelheiten der inneren Organisation der Bundesanstalt sind vom Gesetzgeber nicht näher geregelt worden, sondern bleiben gem. §§ 5 Abs. 2, 6 Abs. 2 Satz 2 FinDAG einer vom Bundesministerium der Finanzen als Rechtsverordnung zu erlassenden Satzung und einer vom Präsidenten mit Genehmigung des Ministeriums zu erlassenen Geschäftsordnung vorbehalten. Damit

---

[75] Ebenso *Schäfer/Geibel,* § 3 Rn. 2; *Rauscher,* Bundesaufsichtsamt, S. 44, 50, für das BAWe, im Hinblick auf Art. 72 Abs. 2 GG aF.
[76] BT-Drs. 14/7033, 33.
[77] Vgl. BVerfGE 89, 155, 208; *Herdegen* WM 2000, 2121, 2122.
[78] Vgl. *Herdegen* WM 2000, 2121, 2122; *Lange* VVDStRL 44 (1986), 170, 199; aA *Hagemeister* WM 2002, 1773, 1776.
[79] Vgl. dazu allgem., mwN, *Groß* DVBl. 2002, 793, 795, 799f.
[80] BT-Drs. 14/7233, S. 33, *Boos/Fischer/Schulte-Mattler/Schwirten,* KWG, § 2 FinDAG Rn. 3.
[81] S. u. § 6, Rn. 1 ff.
[82] S. u. § 4, Rn. 9 ff.
[83] S. u. § 4 Rn. 105 ff.
[84] Vgl. das Organigramm unter *http://www.bafin.de/bafin/organigramm.pdf.*

Vor §§ 3–11 25–29 Abschn. 2. Bundesanstalt für Finanzdienstleistungsaufs.

erweist sich, dass die organisatorische Selbstständigkeit der BaFin auch insoweit nicht sonderlich ausgeprägt ist; die Bundesanstalt besitzt keine originäre Satzungsgewalt. Die Satzung der BaFin ist am 29. April 2002 erlassen worden.[85]

25 Die Geschäftsführung der Bundesanstalt wird von einem **Verwaltungsrat**, der ebenso wie der Präsident Organcharakter hat, unterstützt und überwacht (§ 7 FinDAG). Der dem Aufsichtsrat einer Aktiengesellschaft nachgebildete Verwaltungsrat[86] stellt ein Novum dar und soll das vom Gesetzgeber grundsätzlich beibehaltene System einer Präsidialführung offenbar im Sinne des Kollegialprinzips modifizieren.[87] Von den insgesamt 21 Mitgliedern sind gem. § 7 Abs. 3 Ziff. 2 FinDAG 10 Vertreter der beaufsichtigten Institute und Unternehmen, 5 Bundestagsabgeordnete,[88] 4 Beauftragte des Bundesfinanzministeriums, darunter der Vorsitzende des Verwaltungsrats und sein Stellvertreter, und je ein Beauftragter des Wirtschaftsministeriums und des Justizministeriums.[89] Wegen der fachaufsichtsrechtlichen Möglichkeiten des Bundesfinanzministeriums dürften die Einflussmöglichkeiten des Verwaltungsrats in der Praxis gering sein.[90]

26 Neben dem Verwaltungsrat sieht das FinDAG als weiteres Gremium ohne Organcharakter einen **Fachbeirat** vor (§ 8 FinDAG), in dem u. a. die Deutsche Bundesbank und Verbraucherschutzvereinigungen angemessen vertreten sein sollen.[91] Ferner institutionalisiert es das bereits seit November 2000 als informelles Gesprächsgremium zwischen BAKred, BAWe, BAV und Deutscher Bundesbank bestehende[92] **Forum für Finanzmarktaufsicht** (§ 3 FinDAG), das der Koordination der Zusammenarbeit mit der Deutschen Bundesbank dient.[93]

27 Gem. §§ 13–16 FinDAG werden die Kosten der Bundesanstalt zu 100% von den beaufsichtigten Instituten und Versicherungen getragen. Das bisherige Recht sah demgegenüber nur eine (allerdings weit überwiegende) Teilfinanzierung durch die Beaufsichtigten vor.[94]

b) Behördenleitung

28 Die Bundesanstalt steht unter der Leitung eines **Präsidenten** und **Vizepräsidenten,** die auf Vorschlag der Bundesregierung durch den Bundespräsidenten ernannt werden (§§ 6 Abs. 1, 9 Abs. 2 FinDAG). Das Modell eines mehrköpfigen Vorstandes (Kollegialmodell), wie es die britische Financial Service Authority kennzeichnet, wurde nicht übernommen.[95]

29 Das Amt des Präsidenten ist in die Besoldungsgruppe B 10, das des Vizepräsidenten in die Gruppe B 8 eingeordnet (vgl. Anlage I zum BBesG iVm Art. 14

---

[85] BGBl. I, S. 1499.
[86] Vgl. BT-Drs. 14/7033, S. 35; zu den Unterschieden zwischen beiden Organen vgl. *Hagemeister* WM 2002, 1773, 1777.
[87] BT-Drs. 14/7033, S. 34.
[88] Dazu aus Gewaltenteilungsgründen krit. *Hagemeister* WM 2002, 1773, 1777.
[89] Nicht zu Unrecht kritisieren *Reiter/Geerlings* DÖV 2002, 562, 568, die fehlende Berücksichtigung von Interessenvertretern der Verbraucher und Anleger.
[90] *Hagemeister* WM 2002, 1773, 1778.
[91] Näheres bei *Hagemeister* WM 2002, 1773, 1778.
[92] Vgl. *Binder* WM 2001, 2230; *Hagemeister* WM 2002, 1773, 1778; *Höhns*, Aufsicht über Finanzdienstleister, S. 251, 289 f.
[93] Kritisch zur gesetzlichen Institutionalisierung *Hagemeister* WM 2002, 1773, 1778.
[94] S. u. § 42.
[95] Kritisch *Hagemeister* WM 2002, 1773, 1776.

des Gesetzes über die integrierte Finanzdienstleistungsaufsicht), was einer nicht unerheblichen **Höherstufung** im Vergleich zu den Leitungsfunktionen etwa beim BAWe (Präsident: B 7; Vizepräsident: B 3) und den meisten anderen oberen Bundesbehörden entspricht und vom Gesetzgeber mit der zentralen Bedeutung der Anstalt für den Finanzplatz Deutschland, dem anspruchsvollen Aufgabenprofil und der stark erweiterten Personalverantwortung begründet wird.[96] Die Ersten Direktoren sind die Besoldungsgruppe B 6 eingeordnet. Präsident der BaFin ist Jochen Sanio, zuvor Präsident des BAKred; Vizepräsident Karl Burkhard Caspari, zuvor Leiter der Unterabteilung Banken-, Versicherungs-, Investment-, Börsen- und Wertpapierwesen beim Bundesfinanzministerium. Präsident des BAWe war vom 1. August 1994 bis zur Errichtung der BaFin Georg Wittich, Vizepräsident Georg Dreyling.

Präsident und Vizepräsident sind in das **Beamtenverhältnis** zu berufen, denn es widerspräche Art. 33 Abs. 4 GG, wenn die Leiter einer mit hoheitlichen Befugnissen ausgestatteten Bundesoberbehörde in einem privatrechtlichen Anstellungsverhältnis stünden.[97] Daran ändert auch § 10 Abs. 2 FinDAG nichts, der eine übertarifliche Bezahlung von Angestellten erlaubt und damit (scheinbar) die Besetzung von Leitungspositionen mit Angestellten zulässt.

§ 9 Abs. 2 FinDAG regelt die allgemeine beamtenrechtliche **Ernennung** i.S. des Art. 60 Abs. 1 GG, § 10 BBG, nicht einen neben der beamtenrechtlichen Ernennung stehenden weiteren Ernennungsakt.[98] Die Vorschrift stellt insofern eine § 10 BBG verdrängende Sonderregelung dar, als spezielle Beteiligungsrechte der Bundesregierung vorgesehen werden und entgegen § 10 Abs. 1 BBG die Übertragung der Ernennungsbefugnis auf andere Organe ausgeschlossen ist.[99] Das in § 9 Abs. 2 FinDAG genannte **Vorschlagsrecht** steht der Bundesregierung als ganzer zu; der Vorschlag allein des Bundesfinanzministers wäre nicht ausreichend.[100] Es bedarf eines entsprechenden förmlichen Kabinettsbeschlusses, § 15 Abs. 2 lit. a) GeschO BReg. Die nach § 3 Abs. 2 BAWe aF noch erforderliche Anhörung der für das Börsenwesen zuständigen Fachministerien der Länder ist fallengelassen worden. Fraglich ist hier wie in allen anderen Fällen, in denen der Bundespräsident für die Ernennung oder Entlassung eines Amtsträgers zuständig ist (vgl. Art. 60 Abs. 1 GG), ob er befugt oder gar verpflichtet ist zu prüfen, ob alle gesetzlichen (beamtenrechtlichen) Voraussetzungen für diesen Akt vorliegen, und bei negativem Ausgang dieser Prüfung ggf. die Ernennung abzulehnen. Überwiegend wird zu Recht eine derartige Befugnis des Bundespräsidenten angenommen.[101] Demgegenüber hat der Bundespräsident, wenn die gesetzlichen Voraussetzungen erfüllt

---

[96] BT-Drs. 14/7033, S. 42.
[97] Ebenso *Beck/Samm*, KWG, § 5 Rn. 37, für den Präsidenten des BAKred.
[98] Ebenso, für den Präsidenten des BAKred, *Beck/Samm*, KWG, § 5 Rn. 35, zu § 5 Abs. 2 KWG; aA *Szagunn/Haug/Ergenzinger*, KWG, § 5 Rn. 8.
[99] Ebenso *Beck/Samm*, KWG, § 5 Rn. 35 f., für die Parallelvorschrift des § 5 Abs. 2 KWG aF.
[100] *Boos/Fischer/Schulte-Mattler/Fülbier*, KWG, § 5 Rn. 8; *Beck/Samm*, KWG, § 5 Rn. 38 (für den Präsidenten des BAKred).
[101] Vgl., für den Präsidenten des BAKred, *Beck/Samm*, § 5 Rn. 41; *Boos/Fischer/Schulte-Mattler/Fülbier*, KWG, § 5 Rn. 9; für den Präsidenten des BAWe *Rauscher*, Bundesaufsichtsamt, S. 80. Ein derartiges juristisches Prüfungsrecht wird auch im Rahmen des Art. 60 GG allgemein bejaht, vgl. *Jarass/Pieroth*, GG, Art. 60 Rn. 1; *v. Mangoldt/Klein/Starck/Fink*, GG, Art. 60 Rn. 19 f.; *Dreier/Pernice*, GG, Bd. II, Art. 60 Rn. 20.

Vor §§ 3–11 32–34 Abschn. 2. Bundesanstalt für Finanzdienstleistungsaufs.

sind, den Vorgeschlagenen zwingend und ohne jeden eigenen Ermessensspielraum hinsichtlich dessen fachlichen und persönlichen Qualitäten zu ernennen.[102] Fehler im Ernennungsverfahren machen die Ernennung formell rechtswidrig. Hierauf gestützt könnte der Bundespräsident die Ernennung nach dem soeben Ausgeführten verweigern. Nimmt er die Ernennung trotz des Gesetzesverstoßes vor, so ist diese gleichwohl wirksam. Eine gerichtliche Aufhebung der Ernennung, etwa nach Anfechtungsklage der übergangenen Länder oder eines nicht berücksichtigten Bewerbers, dürfte wegen des beamtenrechtlichen Grundsatzes der Ämterstabilität[103] nicht möglich sein.[104] Die **Abberufung** ist gesetzlich nicht geregelt, dürfte sich jedoch als actus contrarius der Ernennung ebenfalls nach dieser Vorschrift richten.[105] Auf jederzeit möglichen Vorschlag der Bundesregierung hat der Bundespräsident den Präsidenten der BaFin also abzuberufen.

c) Personalstruktur

32 Die Bundesanstalt setzt sich gegenwärtig aus dem Personal der drei ehemaligen Bundesaufsichtsämter zusammen. Nach dem Willen des Gesetzgebers soll es künftig zu einer weiteren Personalaufstockung kommen.[106]

33 § 10 Abs. 2 FinDAG erlaubt im Einzelfall die Einstellung von Angestellten, die eine **übertarifliche Entlohnung** erhalten. Das bietet die Chance, bei Bedarf hochqualifizierte Spezialisten aus der freien Wirtschaft zu gewinnen.[107] Ob die letztgenannte Regelung in der Praxis halten kann, was sie verspricht, bleibt abzuwarten. Denn zum einen beschränkt der in Art. 33 Abs. 4 GG vorgesehene Funktionsvorbehalt zugunsten öffentlich-rechtlicher Dienstverhältnisse den Einsatz von (tariflich wie übertariflich bezahlten) Angestellten in der Weise, dass deren Tätigkeit jedenfalls im Bereich der Eingriffsverwaltung quantitativ und qualitativ die Ausnahme bleiben muss.[108] Zum zweiten besteht auf praktischer Ebene die Gefahr, dass die durch § 10 Abs. 2 FinDAG vorgegebene Schaffung eines Zwei-Klassen-Systems bei der Bezahlung Motivation und Arbeitsfreude der „nur" in Besoldungsgruppe A und B eingestuften Bediensteten sowie das innerbehördliche Betriebsklima beeinträchtigen, zumal die gewünschte Abwerbung von Spitzenkräften aus der Wirtschaft wenn überhaupt nur dann gelingen dürfte, wenn deren Gehälter ganz beträchtlich über dem liegen, was die Vorschriften des BBesG oder des BAT ermöglichen.

3. Sitz

34 Der Sitz einer Behörde ist der Ort, wo diese errichtet ist und von dem aus sie tätig wird.[109] Der **Sitz des BAWe** war gesetzlich nicht festgelegt.[110] Im Vorfeld

---

[102] *Beck/Samm*, KWG, § 5 Rn. 41; *Pernice*, aaO Rn. 20, zu Art. 60 Abs. 1 GG.
[103] Vgl. nur *Steiner/Köpp*, Bes. Verwaltungsrecht, Abschn. III Rn. 95.
[104] AA wohl *Beck/Samm*, KWG, § 5 Rn. 42.
[105] So *Schäfer/Geibel*, § 3 Rn. 11; *Szagunn/Haug/Ergenzinger*, KWG, § 5 Rn. 11. AA (nur allgemeine beamtenrechtliche Vorschriften) *Beck/Samm*, KWG, § 5 Rn. 14.
[106] BT-Drs. 14/7033, S. 42.
[107] Vgl. BT-Drs. 14/7033, S. 36.
[108] Vgl. im Einzelnen *v. Mangoldt/Klein/Starck/Jachmann*, GG, Bd. II, Art. 33 Abs. 4 Rn. 37; *Dreier/Lübbe-Wolff*, GG, Bd. II, 1998, Rn. 53 ff.
[109] Vgl. *Beck/Samm*, KWG, § 5 Rn. 29; *Rauscher*, Bundesaufsichtsamt, S. 76; s. a. § 17 Abs. 1 S. 2 ZPO.
[110] Vgl. demgegenüber die Sitzbestimmung für das BAKred in § 5 Abs. 1 S. 2 KWG.

Vorbemerkung   35–37   **Vor §§ 3–11**

der Errichtung hatten sich mehrere Städte, nämlich Bonn, Bremen, Frankfurt a. M., Leipzig und Pirmasens um den Sitz des Amtes beworben; daneben war Erfurt im Gespräch.[111] Zur Entscheidung der Frage wurde eine unabhängige Föderalismuskommission gebildet, die aus Delegierten der Bundesländern und Bundestagsabgeordneten bestand. Nach langwierigen Verhandlungen fiel die Wahl auf Frankfurt am Main als dem Zentrum des Wertpapierhandels in Deutschland. Diesen Standort hatte das Bundesfinanzministerium von Anfang an befürwortet und mit Marktnähe, Marktpräsenz und der internationalen Ausstrahlung der Bankenmetropole Frankfurt begründet, während sich die meisten Bundesländer ursprünglich gegen Frankfurt ausgesprochen hatten. Bundestag und Bundesrat folgten dem Votum der Föderalismuskommission.[112] Gem. § 4 Abs. 1 FVG aF wurde der Sitz letztlich verbindlich durch den Bundesminister der Finanzen festgelegt.

Für die **BaFin** ist die Frage des Sitzes gesetzlich geregelt worden. Gem. § 1 **35** Abs. 2 FinDAG besteht ein **Doppelsitz,** zum einen in Bonn, dem bisherigen Sitz des BAKred und des BAV (Graurheindorfer Straße 108, 53117 Bonn), und zum anderen in Frankfurt am Main, dem bisherigen Sitz des BAWe (Lurgiallee 12, 60439 Frankfurt). Diese überraschende Regelung dürfte darauf zurückzuführen sein, dass bei keiner der bisherigen Bundesoberbehörden die Bereitschaft vorhanden war, den bisherigen Sitz aufzugeben, bei BAKred und BAV umso weniger, als diese erst im Jahr 2000 von Berlin nach Bonn umgezogen waren. Dass ein Doppelsitz wirklich keinen zusätzlichen administrativen Aufwand verursacht, wie die Entwurfsbegründung unter Hinweis auf elektronische Kommunikationsmöglichkeiten und Telefonkonferenzen betont,[113] ist zu bezweifeln.

Die BaFin muss grundsätzlich von ihren festgelegten Sitzen aus tätig werden. **36** Ob die Errichtung **regionaler Außenstellen,** die vor Ort Hilfsfunktionen im Rahmen der zentralen Aufgabenwahrnehmung erfüllen, ohne weiteres oder nur unter den in Art. 87 Abs. 3 S. 2 GG für Mittel- und Unterbehörden genannten sehr restriktiven Voraussetzungen (neue Aufgaben, dringender Bedarf, Zustimmung des Bundesrates) zulässig wäre, wird unterschiedlich beurteilt.[114]

4. Gerichtsstand

Der Sitz legt auch den Gerichtsstand, d. h. die **örtliche Zuständigkeit** bei **37** Klagen gegen die Anstalt fest, wobei § 1 Abs. 3 FinDAG wegen des Doppelsitzes klarstellende Regelungen trifft. Danach ist für den Gerichtsstand grundsätzlich der Sitz Frankfurt am Main maßgeblich (Satz 1), außer für arbeitsrechtliche und beamtenrechtliche Streitigkeiten (Satz 3). Das bedeutet im Einzelnen Folgendes: Bei verwaltungsgerichtlichen Klagen, die Maßnahmen der Anstalt betreffen, ist gem. § 52 Nr. 2, 5 VwGO das Verwaltungsgericht Frankfurt am Main zuständig. Für beamtenrechtliche Klagen kommt es gem. § 52 Nr. 4 VwGO iVm § 1

---

[111] *Rauscher,* Bundesaufsichtsamt, S. 76.
[112] Zum Vorstehenden ausführlich *Rauscher,* Bundesaufsichtsamt, S. 76 ff.
[113] BT-Drs. 14/7033, S. 33.
[114] Bejahend allgemein u. a. *Maunz/Dürig/Lerche,* GG, Art. 87 Rn. 186, 207; *Boos/ Fischer/Schulte-Mattler/Fülbier,* KWG, § 5 Rn. 6; *Beck/Samm,* KWG, § 5 Rn. 15, 18 f.; *Herdegen* WM 2000, 2121, 2122 (für Außenstellen des BAKred); VG Frankfurt/M. NVwZ 1993, 810 (für Außenstellen des Bundesamtes für die Anerkennung ausländischer Flüchtlinge). Verneinend zB *Häde* JZ 2001, 105, 113, mwN in Fn. 92, 93.

Vor §§ 3–11 38   Abschn. 2. Bundesanstalt für Finanzdienstleistungsaufs.

Abs. 3 Satz 3 FinDAG auf den dienstlichen Wohnsitz an, also darauf, an welchem Sitz der Beamte konkret beschäftigt ist. Für den Frankfurter Sitz ist das VG Frankfurt a. M., für den Bonner Sitz das VG Köln zuständig. Bei zivilrechtlichen Streitigkeiten ergibt sich der Gerichtsstand „Frankfurt am Main" aus §§ 12, 18 ZPO iVm § 1 Abs. 3 Satz 1 FinDAG. Bei Amtshaftungsklagen (§ 839 BGB iVm Art. 34 GG) steht nach Wahl des Klägers (§ 35 ZPO) zusätzlich der Gerichtsstand der unerlaubten Handlung gem. § 32 ZPO zur Verfügung, dessen Anwendung in aller Regel aber zum selben Ergebnis führen wird wie die Anwendung des § 18 ZPO. Der Gerichtsstand für Entscheidungen über Einsprüche gegen Bußgeldbescheide der BaFin ergibt sich aus § 68 Abs. 1 OWiG iVm § 1 Abs. 3 Satz 2 FinDAG (Zuständigkeit des Amtsgerichts Frankfurt am Main). Bei arbeitsgerichtlichen Streitigkeiten kommt es wiederum darauf an, an welchem Sitz der Arbeitnehmer beschäftigt ist (§ 1 Abs. 3 Satz 3 FinDAG iVm §§ 46 Abs. 2 ArbGG, 12, 18 ZPO).

5. Vorläufige Bewertung der neuen Struktur

38   Die gewaltige Größe der Bundesanstalt und die Aufteilung auf zwei Standorte lässt es erforderlich scheinen, dem innerbehördlichen Informationsfluss ganz besondere Aufmerksamkeit zu schenken. Ansonsten besteht die Gefahr, dass sich die Zusammenlegung der drei früheren Bundesaufsichtsbehörden auf einen **bloßen formal-organisatorischen Akt der Kompetenzbündelung** ohne wesentliche Verbesserung der Aufsichtstätigkeit beschränkt oder es durch die Größe der Behörde und die nicht unerhebliche Zahl der bei ihr bestehenden Gremien sogar zu einer schwerfälligeren Arbeitsweise als bisher kommt. Auch aus anderen Gründen erscheinen Zweifel angebracht, dass wirklich eine neue Dimension der Finanzaufsicht[115] erreicht worden ist: Die drei herkömmlichen Aufsichtssektoren Bankenaufsicht, Versicherungsaufsicht und Wertpapieraufsicht bestehen praktisch unverändert unter dem Dach der BaFin weiter. Sie unterstehen direkt Präsident und Vizepräsident; allgemeine aufsichtsrechtliche Fragestellungen werden durch mehrere weitere, hierarchisch *neben* diesen Bereichen angesiedelten Abteilungen (Finanzmarkt und Internationales, Verbraucher- und Anlegerschutz, Integrität des Finanzsystems) bearbeitet.[116] Offensichtlich sind die drei Bereiche bislang nicht durch übergeordnete Organisationseinheiten, personell oder auf sonstige Art und Weise verklammert und koordiniert worden. Zudem ist die Idee einer integrierten Finanzaufsicht auf materiellrechtlicher Ebene nicht umgesetzt worden; das materielle Aufsichtsrecht mit seinen zT durchaus unterschiedlichen Aufsichtsmitteln und Zielsetzungen (KWG: Solvenzaufsicht; WpHG: Marktaufsicht; VAG: Verbraucherschutz) bleibt weitgehend unverändert.[117] Bislang hat es nach alledem den Anschein, als werde letztlich Althergebrachtes unter dem nur auf den ersten Blick imposanten neuen Dach einer „Superaufsichtsbehörde" offeriert.[118]

---

[115] So *Nawrath*, Finanzplatz 2002, S. 3: „Zukunftsweisende Aufsichtsstruktur".
[116] Vgl. den Organisationsplan der BaFin.
[117] Auch insoweit eine Vereinheitlichung befürwortend etwa *Hagemeister* WM 2002, 1773, 1774.
[118] Kritisch insoweit auch *Reiter/Geerlings* DÖV 2002, 562, 566; *Rosen* ZgKW 2002, 634.

Aufgaben § 4

§ 3 *(aufgehoben)*

Die Vorschrift regelte die Organisation des Bundesaufsichtsamts für den Wertpapierhandel und ist durch Artikel 4 des Gesetzes über die integrierte Finanzdienstleistungsaufsicht aufgehoben worden. Die entsprechenden Regelungen über die Organisation der neuen Bundesanstalt für Finanzdienstleistungen finden sich in §§ 1, 9 Abs. 2 FinDAG.

§ 4 Aufgaben

(1) ¹Die Bundesanstalt für Finanzdienstleistungsaufsicht (Bundesanstalt) übt die Aufsicht nach den Vorschriften dieses Gesetzes aus. ²Sie hat im Rahmen der ihr zugewiesenen Aufgaben Missständen entgegenzuwirken, welche die ordnungsmäßige Durchführung des Handels mit Finanzinstrumenten oder von Wertpapierdienstleistungen oder Wertpapiernebendienstleistungen beeinträchtigen oder erhebliche Nachteile für den Finanzmarkt bewirken können. ³Sie kann Anordnungen treffen, die geeignet und erforderlich sind, diese Missstände zu beseitigen oder zu verhindern.

(2) ¹Die Bundesanstalt überwacht die Einhaltung der Verbote und Gebote dieses Gesetzes und kann Anordnungen treffen, die zu ihrer Durchsetzung geeignet und erforderlich sind. ²Sie kann den Handel mit einzelnen oder mehreren Finanzinstrumenten vorübergehend untersagen oder die Aussetzung des Handels in einzelnen oder mehreren Finanzinstrumenten an Märkten, an denen Finanzinstrumente gehandelt werden, anordnen, soweit dies zur Durchsetzung der Verbote und Gebote dieses Gesetzes oder zur Beseitigung oder Verhinderung von Missständen nach Absatz 1 geboten ist.

(3) ¹Die Bundesanstalt kann von jedermann Auskünfte, die Vorlage von Unterlagen und die Überlassung von Kopien verlangen sowie Personen laden und vernehmen, soweit dies auf Grund von Anhaltspunkten für die Überwachung der Einhaltung eines Verbots oder Gebots dieses Gesetzes erforderlich ist. ²Sie kann insbesondere die Angabe von Bestandsveränderungen in Finanzinstrumenten sowie Auskünfte über die Identität weiterer Personen, insbesondere der Auftraggeber und der aus Geschäften berechtigten oder verpflichteten Personen, verlangen. ³Gesetzliche Auskunfts- oder Aussageverweigerungsrechte sowie gesetzliche Verschwiegenheitspflichten bleiben unberührt.

(4) ¹Während der üblichen Arbeitszeit ist Bediensteten der Bundesanstalt und den von ihr beauftragten Personen, soweit dies zur Wahrnehmung ihrer Aufgaben erforderlich ist, das Betreten der Grundstücke und Geschäftsräume der nach Absatz 3 auskunftspflichtigen Personen zu gestatten. ²Das Betreten außerhalb dieser Zeit oder wenn die Geschäftsräume sich in einer Wohnung befinden, ist ohne Einverständnis nur zulässig und insoweit zu dulden, wie dies zur Verhütung von dringenden Gefahren für die öffentliche Sicherheit und Ordnung erforderlich ist und bei der auskunftspflichtigen Person Anhaltspunkte für einen Verstoß gegen ein Verbot oder Gebot dieses Gesetzes vorliegen. ³Das Grundrecht des Artikels 13 des Grundgesetzes wird insoweit eingeschränkt.

(5) ¹Die Bundesanstalt hat Tatsachen, die den Verdacht einer Straftat nach § 38 begründen, der zuständigen Staatsanwaltschaft unverzüglich an-

zuzeigen. ²Sie kann die personenbezogenen Daten der Betroffenen, gegen die sich der Verdacht richtet oder die als Zeugen in Betracht kommen, der Staatsanwaltschaft übermitteln, soweit dies für Zwecke der Strafverfolgung erforderlich ist. ³Die Staatsanwaltschaft entscheidet über die Vornahme der erforderlichen Ermittlungsmaßnahmen, insbesondere über Durchsuchungen, nach den Vorschriften der Strafprozessordnung. ⁴Die Befugnisse der Bundesanstalt nach den Absätzen 2 bis 4 bleiben hiervon unberührt, soweit dies für die Vornahme von Verwaltungsmaßnahmen oder zur Erfüllung von Ersuchen ausländischer Stellen nach § 7 Abs. 2, Abs. 2 b Satz 1 oder Abs. 7 erforderlich ist und soweit eine Gefährdung des Untersuchungszwecks von Ermittlungen der Strafverfolgungsbehörden oder der für Strafsachen zuständigen Gerichte nicht zu besorgen ist.

(6) Die Bundesanstalt kann eine nach den Vorschriften dieses Gesetzes gebotene Veröffentlichung oder Mitteilung auf Kosten des Pflichtigen vornehmen, wenn die Veröffentlichungs- oder Mitteilungspflicht nicht, nicht richtig, nicht vollständig oder nicht in der vorgeschriebenen Weise erfüllt wird.

(7) Widerspruch und Anfechtungsklage gegen Maßnahmen nach den Absätzen 1 bis 4 und 6 haben keine aufschiebende Wirkung.

(8) Adressaten von Maßnahmen nach den Absätzen 2 bis 4, die von der Bundesanstalt wegen eines möglichen Verstoßes gegen ein Verbot nach § 14 oder nach § 20 a vorgenommen werden, dürfen andere Personen als staatliche Stellen und solche, die auf Grund ihres Berufs einer gesetzlichen Verschwiegenheitspflicht unterliegen, von diesen Maßnahmen oder von einem daraufhin eingeleiteten Ermittlungsverfahren nicht in Kenntnis setzen.

(9) ¹Der zur Erteilung einer Auskunft Verpflichtete kann die Auskunft auf solche Fragen verweigern, deren Beantwortung ihn selbst oder einen der in § 383 Abs. 1 Nr. 1 bis 3 der Zivilprozessordnung bezeichneten Angehörigen der Gefahr strafgerichtlicher Verfolgung oder eines Verfahrens nach dem Gesetz über Ordnungswidrigkeiten aussetzen würde. ²Der Verpflichtete ist über sein Recht zur Verweigerung der Auskunft zu belehren und darauf hinzuweisen, dass es ihm nach dem Gesetz freistehe, jederzeit, auch schon vor seiner Vernehmung, einen von ihm zu wählenden Verteidiger zu befragen.

(10) Die Bundesanstalt darf ihr mitgeteilte personenbezogene Daten nur zur Erfüllung ihrer aufsichtlichen Aufgaben und für Zwecke der internationalen Zusammenarbeit nach Maßgabe des § 7 speichern, verändern und nutzen.

(11) Die Bundesanstalt kann zur Erfüllung ihrer Aufgaben auch Wirtschaftsprüfer oder Sachverständige bei Ermittlungen oder Überprüfungen einsetzen.

Übersicht

	Rn.
I. Regelungsgegenstand und -zweck	1
II. „Aufsicht nach diesem Gesetz" (Abs. 1 Satz 1)	2
1. Gegenstand und Rechtscharakter der Aufsicht	2
2. Der Aufsicht unterliegende Tätigkeiten und Unternehmen	8
3. Tätigwerden allein im öffentlichen Interesse	9
a) Allgemeines	9
b) Haftung bei Amtspflichtverletzungen	12
c) Anlegerbeschwerden	15

	Rn.
4. Beachtung allgemeiner verfassungsrechtlicher und verwaltungsrechtlicher Maßstäbe	16
III. Durchführung der Aufsicht	17
1. Allgemeine Missstandsaufsicht (Abs. 1 S. 2, 3)	17
a) Entgegenwirken von „Missständen" (Abs. 1 Satz 2)	17
b) Anordnungskompetenz (Abs. 1 Satz 3)	25
c) Zusammenspiel von General- und Spezialermächtigung	30
2. Überwachung der Einhaltung der Gebote und Verbote des WpHG (Abs. 2)	32
3. Auskunfts- und Unterlagenvorlageverlangen; Ladungen und Vernehmungen (Abs. 3)	36
a) Auskunftsverlangen	37
aa) Voraussetzungen, Inhalt und Adressaten	37
bb) Form und Modalitäten des Auskunftsverlangens und der Auskünfte	46
cc) Grenzen der Auskunftspflicht, insbes. Auskunftsverweigerungsrecht (Abs. 3 Satz 3, Abs. 9); Schweigepflichten (Abs. 8)	53
dd) Verfassungsrechtliche Problematik	65
b) Vorlage von Unterlagen und Überlassung von Kopien	66
c) Ladung und Vernehmung von Personen	75
d) Ermessensausübung	76
4. Betreten von Räumlichkeiten und Grundstücken (Abs. 4)	79
5. Anzeige bei der Staatsanwaltschaft (Abs. 5)	86
6. Vornahme von Veröffentlichungen oder Mitteilungen durch die Bundesanstalt (Abs. 6)	98
7. Zwangsmittel (§ 17 FinDAG)	102
a) Verfügungen innerhalb der gesetzlichen Befugnisse	102
b) Zwangsmittel nach Bundes-Verwaltungsvollstreckungsgesetz	107
aa) Voraussetzungen für die Anwendung von Verwaltungszwang	109
bb) Durchführung des Verwaltungszwangs	114
cc) Einzelne Zwangsmittel	118
c) Vorgehen gegen juristische Personen des öffentlichen Rechts	121
d) Höhe des Zwangsgeldes	122
8. Rechtsschutz gegen Maßnahmen der Bundesanstalt	123
a) Keine aufschiebende Wirkung von Rechtsbehelfen (Abs. 7)	123
b) Sonstiges	124
9. Datenschutz (Abs. 10)	130
10. Wirtschaftsprüfer oder Sachverständige (Abs. 11)	133

Schrifttum: *App/Engelhardt*, VwVG/VwZG (Kommentar), 7. Aufl. 2006; *Bärlein/Pananis/Rehmsmeier*, Spannungsverhältnis zwischen der Aussagefreiheit im Strafverfahren und den Mitwirkungspflichten im Verwaltungsverfahren, NJW 2002, 1825; *Bender*, Die Amtspflichten des Bundesaufsichtsamtes für das Kreditwesen gegenüber einzelnen Gläubigern von Kreditinstituten, in: NJW 1978, S. 622 ff.; *Benner*, Konsequenzen der Zentralisierungsbestrebungen der Wertpapiermarktaufsicht, ZRP 2001, 450; *Berg*, Der Schutz von Betriebs- und Geschäftsgeheimnissen im Öffentlichen Recht, GewArch 1996, 177; *Binder*, Die geplante deutsche Allfinanzaufsicht und der britische Prototyp – ein vergleichender Blick auf den deutschen Referentenentwurf, WM 2001, 2230; *Bliesener*, Aufsichtsrechtliche Verhaltenspflichten beim Wertpapierhandel, 1998; *Borowski*, Intendiertes Ermessen, in: DVBl. 2000, S. 149 ff.; *Bullinger*, Staatsaufsicht in der Wirtschaft, in: VVDStRL 22 (1965), S. 264 ff.; *Carl/Klos*, Informationssammlung durch das neue Bundesaufsichtsamt für den Wertpapierhandel zur Insiderbekämpfung, wistra 1995, 10; *Cremer*, Staatshaftung für den Verlust von Bankeinlagen, in: JuS 2001, S. 643 ff.; *Dreher*, Die Mißstandsaufsicht über Ver-

§ 4 Abschn. 2. Bundesanstalt für Finanzdienstleistungsaufs.

sicherungsunternehmen nach dem Versicherungsaufsichtsgesetz 1994, WM 1995, 509; *Dreher,* Die neue deutsche Einlagensicherung im Bereich der privaten Banken und das Europarecht, in: ZIP 1998, S. 1777 ff.; *Dreyling,* Das Vierte Finanzmarktförderungsgesetz – Überregulierung oder Notwendigkeit, Die Bank 2002, 16; *Erichsen/Rauschenberg,* Verwaltungsvollstreckung, in: Jura 1998, S. 31 ff. (Teil I), S. 323 ff. (Teil II); *Figgener,* Behördliche Betretungsrechte und Nachschaubefugnisse, 2000; *Gallandi,* Das Auskunftsverweigerungsrecht nach § 44 Abs. 4 KWG, wistra 1987, 127; *Gratias,* Bankenaufsicht, Einlegerschutz und Staatshaftung, in: NJW 2000, S. 786 ff.; *Grote,* Keine Amtshaftung für unzureichende Aufsichtsmaßnahmen der Bundesanstalt für Finanzdienstleistungsaufsicht, in: VersR 2005, S. 103 ff.; *Habetha,* Verwaltungsrechtliche Rasterfahndung mit strafrechtlichen Konsequenzen? – Zur Einschränkung des Bankgeheimnisses durch § 16 WpHG –, WM 1996, 2133; *Hain/Schlette/Schmitz,* Ermessen und Ermessensreduktion – ein Problem im Schnittpunkt von Verfassungs- und Verwaltungsrecht, in AöR 122 (1997), S. 32 ff.; *Hartung,* Zum Umfang des Auskunftsverweigerungsrechts nach § 44 IV KWG, NJW 1988, 1070; *Höhns,* Die Aufsicht über Finanzdienstleister – Kompetenzen, Eingriffsbefugnisse, Neustrukturierung, 2002; *Holzborn/Israel,* Das Anlegerschutzverbesserungsgesetz – Die Veränderungen im WpHG, VerkProspG und BörsG und ihre Auswirkungen in der Praxis –, WM 2004, 1948; *Hopt,* Europäisches und deutsches Insiderrecht, ZGR 1991, 17; *ders.,* Grundsatz- und Praxisprobleme nach dem Wertpapierhandelsgesetz, ZHR 159 (1995), 135; *Kluth,* Das Übermaßverbot, in: JA 1999, S. 606 ff.; *Kopf/Bäumler,* Die neue Rechtsprechung des BGH zur Amtshaftung im Bereich der Bankenaufsicht, in, NJW 1079, S. 1871 ff.; *Krimphove,* Das zweite Finanzmarktförderungsgesetz, JZ 1994, 23; *Lenz/Ritz,* Die Bekanntmachung des Bundesaufsichtsamtes für den Wertpapierhandel zum Wertpapier-Verkaufsprospektgesetz und zur Verordnung über Wertpapier-Verkaufsprospekte, WM 2000, 904. *Merkt/Rossbach,* Zur Einführung: Kapitalmarktrecht, JuS 2003, 217; *Mittag,* Das Betreten öffentlich zugänglicher Geschäftsräume zu polizeilichen Zwecken, NVwZ 2005, 649; *Newiger,* Die Umsetzung der EG-Einlagensicherungs- und Anlegerentschädigungsrichtlinie, in: Sparkasse 1998, S. 349 ff.; *Nicolaysen,* Keine Staatshaftung für die Bankenaufsicht?, in: Gedächtnisschrift für W. Martens, Berlin, 1987, S. 663 ff.; *Nottmeier/Schäfer,* Praktische Fragen im Zusammenhang mit §§ 21, 22 WpHG, AG 1997, 87; *Nüßgens,* Ausschluss der Staatshaftung kraft Amtshaftung, in: Festschrift für Konrad Gelzer, Düsseldorf, 1991, S. 293 ff.; *Papier,* Wirtschaftsaufsicht und Staatshaftung, in: JuS 1980, S. 265 ff.; *Pitschas,* Grenzen der Bindungswirkung von Verlautbarungen des Bundesaufsichtsamtes für das Kreditwesen – Zur Auslegung des § 18 KWG –, WM 2000, 1121; *Pitschas/Gille,* Rechtliche und institutionelle Entwicklungen der Finanzmarktaufsicht in der EU und in Deutschland, VerwArch 94 (2003) 68; *Ransiek,* Zur prozessualen Durchsetzung des Insiderstrafrechts, DZWir 1995, 53; *Royla,* Grenzüberschreitende Finanzmarktaufsicht in der EG, 2000; *Ruthig,* Die Unverletzlichkeit der Wohnung, JuS 1998, 506; *Sachs,* Behördliche Nachschaubefugnisse und richterliche Durchsuchungsanordnung nach Art. 13 II GG, NVwZ 1987, 560; *Sadler,* VwVG/VwZG (Kommentar), 6. Aufl. 2006; *Schenke,* Schadensersatzansprüche des Versicherungsnehmers bei der Verletzung staatlicher Versicherungspflichten, in: Recht und Ökonomie der Versicherung (Festschrift für Egon Lorenz), Karlsruhe, 1994, S. 473 ff.; *Schenke/Ruthig,* Amtshaftungsansprüche von Bankkunden bei der Verletzung staatlicher Bankenaufsichtspflichten, in: NJW 1994, S. 2324 ff.; *Schlette,* Grundlinien des Kreditwirtschaftsrechts nach der 6. KWG-Novelle, JuS 2001, 1151; *ders.,* Die Klagebefugnis, in: Jura 2004, S. 90 ff.; *Schohe,* Muss die Berufung auf Grundrechte zweckmäßig sein? Zur Aussageverweigerung im europäischen Kartellrecht, NJW 2002, 492; *Scholl,* Behördliche Prüfungsbefugnisse im Recht der Wirtschaftsüberwachung, 1989; *Spindler,* Kapitalmarktreform in Permanenz – Das Anlegerschutzverbesserungsgesetz, NJW 2004, 3449; *Steuer,* Das Gesetz zur EG-Einlagensicherungs- und Anlegerentschädigungsrichtlinie und seine Umsetzung in der Praxis, in: WM 1998, S. 2449 ff.; *Süßmann,* Meldepflichten nach § 9 Wertpapierhandelsgesetz, in: WM 1996, S. 937 ff.; *ders.,* Insiderhandel – Erfahrungen aus der Sicht des Bundesaufsichtsamts für den Wertpapierhandel, AG 1997, 63; *Thiel,* Auskunftsverlangen und Nachschau als Instrumente der Informationsbeschaffung

Aufgaben 1, 2 § 4

im Rahmen der Gewerbeaufsicht, GewArch 2001, 403; *v. Danwitz,* Der Schutz von Betriebs- und Geschäftsgeheimnissen im Recht der Regulierungsverwaltung, DVBl. 2005, 597; *Voßkuhle,* Behördliche Betretungs- und Nachschaurechte, DVBl. 1994, 611; *Weber,* Das neue Einlagensicherungs- und Anlegerentschädigungsgesetz, in: Die Bank 1998, S. 470 ff.; *Wirth,* Keine Auskunftspflicht der Rechtsanwälte, Wirtschaftsprüfer und Steuerberater gegenüber der Wertpapieraufsicht, BB 1996, 1725; *Witt,* Die Änderungen der Mitteilungs- und Veröffentlichungspflichten nach §§ 21 ff. WpHG und §§ 20 f. AktG durch das Dritte Finanzmarktförderungsgesetz und das „KonTraG", WM 1998, 1153.

I. Regelungsgegenstand und -zweck

Die Vorschrift trifft grundsätzliche Aussagen über die von der Bundesanstalt 1 ausgeübte Aufsicht. In ihrer ursprünglichen Fassung entsprach sie, in gekürzter Form, § 6 KWG. Durch das Anlegerschutzverbesserungsgesetz ist § 4 durch die Anfügung der Absätze 2–9 zu einer **umfassenden Generalbefugnisnorm** für die Aufgaben und Befugnisse der Bundesanstalt erweitert worden: § 4 aF und die unübersichtliche und lückenhafte Regelung von Einzelbefugnissen in den §§ 16, 18, 20b, 29 und 35 wurden in einer Vorschrift zusammengezogen. Durch das Finanzmarkt-Richtlinie-Umsetzungsgesetz (FRUG), vom 19. 7. 2007[1] wurden die Absätze 4, 5 und 11 an die Vorgaben der Finanzmarktrichtlinie (MiFID)[2] angepasst.

II. „Aufsicht nach diesem Gesetz" (Abs. 1 Satz 1)

1. Gegenstand und Rechtscharakter der Aufsicht

Gegenstand der Aufsicht war ursprünglich nur der Wertpapierhandel i. e. S. 2 Durch das Gesetz zur Umsetzung von EG-Richtlinien zur Harmonisierung bank- und wertpapieraufsichtsrechtlicher Vorschriften (Richtlinienumsetzungsgesetz) sind Wertpapierdienstleistungen und Wertpapiernebendienstleistungen (Legaldefinitionen in § 2 Abs. 3, 3 a), die von nach § 32 KWG zugelassenen Unternehmen erbracht werden, hinzugekommen, wodurch der der Aufsicht der BaFin unterliegende Bereich beträchtlich ausgeweitet worden ist. Hervorzuheben ist, dass sich die Aufsichtstätigkeit der BaFin damit auch auf den Handel mit Geldmarktinstrumenten (§ 2 Abs. 3 iVm § 2 Abs. 1a) und Derivaten (§ 2 Abs. 3) sowie die Portfolioverwaltung (§ 2 Abs. 3 Nr. 6), das Depotgeschäft, soweit es nicht dem Depotgesetz unterliegt (§ 2 Abs. 3a Nr. 1) und die Anlageberatung (§ 2 Abs. 3a Nr. 3) erstreckt. Zum Inhalt der Begriffe Wertpapierdienstleistungen und Wertpapiernebendienstleistungen ist im einzelnen auf die diesbezügliche Kommentierung zu verweisen. Durch das Anlegerschutzverbesserungsgesetz hat eine erneute Erweiterung stattgefunden, indem sich die Aufsicht nunmehr statt auf den Wertpapierhandel auf den Handel mit sämtlichen Finanzinstrumenten

---

[1] BGBl I 2007, 1330 ff.
[2] Richtlinie 2004/39 EG des Europäischen Parlaments und des Rates vom 21. April 2004 über Märkte für Finanzinstrumente, zur Änderung der Richtlinien 85/611/EWG und 93/6/EWG des Rates und der Richtlinie 2000/12/EG des Europäischen Parlaments und des Rates und zur Aufhebung der Richtlinie 93/22/EWG des Rates, ABl. L 145 vom 30. 4. 2004, S. 1 ff.

§ 4 3–6 Abschn. 2. Bundesanstalt für Finanzdienstleistungsaufs.

(§ 2 Abs. 2b) erstreckt. In Satz 2 ist dementsprechend der Begriff des Wertpapiermarktes durch den des **Finanzmarktes** ersetzt worden, der hier nicht in seiner umfassenden politischen Bedeutung, sondern als ein Markt, auf dem Finanzinstrumente gehandelt werden, zu verstehen ist.[3]

3   Die Aufsicht beschränkt sich jedoch, das macht Satz 1 deutlich, auf die **Einhaltung der Vorschriften des WpHG,** soweit die BaFin nicht ausnahmsweise aufgrund spezialgesetzlicher Regelung Kompetenzen besitzt (zB nach VerkaufsprospektG). Eine allumfassende Kapitalmarktaufsicht übt die BaFin ebensowenig wie zuvor das BAWe aus.[4]

4   Die Aufsichtsnormen des WpHG schließen die allgemeinen Vorschriften der GewO aus. Die BaFin übt eine **spezielle Form der staatlichen Wirtschaftsaufsicht**[5] aus, die im WpHG (sowie im KWG) abschließend umschrieben ist und den Rückgriff auf die GewO sperrt. Wertpapierdienstleistungsunternehmen unterliegen also nicht zusätzlich noch einer subsidiären Kontrolle der **Gewerbeaufsichtsbehörden** nach GewO.[6] Dagegen bleiben sie der **Kartellaufsicht** gem. GWB unterworfen.

5   Zum Begriff der „Aufsicht" ist klarzustellen, dass die Aufsicht nach dem WpHG – wie in anderen Bereichen der Wirtschaftsaufsicht ebenfalls – eine reine **Rechtsaufsicht** ist. Wenn zT davon die Rede ist, die vor Erlass des 2. Finanzmarktförderungsgesetzes bestehende Rechtsaufsicht über die Börsen sei zu einer

6   umfassenden **Marktaufsicht** erweitert worden,[7] so darf dies nicht dahingehend missverstanden werden, dass nunmehr auch eine an reinen Zweckmäßigkeitserwägungen oder wirtschafts- und kapitalmarktpolitischen Zielen ausgerichtete Fachaufsichtskontrolle möglich ist. Gemeint ist nur, dass die staatliche Aufsicht wegen der Vervielfachung der materiell-rechtliche Anforderungen an die Wirtschaftsakteure stellenden Normen und wegen deren Regelungsdichte und zahlreichen unbestimmten Rechtsbegriffen, sowie wegen der Zurückdrängung der Selbstverwaltung[8] wesentlich intensiver geworden ist.[9] Die Aufsicht bleibt aber Rechtsaufsicht,[10] orientiert an „den Vorschriften dieses Gesetzes" (Abs. 1 S. 1). – Grundsätzlich nicht von der Aufsicht erfasst ist auch ein Eingreifen der Aufsichtsbehörde in **zivilrechtliche Streitigkeiten** zwischen verschiedenen Instituten oder zwischen Instituten und ihren Kunden.[11]

---

[3] BT-Drs. 15/3174, S. 29.
[4] So auch *Schäfer/Geibel*, § 4 Rn. 10. S. a. u. Rn. 7 ff. und o. Vorbem. zu §§ 3 ff. Rn. 10 ff.
[5] So auch VG Frankfurt am Main ZIP 2001, 605, 610.
[6] AA *Boos/Fischer/Schulte-Mattler*, KWG, Einf. Rn. 66, für Kreditinstitute.
[7] ZB *Groß*, Kapitalmarktrecht, §§ 1–2 c BörsG, Rn. 10 ff.; *Kümpel*, Kapitalmarktrecht, Rz. 065 S. 126; *Kümpel*, Bank- und Kapitalmarktrecht, Rn. 18.111. S. a. oben Vorbem. u §§ 3 ff. Rn. 7.
[8] Vgl. dazu etwa *Claussen* DB 1994, S. 971 f. Früher war die Aufsicht praktisch auf eine weitmaschige Rechtsaufsicht über die Börsenselbstverwaltung beschränkt, vgl. *Claussen* DB 1994, S. 970, unter Bezugnahme auf *Schönle*, Bank- und Börsenrecht, S. 406.
[9] So richtig *Schäfer/Geibel*, § 4 Rn. 5.
[10] Ebenso *Merkt/Rossbach* JuS 2003, 217, 222; unklar *Kümpel*, Kapitalmarktrecht, Rz. 065 S. 15, 125: Die Marktaufsicht erlaube eine Kontrolle auf „Recht- und Ordnungsmäßigkeit" des Verhaltens der Marktteilnehmer; ebenso *Kümpel*, Bank- und Kapitalmarktrecht, Rn. 18.6.
[11] Vgl. a. *Beck/Samm*, KWG, § 6 Rn. 34 a.

Aufgaben 7–9 § 4

Die von der BaFin nach den Vorschriften des WpHG ausgeübte Aufsicht gehört zum Bereich der **Ordnungsverwaltung**. Die Bundesanstalt ist dazu berufen, bestimmte den deutschen Kapitalmärkten drohende Gefahren durch eine Beaufsichtigung der in diesem Bereich tätigen Personen und Unternehmen abzuwehren. Sie übt damit eine besondere Form der Wirtschafts- oder Gewerbeaufsicht aus; die diesbezüglichen Normen des WpHG sind Bestandteil des Wirtschaftsverwaltungsrechts.[12] In einzelnen Vorschriften des WpHG werden der Bundesanstalt auch Befugnisse gegenüber sonstigen Marktteilnehmern eingeräumt (vgl. § 29 Abs. 1 aF; s. jetzt § 4 Abs. 3: „jedermann"); diesbezüglich geht ihre Aufsicht über eine klassische Gewerbeaufsicht hinaus und erweitert sich zu einer umfassenden Marktaufsicht. Dabei wird die Anstalt **vornehmlich vorbeugend überwachend** tätig. Repressive Eingriffsbefugnisse stehen ihr nach WpHG kaum zu Gebote; diese erfolgen auf der Grundlage des KWG. 7

Die Bundesanstalt ist zudem nicht ständig in einer aktiven Rolle, sondern ihre Rolle beschränkt sich in vielen Fällen lediglich auf die **Entgegennahme von Meldungen**, vgl. §§ 9, 15 Abs. 1, 21 Abs. 1.

2. Der Aufsicht unterliegende Tätigkeiten und Unternehmen

Anders als § 6 Abs. 1 KWG (vgl. a. § 81 Abs. 1 VAG, § 3 HypothekenbankG, § 3 Abs. 1 BausparkassenG) richtet sich die Aufsicht gem. § 4 WpHG nicht an einen festen, umgrenzten Kreis von **Normadressaten**. An anderer Stelle des WpHG wird zwar deutlich, dass sich die Tätigkeit der BaFin nach diesem Gesetz schwerpunktmäßig auf Wertpapierdienstleistungsunternehmen i.S. des § 2 Abs. 4 bezieht; grundsätzlich können aber auch sonstige Personen und Unternehmen, etwa Anleger oder Aktionäre Adressaten von Maßnahmen sein können. Absatz 3 erlaubt ausdrücklich Maßnahmen gegen „jedermann". Insofern verfolgt das WpHG hier – wie an anderer Stelle auch – einen kapitalmarktbezogenen Ansatz; jeder beliebige Kapitalmarktteilnehmer kann Adressat von Aufsichtsmaßnahmen sein.[13] Auch dieser Befund ist von der Begriffsbildung „Marktaufsicht" erfasst. 8

3. Tätigwerden allein im öffentlichen Interesse

a) Allgemeines

Nach **§ 4 Abs. 4 FinDAG** (Vorgängerregelung: § 4 Abs. 2 WpHG aF) nimmt die Bundesanstalt ihre Aufgaben und Befugnisse nur im öffentlichen Interesse wahr. § 4 Abs. 2 WpHG aF war im Regierungsentwurf des WpHG noch nicht enthalten und ist erst im Laufe des Gesetzgebungsverfahrens auf Vorschlag des Finanzausschusses eingefügt worden.[14] § 4 Abs. 2 WpHG aF hatte seinerseits die inhaltsgleichen Vorschriften in § 6 Abs. 4 KWG und § 81 Abs. 1 Satz 2 VAG zum Vorbild, die im Jahre 1984 eingefügt worden waren, um eine vermeintlich zu weitgehende Rechtsprechung des BGH zu korrigieren, wonach bei Pflichtverletzungen der Aufsichtsbehörden Amtshaftungsansprüche gegen den Staat in 9

---

[12] Vgl. a. *Bliesener,* Verhaltenspflichten, S. 115 f.; *Royla,* Grenzüberschreitende Finanzmarktaufsicht, S. 23. S. a. bereits Rn. 5.
[13] *Schäfer/Geibel,* § 4 Rn. 6 f.
[14] Zu den Hintergründen vgl. Hopt ZHR 159 (1995), 135, 158.

§ 4   10, 11   Abschn. 2. Bundesanstalt für Finanzdienstleistungsaufs.

Betracht kamen.[15] – Eine Parallelvorschrift zu § 4 Abs. 4 FinDAG findet sich in § 3 Abs. 3 BörsG nF (§ 1 Abs. 4 BörsG aF).

10   § 4 Abs. 4 FinDAG besagt, dass die Tätigkeit der Bundesanstalt im Bereich des WpHG nicht im Interesse einzelner Wertpapierkunden oder von Gruppen von ihnen erfolgt, sondern **im Allgemeininteresse eines ordnungsgemäß funktionierenden Wertpapiermarktes**.[16] Durch die Aufsicht wird den Belangen der Anleger in ihrer Gesamtheit Rechnung getragen; dem einzelnen Anleger kommt der funktionierende Wertpapiermarkt lediglich als Rechtsreflex zugute, **ohne** dass er jedoch diesbezüglich ein eigenes **subjektives öffentliches Recht** besitzt.[17] Das bedeutet, dass ihm gegenüber der Bundesanstalt weder ein Anspruch auf Einschreiten noch ein Anspruch auf ermessensfehlerfreie Entscheidung über das Einschreiten zusteht, wenn Missstände i. S. des § 4 vorliegen oder die Voraussetzungen einer Spezialermächtigung (zB für ein Werbeverbot nach § 36b) gegeben sind. Einer verwaltungsgerichtlichen Klage würde es an der Klagebefugnis fehlen.[18] Diese Rechtslage steht in klarem Gegensatz zum allgemeinen Gefahrenabwehrrecht, wo dem einzelnen Bürger unter bestimmten Voraussetzungen ein einklagbarer Anspruch auf polizeiliches Einschreiten, zumindest aber auf fehlerfreie Ermessensentscheidung über ein Einschreiten zustehen kann.[19] § 4 Abs. 4 FinDAG hat die weitere Konsequenz, dass Amtshaftungsansprüche (§ 839 BGB iVm Art. 34 GG) ausgeschlossen sind.[20] Der Vorschrift lässt sich schließlich indirekt entnehmen, dass die Bestimmungen des WpHG keine Schutzgesetze i. S. des § 823 Abs. 2 BGB sein sollen.[21]

11   Die Beschränkung der Aufsichtstätigkeit der BaFin auf die Wahrung des öffentlichen Interesses erscheint **inkonsequent** angesichts des Umstandes, dass das WpHG ausweislich der Gesetzesbegründung zumindest teilweise und zumindest auch dem Anlegerschutz dienen soll.[22] Anlegerschützende Wirkungen haben insbesondere die Verhaltensregeln (§§ 31 f.),[23] deren Einhaltung die BaFin kon-

---

[15] BGHZ 74, 144, 147 ff. (Wetterstein); BGHZ 75, 120, 122 (Herstatt); BGH NVwZ 1982, 269; BHGZ 90, 310; BGH NJW 1983, 563 (aA noch OLG Bremen NJW 1953, 585; OLG Hamburg BB 1957, 950; ferner BVerwGE 61, 59, für das BAV); zustimmend *Kopf/Bäumler* NJW 1979, 1871 ff.; *Papier* JuS 1980, 265 ff.; *Bender* NJW 1978, 622 ff.

[16] Ähnlich *Assmann/Schneider/Dreyling*, § 4 Rn. 22; *Schäfer/Geibel*, § 4 Rn. 24; *Groß*, Kapitalmarktrecht, §§ 1–2 c BörsG, Rn. 20 (zur Parallelvorschrift des § 1 Abs. 4 BörsG aF).

[17] *Schäfer/Geibel*, § 4 Rn. 24; *Kümpel*, Kapitalmarktrecht, Rz. 065 S. 127; *Kümpel*, Bank- und Kapitalmarktrecht, Rn. 18.82, 18.113.

[18] *Assmann/Schneider/Dreyling*, § 4 Rn. 22; BVerwG, Beschl. v. 31. März 1999, *Buchholz* 451.61 KWG Nr. 17.

[19] S. etwa *Götz*, Allgem. Polizei- und Ordnungsrecht, Rn. 357 ff. *Hain/Schlette/Schmitz*, Ermessen und Ermessensreduktion – ein Problem im Schnittpunkt von Verfassungs- und Verwaltungsrecht, AöR 122 (1997), 32 ff.; *Steiner/Schenke*, Besonderes Verwaltungsrecht, Abschn. II Rn. 75.

[20] S. u. b).

[21] So, für § 6 Abs. 4 KWG, auch *Boos/Fischer/Schulte-Mattler*, KWG, Einf. Rn. 51.; aA *Hopt* ZHR 159 (1995), 135, 160 ff.

[22] BT-Drs. 12/6679, S. 33; BR-Drs. 793/93, S. 174 (Schutz der Vermögensinteressen einzelner durch § 38 WpHG). Vgl. a. BVerwGE 116, 198; *Kümpel*, Bank- und Kapitalmarktrecht, Rn. 16.9 ff.; *Hopt* ZHR 159 (1995), 135, 159; *Höhns*, Aufsicht über Finanzdienstleister, S. 57 f.

[23] Vgl. *Kümpel*, Kapitalmarktrecht, Rz. 065, S. 18; *Kümpel*, Bank- und Kapitalmarktrecht, Rn. 16.211.

trolliert (§§ 35 ff.). Auch die EG-Richtlinien, die durch das WpHG umgesetzt werden, bezwecken Anlegerschutz.[24] Die Differenzierung zwischen dem allgemeinen (überindividuellen) Anlegerschutz (das breite Anlegerpublikum als Träger von Angebot und Nachfrage an Wertpapieren), den das WpHG verfolgen soll und dem Schutz der Individualinteressen des jeweiligen einzelnen Anlegers (Individualschutz, den das WpHG wenn überhaupt nur ausnahmsweise garantieren soll),[25] überzeugt nicht. Vielmehr spricht einiges dafür, dass Anlegerschutz immer auch Schutz des einzelnen Anlegers bedeutet und die Aufsichtstätigkeit der BaFin daher zumindest auch im individuellen Interesse des einzelnen Anlegers erfolgt.

b) Haftung bei Amtspflichtverletzungen

Gegenüber privaten Anlegern schließt § 4 Abs. 4 FinDAG Amtshaftungsansprüche aus. Weil die gesamte Tätigkeit der BaFin ausschließlich im öffentlichen Interesse erfolgt, fehlt es an der erforderlichen Drittbezogenheit der Amtspflicht (Wortlaut § 839: „die einem Dritten gegenüber obliegende Amtspflicht").[26] Schäden, die Anlegern etwa durch zweifelhafte Wertpapiergeschäfte von Finanzdienstleistungsinstituten entstanden sind, können diese also selbst dann nicht von der BaFin ersetzt verlangen, wenn die Anstalt schuldhaft ihre Aufsichtspflichten verletzt hat, also rechtswidrige Aufsichtsmaßnahmen getroffen[27] oder gebotene Maßnahmen unterlassen hat. Nach dem Regelungszweck des § 4 Abs. 4 FinDAG dürfte sich der **Anspruchsausschluss** auch auf parallel laufende Ansprüche aus enteignungsgleichem Eingriff erstrecken. Der Anleger ist damit auf zivilrechtliche Ansprüche gegen das betreffende Unternehmen selbst beschränkt (vgl. a. §§ 15 Abs. 6, 37 b, 37 c, 37 d Abs. 4), die im Falle einer Insolvenz aber weitgehend ins Leere gehen. 12

Gegenüber den unmittelbar der Aufsicht unterliegenden Instituten und Dienstleistern sollen dagegen bei (amtspflichtwidrigen) Aufsichtsmaßnahmen nach überwiegender Meinung **Amtshaftungsansprüche bestehen.** Insbesondere soll es insoweit nicht an einer drittbezogenen Amtspflicht fehlen; die Pflicht zu ordnungsgemäßer Durchführung der Aufsicht soll vielmehr (auch) im Interesse der beaufsichtigten Personen und Unternehmen liegen.[28] Überzeugend ist diese Auffassung, die an entsprechende Äußerungen des Finanzausschusses im Gesetzgebungsverfahren anknüpft,[29] nicht, denn wenn die BaFin wirklich einzig und allein im öffentlichen Interesse tätig wird, kann ihr Tätigwerden nicht 13

---

[24] Näher *Hopt* ZHR 159 (1995), 135, 159 f.; *Höhns,* Aufsicht über Finanzdienstleister, S. 58 f.
[25] Vgl. etwa *Kümpel,* Bank- und Kapitalmarktrecht, Rn. 16.10; *Bliesener,* Verhaltenspflichten, S. 119.
[26] BGH NJW-RR 2005, 1406; s. a. *Schäfer/Geibel,* § 4 Rn. 24; ferner *Groß,* Kapitalmarktrecht, §§ 1–2 c BörsG, Rn. 20 (für § 1 Abs. 4 BörsG aF).
[27] Vgl. BGH NJW-RR 2005, 1406: Ergreifen von Aufsichtsmaßnahmen, die zur Insolvenz eines Unternehmens geführt hatten.
[28] *Schwark/Beck,* Kapitalmarktrechtskommentar, § 4 WpHG Rn. 19 aE; *Schäfer/Geibel,* § 4 Rn. 24, für § 4 Abs. 2 WpHG; *Boos/Fischer/Schulte-Mattler/Fülbier,* KWG, § 6 Rn. 74; *Szagunn/Haug/Ergenzinger,* KWG, § 5 Rn. 15, für § 6 Abs. 4 KWG; *Höhns,* Aufsicht über Finanzdienstleister, S. 84; aA wohl OLG Frankfurt a. M., OLGR Frankfurt 2003, 458.
[29] BT-Drs. 12/7918, S. 100.

zugleich im Individualinteresse der beaufsichtigten Institute liegen.[30] Die praktische Bedeutung des Problems ist allerdings nicht übermäßig groß, weil in aller Regel Amtshaftungsansprüche der Institute schon deshalb nicht in Betracht kommen werden, weil die Betroffenen im Vorfeld Rechtsmittel gegen die sie gerichteten rechtswidrigen Maßnahmen einlegen (s. u. Rn. 53 ff.) und damit den Eintritt von Schäden verhindern können. Soweit die Einlegung von Rechtsmitteln verabsäumt wird, sind Amtshaftungsansprüche ausgeschlossen (§ 839 Abs. 3 BGB). Zu beachten ist ferner, dass die dem Amt den beaufsichtigten Instituten gegenüber obliegenden Amtspflichten unstreitig nicht die Verpflichtung beinhalten, die Institute vor jeglichem finanziellen Verlust zu schützen.[31]

14 Die **Verfassungs- und Europarechtskonformität** der identischen Vorgängerregelungen zu § 4 Abs. 4 FinDAG ist verbreitet bezweifelt worden.[32] Dabei stützte man sich auf die mangelnde Rechtssicherheit (Verstoß gegen Art. 20 GG),[33] auf den unzulässigen Eingriff in die Kompetenzen der dritten Gewalt,[34] auf die Verkürzung des Rechtsschutzes (Art. 19 Abs. 4 GG)[35] oder von Art. 34, der nur ausnahmsweise aus besonderen Gründen einen Ausschluss der Staatshaftung zulasse,[36] auf die Verletzung von grundrechtlichen Schutzpflichten[37] oder europäischer Richtlinien-Gesetzgebung.[38] Die geäußerten Bedenken lassen sich mutatis mutandis auch auf § 4 Abs. 4 FinDAG übertragen.[39] Vor allem wegen des inzwischen eingeführten Einlagensicherungssystems wird man im Ergebnis einen

---

[30] Ebenso *Beck/Samm*, KWG, § 6 Rn. 64. Vgl. auch die Rechtslage in Großbritannien, wo der Financial Services and Market Act 2000 (FSMA) eine Haftung des Staates und der Mitarbeiter der Aufsichtsbehörde wegen fehlerhafter Amtsausübung sowohl für Dritte als auch in Bezug auf die beaufsichtigten Institute ausdrücklich ausschließt, vgl. *Binder* WM 2001, 2230, 2235.

[31] *Beck/Samm*, KWG, § 6 Rn. 60, mwN.

[32] Vgl., zumeist für § 6 Abs. 4 KWG, MünchKommBGB-*Papier*, Bd. 5, § 839, Rn. 251; *Ossenbühl*, Staatshaftungsrecht, S. 64 f., *Mangoldt/Klein/Starck/v. Danwitz*, GG, Bd. 2, Art. 34, Rn. 79, Fn. 303; *Gratias* NJW 2000, 786, 788; *Schenke*, Festschr. f. Lorenz, S. 473; *Schenke/Ruthig* NJW 1994, 2324 ff.; *Cremer* JuS 2001, 643, 649; *Nüßgens*, Festschr. f. Gelzer, S. 293, 300; *Nicolaysen*, GS f. W. Martens, 1987, S. 663; *Beck/Samm*, KWG, § 6 Rn. 66; *Habscheid*, Staatshaftung für fehlerhafte Bankenaufsicht?, S. 119 ff.; *Tönnies*, Staatshaftung für Versicherungsaufsicht, S. 55 ff.; Vespermann, Staatshaftung im Versicherungswesen, S. 118 ff. aA *Schwark/Beck*, Kapitalmarktrechtskommmentar, § 4 WpHG Rn. 19; *Boos/Fischer/Schulte-Mattler/Fülbier*, KWG, § 6 Rn. 73; *Grote*, VersR 2005, 103 f.; *Höhns*, Aufsicht über Finanzdienstleister, S. 88 ff.; *Stober*, Hdb. des Wirtschaftsverwaltungs- und Umweltrechts, S. 1184 ff.; *Wondra*, Staatshaftung für fehlsame Wirtschaftsaufsicht? Diss. 1995, S. 56 ff., 135 ff., 196 f.

[33] So *v. Danwitz*, aaO.

[34] So MünchKommBGB-*Papier*, § 839 Rn. 251; *Beck/Samm*, KWG, § 6 Rn. 65.

[35] *Beck/Samm*, KWG, § 6 Rn. 66.

[36] *Papier*, aaO; *Beck/Samm*, aaO.

[37] *Schenke/Ruthig*, aaO; *Schenke*, aaO; *Gratias*, aaO.

[38] Diesbezüglich hatte der BGH im Jahre 2002 ein bei ihm anhängiges Revisionsverfahren ausgesetzt und hinsichtlich § 6 Abs. 4 KWG ein Vorlageverfahren vor dem EuGH in Gang gesetzt, vgl. NJW 2002, 2464. Zur inzwischen ergangenen Entscheidung des EuGH s. u. Fn. 43.

[39] *Verfassungs- und Europarechtswidrigkeit* explizit annehmen, *Schäfer/Geibel*, § 4 Rn. 26 f., unter Hinweis darauf, dass a) letztlich die einzelnen Anleger die Kosten des BAWe aufbringen, und b) die Insider-Richtlinie den Anlegerschutz besonders betont.

Aufgaben

Verstoß gegen die Verfassung oder das Europarecht aber abzulehnen haben.[40] Das im August 1998 in Kraft getretene Einlagensicherungs- und Anlegerentschädigungsgesetz (EAG) – das seinerseits verfassungs- und europarechtskonform ist[41] – gewährt dem Anleger nämlich im Falle der Zahlungsunfähigkeit des Unternehmens einen Entschädigungsanspruch aus einem öffentlichen Entschädigungsfonds,[42] so dass es weitgehend bedeutungslos ist, ob Staatshaftungsansprüche nach den allgemeinen Vorschriften bestehen oder nicht.[43] Das Einlagensicherungssystem übernimmt weitestgehend die Funktion des Amtshaftungsanspruchs. Inzwischen hat die Rechtsprechung die Beschränkung des Aufsichtszwecks auf das öffentliche Interesse ausdrücklich sowohl europarechtlich[44] wie verfassungsrechtlich[45] für unbedenklich erklärt.

c) **Anlegerbeschwerden**

Bei der Bundesanstalt (und früher beim BAWe) gehen jährlich ca. 600 bis 2000   15
Beschwerden zu den verschiedensten Aspekten des Wertpapierhandels ein.[46] Diese Beschwerden sind als **Petitionen** i. S. des Art. 17 GG, nicht als förmliche Rechtsmittel oder Rechtsbehelfe einzustufen. Der Beschwerdeführer hat Anspruch darauf, dass sich die Behörde mit seinem Anliegen befasst und ihm einen schriftlichen Bescheid erteilt, der erkennen lässt, wie die Beschwerde behandelt worden ist. Ein Anspruch auf eine weitergehende inhaltliche Begründung besteht nicht.[47] Hat die Aufsichtsbehörde aufgrund der Beschwerde Untersuchungen angestellt, steht der Mitteilung der Untersuchungsergebnisse häufig auch § 8 (Schweigepflicht) entgegen.[48] Da die Tätigkeit der Aufsichtsbehörde nur im öffentlichen Interesse erfolgt, können weitergehende konkrete Maßnahmen zugunsten des einzelnen Beschwerdeführers nicht getroffen werden. Die Beschwerden können aber Anhaltspunkte für das Vorliegen von Missständen geben, gegen die dann gem. § 4 S. 3 im öffentlichen Interesse vorzugehen ist. Sie sind so auch für eine nicht subjektivrechtlich konzipierte Aufsicht ein wichtiges Hilfsmittel.[49]

---

[40] So auch *Boos/Fischer/Schulte-Mattler/Fülbier*, KWG, § 6 Rn. 73; *Schlette* JuS 2001, 1151, 1154; OLG Köln NJW 2001, 2725 f., dort auch ausführlich zu weiteren Arg. gegen Verfassungs- und Europarechtswidrigkeit.
[41] BVerwG NJW 2004, 3198.
[42] Gesetz zur Umsetzung der EG-Einlagensicherungsrichtlinie und der EG-Anlegerentschädigungsrichtlinie v. 16. 7. 1998, BGBl. I, 1842, in Kraft getreten am 1. 8. 1998. Die Haftung nach dem EAG ist allerdings der Höhe nach begrenzt, und es wird stets ein Selbstbehalt von 10% fällig, vgl. §§ 3, 4 EAG. Ausführlich zum EAG *Dreher* ZIP 1998, 1777 (1780 ff.); *Newiger* Sparkasse 1998, 349 (355 ff.); *Steuer* WM 1998, 2449 (2451 ff.); *Weber* Die Bank 1998, 470 ff.; s. a. § 23 a KWG.
[43] Vgl. *Boos/Fischer/Schulte-Mattler/Fülbier*, KWG, § 6 Rn. 73; *Schlette* JuS 2001, 1051, 1054.
[44] EuGH NJW 2004, 3479 ff.; BGHZ 156, 49 ff.; OLG Köln NJW 2001, 2725 f.; LG Bonn NJW 2000, 815, 820.
[45] BGHZ 156, 49 ff.; OLG Köln NJW 2001, 2725 f.; LG Bonn NJW 2000, 815, 820.
[46] Einzelheiten in den Jahresberichten von BaFin und BAWe. Die Anzahl der Beschwerden ist in den letzten Jahren rückläufig. Schon immer lagen diese Zahlen deutlich unter denen im Bereich der Versicherungsaufsicht, die sich im fünfstelligen Bereich bewegen, vgl. neben den Jahresberichten der BaFin auch *Prölss/Kollhosser*, VAG, § 81 Rn. 61.
[47] Vgl. zB *Prölss/Kollhosser*, VAG, § 81 Rn. 56; *Sachs/Krüger*, GG, Art. 17 Rn. 8 ff.
[48] So auch *Dreyling* Die Bank 2002, 16, 17.
[49] Ebenso *Prölss/Kollhosser*, VAG, § 81 Rn. 58; *Dreyling* Die Bank 2002, 16, 17.

4. Beachtung allgemeiner verfassungsrechtlicher und verwaltungsrechtlicher Maßstäbe

16 Die BaFin ist ein Organ der vollziehenden Gewalt i. S. des Art. 20 Abs. 3 GG und übt öffentlich-rechtliche Verwaltungstätigkeit i. S. des § 1 Abs. 1 Ziff. 1 VwVfG aus. Sie ist eine Verwaltungsbehörde i. S. des § 1 Abs. 4 VwVfG.[50] Die BaFin hat bei ihrer Tätigkeit wie andere Bundesoberbehörden[51] daher außer den Vorschriften des WpHG auch das **VwVfG** sowie die allgemeinen verwaltungsrechtlichen und verfassungsrechtlichen Vorgaben für behördliches Tätigwerden zu beachten. So gelten die **allgemeinen Ermessensgrenzen** (§ 40 VwVfG, § 114 VwGO) uneingeschränkt auch in diesem Bereich. Mit dem Hinweis auf die „geeigneten und erforderlichen" Maßnahmen in Absatz 1 Satz 3 wird auf das allgemeine verfassungsrechtliche **Verhältnismäßigkeitsprinzip** Bezug genommen, welches die Aufsichtsbehörde vollinhaltlich zu beachten hat. Insbesondere müssen ihre Maßnahmen nicht nur geeignet und erforderlich (Wahl des mildesten, gleich geeigneten Mittels), sondern darüber hinaus verhältnismäßig i. e. S. (angemessene Zweck-Mittel-Relation; Übermaßverbot) sein, auch wenn dies im Wortlaut des § 4 nicht deutlich zum Ausdruck kommt.[52] Vor Erlass eines belastenden Verwaltungsakts ist der Betroffene ferner regelmäßig anzuhören (§ 28 VwVfG), wenn eine Anhörung nicht ausnahmsweise entbehrlich ist.[53] Der (schriftliche) Verwaltungsakt ist zu begründen (§ 29 VwVG) und mit einer Rechtsbelehrung zu versehen, um die in der VwGO vorgesehenen kurzen Rechtsbehelfsfristen in Gang zu setzen (§§ 58, 59 VwGO).

III. Durchführung der Aufsicht

1. Allgemeine Missstandsaufsicht (Abs. 1 S. 2, 3)

a) Entgegenwirken von „Missständen" (Abs. 1 Satz 2)

17 Voraussetzung für ein Tätigwerden ist nach Abs. 1 Satz 2 das Vorliegen eines „Missstandes" in Bezug auf wertpapierrechtliche Schutzgüter, nämlich einzelne Wertpapierdienstleistungen oder den Wertpapiermarkt, bzw. seit Inkrafttreten des Anlegerschutzverbesserungsgesetzes den Finanzmarkt als ganzen. Bei dem „Missstand" handelt es sich um einen **typischen unbestimmten Rechtsbegriff des Gewerbeaufsichtsrechts,** der auch im KWG (§ 6 Abs. 2, 3 KWG), im Börsengesetz (§ 3 Abs. 4 Satz 3 BörsG nF) und im VAG (§ 81 Abs. 2) verwendet wird und eine lange Tradition hat.[54] Er ist dem Gefahrenbegriff des allgemeinen Poli-

---

[50] *Bliesener,* Verhaltenspflichten, S. 114, für das BAWe.
[51] Vgl. für das BAKred *Boos/Fischer/Schulte-Mattler,* KWG, Einf Rn. 60.
[52] Im Erg. ebenso *Schäfer/Geibel,* § 4 Rn. 23; *Bliesener,* Verhaltenspflichten, S. 125. Zum Verhältnismäßigkeitsprinzip vgl. etwa *Jarass/Pieroth,* GG, Art. 20 Rn. 80 ff.; *Sachs,* GG, Art. 20 Rn. 145 ff.; *Kluth* JA 1999, 606 ff.
[53] Etwa nach § 28 Abs. 2 Nr. 1 VwVfG, vgl. VG Frankfurt a. M., Beschl. v. 4. April 2003, 9 G 5631/02, Juris.
[54] Bereits das VAG von 1901 wies dem Kaiserlichen Aufsichtsamt für die Privatversicherung u. a. *die Aufgabe zu,* „Missstände zu beseitigen, durch welche die Interessen der Versicherten gefährdet werden oder der Geschäftsbetrieb mit den guten Sitten in Widerspruch gerät".

Aufgaben 18, 19 § 4

zei- und Ordnungsrecht vergleichbar.[55] Im WpHG wird auf den Missstandsbegriff ferner in § 36 Abs. 5 und § 36 b Abs. 1 Bezug genommen. Die in Satz 2 genannten wertpapierrechtlichen Schutzgüter lassen sich als Korrespondenzbegriffe zu dem polizeirechtlichen Begriff der „öffentlichen Sicherheit und Ordnung" einordnen.

Die Verwendung derartiger unbestimmter Begriffe ist **verfassungsrechtlich** **18** **unbedenklich und rechtspolitisch unvermeidbar,** da angesichts der sich ständig wandelnden wirtschaftlichen Gegebenheiten die Formulierung konkreter Eingriffstatbestände nicht möglich bzw. wenig sinnvoll ist und die nötige Konkretisierung der (verwaltungsgerichtlichen) Rechtspraxis vorbehalten bleiben muss.[56] Allerdings hätte der Gesetzgeber den Begriff des „Missstandes" durchaus etwas näher umreißen können, so wie es in § 81 Abs. 2 Satz 2 VAG geschehen ist. In Anlehnung an diese Definition kann man als Missstand jedes Verhalten definieren, welches den Zielen des WpHG und den im einzelnen zur Verwirklichung dieser Ziele normierten Pflichten zuwiderläuft.[57]

Danach ist zunächst **jeglicher nicht unerheblicher Verstoß gegen zwin- 19 gende Vorschriften des WpHG** als die ordnungsgemäße Durchführung des Wertpapierhandels gefährdender „Missstand" anzusehen.[58] Ein auf Dauer angelegtes, besonders schwerwiegendes und/oder wiederholtes rechtswidriges Verhalten des einzelnen muss ebensowenig vorliegen wie ein Fehlverhalten mehrerer Dienstleister[59] oder gar eine Bedrohung der ordnungsgemäßen Durchführung des gesamten Wertpapierhandels.[60] Es genügt ein **einzelner Verstoß eines einzelnen Institutes,** auch wenn dies, anders als im VAG (vgl. § 81 Abs. 2 S. 2 iVm Abs. 1) in § 4 WpHG nicht ausdrücklich ausgesprochen wird. Die Gegenmeinung hätte zur Konsequenz, dass bei einmaligem Verstoß keine auf § 4 Abs. 1 gestützte Anordnung ergehen könnte und der erstmalige Gesetzesverstoß u. U. ohne Folgen bleiben müsste. Dass der Gesetzgeber die Befugnisse zum Einschreiten derart restriktiv verstehen wollte, ist auch angesichts des Gesetzeszwecks nicht ersichtlich. Die Auffassung, dass grundsätzlich bereits **jeder individuelle Verstoß gegen das WpHG** einen „Missstand" darstellt, lässt sich auch mit dem Wortlaut des § 4 durchaus in Einklang bringen. Allerdings muss der Verstoß fortwirken oder eine Wiederholungs- und Nachahmungsgefahr begründen, denn der Missstandsbegriff setzt eine aktuelle (und nicht lediglich eine vergange-

---

[55] So auch *Bliesener,* Verhaltenspflichten, S. 118; KölnKommWpHG-*Giesberts,* § 4 Rn. 25.
[56] In diesem Sinne auch: *Assmann/Schneider/Dreyling,* § 4 Rn. 7; *Prölss/Kollhosser,* VAG, § 81 Rn. 15; KölnKommWpHG-*Giesberts,* § 4 Rn. 23; vgl. *Schwark/Beck,* Kapitalmarktrechtskommentar, § 4 WpHG Rn. 11; vgl. ferner, für das allgem. Polizei- und Ordnungsrecht, *Badura/Friauf,* Bes. Verwaltungsrecht, 2. Abschn. Rn. 32; *Steiner/Schenke,* Bes. Verwaltungsrecht, Abschn. II Rn. 26. Krit. zur Verwendung des Missstandsbegriffs in KWG und VAG aber *Bullinger,* Staatsaufsicht in der Wirtschaft, VVDStRL 22 (1965), 264, 271 f., der hierdurch den Weg zu einer reinen Zweckmäßigkeitsaufsicht eröffnet sieht.
[57] *Schäfer/Geibel,* § 4 Rn. 14.
[58] Vgl. BVerwGE 116, 198.
[59] So im Erg. auch *Bliesener,* Verhaltenspflichten, S. 119f.; *Beck/Samm,* KWG, § 6 Rn. 50; *Höhns,* Aufsicht über Finanzdienstleister, S. 217; aA *Assmann/Schneider/Dreyling,* § 4 Rn. 10; ebenso eine im KWG verbreitete Ansicht, vgl. *Bähre/Schneider,* § 6 KWG Anm. 3; *Reischauer/Kleinhans,* § 6 KWG Rn. 11.
[60] So aber offenbar BT-Drs. 15/3174, S. 30.

ne, bereits erledigte) Gefahrensituation voraus. Ferner muss eine – abstrakt schwer festzulegende – Geringfügigkeitsschwelle überschritten sein, denn Satz 2 fordert, dass die jeweilige Regelwidrigkeit potentiell geeignet sein muss, die ordnungsmäßige Durchführung des Wertpapierhandels zu beeinträchtigen oder erhebliche Nachteile auf dem Wertpapiermarkt zu bewirken. Eine solche Eignung kann nur Verstößen **von einigem Gewicht** zugesprochen werden.[61] Auch die Regelung in Absatz 2 S. 2 a. E., die eine Handelsuntersagung und -aussetzung, also eine besonders schwerwiegende Sanktion, außer in den Fällen des § 14 und des § 20a nur bei der Missstandskontrolle vorsieht, spricht dafür, dass „durchschnittliche" Rechtsverstöße einen Missstand nicht begründen können. Nicht erforderlich ist dagegen, dass der Verstoß schuldhaft (vorsätzlich oder fahrlässig) erfolgte.[62] – Wegen der mit dem Anlegerschutzverbesserungsgesetz neu eingefügten Generalbefugnisnorm in § 4 Abs. 2 können individuelle Verstöße gegen Verbots- und Gebotsnormen des WpHG nunmehr allerdings unabhängig davon, ob der Verstoß missstandsbegründend ist oder nicht, die Grundlage für Maßnahmen der Bundesanstalt bilden.

20 Ferner stellt die **Missachtung von Verwaltungsakten** der BaFin einen Missstand dar.[63] Praktische Konsequenzen hat dies allerdings in der Regel nicht, weil die Anstalt zumeist die Möglichkeit hat, den Verwaltungsakt zwangsweise durchzusetzen (§ 17 FinDAG), ohne dass es des Rückgriffs auf Abs. 1 S. 3 – der lediglich den Erlass eines weiteren Verwaltungsakts ermöglicht – bedarf.

21 Fraglich ist, ob ein **Verstoß gegen Verlautbarungen und Bekanntmachungen** der BaFin (s. u. Rn. 20) – ohne zugleich vorliegenden Gesetzesverstoß – einen Missstand darstellt. In der Literatur zum KWG und zum VAG wird dies überwiegend verneint.[64] Diese ablehnende Haltung ist grundsätzlich berechtigt. Die Verlautbarungen und Bekanntmachungen haben informellen Charakter; sie dürfen über die bestehenden gesetzlichen Regelungen hinaus keine bindenden rechtlichen Vorgaben schaffen. Ein Verstoß gegen sie ist grundsätzlich kein Rechtsverstoß, der deshalb auch keinen Missstand begründen kann. Denn die Missstandsaufsicht ist Rechtsaufsicht; die nur anhand von Rechtsnormen erfolgen darf.[65] Verstöße gegen Verlautbarungen und Bekanntmachungen sind nur dann rechtlich relevant und damit missstandsbegründend, wenn das Gesetz die BaFin ausdrücklich ermächtigt, entsprechende Regelungen in Ausfüllung gesetzlicher Spielräume zu erlassen (vgl. etwa § 29). Im übrigen begründen derartige Verstöße ebenso wenig einen Missstand wie zweifelhafte Geschäftsgebaren, die sich (noch) im Rahmen des rechtlich Zulässigen halten.

22 Fraglich ist des weiteren, ob ein Missstand auch bei Verletzung von **anderweitigen Rechtsvorschriften** – außerhalb des WpHG – anzunehmen ist.[66] Das richtet sich danach, ob auch durch solche Verstöße die „Ordnungsmäßigkeit" des Wertpapierhandels i. S. des Abs. 1 Satz 2 beeinträchtigt werden kann. Diese Frage

---

[61] Ebenso BVerwGE 116, 198: „nachhaltiger Verstoß".
[62] *Höhns*, Aufsicht über Finanzdienstleister, S. 218.
[63] Ebenso, für die Missstandsaufsicht des BAKred, *Boos/Fischer/Schulte-Mattler/Fülbier*, KWG, § 6 Rn. 48.
[64] Vgl. *Boos/Fischer/Schulte-Mattler/Fülbier*, KWG, § 6 Rn. 49 ff., mwN.
[65] Ebenso *Kollhosser*, VAG, § 81 Rn. 18; aA offenbar *Dreher* WM 1995, 509, 511, unter Hinweis auf die Gesetzesbegründung zu § 81 VAG nF.
[66] Offenlassend BVerwGE 116, 198.

ist tendenziell zu verneinen, weil die Ordnungsmäßigkeit des Wertpapierhandels primär durch das WpHG – und eben nicht durch andere Gesetze – bestimmt wird. Zu beachten ist in diesem Zusammenhang auch, dass die Missstandsaufsicht gem. Satz 2 iVm Satz 1 auf die der Bundesanstalt nach dem WpHG zugewiesenen Aufgaben beschränkt ist. Daher kann es insbesondere keinen Missstand darstellen, wenn ein Dienstleister gegen Vorschriften des **BörsG** verstößt, für dessen Überwachung die BaFin nicht zuständig ist. Für die Ahndung von Verstößen gegen die **Steuergesetze** sind die Finanzbehörden, von Verstößen gegen die **Strafgesetze** die Strafverfolgungsbehörden zuständig; Verstöße in diesem Bereich stellen daher ebenfalls keinen „Missstand" dar, sofern nicht gleichzeitig Vorschriften des WpHG missachtet werden.[67] Für die Einhaltung der Vorschriften des **KWG** oder des **VAG** ist zwar die BaFin zuständig; Rechtsgrundlage für die Missstandsaufsicht ist in diesen Fällen jedoch nicht § 4, sondern § 6 Abs. 2, 3 KWG bzw. § 81 Abs. 1, 2 VAG. Ausnahmsweise missstandsbegründend i. S. d. § 4 können Verstöße gegen solche sonstigen Gesetze sein, die (auch) die Ordnungsmäßigkeit des Wertpapierhandels betreffen und für deren Einhaltung kein spezielles behördliches Überwachungsverfahren vorgesehen ist. Das trifft insbesondere auf das **UWG** zu;[68] Entsprechendes wäre für gesellschaftsrechtliche Normen (**AG, GmbHG**) zu erwägen.

Der „Missstand" muss nicht schon eingetreten sein; aus Wortlaut („entgegenwirken"; „verhindern") und Sinn folgt unzweifelhaft, dass die BaFin **auch bei drohenden Missständen,** also bei Sachlagen, die in absehbarer Zukunft mit Wahrscheinlichkeit den Eintritt einer Störung der in Satz 2 genannten Schutzgüter erwarten lassen, Maßnahmen zu ergreifen befugt ist.[69] – Als unbestimmter Rechtsbegriff unterliegt der Begriff des Missstandes hier ebenso wie in den sonstigen Wirtschaftsaufsichtsgesetzen und im allgemeinen Polizei- und Ordnungsrecht **vollständiger verwaltungsgerichtlicher Kontrolle.**[70]

Die Einschränkung **„im Rahmen der ihr zugewiesenen Aufgaben"** bringt zweierlei zum Ausdruck. Zum einen darf die allgemeine Missstandsaufsicht nicht zum Anlass für Kompetenzüberschreitungen etwa zulasten der Börsenaufsichtsbehörden genommen werden.[71] Missstände sind für die BaFin folglich nur insoweit von Relevanz, als sich auf die oben genannten Aufsichtsbereiche (und nicht die der Börsenaufsichtsbehörden oder auch des KWG, dann ist nach § 6 Abs. 2, 3 KWG vorzugehen) beziehen. Zum zweiten darf die Missstandsaufsicht nicht dazu verwendet werden, nach der Zwecksetzung des WpHG an sich unerwünschte, von diesem aber nicht sanktionierte Verhaltensweisen zu unterbinden. Denn die Reichweite der Missstandsaufsicht ist gerade an den gesetzlichen zugewiesenen Aufgaben und damit auch an deren Beschränkung orientiert.[72]

---

[67] *Schwark/Beck,* Kapitalmarktrechtskommentar, § 4 WpHG Rn. 11; so im Ergebnis – für die Missstandsaufsicht des BAKred – auch: *Boos/Fischer/Schulte-Mattler/Fülbier,* KWG, § 6 Rn. 46 f.; im selben Sinne *Höhns,* Aufsicht über Finanzdienstleister, S. 189.
[68] S. u. § 36 b.
[69] Ebenso *Assmann/Schneider/Dreyling,* § 4 Rn. 9; *Bliesener,* Verhaltenspflichten, S. 119.
[70] *Schäfer/Geibel,* § 4 Rn. 16; *Bliesener,* Verhaltenspflichten, S. 122; vgl. a. *Prölss/Kollhosser,* VAG, § 81 Rn. 15, 18 (zu § 81 VAG); *Boos/Fischer/Schulte-Mattler/Fülbier,* KWG, § 6 Rn. 62 (zu § 6 Abs. 3 KWG).
[71] So auch *Schäfer/Geibel,* § 4 Rn. 13.
[72] *Schäfer/Geibel,* § 4 Rn. 16.

§ 4 25–27   Abschn. 2. Bundesanstalt für Finanzdienstleistungsaufs.

b) Anordnungskompetenz (Absatz 1 Satz 3)

25 Satz 3 enthält eine **Ermächtigungsgrundlage zum Einschreiten bei (drohenden) Missständen:**[73] Die BaFin kann hiernach die geeigneten und erforderlichen Anordnungen zur Beseitigung oder Verhinderung der Missstände treffen. Eine „Anordnung" i. S. dieser Generalermächtigung ist in erster Linie der Erlass eines **Verwaltungsakts** (§ 35 S. 1 VwVfG).[74] Dieser Verwaltungsakt kann an ein einziges Institut oder eine Vielzahl von ihnen gerichtet sein. Letzterenfalls liegt ein Verwaltungsakt in Form einer **Allgemeinverfügung** (§ 35 S. 2 VwVfG) vor,[75] dessen Bekanntmachung gem. § 41 Abs. 3 S. 2, Abs. 4 VwVfG zu erfolgen hat. Statt eines Verwaltungsakts kann die Bundesanstalt mit den (potentiellen) Adressaten auch einen **öffentlich-rechtlichen Vertrag** schließen, § 54 S. 1 VwVfG. Dieses Vorgehen bietet gegenüber informellen Absprachen, u. U. auch gegenüber einseitig-hoheitlichem Verwaltungsakts-Handeln, erhebliche Vorteile.[76]

26 Der Erlass von **Rechtsverordnungen** lässt sich nicht auf § 4 Abs. 1 Satz 3 stützen. Wegen Art. 80 GG bedarf es hierzu einer besonderen gesetzlichen Ermächtigung. Die Bundesanstalt kann daher Verordnungen nur in den Bereichen erlassen, in denen das WpHG dies ausdrücklich vorsieht, und wenn die idR dem Bundesminister der Finanzen zustehende Verordnungsermächtigung auf die Anstalt übertragen worden ist.[77] Das WpHG enthält Verordnungsermächtigungen in den §§ 9 Abs. 3, 4; 10 Abs. 4; 20a Abs. 5; 34 Abs. 2; 34a Abs. 3; 34b Abs. 8; 36 Abs. 5; 37m Satz 3.[78] Durch die Verordnung zur Übertragung der Befugnis zum Erlass von Rechtsverordnungen auf das Bundesaufsichtsamt für den Wertpapierhandel vom 3. März 1998 ist die an sich dem Bundesfinanzministerium zustehende Befugnis zum Verordnungserlass, wie es die genannten Vorschriften zulassen, auf das Bundesaufsichtsamt übertragen worden.[79] Die Ermächtigung ist durch Verordnung zur Übertragung von Befugnissen zum Erlass von Rechtsverordnungen auf die Bundesanstalt für Finanzdienstleistungsaufsicht vom 13. Dezember 2002 (BGBl. I 2003, 3), zuletzt geändert durch VO vom 17. November 2005 (BGBl. I 3187), auf die Bundesanstalt erstreckt worden. Außerhalb des WpHG besteht in § 16 VerkProspG eine weitere Verordnungsermächtigung betreffend die Hinterlegungsgebühren für Verkaufsprospekte, die inzwischen ebenfalls auf die Aufsichtsbehörde übertragen worden ist.[80]

27 Die Anordnung kann ferner in **schlichtem Verwaltungshandeln** (Erlass von Richtlinien, Bekanntmachungen, Mitteilungen, Verlautbarungen, Rund- und

---

[73] So auch *Schäfer/Geibel*, § 4 Rn. 12, 17; *Bliesener*, Verhaltenspflichten, S. 116. Vergleichbare Regelungen: § 81 VAG, § 6 Abs. 3 KWG, § 4 HypothekenbankG, § 4 SchiffsbankG, § 3 Abs. 1 Satz 2 BausparkassenG, § 2 Abs. 2 BörsG.
[74] So auch *Bliesener*, Verhaltenspflichten, S. 118, 125; vgl. *Schwark/Beck*, Kapitalmarktrechtskommentar, § 4 WpHG Rn. 14; vgl. KölnKommWpHG-*Giesberts*, § 4 Rn. 29.
[75] Beispiel: Die Untersagungsverfügung hinsichtlich der sog. Ansagegeschäfte von Kursmaklern vom Dezember 1995, vgl. näher *Bliesener*, Verhaltenspflichten, S. 121 f., 125 f.
[76] S. dazu *Schlette*, Die Verwaltung als Vertragspartner, S. 216 ff., 337 ff.
[77] So auch *Schäfer/Geibel*, § 4 Rn. 20; KölnKommWpHG-*Giesberts*, § 4 Rn. 30.
[78] Zu Einzelheiten s. die Kommentierung bei den genannten Vorschriften.
[79] BGBl. I S. 406; diese VO löste die VO vom 16. 3. 1995 (BGBl. I 390) ab.
[80] VO vom 25. 6. 1998, BGBl. I S. 1652.

Sammelschreiben, formlose Ersuchen, Gespräche) bestehen.[81] Besonderer Beliebtheit erfreuen sich die **"Bekanntmachungen"**. Das frühere Bundesaufsichtsamt für den Wertpapierhandel hat in den verschiedensten Bereichen derartige Bekanntmachungen erlassen, etwa die Bekanntmachungen zur Veröffentlichung und Mitteilung kursbeeinflussender Tatsachen nach § 15 vom 7. Dezember 1994 und 29. Januar 1996, die Bekanntmachung zu Mitteilungs- und Veröffentlichungspflichten bei Veränderungen des Stimmrechtsanteils an börsennotierten Gesellschaften nach §§ 21 ff. sowie zu erstmaligen Mitteilungs- und Veröffentlichungspflichten nach § 41 vom 29. Dezember 1994, die Bekanntmachung zum Verkaufsprospektgesetz vom 15. April 1996, neugefasst am 5. September 1999, die Bekanntmachung zum Verhältnis von Regelpublizität und Ad-hoc-Publizität vom 9. Juli 1996, und die gemeinsame Bekanntmachung von BAKred und BAWe zu den Anforderungen an Verhaltensregeln für Mitarbeiter der Kredit- und Finanzdienstleistungsinstitute (sog. „Mitarbeiter-Leitsätze") vom 7. Juni 2000.[82] Eine besondere Form der Bekanntmachung sieht der durch das Anlegerschutzverbesserungsgesetz eingefügte § 40 b vor, wonach die Bundesanstalt unanfechtbare Aufsichtsmaßnahmen auf ihrer Website öffentlich bekanntmachen kann. Der **Rechtscharakter** dieser Bekanntmachungen erschöpft sich in der Regel in einer schlichthoheitlichen Mitteilung ohne Regelungscharakter über die behördliche Auslegung und Handhabung bestimmter normativer Vorgaben, die für die der Aufsicht Unterworfenen als Informationshilfe und Orientierungshilfe gedacht ist.[83] Ausnahmsweise kann sich hinter einer „Bekanntmachung" aber auch ein förmlicher Verwaltungsakt in Form einer Allgemeinverfügung verbergen,[84] so etwa bei der soeben genannten Bekanntmachung vom 29. Januar 1996, in der u.a. den Emittenten mit Sitz im Ausland die Veröffentlichungen nach § 15 Abs. 1 in englischer Sprache gestattet wurde.[85] Hiermit hatte das Amt gegenüber einer Vielzahl von Adressaten eine Regelung mit Außenwirkung i.S. des § 35 S. 1, 2 VwVfG getroffen, wozu es i.Ü. durch § 15 Abs. 3 S. 1 Hs. 2 ausdrücklich ermächtigt war.

Schließlich kann, darf und zT muss die BaFin wie jede andere Behörde auch in den Formen des **Privatrechts** handeln. So muss sie sich die zur Aufgabenerfüllung erforderlichen Sachmittel im Wege zivilrechtlicher Kauf- und Werkverträge beschaffen. Rechtsgrundlage hierfür ist allerdings nicht § 4 S. 2, 3, sondern eine ungeschriebene Annexkompetenz zur eigentlichen Sachkompetenz. Die eigentliche Aufgabenerfüllung muss die BaFin dagegen ausschließlich in den genannten Formen des öffentlichen Rechts vornehmen, da seine Tätigkeit dem Bereich der Eingriffsverwaltung zuzuordnen ist, in dem es den Behörden, anders als im Bereich der Leistungsverwaltung, verwehrt ist, die ihnen zugewiesenen

---

[81] *Assmann/Schneider/Dreyling*, § 4 Rn. 12; *Schäfer/Geibel*, § 4 Rn. 19; *Höhns*, Aufsicht über Finanzdienstleister, S. 157 ff.; *Pitschas* WM 2000, 1121, 1123, 1125 f. Zu den Richtlinien s. a. unten §§ 29, 35 Abs. 4.

[82] Die Bekanntmachungen sind abgedruckt bei *Kümpel/Ott*, Kapitalmarktrecht, Kennzahlen 615/1 ff., sie sind ferner über das Internet *(http:\\www.bafin.de)* abrufbar.

[83] Ähnlich *Lenz/Ritz* WM 2000, 904, 909, für die Bekanntmachung zum Verkaufsprospekt-Gesetz; aA *Höhns*, Aufsicht über Finanzdienstleister, S. 158: Verwaltungsvorschriften.

[84] Vgl. a. *Beck/Samm*, KWG, § 6 Rn. 43; *Boos/Fischer/Schulte-Mattler/Fülbier*, KWG, § 6 Rn. 15.

[85] Ebenso *Schäfer/Geibel*, § 4 Rn. 22.

Aufgaben wahlweise in öffentlich-rechtlichem oder privatrechtlichem Gewande zu erfüllen.[86]

29 Die BaFin hat ihre Anordnungen nach pflichtgemäßem Ermessen („kann") zu treffen. Es gilt also das **Opportunitätsprinzip**.[87] Dabei spricht einiges dafür, dass das eingeräumte Ermessen – wie in anderen Bereichen des Ordnungsrechts – in dem Sinne ein sog. „**intendiertes**" **Ermessen** ist, als der Gesetzgeber beim Vorliegen von Missständen ein Tätigwerden der Aufsichtsbehörde als Regelfall angesehen hat und besondere Umstände vorliegen müssen, damit die Behörde untätig bleiben darf.[88] Eine uneingeschränkte Rechtspflicht zum Einschreiten besteht allerdings nur im Ausnahmefall einer Ermessensreduzierung auf Null.[89]

c) Zusammenspiel von General- und Spezialermächtigung

30 Zu beachten ist, dass die Missstandsaufsicht nach Abs. 1 S. 2, 3 lediglich die Funktion eines **allgemeinen Auffangtatbestandes** besitzt. Die BaFin kann sich auf diesen Kompetenztitel nur insoweit berufen, als nicht Bereiche betroffen sind, in denen spezielle Eingriffsbefugnisse bestehen oder wo andere Behörden ausschließlich zuständig sind.[90] Da das WpHG schon nach bisherigem Recht an vielen Stellen **Spezialermächtigungen** zur Verfügung stellte (zB §§ 15 Abs. 5, 16, 29, 35, 36b, 37f, 37l aF) die einen Rückgriff auf die allgemeine Ermächtigung des § 4 S. 2, 3 sperren,[91] war die praktische Bedeutung der allgemeinen Missstandsaufsicht seit jeher begrenzt. In Betracht kam ein Einschreiten nach S. 2, 3 dann, wenn gegen gesetzlich vorgegebene Richtlinien (etwa die gem. § 35 Abs. 6 aufgestellte Richtlinie zu den Wohlverhaltensregeln der §§ 31ff.) oder gegen von der Anstalt aufgrund dieser Vorschrift erlassene Bekanntmachungen verstoßen wurde,[92] ferner zur Durchsetzung der Meldepflichten nach § 9 (ggf. iVm § 36 Abs. 3 Satz 3) oder der Wohlverhaltensregeln nach §§ 31ff., da diese keine spezielle Ermächtigung zum Erlass von Verwaltungsakten enthielten.[93] Nach der seit dem Inkrafttreten des Anlegerschutzverbesserungsgesetzes geltenden neuen Rechtslage, die in den Absätzen 2ff. nunmehr umfassende Eingriffsbefugnisse enthält und in Absatz 2 Satz 2 sogar ausdrücklich Maßnahmen zur Beseitigung oder Verhinderung von Missständen nach Absatz 1 erlaubt, ist der Anwendungsbereich für Maßnahmen nach Absatz 1 Satz 3 weiter geschrumpft. Im Grunde ist Absatz 1 Satz 3 nach neuem Recht überflüssig – auch

---

[86] Vgl. *Ehlers*, Verwaltung in Privatrechtsform, S. 65; *Schlette*, Verwaltung als Vertragspartner, S. 122.
[87] Vgl. a. *Claussen* DB 1994, S. 973; *Bliesener*, Verhaltenspflichten, S. 125.
[88] Vgl. näher zu der vom Bundesverwaltungsgericht entwickelten Rechtsfigur des intendierten Ermessens *Maurer*, Allgem. Verwaltungsrecht, § 7 Rn. 12; *Beuermann*, Intendiertes Ermessen, 2002; *Borowski* DVBl. 2000, 149ff., jeweils mit zahlr. Nachweisen.
[89] Dazu ausführlich *Hain/Schlette/Schmitz* AöR 122 (1997), 32ff.
[90] So auch *Schäfer/Geibel*, § 4 Rn. 14, 18.
[91] AA *Bliesener*, Verhaltenspflichten, S. 117, in Bezug auf Vorschriften, die Auskunfts- und Prüfungsrechte der Bundesanstalt vorsehen (zB §§ 29, 36), da diese Befugnisse nur aufsichtsrechtliche Hilfsfunktionen (Aufklärung des Sachverhalts) hätten.
[92] So *Schäfer/Geibel*, § 4 Rn. 18, 22. Letzteres gilt allerdings nur, soweit man – entgegen der hier vertretenen Auffassung, s. o. Rn. 13, den Verstoß gegen eine Bekanntmachung als missstandsbegründend ansieht.
[93] So auch *Schäfer/Geibel*, § 9 Rn. 77.

Maßnahmen der allgemeinen Missstandsaufsicht sind nunmehr auf die Generalklausel des Absatzes 2 zu stützen.

Statusverändernde (repressive) Aufsichtsmaßnahmen, wie etwa die Abberufung **31** von Geschäftsleitern oder den Widerruf einer Erlaubnis können aufgrund von § 4 nicht vorgenommen werden, weil hierfür das KWG abschließende Spezialermächtigungen zur Verfügung stellt (§§ 35, 36 KWG). Eine Ausnahme stellt der mit dem 4. Finanzmarktförderungsgesetz eingefügte § 37k über die Aufhebung der Erlaubnis nach § 37i dar. Vor diesem Hintergrund ist es zutreffend, die nach dem WpHG ausgeübte Aufsicht als **primär präventive Kontrolle** zu bezeichnen.[94]

2. Überwachung der Einhaltung der Gebote und Verbote des WpHG (Abs. 2)

Absatz 2 ist durch das Anlegerschutzverbesserungsgesetz eingefügt worden. **32** Satz 1 schafft eine im WpHG bislang nicht enthaltene **zentrale Befugnisnorm**, die bei jedwedem (drohenden) Verstoß gegen eine Verbots- oder Gebotsnorm des WpHG ein Einschreiten ermöglicht. Damit werden die Vorgaben des Art. 12 Abs. 1 S. 1, Abs. 2 e) der Marktmissbrauchsrichtlinie umgesetzt. Die Vorschrift knüpft an die bisherigen bereichsspezifischen allgemeinen Befugnisnormen in § 16 Abs. 1 und § 20 b an und erweitert diese auf alle Regelungsbereiche des WpHG.

Zur **Art** der von der Bundesanstalt zu treffenden Maßnahmen und zum **Er- 33 messensspielraum** s. zunächst grundsätzlich oben Rn. 25 ff.

Satz 2 erlaubt als mögliche Maßnahme ausdrücklich auch die **Untersagung 34 oder die Aussetzung des Handels** mit Finanzinstrumenten, soweit dies zur Durchsetzung der Verbote und Gebote des WpHG geboten ist. Der jetzige Wortlaut von Satz 2 ist auf eine durch Artikel 1 Nr. 4 des Finanzmarkt-Richtlinie-Umsetzungsgesetzes (FRUG) vom 19. 7. 2007[95] erfolgte Änderung zurück zu führen. Vor der Änderung war die Befugnis der Bundesanstalt auf die Verbote nach § 14 (Verbot von Insidergeschäften) und § 20 a (Verbot von Marktmanipulation) sowie die Missstandskontrolle nach Absatz 1 beschränkt. Die Erweiterung auf sämtliche Verbote und Gebote des WpHG, die bereits im Gesetzesentwurf für das Anlegerschutzverbesserungsgesetz vorgesehen,[96] aber letztlich am Widerstand von Bundesrat und Finanzausschuss gescheitert war,[97] erfolgte in Umsetzung der Vorgaben aus Artikel 50 Abs. 2 Buchstabe j und k der Finanzmarktrichtlinie (MiFID).[98] Die Bundesanstalt muss hiernach eine Handelsaussetzung und den Ausschluss eines Finanzinstruments vom Handel auch zur Durchsetzung der Bestimmungen über die Tätigkeit der Wertpapierdienstleistungsunternehmen anordnen können. Darüber hinaus erfolgte die Änderung in Umsetzung der Vorgaben aus Artikel 24 Abs. 4 Buchstabe d) und e) der Richtlinie 2004/109/

---

[94] So auch *Krimphove* JZ 1994, 23, 26.
[95] BGBl. I 2007, 1330 ff.
[96] BT-Drs. 15/3174, S. 7, 30.
[97] Vgl. BR-Drs. 15/3355, S. 1; BT-Drs. 15/3493, S. 50 f.
[98] Richtlinie 2004/39 EG des Europäischen Parlaments und des Rates vom 21. 4. 2004 über Märkte für Finanzinstrumente, zur Änderung der Richtlinien 85/611/EWG und 93/6/EWG des Rates und der Richtlinie 2000/12/EG des Europäischen Parlaments und des Rates und zur Aufhebung der Richtlinie 93/22/EWG des Rates, ABl. L 145 vom 30. 4. 2004, S. 1 ff.

§ 4 35–37　　　　Abschn. 2. Bundesanstalt für Finanzdienstleistungsaufs.

EG.[99] Hiernach muss sich die Befugnis der Bundesanstalt zur Untersagung oder Aussetzung des Handels ebenfalls auf das gesamte WpHG erstrecken.[100] Als für die Marktteilnehmer besonders eingreifende Maßnahme darf auch nach der Gesetzesänderung durch das FRUG das Aussetzen oder Untersagen des Handels aus Gründen der Verhältnismäßigkeit nur ausnahmsweise und nur als ultima ratio angeordnet werden.[101] Absatz 2 Satz 2 lässt vergleichbare Befugnisse anderer Behörden (vgl. § 25 BörsG nF, § 37 Abs. 3 InvestmentG) unberührt. Absatz 2 Satz 2 statuiert eine aus wertpapieraufsichtsrechtlichen Gründen gesondert und parallel zu den Befugnissen der Börsengeschäftsführung bestehende Aufsichtskompetenz.[102]

35 Dazu, **welche konkreten Maßnahmen** neben der Handelsuntersagung oder -aussetzung sowie den in den Absätzen 3 und 4 genannten Ermittlungsmaßnahmen in Betracht kommen, verhält sich Absatz 2 nicht. Die BaFin hat insoweit ein weites Auswahlermessen, das nur durch das Verhältnismäßigkeitsprinzip sowie den allgemeinen Zweck des WpHG (Marktaufsicht) begrenzt. Zwecke der Solvenzaufsicht, die im KWG ihren Niederschlag gefunden haben, dürfen daher auf Absatz 2 nicht gestützt werden. Insbesondere dürfen Maßnahmen, die §§ 35, 36 KWG entsprechen oder nahekommen, wie etwa ein „vorübergehendes Berufsverbot",[103] nicht auf Absatz 2 gestützt werden. Möglich ist aber die Anordnung und Vornahme von **Prüfungen**, wenn Anhaltspunkte für Verstöße gegen das WpHG vorliegen. Anlassunabhängige Prüfungen sind allerdings nur aufgrund der Spezialvorschriften in §§ 35, 36 möglich.

3. Auskunfts- und Unterlagenvorlageverlangen; Ladungen und Vernehmungen (Abs. 3)

36 Die Vorschrift setzt Artikel 12 Abs. 2 Buchstabe a, b und d der Marktmissbrauchsrichtlinie um und berücksichtigt ebenfalls im Vorgriff auf die bereits in der Begründung zu den Absätzen 1 und 2 genannten kommenden europarechtlichen Regelungen.[104] Sie führt die entsprechenden, bislang nur für bestimmte Bereiche bestehenden Befugnisnormen (§ 16 Abs. 2, 3, § 20b Abs. 2, § 29 Abs. 1, § 35 Abs. 1–3 aF) in einer allgemeinen Befugnisnorm zusammen.

a) Auskunftsverlangen

37 **aa) Voraussetzungen, Inhalt und Adressaten.** Das Vorliegen von „Anhaltspunkten" ist die einzige und zugleich durchaus vage tatbestandliche Voraussetzung, die erfüllt sein muss, um der Anstalt die weitreichenden Eingriffsmöglichkeiten nach Absatz 3 zu eröffnen. Gemeint sind Anhaltspunkte für das Vorliegen eines Verstoßes gegen Gebote oder Verbote des WpHG. Das Gesetz selbst konkretisiert

---

[99] Richtlinie 2004/109/EG des Europäischen Parlaments und des Rates vom 15. 12. 2004 zur Harmonisierung der Transparenzanforderungen im Bezug auf Informationen über Emittenten, deren Wertpapiere zum Handel an einem geregelten Markt zugelassen sind, und zur Änderung der Richtlinie 2001/34/EG, ABl. L 390 vom 31. 12. 2004, S. 38 ff.
[100] Gesetzesentwurf der Bundesregierung v. 15. 11. 2006, BT-Drs. 16/4028, S. 60.
[101] BT-Drs. 15/3174, S. 30.
[102] BT-Drs. 15/3174, S. 30.
[103] So *Holzborn/Israel* WM 2004, 1948, 1949.
[104] BT-Drs. 15/3174, S. 30.

diesen unbestimmten Begriff nicht. Es enthält insbesondere keine Aussagen dazu, welcher Art die Hinweise sein müssen, und wie konkret und zahlreich diese sein müssen. Die Gesetzesbegründungen – sowohl zu den früheren Einzelregelungen wie auch zu § 4 Abs. 3 nF selbst – sind unergiebig.[105] Gegen eine allzu großzügige Auslegung spricht, dass an das Vorliegen von „Anhaltspunkten" nicht unerhebliche Eingriffsbefugnisse geknüpft werden. Gegen eine allzu enge Auslegung spricht, dass die besagten Eingriffsbefugnisse gerade dazu dienen sollen, die Sache weiter aufzuklären, und daher auch schon geringe Verdachtsmomente ausreichen müssen. Letztendlich werden die „Anhaltspunkte" kaum anders zu definieren sein als die **„zureichenden tatsächlichen Anhaltspunkte"** (= **Anfangsverdacht**) i. S. **des § 152 Abs. 2 StPO**, die Voraussetzung für die Einleitung strafrechtlicher Ermittlungen sind.[106] Damit reichen bloße, durch nichts belegte Vermutungen nicht aus; vielmehr sind bestimmte tatsächliche Gegebenheiten, die aber auch in Form von entfernten Indizien vorhanden sein können, erforderlich.[107] Davon ging offenbar auch der Gesetzgeber aus, wenn er in der Entwurfsbegründung zum WpHG die „Anhaltspunkte" mit „Hinweisen" und „Tatsachen" umschrieb, „die vermuten lassen, dass ein Verstoß gegen das Verbot von Insidergeschäften vorliegt".[108] Jedenfalls in dieser Auslegung entspricht § 4 Abs. 3 auch dem verfassungsrechtlichen Bestimmtheitsgebot (Art. 20 Abs. 3 GG), welches fordert, Gesetze so exakt zu fassen, wie dies nach der Eigenart der zu ordnenden Lebenssachverhalte und mit Rücksicht auf den Normzweck möglich ist,[109] denn eine exaktere Eingrenzung der tatbestandlichen Voraussetzungen ist, wie auch die Parallelregelung in § 152 Abs. 2 StPO zeigt, nicht möglich.

„Tatsächliche Anhaltspunkte" i. S. des § 4 Abs. 2 können sich – und werden sich idR – aus den **Meldungen nach § 9**[110] **und nach § 15**[111] ergeben. Anhaltspunkte können sich darüberhinaus aber auch aus Hinweisen, Meldungen, Anzeigen oder **sonstigen Informationen** ergeben, die die Bundesanstalt gelegentlich aus der **Bevölkerung** oder von anderen Marktteilnehmern, von den **Handelsüberwachungsstellen, anderen Aufsichtsbehörden** oder **zuständigen Stellen des Auslands** oder unter zulässiger Durchbrechung des Steuergeheimnisses ausnahmsweise auch von den Finanzbehörden (vgl. § 30 Abs. 5 b) AO iVm § 74 c Abs. 1 Nr. 2 GVG) erhält.[112] Die Anstalt wertet ferner öffentlich zugängliche Unternehmensinformationen aus **Börsenblättern** und überregionalen **Tageszeitungen** sowie Nachrichten in **elektronischen Informationsdiensten** aus.[113]

---

[105] Vgl. *Habetha* WM 1996, 2133; BT-Drs. 15/3174, S. 30.
[106] So auch *Rauscher*, Bundesaufsichtsamt, S. 98 ff.; *Habetha* WM 1996, 2133, 2134, 2140; *Carl/Klos* wistra 95, 10, 14.
[107] Vgl. zB *Meyer-Goßner*, StPO, § 152 Rn. 4; *Pfeiffer*, StPO, § 152 Rn. 1 a; *Habetha* WM 1996, 2133.
[108] BT-Drs. 12/6679, 49.
[109] Ständige Rspr. des BVerfG, vgl. zuletzt BVerfGE 87, 234, 263 f.
[110] So auch *Assmann/Schneider/Dreyling*, § 4 Rn. 28, 32; *Schäfer*, § 16 Rn. 4; *Süßmann* WM 1996, S. 937.
[111] *Rauscher*, Bundesaufsichtsamt, S. 142; Jahresbericht BAWe 2001, S. 20.
[112] *Assmann/Schneider/Dreyling*, § 4 Rn. 28, 32; *Carl/Klos* wistra 1995, 10, 14; *Rauscher*, Bundesaufsichtsamt, S. 141. Im Jahre 2000 erhielt das BAWe ca. 250, im Jahre 2001 ca. 300 Hinweise von Anlegern, vgl. Jahresbericht 2001, S. 21.
[113] *Assmann/Schneider/Dreyling*, § 4 Rn. 31; *Rauscher*, Bundesaufsichtsamt, S. 141; *Schäfer*, § 16 Rn. 1.

§ 4 38, 39   Abschn. 2. Bundesanstalt für Finanzdienstleistungsaufs.

Deutliche Kurs- und Umsatzveränderungen kurz vor einer öffentlichen Bekanntgabe von wichtigen Unternehmensinformationen nach § 15 stellen typische Anhaltspunkte für Insidertransaktionen dar, sofern diese Veränderungen nicht anderweitig erklärbar sind.[114] Schließlich wird eine systematische, computergestützte Untersuchung von Kursbildung und Umsatzentwicklung vorgenommen.[115] Alle Wertpapiere unterliegen einer **automatischen Marktüberwachung** durch das System Securities Watch Application (SWAP), das anhand mathematisch-statistischer Verfahren Auffälligkeitskennziffern für bestimmte Parameter im Handel mit Wertpapieren berechnet. Werden bestimmte Schwellenwerte überschritten, erfolgt eine eingehendere Analyse. Im Jahre 2001 hat das BAWe ca. 1000 Analysen durchgeführt.[116]

38 Bei Vorliegen von Anhaltspunkten kann die Bundesanstalt die Erteilung von Auskünften und/oder die Vorlage von Unterlagen bzw. Kopien verlangen (Absatz 3) sowie Grundstücke und Geschäftsräume betreten (Abs. 4). Dieser **Befugniskatalog** geht über die allgemeinen verwaltungsverfahrensrechtlichen Befugnisse zur Sachverhaltsermittlung nach § 26 VwVfG, die im Übrigen nicht selbstständig vollstreckbar sind, weit hinaus. Er erlaubt es der Bundesanstalt, im Einzelfall zu überprüfen, ob etwa zur Verdeckung oder Vorbereitung von Insidertransaktionen Meldungen unterblieben sind, Falsch- oder Scheinmeldungen, unrichtig zusammengefasste Meldungen oder sonstige fehlerhafte Meldungen, zB Rück- oder Vordatierungen, vorgenommen wurden.[117] Vergleichbare Vorschriften existieren im KWG und VAG[118] sowie in weiteren wirtschaftsüberwachenden Gesetzen.[119]

39 Absatz 3 schränkt die Auskunftspflicht gegenständlich nicht ein. Die BaFin kann damit grundsätzlich **Auskunft über alles und jeden** verlangen, „soweit dies ... für die Überwachung der Einhaltung eines Verbots oder Gebots des WpHG erforderlich ist" (Satz 1). Grenzen zieht damit nur das Verhältnismäßigkeitsprinzip.[120] Die aktuelle Rechtslage unterscheidet sich damit von der vor Erlass des Anlegerschutzverbesserungsgesetzes wesentlich, wo etwa die Vorgängervorschrift (§ 16 aF) für den Bereich der Insiderüberwachung die der Auskunftspflicht unterliegenden Tatbestände abschließend enumerativ aufzählte. Erfasst waren lediglich
– Geschäfte in Insiderpapieren für eigene und fremde Rechnung (Abs. 2 S. 1, Abs. 5)
– die Identität der Auftraggeber, der berechtigten und verpflichteten Personen (Abs. 2 S. 3)
– Bestandsveränderungen in Insiderpapieren und weiteren bei der Depotbank geführten Konten (Abs. 2 S. 3, 4)
– Insidertatsachen (Abs. 4 S. 1 iVm § 13 Abs. 1).

---

[114] Entwurfsbegründung, BT-Drs. 12/6679, S. 49; *Süßmann* AG 1997, 63; *Rauscher*, Bundesaufsichtsamt, S. 143 f.; im selben Sinne *Schäfer*, § 16 Rn. 1; *Süßmann* AG 1997, S. 63; *Ransiek* DZWir 1995, S. 53, 55.
[115] Vgl. *Rauscher*, Bundesaufsichtsamt, S. 143 f.
[116] Jahresbericht 2001, S. 21.
[117] BT-Drs. 12/6679, S. 49.
[118] §§ 44 ff. KWG, § 83 VAG.
[119] Z.B. § 52 BImSchG, § 40 Krw-/AbfG, § 21 WHG, § 17 HandwO; § 10 BBSeuchG; § 22 GastG; § 19 Abs. 2 AtG.
[120] S. dazu auch u. d).

Absatz 3 Satz 2 nimmt diesen Katalog nur insoweit auf, als dort beispielhaft („insbesondere") Bestandsveränderungen in Finanzinstrumenten, Auskünfte über die Identität weiterer Personen, insbesondere der Auftraggeber und der aus Geschäften berechtigten oder verpflichteten Personen, genannt werden.

Das ändert nichts daran, dass sich die Auskunftspflicht je nach Fallkonstellation **40** nach wie vor auf Insidertatsachen sowie auf **alle Eigen- und Fremdgeschäfte** in Insiderpapieren beziehen kann. Der Begriff der **„Auskünfte"** ist weit zu verstehen. Die BaFin kann Angaben über alles verlangen, was irgendwie in Zusammenhang mit den genannten Geschäften steht, etwa auch eine nähere Darlegung der Motive von auffälligen Eigengeschäften.[121] Wenn Absatz 3 Satz 2 ausdrücklich klarstellt, dass sich das Auskunftsverlangen auch auf die Angabe der Identität der Auftraggeber und der aus der Transaktion berechtigten und verpflichteten Personen, so wird damit der Sache nichts Geringeres als eine **teilweise Aufhebung des Bankgeheimnisses** verfügt.[122] Aus den Meldungen nach § 9 kennt die Bundesanstalt idR alle wesentlichen Merkmale der abgeschlossenen Geschäfte, bis auf die genaue Identität der Auftraggeber; nur aufgrund Absatz 3 Satz 2 kann die Bundesanstalt auch insoweit nähere Angaben verlangen.[123] Die „berechtigten und verpflichteten Personen" sind neben den „Auftraggebern" besonders genannt, um klarzustellen, dass die Identität der Kunden auch dann erfragt werden kann, wenn eine Vermögensverwaltungsstelle eingeschaltet ist, die formal als „Auftraggeber" auftritt. So können auch die Personen ermittelt werden, die tatsächlich hinter den getätigten Geschäften stehen.[124]

Zu den Auskünften über Bestandsveränderungen gehören Mitteilungen über **41** **Käufe und Verkäufe und sonstige Depotüberträge;** außerdem über **Anfangs- und Endbestand,** weil nur so eine Beurteilung der Depotbestandsveränderungen möglich ist.[125] Hinsichtlich der Bestandsveränderungen wurden die bisher bestehenden Restriktionen (vgl. § 16 Abs. 2 S. 3, 4 aF) aufgehoben, so dass nunmehr grundsätzlich Auskünfte über sämtliche Bestandsveränderungen verlangt werden können. Damit darf die Bundesanstalt im Grundsatz nunmehr einen vollständigen Depotauszug des verdächtigen Kunden verlangen,[126] ebenso – wie schon bisher (vgl. § 16 Abs. 2 Satz 4 aF) Auskünfte über den Zeitpunkt der Depoteröffnung und zur Verfügung über das Depot Bevollmächtigte, sowie über das dazugehörige Geldkonto. Letzteres kann weitere Anhaltspunkte für Insidergeschäfte ergeben, zB wenn in engem zeitlichem Zusammenhang mit dem untersuchten Sachverhalt hohe Zahlungsein- oder -ausgänge verbucht sind.[127] Der Eröffnungstermin kann ein Indiz für das Vorliegen eines Insidergeschäfts geben, wenn zB das Depot erst kurz vor der verdächtigen Transaktion eröffnet wurde; durch die Angaben über die weiteren Verfügungsberechtigten können

---

[121] *Süßmann* AG 1997, 64.
[122] So auch *Carl/Klos* wistra 1995, 10, 14, zu § 16 aF. Zur verfassungsrechtlichen Problematik s. u. Rn. 40.
[123] *Dieselben* Kompetenzen haben seit dem 3. Finanzmarktförderungsgesetz auch die landesrechtlichen Börsenaufsichtsbehörden bei Vorliegen von Anhaltspunkten einer Verletzung von börsenrechtlichen Vorschriften oder sonstigen Missständen, vgl. § 2 Abs. 1 Satz 3 BörsG.
[124] Vgl. *Süßmann* AG 1997, 63 f.; *Rauscher*, Bundesaufsichtsamt, S. 91.
[125] Vgl. *Assmann/Schneider/Dreyling*, § 4 Rn. 35; BT-Drs. 14/8017, S. 88.
[126] Dies fordernd bereits *Rauscher*, Bundesaufsichtsamt, S. 154.
[127] BT-Drs. 14/8017, S. 88.

§ 4 42, 43   Abschn. 2. Bundesanstalt für Finanzdienstleistungsaufs.

Verbindungen zu weiteren Personen, die möglicherweise Kenntnis von Insidertatsachen haben, gezogen werden und ein umfassender Abgleich der Geschäfte durchgeführt werden.[128] Einschränkungen können sich aber je nach Fallumständen aus dem Verhältnismäßigkeitsgrundsatz ergeben.

42 Hinsichtlich **Insidertatsachen** sind Informationen darüber, zu welchem Zeitpunkt die Insidertatsache unternehmensintern bekanntgeworden ist, von besonderer Bedeutung. Aufgrund dessen kann nämlich der Zeitraum bestimmt werden, innerhalb dessen es zum Abschluss von Insidergeschäften gekommen sein kann.[129] Insidertatsache in diesem Sinne kann auch ein **Gerücht (über Tatsachen)** sein, so dass der Empfänger einer solchen gerüchteweisen Information einem Auskunftsanspruch der Anstalt ausgesetzt ist.[130] Das lässt sich damit begründen, dass die Situation, dass die fragliche Mitteilung noch vage und unbestimmt ist und sich schwer verifizieren lässt, bei Insidertatsachen, die eben nicht öffentlich bekannte Tatsachen sind (§ 13 Abs. 1 WpHG), regelmäßig vorliegen wird.[131] Gegenbegriff zur „Tatsache" i. S. des § 13 ist daher nicht das Gerücht, sondern das Werturteil/die Meinungsäußerung.[132] Das „Gerücht" kann Tatsachen wie Werturteile zum Gegenstand haben; die Kennzeichnung als Gerücht besagt nur, dass unklar ist, ob die fragliche Tatsache oder Meinung tatsächlich vorhanden ist. Die **Auskunftspflicht „über Insidertatsachen"** ist nicht in der Weise eng zu verstehen, dass die Tatsache zur Vornahme eines verbotenen Insidergeschäfts genutzt oder dass sie zu diesem Zweck weitergegeben worden ist. Vielmehr sind alle Tatsachen mitzuteilen, die potentiell zum Abschluss von Insidergeschäften genutzt werden können, unabhängig davon, ob dies auch geschehen und/oder bezweckt ist.[133]

43 Ebenfalls anders als die früheren bereichsspezifischen Befugnisnormen (§ 16 Abs. 2, 3, § 20b Abs. 2, § 29 Abs. 1, § 35 Abs. 1–3 aF) verzichtet § 4 Abs. 3 auf eine präzise, abschließende Aufzählung der **möglichen Adressaten** eines Auskunftsverlangens, sondern regelt ausdrücklich, dass als Adressat „**jedermann**" in Betracht kommt. Das können zB sein:
– Wertpapierdienstleistungsunternehmen, allerdings – Umkehrschluss aus § 35 Abs. 2 – nur inländische, nicht dagegen – wie nach bisheriger Rechtslage (§ 16 Abs. 2 S 2 aF) auch ausländische, am inländischen Börsenhandel zugelassene Unternehmen,
– mit Wertpapierdienstleistungsunternehmen verbundene Unternehmen (vgl. § 35 Abs. 1 S. 1),
– börsennotierte Gesellschaften i. S. des § 21 Abs. 2 (vgl. § 16 Abs. 4, § 29 Abs. 1 aF),
– Geschäftsinhaber, Geschäftsführer, Angestellte (vgl. § 35 Abs. 1 Satz 1 iVm § 32 Abs. 2),
– aktuelle und frühere, inländische wie ausländische Aktionäre der börsennotierten Gesellschaft (vgl. § 29 Abs. 1 aF),[134]

---

[128] BT-Drs. 14/8017, S. 88.
[129] *Rauscher*, Bundesaufsichtsamt, S. 137.
[130] VGH Kassel DB 1998, 1955; VG Frankfurt a. M. NJW-RR 1998, 625.
[131] VGH Kassel DB 1998, 1955 f.; VG Frankfurt a. M. NJW-RR 1998, 625.
[132] *VGH Kassel* DB 1998, 1955 f.; VG Frankfurt a. M. NJW-RR 1998, 625.
[133] VG Frankfurt a. M. NJW-RR 1998, 625.
[134] Vgl. zu den ausländischen Unternehmen a. *Schäfer*, § 16 Rn. 6.

Aufgaben 44–47 § 4

- Wertpapiersammelbanken, auch wenn diese keine Wertpapier(neben)dienstleistungen erbringen (vgl. § 29 Abs. 1 aF),[135]
- der Insolvenzverwalter eines (Wertpapierdienstleistungs-)Unternehmens,[136]
- Personen, die über Insiderinformationen i. S. des § 13 verfügen,
- Auftraggeber und Berechtigte und Verpflichtete von Wertpapierdienstleistungen,
- dritte Personen und Unternehmen.

Wem gegenüber das Auskunftsverlangen im konkreten Fall geltend zu machen ist, richtet sich nach den jeweiligen Fallumständen und steht im Ermessen der Bundesanstalt.

Es liegt in der Natur der Sache, dass in diesen **weitgezogenen Kreis der Auskunftspflichtigen** auch Personen oder Unternehmen enthalten sind, die im verdächtigen Zeitraum nur zufällig Geschäfte geschlossen haben. Diese **Einbeziehung Unbeteiligter** in die Ermittlungen ist unvermeidlich, weil es zunächst, etwa wenn auffällige Kursbewegungen festgestellt wurden, immer eine Fülle von möglichen Tatverdächtigen gibt. Sie ist wegen der moderaten Eingriffstiefe (Auskunft, Aktenvorlage) auch verfassungsrechtlich unbedenklich.[137] 44

Soweit ein Unternehmen/eine juristische Person in der Pflicht ist, hängt es von dessen innerer Organisation ab, welcher konkrete Bedienstete die Auskunft erteilt bzw. die Unterlagen vorlegt. Grundsätzlich sind **alle Personen, die Außenvertretungsmacht besitzen** (die Geschäftsführer einer GmbH; der Vorstand einer AG, die vertretungsberechtigten Gesellschafter einer OHG und KG), berechtigt und verpflichtet, Auskunft zu erteilen und Unterlagen vorzulegen.[138] 45

bb) Form und Modalitäten des Auskunftsverlangens und der Auskünfte. Die Pflicht zur Auskunftserteilung besteht nicht ex lege, sondern gelangt erst durch ein entsprechendes **Auskunftsverlangen** zur Entstehung. Zu Form, Inhalt und Modalitäten von Auskunftsverlangen und daraufhin erteilter Auskunft enthält § 4 Abs. 3 keine näheren Vorgaben, so dass insoweit die allgemeinen verwaltungsverfahrensrechtlichen Regeln zur Anwendung gelangen. 46

Das Auskunftsverlangen wird in der Regel **schriftlich** erfolgen. Zulässig wäre aber auch eine (fern-)mündliche Aufforderung (vgl. § 37 Abs. 2 VwVfG). Aus Beweisgründen und wegen der verlängerten Rechtsbehelfsfristen wird ein solches Vorgehen nur selten sinnvoll sein, etwa wenn es lediglich um eine kurze Nachfrage geht oder in Eilfällen. Aus § 37 Abs. 1 VwVfG folgt, dass das Auskunftsverlangen **hinreichend bestimmt** sein muss, d. h. dass es sich in Form 47

---

[135] Etwa weil diese als Zentralverwahrer tätig sind. In der Praxis sind die Wertpapiere der Anleger in Girosammelverwahrung bei Clearstream Banking AG verwahrt. Dann können direkt bei dieser Überprüfungen vorgenommen werden; eine umfangreiche Recherche bei allen in Betracht kommenden Wertpapierdienstleistungsunternehmen wird damit entbehrlich, vgl. BT-Drs. 14/8017, S. 91.
[136] VG Frankfurt a. M., Beschl. v. 4. 4. 2003, 9 G 5631/02, Juris; VG Frankfurt a. M. ZIP 2004, 469.
[137] So im Erg. auch *Ransiek* DZWir 1995, S. 53 ff., 55.
[138] So auch *Rauscher*, Bundesaufsichtsamt, S. 92. Weitergehend § 44 Abs. 1 KWG, wonach darüber hinaus die Mitglieder der Organe (also bei einer AG auch Aufsichtsrat und Gesellschafterversammlung) in der Pflicht sind.

konkreter Fragen auf sachlich und zeitlich näher bezeichnete Vorgänge beziehen muss. Soll Auskunft über Geschäfte in Insiderpapieren erteilt werden, sind Art der Papiere und Geschäftspartner zu bezeichnen; soweit eine nähere Spezifizierung nicht möglich ist, weil der BaFin gerade derartige Informationen noch nicht vorliegen, sind die Geschäfte zumindest hinsichtlich des abgefragten Zeitraums näher einzugrenzen.

48 In dem Begehren, Auskunft zu erteilen, wird in der Regel ein **(belastender) Verwaltungsakt** gem. § 35 S. 1 VwVfG zu sehen sein.[139] Die erforderliche rechtliche Regelung liegt darin, dass für den Adressaten eine zwangsweise durchsetzbare Rechtspflicht, eben zur Auskunftserteilung, begründet wird. Neben einem solchen förmlichen Auskunftsersuchen ist auch eine unverbindliche Bitte um Auskunftserteilung („informelles" oder „schlicht-hoheitliches" Verwaltungshandeln) denkbar, die freilich u. a. den Nachteil mangelnder Vollstreckbarkeit hat und daher nur ausnahmsweise anzunehmen ist.[140] Vor Erlass des Auskunft begehrenden Verwaltungsakt dürfte eine **Anhörung** gem. § 28 Abs. 1 VwVfG entbehrlich sein. Unabhängig von der Frage, ob ein Auskunfts- oder Aktenvorlageverlangen überhaupt i. S. des § 28 Abs. 1 VwVfG „in die Rechte eines Beteiligten eingreift",[141] wird regelmäßig ein Ausnahmetatbestand nach § 28 Abs. 2 VwVfG (Nr. 1, 2 oder ein sonstiges Nicht-Geboten-Sein) vorliegen, weil bei der Verfolgung von Insiderdelikten schnell gehandelt werden muss und die vorherige Gelegenheit zur Anhörung zudem Gelegenheit gäbe, ggf. Spuren zu verwischen. Davon abgesehen kann eine Verletzung des § 28 VwVfG bis zum Abschluss des verwaltungsgerichtlichen Verfahrens geheilt werden, § 45 Abs. 1 Nr. 3, Abs. 2 VwVfG.

49 Da das Gesetz insoweit keine Vorgaben enthält, sind die Auskünfte nach Wahl der Bundesanstalt **mündlich, fernmündlich oder schriftlich** zu erteilen,[142] wobei es in der Regel tunlich sein wird, schriftliche Auskünfte einzuholen. Enthält das Auskunftsverlangen insoweit keine Präzisierung, steht die Form der Auskunftserteilung im Belieben des Auskunftspflichtigen.

50 § 4 Abs. 3 lässt auch offen, innerhalb welcher Zeitspanne die In-Anspruch-Genommenen ihrer Auskunftspflicht – und ggf. zusätzlich der Pflicht zur Vorlage von Unterlagen – zu genügen haben. Wenn die entsprechende Verfügung der BaFin insoweit keine Fristsetzung enthält, dürfte die Auskunft **unverzüglich,** d. h. ohne schuldhaftes Zögern (§ 121 Abs. 1 S. 1 BGB) zu erteilen sein.[143] Damit steht den Pflichtigen eine angemessene Frist zu Überlegung und Recherche zur Verfügung, deren genaue Länge sich nach den Umständen des Einzelfalls, insbesondere nach dem zu erwartenden Umfang der Auskunft sowie danach richtet, ob die Informationsbeschaffung und -sammlung voraussichtlich aufwendig ist oder nicht. Dass die erteilten Auskünfte darüber hinaus **vollständig und**

---

[139] Vgl. etwa *Carl/Klos* wistra 1995, 10, 15; *Landmann/Rohmer/Hansmann,* Umweltrecht, § 52 BImSchG Rn. 48; GK-BImSchG-*Lechelt,* Stand Sept. 2000, § 52 Rn. 142.

[140] AA *Kunig/Paetow/Versteyl,* KrW-/AbfG, 1998, § 40 Rn. 17: Die Aufforderung, Auskunft zu erteilen, sei zunächst stets schlicht-hoheitliches Handeln. Erst wenn sich der Verpflichtete weigere, bedürfe es einer Konkretisierung der Mitwirkungspflicht durch förmlichen Verwaltungsakt.

[141] Verbreitet wird dies nur dann angenommen, wenn eine Begünstigung entzogen wird, vgl. *Stelkens/Bonk/Kallerhoff,* VwVfG, § 28 Rn. 26, mit zahlr. w. Nachw.

[142] So, zur Parallelvorschrift des § 83 VAG, auch: *Prölss/Kollhosser,*VAG, § 83 Rn. 3.

[143] So auch *Rauscher,* Bundesaufsichtsamt, S. 92.

zutreffend sein müssen, versteht sich von selbst. Sind komplexe und/oder umfangreiche Auskünfte angefordert, beinhaltet die Auskunftspflicht, dass die entsprechenden Informationen **in geordneter und übersichtlicher Form** (Zusammenstellung in Listen, zusammenfassende Berichte u. dergl.) eingereicht werden.[144] Die Auskünfte sind **in deutscher Sprache** zu erteilen (§ 23 Abs. 1 VwVfG), was vor allem in Bezug auf ausländische Unternehmen (Abs. 1 S. 2) und ausländische Insider und Anleger (Abs. 4, 5) Bedeutung erlangen kann. Werden Auskünfte in einer fremden Sprache eingereicht, ist nach § 23 Abs. 2 VwVfG zu verfahren, d. h. es ist eine Übersetzung zu verlangen, und wenn diese nicht unverzüglich eingereicht wird, kann die BaFin auf Kosten des Betroffenen selbst eine Übersetzung beschaffen.

Die Ausübung der eingeräumten Befugnisse steht im **Ermessen** („kann") der BaFin; es besteht keine Pflicht zum Tätigwerden. Stellt sich nach Eingang der Informationen und Unterlagen heraus, dass diese für die Aufsichtstätigkeit der Anstalt unergiebig sind und/oder dass keine Verstöße gegen §§ 21 ff. vorliegen, so ändert dies an der Rechtmäßigkeit der Maßnahme nichts. Wie auch sonst im allgemeinen Polizei- und Ordnungsrecht[145] ist die Rechtmäßigkeit ausschließlich anhand einer ex ante-Betrachtung zu beurteilen. **51**

Soweit die jeweilige Anordnung vollziehbar ist, kann sie mit **Zwangsmitteln** durchgesetzt werden.[146] Die Zuwiderhandlung gegen eine vollziehbare Anordnung des Amtes gem. § 29 Abs. 1 stellt eine **Ordnungswidrigkeit** dar, § 39 Abs. 2 Nr. 1. **52**

cc) Grenzen der Auskunftspflicht, insbes. Auskunftsverweigerungsrecht (Abs. 3 Satz 3, Abs. 9); Schweigepflichten (Abs. 8). Abs. 8 ersetzt die bisherigen § 16 Abs. 8, § 20 b Abs. 5. Das Schweigegebot erfasst den entsprechenden Adressat der Ermittlungsmaßnahme. Die Weitergabe von Informationen innerhalb eines von einer Maßnahme betroffenen Unternehmens, wie etwa die Benachrichtigung der sogenannten „Compliance-Stelle" über eine entsprechende Maßnahme der Bundesanstalt, wird von der Vorschrift nicht umfasst, sofern das Unternehmen selbst der Adressat der Maßnahme ist, was in der Praxis den Regelfall bildet.[147] **53**

Gem. Absatz 8 dürfen die nach Absatz 2 S. 1 zur Auskunft Verpflichteten die Auftraggeber oder die berechtigten oder verpflichteten Personen von einem Auskunftsverlangen der Bundesanstalt und einem daraufhin eingeleiteten Ermittlungsverfahren nicht in Kenntnis setzen. Die mit dem Richtlinienumsetzungsgesetz mit Wirkung zum 1. Januar 1998 (in § 16 Abs. 8 aF) eingefügte Vorschrift, deren Missachtung gem. § 39 Abs. 1 Nr. 6 bußgeldbewehrt ist, entspricht § 11 Abs. 3 des Geldwäschegesetzes und soll **verhindern, dass einerseits potentielle Insider gewarnt (Gefahr der Verdunkelung), andererseits redliche Kunden verunsichert** werden. In der Vergangenheit hatte insoweit Streit zwischen den Kreditinstituten und dem BAWe geherrscht. Die Kreditinstitute hatten sich wegen der allgemeinen bankvertraglichen Treuepflicht für berechtigt, wenn nicht gar verpflichtet gesehen, ihre Kunden über Auskunftsverlangen zu infor- **54**

---

[144] GK-BImSchG-*Lechelt*, aaO Rn. 154.
[145] Vgl. exemplarisch *Schmidt-Aßmann/Friauf*, Bes. Verwaltungsrecht, 2. Abschn. Rn. 50 ff.
[146] Einzelheiten s. u. Rn. 103 ff.
[147] BT-Drs. 15/3174, S. 30.

§ 4 55–57 Abschn. 2. Bundesanstalt für Finanzdienstleistungsaufs.

mieren, während das Bundesaufsichtsamt (Schreiben vom 19. Oktober 1995) dieses Vorgehen für unzulässig gehalten hatte.[148] Abs. 8 verstößt nicht gegen das Grundrecht auf informationelle Selbstbestimmung.[149] Die in § 16 Abs. 8 noch enthaltene rechtspolitisch fragwürdige Beschränkung auf inländische Unternehmen[150] ist in § 4 Abs. 8 nicht mehr enthalten; hiernach ist jeder Adressat von Maßnahmen nach den Absätzen 2 bis 4 zur Verschwiegenheit verpflichtet.

55 Die Grenzen der Auskunftspflicht sind in **Absatz 9** festgelegt, der § 384 Ziff. 2 ZPO und § 44 KWG nachgebildet ist und ein **Auskunftsverweigerungsrecht** bei solchen Fragen festlegt, durch die der Aussageverpflichtete selbst oder Angehörige von ihm der Gefahr einer Strafverfolgung oder der Verfolgung wegen einer Ordnungswidrigkeit ausgesetzt würden. Die Vorschrift ersetzt den bisherigen § 16 Abs. 6 und ergänzt die Vorschrift auf die nach § 136 Abs. 1 StPO erforderliche Belehrung im Hinblick auf die Freiheit des Beschuldigten, einen Rechtsanwalt hinzuziehen. Welche Art von Sanktionierung in welcher Höhe droht, ist unerheblich; es werden **sämtliche Straftat- und Ordnungswidrigkeitentatbestände innerhalb und außerhalb des WpHG** erfasst. Wenn ein Auskunftsverweigerungsrecht nach Abs. 9 besteht, sind davon nur die konkreten Angaben gedeckt, die die Gefahr der Verfolgung begründen. Die Auskunft kann **nicht generell verweigert** werden; „unbedenkliche" Auskünfte sind zu erteilen.[151]

56 In § 383 Abs. 1 Nr. 1–3 ZPO, auf den Absatz 9 insoweit verweist, werden als **Angehörige** genannt der Verlobte, der Ehegatte, auch nach Auflösung der Ehe, sowie diejenigen, die mit dem Betroffenen in gerader Linie verwandt oder verschwägert, in der Seitenlinie bis zum dritten Grad verwandt oder bis zum zweiten Grad verschwägert sind oder waren. Damit sind gem. § 1589 f. BGB folgende Verwandte und Verschwägerte erfasst:[152]
– Verwandte in gerader Linie unbeschränkt, d. h. Eltern, Großeltern, usw.; Kinder (auch nichteheliche), Großkinder, usw.
– Verschwägerte in gerader Linie ebenfalls unabhängig vom Grad, d. h. Schwiegereltern, – Großeltern usw., Schwiegersohn, -tochter, Ehefrau zum nichtehelichen Kind ihres Ehemanns und umgekehrt.
– Verwandte in der Seitenlinie bis zum dritten Grad, also Bruder, Schwester, Onkel, Tante, Nichte und Neffe.
– Verschwägerte in der Seitenlinie bis zum zweiten Grad, also Geschwister des Ehegatten und Ehegatten der Geschwister.

57 Mit dem Auskunftsverweigerungsrecht will der Gesetzgeber dem rechtsstaatlichen Gedanken der **Unzumutbarkeit der Selbstanzeige** Rechnung tragen,[153] der eng mit dem grundlegenden strafprozessualen Recht des Beschuldigten, zum Tatvorwurf zu schweigen und sich nicht selbst belasten zu müssen (nemo tenetur

---

[148] *Assmann/Schneider/Dreyling*, § 16 Rn. 34; *Schäfer*, § 16 Rn. 14.
[149] VG Frankfurt am Main, Urt. v. 23. 3. 1999, 9 E 887/98, zit. bei *Kümpel*, Bank- und Kapitalmarktrecht, Rn. 18.98.
[150] Diese hatte zur Folge, dass bei verdächtigen Geschäften, die über ein ausländisches Unternehmen liefen, keine Schweigepflicht bestand, so auch der Hinweis von *Schäfer*, § 16 Rn. 14.
[151] Vgl. *Jarass/Donner/Röckseisen*, KrW-/AbfG, Bd. III, Loseblatt, Stand September 2001, § 40 Rn. 234.
[152] Vgl. etwa *Musielak/Huber*, ZPO, § 383 Rn. 3.
[153] BT-Drs. 13/8933, S. 94.

se ipsum accusare),[154] zusammenhängt. Da nur natürliche Personen bestraft werden können, gilt Absatz 6 nicht für juristische Personen. Hieran ändert auch § 30 Abs. 1 OWiG nichts, der unter bestimmten Voraussetzungen die Verhängung einer Geldbuße gegenüber einer juristischen Person erlaubt. Unternehmen können sich auf Absatz 6 folglich nicht berufen – wohl aber der einzelne Unternehmensvertreter, der nach der unternehmensinternen Aufgabenverteilung dem Auskunftsverlangen nachzukommen hätte.[155] Gibt es daneben aber noch weitere auskunftspflichtige Unternehmensvertreter, in deren Person kein Schweigerecht besteht, und die die Auskunft ohne Beteiligung des zur Auskunftsverweigerung berechtigten Vertreters erteilten könnten, so müssen diese die angeforderten Angaben machen.[156]

Die **„Gefahr"** einer Strafverfolgung oder einer Verfolgung wegen einer Ordnungswidrigkeit besteht dann, wenn der Auskunftspflichtige aufgrund einer – zutreffenden – Parallelwertung in der Laiensphäre davon ausgeht, dass bei wahrheitsgemäßer Auskunftsverteilung die ernsthafte Möglichkeit eines Straf- oder Bußgeldverfahrens besteht.[157] Dabei gehen **Irrtümer** zu seinen Lasten. Wenn der Betroffene also zu Unrecht meint, durch die Auskunft einen Straf- oder Ordnungswidrigkeitstatbestand aufzudecken, so bleibt die Auskunftspflicht bestehen. Wenn er umgekehrt fälschlich der Auffassung war, die mitgeteilten Tatsachen begründeten keine Gefahr der Strafverfolgung oder Verfolgung wegen einer Ordnungswidrigkeit, hindert dies die Verwertung dieser Tatsachen nicht.[158] 58

Wenn sich der Auskunftspflichtige auf Absatz 9 beruft, hat die Bundesanstalt zu **prüfen,** ob ein Auskunftsverweigerungsrecht tatsächlich vorliegt. Ist dies der Fall, bleibt ihr nichts anderes übrig, als sich die benötigten Informationen auf andere Art und Weise (etwa durch ein an andere Adressaten gerichtetes Auskunftsverlangen) zu beschaffen. Hält die BaFin die Auskunftsverweigerung für unberechtigt, wird sie den entsprechenden Verwaltungsakt mit Zwangsmitteln durchsetzen und ggf. ein Bußgeldverfahren einleiten (s. unten Rn. 60 ff.). 59

Absatz 9 gilt seinem Wortlaut nach nur in Bezug auf ein Auskunftsverlangen, nicht für die weiteren Befugnisse der Anstalt (Absätze 3, 4: Unterlagenvorlage, Betretensrecht). Aus dem Schutzzweck des Absatz 9 und aus dem Wortlaut des Absatz 3, wonach Auskunftspflicht und Pflicht zur Vorlage von Unterlagen gleichgestellt sind, muss jedoch gefolgert werden, dass **auch die Vorlagepflicht durch Absatz 9 begrenzt** wird. Etwas anderes mag für das Betretensrecht gelten, weil allein durch dessen Ausübung schwerlich ein Konflikt mit dem Selbstbelastungsverbot entstehen kann.[159] 60

Mangels einer § 383 Abs. 1 Ziff. 4–6 ZPO entsprechenden Vorschrift schienen jedenfalls nach bisheriger Rechtslage (§ 16 aF) **Geistliche, Presseleute** 61

---

[154] Vgl. hierzu ausführlich, gerade auch im Hinblick auf verwaltungsrechtliche Auskunftspflichten, *Bärlein/Pananis/Rehmsmeier* NJW 2002, 1825 ff.; *Habetha* WM 1996, 2133, 2137 f.; s. ferner EGMR NJW 2002, 499, 501; VG Berlin NJW 1988, 1105, 1107.
[155] *Rauscher,* Bundesaufsichtsamt, S. 140.
[156] *Rauscher,* Bundesaufsichtsamt, S. 140.
[157] *Landmann/Rohmer/Hansmann,* § 52 BImSchG Rn. 54; *Jarass/Donner/Röckseisen,* KrW-/AbfG, Bd. III, Loseblatt, Stand September 2001, § 40 Rn. 232 f.
[158] GK-BImSchG-*Lechelt,* Stand Mai 2002 § 52 Rn. 169 f.
[159] Im Erg. ebenso *Rauscher,* Bundesaufsichtsamt, S. 140; sowie *Raschauer/Kleinhans,* KWG, § 44 Rn. 12 (zur ähnlichen Vorschrift des § 44 Abs. 6 KWG).

sowie **Rechtsanwälte, Wirtschaftsprüfer und Steuerberater** im Hinblick auf Berufsgeheimnisse von der Auskunftspflicht nicht befreit zu sein. Die entsprechenden Vorschriften über die Berufsverschwiegenheit (§§ 43a Abs. 2 BRAO, 43 Abs. 1 WPO, 57 Abs. 1 StBerG, 323 Abs. 1 HGB etc.) wurden aus diesem Blickwinkel durch die Ausnahmevorschrift des § 16 Abs. 4 aF eingeschränkt.[160] Bei genauer Betrachtung sprach demgegenüber schon nach bisherigem Recht viel für ein Auskunftsverweigerungsrecht dieser Berufsangehörigen, welches aus der entsprechenden Anwendung des § 53 StPO zu gewinnen war: Im Strafverfahren besteht in jedem Fall ein Zeugnisverweigerungsrecht nach § 53 Abs. 1 Nr. 3 StPO, und zwar bereits im staatsanwaltschaftlichen Ermittlungsverfahren, § 161a Abs. 1 S. 2 StPO.[161] Das dürfte zwar eine Verlesung der Bekundungen, die in den Akten der BaFin festgehalten sind, in der Hauptverhandlung nicht ausschließen; § 252 StPO ist insoweit nicht einschlägig.[162] Es erschiene aber ungereimt, dass der BaFin Auskünfte erteilt werden müssen, die man der Staatsanwaltschaft gegenüber verweigern darf – gerade auch vor dem Hintergrund der Tatsache, dass es vom Zufall abhängen kann, in welchem Umfang und ob überhaupt die BaFin in die Ermittlungen zur Verfolgung einer Insider-Straftat eingeschaltet wird. Die Auskunftsrechte einer Behörde (der BaFin) im Vorfeld strafrechtlicher Verfolgung können nicht stärker sein als die Eingriffsbefugnisse in einem anschließenden Ermittlungs- oder Strafverfahren.[163] Hinzu kommt, dass das BVerfG die umfassende Verschwiegenheitspflicht als eine Grundpflicht des Rechtsanwalts bezeichnet hat, die für eine funktionsfähige Rechtspflege unverzichtbar ist.[164] Außerdem sind berufsbedingte Zeugnisverweigerungsrechte in allen gerichtlichen und Verwaltungs-Verfahrensordnungen statuiert (§§ 53 Abs. 1 Nr. 3 StPO, 383 Abs. 1 Nr. 6 ZPO, ggf. iVm § 98 VwGO, §§ 26, 65 VwVfG; §§ 102 Abs. 1 Nr. 3 AO, 84 Abs. 1 FGO). Die Aufsichtstätigkeit der BaFin weicht von diesen Verfahren nicht derart ab, dass entsprechende Rechte dort nicht gelten dürften. Auch deshalb ließ sich durchaus annehmen, dass § 16 Abs. 6 a. F. (jetzt: Absatz 9) insoweit unvollständig war und damit die für eine Analogie zu § 53 StPO erforderliche Regelungslücke vorlag. Insbesondere sprach nichts dafür, dass der Gesetzgeber in § 16 Abs. 6 aF die Grenzen des Auskunftsverweigerungsrechts in Kenntnis der Problematik für die genannten Berufsgruppen abschließend regeln wollte.[165] Die Gesetzesbegründung äußerte sich zu diesem Punkt nicht, so dass durchaus davon ausgegangen werden konnte, dass der Gesetzgeber beim Erlass des § 44 KWG nachgebildeten § 16 Abs. 6 schlicht übersehen hatte, dass § 16 a. F. (jetzt: § 4) in größerem Maße als § 44 KWG der Berufsverschwiegenheit unterliegende Personen erfassen würde.[166] Zu berücksichtigen ist ferner, dass § 43a Abs. 2 BRAO (über die Berufsverschwiegenheit) zeitlich nach § 16 WpHG erlassen worden ist,[167] so dass auch deshalb § 16 Abs. 6

---

[160] So im Erg. *Assmann/Schneider/Dreyling*, § 16 Rn. 31. aA *Wirth* BB 1996, 1725 f.; unentschieden *Schäfer*, § 16 Rn. 12.
[161] So auch der Hinweis von *Wirth* BB 1996, S. 1726.
[162] *Wirth* BB 1996, S. 1726.
[163] *Wirth* BB 1996, S. 1726.
[164] Vgl. BVerfGE 76, 171, 189.
[165] So aber VG Frankfurt a. M. NJW-RR 1998, 626.
[166] So überzeugend *Wirth* BB 1996, S. 1726.
[167] Vgl. *Wirth* BB 1996, S. 1726.

aF die Verschwiegenheitspflicht nach BRAO schwerlich einschränken konnte. Aufgrund all dieser Erwägungen vermochte die allgemeine ratio des § 16 aF – wirksame Insiderverfolgung und damit möglichst geringe Beschränkung der Eingriffsbefugnisse der BaFin – , keine andere Beurteilung zu rechtfertigen. **Absatz 3 Satz 3**, wonach gesetzliche Auskunfts- oder Aussageverweigerungsrechte sowie gesetzliche Verschwiegenheitspflichten unberührt bleiben, stellt in diesem Sinne nunmehr ausdrücklich klar, dass gesetzliche Geheimnisträger nicht auskunftspflichtig sind. Das gewohnheitsrechtlich anerkannte und gesetzlich allenfalls stillschweigend als existent vorausgesetzte Bankgeheimnis unterfällt Absatz 3 Satz 3 aber nicht.[168]

Absatz 9 Satz 2 statuiert wie § 383 Abs. 2 ZPO eine **Belehrungspflicht**. **62** Diese hat stets und unabhängig von eventuellen juristischen Kenntnissen des Auskunftspflichtigen über Existenz und Inhalt des Auskunftsverweigerungsrechts zu erfolgen.[169] Form und genauer Inhalt der Belehrung werden vom Gesetz nicht im einzelnen vorgegeben. Sinnvollerweise sollte sich die Belehrung eng am Wortlaut des Satzes 1 orientieren und standardmäßig in jeden Bescheid aufgenommen werden, mit dem die BaFin ein Auskunftsverlangen geltend macht. Ist die erforderliche Belehrung unterblieben, dürfen die eingeholten Auskünfte nicht verwertet werden.[170]

Zu beachten ist auch **Absatz 10,** der eine strenge **Zweckbindung** der erho- **63** benen Daten festlegt.

Weitere, insbesondere umfangmäßige Einschränkungen für die zu erteilenden **64** Auskünfte enthält Absatz 3 nicht, so dass die BaFin grundsätzlich auch sachlich und zeitlich sehr umfangreiche Auskünfte verlangen kann. Grenzen zieht auch insoweit nur das allgemeine verfassungsrechtliche **Verhältnismäßigkeitsprinzip,**[171] das angesichts des hohen öffentlichen Interesses an einer wirksamen Bekämpfung des Insiderhandels und angesichts des Umstandes, dass Alternativen zu einem Vorgehen nach § 16 selten vorhanden sein werden, nur in Ausnahmefällen Sperrwirkung entfalten dürfte.

dd) Verfassungsrechtliche Problematik. In der Auskunftspflicht wie auch **65** in der Vorlagepflicht liegt ein substantieller Eingriff in das in Art. 2 Abs. 1 GG garantierte **Recht auf Privatsphäre** bzw. das **Recht auf informationelle Selbstbestimmung** – auf das sich nicht nur natürliche, sondern gem. Art. 19 Abs. 3 GG grundsätzlich auch juristische Personen des Privatrechts berufen können[172] –, eine Durchbrechung des ebenfalls grundrechtlich fundierten **Bankgeheimnisses,** d.h. der Rechtspflicht der Kreditinstitute, Stillschweigen über die Vermögensverhältnisse ihrer Kunden und Dritter zu wahren und Auskünfte zu verweigern,[173] und u. U. auch ein Eingriff in den durch Art. 14 Abs. 1 oder

---

[168] *Holzborn/Israel* WM 2004, 1948, 1950.
[169] *Schäfer,* § 16 Rn. 16; aA *Süßmann* AG 1997, S. 63.
[170] *Bliesener,* Verhaltenspflichten, S. 123. Vgl. a. *Musielak/Huber,* ZPO, § 383 Rn. 8 (für § 383 Abs. 2 ZPO).
[171] Vgl. a. *Landmann/Rohmer/Hansmann,* § 52 BImSchG Rn. 50; *Feldhaus/Spindler,* BImSchG, Band 1 Teil II, § 52 Rn. 68.
[172] *v. Mangoldt/Klein/Starck/Huber,* GG, Bd. 1, Art. 19 Abs. 3 Rn. 333; *Rauscher,* Bundesaufsichtsamt, S. 95 ff.; offenlassend BVerfG, NJW 1995, 2839, 2840; aA *Jarass/Pieroth,* GG, Art. 2 Rn. 33, 37.
[173] Zum Bankgeheimnis vgl. i. e. *Claussen,* Bank- und Börsenrecht, § 6 Rn. 1 ff., mwN.

Art. 12 Abs. 1 GG gewährleisteten[174] **Schutz von Betriebs- und Geschäftsgeheimnissen.**[175] Wegen des überwiegenden Allgemeininteresses an der Funktionsfähigkeit des Kapitalmarktes und der Vermeidung von Insidergeschäften sind diese Eingriffe aber verfassungsrechtlich gerechtfertigt, insbesondere verhältnismäßig.[176] § 4 Abs. 3 ist geeignet, das gesetzgeberische Ziel einer Aufdeckung von Insiderdelikten zu erreichen, weil die Bundesanstalt nur bei Kenntnis von der Identität der Auftraggeber überprüfen kann, ob die fraglichen Geschäfte von Insidern getätigt wurden oder nicht. Die Vorschrift ist erforderlich, weil gleich effektive Maßnahmen, die die Teilnehmer am Wertpapierhandel weniger belasten würde, nicht ersichtlich sind. Insiderdelikte sind eben ihrer Natur nach solche, die die Anonymität des Börsenhandels nutzen und die nur durch Verfahren aufgedeckt werden können, die sie dieser Anonymität entkleiden.[177] Angesichts des mit der Regelung verfolgten gesamtwirtschaftlich hoch bedeutsamen Zwecks – Stärkung der Attraktivität und Wettbewerbsfähigkeit des Finanzplatzes Deutschland – und der im Vergleich dazu moderaten Eingriffsintensität ist die Regelung auch verhältnismäßig i. e. S.

b) Vorlage von Unterlagen und Überlassung von Kopien

66   Durch das 3. Finanzmarktförderungsgesetz ist in § 16 die Möglichkeit für die Aufsichtsbehörde aufgenommen worden, ggf. zusätzlich zu den erhaltenen Auskünften sowohl von den Wertpapierdienstleistungsunternehmen (Abs. 3 S. 1) als auch von den Emittenten (Abs. 4) – nicht aber von Personen, deren Identität aufgrund Absatz 2 S. 3 mitgeteilt worden ist – die Vorlage von Unterlagen zu verlangen. Die in § 4 Abs. 3 ohne diese Einschränkungen übernommene Regelung verfolgt zum einen den **Zweck,** der Bundesanstalt die Prüfung zu ermöglichen, ob die erhaltenen Auskünfte zutreffend und vollständig sind.[178] Zum anderen soll sie im Vorfeld ihrer Anwendung präventive Wirkung dergestalt entfalten, dass die Auskunftspflichtigen dazu angehalten werden, wegen der nunmehr bestehenden Kontrollmöglichkeit wahrheitsgemäße und vollständige Angaben zu machen.[179]

67   **Unterlagen** sind jegliche Materialien, die sachbezogene Informationen enthalten. Neben **schriftlichen Belegen jeder Art** – Unterlagen über Ordererteilung, Erfassungsbelege nach § 31 Abs. 2,[180] sonstiger Schriftverkehr, Aktenvermerke, Listen, Quittungen, Sitzungsniederschriften etc. – gehören dazu auch **beliebige sonstige Medien,** also Tonbänder,[181] Videokassetten, Filme, sowie jedwede **Datenträger von EDV-Anlagen** wie Magnetbänder, Lochkarten, Disketten, CD-ROMs, DVDs und Festplattenspeicher.[182] Der Begriff der „Unterlagen" deckt sich insoweit mit dem Begriff der „Papiere" in § 110

---

[174] Vgl. *Jarass/Pieroth,* GG, Art. 2 Rn. 33; *Starck/Manssen,* GG, Bd. 1 1999, Art. 12 Rn. 284; *Berg* GewArch 1996, 177 ff.
[175] Zur Begriffsbestimmung s. o. § 8 Rn. 8.
[176] *Habetha* WM 1996, 2133, 2137 ff.; *Rauscher,* Bundesaufsichtsamt, S. 94 ff.; *Carl/Klos* wistra 1995, 10, 14.
[177] *Assmann/Schneider/Dreyling,* § 4 Rn. 39.
[178] *Assmann/Schneider/Dreyling,* § 16 Rn. 26.
[179] Vgl. BT-Drs. 12/6679, S. 49.
[180] Vgl. *Rauscher,* Bundesaufsichtsamt, S. 113, 154 f.
[181] *Assmann/Schneider/Dreyling,* § 4 Rn. 49.
[182] Vgl. a. GK-BImSchG-*Lechelt,* Stand September 2000, § 52 Rn. 178.

StPO.[183] Solche Unterlagen können außerordentlich aufschlussreich sein – so führt das Protokoll einer Vorstands- oder Aufsichtsratssitzung alle Personen auf, die an der Sitzung teilgenommen und somit Kenntnis von der fraglichen Insidertatsache haben.[184] Den Orderbelegen oder entsprechenden elektronischen Aufzeichnungen kann u. a. entnommen werden, ob der Kunde ein Preislimit gesetzt hatte oder das Papier unabhängig vom Kurs („bestens", „billigst") erwerben oder veräußern wollte (was gegen Insiderhandel spricht), ob die Order ganz oder teilweise ausgeführt wurde, ursprünglich also u. U. ein wesentlich größeres Geschäft geplant war, und ob die Order in unmittelbarem zeitlichen Zusammenhang mit der Bekanntgabe einer kursrelevanten Tatsache oder bereits längere Zeit davor erteilt wurde.[185]

Was im Einzelnen unter **„Vorlage"** zu verstehen ist, regelt das Gesetz nicht. Die „Vorlage" muss es der Bundesanstalt ermöglichen, den Inhalt der Unterlagen im Einzelnen zur Kenntnis zu nehmen. Daher ist davon auszugehen, dass die Unterlagen jedenfalls dann der BaFin „vorgelegt" sind, wenn sie direkt an deren Sitz übersandt oder in sonstiger Weise übermittelt worden sind. Im Hinblick auf das Betretensrecht in Absatz 3 ist die „Vorlagepflicht" aber bereits dann erfüllt, wenn die Unterlagen lediglich an Ort und Stelle für Bedienstete der BaFin bereitgehalten werden. Denn die Bediensteten können sich Zutritt verschaffen und die Akten **beim Vorlagepflichtigen einsehen.** Der Pflichtige muss alle Voraussetzungen dafür schaffen, dass die Bediensteten der BAFin die Unterlagen vor Ort ungestört und in Ruhe konsultieren können. Sofern dies voraussichtlich nicht oder nur begrenzt möglich sein wird – etwa wegen Platzmangels, starkem Publikumsverkehr, erheblichem Umfang und/oder erheblicher Komplexität der Unterlagen – besteht eine Pflicht zur Übersendung oder zur Duldung der Mitnahme. 68

Der Begriff „Vorlage" beinhaltet des weiteren, dass die Unterlagen so wie sie sind, d. h. **unverändert,** präsentiert werden können und müssen und auch **keine Erläuterungen** abgegeben werden müssen. Wenn Erklärungsbedarf besteht, ist ggf. ein (weiteres) Auskunftsverlangen zu stellen. „Vorgelegt" werden können außerdem **nur vorhandene Unterlagen;** die Erstellung neuer Unterlagen (zusammenfassende Berichte, Listen u. ä.) kann wiederum nur im Rahmen der Auskunftspflicht verlangt werden.[186] Beides hat zur Konsequenz, dass **fremdsprachige Dokumente** tel quel hergezeigt werden können, ohne dass eine Übersetzung mitgeliefert werden muss.[187] 69

Zumindest schriftliche Unterlagen sind **im Original** vorzulegen, wenn die Bundesanstalt nicht ausdrücklich die Vorlage von Abschriften oder Kopien zulässt.[188] Das ist damit zu begründen, dass die Aussagekraft von Originalen in der Regel höher ist die von Abschriften oder Kopien. Die Vorlage von auf EDV- 70

---

[183] Zur weiten Auslegung von letzterem vgl. etwa *Kleinknecht/Meyer-Goßner,* StPO, § 110 Rn. 1.
[184] Beispiel nach *Assmann/Schneider/Dreyling,* § 16 Rn. 26.
[185] *Rauscher,* Bundesaufsichtsamt, S. 154.
[186] S. *Feldhaus/Spindler,* Bundesimmissionsschutzrecht, Bd. 1, Teil II, § 52 BImSchG Rn. 78; *Jarass/Donner/Röckseisen,* KrW-/AbfG, Bd. III, Stand September 2001, § 40 Rn. 308. S. a. oben Rn. 27.
[187] AA GK-BImSchG-*Lechelt,* § 52 Rn. 182.
[188] GK-BImSchG-*Lechelt,* Stand September 2000, § 52 Rn. 178; *Jarass/Donner/ Röckseisen,* KrW-/AbfG, Bd. III, Stand September 2001, § 40 Rn. 308.

Datenträgern gespeicherten Informationen kann dadurch geschehen, dass diese am Bildschirm des Computers gezeigt werden oder auf einem transportablen Datenträger oder als papierner Ausdruck zur Verfügung gestellt werden.[189]

71 Die Unterlagen sind nach Einsichtnahme durch die BaFin **unverzüglich freizugeben** oder zurückzugeben; sie dürfen nicht (dauerhaft oder vorübergehend) zu den Akten genommen oder gar im Rahmen des Absatz 5 an die Staatsanwaltschaft weitergegeben werden.[190] Würde die BaFin die Unterlagen längere Zeit zurückhalten, käme dies einer Beschlagnahme gleich, die Absatz 3 gerade nicht erlauben will.

72 Absatz 3 macht keine Angaben dazu, ob und ggf. welche (sachen-)rechtliche Beziehungen zu den Unterlagen bestehen müssen, damit eine Vorlagepflicht entsteht. Unzweifelhaft sind Unterlagen vorzulegen, die sich sowohl im (unmittelbaren) **Besitz** wie auch im **Eigentum** des Adressaten eines Vorlageverlangens befinden. Ebenso dürften Unterlagen vorzulegen sein, an denen Eigentum besteht, die sich aber nicht aktuell im Besitz des Pflichtigen befinden, wenn und soweit dieser sich den Besitz ohne größere Schwierigkeiten verschaffen kann.[191] Zweifelhaft erscheint dagegen die Vorlage von Unterlagen, an denen zwar (zufällig) unmittelbarer Besitz besteht, die aber an sich einem Dritten gehören. Eine Vorlagepflicht auch in diesem Falle anzunehmen, würde darauf hinauslaufen, den Kreis von Vorlagepflichtigen über die in Abs. 3, 4 abschließend aufgezählten Fälle hinaus zu erweitern.

73 Auch die Vorlagepflicht wird erst durch ein diesbezügliches explizites Verlangen der BaFin begründet, das ebenso wie das Auskunftsverlangen ein **Verwaltungsakt** ist.[192] Auch im Übrigen gelten hinsichtlich **Form, Inhalt und Modalitäten** des Verlangens die Ausführungen zum Auskunftsersuchen sinngemäß. Im Hinblick auf § 37 Abs. 1 VwVfG (hinreichende **Bestimmtheit**) ist darauf hinzuweisen, dass das Vorlageverlangen zwar nicht die vorzulegenden Unterlagen im Einzelnen benennen muss, denn im Zweifel hat die BaFin keine Erkenntnisse darüber, welche Unterlagen genau vorhanden sind; erforderlich ist aber eine Konkretisierung des vorzulegenden Materials durch Angabe von Zeiträumen, Geschäftsvorgängen, betroffenen Personen und Unternehmen u. dergl.

74 Auskunftspflicht und Unterlagenvorlagepflicht stehen in Absatz 3 unmittelbar nebeneinander. Damit wird deutlich, dass die Vorlagepflicht unter denselben tatbestandlichen Voraussetzungen wie die Auskunftspflicht („Anhaltspunkte") besteht und sie zum anderen auf der Rechtsfolgenseite **denselben Umfang und dieselben Grenzen besitzt wie die Auskunftspflicht.** Wenn ein **Auskunftsverweigerungsrecht** nach Absatz 9 oder ein sonstiges gesetzliches Auskunfts- oder Aussageverweigerungsrecht (Absatz 3 S. 3) besteht, entfällt demgemäß die Pflicht zur Herausgabe entsprechender Unterlagen.[193] Diese Regelung ist auch

---

[189] GK-BImSchG-*Lechelt*, Stand September 2000, § 52 Rn. 179.

[190] Vgl. a. *Feldhaus/Spindler*, Bundesimmissionsschutzrecht, Bd. 1 Teil II, § 52 BImSchG Rn. 78.

[191] So auch *Landmann/Rohmer/Hansmann*, Umweltrecht, § 52 Rn. 46; GK-BImSchG-*Lechelt*, Stand Sept. 2000, § 52 Rn. 180; *Jarass/Donner/Röckseisen*, KrW-/AbfG, § 40 Rn. 310.

[192] Vgl. a. *Landmann/Rohmer/Hansmann*, Umweltrecht, § 52 BImSchG Rn. 48; GK-BImSchG-*Lechelt*, Stand Mai 2002, § 52 Rn. 177.

[193] *In diesem Sinne auch Bärlein/Pananis/Rehmsmeier* NJW 2002, 1825 f., 1828 ff.; *Schohe* NJW 2002, 492, 493; EGMR NJW 2002, 499 (bzgl. Vorlage von Unterlagen zur Steuerfestsetzung); EGMR, Serie A Nr. 256-A, Rn. 31, 42, 44 (bzgl. Vorlage von Unterlagen im

sachgerecht, weil es keinen Unterschied machen kann, ob sich der Betreffende durch eigene Angaben oder durch Herausgabe von Beweismaterial belastet, und weil die in diesem Zusammenhang häufig genannte Gemeinschuldner-Entscheidung des BVerfG[194] den vorliegenden Fall nicht trifft, wo es an der vom BVerfG für entscheidungserheblich erachteten besonderen Pflichtenbindung des Betroffenen (dort: Pflichtenverhältnis des Gemeinschuldners zu seinen Gläubigern) fehlt.[195] Im Bereich des § 4 kann die Vorlage von Unterlagen eines zur Auskunftsverweigerung Berechtigten allein durch eine Beschlagnahme im Strafverfahren (§§ 94 ff. StPO) nach Abgabe an die Staatsanwaltschaft gem. Absatz 5 erreicht werden. Dass § 4 über die strafprozessualen Möglichkeiten hinausgehende Regelungen treffen wollte und unter teilweiser Durchbrechung des „nemotenetur"-Grundsatzes einen des Insiderhandels Verdächtigen zur Vorlage belastender Unterlagen zwingen wollte, ist weder aus Wortlaut, Systematik noch Entstehungsgeschichte des Gesetzes zu belegen. Eine entsprechende ausdrückliche Klarstellung in Absatz 9, wie sie etwa § 10 Abs. 2 Satz 2 Hs. 2 BSeuchG enthält, wäre allerdings de lege ferenda wünschenswert.

c) Ladung und Vernehmung von Personen

Hierbei handelt es sich um eine durch das Anlegerschutzverbesserungsgesetz **75** eingefügte neue Befugnis, die in den bisherigen verstreuten Einzelnormierungen nicht enthalten war. Mangels näherer Regelung im WpHG richten sich die Einzelheiten nach den im Rahmen des § 26 Abs. 1 Nr. 2VwVfG entwickelten Grundsätzen.

d) Ermessensausübung

Die Bundesanstalt ist nach dem Gesetzeswortlaut nicht verpflichtet, bei An- **76** haltspunkten für einen Verstoß tätig zu werden und die eben dargestellten Maßnahmen zu ergreifen. Das Gesetz (Abs. 3 S. 1: „kann") macht vielmehr deutlich, dass die Entscheidung über das Ob und Wie eines Tätigwerdens in ihrem Ermessen steht.[196] § 4 Abs. 3 kombiniert so einen unbestimmten Rechtsbegriff auf Tatbestandsebene mit der Einräumung eines Handlungsspielraums auf Rechtsfolgenseite und erweist sich damit als typische Kopplungsvorschrift.[197] Ermessen bedeutet aber keine Beliebigkeit. Vielmehr hat die Bundesanstalt ihr Ermessen entsprechend dem Zweck des WpHG ordnungsgemäß auszuüben und zugleich die Grenzen des Ermessens zu beachten (§ 40 VwVfG).[198] Da der Anstalt die

---

Zollfahndungsverfahren); wohl auch *Gallandi* wistra 1987, 127 ff. (zu § 44 KWG). AA *Rauscher*, Bundesaufsichtsamt, S. 140; ferner VG Berlin NJW 1988, 1105, 1106 ff. (unter Bezugnahme auf BVerfGE 56, 37 ff.); *Hartung* NJW 1988, 1070 ff., jeweils zu § 44 c KWG; *Raschauer/Kleinhans,* KWG, § 44 Rn. 12; *Boos/Fischer/Schulte-Mattler/Braun,* KWG, § 44 Rn. 56, zu § 44 KWG; *Prölss/Kollhosser,* VAG, § 83 Rn. 20, zu § 83 Abs. 6 VAG; BVerwG NVwZ 1997, 998 f., zu § 52 5 BImSchG. Anders als bei § 4 WpHG wird die Vorlagepflicht in den genannten VAG- und KWG-Vorschriften allerdings nicht ausdrücklich auf den Rahmen der Auskunftspflicht beschränkt und es können nach § 44 KWG Auskünfte und Aktenvorlage auch ohne jeden konkreten Anhaltspunkt für ein strafrechtlich relevantes Verhalten gefordert werden.

[194] BVerfGE 56, 37 ff.
[195] Ebenso, für den Bereich des KWG, *Gallandi* wistra 1987, 127, 128.
[196] So auch *Rauscher,* Bundesaufsichtsamt, S. 95.
[197] Vgl. *Maurer,* Allgem. Verwaltungsrecht, § 7 Rn. 48.
[198] Zur Anwendbarkeit dieser Vorschrift s. o.

§ 4   77–79   Abschn. 2. Bundesanstalt für Finanzdienstleistungsaufs.

Verfolgung von Insidergeschäften gerade als zentrale Aufgabe zugewiesen worden ist, spricht einiges dafür, das eingeräumte **(Entschließungs-)Ermessen** jedenfalls im Hinblick auf die Insiderüberwachung als sog. **„intendiertes Ermessen"**[199] zu verstehen. Das bedeutet, dass die Anstalt im Regelfall nicht frei ist, zwischen Handeln und Untätigbleiben zu wählen. Weil ihre zentrale Aufgabe gerade die Verfolgung von Insiderdelikten ist, muss die Entscheidung über das Ob des Einschreitens bei Anhaltspunkten für solche Delikte im Regelfall im Sinne eines Tätigwerdens prädeterminiert sein. Die Richtung der Ermessensbetätigung ist gewissermaßen bereits durch den Gesetzeszweck vorgezeichnet. Nur in atypischen, besonders zu begründenden Fällen kann ein Untätigbleiben gerechtfertigt sein. Die Ermessensnorm nähert sich hier wie in den sonstigen Fällen intendierten Ermessens einer Soll-Vorschrift an. Diese Überlegungen lassen sich auf andere wesentliche Überwachungsaufgaben der Bundesanstalt, etwa die Verhinderung von Kurs- und Marktpreismanipulationen, übertragen.[200]

77   Besonderheiten sind auch bei der Ermessensentscheidung über die konkret zu ergreifende Maßnahme zu beachten. Der Bundesanstalt stehen in der Regel[201] das Auskunftsersuchen, die Anordnung, Unterlagen vorzulegen, sowie das Betreten der Geschäftsräume zur Wahl (**„Auswahlermessen"**). Die Anordnung, Unterlagen vorzulegen, ist in der Regel wie die Ausübung des Betretensrechts als intensiverer Eingriff zu werten als ein bloßes Auskunftsbegehren. Aus Gründen der Verhältnismäßigkeit darf die Bundesanstalt daher idR nicht sogleich die Vorlage von Unterlagen anordnen, sondern ist zunächst auf ein Auskunftsverlangen beschränkt. Nur wenn die Auskünfte unzureichend, unklar oder missverständlich sind und/oder Zweifel an ihrem Wahrheitsgehalt bestehen, darf nach Abs. 3 vorgegangen werden. Erscheinen die erteilten Auskünfte vollständig und gibt es keine Hinweise für deren Unrichtigkeit, ist ein Vorgehen nach Abs. 3 mangels Erforderlichkeit idR nicht zulässig.[202] Eine sofortige Aktenvorlage nach Abs. 3 dürfte nur dann ermessensfehlerfrei begehrt werden können, wenn das betroffene Institut oder Unternehmen bereits in der Vergangenheit durch mangelhafte Auskunftserteilung aufgefallen ist.

78   Mangels näherer gesetzlicher Vorgaben kann die BaFin schließlich **Form und Modalitäten der Auskunftserteilung und Unterlagenvorlage** nach Ermessen festlegen.

4. Betreten von Räumlichkeiten und Grundstücken (Abs. 4)

79   Die Vorschrift setzt Artikel 12 Abs. 2 Buchstabe c der Marktmissbrauchsrichtlinie um. Die Regelung entspricht den bisherigen § 16 Abs. 3 und § 20b Abs. 3. Der Bundesanstalt wird durch diese Befugnis die nach der Marktmissbrauchs-

---

[199] S. dazu bereits oben § 4 Rn. 22.
[200] BVerwGE 116, 198, nimmt ein intendiertes Ermessen auch bei einem Verstoß gegen § 34a WpHG an.
[201] Lediglich in dem seltenen Fall, dass es um nicht schriftlich oder auf Datenträger fixierte Tatsachen geht, kommt von vorneherein nur ein Auskunftsersuchen in Betracht.
[202] Ähnlich *Carl/Klos* wistra 95, 10, 15; Rauscher, Bundesaufsichtsamt, S. 112 ff.; vgl. a. BT-Drs. 12/6679, S. 50. AA (unter Hinweis auf den höheren Beweiswert von Unterlagen) *Landmann/Rohmer/Hansmann*, Umweltrecht, § 52 BImSchG Rn. 45; GK-BImSchG-*Lechelt*, Stand September 2000, Rn. 184.

richtlinie geforderte Ermittlung vor Ort ermöglicht, indem ihren Bediensteten das Betreten von Geschäfts- und Wohnräumen unter bestimmten Voraussetzungen gestattet wird. Das Betretensrecht besteht hinsichtlich aller nach Absatz 3 Auskunftspflichtiger und ist damit weitergehend als nach § 16 Abs. 3 S. 2 aF, wo nur bestimmte Auskunftspflichtige erfasst waren. Das Betretensrecht ist ein typisches Instrument staatlicher Wirtschaftsüberwachung.[203]

Mit den in Absatz 4 genannten **„Grundstücken"** sind nur Geschäftsgrundstücke gemeint,[204] denn der Gesetzgeber kann nur die Zugangsmöglichkeit der Bundesanstalt zu den ebenfalls genannten Geschäftsräumen sichergestellt haben wollen.[205] **Geschäftsräume** sind Verkaufsräume und Büros mit den entsprechenden Nebengelassen (Flur, Treppen, Abstell-, Sanitärräume).   80

„Betreten" bedeutet lediglich, dass die Überwachungsperson die Umgrenzung des fraglichen räumlichen Gebildes überschreitet und sich körperlich auf das Grundstück/in den Raum begibt. Das Betretensrecht beinhaltet **nicht** die Befugnis zur Durchführung von **Prüfungen und Besichtigungen.** Das ergibt ein Umkehrschluss aus § 83 VAG und § 44 Abs. 1, 2 KWG (s. ferner § 22 Abs. 2 GastG, § 17 Abs. 2 HandwO), wo diese Befugnisse neben dem Betretensrecht ausdrücklich aufgeführt. Anhaltspunkte dafür, dass der Gesetzgeber Prüfungen und/oder Besichtigungen nur versehentlich nicht in Absatz 4 aufgenommen hat, sind nicht ersichtlich. Das Betretensrecht beinhaltet erst recht nicht die Befugnis zur **Durchsuchung** der Räumlichkeiten, die betreten worden sind.[206] Ein Durchsuchungsrecht ist eine wesentlich weitergehende Maßnahme, für deren Anordnung gem. Art. 13 Abs. 2 GG grundsätzlich ein Richtervorbehalt gilt. Insoweit verbleibt es bei den Eingriffsmöglichkeiten der Strafverfolgungsorgane nach StPO; die Bundesanstalt besitzt nach WpHG keine entsprechenden Befugnisse.[207] Sie kann die Räume nach alledem zu dem einzigen Zweck betreten, das betroffene Unternehmen zur Erteilung von Auskünften und Vorlage von Unterlagen aufzufordern. Die Anordnung, Unterlagen vorzulegen, kann dann im Weigerungsfalle bei Vorliegen der Vollstreckungsvoraussetzungen ggf. an Ort und Stelle zwangsweise durchgesetzt werden, etwa durch Ersatzvornahme oder unmittelbaren Zwang. Wird Bediensteten der BaFin der Zutritt (zu Unrecht) verweigert, so kann eine entsprechende **Duldungsverfügung** erlassen werden,[208] die als Verwaltungsakt i. S. des § 35 VwVfG ebenfalls mit Zwangsmitteln durchgesetzt werden kann. Von diesem Ausnahmefall abgesehen, ist die Ausübung des Betretensrechts ein bloßer **Realakt** (schlichtes Verwaltungshandeln) ohne VA-Qualität.[209]   81

---

[203] Vgl. § 22 Abs. 2 GastG, § 41 Abs. 3 LMBG, § 19 Abs. 2 AtomG, § 107 Abs. 1 S. 2 SGB IV, § 139b GewO, § 52 Abs. 2 BImSchG.
[204] *Rauscher*, Bundesaufsichtsamt, S. 125.
[205] Vgl. a. BT-Drs., 12/6679, 50, wo im Zusammenhang mit dem Betretensrecht von „Geschäftsräumen und -grundstücken" die Rede ist.
[206] *Rauscher*, Bundesaufsichtsamt, S. 128; KölnKommWpHG-*Altenhain*, § 4 Rn. 132.
[207] Vgl. *Assmann/Schneider/Vogel*, § 4 Rn. 68. Anders für die Verfolgung von unerlaubten Bankgeschäften und Finanzdienstleistungen nach KWG; diesbezüglich ist die Bundesanstalt – nach richterlicher Anordnung – zur Durchsuchung von Geschäftsräumen und Wohnungen befugt, vgl. § 44c Abs. 3 KWG.
[208] Vgl. *Scholl*, Prüfungsbefugnisse, S. 78 ff.; *Landmann/Rohmer/Hansmann*, § 52 BImSchG Rn. 60; *Voßkuhle* DVBl. 1994, 611, 619.
[209] VGH Mannheim NVwZ 2001, 574.

82 Das Betretensrecht kann während der üblichen Arbeitszeit ausgeübt werden, „soweit dies **zur Wahrnehmung ihrer Aufgaben erforderlich**" ist, d. h. soweit damit die Einhaltung der Verbote und Gebote des WpHG überwacht werden soll. Auch wenn Absatz 4 dies nicht ausdrücklich ausspricht, erfordert das Betretensrecht das Vorliegen von „Anhaltspunkten" i. S. des Absatzes 3. Denn ansonsten wäre das Betretensrecht, obwohl idR belastender als ein Auskunftsersuchen, an geringere Voraussetzungen geknüpft. „**Übliche Arbeitszeit**" dürfte die Zeit zwischen 8.00 und 18.00 Uhr, montags bis freitags, umfassen. Die Regelung ist im Hinblick auf Art. 13 GG **verfassungsrechtlich unbedenklich**. Nach verbreiteter Ansicht müssen Betretensrechte, soweit sie Geschäftsräume und Grundstücke zu den üblichen Zeiten betreffen, nicht den speziellen Schrankenanforderungen des Art. 13 Abs. 7 GG genügen. Das wird entweder damit begründet, dass Geschäftsräume ebenso wie Grundstücke entweder schon nicht dem Schutzbereich des Art. 13 GG unterfallen,[210] oder aber – häufiger – damit, dass ihr Betreten wegen der größeren Offenheit nach außen keinen Eingriff in Art. 13 GG darstellt und daher eine allgemeine gesetzliche Grundlage ausreicht.[211] Die Regelung in Absatz 4 S. 1 basiert erkennbar auf dem letztgenannten, vom Bundesverfassungsgericht entwickelten Ansatz.

83 Außerhalb der üblichen Geschäftszeit macht **Satz 2** das Betreten von strengen Voraussetzungen („**Verhütung von dringenden Gefahren für die öffentliche Sicherheit und Ordnung**") abhängig; ebenso das Betreten von Geschäftsräumen, die sich in einer Wohnung befinden (wie zB der „Wohnzimmerbetrieb" eines kleinen Finanzdienstleistungsunternehmens). Diese Regelung ist wegen Art. 13 Abs. 1, 7 (Abs. 3 aF) GG notwendig, der sonstige Eingriffe und Beschränkungen, zu denen auch Betretensrechte gehören,[212] an das Vorliegen dieser Voraussetzung knüpft. **Satz 3** erfüllt insoweit das Zitiergebot des Art. 19 Abs. 1 Satz 2 GG. Art. 13 Abs. 7 GG präzisiert das Merkmal der „Verhütung von dringenden Gefahren für die öffentliche Sicherheit und Ordnung" durch die Nennung von Regelbeispielen (Behebung der Raumnot, Bekämpfung von Seuchengefahr, Schutz gefährdeter Jugendlicher), die vorliegend allerdings kaum je einschlägig sein werden. Allgemein ist eine dringende Gefahr für die öffentliche Sicherheit und Ordnung bei der hinreichenden Wahrscheinlichkeit eines Schadens für ein Schutzgut der öffentlichen Sicherheit (objektive Rechtsordnung, subjektive Rechte und Rechtsgüter des einzelnen, Einrichtungen und Veranstaltungen des Staates und der sonstigen Träger der Hoheitsgewalt) oder der öffentlichen Ordnung (ungeschriebene Regeln für ein geordnetes Gemeinschaftsleben) gegeben, wenn entweder ein besonders wichtiges Rechtsgut betroffen ist oder ein erheblicher Schaden droht. Eine besondere zeitliche Nähe des Schadenseintritts ist nicht erforderlich; die „Dringlichkeit" ist nicht temporär, sondern qualitativ zu bestimmen. Nach dieser im Rahmen des Art. 13 GG entwickelten Definition,[213] die auch für § 16 Abs. 3 Satz 3 maßgeblich ist, kann der konkrete

---

[210] *Jarass/Pieroth*, GG, Art. 13 Rn. 2; *Stein*, StaatsR, § 34 II 1. Vgl. a. EuGH NJW 1989, 3080, 3081.
[211] BVerfGE 32, 54, 75 ff.; *Ruthig* JuS 1998, 509 f.; *Rauscher*, Bundesaufsichtsamt, S. 131 ff., mwN in Fn. 458.
[212] Vgl. nur *v. Mangoldt/Klein/Starck/Gornig*, GG, Bd. 1, Art. 13 Rn. 155.
[213] Vgl. i. e. *Jarass/Pieroth*, GG, Art. 13 Rn. 24; *Starck/Gornig*, GG, Bd. II, Art. 13 Rn. 162, *Voßkuhle* DVBl. 1994, 611, 616 f., mwN, auch abweichende Ansichten.

Verdacht *erheblicher* Verstöße gegen § 14 oder die bloße Absicht, derartige Gefahrenlagen zu verhindern („Verhütung"), ein Vorgehen nach Satz 3 rechtfertigen. Wenn der Betroffene sein **Einverständnis** mit dem Betreten erklärt, sind die besonderen Voraussetzungen des Satzes 3 allerdings entbehrlich. Hierin liegt ein Verzicht auf den Schutz des Art. 13 Abs. 7 GG, der wirksam ist, wenn und soweit er freiwillig, d. h. nicht unter Druck oder Täuschung, erklärt wurde.

Wie Auskunfts- und Aktenvorlageverlangen muss auch bei der Ausübung des Betretensrechts der Grundsatz der **Verhältnismäßigkeit** beachtet werden.[214] Das bedeutet insbesondere, dass das Betretensrecht zu einem Zeitpunkt ausgeübt wird, in dem der Betroffene möglichst wenig belastet wird. Eine **vorherige Anmeldung** ist allerdings weder nach dem Wortlaut des § 16 noch idR aus Gründen der Verhältnismäßigkeit erforderlich, weil nur das überraschende Erscheinen – ggf. auch zu ungewöhnlichen Zeiten, etwa gegen Feierabend – verhindert, dass ggf. kompromittierende Unterlagen beiseite geschafft werden.[215] 84

In der Praxis hat das Betretensrecht offenbar bislang keine große Bedeutung erlangt; die Behörde zog es vor, die Staatsanwaltschaft gem. § 18 aF so früh wie möglich einzuschalten, die dann ggf. entsprechende Maßnahmen ergriff.[216] 85

5. Anzeige bei der Staatsanwaltschaft (Abs. 5)

Die Vorschrift statuiert eine Pflicht der Bundesanstalt, bei der Staatsanwaltschaft Anzeige zu erstatten, wenn sich bei ihrer Aufsichtstätigkeit der Verdacht einer Straftat nach § 38 ergibt. Die Vorschrift ersetzt die bisherigen §§ 18, 20 b Abs. 6. Die Anzeigepflicht der Bundesanstalt korreliert mit der Hinweispflicht der Staatsanwaltschaft nach § 40 a im Hinblick auf die Einleitung eines Ermittlungsverfahrens. 86

Der Verdacht einer Straftat wird sich in der Regel aufgrund von Ermittlungen nach § 4 Abs. 3, 4 ergeben. Die **Anzeigepflicht** besteht aber unabhängig davon auch dann, wenn aufgrund sonstiger Erkenntnisse Verdachtsmomente entstehen. Anders als die Vorgängervorschrift (§ 18 Abs. 1 aF) stellt das Gesetz für die Bundesanstalt nunmehr die Verpflichtung zu einer „unverzüglichen" Einschaltung der Staatsanwaltschaft auf, wie sie auch bei den Vorermittlungen durch die Polizei besteht (vgl. § 163 Abs. 2 StPO). 87

In der Praxis erstattet die Bundesanstalt bereits in einem recht frühen Stadium der Untersuchungen Anzeige bei der Staatsanwaltschaft, da diese über erheblich weitergehende und effizientere (weil nicht ankündigungspflichtige) Eingriffsmöglichkeiten (u. a. Durchsuchung von Wohn- und Geschäftsräumen, auch zur Nachtzeit, §§ 102 f. StPO; Abhören von Telefonen, § 100 a StPO; Beschlagnahme von Post und Kontounterlagen, §§ 94, 99, 111 ff. StPO; erkennungsdienstliche Maßnahmen, § 81 b StPO; Untersuchungshaft, §§ 112 ff. StPO) ver- 88

---

[214] *Kunig/Paetow/Versteyl*, KrW-/AbfG, 1998, § 40 Rn. 23; *Voßkuhle* DVBl. 1994, 611, 619.
[215] Ebenso *Kunig/Paetow/Versteyl*, KrW-/AbfG, 1998, § 40 Rn. 23; VGH Mannheim NVwZ 2001, 574. Strenger dagegen BVerwGE 78, 251, 252 ff., das für den Bereich des LMBG grundsätzlich eine Anmeldung fordert, soweit dem Publikum nicht zugängliche Räume betroffen sind, und davon nur im Einzelfall aus Gründen effektiver Gefahrenabwehr Ausnahmen zulassen will.
[216] Vgl. *Assmann/Schneider/Dreyling*, § 4 Rn. 55; *Rauscher*, Bundesaufsichtsamt, S. 155.

§ 4 89–91 Abschn. 2. Bundesanstalt für Finanzdienstleistungsaufs.

fügt als die Bundesanstalt.[217] Diese ist im Rahmen ihrer Aufsichtstätigkeit **zu Maßnahmen nach StPO nicht befugt;**[218] lediglich im Rahmen der Verfolgung von Ordnungswidrigkeiten, die ihr gem. § 40 obliegt, ist ihr der Rückgriff auf die StPO erlaubt (vgl. § 46 OWiG).[219]

89 Diese Vorgehensweise ist zulässig, da weder § 18 aF/Absatz 5 noch andere Vorschriften über die Insiderüberwachung vorschreiben, dass die BaFin die Angelegenheit zunächst mit den ihr zu Gebote stehenden Mitteln weitestmöglich selbst auszuermitteln hat. Der Begriff des **„Verdachts"** dürfte allerdings mehr umfassen als die „Anhaltspunkte", so dass die Bundesanstalt in der Regel zunächst Maßnahmen nach § 4 Abs. 3, 4 (Auskunftsverlangen, Urkundenvorlage) ergreifen muss, bevor sie – sofern sich die Anhaltspunkte verdichtet haben – die Staatsanwaltschaft einschaltet. Besteht von Anfang an – etwa aufgrund von Meldungen nach § 9 – der konkrete Verdacht einer Straftat, besteht die Anzeigepflicht, ohne dass derartige Maßnahmen durchgeführt worden sind. Eine vorschnelle Anzeigeerstattung oder auch nur (formlose) Mitteilung eines Verdachts ohne vorherige gebotene Sachverhaltsermittlung kann allerdings amtspflichtwidrig sein und Amtshaftungsansprüche auslösen.[220]

90 **Rechtspolitisch** ist die relativ frühe Einschaltung der Staatsanwaltschaft **problematisch**, und dies aus zwei Gründen. Zum einen kommt es der Reputation des deutschen Kapitalmarktes schwerlich zugute, wenn in jeder zweifelhaften Angelegenheit sofort die Strafverfolgungsbehörde tätig wird.[221] Zum zweiten, und dies scheint fast wichtiger, ist zu bedenken, dass die Verfolgung von Insidergeschäften – mehr noch als die Verfolgung von Steuerstraftaten, für die es in Form der Finanzbehörde auch eine besondere Verfolgungsbehörde gibt (vgl. §§ 386 ff. AO) – eine sensible und sehr spezielle Materie darstellt, die besondere wertpapier- und börsenrechtliche Sachkenntnisse und Erfahrungen voraussetzt. Diese Kenntnisse und Erfahrungen sind bei der BaFin angesiedelt und nicht bei der Staatsanwaltschaft, die für die Verfolgung sämtlicher Straftaten in allen Materien zuständig ist und bislang personell und fachlich für die zusätzliche Aufgabe der Verfolgung von Insidervergehen kaum gerüstet ist.[222] Aus dem Vorstehenden erhellt, dass es sinnvoller wäre, wenn die BaFin die Insiderverfolgung übernähme, so weit ihm dies aufgrund seiner beschränkten Eingriffsbefugnisse irgend möglich ist und bis konkrete Ergebnisse vorliegen, und die Sache erst dann an die Staatsanwaltschaft abgibt.[223]

91 Nach der Anzeige bei der Staatsanwaltschaft enden die Ermittlungsbefugnisse der Bundesanstalt; dieser ist es verwehrt, von sich aus weitere Erkenntnisse zu sammeln. Die Anzeigeerstattung hat also zur Folge, dass ihr die sachliche Zuständigkeit insoweit grundsätzlich vollständig entzogen wird.[224] Das folgt aus den Sätzen 3 und 4. Satz 3 ist unzweifelhaft zu entnehmen, dass die Staatsanwaltschaft

---

[217] *Assmann/Schneider/Dreyling*, § 4 Rn. 57; OLG Frankfurt a. M., OLGR Frankfurt 2003, 458.
[218] *Assmann/Schneider/Vogel*, § 4 Rn. 68.
[219] Einzelheiten bei der Kommentierung zu § 40.
[220] Vgl. OLG Frankfurt a. M., OLGR Frankfurt 2003, 458 (im Erg. verneint).
[221] Vgl. a. BT-Drs. 12/6679, S. 51.
[222] Vgl. dazu anschaulich *Benner* ZRP 2001, 450, 451 ff.
[223] So wohl auch *Rauscher*, Bundesaufsichtsamt, S. 104.
[224] Ebenso BT-Drs. 15/3174, S. 30.

Aufgaben 92–95 § 4

nunmehr für inlandsbezogene Strafverfahren Herrin des Ermittlungsverfahrens ist
– über (weitere) Ermittlungsmaßnahmen nach StPO entscheidet sie, nicht die
BaFin. Satz 4 stellt lediglich klar, dass die Zuständigkeit der Bundesanstalt für
Verwaltungsmaßnahmen nach § 4 Abs. 1 und 2 und die ihr obliegenden Auskunftspflichten nach § 7 gegenüber ausländischen Stellen unabhängig von strafrechtlichen Ermittlungskompetenzen der Staatsanwaltschaft weiterhin bestehenbleiben.

In der Praxis wurde das BAWe bislang von der Staatsanwaltschaft offenbar **in** 92
die weiteren Ermittlungen – informell – einbezogen.[225]

Welche Staatsanwaltschaft **örtlich zuständig** ist, richtet sich nach § 143 93
GVG, der grundsätzlich die örtliche Zuständigkeit des Gerichts (§§ 7 ff. StPO)
anknüpft, bei dem sie ansässig sind. In der Regel wird die Staatsanwaltschaft bei
dem Landgericht Frankfurt am Main zuständig sein.[226]

Fraglich ist, ob die **Staatsanwaltschaft von sich aus, ohne entsprechende** 94
Anzeige der BaFin, wegen des Verdachts einer Insiderstraftat ermitteln darf.
Dass dies unter praktischen Gesichtspunkten nicht sinnvoll ist, wurde bereits ausgeführt. § 160 Abs. 1 Alt. 2 StPO („auf anderem Wege") verpflichtet die Staatsanwaltschaft, grundsätzlich jedem Verdacht einer Straftat nachzugehen, auch
wenn keine Anzeige vorliegt. Diese Verpflichtung kommt ferner in § 152 Abs. 2
StPO zum Ausdruck, wird dort allerdings unter den Vorbehalt abweichender
gesetzlicher Regelung gestellt. Es ist nicht davon auszugehen, dass § 18 aF/§ 4
Abs. 5 eine solche abweichende Regelung treffen wollte, auch wenn sich der
Regelung die Intention des Gesetzgebers entnehmen lässt, dass die Anfangsermittlungen grundsätzlich von der Bundesanstalt durchgeführt werden sollen.
Ebenso wie die Staatsanwaltschaft trotz entsprechender Kompetenz der Finanzbehörde (§§ 399, 386 Abs. 2 AO) bei dem Verdacht einer Straftat eigenständige
Ermittlungen, ggf. unterstützt durch die Polizei (§ 161 Abs. 1 StPO), anstellen
kann,[227] ist sie hierzu auch im Bereich der Insiderverfolgung befugt.[228] In der
Praxis wird die Staatsanwaltschaft – auch insoweit parallel zum steuerrechtlichen
Ermittlungsverfahren – jedoch in der Regel den Abschluss der Ermittlungen der
Bundesanstalt abwarten bzw. die Sache zur (Vor-)Ermittlung an diese abgeben.
Vereinzelt hat es aber auch bereits parallele Ermittlungstätigkeit gegeben.[229]

Erstattet die BaFin gemäß Absatz 5 Satz 1 Anzeige, so „kann" sie gemäß 95
Satz 2 die entsprechenden personenbezogenen **Daten** der Staatsanwaltschaft
übermitteln. Nach dem Wortlaut der Vorschrift steht die Übermittlung also in
ihrem Ermessen. Gem. § 161 StPO ist die Bundesanstalt dagegen zur Übermittlung verpflichtet, wenn die Staatsanwaltschaft dies von ihr verlangt. Es ist davon
auszugehen, dass Absatz 5 Satz 2 diese Verpflichtung nicht abschwächen sollte.

---

[225] Vgl. *Süßmann* AG 1997, 64; anders der Bericht von *Rauscher*, Bundesaufsichtsamt,
S. 155 f.
[226] Im November 2001 hat der Generalstaatsanwalt bei dem OLG Frankfurt am Main
gem. § 143 Abs. 4 GVG angeordnet, dass im Land Hessen für die Verfolgung von Insiderstraftaten künftig *allein* die Staatsanwaltschaft Frankfurt am Main zuständig sein soll (Jahresbericht BAWe 2001, S. 20), womit ein erster Schritt zugunsten der gebotenen fachlichen
Spezialisierung der Strafverfolgungsbehörden getan wurde.
[227] Vgl. *Schäfer*, § 18 Rn. 2.
[228] Ebenso *Schäfer*, § 18 Rn. 2; wohl auch *Rauscher*, Bundesaufsichtsamt, S. 103 f.
[229] So der Bericht von *Schäfer*, § 18 Rn. 2, der als Beispiel die Vorgänge um die Kursbewegungen der SAP-Aktie Ende 1996 nennt.

§ 4   96, 97 Abschn. 2. Bundesanstalt für Finanzdienstleistungsaufs.

Ein plausibler Grund dafür, warum die Bundesanstalt einerseits zur Anzeige verpflichtet sein sollte, andererseits aber nach Belieben darüber sollte entscheiden können, die dazugehörigen Informationen der Staatsanwaltschaft preiszugeben oder nicht, ist nicht ersichtlich. Die Verwendung des „kann", die damit zu erklären ist, dass der Gesetzgeber die ursprüngliche Regelung in § 18 S. 2 aF entsprechend § 17 als datenschutzrechtliche Befugnisnorm konzipierte, ist richtigerweise in Zusammenschau mit § 161 StPO wie folgt zu lesen: „Die Bundesanstalt ist berechtigt und auf Verlangen der Staatsanwaltschaft verpflichtet, ...". In der Praxis werden wohl nicht nur Informationen übermittelt, sondern wird der gesamte Vorgang an die Staatsanwaltschaft abgegeben.[230]

96 Absatz 2 der Vorgängervorschrift des § 18, der vorsah, dass die zuständigen Behörden das BAWe über den weiteren Verlauf und Abschluss des Strafverfahrens zu informieren haben, ist mit Wirkung zum 1. Juni 1998 aufgehoben und durch die ähnliche, allerdings wesentlich ausführlichere und differenziertere Regelung des § 40 a ersetzt worden.

97 In der **Praxis** kam es bislang nicht allzu häufig zu Anzeigen bei der Staatsanwaltschaft gem. § 18 aF. Die Zahl der letztlich erfolgten Verurteilungen war in den vergangenen Jahren stets außerordentlich gering, wesentlich geringer als die Zahl der eröffneten Strafverfahren.[231] Es gibt verschiedene Gründe für die offensichtlich bislang beschränkte praktische Effektivität der Aufsicht.[232] Vor allem ist zu bedenken, dass die Ausnutzung von Insiderwissen nicht immer in einem solchen Ausmaß erfolgt, dass der Umsatz ungewöhnlich ist oder der Kurs auffällig reagiert und sich damit greifbare „Anhaltspunkte" für ein Einschreiten nach Absatz 3 ergeben, etwa bei Transaktionen mit geringerem Volumen oder wenn ein Insider klug genug ist, seine Geschäfte zeitlich zu strecken. Derartige Fälle bleiben daher häufig unentdeckt. Außerdem kann die Bundesanstalt schon aus Kapazitätsgründen nicht jedem Anhaltspunkt bis ins letzte nachgehen; insbesondere sind längere Transaktionsketten und persönliche und geschäftliche Verbindungen nur schwer aufzudecken. Der geschickte, über mehrere Strohmänner handelnde Täter[233] bleibt daher häufig ebenfalls unbehelligt. Schließlich darf nicht vergessen werden, dass häufig die angeordneten Auskünfte (unerkennbar) unvollständig oder unzutreffend erteilt werden dürften oder – gerade von ausländischen Unternehmen, gegenüber denen nicht ohne weiteres vollstreckt werden kann – schlicht verweigert werden,[234] so dass die Ermittlungen spätestens an dieser Stelle steckenbleiben. Letztlich fehlt es auch an dem erforderlichen Fachwissen bei der Staatsanwaltschaft und den Gerichten.[235] Nach alledem dürfte so nur die Spitze des Eisberges sichtbar werden; nur die ungeschickten Täter werden ermittelt.[236]

---

[230] Vgl. a. die Begründung des Regierungsentwurfs, BT-Drs. 12/6679, S. 51.
[231] Vgl. die umfangreichen statistischen Angaben im Jahresbericht 2001 des BAWe, S. 57, und in den Jahresberichten der BaFin 2004, S. 188, 2005 S. 157 f. Vgl. a. *Rauscher,* Bundesaufsichtsamt, S. 156 ff., *Schlüter,* Wertpapierhandelsrecht, Rn. D 150–152, sowie die Kommentierung zu § 38.
[232] Vgl. dazu *Ransiek* DZWir 1995, 53, 54 ff.; *Schlüter,* Wertpapierhandelsrecht, Rn. D 150 ff.; *Benner* ZPR 2001, 450 ff.
[233] Beispiel bei *Ransiek* DZWir 1995, 56.
[234] So auch der Bericht von *Trouet,* Wirtschaftsaufsicht, S. 152.
[235] Vgl. *Benner* ZRP 2001, 450, 452 f.
[236] *Ransiek* DZWir 1995, 55 f.

6. Vornahme von Veröffentlichungen oder Mitteilungen durch die Bundesanstalt (Abs. 6)

Die Vorschrift setzt Artikel 6 Abs. 7 der Marktmissbrauchsrichtlinie um und entspricht − in allgemeinerer Formulierung − dem bisherigen § 29 Abs. 3. Die Bundesanstalt kann auf Kosten von veröffentlichungs- oder mitteilungspflichtigen Personen selbst die für den Finanzmarkt erforderliche Transparenz herstellen. Dadurch wird im Vergleich zu dem Verfahren nach dem Verwaltungsvollstreckungsgesetz eine deutlich schnellere Information des Marktes erreicht. Aus Gründen der Markttransparenz und um durchgängig eine zeitnahe Unterrichtung der Öffentlichkeit zu gewährleisten, hat der Gesetzgeber des Anlegerschutzverbesserungsgesetzes diese Maßnahme − über den in § 29 Abs. 3 ursprünglich allein erfassten Fall des § 25 Abs. 1, 2 hinaus − nunmehr hinsichtlich sämtlicher Veröffentlichungs- und Mitteilungspflichten nach dem WpHG vorgesehen.[237]

Sinn des § 29 Abs. 3 war es, dem Bedürfnis des Publikums nach einer zügigen Unterrichtung über Veränderungen im Aktionärskreis der Gesellschaft Rechnung zu tragen.[238] § 29 Abs. 3 ist vom BAWe bereits angewendet worden.[239]

Dogmatisch gesehen handelt sich, jedenfalls nach Bundes-Verwaltungsvollstreckungsrecht, nicht um eine Ersatzvornahme, weil diese nach § 10 VwVG die Beauftragung *eines anderen* durch die Behörde voraussetzt, hier die Bundesanstalt die dem Pflichtigen obliegende Handlung − Veranlassung der Veröffentlichung − jedoch selbst vornimmt. Diese sog. **Selbstvornahme** ist zwar nach dem Vollstreckungsrecht der meisten Länder ein Fall der Ersatzvornahme, nach dem hier anwendbaren Vollstreckungsrecht des Bundes dagegen ein Unterfall des **unmittelbaren Zwanges** (vgl. § 12 VwVG aE: „die Handlung selbst vornehmen").[240] Eine vorherige Androhung des Zwangsmittels ist im Bereich des § 4 Abs. 6 anders als nach allgemeinem Verwaltungs-Vollstreckungsrecht (§ 13 VwVG) nicht erforderlich. Die Kostenerstattung wird durch **Leistungsbescheid** gegenüber dem Pflichtigen geltend gemacht, wobei die Ermächtigung zum Erlass eines solchen Bescheids in Abs. 6 („auf Kosten") enthalten ist.

Im allgemeinen Vollstreckungsrecht herrscht Streit darüber, ob die Behörde, die die Ersatzvornahme durchgeführt ist, verpflichtet ist, die entstandenen Kosten vom Inanspruchgenommenen zurückzufordern oder ob sie darüber nach pflichtgemäßem Ermessen entscheidet.[241] Der Wortlaut „auf Kosten" ist − bei § 4 Abs. 6 wie bei § 10 VwVG − nicht eindeutig. Richtiger dürfte es sein, von einer **Ermessensvorschrift** auszugehen, weil so Besonderheiten des Einzelfalls besser Rechnung getragen werden kann und eine (teilweise) Nichterhebung der Kosten aus Billigkeitsgründen ermöglicht wird.

---

[237] BT-Drs. 15/3174, S. 30.
[238] Begründung Regierungsentwurf, BT-Drs. 12/6679, S. 56.
[239] Vgl. *Nottmeier/Schäfer* AG 1997, 96.
[240] So richtig *Schäfer/Geibel*, § 10 Rn. 15; aA (Ersatzvornahme) *Assmann/Schneider*, § 25 Rn. 37; *Assmann/Schneider/Dreyling* § 4 Rn. 58; *Nottmeier/Schäfer* AG 1997, S. 87, 96.
[241] Vgl. *Steiner/Schenke*, Bes. Verwaltungsrecht, Abschn. II Rn. 354 (Pflicht zur Kostenerhebung); VGH Kassel NJW 1997, 1023; VGH Mannheim DVBl. 1991, 1370; *Schmidt-Aßmann/Friauf*, Bes. Verwaltungsrecht, 2. Abschn. Rn. 204 (Ermessensentscheidung); differenzierend OVG Münster NVwZ-RR 1997, 99.

7. Zwangsmittel (§ 17 FinDAG)

a) Verfügungen innerhalb der gesetzlichen Befugnisse

102 Die Bundesanstalt muss über Zwangsmittel verfügen, um ihre Maßnahmen auch gegen den Willen der Adressaten durchsetzen zu können. § 17 FinDAG, der die Vorgängerregelungen in § 10 WpHG, § 50 KWG und § 93 VAG zusammenfasst, dient diesem Zweck. Satz 1 hat nur deklaratorische Bedeutung, wenn dort festgelegt wird, dass die Bundesanstalt Zwangsmittel nach dem VwVG anwenden kann.[242] Das **VwVG** ist nämlich auf die Maßnahmen der Anstalt **direkt anwendbar**, da diese als bundesunmittelbare juristische Person des öffentlichen Rechts ohne weiteres dem Anwendungsbereich des VwVG unterfällt, vgl. § 1 Abs. 1 VwVG. Eigenständige Bedeutung haben dagegen Sätze 2–4, die Abweichungen vom bzw. Ergänzungen des VwVG anordnen.

103 Im Wege des Verwaltungszwangs können, wie sich aus § 10 und aus §§ 3 Abs. 2 lit. a), 6 Abs. 1 VwVG ergibt, nur **Verfügungen,** also Verwaltungsakte durchgesetzt werden. Erste Voraussetzung für die Anwendung eines Zwangsmittels ist daher der Erlass eines Verwaltungsakts, ggf. in Form einer Allgemeinverfügung (§ 35 S. 2 VwVfG).

104 Die Bundesanstalt kann **innerhalb ihrer Befugnisse,** d. h. im vorliegenden Zusammenhang gem. WpHG Verfügungen folgender Art treffen, die zwangsweise durchsetzbar sind:

– Anordnung, Auskunft zu erteilen und Unterlagen vorzulegen: § 4 Abs. 3, § 35 Abs. 2.

– Anordnung, das Betreten von Grundstücken und Geschäftsräumen zu dulden: § 4 Abs. 4.

– Verbotsanordnungen im Rahmen des § 36 b.

– Anordnungen im Rahmen der Missstandsaufsicht gem. § 4 S. 3.

– Kostenbescheide nach § 11 aF, § 4 Abs. 6 sowie nach §§ 14 ff. FinDAG.

Die tatbestandliche Beschränkung auf „Verfügungen, *die sie innerhalb ihrer gesetzlichen Befugnisse trifft*", hat keine eigenständige Bedeutung. Insbesondere bedeutet dieser Passus nicht, dass – abweichend vom allgemeinen Verwaltungsvollstreckungsrecht – nur rechtmäßige Verwaltungsakte vollstreckt werden dürfen.[243]

105 Die in § 4 gewährten Eingriffsrechte können als belastende Verwaltungsakte **nach allgemeinen Regeln zwangsweise durchgesetzt** werden. Als Zwangsmittel kommen die Androhung und Festsetzung von Zwangsgeld (Auskunftsersuchen, Aktenvorlageverlangen), die Ersatzvornahme (Aktenvorlageverlangen) oder der unmittelbare Zwang (Aktenvorlageverlangen, Betretensrecht) in Betracht.[244]

106 Verstöße gegen vollziehbare Auskunfts- und Unterlagenvorlageverlangen und die Verweigerung des Zutritts trotz Betretensrechts können gem. § 39 Abs. 2 Ziff. 1, 2, Abs. 3 als Ordnungswidrigkeit mit einem **Bußgeld** geahndet werden.

---

[242] Ebenso *Schäfer/Geibel,* § 10 Rn. 1; *Boos/Fischer/Schulte-Mattler/Lindemann,* KWG, § 50 Rn. 4 (für die gleichlautende Vorschrift des § 50 KWG); missverständlich BT-Drs. 12/6679, S. 44.

[243] S. u. Rn. 113.

[244] Zu den insoweit bestehenden Rechtsschutzmöglichkeiten s. u. Rn. 124 ff.

b) Zwangsmittel nach Bundes-Verwaltungsvollstreckungsgesetz

Mit dem Verwaltungszwang soll ein gegenüber dem Adressaten eines Verwaltungsakts angeordnetes Tun, Dulden oder Unterlassen[245] auch gegen dessen Willen durchgesetzt werden. Eine derartige Möglichkeit der zwangsweisen Durchsetzung muss bestehen, um die **Effektivität des Verwaltungshandelns** im allgemeinen und der von der Bundesanstalt ausgeübten Aufsicht im besonderen **zu sichern**. Ohne die Möglichkeit zwangsweiser Durchsetzung würde keinerlei Anreiz für die Adressaten von belastenden Verwaltungsakten bestehen, deren Anordnung freiwillig nachzukommen. 107

§ 17 FinDAG und das von ihm in Bezug genommene VwVG bilden dabei keine eigene Ermächtigungsgrundlage zum Erlass solcher **Grund-Verwaltungsakte,** sondern setzen eine **anderweitig bestehende Ermächtigungsgrundlage** (und einen auf dieser Basis erlassenen Verwaltungsakt) voraus. Geregelt wird ausschließlich, wie eine anderweitig durch Verwaltungsakt begründete Pflicht (s. o. Rn. 35) durchgesetzt wird. 108

aa) Voraussetzungen für die Anwendung von Verwaltungszwang. Zwangsmittel zur **Durchsetzung von Handlungen, Duldungen oder Unterlassungen** dürfen gem. § 6 Abs. 1 VwVG nur in drei Konstellationen angewendet werden: 109
- Der durchzusetzende Verwaltungsakt ist unanfechtbar, d. h. die Rechtsbehelfsfristen (bei ordnungsgemäßer Belehrung ein Monat, sonst ein Jahr, vgl. § 58 VwGO) sind abgelaufen;
- die sofortige Vollziehung des Verwaltungsakts ist von der Behörde besonders angeordnet worden (§ 80 Abs. 2 Nr. 4 VwGO);
- aufgrund besonderer gesetzlicher Anordnung haben Rechtsmittel im konkreten Fall keine aufschiebende Wirkung (§ 80 Abs. 2 Nr. 3 VwGO).

Die **Anordnung der sofortigen Vollziehung** ist ein Instrument zur Erhöhung der Effektivität behördlichen Handelns in eilbedürftigen Fällen. Sie ist grundsätzlich nur rechtmäßig, wenn sie eine schriftliche Begründung enthält, warum die Anordnung im öffentlichen Interesse oder im überwiegenden Interesse eines Beteiligten liegt (§ 80 Abs. 3 VwGO).[246] 110

Der Gesetzgeber hat die **aufschiebende Wirkung** von Widerspruch und Anfechtungsklage gegen Maßnahmen im Rahmen des WpHG – wie bei solchen im Rahmen des KWG (vgl. § 49 KWG) – weitgehend **ausgeschlossen** und so weitgehende Möglichkeiten zur Vollstreckung vor Unanfechtbarkeit auch ohne Anordnung der sofortigen Vollziehung geschaffen, vgl. §§ 4 Abs. 7, 35 Abs. 5. In diesen Fällen kann also wie bei der Anordnung der sofortigen Vollziehung trotz Widerspruchs vollstreckt werden, jedenfalls so lange, wie die BaFin nicht auf Antrag die Vollziehung ausgesetzt hat (§ 80 Abs. 4 VwGO) oder das Verwaltungsgericht die aufschiebende Wirkung des Widerspruchs auf Antrag des Betroffenen ausdrücklich angeordnet (§ 80 Abs. 5 VwGO) bzw. den Verwaltungsakt im Hauptsacheverfahren aufgehoben hat (§ 113 Abs. 1 S. 1 VwGO). 111

Die **Rechtmäßigkeit** des Verwaltungsakts ist nach allgemeinem Verwaltungsvollstreckungsrecht **nicht Voraussetzung** für die zwangsweise Durchsetzung; 112

---

[245] Feststellende und gestaltende Verwaltungsakte wirken eo ipso und bedürfen keines Vollzugs.
[246] Näheres bei *Kopp/Schenke,* VwGO, § 80 Rn. 84 ff.

§ 4 113, 114   Abschn. 2. Bundesanstalt für Finanzdienstleistungsaufs.

vielmehr können grundsätzlich auch rechtswidrige Verwaltungsakte vollzogen werden, sofern die übrigen Vollstreckungsvoraussetzungen gegeben sind.[247] Erforderlich ist aber, dass der fragliche Verwaltungsakt überhaupt wirksam ist, d.h. dass er bekanntgemacht worden ist (§ 43 VwVfG), dass er nicht wegen eines schweren und offensichtlichen Fehlers nichtig ist (§ 44 VwVfG) und dass er einen **vollstreckungsfähigen Inhalt** hat, er also inhaltlich hinreichend bestimmt ist (§ 37 Abs. 1 VwVfG).[248] Für die Vollstreckung von Verwaltungsakten der BaFin gilt nichts anderes. Insbesondere bedeutet die Formulierung „innerhalb seiner gesetzlichen Befugnisse" in § 17 S. 1 FinDAG nicht, dass die Bundesanstalt nur rechtmäßige Verfügungen zwangsweise durchsetzen dürfte.[249] Für die Vollstreckung die Rechtmäßigkeit des zu vollstreckenden Verwaltungsakts zu fordern, stände weder mit dem Institut der Bestandskraft – das eben besagt, dass ein unanfechtbarer Verwaltungsakt unabhängig von seiner Rechtmäßigkeit voll wirksam und durchsetzbar ist – noch mit dem der sofortigen Vollziehbarkeit – die der Gesetzgeber für bestimmte Fallgruppen im Interesse einer schlagkräftigen Verwaltung ebenfalls ohne Rücksicht auf die Rechtmäßigkeit anordnet – in klarem Widerspruch.[250] Allenfalls kann die Vollstreckung eines ganz offensichtlich rechtswidrigen Verwaltungsakts durch das Verwaltungsgericht für unzulässig erklärt werden.[251]

113 In außergewöhnlichen Situationen, insbesondere **bei drohender Gefahr**, dürfen gem. § 6 Abs. 2 VwVG Zwangsmittel angewendet werden, ohne dass zuvor ein Grund-Verwaltungsakt erlassen worden ist. Voraussetzung ist aber stets, dass die Behörde – hier die Bundesanstalt – „innerhalb ihrer Befugnisse" handelt, d.h. dass eine fiktive Grundverfügung zulässig wäre. Im Rahmen der von der BaFin ausgeübten Aufsicht sind nur wenige Konstellationen denkbar, in denen ein derartiger sog. „unmittelbarer Vollzug" notwendig werden könnte.

114 **bb) Durchführung des Verwaltungszwangs.** Der Verwaltungsakt wird von der Behörde vollzogen, die ihn erlassen hat (§ 7 Abs. 1 Alt. 1 VwVG). Damit ist die BaFin Vollstreckungsbehörde. Als Zwangsmittel stehen gem. § 9 VwVG **Zwangsgeld, unmittelbarer Zwang und Selbst- oder Ersatzvornahme** zur Verfügung. Die Entscheidung, dass der Verwaltungsakt zwangsweise durchgesetzt werden soll, und die Auswahl des Zwangsmittels erfolgen aufgrund pflichtgemäßer Ermessensausübung (Wortlaut: „kann"). Die Bundesanstalt ist also nicht verpflichtet, einen von ihr erlassenen Verwaltungsakt zwangsweise durchzusetzen. Sie kann sich etwa auch mit der Verhängung eines Bußgeldes gem. §§ 39, 40 zufrieden geben. Bei der Ermessensentscheidung über das Ob und Wie der zwangsweisen Durchsetzung sind insbesondere der Grundsatz der Verhältnismäßigkeit (§ 9 Abs. 2 VwVG) und Art. 3 Abs. 1 GG zu beachten.[252]

---

[247] Vgl. den Wortlaut von §§ 3, 6 VwVG, die lediglich die Existenz eines Leistungsbescheids oder sonstigen Verwaltungsakts, nicht aber dessen Rechtmäßigkeit voraussetzen, vgl. a. *Erichsen*, Allgem. Verwaltungsrecht, § 21 Rn. 15.
[248] *Erichsen*, aaO; *Sadler*, VwVG/VwZG, § 6 VwVG Rn. 4.
[249] Ebenso, für den entsprechenden Passus in § 50 Abs. 1 S. 1 KWG, *Boos/Fischer/Schulte-Mattler/Lindemann*, KWG, § 50 Rn. 8; vgl. a. *Beck/Samm*, KWG, § 50 Rn. 6.
[250] Dahingehend auch *Boos/Fischer/Schulte-Mattler/Lindemann*, KWG, § 50 Rn. 8.
[251] Dahingehend *Boos/Fischer/Schulte-Mattler/Lindemann*, KWG, § 8.
[252] Vgl. a. *Beck/Samm*, KWG, § 50 Rn. 12, 20.

Aufgaben 115–118 § 4

Vor der Anwendung der Zwangsmittel hat in der Regel eine schriftliche **An-** 115
drohung zu erfolgen, die mit dem Grundverwaltungsakt verbunden werden
kann; wird Zwangsgeld angedroht, ist dessen Höhe zu nennen (§ 13 Abs. 1, 5
VwVG). Die Androhung muss sich auf ein bestimmtes Zwangsmittel beziehen;
die gleichzeitige Androhung mehrerer Zwangsmittel oder eine Androhung, mit
der sich das Amt die Wahl zwischen mehreren Zwangsmitteln vorbehält, ist unzulässig (§ 13 Abs. 3 VwVG). Die Zwangsmittel können für jeden Fall der
Nichtbefolgung angedroht werden (§ 17 S. 2 FinDAG). Ist die in der Androhung
bestimmte Frist ergebnislos verstrichen, wird das angedrohte Zwangsmittel festgesetzt (§ 14 VwVG). Mit der Festsetzung beginnt die eigentliche Vollstreckung
des (Grund-)Verwaltungsakts; daher müssen spätestens in diesem Augenblick die
obengenannten Vollstreckungsvoraussetzungen vorliegen.[253]

Etwas anders gestaltet sich die Vollstreckung von **Leistungsbescheiden,** also 116
auf Zahlung eines Geldbetrages gerichteter Verwaltungsakte (insbes. Kosten- und
Gebührenbescheide), die aufgrund von § 11 aF, § 4 Abs. 6 bzw. §§ 14 ff. FinDAG erlassen werden.[254] Diese sind vollstreckbar, sofern die Leistung fällig ist
und seit Eintritt der Fälligkeit mindestens eine Woche vergangen ist; Unanfechtbarkeit des Leistungsbescheides ist nicht erforderlich.[255] IdR erfolgt zunächst
nach Ablauf einer Woche eine (kostenpflichtige, § 19 Abs. 2 VwVG) Mahnung.
Wird dann immer noch nicht gezahlt, ergeht eine Vollstreckungsanordnung, die
von den Hauptzollämtern nach den Vorschriften der Abgabenordnung durch
Vollstreckung in das bewegliche und/oder unbewegliche Vermögen des Vollstreckungsschuldners (Pfändung, Zwangsversteigerung, Zwangsverwaltung) durchgesetzt wird (§§ 3–5 VwVG). Zu beachten ist, dass die Vollstreckungsanordnung
im Verhältnis zum Schuldner keinen Verwaltungsakt darstellt.[256]

Der Verwaltungszwang steht selbstständig neben einem eventuellen **Ord-** 117
nungswidrigkeitsverfahren gem. §§ 39, 40. Das bedeutet insbesondere, dass
Zwangsmittel, auch ein Zwangsgeld, neben einer Geldbuße nach § 39 Abs. 3
angewendet werden können, § 13 Abs. 6 S. 1 VwVG. – Die Kosten der Vollstreckung hat der Vollstreckungsschuldner zu tragen, § 19 VwVG.

cc) Einzelne Zwangsmittel. In der Aufsichtspraxis spielt bei Verfügungen, 118
die keine Leistungsbescheide sind, das **Zwangsgeld** die Hauptrolle.[257] Dieses
kann bei unvertretbaren Handlungen oder bei vertretbaren Handlungen dann
verhängt werden, wenn eine Ersatzvornahme untunlich ist (§ 11 Abs. 1 VwVG).
Das Zwangsmittel ist keine Strafe, sondern ein Beugemittel zur Erzwingung
künftigen Verhaltens.[258] Deshalb kann es selbstständig neben einer Strafe oder
Geldbuße gem. §§ 38, 39 oder auch mehrfach festgesetzt werden, bis die Verpflichtung erfüllt worden ist (§ 13 Abs. 6 VwVG). Die Festsetzung des Zwangsgeldes stellt – wie die Festsetzung sonstiger Zwangsmittel – einen Verwaltungsakt
dar.[259] Das Zwangsgeld ist in der Höhe festzusetzen, in der es zuvor angedroht

---

[253] *Boos/Fischer/Schulte-Mattler/Lindemann,* KWG, § 50 Rn. 19.
[254] Zu § 11 aF s. unten, § 42.
[255] *Sadler,* VwVG/VwZG, § 3 VwVG Rn. 26.
[256] *Engelhardt/App,* § 3 VwVG Anm. 5 a); *Sadler,* § 3 VwVG Rn. 1 f.; *Erichsen,* Allgem. Verwaltungsrecht, § 21 Rn. 5.
[257] Vgl. *Assmann/Schneider/Dreyling,* Vor § 3 § 17 FinDAG Rn. 8.
[258] *Maurer,* Allgem. Verwaltungsrecht, § 20 Rn. 15.
[259] *Schäfer/Geibel,* § 10 Rn. 7; *Engelhardt/App,* § 14 VwVG Anm. 1.

wurde.²⁶⁰ Erfüllt der Pflichtige die Grundverfügung nach Zugang des Zwangsgeldbescheids, muss er das festgesetzte Zwangsgeld gleichwohl zahlen.²⁶¹ Wird ein festgesetztes Zwangsgeld nicht innerhalb der im Zwangsgeldbescheid angegebenen Frist gezahlt, so ist das Procedere dasselbe wie bei der Vollstreckung eines sonstigen fälligen Leistungsbescheids.²⁶² Ist das Zwangsgeld uneinbringlich, kann (durch verwaltungsgerichtliche Entscheidung) **Ersatzzwanghaft** angeordnet werden (§ 16 VwVG). Diese Maßnahme ist aber nur zulässig, wenn sonstige, im Einzelfall mildere Zwangsmittel, insbesondere die Ersatzvornahme, nicht (mehr) zur Verfügung stehen.²⁶³

119 **Unmittelbarer Zwang** kann angewendet werden, wenn die Ersatzvornahme oder das Zwangsgeld nicht zum Ziel führen oder diese Mittel untunlich sind (§ 12 VwVG). Unmittelbarer Zwang bedeutet, dass die Behörde den Pflichtigen unmittelbar durch körperliche Gewalt, ihre Hilfsmittel und durch Waffen zu einer Handlung, Duldung oder Unterlassung zwingen oder die Handlung selbst vornehmen kann (§ 12 VwVG, § 2 Abs. 1 UZwG). Unmittelbarer Zwang in Form der ersten Alternative stellt das schärfste Zwangsmittel dar und kommt daher nur als ultima ratio in Betracht.²⁶⁴ Ein Beispiel ist etwa die Erzwingung von Zutrittsrechten zu Geschäftsräumen, weil die Verhängung von Zwangsgeld hier zu einem nicht unerheblichen Zeitverzug führt, während das Betretensrecht im Wege des unmittelbaren Zwangs unter Inanspruchnahme von polizeilicher Amtshilfe (§ 15 Abs. 2 S. 2 VwVG) sofort durchgesetzt werden kann. Unmittelbarer Zwang in Form der zweiten Alternative (Selbstvornahme) ist etwa die Erfüllung von Veröffentlichungspflichten durch die Bundesanstalt an Stelle des Pflichtigen (§ 29 Abs. 3).

120 Die **Ersatzvornahme** spielt im Bereich des WpHG kaum eine Rolle, weil diese eine vertretbare Handlung voraussetzt, die meisten der im WpHG geregelten Pflichten dagegen höchstpersönlicher Art sind (vgl. insbes. §§ 14f., 31f.). Auch bei § 4 Abs. 6 handelt es sich nicht um eine Ersatzvornahme.²⁶⁵

c) Vorgehen gegen juristische Personen des öffentlichen Rechts

121 § 17 VwVG verbietet grundsätzlich die Anwendung von Zwangsmitteln gegen Behörden und juristische Personen des öffentlichen Rechts, erlaubt aber spezialgesetzliche Abweichungen von diesem Grundsatz. **§ 17 S. 3 FinDAG** enthält eine derartige Abweichung (ebenso § 50 Abs. 1 S. 2 KWG, § 93 Abs. 1 S. 2 VAG). Diese wurde erforderlich, weil das Bundesaufsichtsamt bzw. die Bundesanstalt im Rahmen der Durchführung der Aufsicht Verwaltungsakte (insbesondere Auskunftsverlangen) auch an juristische Personen des öffentlichen Rechts richten kann (etwa Auskunftsverlangen gem. § 16 an Landesbanken oder Bundesländer), und auch diese Verfügungen zwangsweise durchsetzbar sein müssen.

---

²⁶⁰ Beck/Samm, KWG, § 50 Rn. 33. Zur Höhe des Zwangsgeldes vgl. im Übrigen unten Rn. 52.
²⁶¹ Beck/Samm, KWG, § 50 Rn. 33.
²⁶² S. o. Rn. 117.
²⁶³ VG Berlin NVwZ-RR 1999, 349.
²⁶⁴ *Erichsen*, Allgem. Verwaltungsrecht, § 21 Rn. 14; *Maurer*, Allgem. Verwaltungsrecht, § 20 Rn. 17.
²⁶⁵ S. o. Rn. 101.

d) Höhe des Zwangsgeldes

Gem. § 11 Abs. 3 VwVG beträgt die maximale Höhe des Zwangsgeldes nach wie vor 2000,– DM. Dies stellt – jedenfalls für größere Kredit- und Finanzdienstleistungsinstitute – einen geradezu lächerlich geringen Betrag dar, von dessen Auferlegung daher die bezweckte Beugewirkung schwerlich ausgehen würde. Ursprünglich sah das WpHG daher in § 10 S. 3 eine maximale Höhe von 50000,– DM vor; dieser Betrag ist durch das Richtlinienumsetzungsgesetz auf 100000,– DM verdoppelt worden. Auch dieser Betrag dürfte – als Maximalwert – immer noch an der unteren Grenze dessen gelegen haben, was der Aufsichtsbehörde an finanziellem Druck zur Verfügung stehen muss. Macht man mit der ratio legis ernst, dass ein Zwangsgeld in erheblicher Höhe möglich sein muss, um Aufsichtsmaßnahmen nicht dadurch zu konterkarieren, dass die Betroffenen nach einer „Güterabwägung" lieber einen für sie lukrativen Gesetzesverstoß begehen und ein geringes Zwangsgeld in Kauf nehmen, als sich den Anordnungen des Bundesaufsichtsamts zu beugen,[266] und berücksichtigt man ferner, dass bereits die abstrakte, im Gesetz verankerte Zwangsgeldandrohung abschreckende Wirkung entfalten sollte, bedarf es anderer Größenordnungen. Das FinDAG trägt dem nunmehr Rechnung, indem es nach dem Vorbild von § 50 Abs. 2 KWG (500000,– DM) nunmehr ein Zwangsgeld in Höhe bis zu 250000,– EURO vorsieht.

8. Rechtsschutz gegen Maßnahmen der Bundesanstalt

a) Keine aufschiebende Wirkung von Rechtsbehelfen (Absatz 7)

Absatz 7 hebt – auf der Grundlage der Ermächtigung des § 80 Abs. 2 Ziff. 3 VwGO – die gem. § 80 Abs. 1 VwGO grundsätzlich bestehende aufschiebende Wirkung von Widerspruch und Anfechtungsklage auf, womit die entsprechenden Verwaltungsakte sofort vollstreckt werden können,[267] es sei denn, der Adressat beantragte gem. § 80 Abs. 5 VwGO die Wiederherstellung der aufschiebenden Wirkung. Hinter dieser Regelung dürfte die Erwägung stehen, dass Verstöße gegen die Verbote und Gebote des WpHG, insbesondere gegen das Verbot des Insiderhandelns, erhebliche wirtschaftliche und Vertrauensschäden verursachen können und daher einer unverzüglichen Aufklärung bedürfen, die durch Einlegung von Rechtsbehelfen nicht gehemmt werden darf.[268]

b) Sonstiges

Die Rechtsschutzmöglichkeiten richten sich nach der Rechtsform der beanstandeten Maßnahme. Förmliche Maßnahmen des Amtes können mit den üblichen Rechtsbehelfen angegriffen werden. Gegen **Verwaltungsakte** ist Widerspruch zu erheben. Da die Bundesanstalt keine oberste Bundesbehörde ist, ist die Durchführung eines Widerspruchsverfahrens vor Klageerhebung notwendig, wobei die Anstalt selbst Widerspruchsbehörde ist, da sie unmittelbar dem Bundesministerium der Finanzen nachgeordnet ist (§§ 68 Abs. 1 S. 2, 73 Abs. 1 S. 2 Nr. 2 VwGO). Ein zurückweisender Widerspruch kann mit der Anfechtungs-

---

[266] Vgl. Begr. des Regierungsentwurfs, BT-Drs. 13/7142, S. 106.
[267] S.o. Rn. 103 ff.
[268] Vgl. BT-Drs. 12/6679, S. 50.

oder Verpflichtungsklage vor dem VG Frankfurt a. M.[269] angefochten werden (§ 42 Abs. 1 VwGO), wobei die Klage gegen die Bundesanstalt zu richten ist (§ 78 Abs. 1 Nr. 1 VwGO). Widerspruch und Anfechtungsklage haben grundsätzlich aufschiebende Wirkung, § 80 Abs. 1 VwGO, es sei denn, der Wegfall der aufschiebenden Wirkung wird vom Amt ausdrücklich angeordnet, § 80 Abs. 2 Ziff. 4 VwGO, oder ist bereits im Gesetz vorgesehen, § 80 Abs. 2 Ziff. 3 VwGO. Letzteres ist etwa in § 4 Abs. 7 (soeben Rn. 124), § 35 Abs. 3 und § 36 Abs. 2 S. 2 letzter Hs. der Fall. Soweit die Klage nicht vom Adressaten eines belastenden Verwaltungsakts selbst erhoben wird, sondern von einem Dritten (bei einer Handelsuntersagung oder -aussetzung etwa von der Maßnahme mittelbar betroffenen Anleger oder Finanzdienstleistungsinstitute), bedarf die Klagebefugnis (§ 42 Abs. 2 VwGO) näherer Prüfung.[270] – Gegen Verfügungen der Bundesanstalt auf der Grundlage von §§ 37 n ff. ist in §§ 37 t, u ein von den vorgenannten Grundsätzen zT abweichendes, besonderes Beschwerdeverfahren eingerichtet worden.[271]

125 **Rechtsverordnungen** des Amtes können gem. § 47 VwGO nicht angegriffen werden, weil die dort vorgesehene Normenkontrolle von Bundesoberbehörden erlassene Verordnungen nicht ergreift.[272] Die Rechtmäßigkeit von Verordnungen des Bundesaufsichtsamtes kann daher nur **inzidenter** – etwa im Rahmen einer Anfechtungsklage gegen einen Verwaltungsakt des Amtes, der auf einer vom Amt erlassenen Verordnung beruht – zur Überprüfung gestellt werden.

126 Gegen **schlicht-hoheitliches Verwaltungshandeln** des Amtes kann, sofern dieses möglicherweise eine Rechtsverletzung bewirkt (§ 42 Abs. 2 VwGO), eine allgemeine Leistungsklage (gerichtet auf Aufhebung der Maßnahme bzw. auf Unterlassung) oder eine Feststellungsklage[273] erhoben werden. Ist eine konkrete Rechtsverletzung nicht ersichtlich – etwa bei bloßem Erlass einer Bekanntmachung oder Verlautbarung, deren Inhalt der Adressat für unzutreffend hält, oder bei bloßer Ankündigung einer Maßnahme –, so kann er dagegen wiederum nicht direkt vorgehen, sondern nur inzidenter im Rahmen des Rechtsstreits, der gegen den aufgrund einer solchen Bekanntmachung oder Verlautbarung erlassenen Verwaltungsakt geführt wird.[274]

127 Für den **Rechtsschutz gegen Vollstreckungsmaßnahmen** ist ebenfalls zu unterscheiden. Soweit die Vollstreckungsmaßnahmen Verwaltungsakte darstellen – was insbesondere für die Androhung und die Festsetzung eines Zwangsmittels zutrifft – sind Widerspruch (§§ 68 ff. VwGO) und Anfechtungsklage (§ 42 Abs. 1 VwGO) gegeben. Für die Androhung ordnet dies § 18 Abs. 1 VwVG (überflüssigerweise) besonders an. Auch gegen die unmittelbare Vollziehung (§ 6 Abs. 2 VwVG) sind die genannten Rechtsmittel gegeben (§ 18 Abs. 2 VwVG). Soweit die Vollstreckungsmaßnahme keine Verwaltungsakts-Qualität hat – was

---

[269] S. o. Vorbemerkung §§ 3 ff. Rn. 37.
[270] Vgl. hierzu allgem. etwa *Schlette*, Jura 2004, 90 ff., mwN; zur Klagebefugnis in dem im Text genannten Beispielsfall s. etwa: *Assmann/Schneider/Vogel*, § 4 Rn. 75.
[271] Vgl. im Einzelnen die Kommentierung zu §§ 37 t, u.
[272] Ebenso *Assmann/Schneider/Vogel*, § 4 Rn. 83.
[273] *Vgl.*, für den Bereich des KWG, VG Berlin WM 1987, 370; *Pitschas* WM 2000, 1121, 1129 f.; s. a. unten § 16 Rn. 61.
[274] So auch *Boos/Fischer/Schulte-Mattler/Fülbier*, KWG, § 6 Rn. 26.

Aufgaben   128–130 § 4

für die Anwendung eines Zwangsmittels, etwa die Anwendung unmittelbaren Zwangs oder die Ersatzvornahme anzunehmen ist[275] – kommt die allgemeine Leistungsklage (gerichtet auf Aufhebung/Rückgängigmachung des Vollzugs) oder die Feststellungsklage in Betracht. Die Rückgängigmachung des Vollzugs kann auch im Rahmen eines Klageverfahrens gegen die Grundverfügung ausgesprochen werden, § 113 Abs. 1 S. 2 VwGO. Soweit bei Leistungsbescheiden Einwendungen gegen die zu vollziehende Forderung selbst geltend gemacht werden sollen, kommen Vollstreckungsgegenklage (§ 767 ZPO iVm § 173 VwGO) oder Feststellungsklage (§ 43 VwGO) in Betracht.[276] Gegen Vollstreckungsmaßnahmen der Hauptzollämter[277] ist gem. § 33 Abs. 1 Nr. 2 FGO der Finanzrechtsweg gegeben.[278] Hat die Vollstreckung Schäden verursacht, ist an eine Amtshaftungsklage vor dem Zivilgericht zu denken.[279]

Das **Auskunfts- und Aktenvorlageersuchen** sowie die **Anordnung, das** 128 **Betreten eines Geschäftsraums zu dulden,** sind keine strafprozessualen Maßnahmen, sondern erfolgen in den Formen des Verwaltungsrechts und stellen sich daher als **(belastende) Verwaltungsakte** dar,[280] gegen die nach den allgemeinen Regeln (Erhebung von **Widerspruch und Anfechtungsklage**) Rechtsschutz vor dem Verwaltungsgericht begehrt werden kann. Für die Durchführung des Widerspruchsverfahrens ist die Bundesanstalt selbst zuständig.[281] § 44 a VwGO hindert eine gerichtliche Anfechtung nicht.[282] **Absatz 7** hebt – auf der Grundlage der Ermächtigung des § 80 Abs. 2 Ziff. 3 VwGO – die aufschiebende Wirkung von Widerspruch und Anfechtungsklage auf, womit die entsprechenden Verwaltungsakte sofort vollstreckt werden können,[283] es sei denn, der Adressat beantragte gem. § 80 Abs. 5 VwGO die Wiederherstellung der aufschiebenden Wirkung.

Besonderheiten bestehen, wenn das Auskunftsersuchen in die Form 129 schlicht-hoheitlichen Handelns gekleidet wurde. Hiergegen ist eine Unterlassungsklage als Unterfall der allgemeinen Leistungsklage zulässig. Das schlichte Betreten ohne zugrundeliegende Duldungsverfügung ist mit einer Feststellungsklage (§ 43 VwGO) anzugreifen.[284] Ist eine Duldungsverfügung erlassen worden, so hat sich diese mit Durchführung des Betretens erledigt, so dass insoweit eine Fortsetzungsfeststellungsklage (§ 113 Abs. 1 S. 4 VwGO analog) zu erheben ist.[285]

9. Datenschutz (Abs. 10)

Die Vorschrift ersetzt den bisherigen § 17. Sie statuiert eine **strenge Zweck-** 130 **bindung** der im Rahmen der laufenden Überwachung gewonnenen personen-

---

[275] Wie hier *Stelkens/Bonk/Sachs,* VwVfG, § 35 Rn. 65; *Erichsen/Rauschenberg* Jura 1998, 31, 40, 323, 336, jeweils mit zahlr. w. Nachw., auch der Gegenmeinung.
[276] Vgl. etwa *Erichsen,* Allgem. Verwaltungsrecht, § 21 Rn. 9.
[277] S. o. Rn. 117.
[278] So auch *Schäfer/Geibel,* § 10 Rn. 13.
[279] § 839 BGB iVm Art. 34 GG, § 71 Abs. 2 GVG. S. a. oben, Rn. 28 ff.
[280] S. bereits oben, Rn. 49.
[281] S. o. Rn. 125.
[282] Vgl. *Assmann/Schneider/Vogel,* § 4 Rn. 72.
[283] S. o. § 4 Rn. 124.
[284] *Voßkuhle* DVBl. 1994, 611, 620.
[285] *Voßkuhle* DVBl. 1994, 611, 620.

bezogenen Daten, also von Einzelangaben über persönliche oder sachliche Verhältnisse einer bestimmten oder bestimmbaren natürlichen Person (vgl. die Legaldefinition in § 3 Abs. 1 BDSG). Konkret sind damit die Angaben über die Identität der Auftraggeber und der berechtigten oder verpflichteten Personen aus den Wertpapiergeschäften sowie die Angaben über Wertpapierdepots und Geldkonten gemeint. Diese Daten dürfen ausschließlich im Rahmen der internationalen Zusammenarbeit sowie zur Erfüllung ihrer (innerstaatlichen) Aufsichtsaufgaben gespeichert, verändert und genutzt werden. Die „aufsichtlichen Aufgaben" sind nicht nur solche des WpHG, sondern auch die nach KWG und VAG.[286] Eine Weitergabe an andere innerstaatliche Behörden, insbesondere an die Finanzverwaltung (vgl. a. § 8 Abs. 2) ist unzulässig.[287] Die Restriktionen gelten allerdings gem. der Legaldefinition nur für Angaben über natürliche Personen. Entsprechende Daten von juristischen Personen unterliegen den genannten Restriktionen nicht. Unklar, ist, was das Gesetz mit „Veränderung" dieser Daten meint.

131 § 17 Absatz 2 regelte ausdrücklich, dass für Zwecke nach Absatz 1 nicht mehr benötigte personenbezogene Daten (also nicht solche einer juristischen Person) unverzüglich gelöscht werden müssen. Wann die Daten für diese Zwecke im Sinne des Absatzes 2 **„nicht mehr erforderlich"** waren und dem Vernichtungsgebot anheimfielen, war im Einzelfall schwer festzulegen, so dass die Vorschrift trotz ihres peremptorischen Wortlauts einen gewissen Spielraum beließ. Im Interesse einer effektiven behördlichen Arbeit war die „Erforderlichkeit" der Daten nicht zu eng zu verstehen. Im Rahmen der Verfolgung von Insidervergehen war die Erforderlichkeit gegeben, bis entweder feststand, dass der Verdacht eines Vergehens sich nicht bestätigt hatte oder bis ein Strafverfahren nach § 18 rechtskräftig abgeschlossen war.[288] Absatz 2 hatte die – durchaus missliche, aber unvermeidliche – Konsequenz, dass bestimmte personenbezogene Daten etwa über die Vorstands- oder Aufsichtsratsmitglieder eines Emittenten immer wieder erneut zu erheben waren, obwohl sie in zurückliegenden, aber inzwischen abgeschlossenen Untersuchungen bereits (u. U. mehrfach) erhoben worden waren.[289] Der Gesetzgeber des Anlegerschutzverbesserungsgesetzes hat die Regelung des § 17 Abs. 2 aF nicht in § 4 übernommen, ist aber davon ausgegangen, dass weiterhin eine Pflicht zur Löschung aktuell nicht mehr benötigter Daten besteht, die sich unmittelbar aus der in Absatz 10 genannten Zweckbindung ergeben soll.[290]

132 Eine **Unterrichtung** des Betroffenen über die Löschung ist weder im WpHG noch im BDSG vorgesehen und erfolgt deshalb **nicht**.

10. Wirtschaftsprüfer oder Sachverständige (Abs. 11)

133 Die Regelung in Absatz 11 wurde durch Artikel 1 Nr. 4 des Finanzmarktrichtlinie-Umsetzungsgesetzes (FRUG) vom 19. 7. 2007,[291] das zum 1. 11. 2007 in Kraft tritt, eingefügt und dient der Umsetzung der Vorgaben aus Art. 50

---

[286] BT-Drs. 15/3493, S. 51.
[287] *Schäfer,* § 17 Rn. 1.
[288] *Assmann/Schneider/Dreyling,* § 17 ohne Rn.
[289] *Assmann/Schneider/Dreyling,* § 17 ohne Rn.
[290] BT-Drs. 15/3174, S. 31.
[291] BGBl. I 2007, 1330 ff.

Abs. 2 Buchstabe m der Finanzmarktrichtlinie.[292] Die Bundesanstalt kann danach zur Erfüllung ihrer Aufgaben auch Wirtschaftsprüfer oder Sachverständige bei Ermittlungen oder Überprüfungen einsetzen. Die Einschaltung von Wirtschaftsprüfern oder Sachverständigen kann sich angesichts der zunehmenden Komplexität der von der BaFin zu überwachenden Finanztransaktionen als sinnvoll erweisen.

§ 5 Wertpapierrat

(1) ¹Bei der Bundesanstalt wird ein Wertpapierrat gebildet. ²Er besteht aus Vertretern der Länder. ³Die Mitgliedschaft ist nicht personengebunden. ⁴Jedes Land entsendet einen Vertreter. ⁵An den Sitzungen können Vertreter der Bundesministerien der Finanzen, der Justiz und für Wirtschaft und Arbeit sowie der Deutschen Bundesbank teilnehmen. ⁶Der Wertpapierrat kann Sachverständige insbesondere aus dem Bereich der Börsen, der Marktteilnehmer, der Wirtschaft und der Wissenschaft anhören. ⁷Der Wertpapierrat gibt sich eine Geschäftsordnung.

(2) ¹Der Wertpapierrat wirkt bei der Aufsicht mit. ²Er berät die Bundesanstalt, insbesondere
1. bei dem Erlaß von Rechtsverordnungen und der Aufstellung von Richtlinien für die Aufsichtstätigkeit der Bundesanstalt,
2. hinsichtlich der Auswirkungen von Aufsichtsfragen auf die Börsen- und Marktstrukturen sowie den Wettbewerb im Wertpapierhandel,
3. bei der Abgrenzung von Zuständigkeiten zwischen der Bundesanstalt und den Börsenaufsichtsbehörden sowie bei Fragen der Zusammenarbeit.

³Der Wertpapierrat kann bei der Bundesanstalt Vorschläge zur allgemeinen Weiterentwicklung der Aufsichtspraxis einbringen. ⁴Die Bundesanstalt berichtet dem Wertpapierrat mindestens einmal jährlich über die Aufsichtstätigkeit, die Weiterentwicklung der Aufsichtspraxis sowie über die internationale Zusammenarbeit.

(3) ¹Der Wertpapierrat wird mindestens einmal jährlich vom Präsidenten der Bundesanstalt einberufen. ²Er ist ferner auf Verlangen von einem Drittel seiner Mitglieder einzuberufen. ³Jedes Mitglied hat das Recht, Beratungsvorschläge einzubringen.

Schrifttum: *Hagemeister,* Die neue Bundesanstalt für Finanzdienstleistungsaufsicht, in: WM 2002, S. 1773 ff.

Die Vorschrift, die eine Parallele in § 9 BörsG (Börsenrat) und § 92 VAG (Versicherungsbeirat) hat, dient der Verknüpfung und Abstimmung von Länder- und Bundesaufsicht (Abs. 2 Nr. 3). Der Wertpapierrat soll als **Verbindungsglied zwischen Bundesaufsichtsbehörde und den Länderbehörden** dienen.[1] Er erfüllt nach dem Willen des Gesetzgebers eine **doppelte Funktion:** Zum einen soll der Wertpapierrat die Erfahrungen und den Sachverstand der Bundesländer,

---
[292] ABl. L 145 vom 30. 4. 2004, S. 1 ff.; Vgl. auch Gesetzesentwurf der Bundesregierung v. 15. 11. 2006, BT-Drs. 16/4028; S. 60.
[1] *Groß,* Kapitalmarktrecht, §§ 1–2c BörsG, Rn. 8; *Claussen,* Bank- und Börsenrecht, § 9 Rn. 24; *Claussen* DB 1994, S. 969.

§ 5 2, 3　　　　　　　　Abschn. 2. Bundesanstalt für Finanzdienstleistungsaufs.

die diese auf Grund ihrer historisch gewachsenen Zuständigkeiten besitzen, institutionalisieren und für die Aufsichtstätigkeit nutzbar machen.[2] Zum zweiten soll der Wertpapierrat eine vertrauensvolle Zusammenarbeit zwischen Bund und Ländern ermöglichen,[3] welche umso wichtiger ist, als der BaFin die Zusammenarbeit mit den für die Börsenüberwachung zuständigen ausländischen Stellen obliegt (§ 7 Abs. 1) und sie damit nach außen hin Kompetenzen wahrnimmt, deren Erfüllung im Innern die Länder über die weiterbestehenden Börsenaufsichtsbehörden[4] erfüllen.

2　Bei genauer Betrachtung trägt die erstgenannte Funktion aber kaum. Die der Bundesanstalt übertragenen Aufgaben – Insiderüberwachung, Überwachung der ad-hoc-Meldungen und der Einhaltung der Wohlverhaltensrichtlinien, internationale Zusammenarbeit – sind ihrer Art oder zumindest ihrer Ausgestaltung nach neuartig und fielen daher noch nie in den Tätigkeitsbereich der Landes-Börsenaufsicht. Die Länder haben in diesem Bereich keinerlei spezifische Erfahrungen. Sie besitzen nur allgemeine Erfahrungen mit der Wertpapieraufsicht, und dies auch nur die acht Länder, die eine eigene Wertpapierbörse unterhalten.[5] Im Übrigen trifft § 5 keine Vorkehrungen, dass tatsächlich nur sachverständige Personen in den Rat entsandt werden; die Länder können daher jede beliebige Person entsenden.[6] Aus dieser Perspektive scheint der Wertpapierrat tatsächlich eher dem Zweck zu dienen, **den Ländern Einflussnahme** auf die Tätigkeit der BaFin zu sichern – ohne dass dieser dadurch unverzichtbarer Sachverstand der Länder zugute kommt.[7]

3　Nicht nur die Länder, die Börsen eingerichtet haben,[8] sondern auch die übrigen Länder sind in dem Rat mit Sitz und Stimme vertreten[9] und können so ihre börsenrechtlichen und -politischen Intentionen einbringen, wie sich aus dem Wortlaut des Absatzes 1 Satz 4 **(jedes Land)** ergibt. Ihre Beteiligung ist zudem deshalb geboten, weil die Aufsichtstätigkeit der Bundesanstalt auch den außerbörslichen Wertpapierhandel betrifft, der in allen Bundesländern stattfindet,[10] und weil sich zahlreiche präventive Maßnahmen der Anstalt wie die Verfolgung von Insidergeschäften oder die Kontrolle der Einhaltung von Melde- und Informationspflichten von bedeutenden Beteiligungen auf das gesamte Bundesgebiet erstrecken werden.[11]

---

[2] Begr. Regierungsentwurf, BT-Drs. 12/6679, S. 40; *Assmann/Schneider/Dreyling*, § 5 Rn. 2; *Schäfer/Geibel*, § 5 Rn. 1; *Kümpel*, Kapitalmarktrecht, Rn. 065 S. 126.

[3] *Schäfer/Geibel*, § 5 Rn. 1.

[4] S. o. Vorbemerkung, Rn. 6, 13.

[5] S. sogleich Rn. 3.

[6] *Rauscher*, Bundesaufsichtsamt, S. 73.

[7] So überzeugend *Rauscher*, Bundesaufsichtsamt, S. 74; ähnlich *Hagemeister* WM 2002, 1773, 1779.

[8] Börsen bestehen gegenwärtig in acht Bundesländern, nämlich in Hessen (Frankfurt a. M.), Nordrhein-Westfalen (Düsseldorf), Hamburg, Bayern (München), Berlin, Baden-Württemberg (Stuttgart), Bremen und Niedersachsen (Hannover), *Claussen*, Bank- und Börsenrecht, § 9 Rn. 4.

[9] *Claussen* DB 1994, S. 971; *Claussen*, Bank- und Börsenrecht, § 9 Rn. 28; *Assmann/Schneider/Dreyling*, § 5 Rn. 1; *Schäfer/Geibel*, § 5 Rn. 2; *Rauscher*, Bundesaufsichtsamt, S. 68.

[10] BT-Drs. 12/6679, S. 40; *Assmann/Schneider/Dreyling*, § 5 Rn. 2.

[11] *Schäfer/Geibel*, § 5 Rn. 2.

Die Aufgabe des Wertpapierrats besteht nach Absatz 2 Satz 1 in der „Mitwirkung" bei der Aufsicht. Diese Aufgabenumschreibung ist unpräzise und missverständlich. Gemeint ist nicht eine „Mit-Ausübung" der Aufsicht,[12] sondern lediglich eine **beratende Tätigkeit,** wie Absatz 2 Satz 2 deutlich macht. Mit-Entscheidungsbefugnisse besitzt der Wertpapierrat – anders als etwa der beim Bundesaufsichtsamt für das Versicherungswesen gebildete Versicherungsbeirat – nicht.[13] Daher ist der Wertpapierrat nicht als Aufsichtsorgan im eigentlichen Sinne zu bezeichnen,[14] sondern nur als Konsultativorgan. Eine andere Ausgestaltung wäre auch verfassungsrechtlich bedenklich, da das Bundesstaatsprinzip (Art. 20 Abs. 1 GG) iVm Art. 83 ff. GG grundsätzlich eine klare Trennung von Bundes- und Landesverwaltung verlangt und eine Mischverwaltung nur ausnahmsweise erlaubt.

Der **Zuständigkeitskatalog in Ziff. 1–3** des Absatzes 2 ist nicht abschließend,[15] wie die Verwendung des Wortes „insbesondere" deutlich macht. Ausdrücklich genannt wird die beratende Mitwirkung
– beim Erlass von Verordnungen (zu den einschlägigen Verordnungsermächtigungen vgl. § 4 Rn. 19) und Richtlinien (§§ 29 Abs. 2, 35 Abs. 6),
– bei der Klärung der Auswirkungen der Aufsicht auf das Marktgeschehen,
– bei der Zuständigkeitsabgrenzung zwischen BaFin und Börsenaufsichtsbehörden der Länder sowie bei Fragen der Zusammenarbeit (§ 6).

Die in Ziffer 3 genannten Kompetenzen verleihen dem Wertpapierrat den Charakter eines **Koordinationsgremiums.**[16] Der Wertpapierrat kann gem. Abs. 2 Satz 3 – ggf. vorbereitet durch sachverständige Beratung gem. Abs. 1 S. 6 – Vorschläge zur allgemeinen Weiterentwicklung der Aufsichtspraxis machen, die die BaFin – entsprechend der konsultativen Funktion des Rates – allerdings nur zur Kenntnis nehmen, nicht aber zwingend umsetzen muss. Die in Abs. 2 Satz 4 statuierte Berichtspflicht der BaFin dem Rat gegenüber gewährleistet, dass dieser in den Besitz der für seine konsultative Tätigkeit notwendigen Informationen gelangt.

Werden die **Mitwirkungsbefugnisse** des Wertpapierrates **übergangen,** so dürfte dies einen Verfahrensmangel begründen, der zur Rechtswidrigkeit der ohne die erforderliche Mitwirkung erlassenen Maßnahmen (insbes. Verordnungen und Richtlinien) führt. Dass die Mitwirkung des Rates eine lediglich politische Dimension ohne jede rechtliche Relevanz haben soll,[17] ist angesichts der detaillierten Regelung in § 5 nicht anzunehmen.

Absatz 3 regelt technische Fragen der Einberufung, der Häufigkeit der Sitzungen und der Befassung mit Beratungsvorschlägen. Die Regelung in Satz 1, wonach der Rat nur einmal im Jahr zusammentreten muss, unterstreicht den bereits hervorgehobenen Befund, dass der Rat lediglich als ein Konsultativorgan ohne konkreten Einfluss auf die laufende Aufsichtstätigkeit konzipiert ist. Dem entspricht die Verwaltungspraxis, den Rat seit seiner konstituierenden Sitzung am 25. Oktober 1995[18] tatsächlich nur einmal jährlich einzuberu-

---

[12] So klarstellend auch *Assmann/Schneider/Dreyling,* § 5 Rn. 3.
[13] Ebenso *Schäfer/Geibel,* § 5 Rn. 3.
[14] *Schäfer/Geibel,* § 4 Rn. 2.
[15] *Assmann/Schneider/Dreyling,* § 5 Rn. 3; *Schäfer/Geibel,* § 5 Rn. 4.
[16] So zutreffend *Schäfer/Geibel,* § 5 Rn. 4.
[17] So *Assmann/Schneider/Dreyling,* § 5 Rn. 4.
[18] *Schäfer/Geibel,* § 5 Rn. 7.

§ 6   Abschn. 2. Bundesanstalt für Finanzdienstleistungsaufs.

fen.[19] Dass der Wertpapierrates relevanten Einfluss auf die Aufsichtstätigkeit nimmt, ist bislang nicht erkennbar.

8   Die ohnehin nur **begrenzte Bedeutung des Wertpapierrates** dürfte durch die mit dem FinDAG zusätzlich institutionalisierten Gremien, nämlich dem Forum für Finanzmarktaufsicht (§ 3 FinDAG) und vor allem dem Fachbeirat (§ 8 FinDAG) weiter relativiert werden.[20] Auf der Ebene der Länder bestand mit dem „Arbeitskreis der Länder für Börsen- und Wertpapierfragen" bislang zudem ein weiteres (informelles) Gremium, das der Zusammenarbeit der Börsenaufsichtsbehörden der Länder dienen sollte, an dessen Sitzungen Vertreter des BAWe als ständige Gäste teilnahmen.[21]

9   Nur die Ländervertreter sind ordentliche Mitglieder des Wertpapierrates; die in Absatz 1 Satz 5 genannten Vertreter der Deutschen Bundesbank sowie der Ministerien für Finanzen, Justiz und Wirtschaft und Technologie besitzen keine „Mitgliedschaft" nach Satz 2, sondern nur den Status von Gästen.[22] Das ergibt sich aus der Funktion des Wertpapierrats als eines Organs, in dem die besonderen Kompetenzen und Interessen der Länder vertreten sein sollen.

10   Als Ländervertreter kommen nur Angehörige der jeweiligen Landesexekutive in Betracht (insbes. solche, die dienstlich mit Börsenaufsichtsfragen befasst sind); die Benennung Externer (zB von Professoren), ist unzulässig.[23] Diese können nur über das Anhörungsrecht des Absatzes 1 Satz 6 einbezogen werden. Andernfalls würde die Absicht des Gesetzgebers konterkariert, das sich die BaFin über das Instrument des Wertpapierrates die besonderen Kenntnisse der Landesbehörden zunutze machen soll.[24]

§ 6 Zusammenarbeit mit Aufsichtsbehörden im Inland

(1) ¹**Die Börsenaufsichtsbehörden werden im Wege der Organleihe für die Bundesanstalt bei der Durchführung von eilbedürftigen Maßnahmen für die Überwachung der Verbote von Insidergeschäften nach § 14 und der Verbote der Kurs- und Marktpreismanipulation nach § 20 a an den ihrer Aufsicht unterliegenden Börsen tätig.** ²**Das Nähere regelt ein Verwaltungsabkommen zwischen dem Bund und den börsenaufsichtsführenden Ländern.**

(2) **Die Bundesanstalt, die Deutsche Bundesbank im Rahmen ihrer Tätigkeit nach Maßgabe des Kreditwesengesetzes, das Bundeskartellamt, die Börsenaufsichtsbehörden, die Handelsüberwachungsstellen sowie die für die Aufsicht über Versicherungsvermittler und die Vermittler von Anteilen an Investmentvermögen zuständigen Stellen haben einander Beobachtungen und Feststellungen einschließlich personenbezogener Daten mitzuteilen, die für die Erfüllung ihrer Aufgaben erforderlich sind.**

---

[19] Vgl. Jahresbericht des BAWe 1999, 34 f.; 2000, 31; 2001, 42. In den Jahresberichten der BaFin (ab 2002) wird der Wertpapierrat nur noch beiläufig erwähnt; konkrete Angaben über seine Tätigkeit fehlen.
[20] AA offenbar *Hagemeister* WM 2002, 1773, 1779.
[21] *Schäfer/Geibel*, § 5 Rn. 8.
[22] *Assmann/Schneider/Dreyling*, § 5 Rn. 7; *Schäfer/Geibel*, § 5 Rn. 2.
[23] *Assmann/Schneider/Dreyling*, § 5 Rn. 8.
[24] *Assmann/Schneider/Dreyling*, § 5 Rn. 8.

(3) ¹Die Bundesanstalt darf zur Erfüllung ihrer Aufgaben die nach § 2 Abs. 10, § 2 b, § 24 Abs. 1 Nr. 1 bis 3, 6, 8 und 11 und Abs. 3, § 25 a Abs. 2, § 32 Abs. 1 Satz 1 und 2 Nr. 2, 6 Buchstabe a und b des Gesetzes über das Kreditwesen bei der Deutschen Bundesbank gespeicherten Daten im automatisierten Verfahren abrufen. ²Die Deutsche Bundesbank hat für Zwecke der Datenschutzkontrolle den Zeitpunkt, die Angaben, welche die Feststellung der aufgerufenen Datensätze ermöglichen, sowie die für den Abruf verantwortliche Person zu protokollieren. ³Die protokollierten Daten dürfen nur für Zwecke der Datenschutzkontrolle, der Datensicherung oder zur Sicherstellung eines ordnungsmäßigen Betriebs der Datenverarbeitungsanlage verwendet werden. ⁴Die Protokolldaten sind am Ende des auf die Speicherung folgenden Kalenderjahres zu löschen.

(4) Öffentliche Stellen haben bei der Veröffentlichung von Statistiken, die zu einer erheblichen Einwirkung auf die Finanzmärkte geeignet sind, sachgerecht und transparent vorzugehen. Insbesondere muss dabei gewährleistet sein, dass hierbei keine Informationsvorsprünge Dritter erzeugt werden können.

Übersicht

	Rn.
I. Regelungsgegenstand und -zweck	1
II. Einschaltung privater Dritter (Abs. 1 aF)	2
III. Tätigwerden der Börsenaufsichtsbehörden (Abs. 1)	9
IV. Zusammenarbeit der Aufsichtsbehörden; Amtshilfe (Abs. 2)	13
V. Automatisierter Datenabruf und Datenschutz (Abs. 3)	24
VI. Veröffentlichung von Statistiken (Abs. 4)	29

Schrifttum: *Brockhausen*, Kapitalmarkt in Selbstverwaltung – Voraussetzungen und Bedingungen am Beispiel der Handelsüberwachungsstellen gemäß § 1 b Börsengesetz – WM 1997, 1924; *Burgi*, Funktionale Privatisierung und Verwaltungshilfe: Staatsaufgabendogmatik – Phänomenologie – Verfassungsrecht, 1999; *Heintzen*, Beteiligung Privater an der Wahrnehmung öffentlicher Aufgabe und staatliche Verantwortung, VVDStRL 62 (2003), 220 ff.; *Voßkuhle*, Beteiligung Privater an der Wahrnehmung öffentlicher Aufgaben und staatliche Verantwortung, VVDStRL 62 (2003), 266 ff.; *Pötzsch*, Das Dritte Finanzmarktförderungsgesetz, WM 1998, 949; *Schlette*, Die Verwaltung als Vertragspartner, 2000; *Schoch*, Privatisierung von Verwaltungsaufgaben, in: DVBl. 1994, S. 962 ff.

I. Regelungsgegenstand und -zweck

§ 6 regelt die Zusammenarbeit der Bundesanstalt mit Aufsichtsbehörden im 1 Inland. Der ursprüngliche Absatz 1 (Einschaltung privater Dritter) ist durch das Gesetz über die die integrierte Finanzdienstleistungsaufsicht in § 4 Abs. 3 FinDAG überführt worden. Durch das Anlegerschutzverbesserungsgesetz traten die bisherigen Absätze 2 und 3 an die Stelle der Absätze 1 und 2, die Regelung des Absatzes 5 wurde nach Absatz 3 verschoben und die bisherige Regelung des Absatzes 4 über Auskünfte über Millionenkredite wurde durch eine von Art. 6 Abs. 8 der Marktmissbrauchsrichtlinie vorgegebene Vorschrift betr. die Veröffentlichung von Statistiken ersetzt.

II. Einschaltung privater Dritter (Abs. 1 aF)

2 § 6 Absatz 1 aF, wortgleich mit § 8 Abs. 1 KWG aF, betraf die Einschaltung von Dritten in die Erfüllung der Aufgaben des BAWe. Die Vorschrift ist durch das Gesetz über die integrierte Finanzdienstleistungsaufsicht aufgehoben und durch den inhaltsgleichen **§ 4 Abs. 3 FinDAG** ersetzt worden. Hiernach kann sich die Bundesanstalt bei der Durchführung ihrer Aufgaben anderer Personen und Einrichtungen bedienen, also das vornehmen, was in der Betriebswirtschaft mit dem Begriff „Out-Sourcing" erfasst wird.

3 **Sinn der Vorschrift** ist es, die Verwaltungskosten möglichst gering zu halten. Wegen der Möglichkeit, Private einzuschalten, brauchen teure Spezialisten oder Bedienstete zur Erledigung von Sonderaufgaben in der Bundesanstalt nicht vorgehalten zu werden.[1] Die Vorschrift ermöglicht es, den Mitarbeiterstab des Amtes und die dafür aufzubringenden Kosten überschaubar zu halten. Gedacht ist insbesondere an die Einschaltung von Wirtschaftsprüfern (vgl. § 35 Abs. 1).

4 Dass mit den in § 4 Abs. 3 FinDAG genannten **„anderen Personen und Einrichtungen"** nur solche **ohne Behördencharakter**, also Private, gemeint sind,[2] ergibt sich einmal aus § 6 Abs. 2–5, wo die Einschaltung von bzw. Zusammenarbeit mit anderen Behörden ausdrücklich geregelt ist. Ferner folgt dies aus Art. 35 GG, wonach einerseits auch die Bundesanstalt qua Verfassungsrecht, ohne Erfordernis einer zusätzlichen gesetzlichen Grundlage, die punktuelle Hilfe anderer Behörden des Bundes und der Länder in Anspruch nehmen kann, andererseits aber die ständige Übertragung von Aufgaben auf eine andere Behörde nicht zulässig wäre.[3]

5 § 4 Abs. 3 FinDAG ist, wie etwa die ähnliche Vorschrift des § 4 b BauGB, ein Anwendungsfall der sogenannten **funktionalen Privatisierung**, bei der Privatpersonen in die Erfüllung von Verwaltungsaufgaben eingeschaltet werden, ohne dass diese Aufgaben – wie bei der materiellen Privatisierung – ihre Qualität als Verwaltungsaufgaben verlieren.[4] Ob § 4 Abs. 3 FinDAG auch eine Beleihung ermöglicht, also die Ausstattung des Beauftragten mit genuin hoheitlichen Befugnissen (Erlass von Verwaltungsakten), erscheint zweifelhaft.[5]

6 Da kein Privater verpflichtet ist, an der Erfüllung von Verwaltungsaufgaben mitzuwirken – es sei denn, ein Gesetz sähe eine derartige Requirierung explizit vor, was vorliegend nicht der Fall ist –, kann die Einschaltung Privater nicht hoheitlich, sondern nur im Vertragswege erfolgen.[6] Wegen des engen Bezugs zur öffentlichen Aufgabenerfüllung handelt es sich idR nicht um privatrechtliche, sondern um **öffentlich-rechtliche Verträge** gem. §§ 54 ff. VwVfG.[7] Durch

---

[1] *Assmann/Schneider/Dreyling*, § 6 Rn. 4.
[2] AA offenbar *Schäfer/Geibel* § 6 Rn. 1; *Kümpel*, Bank- und Kapitalmarktrecht, Rn. 18.83 (auch andere „öffentliche" Stellen).
[3] So auch *Assmann/Schneider/Dreyling*, § 6 Rn. 1.
[4] Vgl. *Burgi*, Funktionale Privatisierung, insbes. S. 100 ff., 145 ff.; *Schlette*, Verwaltung als Vertragspartner, S. 130 f., 158; *Stelkens/Bonk/Schmitz*, VwVfG, § 1 Rn. 114.
[5] Dafür *Beck/Samm*, KWG, § 8 Rn. 17 (in Bezug auf § 8 Abs. 1 KWG aF).
[6] Vgl. *Schlette*, Die Verwaltung als Vertragspartner, S. 347 f.; *Schäfer/Geibel*, § 6 Rn. 3.
[7] Vgl. ausführlich *Schlette*, aaO, S. 158 ff., mit Nachweisen der abweichenden Ansicht; aA für den Bereich des § 6 Abs. 1 WpHG auch *Schäfer/Geibel*, § 6 Rn. 3; für § 8 Abs. 1

den Vertragsschluss wird die Behörde von ihrer primären Erfüllungspflicht hinsichtlich der betreffenden Aufgabe frei; diese obliegt nunmehr dem Privaten. Sie bleibt aber verpflichtet, die Tätigkeit des Privaten zu überwachen und bei Schlecht- oder Nichterfüllung selbst einzuspringen.[8]

Es dürfte sich von selbst verstehen, dass die BaFin nur **sachkundige, zuverlässige** und von den zu beaufsichtigenden Instituten **unabhängige** Personen oder Einrichtungen einschaltet. § 4 Abs. 3 FinDAG macht insoweit allerdings keine ausdrücklichen Vorgaben, so dass die Beauftragung und das Handeln des Beauftragten demgemäß auch dann wirksam sind, wenn diesbezüglich Zweifel bestehen. Es sind aber **Amtshaftungsansprüche** denkbar, wenn das Amt Ungeeignete beauftragt und diese Schaden anrichten.[9] § 4 Abs. 4 FinDAG dürfte solchen Ansprüchen nach seinem Regelungszweck nicht entgegenstehen.

§ 4 Abs. 3 FinDAG enthält – wie andere vergleichbare Vorschriften – keine Aussagen zu **Umfang und Grenzen der Einschaltung von Privaten**. § 8 Abs. 1 regelt für den Bereich des WpHG lediglich, dass die Beauftragten in demselben Umfang zur Verschwiegenheit verpflichtet sind wie die Bediensteten des Bundesaufsichtsamtes; §§ 15 Abs. 5 S. 2; 16 Abs. 3 S. 2; 35 Abs. 1 S. 3 stellen sie auch hinsichtlich der Betretensrechte den Mitarbeitern des Amtes gleich. Man wird davon ausgehen können, dass grundsätzlich alle Aufgaben der BaFin funktionell privatisiert werden können, nicht nur solche, hinsichtlich derer, wie in § 35 Abs. 1, in der einschlägigen Rechtsnorm ausdrücklich von beauftragten Dritten die Rede ist.[10] Die Grenzen des verfassungsrechtlich Zulässigen werden jedoch erreicht, wenn Private in einem Maße eingesetzt werden, dass dahinter die eigentliche Behördentätigkeit zur Ausnahme wird, oder wenn Private originär hoheitlich tätig werden, also insbesondere Verwaltungsakte erlassen und Verwaltungszwang ausüben dürfen. In diesen Fällen können Art. 33 Abs. 4 GG, das staatliche Gewaltmonopol und weitere Verfassungsgrundsätze verletzt sein.[11] Dass Aufgabenübertragungen nach § 4 Abs. 3 FinDAG in dieser Hinsicht problematisch werden könnten, ist nicht zu erwarten.

III. Tätigwerden der Börsenaufsichtsbehörden (Abs. 1)

Die Regelung verfolgt den **Zweck**, der Bundesanstalt möglichst weitgehende **Zugriffsmöglichkeiten auf die Insiderüberwachung** zu geben. Sie entsprang einer gewissen Unsicherheit darüber, ob die Handelsüberwachungsstellen an den Börsen funktionieren würden – was mangels der Neuheit der Regelungen über die Insiderverfolgung nicht beurteilt werden konnte.[12] Da die

---

KWG aA *Boos/Fischer/Schulte-Mattler/Fülbier*, KWG, § 8 Rn. 5; *Waschbusch*, Bankenaufsicht, S. 112; differenziert *Beck/Samm*, KWG, § 8 Rn. 10.
[8] *Schlette*, aaO, S. 161 ff., mwN.
[9] So auch *Beck/Samm*, KWG, § 8 Rn. 12 f.
[10] So auch *Assmann/Schneider/Dreyling*, § 6 Rn. 4.
[11] Näheres bei *Burgi*, Funktionale Privatisierung, passim; *Schoch*, Privatisierung von Verwaltungsaufgaben, DVBl. 1994, 962, 969 ff.
[12] *Assmann/Schneider/Dreyling*, § 6 Rn. 1.

§ 6 10–12 Abschn. 2. Bundesanstalt für Finanzdienstleistungsaufs.

Bundesanstalt, wie auch zuvor das Bundesaufsichtsamt, als zentrale Bundesbehörde örtlich nicht an allen Börsen präsent sein kann, werden ihr diesbezüglich die Börsenaufsichtsbehörden der Länder im Wege der Organleihe zugeordnet.

10 Daneben ist Absatz 2 Ausdruck des oben[13] angesprochenen politischen Kompromisses zwischen Bund und Ländern. Im Gegenzug dafür, dass sich die Länder mit der Schaffung einer zentralen Bundesaufsichtsbehörde einverstanden erklärten, wollten sie sich zumindest gewisse Mitwirkungsbefugnisse bei der an sich dem Bundesaufsichtsamt zugewiesenen Insiderüberwachung sichern. Um eine verfassungsrechtlich bedenkliche Mischverwaltung zu vermeiden, wurde das Institut der **Organleihe** gewählt.[14] Die Organleihe ist dadurch gekennzeichnet, dass das Organ eines Rechtsträgers ermächtigt und beauftragt wird, einen Aufgabenkomplex eines anderen Rechtsträgers – nach dessen Weisungen – wahrzunehmen, wobei das Handeln dem anderen Verwaltungsträger direkt zugerechnet wird.[15] Das entliehene Organ (hier: die Länderaufsichtsbehörde) wird also als Organ des Entleihers (hier: der BaFin) tätig.[16] Eventuelle Staatshaftungsansprüche würden sich demgemäß gegen die Bundesanstalt richten.[17] Die Organleihe ist zulässig, sofern sie sich auf eine eng umgrenzte Verwaltungsmaterie beschränkt und ein sachlicher Grund für diese Regelung besteht.[18] Ein solcher sachlicher Grund liegt hier darin, dass die BaFin an den Börsen nicht direkt physisch präsent ist und daher eilbedürftige Maßnahmen nicht selbst durchführen kann, sondern auf die „tatortnäheren" Handelsüberwachungsstellen angewiesen ist.[19] Eine Einrichtung von Außenstellen an allen Börsen würde hohe Kosten verursachen und wäre möglicherweise verfassungsrechtlich problematisch.[20] Die Organleihe entspringt so der Verwaltungsökonomie,[21] die ein sachlicher Grund ist.[22] Die Organleihe dürfte auch im Bund-Länder-Verhältnis und damit auch in der vorliegenden Konstellation zulässig sein.[23]

11 Durch das **4. Finanzmarktförderungsgesetz** ist das Verbot der Kurs- und Marktpreismanipulation in den Anwendungsbereich des § 6 Abs. 2 aufgenommen worden. Der Gesetzgeber hielt in diesem Bereich eine Zusammenarbeit mit den Börsenaufsichtsbehörden in gleicher Weise wie bei der Untersuchung von Insiderfällen für geboten.[24]

12 Bislang hat sich soweit ersichtlich kein Bedarf zur Anwendung dieser Vorschrift ergeben. Daher ist auch das in Satz 2 vorgesehene **Verwaltungsabkommen** noch nicht abgeschlossen worden.

---

[13] Vorbem. vor §§ 3 ff., Rn. 4.
[14] Zum Vorstehenden s. *Schäfer/Geibel*, § 6 Rn. 5.
[15] Vgl. BVerfGE 63, 1, 31, 42 f.; BVerfG NJW 1976, 1468 f.; *Maurer*, Allgem. Verwaltungsrecht, § 21 Rn. 54; *v. Mangoldt/Klein/Starck/Trute*, GG, Bd. III, Art. 83 Rn. 34.
[16] *Kümpel*, Bank- und Kapitalmarktrecht, Rn. 18.48.
[17] Vgl. *Kümpel*, Bank- und Börsenrecht, Rn. 18.52; *Maurer*, Allgem. Verwaltungsrecht, § 21 Rn. 54.
[18] Vgl. BVerfGE 63, 1, 31, 42 f.; BVerfG NJW 1976, 1468 f.
[19] So auch *Rauscher*, Bundesaufsichtsamt, S. 66.
[20] Vorbem., Rn. 36.
[21] Vgl. a. BT-Drs. 12/6679, S. 41.
[22] BVerfGE 63, 1 43.
[23] Vgl. die Ausführungen in der Gesetzesbegründung, BT-Drs. 12/6679, S. 41.
[24] BT-Drs. 14/8017, S. 86.

IV. Zusammenarbeit der Aufsichtsbehörden; Amtshilfe (Abs. 2)

Die Effektivität der Aufsicht fordert eine Verzahnung der verschiedenen für die Kapitalmarktaufsicht zuständigen Behörden.[25] Dabei kommt dem Informationsaustausch eine wesentliche Rolle zu. Für diesen Austausch bieten die Absätze 2 und 3, **in wesentlicher Erweiterung der Rechts- und Amtshilfe nach Art. 35 GG, §§ 4 ff. VwVfG**, die Grundlage, wobei Absatz 2 die allgemeine Vorschrift ist, die in Absatz 3 hinsichtlich einzelner Punkte ergänzt wird. Die genannten Vorschriften befreien zugleich für ihren Anwendungsbereich von der Amtsverschwiegenheit bzw. dem Bankgeheimnis.[26] Die Möglichkeit, Rechts- und Amtshilfe nach den allgemeinen Vorschriften in Anspruch zu nehmen, wird von § 6 nicht eingeschränkt, dürfte aber aufgrund der weitergehenden Befugnisse nach § 6 kaum praktische Bedeutung haben.

In ihrer ursprünglichen Fassung betraf die Regelung in Absatz 2, die bis zum Anlegerschutzverbesserungsgesetz in Absatz 3 enthalten war, die Zusammenarbeit zwischen BAKred, BAV, BAWe, **Börsenaufsichtsbehörden** und **Deutscher Bundesbank**. Nach der Zusammenlegung der drei Bundesoberbehörden zur BaFin durch das Gesetz über die integrierte Finanzdienstleistungsaufsicht ist der Kreis der zur Zusammenarbeit verpflichteten Behörden entsprechend geschrumpft. Mit dem 4. Finanzmarktförderungsgesetz ist das **Bundeskartellamt** (selbstständige Bundesoberbehörde im Geschäftsbereich des Bundesministeriums für Wirtschaft, § 51 Abs. 1 GWB) in den institutionalisierten Informationsverbund nach § 6 Abs. 3 einbezogen worden. Geplante Unternehmenszusammenschlüsse und -übernahmen sind nämlich ein klassisches Umfeld für die Entstehung von Insiderwissen, so dass insbesondere der Zeitpunkt der Kontaktaufnahme eines Unternehmens mit dem Kartellamt für die Bundesanstalt ein wichtiges Element bei Insideruntersuchungen ist, da spätestens in diesem Moment Insiderinformationen vorhanden sein können. Der Informationsaustausch mit dem Bundeskartellamt kann somit die Untersuchung von Insiderfällen in bestimmten Konstellationen voranbringen.[27]

Durch Artikel 1 Nr. 5 des Finanzmarktrichtlinie-Umsetzungsgesetzes (FRUG) vom 19. 7. 2007,[28] das zum 1. 11. 2007 in Kraft tritt, wurden die **Handelsüberwachungsstellen** in den Kreis der zur Zusammenarbeit verpflichteten Behörden mit einbezogen. Die Neufassung dient der Umsetzung von Artikel 49 der Finanzmarktrichtlinie.[29] Die Einbeziehung der Handelsüberwachungsstellen, die in der Praxis auch schon in der Vergangenheit erfolgte, obwohl diese im Gesetz nicht genannt waren,[30] ist zu begrüßen. Die Handelsüberwachungsstellen sind als Behörden einzustufen[31] und nehmen eine wichtige Kontrollfunktion

---

[25] BT-Drs. 12/6679, S. 41. Zu den verschiedenen Aufsichtsbehörden s. o. Vorbem. zu §§ 3 ff., Rn. 1 ff.
[26] So auch *Beck/Samm*, KWG, § 7 Rn. 24, für die vergleichbare Vorschrift des § 7 Abs. 1 KWG.
[27] BT-Drs. 14/8017, S. 86.
[28] BGBl. I 2007, 1330 ff.
[29] Gesetzesentwurf der Bundesregierung v. 15. 11. 2006, BT-Drucks. 16/4037 v. 16. 1. 2007; Begründung, S. 23.
[30] *Assmann/Schneider/Dreyling*, § 6 Rn. 8.
[31] *Brockhausen* WM 1997, 1924, 1926.

§ 6 16–19 Abschn. 2. Bundesanstalt für Finanzdienstleistungsaufs.

insbesondere bei der Überwachung des Tagesgeschäfts vor Ort wahr,[32] erhalten also durchaus Informationen, die auch für die Kontrolltätigkeit der BaFin im Rahmen des WpHG bedeutsam werden könnten, etwa für den Informationsaustausch mit ausländischen Stellen oder die Überwachung des Verbots von Insidergeschäften.[33] Demgemäß verpflichtet sie § 4 Abs. 5 Satz 4 BörsG ausdrücklich zur Information der BaFin über relevante Tatsachen, womit deutlich wird, dass der Gesetzgeber sie in den behördlichen Informationsaustausch einbeziehen wollte. Umgekehrt können auch bei der BaFin Erkenntnisse vorhanden sein, die für die Handelsüberwachungsstellen von Interesse sind.[34]

16 Durch das FRUG wurden ferner die für die **Aufsicht über Versicherungsvermittler und die Vermittler von Anteilen an Investmentvermögen zuständigen Stellen** in die behördliche Zusammenarbeit mit einbezogen. Diese Einfügung dient ebenfalls der Umsetzung von Artikel 49 der Finanzmarktrichtlinie. Bei den für Versicherungsvermittler zuständigen Aufsichtsbehörden handelt es sich insbesondere um Gewerbeämter.[35]

17 Absatz 2 beschränkt die Mitteilungspflichten auf Angaben, die zur Erfüllung der Aufgabe der jeweiligen Behörde **erforderlich** sind. Diese Einschränkung ist wichtig, um einem allgemeinen Datentransfer Einhalt zu gebieten, und versteht sich im Grunde von selbst. Sie darf aber nicht zu eng ausgelegt werden, weil auf den ersten Blick nicht immer zu erkennen ist, welche Informationen für die Erfüllung der Aufsichtsaufgabe unentbehrlich ist. Damit hinsichtlich einer bestimmten Tatsache eine Mitteilungspflicht entsteht, muss es also ausreichen, dass diese nach der Erfahrung und Einschätzung der übermittelnden Behörde einen irgendwie gearteten sachlichen Bezug zu dem von der jeweiligen Behörde beaufsichtigen Bereich hat.[36]

18 **In der Praxis** hat sich das Informationsprocedere offenbar mittlerweile gut eingespielt und zu einer vertrauensvollen Zusammenarbeit der Aufsichtsbehörden entwickelt.

19 Die Mitwirkung der **Deutschen Bundesbank** ist auf solche Beobachtungen und Feststellungen beschränkt, die sie im Rahmen ihrer Tätigkeit nach Maßgabe des KWG macht, weil sie nur insoweit als Aufsichtsbehörde tätig wird.[37] Das KWG enthält eine Reihe von Vorschriften, in der Aufsichtsaufgaben der Deutschen Bundesbank festgeschrieben werden.[38] Die Deutsche Bundesbank wurde erst im Laufe des Gesetzgebungsverfahrens in Absatz 3 auf Vorschlag des Finanzausschusses aufgenommen, wobei die Erwägung ausschlaggebend war, dass auch bei deren Tätigkeit nach KWG Informationen von bankaufsichtlicher und geldpolitischer Bedeutung anfallen können, die für die anderen Behörden von Bedeutung sind und umgekehrt.[39] Der Informationsaustausch zwischen Deutscher Bundesbank und BaFin ist allerdings bereits in § 7 Abs. 3 KWG verankert, so dass die Regelung in § 6 Abs. 2 insoweit überflüssig ist.

---

[32] Vgl. *Groß*, Kapitalmarktrecht, §§ 1–2 c BörsG, Rn. 21 f.
[33] So auch *Groß*, Kapitalmarktrecht, §§ 1–2 c BörsG, Rn. 27.
[34] Vgl. *Brockhaus* WM 1997, 1924, 1929.
[35] Vgl. Gesetzesentwurf der Bundesregierung v. 15. 11. 2006, BT-Drucks. 16/4037 v. 16. 1. 2007; Begründung, S. 23.
[36] Ähnlich (für § 6 Abs. 3 KWG) *Boos/Fischer/Schulte-Mattler/Fülbier* KWG, § 6 Rn. 8.
[37] *Assmann/Schneider/Dreyling*, § 6 Rn. 7.
[38] S. bereits oben, Vorbemerkung zu §§ 3 ff., Rn. 8.
[39] Vgl. Beschlussempfehlung und Bericht des Finanzausschusses, BT-Drs. 12/7918, S. 100.

Die mitzuteilenden Beobachtungen und Feststellungen betreffen häufig natür- 20
liche Personen und damit auch **personenbezogene Daten** (§ 3 Abs. 1 BDSG).
Um dem vom BVerfG[40] diesbezüglich entwickelten strengen Gesetzesvorbehalt
Genüge zu tun, sieht Absatz 2 ausdrücklich vor, dass auch solche Daten mitgeteilt werden dürfen. Die entsprechende Klarstellung, die das Verbot der Verarbeitung und Nutzung personenbezogener Daten in § 4 BDSG außer Kraft setzt, ist
erst mit Wirkung zum 1. Januar 1998 durch das Richtlinienumsetzungsgesetz
erfolgt.

Absatz 2 begründet eine **Verpflichtung** der dort genannten Behörden, von 21
sich aus, ohne entsprechendes Ersuchen der anderen Stelle, relevante Informationen zu übermitteln (Wortlaut: „haben ... mitzuteilen"). Hier liegt ein zentraler
Unterschied zur gewöhnlichen Amtshilfe, die nach überwiegender Meinung
grundsätzlich ein entsprechendes Ersuchen voraussetzt.[41]

Zum Begriff der „**Beobachtungen und Feststellungen**" s. die Kommen- 22
tierung zu § 7.

§ 6 Abs. 2 dürfte als **Auffangtatbestand** zu verstehen sein, der nur greift, 23
wenn Informationspflichten nicht anderweitig spezialgesetzlich geregelt sind.
Eine solche Spezialregelung findet sich insbesondere in § 7 KWG für die Zusammenarbeit von Bundesanstalt und Deutscher Bundesbank. Vor Schaffung der
Bundesanstalt gab es zudem eine ganze Reihe weiterer Vorschriften des KWG,
die das BAKred zur Übermittlung von Informationen an das BAWe verpflichteten, nämlich §§ 2 Abs. 10 Satz 4; 2b Abs. 1 S. 7; 23a Abs. 1 S. 4; 24a Abs. 2
S. 3, Abs. 6; 25a Abs. 2 S. 4; 32 Abs. 4; 36 Abs. 2 S. 2; 38 Abs. 3 S. 1; 64e
Abs. 2 S. 6 KWG aF.

V. Automatisierter Datenabruf und Datenschutz (Abs. 3)

Die Regelung wurde als Absatz 5 durch das Richtlinienumsetzungsgesetz ein- 24
gefügt und durch das Anlegerschutzverbesserungsgesetz nach Absatz 3 verschoben. Zunächst enthielt die Vorschrift lediglich die Möglichkeit eines Datenabrufs
bei der Deutschen Bundesbank. Mit dem Dritten Finanzmarktförderungsgesetz
wurde die Vorschrift auf das BAKred ausgeweitet.[42]

Satz 1 enthält eine Ermächtigung an die Bundesanstalt, im **automatisierten** 25
Datenabrufverfahren eine Vielzahl von **Daten von der Deutschen Bundesbank** abzurufen. Der Vorschrift lagen ursprünglich zwei Erwägungen
zugrunde: Erstens ging man davon aus, dass es für die der Aufsicht unterliegenden Unternehmen weniger belastend sei, wenn sich die BaFin die entsprechenden Informationen bei anderen Behörden verschaffte als im Wege der Eingriffsverwaltung bei den Unternehmen selbst.[43] Zweitens sollte sichergestellt werden,
dass insbesondere BAKred und BAWe auf der Grundlage derselben Daten und
damit koordiniert arbeiten können.[44] Die erste Erwägung gilt weiterhin; die
zweite ist durch die Zusammenlegung von BAKred und BAWe hinfällig gewor-

---

[40] BVerfGE 65, 1 ff. (Volkszählungsurteil).
[41] Vgl. *Beck/Samm*, KWG, § 7 Rn. 21; *v. Mangoldt/Klein/Starck/v. Danwitz*, GG, Bd. 2, Art. 35 Rn. 16 ff.
[42] Vgl. a. *Pötzsch* WM 1998, 949, 957.
[43] BR-Drs. 963/96, S. 104.
[44] Beschlussempf. und Bericht des Finanzausschusses, BT-Drs. 13/9874, S. 150.

§ 6 26–29   Abschn. 2. Bundesanstalt für Finanzdienstleistungsaufs.

den. Absatz 3 gilt wie Absatz 2 – und anders als Absatz 1 – nicht nur für die Verfolgung von Insidergeschäften und Kurs- und Marktpreismanipulationsgeschäften, sondern für den gesamten Aufgabenbereich der BaFin.

26 **Welche Daten** die Bundesanstalt abrufen darf, wird durch die Bezugnahme auf die entsprechenden KWG-Vorschriften im Einzelnen festgelegt. Insbesondere kann die Anstalt auf die Stammdaten aller Kreditinstitute, Finanzdienstleistungsinstitute und größeren Kreditnehmer (Namen, Anschriften, Geschäftsleiter, Beginn der Geschäftstätigkeit etc.), die Geschäftsleiterdaten inkl. Nebentätigkeiten sowie Beteiligungsdaten zugreifen.[45] Letztere ermöglichen einen Abgleich mit den der Bundesanstalt nach § 21 vorliegenden Beteiligungsmeldungen; die sonstigen Daten können für die Verfolgung von Insiderdelikten und die Kontrolle der Wohlverhaltensregeln von Interesse sein.

27 Um die Effizienz des Informationsaustausches zu erhöhen, wurden die Befugnisse der Bundesanstalt zur Datenabfrage im automatisierten Verfahren durch das **4. Finanzmarktförderungsgesetz** auf nach §§ 2 Abs. 10, 14 Abs. 1 und 25a Abs. 2 KWG erhobene Daten erweitert. Diese Daten wurden schon nach bisheriger Rechtslage dem BAWe vom BAKred übermittelt; nunmehr kann die Bundesanstalt direkt auf diese Daten zugreifen, was einen Zeitgewinn bedeutet. Der Verweis auf § 14 Abs. 1 KWG wurde durch das Anlegerschutzverbesserungsgesetz wieder gestrichen.

28 Absatz 5 **Sätze 2–4** sehen für den Datenabruf ein detailliertes Protokollierungsverfahren vor, das dem **Datenschutz** dient. Die ursprüngliche einschränkende Regelung, das nur jede 10. Abfrage zu protokollieren ist, ist im Hinblick auf die im Zuge der technischen Entwicklung deutlich einfacher gewordene elektronische Datenspeicherung auf eine Vollprotokollierung erweitert worden (BT-Drs. 15/3174, S. 31).

VI. Veröffentlichung von Statistiken (Abs. 4)

29 Absatz 4 regelte ursprünglich die Auskunftspflicht der Deutschen Bundesbank über Millionenkredite. Nach § 14 KWG haben Kredit- und Finanzdienstleistungsinstitute der Bundesbank Kreditnehmer anzuzeigen, deren Verschuldung 1 500 000,– EUR oder mehr beträgt. Der mit dem Richtlinienumsetzungsgesetz eingefügte Absatz 4 aF gestattete dem BAWe/der BaFin zur Verfolgung von Insidergeschäften Zugriff auf diese Daten. Damit wurden der Aufsichtsbehörde **Informationen** zugänglich gemacht, die **für die Aufklärung von Insiderdelikten** höchst relevant sein konnten: Kreditinstitute, die börsennotierten Emittenten hohe Kredite einräumen, verfügen häufig über besonderes Insiderwissen, das der einzelne Kreditsachbearbeiter oder auch das Kreditinstitut als solches versucht sein könnten, sich zunutze zu machen.[46] Wird der Kredit an eine Kreditnehmereinheit vergeben, können die mitgeteilten Tatsachen außerdem mögliche Beziehungen und Verflechtungen zwischen dem Emittenten und weiteren Unternehmen offenlegen, die ebenfalls zum Anknüpfungspunkt für Insidergeschäfte werden könnten.[47] Aus dem Regelungszusammenhang mit Abs. 3 aF (jetzt

---

[45] Näheres bei *Assmann/Schneider/Dreyling*, § 6 Rn. 15; *Schäfer/Geibel*, § 6 Rn. 15.
[46] BR-Drs. 963/96, S. 104; *Assmann/Schneider/Dreyling*, § 6 Rn. 15; *Schäfer/Geibel*, § 6 Rn. 13.
[47] Begr. zum UmsetzungsG, § 6 IV, BT-Drs. 13/7142, S. 104.

Abs. 2) folgt, dass die Regelung in **Absatz 4 als Einschränkung der Mitteilungspflichten der Deutschen Bundesbank** zu verstehen war: Nach Abs. 3 aF hätte die Bundesbank die Daten nach § 14 KWG grundsätzlich ungefragt und ohne Zweckbegrenzung auf die Verfolgung von Insidergeschäften mitteilen müssen. Abs. 4 schränkte dies dahingehend ein, dass die Übermittlung dieser sensiblen Daten nur auf ausdrückliche Anfrage durch die Bundesanstalt und nur für den Bereich der Insiderdelikte zulässig ist.[48] Seit dem 4. Finanzmarktförderungsgesetz gilt Absatz 4 auch für die Verfolgung von Kurs- und Marktpreismanipulationsgeschäften. Da das **4. Finanzmarktförderungsgesetz** zugleich die Angaben über Millionenkredite (§ 14 Abs. 1) in das Verfahren des automatisierten Datenabrufs nach Absatz 5 aF (jetzt Absatz 3) einbezogen hatte, lief Absatz 4 seitdem weitgehend leer. Vor allem erhielt die Bundesanstalt bereits gem. § 14 Abs. 1 S. 6 iVm § 13 Abs. 1 S. 3 KWG die Anzeigen der Bundesbank über Millionenkredite. Da sie diese für sämtliche ihr gesetzlich zustehenden Überwachungsaufgaben nutzen konnte, war ein gesondertes Auskunftsrecht gegenüber der Bundesbank nach WpHG seit Schaffung der Bundesanstalt als einer Behörde der Allfinanzaufsicht nicht mehr erforderlich (BT-Drs. 15/3174, S. 31). Die Regelung wurde daher durch das Anlegerschutzverbesserungsgesetz gestrichen.

Seit dem Anlegerschutzverbesserungsgesetz regelt Absatz 4 die **Veröffentlichung von Statistiken durch öffentliche Stellen** und schreibt, wenn die Veröffentlichung zu einer erheblichen Einwirkung auf die Finanzmärkte geeignet ist, ein sachgerechtes und transparentes Vorgehen (Satz 1) unter Vermeidung von Informationsvorsprüngen Dritter (Satz 2) vor. Satz 1 setzt Art. 6 Abs. 8 der Marktmissbrauchsrichtlinie um. Als öffentliche Stelle i. S. dieser Vorschrift ist nicht nur die Bundesanstalt oder eine andere mit finanzmarktbezogenen Überwachungsaufgaben ausgestattete Behörde, sondern grundsätzlich jede beliebige (innerstaatliche) Behörde zu verstehen. Zu denken wäre hier etwa an das Statistische Bundesamt. Absatz 4 betrifft nicht die Zusammenarbeit innerstaatlicher Aufsichtsbehörden, sondern enthält Vorgaben für öffentlichkeitswirksames Handeln einer Behörde. Die Verortung der Regelung in § 6 ist daher systematisch zweifelhaft. 30

§ 7 Zusammenarbeit mit zuständigen Stellen im Ausland

(1) ¹Der Bundesanstalt obliegt die Zusammenarbeit mit den für die Überwachung von Verhaltens- und Organisationspflichten von Unternehmen, die Wertpapierleistungen erbringen, von Finanzinstrumenten und von Märkten, an denen Finanzinstrumente gehandelt werden, zuständigen Stellen der anderen Mitgliedstaaten der Europäischen Union und der anderen Vertragsstaaten des Abkommens über den Europäischen Wirtschaftsraum. ²Die Bundesanstalt kann im Rahmen ihrer Zusammenarbeit zum Zwecke der Überwachung der Einhaltung der Verbote und Gebote dieses Gesetzes sowie der Verbote und Gebote der in Satz 1 genannten Staaten, die denen dieses Gesetzes oder des Börsengesetzes entsprechen, von allen ihr nach diesem Gesetz zustehenden Befugnissen Gebrauch machen, soweit dies geeignet und erforderlich ist, den Ersuchen der in Satz 1 genannten Stellen nachzukommen. ³Sie kann auf ein Ersuchen der in Satz 1 genannten Stel-

---

[48] So überzeugend auch *Schäfer/Geibel,* § 6 Rn. 13.

§ 7

len die Untersagung oder Aussetzung des Handels nach § 4 Abs. 2 Satz 2 an einem inländischen Markt nur anordnen, sofern die Interessen der Anleger oder der ordnungsgemäße Handel an dem betreffenden Markt nicht erheblich gefährdet werden. [4] Die Vorschriften des Börsengesetzes über die Zusammenarbeit der Handelsüberwachungsstellen mit entsprechenden Stellen oder Börsengeschäftsführungen anderer Staaten bleiben hiervon unberührt.

(2) [1] Auf Ersuchen der in Abs. 1 Satz 1 genannten zuständigen Stellen führt die Bundesanstalt nach Maßgabe des Artikels 15 der Verordnung (EG) Nr. 1287/2006 Untersuchungen durch und übermittelt unverzüglich alle Informationen, soweit dies für die Überwachung von organisierten Märkten oder anderen Märkten für Finanzinstrumente, von Kreditinstituten, Finanzdienstleistungsinstituten, Investmentgesellschaften, Finanzunternehmen oder Versicherungsunternehmen nach den Vorschriften dieses Gesetzes und entsprechenden Vorschriften der in Abs. 1 genannten Staaten oder damit zusammenhängender Verwaltungs- oder Gerichtsverfahren erforderlich ist. [2] Bei der Übermittlung von Informationen hat die Bundesanstalt den Empfänger darauf hinzuweisen, dass er unbeschadet seiner Verpflichtungen im Rahmen von Strafverfahren die übermittelten Informationen einschließlich personenbezogener Daten nur zur Erfüllung von Überwachungsaufgaben nach Satz 1 und für damit zusammenhängende Verwaltungs- und Gerichtsverfahren verwenden darf.

(2a) Die Bundesanstalt trifft angemessene Vorkehrungen für eine wirksame Zusammenarbeit insbesondere gegenüber solchen Mitgliedstaaten, in denen die Geschäfte einer inländischen Börse eine wesentliche Bedeutung für das Funktionieren der Finanzmärkte und den Anlegerschutz nach Maßgabe des Artikels 16 der Verordnung (EG) Nr. 1287/2006 haben oder deren organisierte Märkte eine solche Bedeutung im Inland haben.

(2b) [1] Die Bundesanstalt kann Bediensteten der zuständigen Stellen anderer Staaten auf Ersuchen die Teilnahme an den von der Bundesanstalt durchgeführten Untersuchungen gestatten. [2] Nach vorheriger Unterrichtung der Bundesanstalt sind die zuständigen Stellen im Sinne des Abs.es 1 Satz 1 befugt, selbst oder durch ihre Beauftragten die Informationen, die für eine Überwachung der Einhaltung der Meldepflichten nach § 9, der Verhaltens-, Organisations- und Transparenzpflichten nach den §§ 31 bis 34 oder entsprechender ausländischer Vorschriften durch eine Zweigniederlassung im Sinne des § 53b Abs. 1 Satz 1 des Kreditwesengesetzes erforderlich sind, bei dieser Zweigniederlassung zu prüfen.

(3) [1] Die Bundesanstalt kann eine Untersuchung, die Übermittlung von Informationen oder die Teilnahme von Bediensteten zuständiger ausländischer Stellen im Sinne von Abs. 1 Satz 1 verweigern, wenn

1. hierdurch die Souveränität, die Sicherheit oder die öffentliche Ordnung der Bundesrepublik Deutschland beeinträchtigt werden könnte oder
2. auf Grund desselben Sachverhalts gegen die betreffenden Personen bereits ein gerichtliches Verfahren eingeleitet worden oder eine unanfechtbare Entscheidung ergangen ist.

[2] *Kommt die Bundesanstalt* einem Ersuchen nicht nach oder macht sie von ihrem Recht nach Satz 1 Gebrauch, so teilt sie dies der ersuchenden Stelle unverzüglich mit und legt die Gründe dar; im Falle einer Verweigerung

nach Satz 1 Nr. 2 sind genaue Informationen über das gerichtliche Verfahren oder die unanfechtbare Entscheidung zu übermitteln.

(4) ¹Die Bundesanstalt ersucht die in Abs. 1 genannten zuständigen Stellen nach Maßgabe des Artikels 15 der Verordnung (EG) Nr. 1287/2006 um die Durchführung von Untersuchungen und die Übermittlung von Informationen, die für die Erfüllung ihrer Aufgaben nach den Vorschriften dieses Gesetzes geeignet und erforderlich sind. ²Sie kann die zuständigen Stellen ersuchen, Bediensteten der Bundesanstalt die Teilnahme an den Untersuchungen zu gestatten. ³Mit Einverständnis der zuständigen Stellen kann die Bundesanstalt Untersuchungen im Ausland durchführen und hierfür Wirtschaftsprüfer oder Sachverständige beauftragen; bei Untersuchung einer Zweigniederlassung eines inländischen Wertpapierdienstleistungsunternehmens in einem Aufnahmemitgliedstaat durch die Bundesanstalt genügt eine vorherige Unterrichtung der zuständigen Stelle im Ausland. ⁴Trifft die Bundesanstalt Anordnungen gegenüber Unternehmen mit Sitz im Ausland, die Mitglieder inländischer organisierter Märkte sind, unterrichtet sie die für die Überwachung dieser Unternehmen zuständigen Stellen. ⁵Werden der Bundesanstalt von einer Stelle eines anderen Staates Informationen mitgeteilt, so darf sie diese unbeschadet ihrer Verpflichtungen in strafrechtlichen Angelegenheiten, die Verstöße gegen Verbote nach den Vorschriften dieses Gesetzes zum Gegenstand haben, nur zur Erfüllung von Überwachungsaufgaben nach Abs. 2 Satz 1 und für damit zusammenhängende Verwaltungs- und Gerichtsverfahren verwenden. ⁶Die Bundesanstalt darf diese Informationen unter Beachtung der Zweckbestimmung der übermittelnden Stelle den in § 6 Abs. 2 genannten Stellen mitteilen, sofern dies für die Erfüllung ihrer Aufgaben erforderlich ist. ⁷Eine anderweitige Verwendung der Informationen ist nur mit Zustimmung der übermittelnden Stelle zulässig. ⁸Außer bei Informationen in Zusammenhang mit Insiderhandel oder Marktmanipulation kann in begründeten Ausnahmefällen auf diese Zustimmung verzichtet werden, sofern dieses der übermittelnden Stelle unverzüglich unter Angabe der Gründe mitgeteilt wird. ⁹Wird einem Ersuchen der Bundesanstalt nach den Sätzen 1 bis 3 nicht innerhalb angemessener Frist Folge geleistet oder wird es ohne hinreichende Gründe abgelehnt, kann die Bundesanstalt den Ausschuss der europäischen Wertpapierregulierungsbehörden hiervon in Kenntnis setzen.

(5) ¹Hat die Bundesanstalt hinreichende Anhaltspunkte für einen Verstoß gegen Verbote oder Gebote nach den Vorschriften dieses Gesetzes oder nach entsprechenden ausländischen Vorschriften der in Abs. 1 Satz 1 genannten Staaten, so teilt sie diese den nach Abs. 1 Satz 1 zuständigen Stellen des Staates mit, auf dessen Gebiet die vorschriftswidrige Handlung stattfindet oder stattgefunden hat und auf dessen Gebiet die betroffenen Finanzinstrumente an einem organisierten Markt gehandelt werden. ²Erhält die Bundesanstalt eine entsprechende Mitteilung von zuständigen ausländischen Stellen, so unterrichtet sie diese über die Ergebnisse daraufhin eingeleiteter Untersuchungen. ³Die Bundesanstalt unterrichtet die zuständigen Stellen nach Satz 1 über Anordnungen zur Aussetzung, Untersagung oder Einstellung des Handels nach § 4 Abs. 2 Satz 2 dieses Gesetzes sowie § 3 Abs. 5 Nr. 1 und § 25 Abs. 1 des Börsengesetzes sowie innerhalb eines Monats nach Erhalt einer Mitteilung nach § 19 Abs. 10 des Börsengesetzes von der Absicht der Geschäftsführung einer Börse, Handelsteilnehmern aus

§ 7 Abschn. 2. Bundesanstalt für Finanzdienstleistungsaufs.

diesen Staaten einen unmittelbaren Zugang zu ihrem Handelssystem zu gewähren.

(6) Die Regelungen über die internationale Rechtshilfe in Strafsachen bleiben unberührt.

(7) [1]Die Bundesanstalt kann mit den zuständigen Stellen anderer als der in Abs. 1 genannten Staaten entsprechend den Absätzen 1 bis 6 zusammenarbeiten und Vereinbarungen über den Informationsaustausch abschließen. [2]Abs. 4 Satz 5 und 6 findet mit der Maßgabe Anwendung, dass Informationen, die von diesen Stellen übermittelt werden, nur unter Beachtung einer Zweckbestimmung der übermittelnden Stelle verwendet und nur mit ausdrücklicher Zustimmung der übermittelnden Stelle der Deutschen Bundesbank oder dem Bundeskartellamt mitgeteilt werden dürfen, sofern dies für die Erfüllung ihrer Aufgaben erforderlich ist. [3]Abs. 4 Satz 8 findet keine Anwendung. [4]Für die Übermittlung personenbezogener Daten gilt § 4b des Bundesdatenschutzgesetzes.

(8) [1]Das Bundesministerium der Finanzen kann durch Rechtsverordnung, die nicht der Zustimmung des Bundesrates bedarf, zu den in den Absätzen 2, 2a und 4 genannten Zwecken nähere Bestimmungen über die Übermittlung von Informationen an ausländische Stellen, die Durchführung von Untersuchungen auf Ersuchen ausländischer Stellen sowie Ersuchen der Bundesanstalt an ausländische Stellen erlassen. [2]Das Bundesministerium der Finanzen kann die Ermächtigung durch Rechtsverordnung auf die Bundesanstalt für Finanzdienstleistungsaufsicht übertragen.

Übersicht

	Rn.
I. Regelungsgegenstand und -zweck	1
II. Zusammenarbeit mit ausländischen Stellen (Abs. 1, 7)	6
1. Zusammenarbeit	6
a) Gegenstand der Zusammenarbeit	6
b) Zusammenarbeit im Rahmen der EU	9
c) Zusammenarbeit mit Drittstaaten	10
d) Internationale Gremien	11
2. „Ausländische Stellen"	13
3. Anordnungskompetenz (Abs. 1 Satz 2)	14
4. Untersagung oder Aussetzung des Handels (Abs. 1 Satz 3)	15
5. Ausnahmen von der umfassenden Außenkompetenz der Bundesanstalt (Abs. 1 Satz 4)	16
III. Durchführung von Untersuchungen und Übermittlung von Informationen durch die Bundesanstalt (Abs. 2, 2a, 2b, 5)	17
IV. Durchführung von Untersuchungen und Übermittlung von Informationen durch ausländische Stellen (Abs. 4)	27
V. Verweigerung einer Zusammenarbeit (Abs. 3)	34
VI. Internationale Rechtshilfe in Strafsachen (Abs. 6)	36
VII. Verordnungsermächtigung (Abs. 8)	38

Schrifttum: *Birnbaum/von Kopp-Colomb,* Die Harmonisierung von Wohlverhaltens- und Complianceregelungen auf europäischer Ebene durch FESCO bzw. CESR, WM 2001, 2288; *Grolimund,* Internationale Amtshilfe im Bereich der Börsen- und Wertpapierhandelsaufsicht, IPRax 2000, 553; *Grützner/Pötz,* Internationaler Rechtshilfeverkehr in Strafsachen, IRG-Kommentar, 2. Aufl., Stand Dez. 2005; *Hirte/Heinrich,* Entwicklungen im Europäischen Bankrecht – Eine Bestandsaufnahme, ZBB 2001, 388; *Höhns,* Die Aufsicht über Finanzdienstleister – Kompetenzen, Eingriffsbefugnisse, Neustrukturierung, 2002; *Jörgens,* Die koordinierte Aufsicht über europaweit tätige Bankengruppen, 2002; *Krimphove,* Das zweite Finanzmarktförderungsgesetz, JZ 1994, 23; *Kurth,* Problematik grenzüberschreitender Wertpapieraufsicht, WM 2000, 1521; *Merkt,* Reformbedarf im Kapitalmarkt- und Börsenrecht, NJW-Beil. 23/2002, 41; *Royla,* Grenzüberschreitende Finanzmarktaufsicht in der EG, Berlin 2000; *Waschbusch,* Bankenaufsicht, 2000; *Wittich,* Neue Regeln für Finanzdienstleistungsinstitute, die Wertpapierdienstleistungen erbringen, WM 1998, 1526; *ders.,* Zusammenwachsende europäische Märkte – eine Herausforderung für die Wertpapieraufsicht in Europa, WM 1999, 1613.

I. Regelungsgegenstand und -zweck

Die verschiedenen nationalen Kapitalmärkte unterliegen infolge der Liberalisierung des Kapitalverkehrs, moderner elektronischer Kommunikationsmittel, hoher Mobilität der Anleger, Internationalisierung der Finanzportfolios, der Einführung des EURO und zahlreicher Finanzinnovationen einer zunehmenden **Verflechtung und Vernetzung.**[1] Grenzüberschreitende Transaktionen sind damit gang und gäbe. Möglicherweise wird sich in absehbarer Zeit sogar ein „globaler Marktplatz" für Wertpapiergeschäfte bilden.[2] Eine nationale Kapitalmarktaufsicht, die aufsichtsrelevante Sachverhalte allein innerhalb der jeweiligen einzelstaatlichen Grenzen erfassen kann, stößt damit schnell an die Grenzen ihrer Leistungsfähigkeit.[3] Spiegelbildlich zur Internationalisierung des Finanzmarkts bedarf es daher einer entsprechenden Internationalisierung der Aufsicht. Hierzu ist zumindest eine enge internationale Zusammenarbeit zwischen den verschiedenen Aufsichtsbehörden erforderlich;[4] zu denken wäre weitergehend aber auch an eine institutionalisierte Kapitalmarktaufsicht auf europäischer oder internationaler Ebene, etwa durch Errichtung entsprechender EU-Aufsichtsbehörden.[5]

Vor dem Inkrafttreten des WpHG bestand nach deutscher Rechtslage hinsichtlich der internationalen Zusammenarbeit ein erhebliches Manko. Die Aufsichtsbehörden der Länder konnten aus verschiedenen Gründen internationale Aspekte der Aufsicht nicht berücksichtigen. Für Anfragen aus dem Ausland gab es keinen Ansprechpartner in Deutschland. Lediglich als Notbehelf vereinbarten die aufsichtsführenden Bundesländer mit dem Bund, dass die Aufsichtsinteressen

---

[1] *Kümpel,* Kapitalmarktrecht, Rz. 065 S. 129; *Kümpel,* Bank- und Kapitalmarktrecht, Rn. 18.3; *Royla,* Grenzüberschreitende Finanzmarktaufsicht, S. 22 ff.; *Waschbusch,* Bankenaufsicht, S. 31; *Wittich* WM 1999, S. 1613.
[2] *Schäfer/Opitz,* § 30 Rn. 1.
[3] So auch *Waschbusch,* Bankenaufsicht, S. 31.
[4] So auch *Kümpel,* Kapitalmarktrecht, Rz. 065 S. 129; BT-Drs. 12/6679, S. 35.
[5] Solche Forderungen nach einer supranationalen Aufsicht sind jüngst nicht zuletzt angesichts der zunehmenden Vernetzung europäischer Börsenplätze und Handelsplattformen laut geworden, vgl. *Schäfer/Geibel,* § 7 Rn. 1; *Merkt* NJW-Beilage 23/2002, 41, 46; *Schäfer/Opitz,* § 30 Rn. 1; *Wittich* WM 1999, 1613 f.; *Schlette* JuS 2001, 1151, 1155. Soweit ersichtlich, gibt es in der EU in dieser Richtung aber noch keine konkreten Planungen; vielmehr soll lediglich die Zusammenarbeit der nationalen Wertpapieraufsichtsbehörden verbessert werden, vgl. den Schlussbericht der Weisen vom 15. Februar 2001 über die Regulierung der europäischen Wertpapiermärkte, s. im Jahresbericht 2000 des BAWe, S. 33 f., s. ferner *Hirte/Heinrich* ZBB 2001, 388 ff.; *Waschbusch,* Bankenaufsicht, S. 37 ff.; S. zum Ganzen auch *Jörgens,* Koordinierte Aufsicht, passim; *Royla,* Grenzüberschreitende Finanzmarktaufsicht, passim.

§ 7 3, 4 Abschn. 2. Bundesanstalt für Finanzdienstleistungsaufs.

des Finanzplatzes Deutschland vom Bundesministerium für Finanzen wahrgenommen werden sollte.[6]

3   Das WpHG widmet der internationalen Zusammenarbeit nun – entsprechend deren Bedeutung und entsprechend der Vorgaben der EU-Richtlinien – eine eigene, ausführliche Regelung. Nach dem bis zum Erlass des Anlegerschutzverbesserungsgesetz geltenden Regelungskonzept bestanden neben der allgemeinen Vorschrift des § 7 für die Insiderüberwachung und die Meldepflichten **spezielle Vorschriften** über die internationale Zusammenarbeit in diesem Bereich (§§ 19, 20b Abs. 7, 30, 36c). Diese Vorschriften gingen, soweit ihre Tatbestandsvoraussetzungen erfüllt waren, als leges speciales § 7 vor.[7] Im Einzelnen galt folgendes:[8] § 7 betraf die internationale Zusammenarbeit mit allen ausländischen Stellen in allen Bereichen weltweit. Demgegenüber galten §§ 19, 20b Abs. 7, 30, 36c nur für einen speziellen Sachbereich (Insiderüberwachung; Überprüfung der Einhaltung von Mitteilungs- und Veröffentlichungspflichten; Überwachung des Verbots von Kurs- und Marktmanipulationen; Überprüfung der Einhaltung der Meldepflichten und Verhaltensregeln) und grundsätzlich nur innerhalb der EU und des EWR (Ausnahmen: §§ 19 Abs. 5, 30 Abs. 1 Nr. 1, 4; 36c Abs. 4). Des weiteren unterschieden sich § 7 und §§ 19, 30, 36c hinsichtlich der möglichen Zweckbestimmung bei der Weitergabe von Informationen. Während nach § 7 Abs. 2 Satz 2, Abs. 3 lediglich eine beliebige Zweckbestimmung für die Verwendung der übermittelten Daten zu geben war, enthielten §§ 19, 30, 36c entsprechend ihrem sachlichen Kontext tatbestandlich eine besondere Zweckbegrenzung. Von besonderer Bedeutung war die in § 19 enthaltene, Art. 10 der Insider-Richtlinie umsetzende,[9] Regelung über die internationale Zusammenarbeit bei der Insiderüberwachung. Denn gerade im Bereich der Insiderüberwachung kommt es auf grenzüberschreitende Zusammenarbeit besonders an. Angesichts der zunehmenden internationalen Verflechtung des Wertpapierhandels wäre es ein leichtes, verbotene Insidergeschäfte über ausländische Kreditinstitute laufen zu lassen und damit die nationale Aufsicht zu umgehen, wenn diese nicht in der Lage wäre, von ausländischen Stellen detaillierte Informationen einzuholen.[10]

4   Mit dem **Anlegerschutzverbesserungsgesetz** vom 28. 10. 2004 wurde die internationale Zusammenarbeit im Rahmen des Aufgabenbereiches des WpHG neu geregelt. Die bisher in §§ 19, 20b Abs. 7, 30 und § 36c speziell geregelten Befugnisse bei der internationalen Zusammenarbeit wurden in § 7 aufgenommen und insoweit – wie bereits vorher zT in der Literatur gefordert[11] – eine einzige Vorschrift zur internationalen Zusammenarbeit für das WpHG geschaffen. Damit wurde zugleich Artikel 16 der Marktmissbrauchsrichtlinie umgesetzt, der für die Bereiche dieser Richtlinie Vorgaben zur Zusammenarbeit zwischen den zuständigen Stellen von Mitgliedstaaten der Europäischen Union und Vertragsstaaten des Abkommens über den Europäischen Wirtschaftsraum macht. Die diesbezügliche Zusammenarbeit war für diesen Teilbereich bislang in § 19 und

---

[6] Vgl. zum Vorstehenden *Assmann/Schneider/Dreyling*, § 7 Rn. 1.
[7] So auch *Assmann/Schneider/Dreyling*, § 7 Rn. 14; *Schäfer/Geibel*, § 7 Rn. 6; BT-Drs. 12/6679, S. 41 f.
[8] Zum Folgenden vgl. *Schäfer/Geibel*, § 7 Rn. 6.
[9] Zu den Vorgaben des Art. 10 vgl. näher *Schäfer*, § 19 Rn. 4 ff.
[10] *Schäfer*, § 19, Rn. 1.
[11] *Schäfer/Opitz*, § 30 Rn. 1.

§ 20b Abs. 7 geregelt und wurde nun zusammen mit §§ 30 und 36c in einer Generalnorm zusammengefasst.[12] Lediglich für den Bereich der Wohlverhaltensregeln enthält § 36c Satz 2 nF nach wie vor eine, wenn auch nur punktuell, von § 7 abweichende Spezialregelung.

Weitere Änderungen der Regelungen zur internationalen Zusammenarbeit erfolgten durch das **Finanzmarkt-Richtlinie-Umsetzungsgesetz (FRUG)** vom 19. 7. 2007.[13] Die Änderungen in § 7 dienen hauptsächlich der Umsetzung der Artikel 41ff., 56ff. und 32 der Finanzmarktrichtlinie (MiFID).[14] Insbesondere wurden die Befugnisse zur Zusammenarbeit mit ausländischen Behörden auf den Bereich des Börsengesetzes und entsprechende ausländische Vorschriften erweitert.

II. Zusammenarbeit mit ausländischen Stellen (Abs. 1, 7)

1. Zusammenarbeit

a) Gegenstand der Zusammenarbeit

§ 7 Abs. 1 Satz 1 statuiert das **Prinzip der zentralen Zuständigkeit der BaFin**.[15] Dem Amt obliegt die internationale Zusammenarbeit nicht nur in Fragen der Wertpapierhandelsaufsicht, sondern auch in Angelegenheiten, die innerstaatlich in die Kompetenz der Börsenaufsicht der Länder fallen.[16] Das lässt sich aus dem Wortlaut des § 7 Abs. 1 Satz 1 ableiten, wenn dort von der Zusammenarbeit mit den „für die Überwachung von Finanzinstrumenten und von Märkten, an denen Finanzinstrumente gehandelt werden" zuständigen Stellen anderer Staaten die Rede ist, und findet Bestätigung in Abs. 2 Satz 1, wo uneingeschränkt die „Überwachung von organisierten Märkten oder anderen Märkten für Finanzinstrumente" in Bezug genommen ist, um den Bereich abzustecken, in dem die BaFin Informationen an ausländische Instanzen übermitteln darf.

Eine solche umfassende Kompetenz der Bundesanstalt ist notwendig, da **nur** über **eine zentrale Bundesbehörde** die internationale Kooperation – auch und gerade bei der Börsenaufsicht – **effizient** abgewickelt werden kann, sowohl was die Zusammenarbeit mit ausländischen Behörden, als auch was die Mitarbeit in internationalen Gremien betrifft.[17] Zudem ist bei der internationalen Zusammenarbeit eine klare Trennung zwischen Wertpapier- und Börsenaufsichtsfragen kaum möglich, da im Ausland die Zuständigkeiten für Wertpapier- und Börsen-

---

[12] Gesetzesentwurf zum Anlegerschutzverbesserungsgesetz, BT-Drs. 15/3174, S. 31.
[13] BGBl. I 2007, 1330ff.
[14] Richtlinie 2004/39 EG des Europäischen Parlaments und des Rates vom 21. 4. 2004 über Märkte für Finanzinstrumente, zur Änderung der Richtlinien 85/611/EWG und 93/6/EWG des Rates und der Richtlinie 2000/12/EG des Europäischen Parlaments und des Rates und zur Aufhebung der Richtlinie 93/22/EWG des Rates, ABl. L 145 vom 30. 4. 2004, S. 1ff.; Gesetzesentwurf der Bundesregierung v. 15. 11. 2006, BT-Drs. 16/4028, S. 60f.
[15] *Schäfer/Geibel*, § 7 Rn. 1.
[16] So auch *Assmann/Schneider/Dreyling*, § 7 Rn. 9; *Kümpel*, Bank- und Kapitalmarktrecht, Rn. 18.107; KölnKommWpHG-*Carny* § 7 Rn. 13.
[17] *Assmann/Schneider/Dreyling*, § 7 Rn. 9; *Schäfer/Geibel*, § 7 Rn. 1; KölnKommWpHG-*Carny* § 7 Rn 13.

§ 7 8–10 Abschn. 2. Bundesanstalt für Finanzdienstleistungsaufs.

aufsicht oft in einer Behörde vereinigt sind.[18] Im Hinblick auf „remote membership" oder Kooperation von Börsen aus unterschiedlichen Staaten ist diese umfassende Kompetenz durchaus von erheblicher praktischer Bedeutung.[19] Die Wahrnehmung auch von Börsenaufsichtsinteressen im internationalen Bereich durch die BaFin erfordert innerstaatlich eine enge Kooperation zwischen der Bundesanstalt und den Landesbehörden, die durch § 5 und § 6 Abs. 3 ermöglicht wird.

8   Die **Kompetenz des Bundesgesetzgebers,** die internationale Zusammenarbeit auch in Börsenaufsichtsangelegenheiten zu regeln, folgt weniger aus Art. 32 GG[20] – der primär staatliche Akte (u. a. völkerrechtliche Verträge) meint, die direkt völkerrechtliche Relevanz besitzen – als vielmehr aus Art. 74 Nr. 11 (Börsenwesen) GG iVm Art. 84 Abs. 1 2. Alt. GG.[21]

b) Zusammenarbeit im Rahmen der EU

9   Im Rahmen der EU wird die zunehmende Vernetzung der europäischen Aufsichtssysteme insbesondere durch den sogenannten „**Europäischen Pass**" augenfällig. Damit kann jedes Wertpapierunternehmen Niederlassungen in einem anderen EU-Staat und ggf. auch in den sonstigen EWR-Staaten gründen, ohne ein weiteres Zulassungsverfahren durchlaufen zu müssen. Bei der Erbringung von Wertpapierdienstleistungen werden diese Unternehmen – mit Ausnahme der Verhaltensregeln und der allgemeinen Gesetze – vom Herkunftsland beaufsichtigt (Grundsatz der Heimatlandkontrolle).[22]

c) Zusammenarbeit mit Drittstaaten

10 Hinsichtlich Drittstaaten kann weder der deutsche noch der europäische Gesetzgeber rechtliche Regelungen mitverbindlicher Wirkung für diese erlassen. Dementsprechend bestimmt § 7 **Abs. 7** Satz 1 – der die bisherigen Vorschriften des § 7 Abs. 2 und 3, § 19 Abs. 5 und § 36 c Abs. 4 ersetzt – ganz allgemein, dass insoweit eine Zusammenarbeit möglich ist. Die Ausgestaltung als bloße Ermessensnorm stellt auch sicher, dass die konkreten Verhältnisse des Drittstaates, wie dessen rechtsstaatliche Standards bei der Frage einer Zusammenarbeit, angemessen berücksichtigt werden können. Da bei Drittstaaten die nationalen Datenschutzstandards im Gegensatz zu den Mitgliedstaaten der Europäischen Union und des Europäischen Wirtschaftsraumes nicht vorausgesetzt werden können, ist insoweit auch die diesbezügliche Regelung des bisherigen § 7 Abs. 2 übernommen worden.[23] Da es auch an einschlägigen völkerrechtlichen Vereinbarungen fehlt, ist es üblich, zwischen den Aufsichtsbehörden sog. „**Memoranda of Understanding (MoU)**" zu schließen, d. h. (informelle) Verständigungen über den Austausch von Informationen. In den MoU erklären sich die beteiligten Aufsichtsbehörden auch bereit, Auskunftsersuchen bei Untersuchungen von Insiderfällen, bei Marktmanipulationen oder anderen Gesetzesverstößen nachzukommen, die erhaltenen In-

---

[18] Gesetzesbegründung, BT-Drs. 12/6679, S. 42.
[19] So auch *Assmann/Schneider/Dreyling,* § 7 Rn. 9.
[20] So aber *Assmann/Schneider/Dreyling,* § 7 Rn. 12; *Schäfer/Geibel,* § 7 Rn. 2, jeweils unter Bezugnahme auf die Gesetzesbegründung.
[21] Eine Bundeskompetenz generell verneinend wohl *Krimphove* JZ 1994, S. 23, 28.
[22] Zum Vorstehenden vgl. *Assmann/Schneider/Dreyling,* § 7 Rn. 2; *Wittich* WM 1998, 1527; *Boos/Fischer/Schulte-Mattler,* KWG, Einf Rn. 29.
[23] BT-Drs. 15/3174, S. 32.

formationen nur für den jeweils festgelegten Zweck zu verwenden und die Vertraulichkeit sicherzustellen. Die Auskunftsersuchen werden standardisiert und die Übermittlungsverfahren klar festgelegt.[24] Derartige MoU existierten Ende 2004 mit Argentinien, Australien, Brasilien, China, Frankreich, Hongkong, Italien, Jersey, Kanada, Polen, Portugal, Russland, Singapur, Slowakei, Spanien, Südafrika, Taiwan, Tschechien, Türkei, Ungarn, Vereinigte Staaten von Amerika, Zypern.[25] § 7 Abs. 7 schafft die rechtliche Grundlage dafür, dass die BaFin derartige MoU abschließen kann. Für die Zusammenarbeit mit Drittstaaten sind die Regelungen zwischen den Mitgliedstaaten modifiziert durch die Regelungen in Abs. 7 Satz 2 und 3 anwendbar. Danach hat die Zweckbestimmung der übermittelnden Stelle einen unbedingten Vorrang. Für die Übermittlung an das Bundeskartellamt oder die Bundesbank ist eine ausdrückliche Zustimmung der übermittelnden Stelle erforderlich. Hintergrund für diese Ausnahme ist die Annahme, dass eine Weiterleitung an Bundeskartellamt oder Bundesbank für die übermittelnde Stelle schwer vorauszusehen sei und daher bei der Zweckbestimmung unter Umständen nicht berücksichtigt wurde. Durch das ausdrückliche Zustimmungserfordernis soll eine überraschende Verwendung vermieden und eine vertrauensvolle internationale Zusammenarbeit sichergestellt werden.[26]

d) Internationale Gremien

Die internationale Zusammenarbeit ist durch diverse Gremien institutionalisiert. Zu nennen ist in erster Linie die Internationale Vereinigung der Wertpapier- und Börsenaufsichtsbehörden (International Organisation of Securities Commissions, **IOSCO**), die 1974 gegründet wurde und gegenwärtig über 180 Mitglieder aus mehr als 100 Ländern hat.[27] Diese ist vorwiegend ein Forum für den Erfahrungsaustausch.[28] Darüberhinaus strebt die IOSCO weltweit akzeptierte Standards für die Aufsicht über die Wertpapiermärkte an und fördert die Kooperation der Aufsichtsbehörden untereinander.[29] Das BAWe hat dort Anfang 1995 die Vollmitgliedschaft vom Bundesministerium der Finanzen übernommen.[30] Ein wichtiges Projekt der IOSCO war in den letzten Jahren die Umsetzung der 1998 verabschiedeten Grundprinzipien für die Funktionsfähigkeit eines wirksamen Wertpapieraufsichtssystems.[31]

Auf europäischer Ebene haben sich Ende 1997 die Wertpapieraufsichtsbehörden aus den Mitgliedstaaten der EU sowie Islands und Norwegens in dem Forum of European Securities Commissions (**FESCO**) zusammengeschlossen. FESCO ist keine Behörde mit eigenen Aufsichtsbefugnissen, sondern ein Kooperationsorgan von selbstständigen Aufsichtsbehörden.[32] Auch das BAWe gehörte der FESCO an.[33] Ziel war eine Verbesserung des Anlegerschutzes. Zu die-

---

[24] S. i. e. *Assmann/Schneider/Dreyling*, § 7 Rn. 3; *Wittich* WM 1997, 2026 f.; Jahresbericht BAWe 2001, S. 50.
[25] Jahresbericht BaFin 2004, S. 230.
[26] Gesetzesentwurf der Bundesregierung v. 15. 11. 2006, BT-Drs. 16/4028; S. 61.
[27] Jahresbericht BaFin 2004, S. 34. Homepage: www.iosco.org.
[28] *Schäfer/Geibel*, § 7 Rn. 4; Jahresbericht BAWe 2001, S. 48.
[29] *Schäfer/Geibel*, § 7 Rn. 4; *Schäfer*, § 19 Rn. 3; Jahresbericht BAWe 2001, S. 48.
[30] Jahresbericht 1995 des BAWe, S. 41.
[31] Jahresbericht BAWe 2001, S. 48.
[32] *Höhns*, Aufsicht über Finanzdienstleister, S. 293.
[33] *Assmann/Schneider/Dreyling*, § 7 Rn. 7. S. a. Jahresbericht des BAWe 1997, S. 35 ff.

sem Zwecke fanden regelmäßiger Erfahrungsaustausch, Zusammenarbeit bei der Umsetzung des Europäischen Binnenmarktes im Bereich der Finanzmärkte, Entwicklung gemeinsamer Aufsichtsstandards für die Finanzmärkte sowie gegenseitige Unterstützung bei der Marktüberwachung und der Verfolgung von Regelverstößen statt.[34] Mehrere Expertengruppen wurden eingerichtet.[35] Anfang Januar 1999 ist ein multilaterales Memorandum of Understanding unterzeichnet worden, das die Grundlage für den Informationsaustausch und die sonstige Zusammenarbeit darstellen soll.[36] Mit dem Abkommen wurde das Ziel angestrebt, den grenzüberschreitenden Informationsfluss ebenso zügig zu gestalten wie den inländischen.[37] Im Rahmen dieses Memorandum of Understanding wurde ein ständiger Ausschuss hochrangiger Vertreter der beteiligten Aufsichtsbehörden (**FESCOPOL**) eingerichtet, der Fragen der Zusammenarbeit erörtern und Lösungen für technische und praktische Probleme bei der grenzüberschreitenden Kooperation erarbeiten sollte.[38] Die FESCO wurde im September 2001 durch das Committee of European Securities Regulators (**CESR**) abgelöst, das durch Beschluss der Europäischen Kommission als formeller europäischer Ausschuss gegründet wurde. Das CESR führt die Arbeit der FESCO fort; zusätzlich berät es die Europäische Kommission und den gleichzeitig eingesetzten Wertpapierausschuss bei der Ausfüllung von Rahmenrichtlinien.[39]

2. „Ausländische Stellen"

13   Bei der Frage, mit welchen ausländischen Instanzen die BaFin zusammenzuarbeiten hat, ist das Gesetz mit der Formulierung „ausländische Stellen" bewusst und zu Recht sehr allgemein gehalten: Im Hinblick auf die unterschiedlichen Rechtssysteme und die wandelbaren Organisationsstrukturen wären nähere Regelungen kaum sinnvoll.[40] Potentieller Partner der grenzüberschreitenden Kooperation ist **jede ausländische Instanz, die Überwachungsaufgaben** der genannten Art **wahrnimmt**.[41] Durch das FRUG wurde in Abs. 1 S. 1 ergänzend eingeführt, dass neben der Zusammenarbeit mit den ausländischen Behörden, die Finanzinstrumente und Märkte, an denen Finanzinstrumente gehandelt werden, überwachen, auch die Zusammenarbeit mit den ausländischen Behörden erfasst ist, die für die Überwachung der Organisations- und Verhaltenspflichten von Unternehmen, die Finanzdienstleistungen erbringen, zuständig sind. Ist diese Instanz prima facie nicht zu bestimmen, so ist in der Praxis erste Anlaufstelle das

---

[34] *Schäfer/Geibel*, § 7 Rn. 4, *Wittich* WM 1998, S. 1527; *ders.*, WM 1999, 1613; *Kümpel*, Bank- und Kapitalmarktrecht, Rn. 18.106; *Höhns*, Aufsicht über Finanzdienstleister, S. 291 ff. Speziell zur Harmonisierung von Wohlverhaltens- und Complianceregelungen vgl. *Birnbaum/von Kopp-Colomb* WM 2001, 2288.
[35] *Wittich* WM 1998, 1527; Jahresbericht BAWe 2000, S. 35 f.
[36] *Wittich* WM 1999, 1613.
[37] *Wittich* WM 1999, 1613.
[38] *Kümpel*, Bank- und Kapitalmarktrecht, Rn. 18.106; *Wittich* WM 1999, S. 1613, 1614; Jahresbericht BAWe 2000, S. 37.
[39] S. zum Vorstehenden *Birnbaum/von Kopp-Colomb* WM 2001, 2288, 2290; Köln-KommWpHG-*Carny* § 7 Rn. 16, sowie Jahresbericht des BAWe 2001, S. 45 f.; Jahresbericht der BaFin 2004, S. 42 ff. Homepage: www.europefesco.org.
[40] So auch *Assmann/Schneider/Dreyling*, § 7 Rn. 8.
[41] *Assmann/Schneider/Dreyling*, § 7 Rn. 8; vgl. a. *Schäfer/Opitz*, § 30 Rn. 2. Übersicht über die der BaFin vergleichbaren ausländischen Behörden bei *Opitz*, aaO, Rn. 6.

zuständige Ministerium, das gebeten wird, entweder selbst tätig zu werden oder aber an die unmittelbar zuständige Stelle weiterzuverweisen.[42]

3. Anordnungskompetenz (Abs. 1 Satz 2)

Abs. 1 Satz 2 (Vorgängervorschrift: § 19 Abs. 1 S. 2 aF) ordnet an, dass die Bundesanstalt im Rahmen der internationalen Zusammenarbeit von allen ihr gesetzlich zustehenden Befugnissen Gebrauch zu machen hat, soweit dies geeignet und erforderlich ist, dem Ersuchen einer ausländischen Stelle nachzukommen. Durch das FRUG wurde in Abs. 1 S. 2 ergänzend eingeführt, dass die Befugnisse der Zusammenarbeit sich auch auf das Börsengesetz und entsprechende ausländische Vorschriften erstrecken. Diese Änderung war erforderlich, weil die Finanzmarktrichtlinie in Artikel 56 Abs. 1 und Abs. 3 Satz 2 eine Zusammenarbeit in allen von ihr erfassten Aufsichtsbereichen erfordert und davon im deutschen Recht auch die Vorschriften des Börsengesetzes erfasst sind.[43] Die Bundesanstalt ist verpflichtet und berechtigt, ihre Befugnisse nach § 4 wie auch nach sonstigen gesetzlichen Vorschriften auf Ersuchen dieser ausländischen Stellen einzusetzen, um deren Untersuchungen zu unterstützen;[44] sie verfügt im Rahmen der internationalen Zusammenarbeit über dieselben weitreichenden Befugnisse wie bei ihrer eigenen Aufsichtstätigkeit. Die Bundesanstalt kann also, um einem Ersuchen einer ausländischen Stelle nachzukommen, ein Unternehmen zB zur Auskunft oder Unterlagenvorlage gem. § 4 Abs. 3 auffordern. Desgleichen gelten die Einschränkungen etwa in § 4 Abs. 9.

4. Untersagung oder Aussetzung des Handels (Abs. 1 Satz 3)

Verlangt eine der in Satz 1 genannten ausländischen Stellen die Untersagung oder Aussetzung des Handels nach § 4 Abs. 2 S. 2, so darf die Bundesanstalt dem gemäß Abs. 1 S. 3 nur nachkommen, wenn die Interessen der Anleger oder der ordnungsgemäße Handel an dem betreffenden Markt nicht erheblich gefährdet werden. Diese durch das FRUG neu eingeführte Regelung beruht auf Art. 41 Abs. 2 S. 2 der Finanzdienstleistungsrichtlinie.[45]

5. Ausnahmen von der umfassenden Außenkompetenz der Bundesanstalt (Abs. 1 Satz 4)

Die internationale Kompetenz der Bundesanstalt lässt nach Abs. 1 S. 4 die Fälle unberührt, in denen die Handelsüberwachungsstellen für die Zusammenarbeit mit entsprechenden Stellen oder Börsengeschäftsführungsstellen ausländischer Staaten zuständig sind. Erfasst wird damit insbesondere § 34 BörsG.

III. Durchführung von Untersuchungen und Übermittlung von Informationen durch die Bundesanstalt (Abs. 2, 2a, 2b, 5)

Abs. 2 sowie Abs. 5 Satz 2 regeln das Tätigwerden der Bundesanstalt im Rahmen eines **Amtshilfeersuchens** einer zuständigen ausländischen Stelle. Dem

---

[42] *Assmann/Schneider/Dreyling*, § 7 Rn. 8.
[43] Gesetzesentwurf der Bundesregierung v. 15. 11. 2006, BT-Drs. 16/4028, S. 60.
[44] BT-Drs. 15/3174, S. 31.
[45] Gesetzesentwurf der Bundesregierung v. 15. 11. 2006, BT-Drs. 16/4028, S. 60.

§ 7 18, 19   Abschn. 2. Bundesanstalt für Finanzdienstleistungsaufs.

Wortlaut von Abs. 2 Satz 1 ist zweifelsfrei zu entnehmen, dass – wie es die europäischen Richtlinien auch vorschreiben – die **Pflicht der Bundesanstalt** besteht, einem solchen Ersuchen nachzukommen.[46] Eine solche Pflicht war auch schon vor Inkrafttreten des Anlegerschutzverbesserungsgesetzes vorgesehen.[47] Nur zu einer Zusammenarbeit mit Drittstaaten besteht keine Rechtspflicht (Abs. 7). Ferner wird festgelegt, dass die BaFin unverzüglich tätig zu werden hat. Eine Verweigerung der Kooperation ist nur unter den Voraussetzungen des Abs. 3 möglich.

18 **Abs. 2 Satz 1** setzt die Verpflichtung der Bundesanstalt zur Untersuchung für ersuchende ausländische Stellen und zur Übermittlung von Informationen aus Artikel 16 Abs. 2 Satz 1 und 2 sowie Abs. 4 Satz 1 der Marktmissbrauchsrichtlinie um. Es geht aber nicht nur um die Überwachung des börslichen Handels, sondern um die gesamte Aufsicht nach dem WpHG; § 7 nF ersetzt als Generalnorm auch die §§ 19, 30 und 36 c.[48] Durch das FRUG wurde in Abs. 2 S. 1 ein Verweis auf die Regelungen in Art. 15 der Verordnung (EG) Nr. 1287/2006 eingefügt. Dadurch wurde klargestellt, dass bei **Ersuchen** der in Abs. 1 S. 1 genannten Stellen das dort bestimmte Verfahren einzuhalten ist.[49]

19 Nach der bis zum Inkrafttreten des Anlegerschutzgesetzes geltenden Rechtslage war der Sprachgebrauch des Gesetzes hinsichtlich des sachlichen Bezugspunktes der Zusammenarbeit nicht einheitlich. § 6 Abs. 3 (jetzt: § 6 Abs. 2), der die Zusammenarbeit der inländischen Aufsichtsbehörden regelte, sprach von **„Beobachtungen und Feststellungen"**, §§ 19 und § 36c sprachen von **„Informationen"**, und in § 30 war wie in § 7 von **„Tatsachen"** die Rede. Sachliche Gründe für die unterschiedliche Terminologie waren nicht erkennbar. In den zugrundeliegenden europäischen Richtlinien sind die Begriffe „Informationen" bzw. „präzise Informationen" genannt.[50] Wegen des vergleichbaren Normzwecks war davon auszugehen, dass trotz unterschiedlicher Terminologie der **Gegenstand der Übermittlung in den §§ 7, 19, 30, 36 c jeweils identisch** zu bestimmen war,[51] und zwar in einem weitgefassten Sinne, um die gebotene Zusammenarbeit möglichst umfassend zuzulassen. Erfasst waren demnach sämtliche Wahrnehmungen und Erkenntnisse über gegenwärtige, vergangene und künftige Geschehnisse, Zustände und Verhältnisse, die in amtlicher Tätigkeit gewonnen worden sind.[52] Damit waren auch Erkenntnisse über bestimmte Planungen oder auch die Existenz eines bloßen Gerüchts hinsichtlich bestimmter Geschehnisse, Zustände oder Verhältnisse erfasst.[53] Die aktuelle Gesetzesfassung übernimmt nunmehr den in den Richtlinien enthaltenen Begriff der „Information" und verpflichtet zugleich zur Vornahme vorgelagerter „Untersuchungen" – d. h. insbesondere zu Maßnahmen nach § 4 Abs. 3, 4 –, wenn die gewünschten Infor-

---

[46] KölnKommWpHG-*Carny* § 7 Rn. 19.
[47] Vgl. *Assmann/Schneider/Dreyling*, § 30 Rn. 2; *Schäfer/Opitz*, § 30 Rn. 2; *Assmann/Schneider/Dreyling*, § 36 c Rn. 2.
[48] BT-Drs. 15/3174, S. 31.
[49] Gesetzesentwurf der Bundesregierung v. 15. 11. 2006, BT-Drs. 16/4028, S. 60.
[50] Vgl. näher *Schäfer/Geibel*, § 7 Rn. 7.
[51] Ebenso *Schäfer/Geibel*, § 7 Rn. 7.
[52] Ähnlich *Assmann/Schneider/Dreyling*, § 7 Rn. 15; *Schäfer/Geibel*, § 7 Rn. 7; KölnKommWpHG-*Carny* § 7 Rn. 21.
[53] *Assmann/Schneider/Dreyling*, § 7 Rn. 15; VGH Kassel DB 1998, 1955 (für den Bereich des § 16 Abs. 2 aF); enger wohl *Schäfer/Opitz*, § 30 Rn. 4.

mationen in der Behörde noch nicht vorliegen. Abs. 2 Satz 2 ist zu entnehmen, dass grundsätzlich auch personenbezogene Daten zu übermitteln sind. Der Bundesanstalt dürfte erlaubt sein, die angeforderten Informationen nicht lediglich im „Rohzustand" weiterzugeben, sondern durch eigene Analysen und Wertungen zu **ergänzen.**[54]

Die mit dem **Richtlinienumsetzungsgesetz** vorgenommenen Erweiterungen betreffend die Überwachung von Finanzdienstleistungsinstituten, Investmentgesellschaften und Finanzunternehmen dienen der Umsetzung von Art. 23 Abs. 3 der Wertpapierdienstleistungsrichtlinie und stellen eine Folgeänderung zu § 2 Abs. 4 dar. Die gesonderte Erwähnung von Investmentgesellschaften beruht darauf, dass diese im Ausland nicht immer wie in Deutschland (§ 2 Abs. 1 KAGG; § 1 Abs. 1 Ziff. 6 KWG) Kreditinstitute sind.[55] 20

Abs. 2 Satz 2 bestimmt aus Gründen des **Datenschutzes,** dass die Tatsachenübermittlung nur zweckgebunden erfolgen darf und dass der Adressat hierauf ausdrücklich hinzuweisen ist. Es dürfen zudem nur solche Zwecke festgelegt werden, die sich im Rahmen des in Abs. 1 und 2 genannten Aufsichtsbereichs bewegen.[56] Eine Weitergabe etwa zum Zweck der (steuer-)strafrechtlichen Verfolgung wäre damit unzulässig.[57] Darüber hinaus darf, wie § 8 Abs. 1 S. 5 ausdrücklich festlegt, die Weitergabe nur erfolgen, wenn die Bediensteten oder Beauftragten der ausländischen Stelle einer § 8 Abs. 1 S. 1 entsprechenden Schweigepflicht unterliegen. 21

Die in § 7 Abs. 2 Sätze 4 und 5 aF noch enthaltene einschränkende Regelung, wonach eine Übermittlung **personenbezogener Daten** ausgeschlossen ist, wenn hiermit gegen den Zweck eines deutschen Gesetzes verstoßen wird (Satz 4, ordre-public-Klausel) oder schutzwürdige Interessen des Betroffenen beeinträchtigt werden, insbesondere weil der Empfängerstaat keinen angemessenen Datenschutzstandard – so wie ihn das WpHG, hilfsweise das BDSG[58] – gewährleistet (S. 5), ist nicht übernommen worden. Ein Grund ist hierfür nicht erkennbar. Im Bereich der EU würden derartige Einschränkungen zwar kaum jemals relevant werden; anders dagegen, wenn es um Datenübermittlung in das ost- oder außereuropäische Ausland geht. Hierbei könnte sich durchaus das Problem stellen, dass die BaFin die rechtliche Situation im Adressatenland nicht im Einzelnen kennt und sich diese Kenntnis mit zumutbarem Aufwand und in kurzer Zeit auch nicht verschaffen kann. Dann würde sich aufgrund der früheren Rechtslage die Frage stellen, ob die Übermittlung erfolgen darf oder nicht. 22

Abs. 2 a, der durch das FRUG eingeführt wurde, dient der Umsetzung von Artikel 56 Abs. 2 der Finanzmarktrichtlinie und erlegt der Bundesanstalt die Verpflichtung auf, angemessene Vorkehrungen für eine wirksame Zusammenarbeit mit den in Abs. 1 Satz 1 genannten Stelle zu treffen. 23

Abs. 2 b Satz 1, dem früher inhaltlich die Regelung in Abs. 2 Satz 3 entsprach, dient der Umsetzung von Artikel 16 Abs. 4 Satz 2 und 3 der Marktmiss- 24

---

[54] *Assmann/Schneider/Dreyling,* § 19 Rn. 5.
[55] Vgl. BR-Drs. 963/96, S. 105.
[56] *Assmann/Schneider/Dreyling,* § 7 Rn. 17 a; KölnKommWpHG-*Carny,* § 7 Rn. 23.
[57] *Assmann/Schneider/Dreyling,* § 7 Rn. 17 a.
[58] Soweit personenbezogene Daten nicht kraft ausdrücklicher Anordnung des WpHG erhoben werden können, richtet sich ihre Erhebung nach §§ 1 Abs. 2 Nr. 1, 13 BDSG, *Assmann/Schneider/Dreyling,* § 7 Rn. 19.

§ 7 25–30   Abschn. 2. Bundesanstalt für Finanzdienstleistungsaufs.

brauchsrichtlinie und ermöglicht es der zuständigen Aufsichtsbehörde eines anderen Mitgliedsstaates an den Untersuchungen der Bundesanstalt durch eigene Beamte teilzunehmen. Die Formulierung „an den von der Bundesanstalt durchgeführten Untersuchungen" stellt klar, dass die Bundesanstalt im Sinne von Artikel 16 Abs. 4 Satz 3 der Marktmissbrauchsrichtlinie die Kontrolle ausübt.[59]

25 **Abs. 2 b Satz 2**, der durch das FRUG neu eingeführt wurde, dient der Umsetzung von Art. 32 Abs. 8 der Finanzmarktrichtlinie und regelt die Befugnisse von ausländischen Aufsichtsbehörden im Hinblick auf Zweigniederlassungen im Sinne von § 53 b KWG. Die Vorschrift gestattet es der ausländischen Aufsichtsbehörde, die zur Erfüllung ihrer Überwachungsaufgaben erforderlichen Informationen selbst oder durch ihre Beauftragen zu prüfen.

26 Nach **Abs. 5** kann die BaFin auch ohne Amtshilfeersuchen Informationen an die zuständige ausländische Stelle übermitteln, wenn ihr hinreichende Anhaltspunkte für einen Verstoß gegen Verbote oder Gebote des WpHG vorliegen. Die BaFin ist nach dem durch das FRUG neu eingefügten Satz 3, der die Vorgaben aus Artikel 41 Abs. 1 Unterabsatz 2 Satz 2 und Artikel 41 Abs. 2 Satz 1 der Finanzmarktrichtlinie umsetzt,[60] zu einer Unterrichtung der zuständigen Stelle über Anordnungen zur Aussetzungen, Untersagung oder Einstellung des Handels verpflichtet. Sie ist auch verpflichtet, die zuständigen Stellen über Informationen nach § 19 Abs. 10 BörsG nF, also Mitteilungen der Geschäftsführung von Börsen, Handelsteilnehmern in anderen Staaten einen unmittelbaren Zugang zu ihrem Handelssystem zu gewähren, innerhalb eines Monats weiterzuleiten.

IV. Durchführung von Untersuchungen und Übermittlung von Informationen durch ausländische Stellen (Abs. 4)

27 Abs. 4 Satz 1 setzt Artikel 16 Abs. 2 Satz 1 und Abs. 4 Satz 1 der Marktmissbrauchsrichtlinie insofern um, als spiegelbildlich zu Abs. 2 Satz 1 die Bundesanstalt ihrerseits entsprechende Ersuchen an ausländische Stellen richten kann. Satz 2 setzt Artikel 16 Abs. 4 Satz 2 der Marktmissbrauchsrichtlinie um. Satz 3 setzt Artikel 32 Abs. 8, Satz 4 setzt Artikel 57 Satz 2 und Satz 8 setzt Artikel 58 Abs. 2 Satz 3 der Finanzmarktrichtlinie um.[61]

28 Nach Satz 3 ist es der Bundesanstalt erlaubt, nach vorheriger Gestattung der zuständigen ausländischen Stelle selbst durch eigene Bedienstete oder durch Beauftragte Untersuchungen im Ausland vorzunehmen. Dies gilt insbesondere für Untersuchungen von Zweigniederlassungen inländischer Wertpapierdienstleistungsunternehmen im Aufnahmestaat.

29 Nach Satz 4 kann die Bundesanstalt auch unmittelbar Auskunfts- und Untersuchungsanordnungen gegenüber im Ausland ansässigen Unternehmen treffen, ohne dass eine eigene Untersuchung der ausländischen Aufsichtsbehörde nach Satz 1 erfolgt. In diesem Fall unterrichtet die Bundesanstalt lediglich die ausländische Aufsichtsbehörde.

30 Hinsichtlich der Tatsachenübermittlung durch ausländische Stellen an die BaFin muss diese gem. Abs. 4 S. 5–8 eine von der ausländischen Stelle festgelegte

---

[59] *BT-Drs. 15/3174*, S. 32.; KölnKommWpHG-*Carny*, § 7 Rn. 28.
[60] Gesetzesentwurf der Bundesregierung v. 15. 11. 2006, BT-Drs. 16/4028, S. 61.
[61] Gesetzesentwurf der Bundesregierung v. 15. 11. 2006, BT-Drs. 16/4028, S. 61.

Zusammenarbeit mit zuständigen Stellen im Ausland   31–35 § 7

Zweckbindung beachten. Die Bundesanstalt darf gemäß Satz 5 die von der Stelle eines anderen Staates mitgeteilten Informationen daher nur in strafrechtlichen Angelegenheiten, die Verstöße nach dem WpHG zum Gegenstand haben, zur Erfüllung von Überwachungsaufgaben nach Abs. 2 Satz 1 und für damit zusammenhängende Verwaltungs- und Gerichtsverfahren verwenden.

Eine Weitergabe der Informationen an die in § 6 Abs. 2 genannten Stellen 31 (Deutsche Bundesbank, Bundeskartellamt, Börsenaufsichtsbehörden, Handelsüberwachungsstellen und Aufsichtsstellen über Versicherungsvermittler und Vermittler von Anteilen an Investmentvermögen) ist nach Satz 6 nur unter Beachtung der Zweckbindung zulässig. Diese Regelung zur Weitergabe an andere Stellen, die ursprünglich in Satz 4 enthalten war und zunächst auf Börsenaufsichtsstellen und Handelsüberwachungsstellen beschränkt war,[62] wurde durch das FRUG aufgrund der Regelung in Artikel 58 Abs. 2 Satz 1 der Finanzmarktrichtlinie erweitert und erstreckt sich nunmehr auch auf andere im Regelungsbereich der Finanzmarktrichtlinie tätige Stellen.[63] Die Verschwiegenheitspflichten des § 8, insbesondere des Abs. 2, gelten auch hier, d.h. eine Weitergabe der erhaltenen Daten an die Finanzbehörden ist ausgeschlossen.[64]

Eine anderweitige Verwendung der Informationen als in Satz 5 und 6 ist nur 32 mit Zustimmung der übermittelnden Stelle zulässig (Satz 7). Diese Regelung war vor der Gesetzesänderung durch das FRUG in Satz 5 enthalten.

In Satz 8, der durch das FRUG neu eingefügt wurde, wird auf der Grundlage 33 von Art. 58 Abs. 2 Satz 3 Finanzmarktrichtlinie geregelt, dass in begründeten Ausnahmefällen auf die Zustimmung der übermittelnden Stelle verzichtet werden kann, wenn dies der übermittelnden Behörde unverzüglich angezeigt wird. Hiervon musste aufgrund Artikel 16 der Marktmissbrauchsrichtlinie[65] eine Ausnahme für Informationen, die im Zusammenhang mit Insidergeschäften oder Marktmanipulation erhalten wurden, gemacht werden. Die Marktmissbrauchsrichtlinie sieht bei der Weitergabe von Informationen keine Regelung vor, die Art. 58 Abs. 2 Satz 3 Finanzmarktrichtlinie entspricht. Daher kann Satz 8 nicht auf Informationen angewendet werden, die im Zusammenhang mit Untersuchungen zu Insider- oder Marktmanipulationsfällen übermittelt werden.[66]

V. Verweigerung einer Zusammenarbeit (Abs. 3)

Abs. 3 – Vorgängervorschrift: § 19 Abs. 3 aF – enthält eine ausführliche und 34 differenzierte Regelung, unter welchen Voraussetzungen die Bundesanstalt eine Zusammenarbeit mit ausländischen Stellen verweigern kann.

Anwendungsfälle der Ziffer 1 (mögliche Beeinträchtigung der Souveränität 35 oder der Sicherheit oder öffentlichen Ordnung der Bundesrepublik Deutschland) dürften außerordentlich selten vorkommen.[67] Ziffer 2 (keine Weiterleitung, wenn

---

[62] KölnKommWpHG-*Carny* § 7 Rn. 33.
[63] Gesetzesentwurf der Bundesregierung v. 15. 11. 2006, BT-Drs. 16/4028, S. 61.
[64] *Assmann/Schneider/Dreyling*, § 7 Rn. 21.
[65] Richtlinie 2003/6/EG des Europäischen Parlaments und des Rates vom 28. 1. 2003 über Insidergeschäfte und Marktmanipulation (Marktmissbrauch), ABl. EG Nr. L 96, S. 16.
[66] Gesetzesentwurf der Bundesregierung v. 15. 11. 2006, BT-Drs. 16/4028, S. 61.
[67] So auch *Schäfer*, § 19 Rn. 5; KölnKommWpHG-*Carny*, § 7 Rn. 29.

Schlette/Bouchon   245

§ 7 36–38 Abschn. 2. Bundesanstalt für Finanzdienstleistungsaufs.

wegen desselben Sachverhalts bereits ein gerichtliches Verfahren eingeleitet oder eine unanfechtbare Entscheidung ergangen ist) ist dem grundlegenden rechtsstaatlichen Grundsatz „ne bis in idem" (Art. 103 Abs. 3 GG, Art. 4 des 7. Zusatzprotokolls zur EMRK) verpflichtet. Dem Wortlaut nach ist Abs. 3 eine Ermessensvorschrift (die Bundesanstalt „kann" verweigern; vgl. auch Satz 2 „*Recht nach Satz 1*"); Doch spricht einiges dafür, dass die Bundesanstalt zur Verweigerung der Informationsweitergabe ohne Ermessensspielraum verpflichtet ist, wenn die Voraussetzungen der Ziffern 1. oder 2. vorliegen, in denen immerhin massive völker-, verfassungs- und verwaltungsrechtliche Hemmnisse für eine Informationsweitergabe umschrieben sind.[68]

VI. Internationale Rechtshilfe in Strafsachen (Abs. 6)

36 Aus Abs. 2 und der dort verwendeten Formulierung „… und damit zusammenhängender Verwaltungs- oder *Gerichts*verfahren" lässt sich folgern, dass § 7 auch die Übermittlung strafrechtlich relevanter Daten betrifft, soweit es um börsen- und wertpapierspezifische Straftatbestände geht. Abs. 6 (bis zum Inkrafttreten des Anlegerschutzverbesserungsgesetz: Abs. 4) stellt klar, dass § 7 insoweit nicht als abschließende lex specialis gemeint ist, sondern die Vorschriften über die internationale Rechtshilfe in Strafsachen, d. h. insbesondere das **Gesetz über die internationale Rechtshilfe in Strafsachen (IRG)** in der Fassung vom 15. Juli 1994,[69] unberührt bleiben und sogar **primär anzuwenden** sind, wenn es um in erster Linie strafrechtlich geprägte Sachverhalte geht.[70] Abs. 6 gilt – wie der bisherige Abs. 4 – für den gesamten Anwendungsbereich des § 7; die neue Abs.zählung sollte hieran nichts ändern.[71]

37 Ersuchen ausländische Stellen die Bundesanstalt in strafrechtlichen Angelegenheiten i. S. v. § 1 IRG, ist grundsätzlich eine Bewilligung des Bundesministers der Finanzen erforderlich (§ 74 Abs. 1 Satz 2 IRG). Dieser hat jedoch von der Möglichkeit des § 74 Abs. 1 Satz 3 IRG Gebrauch gemacht, so dass die Bundesanstalt in ihrem Zuständigkeitsbereich selbstständig über die Erledigung des Rechtshilfeersuchens entscheiden darf.[72] Für das Procedere bei solchen Ersuchen gelten die **Richtlinien für den Verkehr mit dem Ausland in strafrechtlichen Angelegenheiten (RiVASt)** vom 18. September 1984.

VII. Verordnungsermächtigung (Abs. 8)

38 Mit Abs. 8 wird entsprechend Artikel 16 Abs. 5 der Marktmissbrauchsrichtlinie die Möglichkeit geschaffen, von der Europäischen Kommission zu einem späteren Zeitpunkt erlassene Durchführungsmaßnahmen zum Informationsaustausch und zu den grenzüberschreitenden Ermittlungen im Wege einer Rechtsverordnung umzusetzen. Durch die Subdelegation auf die Bundesanstalt besteht

---

[68] So auch *Schäfer*, § 19 Rn. 12.
[69] BGBl. I 1537, III 319-87.
[70] Einzelheiten bei *Assmann/Schneider/Vogel*, § 7 Rn. 23 ff.
[71] BT-Drs. 15/3173, S. 32.
[72] Vgl. *Assmann/Schneider/Vogel*, § 7 Rn. 30.

Verschwiegenheitspflicht § 8

zudem die Möglichkeit, schneller auf entsprechende Entwicklungen reagieren zu können und einen praxisnahen Informationsaustausch herzustellen.[73] Eine entsprechende Verordnung ist noch nicht erlassen worden.[74]

§ 8 Verschwiegenheitspflicht

(1) Die bei der Bundesanstalt Beschäftigten und die nach § 4 Abs. 3 des Finanzdienstleistungsaufsichtsgesetzes beauftragten Personen dürfen die ihnen bei ihrer Tätigkeit bekannt gewordenen Tatsachen, deren Geheimhaltung im Interesse eines nach diesem Gesetz Verpflichteten oder eines Dritten liegt, insbesondere Geschäfts- und Betriebsgeheimnisse sowie personenbezogene Daten, nicht unbefugt offenbaren oder verwenden, auch wenn sie nicht mehr im Dienst sind oder ihre Tätigkeit beendet ist. Dies gilt auch für andere Personen, die durch dienstliche Berichterstattung Kenntnis von den in Satz 1 bezeichneten Tatsachen erhalten. Ein unbefugtes Offenbaren oder Verwenden im Sinne des Satzes 1 liegt insbesondere nicht vor, wenn Tatsachen weitergegeben werden an
1. Strafverfolgungsbehörden oder für Straf- und Bußgeldsachen zuständige Gerichte,
2. kraft Gesetzes oder im öffentlichen Auftrag mit der Überwachung von Börsen oder anderen Märkten, an denen Finanzinstrumente gehandelt werden, des Handels mit Finanzinstrumenten oder Devisen, von Kreditinstituten, Finanzdienstleistungsinstituten, Investmentgesellschaften, Finanzunternehmen, Versicherungsunternehmen, Versicherungsvermittlern, Anlageberatern oder Vermittlern von Anteilen an Investmentvermögen im Sinne von § 2a Abs. 1 Nr. 7 betraute Stellen sowie von diesen beauftragte Personen, soweit diese Stellen die Informationen zur Erfüllung ihrer Aufgaben benötigen. ⁴Für die bei diesen Stellen beschäftigten Personen gilt die Verschwiegenheitspflicht nach Satz 1 entsprechend. ⁵An eine Stelle eines anderen Staates dürfen die Tatsachen nur weitergegeben werden, wenn diese Stelle und die von ihr beauftragten Personen einer dem Satz 1 entsprechenden Verschwiegenheitspflicht unterliegen,
3. Zentralbanken, das Europäische System der Zentralbanken oder die Europäische Zentralbank in ihrer Eigenschaft als Währungsbehörden sowie an andere staatliche Behörden, die mit der Überwachung der Zahlungssysteme betraut sind,
4. mit der Liquidation oder dem Insolvenzverfahren über das Vermögen eines Wertpapierdienstleistungsunternehmens , eines organisierten Marktes oder des Betreibers eines organisierten Marktes befasste Stellen.

(2) ¹Die Vorschriften der §§ 93, 97, 105 Abs. 1, § 111 Abs. 5 in Verbindung mit § 105 Abs. 1 sowie § 116 Abs. 1 der Abgabenordnung gelten nicht für die in Absatz 1 Satz 1 oder 2 genannten Personen, soweit sie zur Durchführung dieses Gesetzes tätig werden. ²Sie finden Anwendung, die Finanzbehörden die Kenntnisse für die Durchführung eines Verfahrens wegen einer Steuerstraftat sowie eines damit zusammenhängenden Besteuerungsverfahrens benötigen, an deren Verfolgung ein zwingendes öffentliches Interesse besteht, und nicht Tatsachen betroffen sind, die den in Ab-

---

[73] BT-Drs. 15/3174, S. 32.
[74] KölnKommWpHG-*Carny*, § 7 Rn. 44.

§ 8 1, 2   Abschn. 2. Bundesanstalt für Finanzdienstleistungsaufs.

satz 1 Satz 1 oder 2 bezeichneten Personen durch eine Stelle eines anderen Staates im Sinne von Absatz 1 Satz 3 Nr. 2 oder durch von dieser Stelle beauftragte Personen mitgeteilt worden sind.

Übersicht

	Rn.
I. Regelungsgegenstand und -zweck	1
II. Schweigepflicht (Abs. 1)	4
1. Adressaten	4
2. Inhalt und Umfang der Schweigepflicht	6
a) Der Schweigepflicht unterfallende Tatsachen	6
b) Unbefugtes Offenbaren und Verwerten	11
c) Zeitlicher Umfang der Schweigepflicht	15
3. Durchbrechungen der Schweigepflicht	16
a) Befugnis auf Grund Vorschriften des WpHG	17
b) Sonstige Fälle	23
4. Folgen einer Verletzung der Schweigepflicht	26
a) Strafrechtliche Konsequenzen	26
b) Haftungsrechtliche Konsequenzen	28
c) Disziplinarrechtliche und arbeitsrechtliche Konsequenzen	29
III. Keine Auskunftspflicht gegenüber Finanzbehörden (Abs. 2)	30

Schrifttum: *Berg,* Der Schutz von Betriebs- und Geschäftsgeheimnissen im Öffentlichen Recht, GewArch 1996, 177; *Breuer,* Schutz von Betriebs- und Geschäftsgeheimnissen im Umweltrecht, NVwZ 1986, 171; *Carl/Klos,* Informationssammlung durch das neue Bundesaufsichtsamt für den Wertpapierhandel zur Insiderbekämpfung, wistra 1995, 10; *v. Danwitz,* Der Schutz von Betriebs- und Geschäftsgeheimnissen im Recht der Regulierungsverwaltung, DVBl. 2005, 597; *Löffler,* Presserecht, 5. Aufl. 2006; *Sydow,* Staatliche Verantwortung für den Schutz privater Geheimnisse, VerwArch 38 (2005), 35.

I. Regelungsgegenstand und -zweck

1   § 8 beruht auf Art. 9 Insider-Richtlinie, Art. 14 Transparenz-Richtlinie sowie Art. 54 und 58 Finanzmarktrichlinie. Die Vorschrift entspricht fast wortgleich § 9 KWG und § 10 BörsG nF Vergleichbare Regelungen enthalten § 84 VAG, § 30 AO sowie die allgemeinen beamtenrechtlichen und verwaltungsverfahrensrechtlichen Vorschriften über Geheimhaltung und Verschwiegenheitspflicht (§ 30 VwVfG, § 39 BRRG, § 61 BBG, s. ferner § 9 BAT, § 11 Mantel-Tarifvertrag für Arbeiter des Bundes), denen **§ 8 als lex specialis** vorgeht.[1] Das schließt es nicht aus, dass bei Zweifelsfragen über Inhalt und Reichweite der Schweigepflicht auf die von Rechtsprechung und Literatur zu den allgemeinen Vorschriften entwickelten Grundsätze zurückgegriffen werden kann.

2   § 8 soll **Geschäfts- und Betriebsgeheimnisse** von Wertpapierdienstleistungen erbringende Unternehmen und Emittenten sowie die **geschäftlichen und privaten Geheimnisse der Wertpapierkunden,** mit denen die BaFin im Rahmen ihrer Aufsichtstätigkeit in Berührung kommt, **schützen.**[2] Wegen der

---

[1] Für § 30 VwVfG folgt dies unmittelbar aus § 1 VwVfG, vgl. a. *Stelkens/Bonk/Sachs/Kallerhoff, VwVfG, § 30* Rn. 4.
[2] Entwurfsbegründung, BT-Drs. 12/6679, S. 42; *Assmann/Schneider/Dreyling,* § 8 Rn. 2; *Schäfer/Geibel,* § 8 Rn. 1.

Verschwiegenheitspflicht 3–5 § 8

vielfältigen und zT weitgehenden Aufsichtsbefugnisse und den daraus resultierenden tiefen Einblicken der Mitarbeiter der Bundesanstalt in die Vermögensverhältnisse und Geschäftsstrategien, wie insbesondere bei der Insiderüberwachung, der Überwachung der Einhaltung von Meldepflichten nach § 9 oder der Veränderung von bedeutsamen Stimmrechtsanteilen, ist die Verankerung einer besonderen gesetzlichen Verschwiegenheitspflicht unabweisbar, um das notwendige Vertrauen in die Integrität der Aufsichtspraxis und eine entsprechende Kooperationsbereitschaft der Beaufsichtigten sicherzustellen.[3]

Neben der Verschwiegenheitspflicht statuiert Absatz 1 auch ein allgemeines **Verwertungsverbot**, um die Ausnutzung amtlich erlangter Kenntnisse zu privaten Zwecken zu verhindern.[4] 3

II. Schweigepflicht (Abs. 1)

1. Adressaten

Der in Absatz 1 statuierten Schweigepflicht unterliegen **sämtliche Beamte,** 4 **Angestellte und Arbeiter der BaFin** einschließlich des Präsidenten,[5] ebenso alle Bediensteten, die von anderen Behörden an die BaFin abgeordnet sind.[6] Mit der Nennung der nach § 4 Abs. 3 FinDAG Beauftragten werden auch private Dritte der Schweigepflicht unterworfen,[7] und zwar im selben Umfang wie die bei der Bundesanstalt Beschäftigten. Bei dem bis zum Oktober 2004 im Gesetz enthaltenen Verweis auf den seit 2002 aufgehobenen § 6 Abs. 1 handelte es sich um ein offensichtliches Versehen des Gesetzgebers, das durch das Anlegerschutzverbesserungsgesetz korrigiert worden ist (vgl. BT-Drs. 15/3174, S. 32). Des Weiteren unterliegen der Verschwiegenheitspflicht auch die in Absatz 1 Satz 2 genannten Personen, also solche, die durch die „dienstliche Berichterstattung" Kenntnis von einer geheimhaltungspflichtigen Tatsache erlangt haben. Unter diese Vorschrift fallen insbesondere die **Bediensteten des Bundesfinanzministeriums** als der der BaFin übergeordneten, die Dienst- und Fachaufsicht ausübenden Behörde.

Die Verschwiegenheitspflicht gilt auch für die **Bundesanstalt selbst,** selbst 5 wenn dies § 8 nicht ausdrücklich ausspricht. Was jeder Einzelne der Bediensteten (privat) nicht weitergeben darf, darf unter dem Etikett „der Behörde" (offiziell) ebenfalls nicht weitergegeben werden.[8] Davon, dass auch die Anstalt zur Geheimhaltung verpflichtet ist, dürfte auch der Gesetzgeber des WpHG ausgegangen sein, denn in den in Absatz 2 in Bezug genommenen Vorschriften der AO finden sich auch solche, die nicht nur Organe und Bedienstete von Behörden

---

[3] Begr. RegE 2. FFG zu § 8 I, BT-Drs. 12/6679, S. 42 f.
[4] *Assmann/Schneider/Dreyling*, § 8 Rn. 3.
[5] *Schäfer/Geibel*, § 8 Rn. 6; *Boos/Fischer/Schulte-Mattler/Fülbier*, KWG, § 9 Rn. 2; *Szagunn/Haug/Ergenzinger*, KWG, § 9 Rn. 3.
[6] *Schäfer/Geibel*, § 8 Rn. 6; *Reischauer/Kleinhans*, KWG, § 9 Rn. 7 (zu § 9 KWG); *Prölss/Kollhosser*, VAG, § 84 Rn. 11 (zu § 84 VAG).
[7] S. oben § 6 Rn. 7.
[8] Im Erg. so auch *Assmann/Schneider/Dreyling*, § 8 Rn. 4; *Schäfer/Geibel*, § 8 Rn. 7; für § 9 KWG vgl. *Boos/Fischer/Schulte-Mattler/Fülbier*, KWG, § 9 Rn. 3; *Reischauer/Kleinhans*, KWG, § 9 Rn. 6, 8, 25.

gesondert ansprechen, sondern direkt für Behörden gelten. Wenn aber die Ausnahmevorschrift des Absatz 2 damit ersichtlich (auch) für die Anstalt als ganze Anwendung findet, kann für die Grundregel des Absatzes 1 nichts anderes gelten.[9] Verträte man die gegenteilige Ansicht,[10] so würde die Schweigepflicht der Anstalt jedenfalls aus dem subsidiär anwendbaren § 30 VwVfG zu folgern sein.[11] Die Frage ist letztlich ohne große praktische Bedeutung, weil die BaFin wie jede andere Behörde nur über natürliche Personen handlungsfähig ist und § 8 Abs. 1 die Schweigepflicht so umfassend formuliert, dass sämtliche handlungsbefugte Bedienstete erfasst sind.

2. Inhalt und Umfang der Schweigepflicht

a) Der Schweigepflicht unterfallende Tatsachen

6   Nach § 8 Abs. 1 S. 1 unterfallen der Schweigepflicht Tatsachen,
– die der betroffenen Person bei ihrer (amtlichen) Tätigkeit bekanntgeworden sind,
– deren Geheimhaltung im Interesse eines nach diesem Gesetz Verpflichteten oder eines Dritten liegt, insbesondere Geschäfts- und Betriebsgeheimnisse sowie personenbezogene Daten, *und*
– die nicht ausnahmsweise nach Abs. 1 S. 3 weitergegeben dürfen.

7   Zum **Tatsachenbegriff** s. zunächst o. bei §§ 4, 7. Fraglich ist, ob „Tatsachen" i. S. des § 8 auch **Werturteile, Schlussfolgerungen, Vermutungen, Gerüchte** u. ä. sein können. Im Straf- und Zivilrecht werden diese aus dem Tatsachenbegriff ausgeklammert; Tatsachen sind dort nur dem Beweis zugängliche gegenwärtige und vergangene Verhältnisse, Zustände oder Geschehnisse innerer und äußerer Art.[12] Eine derartige Begrenzung wäre mit dem Schutzzweck des § 8 – Schutz vor potentiellen Nachteilen der Aufsichtspflichtigen und Dritter durch Weitergabe vertraulicher Informationen jedweder Art – nicht vereinbar. Der Tatsachenbegriff des § 8 muss daher weit ausgelegt werden und umfasst – wie bei § 7 – sämtliche Erkenntnisse über gegenwärtige, vergangene und künftige Geschehnisse, Zustände und Verhältnisse, auch Meinungen, Gerüchte u. a.[13] Diese weite Auslegung ist mit den zugrundeliegenden EU-Richtlinien vereinbaren, die von „unter das Berufsgeheimnis fallenden Informationen" bzw. „vertraulichen Informationen" sprechen und damit ebenfalls sehr weit gefasst sind.[14]

8   An der Geheimhaltung der fraglichen Tatsache muss eine natürliche oder juristische Person ein Interesse haben, wobei es gleichgültig ist, ob diese Person direkter Adressat von Pflichten nach dem WpHG ist (zB ein Meldepflichtiger i. S. des § 9 oder ein Emittent nach § 15) oder ein beliebiger Dritter (zB Ge-

---

[9] So im Ergebnis auch *Schäfer/Geibel*, § 8 Rn. 7.
[10] So insbesondere *Szagunn/Haug/Ergenzinger*, KWG, § 9 Rn. 1.
[11] *Szagunn/Haug/Ergenzinger*, KWG, § 9 Rn. 1; dahingehend auch: *Prölss/Kollhosser*, VAG, § 84 Rn. 14.
[12] Vgl. zB *Schönke/Schröder/Cramer*, StGB, § 263 Rn. 8; *Dreher/Tröndle*, StGB, § 263 Rn. 2; MünchKommBGB- *Mertens*, Bd. 5, § 824 Rn. 9 ff.; *Palandt/Thomas*, BGB, § 824 Rn. 2; *Hilgendorf*, Tatsachenaussagen und Werturteile im Strafrecht, passim.
[13] Im Ergebnis ebenso *Schäfer/Geibel*, § 7 Rn. 3; vgl. ferner (für § 9 KWG) *Szagunn/ Haug/Ergenzinger*, KWG, § 9 Rn. 6; *Prölss/Kollhosser*, VAG, § 84 Rn. 7 (für § 84 VAG).
[14] Ebenso *Schäfer/Geibel*, § 8 Rn. 3.

schäftsführer, Organmitglied, Kunde von Wertpapierdienstleistungsunternehmen).[15] Wann das nötige **Geheimhaltungsinteresse** anzunehmen ist, beantwortet sich nicht allein nach der jeweiligen subjektiven Einschätzung des Betroffenen, sondern in einer kombiniert objektiv-subjektiven Betrachtungsweise danach, ob a) ein objektiv schützenswertes Interesse daran besteht, dass die fragliche Tatsache nicht ohne dessen Zustimmung an Dritte oder die Allgemeinheit weitergegeben wird, was eine Frage des Einzelfalls unter Berücksichtigung der Verkehrsanschauung ist, und ob b) der Betroffene die Tatsache auch tatsächlich geheim halten will.[16] Für **personenbezogene Daten** (alle Einzelangaben über persönliche oder sachliche Verhältnisse einer bestimmten oder bestimmbaren natürlichen Person, § 3 Abs. 1 BDSG) ist ohne weiteres von einem solchen Geheimhaltungsinteresse auszugehen. Dasselbe gilt für die **Geschäfts- und Betriebsgeheimnisse.** Dieser auch in zahlreichen anderen Gesetzen verwendete Begriff[17] bezeichnet nämlich gerade Tatsachen, die im Zusammenhang mit einem wirtschaftlichen Geschäftsbetrieb stehen, nur einem begrenzten Personenkreis bekannt sind, nach dem Willen des Geschäftsinhabers geheimgehalten werden sollen und Gegenstand eines berechtigten wirtschaftlichen Geheimhaltungsinteresse des Unternehmers bilden, wobei Geschäftsgeheimnisse Daten aus dem kaufmännischen Bereich, Betriebsgeheimnisse Daten aus dem technischen Bereich betreffen.[18] Geschäftsgeheimnisse sind zB der Inhalt der Geschäftsbücher, Kundenlisten, Tabellen oder Grafiken zur Kundenentwicklung, Ertragslage, Bezugsquellen, Marktstrategien, Kalkulationsunterlagen, Unterlagen zur Kreditwürdigkeit; zu den im vorliegenden Zusammenhang weniger relevanten Betriebsgeheimnissen gehören etwa Produktionsverfahren, Patentanmeldungen, sonstige Entwicklungs- und Forschungsprojekte, laufende Genehmigungs- oder Untersagungsverfahren.[19] Geschäfts- und Betriebsgeheimnisse genießen grundrechtlichen Schutz.[20]

Auch wenn das Gesetz dies nicht ausdrücklich sagt, gehören alle Erkenntnisse nach §§ 13, 15 zu den geheimhaltungspflichtigen Tatsachen,[21] darüber hinaus alle sonstigen Erkenntnisse, die in amtlicher Tätigkeit gewonnen worden sind.[22] Es besteht eine Vermutung dafür, dass solche Erkenntnisse geheimhaltungsbedürftig i. S. des § 8 Abs. 1 sind, gleich ob sie im geschäftlichen oder privaten Bereich des Betroffenen angesiedelt sind.[23]

Bereits **öffentlich bekannte** oder **der Öffentlichkeit ohne weiteres zugängliche Tatsachen** fallen nicht unter die Geheimhaltungspflicht, weil an ihnen kein objektives Geheimhaltungsinteresse bestehen kann.[24] Hier ist vor al- 9

---

[15] Vgl. *Schäfer/Geibel*, § 8 Rn. 2.
[16] So, für § 9 KWG, *Reischauer/Kleinhans*, KWG, § 9 Rn. 13; *Boos/Fischer/Schulte-Mattler/Fülbier*, KWG, § 9 Rn. 8.
[17] Vgl. zB § 30 VwVfG, § 203 StGB, § 17 UWG, § 10 Abs. 2 BImSchG, § 8 Abs. 1 S. 2 UIG.
[18] Vgl. *Berg*, GewArch 1996, 177, 178; *Breuer* NVwZ 1986, 171, 172; GK-BImSchG-*Rossnagel*, § 10 Rn. 254; BVerwG, Beschluss vom 4. 1. 2005, 6 B 59/04, Juris.
[19] Vgl. *Stelkens/Bonk/Sachs/Kallerhoff*, VwVfG, § 30 Rn. 13.
[20] S. § 4 Rn. 67.
[21] So auch *Assmann/Schneider/Dreyling*, § 8 Rn. 9.
[22] *Assmann/Schneider/Dreyling*, § 8 Rn. 9.
[23] So auch *Assmann/Schneider/Dreyling*, § 8 Rn. 9 f.
[24] *Assmann/Schneider/Dreyling*, § 8 Rn. 8; *Schäfer/Geibel*, § 8 Rn. 4.

lem an Handelsregistereintragungen, Geschäfts-, Zeitungs- und Zeitschriftenberichte oder Internetseiten zu denken.[25]

10 Absatz 1 Satz 1 erfasst nur Erkenntnisse, die die Bediensteten der Bundesanstalt bei ihren amtlichen Verrichtungen gewonnen haben (Wortlaut: „**die bei ihrer Tätigkeit bekanntgewordenen Tatsachen**"). Dieser Passus ist jedoch dem Schutzzweck des § 8 entsprechend weit auszulegen. Nicht erforderlich ist, dass die Einholung und Verwertung der fraglichen Information der konkreten Zuständigkeit des Schweigepflichtigen unterfällt. Gemeint ist vielmehr eine irgendwie geartete Kenntniserlangung bei der beruflichen Tätigkeit. Daher ist auch das, was informell unter Kollegen an Informationen weitergegeben wird, dienstlicher Natur und geheimhaltungsbedürftig.[26] Sogar außerdienstlich, im Privatleben bekanntgewordene Tatsachen dürften § 8 unterfallen, soweit sie den sachlichen Bereich der Aufsichtstätigkeit der BaFin nach dem WpHG betreffen.[27]

b) Unbefugtes Offenbaren und Verwerten

11 Absatz 1 verbietet sowohl das Offenbaren wie das Verwerten geheimhaltungsbedürftiger Tatsachen. Das **Verwertungsverbot** soll die Ausnutzung amtlich gewonnener Erkenntnisse für private Zwecke verhindern;[28] es setzt kein vorangehendes Offenbaren voraus, sondern bildet einen **eigenständigen Verbotstatbestand,** der auch erfüllt ist, wenn die Verwertung ohne Verletzung der Geheimhaltungspflicht erfolgt. Für Insidertatsachen besteht ein weiteres, **spezielles Verwertungsverbot in § 14.** Beide Verwertungsverbote stehen selbstständig nebeneinander.[29] Ein Verhältnis lex specialis/lex generalis ist nicht anzunehmen, weil einerseits § 8 von seinem persönlichen Anwendungsbereich (nur Beschäftigte der BaFin) her spezieller ist als § 14, dem grundsätzlich jeder Insider unterfällt, andererseits § 14 vom sachlichen Regelungsbereich (Insidertatsachen) wiederum spezieller ist als § 8, der sämtliche geheimhaltungsbedürftigen Tatsachen erfasst.

12 **Offenbaren** ist jedes Verhalten, auf Grund dessen die fragliche Tatsache einem anderen bekannt wird oder bekannt werden könnte, dem sie bisher noch nicht bekannt ist.[30] Weitergabe von vertraulichen Informationen an Personen, die diese bereits (rechtmäßig) kennen, ist kein Offenbaren.[31] Die Art des Verhaltens (ausdrücklich, konkludent, durch Unterlassen), die Form der Mitteilung (mündlich, schriftlich, über elektronische Medien wie Internet, Zuleitung von Akten an Dritte oder deren Liegenlassen mit der Möglichkeit der Einsichtnahme durch Dritte) und die Adressaten (Privatpersonen, Presse, weitere Behördenmitarbeiter, andere Behörden) sind gleichgültig.[32] Auf subjektiver Seite reicht **fahr-**

---

[25] *Boos/Fischer/Schulte-Mattler/Fülbier,* KWG, § 9 Rn. 7.
[26] *Assmann/Schneider/Dreyling,* § 8 Rn. 11; *Schäfer/Geibel,* § 8 Rn. 5; *Reischauer/Kleinhans,* KWG, § 9 Rn. 16 (zu § 9 KWG); *Prölss/Kollhosser,* VAG, § 84 Rn. 10 (zu § 84 VAG).
[27] *Boos/Fischer/Schulte-Mattler/Fülbier,* KWG, § 9 Rn. 6 (für § 9 KWG); aA wohl *Assmann/Schneider/Dreyling,* § 8 Rn. 11; *Prölss/Kollhosser,* VAG, § 84 Rn. 10 (zu § 84 VAG).
[28] Gesetzesbegründung, BT-Drs. 12/6679, S. 42.
[29] So auch *Schäfer/Geibel,* § 8 Rn. 9.
[30] *Schäfer/Geibel,* § 8 Rn. 10.
[31] *Stelkens/Bonk/Sachs/Kallerhoff,* VwVfG, § 30 Rn. 15.
[32] *Schäfer/Geibel,* § 8 Rn. 10; *Boos/Fischer/Schulte-Mattler/Fülbier,* KWG, § 9 Rn. 11; *Szagunn/Haug/Ergenzinger,* KWG, § 9 Rn. 7; *Stelkens/Bonk/Sachs/Kallerhoff,* VwVfG, § 30 Rn. 15.

lässiges Handeln; Vorsatz ist nicht erforderlich.[33] Zwar scheint der Begriff „Offenbaren" ein absichtliches, zumindest bewusstes Handeln zu implizieren. Der Schutzzweck des § 8 würde aber nur unvollkommen erfüllt, wenn nur die bewusste, nicht aber die fahrlässige Offenlegung von Geheimnissen verboten wäre. Die Weitergabe vertraulicher Informationen von einem Mitarbeiter der BaFin im Rahmen dienstlicher Verrichtung an einen anderen ist kein „Offenbaren" in diesem Sinne, weil die Weitergabe im innerbehördlichen Dienstbetrieb zwischen gleichermaßen Schweigepflichtigen erfolgt.[34]

Verwertung ist das Ausnutzen der Tatsache zu eigenem oder fremdem Vorteil; auch hier ist ein Bewusstsein erforderlich, aus der Verwendung der Tatsache entsprechende Vorteile zu ziehen.[35] Die Vorteile werden zumeist wirtschaftlicher, sie können aber auch wissenschaftlicher oder fachlicher Natur sein.[36] Soweit die Tatsachen vollständig **anonymisiert** sind, fehlt es jedoch an „geheimhaltungsbedürftigen" bzw. „personenbezogenen" Daten; eine Veröffentlichung ist dann möglich. Daher ist auch die geplante Veröffentlichung von Statistiken, gewonnen aus den nach § 9 übermittelten Daten,[37] zulässig.

Unbefugt ist das Offenbaren oder Verwerten dann, wenn es ohne Rechtfertigungsgrund erfolgt.[38] Das Offenbaren oder Verwerten geheimhaltungsbedürftiger Tatsachen indiziert die mangelnde Befugnis des Handelnden; diese muss, unter Hinweis auf einen speziellen Rechtfertigungsgrund,[39] besonders begründet werden.

c) Zeitlicher Umfang der Schweigepflicht

Wie § 8 Abs. 1 S. 1 a. E. ausdrücklich festlegt, besteht die Schweigepflicht nicht nur während des Dienstverhältnisses, sondern sie wirkt fort, auch wenn die betreffende Personen ihre Tätigkeit bei der BaFin – aus welchem Grunde auch immer – beendet haben oder auch überhaupt nicht mehr im öffentlichen Dienst sind.

3. Durchbrechungen der Schweigepflicht

Die Weitergabe geheimhaltungsbedürftiger Tatsachen ist erlaubt, wenn ein Rechtfertigungsgrund vorliegt.[40] Zu unterscheiden sind Fälle befugten Offenbarens, die das WpHG selbst nennt, und solche, die sich auf Grund allgemeiner Grundsätze ergeben.

a) Befugnis auf Grund Vorschriften des WpHG

Befugt ist die Informationsweitergabe vor allem in den in **Absatz 1 Sätze 3–5** genannten Fällen, d.h. in Fällen, in denen entweder Strafverfolgungsbehörden (Ziffer 1) oder aber Kapitalmarkt- und Versicherungsaufsichtsbehörden oder Stel-

---

[33] Ebenso *Schäfer/Geibel*, § 8 Rn. 10; *Szagunn/Haug/Ergenzinger*, KWG, § 9 Rn. 7; *Stelkens/Bonk/Sachs/Kallerhoff*, VwVfG, § 30 Rn. 15.
[34] Im Erg. ebenso *Schäfer/Geibel*, § 8 Rn. 11; *Prölss/Kohlhosser*, VAG, § 84 Rn. 15.
[35] *Schäfer/Geibel*, § 8 Rn. 10.
[36] AA, was letzteres angeht, *Assmann/Schneider/Dreyling*, § 8 Rn. 13 (aber eher Frage des „Unbefugt-Seins").
[37] Vgl. *Assmann/Schneider/Dreyling*, § 9 Rn. 36.
[38] *Stelkens/Bonk/Sachs/Kallerhoff*, aaO § 30 Rn. 14; *Schäfer/Geibel*, § 8 Rn. 11.
[39] S. dazu Rn. 16 ff.
[40] S. o. Rn. 14.

§ 8   18–20   Abschn. 2. Bundesanstalt für Finanzdienstleistungsaufs.

len, die für die Überwachung von Versicherungsvermittlern und Anlageberatern zuständig sind (Ziffer 2) die fraglichen Informationen zur Erfüllung ihrer Aufgaben benötigen (Beispiel für Ziffer 1: Informationsweitergabe nach § 4 Abs. 5). Ziffer 2 ermöglicht den für eine gedeihliche Zusammenarbeit zwischen den verschiedenen Aufsichtsbehörden – die in §§ 6, 7 ausdrücklich angeordnet ist – erforderlichen Informationsaustausch, wobei die Bedeutung der Vorschrift durch die Zusammenlegung von BAKred, BAWe und BAV zur BaFin geringer geworden ist. Ziffern 1 und 2 betreffen Behörden, Gerichte und Strafverfolgungsbehörden des In- und Auslands.

18   Der Schutzzweck der Verschwiegenheitspflicht wird durch Satz 3 nicht ausgehöhlt, weil **auch die Beschäftigten der anderen inländischen Aufsichtsbehörden** vom Gesetz einer **Verschwiegenheitspflicht** unterworfen werden (Satz 4, s. a. § 9 KWG, § 7 BörsG) und sie die Informationen eben nur zur Erfüllung ihrer Aufgaben nutzen dürfen,[41] bzw. an ausländische Stellen Informationen nur weitergegeben werden dürfen, wenn dort ebenfalls entsprechende Verschwiegenheitspflichten existieren (Satz 5). Hier kann sich freilich wie in anderem Zusammenhang – s. o. bei § 7 Abs. 2 – das Problem ergeben, dass sich die BaFin mit zumutbarem Aufwand keine näheren Kenntnisse darüber verschaffen kann, inwieweit bei der betreffenden ausländischen Stelle – die möglicherweise nur halbstaatlich oder gar privat organisiert ist[42] – die Geheimhaltung gesichert ist. Insoweit müssen dieselben Grundsätze gelten wie oben herausgearbeitet: Wenn sich keine Hinweise darauf ergeben, dass es Geheimhaltungsprobleme geben könnte, darf übermittelt werden.

19   Die Regelung in **Satz 4** ist freilich **unvollständig**. Sie unterwirft nämlich eventuelle Beauftragte dieser Behörden keiner Verschwiegenheitspflicht, obwohl nach Ziffer 2 geheimhaltungsbedürftige Tatsachen auch an die Beauftragten weitergegeben werden dürfen. Hier klafft eine Lücke in der Geheimhaltungskette, die auf einem redaktionelle Fehler des Gesetzgebers beruhen dürfte. Diesen Fehler durch eine Einbeziehung der Beauftragten in die Schweigepflicht im Wege der analogen Anwendung zu beheben, dürfte ausgeschlossen sein, weil die Verletzung der Schweigepflicht strafbewehrt ist[43] und eine solche Analogie daher gegen Art. 103 Abs. 2 GG verstößt.[44] Die praktischen Konsequenzen der damit nur vom Gesetzgeber selbst zu beseitigenden Regelungslücke dürften allerdings nicht allzu gravierend sein, zum einen deshalb, weil sich die Behörden nur in beschränktem Umfang zur Erfüllung ihrer Aufgaben privater Dritter bedienen, zum anderen deshalb, weil die Beauftragten nicht selten bereits nach anderen Vorschriften (s. etwa § 9 Abs. 1 Satz 1 KWG) einer Geheimhaltungspflicht unterliegen werden.[45]

20   Die Aufzählung in Satz 3, die durch das FRUG in Umsetzung von Artikel 58 Abs. 5 der Finanzmarktrichtlinie um die Nr. 3 und 4 ergänzt wurde,[46] ist, wenn man allein dem Wortlaut („insbesondere") vertraut, nicht abschließend. Es hat vielmehr den Anschein, als sei die Weitergabe noch aus weiteren, insbesondere

---

[41] So auch die Gesetzesbegründung, BT-Drs. 12/6679, S. 42 f.
[42] Vgl. *Assmann/Schneider/Dreyling*, § 8 Rn. 19.
[43] S. u. Rn. 25.
[44] Ähnlich auch *Schäfer/Geibel*, § 8 Rn. 13.
[45] So auch *Schäfer/Geibel*, § 8 Rn. 13.
[46] Vgl. Gesetzesentwurf der Bundesregierung v. 15. 11. 2006, BT-Drs. 16/4028, S. 62.

aufsichtsbezogenen Erwägungen, die nicht ausdrücklich genannt sind, zulässig.⁴⁷ Diese Interpretation ist indes abzulehnen, weil sie den Schutzzweck des § 8 unterlaufen würde und eine uferlose Ausdehnung des Ausnahmetatbestandes in **Satz 3** erlauben würde. Die Vorschrift ist vielmehr so zu verstehen, dass die **Befugnistatbestände** dort **grundsätzlich abschließend umschrieben** sind.⁴⁸ Die Verwendung des Wortes „insbesondere" weist lediglich auf die Selbstverständlichkeit hin, dass die allgemeinen Rechtfertigungsgründe (s. u. Rn. 23) auch in diesem Bereich Geltung beanspruchen.

Aus dem Charakter des **Absatzes 3** als **abschließender Spezialregelung**, 21 die lediglich teilrechtsordnungsübergreifende Rechtfertigungsgründe unberührt lässt, folgt, dass ein bloßes Rechts- und Amtshilfeersuchen nach Art. 35 GG keine Befugnis zum Offenbaren von geheimhaltungsbedürftigen Tatsachen gegenüber anderen, in Abs. 1 Satz 3 nicht genannten Behörden gibt⁴⁹ und dass auch eine Informationsweitergabe an das **Zivilgericht** (§ 273 Abs. 2 Nr. 2 ZPO) grundsätzlich ausgeschlossen ist.⁵⁰ Für das **Verwaltungsgerichts**verfahren enthält § 99 VwGO eine zu § 8 WpHG wiederum spezielle prozessuale Sonderregelung. Nach Absatz 1 Satz 2 dieser Vorschrift kann die Vorlage von Akten oder Urkunden und die Auskunftserteilung u. a. dann verweigert werden, wenn die Vorgänge nach einem Gesetz oder ihrem Wesen nach geheimgehalten werden müssen. Die gesetzlichen Vorschriften über die Amtsverschwiegenheit gelten dabei nicht als gesetzliche Vorschriften i. S. des § 99 Abs. 1 Satz 2 VwGO,⁵¹ so dass im Einzelfall zu prüfen ist, ob die fraglichen Umstände ihrem Wesen nach geheimgehalten werden müssen, was etwa für Geschäfts- und Betriebsgeheimnisse zutrifft.⁵²

Befugt ist eine Informationsweitergabe im Rahmen dienstlicher Berichterstat- 22 tung an die vorgesetzte **Fachaufsichtsbehörde** (hier das Bundesministerium der Finanzen). Das folgt unmittelbar aus dem sachlichen Weisungsrecht dieser Behörde, das eine hinreichende sachliche Information voraussetzt und lässt sich ferner Abs. 1 Satz 2 entnehmen, der auch für die Mitarbeiter dieser Behörde eine Verschwiegenheitspflicht statuiert.

b) Sonstige Fälle

Eine Informationsweitergabe ist nach allgemeinen Grundsätzen auch dann er- 23 laubt, wenn sie mit **Einwilligung** der Betroffenen erfolgt, sofern diese über die fraglichen Daten frei verfügen können, was regelmäßig der Fall sein wird.⁵³ Sie

---

⁴⁷ Dies befürwortend *Schäfer/Geibel*, § 8 Rn. 12; *Assmann/Schneider/Dreyling*, § 8 Rn. 23; *Schwark/Beck*, § 8 Rn. 11.
⁴⁸ Ebenso (für § 84 VAG) *Prölss/Kollhosser*, VAG, § 84 Rn. 20.
⁴⁹ *Boos/Fischer/Schulte-Mattler/Fülbier*, KWG, § 9 Rn. 14; *Stelkens/Bonk/Stark/Kallerhoff*, VwVfG, § 30 Rn. 23; vgl. a. § 5 Abs. 2 Satz 2 VwVfG; aA: *Assmann/Schneider/Dreyling*, § 8 Rn. 23.
⁵⁰ So auch unter Hinblick auf den Wortlaut, der nur die Strafgerichte nennt, *Boos/Fischer/Schulte-Mattler/Fülbier*, KWG, § 9 Rn. 20. aA *Assmann/Schneider/Dreyling*, § 8 Rn. 23; *Schwark/Beck*, § 8 Rn. 11.
⁵¹ *Kopp/Schenke*, VwGO, § 99 Rn. 11.
⁵² *Kopp/Schenke*, aaO.
⁵³ So auch *Assmann/Schneider/Dreyling*, § 8 Rn. 15; *Schäfer/Geibel*, § 8 Rn. 11; *Boos/Fischer/Schulte-Mattler/Fülbier*, KWG, § 9 Rn. 19; *Stelkens/Bonk/Sachs/Kallerhoff*, VwVfG, § 30 Rn. 17.

§ 8 24–26 Abschn. 2. Bundesanstalt für Finanzdienstleistungsaufs.

ist ferner dann erlaubt, wenn – in praxi allerdings kaum vorkommend – ein Fall von **Notwehr,** Nothilfe oder rechtfertigendem Notstand (§§ 32, 34 StGB) vorliegt, oder die Offenbarung in **Wahrnehmung berechtigter eigener Interessen** erfolgt.[54]

24 Im Einzelfall kann eine Weitergabe vertraulicher Informationen auf Grund **presserechtlicher Informations- und Auskunftsansprüche** zulässig oder gar geboten sein. So lautet § 3 Abs. 1 HessPresseG (ähnlich die Pressegesetze der anderen Bundesländer):[55]

„Die Behörden sind verpflichtet, der Presse die gewünschten Auskünfte zu erteilen. Sie können eine Auskunft nur verweigern,
1. soweit durch sie die sachgemäße Durchführung eines straf- oder dienststrafgerichtlichen Verfahrens vereitelt, erschwert, verzögert oder gefährdet werden könnte,
2. soweit Auskünfte über persönliche Angelegenheiten einzelner verlangt werden, an deren öffentlicher Bekanntgabe kein berechtigtes Interesse besteht, und
3. soweit Maßnahmen, die im öffentlichen Interesse liegen, durch ihre vorzeitige öffentliche Erörterung vereitelt, erschwert, verzögert oder gefährdet werden könnten."

25 Die presserechtliche Informationspflicht ist gerade für den Kapitalmarktbereich, der zunehmend in das Blickfeld der Öffentlichkeit tritt, praktisch sehr bedeutsam, so dass das in Ziff. 2 genannte berechtigte Interesse an einer öffentlichen Bekanntgabe in der Regel vorhanden sein wird. Anerkannt ist ferner, dass die Vorschriften über die Amtsverschwiegenheit den presserechtlichen Auskunftsanspruch nicht per se ausschließen, sondern sich lediglich im Einzelfall Grenzen des Anspruchs ergeben können, je nachdem, welche konkreten Privatgeheimnisse in welchem Umfang betroffen sind.[56] Es ist daher möglich, dass in concreto die erforderliche Interessenabwägung zwischen individuellem Geheimhaltungsanspruch und öffentlichem Informationsinteresse[57] ergibt, dass das Geheimhaltungsinteresse des Betroffenen hinter dem Veröffentlichungsinteresse zurückstehen muss.[58]

4. Folgen einer Verletzung der Schweigepflicht
a) Strafrechtliche Konsequenzen

26 Die unbefugte Offenbarung und Verwertung geheimhaltungsbedürftiger Tatsachen durch einen **Amtsträger** stellt, wenn sie vorsätzlich erfolgt, einen Straftatbestand dar (Verletzung von Privatgeheimnissen, **§§ 203 Abs. 2, 204, 15 StGB**), der auf Antrag (§ 205 StGB) verfolgt wird. Der Amtsträgerbegriff wird in § 11 Abs. 1 Nr. 2 StGB sehr weit gefasst:

„Im Sinne des Gesetzes ist … Amtsträger, wer nach deutschem Recht a) Beamter oder Richter ist, b) in einem sonstigen öffentlich-rechtlichen Amtsverhältnis steht oder c) sonst dazu bestellt ist, bei einer Behörde oder bei einer sonstigen Stelle oder in deren Auftrag Aufgaben der öffentlichen Verwaltung unbeschadet der zur Aufgabenerfüllung gewählten Organisationsform wahrzunehmen; …".

---

[54] *Boos/Fischer/Schulte-Mattler/Fülbier,* KWG, § 9 Rn. 19.
[55] Text bei *Löffler/Wenzel,* Presserecht, LPG § 4, vor Rn. 1.
[56] *Löffler/Wenzel,* Presserecht, LPG § 4 Rn. 105.
[57] Vgl. *Stelkens/Bonk/Sachs/Kallerhoff,* VwVfG, § 30 Rn. 19.
[58] In diesem Sinne auch *Assmann/Schneider/Dreyling,* § 8 Rn. 22. Einzelheiten bei *Löffler/Wenzel,* Presserecht, LPG § 4 Rn. 111 ff.

Verschwiegenheitspflicht 27–29 § 8

Damit haben nicht nur Beamte, sondern auch Arbeiter und Angestellte im öf- 27
fentlichen Dienst und u U auch Beauftragte nach § 4 Abs. 3 FinDAG strafrechtliche Konsequenzen zu gewärtigen.[59] In Betracht kommen kann ferner eine Strafbarkeit nach § 353 b StGB (Verletzung des Dienstgeheimnisses und einer besonderen Geheimhaltungspflicht), sofern eine Gefährdung wichtiger öffentlicher Interessen eintritt. Das kann etwa der Fall sein, wenn auf Grund der Pflichtverletzung ausländische Stellen zu einer Zusammenarbeit mit der BaFin nicht mehr bereit sind und hierdurch der Informationsaustausch auf internationaler Ebene gefährdet wird.[60] Wegen der unterschiedlichen Schutzrichtung von § 203 Abs. 2 und § 353 b StGB besteht zwischen beiden Delikten Tateinheit.[61]

b) Haftungsrechtliche Konsequenzen

Die Beachtung der Pflichten nach § 8 ist Amtspflicht im Sinne des § 839 28
BGB.[62] Diese Pflichten bestehen nicht, oder jedenfalls nicht nur, im öffentlichen Interesse, sondern im Interesse der in Absatz 1 Satz 1 genannten Personen. Sie sind damit auch drittbezogen i. S. des § 839 BGB. Entsteht einer geschützten Person durch die schuldhafte Verletzung dieser Pflicht auf Grund öffentlichrechtlichen Handelns (Weitergabe im Behördenverkehr unter Überschreitung der durch § 8 Abs. 1 eingeräumten Möglichkeiten) ein Schaden, so bestehen gem. § 839 BGB iVm Art. 34 GG **Staatshaftungsansprüche**.[63] § 4 Abs. 4 FinDAG (dazu § 4 Rn. 9 ff.) steht derartigen Ansprüchen nicht entgegen, weil es hier nicht um bloße Schlechterfüllung der Aufsichtsaufgabe geht – die keine staatshaftungsrechtlichen Konsequenzen haben soll –, sondern um einen darüberhinaus gehenden Eingriff in den (Grund-)Rechtsbereich des Bürgers. Entsprechende Ansprüche bestehen, wenn im Rahmen öffentlich-rechtlicher Aufgabenerfüllung eine Pflichtverletzung durch einen nach § 4 Abs. 3 FinDAG Beauftragten erfolgt.[64] Wird die Pflichtverletzung allerdings nur „bei Gelegenheit" der amtlichen Tätigkeit oder im privatrechtlichen Bereich begangen,[65] kommen Ansprüche gem. §§ 823, 826 BGB in Betracht. § 8 dürfte ein Schutzgesetz im Sinne des § 823 Abs. 2 BGB sein.[66] Gegen das unbefugte Offenbaren eines Geheimnisses kann sich der Anspruchsberechtigte ferner mit Unterlassungs- und Folgenbeseitigungsansprüchen zur Wehr setzen.[67]

c) Disziplinarrechtliche und arbeitsrechtliche Konsequenzen

Für Beamte stellt die Verletzung der Verschwiegenheitspflicht ein Dienstver- 29
gehen dar, das Disziplinarmaßnahmen nach sich ziehen kann. Für Angestellte

---

[59] Wegen der Einzelheiten muss auf die einschlägige Kommentarliteratur verwiesen werden, vgl. etwa *Schönke/Schröder/Eser*, StGB, § 11 Rn. 14 ff.; *Lackner/Kühl*, StGB, § 11 Rn. 6.
[60] Beispiel nach *Schäfer/Geibel*, § 8 Rn. 22.
[61] *Dreher/Tröndle*, StGB, § 353 b, Rn. 20; *Lackner/Kühl*, StGB, § 353 b, Rn. 14.
[62] *Schäfer/Geibel*, § 8 Rn. 19.
[63] *Schäfer/Geibel*, § 8 Rn. 19; *Boos/Fischer/Schulte-Mattler/Fülbier*, KWG, § 9 Rn. 25; *Szagunn/Haug/Ergenzinger*, KWG, § 9 Rn. 13; vgl. a. BGH NJW 1996, 779.
[64] *Schäfer/Geibel*, § 8 Rn. 19.
[65] Vgl. a. *Szagunn/Haug/Ergenzinger*, KWG, § 9 Rn. 14.
[66] So auch *Assmann/Schneider/Dreyling*, § 8 Rn. 28; *Schäfer/Geibel*, § 8 Rn. 20, für § 9 KWG ebenso *Reischauer/Kleinhans*, KWG, § 9 Rn. 29; *Boos/Fischer/Schulte-Mattler/Fülbier*, KWG, § 9 Rn. 25.
[67] *Stelkens/Bonk/Sachs/Kallerhoff*, VwVfG, § 30 Rn. 29.

und Arbeiter handelt es sich um eine Pflichtverletzung des Arbeitsvertrages, die ebenfalls Konsequenzen zeitigen kann.

III. Keine Auskunftspflicht gegenüber Finanzbehörden (Abs. 2)

30 Grundsätzlich haben alle Behörden unter Aufhebung der prinzipiell bestehenden Schweigepflicht (§ 105 AO) umfassende Auskunfts- und Urkundenvorlagepflichten gegenüber den Finanzbehörden (§§ 93, 97 AO). Sie haben ferner die Pflicht, den Verdacht einer Steuerstraftat der Finanzbehörde mitzuteilen (§ 116 AO) und weitgehende Amtshilfe zu leisten (§§ 111, 105 AO). **Absatz 2 Satz 1** legt fest, dass diese Pflichten für die BaFin nicht gelten. Eine ähnliche Vorschrift existiert im Immissionsschutzrecht, vgl. § 52 Abs. 7 BImSchG.

31 Absatz 2 Satz 1 hat im Einzelnen folgende **Wirkungen:**[68]
– Die Bundesanstalt braucht Auskunfts- und Vorlageersuchen (§§ 93, 97 AO) der Finanzämter, insbesondere der Außenprüfung und Steuerfahndung, nicht nachzukommen, selbst wenn dies zur Durchführung der Besteuerung einer Person, die dem Verdacht eines Insiderverstoßes ausgesetzt ist, notwendig wäre. Evtl. nicht versteuerte Kursgewinne und sonstige Zinserträge und Kapitalvermögen können über diesen Weg also nicht ermittelt werden.
– Die Bundesanstalt braucht den Finanzbehörden keine Amtshilfe nach § 111 Abs. 1 AO zu leisten, um Besteuerungssachverhalte aufzuklären; der bereichsspezifische Datenschutz ist gegenüber dem Fiskus „amtshilferesistent".
– Erfährt die Bundesanstalt Tatsachen, die den Verdacht einer Steuerstraftat begründen, so darf sie diese nicht gem. § 116 AO bei der Steuerbehörde anzeigen.
Kurz gesagt: Anders als sonstige Behörden darf die Bundesanstalt – und wohl auch nicht die Staatsanwaltschaft, soweit es ihr gem. § 4 Abs. 5 mitgeteilte Erkenntnisse geht[69] – steuerlich relevante Umstände und Unterlagen der Finanzbehörde nicht übermitteln; die **Geheimhaltung** entsprechender Tatsachen **gegenüber den Finanzbehörden** wird **grundsätzlich garantiert.**

32 Bei näherer Betrachtung liegt der **Zweck** dieser zunächst ungewöhnlich erscheinenden Regelung auf der Hand: Die Bundesanstalt ist bei ihrer gesamten Tätigkeit in hohem Maße auf die Kooperationsbereitschaft der beaufsichtigten Unternehmen und ihrer Kunden angewiesen. Insbesondere ist sie darauf angewiesen, dass diese (zutreffende) Informationen und Unterlagen einreichen. Die Bereitschaft, vollständige und zutreffende Angaben zu machen, würde erheblich sinken, wenn damit gerechnet werden müsste, dass die mitgeteilten Informationen auch zu steuerlichen Zwecken verwendet werden könnten, zumal die Steuerbehörden gem. § 30a AO die entsprechenden Daten selbst nicht erheben dürfen. Außerdem werden auch die zuständigen Stellen anderer Staaten vielfach nur zur Übermittlung von Informationen an die Anstalt bereit sein, wenn sichergestellt ist, dass diese nicht in die Hände der Steuerbehörden gelangen.[70]

---

[68] Vgl. *Carl/Klos* wistra 1995, 10, 17.
[69] Vgl. *Carl/Klos* wistra 1995, 10, 17.
[70] Zum Vorstehenden s. die Gesetzesbegründung, BT-Drs. 12/6679, S. 42 f.; vgl. a. *Boos/Fischer/Schulte-Mattler/Fülbier*, KWG, § 9 Rn. 23 f.; *Beck/Samm*, KWG, § 8 Rn. 55, 59.

Die Vorschrift beruht also auf einer **Abwägung** zwischen dem öffentlichen 33
Interesse an einer gleichmäßigen Besteuerung und dem öffentlichen Interesse an
einem funktionierenden Kapitalmarkt bzw. einer funktionierenden Kapitalmarktaufsicht und räumt letzterem grundsätzlich den Vorrang vor ersterem ein.[71]
Das Zusammenspiel von § 8 Abs. 2 und § 30a AO hat zugleich die – vom
Gesetzgeber offenbar durchaus gewollte – Konsequenz, dass **im Banken- und
Finanzdienstleistungsbereich eine systematische Steuerkontrolle nicht
möglich ist**.[72]

Auskunfts- und Vorlagepflichten, Amtshilfepflicht und Verpflichtung zur An- 34
zeige von Steuerstraftaten gegenüber den Finanzbehörden treffen die BaFin ausnahmsweise allerdings dann, wenn es um eine Steuerstraftat geht, an deren Verfolgung ein **zwingendes öffentliches Interesse** besteht, sofern die Informationen nicht von ausländischen Stellen geliefert worden sind **(Satz 2)**. Das absolute
Verwertungsverbot des Satzes 2 wird vom Gesetzgeber mit dem Bestreben gerechtfertigt, den Informationsaustausch auf internationaler Ebene nicht zu gefährden.[73] Wichtige Kapitalanlegerländer mit volkswirtschaftlich bedeutenden
Finanzmärkten und Bankstandorten, insbesondere die Schweiz, Luxemburg oder
Großbritannien, wären wegen ihres gesetzlich verankerten Bankgeheimnisses
nicht bereit, Daten zur Insiderbekämpfung an ausländische Behörden weiterzugeben, wenn die Gefahr der steuerstrafrechtlichen Verfolgung des in das Land
gelockten ausländischen Kapitalanlegers bestünde.[74]

Für die Auslegung des „zwingenden öffentlichen Interesses", das als unbe- 35
stimmter Rechtsbegriff voller verwaltungsgerichtlicher Kontrolle unterliegt, liefern die Entwurfsbegründung und die Stellungnahme des Bundesrates keine Anhaltspunkte. Die ratio des Absatz 2 dürfte eine **restriktive Auslegung** dieser
Unterausnahme – quasi die „Achillesferse" des steuerrechtlichen Datenschutzes
nach WpHG – fordern. **§ 30 Abs. 4 Ziff. 5 AO** konkretisiert den Begriff
durch die Nennung von Regelbeispielen wie folgt:

„... ein zwingendes öffentliches Interesse ist namentlich gegeben, wenn a) Verbrechen
und vorsätzliche schwere Vergehen gegen Leib und Leben oder gegen den Staat und seine
Einrichtungen verfolgt werden sollen, b) Wirtschaftsstraftaten verfolgt werden oder verfolgt werden sollen, die nach ihrer Begehungsweise oder wegen des Umfangs des durch sie
verursachten Schadens geeignet sind, die wirtschaftliche Ordnung erheblich zu stören oder
das Vertrauen der Allgemeinheit auf die Redlichkeit des geschäftlichen Verkehrs oder auf
die ordnungsgemäße Arbeit der Behörden und der öffentlichen Einrichtungen erheblich
zu erschüttern, c) die Offenbarung erforderlich ist zur Richtigstellung in der Öffentlichkeit verbreiteter unwahrer Tatsachen, die geeignet sind, das Vertrauen in die Verwaltung
erheblich zu erschüttern ..."

Es spricht nichts dagegen, diese Regelung sinngemäß auch zur Präzisierung 36
des „zwingenden öffentlichen Interesses" bei § 8 Abs. 2 S. 2 WpHG heranzuziehen, wobei in diesem Bereich vornehmlich § 30 Abs. 4 Ziffer 5.b) AO in
Betracht kommt. Dabei ist im Bereich des § 8 Abs. 2 Satz 2 der Begriff der
„Wirtschaftsstraftat" durch den der „Steuerstraftat" zu ersetzen. Die genannten
Voraussetzungen dürften in der Regel zu bejahen sein, wenn ein Fall schwerer

---

[71] Schäfer/Geibel, § 8 Rn. 16.
[72] Carl/Klos wistra 1995, 10, 16, mit kritischer Tendenz.
[73] Begründung des Regierungsentwurfs, BT-Drs. 12/6679, S. 43.
[74] Carl/Klos wistra 1995, 10, 18.

§ 9   Abschn. 2. Bundesanstalt für Finanzdienstleistungsaufs.

Steuerhinterziehung (§ 370 Abs. 3 AO) vorliegt.[75] Ist ein zwingendes öffentliches Interesse für die Verfolgung einer Steuerstraftat nicht anzunehmen, bewendet es bei der Regelung des Absatz 2 Satz 1. Weitere Ausnahmetatbestände sieht Satz 2 nicht vor. Der in § 9 Abs. 2 Satz 2 KWG enthaltene weitere Ausnahmetatbestand vorsätzlich falscher Angaben des Auskunftspflichtigen oder der für ihn handelnden Personen ist in das WpHG nicht übernommen worden.

§ 9 Meldepflichten

(1) [1]Wertpapierdienstleistungsunternehmen und Zweigniederlassungen im Sinne des § 53 b des Kreditwesengesetzes sind verpflichtet, der Bundesanstalt jedes Geschäft in Finanzinstrumenten, die zum Handel an einem organisierten Markt zugelassen sind oder in den regulierten Markt einer inländischen Börse einbezogen sind, spätestens an dem auf den Tag des Geschäftsabschlusses folgenden Werktag, der kein Samstag ist, nach Maßgabe des Absatzes 2 mitzuteilen. [2]Die Verpflichtung nach Satz 1 gilt auch für den Erwerb und die Veräußerung von Rechten auf Zeichnung von Wertpapieren, sofern diese Wertpapiere an einem organisierten Markt gehandelt werden sollen, sowie für Geschäfte in Aktien und Optionsscheinen, bei denen ein Antrag auf Zulassung zum Handel an einem organisierten Markt oder auf Einbeziehung in den regulierten Markt gestellt oder öffentlich angekündigt ist. [3]Die Verpflichtung nach den Sätzen 1 und 2 gilt auch für inländische zentrale Kontrahenten im Sinne des § 1 Abs. 31 des Kreditwesengesetzes hinsichtlich der von ihnen abgeschlossenen Geschäfte. [4]Die Verpflichtung nach den Sätzen 1 und 2 gilt auch für Unternehmen, die ihren Sitz in einem Staat haben, der nicht Mitgliedstaat der Europäischen Union oder Vertragsstaat des Abkommens über den Europäischen Wirtschaftsraum ist und an einer inländischen Börse zur Teilnahme am Handel zugelassen sind, hinsichtlich der von ihnen an dieser inländischen Börse geschlossenen Geschäfte in Finanzinstrumenten.

(1 a) [1]Von der Verpflichtung nach Absatz 1 ausgenommen sind Bausparkassen im Sinne des § 1 Abs. 1 des Gesetzes über Bausparkassen[2)] und Unternehmen im Sinne des § 2 Abs. 4 und 5 des Gesetzes über das Kreditwesen[1], sofern sie nicht an einer inländischen Börse zur Teilnahme am Handel zugelassen sind, sowie Wohnungsgenossenschaften mit Spareinrichtung. [2]Die Verpflichtung nach Absatz 1 findet auch keine Anwendung auf Geschäfte in Anteilen an Investmentvermögen, die von einer Kapitalanlagegesellschaft oder einer ausländischen Investmentgesellschaft ausgegeben werden, bei denen eine Rücknahmeverpflichtung der Gesellschaft besteht.

(2) [1]Die Mitteilung ist der Bundesanstalt im Wege der Datenfernübertragung zu übermitteln, es sei denn, es liegen die Voraussetzungen des Artikels 12 der Verordnung (EG) Nr. 1287/2006 vor, unter denen eine Speicherung auf einen Datenträger erfolgen kann. [2]Die Mitteilung muss für jedes Geschäft mindestens die Angaben nach Artikel 13 Abs. 1 Satz 1 in Verbin-

---

[75] Ähnlich *Carl/Klos* wistra 1995, 10, 18. – Wegen der weiteren Einzelheiten der Auslegung muss auf die Ausführungen in den einschlägigen Kommentierungen zu § 30 AO, insbesondere von *Klein/Rüsken*, AO, § 30 Rn. 182 ff.; *Tippke/Kruse*, AO, § 30 Rn. 61 ff., verwiesen werden, die auch im Bereich des § 8 Abs. 2 mutatis mutandis Geltung beanspruchen.

Meldepflichten § 9

dung mit Tabelle 1 des Anhangs I der Verordnung (EG) Nr. 1287/2006 enthalten, soweit die Bundesanstalt im Hinblick auf diese Angaben eine Erklärung nach Artikel 13 Abs. 1 Satz 2 der Verordnung (EG) Nr. 1287/2006 abgegeben hat. ³Die Mitteilung muß darüber hinaus enthalten:

1. Kennzeichen zur Identifikation des Depotinhabers oder des Depots, sofern der Depotinhaber nicht selbst nach Absatz 1 zur Meldung verpflichtet ist
2. Kennzeichen für Auftraggeber, sofern dieser nicht mit dem Depotinhaber identisch ist.

(3) ¹Die Bundesanstalt ist zuständige Behörde für die Zwecke der Artikel 9 bis 15 der Verordnung (EG) Nr. 1287/2006. ²Sie übermittelt Mitteilungen nach Absatz 1 innerhalb der in Artikel 14 Abs. 3 der Verordnung (EG) Nr. 1287/2006 genannten Frist an die zuständige Behörde eines anderen Mitgliedstaates der Europäischen Union oder eines anderen Vertragsstaates des Abkommens über den Europäischen Wirtschaftsraum, wenn sich in diesem Staat der unter Liquiditätsaspekten wichtigste Markt für das gemeldete Finanzinstrument im Sinne der Artikel 9 und 10 der Verordnung (EG) Nr. 1287/2006 befindet oder eine Anforderung einer zuständigen Behörde nach Artikel 14 Abs. 1 Buchstabe c der Verordnung (EG) Nr. 1287/ 2006 vorliegt. ³Satz 2 gilt entsprechend für Mitteilungen einer Zweigniederlassung im Sinne des § 53 b Abs. 1 Satz 1 des Kreditwesengesetzes an die Bundesanstalt, falls die zuständige Behörde des Herkunftsmitgliedstaates nicht auf eine Übermittlung verzichtet hat. ⁴Eine Übermittlung nach Satz 2, auch in Verbindung mit Satz 3, gilt auch dann als an die zuständige Behörde im Herkunftsmitgliedstaat übermittelt, wenn sie im Einvernehmen mit dieser Behörde an eine andere Einrichtung übermittelt wird. ⁵Für Inhalt, Form und Frist der Übermittlungen nach den Sätzen 2 bis 4 gilt Artikel 14 Abs. 2 und 3 der Verordnung (EG) Nr. 1287/2006. ⁶Für die nicht automatisierte Zusammenarbeit der Bundesanstalt mit der zuständigen Behörde eines anderen Mitgliedstaates der Europäischen Union oder eines anderen Vertragsstaates des Abkommens über den Europäischen Wirtschaftsraum auf dem Gebiet des Meldewesens nach dieser Vorschrift oder vergleichbaren ausländischen Vorschriften gilt Artikel 15 der Verordnung (EG) Nr. 1287/2006. ⁷Zur Erfüllung der Pflichten nach Satz 2 erstellt die Bundesanstalt eine Liste der Finanzinstrumente nach Maßgabe des Artikels 11 der Verordnung (EG) Nr. 1287/2006 und kann unter den dort geregelten Voraussetzungen Referenzdaten von inländischen Börsen anfordern. ⁸§ 7 bleibt unberührt.

(4) Das Bundesministerium der Finanzen kann durch Rechtsverordnung, die nicht der Zustimmung des Bundesrates bedarf,
1. nähere Bestimmungen über Inhalt, Art, Umfang und Form der Mitteilung und über die zulässigen Datenträger und Übertragungswege erlassen,
2. neben den Angaben nach Absatz 2 zusätzliche Angaben vorschreiben, soweit dies aufgrund der besonderen Eigenschaften des Finanzinstruments, das Gegenstand der Mitteilung ist, oder der besonderen Bedingungen am Handelsplatz, an dem das Geschäft ausgeführt wurde, gerechtfertigt ist und die zusätzlichen Angaben zur Erfüllung der Aufsichtsaufgaben der Bundesanstalt erforderlich sind,
3. zulassen, dass die Mitteilungen der Verpflichteten auf deren Kosten durch die Börse oder einen geeigneten Dritten erfolgen, und die Einzelheiten hierzu festlegen,

§ 9 Abschn. 2. Bundesanstalt für Finanzdienstleistungsaufs.

4. für Geschäfte, die Schuldverschreibungen zum Gegenstand haben, zulassen, dass Angaben nach Absatz 2 in einer zusammengefassten Form mitgeteilt werden,
5. bei Sparkassen und Kreditgenossenschaften, die sich zur Ausführung des Geschäfts einer Girozentrale oder einer genossenschaftlichen Zentralbank oder des Zentralkreditinstituts bedienen, zulassen, daß die in Absatz 1 vorgeschriebenen Mitteilungen durch die Girozentrale oder die genossenschaftliche Zentralbank oder das Zentralkreditinstitut erfolgen, wenn und soweit der mit den Mitteilungspflichten verfolgte Zweck dadurch nicht beeinträchtigt wird.

(5) **Das Bundesministerium der Finanzen kann die Ermächtigung nach Absatz 4 durch Rechtsverordnung auf die Bundesanstalt für Finanzdienstleistungsaufsicht übertragen.**

Übersicht

	Rn.
I. Regelungsgegenstand und -zweck	1
II. Überblick	5
III. Meldepflichtige Institute (persönliche Meldepflicht)	8
1. Meldepflichtige nach § 9 Abs. 1 Satz 1	9
a) Kreditinstitute	9
b) Finanzdienstleistungsinstitute	11
c) Inländische Zweigstellen ausländischer Kredit- oder Finanzdienstleistungsinstitute	13
2. Meldepflichtige nach Abs. 1 Satz 3	16
3. Meldepflichtige nach Abs. 1 Satz 4	17
4. Ausnahmen von der Meldepflicht	18
IV. Meldepflichtige Geschäfte (sachliche Meldepflicht)	22
1. Allgemeines	22
2. Keine Differenzierung nach börslichen und außerbörslichen Geschäften	23
3. Erfasste Marktsegmente	24
4. Arten meldepflichtiger Geschäfte	28
5. Von der Meldepflicht ausgenommene Geschäfte	32
a) Ausdrücklich gesetzlich geregelte Fälle (Abs. 1 a; WpHMV)	32
b) Sonstige Fälle	34
V. Inhalt der Meldung (inhaltliche Meldepflicht)	36
VI. Meldeverfahren	40
1. Meldefrist	40
2. Modalitäten der Meldung	41
3. Meldung durch Dritte	43
4. Zusammenfassung von Geschäften	44
5. Berichtigung von Meldungen	45
VII. Verordnungsermächtigung (Abs. 4, 5)	46
VIII. Überwachung der Einhaltung der Meldepflichten; Sanktionen bei Verstoß	47
IX. Internationale Zusammenarbeit beim Datenaustausch (Abs. 3)	50
1. Übermittlungspflicht	51
2. Übermittlungsfrist	55
3. Empfänger	56
4. Inhalt der Mitteilungen	57
5. Liste mit Finanzinstrumenten	58
X. Verhältnis zu anderen Vorschriften	59

Meldepflichten 1, 2 § 9

Schrifttum: *Baur/Wagner,* Das Vierte Finanzmarktförderungsgesetz – Neuerungen im Börsen- und Wertpapierhandelsrecht, Die Bank 2002, 530; *Bieg,* Börsenaufsicht, Börsenorganisation und Börsenhandel, StB 2000, 254, 303; *Kersting,* Der Neue Markt der Deutschen Börse AG, AG 1997, 222; *Süßmann,* Meldepflichten nach § 9 Wertpapierhandelsgesetz – Zugleich eine Erläuterung der Meldeverordnung und des Meldebogens –, WM 1996, 937; *ders.,* Insiderhandel – Erfahrungen aus der Sicht des Bundesaufsichtsamts für den Wertpapierhandel, AG 1997, 63.

I. Regelungsgegenstand und -zweck

Eine effektive Beaufsichtigung des Wertpapierhandels setzt voraus, dass die 1
Aufsichtsbehörde laufend und in standardisierter, leicht zu verarbeitender Form alle Informationen erhält, die die geschäftlichen Aktivitäten, börslich wie außerbörslich, widerspiegeln. Ohne einen solchen stetig eingehenden Datenstrom, der auch international als Gütesiegel einer wirksamen Wertpapieraufsicht gilt, könnte nur eine punktuelle, d.h. stichprobenartige oder auf Zufallsfunde angewiesene Kontrolle vorgenommen werden, was den Anreiz der Beaufsichtigten, die Vorschriften des WpHG nicht wirklich ernst zu nehmen, erheblich erhöhen würde.[1] Diesem Bedürfnis entspricht die Regelung in § 9, mit der **weitreichende, flächendeckende Meldepflichten** statuiert wurden und – aus der Sicht der Aufsichtsbehörde – gewissermaßen ein „gläserner Wertpapiermarkt"[2] geschaffen wird, der eine **systematische Aufsichtstätigkeit ermöglicht.** Die Existenz derart umfassender, detaillierter Meldepflichten waren einer der Gründe, warum in Gestalt des BAWe überhaupt eine eigenständige Aufsichtsstelle auf Bundesebene geschaffen wurde.[3] In bisher nicht dagewesener Form verschaffen die auf Grund § 9 gewonnenen und in einem eigenen Rechenzentrum der Aufsichtsbehörde zentral gesammelten Daten[4] Einblicke in Abläufe und Strukturen des Wertpapierhandels,[5] zB hinsichtlich Größe und Verhältnis des börslichen zum außerbörslichen Handel, Verhältnis von Kunden- und Eigengeschäften, Anteil der verschiedenen Produkte am Wertpapierhandel, Anteil großer, mittlerer und kleiner Kreditinstitute am Wertpapierhandel.

§ 9 beruht auf **Art. 20 der Wertpapierdienstleistungsrichtlinie,** die bis zum 2
1. Juli 1995 (mit Wirkung spätestens zum 31. Dezember 1995) in nationales Recht umzusetzen war (vgl. Art. 31). Mit dem Zweiten Finanzmarktförderungsgesetz wurde zunächst nur ein Teil der Richtlinie umgesetzt. Die vollständige Umsetzung erfolgte durch das Richtlinienumsetzungsgesetz, das eine entsprechende Änderung und Ergänzung des § 9 mit sich brachte.[6] Die derzeitige Fassung von § 9 beruht maßgeblich auf Änderungen durch das **Finanzmarkt-Richtlinie-Umsetzungsgesetz (FRUG)** vom 19.7.2007.[7] Die Neufassung trägt den Vorgaben von

---

[1] In diesem Sinne auch *Assmann/Schneider/Dreyling,* § 9 Rn. 1; *Schäfer/Geibel,* § 9 Rn. 1; *Kümpel,* Kapitalmarktrecht, Rn. 065 S. 128; *Rauscher,* Bundesaufsichtsamt, S. 87; *Carl/Clos,* wistra 1995, 10, 13; Gesetzesbegründung, BT-Drs. 12/6679, S. 43 f. Ähnliches gilt für die nach dem KWG ausgeübte Solvenzaufsicht, vgl. dazu *Schlette,* JuS 2001, 1151, 1154.
[2] *Claussen,* Bank- und Börsenrecht, § 9 Rn. 25.
[3] *Assmann/Schneider/Dreyling,* § 9 Rn. 2.
[4] Vgl. *Rauscher,* Bundesaufsichtsamt, S. 146; *Süßmann* WM 1996, 937, 938.
[5] So auch *Assmann/Schneider/Dreyling,* § 9 Rn. 36.
[6] Vgl. BR-Drs. 963/96, S. 105.
[7] BGBl. I 2007, 1330 ff.

§ 9 3–5 Abschn. 2. Bundesanstalt für Finanzdienstleistungsaufs.

Art. 25 der Finanzmarktrichtlinie (MiFID)[8] Rechnung und berücksichtigt, dass sich im Hinblick auf die Form und den Inhalt der Meldungen und die Zusammenarbeit beim Austauschen von Meldungen mit zuständigen Stellen anderer Vertragstaaten sich die jeweiligen Anforderungen bereits unmittelbar aus der Verordnung (EG) Nr. 1287/2006[9] **(Durchführungsverordnung)** ergeben.

3 Die nach § 9 gewonnenen **Daten** können grundsätzlich **für alle Zwecke der Wertpapierhandelsaufsicht** Verwendung finden.[10] Weder im Wortlaut des § 9 noch in dem des Art. 20 WpDRiL ist eine Einschränkung auf bestimmte Aufsichtssegmente, etwa das Insiderhandelsverbot, enthalten. § 9 ist daher wesentliche Grundlage für die gesamte Aufsichtstätigkeit des BAWe bzw. jetzt der BaFin;[11] gewissermaßen das „Rückgrat" für deren Aufsichtstätigkeit.[12] Die Überwachungstätigkeit basiert in allen Bereichen in wesentlichem Maße auf der systematischen Auswertung der Meldungen nach § 9.[13] Die Meldungen ermöglichen es der Behörde nicht nur, dem Verdacht verbotener Insidergeschäfte (§ 14) sowie von Verstößen gegen die Ad-hoc-Publizität (§ 15) nachzugehen, sondern in gewissem Rahmen zB auch die Einhaltung der Wohlverhaltensregeln (§§ 31 ff.)[14] oder des mit dem 4. Finanzmarktförderungsgesetz eingefügten Verbots der Kurs- und Marktpreismanipulation (§ 20 a) zu überprüfen. **In der Praxis** dürfte bei der Auswertung der nach § 9 erhobenen Daten allerdings bislang die **Insiderverfolgung ganz im Vordergrund** stehen.

4 Die Meldepflicht nach § 9 greift in Art. 12 Abs. 1 GG ein, weil sie den betroffenen Institute und Personen Vorgaben für ihre Berufsausübung macht. Dieser Eingriff ist jedoch **verfassungsrechtlich zulässig.** Er ist zur Erreichung des gesetzgeberischen Ziels – Sicherstellung einer wirkungsvollen Wertpapieraufsicht – geeignet; mildere Mittel sind nicht ersichtlich. Der mit der Einführung einer Meldepflicht für die betroffenen Institute und Personen verbundene Aufwand ist im Hinblick auf die gesetzliche Zielsetzung auch zumutbar.[15]

II. Überblick

5 § 9 regelt **in komplexer und wenig übersichtlicher Form** die persönliche, sachliche und inhaltliche Meldepflicht, das Meldeverfahren und das Austauschen von Meldungen mit zuständigen Stellen anderer Vertragstaaten.

---

[8] Richtlinie 2004/39 EG des Europäischen Parlaments und des Rates vom 21. 4. 2004 über Märkte für Finanzinstrumente, zur Änderung der Richtlinien 85/611/EWG und 93/6/EWG des Rates und der Richtlinie 2000/12/EG des Europäischen Parlaments und des Rates und zur Aufhebung der Richtlinie 93/22/EWG des Rates, ABl. L 145 vom 30. 4. 2004, S. 1 ff.

[9] Verordnung (EG) Nr. 1287/2006 der Kommission vom 10. 8. 2006 zur Durchführung der Richtlinie 2004/39/EG des Europäischen Parlaments und des Rates betreffend die Aufzeichnungspflichten für Wertpapierfirmen, die Meldung von Geschäften, die Markttransparenz, die Zulassung von Finanzinstrumenten zum Handel und bestimmte Begriffe im Sinne dieser Richtlinie, ABl. L 241/1.

[10] *Assmann/Schneider/Dreyling,* § 9 Rn. 5.
[11] *Schäfer/Geibel,* § 4 Rn. 8.
[12] *Schäfer/Geibel,* § 9 Rn. 1.
[13] *Rauscher,* Bundesaufsichtsamt, S. 87.
[14] *Süßmann* WM 1996, S. 937, 938; s. a. BT-Drs. 12/6679, S. 43; BT-Drs. 13/7142, 105.
[15] S. i. e. *Rauscher,* Bundesaufsichtsamt, S. 85 ff.

Die **persönliche Meldepflicht** betrifft die Frage, welche Unternehmen Geschäfte zu melden haben. Sie ist in § 9 Abs. 1 Satz 1, 3, 4 geregelt. Absatz 1 a Satz 1 enthält Ausnahmen von der persönlichen Meldepflicht. § 9 Abs. 4 Nr. 3, 5 iVm § 14 WpHMV regelt die Erfüllung der Meldepflicht durch Dritte. Die **sachliche Meldepflicht** steckt den Kreis der zu meldenden Geschäfte ab. Sie ist in § 9 Abs. 1 geregelt, wobei ihr Umfang für die verschiedenen der Meldepflicht unterliegenden Institute und Unternehmen unterschiedlich ist. Einschränkungen enthalten Abs. 1 a Satz 2 sowie § 9 Abs. 4 Nr. 4. Die **inhaltliche Meldepflicht** betrifft die Frage, welche Angaben zu den jeweils meldepflichtigen Geschäften gemacht werden müssen. Sie folgt aus § 9 Abs. 2 Satz 2 iVm Art. 13 Abs. 1 Satz 1 iVm Tabelle 1 des Anhangs der Durchführungsverordnung, Satz 3, Abs. 4 Nr. 1, 2, 4 iVm §§ 3–10, 16 WpHMV. Das **Meldeverfahren** (Zeitpunkt, Form, Übermittlung, Berichtigung von Meldungen) ist in Abs. 1 Satz 1, Abs. 2 Satz 1 iVm Art. 12 der Durchführungsverordnung, Abs. 4 Nr. 1 iVm §§ 2, 11–13 WpHMV geregelt. Der **Austausch von Meldungen mit zuständigen Stellen anderer Vertragstaaten** ist in Abs. 3 iVm Art. 14 und 15 der Durchführungsverordnung geregelt.

Die geänderten Regelungen in § 9 sind **in zeitlicher Hinsicht** ab 1. 11. 2007 anwendbar (Art. 14 FRUG). Die geänderte Verordnung über die Meldepflichten beim Handel mit Wertpapieren und Derivaten (WpHMV) wird ausweislich der derzeitigen Entwurfsfassung am 1. 1. 2008 in Kraft treten. Die BaFin hat angekündigt, dass sie bei der Anwendung der neuen Vorschriften wie auch schon bei früheren Änderungen der WpHMV den Meldepflichtigen für eine kurze Übergangsphase entgegenkommen werde.

III. Meldepflichtige Institute (persönliche Meldepflicht)

Die Meldepflichten treffen sämtliche Wertpapierdienstleistungsunternehmen im Sinne von **§ 2 Abs. 4 WpHG**[16] und Zweigniederlassungen im Sinne des § 53 b KWG. Die Regelungen zur Meldepflicht wurden durch das FRUG an die Finanzmarktrichtlinie angepasst.

1. Meldepflichtige nach § 9 Abs. 1 Satz 1

a) Kreditinstitute

Meldepflichtige Wertpapierdienstleistungsunternehmen sind nach § 2 Abs. 4 zunächst Kreditinstitute im Sinne von **§ 1 Abs. 1 KWG** unter Berücksichtigung der Ausnahmeregelung in **§ 2 Abs. 1 KWG** (das WpHG definiert diesen Begriff nicht eigenständig).[17] Meldepflichtig sind sämtliche Kreditinstitute, gleich ob sie zum Börsenhandel zugelassen sind oder nicht und in welchem Umfang sie meldepflichtige Geschäfte tätigen.

Erfasst sind **lediglich inländische Kreditinstitute,** auch wenn das Richtlinienumsetzungsgesetz vom 22. 10. 1997 den Zusatz „mit Sitz im Inland" gerade gestrichen hat.[18] Diese Streichung ist ohne inhaltliche Bedeutung, denn Kredit-

---

[16] Siehe im Einzelnen die Kommentierung zu § 2 Abs. 4.
[17] *Assmann/Schneider/Assmann*, § 2 Rn. 89.
[18] Ebenso *Schäfer/Geibel*, § 9 Rn. 17.

§ 9 11–14 Abschn. 2. Bundesanstalt für Finanzdienstleistungsaufs.

institute im Sinne des § 1 Abs. 1 KWG sind, wie auch § 53 KWG zeigt, ausschließlich solche mit Sitz im Inland.[19]

b) Finanzdienstleistungsinstitute

11   Die Finanzdienstleistungsinstitute wurden durch das Richtlinienumsetzungsgesetz vom 22. 10. 1997 in den Kreis der Meldepflichtigen einbezogen. Der Begriff des Finanzdienstleistungsinstituts ist in **§ 1 Abs. 1a KWG,** der auch im Rahmen des § 9 heranzuziehen ist,[20] legaldefiniert. Auch hier sind nur inländische Unternehmen erfasst.[21]

12   Ursprünglich waren nicht alle Finanzdienstleistungsinstitute von der Regelung in § 9 WpHG erfasst, sondern nur solche mit Erlaubnis zum Betreiben des Eigenhandels. Dieses zusätzliche Erfordernis wurde durch das FRUG aufgehoben, weil nicht mit der Finanzmarktrichtlinie konform. In Zukunft sind somit auch Anlagevermittler und Portfolioverwalter meldepflichtig.[22]

c) Inländische Zweigstellen ausländischer Kredit- oder Finanzdienstleistungsinstitute

13   Wertpapierdienstleistungsunternehmen sind ferner auch die nach § 53b Abs. 1 Satz 1 KWG tätigen Unternehmen. Dies sind die von einem Einlagenkreditinstitut oder einem Wertpapierhandelsunternehmen mit Sitz in einem anderen Staat des EWR unterhaltenen inländischen Zweigstellen, die Bankgeschäfte (§ 1 Abs. 1 Satz 2 Nr. 1 bis 11 KWG) betreiben oder Finanzdienstleistungen (§ 1 Abs. 1a Satz 2 Nr. 1 bis 4 KWG) erbringen.

Erfasst werden sämtliche inländischen Zweigniederlassungen ausländischer Wertpapierdienstleistungsunternehmen, auch wenn das ausländische Wertpapierinstitut seinen Sitz in einem anderen Staat des EWR hat. Bislang galt hingegen aufgrund Art. 20 der Wertpapierdienstleistungsrichtlinie bei den Meldpflichten das sogenannte **Herkunftsstaatsprinzip,** wonach ein Staat grundsätzlich nur von solchen Wertpapierdienstleistungsunternehmen eine Meldung verlangen kann, für die er Herkunftsstaat ist.[23]

14   Die Finanzmarktrichtlinie hat demgegenüber einen Systemwechsel herbeigeführt. Aus Art. 25 Abs. 6 iVm Art. 32 Abs. 7 der Finanzmarktrichtlinie ergibt sich, dass für Meldpflichten bei inländischen Zweigniederlassungen das **Herkunftsstaatsprinzip durchbrochen** wird. Sämtliche inländischen Zweigniederlassungen von Einlagenkreditinstitute oder Wertpapierhandelsunternehmen mit Sitz in einem anderen Staat des EWR sind somit von der Meldepflicht im Inland erfasst.

Die Meldepflicht im Inland gilt allerdings nicht mehr für Geschäfte von ausländischen Zweigniederlassungen inländischer Wertpapierdienstleistungsunternehmen. Dies ist eine logische Folge der Durchbrechung des Herkunftsstaatsprinzips.[24]

---

[19] Vgl. a. *Reischauer/Kleinhans,* KWG, § 53 Rn. 1; sowie BR-Drs. 963/96, S. 107; *Assmann/Schneider/Assmann,* § 2 Rn. 83.
[20] Ebenso *Schäfer/Geibel,* § 9 Rn. 18.
[21] *Schäfer/Geibel,* § 9 Rn. 18; *Schwark/Reck,* § 9 WpHG Rn. 5.
[22] Gesetzentwurf der Bundesregierung v. 15. 11. 2006, BT-Drs. 16/4028, S. 62.
[23] *Assmann/Schneider/Dreyling,* § 9 Rn. 8.
[24] Gesetzentwurf der Bundesregierung v. 15. 11. 2006, BT-Drs. 16/4028, S. 62.

Nach § 9 Abs. 1 Satz 1 aF waren bislang auch sämtliche inländischen Unternehmen, die an einer inländischen Börse zur Teilnahme am Handel zugelassen sind, meldepflichtig. Diese Meldepflicht wurde durch das FRUG aufgehoben. Dies ist insofern bedauerlich, als dies zur Folge hat, dass im Ergebnis zahlreiche Geschäfte an Warenterminbörsen wie der EEX nicht mehr der Meldepflicht unterliegen, weil die Handelsteilnehmer häufig von der Definition eines Wertpapierdienstleistungsunternehmens ausgenommen sind (§ 2 a Abs. 1).[25]

2. Meldepflichtige nach Abs. 1 Satz 3

Nach Absatz 1 S. 3 sind meldepflichtig inländische Stellen, die ein System zur Sicherung der Erfüllung von Geschäften an einem organisierten Markt betreiben. Die Meldepflicht dieser sog. **Clearing-Stellen**[26] wurden mit dem Dritten Finanzmarktförderungsgesetz eingefügt. Sinn der Einbeziehung war der Umstand, dass die Aufsichtsbehörde die Meldungen nach § 9 auch daraufhin untersucht, ob die Partner eines Wertpapiergeschäfts deckungsgleiche Meldungen abgeben. Das war bislang nicht möglich, soweit eine Clearing-Stelle beteiligt war, weil diese als eigenständiger Vertragspartner in das Wertpapiergeschäft einbezogen wird.[27] Durch die Erfassung der Clearing-Stellen in Absatz 1 Satz 3 wird ermöglicht, ordnungsgemäße Meldungen gegenseitig zuzuordnen und unterlassene Meldungen eines oder beider Meldepflichtiger zu erkennen.[28]

3. Meldepflichtige nach Abs. 1 Satz 4

Nach Abs. 1 Satz 4 sind meldepflichtig Unternehmen mit Sitz außerhalb der EU oder des EWR, die an einer inländischen Börse zur Teilnahme am Handel zugelassen sind, hinsichtlich der von ihnen an dieser inländischen Börse geschlossenen Geschäfte in Finanzinstrumenten. Durch das FRUG wurde in Satz 4 eine Beschränkung auf die Unternehmen außerhalb der EU bzw. des EWR eingeführt. Dies ist darauf zurückzuführen, dass die Finanzmarktrichtlinie grundsätzlich am Herkunftsstaatsprinzip festgehalten hat und eine Durchbrechung nur für Zweigniederlassungen anordnet. Die Beibehaltung der Meldepflicht für ausländische Unternehmen aus Drittstaaten ist sinnvoll, da diese Meldungen die Überwachung des Börsengeschehens durch die BaFin sinnvoll ergänzen. Es greift nur, soweit Abs. 1 S. 1 Alt. 3 nicht einschlägig ist, d. h. nur hinsichtlich Unternehmen mit Sitz im Ausland außerhalb der EU und des EWR, die nicht über eine Zweigstelle oder Zweigniederlassung im Inland verfügen, sowie hinsichtlich sämtlicher Unternehmen aus einem EU- oder EWR-Staat unabhängig davon, ob diese eine Zweigstelle/Zweigniederlassung unterhalten oder nicht.[29]

---

[25] Stellungnahme des Bundesrates zum FRUG-Entwurf vom 15. 12. 2006, BR-Drs. 833/06, S. 4; Die Deutsche Schutzvereinigung für Wertpapierbesitz (DSW) in ihrer Stellungnahme zum MiFID-Umsetzungsgesetz vom 20. 11. 2006 S. 3, Fundstelle: http://www.dsw_info.de/Stellungnahme_zum_Finanzmarkt-.817.98.html.
[26] Vgl. *Assmann/Schneider/Dreyling*, § 9 Rn. 6; *Schäfer/Geibel*, § 9 Rn. 29.
[27] Vgl. etwa *Bieg*, StB 2000, 303, 310.
[28] BT-Drs. 13/8933, S. 92.
[29] Gesetzesentwurf der Bundesregierung v. 15. 11. 2006, BT-Drs. 16/4028, S. 62.

4. Ausnahmen von der Meldepflicht

18 Zunächst fallen sämtliche Unternehmen im Sinne von **§ 2 Abs. 1 KWG** nicht unter die Meldepflicht des § 9 WpHG, da sie keine Kreditinstitute im Sinne von des KWG und damit keine Wertpapierdienstleistungsunternehmen sind.[30] Der 1998 eingefügte **Absatz 1a Satz 1**[31] exemtiert des weiteren bestimmte Institute von der Meldepflicht, nämlich:
– Bausparkassen i. S. des § 1 Abs. 1 des Gesetzes über Bausparkassen und
– Wohnungsgenossenschaften mit Spareinrichtungen.

19 Hintergrund der Freistellung ist durchgängig die **geringe Insiderrelevanz** der von den genannten Instituten getätigten Geschäfte, zT auch der **geringe Umfang der getätigten Geschäfte,** womit eine umfassende, regelmäßige Meldepflicht eine unverhältnismäßige Belastung darstellen würde.[32] Im Übrigen tätigen viele dieser Institute ihre Geschäfte regelmäßig über meldepflichtige Kreditinstitute, so dass die Meldung des Geschäfts und die Identifikation des Auftraggebers ohnehin sichergestellt ist.[33]

20 Abs. 1a S. 1 befreit Bausparkassen nur dann von der Meldepflicht, wenn sie **nicht gem. § 16 BörsG zum inländischen Börsenhandel zugelassen** sind. Diese Einschränkung rechtfertigt sich deshalb, weil ein börsenzugelassenes Unternehmen seine Geschäfte ohne Einschaltung eines meldepflichtigen Instituts tätigen könnte, so dass es insoweit an einer Meldung des Geschäfts sowie der Identifikationsmöglichkeit fehlen würde.[34] Warum diese Einschränkung für Wohnungsgenossenschaften mit Spareinrichtung nicht gelten soll, ist unklar; es ist zu vermuten, dass dies deshalb erfolgte, weil diese in der Praxis nicht am Börsenhandel teilnehmen.

21 Weitere Einschränkungen der persönlichen Meldepflichten bestehen gem. **§ 9 Abs. 3 Nr. 6 iVm § 15 WpHMV** für Sparkassen und Kreditgenossenschaften. Diese können die Meldungen über das jeweilige Spitzeninstitut abgeben lassen. Damit sollen Doppelmeldungen vermieden werden, die sonst zustande kämen, weil das Zentralinstitut häufig ohnehin eine Meldung abgeben muss, etwa wenn das örtliche Unternehmen die Zentrale mit der Ausführung des Kundenauftrags an der Börse beauftragt.[35]

IV. Meldepflichtige Geschäfte (sachliche Meldepflicht)

1. Allgemeines

22 Der Kreis der meldepflichtigen Geschäfte wird **äußerst weit** gezogen, wobei das Gesetz mehreren Fallgruppen nennt:

---

[30] Gesetzesentwurf der Bundesregierung v. 15. 11. 2006, BT-Drs. 16/4028, S. 62; die Streichung des Verweises auf § 2 Abs. 1, 4 und 5 KWG in § 9 Abs. 1a WpHG durch das FRUG ist nur eine redaktionelle Änderung gewesen.
[31] Zu Satz 2, der die sachliche Meldepflicht betrifft, s. u. Rn. 37 ff.
[32] *Assmann/Schneider/Dreyling,* § 9 Rn. 26; *Schäfer/Geibel,* § 9 Rn. 33 f.
[33] *Assmann/Schneider/Dreyling,* § 9 Rn. 26; *Schäfer/Geibel,* § 9 Rn. 33; KölnKomm WpHG-*Eufinger,* § 9 Rn. 24.
[34] BR-Drs. 963/96, S. 106.
[35] Vgl. BT-Drs. 12/7918, S. 100; *Schäfer/Geibel,* § 9 Rn. 40; KölnKommWpHG-*Eufinger,* § 9 Rn. 27.

- Meldepflichtig ist zunächst **(Absatz 1 Satz 1)** jedes Geschäft in **Finanzinstrumenten** (§ 2 Abs. 2b Satz 1), die die zum Handel an einem organisierten Markt zugelassen oder in den regulierten Markt einer inländischen Börse einbezogen sind.
- Meldepflichtig ist des weiteren Erwerb oder Veräußerung von Rechten auf Zeichnung von Wertpapieren, sofern diese Wertpapiere an einem organisierten Markt gehandelt werden sollen **(Absatz 1 Satz 2 1. Alt.)**
- Meldepflichtig sind schließlich **(Absatz 1 Satz 2 2. Alt.)** Geschäfte in Aktien und Optionsscheinen, bei denen ein Antrag auf Zulassung zum Handel an einem organisierten Markt oder auf Einbeziehung in den regulierten Markt gestellt oder öffentlich angekündigt ist.

2. Keine Differenzierung nach börslichen und außerbörslichen Geschäften

Der Mitteilungspflicht unterfallen die genannten Geschäfte – wie sich dem Wortlaut unmittelbar entnehmen lässt – unabhängig davon, ob die konkreten Geschäfte börslich oder außerbörslich getätigt werden.[36] Voraussetzung ist lediglich die **abstrakte Handelbarkeit an einem Börsenmarkt**.[37] Spätestens an dieser Stelle wird der bereits angesprochene Befund deutlich, dass die BaFin keine Börsenaufsicht i.e.S., sondern eine umfassende, börsliche wie außerbörsliche Marktaufsicht ausübt.

3. Erfasste Marktsegmente

In allen drei Alternativen des Absatzes 1 ist Voraussetzung, dass die betroffenen Finanzinstrumente Bezug zu einem **organisierten Markt** im Sinne von § 2 Abs. 5 haben oder in den **regulierten Markt einer inländischen Börse einbezogen sind** (§ 33 BörsG). Der Begriff des organisierten Marktes ist in § 2 Abs. 5 definiert. Erfasst ist im Inland nach der Zusammenfassung von amtlichem und geregelten Markt nur noch der **regulierte Markt** (§§ 32 ff. BörsG).

Der Bezug zu einem organisierten Markt kann unterschiedlich ausfallen, je nachdem, welche Alternative des Absatzes 1 einschlägig ist. Nach Satz 1 müssen die gehandelten Finanzinstrumente an einem organisierten Markt zugelassen sein oder in einen regulierten Markt einer inländischen Börse einbezogen sein. Nach Satz 2 Alt. 1 muss es um Rechte auf Zeichnung von Wertpapieren gehen, die an einem organisierten Markt gehandelt werden sollen; nach Alt. 2 müssen Aktien oder Optionsscheine betroffen sein, bei denen ein Antrag auf Zulassung zum Handel an einem organisierten Markt oder auf Einbeziehung in den regulierten Markt gestellt oder öffentlich angekündigt ist.

Bisher unterlagen auch Geschäfte in Wertpapieren oder Derivaten, die in den **Freiverkehr** einbezogen sind, der Meldepflicht. Da die Finanzmarktrichtlinie die Meldepflicht auf an einem organisierten Markt zugelassene Finanzinstrumente beschränkt, wurde die Meldepflicht für in den Freiverkehr einbezogene Finanzinstrumente aufgehoben.[38] Dieser Wegfall der Meldepflicht hinsichtlich der

---

[36] So auch *Assmann/Schneider/Dreyling*, § 9 Rn. 11; *Schäfer/Geibel*, § 9 Rn. 46.
[37] *Schäfer/Geibel*, § 9 Rn. 34.
[38] Gesetzesentwurf der Bundesregierung v. 15.11.2006, BT-Drs. 16/4028, S. 62.

§ 9 27–30 Abschn. 2. Bundesanstalt für Finanzdienstleistungsaufs.

in den Freiverkehr einbezogenen Finanzinstrumente ist bedauerlich. Da die Meldepflicht insbesondere der Verfolgung von Verstößen gegen das Insiderhandelsverbot dient, das auch weiterhin für Finanzinstrumente gilt, die in den Freiverkehr einbezogen sind, wäre es für eine effektive Überwachung des Freiverkehrs im Hinblick auf mögliche Insiderhandelsdelikte wünschenswert gewesen, wenn der Freiverkehr von der Meldepflicht nicht ausgenommen worden wäre. Der Gesetzgeber begründete interessanter Weise die Beibehaltung der in den Freiverkehr einbezogenen Wertpapiere in die Definition der Insiderpapiere in § 12 Nr. 1, obwohl dies über die Mindestanforderungen der Marktmissbrauchsrichtlinie hinausging, bei der Umsetzung durch das Anlegerschutzverbesserungsgesetz damit, dass gerade in diesem Segment verhältnismäßig viele Insiderdelikte begangen würden.[39] Mangels Meldepflicht dürfte die Aufklärung dieser Insiderdelikte in Zukunft deutlich schwerer fallen.

27 Der Handel mit Wertpapieren und Derivaten ohne Bezug zum organisierten Markt unterliegt den Meldepflichten nach § 9 nicht. Damit müssen etwa Geschäfte mit Effekten, die ausschließlich im **Telefonhandel** gehandelt werden, oder Geschäfte mit **OTC-Derivaten** nicht gemeldet werden.[40]

4. Arten meldepflichtiger Geschäfte

28 Meldepflichtig sind grundsätzlich **sämtliche Geschäfte (Kauf, Verkauf, Vermittlung)** in **Finanzinstrumenten** (§ 2 Abs. 3). Das Gesetz stellt nunmehr in Umsetzung von Art. 25 Abs. 3 der Finanzmarktrichtlinie auf Finanzinstrumente ab.

29 Finanzinstrumente sind Wertpapiere im Sinne des § 2 Abs. 1, Geldmarktinstrumente im Sinne des § 2 Abs. 1 a, Derivate im Sinne des § 2 Abs. 2 und Rechte auf Zeichnung von Wertpapieren.

30 Dabei wird der Kreis der möglichen Geschäfte durch die in § 2 Abs. 3, 3 a genannte Aufzählung der möglichen Wertpapierdienstleistungen und Wertpapiernebendienstleistungen abgesteckt. Alle Geschäfte, die im Zusammenhang mit einer Wertpapierdienstleistung oder Wertpapiernebendienstleistung stehen, sind erfasst,[41] und zwar **Fremdgeschäfte** wie auch **Eigengeschäfte** (Nostrogeschäfte). Letzteres ergibt sich ohne weiteres aus Abs. 2 Satz 3 und § 9 WpHMV, wonach Geschäfte für eigene Rechnung gesondert zu kennzeichnen sind.[42] Zu den Fremdgeschäften gehören **Kommissionsgeschäfte,** darunter auch **Zwischenkommissionsgeschäfte** von Zentralinstituten in einem mehrstufigen kreditwirtschaftlichen Verbund.[43] Auch Geschäfte im Rahmen von **Barabfindungsgeboten** unterliegen der Meldepflicht, denn diese Daten sind wichtig, damit die Aufsichtsbehörde erkennen kann, ob ein des Insiderhandels Verdächtiger die zuvor unter Ausnutzen der Insiderkenntnisse erworbenen Wertpapiere innerhalb des Abfindungsangebots verkauft und damit das Delikt vollendet hat.[44]

---

[39] Gesetzentwurf der Bundesregierung v. 25. 4. 2004, BT-Drs. 15/3174, S. 33.
[40] *Assmann/Schneider/Dreyling*, § 9 Rn. 14; *Schäfer/Geibel*, § 9 Rn. 45; *Schlüter*, Wertpapierhandelsrecht, Rn. D 518.
[41] *Schäfer/Geibel*, § 9 Rn. 47 sieht nur Wertpapierdienstleistungen erfasst.
[42] Ebenso *Schäfer/Geibel*, § 9 Rn. 47; s. a. *Carl/Klos* wistra 1995, 10, 13; *Süßmann* WM 1996, 937.
[43] VG Frankfurt am Main ZIP 2001, 605, 608; s. a. § 6 Abs. 4 WpHMV.
[44] *Süßmann* WM 1996, 937, 940.

Meldepflichten 31–34 § 9

In Abweichung von diesem Grundsatz müssen die in **Absatz 1 Satz 4** ge- 31
nannten Meldepflichtigen lediglich im Inland abgeschlossene **börsliche Geschäfte** melden. Wegen der Beschränkung auf börsliche Geschäfte läuft der
Verweis in Satz 4 auf Satz 2 zum großen Teil leer, weil die dort genannten Geschäfte häufig nicht über die Börse getätigt werden.[45]

5. Von der Meldepflicht ausgenommene Geschäfte

a) Ausdrücklich gesetzlich geregelte Fälle (Abs. 1 a Satz 2; WpHMV)

Gemäß Abs. 1 a Satz 2,[46] eingefügt durch das Richtlinienumsetzungsgesetz, 32
und zuletzt geändert durch das FRUG sind Geschäfte in Anteilen an Investmentvermögen, die von einer Kapitalanlagegesellschaft oder einer ausländischen Investmentgesellschaft ausgegeben werden, bei denen eine Rücknahmeverpflichtung der Gesellschaft besteht, nicht zu melden.

Die Geschäfte mit einer Rücknahmepflicht unterliegenden Fondsanteilen von 33
Kapitalanlagegesellschaften und ausländischen Investmentgesellschaften
sind von der Meldepflicht freigestellt, weil die WpDRiL insoweit keine Meldepflicht vorsieht und bei wirtschaftlicher Betrachtungsweise die tägliche Festsetzung der Rücknahmepreise kaum ein insidergeeignetes Spekulationsmedium sein dürfte.[47] Rücknahmeverpflichtungen bestehen vor allem bei den Open-End-Funds, aber auch bei den Semi-closed-end-Funds und den Closed-end-Funds mit eigens für die Rücknahme gegründeten Repurchase-companies.[48] Die Ausnahmeregelung in Abs. 1 a Satz 2 dürfte vornehmlich für ausländische Investmentgesellschaften relevant sein, welche deren Anteilscheine – anders als die deutscher Kapitalanlagegesellschaften – an den in § 9 Abs. 1 genannten Märkten gehandelt werden.[49] Auch Geschäfte von Kapitalanlagegesellschaften hinsichtlich des Sondervermögens unterliegen nicht der Meldepflicht, weil diese Geschäfte nicht im Zusammenhang mit einer Wertpapierdienstleistung stehen.[50] Eigengeschäfte der Kapitalanlagegesellschaft müssen dagegen gemeldet werden.[51]

Bis zur Änderung von § 9 Abs. 1 a Satz 2 durch das FRUG waren auch Geschäfte in Derivaten i. S. des § 2 Abs. 2 Nr. 2 und 4 aF nicht meldepflichtig. Diese Ausnahme wurde durch das FRUG aufgrund der in § 2 Abs. 2 vorgenommenen Neudefinition des Begriffs der Derivate aufgehoben.

b) Sonstige Fälle

Das **Botengeschäft** (Weiterleitung eines Auftrags durch ein Institut an ein 34
anderes, das das Geschäft dann ausführt und gegenüber dem Kunden abrechnet)

---

[45] So auch der Hinweis von *Schäfer/Geibel*, § 9 Rn. 62.
[46] Zu Satz 1, der die persönliche Meldepflicht betrifft, s. o. Rn. 23 ff.
[47] Begr. Regierungsentwurf, BT-Drs. 13/7142, S. 106.
[48] Vgl. KölnKommWpHG-*Eufinger*, § 9 Rn. 36; *Schäfer/Geibel*, § 9 Rn. 55; *Baur*, Investmentgesetze, § 2 AuslInvestmG, Rn. 76 ff.
[49] *Schäfer/Geibel*, § 9 Rn. 54, 55; *Baur*, Investmentgesetze, § 21 KAGG, Rn. 17.
[50] BT-Drs. 12/7918, S. 100; *Süßmann* WM 1996, 937, 939; *Assmann/Schütze/Baur*, § 18 Rn. 112a; aA *Schimansky/Bunte/Lwowski/Köndgen*, Bankrechts-Handbuch, § 113 Rn. 43.
[51] *Schäfer/Geibel*, § 9 Rn. 47; *Baur*, Investmentgesetze, § 2 KAGG, Rn. 106; *Schwark/Reck*, § 9 WpHG Rn. 15.

Schlette/Bouchon

unterfällt § 9 nicht, da es sich nicht um eine eigenständige Wertpapier(neben)dienstleistung handelt.[52]

35 Ferner sind bestimmte Transaktionen, bei denen Insiderwissen praktisch nicht ausgenutzt werden kann, im Wege der **teleologischen Reduktion** aus den „Geschäften" iS des § 9 auszuscheiden.[53] Denn § 9 hat wenn auch nicht ausschließlich so doch vorrangig die Funktion, eine effektive Insiderüberwachung zu gewährleisten.[54] Daher kann nach Sinn und Zweck der Vorschrift bei bestimmten Transaktionen, bei denen ein Insiderhandel ausgeschlossen ist oder kaum vorstellbar erscheint, eine Ausnahme von der – für die Beteiligten im Einzelfall durchaus aufwändigen – Meldepflicht geboten erscheinen, auch ohne ausdrückliche gesetzliche Anordnung.[55] Dazu gehören Geschäfte im Rahmen von **Wertpapierleihe**[56] und **echte Wertpapierpensionsgeschäfte**, bei denen die Rücknahme zu einem bereits bei Begründung des Geschäfts vereinbarten Zeitpunkt und Preis feststeht (§ 340b Abs. 2 HGB).[57] Meldepflichtig sind jedoch unechte Pensionsgeschäfte, bei denen lediglich ein Rückkaufsrecht des Pensionsnehmers besteht (§ 340b Abs. 3 HGB).[58] Die Ausübung von Wandel- oder Optionsrechten ist – da es sich nicht um ein zweiseitiges Geschäft handelt – ebenfalls nicht zu melden,[59] desgleichen Zuteilungen von Belegschaftsaktien oder Zuteilungen innerhalb eines Emissionskonsortiums vor dem ersten Verkauf der Wertpapiere.[60] **Tafelgeschäfte** sind dagegen meldepflichtig;[61] ebenso **Zwischenkommissionsgeschäfte**.[62]

V. Inhalt der Meldung (inhaltliche Meldepflicht)

36 Welche Angaben über die meldpflichtigen Geschäften zu machen sind, ergibt sich aus den ausführlichen Regelungen in **Absatz 2 Satz 2 iVm Art. 13 Abs. 1 Satz 1 iVm Tabelle 1 des Anhangs I der Verordnung (EG) 1287/2006**,[63] soweit die BaFin im Hinblick auf diese Angaben eine Erklärung nach

---

[52] *Schwark/Reck* § 9 WpHG Rn. 16; *Assmann/Schneider/Dreyling*, § 9 Rn. 12; *Schäfer/Geibel*, § 9 Rn. 48; *Süßmann* WM 1996, 937, 939; *Schlüter*, Wertpapierhandelsrecht, Rn. D 514; VG Frankfurt a. M. ZIP 2001, 605, 608.
[53] So auch *Schäfer/Geibel*, § 9 Rn. 49.
[54] S. o. Rn. 3.
[55] *Schäfer/Geibel*, § 9 Rn. 60.
[56] *Assmann/Schneider/Dreyling*, § 9 Rn. 17; *Schäfer/Geibel*, § 9 Rn. 49; *Süßmann* WM 1996, 937, 940.
[57] *Assmann/Schneider/Dreyling*, § 9 Rn. 17; *Schäfer/Geibel*, § 9 Rn. 49; *Süßmann* WM 1996, 937, 940; *Schimansky/Bunte/Lwowski/Kienle*, Bankrechts-Handbuch, § 105 Rn. 98 f.; *Schlüter*, Wertpapierhandelsrecht, Rn. D 520.
[58] *Assmann/Schneider/Dreyling*, § 9 Rn. 17; *Schäfer/Geibel*, § 9 Rn. 49; *Süßmann* WM 1996, 937, 940; *Schlüter*, Wertpapierhandelsrecht, Rn. D 520.
[59] *Assmann/Schneider/Dreyling*, § 9 Rn. 18; *Schäfer/Geibel*, § 9 Rn. 60; *Kümpel/Ott/Süßmann*, Kz. 552 S. 9; ders., WM 1996, 937, 939.
[60] *Schäfer/Geibel*, § 9 Rn. 60; *Kümpel/Ott/Süßmann*, Kz. 552 S. 9.
[61] *Assmann/Schneider/Dreyling*, § 9 Rn. 19; *Süßmann*, WM 1996, 937, 947.
[62] VG Frankfurt a. M. ZIP 2001, 605, 608 f.
[63] Verordnung (EG) Nr. 1287/2006 der Kommission vom 10. 8. 2006 zur Durchführung der Richtlinie 2004/39/EG des Europäischen Parlaments und des Rates betreffend die Aufzeichnungspflichten für Wertpapierfirmen, die Meldung von Geschäften, die

Meldepflichten 37 § 9

Art. 13 Abs. 1 Satz 2 der Verordnung (EG) 1287/2006 abgegeben hat, sowie **Absatz 4 iVm §§ 3 ff. WpHMV**.
Tabelle 1 des Anhangs I der Verordnung (EG) 1287/2006 sieht für den Inhalt der Mitteilungen folgendes vor: 37

Tabelle 1
Liste der Felder zu Meldezwecken

Feldname	Beschreibung
1. Identifikation der meldepflichtigen Wertpapierfirma	Einheitlicher Code zur Identifikation der Wertpapierfirma, die das Geschäft ausgeführt hat.
2. Handelstag	Der Tag, an dem das Geschäft ausgeführt wurde.
3. Handelszeit	Der Zeitpunkt, zu dem das Geschäft ausgeführt wurde. Anzugeben ist die Ortszeit der zuständigen Behörde, der das Geschäft gemeldet wird, und zwar in Koordinierter Weltzeit („Coordinated Universal Time"/UTC) +/− Stunden
4. Kauf-/ Verkauf-Indikator	Definiert, ob es sich bei dem Geschäft um ein Kauf- oder Verkaufsgeschäft aus der Sicht der meldepflichtigen Wertpapierfirma oder, im Falle der Benachrichtigung eines Kunden, aus der Sicht des Kunden handelt.
5. Handelseigenschaft	Legt fest, ob die Wertpapierfirma – das Geschäft für eigene Rechnung (entweder als Eigenhändler oder im Namen eines Kunden), – oder für Rechnung und im Namen eines Kunden ausgeführt hat.
6. Identifikation des Instruments	Sie muss enthalten: – einen einheitlichen Code, der von der zuständigen Behörde (falls vorhanden) festzulegen ist, an die die Meldung erfolgt, um das dem Geschäft zugrunde liegende Finanzinstrument zu identifizieren. – Sollte das besagte Finanzinstrument keinen einheitlichen Identifikationscode haben, muss die Meldung den Namen des Finanzinstruments ent-

Markttransparenz, die Zulassung von Finanzinstrumenten zum Handel und bestimmte Begriffe im Sinne dieser Richtlinie, ABl. L 241/1.

Feldname	Beschreibung
	halten oder im Falle eines Derivatekontrakts die Merkmale dieses Kontrakts
7. Art der Identifizierung des Instruments	Die Art des Codes, der zur Identifizierung des Instruments verwendet wird
8. Identifikation des zugrunde liegenden Instruments	Identifikation für das Wertpapier, das den Basiswert bei einem Derivatekontrakt oder für das übertragbare Wertpapier im Sinne von Artikel 4 Absatz 1 Ziffer 18 Buchstabe c der Richtlinie 2004/39/EG darstellt.
9. Art der Identifikation des zugrundeliegenden Instruments	Die Art des Codes, der zur Identifizierung des zugrunde liegenden Instruments verwendet wird.
10. Art des Finanzinstruments	Die harmonisierte Klassifizierung des Finanzinstruments, das Gegenstand des Geschäfts ist. Aus der Beschreibung muss zumindest hervorgehen, ob das Instrument einer der Topniveau-Kategorien angehört, die mittels eines einheitlichen international akzeptierten Standards für die Finanzinstrumentklassifikation festgelegt werden.
11. Fälligkeitstag	Der Fälligkeitstag einer Schuldverschreibung oder eines sonstigen verbrieften Schuldtitels bzw. der Ausübungstag/der Fälligkeitstag eines Derivatekontrakts.
12. Art des Derivats	Die harmonisierte Beschreibung der Art des Derivats sollte gemäß einer der Topniveau-Kategorien erfolgen, die mittels eines einheitlichen international akzeptierten Standards für die Finanzinstrumentklassifikation festgelegt werden.
13. Put/Call (Verkaufsoption/Kaufoption)	Angabe, ob es sich bei der Option oder bei einem anderen Finanzinstrument um eine Verkaufsoption oder um eine Kaufoption handelt.
14. Ausübungspreis	Angabe des Ausübungspreises einer Option oder eines anderen Finanzinstruments

Feldname	Beschreibung
15. Kurs-/Preismultiplikator	Stückzahl besagten Finanzinstruments, die in einer Handelseinheit enthalten ist: zB die Zahl der Derivate oder der Wertpapiere, die in einem Kontrakt enthalten sind.
16. Stückpreis	Preis per Wertpapier oder Derivatekontrakt ohne Provisionen und ggf. Stückzinsen. Im Falle eines Schuldtitels kann der Preis entweder in der jeweiligen Währung oder als Prozentsatz ausgedrückt werden.
17. Währung der Notierung	Die Währung, in der der Preis ausgedrückt wird. Wird der Preis im Falle einer Schuldverschreibung oder eines sonstigen verbrieften Schuldtitels als Prozentsatz ausgedrückt, ist dieser Prozentsatz anzugeben.
18. (Nominale) Menge	Anzahl der Finanzinstrumente, des Nennwerts der Schuldverschreibungen oder der Zahl der in das Geschäft einbezogenen Derivatekontrakte.
19. Art der Mengenangabe	Angabe, ob es sich bei der Menge um die Zahl der Anzahl der Finanzinstrumente, den Nominalwert der Schuldverschreibungen oder um die Zahl der Derivatekontrakte handelt.
20. Gegenpartei	Identifikation der Gegenpartei des Geschäfts. Diese Identifikation hat zu enthalten: – Für den Fall, dass es sich bei der Gegenpartei um eine Wertpapierfirma handelt, ist der einheitliche Code für diese Wertpapierfirma anzugeben, der von der zuständigen Behörde (falls vorhanden) festgelegt wird, an die die Meldung erfolgte; – Für den Fall, dass es sich bei der Gegenpartei um einen geregelten Markt oder ein MTF bzw. eine Person handelt, die bzw. der als zentrale Gegenpartei agiert, der einheitliche harmonisierte Identifikationscode für diesen Markt, dieses MTF oder die Person, die als zentrale Gegenpartei agiert, so wie er der Liste zu

Feldname	Beschreibung
	entnehmen ist, die von der zuständigen Behörde des Herkunftsmitgliedstaates dieser Person im Sinne von Artikel 13 Absatz 2 veröffentlicht wird; – Für den Fall, dass es sich bei der Gegenpartei nicht um eine Wertpapierfirma, einen geregelten Markt oder ein MTF bzw. eine Person handelt, die bzw. der als zentrale Gegenpartei agiert, sollte diese Gegenpartei als „Kunde" der das Geschäft ausführenden Wertpapierfirma identifiziert werden.
21. Identifikation des Handelsplatzes	Die Identifikation des Handelsplatzes, an dem das Geschäft getätigt wurde, hat zu enthalten: – Handelt es sich bei dem Platz um einen Handelsplatz: sein einheitlicher harmonisierter Identifikationscode; – ansonsten: die Angabe „OTC"
22. Referenznummer des Geschäfts	Einheitliche Identifikationsnummer für das Geschäft, die von der Wertpapierfirma oder einem Dritten, der die Meldung im Namen der Wertpapierfirma vornimmt, zu vergeben ist.
23. Stornohinweis	Ein Hinweis darauf, dass das Geschäft storniert wurde.

38 Dem Meldepflichtigen werden somit **außerordentlich detaillierte Angaben** abverlangt. So muss das Finanzinstrument zunächst hinreichend, insbesondere durch **Art und Bezeichnung**, sowie Angabe der **internationalen Kennnummer** beschrieben werden (§ 3 Abs. 1, 2 WpHMV; Anhang I Tabelle 1 Feld Nr. 6 und 10 der Verordnung (EG) 1287/2006. Ferner muss der **Handelstag** und die **Handelszeit** angegeben werden, letzteres bis auf die Sekunde genau (§ 4 Abs. 2 WpHMV; Anhang I Tabelle 1 Feld Nr. 2 und 3 der Verordnung (EG) 1287/2006). Für jedes meldepflichtige Geschäft ist grundsätzlich ein **gesonderter Meldesatz** zu erstellen (§ 2 Abs. 2 Satz 1 WpHMV; nur in Ausnahmefällen ist eine Zusammenfassung von Geschäften möglich (§ 16 WpHMV, dazu unten Rn. 54). Geschäfte für eigene Rechnung sind gesondert zu kennzeichnen,§ 9 WpHMV; Anhang I Tabelle 1 Feld Nr. 5 der Verordnung (EG) 1287/2006 .

39 Nach ursprünglicher Rechtslage brauchten Informationen über die **Identität von Kunden und Anlegern** in dem Meldesatz nicht enthalten zu sein, d. h. die

Geschäfte waren anonym zu melden.[64] Mitzuteilen war lediglich die Identität des meldenden Instituts, welche in der Praxis zumeist anhand der dem Institut zugewiesenen und im Meldebogen angegebenen Identifikationsnummer[65] bestimmt werden konnte. Der Gesetzgeber ging davon aus, dass, um Anhaltspunkte für Verstöße gegen Vorschriften des WpHG zu erkennen, personenbezogene Informationen über die Auftraggeber nicht unbedingt erforderlich seien. Erst wenn solche Anhaltspunkte erkennbar geworden waren, konnten im Rahmen der Insiderüberwachung auch personenbezogene Informationen verlangt werden, § 16 Abs. 2 aF(jetzt: § 4 Abs. 2, 3).[66] In anderen europäischen Staaten, etwa Großbritannien oder Österreich, ist die Kundenidentifikation allerdings Bestandteil des Meldesatzes. Entsprechende Änderungswünsche wurden auch an das deutsche Recht herangetragen.[67] Der Gesetzgeber des 4. FFG griff diese Anregungen auf. Die ursprünglich in Absatz 2 Satz 2 Nr. 7 und 8 enthaltenen Regelungen sind nunmehr in **Absatz 2 Satz 3 Ziffer 1 und 2** geregelt. Das WpHG geht damit über die Regelung in Art. 13 der Verordnung (EG) 1287/2006 hinaus. Nach Ziffer 1 muss das meldende Institut, wenn es sich nicht um ein Eigengeschäft handelt, auch Kennzeichen zur Identifikation des Depotinhabers melden. Aufgrund dessen braucht zwar nicht zwingend der Name des Depotinhabers mitgeteilt zu werden – entsprechende Auskünfte sind ggf. auf der Grundlage von § 4 einzuholen –, sondern nur die dem Kunden zugeteilte Depotnummer.[68] Bereits die Angabe der Depotnummer genügt aber für eine verbesserte Verfolgung von Insidergeschäften, weil so ohne weiteres zB feststellbar ist, in welchem Umfang ein konkreter Kunde Geschäfte getätigt hat und ob er die erworbenen Insiderpapiere nach Bekanntwerden der Insidertatsache wieder veräußert oder in seinem Bestand hält. Nach Ziffer 2 sind zusätzlich Kennzeichen zur Feststellung des Auftraggebers zu melden, sofern dieser nicht mit dem Depotinhaber identisch ist. Hiermit sollen die Fälle erfasst werden, in denen Insider als Bevollmächtigte für andere Depots tätig werden.

VI. Meldeverfahren

1. Meldefrist

Die in Absatz 1 Satz 1 vorgesehene Meldefrist – spätestens der auf den Geschäftsabschluss folgende Werktag, wobei der **Samstag** nicht als Werktag zählt – war zwingend durch Art. 20 WpDRiL vorgegeben. **Regionale Feiertage** werden aus Vereinfachungsgründen wie bundeseinheitliche Feiertage behandelt.[69] Die Meldefrist ist mangels einer entsprechenden Regelung **nicht verlängerbar**, auch nicht aus besonderen Gründen (hoher Geschäftsanfall u. ä.).[70] Solche besonderen Gründe können allenfalls eine Ahndung als Ordnungswidrigkeit gem.

---

[64] S. a. *Carl/Klos* wistra 1995, 10, 13.
[65] Vgl. *Süßmann* WM 1996, 937, 942.
[66] Vgl. *Süßmann* WM 1996, 937, 944.
[67] *Süßmann* AG 1997, 65; ders., WM 1996, 937, 944.
[68] Vgl. Entwurfsbegr., BT-Drs. 14/8017, S. 86; *Schwark/Reck*, § 9 WpHG Rn. 21.
[69] *Assmann/Schneider/Dreyling*, § 9 Rn. 20; *Schäfer/Geibel*, § 9 Rn. 66; *Süßmann* WM 1996, 937, 940.
[70] *Schäfer/Geibel*, § 9 Rn. 66; *Süßmann* WM 1996, 937, 940.

§ 39[71] ausschließen, weil es in solchen Fällen am Vorsatz oder an der Leichtfertigkeit fehlen wird. Der Tag des Geschäftsabschlusses ist der Tag, an dem das **schuldrechtliche Geschäft** abgeschlossen wurde; der Zeitpunkt der Erfüllung ist unerheblich.[72]

2. Modalitäten der Meldung

41 Im Hinblick auf die außerordentlich hohe Zahl täglicher Meldungen – pro Börsentag gehen bei der Aufsichtsbehörde ca. 2 Millionen Meldungen ein[73] – hat der Gesetzgeber in Absatz 2 Satz 1, Art 12 der Verordnung (EG) 1287/2006 grundsätzlich die **Datenfernübertragung**, also die Übermittlung in **elektronischer Form** vorgesehen. Nach Absatz 2 Satz 1 iVm Art 12 Abs. 1 der Verordnung (EG) 1287/2006 ist eine Übermittlung per **Datenträger** bei Vorliegen außergewöhnlicher Umstände zulässig. Voraussetzung ist dafür, dass die Speicherung der Information auf eine Art und Weise möglich ist, die einen künftigen Zugriff der zuständigen Behörden in einer anderen als der elektronischen Form ermöglichen.

42 Gemäß § 2 WpHMV ist ein **standardisierter Meldebogen** zu verwenden, der z. Zt. 61 Datenfelder umfasst.[74] Für jedes meldepflichtiges Geschäft muss ein Meldesatz nach Maßgabe des vorgegebenen Meldebogens erstellt werden. Allein daraus wird deutlich, dass die Meldepflicht nach § 9 für die betroffenen Unternehmen und Personen einen nicht unerheblichen Verwaltungsaufwand zur Folge hat. § 12 WpHMV enthält technische Vorgaben zum dem einzuhaltenden Datenformat. Die Meldung erfolgt beleglos; die Daten werden über eine Festverbindung oder im Mailbox-Verfahren übertragen; nur ausnahmsweise ist ein Belegaustausch per Diskette zulässig (§ 13 Abs. 1 WpHMV). Die Kosten für die Übertragung fallen gem. § 13 Abs. 2 WpHMV dem Meldepflichtigen zur Last. Ob diese Regelung im Hinblick auf § 9 Abs. 3 Ziff. 3 und § 11 aF bzw. §§ 14–16 FinDAG zulässig ist, erscheint fraglich.[75] § 11 aF /§ 14 FinDAG enthalten eine grundsätzlich abschließende Regelung über die Kostenverteilung; eine individuelle Kostenzuordnung ist nur nach § 9 Abs. 3 Ziff. 3 und § 11 Abs. 4 aF/ § 14 FinDAG zulässig, deren Voraussetzungen § 13 Abs. 2 WpHMV nicht entspricht. Es werden eben nicht, wie es § 9 Abs. 3 Ziff. 3 erlaubt, nur Kosten für die Datenübermittlung durch Dritte, sondern durch den Meldepflichtigen selbst, erhoben, und in der Meldung durch den Meldepflichtigen selbst ist auch schwerlich eine gebührenpflichtige Amtshandlung iS des § 14 FinDAG oder ein Prüfaufwand i. S. des § 11 aF zu sehen.

3. Meldung durch Dritte

43 Gem. § 9 Abs. 4 Nr. 3, 5 iVm § 14 WpHMV muss die Meldepflicht durch die betroffenen Institute nicht selbst ausgeübt werden, sondern diese können sich hierzu auch eines eventuell vorhandenen **Zentralverbandes**, zB die Zentralins-

---

[71] S. Rn 59.
[72] *Schäfer/Geibel*, § 9 Rn. 66.
[73] Vgl. Jahresbericht BaFin 2003, S. 180.
[74] Abgedruckt u. a. bei KölnKommWpHG-*Eufinger* § 9 Rn. 62.
[75] Einen Verstoß annehmend *Schäfer/Geibel*, § 9 Rn. 69; aA *Süßmann* WM 1996, S. 937, 941.

tute der Sparkassen oder der genossenschaftlichen Banken oder der Börse sowie eines geeigneten Dritten – etwa sogenannte Verrechnungsbanken – bedienen.[76] Mit dieser Regelung werden die durch die umfänglichen Meldepflichten für die Betroffenen verbundenen verwaltungsmäßigen Belastungen verringert; der Meldepflichtige, der nicht über eine Anbindung an die BaFin oder eine Wertpapierdaten-Zentrale verfügt, soll sich die Dienste eines Instituts, das die entsprechenden technischen Einrichtungen unterhält, nutzbar machen können.[77] Der meldende Dritte muss an den gemeldeten Geschäften nicht beteiligt sein.[78] Aufsichtsrechtlich bleibt der Meldepflichtige auch bei Einschaltung eines Dritten für eine ordnungsgemäße Meldung selbst verantwortlich.[79]

4. Zusammenfassung von Geschäften

§ 16 WpHMV erlaubt hinsichtlich bestimmter Transaktionen in Schuldverschreibungen und Derivaten eine zusammengefasste Meldung mehrerer Geschäftsvorgänge, wobei die Uhrzeit des jeweiligen Geschäfts nicht genannt werden muss.[80] **44**

5. Berichtigung von Meldungen

Fehlerhafte Meldungen, die angesichts der Vielzahl der zu meldenden Geschäfte und der abverlangten Angaben unvermeidbar sind, sind nach § 11 WpHMV iVm Anhang I Tabelle 1 Feld Nr. 23 der Verordnung (EG) 1287/2006 zu berichtigen. **45**

VII. Verordnungsermächtigung (Abs. 4, 5)

Absatz 4 enthält eine umfangreiche Verordnungsermächtigung an das Bundesfinanzministerium zur Konkretisierung des § 9. Das Ministerium kann nach Absatz 5 die ihm erteilte Ermächtigung auf die Bundesanstalt weiterübertragen. Eine solche Übertragung auf die Bundesanstalt ist geschehen. Das Amt hat mit der „Verordnung über die Meldepflichten beim Handel mit Wertpapieren und Derivaten" vom 21. Dezember 1995,[81] zuletzt geändert durch die 2. Verordnung zur Änderung der Wertpapierhandel-Meldeverordnung (WpHMV) vom 26. Juni 2003[82] von der Ermächtigung Gebrauch gemacht und zahlreiche konkretisierende Regelungen getroffen.[83] Die Bundesanstalt hat am 28. Juni 2007 den Entwurf einer 3. Verordnung zur Änderung der Wertpapierhandel-Meldeverordnung veröffentlicht, die zum 1. Januar 2008 in Kraft treten soll. Die Ermächtigung in Abs. 4 Ziffer 5 erlaubt es lediglich, die Erfüllung bestehender Mitteilungspflichten bei mehrstufigen Transaktionen unter Einschaltung eines Zentralinstituts zu **46**

---

[76] Näheres bei *Assmann/Schneider/Dreyling*, § 9 Rn. 23; *Schäfer/Geibel*, § 9 Rn. 70.
[77] BT-Drs. 12/6679, S. 44; *Süßmann* WM 1996, 937, 942.
[78] *Süßmann* WM 1996, 937, 942.
[79] *Süßmann* WM 1996, 937, 942, s. a. § 14 Abs. 2 WpHMW.
[80] Näheres bei *Assmann/Schneider/Dreyling*, § 9 Rn. 21; *Süßmann* WM 1996, 937, 940f.
[81] BGBl. I, S. 2094.
[82] BGBl. I, S. 1042.
[83] Die Wertpapierhandel-Meldeverordnung ist im Anhang abgedruckt.

vereinfachen, nicht aber, anderweitig begründete Mitteilungspflichten entfallen zu lassen.[84]

VIII. Überwachung der Einhaltung der Meldepflichten; Sanktionen bei Verstoß

47 Die Einhaltung der Meldepflicht wird einmal im Jahr überprüft (§ 36).[85] Auch außerhalb der **turnusmäßigen jährlichen Prüfung** kann die Aufsichtsbehörde die Einhaltung der Meldepflichten im Wege von Auskunftsverlangen, Vorlage von Unterlagen und der Durchführung von **Sonderprüfungen** überwachen (§ 4 Abs. 2 ff.).[86] Darüber hinaus ist der Behörde in Fällen, in denen der Vertragspartner des Meldepflichtigen seinerseits meldepflichtig ist (Doppelmeldung), durch **Datenabgleich** die Überwachung der Meldepflicht möglich.[87] Schließlich hat das BAWe seit Mitte 1997 ein vollautomatisiertes **Auffälligkeitserkennungsprogramm** installiert.[88]

48 Die Einhaltung der Meldepflicht kann mit **Zwangsmitteln** durchgesetzt werden. Dazu ist aber gem. § 17 FinDAG der vorherige Erlass eines entsprechenden anordnenden Verwaltungsakts erforderlich.[89] Ermächtigungsgrundlage hierfür ist § 4 Abs. 1 S. 2, 3, Abs. 2.[90]

49 Die vorsätzliche oder leichtfertige Missachtung der Meldepflicht nach § 9 Abs. 1 S. 1–3 stellt gem. § 39 Abs. 2 Nr. 2 lit. a) einen **Ordnungswidrigkeitentatbestand** dar, der gem. § 39 Abs. 4 mit einer Geldbuße bis zu 50 000,– Euro geahndet werden kann. Sanktioniert werden kann bereits die formwidrige oder unvollständige Meldung; ebenso die bloße Überschreitung der Meldefrist („nicht richtig, nicht vollständig, nicht in der vorgeschriebenen Form oder nicht rechtzeitig vornimmt"). Bei nachhaltigen Verstößen gegen die Meldepflichten kann die BaFin die zum Geschäftsbetrieb erforderliche Erlaubnis (§ 32 KWG) gem. § 35 Abs. 2 Nr. 6 KWG aufheben.

IX. Internationale Zusammenarbeit beim Datenaustausch (Abs. 3)

50 Die durch das FRUG neu eingefügten Regelungen in Absatz 3 betreffen das Verfahren der Zusammenarbeit zwischen den Aufsichtsbehörden der EU- und EWR-Staaten gemäß Art. 25 Abs. 3 Unterabsatz 2, Abs. 5 und 6 iVm Art. 58 der Finanzmarktrichtlinie sowie den Artikeln 11, 14 und 15 der Durchführungsverordnung (Verordnung (EG) 1287/2006[91]).

---

[84] VG Frankfurt a. M. ZIP 2001, 605, 608.
[85] Näheres siehe bei der dortigen Kommentierung.
[86] Näheres siehe bei der dortigen Kommentierung.
[87] *Schäfer/Geibel*, § 9 Rn. 73.
[88] Vgl. *Schäfer/Geibel*, § 9 Rn. 76; *Süßmann* AG 1997, S. 63, 65.
[89] Zur Anwendung von Zwangsmitteln s. im Einzelnen § 4 Rn. 33 ff.
[90] S. o. § 4 Rn. 31, 36.
[91] Verordnung (EG) Nr. 1287/2006 der Kommission vom 10. 8. 2006 zur Durchführung der Richtlinie 2004/39/EG des Europäischen Parlaments und des Rates betreffend die Aufzeichnungspflichten für Wertpapierfirmen, die Meldung von Geschäften, die Markttransparenz, die Zulassung von Finanzinstrumenten zum Handel und bestimmte Begriffe im Sinne dieser Richtlinie, ABl. L 241/1.

Meldepflichten 51–57 § 9

1. Übermittlungspflicht

Die BaFin ist verpflichtet, Mitteilungen nach Absatz 1 innerhalb der in Art. 14 **51**
Abs. 3 der Verordnung (EG) 1287/2006 genannten Frist an die zuständige Behörde eines anderen Staates der EU oder des EWR zu übermitteln.

Eine Übermittlung erfolgt in folgenden Fällen an die zuständige Behörde des **52**
anderen Staates des EWR (Absatz 3 Satz 2):
1. In diesem Staat befindet sich der unter **Liquiditätsaspekten** wichtigste Markt für das gemeldete Finanzinstrument i. S. der Art. 9 und 10 der Verordnung (EG) 1287/2006 oder
2. Es liegt eine **Anforderung** einer zuständigen Behörde nach Art. 14 Abs. 1 Buchstabe c der Verordnung (EG) 1287/2006 vor.

Art. 9 und 10 Verordnung (EG) 1287/2006 enthalten ausführliche Regelun- **53**
gen zu der Frage, welcher der unter Liquiditätsaspekten wichtigste Markt ist. So ist bei Aktien oder anderen übertragbaren Wertpapieren im Sinne von Art. 4 Abs. 1 Ziffer 18 Buchstabe a der Finanzmarktrichtlinie der Mitgliedstaat der Erstzulassung an einem geregelten Markt der wichtigste Markt (Art. 9 Abs. 2 Verordnung (EG) 1287/2006). Bei Schuldverschreibungen, die von einem Tochterunternehmen im Sinne der 7. Richtlinie des Rates 83/349/EWG vom 13. Juli 1983 über den konsolidierten Abschluss ausgegeben werden, das Bestandteil eines Unternehmens ist, das seinen eingetragenen Sitz in einem Mitgliedstaat hat, ist der Mitgliedstaat, in dem der eingetragene Sitz des Mutterunternehmens gelegen ist, der wichtigste Markt.

Gemäß Absatz 3 Satz 3 hat die BaFin auch die Mitteilungen durch **Zweig- 54
niederlassungen im Sinne von § 53b Abs. 1 Satz 1 KWG** an die zuständige Behörde des Herkunftsmitgliedstaates zu übermitteln, falls dieser nicht auf eine Übermittlung verzichtet hat. Diese Übermittlungspflicht ist konsequente Folge der Durchbrechung des Herkunftsstaatsprinzips in Absatz 1 Satz 1. Die inländischen Zweigniederlassungen von Einlagenkreditinstituten oder Wertpapierhandelsunternehmen mit Sitz in einem anderen Staat des EWR machen ihre Mitteilungen nunmehr an die BaFin. Ohne eine Weiterleitungspflicht durch die BaFin würde die zuständige Behörde des Herkunftsstaates von den Geschäften in Finanzinstrumenten durch die Zweigniederlassung keine Kenntnis erhalten.

2. Übermittlungsfrist

Art. 14 Abs. 3 Satz 1 der Verordnung (EG) 1287/2006 bestimmt, dass die **55**
Mitteilungen so rasch wie möglich zu erfolgen hat und Satz 2 bestimmt, dass ab 1. November 2008 diese Meldungen spätestens am Ende des nächsten Arbeitstages erfolgen muss, der auf den Tag folgt, an dem die zuständige Behörde die Meldung oder das Ersuchen erhalten hat.

3. Empfänger

Die Übermittlung erfolgt an die zuständige Behörde im Herkunftsmitglied- **56**
staat oder eine andere im Einvernehmen mit dieser Behörde bestimmten Einrichtung (Absatz 3 Satz 4).

4. Inhalt der Mitteilungen

Die Mitteilungen müssen zum einen, wie die Mitteilungen nach Absatz 1 Satz 1, **57**
die Angaben aus Tabelle 1 des Anhangs I der Verordnung (EG) Nr. 1287/2006

§ 9 58, 59   Abschn. 2. Bundesanstalt für Finanzdienstleistungsaufs.

enthalten,[92] und darüber hinaus die folgenden Angaben aus Tabelle 2 des Anhangs I der Verordnung (EG) Nr. 1287/2006:

Tabelle 2
Weitere Einzelheiten zur Verwendung durch die zuständigen Behörden

Feldname	Beschreibung
1. Identifikation der meldepflichtigen Wertpapierfirma	Reicht der einheitliche Code in Tabelle 1 von Anhang 1 nicht aus, um die Gegenpartei zu identifizieren, sollten die zuständigen Behörden angemessene Maßnahmen entwickeln, um die Identifikation der Gegenpartei zu gewährleisten.
6. Identifikation des Instruments	Verwendung des einheitlichen Codes für das besagte Finanzinstrument, auf den sich alle zuständigen Behörden geeinigt haben.
20. Gegenpartei	Reicht ein einheitlicher Code oder ein einheitlicher harmonisierter Identifikationscode in Tabelle 1 von Anhang I nicht aus, um die Gegenpartei zu identifizieren, sollten die zuständigen Behörden angemessene Maßnahmen entwickeln, um die Identifikation der Gegenpartei zu gewährleisten.

5. Liste mit Finanzinstrumenten

58 Art. 11 der Verordnung (EG) Nr. 1287/2006 verpflichtet die für eines oder mehrere Finanzinstrumente jeweils zuständige Behörde eine Liste dieser Finanzinstrumente zu erstellen und kontinuierlich zu aktualisieren. Diese Liste wird den jeweiligen zuständigen Behörden in den anderen EWR-Staaten übermittelt. Eine entsprechende Verpflichtung der BaFin ist in Absatz 3 Satz 7 geregelt.

X. Verhältnis zu anderen Vorschriften

59 Die Meldepflicht nach § 9 kann mit der **Mitteilungspflicht nach § 21 Abs. 1** zusammenfallen (zB Erwerb eines Aktienpakets eines Meldepflichtigen an der Börse). In derartigen Fällen sind **beide Pflichten unabhängig voneinander** zu erfüllen, selbst wenn im konkreten Fall die Mitteilung nach § 21 der Sache nach in der Meldung nach § 9 bereits vollständig enthalten ist.[93] Bei der Mitteilung nach § 21 handelt es sich nämlich um eine besondere, „herausgehobene" Mitteilung, die auch als solche erkennbar sein muss. Das wäre nicht ge-

---

[92] Siehe dazu Rn. 37.
[93] *Schäfer/Geibel*, § 9 Rn. 6.

währleistet, wenn sie im Rahmen der automatischen Datenübertragung nach § 9 erfolgte.[94]

Die allgemeine Meldepflicht nach § 9 wird ergänzt durch **spezielle Auskunftspflichten** (§§ 4 Abs. 3, 35 Abs. 2), die weitergehend sind als die Pflicht nach § 9. Anders als letztere bestehen diese Auskunftspflichten aber nicht ex lege, sondern nur dann, wenn die BaFin per Verwaltungsakt im Einzelfall ausdrücklich ein Auskunftsverlangen geltend macht.[95]

60

§ 10 Anzeige von Verdachtsfällen

(1) ¹Wertpapierdienstleistungsunternehmen, andere Kreditinstitute, Kapitalanlagegesellschaften und Betreiber von außerbörslichen Märkten, an denen Finanzinstrumente gehandelt werden, haben bei der Feststellung von Tatsachen, die den Verdacht begründen, dass mit einem Geschäft über Finanzinstrumente gegen ein Verbot oder Gebot nach § 14 oder § 20a verstoßen wird, diese unverzüglich der Bundesanstalt mitzuteilen. ²Sie dürfen andere Personen als staatliche Stellen und solche, die auf Grund ihres Berufs einer gesetzlichen Verschwiegenheitspflicht unterliegen, von der Anzeige oder von einer daraufhin eingeleiteten Untersuchung nicht in Kenntnis setzen.

(2) ¹Die Bundesanstalt hat Anzeigen nach Absatz 1 unverzüglich an die zuständigen Aufsichtsbehörden derjenigen organisierten Märkte innerhalb der Europäischen Union oder des Europäischen Wirtschaftsraums weiterzuleiten, an denen die Finanzinstrumente nach Absatz 1 gehandelt werden. ²Der Inhalt einer Anzeige nach Absatz 1 darf von der Bundesanstalt nur zur Erfüllung ihrer Aufgaben verwendet werden. ³Im Übrigen darf er nur zum Zweck der Verfolgung von Straftaten nach § 38 sowie für Strafverfahren wegen einer Straftat, die im Höchstmaß mit einer Freiheitsstrafe von mehr als drei Jahren bedroht ist, verwendet werden. ⁴Die Bundesanstalt darf die Identität einer anzeigenden Person nach Absatz 1 anderen als staatlichen Stellen nicht zugänglich machen. ⁵Das Recht der Bundesanstalt nach § 40b bleibt unberührt.

(3) Wer eine Anzeige nach Absatz 1 erstattet, darf wegen dieser Anzeige nicht verantwortlich gemacht werden, es sei denn, die Anzeige ist vorsätzlich oder grob fahrlässig unwahr erstattet worden.

(4) ¹Das Bundesministerium der Finanzen kann durch Rechtsverordnung, die nicht der Zustimmung des Bundesrates bedarf, nähere Bestimmungen erlassen über die Form und den Inhalt einer Anzeige nach Absatz 1. ²Das Bundesministerium der Finanzen kann die Ermächtigung durch Rechtsverordnung auf die Bundesanstalt für Finanzdienstleistungsaufsicht übertragen.

Übersicht

	Rn.
I. Regelungsgegenstand und -zweck	1
II. Anzeigepflicht von Unternehmen (Abs. 1, 3)	3
1. Verpflichtete Unternehmen und Personen	3

---

[94] *Schäfer/Geibel*, § 9 Rn. 6.
[95] S. im Einzelnen die Kommentierung bei den genannten §§.

§ 10 1–3 Abschn. 2. Bundesanstalt für Finanzdienstleistungsaufs.

	Rn.
2. Voraussetzungen der Anzeigepflicht	6
3. Form, Inhalt und Zeitpunkt der Anzeige	8
4. Schweigepflicht	10
5. Haftungsfreistellung	16
III. Weiterleitung der Anzeige durch die Bundesanstalt (Abs. 2)	18
IV. Verordnungsermächtigung (Abs. 4)	22

Schrifttum: *Schwintek*, Die Anzeigepflicht bei Verdacht von Insidergeschäften und Marktmanipulation nach § 10 WpHG; WM 2005, 861.

I. Regelungsgegenstand und -zweck

1   § 10 aF regelte die Anwendung von **Zwangsmitteln** durch das Bundesaufsichtsamt für den Wertpapierhandel und ist durch Artikel 4 des Gesetzes über die integrierte Finanzdienstleistungsaufsicht aufgehoben worden. Die entsprechenden Regelungen über die Anwendung von Zwangsmitteln durch die neue Bundesanstalt für Finanzdienstleistungen finden sich in § 17 FinDAG.[1]

2   Der **neue § 10,** eingefügt durch das Anlegerschutzverbesserungsgesetz, setzt Artikel 6 Abs. 9 der Marktmissbrauchsrichtlinie um und führt u. a. für die in Artikel 1 Abs. 3 der Durchführungsrichtlinie 2004/72/EG (ABl. EU L .162 vom 30. April 2004, S. 70) genannten am Finanzmarkt beruflich tätigen Personen im Fall eines Verdachts des Insiderhandels und der Marktmanipulation eine **Pflicht zur Anzeige** von entsprechenden Informationen bei der Bundesanstalt ein.[2] Diese Inpflichtnahme Privater im Rahmen staatlicher Kapitalmarktüberwachung soll die Aufgabenerfüllung durch die BaFin erleichtern;[3] die Bundesanstalt erhält mit § 10 ein zusätzliches Kontrollinstrument zur Überwachung der Verbote von Insidergeschäften und Marktmanipulationen. Die Vorschrift lässt gewisse Parallelen zur Anzeigepflicht im Falle eines Geldwäscheverdachts, § 11 GwG, erkennen, die ebenfalls auf europarechtliche Vorgaben zurückgeht.[4] Der systematische Standort der Vorschrift ist zweifelhaft, da § 10 in erster Linie Pflichten von Unternehmen und nicht Befugnisse der Bundesanstalt regelt und sich sein Anwendungsbereich zudem auf Insidergeschäfte und Marktmanipulationen beschränkt. Eine Regelung im 3. Abschnitt (Insidergeschäfte) und eine entsprechende Verweisung im 4. Abschnitt betr. Kurs- und Marktpreismanipulation („... gilt entsprechend ...") wäre vorzugswürdig gewesen.

II. Anzeigepflicht von Unternehmen (Abs. 1, 3)

1. Verpflichtete Unternehmen und Personen

3   Die Pflicht, Verdachtsfälle von Insidergeschäften (§ 14) oder Marktmanipulationen (§ 20a) der Bundesanstalt anzuzeigen, trifft Wertpapierdienstleistungsunternehmen (§ 2 Abs. 4), sonstige Kreditinstitute – also solche, die keine Wertpa-

---
[1] Vgl. dazu im Einzelnen § 4 Rn. 102 ff.
[2] BT-Drs. 15/3174 S. 32.
[3] *Assmann/Schneider/Vogel,* § 10 Rn. 4, 5.
[4] Näher: *Fülbier/Aepfelbach,* GwG, § 11.

pierdienstleistungen erbringen (§ 2 Abs. 4 iVm § 1 Abs. 1 KWG) –, sowie Betreiber außerbörslicher Märkte, an denen Finanzinstrumente (§ 2 Abs. 2 b) gehandelt werden. Mit letzterem sind Betreibergesellschaften außerbörslicher Handelsplattformen erfasst.[5]

Welche konkrete Stelle oder Person im anzeigepflichtigen Unternehmen die Anzeige vorzunehmen hat, wird dagegen weder im Gesetz noch in der Verordnung nach Absatz 4 geregelt und bleibt daher unternehmensinterner Regelung überlassen. In der Praxis empfiehlt es sich, die Meldungen durch den Compliance-Beauftragten wegen der dort gebündelten Erfahrung, Kompetenz und Ressourcen vornehmen zu lassen.[6]

Vorsätzliche oder leichtfertige Verstöße gegen die Anzeigepflicht können als **Ordnungswidrigkeit** nach § 39 Abs. 2 Nr. 2b, Abs. 4 mit einem Bußgeld bis zu 50 000,– Euro geahndet werden.

2. Voraussetzungen der Anzeigepflicht

Die Anzeigepflicht entsteht, wenn **Tatsachen** festgestellt werden, die den Verdacht begründen, dass mit einem Geschäft über Finanzinstrumente gegen ein Verbot oder Gebot nach § 14 oder § 20a verstoßen wird. Hiermit wird klargestellt, dass bloße Vermutungen für eine Anzeigepflicht nicht ausreichen. Es muss vielmehr ein durch Tatsachen begründeter Verdacht auf einen Verstoß gegen eines der Verbote vorliegen, damit die Anzeigepflicht entsteht (so bereits die Gesetzesbegründung BT-Drs. 15/3174, S. 32, zum Entwurfstext, in dem noch von „Tatsachen, *die darauf schließen lassen*", dass ein Verstoß vorliegt, die Rede war). Warum der Verdachtsbegriff hier ein anderer sein soll als im Strafprozess (so der Finanzausschuss, BT-Drs. 3493, S. 51, der die aktuelle Gesetzesfassung – „Tatsachen, *die den Verdacht begründen*" – durchsetzte), ist nicht nachvollziehbar. Ein durch Tatsachen begründeter Verdacht bedeutet nichts anderes, als dass „Anhaltspunkte" für einen Verstoß i. S. des § 4 Abs. 3 vorliegen müssen, was wiederum i. d. R. mit dem strafprozessualen Anfangsverdacht deckungsgleich ist.[7] Da die Anzeigepflicht des § 10 mit keinen Einschränkungen für die Abwicklung des Handels verbunden sein soll, sie also keinen nennenswerten zusätzlichen Aufwand verursachen darf, sind nur solche konkreten tatsächlichen Anhaltspunkte relevant, die aus Sicht des handelnden Unternehmensmitarbeiters ohne Weiteres, insbesondere **ohne weitere Ermittlungen,** die Vermutung aufkommen lassen müssen, dass gegen § 14 oder § 20a verstoßen worden ist.[8] Das ist freilich im Vergleich zum strafprozessualen Anfangsverdacht keine Verschärfung, sondern nur eine Klarstellung, denn auch dieser entsteht unabhängig von näheren Ermittlungen.

Anknüpfungspunkt für den Verdacht ist ein „**Geschäft über Finanzinstrumente".** Der Begriff des Finanzinstruments ist in § 2 Abs. 2b legaldefiniert. Zu dem Begriff des „Geschäfts" verhält sich das Gesetz dagegen nicht. Unklar ist damit, ob ein Geschäft über Finanzinstrumente erst dann vorliegt, wenn ein Kauf- oder Verkaufsantrag des Kunden durch den Dienstleister ausgeführt worden ist, oder ob bereits der (Ver-)Kaufsantrag selbst als „Geschäft" i. S. des § 10 Abs. 1 einzustufen ist. Die der Regelung zugrundeliegenden EG-Richtlinien

---

[5] BT-Drs. 15/3174 S. 32.
[6] Vgl. näher *Schwintek* WM 2005, 661, 664.
[7] Vgl. die Kommentierung zu § 4; vgl. a. *Assmann/Schneider/Vogel,* § 10 Rn. 15.
[8] Vgl. i. E. *Schwintek* WM 2005, 861, 863; krit. *Assmann/Schneider/Vogel,* § 10 Rn. 15.

gehen davon aus, dass die Anzeigepflicht nur (vollständig) abgeschlossene Geschäfte betrifft. Das ergibt sich aus der durchgängigen Verwendung des Begriffs „transactions" im englischen Text sowie durch den Wortlaut von Art. 9 Abs. 1 der Richtlinie 2004/72/EG, wo von Geschäften die Rede ist, die „ausgeführt wurden" und klar zwischen Kundenauftrag („order") und dem vorgenommenen Geschäft getrennt wird. Bei europarechtskonformer Auslegung können als anzeigepflichtige Geschäfte i. S. des § 10 Abs. 1 daher nur solche Käufe, Verkäufe oder sonstige Dispositionen über Finanzinstrumente verstanden werden, die durch den betreffenden Dienstleister bzw. an dem betreffenden Markt tatsächlich ausgeführt worden sind.[9] Nichtsdestotrotz kann die Pflicht zur Anzeigeerstattung bereits zu einem früheren Zeitpunkt entstehen, auch schon bei Auftragserteilung, wenn bereits in diesem Zeitpunkt tatsächliche Anhaltspunkte für einen Verstoß bestehen. Das ist besonders dann von Bedeutung, wenn zwischen dem Zeitpunkt der Auftragserteilung und der Ausführung ein längerer Zeitraum liegt, wie etwa bei Limit-Orders.[10]

8 3. Form, Inhalt und Zeitpunkt der Anzeige

Werden in § 10 selbst nicht geregelt. Form und Inhalt ergeben sich im Einzelnen aus §§ 2, 3 der u.a. aufgrund Absatz 4 erlassenen Wertpapierhandelsanzeige- und Insiderverzeichnisverordnung (WpAIV) vom 13. Dezember 2004. Danach ist die Anzeige grundsätzlich schriftlich, zumindest aber per Telefax zu erstatten (§ 3 Abs. 1 WpAIV); sie muss neben Namen und Anschrift von Anzeigendem und allen an dem zweifelhaften Geschäft beteiligten Personen eine genaue Beschreibung dieses Geschäfts, die Angabe der Tatsachen, auf die sich die Annahme eines Verstoßes gegen §§ 14, 20a stützt, sowie eine Begründung, warum sich aus diesen Tatsachen der Verdacht eines Verstoßes ergibt, enthalten (§ 2 Abs. 1 WpAIV). Angaben, die im Zeitpunkt der Anzeigeerstattung noch nicht vorliegen, können und müssen später nachgereicht werden, soweit sie noch bekannt werden (§ 2 Abs. 2 WpAIV). Die in § 2 Abs. 1 WpAIV enthaltene Liste erforderlicher Angaben ist umfangreich, zT unscharf formuliert („alle sonstigen Angaben, die ... von Belang sein können", § 1 Abs. 1 Nr. 6) oder europarechtlich nicht vorgegeben.[11]

9 Der **Zeitpunkt** der Anzeige lässt sich unmittelbar weder dem Gesetz noch der Verordnung entnehmen. Insoweit lassen sich aber Anhaltspunkte aus dem allgemeinen Aufsichtszweck – nämlich die laufende Überwachung des aktuellen Handelsgeschehens, um unmittelbare Gefahren für die Integrität des Finanzmarktes abwehren zu können – gewinnen. Daraus folgt nämlich zum einen, dass bei von vorneherein verdächtigen (Ver-)Kaufsaufträgen nicht bis zur Ausführung des Geschäfts zuzuwarten ist, sondern sofort eine Anzeige zu erstatten ist;[12] zum anderen hat der Bezug auf das aktuelle Handelsgeschehen zur Konsequenz, dass Geschäfte, die sich erst im nachhinein, also nach vollständig erfolgter Abwicklung, als verdächtig erweisen, nicht angezeigt werden müssen.[13] Die Aufdeckung und Verfol-

---

[9] Zum Vorstehenden *Schwintek* WM 2005, 861 f.
[10] *Schwintek* WM 2005, 862.
[11] Vgl. i. E., mit nicht unberechtigter Kritik, *Schwintek* WM 2005, 861, 865; *Assmann/Schneider/Vogel*, § 10 Rn. 27 ff.
[12] S. o. Rn. 7.
[13] Ebenso *Schwintek* WM 2005, 861, 863; *Assmann/Schneider/Vogel*, § 10 Rn. 23.

Anzeige von Verdachtsfällen

gung weiter zurückliegender, abgeschlossener Vorgänge, die keinen Einfluss auf das aktuelle Marktgeschehen mehr haben, ist nicht Zweck des § 10.[14] Der Verdacht und damit die Kenntnis der ihn begründenden Tatsachen muss folglich **spätestens zum Zeitpunkt der Geschäftsausführung** vorliegen.[15]

4. Schweigepflicht

Satz 2, der das **anzeigende Unternehmen**[16] zu einer umfassenden Schweigepflicht hinsichtlich der Anzeige und der daraufhin u. U. eingeleiteten Untersuchungen verpflichtet, soll – wie die parallele Regelung in § 4 Abs. 8 – verhindern, dass die Beteiligten an einer anzeigepflichtigen Tat von bevorstehenden Ermittlungen vorzeitig erfahren und Verdunkelungshandlungen vornehmen können.[17] Dieser Zweck gebietet es, die Schweigepflicht auch auf die bloße Absicht zu erstrecken, eine Anzeige zu erstatten.[18] Die Schweigepflicht trifft **alle Mitarbeiter** des anzeigenden Unternehmens.[19]   10

Mit Satz 2 ist **jedes ausdrückliche oder konkludente Verhalten** untersagt, das dem betreffenden Kunden oder Dritten positive Kenntnis von der Anzeige verschafft.[20] Begehrt der Kunde von seinem Institut explizit Auskunft darüber, ob gegen ihn Anzeige erstattet ist, so kann und darf der entsprechende Institutsmitarbeiter lügen, wenn sich eine Kenntnisverschaffung anders nicht vermeiden lässt. Dies stellt keine Vertragsverletzung dar, sondern ist durch Absatz 1 Satz 2 gedeckt.[21] Fraglich ist, ob die Schweigepflicht auch Rückfragen an den Kunden ausschließt, um bei zunächst nur ganz vagen Anzeichen für ein marktmissbräuchliches Verhalten Klarheit zu erlangen. Einerseits kann der Kunde aus einem solchen Verhalten u. U. schließen, dass der Dienstleister Verdacht geschöpft hat; andererseits können (nur) auf diese Weise Fehlmeldungen vermieden werden.[22]   11

Wenn der Informationsempfänger bereits (aus anderer Quelle) Kenntnis von der Anzeige hat, liegt kein Verstoß gegen § 10 Abs. 1 Satz 2 vor; es fehlt an einem „In-Kenntnis-Setzen" i. S. dieser Vorschrift.[23] Dasselbe gilt, wenn über Anzeigefälle lediglich in anonymisierter Form gesprochen wird.[24]   12

Die Verschwiegenheitspflicht gilt gegenüber sämtlichen **„anderen Personen" außer staatlichen Stellen**, also gegenüber allen natürlichen Personen oder juristischen Personen des Privatrechts außerhalb des anzeigepflichtigen Unternehmens.[25] Die unternehmensinterne Weitergabe ist nicht erfasst; das jeweilige Unternehmen hat durch entsprechende Maßnahmen dafür Sorge zu tragen,   13

---

[14] *Schwintek*, aaO, mit Hinweis auf die Entstehungsgeschichte der zugrundeliegenden europarechtlichen Regelungen.
[15] *Schwintek*, aaO.
[16] Andere Unternehmen, die – auf welche Weise auch immer – von der Anzeige erfahren haben, unterliegen der Schweigepflicht nicht, *Assmann/Schneider/Vogel*, § 10 Rn. 51.
[17] BT-Drs. 15/3174, S. 33.
[18] *Assmann/Schneider/Vogel*, § 10 Rn. 54.
[19] *Assmann/Schneider/Vogel*, § 10 Rn. 52.
[20] *Schwintek* WM 2005, 861, 865.
[21] *Assmann/Schneider/Vogel*, § 10 Rn. 53.
[22] *Schwintek*, aaO, hält aus dem letztgenannten Grund vorsichtige Rückfragen für zulässig; restriktiver wohl: *Assmann/Schneider/Vogel*, § 10 Rn. 53.
[23] *Schwintek*, aaO.
[24] *Schwintek* WM 2005, 861, 865.
[25] *Schwintek* WM 2005, 861, 865.

§ 10 14–18 Abschn. 2. Bundesanstalt für Finanzdienstleistungsaufs.

dass die bei ihm beschäftigten Personen Verschwiegenheit bewahren.[26] Sind Unternehmensfunktionen auf andere (juristische oder natürliche) Personen ausgelagert, was insbesondere hinsichtlich Compliance-Funktion, IT-Technik und Controlling denkbar ist, so steht § 10 Abs. 1 Satz 2 einer Informationsweitergabe an diese Personen nicht entgegen, wenn diese entweder einer gesetzlichen oder vertraglichen Verschwiegenheitspflicht unterliegen und eine nach § 33 Abs. 2 zulässige Auslagerung vorliegt.[27]

14 **Staatliche Stellen** i. S. des Absatzes 1 Satz 2 sind neben der BaFin auch sonstige Aufsichtsbehörden sowie Staatsanwaltschaft und Gerichte. Personen, die „auf Grund ihres Berufs einer **gesetzlichen Verschwiegenheitspflicht** unterliegen", sind insbesondere solche, die in § 203 StGB genannt sind. Der Wortlaut des Satzes 2 ist insoweit aber zu weit gefasst, denn es kann nicht angehen, dass die Schweigepflicht – wie es Satz 2 naheliegt – generell im Verhältnis zu Berufsgeheimnisträgern nicht gilt.[28]

15 Vorsätzliche oder leichtfertige Verstöße gegen das Weitergabeverbot können als **Ordnungswidrigkeit** nach § 39 Abs. 2 Nr. 1, Abs. 4 mit einem Bußgeld bis zu 50 000,– Euro geahndet werden.

5. Haftungsfreistellung

16 Absatz 3 – eine Parallelvorschrift existiert mit § 12 GwG – gewährt eine umfassende Haftungsfreistellung bei zutreffend erstatteten Anzeigen und leicht fahrlässigen Falschanzeigen. Damit soll die Bereitschaft zur Erstattung von Anzeigen nach Absatz 1 erhöht werden.[29] Die Haftungsfreistellung bezieht sich auf alle denkbaren (zivilrechtlichen) Haftungskonstellationen und Anspruchsgrundlagen, aber auch auf eine strafrechtliche Verfolgung und eine Verfolgung als Owi. Bei erwiesenermaßen grob fahrlässigen oder vorsätzlichen Falschanzeigen gilt die Haftungsfreistellung nicht, wie der letzte Halbsatz des Absatzes 3 ausdrücklich klarstellt. Bezugspunkt von Vorsatz und Fahrlässigkeit ist die Wahrheit der der Anzeige zugrundeliegenden Tatsache.

17 Die **Frage, ob verdächtige Geschäfte ausgeführt werden dürfen,** bleibt in § 10 ungeregelt (vgl. demgegenüber § 11 Abs. 1 S. 3, 4 GwG), obwohl dies im Gesetzgebungsverfahren insbesondere von der Kreditwirtschaft kritisiert worden war. Da § 10 insoweit kein Verbot enthält und auch der europäische Gesetzgeber solche Geschäfte wohl grundsätzlich zulassen wollte, darf der Dienstleister entsprechende Aufträge ausführen und macht sich dadurch i. d. R. auch keiner Beihilfe gem. § 27 StGB schuldig.[30]

III. Weiterleitung der Anzeige durch die Bundesanstalt (Abs. 2)

18 Absatz 2 regelt die Verwendung des Inhalts der Anzeige durch die Bundesanstalt und die Strafverfolgungsbehörden. Diese Regelung ist aber nicht umfassend, sondern enthält lediglich die **besonderen Bestimmungen,** mit denen entspre-

---

[26] *Schwintek,* aaO.
[27] Ähnlich *Schwintek,* aaO.
[28] Näher *Assmann/Schneider/Vogel,* § 10 Rn. 59.
[29] BT-Drs. 15/3174, S. 33.
[30] Vgl. i. E. *Schwintek* WM 2005, 861, 866 f.; *Assmann/Schneider/Vogel,* § 10 Rn. 46 ff.

chende europarechtliche Vorgaben umgesetzt werden. Im Übrigen richtet sich das Vorgehen der Bundesanstalt nach den **allgemeinen Vorschriften,** insbesondere nach § 4;[31] eine – pflichtgemäß erstattete – Anzeige kann insbesondere Anlass für Maßnahmen nach § 4 Abs. 2–4 oder für eine Anzeige bei der Staatsanwaltschaft nach § 4 Abs. 5 sein (arg. Abs. 2 S. 2).

In Umsetzung von Artikel 7 Absatz 2 der Durchführungsrichtlinie 2004/72/EG (ABl. EU L 162 vom 30. April 2004, S. 70) hat die Bundesanstalt Anzeigen nach **Satz 1** unverzüglich an die Aufsichtsbehörden der regulierten Märkte weiterzuleiten, an welchen die betreffenden Finanzinstrumente gehandelt werden. Diese Weiterleitungspflicht trägt der engen Verflechtung der Kapitalmärkte in Europa Rechnung und soll den zuständigen ausländischen Aufsichtsbehörden ermöglichen, ihrerseits so schnell wie möglich auf den Marktmissbrauch reagieren zu können.[32]

Die **Sätze 2 und 3** normieren Verwertungsbeschränkungen. Die Bundesanstalt darf gem. Satz 2 die Anzeige nach Satz 1 nur zur Erfüllung ihrer Aufgaben, insbesondere zur Überwachung der Einhaltung der Verbote und Gebote dieses Gesetzes, aber auch im Rahmen ihrer Aufsichtsbefugnisse im Rahmen von KWG und VAG,[33] verwenden. Da die Bundesanstalt nach § 4 Abs. 5 Tatsachen, die den Verdacht einer Straftat nach § 38 begründen, der zuständigen Staatsanwaltschaft unverzüglich anzuzeigen hat, erfolgt in diesen Fällen eine Verwendung des Inhalts der Anzeige auch durch die zuständige Staatsanwaltschaft. Satz 3 regelt insoweit ergänzend, dass der Inhalt der Anzeige nur zur Verfolgung von Straftaten nach § 38 und Ordnungswidrigkeiten nach diesem Gesetz sowie zur Verfolgung von anderen Straftaten, die mit einer Freiheitsstrafe von mehr als drei Jahren geahndet werden können, verwendet werden dürfen. Bei einer Marktmanipulation ist damit beispielsweise auch eine Verwendung für die Verfolgung eines Betruges nach § 263 StGB gegeben.[34]

Durch die Normierung der **Schweigepflicht** der Bundesanstalt in **Satz 4** wird Artikel 11 der Durchführungsrichtlinie 2004/72/EG umgesetzt und die Vertraulichkeit der Identität des Anzeigenden sichergestellt. Damit wird das Interesse des Dienstleisters an der Aufrechterhaltung des zwischen ihm und seinem Kunden bestehenden Vertrauensverhältnisses berücksichtigt.[35] Satz 4 konkretisiert und ergänzt die allgemeine Schweigepflicht des § 8, aus der sich die Pflicht, Anzeigerstattung und Identität des Anzeigenden geheimzuhalten, inzident ebenfalls bereits ergibt. Die Verletzung der Schweigepflicht kann zivilrechtliche wie strafrechtliche Konsequenzen haben.[36] **Satz 5** enthält die für die u. a. nach Artikel 14 Abs. 4 der Marktmissbrauchsrichtlinie vorgesehene Veröffentlichung von Sanktionen in § 40b erforderliche Ausnahme. Die Vorschrift kann nur deklaratorischen Charakter haben, weil § 40b diese Ausnahme von den Verschwiegenheitspflichten bereits selbst statuiert.[37]

---

[31] Ebenso: *Assmann/Schneider/Vogel,* § 10 Rn. 61.
[32] *Schwintek* WM 2005, 861, 868.
[33] Vgl. a. § 4 Abs. 10.
[34] BT-Drs. 15/3174 S. 33; *Schwintek* WM 2005, 861, 868, mit krit. Akzent (die Dienstleister könnten durch Satz 3 für aufsichtsfremde, ausschließlich repressive Zwecke instrumentalisiert werden).
[35] *Schwintek* WM 2005, 861, 868.
[36] Vgl. § 8 Rn. 26 ff.
[37] *Assmann/Schneider/Vogel,* § 10 Rn. 70.

IV. Verordnungsermächtigung (Abs. 4)

22 Die Verordnungsermächtigung in Absatz 4 ist geschaffen worden, um von der Europäischen Kommission zu einem späteren Zeitpunkt erlassene Durchführungsmaßnahmen nach Artikel 6 Abs. 10 siebter Spiegelstrich der Marktmissbrauchsrichtlinie über die technischen Modalitäten, nach denen die in Absatz 9 genannten Personen der zuständigen Behörde Meldung erstatten müssen (vgl. Art. 8 und 9 der Richtlinie 2004/72/EG), zeitnah und ohne das Erfordernis von Gesetzesänderungen umsetzen zu können (BT-Drs. 15/3174, S. 32). Von der Ermächtigung ist durch Erlass der „Verordnung zur Konkretisierung von Anzeige-, Mitteilungs- und Veröffentlichungspflichten sowie der Pflicht zur Führung von Insiderverzeichnissen nach dem Wertpapierhandelsgesetz" (Wertpapierhandelsanzeige- und Insiderverzeichnisverordnung – WpAIV) des Bundesministeriums der Finanzen vom 13. Dezember 2004 (BGBl. I, 3376) Gebrauch gemacht worden. Die Verordnung geht über den Bereich des § 10 hinaus und regelt auch die Veröffentlichung und Mitteilung von Insiderinformation nach § 15, die Veröffentlichung und Mitteilung von Geschäften nach § 15a sowie die Führung von Insiderverzeichnissen nach § 15b; diesbezüglich findet sie ihre Rechtsgrundlage in §§ 15 Abs. 7, 15a Abs. 5, 15b Abs. 2.

§ 11 Verpflichtung des Insolvenzverwalters

(1) **Wird über das Vermögen eines nach diesem Gesetz zu einer Handlung Verpflichteten ein Insolvenzverfahren eröffnet, hat der Insolvenzverwalter den Schuldner bei der Erfüllung der Pflichten nach diesem Gesetz zu unterstützen, insbesondere indem er aus der Insolvenzmasse die hierfür erforderlichen Mittel bereitstellt.**

(2) **Wird vor Eröffnung des Insolvenzverfahrens ein vorläufiger Insolvenzverwalter bestellt, hat dieser den Schuldner bei der Erfüllung seiner Pflichten zu unterstützen, insbesondere indem er der Verwendung der Mittel durch den Verpflichteten zustimmt oder, wenn dem Verpflichteten ein allgemeines Verfügungsverbot auferlegt wurde, indem er die Mittel aus dem von ihm verwalteten Vermögen zur Verfügung stellt.**

Übersicht

	Rn.
I. Regelungsgegenstand und -zweck	1
II. Pflicht des Insolvenzverwalters bei Eröffnung des Insolvenzverfahrens (Abs. 1)	7
III. Bestellung eines Insolvenzverwalters vor Eröffnung des Insolvenzverfahrens (Abs. 2)	11
IV. Delisting als Ausweg	12
V. Haftung des Insolvenzverwalters	16

Schrifttum: *Flitsch*, Kommentar zur Entscheidung des BVerwG 6 C 4.04, in: BB 2005, 1591–1592; *Grub/Obermüller*, Kein Insolvenzprivileg für Aktionäre in ihrer insolventen Gesellschaft!, in: ZInsO 2006, 592–593; *Grub/Streit*, Börsenzulassung und Insolvenz, in: BB 2004, S. 1397 ff.; *Hirte*, Ad-hoc Publizität und Krise der Gesellschaft, in: ZInsO 2006,

1289–1299; *Ott:* Anmerkung zur Entscheidung des BVerwG 6 C 4.04, in: ZIP 2005, 1150–1151; *Rodewald/Unger,* Zusätzliche Transparenz für die europäischen Kapitalmärkte – die Umsetzung der EU-Transparenzrichtlinie in Deutschland, in: BB 2006, 1917–1919.

I. Regelungsgegenstand und -zweck

§ 11 aF regelte die Deckung der Kosten, welche durch das Tätigwerden der BaFin entstehen. Durch das Gesetz über die integrierte Finanzdienstleistungspflicht vom 22. 4. 2002 (BGBl. I S. 1310) wurde diese Regelung aufgehoben. Die Einnahmeseite der BaFin wird inzwischen durch die §§ 13–16 FinDAG geregelt. Nunmehr wird in § 11 der Pflichtenkreis des Insolvenzverwalters im Falle der Insolvenz einer dem Regelungsbereich des WpHG verpflichteten juristischen oder natürlichen Person festgelegt. 1

Die Neufassung des § 11 wurde durch Artikel 1 Nr. 5 des Transparenzrichtlinien-Umsetzungsgesetzes (TUG) vom 5. 1. 2007[1] in das WpHG eingefügt. Das TUG dient der Umsetzung der EU-Richtlinie 2004/109/EG vom 15. 12. 2004 („Transparenzrichtlinie").[2] 2

Hintergrund für die Neufassung des § 11 war das Urteil des Bundesverwaltungsgerichtes vom 13. 4. 2005, Az. 6 C 4/04,[3] welches eine Verpflichtung des Insolvenzverwalters, nach Eröffnung des Insolvenzverfahrens eingehende Mitteilungen über meldepflichtige Veränderungen der Stimmrechtsanteile (§§ 21 ff. WpHG) in einem Börsenpflichtblatt zu veröffentlichen, ablehnte. Diese Pflicht obliege vielmehr weiterhin dem trotz Eröffnung des Insolvenzverfahrens im Amt bleibenden Vorstand der börsennotierten Gesellschaft und nicht dem Insolvenzverwalter. 3

Das Bundesverwaltungsgericht argumentierte dabei im Wesentlichen wie folgt: Nach der insbesondere von der Rechtsprechung vertretenen **Amtstheorie** werde der Insolvenzverwalter als Inhaber eines privaten Amtes und Rechtspflegeorgan angesehen.[4] Er vertrete nicht den Schuldner, sondern habe in Bezug auf die Insolvenzmasse ein Amt inne, kraft dessen er über die Insolvenzmasse verfüge. Die im Fremdbesitz befindlichen Wertpapiere einer börsennotierten Gesellschaft gehören bei der Eröffnung des Insolvenzverfahrens nicht zum Vermögen der Gesellschaft. Diese Wertpapiere gehören daher nicht zur Insolvenzmasse. Daher könne auch die Mitteilung nach § 21 WpHG nicht die Insolvenzmasse betreffen, sondern den Emittenten. 4

Der Auffassung des Bundesverwaltungsgerichts ist zuzustimmen. Die insbesondere von *Hirte*[5] vertretene Gegenauffassung, wonach der Insolvenzverwalter für die Erfüllung der Verpflichtungen des Emittenten aus dem WpHG zuständig sei, ist abzulehnen.[6] Sie vermischt die Frage, ob eine bestimmte öffentlich-rechtliche Handlungspflicht als Masseverbindlichkeit zu behandeln ist, mit der 5

---

[1] BGBl. I S. 10.
[2] ABl. L 390 vom 31. 12. 2004, S. 38.
[3] BVerwGE 123, 203.
[4] Urteil vom 4. 7. 1969 – BVerwG 7 C 52. 68 – BVerwGE 32, 316; BGH, Urteil vom 14. 4. 1987 – IX ZR 260/ 86 – BGHZ 100, 346.
[5] KölnKommWpHG-*Hirte* § 11 WpHG Rn. 5 ff.; *Assmann/Schneider/Schneider,* § 25 Rn. 2a ist ebenfalls dieser Auffassung, ohne dies jedoch näher zu begründen.
[6] *Grub/Streit* BB 2004, 1397, 1409.

Frage, wer für die Erfüllung der Verpflichtung verantwortlich ist. Aus der denkbaren Behandlung einer öffentlich-rechtlichen Handlungspflicht als Masseverbindlichkeit kann aber nicht die öffentlich-rechtliche Pflicht selbst abgeleitet werden.[7] Die Verpflichtungen nach dem WpHG haben keinen Massebezug und fallen daher nicht in die Verantwortlichkeit des Insolvenzverwalters. Die Pflichten des Emittenten aus dem WpHG dienen vielmehr der Transparenz des Kapitalmarktes und liegen daher im allgemeinen Interesse, nicht im speziellen Interesse der Gläubiger oder des insolventen Schuldners. Derartige Maßnahmen fallen ebenso wie entsprechende gesellschaftsrechtliche insolvenzneutrale nicht in den Zuständigkeitsbereich des Insolvenzverwalters.[8]

6   Im Hinblick auf Pflichten aus dem WpHG sind somit auch im Insolvenzfall **der Emittent und seine Organe handlungspflichtig** und nicht der Insolvenzverwalter. Offen gelassen hatte das Bundesverwaltungsgericht jedoch die Frage, ob der Insolvenzverwalter aufgrund eines gesetzlichen Schuldverhältnisses verpflichtet ist, die Erfüllung dem Schuldner obliegender öffentlich-rechtlicher Handlungspflichten dadurch zu ermöglichen, dass die dafür entstehenden **Kosten** entsprechend § 55 Abs. 1 Nr. 1 InsO zu Lasten der Insolvenzmasse übernommen werden.[9] Um diese Frage abschließend zu klären, war nach Ansicht des Gesetzgebers eine ausdrückliche gesetzliche Regelung notwendig geworden. Als Gesetzeszweck wurde die Sicherstellung der Erfüllung der kapitalmarktrechtlichen Pflichten auch im Insolvenzfall angegeben.[10] Hinsichtlich der Verpflichtung des Insolvenzverwalters geht § 11 nunmehr sogar über die Anforderungen der Transparenzrichtlinie hinaus.[11]

II. Pflicht des Insolvenzverwalters bei Eröffnung des Insolvenzverfahrens (Abs. 1)

7   Gemäß Absatz 1 hat der Insolvenzverwalter nach Eröffnung des Insolvenzverfahrens den Schuldner bei der Erfüllung der Pflichten aus dem WpHG zu unterstützen. Der Diskussionsentwurf des Bundesfinanzministeriums vom 3. 5. 2006 hatte demgegenüber noch vorgesehen, dass der Insolvenzverwalter auch verpflichtet sei, die Verpflichtungen des Emittenten aus dem WpHG zu erfüllen. § 11 sollte folgenden Wortlaut erhalten:

§ 11 Verpflichtungen des Insolvenzverwalters

Ist die Verwaltungs- und Verfügungsbefugnis eines nach diesem Gesetz zu einer Handlung Verpflichteten auf einen vorläufigen oder endgültig bestellten Insolvenzverwalter übergegangen, so hat dieser, **unbeschadet einer eigenen Verpflichtung kraft Amtes,** *an der Erfüllung dieser Pflichten mitzuwirken, insbesondere durch die Zustimmung zu hierfür*

---

[7] BVerwG, Urteil vom 23. 9. 2004 – BVerwG 7 C 22.03 – ZIP 2004, 2145 = NVwZ 2004, 1505; *Blum,* Ordnungsrechtliche Verantwortlichkeit in der Insolvenz, S. 178 ff.
[8] *Hüffer,* § 264 AktG Rn. 10.
[9] BVerwGE 203, 203, 217; die Möglichkeit einer solchen Verpflichtung nimmt u. a. *Flitsch* in BB 2005, 1591 an.
[10] Gesetzesentwurf der Bundesregierung zum TUG, in: BT-Drs. 16/2498 vom 4. 9. 2006, S. 31 f.
[11] *Rodewald/Unger* BB 2006, 1917, 1918.

notwendigen Rechtsgeschäften und Bereitstellung der erforderlichen Mittel."[12] *(Hervorhebung durch Verfasser)*

Nach Kritik an dieser Formulierung, insbesondere durch den Insolvenzrechtsausschuss des Deutschen Anwaltsvereins,[13] wurde die Gesetzesformulierung im Sinne der Rechtsprechung des BVerwG dahingehend geändert, dass der Insolvenzverwalter nicht selber zur Erfüllung der Verpflichtungen des Emittenten aus dem WpHG verpflichtet ist, sondern lediglich den Emittenten zu unterstützen hat.

Als Pflichten, bei denen der Insolvenzverwalter eine Unterstützungspflicht hat, kommen insbesondere die Meldepflichten gem. § 9, die Ad-hoc Publizität (§ 15), Directors' Dealings (§ 15 a), Insiderverzeichnis (§ 15 b), Mitteilungspflichten gem. § 21 ff, Informationspflichten gem. §§ 30 a ff., Organisationspflichten gem. §§ 33 ff., die Pflicht zur Erstellung von Abschluss- und Zwischenberichten gem. §§ 37 v ff. sowie ggf. die Pflicht zur Zahlung von Schadensersatz gem. §§ 37 b ff. in Betracht. Neben der organisatorischen Unterstützung des Schuldners bei der Erfüllung dieser Pflichten soll der Insolvenzverwalter vor allem die hierfür erforderlichen Mittel aus der Insolvenzmasse bereitstellen. Es wurde bewusst eine verpflichtende Formulierung gewählt, um sicherzustellen, dass die kapitalmarktrechtlichen Pflichten auch im Insolvenzfall erfüllt werden. Zwar sind dies nach wie vor Pflichten des Emittenten, der Gesetzgeber nimmt jedoch eine Verpflichtung des Insolvenzverwalters an, die notwendigen finanziellen Mittel zur Erfüllung zur Verfügung zu stellen. Nur so soll der notwendige Informationsfluss marktrelevanter Daten nach Ansicht des Gesetzgebers gewährleistet werden können.[14]

Hat der Insolvenzverwalter aufgrund seiner Verwaltertätigkeit einen Informationsvorsprung gegenüber dem Vorstand, so hat er dem Vorstand die zur Erfüllung der kapitalmarktrechtlichen Pflichten notwendigen Informationen zur Verfügung zu stellen.[15] Dieser Fall kann in der Praxis insbesondere im Hinblick auf Ad-hoc-Mitteilungen eintreten. Die Entscheidung, ob und wann eine Ad-hoc-Mitteilung zu veröffentlichen ist, bleibt aber beim Vorstand der Gesellschaft. Im Hinblick auf Sachverhalte, bei denen der Insolvenzverwalter einen Informationsvorsprung besitzt, trifft ihn die Pflicht der Informationsweitergabe.

III. Bestellung eines Insolvenzverwalters vor Eröffnung des Insolvenzverfahrens (Abs. 2)

Absatz 2 stellt für den Fall der Bestellung eines Insolvenzverwalters bereits vor Eröffnung des Insolvenzverfahrens die Erfüllung der in Absatz 1 genannten Pflichten sicher, indem der Insolvenzverwalter bereits zu diesem Zeitpunkt zur

---

[12] Diskussionsentwurf des BMF zum TUG (Stand: 3. 5. 2006), S. 6.
[13] Stellungnahme des Insolvenzrechtsausschusses des Deutschen Anwaltvereins zu Artikel 1 Nr. 5 des Diskussionsentwurfes zum TUG vom 28. 7. 2006, S. 3 f.; kritisch auch der Handelsrechtsausschuss des Deutschen Anwaltsvereins in seiner Stellungnahme Nr. 43/06 vom Juli 2006 zum Regierungsentwurf eines Gesetzes zur Umsetzung der Transparenzrichtlinie.
[14] Gesetzentwurf der Bundesregierung zum TUG, in: BT-Drs. 16/2498 vom 4. 9. 2006, S. 32.
[15] Gesetzentwurf der Bundesregierung zum TUG, aaO.

Unterstützung des Schuldners verpflichtet wird. Dies soll zum einen dadurch geschehen, dass der Insolvenzverwalter verpflichtet ist, der Verwendung von Mitteln des Schuldners zuzustimmen, die der Erfüllung der Pflichten gem. WpHG dienen. Im Falle eines allgemeinen Verfügungsverbots ist der Insolvenzverwalter verpflichtet, die Mittel aus dem von ihm verwalteten Vermögen zur Pflichterfüllung zur Verfügung zu stellen.

IV. Delisting als Ausweg

12   Um den Pflichten aus § 11 WpHG zu entgehen, kann der Insolvenzverwalter unter Mitwirkung des Vorstands einen Antrag auf Widerruf der Börsenzulassung nach § 39 Abs. 2 BörsG stellen.[16] Nähere Bestimmungen zum Widerruf auf Antrag des Emittenten sind gemäß § 39 Abs. 2 Satz 3 BörsG in der Börsenordnung zu treffen. Die Börsenordnung der Frankfurter Wertpapierbörse enthält entsprechende Bestimmungen in §§ 58, 73. Der Widerruf wird im Ergebnis sechs Monate nach Antragstellung wirksam.

13   Für ein reguläres Delisting ist nach der Rechtsprechung des BGH in der so genannten **„Macrotron"**-Entscheidung grundsätzlich ein Hauptversammlungsbeschluss und ein Abfindungsangebot durch den Großaktionär oder die Gesellschaft erforderlich.[17] Die durch das Delisting verloren gehende Verkehrsfähigkeit der Aktien sei ein verfassungsrechtlich geschützter Vermögenswert (Art. 14 GG), dessen Schutz in den Händen der Hauptversammlung liege.

14   Die Grundsätze der Macrotron-Entscheidung des BGH sind in der Insolvenz des Emittenten nicht mehr anwendbar (der BGH hat hierzu nicht Stellung genommen).[18] Zwar wird gemäß § 264 Abs. 3 AktG die Zuständigkeit der Hauptversammlung durch die Stellung des Insolvenzantrags grundsätzlich nicht berührt. Allerdings darf die Hauptversammlung keine Beschlüsse mehr fassen, die mit dem Zweck der Abwicklung nicht vereinbar sind.[19] Ein Beschluss, mit dem die insolvente Gesellschaft den Aktionären eine Abfindung anbietet, wäre demnach in aller Regel unzulässig, da es sich um eine Zahlung an die Aktionäre handeln würde, obwohl diese im Rahmen des Insolvenzverfahrens in aller Regel leer ausgehen. Aber auch von einem Großaktionär kann im Falle der Insolvenz kein Abfindungsangebot an die übrigen Aktionäre mehr erwartet werden, auch wenn der Verkehrswert der Aktien nach Eröffnung des Insolvenzverfahrens regelmäßig gegen Null tendieren dürfte.

15   Auch ein Hauptversammlungsbeschluss über das Delisting ist im Falle der Insolvenz der Gesellschaft nicht mehr erforderlich.[20] Die Argumentation des BGH in der Macrotron-Entscheidung beruht im Wesentlichen darauf, dass der Verkehrswert und seine jederzeitige Möglichkeit einer Realisierung Eigenschaften des Aktieneigentums seien und die Hauptversammlung hierüber zu befinden habe, weil sie über Eingriffe in die mitgliedschaftlichen Vermögenswerte zu be-

---

[16] VG Frankfurt Urteil v. 25. 8. 2005–1 E 3922/04; *Hirte* ZInsO 2006, 1289, 1296; KölnKommWpHG-*Hirte*, § 11 Rn. 10.
[17] BGHZ 153, 47 ff.
[18] *Grub/Streit* BB 2004, 1397, 1406; *Schanz*, Börseneinführung, S. 668; kritisch dazu auch *Hirte* ZInsO 2006, 1289, 1296.
[19] OLG Hamburg AG 2003, 643, 644.
[20] *Grub/Streit* BB 2004, 1397, 1406; *Schanz*, Börseneinführung, S. 668.

finden habe. Im Falle der Insolvenz werden die Aktien aber entweder vor oder nach dem Insolvenzantrag in der Regel nahezu wertlos und bleiben dies in aller Regel auch (Pennystocks). Das Interesse der Aktionäre an der Realisierung des Verkehrswertes dieser nahezu wertlosen Aktien tritt dann gegenüber dem Interesse der Gesellschaft, die mit einer Börsennotierung verbundenen Kosten möglichst schnell einzusparen, in den Hintergrund. Die Einberufung einer außerordentlichen Hauptversammlung würde zu einem erheblichem Zeitverzug führen und mit unverhältnismäßig hohen Kosten verbunden sein. Die zu erwartenden Anfechtungsklagen gegen einen solchen Beschluss würden das Delisting für Jahre „auf Eis" legen. Das Interesse an einer Veräußerung wird demgegenüber für diejenigen Aktionäre, die ihre Aktien verkaufen wollen, bereits hinreichend durch die sechsmonatige, in § 58 Börsenordnung bestimmte Frist berücksichtigt. Ein besonderer Schutz derjenigen Aktionäre, die diese Aktien erwerben, ist dagegen nicht gerechtfertigt.[21]

V. Haftung des Insolvenzverwalters

Ausweislich der Begr ReGE wurde der Beitrag des Insolvenzverwalters möglichst gering gehalten, so dass für diesen keine weiteren Haftungsrisiken eröffnet werden.[22] Da den Insolvenzverwalter nur eine Verpflichtung zur Unterstützung des Emittenten und seiner Organe bei der Erfüllung der Verpflichtungen aus dem WpHG trifft, mag es zwar grundsätzlich richtig sein, dass Haftungsfälle durch den Insolvenzverwalter selten sind. Gleichwohl kann die Haftung des Insolvenzverwalters nicht von vornherein ausgeschlossen werden, da den Insolvenzverwalter eine Unterstützungspflicht trifft. Pflichtverletzungen können zu Schäden beim Emittenten führen und damit eine Schadensersatzpflicht begründen.[23] Eine Haftung könnte beispielsweise dann in Betracht kommen, wenn der Insolvenzverwalter im Hinblick auf einen ad-hoc mitteilungspflichtigen Sachverhalt einen Informationsvorsprung hat und diese Informationen nicht oder nicht rechtzeitig an den Vorstand weitergibt und wegen verspäteter Veröffentlichung einer ad-hoc Mitteilung Schadensersatzansprüche gegen den Emittenten geltend gemacht werden.

---

[21] Stellungnahme des Insolvenzrechtausschusses des Deutschen Anwaltvereins zu Artikel 1 Nr. 5 des Diskussionsentwurfes zum TUG vom 28. 7. 2006, S. 4: „Es handelt sich in der Regel nicht mehr um seriöse Anleger, sondern um heiße Spekulanten, die aus den in einer Unternehmenskrise üblichen Gerüchten und Unsicherheiten versuchen, ihren Profit zu machen."
[22] Gesetzesentwurf der Bundesregierung zum TUG, aaO.
[23] Ausführlich dazu: KölnKommWpHG-*Hirte*, § 11 Rn. 14 ff.

Abschnitt 3. Insiderüberwachung

Vorbemerkung zu den § 12 bis § 14

Übersicht

Rn.

I. Zur Entstehung und Entwicklung der gesetzlichen Regelung gegen Insiderhandel in Deutschland. 1
  1. Anfänge insiderrechtlicher Regelungen 3
  2. Die Entwicklung in Deutschland bis zum WpHG 6
     a) Mitteilung des Centralverbandes des Deutschen Bank- und Bankiergewerbes von 1908 7
     b) Die Insider-Regeln als Maßnahme der Selbstregulierung 8
     c) Reformvorschläge 13
  3. Die Entwicklung auf europäischer Ebene bis zur Insiderrichtlinie von 1989 15
     a) Erste Ansätze zu einer gemeinschaftsweiten Harmonisierung des Insiderrechts 16
     b) Der Weg zur Insiderrichtlinie 19
  4. Von der Insiderrichtlinie zur gesetzlichen Regelung des Insiderhandels im WpHG 23
     a) Einsicht in die Notwendigkeit einer gesetzlichen Regelung des Insider-Problems 23
     b) Verspätete Umsetzung der EG-Insiderrichtlinie 25
     c) Verhältnis der Insidervorschriften des WpHG zu den freiwilligen Insider-Regeln 26
  5. Novellierungen des deutschen Insiderrechts 27
  6. Europäische Marktmissbrauchsrichtlinie von 2003 und Umsetzung im AnSVG 2004 29
  7. Emittentenleitfaden der BaFin 37
II. Die Insiderregelung im WpHG – Überblick und Regelungstechnik .. 41
  1. Regelungssystematik des deutschen Insiderrechts 41
  2. Verbotstatbestand und Anwendungsbereich 45
     a) Normadressaten und Insiderhandelsverbote 48
     b) Tatbestandsmerkmale der Insiderinformation und des Insiderpapiers 57
     c) Sanktionen bei Verstößen 62
  3. Prävention von Insidergeschäften 71
     a) Ad hoc-Publizität 71
     b) Offenlegung von *directors' dealings* 74
     c) Führung von Insiderverzeichnissen 77
  4. Insiderüberwachung und -verfolgung 79
III. Insiderüberwachung und -verfolgung in der bisherigen Praxis 92
IV. Pro und Contra einer gesetzlichen Regelung des Insiderproblems 97
  1. Argumente aus ökonomischer Sicht gegen ein Insiderhandelsverbot .. 100
     a) Insidergewinne als Leistungsanreiz für das unternehmerische Management 102
     b) Förderung einer optimalen Kapitalallokation durch Insidergeschäfte 106
  2. Begründung des Regelungsbedarfs der Insiderproblematik 113
     a) Schutz der Anleger vor Informationsungleichgewichten 114
     b) Schutz der Funktionsfähigkeit des Kapitalmarktes – Vertrauen der Anleger in diese 118
     c) Schädigung der Gesellschaft durch Insiderhandel 122

Vorbemerkung Vor § 12 bis § 14

	Rn.
V. Regelungszweck des deutschen Insiderrechts	124
1. Regelungsleitbild	124
2. Rechtsgut der Insiderhandelsverbote	131
VI. Strafrechtliche Sanktionierung der Insiderhandelsverbote	139
1. Legitimation des Strafrechtseinsatzes	139
a) Keine europarechtliche Verpflichtung	139
b) Zur Kritik an der strafrechtlichen Sanktionierung	142
2. Richtlinienkonforme Auslegung und Strafrecht	146

Schrifttum: *Alternativ-Entwurf eines Strafgesetzbuches:* Besonderer Teil, Straftaten gegen die Wirtschaft. Bearb. von Lampe, Lenckner, Stree, Tiedemann, Weber, 1977; *Arbeitskreis Gesellschaftsrecht* (Hueck, Lutter, Mertens, Rehbinder, Ulmer, Wiedemann, Zöllner), Verbot des Insiderhandelns, 1976; *Ashe,* Insider Dealing, Company Lawyer 11 (1990), 127; *Assmann,* Das künftige deutsche Insiderrecht, AG 1994, 196 (Teil I), 237 (Teil II); *Assmann,* Das neue deutsche Insiderrecht, ZGR 1994, 494; *Assmann,* Insiderrecht und Kreditwirtschaft, WM 1996, 1337; *Assmann,* Rechtsanwendungsprobleme des Insiderrechts, AG 1997, 50; *Beisel/Klumpp,* Der Unternehmenskauf: Gesamtdarstellung der zivil- und steuerrechtlichen Vorgänge einschließlich gesellschafts-, arbeits- und kartellrechtlicher Fragen bei der Übertragung eines Unternehmens, 3. Aufl. 1996; *Benner* in *Janovsky/ Wabnitz* (Hrsg.), Handbuch des Wirtschafts- und Steuerstrafrechts, 2000, 4. Kapitel (Kriminalität im Wertpapierhandel); *Böhner,* Insiderregeln eine Farce?, Das Wertpapier 1972, 233; *Brandi/Süßmann,* Neue Insiderregeln und Ad-hoc-Publizität – Folgen für Ablauf und Gestaltung von M&A-Transaktionen, AG 2004, 642; *Bremer,* Die Börsensachverständigenkommission 1968–1975 – Aufgaben und Ergebnisse, 1976; *Brunner,* Wie kommt man den sog. Insidertransaktionen bei?, SAG 48 (1976), 179; *Bruns,* Der Wertpapierhandel von Insidern als Regelungsproblem, 1973; *Bürgers,* Das Anlegerschutzverbesserungsgesetz, BKR 2004, 424; *Bundesaufsichtsamt für den Wertpapierhandel/Deutsche Börse AG,* Insiderhandelsverbote und Ad-hoc-Publizität nach dem Wertpapierhandelsgesetz – Erläuterungen und Empfehlungen zur Behandlung kursbeeinflussender Tatsachen gemäß §§ 12 ff. Wertpapierhandelsgesetz, 1. Aufl. 1994, 2. Aufl. 1998; *Bundesaufsichtsamt für den Wertpapierhandel/ Deutsche Börse AG,* Insiderhandelsverbote und Ad-hoc-Publizität nach dem Wertpapierhandelsgesetz, 1. Aufl. 1994, 2. Aufl. 1998; *Cahn,* Grenzen des Markt- und Anlegerschutzes durch das WpHG, ZHR 162 (1998), 1; *Cahn,* Das neue Insiderrecht, Der Konzern 2005, 5; *Carlton/Fischel,* The Regulation of Insider Trading, Stan.L. Rev. 35 (1983), 857; *Caspari,* Die geplante Insiderregelung in der Praxis, ZGR 1994, 530; *Claussen,* Insiderhandelsverbot und Ad hoc-Publizität, 1996; *Claussen,* Neues zur kommenden Insidergesetzgebung, ZBB 1992, 73 (Teil I), 267 (Teil II); *Claussen,* Das neue Insiderrecht, DB 1994, 27; *Claussen,* Besprechung von *Assmann/Schneider* (Hrsg.), Wertpapierhandelsgesetz, WM 1999, 2001; *Claussen/Florian,* Der Emittentenleitfaden, AG 2005, 745; *Claussen/Schwark* (Hrsg.), Insiderrecht für Finanzanalysten, 1997; *Dannecker,* Das Strafrecht in der Europäischen Gemeinschaft, JZ 1996, 869; *Davies,* The European Community's Directive on Insider Dealing: From Company Law to Securities Market Regulation?, Oxf.J.Leg. Stud. 11 (1991), 92; *Dickersbach,* Das neue Insiderrecht der Bundesrepublik Deutschland vor dem Hintergrund des Europäischen Gemeinschaftsrechts, 1995; *Diehl/Loistl/Rehkugler,* Effiziente Kapitalmarktkommunikation, 1998; *Diekmann/Sustmann,* Gesetz zur Verbesserung des Anlegerschutzes (Anlegerschutzverbesserungsgesetz – AnSVG), NZG 2004, 929; *Dierlamm,* Das neue Insiderstrafrecht, NStZ 1996, 519; *Dine,* Implementation of the EC Insider Directive in the UK, Company Lawyer 14 (1993), 61; *Dingeldey,* Insiderhandel und Strafrecht, 1983; *Dreyling,* Die Erfahrungen des Bundesaufsichtsamtes für den Wertpapierhandel bei der Verfolgung von Insidern, in *Claussen/Schwark,* Insiderrecht für Finanzanalysten, 1997, S. 1; *Dreyling,* Die Umsetzung der Marktmissbrauchs-Richtlinie über Insider-Geschäfte und Marktmanipulation, Der Konzern 2005, 1; *Dreyling,* Ein Jahr Anlegerschutzverbesserungsgesetz – Erste Erfahrungen, Der Konzern 2006, 1; *Dreyling/Schäfer,*

Vor § 12 bis § 14   Abschnitt 3. Insiderüberwachung

Insiderrecht und Ad-hoc-Publizität. Praxis und Entwicklungstendenzen, 2001; *Easterbrook,* Insider Trading, Secret Agents, Evidentiary Privileges, and the Production of Information, Sup.Ct. Rev. 1981, 309; *Ebenroth/Wilken,* Entwicklungstendenzen im deutschen internationalen Gesellschaftsrecht – Teil 2, JZ 1991, 1061; *Ernst,* Alle Börsianer künftig Insider?, WM 1990, 461; *Fellmann,* Rechtliche Erfassung von Insidertransaktionen in der Schweiz, 1981; *Fischer, J.,* Insiderrecht und Kapitalmarktkommunikation unter besonderer Berücksichtigung des Rechtsrahmens für Finanzanalysten, 2006; *Flachmann,* Insider-Information und Börsenreform (Teil I), ZgKW 1970, 593; *Fleischer,* Der neue Financial Services and Markets Act 2000: Neues Börsen- und Kapitalmarktrecht für das Vereinigte Königreich, RIW 2001, 817; *Fleischer,* Das Vierte Finanzmarktförderungsgesetz, NJW 2002, 2977; *Forstmoser,* Die neue Schweizerische Strafnorm gegen Insider-Geschäfte, ZGR 1989, 124; *Franke,* Inside Information in Bank Lending and the European Insider Dealing Directive, in *Hopt/Wymeersch* (Hrsg.), European Insider Dealing, 1991, S. 273; *Fürhoff,* Kapitalmarktrechtliche Ad-hoc-Publizität zur Vermeidung von Insiderkriminalität: die Notwendigkeit einer kapitalmarktrechtlich orientierten Ad-hoc-Publizitätsnorm zur Legitimation eines strafrechtlichen Insiderhandelsverbotes, 2000; *Gaillard* (Hrsg.), Insider Trading. The Laws of Europe, the United States and Japan, 1992; *Gericke,* Handbuch für die Börsenzulassung von Wertpapieren, 1992; *Grothaus,* Reform des Insiderrechts: Großer Aufwand – viel Rechtsunsicherheit – wenig Nutzen?, ZBB-Report 2005, 62; *Grundmann,* Neuregelung des Insiderhandels-Verbots in Deutschland, ZgKW 1992, 12; *Grunewald,* Neue Regeln zum Insiderhandel, ZBB 1990, 128; *Hammen,* Pakethandel und Insiderhandelsverbot, WM 2004, 1753; *Handelsrechtsausschuss des DAV:* Stellungnahme zum Regierungsentwurf eines Gesetzes zur Verbesserung des Anlegerschutzes (Anlegerschutzverbesserungsgesetz – AnSVG), NZG 2004, 703; *Hannigan,* Insider Dealing, 1988; *Haouache,* Börsenaufsicht durch Strafrecht. Eine Untersuchung zur straf- und verfassungsrechtlichen Problematik der strafrechtlichen Sanktionierung des Insiderhandels durch das Wertpapierhandelsgesetz in Deutschland im Hinblick auf die Umsetzung der EG-Richtlinie 89/592/EWG, 1996; *Happ,* Zum Regierungsentwurf eines Wertpapierhandelsgesetzes, JZ 1994, 240; *Hartmann, J.,* Juristische und ökonomische Regelungsprobleme des Insiderhandels. Eine rechtsvergleichende Untersuchung USA-Deutschland, 1999; *Hauschka/Harm,* Argumente zur Reformbedürftigkeit des deutschen Insiderrechts, BB 1988, 1189; *Hausmaninger,* Insider Trading – Eine rechtsvergleichende Untersuchung amerikanischer, europäischer und österreichischer Regelungen, 1997; *Heisterkamp,* Über Insider und Outsider – Das neue deutsche Insiderrecht im europäischen Vergleich, DZWir 1994, 517; *Heldmann,* Altes und neues Insiderrecht, ZgKW 1992, 480; *Herzog,* Gesellschaftliche Unsicherheit und strafrechtliche Daseinsvorsorge, 1991; *Hienzsch,* Das deutsche Insiderhandelsverbot in der Rechtswirklichkeit. Eine empirische Studie, 2005; *Hölters* (Hrsg.), Handbuch des Unternehmens- und Beteiligungskaufs, 5. Aufl. 2002; *Hoeren,* Selbstregulierung und Insiderrecht – Die Mitteilung des Centralverbandes des Deutschen Bank- und Bankiergewerbes vom 12. 10. 1908, ZBB 1993, 112; *Holzborn/Israel,* Das Anlegerschutzverbesserungsgesetz – Die Veränderungen im WpHG, VerkProspG und BörsG und ihre Auswirkungen in der Praxis, WM 2004, 1948; *Hopt,* Der Kapitalanlegerschutz im Recht der Banken, 1975; *Hopt,* Europäisches und deutsches Insiderrecht, ZGR 1991, 17; *Hopt,* Auf dem Weg zum deutschen Insidergesetz – Die Vorüberlegungen vom Herbst 1992, in Festschrift für Beusch, 1993, S. 393; *Hopt,* Zum neuen Wertpapierhandelsgesetz – Stellungnahme für den Finanzausschuss des Deutschen Bundestages, in WM Festgabe für Hellner, 1994, S. 29; *Hopt,* Grundsatz- und Praxisprobleme nach dem Wertpapierhandelsgesetz, ZHR 159 (1995), 135; *Hopt,* Ökonomische Theorie und Insiderrecht, AG 1995, 353; *Hopt,* Das neue Insiderrecht nach §§ 12 ff. WpHG – Funktion, Dogmatik, Reichweite, in Das zweite Finanzmarktförderungsgesetz in der praktischen Umsetzung, Bankrechtstag 1995, 1996, S. 3; *Hopt/Will,* Europäisches Insiderrecht, 1973; *Hopt/Wymeersch* (Hrsg.), European Insider Dealing, 1991; *Horn,* Wertpapiergeschäfte von Innenseitern als Regelungsproblem, ZHR 136 (1972), 369; *Horn,* Besprechung von *Hopt/Will* Europäisches Insiderrecht, AcP 175 (1975), 543; *Hübscher,* Die Umsetzung der Regelung der Insider-Geschäfte in deut-

Vorbemerkung   **Vor § 12 bis § 14**

sches Recht, in *Büschgen/Schneider* (Hrsg.), Der europäische Binnenmarkt 1992 – Auswirkungen für die deutsche Finanzwirtschaft –, 1990, 329; *Immenga, F.,* Das neue Insiderrecht im Wertpapierhandelsgesetz, ZBB 1995, 197; *Izquierdo,* Die Liberalisierung und Harmonisierung des Börsenrechts als Problem des EG-Rechts, 1989 (Magisterarbeit Saarbrücken); *Jennings,* Insider-Geschäfte nach Rule 10(b)-5 der Vorschriften über die Security Exchange Commission, ZHR 132 (1969), 1; *Junge,* Die neuen Insiderregeln und ihre Durchsetzung, in Festschrift für Raisch, 1995, S. 223; *King/Roell,* Insider Trading; Economic Policy. A European Forum 6 (1988), S. 163; *Koch, M. B.*, Insiderwissen und Insiderinformation in strafrechtlicher Sicht, 1979; *Koch, St.*, Neuerungen im Insiderrecht und der Ad-hoc-Publizität, DB 2005, 267; *Kohlmann,* Das Strafrecht – wirksame Waffe gegen den Insiderhandel?, in Festschrift für Vieregge, 1995, S. 443; *Krauel,* Insiderhandel. Eine ökonomisch-theoretische und rechtsvergleichende Untersuchung, 2000; *Kübler,* Transparenz am Kapitalmarkt, AG 1977, 85; *Kübler,* Institutioneller Gläubigerschutz oder Kapitalmarkttransparenz?, ZHR 159 (1995), 550; *Kümpel,* Zur Neugestaltung der staatlichen Börsenaufsicht – von der Rechtsaufsicht zur Marktaufsicht, WM 1992, 381; *Kümpel,* Insiderrecht und Ad-hoc-Publizität aus Bankensicht, WM 1996, 653; *Kuthe,* Änderungen des Kapitalmarktrechts durch das Anlegerschutzverbesserungsgesetz, ZIP 2004, 883; *Lahmann,* Insiderhandel – Ökonomische Analyse eines ordnungspolitischen Dilemmas, 1994; *Langevoort,* Setting the Agenda for Legislative Reform: Some Fallacies, Anomalies, and Other Curiosities in the Prevailing Law of Insider Trading, 39 Ala.L. Rev. (1988), 399; *Lauermann,* Gesellschafts- und zivilrechtliche Aspekte börslichen Insiderhandels, 2003; *Leistner,* Das Insiderrecht in der Bundesrepublik – Ein Schlag ins Wasser!, ZRP 1973, 201; *Leland,* Insider Trading: Should it be Prohibited?, 100 J. Pol.Econ. (1992), 859; *Leppert/Stürwald,* Die insiderrechtlichen Regelungen des Vorschlags für eine Marktmissbrauchsrichtlinie und der Stand der Umsetzung im deutschen Wertpapierhandelsrecht, ZBB 2002, 90/92; *Loistl,* Insiderregelung und informationseffiziente Kapitalmarktregulierung, Die Bank 1995, 456; *Loss,* Der Schutz der Kapitalanleger, ZHR 129 (1966/67), 197; *Loss,* The fiduciary concept as applied to trading by corporate „insiders" in the United States, 33 M.L. Rev. (1970), 34; *Lücker,* Der Straftatbestand des Missbrauchs von Insiderinformationen nach dem Wertpapierhandelsgesetz (WpHG), 1998; *Lutter,* Die Auslegung angelliebten Rechts, JZ 1992, 593; *Manne,* Insider Trading and the Stock Market, 1966; *Manne,* In Defense of Insider Trading, 44 Harv.Bus.L. Rev. (1996), 113; *Manne,* Insider Trading and the Property Rights in New Information, 4 The Cato Journal (1985), 933; *McLaughlin/Macfarlane,* United States (Chapter 21), in *Gaillard* (Hrsg), Insider Trading – The Laws of Europe, the United States and Japan, 1992, S. 285; *zur Megede,* Praktische Erfahrungen bei der Anwendung, ZgKW 1988, 471; *Mendelson,* The Economics of Insider Trading Reconsidered, 117 Univ.Penn.L. Rev. (1969), S. 470; *Mennicke,* Insider Regulation in Germany: The Change from Self-Regulation to Criminal Law, Company Lawyer 15 (1994), 155; *Mennicke,* Die gesetzlichen Vorschriften gegen Insiderhandel in Irland, RIW 1996, 101; *Mennicke,* Sanktionen gegen Insiderhandel. Eine rechtsvergleichende Untersuchung unter Berücksichtigung des US-amerikanischen und britischen Rechts, 1996; *Mennicke,* Insider Regulation in Germany: Inside Information, Insider Status and Enforcement, EFSL 1997, 81; *Merkner/Sustmann,* Insiderrecht und Ad-Hoc-Publizität – Das Anlegerschutzverbesserungsgesetz „in der Fassung durch den Emittentenleitfaden der BaFin", NZG 2005, 729; *Mertens,* Insiderproblem und Rechtspolitik (Besprechung von *Hopt/Will,* Europäisches Insiderrecht), ZHR 138 (1974), 269; *Möller,* Das neue Insiderrecht – Eckpfeiler funktionsfähiger Wertpapiermärkte, BFuP 1994, 99; *von Nell-Breuning,* Grundzüge der Börsenmoral, 1928; *Nietsch,* Internationales Insiderrecht: eine Untersuchung über die Anwendung des Insiderrechts auf Sachverhalte mit Auslandsberührung, 2004; *Oberender/Daumann,* Verbot von Insidergeschäften im Börsenhandel? Eine ordnungstheoretische Analyse, Ordo 43 (1992), 255; *Ott/Schäfer H.-B.,* Ökonomische Auswirkungen der EG-Insider-Regulierung in Deutschland, ZBB 1991, 226; *Otto, H.,* Strafrechtliche Aspekte des „insider dealing", in *Blaurock* (Hrsg.), Recht der Unternehmen in Europa, 1993, S. 65; *Otto, H.,* Der Mißbrauch von Insider-Informationen als abstraktes Gefährdungsdelikt, in: Madrid-

Mennicke   299

Vor § 12 bis § 14 Abschnitt 3. Insiderüberwachung

Symposium für Tiedemann, 1994, S. 447; *Peltzer,* Die neue Insiderregelung im Entwurf des Zweiten Finanzmarktförderungsgesetzes, ZIP 1994, 746; *P. Peters,* Das deutsche Insiderstrafrecht unter Berücksichtigung strafrechtlicher Konsequenzen für Kreditinstitute und prozessualer Durchsetzung, 1997; *Pfister,* Stand der Insiderdiskussion, ZGR 1981, 318; *Pfüller/Walz,* Der BaFin-Emittentenleitfaden in der Praxis, Verlagsgruppe Handelsblatt, Newsletter 10/2005, 8; *Raida,* Auch in Zukunft weniger Staat, ZgKW 1988, 480; *Ransiek,* Zur prozessualen Durchsetzung des Insiderstrafrechts, DZWir 1995, 53; *Rider,* Policing Insider Dealing in Britain, in *Hopt/Wymeersch* (Hrsg.), European Insider Dealing, 1991, S. 313; *Rider/Ashe,* Insider Crime, 1993; *Rider/French,* The Regulation of Insider Trading, 1979; *Rodewald/Tüxen,* Neuregelung des Insiderrechts nach dem Anlegerschutzverbesserungsgesetz (AnSVG) – Neue Organisationsanforderungen für Emittenten und ihre Berater, BB 2004, 2249; *von Rosen,* Insider-Regeln – Gegenwart und Zukunft, ZgKW 1989, 658; *Rudolph,* Ökonomische Theorie und Insiderrecht, in: Festschrift für Moxter, 1994, S. 1331; *Schander,* Kapitalmarktrecht in Europa: Die Entwicklung des Insiderrechts in Italien, RIW 1997, 741; *Schlaus,* Die Insiderregeln der §§ 12ff. WpHG aus der Sicht der Praxis, in Das zweite Finanzmarktförderungsgesetz in der praktischen Umsetzung, Bankrechtstag 1995, 1996, S. 35; *Schmidt, H.,* Insider Regulation and Economic Theory, in *Hopt/Wymeersch* (Hrsg.), European Insider Dealing, 1991, S. 21; *Schneider, D.,* Wider Insiderhandelsverbot und Informationseffizienz des Kapitalmarktes, DB 1993, 1429; *Schödermeier/Wallach,* Die Insider-Richtlinie der Europäischen Gemeinschaft, EuZW 1990, 122; *Schörner,* Gesetzliches Insiderhandelsverbot: eine ordnungspolitische Analyse, 1991; *Schröder,* Aktienhandel und Strafrecht, 1994; *Schreib,* Insider-Regelungen im Spannungsfeld, Interview mit „Betriebswirtschaftliche Forschung und Praxis", BFuP 1984, 136; *Schwark,* Insider-Geschäfte auf dem Wertpapiermarkt, DB 1971, 1605; *Schwark,* Börsen und Wertpapierhandelsmärkte in der EG, WM 1997, 293; *Schwark,* Tatbestände und Rechtsfolgen des Insiderhandelsverbots, in *Claussen/Schwark* (Hrsg.), Insiderrecht für Finanzanalysten, 1997, S. 32; *Schwintek,* Die Anzeigepflicht bei Verdacht von Insidergeschäften und Marktmanipulation nach § 10 WpHG, WM 2005, 861; *Siebold,* Das neue Insiderrecht. Von der freiwilligen Selbstkontrolle zum internationalen Standard, 1994; *Soesters,* Die Insiderhandelsverbote des Wertpapierhandelsgesetzes. Wirtschaftsstrafrecht europäischen Ursprungs, 2002; *Spindler,* Kapitalmarktreform in Permanenz – Das Anlegerschutzverbesserungsgesetz, NJW 2004, 3449; *Steck/Schmitz,* Das Kapitalmarktrecht nach dem Anlegerschutzverbesserungsgesetz, FinanzBetrieb 2005, 187; *Süßmann,* Insiderhandel – Erfahrungen aus der Sicht des Bundesaufsichtsamts für den Wertpapierhandel, AG 1997, 63; *Tippach,* Das Insiderhandels-Verbot und die besonderen Rechtspflichten der Banken, 1995; *Tridimas,* Insider Trading: European Harmonisation and National Law Reform, I.C.L.Q. 40 (1991), 919; *Ulmer,* Rechtspolitische Probleme des Insiderhandels, JZ 1975, 625; *Ulsenheimer,* Zur Strafbarkeit des Missbrauchs von Insider-Informationen, NJW 1975, 1999; *Volk,* Strafrecht gegen Insider, ZHR 142 (1978), 1; *Walther,* Erfahrungen mit den Insider-Regeln, in Festschrift für Werner, 1994, S. 933; *Weber, K.-P.,* Insiderrecht und Kapitalmarktschutz. Haftungstheorien im U.S.-amerikanischen, europäischen und deutschen Recht, 1999; *Weber, M.,* Deutsches Kapitalmarktrecht im Umbruch. Das Zweite Finanzmarktförderungsgesetz, NJW 1994, 2849; *Weber, M.,* Die Entwicklung des Kapitalmarktrechts im Jahre 2004, NJW 2004, 3674; *Weber, U.A.,* Das neue deutsche Insiderrecht, BB 1995, 157; *Wegen/Assmann* (Hrsg.), Insider Trading in Western Europe, 1994; *Weisgerber,* Neue Informationskultur durch das Zweite Finanzmarktförderungsgesetz, WM 1995, 19; *Welter,* Die Maßnahmen der Europäischen Gemeinschaften im Bereich der Insider-Geschäfte, in *Büschgen/Schneider* (Hrsg.), Der europäische Binnenmarkt 1992 – Auswirkungen auf die deutsche Finanzwirtschaft, 1990, S. 315; *Will,* Anlegerschutz durch Insiderhandels-Richtlinien, NJW 1973, 645; *Wirz,* Die neue EG-Richtlinie zum Insiderrecht, KaRS 1990, 338; *Wojtek,* Insider Trading im deutschen und amerikanischen Recht, 1978; *Wotherspoon,* Insider Dealing – The New Law: Part V of the Criminal Justice Act 1993; M.L. Rev. 57 (1994), 419; *Wu,* An Economist Looks at Section 16 of the Securities Exchange Act of 1934, 68 Colum.L. Rev. (1968), 260; *Wymeersch,* The Insider Trading

Vorbemerkung   1–4   **Vor § 12 bis § 14**

Prohibition in the EC Member States: A Comparative Overview, in *Hopt/Wymeersch* (Hrsg.), European Insider Dealing, 1991, S. 65; *Ziemons*, Neuerungen im Insiderrecht und bei der Ad-hoc-Publizität durch die Marktmissbrauchsrichtlinie und das Gesetz zur Verbesserung des Anlegerschutzes, NZG 2004, 537.

I. Zur Entstehung und Entwicklung der gesetzlichen Regelung gegen Insiderhandel in Deutschland

Der 3. Abschnitt des WpHG regelt die „Insiderüberwachung" und stellt damit **1** ein Kernstück (§§ 12–16 b WpHG) des Gesetzes dar. Mit dem **Inkrafttreten der Insiderrechtsbestimmungen zum 1. August 1994**[1] wurde der Insiderhandel in Deutschland erstmals zum Gegenstand einer gesetzlichen, und zwar einer strafrechtlichen Regelung gemacht. Deutschland war einer der letzten Staaten in Europa wie auch weltweit, die über einen entwickelten Börsenmarkt verfügen, in denen Insiderhandel gesetzlich verboten wurde. Zum Zeitpunkt des Inkrafttretens existierte ein solches Verbot nicht nur in der Mehrheit der EU-Mitgliedstaaten, sondern beispielsweise auch in der Schweiz, in Japan und bereits seit den 30er Jahren in den USA.

Bis zur Verabschiedung des WpHG existierten in Deutschland **seit Beginn** **2** **der 70er Jahre sog. freiwillige Insider-Regeln,** die einen Selbstkontrollmechanismus der beteiligten Wirtschaftskreise auf freiwilliger Basis darstellten. Diese Regeln wurden häufig als unzureichend empfunden, da ihr Anwendungsbereich eingeschränkt war und insbesondere kein mit entsprechenden Befugnissen ausgestattetes spezifisches Aufsichtsorgan zur Kontrolle und Verfolgung zur Verfügung stand.

1. Anfänge insiderrechtlicher Regelungen

Ohne dass sich dies empirisch nachprüfen ließe, kann davon ausgegangen wer- **3** den, dass **Insidergeschäfte** im Zusammenhang mit dem Kauf und Verkauf von Wertpapieren schon solange vorgenommen werden, wie es Börsen und damit **Märkte für den Handel in Aktien und anderen Wertpapieren** gibt. Der Kern des insiderrechtlichen Regelungsproblems, die Ausnutzung ungleich verteilter Informationen über den Wert einer Ware innerhalb eines Marktes, stellt sich im Grundsatz überall dort, wo ein Marktteilnehmer seinen Informationsvorsprung zu einem vorteilhaften Geschäft nutzen kann. An Wertpapierbörsen tritt das Regelungsproblem in besonderer Schärfe auf, zum einen wegen der Bedeutung der Börsen für eine Volkswirtschaft, zum anderen wegen der Anonymität der Marktteilnehmer und des Handels.

Die in Reaktion auf den Börsencrash von 1929 erfolgte **amerikanische Ka-** **4** **pitalmarktgesetzgebung Anfang der 30er Jahre,** zu der namentlich der *Securities Exchange Act von 1934* gehört, führte zu einer breiteren Wahrnehmung des Insiderhandels als Funktionsproblem des Kapitalmarkts und damit als rechtliches Regelungsproblem.[2] Das amerikanische Konzept eines umfassenden Über-

---

[1] Die übrigen Bestimmungen des WpHG, einschließlich der Regelung über die Ad hoc-Publizität in § 15, sind erst zum 1. Januar 1995 in Kraft getreten (siehe Einleitung Rn. 21).
[2] *Assmann*, Rn. 2.

wachungs- und Kontrollsystems der Wertpapierbörsen, insbesondere auch die dahinter stehende „Philosophie" des Gesetzgebers – als wesentliche Ziele einer gesetzlichen Regelung des Kapitalmarktes wurden der Schutz der Anleger und die Wiederherstellung bzw. Stärkung des Vertrauens der Investoren und der Öffentlichkeit in die „Sauberkeit der Wertpapiermärkte" genannt[3] – **beeinflussten die Gesetzgebung in vielen anderen Ländern,** so auch in Großbritannien und auf dem europäischen Kontinent.[4]

5 Obwohl **in England** das Problem des Ausnutzens von Informationsvorsprüngen und der Marktmanipulation an den Wertpapierbörsen bereits im 17. Jahrhundert erkannt wurde, fanden sich **erste Ansätze einer gesetzlichen Regelung erst im** *Companies Act* **von 1947,** durch den Registrierungspflichten für Wertpapiergeschäfte von Unternehmensangehörigen eingeführt wurden; durch den Companies Act von 1967 wurden diese Pflichten verschärft und sind heute Bestandteil des Companies Act 1985. Ein **gesetzliches Insiderhandelsverbots mit strafrechtlicher Sanktionierung** wurde **erst im Jahr 1980** eingeführt.

2. Die Entwicklung in Deutschland bis zum WpHG

6 In Deutschland begann eine **intensive rechtliche Diskussion** darüber, ob und wie Insidergeschäfte durch den Gesetzgeber zu reglementieren seien, **erst gegen Ende der 60er Jahre des vergangenen Jahrhunderts;** zu diesem Zeitpunkt war ein Regelungsbedürfnis für das Insiderproblem weitgehend anerkannt.[5]

a) Mitteilung des Centralverbandes des Deutschen Bank- und Bankiergewerbes von 1908

7 In einer Mitteilung des Centralverbandes des Deutschen Bank- und Bankiergewerbes vom **12. Oktober 1908** findet sich ein **erster Ansatz zur Selbstregulierung** des Insiderrechts.[6] In der Mitteilung wurden Teilaspekte des Insiderproblems geregelt, nämlich Fragen der Zulässigkeit von Wertpapiergeschäften durch Bankangestellte.

b) Die Insider-Regeln als Maßnahme der Selbstregulierung

8 Von vereinzelten kritischen Stimmen abgesehen war man in Deutschland bis in die 60er Jahre hinein der Überzeugung, „dass es an den deutschen Wertpapierbörsen viel ehrlicher als in den USA zugehe".[7] Dies änderte sich gegen **Ende der 60er Jahre.** Die zunehmende Bedeutung der Kapitalmärkte für die Finanzierung der Unternehmen sowie die politische Zielsetzung, breitere Bevölkerungsschichten zwecks Vermögensbildung an die Kapitalmärkte heranzuführen, führten zu einem wachsenden Interesse am Zustand der deutschen Kapitalmärkte. Insbesondere in der Wirtschaftspresse wurde **erstmals auf verdächtige Kursschwankungen hingewiesen,** als deren Ursache Fälle des Ausnutzens von

---

[3] So Botschaft von Präsident Roosevelt an den Senat vom 29. 3. 1933; S. Rep. No. 47, S. 6–7 und HR Rep.No. 85, 73d, Cong., 1st Sess. (1933), S. 1–2.
[4] Siehe nur *Rider/French*, Regulation of Insider Trading, S. 9.
[5] *Sethe* in Hdb. des Kapitalanlagerechts, § 12 Rn. 5; *Assmann* AG 1994, 196/197.
[6] Die Mitteilung ist abgedruckt bei *Hoeren* ZBB 1993, 112f. mwN, der die Mitteilung im Archiv des Bundesverbandes Deutscher Banken ausfindig gemacht hat.
[7] *Prof. Wolfgang Stützel* im Jahre 1968, zitiert nach *Hopt/Will*, Europäisches Insiderrecht, S. 20.

Vorbemerkung 9–11 **Vor § 12 bis § 14**

Insiderinformationen vermutet wurden;[8] gleichzeitig wurde in juristischen Fachzeitschriften erstmals über das US-amerikanische Insiderrecht berichtet.[9]
Im Jahr **1968** berief der Bundesminister für Wirtschaft im Rahmen der Vorberei- 9
tungen zur Novellierung des Börsengesetzes eine **Börsensachverständigenkommission**[10] und beauftragte diese mit der Prüfung der Möglichkeiten für eine umfassende Börsenrechtsreform. Die Kommission kam darin überein, dass das Insiderhandels-Problem dringend regelungsbedürftig sei. Am **13. November 1970** verabschiedete sie die **„Empfehlungen zur Lösung der sog. Insider-Probleme"**, **die aus den Insiderhandels-Richtlinien (IHR) und den Händler- und Beraterregeln (HBR) bestanden.** Diese wurden im Januar 1972 durch Erläuterungen „zur Klärung zur Zweifelsfragen der Praxis um Hilfestellung bei Auslegungsschwierigkeiten" sowie durch eine Verfahrensordnung ergänzt.[11] Bis Ende 1972 waren für alle deutschen Wertpapierbörsen Insider-Prüfungskommissionen geschaffen worden;[12] gleichzeitig hatten sich zu diesem Zeitpunkt ca. 50% der betroffenen Wirtschaftskreise den Insider-Regeln unterworfen.[13]
Insbesondere in der juristischen Literatur erfuhren die Insider-Regeln **heftige** 10
Kritik.[14] Unter Berücksichtigung der praktischen Erfahrungen bei der Anwendung – namentlich im Thyssen-Rheinstahl-Fall im Jahr 1973, in dem ein Verstoß gegen die Insiderhandels-Richtlinien wegen des lückenhaften sachlichen Anwendungsbereichs verneint wurde[15] – erfolgte seitens der Börsensachverständigenkommission eine **Überarbeitung** der Regeln, die dann mit Änderungen **1976 neu beschlossen** wurden.[16]
Weitere Erkenntnisse und vor allem die in der **zweiten Hälfte der 80er Jah-** 11
re einsetzenden intensiven Bemühungen auf Ebene der **Europäischen Gemeinschaft,** Insider-Verstöße gemeinschaftsweit durch gesetzliche Verbotsnormen zu regeln (dazu unten Rn. 19ff.), führten zur **Neubeschlussfassung der Insider-Regeln im Juni 1988** und damit zur letzten geltenden Fassung der Insider-Regeln (zur rechtlichen Bedeutung nach dem Inkrafttreten des WpHG siehe unten Rn. 26).[17]

---

[8] Vgl. Beispiele bei *Hopt/Will,* Europäisches Insiderrecht, S. 20ff.
[9] Siehe *Hopt/Will,* Europäisches Insiderrecht, S. 20ff.; *Loss* ZHR 129 (1966/67), 197/242ff.; *Jennings* ZHR 132 (1969), 1 ff.; *Flachmann* ZgKW 1970, 593ff.
[10] Über die Zusammensetzung und die Arbeit der Börsensachverständigenkommission, auch im Hinblick auf Entstehung und Ausarbeitung der Insider-Regeln, berichtet ausführlich ihr Mitglied *Bremer,* Die Börsensachverständigenkommission, S. 23–33.
[11] Alle abgedruckt zB bei *Hopt/Will,* Europäisches Insiderrecht, S. M-100.
[12] So Pressemitteilung der Arbeitsgemeinschaft der deutschen Wertpapierbörsen vom 26. 2. 1973, zitiert nach *Walther* in FS Werner, S. 933/938 f.
[13] Vgl. *Will* NJW 1973, 645/645 mwN.
[14] Vgl. nur *Böhner* Das Wertpapier 1972, 233/233: „Insiderregeln eine Farce"; *Leistner* ZRP 1973, 201/201: „Ein Schlag ins Wasser"; *Horn* ZHR 136 (1072), 369/385 f. Weitere Nachw. bei *Assmann* AG 1994, 196/197 Fn. 18.
[15] Vgl. zwei veröffentliche Entscheidungen der Prüfungskommission in DB 1973, 2234f. und 2288ff.; Falldarstellung bei *Mennicke,* Sanktionen gegen Insiderhandel, S. 49–52.
[16] Abgedruckt bei *Schwark,* BörsG, 1. Aufl. (1976), Anh. II, S. 481ff. mit Erl.; siehe zu den Änderungen auch *Bremer,* Die Börsensachverständigenkommission, S. 31 f.
[17] Abgedruckt in BAnz. 1988, S. 2883 = WM 1988, 1105; eine kommentierende Darstellung der Einzelheiten der Insider-Regeln findet sich bei *zur Megede* in Hdb. des Kapitalanlagerechts, 1. Aufl. 1990, § 14 Rn. 13 bis 73.

Vor § 12 bis § 14 12–15 Abschnitt 3. Insiderüberwachung

12   Die Insider-Regeln wurden in der rechtswissenschaftlichen Literatur von Anfang an **als ineffektiv kritisiert**. Die privatrechtliche Konstruktion wurde als wesentliche Schwäche angesehen.[18] Dem wurde aus der Praxis entgegengehalten, dass freiwillige Regeln mit größerer Bereitwilligkeit als vom Gesetzgeber auferlegte Bestimmungen beachtet würden und es durchaus Insidersensibilität und Deliktsverfolgung gegeben habe, diese jedoch im Geheimen stattgefunden habe und dort auch verbleiben werde.[19] **Lediglich in zwei Fällen** (AEG/Daimler-Benz 1985; Berthold AG 1991) stellte die zuständige Insider-Prüfungskommission einen **Verstoß gegen die Insider-Regeln** fest.[20] Im sog. Fall Steinkühler im Jahr 1993 wurden die Probleme offenkundig, die aus der freiwilligen Anerkennung resultierten.[21]

c) Reformvorschläge

13   Die Kritik an den Insider-Regeln war insbesondere in den 70er Jahren regelmäßig mit der Suche nach einer Rechtsgrundlage im geltenden Zivil- oder Strafrecht verbunden, die Insidergeschäfte erfassen könnte. Daneben sind Reformbemühungen von Seiten der Rechtswissenschaft zu erwähnen, die allerdings über Gesetzgebungsvorschläge nicht hinauskamen. Erstmals ein **Konzept für eine gesamteuropäische Insiderregelung** entwickelten *Hopt/Will* **im Jahr 1973**.[22]

14   Drei Jahre später legte der **Arbeitskreis Gesellschaftsrecht**[23] einen **ausformulierten Gesetzesvorschlag** zur Regelung des Problems der „unlauteren Börsengeschäfte in Wertpapieren" vor.[24] Der Vorschlag kam ein knappes Jahr zu spät, nachdem 1975 eine Reform des Börsengesetzes ohne gesetzliche Regelung des Insiderhandels erfolgt war. Konkret ausformulierte Straftatbestände wurden in der Folgezeit im Alternativ-Entwurf eines Strafgesetzbuches (1977) sowie von *Dingeldey* (1983) vorgeschlagen.[25]

3. Die Entwicklung auf europäischer Ebene bis zur Insiderrichtlinie von 1989

15   Weder die Kritik an den Insider-Regeln noch die verschiedenen Vorschläge für ein deutsches Insidergesetz beendeten die lang andauernde Diskussion über die Vor- und Nachteile eines gesetzlichen Verbots gegenüber der Selbstregulie-

---

[18] Zur Kritik siehe insbesondere *Hopt/Will*, Europäisches Insiderrecht, S. 19 ff.; *Schwark* DB 1971, 1605 ff.; *Horn* ZHR 136 (1972), 369/383, 386 ff.; *Hauschka/Harm* BB 1988, 1189/1195; *Dingeldey*, Insiderhandel und Strafrecht, S. 39 ff.; *Mennicke*, Sanktionen gegen Insiderhandel, S. 186 ff. mwN.

[19] Vgl. die uneingeschränkt positiven Erfahrungsberichte von *zur Megede* ZgKW 1988, 471 ff.; *Claussen* WM 1999, 2001/2002.

[20] Siehe die Übersicht bei *H. Otto* in Madrid-Symposium, S. 447/447 f.; zu AEG/Daimler-Benz siehe auch *Mennicke*, Sanktionen gegen Insiderhandel, S. 52 ff.

[21] Siehe *Mennicke*, Co. Lawyer 15 (1994), S. 155/155.

[22] *Hopt/Will*, Europäisches Insiderrecht; siehe dazu *Horn* AcP 175 (1975), 543 ff.; *Ulmer* JZ 1975, 625 ff.

[23] Bestehend aus Götz Hueck, Markus Lutter, Hans-J. Mertens, Eckhard Rehbinder, Peter Ulmer, Herbert Wiedemann und Wolfgang Zöller.

[24] *Arbeitskreis Gesellschaftsrecht*, Verbot des Insiderhandelns, S. 16 ff.

[25] Alternativ-Entwurf eines Strafgesetzbuches, Besonderer Teil, Straftaten gegen die Wirtschaft (1977), § 191, S. 77 f.; *Dingeldey*, Insiderhandel und Strafrecht, S. 225.

Vorbemerkung 16–18 **Vor § 12 bis § 14**

rungs-Lösung der Insiderregeln. Vielmehr waren es die **Bemühungen der Europäischen Gemeinschaft um eine gemeinschaftsweite Regulierung des Insiderhandels**, die mit der Verabschiedung der „Richtlinie des Rates zur Koordinierung der Vorschriften betreffend Insider-Geschäfte" am 13. November 1989 ihren vorläufigen Abschluss fanden,[26] und die Wende von der freiwilligen Selbstkontrolle zu einer gesetzlichen Lösung des Insiderproblems brachten. Hinzu kam zu Beginn der 90er Jahre die Sorge um das Ansehen des Finanzplatzes Deutschland und seine Position im internationalen Wettbewerb, die letztendlich zu einem **Konsens über die Notwendigkeit einer gesetzlichen Regelung in Deutschland** führte. Nicht innerer, sondern äußerer Druck auf den Gesetzgeber führte zur gesetzlichen Insiderregelung des WpHG.[27]

a) Erste Ansätze zu einer gemeinschaftsweiten Harmonisierung des Insiderrechts

Lange Vorarbeiten und mehrere Anläufe waren bis zur Verabschiedung der EG-Insiderrichtlinie 1989 erforderlich. Von der ersten Erwähnung **bis zur Vorlage eines ersten Entwurfs einer Insiderrichtlinie** vergingen **nahezu 20 Jahre**, während die Richtlinie dann nur wenig mehr als zwei Jahre später verabschiedet wurde. **Einigkeit** bestand – mit Ausnahme Deutschlands, dessen Vertreter sich zunächst vehement für die Anerkennung des deutschen Selbstregulierungsmodells ausgesprochen hatten – **über die Notwendigkeit und Ausgestaltung eines harmonisierten Insiderrechts** in den Mitgliedstaaten. 16

Erstmals am Rande angesprochen wurde die Frage einer rechtlichen Regelung des Insiderhandels im sog. **Segré-Bericht** über den Aufbau eines europäischen Kapitalmarkts aus dem Jahre **1966**.[28] Ein **erster Versuch** einer gemeinschaftsweiten Regelung fand sich im **Vorschlag über das Statut einer Europäischen Aktiengesellschaft von 1970**.[29] Art. 82 sah eine partielle, nur die Societas Europaea betreffende Regelung vor. Die Gesellschafts-Insider und ihre Transaktionen in Wertpapieren der Societas Europaea sollten in einem europäischen Handelsregister veröffentlicht werden. Gewinne aus allen Transaktionen, die der Gesellschafts-Insider innerhalb von sechs Monaten erzielt, sollten an die Gesellschaft abgeführt werden.[30] Dieser Vorschlag ging von einem **rein gesellschaftsrechtlichen Ansatz** aus und hatte offensichtlich die sog. Short-Swing Trading Profits Rule des US-amerikanischen *Securities Exchange Act* zum Vorbild. 17

Im Jahr 1977 richtete die EG-Kommission eine nicht verbindliche[31] **Empfehlung über „Europäische Wohlverhaltensregeln für Wertpapiertrans-** 18

---

[26] Richtlinie 89/592/EEC, EGABl. Nr. L 334 vom 18. 11. 1989, S. 30–32. Die englische Fassung der Richtlinie findet sich zB bei *Hopt/Wymeersch* (Hrsg.), European Insider Dealing, S. 382–388.
[27] So *Assmann* AG 1994, 196/198; *Assmann* Rn. 9.
[28] Europäische Wirtschaftsgemeinschaft – Kommission, Der Aufbau eines europäischen *Kapitalmarktes (1966)*, zitiert nach dem Vorsitzenden der Kommission als Segré-Bericht.
[29] Vorschlag einer Verordnung des Rates über das Statut für eine Europäische Aktiengesellschaft vom 30. 6. 1970, EGABl. Nr. C 124 vom 10. 10. 1970 (Art. 82: S. 18 f.); Art. 82 ist außerdem abgedruckt bei *Hopt/Will*, Europäisches Insiderrecht, Materialien 38, M-118-122.
[30] Ausführlich zu Art. 82 des vorgeschlagenen Statuts *Hopt/Will*, Europäisches Insiderrecht, S. 140–149.
[31] Vgl. Art. 249 Abs. 5 EG (damals Art. 189 Abs. 5 EG-Vertrag).

Mennicke

aktionen" an die Mitgliedstaaten.³² Der Kodex enthielt Grundsätze fairen Handels in Wertpapieren. Der ergänzende Grundsatz Nr. 9 verbot die eigene Ausnutzung von Insiderinformationen und deren Weitergabe an Dritte und kann als **Vorläuferregelung der Insiderrichtlinie** angesehen werden.

b) Der Weg zur Insiderrichtlinie

19   Im November 1976 trat eine Arbeitsgruppe bei der EG-Kommission zusammen und begann mit der Ausarbeitung eines Entwurfs einer Insiderrichtlinie.³³ Es dauerte bis **Mai 1987,** bis die Kommission den **ersten Vorschlag einer „Richtlinie zur Koordinierung der Vorschriften betreffend Insider-Geschäfte"** vorlegte.³⁴ Die lange Vorlaufzeit hatte ihre Ursache darin, dass Ende der 70er Jahre/Anfang der 80er Jahre in den meisten Mitgliedstaaten noch keine rechtliche Regelung des Insiderproblems erfolgt war. Die bereits bestehenden mitgliedstaatlichen Regelungen waren sehr unterschiedlich und reichten von strafrechtlichen Vorschriften (Frankreich seit 1970, Großbritannien seit 1980) über Gewinnabführungsbestimmungen (Frankreich 1967/68) bis hin zu freiwilligen Selbstregulierungsmaßnahmen (Deutschland).

20   Nach Stellungnahmen des Wirtschafts- und Sozialausschusses³⁵ und des Europäischen Parlaments³⁶ wurde im **Oktober 1988** ein **geänderter Vorschlag** für die Insiderrichtlinie vorgelegt.³⁷ Im **Juli 1989** verabschiedete der Rat seinen **Gemeinsamen Standpunkt,**³⁸ und mit nicht ganz unerheblichen Änderungen gegenüber dem Vorschlag von 1988 wurde am **13. November 1989** die „Richtlinie des Rates zur Koordinierung der Vorschriften betreffend Insider-Geschäfte" verabschiedet.

21   Der kurze Zeitraum von nur 18 Monaten vom ersten Vorschlag bis zur Verabschiedung der Richtlinie war Ausdruck des **nahezu einhelligen Konsenses zwischen den Mitgliedstaaten** über die Notwendigkeit und Ausgestaltung einer gesetzlichen Insiderregelung. In fast allen Mitgliedstaaten waren Vorschriften gegen Insiderhandel erlassen worden, namentlich in Portugal 1986, in Dänemark 1987, in Spanien und Griechenland 1988 und in den Niederlanden und Belgien 1989.

22   **Nennenswerter Widerstand** kam **nur noch aus Deutschland.** Man wollte verhindern, dass eine gesetzliche Regelung des Insiderhandels für die Mitgliedstaaten zwingend wurde; statt dessen wurde **versucht,** eine **Anerkennung der deutschen Selbstregulierung** zu erreichen. Dies blieb trotz der Änderung

---

³² Empfehlung der EG-Kommission vom 25. 7. 1977, EGABl. Nr. L vom 20. 8. 1977, S. 37–43, mit Berichtigungen in EGABl. Nr. L vom 18. 11. 1977, S. 28. Ausführliche Darstellung bei *Izquierdo,* Die Liberalisierung und Harmonisierung des Börsenrechts als Problem des EG-Rechts, Magisterarbeit Saarbrücken 1989.
³³ Siehe die Darstellung bei *Hopt* ZGR 1991, 17/20.
³⁴ EGABl. Nr. C 153 vom 11. 6. 1987, S. 8–10; auch abgedruckt in ZIP 1987, 1217–1221.
³⁵ *Meyer-Horn*-Bericht des Wirtschafts- und Sozialausschusses vom 16. 12. 1987, EGABl. Nr. C 35 vom 8. 2. 1988, S. 22–25.
³⁶ EGABl. Nr. C 187 vom 18. 7. 1988, S. 90–93.
³⁷ „Änderung des Vorschlags für eine Richtlinie des Rates zur Koordinierung der Vorschriften betreffend Insider-Geschäfte", EGABl. Nr. C 277 vom 27. 10. 1988, S. 13–17.
³⁸ Mitteilung der Kommission an das Parlament, Gemeinsamer Standpunkt des Rates, abgedruckt in ZIP 1989, 1089–1091. Dazu *von Rosen* ZfgKW 1989, 658–664.

Vorbemerkung 23–26 **Vor § 12 bis § 14**

der Insider-Regeln im Jahr 1988 erfolglos. Denn der geänderte Vorschlag der Insiderrichtlinie von 1988 wurde nicht mehr auf Art. 54 Abs. 3 lit. g) EG-Vertrag (jetzt Art. 44 Abs. 3 lit. g) EG), sondern auf Art. 100 a Abs. 1 EG-Vertrag (nach Änderung jetzt Art. 95 Abs. 1 EG) gestützt. Damit war für die **Verabschiedung der Richtlinie** keine Einstimmigkeit erforderlich, sondern sie konnte **durch Mehrheitsentscheidung** erlassen werden.

4. Von der Insiderrichtlinie zur gesetzlichen Regelung des Insiderhandels im WpHG

a) Einsicht in die Notwendigkeit einer gesetzlichen Regelung des Insider-Problems

Die Möglichkeit der Verabschiedung der Insiderrichtlinie durch bloße Mehrheitsentscheidung sowie die Sorge um die internationale Wettbewerbsfähigkeit des Finanzplatzes Deutschland führte in Deutschland zur Einsicht in die Notwendigkeit einer gesetzlichen Regelung.[39] Mit der Möglichkeit der Verabschiedung durch Mehrheitsentscheidung war klar, dass **auch in Deutschland** eine **gesetzliche Normierung des Insiderhandels unumgänglich war**. Der Ansatz der Insider-Regeln, ihre Geltung von der freiwilligen Unterwerfung der Unternehmen und ihrer Insider abhängig zu machen, war mit dem von der EG-Richtlinie verlangten zwingenden Verbot unvereinbar.[40]   23

Zur durch die Insiderrichtlinie vorgegebenen Notwendigkeit einer gesetzlichen Festlegung kam die Einsicht hinzu, dass **der Finanzplatz Deutschland** wegen des Wettbewerbs mit anderen internationalen Finanzplätzen **allgemein anerkannte rechtliche Standards zur Sicherung des Börsenfunktionen- und Anlegerschutzes** benötigte. Dieser Sinneswandel hatte ein pragmatischen Gründe:[41] Deutsche Emittenten und Kapitalanlageprodukte hatten **Schwierigkeiten mit den US-amerikanischen Börsenaufsichtsbehörden, Zugang zum amerikanischen Kapitalmarkt zu erhalten**. Exemplarisch genannt sei hier die Ablehnung der *Securities and Exchange Commission* (SEC) im Jahre 1991, an der Wall Street den Handel mit Optionen auf den Deutschen Aktienindex (DAX) zuzulassen, was damit begründet wurde, dass die Börsenaufsicht in Deutschland unzureichend sei.[42]   24

b) Verspätete Umsetzung der EG-Insiderrichtlinie

Die EG-Insiderrichtlinie von 1989 hatten die Mitgliedstaaten **bis zum 1. Juni 1992 in nationales Recht zu transformieren**. Die Bundesrepublik hielt diesen Termin erwartungsgemäß nicht ein und war der letzte Mitgliedstaat, der die Vorschriften umsetzte.   25

c) Verhältnis der Insidervorschriften des WpHG zu den freiwilligen Insider-Regeln.

Die **gesetzlichen Insiderbestimmungen** der §§ 12 ff. WpHG traten **an die Stelle der freiwilligen Insiderhandels-Richtlinien**. Es ist davon auszugehen, dass das Auslaufen der Insiderhandels-Richtlinien **unmittelbar zu einer Beendi-**   26

---

[39] Siehe zB *von Rosen* ZfgKW 1989, 658.
[40] *Hopt* ZGR 1991, 17/57; *Wirz* KaRS 1990, 338/340.
[41] So *Assmann* AG 1994, 196/199; *Assmann*, Rn. 11.
[42] Siehe Handelsblatt vom 19. 9. 1991, S. 37.

gung bzw. zur Gegenstandslosigkeit der abgeschlossenen Anerkennungsverträge führte. Ob man zu diesem Ergebnis über den Willen der Vertragsschließenden[43] oder über die Grundsätze des Wegfalls der Geschäftsgrundlage[44] gelangt, ist im Ergebnis unerheblich.

5. Novellierungen des deutschen Insiderrechts.

27 Die **Novellierungen des WpHG bis zum AnSVG** (siehe Einleitung Rn. 22 ff.) beschränkten sich auf eine Verbesserung der Insiderüberwachung; materielle Änderungen der §§ 12 bis 14 erfolgten nicht. Das sog. **Richtlinienumsetzungsgesetz** (siehe Einleitung Rn. 22 ff.) erweiterte die Auskunftspflichten gegenüber der BaFin. Eine weitere Effektivierung der wertpapierhandelsrechtlichen Marktaufsicht erfolgte durch das **3. Finanzmarktförderungsgesetz** (siehe Einleitung Rn. 24), das die Ermittlungsbefugnisse der BaFin bei der Verfolgung von Insiderverstößen erweiterte.

28 Eine weitere Effektivierung der Verfolgung von Insiderverstößen bezweckten die durch das **4. Finanzmarktförderungsgesetz** (siehe Einleitung Rn. 28 ff.) erfolgten Änderungen von § 16 Abs. 2 und 4 aF sowie die Aufnahme von § 16b (Auswertung von Telekommunikationsdaten). Der BaFin wurde die Befugnis eingeräumt, dann, wenn Anhaltspunkte für ein Insidergeschäft vorliegen, auch über das zum Depot gehörende Geldkonto Auskunft zu verlangen. Im Zusammenhang mit der Verbesserung der Insiderüberwachung steht auch die durch das 4. Finanzmarktförderungsgesetz erfolgte Einführung einer Offenlegungspflicht für sog. *directors' dealings* in § 15 a (siehe dazu die Kommentierung zu § 15 a). Die Änderungen von § 12 waren bloße Folge der Neuregelung im BörsG über die Einbeziehung von Wertpapieren in den geregelten Markt; diese Wertpapiere sind auch Insiderpapiere (siehe § 12 Rn. 7).

6. Europäische Marktmissbrauchsrichtlinie von 2003 und Umsetzung im AnSVG 2004

29 Angesichts der zunehmenden Internationalisierung der Finanzmärkte und ihrem damit einhergehenden Zusammenwachsen gab der Europäische Rat auf seiner Lissaboner Tagung im April 2000 das Ziel einer auch **rechtlichen Integration der europäischen Finanzmärkte** bis 2005 vor. Dieser Zeitrahmen wurde vom Europäischen Rat (Stockholm) im März 2001 auf Ende 2003 konkretisiert. Dabei sollte den im Aktionsplan für Finanzdienstleistungen vom 11. Mai 1999[45] vorgesehenen Rechtsvorschriften für Wertpapiermärkte sowie den Maßnahmen, die der vom Europäischen Rat eingesetzte Ausschuss der Weisen in seinem Schlussbericht (sog. *Lamfalussy*-Bericht)[46] vorgeschlagen hatte, Vorrang eingeräumt werden. Im Aktionsplan wurde hervorgehoben, dass eine

---

[43] So *Hopt* in Bankrechts-Handbuch, 1. Aufl. 1997, § 107 Rn. 6.
[44] So *Schäfer* Rn. 5.
[45] „Finanzdienstleistungen – Umsetzung des Finanzmarktrahmens: Aktionsplan", Mitteilung der Kommission vom 11. 5. 1999, KOM (1999) 232 endg., abgedruckt in ZBB 1999, 254.
[46] „Schlussbericht des Ausschusses der Weisen über die Regulierung der Europäischen Wertpapiermärkte (*Lamfalussy*-Bericht) vom 15. 2. 2001; im Internet abrufbar unter www.europa.eu.int/comm/internal_market/de/finances/general/lamfalussy.htm.

Vorbemerkung 30–33 **Vor § 12 bis § 14**

europäische Richtlinie zur Bekämpfung von Marktmissbrauch erforderlich sei.

Am 30. Mai 2001 legte die Europäische **Kommission** einen **Vorschlag** für 30 eine Marktmissbrauchsrichtlinie vor.[47] Das **Europäische Parlament** nahm den Kommissionsvorschlag in erster Lesung am 14. März 2002 in abgeänderter Fassung an.[48] Am 19. Juli 2002 verabschiedete der Rat seinen **Gemeinsamen Standpunkt**.[49] Die Marktmissbrauchsrichtlinie wurde am 28. Januar 2003 endgültig verabschiedet. Mit **Veröffentlichung im EG-Amtsblatt** am 12. April 2003 trat die „Richtlinie des Europäischen Parlaments und des Rates über Insider-Geschäfte und Marktmanipulation (Marktmissbrauch)" in Kraft.

Ziel der Richtlinie ist es, die Integrität der Europäischen Finanzmärkte zu 31 sichern, einen **einheitlichen gemeinschaftsweiten Rechtsrahmen für die Bekämpfung von Marktmissbrauch in Europa** zu schaffen und das Vertrauen der Anleger in die Europäischen Finanzmärkte zu stärken. Um sowohl Insidergeschäfte als auch Marktmanipulation als Erscheinungsformen des Marktmissbrauchs zu bekämpfen, wurden entsprechende Vorschriften in einer einzigen Richtlinie zusammengefasst. Angesichts der Änderungen seit dem Erlass der **EG-Insiderrichtlinie** vom November 1989 auf den Finanzmärkten und im Gemeinschaftsrecht wurde es für notwendig gehalten, die Insiderrichtlinie zu **ersetzen**. Außerdem sollte die neue Richtlinie Lücken schließen, die zu rechtswidrigem Handeln ausgenutzt werden könnten und dadurch das Vertrauen der Öffentlichkeit in das reibungslose Funktionieren der Märkte beeinträchtigten.[50]

Gemäß Art. 20 iVm Art. 21 der Marktmissbrauchsrichtlinie wurde die **EG-** 32 **Insiderrichtlinie am 12. April 2003,** dem Tag des Inkrafttretens der Marktmissbrauchsrichtlinie durch Veröffentlichung im Amtsblatt **aufgehoben.**

Die Mitgliedstaaten waren verpflichtet, die Vorschriften der Richtlinie **bis** 33 **zum 12. Oktober 2004** umzusetzen (Art. 18). Für das in **§§ 12 bis 14** geregelte Insiderrecht ergab sich aus der Marktmissbrauchsrichtlinie **Änderungsbedarf:**[51]

– Erweiterung des Geltungsbereichs auf **„Finanzinstrumente",** was eine Erweiterung der Definition des **„Insiderpapiers"** um von § 12 bislang nicht erfasste Instrumente erforderte, wie Geldmarktinstrumente, Zins- und Devisenswaps, sowie Swaps auf Aktien- oder Aktienindexbasis *(equity swaps),* Kauf- und Verkaufsoptionen auf die beiden sog. Kategorien einschließlich gleichwertiger Instrumente mit Barzahlung (insbes. Devisen- und Zinsoptionen) und Warenderivate.

---

[47] Kommission: Vorschlag für eine Richtlinie des Europäischen Parlaments und des Rates über Insider-Geschäfte und Marktmanipulation (Marktmissbrauch) vom 30. 5. 2001 (Marktmissbrauchsrichtlinie-Kommissionsvorschlag), KOM (2001) 281 endg. – 2001/0118 (COD), EGABl. Nr. C 240 E 265.

[48] Vorschlag für eine Richtlinie des Europäischen Parlaments und des Rates über Insider-Geschäfte und Marktmanipulation (Marktmissbrauch) in der vom Europäischen Parlament am 14. 3. 2002 angenommenen Fassung (Marktmissbrauchsrichtlinie – Parlamentsvorschlag), KOM (2001) 281 endg. – C5-0262/2001 – 2001/0118 (COD), abgedruckt in ZBB 2002, 144.

[49] Gemeinsamer Standpunkt des Rates, EGABl. Nr. C 228 vom 25. 9. 2002, S. 19.

[50] Erwägungsgründe der Marktmissbrauchsrichtlinie (insbes. Tz. 11–13).

[51] Siehe dazu – auf der Grundlage des Kommissionsvorschlags in der vom Europäischen Parlament abgeänderten Fassung – *Leppert/Stürwald* ZBB 2002, 90 ff.

Mennicke 309

Vor § 12 bis § 14 34, 35 Abschnitt 3. Insiderüberwachung

- Nach Art. 1 Ziffer 1 der Marktmissbrauchsrichtlinie genügt es, dass die **Insiderinformation** einen oder mehrere **Emittenten** von Finanzinstrumenten oder ein oder mehrere **Finanzinstrumente direkt oder indirekt betrifft.** In den Erwägungsgründen des Parlamentsvorschlags[52] wird für einen indirekten Bezug beispielhaft eine Information angeführt, welche die Preisentwicklung und -bildung auf einem geregelten Markt als solche beeinflussen könnte (Terrorangriff). Diese Einbeziehung von sog. Marktinformationen in den Begriff der Insidertatsache geht über die frühere Auslegung des § 13 Abs. 1 hinaus.
- Art. 4 der Marktmissbrauchsrichtlinie erstreckt nicht nur das Ausnutzungsverbot, sondern **auch das Verbot der Weitergabe von Insiderinformationen und das Verbot der Empfehlung auf der Grundlage von Insiderinformationen** von Primärinsidern auf **Sekundärinsider.** Bislang galten gemäß § 14 Abs. 1 und 2 das Weitergabe- und Empfehlungsverbot nur für Primärinsider, nicht jedoch für Sekundärinsider. Art. 4 soll nunmehr eine bislang in der Insiderrichtlinie angelegte Schutzlücke hinsichtlich der beiden Handlungsmodalitäten der Weitergabe und der Empfehlung schließen.
- Art. 2 Abs. 1 Unterabs. 1 der Marktmissbrauchsrichtlinie bezieht auch den **Versuch des Erwerbs oder der Veräußerung von Finanzinstrumenten unter Verwendung einer Insiderinformation** in den Anwendungsbereich des Ausnutzungsverbots des Art. 2 Abs. 1 ein. Darin liegt eine weitgehende Ausdehnung des Anwendungsbereichs gegenüber dem WpHG, das die versuchte Tatbegehung bisher nicht sanktionierte.
- **Primärinsider** sind nach Art. 2 Abs. 1 lit. d) über die bisherigen drei Gruppen hinaus alle **Personen, die aufgrund ihrer kriminellen Aktivitäten Kenntnis von einer Insiderinformation erlangt haben.** Dies ist eine Reaktion darauf, dass es im Zusammenhang mit den Terroranschlägen vom 11. September 2001 im Umfeld der Terroristen zu Insidergeschäften gekommen sein könnte.

34 Diesem Änderungsbedarf des Insiderrechts trug das **AnSVG** vom 28. Oktober 2004[53] Rechnung. Das AnSVG diente vor allem der **Umsetzung der EG-Marktmissbrauchsrichtlinie** sowie den zu dieser von der Kommission erlassenen Durchführungsrichtlinien und führte zu beträchtlichen Änderungen des WpHG (siehe Einleitung Rn. 39 ff.). Die Änderungen des WpHG durch das AnSVG traten am 30. Oktober 2004 in Kraft; die Umsetzungsfrist der Marktmissbrauchsrichtlinie wurde damit nicht ganz eingehalten.

35 Anders als die bisherigen Änderungen des Insiderrechts im WpHG, die nur die Effektivierung der Insiderüberwachung zum Gegenstand hatten, führte das AnSVG zu **weit reichenden Änderungen des Insiderrechts und zu einer stärkeren Verknüpfung mit der Ad hoc-Publizität** des § 15. Zu den wichtigsten Änderungen gehört, dass alle Insiderverbote (Verwendungs-, Weitergabe- und Verleitungsverbot) sowohl für Primär- als auch Sekundärinsider gelten. Eine Unterscheidung zwischen diesen beiden Gruppen ist nur noch im Hinblick auf die Sanktionierung des jeweiligen Verstoßes als Straftat oder – auch dies ist neu – als Ordnungswidrigkeit erforderlich. Hervorzuheben ist zudem, dass nun auch der Versuch des Erwerbs oder der Veräußerung von Insiderpapieren unter Ver-

---

[52] Erwägungsgrund 11, abgedruckt in ZBB 2002, 144/147 f.
[53] BGBl. I 2004 vom 29. Oktober 2004, S. 2630 ff.

Vorbemerkung   36–40   **Vor § 12 bis § 14**

wendung einer Insiderinformation strafbar ist. Erstmals verboten und strafrechtlich sanktioniert ist zudem der leichtfertige Verstoß gegen das Erwerbs- oder Veräußerungsverbot.

Das **Transparenzrichtlinie-Umsetzungsgesetz (TUG)**,[54] das am 20. Januar 36 2007 in Kraft trat, führte in Umsetzung der EU-Transparenzrichtlinie[55] zu Änderungen der Regelungen über die Art und Weise der Veröffentlichung von Insiderinformationen im Wege der Ad-hoc-Publizität.

7. Emittentenleitfaden der BaFin

Die BaFin veröffentlichte im Juli 2005 einen **Emittentenleitfaden zum In-** 37 **siderrecht, zur Ad hoc-Publizität, zu den directors' dealings, Marktmanipulationen und Insiderverzeichnissen**, der den 1998 erschienenen Leitfaden zur Ad hoc-Publizität und zum Insiderrecht ersetzte. Der Emittentenleitfaden berücksichtigt insbesondere die durch die Umsetzung der Marktmissbrauchsrichtlinie und ihrer Durchführungsbestimmungen durch das AnSVG geänderte Rechtslage. Der Emittentenleitfaden richtet sich ausdrücklich an in- und ausländische Emittenten, deren Wertpapiere zum Handel an einer inländischen Börse zugelassen sind. Nach eigener Aussage soll er „praktische Hilfestellungen für den Umgang mit den geänderten bzw. neuen Vorschriften des Wertpapierhandelsrechts bieten, ohne eine juristische Kommentierung darzustellen. Er bietet einen Einstieg in die Rechtsmaterie und erläutert die entsprechende Verwaltungspraxis der BaFin." (Emittentenleitfaden, S. 12).

Einen **Entwurf des Emittentenleitfadens** hatte die BaFin im **Dezember** 38 **2004** veröffentlicht. Dieser wurde Vertretern der Wirtschaft und der Anleger zur Stellungnahme zugesandt. Diese von der BaFin eingeräumte Möglichkeit wurde teilweise sehr kritisch von Unternehmen, Verbänden und anderen Betroffenen genutzt. Die BaFin hat, wie die endgültige Fassung zeigt, einige der **Kritikpunkte** aufgegriffen und den Emittentenleitfaden den Erfordernissen der Praxis angepasst, ohne den Anlegerschutz aufzuweichen. Nicht zuletzt deshalb wurde der Emittentenleitfaden überwiegend positiv aufgenommen.[56]

Die BaFin beabsichtigt, künftige Erkenntnisse aus der Verwaltungspraxis und 39 Rechtsprechung zu nutzen, um den Emittentenleitfaden bei **Bedarf zu aktualisieren**.

Auch wenn sich der Emittentenleitfaden ausdrücklich an Außenstehende 40 wendet, ist er mangels gesetzlicher Ermächtigungsgrundlage i. S. d. Art. 80 Abs. 1 GG **keine Rechtsverordnung**.[57]

Bezüglich der Rechtsnatur des Emittentenleitfadens besteht Übereinstimmung darüber, dass es sich um eine **norminterpretierende Verwaltungsvorschrift** handelt.[58] Damit entfaltet der Emittentenleitfaden aber **keine bindende Wir-**

---

[54] BGBl. I 2007 vom 10. Januar 2007, S. 10 ff.
[55] Richtlinie 2004/109/EG des Europäischen Parlaments und des Rates vom 15. Dezember 2004 zur Harmonisierung der Transparenzanforderungen in Bezug auf Informationen über Emittenten, deren Wertpapiere zum Handel auf einem geregelten Markt zugelassen sind, EGAbl. L Nr. 390 v. 31. 12. 2004, S. 38–57.
[56] So *Merkner/Sustmann*, NZG 2005, 729/729.
[57] *Merkner/Sustmann*, NZG 2005, 729/729 a. E.
[58] *Merkner/Sustmann*, NZG 2005, 729/730; *Claussen/Florian*, AG 2005, 745/747 (vertrauensbildender deutscher „best practice-code").

kung gegenüber den Gerichten.[59] Der Emittentenleitfaden kann allerdings, sofern er zur Grundlage einer ständigen Verwaltungspraxis wird, gegenüber den Emittenten und sonstigen betroffenen Personen im Hinblick auf den Gleichheitssatz des Art. 3 Abs. 1 GG Außenwirkung entfalten.[60]

II. Die Insiderregelung im WpHG – Überblick und Regelungstechnik

1. Regelungssystematik des deutschen Insiderrechts

41   Die **Insiderregelung des WpHG** erfolgt in den **§§ 12 bis 16 b** und **38, 39.** Zudem wird teilweise auf die in § 2 enthaltenen und damit vor die Klammer gezogenen allgemeinen Definitionen Bezug genommen. Die materiellen Bestimmungen des Insiderhandelsverbots, namentlich die Definitionen des Insiderpapiers und der Insiderinformation, sind in den §§ 12 und 13 enthalten. Die Insiderverbote (Verwendungsverbot, Weitergabeverbot und Verleitungsverbot) sind in § 14 formuliert. Die strafrechtliche Sanktionierung erfolgt durch § 38, die ordnungswidrigkeitenrechtliche durch § 39, die Teile des 12. und zugleich vorletzten Abschnitts des Gesetzes („Straf- und Bußgeldvorschriften") sind und eine Differenzierung zwischen Primär- und Sekundärinsidern erfordern. **§§ 38 und 39 sind als Blankett ausgestaltet** und gewinnen erst durch **die in § 14 Abs. 1 und Abs. 2 statuierten eigentlichen Insiderhandelsverbote** Konturen.

42   § 14 ist seinerseits auch **Blankettvorschrift.** Diese Bestimmung verbietet es, „Insiderpapiere" unter Verwendung einer „Insiderinformation" zu erwerben oder zu veräußern, einem anderen die „Insiderinformation" unbefugt mitzuteilen oder den Erwerb bzw. die Veräußerung zu empfehlen, ohne jedoch diese zentralen Begriffe selbst zu bestimmen. Insofern **verweist § 14 auf zwei weitere Vorschriften.** § 12 definiert den Begriff der Insiderpapiere, § 13 enthält den für den Anwendungsbereich des Insiderrechts zentralen Begriff der Insiderinformation. Infolge dieser **mehrfachen Verschachtelung der einzelnen Vorschriften** handelt es sich bei der Strafvorschrift des § 38 wie auch der ordnungswidrigkeitenrechtlichen Bestimmung des § 39 um ein sog. **mehrstufiges Blankett** (zu § 38 als Blankett-Straftatbestand siehe Vor §§ 38–40b Rn. 10ff.).

43   Die sog. **flankierenden Maßnahmen zum Insiderhandelsverbot** sind in den §§ 15 bis 16b geregelt und betreffen die Pflicht zur Veröffentlichung kursrelevanter Tatsachen (sog. **Ad hoc-Publizität**), die Veröffentlichung und Mitteilung von Geschäften in Wertpapieren des Emittenten durch Führungspersonen und bestimmte diesen nahe stehende Personen (sog. *directors' dealings*) sowie die Verpflichtung zur **Führung von Insiderverzeichnissen.** Für die Insiderüberwachung relevante Vorschriften finden sich zudem außerhalb des insiderrechtlichen Abschnitts des Gesetzes (§§ 4ff., insbesondere § 9 und § 10). **Ausnahmen** vom Insiderhandelsverbot ergeben sich abschließend aus § 1 Abs. 3.

44   Durch die Verschachtelung der einzelnen Vorschriften des Insiderhandelsverbots ist die **gesetzliche Regelung** sehr **komplex.** Nach der Umsetzung der EG-Marktmissbrauchsrichtlinie durch das **AnSVG**, die zu einer erheblichen

---

[59] *Merkner/Sustmann*, NZG 2005, 729/730; Möllers, WM 2005, 1393/1396.
[60] *Merkner/Sustmann*, NZG 2005, 729/730; *Claussen/Florian*, AG 2005, 745/747 (Gewohnheitsrecht durch jahrelange Übung).

Veränderung der bisherigen Systematik des Insiderrechts führte, ist die Regelung aber bei Weitem nicht mehr so unübersichtlich[61] wie diejenige, die in Umsetzung der EG-Insiderrichtlinie erfolgt war. Der Begriff des Insiderpapiers, der insbesondere durch den Verweis auf § 2 deutlich ausgedehnt wurde, wird weiterhin von § 12 definiert. § 13 definiert nunmehr nur noch die Insidertatsache, verwendet aber nun im Einklang mit der EG-Marktmissbrauchsrichtlinie den Begriff der Insiderinformation. Sämtliche Insiderverbote, nämlich das Erwerbs- und das Veräußerungsverbot, das Weitergabeverbot sowie das Empfehlungsverbot gelten gemäß § 14 für jedermann. Hinsichtlich des Verbotsumfangs wird nicht mehr zwischen Primär- und Sekundärinsidern differenziert. Eine Unterscheidung zwischen Primär- und Sekundärinsidern ist aber nach wie vor wegen der unterschiedlichen Strafbewehrung als Straftat (§ 38) oder als Ordnungswidrigkeit (§ 39) relevant. Dementsprechend wird der Begriff des Insiders jetzt in § 38 definiert.

2. Verbotstatbestand und Anwendungsbereich

Der Anwendungsbereich und damit die Reichweite des deutschen Insiderrechts wird wie bei jeder Insiderregelung maßgeblich durch den Inhalt der zentralen Begriffe des Insiders, der Insidertatsache und des Insiderpapiers sowie deren Zusammenwirken bestimmt. § 14 Abs. 1 und Abs. 2 enthalten die eigentlichen Insiderhandelsverbote und bilden damit das **Kernstück des Insiderrechts** des WpHG. 45

Die Insiderhandelsverbotsvorschriften des WpHG setzten die **EG-Insiderrichtlinie** und die **EG-Marktmissbrauchsrichtlinie** um. Entsprechend der Rechtsgrundlage der Insiderrichtlinie (Art. 100a Abs. 1 EG-Vertrag, jetzt Art. 95 Abs. 1 EG) hatte die Richtlinie die Angleichung der nationalen Rechtsvorschriften im Sinne einer **Mindestharmonisierung** zum Gegenstand. Art. 6 der EG-Insiderrichtlinie sah ausdrücklich vor, dass jeder Mitgliedstaat strengere Vorschriften als die in dieser Richtlinie vorgesehenen oder zusätzliche Vorschriften erlassen konnte, sofern diese Vorschriften allgemein galten. 46

Der **EuGH** hat dies dahingehend **konkretisiert**, dass im Vergleich zur Richtlinie strengere Vorschriften solange mit dieser im Einklang stehen, als die **Tragweite der für die Anwendung der jeweiligen Regelung verwendeten strengeren Definition eines Merkmals für alle natürlichen oder juristischen Personen, die von der Regelung erfasst werden, gleich** ist. Sind Vorschriften der Regelung eines Mitgliedstaats mit Art. 6 der Richtlinie unvereinbar, da bestimmte natürliche oder juristische Personen von einem strengeren als dem in der Richtlinie vorgesehenen Verbot befreit sind, verstoßen diese Vorschriften gegen das Gemeinschaftsrecht und dürfen gegenüber sämtlichen Personen, auf die sie Anwendung finden können, nicht angewendet werden.[62] 47

a) Normadressaten und Insiderhandelsverbote

Hinsichtlich der **verbotenen Handlungsweisen** beim Umgang mit Insidertatsachen differenziert § 14 seit der Neufassung des Insiderrechts durch das 48

---

[61] Kritisch zur fehlenden Übersichtlichkeit *Schäfer*, 1. Auf. 1999, § 13, Rn. 1 ff., insbes. 3.
[62] EuGH, 3. 5. 2001 – Rs. C-28/99 (*Verdonck, Everaert* und *de Baedts*/Strafverfahren), EWS 2001, 277.

Vor § 12 bis § 14   49–52   Abschnitt 3. Insiderüberwachung

AnSVG nicht mehr zwischen **Primärinsidern** und Sekundärinsidern. Primärinsider unterlagen gemäß §§ 14 Abs. 1 iVm 13 Abs. 1 einem dreifachen Verbot: einem **Erwerbs- und Veräußerungsverbot,** einem **Mitteilungsverbot** sowie einem **Empfehlungsverbot.** Für **Sekundärinsider** galt dagegen gemäß § 14 Abs. 2 aF **nur das Erwerbs- und Veräußerungsverbot** des § 14 Abs. 1 Nr. 1, nicht jedoch das Mitteilungsverbot und das Empfehlungsverbot.[63]

49 In Umsetzung von Art. 4 der EG-Marktmissbrauchsrichtlinie treffen die **Insiderhandelsverbote des § 14 Abs. 1 Nr. 1 bis 3 sowohl Primär- als auch Sekundärinsider,** d. h. **jeden** („Es ist verboten …"), vorausgesetzt, er verfügt über eine Insiderinformation bzw. hat Kenntnis von dieser. Die Kenntnis von einer Insidertatsache wird zwar für Sekundärinsider anders als nach § 14 Abs. 2 aF nicht mehr ausdrücklich verlangt. Immanent setzen die drei Tatmodalitäten des § 14 Abs. 1 Nr. 1–3 aber diese Kenntnis voraus. Eine Differenzierung zwischen Primär- und Sekundärinsidern bleibt nach dem **AnSVG** allerdings wegen der unterschiedlichen Strafbewehrung relevant (siehe Rn. 62). Dies kann sich namentlich im Hinblick auf die tätigkeitsbedingten Insider gemäß § 38 Abs. 1 Nr. 2 lit. b im Einzelfall als schwierig erweisen. Die Klarstellung des deutschen Gesetzgebers, dass die Kenntnis aufgrund des Berufs, der Tätigkeit oder der Aufgabe „bestimmungsgemäß" erlangt sein muss, ist ein hinreichend deutliches Abgrenzungskriterium.[64]

50 § 14 Abs. 1 statuiert **drei Verbote:**
- Erwerb oder Veräußerung unter Verwendung einer Insiderinformation,
- unbefugtes Mitteilen oder Zugänglichmachen einer Insiderinformation,
- Empfehlung des Erwerbs oder der Veräußerung auf der Grundlage einer Insiderinformation oder Verleitung dazu auf sonstige Weise.

51 § 14 Abs. 1 Nr. 1 verbietet **den Erwerb oder die Veräußerung „unter Verwendung" einer Insiderinformation,** nicht wie vor der Änderung durch das AnSVG „unter Ausnutzung". Ausweislich der Regierungsbegründung des AnSVG versprach sich der Gesetzgeber davon eine Erleichterung des Nachweises eines Verstoßes, denn der Begriff „Verwendung" mache deutlich, dass ein subjektiv zweckgerichtetes Handeln im Hinblick auf einen Sondervorteil, der aus dem Informationsgefälle aufgrund der Kenntnis von der Insidertatsache resultiere, nicht mehr vorausgesetzt werde.[65]

52 Die **Ersetzung des Tatbestandsmerkmals des Ausnutzens durch dasjenige des Verwendens einer Insiderinformation** hat zu Zweifeln und Kritik wegen einer vermeintlichen Ausdehnung des Verbotsumfangs geführt, die auf einer missverständlichen Auslegung des Merkmals der Verwendung basierten, wonach jeder Erwerb oder jede Veräußerung von Insiderpapieren durch eine Person, die Kenntnis von Insiderinformationen hat, erfasst werden könne. Die

---

[63] Allerdings konnte sich ein Sekundärinsider, der seine Kenntnis von einer Insidertatsache weitergab oder auf ihrer Grundlage eine Empfehlung gab, unter Heranziehung der allgemeinen Strafrechtsvorschriften der §§ 26, 27 StGB ggf. wegen einer Anstiftung oder einer Beihilfe zur Tat des Empfängers der Mitteilung oder der Empfehlung strafbar machen, jedoch nur dann, wenn der Empfänger selbst eine vorsätzliche rechtswidrige Haupttat beging.

[64] *Claussen* DB 1994, 27/28 Fn. 11; *Assmann* AG 1994, 237/239; *Mennicke*, Sanktionen gegen Insiderhandel, S. 599.

[65] Begründung RegE-AnSVG, BT-Drucks. 15/3174, S. 34.

Vorbemerkung   53–56 **Vor § 12 bis § 14**

Insiderinformation muss aber nach wie vor mitursächlich für den Erwerb oder die Veräußerung sein, d. h. sie muss mitbestimmend für den Erwerb bzw. die Veräußerung der konkreten Art und Weise geworden sein (siehe dazu § 14 Rn. 52 ff.). Darüber besteht mittlerweile Übereinstimmung; wesentliche Unterschiede zur bisherigen Rechtslage bestehen nicht (siehe im Einzelnen die Kommentierung zu § 14).

Das **Empfehlungsverbot** in § 14 Abs. 1 Nr. 3 wurde durch das AnSVG **um** 53 **die Handlungsalternative „Verleiten"** ergänzt. Die Empfehlung als Mittel der Willensbeeinflussung ist ein spezieller Unterfall des Verleitens.

Ausdrücklich ausgeschlossen von den Insiderhandelsverboten sind nach 54 § 14 Abs. 2 der **Handel mit eigenen Aktien** im Rahmen von **Rückkaufprogrammen** und **Maßnahmen zur Stabilisierung des Preises von Finanzinstrumenten,** wenn diese in Übereinstimmung mit den Ausnahmeregelungen der Verordnung (EG) Nr. 2273/2003 vom 22. Dezember 2003 für Rückkaufprogramme und Kursstabilisierungsmaßnahmen erfolgen. Für die Freistellung von den Insiderhandelsverboten („safe harbour") muss ein Rückkaufprogramm ausschließlich den in der Verordnung angeführten Zwecken dienen. Nicht erfasst ist deshalb der Rückerwerb eigener Aktien als sog. Akquisitionswährung, wenn die Aktien beispielsweise bei einem Unternehmenserwerb dem Verkäufer als Gegenleistung angeboten werden sollen.[66]

Das **frühere „Ob" der Differenzierung** des Insiderhandelsverbots zwischen 55 Primär- und Sekundärinsidern wurde vereinzelt angezweifelt.[67] Stellungnahmen zum Regierungsentwurf des WpHG hatten sich bereits für eine **Ausdehnung des Mitteilungs- und Empfehlungsverbots auf Sekundärinsider** ausgesprochen.[68] Eine solche Verbotsausdehnung war den Mitgliedstaaten durch Art. 6 Satz 2 der EG-Insiderrichtlinie freigestellt. Sieht man als Schutzzweck des Insiderhandelsverbots die Funktionsfähigkeit des Kapitalmarktes an (dazu Rn. 133), können Sekundärinsider dieses Rechtsgut durch Empfehlungen und Weitergabe von Insiderinformationen in ähnlicher Weise wie Primärinsider beeinträchtigen, wobei einem **beim Insiderverstoß eines Primärinsiders möglicherweise gegebenen höheren Handlungsunrecht** infolge der Verletzung der an die privilegierte Stellung anknüpfenden Treuepflichten auf der Ebene der Strafzumessung[69] bzw. – wie jetzt durch das AnSVG erfolgt – durch Verfolgung von Verstößen von Sekundärinsidern lediglich als Ordnungswidrigkeit Rechnung getragen werden könnte.

Das deutsche Insiderrecht enthält eine **ausdrückliche Beschränkung seines** 56 **Anwendungsbereichs.** So unterliegen im Hinblick auf den Gesetzeszweck **bestimmte hoheitliche Aktivitäten** von vornherein nicht dem Insiderhandelsrecht. Gemäß § 1 Abs. 3 handelt es sich dabei um Geschäfte, die aus geld- oder

---

[66] *Assmann,* Rn. 19.
[67] Kritisch etwa *Mennicke,* Sanktionen gegen Insiderhandel, S. 596 ff., insbes. S. 605 ff.; *Dickersbach,* Das neue Insiderrecht, S. 190.
[68] Bundesrat, BT-Drucks. 12/6679, Anlage 2, S. 94; *Schwark,* Stellungnahme zum 2. Finanzmarktförderungsgesetz für den Finanzausschuss, Deutscher Bundestag, 12. Wahlperiode, 7. Ausschuß, Az.: 2450, Protokoll Nr. 70, S. 130/132; Deutsche Schutzvereinigung für Wertpapierbesitz e. V., Stellungnahme zum Regierungsentwurf eines 2. Finanzmarktförderungsgesetzes, ebda., S. 197/198 f.
[69] Vgl. *Mennicke,* Sanktionen gegen Insiderhandel, S. 607; *Assmann* AG 1994, 237/250.

Mennicke 315

währungspolitischen Gründen oder im Rahmen der öffentlichen Schuldenverwaltung von in- oder ausländischen Trägern hoheitlicher Gewalt oder den von diesen Beauftragten durchgeführt werden (siehe Art. 7 der EG-Marktmissbrauchsrichtlinie; vgl. schon Art. 2 Abs. 4 der EG-Insiderrichtlinie).

b) Tatbestandsmerkmale der Insiderinformation und des Insiderpapiers

57 Von den Insiderhandelsverboten des § 14 Abs. 1 Nr. 1–3 wird nur erfasst, wer über eine Insiderinformation verfügt. Seit der Neuregelung des Insiderrechts durch das AnSVG verwendet das WpHG wie die EG-Marktmissbrauchsrichtlinie den **Begriff der Insiderinformation, nicht mehr** den der **Insidertatsache**. Auch die Regelung über die Ad hoc-Publizität in § 15 knüpft nun an den Begriff der Insiderinformation an (dazu unten Rn 73). § 13 Abs. 1 definiert Insiderinformationen als „konkrete Information über nicht öffentlich bekannte Umstände oder Ereignisse, die sich auf einen oder mehrere Emittenten von Insiderpapieren oder auf Insiderpapiere selbst beziehen und die geeignet sind, im Falle ihres öffentlichen Bekanntwerdens den Börsen- oder Marktpreis der Insiderpapiere erheblich zu beeinflussen". Danach werden als Insiderinformationen sowohl **gesellschaftsinterne** als auch **gesellschaftsexterne Umstände** sowie **Marktinformationen** erfasst (§ 13 Rn. 110 ff.), soweit sie kursrelevant im Sinne von § 13 sind. Ausgenommen von den Insiderinformationen sind kraft ausdrücklicher gesetzlicher Anordnung Bewertungen, die ausschließlich aufgrund öffentlich bekannter Tatsachen erstellt wurden, selbst wenn sie den Kurs von Insiderpapieren erheblich beeinflussen können (§ 13 Abs. 2).

58 Seit der Neufassung durch das AnSVG wird nun erstmals im Gesetz definiert, unter welchen Voraussetzungen eine Insiderinformation kursrelevant ist. Nach § 13 Abs. 1 Satz 2 liegt eine **Eignung zur Kursbeeinflussung** dann vor, wenn ein verständiger Anleger die Informationen bei seiner Anlageentscheidung berücksichtigen würde. Damit liegt der Bestimmung der Kursrelevanz ein **subjektiver Ansatz** zugrunde, der vor der Neufassung namentlich in der Praxis der BaFin bereits vertreten wurde. Weiterhin enthält § 13 Abs. 1 noch **einige Konkretisierungen**. So sind Umstände und Ereignisse auch solche, bei denen mit hinreichender Wahrscheinlichkeit davon ausgegangen werden kann, dass sie in Zukunft eintreten. Damit sind überprüfbare Werturteile und Prognosen erfasst; bloße Gerüchte ohne Tatsachenkern reichen nicht aus, hingegen aber der Umstand, dass jemand ein bestimmtes Werturteil abgegeben hat (siehe die Einzelheiten bei § 13).

59 Schließlich enthält § 13 Abs. 1 Satz 4 in Nr. 1 und Nr. 2 **Regelbeispiele** für Informationen, die Insiderinformationen sein können, wie das sog. frontrunning.

60 Eine nicht öffentlich bekannte kursrelevante Information ist nur dann eine Insiderinformation, wenn sie sich auf Insiderpapiere oder auf einen oder mehrere Emittenten von Insiderpapieren bezieht. Was **Insiderpapiere** sind, wird in § 12 beschrieben: Während das WpHG **früher** an den **Begriff des Wertpapiers** anknüpfte, verwendet die **Neufassung** von §§ 2 Abs. 2 lit. b, 12 den **Begriff des Finanzinstruments**. Der Begriff des Finanzinstruments, der auf die Marktmissbrauchsrichtlinie zurückgeht, erweitert die Definition des Insiderpapiers und damit auch die Reichweite der mitgliedstaatlichen Insiderhandelsverbote. So werden nunmehr auch bestimmte, nicht auf einem organisierten Markt der Europäischen Union zugelassene Derivate (zB Warenderivate) erfasst.

Vorbemerkung 61–64 **Vor § 12 bis § 14**

Gemäß § 12 Satz 1 sind **Insiderpapiere** zunächst sämtliche Finanzinstrumen- 61
te, wie in § 2 Abs. 2 lit. b) definiert, die an einer inländischen Börse zum Handel
zugelassen oder in den geregelten Markt oder in den Freiverkehr einbezogen sind
(§ 12 Satz 1 Nr. 1) oder in einem anderen Mitgliedsstaat der EU oder Vertragsstaat des Abkommens über den EWR zum Handel an einem organisierten Markt
(vgl. § 2 Abs. 5) zugelassen sind (§ 12 Satz 1 Nr. 2). Diesen Finanzinstrumenten
werden diejenigen gleichgestellt, für die bislang erst ein Antrag auf Zulassung
zum Handel an einem organisierten Markt oder auf Einbeziehung in den geregelten Markt oder in den Freiverkehr gestellt oder öffentlich angekündigt wurde
(§ 12 Satz 2). Insiderpapiere sind weiterhin Finanzinstrumente, deren Preis unmittelbar oder mittelbar von einem der in Nr. 1 und Nr. 2 genannten Finanzinstrumente abhängt (Derivate), und zwar auch dann, wenn sie selbst nicht an
einem börslichen Markt zugelassen sind oder ihre Zulassung bzw. Einbeziehung
beantragt ist (§ 12 Satz 1 Nr. 3).

c) Sanktionen bei Verstößen

Verstöße gegen die Insiderhandelsverbote des § 14 Abs. 1 Nr. 1–3 werden 62
nach Maßgabe der §§ 38 und 39 **als Straftaten oder Ordnungswidrigkeiten
sanktioniert.** Bei der Frage der Sanktionierung spielt die **Abgrenzung zwi-
schen Primär- und Sekundärinsidern** eine wesentliche Rolle, da seit der
Neufassung durch das AnSVG Verstöße gegen das Weitergabeverbot und das
Verleitungsverbot bei Primärinsidern („Insider" i. S. d. WpHG) als Straftat geahn-
det werden, wohingegen Sekundärinsider eine Ordnungswidrigkeit begehen.
Zwar werden die Begriffe des Primärinsiders und des Sekundärinsiders nicht vom
Gesetz verwendet; diese Bezeichnungen werden aber allgemein, nicht nur in
Deutschland, als Bezeichnung der beiden typischen Insidergruppen benutzt.[70]

Nach allgemeinem Verständnis sind **Primärinsider** Personen, die unmittelba- 63
ren Zugang zu Insiderinformationen haben und über solche verfügen. Das deutsche Insiderrecht belässt es nicht bei einer solchen eher abstrakten Beschreibung,
sondern nimmt eine **abschließende Aufzählung** vor, in welchen Situationen
eine Person zum Primärinsider wird. Weitgehend identisch mit der Rechtslage
vor der Neufassung durch das AnSVG (siehe § 13 Abs. 1 aF) sind Primärinsider
diejenigen, die

- als Mitglieder des Geschäftsführungs- oder Aufsichtsorgans oder als persönlich
  haftende Gesellschafter des Emittenten oder eines mit diesem verbundenen
  Unternehmens (§ 38 Abs. 1 Nr. 2 lit. a),
- aufgrund ihrer Beteiligung am Kapital solcher Unternehmen (§ 38 Abs. 1
  Nr. 2 lit. b) oder
- aufgrund ihres Berufs, ihrer Tätigkeit oder ihrer Aufgabe bestimmungsgemäß
  (§ 38 Abs. 1 Nr. 2 lit. c)

über eine Insidertatsache verfügen.

Diese bisherigen drei Gruppen von Primärinsidern hat das **AnSVG** in Umset- 64
zung der Marktmissbrauchsrichtlinie **um eine Gruppe erweitert:** Danach sind
auch diejenigen Primärinsider, die aufgrund der Begehung oder Vorbereitung
einer Straftat über eine Insiderinformation verfügen (§ 38 Abs. 1 Nr. 2 lit. d)).

---

[70] So auch schon Begründung RegE 2. FFG, BT-Drucks. 12/6679, S. 8 f. 46; im englischsprachigen Raum (Großbritannien, USA) findet sich für den Sekundärinsider regelmäßig der Begriff des *tippee* (Tippempfänger).

Vor § 12 bis § 14 65–71 Abschnitt 3. Insiderüberwachung

Personen, die diese Merkmale erfüllen, konnten bislang in aller Regel nicht als tätigkeitsbedingte Insider erfasst werden, da die Kenntniserlangung aufgrund einer Straftat nicht „bestimmungsgemäß" erfolgte.

65 **Sekundärinsider** sind alle, die nicht zu den Primärinsidern gehören und über Insiderinformationen verfügen.

66 **Verstöße gegen das Verwendungsgebot des § 14 Abs. 1 Nr. 1 WpHG** werden bei Primärinsidern wie bei Sekundärinsidern – wie vor der Neuregelung durch das AnSVG – als Straftat mit **Freiheitsstrafe von bis zu fünf Jahren oder Geldstrafe** geahndet (§ 38 Abs. 1 Nr. 1). Neu ist infolge des AnSVG die Reduktion des Strafrahmens für Verstöße gegen das Verwendungsverbot **im Falle leichtfertigen Handelns** auf **Freiheitsstrafe von bis zu einem Jahr** oder Geldstrafe (§ 38 Abs. 4). Dies sind Fälle, in denen der Täter leichtfertig nicht erkennt, dass es sich bei der betreffenden Information um eine Insiderinformation handelt. Bislang konnte eine geringe Schuld allein im Rahmen der konkreten Strafzumessung berücksichtigt werden.

67 Verstöße gegen das **Weitergabeverbot** des § 14 Abs. 1 Nr. 2 und das **Verleitungsverbot** (§ 14 Abs. 1 Nr. 3) werden **nur bei Primärinsidern** mit **Freiheitsstrafe bis zu fünf Jahren oder Geldstrafe** als Straftat geahndet. Strafbar ist nur der vorsätzliche Verstoß. Verstößt ein Primärinsider lediglich **leichtfertig** gegen das Weitergabe- oder das Verleitungsverbot, begeht er lediglich eine **Ordnungswidrigkeit** (§ 39 Abs. 2 Nr. 3 und Nr. 4). Verstößt ein **Sekundärinsider** gegen das Verbot der unbefugten Weitergabe oder das Verbot des Verleitens, sind diese Verstöße keine Straftaten, gleich ob vorsätzlich oder leichtfertig begangen. Wegen ihres geringeren Unrechtsgehalts im Vergleich zu Verstößen von Primärinsidern werden sie als Ordnungswidrigkeiten geahndet (§ 39 Abs. 2 Nr. 3 und Nr. 4). Sämtliche **Ordnungswidrigkeiten** von Primär- oder Sekundärinsidern werden mit Geldbußen bis zu 200 000,– € geahndet (§ 39 Abs. 4).

68 In Umsetzung der Marktmissbrauchsrichtlinie ist seit der Neufassung durch das AnSVG auch der **Versuch des Erwerbs oder der Veräußerung von Insiderpapieren** unter Verwendung einer Insiderinformation **strafbar** (§ 38 Abs. 3), und zwar für Primär- wie für Sekundärinsider. Dabei handelt es sich um eine rechtspolitisch fragwürdige Ausdehnung der Strafbarkeit in das Vorfeld eines abstrakten Gefährdungsdelikts.

69 **§ 38 Abs. 5** stellt den Verbotsvorschriften nach § 38 Abs. 1 entsprechende ausländische Verbote gleich. Die Regelung enthält eine **dynamische Verweisung auf ausländisches Recht**. Damit macht sich auch strafbar, wer gegen ein solches ausländisches Insiderhandelsverbot verstößt, das eine strafrechtliche Ahndung nach sich zieht (siehe dazu § 38 Rn. 59 ff.).

70 Die Insiderhandelsverbote der §§ 14, 38 sind **kein Schutzgesetz i. S. d. § 823 Abs. 2 BGB** (siehe ausführlich § 14 Rn. 442 ff.).

3. Prävention von Insidergeschäften

a) Ad hoc-Publizität

71 Als präventive Maßnahme zur Verhinderung von Insiderverstößen wurde die **Verpflichtung zur Ad hoc-Publizität gemäß § 15** in den dritten Abschnitt des WpHG („Insiderüberwachung") aufgenommen. § 15 (in der Fassung des AnSVG) verpflichtet den Emittenten von Finanzinstrumenten gegenüber der Öffentlichkeit, der BaFin und den Geschäftsführungen der Börsen, Insiderinfor-

mationen, die ihn unmittelbar betreffen, unverzüglich zu veröffentlichen. Wenn und solange es zum Schutz der berechtigten Interessen des Emittenten erforderlich ist, keine Irreführung der Öffentlichkeit zu befürchten ist und der Emittent die Vertraulichkeit der Insiderinformation gewährleisten kann, ist er von der Pflicht zur Veröffentlichung befreit (§ 15 Abs. 3 Satz 1). Entfällt eine dieser Voraussetzungen, hat der Emittent die Veröffentlichung unverzüglich nachzuholen (§ 15 Abs. 3 Satz 2) und der BaFin die Gründe für die Befreiung von der Veröffentlichungspflicht mitzuteilen (§ 15 Abs. 3 Satz 4). Hervorzuheben ist hier, dass nach der Änderung von § 15 durch das AnSVG nicht mehr die BaFin als Aufsichtsbehörde, sondern der Emittent in eigener Verantwortung darüber entscheidet, ob die Voraussetzungen eines Aufschubs der Ad-hoc-Publizität vorliegen (sog. Selbstbefreiung, siehe ausführlich § 15 Rn. 342 ff.).

Der Charakter der Ad hoc-Publizität als **vorbeugende Maßnahme gegen** **72** **Insiderverstöße** wird durch die Überlegung getragen, dass durch eine schnelle Veröffentlichung von kursrelevanten, noch nicht öffentlich bekannten Informationen der Handlungsspielraum potentieller Insider zeitlich eingeengt und dadurch die Ausnutzung von Insiderinformationen erschwert wird. Der Zusammenhang zwischen der Ad hoc-Publizität und der Prävention von Insidergeschäften wurde schon durch Art. 7 der EG-Insiderrichtlinie vorgegeben. Neben der Prävention von Insidergeschäften dient die Ad hoc-Publizität der Information des Kapitalmarktes.

Der **präventive Schutz** vor der missbräuchlichen Ausnutzung von Insiderin- **73** formationen durch die Verpflichtung zur Ad hoc-Publizität konnte bis zur **Neufassung von § 15** durch das AnSVG **nur eingeschränkt** bewirkt werden. So war der Kreis der **ad hoc-publizitätspflichtigen Tatsachen** deutlich kleiner als derjenige der **Insidertatsachen**. So konnte eine Insidertatsache vorliegen, ohne dass diese zugleich einer der Ad hoc-Publizitätspflicht unterliegende Tatsache war, beispielsweise wenn die Auswirkung der Tatsache auf die Vermögens- oder Finanzlage oder auf den Geschäftsverlauf des Emittenten noch nicht voll abgesehen werden konnte. Von besonderer Bedeutung war dies im Zusammenhang mit sog. mehrstufigen Entscheidungsprozessen (§ 13 Rn. 74 f., § 15 Rn. 102 ff.). Mit der nach der Neufassung von § 15 durch das AnSVG erfolgenden einzigen Einschränkung, dass der Emittent nur solche Insiderinformationen ad hoc veröffentlichen muss, die ihn **unmittelbar betreffen,** wird der Prävention von Insidergeschäften durch einen weitgehenden Gleichlauf zwischen Insiderrecht und Pflicht zur Ad hoc-Publizität stärker Rechnung tragen.

b) Offenlegung von *directors' dealings*

Mit dem 4. Finanzmarktförderungsgesetz wurde ein neuer § 15 a in das **74** WpHG eingefügt, der **Veröffentlichungs- und Mitteilungspflichten in Bezug auf Geschäfte des Managements in Wertpapieren des eigenen Unternehmens** statuiert (sog. *directors' dealings*). Eine entsprechende Regelung findet sich auch in Art. 6 Abs. 4 der EG-Missbrauchsrichtlinie. Deren Vorgaben führten zu einer grundlegenden Neuregelung der directors' dealings durch das AnVSG.

In den **USA** wurde bereits im *Securities Exchange Act* 1934 in section 16 (a) **75** eine umfassende Registrierungspflicht enumerativ aufgezählter Insider statuiert, nach der diese alle wesentlichen Informationen über ihren Effektenbesitz der zuständigen Börse und der SEC mitteilen müssen. Die Verletzung dieser Regis-

Mennicke 319

trierungspflichten wird strafrechtlich sanktioniert. Auch in Großbritannien wurden als erste Insiderregelung im *Companies Act* 1947 Registrierungspflichten für Wertpapiergeschäfte von Unternehmensangehörigen eingeführt. Der Offenlegung von Geschäften des Managements wird eine **präventive Wirkung im Hinblick auf Insidergeschäfte** von Führungskräften zugesprochen.[71]

76 Nach § 15a sind Personen mit Führungsaufgaben wie zB Mitglieder des Geschäftsführungs- oder Aufsichtsorgans oder persönlich haftende Gesellschafter eines Emittenten verpflichtet, Geschäfte in Aktien des Emittenten ab einer bestimmten Größenordnung unverzüglich dem Emittenten und der BaFin schriftlich mitzuteilen. Diese Verpflichtung gilt auch für Ehepartner, eingetragene Lebenspartner, unterhaltsberechtigte Kinder und andere Verwandte, die mit den Mitteilungsverpflichteten seit mindestens einem Jahr im selben Haushalt leben. Der Emittent wiederum hat eine Mitteilung durch den Meldepflichtigen unverzüglich zu veröffentlichen. Verstöße gegen diese Veröffentlichungs- und Mitteilungspflichten werden als Ordnungswidrigkeiten mit Bußgeld sanktioniert.

c) Führung von Insiderverzeichnissen

77 Neu eingefügt durch das AnSVG wurde die **Verpflichtung zur Führung von Insiderverzeichnissen** durch die Emittenten sowie die in ihrem Auftrag oder für ihre Rechnung handelnden Personen im neuen **§ 15b**. Diese neu in das WpHG eingefügte Regelung beruht auf Art. 6 Abs. 3 Unterabs. 3 der EG-Marktmissbrauchsrichtlinie, wobei der Kreis der erfassten Personen sowie die Einzelheiten zur Führung des Insiderverzeichnisses nicht von der Marktmissbrauchsrichtlinie abschließend festgelegt werden, sondern von der Durchführungs-Richtlinie,[72] die in ihrem Art. 5 die Insiderverzeichnisse regelt. Auch im deutschen Recht finden sich **nähere Bestimmungen** über Umfang und Form der Verzeichnisse, die in den Verzeichnissen enthaltenen Daten, Aktualisierung, Pflege, Aufbewahrung und Vernichtung der Verzeichnisse nicht im WpHG, sondern in den §§ 14–16 der **Wertpapierhandelsanzeige- und Insiderverzeichnisverordnung (WpAIV)**.[73]

78 Nach § 15b sind Emittenten sowie die in ihrem Auftrag oder für Rechnung handelnden Personen verpflichtet, in einem Verzeichnis alle diejenigen Personen zu erfassen, die bestimmungsgemäß Zugang zu Insiderinformationen haben. Weiterhin ist dieser Personenkreis über die rechtlichen Pflichten zu belehren, die sich aus dem Zugang zu Insiderinformationen ergeben. Damit werden die Adressaten von § 15b besonderen Organisationspflichten im Hinblick auf den Umgang mit Insiderinformationen unterworfen. Die Verpflichtung zur Führung von Insiderverzeichnissen ist gleichermaßen zur **Prävention von Insider-Geschäf-**

---

[71] Begründung RegE 4. FFG, BT-Drucks. 14/8017, S. 63; so auch BaFin, Rundschreiben vom 27. 6. 2002, abgedruckt in NZG 2002, 711; *Fleischer* NJW 2002, 2977/2978.

[72] Richtlinie 2004/72/EG der Kommission vom 29. 4. 2004 zur Durchführung der Richtlinie 2003/6/EG des Europäischen Parlaments und des Rates – zulässige Marktpraktiken, Definition von Insider-Informationen in Bezug auf Warenderivate, Erstellung von Insider-Verzeichnissen, Meldung von Eigengeschäften und Meldung verdächtiger Transaktionen, EGABl. Nr. L162 vom 30. 4. 2004, S. 70.

[73] Verordnung zur Konkretisierung von Anzeige-, Mitteilungs- und Veröffentlichungspflichten sowie der Pflicht zur Führung von Insider-Verzeichnissen nach dem Wertpapierhandelsgesetz (Wertpapierhandelsanzeige- und Insiderverzeichnis-Verordnung – WpAIV) vom 13. 12. 2004 (BGBl. I S. 3376).

ten wie auch zu einer **Effektivierung der Verfolgung von Insiderverstößen** geeignet.

4. Insiderüberwachung und -verfolgung

Neben Maßnahmen der Prävention zur Verhinderung von Insidergeschäften enthält das WpHG eine Reihe von **Vorschriften über repressive Maßnahmen der Überwachung und Verfolgung von Insiderverstößen**. Auch wenn diese Maßnahmen darauf gerichtet sind, Verstöße aufzudecken und zu sanktionieren, kommt einer effektiven Überwachung gleichzeitig **auch präventive Bedeutung** zu. Denn die abschreckende und damit verhaltenssteuernde Wirkung der Androhung von Sanktionen hängt wesentlich davon ab, ob die Realisierung der Sanktionsdrohung auch hinreichend wahrscheinlich erscheint. 79

Die **Durchsetzung des Insiderrechts** und die diesbezügliche Beobachtung und Überwachung des Handels in Finanzinstrumenten obliegt in erster Linie der BaFin (§ 4 Abs. 2). Zur Erfüllung der Aufgabe des Aufspürens von Anhaltspunkten für Insiderverstöße bestehen der BaFin gegenüber Melde-, Mitteilungs-, Auskunfts-, Vorlage- und Duldungspflichten. Eine neuartige **Mitteilungspflicht** wurde durch das AnSVG – in Umsetzung von Art. 6 Abs. 9 der EG-Marktmissbrauchsrichtlinie – in **§ 10 Abs.** 1 statuiert: Danach sind Wertpapierdienstleistungsunternehmen, andere Kreditinstitute und Betreiber von außerbörslichen Märkten, an denen Finanzinstrumente gehandelt werden, zur Anzeige von Verdachtsfällen im Hinblick auf Verstöße gegen die Insiderhandelsverbote verpflichtet (sog. *whistle-blowing*). 80

Eine nicht unwesentliche Voraussetzung der Überwachungstätigkeit der BaFin sind die **in § 9 statuierten Meldepflichten**. Danach sind Kreditinstitute, zum Eigenhandel befugte Finanzdienstleistungsinstitute, Bankgeschäfte betreibende oder Finanzdienstleistungen erbringende Zweigstellen von außerhalb der EU oder des EWR ansässigen Unternehmen sowie Unternehmen, die ihren Sitz im Inland haben und an einer inländischen Börse zur Teilnahme am Handel zugelassen sind, verpflichtet, der BaFin jedes Geschäft zu melden, welches sie in Wertpapieren oder Derivaten tätigen, die zum Handel an einem organisierten Markt in der EG oder im EWR zugelassen sind oder für die ein entsprechender Zulassungsantrag gestellt oder öffentlich angekündigt worden ist. Gleiches gilt für Geschäfte in Wertpapieren oder Derivaten, die in den geregelten Markt oder in den Freiverkehr einbezogen sind. Die Meldung muss spätestens an dem auf den Tag des Geschäftsabschlusses folgenden Werktag erfolgen. 81

Ergeben sich bei der Überwachung **Anhaltspunkte für einen Verstoß gegen ein Insiderverbot,** kann die BaFin gemäß § 4 Abs. 3 von jedermann **Auskünfte**, die **Vorlage von Unterlagen** und die Überlassung von Kopien verlangen sowie **Personen laden und vernehmen,** soweit dies aufgrund dieser Anhaltspunkte für die Überwachung der Einhaltung des Insiderhandelsverbots erforderlich ist. Insbesondere kann sie die Angabe von Bestandsveränderungen in Finanzinstrumenten sowie Auskünfte über die Identität weiterer Personen, namentlich der Auftraggeber und der aus Geschäften berechtigten und verpflichteten Personen, verlangen (§ 4 Abs. 3 Satz 2). 82

Damit die Auskunftspflichtigen die entsprechenden Auskünfte auch erteilen können, sind Wertpapierdienstleistungsunternehmen sowie Unternehmen mit Sitz im Inland, die an einer inländischen Börse zur Teilnahme am Handel zuge- 83 lassen sind, vor der Durchführung von Aufträgen, die sich auf Insiderpapiere beziehen, zur **Feststellung der Identität der Auftraggeber und der berechtigten oder verpflichteten Personen oder Unternehmen** sowie zur Aufzeichnung und Aufbewahrung der entsprechenden Angaben verpflichtet (§ 16 Abs. 2 Satz 5).

84   Die Bediensteten der BaFin haben zudem das **Recht zum Betreten von Grundstücken und Geschäftsräumen der Auskunftspflichtigen** während der üblichen Arbeitszeit, sofern dies zur Aufgabenwahrnehmung erforderlich ist (§ 4 Abs. 4 Satz 1). Weiterhin kann die BaFin, wenn Anhaltspunkte für einen Verstoß gegen ein Insiderhandelsverbot vorliegen, sich auch außerhalb der üblichen Geschäftszeiten Zugang zu Grundstücken und Geschäftsräumen der nach § 4 Abs. 3 Auskunftspflichtigen ohne Einverständnis des Betroffenen verschaffen, vorausgesetzt, dies ist zur Verhütung von dringenden Gefahren für die öffentliche Sicherheit und Ordnung erforderlich (§ 4 Abs. 4 Satz 2).

85   Weitergehende Aufbewahrungspflichten regelt § 16b. Danach kann die BaFin von Wertpapierdienstleistungsunternehmen und im Inland ansässigen Emittenten von Insiderpapieren, deren Wertpapiere an einer inländischen Börse zum Handel zugelassen oder in den geregelten Markt oder Freiverkehr einbezogen sind, die **Aufbewahrung von Telekommunikationsverbindungsdaten** für einen bestimmten Personenkreis verlangen, sofern bezüglich dieser Personen des jeweiligen Unternehmens Anhaltspunkte für einen Insiderverstoß bestehen.

86   Nach § 4 Abs. 9 steht einem Auskunftspflichtigen ein **Auskunftsverweigerungsrecht** zu, das auf die Fälle **beschränkt** ist, in denen der Auskunftspflichtige mit der Beantwortung der ihm gestellten Fragen sich selbst oder einen der in § 383 Abs. 1 Nr. 1 bis 3 ZPO bezeichneten Angehörigen der Gefahr strafgerichtlicher Verfolgung oder eines Verfahrens nach dem OWiG aussetzen würde (§ 4 Abs. 9 Satz 1). Über das Bestehen dieses Auskunftsverweigerungsrechts ist der Auskunftsverpflichtete zu belehren (§ 4 Abs. 9 Satz 2). Im Übrigen dürfen sämtliche Adressaten von Überwachungsmaßnahmen von § 4 Abs. 2, von Auskunfts- und Vorlageverlangen nach § 4 Abs. 3 sowie damit zusammenhängenden Maßnahmen nach § 4 Abs. 4 (Zugang zu Grundstücken und Geschäftsräumen) keine anderen Personen als staatliche Stellen und solche, die von Berufs wegen einer gesetzlichen Verschwiegenheitspflicht unterliegen, von diesen Maßnahmen oder einem daraufhin eingeleiteten Ermittlungsverfahren in Kenntnis setzen (§ 4 Abs. 8). Es ist also insbesondere verboten, Personen zu informieren oder zu warnen, über welche die BaFin ermittelt und Auskünfte verlangt hat.

87   Zur Durchsetzung seiner Aufgaben und Rechte stehen der BaFin die **Zwangsmittel des Verwaltungs-Vollstreckungsgesetzes** (VwVfG) zur Verfügung (vgl. auch § 17 FinDAG). Verstöße gegen einige der dargestellten Verpflichtungen von Marktteilnehmern im Zusammenhang mit der Überwachungstätigkeit der BaFin werden als Ordnungswidrigkeit sanktioniert. Die Verletzung der Meldepflicht über Geschäfte in Insiderpapieren nach § 9 Abs. 1 Satz 1, die Verletzung der Anzeigepflicht nach § 10 Abs. 1 Satz 1, Verstöße gegen die Aufzeichnungspflichten aus § 16, die Nichtgestattung bzw. -duldung des Betretens von Grundstücken und Geschäftsräumen entgegen § 4 Abs. 4 Satz 1 oder 2 sowie die Zuwiderhandlung gegen eine vollziehbare Anordnung der BaFin, welche die Erteilung von Auskünften oder die Vorlage von Unterlagen betrifft (gemäß § 4 Abs. 3 Satz 1), sind sämtlich **Ordnungswidrigkeiten gemäß § 39** und können mit Geldbußen bis zu 50 000,– € belegt werden (vgl. die Kommentierung

Vorbemerkung 88–92 **Vor § 12 bis § 14**

zu § 39). Maßnahmen der BaFin nach § 4 Abs. 1 bis 4 und 6 (zB Auskunftsverlangen, Verlangen zur Vorlage von Unterlagen und Zugang zu Grundstücken und Geschäftsräumen) können als Verwaltungsakte im Verwaltungsgerichtsverfahren angefochten werden. Nach ausdrücklicher gesetzlicher Anordnung (§ 4 Abs. 8) haben **Widerspruch und Anfechtungsklage** gegen diese Maßnahmen **keine aufschiebende Wirkung.**

Zur **Bekämpfung grenzüberschreitender Insidergeschäfte** arbeiten die 88
BaFin und die entsprechenden zuständigen Stellen anderer Mitgliedstaaten der EU oder anderer Vertragstaaten des EWR gemäß § 7 zusammen. So kann die BaFin beispielsweise von ihren Auskunftsrechten nicht nur im Rahmen eigener Untersuchungen Gebrauch machen, sondern auch zur **Erfüllung von Auskunftsersuchen** von solchen zuständigen Stellen (§ 7 Abs. 1). Mit der Übermittlung von Informationen an die ausländische Stelle ist darauf hinzuweisen, dass die Informationen ausschließlich zur Erfüllung bestimmter Überwachungsaufgaben und für damit zusammenhängende Verwaltungs- und Gerichtsverfahren verwendet werden dürfen (§ 7 Abs. 2).

Unter den in § 7 Abs. 3 näher bezeichneten Voraussetzungen steht der BaFin 89
ein **Verweigerungsrecht bei Auskunftsersuchen ausländischer Stellen** zu. In gleicher Weise wie die BaFin gemäß § 7 Abs. 1 bis 3 gegenüber ausländischen Stellen zur Auskunftserteilung verpflichtet ist, kann sie gemäß § 7 Abs. 4 **von den ausländischen Stellen die Übermittlung von Informationen verlangen,** soweit diese zur Erfüllung ihrer Aufgaben geeignet und erforderlich sind. Die BaFin **kooperiert** zudem mit den jeweils zuständigen Stellen anderer Staaten als derjenigen, die Mitglied der EU oder des EWR sind (§ 7 Abs. 7).

Im Hinblick auf den erforderlichen **Datenschutz,** insbesondere bei der Ver- 90
arbeitung und Nutzung personenbezogener Daten, unterliegt die BaFin verschiedenen in §§ 4 Abs. 10, 7 Abs. 4 und Abs. 7 statuierten Verpflichtungen beim Umgang mit von ihr ermittelten oder ihr mitgeteilten Daten. Außerdem muss die BaFin die Geschäfte der bei ihr Beschäftigten durch **angemessene interne Kontrollverfahren** überwachen, um Verstößen gegen die Insiderhandelsverbote durch die bei ihr Beschäftigten vorzubeugen (§ 16a).

Tatsachen, die den Verdacht einer Insiderstraftat begründen, hat die BaFin der 91
zuständigen Staatsanwaltschaft unverzüglich anzuzeigen (§ 4 Abs. 5). Das weitere Verfahren richtet sich nach der StPO. Mit Übermittlung des Sachverhalts nebst eventueller personenbezogener Daten verdächtiger Personen endet das Untersuchungsverfahren bei der BaFin. Ab diesem Zeitpunkt ist die Staatsanwaltschaft Herrin des Ermittlungsverfahrens.

III. Insiderüberwachung und -verfolgung in der bisherigen Praxis

Angaben zur **bisherigen Praxis der Insiderüberwachung und -verfolgung** 92
finden sich in den Jahresberichten des BAWe (veröffentlicht für die Jahre 1995 bis 2001) und der BaFin (veröffentlicht für die Jahre 2002 bis 2007). Das BAWe hatte unmittelbar von Beginn seines Bestehens an Sachverhalte wegen des Verdachts auf Insiderhandel aufgegriffen, untersucht und zur Verfolgung gebracht.[74] So wur-

---

[74] Jahresbericht BAWe 1995, S. 18; *Süßmann* AG 1997, 63/63.

Mennicke 323

Vor § 12 bis § 14   93, 94   Abschnitt 3. Insiderüberwachung

den bereits im Jahr 1995 acht Fälle gemäß § 18 aF **an die Staatsanwaltschaft abgegeben,** nachdem das BAWe aufgrund seiner Untersuchungen zu dem Ergebnis gekommen war, dass jeweils ein Anfangsverdacht einer Insiderstraftat vorlag. In den folgenden Jahren 1996 bis 2000 waren es jeweils ca. 20 Fälle, in den Jahren 2001 bis 2004 jeweils 25–30 Fälle, die das BAWe bzw. die BaFin zur Staatsanwaltschaft abgegeben hat.[75]

93 In den Jahren 1995 bis 2001 haben die Staatsanwaltschaften 177 **Insiderverfahren abgeschlossen.**[76] Davon wurden 14 Verfahren durch Erlass eines Strafbefehls und zwei Verfahren nach Verurteilungen nach gerichtlicher Hauptverhandlung beendet. In den Jahren 2002 bis 2004 schlossen die Staatsanwaltschaften schon 339 Insiderverfahren ab, davon allein im Jahr 2004 199 Verfahren.[77] Von den 339 abgeschlossenen Verfahren wurden 7 Verfahren durch Erlass eines Strafbefehls und 8 Verfahren nach Verurteilungen nach gerichtlicher Hauptverhandlung beendet. Insbesondere in der Anfangszeit der Tätigkeit der Aufsichtsbehörde wurde im Strafbefehl eine Verwarnung mit Vorbehalt der Zahlung einer Geldstrafe ausgesprochen, während ab 1996 die Verhängung von Geldstrafen gegenüber der bloßen Verwarnung mit Strafvorbehalt deutlich in den Vordergrund trat. Seit 2002 kam es vermehrt zu Anklagen sowie zu Hauptverhandlungen vor Amtsgerichten und Wirtschaftsstrafkammern der Landgerichte.[78] In den Jahren 1996 und 2002 wurde jeweils ein Insider zu einer Freiheitsstrafe, die zur Bewährung ausgesetzt wurde, verurteilt.[79] Im Jahr 2003 gab es zwei Verurteilungen und einen Freispruch sowie drei Verurteilungen im Strafbefehlsverfahren.[80] Im Jahr 2004 stieg die Zahl der Verurteilungen nach Hauptverhandlung auf fünf an.[81] Die verhängten Geldstrafen orientieren sich in der Regel an der Höhe des Gewinns bzw. des vermiedenen Verlusts des Insiders. Bis einschließlich 2004 hat die Staatsanwaltschaft 79 Insiderverfahren nach § 153a StPO gegen die Auflage bzw. Weisung der Zahlung eines Geldbetrages eingestellt. Der Großteil, nämlich 351 Insiderverfahren, wurde in diesem Zeitraum aus anderen Gründen eingestellt. Dabei wird es sich in aller Regel um Einstellungen wegen fehlenden hinreichenden Tatverdachts gemäß § 170 Abs. 2 StPO, aber auch um Einstellungen wegen geringer Schuld gemäß § 153 StPO gehandelt haben.[82]

94 Die absoluten Zahlen der vom BAWe bzw. der BaFin durchgeführten Untersuchungen und an die Staatsanwaltschaft abgegebenen Fälle sowie insbesondere diejenigen der durch Strafbefehl oder Verurteilung nach gerichtlicher Hauptverhandlung abgeschlossenen Verfahren mag auf den ersten Blick **Zweifel an der Effektivität des deutschen Insiderstrafrechts und seiner Durchsetzung**

---

[75] Siehe die Jahresberichte 1996, S. 16; 1997, S. 18; 1998, S. 18; 1999, S. 20; 2000, S. 20; 2001, S. 23; 2002, S. 156; 2003, S. 182; 2004, S. 188.
[76] Siehe hierzu und zu den folgenden Angaben Jahresbericht 2001, S. 23 f.
[77] Siehe hierzu und zu den folgenden Angaben Jahresbericht 2004, S. 189 ff.
[78] Siehe Jahresbericht 2002, S. 156; Jahresbericht 2003, S. 183; Jahresbericht 2004, S. 188.
[79] Zu diesen Angaben siehe im Einzelnen die Jahresberichte 1995, S. 18; 1996, S. 18 f.; 1997, S. 18 ff.; 1998, S. 18 ff.; 1999, S. 20 ff; 2000, S. 20 ff; 2001, S. 22 ff.; 2002, S. 156.
[80] Jahresbericht 2003, S. 183.
[81] Jahresbericht 2004, S. 188.
[82] *Nähere Einzelheiten* sind den Jahresberichten zu entnehmen. In jedem Jahresbericht wurden auch einige der im jeweiligen Berichtsjahr abgeschlossenen Sachverhalte näher dargestellt.

wecken.[83] Vor allem der Nachweis der subjektiven Voraussetzungen eines Verstoßes, insbesondere dass der Insider in Ausnutzung der Kenntnis von einer Insidertatsache gehandelt hat, erwies sich nach Einschätzung der Aufsichtsbehörde als schwierig.[84] Auch dürfte trotz des Einsatzes von EDV-Programmen ein nicht unerheblicher Anteil nicht offiziell zur Kenntnis gelangter und registrierter Rechtsbrüche (sog. Dunkelfeld) bestehen. Eine jüngere Untersuchung zur Insiderverfolgung in Deutschland schätzt, dass nur etwa 5% der Insiderverstöße den zuständigen Behörden zur Kenntnis gelangen.[85]

Vergleichbare Kritik an der Effektivität des materiellen und formellen Insiderrechts gab es **in den USA**[86] **und in Großbritannien.**[87] Diese Kritik richtete sich spezifisch gegen den Einsatz des Kriminalstrafrechts und führte in den USA zur Einführung einer sog. *civil penalty*-Haftung, die bis zur dreifachen Höhe des durch die Zuwiderhandlung erlangten Vorteils verhängt werden kann,[88] während in Großbritannien Vorschläge entwickelt wurden, welche die Sanktionierung durch zivilrechtliche Maßnahmen in den Vordergrund rückten.[89] Letztlich auch in Reaktion auf diese Kritik wurde in Großbritannien mit dem *Financial Services and Markets Act 2000* die Möglichkeit der Verhängung aufsichtsbehördlicher zivilrechtlicher Geldstrafen in Fällen des Marktmissbrauchs (*market abuse*, section 118 F.S.M.A.) eingeführt. Dadurch sollte u.a. der bisher vorhandene Insiderhandelsstraftatbestand des *Criminal Justice Act 1993* ergänzt werden.[90] Das Insiderhandelsverbot im F.S.M.A. 2000 ist als *misuse of information* ein Unterfall des Marktmissbrauchs und sollte nach dem Verständnis der *Financial Services Authority* nicht mit dem bereits bestehenden Straftatbestand identisch sein.[91]

Die **Effektivität des deutschen Insiderrechts** allein an absoluten Zahlen zu messen, würde jedoch zu kurz greifen. Seit dem Inkrafttreten des WpHG hat sich insbesondere durch die Existenz des BAWe/der BaFin ein **Bewusstsein ausgebildet, dass bei verbotenen Insidergeschäften das Risiko einer strafrechtlichen (und seit Inkrafttreten des AnSVG auch ordnungswidrigkeitenrechlichen) Ahndung** droht. Die Überwachung des Insiderhandels durch das BAWe/die BaFin ist nicht zuletzt durch den Einsatz von EDV-Programmen ständig perfektioniert worden, durch die eine automatische Marktüberwachung er-

---

[83] Siehe *Hienzsch*, Das deutsche Insiderrecht in der Rechtswirklichkeit, S. 78 ff., 143 ff.
[84] Siehe schon Jahresbericht BAWe 1996, S. 18, zu einem Fall, in dem Ehefrau und Tochter des verurteilten Insiders nicht nachgewiesen werden konnte, dass sie Kenntnis der Insidertatsache erlangt hatten. Für die Herausnahme des Tatbestandsmerkmals „unter Ausnutzung" hat sich mehrfach *Dreyling* ausgesprochen, so zB in *Dreyling/Schäfer*, Insiderrecht und Ad hoc-Publizität, Rn. 312.
[85] *Hienzsch*, Das deutsche Insiderhandelsverbot in der Rechtswirklichkeit, S. 143 ff.
[86] Siehe dazu *Mennicke*, Sanktionen gegen Insiderhandel, S. 339 ff., 360 ff. mit Nachw.
[87] Dazu *Mennicke*, Sanktionen gegen Insiderhandel, S. 450 ff. mit Nachw.
[88] Eingeführt durch den *Insider Trading Sanctions Act* 1984; zur *civil penalty* siehe *Mennicke*, Sanktionen gegen Insiderhandel, S. 326 ff.
[89] So insbesondere die Vorschläge von *Rider* zB in *Hopt/Wymeersch* (Hrsg.), European Insider Dealing, S. 313/327–329; und von *Ashe*, zB Company Lawyer 11 (1990), 127/130. Darstellung bei *Mennicke*, Sanktionen gegen Insiderhandel, S. 456 ff.
[90] Siehe zum *Financial Services and Markets Act 2000 Fleischer* RIW 2001, 817 ff.
[91] Financial Services Authority, Market Abuse: A Draft Code of Market Conduct, Juli 2000, Consultation Paper No. 59, S. 19; siehe dazu *Liersch*, Regulierung des Blockhandels, S. 253 ff.

folgt und im Rahmen der laufenden Überwachung Meldungen über Geschäfte in Finanzinstrumenten (gemäß § 9)[92] ausgewertet und Mitteilungen börsennotierter Unternehmen verfolgt werden können. So hat die BaFin im Jahr 2004 den sog. Intelligent Miner (IM) entwickelt, der den speziellen Bedürfnissen der Marktüberwachung angepasst ist. Der Intelligent Miner ermöglicht die automatische Analyse von Transaktionsdaten im Vorfeld von Ad hoc-Mitteilungen.[93] Den Jahresberichten lässt sich entnehmen, dass in den erfolgreich abgeschlossenen Insiderverfahren **erste Vorprüfungen häufig durch Ad hoc-Mitteilungen nach § 15 veranlasst** wurden. Anlass zum Tätigwerden geben der BaFin u. a. auch **Anzeigen Dritter** (v. a. Hinweise von Anlegern).[94] Anhaltspunkte für Insiderhandel ergeben sich vor allem in Sachverhalten im Zusammenhang mit Liquiditätsproblemen und Überschuldung, Unternehmenskäufen und Übernahmen sowie Periodenergebnissen, aber auch bei Kapitalmaßnahmen.[95]

IV. Pro und Contra einer gesetzlichen Regelung des Insiderproblems

97   Bei Erlass der ersten gesetzlichen Regelung des Insiderproblems im Jahre 1934 im US-amerikanischen *Securities and Exchange Act* sowie bei den in der Folgezeit **bis in die 60er Jahre** hinein erlassenen nationalen Insiderrechtsregelungen stießen die jeweiligen nationalen Gesetzgeber zwar vereinzelt auf Kritik aus der Praxis. Hingegen bestand in der Rechtswissenschaft und, soweit sie sich mit der Thematik überhaupt beschäftigte, in der Wirtschaftswissenschaft Einigkeit darüber, dass die Insiderproblematik regelungsbedürftig und eine **gesetzliche Regelung sinnvoll** sei. Diese sei gegenüber freiwilligen Selbstregulierungsmaßnahmen vorzugswürdig, letztere könnten das Insiderrecht aber sinnvoll ergänzen.

98   **Seit Mitte der 60er Jahre** hat sich dieses Bild geändert. Eine ganze Reihe von US-amerikanischen und später auch europäischen Wirtschaftswissenschaftlern hat sich **gegen eine Regelung des Insiderproblems** ausgesprochen und eine solche sogar als schädlich angesehen. Obwohl mittlerweile auch unter Ökonomen, zumindest europäischen, die Argumente für eine Insiderregelung wieder an Boden zu gewinnen scheinen,[96] kann die wissenschaftliche **Kontroverse über Notwendigkeit und Sinn eines gesetzlichen Insiderhandelsverbots** sowie über die Vorteile gesetzlicher Maßnahmen gegenüber solchen der freiwilligen Selbstregulierung nicht als entschieden angesehen werden. *De lege lata* ist die Frage durch den Erlass gesetzlicher Bestimmungen gegen Insiderhandel in den meisten Staaten, die über einen organisierten Kapitalmarkt verfügen, entschieden, seit dem 1. August 1994 auch in Deutschland.

99   Betrachtet man die Diskussion Pro und Kontra eines Insiderhandelsverbots in den vergangenen knapp drei Jahrzehnten, lässt sich feststellen, dass **Ökonomen**

---

[92] Im Jahr 2004 waren dies rund 500 Millionen Datensätze, Jahresbericht 2004, S. 186.
[93] Dazu Jahresbericht 2004, S. 186.
[94] Siehe Jahresbericht 2001, S. 21.
[95] Jahresbericht 2004, S. 186.
[96] Siehe den Überblick bei *Lahmann*, Insiderhandel, Ökonomische Analyse (Stand: 1994). Zu den ökonomischen Argumenten pro und contra Insiderhandelsverbot siehe die Gesamtdarstellung bei *J. Hartmann*, Juristische und ökonomische Regelungsprobleme, S. 21–50.

und Juristen grundsätzlich von verschiedenen Ansatzpunkten bei der Beurteilung der Frage nach der Regelungsbedürftigkeit und dem Regelungsgrund eines Insiderhandelsverbots ausgehen. Während unter **Ökonomen** in erste Linie die **Effizienz**, insbesondere die Informationseffizienz der Kapitalmärkte im Vordergrund steht, finden sich in der **juristischen Diskussion** vor allem **normative Wertungen** wie der Gedanke der Fairness und der „Sauberkeit" der Wertpapiermärkte. Dementsprechend wird zwischen der ökonomischen und der juristischen Theorie des Insiderrechts unterschieden.[97]

1. Argumente aus ökonomischer Sicht gegen ein Insiderhandelsverbot

Die ökonomische Diskussion um das Bedürfnis nach einem Insiderhandelsverbot wurde angestoßen durch die grundlegende Publikation des Amerikaners *Manne* aus dem Jahr **1966, „Insider Trading and the Stock Market"**.[98] Darin sprach sich *Manne* nachdrücklich gegen ein Verbot des Insiderhandels durch rechtliche Normen aus; er hielt das Handeln von Insidern vielmehr im Interesse des Funktionierens der kapitalistischen Wirtschaftsordnung für unbedingt notwendig. 100

Dafür führte *Manne* **zwei zentrale Argumente** an: Insiderhandel sei zur Schaffung der institutionellen Voraussetzungen für die effektive Leitung der Unternehmen durch ihre Manager wünschenswert; außerdem führten Insidergeschäfte zu einer optimalen Kapitalallokation und damit zu effizienten Kapitalmärkten. *Manne's* These, Insiderhandel sei ökonomisch nützlich, führte zu einer Vielzahl vorwiegend ökonomischer Arbeiten, die seine Argumente aufgriffen und fortentwickelten und sich auf dieser Grundlage gegen ein gesetzliches Insiderhandelsverbot aussprachen.[99] 101

a) Insidergewinne als Leistungsanreiz für das unternehmerische Management

Zentraler Punkt in *Manne's* Argumentation ist die Notwendigkeit eines elementaren **Leistungsanreizes für eine unternehmerisch denkende und handelnde Führungsschicht**, wofür die Erlaubnis von Insidergeschäften und die damit gegebene Möglichkeit zur Einkommensverbesserung am besten geeignet seien.[100] Der sog. „Schumpetersche Unternehmer" in Abgrenzung zum lediglich verwaltenden Management müsse durch die Chance des Pioniergewinns motiviert werden, eine gesamtwirtschaftlich unentbehrliche Leistung zu erbringen. Dieser Pioniergewinn ließe sich nur dadurch in Aussicht stellen, dass es der unternehmerischen Führungsschicht erlaubt sei, durch Insidertransaktionen ihre 102

---

[97] *Hopt* ZGR 1991, 17/22, 25; *Carlton/Fischel* Stan.L.Rev. 35 (1983), 857/860: „A fundamental difference exists between the legal and economic definitions of insider trading."
[98] Eine verkürzte Zusammenfassung findet sich in Harv.Bus.Rev. 44 (1966), 113–122.
[99] Vgl. zB. *Wu* Colum.L.Rev. 68 (1968), 260–269; *Easterbrook* Sup.Ct.L.Rev. 1981, 309–365; *Carlton/Fischel* Stan.L.Rev. 35 (1983), 857–895; siehe auch die Nachweise bei *Hopt* AG 1995, 353/355 ff.; *Ott/Schäfer* ZBB 1991, 226; *Lahmann*, Insiderhandel, Ökonomische Analyse, S. 37 ff.; *Rudolph* in FS Moxter, S. 1331/1337 ff.; *Mennicke*, Sanktionen gegen Insiderhandel, S. 60 ff.; gegen eine Insidergesetzgebung in Deutschland aus ökonomischer Sicht *Schörner*, Gesetzliches Insiderhandelsverbot; *Oberender/Daumann* Ordo 43 (1992), 255/261 f.; *D. Schneider* DB 1993, 1429, insbes. 1432 ff.
[100] *Manne*, Insider Trading, S. 138.

Pionierleistung auszunutzen und so ihre nicht ausreichende „normale" Entlohnung zu verbessern.

103 Diesen Argumentationsstrang *Manne's* nahm die **agency theory** auf und entwickelte sie weiter.[101] Insiderhandel, so die Argumentation, sei eine **Leistungsprämie für das Management;** die Erlaubnis von Insidergeschäften sei Teil des Anreiz- und Belohnungssystems. Die Zulässigkeit dieser Art von Entlohnung wurde damit begründet, dass vertragliche Vereinbarungen zwischen *principal* und *agent* über die Verwertung von Insiderinformationen zulässig sein sollten. Solche Vereinbarungen hätten die Übertragung von Eigentumsrechten *(property rights)* an den entsprechenden Informationen zum Gegenstand. Der *agent* sei dann in der Lage, durch den Abschluss von mehr oder weniger vorteilhaften Insidergeschäften seine „Belohnung" selbst zu steuern, so dass, für beide Parteien vorteilhaft, die **Transaktionskosten für Gehaltsanpassungsverhandlungen gesenkt** würden. Für den *principal* liege der Vorteil zudem darin, dass er nur ein geringes fixes Gehalt zu zahlen brauche und der *agent* einen Anreiz zur besseren Leistung habe.

104 **Gegen die Zulässigkeit der Verwendung von Insiderinformationen durch das Management** als Teil ihrer Entlohnung wurde zu Recht eine **Reihe von Argumenten** vorgebracht.[102] Insidergewinne sind nämlich keine Form leistungsbezogener Entlohnung, denn es fehlt am inneren Zusammenhang zwischen der unternehmerischen Pionierleistung und den Vermögensvorteilen aus Insidergeschäften. Insbesondere kann der *agent* nicht nur gute, sondern auch schlechte Insiderinformationen ausnutzen, zB durch den Verkauf von Aktien oder durch Termingeschäfte. Eine **besondere Schwäche der** *principal-agent-***Argumentation** ist strukturimmanenter Art, denn **Kapitalmarktprozesse werden ausgeblendet.** Der fehlende Bezug zum Kapitalmarkt ist nicht sachgerecht und erschwert die empirische Nachprüfbarkeit der Modellaussagen.[103]

105 Die Nachteile der Zulassung von Insidergeschäften als Teil der Managervergütung können bei gleichzeitiger **Sicherstellung eines besseren Anreizes durch andere Formen der Teilhabe am Unternehmenserfolg** vermieden werden. Dies kann durch Formen der Gewinnbeteiligung wie der Schaffung von Aktienoptionen (stock options) erfolgen.[104]

b) Förderung einer optimalen Kapitalallokation durch Insidergeschäfte

106 Neben der These, dass Insidergewinne einen Leistungsanreiz für das unternehmerische Management darstellten, wurde von ökonomischer Seite als eines der gewichtigsten Argumente für Insiderhandel und gegen dessen Regulierung vorgebracht, dass Insidergeschäfte die **Bildung eines richtigen Börsenkurses und die Stabilisierung der Kurse** förderten. Dies steigere die **Allokationseffizienz der Kapitalmärkte.**

---

[101] Zu nennen sind hier in erster Linie *Carlton/Fischel* Stan.L.Rev. 35 (1983), 857/ 861 ff.; vgl. dazu *Ott/Schäfer* ZBB 1991, 226/231 ff.

[102] Vgl. die Übersichten bei *Mennicke,* Sanktionen gegen Insiderhandel, S. 63 ff., und *Hopt* AG 1995, 353/356 ff.

[103] Zur Strukturschwäche-Kritik *Lahmann,* Insiderhandel, Ökonomische Analyse, S. 41, 55; *Hopt* AG 1995, 353/356.

[104] So *Hopt* AG 1995, 353/356; *Pananis,* Insidertatsache und Primärinsider, S. 14 f.

Vorbemerkung 107–110 **Vor § 12 bis § 14**

Insidertransaktionen hätten eine „wegweisende" Wirkung. Durch Insiderkäufe 107 bzw. -verkäufe werde der Börsenkurs **vor der Veröffentlichung neuer Informationen in die korrekte Richtung gelenkt,** zunächst schon durch das einzelne Insidergeschäft, das in den Kurs eingehe, vor allem aber durch das übliche „Nachziehen" anderer Marktteilnehmer. Der Kurs spiegele dann den tatsächlichen Wert des Papiers richtiger wider, als es ohne Insiderhandel der Fall wäre. Dies führe dazu, dass die Anleger (Outsider) jetzt auf ein „richtigeres" Preissignal reagieren könnten, so dass das Kapital an die ökonomisch sinnvollsten Stellen gelenkt würde.[105]

Der unmittelbare Effekt von Insidergeschäften für die Verbreitung der Insider- 108 information am Markt und damit eine Verbesserung der Informationseffizienz erscheint theoretisch einleuchtend.[106] Ein **eindeutiger empirischer Nachweis** wurde jedoch **nicht erbracht;** allerdings kann die Möglichkeit, dass Insidertransaktionen Aktienkurse in die richtige Richtung lenken, auch nicht mit Sicherheit ausgeschlossen werden.[107]

Neben dem Fehlen eines empirischen Nachweises wird auf eine Reihe von 109 Unsicherheiten und Nachteile hingewiesen, was die Förderung einer optimalen Kapitalallokation durch Insidergeschäfte betrifft.[108] Der für die Anpassung der Kurse an den „richtigen" Preis erforderliche **Nachzieheffekt anderer Börsenteilnehmer** ist zwar vorhanden, aber nicht notwendig stark und schnell. Vor allem hängt dieser Nachzieheffekt davon ab, in welchem Ausmaß andere Anleger in der Lage sind, die Tatsache, dass Insider am Markt sind, zu erkennen und von anderen Faktoren zu unterscheiden. Es müsste für die Allgemeinheit der Anleger feststellbar sein, dass die betreffende Kurs- oder Umsatzänderung durch das Agieren von Insidern bewirkt wurde, die vorab über kursrelevante Informationen verfügten. Das dürfte gerade auf einem anonymen Markt wie der Börse schwierig sein. Außerdem ist der Insider als Informationsmonopolist oder -oligopolist darauf angewiesen, seine Informationen nicht en bloc zu verwerten, sondern sein **privilegiertes Wissen möglichst lange hinter dem „Geräusch des Marktes" zu verstecken.** Durch das geschickte Zurückhalten und Verdecken der Orders kann die Umsetzung der Informationen in den Kurs verhindert oder zumindest vermindert werden.

Ebenso wenig überzeugend ist das Argument, dass **Insidergeschäfte kurssta-** 110 **bilisierend** wirkten.[109] Das Insidergeschäften innewohnende Element der Spekulation wird als ein Faktor angesehen, der dazu beitragen könne, Kursentwicklungen zu glätten und somit unerwünscht starke Kursausschläge abzumildern.[110]

---

[105] Zu dieser Argumentation *Manne,* Insider Trading, S. 77 ff.; *Wu* Colum.L.Rev. 68 (1968), 260/266; *Carlton/Fischel* Stan.L.Rev. 35 (1983), 857/868, 879; *Schörner,* Gesetzliches Insiderhandelsverbot, S. 247 (Zusammenfassung); *D. Schneider* DB 1993, 1429/1431.
[106] *Hopt* AG 1995, 353/357.
[107] Zur empirischen Nachweisbarkeit *Fellmann,* Rechtliche Erfassung von Insidertransaktionen, S. 67, 81; *Hannigan,* Insider Dealing, S. 12; *H. Schmidt* in *Hopt/Wymeersch* (Hrsg.), European Insider Dealing, S. 21/34. Anders, allerdings ohne Nachweis, *Hopt* AG 1995, 353/357.
[108] Dazu *Mendelson* U.Pa.L.Rev. 117 (1969), 470/476 f.; *Ott/Schäfer* ZBB 1991, 226/234; *Rudolph* in FS Moxter, S. 1331/1342; *Hopt* AG 1995, 353/357; *Mennicke,* Sanktionen gegen Insiderhandel, S. 71 ff.; *Pananis,* Insidertatsache und Primärinsider, S. 15 ff.
[109] Vgl. im Einzelnen *Mennicke,* Sanktionen gegen Insiderhandel, S. 75 f.
[110] *Manne,* Insider Trading, S. 106 f.; *Wu* Colum.L.Rev. 68 (1968), 260/265 ff.

Insider sind jedoch, um **profitable Insidergeschäfte** durchführen zu können, **gerade darauf angewiesen, dass stärkere Kursausschläge am Markt auftreten.** Sie werden deshalb versuchen zu verhindern, dass eine Vorwegnahme einer späteren Kursentwicklung erfolgt, indem sie ihre Orders möglichst „geräuschlos" platzieren.

111 Die These, dass Insidertransaktionen eine optimale Kapitalallokation förderten und deshalb ökonomisch sinnvoll seien, stellt einseitig die Informationseffizienz in den Vordergrund, zu deren Herbeiführung Insidergeschäfte zwar möglicherweise einen Beitrag leisten können. Unberücksichtigt bei der Beurteilung der Verbotswürdigkeit von Insidergeschäften bleibt jedoch, dass die Freigabe von Insidergeschäften und damit die Zulässigkeit der Ausnutzung von Informationsmonopolen bzw. -oligopolen durch Insider den **Grundsätzen eines leistungsgerechten Wettbewerbs am Kapitalmarkt zuwiderliefe** (dazu unten Rn. 116). Marktteilnehmer würden sich gegen die gegen den Wettbewerb gerichteten Aktivitäten von Insidern schützen. Die Erwartung, gute Nachrichten könnten zuerst von Insidern verwertet werden, würde bei Transaktionen als Verlustfaktor in Rechnung gestellt mit der Folge von höheren Verkaufspreisen bzw. des Stellens größerer Preisspannen zwischen An- und Verkaufskursen durch die Market Maker. Dies wiederum würde die Transaktionskosten erhöhen, die Marktliquidität verringern und damit für die Unternehmen die Kosten von Eigenkapital steigern. Insidergeschäfte haben danach eine suboptimale Kapitalbildung und überhöhte Kapitalkosten zur Folge.[111]

112 Aufgrund dieser, wenn auch nicht unbestrittenen Kostennachteile des Fehlens von Insiderregeln für den Kapitalmarkt erscheint zur Herstellung von **Informationseffizienz** bei gleichzeitiger Vermeidung der negativen Folgen von Insidergeschäften die **Kombination eines Insiderhandelsverbots mit einer Ad hoc-Publizitätspflicht** als **vorzugswürdig.**[112] Informationseffizienz lässt sich schneller und wirkungsvoller erreichen, wenn die Emittenten kursrelevante Informationen der Öffentlichkeit unverzüglich bekanntmachen,[113] als wenn solche Informationen dem allgemeinen Anlegerpublikum erst versteckt durch einen mit dem Insiderhandel verknüpften und ohnehin fraglichen Kursausschlag mitgeteilt würden.

2. Begründung des Regelungsbedarfs der Insiderproblematik

113 Die **Verbotswürdigkeit des Insiderhandels** wird heute überwiegend mit dem Schutz des Kapitalmarkts begründet. Daneben werden in der juristischen Diskussion als vom Insiderhandel beeinträchtigte Interessen diejenigen der Anleger sowie der Unternehmen, auf die sich Insiderinformationen beziehen, genannt. Dabei ist festzustellen, dass **Anlegerinteressen** und **Funktionsfähigkeit des Kapitalmarktes** als Argumentationstopoi nicht streng voneinander getrennt werden können.

---

[111] *Ott/Schäfer* ZBB 1991, 226/229; *King/Roell*, Economic Policy 1988, 163/169; *H. Schmidt* in *Hopt/Wymeersch* (Hrsg.), European Insider Dealing, S. 21/24 ff.; *Rudolph* in FS Moxter, S. 1331/1342.
[112] *Lücker*, Der Straftatbestand des Mißbrauchs von Insiderinformationen, S. 18; *Pananis*, Insidertatsache und Primärinsider, S. 16 f.
[113] Kritisch jedoch zur Informationseffizienz durch Ad hoc-Publizität *D. Schneider* DB 1993, 1429/1430, 1434.

Vorbemerkung 114–116 **Vor § 12 bis § 14**

a) Schutz der Anleger vor Informationsungleichgewichten

Nach einer weit verbreiteten Auffassung würden **Anleger durch Insidergeschäfte geschädigt,** da sie Papiere unter Wert an einen Insider verkaufen oder zu teuer von einem Insider erwerben.[114] Ein Vermögensschaden des jeweiligen Marktpartners des Insiders soll sich daraus ergeben, dass der Kurs, zu dem das Geschäft abgeschlossen wurde, nicht dem „wahren Wert" des Papiers entspreche; dieser sei der gedachte Kurs bei Berücksichtigung der Insiderinformation. 114

Die Vorstellung von der **Schädigung des individuellen Anlegers gilt heute als fragwürdig.** Das Argument, dass wegen der Anonymität der Börse ein konkreter „Schädiger" und ein konkreter „Geschädigter" im Rahmen einer Börsentransaktion nicht feststellbar seien,[115] ist jedenfalls für Deutschland seit der Neufassung der AGB-Wertpapiergeschäfte durch die Kreditinstitute im Jahre 1995 gegenstandslos geworden. Danach werden Wertpapieraufträge nunmehr im Wege der einfachen Effektenkommission durchgeführt mit der Folge, dass wegen der Rechenschaftspflicht des Kommissionärs nach § 384 Abs. 2, 3 HGB eine individuelle Zuordnung der Parteien eines Wertpapiergeschäfts und damit die Feststellung des jeweiligen Marktpartners des Insiders möglich ist.[116] Allerdings spricht gegen die These der Schädigung des individuellen Anlegers, dass der **Marktpartner des Insiders in jedem Fall gekauft oder verkauft** hätte; sein Entschluss zur Vornahme des Wertpapiergeschäfts wurde nicht durch das Engagement des Insiders motiviert. Er hätte das Geschäft – jedenfalls bei ausreichendem Umsatzvolumen – mit jedem anderen Marktteilnehmer zu den gleichen Konditionen abgeschlossen und so denselben „Verlust" erlitten.[117] 115

Es besteht jedoch ein Schutzinteresse der **Anleger in ihrer Gesamtheit.** Dieses konkretisiert sich in einem **kollektiven Schutzbedürfnis vor dem Ausnutzen ökonomischer Macht in Form von geldwerten Informationen durch Insider** und damit einem Vorgehen, das dem Prinzip des Leistungswettbewerbs zuwider läuft. Der Verstoß gegen das Prinzip des Leistungswettbewerbs liegt darin, dass Insiderinformationen die Insider in eine wirtschaftliche Machtposition bringen, die sie zum eigenen Vorteil ausnutzen können, ohne dass diese Stellung, d. h. der Erwerb der Information, auf einer eigenen Leistung beruht. Für die „Outsider" ist es hingegen nicht möglich, auf rechtmäßige Weise ebenfalls in den Besitz dieser privilegierten Information zu kommen, gleichgültig wie groß ihre Bemühungen und die darauf verwendeten Ressourcen sind. Das anzustrebende **Regelungsziel der Chancengleichheit der Anleger** und damit gleicher Wettbewerbsbedingungen an den Kapitalmärkten ist über den Abbau von nicht leistungsgerechten Informationsgefällen vorzunehmen bzw. über 116

---

[114] Ausführlich *Hopt/Will,* Europäisches Insiderrecht, S. 46 ff.; vgl. etwa auch *Arbeitskreis Gesellschaftsrecht,* Verbot des Insiderhandels, S. 11; *Siebold,* Das neue Insiderrecht, S. 33 f.

[115] Vgl. *Assmann* AG 1994, 196/203; *Mennicke,* Sanktionen gegen Insiderhandel, S. 81 f.; *Hannigan,* Insider Dealing, S. 7.

[116] Vgl. dazu *Kümpel* WM 1995, 137/138; *ders.,* Bank- und Kapitalmarktrecht, Rn. 16.69.

[117] *Horn* ZHR 136 (1972), 369/390; *Mertens* ZHR 138 (1974), 269/271; *Roth* RabelsZ 38 (1974), 720/723 f.; *Pfister* ZGR 1981, 318/341; *Grunewald* ZBB 1990, 128/129; *Assmann* AG 1994, 196/203 f.; *Lenenbach,* Kapitalmarkt- und Börsenrecht, Rn. 10.18; *Dingeldey,* Insiderhandel und Strafrecht, S. 27 ff.; *Hannigan,* Insider Dealing, S. 8; *Schäfer* Rn. 10; aus dem wirtschaftswissenschaftlichen Schrifttum vgl. etwa *King/Roell,* Economic Policy 1988, 163/168; *Schörner,* Gesetzliches Insiderhandelsverbot, S. 52 f.

Mennicke 331

ein Verbot an die Insider, ihre Informationsmacht wettbewerbswidrig auszunutzen. Hier besteht ein **enger Bezug zum Schutz der Funktionsfähigkeit der Kapitalmärkte** als Regelungsziel eines Insiderhandelsverbots.[118]

117 Von manchen Ökonomen wird dagegen vorgebracht, dass eine **asymmetrische Informationsverteilung** sowohl Ausgangspunkt als auch Resultat jedes wettbewerblichen Prozesses sei.[119] Es geht bei einem Insiderhandelsverbot aber nicht darum, die Verfügung über den Wettbewerbsparameter „Information" zu unterbinden und den Wettbewerb auf den Kapitalmärkten zu beschränken. Vielmehr soll eine Beschränkung in der Verfügung über den wirtschaftlichen Machtfaktor der Insiderinformation nur erfolgen, wenn deren Ausnutzung zur Beeinträchtigung oder zumindest Gefährdung einer **formellen Gleichheit** führt mit der Folge, dass bestimmte Individuen von einer gleichberechtigten Nutzung ihrer Chancen im Wettbewerbsprozess ausgeschlossen wären, und die **Ausnutzung** sich damit als **missbräuchlich** erweist.[120]

b) Schutz der Funktionsfähigkeit des Kapitalmarktes – Vertrauen der Anleger in diese

118 Der Schutz der Funktionsfähigkeit der Kapitalmärkte durch ein Insiderhandelsverbot steht heute **im Vordergrund** der Diskussion um die Regelungsbedürftigkeit der Insiderproblematik.[121] Schon bei Erlass der US-amerikanischen Kapitalmarktgesetze zu Beginn der 30er Jahre wurde als wesentliches Ziel die Wiederherstellung bzw. Stärkung des Vertrauens der Anleger in die Funktionsfähigkeit der Wertpapiermärkte genannt.[122]

119 Es wird wie folgt argumentiert: Der Kapitalmarkt könne seiner Funktion der Transformation von Spar- in Investitionskapital nur dann gerecht werden, wenn die Anleger bereit seien, am Markt zu investieren. Investitionsbereitschaft setze ein **Vertrauen der breiten Anlegerschaft in das ordnungsgemäße Funktionieren des Kapitalmarktes** und die Einhaltung von Marktspielregeln voraus. Zu diesen Spielregeln gehöre ein effektives und staatlich überwachtes Insiderhandelsverbot. Eine Gefährdung oder Beeinträchtigung des Anlegervertrauens führte zu einer Verminderung ihres Marktengagements.[123] Ökonomisch habe dies zur Folge, dass die Marktliquidität sinke, was insgesamt ein niedrigeres Kursniveau mit sich bringe. Niedrigere Kurse führten zu höheren Eigenkapitalkosten der Unternehmen.

120 Betont wird die **Notwendigkeit des Vertrauens gerade in die Chancengleichheit** aller Teilnehmer am Börsengeschehen in dem Sinne, dass Informa-

---

[118] Vgl. zum Ganzen *Mennicke*, Sanktionen gegen Insiderhandel, S. 85 ff., insbes. S. 95 ff.
[119] *Oberender/Daumann*, Ordo 43 (1992), 255/261 f.
[120] Vgl. dazu ausführlich *Mennicke*, Sanktionen gegen Insiderhandel, S. 91 ff.
[121] So *Hopt* ZGR 1991, 17/27.
[122] Siehe Mitteilung Präsident Roosevelts an den Senat: „It (sc. der Gesetzvorschlag) should give impetus to honest dealing in securities and thereby bring public confidence back", H. R. Rep. No. 85, 73 d Cong., 1st Sess. (1933), S. 2–4.
[123] Zur Notwendigkeit des Anlegervertrauens für die Funktionsfähigkeit der Kapitalmärkte zB *Loss* M. L. Rev. 33 (1970), 34/36; *Hopt/Will*, Europäisches Insiderrecht, S. 49 f.; *Arbeitskreis Gesellschaftsrecht*, S. 10 f.; *Wojtek*, Insider Trading, S. 22; *Dingeldey*, Insiderhandel und Strafrecht, S. 66; *Hopt* ZGR 1991, 17/26; *Ott/Schäfer* ZBB 1991, 226 ff.; *Mennicke*, Sanktionen gegen Insiderhandel, S. 98 ff.; *Siebold*, Das neue Insiderrecht, S. 34 f.; *Lücker*, Der Straftatbestand des Mißbrauchs von Insiderinformationen, S. 23 ff.

tionsgefälle und damit wirtschaftliche Machtungleichgewichte abgebaut bzw. deren Ausnutzung verhindert würden, so dass keine Marktteilnehmer aufgrund besserer Ausgangsvoraussetzungen die Möglichkeit ungerechtfertigter Sondervorteile hätten.[124]

So einleuchtend das „Vertrauensschutzargument" auf den ersten Blick erscheint, ist es **nicht unumstritten** geblieben.[125] Problematisch erscheint insbesondere, dass der durch Insiderhandel hervorgerufene Vertrauensverlust im Regelfall nicht zu quantifizieren ist, womit eine **empirische Nachweisbarkeit nahezu unmöglich** ist.[126] Eine Betrachtung von „Börsenskandalen", namentlich von Fällen mutmaßlichen oder tatsächlichen Insiderhandels lässt den Schluss zu, dass viele **Indizien** dafür sprechen, das sich Anleger enttäuscht von der Börse zurückziehen und ggf. in anderen Märkten investieren, wenn ihr Vertrauen in die Chancengleichheit gestört wird.[127] 121

c) Schädigung der Gesellschaft durch Insiderhandel

Als weiterer Regelungsgrund eines Insiderhandelsverbots wurden in der Literatur vereinzelt die **Vertraulichkeitssphäre und die Vermögensinteressen der Gesellschaft** genannt, auf die sich die Insiderinformation bezieht.[128] In diesem Zusammenhang wurde vor allem darauf hingewiesen, dass die Gesellschaft durch Insiderhandel geschädigt werden könnte. Würde am Markt erkannt, dass in von einer Gesellschaft emittierten Papieren Insidergeschäfte durchgeführt würden, könnte dies Rückwirkungen auf ihr Emissionsstanding und damit auf die Kosten der Kapitalaufbringung haben. Dass solche Rufschäden tatsächlich eintreten können, zeigt die US-amerikanische Entscheidung *Diamond v. Oreamuno*.[129] 122

Selbst wenn die **Verletzung der Vertrauensbeziehung zwischen Insidern und Unternehmen** durch Insidergeschäfte zu einer unmittelbaren oder durch Rufschädigung mittelbaren Beeinträchtigung der Ertragsaussichten des betroffenen Unternehmens führt, ist diese gesellschaftsbezogene Sicht zu einseitig, um damit die Notwendigkeit der Regelung der Insiderproblematik zu begründen, da **Kapitalmarktprozesse** vollständig **ausgeblendet** werden.[130] 123

V. Regelungszweck des deutschen Insiderrechts

1. Regelungsleitbild

Sehr wichtig für eine konsistente Anwendung, Auslegung und Weiterentwicklung des deutschen Insiderrechts ist das Regelungsleitbild, das ihm zugrunde 124

---

[124] Zur Chancengleichheit als Vertrauensgegenstand siehe *Ulsenheimer* NJW 1975, 1999/1999; *Horn* ZHR 1936 (1972), 369/379; *Dingeldey,* Insiderhandel und Strafrecht, S. 66; *Mennicke,* Sanktionen gegen Insiderhandel, S. 102, 108.
[125] Zur Kritik siehe *Grunewald* ZBB 1990, 128/130; *Kübler* AG 1977, 85/87; *Mertens* ZHR 138 (1974), 269/270.
[126] Vgl. *Hopt/Will,* Europäisches Insiderrecht, S. 50; siehe nun aber *Hienzsch,* Das deutsche Insiderhandelsverbot in der Rechtswirklichkeit, S. 164 ff.
[127] Siehe dazu *Mennicke,* Sanktionen gegen Insiderhandel, S. 103 ff.; vgl. auch *H. Otto* in Madrid-Symposium, S. 447/452.
[128] Dazu *Brunner* SAG 48 (1976), 179/194; *Schäfer* Rn. 11.
[129] 24 N. Y. 2 d 494, 248 N. E. 2 d 910 (1969).
[130] *Mennicke,* Sanktionen gegen Insiderhandel, S. 116.

liegt. In dieser Hinsicht nicht sehr ergiebig sind die Aussagen in den Erwägungsgründen der **EG-Insiderrichtlinie**, die der deutsche Gesetzgeber zur Begründung der Notwendigkeit einer Regelung des Insiderhandels nahezu wörtlich für das WpHG übernommen hat. Die Insiderrichtlinie maß dem **Vertrauen der Anleger in die Funktionsfähigkeit der Finanzmärkte** entscheidende Bedeutung zu. Das Vertrauen beruhe insbesondere auf der den Anlegern gewährten Zusicherung, dass sie **gleich behandelt und gegen die unrechtmäßige Verwendung einer Information geschützt** würden; rechtliche Einlösung einer solchen Zusicherung sei eine Insiderregelung.[131]

125 Durch die **EG-Marktmissbrauchsrichtlinie**, welche die Insiderrichtlinie ablöste, änderte sich an dieser Begründung für die Regelung des Insiderhandels kaum etwas. Nur der Schutz von Verbrauchern und Kleinanlegern rückte stärker in den Vordergrund.[132] In den Erwägungsgründen wird hervorgehoben, dass das Ziel der Vorschriften zur Bekämpfung des Marktmissbrauchs, als dessen Erscheinungsform Insidergeschäfte eingeordnet werden, die Sicherstellung der **Integrität der Finanzmärkte der Gemeinschaft, deren reibungsloses Funktionieren** und die **Stärkung des Vertrauens der Anleger in diese Märkte** seien. Weiter wird darauf hingewiesen, dass "Informationsasymmetrien" und ein Mangel an Transparenz das Funktionieren der Märkte gefährdeten und vor allem Verbrauchern und Kleinanlegern zu Schaden gereichen könnten.[133] Die Umsetzung der EG-Marktmissbrauchsrichtlinie durch das **AnSVG** hat dementsprechend **zu keiner geänderten Begründung des deutschen Gesetzgebers für die gesetzliche Regelung des Insiderhandels geführt.** Neben dem Schutz des Vertrauens der Anleger in die Kapitalmärkte wird lediglich die "Verbesserung des Anlegerschutzes im Bereich der Kapitalmarktinformation" genannt.[134]

126 Die Begründung des Gemeinschafts- wie auch des deutschen Gesetzgebers gehört eher in den Bereich der **Legitimation der Regelungsbedürftigkeit** des Insiderproblems, als dass sich hier ein Regelungsleitbild als Grundlage für Anwendung und Auslegung der Vorschriften entnehmen ließe.[135] Der Gesetzgeber hat sich mit den §§ 12ff. jedenfalls von der unter Ökonomen verbreiteten Auffassung distanziert, wonach Insiderhandel für die Effizienz der Kapitalmärkte sinnvoll und deshalb nicht zu verbieten sei (siehe oben Rn. 106ff.).[136] Mit der Betonung des **Funktionsschutzes der Kapitalmärkte**, für die das Vertrauen der Anleger in ihre Chancengleichheit Voraussetzung sei, schloss sich der Gesetzgeber – wenn auch in pauschaler Form – der heute im Vordergrund stehenden Begründung der Notwendigkeit einer Regelung des Insiderhandels (oben Rn. 118ff.) an.

---

[131] EG-Insiderrichtlinie, EGABl. Nr. L 334 vom 18. 11. 1989, S. 30 (Erwägungsgründe Nr. 4 und 5); Begründung zum RegE 2. FFG, BT-Drucks. 12/6679, S. 33. Zu diesem und weiteren Zwecken der EG-Insiderrichtlinie siehe *Mennicke*, Sanktionen gegen Insiderhandel, S. 141 ff.

[132] *Schäfer*, Rn. 15.

[133] EG-Insiderrichtlinie EGABl. Nr. L96 vom 12. 4. 2003, S. 20 (Erwägungsgrund Nr. 43, letzter Spiegelstrich).

[134] Begründung zum RegE AnSVG, BT-Drucks. 15/3174, S. 26.

[135] *Assmann* Rn. 45; *J. Hartmann,* Juristische und ökonomische Regelungsprobleme, S. 193.

[136] So *Kümpel*, Bank- und Kapitalmarktrecht, Rn. 16.63.

Vorbemerkung 127–129 Vor § 12 bis § 14

Aus der Formulierung der Regierungsbegründung des WpHG lässt sich ablei- **127** ten, dass die **informationelle Gleichbehandlung der Anleger lediglich in Bezug auf diejenigen Informationen erfolgen soll, die rechtmäßig allen Marktteilnehmern zustehen,** deshalb zu veröffentlichen sind und vor der Veröffentlichung einem Verwertungsverbot unterliegen.[137] Dadurch, dass der Gesetzgeber in den insiderrechtlichen Bestimmungen des WpHG die Verwertung bestimmter Informationen unter bestimmten Umständen als unrechtmäßig qualifiziert, erlangt das informationelle Gleichbehandlungsgebot seine Konturen.

Das Regelungsmodell sowohl der europäischen Richtlinien als auch der deut- **128** schen Bestimmungen des WpHG ist **markt(funktions-)bezogen;** für einen rein unternehmensorientiert-gesellschaftsrechtlichen Ansatz, der zu einer stärkeren Eingrenzung des Anwendungsbereichs der insiderrechtlichen Bestimmungen führen würde, ist kein Anhaltspunkt vorhanden.[138] Die **Abkehr von einem gesellschaftsrechtlichen Ansatz** zeigt sich insbesondere daran, dass die Unrechtmäßigkeit der Verwertung nicht öffentlich bekannter Informationen nicht davon abhängig gemacht wird, dass der Informationsträger in einer speziellen Beziehung zum Emittenten steht, aus dem ihm eine Treue-, Interessenwahrungs- oder ähnliche Pflicht erwachsen könnte.[139] Der Kreis der Insider ist nicht ausschließlich gesellschaftsbezogen definiert; vielmehr gilt das Verwendungsverbot des § 14 Abs. 1 Nr. 1 für jeden (siehe auch § 38 Abs. 1 Nr. 1). Des Weiteren setzt der Begriff der Insiderinformation weder nach europäischem noch nach deutschem Recht ein Geheimhaltungsinteresse des Emittenten voraus. Voraussetzung ist nur, dass sich die Information auf „nicht öffentlich bekannte Umstände" bezieht; ein vertraulicher Charakter ist demgegenüber nicht erforderlich.[140]

Die Problematik des Regelungsleitbildes und der inneren Konsistenz des Insider- **129** rechts ist eine der Hauptfragen im **US-amerikanischen Insiderrecht.** In diesem Zusammenhang werden in den USA verschiedene **Haftungstheorien zum Regelungsgrund und zur theoretischen Ausrichtung des Insiderrechts** erörtert. In der Literatur wurden vor allem in Auseinandersetzung mit den Leitentscheidungen des Supreme Court – insbesondere *Chiarella*[141] 1980, *Dirks*[142] 1983, *Carpenter*[143] 1987 und *O'Hagan*[144] 1997 – verschiedene Haftungstheorien entwickelt.[145]

---

[137] *Assmann* Rn. 45; *Schäfer* Rn. 19; *J. Hartmann,* Juristische und ökonomische Regelungsprobleme, S. 194.
[138] *Assmann* Rn. 47; *Schäfer* Rn. 20; *Assmann* AG 1994, 196/202 f., 239; *Kümpel,* Bank- und Kapitalmarktrecht, Rn. 16.65; *Pananis,* Insidertatsache und Primärinsider, S. 41 ff.; speziell zur EG-Richtlinie *Davies* Oxf.J.Leg.Stud. 11 (1991), 92 ff.; *Mennicke,* Sanktionen gegen Insiderhandel, S. 150 f.; *Tippach,* Das Insider-Handelsverbot, S. 26.
[139] *Hopt* in FS Beusch, S. 393/398; *Assmann* AG 1994, 237/239; *Kümpel,* Bank- und Kapitalmarktrecht, Rn. 16.65; aA für Primärinsider *Siebel* in FS Semler, S. 955/973.
[140] Dazu und zu weiteren Details, die den marktfunktionsbezogenen Ansatz belegen, *Pananis,* Insidertatsache und Primärinsider, S. 42 f.; *Assman* Rn. 48 f.
[141] *U. S. v. Chiarella,* 445 U. S. 222 (1980).
[142] *Dirks* v. SEC, 463 U. S. 646 (1983).
[143] *U. S. v. Carpenter,* – U.S. –, 108 S. Ct. 316 (1987).
[144] *U. S. v. O'Hagan* – U.S. –, 117 S. Ct. 2199 (1997), dazu *Lange* WM 1998, 525 ff.; *Lenenbach/Lohrmann* RIW 1998, 116 f.
[145] Zu den US-amerikanischen Haftungstheorien vgl. *Mennicke,* Sanktionen gegen Insiderhandel, S. 255 ff.; *K.-P. Weber,* Insiderrecht und Kapitalmarktschutz, insbes. S. 51 ff.; *J. Hartmann,* Juristische und ökonomische Regelungsprobleme, S. 52 ff.

Die **equal access theory** stellt auf die Informationsungleichgewichtslage ab und erklärt den Ausgleich solcher Ungleichgewichte entweder durch Offenlegung oder durch Transaktionsverzicht (*„disclose or abstain"*) zur Aufgabe des Insiderrechts. Die **fiduciary duty theory** knüpft an die Vertrauens-/Treuebeziehung zwischen den an der Transaktion beteiligten Parteien, d. h. dem potentiellen Insider und den Aktionären des Emittenten an und leitet damit das Insiderhandelsverbot aus einer Treuepflicht des informierten Anlegers gegenüber dem nicht informierten Anleger ab. Die **misappropriation theory** schließlich sieht den entscheidenden Punkt für die Insiderhaftung darin, dass eine bestimmte Information von Rechts wegen nicht dem Insider, sondern einem anderen (Gesellschaft, Aktionäre, Auftraggeber u. a.) zugewiesen ist, der Insider sich diese jedoch zur eigenen Verwendung zueignet und dadurch eine Vertrauensbeziehung zur Informationsquelle verletzt.

130 Mangels eines in der Gesetzesbegründung zum Ausdruck kommenden Regelungsleitbildes mag es reizvoll erscheinen, die Insiderregelungen der europäischen Richtlinien und des **WpHG** einer dieser **Haftungstheorien zuzuordnen** und so ein Regelungsleitbild zu bestimmen. Entsprechende Versuche wurden in der Literatur vereinzelt unternommen. Dabei erscheint eine Zuordnung des deutschen Insiderrechts zur *equal access theory* noch am überzeugendsten.[146] **In der Sache** führen solche Versuche jedoch **nicht weiter**. Die Entwicklung der US-amerikanischen Haftungstheorien ist im unmittelbaren Zusammenhang mit den zentralen Rechtsgrundlagen zu sehen, auf die in den USA die Insiderverfolgung gestützt wird, nämlich section 10 (b) *Securities Exchange Act* und rule 10 (b)-5. Diese verbieten nicht spezifisch Insidergeschäfte, sondern jegliche betrügerische Handlungsweise im Zusammenhang mit einer Wertpapiertransaktion. Aus den mit der Anwendung des *common law*-Konzeptes „fraud" auf Insidergeschäfte an der Börse verbundenen Schwierigkeiten sind die Haftungstheorien entwickelt worden. Im WpHG wurde hingegen ein komplexer Insiderhandelstatbestand geschaffen, so dass ein Rückgriff auf die genannten Haftungstheorien nicht notwendig ist.

2. Rechtsgut der Insiderhandelsverbote.

131 Im engen Zusammenhang mit dem Regelungsleitbild des deutschen Insiderrechts steht die Frage nach dem **von den Insiderverboten geschützten Rechtsgut**. Das geschützte Rechtsgut ist Maßstab für Auslegung und Anwendung der Straftat- wie auch der Ordnungswidrigkeitentatbestände von § 38 Abs. 1 Nr. 1 und Nr. 2 sowie § 39 Abs. 2 Nr. 3 und Nr. 4. Außerdem erlangt das Rechtsgut Bedeutung im Rahmen der bei den Rechtfertigungsgründen (Notwehr, Notstand) erforderlichen Güterabwägung sowie im Bereich der Konkurrenzlehre.

132 **Kein Rechtsgut** der Insiderverbote sind die **Vertraulichkeitssphäre und die Vermögensinteressen der vom Insiderhandel betroffenen Gesellschaft**.[147] Das WpHG verfolgt einen marktbezogenen Regelungsansatz und ent-

---

[146] So *K.-P. Weber*, Insiderrecht und Kapitalmarktschutz, S. 197 f.; für eine Zuordnung zur misappropriation theory (in bezug auf den Vorentwurf zum WpHG) *Hopt* in FS Beusch, S. 393/394; ähnlich schon zur EG-Insiderrichtlinie *Claussen* ZBB 1992, 267/273; *Hopt* ZGR 1991, 17/28.

[147] *Assmann* § 14 Rn. 8; *P. Peters*, Das deutsche Insiderstrafrecht, S. 17; *Lücker*, Der Straftatbestand des Mißbrauchs von Insiderinformationen, S. 28 f.

Vorbemerkung 133–135 **Vor § 12 bis § 14**

hält keine Ansatzpunkte für ein unternehmensorientiert-gesellschaftsrechtliches Regelungsleitbild (dazu oben Rn. 128). Zudem wird die Gesellschaft nach deutschem Recht bereits durch eine Reihe von Spezialstraftatbeständen geschützt, welche die unbefugte Verwertung von Betriebs- und Geschäftsgeheimnissen verbieten (vgl. zB § 204 iVm § 203 StGB, § 404 Abs. 2 Satz 2 AktG, § 85 Abs. 2 Satz 2 GmbHG, § 17 UWG).

Dem Marktbezug entsprechend wird dem Funktionenschutz, d. h. dem Schutz **133** der Funktionsfähigkeit der Wertpapiermärkte, vorrangige Bedeutung beigemessen.[148] Voraussetzung dafür sei das Vertrauen der Anleger in ihre Gleichbehandlung und gegen die unrechtmäßige Verwendung von Insiderinformationen.[149] **Geschütztes Rechtsgut ist die Funktionsfähigkeit der organisierten Kapitalmärkte innerhalb der Mitgliedstaaten der EU sowie der übrigen Vertragstaaten des EWR-Abkommens**[150] und damit ein überindividuelles Rechtsgut.

Der Entscheidung für ein marktbezogenes Regelungsmodell entsprechend **134** wird von der herrschenden Meinung zu Recht abgelehnt, dass die **(Vermögens-)Interessen des individuellen Anlegers** geschütztes Rechtsgut der insiderrechtlichen Verbotsbestimmungen sind.[151] Entgegen vereinzelten Stimmen aus dem Schrifttum[152] und einem zumindest missverständlichen Passus in der Begründung des Regierungsentwurfs des 2. Finanzmarktförderungsgesetzes, in dem zur Begründung einer strafrechtlichen Lösung nicht nur auf die Gefahren für die Funktionsfähigkeit der Börse, sondern auch auf eine mögliche Beeinträchtigung der Vermögensinteressen einzelner Anleger hingewiesen wurde,[153] ist der Anlegerschutz **auf der Ebene der gesetzgeberischen Motivation verblieben** und kann nicht als Rechtsgut des Insiderhandelstatbestandes angesehen werden. Es wird nicht an einen aufgrund einer von § 14 verbotenen Handlung eingetretenen Vermögensschaden eines oder mehrerer Anleger angeknüpft; auf die Formulierung eines solchen Tatbestandsmerkmals wie auch die Verwendung des Begriffs des Anlegers überhaupt ist verzichtet worden. Dies gilt auch für das Erfordernis des Eintritts eines Vermögensvorteils auf Seiten des Täters, wie ihn das schweizerische Insiderstrafrecht in Art. 161 StGB (Schweiz) voraussetzt.

Da an eine Schädigung bzw. eine konkret eingetretene Gefährdung des Kapi- **135** talmarktes nicht angeknüpft wird, ist das Insiderhandelsverbot als **abstraktes Gefährdungsdelikt** ausgestaltet.[154] Das abstrakte Gefährdungsdelikt ist das typische, dem Wesen des **überindividuellen Rechtsguts** entsprechende Mittel der Gesetzestechnik.[155] Im Übrigen spricht gegen ein Rechtsgut „individuelle Interessen der Anleger", dass nur bestimmte Wertpapiere den Insidervorschriften unterfallen. Papiere, die an keiner Börse in den Vertragstaaten des EWR zugelassen sind oder an keiner Börse gehandelt werden, werden nicht als Insiderpapiere

---

[148] Begründung RegE 2. FFG, BT-Drucks. 12/6679, S. 45 (zu § 12 Abs. 1); *Assmann* Rn. 49; *Caspari* ZGR 1994, 530/532 ff.; *Mennicke,* Sanktionen gegen Insiderhandel, S. 483 ff.
[149] Begründung RegE 2. FFG, BT-Drucks. 12/6679, S. 33.
[150] *Schäfer,* Rn. 16; *Assmann* § 14 Rn. 7; *Caspari* ZGR 1994, 530/532.
[151] Vgl. nur *Assmann* § 14 Rn. 9; *Pananis,* Insidertatsache und Primärinsider, S. 43; *Mennicke,* Sanktionen gegen Insiderhandel, S. 476 f.
[152] *Claussen* AG 1997, 306/307; in der Tendenz auch *Assmann* AG 1994, 196/203 f.
[153] Vgl. Begründung RegE 2. FFG, BT-Drucks. 12/6679, S. 57.
[154] So *Mennicke,* Sanktionen gegen Insiderhandel, S. 476 ff.
[155] *H. Otto* in Madrid-Symposium, S. 447/453; vgl. dazu grundsätzlich *H. Otto* ZStW 96 (1984), 339/363; *Tiedemann* ZStW 87 (1975), 253/274.

gemäß § 12 erfasst, mit Ausnahme von auch außerhalb der Börse gehandelten Derivaten, sofern sie sich auf börsengehandelte Finanzinstrumente beziehen (vgl. § 12 Satz 1 Nr. 3; siehe § 12 Rn. 26 ff.). Dies soll aber nur eine Umgehung der Insiderhandelsverbote verhindern.[156]

136 Die Verfolgung des Anlegerschutzes ist allerdings durch die Ausgestaltung als abstraktes Gefährdungsdelikt nicht ausgeschlossen. Individuelle (Vermögens-)Interessen der an einer konkreten Transaktion beteiligten Anleger bestimmen den unmittelbaren Schutzzweck des Insiderhandelsdelikts zwar gerade nicht. Ein **reflexiver Schutz der Anlegerinteressen** und damit individueller Rechtsgüter kommt dem Insiderhandelsverbot aber zu.[157]

137 Der organisierte Kapitalmarkt ist kein reiner Selbstzweck. Er wird als Institution für die verfahrensmäßig geordnete und normierte Ausübung und Verwirklichung einer Vielzahl individueller Interessen wie derjenigen der Anleger und der Emittenten zur Verfügung gestellt. Eine unmittelbare Ableitung des überindividuellen Rechtsguts Kapitalmarkt aus den Individualinteressen ist jedoch nicht möglich, da eine individuelle Vermögensschädigung des einzelnen Anlegers, die kausal durch die Handlung eines Insiders erfolgt ist, nicht – von allenfalls vereinzelten Ausnahmen abgesehen – bejaht werden kann. Anzusetzen ist vielmehr bei den **kollektiven Interessen des Publikums in Form eines kollektiven Schutzes vor Informationsungleichgewichten** und damit einem Schutz der formalen Chancengleichheit der Marktteilnehmer beim Zugang zu den für eine Anlageentscheidung relevanten Informationen. Infolgedessen beschränkt sich der Zusammenhang zwischen dem Rechtsgut „Funktionsfähigkeit des Kapitalmarkts" und den individuellen Rechtsgütern auf einen reflexartigen Schutz letzterer. **Bindeglied** zwischen beiden ist das **Vertrauen des Anlegerpublikums in ihre Chancengleichheit,** das seinerseits für die Funktionsfähigkeit des Kapitalmarkts von entscheidender Bedeutung ist.

138 Für die Auslegung der Bestimmungen der Insiderhandelsverbote folgt aus der Funktion des „Vertrauens des Börsenpublikums" als Bindeglied zwischen dem tatbestandlich geschützten überindividuellen Rechtsgut „Funktionsfähigkeit des Kapitalmarkts" und dem reflexiven Schutz der Anlegerinteressen, dass das Insiderhandelsverbot diejenigen Handlungen erfassen soll und zu erfassen hat, die zu einer **Beeinträchtigung bzw. einer konkreten Gefährdung des Vertrauens der Anleger in ihre Chancengleichheit** beim Zugang zu relevanten Informationen führen.

VI. Strafrechtliche Sanktionierung der Insiderhandelsverbote

1. Legitimation des Strafrechtseinsatzes

a) Keine europarechtliche Verpflichtung

139 Art. 13 der EG-Insiderrichtlinie verpflichtete die Mitgliedstaaten, bei der Umsetzung Sanktionen für Verstöße gegen die nationalen Umsetzungsgesetze vorzu-

---

[156] *Assmann* § 14 Rn. 7 a. E.
[157] *Kümpel,* Bank- und Kapitalmarktrecht, Rn. 16.71; *Assmann* § 14 Rn. 10; *Pananis,* Insidertatsache und Primärinsider, S. 44; vgl. *Hopt* ZHR 159 (1995), 159/162; *Assmann* AG 1994, 196/204.

sehen. Zwar war nicht ausdrücklich vorgeschrieben, welcher Art und wie hoch die angedrohten Sanktionen sein sollten. Art. 13 Satz 2 bestimmte jedoch, dass die **Sanktionen** soweit gehen müssen, „dass sie einen **hinreichenden Anreiz zur Einhaltung dieser Vorschriften** darstellen". Vereinzelt wurde aus dieser Formulierung die Verpflichtung der Mitgliedstaaten herausgelesen, eine abschreckende strafrechtliche Sanktion einzuführen.[158]

In der Tat bestand zunächst auf gemeinschaftsrechtlicher Ebene das Bestreben, die **Einführung strafrechtlicher Sanktionen für die Umsetzung** der Richtlinie in die jeweiligen nationalen Rechtsordnungen verbindlich vorzuschreiben. Die Entstehungsgeschichte der Richtlinie zeigt auch eine Präferenz des Gemeinschaftsgesetzgebers, dass die Mitgliedstaaten in ihren Transformationsgesetzen strafrechtliche Sanktionen gegen Insider androhen sollten.[159]

Ganz überwiegend wird jedoch eine eigene Rechtsetzungskompetenz der Gemeinschaft im Kriminalstrafrecht abgelehnt. Die **Harmonisierungskompetenz der Gemeinschaft** betrifft lediglich die Festsetzung wirtschaftsrechtlicher Gebote und Verbote, also der Verhaltensnormen, erstreckt sich aber **nicht** auch auf die **Festsetzung kriminalstrafrechtlicher Sanktionsfolgen**.[160] Aufgrund dieser kompetenzrechtlichen Bedenken wurde auf eine Verpflichtung der Mitgliedstaaten zur Einführung kriminalstrafrechtlicher Sanktionen verzichtet.[161] Auch Art. 14 Abs. 1 der EG-Marktmissbrauchsrichtlinie bestimmt nur, dass gegen die für Verstöße Verantwortlichen „mindestens Verwaltungsmaßnahmen oder im Verwaltungsverfahren zu erlassende Sanktionen" vorgesehen werden müssen, die insgesamt „wirksam, verhältnismäßig und abschreckend" sein müssen. Gleichwohl sehen die Insiderregelungen sämtlicher Mitgliedstaaten jedenfalls auch strafrechtliche Sanktionen vor. Vor dem Hintergrund der Zielsetzung der Gemeinschaft, einen einheitlichen europäischen Kapitalmarkt zu verwirklichen, sowie der zunehmenden tatsächlichen Integration der Wertpapiermärkte ist diese **Angleichung der Sanktionsdrohungen** zu begrüßen, da einer unerwünschten Verzerrung oder Verfälschung des Wettbewerbs innerhalb des Gemeinsamen Marktes vorgebeugt wird (Verhinderung eines *market shopping* durch Insider).[162]

b) Zur Kritik an der strafrechtlichen Sanktionierung

Neben der Problematik, ob Insiderhandel ökonomisch sinnvoll ist und überhaupt verboten werden sollte (dazu oben Rn. 100 ff.), wird – unabhängig vom Harmonisierungsdruck innerhalb der EU – erörtert, ob Insiderverstöße mit strafrechtlichen Sanktionen geahndet werden sollen. Im anglo-amerikanischen Raum wurden **Bedenken an der Effektivität des Einsatzes des Strafrechts zur Sanktionierung von Insiderverstößen** vorgebracht mit der Folge, dass nach Alternativen bzw. Ergänzungen durch zivilrechtliche Maßnahmen gesucht wurde (dazu oben Rn. 95).

---

[158] So *Schödermeier/Wallach* EuZW 1990, 122/125.
[159] Siehe dazu *Mennicke*, Sanktionen gegen Insiderhandel, S. 128 ff.
[160] Vgl. *Tiedemann* NJW 1993, 23/26; *Zuleeg* JZ 1992, 761/762; *Mennicke*, Sanktionen gegen Insiderhandel, S. 168 ff.; aA wohl *Dannecker* JZ 1996, 869/873.
[161] Dazu *Mennicke*, Sanktionen gegen Insiderhandel, S. 134 ff.; *Siebold*, Das neue Insiderrecht, S. 182.
[162] Zum Aspekt des *market shopping* siehe *Mennicke*, Sanktionen gegen Insiderhandel, S. 153 ff., insbes. 156 ff.

143 Nachdem in Deutschland schon früher vereinzelt Bedenken gegen die Einführung eines Straftatbestandes geäußert worden waren,[163] wurde mit Inkrafttreten des WpHG die Frage der strafrechtlichen Sanktionierung von Insiderverboten wieder verstärkt diskutiert.[164] Die gegen den Einsatz des Strafrechts geäußerte Kritik ist teilweise grundsätzlicher Art und richtet sich **gegen den Einsatz strafrechtlicher Mittel zur Durchsetzung kapitalmarktbezogener Verhaltenspflichten.** Die vereinzelt geäußerten Bedenken resultieren aus den Einwänden, die allgemein gegen (als bedenklich) empfundene Tendenzen der Ausdehnung insbesondere des Wirtschaftsstrafrechts durch die Konstituierung abstrakter Gefährdungsdelikte und die Anerkennung als schwer bestimmbar kritisierter überindividueller Rechtsgüter erhoben werden (Entwicklung eines „Feindbildstrafrechts").[165]

144 Jenseits dieser grundsätzlichen **Kritik** an Entwicklungstendenzen des Strafrechts werden Bedenken gegen den Einsatz von Kriminalstrafe **speziell im Hinblick auf das Insiderhandelsverbot** vorgebracht. Im einzelnen: Negative Erfahrungen in anderen Ländern mit der kriminalstrafrechtlichen Sanktionierung von Insiderverstößen;[166] Schwierigkeiten bei der Begründung eines gesteigerten Unrechts- und Schuldgehalts von Insiderhandel und damit der Strafwürdigkeit der Verwendung von Insiderinformationen;[167] Befolgung des Grundsatzes der Subsidiarität des Strafrechts, wonach Strafrechtsnormen als *„ultima ratio"* nur dann zur Anwendung kommen dürfen, wenn ihre Aufgabe nicht durch andere, weniger einschneidende Maßnahmen (zB zivilrechtlicher, verwaltungsrechtlicher oder ordnungswidrigkeitenrechtlicher Art) übernommen werden kann;[168] und die mit einer (vermuteten) hohen Dunkelziffer und Aufklärungsproblemen verbundene Selektivität der strafrechtlichen Sanktion.[169]

145 Ohne die Stichhaltigkeit der vorgebrachten Argumente im Einzelnen zu überprüfen, lässt sich daraus entnehmen, dass eine **zurückhaltende Anwendung des Insiderstrafrechts** angezeigt ist.[170] Dies gilt vor allem im Hin-

---

[163] Siehe *Volk,* ZHR 142 (1978), 1/16 f.; *Kirchner* in FS Kitagawa, S. 665/677 ff.; aus schweizerischer Sicht *M. B. Koch,* Insiderwissen und Insiderinformation, S. 129.
[164] Vgl. die Übersichten bei *Pananis,* Insidertatsache und Primärinsider, S. 47 ff.; und *Mennicke,* Sanktionen gegen Insiderhandel, S. 479 ff., die i. E. hinsichtlich der Vorfeldtatbestände (§ 14 Abs. 1 Nr. 2 und Nr. 3) eine ordnungswidrigkeitenrechtliche Regelung befürwortet (S. 593 ff., 612).
[165] Siehe etwa *Haouache,* Börsenaufsicht durch Strafrecht, insbes. S. 57 ff., 74 ff., 155 ff.; gegen den Schutz von Märkten etwa auch *Herzog,* Gesellschaftliche Unsicherheit und strafrechtliche Daseinsvorsorge, S. 58; vgl. auch die Nachw. bei *Mennicke,* Sanktionen gegen Insiderhandel, S. 489 ff.
[166] *Hausmaninger,* Insider Trading, S. 306.
[167] Siehe dazu die Hinweise bei *Mennicke,* Sanktionen gegen Insiderhandel, S. 481 ff., die die Strafwürdigkeit i. E. bejaht; bejahend etwa auch *Pananis,* Insidertatsache und Primärinsider, S. 49 f.; *Ulsenheimer* NJW 1975, 1999/2005; einschränkend dagegen *H. Otto* in Madrid-Symposium, S. 447/457.
[168] Siehe dazu die Hinweise bei *Mennicke,* Sanktionen gegen Insiderhandel, S. 517 ff. (i. E. bejahend, wenn auch für eine stärkere Differenzierung nach Begehungstatbestand und Sanktion); bejahend auch *Pananis,* Insidertatsache und Primärinsider, S. 50 f.; *Tippach,* Das Insider-Handelsverbot, S. 46 f.; kritisch im Hinblick auf die Effektivität der erweiterten Ermittlungsbefugnisse nach §§ 9, 16 *Ransiek* DZWir 1995, 53/54 f.; 57 f.
[169] *Ransiek* DZWir 1995, 53/56 f.
[170] So zu Recht *Assmann* Rn. 44.

Vorbemerkung 146–149 **Vor § 12 bis § 14**

blick auf die Auslegung der unbestimmten Rechtsbegriffe des Insiderstraftatbestands.

2. Richtlinienkonforme Auslegung und Strafrecht

Mit den §§ 12 ff. setzte der deutsche Gesetzgeber europäische Richtlinien in 146
nationales Recht um. Dies ist für die Auslegung der Insidervorschriften des WpHG von Bedeutung, weil nationales Recht in der EU nicht mehr allein aus der eigenen nationalen Rechtsordnung heraus, sondern **im Lichte des europäischen Rechts auszulegen** ist. Da das deutsche Insiderrecht EG-Richtlinien transformiert, sind die nationalen Bestimmungen richtlinienkonform auszulegen.[171]

In **materieller** Hinsicht bedeutet **richtlinienkonforme Auslegung**, dass die 147
Auslegung der einzelnen Tatbestandsmerkmale der §§ 12 ff. jeweils an der EG-Insiderrichtlinie bzw. an ihrer Nachfolgeregelung, der EG-Marktmissbrauchsrichtlinie, auszurichten ist. Aus dem vom EuGH entwickelten *effet utile*-Gedanken[172] folgt, dass Richtlinien-Inhalt und -Zweck **so wirksam wie möglich in das mitgliedstaatliche Recht überzuleiten** sind, d. h. die Auslegung sich insbesondere an Sinn und Zweck der Richtlinie orientieren muss. Da Richtlinien allgemein die **Rechtsangleichung** in den Mitgliedstaaten verfolgen und namentlich die Insiderverbote einen funktionierenden einheitlichen europäischen Kapitalmarkt bezwecken, ist bei Zweifelsfragen der Auslegung auch ein Blick auf die Umsetzung der Richtlinien durch andere Mitgliedstaaten vorzunehmen und zudem die Anwendungs-Spruchpraxis der nationalen Gerichte der Mitgliedstaaten, die sich aufgrund dieser angeglichenen Norm entwickelt hat, zu beachten.[173] **Prozessual** folgt aus dem Gebot der richtlinienkonformen Auslegung, dass Fragen der Auslegung des europäischen Rechts letztlich die Domäne des EuGH nach dem Vorlageverfahren des Art. 234 EG ist.[174]

Von einem Teil der Literatur[175] wird eine **richtlinienkonforme Auslegung** 148
im Strafrecht generell mit der Begründung abgelehnt, EG-Recht dürfe zur Auslegung strafrechtlicher Vorschriften nicht herangezogen werden. Genauer geht es in der Sache darum, ob verfassungsrechtlich garantierte Strafrechtsprinzipien, jedenfalls soweit es sich dabei um allgemeine Rechtsgrundsätze handelt, Vorrang vor der richtlinienkonformen Auslegung haben und dieser Grenzen setzen.[176]

Die Reichweite der richtlinienkonformen Auslegung wird erst dann proble- 149
matisch, wenn ein **Widerspruch zwischen nationalem Gesetz und Richtlinie oder zwischen einer an einer EG-Richtlinie orientierten Auslegung und nationalem Verfassungsrecht** besteht. Hierbei geht es um die Frage, ob die Richtlinie ein imperatives, andere Auslegungsregeln überspielendes Interpre-

---

[171] Zur Auslegung angeglichenen Rechts ausführlich *Lutter* JZ 1992, 593, insbes. 598 ff.; zur Notwendigkeit der richtlinienkonformen Auslegung des deutschen Insiderrechts *F. Immenga* ZBB 1995, 197/199; *Hopt* in Bankrechts-Handbuch, § 107 Rn. 5.
[172] Vgl. EuGH Slg. 1983, 449/456 (Kommission ./. Italien), Slg. 1973, 813/829 (Kommission ./. Bundesrepublik Deutschland).
[173] So. *F. Immenga* ZBB 1995, 197/199.
[174] Dieser Hinweis bei *Hopt* in Bankrechts-Handbuch, § 107 Rn. 5.
[175] *Hugger* NStZ 1993, 421 ff.
[176] Zum Folgenden siehe *Dannecker* JZ 1996, 869/873 mit Nachw.

Mennicke 341

tationsgebot enthält, oder ob das Verfassungsrecht bei der Berücksichtigung des EG-Rechts zu beachtende Grenzen statuiert. Gegen die Anerkennung der richtlinienkonformen Auslegung als ranghöchstes Auslegungsprinzip spricht auch die Auffassung des EuGH,[177] dass die richtlinienkonforme Auslegung „ihre **Grenzen** in den allgemeinen Rechtsgrundsätzen, die Teil des Gemeinschaftsrechts sind, und **insbesondere in dem Grundsatz der Rechtssicherheit und im Rückwirkungsverbot**" finde. Der Grundsatz *nullum crimen sine lege*, wonach der mögliche Wortsinn eine Grenze für die Auslegung bildet, muss daher im Strafrecht eine Grenze für die richtlinienkonforme Auslegung sein.[178] Diese Grundsätze gelten auch bei der Auslegung des Insiderrechts des WpHG und bestätigen die oben (Rn. 145) angemahnte restriktive Anwendung der Strafrechtsvorschriften.

§ 12 Insiderpapiere

Insiderpapiere sind Finanzinstrumente,
1. die an einer inländischen Börse zum Handel zugelassen oder in den regulierten Markt oder in den Freiverkehr einbezogen sind, oder
2. die in einem anderen Mitgliedstaat der Europäischen Union oder einem anderen Vertragsstaat des Abkommens über den Europäischen Wirtschaftsraum zum Handel an einem organisierten Markt zugelassen sind oder
3. deren Preis unmittelbar oder mittelbar von Finanzinstrumenten nach Nummer 1 oder Nummer 2 abhängt.

Der Zulassung zum Handel an einem organisierten Markt oder der Einbeziehung in den regulierten Markt oder in den Freiverkehr steht gleich, wenn der Antrag auf Zulassung oder Einbeziehung gestellt oder öffentlich angekündigt ist.

(In der Fassung der Bekanntmachung vom 9. 9. 1998 (BGBl. I S. 2708), geändert durch 4. FFG vom 21. 6. 2002 (BGBl. I S. 2010), Anlegerschutzverbesserungsgesetz vom 28. 10. 2004 (BGBl. I S. 2603) und Finanzmarkt-Richtlinie-Umsetzungsgesetz vom 16. 7. 2007 (BGBl. I S. 1330))

Übersicht

	Rn.
I. Regelungsgegenstand und -zweck	1
II. Begriff der Insiderpapiere	9
1. Finanzinstrumente gemäß § 2 Abs. 2 lit. b	9
2. Zulassung zum Handel	11
a) Zulassung zum Handel an inländischer Börse oder Einbeziehung in den regulierten Markt oder in den Freiverkehr (§ 12 Satz 1 Nr. 1)	11
b) Zulassung zum Handel an einem organisierten Markt eines EU-Mitgliedstaates oder EWR-Vertragsstaates (§ 12 Satz 1 Nr. 2)	18
c) Antragstellung oder öffentliche Ankündigung der Antragstellung auf Zulassung oder Einbeziehung	21
3. Derivate gemäß § 12 Satz 1 Nr. 3	26

---

[177] *EuGH* Slg. 1987, 3986 (Kolpinghuis Nijmwegen B. V.); siehe auch *Zuleeg* JZ 1992, 761/765.
[178] Vgl. *Dannecker* JZ 1996, 869/873; *Cramer* in FS Trifterer, S 323/335.

Insiderpapiere 1–3 § 12

Schrifttum: *van Aerssen,* Erwerb eigener Aktien und Wertpapierhandelsgesetz: Neues von der Schnittstelle Gesellschaftsrecht/Kapitalmarktrecht, WM 2000, 391; *Casper,* Insiderverstöße bei Aktienoptionsprogrammen, WM 1999, 363; *Ensthaler/Stübbe,* Publizitätspflichten beim Handel von Energieprodukten an der EEX – Reichweite des geänderten § 15 WpHG, BB 2006, 733; *Feddersen,* Aktienoptionsprogramme für Führungskräfte aus kapitalmarktrechtlicher und steuerlicher Sicht, ZHR 161 (1997), 269; *Fürhoff,* Insiderrechtliche Behandlung von Aktienoptionsprogrammen und Management Buy-Outs, AG 1998, 83; *Kersting,* Der Neue Markt der Deutsche Börse AG, AG 1997, 222; *Klasen,* Insiderrechtliche Fragen zu aktienorientierten Vergütungsmodellen, AG 2006, 24; *Lotze,* Die insiderrechtliche Beurteilung von Aktienoptionsplänen, 2000; *Schlitt,* Die neuen Marktsegmente der Frankfurter Wertpapierbörse – Struktur, Zulassungsvoraussetzungen und Folgepflichten, AG 2003, 57; *Schwark,* Börsen und Wertpapierhandelsmärkte in der EG, WM 1997, 293; *Siebel,* Insidergeschäfte mit Anleihen, BKR 2002, 795. Vgl. auch die Angaben vor § 12 bis § 14 und zu § 2.

I. Regelungsgegenstand und -zweck

§ 12 enthält die **Legaldefinition des Tatbestandsmerkmals „Insiderpapier"**. Die Vorschrift des § 12, die durch das AnSVG erheblich umgestaltet wurde, setzt nunmehr Art. 2 Abs. 1, Art. 1 Nr. 3, Art. 9 der EG-Marktmissbrauchsrichtlinie in deutsches Recht um. Die Definition des Insiderpapiers beruht auf dem Begriff des Finanzinstruments in § 2 Abs. 2 lit. b und umfasst die Begriffe der Wertpapiere, der Geldmarktinstrumente, der Derivate, der Devisentermingeschäfte und der Rechte zur Zeichnung von Wertpapieren nach § 2 Abs. 1, 1 lit. a, 2, § 12 Abs. 1 und 2 Satz 1 aF. 1

Das Tatbestandsmerkmal des Insiderpapiers ist **Bestandteil des Verwendungsverbots** (§ 14 Abs. 1 Nr. 1, Abs. 2) **und des Verleitungsverbots** (§ 14 Abs. 1 Nr. 3) **sowie der Legaldefinition der Insiderinformation** (§ 13 Abs. 1) und damit auch (mittelbar) der Definition des Primärinsiders (§ 38 Abs. 1 Nr. 2). Eine verbotene Insidertransaktion liegt nur dann vor, wenn **Insiderpapiere Gegenstand einer getätigten oder empfohlenen Transaktion** sind; zudem sind Gegenstand der Verbote nur solche Insiderinformationen, die sich auf Insiderpapiere oder auf einen oder mehrere Emittenten von Insiderpapieren beziehen. 2

Mit der in § 12 erfolgenden Umschreibung, welche Finanzinstrumente i. S. v. § 2 Abs. 2 lit. b Insiderpapiere sind, wird der **sachliche Anwendungsbereich des deutschen Insiderrechts mit festgelegt** und namentlich die Frage beantwortet, welche Märkte und Transaktionen erfasst werden. Der Zielsetzung des Verbots von Insidergeschäften entsprechend, nämlich der Sicherung der Funktionsfähigkeit der Wertpapiermärkte innerhalb der EU sowie der Vertragsstaaten des EWR,[1] wird über die Definition des Insiderpapiers das **Insiderhandelsverbot auf inländische Wertpapiermärkte einschließlich des Freiverkehrs (§ 12 Satz 1 Nr. 1) sowie auf Wertpapiermärkte innerhalb der EU bzw. des EWR (§ 12 Satz 1 Nr. 2)** beschränkt. Nicht erfasst werden Geschäfte in Finanzinstrumenten, die nicht zum Handel an einem solchen Wertpapiermarkt zugelassen bzw. nicht einbezogen sind – mit Ausnahme der Derivate, deren Preis von börsennotierten Finanzinstrumenten abhängt (§ 12 Satz 1 Nr. 3) –, also insbesondere Transaktionen in Finanzinstrumenten, die ausschließlich an Börsen 3

---

[1] Begründung RegE 2. FFG, BT-Drucks. 12/6679, S. 45.

außerhalb der EU oder des EWR gehandelt werden, wie zB American Depositary Receipts (ADRs),[2] sowie ausschließliche sog. Private Placements.[3]

4   Umgekehrt ist es für die Realisierung eines Insiderdelikts allein entscheidend, dass die Finanzinstrumente, die Gegenstand des Geschäfts sind, **zum Handel** an einem inländischen Wertpapiermarkt oder an einem solchen innerhalb der EU bzw. des EWR **zugelassen bzw. einbezogen sind,** wenn sie auch **im konkreten Fall Gegenstand eines außerbörslichen Geschäfts** sind oder das Geschäft an einer Börse außerhalb der EU bzw. des EWR (zB NYSE) getätigt wird, wo das Wertpapier ebenfalls zum Handel zugelassen ist (vgl. auch Art. 9 der EG-Marktmissbrauchsrichtlinie).[4]

5   Aufbauend auf der Begriffsbestimmung des Finanzinstruments in § 2 Abs. 2 lit. b (vgl. § 2 Rn. 66 ff.) definiert § 12, was Insiderpapiere sind. Gemäß § 12 Satz 1 Nr. 3 sind **Derivate,** die selbst nicht zum Handel an einem organisierten Markt im Inland, der EU oder in einem Vertragsstaat der EWR zugelassen oder in den regulierten Markt oder den Freiverkehr einbezogen sind, deren Preis jedoch von solchen börsennotierten Finanzinstrumenten abhängt, **vom Begriff des Insiderpapiers umfasst.** Die Einbeziehung dieser Derivate setzt Art. 1 Nr. 3, Art. 9 Abs. 2 der EG-Marktmissbrauchsrichtlinie um. Durch die **Ausweitung des Insiderpapiers auf nicht börsennotierte Derivate** wird gewährleistet, dass das Verbot von Insidergeschäften in börsennotierten Wertpapieren nicht durch den Erwerb von nicht börsengehandelten Finanzinstrumenten umgangen werden kann, deren Preisentwicklung unmittelbar oder mittelbar von der Entwicklung des Kurses der in § 12 Satz 1 Nr. 1 und Nr. 2 genannten Finanzinstrumente abhängt. Hierzu näher Rn. 26 ff.

6   In materieller Hinsicht war **§ 12 durch die bis zum Inkrafttreten des AnSVG vom 28. Oktober 2004 erfolgten Änderungen des WpHG** (dazu Einl. Rn. 41 ff.) **nur unwesentlich verändert** worden. Art. 2 Nr. 3 des **Richtlinienumsetzungsgesetzes** (Einleitung Rn. 22 f.) hatte § 2 Abs. 1 aF, der den Begriff des Wertpapiers bestimmte, ergänzt (jetzt § 2 Abs. 1 Satz 2). Damit wurden Investmentanteile, d. h. Anteilscheine, die von einer Kapitalanlagegesellschaft oder einer ausländischen Investmentgesellschaft ausgegeben werden, als selbstständige Kategorie von Wertpapieren erfasst.[5]

7   Die durch Art. 2 des zum 1. Juli 2002 in Kraft getretenen **4. Finanzmarktförderungsgesetzes** erfolgten Änderungen von § 12 (Einbeziehung in den geregelten Markt) waren Folge der Neuregelung in §§ 49 Abs. 1, 56 BörsG aF über die Einbeziehung von Wertpapieren in den geregelten Markt.[6] Die übrigen durch die Novellierungen des WpHG veranlassten Änderungen von § 12 waren redaktioneller Natur.

8   Eine **grundlegende Änderung** von § 12 erfolgte **durch das AnSVG,** das die EG-Marktmissbrauchsrichtlinie in deutsches Recht umsetzte und zur heute gültigen Fassung von § 12 führte. **Die Marktmissbrauchsrichtlinie** (dazu vor § 12 Rn. 33) **erweiterte den Geltungsbereich auf „Finanzinstrumente".**

---

[2] Dazu *Nietsch,* Internationales Insiderrecht, S. 197 ff.
[3] *Schäfer* Rn. 2.
[4] So auch schon für die frühere Rechtslage *Dreyling/Schäfer,* Insiderrecht und Ad-hoc-Publizität, Rn. 102, 105 iVm 13.
[5] Begründung RegE Richtlinienumsetzungsgesetz, BT-Drucks. 13/7142.
[6] Begründung RegE 4. FFG, BT-Drucks. 14/8017, S. 87.

Insiderpapiere 9–11 § 12

Die Umsetzung der Richtlinie erforderte eine Erweiterung der Definition des „Insiderpapiers" insbesondere um folgende in Art. 1 Nr. 3 der Richtlinie genannte und von § 12 aF **nicht erfasste Instrumente:** Geldmarktinstrumente, Zins- und Devisenswaps sowie Swaps auf Aktien- oder Aktienindexbasis *(equity swaps),* Kauf- und Verkaufsoptionen auf die beiden sog. Kategorien einschließlich gleichwertiger Instrumente mit Barzahlung (insbs. Devisen- und Zinsoptionen) und Warenderivate.[7] Mit der infolge der Umgestaltung von § 12 durch das AnSVG erfolgten **Anknüpfung der Definition des Insiderpapiers an den Begriff der Finanzinstrumente (§ 2 Abs. 2 lit. b)** wurde die Definition der Insiderpapiere und damit die Reichweite der Insiderverbote entsprechend erweitert.

Die jüngste Änderung von § 12 erfolgte durch das **Finanzmarktrichtlinie-Umsetzungsgesetz** vom 16. Juli 2007 (Einleitung Rn. 56 ff.) als Folge der darin vorgesehenen Abschaffung des amtlichen Handels als Börsensegment. Seitdem gibt es als gesetzlichen Markt anstelle des amtlichen und geregelten Marktes den **regulierten Markt** (vgl. §§ 32 f. BörsG).

II. Begriff der Insiderpapiere

1. Finanzinstrumente gemäß § 2 Abs. 2 lit. b

Nach § 12 Satz 1 sind Insiderpapiere **Finanzinstrumente,** soweit sie die Voraussetzungen in Nr. 1, Nr. 2 oder Nr. 3 erfüllen. Der Begriff des Finanzinstruments wird seit dem AnSVG **in § 2 Abs. 2 lit. b definiert.** Finanzinstrumente sind danach Wertpapiere i. S. v. § 2 Abs. 1 (und damit mit Aktien, Schuldverschreibungen, Genussscheinen und Optionsscheinen die Mehrzahl der praktisch als Insiderpapiere in Betracht kommenden Finanzinstrumente), Geldmarktinstrumente i. S. v. § 2 Abs. 1 lit. a, Derivate i. S. v. § 2 Abs. 2 und Rechte auf Zeichnung von Wertpapieren. Zu den Einzelheiten vgl. ausführlich § 2 Rn. 66 ff. iVm. 33 ff. 39 ff. 9

Der Begriff des Finanzinstruments ist nur ein **Oberbegriff für unterschiedliche Finanztitel** wie Wertpapiere, Derivate oder Geldmarktinstrumente, die im Einzelnen in § 2 definiert werden. Die durch das AnSVG erfolgte **Neudefinition des Insiderpapiers** durch Anknüpfung an den Begriff des Finanzinstruments hat somit gegenüber der früheren Fassung von § 12 **nicht zu einer Vereinfachung geführt.**[8] 10

2. Zulassung zum Handel

a) Zulassung zum Handel an inländischer Börse oder Einbeziehung in den regulierten Markt oder in den Freiverkehr (§ 12 Satz 1 Nr. 1)

Gemäß § 12 Abs. 1 Satz 1 Nr. 1 ist jedes Finanzinstrument (Rn. 9) ein Insiderpapier, wenn es **an einer inländischen Börse zum Handel zugelassen** ist. Zugelassen wird ein Finanzinstrument zum Börsenhandel im regulierten Markt (§ 32 BörsG). Ist die Börse ein organisierter Markt i. S. v. § 2 Abs. 5, wird 11

---

[7] Dazu – auf der Grundlage des Kommissionsvorschlags in der vom Europäischen Parlament abgeänderten Fassung – *Läppert/Stürwald* ZBB 2002, 90/92.
[8] So zu Recht *Assmann* Rn. 4.

Mennicke 345

§ 12 12, 13   Abschnitt 3. Insiderüberwachung

also insbesondere von staatlich anerkannten Stellen reglementiert und überwacht (dies folgt aus dem in § 12 Abs. 1 Satz 2 enthaltenen Verweis auf den „organisierten Markt" i. S. v. § 2 Abs. 5, dessen Anforderungen die inländische Börse erfüllt), ist es unerheblich, ob der Handel als **Parketthandel** organisiert ist oder über ein **elektronisches Handelssystem** (Computerbörse) wie den XETRA-Handel oder die Eurex Deutschland abgewickelt wird.[9] Auch wenn ein vollelektronisches Handelssystem ggf. nur bestimmten Berufsangehörigen, etwa den Kreditinstituten oder den Maklern, offen steht, ändert dies nichts daran, dass es der Öffentlichkeit direkt oder indirekt gemäß der Begriffsbestimmung des organisierten Marktes zugänglich ist.[10] Dies gilt auch für den von der Deutsche Börse AG über das Internet ermöglichten Zugriff von Privatanlegern auf XetraLive.[11] Eine inländische Börse ist auch eine **Warenbörse** (zur Zeit nur die Warenterminbörse – WTB – in Hannover),[12] ebenso eine **Energiebörse** (seit 2002 die European Energy Exchange (EEX) in Leipzig).[13]

12 Insiderpapiere sind auch Finanzinstrumente i. S. v. § 2 Abs. 2 lit. b, die an einer inländischen Börse **in den regulierten Markt einbezogen** sind. Die Erfassung von Finanzinstrumenten, die in den regulierten Markt einbezogen werden, geht auf Änderungen von § 12 durch das 4. Finanzmarktförderungsgesetz und das Finanzmarktrichtlinie-Umsetzungsgesetz zurück. Diese Änderungen waren Folge der Neuregelung in § 49 Abs. 1, § 56 BörsG aF über die Einbeziehung von Finanzinstrumenten in den geregelten Markt und jetzt § 32 Abs. 1, § 33 BörsG in den regulierten Markt. Danach können Finanzinstrumente auf Antrag eines Handelsteilnehmers oder von Amts wegen ohne Antrag des Emittenten bei Vorliegen der in § 33 Abs. 1 BörsG statuierten Einbeziehungsvoraussetzungen in den Handel zum regulierten Markt einbezogen werden. Die Erfassung der in den regulierten Markt einbezogenen Finanzinstrumente als Insiderpapiere ist **sachgerecht**,[14] wenngleich dieser Regelung angesichts der Einbeziehungsvoraussetzungen des § 33 Abs. 1 Nr. 1 lit. a bis c BörsG nur ein eingeschränkter eigenständiger Anwendungsbereich zukommen dürfte. Denn lediglich die Finanzinstrumente, die gemäß § 33 Abs. 1 Nr. 1 lit. c BörsG an einem organisierten Markt in einem Drittstaat zugelassen sind, sind nicht gleichzeitig Insiderpapiere aufgrund Zulassung an einer inländischen Börse zum Handel.

13 Zu den Insiderpapieren gehören zudem Finanzinstrumente i. S. v. § 2 Abs. 2 lit. b, die an einer inländischen Börse **in den Freiverkehr einbezogen** sind. Mit der ausdrücklichen Einbeziehung des Freiverkehrs geht das WpHG über die Mindestanforderungen sowohl der EG-Insiderrichtlinie als auch der EG-Marktmissbrauchsrichtlinie hinsichtlich der zu erfassenden Märkte hinaus. Art. 1 Satz 2 der Insiderrichtlinie erfasste nur solche Wertpapiere und Derivate, die „zum Handel auf einem Markt zugelassen sind, der von staatlich anerkannten Stellen reglementiert und überwacht wird, regelmäßig stattfindet und der Öffentlichkeit

---

[9] *Schäfer* Rn. 4; *Assmann* Rn. 7; *ders.* AG 1994, 237/245; *Hopt* in FS Beusch, S. 393/396; *Kümpel,* Bank- und Kapitalmarktrecht, Rn. 16.79 Fn. 3.
[10] *Hopt* ZGR 1991, 17/40; *Kümpel,* Bank- und Kapitalmarktrecht, Rn. 16.79 Fn. 3.
[11] Siehe dazu www.xetra.de.
[12] *Assmann* Rn. 7.
[13] Dazu *Ensthaler/Stübbe,* BB 2006, 733 ff.
[14] Kritisch hinsichtlich der möglichen Einbeziehung in den geregelten Markt ohne Zutun des Emittenten *Schäfer* Rn. 9.

direkt oder indirekt zugänglich ist".[15] Nach Art. 9 der Marktmissbrauchsrichtlinie werden grundsätzlich nur Finanzinstrumente erfasst, die „zum Handel auf einem geregelten Markt in mindestens einem Mitgliedstaat zugelassen" sind oder für die „ein entsprechender Antrag auf Zulassung zum Handel auf einem solchen Markt gestellt wurde". Der nach § 48 BörsG stattfindende Freiverkehr ist nicht staatlich geregelt, sondern privatrechtlich über die Richtlinien für den Freiverkehr. Nahezu einhellig wird daraus geschlossen, dass der Freiverkehr nicht von einer staatlich anerkannten Stelle reglementiert wird.[16]

Die **Erweiterung des Anwendungsbereichs** des Insiderrechts **auf den** 14 **Freiverkehr** ist grundsätzlich **sachgerecht**.[17] Dafür spricht v. a. der Umstand, dass der Freiverkehr vom inländischen und ausländischen Publikum (u. a. aufgrund zahlreicher gemeinsamer Bestimmungen und Rechtsgrundsätze zum Schutze der Anleger) weithin als börsliches Marktsegment betrachtet wird, und die Aufdeckung sanktionsfreier Insidergeschäfte in Freiverkehrspapieren das Vertrauen in den gesamten Wertpapiermarkt beeinträchtigen würde.[18] Der Gesetzgeber des AnSVG macht zudem geltend, gerade im Marktsegment des Freiverkehrs würden „verhältnismäßig viele Insiderdelikte begangen".[19]

Bei bestimmten **Emittenten des öffentlichen Rechts** (Bund, Sondervermögen und Bundesländer oder bestimmte ausländische Staaten) entfällt **gemäß** 15 **§ 37 BörsG** ein Zulassungsverfahren. Anleihen oder Schuldbuchforderungen dieser Emittenten sind *ex lege* zugelassen, wenn ein entsprechender Antrag auf Aufnahme der Börsennotierung gestellt wird.[20] Damit werden die betreffenden Finanzinstrumente zu Insiderpapieren.[21]

Keine Insiderpapiere sind die ausschließlich im **außerbörslichen Telefon-** 16 **verkehr** gehandelten Finanzinstrumente (**OTC-Markt**).[22] Der Telefonverkehr ist ein eigener Markt, in dem ausschließlich nicht zugelassene Wertpapiere gehandelt werden. Ob es sinnvoll ist, diesen Teil des Wertpapierhandels dem Insiderrecht zu unterwerfen, wird nicht einhellig beurteilt.[23]

Aus dem gleichen Grund wie die nur im außerbörslichen Telefonverkehr ge- 17 handelten Finanzinstrumente zählen auch die Anlagen des sog. **grauen Kapi-**

---

[15] Dies entspricht der Definition des organisierten Marktes in § 2 Abs. 5.
[16] *Schäfer* Rn. 6; *Assmann* Rn. 7; *ders.* AG 1994, 196/237; *Caspari* ZGR 1994, 530/534; *Claussen* DB 1994, 27/30; *Kümpel*, Bank- und Kapitalmarktrecht, Rn. 16.79; *Junge* in FS Raisch, S. 223/226.
[17] Kritisch in Bezug auf die mögliche Einbeziehung ohne Zutun des Emittenten *Schäfer* Rn. 9.
[18] Begründung RegE 2. FFG, BT-Drucks. 12/6679, S. 45; *Schäfer* Rn. 8, *Assmann* Rn. 7; *ders.* AG 1994, 237/245 m. weit. Nachw.; *Caspari* ZGR 1994, 530/534; *Kümpel*, Bank- und Kapitalmarktrecht, Rn. 16.80; *Hopt* in Bankrechts-Handbuch, § 107 Rn. 12.
[19] Begründung RegE AnSVG, BT-Drucks. 15/3174, S. 33.
[20] Antragsteller ist für Bund und Sondervermögen die Deutsche Bundesbank, ansonsten das führende Kreditinstitut.
[21] *Siebel* BKR 2002, 795/796.
[22] So auch *Assmann* Rn. 6; *Claussen* DB 1994, 27/30; *Caspari* ZGR 1994, 530/543; *Dreyling/Schäfer*, Insiderrecht und Ad-hoc-Publizität, Rn. 101.
[23] Gefordert insbesondere in der Zeit vor der EG-Richtlinie und dem WpHG von *Hopt/Will*, Europäisches Insiderrecht, S. 80; *Dingeldey*, Insiderhandel und Strafrecht, S. 201; *Schwark* DB 1971, 1605/1606. Dagegen *Lücker*, Der Straftatbestand des Mißbrauchs von Insiderinformationen, S. 85.

talmarkts nicht zu den Insiderpapieren.[24] Vom außerbörslichen Telefonverkehr zu unterscheiden ist der sog. **Telefonhandel** (auch vor- und nachbörslicher Handel genannt), in dem zum Markt zugelassene Werte neben der Börse auf privatrechtlicher Ebene – zumeist zwischen Banken – gehandelt werden.[25] Soweit eine Zulassung an einem der in § 12 Satz 1 genannten Märkte besteht, werden die betreffenden Finanzinstrumente von der Insiderpapierdefinition erfasst und zwar auch dann, wenn der Handel in dem betreffenden Wertpapier, durch den gegen die Insidervorschriften verstoßen wird, außerhalb der Börse erfolgt.[26]

b) Zulassung zum Handel an einem organisierten Markt eines EU-Mitgliedstaates oder EWR-Vertragstaates (§ 12 Satz 1 Nr. 2)

18   Gemäß § 12 Satz 1 Nr. 2 sind Insiderpapiere auch Finanzinstrumente, die nicht an einer inländischen Börse, wohl aber in einem anderen Mitgliedstaat der EU oder in einem anderen Vertragstaat des EWR **zum Handel an einem organisierten Markt i. S. v. § 2 Abs. 5 zugelassen** sind. Die Einbeziehung der organisierten Märkte in EU-Mitgliedstaaten in die Definition des Insiderpapiers geht auf Art. 1 Nr. 3 der EG-Marktmissbrauchsrichtlinie und auch schon Art. 5 der EG-Insiderrichtlinie zurück. Die Erfassung der Märkte in den EWR-Vertragstaaten ist, soweit darüber hinausgehend, sachgerecht, da so dem Erfordernis einer einheitlichen Bekämpfung des Insiderhandels im gesamten europäischen Wirtschaftsraum Rechnung getragen wird. Ein **nur** an einem organisierten Markt außerhalb der EU bzw. des EWR (zB in den USA) zugelassenes Finanzinstrument wird nicht erfasst.

19   Da es sich um einen organisierten Markt i. S. v. § 2 Abs. 5 handeln muss, erfolgt eine **Einbeziehung europäischer Kapitalmärkte** nur **insoweit**, als sie ein „durch staatliche Stellen genehmigtes, geregeltes oder überwachtes multilaterales System" sind, das den Handel der dort zugelassenen Wertpapiere ermöglicht. Demnach sind Wertpapiere, die in dem deutschen Freiverkehr entsprechenden Marktsegmenten, d. h. in **privatrechtlich organisierten Wertpapiermärkten in einem EU-Mitgliedstaat oder EWR-Vertragstaat** gehandelt werden, keine Insiderpapiere.[27]

20   Der Begriff des Insiderpapiers trägt über die Einbeziehung europäischer Börsen in § 12 Satz 1 Nr. 2 dazu bei, den **internationalen Anwendungsbereich des Insiderhandelsverbots** abzustecken. So greift das Insiderhandelsverbot auch ein, wenn es um Geschäfte in Papieren einer ausländischen Tochtergesellschaft eines inländischen Unternehmens im EU- oder EWR-Raum geht.[28] Nach § 12 Satz 2 steht der Zulassung von Finanzinstrumenten zum Handel an einem der von § 12 Satz 1 Nr. 2 erfassten ausländischen Märkte gleich, wenn ein Antrag auf Zulassung zu einem solchen Markt gestellt oder öffentlich angekündigt

---

[24] *Assmann* Rn. 6.
[25] Zum Telefonverkehr vgl. *von Rosen* in Handbuch des Kapitalanlagerechts, § 2 Rn. 279.
[26] *Assmann* Rn. 6; *Lücker*, Der Straftatbestand des Mißbrauchs von Insiderinformationen, S. 85; aA *Claussen* ZBB 1992, 267/280; *Dreyling/Schäfer*, Insiderrecht und Ad-hoc-Publizität, Rn. 102.
[27] *Schäfer* Rn. 13.
[28] *Assmann* Rn. 10; *ders.* in *Lutter/Scheffler/Schneider* (Hrsg.), Handbuch der Konzernfinanzierung, Rn. 12.37 a. E.

wurde[29] (zu den Voraussetzungen der Antragstellung bzw. öffentlichen Ankündigung siehe Rn. 23 ff.). Diese Bezugnahme von Satz 2 auf Satz 1 Nr. 2 gilt unabhängig davon, ob der relevante ausländische Gesetzgeber die Vorgaben von Art. 9 der Marktmissbrauchsrichtlinie wie der deutsche Gesetzgeber erweitert hat, insbesondere auch schon die bloße Ankündigung des Zulassungsantrags genügen lässt. Denn Art. 10 der Marktmissbrauchsrichtlinie ist richtigerweise nicht als Begrenzung der internationalen Regelungsbefugnis zu verstehen.[30]

c) Antragstellung oder öffentliche Ankündigung der Antragstellung auf Zulassung oder Einbeziehung

Nach § 12 Satz 1 Nr. 1 und Nr. 2 gelten die erfassten Finanzinstrumente **21** grundsätzlich erst dann als Insiderpapiere, wenn sie zum Handel in dem jeweiligen Marktsegment zugelassen bzw. dort einbezogen sind. Durch § 12 Satz 2 erfolgt eine **Vorverlagerung** dieses Zeitpunkts: Der Börsenzulassung von Wertpapieren steht gleich, wenn der Antrag auf Zulassung der betreffenden Papiere oder auf deren Einbeziehung gestellt oder öffentlich angekündigt worden ist.

Art. 9 Abs. 1 der EG-Marktmissbrauchsrichtlinie verpflichtet zur Erstreckung **22** der Definition des Insiderpapiers nur auf solche Finanzinstrumente, für die ein Antrag auf Zulassung gestellt wurde. Der deutsche Gesetzgeber geht **über** diese **Vorgabe der Marktmissbrauchsrichtlinie** – wie auch schon mit der früheren Fassung des § 12 – über diejenige der EG-Insiderrichtlinie **hinaus**, indem er es genügen lässt, dass bei Antrag auf Zulassung oder Einbeziehung der als Insiderpapiere in Betracht kommenden Finanzinstrumente öffentlich angekündigt wurde (§ 12 Satz 2).[31]

Ein **Antrag auf Zulassung** zum Börsenhandel im regulierten Markt im In- **23** land, zum Handel an einem europäischen Markt oder auf Einbeziehung in den regulierten Markt oder in den Freiverkehr ist **gestellt** i. S. v. § 12 Satz 2, wenn er **der zuständigen Zulassungs- oder Einbeziehungsstelle** zugegangen ist.[32] Die Vorverlagerung des Zeitpunkts, ab dem ein Finanzinstrument ein Insiderpapier ist, auf die Stellung des Antrags auf Zulassung ist sachgerecht, soweit es um die Zulassung zum Börsenhandel im regulierten Markt, also in einem organisierten Markt geht. Gleiches gilt angesichts der in § 33 Abs. 1 Nr. 1 und Nr. 2 BörsG statuierten Einbeziehungsvoraussetzungen.

Im Hinblick auf die **Einbeziehung in den Freiverkehr** wird die zeitliche **24** Vorverlagerung als nicht unproblematisch angesehen, da nach den Freiverkehrsrichtlinien der Wertpapierbörsen der Antrag von einem zum Börsenhandel zugelassenen Unternehmen – zB von einem Makler – und häufig ohne Veranlassung oder Kenntnis des Emittenten gestellt wird. Denn der Emittent muss über die beabsichtigte Einbeziehung nur bei Bestehen eines Widerspruchsrechts unterrichtet werden.[33] Angesichts der sachgerechten Einbeziehung des Freiverkehrs in § 12 Satz 1 Nr. 1 (oben Rn. 14) ist die Gleichstellung bei der zeitlichen Vorverlagerung auf den Zeitpunkt der Antragstellung jedoch konsequent. Im Übrigen

---

[29] *Assmann*, Rn. 10; *Schäfer*, Rn. 13.
[30] *Nietsch*, Internationales Insiderrecht, S. 391; aA wohl *Schäfer* Rn. 13.
[31] Vgl. Begründung RegE AnSVG, BT-Drucks. 15/3174, S. 33.
[32] Vgl. *Dreyling/Schäfer*, Insiderrecht und Ad-hoc-Publizität, Rn. 103; Begründung RegE 2. FFG, BT-Drucks. 12/6679, S. 45: „... der Börse vorliegt"; *Assmann* Rn. 8.
[33] Vgl. §§ 3, 5 RiLiFV FWB; *Schäfer*, Rn. 9.

wird die Unkenntnis eines Insiders von der Einbeziehung in den Freiverkehr bei diesem zu einem den Vorsatz ausschließenden Tatbestandsirrtum führen mit der Folge, dass eine Strafbarkeit nicht gegeben ist. Der subjektive Tatbestand ist deshalb besonders sorgfältig zu prüfen.

25 Der Zeitpunkt, ab dem ein Finanzinstrument ein Insiderpapier ist, wird über die europarechtlichen Vorgaben hinaus noch weiter vorverlegt durch die **Gleichstellung der öffentlichen Ankündigung des Antrags auf Zulassung oder Einbeziehung mit der Zulassung selbst**. Ein Zulassungs- bzw. Einbeziehungsantrag ist i. S. v. § 12 Satz 2 **öffentlich angekündigt**, wenn der Emittent oder eine Person, welche Finanzinstrumente anbietet, in einer an einen unbestimmten Personenkreis gerichteten und entsprechend publizierten Erklärung darauf hinweist, dass die Notierung der betreffenden Finanzinstrumente in einem der genannten Marktsegmente beabsichtigt ist.[34] Über diese Regelung wird auch der **Handel per Erscheinen vor Stellung eines Zulassungsantrags** in das Insiderhandelsverbot einbezogen.[35] Dies ist sachgerecht, weil bereits von der öffentlichen Ankündigung ein verstärkter Anreiz zu Insidergeschäften ausgehen kann.

3. Derivate gemäß § 12 Satz 1 Nr. 3

26 Per gesetzlicher Fiktion galten schon vor der Neufassung von § 12 durch das AnSVG in dieser Vorschrift aufgeführte Rechte und Kontrakte als Insiderpapiere. Diese Einbeziehung bestimmter Derivate als **von Wertpapieren abgeleiteten Instrumenten** gemäß § 12 Abs. 2 aF entsprach den Vorgaben in Art. 1 Nr. 1 lit. b bis d der EG-Insiderrichtlinie.

27 Die Aufzählung bestimmter Derivate als Insiderpapiere hat sich erübrigt, weil Derivate – den Vorgaben der EG-Marktmissbrauchsrichtlinie entsprechend – gemäß § 2 Abs. 2 lit. b von dem Begriff der Finanzinstrumente umfasst werden. Deshalb ist an die Stelle der Aufzählung der als Insiderpapiere anzusehenden Derivate in § 12 Abs. 2 aF mit der Neuregelung in § 12 Satz 1 Nr. 3 eine **allgemeine Beschreibung der als Insiderpapiere erfassten Derivate** getreten. Durch diese Regelung wird Folgendes erreicht:
- § 12 Satz 1 Nr. 3 erstreckt in Umsetzung von Art. 1 Nr. 3 und Art. 9 Abs. 2 der Marktmissbrauchsrichtlinie die Definition der Insiderpapiere über die i. S. v. § 12 Satz 1 Nr. 1 und Nr. 2 börsenzugelassenen bzw. in den Börsenhandel einbezogenen Finanzinstrumente hinaus auf solche Finanzinstrumente, „deren Preis unmittelbar oder mittelbar von den Finanzinstrumenten nach Nr. 1 oder Nr. 2 abhängt", die aber ihrerseits nicht in einem der in § 12 Satz 1 Nr. 1 oder Nr. 2 angeführten Märkte gehandelt werden. Insoweit **erweitert § 12 Satz 1 Nr. 3 den Kreis der als Insiderpapiere in Betracht kommenden Derivate**.[36]
- **Gleichzeitig schränkt** § 12 Satz 1 Nr. 3 **den Kreis der als Insiderpapiere in Betracht kommenden Derivate ein**: Denn § 12 Satz 1 Nr. 3 erfasst nur solche Derivate, deren sog. Underlying, also diejenigen Finanzinstrumente,

---

[34] Emittentenleitfaden, S. 17; *Assmann* Rn. 8; ähnlich Begründung RegE 2. FFG, BT-Drucks. 12/6679, S. 45; *Dreyling/Schäfer*, Insiderrecht und Ad-hoc-Publizität, Rn. 103.
[35] *Schäfer* Rn 17; vgl. schon Begründung RegE 2. FFG, BT-Drucks. 12/6679, S. 45.
[36] Vgl. Begründung RegE AnSVG, BT-Drucks. 15/3174, S. 1, 33; *Assmann* Rn. 11; *Schäfer* Rn. 14.

von denen der Preis unmittelbar oder mittelbar abhängt, Finanzinstrumente gemäß § 12 Satz 1 Nr. 1 oder Nr. 2, also börsennotiert sind.[37] Durch die Akzeptanz auch der in einem Vertragsstaat des EWR zugelassenen sowie der an einer inländischen Börse einbezogenen Finanzinstrumente als Underlying geht der deutsche Gesetzgeber über die Vorgaben von Art. 9 Abs. 2 der Marktmissbrauchsrichtlinie hinaus. Danach kommen als Underlying lediglich auf einem organisierten Markt in einem Mitgliedstaat der EU zugelassene Finanzinstrumente in Betracht.

Aus § 12 Satz 2 folgt, dass es der Zulassung des Finanzinstruments, von dem 28 der Preis des Derivats unmittelbar oder mittelbar abhängt (sog. Underlying), oder seiner Einbeziehung in den regulierten Markt oder den Freiverkehr gleichsteht, wenn der **Antrag auf Zulassung oder Einbeziehung gestellt oder öffentlich angekündigt** wurde (zu den entsprechenden Voraussetzungen vgl. oben Rn. 23 ff.).

Die Einbeziehung von Finanzinstrumenten, deren Preis unmittelbar oder mit- 29 telbar von Finanzinstrumenten i. S. v. § 12 Satz 1 Nr. 1 oder Nr. 2 abhängt, dient der **Verhinderung einer Umgehung des Verbots von Insidergeschäften** in börsennotierten Wertpapieren.[38] Würde nämlich eine Insiderregelung nur den Handel mit diesen, nicht aber auch denjenigen mit von ihnen abgeleiteten Instrumenten verbieten, wäre es für Insider nicht schwierig, das Verbot von Insidergeschäften durch ein Ausweichen auf Instrumente zu umgehen, deren Preisbildung maßgeblich von der Kursentwicklung derjenigen Papiere beeinflusst wird, auf die oder auf deren Emittenten sich eine betreffende Insiderinformation bezieht. Hinzu kommt, dass solche Derivate wegen ihrer **Hebelwirkung** (sog. *leverage effect*) für verbotene Insidergeschäfte besonders geeignet sind.[39] Aus diesen Gründen ist es nur konsequent, dass § 12 Satz 1 Nr. 3 nicht nur die börsennotierten Derivate erfasst, sondern darüber hinaus auch alle nicht börsennotierten Derivate, vorausgesetzt, sie beziehen sich auf ein börsennotiertes Underlying gemäß § 12 Satz 1 Nr. 1 oder Nr. 2.[40]

Insiderpapiere i. S. v. § 12 Satz 1 Nr. 3 sind nunmehr auch **Optionsverträge** 30 bzw. **Optionen**, die sich auf ein Insiderpapier gemäß § 12 Satz 1 Nr. 1 oder Nr. 2, beispielsweise auf börsennotierte Aktien, als Basiswert beziehen (siehe auch im Einzelnen § 2 Rn. 49), und zwar **unabhängig davon, ob sie selbst börsennotiert sind.**

Diese durch die Neufassung von § 12 durch das AnSVG geschaffene Rechtsla- 31 ge hat insbesondere Auswirkungen auf die **rechtliche Qualifikation** von Führungskräften und Mitarbeitern eingeräumten Rechten **im Rahmen von Stock Option Plans (Aktienoptionsprogrammen)** auf den Bezug von Aktien „ihres" Unternehmens oder eines anderen, in der Regel mit diesem verbundenen Unternehmens.[41]

Bei Aktienoptionsprogrammen für Führungskräfte und Mitarbeiter (zu Fragen 32 der Insiderhandelsverbote aus § 14 bei Aktienoptionsprogrammen siehe § 14

---

[37] *Assmann* Rn. 11.
[38] Begründung RegE 2. FFG, BT-Drucks. 12/6679, S. 45; *Assmann* Rn. 12.
[39] *Kümpel,* Bank- und Kapitalmarktrecht, Rn. 16.75; *Dreyling/Schäfer,* Insiderrecht und Ad-hoc-Publizität, Rn. 93.
[40] *Assmann* Rn. 12.
[41] Ausführlich dazu *Klasen* AG 2006, 24 ff.; BaFin, Emittentenleitfaden, S. 17 f.

Mennicke

§ 12   33–36   Abschnitt 3. Insiderüberwachung

Rn. 125 ff.) ist es seit Inkrafttreten des KonTraG möglich, **selbstständige Bezugsrechte/Optionsrechte auf Aktien** zu gewähren. Diese können nach § 192 Abs. 2 Nr. 3 AktG durch ein **bedingtes Kapital** unterlegt werden, oder es werden zur Bedienung **eigene Aktien** eingesetzt, die von der Gesellschaft gemäß § 71 Abs. 1 Nr. 8 AktG erworben werden.

33   Nach der **Rechtslage bis zum Inkrafttreten des WpHG** handelte es sich bei den **selbstständigen Bezugsrechten** in der überwiegenden Zahl der Fälle **nicht** um **Insiderpapiere** i. S. v. § 12 aF. In der Praxis werden nämlich die zur Bedienung von Stock Option-Programmen gewährten selbstständigen Bezugsrechte in der Regel nicht zum börslichen Handel (i. S. v. § 12 Abs. 1 Satz 1 Nr. 1, 2 aF) zugelassen bzw. in den geregelten Markt oder in den Freiverkehr (i. S. v. § 12 Abs. 1 Satz 1 Nr. 1 aF) einbezogen, und es werden dementsprechend auch keine entsprechenden Anträge auf Zulassung oder Einbeziehung (i. S. v. § 12 Abs. 1 Satz 2 aF) gestellt oder veröffentlicht. Infolgedessen stellte sich grundsätzlich weder im Zeitpunkt der Einführung des Aktienoptionsprogramms noch der Zuteilung der Bezugsrechte ein Insiderproblem.[42]

34   Nach der **durch das AnSVG geschaffenen Rechtslage** kann nun **bereits die Begebung von Optionen bzw. die Einräumung von Rechten auf den Bezug von Aktien** im Rahmen von Aktienoptionsprogrammen **für die Insiderverbote relevant** sein. Denn mit der Neuregelung des Begriffs der Insiderpapiere und der nunmehr durch § 12 Satz 1 Nr. 3 erfolgenden Erfassung solcher Finanzinstrumente, deren Preis unmittelbar oder mittelbar von börsennotierten Finanzinstrumenten abhängt, sind die Führungskräften oder Mitarbeitern eingeräumten Rechte auf Bezug von Aktien Insiderpapiere i. S. v. § 12, und zwar unabhängig davon, ob diese Optionen bzw. Bezugsrechte selbst börsennotiert sind. Vorausgesetzt ist nur, dass sie sich auf börsennotierte Aktien beziehen, was regelmäßig der Fall ist.[43]

35   Mit dieser, dem ausdrücklichen Willen des Gesetzgebers entsprechenden Qualifizierung als Insiderpapiere wird eine **bislang bestehende Strafbarkeitslücke geschlossen,** die daraus resultierte, dass ein Insider durch den Abschluss eines Optionsvertrages seine Kenntnis von Insiderinformationen über die Aktien, auf die sich die Option bezog, nutzen konnte, ohne gegen die Insiderverbote zu verstoßen, weil der Optionsvertrag nicht börsennotiert und daher kein Insiderpapier war.[44]

36   Der **„Preis" i. S. v. § 12 Satz 1 Nr. 3** des den Begünstigten im Rahmen eines Stock Option Plans eingeräumten Bezugs- bzw. Optionsrechtes hängt unmittelbar oder mittelbar von Finanzinstrumenten nach § 12 Abs. 1 Nr. 1 oder Nr. 2 ab. Zwar werden die Optionsrechte den Führungskräften in aller Regel vergütungshalber, d. h. ohne monetäre Gegenleistung, gewährt und unterliegen

---

[42] Siehe OLG Karlsruhe NJW-RR 2004, 384/385; Schreiben des BAWe (heute BaFin) vom 1.Oktober 1997, Insiderrechtliche Behandlung von Aktienoptionsprogrammen für Führungskräfte, Ziffern 1, 2, abrufbar unter www.bafin.de; *Assmann,* 3. Aufl. 2003, Rn. 6 a; *Fürhoff* AG 1998, 83/84; *Feddersen* ZHR 161 (1997), 269/288 ff.; *Casper* WM 1999, 363/364 f.
[43] *Assmann* Rn. 13 f.; *Schäfer* Rn. 16; BaFin, Emittentenleitfaden, S. 17 f.; *Schäfer* in *Marsch-Barner/Schäfer* (Hrsg.), Hdb. börsennotierte AG, § 13 Rn. 69 ff.; *Merkner/Sustmann* NZG 2005, 729 ff.; *Klasen* AG 2006, 24/26.
[44] Vgl. Emittentenleitfaden, S. 17; OLG Karlsruhe, NJW-RR, 2004, 984/986.

mangels Fungibilität auch nicht einer Preisbildung. Preis ist hier aber als der **Wert der Option** zu verstehen.[45] Auch handelt es sich bei dem Optionsrecht um ein Finanzinstrument nach § 2 Abs. 2b, nämlich in jedem Fall um **ein Recht auf Zeichnung von Wertpapieren**. Dies erfasst nicht nur die gesetzlichen Bezugsrechte nach §§ 186, 203 AktG und die vertraglichen Bezugsrechte gemäß § 187 AktG, sondern auch die **Bezugserklärungen** des Begünstigten **hinsichtlich Aktien aus einer bedingten Kapitalerhöhung** (wie § 192 Abs. 2 Nr. 3 AktG), die zu einem Recht auf Zeichnung führen (vgl. § 2 Rn. 69).[46] Greift das Unternehmen zur Erfüllung seiner Verpflichtung aus dem Optionsgeschäft auf **eigene Aktien** zurück (§ 71 Abs. 1 Nr. 8 oder Nr. 2 AktG), geht es zwar streng genommen nicht um ein Zeichnungsrecht, sondern um ein Recht auf Erwerb. Aber so wie bereits § 12 aF Rechte auf Zeichnung, Erwerb oder Veräußerung gleich behandelte, ist der Begriff des Rechts auf Zeichnung in § 2 Abs. 2 lit. b auch auf solche Erwerbsrechte aus der Ausübung von Optionen zu erstrecken. Denn sämtliche dieser Rechte erlauben es gleichermaßen, Insiderinformationen in Bezug auf diejenigen Aktien, auf die sich das jeweilige Recht bezieht, zu nutzen.[47]

Wird das **Bezugs-/Optionsrecht ausgeübt,** erwirbt die Führungskraft bzw. der Mitarbeiter die Aktien seiner Gesellschaft. Diese sind Insiderpapiere i. S. v. § 12, wenn sie zum Handel an der Börse zugelassen oder in den regulierten Markt oder in den Freiverkehr einbezogen sind bzw. entsprechende Anträge gestellt oder veröffentlicht wurden. Dies ist der Fall, wenn nach Ausübung des Optionsrechts von der Gesellschaft **erworbene eigene Aktien** zugeteilt werden. Nichts anderes gilt für die Insiderpapierqualität von jungen **Aktien, die aus einer bedingten Kapitalerhöhung** zugeteilt werden. In der Praxis wird das Optionsrecht allerdings regelmäßig vor dem Zulassungsantrag ausgeübt; allein in der Veröffentlichung der Bedingungen des Aktienoptionsprogramms liegt noch keine öffentliche Ankündigung einer beabsichtigten Zulassung zum Handel.[48] Damit sind die jungen Aktien aus der bedingten Kapitalerhöhung in aller Regel keine Insiderpapiere.

Keine Insiderpapiere gemäß § 12 Satz 1 Nr. 3 sind **virtuelle Aktienpläne** (stock appreciation rights, phantom stocks etc.).[49] Eine aktienorientierte Vergütung erfolgt häufig auch in der Weise, dass sich die Geschäfte nicht auf reale, sondern auf virtuelle Aktien beziehen, wobei entweder virtuelle Aktion **(phantom stocks)** direkt überlassen werden oder Rechte auf Teilnahme an der Wertsteigerung virtueller Aktien eingeräumt werden **(stock appreciation rights)**.[50] Zwar ist auch bei diesen Vergütungsmodellen der „Preis" unmittelbar oder mittelbar von börsennotierten Aktien abhängig (§ 12 Satz 1 Nr. 3), allerdings handelt es sich nicht um Finanzinstrumente gemäß § 2 Abs. 2 lit. b. Bei den virtuellen Aktienplänen handelt es sich weder um Wertpapiere gemäß § 2 Abs. 1 noch

---

[45] *Assmann* Rn. 14; *Klasen* AG 2006, 26/26.
[46] *Assmann* Rn. 14; *Klasen* AG 2006, 24/26 f.
[47] *Assmann* Rn. 14; *Klasen* AG 2006, 24/27.
[48] Siehe dazu *Casper* WM 1999, 363/365.
[49] BaFin, Emittentenleitfaden S. 18 (anders noch der Entwurf des Leitfadens, S. 67); *Assmann* Rn. 16; *Schäfer* Rn. 14; *Merkner/Sustmann* NZG 2005, 729 ff.; *Klasen* AG 2006, 24/27 f.
[50] Dazu *Kessler/Sauter*, Handbuch Stock Options, 2003, Rn. 104 ff., 111 ff.

§ 13   Abschnitt 3. Insiderüberwachung

um Rechte auf Zeichnung von Wertpapieren gemäß § 2 Abs. 2 lit. b; sie sind aber auch keine Derivate gemäß § 2 Abs. 2 mangels hinausgeschobenen Erfüllungszeitpunktes.[51]

40 Zu sog. **Clickoptions** (außerbörslich vereinbarte standardisierte Derivateverträge auf Insiderpapiere, die Privatanleger über das Internet bei verschiedenen Anbietern abschließen können) als Insiderpapiere nach § 12 Satz 1 Nr. 3 siehe Emittentenleitfaden, Seite 18; *Assmann* Rn. 15.

§ 13 Insiderinformation

(1) **Eine Insiderinformation ist eine konkrete Information über nicht öffentlich bekannte Umstände, die sich auf einen oder mehrere Emittenten von Insiderpapieren oder auf die Insiderpapiere selbst beziehen und die geeignet sind, im Falle ihres öffentlichen Bekanntwerdens den Börsen- oder Marktpreis der Insiderpapiere erheblich zu beeinflussen. Eine solche Eignung ist gegeben, wenn ein verständiger Anleger die Information bei seiner Anlageentscheidung berücksichtigen würde. Als Umstände im Sinne des Satzes 1 gelten auch solche, bei denen mit hinreichender Wahrscheinlichkeit davon ausgegangen werden kann, dass sie in Zukunft eintreten werden. Eine Insiderinformation ist insbesondere auch eine Information über nicht öffentlich bekannte Umstände im Sinne des Satzes 1, die sich**

1. **auf Aufträge von anderen Personen über den Kauf oder Verkauf von Finanzinstrumenten bezieht oder**
2. **auf Derivate nach § 2 Abs. 2 Nr. 2 mit Bezug auf Waren bezieht und bei der Marktteilnehmer erwarten würden, dass sie diese Information in Übereinstimmung mit der zulässigen Praxis an den betreffenden Märkten erhalten würden.**

(2) **Eine Bewertung, die ausschließlich aufgrund öffentlich bekannter Umstände erstellt wird, ist keine Insiderinformation, selbst wenn sie den Kurs von Insiderpapieren erheblich beeinflussen kann.**

Übersicht

	Rn.
I. Grundlagen	1
1. Regelungsgegenstand und -zweck	1
2. Systematische Bedeutung der Norm	5
3. Entwicklung der Norm	10
II. Insiderinformation (§ 13 Abs. 1)	19
1. Konkrete Information über Umstände	22
a) Auslegungsgrundsätze	22
b) Gegenwärtige Umstände und Ereignisse	29
aa) Tatsachen	30
bb) Werturteile und andere subjektive Wertungen	39
cc) Gerüchte	47
dd) Tipps, Empfehlungen, Ratschläge	55
ee) Absichten, Pläne und Vorhaben	57
ff) Abgabe eines Werturteils, Aussprache einer Empfehlung, Vertreten einer Meinung	62

---

[51] Im Einzelnen dazu *Klasen* AG 2006, 24/27 f.; im Ergebnis auch *Assmann* Rn. 16.

Insiderinformation § 13

	Rn.
c) Zukünftige Umstände und Ereignisse (§ 13 Abs. 1 Satz 3) ..	65
aa) Hinreichende Eintrittswahrscheinlichkeit	66
bb) Mehrstufige Entscheidungsprozesse	74
2. Nicht öffentlich bekannt	77
a) Konzept der „Bereichsöffentlichkeit"	81
b) Einzelheiten	92
3. Emittenten- oder Insiderpapierbezug	103
a) Emittentenbezogene Informationen	110
b) Insiderpapierbezogene Informationen	113
c) Marktinformationen	116
4. Eignung zur erheblichen Börsen- oder Marktpreisbeeinflussung.	121
a) Allgemeines, Sinn und Zweck, Auslegungskriterien	122
b) Eignung (*ex-ante*-Prognose)	129
aa) *Ex-ante*-Betrachtung	130
bb) Katalog potentiell kurserheblicher Informationen?	133
cc) Maßgeblicher Wahrscheinlichkeitsgrad	136
dd) Objektiver Standpunkt eines verständigen Anlegers (§ 13 Abs. 1 Satz 2)	139
c) Im Falle des öffentlichen Bekanntwerdens	143
d) Erheblichkeit der Kursbeeinflussung (§ 13 Abs. 1 Satz 2)	146
aa) Theoretische Grundlagen	148
bb) Überkommene Ansätze	151
cc) Qualitative Anknüpfung: „Theorie des Handlungsanreizes"	159
5. Regelbeispiele	166
a) § 13 Abs. 1 Satz 4 Nr. 1 *(frontrunning)*	167
b) § 13 Abs. 1 Satz 4 Nr. 2 (Warenderivate)	170
III. Bewertung auf Grund öffentlich bekannter Umstände (§ 13 Abs. 2)	172

Schrifttum: *Assmann*, Anmerkung zum Beschluß des Hess. VGH vom 16. März 1998, AG 1998, 438; *Becker*, Das neue Wertpapierhandelsgesetz, 1995; *Brandi/Süßmann*, Neue Insiderregeln und Ad-hoc-Publizität – Folgen für Ablauf und Gestaltung von M&A-Transaktionen, AG 2004, 642; *Burgard*, Ad-hoc-Publizität bei gestreckten Sachverhalten und mehrstufigen Entscheidungsprozessen, ZHR 162 (1998), 51; *Bürgers*, Das Anlegerschutzverbesserungsgesetz, BKR 2004, 424; *Büschgen/Schneider*, Der europäische Binnenmarkt 1992: Auswirkungen für die deutsche Finanzwirtschaft, 1990; *Cahn*, Das neue Insiderrecht, Der Konzern 2005, 5; *Caspari*, Die Problematik der wesentlichen Kursbeeinflussung einer publizitätspflichtigen Tatsache, in *Baetge* (Hrsg.), Insiderrecht und Ad hoc-Publizität, 1995, S. 65; *Claussen/Florian*, Der Emittentenleitfaden, AG 2005, 745; *Diekmann/Sustmann*, Gesetz zur Verbesserung des Anlegerschutzes (AnSVG), NZG 2004, 929; *Dier/Fürhoff*, Die geplante Marktmissbrauchsrichtlinie, AG 2002, 604; *Dine*, Implementation of the EC Insider Directive in the UK, Company Lawyer 14 (1993), 61; *Dreyling*, Ein Jahr Anlegerschutzverbesserungsgesetz – Erste Erfahrungen, Der Konzern 2006, 1; *Dreyling*, Die Umsetzung der Marktmissbrauchs-Richtlinie über Insider-Geschäfte und Marktmanipulation, Der Konzern 2005, 1; *Figiel*, Die Weitergabe von Insiderinformationen in Aktienkonzernen: Das Verhältnis des Konzernrechts zum Kapitalmarktrecht, 2005; *Foelsch*, EU-Aktionsplan für Finanzdienstleistungen und nationale Kapitalmarktreform – Die Entwicklung des Kapitalmarktaufsichtsrechts in den Jahren 2003 bis 2006, BKR 2007, 94; *Fürhoff/Wölk*, Aktuelle Fragen zur Ad hoc-Publizität, WM 1997, 449; *Gehrt*, Die neue Ad hoc-Publizität nach § 15 WpHG, 1997; *Grothaus*, Reform des Insiderrechts: Großer Aufwand – viel Rechtsunsicherheit – wenig Nutzen?, ZBB 2005, 62; *Gruson/Wiegmann*, Die Ad-hoc-Publizitätspflicht nach amerikanischem Recht und die Auslegung von § 15 WpHG, AG 1995, 173; *Haouache*, Börsenaufsicht durch Strafrecht, 1996; *Heidmeier*, Die Ad-hoc-Publizität gemäß § 44a BörsG im System der Berichtspflichten für börsennotierte

§ 13	Abschnitt 3. Insiderüberwachung

Aktiengesellschaften, AG 1992, 110; *Hirte,* Die Ad-hoc-Publizität im System des Aktien- und Börsenrechts, in Das zweite Finanzmarktförderungsgesetz in der praktischen Umsetzung, Bankrechtstag 1995, 1996, S 47; *Holzborn/Israel,* Das Anlegerschutzverbesserungsgesetz – Die Veränderungen im WpHG, VerkProsG und BörsG und ihre Auswirkungen auf die Praxis, WM 2004, 1948; *Hutter/Kaulamo,* Transparenzrichtlinie-Umsetzungsgesetz: Änderungen der Regelpublizität und das neue Veröffentlichungsregime für Kapitalmarktinformationen, NJW 2007, 550; *Kleinmann,* Die Ausgestaltung der Ad-hoc-Publizität nach § 15 WpHG. Notwendigkeit einer segmentspezifischen Regulierung, 1998; *Koch,* Neuerungen im Insiderrecht und der Ad-hoc-Publizität, Der Betrieb 2005, 267; *Kümpel,* Zum Begriff der Insidertatsache, WM 1994, 2137; *Kümpel,* Wertpapierhandelsgesetz: eine systematische Darstellung, 2. Aufl. 2006; *Kuthe,* Änderungen des Kapitalmarktrechts durch das AnSVG, ZIP 2004, 883; *Leppert/Stürwald,* Die insiderrechtlichen Regelungen des Vorschlags für eine Marktmissbrauchsrichtlinie und der Stand der Umsetzung im deutschen Wertpapierhandelsrecht, ZBB 2002, 90; *Liersch,* Regulierung des Blockhandels an den organisierten Aktienmärkten der Vereinigten Staaten, Großbritanniens und Deutschlands, 2002; *Loesche,* Die Eignung zur erheblichen Kursbeeinflussung in den Insiderhandelsverboten des Wertpapierhandelsgesetzes, 1998; *Loesche,* Die Erheblichkeit der Kursbeeinflussung in den Insiderhandelsverboten des Wertpapierhandelsgesetzes, WM 1998, 1849; *Loesche/Eichner/Stute,* Die Berechnung von Erheblichkeitsgrenzen in den Insiderhandelsverboten des WpHG, AG 1999, 308; *Loistl,* Finanzanalysten als Investorenvertreter und Insiderproblematik: Kurserheblichkeit als essentielles Tatbestandsmerkmal, in *Claussen/Schwark* (Hrsg), Insiderrecht für Finanzanalysten, 1997, S. 80; *Matusche,* Insider und Insidertatsachen im Wertpapierhandelsgesetz, in *Herrmann/Berger/Wackerbarth* (Hrsg.), Deutsches und Internationales Bank- und Wirtschaftsrecht im Wandel, 1997, S. 100; *Mennicke,* Insider Regulation in Germany: Inside Information, Insider Status and Penalties, EFS L 1997, 81; *Mennicke,* Anmerkung zum Beschluß des Hess. VGH vom 16. März 1998, BB 1999, 76; *Mennicke,* Sanktionen gegen Insiderhandel. Eine rechtsvergleichende Untersuchung unter Berücksichtigung des US-amerikanischen und britischen Rechts, 1996; *Merkner/Sustmann,* Insiderrecht und Ad-hoc-Publizität – Das Anlegerschutzverbesserungsgesetz „in der Fassung durch den Emittentenleitfaden der BaFin", NZG 2005, 729; *Mertens,* Insiderproblem und Rechtspolitik (Besprechung von *Hopt/Will,* Europäisches Insiderrecht), ZHR 138 (1974), 269; *Möllers,* Insiderinformation und Befreiung von der Ad-hoc-Publizität nach § 15 Abs. 3 WpHG, WM 2005, 1393; *Nerlich,* Die Tatbestandsmerkmale des Insiderhandelsverbots nach dem WpHG, 1998; *Nießen,* Die Harmonisierung der kapitalmarktrechtlichen Transparenzregeln durch das TUG, NZG 2007, 41; *Noack,* Neue Publizitätspflichten und Publizitätsmedien für Unternehmen – eine Bestandsaufnahme nach EHUG und TUG, WM 2007, 377; *Nowak,* Eignung von Sachverhalten in Ad-hoc-Mitteilungen zur erheblichen Kursbeeinflussung, ZBB 2001, 449; *Pananis,* Zur Abgrenzung von Insidertatsache und ad-hoc-publizitätspflichtigem Sachverhalt bei mehrstufigen Entscheidungsprozessen, WM 1997, 460; *Pananis,* Insidertatsache und Primärinsider. Eine Untersuchung zu den Zentralbegriffen des § 13 Abs. 1 WpHG, 1998; *Pellens,* Ad-hoc-Publizitätspflicht des Managements börsennotierter Unternehmen nach § 44a BörsG, AG 1991, 62; *Pellens/Fülbier,* Publizitätspflichten nach dem Wertpapierhandelsgesetz, DB 1994, 1381; *Perridon/Steiner,* Finanzwirtschaft der Unternehmung, 14. Aufl. 2007; *Pirner/Lebherz,* Wie nach dem Transparenzrichtlinie-Umsetzungsgesetz publiziert werden muss, AG 2007, 19; *Röder,* Die Informationswirkung von Ad hoc-Meldungen, ZfB 70 (2000), 567; *Sandou,* Primär- und Sekundärinsider nach dem WpHG, 2001; *Schacht,* Das Insiderhandelsverbot bei öffentlichen Übernahmeangeboten: eine rechtsvergleichende Untersuchung zur Reichweite des Insiderhandelsverbots bei besonderen Mitteln der Kontrollerlangung über Aktiengesellschaften in den USA und Deutschland, 2002; *Schäfer,* Insiderrecht, in *Marsch-Barner/Schäfer* (Hrsg.), Die börsennotierte AG, 2005; *Schander/Lucas,* Die Ad-hoc-Publizität im Rahmen von Übernahmevorhaben, DB 1997, 2109; *Scharrenberg,* Compliance in Wertpapierdienstleistungsunternehmen, in *Claussen/Schwark* (Hrsg.), Insiderrecht für Finanzanalysten, 1997, S. 107; *Schneider, S.,* Die

Insiderinformation 1 § 13

Weitergabe von Insiderinformationen, NZG 2005, 702; *Schneider, U. H./Burgard,* Scalping als Insiderstraftat. Ein Beitrag zur Abgrenzung von erlaubten zu unerlaubten Verhaltensweisen am Kapitalmarkt, ZIP 1999, 381; *Schneider, U. H./Burgard,* Am Trillern erkennt man die Lerche – oder: Sind Absichtserklärungen, Prognosen und Meinungen von Unternehmensvertretern Insidertatsachen i. S. d. § 13 Abs. 1 WpHG?, in Festschrift für Buxbaum, 2000, 501; *Schneider, U. H./Gilfrich,* Die Entscheidung des Emittenten über die Befreiung von der Ad-hoc-Publizität, BB 2007, 53; *Schwark,* Tatbestände und Rechtsfolgen des Insiderhandelsverbots, in *Claussen/Schwark* (Hrsg.), Insiderrecht für Finanzanalysten, 1997, S. 32; *Schwark,* Ad hoc-Publizität und Insiderrecht bei mehrstufigen Unternehmensentscheidungen, in Festschrift für Bezzenberger, 2000, 771; *Schweizer,* Insiderverbote: Interessenkonflikte und Compliance, 1996; *Schwintek,* Das Anlegerschutzverbesserungsgesetz: Neuerungen im Wertpapierhandelsgesetz, 2005; *Simon,* Die neue Ad-hoc-Publizität, Der Konzern 2005, 13; *Spindler,* Kapitalmarktreform in Permanenz, NJW 2004, 3449; *Steck/Schmitz,* Das Kapitalmarktrecht nach den AnSVG, FinanzBetrieb 2005, 187; *Steinhauer,* Insiderhandelsverbot und Ad-hoc-Publizität, 1999; *Tippach,* Marktdaten im künftigen Insiderrecht?, WM 1993, 1269; *Tollkühn,* Die Ad-hoc-Publizität nach dem Anlegerschutzverbesserungsgesetz, ZIP 2004, 2215; *Vaupel,* Zum Tatbestandsmerkmal der erheblichen Kursbeeinflussung bei der Ad hoc-Publizität, WM 1999, 521; *Volk,* Scalping strafbar? Eine Erwiderung auf Uwe H. Schneider/Burgard, ZIP 1999, 381; ZIP 1999, 787; *Volk,* Die Strafbarkeit von Absichten im Insiderhandelsrecht, BB 1999, 66; *Waldhausen,* Die ad-hoc-publizitätspflichtige Tatsache: Eine Untersuchung zu § 15 Abs. 1 Satz 1 WpHG unter Berücksichtigung der Ad hoc-Publizität im Vereinigten Königreich, 2002; *Weber, M.,* Scalping – Erfindung und Folgen eines Insiderdelikts, NJW 2000, 562; *Wittich,* Erfahrungen mit der Ad hoc-Publizität in Deutschland, AG 1997, 1; *Wölk,* Die Ad-hoc-Publizität – Erfahrungen aus der Sicht des Bundesaufsichtsamts für den Wertpapierhandel, AG 1997, 73; *Ziemons,* Neuerungen im Insiderrecht und bei der Ad-hoc-Publizität durch die Marktmissbrauchsrichtlinie und das Gesetz zur Verbesserung des Anlegerschutzes, NZG 2004, 537; *Ziouvas,* Das neue Kapitalmarktstrafrecht, 2005. Vgl. auch die Angaben vor § 12 bis § 14.

I. Grundlagen

1. Regelungsgegenstand und -zweck

§ 13 Abs. 1 enthält eine Begriffsbestimmung der **Insiderinformation**. Die 1 Norm bestimmt die Voraussetzungen, die erfüllt sein müssen, damit einer Information über einen Sachverhalt insiderrechtliche Relevanz zugesprochen werden kann. Nach der **Legaldefinition** in **Satz 1** ist eine Insiderinformation eine konkrete Information über nicht öffentlich bekannte Umstände, die einen Emittenten- oder Insiderpapierbezug aufweisen und geeignet sind, den Börsen- oder Marktpreis der Insiderpapiere erheblich zu beeinflussen. Die Definition beruht auf **Art. 1 Nr. 1 Abs. 1 der EG-Marktmissbrauchsrichtlinie**[1] und enthält **vier verschiedene, isolierbare Merkmale** (hierzu im Einzelnen unten Rn. 19ff.). Die Marktmissbrauchsrichtlinie hat mit Wirkung zum 12. April 2003 die bis dahin geltende EG-Insiderrichtlinie aus dem Jahre 1989 abgelöst.[2] Zur Entwicklung der Norm siehe unten Rn. 10ff.

---

[1] Richtlinie 2003/6/EG über Insider-Geschäfte und Marktmanipulation (Marktmissbrauch), ABl. EU Nr. L 96 v. 12. 4. 2003, S. 16. Dazu statt vieler *Ziemons* NZG 2004, 537; *Grimme/von Butlar* WM 2003, 901; *Leppert/Stürwald* ZBB 2002, 90; *Dier/Fürhoff* AG 2002, 604.

[2] Die Richtlinie 89/592/EWG zur Koordinierung der Vorschriften betreffend Insider-Geschäfte, ABl. EG Nr. L 334 v. 18. 11. 1989, S. 30 wurde gemäß Art. 21 der Marktmissbrauchsrichtlinie mit dem Inkrafttreten aufgehoben.

2 Zwei Begriffselemente der Legaldefinition werden im Gesetzestext weiter **präzisiert.** In Umsetzung von Art. 1 Abs. 2 der **Durchführungsrichtlinie 2003/124/EG**[3] bestimmt § 13 Abs. 1 Satz 2, einem subjektiven Ansatz folgend,[4] dass eine Eignung zur erheblichen Börsen- oder Marktpreisbeeinflussung gegeben ist, wenn ein verständiger Anleger die Information bei seiner Anlageentscheidung berücksichtigen würde. § 13 Abs. 1 Satz 3 stellt in Übereinstimmung mit Art. 1 Abs. 1 der Durchführungsrichtlinie 2003/124/EG klar, dass auch zukünftige Umstände taugliche Insiderinformationen sein können, sofern deren Eintritt hinreichend wahrscheinlich ist. Ziel der europarechtlichen Vorgaben in der Durchführungsrichtlinie ist es, durch eine genauere Bestimmung von zwei wesentlichen Tatbestandsmerkmalen der Insiderinformation eine **höhere Rechtssicherheit** für die Marktteilnehmer zu erreichen.[5]

3 § 13 Abs. 1 Satz 4 ergänzt die Begriffsbestimmung der Insiderinformation um **zwei Regelbeispiele,** die auf Art. 1 Nr. 1 Abs. 2 und 3 der Marktmissbrauchsrichtlinie zurückgehen. Während **Satz 4 Nr. 1** festlegt, dass auch Informationen in Bezug auf Aufträge von anderen Personen über den Kauf oder Verkauf von Finanzinstrumenten *("frontrunning")* eine Insiderinformation sein können (dazu Rn. 167ff.), konkretisiert **Satz 4 Nr. 2** den Begriff der Insiderinformation für **organisierte Derivatemärkte** mit Bezug auf Waren (dazu Rn. 170f.).

4 Die Regelung in § 13 Abs. 2, wonach eine Bewertung, die ausschließlich aufgrund öffentlich bekannter Umstände erstellt wird, selbst dann keine Insiderinformation ist, wenn sie den Kurs von Insiderpapieren erheblich beeinflussen kann, nimmt eine **Negativabgrenzung** vor und hat lediglich **klarstellende Funktion.**[6] Sie beruht ursprünglich auf Erwägungsgrund Nr. 13 der EG-Insiderrichtlinie, der sich in **Nr. 31 der Erwägungsgründe der Marktmissbrauchsrichtlinie** wiederfindet.[7] Hiernach sind auf Grund von öffentlichen Angaben erstellte Analysen und Bewertungen nicht als Insiderinformationen anzusehen.

2. Systematische Bedeutung der Norm

5 Die Insiderregelung des WpHG ist keine kompakt zusammengefasste Verbotsnorm, sondern besteht neben den eigentlichen **Verbotsvorschriften in §§ 38 und 39** aus Bestimmungen mit Legaldefinitionen, die über verschiedene Vorschriften verteilt sind (§§ 38 und 39 sind sog. **Blankettvorschriften**). § 14 Abs. 1, die Kernvorschrift auf Tatbestandsseite, enthält drei Verbotstatbestände, die jeweils **an den Begriff der Insiderinformation anknüpfen.** Die Verbotsvorschrift untersagt die Verwendung einer *Insiderinformation* zum Erwerb oder zur Veräußerung von Insiderpapieren (§ 14 Abs. 1 Nr. 1), die Verleitung eines anderen zu einem solchen Erwerbs- oder Veräußerungsgeschäft auf der Grundlage einer *Insider-*

---

[3] Richtlinie 2003/124/EG der Kommission zur Durchführung der Marktmissbrauchsrichtlinie 2003/6/EG, ABl. EU Nr. L 339 v. 24. 12. 2003, S. 70. Die Marktmissbrauchsrichtlinie wurde im mehrstufigen Komitologieverfahren nach dem Lamfalussy-Prozess erlassen. Die Durchführungsrichtlinie wurde in Stufe 2 des Verfahrens im Anschluss an eine fachliche Konsultation des Ausschusses der europäischen Wertpapierregulierungsbehörden (CESR) der Kommission erlassen. Zum Komitologieverfahren *Kopp-Colomb/ Lenz* AG 2002, 24; *Seitz* BKR 2002, 340; *Mensching* EuZW 2000, 268.
[4] So ausdrücklich die Begründung RegE AnSVG, BT-Drucks. 15/3174, S. 34.
[5] Erwägungsgrund Nr. 3 der Durchführungsrichtlinie 2003/124/EG.
[6] So auch die BaFin, Emittentenleitfaden, S. 24.
[7] Vgl. Richtlinie 2003/6/EG, ABl. EU Nr. L 96 v. 12. 4. 2003, S. 18.

Insiderinformation 6–9 § 13

information, zB durch Abgabe einer Empfehlung, (§ 14 Abs. 1 Nr. 3) und die unbefugte Weitergabe einer *Insiderinformation* an einen anderen (§ 14 Abs. 1 Nr. 2). Zur Regelungssystematik des Insiderrechts siehe vor § 12 Rn. 41 ff.

Die Insiderinformation ist **Tatbestandsmerkmal** der in § 14 Abs. 1 geregelten Verbote und erfüllt als **Baustein** der insiderrechtlichen Verbotsvorschrift eine wichtige, die Reichweite der einzelnen Verbote bestimmende **Funktion**. Die Auslegung des Merkmals der Insiderinformation hat somit unmittelbare Auswirkungen auf den Umfang der Insiderhandelsverbote. 6

Die Insiderinformation markiert somit eine **Grenze der insiderrechtlichen Regulierung,** denn gegen die Insiderhandelsverbote kann nur verstoßen, wer überhaupt über eine Insiderinformation verfügt.[8] Ihre anschließende Verwendung, zB zum Eigenerwerb von Finanzinstrumenten, und der daraus resultierende Vertrauensverlust der Anleger in das ordnungsgemäße Funktionieren der Kapitalmärkte rechtfertigen[9] es ausnahmsweise, äußerlich **neutrales und übliches Verhalten der Marktteilnehmer straf- und ordnungswidrigkeitenrechtlich** (vgl. § 38 Abs. 1 Nr. 1, 2 und § 39 Abs. 2 Nr. 3, 4)[10] **zu sanktionieren.** 7

Auch andere Normen des WpHG, insbesondere im 3. Abschnitt zur Insiderüberwachung, knüpfen an den Begriff der Insiderinformation an.[11] **Inhalt und Auslegung** des Begriffes werden durch § 13 **einheitlich**[12] bestimmt und gelten auch für diese Vorschriften. 8

Dies gilt nunmehr auch für die in § 15 Abs. 1 geregelte Pflicht zur Veröffentlichung und Mitteilung von Insiderinformationen (**sog. Ad-hoc-Publizität**).[13] Nach dieser Vorschrift ist ein Emittent von Finanzinstrumenten verpflichtet, alle Insiderinformationen, die ihn unmittelbar betreffen, unverzüglich zu veröffentlichen.[14] Insiderrecht und Ad-hoc-Publizität knüpfen damit einheitlich an den Begriff der Insiderinformation an.[15] Das vorgesehene **Unmittelbarkeitskriteri-** 9

---

[8] So *Assmann* Rn. 3.
[9] Gegen eine Regulierung des Insiderhandels lassen sich insbesondere ökonomische Aspekte ins Feld führen. Dennoch gehören staatlich überwachte Insiderhandelsverbote heute zum Standard entwickelter Kapitalmärkte. Ausführlich zum Regelungsbedarf der Insiderproblematik vor § 12 Rn. 97 ff.
[10] Zu den strafrechtlichen und ordnungswidrigkeitenrechtlichen Konsequenzen s. §§ 38 Rn. 6 ff., 39 Rn. 34 f.
[11] Die folgenden Paragrafen des WpHG knüpfen an den Begriff der Insiderinformation an: §§ 14 Abs. 1, 15 Abs. 1, 3 und 5, 15a Abs. 2, 15b Abs. 1, 16a Abs. 2, 33b Abs. 3, 37b, 37c, 38 Abs. 1 und 39 Abs. 2.
[12] Die Begründung RegE AnSVG, BT-Drucks. 15/3174, S. 34 spricht vom „einheitlichen Begriff der Insiderinformation".
[13] Vor Inkrafttreten des AnSVG verwendete § 15 Abs. 1 aF zwar den Begriff der publizitätspflichtigen Tatsache. Der Tatbestand des § 15 Abs. 1 aF enthielt im Vergleich zur Insidertatsache i. S. d. § 13 Abs. 1 aF aber zusätzliche Tatbestandsvoraussetzungen, namentlich dass die Tatsache im Tätigkeitsbereich des Emittenten eingetreten sein und gerade wegen der Auswirkungen auf die Vermögens- oder Finanzlage oder auf den allgemeinen Geschäftsverlauf des Emittenten Kursbeeinflussungspotential haben musste. Zur früheren Rechtslage *Assmann,* 3. Aufl., Rn. 32 f.; *Schneider/Burgard* in FS Buxbaum, S. 501/505; *Cahn* ZHR 162 (1998), 1/13 f.; ausführlich *Pananis,* Insidertatsache und Primärinsider, S. 64 ff.
[14] Hieran anknüpfend enthalten auch die §§ 37b, 37c dieses Unmittelbarkeitskriterium.
[15] Einhellige Meinung, vgl. statt vieler *Schäfer* Rn. 4; *Spindler* NJW 2004, 3449/3451; *Koch* DB 2005, 267/271; *Diekmann/Sustmann* NZG 2004, 929/934.

Mennicke/Jakovou 359

§ 13 **10, 11** Abschnitt 3. Insiderüberwachung

um grenzt die Verpflichtung der Emittenten zur Ad-hoc-Publizität zwar ein, denn Insiderinformationen, die den Emittenten nur mittelbar betreffen, lösen keine Pflicht zur Ad-hoc-Publizität aus.[16] Dennoch besteht eine **große Schnittmenge** zwischen der Insiderinformation i. S. d. §§ 13, 14 und der publizitätspflichtigen Insiderinformation i. S. d. § 15 Abs. 1. In diesem Zusammenhang wird teilweise von einem „weitgehenden Gleichlauf"[17] der Rechtsmaterien oder einer „Angleichung"[18] der Ad-hoc-Publizität an die Insiderhandelsverbote gesprochen. Dies trifft zwar im Grundsatz zu, die in § 15 Abs. 3 vorgesehene Möglichkeit der **Selbstbefreiung** durch den Emittenten begrenzt aber dessen Publizitätspflicht zusätzlich.[19] Denn ein Emittent muss in diesem Fall die betreffende Insiderinformation (zunächst) nicht ad hoc veröffentlichen, auch wenn er unmittelbar betroffen ist. Zu den Voraussetzungen und Auswirkungen der Selbstbefreiung siehe § 15 Rn. 342 ff.

3. Entwicklung der Norm

10 Mit dem **Gesetz zur Verbesserung des Anlegerschutzes (AnSVG)** vom 28. Oktober 2004[20] wurde § 13 **erstmals seit dem Erlass des WpHG** geändert. Der Gesetzgeber hat die Pflicht zur Umsetzung der Marktmissbrauchsrichtlinie zum Anlass genommen, den **Regelungsgegenstand und die Systematik des § 13 Abs. 1** erheblich zu verändern.[21] Die Begriffsbestimmung in § 13 Abs. 1 ist in materieller Hinsicht komplex geblieben,[22] die gesetzliche Regelung ist aber nun insgesamt übersichtlicher und klarer gestaltet.[23] Mit dem **Gesetz zur Umsetzung der Richtlinie über Märkte für Finanzinstrumente (FRUG)** vom 16. Juli 2007 erfolgte darüber hinaus eine redaktionelle Anpassung des § 13 Abs. 1 Satz 4 Nr. 2.[24]

11 **§ 13 Abs. 1** definierte **ursprünglich** in Umsetzung der Art. 1 Nr. 1 und 2 Abs. 1 der **EG-Insiderrichtlinie** die Begriffe „Insider" und „Insidertatsache". Die Bestimmung des Insiderbegriffs erfolgte in § 13 Abs. 1 Nr. 1 bis 3 aF anhand personenbezogener, an den Status oder die Tätigkeit der Person anknüpfender Merkmale, aber ohne die ausdrückliche Verwendung des Begriffs „**Primärin-**

---

[16] BaFin, Emittentenleitfaden, S. 42. Ebenso *Diekmann/Sustmann* NZG 2004, 929/934; *Brandi/Süßmann* AG 2004, 642/648; *Koch* DB 2005, 267/271; *Ziemons* NZG 2004, 537/541; *Merkner/Sustmann* NZG 2005, 729/734 f. Zum Unmittelbarkeitskriterium siehe § 15 Rn. 120 ff.
[17] *Schäfer* Rn. 2, § 15 Rn. 31.
[18] *Spindler* NJW 2004, 3449/3451.
[19] Hierzu *Schneider/Gilfrich* BB 2007, 53.
[20] Anlegerschutzverbesserungsgesetz vom 28. 10. 2004 (AnSVG), BGBl. I 2004, S. 2630. Zu den Auswirkungen des AnSVG auf die Insiderüberwachung siehe vor § 12 Rn. 34 iVm. 33. Zum AnSVG statt vieler *Bürgers* BKR 2004, 242; *Spindler* NJW 2004, 3449; *Dreyling* Der Konzern 2005, 1.
[21] Bezogen auf die Gesetzessystematik auch *Schäfer* Rn. 2.
[22] So im Hinblick auf die Begriffselemente der Legaldefinition in § 13 Abs. 1 auch *Assmann* Rn. 5. Hierzu ausführlich Rn. 19 ff.
[23] So nun auch *Schäfer* Rn. 3. Zur alten Rechtslage aber noch kritisch wegen der Verschachtelung der Tatbestandsmerkmale *Schäfer*, 1. Aufl., Rn. 2 f.; *ders.* in *Marsch-Barner/Schäfer*, Hdb. börsennotierte AG, § 13 Rn. 6 ff.
[24] Begründung RegE FRUG, BT-Drucks. 16/4028, S. 63. Das FRUG ist abgedruckt im BGBl. I 2007, S. 1330.

sider".²⁵ Die Legaldefinition der **Insidertatsache** in § 13 Abs. 1 aF war mit dem Insiderbegriff verwoben. Insider war, wer Kenntnis von einer Insidertatsache hatte, nämlich von einer nicht öffentlich bekannten **Tatsache,** die sich auf einen oder mehrere Emittenten von Insiderpapieren oder auf Insiderpapiere bezog, und die geeignet war, im Falle ihres öffentlichen Bekanntwerdens den Kurs der Insiderpapiere erheblich zu beeinflussen.

Der **Begriff der Insidertatsache** wurde nunmehr **aufgegeben** und durch den Begriff der Insiderinformation ersetzt. Diese wird anders als noch die Insidertatsache nicht mehr inzident, nämlich eingebunden in die Bestimmung des Insiderbegriffs, sondern selbstständig definiert. Zusätzlich zur Legaldefinition in Satz 1, die **nicht mehr den Begriff der Tatsache, sondern die Bezeichnung „konkrete Information über Umstände"** enthält, hat der Gesetzgeber die **Sätze 2 bis 4 eingefügt,** um einzelne Begriffsmerkmale der Insiderinformation zu konkretisieren und materielle Unklarheiten zu beseitigen. Die weiteren Begriffselemente der Legaldefinition wurden nur geringfügig verändert. **12**

Mit der Aufgabe des Begriffes der Insidertatsache zugunsten desjenigen der Insiderinformation hat der Gesetzgeber zunächst eine **sprachliche Anpassung**²⁶ an die europarechtlichen Vorgaben vorgenommen. Bereits Art. 1 Nr. 1 der Insiderrichtlinie von 1989 verwendete den Begriff der **Insider-Information** (im englischen: *inside-information*) und die damit verbundene Umschreibung **„präzise Information".** Der deutsche Gesetzgeber setzte diese Richtlinienvorgabe durch den enger verstandenen Begriff²⁷ der **Insidertatsache** mit dem Tatbestandsmerkmal der **Tatsache** um und erntete hierfür heftige Kritik in der Literatur.²⁸ **13**

Nach der **Begründung des Richtlinienvorschlags** aus dem Jahr 1987²⁹ sollten durch das Merkmal der **„präzisen Information"** bloße Börsengerüchte von der Insiderinformation ausgenommen werden, um eine Grenze zwischen dem Ausnutzen von Insiderinformationen und bloßer zulässiger Spekulation zu ziehen.³⁰ Nach der **Regierungsbegründung des WpHG** sollten, in Anlehnung an den herkömmlichen, aus der Betrugsdogmatik und dem Beleidigungsrecht bekannten **Tatsachenbegriff**³¹ außerdem Werturteile (Meinungsäußerungen, Rechtsauffassungen, Auffassungen persönlicher Art) und andere subjektive Wertungen, die bloße Meinungen ausdrücken, keine insiderrechtlich relevanten Tatsachen sein.³² Es entbrannte zunächst ein Streit über die richtige **Auslegung 14**

---

²⁵ Gleichwohl findet sich der Begriff „Primärinsider" ausdrücklich in der Begründung RegE 2. FFG, BT-Drucks. 12/6679, S. 46. In der Literatur wurde die Verwendung dieser Terminologie aber auch kritisiert, vgl. *Tippach,* Das Insider-Handelsverbot, S. 157. Zum Begriff des Primärinsiders in § 13 Abs. 1 aF ausführlich *Pananis,* Insidertatsache und Primärinsider, passim.
²⁶ BaFin, Emittentenleitfaden, S. 18.
²⁷ So auch *Pananis* WM 1997, 460/462; *Schwark,* WpHG, § 13 Rn. 28.
²⁸ *Pananis,* Insidertatsache und Primärinsider, S. 64 („inadäquat"); *ders.* WM 1997, 460/462; *Cramer* in FS Triffterer, S. 323/332; *Schneider/Burgard* in FS Buxbaum, S. 501/507; *Lücker,* Der Straftatbestand des Missbrauchs von Insiderinformationen, S. 53.
²⁹ KOM (87) 111 endg. 21. 5. 1987, S. 5 (nicht im ABl. veröffentlicht).
³⁰ Zustimmend *Hopt* ZGR 1991, 17/30; *Siebold,* Das neue Insiderrecht, S. 108; *Kümpel,* Bank- und Kapitalmarktrecht, 1. Aufl., Rn. 14.98.
³¹ Ausführlich hierzu *Lücker,* Der Straftatbestand des Mißbrauchs von Insiderinformationen, S. 50f.; *Pananis,* Insidertatsache und Primärinsider, S. 60.
³² Begründung RegE 2. FFG, BT-Drucks. 12/6679, S. 46.

des insiderrechtlichen Tatsachenbegriffs. In der Literatur setzte sich aber schnell die Auffassung durch, dieser sei einer **weiten Auslegung** zugänglich, sei es wegen der Vorgaben der Insiderrichtlinie, die eine richtlinienkonforme weite Auslegung des Merkmals der Tatsache verlangten,[33] sei es in Abgrenzung zum enger verstandenen Tatsachenbegriff des § 15 Abs. 1 aF,[34] und erfasse auch Meinungen, Ansichten oder Werturteile, wenn diese einen **Tatsachenkern** aufweisen (siehe zur richtlinienkonformen Auslegung im Strafrecht vor § 12 Rn. 146 ff.). Diese weite Auslegung führte dazu, dass die Begriffe Insiderinformation und Insidertatsache in Deutschland meist **synonym** verwandt wurden (zum insiderrechtlichen Tatsachenbegriff siehe unten Rn. 30 ff.).[35] Auch der BGH ging davon aus, dass der Gesetzgeber mit der Verwendung des Begriffs der Tatsache an Stelle des Begriffs der Information nicht bewusst von der Richtlinie abweichen wollte und von einem anderen Verständnis ausging.[36]

15   Die Neuregelung des § 13 Abs. 1 ermöglicht nun auch aus der Sicht des Gesetzgebers die Einbeziehung von überprüfbaren Werturteilen oder Prognosen in den Anwendungsbereich der Vorschrift, weil der **Begriff des Umstands über den bisherigen Begriff der Tatsache hinausgehen** soll.[37] Dieser Hinweis in der Regierungsbegründung führte zu der Annahme, dass der Tatbestand der Insiderinformation durch das AnSVG eine erhebliche Erweiterung erfahren habe.[38] Legt man hingegen das weite Verständnis der Literatur vom insiderrechtlichen Tatsachenbegriff des § 13 Abs. 1 aF zugrunde (siehe oben Rn. 14), sind wohl die meisten Einzelfragen trotz der Neuregelung im Ergebnis nicht anders zu beantworten; die Auswirkungen sind deutlich geringer als vielfach angenommen.[39] Der Begriff der konkreten Information über Umstände dürfte im Vergleich zum Tatsachenbegriff dennoch in der Tendenz insgesamt mehr Sachverhalte erfassen.[40] Zur Auslegung des Merkmals unten Rn. 22 ff.

16   Im Zuge des AnSVG wurde der **Insiderbegriff aus § 13 Abs. 1** vollständig **herausgelöst.** Die Legaldefinition des „Insiders" findet sich nunmehr, um eine weitere Variante ergänzt,[41] in den Straf- und Bußgeldvorschriften des 12. Ab-

---

[33] *Pananis* WM 1997, 460/462; *ders.*, Insidertatsache und Primärinsider, S. 64 ff.; *Schneider/Burgard* in FS Buxbaum, S. 501/507; *Lücker,* Der Straftatbestand des Mißbrauchs von Insiderinformationen, S. 51 ff.; wohl auch *Assmann*, 3. Aufl., Rn. 32 f.

[34] Vgl. *Assmann* Rn. 32; *Hopt* ZHR 159 (1995), 135/152; *Kümpel* WM 1996, 653/654; *Benner-Heinacher* DB 1995, 765/766; *Lenenbach,* Kapitalmarkt- und Börsenrecht, Rn. 10.28; *Krauel,* Insiderhandel, S. 259 (Begriff der Tatsache in § 15 „wesentlich enger auszulegen" als in § 13).

[35] So auch *Assmann* Rn. 4.

[36] BGH NZG 2004, 91/92.

[37] Begründung RegE AnSVG, BT-Drucks. 15/3174, S. 33. Zurückhaltender hingegen wohl die BaFin, Emittentenleitfaden, S. 19.

[38] So zB *Spindler* NJW 2004, 3449/3450 f.; *Ziemons* NZG 2004, 537/538; *Rodewald/Tüxen* BB 2004, 2249/2249; *Diekmann/Sustmann* NZG 2004, 929/931; *Steck/Schmitz* FinanzBetrieb 2005, 187/188; *Foelsch* BKR 2007, 94/97.

[39] Zu diesem Schluss kommen auch *Koch* DB 2005, 267/268; *Grothoff* ZBB 2005, 62/63.

[40] So auch *Assmann* Rn. 4, der eher von einer Erweiterung als von einer Verengung der Reichweite des Tatbestands ausgeht.

[41] § 38 Abs. 1 Nr. 2 d) erweitert im Vergleich zur Regelung in § 13 Abs. 1 Nr. 1–3 aF den personellen Anwendungsbereich der Strafvorschrift um Insider, die auf Grund der Vorbereitung oder Begehung einer Straftat über eine Insiderinformation verfügen und diese verwenden, dazu § 38 Rn. 22 f.

schnitts, nämlich in § 38 Abs. 1 Nr. 2 lit. a)–d). Der Grund für diese „**Ausgliederung**" liegt darin, dass die neue insiderrechtliche Verbotsnorm im Gegensatz zu § 14 aF nicht mehr zwischen verschiedenen Gruppen von Insidern differenziert, so dass der auf personenbezogenen Merkmalen basierende **Primärinsiderbegriff**[42] **auf der Tatbestandsseite keine Bedeutung mehr** hat.[43] Dies findet auch in der neuen Überschrift zu § 13 seinen Niederschlag („Insiderinformation", statt früher „Insider"). Es kommt auf der Tatbestandsseite nunmehr allein darauf an, ob die handelnde Person, unabhängig von ihrem Status, Kenntnis von einer Insiderinformation hat und diese den Tatbestandsvarianten des § 14 Abs. 1 entsprechend einsetzt. Die **Unterscheidung** zwischen Primär- und Sekundärinsidern ist nur **hinsichtlich der möglichen Sanktion weiterhin relevant.** Ein Verstoß gegen § 14 Abs. 1 Nr. 1 ist zwar nach § 38 Abs. 1 Nr. 1 unterschiedslos für jede Person strafbar. In den Fällen des § 14 Abs. 1 Nr. 2 und 3 begeht aber gemäß § 38 Abs. 1 Nr. 2 nur derjenige eine Straftat und nicht nur eine Ordnungswidrigkeit nach § 39 Abs. 2 Nr. 3 oder 4, der zumindest ein persönliches, strafbegründendes Merkmal des § 38 Abs. 1 Nr. 2 lit. a)–d) erfüllt (dazu näher § 38 Rn. 16 ff.).

In § 13 Abs. 2 wurden lediglich die Begriffe „Tatsachen" und „Insidertatsache" durch die Begriffe „Umstände" und „Insiderinformation" ersetzt. Diese durch die Veränderungen in § 13 Abs. 1 bedingte **terminologische Anpassung** hat keine weiteren Auswirkungen auf den Regelungsgegenstand der Norm.[44] Der Gesetzgeber hatte bereits mit Einführung des WpHG die europarechtliche Vorgabe aus Erwägungsgrund 13 der Insider-Richtlinie in § 13 Abs. 2 aF umgesetzt.[45]

Für die Neuregelung und die Konkretisierung des Insiderrechts im Rahmen der EG-Marktmissbrauchsrichtlinie war neben den Änderungen, die seit dem Erlass der Insiderrichtlinie auf den Finanzmärkten und im Gemeinschaftsrecht eingetreten sind,[46] auch die unterschiedliche Umsetzung der EG-Insiderrichtlinie auf mitgliedstaatlicher Ebene mitursächlich.[47] **Erwägungsgrund Nr. 11 der Marktmissbrauchsrichtlinie** bemängelt ausdrücklich den unvollständigen Schutz der Marktintegrität, resultierend aus den unterschiedlichen Rechtsvorschriften in den Mitgliedstaaten, und stellt eine Unsicherheit der Wirtschaftsakteure bezogen auf Begriffe, Begriffsbestimmungen und Durchsetzung des nationalen Rechts fest. Auch die Konkretisierungen in Art. 1 der Durchführungsrichtlinie 2003/124/EG haben eine höhere Rechtssicherheit der Marktteilnehmer zum Ziel (dazu bereits oben Rn. 2).

---

[42] In der Begründung RegE AnSVG, BT-Drucks. 15/3174, S. 40, heißt es ausdrücklich „Primärinsider ist, wer eines oder mehrere der persönlichen Merkmale von Nummer 2 Buchstabe a bis d erfüllt".
[43] Ebenso *Kuthe*, ZIP 2004, 883/884.
[44] Vgl. Begründung RegE AnSVG, BT-Drucks. 15/3174, S. 34.
[45] Vgl. den ausdrücklichen Hinweis in der Begründung RegE 2. FFG, BT-Drucks. 12/6679, S. 47.
[46] Vgl. Erwägungsgrund Nr. 13 der Marktmissbrauchsrichtlinie.
[47] Eine Übersicht über die Unterschiede in der Umsetzung der EG-Insiderrichtlinie in ausgewählten Mitgliedstaaten und die Veränderungen im Zuge der Marktmissbrauchsrichtlinie ist einer Studie des *British Institute of International and Comparative Law* zu entnehmen: Comparative Implementation of EU Directives (I) – Insider Dealing and Market Abuse, Dezember 2005.

II. Insiderinformation (§ 13 Abs. 1)

19 Nach der **Legaldefinition** in § 13 Abs. 1 Satz 1 handelt es sich bei der Insiderinformation um
- eine konkrete Information über Umstände,
- die nicht öffentlich bekannt sind,
- die sich auf einen oder mehrere Emittenten von Insiderpapieren oder auf Insiderpapiere selbst beziehen und
- die geeignet sind, im Falle ihres öffentlichen Bekanntwerdens den Börsen- oder Marktpreis der Insiderpapiere erheblich zu beeinflussen.

20 Die Umschreibung in Abs. 1 Satz 1 enthält verschiedene unbestimmte Rechtsbegriffe. Die einzelnen Merkmale der Insiderinformation bedürfen aber **schärfer begrifflicher Konturen.** Zum einen um den **Verbotstatbestand in § 14 Abs. 1 angemessen** unter Berücksichtigung des insiderrechtlichen Regelungszwecks (hierzu vor § 12 Rn. 124 ff.) sowie der Erfordernisse wichtiger Kapitalmarktfunktionen und -usancen **zu begrenzen,** zum anderen, um den in Art. 103 Abs. 2 GG niedergelegten verfassungsrechtlichen Vorgaben des **strafrechtlichen Bestimmtheitsgrundsatzes** angesichts der Strafandrohung in § 38 Abs. 1 wie auch der Bußgeldandrohung in § 39 Abs. 2 Nr. 3 und 4 iVm § 39 Abs. 4 **gerecht zu werden.**[48] Es muss für jeden Marktteilnehmer hinreichend erkennbar sein, welche Informationen, also welche Tatsachen, Ereignisse oder sonstigen Umstände, von insiderrechtlicher Relevanz sind und vom Tatbestand der Insiderinformation erfasst werden. Dies gilt auch im Hinblick auf die **Ad-hoc-Publizität in § 15 Abs. 1,** denn auch der jeweilige Emittent muss anhand griffiger Kriterien erkennen können, ob eine publizitätspflichtige Insiderinformation vorliegt, zumal er für die Schäden, die infolge einer unterlassenen oder unwahren Veröffentlichung entstehen, nach den §§ 37 b Abs. 1, 37 c Abs. 1 haftet.

21 Die vier Begriffselemente der Insiderinformation können auf **formal-begrifflicher Ebene isoliert voneinander betrachtet** werden. Die Auslegung der Merkmale offenbart aber verschiedene **Interdependenzen.** In der Literatur, gestützt durch die Angaben in den Gesetzesmaterialien und die Ausführungen im Emittentenleitfaden der BaFin, wird dem Merkmal der Kurserheblichkeit, also der Eignung zur erheblichen Börsen- oder Marktpreisbeeinflussung, eine auf die Merkmale der „konkreten Information über Umstände" und dem „Emittenten- oder Insiderpapierbezug" übergreifende und damit zentrale Funktion zugewiesen (vgl. dazu insb. Rn. 121). Dem Emittenten- oder Insiderpapierbezug wird dagegen von der wohl herrschenden Auffassung keine selbstständige Bedeutung mehr beigemessen (dazu Rn. 105 ff.).

1. Konkrete Information über Umstände

a) Auslegungsgrundsätze

22 Der Gesetzgeber hat mit der Bezeichnung „konkrete Information über Umstände" die in Art. 1 Nr. 1 Abs. 1 der Marktmissbrauchsrichtlinie enthaltene

---

[48] Die unbestimmten Rechtsbegriffe erschweren eine verlässliche Beurteilung der Strafbarkeitsgrenzen. Zweifel an der Verfassungsmäßigkeit äußern *Park* NStZ 2007, 369/372 ff.; *Ziouvas,* Das neue Kapitalmarktstrafrecht, S. 53.

Vorgabe der „**präzisen Information**" umgesetzt und gleichzeitig den bis zum Inkrafttreten des AnSVG verwendeten Begriff der Tatsache aufgegeben (zu dieser Entwicklung oben Rn. 12 ff.). Mit der Verwendung einer von der Marktmissbrauchsrichtlinie leicht abweichenden Terminologie bezweckte der deutsche Gesetzgeber keine erkennbare inhaltliche Abgrenzung von der Richtlinie. Vielmehr kann – richtlinienkonform – eine **synonyme Verwendung** der Begriffe „konkret" und „präzise" angenommen werden.[49] An der **Identität von europarechtlicher Vorgabe und nationaler Umsetzung im WpHG** ändert auch die Einbeziehung des Begriffs „Umstände" nichts. Zum einen findet sich dieser Begriff gemeinsam mit dem Begriff des Ereignisses in Art. 1 Abs. 1 der Durchführungsrichtlinie 2003/124/EG.[50] Zum anderen unterstreicht der Begriff des Umstands die zum Begriff der Tatsache in § 13 Abs. 1 aF bestehende inhaltliche Abweichung, denn Informationen über Umstände sollen über den Begriff der Tatsache hinausgehen.[51] Den Begriff des Ereignisses hatte der Gesetzgeber zunächst ebenfalls in den Gesetzentwurf aufgenommen, im Anschluss dann aber gestrichen, nachdem der Finanzausschuss des Deutschen Bundestages zu der Auffassung gelangt war, dass der Begriff des Umstands den Begriff des Ereignisses inhaltlich mitumfasst.[52]

Bereits die **Insiderrichtlinie** von 1989[53] sprach von einer „präzisen Information", die im Gegensatz zu bloßen **Börsengerüchten** und **spekulativen Äußerungen** insiderrechtlich relevant war.[54] Das Attribut „präzise" sollte dabei eine wichtige Hilfestellung in Bezug auf den Ausschluss **unpräziser** und **vager Vermutungen** sowie bloßer Spekulationen leisten.[55]

Zur näheren Bestimmung des Begriffes der „konkreten Information" könnten zwar **verschiedene Synonyme** herangezogen werden. Die konkrete Information könnte beispielsweise umschrieben werden mit den Begriffen präzise, eindeutig, klar, genau (bezeichnet), bestimmt, gewiss etc. Im Ergebnis **ersetzen** diese Bezeichnungen aber lediglich den vom Gesetzgeber verwendeten Begriff und tragen kaum etwas zur Griffigkeit des Merkmals bei, so dass ein Mehrwert nicht festzustellen ist. Nur in Einzelfällen kann ein Abstellen auf die Zuverlässigkeit, Seriosität oder Finalität der Information begründen, dass diese auch „konkret" ist.

Zur Konkretisierung des Merkmals „konkrete Information über Umstände" ist wegen der anzunehmenden Übereinstimmung der Merkmale „konkret" und „präzise" (siehe oben Rn. 22) ein Rückgriff auf die Begriffsbestimmung in Art. 1 Abs. 1 der Durchführungsrichtlinie 2003/124/EG möglich. Danach ist die „Information dann als präzise anzusehen, wenn damit eine Reihe von Umständen gemeint ist, die bereits existieren oder bei denen man mit hinreichender Wahrscheinlichkeit davon ausgehen kann, dass sie in Zukunft existieren werden, oder

---

[49] OLG Stuttgart BB 2007, 565/567. So auch *Assmann* Rn. 6; *Schäfer* Rn. 11.
[50] ABl. EU Nr. L 339, S. 70.
[51] Ausdrücklich in der Begründung RegE AnSVG, BT-Drucks. 15/3174, S. 33: „Der Begriff des Umstands geht über den Begriff der Tatsache hinaus ...".
[52] Beschlussempfehlung und Bericht des Finanzausschusses des Deutschen Bundestags zum AnSVG, BT-Drucks. 15/3493, S. 18.
[53] ABl. EG Nr. L 334 vom 18. 11. 1989, S. 30 (aufgehoben).
[54] So auch *Siebold*, Das neue Insiderrecht, S. 108.
[55] *Pananis*, Insidertatsache und Primärinsider, S. 59 ff.

ein Ereignis, das bereits eingetreten ist oder mit hinreichender Wahrscheinlichkeit in Zukunft eintreten wird **und**[56] diese Information darüber hinaus spezifisch genug ist, dass sie einen Schluss auf die mögliche Auswirkung dieser Reihe von Umständen oder dieses Ereignisses auf die Kurse von Finanzinstrumenten oder damit verbundenen derivativen Finanzinstrumenten zulässt".

26 Dieser Konstruktion lassen sich **zwei unterschiedliche Prüfungsstufen** entnehmen. **Zunächst** ist zu untersuchen, ob eine Information als solche über einen existierenden Umstand oder ein eingetretenes Ereignis oder als eine solche über zukünftig existierende Umstände oder eintretende Ereignisse zu qualifizieren ist, wobei zukunftsbezogene Informationen eine hinreichende Eintrittswahrscheinlichkeit aufweisen müssen. Prüfungsgegenstand der **zweiten Stufe** ist, ob die Information spezifisch genug ist, um Grundlage für eine Aussage über den zukünftigen Verlauf des Börsen- oder Marktpreises eines Insiderpapiers, also dessen Kursrelevanz, sein zu können.[57]

27 Diese zweistufige Vorgehensweise lässt die Verlegenheit des Richtlinien- und Gesetzgebers erkennen, die Frage, wann eine Information „konkret" ist, einer näheren Antwort zuzuführen. Der Begriff der präzisen Information wird mit den Auswirkungen der fraglichen Umstände auf den Börsen- oder Marktpreis des betroffenen Finanzinstruments verschränkt.[58] Damit wird ein Teil des Merkmals der „erheblichen Kursbeeinflussung" in das Merkmal „konkrete Information über Umstände" **hineingetragen**. Zwar lässt sich eine scharfe Trennung vornehmen zwischen der allgemeinen **„Kursrelevanz"** – dieser Begriff begrenzt seine Prüfungsweite auf die Frage, ob eine Information überhaupt spezifisch genug ist, um für die Kurse von Insiderpapieren relevant zu sein – und der **„Kurserheblichkeit"** des § 13 Abs. 1 (dazu Rn. 121 ff.).[59] Es bleibt aber fraglich, ob der Begriff der „konkreten Information über Umstände" im Ergebnis dadurch in der Substanz näher bestimmt und eingegrenzt worden ist.

28 Mit der Kursrelevanz bedient sich der Richtliniengeber in Art. 1 Abs. 1 der Durchführungsrichtlinie 2003/1124/EG zur Bestimmung des Begriffs „präzise Information" eines Merkmals, das bereits Teil der „Eignung zur erheblichen Kursbeeinflussung" ist und damit **seine tatbestandsbegrenzende Funktion an anderer Stelle der Legaldefinition wahrnimmt**.[60] In der Literatur, namentlich von *Assmann*,[61] wird zusätzlich ein Zusammenhang zum Merkmal „Emittenten- oder Insiderpapierbezug" hergestellt. Hiernach gebe die Kursrelevanz eine Antwort auf die Frage, ob die Information überhaupt hinreichenden **Emittenten- oder Insiderpapierbezug** aufweise, um dann ein Urteil über die Kurserheblichkeit zu gestatten. Hier bleibt aber unklar, wie das Merkmal der Kursrelevanz eine „Auslesefunktion" haben soll, wo doch schon das Merkmal des „Emittenten- oder Insiderpapierbezugs" als solches in Frage gestellt wird und

---

[56] Fettdruck und Fußnote sind in der Durchführungsrichtlinie nicht enthalten.
[57] Die BaFin, Emittentenleitfaden, S. 19, und *Assmann* Rn. 8 umschreiben die Vorgaben aus der Durchführungsrichtlinie in ähnlicher Weise.
[58] *Schäfer* Rn. 12.
[59] So *Assmann* Rn. 8.
[60] Auf diese „doppelte Funktion" des Merkmals weisen auch *Merkner/Sustmann* NZG 2005, 729/731 hin.
[61] *Assmann* Rn. 8. In diese Richtung auch *Sethe* in Handbuch des Kapitalanlagerechts, § 12 Rn. 28.

sein Inhalt in das Merkmal der „Kurserheblichkeit" verschoben wird (siehe unten Rn. 106).[62]

b) Gegenwärtige Umstände und Ereignisse

Nach der Regierungsbegründung zum AnSVG sind Informationen präzise bzw. konkret i. S. d. § 13 Abs. 1 Satz 1, wenn damit Umstände oder Ereignisse gemeint sind, die bereits existieren bzw. eingetreten sind.[63] Hierzu gehören alle Informationen, die eine **Tatsache** zum Gegenstand haben (zum Begriff der Tatsache siehe unten Rn. 30 ff.). Insoweit lässt sich weitgehend auf die in Rechtsprechung und Literatur zum Begriff der Insidertatsache erarbeiteten Grundsätze,[64] also auf die Rechtslage vor Inkrafttreten des AnSVG rekurrieren.[65] Zusätzlich sollen nun aber auch **überprüfbare Werturteile, Einschätzungen, Absichten, Prognosen und Gerüchte** (str., vgl. Rn. 47 ff.) erfasst sein,[66] **sofern sie hinreichend präzise sind**, d. h. einen Schluss auf mögliche Auswirkungen auf den Börsen- oder Marktpreis eines Insiderpapiers zulassen. Auf den ersten Blick scheint dieser Hinweis den Kreis potentieller Insiderinformationen und somit den Tatbestand des Insiderrechts erheblich zu erweitern. Die vor Inkrafttreten des AnSVG herrschende Meinung in der Literatur kam aber durch eine richtlinienkonforme eher weite Auslegung des Tatsachenbegriffs in § 13 Abs. 1 aF zu einem weitgehend gleichen Ergebnis (siehe unten Rn. 33), so dass auch insoweit auf die Vorarbeiten in der Literatur zurückzugreifen ist. Mit dem Begriff der „konkreten Information über Umstände" hat der Gesetzgeber im Ergebnis die herrschende Auffassung, die sich zur Rechtslage vor Inkrafttreten des AnSVG herausgebildet hat, kodifiziert. Umstände oder Ereignisse, die erst **zukünftig** existieren oder eintreten werden, werden nunmehr gemäß § 13 Abs. 1 Satz 3 ausdrücklich in den Tatbestand der Insiderinformation einbezogen (dazu erst unten Rn. 65 ff.).

aa) Tatsachen. Informationen, die eine Tatsache zum Gegenstand haben, beziehen sich **stets** auf hinreichend konkrete Umstände, **sofern** diese spezifisch genug sind, um eine Aussage über ihre Kursrelevanz für ein Insiderpapier zu erlauben.

Tatsachen werden **allgemein definiert als „der äußeren Wahrnehmung zugängliche Geschehnisse oder Zustände"**.[67] Ausgangspunkt ist die bereits

---

[62] So Assmann Rn. 46, wenn er dem Merkmal des Emittenten- oder Insiderpapierbezugs die selektive Relevanz abspricht.

[63] Begründung RegE AnSVG, BT-Drucks. 15/3174, S. 33. Der Begriff des Ereignisses ist später nicht in das Gesetz eingefügt worden, da es nach Auffassung des Finanzausschusses des Deutschen Bundestages vom Begriff des Umstands erfasst wird, BT-Drucks. 15/3493, S. 18.

[64] So ausdrücklich die BaFin, Emittentenleitfaden, S. 19.

[65] Ebenso Assmann Rn. 11; Schäfer Rn. 12 (der Begriff des „Umstandes", (...), ist ähnlich der „Tatsache" zu interpretieren); Pawlik in KölnKommWpHG Rn. 23.

[66] So die BaFin, Emittentenleitfaden, S. 19. Die Begründung RegE AnSVG, BT-Drucks. 15/3174, S. 33 enthält nur die Begriffe „Werturteile" und „Prognosen". Die beiden Begriffe werden aber mit einem „oder" verbunden, so dass der Gesetzgeber die Aufzählung nicht abschließend gestaltete.

[67] Vgl. Hess. VGH, 16. 3. 1998 – 8 TZ 98/98, AG 1998, 436/436 mit Anm. Assmann und Anm. Mennicke BB 1999, 76; LG Frankfurt/Main; 9. 11. 1999 – 5/2 Kls 92 Js 23140.2/98 (P 2/98), NJW 2000, 301/302; Assmann Rn. 12; Hopt in Bankrechts-Handbuch, § 107 Rn. 21; Kümpel, Wertpapierhandelsgesetz, S. 53; Dreyling/Schäfer, Insiderrecht und Ad-hoc-Publizität, Rn. 55; Wittich AG 1997, 1/3.

§ 13 32, 33 Abschnitt 3. Insiderüberwachung

auf das Reichsgericht zurückgehende Terminologie der Rechtsprechung zum Tatbestandsmerkmal der Tatsache v. a. in § 263 StGB, aber auch in den §§ 185 ff. StGB.[68] Nach diesem **herkömmlichen Tatsachenbegriff** werden alle konkreten vergangenen oder gegenwärtigen Geschehnisse oder Zustände der Außenwelt (äußere Tatsachen) und nach ganz herrschender Meinung auch des menschlichen Innenlebens (innere Tatsachen) erfasst.[69] Keine Tatsachen sind zukünftige Ereignisse, Urteile und sonstige subjektive Wertungen, die bloße Meinungen ausdrücken.[70] Im Rahmen der Betrugsdogmatik ist anerkannt, dass Bewertungen grundsätzlich von Tatsachen zu unterscheiden sind,[71] die Bewertung selbst also nicht als Tatsache angesehen werden kann.

32   Der äußeren Wahrnehmung zugänglich ist nur, was dem Beweis bzw. der Überprüfung zugänglich und damit verifizierbar ist.[72] Die vereinzelt gebliebene Auffassung, dass es auf die **Beweisbarkeit bzw. Verifizierbarkeit** für die begriffliche Definition der „Tatsache" nicht ankomme,[73] widerspricht dem natürlichen Wortsinn des Begriffs der Tatsache. Tatsache kann nur etwas sein, was tatsächlich vorhanden und damit verifizierbar ist. Verifizierbarkeit meint die **Möglichkeit des Beweises** der betreffenden Geschehnisse oder Zustände. Es kommt nicht darauf an, ob der Mitteilende oder Mitteilungsempfänger in der Lage waren, jene zu verifizieren.[74] Bei der Frage der Beweisbarkeit bzw. Verifizierbarkeit geht es nicht um die Wahrheit **im Sinne einer inhaltlichen Wahrheit,** sondern die Verifizierbarkeit bezieht sich auf die **Existenz der betreffenden Geschehnisse, Zustände etc.**

33   In der insiderrechtlichen Literatur wurde das **herkömmliche Verständnis des Begriffs der Tatsache** für die Tatsache i. S. d. § 13 Abs. 1 aF teilweise als **zu eng** angesehen. Zur Begründung wurde vor allem auf einen Widerspruch des Begriffs der Tatsache (wie herkömmlich verstanden, s. o. Rn. 31) zu § 13 Abs. 2 hingewiesen. Diese Vorschrift impliziert, dass Bewertungen, die aufgrund nichtöffentlicher Tatsachen (heute Informationen) erstellt werden, eine Insidertatsache sein können *(argumentum e contrario).* Nach dem herkömmlichen (d. h. in der Betrugsdogmatik und im Beleidigungsrecht entwickelten) Verständnis der Tatsache würden aber insbesondere Bewertungen nicht als Tatsachen erfasst.[75] Teile der Literatur befürworteten deshalb vor Inkrafttreten des AnSVG eine

---

[68] *Pananis* WM 1997, 461/462; *ders.,* Insidertatsache und Primärinsider, S. 60 mit Nachw. zu dieser Rechtsprechung.
[69] Vgl. *Schönke/Schröder/Cramer,* StGB, § 263 Rn. 8; LK-*Lackner,* StGB, § 263 Rn. 11 jeweils mwN.
[70] Vgl. *Schönke/Schröder/Cramer,* StGB, § 263 Rn. 9; *Schönke/Schröder/Lenckner,* StGB, § 186 Rn. 3.
[71] Statt aller *Schönke/Schröder/Cramer,* StGB, § 263 Rn. 9.
[72] So die h. M., vgl. *Assmann* Rn. 33 a; *Schäfer* Rn. 38; *Hopt* in Bankrechts-Handbuch, § 107 Rn. 21; *Dreyling/Schäfer,* Insiderrecht und Ad-hoc-Publizität Rn. 55; *Dierlamm* NStZ 1996, 520/521; *Wittich* AG 1997, 1/2; *Burgard* ZHR 162 (1998), 50/63. Offen gelassen von LG Frankfurt, 9. 11. 1999 – 5/2 Kls 92 Js 23140.2/98 (P 2/98), NJW 2000, 301/302.
[73] So Hess. VGH, 16. 3. 1998 – 8 TZ 98/98, AG 1998, 436/436.
[74] *Assmann,* 3. Aufl., Rn. 33 a; LG Frankfurt, 9. 11. 1999 – 5/2 Kls 92 Js 23140.2/98 (P 2/98), NJW 2000, 301/302 („prinzipiell beweisbar").
[75] *Cramer* in FS Triffterer, S. 323/331 f.; *Pananis,* Insidertatsache und Primärinsider, S. 61 ff.; *Schneider/Burgard* in FS Buxbaum, S. 501/507; *Lücker,* Der Straftatbestand des Mißbrauchs von Insiderinformationen, S. 53.

richtlinienkonforme weitere Auslegung des Merkmals der Tatsache i. S. d. § 13 Abs. 1 aF. Diese Auslegung verstieß nicht gegen das Bestimmtheitsgebot bzw. den Grundsatz *nullum crimen sine lege* des Art. 103 Abs. 2 GG, denn sie war von der möglichen Wortlautgrenze gedeckt (siehe zur richtlinienkonformen Auslegung im Strafrecht vor § 12 Rn. 146 ff.).[76] Auch bei den für das Tatbestandsmerkmal der Tatsache in § 263 StGB maßgeblichen Grundsätzen ist ein Grenzbereich erkennbar, in dem Prognosen, Meinungen, Werturteile und Tatsachen einander häufig durchdringen und eine Unterscheidung nicht anhand formaler Kriterien getroffen werden kann.[77]

Diese Problematik der Auslegung des Tatsachenbegriffs hat mit Inkrafttreten des AnSVG an Bedeutung verloren. Der Begriff der Insiderinformation erfasst nunmehr jegliche kursrelevante Informationen über Umstände, also auch Werturteile, Absichten oder Prognosen ungeachtet ihrer Zuordnung zum herkömmlichen Tatsachenbegriff. 34

Unwahre Informationen bzw. Angaben werden **im Grundsatz nicht** als **Tatsachen angesehen**.[78] Entsprechend dem Sinn und Zweck der Insiderhandelsverbote, Sondervorteile einzelner Marktteilnehmer, die unter Verstoß gegen die Chancengleichheit des Börsenpublikums erzielt werden, zu verhindern, sind allerdings auch solche **Ereignisse und Zustände** als Tatsachen und somit als relevante Umstände i. S. d. § 13 Abs. 1 zu erfassen, **die sich im nachhinein als unwahr herausstellen,** aber nach Bekanntwerden vom Markt zunächst als wahre Tatsachen wahrgenommen wurden und dementsprechend auch **Auswirkungen auf den Börsen- oder Marktpreis** eines Insiderpapiers hatten.[79] 35

Macht der Betreffende diese Kenntnis zur Grundlage von Wertpapiergeschäften, wird dies teilweise strukturell mit Sachverhalten verglichen, die typischerweise nach den Regeln der Versuchsstrafbarkeit behandelt werden;[80] der Versuch einer Insiderstraftat wird seit Inkrafttreten des AnSVG nach § 38 Abs. 3 geahndet (vgl. § 38 Rn. 30 ff.). Nach anderer und zutreffender Auffassung wird ein (vollendeter) Verstoß gegen das Verbot des § 14 Abs. 1 Nr. 1 bejaht.[81] Dass zB ein Emittent in einem bestimmten Quartal einen hohen Gewinn erzielt hat, ist auch dann eine Tatsache, wenn sich die Ertragssteigerung zu späterer Zeit als Ergebnis einer Bilanzmanipulation herausstellt, solange nur die Information „hoher Ge- 36

---

[76] *Pananis,* Insidertatsache und Primärinsider, S. 77 ff., 76: alle Informationen, die nach herrschender Auffassung dem Begriff der Angabe (§ 263 a StGB, § 45 BörsG aF, § 88 BörsG aF) unterfallen. In diese Richtung auch schon zuvor *Cramer* in FS Triffterer, S. 323/336; *Schneider/Burgard* in FS Buxbaum, S. 501/507: „grundsätzlich alle kursrelevanten Informationen".

[77] Vgl. dazu *Pananis,* Insidertatsache und Primärinsider, S. 70 ff.; vgl. auch *Schönke/Schröder-Cramer,* StGB, § 263 Rn. 9.

[78] *Lücker,* Der Straftatbestand des Missbrauchs von Insiderinformationen, S. 54; *J. Hartmann,* Juristische und ökonomische Regelungsprobleme, S. 205; *Tippach,* Das Insider-Handelsverbot, S. 77 f.

[79] *Assmann* Rn. 12; *Sethe* in Handbuch des Kapitalanlagerechts, § 12 Rn. 33; aA *Tippach,* Das Insider-Handelsverbot, S. 78, der aber insofern nicht differenziert („insiderrechtlich irrelevant").

[80] *Hilgendorf* in Kapitalmarktstrafrecht, § 13 Rn. 82 f.; ähnlich *Tippach,* Das Insider-Handelsverbot, S. 78 (untaugliches Tatmittel).

[81] *Lücker,* Der Straftatbestand des Mißbrauchs von Insiderinformationen, S. 54; *J. Hartmann,* Juristische und ökonomische Regelungsprobleme, S. 205.

winn" vom Markt bei dessen Kenntniserlangung als wahr aufgenommen wurde. Selbst derjenige, der weiß, dass die Tatsache der Ertragssteigerung unwahr ist (zB der Finanzvorstand des Emittenten), kann unter diesen Umständen diese unwahre Tatsache vor ihrer Veröffentlichung bei einem Erwerbs- oder Veräußerungsgeschäft verwenden.

37 Davon zu unterscheiden ist die Konstellation, dass jemand als Insider **Kenntnis davon** hat, dass **eine veröffentlichte Information** (zB der Vorwurf der Veruntreuung von Unternehmensgeldern durch die Unternehmensführung eines Emittenten) **unwahr ist.** Erwirbt er nach der Veröffentlichung der Falschmeldung Aktien des betreffenden Emittenten zu einem günstigeren Kurs, liegt ein Verstoß gegen § 14 Abs. 1 Nr. 1 vor. Die Tatsache, die zum Erwerb verwendet wird, ist nicht die unwahre Nachricht an sich, sondern deren Unwahrheit, die nicht öffentlich bekannt ist.[82]

38 Tätigt jemand ein Wertpapiergeschäft auf der Grundlage der Kenntnis von der äußeren Wahrnehmung zugänglichen Geschehnissen oder Zuständen, hat aber **Zweifel an der Wahrheit dieser Information, der Verlässlichkeit des Informanten oder der zutreffenden Übermittlung der betreffenden Information,** liegt regelmäßig ein Verstoß gegen das Verbot des § 14 Abs. 1 Nr. 1 vor. Der Betreffende wird nicht einwenden können, keine Kenntnis von einer Tatsache gehabt zu haben. Denn er hat ja Kenntnis von der äußeren Wahrnehmung zugänglichen Geschehnissen oder Zuständen und damit von einer Tatsache an sich (vgl. Rn. 31); auch wird ihm zumindest *dolus eventualis* bezüglich des Tatbestandsmerkmals der Insiderinformation vorzuwerfen sein.[83] Anders ist der Fall zu beurteilen, wenn von vornherein erhebliche Zweifel an der Richtigkeit der Information bestanden und ihre Unrichtigkeit überwiegend wahrscheinlich war.

39 **bb) Werturteile und andere subjektive Wertungen. Werturteile** (Meinungsäußerungen, Rechtsauffassungen oder Auffassungen persönlicher Art) **und andere subjektive Wertungen, die bloße Meinungen ausdrücken,** sind nach allgemeiner Auffassung nicht der Verifizierung zugänglich und mithin im Grundsatz keine Tatsachen.[84] Werturteile sind regelmäßig das Resultat der äußeren Wahrnehmung von Geschehnissen oder Zuständen; sie bringen diese aber nicht als solche zum Ausdruck, sondern nur verarbeitet und vermischt mit subjektiven Einstellungen, Wertungen oder gar Vorurteilen. Bei **Vorliegen bestimmter konkreter Umstände** können aber auch **Werturteile, Meinungen, Ansichten oder Prognosen insiderrechtlich relevant sein.**

40 Die **herrschende Meinung vor Inkrafttreten des AnSVG** sah Werturteile als Tatsachen an, wenn sie einen Tatsachenkern enthielten oder auf einen solchen schließen ließen.[85] Einen **Tatsachenkern** enthält zB die Erklärung des Vorstands

---

[82] Vgl. *Lücker*, Der Straftatbestand des Mißbrauchs von Insiderinformationen, S. 54. Wird die Meldung dementiert, kann als Folge der Richtigstellung eine Kurssteigerung erwartet werden.
[83] Vgl. dazu *Assmann*, 3. Aufl., Rn. 33 e.
[84] *Hopt* in Bankrechts-Handbuch, § 107, Rn. 21; *Schanz*, Börseneinführung, § 16 Rn. 10; *Kümpel*, Bank- und Kapitalmarktrecht, Rn. 16.82; *Claussen*, Insiderhandelsverbot und Ad-hoc-Publizität, S. 15 Nr. 24; *F. Immenga* ZBB 1995, 197/201; *Schleifer/Kliemt* DB 1995, 2214/2214.
[85] *Assmann*, 3. Aufl., Rn. 33; *Schäfer* Rn. 39; *Schäfer/Geibel* WpHG, 1. Aufl. 1999, § 15 Rn. 28.

einer AG, dass sich die Ertragslage besser entwickelt als die im letzten veröffentlichten Quartalsbericht abgegebenen Prognosen. Denn der Erklärung ist die Aussage zu entnehmen, die Ertragslage liege über der fraglichen Projektion.[86] Dieser sich an dem Tatsachenbegriff des § 263 StGB orientierenden Abgrenzung von Werturteilen zu insiderrechtlich relevanten Tatsachen wurde in der Literatur nicht zu Unrecht entgegengehalten, dass jedes Werturteil das Vorhandensein bestimmter Informationen impliziere.[87] Keine Tatsachen wären dann nur solche **Meinungsäußerungen bzw. Aussagen, die gleichsam „ins Blaue hinein"** abgegeben worden seien.

Weisen subjektive Wertungen einen Tatsachenkern auf, dann kommt diesem Umstand auch nach **neuer Rechtslage** im Grundsatz insiderrechtliche Relevanz zu, sofern er hinreichend konkret ist. Von einer konkreten Information über Umstände kann nur gesprochen werden, wenn eine **Verlässlichkeit der Grundlage, auf der das Werturteil, die Meinung, die Bewertung oder Prognose zustande gekommen ist,** gegeben ist[88] und sich hieraus eine **Kursrelevanz** ergibt. 41

Ist die Basis eines Werturteils oder einer sonstigen subjektiven Wertung eine Tatsache, so ist auch das Werturteil selbst als insiderrechtlich relevanter Umstand anzusehen. Dies wird auch von einem **Umkehrschluss aus § 13 Abs. 2** getragen. Ist in die Bewertung auch nur ein Umstand eingeflossen, der nicht öffentlich bekannt ist, ist die Bewertung – so der Umkehrschluss – eine Insiderinformation und hat zwingend Umstandscharakter i. S. d. § 13 Abs. 1.[89] Danach sind Werturteile, Meinungen, Prognosen etc. als insiderrechtlich relevante Umstände anzusehen, wenn sie aufgrund nicht allgemein zugänglicher bzw. nicht öffentlich bekannter Fakten erstellt wurden. Als ausreichend anzusehen ist, dass der Umstand den Betreffenden in seiner Meinung oder Prognose bestärkt oder ihn sonst in irgendeiner Weise beeinflusst hat.[90] 42

Werturteile, Meinungen, Ansichten, Prognosen etc. können auch dann **insiderrechtlich relevant sein, wenn sie – im Falle ihres öffentlichen Bekanntwerdens – von den die Kursbildung beeinflussenden Marktteilnehmern als Tatsachen behandelt werden.** Der Begriff der Tatsache kann durch subjektive Bewertungen der Marktteilnehmer verwirklicht werden. Der Grund dafür, dass die Marktauffassung Werturteile als Tatsachen behandelt, können die Person des Meinungsträgers und/oder die Umstände sein, unter denen das Werturteil kundgegeben wurde.[91] Eine solche Auslegung des Begriffs der Tatsache folgt aus dem Sinn und Zweck des Insiderhandelsverbots, das die Erzielung von Sondervorteilen unter Verstoß gegen die informationelle Chancen- 43

---

[86] Beispiel bei *Assmann* Rn. 15.
[87] *Schneider/Burgard* in FS Buxbaum, S. 501/508; *Assmann* in Handbuch des Kapitalanlagerechts, § 7 Rn. 67; siehe auch LK-*Lackner*, StGB, § 263 Rn. 4.
[88] Siehe *Lücker*, Der Straftatbestand des Mißbrauchs von Insiderinformationen, S. 51, bezogen noch auf den § 13 Abs. 2 aF.
[89] So *Schneider/Burgard* in FS Buxbaum, S. 501/508 f.; *Lücker*, Der Straftatbestand des Mißbrauchs von Insiderinformationen, S. 52 f. Alle noch bezogen auf § 13 Abs. 2 aF.
[90] So *Schneider/Burgard* in FS Buxbaum, S. 509.
[91] *Assmann* WM 1997, 1337/1340; *Kümpel*, Wertpapierhandelsgesetz, S. 53; *Hopt* in Bankrechts-Handbuch, § 107 Rn. 21; *Schneider/Burgard* in FS Buxbaum, S. 501/509; *Caspari* in *Baetge* (Hrsg.), Insiderrecht und Ad-hoc-Publizität, S. 65/68; *Lenenbach*, Kapitalmarkt- und Börsenrecht, Rn. 10.29; *Pananis* WM 1997, 460/462; *Fürhoff/Wölk* WM 1997, 449/450.

gleichheit der Marktteilnehmer verhindern soll. Dann muss es aber auch und gerade darauf ankommen, was der Markt als Tatsache ansieht. Als insiderrechtlich relevante Umstände kommen **insbesondere Werturteile von Funktionsträgern** (zB Vorstandsmitgliedern) in Betracht, denen der Markt aufgrund ihrer Stellung ein nicht öffentlich bekanntes Sachwissen und/oder die Fähigkeit zumisst, ihre Absichten und Ansichten durchzusetzen.[92] Die Umstände müssen aber stets hinreichend konkret, d. h. spezifisch genug sein, um Grundlage für eine Aussage über den zukünftigen Verlauf des Börsen- oder Marktpreises des betreffenden Insiderpapiers sein zu können.

44 Für die Beantwortung der Frage, ob und unter welchen Voraussetzungen **Rechtsauffassungen** insiderrechtlich relevant sind, gelten die oben (Rn. 41 ff.) für Werturteile, Meinungen, Ansichten etc. dargelegten Grundsätze.[93] Danach sind Rechtsauffassungen insiderrechtlich grundsätzlich nicht als Informationen über Umstände zu qualifizieren, sondern sie stellen Ansichten bzw. Werturteile über die Anwendung objektiven Rechts auf objektive Sachverhalte dar, es sei denn, es treten besondere Umstände hinzu. So gibt zB das zur Vorlage in einem für das Unternehmen wesentlichen Rechtsstreit erstellte **Rechtsgutachten** die persönliche Rechtsauffassung seines Verfassers wieder. Basiert es allerdings auf **nicht allgemein zugänglichen bzw. nicht öffentlich bekannten Fakten**, namentlich auf unternehmensinternen Informationen, stellt die in dem Gutachten geäußerte Rechtsauffassung einen insiderrechtlich relevanten Umstand dar.[94] Davon zu unterscheiden ist die Vorlage des Gutachtens im Verfahren, die einen der äußeren Wahrnehmung zugänglichen und damit verifizierbaren Umstand darstellt (siehe Rn. 31 f.).

45 Wie Werturteile, Ansichten, Meinungen etc. können Rechtsauffassungen außerdem zu konkreten Umständen des Insiderrechts werden, wenn sie **von den die Kursbildung beeinflussenden Marktteilnehmern als Tatsachen behandelt** werden. Dies kann zB wegen der Person, die sich zur Rechtslage geäußert hat, oder aufgrund autoritativer Feststellung (etwa durch rechtskräftiges Urteil) der Fall sein. Auch bei Rechtsauffassungen ist der Umstand, wer welcher Rechtsauffassung ist, als Tatsache anzusehen, wobei auf den Vorgang der Äußerung der Rechtsauffassung, nicht aber auf deren Inhalt abzustellen ist (siehe näher Rn. 43).[95]

46 Weiterhin können **Bewertungen von Unternehmen** aufgrund der Verkehrsauffassung ebenfalls insiderrechtlich relevante Umstände sein, wenn sie **von den Marktteilnehmern wie Tatsachen behandelt** werden, was typischerweise der Fall ist.[96] Bewertungen von Unternehmen beruhen auch auf Tatsachen, und die Erstellung der Bewertung folgt klar vorgegebenen Regeln (so zB der Ertragswertmethode nach IDW S 1), so dass das subjektive Element klar zurücktritt.[97] Nach allgemeiner Meinung ist der Umstand der Erstellung einer Bewertung als insiderrechtlich relevanter Umstand zu betrachten und zwar auch dann,

---

[92] *Schneider/Burgard* in FS Buxbaum, S. 501/509; dies. ZIP 1999, 381/390; *Kümpel*, Bank- und Kapitalmarktrecht, Rn. 16.82.
[93] Vgl. *Lücker*, Der Straftatbestand des Mißbrauchs von Insiderinformationen, S. 53.
[94] Beispiel bei *Lücker*, Der Straftatbestand des Mißbrauchs von Insiderinformationen, S. 53.
[95] Im Ergebnis auch *Assmann* Rn. 13.
[96] Vgl. *Assmann* Rn. 16.
[97] Vgl. *Assmann* Rn. 16.

wenn die Bewertung gemäß § 13 Abs. 2 nicht als Insiderinformation anzusehen ist (dazu unten Rn. 178 ff.).[98]

cc) Gerüchte. Uneinigkeit bestand **vor Inkrafttreten des AnSVG** in der insiderrechtlichen Literatur darüber, ob und ggfs. unter welchen Voraussetzungen **Gerüchte** als Tatsachen i. S. d. § 13 Abs. 1 aF qualifiziert werden konnten. Ausgehend von der Begründung des EG-Richtlinienvorschlags aus dem Jahr 1987,[99] wonach durch das Merkmal der „präzisen Information" bloße Börsengerüchte von der Insiderinformation ausgenommen werden sollten, waren Gerüchte zunächst als bloße Meinungen angesehen worden und damit nicht als Tatsachen.[100] Eine Änderung dieses einhelligen Meinungsbildes wurde durch einen **Beschluss des Hessischen VGH** ausgelöst.[101] Unter Hinweis darauf, dass das WpHG den Begriff des Gerüchts nicht kennt und in der Regierungsbegründung zu § 13 aF das Gerücht nicht in der Aufzählung der Nicht-Tatsachen enthalten ist,[102] entschied der Hessische VGH, dass Gerüchte auch Tatsachen betreffen können.[103]

Infolge dieser Entscheidung wurde nunmehr zunehmend in der Literatur vertreten, dass **Gerüchte unter bestimmten Umständen Tatsachen** sein können,[104] so wenn Inhalt des Gerüchts eine Information über der äußeren Wahrnehmung zugängliche Geschehnisse oder Zustände, d. h. über eine Tatsache ist (zB, nachgebildet dem Fall des Hess. VGH: „Ich habe Kenntnis von einer angeblich geplanten feindlichen Übernahme von X durch Y"),[105] wenn das Gerücht auch auf konkrete Tatsachen begründet ist[106] bzw. sich auf einen Tatsachenkern bezieht[107] oder ausnahmsweise dann, wenn es sich auf fest umrissene Vorgänge konkretisiert und verdichtet hat.[108, 109]

---

[98] So insbes. *Assmann* WM 1997, 1337/1345; i. E. ebenso *Claussen* ZBB 1992, 267/276; *Hopt* ZGR 1991, 17/34; *F. Immenga* ZBB 1995, 197/204; *Cahn* ZHR 162 (1998), 1/20 f.

[99] KOM (87) 111 endg. 21. 5. 1987, S. 5.

[100] Siehe *Assmann* ZGR 1994, 494/510; ders. AG 1997, 50/50; *Assmann*, 1. Aufl. (1995), Rn. 34; *Schäfer*, 1. Aufl. 1999, Rn. 38, 40; *zur Megede* in Handbuch des Kapitalanlagerechts, § 14 Rn. 23; *Hopt* ZHR 159 (1995), 135/153; *Claussen*, Bank- und Börsenrecht, § 9 Rn. 94; ders., Insiderhandelsverbot und Ad-hoc-Publizität, Rn. 24; *Matusche* in Deutsches und internationales Bank- und Wirtschaftsrecht im Wandel, S. 100/110; *F. Immenga* ZBB 1995, 197/201; *Cahn* ZHR 162 (1998), 1/14; *M. Weber* NZG 2000, 113/118 f.

[101] Hess. VGH, 16. 3. 1998 – 8 TZ 98/98, AG 1998, 436 ff.; mit der dem Ergebnis zustimmenden, aber die Begründung kritisierenden Anm. von *Assmann* AG 1998, 438, und *Mennicke* BB 1999, 76.

[102] Die Regierungsbegründung wird aber oft so zitiert, siehe zB *Schäfer* Rn. 38; *Schanz*, Börseneinführung, § 16 Rn. 10.

[103] Der Beschluss des Hess. VGH betraf ein Gerücht, dass hinsichtlich der börsennotierten Gesellschaft eine feindliche Übernahme geplant sei.

[104] Diese Auffassung ablehnend *M. Weber* NZG 2000, 113/118 f.

[105] So *Assmann* Rn. 34 a; *ders.* AG 1998, 438 ff.; *Mennicke* BB 1999, 76/77; *dies.* EFS L 1997, 81/82; in diese Richtung auch schon *Junge* in FS Raisch, S. 223/227.

[106] *J. Hartmann*, Juristische und ökonomische Regelungsprobleme, S. 202; *Krauel*, Insiderhandel, S. 260.

[107] So *Sandow*, Primär- und Sekundärinsider nach dem WpHG, S. 176 f.

[108] So *Hopt* in Bankrechts-Handbuch, § 107, Rn. 21 (anders noch in der Vorauflage); *Gehrt*, Die neue Ad-hoc-Publizität nach § 15 WpHG, S. 122; *Assmann*, 3. Aufl., Rn. 34 a.

[109] Für Gerüchte als Tatsachen auch *Dreyling/Schäfer*, Insiderrecht und Ad-hoc-Publizität, Rn. 56, 57 iVm 64; *Kümpel*, Bank- und Kapitalmarktrecht, Rn. 16.83 (anders noch in der Vorauflage).

49 Die **Gesetzesbegründung** zum AnSVG spricht sich gegen eine Einbeziehung eines „bloßen Gerüchts" in den Tatbestand der Insiderinformation aus.[110] Auch die **Empfehlungen des CESR** unterscheiden im Zusammenhang mit dem Merkmal „precise" zwischen wahren Umständen und bloßen Gerüchten.[111] Dieser Auffassung hat sich die bislang **herrschende Meinung** in der Literatur angeschlossen.[112]

50 Hinter der Auffassung, Gerüchte vom Tatbestand der Insiderinformation auszunehmen, steht die grundsätzlich richtige Überlegung, dass **Gerüchte für das Funktionieren des Börsengeschehens wesentlich** sind. Außerdem dürften Wertpapiergeschäfte, die lediglich auf schlichten Gerüchten beruhen, vom Anlegerpublikum regelmäßig nicht missbilligt werden, da kein echter Informationsvorteil des Insiders besteht, dessen Verwendung das Anlegerpublikum als missbilligenswert einstufen könnte, weil die Transaktion kein „sicheres" Geschäft für den Insider darstellt.[113] **Gerüchte** jedoch **generell nicht als insiderrechtlich relevante Umstände anzusehen,** ist im Hinblick auf den Sinn und Zweck des Insiderhandelsverbots **nicht sachgerecht.**[114] Auch wenn es sich bei einem Gerücht um umlaufendes Gerede handelt, dem eine objektive Unsicherheit über den Wahrheitsgehalt der gerüchteweise mitgeteilten Information immanent ist, beinhaltet es regelmäßig Informationen über der äußeren Wahrnehmung zugängliche Geschehnisse oder Zustände, oder es **kann sich derart verdichten, dass es Tatsachencharakter annimmt und als ein hinreichend konkreter Umstand i. S. d. § 13 Abs. 1 anzusehen ist.**

51 Entscheidend für die rechtliche Qualifikation eines Gerüchts als insiderrechtlich relevanter Umstand ist – wie bei Werturteilen, Meinungen, Ansichten etc. (siehe oben Rn. 41 ff.) –, dass das Gerücht auf einer (nicht allgemein zugänglichen/nicht öffentlich bekannten) Information basiert, die jedoch durch die Art und Weise der Mitteilung als etwas noch nicht Geschehenes oder Bestehendes und nicht dem Beweis Zugängliches dargestellt wird. Ein **Gerücht** ist also wie eine Tatsache zu behandeln, **wenn sein Inhalt eine Tatsachenmitteilung,**[115] also eine konkrete Information ist. Auch in diesem Fall kommt es auf der 2. Prüfungsstufe (siehe oben Rn. 26 f.) dann auf die **Kursrelevanz** an. **Bloße Gerüchte ohne hinreichende Tatsachenbasis, unsubstantiiertes Gerede** oder **vage Hoffnungen** sind hingegen mangels Konkretheit keine Insiderinformationen.[116]

---

[110] Begründung RegE AnsVG, BT-Drucks. 15/3174, S. 34.
[111] CESR's Advice on Level 2 Implementing Measures for the proposed Market Abuse Directive, 2002, S. 8 Rn. 28.
[112] *Assmann* Rn. 17; *Cahn,* Der Konzern 2005, 5/7; *Bürgers* BKR 2004, 424/425; *Möllers* WM 2005, 1393/1394; *Merkner/Sustmann* NZG 2005, 729/731; *Sethe* in Handbuch des Kapitalanlagerechts, § 12 Rn. 39.
[113] Vgl. dazu *Hopt* ZGR 1991, 17/31 f.; *J. Hartmann,* Juristische und ökonomische Regelungsprobleme, S. 202.
[114] *Mennicke* BB 1999, 76/77.
[115] *Fleischer/Schmolke* AG 2007, 841/846; KölnKommWpHG-*Pawlik,* § 13 Rn. 17; *Assmann,* 3. Aufl., Rn. 34a; *Mennicke* BB 1999, 76/77; *Krauel,* Insiderhandel, S. 260; vgl. schon Hess. VGH, 16. 3. 1998 – 8 TZ 98/98, AG 1998, 436. AA *Assmann* Rn. 17; wohl auch *Cahn,* Der Konzern 2005, 5/7.
[116] Ähnlich *Fleischer/Schmolke* AG 2007, 841/847; KölnKommWpHG-*Pawlik,* § 13 Rn. 19 f.

Dieses Verständnis wird dem Schutzzweck des Insiderhandelsverbots gerecht. **52** Auch die „nur" gerüchteweise erlangte Tatsachenmitteilung führt zu Informationsungleichgewichten unter den Marktteilnehmern und ist geeignet, das Vertrauen der Anleger in ihre Chancengleichheit und damit die Funktionsfähigkeit des Kapitalmarkts zu beeinträchtigen.[117] Die **mit einem Gerücht einhergehenden Zweifel an seinem Wahrheitsgehalt** hindern den einzelnen Marktteilnehmer und den Verkehr nicht, es wie eine Tatsache zu behandeln und zur Grundlage weiterer Dispositionen zu machen. Vielmehr ist sogar davon auszugehen, dass ein Anleger mögliche **Auswirkungen von Gerüchten auf einen Kurs** in seine Investitionsentscheidung einbeziehen wird.[118] Dem Gerücht objektiv anhaftende Zweifel an seinem Wahrheitsgehalt stehen somit einer Behandlung als Tatsache nicht entgegen. Zur Behandlung von Ereignissen und Zuständen, die sich im nachhinein als unwahr herausstellen, als insiderrechtlich relevante Tatsachen siehe oben Rn. 35.

Keine Tatsachen sind **Gerüchte über Dinge oder Sachverhalte, die es 53 nicht gibt** oder die sich nicht zugetragen haben, denn der Tatsachenbegriff ist grundsätzlich nicht auf unwahre Tatsachenbehauptungen zu erstrecken[119] (siehe im einzelnen oben Rn. 35 ff.).

Die BaFin hat das **Gerücht mit Tatsachenkern** als potentiell insiderrecht- **54** lich relevanten Umstand in den **Emittentenleitfaden** aufgenommen.[120] Die insiderrechtliche Relevanz möchte die BaFin aber erst auf der Ebene des Kursbeeinflussungspotentials prüfen. Hierfür hat sie **fünf Kriterien** aufgestellt, die für eine Einordnung als Insiderinformation zu untersuchen sind. Es kommt danach auf die Quelle des Gerüchts, die ihm zugrunde liegenden nachprüfbaren Fakten, sowie die Verfassung der Märkte im Allgemeinen und des Segments der betroffenen Gesellschaft im Besonderen an. Darüber hinaus wird der verständige Anleger auch die wirtschaftliche Situation der betroffenen Unternehmen selbst zu berücksichtigen haben.[121]

dd) Tipps, Empfehlungen, Ratschläge. Tipps, Empfehlungen oder Rat- **55** schläge (etwa des Inhalts „Verkaufe schnellstens die Aktien der X-AG") sind **grundsätzlich keine insiderrechtlich relevanten Umstände** i. S. d. § 13 Abs. 1. Der Adressat erhält keine Mitteilung über der äußeren Wahrnehmung zugängliche Geschehnisse oder Zustände. Vielmehr sind Tipps, Empfehlungen oder Ratschläge als eine Art der Information anzusehen, die im Regelfall nicht verifizierbar ist und eine subjektive Wertung darstellt.[122] Wie Meinungen, Werturteile oder Gerüchte können allerdings auch Tipps, Empfehlungen und Ratschläge auf Tatsachen basieren oder von Aussagen begleitet sein, die Tatsachen darstellen (siehe oben Rn. 41 ff.).[123] Auch hier kommt es dann auf die Kursrelevanz der in Frage stehenden Umstände an.

---

[117] So *Mennicke* BB 1999 76/77. AA. *Assmann* Rn. 17.
[118] *Fleischer/Schmolke* AG 2007, 841/847; KölnKommWpHG-*Pawlik*, § 13 Rn. 20.
[119] *Dreyling/Schäfer*, Insiderrecht und Ad-hoc-Publizität, Rn. 64. Ebenso nun BaFin, Emittentenleitfaden, S. 20.
[120] BaFin, Emittentenleitfaden, S. 20.
[121] BaFin, Emittentenleitfaden, S. 20.
[122] *Assmann* Rn. 14; *ders.* AG 1994, 237/241; *J. Hartmann*, Juristische und ökonomische Regelungsprobleme, S. 204.
[123] *Assmann* Rn. 14; *J. Hartmann*, Juristische und ökonomische Regelungsprobleme, S. 204.

56 Davon, dass eine Empfehlung grundsätzlich keine Tatsache darstellt, ist der **Umstand** zu unterscheiden, **dass** eine **Empfehlung erfolgt.** Dieser Umstand ist eine (auf ihre Kursrelevanz zu prüfende) Tatsache.[124] Die Kenntnis von einer bevorstehenden Empfehlung ist die Information, die zur Grundlage von Insidergeschäften gemacht werden kann. Dazu näher unten Rn. 178 f.

57 **ee) Absichten, Pläne, Vorhaben.** Bis zum in Kraft treten des AnSVG galten **Absichten, Pläne und Vorhaben** als der äußeren Wahrnehmung zugängliche Geschehnisse oder Zustände des menschlichen Innenlebens – sogenannte „**innere**" Tatsachen – als insiderrechtlich relevante Tatsachen.[125] Die Absicht oder der Plan, etwas in Zukunft zu unternehmen, galt als eine innere Tatsache unabhängig davon, ob man als (innere) Tatsache nur das ansieht, was dem Beweis zugänglich und verifizierbar ist, oder man die Frage der Beweisbarkeit als für die begriffliche Definition der „Tatsache" unerheblich ansieht (dazu oben Rn. 31 ff. mit Nachw.). Die Absicht, in Zukunft etwas zu unternehmen, ist prinzipiell beweisbar und daher unter den Begriff der Tatsache zu subsumieren.[126] Mithin können Absichten, Pläne sowie Vorhaben **bei entsprechender Kursrelevanz** Insiderinformationen sein.

58 Auch der **Gesetzgeber** ging davon aus, dass **eigene (selbst geschaffene) Absichten insiderrechtlich relevante Tatsachen** sind. Die Regierungsbegründung zum WpHG betonte, dass die Umsetzung eigener Absichten im Hinblick auf den Kauf oder Verkauf von Wertpapieren kein verbotenes Ausnutzen einer *Insidertatsache* ist.[127]

59 In der Literatur gab es etliche Versuche, den Tatbestand der Insiderinformation an dieser Stelle teleologisch zu reduzieren[128] oder in systematischer Hinsicht einzugrenzen.[129] Der **BGH** hat in Bezug auf das sog. *scalping* entschieden, dass **selbst geschaffene innere Tatsachen** nicht ausreichen, um eine Insiderinformation zu begründen, denn es fehle beim *scalping* regelmäßig der für eine Insiderinformation **erforderliche Drittbezug**.[130] Der Erwerb eines Insiderpapiers vor der beabsichtigten Abgabe einer Kaufempfehlung für dieses Papier sei viel-

---

[124] *J. Hartmann,* Juristische und ökonomische Regelungsprobleme, S. 204. Vgl. auch die US-amerikanische Entscheidung *Carpenter v. United States,* 484 U.S. 19 (1987) (Insider hatten vor der Veröffentlichung der Wall Street-Kolumne „Heard on the Street" die Empfehlung aus dieser Kolumne für Insidergeschäfte ausgenutzt und Insidergewinne erzielt, indem sie mit Aktien von Unternehmen handelten, bevor diese Unternehmen in der Kolumne erwähnt wurden).

[125] Siehe LG Frankfurt/Main, 9. 11. 1999 – 5/2 Kls 92 Js 23140.2/98 (P 2/98), NJW 2000, 301/302 mit grammatikalischer und historischer Auslegung; *Assmann,* 3. Aufl., Rn. 36; *Schäfer,* 1. Aufl., Rn. 42; *Dreyling/Schäfer,* Insiderrecht und Ad-hoc-Publizität, Rn. 56; *Hopt* in Bankrechts-Handbuch, § 107 Rn. 21; *Kümpel,* Bank- und Kapitalmarktrecht, Rn. 16.82; *Sandow,* Primär- und Sekundärinsider nach dem WpHG, S. 176; *Schander/Lucas* DB 1997, 2109/2110; *Cahn* ZHR 562 (1998), 1/11 ff., 18 ff.; *Schneider/Burgard* in FS Buxbaum, S. 501/510.

[126] So ausdrücklich LG Frankfurt/Main, 9. 11. 1999 – 5/2 Kls 92 Js 23140.2/98 (P 2/98), NJW 2000, 301/302.

[127] Siehe Begründung RegE 2. FFG, BT-Drucks. 12/6679, S. 47.

[128] *Volk* BB 1999, 66/70; *ders.* ZIP 1999, 787/787, beides zum Scalping (zum Scalping siehe ausführlich § 14 Rn. 154 ff.).

[129] *M. Weber* NJW 2000, 562/563; *ders.* NZG 2000, 113/121, jeweils im Hinblick auf Scalping (zum Scalping siehe ausführlich § 14 Rn. 154 ff.).

[130] BGH NZG 2004, 91.

mehr als **Marktmanipulation** i. S. d. § 20a **Abs. 1** Satz 1 Nr. 2 einzustufen. Es spricht **dennoch** einiges dafür, das *scalping* (auch) dem Insiderrecht zuzuordnen (dazu ausführlich § 14 Rn. 160 ff.).

Unerheblich für die Qualifikation als Tatsache war nach überwiegender Auffassung vor Inkrafttreten des AnSVG, ob der **Eintritt der Ereignisse oder Zustände**, auf deren Herbeiführung die Absichten, Pläne und Vorhaben zielten, **noch ungewiss** war und durch vielerlei Umstände verhindert werden konnte.[131] **Pläne, Absichten und Vorhaben** waren **nicht erst bei Erreichen einer hohen Eintrittswahrscheinlichkeit, sondern** *per se* **Tatsachen** i. S. d. § 13 Abs. 1 aF.

Der Grad der Realisierungswahrscheinlichkeit wurde bei der Frage der Eignung der Tatsache zur erheblichen Kursbeeinflussung im Rahmen einer einzelfallbezogenen Beurteilung relevant.[132] Das Kursbeeinflussungspotential einer Tatsache, die bereits eingetreten war, oder eines Vorhabens, dessen Realisierung nichts mehr im Wege stand, war in der Regel höher als das Kurspotential eines Vorhabens, das sich noch in einem sehr frühen Stadium befand.

Mit Einführung von **§ 13 Abs. 1 Satz 3** (dazu unten Rn. 65 ff.) durch das AnSVG hat sich entgegen der bis dahin herrschenden Auffassung in der Literatur die Ansicht durchgesetzt, die auf eine hinreichende Eintrittswahrscheinlichkeit abstellte. Ausgehend von § 13 Abs. 1 Satz 3 sind Informationen über zukünftige Umstände, so auch über Absichten, Pläne oder Vorhaben, hiernach nur dann konkret i. S. d. § 13 Abs. 1 Satz 1, **wenn mit hinreichender Wahrscheinlichkeit davon ausgegangen werden kann, dass sie in Zukunft eintreten werden.**[133] Das Gesetz verlangt aber keine hohe, sondern nur eine hinreichende Eintrittswahrscheinlichkeit. Diese ist bereits bei einer Eintrittswahrscheinlichkeit von über 50% gegeben.[134] Weitere Einzelheiten dazu unter Rn. 66 ff.

ff) Abgabe eines Werturteils, Aussprache einer Empfehlung, Vertreten einer Meinung. Meinungen, Ansichten und Werturteile (einschließlich Rechtsauffassungen), Gerüchte, Tipps, Empfehlungen oder Ratschläge sind regelmäßig keine Tatsachen im engeren Sinne (zum Tatsachenbegriff siehe oben Rn. 30 ff.). Sie können aber bei hinreichender Konkretheit Insiderinformationen sein. Hiervon zu unterscheiden ist nach allgemeiner Auffassung der **Umstand, dass jemand eine bestimmte Ansicht oder Meinung hat, ein Werturteil abgibt** oder **eine Empfehlung bzw. einen Tipp gegenüber einem Dritten ausspricht.** Dabei handelt es sich um der äußeren Wahrnehmung zugängliche und damit verifizierbare Geschehnisse oder Zustände. Wer Kenntnis von einem solchen Umstand hat, hat Tatsachenkenntnis.[135]

Gibt **beispielsweise** ein Vorstandsmitglied einem Verwandten den Tipp, Aktien der Gesellschaft so schnell wie möglich und um jeden Preis zu verkaufen,

---

[131] Einen gewissen Realisierungsgrad forderten hingegen bereits im früheren Schrifttum *Assmann*, 1. Aufl. 1995, Rn. 36; *ders.* AG 1997, 50/51; *ders.* WM 1996, 1337/1341; *Schäfer*, 1. Aufl. 1999, Rn. 42 mwN.
[132] Vgl. *Cahn* ZHR 162 (1998) 1/14; *J. Hartmann*, Juristische und ökonomische Regelungsprobleme, S. 203 f.; *Pananis* WM 1997, 460/464.
[133] Vgl. *Assmann* Rn. 21.
[134] So ausdrücklich BGH NZG 2008, 300.
[135] Auch *Hopt* in Bankrechts-Handbuch, § 107 Rn. 21; *Cramer* in FS Triffterer, S. 323/333; kritisch *Schneider/Burgard* ZIP 1999, 381/385.

erlangt der Adressat zwar keine Tatsachenkenntnis, doch ist der Umstand, dass dieser Tipp gegeben wurde, eine Tatsache. Äußert ein Analyst die Ansicht, ein Unternehmen sei an der Börse übernotiert, erfährt sein Gesprächspartner grundsätzlich, wenn nicht besondere Umstände hinzukommen (siehe dazu Rn. 41 ff.), nur eine Meinung; doch ist der Vorgang der Kundgabe dieser Meinung eine Tatsache. Beabsichtigen ein Wirtschaftsmagazin oder ein Börseninformationsdienst eine Kaufempfehlung für Aktien eines bestimmten Unternehmens zu veröffentlichen, werden die Adressaten der Empfehlung allein dadurch keine Tatsachen erfahren; der Umstand hingegen, dass eine solche **Empfehlung abgegeben werden soll,** ist eine Tatsache.[136]

64 Hinzuweisen ist in diesem Zusammenhang auf **§ 13 Abs. 2.** Diese Vorschrift nimmt Bewertungen, die ausschließlich aufgrund öffentlich bekannter Tatsachen erstellt wurden, unbeachtlich ihrer Eignung, den Kurs von Insiderpapieren erheblich beeinflussen zu können, aus dem Kreis der Insidertatsachen aus. Nach allgemeiner Meinung ist gleichwohl der Umstand der Erstellung einer Bewertung als Tatsache anzusehen.[137]

c) Zukünftige Umstände und Ereignisse (§ 13 Abs. 1 Satz 3)

65 Mit § 13 Abs. 1 Satz 3 hat der Gesetzgeber den **Tatbestand der Insiderinformation** ausdrücklich **auf zukünftige Umstände erweitert.** Als Umstände im Sinne des Satzes 1 gelten auch solche, bei denen mit hinreichender Wahrscheinlichkeit davon ausgegangen werden kann, dass sie in Zukunft eintreten werden. § 13 Abs. 1 Satz 3 enthält insoweit lediglich eine **Klarstellung,** als der Gesetzgeber bereits mit Blick auf Abs. 1 Satz 1 Umstände in den Anwendungsbereich der Vorschrift aufnimmt, bei denen man vernünftigerweise davon ausgehen kann, dass sie in Zukunft existieren bzw. eintreten werden.[138]

66 **aa) Hinreichende Eintrittswahrscheinlichkeit.** Auch zukünftige Umstände müssen hinreichend konkret im Sinne des Abs. 1 Satz 1 sein (zu diesem Tatbestandsmerkmal oben Rn. 22 ff.).[139] **Zusätzlich** enthält Abs. 1 Satz 3 das Merkmal der hinreichenden Wahrscheinlichkeit des Eintritts zukünftiger Umstände. Der Eintritt ist dabei hinreichend wahrscheinlich, wenn **konkrete Anhaltspunkte** vorliegen, die den **Eintritt des Umstandes als voraussehbar erscheinen lassen.**[140] Eine mit an Sicherheit grenzende Wahrscheinlichkeit ist nicht erforderlich.[141] Maßgeblich ist dabei die Sicht des **verständigen Anlegers,** der den zukünftigen Umstand trotz der noch bestehenden Unsicherheit bei seiner Anlageentscheidung berücksichtigen würde.[142]

67 Die weitere **Konkretisierung** des Begriffs der hinreichenden Wahrscheinlichkeit wird in Literatur und Rechtsprechung auf unterschiedliche Weise vorgenom-

---

[136] Vgl. *Assmann* Rn. 21.
[137] *Assmann* WM 1996, 1337/1345; ähnlich *Assmann* Rn. 16, 77 (Wissen um Verwendung einer Bewertung als Kenntnis einer Tatsache); i. E. ebenso *Claussen* ZBB 1992, 267/276; *Hopt* ZGR 1991, 17/34; *F. Immenga* ZBB 1995, 197/204; aA *Schäfer* Rn. 68.
[138] So zu § 13 Abs. 1 Satz 1 die Begründung RegE AnSVG, BT-Drucks. 15/3174, S. 33.
[139] So auch der BGH NZG 2008, 300/303.
[140] Begründung RegE AnSVG, BT-Drucks. 15/3174, S. 34.
[141] BaFin, Emittentenleitfaden, S. 20. Nach Art. 1 Abs. 1 der Durchführungsrichtlinie genügt ebenfalls die „hinreichende Wahrscheinlichkeit" des Eintritts.
[142] *Harbarth* ZIP 2005, 1898/1902.

men. Ein Teil der Literatur streitet über den **Grad der Eintrittswahrscheinlichkeit.** So lassen manche Autoren eine bloß überwiegende Wahrscheinlichkeit[143] genügen, während andere auf eine ganz überwiegende oder hohe Wahrscheinlichkeit[144] abstellen wollen.[145] Daneben wird auch vertreten, dass die Eintrittswahrscheinlichkeit eine **bewegliche Größe** bildet, die nicht zuletzt auch von den **zu erwartenden Auswirkungen beim Emittenten** im jeweiligen Einzelfall bestimmt werde.[146] Nach Auffassung des BGH ist das Tatbestandsmerkmal der hinreichenden Wahrscheinlichkeit **jedenfalls** (im Sinne von **zumindest**, vgl. Rn. 70) dann erfüllt, wenn eine „**überwiegende**" Wahrscheinlichkeit, d. h. eine **Eintrittswahrscheinlichkeit von über 50%**, besteht;[147] auf die konkreten Auswirkungen beim Emittenten geht der BGH nicht ein. Ist das Eintreten eines Umstands hingegen aus der maßgeblichen *ex-ante*-Prognose noch offen, ist also der **Eintritt genauso wahrscheinlich wie der Nichteintritt,** dann liegt, so der BGH, keine hinreichende Wahrscheinlichkeit im Sinne des § 13 Abs. 1 Satz 3 vor.[148]

Bei der Auslegung des Merkmals der hinreichenden Eintrittswahrscheinlichkeit geht es im Kern um die Frage, wann im Vorfeld eines möglichen Eintritts zukünftiger Umstände bereits eine Situation anzunehmen ist, die es – insbesondere unter Berücksichtigung des **Schutzzwecks der Norm** – rechtfertigt, den künftigen Umständen eine insiderrechtliche Relevanz zuzusprechen. Die Festlegung auf einen bestimmten Wahrscheinlichkeitsgrad steht dabei einer stärker differenzierenden Einzelfallbetrachtung entgegen, die neben dem Wahrscheinlichkeitsurteil weitere wichtige Faktoren wie insbesondere die zu erwartenden Auswirkungen beim Emittenten,[149] die grundsätzliche Bedeutung der künftigen Umstände[150] oder deren besondere Sensibilität[151] berücksichtigt. Der letztgenannte Ansatz enthält eine **Wertung, die sich stärker an der Relevanz der Umstände orientiert und weniger an deren bloßer Realisierungswahrscheinlichkeit;** er ist daher vorzuziehen. Dem BGH ist aber dennoch insoweit zuzustimmen, als er im Sinne einer **Mindestwahrscheinlichkeit**[152] eine überwiegende Eintrittswahrscheinlichkeit für erforderlich hält. Eine solche Untergrenze ist notwendig, um

---

[143] So insb. *Assmann* Rn. 25.
[144] So insb. *Pawlik* in KölnKommWpHG, Rn. 93.
[145] Diesen Meinungsstreit zum Wahrscheinlichkeitsgrad gab es mit Blick auf mehrstufige Sachverhalte bereits vor Inkrafttreten des AnSVG. Einen Überblick über den Meinungsstand gibt *Schwark*, WpHG, § 15 Rn. 87ff. Vgl. hierzu auch § 15 Rn. 102ff.
[146] So *Fleischer* NZG 2007, 401/405; ähnlich *Möllers* NZG 2008, 330/332; *Harbarth* ZIP 2005, 1898/1901.
[147] So ausdrücklich im Leitsatz Nr. 2 in BGH vom 25. 2. 2008 – II ZB 9/07 (Kapitalanlegermusterverfahren gegen *Daimler AG* wegen unterlassener Ad-hoc-Mitteilung), NZG 2008, 300. Nach der Auffassung von *Widder*, Anmerkung zu BGH, Beschluss vom 25. 2. 2008 – II ZB 9/07, BB 2008, 855/857f., sei der BGH trotz des anderslautenden Wortlauts im 2. Leitsatz der Entscheidung der Auffassung, dass eine hohe Wahrscheinlichkeit erforderlich ist.
[148] BGH vom 25. 2. 2008, ZIP 2008, 639/642.
[149] *Fleischer* NZG 2007, 401/405.
[150] *Klöhn*, Anmerkung zu BGH, Beschluss vom 25. 2. 2008 – II ZB 9/07, LMK 2008, 260596.
[151] EuGH NJW 2006, 133. Hiernach soll der Sensibilität einer Insider-Information bei der Anwendung nationalen Rechts Rechnung getragen werden.
[152] Den Begriff verwendet *Fleischer* NZG 2007, 401/405.

insbesondere den Bereich der zulässigen Spekulation aus dem Tatbestand der Insiderinformation herauszunehmen.[153] Eine stärkere Einengung des Kreises möglicher zukünftiger Umstände, so zB durch die Annahme einer hohen oder sehr hohen Mindestwahrscheinlichkeit,[154] engt hingegen unmittelbar den Anwendungsbereich des Insiderrechts ein. Dies hätte zur Folge, dass künftige, hinreichend konkrete Umstände, die (noch) nicht eine hohe oder sehr hohe Eintrittswahrscheinlichkeit aufweisen, aber aufgrund ihrer überragenden Bedeutung für das Unternehmen im Falle ihrer Veröffentlichung schon frühzeitig erheblich den Kurs beeinflussen könnten, aus dem Tatbestand herausfielen.

69 Beschließt der Aufsichtsrat die **Abberufung des Vorstandsvorsitzenden,** so ist nach Auffassung des **BGH** i. S. *Daimler AG* erst mit der Beschlussfassung über die Abberufung eine hinreichende Eintrittswahrscheinlichkeit und somit eine Insiderinformation anzunehmen, auch wenn im Vorfeld der Aufsichtsratssitzung intern Gespräche über eine Abberufung stattgefunden haben.[155] Aufgrund der Ungewissheiten einer Abstimmung in einem paritätisch besetzten Aufsichtsrat soll dies selbst für den Fall gelten, dass der Aufsichtsratsvorsitzende sich mit dem Vorstandsvorsitzenden auf ein vorzeitiges Ausscheiden einvernehmlich verständigt hat.[156] Eine Insiderinformation entsteht nach der Rechtsprechung hingegen schon vor der Abstimmung im Aufsichtsrat dann, wenn der Vorstandsvorsitzende einseitig von seinem Amt zurücktritt.[157]

70 Die eben dargestellte Rechtsprechung des BGH, die sich auf den Sonderfall der mehrstufigen Entscheidungsprozesse bezieht (dazu unten Rn. 74 ff.), wirft einige **Fragen** auf. Zunächst erweitert das Gericht den Anwendungsbereich des Insiderrechts, indem es mit Blick auf künftige Umstände jedenfalls eine überwiegende Eintrittswahrscheinlichkeit genügen lässt. Eine eindeutige Entsprechung oder gar **eine Begründung dieser Auffassung findet sich im Beschlusstext aber nicht** – lediglich im 2. Leitsatz des Beschlusses äußert sich das Gericht in dieser Eindeutigkeit.[158] Eine weitere **Unklarheit resultiert aus der Verwendung des Begriffs „jedenfalls"** im 2. Leitsatz. Diesen Leitsatz des BGH könnte man dahingehend verstehen, dass auch eine geringere Eintrittswahrscheinlichkeit ausreichen kann, „jedenfalls" aber eine überwiegende Wahrscheinlichkeit das Tatbestandsmerkmal erfüllt. Eine Grundlage für diese Auslegung findet sich im Beschlusstext freilich nicht. Vielmehr legen die Ausführungen des BGH nahe, dass **„zumindest"** eine überwiegende Wahrscheinlichkeit erforderlich ist.[159]

---

[153] So auch *Assmann* Rn. 25, obgleich er aber eine hohe Eintrittswahrscheinlichkeit zum Maßstab nehmen möchte.
[154] So zB vertreten von *Assmann* Rn. 25.
[155] BGH vom 25. 2. 2008, ZIP 2008, 639/641 ff.; so bereits in der Vorinstanz OLG Stuttgart vom 15. 2. 2007, BB 2007, 565/570 f. Die vorgenannte Rechtsprechung beschäftigte sich mit der Abberufung des früheren Vorstandsvorsitzenden der Daimler Chrysler AG (heute Daimler AG) Jürgen Schrempp.
[156] BGH vom 25. 2. 2008, ZIP 2008, 639/642 f.; so auch in der Vorinstanz OLG Stuttgart vom 15. 2. 2007, BB 2007, 565/571.
[157] BGH vom 25. 2. 2008, ZIP 2008, 639/641; OLG Stuttgart vom 15. 2. 2007, BB 2007, 565/567. S. auch *Möllers* WM 2005, 1393/1394.
[158] So auch *Klöhn*, Anmerkung zu BGH, Beschluss vom 25. 2. 2008 – II ZB 9/07, LMK 2008, 260596.
[159] Vgl. insb. Rn. 25 des BGH-Beschlusses vom 25. 2. 2008 – II ZB 9/07, NZG 2008, 300/303. AA *Widder*, Anmerkung zu BGH, Beschluss vom 25. 2. 2008 – II ZB 9/07, BB

Nach Auffassung des BGH steht **der Annahme einer überwiegenden Wahrscheinlichkeit eine noch ausstehende Abstimmung im Aufsichtsrat immer dann entgegen**, wenn diese **offen** ist, zB eine Vertagung der Entscheidung genauso wahrscheinlich ist wie eine Beschlussfassung.[160] Diese Ansicht vermag nur auf den ersten Blick zu überzeugen. Mit dieser Argumentation ließen sich nämlich nahezu **alle zukünftigen Umstände aus dem Tatbestand der Insiderinformation herausnehmen,** die noch einer abschließenden Entscheidung durch ein Gesellschaftsorgan oder ein sonstiges Gremium bedürfen. Auch in den Fällen, in denen der tatsächliche Eintritt des künftigen Umstands noch einer behördlichen Genehmigung oder der Mitwirkung einer sonstigen Stelle bzw. eines Dritten bedarf, könnte von einer hinreichenden Eintrittswahrscheinlichkeit kaum gesprochen werden. Es ist nämlich stets damit zu rechnen, dass eine Entscheidung vertagt wird oder keine Mehrheit findet, ein Dritter seine Mitwirkung verweigert etc. Eine **konsequente** Anwendung der BGH-Rechtsprechung würde dazu führen, dass in diesen Fällen im Regelfall **der Zeitpunkt des Eintritts einer hinreichenden Wahrscheinlichkeit mit dem Zeitpunkt des tatsächlichen Eintritts des Umstands zusammenfiele.** Der vormals künftige Umstand wird durch den Beschluss des Aufsichtsrats aber nunmehr zu einem gegenwärtigen; Überlegungen zur hinreichenden Eintrittswahrscheinlichkeit erübrigen sich damit.

Liegen nicht genügend konkrete Anhaltspunkte vor, um auf eine hinreichende Eintrittswahrscheinlichkeit schließen zu können, ist bei **mehrstufigen Sachverhaltskonstellationen** weiter zu prüfen, ob **bereits eingetretene Umstände auszumachen sind,** die für sich genommen die Tatbestandsmerkmale einer Insiderinformation erfüllen (zur Begründung dieses Ansatzes unten Rn. 74 f., vgl. auch das Beispiel unter Rn. 76). Insbesondere unter Berücksichtigung der vorgenannten BGH-Rechtsprechung iS *Daimler AG* ergäben sich ansonsten **Strafbarkeitslücken,** die mit dem **Schutzzweck der Norm** (vgl. vor § 12 Rn. 131 ff.) kaum in Einklang zu bringen wären. Namentlich der Aufsichtsratsvorsitzende, der sich mit dem Vorstand einvernehmlich auf eine bestimmte Maßnahme, zB die Abgabe eines öffentlichen Übernahmeangebots, verständigt hat, die aber noch der Zustimmung des Aufsichtsrats bedarf, dürfte ansonsten, auch unmittelbar vor der geplanten Abstimmung, mangels Annahme einer Insiderinformation Anteilsscheine der betroffenen Gesellschaften erwerben oder veräußern.[161] Liegen also gegenwärtige konkrete Umstände vor, die für sich genommen im Falle ihrer Veröffentlichung geeignet wären, den Börsen- oder Marktpreis erheblich zu beeinflussen, kann es auf die Eintrittswahrscheinlichkeit eines noch künftigen, am Ende eines mehrstufigen Entscheidungsprozesses stehenden Umstands nicht ankommen (in den meisten Fällen wird aber iE ein Gleichlauf anzunehmen sein, vgl. auch Rn. 75).

Ist die Kursrelevanz bejaht worden, lassen also die in Frage stehenden Umstände einen Schluss auf die Entwicklung des Börsen- oder Marktpreises zu und

---

2008, 855/857 f. (die Ausführungen des BGH legen die Auffassung einer „hohen" Wahrscheinlichkeit nahe).
[160] BGH vom 25. 2. 2008, ZIP 2008, 639/642 f.
[161] So *Möllers* NZG 2008, 330/333 (Fußnote 37). Mit der hier vertretenen Auffassung wäre im dargestellten Fall hingegen eine hinreichende Wahrscheinlichkeit zu bejahen, vgl. Rn. 74 ff.

§ 13   74

ist der Eintritt der künftigen Umstände zudem hinreichend wahrscheinlich, dann stellt sich auch bei Umständen, die in der Zukunft liegen, die **Frage nach der Eignung zur erheblichen Kursbeeinflussung** (zu diesem Merkmal ausführlich unten Rn. 121 ff.). Anders als bei gegenwärtigen Umständen ist bei künftigen Umständen also **zweifach eine Prognose** anzustellen; zum einen hinsichtlich des Eintritts des zukünftigen Umstands und zum anderen mit Blick auf die Kurserheblichkeit der in Frage stehenden Information.[162] Häufig wird allerdings, und zwar auch im Emittentenleitfaden der BaFin,[163] nicht klar getrennt zwischen der Konkretheit der Information sowie der hinreichenden Eintrittswahrscheinlichkeit auf der einen und der Eignung zur erheblichen Kurs- oder Preisbeeinflussung auf der anderen Seite. Dies ist zumindest auch darauf zurück zu führen, dass die Argumentationslinien bei den verschiedenen Tatbestandsmerkmalen oft gleich verlaufen. Denn wenn beispielsweise das Zustandekommen einer Transaktion (Unternehmenskauf bzw. Übernahme) als ein in der Zukunft liegender Umstand aus Sicht eines verständigen Anlegers hinreichend wahrscheinlich ist, wird dem betreffenden Umstand in vielen Fällen aus denselben Gründen und Erwägungen auch die Eignung zur erheblichen Preisbeeinflussung zukommen;[164] die Grenzen zwischen den einzelnen Tatbestandsmerkmalen erhalten aber dadurch nur unscharfe Konturen.

74   **bb) Mehrstufige Entscheidungsprozesse.** Bei sogenannten **mehrstufigen Entscheidungsprozessen**,[165] namentlich im Rahmen von unternehmensinternen Entscheidungen, kam vor Inkrafttreten des AnSVG jedem **einzelnen Vorgang der Entscheidungsfindung und -verwirklichung als Teilentscheidung Tatsachenqualität** iSd § 13 Abs. 1 aF zu.[166] Weder auf den tatsächlichen Eintritt des maßgeblichen Umstands (zB künftige Kapitalerhöhung, Unternehmensübernahme oder Verschmelzung) kam es an, noch auf eine hinreichende Eintrittswahrscheinlichkeit.[167] Bei jeder Teilentscheidung als einer neuen Tatsache musste deren Kurserheblichkeit als faktisch ausschlaggebendes Merkmal jeweils gesondert festgestellt werden.[168] Daran hat sich nach der **neuen Rechtslage** – jedenfalls für das Insiderrecht – nichts geändert (zur veränderten Rechtslage bei **§ 15**, insbesondere im Rahmen von M&A-Transaktionen und Unternehmensübernahmen, siehe dort Rn. 102 ff., 195 ff., 204 ff.). Jede **einzelne Zwischenstufe,** auch die erste Teilentscheidung eines gestreckten Prozesses, ist darauf zu prüfen, ob eine „konkrete Information über Umstände" im Sinne des Abs. 1 Satz 1 bereits **bei isolierter Betrachtung** des Teil-Sachverhalts vorliegt,

---

[162] Kritisch mit Verweis auf die erheblichen Unschärfen des Tatbestands *Park* NStZ 2007, 369/373 f.
[163] BaFin, Emittentenleitfaden, S. 19; siehe aber auch S. 51.
[164] Weiter *Cahn* Der Konzern 2005, 5/6, der im Regelfall einen Gleichlauf annimmt.
[165] Dabei geht es um Vorhaben, die der Mitwirkung mehrerer Organe (z. B. Vorstand, Aufsichtsrat) oder der Zustimmung Dritter (wie etwa der Kartellbehörden) bedürfen. Vgl. dazu auch die Ausführungen zur Rechtsprechung des BGH i. S. *Daimler AG* unter Rn. 69 ff.
[166] *Assmann*, 3. Aufl., Rn. 36 a; *Dreyling/Schäfer*, Insiderrecht und Ad-hoc-Publizität, Rn. 61 f.; *Kümpel*, Bank-und Kapitalmarktrecht, Rn. 16.94; *Schwark* in: FS Bezzenberger, S. 771/787; *Burgard* ZHR 162 (1998), 60/63; *J. Hartmann*, Juristische und ökonomische Regelungsprobleme, S. 203 f.
[167] Vgl. *Dreyling/Schäfer*, Insiderrecht und Ad-hoc-Publizität, Rn. 61.
[168] *Schwark*, WpHG, § 13 Rn. 33; *Assmann*, 3. Aufl., Rn. 36 a; *Cahn*, Der Konzern 2005, 5/6.

unabhängig davon, ob der Eintritt des am Ende des gestreckten Sachverhalts liegenden Umstands aus *ex-ante*-Sicht hinreichend wahrscheinlich ist.[169] **Daneben**[170] ist es aber nunmehr mit Blick auf Abs. 1 Satz 3 ausdrücklich möglich, auch auf die **Umstände abzustellen, die am Ende des mehrstufigen Sachverhalts stehen.** In diesem Fall handelt es sich um einen in der Zukunft liegenden Sachverhalt, dessen Eintritt für die Annahme einer Insiderinformation hinreichend wahrscheinlich sein muss. Für diesen Fall gelten die oben im Zusammenhang mit der Eintrittswahrscheinlichkeit entwickelten Grundsätze (vgl. Rn. 66 ff.). Gleichwohl besteht zwischen den beiden Ansätzen ein **enger Zusammenhang.** Erfüllt eine Teilentscheidung eines mehrstufigen Entscheidungsprozesses die Tatbestandsvoraussetzungen einer Insiderinformation im Sinne des Abs. 1 Satz 1, dürfte diese bei zutreffender Auslegung des Begriffs der hinreichenden Eintrittswahrscheinlichkeit in den meisten Fällen auch zu bejahen sein. Zur gleichzeitig entstehenden *Ad-hoc*-Publizitätspflicht und den Möglichkeiten einer Befreiung gemäß § 15 Abs. 3 vgl. § 15 Rn. 342 ff.

Die **unterschiedliche Anknüpfung** wird am folgenden **Beispiel** deutlich: Ein vom Vorstand gefasster Beschluss, in naher Zukunft ein öffentliches Übernahmeangebot für ein anderes Unternehmen abzugeben, hätte grundsätzlich Tatsachenqualität. Aufgrund gegebener Kursrelevanz würde es sich hierbei bereits um eine konkrete Information über Umstände im Sinne des Abs. 1 Satz 1 handeln, auch wenn eine in der Satzung vorgesehene Entscheidung des Aufsichtsrats noch aussteht. Die Annahme einer Insiderinformation würde allein von der Kurserheblichkeit abhängen, vorausgesetzt die betreffenden Umstände sind noch nicht öffentlich bekannt. Im vorgenannten Beispiel ist aber auch eine Anknüpfung an die noch zukünftige Abgabe des Übernahmeangebots selbst denkbar. Dann wäre ein zukünftiger noch nicht eingetretener Umstand Gegenstand der Prüfung, so dass zusätzlich eine hinreichende Eintrittswahrscheinlichkeit im Sinne des Abs. 1 Satz 3 (zur Auslegung dieses Begriffs oben Rn. 66 ff.) festgestellt werden müsste. Würde man aber nun im letztgenannten Fall die Rechtsprechung des BGH i. S. *Daimler* (oben Rn. 69 ff.) zugrunde legen, dann würde wegen der noch ausstehenden Zustimmung des Aufsichtsrats regelmäßig eine konkrete Information über Umstände noch nicht vorliegen. Eine davon abweichende Betrachtung ließe sich wohl aber vornehmen, wenn man mit einem Teil der Literatur (oben Rn. 67) die zu erwartenden Auswirkungen und die besondere Sensibilität der Umstände hier berücksichtigte.

2. Nicht öffentlich bekannt

Die Umstände, die Gegenstand der Insiderinformation sind, dürfen nach der Legaldefinition in § 13 Abs. 1 „nicht öffentlich bekannt" sein. Öffentlich bekannte Informationen sind insiderrechtlich nicht relevant. Mithin verliert eine Insiderinformation mit ihrer Veröffentlichung im Rechtssinne (dazu unten

---

[169] *Pawlik* in KölnKommWpHG, Rn. 15 f. So wohl auch die BaFin, Emittentenleitfaden, S. 19.
[170] Auf die unterschiedlichen Anknüpfungspunkte verweist auch *Fleischer* NZG 2007, 401/404; *Klöhn*, Anmerkung zu BGH, Beschluss vom 25. 2. 2008 – II ZB 9/07, LMK 2008, 260 596. AA wohl *Pawlik* in KölnKommWpHG, Rn. 15, der den Ansatz, der auf die zukünftigen Umstände abstellt, ablehnt. Auch der BGH prüft im Fall Daimler AG (dazu oben Rn. 69) lediglich das Vorliegen einer Insiderinformation auf Basis des § 13 Abs. 1 Satz 3; eine Prüfung anhand von § 13 Abs. 1 Satz 1 wird nicht erwogen, NZG 2008, 300.

Rn. 81 ff.) die Qualität einer Insiderinformation. Die tatbestandliche Voraussetzung der nichtöffentlichen Bekanntheit beruht auf **Art. 1 Nr. 1 der Marktmissbrauchsrichtlinie**. Eine entsprechende Vorgabe enthielt bereits Art. 1 Nr. 1 der **EG-Insiderrichtlinie**.[171]

78 Bei dem Merkmal „**nicht öffentlich bekannt**" handelt es sich um einen **unbestimmten Rechtsbegriff**,[172] welcher der Präzisierung bedarf. Einigkeit besteht darüber, dass es **nicht erforderlich** ist, dass die Information **vertraulichen Charakter** hat[173] oder ein **Geheimnis**, namentlich ein Betriebs- oder Geschäftsgeheimnis (i. S. v. § 17 UWG, § 404 AktG, § 333 HGB oder §§ 203 f. StGB), ist.[174] Dies ist angesichts des Schutzzwecks des Insiderrechts, das die Funktionsfähigkeit des Kapitalmarkts schützt, nicht aber Unternehmen und ihre Geheimnissphäre, konsequent (vgl. vor § 12 Rn. 132 ff.).

79 Die Frage, ob bzw. unter welchen Voraussetzungen eine Information „öffentlich bekannt" ist, wurde für die **entsprechende Formulierung in der EG-Insiderrichtlinie** mit Blick auf die Umsetzung in das deutsche Recht noch **unterschiedlich beantwortet**.[175] Auf der Grundlage der Zielsetzung der informationellen Gleichbehandlung aller Anleger wurde zum Teil die Auffassung vertreten, dass eine Tatsache nur dann öffentlich bekannt ist, wenn eine breite Streuung der Nachricht über die Massenmedien erfolgt ist.[176] Eine geringe Verbreitung sei nicht ausreichend. Unklar blieb jedoch, was eine geringe und was eine breite Streuung sein sollte. Auch blieb fraglich, welches Massenmedium (Fernsehen, Tageszeitung etc.) den Ausschlag geben sollte, so dass mit der Feststellung einer breiten Streuung Schwierigkeiten verbunden waren.[177] Im Ergebnis erforderte dies wohl, dass grundsätzlich auch der letzte Kleinanleger zB durch Lektüre eines weit verbreiteten Massenmediums Gelegenheit zur Kenntnisnahme von der Information hatte. Nach einem weiteren Vorschlag zur Auslegung der früheren EG-Insiderrichtlinie musste die Information mindestens über den Börsenticker gelaufen oder in einem Organ der öffentlichen Medien bekannt gemacht worden sein.[178] Damit wurden zwei Publikationsverfahren von sehr unterschiedlicher Breitenwirkung für substituierbar gehalten.

---

[171] In der englischen Fassung beider Richtlinien heißt es: „... Information, which has not been made public ...".

[172] So *Pananis,* Insidertatsache und Primärinsider, S. 94.

[173] So ausdrücklich bereits die Begründung RegE 2. FFG BT-Drucks. 12/6679, S. 46.

[174] Vgl. *Assmann* Rn. 32; *ders.* AG 1994, 237/241; *Schäfer* Rn. 44; *Kümpel,* Bank- und Kapitalmarktrecht, Rn. 16.95; *Hopt,* ZGR 1991, 17/29; *Lücker,* Der Straftatbestand des Mißbrauchs von Insiderinformationen, S. 55; *Pananis,* Insidertatsache und Primärinsider, S. 94; *Tippach,* Das Insider-Handelsverbot, S. 79; etwas unklar *Claussen* ZBB 1992, 267/275: „einem Geheimnis vergleichbar".

[175] Zur unterschiedlichen Behandlung der Frage der öffentlichen Bekanntheit in den EG-Mitgliedstaaten auf Grundlage der EG-Richtlinie siehe *Wymeersch* in *Hopt/Wymeersch* (Hrsg.), European Insider Dealing, S. 112 ff.

[176] *Schödermeier/Wallach* EuZW 1990, 122/123; *Siebold,* Das neue Insiderrecht, S. 104/106 f.; *Schwark,* BörsG, Einl. Rn. 34.

[177] Zur Kritik siehe *Lücker,* Der Straftatbestand des Mißbrauchs von Insiderinformationen, S. 56 f.

[178] *Hopt* ZGR 1991, 17/30, der zwar mit einer Wartepflicht des Insiders nach der Veröffentlichung sympathisierte, diese aber – wegen Unvereinbarkeit mit der EG-Richtlinie – im Ergebnis ablehnte.

Insiderinformation 80–82 § 13

In Anlehnung an die US-amerikanische Rechtsprechung und Literatur[179] sowie Regeln und Hinweise einzelner Börsen in den USA[180] ist vielfach erwogen worden, eine Tatsache erst dann als öffentlich bekannt anzusehen, wenn eine **bestimmte Frist (etwa 24 Stunden) nach erfolgter Bekanntgabe** verstrichen ist, damit das Publikum Zeit zur Reaktion habe; erst dann dürfe der Insider handeln.[181] Eine solche Fristwahrung war und ist dem WpHG nicht zu entnehmen und ist lediglich als ein Vorschlag *de lege ferenda* anzusehen.[182] Die mit einer derartigen Wartefrist verbundene Einschränkung würde das Börsengeschehen stark hemmen und die Liquidität des Marktes einschränken; die damit verbundene Beeinträchtigung der Informations- und der Allokationseffizienz wäre unverhältnismäßig und würde dem Kapitalmarkt und den Anlegern in der Regel mehr schaden als ein möglicher Insiderhandel.[183] 80

a) Konzept der „Bereichsöffentlichkeit"

Der **deutsche Gesetzgeber** vertritt ausweislich der Regierungsbegründung zum 2. FFG[184] das **Konzept der sog. „Bereichsöffentlichkeit"**, dem die nahezu einhellige Auffassung in der Literatur – von einigen Einzelstimmen abgesehen[185] – folgt.[186] Die Marktmissbrauchsrichtlinie gab keinen Anlass zur Änderung des Konzepts. Die Begründung des AnSVG enthält keine zusätzlichen Anhaltspunkte, die zur Auslegung des Merkmals der nicht öffentlichen Bekanntheit herangezogen werden könnten. Der Emittentenleitfaden der BaFin bezieht sich ausdrücklich auf das Konzept der Bereichsöffentlichkeit.[187] 81

Eine Information ist **öffentlich bekannt** i. S. d. § 13 Abs. 1, wenn in Bezug auf die Information die sog. Bereichsöffentlichkeit hergestellt ist,[188] d. h. **es einer unbestimmten Anzahl von Personen möglich ist, von der Information Kenntnis zu nehmen**. Die bloße **Möglichkeit der Kenntnisnahme** genügt, eine **tatsächliche Kenntnisnahme** ist also **nicht erforderlich** (dazu Rn. 91). 82

---

[179] Vgl. dazu *Mennicke*, Sanktionen gegen Insiderhandel, S. 291 ff. mwN.
[180] Vgl. dazu *McLaughlin/McFarlane* in *Gaillard* (Hrsg.), Insider Trading, S. 285/287.
[181] *Claussen* ZBB 1992, 267/276; *Grunewald* ZBB 1990, 128/132; ähnlich *Hopt* ZGR 1991, 17/30.
[182] So *Assmann* AG 1994, 237/241; hierzu auch Schäfer Rn. 35. Der Gesetzgeber hat im Rahmen des AnSVG diesen Gedanken nicht aufgegriffen.
[183] Zur Kritik vgl. *Schäfer* Rn. 35; *Pawlik* in KölnKommWpHG, § 13 Rn. 27; *Mennicke*, Sanktionen gegen Insiderhandel, S. 294.
[184] Begründung RegE 2. FFG, BT-Drucks. 12/6679, S. 46; Bericht des Finanzausschusses des deutschen Bundestages, BT-Drucks. 12/7918, S. 101.
[185] *Lücker*, Der Straftatbestand des Mißbrauchs von Insiderinformationen, S. 58 ff.; *Schreib* BFuP 1994, 136/150; etwas unklar *Hopt* in Bankrechts-Handbuch, § 107 Rn. 25.
[186] *Assmann* Rn. 35; *ders.* AG 1994, 237/242; *Schäfer* Rn. 34; *Pawlik* in KölnKommWpHG, § 13 Rn. 29; *Dreyling/Schäfer*, Insiderrecht und Ad-hoc-Publizität, Rn. 83; *Caspari* ZGR 1994, 530/539; *Happ* JZ 1994, 240/243; *F. Immenga* ZBB 1995, 197/202; *U. A. Weber* BB 1995, 157/161; *Kümpel*, Bank- und Kapitalmarktrecht, Rn. 16.103 f.; *zur Megede* in Handbuch des Kapitalanlagerechts, § 14 Rn. 35; *Tippach*, Das Insider-Handelsverbot, S. 81; *Pananis*, Insidertatsache und Primärinsider, S. 95 ff.; *Krauel*, Insiderhandel, S. 257 f., *J. Hartmann*, Juristische und ökonomische Regelungsprobleme, S. 206 ff.
[187] BaFin, Emittentenleitfaden, S. 21.
[188] Begründung RegE 2. FFG, BT-Drucks. 12/6679, S. 46. So jetzt auch die BaFin, Emittentenleitfaden, S. 21 f.

83 Die Publikation der Information braucht nicht über die **Massenmedien** oder die **breite Öffentlichkeit** zu erfolgen, um als öffentlich bekannt zu gelten. Nach der Begründung des Regierungsentwurfs zum 2. FFG ist der **Adressatenkreis** der Veröffentlichung der Tatsache bei den „**Marktteilnehmer(n)**" zu suchen.[189] Auf die Möglichkeit der Kenntnisnahme durch das „breite Anlegerpublikum" kommt es ausdrücklich nicht an, woraus ein enges Verständnis der **Marktteilnehmer i. S. v. professionellen Marktteilnehmern** folgt.[190]

84 Die **Rechtsanwender des WpHG** (BaFin, Verfolgungsbehörden und Gerichte) sind, anders als früher,[191] **faktisch an die Ausführungen des Gesetzgebers zum Konzept der Bereichsöffentlichkeit gebunden**.[192] Behörden und Gerichte müssen zwar bei der Auslegung von Rechtsnormen und den darin enthaltenen unbestimmten Rechtsbegriffen den vom Gesetzgeber in Gesetzesbegründungen verlautbarten Überlegungen und Interpretationsansätzen nicht folgen. Mit Einführung des § 5 Satz 1 Nr. 1 WpAIV hat der Gesetzgeber aber nunmehr deutlich zum Ausdruck gebracht, dass eine im Rahmen eines allgemein zugänglichen, elektronisch betriebenen Informationssystems veröffentlichte Insiderinformation ihre insiderrechtliche Relevanz verliert.

85 In Anlehnung an die besonderen Vorschriften für die **Ad-hoc-Publizität** von Insiderinformationen gemäß § 15 Abs. 5, 7 iVm § 5 Satz 1 Nr. 1 WpAIV[193] genügt die tatsächliche Veröffentlichung[194] in **allgemein zugänglichen, elektronisch betriebenen Informationssystemen,**[195] **die bei professionellen Marktteilnehmern weit verbreitet sind,** in deutscher Sprache[196] (dazu ausführlich § 15 Rn. 238 ff.). § 5 Satz 1 Nr. 2 WpAIV sieht zwar kumulativ eine Veröffentlichung im **Internet** unter der Adresse des Emittenten für die Dauer von einem Monat vor, sofern der Emittent über eine solche verfügt. Mit dem Hinweis in § 5 Satz 2 WpAIV, dass die Veröffentlichung im Internet nicht vor der Veröffentlichung nach § 5 Satz 1 Nr. 1 WpAIV erfolgen darf, wird allerdings in Bezug auf die Insiderinformation i. S. d. § 13 Abs. 1 deutlich, dass es auf die **aktive und schnelle Verbreitung in zur Herstellung der Bereichsöffentlich-**

---

[189] Begründung RegE 2. FFG, BT-Drucks. 12/6679, S. 46.
[190] So bereits *Assmann* ZGR 1994, 494/510; *Dierlamm* NStZ 1996, 519/522.
[191] *Assmann*, 3. Aufl. Rn. 42; zustimmend *J. Hartmann*, Juristische und ökonomische Regelungsprobleme, S. 206. Schon nach alter Rechtslage für eine entsprechende Verpflichtung *Pananis*, Insidertatsache und Primärinsider, S. 94 f.
[192] *Schäfer* Rn. 38; vgl. nunmehr auch *Assmann* Rn. 31.
[193] Auch im Rahmen der Ad-hoc-Publizität bezieht sich der Gesetzgeber auf den Begriff der Bereichsöffentlichkeit, vgl. *Kümpel* WM 1994, 2137/2138; *P. Peters*, Das deutsche Insiderstrafrecht, S. 57. Ausführlich unter § 15 Rn. 113 ff.
[194] Abweichend hiervon die allgemeine Vorschrift des § 3a WpAIV, die neben § 5 WpAIV anwendbar ist, aber bloß eine Verpflichtung zur Zuleitung an Medien vorsieht.
[195] *Schäfer*, Rn. 33 f; BaFin, Emittentenleitfaden, S. 20 f. Ähnlich im Hinblick auf § 15 Abs. 3 aF bereits die Begründung RegE 2. FFG, BT-Drucks. 12/6679, S. 46.
[196] Bezogen auf Emittenten, deren Herkunftsstaat nach § 2 Abs. 6 Deutschland ist und die lediglich zum Handel an einem organisierten Markt im Inland zugelassen sind, § 3 b Abs. 1 Satz 1 WpAIV. Bei Emittenten, deren Sitz im Ausland ist, oder Emittenten, für die Deutschland der Herkunftsstaat nach § 2 Abs. 6 Nr. 3 ist, die aber der BaFin einen Prospekt in englischer Sprache für die Wertpapiere, auf die sich die Information bezieht, hinterlegt haben, genügt auch eine Veröffentlichung ausschließlich in englischer Sprache (§ 3 b Abs. 1 WpAIV). In anderen Fällen besteht ein Wahlrecht des Emittenten, vgl. die Fälle in § 3 b Abs. 2 Satz 2, Abs. 3 und 4 WpAIV.

lichkeit geeigneten Medien ankommt. Erst nachdem die Information in elektronisch betriebenen Informationssystemen veröffentlicht worden und damit „**bereichsöffentlich**" bekannt ist, ist der Emittent zur Veröffentlichung auf seiner Homepage im Internet **berechtigt und auch verpflichtet**. Die Ad-hoc-Publizität offenbart an dieser Stelle ihre weitere Funktion als präventives Instrument zur Bekämpfung des Missbrauchs von Insiderwissen (dazu § 15 Rn. 34 ff.).[197]

Diese Auslegung hält auch einer Überprüfung mit Blick auf den mit dem **Transparenzrichtlinie-Umsetzungsgesetz (TUG)**[198] neu eingeführten § 3 a **WpAIV** stand (dazu ausführlich § 15 Rn. 239 ff.). Der Emittent ist zwar nach § 3 a Abs. 1, 2 Nr. 1 WpAIV verpflichtet, die Insiderinformation zur Veröffentlichung verschiedenen Medien **zuzuleiten,**[199] einschließlich solchen, bei denen davon ausgegangen werden kann, dass sie die Information so rasch und so zeitgleich wie möglich in der gesamten EU und in den übrigen Vertragstaaten des EWR verbreiten können. Die Regierungsbegründung spricht (unter Verwendung des Plurals) von einem „**Bündel unterschiedlicher Medienarten**", deren konkrete Anzahl, sowohl bezogen auf die Medienarten als auch auf die eingesetzten Medien innerhalb einer Medienart, nach den Besonderheiten des Einzelfalls zu bestimmen ist. Zu diesen gehören insbesondere die Aktionärsstruktur des Emittenten sowie Zahl und Orte seiner Börsenzulassungen.[200] Dies bedeutet jedoch nicht, dass eine Information erst dann öffentlich bekannt ist, wenn sie von sämtlichen ausgewählten Medien, Printmedien eingeschlossen, publiziert wurde – vielmehr ist aus **systematischer Sicht mit Blick auf § 5 Satz 1 Nr. 1 WpAIV** auf den Zeitpunkt abzustellen, in dem die Information über ein elektronisch betriebenes Informationssystem auch tatsächlich an die Öffentlichkeit gelangt und die relevanten Marktteilnehmer erreicht.[201] Andernfalls ließe sich der für eine insiderrechtliche Strafbarkeit maßgebliche Zeitpunkt der Veröffentlichung der Information nicht hinreichend konkret bestimmen. Bei den Marktteilnehmern entstünde zudem mit Blick auf die Zulässigkeit der Verwendung einer Information eine große Unsicherheit.[202]

Für die Herstellung der Bereichsöffentlichkeit reicht die **bloße Zuleitung** einer Insiderinformation an verschiedene Medien i. S. d. § 3 a WpAIV nicht aus, denn hierfür bedarf es einer **tatsächlichen Veröffentlichung,** wie in § 5 Satz 1 Nr. 1 WpAIV vorgesehen. Umgekehrt erfüllt der Emittent mit der Veröffentlichung gemäß § 5 Satz 1 Nr. 1 WpAIV noch nicht seine Verpflichtung aus § 3 a WpAIV zur Zuleitung an mehrere Medien, die für eine europaweite Verbreitung sorgen können.[203]

---

[197] *Leppert/Stürwald* ZBB 2002, 90/94; *Assmann* Rn. 31.
[198] Zu den Auswirkungen des TUG auf die Ad-hoc-Publizität *Pirner/Lebherz* AG 2007, 19/25; *Nießen* NZG 2007, 41/46; *Hutter/Kaulamo* NJW 2007, 550/554; *Noack* WM 2007 377/380.
[199] Der Emittent muss hiernach lediglich gewährleisten, dass die Medien die Information empfangen.
[200] Begründung RegE TUG, BT-Drucks. 16/2498, S. 49.
[201] So auch *Pirner/Lebherz* AG 2007, 19/25.
[202] Die Begründung RegE TUG, BT-Drucks. 16/2498, S. 51 spricht in diesem Zusammenhang von einem „Graubereich im Insiderrecht, in dem unklar bliebe, wann der Handel mit Insiderpapieren vom Recht gestattet ist".
[203] Ähnlich *Pirner/Lebherz* AG 2007 19/26; ebenso CESR, Final technical advice on proposals on possible implementing measures of transparency directive, Nr. 20. Dazu auch § 15 Rn. 239 ff.

88 Der Regelungen im Abschnitt 3 der WpAIV[204] (dazu ausführlich § 15 Rn. 238 ff.) sollen die Publikation von Insiderinformationen in geordnete Bahnen lenken.[205] Eine im Hinblick auf § 13 Abs. 1 relevante **Veröffentlichung** der Insiderinformation kann aber auch **in sonstiger Weise**, zB durch die Verwendung anderer Mittel zur Veröffentlichung erfolgen, als in den Vorschriften über die Ad-hoc-Publizität vorgesehen.[206] Hierzu reicht jede Art der Veröffentlichung aus, die einem breiten Anlegerpublikum die Insiderinformation zeitgleich zugänglich macht, **sofern es einer unbestimmten Anzahl von Personen aus dem Kreis der Marktteilnehmer** (zu diesem Begriff oben Rn. 82) **möglich ist, von der Information Kenntnis zu nehmen.**[207] Veröffentlicht also der Emittent entgegen § 15 Abs. 5, 7 WpHG iVm §§ 3a f., 5 Satz 1 WpAIV nicht ordnungsgemäß, ist die Information dennoch i. S. v. § 13 Abs. 1 öffentlich bekannt, wenn eine unbestimmte Anzahl von professionellen Marktteilnehmern zeitgleich die Möglichkeit zur Kenntnisnahme hat. Ist die Bereichsöffentlichkeit also in sonstiger Weise hergestellt, liegt aus Sicht des § 13 Abs. 1 keine Insiderinformation vor. Damit entfällt die Grundlage für ein strafbares Insidergeschäft unabhängig davon, ob der Emittent seinen Pflichten nach Maßgabe der WpAIV nachgekommen ist.

89 Das **Konzept der Bereichsöffentlichkeit ist Ausdruck des marktbezogenen Schutzzwecks der deutschen Insiderregelung** mit dem tatbestandlich geschützten überindividuellen Rechtsgut „Funktionsfähigkeit des Kapitalmarkts" und einem lediglich reflexiven Schutz der Anlegerinteressen (dazu ausführlich vor § 12 Rn. 133, 136). **Der Funktionenschutz des Kapitalmarkts wird mit der Herstellung der Bereichsöffentlichkeit erreicht.**[208] Haben die Marktteilnehmer von der Tatsache Kenntnis genommen, werden sie die Information in ihre Dispositionen einfließen lassen mit der Folge, dass sich die Information in den Börsen- oder Marktpreisen niederschlägt, so dass eine schnellstmögliche Anpassung der Kurse an die aktuelle Informationslage gewährleistet ist.[209] Mit der herrschenden Meinung kann davon ausgegangen werden, dass die Herstellung der Bereichsöffentlichkeit die Durchführung von Insidergeschäften im Sinne des Nutzens unfairer und daher missbilligenswerter Informationsvorteile praktisch unmöglich macht – zumindest wird das Risiko um ein Vielfaches reduziert. Entsprechend dem Primärzweck des Funktionsschutzes werden die nicht zur Bereichsöffentlichkeit gehörenden **Anleger hinreichend mittelbar geschützt.**[210]

---

[204] Insb. im Unterabschnitt 2 „Veröffentlichung und Mitteilung von Insiderinformationen".
[205] *Assmann* Rn. 31.
[206] So auch *Assmann* Rn. 31.
[207] Etwas unklar BaFin, Emittentenleitfaden, S. 21.
[208] So ausdrücklich *Pananis*, Insidertatsache und Primärinsider, S. 96.
[209] So bereits die Begründung RegE 2. FFG, BT-Drucks. 12/6679, S. 46; vgl. auch *Caspari* ZGR 1994, 530/539; *Kümpel*, Bank- und Kapitalmarktrecht, Rn. 16.104; *U. A. Weber* BB 1995, 157/163; *Becker*, Das neue Wertpapierhandelsgesetz, S. 64; *Claussen*, Insiderhandelsverbot und Ad-hoc-Publizität, Rn. 32; *Schwark*, § 13 WpHG, Rn. 37 ff.; *F. Immenga* ZBB 1995, 197/201 f.; *Pananis*, Insidertatsache und Primärinsider, S. 96 f.; *J. Hartmann*, Juristische und ökonomische Regelungsprobleme, S. 206 ff.; *Krauel*, Insiderhandel, S. 257 f.; *Assmann* Rn. 35; zur US-amerikanischen Theorie des „knowledge by the active investment community" vgl. *Wang/Steinberg*, Insidertrading, § 4.3.2.
[210] Auf diese Reflexwirkung weist auch *Schäfer* Rn. 34 hin.

Die Literatur **kritisiert** vereinzelt das Konzept der Bereichsöffentlichkeit da- 90
hingehend, dass das allgemeine Anlegerpublikum in seiner Chancengleichheit
benachteiligt würde, weil sich der Wissensabstand zwischen den „Kapitalmarkt-
profis" und den übrigen Teilnehmern an der Börse vergrößere.[211] Eine informationelle Gleichbehandlung der Mitglieder der breiten Öffentlichkeit[212] würde
jedoch aufgrund der vielfachen praktischen Probleme (Erreichen der breiten
Öffentlichkeit, zeitlich befristete Handelssperren für Insider, Aussetzung des
Handels mit Entstehung der Insiderinformation etc.) die Funktionsfähigkeit der
Kapitalmärkte in erheblichem Maße einschränken und das Risiko der Zunahme
verbotener Insidergeschäfte noch erhöhen.[213] Hinzu kommt, dass das Informationsgefälle zwischen den Privatanlegern und den institutionellen Marktteilnehmern durch elektronische Medien, wie das Internet, geringer geworden ist.[214]

Es kommt nicht darauf an, ob im konkreten Fall von dem Informationsange- 91
bot tatsächlich Gebrauch gemacht worden ist.[215] Der Begriff der öffentlichen
Bekanntheit ist **nicht** im Sinne einer **tatsächlichen Kenntnisnahme** zu verstehen; **maßgeblich ist die diesbezügliche Möglichkeit** für eine unbestimmte Anzahl von Personen (vgl. oben Rn. 82 ff.).[216] Wollte man den Wissensvorsprung erst im Falle der tatsächlichen Kenntniserlangung durch die „Bereichsöffentlichkeit" als ausgeglichen ansehen, entstünde eine zu lange Phase der
Rechtsunsicherheit, da niemand genau wissen kann, ob mit seiner persönlichen
Kenntnisnahme die Information öffentlich bekannt ist, oder ob es noch einige
gibt, die von der Nachricht keine Kenntnis genommen haben. Entsprechend der
Zielrichtung der Insiderregelung, im Interesse des Marktes informationelle
Chancengleichheit zu gewährleisten (dazu vor § 12 Rn. 127), ist die Möglichkeit
der Marktteilnehmer, von einer Information Kenntnis zu nehmen, nur dann zu
bejahen, wenn die betreffende **Information allen Marktteilnehmern grundsätzlich gleichermaßen zugänglich** ist.[217] Dieser Aspekt findet sich in der
Regierungsbegründung zum 2. FFG zu § 13 sowie jetzt im Emittentenleitfaden
der BaFin in dem Erfordernis, dass eine **unbestimmte Zahl von Personen** die
Möglichkeit der Kenntnisnahme haben muss.[218]

b) Einzelheiten

Nach dem Konzept der Bereichsöffentlichkeit ist es einer unbestimmten Zahl 92
von Personen möglich, von einer Information Kenntnis zu nehmen, wenn sie
gemäß den besonderen Bestimmungen des WpHG über die Ad-hoc-

---

[211] Ausführlich dazu *Lücker*, Der Straftatbestand des Mißbrauchs von Insiderinformationen, S. 58 ff.; siehe auch *J. Hartmann*, Juristische und ökonomische Regelungsprobleme,
S. 207 f.
[212] Zu Recht kritisch zu dem Gedanken der (auch informationellen) Gleichbehandlung
der Mitglieder der breiten Öffentlichkeit aus ökonomischer Sicht *D. Schneider* DB 1993,
1429 ff.; siehe auch *J. Hartmann*, Juristische und ökonomische Regelungsprobleme,
S. 207 f.
[213] Siehe auch *Assmann* Rn. 35.
[214] So auch *Pawlik* in KölnKommWpHG, § 13 Rn. 29.
[215] Begründung RegE 2. FFG, BT-Drucks. 12/6679, S. 46.
[216] Vgl. nur *Kümpel*, Bank- und Kapitalmarktrecht, Rn. 16.100; *Pananis*, Insidertatsache
und Primärinsider, S. 94, 98.
[217] Vgl. dazu *Pananis*, Insidertatsache und Primärinsider, S. 97 f.
[218] RegE 2. FFG, BT-Drucks. 12/6679, S. 46; BaFin, Emittentenleitfaden, S. 20.

§ 13 93, 94 Abschnitt 3. Insiderüberwachung

Publizität von Insiderinformationen, d. h. in der von § 15 Abs. 5, 7 WpHG iVm § 5 Satz 1 WpAIV beschriebenen Weise **der Bereichsöffentlichkeit zugänglich gemacht, also tatsächlich veröffentlicht** worden ist. Dies ist der Fall, wenn die Information über ein **elektronisch betriebenes Informationsverbreitungssystem** veröffentlicht wird (ausführlicher unter § 15 Rn. 239 ff.). Das verwendete System muss bei Kreditinstituten i. S. d. § 53 Abs. 1 Satz 1 KWG, anderen Unternehmen, die ihren Sitz im Inland haben und an einer inländischen Börse zur Teilnahme am Handel zugelassen sind, und bei Versicherungsunternehmen **weit verbreitet** sein (so ausdrücklich in § 5 Satz 1 Nr. 1 WpAIV). Das **Erscheinen einer Nachricht** im System von Reuters, VWD (Vereinigte Wirtschaftsdienste), Bloomberg o. ä. macht eine **Information über Umstände öffentlich bekannt.** Denn nur kurze Zeit nach dem Erscheinen dieser Nachrichten auf dem Bildschirm ist davon auszugehen, dass aufgrund der ständigen Beobachtung durch eine Vielzahl von Marktteilnehmern die Bereichsöffentlichkeit hergestellt worden ist.[219]

93 Trotz der allgemeinen Zugänglichkeit für eine unbestimmte Anzahl von Personen und der mittlerweile hohen Akzeptanz des Mediums **Internet** auch unter den Marktteilnehmern **genügt** die Veröffentlichung einer Information im Internet (zB auf der Homepage eines Unternehmens) **zur Herstellung der Bereichsöffentlichkeit nicht.** Dies entspricht gemäß § 5 Satz 2 WpAIV auch dem Willen des Gesetzgebers (vgl. oben Rn. 86). Berichtet ein Unternehmen auf seiner Homepage beispielsweise über eine neue Erfindung, kann nicht davon ausgegangen werden, dass die Information mit Aufnahme auf die Homepage bei gleichzeitig gegebener Möglichkeit des allgemeinen Zugriffs öffentlich bekannt wird.[220] Der Emittent nutzt in diesem Fall gerade kein Informationsverbreitungssystem, welches gezielt und aktiv die Marktteilnehmer über Insiderinformationen in Kenntnis setzt; die Marktteilnehmer müssen vielmehr die lediglich „passiv" im Netz befindliche Information erst noch selbst abrufen. Wichtige Informationen können so einige Zeit verborgen bleiben, da die Marktteilnehmer täglich die Internetseiten der Emittenten durchforsten müssten, was ohne entsprechenden Hinweis sehr aufwendig wäre.

94 Eine Insiderinformation, die an eine **Redaktion, Nachrichtenagentur, die Deutsche Gesellschaft für Ad-hoc-Publizität mbH (DGAP), einen Betreiber eines elektronischen Nachrichtenvermittlungssystems oder eine sonstige Nachrichtenverteilungsstelle** gegeben wird, ist erst dann öffentlich bekannt i. S. d. § 13 Abs. 1, wenn sie in einer Weise publiziert ist, dass die Möglichkeit der Kenntnisnahme für eine unbestimmte Zahl von Personen besteht, d. h. nach dem gewöhnlichen Lauf der Dinge davon ausgegangen werden darf, dass die „Bereichsöffentlichkeit" Zugang zu dieser Information hat.[221] Die **bloße Zuleitung zur Veröffentlichung** an eine der genannten Stellen **führt** noch **nicht zur Herstellung der notwendigen Bereichsöffentlichkeit** (dazu be-

---

[219] Vgl. *Schäfer* Rn. 36.
[220] So aber *J. Hartmann,* Juristische und ökonomische Regelungsprobleme, S. 209; dagegen *Assmann* 3. Aufl., Rn. 44 (lediglich schnelle Erweiterung der Bereichsöffentlichkeit); *Pawlik* in KölnKommWpHG, § 13 Rn. 35; *Schäfer,* Rn. 36, der aber noch im Jahr 1999 von einer baldigen Akzeptanz des Mediums Internet mit ausreichender Reichweite ausging.
[221] So *Assmann* Rn. 38.

reits oben Rn. 87).²²² Deshalb kann nicht angenommen werden, dass eine Information in dem Zeitpunkt „öffentlich bekannt" ist, in dem sie in den Börsenticker oder ein elektronisches Nachrichtenverbreitungssystem „eingespeist" wird.²²³ Ist die Information jedoch über den **Börsenticker** gelaufen, ist sie „öffentlich bekannt" und darf sofort in eine entsprechende Anlageentscheidung umgesetzt werden.²²⁴ Angesichts der Schnelligkeit der genannten elektronischen Systeme dürften aber in der Praxis nur unwesentliche zeitliche Unterschiede zwischen der „Einspeisung" und der Publikation in der Form, dass eine unbestimmte Zahl von Personen gleichermaßen die Möglichkeit der Kenntnisnahme hat, bestehen.²²⁵

Im Falle der Veröffentlichung einer Information in den **Printmedien (Zeitungen und Zeitschriften)** ist die Möglichkeit der Kenntnisnahme nicht mit Start des Druckes gegeben, sondern mit allgemeinem Verkaufsbeginn des jeweiligen Printmediums.²²⁶ Wegen des Erfordernisses, dass die Information einer unbestimmten Zahl von Personen gleichermaßen zugänglich ist, ist im Falle einer **zeitlich gestreckten und nicht vollkommen simultanen Veröffentlichung des Printmediums** eine hinreichende „öffentliche Bekanntheit" nur dann anzunehmen, wenn die gesamte Veröffentlichung vor Beginn oder nach Ende des Börsenhandels erfolgt.²²⁷ Bei **aufgezeichneten Fernseh- oder Radiosendungen** ist nur der tatsächliche Sendetermin für die Herstellung der Bereichsöffentlichkeit entscheidend.²²⁸

Eine Veröffentlichung, die einen größeren Personenkreis als die von zB Nachrichtenagenturen erreichten Personen anspricht, kann ebenfalls die Bereichsöffentlichkeit herstellen. Ausreichend – jedoch nicht erforderlich – kann somit eine **Veröffentlichung in den öffentlichen Medien wie Fernsehen, Presse oder Rundfunk ohne die Einschaltung einer Nachrichtenagentur** sein.²²⁹ Bei den öffentlichen Medien braucht es sich nicht um solche zu handeln, zu denen auch private Anleger Zugang haben und pflegen.²³⁰

Nicht geeignet zur Herstellung einer hinreichenden „öffentlichen Bekanntheit" sind **alle Foren, die kein allgemein zugängliches Informationsmedium darstellen,** weil von vornherein nur ein beschränkter Kreis von Personen

---

²²² Allgemeine Meinung, vgl. nur *Assmann* Rn. 38; *Becker,* Das neue Wertpapierhandelsgesetz, S. 64; *Pananis,* Insidertatsache und Primärinsider, S. 99; *Krauel,* Insiderhandel, S. 257; *J. Hartmann,* Juristische und ökonomische Regelungsprobleme, S. 208.
²²³ *Assmann* Rn. 38; *Pawlik* in KölnKommWpHG, § 13 Rn. 32; im Ergebnis auch *Schäfer* Rn. 36; aA *Claussen* ZBB 1992, 267/275, der auf die „Einspeisung" der Information abstellt, dann aber (aaO) einen „Ablauf einer Reaktionszeit" fordert, binnen derer das Publikum die Möglichkeit habe, auf die Veröffentlichung zu reagieren. Die Einspeisung einer Information für ausreichend hält *Sethe,* Handbuch des Kapitalanlagerechts, § 12 Rn. 41.
²²⁴ *Assmann* WM 1996, 1337/1342; *Pananis,* Insidertatsache und Primärinsider, S. 99; anders dagegen *Claussen* ZBB 1992, 267/276 (erst nach „Ablauf einer Reaktionszeit").
²²⁵ Ähnlich *Schäfer* Rn. 36.
²²⁶ *Lücker,* Der Straftatbestand des Mißbrauchs von Insiderinformationen, S. 60.
²²⁷ So *Krauel,* Insiderhandel, S. 258.
²²⁸ *Lücker,* Der Straftatbestands des Mißbrauchs von Insiderinformationen, S. 60.
²²⁹ *Assmann* AG 1994, 237/242; *Krauel,* Insiderhandel, S. 258; auf Grundlage der EG-Richtlinie *Hopt* ZGR 1991, 17/30; *Schödermeier/Wallach* EuZW 1990, 122/123.
²³⁰ So die Begründung RegE 2. FFG, BT-Drucks. 12/6679, S. 46; vgl. auch *Assmann,* Rn. 38.

die Möglichkeit der Kenntnisnahme hat. Nicht ausreichend ist es deshalb, wenn eine Information seitens des Vorstands in einem **Gespräch mit Analysten oder Journalisten** berichtet wird.[231] Dies gilt auch für die Offenbarung einer Information im Rahmen einer **Pressekonferenz einschließlich der Bilanzpressekonferenz,** unabhängig davon, ob diese jedermann oder nur geladenen Personen zugänglich ist.[232] Denn bei einer öffentlichen Pressekonferenz handelt es sich nicht um ein allgemein zugängliches Informationsmedium i. S. d. Schaffung von Bereichsöffentlichkeit. In dem Moment, in dem die Information kundgegeben wird, besitzt nur eine bestimmte Personenzahl (nämlich die anwesenden Personen) die Möglichkeit der Kenntnisnahme.[233]

98 Informationen, die der Vorstand eines Emittenten in einer **Hauptversammlung,** etwa in Erfüllung eines Auskunftsersuchens eines Aktionärs gemäß § 131 Abs. 1 AktG mitteilt, werden nicht öffentlich bekannt.[234] Denn hier wird nur ein bestimmter Kreis von Aktionären und Marktteilnehmern unterrichtet, nicht jedoch die Öffentlichkeit, die keine grundsätzliche Teilnahmeberechtigung an einer Hauptversammlung hat. Dies gilt auch, wenn Pressevertreter anwesend sind oder die Hauptversammlung live im Internet übertragen wird (zum Internet siehe oben Rn. 93). Davon zu trennen ist die Frage, ob der Vorstand i. S. v. § 14 Abs. 1 Nr. 2 befugt ist, den Aktionären im Rahmen einer Hauptversammlung Insidertatsachen mitzuteilen (dazu § 14 Rn. 277 ff.).

99 Die **Gerichtsöffentlichkeit** stellt nicht die Bereichsöffentlichkeit her, so dass keine „öffentliche Bekanntheit" gegeben ist, wenn ein Gericht in einer öffentlichen Sitzung ein kursrelevantes Urteil in einem den Emittenten betreffenden Verwaltungs- oder Gerichtsverfahren verkündet.[235] Dies gilt auch, wenn bei der Verkündung des Urteils Medienvertreter anwesend sind. Erst mit Veröffentlichung in einem entsprechenden Medium (s. o. Rn. 85 f.) wird die Bereichsöffentlichkeit hergestellt.

100 Die **Möglichkeit der Kenntnisnahme von einer Information darf nicht bloß ganz hypothetisch** sein, was etwa der Fall wäre, wenn die Information an einer zwar allgemein zugänglichen, gleichzeitig aber so abgelegenen bzw. ungewöhnlichen Stelle publiziert wird, dass kein Marktteilnehmer vernünftigerweise mit solch einer Veröffentlichung rechnen kann.[236] Dies gilt namentlich bei **Veröffentlichungen in Verbandsblättern, Branchenzeitungen und der Lokal- bzw. Regionalpresse.**

101 In der einschlägigen Literatur ausdrücklich **umstritten** ist die Frage einer Veröffentlichung in der **Regionalpresse.** Ganz überwiegend wird die Herstel-

---

[231] *Schäfer* Rn. 36; *Assmann* Rn. 39, jeweils mwN.
[232] *Schäfer* Rn. 36; *Assmann* Rn. 39; *Hopt* in Bankrechts-Handbuch, § 107 Rn. 22; *Kümpel,* Bank- und Kapitalmarktrecht, Rn. 16.105; *Caspari* ZGR 1994, 530/538; *Cramer* in FS Triffterer, S. 323/330; *Pananis,* Insidertatsache und Primärinsider, S. 99; *J. Hartmann,* Juristische und ökonomische Regelungsprobleme, S. 208.
[233] *Assmann* Rn. 39.
[234] *Assmann* Rn. 40; *Schäfer* Rn. 36; *Pawlik* in KölnKommWpHG, § 13 Rn. 34; *Hopt* in Bankrechts-Handbuch, § 107 Rn. 22; *Kümpel,* Bank- und Kapitalmarktrecht, Rn. 16.101; *ders.* WM 1994, 2137/138; *Eichele* WM 1997, 501/508; *Pananis,* Insidertatsache und Primärinsider, S. 99 f.; *J. Hartmann,* Juristische und ökonomische Regelungsprobleme, S. 208.
[235] *Schäfer* Rn. 37; *Pawlik* in KölnKommWpHG, § 13 Rn. 32; *Kümpel,* Bank- und Kapitalmarktrecht, Rn. 16.105.
[236] *Pananis,* Insidertatsache und Primärinsider, S. 101.

lung einer hinreichenden Öffentlichkeit verneint.[237] Nach der Gegenauffassung erscheint ein solches Ergebnis grob unbillig, da ein Leser in aller Regel davon ausgehen könne, dass die in einer „frei erhältlichen Zeitung veröffentlichte Information" auch als öffentlich bekannt zu gelten habe.[238] Nach einer zwischen diesen Positionen vermittelnden Ansicht könne eine in einer Regionalzeitung veröffentlichte Information als öffentlich bekannt angesehen werden, wenn ein lokales Blatt über ein ortsansässiges Unternehmen berichte; andernfalls sei eine entsprechende Veröffentlichung für einen Marktteilnehmer nicht realistischerweise vorhersehbar.[239] Aufgrund der **Einzelfallabhängigkeit** der Frage der öffentlichen Bekanntheit in diesen Fällen wird es in der Praxis häufig zu einem – wohl vermeidbaren – Verbotsirrtum (§ 17 StGB) kommen.[240]

Erfolgt eine erstmalige öffentliche Information über eine Insiderinformation international, v. a. in einem **Informationssystem einer ausländischen Börse**, an der die Aktien des Unternehmens zugelassen sind, während an anderen Börsen noch nicht oder nicht mehr gehandelt wird, wird eine Bereichsöffentlichkeit zumindest an dieser ausländischen Börse hergestellt. Dies genügt auch für eine Bereichsöffentlichkeit i. S. d. WpHG, denn die Bereichsöffentlichkeit ist nicht im nationalen Sinne einer Heimatpublizität definiert.[241]

3. Emittenten- oder Insiderpapierbezug

Die konkreten, nicht öffentlich bekannten Umstände müssen sich gemäß § 13 Abs. 1 Satz 1 auf einen oder mehrere Emittenten von Insiderpapieren oder auf die Insiderpapiere selbst beziehen. § 13 Abs. 1 aF formulierte bereits für den Begriff der Insidertatsache ein im Wortlaut nahezu und in der Sache gleiches Merkmal. Durch das AnSVG hat der Gesetzgeber lediglich das Wort „selbst" mit Bezug auf die Insiderpapiere eingefügt. Dies führt nicht zu einer Änderung der Rechtslage, sondern bestätigt die bisherige Rechtslage, so dass auf die Grundsätze zurückgegriffen werden kann, die sich bis zum Inkrafttreten des AnSVG zum Merkmal des Emittenten- oder Insiderpapierbezugs entwickelt haben.[242]

§ 13 Abs. 1 erfasst – wie bisher – sowohl Umstände mit **unmittelbarem** als auch mit **mittelbarem** Bezug zum Emittenten oder zum fraglichen Insiderpapier.[243] Es fehlt zwar ein entsprechender wörtlicher Hinweis im Gesetzestext, gleichzeitig enthält die Vorschrift aber auch kein ausdrückliches Unmittelbarkeitskriterium wie § 15 Abs. 1, das zu einer Begrenzung des Merkmals auf Informationen mit unmittelbaren Bezug zum Emittenten oder zum Insiderpapier

---

[237] *Schäfer* Rn. 37; *Kümpel*, Wertpapierhandelsgesetz, S. 59; *Dickersbach*, Das neue Insiderrecht, S. 146; *Caspari* in *Baetge* (Hrsg.), Insiderrecht und Ad hoc-Publizität, S. 65/70; offen *Hopt* ZHR 159 (1995), 135/154.
[238] Vgl. *Eichele* WM 1997, 501/509.
[239] So *Pananis*, Insidertatsache und Primärinsider, S. 102 f.
[240] Vgl. *Pananis*, Insidertatsache und Primärinsider, S. 102; *Schäfer*, 1. Aufl. 1999, Rn. 50 (allerdings Tatbestandsirrtum).
[241] *Lenenbach*, Kapitalmarkt- und Börsenrecht, Rn. 10.33; *J. Hartmann*, Juristische und ökonomische Regelungsprobleme, S. 209; i. E. auch *Tippach*, Das Insider-Handelsverbot, S. 85 f.; für Großbritannien ebenso *Rider/Ashe*, Insider Crime, S. 36; zur Veröffentlichung in der internationalen Presse vgl. *Pananis*, Insidertatsache und Primärinsider, S. 100 f.
[242] So zu Recht *Assmann* Rn. 42; *Schäfer* Rn. 39.
[243] BaFin, Emittentenleitfaden, S. 21; *Schwintek*, Das AnSVG, S. 21; *Assmann* Rn. 43; *Simon*, Der Konzern, 2005, 13/14; *Claussen/Florian* AG 2005, 745/749 f.

führen würde.[244] Vielmehr weist dieses Merkmal eine weite und konturenlose Formulierung auf,[245] die einen Willen zur substantiellen Begrenzung des Tatbestands nicht erkennen lässt. Die Begründung des RegE zum AnSVG und der Wortlaut der EG-Marktmissbrauchsrichtlinie stützen diese Auslegung. So bezieht Art. 1 Nr. 1 der Marktmissbrauchsrichtlinie sämtliche Informationen in die Begriffsbestimmung der Insiderinformation ein, die **direkt** oder **indirekt** Emittenten von Finanzinstrumenten oder Finanzinstrumente betreffen. Es ist nicht ersichtlich, dass mit dem Begriff „indirekt" etwas anderes gemeint ist als eine Umschreibung der Mittelbarkeit.[246] In der Begründung zum RegE heißt es in Anlehnung an Erwägungsgrund Nr. 16 der Marktmissbrauchsrichtlinie sogar ausdrücklich, dass eine Insiderinformation bereits dann gegeben ist, wenn der betreffende Emittent mittelbar von einem den Kurs erheblich beeinflussenden Ereignis oder Umstand betroffen ist.[247] Ein unmittelbarer spezifischer Zusammenhang zwischen der Information und dem Emittenten ist somit nicht erforderlich; es genügt eine hinreichend tragende Verbindung, die zu einer erheblichen Kursbeeinflussung führt.

105 Das Merkmal des Emittenten- oder Insiderpapierbezugs weist damit eine beachtliche **Regelungsbreite** auf, so dass Zweifel aufkommen, ob diesem Merkmal eine eigenständige Begrenzungsfunktion beizumessen ist. Es sind nur schwer Umstände denkbar, die hinreichend konkret und kurserheblich sind, aber sich nicht zumindest mittelbar auf den jeweiligen Emittenten oder das fragliche Insiderpapier beziehen. Selbst reine Marktinformationen, die weder einen Emittenten noch Insiderpapiere spezifisch betreffen, werden im Falle der Kurserheblichkeit regelmäßig einen mittelbaren Bezug zum jeweiligen Emittenten oder zum Insiderpapier aufweisen (zu den sog. Marktinformationen unten Rn. 116ff.). Dieser Umstand wirft die Frage auf, ob es sich bei dem **Emittenten- oder Insiderpapierbezug** um ein **eigenständiges Prüfungsmerkmal** im Rahmen der Legaldefinition der Insiderinformation handelt, oder ob diesem Merkmal keine eigenständige Bedeutung zukommt. Diese Streitfrage beschäftigte die Literatur bereits vor Erlass des AnSVG.

106 Eine Meinungsgruppe in der Literatur ist der Auffassung, dass die Bemühungen zur Konkretisierung des Merkmals des Emittenten- oder Insiderpapierbezugs im Hinblick auf die Abgrenzung von Insiderinformationen zu insiderrechtlich irrelevanten Informationen aufgegeben werden sollten, weil sich dieses Ziel besser und hinreichend durch andere Begriffselemente erreichen lasse, namentlich durch das Kriterium der **Eignung zur erheblichen Kursbeeinflussung**.[248] Es

---

[244] Vgl. *Assmann* Rn. 43, der darauf abstellt, dass der Gesetzgeber eine Einschränkung der Norm auf Informationen, die einen direkten Emittenten- oder Insiderpapierbezug aufweisen, deutlich zum Ausdruck hätte bringen müssen.
[245] So *Nerlich*, Die Tatbestandsmerkmale des Insiderhandelsverbots nach dem WpHG, S. 116.
[246] So auch *Simon*, Der Konzern 2005, 13/14, der die Verwendung des Begriffs „indirekt" in Art. 1 Nr. 1 Marktmissbrauchsrichtlinie auf eine Übersetzungsungenauigkeit zurückführt.
[247] RegE AnSVG, BT-Drucks. 15/3174, S. 33 f. Ähnlich Marktmissbrauchrichtlinie 2003/6/EG, ABl. EU Nr. L 96, S. 17.
[248] So insbes. *Assmann* AG 1994, 237/243; *ders.* Rn. 46 (etwas relativierend aber Rn. 47ff.); *Hopt* in FS Beusch, S. 393/397 f.; *ders.* ZGR 1991, 17/31; *Kümpel*, Wertpapierhandelsgesetz S. 58; *Schwark*, WpHG, § 13 Rn. 42; *Sandow*, Primär- und Sekundärin-

sei zweifelhaft, ob das Merkmal des Emittenten- bzw. Insiderpapierbezugs den **selektiven Zweck** der Definitionsmerkmale der Insiderinformation erfüllen könne, nämlich solche Informationen auszunehmen, deren Verwendung nach dem Regelungszweck des Insiderrechts (dazu vor § 12 Rn. 124 ff.) nicht zu missbilligen ist.[249] Die Begründung des RegE zum AnSVG zu § 13 Abs. 1 Satz 1 und auch Erwägungsgrund Nr. 16 der Marktmissbrauchsrichtlinie nähren die Zweifel an der eigenständigen selektiven Relevanz des Merkmals, denn dieses wird dort in einen Zusammenhang mit dem Merkmal der Kurserheblichkeit gestellt.[250]

Die vollständige Verneinung einer eigenständigen Bedeutung des Merkmals des Emittenten- bzw. Insiderpapierbezugs der Information verbietet sich aber **angesichts des eindeutigen Gesetzeswortlauts.** Danach ist der Emittenten- bzw. Insiderpapierbezug ein **eigenständiges Kriterium.**[251] Angesichts der möglichen Strafbarkeit von Verstößen gemäß § 38 Abs. 1 Nr. 1, 2 iVm § 14 Abs. 1 Nr. 1 bis 3 kommt den gesetzlich normierten Tatbestandsvoraussetzungen eine Begrenzungsfunktion zu, so dass **die Prüfung einzelner Tatbestandsmerkmale nicht völlig entfallen kann.**[252] Mit dem Merkmal des Emittenten- oder Insiderpapierbezugs lassen sich Umstände aus dem Tatbestand der Insiderinformation herausfiltern, deren Bezug zum Emittenten oder zum Insiderpapier nicht mehr nachvollziehbar ist und **unter allen Gesichtspunkten abwegig erscheint** (zu dieser Abgrenzung bei Marktinformationen unten Rn. 116 f.).[253] Regelmäßig werden diese Umstände zwar auch keine Kursrelevanz besitzen; dieser weitgehende Gleichlauf der Tatbestandsvoraussetzungen allein begründet aber noch nicht die vollständige Aufgabe eines vermeintlich überflüssigen, aber ausdrücklich vorgesehenen Merkmals der Norm. Hieraus erwächst vielmehr eine **klarstellende Funktion.**[254] Dementsprechend ist – trotz aller Zweifel an der Bedeutung des Merkmals – an der eigenständigen Prüfung des Emittenten- bzw. Insiderpapierbezugs festzuhalten, auch wenn damit wohl keine substantielle Einschränkung des Tatbestandsmerkmals der Insiderinformation verbunden ist.[255]

---

sider nach dem WpHG, S. 183; *Nerlich,* Die Tatbestandsmerkmale des Insiderhandelsverbots nach dem WpHG, S. 120; *Becker,* Das neue Wertpapierhandelsgesetz, S. 65; *J. Hartmann,* Juristische und ökonomische Regelungsprobleme, S. 211 („bloße Klarstellung"); an der Erforderlichkeit des Merkmals ebenfalls zweifelnd *Schäfer* Rn. 41, 46.
[249] Siehe dazu *Assmann* Rn. 46; zustimmend auch *Schäfer* Rn. 41, der in dem Merkmal keinen zusätzlichen Nutzen für die Herbeiführung einer größeren Trennschärfe sieht.
[250] Begründung RegE AnSVG, BT-Drucks. 15/3174, S. 33 f. Bereits in der Begründung RegE 2. FFG, BT-Drucks. 12/6679, S. 46 f. hat der Gesetzgeber dieses Merkmal nur implizit, im Zusammenhang mit der Kurserheblichkeit aufgegriffen. Vgl. auch *Assmann* Rn. 46; *J. Hartmann,* Juristische und ökonomische Regelungsprobleme, S. 210.
[251] Vgl. *Pawlik* in KölnKommWpHG, § 13 Rn. 38; *Caspari* ZGR 1994, 530/540; *Schacht,* Das Insiderhandelsverbot bei öffentlichen Übernahmeangeboten, S. 55; *Claussen* ZBB 1992, 2676/276 f.; *ders.* DB 1994, 27/30; anders *ders.,* Insiderhandelsverbot und Ad-hoc-Publizität Rn. 23; *Schäfer* Rn. 46; im Ergebnis zurückhaltender *U. Weber* BB 1995, 157/163.
[252] So zu Recht *Pananis,* Insidertatsache und Primärinsider, S. 91.
[253] *Nerlich,* Die Tatbestandsmerkmale des Insiderhandelsverbots nach dem WpHG, S. 121.
[254] Vgl. *Nerlich,* Die Tatbestandsmerkmale des Insiderhandelsverbots nach dem WpHG, S. 120, der von einer „Selbstverständlichkeit" spricht.
[255] Ähnlich *Schäfer* Rn. 46.

Hierfür spricht auch der Umstand, dass der Gesetzgeber, in Kenntnis der wissenschaftlichen Diskussion um die Bedeutung des Emittenten- oder Insiderpapierbezugs, im Zuge des AnSVG daran festgehalten hat und der rechtpolitischen Forderung nach Aufgabe des Merkmals nicht nachgekommen ist.

108 Bedeutung erlangt das Merkmal des Emittenten- oder Insiderpapierbezugs in der Abgrenzung der Insiderinformation i. S. d. § 13 Abs. 1 zur ad-hoc-publizitätspflichtigen Insiderinformation.[256] § 15 Abs. 1 Satz 1 unterwirft nur solche Insiderinformationen der Ad-hoc-Publizitätspflicht, die den Emittenten **unmittelbar betreffen.** Die Unmittelbarkeit liegt nach § 15 Abs. 1 Satz 2 **insbesondere** dann vor, wenn die fragliche Insiderinformation sich auf Umstände bezieht, die im **Tätigkeitsbereich des Emittenten eingetreten** sind. Regelmäßig aber nicht notwendig wird dann ein unmittelbarer Bezug der Insiderinformation zur unternehmerischen Sphäre des Emittenten gegeben sein (ausführlich zu diesem Merkmal § 15 Rn. 132 ff.). § 13 Abs. 1 Satz 1 enthält, ausgedrückt durch das Merkmal des Emittenten- oder Insiderpapierbezugs, die **Klarstellung,** dass auch **Umstände, die den Emittenten oder das fragliche Insiderpapier nur mittelbar betreffen, insiderrechtlich relevant sein können.**

109 Die **Grenze zwischen emittentenbezogenen und insiderpapierbezogenen Informationen** ist häufig fließend. Überschneidungen zwischen Emittenten- und Insiderpapierbezug sind möglich, wobei die **genaue Einordnung** einer Information als emittenten- oder insiderpapierbezogen **für die praktische Rechtsanwendung in der Regel bedeutungslos** ist.[257]

a) Emittentenbezogene Informationen

110 Hierunter fallen zunächst unstreitig **sämtliche, die internen Vorgänge eines Emittenten betreffenden Informationen,** die im Tätigkeitsbereich des Emittenten selbst eintreten[258] und im Falle hinreichender Kursrelevanz regelmäßig eine Pflicht zur Ad-hoc-Publizität nach § 15 Abs. 1 auslösen, weil sie den Emittenten unmittelbar betreffen. Emittentenbezogene **interne Vorgänge** sind beispielsweise Umsatz und Ertrag, Investitionen und Geschäftsverlauf, Vermögens- und Finanzlage, bedeutende Erfindungen, personelle Veränderungen in Schlüsselpositionen des Unternehmens, Vertragsabschlüsse wie der Abschluss von Kooperationsverträgen, aber auch von Beherrschungs- und Gewinnabführungsverträgen etc.[259] Allgemeiner formuliert fallen sämtliche für die Stellung eines Unternehmens auf dem Markt relevanten Umstände in diese Kategorie.[260]

---

[256] AA wohl *Assmann* Rn. 46.

[257] Vgl. *Nerlich,* Die Tatbestandsmerkmale des Insiderhandelsverbots nach dem WpHG, S. 118, und *Schäfer* Rn. 44, der jedoch einen fließenden Übergang wohl nur von unternehmensexternen emittentenbezogenen Tatsachen zu insiderpapierbezogenen Tatsachen sieht.

[258] Vgl. *Dreyling/Schäfer,* Insiderrecht und Ad-hoc-Publizität, Rn. 88; *Pananis,* Insidertatsache und Primärinsider, S. 85.

[259] Zu den Beispielen vgl. *Schäfer* Rn. 43; *Assmann* Rn. 44, 48; *Pananis,* Insidertatsache und Primärinsider, S. 85; *Claussen* ZBB 1992, 267/276 f.; *ders.* DB 1994, 27/30; *U. A. Weber* BB 1995, 157/163; *J. Hartmann,* Juristische und ökonomische Regelungsprobleme, S. 210. So schon für das alte Recht die Begründung RegE 2. FFG, BT-Drucks. 12/6679, S. 46.

[260] *Assmann* Rn. 48; vgl. auch *Caspari* ZGR 1994, 530/539. Ähnlich *Nerlich,* Die Tatbestandsmerkmale des Insiderhandelsverbots nach dem WpHG, S. 116.

Emittentenbezogene Informationen können auch **extern veranlasst sein, ihren Ursprung also außerhalb des Tätigkeitsbereichs des Emittenten haben**[261] bzw. die **Beziehungen des Emittenten zu seiner Umwelt** betreffen.[262] Eine unternehmensextern veranlasste Information, die emittentenspezifisch ist, ist zB die Einleitung staatsanwaltlicher Ermittlungen gegen führende Personen eines Unternehmens.[263] Gleiches gilt für Verbote über die Verwendung bestimmter (Schad-)Stoffe, die ggf. einen oder mehrere Emittenten betreffen.[264] Nach einer einschränkenden Gegenauffassung, die sich nicht weiter durchgesetzt hat und sich noch auf den Begriff der Insidertatsache bezog, sollten nur solche Tatsachen als emittentenbezogen zu qualifizieren sein, die sich „auf betriebsinterne Vorgänge eines oder mehrerer Emittenten" beziehen.[265] Für eine Beschränkung auf lediglich betriebsinterne Vorgänge ergeben sich jedoch weder aus Wortlaut noch Sinn und Zweck des Merkmals des Emittentenbezugs Anhaltspunkte.

111

Entscheidungen, die in einem Unternehmen getroffen werden, können **Auswirkungen auf ein anderes Unternehmen** haben. **In einem solchen Fall bezieht sich die betreffende Information auf beide Emittenten.**[266] Beschließt der Hauptaktionär eines Emittenten, die Minderheitsaktionäre gemäß § 327 a AktG auszuschließen und teilt dieses der Gesellschaft mit (sog. Ausschlussverlangen), betrifft dieser Umstand sowohl den Hauptaktionär als auch die Gesellschaft mit der Folge eines jeweiligen Emittentenbezugs (Emitteneneigenschaft vorausgesetzt). Dasselbe gilt im Falle des Beschlusses, ein Übernahmeangebot für die Aktien einer anderen Gesellschaft abzugeben. Auch im Fall einer **indirekten Auswirkung einer Maßnahme eines Emittenten auf einen anderen Emittenten** ist ein Emittentenbezug auf diesen anderen Emittenten zu bejahen. Beschließt zB eine Fluggesellschaft eine wichtige Flugroute aufzugeben, kann sich eine solche Entscheidung indirekt auch spezifisch auf die Geschäftsaussichten einer konkurrierenden Fluggesellschaft auswirken, wenn diese dadurch ein Streckenmonopol erlangt.[267]

112

b) Insiderpapierbezogene Informationen

Die **Änderung des Dividendensatzes** wird teils als emittentenbezogene,[268] teils als insiderpapierbezogene Information eingeordnet.[269] Hier wird deutlich, dass eine **scharfe Abgrenzung nicht immer möglich** ist, denn die Änderung der Dividendenhöhe entsteht unternehmensintern und hat Auswirkungen auf den im Unternehmen verbleibenden Gewinnanteil; gleichzeitig hat sie für die Beurteilung eines Insiderpapiers Bedeutung.

113

---

[261] So *Pananis,* Insidertatsache und Primärinsider, S. 86.
[262] So *Assmann* Rn. 48.
[263] Ähnliches Beispiel bei *Assmann* Rn. 44.
[264] Beispiel bei *Assmann* Rn. 44.
[265] So *Tippach* WM 1993, 1269/1271; wohl ebenfalls in diesem Sinne *Caspari* ZGR 1994, 530/539.
[266] Dazu *Pananis,* Insidertatsache und Primärinsider, S. 86.
[267] Vgl. zu diesem Fall *Pananis,* Insidertatsache und Primärinsider, S. 86; *Rider/Ashe,* Insider Crime, S. 30 f.
[268] So zB *Hopt* ZGR 1991, 17/31; *Schäfer* Rn. 43; *Dreyling/Schäfer,* Insiderrecht und Ad-hoc-Publizität, Rn. 89.
[269] *Hopt* in Bankrechts-Handbuch, § 107 Rn. 23; *Assmann* Rn. 49; *Schäfer* Rn. 44. So aber schon die Begründung RegE 2. FFG, BT-Drucks. 12/6679, S. 46.

114 Eine Information, die sich auf Insiderpapiere bezieht, muss sich nicht gleichzeitig auch auf deren Emittenten beziehen. Eine allein insiderpapierbezogene Tatsache ist typischerweise das Vorliegen eines bestimmten Ordervolumens bzw. die Erteilung einer Order zum Erwerb oder zur Veräußerung einer namhaften Menge von Wertpapieren eines Emittenten (**Blockorder**).[270] Eine solche Information bezieht sich spezifisch auf Insiderpapiere eines Emittenten und ist, sofern ein erhebliches Kursbeeinflussungspotential gegeben ist, als Insiderinformation zu qualifizieren. Wer die Kenntnis einer solchen Orderlage im Wege des sogenannten *frontrunning* durch Erwerb oder Veräußerung der Papiere vor Ausführung der Order verwendet, verstößt gegen das Verwendungsverbot des § 14 Abs. 1 Nr. 1 (ausführlich zum sog. *frontrunning* Rn. 167 ff. und § 14 Rn. 151 ff.).

115 **Weitere Beispiele insiderpapierbezogener Informationen,** die spezifisch die Wertpapiere eines Emittenten oder bestimmte Wertpapierformen mehrerer Emittenten betreffen,[271] sind die Umwandlung von (vinkulierten) Namensaktien in Inhaberaktien,[272] die Umwandlung von Vorzugs- in Stammaktien oder umgekehrt, Entscheidungen der Börse über die Notierung eines Papiers, wie zB eine Kursaussetzung,[273] die geplante Empfehlung eines Papiers, zB in der Wirtschaftskolumne einer verbreiteten Zeitung,[274] oder auch die Kündigung einer Schuldverschreibungsemission.[275] Auch kann ein höchstrichterliches Urteil über die rechtlichen Verhältnisse bestimmter Wertpapiere, wie etwa die Rechte von Genussscheininhabern, eine mehrere Wertpapiere mehrerer Emittenten betreffende und somit noch wertpapierspezifische Information sein.[276]

c) Marktinformationen

116 Gegenstand einer Insiderinformation können nach ganz überwiegender Auffassung auch sog. **Marktinformationen sein** (die Begriffe **Marktdaten** oder **marktbezogene Informationen** werden synonym verwendet), sofern diese zumindest einen **mittelbaren** Bezug zum Emittenten oder zum fraglichen In-

---

[270] *Assmann* Rn. 49; *Schäfer* Rn. 44; *Dreyling/Schäfer*, Insiderrecht und Ad-hoc-Publizität, Rn. 91; *Claussen* DB 1994, 27/30; *Tippach* WM 1993, 1269/1271; *Caspari* ZGR 1994, 530/540; *Pananis*, Insidertatsache und Primärinsider, S. 86; *Liersch*, Die Regulierung des Blockhandels, S. 267 f.; vgl. auch Begründung RegE 2. FFG, BT-Drucks. 12/6679, S. 46, sowie BAWe, Jahresbericht 1996, S. 17 (Bericht über den Erlaß eines Strafbefehls für einen Kursmakler); *Schäfer* Rn. 55; *Sandow,* Primär- und Sekundärinsider nach dem WpHG, S. 182 Fn. 411, bezeichnen die Kenntnis der Orderlage als Marktinformation.

[271] Vgl. zu diesen Anforderungen, bei deren Vorliegen unstreitig ein Insiderpapierbezug i. S. d. § 13 Abs. 1 gegeben ist, *Assmann* Rn. 49.

[272] Vgl. *Kümpel,* Bank- und Kapitalmarktrecht, Rn. 16.84; *Pananis,* Insidertatsache und Primärinsider, S. 87.

[273] *Hopt* in Bank- und Kapitalmarktrecht, § 107 Rn. 23; *Pananis,* Insidertatsache und Primärinsider, S. 87; *Assmann* Rn. 50. So auch zum alten Recht die Begründung RegE 2. FFG, BT-Drucks. 12/6679, S. 46.

[274] Vgl. *Claussen,* Insiderhandelsverbot und Ad-hoc-Publizität, Rn. 22; *Pananis,* Insidertatsache und Primärinsider, S. 87.

[275] *Hopt* in Bankrechts-Handbuch, § 107 Rn. 23; *Kümpel,* Bank- und Kapitalmarktrecht, *Rn. 16.84.* So auch zum alten Recht die Begründung RegE 2. FFG, BT-Drucks. 12/6679, S. 46.

[276] Beispiel bei *Assmann* Rn. 49.

siderpapier aufweisen (dazu oben Rn. 104).[277] Der weder im Gesetzestext noch in den Materialien zum WpHG enthaltene Begriff der Marktinformation umfasst ein **breites Spektrum von unterschiedlichen Umständen, die sich unmittelbar auf die Märkte selbst oder deren Rahmenbedingungen beziehen.**[278] Dieses Spektrum reicht von noch vergleichsweise unternehmens- und kapitalmarktnahen Ereignissen bis hin zu eher unternehmens- und marktfernen wirtschaftlichen oder politischen Vorkommnissen, die eine gesamte Branche oder den gesamten Markt betreffen. Beispiele sind Zinsbeschlüsse von Notenbanken, Devisenkurse, Rohstoffpreise, gesamtwirtschaftliche statistische Daten wie Produktionsziffern, Arbeitslosenzahlen, branchenspezifische statistische Daten, Informationen und Daten, die den Wertpapierhandel im jeweiligen Insiderpapier betreffen, Gesetzgebungsmaßnahmen, politische Ereignisse wie der Ausgang von Wahlen, Regierungsumbildungen, Embargo-Beschlüsse, Kriegsausbruch, Terroranschläge[279] oder Naturkatastrophen.[280] Diese Weite des Begriffs der Marktinformation, der auch allgemein-wirtschaftliche Daten erfasst, ist Anknüpfungspunkt für die Zweifel an der tatbestandlichen Begrenzungsfunktion des Merkmals des Emittenten- oder Insiderpapierbezugs (dazu oben Rn. 105 f.).

In der Literatur gab es vereinzelte Versuche, die insiderrechtlich relevanten Marktinformationen systematisch zu erfassen und von anderen Marktinformationen abzugrenzen. Auf der Grundlage des Wortlauts der EG-Insiderrichtlinie („ein oder mehrere Emittenten von Wertpapieren oder ein oder mehrere Wertpapiere", eine ähnliche Formulierung verwendet nunmehr auch die EG-Marktmissbrauchsrichtlinie: „einen oder mehrere Emittenten von Finanzinstrumenten oder ein oder mehrere Finanzinstrumente") wurde noch diskutiert, **bestimmte Marktdaten** – namentlich gesamtwirtschaftliche Vorgänge und politische Ereignisse – wegen **Fehlens eines spezifischen Bezugs zu Emittenten oder Insiderpapieren** von den Insidertatsachen auszunehmen. Es wurde vorgeschlagen, nur solche Marktdaten zu erfassen, deren potentielle Kursauswirkung sich auf mehrere Insiderpapiere beschränkt, die Tatsachen also nicht die gesamte Kursentwicklung am Markt beeinflussen können. Die Informationen sollten sich auf **einen fest umrissenen Kreis von Wertpapieren** beziehen müssen.[281]

117

---

[277] BaFin, Emittentenleitfaden, S. 21. Zustimmend *Assmann* Rn. 45; *ders.* AG 1994, 237/243; *Schäfer* Rn. 45; *Hopt* in Bankrechts-Handbuch, § 107 Rn. 23; *ders.* ZHR 159 (1995), 135/145; *Dreyling/Schäfer*, Insiderrecht und Ad-hoc-Publizität, Rn. 90; *Kümpel*, Bank- und Kapitalmarktrecht, Rn. 16.84; *Lenenbach*, Kapitalmarkt- und Börsenrecht, Rn. 10.32. AA *Tippach* WM 1993, 1269/1274 noch zum Entwurf des WpHG; *Pananis*, Insidertatsache und Primärinsider, S. 93; *Dierlamm* NStZ 1996, 519/521 f. (hinreichender Bezug der Tatsache nur bei Branchenbezug).

[278] Begriffsbestimmung der „Marktinformation" aus BaFin, Emittentenleitfaden, S. 21. Ähnlich auch *Assmann* Rn. 45.

[279] Die Anschläge vom 11. September 2001 hatten jedenfalls Bezug auf konkrete Emittenten in Form der betroffenen Fluggesellschaften, aber auch auf die gesamte Branche des Luftverkehrs.

[280] Beispiele aus BaFin, Emittentenleitfaden, S. 21 f. und *Tippach* WM 1993, 1269/1270.

[281] Vgl. *Tippach* WM 1993, 1269/1270; dieser Differenzierungsvorschlag setzt am Wortlaut der Richtlinie an, so dass die Argumentation nicht bedingt auf das geltende Recht mit seinem veränderten Wortlaut übertragbar ist; so *Pananis*, Insidertatsache und Primärinsider, S. 91 f. Mit einer vergleichbaren Differenzierung wurde die Formulierung der EG-Insiderrichtlinie in das britische Insiderrecht umgesetzt: In section 56 (1) (a) *Criminal Justice Act*

118 Für eine solche Auslegung lassen sich weder aus den Erwägungsgründen der europäischen Richtlinien noch aus den Gesetzesmaterialen zum 2. FFG oder zum AnSVG Anhaltspunkte entnehmen. Die gewählte Formulierung „ein oder mehrere Wertpapiere" in der ursprünglichen EG-Insiderrichtlinie sollte vielmehr auch Informationen umfassen, die geeignet sind, den Markt als solchen zu beeinflussen. Als ausdrückliches Beispiel wurde eine Diskontsatzerhöhung angeführt.[282] Eine im vorgenannten Sinne enge Auslegung des Richtlinienwortlauts steht aber auch in **Widerspruch zum Regelungszweck des Insiderrechts** (dazu vor § 12 Rn. 124 ff.). Gerade die Verwendung marktorientierter Daten kann im Einzelfall das Vertrauen der Anleger in die Funktionsfähigkeit der Kapitalmärkte in besonderer Weise erschüttern, beispielsweise wenn Mitarbeiter der Europäischen Zentralbank (EZB) den Umstand einer bevorstehenden Leitzinsänderung zur Vornahme von Wertpapiertransaktionen verwenden.[283] Die Legaldefinition in § 13 Abs. 1 hat zudem weder die Formulierung aus Art. 1 Nr. 1 der EG-Insiderrichtlinie noch den Wortlaut der Art. 1 Nr. 1 der Marktmissbrauchsrichtlinie („ein oder mehrere Wertpapiere/Finanzinstrumente betrifft") übernommen, sondern lässt jeglichen, also auch einen bloß mittelbaren Bezug auf Emittenten oder Insiderpapiere ausreichen. Mit diesem **Wortlaut** ist es vereinbar, nicht nur bestimmte Gruppen, sondern in manchen Fällen auch sämtliche Finanzinstrumente oder Wertpapiere des Marktes zu erfassen.[284] Der mittelbare Bezug zum Emittenten oder zum Insiderpapier kann auch dann noch gegeben sein, wenn die Marktinformation **den gesamten Markt betrifft** und sich nicht bloß auf eine Branche oder auf einen bestimmten Kreis von Emittenten oder Insiderpapieren bezieht. Jedenfalls ist es aber nicht möglich, eine sinnvolle Ausgrenzung dieser Informationen anhand der Anzahl der betroffenen Emittenten oder Insiderpapiere vorzunehmen.[285]

119 Ein weiterer **Differenzierungsvorschlag zur Erfassung von sogenannten Marktinformationen** geht dahin, dass sich die Umstände entweder auf einen fest umrissenen Kreis von Emittenten beziehen müssen, wobei auch ein mittelbarer Bezug ausreichend ist, oder aber ein **spezifischer Insiderpapierbezug** verlangt wird, **der sich nicht in der bloßen Kursrelevanz der Information**

1993 wurde „inside information" definiert als Information, die „...relates to particular securities or to a particular issuer of securities or to particular issuers of securities and not to securities generally or to issuers of securities generally; ...". Die Information muss sich danach auf einen fest umrissenen Kreis von Papieren oder aber die Unternehmen einer bestimmten Branche beziehen, hierzu *Herrington/Glover* in *Wegen/Assmann* (Hrsg.), Insidertrading in Western Europe, S. 36; vgl. auch *Hannigan*, Insider Dealing, S. 62.

[282] Begründung des Richtlinienvorschlags von 1987, KOM (87) 111 end., 21. 5. 1987, S. 5.

[283] Beispiel bezogen noch auf Leitzinsänderungen durch die Bundesbank bei *Nerlich*, Die Tatbestandsmerkmale des Insiderhandelsverbots nach dem WpHG, S. 119.

[284] Ähnlich, aber noch zum alten Recht *Lücker*, Der Straftatbestand des Mißbrauchs von Insiderinformationen, S. 63.

[285] So etwa *Claussen* ZBB 1992, 274/277; *Welter* in *Büschgen/Schneider* (Hrsg.), Der europäische Binnenmarkt, S. 315/324; *Hopt* ZGR 1991, 17/31; gegen eine umfassende Einbeziehung aller Marktdaten durch die Richtlinie *Tippach* WM 1993, 1269/1270 f.; *Pananis*, Insidertatsache und Primärinsider, S. 89; *Ott/Schäfer* ZBB 1991, 226/235, die damals sogar Beschlüsse des Zentralbankrats nicht als Insiderinformation ansehen wollten.

erschöpft.[286] Nach diesem Interpretationsansatz wären – wie im Ergebnis grundsätzlich nach allen Eingrenzungsversuchen (oben Rn. 117) – Marktdaten, die sich **nur allgemein auf die konjunkturelle Lage beziehen,** nämlich allgemeingesamtwirtschaftliche Daten wie die Inflationsrate oder Arbeitslosenzahlen sowie allgemeine politische Vorgänge, wie zB eine Änderung der Wirtschaftspolitik oder der Ausgang von Wahlen, generell keine Insiderinformationen.[287] In der Praxis ergäben sich aber **Unschärfen bei der Abgrenzung der nicht erfassten Marktdaten zu den Insidernformationen.** Politische Entscheidungen können durchaus den erforderlichen Emittenten- oder Insiderpapierbezug im obigen Sinne (Rn. 116) aufweisen, wie zB der Beschluss, die Tabaksteuer anzuheben, der sich spezifisch auf die Tabakindustrie beziehen würde.[288]

Zu Recht werden **die bisherigen Versuche der Systematisierung von Marktinformationen als wenig überzeugend** und vorgeschlagene Abgrenzungskriterien als unscharf kritisiert.[289] Zusätzlich bergen sie die Gefahr, den Tatbestand der Insiderinformation zu sehr einzugrenzen und so die europarechtlichen Vorgaben inadäquat umzusetzen.[290] Es wäre deshalb konsequent, dem Merkmal des Emittenten- bzw. Insiderpapierbezugs eine im Wesentlichen klarstellende Funktion beizumessen (dazu bereits Rn. 107 f.) und das eigentliche Anliegen der Trennung der Insiderinformationen von anderen Informationen in erster Linie über andere Merkmale, namentlich die Kurserheblichkeit, zu lösen.[291] Nur wenn ein **mittelbarer Bezug zum Emittenten oder zum fraglichen Insiderpapier unter allen denkbaren Gesichtspunkten abwegig erscheint,** sollte eine Marktinformation von vornherein nicht als Insiderinformation betrachtet werden.

4. Eignung zur erheblichen Börsen- oder Marktpreisbeeinflussung

Über die vorstehend erörterten Merkmale hinaus verlangt § 13 Abs. 1, dass die der konkreten Information zugrunde liegenden Umstände „geeignet sind, im Falle ihres öffentlichen Bekanntwerdens den Börsen- oder Marktpreis der Insiderpapiere erheblich zu beeinflussen". Das Merkmal der Eignung zur erheblichen Börsen- oder Marktpreisbeeinflussung (regelmäßig kurz: **Kurserheblichkeit**) ist das **wesentliche Kriterium** zur Bestimmung des Vorliegens einer Insiderinformation.

a) Allgemeines, Sinn und Zweck, Auslegungskriterien

Das Merkmal der „Eignung zur erheblichen Börsen- oder Marktpreisbeeinflussung" beruht auf der Legaldefinition der Insiderinformation in Art. 1 Nr. 1

---

[286] So *Pananis*, Insidertatsache und Primärinsidertatsache, S. 92; weiterer Versuch zB von *Dierlamm* NStZ 1996, 519/521 f. der einen Branchenbezug voraussetzt.
[287] Vgl. *Pananis*, Insidertatsache und Primärinsider, S. 92.
[288] Weitere Beispiele *Sandow*, Primär- und Sekundärinsider nach dem WpHG, S. 183.
[289] Vgl. *Schäfer* Rn. 45; *Hopt* in Bankrechts-Handbuch, § 107 Rn. 23; *Kümpel*, Bank- und Kapitalmarktrecht, Rn. 16.88; *Lenenbach*, Kapitalmarkt- und Börsenmarktrecht, Rn. 10.32; *Sandow*, Primär- und Sekundärinsider nach dem WpHG, S. 183; *F. Immenga* ZBB 1995, 197/202; *Assmann*, 3. Aufl., Rn. 53.
[290] So *Assmann* Rn. 45.
[291] So *Assmann* Rn. 55; *Schäfer* Rn. 55; *Dreyling/Schäfer*, Insiderrecht und Ad-hoc-Publizität Rn. 90 f.; jeweils mit Nachw.

§ 13 123–125   Abschnitt 3. Insiderüberwachung

der EG-Marktmissbrauchsrichtlinie.[292] Im Rahmen des AnSVG hat der Gesetzgeber das Merkmal weiter konkretisiert. Die Eignung zur erheblichen Kursbeeinflussung ist nach § 13 Abs. 1 Satz 2 und in inhaltlicher Übereinstimmung mit Art. 1 Abs. 2 der Durchführungsrichtlinie 2003/124/EG[293] gegeben, wenn ein verständiger Anleger die fragliche Information bei seiner Anlageentscheidung berücksichtigen würde. Damit hat der Gesetzgeber einige wichtige Auslegungsfragen zur Vornahme der Prognose (siehe unten Rn. 130 ff.) und zur Ermittlung der Kurserheblichkeit (siehe unten Rn. 136 ff.) entschieden, die bis zum Erlass des AnSVG nicht abschließend geklärt waren.

123   Die Kurserheblichkeit ist ein **abstraktes Gefährdungsmerkmal,**[294] das einen Erfolg – eine tatsächliche Kursbeeinflussung bzw. -veränderung – nicht voraussetzt. Dies entspricht der Rechtsnatur der Insiderverbote als abstrakte Gefährdungsdelikte; eine Bereicherung des Insiders, die erst durch eine tatsächliche Kursveränderung eintreten kann, wird gerade nicht vorausgesetzt (vgl. vor § 12 Rn. 134 f.).

124   Seit Erlass des WpHG verfolgte das Merkmal der Kurserheblichkeit den Zweck, Informationen über Emittenten oder Wertpapiere, später Finanzinstrumente, aus dem Anwendungsbereich des Insiderrechts herauszunehmen, wenn sie allenfalls dazu geeignet waren, nur geringfügige Kursbewegungen auszulösen.[295] Durch die Beschränkung von Insiderinformationen auf Umstände mit erheblicher Kursrelevanz wird vor allem **bezweckt, Bagatellfälle vom Insiderhandelsverbot auszunehmen.**[296] Dies sind Fälle, in denen die Verwertung einer nicht öffentlich bekannten Information von vornherein keine nennenswerten wirtschaftlichen Vorteile verspricht, und in denen der Anreiz zur Informationsverwertung wegen des Risikos stets einzukalkulierender Kursschwankungen gering ist.[297] Die über das Merkmal der Kurserheblichkeit erfolgende **Einschränkung der Insiderinformation** ist **rechtspolitisch geboten,** um den Begriff angesichts des weiten Informationsbegriffs und mangels anderweitiger tauglicher Merkmale sinnvoll zu begrenzen (vgl. insbes. oben Rn. 105 f.).[298]

125   Gegen das Ziel der **Aussonderung von Bagatellfällen** sind **Zweifel hinsichtlich der Vereinbarkeit mit dem Schutzzweck der Insidervorschriften** (dazu vor § 12 Rn. 131 ff.) geäußert worden.[299] Zu Recht wird darauf hingewiesen, dass das Vertrauen der Anleger auch beeinträchtigt werden kann, wenn

---

[292] Art. 1 Nr. 1 der EG-Insiderrichtlinie enthielt ein ähnliches Merkmal. Die Regelung setzte anstelle der „erheblichen" eine „beträchtliche" Kursbeeinflussung voraus, ohne jedoch inhaltlich zu differenieren.
[293] ABl. EU Nr. L 339 v. 24. 12. 2003, S. 70. Dort heißt es: „(...) eine Information gemeint, die ein verständiger Anleger wahrscheinlich als Teil der Grundlage seiner Anlageentscheidungen nutzen würde."
[294] So *Lücker,* Der Straftatbestand des Missbrauchs von Insiderinformationen, S. 64.
[295] Begründung RegE 2. FFG, BT-Drucks. 12/6679, S. 46.
[296] *Assmann* Rn. 51; *ders.* AG 1994, 237/244; *M. Weber* NJW 1994, 2849/2852; *F. Immenga* ZBB 1995, 197/203; *Pananis,* Insidertatsache und Primärinsider, S. 104, 115; *Kümpel,* Bank- und Kapitalmarktrecht, Rn. 16.109; *Loesser,* Die Eignung zur erheblichen Kursbeeinflussung, S. 107 ff.; *Lenenbach,* Kapitalmarkt- und Börsenrecht, Rn. 10.36.
[297] *Assmann* Rn. 51.
[298] Diese nähere Begründung bei *Assmann* Rn. 51.
[299] Dazu *J. Hartmann,* Juristische und ökonomische Regelungsprobleme, S. 212. Anders aber *Assmann* Rn. 51 in Fußnote 1.

die Verwertung einer Insiderinformation nur einen verhältnismäßig kleinen Gewinn verspricht, da allein die Tatsache der Ausnutzung unrechtmäßig erlangter Informationsvorteile das Anlegervertrauen beeinträchtigen kann. Das **Merkmal der „Erheblichkeit"** kann deshalb nicht quantitativ interpretiert werden, sondern es handelt sich um ein **qualitatives Merkmal** (dazu unten Rn. 159 ff.).

Die wegen der **unbestimmten Begriffe „geeignet"** und **„erheblich"** in der Literatur verschiedentlich erhobenen Bedenken[300] hinsichtlich der **Wahrung des verfassungsrechtlichen Bestimmtheitsgebots des Art. 103 Abs. 2 GG** sind mit Blick auf die Rechtsprechung des BVerfG zum Bestimmtheitsgrundsatz wenig überzeugend.[301] Das BVerfG hat die **Verwendung unbestimmter Rechtsbegriffe** regelmäßig für **zulässig** erachtet.[302] Im Zuge des AnSVG hat der Gesetzgeber nunmehr in § 13 Abs. 1 Satz 2 das Merkmal weiter konkretisiert (siehe unten Rn. 146 ff.), so dass zumindest jetzt die Verfassungsmäßigkeit nicht mehr in Zweifel gezogen werden kann. 126

Ein Verstoß gegen eines der Insiderhandelsverbote gemäß § 38 Abs. 1 Nr. 1 iVm § 14 Abs. 1 Nr. 1 setzt vorsätzliche oder leichtfertige Tatbegehung voraus, ebenso ein Verstoß gegen die Ordnungswidrigkeiten des § 39 Abs. 2 Nr. 3 oder Nr. 4 und ein Verstoß gegen § 38 Abs. 1 Nr. 2 iVm § 14 Abs. 1 Nr. 2 oder Nr. 3 Vorsatz (dazu § 14). Dabei müssen **Vorsatz oder Leichtfertigkeit** des Insiders **auch die Eignung einer nicht öffentlich bekannten konkreten Information über Umstände zur erheblichen Kursbeeinflussung** umfassen.[303] Die vereinzelte Literatur-Auffassung, dass es sich bei dem Merkmal der Kursrelevanz um eine objektive Bedingung der Strafbarkeit handele,[304] entbehrt deshalb jeglicher Grundlage.[305] 127

Das Tatbestandsmerkmal der Eignung einer Information, im Falle ihres öffentlichen Bekanntwerdens den Kurs der Insiderpapiere erheblich zu beeinflussen, besteht aus **drei** – eng miteinander verbundenen, die Einheitlichkeit des Merkmals aber nicht aufhebenden[306] – **Elementen:** 128
– die betreffende Information muss geeignet sein, d. h. es ist eine **Prognose** über ihre **Eignung** notwendig, im Falle des öffentlichen Bekanntwerdens der Information zu einer Kursbeeinflussung zu führen, welche die Erheblichkeitsschwelle erreicht oder überschreitet (dazu Rn. 130 ff.);
– es ist zu bestimmen, unter welchen Voraussetzungen die **Erheblichkeitsschwelle** erreicht oder überschritten wird, eine Kursbeeinflussung also als erheblich zu betrachten ist (dazu unten Rn. 136 ff.);
– die Bedeutung des Zeitpunkts der erheblichen Kursbeeinflussung, die **im Fall des öffentlichen Bekanntwerdens** der Information erfolgen soll, ist zu er-

---

[300] Vgl. *Haouache*, Börsenaufsicht durch Strafrecht, S. 104; *Tippach*, Das Insider-Handelsverbot, S. 148 (in Bezug auf die Regelung des § 15); auch *Krauel*, Insiderhandel, S. 266.
[301] Eingehend dazu *Kümpel*, Bank- und Kapitalmarktrecht, Rn. 16.121 ff.; *Peltzer* ZIP 1994, 746/749.
[302] Vgl. BVerfG, 15. 3. 1978 – 2 BvR 927/76, BVerfGE 48, 48/56; 22. 10. 1980 – 2 BvR 1172, 1238/79, BVerfGE 55, 144/152; 27. 11. 1990 – 1 BvR 402/87, BVerfGE, 83, 130/145.
[303] Vgl. nur *Assmann* Rn. 52; *Hopt* in Bankrechts-Handbuch, § 107 Rn. 25.
[304] So *Hirte* in Das 2. FFG in der praktischen Umsetzung, S. 47/80 f.
[305] *Assmann* Rn. 52; *Loesche*, Die Eignung zur erheblichen Kursbeeinflussung, S. 222 ff.; ablehnend auch *Cahn* ZHR 162 (1998), 1/17.
[306] Vgl. *Assmann* Rn. 50.

mitteln. Es gibt Arten von Informationen, wie die Lage im Orderbuch eines Kursmaklers, die nie öffentlich bekannt gemacht werden (dazu Rn. 143 ff.).

b) Eignung (*ex-ante*-Prognose)

129 Ob eine Insiderinformation geeignet ist, im Falle ihres öffentlichen Bekanntwerdens den Kurs der Insiderpapiere erheblich zu beeinflussen, ist in einer auf den **Zeitpunkt der Tathandlung** abstellenden **objektiven ex-ante-Prognose** vorzunehmen, welche die **Umstände des konkreten Einzelfalls** berücksichtigt.

130 aa) *Ex-ante*-Betrachtung. Einigkeit besteht darüber, dass die im Hinblick auf die Kurserheblichkeit vorzunehmende **Prognose aus einer *ex-ante*-Betrachtung** unter Berücksichtigung aller sich aus dieser Perspektive eröffnenden **Umstände des konkreten Einzelfalls** vorzunehmen ist; maßgeblicher **Zeitpunkt** ist derjenige **der Tathandlung**.[307] Soweit teilweise darauf hingewiesen wird, dass es sich bei der aus einer *ex-ante*-Betrachtung vorzunehmenden Prognose über die Kurserheblichkeit um eine nachträgliche handele,[308] bedeutet dies im Ergebnis nichts anderes, sondern enthält nur den (inzidenten) Hinweis darauf, dass die Ermittlung der Eignung zur erheblichen Kursbeeinflussung aus *ex-ante*-Sicht immer erst nach Begehung der Tathandlung (im Rahmen der Ermittlungen) erfolgt. Es bedeutet nicht, dass alle zwischenzeitlich verfügbaren Erkenntnisse bei der Beurteilung zugrunde gelegt werden dürfen.

131 Dass eine *ex-ante*-Betrachtung vorzunehmen ist, ergibt sich aus dem **Wortlaut** des Gesetzes, nach dem bereits die **Eignung zur Kursbeeinflussung** genügt. Nicht erforderlich und unerheblich ist es deshalb, ob sich nach der betreffenden Tathandlung und ggf. dem öffentlichen Bekanntwerden der Information der Kurs tatsächlich erheblich verändert hat oder nicht. Es reicht aus, dass eine **Kursveränderung,** aus Sicht des potentiellen Insiders, als **möglich oder wahrscheinlich** erscheint (zu dem für die Prognose erforderlichen Wahrscheinlichkeitsgrad unten Rn. 136 ff.).[309] Im konkreten Fall mag sich der Kurs nachträglich sogar in die entgegen gesetzte Richtung bewegen und zu Verlusten des Insiders führen.[310] Eine tatsächliche Kursveränderung ist weder notwendige noch hinreichende Bedingung für das Vorliegen der *ex ante* zu bestimmenden Eignung der Tatsache zur Kursbeeinflussung.[311] Eine tatsächlich eingetretene erhebliche

---

[307] *Assmann* Rn. 55; *ders.* ZGR 1994, 404/514; *ders.* AG 1994, 196/244; *Schäfer* Rn. 57; *Kümpel,* Bank- und Kapitalmarktrecht, Rn. 16.113; *Hopt* in Bankrechts-Handbuch, § 107 Rn. 24; *ders.* ZGR 1991, 17/32; *Dreyling/Schäfer,* Insiderrecht und Ad-hoc-Publizität, Rn. 67 f.; *Caspari* ZGR 1994, 530/540; *Peltzer* ZIP 1994, 746/749; *Claussen* DB 1994, 27/30; *Dickersbach,* Das neue Insiderrecht, S. 93 f.; *Lücker,* Der Straftatbestand des Missbrauchs von Insiderinformationen, S. 64 f.; *Pananis,* Insidertatsache und Primärinsider, S. 104, 112.

[308] So zB *Assmann,* Rn. 55; *F. Immenga* ZBB 1995, 197/202; *Loesche,* Die Eignung zur erheblichen Kursbeeinflussung, S. 98, 114 mwN.

[309] Unstreitig, BaFin, Emittentenleitfaden, S. 22; *Assmann* Rn. 60; *Schäfer* Rn. 48; *Hopt* in Bankrechts-Handbuch, § 107 Rn. 24; *Caspari* ZGR 1994, 530/540; *Peltzer* ZIP 1994, 746/749; *Claussen* DB 1994, 27/30; *Dreyling/Schäfer,* Insiderrecht und Ad hoc-Publizität, Rn. 66; *Kümpel,* Wertpapierhandelsgesetz, S. 61. Soweit *Hirte* in Das 2. FFG in der praktischen Umsetzung, S. 47/77 ff., unter Hinweis auf das Bestimmtheitsgebot nur eine tatsächliche Kursbeeinflussung ausreichen lassen will, ist dies abzulehnen.

[310] *Hopt* in Bankrechts-Handbuch, § 107 Rn. 24.

[311] So auch *Pawlik* in KölnKommWpHG, § 13 Rn. 42.

Kursveränderung, für die andere Umstände als das öffentliche Bekanntwerden der betreffenden Tatsache ausgeschlossen werden können, kann allerdings im Rahmen der Beweiswürdigung als **Indiz** für ein zum Zeitpunkt der Tathandlung bestehendes Kursveränderungspotential dienen.[312]

Die auf die Kurserheblichkeit einer Tatsache bezogene *ex-ante*-Betrachtung ist allein unter der **Würdigung aller im Zeitpunkt der Tathandlung vorliegenden Umstände des konkreten Einzelfalls** vorzunehmen.[313] Zu den zu würdigenden Umständen des konkreten Einzelfalls gehört nicht nur die in Frage stehende **Information**. Vielmehr sind alle zum Zeitpunkt der Tathandlung den Marktteilnehmern (zur Maßgeblichkeit des objektiven Standpunkts des börsenkundigen Investors bzw. verständigen Anlegers siehe unten Rn. 139ff.) bekannten **Marktverhältnisse** in die *ex-ante*-Beurteilung einzubeziehen.[314] Solche sind zB die Marktenge und Volatilität des konkreten Insiderpapiers sowie allgemeine oder branchenspezifische Kurstrends. Regelmäßig wird auch der **voraussichtliche Zeitraum zwischen dem Eintritt der Information und dem öffentlichen Bekanntwerden** zu berücksichtigen sein.[315] Auch eine Vorbereitung des Publikums auf bestimmte Entwicklungen ist bei der einzelfallbezogenen *ex-ante*-Betrachtung einzubeziehen.[316]

bb) Katalog potentiell kurserheblicher Informationen? In der Literatur wurde vereinzelt die Auffassung vertreten, dass die Rechtsanwendung nur durch eine enumerative Festlegung kurserheblicher Sachverhalte in Form eines Katalogs von nach einschlägigen Erfahrungen potentiell kurserheblicher Informationen geleitet werden könne.[317] Ein verbindlicher **Tatsachenkatalog** müsse *de lege ferenda* vom Gesetzgeber oder, nach entsprechender Ermächtigung, im Wege einer Rechtsverordnung durch die BaFin erlassen werden. Eine solche verbindliche kasuistische Regelungstechnik wird zu Recht abgelehnt, weil das Leben „reichhaltiger und bunter (ist) als die Phantasie des Verordnungsgebers".[318] **Kataloge von potentiell kurserheblichen Informationen** können eine erste **Orientierungshilfe** bei der Konkretisierung der Kurserheblichkeit inner-

---

[312] So ausdrücklich die BaFin, Emittentenleitfaden, S. 22; ebenso statt vieler *Loesche*, Die Eignung zur erheblichen Kursbeeinflussung, S. 111 ff., 114 f., 166 ff.; *Pananis*, Insidertatsache und Primärinsider, S. 104; *Waldhausen*, Die ad-hoc-publizitätspflichtige Tatsache, S. 267; *Dreyling/Schäfer*, Insiderrecht und Ad hoc-Publizität Rn. 68.
[313] Begründung RegE 2. FFG, BT-Drucks. 12/6679, S. 48; *Kümpel*, Bank- und Kapitalmarktrecht, Rn. 16.115; *ders.* WM 1994, 2139/2140; *U.A. Weber* BB 1995, 157/164; etwas anders *Loesche*, Die Eignung zur erheblichen Kursbeeinflussung, S. 98 f.; der für das Kursbeeinflussungspotential auf einen generalisierenden Sachkatalog abstellen will, die notwendige Korrektur dann aber durch eine Einzelfallbetrachtung der Erheblichkeit herbeiführt.
[314] BaFin, Emittentenleitfaden, S. 22; *Assmann* Rn. 59; i. E. auch *Loesche*, Die Eignung zur erheblichen Kursbeeinflussung, S. 122.
[315] *Kümpel*, Bank- und Kapitalmarktrecht, Rn. 16.114.
[316] BaFin, Emittentenleitfaden, S. 23; *Assmann* Rn. 59; *Fürhoff/Wölk* WM 1997, 449/455; *Pananis*, Insidertatsache und Primärinsider, S. 110 ff.
[317] *Tippach*, Das Insider-Handelsverbot, S. 148; *Haouache*, Börsenaufsicht durch Strafrecht, S. 103 f.
[318] So *Peltzer* ZIP 1994, 746/749; vgl. auch *Pananis*, Insidertatsache und Primärinsider, S. 107 f.; *Fürhoff*, Kapitalmarktrechtliche Ad-hoc-Publizität, S. 186; *Waldhausen*, Die Ad-hoc-publizitätspflichtige Tatsache, S. 268; *Lücker*, Der Straftatbestand des Mißbrauchs von Insiderinformationen, S. 66 f.; *Hopt* ZHR 159 (1995), 135/150.

halb der Prognose für Rechtsanwender und Normadressaten bieten[319] und erleichtern und systematisieren so die Rechtsanwendung.[320] Auch kann ein Katalog potentiell kurserheblicher Informationen **für den Nachweis des Vorsatzes Bedeutung erlangen,**[321] denn ein Täter, der weiß, dass eine Tatsache im Katalog aufgeführt ist, kann sich nur schwerlich darauf berufen, er habe die Kurserheblichkeit der Information falsch eingeschätzt.[322] Ein Katalog kurserheblicher Informationen **kann aber die notwendige Einzelfallbetrachtung nicht ersetzen.** Die Kurserheblichkeit hängt von vielen **verschiedenen Faktoren** ab wie Größe und Struktur des Unternehmens, Branche, Wettbewerbssituation, Markterwartungen etc.[323]

135 Der **Emittentenleitfaden der BaFin** enthält einen – weder allgemeinverbindlichen noch abschließenden – **Katalog** kursrelevanter Sachverhalte.[324] Dieser bezieht sich auf Sachverhalte, die der **Ad-hoc-Publizität von Insiderinformationen** unterliegen. Genannt werden insbesondere verschiedene Strukturmaßnahmen, Unternehmensverträge, der Erwerb oder die Veräußerung von wesentlichen Beteiligungen, Übernahme- und Abfindungsangebote, Kapitalmaßnahmen, die Änderung wichtiger Unternehmensdaten wie zB des Ergebnisses des Jahresabschlusses, insolvenzrechtliche Mitteilungen, Verdacht auf Bilanzmanipulation, erhebliche außerordentliche Aufwendungen, Ausfall wesentlicher Schuldner, Veränderungen bezogen auf besonders bedeutende Vertragsverhältnisse, wichtige technische Fortschritte, Rechtsstreitigkeiten von besonderer Bedeutung, überraschende Veränderungen in Schlüsselpositionen des Unternehmens, Antrag auf Widerruf der Zulassung zum amtlichen oder geregelten Markt, tatsächliche Durchführung eines Aktienrückkaufprogramms etc. Jeglicher Katalog von potentiell kurserheblichen Tatsachen ist **mit äußerster Vorsicht zu verwenden,** da die dort aufgeführten Sachverhalte lediglich beispielhaft sein können und – wie der im Leitfaden enthaltene Katalog zeigt – selbst kaum ohne Verwendung einer Vielzahl unbestimmter Rechtsbegriffe auskommen.

136 cc) **Maßgeblicher Wahrscheinlichkeitsgrad.** Bei der *ex-ante*-Prognose der Kurserheblichkeit einer Information handelt es sich um ein **Wahrscheinlichkeitsurteil.** Es ist der **Wahrscheinlichkeitsgrad** zu bestimmen, mit dem im Zeitpunkt der Tathandlung erwartet werden durfte, dass die betreffende Tatsache im Falle ihres öffentlichen Bekanntwerdens den Kurs erheblich beeinflussen würde. **Im Schrifttum** werden dazu mit unterschiedlichen Detailformulierungen **nahezu alle Wahrscheinlichkeitsgrade** befürwortet (jede „mögliche"

---

[319] Hopt in Bankrechts-Handbuch, § 107 Rn. 25; *Lenenbach,* Kapitalmarkt- und Börsenrecht, Rn. 10.36; *Kümpel* WM 1994, 2137/2140; *Weisgerber* WM 1995, 19/20; eingeschränkt auch *Lücker,* Der Straftatbestand des Mißbrauchs von Insiderinformationen, S. 66 f.
[320] *Assmann* Rn. 67. ähnlich *Loesche,* Die Eignung zur erheblichen Kursbeeinflussung, S. 79 ff.
[321] *Cramer* in FS Triffterer, S. 323/331.
[322] Hier ist allerdings Vorsicht geboten, dass es faktisch nicht zu einer Umkehr der Beweislast kommt.
[323] So zu Recht einschränkend BaFin, Emittentenleitfaden, S. 43.
[324] BaFin, Emittentenleitfaden, S. 43 f. Vgl. auch den auf das Insiderrecht zugeschnittenen Katalog von Insidertatsachen bei *Loesche,* Die Eignung zur erheblichen Kursbeeinflussung, S. 63 ff.

Kursveränderung;³²⁵ „hinreichende" Wahrscheinlichkeit;³²⁶ „hätte beeinflussen können";³²⁷ „realistische Möglichkeit", falls Prozentsätze in Bezug auf die Kursveränderung Maßstab seien;³²⁸ „Kursveränderung eher zu als nicht zu erwarten", also mit einer 50%igen Wahrscheinlichkeit;³²⁹ „hohe Wahrscheinlichkeit"³³⁰). Daneben finden sich Differenzierungen mit unterschiedlichen Wahrscheinlichkeitsgraden.³³¹ Diese Differenzierungen sind jedoch im Hinblick auf die Unsicherheiten bezüglich der Prognose über die Kursveränderung wenig hilfreich und sinnvoll.³³²

Angesichts der Funktion des Merkmals der Eignung zur erheblichen Kursbeeinflussung, nämlich der sinnvollen Begrenzung des Begriffs der Insiderinformation (dazu oben Rn. 121 ff.), kann **nicht jede bloße Möglichkeit** in dem Sinne genügen, dass sich von der betreffenden Tatsache nicht behaupten lässt, sie sei zur erheblichen Kursbeeinflussung ungeeignet.³³³ Um einen hinreichend rechtssicheren, zugleich auch dem Schutzzweck des Insiderhandelsverbots gerecht werdenden **Maßstab** zu erreichen, ist zu verlangen, dass eine Möglichkeit der Kursveränderung besteht, die auf nachvollziehbare und objektive Kriterien gestützt ist, die erwarten lassen, dass **eine erhebliche Kursveränderung** im Fall des öffentlichen Bekanntwerdens der Tatsache **eher eintreten als nicht eintreten wird.**³³⁴

Eine Insiderinformation kann sich nach § 13 Abs. 1 Satz 3 auch auf **zukünftige Umstände und Ereignisse,** wie Informationen über Absichten oder Pläne, beziehen, wenn deren Eintritt hinreichend wahrscheinlich ist (dazu oben Rn. 66 ff.). In diesen Fällen ist ein **zweifaches Wahrscheinlichkeitsurteil**³³⁵ erforderlich, denn es ist zusätzlich die Eintrittswahrscheinlichkeit der künftigen Umstände zu ermitteln. In vielen Fällen wird aber für zukünftige Umstände die Frage der Kurserheblichkeit das gleiche Resultat liefern, wie die Frage der hinreichenden Eintrittswahrscheinlichkeit.³³⁶ Liegen konkrete Pläne für eine Fusion vor, die bereits kurserheblich sind, wird man bei der Beurteilung dieser Information nach § 13 Abs. 1 Satz 3 in den meisten Fällen annehmen müssen, dass die künftige Durchführung dieser Fusion hinreichend wahrscheinlich ist. Ist die Durchführung der Fusion oder einer Kapitalerhöhung hinreichend wahrscheinlich, wird dieser Umstand regelmäßig – aber nicht immer³³⁷ – geeignet sein, den Kurs der Aktie erheblich zu beeinflussen. Denkbar ist namentlich eine konkrete

---

³²⁵ ZB *Fürhoff/Wölk* WM 1997, 449/454.
³²⁶ *Kleinmann,* Ausgestaltung der Ad-hoc-Publizität, S. 42.
³²⁷ *Peltzer* ZIP 1994, 746/749.
³²⁸ *Kümpel* WM 1994, 2137/2040.
³²⁹ *Assmann* Rn. 60.
³³⁰ *U.A. Weber* BB 1995, 147/164.
³³¹ Siehe dazu *Loesche,* Die Eignung zur erheblichen Kursbeeinflussung, S. 84 f., 133 ff.; *Pananis* WM 1997, 460/464.
³³² So *Waldhausen,* Die ad-hoc-publizitätspflichtige Tatsache, S. 267.
³³³ So *Assmann* Rn 60; *Lenenbach,* Kapitalmarkt- und Börsenrecht, Rn. 10.37.
³³⁴ *Lenenbach,* Kapitalmarkt- und Börsenrecht, Rn. 10.37; *Waldhausen,* Die ad-hoc-publizitätspflichtige Tatsache, S. 267 f. Ähnlich auch *Assmann* Rn. 60.
³³⁵ Ebenso *Assmann* Rn. 61; *Pawlik* in KölnKommWpHG, § 13 Rn. 42.
³³⁶ Ausführlich hierzu *Cahn* Der Konzern 2005, 5/6. Hierzu auch *Schäfer* Rn. 58, der aber das von *Cahn* gebildete Beispiel unrichtig wiedergibt.
³³⁷ So aber *Cahn* Der Konzern 2005, 5/6.

Information über zukünftige Umstände, deren Eintrittswahrscheinlichkeit hinreichend gegeben, aber deren Kurserheblichkeit aufgrund besonderer Umstände zu verneinen ist. Vgl. hierzu auch die Ausführungen zur Auslegung der Eintrittswahrscheinlichkeit gem. § 13 Abs. 1 Satz 3 oben Rn. 66 ff.

139 **dd) Objektiver Standpunkt eines verständigen Anlegers (§ 13 Abs. 1 Satz 2).** Für die einzelfallbezogene *ex-ante*-Beurteilung, ob eine Information geeignet ist, im Falle ihres öffentlichen Bekanntwerdens den Kurs eines Insiderpapiers erheblich zu beeinflussen, ist **nicht die individuelle Sicht des jeweiligen potentiellen Insiders maßgeblich.** Dies ist vielmehr nach ganz herrschender Auffassung von einem **objektiven Standpunkt** zu bestimmen.[338] Inwieweit der individuelle Insider die tatsächlichen Umstände kannte, die dem objektiven Urteil über die Kurserheblichkeit einer Tatsache zugrunde liegen, ist Frage des subjektiven Tatbestandes (siehe § 14 Rn. 174 ff.).

140 Mit der Maßgeblichkeit eines objektiven Standpunkts für die Beurteilung der Kurserheblichkeit ist es ausgeschlossen, auf die subjektive oder individuelle Sicht des jeweiligen Insiders abzustellen. Damit ist noch nicht gesagt, auf wessen objektiven Standpunkt und Beurteilungsmaßstab es für die Auslegung ankommt. Da die Börsenkursbildung von den Anlageentscheidungen der Teilnehmer am Kapitalmarkt abhängt, ist es sachgerecht, für die Beurteilung der Eignung der Kurserheblichkeit auf die Sichtweise eines objektiven Anlegers abzustellen. Der Beurteilungsmaßstab des „**verständigen Anlegers**" hat sich im Schrifttum denn auch als gemeinsame Grundlage herausgebildet.[339] Diesen Begriff verwendet der Gesetzgeber nunmehr ausdrücklich in § 13 Abs. 1 Satz 2.

141 Geteilt sind die Ansichten in der Literatur darüber, ob mit dem objektiven, verständigen Anleger der „durchschnittlich" vernünftige Investor unter Einbeziehung der Gruppe der Klein- bzw. Privatanleger[340] oder der „börsenkundig-verständige" Anleger mit dem Wissen eines kompetenten professionellen Marktteilnehmers, der mit den Marktgegebenheiten und -gesetzlichkeiten vertraut ist,[341] gemeint ist. Die überzeugendere beider Alternativen ist die letztgenannte. Das Abstellen auf den **objektiven Standpunkt eines börsenkundigen Anlegers** ermöglicht es, dem Umstand angemessen Rechnung zu tragen, dass

---

[338] Vgl. etwa *Assmann* Rn. 56; *ders.* AG 1994, 237/243; *ders.* ZGR 1994, 494/514; *Pawlik* in KölnKommWpHG, § 13 Rn. 42; *Hopt* in Bankrechts-Handbuch, § 107 Rn. 24; *ders.* ZGR 1991, 17/32; *F. Immenga* ZBB 1995, 197/202; *U. A. Weber* BB 1995, 157/163; *Claussen*, Insiderhandelsverbot und Ad-hoc-Publizität, Rn. 33; *Loesche*, Die Eignung zur erheblichen Kursbeeinflussung, S. 114 ff.; *Gehrt*, Die neue Ad-hoc-Publizität nach § 15 WpHG, S. 161; *Sandou*; Primär- und Sekundärinsider nach dem WpHG, S. 184; *Waldhausen*, Die Ad-hoc-Publizitätspflichtige Tatsache, S. 268; implizit auch Begründung RegE 2. FFG, BT-Drucks. 12/6679, S. 48: Prognose „unter Zugrundelegung der allgemeinen Lebenserfahrung" (zu § 15).
[339] Ebenso *Assmann* Rn. 56.
[340] *Caspari* ZGR 1994, 530/540; *Dickersbach*, Das neue Insiderrecht, S. 390; *Matusche* in Deutsches und internationales Bank- und Wirtschaftsrecht im Wandel, S. 100/114; *Pananis*, Insidertatsache und Primärinsider, S. 112 ff.; so auch noch *Assmann*, 1. Aufl. (1995), Rn. 65 a. E. Vgl. auch *Fleischer* BKR 2004, 339/343.
[341] *Assmann* Rn. 57 f. (anders noch 1. Aufl. 1995); *Loesche*, Die Eignung zur erheblichen Kursbeeinflussung, S. 98; *Gehrt*, Die neue Ad-hoc-Publizität, S. 162; *Waldhausen*, Die ad-hoc-publizitätspflichtige Tatsache, S. 269. So auch *Pawlik* in KölnKommWpHG, § 13 Rn. 87 f.

Adressaten der Insiderhandelsverbote faktisch zu einem erheblichen Teil kapitalmarktkundige Primärinsider sind.[342] In diese Richtung geht auch der Hinweis im Emittentenleitfaden der BaFin, wonach es auf den verständigen Anleger ankommt, der zum Zeitpunkt seines Handelns alle verfügbaren Informationen kennt.[343] Gerade für die Kleinanleger dürfte dieser Maßstab zu streng sein.

Diese Auslegung der Kurserheblichkeit führt nicht zu überzogenen Anforderungen an die Marktteilnehmer, weil es **nicht** um die **Festlegung von Sorgfaltspflichten** geht.[344] Mit der objektiven *ex-ante*-Prognose wird nicht darüber entschieden, ob der jeweilige Insider die Tatumstände kannte, die zur Bejahung des Tatbestandsmerkmals der Eignung zur erheblichen Kursbeeinflussung führen, er also vorsätzlich handelte. Dies und damit im Zusammenhang stehende Irrtumsfragen führen dazu, dass auch an einen Privat- oder Kleinanleger keine überzogenen Anforderungen gestellt werden. Umgekehrt wird sich ein börsenkundiger Investor nicht erfolgreich darauf berufen können, dass ein durchschnittlicher Kleinanleger die Kursrelevanz nicht habe erkennen können.[345] Der professionelle Marktteilnehmer wird bei seiner Einschätzung auch die ggf. zu erwartenden irrationalen Reaktionen der anderen (Klein-)Anleger zu berücksichtigen haben.[346]

c) Im Falle des öffentlichen Bekanntwerdens

Die Information muss gemäß § 13 Abs. 1. geeignet sein, **im Falle ihres öffentlichen Bekanntwerdens** den Börsen- oder Marktpreis der Insiderpapiere erheblich zu beeinflussen. Dieses Kriterium findet sich sowohl in Art. 1 Nr. 1 der **EG-Insiderrichtlinie** als auch in Art. 1 Nr. 1 der **Marktmissbrauchsrichtlinie**, es wird in der Literatur aber nicht weiter erörtert. Aus dem Wortlaut von § 13 Abs. 1 ergibt sich, dass ein tatsächliches Bekanntwerden der Information nicht vorausgesetzt ist. Gemeint ist ein **hypothetisches öffentliches Bekanntwerden**. Die **Kurserheblichkeit** der Information muss in **hypothetisch-kausalem Zusammenhang mit ihrem öffentlichen Bekanntwerden** stehen. Dem liegt das Verständnis zugrunde, dass es einer Reaktion der Marktteilnehmer auf das öffentliche Bekanntwerden bedarf, die zur Kursbeeinflussung führt. Gesetzliches Leitbild ist der Regelfall eines Insidergeschäfts, bei dem die zeitliche Abfolge dergestalt aussieht, dass der Insider Kenntnis von einer Information erlangt, entsprechende Wertpapiergeschäfte tätigt, die Information öffentlich bekannt wird und dann eine Kursreaktion zu verzeichnen ist.

Den **Sinn des Elements „im Fall des öffentlichen Bekanntwerdens"** zweifelt *Liersch* an.[347] Wegen dieses Elements könnten sogenannte Marktinformationen im engeren Sinne bzw. Handelsinformationen, d. h. Informationen,

---

[342] Überzeugend auch *Schäfer* Rn. 50, der den Begriff des verständigen Anlegers in Anlehnung an den Begriff der Bereichsöffentlichkeit bestimmt. Hiernach muss der verständige Anleger Teil der Bereichsöffentlichkeit sein.
[343] BaFin, Emittentenleitfaden, S. 22. Ansonsten ist der Emittentenleitfaden hier aber unklar.
[344] *Loesche*, Die Eignung zur erheblichen Kursbeeinflussung, S. 130; zustimmend *Assmann* Rn. 58.
[345] *Waldhausen*, Die ad-hoc-publizitätspflichtige Tatsache, S. 269.
[346] *Waldhausen*, Die ad-hoc-publizitätspflichtige Tatsache, S. 269.
[347] *Liersch*, Die Regulierung des Blockhandels, S. 271 ff.

§ 13 145, 146 Abschnitt 3. Insiderüberwachung

die unmittelbar die Lage des Marktes für das fragliche Wertpapier betreffen, wie insbesondere das Vorliegen einer Blockorder oder die Lage im Orderbuch, **nicht als Insiderinformation erfasst** werden. *Liersch* weist darauf hin, dass allein die Ausführung der Blockorder bereits zu **Kursreaktionen** führt (sogenannter *market impact*), **auch ohne dass die Tatsache** der Existenz der Blockorder **öffentlich bekannt wird.** Die Kurserheblichkeit ist in diesen Fällen typischerweise völlig unabhängig vom Bekanntwerden der betreffenden Information. Es ist möglich, bei nicht-öffentlich bekannter Kenntnis von diesem Sonderwissen zu profitieren, ohne dass feststehen muss, ob und in welche Richtung die Marktreaktion im Falle des öffentlichen Bekanntwerdens erfolgen würde. *De lege ferenda* spricht sich *Liersch* konsequent für eine **Streichung des Elements** aus.[348]

145 In der Praxis ist die **Orderlage im Skontro eines Börsenmaklers** nach altem Recht als (kursunmittelbare) Insidertatsache gewertet worden.[349] Die durch das Merkmal „**im Fall des öffentlichen Bekanntwerdens**" verursachten **Schwierigkeiten** in der **Subsumtion** werden entweder überhaupt nicht erörtert oder führen dazu, dass nicht klar wird, ob die Orderlage oder deren zwingende Folge, der geänderte Kurs, oder beides als insiderrechtlich relevant angesehen werden. In einem staatsanwaltschaftlichen Ermittlungsverfahren wurde die Orderlage, wenn sie zu einer Kursänderung führt, vor Inkrafttreten des AnSVG als Insidertatsache bezeichnet; gleichzeitig sollte der geänderte Kurs als zwingende Folge der Orderlage bis zur Veröffentlichung eine nicht öffentlich bekannte Tatsache sein.[350]

d) Erheblichkeit der Kursbeeinflussung (§ 13 Abs. 1 Satz 2)

146 **Gegenstand** der anzustellenden *ex-ante*-Prognose (siehe oben Rn. 129 ff.) ist, ob die konkrete Information über Umstände im Falle ihres öffentlichen Bekanntwerdens (dazu Rn. 143 ff.) den Kurs der fraglichen Insiderpapiere erheblich zu beeinflussen vermag. Eine solche Eignung ist nach § 13 Abs. 1 Satz 2 gegeben, **wenn ein verständiger Anleger** (dazu oben Rn. 140) **die Information bei seiner Anlageentscheidung berücksichtigen würde.** Diese Regelung beurteilt die nicht öffentlich bekannte Information danach, welchen Kauf- oder Verkaufsanreiz diese auf einen über die Information verfügenden und rational handelnden Anleger hat (siehe unten Rn. 159 ff.).[351] Der Gesetzgeber verzichtete wegen der Unvorhersehbarkeit von Marktvolatilitäten bewusst auf die Fixierung bestimmter Schwellenwerte zur Feststellung der Kurserheblichkeit und verwarf somit die in der Literatur weit verbreiteten objektiven Ansätze.[352]

---

[348] *Liersch*, Die Regulierung des Blockhandels, S. 274. Die damit verbundene Erweiterung des Anwendungsbereichs würde als strengere Regelung eine zulässige Abweichung von den Vorgaben der EG-Insiderrichtlinie bzw. EG-Marktmissbrauchsrichtlinie sein; so zu Recht *Liersch*, Die Regulierung des Blockhandels, S. 271 f. Fn. 785.
[349] Vgl. die Nachweise bei *Benner* in Hdb. des Wirtschafts- und Steuerstrafrechts, 4. Kapitel, Rn. 84 f. Die durch das AnSVG vorgenommenen Änderungen in § 13 Abs. 1 haben keine Auswirkungen auf diese Problematik.
[350] Staatsanwaltschaft Frankfurt, 92 Js 34146.8/95; Auszug abgedruckt bei *Benner* in Hdb. des Wirtschafts- und Steuerstrafrechts, 4. Kapitel, Rn. 84.
[351] *Assmann* Rn. 64.
[352] Begründung RegE AnSVG, BT-Drucks. 15/3174, S. 34. So auch *Pawlik* in KölnKommWpHG, § 13 Rn. 44.

Der Gesetzgeber hat eine Präzisierung des unbestimmten Rechtsbegriffs[353] der "erheblichen Kursbeeinflussung" in Umsetzung von Art. 1 Abs. 2 der Durchführungsrichtlinie 2003/124/EG (dazu Rn. 2, 12 ff.) im Zuge des AnSVG vorgenommen (zu den Auswirkungen des AnSVG auf das Insiderrecht vor § 12 Rn. 33 f., 35). Bis dahin ließ das Gesetz offen, unter welchen Voraussetzungen eine Kursbeeinflussung erheblich sein sollte. Die Entwicklung von Kriterien zur Beantwortung dieser Frage war **Aufgabe von Rechtswissenschaft und Praxis** (zu den entwickelten Ansätzen im Einzelnen Rn. 151 ff.).

aa) Theoretische Grundlagen. Ob eine Kursbeeinflussung erheblich ist, ist **nicht Tatsachen-, sondern Rechtsfrage.** Aus diesem Grund sind empirische Untersuchungen wie Ereignisstudien *(event studies),* welche die Kursreaktionen auf identifizierte Ereignisse messen[354] (auf deren Grundlage teilweise die Aufstellung eines Katalogs verlangt wird, in der die Kurserheblichkeit einer Information widerleglich vermutet wird), nicht geeignet, die "Erheblichkeit" zu bestimmen. **Empirische Studien** stellen **Orientierungshilfen** dar, denen sich entnehmen lässt, bei welchen Tatsachen typischerweise mit einer Kursbeeinflussung gerechnet werden kann und ggf. welches Ausmaß diese hat. Den empirischen Untersuchungen lässt sich jedoch **keine Aussage** darüber entnehmen, **ob** eine **Kursveränderung auch "erheblich" im Rechtssinne ist,** da sie gerade keine allgemeingültigen Kriterien für die Bestimmung der "Erheblichkeit" entwickeln. Auch können empirische Untersuchungen nichts daran ändern, dass für die Beurteilung der "Erheblichkeit" die Umstände des jeweiligen Einzelfalls maßgeblich sind, die in der anzustellenden *ex-ante*-Prognose zugrunde zu legen sind (dazu oben Rn. 130 ff.).

Auch **mit Hilfe von wirtschaftswissenschaftlichen Theorien** lassen sich die Auswirkungen einer Information auf den Kurs eines Wertpapiers im Falle einer Veröffentlichung nicht präzise vorhersagen.[355] In der Kapitalmarkttheorie gibt es zwar Modelle, welche die Aktienpreisbildung auf den Wertpapiermärkten zu beschreiben versuchen (sog. **Aktienpreismodelle**).[356] Doch mit diesen Modellen lässt sich der Einfluss auf die Bildung des Börsenkurses durch die Veröffentlichung einer Information nicht quantifizieren. Dies hat seinen Grund darin, dass den Modellen regelmäßig die **Prämisse einer homogenen Erwartung**

---

[353] Zur Kritik an dem Merkmal der erheblichen Kursbeeinflussung wegen Unbestimmtheit (vor dem AnSVG) siehe *Liersch,* Die Regulierung des Blockhandels, S. 277; *Gehrt,* Die neue Ad-hoc-Publizität nach § 15 WpHG, S. 153.

[354] Es gibt verschiedene empirische Studien, welche die Kursreaktionen von Ad-hoc-Mitteilungen in Ereignisstudien untersuchen, die sich teilweise erheblich im Hinblick auf verwendete Methoden, Stichprobenumfang, Ergebnis und deren Interpretation unterscheiden; siehe *Teichner,* Ad-hoc-Publizität und Informationsverarbeitung am deutschen Kapitalmarkt (1996); *Oerke,* Ad-hoc-Mitteilungen und deutscher Kapitalmarkt: Marktreaktion auf Informationen (1999); *Röder* ZfB 70 (2000), 567–593; *Nowak* ZBB 2001, 449–465 (mit Tabelle zu den bisherigen Ereignisstudien, S. 452).

[355] In Bezug auf § 15 aF *Pellens/Fülbier* DB 1994, 1381/1384; *Hopt* ZHR 159 (1995), 135/154; *Fürhoff/Wölk* WM 1997, 449/454 f.; *Wölk* AG 1997, 73/79; *Waldhausen,* Die ad-hoc-publizitätspflichtige Tatsache, S. 270.

[356] Für einen kurzen Überblick siehe *Vaupel* WM 1999, 521/524 f. Eine Übersicht zu den Modellen der Kapitalmarktgleichgewichtstheorie (Portfolio-Theorie, Capital Asset Pricing Model; Arbitrage Pricing Theory) findet sich bei *Perridon/Steiner,* Finanzwirtschaft der Unternehmung, S. 252 ff.

aller **Marktteilnehmer** zugrunde liegt, was nicht berücksichtigt, dass die Marktteilnehmer ihre Entscheidungen aufgrund individueller Bewertungen und nicht nur rational treffen.[357] Aufgrund der dadurch bedingten Vielzahl der für die Bewertung der Anlage und für die Erwartungsänderung der Anleger maßgebenden Faktoren ist der Anspruch, eine genaue und sichere Vorhersage der Wertpapierpreisänderung infolge der Veröffentlichung einer Information treffen zu wollen, nicht erfüllbar.[358]

150 Zu Recht wird darauf hingewiesen, dass die Kurserheblichkeit **keine sichere Veränderung des Wertpapierpreises** voraussetzt, **sondern** deren **überwiegende Wahrscheinlichkeit** genügen lässt. Daher bedürfe es einer wissenschaftlichen Theorie zur sicheren Vorhersage einer Kursveränderung für die Auslegung des Merkmals der „Erheblichkeit" nicht.[359] Beim Tatbestandsmerkmal der **Kurserheblichkeit** handelt es sich um einen unbestimmten Rechtsbegriff, der **einer rein wirtschaftswissenschaftlichen wie auch wissenschaftlich-empirischen Erfassung nicht zugänglich** ist.[360]

151 **bb) Überkommene Ansätze.** Seit Inkrafttreten des WpHG und bis zur Reform durch das AnSVG hatte sich ein **breites Spektrum von Meinungen zur rechtlichen Konkretisierung der Kurserheblichkeit** entwickelt. Trotz der Unterschiede im Detail ließen sich **zwei unterschiedliche Ansätze** erkennen: Während eine verbreitete Ansicht die **Verwendung bestimmter Prozentsätze** bzw. anderer **fixer Grenzwerte** zur Bestimmung der Erheblichkeitsschwelle befürwortete, stellte die wohl überwiegende Gegenauffassung auf eher **qualitative Kriterien** zur Bestimmung der Erheblichkeit der Kursbeeinflussung ab. Ein Teil des Schrifttums plädierte schließlich dafür, den Kreis potentieller Insidertatsachen durch einen **Tatsachenkatalog** festzulegen bzw. einen solchen als Orientierungshilfe aufzustellen (dazu schon oben Rn. 133 ff.). Mit der Einfügung von § 13 Abs. 1 Satz 2 hat sich der Gesetzgeber für einen qualitativen Ansatz entschieden, so dass die auf quantitativen oder deskriptiven Kriterien basierenden Meinungen mit dem Gesetz unvereinbar geworden sind.[361]

152 Als Maßstab für die Bestimmung des Merkmals der Erheblichkeit favorisierte die Regierungsbegründung zum 2. FFG eine **Orientierung an den Plus- oder Minusankündigungen** erwarteter Preisveränderungen, wie sie § 8 der „Bedingungen für Geschäfte an den deutschen Wertpapierbörsen"[362] vorsah.[363] Danach war der Kursmakler verpflichtet, bei Vorliegen eines bestimmten Orderaufkommens die erwarteten **Kursschwankungen von mehr als 5% des Preises bei Aktien und von mehr als 1,5% des Nennwertes bei Schuldverschreibungen** mit Plus- oder Minuszeichen anzukündigen. Die Regierungsbe-

---

[357] Siehe dazu *Pellens* AG 1991, 62/66.
[358] Siehe *Pellens* AG 1991, 62/65 f.; *Waldhausen*, Die ad-hoc-publizitätspflichtige Tatsache, S. 270; im Ergebnis auch *Fürhoff/Wölk* WM 1997, 449, 455; *Fürhoff*, Kapitalmarktrechtliche Ad-hoc-Publizität, S. 185.
[359] *Loesche*, Die Eignung zur erheblichen Kursbeeinflussung, S. 120.
[360] *Kümpel*, Bank- und Kapitalmarktrecht, Rn. 16.109; *Hopt* ZHR 159 (1995), 135/154; vgl. weiter *Loesche/Eichner/Stute* AG 1999, 308 ff.
[361] Die Anwendung objektiver Kriterien ist auch neben dem subjektiven Ansatz nicht möglich, so auch *Assmann* Rn. 65.
[362] Inzwischen: Bedingungen für Geschäfte an der Frankfurter Wertpapierbörse. Abgedruckt in *Kümpel/Hammen/Ekkenga*, Nr. 450.
[363] Begründung RegE 2. FFG, BT-Drucks. 12/6679, S. 47.

gründung wies darauf hin, dass Plus- oder Minusankündigungen regelmäßig verdeutlichen würden, dass die Marktteilnehmer selbst nicht mehr von einer üblichen Marktschwankung ausgehen.[364] Der Maßstab der Plus- oder Minusankündigung war aber nicht als fixer Schwellenwert oder feste Regel, sondern von vornherein **als Orientierungshilfe** zu verstehen.[365]

Die Ausführungen in der Regierungsbegründung zu § 13 aufgreifend, hatte sich nach Inkrafttreten des WpHG zur Frage der Bestimmung der Erheblichkeit schnell eine zunächst als herrschend anzusehende Auffassung herausgebildet, die jede zum Zeitpunkt der Vornahme des Insidergeschäfts **zu erwartende Kursänderung von mindestens 5%** (also entsprechend den Plus- oder Minusankündigungen) **als erheblich** ansah.[366] Auch wenn die Fixierung eines festen Prozentsatzes von Anfang an von kritischen Stimmen begleitet wurde,[367] lag der Schwerpunkt der Diskussion zunächst auf der Höhe des Prozentsatzes, bei dessen **Erreichen die Erheblichkeitsschwelle** überschritten würde. Während vereinzelt eine Absenkung der Schwelle der Erheblichkeit auf 2% befürwortet wurde,[368] wurde von anderer Seite eine Erhöhung vorgeschlagen, wonach eine erhebliche Kursänderung erst bei einer 10%igen Abweichung des Kurses anzunehmen sei.[369] Ergänzend fand sich auch die Unterscheidung, ob es sich um einen „leichten" oder um einen „schweren" Wert handelte.[370]

Die Verwendung bestimmter Prozentsätze in Bezug auf die Kursänderung ist v. a. mit Praktikabilitätserwägungen begründet worden. Die Fixierung fester Prozentschwellen sei aus Gründen der Rechtssicherheit sowie der praktischen Handhabung notwendig.[371] Eine genaue Betrachtung zeigt jedoch, dass dieser Ansatz von falschen Voraussetzungen ausging. Die **Vorgabe fester Prozentsätze vermittelte nur eine Scheingenauigkeit,** die in Wirklichkeit nicht realisierbar war.[372] Der Kursmakler kann auf der Grundlage der vorliegenden Kauf- und Verkaufsaufträge mathematisch exakt ermitteln, wie er den nächsten Kurs festzustellen hat. Gibt es hier Abweichungen, die über den definierten Prozentgrenzen liegen, so hat er eine Plus-/Minusankündigung vorzunehmen. Der

---

[364] Begründung RegE 2. FFG, BT-Drucks. 12/6279, S. 47.
[365] Vgl. Begründung RegE 2. FFG, BT-Drucks. 12/6279, S. 48. So *J. Hartmann,* Juristische und ökonomische Regelungsprobleme, S. 213.
[366] Etwa *Assmann* AG 1994, 237/244; *ders.* ZGR 1994, 494/514 f.; *ders.,* 1. Aufl. (1995), Rn. 72; *Claussen* ZBB 1992, 267/277 ff.; *F. Immenga* ZBB 1995, 197/203; *U. A. Weber* BB 1995, 157/163 f.; *Hopt* ZHR 159 (1995), 135/154 f.; *Caspari* ZGR 1994, 530/541.
[367] Vgl. etwa *Peltzer* ZIP 1994, 746/749 („starre Grenzen" seien nur „bedingt geeignet"); *Becker,* Das neue Wertpapierhandelsgesetz, S. 66; *Kümpel,* Bank- und Kapitalmarktrecht, 1. Aufl., Rn. 14.137; *ders.* WM 1996, 653/656, der von einer „nur groben Orientierungshilfe" spricht.
[368] Vgl. *Möller* BFuP 1994, 99/106.
[369] *Dierlamm* NStZ 1996, 519/522; *Claussen* DB 1994, 27/30, der zuvor noch auf eine 15%ige Kursabweichung abstellen wollte, siehe *ders.* ZBB 1992, 267/278.
[370] Vgl. *Claussen* ZBB 1992, 267/278; *Happ* JZ 1994, 240/243.
[371] Nachdrücklich insbes. *Dierlamm* NStZ 1996, 519/522.
[372] Kritisch *Schäfer,* 1. Aufl., Rn. 62 mwN; *Cahn* ZHR 1998, 1/17; *Dreyling/Schäfer,* Insiderrecht und Ad-hoc-Publizität, Rn. 67 f.; *Pananis,* Insidertatsache und Primärinsider, S. 110 ff.; *Cramer* in FS Triffterer, S. 323/330 („abenteuerliche Vorstellung"); *Fürhoff,* Kapitalmarktrechtliche Ad-hoc-Publizität, S. 187; *Sandow,* Primär- und Sekundärinsider nach dem WpHG, S. 185; *Krauel,* Insiderhandel, S. 267; im Ergebnis auch *Kümpel,* Bank- und Kapitalmarktrecht, Rn. 16.118.

§ 13 155, 156   Abschnitt 3. Insiderüberwachung

Insider hingegen muss bei der Beurteilung der möglichen Kursrelevanz eines bestimmten Lebenssachverhalts eine *ex-ante*-Prognose treffen (siehe oben Rn. 130 ff.). Objektiv ist es einem Insider nicht möglich, *ex ante* festzulegen, in welchem konkreten Umfang sich der Börsenpreis bei Veröffentlichung der Information (zB 4,7% oder 5,6%) verändern wird. Eine scharfe Trennung der kurserheblichen von den nicht kurserheblichen Tatsachen war hiernach kaum möglich. Eine *ex post* eingetretene tatsächliche Kursveränderung hat nur indiziellen Charakter und führt nicht zur Bejahung der Kurserheblichkeit (dazu oben Rn. 131). Gegen die Verwendung fester Erheblichkeitsschwellen sprach aber auch der Umstand, dass damit nicht hinreichend zwischen der Art der verschiedenen Wertpapiere auch innerhalb einer Wertpapiergattung unter Berücksichtigung der unterschiedlichen Volatilität differenziert werden konnte. Zu Recht wurde darauf hingewiesen, dass bei marktengen Wertpapieren die gleiche Nachricht regelmäßig wesentlich größere Kursausschläge erwarten lässt als bei marktbreiten Papieren.[373] Das Kursbeeinflussungspotential einer Information ist deshalb stets auch in Relation zu der jeweiligen Kursschwankungsbreite (**Volatilität**) des Papiers und der Marktliquidität zu sehen.

155 Die Kritik an den festen Erheblichkeitsschwellen führte dazu, dass flexiblere objektive Kriterien entwickelt wurden. Aus den Reihen der deutschen Vereinigung für Finanzanalysten und Anlageberatung (DVFA) wurde als alternativer Kurserheblichkeitsmaßstab das **DVFA/SG-Ergebnis je Aktie** vorgeschlagen.[374] Eine Information sollte dann als kurserheblich anzusehen sein, wenn diese geeignet war, eine Veränderung des DVFA/SG-Ergebnisses je Aktie im jeweils laufenden Jahr oder im Folgejahr um über 5% gegenüber dem Vorjahr, in den darauf folgenden fünf Jahren zusammen um über 10%, basierend auf dem Ergebnis des laufenden Jahres, herbeizuführen. Während nach diesem Ansatz die Kursänderung durch das DFVA/SG-Ergebnis je Aktie als **Bezugsgröße** ersetzt wurde, wurde der Erheblichkeitsmaßstab von 5% übernommen, der aber entsprechend der Volatilität des fraglichen Wertpapiers relativiert werden sollte. Wegen des Erheblichkeitsmaßstabs vermittelt aber auch diese Lösung nur eine mathematische Scheingenauigkeit. Gegen diese Auffassung sprachen zudem praktische Erwägungen. Zum einen führt nicht jede Insiderinformation, insbesondere nicht jede Marktinformation, zu einer Änderung des DVFA/SG-Ergebnisses, und zum anderen stehen die nach dieser Ansicht maßgeblichen Renditewerte nicht für alle Wertpapiere zur Verfügung und wären nur mit einem erheblichen Arbeitsaufwand permanent errechenbar.[375]

156 Nach einem anderen, ebenfalls eine verbindliche Festlegung von Schwellenwerten befürwortenden Vorschlag war jede **prognostizierte Kursänderung**

---

[373] *Kümpel* WM 1994, 2137/2141; ders., Bank- und Kapitalmarktrecht, Rn. 16.118; *Schäfer* Rn. 62; *Pananis*, Insidertatsache und Primärinsider, S. 110 f.; ähnlich *Loesche* WM 1998, 1848/1852; aA *Möller* BFuP 1994, 99/106.
[374] Vgl. *Loistl*, Die Bank 1995, 232/235; detailliert ausgearbeitet und begründet bei *Loistl* in *Claussen/Schwark* (Hrsg.), Insiderrecht für Finanzanalysten, S. 90 ff.; kritisch zu diesem Ansatz *Loesche*, Die Eignung zur erheblichen Kursbeeinflussung, S. 141 f.; *ders.* WM 1998, 1849/1851; *Pellens/Fülbier* in *Baetge* (Hrsg.), Insiderrecht und Ad hoc-Publizität, S. 23/45; *Fürhoff*, Kapitalmarktrechtliche Ad-hoc-Publizität, S. 188. Kritisch gegenüber den wirtschaftswissenschaftlichen Konkretisierungsversuchen des Rechtsbegriffs oben Rn. 149 mit Nachw.
[375] So *Schäfer* in *Marsch-Barner/Schäfer*, Hdb. börsennotierte AG, § 13 Rn. 24.

erheblich, welche die üblichen Volatilitätsgrenzen des fraglichen Insiderpapiers überschritten hatte.[376] Die BaFin habe nach dieser Ansicht fortlaufend die Differenzen zwischen der Rendite des Vortages und der Renditeober- und -untergrenze des aktuellen Börsenhandelstags zu errechnen und zu veröffentlichen. Die Renditeentwicklung solle das geeignete Kriterium zur Erfassung der Volatilität eines Insiderpapiers darstellen, nicht dessen Kursänderung selbst.

Vertreter der BaFin relativierten schon frühzeitig die Erheblichkeitsschwellen und sahen diese nicht als fixen Maßstab an, **sondern** „lediglich" als eine **Orientierungshilfe**, die wesentliche Anhaltspunkte zur Beurteilung der Kursrelevanz darstellten.[377] So wurde vorsichtig indiziert, dass in Märkten mit hoher Liquidität wie bei den DAX-Werten der Erheblichkeitsgrad schon bei einer Veränderung von 2% des Kurswertes angezeigt sein könnte, während sich bei den weniger liquiden M-DAX-Werten eine erhebliche Kursbeeinflussung erst bei mehr als 5% und bei Nebenwerten sogar erst ab Werten zwischen 5% und 10% begründen lassen dürfte.[378] Der Relativität der Kurserheblichkeit sollte auch im Wege eines **Vergleichs mit der Entwicklung vergleichbarer Wertpapiere** bzw. der **Heranziehung eines Marktindex** Rechnung getragen werden.[379]

In **jüngerer Zeit** wurden eine Reihe von Vorschlägen entwickelt, welche die Kurserheblichkeit durch **flexiblere, eher qualitative Erheblichkeitskriterien** zu konkretisieren suchten. Wenig brauchbar sind Vorschläge, die Kurserheblichkeit einer Tatsache dann zu bejahen, wenn diese **in den Lagebericht aufzunehmen** sei,[380] oder jede „**nach europäischem Recht**" **ad-hoc-publizitätspflichtige** und zum Zeitpunkt des Insiderhandels vom Markt nicht erwartete **Information** als zur erheblichen Kursbeeinflussung geeignet anzusehen.[381] Einigen weiteren Vorschlägen fehlt es an der erforderlichen Klarheit bzw. der gebotenen Trennschärfe zwischen kurserheblichen und kursunerheblichen Tatsachen,

---

[376] *Loesche*, Die Eignung zur erheblichen Kursbeeinflussung, S. 149 ff.; *ders.* WM 1998, 1849/1852 ff.; ergänzend *Loesche/Eichner/Stute* AG 1999, 308 ff. Zur Kritik *Fürhoff*, Kapitalmarktrechtliche Ad-hoc-Publizität, S. 189.

[377] Vgl. nur *Dreyling/Schäfer*, Insiderrecht und Ad-hoc-Publizität, Rn. 68 f.; *Kümpel*, Bank- und Kapitalmarktrecht, Rn. 16.122; *Lenenbach*, Kapitalmarkt- und Börsenrecht, Rn. 10.38; *J. Hartmann*, Juristische und ökonomische Regelungsprobleme, S. 215; *Krauel*, Insiderhandel, S. 268; für strikte Anwendung des 5%-Kriteriums bei vorheriger Eliminierung rein marktbedingter Kursschwankungen *Lücker*, Der Straftatbestand des Mißbrauchs von Insiderinformationen, S. 71 ff.

[378] So *Wittich* auf einer Handelsblatt-Konferenz am 17./18. April 1996; *Wölk* AG 1997, 73/79; *Dreyling/Schäfer*, Insiderrecht und Ad-hoc-Publizität, Rn. 69; *Süßmann* AG 1997, 63/64, der bei unternehmensbezogenen Tatsachen auf eine Schwankung über die normale Volatilität abstellen, bei marktbezogenen Tatsachen jedoch i. E. auf das Merkmal der Erheblichkeit verzichten will. Diese Differenzierung ist mit dem Wortlaut des Gesetzes nicht vereinbar; vgl. auch schon „Leitfaden Insiderhandelsverbote und Ad-hoc-Publizität nach dem Wertpapierhandelsgesetz", hrsg. von Deutsche Börse und BAWe, S. 38.

[379] „Leitfaden Insiderhandelsverbote und Ad-hoc-Publizität nach dem Wertpapierhandelsgesetz" hrsg. von Deutsche Börse AG und BAWe, S. 38; *Kümpel*, WM 1996, 653/656; *ders.*, Bank- und Kapitalmarktrecht, Rn. 16.118. Übersicht über weitere zu berücksichtigende Besonderheiten zur Relativierung der Erheblichkeitsschwelle, wenngleich das Kriterium insgesamt ablehnend, etwa bei *Gehrt*, Die neue Ad-hoc-Publizität nach § 15 WpHG, S. 157 ff.

[380] *Pellens/Fülbier* in *Baetge* (Hrsg.), Insiderrecht und Ad hoc-Publizität, S. 23/45 ff.

[381] So *Tippach*, Das Insider-Handelsverbot, S. 135 ff.; 153.

so namentlich, wenn lediglich auf das **„Gewicht" der Tatsache** abgestellt werden soll.[382] Diese Vorschläge haben keine Bedeutung erlangt.[383]

159 **cc) Qualitative Anknüpfung: „Theorie des Handlungsanreizes".** Nach § 13 Abs. 1 Satz 2 ist die Eignung einer Information zur Kurserheblichkeit gegeben, wenn ein verständiger Anleger die Information bei seiner Anlageentscheidung berücksichtigen würde. Es kommt bei der Beurteilung der Kurserheblichkeit also entscheidend darauf an, ob die nicht öffentlich bekannt Information einen genügenden Anreiz erzeugt, eine Transaktion in dem von der Information betroffenen Finanzinstrument zu tätigen. Der Gesetzgeber gibt einer **qualitativ-funktionsbezogenen Auslegung** des Tatbestandsmerkmals der Eignung zur erheblichen Kursbeeinflussung den Vorzug[384] und greift auf einen Ansatz zurück, der aus der Praxis der Marktaufsicht durch das BAWe (heute BaFin) heraus vorgeschlagen und von dessen Vertretern nach außen vertreten wurde.[385]

160 Vereinzelt wird in der Literatur die Vereinbarkeit des vom Gesetzgeber gewählten Ansatzes mit dem **strafrechtlichen Bestimmtheitsgebot** in Zweifel gezogen.[386] Diese Zweifel werden durch den Hinweis der BaFin auf die erforderliche Prüfung im Einzelfall zusätzlich genährt.[387] Auch wird eine mit dem neuen Ansatz **verbundene Rechtsunsicherheit**[388] und **mangelnde Griffigkeit**[389] kritisiert. Es ist aber dennoch von einer weitergehenden Verfestigung der verwendeten Begrifflichkeiten auszugehen, und die Unbestimmtheit des Rechtsbegriffs der „erheblichen Kursbeeinflussung" ist als in der Natur der Sache liegend hinzunehmen.[390]

161 Nach dem vom Gesetzgeber verwendeten Ansatz, auch als **„Theorie des Handlungsanreizes"**[391] bezeichnet, muss der für den Fall des Bekanntwerdens der Information zu erwartende Kursanstieg ausreichend sein, um einen **rational handelnden Investor** in Ansehung des mit einer solchen Transaktion verbundenen Kosten und Risiken zum Erwerb bzw. zur Veräußerung des betreffenden Wertes zu veranlassen.[392] Eine Information ist aus ökonomischer Sicht dann als

---

[382] So *P. Joussen* DB 1994, 2485/2487; *Heidmeier* AG 1992, 110/113 (noch zu § 44 a BörsG aF).
[383] Zu diesen Vorschlägen und ihrer Kritik siehe *Assmann*, 3. Aufl., Rn. 70 a bis c.
[384] Der frühere Streit ist damit entschieden, vgl. auch *Claussen/Florian* AG 2005, 745/750; *Koch* DB 2005, 267/268; *Brandi/Süßmann* AG 2004, 642/642. Weiterhin kritisch gegenüber dem subjektiven Ansatz *Assmann* Rn. 66; *Spindler* NJW 2004, 3449/3451.
[385] So insbes. von *Dreyling* in Dreyling/Schäfer, Insiderrecht und Ad-hoc-Publizität, Rn. 79f.
[386] *Bürgers* BKR 2004, 424/425; *Holzborn/Israel* WM 2004, 1948/1951.
[387] BaFin, Emittentenleitfaden, S. 22.
[388] *Spindler* NJW 2004, 3449/3451.
[389] *Koch* DB 2005, 267/267.
[390] So auch *Claussen/Florian* AG 2005, 745/750.
[391] *Dreyling* in Dreyling/Schäfer, Insiderrecht und Ad-hoc-Publizität Rn. 81.
[392] So „Leitfaden Insiderhandelsverbote und Ad-hoc-Publizität nach dem Wertpapierhandelsgesetz", hrsg. von Deutsche Börse AG und BAWe, S. 38; jetzt auch BaFin, Emittentenleitfaden, S. 22; *Dreyling* in Dreyling/Schäfer, Insiderrecht und Ad-hoc-Publizität, Rn. 80; *Cahn* ZHR 162 (1998), 1/18; *Fürhoff/Wölk* WM 1997, 449/455; *Wölk* AG 1997, 73/79; *Fürhoff*, Kapitalmarktrechtliche Ad-hoc-Publizität, S. 190ff.; *Kümpel*, Bank- und Kapitalmarktrecht, Rn. 16.118; *ders.* WM 1996, 653/656; *Hopt* ZHR 1995, 135/155; *ders.* in Bankrechts-Handbuch § 107 Rn. 25; *Pananis*, Insidertatsache und Primärinsider, S. 112 ff.; *J. Hartmann*, juristische und ökonomische Regelungsprobleme, S. 215 f.; *Krauel*,

„erheblich" zu bewerten, wenn sie die Erzielung einer Rendite ermöglicht, die nach Abzug von Transaktionskosten den jeweiligen risikoäquivalenten Zinssatz übersteigt.[393] Für die als Insider in Betracht kommende Person muss es sich diesbezüglich also lohnen, ihre Kenntnis über nicht öffentlich bekannte Umstände in Geschäften mit dem Insiderpapier auszunutzen.[394] Verspricht die Verwendung der Information keinen nennenswerten wirtschaftlichen Vorteil, besteht auch kein Anreiz, die Information zu verwenden.[395]

Bei der Beurteilung der Frage, ob eine kurserhebliche Information vorliegt, ist **darauf abzustellen, was der sogenannte rational handelnde professionelle Investor täte, wenn er von der noch nicht öffentlich bekannten Information erführe.** Sieht der rationale, professionelle Investor die betreffende Information als Handlungsanreiz (zum Kauf oder Verkauf), d. h. bewertet er sie als **Chance**, dann ist die betreffende Information objektiv geeignet, den Börsenkurs erheblich zu beeinflussen. Denn im Fall ihres öffentlichen Bekanntwerdens erreicht die Information nicht nur einen, sondern eine Vielzahl von rationalen, professionellen Investoren, welche die Information als Kauf- oder Verkaufsignal registrieren und umsetzen können. Insofern ist nach den gängigen Marktmechanismen regelmäßig mit einer Kursbewegung zu rechnen (auf deren tatsächlichen Eintritt es für die Frage der „Eignung zur erheblichen Kursbeeinflussung" nicht ankommt, siehe oben Rn. 131).[396] Damit trägt die Theorie des Handlungsanreizes dem Antezipationsmechanismus der Kapitalmärkte Rechnung.[397]

Bewertet ein rationaler, professioneller Investor eine Information als Chance im obigen Sinne, dann hat die Information ein solches **Kursbeeinflussungspotential, dass allgemeine Markttendenzen geschlagen werden können** und der Insider, wenn er seine Transaktion tätigt, aufgrund seines Informationsvorteils einen vom Kapitalmarktpublikum **missbilligten Sondervorteil** erzielen kann.

Mit dem vom Gesetzgeber verwendeten Ansatz kann die streitige Frage, ob eine Information kurserheblich ist,[398] die im Falle des Bekanntwerdens nur äußerst geringe Kursausschläge, jedoch einen „sicheren" Gewinn vorhersehen lässt, in einer dem Schutzweck des Insiderhandelsverbots entsprechenden Weise positiv beantwortet werden.[399] Ein Handlungsanreiz für den Insider setzt nicht vor-

---

Insiderhandel, S. 269; mit Bezug auf das US-amerikanische Recht (Übertragung der *probability-magnitude-rule*) *Gruson/Wiegmann* AG 1995, 173/178.
[393] *Schweizer,* Insiderverbote – Interessenkonflikte und Compliance, S. 122; *Fürhoff,* Kapitalmarktrechtliche Ad-hoc-Publizität, S. 189.
[394] *Cahn* ZHR 162 (1998), 1/17; *Fürhoff/Wölk* WM 1997, 449/455; *Kümpel* WM 1996, 653/656.
[395] BaFin, Emittentenleitfaden, S. 22.
[396] Zu diesem Aspekt *Dreyling/Schäfer,* Insiderrecht und Ad-hoc-Publizität, Rn. 80.
[397] *Pananis,* Insidertatsache und Primärinsider, S. 114 mwN.
[398] Ablehnend *Assmann,* 3. Aufl., Rn. 70 a; zustimmend *Dreyling/Schäfer,* Insiderrecht und Ad-hoc-Publizität, Rn. 81; *Krauel,* Insiderhandel, S. 269; ähnlich (Abwägung zwischen der Höhe der möglichen Kursänderung und der Wahrscheinlichkeit des Eintritts derselben); *Hopt* in Bankrechts-Handbuch, § 107 Rn. 25; „Leitfaden Insiderhandelsverbot und Ad-hoc-Publizität nach dem Wertpapierhandelsgesetz" hrsg. von Deutsche Börse AG und BAWe, S. 39.
[399] Zum selben Ergebnis kommt *Pawlik* in KölnKommWpHG, § 13 Rn. 79 f., der selbst einen „sicheren Gewinn" im Cent-Bereich bei großen marktbreiten Titeln genügen lässt.

aus, dass die vorhersehbare Kursveränderung einen hohen, sondern dass sie einen **hinlänglich sicheren Insidergewinn erwarten** lässt (vgl. oben Rn. 137).[400]

165 Für die Feststellung der Erheblichkeit im Rahmen eines Ermittlungs- oder Gerichtsverfahrens kann die **spätere Kursentwicklung nach der Veröffentlichung der Information als Indiz** herangezogen werden. Sollte sich aus der späteren Entwicklung ergeben, dass die Kursveränderung die Transaktionskosten des Insiders übertrifft, ist ein Indiz für die Erheblichkeit gegeben. Es ist dann festzustellen, ob dieses Ergebnis aus einer objektiven *ex-ante*-Betrachtung mehr wahrscheinlich als unwahrscheinlich war. Als ebensolche Orientierungshilfen sind Besonderheiten wie die Volatilität eines Wertpapiers heranzuziehen.

5. Regelbeispiele

166 In § 13 Abs. 1 Satz 4 hat der Gesetzgeber zwei Regelbeispiele in die Legaldefinition der Insiderinformation aufgenommen, die **vorwiegend klarstellenden Charakter** haben. Die Klarstellung bezieht sich aber lediglich auf die ausdrücklich in der Norm bezeichneten Merkmale der Insiderinformation, was insbesondere der Wortlaut der Vorschrift verdeutlicht („Eine Insiderinformation ist insbesondere auch eine Information über nicht öffentlich bekannte Umstände i. S. d. Satzes 1, die sich ...").[401] In den Fällen der beiden Regelbeispiele (sog. *frontrunning* und Derivate) wollte der Gesetzgeber lediglich eine Aussage über den Begriff der „konkreten Information über nicht öffentlich bekannte Umstände klären". Andere, nicht genannte Voraussetzungen, wie die Eignung zur erheblichen Kursbeeinflussung, bleiben gesondert zu prüfen und müssen zusätzlich vorliegen.[402] Der Gesetzgeber blieb in Bezug auf die Derivate (Satz 4 Nr. 2) hinter den europarechtlichen Vorgaben aus Art. 1 Nr. 1 Abs. 2 der Marktmissbrauchsrichtlinie zurück, was sich aus einem Vergleich zwischen den Abs. 2 und 3 in Art. 1 Nr. 1 ergibt.[403]

a) § 13 Abs. 1 Satz 4 Nr. 1 *(frontrunning)*

167 § 13 Abs. 1 Satz 4 Nr. 1 **stellt in Umsetzung von Art. 1 Nr. 1 Abs. 3 der Marktmissbrauchsrichtlinie klar,**[404] dass das sog. *frontrunning,* welches die Eigengeschäfte von Wertpapierdienstleistungsunternehmen mit Finanzinstrumenten, einschließlich Warenderivaten, in Kenntnis von Kundenaufträgen beschreibt, insiderrechtlich untersagt ist. Eine Information über nicht öffentlich bekannte Umstände i. S. d. § 13 Abs. 1 Satz 1, die sich auf Aufträge von anderen Personen über den Kauf oder Verkauf von Finanzinstrumenten bezieht, hat den Charakter einer Insiderinformation.

168 Der Gesetzgeber hat es versäumt, den **Adressatenkreis der Vorschrift** im Gesetzestext genau zu bestimmen. Ausweislich der Begründung des RegE AnSVG erfasst die Norm lediglich **Eigengeschäfte von Wertpapierdienstleistungsunternehmen.**[405] Diese Eingrenzung bestätigt auch der Wortlaut von

---

[400] Darin sieht *Assmann* Rn. 66 einen Nachteil des subjektiven Ansatzes.
[401] *Schäfer* Rn. 31.
[402] Ebenso *Assmann* Rn. 70, 73; *Schäfer* Rn. 31.
[403] *Dier/Fürhoff* AG 2002, 604/606.
[404] Die Begründung RegE AnSVG bezieht sich irrtümlich auf Art. 1 Abs. 2 Durchführungsrichtlinie 2003/124/EG.
[405] Begründung RegE AnSVG, BT-Drucks. 15/3174, S. 34. Ebenso *Koch* DB 2005, 267/268; *Pawlik* in KölnKommWpHG, § 13 Rn. 96.

Art. 1 Nr. 1 Abs. 3 der Marktmissbrauchsrichtlinie, der sich ausdrücklich auf die noch nicht erledigten Aufträge der Kunden bezieht.

Die Vorschrift erfasst auch die **Mitarbeiter der Wertpapierdienstleister.** 169 Dies ergibt sich bereits aus § 32 Abs. 2 Nr. 2.[406] Aus teleologischer Sicht ließe sich die Nichterfassung der Mitarbeiter nicht überzeugend begründen.[407] Fraglich ist hingegen, ob die in § 13 Abs. 1 Satz 4 Nr. 1 enthaltene Klarstellung auch für informierte **Dritte** gilt.[408] Der Wortlaut würde eine solche Einbeziehung zulassen, die Regierungsbegründung hingegen grenzt den Anwendungsbereich ein (siehe oben Rn. 168). Jedenfalls ist auf das sog. *frontrunning* durch informierte Dritte außerhalb der Wertpapierdienstleistungsunternehmen § 13 Abs. 1 Satz 1 weiterhin anwendbar, da § 13 Abs. 1 Satz 4 Nr. 1 nicht den Zweck verfolgt, die Legaldefinition der Insiderinformation einzugrenzen.

b) § 13 Abs. 1 Satz 4 Nr. 2 (Warenderivate)

In Umsetzung von **Art. 1 Nr. 1 Abs. 2 der Marktmissbrauchsrichtlinie** 170 **und Art. 4 der Durchführungsrichtlinie 2004/72/EG**[409] konkretisiert § 13 Abs. 1 Satz 4 Nr. 2 den Begriff der Insiderinformation für organisierte Derivatemärkte. Die Vorschrift enthält die **Klarstellung**, dass eine Information über nicht öffentlich bekannte Umstände, die sich auf **Warenderivate** bezieht und zu den Informationen gehört, die Marktteilnehmern auf den fraglichen organisierten Märkten üblicherweise zur Verfügung gestellt werden, oder von der die Teilnehmer erwarten, sie in Übereinstimmung mit der zulässigen Praxis an den betreffenden Märkten zu erhalten, ebenfalls den Charakter einer Insiderinformation haben kann. Gemäß Art. 4 der Durchführungsrichtlinie 2004/72/EG sind damit insbesondere Informationen gemeint, die in Anwendung von Rechts- und Verwaltungsvorschriften, Handelsregeln, Verträgen oder auch sonstigen Regeln, die auf dem Markt, an dem die Derivate gehandelt werden, bzw. an der jeweils zugrunde liegenden Warenbörse üblich sind, öffentlich bekannt gemacht werden müssen.

Der Emittentenleitfaden der BaFin enthält Beispiele für Derivate auf **Strom** – 171 hier können Kraftwerksausfälle, die Revision von Kraftwerken bei geplanten Abschaltungen wegen Wartungsarbeiten oder auch Informationen über Leitungskapazitäten Insiderinformationen sein – und Derivate auf **Schweine** oder **Kartoffeln;** bei diesen könnten die Kenntnis von Seuchen oder Änderungen der Subventionspolitik insiderrechtliche Relevanz haben.[410]

III. Bewertung auf Grund öffentlich bekannter Umstände (§ 13 Abs. 2)

Gemäß § 13 Abs. 2 ist eine Bewertung, die ausschließlich auf Grund öffent- 172 lich bekannter Umstände erstellt wird, keine Insiderinformation, selbst wenn sie den Kurs von Insiderpapieren erheblich beeinflussen kann. Diese Vorschrift ent-

---

[406] Unklar *Ziemons* NZG 2004, 537/538; *Koch* DB 2005, 267/268.
[407] Ähnlich *Schäfer* Rn. 27.
[408] So *Assmann* Rn. 71.
[409] Richtlinie 2004/72/EG v. 29. 4. 2004 zur Durchführung der Richtlinie 2003/6/EG (Marktmissbrauch), ABl. EU Nr. L 162 v. 30. 4. 2004, S. 70.
[410] BaFin, Emittentenleitfaden, S. 24.

§ 13   173–175   Abschnitt 3. Insiderüberwachung

hält eine **Negativabgrenzung des in § 13 Abs. 1 definierten Merkmals der Insiderinformation** und ist insbesondere **für Finanzanalysten und Wirtschaftsjournalisten von Bedeutung.**[411]

173   § 13 Abs. 2 setzt den 31. **Erwägungsgrund der Marktmissbrauchsrichtlinie** um. Nach diesem Erwägungsgrund können „Analysen und Bewertungen, die aufgrund öffentlicher Angaben erstellt wurden (...) nicht als Insider-Informationen angesehen werden". Geschäfte, die auf der Grundlage dieser Analysen und Bewertungen getätigt werden, sollen als solche nicht als „Insider-Geschäfte" im Sinne der Richtlinie gelten. Eine nahezu identische Regelung enthielt bereits der **13. Erwägungsgrund der Insider-Richtlinie.** Grund für die Aufnahme dieser Bestimmung in beide Richtlinien war die allgemein anerkannte Überlegung, dass ein Verbot von Insidergeschäften die Analyse von Wertpapieren und sonstigen Finanzinstrumenten sowie die Spekulation nicht behindern dürfe, da andernfalls wichtige Kapitalmarktfunktionen nicht mehr hinreichend erfüllt würden.[412] Teilweise wird vertreten, dass mit dieser Regelung auch eine Abgrenzung zu der im angelsächsischen Raum verbreiteten „mosaic theory" bezweckt war.[413] Diese Theorie beruht auf der Annahme, dass aus dem Zusammenfügen öffentlich bekannter Umstände eine neue, insiderrechtlich relevante Information entstehen kann.

174   **§ 13 Abs. 2 trägt dem Regelungsziel eines Insiderhandelsverbots Rechnung.** Das Regelungsziel der Chancengleichheit der Anleger und damit gleicher Wettbewerbsbedingungen an den Kapitalmärkten ist über den Abbau von Informationsgefällen, die nicht auf einer eigenen Leistung des Insiders beruhen, vorzunehmen bzw. über ein Verbot an den Insider, seine Informationsmacht wettbewerbswidrig zu verwenden (siehe dazu vor § 12 Rn. 116 ff.). Informationsvorteile hingegen, die der eigenen Bewertung und Mühe und damit der eigenen Leistung entstammen und auf Umstände beruhen, in deren Besitz jeder Anleger theoretisch auf rechtmäßige Weise kommen kann, sind nicht zu missbilligen. Dementsprechend soll § 13 Abs. 2 sicherstellen, dass Finanzanalysten, Wirtschaftsjournalisten oder Anleger aufgrund ihrer Analyse öffentlich bekannter Informationen – also **aufgrund eigener legitimer Leistung** – keine Insiderinformationen schaffen und folglich auch bei der Verwertung ihrer Analyseergebnisse nicht gegen das Insiderrecht verstoßen. § 13 Abs. 2 bringt zum Ausdruck, dass eine solche Informationsverwertung nicht als unfair angesehen wird; die Vorschrift hat somit im Wesentlichen einen **klarstellenden Charakter.**[414]

175   Die von **Finanzanalysten, Wirtschaftsjournalisten, Rating-Agenturen, Wirtschaftsprüfern** oder **Anlegern** aufgrund ihrer **eigenen Analyse** öffentlich bekannter Umstände erstellten Bewertungen eines Emittenten, eines Insiderpapiers oder von Marktverhältnissen sind nicht als Insiderin-

---

[411] Begründung RegE 2. FFG, BT-Drucks. 12/6679, S. 47; siehe auch *Dreyling/Schäfer,* Insiderrecht und Ad-hoc-Publizität, Rn. 146, 148.
[412] Vgl. *Hopt* ZGR 1991, 17/33 f.; *Siebold,* Das neue Insiderrecht, S. 116 ff. Beide beziehen sich aber noch auf die Insider-Richtlinie.
[413] So ausdrücklich *Schäfer* Rn. 59 mit einem Hinweis auf die amerikanische Rspr. zu *Elkind v. Ligget & Myers, Inc.,* 635 F.2d 156 (2d Cir 1980), 165; vgl. auch *Rider/Ashe,* Insider Crime, S. 35 f. Zur „mosaic theory" vgl. *Caccese* in *Claussen/Schwark,* Insiderrecht für Finanzanalysten, S. 130.
[414] Ebenso *Schäfer* Rn. 59 („Selbstverständlichkeit").

formationen anzusehen, unabhängig davon, ob die erstellte Bewertung eine konkrete Information, öffentlich nicht bekannt und kurserheblich im Sinne des § 13 Abs. 1 ist.[415] Der Begriff der Bewertung erfasst jegliche Art von Einschätzung oder Beurteilung,[416] die selbst erstellt worden ist. Jeder, der die Bewertung erstellt oder von ihr Kenntnis erlangt hat, kann **unter Verwendung der Bewertung** die hiervon betroffenen Finanzinstrumente erwerben oder veräußern, auf der **Grundlage** seiner **Kenntnis von dem Inhalt der Bewertung** Empfehlungen zum Erwerb oder zur Veräußerung der Finanzinstrumente aussprechen oder die **Information als solche,** also den Inhalt der erstellten Bewertung, weitergeben, ohne dabei gegen eines der Insiderhandelsverbote des § 14 Abs. 1 zu verstoßen.

Dies gilt gemäß § 13 Abs. 2 aber **nur, wenn** die **Bewertung ausschließlich aufgrund öffentlich bekannter Umstände** erstellt wird. Daraus folgt im **Umkehrschluss,** dass dann, wenn nur ein nicht öffentlich bekannter Umstand in die Bewertung eingeflossen ist, die Negativabgrenzung hinfällig ist. Die vorgenommene Bewertung kann in diesem Fall eine Insiderinformation sein, wenn sie deren Merkmale (hier insbesondere „konkrete Information" und „Kurserheblichkeit") erfüllt.[417] Ob der nicht öffentlich bekannte Umstand, aufgrund dessen die Bewertung erstellt wurde, auch selbst kurserheblich und damit Insiderinformation ist, ist grundsätzlich ohne Bedeutung, da der Wortlaut von § 13 Abs. 2 nur erfordert, dass es sich um „nicht öffentlich bekannte Umstände" handelt.[418]

Im Rahmen der in der Unternehmenspraxis üblichen **Hintergrundgespräche, Managementinterviews** und **Betriebsbesichtigungen** erhalten Analysten und Journalisten regelmäßig – unaufgefordert oder auf Grund gezielter Fragen – nicht öffentlich bekannte Informationen über den Emittenten. Fehlt es an der Kurserheblichkeit der mitgeteilten Informationen, ist die Weitergabe durch den Emittenten insiderrechtlich nicht untersagt. Die Berücksichtigung des nicht öffentlich bekannten Umstands bei der Erstellung der Bewertung würde aber dennoch stets dazu führen, dass die von § 13 Abs. 2 formulierte Freistellung entfällt, auch wenn sich der konkret in Erfahrung gebrachte Umstand in der Bewertung nicht in besonderer Weise niedergeschlagen hat. Ist die Bewertung in einer Gesamtbetrachtung aber kurserheblich, wäre der Weg für die Annahme einer Insiderinformation frei, obwohl der verwendete, nicht öffentlich bekannte Umstand keine nennenswerten Auswirkungen auf die Bewertung hatte. Hieraus folgt, dass eine Bewertung dann **nicht ausschließlich** auf Grund öffentlich bekannter Umstände im Sinne des § 13 Abs. 2 erstellt wird, wenn ein **nicht öffentlich bekannter Umstand für die konkrete Bewertung kausal im Sinne einer** *conditio sine qua non* geworden ist, d.h. die Bewertung ohne den Einfluss dieses nicht öffentlich bekannten Umstands qualitativ eine andere wäre. Fehlt ein solcher kausaler Zusammenhang, bleibt es bei der insiderrechtlichen Irrelevanz der Bewertung.

Nach ganz überwiegender Auffassung wird zu Recht unterschieden zwischen dem **Umstand der Bewertung als solcher,** also ihrem Inhalt, und dem **Umstand der geplanten Verwendung einer Bewertung,** insbesondere durch

---

[415] So auch *Assmann* Rn. 75.
[416] Ähnlich *Pawlik* in KölnKommWpHG, § 13 Rn. 110.
[417] So auch *Assmann,* Rn. 75; *Lenenbach,* Kapitalmarkt- und Börsenrecht, Rn. 10.34.
[418] So zu Recht *Assmann* Rn. 75; *ders.* AG 1997, 50/51.

eine bevorstehende Veröffentlichung durch ihren Urheber oder einen Dritten. Die Bewertung als solche und ihre geplante Verwendung stellen also **zwei selbstständige und voneinander unabhängig zu bewertende Umstände** dar. Während die Berücksichtigung oder Verwertung des Inhalts oder die Weitergabe einer ausschließlich auf Grund öffentlich bekannter Umstände erstellten Bewertung wegen § 13 Abs. 2 keinen Insiderhandelsverstoß begründet, kann hingegen der Umstand, dass in Kürze eine solche Bewertung im Sinne des § 13 Abs. 2 veröffentlicht wird, grundsätzlich eine für die Verbote des § 14 Abs. 1 relevante Insiderinformation sein; § 13 Abs. 2 greift in diesem Fall nicht ein.[419]

179 Erfährt **beispielsweise** jemand, eine von einem Analysten erstellte Bewertung eines Emittenten sei zu einem „aufsehenerregenden Ergebnis" gelangt, weshalb die Research-Abteilung in den nächsten Tagen eine deutliche Kaufempfehlung abgeben werde, kennt der Empfänger zwar nicht den eigentlichen Inhalt der Bewertung, doch erhält er mit dem Hinweis des Informanten über die bevorstehende Verwendung der Bewertung Kenntnis von einem Umstand, der seinerseits (und unabhängig von der Bewertung) kursrelevant sein kann.[420] Wer unter Verwendung dieser Information das entsprechende Insiderpapier erwirbt, handelt auf Grundlage des Umstands, dass demnächst eine Empfehlung bestimmten Inhalts abgegeben werden wird. Er handelt nicht auf Grund der Kenntnis von einer wegen § 13 Abs. 2 nicht als Insiderinformation zu qualifizierenden Bewertung.

180 Die Konstellation, in welcher der **Inhalt der Bewertung** selbst **nicht bekannt** ist, sondern **nur der Umstand ihrer bevorstehenden Verwertung bzw. Veröffentlichung,** belegt, dass die gegenteilige, eine solche Differenzierung ablehnende Auffassung[421] nicht überzeugen kann. Deshalb ist zwischen der Bewertung einerseits und ihrer konkreten Verwendung andererseits auch dann zu differenzieren, wenn der potentielle Insider **Kenntnis sowohl vom Inhalt der Bewertung als auch von deren bevorstehender Veröffentlichung oder sonstiger Verwendung** hat.[422] In dubio pro reo wird man in solchen Fällen aber häufig zu der Feststellung gelangen müssen, dass der potentielle Insider allein vom Inhalt der nach § 13 Abs. 2 nicht als Insiderinformation zu qualifizierenden Bewertung motiviert wurde.

---

[419] *Assmann* Rn. 76; *ders.* WM 1996, 1337/1345; *Claussen* ZBB 1992, 267/276; *ders.*, Insiderhandelsverbot und Ad-hoc-Publizität, S. 82 ff.; *Hopt* ZGR 1991, 17/34; *ders.* in Bankrechts-Handbuch, § 107 Rn. 26; *F. Immenga* ZBB 1995, 197/203; *Cahn* ZHR 162 (1998), 1/20 f.; *Siebold*, Das neue Insiderrecht, S. 120 f.; *Dreyling/Schäfer*, Insiderrecht und Ad-hoc-Publizität, Rn. 149; *J. Hartmann*, Juristische und ökonomische Regelungsprobleme, S. 210.
[420] Beispiel bei *Assmann* Rn. 74; siehe auch *J. Hartmann*, Juristische und ökonomische Regelungsprobleme, S. 210.
[421] Siehe *Schäfer* Rn. 61, der es für fraglich hält, ob die hier vertretene Meinung mit dem Wortlaut des Gesetzes im Einklang steht. Er ist der Ansicht, dass die Formulierung in § 13 Abs. 2 sämtliche auf Grund der Bewertung getätigten Geschäfte, also auch solche, die von Dritten vorgenommen werden, erfasst. Das von ihm gebildete Beispiel, dass ansonsten ein Kreditinstitut bzw. dessen Händler für den Eigenhandel des Instituts die von der hauseigenen Analyseabteilung erstellten Analysen vor deren Veröffentlichung nicht verwerten dürfte, kann aber nicht überzeugen. Denn das Kreditinstitut wird regelmäßig den Eigenhandel gerade wegen des in der Bewertung erzielten Ergebnisses und nicht wegen einer bevorstehenden Veröffentlichung in Auftrag geben, so dass für diesen Fall auch nach der hier vertretenen Ansicht § 13 Abs. 2 einschlägig wäre.
[422] So *Assmann* Rn. 77.

§ 14 Verbot von Insidergeschäften

(1) Es ist verboten,
1. unter Verwendung einer Insiderinformation Insiderpapiere für eigene oder fremde Rechnung oder für einen anderen zu erwerben oder zu veräußern,
2. einem anderen eine Insiderinformation unbefugt mitzuteilen oder zugänglich zu machen,
3. einem anderen auf der Grundlage einer Insiderinformation den Erwerb oder die Veräußerung von Insiderpapieren zu empfehlen oder einen anderen auf sonstige Weise dazu zu verleiten.

(2) Der Handel mit eigenen Aktien im Rahmen von Rückkaufprogrammen und Maßnahmen zur Stabilisierung des Preises von Finanzinstrumenten stellen in keinem Fall einen Verstoß gegen das Verbot des Absatzes 1 dar, soweit diese nach Maßgabe der Vorschriften der Verordnung (EG) Nr. 2273/2003 der Kommission vom 22. Dezember 2003 zur Durchführung der Richtlinie 2003/6/EG des Europäischen Parlaments und des Rates – Ausnahmeregelungen für Rückkaufprogramme und Kursstabilisierungsmaßnahmen (ABl. EU Nr. L 336 S. 33) erfolgen. Für Finanzinstrumente, die in den Freiverkehr oder in den regulierten Markt einbezogen sind, gelten die Vorschriften der Verordnung (EG) Nr. 2273/2003 entsprechend.

In der Fassung der Bekanntmachung vom 9. 9. 1998 (BGBl. I S. 2708), geändert durch das Anlegerschutzverbesserungsgesetz vom 28. 10. 2004 (BGBl. I S. 2630) und das Finanzmarktrichtlinie-Umsetzungsgesetz vom 16. 7. 2007 (BGBl. I S. 1330).

Übersicht

	Rn.
A. Regelungsgegenstand und -zweck	1
B. Die Tatbestände des Verbots von Insidergeschäften (§ 14 Abs. 1)	18
I. Der Tatbestand des Verwendungsverbots (§ 14 Abs. 1 Nr. 1)	18
1. Objektiver Tatbestand	18
a) Erwerb und Veräußerung	19
b) Eigen- und Fremdgeschäfte	39
c) Insiderpapiere	44
d) Unter Verwendung einer Insiderinformation	45
aa) „Verwendung" statt „Ausnutzung"	46
bb) Erfordernis der Kausalität der Insiderinformation für Erwerb oder Veräußerung	52
cc) „Verwendung" und psychische Kausalität	55
dd) „Verwendung" und *face-to-face*-Geschäfte	59
e) Relevante Fälle und Fallgruppen der „Verwendung"	64
aa) Erwerb bzw. Veräußerung „in der Umsetzung einer eigenen unternehmerischen Entscheidung"	65
α) Unternehmens- und Paketerwerb	72
β) Management Buy-Outs	82
γ) Verwendung einer Insiderinformation im Zusammenhang mit öffentlichen Übernahme- und Erwerbsangeboten (einschließlich Pflichtangeboten)	85
δ) Erwerb eigener Aktien	105
ε) Kurspflege und Kursstabilisierung	115
bb) Stock Options/Aktienoptionspläne für Führungskräfte	125

	Rn.
cc) Erwerb bzw. Veräußerung in Ausführung von dem Insider obliegenden Berufspflichten	139
α) Wertpapiergeschäfte der Makler, Skontroführer und Market-Maker	139
β) Ausführung von Kundenaufträgen	144
γ) Frontrunning	151
δ) Scalping	154
f) Zeitpunkt der „Verwendung"	163
aa) Bei bedingten Übertragungen	164
bb) Bei Ordererteilung	168
2. Subjektiver Tatbestand	170
a) Vorsatz	171
b) Leichtfertigkeit	179
II. Der Tatbestand des Verbots der unbefugten Mitteilung oder des unbefugten Zugänglichmachens (§ 14 Abs. 1 Nr. 2)	182
1. Objektiver Tatbestand	183
a) Mitteilen und Zugänglichmachen	186
aa) Mitteilen	188
bb) Zugänglichmachen	190
b) „Unbefugte Weitergabe"	196
aa) Allgemein, Sinn und Zweck	197
bb) Grundsätze einer rechtsgutsorientierten Auslegung des Tatbestandsmerkmals „unbefugt"	198
cc) Verhältnis des Weitergabeverbots zur Ad hoc-Publizitätspflicht	217
c) Relevante Fälle und Fallgruppen der Weitergabe von Insiderinformationen	223
aa) Weitergabe aufgrund von gesetzlichen Geboten und Obliegenheiten	223
bb) Weitergabe von Insiderinformationen auf Organebene	232
cc) Weitergabe von Insiderinformationen bei Unterrichtungspflichten nach dem BetrVG	238
dd) Innerbetriebliche Weitergabe von Insiderinformationen	243
α) Grundsätze einer befugten Weitergabe	243
β) Compliance-Maßnahmen	246
ee) Weitergabe von Insiderinformationen im Konzern	252
ff) Weitergabe von Insiderinformationen außerhalb des Unternehmens/Konzerns	258
α) Externe Berater und Dienstleister	259
β) Analysten, Rating-Agenturen	263
γ) Presse und Medien	266
gg) Weitergabe von Insiderinformationen an Aktionäre	277
α) Weitergabe an den Aktionär als Teilnehmer der Hauptversammlung	277
β) Weitergabe an Aktionäre außerhalb der Hauptversammlung	285
hh) Weitergabe von Insiderinformationen bei Unternehmenskäufen	298
α) Erwerb einer „bedeutenden Beteiligung"	299
β) Weitergabe im Rahmen einer Due Diligence	303
γ) Management Buy-Outs als Sonderform des Unternehmenskaufs	315
ii) Weitergabe von Insiderinformationen im Zusammenhang mit öffentlichen Angeboten zum Erwerb von Wertpapieren (einschl. Übernahmeangeboten)	317

Verbot von Insidergeschäften　　　　　　　　　　　　　　　　　§ 14

Rn.

 jj) Weitergabe von Insiderinformationen im Rahmen möglicher Interessenkonflikte von Kreditinstituten, Wertpapierdienstleistungsunternehmen und anderen in der Anlageberatung tätigen Unternehmen 331
 kk) Prospekterstellung 340
 2. Subjektiver Tatbestand 345
  a) Vorsatz 346
  b) Leichtfertigkeit 357
 III. Der Tatbestand des Empfehlungs- und Verleitungsverbots (§ 14 Abs. 1 Nr. 3) 360
  1. Objektiver Tatbestand 362
   a) Empfehlungsverbot 366
    aa) „Empfehlen" 366
    bb) Gegenstand der Empfehlung 371
    cc) Ursächlichkeit der Kenntnis von einer Insiderinformation für Empfehlung 375
    dd) Verschiedene Aspekte 376
   b) Verleitungsverbot 379
  2. Subjektiver Tatbestand 384
   a) Vorsatz 385
   b) Leichtfertigkeit 390
C. Freistellung von Rückkaufprogrammen und Stabilisierungsmaßnahmen aufgrund EU-Verordnungsrechts (§ 14 Abs. 2) 391
 I. Überblick 391
 II. Anwendungsbereich 398
 III. Freistellung von Rückkaufprogrammen 400
  1. Zweck von Rückkaufprogrammen 400
  2. Voraussetzung der Freistellung von Rückkaufprogrammen 403
 IV. Freistellung von Kursstabilisierungsmaßnahmen 405
D. Fragen einer möglichen Rechtfertigung 408
 I. Einwilligung 408
 II. § 34 StGB (Notstand/Notstandshilfe) 409
E. Rechtsfolgen eines Verstoßes gegen die Insiderverbote des § 14 Abs. 1 412
 I. Strafrechtliche Rechtsfolgen 414
 II. Zivilrechtliche Folgen 419
  1. Außerbörsliche Wertpapiergeschäfte (*face-to-face*-Geschäfte) 421
   a) Nichtigkeit gemäß § 134 BGB 421
   b) Nichtigkeit gemäß § 138 BGB 424
   c) Anfechtbarkeit 428
    aa) Irrtum über verkehrswesentliche Eigenschaft 428
    bb) Arglistige Täuschung 430
   d) Anspruch auf Schadenersatz 433
    aa) Culpa in contrahendo 433
    bb) Delikt 438
  2. Börsenumsatzgeschäfte 439
   a) Nichtigkeit gemäß § 134 BGB 440
   b) Nichtigkeit gemäß § 138 BGB 441
   c) Schadensersatzansprüche aus § 823 Abs. 2 BGB iVm § 14 442
   d) Schadensersatzansprüche wegen sittenwidriger vorsätzlicher Schädigung 446
  3. Regelungsmöglichkeiten *de lege ferenda* 449
F. Sonstiges 452

§ 14 Abschnitt 3. Insiderüberwachung

Schrifttum: *van Aerssen,* Erwerb eigener Aktien und Wertpapierhandelsgesetz: Neues von der Schnittstelle Gesellschaftsrecht/Kapitalmarktrecht, WM 2000, 391; *Angersbach,* Due Diligence beim Unternehmenskauf, 2002; *Assmann,* Übernahmeangebote im Gefüge des Kapitalmarktrechts, insbesondere im Lichte des Insiderrechts, der Ad hoc-Publizität und des Manipulationsverbots, ZGR 2002, 697; *Benner-Heinacher,* Kollidiert die Auskunftspflicht des Vorstands mit dem Insidergesetz? DB 1995, 765; *Casper,* Insiderverstöße bei Aktienoptionsprogrammen, WM 1999, 363; *Claussen,* Wie ändert das KonTraG das Aktiengesetz? DB 1998, 177; *Cloppenburg/Kruse,* Die Weitergabe von Insiderinformationen an und durch Journalisten, WM 2007, 1109; *Cramer,* Strafbarkeit der Ausnutzung und Weitergabe von Insiderinformationen nach dem Recht der Bundesrepublik Deutschland, in Festschrift für Triffterer, 1996, 323; *Cramer,* Strafrechtliche Probleme des Insiderhandelsverbots, insbesondere Beihilfe zur fremden Insider-Straftat, AG 1997, 59; *Decher,* Information im Konzern und Auskunftsrecht der Aktionäre gem. § 131 Abs. 4 AktG, ZHR 158 (1994), 473; *Dingeldey,* Die Verpflichtung der Banken zur Weitergabe von Insiderinformationen, DB 1982, 685; *Dörge,* Rechtliche Aspekte der Wertpapierleihe, 1992; *Eisele,* Insiderrecht und Compliance, WM 1993, 1021; *Ekkenga,* Kapitalmarktrechtliche Aspekte der „Investor Relations", NZG 2001, 1; *Ekkenga,* Kurspflege und Kursmanipulation nach geltendem und künftigem Recht, WM 2002, 317; *von Falkenhausen/Widder,* Die Weitergabe von Insiderinformationen innerhalb einer Rechtsanwalts-, Wirtschaftsprüfer- oder Steuerberatersozietät, BB 2004, 165; *von Falkenhausen/Widder,* Die befugte Weitergabe von Insiderinformationen nach dem WpHG, BB 2005, 225; *Feddersen,* Aktienoptionsprogramme für Führungskräfte aus kapitalmarktrechtlicher und steuerlicher Sicht, ZHR 161 (1997), 269; *Fleischer,* Informationsasymmetrie im Vertragsrecht: Eine rechtsvergleichende und interdisziplinäre Abhandlung zu Reichweite und Grenzen vertragsschlußbezogener Aufklärungspflichten, 2001; *Fleischer,* Informationspflichten der Geschäftsleiter beim Management Buyout im Schnittfeld von Vertrags-, Gesellschafts- und Kapitalmarktrecht, AG 2000, 309; *Fromm-Russenschuck/Banerjea,* Die Zulässigkeit des Handelns mit Insiderpapieren nach Durchführung einer Due Diligence-Prüfung, BB 2004, 2425; *Fürhoff,* Insiderrechtliche Behandlung von Aktienoptionsprogrammen und Management Buy-Outs, AG 1998, 83; *Geber/zur Megede,* Aktienrückkauf – Theorie und Kapitalmarktpraxis unter Beachtung der „Safe-harbor-Verordnung" (EG Nr. 2273/2003), BB 2005, 1861; *Götz,* Die unbefugte Weitergabe von Insiderinformationen, DB 1995, 1949; *Habersack/Verse,* Zum Auskunftsrecht des Aktionärs im faktischen Konzern, AG 2003, 300 *Hasselbach,* Die Weitergabe von Insiderinformationen bei M&A-Transaktionen mit börsennotierten Aktiengesellschaften, NZG 2004, 1087; *Heinsius,* Anlageberatung durch Kreditinstitute, ZHR 145 (1981), 177; *Hopt,* Familien- und Aktienpools unter dem Wertpapierhandelsgesetz, ZGR 1997, 1; *Hopt,* Insiderwissen und Interessenkonflikte im europäischen und deutschen Bankrecht, in Festschrift für Heinsius, 1991, S. 289; *Hopt:* Verhaltenspflichten des Vorstands der Zielgesellschaft bei feindlichen Übernahmen – zur aktien- und übernahmerechtlichen Rechtslage in Deutschland und Europa, in Festschrift für Lutter, 2000, S. 1361; *Hopt,* Übernahmen, Geheimhaltung und Interessenkonflikte: Probleme für Vorstände, Aufsichtsräte und Banken, ZGR 2002, 333; *Joussen, P.,* Auskunftspflicht des Vorstands nach § 131 AktG und Insiderrecht, DB 1994, 2485; *Kaiser,* Die Sanktionierung von Insiderverstößen und das Problem der Kursmanipulation, WM 1997, 1557; *Kappes,* Weitergabe von Insiderinformationen, NJW 1995, 2832; *Kiethe,* Vorstandshaftung aufgrund fehlerhafter Due Diligence beim Unternehmenskauf, NZG 1999, 976; *Kirchner,* Zur zentralen Rolle der zivilrechtlichen Sanktionen im Recht des Insiderhandels, in Festschrift für Kitagawa, 1992, S. 665; *Körber,* Geschäftsleitung der Zielgesellschaft und due diligence bei Paketerwerb und Unternehmenskauf, NZG 2002, 263; *Krämer/Hess,* Zulässigkeit und Grenzen der Kursstabilisierung bei Aktienplazierungen, in Festschrift für Döser, 1999, 171; *Kümpel,* Die neuen Sonderbedingungen für Wertpapiergeschäfte, WM 1995, 137; *Lauerbach,* Gesellschafts- und zivilrechtliche Aspekte börslichen Insiderhandels, 2003; *Lenenbach,* Scalping: Insiderdelikt oder Kursmanipulation? Zugleich Besprechung LG Stuttgart, Urt. vom 30. 8. 2002, ZIP 2003, 243; *Liekefett,* Due Diligence bei M&A-Transaktionen: Voraussetzungen und Grenzen bei Börsengängen, Fusionen, Übernahmen, Beteiligungskäufen, Private Equity und Joint Ventures, 2005; *Lotze,* Die insiderrechtliche Beurteilung von Aktienoptionsplänen, 2000; *Lutter,* Due diligence des Erwerbers beim Kauf einer Beteiligung, ZIP 1997, 613; *Mertens, K.,* Die Information des Erwerbers einer wesentlichen Unternehmensbeteiligung an einer Aktiengesellschaft durch deren Vorstand, AG 1997, 541; *Müller, K.J.,* Gestattung der Due Diligence durch den Vorstand der Aktiengesellschaft, NJW 2000, 3452; *Park,* Börsenstrafrechtliche Risiken für Vorstandsmitglieder von börsennotierten Aktiengesellschaften, BB 2001, 2069; *Petersen,* Die Strafbarkeit des „Scalping", wistra 1999, 328; *Rittmeister,* Due Diligence und Geheimhaltungspflichten beim Unternehmenskauf, NZG 2004, 1032; *Roschmann/Frey,* Geheimhaltungsverpflichtungen der Vorstandsmitglieder von Aktiengesellschaften bei Unternehmenskäufen, AG 1996, 449; *von Rosen/Helm,* Der Erwerb eigener Aktien durch die Gesellschaft, AG 1996, 434; *Roth,* Schadensersatzpflicht bei Börsengeschäften von Insidern im amerikanischen Recht, RabelsZ 38 (1974), 720; *Schacht,* Das Insiderhandelsverbot bei Öffentlichen Übernahmeangeboten, 2002; *Schäfer,* Zulässigkeit und Grenzen der Kurspflege, WM 1999, 1345; *Scharrenberg,* Compliance in Wertpapierdienstleistungsunternehmen, in *Claussen/Schwark* (Hrsg.), Insiderrecht für Finanzanalysten, 1997, S. 107; *Schleifer/Kliemt,* Einschränkung betriebsverfassungsrechtlicher Unterrichtungspflichten durch Insiderrecht, DB 1995, 2214; *Schmidt-Diemitz,* Pakethandel und das Weitergabeverbot von Insiderwissen, DB 1996, 1809; *Schneider, S. H.,* Die Weitergabe von Insiderinformationen, NZG 2005, 702; *Schneider, U. H.,* Aktienoptionen als Bestandteil der Vergütung von Vorstandsmitgliedern, ZIP 1996, 1769; *Schneider, U. H.,* Die Weitergabe von Insiderinformationen im Konzern – Zum Verhältnis zwischen Konzernrecht und Konzern-Kapitalmarktrecht, in Festschrift für Wiedemann, 2002, S. 1255; *Schneider, U. H./Burgard,* Scalping als Insiderstraftat. Ein Beitrag zur Abgrenzung von erlaubten zu unerlaubten Verhaltensweisen am Kapitalmarkt, ZIP 1999, 381; *Schneider, U. H./Singhof,* Die Weitergabe von Insiderinformationen in der konzernfreien Aktiengesellschaft, insbesondere im Rahmen der Hauptversammlung und an einzelne Aktionäre – Ein Beitrag zum Verhältnis von Gesellschaftsrecht und Kapitalmarktrecht, in Festschrift für Kraft, 1998, S. 585; *Schroeder,* Darf der Vorstand der Aktiengesellschaft dem Aktienkäufer eine Due Diligence gestatten?, DB 1997, 2161; *Schröder,* Strafbares Insiderhandeln von Organvertretern einer AG nach geltendem und neuem Recht, NJW 1994, 2879; *Singhof,* Zur Weitergabe von Insiderinformationen im Unterordnungskonzern, ZGR 2001, 146; *Singhof/Weber Ch.,* Neue kapitalmarktrechtliche Rahmenbedingungen für den Erwerb eigener AktienAG 2005, 549; *Steinhauer,* Insiderhandelsverbot und Ad-hoc-Publizität: Eine rechtsvergleichende Analyse zivilrechtlicher Haftungsansprüche von Anlegern in den USA und Deutschland, 1999; *Stoffels,* Grenzen der Informationsweitergabe durch den Vorstand einer Aktiengesellschaft im Rahmen einer „Due Diligence", ZHR 165 (2001), 362; *Süßmann,* Die befugte Weitergabe von Insiderinformationen, AG 1999, 162; *Tiedemann,* Die strafrechtliche Vertreter- und Unternehmenshaftung, NJW 1986, 1842; *Treeck,* Die Offenbarung von Unternehmensgeheimnissen durch den Vorstand einer Aktiengesellschaft im Rahmen einer Due Diligence, in Festschrift für Fikentscher, 1998, S: 434; *Volk,* Scalping strafbar? Eine Erwiderung auf Uwe H. Schneider/Burgard, ZIP 1999, 381; ZIP 1999, 787; *Volk,* Die Strafbarkeit von Absichten im Insiderhandelsrecht, BB 1999, 66; *Wastl,* Der Handel mit größeren Aktienpaketen börsennotierter Unternehmen – Eine Bestandsaufnahme aus primär aktien-, börsen- und kapitalmarktrechtlicher Sicht, NZG 2000, 505; *Weber, M.,* Scalping – Erfindung und Folgen eines Insiderdelikts, NJW 2000, 562; *Weber, M.,* Kursmanipulationen am Wertpapiermarkt, NZG 2000, 113; *Weimann,* Insiderrechtliche Aspekte des Anteilserwerbs, DStR 1998, 1556; *Wüsthoff,* Der Auskunftsanspruch des Aktionärs nach § 131 AktG zwischen Insider-Verboten und Ad-hoc-Publizität nach dem Wertpapierhandelsgesetz, 2000; *Ziemons,* Die Weitergabe von Unternehmensinterna an Dritte durch den Vorstand einer Aktiengesellschaft, AG 1999, 492.

Vgl. auch die Angaben vor § 12 bis § 14.

A. Regelungsgegenstand und -zweck

1 Während §§ 12 und 13 Erklärungs- und Definitionscharakter haben, formuliert § 14 als **Kernvorschrift des deutschen Insiderrechts** die einzelnen Verbote von Insidergeschäften. § 14 wurde seit Erlass erstmals durch das AnSVG vom 28. Oktober 2004 geändert und setzt die Art. 2 bis 4 der EG Marktmissbrauchsrichtlinie um, welche die Art. 2 bis 4 der EG-Insiderrichtlinie ersetzen. § 14 Abs. 1 statuiert die **Verbotstatbestände**, nämlich:
- den Erwerb oder die Veräußerung von Insiderpapieren unter Verwendung einer Insiderinformation für eigene oder für fremde Rechnung oder für einen anderen (§ 14 Abs. 1 Nr. 1);
- die unbefugte Mitteilung oder das unbefugte Zugänglichmachen einer Insiderinformation an einen anderen (§ 14 Abs. 1 Nr. 2);
- die Empfehlung des Erwerbs oder der Veräußerung von Insiderpapieren auf der Grundlage einer Insiderinformation oder die Verleitung eines anderen zum Erwerb oder zur Veräußerung auf sonstige Weise (§ 14 Abs. 1 Nr. 3).

2 Die Verbotstatbestände des § 14 Abs. 1 enthalten eine Reihe von **Tatbestandsmerkmalen**, deren **Legaldefinitionen** sich **in anderen Vorschriften des WpHG** finden. Dies sind die folgenden Tatbestandsmerkmale:
- „**Insiderpapiere**" (§ 12 iVm § 2);
- „**Insiderinformation**" (§ 13);
- Der Begriff des „**Insiders**" fehlt in der Neufassung des § 14 Abs. 1 durch das AnSVG, da die Insiderhandelsverbote nunmehr für jeden gelten, der über eine Insiderinformation verfügt. Eine Differenzierung zwischen Primär- und Sekundärinsidern auf Verbotsebene erfolgt nicht mehr; die Unterscheidung ist nunmehr erheblich für die Sanktionierung als Straftat oder als Ordnungswidrigkeit (vgl. § 38 Abs. 1, § 39 Abs. 2 Nr. 3 und 4). Bei Primärinsidern, deren Definition in § 38 Abs. 1 Nr. 2 weitgehend identisch ist mit der früheren Definition in § 13 Abs. 1 aF, sind Verstöße gegen alle drei Verbote des § 14 I Nr. 1 bis 3 mit Kriminalstrafe sanktioniert, bei Sekundärinsidern hingegen nur Verstöße gegen das Verwendungsverbot des § 14 Abs. 1 Nr. 1, während Verstöße gegen das Weitergabeverbot des § 14 Abs. 1 Nr. 2 und das Verleitungsverbot des § 14 Abs. 1 Nr. 3 mit Bußgeld belegt werden. Die Sanktionsdifferenzierung beruht auf den Vorgaben der EG-Marktmissbrauchsrichtlinie (Art. 2 Abs. 1, Art. 3 und 4).

3 § 14 ist eine **Blankettvorschrift**. Die eigentliche Strafandrohung für Verstöße gegen die darin statuierten Verbote und damit die **eigentlichen Straftat- und Ordnungswidrigkeitentatbestände** finden sich **in § 38 Abs. 1 und § 39 Abs. 2 Nr. 3 und 4**. Infolge der mehrfachen Verschachtelung der einzelnen Vorschriften handelt es sich bei den insiderrechtlichen Sanktionsvorschriften der §§ 38 und 39 um sog. **mehrstufige Blankettvorschriften**.

4 Als **Strafe für Insiderverstöße** droht § 38 Abs. 1 Freiheitsstrafe bis zu fünf Jahre oder Geldstrafe an. Handelt der Täter leichtfertig, wird das Strafmaß nach § 38 Abs. 4 auf Freiheitsstrafe von bis zu einem Jahr oder Geldstrafe reduziert. Verstöße gegen das Weitergabe- und Verleitungsverbot durch Sekundärinsider werden gemäß § 39 Abs. 2 Nr. 3 und 4 mit einer Geldbuße bis zu 200 000,– € geahndet, bei Leichtfertigkeit bis zu 100 000,– € (vgl. § 17 Abs. 2 OWiG).

Verbot von Insidergeschäften 5–7 § 14

Eine **Differenzierung im Strafmaß** nach den drei verschiedenen **Tatmo-** 5
dalitäten des § 14, die bei Primärinsidern alle als Straftat verfolgt werden, erfolgt insoweit **nicht**. Dies ist nicht unbedenklich. Denn die Tatmodalitäten des Mitteilens und Zugänglichmachens wie auch des Empfehlens stellen generell Handlungen dar, die im Vorfeld des Verwendens liegen. Aus der Sicht des vom Insiderhandelsverbot geschützten Rechtsguts (zum geschützten Rechtsgut siehe vor § 12 Rn. 131 ff.) werden mit dem Weitergabe- und dem Verleitungsverbot noch im Vorfeld eines abstrakten Gefährdungsdeliktes (zur Ausgestaltung des Insiderhandelsverbots als abstraktes Gefährdungsdelikt siehe vor § 12 Rn. 135 f.) liegende Gefährdungshandlungen strafrechtlich erfasst.[1] Durch die Neufassung der Insidervorschriften durch das AnSVG werden nun auch Verstöße von Sekundärinsidern gegen das Weitergabe- und das Verleitungsverbot erfasst, allerdings nicht als Straftat, sondern als Ordnungswidrigkeit.

Die **fehlende Differenzierung im angedrohten Strafmaß für Primär-** 6
und Sekundärinsider ist schon vor der Neufassung der Insidervorschriften durch das AnSVG teilweise kritisiert worden.[2] Was das Verwendungsverbot (§ 14 Abs. 1 Nr. 1) betrifft – und nur dieses wird gleichermaßen bei Primär- und Sekundärinsidern als Straftat geahndet –, können beide Gruppen von Insidern das geschützte Rechtsgut, die Funktionsfähigkeit des Kapitalmarktes (dazu vor § 12 Rn. 133 ff.), in gleicher Weise beeinträchtigen; die Chancengleichheit der Marktteilnehmer wird dadurch beeinträchtigt, dass Personen über einen Informationsvorsprung verfügen und diesen verwenden, unabhängig davon, wie und in welcher Position der Informationsvorsprung erlangt wurde. Einem möglicherweise beim Insiderverstoß eines Primärinsiders gegebenen höheren Handlungsunrecht infolge der Verletzung von an dessen privilegierte Stellung anknüpfenden besonderen Pflichten ist auf der **Ebene der Strafzumessung** Rechnung zu tragen.[3]

Infolge der Möglichkeit einer Zurechnung des Wissens ihrer Organe, ihrer 7
rechtsgeschäftlichen Vertreter sowie bestimmter sonstiger Hilfspersonen können **juristische Personen und Personenvereinigungen** Insider und damit Normadressaten sein. Für die Fälle, in denen Insider eine Gesellschaft oder eine andere juristische Person ist, verlangt Art. 2 Abs. 2 der EG-Marktmissbrauchsrichtlinie (wie auch zuvor schon die EG-Insiderrichtlinie), die Insiderhandelsverbote auf diejenigen **natürlichen Personen** zu erstrecken, die an dem Beschluss beteiligt sind, das Geschäft für Rechnung der betreffenden juristischen Person zu tätigen. Einer besonderen, Art. 2 Abs. 2 unmittelbar in das WpHG umsetzenden Vorschrift bedarf es im deutschen Insiderrecht nicht. Die allgemeinen Delegationsvorschriften **§ 14 StGB und § 9 OWiG** (dazu vor § 38 Rn. 19 ff.) dehnen den Anwendungsbereich von Tatbeständen, bei denen ein besonderes persönliches

---

[1] Kritisch dazu *Mennicke*, Sanktionen gegen Insiderhandel, S. 608 ff., die sich im Ergebnis für die Sanktionierung von Verstößen gegen die Verbote des § 14 Abs. 1 Nr. 2 und Nr. 3 als Ordnungswidrigkeiten ausspricht. So auch schon der Arbeitskreis Gesellschaftsrecht für das Verbot der Mitteilung von Insiderinformationen (§ 40 Abs. 2 Nr. 1 des Gesetzesentwurfs, S. 51 der Begründung).
[2] Siehe *Assmann/Cramer*, 3. Aufl. 2003, Rn. 4; *Lücker*, Der Straftatbestand des Missbrauchs von Insiderinformationen, S. 149 f.
[3] Vgl. *Mennicke*, Sanktionen gegen Insiderhandel, S. 607, die sich dafür ausspricht, für Sekundärinsider eine fakultative Strafmilderung nach § 49 Abs. 1 StGB vorzusehen; *Assmann* AG 1994, S. 237/250; *Lücker*, Der Straftatbestand des Missbrauchs von Insiderinformationen, S. 150 (für die Statuierung eines minder schweren Falles).

§ 14 8–11 Abschnitt 3. Insiderüberwachung

Merkmal die Ahndbarkeit begründet, auf gesetzliche Vertreter (v. a. Organe juristischer Personen und deren Mitglieder sowie vertretungsberechtigte Gesellschafter einer Personenhandelsgesellschaft) sowie bestimmte gewillkürte Vertreter in Betrieben und Unternehmen aus, wenn sie in dieser Eigenschaft handeln, und die fraglichen Merkmale zwar bei dem Vertretenen (der juristischen Person oder Personenvereinigung), nicht aber beim Vertreter vorliegen.[4]

8 Die **praktische Bedeutung der Pflichtendelegation** ist nicht sehr groß. Die nach § 14 StGB verantwortlichen Vertreter werden in den meisten Fällen aufgrund des weiten Insiderbegriffs und der die eigen- und fremdnützige Tatbegehung umfassenden Formulierung des Verbotstatbestands des § 14 Abs. 1 Nr. 1 einer eigenen (d. h. nicht bloß von der juristischen Person bzw. Personenvereinigung als Normadressat abgeleiteten) insiderrechtlichen Verantwortlichkeit ausgesetzt sein.[5] Im übrigen kann im Fall der Begehung einer Straftat durch ein Organ, durch welche die juristische Person oder Personenvereinigung treffende Pflichten verletzt werden, oder durch welche die juristische Person oder die Personenvereinigung bereichert worden ist oder bereichert werden sollte, eine Geldbuße gegen die betreffende Gesellschaft festgesetzt werden, § 30 OWiG (vgl. dazu vor § 38 Rn. 31 ff.).

9 Der Kauf bzw. Verkauf von Insiderpapieren unter Verwendung einer Insiderinformation ist als Straftat jedem, der über eine Insiderinformation verfügt, verboten. Der **Straftatbestand des Erwerbs oder der Veräußerung von Insiderpapieren unter Verwendung einer Insiderinformation** ist also ein **Allgemeindelikt.** Infolge des für Primär- wie für Sekundärinsider angedrohten gleich hohen Strafrahmens (siehe oben Rn. 5 f.) führt die Erfüllung der in § 38 Abs. 1 Nr. 2 lit. a) bis d) umschriebenen persönlichen Sondereigenschaften und damit die Primärinsidereigenschaft nicht zu einer Modifizierung der Strafe. Es kann allenfalls erwartet werden, dass ein Richter dem Umstand, dass jemand Primärinsider oder lediglich „Dritter" ist, auf der Ebene der Strafzumessung Rechnung trägt. Der Straftatbestand der Verwendung einer Insiderinformation durch einen Primärinsider ist deshalb aber **kein unechtes Sonderdelikt.**

10 Verstöße gegen das **Weitergabe- und das Verleitungsverbot** des § 14 Abs. 1 Nr. 2 und Nr. 3 sind gemäß § 39 Abs. 2 Nr. 3 und Nr. 4 Ordnungswidrigkeiten. Sie werden dann als Straftat geahndet, wenn der Täter eine der in § 38 Abs. 1 Nr. 2 lit. a) bis d) umschriebenen Eigenschaften besitzt, also **Primärinsider** ist, und unter Verwendung der aufgrund seiner „Position" erlangten Insiderinformation einen entsprechenden Verstoß begeht. Damit handelt es sich bei dem Weitergabe- und dem Verleitungsverbot um sog. **echte Sonderdelikte,** d. h. um Tatbestände, bei denen bestimmte Sondereigenschaften des Täters die Strafbarkeit erst begründen, d. h. aus der Ordnungswidrigkeit eine Straftat wird.[6] Aus der Eigenschaft als Sonderdelikt folgt, dass als Mittäter oder mittelbarer Täter einer verbotenen Mitteilung oder Verleitung nur derjenige **bestraft** werden kann, der selbst die strafbarkeitsbegründende Sondereigenschaft aufweist.

11 Das Insiderhandelsverbot aus § 14 Abs. 1 Nr. 1 ist nicht auf börsliche Transaktionen unter Verwendung einer Insiderinformation beschränkt, sondern findet

---

[4] Zur Pflichtendelegation nach § 14 StGB allgemein siehe *Lenckner* in *Schönke/Schröder* StGB, § 14, insbes. Rn. 1, 13 ff.
[5] Vgl. *Assmann,* Rn. 5 und schon *Assmann,* WM 1996, S. 1337/1343.
[6] Vgl. dazu *Lenckner* in *Schönke/Schröder* StGB, Vorbem. §§ 13 ff. Rn. 131.

Verbot von Insidergeschäften   12, 13   § 14

auch auf **außerbörsliche Geschäfte** (sog. face-to-face-Geschäfte, Pakethandel) Anwendung.[7] Dies hat der Gesetzgeber durch die Neufassung von § 1 Abs. 1 durch das AnSVG klargestellt, wonach das WpHG ausdrücklich den börslichen und den außerbörslichen Handel erfasst, und zwar auch i. S. v. Einzelgeschäften.[8] Dies setzt die Vorgabe aus Art. 9 Abs. 1 der EG-Marktmissbrauchsrichtlinie um.

Dies galt auch schon vor Inkrafttreten des AnSVG. Art. 2 Abs. 3 Satz 2 der EG-Insiderrichtlinie hatte es den Mitgliedstaaten zwar freigestellt, das Erwerbs- und Veräußerungsverbot auch auf diejenigen **Wertpapiergeschäfte** anzuwenden, die **ohne Einschaltung eines Berufshändlers** außerhalb eines staatlich geregelten und beaufsichtigten Wertpapiermarkts (wie in Art. 1 Nr. 2 der Insiderrichtlinie, letzter Satzteil definiert) getätigt werden. Der deutsche Gesetzgeber hatte aber von der Ermächtigung, Transaktionen ohne Einschaltung eines Berufshändlers vom Insiderhandelsverbot auszuschließen, keinen Gebrauch gemacht. Zwar wurde unter Hinweis auf die Richtlinie vereinzelt die Auffassung vertreten, dass im außerbörslichen (Paket-)Handel das Erwerbs- bzw. Veräußerungsverbot nicht eingreifen könne.[9] Denn im außerbörslichen Handel stünden sich üblicherweise Verhandlungspartner mit einem gleichwertigen Informationsstand gegenüber.[10] Diese Ansicht vermochte sich nicht durchzusetzen und ist heute obsolet. 12

Die ganz überwiegende **Auffassung in der Literatur** ging schon vor dem Inkrafttreten des AnSVG davon aus, **dass das Insiderhandelsverbot des WpHG** den außerbörslichen **Telefonhandel** und sog. *face-to-face*-**Geschäfte** in Wertpapieren erfasst, bei denen Käufer und Verkäufer der Wertpapiertransaktion Geschäfte unmittelbar miteinander und nicht über die Börse abschließen.[11] Angezweifelt wurde nur, ob eine strafrechtliche Erfassung durch das WpHG geboten sei, weil i. d. R. eine zivilrechtliche Erfassung möglich sei.[12] 13

---

[7] *Assmann,* Rn. 42; *Schäfer,* Rn. 8; *Diekmann/Sustmann,* NZG 2004, S. 929/931; *Hammen,* WM 2004, S. 1753/1760; *Hasselbach,* NZG 2004, S. 1087/1088; *Fromm-Russenschuck/Banerjea,* BB 2004, S. 2425/2427; *Cahn,* Der Konzern 2005, S. 5/7 f.
[8] *Schäfer,* Rn. 8.
[9] So *Claussen,* ZBB 1992, S. 267/282 mit der – durch die Praxis widerlegten – Begründung, beim Pakethandel stünden sich die Parteien typischerweise mit gleichem Informationsstand gegenüber; differenzierter demgegenüber *Hopt,* ZGR 1991, S. 17/43 ff. (keine Freistellungsmöglichkeit für Pakethandel unter Einschaltung von Banken); siehe auch *Hammen,* WM 2004, S. 1753/1759, mit dem Argument, § 1 aF habe mit der Verwendung des Wortes „Handel" den Anwendungsbereich des WpHG auf außerbörsliche Geschäfte beschränkt.
[10] So insbesondere noch *Kümpel,* Bank- und Kapitalmarktrecht, 1. Aufl. (1995), Rn. 14.185; zurückhaltender aber *ders.,* Bank- und Kapitalmarktrecht, 2. Aufl., Rn. 16.169.
[11] *Assmann/Cramer,* 3. Aufl. 2003, Rn. 28 (Pakethandel: Rn. 29); so jetzt auch *Assmann,* Rn. 42 f.; siehe auch *ders.,* AG 1994, S. 237/246; *ders.,* ZGR 1994, S. 494/522; *ders.,* AG 1997, S. 50/55; *Schäfer,* Rn. 9; *Schmidt-Diemitz,* DB 1996, S. 1809/1809; *Fürhoff,* AG 1998, S. 83/87; *Wastl,* NZG 2000, S. 505/510; *Fleischer,* AG 2000, S. 309/312; einschränkend *Hopt,* ZGR 1991, S. 17/44 f. (Erfassung nur des Pakethandels zwischen Unternehmen unter Einschaltung von Banken).
[12] Siehe *Schäfer* Rn. 9. Aufgrund einer unterlassenen Aufklärung kommen eine arglistige Täuschung i. S. d. § 123 Abs. 1 BGB oder ein Verschulden bei Vertragsschluß (c. i. c.) in Betracht. Zur Rückwirkung der kapitalmarktrechtlichen Insiderstellung auf das Bestehen

§ 14   14–18   Abschnitt 3. Insiderüberwachung

14   Die Insiderhandelsverbote greifen bei außerbörslichen Wertpapiergeschäften **nur** ein, **wenn die Finanzinstrumente, die Gegenstand der Transaktion sind, zum Börsenhandel zugelassen sind** bzw. ihr Preis von einem börsennotierten Finanzinstrument abhängt (vgl. zum Begriff des Insiderpapiers § 12). Wegen dieses Kapitalmarktbezugs wäre es nicht zu rechtfertigen, Pakethandel und Unternehmenskäufe generell nicht dem Insiderrecht zu unterwerfen.

15   Eine **gesetzliche Beschränkung des Anwendungsbereichs** der Insiderhandelsverbote des § 14 Abs. 1 enthält § **14 Abs. 2**, der Art. 8 der EG-Marktmissbrauchsrichtlinie umsetzt und dabei die sog. safe harbour-Regelung der Verordnung (EG) Nr. 2273/2003 vom 22. Dezember 2003[13] berücksichtigt. Danach sind von den Insiderhandelsverboten ausdrücklich ausgenommen der Handel mit eigenen Aktien im Rahmen von Rückkaufprogrammen sowie Maßnahmen zur Stabilisierung des Preises von Finanzinstrumenten. Praktisch verweist § 14 Abs. 2 lediglich auf die ohnehin in Deutschland unmittelbar geltende EG-Verordnung; es handelt sich also **nicht** um eine **echte Transformationsvorschrift**[14] (siehe zu § 14 Abs. 2 die Erläuterungen unten Rn. 391 ff.).

16   Die Vorschriften des dritten Abschnitts des WpHG über die Insiderüberwachung gelten weiterhin nicht für Geschäfte, die aus geld- oder währungspolitischen Gründen oder im Rahmen der öffentlichen Schuldenverwaltung von der Europäischen Zentralbank, dem Bund, einem seiner Sondervermögen, einem Land, der Deutschen Bundesbank, einem ausländischen Staat oder dessen Zentralbank oder einer anderen mit diesen Geschäften betrauten Organisation oder mit für deren Rechnung handelnden Personen getätigt werden (**Legalausnahme in § 1 Abs. 3**, vgl. § 1 Rn. 15 f.).

17   Zum **geschützten Rechtsgut** der Insiderhandelsverbote siehe vor § 12 Rn. 131 ff.

B. Die Tatbestände des Verbots von Insidergeschäften (§ 14 Abs. 1)

I. Der Tatbestand des Verwendungsverbots (§ 14 Abs. 1 Nr. 1)

1. Objektiver Tatbestand

18   Der objektive Tatbestand des § 14 Abs. 1 Nr. 1 setzt voraus, dass der Täter unter Verwendung einer Insiderinformation Insiderpapiere (§ 12 iVm § 2) für eigene oder für fremde Rechnung oder für einen anderen erwirbt oder veräußert. **Tauglicher Täter** ist **jeder, der**, wie das Merkmal der Verwendung einer Insiderinformation implizit voraussetzt, **Kenntnis von der betreffenden Insiderinformation hat** (siehe auch Art. 2 Abs. 1 Satz 1 der EG-Marktmissbrauchsrichtlinie, der das Erwerbs- oder Veräußerungsverbot an diejenigen adressiert, die über eine Insiderinformation „verfügen").

---

von vertragsrechtlichen Aufklärungspflichten siehe den Ansatz von *Fleischer*, Informationsasymmetrie im Vertragsrecht (2001), § 14 III. 1. (S. 560 ff.).

[13] EU ABl. Nr. L 336 vom 23. 12. 2003, S. 33.
[14] So *Schäfer*, Rn. 3.

a) Erwerb und Veräußerung

Die Tatbestandsmerkmale des „Erwerbens" und „Veräußerns" werden **im** 19
WpHG nicht definiert und sind streitig. In der Literatur finden sich schon
seit Inkrafttreten des WpHG eine Reihe von Definitionen und Begriffsumschreibungen, bei denen es im Grundsatz darum geht, ob bereits der Abschluss
eines obligatorischen Vertrags für einen Erwerb oder für eine Veräußerung ausreicht oder ob eine Erfüllung bzw. eine Änderung der dinglichen Zuordnung
oder der Verfügungsmacht stattgefunden haben muss.

Rechtstechnisch werden im deutschen (Zivil-)Recht „Erwerb" und „Veräu- 20
ßerung" so verstanden, dass eine **Änderung der dinglichen Rechtslage** vorausgesetzt ist. Es wird angezweifelt, ob dieses Verständnis für das WpHG zu
übernehmen ist. So werden „erhebliche Strafbarkeitslücken" befürchtet.[15] Außerdem seien die Merkmale des Erwerbs und der Veräußerung **richtlinienkonform** (vgl. Art. 2 Abs. 1 Satz 1 EG-Marktmissbrauchsrichtlinie bzw. zuvor Art. 2
Abs. 1 EG-Insiderrichtlinie) auszulegen. Weil die meisten Mitgliedstaaten der
EU nicht die Unterscheidung zwischen schuldrechtlichem und dinglichem Geschäft kennen würden, sei es zweifelhaft, ob Erwerb und Veräußerung rechtstechnisch wie im deutschen Recht zu verstehen seien.[16]

Ein **Teil der Literatur** hält den **Abschluss eines obligatorischen Vertrags** 21
allein nicht für ausreichend.[17] Die Begriffe „Erwerb" und „Veräußerung"
seien dahingehend zu verstehen, dass eine Wertpapiertransaktion stattgefunden
haben müsse, die zu einer **„Verschiebung der Verfügungsmacht"** geführt
habe.[18] Dies wurde vereinzelt[19] als zu weitgehend kritisiert, da bereits die Einräumung einer Vollmacht als „Verschiebung der Verfügungsmacht" gedeutet
werden könne; es müsse deshalb eine „Änderung der eigentumsrechtlichen Zuordnung" eingetreten sein. *Assmann* hingegen befürchtet bei diesen Anforderungen erhebliche Strafbarkeitslücken. Ausreichend, aber auch erforderlich sei es,
wenn eine „Vertragsgestaltung" vorliege, „bei der sichergestellt ist, dass der Insider den erwarteten Gewinn realisieren kann".[20] Der Erwerbs- bzw. Veräußerungsvorgang müsse in dem Sinne abgeschlossen sein, dass der **Insider den potentiellen Gewinn vertraglich abgesichert** habe.[21] In diese Richtung geht
nun auch der Emittentenleitfaden der BaFin.[22]

Unzweifelhaft wird die **Erteilung einer Order zu einer Wertpapiertrans-** 22
aktion als Vorstufe zum Abschluss eines schuldrechtlichen Vertrags nicht als Erwerb oder Veräußerung erfasst.[23] Allerdings handelt es sich bei der Erteilung einer Order, die – mit oder ohne Dazutun des Insiders – nicht in einen Erwerb
oder eine Veräußerung mündet, grundsätzlich um einen **Versuch** (mit der Mög-

---

[15] *Assmann* Rn. 12 a. E.
[16] *Assmann* Rn. 12.
[17] *Schäfer* Rn. 5; *Assmann/Cramer*, 1. Aufl. (1995), § 14 Rn. 6 ff., anders aber 2. Aufl.,
Rn. 6, und jetzt Rn. 12 bei bestimmter Vertragsgestaltung (dazu unten im Text dieser
Rn. 21).
[18] So noch *Assmann/Cramer*, 1. Aufl. (1995), § 14 Rn. 6 ff.; *J. Hartmann* in Juristische
und ökonomische Regelungsprobleme, S. 231; *Casper*, WM 1999, 363/364 Fn. 10, S. 365.
[19] *Schäfer*, 1. Aufl. 1999, Rn. 5.
[20] *Assmann* Rn. 12; *Assmann/Cramer*, 3. Aufl. 2003 Rn. 6 (anders noch 1. Aufl.).
[21] *Assmann* Rn. 13.
[22] BaFin, Emittentenleitfaden, S. 25.
[23] So auch *Schäfer* Rn. 12; *Krauel*, Insiderhandel, S. 280.

lichkeit des strafbefreienden Rücktritts gemäß § 24 Abs. 1 StGB durch Rücknahme der Order vor Ausführung), der vom WpHG seit der Neufassung durch das AnSVG nach § 38 Abs. 3 unter Strafe gestellt wird, jedoch mit Milderungsmöglichkeit nach §§ 23 Abs. 2, 49 StGB (vgl. § 38 Rn. 31 f.).[24] Gleiches gilt für die **Zeichnung von Insiderpapieren im Rahmen einer Börseneinführung** (*initial public offering*, IPO) **oder einer Kapitalerhöhung** (*secondary offering*). Ein Erwerb bzw. eine Veräußerung liegt aber in jedem Fall dann vor, wenn eine Kauf- oder Verkaufsorder **ausgeführt** wird, da ein möglicher Gewinn (bzw. die Vermeidung eines Verlusts) dann vertraglich abgesichert ist.[25]

23 Zur Verwirklichung der Tatbestandsmerkmale des Erwerbs bzw. der Veräußerung genügt es nicht, dass **lediglich** der **schuldrechtliche Vertrag** abgeschlossen wird, wenn die Erfüllung ausbleibt.[26] Mit **Erfüllung** ist in aller Regel eine **Änderung der rechtlichen Zuordnung** gemeint. Sie ist das entscheidende Kriterium für die Durchführung eines Insidergeschäfts, ohne dass es grundsätzlich auf die Art der zugrunde liegenden schuldrechtlichen Vereinbarung ankommt.[27] Diese Interpretation der Merkmale des Erwerbs und der Veräußerung entspricht dem rechtstechnisch-juristischen Verständnis von Erwerb oder Veräußerung, das allgemein eine Änderung der dinglichen Rechtslage voraussetzt.

24 Weil ein Erwerbs- bzw. Veräußerungsvorgang richtigerweise nur insiderstrafrechtlich relevant ist, wenn er durchgeführt wurde, werden **bedingte** (§ 158 BGB) **Übertragungen von Wertpapieren** erfasst, wenn die Wertpapiertransaktion tatsächlich stattgefunden hat. Tritt eine aufschiebende Bedingung nicht ein und wird die Transaktion nicht durchgeführt, liegen Erwerb oder Veräußerung nicht vor,[28] und zwar unabhängig davon, ob der Eintritt der aufschiebenden Bedingung von einer Willenserklärung des Insiders, seines Vertragspartners oder vom Eintritt eines bestimmten Ereignisses (zB fusionskontrollrechtliche Freigabe) abhängt.[29] Umgekehrt liegen kein Erwerb bzw. keine Veräußerung i. S. v. § 14 Abs. 1 Nr. 1 vor, wenn eine auflösende Bedingung eintritt, d. h. Erwerb oder Veräußerung sind erst dann zu bejahen, wenn feststeht, dass die auflösende Bedingung nicht mehr eintreten kann.[30] Es kann sich aber bei dem bedingten

---

[24] Anders noch die Empfehlung des Bundesrates in seiner Stellungnahme, BR-Drucks. 793/93 (Beschluss), S. 8.
[25] BaFin, Emittentenleitfaden, S. 25; *Assmann* Rn. 13.
[26] *Schäfer* Rn. 12; *Soesters*, Insiderhandelsverbote, S. 151; *Assmann/Cramer*, 1. Aufl. 1995, § 14 Rn. 6; *J. Hartmann*, Juristische und ökonomische Regelungsprobleme, S. 231. AA *Krauel*, Insiderhandel, S. 280 (Erfüllung nicht notwendig).
[27] Ähnlich *Schäfer* Rn. 12, der die Änderung der eigentumsrechtlichen Zuordnung für maßgeblich hält. Auch wenn dies sicherlich der Regelfall der Erfüllung ist, bleibt dabei außer acht, dass die Erfüllung und damit die Durchführung einer Transaktion auch auf andere Weise erfolgen kann, zB durch Verrechnung eines Lieferanspruchs gegen eine korrespondierende Lieferverbindlichkeit (siehe das Beispiel bei *Kümpel*, Bank- und Kapitalmarktrecht, Rn. 16.160).
[28] So noch *Assmann/Cramer*, 1. Aufl. (1995), Rn. 11; *J. Hartmann*, Juristische und ökonomische Regelungsprobleme, S. 231.
[29] Weitergehend BaFin, Emittentenleitfaden, S. 25: Nur dann kein Erwerbs- oder Veräußerungsvorgang, wenn Bedingungseintritt an Willenserklärung des Vertragspartners geknüpft sei; andernfalls sei „Vorteil" vertraglich abgesichert. So auch *Assmann* Rn. 18.
[30] Nach BaFin, Emittentenleitfaden, S. 25, dann, wenn der Vertragspartner des Insiders keine Möglichkeit mehr hat, von der auflösenden Bedingung Gebrauch zu machen.

Erwerb bzw. der bedingten Veräußerung um einen strafbaren Versuch handeln (§ 38 Abs. 3).

Teile der Literatur befürchten im Hinblick auf die Erfassung von bedingten Übertragungen **Strafbarkeitslücken**. Insbesondere in Fällen, in denen eine aufschiebend bedingte Übertragung nur noch vom „Willen" des Insiders abhänge, könne der Insider die Wertpapiere aufschiebend bedingt erwerben und den Bedingungseintritt nach der Veröffentlichung der betreffenden Information herbeiführen.[31] Deshalb sei auch die bedingte Übertragung von Wertpapieren als Erwerb oder Veräußerung i. S. d. § 14 Abs. 1 Nr. 1 zu erfassen, unabhängig davon, ob die Transaktion nach Bedingungseintritt tatsächlich ausgeführt werde. Diese Auffassung verkennt, dass **zu differenzieren** ist **zwischen der Erfüllung** des Tatbestandsmerkmals des Erwerbs bzw. der Veräußerung **und dem maßgeblichen Zeitpunkt für die Feststellung, ob ein „Verwenden" einer Insiderinformation vorliegt,** namentlich bei zeitlich gestreckten Erwerbs- bzw. Veräußerungsvorgängen. Zum Zeitpunkt, auf den für die Feststellung der Verwendung einer Insiderinformation abzustellen ist, siehe unten (Rn. 163 ff.). 25

Nicht als Erwerb oder Veräußerung anzusehen ist die bloße **Verpfändung von Wertpapieren**.[32] Gegenstand des Erwerbs bzw. der Veräußerung ist bei der Verpfändung lediglich ein Pfandrecht an dem betreffenden Wertpapier. Die Verpfändung als solche gewährt dem Sicherungsnehmer aber noch kein Verfügungsrecht über das Papier, was für einen Erwerb bzw. eine Veräußerung vorausgesetzt ist (oben Rn. 21). 26

Erfasst werden **echte und unechte Wertpapierpensionsgeschäfte** (Verkauf von Wertpapieren bei gleichzeitiger Vereinbarung eines Termins für den Rückkauf), bei denen unabhängig von ihrer (streitigen) rechtlicher Einordnung[33] eine Übertragung von Wertpapieren erfolgt.[34] Auch die **Wertpapierleihe** (Übertragung des Eigentums an Wertpapieren für einen bestimmten Zeitraum gegen Vergütung) wird erfasst, ohne dass es auf ihre zivilrechtliche Qualifikation als Sachdarlehen oder Kauf mit Rückkaufverpflichtung[35] ankommt. Wie Pensionsgeschäfte sind Wertpapierleihgeschäfte Erwerbs- und Veräußerungsgeschäfte, wenngleich Erwerb oder Veräußerung regelmäßig nicht endgültig erfolgen.[36] 27

Der **Erwerb bzw. die Veräußerung von Wertpapieren ohne eigenes Zutun des Erwerbers bzw. des Veräußerers** werden nicht vom Verwendungsverbot des § 14 Abs. 1 Nr. 1 erfasst. Das **Verbot** des Erwerbs bzw. der Veräußerung von Insiderpapieren unter Verwendung einer Insiderinformation **kann nur befolgt werden, wenn** das betreffende **Erwerbs- bzw. Veräußerungsgeschäft auf der Willensbildung des Insiders beruht.** Ein Verbot, das auch 28

---

[31] *Krauel*, Insiderhandel, S. 280.
[32] BaFin, Emittentenleitfaden, S. 25; *Assmann*, Rn. 15; *Schwark* in Kapitalmarktrechtskommentar, § 14 WpHG, Rn. 6; *Claussen*, Insiderhandelsverbot und Ad hoc-Publizität, Rn. 38; *J. Hartmann*, Juristische und ökonomische Regelungsprobleme, S. 231; einschränkend *Schäfer* Rn. 13.
[33] Siehe dazu *Schäfer* in Schwintowski/Schäfer, Bankrecht, § 14 Rn. 16 ff., 19.
[34] BaFin, Emittentenleitfaden, S. 25; *Assmann* Rn. 15.
[35] Zur rechtlichen Einordnung vgl. *Schäfer* in Schwintowski/Schäfer, Bankrecht, § 14 Rn. 13, 21 ff.; *Dörge*, Rechtliche Aspekte der Wertpapierleihe, S. 37 ff., alle mwN.
[36] BaFin, Emittentenleitfaden, S. 25; *Assmann* Rn. 15; *Schäfer* Rn. 13; *Hopt* in Bankrechts-Handbuch, § 107 Rn. 35; *Krauel*, Insiderhandel, S. 280; offen gelassen bei *Claussen*, Insiderhandelsverbot und Ad hoc-Publizität, Rn. 38.

Erwerbs- und Veräußerungsvorgänge erfasst, die ohne eigenes Zutun des Betreffenden erfolgen mit der Folge, dass dieser sie nicht verhindern kann, ist unverhältnismäßig. Daraus folgt:

29 Kein Erwerbs- oder Veräußerungsvorgang im insiderrechtlichen Sinne ist die **Vererbung von Wertpapieren**.[37]

30 Ein **Anteiltausch im Rahmen einer Verschmelzung** führt grundsätzlich nicht zu einem Erwerb bzw. einer Veräußerung i. S. v. § 14 Abs. 1 Nr. 1. Die Anteilsinhaber des übertragenden Rechtsträgers werden gemäß § 20 Abs. 1 Nr. 3 UmwG mit der Eintragung in das Handelsregister des übernehmenden Rechtsträgers **kraft Gesetzes** Anteilsinhaber dieses Rechtsträgers. Willenserklärungen sind ebenso wenig notwendig wie etwa die Übertragung von Aktienurkunden. Entsprechendes gilt für die **Spaltung** (vgl. § 125 Satz 1 iVm § 20 Abs. 1 Nr. 3 UmwG), die **aktienrechtliche Eingliederung** (vgl. § 320 a AktG) sowie den **Ausschluss von Minderheitsaktionären** (vgl. § 327 e Abs. 3 AktG).

31 Dies gilt auch dann, **wenn ein Insider die betreffende Maßnahme maßgeblich fördert und voran treibt** (zB als Mehrheitsaktionär des übertragenden oder gar beider Rechtsträger) in dem Wissen, dass das Umtauschverhältnis bzw. die Abfindung der außenstehenden Aktionäre aufgrund der ihm zugänglichen, aber nicht öffentlich bekannten Informationen nicht den „wahren" Wertverhältnissen entspricht. Die (außenstehenden) Aktionäre werden namentlich bei den Maßnahmen der Verschmelzung, Spaltung, Eingliederung oder des Ausschlusses von Minderheitsaktionären über die Möglichkeit der Erhebung einer Anfechtungsklage oder der Einleitung eines Spruchverfahrens zur Überprüfung der Angemessenheit der Umtauschrelation bzw. Abfindung geschützt. Eine **strafrechtliche Erfassung nach den Vorschriften des WpHG** ist **nicht geboten**.

32 Da unmittelbar auf der Willensbildung des Insiders beruhend, ist die **Ausübung eines Wandelungsrechtes bei einer Wandelanleihe** als „Erwerb" des aus der Wandelung hervorgehenden Wertpapiers anzusehen. Gleiches gilt für die **Annahme eines Kauf- oder eines Umtauschangebots** im Rahmen eines öffentlichen Erwerbsangebots. Auch die **Ausübung eines Bezugsrechts** bei einer Kapitalerhöhung mit anschließender Zuteilung von Aktien ist ein Erwerb dieser Aktien i. S. d. § 14 Abs. 1 Nr. 1.

33 Kein Erwerbs- oder Veräußerungsvorgang i. S. v. § 14 Abs. 1 Nr. 1 ist die **Schenkung von Wertpapieren**.[38]

34 In der Literatur wurde vor Inkrafttreten des WpHG teilweise gefordert, das **Unterlassen des Erwerbs oder der Veräußerung von Insiderpapieren** zu pönalisieren.[39] § 14 Abs. 1 Nr. 1 enthält aber **keinen echten Unterlassungstatbestand**. Die Vorschrift verbietet Erwerb oder der Veräußerung von Wertpapieren unter Verwendung einer Insiderinformation und damit die Handlungsweisen, die bei ihrer Vornahme die Strafbarkeit des Insiders begründen. Darüber hinaus enthält die Norm kein Merkmal, das im selben Fall eine Handlungspflicht

---

[37] *Assmann* Rn. 18; *Schwark*, KMRK, § 14 WpHG, Rn. 6; *Claussen*, Insiderhandelsverbot und Ad hoc-Publizität, Rn. 38.
[38] *Assmann* Rn. 18; *Schäfer* Rn. 13; *Schwark*, KMRK, § 14 WpHG, Rn. 8; *Claussen*, Insiderhandelsverbot und Ad hoc-Publizität, Rn. 38; *J. Hartmann*, Juristische und ökonomische Regelungsprobleme, S. 231.
[39] *Claussen* ZBB 1992, S. 267/281; *Schröder*, Aktienhandel und Strafrecht, S. 139; in diese Richtung auch *Hopt* in FS Beusch, S. 393/401.

für den Insider begründet, deren Nichtvornahme ebenfalls eine Strafbarkeit auslösen würde. Das durch Insiderwissen bedingte Unterlassen eines Erwerbs- oder Veräußerungsvorhabens in Bezug auf Wertpapiere erfüllt deshalb nicht den Tatbestand des § 14 Abs. 1 Nr. 1.[40]
Da § 14 Abs. 1 Nr. 1 kein echtes Unterlassungsdelikt ist, müssen **Verhaltens-** 35 **weisen straflos** bleiben, **die einem Unterlassen des Erwerbs oder der Veräußerung entsprechen,** wenn es nicht zur Durchführung der entsprechenden Transaktion kommt. Einem Insider ist es daher erlaubt, aufgrund seiner Kenntnis von einer Insiderinformation den Verkauf von bereits in seinem Depot befindlichen Wertpapieren zu unterlassen bzw. von einem intendierten Erwerb abzusehen. Er darf eine **bereits erteilte,** aber noch nicht ausgeführte **Kauf- oder Verkauforder stornieren.**[41] Nach den gleichen Grundsätzen bleibt die **Nichtausübung einer Kauf- oder Verkaufoption** straflos.[42] Erfährt also ein Aufsichtsratsmitglied in einer Sitzung, dass ein Übernahmeangebot für eine andere Gesellschaft abgegeben werden soll, und storniert er daraufhin unverzüglich seinen der Bank bereits erteilten Verkaufsauftrag für Aktien der Zielgesellschaft, bleibt er straflos.[43]

§ 14 Abs. 1 Nr. 1 kann allerdings als unechtes Unterlassungsdelikt 36 **begangen werden.** Nach der überwiegenden Auffassung in der strafrechtlichen Literatur und der Rechtsprechung zu **§ 13 Abs. 1 StGB** kann der tatbestandliche Erfolg nicht nur durch die im Tatbestand umschriebene Handlung, sondern auch durch ein entsprechendes Unterlassen erfüllt werden. Nach § 13 Abs. 1 StGB ist derjenige strafbar, der es unterlässt, einen Erfolg abzuwenden, der zum Tatbestand eines Strafgesetzes gehört, wenn er rechtlich dafür einzustehen hat, dass der Erfolg nicht eintritt, und wenn das Unterlassen der Verwirklichung des gesetzlichen Tatbestandes durch ein Tun entspricht. Nach überwiegender Auffassung in der strafrechtlichen Literatur und Rechtsprechung meint Erfolg, der zu einem Straftatbestand gehört, nicht nur den Erfolg im engeren Sinn, sondern in weiter Auslegung **das tatbestandsmäßige Geschehen, das ein Straftatbestand für die Tatvollendung voraussetzt.** Danach können grundsätzlich auch abstrakte Gefährdungsdelikte durch Unterlassen begangen werden.[44]

Nach dieser Auffassung sind der Erwerb bzw. die Veräußerung unter Verwen- 37 dung einer Insiderinformation der rechtlich missbilligte Erfolg des § 14 Abs. 1 Nr. 1. Während es der Insider im Falle eines echten Unterlassungsdelikts unter-

---

[40] Ganz h. M., vgl. *Assmann* Rn. 16; *Schäfer* Rn. 14; *Kümpel*, Bank- und Kapitalmarktrecht, Rn. 16.157; *Lenenbach*, Kapitalmarkt- und Börsenrecht, Rn. 10.49; *Hopt* in Das 2. FFG in der praktischen Umsetzung, S. 3/17; *Fürhoff* AG 1998, S. 83/86; *Cramer* AG 1997, S. 59/62; *Peltzer* ZIP 1994, S. 746/750; *Sethe* in Handbuch des Kapitalanlagerechts, § 12 Rn. 62; *Lücker*, Der Straftatbestand des Missbrauchs von Insiderinformationen, S. 94 f.; *Soesters*, Insiderhandelsverbote, S. 153 f.; *J. Hartmann*, Juristische und ökonomische Regelungsprobleme, S. 232 f. AA *Claussen*, DB 1994, S. 27/31; *ders.*, Insiderhandelsverbot und Ad hoc-Publizität, Rn. 38 f.: „Teleologische Ausweitung"; *U. A. Weber* BB 1995, S. 157/166.
[41] *Schäfer* Rn. 14; *Assmann* Rn. 17; *Schwark*, KMRK, § 14 WpHG, Rn. 7; *Hopt* in Bankrechts-Handbuch, § 107, Rn. 38; *Lenenbach*, Kapitalmarkt- und Börsenrecht, Rn. 10.49; *Schröder* NJW 1994, S. 2879/2880; *Dickersbach*, Das neue Insiderrecht, S. 183.
[42] *Assmann* Rn. 17; *Dickersbach*, Das neue Insiderrecht, S. 183.
[43] *Schröder* NJW 1994, S. 2879/2880, mit Kritik an diesem Ergebnis; dazu auch *Kohlmann* in FS Vieregge, S. 443/450 ff.
[44] *Stree* in *Schönke/Schröder*, StGB, § 13 Rn. 3.

lässt, überhaupt ein Geschäft zu tätigen, so dass der rechtlich missbilligte Erfolg durch das Unterlassen gar nicht erst eintritt, erfasst § 13 Abs. 1 StGB eine andere Vorgehensweise des Täters, die den Erfolg in zurechenbarer Weise verursacht haben muss. Der **Täter muss trotz einer Pflicht zur Abwendung des drohenden Erfolgs (Garantenstellung) untätig geblieben** sein.[45, 46] So kann zB ein Insider, der einem anderen eine Insiderinformation mitgeteilt hat, unter dem Gesichtspunkt der Garantenstellung aus pflichtwidrigem Vorverhalten (Ingerenz) wegen Unterlassens strafbar sein, wenn er den anderen nicht von einem Erwerb bzw. einer Veräußerung eines Insiderpapiers abhält, und zwar je nach Umständen des Einzelfalls als Täter oder Gehilfe.

38 Das Verwendungsverbot erfasst nach dem klaren Wortlaut von § 14 Abs. 1 Nr. 1 **nur** den Missbrauch von Insiderinformationen durch **Erwerb oder Veräußerung in Bezug auf Wertpapiermärkte. Eine anderweitige Verwertung** von nicht öffentlich bekannten Informationen **bleibt ungeregelt**.[47] Damit kann zB die Insiderinformation über die Krise eines Unternehmens zum Zweck der Kreditkündigung oder zur Ablehnung einer Geschäftsbeziehung wie auch zum sofortigen Stopp der Belieferung eines Unternehmens verwertet werden.[48] Eine entsprechende Anwendung des Insiderhandelsverbots auf solche Fälle schließt das strafrechtliche Analogieverbot aus.[49]

b) Eigen- und Fremdgeschäfte

39 Der Erwerb oder die Veräußerung von Insiderpapieren muss für **eigene oder fremde Rechnung** oder **für einen anderen** erfolgen. Damit sind zunächst diejenigen Erwerbs- und Veräußerungsgeschäfte erfasst, die ein Insider für sich selbst, d h. im eigenen Namen und für eigene Rechnung vornimmt.

40 Das Insiderhandelsverbot des § 14 Abs. 1 Nr. 1 erfasst auch Wertpapiergeschäfte, die der Insider **im eigenen Namen für fremde Rechnung** und damit in **mittelbarer verdeckter Stellvertretung für Dritte** ausführt. Unerheblich ist, in welcher Weise dem Vertretenen das Eigentum an den fraglichen Wertpapieren verschafft oder vermittelt wird.[50] Ein Fall der mittelbaren Stellvertretung i. S. d. § 14 Abs. 1 Nr. 1 ist **auch** die **Einkaufskommission im bankmäßigen Effektengeschäft,** bei der – anders als bei der regelmäßigen mittelbaren Stellvertretung[51] – nach einhelliger Meinung das Wertpapiereigentum ohne Durchgangserwerb der als Marktintermediärin tätigen Bank unmittelbar auf den Effektenkunden übergeht.[52]

---

[45] Vgl. zu § 14 Abs. 1 Nr. 1 als unechtem Unterlassungsdelikt *Lücker,* Der Straftatbestand des Missbrauchs von Insiderinformationen, S. 95 f.
[46] Zur Garantenstellung vgl. statt aller *Stree* in *Schönke/Schröder,* StGB, § 13 Rn. 7 ff., 17 ff.
[47] Zu beachten bleiben allerdings die allgemeinen Geheimhaltungsvorschriften, die teilweise auch die Verwertung des Geheimnisses unter Strafe stellen; vgl. zB § 404 AktG, § 17 UWG, § 203 StGB.
[48] Vgl. nur *Assmann,* Rn. 19; *Schäfer* Rn. 15; *Kümpel,* Bank- und Kapitalmarktrecht, Rn. 16.156; *Sethe* in Handbuch des Kapitalanlagerechts, § 12 Rn. 61; *Hopt* in Bankrechts-Handbuch, § 107 Rn. 92; *Lücker,* Der Straftatbestand des Missbrauchs von Insiderinformationen, S. 96.
[49] *Assmann* Rn. 19.
[50] *Assmann* Rn. 21; *Kümpel,* Bank- und Kapitalmarktrecht, Rn. 16.154.
[51] Dazu *Palandt/Bassenge,* BGB, § 929 Rn. 24.
[52] Siehe *Kümpel,* Bank- und Kapitalmarktrecht, Rn. 16.155.

Erfasst werden außerdem sämtliche Erwerbs- und Veräußerungsgeschäfte „**für** 41
einen anderen", d.h. Geschäfte, bei denen der Insider nicht im eigenen Namen handelt, sondern in **unmittelbarer offener Stellvertretung im fremden Namen und für fremde Rechnung** (zB als Vermögensverwalter eines Anlegers). Unerheblich ist, in welcher Weise dem Vertretenen das Eigentum an den Wertpapieren verschafft oder vermittelt wird.[53]

„**Anderer**" kann sowohl eine **natürliche** als auch eine **juristische Person** 42
sein. Insbesondere ist die Gesellschaft als juristische Person bzw. als Übergangsform zur juristischen Person (so oHG und KG) gegenüber den Organen oder persönlich haftenden Gesellschaftern ein „anderer". Denn der organschaftliche Vertreter einer Gesellschaft ist zwar Teil der Organisation der Gesellschaft, aber nicht mit der Gesellschaft identisch.[54] Das Organ, das für Rechnung der Gesellschaft Insiderpapiere erwirbt oder veräußert, erwirbt für die Gesellschaft Eigentum an den Insiderpapieren bzw. gibt das Eigentum der Gesellschaft an diesen Papieren auf. Damit ist das Wertpapiergeschäft des organschaftlichen Vertreters zugunsten der Gesellschaft vom Insiderhandelsverbot erfasst.[55]

Als Erwerb oder Veräußerung „für einen anderen" werden von § 14 Abs. 1 43
Nr. 1 die Fälle erfasst, in denen dem Insider **Konto- und Depotvollmacht von einem Dritten** eingeräumt wurde oder er als **Vermögensverwalter für einen Anleger** tätig wird, und hierbei Insiderwissen zugunsten des „anderen" ausnutzt.[56]

c) Insiderpapiere

Gegenstand des Erwerbs bzw. der Veräußerung müssen Insiderpapiere (§ 12 44
iVm § 2) sein. Siehe dazu die Kommentierung zu § 12.

d) **Unter Verwendung einer Insiderinformation**

Der Erwerb oder die Veräußerung der Insiderpapiere muss unter Verwendung 45
einer Insiderinformation erfolgt sein.

aa) „**Verwendung**" statt „**Ausnutzung**". Mit dem Tatbestandsmerkmal 46
des „**Verwendens einer Insiderinformation**" ersetzte das AnSVG das bisherige Merkmal der „**Ausnutzung der Kenntnis von einer Insidertatsache**", das auf Artikel 2 Abs. 1 der EG-Insider-Richtlinie von 1989 zurück ging. Dieser verlangte von den Mitgliedstaaten die Untersagung des Erwerbs oder der Veräußerung von Insiderpapieren, die „unter Ausnutzung" einer Insiderinformation erfolgten. Auch der durch das AnSVG erfolgte Verzicht auf das Merkmal des „Ausnutzens" und dessen Ersetzung durch das Tatbestandsmerkmal des „Verwendens" einer Insiderinformation geht auf die **Vorgaben des europäischen Insiderrechts** zurück. So sind nach Artikel 2 Abs. 1 der Marktmissbrauchsrichtlinie nur Erwerb und Veräußerung von Insiderpapieren durch die Mitgliedstaaten zu untersagen, die „unter Nutzung" einer Insiderinformation für eigene oder fremde Rechnung erfolgte. Die englische Fassung der Marktmissbrauchsrichtlinie spricht von „using".

---

[53] *Assmann* Rn. 21.
[54] Vgl. *Caspari* ZGR 1994, S. 530/541; *Lücker*, Der Straftatbestand des Missbrauchs von Insiderinformationen, S. 93.
[55] *Schäfer* Rn. 11; *Caspari* ZGR 1994, 530/541; *Lücker*, Der Straftatbestand des Missbrauchs von Insiderinformationen, S. 93; *Krauel*, Insiderhandel, S. 281.
[56] Beispiele bei *Schäfer* Rn. 11.

§ 14 47–49 Abschnitt 3. Insiderüberwachung

47 Das **objektive Tatbestandsmerkmal** des „**Verwendens**" einer Insiderinformation ersetzt das bisherige, allgemein als subjektives Tatbestandsmerkmal verstandene „Ausnutzen der Kenntnis von einer Insidertatsache". Diese Ersetzung, die in Umsetzung der Vorgaben europäischen Rechts vorgenommen wurde, geht zugleich auf eine bewusste Entscheidung auch des deutschen Gesetzgebers zurück. Ausweislich der Gesetzesbegründung zum AnSVG war es erklärtes Ziel des Gesetzgebers, „erhebliche **Schwierigkeiten bei der Beweisführung**" **zu vermeiden**,[57] die letztlich auf das enge Verständnis des Tatbestandsmerkmals des „Ausnutzens" durch die ganz herrschende Auffassung und die Praxis zurückzuführen waren.

48 **Weite Teile der Literatur und die Praxis** ordneten das Tatbestandsmerkmal der „**Ausnutzung** der Kenntnis von einer Insiderinformation" **als subjektives Tatbestandsmerkmal** ein.[58] Dies entsprach der allgemein anerkannten, auf die **Begründung des Gesetzgebers** zurückgehenden Definition, wonach derjenige eine Insiderinformation ausnutzte, der von seinem Wissensvorsprung in der Hoffnung und mit der Zielrichtung Gebrauch machte, für sich oder einen anderen einen wirtschaftlichen Sondervorteil zu erlangen, der als Verstoß gegen den Grundsatz der Chancengleichheit der Anleger am Wertpapiermarkt missbilligt wurde.[59] Dies setzte voraus, dass der Täter handelte, **um sich oder einem anderen einen** solchen **Sondervorteil zu verschaffen**. Dementsprechend wurde überwiegend angenommen, „Ausnutzung" setze voraus, dass der Insider mit **Vorteilserzielungsabsicht** gehandelt haben müsse.[60] Richtigerweise war eine Vorteilserzielungsabsicht i. S. d. *dolus directus* 1. Grades aber nicht vorauszusetzen.[61] Denn schon dem Wortlaut von § 14 Abs. 1 Nr. 1 aF war eine Auslegung nicht zu entnehmen, nach der „Ausnutzung" bedeutete, dass der Täter in Vorteilserzielungsabsicht handelte, was aber notwendige Voraussetzung einer strafrechtlichen Sanktionierung gewesen wäre. Außerdem sprach das Gesetz vom „Ausnutzen", nicht jedoch von einer Ausnutzungsabsicht. Vielmehr wäre es **nach richtigem Verständnis** des Tatbestandsmerkmals des „Ausnutzens" ausreichend gewesen, dass die **Kenntnis von der Insidertatsache mitbestimmend** für den Erwerb oder die Veräußerung von Insiderpapieren gewesen war.

49 Wegen der befürchteten **praktischen Nachweisschwierigkeiten** in Bezug auf das Tatbestandsmerkmal des „Ausnutzens" wurde schon frühzeitig insbeson-

---

[57] Begründung RegE AnSVG, BT-Drucks. 15/3174, S. 34.
[58] Vgl. nur *Assmann/Cramer*, 3. Aufl., Rn. 16 iVm Rn. 23 ff.; *Schäfer*, 1. Aufl., Rn. 11; *Kümpel*, Bank- und Kapitalmarktrecht, Rn. 16.162 ff.
[59] Begründung RegE 2. FFG, BT-Drucks. 12/6679, S. 47; „Leitfaden Insiderhandelsverbote und Ad hoc-Publizität nach dem Wertpapierhandelsgesetz", hrsg. von Deutsche Börse AG und BAWe, S. 20; *Assmann/Cramer*, 3. Aufl., Rn. 25; *Schäfer* 1. Aufl., Rn. 11; *zur Megede* in Handbuch des Kapitalanlagerechts, 2. Aufl. § 14 Rn. 43; *Kümpel*, Bank- und Kapitalmarktrecht, Rn. 16.163; *ders.*, Wertpapierhandelsgesetz, S. 70 f.; *Hopt*, ZGR 1991, S. 17/42; *Assmann* AG 1994, S. 237/246; *ders.* ZGR 1994, S. 494/517 f.; *Caspari* ZGR 1994, S. 530/542; *F. Immenga* ZBB 1995, S. 197/203; *J. Hartmann*, Juristische und ökonomische Regelungsprobleme, S. 234.
[60] *Schäfer*, 1. Aufl., Rn. 11; *Assmann/Cramer*, 3. Aufl., Rn. 25; *Assmann* AG 1994, S. 237/246; *Caspari* ZGR 1994, S. 530/542; *F. Immenga* ZBB 1995, S. 197/204; *zur Megede* in Hdb. des Kapitalanlagerechts, 2. Aufl., § 14 Rn. 43.
[61] *Claussen*, ZBB 1992, S. 267/281; *ders.* DB 1994, S. 27/31; *Siebold*, Das neue Insiderrecht, S. 240; *P. Peters*, Das neue Insiderstrafrecht, S. 65.

dere seitens der BaFin (früher: BAWe) *de lege ferenda* die Forderung erhoben, einen Ordnungswidrigkeitentatbestand ohne das **Tatbestandsmerkmal des Ausnutzens** neu zu schaffen und zugleich eine Ausnahme für den berufsmäßigen Wertpapierhandel einzufügen.[62] Der Vorschlag eines Ordnungswidrigkeitentatbestandes war insofern konsequent, als eine Streichung des Tatbestandsmerkmals „unter Ausnutzung" im Straftatbestand äußerst problematisch gewesen wäre. Denn einer strafrechtlichen Sanktionierung dürfen nur strafwürdige Verhaltensweisen unterliegen. Der eigentliche Unrechtsgehalt des Insiderhandels ist aber durch eine Verknüpfung der Kenntnis von einer Insidertatsache mit der betreffenden Transaktion in Insiderpapieren gekennzeichnet.

Den befürchteten Schwierigkeiten der Aufsichts- und Strafverfolgungsbehörden bei der Beweisführung wollte der Gesetzgeber im Rahmen des AnSVG – zugleich in Umsetzung europäischer Vorgaben – durch den **Verzicht auf das Merkmal der „Ausnutzung"** und der gleichzeitigen **Ersetzung durch** das Tatbestandsmerkmal der **„Verwendung"** Rechnung tragen. So heißt es in der **Regierungsbegründung zum AnSVG**, dass der Begriff „Ausnutzen" in der Vergangenheit zu erheblichen Schwierigkeiten bei der Beweisführung geführt habe, weil er als zweckgerichtetes Handeln zu verstehen gewesen sei.[63] Außerdem, so weiter die Regierungsbegründung, sei das „Ausnutzen" als „Alleinstellungsmerkmal" interpretiert worden mit der Folge, dass in der Vergangenheit bei einem Motivbündel des Täters regelmäßig nicht nachweisbar gewesen sei, dass er die Insiderinformation habe ausnutzen wollen.[64] Das Hinzutreten weiterer, oft kaum zu widerlegender Motive des Täters habe deshalb zur Straflosigkeit geführt. Der Zweck des Handelns, zB die Erlangung eines wirtschaftlichen Vorteils, finde daher nun nicht mehr auf Tatbestandsebene, sondern nur noch bei der Straf- bzw. Bußgeldzumessung Berücksichtigung. Denn das Tatbestandsmerkmal der „Verwendung" mache deutlich, dass ein **subjektiv ausgerichtetes Handeln des Insiders**, anders als bisher, **nicht mehr** verlangt werde.[65]

Als **Konsequenz** der Entscheidung sowohl des europäischen als auch des deutschen Gesetzgebers für einen Verzicht auf das subjektiv verstandene Tatbestandsmerkmal des „Ausnutzens" wurde zunächst teilweise aufgrund eines grundlegenden Missverständnisses befürchtet, über das Tatbestandsmerkmal der „Verwendung einer Insiderinformation" könne jeder Erwerb oder jede Veräußerung von Insiderpapieren erfasst werden, wenn die betreffende Transaktion von jemandem vorgenommen werde, der Kenntnis von einer Insiderinformation habe.[66] Dass dies nicht zutreffend sein kann, ergibt sich aber schon aus dem Wortlaut. Die Statuierung von Voraussetzungen wie „unter Nutzung" in Art. 2 Abs. 1 der Marktmissbrauchsrichtlinie durch den europäischen Gesetzgeber oder des Tatbestandsmerkmals „unter Verwendung einer Insiderinformation" durch den deutschen Gesetzgeber machen unmissverständlich deutlich, dass **mehr als der bloße Erwerb oder die bloße Veräußerung in Kenntnis einer In-**

---

[62] So *Dreyling*, zitiert in Wirtschaftswoche vom 24. 8. 2000, S. 124; ders. in *Dreyling/ Schäfer*, Insiderrecht und Ad-hoc-Publizität, Rn. 312.
[63] Begründung RegE AnSVG, BT-Drucks. 15/3174, S. 34.
[64] Begründung RegE AnSVG, BT-Drucks. 15/3174, S. 34.
[65] Begründung RegE AnSVG, BT-Drucks. 15/3174, S. 34.
[66] Dagegen ausdrücklich zu Recht *Fromm-Russenschuck/Banerjea*, BB 2004, 2425/2426; *Cahn*, Der Konzern 2005, 5/9; auch *Assmann* Rn. 25.

siderinformation gegeben sein müssen, nämlich ein **„aktives" Gebrauchmachen von einer Insiderinformation.**[67] Hätte der Gesetzgeber etwas anderes gewollt, hätte er sich für einen Wegfall des Tatbestandsmerkmals des „Ausnutzens" entscheiden können, ohne dieses durch das Tatbestandsmerkmal des „Verwendens" bzw. der „Nutzung" zu ersetzen. Dies wäre aber im Hinblick auf die vorgesehene strafrechtliche Sanktionierung, der nur strafwürdige Verhaltensweisen unterliegen dürfen, äußerst fragwürdig gewesen (s. Rn. 49).

52 **bb) Erfordernis der Kausalität der Insiderinformation für Erwerb oder Veräußerung.** Dass der Erwerb oder die Veräußerung in Kenntnis einer Insiderinformation nicht schon zu einer „Verwendung" führen, hat der **Gesetzgeber** in der **Begründung zum Regierungsentwurf des AnSVG** selbst klargestellt: Danach muss der Täter, um den Tatbestand des Verwendungsverbots zu erfüllen, **die Insiderinformation „in sein Handeln mit einfließen lassen".**[68] Darüber, dass die Kenntnis der Insiderinformation **ursächlich** für den Erwerb oder die Veräußerung von Insiderpapieren geworden sein muss, besteht mittlerweile Übereinstimmung.[69]

53 Dass ein „Verwenden" einen **ursächlichen Zusammenhang zwischen Erwerb bzw. Veräußerung und der Insiderinformation** voraussetzt, ergibt sich aus **Artikel 2 Abs. 3** der **Marktmissbrauchsrichtlinie** wie auch aus ihrem Erwägungsgrund 30. Artikel 2 Abs. 3 schließt die Insiderverbote für Geschäfte aus, „die getätigt wurden, um einer fällig gewordenen Verpflichtung zum Erwerb oder zur Veräußerung von Finanzinstrumenten nachzukommen, wenn diese Verpflichtung auf einer Vereinbarung beruht, die geschlossen wurde, bevor die betreffende Person die Insiderinformation erhalten hat". Diesen Fall der von Insiderwissen nicht beeinflussten Eingehung oder Erfüllung einer Verbindlichkeit hat der deutsche Gesetzgeber in der **Regierungsbegründung des AnSVG** aufgegriffen und klargestellt, dass darin kein Fall eines Verwendens liegt.[70] Zudem sieht **Erwägungsgrund 30 der Marktmissbrauchsrichtlinie** vor, dass die Umsetzung einer eigenen Entscheidung einer Person über den Erwerb oder die Veräußerung von Finanzinstrumenten nicht als die Verwendung einer Insiderinformation gelten soll. Es fehlt also an der Verwendung einer Insiderinformation, wenn eine Person ihren − ohne Verwendung einer Insiderinformation zustande gekommenen − Entschluss, eine bestimmte Transaktion in Insiderpapieren durchzuführen, umsetzt.[71] In diesem Zusammenhang wird aber zu Recht darauf hingewiesen, dass der Entschluss selbst eine Insiderinformation sein kann mit der Folge, dass die Person, die einen solchen Entschluss gefasst hat, durchaus gegen die Verbote des § 14 Abs. 1 Nr. 2 oder Nr. 3 verstoßen kann, wenn sie

---

[67] So ausdrücklich *Assmann* Rn. 25.
[68] Begründung RegE AnSVG, BT-Drucks. 15/3174, S. 34; so auch BaFin, Emittentenleitfaden, S. 26, 27.
[69] BaFin, Emittentenleitfaden, S. 26; *Assmann,* Rn. 25 f.; *Schäfer,* Rn. 7; *Brandi/Süßmann,* AG 2004, 642/643; *Bürgers* BKR 2004, 424/425; *Diekmann/Sustmann* NZG 2004, 929/931; *Fromm-Russenschuk/Banerjea,* BB 2004, 2425/2426 f.; *Schlitt/Schäfer* AG 2004, 346/354; *Spindler,* NJW 2004, 3449/3451; *Ziemons,* NZG 2004, 537/539; *Cahn,* Der Konzern 2005, 5/8; Handelsrechtsausschuss des DAV, Stellungnahme zum RegE zum AnSVG, NZG 2004, 703/704.
[70] Begründung RegE AnSVG, BT-Drucks. 15/3174, S. 34.
[71] So schon Begründung RegE 2. FFG, BT-Drucks. 12/6679, S. 47.

ihren Entschluss einem Dritten mitteilt oder auf der Grundlage dieses Entschlusses Dritten gegenüber Empfehlungen zu Transaktionen in Insiderpapieren gibt, vorausgesetzt, dass dies für die Umsetzung ihres Erwerbs- oder Veräußerungsentschlusses nicht erforderlich war.[72]

Es war nicht erforderlich, dass der deutsche Gesetzgeber diese Ausnahmen vom „Verwenden" in Artikel 2 Abs. 3 der Marktmissbrauchsrichtlinie und deren Erwägungsgrund 30 ausdrücklich in eine Gesetzesformulierung umsetzte.[73] Einer entsprechenden **Klarstellung bedurfte es nicht,** denn in diesen Fällen fehlt es offensichtlich an dem für ein „Verwenden" erforderlichen Ursachenzusammenhang zwischen Insiderinformation und Erwerb bzw. Veräußerung. Im Interesse einer einfachen, nicht durch Fallbeispiele überfrachteten Gesetzgebung genügte in jedem Fall der Verweis in der Regierungsbegründung auf **Artikel 2 Abs. 3** der Marktmissbrauchsrichtlinie. 54

cc) **„Verwendung" und psychische Kausalität.** Das Tatbestandsmerkmal der Verwendung der Kenntnis von einer Insiderinformation ist erst (aber auch schon) dann erfüllt, wenn die Insiderinformation den Täter zum Erwerb bzw. zur Veräußerung motiviert. Die **Kenntnis des Täters** von der Insiderinformation muss **kausal für seinen Willensbildungsprozess und den daraus resultierenden Tatentschluss** geworden sein. Es liegt keine Verwendung vor, wenn der Täter bereits vor Kenntniserlangung von der Insiderinformation zum Erwerb oder zur Veräußerung in der konkreten Art und Weise der erfolgten Durchführung entschlossen war *(omnimodo facturus).* 55

Die „Verwendung einer Insiderinformation" ist ein **Fall der „psychischen" Kausalität.** Bei dem Wirkzusammenhang zwischen der Kenntnis von einer Insiderinformation und dem Erwerb bzw. der Veräußerung von Insiderpapieren handelt es sich um einen inneren Vorgang. Die (allgemeine) strafrechtliche Rechtsprechung[74] und Literatur[75] gehen davon aus, dass in Fällen von psychischer Kausalität der *conditio sine qua non*-Formel, die für die Verknüpfung äußerer Tatsachen gelte, nicht uneingeschränkt gefolgt werden könne. Vielmehr wird überwiegend ein besonderer Kausalitätsbegriff im psychischen Bereich angenommen, wonach **jede von mehreren Bedingungen** Ursache einer psychischen Motivation ist.[76] 56

Danach wird eine Insiderinformation nicht nur dann verwendet, wenn bei einem Hinwegdenken der Kenntnis von der Insiderinformation der Erwerb bzw. die Veräußerung entfiele. Ein Verwenden kann vielmehr auch dann gegeben sein, wenn Erwerb bzw. Veräußerung auch ohne die Insiderinformation aus einem anderen tatsächlich mitwirkenden Motiv vorgenommen worden wären. **Es genügt dann, dass die Insiderinformation für den Erwerb bzw. die Veräußerung mitbestimmend war,** d. h. dass bei einer Mehrzahl von Motiven lediglich eines durch die Insiderinformation veranlasst sein muss, wenn dieses Motiv für den Erwerb bzw. die Veräußerung **mitbestimmend** gewesen 57

---

[72] *Assmann* Rn. 31; *Cahn,* Der Konzern 2005, 5/9, mwN in Fn. 38.
[73] Bedauernd jedoch *Ziemons,* NZG 2004, 537/539.
[74] Vgl. BGH, 24. 2. 1959 – 5 StR 618/58, BGHSt 13, 13/14 = NJW 1959, S. 897/898; vgl. dagegen RG, 10. 3. 1942 – 1 D 442/41, RGSt 76, 82/87.
[75] Vgl. *Lenckner* in Schönke/Schröder Vorbem. § 13 Rn. 75; *Fischer,* StGB, vor § 13 Rn. 22.
[76] Dies wird namentlich im Hinblick auf die Kausalität des Irrtums für die Vermögensverfügung bei § 263 StGB (Betrug) erörtert.

ist,[77] und zwar für den Erwerb bzw. die Veräußerung in der konkreten Art und Weise, in der die Transaktion erfolgt ist. Als mitursächlich ist die Insiderinformation nur dann anzusehen, wenn der Unterschied zwischen dem durch sie bewirkten tatbestandlichen Erfolg des Erwerbs bzw. der Veräußerung und demjenigen, der ohne sie eingetreten wäre, juristisch erheblich ist. Dies ist dann der Fall, wenn sich in diesem Unterschied ein **Verstoß gegen die Chancengleichheit** am Kapitalmarkt manifestiert; dies ist jeweils im Einzelfall festzustellen. Damit wird dem Schutzzweck des Insiderhandelsverbots, nämlich der Verhinderung der Erzielung von Sondervorteilen und damit der Sicherung des Vertrauens in die Funktionsfähigkeit der Kapitalmärkte und dem chancengleichen Zugang zu Informationen, bei der Auslegung des Merkmals der „Verwendung" Rechnung getragen, auch wenn das Regelungsziel des Insiderrechts im Merkmal des „Ausnutzens" offenkundigeren Ausdruck gefunden hatte. Im Ergebnis hat sich bei einer solchen Interpretation des „Verwendens" der **Anwendungsbereich des Insiderhandelsverbots durch das AnSVG nicht erweitert.**[78]

58 **Für die Praxis zu empfehlen** ist eine **beweiskräftige Dokumentation** der Motive und Erwägungen für die Durchführung von Erwerbs- oder Veräußerungsvorgängen, bei denen der Anschein einer Kausalität der Insiderinformation für den Entschluss zur Durchführung einer Transaktion nicht von vornherein ausgeschlossen werden kann. Praktisch bedeutsam ist eine sorgfältige Dokumentation namentlich dann, wenn eine nachfolgende Erlangung von Insiderwissen nicht die Durchführung von zuvor gefassten Erwerbsentschlüssen oder anderweitigen unternehmerischen Entscheidungen verhindern soll. Die entsprechenden Beschlüsse (zB des Vorstands) sind sorgfältig zu dokumentieren.

59 **dd) „Verwendung" und *face-to-face*-Geschäfte.** Die Insiderhandelsverbote und damit auch das **Erwerbs- und Veräußerungsverbot** sind **nicht auf börsliche Transaktionen beschränkt** (dazu ausführlich oben Rn. 11 ff.). Insiderinformationen können auch bei außerbörslichen Geschäften (sog. *face-to-face*-Geschäfte) in Insiderpapieren, insbesondere beim außerbörslichen Pakethandel, verwendet werden.

60 Nach bisher einhelliger Auffassung konnte bei einem *face-to-face*-Geschäft die Kenntnis von einer Insidertatsache **nicht** i. S. v. § 14 Abs. 1 Nr. 1 aF **ausgenutzt** werden, wenn die betreffende Insidertatsache **beiden Vertragsseiten tatsächlich bekannt** war.[79] Dies wurde damit begründet, dass die Kenntnis von

---

[77] Vgl. die Definition des Tatbestandsmerkmals des „Ausnutzens der Unerfahrenheit" in § 89 BörsG aF; OLG Düsseldorf, 22. 11. 1988 – 4 U 21/88, WM 1989, 175/180. Dort wurde verlangt, dass die Unerfahrenheit ursächlich oder zumindest mitursächlich für getätigte Geschäftsabschlüsse war. Zweifelnd, ob Mitursächlichkeit der Empfehlungsabsicht für den Erwerb und damit einen Verstoß gegen § 14 Abs. 1 Nr. 1 aF ausreichte, – in einem *obiter dictum* – LG Frankfurt/Main, 9. 11. 1999 – 5/2 Kls 92 Js 23140.2/98 (P 2/98), NJW 2000, S. 301/303 (Fall „Prior").
[78] So *Assmann*, Rn. 27.
[79] So insbes. *Assmann/Cramer*, 3. Aufl., Rn. 28; *Dreyling/Schäfer*, Insiderrecht und Ad-hoc-Publizität, Rn. 123; *Assmann* AG 1994, S. 237/246; *ders.* in *Lutter/Scheffler/Schneider* (Hrsg.), Handbuch der Konzernfinanzierung, Rn. 12.619; *Kümpel*, Bank- und Kapitalmarktrecht, Rn. 16.345; *Schmidt-Diemitz* DB 1996, S. 1809/1811; *Fürhoff* AG 1998, S. 83/87; *Kohlmann* in FS Vieregge, S. 443/453; *Dickershach*, Das neue Insiderrecht, S. 180; *Lücker*, Der Straftatbestand des Missbrauchs von Insiderinformationen, S. 98; *Krauel*, Insiderhandel, S. 288; kritisch *M. Weber* NJW 1994, S. 2849/2853.

der Insidertatsache nicht zur einseitigen Geschäftsgrundlage wurde und somit nicht von einem Vertragspartner gegenüber dem anderen ausgenutzt werden konnte.

Daran hat sich **durch das AnSVG nichts geändert:** Eine **Verwendung** 61 einer Insiderinformation **scheidet aus,** wenn diese bei einer außerbörslichen Transaktion beiden Parteien bekannt ist, Verkäufer und Käufer (letzterer in der Regel als Folge einer Due Diligence-Prüfung) also über den gleichen Wissensstand verfügen. Dies wird damit begründet, dass bei gleichem Informationsstand die **Insiderinformation nicht kausal** für den Erwerb oder die Veräußerung wird und es deshalb an einem Verwenden fehlt.[80] Bejaht man hingegen die Kausalität der Insiderinformation auch bei gleichem Wissensstand der Parteien – warum die Kausalität bei gleichem Wissensstand per se ausgeschlossen sein soll, liegt nicht auf der Hand (s. auch unten Rn. 62) –, ist eine **teleologische Reduktion** des Verwendungsverbots vorzunehmen mit der Begründung, dass in einem solchen Fall eine Beeinträchtigung von Kapitalmarkt und Kapitalmarktteilnehmern ausgeschlossen sei.[81] Das den typischen Unrechtsgehalt eines Insidergeschäfts ausmachende Informationsungleichgewicht liegt nicht vor, so dass ein Eingreifen des Verwendungsverbots nicht zu rechtfertigen wäre.

Im Fall einer **nur einseitigen Kenntnis von einer Insiderinformation** 62 kommt bei einem *face-to-face*-Geschäft ein Verstoß gegen das Verwendungsverbot in Betracht.[82] Dies gilt auch, wenn ein in Kenntnis von einer Insiderinformation handelnder Insider nicht weiß, dass die Gegenpartei ebenfalls Kenntnis von dieser Insiderinformation hat.[83] Denn in einem solchen Fall wird der Täter von der Insiderkenntnis motiviert, d. h. die Insiderinformation wird kausal für den Erwerb oder die Veräußerung durch den Täter i. S. einer psychischen Kausalität (siehe oben Rn. 55 ff.). Wegen des tatsächlichen Informationsgleichstands manifestiert sich aber im Erwerb (bzw. in der Veräußerung) kein Verstoß gegen die Chancengleichheit; **strukturell** liegt der **Versuch der Verwendung** einer Insiderinformation vor, die **gemäß § 38 Abs. 3 strafbar** ist.[84]

Beim außerbörslichen Pakethandel führt das Verwendungsverbot im Ergebnis 63 zu einer **strengen einseitigen Obliegenheit des Verkäufers zur Offenlegung kursrelevanter Tatsachen.**[85] Bei einer Veräußerung von börsennotierten Wertpapieren unterliegt der Verkäufer dem Verwendungsverbot des § 14 Abs. 1 Nr. 1, wenn er der anderen Seite nicht alle ihm bekannten Insiderinformation offen gelegt hat, vorausgesetzt, dass die Veräußerung von einer solchen Insiderinformation motiviert ist. Zum insiderrechtlichen Weitergabeverbot (§ 14 Abs. 1 Nr. 2) bei Unternehmenskäufen siehe unten Rn. 72 ff.

---

[80] BaFin, Emittentenleitfaden, Seite 27; *Schäfer* Rn. 9; *Assmann* Rn. 28; *Brandi/Süßmann* AG 2004, 642/645; *Merkner/Sustmann* NZG 2005, 729/732; *Rittmeister* NZG 2004, 1032/1035 f.

[81] Dafür *Koch* DB 2005, 267/269; *Cahn,* Der Konzern 2005, 5/10 f.; wohl auch *Diekmann/Sustmann* NZG 2004, 929/931.

[82] Zum alten Recht: *Schäfer,* 1. Aufl., Rn. 13; *Assmann/Cramer,* 3. Aufl., Rn. 28; *Assmann* AG 1994, S. 237/246; *Fürhoff* AG 1998, S. 83/87; *Schmidt-Diemitz* DB 1996, S. 1809/1809.

[83] Vgl. *Schäfer,* 1. Aufl., Rn. 13.

[84] Siehe *Assmann* Rn. 28.

[85] Vgl. *Krauel,* Insiderhandel, S. 289.

e) Relevante Fälle und Fallgruppen der „Verwendung"

64 Die Insiderinformation muss für den Erwerb bzw. die Veräußerung von Insiderpapieren mitbestimmend gewesen sein (näher dazu oben Rn. 52 ff.). Wird ein Wertpapiergeschäft nicht zumindest auch von einer Insiderinformation, sondern **allein von anderen Motiven veranlasst**, wird **die betreffende Information** nicht verwendet. Denn die Transaktion wäre in gleicher Weise auch ohne die Kenntnis der Insiderinformation vorgenommen worden.[86] Auf dieser Grundlage besteht allgemein Einigkeit darüber, dass der Insider, der zB **aufgrund einer ihm von Dritten erteilten Order**, in **Ausführung ihm obliegender Berufspflichten** oder **in Umsetzung eines unabhängig von der Insiderinformation gefassten unternehmerischen Entschlusses** Wertpapiere erwirbt oder veräußert, eine Insiderinformation nicht verwendet, jedenfalls soweit dem Insider kein Ermessensspielraum eingeräumt ist. Im Einzelnen gilt dazu folgendes:

65 aa) **Erwerb bzw. Veräußerung „in der Umsetzung einer eigenen unternehmerischen Entscheidung".** Nach heute einhelliger Auffassung liegt in der Umsetzung einer eigenen unternehmerischen Entscheidung **keine Verwendung einer Insiderinformation, sofern nicht die Entscheidung selbst durch anderweitig erlangtes Insiderwissen beeinflusst ist.** Denn bei eigenen unternehmerischen Entscheidungen, wie zB beim Auf- und Ausbau einer größeren Beteiligung oder der Veräußerung eines Aktienpakets, handelt es sich um sog. **selbst geschaffene Tatsachen,** die nicht verwendet werden können, weil derjenige, der den Entschluss gefasst hat, nur seine eigene Entscheidung umsetzt.[87] Auch im **Erwägungsgrund 30** der Marktmissbrauchsrichtlinie heißt es deutlich: „Da dem Erwerb oder der Veräußerung von Finanzinstrumenten notwendigerweise eine entsprechende Entscheidung der Person vorausgehen muss, die erwirbt bzw. veräußert, sollte die Tatsache dieses Erwerbs oder dieser Veräußerung als solche nicht als Verwendung von Insiderinformationen gelten." Methodisch handelt es sich nicht um eine **teleologische Reduktion** des Verwendungsverbots,[88] sondern es geht um die **Subsumtion des jeweiligen Sachverhalts** unter den Tatbestand des Verbots der Verwendung einer Insiderinformation.

66 Der BGH,[89] *Volk*[90] und – im Ausgangspunkt – auch *M. Weber*[91] setzen beim Tatsachenbegriff des § 13 Abs. 1 Satz 1, 2. Halbs. an und verneinen (im Zusammenhang mit dem Scalping) für **innere Tatsachen** in der Form selbst geschaffe-

---

[86] Vgl. Begründung RegE AnSVG, BT-Drucks. 15/3174, S. 34. Allgemeine Auffassung, siehe nur *Schäfer* Rn. 7; siehe auch *Assmann* Rn. 30; *Kümpel,* Bank- und Kapitalmarktrecht, Rn. 16.170; *ders.,* Wertpapierhandelsgesetz, S. 73 f.; *Tippach,* Das Insiderhandelsverbot, S. 170.
[87] Siehe schon Begründung RegE 2. FFG, BT-Drucks. 12/6679, S. 47; siehe auch *Hasselbach* NZG 2004, 1087/1051 f.; *Brandi/Süßmann* AG 2004 AG 2004, 642/644; *Cahn,* Der Konzern 2005, 5/9; *Assmann* Rn. 31 u. 138; *Schäfer* Rn. 6 u. 71; Für die Rechtslage vor dem AnSVG vgl. *Kümpel,* Bank- und Kapitalmarktrecht, Rn. 16.164 f.; *Lücker,* Der Straftatbestand des Missbrauchs von Insiderinformationen, S. 98; *Dreyling/Schäfer,* Insiderrecht und Ad hoc-Publizität, Rn. 168; *Caspari* ZGR 1994, S. 530/542; *Schmidt-Diemitz* DB 1996, S. 1809/1812; *Cahn* ZHR 162 (1998), S. 1/19.
[88] So aber *Kümpel,* Bank- und Kapitalmarktrecht, Rn. 16.164 f.
[89] *BGH,* 6. 11. 2003 – 1 StR 24/03, NJW 2004, 302/303 (zum Scalping).
[90] BB 1999, 66/70 (für den Fall des Scalping); *ders.* ZIP 1999, S. 787 ff.
[91] NZG 2000, S. 113/117 ff., insbes. S. 121.

Verbot von Insidergeschäften 67–71 § 14

ner Fakten und Absichten die Qualität als Insiderinformation (siehe zu inneren Tatsachen als Insiderinformationen § 13 Rn. 57 ff.). Im Übrigen wird aber darauf hingewiesen, dass derjenige, der eine eigene unternehmerische Absicht realisiere, weder „unter Ausnutzung seiner Insiderkenntnis" noch „auf Grundlage einer Insiderinformation" handele, sondern **„in Verwirklichung seiner Absicht".**[92]

In den Konstellationen, die in der Fallgruppe „Umsetzung eigener unternehmerischer Entscheidungen" erörtert werden, geht es darum, ob die **Kenntnis von einer anderen Insiderinformation** als der Tatsache des „eigenen unternehmerischen Entschlusses" bei dessen Ausführung verwendet wird, d. h. ob jene Kenntnis zu einer **Modifikation des Wertpapiergeschäfts, beispielsweise in zeitlicher Hinsicht oder im Umfang,** führt, so dass ein „Verwenden" dieser anderen Insiderinformation zu bejahen ist. 67

Das Verwendungsverbot erfasst auch Erwerbs- und Veräußerungsgeschäfte, die eine **„unternehmerische Absicht"** nicht unmittelbar umsetzen. Denn in diesem Fall kann im Hinblick auf das konkrete Erwerbs- oder Veräußerungsgeschäft nicht mehr von einer erlaubten Eigennutzung der „eigenen unternehmerischen Absicht" gesprochen werden, weil die Transaktion nicht unmittelbar der Umsetzung dieser Absicht dient. 68

Beabsichtigt **beispielsweise** ein bedeutender Kunde, seine Geschäftsbeziehung zum Emittenten zu beenden, und veräußert er die Papiere des Emittenten vor der öffentlichen Bekanntgabe seiner Kündigungsabsicht, realisiert er durch die Veräußerung nicht die eigene unternehmerische Absicht der Kündigung, sondern verwendet eine Insiderinformation.[93] Erwirbt ein Unternehmen[94] in der Kenntnis, dass es aufgrund Kontrollerwerbs ein Pflichtangebot für eine Zielgesellschaft abgeben muss, noch vor Veröffentlichung des Kontrollerwerbs (vgl. § 35 Abs. 1 WpÜG) Aktien über die Börse, weil der Preis günstiger ist als derjenige des Pflichtangebots, erfolgt der Vorab-Erwerb unter Verwendung der Kenntnis des Überschreitens der Kontrollschwelle, welche die Verpflichtung zur Abgabe des Pflichtangebots auslöst, es sei denn, die Aufkäufe sind Teil des unternehmerischen Gesamtplans „Übernahme" (siehe dazu näher unten Rn. 91). Werden vor der geplanten Veräußerung eines Aktienpakets Zukäufe an der Börse zur Kursstützung getätigt, ist der erforderliche **innere Zusammenhang** ggf. gegeben, so dass kein Verstoß gegen § 14 Abs. 1 Nr. 1 vorliegt (dazu unten Rn. 77 f.). 69

Diese Grundsätze gelten unabhängig davon, dass die „unternehmerische Absicht" **für jeden anderen, der den betreffenden Entschluss nicht selbst gefasst hat,** eine Insiderinformation sein kann. Jeder Dritte, der Kenntnis von der „unternehmerischen Absicht" hat, **verwendet** diese, **wenn** er, **durch diese Kenntnis veranlasst,** ein Erwerbs- oder Veräußerungsgeschäft tätigt. ZB kann die Kenntnis von dem nicht öffentlich bekannten Vorhaben eines Investors, durch entsprechende Akquisitionen eine größere Beteiligung an einem Unternehmen aufzubauen, von anderen als diesem Investor durch Erwerb oder Veräußerung von Wertpapieren verwendet werden. 70

Etwas anderes gilt, wenn das **Erwerbs- oder Veräußerungsgeschäft des Dritten** selbst **im unmittelbaren Zusammenhang mit der Umsetzung** 71

---

[92] So *Schneider/Burgard* ZIP 1999, S. 381/387.
[93] Beispiel bei *Schneider/Burgard* ZIP 1999, S. 381/387; dieser Fall ist dem Scalping vergleichbar, dazu unten Rn. 154 ff.
[94] Zur Adressateneigenschaft von Unternehmen und Gesellschaften siehe oben Rn. 7.

Mennicke 447

der **unternehmerischen Absicht** steht bzw. dieser unmittelbar dient. So verwendet zB derjenige unstreitig keine Insiderinformation, der zum Zweck der Durchführung eines geplanten Übernahmeangebots offen (d. h. im fremden Namen und für fremde Rechnung) oder verdeckt (d. h. im eigenen Namen, aber für fremde Rechnung) für den Bieter handelt.

72 α) **Unternehmens- und Paketerwerb.** Der **außerbörsliche Erwerb eines Unternehmens, eines Anteilspakets oder einer Beteiligung,** der über die Börse nicht in gleichem Umfang realisierbar und damit nicht über einen börslichen Erwerb substituierbar ist (zu dieser Definition einer „bedeutenden" Beteiligung siehe unten Rn. 299 ff.), wird vom **Insiderhandelsverbot** erfasst. Der deutsche Gesetzgeber hatte schon keinen Gebrauch von der Ermächtigung in Art. 2 Abs. 3 Satz 2 der EG-Insiderrichtlinie gemacht und hat nunmehr in § 1 Abs. 1 klargestellt, dass das WpHG sowohl den börslichen als auch den außerbörslichen Handel erfasst (dazu ausführlich oben Rn. 11 ff.).

73 Der Erwerber/Investor, der seinen **eigenen Entschluss** zum Auf- oder Ausbau einer Beteiligung durch ein entsprechendes Erwerbsgeschäft **realisiert,** ohne dass eine Insiderinformation für diesen Entschluss mitbestimmend war (siehe oben Rn. 57 f.), verwendet keine Insiderinformation.[95] Das Erwerbsgeschäft setzt die für die Eigennutzung irrelevante „unternehmerische Absicht" unmittelbar um (siehe oben Rn. 71). Dies gilt für den Erwerber einer unternehmerischen Beteiligung in gleicher Weise wie für Finanzinvestoren, Beteiligungsgesellschaften u. ä.

74 Ist der Entschluss zum Unternehmens- bzw. Beteiligungserwerb rechtlich als Insiderinformation zu qualifizieren, verwenden **all diejenigen, die nicht in das Erwerbsgeschäft des Investors involviert sind** und Kenntnis von dem Erwerbsplan erlangt haben, diese Kenntnis, wenn sie, durch diese Kenntnis veranlasst, ein Wertpapiergeschäft tätigen. ZB verstoßen **Organmitglieder** der als Erwerber oder als Verkäufer in Betracht kommenden Gesellschaften gegen das Verwendungsverbot, wenn sie, veranlasst durch ihre Kenntnis von dem Vorhaben, **für den eigenen Bestand** Wertpapiere erwerben. Gleiches gilt für die in die Planung und Durchführung der Erwerbs- oder Veräußerungsvorhaben eingeschalteten **unternehmensinternen Mitarbeiter** sowie für **Berater und deren Mitarbeiter.**[96] Steht das Erwerbs- oder Veräußerungsgeschäft eines anderen als des Investors allerdings im unmittelbaren Zusammenhang mit der Umsetzung der unternehmerischen Absicht, wird die Insiderinformation „Entschluss zum Unternehmens- oder Beteiligungserwerb" nicht verwendet (siehe dazu näher oben Rn. 71).

75 Führt der Investor im Rahmen eines beabsichtigten Unternehmens- oder Beteiligungserwerbs eine Überprüfung der Zielgesellschaft durch **(Due Diligence-Prüfung)** und erlangt **in diesem Zusammenhang Kenntnis von Insiderin-**

---

[95] Siehe schon Begründung RegE 2.FFG, BT-Drucks. 12/6679, S. 47; *Assmann* Rn. 31 u. 45; *Schäfer* Rn. 6 u. 71; *Hasselbach* NZG 2004, 1087/1091; *Brandi/Süßmann* AG 2004, 642/644; *Cahn,* Der Konzern 2005, 5/9. Für die Rechtslage vor dem AnSVG vgl. *Kümpel,* Wertpapierhandelsgesetz, S. 71; *ders.,* Bank- und Kapitalmarktrecht, Rn. 16.166; *Caspari* ZGR 1994, S. 530/542; *Schmidt-Diemitz* DB 1996, S. 1809/1809; *Dreyling/Schäfer,* Insiderrecht und Ad hoc-Publizität, Rn. 119.

[96] Vgl. *Assmann* Rn. 163; siehe auch schon *Dreyling/Schäfer,* Insiderrecht und Ad-hoc-Publizität, Rn. 119.

formationen, die ihn **in seinem Erwerbsvorhaben lediglich bestärken,** ist dies unschädlich.[97] Es liegt keine Verwendung einer Insiderinformation vor, wenn der Erwerber bereits vor der Kenntniserlangung zum Erwerb in der konkreten Art und Weise der erfolgten Durchführung entschlossen war. Denn dann ist die bei der Due Diligence erlangte Kenntnis **nicht kausal** für den Willensbildungsprozess des Erwerbers und seinen Erwerbsentschluss geworden. Einer teleologischen Reduktion des Verwendungsverbots des § 14 Abs. 1 Nr. 1 im Hinblick auf Erwägungsgrund 29 der Marktmissbrauchsrichtlinie „im Vorfeld öffentlicher Übernahmeangebote" und darüber hinaus auch für den außerbörslichen Erwerb von Insiderpapieren[98] bedarf es deshalb nicht.

Erhält ein potentieller Erwerber während der in vorgefasster Beteiligungsabsicht durchgeführten Due Diligence-Prüfung **Kenntnis von einer negativen Insiderinformation** und sieht daraufhin von dem beabsichtigten Erwerb ab, so führt die Insiderkenntnis nicht zu einem Erwerb oder zu einer Veräußerung von Wertpapieren; das **Unterlassen des Erwerbs** oder der Veräußerung von Insiderpapieren wird nicht von § 14 Abs. 1 Nr. 1 erfasst, weil das insiderrechtliche Verwendungsverbot keinen echten Unterlassungstatbestand enthält (siehe dazu oben Rn. 34 ff.).[99]

Ein Investor/Erwerber darf den geplanten Erwerb fortführen, wenn er in vorgefasster Erwerbsabsicht während einer Due Diligence-Prüfung bzw. während der Vertragsverhandlungen Kenntnis von einer Insiderinformation erlangt. Veranlasst die nach Fassung des ursprünglichen Erwerbsentschlusses erlangte Kenntnis von einer Insiderinformation aber den Investor/Erwerber, den **geplanten Beteiligungserwerb** durch entsprechende börsliche oder außerbörsliche Wertpapiergeschäfte **auszuweiten,** liegt eine Verwendung der Insiderinformation vor.[100] Es wird ein **weiterer Entschluss** gefasst, der **durch die Insiderinformation mitverursacht** worden ist. Alle Erwerbs- oder Veräußerungsgeschäfte, die über den ursprünglichen Entschluss hinaus durch die Insiderinformation motiviert werden, verstoßen gegen das Verwendungsverbot, ohne dass dadurch die unabhängig von der Kenntnis der Insiderinformation bereits getätigten Geschäfte

---

[97] BaFin, Emittentenleitfaden, S. 27; *Assmann* Rn. 45; *Schäfer* Rn. 71; *Hasselbach* NZG 2004, 1087/1091; *Fromm-Russenschuk/Banerjea*, RB 2004, 2425/2426f.; *Cahn*, Der Konzern 2005, 5/9; *Hemeling*, ZHR 169 (2005), 274/284f.; aA wohl *Ziemons*, NZG 2004, 537/539f., die – zu Unrecht – jede Transaktion in Insiderpieren in Kenntnis von Insiderinformationen als Verstoß gegen § 14 Abs. 1 Nr. 1 ansieht. Siehe zur Rechtslage vor dem AnSVG Begründung RegE 2. FFG, BT-Drucks. 12/6679 S. 47; „Leitfaden Insiderhandelsverbote und Ad-hoc-Publizität nach dem Wertpapierhandelsgesetz", hrsg. von Deutsche Börse AG und BAWe, S. 20f.; *Schwark* in KMRK, § 14 WpHG, Rn. 17; *Assmann/Cramer*, 3. Aufl., Rn. 31; *Kümpel*, Wertpapierhandelsgesetz, S. 73 S 75/76; *ders.,* Bank- und Kapitalmarktrecht, Rn. 16.167; *Dreyling/Schäfer*, Insiderrecht und Ad-hoc-Publizität, Rn. 121.

[98] So aber *Diekmann/Sustmann* NZG 2004, 929/931.

[99] Vgl. *Assmann* Rn. 16 und 45; siehe auch *Hasselbach*, NZG 2004 1087/1091; so auch schon *Dreyling/Schäfer*, Insiderrecht und Ad-hoc-Publizität, Rn. 122.

[100] BaFin, Emittentenleitfaden, S. 27f.; *Assmann* Rn. 45; *Schäfer* Rn. 72; *Hasselbach*, NZG 2004, 1087/1092; *Schlitt/Schäfer* AG 2004, 346/354; *Cahn*, Der Konzern 2005, 5/11; *Merkner/Sustmann* NZG 2005, 729/732. Zur Rechtslage vor dem AnSVG vgl. Begründung RegE 2. FFG, BT-Drucks. 12/6679, S. 47; *Assmann/Cramer* 3. Aufl., Rn. 31, 88c; *Kümpel*, Bank- und Kapitalmarktrecht, Rn. 16.167; *ders.,* Wertpapierhandelsgesetz, S. 3/72f.

erfasst würden.[101] Eine Einschränkung ist jedoch zu machen: Bei sog. *face-to-face-*Geschäften, bei denen beide Parteien über die Insider-Information verfügen, liegt kein Verstoß gegen das Verwendungsverbot des § 14 Abs. 1 Nr. 1 vor, wenn auch die weiteren Wertpapiere vom Vertragspartner erworben werden (und nicht über die Börse) (siehe dazu oben Rn. 61).[102]

78 Damit ist nicht gesagt, dass sog. **Alongside-Käufe** von Wertpapieren der Zielgesellschaft durch den Investor und/oder durch diejenigen, die in unmittelbarem Zusammenhang mit der Umsetzung der unternehmerischen Absicht handeln, generell verboten sind, sondern nur diejenigen Transaktionen, die von der Insiderinformation mitveranlasst wurden. So liegt kein Verstoß gegen das Verwendungsverbot vor, wenn Alongside-Zukäufe nur bezwecken, die Beteiligungsquote zu erreichen, deren Erwerb dem Paketkauf dienen soll.[103] Um dies nachweisen und möglichen Vorwürfen verbotenen Insiderhandels begegnen zu können, empfiehlt sich eine **sorgfältige Dokumentation der einzelnen Vorgänge** (siehe dazu oben Rn. 58).

79 **Dieselben Grundsätze** sind für die insiderrechtliche Beurteilung des **sukzessiven Aufbaus einer Beteiligung** an einem Emittenten heranzuziehen. Der sukzessive Aufbau einer Beteiligung wird nicht als Erwerb unter Verwendung einer Insiderinformation qualifiziert, es sei denn, die Kenntnis von einer Insiderinformation ist für den Beteiligungsbeschluss mitursächlich geworden (zu diesem Kriterium siehe oben Rn. 52 ff.).[104]

80 Dies wird im Schrifttum vereinzelt anders gesehen, wenn ein Aktionär die vorgeschriebene **Pflicht zur Mitteilung der** beim Erwerb **überschrittenen Beteiligungsschwellen** (siehe §§ **21, 22;** dazu im Einzelnen die Kommentierung) verletzt. Dies gestatte ihm, sich unter Fortführung seiner unternehmerischen Planung und unter Missachtung der Chancengleichheit der übrigen Anleger einen missbilligenswerten Vorteil zu verschaffen, der darin begründet sei, dass er durch die unterlassene Meldung einen Kursanstieg vermeide, der aller Voraussicht nach bei rechtstreuem Verhalten eingetreten wäre.[105]

81 Dieser Auffassung ist insoweit zuzustimmen, dass **nicht der sukzessive Aufbau einer Beteiligung** als solcher, sondern **das Überschreiten einer mitteilungspflichtigen Beteiligungsschwelle** die **maßgebliche Insiderinformation** ist, deren Kenntnis ggf. durch die Vermeidung der Reaktion des Kapitalmarktes auf die Überschreitung einer Beteiligungsschwelle ausgenutzt wird.[106] Voraussetzung ist, dass die Kenntnis vom Überschreiten der Melde-

---

[101] Dieser Hinweis bei *Lücker,* Der Straftatbestand des Missbrauchs von Insiderinformationen, S. 99.
[102] Hinweis bei *Schäfer* Rn. 72.
[103] Beispiel bei *Kümpel,* Bank- und Kapitalmarktrecht, Rn. 16.167.
[104] Begründung RegE 2. FFG, BT-Drucks. 12/6679, S. 47; *Assmann* Rn. 46; *Assmann* in *Lutter/Scheffler/Schneider* (Hrsg.), Handbuch der Konzernfinanzierung, Rn. 12.15; *Caspari* ZGR 1994, S. 530/542; *Kümpel,* Bank- und Kapitalmarktrecht, Rn. 16.168; auch *Schwark* in KMRK, § 14 WpHG Rn. 16.
[105] So *Caspari* ZGR 1994, S. 530/542 f; ablehnend *Süßmann* AG 1999, S. 162/170.
[106] So *Assmann* Rn. 46; *Schwark* in KMRK, § 14 WpHG Rn 17; *Kümpel,* Wertpapierhandelsgesetz, S. 73; *ders.,* Bank- und Kapitalmarktrecht, Rn. 16.169; *Hopt* ZGR 2002, S. 333/351 (am Beispiel von sukzessiven Aktienaufkäufen in Vorbereitung eines möglichen zukünftigen Übernahmeangebots); *Lücker,* Der Straftatbestand des Missbrauchs von Insiderinformationen, S. 99.

Verbot von Insidergeschäften 82–85 § 14

schwelle mit der einhergehenden Erwartung eines Kursanstiegs als Kapitalmarktreaktion auf eine Bekanntmachung für die Erwerbe nach Überschreiten der mitteilungspflichtigen Beteiligungsschwelle mitbestimmend gewesen ist. Zwar setzt der Erwerb nur die eigene Beteiligungsabsicht um. Ist es jedoch Teil des Beteiligungsplanes, den **Erwerb unter Verletzung von Mitteilungspflichten nach §§ 21, 22** durchzuführen, um die Beteiligungsabsicht längere Zeit geheim zu halten, begründet dies einen aus Sicht des Insiderrechts qualitativ **erheblichen Unterschied zur „bloßen" Beteiligungsabsicht.** Denn insofern manifestiert sich im Erwerb ein Verstoß gegen die kapitalmarktrechtliche Chancengleichheit.[107]

β) Sog. **Management Buy-Outs** (MBOs) sind eine **Sonderform des Unternehmens- bzw. Paketerwerbs,** bei der das Management einer Gesellschaft die unternehmerische Führung übernimmt und eine nicht unbedeutende Beteiligung an dem von ihm geleiteten Unternehmen erwirbt. Der **Erwerb** erfolgt in aller Regel **außerbörslich** durch den Kauf eines oder mehrerer Aktienpakete durch das Management direkt von bisherigen Anteilsinhabern; der Erwerb der Anteile über die Börse ist theoretisch ebenfalls möglich, kommt praktisch aber kaum vor. Die zum Unternehmens- und Paketerwerb (oben Rn. 72 ff.) und zu *face-to-face*-Geschäften (oben Rn. 59 ff.) entwickelten Grundsätze gelten auch hier. 82

Insiderrechtliche Relevanz im Hinblick auf einen möglichen Verstoß gegen das Verwendungsverbot des § 14 Abs. 1 Nr. 1 kommt dem Anteilserwerb im Rahmen eines MBO nur bei der Kenntnis von **positiven** Insiderinformationen durch das Management zu. Sollte das Management, dem unveröffentlichte, zur wesentlichen Kursbeeinflussung geeignete **negative** Tatsachen bekannt sind, deshalb von einem Anteilserwerb Abstand nehmen, ist dieses Verhalten insiderstrafrechtlich nicht relevant, weil § 14 Abs. 1 Nr. 1 ein Unterlassen des Erwerbs oder der Veräußerung nicht unter Strafe stellt (siehe oben Rn. 34 ff.). Ob und inwieweit die **Kenntnis** von einer Insiderinformation **nicht mitbestimmend** für den Erwerbsentschluss im Rahmen eines MBO ist (im Sinne einer psychischen Kausalität; dazu oben Rn. 55 ff.), wird **im Einzelfall schwierig** festzustellen sein. 83

Erfolgt der **Erwerb aufgrund außerbörslicher Transaktionen** zwischen dem Management und den Anteilseignern, sind die **Insiderhandelsverbote anwendbar,** weil das WpHG gemäß § 1 Satz 1 auch außerbörsliche Transaktionen erfasst (siehe oben Rn. 11 ff.). Zur Vermeidung eines Verstoßes gegen das Verwendungsverbot wird empfohlen, dem Veräußerer alle bekannten, noch nicht veröffentlichen (positiven) Insiderinformationen mitzuteilen, um einen identischen Informationsstand zu schaffen, oder aber diese Tatsachen vorab zu veröffentlichen.[108] Eine solche Offenlegung gegenüber der anderen Vertragspartei ist nicht unbefugt i. S. d. Weitergabeverbots des § 14 Abs. 1 Nr. 2 (dazu unten Rn. 316).[109] 84

γ) **Verwendung einer Insiderinformation im Zusammenhang mit öffentlichen Übernahme- und Erwerbsangeboten (einschließlich Pflicht-** 85

---

[107] Kritisch zum Ganzen aber *Süßmann,* AG 1999, S. 162/170.
[108] *Fürhoff* AG 1998, S. 83/87 f.; *Assmann* Rn. 171. Eine Vorab-Veröffentlichung wird regelmäßig nicht in Betracht kommen, da eine solche umfassende Veröffentlichung aller Insiderinformationen für das Unternehmen unter Umständen nachteilig sein kann.
[109] So *Assmann* Rn. 171; *Fürhoff* AG 1998, 83/88; *Schwark* in KMRK, § 14 WpHG Rn. 60.

Mennicke 451

§ 14 86–88 Abschnitt 3. Insiderüberwachung

angeboten).[110] Öffentliche Übernahmeangebote wurden schon seit langem als „locus classicus" des Insiderhandels angesehen.[111] Insidertransaktionen kommen im Zusammenhang mit öffentlichen Angeboten besonders häufig vor, weil wegen der starken Auswirkungen auf die Aktienkurse ideale Gegebenheiten für das Handeln von Insidern vorliegen.[112] Untersuchungen an der New Yorker und Londoner Börse in der Vergangenheit zeigten, dass verstärkt Kursveränderungen vor der Ankündigung von Unternehmensübernahmen festzustellen waren.[113]

86 Das **deutsche Insiderrecht** ist nicht nur auf Übernahmeangebote an deutschen Börsen anwendbar, sondern es kann schon **Anwendung** finden, wenn Gegenstand des öffentlichen Angebots Wertpapiere eines Unternehmens sind, die nicht in Deutschland, sondern ausschließlich in einem anderen Mitgliedstaat der EU oder des EWR zum Handel an einem organisierten Markt zugelassen sind (Insiderpapiere i. S. d. § 12 Satz 1 Nr. 2).[114]

87 Die Beantwortung der Frage, ob und unter welchen Voraussetzungen Wertpapiertransaktionen im Zusammenhang mit Übernahme- und Erwerbsangeboten unter Verwendung einer Insiderinformation stattfinden, richtet sich im Grundsatz nach den oben (Rn. 65 ff.) dargelegten Grundsätzen und führt zu rechtlichen **Beurteilungen, die** denjenigen in der Fallgruppe des **Unternehmens- und Paketerwerbs** weitgehend entsprechen. Grundsätzlich gilt, dass ein Erwerber einer Unternehmensbeteiligung, der nur **seinen eigenen Entschluss zum Auf- oder Ausbau einer Beteiligung** durch ein entsprechendes Erwerbsgeschäft über die Börse oder außerhalb der Börse **realisiert,** ohne dass die Kenntnis von einer Insiderinformation für diesen Entschluss mitbestimmend war, nicht gegen das Verwendungsverbot verstößt. Ein solches Erwerbsgeschäft setzt nur die eigene „unternehmerische Absicht" um (siehe dazu oben Rn. 65 ff.). Der **Bieter** ist also an der Durchführung seines Vorhabens nicht gehindert (siehe auch Rn. 71).[115]

88 Bei öffentlichen Übernahme- und Erwerbsangeboten stellen sich indes **hinsichtlich der Insiderinformation „bevorstehende Abgabe eines Übernahme- oder Wertpapiererwerbsangebots" einige besondere Anwendungsprobleme.** Nach § 10 Abs. 1 WpÜG hat ein Bieter seine Entscheidung zur Abgabe eines Angebots (Übernahme- wie Erwerbsangebot) unverzüglich zu veröffentlichen; gemäß § 14 Abs. 1 WpÜG ist der BaFin grundsätzlich innerhalb von vier Wochen nach der Veröffentlichung die Angebotsunterlage zu übermitteln, die wiederum nach § 14 Abs. 2 WpÜG spätestens zehn Werktage später zu veröffentlichen ist. Die Frage eines möglichen Verstoßes gegen das Verwen-

---

[110] Nach § 29 Abs. 1 WpÜG sind Übernahmeangebote nur Angebote, die auf den Erwerb der Kontrolle i. S. v. §§ 29 Abs. 2, 30 WpÜG gerichtet sind; diese unterliegen besonderen Regeln u. a. hinsichtlich der Gegenleistung sowie der zulässigen Verteidigungshandlungen der Organe der Zielgesellschaft.
[111] So *Davies* in Hopt/Wymeersch (Hrsg.), European Insider Dealing, S. 243.
[112] So für die USA zB *Ott/Schäfer* ZBB 1991, S. 226/227; siehe auch *Schödermeier/Wallach* EuZW 1990, S. 122/122.
[113] Siehe die Nachweise bei *Ashe/Murphy*, Insider Dealing, S. 32 Fn. 29.
[114] *Assmann* Rn. 133.
[115] Allg. Meinung; vgl. nur *Assmann* Rn. 138; *Schwark* in KMRK, § 14 WpHG, Rn. 54; *Hopt* in FS Lutter, S. 1361/1395; *Schwennicke* in Geibel/Süßmann, WpÜG, § 3 Rn. 46; *Wittich* in Die Übernahme börsennotierter Unternehmen, S. 377/381 mit Nachw. in Fn. 7.

dungsverbot wegen der Insiderinformation „bevorstehendes Übernahme- oder Erwerbsangebot" wird **in zeitlicher Hinsicht relevant für den Zeitraum vor der Veröffentlichung der Entscheidung zur Abgabe eines Angebots;** danach hat der Markt entsprechende Kenntnis, und der Entschluss, ein Übernahme- oder Erwerbsangebot abzugeben, ist keine Insiderinformation mehr.

Der **Erwerb von Wertpapieren der Zielgesellschaft im Vorfeld der Veröffentlichung der Entscheidung über die Abgabe eines Angebots durch den späteren Bieter** verstößt nicht gegen das Verwendungsverbot,[116] jedenfalls dann nicht, wenn der Erwerb Teil des Gesamtplans ist und damit der Umsetzung des geplanten Beteiligungserwerbs unmittelbar dient. Zu Recht sieht *Assmann*[117] im Voraberwerb von Wertpapieren der Zielgesellschaft durch den Bieter kein Problem des Insiderrechts, sondern des Übernahmerechts. Dies enthält mit Blick auf Vorerwerbe durch den Bieter Regelungen sowohl in Bezug auf die Angemessenheit der Gegenleistung (§ 31 Abs. 1 Satz 2 WpÜG) als auch die eventuelle Verpflichtung des Bieters zur Abgabe eines Barangebots (§ 31 Abs. 3 WpÜG). 89

Wenn der Bieter in Kenntnis von Insiderinformationen, die er bei **Durchführung einer Due Diligence im Hinblick auf das Übernahme- bzw. Erwerbsangebot** erlangt hat, das Übernahmeangebot abgibt und entsprechend Aktien erwirbt, liegt darin grundsätzlich kein Verstoß gegen das Verwendungsverbot.[118] Dies wird damit begründet, dass der Bieter schon vor der Due Diligence-Prüfung und damit ohne Kenntnis von der Insiderinformation die Initiative ergriffen hat, die Abgabe eines Angebots zu prüfen. Gestützt wird dies auch von **Erwägungsgrund 29 der Marktmissbrauchsrichtlinie**, wonach das „Nutzen" (also das Verwenden i. S. des WpHG) einer Insiderinformation, die der Bieter im Rahmen einer Due-Diligence-Prüfung erhalten hat, bei einem öffentlichen Übernahmeangebot kein verbotenes Insidergeschäft sein soll. Nach Auffassung der **BaFin** soll die Abgabe eines Übernahmeangebots, in dem der Bieter eine bei einer Due Diligence-Prüfung erworbene Insiderinformation verwendet, allerdings **erst nach Veröffentlichung einer entsprechenden Ad-hoc-Mitteilung durch den Emittenten** möglich sein.[119] Das ist zweifelhaft. Denn führt die Due Diligence-Prüfung dazu, dass der Bieter tatsächlich ein Angebot abgibt, handelt er grundsätzlich ausschließlich in Umsetzung seines ursprünglichen Vorhabens, selbst wenn sich dies durch die Due Diligence erst konkretisiert (siehe aber Rn. 91).[120] 90

Erwirbt der Bieter börslich und/oder außerbörslich (ggf. parallel zur Due Diligence-Prüfung) Aktien der Zielgesellschaft **nach der Entscheidung über die Abgabe eines Übernahme- oder Erwerbsangebots und vor der Veröffentlichung dieser Entscheidung** gemäß § 10 Abs. 1 WpÜG, verstößt er nicht gegen das Verwendungsverbot, **wenn** die Aufkäufe **Teil der Gesamtplanung** sind, im Vorfeld der Veröffentlichung möglichst viele Aktien der Zielge- 91

---

[116] *Assmann* Rn. 140; *ders.* ZGR 2002, S. 697/702.
[117] *Assmann* Rn. 140; *ders.* schon ZGR 2002, S. 697/702 f.
[118] BaFin, Emittentenleitfaden, S. 28; in Übertragung der Grundsätze zum Paketerwerb *Adolff* u. a., Public Company Takeovers in Germany, S. 141 f.; *Hopt* ZGR 2002, S. 333/358 f.; *Wittich* in Die Übernahme börsennotierter Unternehmen, S. 377/381 f.
[119] BaFin, Emittentenleitfaden, S. 28.
[120] Im Einzelnen dazu *Adolff* u. a., Public Company Takeovers in Germany, S. 141 f.

sellschaft zu erwerben.[121] Der Erwerb von Aktien über den ursprünglichen Plan hinaus (sog. **Alongside-Geschäfte**) aufgrund der Kenntniserlangung von Insiderinformationen verstößt hingegen gegen das Verwendungsverbot.[122] Dies gilt auch für den Erwerb von Aktien aufgrund eines Angebots, soweit es wegen einer Insiderinformation über den ursprünglich gefassten Plan hinaus erweitert wurde.[123] Dies widerspricht nicht Erwägungsgrund 29 der Marktmissbrauchsrichtlinie (siehe Rn. 90), der keine umfassende Bereichsausnahme für das Übernahmerecht vorsieht, so dass § 14 WpHG grundsätzlich auch auf Übernahme- und Erwerbsangebote nach dem WpÜG anzuwenden ist.[124]

92 Einer differenzierten Betrachtung bedarf der Vorab-Erwerb von Wertpapieren der Zielgesellschaft durch einen Bieter, wenn ein **Pflichtangebot für alle noch ausstehenden Aktien der Zielgesellschaft** unmittelbar bevorsteht. Gemäß § 35 Abs. 1 WpÜG hat derjenige, der unmittelbar oder mittelbar die Kontrolle i. S. v. §§ 29 Abs. 2, 30 WpÜG über eine Zielgesellschaft erlangt, dies unverzüglich, spätestens innerhalb von sieben Kalendertagen zu veröffentlichen; innerhalb von vier Wochen nach dieser Veröffentlichung hat der Bieter gemäß § 35 Abs. 2 WpÜG der BaFin die Angebotsunterlage zu übermitteln, die wiederum spätestens nach zehn Werktagen zu veröffentlichen ist.

93 Ist die **Tatsache des Kontrollerwerbs bereits veröffentlicht** worden, können die Marktteilnehmer auf der Grundlage dieser Information davon ausgehen, dass binnen Kürze ein Pflichtangebot abgegeben werden und die angebotene **Gegenleistung** bestimmten **Mindestanforderungen** entsprechen muss.[125] Es besteht **kein Informationsungleichgewicht** zwischen dem Bieter und den anderen Marktteilnehmern bezüglich der Tatsache eines bevorstehenden Pflichtangebots. Der vor Abgabe des Pflichtangebots erfolgende Erwerb von Aktien durch den Bieter über die Börse in der Kenntnis, dass er demnächst ein Pflichtangebot mit einem Preis über dem gegenwärtigen Börsenkurs abgeben wird, verstößt in aller Regel nicht gegen das Verwendungsverbot.

94 Hat der Bieter das **Überschreiten der Kontrollschwelle (noch) nicht** nach den Vorschriften des WpÜG **veröffentlicht,** wird der Eintritt einer Kursreaktion vermieden, die aller Voraussicht nach infolge der Veröffentlichung eingetreten wäre. Dies gestattet es dem Bieter, sich einen Vorteil unter Missachtung der Chancengleichheit der übrigen Anleger zu verschaffen. **Maßgebliche Insiderinformation** ist allerdings nicht die Absicht der Abgabe eines Pflichtangebots, sondern **das veröffentlichungspflichtige Überschreiten der Kontrollschwelle.**[126] Deren Kenntnis kann wegen der ausbleibenden Reaktion des Kapitalmarktes (regelmäßig ein Anstieg der Kurse der Aktien der Zielgesellschaft)

---

[121] Im Ergebnis auch *Assmann* Rn. 141; *Assmann* WM 1996, S. 1337/1354; *Brandi/Süßmann*, AG 2004, 642/645 f.; *Adolff* u. a., Public Company Takeovers in Germany, S. 142.
[122] Vgl. nur BaFin, Emittentenleitfaden, S. 28; *Assmann*, Rn. 141; *Hasselbach*, NZG 2004, 1087/1091; *Schwennicke* in *Geibel/Süßmann*, WpÜG, § 3 Rn. 46; *Hopt* ZGR 2002, S. 333/358 f.
[123] So BaFin, Emitentenleitfaden, S. 28; *Schäfer*, Rn. 72.
[124] So BaFin, Emittentenleitfaden, S. 28.
[125] Siehe zur Gegenleistung § 31 WpÜG iVm §§ 5 ff. der Verordnung über den Inhalt der Angebotsunterlage, die Gegenleistung bei Übernahmeangeboten und Pflichtangeboten und die Befreiung von der Verpflichtung zur Veröffentlichung und zur Abgabe eines Angebots (WpÜG-Angebotsverordnung).
[126] So auch *Asmann* Rn. 161.

"verwendet" werden, beispielsweise durch Erwerb von Aktien der Zielgesellschaft zu einem günstigeren Preis als der im Pflichtangebot mindestens anzubietenden Gegenleistung (vgl. die Parallele zur insiderrechtlichen Beurteilung des sukzessiven Aufbaus einer Beteiligung, oben Rn. 79 ff.).[127]

Ist der Entschluss, ein Übernahme- oder Erwerbsangebot abzugeben, als Insiderinformation zu qualifizieren, verwenden all **diejenigen, die Kenntnis vom Transaktionsplan des Bieters erlangt haben,** diese Information, wenn sie, veranlasst durch die Information, vor Veröffentlichung der Entscheidung des Bieters Wertpapiere der Zielgesellschaft erwerben. Dies gilt u. a. für **Kreditinstitute** und andere **Wertpapierdienstleistungsunternehmen,**[128] die das aus der Mitwirkung bei der Vorbereitung eines öffentlichen Übernahme- oder Erwerbsangebots stammende Wissen für den zweckfremden Erwerb von Wertpapieren der Zielgesellschaft verwerten, oder für **Anwälte, Wirtschaftsprüfer** und **andere Fachleute,** die bei der Planung des Angebots und bei der Anfertigung der Angebotsunterlage mitwirken und, veranlasst durch ihre Kenntnis von dem Vorhaben, für den eigenen Bestand Wertpapiere der Zielgesellschaft erwerben.[129]   **95**

Organmitglieder der Bietergesellschaft verstoßen gegen das Verwendungsverbot des § 14 Abs. 1 Nr. 1, wenn sie – auf der Grundlage ihrer Kenntnis von der Absicht der Abgabe eines Übernahme- oder Erwerbsangebots – nicht in Ausführung des Bieterplans (für den Bieter oder für dessen Rechnung), sondern **für den eigenen Bestand oder den eines Dritten** Wertpapiere der Zielgesellschaft erwerben.[130] Daran ändert der Umstand nichts, dass das Organmitglied an der Herstellung der Insiderinformation selbst beteiligt war, denn dadurch wird es nicht zum Bieter, und der Erwerb für den eigenen Bestand dient nicht unmittelbar der Umsetzung des Angebotsvorhabens.[131] Gleiches gilt für **Mitarbeiter/Angestellte der Bietergesellschaft** und für von dieser bei der Umsetzung des Übernahmevorhabens herangezogene bzw. konsultierte **Hilfspersonen.**[132]   **96**

Als **Warehousing** werden Konstellationen bezeichnet, in denen der Bieter zur Unterstützung des Übernahmevorhabens einen Kreis seinem Vorhaben voraussichtlich wohlgesonnener **Dritter** über die Beteiligungs- bzw. Übernahmeabsicht informiert (zur Frage eines Verstoßes gegen das Weitergabeverbot des § 14 Abs. 1 Nr. 2 siehe unten Rn. 323 f.) und sie damit (mehr oder weniger eindeutig) ermutigt, ihrerseits vor Veröffentlichung des Angebots **im eigenen Namen und auf eigene Rechnung** Aktien der Zielgesellschaft zu erwerben, die später, d. h. nach Ablauf der Angebotsfrist, an den Bieter weiterveräußert werden. Die Motivation des Bieters zu diesem Vorgehen kann zB darin liegen, Mitteilungspflichten beim Aufkauf der Papiere des Zielunternehmens zu vermeiden   **97**

---

[127] Vgl. allgemein zur Nichtoffenlegung von Beteiligungsschwellen im Zusammenhang mit Übernahmeangeboten *Hopt* ZGR 2002, S. 333/351.
[128] Zur Finanzierungsbestätigung eines vom Bieter unabhängigen Wertpapierdienstleistungsunternehmens siehe § 13 WpÜG.
[129] Vgl. *Assmann* Rn. 145; siehe auch *Assmann* ZGR 2002, S. 697/704; *Assmann* AG 1994, S. 237/252 f.
[130] Siehe nur *Assmann* Rn. 142; *Assmann* ZGR 2002, S. 697/704; *Schwennicke* in *Geibel/Süßmann,* WpÜG, § 3 Rn. 46.
[131] Vgl. *Assmann* Rn. 143; *Assmann* ZGR 2002, S. 697/703.
[132] *Asmann* Rn. 145.

oder die von ihm vorzufinanzierenden Kosten des Übernahmeangebots gering zu halten.

98 In der **Literatur** wurde **bis zum Inkrafttreten des AnSVG** zur Frage der „Ausnutzung" die Auffassung vertreten, dass die angesprochenen Dritten, wenn sie der „Ermutigung" zum Erwerb von Wertpapieren der Zielgesellschaft folgten, gegen das Ausnutzungsverbot verstießen, wenn sie den Erwerb in der Vorstellung tätigten, dadurch einen wirtschaftlichen Sondervorteil (für sich oder einen anderen) zu erzielen. Dies sei dann der Fall gewesen, wenn ein Dritter damit gerechnet hätte, die im eigenen Namen und für eigene Rechnung erworbenen Wertpapiere nach erfolgreichem Angebot unter Erzielung eines wirtschaftlichen Vorteils an den Bieter oder mit Gewinn nach Veröffentlichung des Angebots durch dessen Annahme oder über die Börse veräußern zu können.[133]

99 **Entscheidend** dafür, ob der Erwerb durch einen vom Bieter über seine Übernahme- bzw. Beteiligungsabsichten informierten Dritten gegen das Verwendungsverbot verstößt, ist, **ob solche Geschäfte unmittelbar Teil der Umsetzung des gefassten Übernahme- bzw. Beteiligungsentschlusses sind.**[134] Dies ist der Fall, wenn der Dritte die Aktien zu einem vor dem Erwerb zwischen ihm und dem Bieter vereinbarten Preis an diesen weiterveräußert. Ob der Dritte infolge der Rückveräußerung an den Bieter möglicherweise einen wirtschaftlichen Vorteil erzielt, ist für die Frage des Verwendens in dieser Konstellation unerheblich.[135] Vorausgesetzt ist allerdings, dass der vom Bieter informierte Dritte die Voraussetzungen eines **„gemeinschaftlichen Handelns" mit dem Bieter i. S. v. § 2 Abs. 5 WpÜG** erfüllt.[136] Denn den mit dem Bieter gemeinschaftlich handelnden Personen wird vom Gesetz eine **übernahmerechtliche Sonderrolle** eingeräumt, die eine Ausnahme von den insiderrechtlichen Verboten rechtfertigt und notwendig macht.[137] Darauf, ob die betreffende Person in der im Rahmen des Übernahme- oder Erwerbsangebots zu veröffentlichenden Angebotsunterlage als mit dem Bieter gemeinschaftlich handelnde Person benannt wird, kommt es aber nicht an.[138] In diesem Fall wäre nur die Angebotsunterlage unvollständig.

100 Als *white knight* werden „befreundete" Unternehmen oder Personen bezeichnet, die im Auftrag der Organe der Zielgesellschaft **im eigenen Namen** und **für eigene Rechnung Aktien der Zielgesellschaft erwerben** oder ein **konkurrierendes Angebot abgeben,** um die Zahl der übernahmefähigen Papiere zu reduzieren und so eine von der Zielgesellschaft als unfreundlich empfundene Übernahme abzuwenden. Entsprechende Erwerbsgeschäfte durch den *white knight* **vor Bekanntwerden der Angebotsabsicht** wurden früher in der

---

[133] Siehe dazu *Assmann/Cramer,* 2. Aufl., Rn. 83 b; so auch *Wittich,* Die Übernahme börsennotierter Unternehmen, S. 377/382; *Steinmeyer/Häger,* WpÜG, 1. Aufl., § 1 Rn. 67; *Rönnau* in *Haarmann/Riehmer/Schüppen,* WpÜG, 1. Aufl., Vor § 60 Rn. 38; i. E. auch *Tippach,* Das Insider-Handelsverbot, S. 210. AA *Süßmann* AG 1999, 162/170; *Ekkenga* in *Ehricke/Ekkenga/Oechsler,* WpÜG, § 33 Rn. 16.
[134] In diese Richtung *Süßmann* AG 1999, S. 162/170.
[135] So wohl jetzt *Assmann* Rn. 147, anders (ohne Begründung) *Brandi/Süßmann,* AG 2004, 642/645; *Schäfer* Rn. 95.
[136] *Assmann* Rn. 147; *Schwark,* KMRK, § 14 WpHG Rn. 55; wohl auch *Brandi/Süßmann,* AG 2004, 642/645.
[137] *Assmann* Rn. 146; *Schwark,* KMRK, § 14 WpHG Rn. 55.
[138] So *Brandi/Süßmann,* AG 2004, 642/645; aA *Assmann* Rn. 147.

Literatur überwiegend als Erwerb unter Ausnutzung der Kenntnis von der Insiderinformation „bevorstehendes Angebot" qualifiziert.[139]

Der Erwerb von Aktien einer Zielgesellschaft durch einen *white knight* verstößt **101** nicht gegen das Verwendungsverbot, wenn er unmittelbar der Realisierung des Vorhabens der Zielgesellschaft dient, einen bevorstehenden Übernahmeversuch abzuwenden. Nur so wird der Regelung des **§ 33 Abs. 1 Satz 2 WpÜG** Rechnung getragen, wonach der Gesetzgeber die **Suche nach einem konkurrierenden Anbieter** nicht zu den vom grundsätzlichen Verbot von Abwehrmaßnahmen in § 33 Abs. 1 Satz 1 WpÜG erfassten Maßnahmen zählt. Das Insiderrecht soll keine Maßnahmen der Zielgesellschaft verhindern, die **nach dem Übernahmerecht erlaubt** sind.[140] Erwirbt der *white knight,* der sich nach Ansprache durch die Zielgesellschaft zu dieser Rolle entschlossen hat, in Umsetzung des grundsätzlich gefassten Beteiligungsplanes börslich oder außerbörslich vor wie auch nach Veröffentlichung seines Entschlusses zur Abgabe eines konkurrierenden Angebots (bzw. vor Veröffentlichung der Angebotsunterlage) Aktien der Zielgesellschaft, setzt der *white knight* wie der Bieter nur sein eigenes Vorhaben um; er verwendet keine Insiderinformation. Wird dem *white knight* die Durchführung einer Due-Diligence-Prüfung gestattet und erfährt er dabei Insiderinformationen, gelten die gleichen Grundsätze wie beim Bieter[141] (dazu oben Rn. 90f.).

Wie beim *white knight* liegt im **Erwerb eigener Aktien durch eine** vorab **102** über ein bevorstehendes Angebot informierte **Zielgesellschaft** zum Zwecke der **Abwehr des erwarteten Angebots** weder auf Seiten der Zielgesellschaft noch der für sie handelnden Personen eine Verwendung der Insiderinformation „bevorstehendes Angebot".[142] Voraussetzung ist, dass der Vorstand der Zielgesellschaft zu dieser Maßnahme ermächtigt ist (§ 71 Abs. 1 Nr. 8 AktG), und die Anforderungen von § 33 Abs. 1 Satz 2 WpÜG eingehalten werden.

Gemäß § 35 WpÜG ist ein Bieter zur Abgabe eines **Pflichtangebots** ver- **103** pflichtet, wenn er unmittelbar oder mittelbar die Kontrolle über die Zielgesellschaft i.S.v. §§ 29 Abs. 2, 30 WpÜG erlangt hat. Erfährt der Bieter **nach Überschreiten der Kontrollschwelle eine Insiderinformation,** verstößt die Abgabe des Pflichtangebots selbst an sich nicht gegen das Verwendungsverbot, weil der Bieter dieses aufgrund einer gesetzlichen Verpflichtung unterbreitet.[143]

Die **eigentliche Problematik** verlagert sich auf die Ebene der angebotenen **104** **Gegenleistung.** Gemäß § 31 WpÜG iVm §§ 3ff. der WpÜG-AngVO hat der Bieter den Aktionären der Zielgesellschaft bei Übernahme- und Pflichtangeboten eine angemessene Gegenleistung anzubieten, wobei die Höhe der Gegenleistung einen in den §§ 4 bis 6 der WpÜG-AngVO festgelegten **Mindestwert** nicht

---

[139] *Assmann/Cramer,* 2. Aufl., Rn. 88; folgend *Wittich* in Die Übernahme börsennotierter Unternehmen, S. 377/382; so auch *Schwennicke* in *Geibel/Süßmann,* WpÜG, § 3 Rn. 45; wohl anders *Süßmann* AG 1999, S. 162/170f. Anders schon (wegen § 33 Abs. 1 Satz 2 WpÜG) *Assmann* ZGR 2002, S. 697/707.

[140] Vgl. dazu *Assmann* Rn. 150; *Hasselbach* NZG 2004, 1087/1094; *Brandi/Süßmann* AG 2004, 642/647; *Hopt* ZGR 2002, 333/357; *ders.* schon in FS Lutter, S. 1361/1395; *Assmann* ZGR 2002, 697/706f.; *Schwark,* KMRK, § 14 WpHG Rn. 56.

[141] *Assmann* Rn. 155 a.E.; *Brandi/Süßmann,* AG 2004, 642/647.

[142] Dazu *Assmann* Rn. 153.

[143] Eine Befreiung von der Verpflichtung zur Veröffentlichung und zur Abgabe eines Pflichtangebots ist weder im WpÜG noch in der WpÜG-AngVO für den Fall vorgesehen, dass der Bieter Kenntnis von einer Insiderinformation hat.

Mennicke

§ 14 105, 106   Abschnitt 3. Insiderüberwachung

unterschreiten darf. Bietet der Bieter eine Gegenleistung an, deren Höhe nach diesen Vorschriften rechtmäßig ist, **weiß** aber aufgrund seiner Kenntnis von einer (positiven) Insiderinformation, **dass eine höhere Gegenleistung dem tatsächlichen Wert der Aktien entspricht,** verstößt der Erwerb von Aktien aufgrund des Pflichtangebots gegen das Verwendungsverbot. Denn in dem Preisunterschied manifestiert sich der Sondervorteil des Bieters und damit der Verstoß gegen die Chancengleichheit derjenigen, an die das Pflichtangebot gerichtet ist. Ein Absehen von der Abgabe des Pflichtangebots und dem daraus resultierenden Erwerb von Aktien ist dem Bieter nicht möglich, da ein entsprechender **Befreiungstatbestand** im WpÜG bzw. in der WpÜG-AngVO **nicht vorgesehen** ist. Eine Ad hoc-Veröffentlichung der Insiderinformation durch den Bieter ist nicht möglich, da er nicht Emittent (vgl. § 15) ist. Für die Praxis ist zu empfehlen, dass der Bieter seine Kontrollstellung bei der Zielgesellschaft dazu nutzt, auf diese einzuwirken, die entsprechende Insiderinformation im Wege der **Ad hoc-Publizität** (in direkter oder entsprechender Anwendung von § 15) zu veröffentlichen.

105   **δ) Erwerb eigener Aktien.** Der **Handel mit eigenen Aktien im Rahmen von Rückkaufprogrammen** ist gemäß § 14 Abs. 2 Satz 1 von den Insiderhandelsverboten des § 14 Abs. 1 ausgenommen, wenn er in Übereinstimmung mit den Bestimmungen der Verordnung (EG) Nr. 2273/2003 der Kommission vom 22. Dezember 2003 zur Durchführung der Richtlinie 2003/6/EG des Europäischen Parlaments und des Rates – Ausnahmeregelungen für Rückkaufprogramme und Kursstabilisierungsmaßnahmen **(Durchführungsverordnung (EG) Nr. 2273/2003)**[144] durchgeführt wird. Die Ausnahme der sog. **Safe-Harbor-Regelung des § 14 Abs. 2 Satz 1** erfasst gemäß Art. 1 Durchführungsverordnung (EG) Nr. 2273/2003 nur den – zudem die Bedingungen aus Art. 4 und 5 der Verordnung und die Handelseinschränkungen des Art. 6 der Verordnung einhaltenden – Rückkauf eigener Aktien, der ausschließlich dem Zweck dient, das Kapital eines Emittenten herabzusetzen oder Verpflichtungen zu erfüllen, die entweder aus einem Schuldtitel, der in Beteiligungskapital umgewandelt werden kann (d. h. Wandel- oder Optionsschuldverschreibungen sowie Genussrechte), oder aus einem Belegschaftsaktienprogramm oder einer anderen Form der Zuteilung von Aktien an Mitarbeiter des Emittenten oder einer Tochtergesellschaft resultieren[145] (zu den Einzelheiten siehe unten Rn. 391 ff. und § 20 a Rn. 93 ff.).

106   Der **Rückkauf eigener Aktien** zu einem anderen in § 71 Abs. 1 Nr. 1–8 AktG statuierten Zweck, der aber nicht von der Durchführungsverordnung (EG) Nr. 2273/2003 und damit der Safe-Harbor-Regelung des § 14 Abs. 2 Satz 1 erfasst wird, unterliegt den **Insiderhandelsverboten des § 14 Abs. 1.** Dies ist auch der Fall, wenn das Rückkaufprogramm nicht den Anforderungen von Art. 4 bis 6 der Durchführungsverordnung (EG) genügt.[146] Die Insiderhandelsverbote des § 14 Abs. 1 gelten insbesondere für den Rückkauf eigener Aktien, die später als **Akquisitionswährung für den Erwerb eines Unternehmens oder einer Beteiligung** an einem Unternehmen verwendet[147] oder als **Abfindung in Aktien gemäß § 305 AktG** im Rahmen eines Beherrschungsvertrags

---

[144] EUABl. 336 vom 22. Dezember 2003, S. 33.
[145] Vgl. BaFin, Emittentenleitfaden, S. 29; *Assmann* Rn. 36.
[146] Siehe *Assmann* Rn. 37.
[147] BaFin, Emittentenleitfaden, S. 29 f.; *Assmann* Rn. 37; *Geber/zur Megede*, BB 2005, 1861/1865.

an außenstehende Aktionäre gewährt werden sollen. Ebenfalls den Insiderhandelsverboten unterliegen Rückkäufe von Aktien, die der Emittent zwar für ein Mitarbeiterbeteiligungsprogramm zu nutzen beabsichtigt, das er aber vorher nicht bekannt geben möchte.[148] In all diesen Fällen ist im Einzelfall zu prüfen, ob möglicherweise verbotener Insiderhandel vorliegt, insbesondere ob gegen das Verwendungsverbot des § 14 Abs. 1 Nr. 1 verstoßen wird.

Regelmäßig nicht erfasst von den Insiderverboten sind die **Beschlüsse und Maßnahmen, die der Vorbereitung des Rückkaufs eigener Aktien** in Form der Ermächtigung des Vorstands zur Durchführung des geplanten Rückkaufprogramms **dienen**. Dazu gehören die Beschlüsse des Vorstands und des Aufsichtsrats des Emittenten, der Hauptversammlung eine Ermächtigung des Vorstands zum Rückkauf eigener Aktien vorzuschlagen, sowie der Ermächtigungsbeschluss der Hauptversammlung. Denn Informationen über diese vorbereitenden Beschlüsse und Maßnahmen sind keine konkreten Informationen i. S. d. § 13 Abs. 1 Satz 1, weil es auch nach solchen Beschlüssen regelmäßig an einer hinreichenden Eintrittswahrscheinlichkeit in Bezug auf Zeitpunkt sowie Art und Weise der Durchführung des Rückkaufprogramms fehlen wird.[149] Der **Beschluss des Vorstands, von der Ermächtigung zum Rückkauf eigener Aktien Gebrauch zu machen,** stellt hingegen in aller Regel eine Insiderinformation dar, weil nun eine hohe Eintrittswahrscheinlichkeit besteht. Vorausgesetzt ist allerdings, dass die erforderliche Eignung zur erheblichen Kursbeeinflussung i. S. d. § 13 Abs. 1 Satz 1 i. V. m. Satz 2 gegeben ist.[150]

Sind das Vorhaben und der Entschluss zum Erwerb eigener Aktien als Insiderinformation zu qualifizieren, erfolgt die **Umsetzung des Vorhabens** nach einhelliger Auffassung nicht unter Verwendung dieser Insiderinformation, weil **eigene unternehmerische Pläne und Entscheidungen** umgesetzt werden.[151] Wird der Zeitpunkt des Erwerbs eigener Aktien vom Wissen der Vorstände um eine **anderweitige Insiderinformation** bestimmt,[152] kommt ein Verstoß gegen das Verwendungsverbot in Betracht. Insiderrechtlich problematisch ist die Konstellation, in welcher der grundsätzliche Beschluss zum Rückerwerb eigener Aktien zwar bereits getroffen wurde, der Emittent/Vorstand aber im Zeitpunkt der konkreten Ordererteilung über eine anderweitige Insiderinformation verfügt, die geeignet ist, den Kurs erheblich (positiv) zu beeinflussen. In diesem Fall soll eine Verwendung der betreffenden Information i. S. v. § 14 Abs. 1 Nr. 1 gegeben sein.[153]

---

[148] BaFin, Emittentenleitfaden, S. 30; *Geber/zur Megede*, BB 2005, 1861/1865.
[149] So BaFin, Emittentenleitfaden, S. 30; *Assmann* Rn. 38.
[150] BaFin, Emittentenleitfaden, S. 30; *Assmann* Rn. 38 weist darauf hin, dass die Kurserheblichkeit fehlen kann, wenn der Rückerwerbsplan zeitlich und hinsichtlich seines Umfangs unbestimmt ist und dem Vorstand einen weit reichenden Handlungsspielraum einräumt; so auch schon *Martens* AG 1996, S. 337/340 f.
[151] So *ausdrücklich für den Erwerb eigener Aktien* BaFin, Emittentenleitfaden, S. 20 (unter Hinweis auf Erwägungsgrund 30 der Marktmissbrauchsrichtlinie); *Assmann* Rn. 39. Ebenso zur bisherigen Rechtslage *Schwark*, KMRK, § 14 WpHG Rn. 17; *van Aerssen* WM 2000, S. 391/405; *Schäfer* WM 1999, S. 1345/1351; implizit *von Rosen/Helm* AG 1996, S. 434/439 f.; Handelsrechtsausschuss des DAV, ZIP 1997, S. 163/171; *Schäfer* Rn. 69.
[152] *Assmann* Rn. 39; vgl. auch schon *Schäfer* WM 1999, 1345/1351; *van Aerssen* WM 2000, 391/405 Fn. 153.
[153] So BaFin, Emittentenleitfaden, S. 30.

109 Verzichtet der Emittent wegen einer Insiderinformation **auf die Durchführung des Rückkaufprogramms** oder **stoppt** er dieses deshalb, verstößt er mangels Erwerbs- bzw. Veräußerungsgeschäfts nicht gegen das Verwendungsverbot des § 14 Abs. 1 Nr. 1.[154] **Verschiebt** der Emittent das Rückkaufprogramm und wird die Entscheidung über den neuen Zeitpunkt der Durchführung von einer Insiderinformation mitbestimmt, liegt im Rückerwerb die Verwendung einer Insiderinformation.[155] Zudem ist bei einer **erneuten Aufnahme des Rückkaufprogramms** darauf zu achten, dass keine Insiderinformationen vorliegen, die ggf. beim Rückkauf verwendet werden.[156]

110 Zur Vermeidung des Verdachts oder Anscheins von Insiderhandel wurde im Schrifttum vorgeschlagen, dass der Emittent den **geplanten Erwerb** eigener Aktien und alle kursrelevanten Informationen **im Voraus publizieren** solle.[157] Ist eine Insiderinformation nicht nach § 15 ad hoc-publizitätspflichtig, ist der Aktienrückkauf ohne vorhergehende Veröffentlichung der Insiderinformation insiderrechtlich zulässig, wenn er auch ohne Kenntnis der Insiderinformation vorgenommen worden wäre, also nicht von dieser Kenntnis beeinflusst ist.[158]

111 Um nicht durch eine zwischenzeitliche Kenntnis von Insiderinformationen an der Durchführung eines beschlossenen Rückkaufs eigener Aktien gehindert zu sein, ist es für Emittenten in der Praxis **empfehlenswert**, eine **sorgfältige Dokumentation der entsprechenden Beschlüsse, Vorhaben** etc. vorzunehmen. Namentlich ist zu raten, einen detaillierten Vorstandsbeschluss über die Ausnutzung eines Ermächtigungsbeschlusses der Hauptversammlung zum Rückerwerb eigener Aktien (gemäß § 71 Abs. 1 Nr. 8 AktG) zu fassen und diesen angemessen zu dokumentieren. Wird diese „Generalanweisung" umgesetzt, dürfte der Verdacht der Verwendung einer Insiderinformation leichter auszuschließen sein.[159]

112 Die **BaFin** empfiehlt im **Emittentenleitfaden**[160] als Vorsichtsmaßnahme zur Vermeidung insiderrechtlicher Probleme, ein Kreditinstitut oder einen anderen **unabhängigen Dritten** vorab mit der Durchführung des Verkaufprogramms zu beauftragen und **rechtlich bindend zu verpflichten, eine im Voraus festgelegte Menge Aktien über einen bestimmten Zeitraum zu erwerben**. „Übernimmt das beauftragte Institut oder der Dritte dann den Rückkauf in eigener Regie und kann diese Person insbesondere selbstständig über den Zeitpunkt der Ordererteilung bestimmen, ist es unschädlich, wenn der Emittent vor der Ausführung zB der dritten oder vierten Order Kenntnis von Insiderinformationen erhält. Denn die rechtliche Verpflichtung zum Erwerb der Aktien lag hier bereits vor Kenntnis der Insiderinformationen. Dies gilt aber nur, wenn die für die Ausführung der einzelnen Order verantwortlich zeichnende Person selbst über keine relevanten Insiderinformationen (…) verfügt, und die Verpflichtung des Unternehmens zu einem Zeitpunkt ausgesprochen wurde, an dem das Unternehmen über keine Insiderinformationen verfügte."[161]

---

[154] BaFin, Emittentenleitfaden, S. 30 f.; *Assmann* Rn. 39.
[155] So *Assmann* Rn. 39.
[156] BaFin, Emittentenleitfaden, S. 31.
[157] So *von Rosen/Helm* AG 1996, S. 434/440.
[158] *Assmann* Rn. 40.
[159] *van Aerssen* WM 2000, S. 391/405; ähnlich *Assmann* Rn. 41.
[160] BaFin, Emittentenleitfaden, S. 30; zustimmend *Assmann* Rn. 41.
[161] BaFin, Emittentenleitfaden, S. 30.

Die Beschränkung des Erwerbs eigener Aktien auf bestimmte „Handelsfens- 113
ter" mit hoher Publizität, wie zB binnen drei Wochen nach der Vorlage eines
Geschäfts- oder Zwischenberichts, die bei Aktienoptionsplänen zwecks Insider-
Prävention in aller Regel vorgesehen und vom Gesetzgeber auch für den Erwerb
eigener Aktien empfohlen werden,[162] ist insiderrechtlich nicht erforderlich.[163] Als
Maßnahme zur Vermeidung von Insidergeschäften ist dies aber empfehlenswert.

Sind das Vorhaben oder der Entschluss zum Erwerb eigener Aktien nach den 114
Umständen des Einzelfalls als Insiderinformation zu qualifizieren, verwenden all
diejenigen, die Kenntnis davon haben, diese Information, wenn sie Aktien des
Emittenten **erwerben, ohne dass dies in unmittelbarer Umsetzung des
Entschlusses zum Rückerwerb eigener Aktien erfolgt.** So verstößt ein
Vorstandsmitglied, ein mit der Umsetzung des Rückerwerbsplans befasster Mitarbeiter oder Berater gegen das Verwendungsverbot, wenn er in Kenntnis des
bevorstehenden Aktienrückkaufs für eigene Rechnung erwirbt und diese Kenntnis für den Erwerb mitbestimmend war.

ε) Kurspflege und Kursstabilisierung. Maßnahmen zur Kurspflege und 115
Kursstabilisierung werden häufig von Kreditinstituten durch den Markt ausglei-
chende An- und Verkäufe im Rahmen ihrer Tätigkeit in einem Emissionskonsortium im Interesse des Emittenten oder im eigenen Interesse durchgeführt.
Neben der Kurspflege im Bereich des **Emissions- und Konsortialgeschäftes**
stellt die Kurspflege durch **Aktienrückkäufe durch den Emittenten** eine
nicht unwesentliche Erscheinungsform dar (zur Frage der Verwendung einer
Insiderinformation beim Erwerb eigener Aktien siehe oben Rn. 105 ff.). Auch
wenn der Erwerb eigener Aktien nicht der kontinuierlichen Kurspflege dienen
soll, ist er aufgrund der in der Regel damit verbundenen kurssteigernden Wirkung faktisch zu den Kurspflege-Maßnahmen zu zählen. Weitere Erscheinungsform der Kurspflege ist die **Kursstützung durch Bankenkonsortien,** zB zur
Abwehr von feindlichen Übernahmeangeboten oder zum Erreichen eines bestimmten Kurses am Bilanzstichtag.[164]

Die sog. **Safe-Harbor-Regelung des § 14 Abs. 2 Satz 1** sieht vor, dass 116
Maßnahmen zur Stabilisierung des Preises von Finanzinstrumenten (Kurspflege
und Kursstabilisierung) von den Insiderverboten des § 14 Abs. 1 ausgenommen
sind, soweit sie die Voraussetzungen der Bestimmungen der Verordnung (EG)
Nr. 2273/2003 der Kommission vom 22. Dezember 2003 zur Durchführung
der Richtlinie 2003/6/EG des Europäischen Parlaments und des Rates – Ausnahmeregelungen für Rückkaufprogramme und Kursstabilisierungsmaßnahmen
(Durchführungsverordnung (EG) Nr. 2273/2003)[165] erfüllen. Nach Art. 8
bis 10 der Durchführungsverordnung (EG) ist der **Anwendungsbereich der
Ausnahmeregelung** allerdings **sehr eng:** Er ist auf Kursstabilisierungsmaßnahmen bei der Erstplatzierung von Aktien auf einen Zeitraum von dreißig Tagen
ab Aufnahme der Notierung beschränkt und bei einer Sekundärplatzierung auf
eine Frist ab dem Tag der Veröffentlichung des Schlusskurses des relevanten In-

---

[162] Begründung RegE BR-Drucks. 872/97, S. 34 f.
[163] So *van Aerssen* WM 2000, S. 391/405; aA *Schäfer,* 1. Aufl.; Rn. 69.
[164] Vgl. zu Erscheinungsformen der Kurspflege ausführlich *Schäfer* in Schwintowski/
Schäfer, Bankrecht, § 23 Rn. 90 ff.; *Schäfer* WM 1999, S. 1345/1345 ff.
[165] EUABl. Nr. L336 vom 23. Dezember 2003, S. 33.

siderpapiers bis dreißig Tage nach Zuteilungsdatum. Außerdem ist nach Ablauf des Stabilisierungszeitraums mitzuteilen, ob solche Maßnahmen tatsächlich ergriffen wurden. Zudem stellt die Durchführungsverordnung (EG) Nr. 2273/2003 bestimmte Anforderungen an Preis und Volumen der Kursstabilisierung.[166] Zu den Einzelheiten siehe unten Rn. 391 ff. und § 20a Rn. 108 ff. Maßnahmen der Kurspflege und Kursstabilisierung, die nicht durch die Safe-Harbor-Regelung des § 14 Abs. 2 Satz 1 von den Insiderverboten des § 14 Abs. 1 ausgenommen werden, unterliegen diesen damit weiter wie bisher.

117 Kurspflegemaßnahmen, die nicht durch die Kenntnis von einer anderweitigen Insiderinformation mitbestimmt, sondern **durch die Abweichung des Börsen- oder Marktpreises von Wertpapieren von einem bestimmten Preis oder Preiskorridor veranlasst** sind, erfolgen nicht unter Verwendung einer Insiderinformation, sondern „in Ausführung einer unternehmerischen Entscheidung seitens des Emittenten selbst oder eines mit dieser Aufgabe betrauten Dritten."[167]

118 Entgegen einer zum Teil im Schrifttum vertretenen Auffassung[168] gilt dies auch dann, wenn die Kurspflegemaßnahmen nicht nur der reinen **Marktglättung**, sondern der **Kurspflege „gegen den Markttrend"** dienen. Abgesehen von den Schwierigkeiten der Feststellung, ob eine Kurspflege mit oder gegen einen Markttrend erfolgt,[169] ist nicht ersichtlich, warum nur Kurspflegemaßnahmen zur Marktglättung nicht gegen das Verwendungsverbot verstoßen sollen. Denn die einschlägigen Maßnahmen sind nach wie vor von der eigenen unternehmerischen Entscheidung bestimmt, Abweichungen der Kursentwicklung von festgelegten Zielgrößen auszuschließen.[170]

119 Ein Erwerb oder eine Veräußerung unter Verwendung einer Insiderinformation (für sich oder andere) ist zu bejahen, wenn die Entscheidung zur Durchführung von Kurspflegemaßnahmen oder zur Übernahme einer diesbezüglichen

---

[166] Vgl. BaFin, Emittentenleitfaden, S. 29.
[167] Begründung RegE 2. FFG, BT-Drucks. 12/6679, S. 47, ähnlich auch der 11. Erwägungsgrund der EG-Insiderrichtlinie; *Assmann* Rn. 51 mwN; *ders.* AG 1994, S. 237/246; *ders.* ZGR 1994, S. 494/518; *ders.* WM 1996, S. 1337/1344 f.; *Schwark* in KMRK, § 14 WpHG Rn. 22; *Schäfer*, 1. Aufl., Rn. 69; *ders.* WM 1999, S. 1345/1350; *Hopt* ZGR 1991, S. 17/46; *ders.* in FS Heinsius, S. 290/291; *Ekkenga* WM 2002, S. 317/323; *Claussen* DB 1994, S. 27/31; *ders.* DB 1998, S. 177/180; *Kümpel*, Wertpapierhandelsgesetz, S. 74; *Bruchner/Pospischil* in *Lutter/Scheffler/Schneider* (Hrsg.), Handbuch der Konzernfinanzierung, Rn. 11.55; *Lücker*, Der Straftatbestand des Missbrauchs von Insiderinformationen, S. 100; *Dreyling/Schäfer*, Insiderrecht und Ad-hoc-Publizität, Rn. 168 (unter Hinweis auf die Problematik der Kursmanipulation; vgl. § 20a Abs. 1 Nr. 2 WpHG, an dessen Maßstab die Zulässigkeit von Kurspflegemaßnahmen primär zu beurteilen ist; dazu § 20a Rn. 108 ff.); i. E. auch *M. Weber* NZG 2000, S. 113/122.
[168] So insbesondere *Caspari* ZGR 1994, S. 530/544. *Krämer/Hess* in FS Döser, S. 171/177, fordern eine besondere Rechtfertigung für eine Kurspflege gegen den Markttrend.
[169] Vgl. näher dazu *Bruchner/Pospischil* in *Lutter/Scheffler/Schneider* (Hrsg.), Handbuch der Konzernfinanzierung, Rn. 11.56 ff.; so auch *Assmann* Rn. 51.
[170] So *Assmann* Rn. 51; *Schäfer* WM 1999, S. 1345/1350; *M. Weber* NZG 2000, S. 113/122; vgl. eingehend zur Problematik *Bruchner/Pospischil* in *Lutter/Scheffler/Schneider* (Hrsg.), Handbuch der Konzernfinanzierung, Rn. 11.59; Damit werden Bedenken gegen die Zulässigkeit von Kurspflegemaßnahmen, insbesondere auch solche „gegen den Markttrend", unter gesellschafts- und börsen(straf)rechtlichen Gesichtspunkten nicht ausgeschlossen; siehe die Nachw. bei *Assmann* Rn. 51.

Verpflichtung durch Dritte nicht (allein) zum Zweck der Kurspflege getroffen wurde, sondern **von der Kenntnis von einer anderweitigen Insiderinformation** (wie etwa einer bevorstehenden Kapitalerhöhung oder einem geplanten Zusammenschluss) **mit beeinflusst** wurde.[171] Entsprechendes gilt für einzelne, von der Kenntnis von einer anderweitigen Insiderinformation mitbestimmte Erwerbs- oder Veräußerungsgeschäfte im Rahmen einer allgemeinen Entscheidung zur Kurspflege.[172]

Als insiderrechtlich unbedenklich können nur diejenigen Erwerbs- bzw. Veräußerungsmaßnahmen angesehen werden, die **unmittelbare Umsetzung der unternehmerischen Entscheidung für Kurspflegemaßnahmen** sind bzw. dieser Umsetzung unmittelbar dienen (vgl. allgemein oben Rn. 65 ff.). **120**

Aus diesem Grund liegt im Hinblick auf eine **Umtauschanleihe,** bei der sich das Umtauschrecht auf die Aktien einer börsennotierten Gesellschaft bezieht, ein Verstoß gegen das Verwendungsverbot vor, wenn im Vorfeld der Begebung der Umtauschanleihe (insbesondere am Tag der Festsetzung des Platzierungspreises) **Kurspflegemaßnahmen** in den Aktien dieser Gesellschaft, also im **Underlying,** durchgeführt werden. Die Insiderinformation der Kurspflege in den Aktien der betreffenden Gesellschaft wäre allerdings – soweit sie nicht nur in begrenztem Umfang durchgeführt wird – im Prospekt für die Umtauschanleihe darzustellen, weil sie für die Beurteilung des Wertpapiers wesentlich ist. **121**

In der rechtlichen Beurteilung vergleichbar ist die von *Assmann* beschriebene Konstellation: Ein Emittent beschließt eine – als selbst geschaffene Tatsache insiderrechtlich grundsätzlich unproblematische – **Änderung der Kurspflegepolitik.** Vor der Aufgabe der kurspflegenden Maßnahmen trennt sich das kurspflegende Unternehmen in Anbetracht eines zu erwartenden Kurseinbruchs **von seinen Kurspflegebeständen.**[173] Bei der Veräußerung der Kurspflegebestände handelt es sich **nicht** mehr um die **unmittelbare Umsetzung der Entscheidung über die Änderung der Kurspflegepolitik.** Um Kurspflegemaßnahmen wegen des insiderrechtlichen Risikos nicht von vornherein auszuschließen, wird vorgeschlagen, den Entschluss über die Aufgabe der Kurspflege so auszugestalten, dass die Kurserheblichkeit dieser Entscheidung beseitigt wird (etwa durch einen lediglich sukzessiven Verkauf der Kurspflegebestände, der zu einer Abfederung der nachteiligen Folgen für die weitere Kursentwicklung führt).[174] **122**

Organmitglieder, die in die Planung und Durchführung der Kurspflegemaßnahmen eingeschalteten unternehmensinternen **Mitarbeiter** sowie **Berater** und deren Mitarbeiter, die Kenntnis von der Entscheidung bzw. der Vornahme von Kurspflegemaßnahmen haben, verstoßen gegen das Verwendungsverbot des **123**

---

[171] Begründung RegE 2. FFG BT-Drucks. 12/6579, S. 47; *Assmann* Rn. 52; *Assmann* WM 1996, S. 1337/1344, 1345; *Schwark* in KMRK, § 14 WpHG, Rn. 22; *M. Weber* NZG 2000, S. 113/122; *Bruchner/Pospischil* in *Lutter/Scheffler/Schneider* (Hrsg.), Handbuch der Konzernfinanzierung, Rn. 11.35 (ungerechtfertigter Sondervorteil für die Aktionäre der betreffenden Gesellschaft).

[172] *Assmann* Rn. 52.

[173] *Assmann* Rn. 52; *Lücker,* Der Straftatbestand des Missbrauchs von Insiderinformationen, S. 100; *Hopt* in Bankrechts-Handbuch, § 107 Rn. 66 („Dumpen der restlichen Bestände"); anders *M. Weber* NZG 2000, S. 113/122, („inkonsequent", wenn man Unterscheidung zwischen einer Kurspflege zur „Glättung" und einer solchen gegen den Markttrend ablehnt).

[174] *Assmann* Rn. 52; vgl. zu dieser Problematik auch *Schäfer* WM 1999, S. 1345/1351.

§ 14 124–127 Abschnitt 3. Insiderüberwachung

§ 14 Abs. 1 Nr. 1, wenn sie für den eigenen Bestand Wertpapiere der Gesellschaft erwerben bzw. veräußern.[175]

124 In erster Linie ist die Zulässigkeit von Kurspflegemaßnahmen am **Maßstab des Verbots der Kurs- und Marktpreismanipulation** zu messen. Dazu § 20a Rn. 108ff.

125 **bb) Stock Options/Aktienoptionspläne für Führungskräfte.** Die **Begünstigten** von Stock Option-Plänen/Aktienoptionsprogrammen sind Mitglieder des Vorstands sowie leitende Angestellte („Führungskräfte") und damit notwendigerweise Personen, die kraft ihrer Organfunktion (§ 38 Abs. 1 Nr. 2 lit. a) oder ihrer beruflichen Tätigkeit (§ 38 Abs. 1 Nr. 2 lit. c) Kenntnis von Insiderinformationen erlangen. Deshalb kann es im Zusammenhang mit der Auflage und der Durchführung von Stock Option-Plänen zu Konflikten mit den Insiderverboten kommen.[176] Dies hatte schon das BAWe (jetzt BaFin) veranlasst, in einem **Schreiben vom 1. Oktober 1997 an die Vorstände der börsennotierten Aktiengesellschaften** frühzeitig zur insiderrechtlichen Behandlung von Aktienoptionsprogrammen für Führungskräfte Stellung zu nehmen.[177]

126 Die Insiderhandelsverbote sind auch nach Einführung der **Safe-Harbor-Regelung** des § **14 Abs. 2** durch das AnSVG im Zusammenhang mit **Aktienoptionsplänen für Organmitglieder** anwendbar. Denn Art. 3 lit. b) der Durchführungsverordnung (EG) Nr. 2273/2003 nimmt nur Belegschaftsaktienprogramme und andere Formen der Zuteilung von Aktien an Mitarbeiter des Emittenten oder einer Tochtergesellschaft aus (dazu Rn. 401). Organmitglieder werden nicht von den Begriffen der Belegschaft bzw. des Mitarbeiters erfasst.[178]

127 Bis zum Inkrafttreten des Gesetzes über die Kontrolle und Transparenz im Unternehmensbereich **(KonTraG)** am 1. Mai 1998[179] enthielt das Aktiengesetz, mit Ausnahme der Erwähnung von Tantiemezahlungen, keine Regelungen über Entlohnungsanreize für Führungskräfte. Bis dahin war die Begründung von Aktienoptionen (meist in der Form von Zusagen auf neue Aktien) möglich durch die Zeichnung von Wandelschuldverschreibungen (§ 221 AktG) in Form von **Wandelanleihen** oder **Optionsanleihen** durch Führungskräfte, die diese berechtigen, unter bestimmten Voraussetzungen neue Aktien der Gesellschaft aus bedingtem Kapital (§ 192 Abs. 2 Nr. 1 AktG) zu beziehen, und ggf. durch die Begebung von **Naked Warrants**.[180] Seit Inkrafttreten des KonTraG besteht zusätzlich die Möglichkeit, **Bezugsrechte (Optionen) an Führungskräfte** auszugeben, die diese berechtigen, unter bestimmten Voraussetzungen **neue Aktien**

---

[175] *Assmann* Rn. 52 a. E.; *ders.* WM 1996, 1337/1345.
[176] Vgl. zu den insiderrechtlichen Fragen *Assmann* Rn. 172ff.; *Schäfer*, Rn. 90f., zur Rechtslage vor dem AnSVG umfassend *Lotze*, Insiderrechtliche Beurteilung von Aktienoptionsplänen (auch zum US-amerikanischen Recht); *Schneider* ZIP 1996, S. 1769/1774ff.; *Süßmann* AG 1997, S. 63/64f.; *Assmann* AG 1997, S. 50/58; *Claussen*, Insiderhandelsverbot und Ad hoc-Publizität, Rn. 69; *Feddersen* ZHR 161 (1997), S. 269/287ff.; *Casper* WM 1999, S. 363ff.
[177] Dazu und in der Sache übereinstimmend *Fürhoff* AG 1998, S. 83ff.
[178] *Assmann* Rn. 173 und 217 sieht auch Aktienoptionsprogramme für Führungskräfte als nicht von der Safe-Harbor-Regelung erfasst an, begründet dies aber nicht. Für eine Subsumtion von Vorstandsmitgliedern unter den Mitarbeiterbegriff *Geber/zur Megede*, BB 2005, 1861/1865.
[179] BGBl. I 1998, S. 786.
[180] Vgl. A. *Fuchs* DB 1997, S. 661ff.

Verbot von Insidergeschäften 128–131 § 14

der Gesellschaft aus bedingtem Kapital (§ 192 Abs. 2 Nr. 3 iVm § 193 Abs. 2 Nr. 4 AktG) zu beziehen. Die Ausgabe von Wandelschuldverschreibungen ist weiterhin zulässig. Das KonTraG hat Aktiengesellschaften darüber hinaus die Möglichkeit eingeräumt, gemäß § 71 Abs. 1 Nr. 8 AktG **eigene Aktien** zu erwerben und diese **zur Bedienung der Bezugsrechte** (Optionen) an Führungskräfte abzugeben.[181] Als Alternative zur Zusage von (neuen oder alten) Aktien kommt die Zusage einer Bonus- oder Tantiemezahlung an den Begünstigten in Betracht, die sich an der Entwicklung des Börsenkurses orientiert. Solche **Stock Appreciation Rights** (SARs) – nicht handelbare Finanzderivate, für die kein Markt besteht – geben dem Inhaber das Recht, anstelle der Lieferung von Aktien die Wertsteigerung in bar ausbezahlt zu bekommen.[182]

In der **Phase der Einführung eines Aktienoptionsprogramms** stellen sich keine insiderrechtlichen Probleme, die stock option-spezifisch sind. Jedenfalls bis zum Bekanntwerden der Vorbereitung eines Hauptversammlungsbeschlüsse über die erforderlichen Kapitalmaßnahmen liegen bei entsprechendem Kursbeeinflussungspotential Insiderinformationen vor, deren Kenntnis für Transaktionen in Wertpapieren des Unternehmens verwendet werden kann. 128

Bis zur Einführung von § 12 Satz 1 Nr. 3 durch das AnSVG warf die **Bereitstellung der Aktienoptionen,** die aufgrund des Stock Option-Plans an die Führungskräfte zugeteilt werden sollten, in aller Regel keine insiderrechtlich relevanten Fragen auf.[183] Denn die **selbstständigen Options-/Bezugsrechte** wie auch die im Rahmen von Stock Option-Programmen aufgelegten **Wandel- oder Optionsanleihen einschließlich der Umtausch- bzw. Optionsrechte** waren regelmäßig mindestens bis zur Zuteilung mangels öffentlicher Zulassung bzw. Einbeziehung in den geregelten Markt oder in den Freiverkehr **keine Insiderpapiere.**[184] Gemäß § 12 Satz 1 Nr. 3 werden nun auch Aktienoptionen aus Aktienoptionsplänen **als nicht börsennotierte Derivate als Insiderpapiere** qualifiziert, soweit ihr Preis unmittelbar oder mittelbar von Finanzinstrumenten (Aktien) abhängt, die an einer Börse gehandelt werden[185] (siehe dazu § 12 Rn. 31 ff.). 129

Die **für die Bedienung des Stock Option-Plans** benötigten Aktien kann sich die Gesellschaft nicht nur durch eine Kapitalerhöhung beschaffen, sondern auch durch **Rückerwerb eigener Aktien am Sekundärmarkt** (siehe oben Rn. 127). Sie kann die Aktien bereits bei der Zuteilung der Aktienoptionen, spätestens aber im Zeitpunkt der Ausübung der Aktienoptionen von Dritten (zB über die Börse) erwerben, um sie anschließend an die Führungskräfte abzugeben. Beim (Rück-)Erwerb ist darauf zu achten, dass keine Kenntnis von Insiderinformationen beim Erwerb der Aktien verwendet wird. Zu den Einzelheiten siehe Rn. 105 ff.[186] 130

Mit der **Zuteilung der Aktienoptionen** werden die in dem Aktienoptionsprogramm vorgesehenen Umtausch- bzw. Optionsrechte oder die reinen Be- 131

---

[181] Zum Ganzen zB *Lutter* ZIP 1997, 1; *Aha* BB 1997, S. 225; *Hüffer* ZHR 161 (1997), S. 215; *Weiß* WM 1999, S. 353; *Lotze,* Insiderrechtliche Beurteilung von Aktienoptionsplänen, S. 5 ff.
[182] Siehe dazu *Lotze,* Insiderrechtliche Behandlung von Aktienoptionsplänen, S. 174.
[183] Vgl. *Assmann,* Rn. 88 i; *Fürhoff* AG 1998, S. 83/84.
[184] Vgl. BaFin, Emittentenleitfaden, S. 17; *Fürhoff* AG 1998, S. 83/85 Fn. 20.
[185] BaFin, Emittentenleitfaden, S. 17, *Schäfer* Rn. 90.
[186] Siehe auch ausführlich *Lotze,* Insiderrechtliche Beurteilung von Aktienoptionsplänen, S. 55 ff.

zugsrechte **an die einzelnen Berechtigten** ausgegeben. Regelmäßig erwerben die Berechtigten neu begründete Aktienoptionen, die als nicht übertragbare und nicht börslich zugelassene oder in den regulierten Markt oder in den Freiverkehr einbezogene Rechte ausgestaltet sind. Bei der Zuteilung der Aktienoptionen (reine Bezugsrechte, Wandelschuldverschreibungen, Optionsanleihen) an die begünstigten Führungskräfte schied ein Verstoß gegen das Verwendungsverbot bis zur Einführung des § 12 Satz 1 Nr. 3 durch das AnSVG in aller Regel aus, denn es handelte sich bei den Aktienoptionen **nicht** um **Insiderpapiere**.[187] Wegen § 12 Satz 1 Nr. 3 AktG (dazu § 12 Rn. 31 ff.) kann nun **bereits der Bezug der Aktienoptionen insiderrechtlich relevant** sein.[188]

132 Dies gilt auch, wenn bereits existierende und am Markt zugelassene oder zur Zulassung beantragte Wandelschuldverschreibungen, Options- oder Bezugsrechte zugeteilt werden oder sich diese Rechte auf gehandelte oder zur Handelszulassung beantragte Aktien beziehen. Die Berechtigten erwerben dann **Insiderpapiere**.

133 Die **Optionszuteilung** ist **Erwerb** i. S. v. § 14 Abs. 1 Nr. 1, da die Optionsrechte eigenständige Wertpapiere sind.[189] Der Erwerb des Optionsrechts durch den Berechtigten erfolgt regelmäßig nicht unter Verwendung einer Insiderinformation, selbst wenn der Betreffende Kenntnis von einer Insiderinformation hat. Vorausgesetzt ist, dass die **Optionen aufgrund der dienst- bzw. arbeitsvertraglich geschlossenen Vereinbarung** einer Entlohnung mit den Optionsrechten und aufgrund des Stock Option-Planes erworben werden, d. h. der Erwerb würde auch ohne Kenntnis von Insiderinformationen vorgenommen.[190] Steht dem aus dem Optionsplan Berechtigten hingegen bis zum geplanten Zuteilungstermin das Recht zu, das Angebot zur Teilnahme am Aktienoptionsprogramm und damit das in der Zuteilung liegende Optionsgeschäft anzunehmen oder abzulehnen, kann der **Zuteilungszeitpunkt** Anknüpfungspunkt eines Insidergeschäfts sein.[191] Gleiches gilt, wenn der Berechtigte **Einfluss auf den Zeitpunkt der Zuteilung handelbarer Optionen** nehmen kann.[192]

134 Die **Ausübung der Optionen** berechtigt zum Bezug der den Optionen unterliegenden Aktien. Um eine unmittelbare Weiterveräußerung der erworbenen Aktien zu ermöglichen, ist ein Antrag auf Zulassung zum Handel vor Ausgabe der Aktien üblich. Die Berechtigten erwerben also mit der Ausübung ihrer Optionen neu ausgegebene Aktien, die vor der Optionsausübung schon zum Handel zugelassen sind oder für die zumindest ein Zulassungsantrag zum Handel gestellt wurde. Damit sind die jungen Aktien **Insiderpapiere** i. S. d. § 12 Satz 1

---

[187] Schreiben BAWe vom 1. Oktober 1997, Nr. 2; *Fürhoff* AG 1999, S. 83/84; *Lotze*, Insiderrechtliche Beurteilung von Aktienoptionsplänen, S. 52 f.; ebenso *Assmann* AG 1997, S. 50/58; *Feddersen* ZHR 161 (1997), S. 269/290; anders aber im Ergebnis ebenso *Schneider* ZIP 1996, S. 1769/1774 f.

[188] BaFin, Emittentenleitfaden, S. 17; Schäfer Rn. 90.

[189] Vgl. dazu *Lotze*, Insiderrechtliche Beurteilung von Aktienoptionsplänen, S. 53. AA *Schneider* ZIP 1996, S. 1769/1775.

[190] BAWe Schreiben vom 1. Oktober 1997, Nr. 2; *Fürhoff* AG 1998, S. 83/84; insofern zustimmend *Casper* WM 1999, S. 363/365; *Lotze*, Insiderrechtliche Beurteilung von Aktienoptionsplänen, S. 55 ff.

[191] *Assmann* Rn. 175; so auch i. E. *Klasen*, AG 2006, 24/29; *Fürhoff*, AG 1998, 83/85; auch *Casper*, WM 1999, 363/365; *Lotze*, Insiderrechtliche Beurteilung von Aktienoptionsplänen, S 57 ff., zur Einräumung des Optionsrechts.

[192] *Lotze*, Insiderrechtliche Beurteilung von Aktienoptionsplänen, S. 57; *Assmann* Rn. 175.

Nr. 1. Dies gilt auch für bereits am Markt gehandelte, von der Gesellschaft für die Bedienung der Optionen zurückerworbene eigene Aktien.[193]

Mit **Ausübung der Optionen** erfolgt ein **Erwerb von Aktien** i. S. v. § 14 Abs. 1 Nr. 1.[194] Verzichtet der Optionsinhaber auf die Ausübung der Option, unterlässt er den Erwerb; ein Verstoß gegen das Verwendungsverbot liegt nicht vor (zum Unterlassen des Erwerbs oder der Veräußerung siehe oben Rn. 34 ff.).[195]

Hinsichtlich der **Optionsausübung** wird für den Fall der Kenntnis von einer (positiven) Insiderinformation ganz überwiegend darauf abgestellt, ob die Option „im Geld", die Ausübung also für den Berechtigten wirtschaftlich günstig ist.[196] Ist die **Option nicht „im Geld"**, wird der Insider die Option nicht ausüben, auch wenn er Kenntnis von positiven Insiderinformationen hat, da er sich am Markt günstiger eindecken kann. Dieser Vorgang ist insiderrechtlich irrelevant, weil ein Unterlassen nicht den Tatbestand erfüllt (siehe oben Rn. 34 ff.).[197] Ist die **Option „im Geld"** und übt der Berechtigte sie aus in der Erwartung einer Kurssteigerung nach Bekanntwerden der positiven Insiderinformation, sollte nach Auffassung des BAWe „eher"[198] kein Verstoß gegen § 14 Abs. 1 Nr. 1 vorliegen. Denn das Wertpapiergeschäft wäre **auch ohne Kenntnis von der Insiderinformation** getätigt worden.[199] Dies trifft jedenfalls dann zu, wenn der **Ermessensspielraum des Berechtigten** durch einen feststehenden, von ihm unbeeinflussbaren Ausübungspreis und andere im Aktienoptionsplan definierte automatisierte Standards wie bestimmte Zeitfenster für die Ausübung **nahezu gänzlich reduziert** ist;[200] in diesem Fall lässt sich eine Mitbestimmung des Erwerbs durch die Kenntnis von einer Insiderinformation weitestgehend ausschließen.[201] Im Übrigen wird sich die Auffassung, es liege kein „Ausnutzen" vor, seit der Ersetzung des Merkmals des Ausnutzens durch das des Verwendens wohl nicht halten lassen.[202]

Relevant im Hinblick auf das Verwendungsverbot ist die **Disposition über die aufgrund der Optionsausübung erlangten Wertpapiere**.[203] Zur Veräußerung von Aktien, die aufgrund der Ausübung der Option erworben wur-

---

[193] Siehe *Assmann* Rn. 176; vgl. im Einzelnen *Lotze*, Insiderrechtliche Beurteilung von Aktienoptionsplänen, S. 58 f., 62 f.

[194] Anders *Schneider* ZIP 1996, S. 1769/1775; *Feddersen* ZHR 161 (1997), S. 269/291, mit der Begründung, der Schutzzweck von § 14 erfasse nicht den Erwerb von Aktien aus einer Neuausgabe, sondern nur den Erwerb im Sekundärmarkt. Dagegen zu Recht *Lotze*, Insiderrechtliche Beurteilung von Aktienoptionsplänen, S. 59 ff.

[195] Speziell für den Verzicht auf die Optionsausübung BAWe Schreiben vom 1. Oktober 1997, Nr. 3; *Fürhoff*, AG 1998, S. 83/85; *Lotze*, Insiderrechtliche Beurteilung von Aktienoptionsplänen, S. 64.

[196] *Assmann* Rn. 176 f.; siehe auch schon BAWe Schreiben vom 1. Oktober 1997, Nr. 3; *Fürhoff* AG 1998, S. 83/85.

[197] *Klasen*, AG 2006, 24/29.

[198] So ausdrücklich BAWe Schreiben vom 1. Oktober 1997, Nr. 3.

[199] So *Fürhoff* AG 1998, S. 83/85.

[200] Vgl. zum Kriterium des feststehenden Ausübungs- bzw. Basispreises *Lotze*, Insiderrechtliche Beurteilung von Aktienoptionsplänen, S. 61 f., 64. I. E. auch *Schäfer* Rn. 91.

[201] Siehe den Hinweis auf die Nachweisschwierigkeiten in der Praxis bei *Fürhoff* AG 1998, S. 83/85 Fn. 19.

[202] So auch *Schäfer* Rn. 91.

[203] *Assmann* Rn. 177; *Assmann* AG 1997, S. 50/58; i. E. ebenso *Fürhoff* AG 1998, S. 83/85; *Süßmann* AG 1997, S. 63/65; *Schneider* ZIP 1996, S. 1769/1775; auch *Claussen*, Insiderhandelsverbot und Ad hoc-Publizität, Rn. 69.

den, gelten die allgemeinen Regeln zum Verwendungsverbot.[204] Ein Verstoß gegen das Verwendungsverbot liegt beispielsweise vor, wenn die Options- oder Wandlungsrechte eines Berechtigten „im Geld" sind, dieser in Kenntnis einer Insiderinformation sein Optionsrecht ausübt und **unmittelbar nach Ausübung die Aktien veräußert,** weil er weiß, dass die Wertpapiere infolge schlechter Unternehmensnachrichten von einem Kursverfall bedroht sind. Er wird dann nicht wie jeder andere Aktionär am Kursverfall partizipieren.[205]

138 **Insiderrechtlich unbedenklich** sind Bonus- oder Tantieme-Zahlungen, deren Höhe von der Aktienkursentwicklung abhängig ist (sog. **Stock Appreciation Rights,** siehe oben Rn. 127) Wegen der Barzahlung fehlt es an einem Wertpapiererwerb, so dass das Verwendungsverbot gar nicht verletzt werden kann.[206] Gleiches gilt für sog. **Phantom-Stock-Pläne,** bei denen der Begünstigte keinen Anspruch auf reale junge oder bereits gehandelte Aktien erhält, sondern ihm nur eine bestimmte Anzahl fiktiver Aktien zugeteilt wird, die den am Kapitalmarkt gehandelten Aktien nachgebildet sind.[207]

139 **cc) Erwerb bzw. Veräußerung in Ausführung von dem Insider obliegenden Berufspflichten.**

α) Wertpapiergeschäfte der Makler, Skontroführer und Market-Maker. Die Frage, ob eine Insiderinformation gemäß § 14 Abs. 1 Nr. 1 verwendet wird, wenn jemand **aufgrund der Eigenart seiner beruflichen Tätigkeit Kenntnis** erlangt und in dieser Kenntnis Wertpapiergeschäfte entsprechend seinen beruflichen Pflichten tätigt, betrifft insbesondere die Wertpapiergeschäfte der **Kursmakler** und **skontroführenden Freimakler** bzw. der **Skontroführer** und der sog. **Market-Maker.** Im Ergebnis besteht Übereinstimmung, dass Wertpapiergeschäfte von Angehörigen der genannten Berufsgruppen trotz Kenntnis von einer Insiderinformation nicht gegen das Verwendungsverbot verstoßen, wenn das Wertpapiergeschäft in **Ausübung der beruflichen Aufgaben und Pflichten unter Beachtung der dafür geltenden Regeln** ausgeführt wird.[208] Dann wird die Insiderinformation aufgrund einer fehlenden Kausalität nicht verwendet. Dies entspricht auch Erwägungsgrund 18 der Marktmissbrauchsrichtlinie.

140 Aufgrund ihrer Tätigkeit haben Kurs- und Börsenmakler, skontroführende Freimakler und Market-Maker nahezu **zwangsläufig Insiderkenntnisse über marktbezogene Tatsachen,** namentlich über die **Orderlage in bestimmten**

---

[204] So ausdrücklich *Assmann* Rn. 177; *Lotze,* Insiderrechtliche Behandlung von Aktienoptionsplänen, S. 67.
[205] *Klasen,* AG 2006, 24/30; *Süßmann,* AG 1997, 63/65.
[206] BaFin, Emittentenleitfaden, S. 18; *Schäfer* Rn. 90; *Klasen,* AG 2006, 24/28; siehe ausführlich *Lotze,* Insiderrechtliche Beurteilung von Aktienoptionsplänen, S. 174 f.; vgl. auch *Casper* WM 1999, S. 363/370 Fn. 47.
[207] BaFin, Emittentenleitfaden, S. 18; *Schäfer* Rn. 90; *Casper* WM 1999, S. 363/369 f.; ebenso *Feddersen* ZHR 161 (1997), S. 269/285.
[208] So *Assmann* Rn. 53; *Schäfer* Rn. 54; *Schwark* in KMRK, § 14 WpHG, Rn. 14; so auch Begründung RegE 2. FFG, BT-Drucks. 12/6679, S. 47; auch 12. Erwägungsgrund der EG-Insiderrichtlinie und, auf diese bezogen, *Hopt* ZGR 1991, 17/46, sowie *ders.* in FS Heinsius, S. 289/290 f.; *Assmann* WM 1996, 1337/1346; *ders.* ZGR 1994, 494/518; *Caspari* ZGR 1994, S. 530/543 f.; *U. A. Weber* BB 1995, S. 157/162; *F. Immenga* ZBB 1995, S. 197/204; *Dreyling/Schäfer,* Insiderhandelsverbot und Ad-hoc-Publizität, Rn. 169; *Kümpel,* Bank- und Kapitalmarktrecht, Rn. 16.171; i. E. auch *Krauel,* Insiderhandel, S. 284 f.; auf Abgrenzungsprobleme hinweisend *M. Weber* NZG 2000, S. 113/122.

Verbot von Insidergeschäften 141–143 § 14

Wertpapieren (zu Markttatsachen als Insiderinformationen siehe § 13 Rn. 116 ff.; speziell zum *frontrunning* unten Rn. 151 ff.). Allerdings tragen die Geschäftsabschlüsse der genannten Personengruppen zur Liquidität des Marktes bei und schützen damit dessen Funktionsfähigkeit. Aus diesem Grund wurde ein in § 24 Abs. 1 Nr. 1 WpHG-RefE noch enthaltenes ausdrückliches Verbot der Ausnutzung der Kenntnis von Insiderinformationen durch die vorgenannten Berufsgruppen gestrichen. Damit sollte aber die Nutzung von Insiderinformationen durch Angehörige der genannten Berufsgruppen nicht legalisiert werden. Nach der Regierungsbegründung sollte lediglich klargestellt werden, dass ein Verstoß gegen § 14 Abs. 1 Nr. 1 nicht vorliegt, „wenn jemand aufgrund seiner beruflichen Tätigkeit **zwangsläufig über insiderrelevante Daten** verfügt und sie bei der Ausübung seiner Tätigkeit **ausschließlich rechtskonform verwendet**".[209] Aufgrund der beruflichen Tätigkeit und nicht aufgrund von Insiderinformationen vorgenommene Wertpapiergeschäfte sind für die genannten Berufsgruppen also zulässig.

Gegen die ganz herrschende Auffassung (vorherige Rn.) wird vorgebracht, **141** dass die Reichweite von Insiderhandelsverboten nicht dem jeweiligen nationalen Börsen- bzw. Berufsrecht unterliegen dürfe. Weil es in Bezug auf die **Berufspflichten von Kurs- und Freimaklern bzw. Skontroführern wie auch von Market-Makern** in den einzelnen Mitgliedstaaten unterschiedliche Regelungen geben könne, wäre die Reichweite des Verwendungsverbots von der jeweiligen nationalen Gesetzgebung abhängig. Dies sei mit dem Ziel einer Vereinheitlichung der nationalen Regelungen innerhalb der EU nicht vereinbar.[210] Maßgeblich dafür, ob ein Angehöriger der vorgenannten Berufsgruppen eine Insiderinformation (zB die Orderlage in einem bestimmten Insiderpapier) durch Wertpapiergeschäfte nutzt, soll deshalb sein, dass die **Durchführung des einzelnen Wertpapiergeschäfts nicht „freiwillig"** erfolgt, **sondern aufgrund einer börsenrechtlichen Verpflichtung.**[211]

Etwas anderes würde gelten, wenn die **Kenntnis von einer Insiderinfor- 142 mation für den Erwerb** bzw. die Veräußerung in der konkreten Art und Weise, in der die Transaktion erfolgte, **mitbestimmend** war (siehe oben Rn. 57). Ob sich in dem Unterschied zwischen dem durch die Insiderkenntnis bewirkten tatbestandlichen Erfolg des Erwerbs bzw. der Veräußerung und demjenigen tatbestandlichen Erfolg, der ohne die Kenntnis eingetreten wäre, ein Verstoß gegen die Chancengleichheit manifestiert, bringt im Einzelfall nicht unerhebliche Abgrenzungsprobleme mit sich. So wird es schwierig sein, bei einem Eurex-Market-Maker zwischen einer rein beruflich bedingten und einer durch eine Insiderinformation mitveranlassten Kursstellung zu unterscheiden. Wird ein bestimmtes Wertpapiergeschäft durch eine Insiderinformation mitbestimmt, verstößt der Betreffende mit dem Erwerbs- bzw. Veräußerungsgeschäft gegen das Verwendungsverbot.[212]

Angehörigen der vorgenannten Berufsgruppen ist deshalb zu raten, die rechts- **143** konforme Berufsausübung einschließlich der **Motive für ihr Marktverhalten**

---

[209] Begründung RegE 2. FFG, BT-Drucks. 12/6679, S. 47; vgl. auch BR-Drucks. 793/93, S. 144.
[210] So *Krauel*, Insiderhandel, S. 284.
[211] Vgl. *Krauel*, Insiderhandel, S. 284 f.; in diese Richtung auch *Kümpel*, Bank- und Kapitalmarktrecht, Rn. 16.171 („fehlender Kausalzusammenhang").
[212] Ähnlich *M. Weber* NZG 2000, S. 113/122.

sorgfältig zu **dokumentieren**.[213] Dies gilt insbesondere für die Betreuer (**Designated Sponsors**) in liquiditätsschwächeren Marktsegmenten, die in Ausübung ihrer Funktion Kenntnis von Insiderinformationen über den Emittenten oder über die Marktlage in dessen Papieren erhalten können.[214]

144 β) **Ausführung von Kundenaufträgen.** Ein **Mitarbeiter eines Kreditinstituts** oder ein **Wertpapierhändler** kann bei der Ausführung von Kundenaufträgen gegen das Verwendungsverbot verstoßen, wenn er Kenntnis von einer Insiderinformation hat, insbesondere in Bezug auf die Wertpapiere, die Gegenstand der Kundenorder sind. Hat der Bankmitarbeiter oder Wertpapierhändler Kenntnis von einer Insiderinformation, darf er diese nicht durch ein Erwerbs- oder Veräußerungsgeschäft in Ausführung eines Kundenauftrags nutzen, denn dem Insider ist auch der Erwerb oder die Veräußerung von Wertpapieren unter Verwendung einer Insiderinformation **für einen anderen** verboten (§ 14 Abs. 1 Nr. 1).

145 Das Verbot der Verwendung von Insiderinformationen hindert Kreditinstitute nicht daran, Kundenaufträge in Wertpapiergeschäften auszuführen, vorausgesetzt, dass eventuell vorhandene Insiderkenntnisse die Ausführung des jeweiligen Kundenauftrags nicht mitbestimmen. In der Literatur besteht Einigkeit, dass ein Angestellter eines Kreditinstituts bzw. ein Wertpapierhändler im Fall der **Durchführung einer konkreten Kundenorder** keine Insiderinformation verwendet, wenn der Kunde einen **genau bezeichneten Erwerbs- oder Veräußerungsauftrag** erteilt hat, der dem Ausführenden keinen eigenen Entscheidungsspielraum einräumt.[215] Denn dann handelt der fragliche Mitarbeiter **allein in Ausführung der Kundenorder** und zwar auch dann, wenn er Kenntnis von einer Insiderinformation hat, die das gehandelte Wertpapier oder dessen Emittenten betrifft. Kausal für das Erwerbs- oder Veräußerungsgeschäft ist nur der Kundenauftrag, durch den das Wertpapiergeschäft initiiert wurde.

146 Davon zu unterscheiden ist, dass der Kunde **keine präzise Order**, sondern **Aufträge wie „bestmögliche"** bzw. **„interessenwahrende Depotverwaltung"** oder „Abstoßung der Aktien zum günstigsten Zeitpunkt" erteilt. Hier wird dem Kreditinstitut ein **Handlungs-** bzw. **Entscheidungsspielraum** eröffnet mit der Folge, dass der zuständige Mitarbeiter bei der Depotverwaltung oder Orderausführung eigenständig zur Ausfüllung dieses Spielraums tätig wird. Lässt der Mitarbeiter seine Kenntnis von einer Insiderinformation in die Durchführung des Auftrags in der Form einfließen, dass das Wertpapiergeschäft von dieser Kenntnis, beispielsweise bezüglich des Zeitpunkts, mitbestimmt wird, verwendet er die Insiderinformation beim Erwerb „für einen anderen".[216] Dies ist nicht dadurch aus-

---

[213] *Assmann* Rn. 53.

[214] *Dreyling/Schäfer*, Insiderrecht und Ad-hoc-Publizität, Rn. 170, unter Hinweis auf *Süßmann*, Börsen-Zeitung vom 13. 3. 2000.

[215] *Assmann* Rn. 53; Begründung RegE 2. FFG, BT-Drucks. 12/6679, S. 47; *Caspari* ZGR 1994, S. 530/543; *F. Immenga* ZBB 1995, S. 197/204; *Assmann* WM 1996, S. 1337/1346; ders. AG 1994, S. 237/246; *U. A. Weber* BB 1995, S. 157/165; *Kümpel*, Bank- und Kapitalmarktrecht, Rn. 16.173; *Lücker*, Der Straftatbestand des Missbrauchs von Insiderinformationen, S. 99; *Krauel*, Insiderhandel, S. 285.

[216] Einhellige Ansicht, siehe nur *Assmann* Rn. 54; ders. WM 1996, S. 1337/1346; ders. AG 1994, S. 237/246; *Caspari* ZGR 1994, S. 530/543; *Kümpel*, Bank- und Kapitalmarktrecht, Rn. 16.174; *Lücker*, Der Straftatbestand des Missbrauchs von Insiderinformationen, S. 99, 169; *Krauel*, Insiderhandel, S. 285; *Cramer* AG 1997, S. 59/60.

geschlossen, dass die Ausführung des Auftrags unter Verwendung des Insiderwissens im Interesse und zu Nutzen des Kunden erfolgt.²¹⁷

Zur Vermeidung eines Insiderverstoßes wird empfohlen und als insiderrechtlich zulässig angesehen, den **Auftrag vorsorglich an einen Nicht-Insider** weiterzuleiten mit der allgemeinen Bitte um Übernahme, ohne einen konkreten Hinweis auf die Konfliktsituation zu geben.²¹⁸ Andernfalls würde der Kunde benachteiligt werden, wenn bestimmte Wertpapiere aus seinem Depot nicht mehr gehandelt würden.²¹⁹

Rät der Mitarbeiter dem Kunden auf der Grundlage der Kenntnis von einer Insiderinformation **von der Durchführung der erteilten Order ab,** ohne ihm die Insiderinformation mitzuteilen, und wird der Auftrag daraufhin zurückgezogen, verstoßen die Beteiligten weder gegen das Verwendungs- noch gegen das Weitergabe- oder das Empfehlungsverbot. Das durch Insiderwissen bedingte Unterlassen eines Erwerbs- oder Veräußerungsvorhabens erfüllt nicht den Tatbestand des § 14 Abs. 1 Nr. 1, denn diese Verbote enthalten keine echten Unterlassungstatbestände (dazu oben Rn. 34). Mangels Mitteilung der Insiderinformation verstößt der Kreditinstitutsmitarbeiter nicht gegen das Weitergabeverbot. Dem Erwerbs- oder Veräußerungsverbot entsprechend, das keinen echten Unterlassungstatbestand enthält, erfasst das Empfehlungsverbot nicht die Empfehlung, vom Erwerb oder der Veräußerung eines Insiderpapiers abzusehen (dazu unten Rn. 372 ff.).

Hat der **Kunde** seinen **Auftrag** für ein Wertpapiergeschäft **in Kenntnis einer Insiderinformation erteilt,** macht er sich wegen der Verwendung dieser Information strafbar. Führt der **Mitarbeiter** eines Kreditinstituts eine auf der Grundlage von Insiderwissen erteilte Kundenorder durch, **ohne** selbst **Kenntnis von einer Insiderinformation** oder von dem Umstand zu haben, dass der Kunde den Auftrag in Kenntnis von einer solchen erteilt hat, liegt in der Ausführung der Kundenorder **kein (täterschaftlicher) Verstoß** gegen das Verwendungsverbot. Gleiches gilt für die Ausführung einer Kundenorder in Kenntnis des Umstands, dass diese in Kenntnis einer Insiderinformation erteilt wurde, ohne dass der Ausführende selbst Kenntnis von einer Insiderinformation hat.²²⁰

In der in der vorstehenden Rn. beschriebenen Fallkonstellation kommt aber eine **Strafbarkeit wegen Beihilfe (§ 27 StGB) zu einem Verstoß gegen das Verwendungsverbot** in Betracht, wenn der Mitarbeiter des Kreditinstituts eine Kundenorder ausführt, die der Kunde/Auftraggeber in Kenntnis von einer Insiderinformation erteilt hat. Denn durch die Ausführung der Order leistet der Bankmitarbeiter einen mitursächlichen fördernden Beitrag zum verbotenen Handel mit Insiderpapieren (dazu auch § 38 Rn. 68). Eine Pflicht zu **Nachforschungen,** ob der Kunde in seine Order Insiderwissen hat einfließen lassen,

---

²¹⁷ So *Assmann* Rn. 54.
²¹⁸ Begründung RegE 2. FFG, BT-Drucks. 12/6679, S. 47; *Assmann* Rn. 54; *ders.* WM 1996, 1337/1346; *ders.* AG 1994, S. 237/246; *Schwark* in KMRK, § 14 WpHG, Rn. 14; *Caspari* ZGR 1994, S. 530/543; *Cramer* AG 1997, S. 59/60; *Kümpel*, Bank- und Kapitalmarktrecht, Rn. 16.174; *ders.,* Wertpapierhandelsgesetz, S. 75; *Lücker,* Der Straftatbestand des Missbrauchs von Insiderinformationen, S. 99, 161; *Krauel,* Insiderhandel, S. 285; kritisch aber *U. A. Weber* BB 1995, S. 157/161.
²¹⁹ Dieser Hinweis bei *Lücker,* Der Straftatbestand des Missbrauchs von Insiderinformationen S. 161.
²²⁰ *Assmann* Rn. 55; *ders.* WM 1996, S. 1337/1345.

wird für das Kreditinstitut und seine Mitarbeiter verneint.[221] Bestehen allerdings konkrete Anhaltspunkte dafür, wird beim Kunden nachzuforschen oder vorn vornherein die Durchführung der Order abzulehnen sein, um sich nicht dem Vorwurf der Beihilfe auszusetzen, für die *dolus eventualis*, und zwar auch bezüglich der Haupttat, genügt.

151 γ) **Frontrunning.** Beim *frontrunning* (Vorlaufen, auch Mit- oder Gegenlaufen) geht es um die **Nutzung rein marktbezogener Informationen** in der Form der aktuellen oder auch absehbaren **Orderlage** im Kunden- oder Eigenhandel einer Bank oder im Skontro eines skontroführenden Maklers bzw. Skontroführers. Fälle des *frontrunning* (Vorlaufen, auch Mit- oder Gegenlaufen) werden in der **Literatur** einhellig als Verstoß gegen das Verbot der Verwendung der Kenntnis von einer Insiderinformation angesehen.[222] Der **Bundesgerichtshof** hat in einem *obiter dictum* im *frontrunning* – anders als im sog. *scalping* (dazu unten Rn. 159f.) – einen Verstoß gegen § 14 Abs. 1 Nr. 1 gesehen.[223] § **13 Abs. 1 Satz 4 Nr. 1 stellt** nun ausdrücklich **klar,** dass eine nicht öffentlich bekannte Information über Aufträge anderer Personen zum Kauf oder Verkauf von Wertpapieren bei entsprechender Kurserheblichkeit eine Insiderinformation ist (dazu § 13 Rn. 167ff.); diese kann i. S. v. § 14 Abs. 1 Nr. 1 verwendet werden.[224]

152 **Typischerweise** läuft *frontrunning* **wie folgt** ab: Ein Angestellter eines Kreditinstituts oder ein Makler erhält einen großen Kundenauftrag in einem Papier. Noch vor vollständiger Ausführung des Auftrags kauft er auf eigene Rechnung die, wie er weiß, bald gefragten Wertpapiere. Durch die gestiegene Nachfrage wird der Kurs der Papiere üblicherweise steigen. Da eine große Kaufordner oft in mehrere kleine Pakete aufgeteilt wird, kann der „Vorläufer" seine erworbenen Papiere zu einem inzwischen gestiegenen Kurs auf eines der letzten Kaufpakete legen und so ohne Risiko in kurzer Zeit Kursgewinne erzielen.[225]

153 Im Übrigen stellt *frontrunning* neben dem strafbaren Verstoß gegen das insiderrechtliche Verwendungsverbot regelmäßig einen **Verstoß** gegen die den Mitarbeitern von Wertpapierdienstleistungsunternehmen nach den **Verhaltensregeln der §§ 31 ff.** obliegenden Verpflichtungen dar (dazu die Kommentierung Vor §§ 31 bis 37a Rn. 39).[226]

154 δ) **Scalping.** Als besonderer Fall des *frontrunning* wird vielfach das *scalping* bezeichnet.[227] Fälle des *scalping* sind dadurch gekennzeichnet, dass zB ein Berater, ein Herausgeber eines Börseninformationsdienstes oder ein Wirtschaftsjournalist

---

[221] *Assmann* Rn. 55; *ders.* WM 1996, S. 1337/1347.
[222] *Assmann* Rn. 33; *Schäfer* § 13 Rn. 26; *Schwark* in KMRK, § 14 Rn. 24; *Caspari* ZGR 1994, S. 530/540; *Claussen* DB 1994, S. 27/31; *ders.* Insiderhandelsverbot und Ad-hoc-Publizität, Rn. 76; *Assmann* WM 1996, S. 1337/1345; *Hopt* in FS Heinsius, S. 289/294 f.; *ders.* in FS Beusch, S. 393/409 f.; *Kümpel*, Bank- und Kapitalmarktrecht, Rn. 16.242; *Dreyling/Schäfer*, Insiderrecht und Ad-hoc-Publizität, Rn. 164.
[223] BGH – 1 StR 24/03 vom 6. 11. 2003, NJW 2004, S. 302/303.
[224] Begründung RegE AnSVG, BT-Drucks. 15/3174, S. 34.
[225] Vgl. dazu *Hopt* in FS Heinsius, S. 289/294 f.; *Mennicke*, Sanktionen gegen Insiderhandel, S. 55.
[226] *Assmann* Rn. 33; *Dreyling/Schäfer*, Insiderrecht und Ad-hoc-Publizität, Rn. 165; *Kümpel*, Bank- und Kapitalmarktrecht, Rn. 16.86; siehe auch Bericht des Finanzausschusses, BT-Drucks. 12/7981,1, S. 104.
[227] So namentlich *Assmann* WM 1996, S. 1337/1345; *Assmann* Rn. 48.

Wertpapiere in der Absicht erwirbt, sie anschließend einem anderen zum Erwerb zu empfehlen. Steigt der Kurs infolge der aufgrund der Empfehlung verstärkt einsetzenden Nachfrage, werden die Papiere in Kürze mit erheblichem Gewinn wieder verkauft.[228]

Maßgeblicher Anknüpfungspunkt für die Frage eines Verstoßes gegen das Verwendungsverbot ist der **Erwerb** eines Insiderpapiers **vor der beabsichtigten Abgabe einer Kaufempfehlung für dieses Papier,** das der Erwerber nach Abgabe der Empfehlung aufgrund des durch die gestiegene Nachfrage verursachten Kursanstiegs gewinnbringend veräußern will. Ob ein solcher Erwerb gegen § 14 Abs. 1 Nr. 1 verstößt, war lange umstritten. **155**

In der ersten Zeit nach Inkrafttreten des WpHG verneinte die überwiegende Auffassung einen **Verstoß gegen das Ausnutzungsverbot** durch den Erwerb von Insiderpapieren in dem Wissen um die eigene Absicht, demnächst eine entsprechende Empfehlung zu veröffentlichen. Unter Hinweis auf die Regierungsbegründung zum WpHG,[229] wonach die bloße Ausführung eines eigenen Entschlusses zum Kauf oder Verkauf von Wertpapieren kein Ausnutzen einer Insiderinformation sei, verneinte die überwiegende Meinung einen Verstoß gegen das Ausnutzungsverbot durch Scalping. Der Erwerb der Papiere sei unter Berücksichtigung der bevorstehenden Empfehlung lediglich die Umsetzung des diesbezüglichen Entschlusses des Handelnden.[230] **156**

Bald rückte die **überwiegende Meinung** von dieser Auffassung ab und sah die Absicht, „sich die mit der Ausführung der Empfehlung zu erwartende Kursbewegung durch eigene vorhergehende Wertpapiergeschäfte zunutze zu machen", insofern als **selbstständigen Entschluss** an, weil er für die Durchführung des Vorhabens, den Kauf bestimmter Insiderpapiere zu empfehlen, nicht erforderlich sei. Anders als zB beim sukzessiven Aufbau einer Beteiligung gehe es nicht um einen in einzelnen Stufen zu verwirklichenden Gesamtplan. Vielmehr mache sich der Handelnde als **Wertpapierkäufer** eine Insiderinformation nutze, die er zuvor in der **von dieser Funktion zu trennenden Rolle eines Empfehlenden** (d.h. in der Rolle eines bloßen Marktintermediärs) geschaffen habe. Dementsprechend verstoße der Erwerb bzw. die Veräußerung von Wertpapieren in Kenntnis von der bevorstehenden Veröffentlichung einer Anlageempfehlung gegen das Ausnutzungsverbot.[231] **157**

Auch nach Auffassung des **BAWe**[232] und **erstinstanzlicher Gerichtsentscheidungen**[233] sollte **Scalping gegen das Ausnutzungsverbot verstoßen.** **158**

---

[228] So die Beschreibung bei BGH, 1 StR 24/03 vom 6. 11. 2003, NZW 2004, 302 (Ls. 1), 303. Vgl. dazu auch *Mennicke,* Sanktionen gegen Insiderhandel, S. 55. In den USA herrscht weitgehend Einigkeit, dass *scalping* gegen rule 10 (b)-5 verstößt.
[229] Begründung RegE 2. FFG, BT-Drucks. 12/6679, S. 47.
[230] So noch *Assmann/Cramer,* 1. Aufl., Rn. 34. So auch *Becker,* Wertpapierhandelsgesetz, S. 53 f.; schon zweifelnd *Hopt* in FS Heinsius, S. 289/295 (noch auf der Grundlage der EG-Insiderrichtlinie).
[231] Erstmals *Assmann* WM 1996, S. 1337/1345 f. Für eine Qualifizierung als Insiderdelikt *Assmann/Cramer,* 2. Aufl., Rn. 34; *Cahn* ZHR 162 (1998), S. 1/19 f.; *Hausmaninger,* Insidertrading, S. 234; ausführlich *Schneider/Burgard* ZIP 1999, S. 381/387 f. mwN (Ausnutzung der Veröffentlichungsabsicht, wobei sich der Insider den Umstand zunutze mache, dass die beabsichtigte Veröffentlichung der Empfehlung mit überwiegender Wahrscheinlichkeit einen erheblichen Kursausschlag zur Folge haben würde).
[232] Vgl. *Dreyling/Schäfer,* Insiderrecht und Ad-hoc-Publizität, Rn. 280.

An der Strafbarkeit des Scalping wegen eines Verstoßes gegen § 14 Abs. 1 Nr. 1 übte die Literatur zunehmend **Kritik**.[234] Beim Scalping fehle es an einer Insiderinformation, denn **selbst geschaffene innere Tatsachen** wie die Absicht, eine Empfehlung abzugeben, seien keine Insiderinformationen.[235] Andere wiederum wollten das Tatbestandsmerkmal „**unter Ausnutzung**" teleologisch restringieren, sei es unter Hinweis auf den Grundsatz der Chancengleichheit der Anleger,[236] sei es aufgrund allgemeiner Überlegungen, dass sich eine Strafbarkeit eher negativ auf die Markteffizienz auswirken und zu einer teilweisen Berufsausübungsregelung für Research-Unternehmen, Börseninformationsdienste und andere Informationsintermediäre führen würde.[237]

159 Mit Urteil vom 6. November 2003 hat der **Bundesgerichtshof** entschieden, dass **Scalping kein Insidergeschäft** i.S. der §§ 13, 14 sei, sondern als „sonstige Täuschung" den **marktmanipulativen Handlungen** des § 20a Abs. 1 Satz 1 Nr. 2 zuzuordnen sei.[238] Dass es sich beim Scalping nicht um ein Insidergeschäft handele, begründet der BGH damit, die Annahme, dass das Wissen des Täters, dass er die selbst erworbenen Aktien anschließend empfehle, eine Insidertatsache sei, trage dem europarechtlichen Hintergrund der Insidervorschriften des WpHG nicht hinreichend Rechnung. So spreche schon der Wortlaut der EG-Insiderrichtlinie von 1989 dagegen, selbst geschaffene „Tatsachen" als Insidertatsachen einzustufen. Denn die Richtlinie spreche nicht von einer „Tatsache", sondern verwende den von der Richtlinie als „präzise Information" definierten Begriff der Insiderinformation. Dafür reiche eine **selbst geschaffene innere Tatsache** aber **nicht** aus, „weil eine „Information" regelmäßig einen Drittbezug aufweist". So sei es dem Sprachgebrauch fremd, den Begriff der Information in dem Sinn zu verwenden, „dass eine Person sich über einen von ihr selbst gefassten Gedanken „informiert". Des Weiteren legt der BGH dar, warum der europäische und der deutsche Gesetzgeber Scalping nicht als Insidergeschäft, sondern als marktmanipulative Handlung einstuften. Daraus ergibt sich jedoch nicht zwingend, dass Scalping nicht (auch) als Insiderverstoß qualifiziert werden kann, sondern nur, dass es sich um eine Kurs- und Marktpreismanipulation handelt.[239]

---

[233] LG Frankfurt/Main, 9. 11. 1999 – 5/2 Kls 92 Js 23140.2/98 (P 2/98), NJW 2000, S. 301ff. *("Prior")*; LG Stuttgart, 30. 8. 2002 – 6 KLs 150 Js 77452/00, ZIP 2003, S. 259ff. Offen gelassen von OLG Frankfurt/Main, 15. 3. 2000 – 1 Ws 22/00, NJW 2001, S. 982 („Prior").

[234] *Volk* BB 1999, S. 66ff.; *ders.* ZIP 1999, S. 787ff. (in – polemischer – Erwiderung auf *Schneider/Burgard* ZIP 1999, S. 381ff.); *M. Weber* NZG 2000, S. 113/121, 124ff.; *ders.*, Anm. zu LG Frankfurt/Main, 9. 11. 1999 – 5/2 Kls 92 Js 23140.2/98 (P 2/98), NJW 2000, S. 562/563; *Schäfer* Rn. 76; *Petersen* wistra 1999, S. 328, insbes. 330f.; *Lenenbach* ZIP 2003, S. 243ff.

[235] So *Volk* ZIP 1999, S. 787/787f.; *ders.* BB 1999, S. 66/70 (teleologische Reduktion des Tatbestandsmerkmals des Insiderinformation), jedenfalls dann, wenn es sich um eine Eigennutzung der inneren Tatsache der eigenen Absicht handele, die mangels gesetzlichem Vorfeldtatbestand anders als die Fremdnutzung als Anknüpfungspunkt für eine Strafbarkeit nach geltendem Insiderrecht außer acht zu bleiben habe. Siehe auch *M. Weber* NZG 2000, S. 113/121, 125; *ders.* NJW 2000, S. 562/562.

[236] So *Petersen* wistra 1999, S. 328/330f.

[237] *Schäfer*, 1. Aufl., Rn. 76; *Volk* BB 1999, S. 66ff.; *Lenenbach* ZIP 2003, S. 243/245f.

[238] BGH, 6. 11. 2003 – 1 StR 24/03, NJW 2004, S. 302 (Ls. 1), 303.

[239] So zu Recht *Assmann* Rn. 49 Fn. 5.

Auch wenn die **Entscheidung des Bundesgerichtshofs** in der Literatur **160** Zustimmung gefunden hat,[240] **überzeugt** die der Entscheidung zugrunde liegende Annahme nicht, die bis dahin herrschende Auffassung wie auch die instanzgerichtliche Rechtsprechung hätten den Begriff der Insidertatsache nicht richtlinienkonform ausgelegt. So bleibt offen, warum das Merkmal der „präzisen Information" eine selbst geschaffene innere Tatsache ausschließen soll, denn auch die Begründung, eine Information liege nur vor, wenn sie einen „Drittbezug" aufweise, ist **nicht** logisch zwingend. Dass auch dem europäischen Gesetzgeber ein solches Verständnis des Begriffs der „Information" nicht vorschwebt, kommt in **Erwägungsgrund 30 der Marktmissbrauchs-Richtlinie** zum Ausdruck: „Da dem Erwerb oder der Veräußerung von Finanzinstrumenten notwendigerweise eine entsprechende Entscheidung der Person vorausgehen muss, die erwirbt bzw. veräußert, sollte die Tatsache des Erwerbs oder dieser Veräußerung als solche nicht als Verwendung von Insider-Informationen gelten." Dies bedeutet gerade nicht, dass die Entscheidung selbst keine Insiderinformation sein kann, denn dann hätte nicht auf das Verwenden abgestellt werden müssen.[241]

Scalping in der Form des Erwerbs eines Wertpapiers in der Kenntnis, dass **161** man selbst eine auf dieses Wertpapier bezogene Empfehlung zu dessen Kauf aussprechen wird, kann nach richtiger Auffassung einen **Verstoß gegen das Ausnutzungsverbot** darstellen. Die **Insiderinformation**, deren Kenntnis ausgenutzt wird, ist die **alleinige Kenntnis des Handelnden um die von ihm beabsichtigte Empfehlung.** Deren **Kurserheblichkeit** hängt von der ausreichenden Verbreitung der Empfehlung sowie von deren Glaubwürdigkeit ab.[242]

Ein Erwerb in Kenntnis von der beabsichtigten Veröffentlichung der Empfehlung ist **keine unmittelbare Umsetzung der eigenen Absicht der Empfehlungsveröffentlichung,** weil der Erwerb einer Umsetzung nicht unmittelbar dient (siehe allgemein dazu oben Rn. 65 ff.). Die **Abgabe der Empfehlung** ist **unabhängig vom Erwerb** des Wertpapiers. **Voraussetzung** für einen Erwerb „unter Verwendung einer Insiderinformation" ist, dass der **Erwerb des betreffenden Wertpapiers** in der konkreten Art und Weise (v. a. hinsichtlich des Zeitpunkts und des Umfangs) **durch die Kenntnis von der beabsichtigten Empfehlungsveröffentlichung zumindest mitbestimmt** war (siehe allgemein oben Rn. 57). In der Praxis wird es schwierig sein, dies im Einzelfall nachzuweisen, insbesondere, dass die **Absicht der Empfehlungsveröffentlichung bereits bei Vornahme des Erwerbsgeschäfts** bestand. Das Landgericht Frankfurt a. M. hatte zu Recht darauf hingewiesen, dass es angesichts des angedrohten Strafrahmens nicht zulässig ist, **allein aufgrund des äußeren Umstands der zeitlichen Nähe zwischen Wertpapiererwerb und Empfehlungsabgabe** auf den inneren Tatbestand einer Empfehlungsabsicht im Zeitpunkt des Erwerbs zu schließen.[243] **162**

---

[240] Etwa *Ekkenga* ZIP 2004, 781/7882; *Schmitz* JZ 2004, 526 ff.; *Vogel* NStZ 2004, 252/254.
[241] Kritisch zur Entscheidung des BGH auch *Assmann* Rn. 49 und § 13 Rn. 10.
[242] Dazu *Dreyling/Schäfer,* Insiderrecht und Ad-hoc-Publizität, Rn. 280.
[243] Vgl. LG Frankfurt/Main, 9. 11. 1999 – 5/2 Kls 92 Js 23140.2/98 (P 2/98), NJW 2000, S. 301/303 (dort zu den Anforderungen im einzelnen; allerdings zweifelnd, ob Mit-Ursächlichkeit der Empfehlungsabsicht ausreicht); vgl. die Einschätzung der äußerst schwie-

§ 14   163–168

f) Zeitpunkt der „Verwendung"

163   **Maßgeblicher Zeitpunkt** für die Feststellung, ob das Tatbestandsmerkmal der „Verwendung einer Insiderinformation" erfüllt ist, ist **grundsätzlich der Zeitpunkt des Abschlusses des Erwerbs- bzw. Veräußerungsgeschäfts**.[244] Die Frage nach dem maßgeblichen Zeitpunkt bedarf einer differenzierteren Betrachtung im Fall von **zeitlich gestreckten Erwerbs- und Veräußerungsvorgängen** (siehe auch oben Rn. 23 ff.).

164   **aa) Bei bedingten Übertragungen** von Insiderpapieren gilt im Hinblick auf den maßgeblichen Zeitpunkt für die Feststellung einer „Verwendung" folgendes:

165   Schließt jemand einen Vertrag über den Erwerb oder die Veräußerung von Wertpapieren, bei dem die **Übertragung unter einer aufschiebenden Bedingung** steht, zu einem Zeitpunkt, in dem er keine Kenntnis von einer Insiderinformation hat, erlangt entsprechende **Kenntnis** aber **vor Eintritt der aufschiebenden Bedingung,** ist zu differenzieren, immer vorausgesetzt, dass die Bedingung eintritt und der Vertrag durch Übertragung der Insiderpapiere erfüllt wird.

166   Tritt die **Bedingung unabhängig vom Willen des Insiders** ein, ist auf den Zeitpunkt des Vertragsabschlusses abzustellen. Hängt der Bedingungseintritt allein vom Willen des Insiders ab (sog. **Potestativ-Bedingung**), ist auf den Zeitpunkt des (vom Insider herbeigeführten) Bedingungseintritts abzustellen.[245] Gleiches gilt, wenn dem Insider eine **Option** oder ein **Bezugsrecht** eingeräumt wurde und er nach Kenntniserlangung die Option bzw. das Bezugsrecht ausübt. Maßgeblicher Zeitpunkt ist derjenige der *letzten relevanten Handlung des Insiders,* die für den Erwerb bzw. die Veräußerung vorausgesetzt ist. Denn bei Kenntniserlangung nach Vertragsabschluss stellt sich die typische Insiderproblematik im Zeitpunkt des Bedingungseintritts, wenn dieser allein vom Willen des Insiders abhängt.

167   Hat ein Insider aufgrund seiner Kenntnis von einer Insiderinformation einen Vertrag über die bedingte Übertragung von Insiderpapieren abgeschlossen und wird die **Insiderinformation vor Bedingungseintritt öffentlich bekannt gemacht,** ist auf den **Zeitpunkt des Vertragsabschlusses** abzustellen, unabhängig davon, ob der Bedingungseintritt vom Willen des Insiders abhängt und von ihm herbeigeführt wird oder nicht. Nicht maßgeblich ist der Zeitpunkt der Herbeiführung des Bedingungseintritts, da sich die typische Insiderproblematik bereits im Zeitpunkt des Vertragsabschlusses stellt. Der Betreffende hatte zu diesem Zeitpunkt Kenntnis von der Insiderinformation, und dieses Internum ändert sich durch die Veröffentlichung der Insiderinformation nicht. Eine andere Sichtweise führte dazu, dass der Insider die Insiderpapiere aufschiebend bedingt erwerben bzw. veräußern und den Bedingungseintritt nach der Veröffentlichung der Information herbeiführen könnte.[246]

168   **bb) Bei Ordererteilung.** Schwierig zu beurteilen ist der Fall der Erteilung einer Order für den Erwerb bzw. die Veräußerung von Wertpapieren oder eines

---

rigen Nachweisbarkeit bei *Dreyling/Schäfer,* Insiderrecht und Ad-hoc-Publizität, Rn. 284; kritisch auch M. *Weber* NJW 2000, S. 562/563 („Straftatbestand ohne Folgen").
[244] Ausdrücklich *Hopt* in Das 2. FFG in der praktischen Umsetzung, S. 3/18.
[245] So zu Recht *Krauel,* Insiderhandel, S. 280 Fn. 533.
[246] Zu diesem Gesichtspunkt *Krauel,* Insiderhandel, S. 280.

Zeichnungsauftrages für neu an der Börse zu platzierende Aktien (insbesondere im Rahmen eines IPO). Der Betreffende erlangt **nach Erteilung der Order oder des Zeichnungsauftrags Kenntnis von einer Insiderinformation, lässt die Order oder den Zeichnungsauftrag trotz Möglichkeit der Rücknahme aber bestehen.** Maßgeblicher Zeitpunkt für die Feststellung der „Verwendung" ist grundsätzlich derjenige der Erteilung der Order bzw. des Zeichnungsauftrages.[247] Eine Zurechnung der späteren Kenntniserlangung *(dolus subsequens)* verstößt gegen das strafrechtliche Koinzidenzprinzip, wonach alle subjektiven Tatbestandsmerkmale zum Zeitpunkt der objektiven Tathandlung vorliegen müssen.

Nur dann wäre auf einen Zeitpunkt nach Erlangung der Kenntnis (und nicht auf denjenigen der Ordererteilung) abzustellen, wenn der Betreffende **wegen der Kenntniserlangung zur Rücknahme der Order bzw. des Zeichnungsauftrags verpflichtet** wäre. Dies setzt voraus, dass der Insider im Zeitpunkt der letztmöglichen Rücknahme der Order bzw. des Zeichnungsauftrags zur Abwendung des drohenden tatbestandlichen Erfolges, d. h. des Erwerbs bzw. der Veräußerung von Insiderpapieren, verpflichtet ist; er muss **Garant für den Nichteintritt dieses Erfolges** sein (zur Möglichkeit der Begehung von § 14 Abs. 1 Nr. 1 als unechtes Unterlassungsdelikt (§ 13 Abs. 1 StGB) siehe oben Rn. 36 f.). Eine **Garantenstellung** lässt sich jedoch **weder aus Ingerenz noch aus einer** mit der Tätereigenschaft verbundenen **besonderen Pflichtenstellung** herleiten. Eine Garantenstellung aus vorangegangenem Tun (Ingerenz) setzt voraus, dass das Vorverhalten pflichtwidrig war.[248] Die Erteilung einer Order oder eines Zeichnungsauftrags ohne Kenntnis von einer Insiderinformation erfüllt diese Anforderung nicht. Auch die besondere Täterstellung eines Primärinsiders kann nicht dazu verpflichten, Gefahren für den Kapitalmarkt als dem geschützten Rechtsgut abzuwenden, denn Primärinsidern ist eine gesteigerte Schutzpflicht gegenüber dem Emittenten, nicht jedoch gegenüber dem Kapitalmarkt auferlegt.

2. Subjektiver Tatbestand

Der subjektive Tatbestand des Verwendungsverbots des § 14 Abs. 1 Nr. 1 setzt voraus, dass der Insider/Täter das Erwerbs- oder Veräußerungsgeschäft unter Verwendung einer Insiderinformation **vorsätzlich oder leichtfertig** (§ 38 Abs. 1 Nr. 1 und Abs. 4) durchgeführt hat. Vor der Neuregelung des Insiderrechts durch das AnSVG war nach § 14 Abs. 1 Nr. 1 und Abs. 2 iVm § 38 Abs. 1 Nr. 1 aF nur der vorsätzliche Verstoß gegen das Ausnutzungsverbot verboten und strafbar. Das **AnSVG erweiterte** der Straftatbestand durch die Neuregelung gemäß § 38 Abs. Nr. 2, Abs. 4 **auf leichtfertige Verstöße.** Während der vorsätzliche Verstoß gegen das Verwendungsverbot gemäß § 38 Abs. 1 Nr. 1 mit Freiheitsstrafe bis zu fünf Jahren oder Geldstrafe geahndet wird, werden leichtfertige Zuwiderhandlungen gemäß § 38 Abs. 4 lediglich mit Freiheitsstrafe bis zu einem Jahr oder Geldstrafe sanktioniert. Die Abgrenzung zwischen vorsätzlichen, namentlich bedingt vorsätzlichen *(dolus eventualis)* und leichtfertigen Verstößen hat also Bedeutung wegen der **im Höchstmaß unterschiedlichen Strafandrohung.**

---

[247] Im Ergebnis so *Dreyling/Schäfer,* Insiderrecht und Ad-hoc-Publizität, Rn. 121.
[248] Siehe *Stree* in *Schönke/Schröder,* StGB, § 13 Rn. 35 mwN, insbes. zur Rspr. des BGH, die ein pflichtwidriges Vorverhalten, nicht aber nur eine gesteigerte Gefährlichkeit für das geschützte Rechtsgut fordert.

a) Vorsatz

171 Vorsatz wird im deutschen Strafrecht nach einer allgemeinen (wenn auch ungenauen) Kurzformel als Wissen und Wollen der Tatbestandsverwirklichung beschrieben.[249] Auch für den grundsätzlich ausreichenden bedingten Vorsatz *(dolus eventualis)* setzen die Rechtsprechung und die herrschende Meinung im Schrifttum **sowohl ein kognitives als auch ein voluntatives Element** voraus.[250] Der Täter muss mit der Möglichkeit der Tatbestandsverwirklichung rechnen, und er muss dies billigend in Kauf nehmen.

172 Der **Vorsatz** muss sich **auf alle Tatbestandsmerkmale beziehen**. Der Täter muss wissen, dass es sich bei dem Wertpapiergeschäft um den Erwerb oder die Veräußerung von Insiderpapieren (Rn. 178) handelt, und er muss den Erwerbs- bzw. Veräußerungsakt auch wollen.[251] Zudem muss er wissen, dass er eine Insiderinformation verwendet (dazu unten Rn. 173 ff.).

173 Die Frage des Vorsatzes des Insiders **bezüglich des Tatbestandsmerkmals der Insiderinformation** wurde anfangs in der Literatur nicht einhellig und teilweise unklar behandelt. So wurde es in ersten Stellungnahmen zum WpHG für ausreichend gehalten, dass der Betreffende die Insiderinformation „an sich" kenne, was nicht erfordere, dass er sich Vorstellungen über die rechtliche Qualität der Information als Insiderinformation gemacht haben müsse.[252] Dass die bloße Kenntnis der Insiderinformation an sich genügt, ist schon deshalb abzulehnen, weil **mindestens bedingter Vorsatz hinsichtlich aller Tatbestandsmerkmale** erforderlich ist (siehe oben Rn. 171).

174 In der Literatur wurde zu § 14 Abs. 1 Nr. 1 aF die Auffassung vertreten, dass in Bezug auf das Tatbestandsmerkmal der Insidertatsache *dolus eventualis* nicht ausreiche. Begründet wurde dies mit dem Wortlaut von § 14 Abs. 1 Nr. 1 (aF), wonach die Insidertransaktion unter Ausnutzung der **Kenntnis** von einer Insidertatsache erfolgen musste; wie auch bei ähnlichen Formulierungen in anderen Straftatbeständen (zB § 283 c StGB – „in Kenntnis seiner Zahlungsunfähigkeit") bedeute Kenntnis sicheres Wissen.[253] Diese Auslegung von „Kenntnis von einer Insiderinformation" wurde zu Recht angezweifelt[254] und hat mit der Neufassung von § 14 Abs. 1 Nr. 1 durch das AnSVG ihre Grundlage verloren. Hinsichtlich der **Vorstellung des Insiders über die rechtliche Qualität der Information** als Insiderinformation genügt es nun und ist aber auch erforderlich, dass der Insider es bei Vornahme des Wertpapiergeschäftes für möglich erachtet und billigt *(dolus eventualis),* dass die ihm bekannte Tatsache geeignet ist, im Falle ihres öffentlichen Bekanntwerdens eine erhebliche Kursveränderung hervorzurufen.[255]

175 Im Hinblick auf die Anforderungen an den Vorsatz in Bezug auf das Tatbestandsmerkmal der Insiderinformation genügt die **Kenntnis der einzelnen tat-**

---

[249] Vgl. *Fischer,* StGB, § 15 Rn. 3.
[250] Zum Meinungsstand vgl. Schönke/Schröder-*Cramer/Sternberg-Lieben,* StGB, § 15 Rn. 72 ff. mwN.
[251] So BaFin, Emittentenleitfaden, S. 32; *Assmann* Rn. 57.
[252] So noch *Assmann* AG 1994, S. 237/240.
[253] So *Schröder* NJW 1994, S. 2879/2880.
[254] *Assmann/Cramer,* 2. Aufl., Rn. 18; *Dickersbach,* Das neue Insiderrecht, S. 191 f.; zweifelnd auch *Kohlmann* in FS Vieregge, S. 443/451 (Fn. 25).
[255] *Assmann* Rn. 60; *Dickersbach,* Das neue Insiderrecht, S. 192. Vgl. auch OLG Düsseldorf, 22. 11. 1988 – 4 U 21/88, WM 1989, S. 175, 180 (zu § 89 BörsG aF).

sächlichen (äußeren) Umstände, aus denen sich die Qualität der Tatsache als Insiderinformation ergibt. Dies sind konkret die einzelnen Elemente des Begriffs der Insiderinformation, d. h., dass die Tatsache noch nicht öffentlich bekannt ist, dass sie sich auf einen oder mehrere Emittenten oder auf Wertpapiere bezieht, sowie deren Eignung zur Kursbeeinflussung (vgl. § 13 Abs. 1). Ein Mindestmaß der Erfassung des rechtlichen Bedeutungskerns des Begriffes im Sinne einer „Parallelwertung" in der Laiensphäre ist nicht zu verlangen. Es muss dem Täter nicht „im juristischen Sinne" bewusst gewesen sein, dass er Kenntnis von einer „Insiderinformation" hat; es ist also nicht erforderlich, dass er den Begriff „Insiderinformation" juristisch richtig definiert oder auch nur kennt.[256] Im Übrigen sind die einzelnen Elemente des Tatbestandsmerkmals der Insiderinformation für sich genommen weitgehend frei von juristischen Wertungen: Ob eine Tatsache öffentlich bekannt oder zur Kursbeeinflussung geeignet ist, können juristische Laien nicht weniger gut beurteilen.[257]

Vorsatz in Bezug auf das Tatbestandsmerkmal der **Insiderinformation** setzt also voraus, dass dem Täter der **Emittenten- oder Wertpapierbezug** sowie die **Nichtöffentlichkeit der Information**[258] bewusst sind. Hält der Insider die betreffende Information irrtümlich für bereits öffentlich, ist dies ein Fall der Unkenntnis über ein Tatbestandsmerkmal, so dass der Täter einem den Vorsatz ausschließenden **Tatbestandsirrtum** gemäß § 16 Abs. 1 StGB unterliegt. Verkennt der Täter es aber leichtfertig, dass die Information nicht öffentlich bekannt ist, ist er wegen eines leichtfertigen Verstoßes gegen § 14 Abs. 1 Nr. 1 (§ 38 Abs. 1 Nr. 1, Abs. 4) strafbar.[259]

Weiterhin muss der Täter in der **Vorstellung** handeln, **dass die Information geeignet ist, im Falle ihres öffentlichen Bekanntwerdens den Börsen- oder Marktpreis des betreffenden Insiderpapiers erheblich zu beeinflussen.** Eine exakte Subsumtion des Merkmals der Eignung zur erheblichen Kursbeeinflussung ist nicht erforderlich. Der Täter muss die äußeren Umstände kennen, welche die Eignung einer Tatsache zur erheblichen Kursbeeinflussung begründen, und er muss erkannt haben, dass seine Information für die Bewertung des betreffenden Insiderpapiers von nicht ganz belangloser Tragweite ist. Auch die BaFin verlangt nicht, „dass der Täter das Preisbeeinflussungspotential präzise einschätzen kann".[260] In der Praxis dürfte das objektive Geschehen in der Regel ein Indiz für den Vorsatz bezüglich des Merkmals der Eignung zur Kursbeeinflussung sein: Wer aufgrund seiner Kenntnis von einer bestimmten Information ein Wertpapiergeschäft tätigt, macht dies im Regelfall, weil er davon ausgeht, dass die ihm bekannte Information den Kurs der Wertpapiere entsprechend günstig beeinflussen wird.[261]

Der Täter muss außerdem in der **Vorstellung** handeln, **ein Erwerbs- oder Veräußerungsgeschäft** i. S. d. § 14 Abs. 1 Nr. 1 **zu tätigen,** d. h. er muss Kenntnis von den entsprechenden äußeren Umständen haben.

---

[256] *Kohlmann* in FS Vieregge, S. 443/452.
[257] So *Kohlmann* in FS Vieregge, S. 443/452.
[258] BaFin, Emittentenleitfaden, S. 32; *Assmann,* Rn. 59.
[259] BaFin, Emittentenleitfaden, S. 32.
[260] BaFin, Emittentenleitfaden, S. 32.
[261] So *Kohlmann* in FS Vieregge, S. 443/452; erhebliche Nachweisschwierigkeiten befürchtend hingegen *Assmann* Rn. 60.

b) Leichtfertigkeit

179 Ein leichtfertiger Verstoß gegen das Verwendungsverbot des § 14 Abs. 1 Nr. 1 wird mit einem geringeren Strafmaß geahndet als ein vorsätzlicher Verstoß (vgl. § 38 Abs. 4). Leichtfertig handelt, wer **die gebotene Sorgfalt in einem ungewöhnlich hohen Maße verletzt.**[262] Leichtfertigkeit verlangt einen starken Grad von Fahrlässigkeit, die im objektiven Tatbestand der groben Fahrlässigkeit i. S. d. Zivilrechts entspricht.[263] Wenn auch der Anwendungsbereich der Leichtfertigkeit als gesteigerter Fahrlässigkeit noch nicht endgültig abgesteckt ist, wird Leichtfertigkeit als Kombination einer – dem Täter auch vorwerfbaren – besonders schweren Nachlässigkeit (Pflichtverletzung) zuzüglich einer gesteigerten Vorhersehbarkeit der Tatbestandsverwirklichung insbesondere dann in Betracht kommen, **wenn der Täter dasjenige unbeachtet lässt, was jedermann einleuchten müsste.**[264] In der Rechtsprechung wird auf das Außerachtlassen einer sich geradezu aufdrängenden Möglichkeit der Tatbestandsverwirklichung abgestellt,[265] ohne dass bereits der Bereich des *dolus eventualis* erreicht ist.

180 Angesichts dessen, dass sich die Leichtfertigkeit allgemein materiell dem **Verdacht** ausgesetzt sieht, der Gesetzgeber wolle mit ihrer Hilfe **nicht nachweisbare Vorsatztaten ahnden,**[266] ist es unverzichtbar, dass der Rechtsanwender eine sorgfältige Prüfung der Einzelelemente der Leichtfertigkeit vornimmt.[267] Aus diesem Grund kann das von der BaFin[268] beschriebene Beispiel einer leichtfertigen Verwendung einer Insiderinformation nur einen möglichen Fall beschreiben, in dem Leichtfertigkeit in Betracht kommen kann. Die Feststellung von Leichtfertigkeit erfordert immer eine **Prüfung des konkreten Einzelfalles.**

181 Nach dem **Beispiel der BaFin** soll eine zumindest leichtfertige Verwendung von Insiderinformationen dann gegeben sein, wenn zB ein Vorstand beim Handel davon ausgehe, die betreffende Insiderinformation sei bereits veröffentlicht worden, weil es einen entsprechenden Auftrag gegeben habe, er dies jedoch nicht angemessen überprüft habe, obwohl ihm bekannt sei, dass es regelmäßig zu Verzögerungen bei der Veröffentlichung komme.[269]

II. Der Tatbestand des Verbots der unbefugten Mitteilung oder des unbefugten Zugänglichmachens (§ 14 Abs. 1 Nr. 2)

182 Mit dem Verbot, einem anderen eine Insiderinformation unbefugt mitzuteilen oder zugänglich zu machen, statuiert das WpHG einen **Straftatbestand im Vorfeld** des „eigentlichen" Insidergeschäfts, des Erwerbs bzw. der Veräuße-

---

[262] BaFin, Emittentenleitfaden, S. 35; *Assmann,* Rn. 62.
[263] *Schäfer,* Rn. 18 mwN.
[264] Siehe zur Leichtfertigkeit *Schönke/Schröder,* StGB/*Cramer/Sternberg-Lieben,* § 15 Rn. 205.
[265] Vgl. BGHSt 33, 67; OLG Bremen, StV 1985, 282.
[266] Vgl. *Hillenkamp* in FS Wassermann, S. 868 f./873; *Weigend* in FS Triffterer, S. 704 f.
[267] *Schönke/Schröder,* StGB/*Cramer/Sternberg-Lieben,* § 15 Rn. 205 a. E.
[268] BaFin, Emittentenleitfaden, S. 36 f.
[269] BaFin, Emittentenleitfaden, S. 35.

Verbot von Insidergeschäften 183–187 § 14

rung von Insiderpapieren unter Verwendung einer Insiderinformation. **Sinn und Zweck** des Verbots der Mitteilung bzw. des Zugänglichmachens ist es, einer Gefährdung des Schutzguts bereits zu einem möglichst frühen Zeitpunkt entgegenzuwirken. Durch das Weitergabeverbot soll die Zahl potentieller Insider möglichst gering gehalten werden. Je größer der Kreis potentieller Insider ist, desto größer ist die Gefahr, dass ein Informationsvorsprung in verbotener Weise ausgenutzt wird, oder dass Informationen wiederum an Dritte weitergegeben werden, die ihrerseits die Informationsvorsprünge nutzen.[270] Durch die Vorschrift des § 14 Abs. 1 Nr. 2 wurde ursprünglich Art. 3 lit. a) der **EG-Insiderrichtlinie** und wird nunmehr Art. 3 lit. a) der **EG-Missbrauchsrichtlinie** in das deutsche Recht umgesetzt. Seit Erlass des WpHG ist diese Regelung unverändert geblieben. Seit Inkrafttreten des AnSVG richtet sich das Weitergabeverbot allerdings nicht mehr nur an sog. Primärinsider, sondern an alle, die Kenntnis von einer Insiderinformation haben (siehe oben Rn. 1).

1. Objektiver Tatbestand

§ 14 Abs. 1 Nr. 2 verbietet es, einem anderen eine Insiderinformation unbefugt mitzuteilen oder zugänglich zu machen. 183

Unter **„einem anderen"** i. S. d. § 14 Abs. 1 Nr. 2 ist jeder zu verstehen, der seinerseits nicht über Kenntnis von der Insiderinformation verfügt.[271] „Anderer" kann jede natürliche und jede juristische Person sein, so dass die Weitergabe einer Insiderinformation an die eigene Gesellschaft grundsätzlich erfasst ist.[272] Auch ein Aktionär der Gesellschaft kann ein anderer sein.[273] Es können auch mehrere Personen sein.[274] Deren Identität und Anzahl müssen dem Weitergebenden nicht bekannt sein, solange der Adressatenkreis nicht unbestimmbar ist. 184

Gegenstand der Mitteilung bzw. des Zugänglichmachens ist eine **Insiderinformation** i. S. v. § 13 (siehe die Kommentierung dort). 185

a) Mitteilen und Zugänglichmachen

Das WpHG nennt **zwei Handlungsalternativen:** das **Mitteilen** und das **Zugänglichmachen.** Bei beiden Alternativen geht es um Formen der willentlichen Weitergabe einer Insiderinformation durch den Insider; der Begriff der **„Weitergabe"** ist **Oberbegriff.** Mitteilen bedeutet die unmittelbare Weitergabe der Insiderinformation, während Zugänglichmachen die mittelbare Weitergabe in der Weise meint, dass die Voraussetzungen für die Kenntniserlangung durch einen Dritten geschaffen werden.[275] 186

Mit der Benennung der beiden Handlungsalternativen stellt das WpHG klar, dass das Verbot des § 14 Abs. 1 Nr. 2 nicht nur eingreift, wenn der Täter die 187

---

[270] *Caspari* ZGR 1994, S. 530/545; *Assmann* AG 1994, S. 237/256, 494/520; *Dreyling/ Schäfer*, Insiderrecht und Ad-hoc-Publizität, Rn. 124.
[271] *P. Joussen* DB 1994, S. 2485/2486.
[272] *Lücker*, Der Straftatbestand des Missbrauchs von Insiderinformationen, S. 103.
[273] *P. Joussen* DB 1994, S. 2485/2486.
[274] *Assmann* Rn. 67.
[275] BaFin, Emittentenleitfaden, S. 31; „Leitfaden Insiderhandelsverbote und Ad hoc-Publizität nach dem Wertpapierhandelsgesetz", hrsg. von Deutsche Börse AG und BAWe, S. 21; *Lücker*, Der Straftatbestand des Missbrauchs von Insiderinformationen, S. 103; kritisch *Assmann* Rn. 65.

Information selbst weitergibt, sondern bereits dann, wenn er die Möglichkeit schafft, dass ein Dritter die Information ohne weiteres Zutun durch den Täter wahrnimmt. Einer **aktiven Weitergabe** der Information **bedarf es nicht.**[276]

188   **aa) Mitteilen.** Das Mitteilen der Insiderinformation an einen anderen ist als **Form der unmittelbaren Weitergabe** untersagt. Bei der Mitteilung ist die Insiderinformation selbst Gegenstand einer Information an einen Dritten oder an mehrere Dritte; auf eine Kennzeichnung als „Insiderinformation" kommt es nicht an.[277] Eine Mitteilung ist jede Form der Weitergabe der Insiderinformation an einen anderen, und zwar **unabhängig von der Art und dem Medium der Informationsvermittlung.**[278] „Mitteilen" ist jede Äußerung, Gestik, Mimik oder jedes sonstige Verhalten, das bezweckt, den Inhalt der Insiderinformation einem oder mehreren Dritten durch dieses Verhalten bekannt zu geben. Dabei kann der Mitteilende sich auch eines Mittlers bedienen, so zB, wenn er eine Nachricht durch einen Boten ausrichten lässt.[279]

189   Es kommt nicht darauf an, ob der Mitteilungsempfänger die ihm mitgeteilte Information rechtlich **als Insiderinformation erkennt.**[280] Daher macht sich auch strafbar, wer eine Insiderinformation als Gerücht (zum Gerücht als Insiderinformation vgl. § 13 Rn. 47 ff.) in Umlauf bringt.[281] Die **tatsächliche Kenntnisnahme** der Insiderinformation **durch den Dritten ist nicht erforderlich;** es genügt, wenn der Dritte in der konkreten Situation die physische und intellektuelle Möglichkeit der Kenntnisnahme hat (siehe auch unten Rn. 193).[282]

190   **bb) Zugänglichmachen.** Anders als bei der Tatbestandsvariante des Mitteilens wird beim Zugänglichmachen nicht die Insiderinformation als solche weitergegeben. Eine Insiderinformation wird einem anderen zugänglich gemacht, wenn der Zugänglichmachende die Voraussetzungen schafft, die es einem anderen ermöglichen, von einer Insiderinformation Kenntnis zu nehmen, und die Information selbst zum Gegenstand einer Weitergabe an einen Dritten zu machen.[283] Die **mittelbare Weitergabe** in der Form des „Zugänglichmachens" erfordert eine **eigene Tätigkeit des Dritten,** die im Ausnutzen der vom Insider geschaffenen Zugangsmöglichkeit zur Information liegt.

191   Als **Beispiel** für ein Zugänglichmachen einer Insiderinformation führte die Gesetzesbegründung des 2. FFG die Mitteilung eines Kennworts an einen Dritten an, das diesem den Zugang zu elektronisch gespeicherten Informationen ermöglicht.[284]

---

[276] *Krauel,* Insiderhandel, S. 292.
[277] *Assmann* Rn. 65.
[278] *Assmann* Rn. 65 mwN; *Schäfer* Rn. 19.
[279] *Lücker,* Der Straftatbestand des Missbrauchs von Insiderinformationen, S. 104.
[280] *Assmann* Rn. 65; *Hopt* in Bankrechts-Handbuch, § 107 Rn. 56; *Süßmann* AG 1999, S. 162/163.
[281] *Süßmann* AG 1999, S. 162/163.
[282] *Lücker,* Der Straftatbestand des Missbrauchs von Insiderinformationen, S. 105 ff.; *Schröder* in Hdb. Wirtschaftsstrafrecht, X 2 Rn. 173; aA *Assmann* Rn. 69; folgend *Lenenbach,* Kapitalmarkt- und Börsenrecht, Rn. 10.53 (ohne Begründung); *Schäfer* Rn. 21; *Schwark* in Kapitalmarktrechtskommentar, § 14 WpHG, Rn. 28.
[283] BaFin, Emittentenleitfaden, S. 31; *Assmann* Rn. 66; *Schäfer* Rn. 20; *Hopt* in Bankrechts-Handbuch, § 107 Rn. 57.
[284] Begründung RegE 2. FFG, BT-Drucks. 12/6679, S. 48; jetzt auch BaFin, Emittentenleitfaden, S. 31.

Ausreichend ist es, dass die Kenntnisnahme zB durch die fehlende Sperrung von Dateien in einem Computernetzwerk oder durch die nicht ordnungsgemäße Verwahrung von vertraulichen Schriftstücken ermöglicht wird. In diesen Fällen unterlässt es der Täter, die erforderliche Handlung, zB die ordnungsgemäße Aufbewahrung der Schriftstücke, vorzunehmen. Der Begriff des Zugänglichmachens umfasst sowohl ein **aktives Vorgehen** durch eine Handlung als auch ein **passives Gewährenlassen** als Form strafrechtlichen Unterlassens, ohne dass ein Rückgriff auf § 13 Abs. 1 StGB erforderlich wäre. Das Merkmal des Zugänglichmachens enthält **auch ein echtes Unterlassungsdelikt,** so dass es keiner gesonderten Garantenstellung des Täters zur Strafbarkeitsbegründung bedarf.[285]

Der Tatbestand des § 14 Abs. 1 Nr. 2 setzt **kein gemeinsam geplantes, kollusives Zusammenwirken von Täter und Drittem** voraus. Dem Dritten braucht nicht bewusst zu sein, dass ihm der Zugang zur Insiderinformation vorsätzlich oder leichtfertig eröffnet wurde; er kann auch an eine günstige Gelegenheit glauben.[286] Erforderlich ist vorsätzliches oder leichtfertiges Handeln auf Seiten desjenigen, der dem anderen die Insiderinformation zugänglich macht (siehe dazu unten Rn. 345 ff.).

Entgegen der früher vorherrschenden Auffassung[287] erfordert der Tatbestand des Zugänglichmachens nicht, dass der Dritte tatsächlich Kenntnis von der Insiderinformation erlangt. Es reicht aus, wenn der Insider die Zugangsmöglichkeit dergestalt geschaffen hat, dass der Dritte nur noch „zuzugreifen" braucht, ohne dass der Vollzug des Zugriffs Tatbestandsvoraussetzung ist.[288] Die Tatbestandsalternative des „Zugänglichmachens" ist vollendet, wenn der Dritte in der konkreten Situation die **physische und intellektuelle Möglichkeit der Kenntnisnahme** von der Insiderinformation hat, ohne dass die tatsächliche Kenntniserlangung erforderlich ist.[289] Mit **Eröffnung der Zugriffsmöglichkeit** hat der Insider die Insiderinformation derart aus der Hand gegeben, dass eine konkrete Gefahr der Verbreitung der noch unveröffentlichten Insiderinformation besteht mit der Folge einer abstrakten Gefährdung des Rechtsguts der Chancengleichheit am Kapitalmarkt.

Unter der physischen Möglichkeit der Kenntnisnahme von der Insiderinformation ist nicht die **rechtswidrige, aber faktisch bestehende Zugriffsmöglichkeit** zu verstehen.[290] Beim „Zugänglichmachen" handelt es sich um die konkretisierte Sorgfaltspflicht des Insiders, der Verbreitung der Insiderinforma-

---

[285] Zu diesem Aspekt *Lücker,* Der Straftatbestand des Missbrauchs von Insiderinformationen, S. 104.

[286] *Lücker,* Der Straftatbestand des Missbrauchs von Insiderinformationen, S. 104.

[287] „Leitfaden Insiderhandelsverbote und Ad hoc-Publizität nach dem Wertpapierhandelsgesetz", hrsg. von Deutsche Börse AG und BAWe, 1. Aufl. (1994), WM 1994, S. 2038/2041; *Assmann/Cramer,* 3. Aufl., Rn. 44; wohl jetzt anders *Assmann* Rn. 66; *Assmann,* AG 1994, S. 237/247; *Schäfer* Rn. 21; *Hopt* in Bankrechts-Handbuch § 107 Rn. 57; *ders.* in Das 2. FFG in der praktischen Umsetzung S. 3/19; *J. Hartmann,* Juristische und ökonomische Regelungsprobleme, S. 238 f.

[288] So BaFin, Emittentenleitfaden, S. 31; *Lücker,* Der Straftatbestand des Missbrauchs von Insiderinformationen, S. 105, 107; wohl auch *Assmann* Rn. 66.

[289] Ausführlich dazu *Lücker,* Der Straftatbestand des Missbrauchs von Insiderinformationen, S. 104 ff.

[290] Vgl. dazu *Lücker,* Der Straftatbestand des Missbrauchs von Insiderinformationen, S. 105 f.

tion entgegenzuwirken. Dieser Pflicht ist genüge getan, wenn der Insider auf die Einhaltung der Gesetze durch Dritte vertraut. Er muss mit der **Kenntnisnahme nur durch zugangsbefugte Personen** rechnen, wenn er zB eine kursrelevante Nachricht auf seinem Schreibtisch unverschlossen liegen lässt. Können hingegen auch unberechtigte Personen von der Information Kenntnis nehmen (ohne dass dadurch eine hinreichende Öffentlichkeit hergestellt wird), wird die betreffende Information nicht zugänglich gemacht; es liegt nur ein sorgloser Umgang mit der Insiderinformation vor.[291]

195 Nach wohl überwiegender Auffassung muss die Insiderinformation für den Dritten etwas Neues sein.[292] Wenn der **Adressat** der Information die ihm zugänglich gemachte **Information schon kennt,** soll der Tatbestand des § 14 Abs. 1 Nr. 2 (in den Alternativen des Mitteilens wie des Zugänglichmachens) nicht erfüllt sein. Nach richtiger Auffassung kann aber die Verwirklichung des Verbotstatbestands nicht davon abhängen, ob der die Nachricht empfangende Dritte diese bereits kennt oder nicht, weil eine derartige zufallsabhängige Tatbestandserfüllung nicht im Einklang mit Wortlaut und *ratio legis* stünde.[293] Mit der Einführung der Strafbarkeit des Versuchs für vorsätzlich handelnde Primärinsider gemäß § 38 Abs. 3 hat der Streit allerdings an Bedeutung verloren, da in den Fällen, in denen der Informationsempfänger die Information bereits kennt, eine Strafbarkeit des Primärinsiders wegen **versuchten Verstoßes** gegen das Weitergabeverbot in Betracht kommt.[294]

b) „Unbefugte Weitergabe"

196 Dem Insider ist es gemäß § 14 Abs. 1 Nr. 2 verboten, die Insiderinformation einem Dritten **unbefugt** mitzuteilen oder zugänglich zu machen. Die „Unbefugtheit" **bezieht sich auf beide Tatbestandsalternativen.** Im Umkehrschluss folgt daraus, dass befugte Informationsweitergaben vom Gesetz vorgesehen und erlaubt sind. Mit dem Erfordernis der Unbefugtheit der Weitergabe setzte das WpHG die Formulierung aus Art. 3 lit. a) der **EG-Insiderrichtlinie** um, die in Art. 3 lit. a) der **EG-Marktmissbrauchsrichtlinie** übernommen wurde.

197 **aa) Allgemein, Sinn und Zweck.** Übereinstimmend wird das Merkmal der Unbefugtheit nicht als ein Hinweis auf das allgemeine Verbrechensmerkmal der Rechtswidrigkeit angesehen; es handelt sich um ein **echtes Tatbestandsmerkmal.**[295] Deshalb erfüllt ein befugtes Mitteilen oder Zugänglichmachen nicht den objektiven Tatbestand. Bei irriger Annahme der Befugnis durch den Insider entfällt in aller Regel dessen Vorsatz gemäß § 16 Abs. 1 StGB (zum subjektiven Tatbestand siehe unten Rn. 345 ff.).

---

[291] *Schäfer* Rn. 20.
[292] *Assmann* Rn. 70; *Schwark* in KMRK, § 14 WpHG Rn. 29; *J. Hartmann,* Juristische und ökonomische Regelungsprobleme, S. 239.
[293] So *Schäfer* Rn. 20; *Lenenbach,* Kapitalmarkt- und Börsenrecht, Rn. 10.53.
[294] So zu Recht *Schäfer* Rn. 22.
[295] *Assmann* Rn. 72; *Schäfer* Rn. 25; *Schwark* in KMRK, § 14 WpHG, Rn. 30; *Dreyling/ Schäfer,* Insiderrecht und Ad-hoc-Publizität, Rn. 125; *Kümpel,* Bank- und Kapitalmarktrecht, Rn. 16.189; *Lücker,* Der Straftatbestand des Missbrauchs von Insiderinformationen, S. 107 ff.; *Caspari* ZGR 1994, S. 530/545; *Götz* DB 1995, S. 1949/1949; *Benner-Heinacher* DB 1995, S. 765/766; *Schmidt-Diemitz* DB 1996, S. 1809/1810; *Schneider/Singhof* in FS Kraft, S. 585/588; *Süßmann* AG 1999, S. 162/165; aA wohl *P. Joussen* DB 1994, S. 2485/ 2486 (Befugnis als Rechtfertigungsgrund).

bb) Grundsätze einer rechtsgutorientierten Auslegung des Tatbe- 198
standsmerkmals „unbefugt". Die Reichweite des Weitergabeverbots hängt
davon ab, unter welchen Voraussetzungen das Mitteilen bzw.
Zugänglichmachen einer Insiderinformation unbefugt ist. Die Frage der **Definition und Auslegung des Tatbestandsmerkmals „unbefugt"** als ein den Verbotstatbestand
begrenzendes Merkmal ist in der Literatur **noch nicht abschließend geklärt.**
Die Auffassung der BaFin ist im Emittentenleitfaden niedergelegt.[296]

Die – im Rahmen der **gebotenen richtlinienkonformen Auslegung** zu be- 199
rücksichtigende – EG-Insiderrichtlinie gab vor, dass ein Insider eine Insiderinformation an einen Dritten weitergeben darf, „soweit dies (...) **in einem normalen Rahmen** in Ausübung seiner Arbeit oder seines Berufes oder in Erfüllung seiner
Aufgaben geschieht". Darauf bezog sich die Regierungsbegründung des 2. FFG zu
§ 14 ausdrücklich. Danach lag kein unbefugtes Mitteilen oder Zugänglichmachen
vor, „wenn die Tatsache im normalen Rahmen der Berufs- und Geschäftsausübungstätigkeit weitergegeben wird."[297] Ebenso formuliert Art. 3 lit. a) der EG-Marktmissbrauchsrichtlinie. Danach ist die Weitergabe von Insiderinformationen
an Dritte zu untersagen, „soweit dies nicht im normalen Rahmen der Ausübung
ihrer Arbeit oder ihres Berufs oder der Erfüllung ihrer Aufgaben geschieht."

Zur Bestimmung des „normalen Rahmens" einer Weitergabe" soll auf das jeweilige 200
Berufsrecht und die Berufsüblichkeit zurückgegriffen werden.[298] Hinsichtlich
der **Berufspflichten** kann es jedoch unterschiedliche Regelungen in den einzelnen Mitgliedstaaten geben. Die Reichweite des Verbots wäre also in das Belieben
der nationalen Gesetzgeber gestellt. Dem trägt der EuGH mit dem Petitum einer
restriktiven Auslegung des Merkmals „unbefugt" Rechnung (dazu unten Rn. 206).

Die Befugnis zur Weitergabe von Insiderinformationen ist **ausschließlich** auf 201
den **beruflichen Bereich** (im weitesten Sinne) zu beschränken. Die **Weitergabe von Insiderinformationen im privaten Bereich** ist grundsätzlich **unbefugt.** Eine solche Weitergabe ist nicht mit der Formel „normaler Rahmen der
Berufs- und Geschäftsausübungstätigkeit" vereinbar, und ihre Zulässigkeit würde
nicht dem Zweck des Tatbestandsmerkmals der Unbefugtheit entsprechen. Dieses soll verhindern, dass das Weitergabeverbot einschneidend in die Informationsflüsse eingreift, die für die Funktionsfähigkeit anerkannter wirtschaftlicher Institutionen erforderlich oder sogar gesetzlich geboten sind. Der private Bereich
wird davon nicht berührt. Weder im Gesellschafts- noch im Familien- oder Unterhaltsrecht existiert eine Vorschrift, welche die Mitteilung von Unternehmensnachrichten im privaten Bereich fordert.[299] Eine **Ausnahme** wird für die Weitergabe von Insiderinformationen im Rahmen der **Beichte** gemacht, die
aufgrund der grundgesetzlich geschützten Religionsfreiheit zulässig ist.[300]

Bei der Auslegung des Tatbestandsmerkmals „unbefugt" sind neben den euro- 202
parechtlichen Vorgaben die **Zielsetzung des Insiderrechts und des Weiter-**

---

[296] BaFin, Emittentenleitfaden, S. 31 f.
[297] Begründung RegE 2. FFG, BT-Drucks. 12/6679, S. 47.
[298] EuGH, Rs C-384/02, Urt. v. 20. 11. 2005, WM 2006, 612 Rn. 40, 46, 50, 54; so
auch schon *Hopt* ZGR 1991, S. 17/47; für das WpHG *F. Immenga* ZBB 1995, S. 197/204;
Schleifer/Kliemt DB 1995, S. 2214/2216.
[299] Vgl. insgesamt *Lücker*, Der Straftatbestand des Missbrauchs von Insiderinformationen, S. 112 f.
[300] So *Krauel*, Insiderhandel, S. 294.

gabeverbots zu berücksichtigen. Zum Schutz der Funktionsfähigkeit des Kapitalmarkts soll das Insiderrecht die informationelle Chancengleichheit der Marktteilnehmer gewährleisten und die Erzielung von Sondervorteilen durch die status-, funktions- oder zufallsbedingte Erlangung der Kenntnis von nicht öffentlich bekannten, kursrelevanten Informationen verhindern (zu den Regelungszielen siehe vor § 12 Rn. 116f., 127, 137). In diesem Rahmen soll das Weitergabeverbot eine **selektive Weitergabe** von nicht öffentlichen Informationen **unterbinden,** um den Kreis der Insider präventiv, d. h. im Vorfeld der eigentlichen Verwender der Insiderinformationen, so klein wie möglich zu halten.[301] Dieser Zielsetzung würde ein möglichst umfassendes Verbot der Weitergabe von Insiderinformationen entsprechen.

203 Der Gesetzgeber − auf europäischer wie auf nationaler Ebene − erkannte jedoch, dass ein umfassendes Weitergabeverbot die unternehmerische Tätigkeit von Emittenten oder der maßgeblich beteiligten Aktionäre unverhältnismäßig beschränken und in unerwünschter Weise in **Informationsflüsse** eingreifen kann, die für die **Funktionsfähigkeit anerkannter wirtschaftlicher Institutionen** erforderlich und teilweise sogar gesetzlich geboten sind.[302] Im WpHG wurde dieser Überlegung mit dem Tatbestandsmerkmal „unbefugt" Rechnung getragen. Zur Auflösung des Spannungsverhältnisses wird allgemein eine **Interessenabwägung** gefordert, welche die **Ziele des Insiderrechts** auf der einen Seite und die **Interessen von Unternehmen und anderen wirtschaftlichen und rechtlichen Funktionseinheiten** auf der anderen Seite **der jeweils bestmöglichen Geltung zuführt**.[303]

204 Dazu darf nicht in vorschneller „Interessenabwägung" oder abstrakter „Wertabwägung" eine willkürliche Bevorzugung eines der abzuwägenden Interessen erfolgen. Vielmehr sind die Funktionsfähigkeit des Kapitalmarkts und die Funktionsfähigkeit anerkannter wirtschaftlicher und rechtlicher Institutionen im konkreten Fall miteinander ins Verhältnis zu setzen.[304] Grenzziehungen dürfen nicht weitergehen, als es notwendig ist, um die **Konkordanz beider Interessen** herzustellen.[305] Dies bedeutet im Einzelnen Folgendes:

205 Bei der Abwägung zwischen der Notwendigkeit von autonomen unternehmerischen Entscheidungen durch den Insider und den Informationsbelangen der Kapitalmarktteilnehmer ist dem Aspekt Rechnung zu tragen, dass es sich bei der Weitergabe von Insiderinformationen lediglich um eine Handlung handelt, durch welche die Wahrscheinlichkeit einer Insidertransaktion erhöht wird; die Transaktion wird nicht notwendigerweise aufgrund der Weitergabe durchgeführt. Bei dem

---

[301] *Assmann* Rn. 73; *Caspari* ZGR 1994, S. 530/545; *Süßmann* AG 1999, S. 162/163; *Kümpel,* Bank- und Kapitalmarktrecht, Rn. 16.193.

[302] Vgl. *Assmann* Rn. 73; *Süßmann* AG 1999, S. 162/163.

[303] So in etwa *Assmann* Rn. 73, der eine Vergleichbarkeit mit der Abwägung im Rahmen der sog. Immanenztheorie zur Bestimmung der Grenzen des Kartellverbots aus § 1 GWB betont; *ders.* AG 1997, S. 50/455; *Schäfer,* 1. Aufl., Rn. 21, 23 a. E. (vergleichbar der bei der Zulässigkeit von Berufsausübungsregelungen im Rahmen von Art. 12 GG vorzunehmenden Interessenabwägung); *Schneider/Singhof* in FS Kraft, S. 585/590; *Krauel,* Insiderhandel, S. 294; vgl. auch *Schäfer* Rn. 27.

[304] Vgl. *Schneider/Singhof* in FS Kraft, S. 585/590f.

[305] *Deshalb* zu einseitig *Dreyling/Schäfer,* Insiderrecht und Ad-hoc-Publizität, Rn. 127, wonach jede Weitergabe als befugt anzusehen sei, bei der die Chancengleichheit am Markt gewährleistet sei.

Weitergabeverbot handelt es um einen **Vorfeldtatbestand** (oben Rn. 5, 182). Deshalb sind ein **Zurücktreten der Interessen des Kapitalmarkts** und der Informationsinteressen der Kapitalmarktteilnehmer insoweit legitimiert, als die **unternehmerischen Interessen des Insiders die Weitergabe rechtfertigen.**[306]

Aus diesem Grund wird eine Beschränkung der Befugnis zur Weitergabe einer Insiderinformation auf Fälle, in denen die Weitergabe zwingend erforderlich bzw. notwendig im strengen Sinne ist,[307] allgemein abgelehnt.[308] Der **Europäische Gerichtshof** hat allerdings in jüngerer Zeit darauf hingewiesen, dass das Merkmal „unbefugt" **restriktiv** auszulegen sei: Zum einen müsse ein **enger Zusammenhang** zwischen der Weitergabe der Information und den beruflichen Aufgaben bestehen, deretwegen die Weitergabe erfolgt; zum anderen müsse diese Weitergabe für die Aufgabenerfüllung **unerlässlich** sein; der Grundsatz der **Verhältnismäßigkeit** sei dabei zu beachten.[309] Dass es bei der Unerlässlichkeit der Weitergabe aber **nicht** auf eine objektive Notwendigkeit der Weitergabe ankommen kann, zeigt die Überlegung, dass es einem Unternehmen dann nicht erlaubt wäre, eine Insiderinformation an seine externen Berater (zB Rechtsanwälte, Investmentbanker, Techniker) weiterzugeben, welche diese im Rahmen ihrer Beratungstätigkeit benötigen, mit der Begründung, das Unternehmen selbst verfüge über hinreichenden internen Sachverstand (zB Rechtsabteilung). Es kann einem Unternehmen nicht verwehrt sein, externen Rat heranzuziehen, wenn es der Ansicht ist, eine zusätzliche Bewertung zu benötigen, zB zur Prüfung eines wichtigen Vertragsvorhabens.[310] Formulierungen, wonach die Weitergabe nicht unbefugt sein soll, wenn der Empfänger die Tatsache zur Erfüllung seiner Aufgabe bzw. zur Ausübung seines Berufs oder seiner Tätigkeit benötigt,[311] oder wenn er auf die Information zur normalen Ausübung seines Berufs etc. angewiesen ist,[312] kann deshalb nur eingeschränkt zugestimmt werden, nämlich mit der Maßgabe, dass das „Benötigen" nicht streng objektiv verstanden wird.

Die Weitergabe einer Insiderinformation ist befugt, wenn und soweit vernünftige Gründe, namentlich betrieblicher, konzern- oder schuldrechtlicher Art eine Weitergabe der betreffenden Tatsache erfordern.[313] In der Sache geht es um die

---

[306] So *Krauel*, Insiderhandel, S. 294.
[307] So noch *Assmann*, AG 1994, S. 237/247; *ders.* ZGR 1994, S. 495/520; etwas weiter schon *Assmann/Cramer*, 1. Aufl., Rn. 54 (betriebsnotwendig bedingter, normaler Rahmen); für „enge" Auslegung des Tatbestandsmerkmals unbefugt *Sethe* in Handbuch des Kapitalanlagerechts, § 12 Rn. 102 („unerlässlich"); im Ansatz auch *Lücker*, Der Straftatbestand des Missbrauchs von Insiderinformationen, S. 111 f. (die notwendige Übermittlung ist befugte Weitergabe).
[308] So *Assmann* Rn. 74; *ders.* AG 1997, S. 50/55; *Schwark* in KMRK, § 14 WpHG Rn. 33; *Kümpel*, Bank- und Kapitalmarktrecht, Rn. 16.190; *Götz* DB 1995, S. 1949/1950; *Schmidt-Diemitz*, DB 1996, S. 1809/1810; *Süßmann* AG 1999, S. 162/163; *Schneider/Singhof* in FS Kraft, S. 585/590 f.; *Krauel*, Insiderhandel, S. 294; anders jetzt EuGH, Rs C-384/02, Urt. v. 22. 11. 2005, WM 2006, 612 Rn. 27, 34, 48, zu Art. 3 lit. a) Insider-Richtlinie („unerlässlich").
[309] EuGH, Rs C-384/02, Urt. v. 22. 11. 2005, WM 2006, 612 Rn. 34, 48.
[310] Beispiel bei *Götz* DB 1995, S. 1949/1950.
[311] Vgl. BaFin, Emittentenleitfaden, S. 31; *Ziemons* AG 1999, S. 492/497 f.
[312] So *Roschmann/Frey* AG 1996, S. 449/453; *K.J. Müller* NJW 2000, S. 3452/3456.
[313] *Süßmann* AG 1999, S. 162/164; *Götz* DB 1995, S. 1949/1950.

§ 14 208–210 Abschnitt 3. Insiderüberwachung

Wahrung berechtigter und gegenüber den Zielen des Insiderrechts überwiegender Interessen des Unternehmens oder einer sonstigen Person, welche die Information zur Erfüllung ihrer Aufgaben etc. einem anderen zugänglich machen will.[314] Solche Interessen liegen regelmäßig vor, wenn **nachvollziehbar** ist, dass **durch die Weitergabe ein unternehmerischer Zweck gefördert** werden soll, **der rechtlich zulässig ist.**[315]

208 Bei der Beurteilung, ob die Weitergabe einer Insiderinformation aufgrund der unternehmerischen Interessen des Insiders „befugt" ist, ist **bei unternehmenseigenen Insiderinformationen** dem – gerichtlich nur eingeschränkt überprüfbaren – **unternehmerischen Ermessensspielraum** Rechnung zu tragen.[316] Maßgeblich ist die *ex ante*, d. h. zum Zeitpunkt der Weitergabe erfolgte **subjektive Einschätzung des Insiders,** die sich **ausschließlich am Unternehmenswohl orientiert** und nach sorgfältiger Ermittlung der Entscheidungsgrundlagen getroffen wurde, dass die Weitergabe **durch unternehmerische Interessen gerechtfertigt ist.**[317] Eine Einschränkung des Ermessensspielraums ist insofern gegeben, als offensichtlich erkennbar ist, dass die Weitergabe den unternehmerischen Interessen nicht dienen kann.[318]

209 Bei **unternehmensfremden Insiderinformationen** ist es problematisch, auf das unternehmerische Ermessen abzustellen. Hier sind die Unternehmensinteressen und deren Vorrang enger zu fassen.[319]

210 Regelmäßig wird zwischen unternehmens- bzw. konzerninterner und unternehmens- bzw. konzernexterner Weitergabe von Insiderinformationen unterschieden.[320] Dieser Unterscheidung kann nur die Funktion zukommen, Gruppen von Sachverhalten zu unterscheiden, in denen es typischerweise auf die Frage der Befugnis zur Weitergabe ankommt. Die Befugnis zur Weitergabe von Insiderinformationen hängt nicht davon ab, ob es sich um eine **unternehmensinterne** oder **unternehmensexterne Weitergabe** handelt. Insbesondere sind die Grenzen bei der unternehmensexternen Weitergabe nicht *per se* enger zu ziehen als bei der unternehmensinternen Weitergabe.[321] Denn eine Weitergabe an unternehmensexterne Dritte, die befugt ist, ist nicht notwendig auch betriebsintern

---

[314] „Berechtigte Interessen" betonen *Schäfer* Rn. 21; *Assmann* AG 1997, S. 50/55; *ders.* Rn. 48 d; *Schanz,* Börseneinführung, § 16 Rn. 39.
[315] So *Krauel,* Insiderhandel, S. 294; *Wüsthoff,* Auskunftsanspruch des Aktionärs, S. 125 f.
[316] In Parallele zu § 93 Abs. 1 Satz 2 AktG sowie zur ARAG/Garmenbeck-Entscheidung, in der das „unternehmerische Ermessen" als haftungsfreistellende Rechtsfigur im deutschen Recht vom BGH bestätigt wurde; BGH, 21. 4. 1997 – II ZR 175/95, BGHZ 135, S. 244/253; siehe auch *Schäfer* Rn. 27.
[317] Vgl. *Schäfer* Rn. 27 a. 6.; *Krauel,* Insiderhandel, S. 294; *Schneider/Singhof* in FS Kraft, S. 585/590; im Ansatz auch *Götz* DB 1995, S. 1949/1950.
[318] *Krauel,* Insiderhandel, S. 294.
[319] Dazu *Schneider/Singhof* in FS Kraft, S. 585/590.
[320] BaFin, Emittentenleitfaden, S. 31; auch schon „Leitfaden Insiderhandelsverbote und Ad hoc-Publizität nach dem Wertpapierhandelsgesetz", hrsg. von Deutsche Börse AG und BAWe, S. 21; *Assmann* Rn. 89 ff. und 96 ff.; *ders.* AG 1994, S. 237/247; *ders.* in *Lutter/Scheffler/ Schneider* (Hrsg.), Handbuch der Konzernfinanzierung, § 12 Rn. 12.24 ff.; *Schäfer* Rn. 29; *Kümpel,* Bank- und Kapitalmarktrecht, Rn. 16.191 ff.; *M. Weber* NJW 1994, S. 2849/2853.
[321] So jedoch *Assmann/Cramer,* 1. Aufl., § 14 Rn. 55; *Kümpel,* Bank- und Kapitalmarktrecht, Rn. 16.190; nicht eindeutig *Assmann* in *Lutter/Scheffler/Schneider* (Hrsg.), Handbuch der Konzernfinanzierung, § 12 Rn. 12.24.

befugt. Im Einzelfall mag eine Weitergabe an einen externen Rechtsanwalt, nicht jedoch die Weitergabe an einzelne Mitarbeiter des Unternehmens zulässig sein.[322] Bei der **Weitergabe nach außen** kann allerdings das **Interesse der Marktteilnehmer** an ihrer informationellen Gleichbehandlung in stärkerem Maße auf das **Abwägungsergebnis** Einfluss nehmen.[323] Dies ist aber nicht zwingend und ändert nichts daran, dass Bewertung und Abwägung für jeden Einzelfall nach den gleichen Kriterien (oben Rn. 203 ff.) vorzunehmen sind.

Im Schrifttum wird vereinzelt vertreten, dass es bei der Beantwortung der Frage, ob die Weitergabe einer Insiderinformation befugt ist, darauf ankommt, ob der **Adressat** seinerseits einer **besonderen gesetzlichen** (zB § 203 StGB, § 404 AktG), **berufsrechtlichen oder vertraglich begründeten Verschwiegenheitsverpflichtung** unterliegt.[324] Die ganz überwiegende Auffassung lehnt dies zu Recht ab.[325] Der Wortlaut von § 14 Abs. 1 Nr. 2 enthält keine Anhaltspunkte für eine solche Auslegung.[326] Auch der **Zweck des Weitergabeverbots**, die Möglichkeit des Handelns am Kapitalmarkt auf der Grundlage von Insiderinformationen bereits im Vorfeld des Ausnutzens möglichst gering zu halten, erfordert eine derartige Auslegung nicht. Denn für den Informationsempfänger seinerseits greifen die Insiderverbote des § 14 Abs. 1 Nr. 1 bis 3 ein. Deshalb ist nicht nachvollziehbar, warum daneben ein weiteres Gebot zur Verschwiegenheit treten soll, insbesondere, seit das Weitergabeverbot auch für Sekundärinsider gilt. Ob eine zusätzliche besondere Verschwiegenheitsverpflichtung den Informationsempfänger in höherem Maße von Insidertransaktionen abschrecken wird als ein Straf- oder Ordnungswidrigkeitentatbestand, ist zweifelhaft.[327]

Seit Inkrafttreten des AnSVG wird in der Literatur aber wieder zunehmend gefordert, die Weitergabe von Insiderinformationen oder die Eröffnung eines Zugangs zu solchen Informationen sei unbefugt, wenn der Informationsempfänger nicht als Berufsträger (Rechtsanwalt, Wirtschaftsprüfer oder Steuerberater) gesetzlich zur Verschwiegenheit verpflichtet sei, oder nicht **mit dem Informationsempfänger eine Vertraulichkeitsvereinbarung abgeschlossen** worden sei.[328] Diese Auffassung wird mit der mit dem AnSVG in das WpHG aufgenommenen Bestimmung des **§ 15 Abs. 1 Satz 3** begründet. Diese Vorschrift sieht vor, dass eine Insiderinformation im Fall der Weitergabe an Dritte zeitgleich zu veröffentlichen und dem Unternehmensregister (§ 8b HGB) zur Speicherung zu übermitteln ist, „es sei denn, der andere ist rechtlich zur Vertraulichkeit ver-

---

[322] Beispiel bei *Krauel*, Insiderhandel, S. 295.
[323] Zu diesem Aspekt vgl. *Assmann* in *Lutter/Scheffler/Schneider* (Hrsg.) Handbuch der Konzernfinanzierung, § 12 Rn. 12.26.
[324] So *Götz* DB 1995, 1949/1950; zustimmend *Hopt* ZGR 1997, S. 1/17.
[325] BaFin, Emittentenleitfaden, S. 31; *Assmann* Rn. 75; *ders.* ZGR 2002, S. 697/709; *ders.* AG 1997, S. 50/55; *Schäfer* Rn. 28; *von Falkenhausen/Widder* BB 2005, S. 225/227 f.; *Hasselbach* NZG 2004, S. 1087/1090; *Schmidt-Diemitz* DB 1996, S. 1809/1810; *Krauel*, Insiderhandel, S. 295 f.; *Körber* NZG 2002, S. 263/267 (mit Nachw. zur Gegenansicht im Hinblick auf den Fall der Informationsherausgabe im Rahmen einer Due Diligence).
[326] *Assmann* AG 1997, S. 50/55.
[327] So *Schäfer* Rn. 26; *Krauel*, Insiderhandel, S. 295; ähnlich *Schmidt-Diemitz* DB 1996, S. 1809/1810; *K.J. Müller* NJW 2000, S. 3452/3456.
[328] *Rodewald/Tüxen* BB 2004, S. 2249/2252; *Liekefett*, Due Diligence bei M&A-Transaktionen, S. 184 f.

pflichtet". Eine entsprechende Regelung enthält der mit § 5 Abs. 1 Satz 3 umgesetzte Art. 6 Abs. 3 Unterabs. 1 der EG-Marktmissbrauchsrichtlinie.

213 Dieser Rückschluss von der Regelung der Ad hoc-Publizität auf die Reichweite des insiderrechtlichen Weitergabeverbots verkennt jedoch, dass der Gesetzgeber **mit § 15 Abs. 1 Satz 3 keine Änderung des Tatbestandsmerkmals der Unbefugtheit i. S. v. § 14 Abs. 1 Nr. 2** vornehmen wollte und nicht vorgenommen hat. Vielmehr setzt § 15 Abs. 1 Satz 3 eine befugte Weitergabe voraus, denn die Vorschrift verlangt, dass ein Emittent oder die in dessen Auftrag oder auf dessen Rechnung handelnde Person einem anderen eine Insiderinformation im Rahmen „seiner Befugnisse" mitteilt oder zugänglich macht. Unter diesen Voraussetzungen besteht eine Pflicht zur zeitgleichen Veröffentlichung der Insiderinformation sowie zu deren Übermittlung an das Unternehmensregister. Diese Verpflichtung entfällt dann, wenn der Informationsempfänger im Hinblick auf die betreffende Information „rechtlich zur Vertraulichkeit verpflichtet" ist. Die Vertraulichkeitsverpflichtung führt also lediglich dazu, dass die Veröffentlichungsverpflichtung aus § 15 Abs. 1 Satz 3 entfällt, hat aber nichts mit der insiderrechtlichen Weitergabebefugnis zu tun.[329]

214 Bei der erforderlichen **Interessenabwägung** (siehe oben Rn. 203 ff.) wird das Bestehen einer gesetzlich oder vertraglich begründeten **Verschwiegenheitspflicht des Adressaten** allerdings einfließen.[330] Dementsprechend findet sich in der Literatur – namentlich im Zusammenhang mit der Problematik der Herausgabe von Insiderinformationen an einen potentiellen Erwerber im Rahmen einer Due Diligence-Prüfung (dazu unten Rn. 303 ff.) – häufig die **Empfehlung,** bei der Weitergabe von Insiderinformationen dem Informationsempfänger in einem *confidentiality agreement* die Verpflichtung aufzuerlegen, dass die Herausgabe von Insiderinformationen nicht dazu dient und auch nicht dazu missbraucht werden darf, Geschäfte außerhalb des mit der Weitergabe verfolgten Zwecks (beispielsweise des Paketerwerbs) zu tätigen.[331] Unabhängig von der Frage der Befugnis zur Weitergabe empfiehlt sich der Abschluss einer Vertraulichkeitsvereinbarung aber auch deshalb, weil dann die Veröffentlichungspflicht des Emittenten nach § 15 Abs. 1 Satz 3 entfällt (siehe oben Rn. 212 f.).[332]

215 Weil die „befugte" Weitergabe einer Insiderinformation nicht voraussetzt, dass der Empfänger vertraglich oder gesetzlich zur Vertraulichkeit verpflichtet ist, ist es konsequent, dass die **Weitergabe** einer Insiderinformation **an eine Person, die ihrerseits nicht den Insiderverboten des § 14 Abs. 1 Nr. 1 bis 3 unterliegt, stets unbefugt** ist,[333] es sei denn, ein allgemeiner Rechtfertigungsgrund greift ein. Nur so kann dem Zweck des Weitergabeverbots Rechnung

---

[329] So auch *Assmann* Rn. 76; *Schäfer* Rn. 28; i. E. auch BaFin, Emittentenleitfaden, S. 31; *von Falkenhausen/Widder*, BB 2005, S. 225/227 f.; *Hasselbach* NZG 2004, S. 1087/1090.

[330] So *Assmann* AG 1997, 50/55.

[331] Begründung RegE 2. FFG, BT-Drucks. 12/6697, S. 47; *Schlaus* in Das 2. FFG in der praktischen Umsetzung, S. 35/39; *Hopt* in Bankrechts-Handbuch, § 107 Rn. 40; *Schanz,* Börseneinführung, § 16 Rn. 14, mit Hinweis auf die Berücksichtigung einer vertraglich begründeten Verschwiegenheitspflicht nicht nur bei der Interessenabwägung, sondern ggf. bei der Schuldfrage und der Strafzumessung; *J. Hartmann,* Juristische und ökonomische Regelungsprobleme, S. 241.

[332] Siehe den Hinweis bei BaFin, Emittentenleitfaden, S. 31 f.; dazu auch *Schäfer* Rn. 77.

[333] *Assmann* Rn. 77; *Süßmann* AG 1999, S. 162/163.

getragen werden, dass der Informationsempfänger die Insiderinformation nicht sanktionslos weitergeben und den Kreis von Insidern unter Erhöhung des Risikos von Insidertransaktionen straffrei erweitern kann.
Es kommt nicht darauf an, ob der **Weitergebende selbst** die Insiderinformation **befugt oder unbefugt erhalten** hat.[334] Oftmals wird er gar nicht beurteilen können, ob ihm die Insiderinformation befugt oder unbefugt mitgeteilt worden ist.

cc) **Verhältnis des Weitergabeverbots zur Ad hoc-Publizitätspflicht.** Einer Präzisierung bedarf das Verhältnis des insiderrechtlichen Weitergabeverbots des § 14 Abs. 1 Nr. 2 zur Ad hoc-Veröffentlichungspflicht nach § 15 Abs. 1 Satz 1 iVm §§ 4 ff. WpAIV.

Veröffentlichungshandlungen sind in jedem Fall als **befugte Weitergabe** i. S. d. § 14 Abs. 1 Nr. 2 zu qualifizieren, **wenn die Veröffentlichung einer Insiderinformation** unter Einhaltung des geordneten Verfahrens **nach § 15 Nr. 1 Satz 1 iVm §§ 3 a bis 3 c und §§ 4 ff. WpAIV erfolgt** und damit eine Bereichsöffentlichkeit, wie durch die WpAIV im Einzelnen vorgegeben, hergestellt wird.[335]

Im Übrigen ist das Verhältnis des insiderrechtlichen Weitergabeverbots zur Ad hoc-Veröffentlichungspflicht von Insiderinformationen **noch nicht abschließend geklärt.** Für die Praxis empfiehlt es sich deshalb, dass Emittenten Insiderinformationen im Wege der **Herstellung der „Bereichsöffentlichkeit",** wie in § 3a Abs. 1, 2 Nr. 1 und § 5 WpAIV vorgesehen, veröffentlichen.

Nach *Assmann* ist **jede Weitergabe einer Insiderinformation** – sei es durch den zur Ad hoc-Publizität verpflichteten Emittenten an die Medien, sei es durch einen von einem Insider unbefugt informierten Journalisten oder Redakteur, zB eines Börsenblattes, der die Information publiziert – **untersagt,** die nicht nach Maßgabe von § 15 Abs. 1 Satz 1 iVm §§ 4 ff. WpAIV erfolgt.[336] *Schäfer* geht weiter und hält auch die **Veröffentlichung einer Insiderinformation** für befugt i. S. v. § 14 Abs. 1 Nr. 2, die über die Bereichsöffentlichkeit hinaus **eine Massenpublizität herstellt** (etwa durch Veröffentlichung in überregionalen Tageszeitungen, Rundfunk oder Fernsehen), obwohl das Verfahren des § 15 Abs. 1 Satz 1 iVm § 3a Abs. 1, 2 Nr. 1, § 5 WpAIV nicht eingehalten wurde. Denn die Bereichsöffentlichkeit sei ein Minus zur Massenpublizität.[337]

Die öffentliche Bekanntgabe von Insiderinformationen entzieht dem Insiderhandel den Boden und trägt damit dem Anliegen des Gesetzgebers Rechnung. Die öffentliche Bekanntgabe ist im Hinblick auf die informationelle Chancengleichheit der Anleger als erwünscht anzusehen.[338] Allerdings muss die Art und Weise der Veröffentlichung, um dem Gesetzeszweck zu entsprechen, die **Öffentlichkeit so herstellen, dass dem Gebot der informationellen Chancengleichheit des Anlegerpublikums Rechnung getragen wird.** Wie dies nach Auffassung des Gesetzgebers sichergestellt wird und wie deshalb durch welche Veröffentlichungshandlungen eine Verpflichtung zur Ad hoc-Publizität erfüllt wird, hat der Gesetzgeber in **§ 15 Abs. 1 iVm §§ 3 a–c, 4 ff. WpAIV** statu-

---
[334] *Süßmann* AG 1999, S. 162/164.
[335] Vgl. *Schäfer* Rn. 53; *Assmann* Rn. 100; *S. H. Schneider* NZG 2005, S. 702/703.
[336] *Assmann* Rn. 101 f.
[337] *Schäfer* Rn. 53; i. E. auch *S. H. Schneider* NZG 2005, S. 702/704 ff.
[338] *Caspari* ZGR 1994, S. 530/538; *Kümpel,* Wertpapierhandelsgesetz, S. 79.

iert. Daneben erscheint es aber konsequent, jede Veröffentlichungshandlung, die dem dort vorgegebenen Verfahren unter dem Aspekt der Herstellung einer informationellen Chancengleichheit über die Herstellung der „Bereichsöffentlichkeit" **gleichwertig** ist, als **insiderrechtlich zulässige Weitergabe** anzusehen, zumal die Veröffentlichung im Wege der Ad hoc-Publizität nicht jedem offen steht. Bislang haben in der Regel nur Emittenten die Möglichkeit, über ein Informationssystem (insbesondere über die Deutsche Gesellschaft für Ad hoc-Publizität) eine Ad hoc-Mitteilung zu veröffentlichen.[339]

222 **Maßgeblich** muss deshalb sein, dass die **Veröffentlichungshandlung tatsächlich geeignet und darauf gerichtet ist, dass für eine unbestimmte Anzahl von Personen die Möglichkeit der Kenntnisnahme besteht.**[340] Mitteilungen an einen unbestimmten Adressatenkreis sowie Mitteilungen, die diesem Ziel unmittelbar dienen, zB die Weitergabe an einen Journalisten zur kurzfristigen Veröffentlichung in der überregionalen Presse, wären nach diesem Verständnis **befugt** im Gegensatz zu Mitteilungen, die an einzelne Personen oder eine Personengruppe gerichtet sind, deren Umfang von vornherein quantifizierbar ist.[341] Dies ändert allerdings nichts daran, dass eine solche zwar i. S. v. § 14 Abs. 1 Nr. 2 **befugte Weitergabe** doch einen Verstoß gegen die **Verpflichtung zur Ad-hoc-Publizität** darstellen kann. Beide Regelungen stehen insofern **selbstständig nebeneinander.** Zur Frage der Weitergabe an Journalisten, Redakteure, Medien sowie zu Fragen im Zusammenhang mit *Investor Relations*-Arbeit siehe unten Rn. 266 ff.

c) Relevante Fälle und Fallgruppen der Weitergabe von Insiderinformationen

223 **aa) Weitergabe aufgrund von gesetzlichen Geboten und Obliegenheiten.** Wird eine Insiderinformation in Erfüllung gesetzlich vorgeschriebener und sich gegenüber dem allgemeinen Insiderhandelsverbot durchsetzender **Mitteilungspflichten** weitergegeben, handelt der Insider nicht tatbestandsgemäß.[342] Die Beschränkung des Tatbestands des § 14 Abs. 1 Nr. 2 auf die *unbefugte* Weitergabe macht deutlich, dass die in dieser Vorschrift umschriebene Tat als solche, nämlich das Mitteilen bzw. das Zugänglichmachen, keinen Unrechtsakt verwirklicht. Wird die **Weitergabe durch eine andere gesetzliche Vorschrift angeordnet,** die sich gegenüber dem allgemeinen Insiderhandelsverbot durchsetzt, ist die Weitergabe kein Unrechtsakt und damit nicht unbefugt.

224 Dies trifft auf **gesellschaftsrechtliche, kapitalmarktrechtliche** oder **kartellrechtliche Mitteilungspflichten ordnungsrechtlicher Natur** zu. Zu nennen sind (nicht abschließend) Mitteilungs- und Veröffentlichungspflichten bei Veränderungen von Stimmrechtsanteilen (nach §§ 21 ff. WpHG), Melde- bzw. Mitteilungspflichten gegenüber der BaFin (zB nach §§ 9, 21 WpHG, § 10 Abs. 2 Nr. 3 WpÜG) und den Börsen (etwa nach § 15 Abs. 4 WpHG, § 10 Abs. 2 Nr. 1, 2 WpÜG), Anmelde- und Anzeigepflichten gegenüber dem Bundeskartellamt (so nach § 39 GWB) oder Vorlage- und Auskunftspflichten gegenüber

---

[339] Dazu *S. H. Schneider,* NZG 2005, S. 702/704; kritisch *Assmann* Rn. 102.
[340] Vgl. auch Begründung RegE 2. FFG, BT-Drucks. 12/6679, S. 46.
[341] Siehe *Ekkenga* NZG 2001, 1/4; ähnlich *Schäfer* Rn. 53.
[342] *Assmann* Rn. 80; i. E. auch *Süßmann* AG 1999, S. 162/164; *Schleifer/Kliemt* DB 1995, S. 2214/2217; *Kappes* NJW 1995, S. 2832 f.; Beispiele bei *Dreyling/Schäfer,* Insiderrecht und Ad-hoc-Publizität, Rn. 126.

Abschluss- oder Sonderprüfern (nach § 320 Abs. 2 HGB, § 145 Abs. 2 AktG).[343] Die aufgrund gesetzlicher Anordnung gebotenen Mitteilungen und Auskünfte dürfen **nicht über die gesetzlichen Anforderungen hinausgehen.**

Von einer nicht tatbestandsmäßigen Weitergabe von Insiderinformationen ist bei der **Weitergabe innerhalb des Vorstands** auszugehen[344] sowie dann, wenn der Vorstand den **Aufsichtsrat** im Rahmen seiner Informationspflichten (§§ 90, 170, 337 AktG) **unterrichtet** oder dem Aufsichtsorgan bzw. seinen einzelnen beauftragten Mitgliedern im Zusammenhang mit deren Einsichts- und Prüfungsrechten nach § 111 Abs. 2 AktG Dokumente zugänglich macht,[345] die Insiderinformationen enthalten. Zur Weitergabe von Insiderinformationen auf Organebene siehe unten Rn. 232 ff. 225

Zum **Auskunftsbegehren** von Aktionären **in der Hauptversammlung** (§ 131 AktG) siehe unten Rn. 277 ff. 226

Ordnet das Gesetz **Mitteilungspflichten unter einem Vorbehalt** an (etwa indem es eine Verpflichtung nur insoweit statuiert, als nicht die Betriebs- und Geschäftsgeheimnisse des Unternehmens gefährdet werden; so zB in §§ 106 Abs. 2, 43 Abs. 2 Satz 3 BetrVG), hängt die Befugnis zur Weitergabe von Insiderinformationen vom Einzelfall ab. 227

In **behördlichen Genehmigungsverfahren** kann die Weitergabe von Insiderinformationen durch die betroffenen Unternehmen erforderlich sein. Folge der Verweigerung einer geforderten Auskunft oder des Beibringens von Unterlagen kann sein, dass die beantragte Genehmigung nicht erteilt wird. *Assmann* spricht von **Obliegenheitspflichten gegenüber der Genehmigungsbehörde.**[346] Gibt ein Unternehmen in einem solchen Zusammenhang Insiderinformationen weiter, verstößt dies nicht gegen § 14 Abs. 1 Nr. 2, allerdings nur unter der Voraussetzung, dass sich die erteilten Auskünfte streng im Rahmen dessen halten, was für die Erteilung der beantragten Genehmigung erforderlich ist. 228

In eine ähnliche Richtung geht die bislang nicht geklärte Frage, ob und unter welchen Voraussetzungen die **Offenbarung einer Insiderinformation in einem Gerichts- oder Schiedsverfahren,** an dem zB der Emittent beteiligt ist, befugt i. S. d. § 14 Abs. 1 Nr. 2 ist. Grundsätzlich ist die Einführung einer Insiderinformation in ein solches Verfahren als befugt anzusehen, wenn sie in einer *ex ante*-Prognose für die Schlüssigkeit des klägerischen Vorbringens bzw. für die Erheblichkeit der Verteidigung notwendig ist. Im Hinblick auf die im Gegensatz zum Schiedsverfahren gegebene Öffentlichkeit des Gerichtsverfahrens ist bei letzterem grundsätzlich ein strengerer Maßstab an die Erforderlichkeit der Einführung der betreffenden Insiderinformation in das Verfahren anzulegen. Der **prozessualen Wahrheitspflicht** (§ 138 ZPO) ist der Vorrang einzuräumen. Ggf. würde es sich anbieten, die Insiderinformation „nur für das Gericht" zu offenbaren. Ob damit aber verhindert werden kann, dass die betreffende Information den Parteien des Verfahrens vorenthalten werden kann und nicht in der gerichtlichen Entscheidung offengelegt wird, dürfte aber mehr als zweifelhaft sein, insbesondere wegen des Rechts der Verfahrensbeteiligten auf Einsicht in die Gerichtsakten (vgl. Art. 103 Abs. 1 GG). 229

---

[343] Vgl. auch *Assmann* Rn. 81.
[343] *Assmann,* Rn. 80; *Brandi/Süßmann* AG 2004, S. 642/647; *Süßmann* AG 1999, S. 164.
[344] *Assmann* Rn. 80; nur vermeintlich enger *U. H. Schneider/Singhof* in FS Kraft, S. 585/593.
[346] *Assmann* Rn. 83.

§ 14 230–232 Abschnitt 3. Insiderüberwachung

230 Bezüglich der **Aussage eines Zeugen** oder der **Erstattung eines Gutachtens** durch einen Sachverständigen **im gerichtlichen Verfahren** ist zu bedenken, dass der Zeuge und der Sachverständige der **Wahrheitspflicht** unterliegen.[347] Unter in den jeweiligen Verfahrensordnungen näher genannten Voraussetzungen steht Zeugen und Sachverständigen ein Zeugnis- bzw. Gutachtenverweigerungsrecht zu. Zu nennen ist insbesondere das Zeugnisverweigerungsrecht derjenigen, die **aus beruflichen Gründen zur Verschwiegenheit verpflichtet** sind (Rechtsanwälte, Notare, Wirtschaftsprüfer, vereidigte Buchprüfer, Steuerberater etc.); haben sie in dieser Eigenschaft Kenntnis von einer Insiderinformation erlangt, steht ihnen – jedenfalls in Bezug auf die betreffende Information – ein **Zeugnisverweigerungsrecht** zu (vgl. für Zeugen § 53 StPO, § 383 Abs. 1, insbes. Nr. 5 und 6 ZPO, § 84 Abs. 1 FGO iVm § 102, insbes. Nr. 3 und 4 AO; Sachverständige sind aus denselben Gründen wie Zeugen zur Verweigerung des Gutachtens berechtigt, siehe § 76 Abs. 1 Satz 1 StPO, § 408 Abs. 1 Satz 1 ZPO).

231 Soweit ein Zeuge oder Sachverständiger zur wahrheitsgemäßen Aussage bzw. Gutachtenerstattung eine Insiderinformation mitteilen muss, steht ihm kein **Zeugnis- bzw. Auskunftsverweigerungsrecht** zu, wenn er sich durch die wahrheitsgemäße Aussage bzw. Gutachtenerstattung **wegen der unbefugten Weitergabe** einer Insiderinformation gemäß §§ 38 Abs. 1 Nr. 2, 14 Abs. 1 Nr. 2 **strafbar** machen würde (für Zeugen gemäß § 55 StPO, § 384 Nr. 2 ZPO; für Sachverständige gemäß § 76 Abs. 1 Satz 1 StPO, § 408 Abs. 1 Satz 1 ZPO). Der **Wahrheitspflicht**, die der Sicherung und Umsetzung eines fairen und ordnungsgemäßen gerichtlichen Verfahrens gilt, ist im Grundsatz der **Vorrang vor dem insiderrechtlichen Weitergabeverbot** einzuräumen.[348] Um zu verhindern, dass ein zu großer Personenkreis von der betreffenden Insiderinformation Kenntnis erlangt, kann es im Hinblick auf das Recht der Verfahrensbeteiligten auf Einsicht in die Gerichtsakte (Art. 103 Abs. 1 GG) geboten sein, dass in dem schriftlichen Gutachten eines Sachverständigen diejenigen Passagen, die sich auf eine Insiderinformation beziehen, geschwärzt werden.

232 **bb) Weitergabe von Insiderinformationen auf Organebene.** Die Weitergabe einer Insiderinformation **an alle Mitglieder des Vorstands** unabhängig von der Ressortverteilung ist befugt. Gleiches gilt für die Weitergabe von Insiderinformationen **innerhalb des Vorstands**. Denn der Vorstand insgesamt als zwingend notwendiges Geschäftsführungs- und Vertretungsorgan einer AG leitet die Gesellschaft (vgl. § 76 AktG). Der Vorstand hat auch gemeinsam darüber zu befinden, ob und zu welchem Zeitpunkt eine Pflicht zur Ad hoc-Mitteilung nach § 15 besteht.[349] Aus den gleichen Gründen ist auch die Weitergabe von Insiderinformationen an **Geschäftsführer oder persönlich haftende Gesellschafter** einer KG oder KGaA befugt.[350]

---

[347] Vgl. den Straftatbestand des § 153 StGB (falsche uneidliche Aussage) sowie den des § 154 StGB (Meineid).
[348] Im Ergebnis auch *Assmann/Cramer*, 3. Aufl., Rn. 89, welche die prozessuale Zeugnispflicht jedoch als Rechtfertigungsgrund qualifizieren.
[349] Ausführlich *Schneider/Singhof* in FS für Kraft, S. 585/591 f.; siehe auch *Assmann* Rn. 80; *Brandi/Süßmann* AG 2004, S. 642/647; *Süßmann* AG 1999, S. 162/164; i. E. auch *Dreyling/Schäfer*, Insiderrecht und Ad-hoc-Publizität, Rn. 129 a. E.
[350] *Süßmann* AG 1999, S. 162/164.

Handelt es sich um eine **Insiderinformation**, die nicht für die Gesellschaft, **233** sondern **für ein anderes nicht konzernverbundenes Unternehmen kursrelevant** ist, ist die Weitergabe innerhalb des Vorstands nur zulässig, wenn dies in einem sachlichen Zusammenhang mit der Unternehmensleitung steht, etwa weil erhebliche Vermögensinteressen der Gesellschaft berührt sind. Die Weitergabe einer Insiderinformation ist unbefugt, wenn das **Vorstandsmitglied** die betreffende Insiderinformation nicht in seiner Eigenschaft als Vorstandsmitglied, sondern aufgrund seiner **Stellung als Mitglied des Aufsichtsrats des anderen Unternehmens** erfahren hat und diesem gegenüber zur Geheimhaltung verpflichtet ist.[351] Auch wenn das Aufsichtsratsmitglied seine diesbezügliche Stellung nur aufgrund des Umstandes erhalten hat, Vorstand der entsendenden Gesellschaft zu sein, handelt er in seiner Rolle als Aufsichtsratsmitglied nicht als Vertreter oder gar Bote dieser Gesellschaft, sondern als persönlich verantwortlicher Träger eines freien Mandats mit eigenen, aus seiner Bestellung folgenden organschaftlichen Treuebindungen und Verhaltenspflichten.[352] Dies gilt nicht für konzernverbundene Unternehmen (zur Informationsweitergabe im Konzern siehe unten Rn. 252 ff.).

Die Weitergabe von Insiderinformationen **durch den Vorstand an den** **234** **Aufsichtsrat** im Rahmen der **gesellschaftsrechtlichen Berichts- und Informationspflichten** nach §§ 90 Abs. 1 und 3, 170, 337 AktG ist befugt, wenn die Weitergabe im jeweiligen Fall tatsächlich in einem **sachlichen Zusammenhang mit den Aufsichts- und Überwachungsfunktionen des Aufsichtsrats** steht. Gleiches gilt, wenn dem Aufsichtsrat auf sein Verlangen Einsicht in die Bücher, Schriften und Vermögensgegenstände der Gesellschaft und deren Prüfung gemäß § 111 Abs. 2 AktG gewährt wird und die zugänglich gemachten Dokumente Insiderinformationen enthalten.[353] Die Grenze für die Zulässigkeit der Weitergabe einer Insiderinformation ist erst überschritten, wenn die Weitergabe in keiner Weise einen Zusammenhang mit der Überwachungsaufgabe des Aufsichtsrats erkennen lässt. In der Praxis dürfte nach diesen Kriterien die unbefugte Weitergabe der Ausnahmefall sein.

Die **Mitglieder des Aufsichtsrats** dürfen **untereinander** die im Rahmen **235** der Aufsichts- und Überwachungsaufgaben erhaltenen Insiderinformationen weitergeben.[354] Ein Aufsichtsratsmitglied darf eine das Unternehmen betreffende Insiderinformation auch **an die Mitglieder des Vorstands** weitergeben.[355]

Mit der ganz überwiegenden Auffassung ist die Weitergabe von Insiderinfor- **236** mationen durch ein **Aufsichtsratsmitglied** an von ihm eingeschaltete **Hilfspersonen,** von denen es sich bei der Wahrnehmung seiner Aufgaben beraten lässt (beispielsweise Assistenten, außenstehende Rechtsanwälte oder Wirtschaftsprüfer), befugt, wenn die Weitergabe im Rahmen der Hilfstätigkeit geschieht.[356] Dabei ist die Weitergabe insiderrechtlich nur in den Grenzen zulässig, in denen

---

[351] *Schneider/Singhof* in FS Kraft, S. 585/591 f.
[352] So *Schneider/Singhof* in FS Kraft, S. 585/592; *Assmann* WM 1996, S. 1337/1349.
[353] So *Schneider/Singhof* in FS Kraft, S. 585/593; ohne das Erfordernis des sachlichen Zusammenhangs mit Aufsichts- und Überwachungsfunktionen *Assmann* Rn. 80.
[354] *Süßmann* AG 1999, S. 162/164 f.
[355] *Süßmann* AG 1999, S. 162/165.
[356] *Assmann* Rn. 98; *ders.* WM 1996, S. 1337/1349; *ders.* AG 1997, S. 50/57; *Schwark* in KMRK, § 14 WpHG, Rn. 33, 46; *Schäfer* Rn. 47; *Götz* DB 1995, S. 1949/1952; *Claussen,* Insiderhandelsverbot und Ad hoc-Publizität, Rn. 65; *Schlaus* in Das 2. FFG in der praktischen Umsetzung, S. 35/38 f.

es dem Aufsichtsratsmitglied **aktienrechtlich gestattet** ist, Dritte in die Erfüllung seiner Pflichten einzubinden, denn nur in diesem Umfang bewegt sich die Informationsweitergabe an Hilfspersonen im Rahmen der Aufsichts- und Überwachungsaufgaben.[357] Es ist nicht Voraussetzung, dass die betreffende Hilfsperson seinerseits vertraglich ausdrücklich zur Verschwiegenheit verpflichtet worden ist[358] (vgl. allgemein schon oben Rn. 211 ff.).

237 Die Weitergabe von Insiderinformationen an andere Dritte, die **nicht im Zusammenhang mit der Ausübung des Aufsichtsratsmandats** steht, ist unbefugt; dazu gehört auch die Weitergabe an das Unternehmen, welches den Betreffenden (i. d. R. ein Mitglied des Vorstands bzw. ein leitender Angestellter) in den Aufsichtsrat entsandt hat (siehe auch oben Rn. 233),[359] es sei denn, die Weitergabe ist im Konzerninteresse erforderlich, zB zur Erstellung des Konzernabschlusses gemäß § 294 Abs. 3 HGB (zur Weitergabe im Konzern siehe unter Rn. 252 ff.).

238 **cc) Weitergabe von Insiderinformationen bei Unterrichtungspflichten nach dem BetrVG.** Durch das Weitergabeverbot werden die **Unterrichtungsrechte des Betriebsrats bzw. des Wirtschaftsausschusses** nach dem BetrVG bzw. DrittelbG nicht eingeschränkt.[360] Der Vorstand bzw. die Geschäftsführung darf im Rahmen der gesetzlichen Vorschrift, welche die Unterrichtungspflichten gegenüber dem Betriebsrat oder dem Wirtschaftsausschuss statuiert, auch über Insiderinformationen unterrichten, soweit Betriebsrat oder Wirtschaftsausschuss **im Einzelfall zur Wahrnehmung ihrer Aufgaben einer solchen umfassenden Information bedürfen.**[361]

239 Die Verpflichtung zur Unterrichtung des Wirtschaftsausschusses nach § 106 Abs. 2 BetrVG bzw. des Betriebsrats nach § 80 Abs. 2 BetrVG reicht nur soweit, als **nicht Betriebs- oder Geschäftsgeheimnisse des Unternehmens gefährdet** werden (was nicht bedeutet, dass die Mitteilung von Insiderinformationen gänzlich untersagt ist, weil Insiderinformationen zwar häufig, nicht aber zwingend die Qualität von Betriebs- oder Geschäftsgeheimnissen haben).

240 Mit der Erlangung der Kenntnis von einer Insiderinformation werden die Betriebsräte bzw. die Mitglieder des Wirtschaftsausschusses Primärinsider i. S. d. § 38 Abs. 1 Nr. 2 lit. c) Sie unterliegen den Insiderhandelsverboten und damit auch dem Weitergabeverbot und dürfen die erhaltenen Informationen **nicht an die Belegschaft oder an Dritte weitergeben.**[362]

241 Im Zusammenhang mit der Pflicht zur **Unterrichtung des Betriebsrats anlässlich von Betriebsänderungen** (§ 111 BetrVG) ist die Mitteilung von In-

---

[357] So zu Recht *Assmann* Rn. 98; ders. WM 1996, S. 1337/1349; ders. AG 1997, S. 50/57; i. E. auch *Claussen*, Insiderhandelsverbot und Ad hoc-Publizität, Rn. 65 a. E. Zu den aktienrechtlichen Grenzen der Hinzuziehung von Hilfspersonen vgl. *Lutter/Krieger* DB 1995, S. 257/260; *Hüffer*, AktG, § 111 Rn. 23 (zu § 111 Abs. 5 AktG).

[358] So aber *Götz* DB 1995, S. 1949/1952.

[359] Ausführlich und differenzierend dazu *Schäfer* Rn. 48; siehe auch *Assmann* WM 1996, S. 1337/1349; ders. AG 1997, S. 50/57.

[360] Unstreitig; *Assmann* Rn. 80, 91; *Schäfer* Rn. 50; *Schwark* in KMRK, § 14 WpHG Rn. 34; *Süßmann* AG 1999, S. 162/165; *Götz* DB 1995, S. 1949/1950; *Schleifer/Kliemt* DB 1995, S. 2214/2218 f.; *Kappes* NJW 1995, S. 2832 f.; *Claussen*, Insiderhandelsverbot und Ad hoc-Publizität, Rn. 62.

[361] Dazu *Wüsthoff*, Auskunftsanspruch des Aktionärs, S. 132 ff.

[362] *Schäfer* Rn. 50; *Schleifer/Kliemt* DB 1995, S. 2214/2219; *Claussen*, Insiderhandelsverbot und Ad hoc-Publizität, Rn. 62 a. E.

siderinformationen, die sich auf die Betriebsänderung beziehen, an den Betriebsrat befugt, wenn der Betriebsrat seine beratende Funktion ohne die Mitteilung der betreffenden Insiderinformationen nicht erfüllen kann.[363]

Die Weitergabe von Insiderinformationen im Rahmen einer **Unterrichtung aller Betriebsangehörigen in einer Betriebsversammlung** (§ 43 Abs. 2 Satz 3 BetrVG; § 110 Abs. 2 BetrVG) ist, auch wenn diese üblicherweise nicht öffentlich ist, unbefugt. Zwar sollten **einschneidende Maßnahmen** wie eine Betriebsschließung, ein Antrag auf Eröffnung des Insolvenzverfahrens oder ein Unternehmensverkauf allen Betriebsangehörigen so frühzeitig wie möglich zur Kenntnis gebracht und erläutert werden. Die Bekanntgabe an die Belegschaft ist aber, soweit es um veröffentlichungspflichtige Insiderinformationen geht, im Hinblick auf die gebotene **Ad hoc-Publizität** für den Zeitraum der Durchführung des Veröffentlichungsverfahrens nach § 15 zurückzustellen.[364]

dd) Innerbetriebliche Weitergabe von Insiderinformationen.

α) Grundsätze einer befugten Weitergabe. Innerhalb eines Unternehmens dürfen Insiderinformationen nicht in beliebiger Weise mitgeteilt oder zugänglich gemacht werden. Befugt ist eine unternehmensinterne Weitergabe an Mitarbeiter nur, soweit dies **„im normalen Rahmen der Berufs- und Geschäftsausübungstätigkeit"** (vgl. Art. 3 lit a) der EG-Marktmissbrauchsrichtlinie) geschieht. Die Beurteilung, ob eine Weitergabe im konkreten Fall insiderrechtlich erlaubt ist oder nicht, ist nach den gleichen allgemeinen Grundsätzen, wie sie oben (Rn. 198 ff.) entwickelt wurden – wie bei jeder anderen Weitergabe von Insiderinformationen – vorzunehmen. Insbesondere sind die Grenzen der unternehmensinternen Weitergabe nicht weiter zu ziehen als bei der unternehmensexternen Weitergabe (oben Rn. 210 f.).

Allgemein wird diejenige innerbetriebliche Weitergabe von Insiderinformationen als befugt angesehen, die sich **im betriebsorganisatorisch bestimmten und bedingten normalen Rahmen** der Ausübung einer Arbeit oder eines Berufes oder in Erfüllung einer Aufgabe bewegt. Danach ist die **aus betrieblichen Gründen erforderliche innerbetriebliche Weitergabe** von Insiderinformationen befugt i. S. v. § 14 Abs. 1 Nr. 2.[365]

Mit einer solchen Beschränkung der insiderrechtlich zulässigen Weitergabe von Insiderinformationen auf einer *need to know*-**Grundlage** kann entsprechend dem Zweck des in § 14 Abs. 1 Nr. 2 statuierten Verbots der Kreis der Insider gering gehalten werden. Allerdings sollen mit dem Tatbestandsmerkmal „unbefugt" nicht nur die Ziele des Insiderrechts, sondern auch die Interessen von Unternehmen einer jeweils bestmöglichen Geltung zugeführt werden. Daraus folgt – darüber dürfte weitgehend Einigkeit bestehen –, dass als erforderliche und damit befugte Weitergabe **nicht nur die betrieblich unabdingbare oder zwingend erforderliche Weitergabe** von Insiderinformationen anzusehen ist,[366]

---

[363] Siehe *Wüsthoff,* Auskunftsanspruch des Aktionärs, S. 134.
[364] Dazu *Schäfer* Rn. 50; *Schleifer/Kliemt* DB 1995, S. 2214/2218 f.; *Süßmann* AG 1999, S. 162/165; *Wüsthoff,* Auskunftsanspruch des Aktionärs, S. 131 f.
[365] *Assmann* Rn. 89; *ders.* in *Lutter/Scheffler/Schneider* (Hrsg.), Handbuch der Konzernfinanzierung, § 12 Rn. 12.24; *Brandi/Süßmann,* AG 2004, 642/647; *Kümpel,* Bank- und Kapitalmarktrecht, Rn. 16.191; *Süßmann* AG 1999, S. 162/165.
[366] So aber noch *Assmann* AG 1994, S. 237/247; anders jetzt *Assmann* Rn. 89; ebenso *Brandi/Süßmann* AG 2004, S. 642/647.

und zwar unabhängig von § 7 Abs. 1 Satz 1 WpAIV, der Art. 3 Abs. 2 lit. a) der Durchführungsrichtlinie 2003/124/EG[367] umsetzt. Denn diese Bestimmung betrifft nur die besondere Situation während des Zeitraums der Selbstbefreiung von der Ad hoc-Publizitätspflicht.[368] Vielmehr ist dem **unternehmerischen Ermessensspielraum** bei der Beurteilung, ob die Weitergabe einer Insiderinformation im Hinblick auf den innerbetrieblichen Informationsfluss erforderlich ist, Rechnung zu tragen. Ein Unternehmen ist in der Organisation von betrieblichen Abläufen im Rahmen der gesetzlichen und sonstigen rechtlichen Grenzen frei. Ist aufgrund einer *ex ante*-Betrachtung die Weitergabe einer Insiderinformation für die jeweiligen betrieblichen Abläufe **erforderlich und vernünftig**, ist sie befugt.[369]

246 **β) Compliance-Maßnahmen.** Sind innerhalb eines Unternehmens organisatorische Maßnahmen zur Vermeidung von Insiderverstößen und Interessenkonflikten getroffen worden, insbesondere in Gestalt sog. **Chinese Walls** zwischen einzelnen Geschäftsbereichen,[370] ist die Weitergabe von Insiderinformationen unter Verstoß gegen derartige organisatorische Maßnahmen unbefugt. Die darüber hinausgehende **Frage, ob es betriebliche Organisationspflichten gibt, aufgrund derer das Unternehmen organisatorische Vorkehrungen gegen eine unbefugte Weitergabe von Insiderinformationen zu treffen hat**, deren Nichtbeachtung dazu führt, dass auch die an und für sich „normale" innerbetriebliche Weitergabe von Insiderinformationen insiderrechtlich unbefugt ist, muss nach wie vor als **offen** gelten.[371]

247 Das WpHG verpflichtet **Wertpapierdienstleistungsunternehmen i. S. d. § 2 Abs. 4** ausdrücklich, vorbeugende organisatorische Maßnahmen gegen die unbefugte Weitergabe von Informationen zu treffen. Ihnen werden insbesondere in § 33 Abs. 1 Nr. 3 Organisationspflichten auferlegt, um Interessenkonflikte zwischen Unternehmen und Kunden bzw. zwischen verschiedenen Kunden des Unternehmens zu vermeiden (im Einzelnen siehe § 33 Rn. 91 ff.). Dementsprechend sind organisatorische Maßnahmen zur **Vermeidung von Interessenkonflikten,** wie insbesondere die **Schaffung von Chinese Walls** zwischen den einzelnen Geschäftsbereichen, weit verbreitet. Als Folge dieser Maßnahmen ist die Weitergabe von Insiderinformationen in einem Wertpapierdienstleistungsunternehmen unbefugt, wenn Mitarbeiter die in ihrem Geschäftsbereich, etwa im

---

[367] Richtlinie 2003/124/EG vom 22. Dezember 2003 zur Durchführung der EG-Marktmissbrauchsrichtlinie betreffend die Begriffsbestimmung und die Veröffentlichung von Insiderinformationen und die Begriffsbestimmung der Marktmanipulation (EU ABl. Nr. L 339 vom 24. 12. 2003, S. 70).
[368] Ausführlich *Assmann* Rn. 89.
[369] In diese Richtung *Assmann* Rn. 89; *Kümpel*, Bank- und Kapitalmarktrecht, Rn. 16.192 („praxisgerechter Maßstab"); so auch der frühere Leitfaden Insiderhandelsverbote und Ad-hoc-Publizität nach dem Wertpapierhandelsgesetz, hrsg. von Deutsche Börse AG und BAWe, S. 21 („Der Umfang der betrieblichen Gründe ist weit auszulegen"); anders allgemein zum Merkmal „befugt" *Dreyling/Schäfer*, Insiderrecht und Ad-hoc-Publizität, Rn. 128 („ist das Merkmal der befugten Weitergabe (…) restriktiv auszulegen").
[370] Dazu etwa *Eisele* WM 1993, S. 1022/1024 f.; *Scharrenberg* in *Claussen/Schwarck* (Hrsg.), *Insiderrecht für Finanzanalysten*, S. 107/114 ff.; *Tippach*, Das Insider-Handelsverbot, S. 241 ff.
[371] So *Assmann* Rn. 90.

Kreditgeschäft, bekannt gewordenen Insiderinformationen an die mit Wertpapiergeschäften befasste Abteilung weitergeben.[372] Eine solche **Weitergabe** erfolgt **nicht im betriebsüblichen** („normalen") **Rahmen.**

Eine **Verpflichtung zu bestimmten organisatorischen Vorkehrungen** gegen Insidergeschäfte **für andere Unternehmen als Wertpapierdienstleistungsunternehmen** statuiert § 15 b. Mit Einführung dieser Bestimmung durch das AnSVG hat der Gesetzgeber den Emittenten und den in ihrem Auftrag oder für ihre Rechnung handelnden Personen **bereits im Vorfeld der Entstehung von Insiderinformationen** Organisationspflichten auferlegt, nämlich die Pflicht zur **Führung und Aktualisierung von Insiderverzeichnissen** (§ 15 b Abs. 1 Satz 1 und 2) **sowie die Pflicht zur Aufklärung der im Insiderverzeichnis geführten Personen** über die rechtlichen Pflichten, die sich aus dem Zugang zu Insiderinformationen ergeben, sowie über die Rechtsfolgen von Verstößen (§ 15 b Abs. 1 Satz 3); siehe dazu im Einzelnen die Kommentierung zu § 15 b. Da die Pflicht zur Führung von Insiderverzeichnissen wie auch die Aufklärungspflicht als Instrumente der unternehmensinternen Prävention im Interesse einer funktionierenden Aufsicht bestehen, führt weder die Nichtführung eines Insiderverzeichnisses noch die Informationsweitergabe an Personen, die nicht in das Verzeichnis aufgenommen sind oder nach Informationsweitergabe aufgenommen wurden, dazu, dass die Weitergabe „unbefugt" ist. Gleiches gilt für die Weitergabe an nicht nach § 15 b Abs. 1 Satz 3 aufgeklärte Personen. 248

Sonst lassen **sich nach richtiger Auffassung keine organisatorischen Verpflichtungen zur Vorbeugung von Insidergeschäften aus den Vorschriften des WpHG** ableiten.[373] § 14 Abs. 1 Nr. 2 untersagt nur die unbefugte Weitergabe von Insiderinformationen. Aus diesem **Verbot einer aktiven Informationsweitergabe** lässt sich **keine Pflicht des Unternehmens und seiner Organe zu innerbetrieblichen Compliance-Maßnahmen** ableiten. Entsprechende Pflichten können sich allerdings aus anderen gesetzlichen Regelungen ergeben, welche die Organisationspflichten zur Wahrung der Vertraulichkeit von Insiderinformationen regeln.[374] *Assmann* verweist in diesem Zusammenhang auf § 10 Abs. 1 Satz 3 WpÜG. Nach dieser Vorschrift gehört zu den Voraussetzungen, unter denen die BaFin den Bieter von der Veröffentlichung seiner Entscheidung zur Abgabe eines Übernahmeangebots befreien kann, dass der Bieter durch geeignete Vorkehrungen sicherstellt, dass durch die Verzögerung der Veröffentlichung keine Marktverzerrungen, wie etwa aufgrund von Insidergeschäften, zu befürchten sind. 249

Unabhängig von den Verpflichtungen des § 15 b empfehlen sich in jedem Fall **vorbeugende organisatorische Maßnahmen (Compliance),** die den Kreis der potentiellen Insider möglichst gering halten sollen.[375] Unabhängig vom Bestehen einer rechtlichen Verpflichtung und etwaiger bußgeld- oder strafrechtli- 250

---

[372] Offen gelassen bei *Assmann* Rn. 90.
[373] So zur Rechtslage vor dem AnSVG *Cramer,* 3. Aufl., vor § 38 Rn. 42; *Pananis,* Insiderinformation und Primärinsider, S. 142 ff., 145; *Süßmann* AG 1999, S. 162/165.
[374] *Assmann* Rn. 90.
[375] So *Kümpel,* Bank- und Kapitalmarktrecht, Rn. 16.193; *Süßmann* AG 1999, S. 162/165. Vgl. auch die Sorgfaltspflichten des Vorstands aus §§ 76 Abs. 1, 93 Abs. 1 AktG, zu denen auch das Vorsehen von effektiven Maßnahmen zur Verhinderung von Insiderhandel gehört.

cher Folgen der Verletzung einer solchen Pflicht liegt es im Interesse eines Unternehmens, das Risiko von Insiderhandel in jeder Form zu minimieren. **Insiderverstöße durch Organe oder Mitarbeiter,** die dem Unternehmen – zu Recht oder zu Unrecht – angelastet werden, können zu einem **langfristigen Image- und Vertrauensverlust** in der Öffentlichkeit (namentlich an den Kapitalmärkten) und damit zu wirtschaftlichen Nachteilen für das Unternehmen und seine Anteilsinhaber führen.

251 Organisatorische Vorkehrungen ermöglichen es zudem, bei evtl. Ermittlungen von BaFin und Staatsanwaltschaft zur Aufklärung eines Verdachts[376] oder zu dessen Entkräftung[377] wirksam beizutragen. Als vorbeugende organisatorische Maßnahmen kommen neben der Führung von Insiderverzeichnissen und der **Aufklärung der Mitarbeiter des Unternehmens über die Insiderhandelsvorschriften** vor allem der **Erlass unternehmensinterner Verhaltensrichtlinien (Compliance-Richtlinien)** in Betracht, aber auch die Einrichtung einer eigenen **Compliance-Abteilung** sowie die Schaffung unternehmensinterner Vertraulichkeitsbereiche *(Chinese Walls).*

252 ee) **Weitergabe von Insiderinformationen im Konzern.**[378] Die Befugnis zur Weitergabe von Insiderinformationen innerhalb eines Konzerns, d. h. **zwischen Konzernunternehmen,** richtet sich nach den oben (siehe Rn. 198 ff.) entwickelten allgemeinen Grundsätzen. Die Ziele des Insiderrechts sind gegen die unternehmerischen Interessen in der besonderen Form des **Konzerninteresses** abzuwägen; beide Interessen sind ihrer jeweils bestmöglichen Geltung zuzuführen.

253 Zum Zwecke der einheitlichen Leitung und der Wahrnehmung der im Konzern bestehenden rechtlichen und wirtschaftlichen Verantwortlichkeiten muss es Konzernunternehmen insiderrechtlich erlaubt sein, die insofern benötigten Informationen untereinander weiterzugeben. Dabei ist dem **unternehmerischen Ermessensspielraum** Rechnung zu tragen, der die **Definition des Konzerninteresses** umfasst, sowie den aus Sicht der Unternehmen erforderlichen (Kommunikations-)Strukturen.[379]

254 Die **Weitergabe von Insiderinformationen vom abhängigen an das herrschende Unternehmen** ist **regelmäßig befugt,** weil das herrschende Unternehmen **zum Zweck der Ausübung der einheitlichen Leitung** auch

---

[376] Dieser Aspekt bei *Süßmann* AG 1999, S. 162/165.

[377] Der notwendige Nachweis der Kenntnis des Mitarbeiters von einer Insiderinformation wird zumindest erschwert, wenn ein überwachtes Compliance-System besteht und der betreffende Mitarbeiter deshalb auf dienstlichem Wege keinen Zugang zu der betreffenden Insiderinformation hatte; vgl. dazu *Tippach,* Das Insider-Handelsverbot, S. 221.

[378] Dazu *Assmann* Rn. 94 f.; *ders.* in *Lutter/Scheffler/Schneider* (Hrsg.), Handbuch der Konzernfinanzierung, § 12 Rn. 12.25; *Schwark* in KMRK, § 14 WpHG Rn. 38; *U. H. Schneider* in FS Wiedemann, S. 1255 ff., insbes. S. 1264 ff.; *Süßmann* AG 1999, S. 162/171. Siehe auch zur vergleichbaren Problematik im Aktienrecht im Hinblick auf die erweiterte Auskunftspflicht nach § 131 Abs. 4 AktG *Hüffer,* AktG, § 131 Rn. 37 ff. mit Nachw.; Ergebnisse und Argumentation der h. M. sind parallel zum hier dargestellten Meinungsstand zur Frage der insiderrechtlichen Befugtheit der Weitergabe von Insiderinformationen im Konzern.

[379] Für Befugtheit der Weitergabe im Konzern *Assmann* Rn. 94; *Schwark* in KMRK, § 14 WpHG Rn. 38; *Schäfer* Rn. 49; *Süßmann* AG 1999, S. 162/171; *Ziemons* AG 1999, S. 492/499.

der Kenntnis von Insiderinformationen bedarf, die das abhängige Unternehmen betreffen. Anders als bei nicht konzernverbundenen Unternehmen ist deshalb die Weitergabe einer Insiderinformationen durch ein Vorstandsmitglied, das seine Kenntnis aufgrund seiner Stellung als Aufsichtsratsmitglied in einem anderen konzernverbundenen Unternehmen (regelmäßig im abhängigen Unternehmen) erhalten hat, an die anderen Vorstandsmitglieder in „seiner" Gesellschaft insiderrechtlich befugt, wenn es sich um eine leitungsbezogene Information handelt. **Auch in umgekehrter Richtung sind vernünftige Gründe denkbar,** aufgrund derer die Weitergabe einer Insiderinformation von der Konzernobergesellschaft an das abhängige Unternehmen zulässig ist, zB, wenn das abhängige Unternehmen von einer bestimmten Maßnahme unmittelbar betroffen ist, so insbesondere im Fall der beabsichtigten Veräußerung der abhängigen Gesellschaft oder einer ihrer Tochtergesellschaften.

Wesentlicher Teil der Konzernleitung ist die **Konzernüberwachung** durch eine entsprechende interne Konzernrevision und, gerichtet auf die weitere Konzernplanung, ein Konzern-Controlling. Um die Konzernüberwachung sicherzustellen, müssen die erforderlichen Informationen zur Verfügung stehen. Handelt es sich bei diesen Informationen (auch) um Insiderinformationen, ist deren Weitergabe zum Zweck der Konzernüberwachung insiderrechtlich befugt.[380]

Die Weitergabe von Insiderinformationen zwischen den Unternehmen oder ihren Organen ist auch **im faktischen Konzern** aufgrund der bestehenden Verbindungen zwischen herrschendem und verbundenem Unternehmen befugt, soweit sie **aus vernünftigen Gründen zur Wahrnehmung der Aufgaben und Verantwortlichkeiten der einzelnen Unternehmen** erfolgt.[381] Es ist nicht Aufgabe des Insiderrechts, den Informationsfluss in unterschiedlichen Konzernierungsformen zu privilegieren oder zu benachteiligen und auf diese Weise Funktionen des Konzernrechts zu übernehmen.

Untersagt ist hingegen die Weitergabe von Insiderinformationen, **die andere Zwecke als die Konzernleitung oder -überwachung verfolgt,** wie etwa das Ziel, der Konzernobergesellschaft eine lukrative Kapitalrücklage zu ermöglichen.[382]

ff) Weitergabe von Insiderinformationen außerhalb des Unternehmens/Konzerns. Die oben entwickelten Grundsätze zur Beurteilung der Befugnis zur Weitergabe von Insiderinformationen (Rn. 198 ff.) sind auch für die **Weitergabe an unternehmens- oder konzernexterne Personen oder Gesellschaften** maßgeblich. Eine grundsätzliche Unterscheidung zwischen unternehmensinterner und unternehmensexterner Weitergabe in dem Sinne, dass die Grenzen der Zulässigkeit bei der unternehmensexternen Weitergabe per se enger als bei der unternehmensinternen Weitergabe zu ziehen sind, ist nicht vorzunehmen (dazu oben Rn. 210 f.).

α) **Externe Berater und Dienstleister.** Nach vorstehenden Überlegungen ist die **Weitergabe** von Insiderinformationen **an externe Berater** wie insbesondere Rechtsanwälte, Notare, Investmentbanker, Unternehmensberater, Kre-

---

[380] *Assmann* Rn. 95.
[381] *Süßmann* AG 1999, S. 162/171; *Roschmann/Frey* AG 1996, 449/453; siehe auch *Assmann* Rn. 94.
[382] *Assmann* Rn. 95.

ditinstitute, Techniker etc. insiderrechtlich befugt.[383] Es kommt nicht darauf an, ob das Unternehmen selbst über internen Sachverstand (zB in Form einer Rechtsabteilung) verfügt. Denn aufgrund des unternehmerischen Ermessensspielraums ist es einem Unternehmen nicht verwehrt, externen Sachverstand zu Rate zu ziehen, wenn es der Ansicht ist, dass es diesen **zur Wahrnehmung seiner unternehmerischen Interessen benötigt** und die Weitergabe diesen Interessen dienen kann. Außerdem gibt es Fälle, in denen die Einschaltung bzw. Beauftragung eines externen Dritten vom Gesetz ausdrücklich vorgesehen ist; beispielhaft genannt seien der Vertragsprüfer beim Abschluss eines Unternehmensvertrags (§§ 293b–293e AktG), der Verschmelzungsprüfer (§§ 9ff. UmwG) oder der Abschlussprüfer (§§ 316ff. HGB, insbes. § 320 HGB).

260 Die Weitergabe von Insiderinformationen ist **nur** zulässig, soweit sie **in einem sachlichen Zusammenhang mit der jeweiligen konkreten Arbeit, Tätigkeit oder Berufsausübung** steht. Ist zB ein Anwalt mit der Vertretung in einem gerichtlichen Verfahren zur Einziehung einer Forderung beauftragt, können ihm grundsätzlich nur solche Tatsachen „befugt" mitgeteilt werden, deren Kenntnis zur interessengerechten Prozessführung benötigt wird; es wäre in einem solchen Fall insiderrechtlich unzulässig, den Rechtsanwalt über die geplante Abgabe eines Übernahmeangebots zu unterrichten (vorausgesetzt, dass diese Information noch nicht öffentlich bekannt ist).[384]

261 Zur Wahrnehmung ihrer Aufgaben können die Dritten die Insiderinformation **wiederum an andere Personen weitergeben, soweit** dies **für die Aufgabenerfüllung erforderlich** ist. Der vom Unternehmen hinzugezogene Rechtsanwalt, Wirtschaftsprüfer oder Investmentbanker darf eine Insiderinformation, falls geboten, mit Kollegen diskutieren und diese zur weiteren Bearbeitung einbeziehen, ebenso alle notwendigen Hilfskräfte.[385] Zur Einschaltung von Hilfspersonen bzw. Dritter durch den Aufsichtsrat siehe oben Rn. 236.

262 Die vorstehend aufgeführten Grundsätze gelten auch für die **Weitergabe** von Insiderinformationen **an andere Dienstleister und Geschäftsbesorger als externe Berater**, sofern die Weitergabe tatsächlich im Zusammenhang mit der konkret von den Dritten übernommenen Aufgabe oder Tätigkeit steht und zu deren Erfüllung benötigt wird.[386] Befugt ist deshalb die Weitergabe von Insiderinformationen an eine Druckerei, die zB ein Übernahmeangebot oder einen Börsenprospekt druckt. Ebenfalls befugt ist die Weitergabe an die mit der Veröffentlichung von ad hoc-publizitätspflichtigen Informationen betrauten Nachrichtenagenturen i. S. d. § 5 Abs. 1 Nr. 1 WpAIV sowie an deren Mitarbeiter, die entsprechende Informationen zur Veröffentlichung entgegennehmen.

---

[383] Einhellige Auffassung, siehe nur *Assmann* Rn. 97; *Schäfer* Rn. 29; BaFin, Emittentenleitfaden, S. 31; *Brandi/Süßmann* AG 2004, S. 624/647; *Hasselbach* NZG 2004, S. 1087/1094; zur Rechtslage vor dem AnSVG auch schon *Süßmann* AG 1999, 162/165; *Dreyling/Schäfer*, Insiderrecht und Ad-hoc-Publizität, Rn. 132; *Sethe* in Handbuch des Kapitalanlagerechts, § 12 Rn. 108; *Kümpel*, Bank- u. Kapitalmarktrecht, Rn. 16.198; *Krauel*, Insiderhandel, S. 295.

[384] Beispiel bei *Assmann/Cramer* Rn. 48c. a. E.

[385] *Assmann* Rn. 97; *Hasselbach* NZG 2004, S. 1087/1094; *von Falkenhausen/Widder* BB 2004, S. 165/166ff.; *Süßmann* AG 1999, S. 162/165; einschränkend *Dreyling/Schäfer*, Insiderrecht und Ad-hoc-Publizität, Rn. 132 (nur bei ausdrücklicher Legitimation im Dienstvertrag durch den Emittenten, zB Einschaltung eines Ingenieurbüros durch Rechtsanwalt zu technischer Stellungnahme).

[386] *Assmann* Rn. 99; *Kümpel*, Wertpapierhandelsgesetz, S. 82.

β) **Analysten, Rating-Agenturen.** Die Weitergabe von Insiderinformationen an Finanzanalysten oder Rating-Agenturen, die **im Rahmen von Recherchegesprächen, One-on-One-Meetings, Betriebsbesichtigungen** oder **Analystenkonferenzen** erfolgt, ist nach einhelliger Auffassung unbefugt.[387] Dass der Analyst, der auf diese Weise Kenntnis von einer Insiderinformation erhält, dann selbst den Insiderverboten unterliegt, ist unerheblich. 263

Eine Ausnahme wird teilweise für eine Weitergabe von Insiderinformationen gemacht, die **im Rahmen eines Auftragsverhältnisses** zwischen dem Emittenten und einem Finanzanalysten bzw. einer Rating-Agentur zur Erstellung eines Ratings und damit für die Erfüllung der übertragenen Aufgabe[388] erfolgt, oder wenn der Finanzanalyst als Sachverständiger des Emittenten **zur Beurteilung der Erforderlichkeit einer Ad-hoc-Mitteilung** nach § 15 tätig wird.[389] 264

Eine Ausnahme vom Weitergabeverbot im Zusammenhang mit der **Erarbeitung eines Ratings**, sei es mit oder ohne Auftragserteilung durch den Emittenten, ist zweifelhaft. Die Erstellung von Ratings über Unternehmen ist zwar am Kapitalmarkt üblich; die Kenntnis von Insiderinformationen ist an und für sich Voraussetzung dafür, dass ein Rating der tatsächlichen Lage entspricht. Allerdings haben die **Interessen des Unternehmens hinter denjenigen des Anlegerpublikums und des Kapitalmarkts zurückzutreten.** Die Weitergabe von Insiderinformationen für die Erarbeitung eines Ratings ist nicht auf deren unmittelbare Veröffentlichung gerichtet und damit unbefugt. Denn das veröffentlichte Rating lässt nicht zwingend erkennen, aufgrund welcher Informationen im Einzelnen die positive oder negative Bewertung eines Emittenten erfolgt. 265

γ) **Presse und Medien.** Die Weitergabe von Insiderinformationen an **Journalisten** oder **Redakteure von Presse, Fernsehen** und **Rundfunk** oder von **Nachrichtenagenturen** sowie an **Börseninformationsdienste** (sog. Informationsvermittler[390]) ist befugt, wenn sie **im Interesse einer sachlichen Berichterstattung** über das Unternehmen **und zum Zweck der zeitnahen Veröffentlichung in Form der Bereichsöffentlichkeit** oder einer Massenpublikation erfolgt.[391] Unbefugt ist dagegen die Mitteilung von Insiderinformationen mit dem Ziel, eine für den Emittenten günstige Anlageempfehlung zu veranlassen, sowie jede andere Mitteilung, die auf die Verschaffung von Sondervorteilen für den Emittenten bzw. seine Organe gerichtet ist.[392] 266

Weil nur die Weitergabe **zum Zweck der unmittelbaren Veröffentlichung der betreffenden Insiderinformation** befugt ist, ist die Weitergabe von Insiderinformationen an Journalisten und Redakteure im Rahmen von In- 267

---

[387] Assmann Rn. 104; Assmann AG 1997, S. 50/57; Götz DB 1995, S. 1949/1951; Süßmann AG 1999, S. 162/165; Ekkenga NZG 2001, S. 1/5; Soesters, Die Insiderhandelsrechte des WpHG, S. 194; Kümpel, Bank- und Kapitalmarktrecht, Rn. 16.196 f.; Schanz, Börseneinführung, § 16 Rn. 76; Schlaus in Das 2. FFG in der praktischen Umsetzung, S. 35/38; S. H. Schneider NZG 2005, S. 702/706 (Mitteilung an Rating-Agenturen soll allerdings „unter Umständen" befugt sein).
[388] BaFin, Emittentenleitfaden, S. 31; Dreyling/Schäfer, Insiderrecht und Ad-hoc-Publizität, Rn. 131.
[389] Süßmann AG 1999, S. 162/165.
[390] So S. H. Schneider NZG 2005, S. 702/705.
[391] Schäfer Rn. 53; S. H. Schneider NZG 2005, S. 702/704; aA Assmann Rn. 101 f.; BaFin, Entwurf des Emittentenleitfadens vom 22. 12. 2004, S. 15.
[392] Süßmann AG 1999, S. 162/166.

terviews, sog. Vor-Ort-Gesprächen, Betriebsbesichtigungen und ähnlichem insiderrechtlich unbefugt.[393] Dies gilt auch, wenn die Einladung nicht auf einen speziellen Teilnehmerkreis beschränkt oder an alle Interessenten adressiert ist.[394] Denn in diesen Fällen wird keine **Öffentlichkeitswirkung im Sinne einer gleichmäßigen Information des Anlegerpublikums,** noch nicht einmal aller am professionellen Handel Beteiligten hergestellt. Es erfolgt vielmehr eine Ausdehnung des Kreises von Insidern mit der damit einhergehenden Erhöhung der Gefahr von Insidergeschäften (siehe zur parallelen Rechtslage bei den Finanzanalysten oben Rn. 263 f.).

268 Bezüglich der vom Emittenten veranlassten Mitteilung von Insidertatsachen an Journalisten und Redakteure zur unverzüglichen Veröffentlichung wird von der herrschenden Meinung zwischen Insidertatsachen, die der Ad hoc-Publizität gemäß § 15 Abs. 1 unterliegen, und solchen, die nicht ad hoc-publizitätspflichtig sind, unterschieden.[395] Unterliegt die mitgeteilte Insidertatsache der **Ad hoc-Publizitätspflicht,** soll die Weitergabe befugt sein, wenn sichergestellt ist, dass wenigstens zeitgleich mit der Weitergabe eine gemäß § 15 Abs. 1 iVm § 5 Satz 1 WpAIV formgerechte Ad hoc-Mitteilung erfolgt. Dementsprechend soll die Weitergabe einer ad hoc-publizitätspflichtigen Insidertatsache an Journalisten insiderrechtlich nicht zulässig sein, wenn die Weitergabe zum Zweck einer Veröffentlichung vorgenommen wird, die nicht gemäß § 15 Abs. 1 iVm § 5 WpAIV erfolgen soll, ohne dass die Tatsache zuvor nach dem in diesen Vorschriften vorgeschriebenen Verfahren veröffentlicht worden ist (vgl. § 15 Abs. 3 Satz 2). Die Weitergabe von Insidertatsachen an Medien und Medienvertreter „vorab" ist nach dieser Auffassung unbefugt.[396]

269 Durch die **Neufassung der §§ 14 und 15 durch das AnSVG** ist die Unterscheidung zwischen „Insidertatsachen", die ad hoc-publizitätspflichtig sind, und solchen, die nicht ad hoc zu veröffentlichen sind, weitgehend obsolet geworden, da nun jede Insiderinformation i. S. v. § 13 nach § 15 Abs. 1 Satz 1 zu veröffentlichen ist (vorausgesetzt, sie betrifft den Emittenten unmittelbar, und es liegt kein Grund zur „Selbstbefreiung" von der Ad hoc-Publizitätspflicht nach § 15 Abs. 3 vor). Dementsprechend wird teilweise **jede vom Emittenten veranlasste Mitteilung einer Insiderinformation an einen sog. Informationsvermittler** als **unbefugt** angesehen, die zum Zweck einer öffentlichen Bekanntmachung durch diesen anstelle einer Veröffentlichung nach § 15 Abs. 1 Satz 1 iVm § 5 WpAIV vorgenommen wird.[397]

---

[393] Unstreitig, *Assmann/Cramer,* 3. Aufl., Rn. 59a; *Assmann* AG 1997, S. 50/57; *Hopt* in Bankrechts-Handbuch, § 107 Rn. 59; *Schlaus* in Das 2. FFG in der praktischen Umsetzung, S. 30/38; *Süßmann* AG 1999, S. 162/166; *Ekkenga* NZG 2001, S. 1/5; auch *Götz* DB 1995, S. 1949/1951, mit der überflüssigen Einschränkung, die Mitteilung müsse „mit der Zielrichtung der Beeinflussung der Wertpapiermärkte" erfolgen.
[394] So *Kümpel,* Wertpapierhandelsgesetz, S. 80; anders wohl *S. H. Schneider* NZG 2005, S. 702/706.
[395] *Cloppenburg/Kruse* WM 2007, S. 1109/1112 ff., zur Rechtslage vor dem AnSVG siehe BAWe, Jahresbericht 1996, S. 18; zustimmend *Assmann/Cramer,* 3. Aufl., Rn. 58 f.
[396] *Cloppenburg/Kruse* WM 2007, S. 1109/1113. Siehe auch *Assmann/Cramer,* 3. Aufl., Rn. 58; *Assmann* AG 1997, S. 50/57; im Ergebnis wohl auch BAWe, Jahresbericht 1996, S. 18; *Götz* DB 1995, S. 1949/1951; *Schlaus* in Das 2. FFG in der praktischen Umsetzung, S. 30/38. Kritisch *Süßmann* AG 1999, S. 162/166; *Ekkenga* NZG 2001, S. 1/3 ff.
[397] *Assmann* Rn. 101.

Diese Auffassung ist **zu restriktiv.** Eine befugte Weitergabe von Insiderinfor- 270
mationen kann nach dieser Auffassung nur sichergestellt werden, wenn die Veröffentlichung in dem geordneten Verfahren gemäß § 15 Abs. 1 Satz 1 iVm
§§ 4 ff. WpAIV und damit über ein elektronisch betriebenes Informationsverteilungssystem i. S. v. § 5 Satz 1 Nr. 1 WpAIV erfolgt. Eine solche Beschränkung
der insiderrechtlichen Weitergabebefugnis ist abzulehnen. Für die **Weitergabe**
von Insiderinformationen an Journalisten und Redakteure **zum Zwecke der
Veröffentlichung** ist vielmehr darauf abzustellen, ob sie zu einem **öffentlichkeitswirksamen Informationserfolg** führen konnte oder geführt hat. Nach
hier vertretener Auffassung ist deshalb die Mitteilung von Insiderinformationen
an Journalisten und Redakteure als **befugt** anzusehen, **wenn** sie **zum Zweck
der unmittelbaren und unverzüglichen Veröffentlichung der betreffenden Information durch Herstellung der Bereichsöffentlichkeit** oder in
Form einer **Massenpublikation** erfolgt (siehe oben Rn. 222).[398]

Mit diesen Grundsätzen ist die Weitergabe von Insiderinformationen zur Ver- 271
öffentlichung in **nur regional oder gar lokal verbreiteten Zeitungen** nicht
vereinbar. Für die mit einer solchen Veröffentlichung verbundene Privilegierung
der Anleger in dem Verbreitungsgebiet der Regional- bzw. Lokalzeitung ist kein
sachlicher Grund ersichtlich.[399] Das insiderrechtliche Weitergabeverbot schränkt
zum Zweck der informationellen Chancengleichheit des allgemeinen Anlegerpublikums die **Pressefreiheit** (Art. 5 Abs. 1 GG) zulässigerweise ein (Art. 5
Abs. 2 GG).[400]

Hingegen ist die Weitergabe zur Veröffentlichung in **überregionalen Tages-** 272
und Wochenzeitungen (bei letzteren vorausgesetzt, dass die Veröffentlichung
zeitlich unmittelbar auf die Weitergabe folgt) befugt.[401] Auch die Weitergabe einer
Insiderinformation an **überregionale Rundfunk- und Fernsehsender** zum
Zwecke der Veröffentlichung ist grundsätzlich befugt, da auf diesem Weg ein hinreichend schneller öffentlichkeitswirksamer Informationserfolg erreicht wird.[402]

Eine Veröffentlichung von Insiderinformationen im **Internet** soll keine befug- 273
te Weitergabe sein, weil dadurch keine hinreichende Bereichsöffentlichkeit hergestellt würde.[403] Dies ist zutreffend, soweit es um die **Veröffentlichung eines
Emittenten auf seiner Homepage** geht. Denn der Emittent nutzt in diesem
Fall keinen Informationsvermittler, der gezielt und aktiv die Marktteilnehmer
über Insiderinformationen in Kenntnis setzt; die Marktteilnehmer müssen vielmehr die lediglich „passiv" im Netz befindliche Information gezielt selbst abru-

---

[398] So *Schäfer* Rn. 53; *S. H. Schneider* NZG 2005, S. 702/705 f.; *Hopt* in Bankrechts-Handbuch, § 107 Rn. 59; im Ergebnis auch *Dreyling/Schäfer,* Insiderrecht und Ad-hoc-Publizität, Rn. 126 d); aA *Assmann* Rn. 101 f.

[399] *Cloppenburg/Kruse* WM 2007, S. 1109/1113; *S. H. Schneider* NZG 2005, 702/706; *Eichele,* WM 1997, 507/509; *Süßmann* AG 1999, 162/166; siehe auch schon BAWe, Jahresbericht 1996, S. 18; vgl. auch § 13 Rn. 100 f.

[400] So *Süßmann* AG 1999, S. 162/166; aA *Irmen* in *Hellner/Steuer,* Bankrecht und Bankpraxis, Rn. 7/744.

[401] *Ekkenga* NZG 2001, S. 1/4, hält in diesem Zusammenhang die Weitergabe von Insiderinformationen auf einer Pressekonferenz für zulässig, um dies in die Schlagzeilen aller großen Tageszeitungen zu bringen. Dies ist zu weitgehend (vgl. § 13 Rn. 97).

[402] *Süßmann* AG 1999, S. 162/166.

[403] *Schäfer* § 13 Rn. 36; siehe auch BaFin, Emittentenleitfaden, S. 21; *Assmann,* 3. Aufl., § 13 Rn. 44; *Süßmann* AG 1999, S. 162/166.

fen. Angesichts der Verbreitung des Internet und der Akzeptanz sowohl bei privaten als auch bei institutionellen Anlegern sollte hingegen die Weitergabe von Insiderinformationen **zur Veröffentlichung auf Webpages mit regelmäßig aktualisierten Nachrichten** wie beispielsweise Yahoo, Lycos, Spiegel-Online etc. insiderrechtlich zulässig sein (siehe aber § 13 Rn. 93).

274 Soll das Anlegerpublikum im Rahmen der **Öffentlichkeitsarbeit** eines Emittenten **(Investor Relations)** nicht indirekt über Journalisten und Redakteure von Presse, Rundfunk und Fernsehen angesprochen werden, sondern direkt, d. h. ohne Zwischenschaltung eines Medienvertreters, gilt im Grundsatz folgendes:[404] Werden **einzelne oder mehrere Marktteilnehmer** wie zB institutionelle Anleger im Rahmen sog. One-on-One-Meetings oder über sonstige schriftliche oder fernmündliche Kontakte **direkt angesprochen,** ist die in diesem Zusammenhang erfolgende Weitergabe einer Insiderinformation unbefugt. Es wird keine hinreichende Öffentlichkeit hergestellt, da es an einer gleichmäßigen Information aller Marktteilnehmer fehlt.

275 Erfolgt die **direkte Ansprache des Anlegerpublikums über ein Massenmedium** wie Fernsehen, Rundfunk oder Internet, hängt die Frage nach der Befugnis zur Veröffentlichung einer Insiderinformation davon ab, ob die Veröffentlichung in dem jeweiligen Massenmedium zu einem **öffentlichkeitswirksamen Informationserfolg** führen kann oder geführt hat. Insofern sind die oben dargelegten Grundsätze maßgeblich (siehe Rn. 270).

276 Anders als die **direkte Ansprache des Anlegerpublikums** durch den Emittenten über ein geeignetes Massenmedium eignet sich eine direkte Ansprache **ohne Einschaltung eines Massenmediums** regelmäßig nicht, die Voraussetzungen für eine gleichmäßige Information des Anlegerpublikums zu schaffen.[405] Das Versenden von **Aktionärsbriefen** mit Insiderinformationen an aus dem Aktienregister bekannte Adressen, in denen über eine Insiderinformation berichtet wird, ist unbefugt. Auch sog. **Roadshows** sind kein hinreichend öffentlichkeitswirksames Forum mit der Folge, dass die Mitteilung einer Insiderinformation vor dem dort anwesenden Publikum unbefugt ist. Gleiches gilt für alle anderen Konstellationen einer direkten Ansprache des Anlegerpublikums ohne Einschaltung eines Massenmediums, wenn sich die Ansprache von vornherein nur an einen begrenzten und damit im Umfang abstrakt quantifizierbaren Teil des Anlegerpublikums, nicht jedoch an einen unbestimmten Adressatenkreis richtet.

277 **gg) Weitergabe von Insiderinformationen an Aktionäre.**
α) **Weitergabe an den Aktionär als Teilnehmer der Hauptversammlung.** Der Vorstand hat nach § 131 Abs. 1 Satz 1 AktG auf Verlangen eines Aktionärs in der Hauptversammlung Auskunft über Angelegenheiten der Gesellschaft zu erteilen, soweit dies zur sachgemäßen Beurteilung des Gegenstands der Tagesordnung erforderlich ist. Hier stellt sich die Frage, ob und ggf. in welchem Umfang der Vorstand einer Insiderpapiere emittierenden AG verpflichtet ist, das **Auskunftsbegehren eines Aktionärs in der Hauptversammlung** zu erfüllen, wenn dabei zur richtigen und vollständigen Beantwortung eine Insiderinformation mitgeteilt werden müsste, oder ob ihm in einer solchen Konstellation ein Auskunftsverweigerungsrecht zusteht.

---

[404] Vgl. dazu ausführlich *Ekkenga* NZG 2001, 1 ff./insbes. 4 f.; siehe auch S. H. *Schneider* NZG 2005, S. 702/706.
[405] *Ekkenga* NZG 2001, S. 1/4.

Nach einer vereinzelt gebliebenen Auffassung wird eine **Auskunftspflicht** **278**
auch für Insiderinformationen bejaht, weil das den Schutz der Anleger und
damit der Aktionäre bezweckende Insiderrecht nicht dazu führen dürfe, dass
elementare Aktionärs- und Anlegerrechte beschränkt würden, indem die Grundlagen für ein Auskunftsverweigerungsrecht des Vorstandes geschaffen würden.
Die Weitergabe erfolge im Rahmen der typischen Geschäftstätigkeit der AG und
sei deshalb keine unbefugte Mitteilung von Insiderinformationen.[406]

Die ganz **herrschende Meinung** erstreckt das Auskunftsrecht der Aktionäre **279**
in der Hauptversammlung zu Recht nicht auf die Mitteilung von Insiderinformationen. Eine solche Mitteilung sei eine unbefugte Weitergabe mit der Folge,
dass der Vorstand sich durch die Mitteilung nach §§ 38 Abs. 1 Nr. 2, 14 Abs. 1
Nr. 2 strafbar machte. Daher stehe ihm ein **Auskunftsverweigerungsrecht**
nach § 131 Abs. 3 Satz 1 Nr. 5 AktG zu.[407]

Dies begründet die h. M. damit, dass die in Erfüllung des Individualanspruchs **280**
eines Aktionärs auf Auskunftserteilung erfolgte Mitteilung einer Insiderinformation **nur die in der Hauptversammlung Anwesenden** und damit nur einen
Teil der Bereichsöffentlichkeit erreiche. Darin liegt ein **Widerspruch zum Gebot der informationellen Chancengleichheit**. Aus § 131 AktG ist kein Anspruch auf *bevorzugte* Information der in der Hauptversammlung anwesenden
Aktionäre abzuleiten. An diesem Ergebnis ändert auch die bei großen Publikumsgesellschaften übliche Anwesenheit von Presse- und Medienvertretern
nichts, weil der aufgrund der Mitteilung der Insiderinformation in der Hauptversammlung bereits bewirkte Veröffentlichungserfolg gerade nicht bei einem unbestimmten Adressatenkreis eingetreten ist.[408] Dies gilt auch, wenn die Hauptversammlung „live" im Internet über die Homepage des Unternehmens übertragen
wird.[409]

Vielfach wird in der Literatur die Berechtigung des Vorstands, sich auf sein **281**
Auskunftsverweigerungsrecht aus § 131 Abs. 3 Nr. 5 AktG zu berufen, davon
abhängig gemacht, dass in Bezug auf die betreffende Insiderinformation **zuvor**
(vor oder noch während der Hauptversammlung) die Bereichsöffentlichkeit
durch **Einleitung des Ad hoc-Publizitätsverfahrens** nach § 15 (in direkter
oder analoger Anwendung) hergestellt wird. Ggf. soll die Auskunft in der
Hauptversammlung solange verzögert werden, bis die Bereichsöffentlichkeit hergestellt ist.[410]

Die Zulässigkeit der Auskunftserteilung über eine Insiderinformation nach **282**
vorhergehender Herstellung der Bereichsöffentlichkeit im Wege der Ad hoc-
Publizität steht außer Frage. Es wird aber zu bedenken gegeben, dass das vorge-

---

[406] So *Benner-Heinacher* DB 1995, S. 765/766.
[407] *Assmann* Rn. 87; *Schäfer* Rn. 83; *Schwark* in KMRR, § 14 WpHG, Rn. 36; *Soesters*, Die Insiderhandelsverbote des WpHG, S. 194; *P. Joussen* DB 1994, S. 2485/2488; *Assmann* AG 1997, S. 50/57; *Kümpel* WM 1994, S. 2137/2138; *Süßmann* AG 1999, S. 162/168; *Ekkenga* NZG 2001, S. 1/4; *Park* BB 2001, S. 2069/2072 f.; *Wüsthoff*, Auskunftsanspruch des Aktionärs, S. 148.
[408] AA *S. H. Schneider* NZG 2005, S. 702/706.
[409] Vgl. BaFin, Emittentenleitfaden, S. 21; aA *S. H. Schneider* NZG 2005, S. 702/706.
[410] *Götz* DB 1995, S. 1949/1951 f.; *Hopt* ZHR 159 (1995), S. 135/157; *Hirte* in Das 2. FFG in der praktischen Umsetzung, S. 47/57 f.; *U. H. Schneider/Singhof* in FS Kraft, S. 585/597 f.; *Schanz*, Börseneinführung, § 16 Rn. 75; i. E. auch *Claussen*, Insiderhandelsverbot und Ad hoc-Publizität, Rn. 43 a. E.

schlagene Verfahren wegen einer gewissen **Wartezeit**[411] von der Einleitung des Ad hoc-Publizitätsverfahrens bis zur Beantwortung der Aktionärsfrage zu einer **Benachteiligung der in der Hauptversammlung anwesenden Aktionäre** führt, weil diese erst mit zeitlicher Verzögerung gegenüber der Bereichsöffentlichkeit von der Insiderinformation erfahren.[412]

283 Unterliegt die betreffende Insiderinformation der **Ad hoc-Publizitätspflicht**, ist die Mitteilung in der Hauptversammlung eine **verbotene Vorveröffentlichung**, die der Vorstand nach § 15 Abs. 1, § 39 Abs. 2 Nr. 5 lit. a) als Ordnungswidrigkeit zu verantworten hat. Es ist deshalb zu empfehlen, bei der Vorbereitung einer Hauptversammlung die Erfüllung der Verpflichtungen aus § 15 zu überprüfen.

284 Macht der Vorstand von seinem Auskunftsverweigerungsrecht Gebrauch, ist er nach allgemeiner Auffassung verpflichtet, in der Hauptversammlung den **Grund der Verweigerung der Auskunft** anzugeben und diesen, wenn nötig, näher zu erläutern, damit der Aktionär die Erfolgsaussichten eines möglichen Auskunftserzwingungsverfahrens nach § 132 AktG zu beurteilen vermag.[413] Eine ausführliche Begründung könnte den Rückschluss auf das Vorliegen einer Insiderinformation zulassen („beredtes Schweigen"). Zur Vermeidung dieses Effekts befürwortet die Literatur, dass der Vorstand bei einer **Auskunftsverweigerung wegen drohenden Verstoßes gegen das Weitergabeverbot** die Verweigerung **nicht näher begründen** müsse und dies auch nicht dürfe.[414] Dies ist insofern „ungefährlich", als eine unterlassene Begründung keinen Einfluss auf das Bestehen des Auskunftsverweigerungsrechts hat und nicht zur Anfechtung des entsprechenden Hauptversammlungsbeschlusses berechtigt.

285 **β) Weitergabe an Aktionäre außerhalb der Hauptversammlung.** Es besteht Einigkeit darüber, dass die **Weitergabe** von Insiderinformationen **an einzelne Aktionäre bzw. Aktionärsgruppen regelmäßig unbefugt** ist. Dies trägt dem informationellen Gleichbehandlungsgebot Rechnung; Informationsungleichgewichte als Folge einer bevorzugten Information einzelner Aktionäre bzw. Aktionärsgruppen werden verhindert.[415] Dies gilt auch dann, wenn einzelne Aktionäre unter Hinweis auf § 131 Abs. 4 AktG vom Emittenten verlangen, dass ihnen die gleichen Insiderinformationen mitgeteilt würden, die andere Aktionäre erhalten hätten.[416] Die **Weitergabe** von Insiderinformationen **an einzelne Aktionäre oder Aktionärsgruppen kann aber in bestimmten Fällen befugt sein.**

286 Die Weitergabe von Insiderinformationen an das herrschende Unternehmen im **Konzern** bzw. an dessen Organe ist befugt, wenn und soweit die Weitergabe

---

[411] Nach *Schanz*, Börseneinführung, § 16 Rn. 75, Fn. 102, soll eine Zeitspanne von 15 bis 20 Minuten angemessen sein, die einen ausreichenden Vorlauf für die Verbreitung der Information gibt.
[412] *Assmann/Cramer*, 3. Aufl., Rn. 51.
[413] *Kölner Komm.-Zöllner*, AktG, § 131 Rn. 86; *Geßler* in *Geßler/Hefermehl*, AktG, § 131 Rn. 27.
[414] *Wüsthoff*, Auskunftsanspruch des Aktionärs, S. 150; *Hirte* in Das 2. FFG in der praktischen Umsetzung, S. 47/61, der sich „in Extremfällen" sogar für ein Recht des Vorstands zur Verschleierung ausspricht.
[415] Vgl. nur *Assmann* Rn. 84, 92.
[416] So *Assmann* Rn. 84.

im Zusammenhang mit der **Ausübung der Konzernleitungsmacht** erfolgt. Dies gilt gleichermaßen für die Weitergabe im Vertragskonzern wie im faktischen Konzern. In diesem Fall können Aktionäre nach ganz h. M. auch keine Erteilung der an das herrschende Unternehmen gegebenen Auskünfte nach § 131 Abs. 4 AktG verlangen,[417] und zwar unabhängig davon, ob es sich um Insiderinformationen handelt oder nicht. Zur Frage der Befugtheit der Weitergabe von Insiderinformationen innerhalb eines Konzerns siehe oben Rn. 252 ff.

Im Rahmen der **Investor-Relations-Arbeit** ist es üblich, dass Emittenten **institutionelle Anleger** als gegenwärtige und zukünftige Aktionäre mit Informationen versorgen. Die in diesem Rahmen erfolgende Weitergabe von Insiderinformationen ist aufgrund der damit im Vergleich zu Privatanlegern bzw. Kleinaktionären verbundenen Sonderbehandlung der institutionellen Anleger insiderrechtlich unbefugt.[418] Siehe auch oben Rn. 274 zur direkten Ansprache von einzelnen oder mehreren Marktteilnehmern durch die Gesellschaft als unbefugt.

Vor Inkrafttreten des WpHG bestand eine weit verbreitete Gepflogenheit, Mehrheitsgesellschafter, einflussreiche Aktionärspools oder Familiengesellschafter **generell vorab** auch über Insiderinformationen zu informieren, und zwar unabhängig von einer vorab erfolgten Information der übrigen Aktionäre und des Anlegerpublikums. In Übereinstimmung mit dieser Praxis wurde die **Weitergabe von Insiderinformationen an Familien- und Poolaktionäre**[419] vereinzelt als befugt angesehen, soweit diese „zur einheitlichen Willensbildung zunächst im Pool und dann über diesen in der Familien-AG angezeigt" sei. Es gehöre zum normalen Funktionieren des Pools, dass die Mitglieder ihre Interessen kollektiv wahrnehmen.[420]

Etwas **enger** wurde die Weitergabebefugnis vom Bundesverband Deutscher Banken, dem Bundesministerium der Finanzen und dem BAWe (jetzt BaFin) im Rahmen eines vorläufigen informellen Ergebnisses gefasst: „... sofern Mitglieder eines Pools hier jedoch Insiderinformationen untereinander austauschen, die sich auf **Sachverhalte** beziehen, die **zur Entscheidung in der Hauptversammlung** anstehen oder die **von grundlegender Bedeutung** für die Gesellschaft und im poolgebundenen Aktionärskreis sind, handelt es sich regelmäßig um eine befugte Weitergabe, die somit nicht gegen § 14 Abs. 1 Nr. 2 WpHG verstößt. Entsprechend ist eine Weitergabe von Insiderinformationen durch den Vorstand oder durch den Aufsichtsrat der Gesellschaft an die Mitglieder des Pools unter Berücksichtigung der vorstehenden Grenzen grundsätzlich als zulässig anzusehen ..."[421]

Die heute **ganz überwiegende Meinung** hält die **generelle Vorabinformation von Aktionärspools und Poolausschüssen** durch Vorstands- und

---

[417] LG München I, 26. 4. 2007 – 5 HKO 12848/06, Der Konzern 2007, S. 448/455 f.; *Hüffer*, AktG § 131 Rn. 38; Münch. Komm.-*Kubis*, AktG, § 131 Rn. 141; *Habersack/Verse* AG 2003, S. 300/306 f.; *Decher* ZHR 158 (1994), S. 473/480 f.
[418] *U. H. Schneider/Singhof* in FS Kraft, S. 585/599; siehe auch *Ekkenga* NZG 2001, S. 1/4.
[419] Zu Erscheinungsformen und Zwecken von Familien- und Aktienpools siehe *Hopt* ZGR 1997, S. 1 ff.
[420] So noch *Hopt* ZHR 159 (1995), S. 135/145 f.
[421] Schreiben des Arbeitskreises für Wertpapiergeschäfte des Bundesverbandes Deutsche Banken vom 20. 12. 1995 an dessen Mitglieder, zitiert bei *Hopt* ZGR 1997, S. 1/15 Fn. 44.

Aufsichtsratsmitglieder auch mit Insiderinformationen[422] **für unzulässig.** Eine systematische Vorabinformation dieser Aktionärsgruppen auch mit Insiderinformationen würde ihnen dauerhaft **Sonderinformationsrechte** gegenüber den anderen Aktionären und den Marktteilnehmern einräumen. Die bevorzugten Aktionäre bekämen „insiderrechtlich untermauert den Status einer Nebenhauptversammlung und eines Schattenaufsichtsrats",[423] was gegen die aktienrechtlich vorgesehene Aufgabenverteilung verstieße. Dies führte zudem zu Misstrauen unter den Marktteilnehmern, weil zu befürchten sei, dass die erlangten Informationen nicht nur zum Zweck der unternehmerischen Willensbildung, sondern auch zur Bewegung des Anteilsbesitzes verwandt werden könnten.[424]

291 Eine allgemeine **„Notwendigkeit zur wirkungsvollen Organisation des Pools"** kann **keine insiderrechtliche Befugnis** begründen; dies bedeutete eine Berücksichtigung der Interessen der im Aktionärspool verbundenen Aktionäre und erweiterte damit zu Unrecht den Bezugspunkt der im Rahmen der Bestimmung der insiderrechtlichen Weitergabebefugnis vorzunehmenden Interessenabwägung auf den Informationsempfänger. Dies gilt auch für den **Poolausschuss.** Der Poolausschuss ist ein Organ des Pools, nicht aber der AG. Er kann insiderrechtlich nicht privilegierter sein als der Pool.[425]

292 Eine Erweiterung des Rahmens einer zulässigen Weitergabe von Insiderinformationen kann durch Errichtung eines **Beirats** im Sinne eines Beratergremiums erfolgen, das zum Teil oder überwiegend **mit Familienaktionären besetzt wird.**[426] Die Weitergabe von Insiderinformationen ist dann befugt, soweit die Kenntnis der betreffenden Familienaktionäre im Zusammenhang mit der Tätigkeit dieses Gremiums für die AG steht. Bei einer zu großen Zahl von Familienaktionären ist es auf diesem Weg allerdings nicht möglich, alle bevorzugt zu unterrichten. Es ist ausgeschlossen, alle Familienaktionäre in einen Beirat zu berufen. Die Beiratsmitglieder sind auch nicht befugt, Insiderinformationen, die sie in ihrer Funktion als Beiratsmitglied erfahren haben, an Familien- und Poolaktionäre außerhalb des Beirats weiterzugeben.

293 In Abwägung der Interessen des Kapitalmarkts und der Marktteilnehmer auf der einen Seite mit denjenigen der Unternehmen auf der anderen Seite werden in der **Literatur** zu Recht **Ausnahmen vom insiderrechtlichen Weitergabeverbot** gemacht, wenn das Interesse der Gesellschaft an der Weitergabe der Insiderinformation überwiegt.[427] In **Angelegenheiten von grundlegender Bedeutung** könne es **im berechtigten Interesse der Gesellschaft** liegen, wenn vor der Be-

---

[422] *Assmann* Rn. 92; *Assmann* AG 1997, S. 50/56 f.; *Schäfer* Rn. 41; *Schanz*, Börseneinführung, § 16 Rn. 70; *Schlaus* in Das 2. FFG in der praktischen Umsetzung S. 35/37; *U. H. Schneider/Singhof* in FS Kraft, S. 585/603; *Ransiek* DZWir 1995, S. 53/56 Fn. 34; so nun auch *Hopt* ZGR 1997, S. 1/15 f. (für Poolmitglieder), 17 (für den Poolausschuss) (Weitergabe von Insiderinformationen an die Poolmitglieder jedenfalls dann unbefugt, wenn eine entsprechende Weitergabe an die Hauptversammlung unbefugt wäre).
[423] *Assmann* AG 1997, S. 50/57.
[424] Ausführlich dazu *Assmann* AG 1997, S. 50/57. Auch *Assmann* Rn. 92; *Schäfer* Rn. 41; auch *Schwark* in KMRK, § 14 WpHG, Rn. 34, 37.
[425] So *Hopt* ZGR 1997, S. 1/17; siehe auch *Schäfer* Rn. 41.
[426] Vorschlag von *Hopt* ZGR 1997, S. 1/18, 28.
[427] Mit unterschiedlich detaillierter Darstellung: *Assmann* Rn. 84; *Hopt* ZGR 1997, S. 1/16, 26; *U. H. Schneider/Singhof* in FS Kraft, S. 585/602 f.; *Süßmann* AG 1999, S. 162/167; *Ziemons* AG 1999, S. 492/498.

schlussfassung der Hauptversammlung oder vor der Durchführung einer bestimmten Maßnahme die Meinung des Aktionärspools oder Großaktionärs eingeholt wird. Bei Angelegenheiten von geringerer Bedeutung für die Gesellschaft überwiegt in der Abwägung dagegen regelmäßig der Zweck des insiderrechtlichen Weitergabeverbots, die Zahl der potentiellen Insider möglichst gering zu halten.

Die in der Literatur beschriebenen **Konstellationen, in denen ein berechtigtes Interesse der Gesellschaft überwiegt,** sind hauptsächlich folgende:
- Im Hinblick auf Maßnahmen, für die eine Beschlussfassung der Hauptversammlung erforderlich ist und die Vorbereitung durch den Vorstand nur Sinn macht, wenn die Maßnahme durch die Familien- oder Poolaktionäre mitgetragen wird (v. a. Satzungsänderungen, insbesondere Kapitalerhöhungen, „Holzmüller"-Beschlüsse.)
- Verhandlungen oder Geschäftsbeziehungen mit Dritten von grundlegender Bedeutung für die Gesellschaft, für die es erforderlich ist, dass das Einvernehmen einer bestimmten Aktionärsgruppe vorliegt.

Daraus folgt, dass der **Familien- bzw. Aktionärspool Inhaber eines bedeutenden Aktienanteils** sein muss, denn nur dann kann aus Sicht des Unternehmens eine vorherige Information zweckmäßig erscheinen.[428] Für die Bestimmung der Wesentlichkeit einer Beteiligung ist nicht, wie vereinzelt vorgeschlagen, auf die Schwellenwerte des § 21 abzustellen,[429] da dies eine zu pauschale Betrachtung ist. Im Ergebnis handelt es sich um eine **Entscheidung im Einzelfall.** Dem Schutzzweck des Weitergabeverbots entsprechend muss im Rahmen des unternehmerischen Ermessensspielraums geprüft werden, ob es einer vorherigen Information des jeweiligen Aktionärspools auch über Insiderinformationen bedarf.[430] 294

Zu achten ist im Fall der Weitergabe auf die **Einhaltung der Verpflichtung zur Vertraulichkeit** seitens des Empfängers der Insiderinformation (regelmäßig durch Abschluss einer Vertraulichkeitsvereinbarung, die auch Bestandteil des Pool-Vertrages sein kann) **nach § 15 Abs. 1 Satz 3;** andernfalls ist die betreffende Information nach dieser Bestimmung zeitgleich ad hoc zu veröffentlichen. 295

Die **Weitergabe** von Insiderinformationen **innerhalb des Aktionärspools** ist befugt. Die Mitglieder müssen, um ihre Interessen kollektiv wahrnehmen zu können, die notwendigen Informationen, auch Insiderinformationen, untereinander austauschen können.[431] 296

Für die Beurteilung der insiderrechtlichen Zulässigkeit der **Weitergabe** von Insiderinformationen **an einen Groß- oder Mehrheitsaktionär** sind die oben dargelegten Grundsätze für die Weitergabe an Familien- und Aktionärspools (zur Voraussetzung des überwiegenden Interesses der Gesellschaft Rn. 293; zur Wesentlichkeit der Beteiligung Rn. 294) maßgeblich. Es kann deshalb insiderrechtlich zulässig sein, mit einem Großaktionär vorab über eine geplante Kapitalerhöhung zu sprechen.[432] Auch hier ist auf die Einhaltung der Vertraulichkeitsverpflichtung nach **§ 15 Abs. 1 Satz 3** zu achten. 297

---

[428] Ausdrücklich *U. H. Schneider/Singhof* in FS Kraft, S. 585/603 f.; *Süßmann* AG 1999, S. 162/167.
[429] So aber *U. H. Schneider/Singhof* in FS Kraft, S. 585/602 und 603 a. E.
[430] *Süßmann* AG 1999, S. 162/167; in diese Richtung auch *Assmann* Rn. 92.
[431] Vgl. dazu *Hopt*, ZGR 1997, S. 1/18.
[432] *Assmann* Rn. 84; *Dreyling/Schäfer*, Insiderrecht und Ad-hoc-Publizität, Rn. 129; *U. H. Schneider/Singhof* in FS Kraft, S. 585/603; *Süßmann* AG 1999, S. 162/167.

298 hh) Weitergabe von Insiderinformationen bei Unternehmenskäufen. Unternehmenskäufe, namentlich der **Pakethandel,** sind nicht generell von den Insiderverboten des WpHG ausgenommen. Der deutsche Gesetzgeber hatte schon von der den Mitgliedstaaten in Art. 2 Abs. 3 Satz 2 der **EG-Insiderrichtlinie** eingeräumten Option, Transaktionen ohne Einschaltung eines Berufshändlers von den Insiderverboten auszunehmen, keinen Gebrauch gemacht. Art. 9 Abs. 1 der **Marktmissbrauchs-Richtlinie** will die Insiderverbote auf alle Geschäfte in „Finanzinstrumenten" angewendet wissen, und zwar unabhängig davon, ob diese Geschäfte auf dem Markt, auf dem das betreffende Finanzinstrument zum Handel zugelassen ist, getätigt werden oder nicht (dazu oben Rn. 11 ff.).

299 α) Erwerb einer „bedeutenden Beteiligung". Regelmäßig erfolgt die **Einschränkung,** dass die Weitergabe von Insiderinformationen bei sog. *face-to-face*-Geschäften nur befugt sein kann, wenn **Gegenstand der Transaktion** eine **bedeutende Beteiligung** oder ein **Paket von Anteilen** an einem Unternehmen (Zielgesellschaft) ist.[433]

300 Eine gesetzliche Definition der Begriffe der bedeutenden Beteiligung oder des Paketerwerbs enthält das WpHG nicht. In der Literatur finden sich zahlreiche Äußerungen, die sich dahingehend zusammenfassen lassen, dass es um den **Erwerb einer unternehmerischen Beteiligung** gehen muss, also über die zu erwerbende Beteiligung ein unternehmerischer Einfluss gestärkt oder gesichert wird.[434] Daneben findet sich als eine Art Faustregel die Formulierung, dass das in Frage stehende Aktienbündel „mehr ist als die Summe der wirtschaftlichen Einzelwerte der zum Paket gehörenden Aktien".[435] Ein **Indiz** soll die **Zahlung eines sog. Paketzuschlags** durch den Erwerber sein.[436] Nach einer in jüngerer Zeit geäußerten Ansicht soll der Erwerb einer insiderrechtlich relevanten bedeutenden Beteiligung schon dann angenommen werden, wenn es in Anlehnung an die Meldepflichten des § 21 um **Transaktionen in mindestens 5%** der (stimmberechtigten) **Anteile** an einer Gesellschaft geht.[437] Seit Inkrafttreten des TUG am 20. Januar 2007 beträgt der unterste Schwellenwert des § 21 **nur noch 3%.**

301 Bei den vorstehend genannten Definitionsansätzen und Konkretisierungen handelt es sich **nur** um die **Umschreibung typischer Fälle und Beispiele**

---

[433] Vgl. nur BaFin, Emittentenleitfaden, S. 31; *Assmann* Rn. 167; *Assmann* AG 1997, S. 50/56; *Schäfer,* 1. Aufl,. Rn. 64; *Schmidt-Diemitz* DB 1996, S. 1809/1810; *Schroeder* DB 1997, S. 2161/2163 ff.; *Süßmann* AG 1999, S. 162/168; *Ziemons* AG 1999, S. 492/499; *Singhof* ZGR 2001, S. 146/172.

[434] Siehe *Assmann/Cramer,* 2. Aufl.; Rn. 88 b; *Schäfer* Rn. 64 (nur für die Weitergabe im Rahmen einer Due Diligence; *Schmidt-Diemitz* DB 1996, S. 1809/1810; *Ziemons* AG 1999, S. 492/499.

[435] *Schmidt-Diemitz* DB 1996, S. 1809/1810; *Assmann* AG 1997, S. 50/56; *Assmann* Rn. 168.

[436] *Assmann* Rn. 168; als zu weitgehend abgelehnt von *Ziemons* AG 1999, S. 492/499.

[437] BaFin, Emittentenleitfaden, S. 31 (unten); *Assmann* Rn. 168, *Hasselbach* NZG 2004, S. 1087/1089 (sogar nur 2%); *Ziemons* NZG 2004, S. 537/539 (wohl 10%); *U. H. Schneider/Singhof* in FS Kraft, S. 585/602; *Süßmann* AG 1999, S. 162/168; *Singhof* ZGR 2001, S. 146/173 Fn. 104. Anders *Liekefett,* Due Diligence bei M&A-Transaktionen, S. 178 f., 180, 185, der eine angestrebte Beteiligungshöhe von mehr als 30% (in Anlehnung an den Kontrollerwerb nach § 29 Abs. 2 WpÜG) verlangt; wohl auch *Schäfer* Rn. 76.

von **außerbörslichen Transaktionen,** in denen die Weitergabe von Insiderinformationen, sei es durch den Veräußerer, sei es durch das Zielunternehmen, als insiderrechtlich befugt angesehen werden kann. Weder darf der untere Schwellenwert des § 21 eine starre Grenze darstellen, noch wird die Beschränkung auf den Erwerb von einer über eine Finanzbeteiligung hinausgehenden unternehmerischen Beteiligung den Gegebenheiten der Praxis gerecht, zumal einer solchen Unterscheidung Abgrenzungsprobleme immanent sind.[438] Auf dem Markt für Unternehmensbeteiligungen sind in den letzten Jahren verstärkt sog. **Finanzinvestoren** (Investmentbanken, traditionelle Geschäftsbanken und andere institutionelle Anleger, insbesondere Kapitalbeteiligungsgesellschaften) tätig. Gerade bei dieser Gruppe von Investoren können die **Grenzen zwischen dem Erwerb einer unternehmerischen Beteiligung und einer Finanzanlage fließend** sein.[439]

Die Weitergabe von Insiderinformationen durch den Veräußerer oder den Emittenten (Zielgesellschaft) an den Erwerber ist nicht bei jeder außerbörslichen Transaktion (*face-to-face*-Geschäft) zulässig. **Maßgeblich** ist, dass die Transaktion außerhalb der Börse durchgeführt wird, weil ein **entsprechendes Geschäft über die Börse nicht im gleichen Umfang und in gleicher Weise realisierbar** ist. Ist hingegen die Transaktion uneingeschränkt durch ein Börsengeschäft substituierbar, ist eine insiderrechtliche Privilegierung des Insiders nicht zu rechtfertigen. 302

β) **Weitergabe im Rahmen einer Due Diligence.** Der Erwerbsinteressent, der ein Aktienpaket oder eine im vorstehend aufgeführten Sinne (Rn. 302) bedeutende Beteiligung an einem Unternehmen (Zielgesellschaft) erwerben möchte, wird vom Verkäufer umfassende Informationen über die Zielgesellschaft verlangen und zu diesem Zweck eine **Due Diligence-Prüfung** durchführen wollen. Es kann nicht ausgeschlossen werden, dass im Rahmen einer Due Diligence-Prüfung **einzelne kursrelevante Tatsachen mitgeteilt** werden. Da der **Veräußerer** als Aktionär häufig nicht über Insiderinformationen verfügt (zur Weitergabe an Aktionäre sowie im Konzern siehe oben Rn. 285 ff. und Rn. 252 ff.), wird er regelmäßig nicht in der Lage sein, alle gewünschten Auskünfte zu geben, sondern ist **auf die Mitwirkung (der Organe) der Zielgesellschaft angewiesen.** 303

Für die Durchführung einer Due Diligence in Vorbereitung eines außerbörslichen Beteiligungserwerbs ist **allgemein anerkannt,** dass die **Weitergabe von Insiderinformationen durch den Vorstand des Zielunternehmens an einen Erwerbsinteressenten grundsätzlich nicht unbefugt** ist.[440] Schon in der Regierungsbegründung zu § 14 Abs. 1 aF wurde ausgeführt, dass der außerbörsliche Erwerb eines Aktienpakets kein Ausnutzen einer Insidertatsache sei, und zwar auch dann nicht, wenn sich der potentielle Erwerber im Rahmen der Vertragsverhandlungen Unterlagen des zu veräußernden Unternehmens vorlegen 304

---

[438] Diese Kritik bei *Schäfer* Rn. 75.
[439] Siehe dazu *Hölters* in Handbuch des Unternehmens- und Beteiligungskaufs, 5. Aufl. (2002), Teil I Rn. 8 ff.
[440] BaFin, Emittentenleitfaden, S. 31; *Assmann* Rn. 64 mit zahlr. Nachw.; *Assmann* AG 1997, S. 50/56; *Roschmann/Frey* AG 1996, S. 449/453 f; *Schroeder* DB 1997, S. 2161/2165; *Schmidt-Diemitz* DB 1996, S. 1809/1810; *Süßmann* AG 1999, S. 162/169; *K.J. Müller* NJW 2000, S. 3452/3456; *Stoffels* ZHR 165 (2001), S. 362/380 f.; *Körber* NZG 2002, S. 263/267.

lässt und hierdurch die Kenntnis von Insiderinformationen erhält.[441] Aus der **insiderrechtlichen Zulässigkeit des außerbörslichen Erwerbs** eines Aktienpakets bzw. einer Beteiligung, dem die Mitteilung von Insiderinformationen vorausgeht, wurde geschlossen, dass derjenige, der dem Erwerbsinteressenten zur Vorbereitung Insiderinformationen zur Verfügung stellt, dazu auch befugt ist.[442]

305 Dient die Weitergabe von Insiderinformationen einem nicht gegen das Verwendungsverbot verstoßenden Anteilserwerb, ist es **unter teleogischen Gesichtspunkten nicht gerechtfertigt**, die **Weitergabe als** ein nach § 14 Abs. 1 Nr. 2 **verbotenes Handeln zu qualifizieren.** Das Weitergabeverbot soll nicht den Markt für den außerbörslichen Erwerb von Beteiligungen dadurch lahm legen, dass man es dem Erwerber unmöglich macht, sich die für das Erwerbsgeschäft erforderlichen Informationen über das Zielunternehmen zu verschaffen. Die damit gegebene größere Transparenz als bei einem gewöhnlichen Aktienerwerb über die Börse wird durch das wirtschaftliche Interesse des Emittenten bzw. Veräußerers wie auch des Erwerbers gerechtfertigt, denn die betreffende Transaktion ist gerade nicht im gleichen Umfang und in der gleichen Weise über die Börse substituierbar (siehe oben Rn. 302).

306 Ob die Weitergabe von Insiderinformationen durch das Zielunternehmen für Zwecke einer Due Diligence-Prüfung **im konkreten Einzelfall** befugt ist, hängt davon ab, ob **vernünftige Gründe betrieblicher, konzern- oder schuldrechtlicher Art** eine Weitergabe erfordern, um berechtigte und gegenüber den Zielen des Insiderrechts überwiegende Interessen des Unternehmens zu wahren. Dabei hat der Vorstand im Rahmen des ihm zustehenden **unternehmerischen Ermessensspielraums** im Zeitpunkt der Weitergabe eine Einschätzung zu treffen, die ausschließlich am Unternehmenswohl orientiert ist und erst nach sorgfältiger Ermittlung der Entscheidungsgrundlagen getroffen worden ist, dass die Weitergabe durch unternehmerische Interessen gerechtfertigt ist (vgl. ausführlich oben Rn. 207 f.).

307 Danach handelt der Vorstand befugt, wenn er unter Berücksichtigung der **Sorgfaltspflicht aus § 93 Abs. 1 Satz 1 und 2 AktG** und der **Verschwiegenheitspflicht aus § 93 Abs. 1 Satz 3 AktG** zu dem Ergebnis kommt, dass die Weitergabe von Unternehmensdaten im Rahmen einer Due Diligence **aktienrechtlich zulässig** ist. Es entspricht dann den betrieblichen Erfordernissen und unternehmerischen Interessen, die Unternehmensdaten weiterzugeben. Solche originär unternehmerisch bedingten Sachentscheidungen sollen nicht durch § 14 Abs. 1 unterbunden werden (siehe dazu oben zum Merkmal der Befugnis Rn. 208).

---

[441] Vgl. Begründung RegE 2. FFG, BT-Drucks. 12/6679, S. 47; siehe auch „Leitfaden Insiderhandelsverbote und Ad-hoc-Publizität nach dem Wertpapierhandelsgesetz", hrsg. von Deutsche Börse AG und BAWe, S. 20 f., *Wittich* in Die Übernahme börsennotierter Unternehmen, S. 377/382 f. AA *Weimann* DStR 1988, S. 1556/1561, nach dessen Auffassung die Offenlegung von Insiderinformationen im Rahmen des Pakethandels vor Herstellung der Bereichsöffentlichkeit dem Marktfunktionsschutz widerspreche.

[442] So *Schroeder* DB 1997, S. 2161/2165; *Roschmann/Frey* AG 1996, S. 449/453; Schmidt-Diemitz DB 1996, S. 1809/1810; *Assmann* AG 1997, S. 50/56; *K. Mertens* AG 1997, S. 541/541; *Treeck* in FS Fikentscher, S. 434/440 f.; *Süßmann* AG 1999, S. 162/169; *Kiethe* NZG 1999, S. 976/980 f.; *Stoffels* ZHR 165 (2001), S. 362/380 f.; *Körber* NZG 2002, S. 263/267: Im Ergebnis wohl auch *Angersbach*, Due Diligence beim Unternehmenskauf, S. 284 ff., allerdings mit Kritik an den unterschiedlichen Begründungsansätzen.

Aktienrechtlich – und damit auch insiderrechtlich – ist es dem Vorstand nach der herrschenden Auffassung im Grundsatz erlaubt, Informationen zum Gesamtunternehmen im Rahmen einer Due Diligence-Prüfung weiterzugeben, wenn dies unter einer am Unternehmensinteresse ausgerichteten Abwägung der Vor- und Nachteile der Informationsweitergabe gerechtfertigt ist.[443] Bei der vorzunehmenden **Abwägung** sind nach den Äußerungen in der Literatur insbesondere **folgende Gesichtspunkte** von Bedeutung:

- Die **Anteilsveräußerung** (Wechsel des Mehrheitsaktionärs bzw. Paketverkauf) muss **im Interesse des Unternehmens** liegen (zB bei Synergieeffekten, neuen Geschäftschancen oder anderen erzielbaren Vorteilen, die beim *status quo* nicht oder nicht zu wirtschaftlich vergleichbaren Konditionen erreichbar sind).
- Die **Erwerbsabsicht** des Interessenten muss **nachweisbar hinreichend gesichert** erscheinen, beispielsweise durch die Unterzeichnung eines *letter of intent*.
- Der **Grad der Sensibilität der Information** ist zu berücksichtigen. Hier kann eine Abwägung zwischen dem Geheimhaltungsinteresse und den Vorteilen aus der Beteiligungsveräußerung dazu führen, dass die Durchführung einer Due Diligence grundsätzlich zulässig ist, dass aber ein besonders sensibler Kernbereich dem Erwerber verschlossen bleiben muss.
- Der **mögliche Schaden für das Unternehmen** ist zu berücksichtigen, der eintreten würde, falls es nicht zum Erwerb kommt.
- Es ist auch zu prüfen, welche **geeigneten Maßnahmen zur Geringhaltung eines möglichen Schadens** getroffen werden können, insbesondere durch Abschluss von Geheimhaltungsvereinbarungen mit dem Informationsempfänger. Unabhängig von der Interessenabwägung ist wegen **§ 15 Abs. 1 Satz 3** in jedem Fall auf die **Einhaltung der gesetzlichen Verpflichtung zur Vertraulichkeit** zu achten.[444] Nach § 5 Abs. 1 Satz 3 hat der Emittent im Rahmen der befugten Weitergabe einer Insiderinformation diese zeitgleich zu veröffentlichen, es sei denn, der andere, also der Informationsempfänger, ist rechtlich zur Vertraulichkeit verpflichtet. Um die **zeitgleiche Veröffentlichung** zu **vermeiden**, ist es gerade im Rahmen einer Due Diligence-Prüfung dringend erforderlich, in jedem Fall die Weitergabe von Insiderinformationen von der Einholung einer Vertraulichkeitserklärung abhängig zu machen, die den Empfänger zur Vertraulichkeit und zur Unterlassung einer anderweitigen Nutzung oder Weitergabe der Insiderinformation verpflichtet. Da § 15 Abs. 1 Satz 3 lediglich verlangt, dass der Empfänger der Information rechtlich zur Vertraulichkeit verpflichtet ist, genügt der Abschluss einer Vertraulichkeitserklärung zwischen potentiellem Erwerber und Veräußerer einer Beteiligung; das Zielunternehmen als Emittent muss nicht selbst eine derartige Vertraulichkeitsverpflichtung einholen.[445]

---

[443] Siehe *Roschmann/Frey* AG 1996, S. 449/452; *Schroeder* DB 1997, S. 2161/2162; *K. Mertens* AG 1997, S. 541/546; *Ziemons* AG 1999, S. 492/495 ff.; *K.J. Müller* NJW 2000, S. 3452/3453 ff.; *Stoffels* ZHR 165 (2001), S. 362/373 ff., 379 f.; *Körber* NZG 2002, S. 263/269 f.; siehe aber auch *Lutter* in FS Schippel, S. 455/462 ff.; *ders.* ZIP 1997, S. 613/617, der die Weitergabe von Informationen im Zusammenhang mit der Beteiligungsveräußerung nur im Ausnahmefall für zulässig hält. Das neuere Schrifttum ist der Auffassung von *Lutter* eingehend erörtert und allgemein abgelehnt.
[444] BaFin, Emittentenleitfaden, S. 31 f.; *Schäfer* Rn. 77.
[445] So *Schäfer* Rn. 77.

309 Diese **nicht abschließende Aufzählung** von Überlegungen hat der Vorstand in eine Gesamtabwägung einzubringen, wobei ihm bei der Bewertung und Gewichtung der einzelnen Gesichtspunkte grundsätzlich ein unternehmerischer Ermessensspielraum zusteht.[446] Erforderlich ist ein **Beschluss des Gesamtvorstands** über die Zulassung der Due Diligence-Prüfung, der – soweit Satzung oder Geschäftsordnung nichts Abweichendes vorsehen – **einstimmig** erfolgen muss (vgl. § 77 Abs. 1 AktG).[447] Es ist dringend zu empfehlen, dass der Vorstand (auch für den Fall einer evtl. Inanspruchnahme nach § 93 Abs. 2 AktG) schriftlich nachvollziehbar dokumentiert, welche Interessen mit welcher Bewertung und Gewichtung er in seine Abwägung eingestellt hat und wie er zu dem Abwägungsergebnis gekommen ist.

310 Bestehen in einem bestimmten Stadium noch große Unsicherheiten bei der Abwägung und ist zu erwarten, dass sich die Unsicherheiten im Laufe des Fortschritts der Verkaufsverhandlungen vermindern, sollte der Vorstand **in gestufter Weise** vorgehen und **zunächst nur weniger sensible Informationen herausgeben.** Die Herausgabe weiterer Informationen hängt vom Fortschritt der Verhandlungen und der sich daraus für den Vorstand ergebenden zuverlässigeren Einschätzungsbasis ab, ob es zu dem Erwerb kommen wird, und ob und welche Vorteile sich dadurch für das Unternehmen ergeben. Diese Vorgehensweise ist **insbesondere bei Auktionsverfahren** zu empfehlen und übliche Praxis.

311 Liegen die vorstehend genannten Voraussetzungen vor, sind die Organe der Zielgesellschaft insiderrechtlich befugt, Insiderinformationen auch **an den verkaufswilligen Aktionär** weiterzugeben. Dies gilt auch für die **konzerninterne Weitergabe an das herrschende Unternehmen im Falle der Veräußerung einer Beteiligung** durch dieses.

312 Im Hinblick auf die **Weitergabebefugnis durch den veräußerungswilligen Aktionär** wird ganz überwiegend zu Recht vertreten, dass dieser Insiderinformationen, die das Zielunternehmen betreffen, nach den vorstehend angeführten Grundsätzen an Erwerbsinteressenten weitergeben darf.[448] Hinzu kommt, dass der Verkäufer jedenfalls **im Hinblick auf negativ wirkende Insiderinformationen**[449] **aufklären** muss, um nicht nach den Grundsätzen der *culpa in contrahendo*, der positiven Vertragsverletzung oder wegen arglistiger Täuschung (§§ 123 iVm 142 Abs. 1 BGB) zu haften. Diese Aufklärungspflicht ist bei der Interessenabwägung grundsätzlich zu berücksichtigen. Insofern ist eine Weitergabe von Insiderinformationen insiderrechtlich befugt.[450] Zu den möglichen zivilrechtlichen Folgen eines Insiderhandelsverstoßes siehe allgemein unten Rn. 421 ff.

---

[446] Vgl. § 93 Abs. 1 Satz 2 AktG sowie schon BGH, 21. 4. 1997 – II ZR 175/95, BGHZ 135, S. 244/253 (ARAG/Garmenbeck); BGH, 7. 3. 1994 – II ZR 52/93, BGHZ 125, S. 239/246 (Deutsche Bank).

[447] *Ziemons* AG 1999, S. 492/500; *K.J. Müller* NJW 2000, S. 3452/3453 f.; *Körber* NZG 2002, S. 263/268; nach *Schroeder* DB 1997, S. 2161/2162, reicht ein Mehrheitsbeschluss.

[448] *Assmann* Rn. 164; *Assmann* AG 1997, S. 50/57; *Schmidt-Diemitz* DB 1996, S. 1809/1810 f.; *Ziemons* AG 1999, S. 492/499; aA *Weimann* DStR 1998, S. 1556/1560.

[449] Vgl. zur Unterscheidung zwischen positiv und negativ wirkenden Insiderinformationen *Schmidt-Diemitz* DB 1996, S. 1809 ff.

[450] Dazu *Assmann* Rn. 166; *Schmidt-Diemitz* DB 1996, S. 1809/1811; *Süßmann* AG 1999, S. 162/164; eine Aufklärungspflicht wegen des Weitergabeverbots aus § 14 Abs. 1 Nr. 2 verneinend *Steinhauer*, Insiderhandelsverbot und Ad-hoc-Publizität, S. 81 (es existiere auch kein berechtigtes Vertrauen, dass der Insider nicht gegen dieses Verbot verstoße).

Die Weitergabe von Insiderinformationen durch den Veräußerer kann nicht 313
nur bei der Beteiligungsveräußerung *(share deal)* befugt sein. Veräußert eine börsennotierte Aktiengesellschaft im Wege des *asset deal* einzelne Geschäftsbereiche oder wesentliche Betriebsteile, ist der **Vorstand** aus den oben angeführten Gründen (Rn. 304 ff.) zur Weitergabe von Insiderinformationen, die den Veräußerungsgegenstand betreffen, **befugt,** wenn der Erwerbsinteressent eine Due Diligence-Prüfung beim Unternehmen durchführt.

Will die Gesellschaft ihren **gesamten Geschäftsbetrieb i. S. v. § 179 a** 314
AktG veräußern, soll der Vorstand nach einer Äußerung in der Literatur[451] verpflichtet sein, einen **Beschluss der Hauptversammlung** herbeizuführen, der den Vorstand ermächtigt, die Durchführung einer **Due Diligence-Prüfung zu gestatten,** wenn die Veräußerung zu einer Unterschreitung des satzungsmäßigen Unternehmensgegenstandes führt. In der Praxis wird sich dies kaum realisieren lassen; zumindest die Einschätzung des Vorstands, dass die Hauptversammlung die betreffende Maßnahme der Veräußerung als solche billigen werden wird, ist als ausreichend anzusehen, um die Due Diligence zu gestatten.

γ) Bei **Management Buy-Outs als Sonderform des Unternehmens-** 315
kaufs, bei der das Management einer Gesellschaft die unternehmerische Führung übernimmt und eine bedeutende Beteiligung an dem von ihm geleiteten Unternehmen erwirbt (wobei dieser Erwerb **in aller Regel außerbörslich** durch den Kauf eines oder mehrerer Aktienpakete erfolgt), sind die Grundsätze heranzuziehen, die für die rechtliche Beurteilung der Weitergabe von Insiderinformationen zur Vorbereitung des außerbörslichen Erwerbs eines Aktienpakets oder einer wesentlichen Beteiligung allgemein maßgeblich sind (oben Rn. 299 ff.). Die **Insiderhandelsverbote** sind **anwendbar,** weil das WpHG keine Bereichsausnahme für außerbörsliche Transaktionen vorsieht (siehe oben Rn. 11 ff.).

Das beteiligte Management (Käufer) wird regelmäßig über die Kenntnis von 316
Insiderinformationen verfügen, die nicht bzw. nicht nur in der Tatsache der Erwerbsabsicht begründet sind. Legen sie solche (positiven) Insiderinformationen gegenüber den Verkäufern offen, ist die Weitergabe befugt.[452] In der Konstellation des Management Buy-Out, in welcher der Käufer regelmäßig besser über den Kaufgegenstand informiert ist als der Verkäufer, wird der **Käufer** jedenfalls **im Hinblick auf positiv wirkende Insiderinformationen** in aller Regel nach den Grundsätzen der *culpa in contrahendo* zur **Aufklärung verpflichtet** sein. Insofern ist eine Weitergabe von Insiderinformationen befugt.[453] Zudem wird die Offenbarung von Insiderinformationen für den Management-Käufer aufgrund seiner internen Kenntnisse vom Unternehmen in der Regel die einzige Möglichkeit sein, einen Verstoß gegen das Verwendungsverbot zu vermeiden und seinen vorvertraglichen Aufklärungspflichten zu genügen.[454]

ii) **Weitergabe von Insiderinformationen im Zusammenhang mit öf-** 317
fentlichen Angeboten zum Erwerb von Wertpapieren (einschl. Übernahmeangeboten). Die Grundsätze, nach denen die Weitergabe von Insiderinformationen im Zusammenhang mit dem Erwerb eines Aktienpakets oder einer

---
[451] So *Ziemons* AG 1999, S. 492/495.
[452] *Assmann* Rn. 171; *Schäfer* Rn. 86; *Fürhoff* AG 1998, S. 83/87 f.
[453] *Fürhoff* AG 1998, S. 83/88.
[454] *Assmann* Rn. 171; *Fürhoff* AG 1998, S. 83/87 f.

§ 14 318–320 Abschnitt 3. Insiderüberwachung

bedeutenden Beteiligung (dazu oben Rn. 299 ff.) an einem Unternehmen (Zielgesellschaft) befugt ist, gelten für die **Vorbereitung eines Erwerbs- oder Übernahmeangebots** entsprechend.

318 Die Weitergabe von Insiderinformationen zur Vorbereitung des Erwerbs im Wege eines **öffentlichen Angebots** rechtfertigt **keine andere rechtliche Beurteilung** als die Weitergabe zur Vorbereitung des **außerbörslichen Erwerbs eines Pakets** oder einer wesentlichen Beteiligung, insbesondere für Zwecke einer Due Diligence-Prüfung.[455] Die Interessenlage von Zielgesellschaft und potentiellem Bieter ist im Falle des Erwerbs über ein öffentliches Angebot nach den Vorschriften des WpÜG keine andere als bei einem außerbörslichen Paketerwerb. So heißt es in Erwägungsgrund 29 der Marktmissbrauchsrichtlinie: „Der Zugang zu Insiderinformationen über eine andere Gesellschaft und die Verwendung dieser Informationen bei einem öffentlichen Übernahmeangebot mit dem Ziel, die Kontrolle über dieses Unternehmen zu erwerben oder einen Zusammenschluss mit ihm vorzuschlagen, sollten als solche nicht als Insidergeschäft gelten." Ziel dieses Erwägungsgrundes ist es, den Informationsaustausch zwischen Bietergesellschaft und Emittent und die Durchführung von Übernahmeverfahren nach Maßgabe der EU-Übernahmerichtlinie (und damit nach dem WpÜG) nicht durch die Harmonisierung des Insiderrechts zu beeinträchtigen. Darauf stützt die **BaFin** ihre Auffassung, dass Zielgesellschaften **grundsätzlich alle Informationen im Rahmen einer Due Diligence-Prüfung an den Bieter weitergeben** können, auch wenn diese in Einzelfällen Insiderinformationen enthalten.[456] Die BaFin weist **allerdings** darauf hin, dass die Marktmissbrauchsrichtlinie **keine umfassende Bereichsausnahme für das Übernahmerecht** vorsieht. § 14 ist daher grundsätzlich auch bei öffentlichen Angeboten, einschließlich Übernahmeangeboten, nach dem WpÜG anzuwenden.

319 Damit ist der **Vorstand eines Zielunternehmens** insiderrechtlich **befugt**, im Rahmen einer Due Diligence zur Vorbereitung eines öffentlichen Angebots auch Insiderinformationen an den potentiellen Bieter weiterzugeben. Dieser darf die ihm übermittelten Insiderinformationen nicht dazu missbrauchen, Erwerbe einzelner Aktien außerhalb der beabsichtigten Übernahme zu tätigen (sog. Alongside-Käufe).[457] Außerdem ist die Abgabe des öffentlichen Angebots, in welchem der Bieter eine Insiderinformation „verwendet", erst möglich, nachdem der Emittent eine entsprechende Ad hoc-Mitteilung nach § 15 veröffentlicht hat.[458] Im Einzelfall hat der Vorstand eine **am Unternehmensinteresse ausgerichtete Abwägung der Vor- und Nachteile der Informationsweitergabe** vorzunehmen. Die dabei anzulegenden Kriterien entsprechen denjenigen, die für den Erwerb einer wesentlichen Beteiligung maßgeblich sind (siehe dazu ausführlich oben Rn. 308).

320 Zur Absicherung der insiderrechtlichen Weitergabebefugnis sollte der Vorstand des Zielunternehmens mit dem potentiellen Bieter bereits **vor Beginn der Due Diligence-Prüfung** die **Einzelheiten des öffentlichen Erwerbs-**

---

[455] Siehe nur BaFin, Emittentenleitfaden, S. 28, *Assmann* Rn. 154; *Hasselbach* NZG 2004, S. 1087/1089, 1093; *Schwark* in KMRK, § 14 WpHG Rn. 58; *Schäfer* Rn. 93.
[456] BaFin, Emittentenleitfaden, S. 28.
[457] Vgl. *Apfelbacher* u. a., German Takover Law, Part 3, B. Rn. 52.
[458] BaFin, Emittentenleitfaden, S. 28; siehe auch *Schäfer* Rn. 93.

angebots festlegen und ihn zugleich verpflichten, **außerhalb des Erwerbsangebots keine weiteren Aktien zu erwerben (sog.** *Standstill Agreement*)**.** Dies kann in Form einer Vereinbarung geschehen, die zugleich Regelungen zur **Geheimhaltung/Vertraulichkeit** enthält. Letzteres ist wegen § 15 Abs. 1 Satz 3 dringend erforderlich, da andernfalls die betreffenden Insiderinformationen „zeitgleich" zu veröffentlichen wären (siehe oben Rn. 212 f., 308).

Die Insiderinformation „bevorstehendes Übernahme- bzw. Erwerbsangebot" darf der Bieter an alle nach seiner Ermessensentscheidung (vgl. oben Rn. 208) **für die Vorbereitung und Durchführung, einschließlich der Finanzierung des Vorhabens benötigten Berufsträger,** namentlich Investmentbanker, Anwälte und Wirtschaftsprüfer, wie auch interne Mitarbeiter weitergeben, d. h. er kann diese, ungehindert durch das Insiderrecht, in seine Pläne einweihen.[459] Die so Informierten unterliegen dann ihrerseits den Insiderverboten des § 14 Abs. 1 Nr. 1–3.

Befugt ist die Weitergabe von Insiderinformationen, die im Rahmen der **Information** von Organmitgliedern oder Angestellten **der Zielgesellschaft** über ein bevorstehendes Übernahmevorhaben durch den mit der Vorbereitung dieses Übernahmeangebots befassten Bieter erfolgt.[460] Relevante Insiderinformation ist in dieser Situation die „Beteiligungs- bzw. Übernahmeabsicht". Eine insiderrechtlich befugte Weitergabe setzt allerdings voraus, dass die betreffende Information **im schützenswerten Interesse** der Bietergesellschaft und der Zielgesellschaft liegt. Dies wird regelmäßig der Fall sein, denn die mit einer solchen Information verbundene Eruierung der Möglichkeit einer „freundlichen" Übernahme und damit die Verhinderung eines „feindlichen" Übernahmeversuchs liegt grundsätzlich im Interesse der beteiligten Gesellschaften.[461] Die vorab informierte Zielgesellschaft bzw. deren Organe dürfen die erlangten Informationen an die nach ihrer Ermessensentscheidung im Hinblick auf das bevorstehende Angebot benötigten Berater und internen Mitarbeiter weitergeben (vgl. oben Rn. 245, 259). Es handelt sich dabei um eine befugte Weitergabe.[462]

Als **Warehousing** werden Konstellationen bezeichnet, in denen der **Bieter** zur Unterstützung des Erwerbsvorhabens einen Kreis seinem Vorhaben voraussichtlich wohlgesonnener Dritter über die Beteiligungs- bzw. Übernahmeabsicht informiert und sie damit (mehr oder weniger eindeutig) ermutigt, ihrerseits vor Veröffentlichung des Angebots **im eigenen Namen und auf eigene Rechnung** Aktien der Zielgesellschaft zu erwerben, die später, d. h. nach Durchführung des Angebotsverfahrens, an den Übernehmer weiterveräußert werden. Die Motivation des Bieters zu diesem Vorgehen kann darin liegen, Meldepflichten beim Aufkauf der Papiere des Zielunternehmens zu vermeiden oder die von ihm vorzufinanzierenden Kosten des öffentlichen Angebots gering zu halten. Bis zum Inkrafttreten des WpÜG und des AnSVG wurde die in einer solchen Konstellation erfolgende **Weitergabe der Insiderinformation „Beteiligungs- bzw. Übernahmeabsicht" an einen Dritten** grundsätzlich als insiderrechtlich

---

[459] Vgl. nur *Schäfer* Rn. 93; *Assmann* Rn. 145; *Hopt* ZGR 2002, S. 333/338 f.; *Assmann* ZGR 2002, S. 697/703; *Schacht*, Insiderhandelsverbot bei Öffentlichen Übernahmeangeboten, S. 65.
[460] *Assmann* Rn. 148.
[461] *Assmann* Rn. 148; *Schwark* in KMRK, § 14 WpHG Rn. 57.
[462] *Assmann* Rn. 149.

unbefugt angesehen.[463] Denn die angesprochenen Dritten, die der „Ermutigung" zum Erwerb von Wertpapieren der Zielgesellschaft folgen, würden gegen das Verbot der Verwendung von Insiderinformationen verstoßen, wenn sie den Erwerb in der Vorstellung tätigten, dadurch einen wirtschaftlichen Sondervorteil (für sich oder einen anderen) zu erzielen. Dies sollte der Fall sein, wenn sie damit rechneten *(dolus eventualis),* die im eigenen Namen und für eigene Rechnung erworbenen Wertpapiere nach erfolgreichem Angebot oder nach Veröffentlichung der Angebotsunterlage (vgl. § 14 WpÜG) an den Bieter oder über die Börse mit Gewinn veräußern zu können.[464]

324 Daraus folgt, dass die **Weitergabe von Insiderinformationen in der Konstellation des Warehousing befugt** ist, **wenn** sie in Umsetzung des Übernahmeplanes bestimmungsgemäß dazu dient, Dritte in diesen zwecks Vorerwerb von Aktien einzubeziehen.[465] Veräußert der Dritte die Aktien zu einem vor dem Erwerb zwischen ihm und dem Bieter vereinbarten Preis an diesen, ist der **Erwerb Teil der Umsetzung des Übernahme- bzw. Beteiligungsvorhabens,** so dass in dem Erwerb durch den Dritten kein Verwenden einer Insiderinformation liegt (siehe oben Rn. 99).[466] Streitig ist, ob der Dritte die Voraussetzungen „gemeinschaftlichen Handelns" mit dem Bieter i. S. v. § 2 Abs. 5 WpÜG erfüllen und später in der Angebotsunterlage als mit dem Bieter gemeinsam handelnde Person genannt werden muss.[467] Dies ist wegen der übernahmerechtlichen Sonderrolle, die das Gesetz den mit dem Bieter gemeinschaftlich handelnden Personen einräumt, zu verlangen (vgl. oben Rn. 99). Ist der Erwerb durch einen Dritten hingegen nicht als Teil der Umsetzung eines Beteiligungs- bzw. Übernahmebeschlusses anzusehen, ist die Weitergabe der Insiderinformation „Beteiligungs- bzw. Übernahmeabsicht" an Dritte unbefugt. Im Ergebnis stellt Warehousing im Zusammenhang mit geplanten Übernahme- und Erwerbsangeboten für alle Beteiligten ein **Strafbarkeitsrisiko** dar.[468]

325 Von der oben (Rn. 323) beschriebenen Konstellation des Warehousing zu unterscheiden ist der Fall, dass **im Vorfeld eines öffentlichen Übernahme- oder Erwerbsangebots maßgeblich beteiligte Aktionäre der Zielgesellschaft angesprochen** werden, **um sich ihrer Unterstützung für das Angebot zu versichern,** insbesondere in der Form einer Veräußerungsabsicht in Bezug auf ein gehaltenes Paket.[469] Anders als beim Warehousing würde der angesprochene Kreis die Aktien nicht auf der Grundlage der Kenntnis von dem beabsichtigten öffentlichen Erwerbsangebot erwerben, sondern bereits halten, wenn die Ansprache durch den potentiellen Bieter erfolgt. Es geht **nur** um **das bereits**

---

[463] *Wittich* in Die Übernahme börsennotierter Unternehmen, S. 377/382; *Hopt* ZGR 2002, S. 333/339; differenzierend *Süßmann* AG 1999, S. 162/170; aA jetzt *Assmann* Rn. 147; *Schäfer* Rn. 35, wenn der Dritte selbst keinen wirtschaftlichen Vorteil aus der Transaktion zieht, weil er Teil des Gesamtplanes des Bieters ist.
[464] *Brandi/Süßmann* AG 2004, S. 642/646; *Wittich* in Die Übernahme börsennotierter Unternehmen, S. 377/382; i. E. auch *Tippach,* Das Insider-Handelsverbot, S. 210.
[465] *Schäfer* Rn. 95.
[466] Siehe dazu *Süßmann* AG 1999, S. 162/170.
[467] Bejahend *Assmann* Rn. 147; verneinend *Brandi/Süßmann* AG 2004, S. 642/645.
[468] So *Assmann/Cramer,* 3. Aufl., Rn. 85 a.
[469] In der Literatur auch als *dawn raid* bzw. als Überraschungsmanöver bezeichnet, weil der oder die Inhaber der Beteiligungen häufig überraschend angesprochen werden; siehe *Süßmann* AG 1999, S. 162/170 Fn. 95.

Verbot von Insidergeschäften 326–329 § 14

vorhandene Paket, d.h. der Paketaktionär soll nicht ermutigt werden, das Angebot durch weitere Aktienkäufe vor der Veröffentlichung zu unterstützen.

Eine **pauschale Qualifikation der Weitergabe als unbefugt**[470] ist abzulehnen, da dies im Einzelfall **den Interessen der Zielgesellschaft und des Bieters widersprechen kann**. Der Erfolg eines öffentlichen Angebots hängt in vielen Fällen davon ab, dass der angestrebte **Zusammenschluss von den maßgeblichen Aktionären der Zielgesellschaft**, aber auch **von anderen wichtigen Beteiligten** (Großbanken, politische Stellen, Gewerkschaften) getragen und **unterstützt wird**. Deshalb gehört es zur ordnungsgemäßen Vorbereitung eines öffentlichen Angebots, im Rahmen des Möglichen abzuklären, ob und unter welchen Voraussetzungen diese Unterstützung erfolgt. Es liegt **im Interesse des Bieters**, sich **Klarheit über das Verhalten der Großaktionäre** zu verschaffen. Umgekehrt besteht **auch ein Interesse des Zielunternehmens**, dass das Angebot und die damit verbundene Publizität wegen des Widerstands der Großaktionäre im Vorfeld besser ganz unterbleiben, als dass ein solches Angebot später scheitert. 326

Im Rahmen der für die Feststellung einer Weitergabebefugnis vorzunehmenden **Interessenabwägung** kann eine Berücksichtigung vorstehend genannter Gesichtspunkte dazu führen, dass das **Ansprechen von Paketaktionären im Vorfeld eines öffentlichen Angebots befugt** und deshalb zulässig ist. 327

Aus den gleichen Erwägungen heraus kann in Einzelfällen die **Unterrichtung von politischen Organen** (beispielsweise einer Landesregierung) von einem beabsichtigten Übernahmevorhaben insiderrechtlich befugt sein, wenn der Bieter infolge einer von ihm vorzunehmenden Güter- und Interessenabwägung zu Recht davon ausgehen kann, dass die betreffende Stelle eine „**politische Zuständigkeit**" wegen des besonderen struktur- und arbeitspolitischen Umfelds für eine solche Übernahme in Anspruch nehmen wird. Dann liegt es häufig im Interesse der beteiligten Unternehmen, insbesondere auch des Zielunternehmens, dass vorab eine persönliche Unterrichtung erfolgt. 328

Erlangt ein **Mitglied eines Organs der Zielgesellschaft** von einem beabsichtigten öffentlichen Angebot Kenntnis, wird es zum Insider in Bezug auf die Wertpapiere seines Unternehmens. Damit unterliegt es dem **Weitergabeverbot**. Sucht ein solches Organ nach einem **befreundeten Unternehmen oder einer Person** mit dem Ziel, dass dieses im eigenen Namen und für eigene Rechnung Aktien des Zielunternehmens erwirbt, um die Zahl übernahmefähiger Papiere zu reduzieren, oder ein konkurrierendes Angebot abgibt – beides zur Abwehr des Erfolgs des beabsichtigten Erwerbsangebots (sog. *white knight*) –, wurde die in diesem Rahmen vor Bekanntwerden der Angebotspläne (in aller Regel durch Veröffentlichung nach § 10 WpÜG) erfolgende Weitergabe der Insiderinformation „bevorstehendes Übernahmeangebot"[471] früher wohl überwiegend als insiderrechtlich unbefugt angesehen.[472] 329

---

[470] So *Süßmann* AG 1999, S. 162/170; wohl auch *Assmann* Rn. 139.
[471] Nach Veröffentlichung der Entscheidung zur Abgabe eines Übernahme- oder Erwerbsangebots liegt keine Insiderinformation mehr vor.
[472] *Assmann/Cramer*, 3. Aufl., Rn. 88; *Wittich* in Die Übernahme börsennotierter Unternehmen, S. 377/382; *Steinmeyer/Häger*, WpÜG, 1. Aufl., § 10 Rn. 68; aA *Süßmann*, AG 1999, S. 162/171; *Hopt* ZGR 2002, S. 333/357; *ders.* in Bankrechts-Handbuch, 2. Aufl., § 107 Rn. 60.

§ 14 330–333 Abschnitt 3. Insiderüberwachung

330 Nach Inkrafttreten des WpÜG kann die im Rahmen der Suche nach einem *white knight* erfolgende Mitteilung von Informationen über ein Angebot an den jeweils angesprochenen potentiellen Konkurrenten des Bieters nicht mehr als unbefugt angesehen werden. Denn **§ 33 Abs. 1 Satz 2 WpÜG** nimmt die **„Suche nach einem konkurrierenden Übernahmeangebot"** ausdrücklich von dem grundsätzlichen Verbot des Ergreifens von Abwehrmaßnahmen in § 33 Abs. 1 Satz 1 WpÜG aus. Das Insiderrecht soll keine Maßnahmen der Zielgesellschaft verhindern, die **nach dem Übernahmerecht erlaubt** sind.[473] Die Weitergabe im Zusammenhang mit der Beauftragung eines *white knight* pauschal als unbefugt zu qualifizieren, wird den vielfältigen Gründen, die die Beauftragung Dritter mit Maßnahmen zur Abwehr der Übernahme rechtfertigen können, nicht gerecht. Das Leitungsorgan der Zielgesellschaft hat nach den oben dargelegten (Rn. 203 ff.) allgemeinen Grundsätzen eine **Interessenabwägung** vorzunehmen, die zu dem Ergebnis kommen kann, dass die **Weitergabe im jeweiligen Einzelfall befugt** ist.

331 **jj) Weitergabe von Insiderinformationen im Rahmen möglicher Interessenkonflikte von Kreditinstituten, Wertpapierdienstleistungsunternehmen und anderen in der Anlageberatung tätigen Unternehmen.** Die Frage der Befugnis zur Weitergabe von Insiderinformationen stellt sich hinsichtlich des Umgangs mit Insiderinformationen durch Kreditinstitute (§ 1 Abs. 1 KWG), Finanzdienstleistungsinstitute (§ 1 Abs. 1a KWG), Finanzunternehmen (§ 1 Abs. 3 KWG), Wertpapierdienstleistungsunternehmen (§ 2 Abs. 4) und andere in der Anlageberatung tätige Unternehmen sowie durch deren jeweilige Mitarbeiter im Rahmen der Geschäfts- und Beratungstätigkeit **(Anlageberatung, Wertpapiergeschäfte)**.

332 Es besteht folgende **Konfliktsituation:** Erlangt ein solches Unternehmen Kenntnis von einer Insiderinformation, stellt sich die Frage, ob diese **Insiderinformation bei der Anlageberatung** oder bei sonstigen Geschäften **an die Kunden weitergegeben** oder **für Empfehlungen** an diese (vgl. das Empfehlungsverbot in § 14 Abs. 1 Nr. 3) **genutzt werden darf** oder gar muss.

333 Der Konflikt soll an einem **Beispiel** verdeutlicht werden:[474] Die Konsortialabteilung eines Kreditinstituts erlangt bei einer Due Diligence-Prüfung, die anlässlich einer Kapitalerhöhung mit anschließender Börsenzulassung der jungen Aktien durchgeführt wird, Kenntnis von betrügerischen Aktivitäten des Vorstands des Emittenten. Die Research-Abteilung des Kreditinstituts ist aufgrund vorangegangener Studien anhand des öffentlich zugänglichen Materials zu dem Schluss gekommen, die Aktien überzugewichten. Eigenhandel, Vermögensverwaltung und Kunden, die um Beratung bitten, erwerben deshalb die Aktien. Der Emittent mag in dieser Situation verpflichtet sein, eine Ad hoc-Mitteilung gemäß § 15 zu machen,[475] doch der Vorstand kommt dieser nicht nach. Über die Her-

---

[473] Vgl. dazu *Assmann* Rn. 150; *Hasselbach* NZG 2004, S. 1087/1094; *Brandi/Süßmann* AG 2004, S. 642/647; *Hopt* ZGR 2002, S. 333/357; *ders.* schon in FS Lutter, S. 1361/ 1395; *Assmann* ZGR 2002, S. 697/706 f.; in diese Richtung auch *Fleischer* in *Fleischer/ Kalss*, WpÜG, § 1 III. 2. b) bb) und § 3 III. 7; *Schacht*, Insiderhandelsverbot bei Öffentlichen Übernahmeangeboten, S. 84 f.
[474] Beispiel bei *Süßmann* AG 1999, S. 162/171 f.
[475] Kritisch zur Verpflichtung einer Ad hoc-Mitteilung bei strafbaren Handlungen § 15 Rn. 229; anders aber bei staatsanwaltschaftlichen Durchsuchungen und Verhaftungen.

stellung der Ad hoc-Publizität kann der Konflikt, ob die Mitarbeiter der Konsortialabteilung ihre Kollegen in Eigenhandel, Wertpapierberatung und Asset Management von der Insiderinformation „betrügerische Aktivitäten des Vorstands" unterrichten können bzw. müssen, nicht gelöst werden.

Interessenkonflikte dieser Art sind einer **Lösung** zuzuführen, indem die **Interessen der Betroffenen unter Berücksichtigung anderweitig begründeter Verhaltenspflichten der Unternehmen** auf der einen Seite und der **Zielsetzung des Insiderrechts** auf der anderen Seite sorgfältig **gegeneinander abgewogen** werden. 334

Vor Erlass des WpHG war in der Literatur **streitig,** ob und inwieweit Anlageberater und Vermögensverwalter verpflichtet waren, Insiderinformationen an die Anleger (Kunden) weiterzugeben bzw. zugunsten der Anleger zu verwenden. Während sich eine mehrheitliche Auffassung in der Literatur herausgebildet hatte, wonach im Ergebnis eine **Weitergabepflicht** des Instituts **abzulehnen** und dieses nur in Ausnahmefällen berechtigt bzw. verpflichtet sei, Informationen an den Kunden weiterzugeben, um Schaden von dessen Vermögen abwenden,[476] wurde von einem Teil der Literatur die Auffassung vertreten, Kreditinstitute und andere in der Anlageberatung tätige Unternehmen seien nicht nur berechtigt, sondern grundsätzlich auch verpflichtet, ihr Insiderwissen in die Anlageberatung ihrer Kunden eingehen zu lassen.[477] 335

Nach **heute ganz h. M.** ist die letztgenannte Auffassung mit den Insidervorschriften des WpHG nicht vereinbar.[478] Der **Interessenkonflikt** zwischen den gesetzlichen insiderrechtlichen Verboten einerseits und dem Interesse des Kunden an umfassender Information und Beratung andererseits ist im Ergebnis **zu Lasten des einzelnen Kunden** und zugunsten eines die Interessen des Marktpublikums schützenden Weitergabeverbots **zu entscheiden.**[479] Das mit dem Insiderhandelsverbot verfolgte Ziel, allen Anlegern im Hinblick auf die informationellen Grundlagen ihrer Wertpapiergeschäfte Chancengleichheit zu gewährleisten und Sondervorteile durch die Verwertung von Insiderwissen zu verhindern, verbietet es, einzelnen Marktteilnehmern diesen Sondervorteil nur deshalb zu gewähren, weil sie Kunden eines bestimmten Instituts sind.[480] Es gibt **keinen Individualanspruch eines Kunden auf Kenntnis von Insiderinformationen,** der sich gegenüber dem Anspruch aller Marktteilnehmer auf die Wahrung ihrer informationellen Chancengleichheit durchsetzt.[481] Außerdem kann zwin- 336

---

[476] Grundlegend *Canaris,* Bankvertragsrecht, Rn. 1892 ff.; *Heinsius* ZHR 145 (1981), S. 177/188; vgl. auch *Arbeitskreis Gesellschaftsrecht,* § 16, sowie zu dessen Begründung S. 37.
[477] So insbesondere *Hopt,* Kapitalanlegerschutz im Recht der Banken, S. 448 ff.; *Schwark* DB 1971, S. 1605/1607. Vgl. hierzu auch jeweils mwN *Dingeldey* DB 1982, S. 685 ff.; *Hopt* in FS Heinsius, S. 289/300; *Tippach,* Das Insider-Handelsverbot, S. 266 ff., 272 ff.
[478] *Assmann* Rn. 107; *Assmann* AG 1994, S. 237/253 ff.; *ders.* WM 1996, S. 1337/1351 ff.; *ders.* AG 1997, S. 50/57 f.; *Schäfer* Rn. 45; *Claussen,* Insiderhandelsverbot und Ad hoc-Publizität, Rn. 78; *Tippach,* Das Insider-Handelsverbot, S. 272 ff.; *Cramer* AG 1997, S. 59/62; *Cahn* ZHR 162 (1998), S. 1/42; *Süßmann* AG 1999, S. 162/172.
[479] *Assmann* AG 1994, S. 237/254; *ders.* WM 1996, S. 1337/1352; *Assmann* Rn. 107 f.; *Tippach,* Das Insider-Handelsverbot, S. 272.
[480] *Assmann* WM 1996, S. 1337/1352; *Schanz,* Börseneinführung, § 16 Rn. 31.
[481] *Assmann* Rn. 108; *Assmann* AG 1994, S. 237/254; *ders.* WM 1996, S. 1337/1352; *Tippach,* Das Insider-Handelsverbot, S. 272 ff., 284. In diese Richtung bereits vor Erlass des WpHG *Canaris,* Bankvertragsrecht, Rn. 1893; *Dingeldey* DB 1982, S. 685/687.

gendes Gesetzesrecht nicht durch das Eingehen vertraglicher Beziehungen zur Disposition gestellt werden.[482]

337 In Bezug auf die **Pflichtenkollision,** die beim Aufeinandertreffen sich widersprechender insiderrechtlicher Verhaltenspflichten einerseits und der Verantwortlichkeit von Kreditinstituten für die Wahrung der Vermögensinteressen ihrer Kunden andererseits besteht, wurde nach Inkrafttreten des WpHG in der Literatur zum Teil die Auffassung vertreten, den von der Pflichtenkollision betroffenen Unternehmen sei zumindest **ein die Weitergabe einer Insiderinformation rechtfertigendes Nothilferecht** einzuräumen. Dieses soll „in **Extremfällen**" greifen, um Kunden nicht sehenden Auges ins Verderben laufen zu lassen.[483] Die Gewährung eines **Nothilferechts** bzw. **Notstandshilferechts** ist rechtsdogmatisch schwer zu begründen[484] und in der Sache angesichts der klaren gesetzlichen Regelung **nicht gerechtfertigt.**[485] Es widerspricht dem Sinn und Zweck des Weitergabeverbots, bei jedem Konflikt den Kreis der Insider (in Verletzung des insiderrechtlichen Grundsatzes der Chancengleichheit) auf sämtliche in ihrer Disposition von der Insiderinformation betroffenen Kunden unter Berufung auf ein Notstandshilferecht zu erweitern.[486]

338 Die Lösung dieser Fälle der Pflichtenkollision ergibt sich aus einer **Abwägung der Interessen der Marktteilnehmer** an informationeller Chancengleichheit **mit** den **Interessen von Individuen und beteiligten Unternehmen** mit dem Ziel, die gegeneinander abzuwägenden Interessen beide der **jeweils bestmöglichen Geltung** zuzuführen (siehe allgemein oben Rn. 203 ff.).[487]

339 Dabei ist insbesondere dem Umstand Rechnung zu tragen, dass das über Insiderkenntnisse verfügende Kreditinstitut oder Beratungsunternehmen derartige Konfliktlagen zu einem erheblichen Teil durch **geeignete Vorkehrungen** vermeiden kann. In der Literatur[488] wird zur Lösung des Konflikts vorgeschlagen, dass Mitarbeiter die **Compliance-Stelle** im Kreditinstitut[489] **über Insiderinformationen informieren.** Diese kann Kundenberatung und Handel ohne

---

[482] Dazu *Cahn* ZHR 162 (1998), 1/42; so auch *Schäfer* Rn. 45.
[483] So *Hopt* in FS Heinsius, S. 289/301 ff.; so auch schon *Canaris*, Bankvertragsrecht, Rn. 1894; *Heinsius* ZHR 145 (1981), S. 177/194. Die Bezeichnung „Nothilfe", die auf § 32 StGB hindeutet, ist unpräzise, denn eine Nothilfe kann mangels eines menschlichen Angriffs nicht vorliegen. Richtigerweise würde es sich um eine Notstandshilfesituation entsprechend § 34 StGB handeln.
[484] Dazu ausführlich und überzeugend *Tippach*, Das Insider-Handelsverbot, S. 277 ff.; zustimmend *Assmann* Rn. 110; *Assmann* WM 1996, S. 1337/1352.
[485] *Assmann* Rn. 110; *Schäfer* Rn. 45; *Assmann* WM 1996, S. 1337/1352 f.; *Cramer* AG 1997, S. 51/62; *Süßmann* AG 1999, S. 162/172; *Tippach*, Das Insider-Handelsverbot, S. 278.
[486] Vgl. dazu *Assmann* Rn. 110.
[487] Wertpapierdienstleistungsunternehmen sind gemäß § 31 Abs. 2 Nr. 2 zur Mitteilung aller zweckdienlichen Informationen an ihre Kunden verpflichtet.
[488] *Eisele* in Bankrechts-Handbuch, § 109 Rn. 151 ff.; auch *Süßmann* AG 1999, S. 162/172.
[489] Hierzu § 12 der Verordnung zur Konkretisierung der Verhaltensregeln und Organisationsanforderungen für Wertpapierdienstleistungsunternehmen, WpDVerOV Nr. 20. 7. 2007, BGBl. I 2007, S. 1432/1439, sowie die Vorgängerregelung Nr. 3.3 und 4.2 der *Richtlinie des BAWE* (heute BaFin) zur Konkretisierung der Organisationspflichten von Wertpapierdienstleistungsunternehmen gemäß § 33 Abs. 1 WpHG vom 25. 10. 1999, BAnz. Nr. 210 vom 6. 11. 1999, S. 1845, abrufbar unter www. bafin.de.

Offenlegung der Insiderinformationen mittels einer Sperrliste *(restricted list)* dazu anhalten, in dem **Wertpapier nicht mehr zu handeln** und die **entsprechende Beratung einzustellen.** Die Befugnis der Mitarbeiter, den Compliance-Beauftragten zu informieren, folgt aus den Organisationspflichten und den Aufgaben des Compliance-Beauftragten, der ohne Kenntnis von den Insiderinformationen seinen Aufgaben nach § 12 Abs. 3 und 4 iVm Abs. 1 und 2 WpDVerOV nicht nachkommen kann. Wenn der Compliance-Beauftragte eine bestimmte Information zum Anlass nimmt, Mitarbeiter dazu anzuhalten, die betreffenden Wertpapiere nicht mehr zu handeln oder zu empfehlen, liegt darin weder die Verwendung der Insiderinformation für eigene oder fremde Erwerbs- oder Veräußerungsgeschäfte noch die an einen anderen gerichtete Empfehlung, Wertpapiere zu erwerben oder zu veräußern.[490]

kk) Prospekterstellung. Eine Problematik, die derjenigen im Wertpapiergeschäft und in der Kundenberatung vergleichbar ist, besteht im **Emissionsgeschäft** der Kredit- oder Finanzdienstleistungsinstitute bei Mitwirkung an einem **Emissionsprospekt.** 340

Nach den börsenzulassungsrechtlichen Vorschriften muss **jeder Prospekt,** sei es ein Wertpapierprospekt (§ 44 BörsG) oder Verkaufsprospekt (§ 8 f und g VerkProspG iVm der VermVerkProspV) über die tatsächlichen und rechtlichen Verhältnisse, die für die Beurteilung der angebotenen Wertpapiere notwendig sind, Auskunft geben und **richtig und vollständig sein.** Dem Publikum bzw. den angesprochenen Investoren muss ein zutreffendes Urteil über den Emittenten und die angebotenen Wertpapiere ermöglicht werden. Sind die Angaben zur Beurteilung des Emittenten und der Wertpapiere im Prospekt unrichtig oder unvollständig, haften diejenigen, die den Prospekt erlassen haben (vgl. §§ 44 ff. BörsG, § 13 VerkProspG). 341

Prospekte sind außer vom Emittenten auch von den Mitgliedern des Emissions- bzw. Börseneinführungskonsortiums zu unterschreiben.[491] Damit erlassen letztere neben dem Emittenten den Prospekt und übernehmen die Verantwortung für seine Richtigkeit und Vollständigkeit.[492] Dies kann bei Kenntnis eines Mitglieds des Emissionskonsortiums von Insiderinformationen in einem Bereich seines Instituts (zB in der Kreditabteilung) zu einem Konflikt führen, wenn die betreffende Tatsache aufgrund der börsenrechtlichen Vorschriften im Prospekt genannt werden müsste. *In concreto* handelt es sich um einen **Konflikt** zwischen der **grundsätzlichen Pflicht zur Offenlegung aufgrund der Prospektverantwortlichkeit** und dem **insiderrechtlichen Weitergabeverbot** und damit um eine **Kollision marktbezogener Verhaltensanforderungen.**[493] 342

Die **Weitergabe** einer Insiderinformation **an die den Börsengang betreuende Konsortialabteilung** im Wege des sog. *chinese wall crossing* soll befugt sein.[494] Zwar lässt die notwendige Funktionentrennung in Wertpapierdienstleistungsunternehmen (vgl. § 33 Abs. 1) eine solche Weitergabe grundsätzlich nicht 343

---

[490] *Assmann* Rn. 112; *Schäfer* Rn. 45; *Schwark* in KMRK, § 14 WpHG, Rn. 64; *Süßmann* AG 1999, S. 162/172; vgl. *Cramer* AG 1997, S. 59/62; *Cahn* ZHR 162 (1998), S. 1/45 ff.
[491] Vgl. dazu *Schäfer* in *Schwintowski/Schäfer*, Bankrecht, § 23 Rn. 79 f.
[492] Vgl. *Assmann* in Handbuch des Kapitalanlagerechts, § 6 Rn. 222 ff. mwN.
[493] So *Assmann* Rn. 111.
[494] So *Süßmann* AG 1999, S. 162/172 f.

zu. Zudem sollen organisatorische Trennungen wie auch das insiderrechtliche Weitergabeverbot verhindern, dass Insiderinformationen an alle Stellen, welche die Insiderinformationen möglicherweise verwerten können, weitergegeben werden. Das insiderrechtliche Weitergabeverbot verbietet aber eine Informationsweitergabe nicht, wenn dies vernünftig und notwendig ist, um die angetragenen Aufgaben zu bewältigen (siehe oben Rn. 245; *need to know*-Prinzip). Aus der Prospekthaftung können je nach Größe des Instituts und des Volumens der zu platzierenden Wertpapiere gravierende Risiken für das Institut entstehen.

344 Davon zu trennen ist die Frage, ob die betreffende **Insiderinformation in den Prospekt aufzunehmen** ist, ohne dass diese zuvor im Wege der Ad hoc-Publizität den Vorgaben der WpAIV entsprechend veröffentlicht worden ist. **Eine Befugnis zur Bekanntgabe der Insiderinformation in einem Prospekt besteht nicht.** Die Darstellung im Prospekt würde nicht die erforderliche Bereichsöffentlichkeit schaffen.[495] Deshalb kann ein Vorrang der Informations- und Offenbarungspflichten der Prospektverantwortlichen vor den gegenläufigen Pflichten aus dem insiderrechtlichen Weitergabeverbot nicht *per se* angenommen werden.[496] Prospektverantwortliche (Finanzinstitut, aber auch der Emittent) können ihren gegenläufigen Pflichten nur dadurch gerecht werden, dass von einer Offenlegung der Insiderinformation im Prospekt abgesehen wird. Allerdings muss dafür Sorge getragen werden, dass der Prospekt – im Lichte der Insiderinformation betrachtet – keine falschen Angaben enthält und keinen unzutreffenden Gesamteindruck hervorruft.[497] Andernfalls muss der Emittent vor Prospektveröffentlichung die Bereichsöffentlichkeit (über die Veröffentlichung in dem durch die WpAIV vorgeschriebenen Verfahren) herstellen bzw. vom Kreditinstitut dazu veranlasst werden. Alternativ muss das Kreditinstitut die Mitwirkung an der Emission unterlassen, oder diese muss verschoben werden.[498]

2. Subjektiver Tatbestand

345 Der subjektive Tatbestand des Weitergabeverbots des § 14 Abs. 1 Nr. 2 setzt voraus, dass der Insider/Täter die Insiderinformation einem anderen **vorsätzlich oder leichtfertig** unbefugt mitteilt oder zugänglich macht. Ein vorsätzlicher Verstoß gegen das Weitergabeverbot des § 14 Abs. 1 Nr. 2 ist nur für den Primärinsider, also den Insider, der eines der in § 38 Abs. 1 Nr. 2 lit. a) bis d) genannten persönlichen Merkmale aufweist, eine Straftat (§ 38 Abs. 1 Nr. 2). Für den Sekundärinsider stellen Verstöße hingegen nur eine Ordnungswidrigkeit dar (§ 39 Abs. 2 Nr. 3), da der Unrechtsgehalt in objektiver Hinsicht im Vergleich zu den Straftatbeständen des § 38 geringer einzustufen ist. Ein leichtfertiger Verstoß gegen das Weitergabeverbot ist sowohl für den Primärinsider als auch für den Sekundärinsider gemäß § 39 Abs. 2 Nr. 3 eine Ordnungswidrigkeit.

---

[495] *Assmann* Rn. 111; *Schäfer* Rn 79; *Süßmann* AG 1999, S. 162/173.
[496] So *Assmann* WM 1996, S. 1337/1354; aA wohl *Tippach*, Das Insider-Handelsverbot, S. 266, der vom Insiderrecht, etwa im Hinblick auf Verhaltenspflichten im Kundengeschäft als „Sekundärrecht" spricht.
[497] *Assmann* AG 1994, S. 237/254; *ders.* WM 1996, S. 1337/1354; *Assmann* Rn. 111 unter Hinweis auf BGH, 12. 7. 1982 – II ZR 175/81, NJW 1982, S. 2823/2826 (Beton- und Monierbau; aA wohl *Schäfer* Rn. 79.
[498] *Hopt* in Bankrechts-Handbuch, 2. Aufl., § 107 Rn. 91; *Süßmann* AG 1999, S. 162/173.

a) Vorsatz

Ausreichend ist **bedingter Vorsatz** *(dolus eventualis)*, d. h. der Täter muss mit 346 der Möglichkeit der Tatbestandsverwirklichung rechnen, und er muss dies auch billigend in Kauf nehmen (siehe auch oben Rn. 171). Dem Täter/Insider muss es bewusst sein, dass er einem anderen durch sein Handeln oder Unterlassen die Insiderinformation mitteilt bzw. zugänglich macht, was er billigend in Kauf nehmen muss.

Der Vorsatz des Täters muss sich **auf alle Tatbestandsmerkmale beziehen**. 347 In personeller Hinsicht muss der Täter, sofern es sich um den Verstoß eines Primärinsiders handelt, in der Vorstellung handeln, Insider gemäß § 38 Abs. 1 Nr. 2 lit. a), b) oder c) zu sein. Der Täter muss in der Vorstellung handeln, einem anderen eine Insiderinformation mitzuteilen oder zugänglich zu machen, und er muss den Akt des Mitteilens oder Zugänglichmachens auch wollen.

Der Insider/Täter muss **Vorsatz in Bezug auf das Tatbestandsmerkmal** 348 **der Insiderinformation** haben. Auch insofern ist *dolus eventualis* ausreichend. Es genügt nicht, dass der Betreffende die **Tatsache „an sich"** kennt; es ist erforderlich, dass sich der Inhaber der Information auch **Vorstellungen über deren rechtliche Qualität als Insiderinformation** gemacht hat. Siehe ausführlich dazu oben Rn. 173 ff.

Der vorsätzliche Verstoß gegen § 14 Abs. 1 Nr. 2 erfordert, dass es dem Tä- 349 ter/Insider bewusst ist und er dies billigend in Kauf nimmt, dass er einem anderen durch sein Handeln oder Unterlassen die Insiderinformation mittelbar oder unmittelbar mitteilt oder zugänglich macht. **Nicht vorausgesetzt** ist ein gemeinsam geplantes, **kollusives Zusammenwirken von Insider und Drittem** („anderem"). Dem Dritten braucht es nicht bewusst zu sein, dass ihm der Zugang zur Insiderinformation vorsätzlich eröffnet wurde; er kann auch an eine günstige Gelegenheit glauben.[499]

Ausreichend, aber erforderlich ist auf Seiten desjenigen, der die Insiderin- 350 formation mitteilt oder zugänglich macht, dass er **mit der physischen und intellektuellen Möglichkeit der Kenntnisnahme von der Insiderinformation durch den anderen rechnet und dies in Kauf nimmt**. Ihm muss bewusst sein, dass er durch seine Handlung oder Unterlassung einem Dritten die Kenntnisnahme ermöglicht.[500] Rechnet der Täter zB nicht mit der physischen Möglichkeit der Kenntnisnahme, etwa weil er die Trennscheibe zwischen ihm und dem Fahrer im Dienstwagen fälschlicherweise für vollkommen schalldicht hält, unterliegt er einem den Vorsatz ausschließenden Tatbestandsirrtum gemäß § 16 Abs. 1 StGB (Primärinsider) bzw. § 11 Abs. 1 OWiG (Sekundärinsider), unabhängig davon, wie grobgläubig die Fehlvorstellung war.[501]

Namentlich im Hinblick auf die **Tatbestandsvariante des Zugänglichma-** 351 **chens** muss der Täter wissen oder damit rechnen und dies billigend in Kauf nehmen, dass der **Dritte sich die Kenntnis von der Insiderinformation**

---

[499] *Assmann/Cramer*, 3. Aufl., Rn. 43; *Lücker*, Der Straftatbestand des Missbrauchs von Insiderinformationen, S. 104, 122. Siehe auch oben Rn. 192.
[500] *Lücker*, Der Straftatbestand des Missbrauchs von Insiderinformationen, S. 122.
[501] Dieses Beispiel bei *Lücker*, Der Straftatbestand des Missbrauchs von Insiderinformationen, S. 122 f.

verschaffen wird.[502] Ein vorsatzausschließender Tatbestandsirrtum ist zB dann anzunehmen, wenn ein Organmitglied ein Schreiben oder einen Vermerk, in dem von einer Insiderinformation berichtet wird, offen auf seinem Schreibtisch liegen lässt, ohne daran zu denken, dass eine Reinigungsfrau vom Inhalt des Briefes Kenntnis nehmen könnte.[503] Bei der Tatbestandsvariante des Mitteilens einer Insiderinformation handelt der Täter nicht vorsätzlich, wenn er damit rechnet, dass die Person, der die Insiderinformation mitgeteilt werden soll, sie schon kennt.[504]

352 § 14 Abs. 1 Nr. 2 setzt voraus, dass die Insiderinformation einem Dritten **unbefugt** mitgeteilt oder zugänglich gemacht wird. Das Merkmal der Unbefugtheit ist nicht als allgemeines Verbrechensmerkmal zu qualifizieren; es handelt sich um ein **echtes Tatbestandsmerkmal** (dazu oben Rn. 197) mit der Folge, dass sich der **Vorsatz** des Täters auch auf dieses beziehen muss.

353 Das Tatbestandsmerkmal „unbefugt" ist kein (jedenfalls kein rein) deskriptives Merkmal. Es beschreibt keine natürlichen Gegebenheiten, sondern ist wertausfüllungsbedürftig. **Zur Bestimmung des Tatbestandsmerkmals „unbefugt"** ist eine **Interessenabwägung** vorzunehmen, welche die Ziele des Insiderrechts auf der einen Seite und die Interessen von Unternehmen und anderen wirtschaftlichen und rechtlichen Funktionseinheiten auf der anderen Seite der jeweils bestmöglichen Geltung zuführt (vgl. oben Rn. 203 ff.). Es handelt sich deshalb um ein **normatives Tatbestandsmerkmal**.[505] Der Täter braucht nicht die aus den Gesetzesbegriffen folgende rechtliche Wertung zu vollziehen; nach ganz h. M. genügt die sog. **„Parallelwertung in der Laiensphäre"**, die voraussetzt, dass der Täter die Tatsachen kennt, die dem normativen Begriff zugrunde liegen, und auf der Grundlage dieses Wissens den sozialen Sinngehalt des Begriffs richtig versteht. Mit anderen Worten: Der Täter muss den rechtlich-sozialen Bedeutungsgehalt nach Laienart richtig erfasst haben.[506]

354 Geht der Insider/Täter auf der Grundlage von in ihrer Bedeutung zutreffend erkannten Umständen infolge einer **rechtlichen Fehlsubsumtion** irrtümlich davon aus, dass das Mitteilen oder Zugänglichmachen einer Insiderinformation befugt war, liegt seitens des Täters ein **sog. Subsumtionsirrtum** vor; dieser ist **für den Vorsatz unerheblich**.[507] Nimmt der Insider/Täter zB an, er müsse an einen Kleinaktionär all diejenigen Tatsachen weitergeben, die er dem Erwerber einer wesentlichen Beteiligung am Unternehmen im Rahmen einer Due Diligence offen gelegt hat, unterliegt er einem bloßen Subsumtionsirrtum; er handelt deshalb vorsätzlich in Bezug auf das Tatbestandsmerkmal „unbefugt".

355 Entscheidend ist, ob der Betreffende den **Irrtum über die Rechtmäßigkeit seines Tun** vermeiden konnte oder nicht (vgl. § 17 Satz 1 StGB bzw. § 11 Abs. 2 OWiG). Konnte er diesen Irrtum nicht vermeiden, handelte er ohne

---

[502] *Assmann* Rn. 115; *Schwark* in KMRK, § 14 WpHG, Rn. 48.
[503] Beispiel bei *Assmann* Rn. 115.
[504] *Assmann* Rn. 115.
[505] Siehe nur *Lücker*, Der Straftatbestand des Missbrauchs von Insiderinformationen, S. 123.
[506] Vgl. etwa BGH, 28. 10. 1952 – 1 StR 450/52, BGHSt 3, S. 248/255; 24. 9. 1953 – 5 StR 225/53, BGHSt 4, S. 347/352; *Lackner/Kühl*, StGB, § 15 Rn. 14 mwN.
[507] H. M., vgl. *Lackner/Kühl*, StGB, § 15 Rn. 14 a. E.

Schuld und bleibt straffrei.[508] Konnte der Täter den Irrtum vermeiden, kann die Strafe fakultativ nach § 49 Abs. 1 StGB gemildert werden.

Nach der Rechtsprechung ist der **Maßstab der Vermeidbarkeit** strenger als der für eine vorwerfbare Sorgfaltspflichtverletzung bei der Fahrlässigkeit.[509] Es kommt darauf an, ob der konkrete Täter nach seinen individuellen Fähigkeiten bei Einsatz „aller seiner Erkenntniskräfte und sittlichen Wertvorstellungen" zur Unrechtseinsicht hätte kommen können. Unter Umständen ist eine Erkundigung gefordert, insbesondere durch Einholung einer sachkundigen Rechtsauskunft, bei der für den Betreffenden kein Anlass zu Zweifeln besteht.[510] Unter Umständen kann die gutachtliche Stellungnahme eines Rechtsanwalts dazu führen, dass der Irrtum nicht vermieden werden konnte.[511]

b) Leichtfertigkeit

Ein leichtfertiger Verstoß gegen das insiderrechtliche Weitergabeverbot des § 14 Abs. 1 Nr. 2 wird sowohl bei Primär- als auch bei Sekundärinsidern als Ordnungswidrigkeit (§ 39 Abs. 2 Nr. 3) mit einer Geldbuße bis zu 200 000,– € (vgl. § 39 Abs. 4) geahndet. **Leichtfertig** handelt, wer **die gebotene Sorgfalt in einem ungewöhnlich hohen Maße verletzt**.[512] Leichtfertigkeit verlangt einen starken Grad von Fahrlässigkeit, die im objektiven Tatbestand der **groben Fahrlässigkeit** i. S. d. Zivilrechts entspricht. Wenn auch der Anwendungsbereich der Leichtfertigkeit als gesteigerter Fahrlässigkeit noch nicht endgültig abgesteckt ist, wird Leichtfertigkeit als Kombination einer – dem Täter auch vorwerfbaren – besonders schweren Nachlässigkeit (Pflichtverletzung) zuzüglich einer gesteigerten Vorhersehbarkeit der Tatbestandsverwirklichung insbesondere dann in Betracht kommen, wenn der Täter dasjenige unbeachtet lässt, was jedermann einleuchten müsste.[513] In der Rechtsprechung wird auf das Außerachtlassen einer **sich geradezu aufdrängenden Möglichkeit der Tatbestandsverwirklichung** abgehoben,[514] ohne dass bereits der Bereich des *dolus eventualis* erreicht ist.

Angesichts dessen, dass sich die Leichtfertigkeit allgemein materiell dem Verdacht ausgesetzt sieht, der Gesetzgeber wolle mit ihrer Hilfe nicht nachweisbare Vorsatztaten ahnden,[515] ist es **unverzichtbar**, dass der Rechtsanwender **eine sorgfältige Prüfung der Einzelelemente der Leichtfertigkeit** vornimmt.[516] Aus diesem Grund können die von der BaFin[517] beschriebenen Beispiele eines leichtfertigen Zugänglichmachens auch nur mögliche Fälle beschreiben, in denen Leichtfertigkeit in Betracht kommt. Die Feststellung von Leichtfertigkeit erfordert in jedem Fall eine **Prüfung des konkreten Einzelfalles**.

---

[508] Anders *Schäfer* Rn. 31, der in einer solchen Konstellation den Vorsatz ausschließen will.
[509] Siehe BGH 23. 4. 1953 – 3 StR 219/52, BGHSt 4, S. 236/243; 27. 1. 1966 – KRB 2/65, BGHSt 21, S. 18/20; kritisch *Lackner/Kühl*, StGB, § 17 Rn. 7.
[510] Vgl. die ausführlichen Nachw. bei *Lackner/Kühl*, StGB, § 17 Rn. 7.
[511] In diese Richtung auch *Schäfer* Rn. 31.
[512] BaFin, Emittentenleitfaden, S. 35; *Assmann* Rn. 116.
[513] *Schönke/Schröder*, StGB-*Cramer/Sternberg-Lieben*, § 15 Rn. 205.
[514] Vgl. BGHSt 33,67; OLG Bremen StV 1985, 282.
[515] Vgl. *Hillenkamp* in FS Wassermann, S. 868 f./873; *Weigend* in FS Triffterer, S. 704 f.
[516] *Schönke/Schröder*, StGB-*Cramer/Sternberg-Lieben*, § 15 Rn. 205 a. E.
[517] BaFin, Emittentenleitfaden, S. 36 f.

359 So soll nach den **Beispielen der *BaFin*** ein zumindest leichtfertiges Zugänglichmachen einer Insiderinformation darin liegen, dass eine Vorstandssprecherin während des gemeinsamen Urlaubs mit ihrem Lebensgefährten diesen mehrere Telefonate mit einem Vorstandsmitglied über ein kurzfristig erfolgendes Übernahmeangebot mithören lässt. Gleiches gilt für die bei *Assmann* genannten Beispiele, dass derjenige, der an einem PC seine passwortgeschützten Dateien geöffnet hat und sein Büro verlässt, ohne sich ordnungsgemäß abzumelden, oder der ein als vertraulich gekennzeichnetes Dokument in den Papierkorb wirft, einem anderen leichtfertig den Zugang zu Insiderinformationen ermöglichen soll.[518]

III. Der Tatbestand des Empfehlungs- und Verleitungsverbots (§ 14 Abs. 1 Nr. 3)

360 Wie mit dem in § 14 Abs. 1 Nr. 2 geregelten Weitergabeverbot statuiert das WpHG mit dem Empfehlungs- und Verleitungsverbot des § 14 Abs. 1 Nr. 3 einen **Straftatbestand im Vorfeld des „eigentlichen" Insidergeschäfts** des Erwerbs bzw. der Veräußerung von Insiderpapieren unter Verwendung einer Insiderinformation. Dieses sog. – aus dem anglo-amerikanischen Vokabular übernommene – *tipping* ist schon frühzeitig auch in Deutschland als notwendiger Bestandteil einer Insiderregelung erkannt worden.[519] Mit einem Empfehlungs- und Verleitungsverbot wird eine mögliche Lücke geschlossen, die es einem Primärinsider gestatten könnte, ohne Verstoß gegen das Verwendungsverbot, aber auch ohne verbotswidrige Weitergabe einer Insiderinformation, sich eines Dritten durch Empfehlung zu bedienen oder mit diesem kollusiv zusammenzuarbeiten und damit, ohne selbst unmittelbar tätig zu werden, von den Vorteilen eines Insidergeschäfts zu profitieren.[520] Das Empfehlungs- und Verleitungsverbot ist eine **Umgehungsschranke** sowohl **für das Verwendungsverbot** als auch **für das Weitergabeverbot**.[521]

361 Durch das **Empfehlungsverbot** des § 14 Abs. 1 Nr. 3 wurde Art. 3 lit. b) der **EG-Insiderrichtlinie** in das deutsche Recht umgesetzt. Entsprechend der Vorgabe von Art. 3 lit. b) der **Marktmissbrauchsrichtlinie** wurde das **Empfehlungsverbot um die Handlungsalternative des „Verleitens"** ergänzt. Da ein Verleiten auch durch eine Empfehlung erfolgen kann, ist die **Empfehlung ein spezieller Unterfall des Verleitens** als Mittel der Willensbeeinflussung.[522] Das Verbot der Empfehlung oder des sonstigen Verleitens richtet sich an jeden, der Kenntnis von einer Insiderinformation hat, also an Primär- und Sekundärinsider.

---

[518] *Assmann* Rn. 116.
[519] *Hopt/Will*, Europäisches Insiderrecht, S. 78.
[520] Siehe Begründung RegE 2. FFG, BT-Drucks. 12/6679, S. 47 f.; „Leitfaden Insiderhandelsverbote und Ad hoc-Publizität nach dem Wertpapierhandelsgesetz", hrsg. von Deutsche Börse AG und BAWe, S. 23; zustimmend *Assmann* Rn. 118; *ders.* AG 1994, S. 237/247; *Schäfer* Rn. 34; *Sethe* in Handbuch des Kapitalanlagerechts, § 12 Rn. 117; *Kümpel*, Bank- und Kapitalmarktrecht, Rn. 16.207; *Caspari* ZGR 1994, S. 530/544. Dies ist nicht Voraussetzung für die Erfüllung des Tatbestands des § 14 Abs. 1 Nr. 3, siehe unten Rn. 376.
[521] *Lücker*, Der Straftatbestand des Missbrauchs von Insiderinformationen, S. 115.
[522] Begründung RegE AnSVG, BT-Drucks. 15/3174, S. 34; BaFin, Emittentenleitfaden, S. 32; *Schäfer* Rn. 32; *Assmann* Rn. 126; *Cahn* Der Konzern 2005, S. 5/11 f.

1. Objektiver Tatbestand

Der objektive Tatbestand des § 14 Abs. 1 Nr. 3 setzt voraus, dass der Täter einem anderen auf der Grundlage einer Insiderinformation (§ 13 Abs. 1) den Erwerb oder die Veräußerung von Insiderpapieren (§ 12 iVm § 2 Abs. 1) empfiehlt oder ihn auf sonstige Weise dazu verleitet.

Tauglicher Täter ist jeder, wobei das Verbot voraussetzt, dass der Täter Kenntnis von einer Insiderinformation hat („auf der Grundlage einer Insiderinformation..."). Bis zum Inkrafttreten des AnSVG konnte Täter nur ein Insider i. S. d. § 13 Abs. 1 aF, d. h. ein **Primärinsider**, sein, nicht aber ein Sekundärinsider („Dritter"). Anders als das Erwerbs- und Veräußerungsverbot des § 14 Abs. Nr. 1 und ebenso wie das Weitergabeverbot des § 14 Abs. 1 Nr. 2 war das Verbot des „Empfehlens" nur an Primärinsider adressiert und wurde nicht für Dritte in § 14 Abs. 2 wiederholt. Mit der Umsetzung von Art. 4 der **EG-Marktmissbrauchsrichtlinie** durch das **AnSVG** sieht das Gesetz nunmehr eine **Ausdehnung** des Empfehlungs- und Verleitungsverbots **auf Sekundärinsider** vor (siehe vor § 12 Rn. 35).

Unter „**einem anderen**" ist **jede andere Person als der Empfehlende oder Verleitende selbst** zu verstehen. „Anderer" kann **jede natürliche und jede juristische Person** sein. Damit ist die Empfehlung gegenüber der eigenen Gesellschaft erfasst wie auch diejenige gegenüber einem Konzernunternehmen.[523] Auch eine Empfehlung zwischen Mitgliedern desselben Vorstands kann tatbestandsmäßig sein.[524]

Zurechnungsfragen spielen bei der Bestimmung des „anderen" **keine Rolle**. Eine Empfehlung gegenüber einem anderen bzw. die Verleitung eines anderen liegt auch vor, wenn sowohl das Handeln des Empfehlenden/Verleitenden als auch dasjenige des Empfehlungsempfängers/Verleiteten derselben natürlichen oder juristischen Person zuzurechnen sind, wie etwa in betrieblichen Zusammenhängen.[525]

a) Empfehlungsverbot

aa) „Empfehlen". Vom **Begriff der Empfehlung** wird vor allem erfasst, was der insiderrechtliche Jargon als „Tipp" bezeichnet. Zur juristischen Definition und Konkretisierung des Empfehlungsbegriffs wird allgemein auf **die für das kartellrechtliche Empfehlungsverbot** des § 38 Abs. 1 Nr. 10 GWB aF vom Kartellsenat des BGH[526] entwickelte und im Schrifttum auch für §§ 22, 23 GWB **anerkannte Definition**[527] verwiesen.[528] Danach ist eine Empfehlung eine einseitige, rechtlich unverbindliche Erklärung, die dem Empfehlungsempfänger

---

[523] *Assmann* Rn. 121; *Dreyling/Schäfer*, Insiderrecht und Ad-hoc-Publizität, Rn. 141.
[524] *Park* BB 2001, S. 2069/2073.
[525] *Assmann* Rn. 121.
[526] BGH, 14. 1. 1960 – KRB 12/59, BGHSt 14, S. 55/57 f.; daran anschließend BGH, 1. 6. 1977 – KRB 3/76, BGHSt 27, S. 196/200.
[527] Siehe nur *Tiedemann* in *Immenga/Mestmäcker*, GWB, 2. Aufl. (1992), § 38 Rn. 124 mwN; *Sauter* in *Immenga/Mestmäcker*, GWB, 3. Aufl. (2001), § 23 Rn. 14 ff.
[528] *Assmann* Rn. 119; *Schäfer* Rn. 34; *Kümpel*, Bank- und Kapitalmarktrecht, Rn. 16.208; *Lücker*, Der Straftatbestand des Missbrauchs von Insiderinformationen, S. 114; *J. Hartmann*, Juristische und ökonomische Regelungsprobleme, S. 243; *Assmann* ZGR 1994, S. 494/520.

ein bestimmtes Verhalten als für ihn vorteilhaft und befolgenswert darstellt und von der Absicht getragen wird, den Willen des anderen in diese Richtung zu lenken. Auf der Grundlage dieser Definition ist eine Empfehlung i. S. d. § 14 Abs. 1 Nr. 3 ein **zielgerichtetes Verhalten eines Insiders, bei dem Empfänger der Empfehlung eine bewusste, auf diese Empfehlung bezogene Marktaktivität auszulösen.**[529] Ob der Empfehlungsempfänger sich tatsächlich beeinflussen lässt oder ein entsprechendes Erwerbs- oder Veräußerungsgeschäft vornimmt, ist für das Vorliegen einer Empfehlung unerheblich.[530]

367 Das Empfehlungsverbot verbietet **Handlungen, die im Vorfeld des Ausnutzens** liegen. Die Qualität des Empfehlungsverbots als „Vorfeldtatbestand" erfordert eine **enge Auslegung des Begriffs der Empfehlung**. Das Erfordernis eines im Hinblick auf die Folgen der Empfehlung beim Empfehlungsempfänger zielgerichteten Verhaltens verhindert, dass zB schon generelle Lobpreisungen über ein Unternehmen von § 14 Abs. 1 Nr. 3 erfasst werden, welche – zumindest ohne Hinzutreten weiterer besonderer Umstände – nicht geeignet sind, eine bewusste Verwertung von Informationsvorsprüngen zu ermöglichen.

368 Für die Erfüllung des Tatbestandsmerkmals des „Empfehlens" bedarf es **nicht** der **Verwendung des Wortes „Empfehlen"**. Eine nach den Umständen als auf nicht öffentliche Information bezogene Empfehlung zu verstehende Kommunikation ist ausreichend.[531]

369 Anders als bei der Weitergabe wird die **Insiderinformation selbst nicht gegenüber dem Empfehlungsempfänger „preisgegeben"**. Das Empfehlungsverbot unterscheidet sich vom Weitergabeverbot allein durch den Inhalt dessen, was dem „anderen" zuteil werden soll. Während bei der Weitergabe die Essenz dessen, was weitergegeben wird, der konkrete Inhalt einer Insiderinformation sein muss, hat der Insider bei der Empfehlung die sich aus der Insiderinformation ergebende Bewertung des mutmaßlich zukünftigen Kursverlaufs vorgenommen und gibt **nur** diese **Bewertung in Form einer Empfehlung** weiter.

370 Daraus, dass sich Weitergabe- und Empfehlungsverbot nur hinsichtlich des Inhalts dessen, was kommuniziert wird, unterscheiden, wird zu Recht geschlossen, dass auch die Empfehlung durch **direktes Mitteilen** oder **bloßes Zugänglichmachen** (vgl. dazu Rn. 188 f. und Rn. 190 ff.) erfolgen kann.[532]

371 bb) Gegenstand der Empfehlung. Gemäß § 14 Abs. 1 Nr. 3 muss die Empfehlung den **Erwerb oder die Veräußerung von Insiderpapieren zum Gegenstand** haben.

372 **Nicht erfasst** wird die **Empfehlung, den Erwerb oder die Veräußerung von einem Insiderpapier zu unterlassen**.[533] Wie bei dem Verwendungsverbot des

---

[529] Vgl. *Krauel*, Insiderhandel, S. 301.
[530] *Dreyling/Schäfer*, Insiderrecht und Ad-hoc-Publizität, Rn. 142.
[531] *Krauel*, Insiderhandel, S. 301.
[532] *Lücker*, Der Straftatbestand des Missbrauchs von Insiderinformationen, S. 115.
[533] Einhellige Auffassung, siehe *Assmann* Rn. 122; *Assmann* WM 1996, S. 1337/1352; *Schäfer* Rn. 36; *Schwark* in KMRK, § 14 WpHG Rn. 51, 63; *Dreyling/Schäfer*, Insiderrecht und Ad-hoc-Publizität, Rn. 139 (Kritik in Rn. 140); *Becker*, Wertpapierhandelsgesetz, S. 56; *Kümpel*, Bank- und Kapitalmarktrecht, Rn. 16.209; *J. Hartmann*, Juristische und ökonomische Regelungsprobleme, S. 244; *Lücker*, Der Straftatbestand des Missbrauchs von Insiderinformationen, S. 115.

§ 14 Abs. 1 Nr. 1, das keinen echten Unterlassungstatbestand enthält (ausführlich oben Rn. 34 ff.), steht einer anderen Auslegung des Empfehlungsverbots[534] dessen Wortlaut entgegen. Eine Erfassung der Empfehlung zum Unterlassen missachtete die im Rahmen des straf- bzw. ordnungswidrigkeitenrechtlich sanktionierten Insiderhandelsverbots zu beachtende **Grenze des Wortlauts** (Art. 103 Abs. 2 GG). Dementsprechend verstößt die Warnung eines Kunden durch ein Kreditinstitut vor dem Verkauf oder dem Erwerb eines Insiderpapiers nicht gegen das Empfehlungsverbot.[535]

An dieser rechtlichen Beurteilung ändert sich nichts, wenn der Empfehlende dem Kunden „**Insiderwissen**" **als Grund des Rats,** von der geplanten Transaktion Abstand zu nehmen, angibt, ohne die Insiderinformation selbst weiterzugeben. Ebenso ist es insiderrechtlich unbedenklich, wenn der Empfehlende aufgrund seines Wissens **von** der geplanten **Transaktion abrät,** indem er den Erwerb oder die Veräußerung eines anderen Insiderpapiers empfiehlt, bei dem er über keine Kenntnis von Insiderinformationen verfügt.[536]

§ 14 Abs. 1 Nr. 3 verbietet es, den Erwerb oder die Veräußerung von Insiderpapieren zu empfehlen. Anders als § 14 Abs. 1 Nr. 1 spricht § 14 Abs. 1 Nr. 3 nicht von einer Transaktion für eigene oder für fremde Rechnung oder für einen anderen. Die Frage, ob nur die Empfehlung zum Erwerb oder zur Veräußerung von Insiderpapieren für sich, d. h. den Empfehlungsempfänger selbst erfasst wird oder auch eine **Empfehlung** an den Empfehlungsempfänger, **für einen anderen oder für fremde Rechnung** Insiderpapiere **zu erwerben oder zu veräußern,** wird von der h. M. unter Berufung auf Art. 3 lit. b) der Marktmissbrauchsrichtlinie bzw. die Vorgängerbestimmung des Art. 3 lit. b) der EG-Insiderrichtlinie bejaht.[537] Eine **Zusammenschau von § 14 Abs. 1 Nr. 1 und Nr. 3** ergibt, dass Nr. 3 auch Empfehlungen zum Erwerb oder zur Veräußerung von Wertpapieren für einen anderen oder für fremde Rechnung (und nicht nur für eigene) verbietet.

cc) **Ursächlichkeit der Kenntnis von einer Insiderinformation für Empfehlung.** Die vom Insider/Täter abgegebene Empfehlung zum Erwerb oder zur Veräußerung von Insiderpapieren muss **auf der Grundlage der Kenntnis von einer Insiderinformation** erfolgt sein, d. h. die Kenntnis von einer Insiderinformation muss ursächlich für die konkrete Empfehlung sein.[538] Eine Empfehlung, die auch ohne Insiderwissen abgegeben worden wäre, unterliegt nicht dem Empfehlungsverbot. Nicht untersagt sind Empfehlungen, die in Kenntnis von einer Insiderinformation gegeben werden, sondern nur solche, die gerade auf dieser Kenntnis beruhen.[539] Sofern die Empfehlung auch unabhängig von der Insiderinformation plausibel ist, wird sich nur schwer nachweisen lassen, dass die Empfehlung gerade wegen der Insiderkenntnis gegeben wurde. Dass die

---

[534] Vgl. insbes. *Cahn* Der Konzern 2005, S. 5/11 f.
[535] *Assmann* Rn. 122; *Assmann* WM 1996, S. 1337/1352.
[536] *Assmann* Rn. 122; *Assmann* WM 1996, S. 1337/1353.
[537] *Assmann* Rn. 124; *Schwark* in KMRK, § 14 WpHG Rn. 51; *Becker*, Das neue Wertpapierhandelsgesetz, S. 56; *Kümpel*, Wertpapierhandelsgesetz, S. 84; *J. Hartmann*, Juristische und ökonomische Regelungsprobleme, S. 244; kritisch *Schäfer* Rn. 36.
[538] *Schäfer* Rn. 35; *Assmann* Rn. 120.
[539] *Hopt* in Das 2. FFG in der praktischen Umsetzung, S. 3 f., 20 f.; *Dickersbach*, Das neue Insiderrecht, S. 185; *Cahn* ZHR 162 (1998), S. 1/43.

Empfehlung auf der Grundlage der Kenntnis von einer Insiderinformation erfolgt, muss in der Empfehlung nicht zum Ausdruck kommen.⁵⁴⁰

376 **dd) Verschiedene Aspekte.** Es ist rechtlich unerheblich, ob der Insider **für die Empfehlung eine Gegenleistung** erhält oder erwartet oder an dem mit der Durchführung der Empfehlung realisierten Gewinn partizipiert oder partizipieren soll. Ein Verstoß gegen das Empfehlungsverbot liegt auch vor, wenn der Insider **mit der Empfehlung rein altruistisch handelt,** zB zugunsten eines Stiftungsvermögens.⁵⁴¹

377 Auch wenn es nach der Regierungsbegründung zu § 14⁵⁴² Hauptziel des Empfehlungsverbots ist zu verhindern, dass der Insider versucht, das Insiderhandelsverbot des § 14 Abs. 1 Nr. 1, aber auch der Nr. 2 zu umgehen, ist es für das Vorliegen einer Empfehlung **unerheblich,** ob der Insider sich tatsächlich des Dritten bedient oder mit diesem **kollusiv zusammenarbeitet.**⁵⁴³

378 Das Empfehlungsverbot bezieht sich nur auf Empfehlungen, die einem beschränkten Personenkreis erteilt werden. Sofern eine **Empfehlung an einen unbestimmten Adressatenkreis bzw. „bereichsöffentlich"** erteilt wird, wird sie **von dem Verbot des § 14 Abs. 1 Nr. 3 grundsätzlich nicht erfasst.** In einer solchen Konstellation wird die Öffentlichkeit in einer Weise hergestellt, die dem Gebot der informationellen Chancengleichheit des Anlegerpublikums Rechnung trägt, weil alle Marktteilnehmer die Möglichkeit haben, der Empfehlung zu folgen.⁵⁴⁴ Als **Maßstab** dafür, ob die Empfehlung hinreichend „öffentlich" ausgesprochen wird, können die Kriterien zugrunde gelegt werden, die für die **rechtliche Beurteilung von Veröffentlichungshandlungen als befugt** i. S. d. insiderrechtlichen Weitergabeverbots entwickelt wurden (siehe ausführlich oben Rn. 218 ff.).

b) Verleitungsverbot

379 Neben dem Empfehlungsverbot enthält § 14 Abs. 1 Nr. 3 das Verbot, einen anderen auf der Grundlage einer Insiderinformation zum Erwerb oder zur Veräußerung von Insiderpapieren auf sonstige Weise zu verleiten, also anders als durch Empfehlen. Entsprechend dem Wortlaut dieser Verbotsvorschrift („oder einen anderen auf sonstige Weise dazu zu verleiten") ist die Empfehlung nach Auffassung des Gesetzgebers ein „spezieller Unterfall des Verleitens als Mittel der Willensbeeinflussung".⁵⁴⁵ Dementsprechend definiert schon die **Gesetzesbegründung,** dass zum Erwerb oder zur Veräußerung **verleitet, „wer den Willen des anderen durch beliebige Mittel beeinflusst".**⁵⁴⁶ Es handelt sich beim „Verleiten" also um ein zielgerichtetes Verhalten eines Insiders, bei dem Verleiteten eine bewusste, auf die Verleitungshandlung bezogene Marktaktivität

---

⁵⁴⁰ Vgl. *Assmann* Rn. 120; *Hopt* in Bankrechts-Handbuch, § 107 Rn. 63; *Dreyling/Schäfer,* Insiderrecht und Ad-hoc-Publizität, Rn. 141.
⁵⁴¹ *Assmann* Rn. 120; *Hopt* in Bankrechts-Handbuch, § 107 Rn. 64.
⁵⁴² Begründung RegE 2. FFG, BT-Drucks. 12/6679, S. 47 f.
⁵⁴³ *Hopt* in Bankrechts-Handbuch, § 107 Rn. 64.
⁵⁴⁴ Zu diesem Aspekt siehe *Krauel,* Insiderhandel, S. 300 f.
⁵⁴⁵ Begründung RegE AnSVG, BT-Drucks. 15/3174, S. 34; BaFin, Emittentenleitfaden, S. 32; *Assmann* Rn. 126; *Schäfer* Rn. 32; *Cahn* Der Konzern 2005, S. 5/11 f.
⁵⁴⁶ Begründung RegE AnSVG, BT-Drucks. 15/3174, S. 34; so auch BaFin, Emittentenleitfaden, S. 32; *Schäfer* Rn. 32; *Assmann* Rn. 126.

auszulösen. Dabei kann ein Verleiten auch durch eine Empfehlung erfolgen. Auch wenn also die **Empfehlung eine spezielle Unterform des Verleitens** ist, ist zu erwarten, dass die Empfehlung in der Praxis die typische Begehungsform bleiben wird.[547] Alle sonstigen Tatbestandsmerkmale des Empfehlungsverbots und des Verleitungsverbots als den beiden Begehungsformen des § 14 Abs. 1 Nr. 3 stimmen überein.

Für eine Verletzung des Verleitungsverbots ist es nicht anders als beim Empfehlungsverbot **unerheblich, ob der andere sich tatsächlich beeinflussen lässt** oder ein entsprechendes Erwerbs- oder Veräußerungsgeschäft vornimmt (siehe oben Rn. 366).[548] Anders als bei der Weitergabe (§ 14 Abs. 1 Nr. 2) wird – entsprechend dem Empfehlungsverbot – die Insiderinformation selbst nicht gegenüber dem anderen „preisgegeben". Das „Verleiten" muss nur auf der Grundlage einer Insiderinformation erfolgen. Wie beim Empfehlungsverbot muss die **Kenntnis von einer Insiderinformation** also **ursächlich für das Verleiten** sein (siehe oben Rn. 375).[549] 380

Gemäß § 14 Abs. 1 Nr. 3 muss die Verleitung zum Erwerb oder zur Veräußerung von Insiderpapieren erfolgen. Wie beim Empfehlungsverbot verstößt der Insider/Täter **nicht** gegen das Verleitungsverbot, wenn ein anderer dazu verleitet wird, den Erwerb oder die Veräußerung eines Insiderpapiers **zu unterlassen**.[550] Einer solchen Auslegung stünde die im Rahmen eines straf- bzw. ordnungswidrigkeitsrechtlich sanktionierten Verbots zu beachtende **Grenze des Wortlauts** entgegen (siehe oben Rn. 372). An dieser rechtlichen Beurteilung kann sich auch dann nichts ändern, wenn der Verleitende „Insiderwissen" als Grund seiner Verleitungshandlung angibt, ohne die Insiderinformation selbst weiterzugeben. 381

Wie auch beim Empfehlungsverbot erfasst das Verleitungsverbot des § 14 Abs. 1 Nr. 3 nicht nur das Verleiten zum Erwerb oder zur Veräußerung von Insiderpapieren für sich, d. h. für den Verleitenden selbst, sondern **untersagt** auch, **einen anderen zum Erwerb** oder zur **Veräußerung von Insiderpapieren für einen anderen oder für fremde Rechnung zu verleiten** (vgl. oben Rn. 374). 382

Wie beim Empfehlungsverbot ist es auch beim Verleitungsverbot **rechtlich unerheblich, ob das Verleiten rein altruistisch** erfolgt oder der Insider an dem aufgrund der Verleitung realisierten Gewinn partizipiert oder partizipieren soll (vgl. oben Rn. 377). Auf ein kollusives Zusammenarbeiten zwischen Insider und „Anderem" kommt es auch nicht an (vgl. oben Rn. 378). 383

2. Subjektiver Tatbestand

Der subjektive Tatbestand des Empfehlungs- und Verleitungsverbots setzt voraus, dass der Insider/Täter einem anderen **vorsätzlich oder leichtfertig** auf der Grundlage einer Insiderinformation den Erwerb oder die Veräußerung von Insiderpapieren empfiehlt oder einen anderen dazu verleitet. Ein **vorsätzlicher Verstoß** gegen § 14 Abs. 1 Nr. 3 ist nur für den Primärinsider, der eines der persönlichen Merkmale des § 38 Abs. 1 Nr. 2 lit. a) bis d) verwirklicht, eine Straftat (§ 38 Abs. 1 Nr. 2), für den Sekundärinsider hingegen lediglich eine Ordnungswidrigkeit (§ 39 Abs. 2 Nr. 4). Ein **leichtfertiger Verstoß** stellt so- 384

---

[547] So *Schäfer* Rn. 33.
[548] *Assmann* Rn. 127.
[549] *Assmann* Rn. 127.
[550] *Assmann* Rn. 128.

wohl für den Primär- als auch den Sekundärinsider eine Ordnungswidrigkeit dar (§ 39 Abs. 2 Nr. 4). Die Ordnungswidrigkeiten werden mit einem Bußgeld bis zu 200 000,– € geahndet (siehe § 39 Abs. 4).

a) Vorsatz

385 Zum Erfordernis vorsätzlichen Handelns bei den Verbotstatbeständen des § 38 iVm § 14 vgl. oben Rn. 170 ff.

386 **Ausreichend** ist **bedingter Vorsatz** *(dolus eventualis)* (siehe dazu oben Rn. 171), d. h. dem Insider/Täter muss es bewusst sein, dass er einem anderen auf der Grundlage einer Insiderinformation den Erwerb oder die Veräußerung von Insiderpapieren empfiehlt oder ihn dazu verleitet, was er billigend in Kauf nehmen muss.

387 Der **Vorsatz** des Täters muss sich **auf alle Tatbestandsmerkmale beziehen.** Der Täter muss die Vorstellung haben, Insider gemäß § 38 Abs. 1 Nr. 2 lit. a), b), c) oder d) zu sein. Dem Insider/Täter muss bewusst sein, dass er die Empfehlung auf der Grundlage einer Insiderinformation abgibt, d. h. eine Insiderinformation ursächlich für seine Empfehlung ist. Entsprechendes gilt für die Variante des Verleitens. Zum Vorsatz in Bezug auf das Tatbestandsmerkmal der Insiderinformation siehe oben bei § 14 Abs. 1 Nr. 1, Rn. 173 ff.

388 Entsprechend der Definition des Tatbestandsmerkmals der Empfehlung (siehe oben Rn. 366) muss seitens des Insiders ein auf den Erfolg gerichteter Wille vorliegen, den Dritten („anderen") zum Erwerb oder zur Veräußerung von Insiderpapieren zu veranlassen.[551] Mit der **Erstreckung des Vorsatzes auf die Folgen der Empfehlung** wird der Begriff „Empfehlung" zu Recht eng ausgelegt (näher dazu oben Rn. 367). Nicht erforderlich ist der Wille, durch die Empfehlung einen wirtschaftlichen Vorteil für sich oder einen anderen zu erzielen.[552] Entsprechendes gilt für die Tathandlung des Verleitens.

389 § 14 Abs. 1 Nr. 3 setzt **kein gemeinsam geplantes, kollusives Zusammenwirken von Insider und Drittem** voraus. So braucht dem Dritten nicht bewusst zu sein, dass ihm die Empfehlung auf der Grundlage einer Insiderinformation erteilt wurde.

b) Leichtfertigkeit

390 Leichtfertig handelt, wer die gebotene Sorgfalt in einem ungewöhnlich hohen Maße verletzt (siehe oben Rn. 179 ff.). Das Vorliegen der Einzelelemente der Leichtfertigkeit ist in jedem Einzelfall besonders sorgfältig zu prüfen.

C. Freistellung von Rückkaufprogrammen und Stabilisierungsmaßnahmen aufgrund EU-Verordnungsrechts (§ 14 Abs. 2)

I. Überblick

391 § 14 Abs. 2 dient der **Umsetzung von Art. 8 der Marktmissbrauchsrichtlinie.** Im Ergebnis werden damit bestimmte Verhaltensweisen, nämlich der Handel mit eigenen Aktien im Rahmen von Rückkaufprogrammen sowie Kurs-

---

[551] So ausdrücklich *J. Hartmann*, Juristische und ökonomische Regelungsprobleme, S. 244.
[552] *J. Hartmann*, Juristische und ökonomische Regelungsprobleme, S. 244.

stabilisierungsmaßnahmen unter näher bestimmten Voraussetzungen (dazu unten Rn. 400 ff., 405 f.) von den Insiderhandelsverboten des § 14 Abs. 1 ausgenommen (sog. *safe harbor* von Verhaltensweisen). Sie stellen auf keinen Fall einen Verstoß gegen eines der Insiderhandelsverbote dar.

Art. 8 der Marktmissbrauchsrichtlinie enthält auf europäischer Ebene die Ermächtigung, dass die EU-Kommission im sog. Komitologieverfahren nach Art. 17 Abs. 2 der Marktmissbrauchsrichtlinie Durchführungsmaßnahmen erlässt, in denen Anforderungen an den **Handel mit eigenen Aktien im Rahmen von Rückkaufprogrammen** und an Kursstabilisierungsmaßnahmen für Finanzinstrumente bestimmt werden. Werden diese **Anforderungen** erfüllt, wird das Verhalten **nicht von den Verboten der Marktmissbrauchsrichtlinie** erfasst. Die Marktmissbrauchsrichtlinie definiert in Erwägungsgrund 12 als Marktmissbrauch sowohl „Insidergeschäfte" als auch „Marktmanipulation". Damit wird den nationalen Gesetzgebern vorgegeben, dass sowohl die Insiderhandelsverbote als auch das Verbot der Marktmanipulation (vgl. § 20 a) nicht für den Handel mit eigenen Aktien im Rahmen von Rückkaufprogrammen sowie für Kursstabilisierungsmaßnahmen gelten, wenn derartige Transaktionen bestimmte Anforderungen (Safe-Harbor-Regelung) erfüllen.

Dementsprechend hat der deutsche Gesetzgeber nicht nur mit § 14 Abs. 2 eine Safe-Harbor-Regelung bezüglich der Insiderhandelsverbote des § 14 Abs. 1 eingeführt, sondern mit § 20 a Abs. 3 eine entsprechende Ausnahmeregelung für das in § 20 a Abs. 1 Satz 1 statuierte Verbot der Marktmanipulation geschaffen. Konsequenterweise ist **§ 20 a Abs. 3 wörtlich identisch mit § 14 Abs. 2** und enthält dementsprechend **identische Voraussetzungen für die Verbotsausnahmen**. Weil der Safe-Harbor-Regelung in der Praxis im Zusammenhang mit dem Verbot der Marktmanipulation deutlich größere Bedeutung zukommt als hinsichtlich der Insiderverbote, wird hier auf die entsprechende Kommentierung zu § 20 a (Rn. 91 ff.) verwiesen.

Die EU-Kommission hat von der Ermächtigung in Art. 8 iVm Art. 17 Abs. 2 der Marktmissbrauchsrichtlinie mit der Verordnung (EG) Nr. 2273/2003 vom 22. Dezember 2003 zur Durchführung der Marktmissbrauchsrichtlinie – Ausnahmeregelungen für Rückkaufprogramme und Kursstabilisierungsmaßnahmen – Gebrauch gemacht.[553] § 14 Abs. 2 Satz 1 enthält eine **statische Verweisung** auf die zur Durchführung von Art. 8 der Marktmissbrauchsrichtlinie ergangene **Durchführungs-Verordnung (EG)** Nr. 2273/2003. Eine gleichlautende Verweisung enthält für das Verbot der Marktmanipulation § 20 a Abs. 3 Satz 1, die in § 5 der Marktmanipulations-Konkretisierungsverordnung – MaKonV vom 1. März 2005[554] wiederholt wird. Dieser Verweise auf die Durchführungs-Verordnung (EG) Nr. 2273/2003 hätte es allerdings nicht bedurft. Denn sie entfaltet als **EG-Verordnung unmittelbare Geltung in jedem Mitgliedstaat der EU** (Art. 249 Abs. 2 Satz 2 EG-Vertrag) und hat, soweit ihr Regelungsbereich betroffen ist, Vorrang vor entgegenstehendem nationalen Recht. Dementsprechend heißt es *auch in der Begründung* zu § 5 MaKonV, dass der Verweis „aus Gründen der Klarstellung" aufgenommen wurde.[555] Für den Handel mit eigenen Aktien im Rahmen von Rückkaufprogrammen sowie für Kursstabilisie-

---

[553] EU ABl. Nr. L 336, S. 33, vom 23. Dezember 2003.
[554] BGBl. I/2005, S. 515 ff.
[555] Abrufbar unter www.bafin.de.

§ 14 395–397 Abschnitt 3. Insiderüberwachung

rungsmaßnahmen gilt also unmittelbar die Durchführungs-VO (EG) Nr. 2273/2003.

395 Art. 8 der Marktmissbrauchsrichtlinie und die Verordnung (EG) Nr. 2273/2003 sollen mit ihrer Safe-Harbor-Regelung **gewisse Verhaltensweisen,** die im Hinblick auf die Funktionsweise des Kapitalmarkts nicht als missbilligenswert oder sogar als positiv angesehen werden, **zwingend von den Insiderverboten ausnehmen.** Dies bedeutet aber nicht, dass ein Verhalten, das nicht unter die Voraussetzungen der Safe-Harbor-Regelung subsumiert werden kann, automatisch einen Verstoß gegen § 14 Abs. 1 bzw. § 20 a Abs. 1 Satz 1 darstellt. Erwägungsgrund (2) der Verordnung (EG) Nr. 2273/2003 hält fest, dass **Rückkaufprogamme und Kursstabilisierungsmaßnahmen, die nicht von der Verordnung ausgenommen werden, nicht per se** als **Marktmissbrauch** gewertet werden sollten.

396 Hingegen werden von der Safe-Harbor-Regelung nach Erwägungsgrund (3) der Durchführungs-Verordnung (EG) Nr. 2273/2003 **nur Verhaltensweisen** erfasst, die **unmittelbar mit dem Zweck der Rückkauf- und Kursstabilisierungsmaßnahmen verknüpft** sind. Verhaltensweisen ohne einen solchen unmittelbaren Bezug sollen jedoch Verwaltungsmaßnahmen oder Sanktionen nach sich ziehen können. Daraus folgt, dass ein Marktteilnehmer, dessen Verhalten nicht eindeutig unter eine Safe-Harbor-Regelung der Verordnung zu subsumieren ist, den rechtssicheren Bereich verlässt und das Risiko läuft, gegen ein strafbewehrtes Verbotsgesetz zu verstoßen.[556]

397 Die Safe-Harbor-Regelungen schließen die entsprechenden Verbotstatbestände aus, sie sind **Tatbestandsausschlussgründe** („... stellen in keinem Fall einen Verstoß gegen das Verbot des Abs. 1 dar, soweit ..."). Es handelt sich also **nicht** um **Rechtfertigungsgründe oder** gar nur um **Strafaufhebungsgründe.**[557] Soweit die Ausschlussregelungen von Voraussetzungen abhängen, die vor und zum Zeitpunkt der Tathandlung, die vom Verbot ausgenommen werden soll, vorliegen müssen, ist dies unproblematisch. Fragwürdig ist es jedoch, dass die Safe-Harbor-Regelungen teilweise an die Erfüllung von **Pflichten** anknüpfen, die **erst nach der eigentlichen Tathandlung,** die an und für sich von § 14 Abs. 1 erfasst wäre, **zu erfüllen** sind. Dabei handelt es sich namentlich um Mitteilungs- und Bekanntmachungspflichten (siehe insbes. Art. 4 Abs. 4, 9 Abs. 2 und Abs. 3 der Durchführungs-Verordnung) sowie um Dokumentationspflichten (vgl. Art. 9 Abs. 4 der Durchführungs-Verordnung). Die Verletzung dieser Pflichten mag – für sich genommen – durchaus Anlass zu aufsichtsrechtlichen Maßnahmen geben (zumindest *de lege ferenda* durch Androhung entsprechender Bußgeldtatbestände). Ob eine solche Pflichtverletzung aber **nachträglich** die **Straf- oder Ahndbarkeit** einer Handlung begründen kann, die bei ihrer Vornahme noch alle zu diesem Zeitpunkt zu erfüllenden Voraussetzungen einer Safe-Harbor-Regelung erfüllte, wird zu Recht als straf- und bußgeldrechtlich grundsätzlich nicht möglich angesehen.[558]

---

[556] So *Schäfer* Rn. 102.
[557] Siehe dazu *Vogel* in *Assmann/U. H. Schneider,* § 20 a Rn. 195.
[558] *Vogel* in *Assmann/U. H. Schneider,* § 20 a Rn. 195.

II. Anwendungsbereich

Art. 14 Abs. 2 Satz 1 nimmt den Handel mit eigenen Aktien im Rahmen von Rückkaufprogrammen sowie Kursstabilisierungsmaßnahmen von den Insiderhandelsverboten des § 14 Abs. 1 aus, sofern die Voraussetzungen des Art. 8 der Marktmissbrauchsrichtlinie iVm den Bestimmungen der Verordnung (EG) Nr. 2273/2003 erfüllt sind. Sowohl die Marktmissbrauchsrichtlinie als auch die Verordnung (Art. 2 Nr. 6) erfassen nur Transaktionen in Wertpapieren, die **zum Handel auf einem „geregelten Markt"**, also einem organisierten Markt i. S. d. § 2 Abs. 5, **zugelassen** sind oder für die ein Antrag auf Zulassung zum Handel auf einem solchen Markt gestellt wurde, wenn für sie ein signifikantes Zeichnungsangebot besteht.

§ 14 Abs. 2 Satz 2 erweitert den Anwendungsbereich der Safe-Harbor-Regelungen und geht über die Vorgaben der Durchführungs-Verordnung (EG) Nr. 2273/2003 hinaus, indem auch Finanzinstrumente erfasst werden, die zwar nicht auf einem Börsenmarkt zum Handel zugelassen, aber **in den Freiverkehr oder in den regulierten Markt** einbezogen sind. Damit wird insofern ein **Gleichlauf mit dem Insiderverbot**, das auch von der Definition des Insiderpapiers in § 12 bestimmt wird, hergestellt. Allerdings genügen im Unterschied zu § 12 Satz 2 der Antrag auf Zulassung oder Einbeziehung oder dessen öffentliche Ankündigung nicht.

III. Freistellung von Rückkaufprogrammen

1. Zweck von Rückkaufprogrammen

Art. 3 der Verordnung (EG) Nr. 2273/2003 **definiert** „Rückkaufprogramme" als Handel mit eigenen Aktien gemäß Art. 19 bis 24 der Richtlinie 77/91/EWG (Zweite gesellschaftsrechtliche Richtlinie vom 13. Dezember 1976, sog. Kapitalrichtlinie[559]).

Nach Art. 3 der Verordnung (EG) Nr. 2273/2003 greift die Safe-Harbor-Regelung gemäß Art. 8 der Marktmissbrauchsrichtlinie sowie § 14 Abs. 2 nur dann, wenn die konkrete Durchführung des Rückkaufprogramms Art. 4 bis 6 der Verordnung entspricht und **einzig und allein den in Art. 3 der Verordnung aufgeführten Zwecken dient**. Diese Zwecke sind:

- Rückkauf eigener Aktien zum Zweck der **Herabsetzung des Kapitals** eines Emittenten („in Wert oder Zahl der Aktien").
- Rückkauf eigener Aktien zum Zweck der **Erfüllung der aus einem Schuldtitel, der in Beteiligungskapital umgewandelt werden kann, resultierenden Verpflichtungen**.
- Rückkauf eigener Aktien zum Zweck der Erfüllung von Verpflichtungen aus **Belegschaftsaktienprogrammen** und anderen Formen der Zuteilung von Aktien an Mitarbeiter des Emittenten oder einer Tochtergesellschaft des Emit-

---

[559] Zweite Richtlinie 77/91/EWG des Rates vom 13. 9. 1976 zur Koordinierung der Schutzbestimmungen, die im Interesse der Gesellschafter sowie Dritter für die Gründung der AG sowie die Erhaltung und Änderung ihres Kapitals vorgeschrieben sind, EG ABl. Nr. L 26, S. 1, vom 31. 1. 1977.

§ 14 402, 403 Abschnitt 3. Insiderüberwachung

tenten. **Aktienoptionsprogramme für Organmitglieder und Führungskräfte** eines Emittenten werden davon **nicht erfasst.** Organmitglieder sowie Führungskräfte, die regelmäßig zu den Emittenten betreffenden Insiderinformationen Zugang haben und deshalb typische Primärinsider i. S. v. § 38 Abs. 1 Nr. 2 lit. a) und c) sind, werden also nicht vom Tatbestand der Insiderverbote freigestellt.[560]

402 Zu den Einzelheiten siehe die Kommentierung bei § 20 a Rn. 93 ff.

2. Voraussetzungen der Freistellung von Rückkaufprogrammen

403 Das betreffende Rückkaufprogramm muss, um von den Insiderverboten ausgenommen zu werden, **die in Art. 4 bis 6 der Verordnung (EG) Nr. 2273/2003 aufgestellten Voraussetzungen** erfüllen (vgl. Art. 3 der Verordnung):
- Das Rückkaufprogramm muss nach Art. 4 Abs. 1 der Verordnung die in Art. 19 Abs. 1 der Zweiten Gesellschaftsrechtlichen Richtlinie (Richtlinie 77/91/EWG) festgelegten Bedingungen erfüllen. Dazu gehört vor allem **die Genehmigung des** in den Einzelheiten festgelegten **Rückkaufprogramms durch die Hauptversammlung,** wobei der Genehmigungsbeschluss höchstens 10% des gezeichneten Kapitals ausmachen darf, nicht dazu führt, dass das gezeichnete Kapital und nicht ausschüttungsfähige Rücklagen unterschritten werden, sowie nur voll eingezahlte Aktien betroffen sind (Art. 19 Abs. 1 lit. a) der Zweiten Gesellschaftsrechtlichen Richtlinie). Diese Voraussetzungen entsprechen den **Anforderungen von § 71 AktG.**[561]
- **Transparenz** zur Vermeidung von Marktmissbrauch, also von Insidergeschäften und Marktmanipulationen, **ist herzustellen** (Art. 4 Abs. 2 bis 4 der Verordnung): Vor Beginn des Handels sind das von der Hauptversammlung genehmigte **Rückkaufprogramm** mit allen Einzelheiten sowie dessen nachträgliche Änderungen **„angemessen bekanntzugeben".** „Angemessene Bekanntgabe" wird in Art. 2 Nr. 5 der Verordnung (EG) Nr. 2273/2003 definiert. Anzugeben sind namentlich der Zweck des Rückkaufprogramms, die maximal zu erwerbende Aktienstückzahl und der Zeitraum, für den das Programm genehmigt wurde. Intern muss sich der **Emittent** so organisieren, dass er über die Mechanismen verfügt, welche die **Einhaltung dieser Bekanntmachungspflichten gewährleisten.** Zudem muss er für alle Transaktionen spätestens am Ende des siebten Handelstages nach deren Ausführung die in § 4 Abs. 3 der Verordnung genannten Informationen bekanntgeben.
- Einzuhalten sind die in Art. 5 der Verordnung (EG) Nr. 2273/2003 festgesetzten **Handelsbedingungen,** die der Prävention von Marktmissbrauch dienen sollen. Sie regeln insbesondere den Erwerbspreis für den Rückkauf, der nicht über dem Kurs des letzten unabhängig vom im Rahmen des Rückkaufprogrammes getätigten Abschlusses liegen darf (Art. 5 Abs. 1 der Verordnung). Geregelt wird auch die **Höchstmenge der Aktien, die an einem Tag erworben werden dürfen** (im Einzelnen Art. 5 Abs. 2 und Abs. 3 der Verordnung). So dürfen pro Tag nicht mehr Aktien zurückgekauft werden, als dies 25% des durchschnittlichen täglichen Aktienumsatzes auf dem geregelten

---

[560] *Assmann* Rn. 217.
[561] *Geber/zur Megede* BB 2005, S. 1861/1862.

Markt entspricht. Eine Überschreitung dieser Grenze ist unter bestimmten Voraussetzungen nur zulässig, wenn auf dem relevanten Markt eine außerordentlich niedrige Liquidität besteht.[562]
- Außerdem hat der Emittent **gewisse Handelsbeschränkungen** einzuhalten (Art. 6 Abs. 1 der Verordnung (EG) Nr. 2273/2003), für die für Kreditinstitute und Wertpapierhäuser (Art. 6 Abs. 2 der Verordnung) sowie für sog. programmierte Rückkaufprogramme (Art. 6 Abs. 3) unter bestimmten Voraussetzungen Ausnahmen bestehen. Insbesondere darf der Emittent während der Laufzeit des Rückkaufprogramms **keine eigenen Aktien veräußern.**

Die Verordnung (EG) Nr. 2273/2003 regelt nicht, wie und in welcher Form die Mitteilungen zu machen sind. Nach Auffassung der **BaFin** haben die **Veröffentlichungen gemäß § 5 WpAIV analog** zu erfolgen. Es ist also gemäß § 5 Abs. 1 Nr. 1 die sog. Bereichsöffentlichkeit herzustellen. Zudem ist gemäß § 5 Abs. 1 Nr. 2 eine Veröffentlichung im Internet auf der Website des Emittenten für den Zeitraum von mindestens einem Monat vorzunehmen.

IV. Freistellung von Kursstabilisierungsmaßnahmen

Kursstabilisierungsmaßnahmen i. S. v. Art. 2 Abs. 7 der Verordnung (EG) Nr. 2273/2003 sind dann nach Art. 8 der Marktmissbrauchsrichtlinie und § 14 Abs. 2 von den Insiderhandelsverboten ausgenommen, wenn sie die **Voraussetzungen der Art. 8 bis 10 der Verordnung (EG) Nr. 2273/2003** erfüllen.

- Maßnahmen zur Stabilisierung des Kurses von Finanzinstrumenten sind **nur zeitlich befristet zulässig** und dementsprechend auch nur in dem einzuhaltenden Zeitfenster von den Insiderhandelsverboten freigestellt. Bei einer **Erstplatzierung** von Aktien und Aktien entsprechenden Wertpapieren gilt eine Frist von dreißig Kalendertagen ab dem Tag der Aufnahme der Notierung (Art. 8 Abs. 2 der Verordnung). Bei einer **Zweitplatzierung** von Aktien und Aktien entsprechenden Wertpapieren läuft eine Frist für die Freistellung von Insiderhandelsverboten ab dem Tag der Veröffentlichung des Schlusskurses des relevanten Insiderpapiers und endet spätestens dreißig Kalendertage nach dem Zuteilungsdatum (Art. 8 Abs. 3 der Verordnung). Für **Schuldverschreibungen und andere verbriefte Schuldtitel** ohne Umtausch- oder mit Umwandlungsrecht in Aktien oder Aktien entsprechende Wertpapieren gelten die zeitlichen Grenzen der Art. 8 Abs. 4 und Abs. 5 der Verordnung.
- Emittenten, Bieter oder Unternehmen, welche die Stabilisierungsmaßnahme durchführen, unterliegen **bestimmten Bedingungen für die Bekanntgabe und Meldung von Kursstabilisierungsmaßnahmen** nach Art. 9 der Verordnung (EG) Nr. 2273/2003.
So muss **vor Beginn der Zeichnungsfrist** der fraglichen Wertpapiere „in angemessener Weise" bekannt gemacht werden, dass und in welchem Zeitraum möglicherweise Kursstabilisierungsmaßnahmen durchgeführt werden (Art. 9 Abs. 1 lit. a) bis c)). Anzugeben ist auch die Person, die für die Durch-

---

[562] Dazu *Geber/zur Megede* BB 2005, S. 1861/1864; *Singhof/Weber* AG 2005, S. 549/559f.

führung der Maßnahme zuständig ist (Art. 9 Abs. 1 lit. d)), sowie und in welchem Umfang die Möglichkeit einer Überzeichnung oder Greenshoe-Option besteht (Art. 9 Abs. 1 lit. e)). Innerhalb einer Woche **nach Ablauf des Stabilisierungszeitraums** ist nach Maßgabe von Art. 9 Abs. 3 der Verordnung mitzuteilen, ob solche Maßnahmen tatsächlich erfolgten (insbesondere Termin und Kursspanne).
Nach Art. 9 Abs. 4 besteht eine **Dokumentationspflicht** für die Kursstabilisierungsmaßnahmen. Außerdem sind der für den relevanten Markt **zuständigen Behörde** die Einzelheiten sämtlicher Stabilisierungsmaßnahmen spätestens am Ende des siebten Handelstages nach dem Tag ihrer Ausführung **mitzuteilen** (Art. 9 Abs. 2).
- Weiterhin sind die in Art. 10 der Verordnung (EG) Nr. 2273/2003 statuierten **Anforderungen an den Preis und das Volumen** der Kursstabilisierung einzuhalten.

406 Auch im Hinblick auf die Freistellung von Kursstabilisierungsmaßnahmen sieht die Verordnung (EG) Nr. 2273/2003 nicht vor, wie und in welcher Form Mitteilungen und Bekanntmachungen zu erfolgen haben. Auch hier ist nach Auffassung der BaFin § **5 WpAIV** analog anzuwenden.[563]

407 Zu den Einzelheiten siehe die Kommentierung bei § 20a Rn. 108 ff.

D. Fragen einer möglichen Rechtfertigung

I. Einwilligung

408 Die Einwilligung kommt als allgemeiner Rechtfertigungsgrund für Verstöße gegen eines der Insiderhandelsverbote (§ 14 Abs. 1 Nr. 1 bis 3) nicht in Betracht. Eine **Einwilligung des** durch die Insiderinformation betroffenen **Emittenten ist unerheblich.** Die Verbote des § 14 schützen primär die Funktionsfähigkeit des Kapitalmarkts und damit ein **überindividuelles Rechtsgut, über das nicht disponiert werden kann.** Eine Einwilligung des Emittenten in einen von § 14 erfassten Insiderverstoß bedeutet deshalb eine nicht zulässige und damit unbeachtliche[564] Disposition über das Universalrechtsgut der Funktionsfähigkeit des Kapitalmarktes.[565] Entsprechendes gilt für die mutmaßliche Einwilligung.[566]

II. § 34 StGB (Notstand/Notstandshilfe)

409 Im Hinblick auf die Pflichtenkollision, die sich in der Anlageberatung der Banken beim Aufeinandertreffen des insiderrechtlichen Weitergabeverbots aus

---
[563] *Schäfer* Rn. 119.
[564] Keine Einwilligung, wenn der Tatbestand ein Rechtsgut der Allgemeinheit, sei es auch nur neben anderen Rechtsgütern, schützt; allgemeine Meinung, zB BGH, 29. 9. 1953 – 1 StR 365/53, BGHSt 5, S. 66/68; 24. 6. 1960 – 2 StR 621/59, BGHSt 15, S. 332/336; OLG Düsseldorf 15. 2. 1962 – 1 Ss 1001/61, NJW 1962, S. 1263/1263 f.; *Lackner/Kühl*, StGB, vor § 32 Rn. 13.
[565] *Assmann* Rn. 178.
[566] *Assmann* Rn. 178.

§ 14 Abs. 1 Nr. 2 mit den Verantwortlichkeiten von Kreditinstituten für die Wahrung der Vermögensinteressen ihrer Kunden ergibt (zu dem Interessenkonflikt siehe oben Rn. 332f.), wurde in der Literatur zum Teil die Auffassung vertreten, dass die von der **Pflichtenkollision** betroffenen Unternehmen aus dem Gesichtspunkt der Nothilfe ausnahmsweise zur Aufklärung ihrer Kunden verpflichtet sein können. Eine Rechtfertigung der Offenlegung entsprechend den Grundsätzen der **Nothilfe** bzw. **Notstandshilfe** ist aber abzulehnen. Ausführlich zu den Einzelheiten (mit Nachw.) siehe oben Rn. 337 ff.

Nach *Assmann* kommt eine **Rechtfertigung** eines Verstoßes gegen das Verwendungsverbot (§ 14 Abs. 1 Nr. 1) **gemäß § 34 StGB ausnahmsweise** in Betracht, wenn es um den Verkauf der Aktien eines insolventen Unternehmens geht und dies erforderlich ist, **um die eigene Gesellschaft und damit Arbeitsplätze zu erhalten;** durch die Erreichung dieses Ziels werde das höherrangige Rechtsgut bewahrt.[567] 410

Vorausgesetzt ist eine gewissenhafte Prüfung, dass die Gefahr für das eigene Unternehmen und die Arbeitsplätze durch kein anderes (milderes) Mittel als den Aktienverkauf abwendbar ist.[568] Weitere Voraussetzung einer Rechtfertigung nach § 34 StGB ist eine **Interessenabwägung** mit dem Ergebnis, dass das geschützte Interesse, zu dessen Gunsten gehandelt wird, das beeinträchtigte Interesse wesentlich überwiegt. Dabei sind alle Umstände und widerstreitenden Interessen unter Berücksichtigung der konkreten Situation zu würdigen, einschließlich dem **Rang der Rechtsgüter** und dem **Grad der ihnen drohenden Gefahren.** Die Interessenabwägung kann zu dem Ergebnis gelangen, dass die abstrakte Gefährdung des Vertrauens der Anleger in die Funktionsfähigkeit des Kapitalmarkts hinter konkret bedrohten Individualinteressen (wie hier den Arbeitsplätzen) zurückzutreten hat.[569] So kann zB der Verkauf von Aktien durch einen Insider gerechtfertigt sein, wenn die Veräußerung zur Herstellung von Liquidität erforderlich ist, um eine Forderung bei ansonsten drohender Zahlungsunfähigkeit begleichen zu können. 411

E. Rechtsfolgen eines Verstoßes gegen die Insiderverbote des § 14 Abs. 1

Art. 13 der EG-Insiderrichtlinie bestimmte, dass die Mitgliedstaaten bei der Umsetzung verpflichtet sind, Sanktionen für Verstöße vorzusehen. Die Richtlinie schrieb nicht ausdrücklich vor, welcher Art und wie hoch die angedrohten Sanktionen für Verstöße sein sollen, bestimmte jedoch in Art. 13 Satz 2, dass die **Sanktionen** so weit gehen müssen, „dass sie einen **hinreichenden Anreiz zur Einhaltung dieser Vorschriften** darstellen". Auch wenn die EG-Insiderrichtlinie mit dieser Formulierung keine Verpflichtung der Mitgliedstaaten zur Schaffung eines Insider-Straftatbestands statuierte (dazu vor § 12 Rn. 139 ff.), 412

---

[567] *Assmann* Rn. 178; siehe auch *Schwark* in KMRK, § 14 WpHG Rn. 71.
[568] Vgl. mit Nachw. insbes. zur Rspr. *Fischer*, StGB, § 34 Rn. 5; *Lackner/Kühl*, StGB, § 34 Rn. 3.
[569] Zu den Aspekten der Interessenabwägung bei § 34 StGB siehe *Fischer*, StGB, § 34 Rn. 8 ff.

sehen die Insiderregelungen der Mitgliedstaaten mittlerweile strafrechtliche **Sanktionen** vor.[570] Auch der deutsche Gesetzgeber hat sich mit § 38 für eine **strafrechtliche Sanktionierung** entschieden. Mit dem AnSVG wurde die Sanktionierung durch die Einführung von **Ordnungswidrigkeiten** für Sekundärinsider wegen Verstößen gegen das Weiter- und das Verleitungsverbot ausgedehnt (§ 39 Abs. 2 Nr. 3 und Nr. 4).

413 Zivilrechtliche Folgen für Insiderhandelsverstöße sind im WpHG nicht vorgesehen, aber auch nicht ausgeschlossen worden, so dass grundsätzlich neben der strafrechtlichen Sanktionierung auch **zivilrechtliche Rechtsfolgen** nach den allgemeinen Regeln möglich sind.

I. Strafrechtliche Rechtsfolgen

414 § 38 Abs. 1 Nr. 1 sieht als Sanktion für Verstöße gegen § 14 Abs. 1 Nr. 1 eine **Freiheitsstrafe von bis zu fünf Jahren** oder **Geldstrafe** vor; § 38 Abs. 1 Nr. 2 sieht die gleiche Strafregelung für Verstöße gegen § 14 Abs. 1 Nr. 2 und Nr. 3 für Primärinsider vor, also für alle, die eines der persönlichen Merkmale des § 38 Abs. 1 Nr. 2 lit. a), b), c) oder d) verwirklichen. Dieser Strafrahmen gilt unabhängig von der Person des Handelnden, differenziert also nicht danach, ob die Tatmodalität von einem Primär- oder Sekundärinsider begangen wird. Der Strafrahmen gilt auch gleichermaßen für alle Tatmodalitäten des § 14 (vgl. oben Rn. 5). Im Falle eines nur **leichtfertigen Verstoßes** gegen § 14 Abs. 1 Nr. 1 beträgt der Strafrahmen gemäß § 38 Abs. 4 **Freiheitsstrafe von bis zu einem Jahr** oder **Geldstrafe**.

415 Neben Freiheits- oder Geldstrafe sind als weitere strafrechtliche Folgen die Verhängung eines **Berufsverbots** gemäß § 70 StGB sowie die **Anordnung des Verfalls** des Vermögensvorteils, den der Täter oder Teilnehmer aus dem Insidergeschäft erlangt hat, gemäß § 73 StGB möglich.

416 Zur strafrechtlichen Sanktionierung gemäß § 38 Abs. 1 und Abs. 4 sowie zu den möglichen strafrechtlichen Nebenfolgen siehe im einzelnen § 38 Rn. 81 ff.

417 Als **Ordnungswidrigkeit** mit einer **Geldbuße von bis zu 200 000,– €** (vgl. § 39 Abs. 4) werden vorsätzliche und leichtfertige Zuwiderhandlungen von Personen geahndet, die nicht eines der persönlichen Merkmale des § 38 Abs. 1 Nr. 2 lit. a) bis d) verwirklichen (sog. Sekundärinsider). Eine Differenzierung im Strafrahmen je nach vorsätzlicher oder leichtfertiger Begehung ordnet das WpHG nicht an. Diese folgt allerdings aus § 17 Abs. 2 OWiG, wonach **bei** nur **leichtfertigem Verhalten das Höchstmaß auf die Hälfte zu reduzieren** ist (dazu § 39 Rn. 83).

418 Zur möglichen Verhängung von **Geldbußen gegen eine juristische Person bzw. eine Personenvereinigung** gemäß § 30 OWiG wegen eines Insiderhandelsverstoßes durch Organe oder bestimmte rechtsgeschäftliche Vertreter sowie gemäß § 130 OWiG wegen der Verletzung einer betriebsbezogenen Pflicht, na-

---

[570] Eine Übersicht über die Unterschiede in der Umsetzung der EG-Insiderrichtlinie in ausgewählten Mitgliedstaaten und die Veränderungen im Zuge der Marktmissbrauchsrichtlinie ist einer Studie des *British Institute of International and Comparative Law* zu entnehmen: Comparative Implementation of EU Directives (I) – Insider Dealing and Market Abuse, Dezember 2005. Zur Rechtslage in den Mitgliedstaaten siehe auch die ältere Darstellung bei *Wegen/Assmann* (Hrsg.), Insidertrading in Western Europe (Stand: 1994).

mentlich einer Aufsichts- und Organisationspflicht im Hinblick auf Insiderhandelsverstöße im Unternehmen siehe vor § 38 Rn. 31 ff. und 24 ff.

II. Zivilrechtliche Folgen

Das **WpHG** regelt etwaige **zivilrechtliche Folgen von Verstößen** gegen die Insiderhandelsverbote des § 14 nicht. Das Gesetz schließt solche nicht von vornherein aus, auch wenn es keine unmittelbare Rechtsgrundlage gewährt. Eventuelle zivilrechtliche Folgen bestimmen sich nach den **allgemeinen Bestimmungen und Regeln.** 419

Zu **unterscheiden** ist zwischen **außerbörslichen Wertpapiergeschäften** ohne Zwischenschaltung von Finanzintermediären (sog. *face-to-face*-Geschäfte) und **Börsenumsatzgeschäften,** bei denen zum Erwerb oder zur Veräußerung eines Wertpapiers der Weg über die Börse gewählt wird und kein direkter vertraglicher Kontakt zwischen dem Insider und einem Erwerber bzw. Veräußerer des Insiderpapiers besteht. 420

1. Außerbörsliche Wertpapiergeschäfte (*face-to-face*-Geschäfte)

a) Nichtigkeit gemäß § 134 BGB

Nach § 134 BGB ist ein Rechtsgeschäft, das **gegen ein gesetzliches Verbot verstößt,** nichtig, wenn sich nicht aus Sinn und Zweck des Gesetzes ein anderes ergibt.[571] Ein Wertpapiergeschäft, das unter Verwendung einer Insiderinformation zustande kommt, verstößt gegen das gesetzliche Verbot des § 14 Abs. 1 Nr. 1.[572] 421

Die **Nichtigkeitsfolge aus § 134 BGB** tritt ein, wenn das vom Gesetzgeber mit der Regelung verfolgte Ziel nur dadurch erreicht werden kann, dass dem Rechtsgeschäft die rechtliche Anerkennung versagt wird. Wichtiges Indiz ist der Adressatenkreis des Verbotsgesetzes. Insbesondere wenn die Vornahme eines Rechtsgeschäfts gegen ein **Strafgesetz** verstößt, ist das **Rechtsgeschäft in der Regel wirksam,** wenn sich das strafrechtliche Verbot nur gegen eine der Vertragsparteien richtet und die anderen am Vertrag Beteiligten weder Kenntnis von dem Verstoß haben noch mit einem solchen rechnen.[573] Die **Nichtigkeitsfolge** tritt in diesem Fall **ausnahmsweise** nur dann ein, wenn der Zweck des Gesetzes anders als durch die Nichtigkeit des Geschäfts nicht zu erreichen ist.[574] 422

Auf dieser Grundlage **verneint** die Literatur die Frage, ob es sich bei § 14 um ein **Verbotsgesetz i. S. d.** § 134 BGB handelt, das die Nichtigkeit des Rechtsgeschäfts auslöst.[575] § 14 wendet sich allein an den Insider, so dass die Gültigkeit 423

---

[571] Ständige Rspr., vgl. nur BGH, 5. 5. 1992 – X ZR 134/90, BGHZ 118, S. 182/188 mit umfangreichen Nachw. zur Rspr.
[572] Vgl. BGH, 22. 9. 1983 – VII ZR 43/83, BGHZ 88, S. 240/242 mit zahlr. Nachw.
[573] Vgl. *Heinrichs* in *Palandt*, BGB, § 134 Rn. 8 f.; *Hefermehl* in *Soergel*, BGB, § 134 Rn. 24.
[574] Vgl. nur BGH, 5. 5. 1992 – X ZR 134/90, BGHZ 118, S. 182/188; *Heinrichs* in *Palandt*, BGB, § 134 Rn. 9 mwN; *Hefermehl* in *Soergel*, BGB, § 134 Rn. 23 f.
[575] *Assmann* Rn. 206 f. (wohl auch für das *face-to-face*-Geschäft); *Schäfer* Rn. 96; *Schwark* in KMRK, § 14 WpHG Rn. 3; *Steinhauer*, Insiderhandelsverbot und Ad hoc-Publizität, S. 89; *Krauel*, Insiderhandel, S. 307 f.

des Wertpapiergeschäfts indiziert ist. Auch **Sinn und Zweck des § 14** erfordern keine andere Lösung: Denn nicht der Inhalt des fraglichen Wertpapiergeschäfts soll vom Gesetz verhindert werden, sondern nur das Verhalten des Insiders in Form der Ausnutzung seiner privilegierten Kenntnis. Diesem Zweck wird durch die strafrechtliche Sanktionierung hinreichend Rechnung getragen.[576]

b) Nichtigkeit gemäß § 138 BGB

424 Ein Wertpapierkaufvertrag zwischen dem Insider und seinem Vertragspartner ist gemäß § 138 Abs. 1 BGB nichtig, wenn das abgeschlossene **Rechtsgeschäft gegen die guten Sitten verstößt**, also das Anstandsgefühl aller billig und gerecht Denkenden verletzt.[577]

425 Bei der Bewertung der Sittenwidrigkeit werden die Grundsätze der herrschenden Rechts- und Sozialmoral herangezogen. Es werden einerseits die in der Gesellschaft aufgrund der Gesamtheit der Wertvorstellungen bestehenden moralischen Anschauungen, andererseits die der Rechtsordnung selbst immanenten rechtsethischen Grundwertungen berücksichtigt.[578] Mit der in Umsetzung der EG-Insiderrichtlinie im Jahre 1994 erfolgten Einführung eines strafrechtlich sanktionierten Verbots des Insiderhandels hat der Gesetzgeber der sich bis zu diesem Zeitpunkt als nahezu einhellig herausgebildeten Auffassung von der **Sittenwidrigkeit von Insidergeschäften** Ausdruck verliehen.[579] Das Verwerflichkeitsurteil zeigt sich deutlich in dem angedrohten Strafmaß von bis zu fünf Jahren Freiheitsstrafe.

426 Die **Nichtigkeitsfolge** des § 138 Abs. 1 BGB setzt aber nicht nur ein sittenwidriges Verhalten des Insiders voraus, sondern auch und gerade die Sittenwidrigkeit des konkreten Rechtsgeschäfts. Die Sittenwidrigkeit eines Vertrages kann sich sowohl aus seinem Inhalt als auch aus den Umständen ergeben.[580] Ein **Wertpapierkaufvertrag**, bei dem ein Insider eine Insiderinformation verwendet, ist **nicht inhaltssittenwidrig.** Denn nicht der Umsatz des betreffenden Wertpapiers, sondern die Verwendung der Insiderinformation ist das verwerfliche Moment.[581]

427 Ob ein Rechtsgeschäft **umstandssittenwidrig** ist, ist durch eine umfassende Würdigung von Inhalt, Beweggrund und Zweck des konkreten Rechtsgeschäfts zu beurteilen.[582] Ein Insidergeschäft ist in aller Regel umstandssittenwidrig, weil

---

[576] *Steinhauer,* Insiderhandelsverbot und Ad hoc-Publizität, S. 89; *Krauel,* Insiderhandel, S. 308.
[577] Ständige Rspr., vgl. zB RG, 15. 10. 1912 – Rep. VII 231/12, RGZ 80, S. 219/221; BGH, 9. 7. 1953 – IV ZR 242/52, BGHZ 10, S. 228/232; BAG, 1. 4. 1976 – 4 AZR 96/75, NJW 1976, S. 1958/1958.
[578] Vgl. *Heinrichs* in *Palandt,* BGB, § 138 Rn. 2f.
[579] So *Steinhauer,* Insiderhandelsverbot und Ad-hoc-Publizität, S. 93; *Tippach,* Das Insiderhandelsverbot, S. 53; zur geschichtlichen Entwicklung des Insiderhandelsrechts siehe oben vor § 12 Rn. 6 ff.
[580] Vgl. *Heinrichs* in *Palandt,* BGB, § 138 Rn. 7f.
[581] *Steinhauer,* Insiderhandelsverbot und Ad hoc-Publizität, S. 93 f.; vgl. auch schon *Horn,* ZHR 136 (1972), S. 369/388.
[582] Vgl. BGH, 8. 12. 1982 – IVb ZR 333/81, BGHZ, S. 86, 82/88; 28. 2. 1989 – IX ZR 130/88, BGHZ 107, S. 92/97f.; 19. 12. 1989 – IVb ZR 91/88, NJW 1990, S. 703/704; *Heinrichs* in *Palandt,* BGB, § 138 Rn. 8.

Verbot von Insidergeschäften 428–432 § 14

sich die Verwendung einer Insiderinformation durch den Insider in derart unerträglicher Weise gegen den Vertragspartner richtet, dass dadurch der Gesamtcharakter des Geschäfts selbst sittenwidrig erscheint. Anknüpfungspunkt ist das Verschweigen der kursrelevanten Insiderinformation durch den Insider gegenüber seinem Vertragspartner,[583] unabhängig davon, ob man das Bestehen einer entsprechenden Aufklärungspflicht bejaht.[584]

c) **Anfechtbarkeit**

aa) Irrtum über verkehrswesentliche Eigenschaft. Befindet sich der Geschäftspartner des Insiders beim Kauf oder Verkauf des Insiderpapiers in einem Irrtum über eine verkehrswesentliche Eigenschaft des Wertpapiers, ist der Kaufvertrag gemäß § 119 Abs. 2 BGB anfechtbar. Eine erfolgreiche Anfechtung führt gemäß § 142 Abs. 1 BGB zur Unwirksamkeit *ex tunc*. 428

Insiderinformationen sind in aller Regel keine Eigenschaften des Wertpapiers i.S.d. § 119 Abs. 2 BGB, so dass ihre Unkenntnis nicht zu einem zur Anfechtung berechtigenden Eigenschaftsirrtum führt.[585] **Eigenschaften** i.S.d. § 119 Abs. 2 BGB sind nur diejenigen wertbildenden Faktoren, die „in der Sache selbst ihren Grund haben, von ihr ausgehen und den Gegenstand kennzeichnen".[586] **Kurserhebliche Tatsachen,** die den Insider dazu veranlassen können, ein Wertpapiergeschäft vorzunehmen, zB die wirtschaftliche Lage des Emittenten oder ein bevorstehendes Übernahmeangebot für die Gesellschaft, sind wertbildende Umstände für ein Wertpapier, die völlig außerhalb desselben liegen.[587] 429

bb) Arglistige Täuschung. Wenn der Geschäftspartner des Insiders zum Abschluss des Wertpapierkaufvertrages durch arglistige Täuschung seitens des Insiders bestimmt worden ist, kann er das Geschäft gemäß **§ 123 Abs. 1 BGB** anfechten. Folge ist dessen rückwirkende Nichtigkeit gemäß § 142 Abs. 1 BGB. 430

Da der Insider regelmäßig keine ausdrücklichen Erklärungen zum Wert des Papiers abgibt, kommt im Hinblick auf die vom Insider nicht offen gelegte Kenntnis von einer Insiderinformation eine **Täuschung durch Verschweigen** in Betracht. Das Verschweigen von Tatsachen ist eine Täuschung i.S.d. § 123 Abs. 1 BGB, wenn hinsichtlich der verschwiegenen Tatsachen eine **Aufklärungspflicht** besteht.[588] Entscheidend ist, ob der andere Teil nach Treu und Glauben unter Berücksichtigung der Verkehrsanschauung redlicherweise eine Aufklärung erwarten darf.[589] 431

Ist im jeweiligen Fall die Weitergabe als befugt i.S.v. § 14 Abs. 1 Nr. 2 anzusehen und besteht eine Aufklärungspflicht des Insiders, kann die Täuschung arg- 432

---

[583] *Steinhauer,* Insiderhandelsverbot und Ad hoc-Publizität, S. 94.
[584] Eine Aufklärungspflicht über eine Insiderinformation ablehnend unter Hinweis auf das Weitergabeverbot des § 14 Abs. 1 Nr. 2 *Steinhauer,* Insiderhandelsverbot und Ad hoc-Publizität, S. 81 f., 94, der aus diesem Grund eine Sittenwidrigkeit des Insider-*face-to-face*-Geschäfts verneint.
[585] So *Steinhauer,* Insiderhandelsverbot und Ad-hoc-Publizität, S. 95 f; offen bei *Schäfer* Rn. 98.
[586] BGH, 18. 11. 1977 – V ZR 172/76, BGHZ 70, S. 47/48 mwN.
[587] So bereits RG, 5. 11. 1904 – Rep. I 221/04, RGZ 59, S. 240/243.
[588] RG, 15. 11. 1911 – Rep. I 512/10, RGZ 77, S. 309/314; BGH, 31. 1. 1979 – I ZR 77/77, LM § 123 BGB Nr. 52; *Heinrichs* in *Palandt,* BGB, § 123 Rn. 5.
[589] Vgl. BGH, 13. 7. 1988 – VIII ZR 224/87, NJW 1989, S. 763/764; *Heinrichs* in *Palandt,* BGB, § 123 Rn. 5, § 242 Rn. 37; *Hefermehl* in *Soergel,* BGB, § 123 Rn. 7 und 9.

listig sein. **Arglist** erfordert einen Täuschungswillen sowie die Vorstellung des Täuschenden in Form des bedingten Vorsatzes, dass ein Verschweigen der Tatsache möglicherweise für die Willensbildung des anderen Teils von Bedeutung sein könne.[590]

d) Anspruch auf Schadensersatz

433 aa) *Culpa in contrahendo*. Mögliche Rechtsgrundlage eines Anspruchs des Vertragspartners des Insiders auf Schadensersatz ist **§ 280 Abs. 1 BGB** nach den Grundsätzen der *culpa in contrahendo* (**c. i. c.**).[591] Dies setzt voraus, dass der Insider pflichtwidrig handelte, als er es unterließ, den Vertragspartner über die Insiderinformation aufzuklären.[592]

434 In der einschlägigen Literatur ist umstritten, ob und unter welchen Voraussetzungen eine entsprechende **Offenbarungs- bzw. Aufklärungspflicht des Insiders** (allg. dazu oben Rn. 63). angenommen werden kann, weil der Insider (genauer: der Primärinsider) dem strafrechtlich sanktionierten Verbot der Weitergabe einer Insiderinformation gemäß § 14 Abs. 1 Nr. 2 unterliegt.

435 Teilweise wird das Bestehen einer **vertraglichen bzw. vorvertraglichen Aufklärungspflicht im Hinblick auf eine Insiderinformation** pauschal unter Hinweis auf das insiderrechtliche Weitergabeverbot abgelehnt; es wird ein Vorrang des Insiderrechts angenommen.[593] Nach anderer Auffassung ist die Weitergabe einer Insiderinformation nicht unbefugt, wenn vernünftige schuldrechtliche Verpflichtungen eine Weitergabe gebieten; solche lägen in einer drohenden Haftung eines Verkäufers gemäß § 280 Abs. 1 BGB nach den Grundsätzen der pVV oder c. i. c. bei Verletzung einer Pflicht, den Käufer auf negative Umstände hinzuweisen. Das **Weitergabeverbot** stünde dem nicht entgegen, weil ansonsten viele Geschäfte unverhältnismäßig behindert würden.[594]

436 Nach der Rechtsprechung des BGH besteht allgemein eine Aufklärungspflicht,[595] wenn der **Vertragspartner nach Treu und Glauben unter Berücksichtigung der Verkehrsanschauung redlicherweise eine Aufklärung erwarten durfte**. Der Vertragspartner muss also vom Insider redlicherweise eine Aufklärung über die Insiderinformation erwarten dürfen. Ein redliches Vertrauen eines Vertragspartners darauf, dass der Insider durch Aufklärung bzw. Offenbarung einer vertragswesentlichen Tatsache gegen einen Straftatbestand verstößt, kann nicht bestehen. Insofern wird eine möglicherweise bestehende Aufklärungspflicht begrenzt.[596]

---

[590] Dazu *Heinrichs* in *Palandt*, BGB, § 123 Rn. 11 mit Nachw. zur Rspr.
[591] Grundsätzlich bejahend *Assmann* Rn. 211; *ders.* ZGR 1994, S. 494/524; *Kaiser* WM 1997, 1557/1558 f.; *Mennicke*, Sanktionen gegen Insiderhandel, S. 624 f.; *Fürhoff*, Kapitalmarktrechtliche Ad hoc-Publizität, S. 104; *Tippach*, Das Insider-Handelsverbot, S. 30; *Sethe* in Handbuch des Kapitalanlagerechts, § 12 Rn. 132.
[592] Allgemein zu den Voraussetzungen eines Anspruchs aus c. i. c. siehe Palandt-*Heinrichs*, BGB, § 276 Rn. 8; Palandt-*Grüneberg*, § 311 Rn. 11 ff.
[593] So *Kaiser* WM 1997, S. 1557/1559; *Weimann* DStR 1998, S. 1556/1560 f.; *Steinhauer*, Insiderhandelsverbot und Ad hoc-Publizität, S. 81 f.
[594] *Süßmann* AG 1999, S. 162/164; *Beisel/Klumpp*, Der Unternehmenskauf, 3. Aufl. (1996), Rn. 941; siehe auch *Schmidt-Diemitz* DB 1996, S. 1809/1811.
[595] BGH, 8. 12. 1988 – VII ZR 83/88, WM 1989, S. 416/417.
[596] Siehe *Steinhauer*, Insiderhandelsverbot und Ad hoc-Publizität, S. 81; *Tippach*, Insider-Handelsverbot, S. 30.

§ 14 Abs. 1 Nr. 2 verbietet nicht jegliche Weitergabe von Insiderinformationen, sondern nur die unbefugte Weitergabe. Dementsprechend kann der Vertragspartner des Insiders berechtigterweise nach Treu und Glauben diejenige Offenlegung von Insiderinformationen erwarten, die für den Insider eine befugte Weitergabe darstellt. Insofern ist auf die Grundsätze zurückzugreifen, nach denen die **Weitergabe von Insiderinformationen an einen potentiellen Erwerber im Rahmen der Durchführung einer Due Diligence-Prüfung** als befugt anzusehen ist. Zum Meinungsstand und den maßgeblichen Kriterien siehe oben Rn. 303 ff. Ist danach die Weitergabe insiderrechtlich unbefugt, besteht keine vorvertragliche Aufklärungspflicht des Insiders gegenüber seinem Vertragspartner.[597]

bb) Delikt. Ein Schadensersatzanspruch des Vertragspartners gegen den Insider kann sich beim außerbörslichen *face-to-face*-Geschäft bei Nichtoffenbarung einer Insiderinformation **aus § 823 Abs. 2 BGB iVm § 263 StGB** (Betrug) ergeben. Weitere deliktische Anspruchsgrundlagen, aus denen sich ein Schadensersatzanspruch des Vertragspartners des Insiders ergeben könnte, und die in der einschlägigen Literatur erörtert werden, sind **§ 823 Abs. 2 BGB iVm § 14** sowie **§ 826 BGB.** Da diese Bestimmungen als mögliche Anspruchsgrundlagen sowohl bei außerbörslichen Wertpapiergeschäften als auch bei Börsenumsatzgeschäften in Betracht kommen, werden sie unten (Rn. 442 ff., 446 ff.) erörtert.

2. Börsenumsatzgeschäfte

Im Normalfall werden Wertpapiergeschäfte, die über die Börse getätigt werden, über Kreditinstitute abgewickelt. **Regelmäßig** sind **fünf Parteien an einer Wertpapiertransaktion beteiligt:** Käufer und Verkäufer des Wertpapiers, zwei von ihnen eingeschaltete Kreditinstitute und ein Skontroführer bzw. Kursmakler.[598] Zwischen einem Wertpapierkäufer und seinem Kreditinstitut besteht ein **Kommissionsvertrag** gemäß §§ 383 ff. HGB, aus dem das Kreditinstitut verpflichtet wird, als Kommissionär Wertpapiere für Rechnung des Kunden im eigenen Namen zu kaufen.[599] Bei dem sog. **Deckungsgeschäft an der Börse** handelt es sich um einen Kaufvertrag, den das Kreditinstitut des Käufers mit einem anderen Kreditinstitut abschließt. Das andere Kreditinstitut kann eigene Wertpapiere für eigene Rechnung verkaufen oder – was der Regelfall ist – als Kommissionär eines verkaufswilligen Kunden auftreten. Den Kommissionsverträgen liegt eine entgeltliche Geschäftsbesorgung (§ 675 BGB) zugrunde, und zwar bei Einzeltätigkeit mit Werkvertrags-, bei einer Dauerverbindung mit Dienstvertragscharakter.[600]

---

[597] Ähnlich *Fürhoff,* Kapitalmarktrechtliche Ad hoc-Publizität, S. 106 ff, der in den Fällen einer unbefugten Weitergabe die zivilrechtliche Aufklärungspflicht gegenüber dem Käufer bestehen läßt mit der Folge, dass ein Insider in einem solchen Fall seine Aktien nicht mehr außerbörslich verkaufen kann, wenn er jegliche Haftung zivil- und strafrechtlicher Art vermeiden will.
[598] Deren Aufgabe ist es, Angebote und Nachfragen entgegenzunehmen, die einander entsprechenden Angebote und Nachfragen einander zuzuordnen und so Geschäfte zu vermitteln.
[599] Siehe Nr. 1 Abs. 1 der „Sonderbedingungen für Wertpapiergeschäfte".
[600] Vgl. *Baumbach/Hopt,* HGB, § 383 Rn. 6 und 8 mit Nachw. zur Rspr.; *Kümpel,* Bank- und Kapitalmarktrecht, Rn. 10.81.

a) Nichtigkeit gemäß § 134 BGB

440 Beim Börsenumsatzgeschäft sind weder das Deckungsgeschäft durch das Kreditinstitut noch der im Rahmen des Kommissionsvertrags vom Insider an sein Kreditinstitut erteilte Auftrag, ein bestimmtes Wertpapiergeschäft vorzunehmen, wegen Verstoßes gegen das gesetzliche Verbot des § 14 Abs. 1 Nr. 1 gemäß § 134 BGB nichtig. Bei dem **Deckungsgeschäft**, das die Kreditinstitute an der Börse im Auftrag ihrer Kunden vornehmen, vertreten sie nicht ihre Kunden, sondern nehmen ein eigenes Geschäft vor. Der Insider ist nicht an dem Deckungsgeschäft beteiligt. Allerdings kann die **Beauftragung der Bank** ein verbotenes Insidergeschäft i. S. d. § 14 Abs. 1 Nr. 1 sein.[601] Ebenso wie bei der Beurteilung des *face-to-face*-Geschäfts (siehe oben Rn. 423) spricht gegen eine Nichtigkeit des Auftrags gemäß § 134 BGB, dass § 14 nicht verhindern soll, dass Kreditinstitute mit der Vornahme von Wertpapiertransaktionen beauftragt werden, sondern dass ein Insider dabei seine besonderen Kenntnisse über eine Insiderinformation ausnutzt. Dieser Zweck wird durch die Strafandrohung des § 38 ausreichend erfüllt.[602]

b) Nichtigkeit gemäß § 138 BGB

441 In aller Regel sind weder das **Wertpapierkommissionsgeschäft** zwischen Insider und Kreditinstitut noch das **Deckungsgeschäft** zwischen den Banken an der Börse gemäß § 138 Abs. 1 BGB nichtig.[603] Für die Frage der Sittenwidrigkeit gelten dieselben Grundsätze wie bei der Beurteilung eines *face-to-face*-Geschäfts (siehe oben Rn. 424 ff.).

c) Schadensersatzansprüche aus § 823 Abs. 2 BGB iVm § 14

442 Die heute ganz überwiegende Auffassung verneint, dass die Insiderhandelsverbote des **§ 14 als Schutzgesetz i. S. d. § 823 Abs. 2 BGB** zu qualifizieren sind, mit der Folge, dass eine Verletzung nicht zu einer zivilrechtlichen Haftung von Primär- und Sekundärinsidern auf Schadensersatz gegenüber anderen Anlegern führen kann.[604] Den Insiderhandelsverboten kommt kein **Individualschutzcharakter** in dem Sinne zu, dass sie eine individuelle Anspruchsberechtigung einräumen.[605]

---

[601] So *Becker*, Das neue Wertpapierhandelsgesetz, S. 50; *Steinhauer*, Insiderhandelsverbot und Ad hoc-Publizität, S. 90; siehe dazu auch oben Rn. 22.

[602] So *Steinhauer*, Insiderhandelsverbot und Ad hoc-Publizität, S. 90.

[603] *Steinhauer*, Insiderhandelsverbot und Ad hoc-Publizität, S. 94 f.

[604] *Schwark* in KMRK, § 14 Rn. 4; *Caspari* ZGR 1994, S. 530/532 f., 548; *Happ* JZ 1994, S. 240/243; *F. Immenga* ZBB 1995, S. 197/205; *Kaiser* WM 1997, S. 1557/1559 f.; *Mennicke*, Sanktionen gegen Insiderhandel, S. 618 ff., 624; *U. A. Weber* BB 1995, S. 157/164; *Dreyling/Schäfer*, Insiderhandelsverbot und Ad-hoc-Publizität, Rn. 3; *Fürhoff*, Kapitalmarktrechtliche Ad-hoc-Publizität, S. 111; *Steinhauer*, Insiderhandelsverbot und Ad hoc-Publizität, S. 108. Bejahend: *Claussen* DB 1994, S. 27/31 (ohne weitere Begründung); *Assmann* AG 1994, S. 237/250; *Ransiek* DZWir 1995, S. 53/54 Fn. 9; *Lauermann*, Gesellschafts- und zivilrechtliche Aspekte börslichen Insiderhandels, S. 89 ff. Zweifelnd *Tippach*, Das Insider-Handelsverbot, S. 53 f. Unentschieden mangels praktischer Relevanz *Assmann* Rn. 208 ff.; *Schäfer* Rn. 97.

[605] Vgl. zum Individualschutz als Voraussetzung einer individuellen Anspruchsberechtigung allgemein die ständige Rechtsprechung, siehe BGH, 27. 1. 1954 – VI ZR 309/52, BGHZ 12, S. 146/148; 27. 11. 1963 – V ZR 201/61, BGHZ 40, S. 306/306; 29. 4. 1966 – V ZR 147/63, BGHZ 46, S. 17/23; 3. 2. 1987 – VI ZR 32/86, BGHZ 100, S. 13/

Verbot von Insidergeschäften 443–446 § 14

Der deutsche Gesetzgeber hat das gesetzliche Verbot von Insidergeschäften mit 443
dem Schutz der Funktionsfähigkeit der Wertpapiermärkte begründet.[606] Entscheidend für die Funktionsfähigkeit der Finanzmärkte sei das Vertrauen der Anleger. Insidergeschäfte beeinträchtigten die Chancengleichheit der Anleger, auf der deren Vertrauen maßgeblich beruhe.[607] Diese Begründung zeigt deutlich, dass der **Funktionenschutz** aus gesamtwirtschaftlichen Gründen die **primäre und eigentliche Zielsetzung** des Verbots von Insidergeschäften darstellt.

Wenn auch Funktionen- und Anlegerschutz schwer voneinander zu trennen 444
sind und sie deshalb beide als Schutzgüter anzusehen sind, erfolgt der **Schutz des individuellen Anlegers** über den Kreis der breiten Anlegerschaft im Ganzen **allenfalls reflexartig**. Der individuelle Schutzbezug auf den einzelnen Anleger bzw. einen hinreichend deutlich abgegrenzten und deshalb bestimmten Kreis von Anlegern und ihrer individuellen Vermögen lässt sich nicht als primärer Schutzzweck und Schutzbereich der Verbotsvorschriften ausmachen. Ein reflexartiger Schutz individueller Anleger und ihres Vermögens begründet **nicht** die Eigenschaft als **Schutzgesetz i. S. v. § 823 Abs. 2 BGB**.[608]

Im Ergebnis ist die Frage des Schutzgesetzcharakters im Hinblick auf eine 445
mögliche Anspruchsberechtigung individueller Anleger eher theoretischer Natur.[609] In aller Regel dürften die anderen Anleger unabhängig von der Transaktion eines Insiders zum Kauf oder Verkauf der fraglichen Insiderpapiere zum maßgeblichen Zeitpunkt entschlossen gewesen sein. Somit wird es an der **Kausalität für eventuelle Schäden bei Anlegern** fehlen.[610] Der Nachweis eines kausal verursachten Vermögensschadens i. S. d. §§ 249 ff. BGB dürfte nur in seltenen gelagerten, praktisch eher unwahrscheinlichen Fällen möglich sein, nämlich dann, wenn das Insidergeschäft den Kursverlauf des Insiderpapiers zum Nachteil von Anlegern beeinflusst, zB weil erst durch die aufgrund eines Engagements eines Insiders am Markt erfolgende Kursveränderung ein von Anlegern gesetztes Kurslimit erreicht wird und sie nur deshalb ein nachteiliges Geschäft abschließen.[611] Ebenfalls denkbar ist, dass Anleger, die ihr Angebot oder ihre Nachfrage limitiert hatten, wegen der Kursveränderung nicht zum Zuge kommen und ihnen dadurch ein vorteilhaftes Wertpapiergeschäft entgeht.[612]

d) Schadensersatzansprüche wegen sittenwidriger vorsätzlicher Schädigung

Die vorstehend (Rn. 445) aufgezeigten Schwierigkeiten der Feststellung eines 446
Schadens, der kausal durch ein Insidergeschäft verursacht worden ist, stellen sich

---

14 f.; 2. 2. 1988 – VI ZR 133/87, BGHZ 103, S. 197/199. Siehe auch *Hager* in *Staudinger*, BGB, § 823 Rn. G 19 ff., insb. G 23.
[606] BR-Drucks. 793/93, Begründung zu § 12 WpHG, S. 138.
[607] BR-Drucks. 793/93, Allgemeiner Teil, S. 102.
[608] Vgl. *Mennicke*, Sanktionen gegen Insiderhandel, S. 623 f. So auch *Fürhoff*, Kapitalmarktrechtliche Ad hoc-Publizität, S. 111.
[609] So zu Recht *Assmann* Rn. 209; *Schäfer* Rn. 97.
[610] Zu diesem Einwand der hypothetischen Kausalität siehe *Mennicke*, Sanktionen gegen Insiderhandel, S. 78 ff. mit zahlr. Nachw.
[611] Siehe *Roth* AG 1978, S. 113/115; *Grunewald* ZBB 1990, S. 128/129; *Steinhauer*, Insiderhandelsverbot und Ad hoc-Publizität, S. 96.
[612] *Steinhauer*, Insiderhandelsverbot und Ad hoc-Publizität, S. 96; zu möglichen Fällen der zivilrechtlichen Haftung siehe auch *Kaiser* WM 1997, S. 1557/1558 ff.

auch bei der Frage eines möglichen Schadensersatzanspruchs eines Anlegers gegen den Insider aus § 826 BGB.

447 § 826 BGB enthält eine **Generalklausel**, welche die vorsätzliche Schädigung eines anderen unabhängig von der Art des verletzten Rechts oder Rechtsguts sanktioniert. Die Schädigungshandlung muss nicht – wie bei § 823 Abs. 2 BGB – einen Verstoß gegen eine Schutznorm darstellen; eine Einschränkung erfährt die Haftungsnorm durch das Erfordernis der **Sittenwidrigkeit der Schädigungshandlung**. Die Schädigung muss in einer gegen die guten Sitten verstoßenden Weise erfolgen. Sittenwidrig sind Handlungen, die gegen das Anstandsgefühl aller billig und gerecht Denkenden verstoßen. Maßgeblich sind die Anschauungen der in Betracht kommenden Verkehrskreise.[613]

448 Im Zusammenhang mit § 138 Abs. 1 BGB wurde festgestellt, dass Insiderhandel sittenwidrig ist (oben Rn. 425). Anders als bei § 138 Abs. 1 BGB genügt für den Schadensersatzanspruch aus § 826 BGB die **Sittenwidrigkeit des Verhaltens des Schädigers**. Vor dem Hintergrund, dass die Vornahme von Insidergeschäften allgemein als sittenwidrig angesehen wird, erscheint die Annahme eines Schadensersatzanspruches aus § 826 BGB naheliegend, wenn im Einzelfall infolge der durch das Insidergeschäft bewirkten Kursveränderung ein Schaden bei Anlegern herbeigeführt wurde.[614]

3. Regelungsmöglichkeiten *de lege ferenda*

449 Zu den **Gestaltungsmöglichkeiten** zivilrechtlicher Sanktionen allgemein siehe *Mennicke*.[615] Eine **qualifizierte Gewinnabschöpfungsregelung**, die auf das Unterlassen der Offenlegung von Insiderinformationen durch den Insider abstellt, hat *de lege ferenda Kirchner* vorgeschlagen.[616] Dieser Vorschlag erscheint sowohl aus konzeptionellen als auch aus Praktikabilitätsgründen wenig überzeugend.[617]

450 Während im deutschen Insiderrecht eine zivilrechtliche Sanktionierung *de lege lata* die Ausnahme bleibt, ist in den **USA** und in **Großbritannien** gegen Ende des letzten Jahrhunderts als Reaktion auf geäußerte Kritik an der Effektivität des Einsatzes des Kriminalstrafrechts die Sanktionierung durch zivilrechtliche Maßnahmen in den Vordergrund gerückt. In den USA wurde durch den *Insider Trading Sanctions Act* im Jahre 1984 eine sog. *civil penalty*-**Haftung** eingeführt, die bis zur dreifachen Höhe des durch die Zuwiderhandlung erlangten Vorteils verhängt werden kann.[618] Eine vergleichbare *civil penalty*-Regelung wurde im Jahre 2000 in Großbritannien eingeführt. Die *civil penalty* wird allerdings auf Klage einer staatlichen Behörde, nicht jedoch einer Privatperson von einem Gericht verhängt; dementsprechend fließt die *civil penalty* in die Staatskasse. Deshalb ist

---

[613] Vgl. *Palandt/Sprau*, BGB, § 826 Rn. 4 mit Nachw. zur Rspr.
[614] Vgl. *Dingeldey*, Insiderhandel und Strafrecht, S. 27; *Bruns*, Der Wertpapierhandel von Insidern als Regelungsproblem, S. 57 f.; *Kaiser* WM 1997, S. 1557/1560 ff.; *Lauermann*, Gesellschafts- und zivilrechtliche Aspekte börslichen Insiderhandels, S. 93 ff.; ablehnend *Steinhauer*, Insiderhandelsverbot und Ad hoc-Publizität, S. 110 f.
[615] *Mennicke*, Sanktionen gegen Insiderhandel, S. 522 ff.
[616] *Kirchner* in FS Kitagawa, S. 665 ff. insbes. S. 677–682.
[617] Dazu *Mennicke*, Sanktionen gegen Insiderhandel, S. 522 ff. Ablehnend auch *Assmann* Rn. 210 (Fn. 5).
[618] Zur *civil penalty* siehe *Mennicke*, Sanktionen gegen Insiderhandel, S. 326 ff.

eine gewisse funktionelle Vergleichbarkeit mit den Geldbußen des deutschen Ordnungswidrigkeitenrechts zu konstatieren.[619]

Zur praktisch relevanteren Frage von **Schadensersatzansprüchen von Anlegern** gegen einen Emittenten **wegen Verletzung der Pflicht zur Ad-hoc-Publizität** siehe § 15 Rn. 434 ff. sowie zu den im Rahmen des 4. Finanzmarktförderungsgesetzes kodifizierten Schadensersatzansprüchen wegen unterlassener unverzüglicher Veröffentlichung und wegen Veröffentlichung unwahrer Tatsachen siehe Abschnitt 7 (§§ 37b und c). 451

F. Sonstiges

Fragen der Strafbarkeit von Täterschaft und Teilnahme, der Versuchsstrafbarkeit, möglicher Konkurrenzen sowie der Verfolgungsverjährung werden als Fragen des Allgemeinen Teils des Strafrechts bei § 38 erörtert. Siehe im einzelnen dort. 452

§ 15 Mitteilung, Veröffentlichung und Übermittlung von Insiderinformationen an das Unternehmensregister

(1) ¹Ein Inlandsemittent von Finanzinstrumenten muss Insiderinformationen, die ihn unmittelbar betreffen, unverzüglich veröffentlichen; er hat sie außerdem unverzüglich, jedoch nicht vor ihrer Veröffentlichung dem Unternehmensregister im Sinne des § 8b des Handelsgesetzbuchs zur Speicherung zu übermitteln. ²Als Inlandsemittent gilt im Sinne dieser Vorschrift auch ein solcher, für dessen Finanzinstrumente erst ein Antrag auf Zulassung gestellt ist. ³Eine Insiderinformation betrifft den Emittenten insbesondere dann unmittelbar, wenn sie sich auf Umstände bezieht, die in seinem Tätigkeitsbereich eingetreten sind. ⁴Wer als Emittent oder als eine Person, die in dessen Auftrag oder auf dessen Rechnung handelt, im Rahmen seiner Befugnis einem anderen Insiderinformationen mitteilt oder zugänglich macht, hat diese gleichzeitig nach Satz 1 zu veröffentlichen und dem Unternehmensregister im Sinne des § 8b des Handelsgesetzbuchs zur Speicherung zu übermitteln, es sei denn, der andere ist rechtlich zur Vertraulichkeit verpflichtet. ⁵Erfolgt die Mitteilung oder Zugänglichmachung der Insiderinformation nach Satz 4 unwissentlich, so ist die Veröffentlichung und die Übermittlung unverzüglich nachzuholen. ⁶In einer Veröffentlichung genutzte Kennzahlen müssen im Geschäftsverkehr üblich sein und einen Vergleich mit den zuletzt genutzten Kennzahlen ermöglichen.

(2) ¹Sonstige Angaben, die die Voraussetzungen des Absatzes 1 offensichtlich nicht erfüllen, dürfen, auch in Verbindung mit veröffentlichungspflichtigen Informationen im Sinne des Absatzes 1, nicht veröffentlicht werden. ²Unwahre Informationen, die nach Absatz 1 veröffentlicht wurden, sind unverzüglich in einer Veröffentlichung nach Absatz 1 zu berichtigen, auch wenn die Voraussetzungen des Absatzes 1 nicht vorliegen.

---

[619] Vgl. dazu *Mennicke*, Sanktionen gegen Insiderhandel, S. 565 ff.

§ 15

Abschnitt 3. Insiderüberwachung

(3) ¹Der Emittent ist von der Pflicht zur Veröffentlichung nach Absatz 1 Satz 1 solange befreit, wie es der Schutz seiner berechtigten Interessen erfordert, keine Irreführung der Öffentlichkeit zu befürchten ist und der Emittent die Vertraulichkeit der Insiderinformation gewährleisten kann. ²Die Veröffentlichung ist unverzüglich nachzuholen. ³Absatz 4 gilt entsprechend. ⁴Der Emittent hat die Gründe für die Befreiung zusammen mit der Mitteilung nach Absatz 4 Satz 1 der Bundesanstalt unter Angabe des Zeitpunktes der Entscheidung über den Aufschub der Veröffentlichung mitzuteilen.

(4) ¹Der Emittent hat die nach Absatz 1 oder Absatz 2 Satz 2 zu veröffentlichende Information vor der Veröffentlichung

1. der Geschäftsführung der inländischen organisierten Märkte, an denen die Finanzinstrumente zum Handel zugelassen sind,
2. der Geschäftsführung der inländischen organisierten Märkte, an denen Derivate gehandelt werden, die sich auf die Finanzinstrumente beziehen, und
3. der Bundesanstalt

mitzuteilen. ²Absatz 1 Satz 6 sowie die Absätze 2 und 3 gelten entsprechend. ³Die Geschäftsführung darf die ihr nach Satz 1 mitgeteilte Information vor der Veröffentlichung nur zum Zwecke der Entscheidung verwenden, ob die Ermittlung des Börsenpreises auszusetzen oder einzustellen ist. ⁴Die Bundesanstalt kann gestatten, dass Emittenten mit Sitz im Ausland die Mitteilung nach Satz 1 gleichzeitig mit der Veröffentlichung vornehmen, wenn dadurch die Entscheidung der Geschäftsführung über die Aussetzung oder Einstellung der Ermittlung des Börsenpreises nicht beeinträchtigt wird.

(5) ¹Eine Veröffentlichung von Insiderinformationen in anderer Weise als nach Absatz 1 in Verbindung mit einer Rechtsverordnung nach Absatz 7 Satz 1 Nr. 1 darf nicht vor der Veröffentlichung nach Absatz 1 Satz 1, 4 oder 5 oder Absatz 2 Satz 2 vorgenommen werden. ²Der Inlandsemittent hat gleichzeitig mit den Veröffentlichungen nach Absatz 1 Satz 1, Satz 4 oder Satz 5 oder Absatz 2 Satz 2 diese der Geschäftsführung der in Absatz 4 Satz 1 Nr. 1 und 2 erfassten organisierten Märkte und der Bundesanstalt mitzuteilen; diese Verpflichtung entfällt, soweit die Bundesanstalt nach Absatz 4 Satz 4 gestattet hat, bereits die Mitteilung nach Absatz 4 Satz 1 gleichzeitig mit der Veröffentlichung vorzunehmen.

(6) ¹Verstößt der Emittent gegen die Verpflichtungen nach den Absätzen 1 bis 4, so ist er einem anderen nur unter den Voraussetzungen der §§ 37 b und 37 c zum Ersatz des daraus entstehenden Schadens verpflichtet. ²Schadensersatzansprüche, die auf anderen Rechtsgrundlagen beruhen, bleiben unberührt.

(7) ¹Das Bundesministerium der Finanzen kann durch Rechtsverordnung, die nicht der Zustimmung des Bundesrates bedarf, nähere Bestimmungen erlassen über

1. den Mindestinhalt, die Art, die Sprache, den Umfang und die Form der Veröffentlichung nach Absatz 1 Satz 1, 4 und 5 sowie Absatz 2 Satz 2,
2. *den Mindestinhalt,* die Art, die Sprache, den Umfang und die Form einer Mitteilung nach Absatz 3 Satz 4, Absatz 4 und Absatz 5 Satz 2 und

Mitteilung, Veröffentl. u. Übermittl. v. Insiderinformationen § 15

3. berechtigte Interessen des Emittenten und die Gewährleistung der Vertraulichkeit nach Absatz 3.

²Das Bundesministerium der Finanzen kann die Ermächtigung durch Rechtsverordnung auf die Bundesanstalt für Finanzdienstleistungsaufsicht übertragen.

Übersicht

	Rn.
I. Regelungsgegenstand und -zweck	1
1. Entstehungsgeschichte	3
a) Börsenzulassungsrichtlinie und Insiderrichtlinie	3
b) Maßnahmen zur Finanzmarktförderung	7
c) Kapitalmarktpublizitätsrichtlinie	17
d) Marktmissbrauchsrichtlinie	18
e) Transparenzrichtlinie und Finanzmarktrichtlinie	27
f) Emittentenleitfaden	29
2. Normzweck	31
3. Überwachung	37
II. Ad-hoc-Publizität (§ 15 Abs. 1 WpHG)	38
1. Primäre Ad-hoc-Pflicht (§ 15 Abs. 1 Satz 1 WpHG)	39
a) Inlandsemittent	40
aa) Herkunftsstaatsprinzip (§ 2 Abs. 6 WpHG)	41
bb) Ausnahmen (§ 2 Abs. 7 WpHG)	57
cc) Möglicher Widerspruch zur Marktmissbrauchsrichtlinie	62
dd) Eigene Verpflichtung der Inlandsemittenten	69
ee) Antrag auf Zulassung	71
b) Insiderinformation	72
aa) Konkrete Information	78
α) Zukünftige Umstände	82
β) Kognitive und voluntative Informationen	94
γ) Komplexe und gestreckte Sachverhalte	96
δ) Mehrstufige Entscheidungsprozesse	102
ε) Gerüchte	108
bb) Nicht öffentlich bekannt	113
c) Die den Emittenten unmittelbar betreffen (§ 15 Abs. 1 Satz 1 und Satz 3 WpHG)	120
aa) Emittentenbezug	123
bb) Unmittelbarkeit	132
d) Preisbeeinflussungspotenzial	140
e) Ausgewählte Einzelfragen	160
aa) Ad-hoc-Publizität und Konzernsachverhalte	160
bb) Ad-hoc-Publizität und Regelpublizität	166
cc) Ad-hoc-Publizität und Änderungen des Stimmrechtsanteils	179
dd) Ad-hoc-Publizität und Corporate Governance Codex ...	183
ee) Ad-hoc-Publizität bei Kapitalmaßnahmen	184
ff) Ad-hoc-Publizität und Erwerb eigener Aktien	190
gg) Ad-hoc-Publizität bei öffentlichen Übernahmen	195
hh) Ad-hoc-Publizität und Squeeze-Out	202
ii) Ad-hoc-Publizität bei sonstigen Mergers & Acquisitions-Transaktionen	204
jj) Ad-hoc-Publizität bei Restrukturierung und Insolvenz ..	209
kk) Ad-hoc-Publizität im Zusammenhang mit Personalentscheidungen	217
ll) Ad-hoc-Publizität im Zusammenhang mit Rechts- und Verwaltungsverfahren	226

§ 15 Abschnitt 3. Insiderüberwachung

	Rn.
mm) Ad-hoc-Publizität bei strafbaren Handlungen	229
nn) Ad-hoc-Publizität bei Directors' Dealings	230
oo) Ad-hoc-Publizität bei Enforcement-Verfahren	232
f) Veröffentlichung	238
aa) Art der Veröffentlichung	239
bb) Sprache	249
cc) Unverzüglichkeit	255
dd) Form der Veröffentlichung	266
g) Übermittlung an das Unternehmensregister	273
2. Veröffentlichung bei Weitergabe (§ 15 Abs. 1 Satz 4 WpHG)	276
a) Emittent	280
b) Person im Auftrag oder auf Rechnung des Emittenten	282
c) Einem anderen	285
d) Im Rahmen seiner Befugnis	290
aa) Weitergabe von Insiderinformationen an Aktionäre	294
bb) Erwerb einer bedeutenden Beteiligung	296
cc) Weitergabe von Insiderinformationen außerhalb des Unternehmens/Konzerns	299
e) Mitteilen oder zugänglich machen	303
f) Gleichzeitige Veröffentlichung	306
g) Es sei denn, der andere ist zur Vertraulichkeit verpflichtet	308
3. Unwissentlichkeit (§ 15 Abs. 1 Satz 5 WpHG)	316
4. Kennzahlen (§ 15 Abs. 1 Satz 6 WpHG)	319
III. Richtigkeitsverpflichtung (§ 15 Abs. 2 WpHG)	325
1. Veröffentlichungsverbot (§ 15 Abs. 2 Satz 1 WpHG)	326
2. Berichtigungsgebot (§ 15 Abs. 2 Satz 2 WpHG)	334
IV. Selbstbefreiung (§ 15 Abs. 3 WpHG)	342
1. Befreiungsvoraussetzungen (§ 15 Abs. 3 Satz 1 WpHG)	349
a) Berechtigte Interessen	351
aa) Beeinträchtigung laufender Verhandlungen (§ 6 Satz 2 Nr. 1 WpAIV)	359
bb) Mehrstufige Entscheidungsprozesse (§ 6 Satz 2 Nr. 2 WpAIV)	368
cc) Anwendungsfälle außerhalb der Regelbeispiele	380
c) Keine Irreführung der Öffentlichkeit	384
d) Gewährleistung der Vertraulichkeit	392
2. Unverzügliches Nachholen der Ad-hoc-Meldung (§ 15 Abs. 3 Satz 2 WpHG)	398
3. Entsprechende Geltung (§ 15 Abs. 3 Satz 3 WpHG)	401
4. Begründung der Selbstbefreiung (§ 15 Abs. 3 Satz 4 WpHG)	402
VI. Vorabmitteilung (§ 15 Abs. 4 WpHG)	406
1. Mitteilungspflicht (§ 15 Abs. 4 Satz 1 WpHG)	407
a) Frist der Vorabmitteilung	412
b) Inhalt der Mitteilung (§ 8 WpAIV)	415
c) Form der Mitteilung (§ 9 WpAIV)	422
d) Adressaten der Mitteilung	424
2. Entsprechende Geltung (§ 15 Abs. 4 Satz 2 WpHG)	426
3. Aussetzung oder Einstellung der Preisfeststellung (§ 15 Abs. 4 Satz 3 WpHG)	427
VII. Keine anderweitige Veröffentlichung (§ 15 Abs. 5 Satz 1 WpHG)	431
VIII. Beleg der Veröffentlichung (§ 15 Abs. 5 Satz 2 WpHG)	432
IX. Schadensersatz und weitere Rechtsfolgen (§ 15 Abs. 6 WpHG)	433
1. Schadensersatz aus WpHG (§ 15 Abs. 6 Satz 1 WpHG)	434
2. Schadensersatz aus anderen Rechtsgrundlagen (§ 15 Abs. 6 Satz 2 WpHG)	439
3. Weitere Sanktionen	446

Mitteilung, Veröffentl. u. Übermittl. v. Insiderinformationen § 15

	Rn.
IX. Rechtsverordnung (§ 15 Abs. 7 WpHG)	458
X. Ad-hoc-Publizität in den USA	460
a) Regelungssystematik	460
b) Ad-hoc-Publizität nach dem Securities Exchange Act (SEA)	463
c) Bestimmungen einzelner Wertpapierbörsen in den USA	471
d) Disclose-or-abstain-rule	476

Schrifttum: *Assmann,* Ad hoc-Publizitätspflichten im Zuge von Enforcementverfahren zur Überprüfung der Rechnungslegung nach §§ 342b ff. HGB und §§ 37n ff. WpHG, AG 2006, 261–272; *Assmann,* Ad-hoc-Publizitätspflichten im Zuge von Enforcementverfahren zur Überprüfung der Rechnungslegung nach §§ 342b ff. HGB und §§ 37n.ff. WpHG, AG 2006, 261–272; *Barta,* Organhaftung wegen sittenwidriger vorsätzlicher Schädigung durch falsche „Ad-hoc-Mitteilungen", GmbHR 2004, 14–17; *Assmann,* Das künftige deutsche Insiderrecht (I), AG 1994, 196–206; *Assmann,* Das künftige deutsche Insiderrecht, AG 1994, 196–206; *Assmann,* Erwerbs- Übernahme- und Pflichtangebote nach dem Wertpapiererwerbs- und Übernahmegesetz aus der Sicht der Bietergesellschaft, AG 2002, 114–125; *Assmann,* Insiderrecht und Kreditwirtschaft, WM 1996, 1337 ff.; *Assmann,* Übernahmeangebote im Gefüge des Kapitalmarktrechts, insbesondere im Lichte des Insiderrechts, der Ad-hoc-Publizität und des Manipulationsverbotes, ZGR 2002, 697–727; *Baetge,* (Hrsg.) Insiderrecht und Ad-hoc-Publizität, 1995; *Barnert,* Deliktischer Schadenersatz bei Kursmanipulation de lege late und de lege ferenda, WM 2002, 1473–1483; *Baums,* Anlegerschutz und neuer Markt, ZHR 2002, 375, 382; *Baums,* Haftung wegen Falschinformation, ZHR 2003, 139–192; *Baur,* Gesellschaftsrechtliche Sonderregeln bei der Beendigung von Vorstands- und Geschäftsführerverträgen, Der Betrieb 2003, 811–817; *Baur/Wagner,* Das vierte Finanzmarktförderungsgesetz – Neuerungen in Börsen- und Wertpapierhandelsrecht, Die Bank 2002, 530–535; *Bednarz,* Pflichten des Emittenten bei einer unterlassenen Mitteilung von Director's Dealings, AG 2005; *Benner-Heinacher,* Kollidiert die Auskunftspflicht des Vorstandes mit dem Insidergesetz, DB 1995, 765–766; *Birnbaum/Kittelberger,* Diskussionsbeitrag zu einer möglichen Berichtspflicht nach dem WpHG – Praktische Notwendigkeit und rechtliche Grenzen, WM 2002, 1911–1919; *Bosse,* Melde- und Informationspflichten nach dem Aktiengesetz und Wertpapierhandelsgesetz im Zusammenhang mit dem Rückkauf eigener Aktien, ZIP 1999, 2047–2050; *Brandi/Süssmann,* Neue Insiderregeln und Ad-hoc-Publizität – Folgen für Ablauf und Gestaltung von M&A Transaktionen, AG 2004, 642–658; *Braun,* Die Haftung von Vorstand und Emittent für Verstöße gegen § 15 WpHG, BKR 2005, 835–842; *Braun/Rotter,* Können Ad-hoc- Mitteilungen Schadenersatzansprüche im Sinne der allgemeinen zivilrechtlichen Prospekthaftung auslösen?, BKR 2003, 918–926; *Budde/Berger/Elrott* (Hrsg.), Beck'scher Bilanzkommentar, 5. Auflage 2003; *Burgard,* Ad-hoc-Publizität bei gestreckten Sachverhalten und mehrstufigen Entscheidungsprozessen, ZHR 1998, 51–100; *Bürgers,* Das Anlegerschutzverbesserungsgesetz, BKR 2004, 424–432; *Cahn,* Das neue Insiderrecht, Der Konzern 2005, 5–13; *Cahn,* Entscheidungen des Bundesaufsichtsamtes für den Wertpapierhandel zu § 15 Abs. 1 Satz 2 WpHG, WM 1998, 530–546; *Cahn,* Grenzen des Markt- und Anlegerschutzes durch das WpHG, ZHR 1998, 1–50; *Claussen,* Dem neuen Markt eine zweite Chance, BB 2002, 105–112; *Claussen/Florian,* Der Emittentenleitfaden, AG 2005, 745–765; Das neue Insiderrecht, DB 1994, 27–31; *DAV-Handelsrechtsausschuss,* Stellungnahme zum Regierungsentwurf eines Gesetzes zur Verbesserung des Anlegerschutzes (Anlegerschutzverbesserungsgesetz – AnSVG), NZG 2004 703-710; *Diekmann/Sustmann,* Gesetz zur Verbesserung des Anlegerschutzes (Anlegerschutzverbesserungsgesetz – AnSVG), NZG 2004, 929–936; *Dier/Fürhoff,* Die geplante europäische Marktmissbrauchsrichtlinie, AG 2002, 604–610; *Dreher,* Change of control-Klauseln bei Aktiengesellschaften, AG 2002, 214–222; *Dreyling,* Die Umsetzung der Marktmissbrauchsrichtlinie über Insider-Geschäfte und Marktmanipulation; Der Konzern 2005, 1–a; *Dreyling,* Erste Erfahrungen mit dem WpHG – Ad-hoc-Publizität, Insiderrecht, Verfahrensnormen, in:

§ 15 Abschnitt 3. Insiderüberwachung

das Zweite Finanzmarktförderungsgesetz in der praktischen Umsetzung – Bankrechtstag 1995, Köln 1996; *Dreyling/Schäfer*, Insiderrecht und Ad-hoc-Publizität: Praxis und Entwicklungstendenzen, 2001; *Edelmann*, Haftung von Vorstandsmitgliedern für fehlerhafte Ad-hoc-Mitteilungen – Besprechung der Infomatec-Urteile des BGH, BB 2004, 2031–2033; *Ekkenga*, Änderungs- und Ergänzungsvorschläge zum Regierungsentwurf eines neuen Wertpapierprospektgesetzes, BB 2005 561-564; *Ekkenga*, Die Ad-hoc-Publizität im System der Marktordnung, ZGR 1999, 165–201; *Ekkenga*, Fragen der deliktischen Haftungsbegründung bei Kursmanipulationen und Insidergeschäften, ZIP 2004, 781–793; *Ekkenga*, Kapitalmarktrechtliche Aspekte der „Investor Relations", NZG 2001, 1–8; *Elster/Hackenberg*, Umsetzungsstand des 10-Punkte-Plans zur Verbesserung der Unternehmensintegrität und des Anlegerschutzes – Eine Betrachtung aus haftungsrechtlicher Sicht, Phi 2005, 42–48; *Ensthaler/Bock/Stübbe*, Publizitätspflichten beim Handel von Energieprodukten an der EEX – Reichweite des geänderten § 15 WpHG, BB 2006, 733–737; *Fleischer*, Director`s Dealings, ZIP 2002, 1217–1229; *Fleischer*, Konzernleitung und Leitungssorgfalt der Vorstandsmitglieder im Unternehmensverbund, Der Betrieb 2005, 759–766; *Fuchs/Dühn*, Deliktische Schadensersatzhaftung für falsche Ad-hoc-Mitteilungen, BKR 2002, 1063–1071; *Fülbier*, Regulierung der Ad-hoc-Publizität, 1998; *Fürhoff*, Kapitalmarktrechtliche Ad-hoc-Publizität zur Vermeidung von Insiderkriminalität, Frankfurt 2000; *Fürhoff*, Neuregelung der Ad-hoc-Publizitätspflicht auf europäischer Ebene, AG 2003, 80–85; *Fürhoff/Wölk*, Aktuelle Fragen zur Ad-hoc-Publizität, WM 1997, 449–459; *Geber*, Die Haftung für unrichtige Kapitalmarktinformationen, DStR 2004, 1793–1798; *Gehrt*, Die neue Ad-hoc-Publizität nach § 15 Wertpapierhandelsgesetz. Eine kritische Betrachtung im Vergleich zur französischen und anglo-amerikanischen Regelung, Baden-Baden 2007; *Gerke/Bank/Lucht*, Die Wirkungen des WpHG auf die Informationspolitik der Unternehmen, Die Bank 1996, 612–616; *Goette*, AG: Persönliche Haftung von Vorstandsmitgliedern für fehlerhafte Ad-hoc-Mitteilungen, DStR 2004, 1486–1493; *Gottschalk*, Die deliktische Haftung für fehlerhafte Ad-hoc-Mitteilungen, DStR 2005, 1648–1654; *Götze*, Ad-hoc-Publizitätspflicht bei Zulassung einer Due-Dilligence durch AG-Vorstand, BB 1998, 2326–2330; *Graf Lambsdorff*, Schadensersatzansprüche von Kapitalanlegern wegen behaupteten Kursbetruges oder wegen fehlender Ad-hoc-Mitteilungen nach § 15 WpHG a. F. und § 88 BörsG a. F., VuR 2003, 207–140; *Grimme/von Buttlar*, Neue Entwicklungen in der Ad-hoc-Publizität, WM 2003, 901–910; *Groß*, Haftung für fehlende Regel- oder Ad-hoc-Publizität, WM 2002, 477–486; *Großmann/Nikoleyczik*, Praxisrelevante Änderungen des Wertpapierhandelsgesetzes – die Auswirkungen des Vierten Finanzmarktförderungsgesetzes, Der Betrieb 2002, 2031–2037; *Grub/Streit*, Börsenzulassung und Insolvenz, BB 2004, 1397–1411; *Gruson/Wiegmann*, Die Ad-hoc-Publizitätspflicht nach amerikanischem Recht und die Auslegung des § 15 WpHG, AG 1995, 173–181; *Gutzy/Märzheuser*, Praxishandbuch Ad-hoc-Publizität, 2007; *Haas*, Die persönliche Haftung von Vorstandsmitgliedern für falsche Ad-hoc-Mitteilungen, LMK 2004, 181–182; *Haas, Matthias*, Die persönliche Haftung von Vorstandsmitgliedern für falsche Ad-hoc-Mitteilungen, LMK 2004, 181–182; *Hadding/Hopt/Schimansky* (Hrsg.), Bankrechtstag 1998; *Hammen*, Pakethandel und Insiderhandelsverbot, WM 2004, 1753–1760; *Happ*, Zum Regierungsentwurf eines Wertpapierhandelsgesetzes, JZ 1994, 240–246; *Happ/Semler*, Ad hoc-Publizität im Spannungsfeld von Gesellschaftsrecht und Anlegerschutz, ZGR 1998, 116–141; *Harbarth*, Ad-hoc-Publizität beim Unternehmenskauf, ZIP 2005, 1898–1908; *Hasselbach*, Die Weitergabe von Insiderinformationen bei M&A-Transaktionen mit börsennotierten Aktiengesellschaften, NZG 2004, 1087–1095; *Heidel/Wagner* (Hrsg.) Anwaltskommentar Aktienrecht, 2003; *Heidmeier*, Die Ad-hoc-Publizität gemäß § 44a BörsG im System der Berichtspflichten für börsennotierte Aktiengesellschaften, AG 1992, 110–115; *Hellgardt*, Fehlerhafte Ad-hoc-Publizität als strafbare Marktmanipulation, ZIP 2005, 2000–2008; *Hirte*, Die Entwicklung des Insolvenz-Gesellschaftsrechts in Deutschland in den Jahren 2003–2004, ZinsO 2005, 403–409; *Hoffmann/Sauter*, Der Jahresabschluß der KG als Exerzierfeld einer Bilanzrechtsrevolution (?), DStR 1996, 967–972; *Holzborn/Israel*, Das Anlegerschutzverbesserungsgesetz – Die Veränderungen im WpHG,

VerkProspG und BörsG und ihre Auswirkungen in der Praxis, WM 2004, 1948–1956; *Hopt*, ECLR Übernahmen, Geheimhaltung und Interessenkonflikte: Probleme für Vorstände, Aufsichtsräte und Bank, ZGR 2002, 333–376; *Hopt*, Familien- und Aktienpools unter dem Wertpapierhandelsgesetz, ZGR 1997, 1–31; *Hopt*, Grundsatz- und Praxisprobleme nach dem Wertpapierhandelsgesetz, ZHR 159 (1995), 135–163; *Hopt*, Zum neuen Wertpapierhandelsgesetz – Stellungnahme für den Finanzausschuss des Deutschen Bundestages, WM-Festgabe für Hellner; *Hopt*, Zum neuen Wertpapierhandelsgesetz – Stellungnahme für den Finanzausschuss des Deutschen Bundestages – in: WM-Festgabe für Thorwald Hellner vom 9. Mai 1994, 29; *Hueck/Canaris*, Recht der Wertpaiere, 12. Auflage 1996; *Hutter/Leppert*, Das 4. Finanzmarktförderungsgesetz aus Unternehmenssicht, NZG 2002, 649–657; *Ilberg/Neises*, Die Richtlinien-Vorschläge der EU Kommission zum „Einheitlichen Europäischen Prospekt" und zum „Marktmissbrauch" aus Sicht der Praxis, WM 2002, 635–647; *Ilberg/Neises*, Die Richtlinienvorschläge der EU Kommission zum „Einheitlichen Europäischen Prospekt" und zum „Marktmissbrauch" aus Sicht der Praxis, WM 2002, 635–647; *Janert*, Veröffentlichungspflicht börsennotierter Gesellschaften bei unterlassener Mitteilung nach § 21 WpHG, BB 2004, 169–172; *Kaum/Zimmermann*, Das „jährliche Dokument" nach § 10 WpPG, BB 2005, 1466–1468; *Kiethe*, Strafrechtlicher Anlegerschutz durch § 400 I Nr. 1 AktG, NStZ 2004, 73–77; *Knauth/Käsler*, § 20 a WpHG und die Verordnung zur Konkretisierung des Marktmanipulationsverbotes (MaKonV), WM 2006, 1041–1055; *Koch*, Neuerungen im Insiderrecht und der Ad-hoc-Publizität, DB 2005, 267–274; *Körner*, Comply or disclose: Erklärung nach § 161 AktG und Außenhaftung des Vorstandes, NZG 2004, 1148–1151; *Kort*, Die Haftung von Vorstandsmitgliedern für falsche Ad-hoc-Mitteilungen, AG 2005, 21–26; *Kowalewski/Hellgardt*, Der Stand der Rechtsprechung zur deliktsrechtlichen Haftung für vorsätzlich falsche Ad-hoc-Mitteilungen, Der Betrieb 2005, 1839–1848; *Krämer*, Keine Ad-hoc-Pflicht bei Kontrolle durch Bilanzpolizei, FAZ 14 Juli 2006, 23; *Kropf/Semler* (Hrsg.) Münchner Kommentar zum Aktiengesetz, 2. Aufl., 2004; *Kümpel*, Aktuelle Fragen der Ad-hoc-Publizität, AG 1997, 66–73; *Kümpel*, Insiderrecht und Ad hoc-Publizität aus Bankensicht, WM 1996, 653–662; *Kümpel*, Zum Begriff der Insidertatsache, WM 1994, 2137–2143; *Kuthe*, Änderungen des Kapitalmarktrechts durch das Anlegerschutzverbesserungsgesetz, ZIP 2004, 883–888; *Leis/Nowak*, Ad-hoc-Publizität nach § 15 WpHG, 2001; *Leisch*, Vorstandshaftung für falsche Ad-hoc-Mitteilungen – ein höchstrichterlicher Beitrag zur Stärkung des Finanzplatzes Deutschland, ZIP 2004, 1573–1580; *Lenenbach*, Kurzkommentar zu BGH II ZR 402/02; EwiR 2005, 235–236; *Leppert/Stürwald*, Die Insiderrechtlichen Regelungen des Vorschlags für eine Marktmissbrauchsrichtlinie und der Stand der Umsetzung im deutschen Wertpapierhandelsrecht, ZBB 2002, 90–106; *Letzel*, Ad-hoc-Publizität: Änderungen durch das 4. Finanzmarktförderungsgesetz, WM 2003, 1757–1762; *Leuering*, Die Ad-hoc-Pflicht auf Grund der Weitergabe von Insiderinformationen (§ 15 I 3 WpHG), NZG 2005, 12–17; *Linker/Zinger*, Rechte und Pflichten der Organe einer Aktiengesellschaft bei der Weitergabe vertraulicher Unternehmensinformationen, NZG 2002, 497–502; *Loesche*, Die Erheblichkeit der Kursbeeinflussung in den Insiderhandelsverboten des Wertpapierhandelsgesetzes, WM 1998, 1849–1859; *Loesche/Eichner/Stute*, Die Berechnung von Erheblichkeitsgrenzen in den Insiderhandelsverboten des WpHG, AG 1999, 308–318; *Loistl*, Empirisch fundierte Messung kursrelevanter Tatsachen, Die Bank 1995, 232–237; *Loistl*, Empirisch fundierte Messung kursrelevanter Tatsachen, Die Bank 4/1995, 232 ff.; *Maier-Reimer/Webering*, Ad hoc-Publizität und Schadensersatzhaftung, WM 2002, 1857–1864; *Merkner/Sustmann*, Insiderrecht und Ad-hoc-Publizität – Das neue Anlegerschutzverbesserungsgesetz" in der Fassung durch den Emittentenleitfaden der BaFin", NZG 2005, 729–738; *Messerschmidt*, Die neue Ad-hoc-Publizitätspflicht bei mehrstufigen Entscheidungsprozessen – Ist der Aufsichtsrat damit überflüssig?, BB 2004, 2538–2540; *Möllers*, Der Weg zu einer Haftung für Kapitalmarktinformationen, JZ 2005, 75–83; *Möllers*, Insiderinformation und Befreiung von der Ad-hoc-Publizität nach § 15 III WpHG, WM 2005, 1393–1400; *Möllers*, Wechsel von Organmitgliedern und „key playern": Kursbeeinflussungspotential und Pflicht zur Ad-hoc Publizität, NZG 2005, 459–462; *Möllers/Leisch*, Haftung von Vorständen gegenüber Anlegern wegen fehlerhafter Ad-hoc-Meldungen, WM 2001, 1648–1662; *Möllers/Leisch,* Offene Fragen zum Anwendungsbereich der §§ 37b und 37c WpHG, NZG 2003, 112–116; *Möllers/Leisch,* Schaden und Kausalität im Rahmen der neu geschaffenen §§ 37b und 37c WpHG, BKR 2002, 1071–1079; *Möllers/Leisch,* Schadensersatzansprüche wegen fehlerhafter Ad-hoc-Mitteilungen, BKR 2001, 78–83; *Möllers/Rotter,* Ad-hoc-Publizität, 2003; *Moosmayer,* Straf- und bußgeldrechtliche Regelungen im Entwurf eines Vierten Finanzmarktförderungsgesetzes, wistra 2002, 161–170; *Müller,* Prüfungsverfahren und Jahresabschlussnichtigkeit nach dem Bilanzkontrollgesetz, ZHR 2004, 414–427; *Nietsch,* Schadenersatzhaftung wegen Verstoßes gegen Ad-hoc-Publizitätspflichten nach dem Anlegerschutzverbesserungsgesetz, BB 2005, 785–790; *Nowak,* Eignung von Sachverhalten in Ad-hoc-Mitteilungen zur erheblichen Kursbeeinflussung, ZBB 2001, 449–465; *Ott/Brauckmann,* Zuständigkeitsgerangel zwischen Gesellschaftsorganen und Insolvenzverwalter in der börsennotierten Aktiengesellschaft, ZIP 2004, 2117–2123; *Pananis,* Zur Abgrenzung der Insidertatsache und ad-hoc-publizitätspflichtigem Sachverhalt bei mehrstufigen Entscheidungsprozessen, WM 1997, 460–464; *Pellens,* Ad-hoc-Publizitätspflicht des Managements börsennotierter Unternehmen nach § 44a BörsG, AG 1991, 62–29; *Pellens/Fülbier,* Gestaltung der Ad-hoc-Publizität unter Einbeziehung internationaler Vorgehensweisen, in: *Baetge,* Insiderrecht und Ad-hoc-Publizität, 1995, 23–64; *Peltzer,* Die neue Insiderregelung im Entwurf des Zweiten Finanzmarktförderungsgesetzes, ZIP 1994, 746–752; *Pluskat,* Der Schutz des Anlegerpublikums bei Veröffentlichung unwahrer Tatsachen, Finanz Betrieb 2002, 235–244; *Pluskat,* Die durch das Anlegerschutzverbesserungsgesetz geänderte Regelung der Directors' Dealings vor dem Hintergrund der Richtlinie zur Durchführung der Marktmissbrauchsrichtlinie, BKR 2004, 467–473; *Pluskat,* Die Neuregelung der Directors' Dealings in der Fassung des Anlegerschutzverbesserungsgesetzes, der Betrieb 2005, 1097–1101; *Posegga,* Kurzkommentar zu LG Augsburg 6 O 1640/01, EwiR 2002, 475–476; *Rattunde,* Insolvenz in der börsennotierten Aktiengesellschaft, WM 2003, 1313–1318; *Reichert/Weller,* Haftung von Kontrollorganen, ZRP 2002, 49–56; *Reuter,* „Krisenrecht" im Vorfeld der Insolvenz – das Beispiel der börsennotierten AG, BB 2003, 1797–1804; *Röder,* Intraday-Umsätze bei Ad-hoc-Meldungen, Finanz Betrieb 2002, 728–735; *Röder/Merten,* Ad-hoc-Publizitätspflicht bei arbeitsrechtlich relevanten Maßnahmen, NZA 2005, 268–272; *Rodewald/Siems,* Haftung für die „frohe Botschaft" – Rechtsfolgen falscher Ad-hoc-Mitteilungen, BB 2001, 2437–2440; *Rodewald/Tüxen,* Neuregelungen des Insiderrechts nach dem Anlegerschutzverbesserungsgesetz (AnSVG) – Neue Organisationsanforderungen für Emittenten und ihre Berater, BB 2004, 2249–2252; *Rosen/Helm,* Der Erwerb eigener Aktien durch die Gesellschaft, AG 1996, 434–439; *Rössner/Bolkart,* Rechtliche und verfahrenstaktische Analyse des Vorgehens geschädigter Anleger bei fehlerhaften Unternehmensmeldungen, WM 2003, 953–960; *Rützel,* Der aktuelle Stand der Rechtsprechung zur Haftung bei Ad-hoc-Mitteilungen, AG 2003, 69–79; *Schäfer,* Zulässigkeit und Grenzen der Kurspflege, WM 1999, 548–558; *Schlitt,* Die neuen Marktsegmente der Frankfurter Wertpapierbörse, AG 2003, 57–69; *Schlitt/Schäfer,* Alte und neue Fragen im Zusammenhang mit 10%-Kapitalerhöhungen, AG 2005, 67–77; *Schlittgen,* Die Ad-hoc-Publizität nach § 15 WpHG, 2000; *Schneider,* Befreiung des Emittenten von Wertpapieren von der Veröffentlichungspflicht nach § 15 WpHG, BB 2001, 1214–1219; *Schneider,* Die Weitergabe von Insiderinformationen – Zum normativen Verhältnis der verschiedenen Formen der Informationsweitergabe, NZG 2005, 702–707; *Schneider,* Selbstbefreiung von der Pflicht zur Ad-hoc- Publizität, BB 2005, 897–902; *Schneider,* Wider Insiderhandelsverbot und die Informationseffizienz des Kapitalmarkts, DB 1993, 1429–1435; *Schneider,* Wider Insiderhandelsverbot und die Informationseffizienz, DB 1993, 1429–1435; *Schneider/v. Buttlar,* Die Führung von Insiderverzeichnissen: Neue Compliance Pflichten für Emittenten, ZIP 2004, 1621–1627; *Schockenhoff/Wagner,* Ad-hoc-Publizität beim Aktienrückkauf, AG 1999, 548–558; *Schruff/Nowak/Feinendegen,* Ad-hoc-Publizitätspflicht des Jahresergebnisses gemäß § 15 WpHG: Wann muss veröffentlicht werden?, BB 2001, 719–725; *Schulte,* Die Infomatec-Rechtsprechung des BGH im Lichte des geplanten Kapitalmarktinformationshaftungsgesetzes, VUR 2005, 121–127; *Schumacher,* Ad hoc-Publizitäts-

Mitteilung, Veröffentl. u. Übermittl. v. Insiderinformationen 1 § 15

pflichten börsennotierter Fußballclubs, NZG 2001, 769–779; *Schürnbrand,* Diskussionsbericht zu den Referaten Westermann und Hemeling, ZHR 2005, 295–298; *Schwark,* Das neue Kapitalmarktrecht, NJW 1987, 2041–2048; *Schwark,* Kapitalanlegerschutz im deutschen Gesellschaftsrecht, ZGR 1976, 271–306; *Seitz,* Die Integration der europäischen Wertpapiermärkte und die Finanzmarktgesetzgebung in Deutschland, BKR 2002, 340–347; *Siebel,* Insidergeschäfte mit Anleihen, BKR 2002, 795–801; *Siebel/Gebauer,* Prognosen im Aktien- und Kapitalmarktrecht, WM 2001, 173–192; *Simon,* Die neue Ad-hoc-Publizität, Der Konzern 2005, 13–22; *Spindler/Speier,* Die neue Ad-hoc-Publizität im Konzern, BB 2005, 2031–2035; *Steinhauer,* Insiderhandelsverbot und Ad-hoc-Publizität, 1999; *Steinhauer,* Insiderhandelsverbot und Ad-hoc-Publizität, Baden-Baden 1999; *Strieder,* Abgrenzung der Regelberichterstattung von der Ad-hoc-Publizität, Finanz Betrieb 2002; *Süßmann,* Insiderhandel – Erfahrungen aus der Sicht des Bundesaufsichtsamts für den Wertpapierhandel, AG 1997, 63–65; *Thümmel,* Aufgaben und Haftungsrisiken des Managements in der Krise des Unternehmens, BB 2002, 1105–1108; *Thümmel,* Haftung für geschönte Ad-hoc-Meldungen: Neues Risikofeld für Vorstände oder ergebnisorientierte Einzelfallrechtsprechung?, Der Betrieb 2001, 2331–2334; *Tollkühn,* Die Ad-hoc-Publizität nach dem Anlegerschutzverbesserungsgesetz ZIP 2004, 2215–2220; *v. Klitzing,* Die Ad-hoc-Publizität, Köln 1999; *Van Aerssen,* Erwerb eigener Aktien und Wertpapierhandelsgesetz: Neues von der Schnittstelle Gesellschaftsrecht/Kapitalmarktrecht, WM 2000, 391–406; *Vaupel,* Zum Tatbestandsmerkmal der erheblichen Kursbeeinflussung bei der Ad hoc Publizität, WM 1999, 521–534; *Veith,* Die Befreiung von der Ad-hoc-Publizitätspflicht nach § 15 III WpHG, NZG 2005, 254–259; *Volk,* Die Strafbarkeit von Absichten im Insiderhandel, BB 1999, 66–71; *Wagner,* Börsensegmentierung und die Informationspflichten bei der Vermögensanlage in börsennotierte Aktien, Heidelberg 2007; *Waldhausen,* Die Ad-hoc-publizitätspflichtige Tatsache – Eine Untersuchung zu § 15 Abs. 1 Satz 1 WpHG unter Berücksichtigung der Ad-hoc-Publizität im Vereinigten Königreich, 2002; *Weber,* Die Entwicklung des Kapitalmarktrechts im Jahre 2005, NJW 2005, 3682–3697; *Weber,* Die Entwicklung des Kapitalmarktrechts im Jahre 2005, NJW 2006, 3685–3701; *Wertenbruch,* Die Ad-hoc-Publizität bei der Fußball-AG, WM 2001, 193–195; *Widder/Gallert,* Ad-hoc-Publizität infolge der Weitergabe von Insiderinformationen – Sinn und Unsinn von § 15 I 3 WpHG, NZG 2006, 451–454; *Widder,* Vorsorgliche Ad-hoc-Meldungen und vorsorgliche Selbstbefreiungen nach § 15 Abs. 3 WpHG, DB 2008, 1480–1483; *Wieneke,* Emissionspublizität, NZG 2005, 109–115; *Wittich,* Erfahrungen mit der Ad hoc-Publizität in Deutschland, AG 1997, 1–5; *Wölk,* Ad hoc-Publizität –Erfahrungen aus der Sicht des Bundesaufsichtsamts für den *Wertpapierhandel,* AG 1997, 73–80; *Ziemons,* Neuerungen im Insiderrecht und bei der Ad-hoc-Publizität durch die Marktmissbrauchsrichtlinie und das Gesetz zur Verbesserung des Anlegerschutzes, NZG 2004, 537–543; *Zimmer,* Verschärfung der Haftung für fehlerhafte Kapitalmarktinformation, WM 2004, 9–21.

I. Regelungsgegenstand und -zweck*

§ 15 WpHG regelt die Mitteilungs- und Veröffentlichungspflichten im Zusammenhang mit der so genannten **Ad-hoc-Publizität.** Hiernach haben Emittenten von zugelassenen Finanzinstrumenten oder von Finanzinstrumenten, für die eine Zulassung beantragt ist, Insiderinformationen, die den Emittenten unmittelbar betreffen, unverzüglich zu veröffentlichen. Diese unverzügliche Veröffentlichungspflicht kann in Fällen des „Durchsickerns" gemäß § 15 Abs. 1 S. 4 WpHG auch Personen betreffen, die im Auftrag oder auf Rechnung des Emittenten handeln. Nach § 15 Abs. 3 WpHG besteht für den Emittenten die Mög-

1

---

* Unter Mitarbeit von *Maike Hoenigs* und *Jan Ludwig.*

§ 15 2–5   Abschnitt 3. Insiderüberwachung

lichkeit einer vorübergehenden Selbstbefreiung von der Ad-hoc-Publizitätspflicht. Danach ist der Emittent von der Pflicht zur Veröffentlichung solange befreit, wie es der Schutz seiner berechtigten Interessen erfordert, keine Irreführung der Öffentlichkeit zu befürchten ist und er die Vertraulichkeit der Insiderinformation gewährleisten kann. Vor der Veröffentlichung hat der Emittent die Information den in § 15 Abs. 4 WpHG genanten Stellen mitzuteilen.

2   Die Regelungen des § 15 WpHG werden ergänzt durch die **Wertpapierhandelsanzeige- und Insiderverzeichnisverordnung ("WpAIV")** vom 13. Dezember 2004.[1] In §§ 4–9 WpAIV finden sich detailliertere Vorschriften zum Inhalt und zur Art der Veröffentlichung, zur Konkretisierung berechtigter Interessen für eine Selbstbefreiung, zur Gewährleistung der Vertraulichkeit während der Befreiung von der Veröffentlichungspflicht und zur Form von Mitteilungen. Ferner hat die Bundesanstalt für Finanzdienstleistungsaufsicht (**BaFin**) mit Datum vom 15. Juli 2005 einen **Emittentenleitfaden** herausgegeben, der den betroffenen Unternehmen praktische Hilfestellungen für den Umgang mit den Vorschriften des Wertpapierhandelsrechts bieten soll. In Kapitel IV des Emittentenleitfadens finden sich Ausführungen zur Ad-hoc-Publizität.[2]

1. Entstehungsgeschichte

a) Börsenzulassungsrichtlinie und Insiderrichtlinie

3   Die Regelung der Ad-hoc-Publizität führt ihre Grundlagen ursprünglich auf die **Börsenzulassungsrichtlinie**[3] vom 5. März 1979 und auf die **Insiderrichtlinie**[4] vom 13. November 1989 zurück.

4   Art. 4 Abs. 2 der Börsenzulassungsrichtlinie verlangte, dass Emittenten, deren Wertpapiere zur amtlichen Notierung zugelassen sind, die im Anhang der Richtlinie (in Schema C oder D) aufgeführten Pflichten einhalten müssen. Schema C verpflichtete Emittenten von Aktien, das Publikum unverzüglich über neue, erhebliche und nicht öffentliche Tatsachen in Kenntnis zu setzen, die in ihren Tätigkeitsbereichen eingetreten und der breiten Öffentlichkeit nicht bekannt waren. Schema D enthielt eine vergleichbare Verpflichtung für Emittenten von Schuldverschreibungen, sofern Tatsachen die Fähigkeit der Emittenten erheblich beeinträchtigen konnten, ihren Verpflichtungen nachzukommen. Beide Schemata sahen zudem für Aktien und für Schuldverschreibungen jeweils eine Möglichkeit der zuständigen Stellen vor, die Gesellschaft von der Veröffentlichungspflicht zu entbinden.

5   Während die Börsenzulassungsrichtlinie gemäß Art. 1 nur für zur amtlichen Notierung zugelassene Wertpapiere galt, erstreckte Art. 7 iVm Art. 1 Ziff. 2 letz-

---

[1] Verordnung zur Konkretisierung von Anzeige-, Mitteilungs- und Veröffentlichungspflichten sowie der Pflicht zur Führung von Insiderverzeichnissen nach dem Wertpapierhandelsgesetz, BGBl. I, S. 3376, zuletzt geändert durch Art. 2 Transparenzrichtlinien-Umsetzungsgesetz (TUG) vom 5. 1. 2007, BGBl. I 2007, S. 10.
[2] BaFin, Emittentenleitfaden idF vom 15. 7. 2005, 38 ff.
[3] Richtlinie 79/279/EG des Rates zur Koordinierung der Bedingungen für die Zulassung von Wertpapieren zur amtlichen Notierung an einer Wertpapierbörse, ABl. 1979 EG Nr. L 66, S. 21.
[4] Richtlinie 89/592/EG des Rates zur Koordinierung der Vorschriften betreffend Insidergeschäfte, ABl. 1989 EG Nr. L 334, S. 30.

ter Satzteil der Insiderrichtlinie diese Ad-hoc-Publizitätspflichten auf alle Wertpapiere von Gesellschaften und Unternehmen, die zum Handel auf einem staatlich reglementierten Markt zugelassen sind.[5]

Das **Börsenzulassungsgesetz**[6] von 1986 führte als Börsensegment den Geregelten Markt ein und setzte die gemeinschaftsrechtlichen Vorgaben der Börsenzulassungsrichtlinie zur Ad-hoc-Publizität durch die Ergänzung eines neuen § 44a BörsG in deutsches Recht um. Obwohl Teile der Literatur die Bedeutung von § 44a BörsG aF hervorhoben,[7] wurde die Vorschrift überwiegend als „totes" bzw. „schlafendes" Recht bezeichnet.[8] Es kam während der Geltungsdauer dieser Norm nur zu sechs Ad-hoc-Veröffentlichungen.[9] Die geringe Sanktionsdrohung des § 90 BörsG aF, der für vorsätzliche oder leichtfertige Verstöße gegen § 44a Abs. 1 S. 1 BörsG aF eine Geldbuße von bis zu 100 000,– DM vorsah, wurde neben unzureichenden Überwachungsmöglichkeiten als mitursächlich für die geringe praktische Relevanz erachtet.[10]

6

b) Maßnahmen zur Finanzmarktförderung

Auf die geringe Relevanz des § 44a BörsG in der Praxis reagierte der Gesetzgeber mit einer Reihe von Gesetzen zur Förderung der Finanzmärkte. Durch das **Zweite Finanzmarktförderungsgesetz**[11] **(2. FFG)** wurde im Jahr 1995 erstmals in § 15 WpHG die Pflicht zur Ad-hoc-Publizität geregelt. Die Gesetzesbegründung betonte dabei ausdrücklich die Bedeutung der Aufnahme der Ad-hoc-Publizität in das deutsche Aufsichtsrecht für die Verbesserung der Transparenz und für die Funktionsfähigkeit der Finanzmärkte.[12]

7

Die daraufhin zu beobachtende, starke Zunahme von Ad-hoc-Veröffentlichungen war auch auf die verschärfte Bußgeldandrohung von bis zu DM 3 Mio. sowie auf die Einrichtung des Bundesaufsichtsamtes für den Wertpapierhandel **(BAWe)** als Institution zur Überwachung der Einhaltung der Ad-hoc-Publizität zurückzuführen.[13] Die gesetzgeberischen Aktivitäten wurden durch Verlautbarungen aus der Verwaltungspraxis in Form mehrerer **Bekanntmachungsschreiben** des BAWe begleitet. Diese lieferten unter anderem erste praktische Hinwei-

8

---

[5] Die Vorschriften zur Ad-hoc-Publizität in der Börsenzulassungsrichtlinie wurden wortgleich in Art. 68 bzw. Art. 81 der Kapitalmarktpublizitätsrichtlinie vom 28. Mai 2001 übernommen; Richtlinie 89/592/EG des Rates zur Koordinierung der Vorschriften betreffend Insidergeschäfte, ABl. 1989 EG Nr. L 334, S. 30.

[6] Gesetz zur Einführung eines neuen Marktabschnitts an den Wertpapierbörsen und zur Durchführung der Richtlinien des Rates der Europäischen Gemeinschaften vom 5. 3. 1979, vom 17. 3. 1980 und vom 15. 2. 1982 zur Koordinierung börsenrechtlicher Vorschriften (Börsenzulassungsgesetz) vom 16. 12. 1986, BGBl. I, S. 2478.

[7] *Schwark* (2. Auflage 1994), BörsG § 44a Rn. 1; *Schwark* NJW 1987, 2045.

[8] *Baetge/Schwarze*, 99; *Heidmeier* AG 1992, 140 ff.; *Schäfer/Geibel*, § 44a BörsG Rn. 13.

[9] *Pellens/Fülbier* DB 1994, 1385.

[10] *Happ* JZ 1994, 241; *Schäfer/Geibel*, § 44a BörsG Rn. 13; *Hopt* ZHR 159 (1995), 147; differenziert *Fürhoff*, Kapitalmarktrechtliche Ad-hoc-Publizität, 134.

[11] Gesetz über den Wertpapierhandel und zur Änderung börsenrechtlicher und wertpapierrechtlicher Vorschriften (Zweites Finanzmarktförderungsgesetz) vom 26. 7. 1994, BGBl. I 1994, S. 1749.

[12] BT-Drucks. 12/6679, 48.

[13] *Hopt* ZHR 159 (1995), 147; *Wittich* AG 1997, 4; *Wölk* AG 1997, 80; *Otto*, Bausteine des europäischen Wirtschaftsstrafrechts, Madrid-Symposium 1995, 460.

se[14] und nahmen zum Verhältnis von Regel- zur Ad-hoc-Publizität Stellung.[15] Im Februar 2002 wies das BAWe in einem Schreiben an die börsennotierten Aktiengesellschaften darauf hin, dass ad-hoc-pflichtige Tatsachen unabhängig von den Börsenhandelszeiten unverzüglich nach Eintritt einer neuen potenziell kursbeeinflussenden Tatsache mitzuteilen sind.[16] Anlass für das Rundschreiben war die Feststellung, dass im Jahr 2001 deutlich über die Hälfte (ca. 60%) aller Ad-hoc-Mitteilungen an Werktagen zwischen 7.00 und 9.00 Uhr veröffentlicht worden waren. Das BAWe stellte daher klar, dass die Verpflichtung nach § 15 WpHG nicht erfüllt ist, wenn Emittenten eine am Vortag nach Börsenschluss eingetretene Tatsache erst am nächsten Morgen vor Beginn des Börsenhandels veröffentlichen. Seither konnte eine Veränderung des Publizitätsverhaltens beobachtet werden. Die Zahl der im Laufe des Tages oder am späten Abend veröffentlichten Ad-hoc-Mitteilungen nahm zu.[17]

9 Art. 22 des **Jahressteuerergänzungsgesetzes**[18] von 1995 erweiterte § 15 Abs. 3 S. 1 WpHG aF um einen zweiten Halbsatz, der dem BAWe die Möglichkeit einräumte, Emittenten mit Sitz im Ausland die Veröffentlichung in einer anderen als der deutschen Sprache zu gestatten. Das BAWe machte nach einer Umfrage unter den Verbänden von dieser Möglichkeit Gebrauch und erließ im Februar 1996 eine entsprechende Bekanntmachung.[19]

10 Das **Richtlinienumsetzungsgesetz**[20] von 1997 sah zum Zwecke der Deregulierung in Art. 2 Nr. 13b und c Richtlinienumsetzungsgesetz die Streichung der zuvor nach § 15 Abs. 3 S. 3 WpHG aF erforderlichen Hinweisbekanntmachung im Bundesanzeiger vor.

11 Das **Dritte Finanzmarktförderungsgesetz**[21] (3. FFG) von 1998 führte weitere Erleichterungen für ausländische Emittenten ein, indem im Hinblick auf den Zeitpunkt von Mitteilungen und Veröffentlichungen eine Ausnahmeregelung geschaffen wurde. Diese findet sich heute in § 15 Abs. 4 S. 4 WpHG. Danach können ausländische Emittenten von der Verpflichtung zur Vorabinforma-

---

[14] Bekanntmachung zur Veröffentlichung und Mitteilung kursbeeinflussender Tatsachen nach § 15 des Wertpapierhandelsgesetzes vom 7. 12. 1994, BAnz. Nr. 235 vom 15. 12. 1994, 12193.
[15] Bekanntmachung zum Verhältnis von Regelpublizität und Ad-hoc-Publizität vom 9. 7. 1996, BAnz. Nr. 133 vom 19. 7. 1996, 8167.
[16] Schreiben vom 8. 2. 2002 an die Vorstände der an einer inländischen Börse zum Amtlichen Handel oder zum Geregelten Markt zugelassenen Aktiengesellschaften sowie die persönlich haftenden Gesellschafter der zum Amtlichen Handel oder Geregelten Markt zugelassenen Kommanditgesellschaften auf Aktien, dass Ad-hoc-Tatsachen unabhängig von Börsenhandelszeiten – unverzüglich – zu veröffentlichen sind; im Internet abrufbar unter: *www.bafin.de*.
[17] BaFin, Jahresbericht 2002, 161.
[18] Gesetz zur Ergänzung des Jahressteuergesetzes 1996 und zur Änderung anderer Gesetze (Jahressteuer-Ergänzungsgesetz 1996) vom 18. 12. 1995, BGBl. I 1995, S. 1959.
[19] Bekanntmachung zur Veröffentlichung und Mitteilung kursbeeinflussender Tatsachen nach § 15 des Wertpapierhandelsgesetzes vom 29. 1. 1996, BAnz. Nr. 22 vom 1. 2. 1996, 1002.
[20] Gesetz zur Umsetzung von EG-Richtlinien zur Harmonisierung bank- und wertpapieraufsichtsrechtlicher Vorschriften vom 22. 10. 1997, BGBl. I, S. 2518.
[21] Änderung des Wertpapierhandelsgesetzes durch Art. 3 Nr. 5, Art. 30 des Gesetzes zur weiteren Fortentwicklung des Finanzplatzes Deutschland (Drittes Finanzmarktförderungsgesetz) vom 24. 3. 1998, BGBl. I, S. 529.

tion der Börsen und des BAWe im Rahmen der Ad-hoc-Publizitätspflicht befreit werden. Eine entsprechende Bekanntmachung hat das BAWe im September 1998 veröffentlicht.[22]

Auswirkungen auf das Publizitätsverhalten börsenzugelassener Emittenten hatte auch das Inkrafttreten des neuen Übernahmerechts zum Jahresbeginn 2002. Bei den Emittenten bestand mitunter Rechtsunsicherheit über das Verhältnis zwischen den Veröffentlichungspflichten nach dem „Wertpapierübernahmegesetz" („**WpÜG**")[23] einerseits und der Ad-hoc-Publizität aus dem WpHG andererseits. So beobachtete das BAWe vermehrt Ad-hoc-Mitteilungen nach § 15 WpHG im Zusammenhang mit Übernahmefällen, bei denen die Voraussetzungen einer Ad-hoc-Publizitätspflicht gar nicht erfüllt waren. Um Fehlentwicklungen vorzubeugen, erläuterte das BAWe in einem Schreiben vom 26. April 2002 das Verhältnis der Ad-hoc-Publizität zu den Veröffentlichungspflichten nach dem WpÜG. Danach haben die Veröffentlichungspflichten bei Erwerbs-, Übernahme- oder Pflichtangeboten Vorrang vor der Ad-hoc-Publizität nach dem WpHG. Auch bei einem Squeeze Out gemäß Aktiengesetz (§§ 327 a ff. AktG) bestand nur in Ausnahmefällen eine Ad-hoc-Publizitätspflicht.[24]

Im Zusammenhang mit der Gründung der **Bundesanstalt für Finanzdienstleistungsaufsicht (BaFin)** im Jahr 2002 erfolgte durch Art. 4 Nr. 11 des FinDAG[25] noch eine formelle Änderung des § 15 WpHG, wodurch mit Wirkung zum 1. Mai 2002 die Bezeichnung „Bundesaufsichtsamt" in § 15 Abs. 2 S. 1 Nr. 3 WpHG aF durch „Bundesanstalt" ersetzt wurde.

In der Zeit zwischen 1995 und 2000 stieg die Zahl der Ad-hoc-Meldungen inländischer Emittenten von 991 auf 5057 Mitteilungen.[26] Diese sprunghaft angestiegene Zahl von Ad-hoc-Mitteilungen seit 1995 bedeutete nicht nur einen Zuwachs an Informationen über die einzelnen börsennotierten Unternehmen, sondern zugleich auch einen Verlust an Kapitalmarkttransparenz insgesamt wegen des damit einhergehenden „Verwässerungseffekts", zumal bei einer Vielzahl von Ad-hoc-Mitteilungen die Tatbestandsvoraussetzungen des § 15 WpHG gar nicht vorlagen. So gab es neben fehlerhaften und für die Anleger irreführenden Mitteilungen auch eine Vielzahl an Veröffentlichungen, die offensichtlich den Tatbestand des § 15 WpHG nicht erfüllten und lediglich zu Werbezwecken und Zwecken der Öffentlichkeitsarbeit genutzt wurden.[27] Für diese Entwicklung galt auch die Praxis der Ad-hoc-Publizität als mitursächlich. Das BAWe wandte sich daher im März 2000 per Rundschreiben an die Emittenten und forderte diese auf, die Anzahl von

---

[22] Bekanntmachung zur Mitteilung kursbeeinflussender Tatsachen nach § 15 Wertpapierhandelsgesetz durch ausländische Emittenten vom 11. 8. 1998, BAnz. Nr. 168/13 458 vom 9. 9. 1998.

[23] Wertpapiererwerbs- und Übernahmegesetz vom 20. 12. 2001, BGBl. I 2001, S. 3822.

[24] Schreiben vom 26. 4. 2002 an die Vorstände der zum Amtlichen Handel oder zum Geregelten Markt zugelassenen Aktiengesellschaften sowie die persönlich haftenden Gesellschafter der zum Amtlichen Handel oder zum Geregelten Markt zugelassenen Kommanditgesellschaften auf Aktien, im Internet abrufbar unter: www.bafin.de.

[25] Gesetz über die integrierte Finanzdienstleistungsaufsicht vom 22. 4. 2002, BGBl. I 2002, S. 1310.

[26] Die Zahlen sind den Jahresberichten des BAWe bzw. der BaFin zu entnehmen, vgl. BAWe, Jahresbericht 2001, 31; BaFin, Jahresbericht 2002, 160, abrufbar unter: www.bafin.de.

[27] Dreyling, Die Bank 2002, 18; Hutter/Leppert NZG 2002, 653.

Ad-hoc-Mitteilungen zu beschränken.[28] Dies sollte auch das durch den Niedergang des Neuen Marktes beeinträchtigte Anlegervertrauen wieder stärken.

15 Der Gesetzgeber reagierte auf die Entwicklungen im Publikationsverhalten und führte durch das **Vierte Finanzmarktförderungsgesetz**[29] (4. FFG) eine Beschränkung der Publizität durch Ad-hoc-Mitteilungen ein (§ 15 Abs. 1 S. 3 WpHG aF, jetzt § 15 Abs. 2 S. 1 WpHG). Um die Transparenz an den Kapitalmärkten zu erhöhen, sollte bei der Ad-hoc-Veröffentlichung von Unternehmenskennzahlen durch die Verwendung üblicher Parameter deren Vergleichbarkeit erhöht werden (§ 15 Abs. 1 S. 5 WpHG aF). Diese Änderung sollte verhindern, dass Emittenten durch den Gebrauch von Phantasiekennzahlen oder einen Wechsel der benutzten Kennzahlen negative Entwicklungen zu verschleiern suchen.[30] Um eine einheitliche Rechtsanwendung sicherzustellen, wurde von der BaFin analysiert, welche Kennzahlen als im Geschäftsverkehr üblich gelten können. Mit Rundschreiben vom 26. November 2002 informierte die BaFin die betroffenen Marktteilnehmer über die konkreten Kennzahlen, die als „üblich" im Sinne des § 15 Abs. 1 S. 5 WpHG (§ 15 Abs. 1 S. 2 WpHG aF) eingestuft werden können.[31] Ferner wurde durch das 4. FFG eingeführt, dass Emittenten mit Sitz im Inland die Veröffentlichung zusätzlich in englischer Sprache zu verbreiten hatten (siehe jetzt § 51 Börsenordnung für die Frankfurter Wertpapierbörse für Unternehmen im Prime Standard; vgl. im Übrigen § 3b WpAIV). Damit wurde die Informationslage im Hinblick auf internationale Anlegerkreise erheblich verbessert.

16 Als Folge der gesetzlichen Regelung war ab 2002 ein rückläufiger Trend der Ad-hoc-Publizität durch die Abnahme überflüssiger Ad-hoc-Meldungen zu beobachten (nach 4605 Ad-hoc-Mitteilungen inländischer Emittenten im Jahr 2001 gab es im Jahr 2002 mit 3781 Mitteilungen einen Rückgang um etwa 20%).[32] Neben den gesetzlichen Neuregelungen durch das 4. FFG dürfte hierfür in erster Linie aber auch die negative Börsenentwicklung ab 2001 mitursächlich gewesen sein.

c) Kapitalmarktpublizitätsrichtlinie

17 Durch die **Kapitalmarktpublizitätsrichtlinie**[33] wurden aus Gründen der Übersichtlichkeit die Börsenzulassungsrichtlinie vom 5. März 1979,[34] die Bör-

---

[28] Schreiben an die Vorstände der zum amtlichen Handel oder zum geregelten Markt zugelassenen Aktiengesellschaften sowie die persönlich haftenden Gesellschafter der zum amtlichen Handel oder zum geregelten Markt zugelassenen Kommanditgesellschaften auf Aktien vom 22. 3. 2000.
[29] Gesetz zur weiteren Fortentwicklung des Finanzplatzes Deutschland (Viertes Finanzmarktförderungsgesetz) vom 21. 7. 2002, BGBl. I 2002, S. 2010.
[30] RegE, BT-Drucks. 14/8017, 87.
[31] BaFin-Rundschreiben vom 26. 11. 2002 zur Konkretisierung üblicher Kennzahlen im Sinne von § 15 Abs. 1 S. 2 WpHG, abrufbar unter *www.bafin.de*.
[32] BaFin, Jahresbericht 2002, 160.
[33] Richtlinie 2001/34/EG des Europäischen Parlaments und des Rates über die Zulassung von Wertpapieren zur amtlichen Börsennotierung und über die hinsichtlich dieser Wertpapiere zu veröffentlichenden Informationen, ABl. EG 2001 Nr. L 217, S. 18.
[34] Richtlinie 79/279/EWG des Rates zur Koordinierung der Bedingungen für die Zulassung von Wertpapieren zur amtlichen Notierung an einer Wertpapierbörse, ABl. EG 1979 Nr. L 66, S. 21; vgl. hierzu Rn. 3 ff.

senzulassungsprospektrichtlinie vom 17. März 1980,[35] die Zwischenberichtsrichtlinie vom 15. Februar 1982[36] und die Beteiligungsrichtlinie vom 12. Dezember 1988[37] zusammengefasst. Die Ad-hoc-Publizität, die zuvor in Schema C Ziffer 5 lit. a–c der Börsenzulassungsrichtlinie geregelt war, wurde in Art. 68 der Kapitalmarktpublizitätsrichtlinie übernommen, ohne dass damit inhaltliche Änderungen des Tatbestandes verbunden waren. Die Modalitäten der Veröffentlichung wurden in Art. 102 Abs. 1 der Kapitalmarktpublizitätsrichtlinie geregelt. Die Kapitalmarktpublizitätsrichtlinie trat gemäß Art. 112 am 27. Juli 2001 in Kraft und hob gemäß Art. 111 die vorgenannten, zusammengeführten Richtlinien auf.

d) Marktmissbrauchsrichtlinie

Die **Marktmissbrauchsrichtlinie**[38] vom 28. Januar 2003 führte als Teil des so genannten Aktionsplans für Finanzdienstleistungen, mit dem die Vollendung des Binnenmarktes für Finanzdienstleistungen bis zum Jahr 2005 verwirklicht werden sollte,[39] zu weitreichenden Konsequenzen für das deutsche Insiderrecht und die Ad-hoc-Publizität.[40] Zur Konkretisierung der Marktmissbrauchsrichtlinie hat die Europäische Kommission technische Durchführungsbestimmungen unter Mithilfe des Europäischen Wertpapierausschusses („European Securities Committee" – ESC)[41] sowie des Ausschusses der Europäischen Wertpapierregulierungsbehörden („Committee of European Securities Regulators" – CESR) im Wege des Komitologieverfahrens erlassen.[42]

---

[35] Richtlinie 80/390/EWG des Rates zur Koordinierung der Bedingungen für die Erstellung, die Kontrolle und die Verbreitung des Prospekts, der für die Zulassung von Wertpapieren zur amtlichen Notierung an einer Wertpapierbörse zu veröffentlichen ist, ABl. EG 1980 Nr. L 100, S. 1.

[36] Richtlinie 82/121/EWG des Rates über regelmäßige Informationen, die von Gesellschaften zu veröffentlichen sind, deren Aktien zur amtlichen Notierung an einer Wertpapierbörse zugelassen sind, ABl. EG 1982 Nr. L 48, S. 26.

[37] Richtlinie 88/627/EWG des Rates über die bei Erwerb und Veräußerung einer bedeutenden Beteiligung an einer börsennotierten Gesellschaft zu veröffentlichenden Informationen, ABl. EG 1988 Nr. L 348, S. 62.

[38] Richtlinie 2003/6/EG des Europäischen Parlaments und des Rates über Insider-Geschäfte und Marktmanipulation (Marktmissbrauch), ABl. EG 2003 Nr. L 96, S. 16.

[39] KOM (1999) 232 vom 11. 5. 1999.

[40] *Dier/Fürhoff* AG 2002, 608; *Fürhoff* AG 2003, 80; *Grimme/von Buttler* WM 2003, 904 ff.; *Leppert/Stürwald* ZBB 2002, 94; *Seitz* BKR 2002, 343; zum Richtlinienentwurf vgl. von *Ilberg/Neises* WM 2002, 644.

[41] Bei dem ESC handelt es sich um ein von der EG-Kommission 2001 eingesetztes, aus hochrangigen Vertretern der Mitgliedstaaten und (als Vorsitzendem) einem Vertreter der Kommission bestehendes Gremium, das im Rahmen des Lamfalussy-Verfahrens zum einen die Kommission in politischen Fragen und in Bezug auf geplante EG-Rechtsakte für den Wertpapierbereich (Stufe 1) beraten soll, zum anderen innerhalb des Komitologieverfahrens auch regulierend tätig wird (Stufe 2). An Sitzungen des ESC nimmt der Vorsitzende des CESR als Beobachter teil; vgl. Schlussbericht des Ausschusses der Weisen über die Regulierung der europäischen Wertpapiermärkte, abrufbar unter *http://ec.europa.eu/internal/market/securities/docs/lamfalussy/wisemen/lamfalussy-comments-de.pdf*.

[42] Gemäß Art. 17 Abs. 2 der Marktmissbrauchsrichtlinie geht die Kommission nach Art. 5 und 7 unter Beachtung von Art. 8 des Beschlusses des Rates zur Festlegung der Modalitäten für die Ausübung der Kommission übertragenen Durchführungsbefugnisse (1999/468/EG, ABl. EG 1999 Nr. L 184, S. 23) vor.

§ 15 19–24 Abschnitt 3. Insiderüberwachung

19 Gemäß Art. 6 Abs. 1 S. 1 der Marktmissbrauchsrichtlinie haben die Mitgliedstaaten dafür zu sorgen, dass Emittenten von Finanzinstrumenten Insiderinformationen, die sie unmittelbar betreffen, so bald als möglich der Öffentlichkeit bekannt geben. Diese Verpflichtung weicht teilweise von dem bis dahin in Deutschland geltenden Konzept ab, wonach Insidertatsachen erst nach Erfüllung weiterer Tatbestandsvoraussetzungen unter die Ad-hoc-Publizität fielen.[43] Lediglich das einschränkende Erfordernis des Emittentenbezugs gemäß § 15 Abs. 1 S. 1 WpHG aF „in seinem Tätigkeitsbereich eingetreten" bleibt mit dem Tatbestandsmerkmal „unmittelbar betreffen" zumindest teilweise erhalten. Nicht mehr erforderlich ist dagegen, dass eine Insiderinformation Auswirkungen auf die Vermögens- oder Finanzlage oder auf den allgemeinen Geschäftsverlauf eines Emittenten hat.

20 Art. 6 Abs. 2 S. 1 der Marktmissbrauchsrichtlinie erlaubt dem Emittenten ein Aufschieben der Veröffentlichung in eigener Verantwortung, wenn die Bekanntgabe der Informationen seinen berechtigten Interessen schaden könnte.[44] Dies ist allerdings nur möglich, wenn die Unterlassung der Veröffentlichung nicht geeignet ist, die Öffentlichkeit irrezuführen und der Emittent in der Lage ist, die Vertraulichkeit der Information zu gewährleisten.

21 Diese sogenannte **Selbstbefreiung** ersetzt die bis dahin mögliche Befreiung von der Ad-hoc-Publizität durch Verwaltungsakt der BaFin auf entsprechenden Antrag des Emittenten (§ 15 Abs. 1 S. 5 WpHG aF).

22 Art. 6 Abs. 2 S. 2 der Marktmissbrauchsrichtlinie gibt den Mitgliedstaaten die Möglichkeit, eine unverzügliche Unterrichtung der zuständigen Behörde über aufgeschobene Veröffentlichungen vorzuschreiben, wovon der deutsche Gesetzgeber nicht Gebrauch gemacht hat, sondern nur die nachträgliche Unterrichtung der BaFin vorsieht.

23 Art. 6 Abs. 3 S. 1 der Marktmissbrauchsrichtlinie erweitert die Veröffentlichungspflicht auch auf andere, vom Emittenten beauftragte Personen, falls eine Insiderinformation an Dritte weitergegeben wird, die nicht zur Vertraulichkeit verpflichtet sind.

24 Einzelheiten zum Begriff der Insiderinformation (Art. 6 Abs. 10 der Marktmissbrauchsrichtlinie) werden maßgeblich in der **Durchführungsrichtlinie**[45] zur Marktmissbrauchsrichtlinie vom 22. Dezember 2003 konkretisiert. Als Grundlage diente die CESR-Stellungnahme zu einer Anfrage der Kommission bezüglich der Bekanntgabe von Insiderinformationen und der Verzögerung der Veröffentlichung.[46] Für Warenderivate enthält zudem die Durchführungsrichtli-

---

[43] *Fürhoff* AG 2003, 80.
[44] Die Selbstbefreiung war bisher nur im Ausland gebräuchlich, zB Section 202.06 (A) des Company Manuals der New York Stock Exchange und Art. 4 S. 2 des französischen Reglements no. 98–7; vgl. *Fürhoff* AG 2003, 85.
[45] Richtlinie 2003/124/EG der Kommission zur Durchführung der Richtlinie 2003/6/EG des Europäischen Parlaments und des Rates betreffend die Begriffsbestimmung und die Veröffentlichung von Insiderinformationen und die Begriffsbestimmung der Marktmanipulation, ABl. EG Nr. L 339, S. 70; siehe dazu die Dokumentation Working Document on the Implementation of Article 1 and Article 6 Paragraphs 1 and 2 of the European Parliament and Council Directive 2003/6/EC on Insider Dealing and Market Manipulation (Market Abuse), ES C 12/2003 vom 10. 3. 2003.
[46] *CESR's* Advice on Level 2 Implementing Measures for the proposed Market Abuse Directive, Tz. 52 ff., Ref: CESR/02-089 d vom Dezember 2002, abrufbar unter http://www.fma.gv.at/de/pdf/cesr_021.pdf.

Mitteilung, Veröffentl. u. Übermittl. v. Insiderinformationen   25–28   § 15

nie vom 29. April 2004[47] in Art. 4 besondere Vorgaben für Insiderinformationen mit Bezug auf Warenderivate.

Der Umsetzung der Marktmissbrauchsrichtlinie sowie zur Stärkung des Kapitalmarktes und des Finanzplatzes Deutschland diente das im Oktober 2004 in Kraft getretene **Anlegerschutzverbesserungsgesetz ("AnSVG")**.[48] Das durch Unternehmenskrisen und -zusammenbrüche geschwächte Anlegervertrauen in das Management börsennotierter Unternehmen im Besonderen und in den Kapitalmarkt im Allgemeinen sollte durch mehr Transparenz, Selbstregulierung, Kontrolle und Übernahme persönlicher Verantwortung des Managements sowie eine angemessene Erweiterung der Haftung für geschädigte Anleger wiederhergestellt werden. Zu diesem Zweck wurden durch das AnSVG auch Änderungen bezüglich der Ad-hoc-Publizität eingefügt und ihr Anwendungsbereich erweitert.   25

Konkretisiert und ergänzt wird die Regelung des § 15 WpHG durch die vom Bundesfinanzministerium gemäß § 15 Abs. 7 S. 1 WpHG erlassene Wertpapierhandelsanzeige- und Insiderverzeichnisverordnung **(WpAIV)**. Die am 14. Dezember 2004 in Kraft getretene WpAIV legt die Art und Form sowie den Umfang und den Mindestinhalt von Ad-hoc-Mitteilungen sowie die berechtigten Interessen, durch die der Emittent die Veröffentlichung von Insiderinformationen aufschieben kann, fest.   26

e) Transparenzrichtlinie und Finanzmarktrichtlinie

Die jüngsten Aktivitäten des deutschen Gesetzgebers wurden durch die **Transparenzrichtlinie**[49] vom 15. Dezember 2004 sowie die **Finanzmarktrichtlinie**[50] vom 21. April 2004 geprägt. In Art. 2 Abs. 1 lit. i der Transparenzrichtlinie kommt zum Ausdruck, dass das für die Primärmarktpublizität (Prospektpflicht) bereits bekannte Herkunftsstaatsprinzip grundsätzlich auch im Bereich der Sekundärmarktpublizität gelten soll. Zudem werden mit Art. 21 der Transparenzrichtlinie die Veröffentlichungspflichten für Insiderinformationen auch inhaltlich verändert.   27

Mit dem Transparenzrichtlinien-Umsetzungsgesetz vom 5. Januar 2007 **("TUG")**[51] und dem Finanzmarktrichtlinien-Umsetzungsgesetz vom 16. Juli 2007   28

---

[47] Richtlinie 2004/72/EG der Kommission zur Durchführung der Richtlinie 2003/6/EG des Europäischen Parlaments und des Rates – Zulässige Marktpraktiken, Definition von Insider-Informationen in Bezug auf Warenderivate, Erstellung von Insider-Verzeichnissen, Meldung von Eigengeschäften und Meldung verdächtiger Transaktionen, ABl. EG 2004 Nr. L 162, S. 70.

[48] BGBl. I 2004, S. 2630 ff.; Gesetzentwurf der Bundesregierung, BT-Drucks. 15/3174; Stellungnahme des Bundesrates, BR-Drucks. 341/04.

[49] Richtlinie 2004/109/EG des Europäischen Parlaments und des Rates zur Harmonisierung der Transparenzanforderungen in Bezug auf Informationen über Emittenten deren Wertpapiere zum Handel auf einem geregelten Markt zugelassen sind, und zur Änderungen der Richtlinie 2001/34/EG, ABl. EG Nr. L 390, S. 38.

[50] Richtlinie 2004/39/EG des Europäischen Parlaments und des Rates über Märkte für Finanzinstrumente, zur Änderung der Richtlinien 85/611/EWG und 93/6/EWG des Rates und der Richtlinie 2000/12/EG des Europäischen Parlaments und des Rates und zur Aufhebung der Richtlinie 93/22/EWG des Rates, ABl. EG Nr. L 145, S. 1.

[51] Gesetz zur Umsetzung der Richtlinie 2004/109/EG des Europäischen Parlaments und des Rates vom 15. 12. 2004 zur Harmonisierung der Transparenzanforderungen im Bezug auf Informationen über Emittenten, deren Wertpapiere zum Handel auf einem organisierten Markt zugelassen sind, und zur Änderung der Richtlinie 2001/34/EG, BGBl. I 2005, S. 10.

Pfüller

§ 15   29–31   Abschnitt 3. Insiderüberwachung

(**"FRUG"**)[52] wurden die Maßgaben der beiden Richtlinien in deutsches Recht implementiert und zugleich einige redaktionelle Korrekturen des WpHG vorgenommen. Dabei wurden die Pflicht zur Übermittlung an das neu eingeführte Unternehmensregister i. S. d. § 8b HGB, Anforderungen an die Verbreitung in den Medien (§ 3a WpAIV) und die Definition des „Inlandsemittenten" (§ 2 Abs. 7 WpHG) eingeführt. Art. 4 Abs. 1 Nr. 14 der Finanzmarktrichtlinie enthält ferner eine neue Definition des „geregelten Marktes", die sich in der neu gefassten Definition des „organisierten Marktes" gemäß § 2 Abs. 5 WpHG widerspiegelt.

f) Emittentenleitfaden

29   Die BaFin hat mit Datum vom 15. Juli 2005[53] nach umfassender Anhörung[54] betroffener Kapitalmarktteilnehmer (Anlegerschutzvereinigungen, Banken und Wertpapierhandelshäuser, Emittenten und Wirtschaftsverbände) einen Emittentenleitfaden herausgegeben. Der Leitfaden berücksichtigt die durch das AnSVG geänderte Rechtslage und bietet einen Überblick der entsprechenden Verwaltungspraxis der BaFin.[55] Er ersetzt den 1998 vom BAWe und der Deutschen Börse AG herausgegebenen Leitfaden zur Ad-hoc-Publizität und zum Insiderrecht.[56] Unter Berücksichtigung der Rechtsprechung und Verwaltungspraxis soll dieser Leitfaden zukünftig bei Bedarf aktualisiert werden.[57]

30   Ziel des Leitfadens ist es, einerseits durch größere Transparenz der am Kapitalmarkt agierenden Unternehmen, Aspekte des Anlegerschutzes zu berücksichtigen und andererseits die Funktionsfähigkeit des Kapitalmarktes durch eine Entlastung der Emittenten zu gewährleisten. Die Integrität des Kapitalmarktes soll weiter gestärkt werden.[58] Aufgrund der Zuständigkeit der BaFin als Aufsichtsbehörde gemäß § 4 Abs. 1 S. 1 WpHG und als Verwaltungsbehörde in Ordnungswidrigkeitsverfahren gemäß § 40 iVm § 36 Abs. 1 Nr. 1 OWiG ist die im Emittentenleitfaden zum Ausdruck gebrachte Rechtsauffassung[59] der BaFin von erheblicher Bedeutung für die Praxis, auch wenn die letztverbindliche Entscheidung über Auslegungsfragen bei den zuständigen Gerichten verbleibt.

2. Normzweck

31   Die Ad-hoc-Publizitätspflicht gehört zwar zu den Kernelementen des WpHG, stellt aber nur einen Teil der insgesamt erheblich umfassenderen kapitalmarktrechtlichen Publizitäts- und Verhaltenspflichten dar. Im Gegensatz zu aktien- und

---

[52] Gesetz zur Umsetzung der Richtlinie über Märkte für Finanzinstrumente und der Durchführungsrichtlinie der Kommission (Finanzmarkt-Richtlinie-Umsetzungsgesetz) vom 16. 7. 2007, BGBl. I 2007, S. 1330.
[53] Stand der aktuellen Fassung des Emittentenleitfadens, dessen Aktualisierung aufgrund der Neuerungen durch das TUG bereits für Ende 2007 angekündigt war.
[54] Die BaFin hat den interessierten Kreisen zunächst einen Entwurf des Leitfadens vom 22. 12. 2004 vorab zur Verfügung gestellt wurden in der veröffentlichten Fassung vom 15. 7. 2005 zum Teil berücksichtigt (vgl. u. a. *www.dirk.org, www.bdi-online.de, www.dai.de*).
[55] Zum Emittentenleitfaden vgl. *Claussen/Florian* AG 2005, 745 ff.
[56] Abrufbar im Internet auf den Webseiten der deutschen Börse und der BaFin.
[57] BaFin, Emittentenleitfaden idF vom 15. 7. 2005, 12; die durch das TUG notwendig gewordene Aktualisierung des Emittentenleitfadens sollte seitens Ende 2007 erwartet.
[58] BaFin, Emittentenleitfaden idF vom 15. 7. 2005, 12.
[59] Zur Rechtsnatur des Emittentenleitfadens vgl. *Claussen/Florian* AG 2005, 747.

Mitteilung, Veröffentl. u. Übermittl. v. Insiderinformationen   32–35   § 15

handelsrechtlichen Offenlegungs- und Rechnungslegungspflichten richtet sich die kapitalmarktrechtlich ausgeformte Ad-hoc-Publizität – ähnlich wie das Prospektrecht – nicht nur an bestehende Aktionäre und Gläubiger eines Unternehmens, sondern an das gesamte Anlegerpublikum, also auch an noch nicht im Unternehmen investierte, potenzielle Investoren.[60] Durch die Pflicht zu frühzeitiger Veröffentlichung von Insiderinformationen sollen die Anleger in die Lage versetzt werden, fundierte Kauf- oder Verkaufsentscheidungen treffen zu können.[61]

Zu unterscheiden ist die Ad-hoc-Publizität von der **Regelpublizität**, wonach 32 börsennotierte Unternehmen zum einen den handelsrechtlichen Publizitätsvorschriften der §§ 238 ff. HGB und zum anderen den kapitalmarktrechtlichen Veröffentlichungspflichten der §§ 37 v ff. WpHG (Jahresfinanzbericht, Halbjahresfinanzbericht und Zwischenmitteilungen) unterliegen. Für den Teilbereich des regulierten Marktes mit weiteren Zulassungsfolgepflichten (Prime Standard) der Frankfurter Wertpapierbörse besteht darüber hinaus gemäß §§ 47, 48 Börsenordnung für die Frankfurter Wertpapierbörse die Verpflichtung, Abschlüsse und Quartalsberichte nach internationalen Rechnungslegungsgrundsätzen und in englischer Sprache zu veröffentlichen. Die Veröffentlichungspflichten der Regelpublizität und der Ad-hoc-Publizität bestehen nebeneinander und ergänzen sich gegenseitig.[62]

Regelpublizität und Ad-hoc-Publizität sind wesentliche Bestandteile der **Se-** 33 **kundärmarktpublizität** und knüpfen unmittelbar an die im Wertpapierprospektgesetz **(WpPG)**[63] und im Verkaufsprospektgesetz **(VerkaufsprospektG)**[64] verankerte Prospektpflicht als Kernelement der Primärmarktpublizität an. Während die Regelpublizität retrospektiv ausgerichtet ist und Unternehmensentwicklungen und -ereignisse betrifft, die sich in der Vergangenheit zugetragen haben, ist die Ad-hoc-Publizität gegenwarts- und ggf. zukunftsorientiert, weil sie zeitnahe Veröffentlichung besonders bedeutsamer, aktueller Unternehmensereignisse verlangt.

Ziel der Ad-hoc-Publizität ist es, die Funktionsfähigkeit der Kapitalmärkte zu 34 fördern, indem zum einen die Markttransparenz erhöht und zum anderen der Missbrauch von Insiderinformationen vermindert wird.[65]

Alle interessierten Marktteilnehmer sollen möglichst zeitgleich einen einheitli- 35 chen Informationsstand erlangen können, damit Börsen- oder Marktpreise nicht aufgrund fehlerhafter oder unvollständiger Unterrichtung des Marktes verfälscht werden.[66] Das Vertrauen der Anleger in die Redlichkeit des Kapitalmarktes und der Preisbildung bildet die Grundlage für die Bereitstellung von Kapital. Bei zeitnaher Veröffentlichung im Markt können relevante Informationen rechtzeitig

---

[60] *Assmann/Schneider/Assmann*, Rn. 2.
[61] *Kümpel*, Rn. 8.256; *Schwark* ZGR 1976, 294; *Assmann/Schneider/Assmann*, Rn. 2; *Versteegen* in KölnKomm, § 15 Rn. 8.
[62] Vgl. eingehend Rn. 166 ff.
[63] Wertpapier-Verkaufsprospektgesetz vom 9. 9. 1998, BGBl. I 1999, S. 2701.
[64] Gesetz über die Erstellung, Billigung und Veröffentlichung des Prospekts, der beim öffentlichen Angebot von Wertpapieren oder bei der Zulassung von Wertpapieren zum Handel an einem organisierten Markt zu veröffentlichen ist vom 22. 6. 2005, BGBl. I 2005, S. 1698; hierzu *Ekkenga* BB 2005, 561 ff.
[65] *Versteegen* in KölnKomm, § 15 Rn. 8 ff.
[66] Bericht des Finanzausschusses des Deutschen Bundestages, BT-Drucks. 12/7918, 96; *Hopt* ZHR 159 (1995), 147; *Assmann/Schneider/Assmann*, Rn. 29.

„eingepreist" werden, so dass sich schnellstmöglich ein „richtiger" Kurs/Marktpreis bildet.[67] Eine volkswirtschaftlich optimale Allokation des verfügbaren Kapitals ist nur unter dieser Voraussetzung denkbar.[68] Ohne die Publizität bestimmter Pflichtangaben müssten sich die Marktteilnehmer die für sie relevanten Informationen selbst beschaffen, was – sofern überhaupt möglich – mit erheblichem Aufwand verbunden wäre. Die mit der Ad-hoc-Publizität **bezweckte erhöhte Markttransparenz durch informationelle Chancengleichheit** ist dabei als Voraussetzung für einen integrierten und effizienten Finanzmarkt zu sehen und stärkt das Anlegervertrauen.[69]

36 Zugleich soll die Ad-hoc-Publizität – im Zusammenspiel mit den repressiven Insiderhandelsverboten des § 14 WpHG – unzulässigem **Insiderhandel präventiv** vorbeugen.[70] Durch die unverzügliche Veröffentlichung von Insiderinformationen wird der Zeitraum verkürzt, in dem Insiderhandel überhaupt möglich ist. Mit der Veröffentlichung einer Information verliert diese ihren Charakter als Insiderinformation, womit einem strafwürdigen Ausnutzen des Wissensvorsprungs durch Insider die Grundlage entzogen wird.

3. Überwachung

37 Die **Überwachung** der Einhaltung des § 15 WpHG obliegt der BaFin. Die BaFin ist zugleich sachlich zuständige Verwaltungsbehörde für die Verfolgung von Ordnungswidrigkeiten im Zusammenhang mit Verstößen gegen die Ad-hoc-Publizitätspflicht (§ 36 Abs. 1 Nr. 1 OwiG). Ungeachtet ihrer allgemeinen Kompetenzen nach dem Verwaltungsverfahrensgesetz kann die BaFin gemäß § 4 Abs. 2 S. 1 WpHG die zur Durchsetzung der Ad-hoc-Pflicht geeigneten und erforderlichen Anordnungen treffen.[71] Neben dieser Generalermächtigung enthalten § 4 Abs. 2 S. 2 sowie § 4 Abs. 3 WpHG besondere Ermächtigungsgrundlagen, wonach die BaFin den Handel mit betroffenen Wertpapieren untersagen oder aussetzen lassen und von den Betroffenen umfassende Auskünfte verlangen kann. Der Gesetzgeber hat in § 4 Abs. 7 WpHG klargestellt, dass Widerspruch und Anfechtungsklage gegen Maßnahmen der BaFin wegen der besonderen Bedeutung der Ad-hoc-Publizität für die Funktionsfähigkeit des Kapitalmarktes keine aufschiebende Wirkung haben.[72]

II. Ad-hoc-Publizität (§ 15 Abs. 1 WpHG)

38 Die zentrale Anordnung der Ad-hoc-Publizitätspflicht in § 15 Abs. 1 WpHG bedient sich mehrerer **Legaldefinitionen,** die an anderen Stellen im Gesetz definiert sind und ist nicht besonders übersichtlich aufgebaut: Satz 1 normiert die unverzügliche Veröffentlichungspflicht von Insiderinformationen, die einen Inlandsemittenten unmittelbar betreffen. § 15 Satz 2 WpHG lässt diese Pflicht bereits ab dem Zeitpunkt der Antragstellung auf Zulassung entstehen. § 15 Satz 3 WpHG enthält ein Regelbeispiel für das Tatbestandsmerkmal der unmittelbaren

---

[67] *Versteegen* in KölnKommWpHG, § 15 Rn. 8.
[68] *Ensthaler/Bock/Strübbe* BB 2006, 733.
[69] Erwägungsgrund 2 der Richtlinie 2003/6/EG, ABl. EG 2003 Nr. L, S. 16.
[70] *Hopt,* WM-Festgabe für Hellner, 1994, 31; *Assmann/Schneider/Assmann,* Rn. 31.
[71] Bericht des Finanzausschusses, BT-Drucks. 12/7918, 101.
[72] Bericht des Finanzausschusses, BT-Drucks. 12/7918, 102; *Schäfer,* Rn. 148.

Betroffenheit. § 15 Satz 4 WpHG regelt, wie in Fällen des so genannten Durchsickerns zu verfahren ist, und erweitert gleichzeitig den subjektiven Anwendungsbereich auf Personen, die im Auftrag oder auf Rechnung des Emittenten handeln. § 15 Satz 5 WpHG enthält Sonderregelungen für die unwissentliche Zugänglichmachung. § 15 Satz 6 WpHG schließlich befasst sich mit den in einer Veröffentlichung genutzten Kennzahlen.

1. Primäre Ad-hoc-Pflicht (§ 15 Abs. 1 Satz 1 WpHG)

Ein Inlandsemittent von Finanzinstrumenten hat Insiderinformationen, die ihn 39 unmittelbar betreffen, unverzüglich zu veröffentlichen und diese an das Unternehmensregister zu übermitteln (§ 15 Abs. 1 S. 1 WpHG).

a) Inlandsemittent

§ 15 Abs. 1 S. 1 WpHG ist nur an **Inlandsemittenten** adressiert. Als Emittent 40 gelten alle Herausgeber von Finanzinstrumenten. Mit dem TUG wurde erstmals der Begriff des Inlandsemittenten zur Umsetzung der Transparenzrichtlinie in das WpHG eingeführt. Die Legaldefinition des Inlandsemittenten in § 2 Abs. 7 WpHG enthält differenzierte Regelungen für im Inland, in anderen EU- bzw. EWR-Mitgliedstaaten sowie in Drittstaaten ansässige Unternehmen. Im Wesentlichen orientiert sich das Tatbestandsmerkmal des Inlandsemittenten am **Herkunftsstaatsprinzip**[73] (vgl. § 2 Abs. 6 WpHG), wonach regelmäßig das Aufsichtsrecht desjenigen Mitliedstaates Anwendung finden soll, in dem der Emittent seinen Sitz hat.[74] Die Einführung des Herkunftsstaatsprinzips auch für das Wertpapieraufsichtsrecht dient der lückenlosen Überwachung kapitalmarktrechtlicher Vorschriften.[75] Überflüssige gleichlaufende Verpflichtungen in mehreren Mitgliedstaaten und eine unnötige Belastung der Emittenten wie der Aufsichtsbehörden sollen vermieden werden.[76] Die Frage nach der zuständigen Aufsichtsbehörde soll im Einklang mit der Prospektrichtlinie[77] beantwortet werden.[78]

aa) Herkunftsstaatsprinzip (§ 2 Abs. 6 WpHG). Die Anwendbarkeit des 41 § 15 WpHG hängt also maßgeblich davon ab, ob die Bundesrepublik Deutschland Herkunftsstaat i. S. d. § 2 Abs. 6 WpHG für den betreffenden Emittenten ist. Der Herkunftsstaat ermittelt sich danach, welche Arten von Finanzinstrumenten der Emittent an organisierten Märkten in der EU bzw. im EWR zugelassen, bzw. wo er eine solche Zulassung beantragt hat und in welchem Staat sich der satzungsmäßige Sitz des Emittenten befindet.[79]

Das Herkunftsstaatsprinzip gilt für **Emittenten von Finanzinstrumenten.** 42 Dies ergibt sich aus der Zusammenschau von § 2 Abs. 6 Nr. 1, 2 und 3 WpHG. Der mit dem AnSVG in das WpHG eingeführte und nunmehr einheitlich ange-

---

[73] Vgl. § 13 Rn. [161].
[74] Vgl. Begr. RegE, BR-Drucks. 579/06, 59.
[75] Vgl. zum Herkunftsstaatsprinzip im Prospektrecht Art. 2 Abs. 1 lit. m der RL 2003/71/EG, ABl. EG 2003 Nr. L 345, S. 64; *Hutter/Kaulamo* NJW 2007, 472.
[76] Begr. RegE, BR-Drucks. 579/06, 59.
[77] Richtlinie 2003/71/EG des Europäischen Parlaments und des Rates vom 4. 11. 2003 betreffend den Prospekt, der beim öffentlichen Angebot von Wertpapieren oder bei deren Zulassung zum Handel zu veröffentlichen ist, ABl. EG 2003 L 345, S. 64.
[78] Erwägungsgrund 6 der Transparenzrichtlinie.
[79] § 2 Rn. 152 ff.

wendete Begriff des Finanzinstruments umfasst gemäß § 2 Abs. 2b WpHG Wertpapiere, Geldmarktinstrumente, Derivate, Rechte auf Zeichnung von Wertpapieren und sonstige Instrumente, die zum Handel an einem organisierten Markt im Inland oder in einem anderen Mitgliedstaat der EU zugelassen sind oder für die eine solche Zulassung beantragt worden ist. Im Gegensatz zur bisherigen Fassung des § 15 WpHG wird also nicht mehr auf Wertpapiere im engeren Sinne, sondern auf die Gesamtheit der Finanzinstrumente abgestellt.[80] Der in der Praxis relevante Anwendungsbereich betrifft jedoch weiterhin vor allem Emittenten von Wertpapieren, da von den übrigen Finanzinstrumenten nur wenige an organisierten Märkten gehandelt werden. Zu den **Wertpapieren** gehören gemäß § 2 Abs. 1 WpHG vor allem Aktien und Schuldverschreibungen, aber auch Genussscheine, Optionsscheine und Zertifikate. Der Wertpapierbegriff des WpHG ist kapitalmarktrechtlich und nicht sachenrechtlich ausgestaltet, d. h. auf die Ausstellung einer realen Wertpapier-Urkunde (Verbriefung) kommt es nicht an.[81]

43 Die Wertpapiere/Finanzinstrumente müssen zum **Handel an einem organisierten Markt** im Inland oder in der EU bzw. im EWR zugelassen sein. Dieses Erfordernis war zuvor ausdrücklich in § 15 Abs. 1 S. 1 WpHG aF enthalten und ergibt sich nunmehr aus der Zusammenschau von § 2 Abs. 6 Nr. 1 bis 3 WpHG. Die dort aufgeführten Alternativen zur Ermittlung des Herkunftsstaates beziehen sich ausschließlich auf Finanzinstrumente mit Zulassung an organisierten Märkten. Die Zulassung von Wertpapieren zum Börsenhandel ist die – regelmäßig öffentlich-rechtliche – Erlaubnis, für den Handel mit den betreffenden Wertpapieren in dem jeweiligen Marktsegment die Börseneinrichtung zu nutzen.[82] Die Zulassung muss sich auf den Handel an einem organisierten Markt im Inland, in einem anderen Mitgliedstaat der EU oder in einem anderen Vertragsstaat des EWR beziehen. Organisierter Markt ist jeder Markt, der von staatlich anerkannten Stellen geregelt und überwacht wird, regelmäßig stattfindet und für das Publikum unmittelbar oder mittelbar zugänglich ist (§ 2 Abs. 5 WpHG).

44 Der Begriff des „organisierten Marktes" ist in den kapitalmarktbezogenen Richtlinien der EU nicht angelegt. Vielmehr verwendet die **Finanzmarktrichtlinie**[83] in Art. 4 Abs. 1 Nr. 14 den Terminus „geregelter Markt".[84] Die vom Sprachgebrauch der Richtlinien abweichende Bezeichnung des deutschen Gesetzgebers ist darauf zurückzuführen, dass der Begriff des geregelten Marktes im deutschen Recht bereits in anderem Zusammenhang in den §§ 49 ff. BörsG aF Verwendung fand, sodass die Gefahr von Missverständnissen bestand.[85] Ausweislich der Begründung zur 6. KWG-Novelle,[86] entspricht die deutsche Legaldefi-

---

[80] *Assmann/Schneider/Assmann*, Rn. 46; *Versteegen* in KölnKomm, § 15 Rn. 60 aa.
[81] *Assmann/Schneider/Assmann*, § 2 Rn. 11.
[82] *Groß*, § 30 BörsG, Rn. 5, mwN.
[83] Richtlinie 2004/39/EG des Europäischen Parlaments und des Rates über Märkte für Finanzinstrumente, zur Änderung der Richtlinien 85/611/EWG und 93/6/EWG des Rates und der Richtlinie 2000/12/EG des Europäischen Parlaments und des Rates und zur Aufhebung der Richtlinie 93/22/EWG des Rates, ABl. EG 2004 Nr. L 145, S. 1.
[84] Gleiches gilt bereits für Art. 1 Nr. 4 der Marktmissbrauchsrichtlinie (2003/6/EG) iVm Art. 1 Nr. 13 der Wertpapierdienstleistungsrichtlinie (93/22/EWG).
[85] *Leppert/Stürwald* ZBB 2002, 98; *Schwark/Tranks*, § 2 Rn. 81 ff.
[86] Gesetzentwurf eines Gesetzes zur Umsetzung von EG-Richtlinien zur Harmonisierung bank- und wertpapieraufsichtsrechtlicher Vorschriften (6. KWG-Novelle), BT-Drucks. 13/7142, 103.

nition des organisierten Marktes derjenigen des geregelten Marktes in Art. 4 Abs. 1 Nr. 14 der Finanzdienstleistungsrichtlinie.[87] Die terminologische Abweichung ist inhaltlich bedeutungslos.

Gemäß Art. 47 der Finanzmarktrichtlinie über Märkte für Finanzinstrumente vom 21. April 2004[88] hat jeder Mitgliedstaat ein **aktuelles Verzeichnis** der von ihm genehmigten Märkte zu führen. Dieses Verzeichnis ist den anderen Mitgliedstaaten und der Kommission zu übermitteln. Die Kommission ist verpflichtet, einmal jährlich ein Verzeichnis der ihr mitgeteilten geregelten Märkte zu veröffentlichen. 45

Organisierte, das heißt staatlich genehmigte und überwachte Märkte in Deutschland waren bisher nach dem Börsengesetz nur der amtliche Markt (§§ 30ff. BörsG aF) und der geregelte Markt der deutschen Wertpapierbörsen. 46

Diese Unterteilung der organisierten Märkte in Deutschland in den amtlichen und den geregelten Markt wurde durch das FRUG[89] mit Wirkung zum 1. November 2007 aufgehoben. Ab dem 1. November 2007 kann eine Zulassung nur noch zum so genannten regulierten Markt (General Standard) bzw. zum Teilbereich des regulierten Marktes mit weiteren Zulassungsgepflichten (Prime Standard) an der Frankfurter Wertpapierbörse erfolgen. Wertpapiere, die bereits vor dem 1. November 2007 zum amtlichen oder geregelten Markt zugelassen waren, gelten als zum regulierten Markt zugelassen. 47

Demgegenüber unterliegt der **Freiverkehr** gemäß § 48 BörsG keiner staatlichen Überwachung, vielmehr ist dieses Marktsegment privatrechtlich organisiert.[90] Sind die Finanzinstrumente eines Emittenten lediglich im Freiverkehr notiert, entsteht somit keine Ad-hoc-Verpflichtung gemäß § 15 WpHG.[91] Eben- 48

---

[87] Hierzu vgl. *Wagner* Diss. 2007, S. 65, dort Fn. 94.

[88] Richtlinie 2004/39/EG des Rates zur Änderung der Richtlinien 85/611/EWG und 93/6/EWG des Rates und der Richtlinie 2000/12/EG des Europäischen Parlaments und des Rates und zur Aufhebung der Richtlinie 93/22/EG ABl. EG 2004 Nr. L 145, S. 1.

[89] Gesetz zur Umsetzung der Richtlinie über Märkte für Finanzinstrumente und der Durchführungsrichtlinie der Kommission (Finanzmarkt-Richtlinie-Umsetzungsgesetz) vom 16. 7. 2007, BGBl. I 2007, S. 1330.

[90] *Schwark* NJW 1987, 2046, *Kümpel*, Rn. 17.124; *Groß*, Kapitalmarktrecht, § 78 BörsG, Rn. 2.

[91] Allerdings enthält § 17 Abs. 2 der Allgemeinen Geschäftsbedingungen für den Freiverkehr an der Frankfurter Wertpapierbörse im Abschnitt der besonderen Bestimmungen für die Einbeziehung von Wertpapieren in den Entry Standard eine Überwachungspflicht für den antragstellenden Teilnehmer (also nicht unmittelbar für den Emittenten selbst), deren Formulierung stark an die des ehemaligen § 15 WpHG aF angelehnt ist. Danach hat der antragstellende Teilnehmer dafür Sorge zu tragen, dass die nachfolgenden Tatsachen und Informationen in der vorgegebenen Art und Weise veröffentlicht werden: „Unverzügliche Veröffentlichung von im Tätigkeitsbereich des Emittenten eingetretenen Tatsachen auf dessen Internetseiten, wenn diese wegen ihrer Auswirkungen auf die Vermögens- oder Finanzlage oder auf den allgemeinen Geschäftsverlauf des Emittenten geeignet sind, den Börsenpreis der in den Entry Standard einbezogenen Aktien des Emittenten erheblich zu beeinflussen. Tatsachen in diesem Sinne stellen insbesondere Unternehmensnachrichten des Emittenten dar, wie insbesondere Kapitalmaßnahmen (zB Kapitalerhöhungen, -herabsetzungen, Aktienteilungen, Ausgabe von Bezugsrechten, Dividendenzahlungen etc.), Insolvenz des Emittenten, Wechsel im Vorstand bzw. Aufsichtsrat des Emittenten, Veränderung von wesentlichen durch den oder an dem Emittenten gehaltenen Beteiligungen. Der antragstellende Teilnehmer hat sicherzustellen, dass nur Tatsachen veröffentlicht wer-

falls nicht erfasst sind die im regulierten Markt gehandelten Finanzinstrumente eines Emittenten, die nicht zum Börsenhandel zugelassen sind, sondern lediglich auf Antrag eines Handelsteilnehmers in den regulierten Markt gemäß § 48 BörsG einbezogen wurden.[92] Insoweit ist der Gleichlauf von Ad-hoc-Publizität und Insiderrecht unterbrochen, denn zu den Insiderpapieren gehören auch Finanzinstrumente, die in den regulierten Markt oder den Freiverkehr einbezogen sind. Solche Finanzinstrumente können demnach zum Gegenstand von Insiderstraftaten werden, lösen aber keine Ad-hoc-Publizitätspflichten für den Emittenten aus.

49 Die Ausnahme des Freiverkehrs von der Ad-hoc-Publikationspflicht wird von Stimmen in der Literatur[93] teilweise dahingehend kritisiert, dass damit der Gleichklang mit den Regelungen über den Insiderhandel beeinträchtigt werde und der Freiverkehr ebenfalls ein Börsensegment sei. Ferner wird auf die Gesetzesbegründung zu § 13 WpHG[94] hinsichtlich der Erstreckung des Insiderhandelsverbotes auf den Freiverkehr verwiesen, wonach die Einbeziehung des Freiverkehrs in das Insiderrecht notwendig sei, da das Anlegerpublikum nicht zwischen geregeltem Markt und Freiverkehr unterscheide und auch ein Insiderhandel im Freiverkehr die anderen Marktsegmente in Misskredit bringe.

50 Entgegen dieser Auffassung ist die Nichtanwendung der Ad-hoc-Publizität auf Freiverkehrswerte und auf lediglich in den Handel einbezogene Finanzinstrumente (d.h. ohne Antrag auf Zulassung) aber aus sachlichen Gründen gerechtfertigt, da gemäß § 48 BörsG iVm mit den Allgemeinen Geschäftsbedingungen für den Freiverkehr an der Frankfurter Wertpapierbörse eine Einbeziehung im Gegensatz zu einer Zulassung – auch ohne Mitwirkung und sogar ohne Kenntnis des Emittenten erfolgen kann, nämlich auf bloßen Antrag eines Handelsteilnehmers. Zudem handelt es sich beim privatrechtlich organisierten Freiverkehr gerade nicht um einen staatlichen Regelungen unterliegenden „organisierten Markt".[95]

51 Die unterschiedliche Behandlung der einzelnen Marktsegmente führt zwar zu einem Transparenzgefälle, das vom Gesetzgeber jedoch in Kauf genommen wird und der konzeptionellen Ausgestaltung der verschiedenen Segmente entspricht.[96] Durch einen gewissen Verzicht an Transparenz reduzieren sich die Kosten der Emittenten und es wird ein Markt für Anleger geschaffen, die ein geringeres Schutzniveau aus Gesichtspunkten der Kosteneffizienz hinnehmen.

52 Das Herkunftsstaatprinzip knüpft an den **Sitz des Emittenten** an. Offen ist, welche der im internationalen Gesellschaftsrecht zur Bestimmung des Gesellschaftsstatuts entwickelten Ansätze hier Anwendung finden. Nach der Sitztheorie wäre der faktische Sitz der Verwaltungsorgane des Unternehmens maßgebend,

---

den, die eine ausschließliche objektive und neutrale Bewertung des operativen Geschäfts und der Vermögens-, Finanz- und Ertragslage des Emittenten ermöglichen; die Veröffentlichung hat unter Ausschluss jeglicher werbenden Maßnahmen sowie unter Ausschluss von Darstellungen oder Äußerungen, die unmittelbar oder mittelbar den Anschein erwecken könnten, werbender Art oder Inhalts zu sein, zu erfolgen." (§ 17 Abs. 2 Allgemeine Geschäftsbedingungen für den Freiverkehr an der Frankfurter Wertpapierbörse).

[92] *Assmann/Schneider/Assmann*, Rn. 43; *Versteegen* in KölnKomm, § 15 Rn. 69.
[93] *Gehrt*, 118, *Hopt*, WM-Festgabe für Hellner, 1994, 32.
[94] Begr. RegE, BT-Drucks. 12/6679, 45.
[95] *Caspari* ZGR 1994, 534; *Assmann/Schneider/Assmann*, Rn. 32.
[96] Ausdrücklich Begr. RegE, BT-Drucks. 12/6679, 12.

während die Gründungstheorie auf den satzungsmäßigen Sitz abstellt. Weder der Wortlaut des § 2 Abs. 6 WpHG noch die Gesetzesmaterialen[97] oder die europarechtlichen Grundlagen enthalten Anhaltspunkte für eine Lösung dieser Streitfrage. Allerdings wird in der Gesetzesbegründung zu § 1 BörsZulVO, welche ebenfalls an das Merkmal des Unternehmenssitzes anknüpft, ausdrücklich auf den satzungsmäßigen Sitz als Auslegungskriterium Bezug genommen.[98] Für die Gründungstheorie spricht zudem, dass das Merkmal der registerrechtlichen Eintragung leicht zu ermitteln und eindeutig feststellbar ist. Dagegen wäre bei einem Emittenten, dessen CFO im Mitgliedstaat A und CEO im Mitgliedstaat B tätig sind, eine klare Zuordnung anhand des faktischen Sitzes schwierig. Außerdem kann es durch Verlagerung des Verwaltungssitzes zu Lücken bei der Überwachung kommen. Schließlich gilt die Sitztheorie aufgrund der Rechtsprechung des EuGH in Sachen „Centros", „Überseering" und „Inspire Art"[99] als aufgeweicht, wenn nicht sogar als aufgegeben.[100]

In welchen Fällen die Bundesrepublik Deutschland Herkunftsstaat ist, hängt von der Art des zugelassenen Finanzinstruments und dem Sitz des Emittenten ab. Gemäß **§ 2 Abs. 6 Nr. 1 WpHG** ist für Emittenten von Schuldtiteln mit einer Stückelung von weniger als 1000,– € oder Aktien, sofern sie ihren Sitz im Inland haben und **diese** Wertpapiere an einem organisierten Markt in einem Mitgliedstaat der EU oder Vertragsstaat des EWR zum Handel zugelassen sind, Deutschland der Herkunftsstaat. Gleiches gilt für Emittenten mit Sitz außerhalb der EU bzw. des EWR (sog. Drittstaaten), sofern die genannten Wertpapiere an einem organisierten Markt in der EU bzw. dem EWR zugelassen haben und das jährliche Dokument i. S. d. § 10 WpPG bei der BaFin zu hinterlegen ist.[101] Für diese Drittstaatenemittenten wird demnach das Merkmal des formellen Sitzes durch die Hinterlegungspflicht des jährlichen Dokuments ersetzt.

Gemäß **§ 2 Abs. 6 Nr. 2 WpHG** gilt Deutschland ferner als Herkunftsstaat für Emittenten von sonstigen Finanzinstrumenten, wenn sie ihren Sitz im Inland oder einem Drittstaat haben und ihre Finanzinstrumente an einem oder mehreren organisierten Märkten **ausschließlich im Inland** zugelassen haben. Ausschlaggebend ist nicht die Anzahl der Märkte, an denen die Finanzinstrumente zugelassen sind, sondern der Umstand, dass sich diese Märkte sämtlich in der Bundesrepublik Deutschland befinden.

§ 2 Abs. 6 Nr. 3 WpHG gilt als Auffangtatbestand für Emittenten, die nicht unter die oben genannten Fallgruppen zählen, also weder Schuldtitel mit einer Stückelung unter 1000,– € oder Aktien begeben, noch ihre Finanzinstrumente ausschließlich im Inland zugelassen haben. Auffällig ist hier die Verwendung des Begriffs „begeben", während § 2 Abs. 6 Nr. 1 und 2 WpHG im Gegensatz dazu

---

[97] Begr. RegE, BR-Drucks. 72/87, 70.
[98] Begr. RegE, BR-Drucks. 72/87, 70; aA *Schäfer/Assmann/Gebhardt*, KMG § 1 BörsZulV, Rn. 2.
[99] Rs. C 212/97, Slg. 1999 I, 1459 „Centros"; Rs. C 208/00, Slg. 2002-I, 9791 „Überseering"; Rs. C-167/01, Slg. 2003-I, 10155 „Inspire Art"; dazu: MünchKommBGB-*Kindler*, 4. Auflage 2006, Bd. 11 IntGesR Rn. 400; *Kübler*, Gesellschaftsrecht, 5. Auflage 1998, § 34 II 1 a.
[100] Referentenentwurf Gesetz zum internationalen Privatrecht der Gesellschaften, Vereine und juristischen Personen; abrufbar unter *www.bmj.bund.de;* dazu: *Kußmaul/Richter/Ruiner* DB 2008, 451 ff.
[101] Hierzu *Kaum/Zimmermann* BB 2005, 1466.

an das Merkmal der „Zulassung" anknüpfen. Der Begriff des Begebens ist dem WpHG fremd und bedeutet im wertpapierrechtlichen Sinne die Ausgabe eines Wertpapiers, also die Verknüpfung des verbrieften Rechts mit dem Papier im Wege eines Begebungsvertrages.[102] Vorliegend kann es aber allein auf die Art der zugelassenen, nicht auf die der begebenen Finanzinstrumente, ankommen, wenn Nr. 3 ihrem Charakter als Auffangtatbestand gerecht werden und eine Regelungslücke vermeiden soll. Es sind durchaus Fälle denkbar, in denen ein Emittent Wertpapiere i. S. d. § 2 Abs. 6 Nr. 1 WpHG begibt, diese aber nicht in Deutschland zulässt. Bei wortlautgetreuer Anwendung würden diese Sachverhalte weder unter Nr. 1 oder Nr. 2, noch unter Nr. 3 fallen. Somit ist für § 2 Abs. 6 Nr. 3 WpHG die fehlende Zulassung der in Nr. 1 genannten Wertpapiere maßgeblich.

56 Deutschland ist demnach Herkunftsstaat für Emittenten gemäß § 2 Abs. 6 Nr. 3 WpHG, die
– ihren Sitz im Inland haben und deren Finanzinstrumente an einem organisierten Markt auch oder ausschließlich in einem oder mehreren anderen EU-/EWR-Staaten zugelassen sind (§ 2 Abs. 6 Nr. 3 a) WpHG), oder
– ihren Sitz in einem anderen EU-/EWR-Staat haben und deren Finanzinstrumente an einem organisierten Markt auch oder ausschließlich im Inland zugelassen sind (§ 2 Abs. 6 Nr. 3 b) WpHG), oder
– ihren Sitz in einem Drittstaat haben und deren Finanzinstrumente zum Handel an einem organisierten Markt im Inland und zudem in einem oder mehreren anderen EU-/EWR-Staaten zugelassen sind (§ 2 Abs. 6 Nr. 3 c) WpHG)

und diese Emittenten Deutschland als Herkunftsstaat gemäß § 2b WpHG gewählt haben.
Ist keine Wahl hinsichtlich des Herkunftsstaats getroffen worden, so ist Deutschland in der erstgenannten Konstellation (§ 2 Abs. 6 Nr. 3 a) WpHG) stets und in der letztgenannten Konstellation (§ 2 Abs. 6 Nr. 3 c) WpHG) immer dann Herkunftsstaat, wenn das jährliche Dokument i. S. d. § 10 WpPG bei der BaFin zu hinterlegen ist.

57 **bb) Ausnahmen (§ 2 Abs. 7 WpHG).** Eine bedeutsame Ausnahme vom Herkunftsstaatsprinzip sieht **§ 2 Abs. 7 Nr. 1 WpHG** dann vor, wenn der im Inland ansässige Emittent seine Wertpapiere nicht an einem organisierten Markt in Deutschland, sondern ausschließlich **in einem anderen EU-/EWR-Mitgliedstaat** zugelassen hat. Voraussetzung ist allerdings, dass der Emittent auch dort den Veröffentlichungs- und Mitteilungspflichten entsprechend der Transparenzrichtlinie unterliegt, um die europaweit einheitliche Einhaltung des EU-Kapitalmarktrechts sicherzustellen. Liegt diese Voraussetzung vor, findet das Aufsichtsrecht des Aufnahmemitgliedstaats Anwendung (vgl. Art. 2 Abs. 1 lit. j der Transparenzrichtlinie). Besteht demgegenüber eine Zulassung in mehreren anderen EU-/EWR-Mitgliedstaaten, greift die Ausnahme des § 2 Abs. 7 Nr. 1 WpHG nicht ein.[103]

58 Eine weitere Ausnahme enthält **§ 2 Abs. 7 Nr. 2 WpHG** für Emittenten, für die zwar ein anderer EU-/EWR-Mitgliedstaat als Herkunftsstaat gilt, deren Wertpapiere aber **nur** an einem oder mehreren **inländischen** organisierten Märkten zugelassen sind. Die Vorschrift bildet das Gegenstück zu § 2 Abs. 7 Nr. 1 WpHG und soll – die entsprechende Umsetzung in den übrigen Mitglied-

---

[102] *Hueck/Canaris,* Recht der Wertpapiere, § 3 I 1, § 27 Abs. 2, § 28 Abs. 2.
[103] Art. 21 Abs. 3 Transparenzrichtlinie.

staaten vorausgesetzt – eine lückenlose Einhaltung der europarechtlichen Kapitalmarktvorschriften sicherstellen.

§ 2 Abs. 7 WpHG knüpft an den Begriff „Wertpapiere" und nicht an Finanzinstrumente an. In Einklang mit den Vorgaben der Transparenzrichtlinie soll die Ausnahme vom Herkunftsstaatsprinzip nur dann gelten, wenn **Wertpapiere** des Emittenten und nicht jedwede Art von Finanzinstrumenten an einem ausländischen organisierten Markt zugelassen sind. Die Gesetzesmaterialien liefern hierfür keine Gründe. Sollte es sich nicht um ein reines Redaktionsversehen des Richtliniengebers handeln, wird man dem eine dahingehende Wertung entnehmen können, dass die übrigen Finanzinstrumente von geringerer Bedeutung sind. Das Herkunftsstaatsprinzip ist also nur insoweit modifiziert, dass in Fällen eines kapitalmarktrechtlichen Anknüpfungspunktes – nämlich der Zulassung von Wertpapieren – diese Zulassung statt des Sitzes des Emittenten ausschlaggebend sein soll, sofern sie ausschließlich in einem anderen Mitgliedstaat der EU bzw. des EWR besteht. 59

Sofern der Emittent nur sonstige Finanzinstrumente zugelassen hat, die keine Wertpapiere gemäß § 2 Abs. 1 WpHG sind, bleibt weiterhin das Herkunftsstaatsprinzip anwendbar. Gleiches gilt, wenn der Emittent seine Wertpapiere an organisierten Märkten in mehreren EU-/EWR-Mitgliedstaaten zugelassen hat. Hat in diesen Konstellationen das Unternehmen seinen satzungsmäßigen Sitz in der Bundesrepublik, gelten die Ad-hoc-Vorschriften nach dem WpHG. 60

Im Einzelnen erstreckt sich der Anwendungsbereich des § 15 WpHG also auf folgende Sachverhalte: 61
- Emittenten mit Sitz im Inland, sofern sie nicht Wertpapiere an einem organisierten Markt ausschließlich in einem anderen EU- bzw. EWR-Mitgliedstaat zugelassen haben und dort die Mitteilungs- und Veröffentlichungspflichten nach Maßgabe der Transparenzrichtlinie gelten,
- Emittenten mit Sitz in anderen EU- bzw. EWR-Mitgliedstaaten, sofern diese ihre Wertpapiere an einem (oder mehreren) organisierten Markt ausschließlich im Inland zugelassen haben,
- Emittenten mit Sitz in Drittstaaten, sofern deren Finanzinstrumente an einem inländischen organisierten Markt zugelassen sind oder auch an einem organisierten Markt in einem anderen Mitgliedstaat der EU bzw. des EWR zugelassen sind und das jährliche Dokument i. S. v. § 10 WpPG bei der BaFin zu hinterlegen ist.

cc) Möglicher Widerspruch zur Marktmissbrauchsrichtlinie. Indem der deutsche Gesetzgeber den Anwendungsbereich von § 15 WpHG umfassend auf Inlandsemittenten beschränkt hat, könnte er gegen die Vorgaben der Marktmissbrauchsrichtlinie verstoßen haben. Art. 6 Abs. 1 der Marktmissbrauchsrichtlinie[104] verpflichtet die Mitgliedstaaten, die Einhaltung der Ad-hoc-Pflichten sicherzustellen und Art. 10 Alt. a) der Marktmissbrauchsrichtlinie enthält Anwendbarkeitsprinzipien für die Rechtsordnungen der Mitgliedstaaten, indem er nationales Aufsichtsrecht für einschlägig erklärt, sofern Finanzinstrumente im Inland zugelassen sind. Diese Anordnung der Marktmissbrauchsrichtlinie gilt **unabhängig vom Sitz** des Emittenten. 62

---

[104] Art. 10 Alt. b) der Marktmissbrauchsrichtlinie lässt sich für die Ad-hoc-Publizitätsplicht nur schwerlich heranziehen, da sich der Ort einer Handlung, die zur Mitteilungspflicht führt, kaum ermitteln lässt.

Pfüller

63 Die Ausnahmeregelung des § 2 Abs. 7 WpHG weicht hiervon ab, indem sie bestimmte Sachverhalte nicht mehr der deutschen Ad-hoc-Pflicht nach § 15 WpHG unterstellt, obwohl die Wertpapiere im Inland börsenzugelassen sind. Dieser Widerspruch zur Marktmissbrauchsrichtlinie wäre nur dann gerechtfertigt, wenn zeitlich nachfolgendes EU-Recht (lex posterior) dies erfordert. In Betracht kommt hier die Transparenzrichtlinie, durch die das Herkunftsstaatsprinzip Einzug in das Insider- und Ad-hoc-Recht gefunden hat. Ob dabei allerdings beabsichtigt wurde, die von der Marktmissbrauchsrichtlinie aufgestellte Zuständigkeitszuordnung der nationalen Aufsichtsbehörden für die Veröffentlichungspflichten in ihrer Gesamtheit zu ändern, oder aber nur die Art der europäischen Veröffentlichung neu zu regeln, ist die Frage. Deren Beantwortung hängt maßgeblich von der **Auslegung des Art. 21 der Transparenzrichtlinie** ab.

64 Art. 21 Abs. 1 iVm Abs. 3 der Transparenzrichtlinie enthält Regelungen, die – inhaltlich, nicht jedoch terminologisch – der Definition des Inlandsemittenten gemäß § 2 Abs. 7 WpHG entsprechen. Neben formellen Zuständigkeitsregelungen enthält Art. 21 der Transparenzrichtlinie aber auch materielle Vorschriften im Hinblick auf die Art bzw. Form der Veröffentlichung, die eine europaweite Verbreitung in den Medien sowie die Übermittlung an ein amtlich bestelltes System (officially appointed mechanism – „OAM") vorsehen. Diese Regelungen wurden mit § 3a WpAIV iVm § 15 Abs. 5 S. 1 WpHG in deutsches Recht umgesetzt.

65 Statt diese beiden Pflichten einzuführen, und zugleich nur die Form der Bekanntgabe für Inlandsemittenten zu regeln, hat der deutsche Gesetzgeber aber darüber hinaus den Anwendungsbereich des § 15 WpHG insgesamt auf Inlandsemittenten verkürzt und damit eine erheblich umfassendere und von der Transparenzrichtlinie nicht geforderte Modifikation der Ad-hoc-Pflicht vorgenommen.

66 Hiergegen bestehen systematische Bedenken. Bereits die Überschrift von Art. 21 der Transparenzrichtlinie „Zugang zu vorgeschriebenen Informationen" weist darauf hin, dass nicht die Neuordnung von Zuständigkeitsfragen im europäischen Wertpapieraufsichtsrecht bezweckt war, sondern ein weiterer Schritt zur Verbesserung der Transparenz angestrebt wurde, indem der Zugang des Anlegerpublikums zu Ad-hoc-Meldungen verbessert werden sollte. Zudem nimmt Art. 21 der Transparenzrichtlinie ausdrücklich Bezug auf die Vorgaben der Marktmissbrauchsrichtlinie, indem „vorgeschriebene Informationen" unter anderem als solche i.S.d. Art. 6 Abs. 1 der Marktmissbrauchsrichtlinie definiert sind (vgl. Art. 2 Abs. 1 lit. k der Transparenzrichtlinie). Die Vorgaben der Marktmissbrauchsrichtlinie sollten also unberührt und weiterhin anwendbar bleiben.[105]

67 Die **richtlinienwidrige Begrenzung des sachlichen Anwendungsbereichs** von § 15 WpHG auf Inlandsemittenten hat erhebliche Konsequenzen. Neben den Sanktionsmöglichkeiten durch Bußgeld nach § 39 Abs. 2 WpHG betrifft dies insbesondere Schadensersatzansprüche der Anleger aufgrund einer verspäteten oder unrichtigen Ad-hoc-Meldung nach §§ 37b, 37c WpHG. Obwohl diese Vorschriften ohne Einschränkung von „Emittenten" und nicht bloß von Inlandsemittenten sprechen, nehmen sie doch – zumindest implizit – Bezug auf die Ad-hoc-Pflichten gemäß § 15 WpHG. Sofern demnach keine Veröffent-

---

[105] Vgl. in anderem Zusammenhang Hutter/Kaulamo NJW 2007, 555; Pirner/Lebherz AG 2007, 25.

lichungspflicht nach deutschem Aufsichtsrecht besteht, kommt auch eine Schadenersatzpflicht wegen eines Verstoßes hiergegen nicht in Betracht. So gilt ein Unternehmen mit Sitz im Inland, dessen Wertpapiere ausschließlich in einem anderen EU-/EWR-Mitgliedstaat zugelassen sind, nicht als Inlandsemittent (vgl. § 2 Abs. 7 Nr. 1 WpHG). Ein inländischer Anleger könnte gegen ein solches Unternehmen keine Ansprüche aus §§ 37b, 37c WpHG herleiten. Gleiches gilt für Emittenten mit Sitz im Ausland, deren Wertpapiere in Deutschland und zusätzlich in wenigstens einem weiteren EU-/ EWR-Mitgliedstaat zugelassen sind. Eine analoge Anwendung der §§ 37b, 37c WpHG wäre in diesen Fällen aufgrund ihres Charakters als deliktischer Schadensersatzanspruch zweifelhaft.[106]

Durch die richtlinienwidrige Umsetzung des deutschen Gesetzgebers können **Lücken im System der Ad-hoc-Pflichten** bei multinationalen Sachverhalten entstehen, wenn andere EU-/EWR-Mitgliedstaaten die Transparenzrichtlinie gleichfalls fehlerhaft umsetzen. Sind Wertpapiere in mehreren Mitgliedstaaten zugelassen, müssten diese in Anwendung der jeweiligen nationalen mit § 2 Abs. 7 Nr. 2 WpHG vergleichbaren Regelungen davon ausgehen, dass der Herkunftsstaat des Emittenten diesem die Ad-hoc-Pflichten nach nationalem Aufsichtsrecht auferlegt. Besteht im Herkunftsstaat jedoch keine Börsenzulassung der Wertpapiere und geht dieser bei richtiger Umsetzung der Transparenzrichtlinie seinerseits zutreffend von einer Zuständigkeit der Aufnahmemitgliedstaaten aus, käme es zu einer Anwendungslücke, d. h. diese Emittenten unterlägen dann keinen nationalen Ad-hoc-Pflichten. Einer analogen Anwendung des § 15 WpHG auf Nicht-Inlandsemittenten stünde dessen Sanktionscharakter wegen Art. 103 Abs. 2 GG entgegen. **68**

Die tatbestandliche Eingrenzung des Anwendungsbereichs von § 15 WpHG auf Inlandsemittenten kann auch nicht durch eine europarechtskonforme Auslegung korrigiert werden. Dem steht der eindeutige Wortlaut des deutschen Gesetzes entgegen. Im Ergebnis führt dies nach ständiger Rechsprechung des EuGH[107] zur Nichtanwendung der richtlinienwidrigen Einschränkung und zur unmittelbaren Geltung des Art. 6 Abs. 1 der Marktmissbrauchsrichtlinie. Es empfiehlt sich deshalb, die Regelung durch den Gesetzgeber entsprechend zu korrigieren.

dd) Eigene Verpflichtung der Inlandsemittenten. § 15 S. 1 WpHG richtet sich vom Wortlaut ausschließlich an Emittenten und nicht auch an mit Emittenten verbundene Unternehmen. Es besteht **keine Konzernklausel**, d. h. jedes Konzernunternehmen wird im Hinblick auf die Ad-hoc-Publizitätspflicht grundsätzlich als selbstständiges Unternehmen betrachtet.[108] Eine Konzernmuttergesellschaft unterliegt also nicht bereits deshalb der Pflicht zur Ad-hoc-Publizität, weil die Finanzinstrumente einer Konzerntochtergesellschaft börsennotiert sind. Nicht ad-hoc-publizitätspflichtig ist auch ein Konzernunternehmen, das keine eigenen Finanzinstrumente zum Handel an einer inländischen Börse zugelassen hat, das aber Wertpapiere begibt, die Rechte zum Bezug von börsenzugelassenen Wertpapieren eines anderen Konzernunternehmens gewähren, ohne selbst an einer inländischen Börse zugelassen zu sein.[109] **69**

---

[106] Vgl. dazu *Assmann/Schneider/Sethe*, § 37b, 37c, Rn. 23.
[107] EuGH, Verb. Rs. C-397/01 bis C-403/01, EuZW 2004, 691ff.
[108] *Spindler/Speier* BB 2005, 2031; *Assmann/Schneider/Assmann*, Rn. 49.
[109] *Assmann/Schneider/Assmann*, Rn. 49.

§ 15 70–73   Abschnitt 3. Insiderüberwachung

70   Verpflichtet ist der **Emittent als juristische Person,** nicht die Vorstandsmitglieder persönlich.[110] Es gibt auch keine Verpflichtung von Kreditinstituten zur Vornahme einer Ersatzpublizität für Emittenten.[111] Eine entsprechende Anwendung kapitalmarktrechtlicher Publizitätspflichten auf Dritte kommt aus Rechtsstaatsgrundsätzen nicht in Betracht.

71   **ee) Antrag auf Zulassung.** Seit Inkrafttreten des AnSVG gilt gemäß § 15 Abs. 1 S. 2 WpHG die Ad-hoc-Publizitätspflicht für den Emittenten bereits ab dem Zeitpunkt der **Antragstellung auf Zulassung** der Finanzinstrumente bei der Börse (§ 32 BörsG, § 48 BörsZulV).[112] Die Vorverlagerung auf den Zeitpunkt der Antragstellung dient dem Informationsbedürfnis der Kapitalmarktteilnehmer, die bereits in diesem Stadium ein berechtigtes Interesse an der Bereitstellung von potenziell kursbeeinflussenden Angaben haben. Die Emittenten werden hiervon nicht in unbilliger Weise belastet, da der Zeitpunkt der Antragstellung auf Zulassung vom Emittenten selbst gewählt wird. Demgegenüber gelten die Insiderhandelsverbote des § 14 WpHG ebenso wie auch die Pflicht zur Veröffentlichung von Directors' Dealings gemäß § 15a WpHG schon ab einem früheren Zeitpunkt, nämlich dem der öffentlichen Ankündigung des Zulassungsantrags (vgl. § 12 S. 2 WpHG a. E., § 15a Abs. 1 S. 4 WpHG). Diese Vorverlagerung des Geltungszeitpunkts gilt nicht für die Ad-hoc-Publizitätspflicht des Emittenten.[113] In diesem Punkt unterscheidet sich § 15 Abs. 1 WpHG vom §§ 12ff. und § 15a WpHG. Aus Gründen der einheitlichen Rechtsanwendung wäre aber auch hier eine vorgezogene Anknüpfung an die öffentliche Ankündigung des Zulassungsantrags zu begrüßen gewesen.[114]

b) Insiderinformation

72   Der Emittent hat ihn unmittelbar betreffende **Insiderinformationen** unverzüglich zu veröffentlichen. Eine Insiderinformation ist gemäß § 13 Abs. 1 S. 1 WpHG eine konkrete Information über nicht öffentlich bekannte Umstände, die sich auf einen oder mehrere Emittenten von Insiderpapieren oder auf die Insiderpapiere selbst bezieht und die geeignet ist, im Falle ihres öffentlichen Bekanntwerdens den Börsen- oder Marktpreis der Insiderpapiere erheblich zu beeinflussen.[115]

73   Das Vorliegen einer Insiderinformation ist wesentliches Tatbestandsmerkmal sowohl für das Verbot von Insidergeschäften gemäß § 14 WpHG als auch für die Entstehung der Ad-hoc-Publizitätspflicht gemäß § 15 WpHG. Jede ad-hoc-

---

[110] Nach dem US-amerikanischen Grundsatz des Disclosure-or-abstain können hingegen auch Personen, die aufgrund ihrer Stellung im Unternehmen oder aufgrund ihrer beruflichen Tätigkeit über nicht öffentlich bekannte, unternehmensbezogene Informationen verfügen, zur Offenlegung derselben verpflichtet sein, sofern sie mit Wertpapieren dieses Unternehmens handeln wollen; *Gruson/Wiegmann* AG 1995, 177.
[111] *Stafflage,* 157.
[112] Ab dem 1. 11. 2007 ist für die Zulassung von Wertpapieren an der Frankfurter Wertpapierbörse die Geschäftsführung der Börse zuständig; die bisher zuständige Börsenzulassungsstelle entfällt.
[113] *Assmann/Schneider/Assmann,* Rn. 44.
[114] So auch: Handelsrechtsausschuss des DAV, Stellungnahme zum Regierungsentwurf *eines Gesetzes zur Verbesserung des Anlegerschutzes (Anlegerschutzverbesserungsgesetz –* AnSVG) NZG 2004, 704.
[115] Zur Insiderinformation vgl. Kommentierung zu § 13 WpHG.

publizitätspflichtige Information ist deshalb stets auch eine – Insiderhandelsverbote auslösende – Insiderinformation i. S. d. § 13 Abs. 1 WpHG.[116] Umgekehrt ist aber nicht jede Insiderinformation i. S. d. § 13 WpHG zugleich auch für den Emittenten ad-hoc-publizitätspflichtig.[117] Hinzukommen muss für die Ad-hoc-Publizitätspflicht vielmehr das einschränkende Merkmal der unmittelbaren Betroffenheit des Emittenten, um die sonst uferlose Pflicht zur Veröffentlichung aller Insiderinformationen sachgerecht einzugrenzen. Die nach altem Recht für eine angemessene Einschränkung der Ad-hoc-Publizitätspflichten zur Verfügung stehenden weiteren Tatbestandsmerkmale, wonach die veröffentlichungspflichtige Tatsache im Tätigkeitsbereich des Emittenten eingetreten und zudem Auswirkungen auf die Vermögens- oder Finanzlage oder auf den allgemeinen Geschäftsverlauf des Emittenten haben musste, sind mit dem AnSVG weggefallen. Eine gemäß § 15 Abs. 1 S. 1 WpHG publizitätspflichtige Information liegt immer schon dann vor, wenn eine Insiderinformation **den Emittenten unmittelbar betrifft.**[118] Die dann entstehende Verpflichtung des Emittenten kann nur im Rahmen der Voraussetzungen einer Selbstbefreiung nach § 15 Abs. 3 WpHG aufgeschoben werden.[119]

Mit dem AnSVG wurde der zuvor maßgebende Begriff der Insidertatsache durch den der Insiderinformation ersetzt.[120] Während nach § 15 Abs. 1 S. 1 WpHG aF nur neue „Tatsachen" ad-hoc-pflichtig sein konnten, verweist § 15 WpHG nunmehr direkt auf den in § 13 WpHG definierten, und für das Insiderrecht ebenso wie für die Ad-hoc-Publizitätspflicht einheitlichen Begriff der „Information". Im Gesetzentwurf der Bundesregierung[121] wurden zunächst durchgehend „Umstände oder Ereignisse" gemeinsam verwendet, um den Begriff der Insiderinformation zu definieren. Vom Finanzausschuss[122] wurde der Zusatz „oder Ereignisse" gestrichen mit dem Hinweis, dass der Begriff der „Umstände" in § 13 WpHG die Begriffe „Ereignis" und „Tatsache" mitumfasse. Daraus wird deutlich, dass alle bisherigen Sachverhalte, die unter den Begriff der Tatsache zu subsumieren waren, künftig auch unter den Begriff der Information fallen sollen, dass mit der Änderung durch das AnSVG also eine Erweiterung und nicht etwa eine Ersetzung oder Verschiebung der Begrifflichkeiten erfolgte. Dies führt zu einer Ausweitung potentiell ad-hoc-pflichtiger Sachverhalte. Einerseits sind alle Sachverhalte, die schon vor der Änderung durch das AnSVG als Insidertatsachen anzusehen waren, auch weiterhin als Insiderinformationen einzuordnen und damit ad-hoc-publizitätspflichtig.[123] Andererseits können jetzt auch von außen

---

[116] BaFin, Emittentenleitfaden idF vom 15. 7. 2005, 40; *Versteegen* in KölnKomm, § 15 Rn. 74.
[117] Vgl. § 13 Rn. 9.
[118] Die nach altem Recht für eine angemessene Einschränkung der Ad-hoc-Publizitätspflichten zur Verfügung stehenden weiteren Tatbestandsmerkmale, wonach die veröffentlichungspflichtige Tatsache im Tätigkeitsbereich des Emittenten eingetreten und zudem Auswirkungen auf die Vermögens- oder Finanzlage oder auf den allgemeinen Geschäftsverlauf des Emittenten haben musste, sind mit dem AnSVG weggefallen.
[119] BaFin, Emittentenleitfaden idF vom 15. 7. 2005, 40.
[120] Vgl. § 13 Rn. 12 ff.
[121] Regierungsentwurf, BT-Drucks. 15/3174 vom 24. 5. 2004, S. 12.
[122] Beschlussempfehlung und Bericht des Finanzausschusses, BT-Drucks. 15/3493 vom 1. 7. 2004, S. 18.
[123] BaFin, Emittentenleitfaden idF vom 15. 7. 2005, 40.

kommende Umstände oder solche ohne Auswirkungen auf die Vermögens- oder Finanzlage oder den allgemeinen Geschäftsablauf des Emittenten publizitätspflichtig sein. Ferner sollen nach dem Willen des Gesetzgebers auch Absichten und überprüfbare Werturteile, die zuvor nicht als Insidertatsache eingeordnet werden konnten, unter den Begriff der Insiderinformation fallen.[124]

75 Die folgenden, nicht abschließend zu verstehenden **Beispiele der BaFin** geben – bei entsprechend unterstellter Kursrelevanz – einen Überblick über typischerweise ad-hoc-publizitätspflichtige Fallkonstellationen:[125]

76 Veräußerung von Kerngeschäftsfeldern, Rückzug aus oder Aufnahme von neuen Kerngeschäftsfeldern; Verschmelzungsverträge, Eingliederungen, Ausgliederungen, Umwandlungen, Spaltungen sowie andere wesentliche Strukturmaßnahmen; Beherrschungs- und/oder Gewinnabführungsverträge; Erwerb oder Veräußerung von wesentlichen Beteiligungen; Übernahme- und Abfindungs-/Kaufangebote; Kapitalmaßnahmen (inkl. Kapitalberichtigung); wesentliche Änderung der Ergebnisse der Jahresabschlüsse oder Zwischenberichte gegenüber früheren Ergebnissen oder Marktprognosen; Änderung des Dividendensatzes; bevorstehende Zahlungseinstellung/Überschuldung, Verlust nach § 92 AktG/ kurzfristige Kündigung wesentlicher Kreditlinien; Verdacht auf Bilanzmanipulation, Ankündigung der Verweigerung des Jahresabschlusstestats durch den Wirtschaftsprüfer; erhebliche außerordentliche Aufwendungen (zB nach Großschäden oder Aufdeckung krimineller Machenschaften) oder erhebliche außerordentliche Erträge; Ausfall wesentlicher Schuldner; Abschluss, Änderung oder Kündigung besonders bedeutender Vertragsverhältnisse (einschließlich Kooperationsabkommen); Restrukturierungsmaßnahmen mit erheblichen Auswirkungen auf die künftige Geschäftstätigkeit; bedeutende Erfindungen, Erteilung bedeutender Patente und Gewährung wichtiger (aktiver/passiver) Lizenzen; maßgebliche Produkthaftungs- oder Umweltschadensfälle; Rechtsstreitigkeiten von besonderer Bedeutung; überraschende Veränderungen in Schlüsselpositionen des Unternehmens (zB Vorstandsvorsitzender, Aufsichtsratsvorsitzender, überraschender Ausstieg des Unternehmensgründers); überraschender Wechsel des Wirtschaftsprüfers; Antrag des Emittenten auf Widerruf der Zulassung zum amtlichen oder geregelten Markt, wenn nicht noch an einem anderen inländischen organisierten Markt eine Zulassung aufrecht erhalten wird; Lohnsenkungen oder Lohnerhöhungen; Beschlussfassung des Vorstandes, von der Ermächtigung der Hauptversammlung zur Durchführung eines Rückkaufprogramms Gebrauch zu machen.

77 Bereits der Gesetzesbegründung zum 4. FFG[126] ist zu entnehmen, dass ad-hoc-publizitätspflichtige Insiderinformationen gemäß § 15 WpHG regelmäßig auch als **bewertungserhebliche Umstände** i. S. v. § 20a Abs. 1 S. 1 Nr. 1 WpHG anzusehen sind. Dies wird durch § 2 Abs. 2 MaKonV[127] bestätigt, wonach Insiderinformationen, die gemäß § 15 Abs. 1 S. 1 WpHG ad-hoc-publizitätspflichtig sind, sowie Entscheidungen und Kontrollerwerbe, die gemäß §§ 10, 35 WpÜG zu veröffentlichen sind, regelmäßig bewertungserhebliche Umstände

---

[124] Begr. RegE zum AnSVG, BT-Drucks. 15/3174, 33.
[125] BaFin, Emittentenleitfaden idF vom 15. 7. 2005, 43 f.
[126] *BT-Drucks. 14/8017*, 89.
[127] Verordnung zur Konkretisierung des Verbots der Marktmanipulation vom 1. März 2005, BGBl. I. S. 515.

Mitteilung, Veröffentl. u. Übermittl. v. Insiderinformationen 78, 79 § 15

gemäß § 20a WpHG darstellen.[128] Fraglich ist, ob umgekehrt bewertungserhebliche Umstände i. S. d. § 20a Abs. 1 S. 1 Nr. 1 WpHG stets auch ad-hoc-pflichtige Insiderinformationen nach § 15 WpHG bilden. Bewertungserhebliche Umstände sind gemäß § 2 Abs. 1 MaKonV Tatsachen und Werturteile, die geeignet sind, auf die Anlageentscheidung eines verständigen Anlegers Einfluss zu nehmen; § 2 Abs. 3 und Abs. 4 MaKonV enthalten nicht abschließende Beispielskataloge. Hätte der Verordnungsgeber eine entsprechende Zuordnung dieser Umstände auch als veröffentlichungspflichtige Informationen gemäß § 15 Abs. 1 S. 1 WpHG gewollt, hätte er eine diesbezügliche Regelung getroffen. Nicht jeder bewertungserhebliche Umstand gemäß § 20a WpHG ist somit eine ad-hoc-pflichtige Insiderinformation. Dem Beispielskatalog in § 2 Abs. 3 und Abs. 4 MaKonV kommt keine ergänzende Funktion im Hinblick auf die Regelbeispiele des BaFin-Emittentenleitfaden zu § 15 WpHG zu. Dennoch können bei der notwendigen Einzelfallbetrachtung die in § 2 Abs. 3 und Abs. 4 MaKonV genannten Sachverhalte vom Emittenten häufig auch als ad-hoc-pflichtige Information gemäß § 15 WpHG einzuordnen sein.

aa) Konkrete Information. Für die Charakterisierung als Insiderinforma- 78 tion ist insbesondere relevant, ob der betroffene Umstand als **hinreichend konkret** gelten kann. Die Einstufung einer Information als konkret beruht stets auf einer Einzelfallbetrachtung.[129] Eine Information ist dann konkret, wenn sie so **bestimmt** ist, dass sie die hinreichende Grundlage für eine Einschätzung über den zukünftigen Verlauf des Börsen- oder Marktpreises eines Insiderpapiers bilden kann.[130] Art. 1 Abs. 1 der Durchführungsrichtlinie zur Marktmissbrauchsrichtlinie verlangt eine **präzise** Information und lässt hierfür nur konkrete Umstände genügen, die bereits existieren oder bei denen man mit hinreichender Wahrscheinlichkeit davon ausgehen kann, dass sie in Zukunft existieren werden.[131]

Voraussetzung ist, dass der bereits existierende oder zukünftige Umstand **wahr** 79 ist, oder von ihm erwartet werden kann, dass er in Zukunft wahr wird.[132] Schon aus der Änderung des Begriffes der Insidertatsache in Insiderinformation wird deutlich, dass die **Rechtswirksamkeit** und/oder **Unumkehrbarkeit** eines Umstandes keine Voraussetzung für dessen Konkretheit sind. Der Begriff der Information enthält seinem Sprachsinn nach kein Element der Endgültigkeit. Bedingungen oder Eventualitäten, die sich auf den tatsächlichen Eintritt eines Umstandes oder Ereignisses beziehen, hindern die Konkretheit der Information nicht. Beispielsweise verhindert die Tatsache, dass ein erwarteter Unternehmenszusammenschluss am Ende eines Verhandlungsprozesses doch nicht eintritt, nicht die Einstufung der Verhandlungen selbst als konkrete Information.[133]

---

[128] Hierzu *Knauth/Käsler* WM 2006, 1042 f.
[129] Vgl. § 13 Rn. 22 ff.
[130] BaFin, Emittentenleitfaden idF vom 15. 7. 2005, 19.
[131] Richtlinie 2003/124/EG, ABl. EG Nr. L 339, S. 70.
[132] Committee of European Securities Regulators, CESR's Advice on Level 2 Implementing Measures for the proposed Market Abuse Directive, CESR/02-089 d, December 2002, Tz. 8; aA wohl BaFin, Emittentenleitfaden idF vom 15. 7. 2005, 20.
[133] Committee of European Securities Regulators, CESR's Advice on Level 2 Implementing Measures for the proposed Market Abuse Directive, CESR/02-089 d, December 2002, Tz. 9.

§ 15 80–83

80 Eine Information, die **mehrere Umstände** umfasst, von denen einzelne (noch) nicht hinreichend konkret sind, kann im Hinblick auf die konkreten Umstände oder Ereignisse bereits als konkrete und deshalb ad-hoc-pflichtige Information angesehen werden. So kann zB ein Übernahmeangebot als konkrete Information angesehen werden, selbst wenn der Bieter noch keinen bestimmten Angebotspreis festgelegt hat. Eine Information kann auch dann als hinreichend konkret angesehen werden, wenn sie sich auf Umstände bezieht, die zueinander in einem **Alternativverhältnis** („entweder-oder") stehen. Der Umstand, dass sich ein Übernahmeangebot auf eine von zwei Gesellschaften bezieht, ist zB konkret genug, denn Anleger können diese Information ausnutzen, indem sie mit Aktien beider Zielgesellschaften handeln.

81 Hiervon zu unterscheiden ist die Frage, ob ein **fortdauernder**, d. h. noch nicht abgeschlossener Entscheidungsprozess oder sonstiger Verfahrensablauf bereits soweit vorangeschritten ist, dass dem ad-hoc-fähigen Umstand bereits die Eignung zur erheblichen Preisbeeinflussung zukommt.[134]

82 α) **Zukünftige Umstände.** Bezieht sich eine Information auf zukünftige Umstände, muss deren Eintritt **hinreichend wahrscheinlich** sein (§ 13 Abs. 1 S. 3 WpHG). Das Merkmal hinreichender Wahrscheinlichkeit war nach altem Recht nicht erforderlich. So galten vor dem AnSVG Pläne, Vorhaben und Absichten (also künftige Umstände) unabhängig von ihrer Eintrittswahrscheinlichkeit als ad-hoc-pflichtige Tatsachen. Umstritten war nur die Behandlung mehrstufiger Entscheidungsprozesse (gestreckte voluntative Sachverhalte). Die hM verlangte hierfür nicht nur die Wahrscheinlichkeit der Realisierung, sondern den endgültigen unternehmensinternen Abschluss der Willensbildung.[135] Diese sogenannte Entscheidungstheorie knüpfte an das Tatbestandsmerkmal des Auswirkens an, das erst bei Abschluss des unternehmensinternen Willensbildungsprozesses vorlag. Für die Fallgruppe der Pläne, Vorhaben und Absichten bedeutet die neue Rechtslage aufgrund der zusätzlich geforderten Eintrittswahrscheinlichkeit also eine Reduzierung des Anwendungsbereichs der Ad-hoc-Pflicht.

83 Relevant wird das Vorliegen eines zukünftigen Umstandes nur dann, wenn nicht ein **Anknüpfungspunkt in der Gegenwart** für sich betrachtet schon eine ad-hoc-pflichtige Information darstellt. Häufig lassen sich bestimmte Umstände aber nicht eindeutig als bereits existierende oder als erst zukünftige einordnen. Streng betrachtet dürfen Informationen, die allein auf zukünftigen Umständen beruhen, kaum jemals anzutreffen sein. Vielmehr liegen allen zukünftigen Ereignissen (inklusive Prognosen, Planungen und Strategien) stets bereits existierende Umstände zugrunde (nämlich die Abgabe der Prognose, die Entscheidung für eine Strategie, die Realisierung von Zwischenschritten).[136] Sofern man hier auf den gegenwärtigen (Entscheidungs-)Zeitpunkt abstellt, verbleibt für das Merkmal der hinreichenden Eintrittswahrscheinlichkeit kein Raum mehr. In einem ersten Schritt ist deshalb zu prüfen, ob der existierende bzw. gegenwärtige Umstand selbst schon eine hinreichend konkrete Insiderinformation darstellt. Dies wird durch die CESR-Empfehlung gestützt, wonach in ge-

---

[134] Zu den sogenannten komplexen und gestreckten Sachverhalten vgl. Rn. 96 ff.
[135] *Happ/Semler*, ZGR 1998, 127, 131, 141; *Kümpel*, AG 1997, 68; *Burgard*, ZHR 162 (1998), 78 f. 83.
[136] *Schwark/Schwark*, § 13 Rn. 32; dies wird im Beschluss des OLG Stuttgart vom 15. 2. 2007 – 901 Kap 1/06. verkannt.

streckten Sachverhalten (wie zB bei mehrstufigen Verfahren) sowohl jede relevante Einzelgegebenheit, die mit dem Verfahren zu tun hat, als auch das gesamte Verfahren selbst, als konkrete und damit ad-hoc-pflichtige Insiderinformation in Betracht kommen.[137]

Es erscheint deshalb fraglich, ob sich die Eintrittswahrscheinlichkeit bei zukünftigen Umständen überhaupt als selbstständiges Kriterium für die Konkretheit einer Information eignet oder ob nicht vielmehr die Möglichkeit der Kursbeeinflussung das insoweit maßgebliche Tatbestandsmerkmal darstellt. Hier stehen sich zwei Ansichten gegenüber.[138] Entweder ist § 13 WpHG wortlautgetreu zu interpretieren und im Zusammenhang mit zukünftigen Umständen stets eine Wahrscheinlichkeitsprognose vorzunehmen,[139] oder man geht davon aus, dass die Eintrittswahrscheinlichkeit untrennbar mit dem Merkmal des Preisbeeinflussungspotentials verbunden ist und neben diesem keinen eigenständigen Aussagegehalt hat.[140]

Richtigerweise hängt die Qualifikation eines Umstandes als Insiderinformation maßgebend von dessen Kurserheblichkeit ab. Dabei muss für Sachverhalte, deren Eintritt in der Zukunft liegt, in die erforderliche **Prognose über das Kursbeeinflussungspotential** auch die Realisierungswahrscheinlichkeit des Umstandes mit einfließen.[141] Hängt die Verwirklichung des Umstandes von erheblichen Unwägbarkeiten ab, wird die Information zum gegenwärtigen Zeitpunkt nicht geeignet sein, den Preis der Finanzinstrumente zu beeinflussen. Das Merkmal der Eintrittswahrscheinlichkeit geht also in der Ermittlung des Preisbeeinflussungspotentials auf. Hinreichend wahrscheinlich ist der Eintritt eines Umstandes nämlich nur, wenn ein verständiger Anleger den künftigen Umstand trotz der noch bestehenden Unsicherheiten bereits im Anlagezeitpunkt auf Grundlage der bisher existierenden Sachlage berücksichtigen würde.[142] Nur in diesem Fall ist die Information geeignet, den Preis erheblich zu beeinflussen.[143]

Sofern man dagegen dem Merkmal der Wahrscheinlichkeit eigene Bedeutung zuspricht,[144] muss sich der Eintritt des zukünftigen Umstandes an **konkreten Anhaltspunkten** festmachen lassen. Nicht erforderlich ist, dass der zukünftige Umstand mit an Sicherheit grenzender Wahrscheinlichkeit eintritt.[145] Das Tatbestandsmerkmal der hinreichenden Wahrscheinlichkeit ist nach Ansicht des BGH[146] jedenfalls dann erfüllt, wenn eine überwiegende Wahrscheinlichkeit, das heißt eine Eintrittswahrscheinlichkeit von über 50%, besteht.

---

[137] Committee of European Securities Regulators, CESR's Advice on Level 2 Implementing Measures for the proposed Market Abuse Directive, CESR/02-089 d, December 2002, Tz. 9. Solche zeitlich gestreckten Sachverhalte können in vielfältigen Fallkonstellationen auftreten. Untergruppen hiervon bilden die mehrstufigen Entscheidungsprozesse (siehe dazu § 15 WpHG Rn. 102 ff.) sowie die komplexen Sachverhalte (siehe dazu § 15 WpHG Rn. 96 ff.).
[138] Vgl. § 13 Rn. 27 ff.
[139] BaFin, Emittentenleitfaden idF vom 15. 7. 2005, 20.
[140] *Cahn*, Der Konzern 2005, 6; *Koch* DB 2005, 268.
[141] *Cahn*, Der Konzern 2005, 6.
[142] *Harbarth* ZIP 2005, 1901.
[143] *Cahn*, Der Konzern 2005; *Koch* DB 2005, 268.
[144] BaFin, Emittentenleitfaden idF vom 15. 7. 2005, 20.
[145] BaFin, Emittentenleitfaden idF vom 15. 7. 2005, 20.
[146] BGH Beschl. v. 25. 2. 2008 II ZB 9/07 in DB 2008, 857 f.

§ 15 87–92 Abschnitt 3. Insiderüberwachung

87 Wenn im Einzelfall die Ad-hoc-Veröffentlichung eines zukünftigen Umstandes aus Sicht der Emittenten „zur Unzeit", dh verfrüht erfolgen würde und dadurch mit berechtigten Unternehmensinteressen nicht vereinbar wäre, besteht die Möglichkeit zur eigenverantwortlichen Selbstbefreiung gemäß § 15 Abs. 3 S. 1 WpHG mit entsprechendem Aufschub der Veröffentlichung.

88 αα) **Prognosen.** Der Gesetzgeber[147] und die BaFin[148] gehen davon aus, dass unter den Begriff der Information auch Einschätzungen, Absichten und Prognosen fallen können. Normalerweise sind allgemeine Erwartungen oder langfristige Planungen eines Emittenten aber noch nicht konkret genug, um eine Ad-hoc-Publizitätspflicht auslösen zu können. So wird die hinreichende Eintrittswahrscheinlichkeit bei allgemein formulierten Erwartungen oder langfristigen Planungen des Emittenten nicht gegeben sein bzw. das notwendige Preisbeeinflussungspotenzial nur bei (wesentlichen) Abweichungen der Vorhersage von früheren Geschäftsergebnissen oder Markterwartungen in Betracht kommen.

89 Von dritter Seite hervorgerufene, **externe Markterwartungen,** zB Einschätzungen von Analysten, muss der Emittent grundsätzlich nicht korrigieren, selbst wenn diese aufgrund von Fehlvorstellungen der Marktteilnehmer zu einem Kursniveau führen, welches durch die objektive, dem Emittenten bekannte Sachlage nicht (mehr) gerechtfertigt ist.[149] Etwas anderes gilt wiederum, wenn der Emittent selbst durch **sein Verhalten,** insbesondere durch von ihm veröffentlichte Kapitalmarktinformationen (in Form von Prospekten, Ad-hoc-Meldungen oder auch einfachen Presserklärungen) die Fehlvorstellung im Markt hervorgerufen oder unterstützt hat.[150]

90 Veröffentlicht zB ein Emittent aufgrund eines unerwartet erfolgreichen (oder negativen) jüngsten Geschäftsverlaufs **Prognosen für die Ergebniserwartung** des laufenden (oder des folgenden) Geschäftsjahres im Wege der Ad-hoc-Meldung und reagiert der Markt hierauf durch ein entsprechend erhöhtes (oder vermindertes) Preisniveau, so ist der Emittent verpflichtet, spätere Korrekturen der von ihm veröffentlichten Prognosen, die aufgrund neu eingetretener Tatsachen erforderlich werden, erneut durch Ad-hoc-Meldung zu publizieren.

91 Hat der Emittent dagegen zwar eine Prognose veröffentlicht, weicht aber in der Folgezeit die Markterwartung aufgrund von durch Dritte kommunizierten Faktoren erheblich von dieser Prognose ab, besteht grundsätzlich keine Verpflichtung des Emittenten, die Markterwartung im Wege der Ad-hoc-Publizität zu korrigieren, sofern er seine veröffentlichte Prognose beibehält.[151] Der Emittent sollte sich jedoch im eigenen Interesse bemühen, der unzutreffenden Markterwartung zB durch Pressemeldungen entgegen zu wirken.

92 Vor Änderung des § 15 WpHG durch das AnSVG fielen Prognosen grundsätzlich nicht unter den Tatsachenbegriff des § 15 WpHG aF, da sie sich auf zukünftige Entwicklungen bezogen, die als ungewiss und damit nicht verifizierbar galten.[152] Auch eine Differenzierung nach unternehmensinternen und -externen

---

[147] Begr. RegE zum AnSVG, BT-Drucks. 15/3174, 33.
[148] BaFin, Emittentenleitfaden idF vom 15. 7. 2005, 19.
[149] BaFin, Emittentenleitfaden idF vom 15. 7. 2005, 48.
[150] *BAWe/Deutsche* Börse, Leitfaden (1. Auflage), 39; aA *Siebel/Gebauer* WM 2001, 138.
[151] BaFin, Emittentenleitfaden idF vom 15. 7. 2005, 48.
[152] *Möllers/Rotter,* § 8 Rn. 7.

Prognosedaten war deshalb für die Ad-hoc-Publizität entbehrlich.[153] Aus diesem Grund war auch eine Prognosekorrektur generell nicht ad-hoc-publizitätspflichtig.[154] Allerdings konnten einer Prognose auch schon nach alter Rechtslage Einzeltatsachen zu Grunde liegen, die für sich kursrelevante Tatsachen i. S. d. § 15 WpHG aF darstellten.

ββ) Pläne, Konzepte, Strategien und andere vorbereitende Maßnahmen. Vorbereitende Maßnahmen unterfallen ebenfalls dem Begriff der Insiderinformation, falls sie sich hinreichend konkretisiert haben und bedeutend genug sind, um die Eignung zur erheblichen Kursbeeinflussung zu haben.[155] Der Einwand, es handele sich nur um Werturteile ohne Tatsachenkern ist unbeachtlich, da es auf diese Kategorisierung nicht mehr ankommt. Bereits nach alter Rechtslage konnten gemäß hM[156] Planungen und Prognosen als innere Tatsachen unter den Tatsachenbegriff fallen, soweit sie mit prozessualen Mitteln beweisbar waren. Es handelte sich bei ihnen nicht um bloße Meinungen oder Werturteile ohne Tatsachenkern die nach §§ 13, 15 WpHG aF grundsätzlich nicht der Ad-hoc-Pflicht unterfielen. Ob sich ein Plan, eine Absicht oder ein Vorhaben hinreichend konkretisiert hat, ist eine Frage des Einzelfalls. Für eine hinreichende Konkretisierung spricht, wenn bereits Vermögensdispositionen im Hinblick auf die Planverwirklichung getroffen wurden, wenn der Plan oder die Strategie konkreter Gegenstand von Vorstands- oder Aufsichtsratssitzungen ist oder wenn die Realisierung unmittelbar bevorsteht und ohne weitere wesentliche Zwischenschritte begonnen werden kann.

β) Kognitive und voluntative Informationen. Beim Begriff der Information können kognitive und voluntative Umstände unterschieden werden.[157] Unternehmensbezogene Ereignisse im Geschäftsverlauf eines Emittenten, die ohne willensbedingte Handlungen der Mitarbeiter eintreten, lassen sich als entscheidungsfreie, externe Ereignisse qualifizieren. Darunter fallen zB Schadensereignisse, Forderungsausfälle, erfolgreich abgeschlossene Entwicklungsvorhaben, Kostenreduzierungen, externe Preisveränderungen oder die Zustellung eines Übernahmeangebotes an die börsennotierte Zielgesellschaft. Diese Vorgänge müssen lediglich von den zuständigen Stellen im Unternehmen zur Kenntnis genommen werden **(kognitive Informationen).**[158] Insoweit gelten die allgemeinen Grundsätze der Wissenszurechnung (§ 166 I BGB oder § 31 BGB), um im Interesse des Rechtsverkehrs zu gewährleisten, dass durch die Wissensaufspaltung im Konzern keine Schlechterstellung der geschützten Anleger erfolgt.[159] Die Kenntnisnahme und damit Existenz kognitiver Informationen ist grundsätzlich unabhängig von Organzuständigkeiten und eventuellen Mitwirkungsrechten

---

[153] So aber *Ekkenga* ZGR, 1999, 176; *Burgard* ZHR 162 (1998), 61 f.
[154] *Siebel/Gebauer* WM 2001, 173, 183.
[155] Vgl. § 13 Rn. [55 ff.].
[156] *Assmann/Schneider/Kümpel/Assmann*, 3. Auflage, § 15 Rn. 56 und § 13 Rn. 33 f. 3. Aufl. § 13, Rn. 33 a, 33 b; *Burgard* ZHR 162 (1998), 63; aA *Baetge/Pellens/Fülbier*, 27; *Wittich* AG 1997, 2; *Volk* BB 1999, 69.
[157] *Happ/Semler* ZGR 1998, 125, der dies noch vor dem Hintergrund der alten Rechtslage am Begriff der Tatsache festmacht.
[158] *Happ/Semler* ZGR 1998, 125; *Handelsrechtsausschuss DAV*, AG 1997, 560.
[159] BGHZ 132, 30; *Assmann/Schneider/Assmann*, §§ 37 b, 37 c, Rn. 68; aA *Marsch-Barner/Schäfer/Schäfer*, § 14 Rn. 28; *Möllers/Rotter/Braun*, § 8 Rn. 48.

Pfüller

mehrerer Organe. Mit Kenntnisnahme wird das betreffende Ereignis zu einer potenziell publizitätspflichtigen Information i. S. d. § 15 Abs. 1 S. 1 WpHG und muss in diesem Zeitpunkt veröffentlicht werden, sofern die übrigen Voraussetzungen vorliegen.

95 In anderen Fällen leiten Mitarbeiter bzw. Organe des Emittenten eigeninitiativ unternehmensinterne Vorgänge ein. Diese werden im Unternehmen weiterentwickelt und zum Abschluss gebracht. Hier entscheidet der Emittent durch Willensakt seiner handelnden Organe selbst über den Eintritt oder Nichteintritt der Information (voluntative Informationen).[160] Da die unternehmensinterne Entscheidungsfindung in diesen Fällen häufig durch mehrere Stellen oder Organe zu erfolgen hat (Vorstand, Aufsichtsrat und/oder Hauptversammlung) ist fraglich, ab welchem Zeitpunkt der Entscheidungsfindung hier von einer hinreichend konkreten Information gesprochen werden kann. Diese Frage wird zutreffenderweise mit dem Konzept der mehrstufigen Entscheidungsprozesse beantwortet.[161]

96 γ) **Komplexe und gestreckte Sachverhalte.** Problematisch ist die Frage, ob der Informationsbegriff des § 13 Abs. 1 S. 1, § 15 Abs. 1 WpHG nur an bestimmte abgrenzbare Sachverhalte im Sinne einer **Einzelinformation** anknüpft. So ist in der Praxis häufig schwierig zu beurteilen, ab welchem Zeitpunkt durch die Addition einer Vielzahl von für sich genommen nicht kursrelevanten Ereignissen eine Pflicht zur Ad-hoc-Mitteilung ausgelöst werden kann. Diese Problematik stellt sich vor allem bei sehr komplexen oder bei über einen längeren Zeitraum gestreckten Sachverhalten.

97 **Komplexe Sachverhalte** zeichnen sich dadurch aus, dass eine Reihe von Ereignissen mehr oder weniger zeitgleich an verschiedenen Stellen im Unternehmen auftreten und zunächst nicht zu einer Gesamtinformation zusammengefügt werden. Zu beachten ist hier, dass erst durch die Summe von Einzelinformationen, die jeweils für sich genommen – noch – nicht publizitätspflichtig sind, eine ad-hoc-pflichtige Insiderinformation entsteht, sobald die Erheblichkeitsschwelle überschritten wird. Die Veröffentlichungspflicht entsteht hier erst, wenn die betreffende Gesamtinformation dem Vorstand oder dem sonst für die Veröffentlichung nach § 15 WpHG im Unternehmen Verantwortlichen zur Verfügung steht.[162]

98 Insbesondere bei Emittenten mit komplexer interner Organisation, vielschichtigen Produkten und industriellen Abläufen oder verzweigter Konzernstruktur können Informationen an verschiedenen Stellen des Unternehmens anfallen, die isoliert betrachtet keine konkrete oder zumindest keine kurserhebliche Information darstellen, in ihrer Summe jedoch eine ad-hoc-publizitätspflichtige Insiderinformation bilden. In diesen Fällen kann der verantwortliche Vorstand unter Umständen erst zu einem relativ späten Zeitpunkt die Einzelinformationen erfassen und zusammentragen, um – ggf. unter Einbindung der Spezialisten der betroffenen Fachabteilungen (zB Forschung, Entwicklung, Finanzwesen, Recht) oder sogar externer Berater auf Grund eines komplexen Bewertungsvorgangs – zu der Beurteilung zu kommen, dass es sich hierbei um ein kursrelevantes und damit publizitätspflichtiges Ereignis handelt. Es handelt sich hier häufig um nicht

---

[160] *Happ/Semler* ZGR 1998, 125.
[161] Siehe dazu Rn. 102 ff.
[162] BaFin, Emittentenleitfaden idF vom 15. 7. 2005, 47.

durch schlichte Wahrnehmung feststellbare Tatsachen. Vielmehr erschließt sich die potentielle Bedeutung einer wahrnehmbaren Einzeltatsache nur durch Interpretation innerhalb ihres mehr oder weniger komplexen Kontexts.[163] In solchen Fällen komplexer Sachverhalte wäre es verfehlt, bereits jede Einzelinformation für sich der Veröffentlichungspflicht zu unterwerfen.

Auch **gestreckte Sachverhalte**, deren Einzelelemente für sich betrachtet die erforderliche Konkretheit oder Kursrelevanz nicht aufweisen, können in ihrer Gesamtheit eine nach § 15 Abs. 1 WpHG veröffentlichungspflichtige Information bilden.[164] In der Literatur werden die „gestreckten Sachverhalte" häufig mit den „mehrstufigen Entscheidungsprozessen" gleichgesetzt.[165] Hier werden die mehrstufigen Entscheidungsprozesse, bei denen es um die Beachtung aktienrechtlicher Organzuständigkeiten geht, als Untergruppe der mehrstufigen Geschehensabläufe verstanden.[166] Einzelereignisse, denen bei isolierter Betrachtung kein Potenzial zur erheblichen Beeinflussung des Börsenpreises zuzumessen ist, können sich zB zu einer kontinuierlichen Veränderung der Ergebnisentwicklung addieren, die sich dann als kurserhebliche Finanzangabe im Jahresabschluss oder in einem unterjährigen Bericht auswirkt.[167] So wäre eine Gewinnwarnung wegen der als Folge einer Vielzahl von Einzelereignissen zu erwartenden wesentlichen Verringerung des Geschäftsergebnisses im Vergleich zum Vorjahr typischerweise ad-hoc-pflichtig.[168] Dabei ist die Konkretheit der einer Gewinnwarnung zugrundeliegenden Sachlage erforderlich. Kommt zB der Vorstand aufgrund einer allgemeinen Verschlechterung des Geschäftsklimas zu der Auffassung, dass das Unternehmen voraussichtlich nicht so gut wie im Vorjahr abschneiden werde, wird es sich dabei häufig nur um ein undifferenziertes Bild der Ertragslage handeln, das mangels Konkretheit nicht ad-hoc-pflichtig sein muss. Stellt der Vorstand dagegen aufgrund ihm vorliegender Einzeldaten – etwa bei der Vorberei-

---

[163] Ein Beispiel bilden etwa Schwierigkeiten und Verzögerungen bei der Entwicklung eines neuen Medikaments gegenüber der ursprünglichen Zeitplanung. Kapazitätsengpässe in der Forschungsabteilung oder auch fehlgeschlagene Versuche können zwar das abstrakte Risiko einer Verzögerung des Markteintritts oder der Zulassung oder sogar ein Scheitern der Medikamentenentwicklung in sich bergen. Wenn aber solche in der Entwicklungsphase eines Medikamentes übliche Einzelprobleme nach Ansicht der verantwortlichen Fachabteilungen des Emittenten durch Gegenmaßnahmen, wie etwa die Erhöhung der Mitarbeiterzahl oder die Einführung neuer Versuchsmethoden, ausgeglichen werden können, fehlt es an einer konkreten Information. Ob die Gegenmaßnahmen wirksam sind und die Zeitplanung eingehalten wird, kann nur auf Grund eines komplexen Beobachtungsprozesses ermittelt werden, der wiederum zahlreiche subjektive Bewertungsschritte enthält. Dabei können auch interne Meinungsverschiedenheiten – etwa zwischen den Fachabteilungen eines Unternehmens – auftreten. Erst wenn dieser interne Meinungsbildungsprozess abgeschlossen ist, kann die erforderliche Kursrelevanz der Information sachgerecht beurteilt werden.
[164] *Möllers/Rotter/Braun*, § 8 Rn. 32.
[165] *Brandi/Süßmann*, AG 2004, 642, 649.
[166] Die mit der Wahrung aktienrechtlicher Kompetenzen verbundene Argumentation steht nur für die mehrstufigen Entscheidungsprozesse zur Verfügung. Gestreckte Sachverhalte weisen aber insgesamt Besonderheiten auf, die über aktienrechtliche Fragestellungen hinausgehen.
[167] Bundesanzeiger Nr. 133/8167 vom 19. 7. 1996.
[168] Bekanntmachung des *BAWe* vom 9. 7. 1996; *Möllers/Rotter/Braun*, § 8 Rn. 34; ausführlich dazu Rn. 166–168.

tung eines Quartalsabschlusses – fest, dass das zu erwartende Ergebnis erheblich unter dem Vorjahresergebnisvergleich liegen wird, dann handelt es sich um eine konkrete Information, die je nach Höhe der Abweichung vom Vorjahr kurserheblich und damit ad-hoc-pflichtig ist.

100 Bei gestreckten Sachverhalten stellt sich die Frage, ab welchem **Zeitpunkt** eine publizitätspflichtige Insiderinformation vorliegt. Ein Beispiel hierfür bieten langdauernde wesentliche Gerichts- oder Schiedsverfahren, bei denen normalerweise nur die Klageerhebung und die endgültige Streitentscheidung eine ad-hoc-pflichtige Information darstellen können, nicht aber jeder Zwischenschritt im Verlauf des Verfahrens.[169] Weitere Beispiele für gestreckte Geschehensabläufe sind die Aufstellung des Jahresabschlusses[170] oder M&A-Transaktionen.[171] Für die Kapitalmarktteilnehmer besteht bei einer Flut von zu korrigierenden bzw. zu aktualisierenden Ad-hoc-Meldungen in diesen Fällen die Gefahr der Irreführung.

101 Umgekehrt kann durch die **Summierung von Einzelumständen** ein neuer eigenständiger Sachverhalt – der dann eine publizitätspflichtige Insiderinformation darstellt – realisiert werden, zB die insolvenzrechtliche Zahlungsunfähigkeit nach § 17 InsO, die gemäß § 92 Abs. 2 AktG die Insolvenzantragspflicht des Vorstandes auslöst und zur unverzüglichen Ad-hoc-Veröffentlichung dieses Umstandes verpflichtet, auch wenn die Situation aus einer Vielzahl von Einzelvorgängen resultiert.[172] Mit der Summierung der in diesen Fällen auf vielfältigen Ursachen beruhenden Verluste – die jeweils für sich die Ad-hoc-Schwelle noch nicht überschritten haben – wird ein neuer eigenständiger Sachverhalt verwirklicht.[173]

102 δ) **Mehrstufige Entscheidungsprozesse.** Eine Vielzahl der nach § 15 WpHG zu veröffentlichenden Insiderinformationen betrifft sogenannte mehrstufige Entscheidungsprozesse.[174] Charakteristikum dieser Sachverhalte ist, dass der tatsächliche Eintritt der am Ende kursrelevanten Information in jedem Stadium noch scheitern kann. Als Untergruppe der gestreckten Sachverhalte handelt es sich vor allem um publizitätspflichtige Umstände, die einer Vorstandsentscheidung und einer Zustimmung oder Mitwirkung eines weiteren Gremiums bedürfen, so dass die aktienrechtliche Kompetenzordnung für die kapitalmarktrechtliche Beurteilung von Bedeutung ist. Gegenstand zahlreicher Stellungnahmen in der Literatur[175] ist die Festlegung des richtigen Zeitpunkts der Ad-hoc-Publizitätspflicht bei mehrstufigen Entscheidungsprozessen. Bei mehrstufigen Verfahren kommt sowohl jede relevante Gegebenheit der einzelnen Verfahrensstufen als auch das gesamte Verfahren als solches, d. h. dessen Ergebnis, als konkrete Insiderinformation i. S. d.

---

[169] Ausführlich dazu § 15 WpHG Rn. 96 ff.
[170] Vgl. dazu § 15 WpHG Rn. 169 ff.
[171] Vgl. dazu § 15 WpHG Rn. 204 ff.
[172] Ausführlich dazu § 15 WpHG Rn. 91 ff.
[173] Bekanntmachung des *BaWE* vom 19. 7. 1996, Bundesanzeiger Nr. 133/8167 vom 19. 7. 1996.
[174] Die mehrstufigen Entscheidungsprozesse bilden eine Sondergruppe der gestreckten Sachverhalte, vgl. § 15 Rn. 102.
[175] *Staake* BB 2007, 1573 ff.; *Messerschmidt* BB 2004, 2538 ff.; *Möllers* WM 2005, 1393 ff.; *Fleischer* NZG 2007, 403; noch zur Rechtslage vor dem AnSVG: *Cahn* ZHR 162 (1998) 1 ff.; *Hopt* ZGR 2002, 342; *Fürhoff/Wölk* WM 1997, 453; *Schneider* BB 2005, 898 f.; *Schürnbrand* ZHR 169 (2005), 297.

§ 15 WpHG in Betracht.[176] Ziel der Ad-hoc-Publizität ist die weitgehende Einschränkung der Möglichkeiten zur Ausnutzung von Insiderinformationen für Insidergeschäfte.[177] Die bekanntzugebenden Informationen müssen allerdings endgültig sein und dürfen nicht durch andere Umstände aufgehoben werden oder durch noch wirksam werdende Gegenmaßnahmen ihre Bedeutung verlieren können.[178] Durch eine zu frühe Veröffentlichung besteht sonst die Gefahr einer Irreführung und Störung des Kapitalmarktes, statt seines Schutzes.

Aufgrund des in der Zukunft liegenden tatsächlichen Eintrittszeitpunkts der finalen Entscheidung könnten mehrstufige Entscheidungsprozesse als **künftige** Umstände eingeordnet werden, sofern man den Schwerpunkt ihres Informationsgehalts auf die Durchführung der geplanten Maßnahme insgesamt legt. Dann hängt die Beurteilung über die Qualität als Insiderinformation maßgeblich vom Grad der Eintrittswahrscheinlichkeit und dem damit verbundenen Indiz für die Kursrelevanz ab.[179] Diese Betrachtungsweise entspricht jedoch nicht dem frühzeitigen Informationsinteresse der Kapitalmarktteilnehmer. Für Anleger ist vielmehr von Bedeutung, dass bereits die in einem **gegenwärtigen** Vorstandsbeschluss zum Ausdruck kommende feste Absicht dieses Gremiums eine konkrete Information darstellen kann, selbst wenn die inhaltliche Umsetzung der Entscheidung in der Zukunft liegt und noch von weiteren zustimmenden Entscheidungen anderer Gremien abhängt.

Aus § 15 Abs. 3 WpHG iVm § 6 WpAIV wird deutlich, dass der Gesetzgeber schon vor Verabschiedung einer Maßnahme durch den Aufsichtsrat von einer im Grundsatz veröffentlichungspflichtigen Insiderinformation ausgeht. Bei **jedem Gremienbeschluss** des Emittenten handelt es sich um eine Insiderinformation, sofern die erforderliche Kurserheblichkeit gegeben ist. Die bloße Absicht des Vorstandes kann daher die Ad-hoc-Publizitätspflicht auslösen.[180] Der Emittent kann allerdings die mit einer solch frühzeitigen Information verbundenen Nachteile vermeiden, indem er die Möglichkeit der Selbstbefreiung nach § 15 Abs. 3 WpHG nutzt und sich von der Veröffentlichung solange befreit, wie es der Schutz seiner berechtigten Interessen erfordert.[181] Als berechtigtes Interesse ist durch § 6 WpAIV insbesondere anerkannt, dass eine vom Vorstand getroffene Entscheidung, etwa ein Vertragsabschluss, noch der Zustimmung durch den Aufsichtsrat bedarf.[182]

Die Einführung des weiten Begriffs der Insiderinformation durch das AnSVG hat dazu geführt, dass auch nicht abgeschlossene, unternehmensinterne Entwicklungs-, Planungs- und Entscheidungsprozesse der Ad-hoc-Publizität unter-

---

[176] Committee of European Securities Regulators, CESR's Advice on Level 2 Implementing Measures for the proposed Market Abuse Directive, CESR/02-089d, December 2002, Tz. 9.
[177] Begr. RegE zum 2. FFG BT-Drucks. 12/6679, 48.
[178] Begr. RegE zum 2. FFG BT-Drucks. 12/6679, 48.
[179] *Zum Kriterium der Eintrittswahrscheinlichkeit im Rahmen der Selbstbefreiung vgl.* § 15 WpHG Rn. 376 ff.
[180] *Assmann/Schneider/Assmann*, Rn. 60.
[181] Vgl. dazu Rn. 342 ff.
[182] BaFin, Emittentenleitfaden idF vom 15. 7. 2005, 46; dagegen: *Staake*, BB 2007, 1575 ff. der § 6 WpAIV nicht die Wahrung der aktienrechtlichen Kompetenzordnung, sondern die Vermeidung einer Irreführung der Marktteilnehmer zumisst und sich deshalb gegen eine generelle Befreiung gemäß § 15 Abs. 3 WpHG ausspricht.

§ 15 107–111 Abschnitt 3. Insiderüberwachung

liegen können. Entscheidungsabläufe, die das Zusammenwirken mehrerer Gesellschaftsorgane vorsehen, sind vielfach im Aktiengesetz festgelegt. Ein in der Praxis wichtiger Anwendungsfall ist z. B. das Zustandekommen des Jahresabschlusses, der nach seiner Aufstellung durch den Vorstand erst durch die Billigung des Aufsichtsrats festgestellt wird (§ 172 S. 1 AktG).[183]

107 Die Aufstellung des Jahresabschlusses durch einen entsprechenden Vorstandsbeschluss stellt regelmäßig eine konkrete und bei Kurserheblichkeit ad-hoc-publizitätspflichtige Information dar.[184] Die Eignung zur Kursbeeinflussung fehlt hier typischerweise nur dann, wenn die Ergebnisse des Jahresabschlusses innerhalb eines zuvor öffentlich vom Unternehmen prognostizierten Rahmens liegen.[185] Weitere Beispiele sind Kapitalbeschaffungsmaßnahmen[186] gemäß §§ 179 Abs. 1, 182 Abs. 1, 192 Abs. 1, 202, 207, 221 AktG oder Fälle, in denen gemäß Satzung oder Beschluss des Aufsichtsrats im Einzelfall der Vorstand bestimmte Arten von Geschäften nur mit Zustimmung des Aufsichtsrats vornehmen darf (§ 111 Abs. 4 S. 2 AktG).

108 ε) **Gerüchte.** Vor Einführung des Informationsbegriffs durch das AnSVG waren Gerüchte mangels Beweisbarkeit regelmäßig nicht als ad-hoc-pflichtige Tatsachen anzusehen. Gegen eine Einordnung von Gerüchten als konkrete Informationen sprechen auch die europarechtlichen Grundlagen. In Erwägungsgrund 16 der Marktmissbrauchsrichtlinie[187] werden Insiderinformationen als „präzise" Information oder „information of a precise nature" definiert. Diese Definition stimmt mit der Formulierung in Artikel 1 Ziffer 1 der Insiderrichtlinie[188] überein. Auch die Begründung des Richtlinienvorschlages zur Insiderrichtlinie,[189] ebenso wie Textziffern 20 und 21 des CESR Vorschlages über Level 2 Umsetzungsmaßnahmen der Marktmissbrauchsrichtlinie[190] und auch die Gesetzesbegründung der Bundesregierung zum AnSVG[191] belegen, dass Gerüchte grundsätzlich keine präzisen Informationen darstellen.[192]

109 Richtigerweise ist zu unterscheiden, ob nur der Inhalt eines Gerüchts oder schon dessen bloße Existenz als konkrete Information i. S. v. §§ 13, 15 WpHG in Betracht kommen. Zumindest für die letztere Variante, nämlich dass ein bestimmtes Gerücht im Umlauf ist, kommt eine Ad-hoc-Publizitätspflicht in Betracht. Häufig wird diese jedoch an der erforderlichen Kursrelevanz scheitern.

110, 111 Für die erstgenannte Variante kommen als konkrete Information i. S. d. § 15 WpHG nur Gerüchte **mit Tatsachenkern** in Betracht. Dabei handelt es sich

---

[183] Siehe dazu Rn. 169 ff.
[184] Auch schon vor dem Beschluss des Vorstandes können einzelne Finanzdaten, die im Rahmen der Erstellung des Jahresabschlusses zu Tage treten – wie zB ein erheblich erhöhter Abschreibungsbedarf auf wesentliche Vermögensgegenstände – zur isolierten Ad-hoc-Veröffentlichungspflicht führen.
[185] BaFin, Emittentenleitfaden idF v. 15. 7. 2005, 23.
[186] Vgl. dazu Rn. 184 ff.
[187] Abl. EG 2003 Nr. L 096.
[188] Richtlinie des Rates zur Koordinierung der Vorschriften betreffend Insider-Geschäfte, 89/592/EG, Abl. EG 1989 Nr. L 334.
[189] KOM (87) 111 endg. 21. 5. 1987, 5.
[190] The Committee of European Securities Regulators, Ref: CESR/02–089 d, December 2002.
[191] BT-Drucks. 15/3174, 34.
[192] Ausführlich zu Gerüchten am Kapitalmarkt: *Fleischer/Schmolke* AG 2007, 841 ff.

um Gerüche, die fest umrissene Vorgänge betreffen und durch andere konkrete Informationen gestützt werden.[193] Sofern sich Gerüchte dagegen auf zukünftige Ereignisse oder aktuelle Werturteile beziehen, fehlt ihnen der Charakter einer konkreten Information.[194] Erst wenn sich solche Gerüchte nachträglich als wahr herausstellen, liegt eine präzise Information vor; im Zeitpunkt der gerüchteweisen Verbreitung ist dagegen eine Verifizierung nicht möglich, weshalb sie noch nicht als konkrete Information gelten können.[195] Unpräzise sind insofern die Ausführungen der BaFin im Emittentenleitfaden[196] (in Anlehnung an einen Beschluss des VGH Kassel[197]), wonach im Einzelfall nur noch die Eignung eines Gerüchts zur erheblichen **Kursbeeinflussung** zu prüfen sei, wobei die Quelle des Gerüchts, die ihm zugrunde liegenden nachprüfbaren Fakten sowie die Verfassung der Märkte im Allgemeinen und des Segments des betroffenen Unternehmens im Besonderen maßgeblich sein sollen.

Um den erforderlichen Emittentenbezug herzustellen, muss das Gerücht selbst und nicht nur der Inhalt, auf den es sich bezieht, aus der Sphäre des Emittenten stammen. Geht das Gerücht nicht vom Emittenten, sondern von einem Dritten aus, fehlt es – unabhängig vom Inhalt – am notwendigen Emittentenbezug.[198] Eine Verpflichtung zur Ad-hoc-Publizität entsteht somit nur, wenn das Unternehmen selbst für die Entstehung des Gerüchtes verantwortlich ist. Dies muss auch gelten, wenn sich von außen kommende Gerüchte zufällig als zutreffend erweisen. Sinn und Zweck der Ad-hoc-Publizitätspflicht ist nicht, falsche Markterwartungen zu korrigieren. Deshalb besteht grundsätzlich auch keine Pflicht zur Ad-hoc-Veröffentlichung eines Dementis.[199] Auch ohne solche Verpflichtung zur Kommentierung bzw. Richtigstellung von unzutreffenden Gerüchten können und sollten Unternehmen diese allerdings durch einfache Pressemitteilungen dementieren.[200] Die Korrektur falscher Gerüchte mit negativer Wirkung wird im Unternehmensinteresse zumeist ohnehin erfolgen. **112**

bb) Nicht öffentlich bekannt. Das Tatbestandsmerkmal „nicht öffentlich bekannt" in § 13 WpHG wird üblicherweise negativ abgegrenzt,[201] d. h. ein Umstand verliert seinen Charakter als Insiderinformation sobald er **öffentlich bekannt** ist. Unerheblich ist hierbei, ob der Emittent selbst die Information publik gemacht hat (etwa durch eine Ad-hoc-Meldung gemäß § 15 Abs. 1 S. 1 WpHG), oder ob diese auf sonstige Art und Weise an die Öffentlichkeit gelangt ist.[202] Nicht erforderlich ist die tatsächliche Kenntnisnahme der Öffentlichkeit von der Information, sondern es genügt die Möglichkeit hierzu.[203] Uneinheitlich wird die Frage beantwortet, welche Anforderungen an den Begriff der Öffent- **113**

---

[193] *Gehrt*, 122; *Schäfer*, Rn. 27; *Pellens/Fülbier* DB 1994, 1384; *Ekkenga* ZGR 1999, 193.
[194] So auch *Assmann* AG 1998, 438 ff. zum ehemaligen Tatsachenbegriff.
[195] *Gehrt*, 122; *Schäfer* Rn. 27.
[196] BaFin, Emittentenleitfaden idF v. 15. Juli 2005, 20.
[197] VGH Kassel Beschl. v. 16. 3. 1998 – 8 TZ 98/98, AG 1998, 436.
[198] *Hopt* ZHR 159 (1995), 153.
[199] *Hopt* ZHR 159 (1995), 153; *Schimansky/Bunte/Lwowski,* Bankrechtshdb., § 107 Rn. 52; *Gehrt*, 141; *v. Klitzing*, 88 f.
[200] So auch *v. Klitzing*, 88 mwN.; *Baetge/Hopt*, Diskussion, 146.
[201] Vgl. BaFin, Emittentenleitfaden idF vom 15. 7. 2005, 21; vgl. ausführlich § 13 Rn. 77 ff.
[202] BaFin, Emittentenleitfaden idF vom 15. 7. 2005, 21.
[203] Begr. RegE, BT-Drucks. 12/6679, 46.

Pfüller

§ 15 114–117 Abschnitt 3. Insiderüberwachung

lichkeit zu stellen sind. Die BaFin verlangt, dass die Information einem breiten Anlegerpublikum und damit einer unbestimmten Zahl von Personen zeitgleich zugänglich gemacht wurde.[204] Richtigerweise ist hier für die sogenannte Bereichsöffentlichkeit ausschlaggebend.[205]

114 Die **Bereichsöffentlichkeit** ist dann hergestellt, wenn es der Gesamtheit der regelmäßigen Marktteilnehmer ermöglicht wird, von einer Information Kenntnis zu nehmen. Der breiten Öffentlichkeit muss diese Möglichkeit nicht eingeräumt werden, d. h. eine Veröffentlichung in allgemeinen Medien ist nicht erforderlich. Als Adressatenkreis genügt vielmehr eine unbegrenzte Zahl professioneller oder institutioneller Marktteilnehmer, die etwa durch ein allgemein zugängliches, elektronisches Informationsverbreitungssystem erreicht werden. Die Veröffentlichung in einem nur bestimmten Kreisen zugänglichen Börseninformationsdienst oder Newsboard genügt hingegen nicht dem Erfordernis der Information eines breiten Anlegerpublikums.[206] Vom Maßstab der Bereichsöffentlichkeit ging der Gesetzgeber schon im Rahmen des 2. FFG[207] aus. Konkreten Ausdruck findet dies heute in § 5 Abs. 1 S. 1 Nr. 1 WpAIV. Die hiernach vorgesehene Information der professionellen Marktteilnehmer über ein elektronisch betriebenes und weit verbreitetes Informationssystem sorgt dafür, dass die Information schnellstmöglich in die Marktpreisbildung einfließt und kein Insiderhandel mehr möglich ist.

115 Nach **anderer Ansicht**[208] soll es für die öffentliche Bekanntheit eines Umstandes auf die Möglichkeit zur Kenntnisnahme durch die **breite Öffentlichkeit** ankommen. Dies wird damit begründet, dass die bloße Kenntnis der professionellen Marktteilnehmer nicht im Einklang mit der europäischen Börsenzulassungsrichtlinie bzw. Kapitalmarktpublizitätsrichtlinie und der Marktmissbrauchsrichtlinie stehe.[209] Die Information der Bereichsöffentlichkeit komme nur institutionellen Marktteilnehmern zugute, die über entsprechende Informationssysteme verfügen und die Möglichkeit hätten, auf neue Marktinformationen schnellstmöglich zu reagieren. Die Möglichkeit der Ausnutzung eines Informationsvorsprungs werde durch die Herstellung der Bereichsöffentlichkeit lediglich von den Unternehmensinsidern zu den professionellen Marktteilnehmern verlagert,[210] womit die informationelle Chancengleichheit nicht gewährleistet sei.

116, 117 Einigkeit besteht darin, dass zB eine **gerichtliche Urteilsverkündung,** auch wenn sie wie vorgeschrieben öffentlich stattfindet (§ 169 GVG), nicht die erforderliche Bereichsöffentlichkeit herstellt, weshalb ein kursrelevantes Gerichtsurteil

---

[204] BaFin, Emittentenleitfaden idF vom 15. 7. 2005, 20.
[205] Begr. RegE, BT-Drucks. 12/6679, 48; *Schäfer,* Rn. 46; *Assmann/Schneider/Assmann,* § 13 Rn. 34; *Assmann* AG 1994, 196, 237, 252; *Fürhoff/Wölk* WM 1997, 451; *Hopt* ZHR 159 (1995), 153 f; *Steinhauer,* 115; *Schlittgen,* 88; *Schneider* DB 1993, 1430; *Dreyling/Schäfer,* 111.
[206] BaFin, Emittentenleitfaden idF vom 15. 7. 2005, 21; *BAWe/Deutsche Börse,* Leitfaden, 36.
[207] Begr. RegE, BT-Drucks. 12/6679, 48; Bericht des Finanzausschusses zum RegE, BT-Drucks. 12/7918, 101.
[208] *Möller/Rotter/Schulte,* § 4 Rn. 51
[209] ABl. EG 1979 Nr. L 366, S. 30, Schema C Ziffer 5.a.); *Möllers/Rotter/Schulte,* § 4 Rn. 51; *Möllers/Rotter/Braun,* § 8 Rn. 41 ff.
[210] *Fülbier,* 257; *Gehrt,* 134; *Hopt* ZHR 159 (1995), 153; *Hopt* ZGR 1997, 24; ähnlich auch: *Weber* NJW 1994, 2852.

zusätzlich ad-hoc zu veröffentlichen ist.²¹¹ Etwas anderes muss dagegen bei der öffentlichen Bekanntmachung von Musterentscheiden nach dem Kapitalanleger-Musterverfahrensgesetz (KapMuG) gelten, die gemäß § 14 Abs. 1 KapMuG im Ermessen des Gerichts steht. Sofern hier die öffentliche Bekanntmachung im Klageregister des elektronischen Bundesanzeigers veranlasst wird, besteht kein Grund für eine zusätzliche Ad-hoc-Veröffentlichung. Die Tatsache darf als öffentlich bekannt unterstellt werden.

Mitteilungen im Rahmen einer **Pressekonferenz** oder anlässlich einer **Hauptversammlung** sind nicht öffentlich bekannt. Sie gewährleisten keine Bekanntgabe an eine unbestimmte Anzahl interessierter Marktteilnehmer, sondern gewähren nur einem bestimmten Kreis von Personen Zugang, selbst wenn die Hauptversammlung zeitgleich im Internet übertragen wird.²¹²

Bei Vorfällen, die bereits in der allgemeinen Tagespresse diskutiert werden, handelt es sich um öffentlich bekannte Informationen, die nicht mehr der Ad-hoc-Publizitätspflicht unterliegen. So sind zB ein in der Presse berichteter Unfall oder Brand auf dem Firmengelände oder eine berichtete Entscheidung des Kartellamts nicht mehr ad-hoc-veröffentlichungspflichtig.²¹³ Etwas anderes gilt aber für nicht öffentlich bekannte und möglicherweise kursrelevante finanzielle Folgen eines solchen Ereignisses für den Emittenten.²¹⁴

c) Die den Emittenten unmittelbar betreffen (§ 15 Abs. 1 Satz 1 und Satz 3 WpHG)

Der Emittentenbezug ist bereits ein Merkmal der Insiderinformation gemäß § 13 Abs. 1 S. 1 WpHG.²¹⁵ Über den Tatbestand des § 13 WpHG hinaus, wonach sich eine Insiderinformation auf den Emittenten oder auf die Insiderpapiere selbst beziehen muss, wird die Veröffentlichungspflicht des § 15 Abs. 1 S. 1 WpHG zusätzlich dahingehend eingeschränkt, dass eine ad-hoc-publizitätspflichtige Information den Emittenten **unmittelbar betreffen** muss. Insofern ist der Gleichlauf von Insiderverboten und Ad-hoc-Publizität unterbrochen, d. h. § 15 WpHG ist nur für eine Teilmenge der Insiderinformationen gemäß § 13 WpHG relevant.

Die unterschiedlichen Begriffe des „Beziehens" in § 13 Abs. 1 S. 1 WpHG und des „Betreffens" in § 15 Abs. 1 S. 1 WpHG resultieren aus einer unpräzisen deutschen Sprachfassung der Marktmissbrauchsrichtlinie und sind synonym zu verstehen.²¹⁶ Gleichwohl ist der Anwendungsbereich der in § 13 WpHG definierten Insiderinformation für die Ad-hoc-Pflicht in zweierlei Hinsicht **eingeschränkt:** Erstens unterliegen solche von § 13 WpHG erfassten Umstände, die nur einen mittelbaren Bezug zum Emittenten aufweisen, nicht der Ad-hoc-Publizitätspflicht. Zweitens sind Insiderinformationen, die sich (ausschließlich) auf ein Finanzinstrument beziehen, von der Veröffentlichungspflicht gemäß § 15

---

²¹¹ BAWe/Deutsche Börse, Leitfaden, 36; *Assmann/Schneider/Assmann*, § 13 Rn. 40.
²¹² BaFin, Emittentenleitfaden idF vom 15. 7. 2005, 21; *Benner-Heinacher* DB 1995, 765 f; *Kümpel* WM 1994, 2138.
²¹³ Beispiele nach *Gehrt*, 133.
²¹⁴ Zu Einzelfällen vgl. § 13 Rn. 97 ff.
²¹⁵ Vgl. hierzu § 13 WpHG Rn. 90 ff.
²¹⁶ In Erwägungsgrund 16 der Richtlinie 2003/6/EG ABl. EG 2003 Nr. L 096 wird für beide Begriffe das Wort „related" verwendet und somit keine Unterscheidung vorgegeben.

WpHG ausgenommen.[217] Insoweit dient das Merkmal des unmittelbaren Emittentenbezugs als Korrektiv der erweiterten Definition der Insiderinformation, um die Ad-hoc-Publizitätspflichten des Emittenten nicht unverhältnismäßig auszudehnen. Zur Konkretisierung des Begriffes der Unmittelbarkeit wird die zuvor als echtes Tatbestandsmerkmal[218] ausgestaltete Formulierung „im Tätigkeitsbereich des Emittenten" durch § 15 Abs. 1 S. 2 WpHG zu einem Regelbeispiel herabgestuft. Das **Regelbeispiel „in seinem Tätigkeitsbereich"** dient der Klarstellung, dass der Emittent gemäß § 15 WpHG Verantwortung im Rahmen der Kapitalmarkttransparenz nur für solche Informationen zu übernehmen hat, die seiner Sphäre zurechenbar sind. Allgemeine Marktdaten ohne Bezug zur unternehmerischen Tätigkeit des Emittenten muss dieser grundsätzlich nicht ad-hoc veröffentlichen.[219] Solche Informationen können und müssen sich die Marktteilnehmer auf andere Wiese beschaffen. Zweck dieser Einschränkung ist der Schutz des Emittenten vor einer Pflicht zur Veröffentlichung von Informationen, über die er möglicherweise gar keine Kenntnis hat.[220] Beispiele für nicht ad-hoc-pflichtige allgemeine Marktdaten sind branchenspezifische Gesetzgebungsvorhaben, außergewöhnliche Wertpapier-Orderaufkommen, Inflations- oder Zinsentwicklungen, eingetretene Änderungen im Rating sowie Währungskursänderungen.

122 Dagegen betrifft den Emittenten eine Insiderinformation immer dann unmittelbar, wenn sie sich auf Umstände bezieht, die in seinem Tätigkeitsbereich eingetreten sind. Durch den Charakter eines bloßen Regelbeispiels ist eine begriffsscharfe Abgrenzung zwischen im Tätigkeitsbereich des Emittenten eingetretenen und von außen kommenden Insiderinformationen nicht mehr ausschlaggebend.[221] Vielmehr verlagert sich die Diskussion auf die Merkmale des Emittentenbezugs und der unmittelbaren Betroffenheit. Im Unterschied zur alten Rechtslage können sich nunmehr auch von außen kommende Umstände und solche ohne Auswirkungen auf die Vermögens- und Finanzlage oder den allgemeinen Geschäftsverlauf des Emittenten als ad-hoc-pflichtige Insiderinformationen darstellen. Unerheblich ist auch, ob sich die Information auf den ausländischen oder den inländischen Tätigkeitsbereich des Unternehmens bezieht.

123, 124 aa) **Emittentenbezug.** Emittentenbezug liegt immer dann vor, wenn ein Umstand die internen Vorgänge des Unternehmens oder dessen Beziehung zur Umwelt betrifft.[222] Die Insiderinformation muss eine gewisse Spezifität zum betroffenen Emittenten, d. h. zu dessen Status oder zu seiner geschäftlichen Tätigkeit aufweisen. Beziehen sich die Umstände dagegen **nur auf ein Finanzinstrument** des Emittenten, dann genügt dies für die Pflicht zur Einhaltung der insiderrechtlichen Ge- und Verbote gemäß §§ 13 ff. WpHG, führt aber nicht zur Ad-hoc-Publizitätspflicht des § 15 WpHG.[223]

125 Teilweise wird vertreten, dass die Ad-hoc-Pflicht auch dann ausgelöst wird, wenn nur das in Frage stehende Finanzinstrument und nicht der Emittent selbst

---

[217] *Assmann/Schneider/Assmann*, § 13 Rn. 43; RegE AnSVG BT-Drucks. 15/3174, 33; BaFin, Emittentenleitfaden idF v. 15. Juli 2005, 21; *Simon*, Der Konzern 2005, 14.
[218] Vgl. zur alten Rechtslage: *Assmann/Schneider/Assmann*, Rn. 55.
[219] *Baetge/Caspari*, 71.
[220] BAWe/Deutsche Börse, Leitfaden, 35.
[221] Vgl. zur alten Rechtslage: *Assmann/Schneider/Assmann*, Rn. 55.
[222] *Assmann/Schneider/Assmann*, § 13 Rn. 48.
[223] Zum Emittentenbezug vgl. auch § 13 Rn. 103 ff.

unmittelbar betroffen ist.[224] Der Wortlaut des § 15 Abs. 1 WpHG belegt jedoch eindeutig, dass nur ein unmittelbarer Bezug von Insiderinformationen zum Emittenten die Ad-hoc-Pflicht auslösen kann. Daran ändert auch ein systematischer Vergleich mit § 13 WpHG nichts,[225] denn die zusätzlichen tatbestandlichen Anforderungen des § 15 WpHG sollen gerade eine im Emittenteninteresse notwendige Begrenzung der zu veröffentlichenden Insiderinformationen herbeiführen. Dieses Verständnis führt nicht zu einem Systembruch. Denn auch wenn seit Einführung durch das AnSVG das Insiderrecht einerseits und die Ad-hoc-Publizität andererseits mit dem Tatbestandsmerkmal der „Insiderinformation" einen gemeinsamen und einheitlich auszulegenden Anknüpfungspunkt aufweisen, unterscheiden sich doch die jeweiligen Anwendungsbereiche. Das Erfordernis des Emittentenbezugs und dessen Unmittelbarkeit dienen der Unterscheidung zwischen publizitätspflichtiger und nicht publizitätspflichtiger Insiderinformation. Der Emittent soll nicht verpflichtet sein, allgemeine,[226] d. h. lediglich marktbezogene Informationen im Rahmen der Ad-hoc-Publizität zu veröffentlichen.

Damit kommt dem Kriterium des unmittelbaren Emittentenbezugs in der Praxis wesentliche Bedeutung zu. Die Abgrenzung von unternehmensbezogenen und nur marktbezogenen Informationen kann im Einzelfall schwierig sein. Hierbei ist die Marktbezogenheit einer Information in zweierlei Hinsicht zu verstehen. Zum einen gilt sie für solche Umstände, die den **Absatzmarkt** für Produkte und Dienstleistungen aus der Geschäftstätigkeit des Emittenten betreffen. So ist zB ein Nachfragerückgang nach Produkten oder Dienstleistungen eines Unternehmens emittentenbezogen, wenn er auf dem Verlust wichtiger Groß- oder Dauerkunden beruht. Marktbezogen wäre der Nachfrageeinbruch dagegen dann, wenn er die ganze Branche betrifft, etwa wegen negativer Entwicklung der Wechselkurse.[227]

Ohne unmittelbaren Bezug zum Emittenten sind aber auch Informationen, die sich lediglich auf den **Wertpapiermarkt** beziehen, auf dem die Finanzinstrumente des Emittenten gehandelt werden. So ist zB das sog. „frontrunning" als Insidervergehen strafbar (§ 13 Abs. 1 S. 4 Nr. 1 WpHG). Aber die in die Kenntnis des Händler/Maklers von der aktuellen Orderlage liegende, also marktbezogene Insiderinformation kann nicht dem Emittenten zugerechnet werden, selbst wenn er seinerseits Kenntnis davon erlangt.[228]

Problematisch ist die Abgrenzung zwischen marktbezogener und emittentenbezogener Information, wenn der Emittent Kenntnis von der **Absicht des Erwerbs einer wesentlichen Beteiligung** am Aktienkapital des Emittenten erlangt. Zweifellos handelt es sich hierbei um eine Insiderinformation. Diese bezieht sich jedoch in erster Linie auf die Aktie, also das börsennotierte Finanzinstrument. Gleichwohl können wesentliche Änderungen im Aktionärskreis,

---

[224] *Assmann/Schneider/Assmann*, Rn. 56; *Ziemons* NZG 2004, 541; *Simon*, Der Konzern 2005, 15.
[225] So aber: *Assmann/Schneider/Assmann*, Rn. 56.
[226] Im BaFin, Emittentenleitfaden idF vom 15. 7. 2005, 41 wird der wenig aussagekräftige Begriff der „allgemeinen" Information verwendet.
[227] Beispiel nach *Ekkenga* ZGR 1999, 174/175 f.
[228] Wie dies zB bei börsennotierten Banken der Fall wäre, die kommissionsweise Kundenaufträge in Aktien der Bank ausführen.

insbesondere wenn sie mit Verschiebungen der Mehrheitsverhältnisse in der Hauptversammlung verbunden sind, auch Auswirkungen auf die unternehmerische Führung der Gesellschaft haben. In solchen Fällen lässt sich ein unmittelbarer Emittentenbezug durchaus begründen.

129 Maßgeblich sind im Einzelfall sowohl der Umfang der Anteilsverschiebung als auch die zu erwartenden Absichten des betreffenden Investors. Erwirbt oder veräußert zB eine Investmentgesellschaft aus **Anlagegesichtspunkten** ein größeres Aktienpaket, so betrifft diese Information nur das Finanzinstrument selbst, ist also nicht ad-hoc-pflichtig.[229]

130 Verfolgt ein Investor dagegen **strategische Zielsetzungen,** die mittelfristig Einfluss auf das Management und damit auf die künftige Entwicklung des Emittenten haben sollen, und sind dem Emittenten diese strategischen Ziele bekannt, kann der unmittelbare Emittentenbezug und damit die Ad-hoc-Publizitätspflicht zu bejahen sein.[230] Dies gilt insbesondere, wenn im Rahmen der Umplatzierung von Aktien die Mitwirkung des Emittenten notwendig ist. Vor allem der Abschluss eines sogenannten „Business Combination Agreement" ist in diesen Fällen ein Umstand, der eine Ad-hoc-Publizität auslösen kann.

131 Die eingeschränkte Tauglichkeit dieser von der BaFin angeregten Differenzierung zeigt sich bei Finanzinvestoren in Gestalt der **Hedgefonds,** die bereits mit geringen, aus Anlagegesichtspunkten erworbenen Anteilsquoten maßgebliche Einflussnahme auf die Geschäftsführung börsennotierter Gesellschaften anstreben und mit der öffentlichen Bekanntgabe ihres Einstiegs auch zu erheblichen Kursausschlägen führen. Richtigerweise sollte deshalb auf eine Unterscheidung nach Erwerbsmotiven verzichtet und auf alle Sachverhalte des Anteilserwerbs ausschließlich die Stimmrechtspublizität gemäß §§ 21 ff. WpHG angewendet werden. Eine zusätzliche Anwendung des § 15 WpHG kommt dann wegen deren besonderer Bedeutung nur bei Kenntnis der Zielgesellschaft von einem Übernahmeangebot in Betracht,[231] sowie für solche Fälle, in denen die Gesellschaft als Reaktion auf die Veränderung des Anteilsbesitzes konkrete Maßnahmen trifft, die dann ihrerseits der Ad-hoc-Pflicht unterliegen.[232]

132 **bb) Unmittelbarkeit.** Ob eine Insiderinformation den Emittenten unmittelbar betrifft, ist eine Frage des Einzelfalls. Mit der Herabstufung des ursprünglichen Tatbestandsmerkmals „in seinem Tätigkeitsbereich eingetreten" zu einem bloßen Regelbeispiel (§ 15 Abs. 1 S. 3 WpHG) wird deutlich, dass auch Informationen außerhalb des Tätigkeitsbereichs eines Emittenten diesen unmittelbar betreffen können. Jedenfalls folgt aus dem klarstellenden Charakter des Regelbeispiels, dass alle Sachverhalte, die bereits nach altem Recht der Ad-hoc-Publizität unterfielen, auch weiterhin ad-hoc-publizitätspflichtig bleiben.[233] Neu hinzukommen sind nur die von außen kommenden Insiderinformationen, bei denen erfahrungsgemäß nur wenige dem Emittenten unmittelbar betreffen, weshalb sich der Anwendungsbereich der Ad-hoc-Publizitätspflicht im Vergleich zur vorherigen Rechtslage insofern nicht wesentlich ausgedehnt hat. Zumeist betreffen Sachverhalte, die von außen kommen (zB die Veränderung von Zinssätzen oder

---

[229] So die Ansicht der BaFin: BaFin, Emittentenleitfaden idF vom 15. 7. 2005, 42.
[230] BaFin, Emittentenleitfaden idF vom 15. 7. 2005, 52.
[231] *Vgl.* Rn. 204 ff.
[232] *Vgl.* Rn. 181, 182 ff.
[233] *Assmann/Schneider/Assmann,* Rn. 55.

allgemeine regulatorische Entwicklungen), den Emittenten nur mittelbar und sind daher nicht ad-hoc-pflichtig.[234]

CESR hat in ihren Level 2 Empfehlungen Beispielslisten veröffentlicht, in denen einerseits typische Beispiele für Insiderinformationen aufgelistet sind, die den Emittenten unmittelbar betreffen und andererseits solche, die nur mittelbar von Bedeutung sind.[235] Dabei handelt es sich nicht um eine abschließende Aufzählung. Die dort genannten Beispielsfälle können jedoch als Ausgangspunkt für die notwendige Beurteilung im Einzelfall dienen. Die folgende Liste enthält die nach den **CESR-Empfehlungen** typischen **Beispiele für Insiderinformationen:**

Änderungen in der Kontrolle eines Unternehmens und Beherrschungsverträge; Änderungen im Vorstand oder Aufsichtsrat; Wechsel der Abschlussprüfer oder andere Informationen, die sich auf die Tätigkeit der Abschlussprüfer beziehen; Kapitalmaßnahmen oder die Emission von Anleihen oder Ermächtigungen zum Kauf oder zur Zeichnung von Wertpapieren; Entscheidungen über Kapitalerhöhungen oder Kapitalherabsetzungen; Verschmelzungen, Abspaltungen und Ausgliederungen; Erwerb oder Veräußerung von Unternehmensanteilen oder anderen bedeutenden Vermögensgegenständen oder Unternehmenssparten; Restrukturierungen oder Reorganisationen, die einen Einfluss auf Anlagevermögen oder Verbindlichkeiten, die finanzielle Position oder Gewinn und Verlust des Emittenten haben; Entscheidungen über Rückkaufprogramme oder Transaktionen in anderen börsennotierten Finanzinstrumenten; Gattungsänderungen in börsennotierten Aktien des Emittenten; Insolvenzanträge oder Anordnungen der Eröffnung eines Insolvenzverfahrens; wesentliche Rechtsstreitigkeiten; Aufhebung oder Kündigung von Kreditlinien durch eine oder mehrere Banken; Auflösung der Gesellschaft oder Feststellung eines Auflösungsgrundes; wesentliche Veränderungen des Aktivvermögens; Insolvenz wichtiger Schuldner; Verminderung des Immobilienvermögens; Untergang unversicherter Güter; neue Lizenzen, Patente, eingetragene Warenzeichen; Wertminderung oder -zuwachs von Wertpapierbeständen; Wertminderungen von Patenten oder Rechten oder Immaterialgütern infolge von Marktneuheiten; Eingang von Kaufangeboten für bedeutende Vermögensgegenstände; innovative Produkte oder Verfahren; gravierende Produkthaftungs- oder Umweltschadensprozesse; Veränderungen hinsichtlich erwarteter Gewinne oder Verluste; wichtige Kundenaufträge, deren Kündigung oder wesentliche Änderungen; Rückzug aus oder Eintritt in neue Kerngeschäftsfelder; erhebliche Veränderungen in der Investitionspolitik des Emittenten; Datum der Dividendenzahlung und der Kursberechnung ex-Dividenden sowie Höhe der Dividende und Änderungen in der Dividendenpolitik.

Die folgende Liste enthält die in den **CESR-Empfehlungen** aufgeführten **Beispiele, die den Emittenten nur mittelbar betreffen** und daher grundsätzlich **nicht** gemäß § 15 WpHG zu veröffentlichen:[236]

---

[234] BaFin, Emittentenleitfaden idF vom 15. 7. 2005, 40.
[235] Committee of European Securities Regulators, CESR's Advice on Level 2 Implementing Measures for the proposed Market Abuse Directive, CESR/02-089 d, December 2002, Tz. 35 und Tz. 36.
[236] Committee of European Securities Regulators, CESR's Advice on Level 2 Implementing Measures for the proposed Market Abuse Directive, CESR/02-089 d, December 2002, Tz. 36; vgl. auch die etwas abweichende Beispielsliste der BaFin in BaFin, Emittentenleitfaden idF vom 15. 7. 2005, 41 f.

§ 15 136–139 Abschnitt 3. Insiderüberwachung

136 Von öffentlichen Einrichtungen verbreitete Daten und Statistiken; bevorstehende Veröffentlichung von Berichten, Untersuchungen, Empfehlungen oder Vorschlägen von Ratingagenturen hinsichtlich des Werts börsennotierter Wertpapiere; Entscheidungen der Zentralbank über den Leitzinssatz; Entscheidungen der Regierung hinsichtlich Besteuerung, Regulierung bestimmter Industriezweige, Schuldenmanagement etc.; Entscheidungen hinsichtlich der Änderung von Richtlinien für Markt-Indizes und insbesondere bzgl. ihrer Zusammensetzung; Entscheidungen von regulierten oder unregulierten Märkten hinsichtlich der geltenden Marktregeln; Entscheidungen der Wettbewerbs- und Marktaufsichtsbehörden hinsichtlich börsennotierter Gesellschaften; wichtige Anordnungen von Regierungsbehörden, regionalen oder lokalen Behörden oder anderen öffentlichen Organisationen; relevante Verwaltungsverfügungen über den Handel in Finanzinstrumenten; Veränderungen des Handelsmodus (beispielsweise Informationen hinsichtlich der Kenntnis, dass ein Finanzinstrument des Emittenten in einem anderen Marktsegment gehandelt werden wird, zB ein Wechsel von fortlaufender Notierung zum Auktionshandel), ein Wechsel des market maker oder der Handelsbedingungen.

137 Ergänzend sieht die BaFin in ihrem Leitfaden[237] folgende Umstände als den Emittenten nur mittelbar betreffend an: Informationen über allgemeine Wirtschaftsdaten, politische Ereignisse, Arbeitslosenzahlen, Naturereignisse oder zB die Ölpreisentwicklung; Informationen über eine für den Emittenten relevante Veränderung der Situation des Konkurrenten (zB bevorstehende Insolvenz eines Konkurrenten); Informationen, die nur das Finanzinstrument selbst betreffen, zB Erwerb oder Veräußerung eines größeren Aktienpakets durch eine Investmentgesellschaft aus Anlagegesichtspunkten; Aktiensplits.

138 Nicht selten kann eine von außen kommende Information, die den Emittenten nur mittelbar betrifft und deshalb für sich betrachtet zunächst nicht ad-hoc-publizitätspflichtig ist, in einem weiteren Schritt Maßnahmen im Tätigkeitsbereich des Emittenten zur Folge haben, die dann ihrerseits der Veröffentlichungspflicht nach § 15 WpHG unterliegen. So kann zB eine nicht ad-hoc-pflichtige Entscheidung der Finanz- oder Verwaltungsbehörde beim Emittenten die Bildung von Rückstellungen oder eine kurserhebliche Prognosekorrektur erfordern. Diese Folgewirkung wäre dann ad-hoc-pflichtig.[238]

139 Bei den zum Börsenhandel zugelassenen Finanzinstrumenten, die sich unmittelbar oder mittelbar auf einen anderen **Basiswert** beziehen (zB Optionsscheine, Derivate), ist zu beachten, dass der Emittent des derivativen Finanzinstruments nur solche Informationen zu veröffentlichen hat, die ihn selbst unmittelbar betreffen und ein erhebliches Preisbeeinflussungspotenzial bezüglich des derivativen Finanzinstrumentes besitzen. Die Veröffentlichungspflicht erstreckt sich grundsätzlich nicht auf solche Insiderinformationen, die lediglich den Emittenten des Basiswertes berühren.[239] Anders ist der Fall, wenn der Emittent des derivativen Finanzinstruments zugleich auch Emittent des Basiswertes ist.[240]

---

[237] BaFin, Emittentenleitfaden idF vom 15. 7. 2005, 41 f.
[238] BaFin, Emittentenleitfaden idF vom 15. 7. 2005, 42.
[239] *Assmann/Schneider/Assmann*, Rn. 57.
[240] BaFin, Emittentenleitfaden idF vom 15. 7. 2005, 42; *Assmann/Schneider/Assmann*, Rn. 57.

d) Preisbeeinflussungspotenzial

§ 13 Abs. 1 WpHG setzt voraus, dass die Insiderinformation geeignet ist, im Falle ihres öffentlichen Bekanntwerdens den Börsen- oder Marktpreis der Insiderpapiere erheblich zu beeinflussen.[241] Die Voraussetzung der Erheblichkeit soll sicherstellen, dass nicht jeder Umstand, der zu einer geringfügigen Preisbewegung führen kann, als Insiderinformation zu bewerten ist.[242]

Der Begriff „geeignet" verdeutlicht, dass es auf eine tatsächlich eingetretene Veränderung des Börsen- oder Marktpreises der Wertpapiere nicht ankommt, sondern allein die **Möglichkeit** der Kursbeeinflussung ausreicht. Das Merkmal der Eignung verlangt eine Einschätzung, inwieweit der Börsen- oder Marktpreis beeinflusst wird, wenn die Umstände bekannt werden.[243] Diese Einschätzung der Kursrelevanz bedarf einer ex-ante Prognose.[244] Verständige Investoren stützen ihre Anlageentscheidungen auf wesentliche Informationen, die ihnen vorher zur Verfügung stehen (verfügbare ex-ante-Informationen). Um festzustellen, ob eine konkrete Information die notwendige Eignung aufweist, den Börsenkurs eines Wertpapieres zu beeinflussen, sind sämtliche möglichen Auswirkungen dieser Information in Betracht zu ziehen und zwar unter Berücksichtigung der Gesamttätigkeit des Emittenten, der Verlässlichkeit der Informationsquelle und sonstiger Marktfaktoren, welche die Anlegerentscheidung hinsichtlich der betroffenen Wertpapiere beeinflussen können.[245] Die Prognose zugunsten einer erwarteten Kursbeeinflussung sollte eine gewisse (nicht notwendigerweise an Sicherheit grenzende) **Wahrscheinlichkeit** erreichen, d. h. es genügt nicht jede denkbare Möglichkeit einer Kursbeeinflussung.[246] Erforderlich ist vielmehr, die auf objektive Kriterien gestützte Erwartung, dass eine erhebliche Kursveränderung eher eintreten als ausbleiben wird.

Tatsächlich eingetretene Kursveränderungen sind für die Ad-hoc-Publizität gemäß § 15 WpHG zwar nicht erforderlich, sie können aber nachträglich als Indiz für das Vorliegen des Preisbeeinflussungspotenzials angesehen werden.[247] Aber auch im Rahmen der Prüfung ex-ante kann die aktuelle Kursbewegung als Anhaltspunkt herangezogen werden.[248] Anhand der späteren Kursentwicklung lassen sich Rückschlüsse auf die objektive Eignung eines Umstandes als konkrete Insiderinformation und auf deren potenzielle Kursrelevanz ziehen.[249] Die Betrachtung ex-post kann also zur Kontrolle der Einschätzung ex-ante genutzt

---

[241] Zur verfassungsrechtlichen Unbestimmtheit der Tatbestandsmerkmale „geeignet" und „erheblich" vgl. *Peltzer* ZIP 1994, 749.
[242] BaFin, Emittentenleitfaden idF vom 15. 7. 2005, 22.
[243] BaFin, Emittentenleitfaden idF vom 15. 7. 2005, 22.
[244] *Assmann* ZGR 1994, 514; ders. AG 1994, 244; *Hirte* DB 1994, 30; *Kümpel* WM 1996, 655; *Fürhoff/Wölk* WM 1997, 455; aA *Hadding/Hopt/Schimanski*, Das Zweite Finanzmarktförderungsgesetz in der praktischen Umsetzung, 77.
[245] Richtlinie 2003/124/EG vom 22. 12. 2003 zur Durchführung der Richtlinie 2003/06/EG des Europäischen Parlaments und des Rates betreffend die Begriffsbestimmung und die Veröffentlichung von Insiderinformationen und die Begriffsbestimmung der Marktmanipulation, Erwägungsgrund 1.
[246] *Fürhoff/Wölk* WM 1997, 455; *Peltzer* ZIP 1994, 749; *Weber* BB 1995, 764.
[247] BaFin, Emittentenleitfaden idF vom 15. 7. 2005, 22; *Loesche*, 111 ff.; *Schäfer/Geibel*, § 15 WpHG Rn. 93.
[248] *Assmann* ZGR 1994, 514; ders. AG 1994, 244.
[249] *Schimansky/Bunte/Lwowski*, Bankrechtshdb., § 107 Rn. 56, 25.

werden. Allerdings darf die nachträgliche Betrachtung nicht dazu führen, Maßnahmen gegen Personen zu ergreifen, die aus den ihnen ursprünglich vorliegenden Informationen vernünftige Schlussfolgerungen gezogen haben.[250]

143 Vor den Änderungen des Insiderrechts durch das AnSVG wurde teilweise gefordert, auf das Merkmal der Kurserheblichkeit ganz zu verzichten, da eine vernünftige Beurteilung ex-ante unmöglich sei und die vom Emittenten vorzunehmende Prognose aufgrund der erheblichen Bußgeldandrohung für diesen eine unbillige Belastung darstelle.[251] Andererseits wären bei Streichung des Merkmals auch Bagatellfälle publizitätspflichtig geworden.[252]

144 Die Gesetzesbegründung zum 2. FFG hatte als Maßstab zur Bestimmung der Kurserheblichkeit auf die Plus- und Minusankündigungen der an den Börsen tätigen Kursmakler Bezug genommen.[253] Kursmakler waren gemäß § 8 Abs. 1 der Geschäftsbedingungen an den deutschen Wertpapierbörsen dazu verpflichtet, bei Vorliegen einer Orderlage, die Kursschwankungen von 5% bei Aktien und von 1,5% bei Anleihen erwarten ließ, ein Plus- oder ein Minuszeichen auf den Kursanzeigetafeln anzubringen. Der Gesetzesbegründung zum 2. FFG folgend, wurde deshalb von der herrschenden Ansicht vertreten, dass eine erwartete Kursänderung von mindestens 5% als erheblich anzusehen war.[254]

145 Derartige starre Grenzen für die Kurserheblichkeit werden der unterschiedlichen Kurssensibilität verschiedener Wertpapiere und anderer Finanzinstrumente nicht gerecht.[255] Es kommt dadurch zur **Ungleichbehandlung** zwischen großen Emittenten mit hohem und breit gestreutem Aktienkapital einerseits und kleineren Unternehmen, die mit relativ geringer Streuung in engen Marktsegmenten notiert sind, andererseits. Während bei großen Unternehmen aufgrund ihrer breiten Marktstreuung und hohen Handelsvolumina nur selten eine einzelne Information für einen 5%-igen Kursausschlag verantwortlich sein dürfte, wären kleinere Gesellschaften aufgrund der hohen Volatilität ihres Aktienkurses quasi fortlaufend zur Ad-hoc-Publizität verpflichtet.

146 Selbst eine **Differenzierung** nach unterschiedlichen Märkten, Marktsegmenten oder verschiedenen Gruppen von Finanzinstrumenten (zB Aktien, Anleihen, Derivate) würde nicht zu befriedigenden Ergebnissen führen.[256] Auch innerhalb dieser Gruppen gibt es Unterschiede und Alleinstellungsmerkmale einzelner Wertpapiere, die einen gemeinsamen Schwellenwert für die Kurserheblichkeit unmöglich machen.

147 Als Konsequenz wurde deshalb vorgeschlagen, bei Bestimmung der Erheblichkeitsschwelle auch **Volatilität und Liquidität** eines Wertpapiers mit zu be-

---

[250] Richtlinie 2003/124/EG vom 22. 12. 2003 zur Durchführung der Richtlinie 2003/06/EG des Europäischen Parlaments und des Rates betreffend die Begriffsbestimmung und die Veröffentlichung von Insiderinformationen und die Begriffsbestimmung der Marktmanipulation, Erwägungsgrund 2.
[251] *Baetge/Pellens/Fülbier*, 46 f.; *Ekkenga* ZGR 1999, 171 ff.
[252] Begr. RegE Börsenzulassungs-Gesetz, BT-Drucks. 10/4296.
[253] *Begründung RegE 2. FFG*, BT-Drucks. 12/6679, 47.
[254] *Hopt* ZHR 159 (1995), 155; *Assmann* AG 1994, 244; *Caspari* ZGR 1994, 541; BAWe/Deutsche Börse, Leitfaden (1. Auflage), 46; ausführlich *Vaupel* WM 1999, 835.
[255] Committee of European Securities Regulators, CESR's Advice on Level 2 Implementing Measures for the proposed Market Abuse Directive, CESR/02-089 d, December 2002, Tz. 24.
[256] So aber noch die Begründung des RegE zum 2. FFG, BT Drucks. 12/6679, 47.

Mitteilung, Veröffentl. u. Übermittl. v. Insiderinformationen 148–150 § 15

rücksichtigen.²⁵⁷ Von einer erheblichen Kursänderung sei nur dann auszugehen, wenn eine das übliche Maß der Schwankungen deutlich übersteigende Veränderung zu erwarten wäre. Der 5%-ige Kursausschlag müsse mit dem allgemeinen Marktverlauf und der gewöhnlichen Volatilität des betreffenden Wertes verglichen und gegebenenfalls bereinigt werden.²⁵⁸ Zur Berücksichtigung der unterschiedlichen Liquidität eines Wertpapiers müsse auf deren relative Veränderung im Verhältnis zu vergleichbaren Wertpapieren oder zu einem Marktindex abgestellt werden.²⁵⁹ Diese differenzierte Auffassung begegnet in der Praxis erheblichen Bedenken bezüglich ihrer Durchführbarkeit, insbesondere im Hinblick auf die Überwachung durch die Wertpapieraufsicht. Es wäre der BaFin kaum zumutbar, für jedes Finanzinstrument fortlaufend börsentägliche Rendite- und Kursdifferenzen sowie daraus abzuleitende zulässige Schwankungsbreiten zu berechnen.

Nach anderer, auf betriebswirtschaftlicher Argumentation beruhender Auffassung ist für die Bestimmung der Kurserheblichkeit auf **Veränderungen des DVFA/SG-Ergebnisses**²⁶⁰ abzustellen.²⁶¹ Für das Ergebnis nach DVFA/SG wird der im Abschluss veröffentlichte Jahresgewinn um Sondereinflüsse und die unterschiedliche Ausübung von Bilanzierungs- und Bewertungswahlrechten bereinigt. Von einem erheblichen Kursbeeinflussungspotenzial sei dann auszugehen, wenn sich dieses DVFA/SG Ergebnis um 5% ändert. Unberücksichtigt bleiben bei diesem Ansatz Sachverhalte, die keinen unmittelbaren Einfluss auf das DVFA/SG-Ergebnis haben und gleichwohl kurserheblich sein können (wie zB wesentliche Personalentscheidungen). Ferner berücksichtigt das DVFA/SG-Ergebnis keine außerordentlichen Erträge oder Aufwendungen, obwohl diese ebenfalls kursrelevant sein können.²⁶² **148**

Mit der herrschenden Meinung war deshalb schon nach alter Rechtslage auf sogenannte **qualitative Erheblichkeitskriterien** abzustellen. Danach ist eine Insiderinformation immer dann kurserheblich, wenn die nach ihrem Bekanntwerden zu erwartende Kursänderung groß genug ist, um einen rational handelnden Investor in Ansehung der mit einer Wertpapiertransaktion verbundenen Kosten und Risiken zum Erwerb bzw. zur Veräußerung des betreffenden Wertpapiers zu veranlassen.²⁶³ **149**

Mit dem AnSVG wurde das qualitative Erheblichkeitskriterium in § 13 Abs. 1 S. 2 WpHG gesetzlich verankert. Danach ist die Eignung zur erheblichen Kursbeeinflussung immer dann gegeben, wenn ein **verständiger Anleger** die Information bei seiner Anlageentscheidung berücksichtigen würde. Das ist dann **150**

---

²⁵⁷ BAWe/Deutsche Börse, Leitfaden (1. Auflage), 38 f.
²⁵⁸ *Assmann* AG 1994, 244; *BAWe/Deutsche Börse,* Leitfaden (1. Auflage), 38 f.
²⁵⁹ *Hopt* ZHR 159 (1995), 154; *BAWe/Deutsche Börse,* Leitfaden (1. Auflage), 27; BAWe/Deutsche Börse, 38.
²⁶⁰ Deutsche Vereinigung für Finanzanalyse und Anlageberatung e.V./Schmalenbach-Gesellschaft-Deutsche Gesellschaft für Betriebswirtschaft.
²⁶¹ *Loistl* Bank 1995, 235; *Claussen/Schwark/Loistl,* 90 ff.
²⁶² Kritisch: *Loesche,* 141 f; ders. WM 1998, 1851; vgl. auch *Loesche/Eichner/Stute* AG 1999, 308 ff.
²⁶³ BAWe/Deutsche Börse, Leitfaden (1. Auflage), 38; *Baetge/Bruns,* 115; *Cahn* ZHR 162 (1998), 18; *Fürhoff/Wölk* WM 1997, 455; *Gehrt,* 160 ff.; *Hellner/Steuer/Irmen* BuB, Rn. 7/791; *Wölk* AG 1997, 79; *Burgard* ZHR 162 (1998), 69; *Kümpel* AG 1997, 71; *Süßmann* AG 1997, 64; *Dreyling/Schäfer,* Rn. 422.

§ 15 151–153   Abschnitt 3. Insiderüberwachung

der Fall, wenn ein Kauf- oder Verkaufsanreiz vorliegt und der Abschluss eines Wertpapiergeschäfts dem verständigen Anleger lohnend erscheint. Damit scheiden solche Fälle aus der Ad-hoc-Publizitätspflicht aus, in denen die Verwertung einer nicht öffentlich bekannten Information von vornherein keinen nennenswerten wirtschaftlichen Vorteil verspricht und damit kein Anreiz besteht, die Information zu verwenden.[264] Dazu bedarf es einer ex-ante vorzunehmenden Wahrscheinlichkeitsprognose, ob zum betreffenden Zeitpunkt eine Auswirkung der Insiderinformation auf den Preis aus der Sicht eines vernünftigen Anlegers objektiv erwartet werden kann.[265]

151 Bei der vorzunehmenden **Einschätzung** des Kurs- oder Preisbeeinflussungspotenzials einer Information ist nicht nur die Situation des betreffenden Emittenten selbst zu berücksichtigen. Einzubeziehen sind auch die Verfassung des Gesamtmarktes oder der Branche des Emittenten sowie sonstige externe Faktoren.[266] Dazu gehören zB Kurse/Preise, Verzinsung, Volatilität, Liquidität, Preisrelationen zwischen Finanzinstrumenten, Umsatz, Angebot und Nachfrage, Orderlage, zeitliche Koordinierung zwischen Preis- und Nachrichtenbekanntgabe und spezielle Regelungen, die die Börse oder die Marktstruktur betreffen.[267]

152 Die BaFin empfiehlt für die Prüfung der Kurserheblichkeit ein **zweistufiges Vorgehen**. In einem ersten Schritt ist zu prüfen, ob der Umstand nach allgemeiner Erfahrung für sich allein betrachtet und ex-ante ein erhebliches Preisbeeinflussungspotenzial haben kann. Das ist zB generell der Fall bei Übernahmeangeboten, bedeutenden Vertragsschlüssen, wichtigen Erfindungen, Gewinnwarnungen, drohender Insolvenz, Kapitalherabsetzung, Beherrschungs- oder Gewinnabführungsverträgen, Dividendenänderungen, Personalveränderungen bei Personen von besonderer Bedeutung für das Unternehmen oder den Markt überraschenden Geschäftszahlen.[268] Danach sind in einem zweiten Schritt die konkreten (internen wie externen) Umstände des Einzelfalls zu berücksichtigen, die das Preisbeeinflussungspotenzial erhöhen oder vermindern können.

153 Zusammengefasst dürften regelmäßig **folgende Faktoren** darüber entscheiden, ob ein vernünftig handelnder Anleger eine Information als geeignet ansieht, um sie bei seiner Investitionsentscheidung zu berücksichtigen:[269] (1) Die erwartete Größenordnung eines konkreten Umstandes vor dem Hintergrund der Gesamtaktivitäten des Emittenten; (2) die Auswirkungen dieser Information im Hinblick auf die Haupteinflussfaktoren für den Preis des betreffenden Finanzinstruments; (3) die Verlässlichkeit der Informationsquelle und (4) die wesentlichen Kennzahlen, die den Markt des Finanzinstruments beeinflussen.

---

[264] BaFin, Emittentenleitfaden idF vom 15. 7. 2005, 22.
[265] Committee of European Securities Regulators, CESR's Advice on Level 2 Implementing Measures for the proposed Market Abuse Directive, CESR/02-089 d, December 2002, Tz. 23; vgl. auch § 13 Rn. 123 ff.
[266] BaFin, Emittentenleitfaden idF vom 15. 7. 2005, 22.
[267] Committee of European Securities Regulators, CESR's Advice on Level 2 Implementing Measures for the proposed Market Abuse Directive, CESR/02-089 d, December 2002, Tz. 25.
[268] Beispiele nach BaFin, Emittentenleitfaden idF vom 15. 7. 2005, 23.
[269] Committee of European Securities Regulators, CESR's Advice on Level 2 Implementing Measures for the proposed Market Abuse Directive, CESR/02-089 d, December 2002, Tz. 27.

Ferner können folgende Faktoren dafür sprechen, dass eine Information erhebliches Kursbeeinflussungspotenzial hat:²⁷⁰ Eine Information der gleichen Art hatte in der Vergangenheit schon erheblichen Einfluss auf den Preis; bereits existierende Analystenreports gehen davon aus, dass diese Art von Information preiserheblich ist; der Emittent selbst hat ähnliche Ereignisse bisher als Insiderinformationen angesehen.

Bei der Beurteilung der Kurserheblichkeit spielt neben der Streuung der Finanzinstrumente, der Breite des betroffenen Marktsegments und der sich daraus ableitenden Volatilität der Marktpreise auch die **Gattung** der betroffenen Finanzinstrumente eine wichtige Rolle. So ist die Auswirkung einer Information auf Aktien einerseits und Schuldverschreibungen andererseits desselben Emittenten unterschiedlich zu beurteilen.

Nach dem vormaligen Gesetzeswortlaut des § 15 Abs. 1 S. 1 WpHG aF war im Fall zugelassener **Schuldverschreibungen**²⁷¹ eine Tatsache nur dann ad-hoc zu veröffentlichen, wenn sie die Fähigkeit des Emittenten, seinen Verpflichtungen aus denselben nachzukommen, beeinträchtigen konnte. Diese Unterscheidung ist in der aktuellen Fassung des § 15 WpHG weggefallen, sodass auch bei Anleihen ausschließlich die Kursrelevanz – bezogen auf den Börsenpreis der Schuldverschreibung – relevant ist. Allerdings dürfte bei festverzinslichen Wertpapieren das erhebliche Preisbeeinflussungspotenzial seltener anzunehmen sein als bei börsengehandelten Aktien.²⁷² Das für eine veröffentlichungspflichtige Insiderinformation vorauszusetzende erhebliche Preisbeeinflussungspotenzial wird bei Nichtdividenden-Werten, deren Rendite vom wirtschaftlichen Ergebnis des Emittenten abhängt (zB Pfandbriefe, fest- oder variabelverzinsliche Wertpapiere), in der Regel nur dann anzunehmen sein, wenn die Erfüllung der Zins- und Rückzahlungsverpflichtungen des Emittenten aus der Anleihe erheblich beeinträchtigt wäre.²⁷³ Dazu gehören etwa Informationen über eine bevorstehende Zahlungseinstellung oder Überschuldung des Emittenten oder des Garanten oder über einen Verlust eines wesentlichen Teils des Stammkapitals.

Ob diese restriktive Sichtweise der BaFin noch mit der aktuellen Gesetzeslage übereinstimmt, ist allerdings fraglich. Bei börsennotierten Schuldverschreibungen können nämlich in der Praxis nicht nur drohende Beeinträchtigungen von Zins- oder Tilgungsleistungen zu erheblichen Kursschwankungen führen, sondern auch andere Faktoren. Dazu gehören zB Informationen, deren öffentliches Bekanntwerden die Ratingagenturen²⁷⁴ veranlassen wird, ihre Risikoeinschätzung für die betroffene Anleihe nach oben oder unten zu korrigieren. Hierunter kann beispielsweise auch der Ausfall eines wesentlichen Schuldners des Emittenten, der Eintritt von Produkt- oder Umwelthaftungsfällen oder auch die Aufdeckung von erheblichen Rechtsverstößen in der Vergangenheit fallen. Gleiches kann in

---

²⁷⁰ Committee of European Securities Regulators, CESR's Advice on Level 2 Implementing Measures for the proposed Market Abuse Directive, CESR/02-089 d, December 2002, Tz. 28.
²⁷¹ Zu unterscheiden ist hiervon die Pflicht eines Inlandsemittenten zur unverzüglichen Veröffentlichung und Mitteilung an die BaFin bei der Ausgabe von Schuldverschreibungen gemäß § 30 e Abs. 1 S. 1 Nr. 2 WpHG.
²⁷² BaFin, Emittentenleitfaden idF vom 15. 7. 2005, 45.
²⁷³ BaFin, Emittentenleitfaden idF vom 15. 7. 2005, 45.
²⁷⁴ Zur davon zu unterscheidenden Frage, ob Informationen über bevorstehende Rating-Ergebnisse ad-hoc-pflichtig sind, vgl. § 13 Rn. 175 f.

besonderen Fällen für eine vorzeitige Kündigung oder Auslosung der Schuldverschreibung oder deren freiwilligen Rückkauf gelten, etwa wenn eine solche Maßnahme für die Marktteilnehmer überraschend kommt.[275] Schwierig zu beurteilen ist im Einzelfall dagegen die Frage, ob Jahres- oder Zwischenabschlüsse das erforderliche Preisbeeinflussungspotenzial für eine börsennotierte Schuldverschreibung aufweisen und deshalb ad-hoc-publizitätspflichtig sind (also auch für Emittenten, bei denen nicht zugleich die Aktien börsennotiert sind). Aus der Sicht eines verständigen Anlegers dürfte weder ein über noch ein unter den bisherigen Markterwartungen liegendes Geschäftsergebnis ausschlaggebend für seine Anlageentscheidung im Hinblick auf eine Schuldverschreibung sein. Das zur Ad-hoc-Pflicht führende Preisbeeinflussungspotenzial für Anleihen dürfte bei der Veröffentlichung von Abschlüssen erst dann erreicht sein, wenn es sich um erhebliche, das Eigenkapital angreifende Verluste handelt.

158 Soweit im Fall von **Genussscheinen** oder Eigenkapitalanleihen die Rendite davon abhängt, dass der Emittent keinen Bilanzverlust erleidet, entsteht eine Veröffentlichungspflicht nur dann, wenn auch mit hinreichender Wahrscheinlichkeit davon ausgegangen werden kann, dass ein Bilanzverlust entsteht.[276]

159 Da auch Finanzinstrumente, für die der Emittent lediglich einen **Antrag auf Zulassung** gestellt hat, gemäß § 15 Abs. 1 S. 2 WpHG bereits in den Anwendungsbereich der Ad-hoc-Publizität einbezogen sind, stellt sich die Frage, welche Kriterien für die Bewertung des erheblichen Preisbeeinflussungspotenziales heranzuziehen sind. Sofern solche Finanzinstrumente bereits in den Freiverkehr einbezogen sind oder der Handel an einer außerbörslichen Handelsplattform (im sogenannten „Handel per Erscheinen" oder „grauen Markt"[277]) stattfindet, kann das Preisbeeinflussungspotenzial einer Insiderinformation auf Basis der dort verfügbaren Preisdaten bewertet werden. Soweit für die zuzulassenden Wertpapiere bereits ein (Basis-)Prospekt veröffentlicht ist und ggf. im Rahmen der Zeichnungsfrist eine Preisspanne genannt wurde, kann im Einzelfall eine Pflicht zur Ad-hoc-Veröffentlichung bei wesentlichen Änderungen des Prospektinhalts vorliegen. Das kann insbesondere dann der Fall sein, wenn die Änderungen eine **Nachtragspflicht zum Prospekt** gemäß § 16 WpPG auslösen[278] oder eine Änderung der Preisspanne im Zeichnungsverfahren zur Folge haben. Ferner können Markteinschätzungen für die zu erwartende Preisspanne oder Bewertungen für das Unternehmen vorliegen, auf deren Grundlage eine hypothetische Bewertung des erheblichen Preisbeeinflussungspotenzials möglich ist.[279]

e) Ausgewählte Einzelfragen

160 **aa) Ad-hoc-Publizität und Konzernsachverhalte.** Das Kapital börsennotierter Unternehmen ist häufig in zwei- oder mehrstufig gegliederten Konzernen

---

[275] So wohl auch *Siebel* BKR 2002, 799; aA *Dreyling/Schäfer*, 125 *Hellmer/Steuer/Irmen* BuB 7/796; *Fürhoff/Wölk* WM 1997, 456 – alle noch zur alten Rechtslage.
[276] BaFin, Emittentenleitfaden idF vom 15. 7. 2005, 45.
[277] Zum „Handel per Erscheinen" *Pfüller/Koehler* WM 2002, 781 ff.
[278] Die in § 16 WpPG verwendete Formulierung „die die Beurteilung der Wertpapiere beeinflussen könnten" wird häufig zum selben Ergebnis führen wie die Einschätzung des Kursbeeinflussungspotenzials nach §§ 13, 15 WpHG. Zum Verhältnis zwischen Prospektnachtragspflicht und Ad-hoc-Publizität vgl. *Groß*, § 16 WpPG, Rn. 19; *Schanz*, § 13 VII Rn. 65.
[279] BaFin, Emittentenleitfaden idF vom 15. 7. 2005, 43.

gebunden, in denen herrschende und abhängige Gesellschaften durch Vermögensbeteiligungen, Leistungsbeziehungen und Haftungsregelungen miteinander verknüpft sind.[280] Der **Konzern** an sich ist nicht ad-hoc-publizitätspflichtig, sondern allein die zu einer Unternehmensgruppe gehörenden Einzelunternehmen, sofern sie als Inlandsemittent i. S. v. § 2 Abs. 7, § 15 Abs. 1 WpHG Finanzinstrumente begeben haben.[281] Möglich sind Konstellationen, in denen Mutter- oder Tochterunternehmen oder auch beide Gesellschaften gemäß § 15 WpHG publizitätspflichtig sind. Dabei ist bezüglich der Ad-hoc-Pflichten jedes Konzernunternehmen grundsätzlich als juristisch selbstständig zu betrachten. In Ermangelung konkreter Organisationspflichten – etwa im Sinne einer Konzernmitteilungspflicht – kann eine Zurechnung nur stattfinden, wenn das abhängige Unternehmen so beherrscht wird, dass die Muttergesellschaft jederzeit uneingeschränkt auf Insiderinformationen in der Tochtergesellschaft zugreifen kann.[282]

Wenn nur das **Mutterunternehmen** als Inlandsemittent publizitätspflichtig ist und Mutter- und Tochtergesellschaft verbundene Unternehmen i. S. d. § 291 Abs. 1 AktG bilden, sind nach § 290 Abs. 1 HGB die gesetzlichen Vertreter des Mutterunternehmens verpflichtet, einen Konzernabschluss und einen Konzernlagebericht (§ 315 HGB) aufzustellen. Ferner haben sie einen Halbjahresfinanzbericht (§ 37w WpHG) für den Konzern, d. h. das Mutterunternehmen und die Gesamtheit der einzubeziehenden Tochtergesellschaften zu erstellen und zu veröffentlichen (§ 37y WpHG). Damit ist die Aufstellung des Konzernabschlusses dem Tätigkeitsbereich des Mutterunternehmens zuzuordnen. Sofern sich Vorgänge im Geschäftsbereich eines Tochterunternehmens in der Konzernrechnungslegung der Muttergesellschaft widerspiegeln, gelten die zugrundeliegenden, bei dem Tochterunternehmen eingetretenen konkreten Umstände als solche, die (auch) das Mutterunternehmen unmittelbar betreffen.[283] Sofern die weiteren Voraussetzungen des § 15 WpHG vorliegen, insbesondere das erhebliche Kursbeeinflussungspotential bezüglich der Finanzinstrumente des Mutterunternehmens, sind solche Informationen ad-hoc zu veröffentlichen.

Fraglich ist, ob die Ad-hoc-Publizitätspflicht der Konzernmutter nur für Insiderinformationen derjenigen Tochtergesellschaften gilt, die in den Konsolidierungskreis des Mutterunternehmens gemäß § 294 ff. HGB einbezogen sind.[284] Auch die bei nicht konsolidierungspflichtigen, reinen Finanzbeteiligungen eintretenden Insiderinformationen sind zumindest dem betriebswirtschaftlichen Tätigkeitsbereich der Muttergesellschaft zuzuordnen, sodass das Regelbeispiel des § 15 Abs. 1 S. 3 WpHG eingreift. Sie können deshalb das Mutterunternehmen unmittelbar betreffen und, sofern sie die notwendige Kurserheblichkeit aufweisen, zur Ad-hoc-Publizität verpflichten. Voraussetzung ist allerdings, dass die für die Erfüllung der Ad-hoc-Publizität verantwortlichen Personen beim Mutterunternehmen (also dessen Vorstand) von der betreffenden Insiderinformation in der Tochtergesellschaft Kenntnis hatten oder ihnen eine solche Kenntnis seitens der Tochtergesellschaft zugerechnet werden kann. Da es bei nicht konsolidierten

---

[280] *Görling* AG 1993, 545.
[281] *Wölk* AG 1997, 77.
[282] *Spindler/Speier* BB 2005, 2032; *Fleischer* DB 2005, 761.
[283] *Wölk* AG 1997, 77; *Fürhoff/Wölk* WM 1997, 451; *Cahn* ZHR 162 (1998), 31; *Gehrt*, 142; *Fürhoff*, 165 f.
[284] So *Peltzer* ZIP 1994, 750; *Wölk* AG 1997, 77.

Gesellschaften typischerweise an einer beherrschenden Situation fehlt und auch eine allgemeine Organisationspflicht zur Sicherstellung von Insiderinformationen nicht besteht, dürfte eine solche Zurechnung häufig ausscheiden.

163 Ist nur das **Tochterunternehmen** börsennotiert, kann als ad-hoc-veröffentlichungspflichtige Insiderinformation möglicherweise auch ein Ereignis angesehen werden, das bei dem nicht börsennotierten herrschenden Mutterunternehmen eingetreten ist, wenn dieses Ereignis auch das börsennotierte abhängige Tochterunternehmen unmittelbar betrifft und das erforderliche Kurspotenzial aufweist.[285] Damit kann das herrschende Unternehmen in bestimmten Konstellationen verpflichtet sein, solche Informationen, die erhebliche Auswirkungen auf das abhängige börsennotierte Unternehmen haben, frühzeitig an dieses weiterzugeben, damit diesem die Erfüllung seiner kapitalmarktrechtlichen Publizitätspflichten ermöglicht wird.[286] Dies kann beispielsweise der Fall sein, wenn in Folge einer veränderten Finanzplanung des Mutterunternehmens dem Tochterunternehmen weniger Finanzmittel zur Verfügung stehen. Kollidieren die Ad-hoc-Publizitätspflichten des Tochterunternehmens mit einem berechtigten Geheimhaltungsinteresse des herrschenden Mutterunternehmens kommt eine Selbstbefreiung des Tochterunternehmens nach § 15 Abs. 3 Satz 1 WpHG in Betracht, dies jedoch nur, wenn das Geheimhaltungsinteresse des herrschenden Unternehmens zugleich auch ein berechtigtes Interesses des abhängigen Unternehmens darstellt.[287]

164 In Fällen, in denen **Mutter- und Tochterunternehmen** börsennotiert sind und im Tätigkeitsbereich des Tochterunternehmens eine veröffentlichungspflichtige Insiderinformation eintritt, sind grundsätzlich beide Unternehmen ad-hoc-pflichtig.[288] Eine analoge Anwendung des § 24 WpHG, wonach eine Befreiung der Tochtergesellschaft von der Ad-hoc-Publizitätspflicht denkbar wäre, ist abzulehnen. Zweck des § 15 WpHG ist es, die Anleger darüber in Kenntnis zu setzen, dass der betreffende Umstand nach Auffassung des jeweiligen, Finanzinstrumente emittierenden Unternehmens gerade auch für dieses von erheblicher Bedeutung ist. Ein solches Verständnis würde im Hinblick auf das Tochterunternehmen bei alleiniger Veröffentlichung durch das Mutterunternehmen nicht assoziiert.[289]

165 Besteht einerseits die grundsätzliche Pflicht zur Ad-hoc-Veröffentlichung von Insiderinformationen, die innerhalb eines Konzerns entstehen, stellt sich andererseits die Frage, ob im Rahmen einer Selbstbefreiung gemäß § 15 Abs. 3 WpHG auch eine konzernweite Interpretation der „berechtigten Interessen" des Emittenten zuzulassen ist.[290] Der Wortlaut des § 15 Abs. 3 WpHG sowie des § 6 WpAIV stellt klar, das Interessen Dritter keine Beachtung finden sollen. Nichts anderes kann grundsätzlich für die Interessen einer Konzerngesellschaft des Emittenten gelten.[291] Sofern das Interesse der Konzerngesellschaft jedoch ein solches

---

[285] *Assmann/Schneider/Assmann*, Rn. 72; a.A. *Tollkühn* ZIP 2004, 2216, wonach Ereignisse beim Mutterunternehmen in der Regel keinen Einfluss auf das Tochterunternehmen haben.
[286] *Singhof* ZGR 2001, 146, 162.
[287] *Assmann/Schneider/Assmann*, Rn. 157.
[288] So auch *Gehrt*, 142; *v. Klitzing*, 108.
[289] Vgl. dazu *Cahn* ZHR 162 (1998), 31; *Gehrt*, 142 f.
[290] *Spindler/Speier* BB 2005, 2033.
[291] *Versteegen* in KölnKomm, § 15 Anh. § 6 WpAIV, Rn. 12.

Gewicht erlangt, dass es zum Interesse des Emittenten selbst wird, kann es einen Aufschub der Veröffentlichung rechtfertigen.²⁹² Dabei kann es genügen, wenn es im berechtigten Emitteninteresse liegt, die Belange der betroffenen Konzerngesellschaft zu berücksichtigen oder zu fördern.²⁹³

bb) Ad-hoc-Publizität und Regelpublizität. Eine Ad-hoc-Veröffentlichung gemäß § 15 Abs. 1 Satz 1 WpHG hat spätestens mit der Aufstellung des Abschlusses durch den Vorstand zu erfolgen, sofern der Abschluss kurserhebliche Informationen erhält.²⁹⁴ Dabei ist festzuhalten, dass nicht jeder Abschluss (weder Quartals- noch Jahresabschluss) bereits als kursrelevante Insiderinformation anzusehen ist, die neben der Regelpublizität zusätzlich auch ad-hoc-publizitätspflichtig wäre. Zu prüfen sind vielmehr die Voraussetzungen im Einzelfall. Der Charakter einer Insiderinformation fehlt bei einem Jahres- oder Zwischenabschluss insbesondere dann, wenn die darin enthaltenen Angaben aus Sicht der Marktteilnehmer nicht kurserheblich sind, weil sie im Wesentlichen mit den Markterwartungen übereinstimmen und insoweit „keine Neuigkeiten" enthalten. **166–168**

Allerdings ist zu bedenken, dass Jahresabschlüsse und Quartalsfinanzberichte insbesondere bei börsennotierten DAX-Unternehmen regelmäßig auf besonderes Interesse der Kapitalmarktteilnehmer treffen und erhöhte Aufmerksamkeit genießen. Deshalb ist es hier besonders schwierig, die potenzielle Kursbeeinflussung solcher Abschlüsse vorab richtig einzuschätzen. Die BaFin neigt außerdem dazu, Abweichungen von der bisherigen Übung kritisch zu hinterfragen.²⁹⁵ **169**

In der Praxis ist das Verhältnis zwischen Regelpublizität einerseits und Ad-hoc-Publizität andererseits in zweierlei Hinsicht von Bedeutung: Zum einen stellt sich die Frage, welche Auswirkungen die gesetzlich vorgesehenen **Mitwirkungsrechte des Aufsichtsrats** bei der Festlegung des Jahresabschlusses (§ 172 AktG) auf den Zeitpunkt der Veröffentlichung haben. Kann die Publizität des Abschlusses gemäß § 15 Abs. 3 WpHG aufgeschoben werden, bis die Billigung durch den Aufsichtsrat vorliegt? Diese Frage wird unter dem Stichwort der mehrstufigen Entscheidungsprozesse diskutiert.²⁹⁶ Zum anderen tritt häufig die Situation auf, dass bereits während des Prozesses der Vorbereitung und Aufstellung des Jahresabschlusses in den damit betrauten Unternehmensbereichen kursrelevante Insiderinformationen entstehen, die für sich betrachtet **vorab** ad-hoc-pflichtig sein können. Hier handelt es sich um einen Anwendungsfall der komplexen oder gestreckten Sachverhalte.²⁹⁷ **170**

Zur Klärung des Verhältnisses zwischen Regelpublizität und Ad-hoc-Publizität hatte das BAWe bereits 1996 eine Bekanntmachung erlassen,²⁹⁸ wonach be- **171**

---

²⁹² *Spindler/Speier* BB 2005, 2033; *Versteegen* in KölnKomm, § 15 Anh. § 6 WpAIV, Rn. 12; *Assmann/Schneider/Assmann*, Rn. 157.
²⁹³ *Assmann/Schneider/Assmann*, Rn. 157; *Versteegen* in KölnKomm, § 15 Anh.-§ 6 WpAIV, Rn. 12.
²⁹⁴ Vgl. BaFin, Emittentenleitfaden idF v. 15. Juli 2005, 47.
²⁹⁵ Wurden beispielsweise in der Vergangenheit Quartalsberichte durch Ad-hoc-Meldung veröffentlicht, kann ein Abweichen von dieser Praxis durch Veröffentlichung im Wege der einfachen Regelpublizität Fragen hervorrufen.
²⁹⁶ Vgl. dazu § 15 WpHG Rn. 102 ff.
²⁹⁷ Vgl. dazu § 15 WpHG Rn. 96 ff.
²⁹⁸ BAWe/Deutsche Börse, Bekanntmachung vom 9. 7. 1996, bestätigt im Leitfaden vom April 1998, S. 31.

§ 15   172–174   Abschnitt 3. Insiderüberwachung

stimmte Ereignisse schon vor Veröffentlichung des Abschlusses im Rahmen der Regelpublizität einer Ad-hoc-Pflicht nach § 15 WpHG unterliegen können. In Fortführung des bereits in § 44a BörsG aF niedergelegten Rechtsgedankens[299] soll § 15 WpHG die Regelpublizität ergänzen.[300] Auch die BaFin stellt im Emittentenleitfaden klar, dass die allgemeinen gesetzlichen Veröffentlichungs- und Hinweispflichten[301] zwar ebenfalls der Kapitalmarkttransparenz bzw. -kommunikation dienen, aber keine gegenüber der Ad-hoc-Publizität vorrangigen oder diese gar ersetzenden Transparenzvorschriften darstellen.[302]

172 Der Emittent muss in diesen Fällen jeweils zusätzlich prüfen, ob eine Insiderinformation vorliegt, deren unverzügliche Veröffentlichung durch eine gesonderte Ad-hoc-Mitteilung erforderlich ist. Die Unverzüglichkeit ist auch dann einzuhalten, wenn anderweitige Transparenzvorschriften eine längere Veröffentlichungsfrist erlauben würden. So sind end- oder unterjährige Geschäftsergebnisse, denen ein erhebliches Preisbeeinflussungspotenzial zukommt, unverzüglich, also unabhängig von vorher festgelegten Veröffentlichungsterminen zu veröffentlichen. Ein Hinauszögern der Veröffentlichung bis zur anberaumten Presse- oder Analystenkonferenz[303] ist unzulässig, ebenso wie das Abwarten des Börsenhandelsschlusses.[304]

173 Die Regelpublizität dient der umfassenden Darstellung der Vermögens-, Finanz- und Ertragslage der Gesellschaft für deren Aktionäre und interessierte Kapitalmarktteilnehmer im allgemeinen, während die Ad-hoc-Veröffentlichung kursrelevanter Insiderinformationen Möglichkeiten des Insiderhandels einschränken soll. Aus dem unterschiedlichen Sinn und Zweck der Regelungen folgt, dass weder die Regelberichterstattung eine Ad-hoc-Mitteilung ersetzen kann noch umgekehrt.[305] Daher können einzelne Geschäftsvorfälle, sofern sie kursrelevant sind, schon vor ihrer Veröffentlichung im Rahmen der Regelpublizität die Ad-hoc-Pflicht auslösen.[306]

174 Damit hat spätestens mit der Aufstellung des Jahresabschlusses durch den **Vorstand** eine entsprechende Ad-hoc-Veröffentlichung zu erfolgen, sofern der Abschluss kurserhebliche Informationen enthält.[307] Das gilt auch für freiwillige und ergänzende Abschlüsse (etwa nach internationalen Rechnungslegungsstandards).[308] Die Veröffentlichungspflicht entsteht, sobald die betreffende Information dem Vorstand oder dem sonst für die Veröffentlichung nach § 15 WpHG Verantwortlichen des Unternehmens zur Verfügung steht. Dabei ist jedoch lediglich die Information ad-hoc zu veröffentlichen, der das erhebliche Preisbeeinflussungspotenzial zukommt, d. h. nicht der gesamte Jahresabschluss, Quartals- oder Zwischenbericht.

---

[299] Begr. 2. FFG, BT-Drucks. 12/6679, 48.
[300] Begr. RegE Börsenzulassungs-Gesetz, BT-Drucks. 10/4296, 16.
[301] Dazu gehören zB die Mitteilung bedeutender Stimmrechtsveränderungen (§§ 26, 26a WpHG), Publizitätsvorschriften nach dem WpÜG, Veröffentlichungspflichten im Zusammenhang mit Aktienrückkaufprogrammen, Transparenzvorschriften hinsichtlich der Erhebung einer Anfechtungsklage etc.
[302] BaFin, Emittentenleitfaden idF vom 15. 7. 2005, 46, 47.
[303] Vgl. Rn. 390.
[304] BaFin, Emittentenleitfaden idF vom 15. 7. 2005, 47, 48.
[305] *Strieder*, FB 2002, 737f.
[306] BaFin, *Emittentenleitfaden* idF vom 15. 7. 2005, 47.
[307] BaFin, Emittentenleitfaden idF vom 15. 7. 2005, 47.
[308] Vgl. *Happ/Semler* ZGR 1998, 136.

Mitteilung, Veröffentl. u. Übermittl. v. Insiderinformationen   175–177   § 15

Kapitalmarktorientierte Unternehmen, deren Wertpapiere in einem Mitgliedstaat der EU an einem regulierten Markt zugelassen sind, sind gemäß Art. 4 der europäischen IFRS-Verordnung[309] iVm §§ 290 ff., 315 a HGB verpflichtet, einen Konzernabschluss nach IFRS zu erstellen. Bestandteile der Rechnungslegung nach IFRS sind Bilanz, Gewinn- und Verlustrechnung, Darstellung der Entwicklung des Eigenkapitals, Kapitalflussrechnung, Angaben über die angewandten Bilanzierungs- und Bewertungsgrundsätze, Anhang (notes), Angabe des Ergebnisses je Aktie, Segmentberichterstattung (d. h. Angabe der Segmenterlöse und des Segmentergebnisses), Konzernlagebericht (nach den handelsrechtlichen Vorgaben des § 315 HGB; für die börsennotierte Muttergesellschaft gelten die besonderen Pflichtangaben nach § 315 Abs. 4 HGB), Bestätigungsvermerk des Abschlussprüfers sowie der Bilanzeid.

Für den (Normal-)Fall, dass ein weiteres Organ oder Gremium – wie typischerweise der **Aufsichtsrat** oder ein Aufsichtsratsausschuss (vgl. § 170 ff. AktG) – in die abschließende Bewertung der Geschäftszahlen, d. h. die Feststellung des Abschlusses eingebunden ist, kommt ein Aufschub der Ad-hoc-Publizität gemäß § 15 Abs. 3 WpHG in Betracht.[310]   175

Nach **anderer Ansicht**[311] soll die Ad-hoc-Veröffentlichungspflicht erst zum Zeitpunkt der Feststellung des Jahresabschlusses durch den Aufsichtsrat entstehen. Der vom Vorstand aufgestellte Jahresabschluss begründe keine Rechte oder Verpflichtungen der Gesellschaft und könne jederzeit vom Vorstand insbesondere aber auch vom Aufsichtsrat noch geändert werden. Erst die Bildung oder Auflösung notwendiger Wertberichtigungen und Rückstellungen führten zu einem zutreffenden Einblick in die Vermögens-, Ertrags- und Finanzlage der Gesellschaft. Angesichts der dem Aufsichtsrat unentziehbaren Mitwirkungskompetenz gemäß § 171 AktG entstehe die Veröffentlichungspflicht erst nach gemeinsamer Billigung und damit Feststellung des Jahresabschlusses durch Vorstand und Aufsichtsrat. Nach vermittelnder Auffassung[312] soll die Ad-hoc-Veröffentlichungspflicht vom Wahrscheinlichkeitsgrad der Zustimmung des Aufsichtsrates abhängen. Diesen Ansichten kann nicht gefolgt werden. Gemäß § 15 WpHG sind allein Insiderinformationen veröffentlichungspflichtig, denen potenzielle Kurserheblichkeit zukommt, nicht dagegen der gesamte Jahresabschluss oder Zwischenbericht, der diese Angaben umfasst.[313] Der Eingriff in die Kompetenzen des Aufsichtsrats ist somit begrenzt und durch die in § 15 Abs. 3 WpHG gegebene Möglichkeit, den Veröffentlichungszeitpunkt auf die Zustimmung durch den Aufsichtsrat hinauszuschieben, sind die aktienrechtlichen Organzuständigkeiten gewahrt.[314]   176

Möglich ist im Einzelfall auch eine **Vorverlagerung** der Veröffentlichungspflicht bereits im Zusammenhang mit der Aufstellung des Jahresabschlusses, etwa   177

---

[309] Verordnung (EG) Nr. 1606/2002 v. 19. 7. 2002.
[310] BaFin, *Emittentenleitfaden* idF vom 15. 7. 2005, 48.
[311] *DAV-Handelsrechtsausschuss* AG 1997, 564; *Happ/Semler* ZGR 1998, 134; *Hoffmann/Sauter* DStR 1996, 968.
[312] *Kümpel* AG 1997, 68 f.
[313] BAWe Bekanntmachung vom 9. 7. 1996, Bundesanzeiger Nr. 133/8167 vom 19. 7. 1996; BAWe/Deutsche Börse, Leitfaden, 33; BAWe, Schreiben vom 22. 3. 2000 unter: http://bawe.de; *Strieder* FB 2002, 739.
[314] Vgl. dazu Rn. 373 ff.

wenn im Rechnungswesen die Rohdaten für den Abschluss zusammengestellt werden.[315] Zu diesem Zeitpunkt kann zB bereits die Größenordung des Jahresüberschusses bzw. -fehlbetrages als kursrelevante Insiderinformation feststehen. Auch beträchtliche außerordentliche Erträge/Aufwendungen können im Falle eines erheblichen Preisbeeinflussungspotenzials bereits die Ad-hoc-Pflicht auslösen. Die BaFin[316] zählt zu solchen außerordentlichen Erträgen/Aufwendungen zB Gewinne/Verluste aus der Veräußerung ganzer Betriebe, wesentlicher Betriebsteile oder bedeutender Beteiligungen; außerplanmäßige Abschreibungen aufgrund eines außergewöhnlichen Ereignisses (zB Stilllegung von Betrieben, Enteignung, Zerstörung von Betrieben durch Katastrophen); außergewöhnliche Schadensfälle etwa verursacht durch Unterschlagungen; Erträge/Aufwendungen aufgrund des Ausgangs eines für das Unternehmen existenziellen Prozesses; Entschädigungen bei Massenentlassungen; Gewinne/Verluste aus Umwandlungen; Erträge aufgrund eines allgemeinen Forderungsverzichts der Gläubiger (sog. Sanierungsgewinn) sowie einmalige Zuschüsse der öffentlichen Hand zur Umstrukturierung von Branchen.

178 Außerhalb dieser Beispiele wird die **notwendige Konkretheit einer isolierten Information** aus der den Jahresabschluss vorbereitenden Rechnungslegung sowie ihre – vom Jahresabschluss in seiner Gesamtheit zu trennende – Kursrelevanz kritisch zu hinterfragen sein. Bei dem im Rahmen der Vorbereitung eines Jahres- oder Zwischenabschlusses erstellten Zahlenmaterial handelt es sich typischerweise um Einzeldaten, denen für sich betrachtet die Kursrelevanz fehlt. Erst dem vollständigen Abschluss kommt als komplexer Sachverhalt der für § 15 WpHG erforderliche Informationscharakter zu. Solange die vorbereitenden Entwürfe hierzu noch Änderungen und Überarbeitungen unterliegen, fehlt es an einer hinreichend konkreten Information und es besteht die Gefahr einer vorzeitigen Veröffentlichung von falschen oder ungenauen Angaben, die später zu korrigieren sind und eine Verunsicherung bzw. Irreführung der Kapitalmarktteilnehmer zur Folge hätten.[317] Frühester Zeitpunkt für das Vorliegen einer Insiderinformation ist deshalb normalerweise die Vorstandssitzung, in der sich die Vorstandsmitglieder erstmals mit dem vom Finanzvorstand vorbereiteten Abschlussentwurf befassen.[318]

Ist ein Prüfungsausschuss mit Vertretern des Aufsichtsrats in den Aufstellungsprozess einbezogen und führt dessen Stellungnahme erfahrungsgemäß zu Anpassungen oder Überarbeitungen des Abschlussentwurfs, so lässt sich auch vertreten, dass erst der nach Anhörung des Ausschusses verabschiedete, endgültige Entwurf als konkrete Insiderinformation in Betracht kommt.

179 **cc) Ad-hoc-Publizität und Änderungen des Stimmrechtsanteils.** Mitteilungen nach §§ 21 ff. WpHG über Veränderungen des Stimmrechtsanteils an einer börsennotierten Gesellschaft, die bestimmte Schwellenwerte über- oder unterschreiten, sind von der Gesellschaft gemäß § 26 WpHG spätestens drei Handelstage nach Zugang der Mitteilung zu veröffentlichen. Hier stellt sich die Frage nach einer gleichzeitigen oder vorgeschalteten Ad-hoc-Veröffentlichungs-

---

[315] Zu weitgehend Burgard ZHR 162 (1998), 87.
[316] BaFin, Emittentenleitfaden idF vom 15. 7. 2005, 50, 51.
[317] Ekkenga ZGR 1999, 187.
[318] Nach aA ist auf den Zeitpunkt der Erteilung des Bestätigungsvermerks durch den Abschlussprüfer abzustellen Leis/Nowak, 38 ff.; Schruff/Nowak/Feinendegen BB 2001, 725.

pflicht gemäß § 15 WpHG.[319] Die Meldepflichten nach §§ 21 ff. WpHG sind nicht lex specialis zu § 15 WpHG.[320] Voraussetzung wäre, dass die Kenntnis des Emittenten von einer wesentlichen Veränderung der Stimmrechtsanteile eine Insiderinformation darstellt, die den Emittenten unmittelbar betrifft. Gemäß § 12 Abs. 1 S. 1 AktG gibt es kein Stimmrecht ohne Aktie, sodass jede Veränderung des Stimmrechtsanteils grundsätzlich auch eine Änderung der Aktionärsstruktur zur Folge hat.[321] Nach **altem Recht**, d. h. vor Ergänzung des WpHG durch das AnSVG, ließ sich die Nichtanwendung der Ad-hoc-Pflicht wie folgt begründen: Die bloße Änderung der Aktionärsstruktur verursacht nach den Grundsätzen ordnungsgemäßer Buchführung keinen Buchungsvorgang für den handelsrechtlichen Abschluss der Gesellschaft, sodass sich keine Auswirkung auf die Vermögens- oder Finanzlage gemäß § 15 WpHG aF ergeben.[322] Auch die Mitteilungspflichten auslösenden Zurechnungstatbestände des § 22 WpHG (zB Poolingvereinbarungen) sind nicht geeignet, Auswirkungen auf die Vermögens- oder Finanzlage oder den allgemeinen Geschäftsverlauf des Emittenten zu entfalten. Mit Änderung des § 15 WpHG durch das AnSVG ist das Erfordernis einer „Auswirkung auf die Vermögens- oder Finanzlage" weggefallen, sodass eine Ad-hoc-Publizitätspflicht bei Veränderungen der Stimmrechtsanteile nicht mehr mit der oben genannten Begründung abgelehnt werden kann.

Gemäß § 26 WpHG veröffentlichungspflichtige Emittenten müssen deshalb prüfen, ob mitgeteilte Stimmrechtsveränderungen einen kurserheblichen und damit ad-hoc-publizitätspflichtigen Umstand darstellen.[323] Die Kenntnis vom Erwerb oder Verkauf großer Aktienpakete kann – auch schon vor Erreichen der Schwelle eines Übernahmeangebotes – eine den Emittenten unmittelbar betreffende Insiderinformation sein, wenn die Veränderung des Stimmrechtsanteils so wesentlich ist, dass sie eine Änderung der Unternehmenskontrolle bewirkt und zu konkreten Folgemaßnahmen beim Emittenten führt.[324] Anknüpfungspunkt der Ad-hoc-Pflicht ist damit die auf die Veränderung der Aktionärsstruktur erfolgende Reaktion des Emittenten und nicht allein die Veränderung des Stimmrechtsanteils als solche, die zunächst nur nach § 26 WpHG veröffentlichungspflichtig bleibt.

dd) Ad-hoc-Publizität und Corporate Governance Codex. Im Einzelfall schwierig abzugrenzen ist das Verhältnis der Ad-hoc-Publizität zur Entsprechenserklärung nach § 161 AktG. So können Compliance-Erklärungen der Vorstandsmitglieder als potenziell kurserheblich einzustufen sein mit der Folge, dass sie gemäß § 15 WpHG ad-hoc zu veröffentlichen wären.[325] Insbesondere

---

[319] *Baetge/Caspari*, 71; *Dreyling/Schäfer*, Rn. 328; *DAV-Handelsrechtsausschuss* AG 1997, 567; *Leis/Nowak*, 2.7.2.2.
[320] BaFin, Emittentenleitfaden idF v. 15. Juli 2005, 46.
[321] *Hüffer*, AktG, § 12 Rn. 3; MünchKomm-*Heider*, AktG, § 12 Rn. 5; *Zöllner* in Köln-Komm, § 12 Rn. 4.
[322] Schreiben des BAWe vom 26. 4. 2002 unter: http//bawe.de.
[323] *Assmann/Schneider/Assmann*, Rn. 92.
[324] *Möllers/Rotter/Braun*, § 8 Rn. 53, *Gehrt*, 139; *Brandi/Süßmann* AG 2004, 642, 657. Zum Vorschlag der BaFin, hier nach den nicht immer eindeutig feststellbaren Erwerbsmotiven zu unterscheiden, vgl. BaFin, Emittentenleitfaden idF vom 15. 7. 2005, 52; Rn. 179 ff.
[325] *Claussen/Bröcker* DB 2002, 1204; *Nowak/Rott/Mahr* ZGR 2005, 278 mwN.

kann dies für unterjährige Zwischenerklärungen gelten, sofern sich im betroffenen Zeitraum Abweichungen von der Erklärung nach § 161 AktG ergeben.[326]

184 **ee) Ad-hoc-Publizität bei Kapitalmaßnahmen.** Die unterschiedlichen Formen der Kapitalbeschaffung und der Kapitalherabsetzung bei einer börsennotierten Aktiengesellschaft bedürfen jeweils eines Beschlusses der Hauptversammlung (§§ 179 Abs. 1, 182 Abs. 1, 192 Abs. 1, 202, 207, 221 AktG bzw. §§ 179 Abs. 1, 222 Abs. 1, 229 Abs. 1, 237 Abs. 2 AktG). Es handelt sich um mehrstufige Entscheidungsprozesse, die jeweils erst mit dem Hauptversammlungsbeschluss vollendet werden. Nach Veröffentlichung von Einladung und Tagesordnung zur Hauptversammlung gemäß §§ 121 Abs. 3, 124 Abs. 1 AktG ist eine geplante Kapitalmaßnahme öffentlich bekannt und ab dann keine Insiderinformation mehr i. S. v. § 15 WpHG.

185 Da mit **Einberufung der Hauptversammlung,** die über eine Kapitalerhöhung beschließen soll, gemäß § 124 Abs. 3 S. 1 AktG zu jedem Gegenstand der Tagesordnung Vorschläge zur Beschlussfassung von Vorstand und Aufsichtsrat bekannt zu machen sind, kann der Vorstand die Hauptversammlung nicht einberufen, solange nicht die Stellungnahme des Aufsichtsrates vorliegt. Damit entsteht erstmals mit der Beschlussfassung des Vorstands über eine geplante Kapitalmaßnahme eine ad-hoc-pflichtige Insiderinformation.[327] Allerdings werden regelmäßig die Voraussetzungen einer Selbstbefreiung gemäß § 15 Abs. 3 WpHG zumindest bis zur Stellungnahme durch den Aufsichtsrat vorliegen.

186 Fraglich ist, ab welchem Zeitpunkt die Ad-hoc-Veröffentlichungspflicht bei der **Kapitalerhöhung aus genehmigtem Kapital** entsteht. Hier handelt es sich um einen mehrstufigen Entscheidungsprozess, der sich über einen unbestimmten Zeitraum von bis zu fünf Jahren erstrecken kann (§ 202 Abs. 1 AktG). Die bloße Schaffung des genehmigten Kapitals durch den satzungsändernden **Hauptversammlungsbeschluss** ist regelmäßig noch keine kursrelevante Information und deshalb auch nicht ad-hoc-pflichtig; sie ist entsprechend dem im AktG vorgesehenen Verfahren zu veröffentlichen.[328] Nicht schon der Beschluss zur Errichtung des genehmigten Kapitals, sondern erst die spätere Ausnutzung des so geschaffenen Spielraums durch den Vorstand mit konkreter Festlegung der Konditionen für die Kapitalerhöhung wird von den Kapitalmarktteilnehmern als relevant und damit potenziell kursbeeinflussend wahrgenommen.

187 Die Entscheidung des Vorstands bedarf der Zustimmung des Aufsichtsrats (§ 204 Abs. 1 S. 2 AktG). Weitere Voraussetzungen einer wirksamen Kapitalerhöhung sind die Zeichnung und Übernahme der Aktien (etwa durch ein Emissionskonsortium) sowie die Eintragung der Durchführung der Kapitalerhöhung im Handelsregister (§§ 204 Abs. 3 S. 2, 189 AktG). Zwar wird die Kapitalerhöhung erst mit Eintragung im Handelsregister wirksam (§ 189 AktG). Der Kapitalmarkt beurteilt aber bereits den **Ausnutzungsbeschluss durch den Vorstand** als kursrelevante Information. Richtigerweise ist deshalb spätestens die Vorstandsentscheidung als Auslöser der Ad-hoc-Publizitätspflicht anzusehen. Bis zur Zustimmung des Aufsichtsrats kommt regelmäßig eine aufschiebende Selbstbe-

---

[326] *Körner* NZG 2004, 1149.
[327] DAV-Handelsrechtsausschuss AG 1997, 566; *Happ/Semler* ZGR 1998, 138.
[328] *Leis/Nowak*, 45.

freiung gemäß § 15 Abs. 3 WpHG in Betracht.[329] Nach Zustimmung des Aufsichtsrats ist die Veröffentlichung nach § 15 Abs. 3 S. 2 WpHG dann unverzüglich vorzunehmen.

Nach anderer Ansicht[330] soll der Emittent erst **nach Erhalt der Zeichnungsunterlagen** verpflichtet sein, eine Ad-hoc-Meldung zu veröffentlichen. Die Durchführung einer Kapitalerhöhung sei mit der Zustimmung des Aufsichtsrats noch nicht abgeschlossen. Erst mit Unterschrift des Zeichnungsvertrages und Übersendung der Zeichnungsunterlagen entstehe der Anspruch auf Leistung der Mindesteinlage, sodass erst ab diesem Zeitpunkt bei der Gesellschaft ein relevanter Buchungsvorgang ausgelöst werde, der die Ad-hoc-Pflicht auslöst. Dieser Argumentation ist durch die Streichung der erforderlichen Auswirkung auf die Vermögens- oder Finanzlage des Emittenten durch das AnSVG die Grundlage entzogen.

Anders zu beurteilen sind dagegen Fälle, in denen die Kapitalerhöhung von Vorstand und Aufsichtsrat zwar beschlossen, die Durchführung in Absprache mit den Emissionsbanken aber **von einer bestimmten Marktsituation abhängig** gemacht wird. Hier wird der Übernahmevertrag (sog. Underwriting Agreement) mit den begleitenden Emissionsbanken typischerweise erst kurz vor Platzierung der neuen Aktien unterzeichnet.[331] Einerseits ließe sich vertreten, dass damit die notwendige Marktfähigkeit, d. h. die Platzierung der Aktien aus der Kapitalerhöhung zu einem akzeptablen Preis, den letzten „Teilakt" der Kapitalmaßnahme darstellt, mit dessen Vollendung die Kapitalerhöhung erst zu einer konkreten Information wird.[332] Demzufolge entstünde die Verpflichtung zur Ad-hoc-Publizität erst mit Abschluss des Zeichnungsvertrags. Diese Sichtweise wird allerdings den Erwartungen der Kapitalmarktteilnehmer nicht gerecht. Jene werden nämlich bereits die – durch die entsprechenden Organbeschlüsse manifestierte – Absicht zur Durchführung einer Kapitalerhöhung als kursrelevante Information bewerten, selbst wenn die Realisierung von der Marktsituation abhängt. Auch die Gefahr eines Insiderverstoßes gemäß § 14 WpHG durch beteiligte Individuen ist in solchen Konstellationen nicht unerheblich. Zutreffenderweise muss deshalb auch hier die Lösung über den Aufschub der Ad-hoc-Veröffentlichung gemäß § 15 Abs. 3 WpHG bis zum Zeitpunkt der Unterzeichnung des Übernahmevertrages erfolgen.

ff) Ad-hoc-Publizität und Erwerb eigener Aktien. Regelmäßig ist auch der Erwerb eigener Aktien geeignet den Börsenkurs des Emittenten erheblich zu beeinflussen.[333] Seit Erweiterung des Katalogs von Ausnahmetatbeständen in § 71 AktG durch das Gesetz zur Kontrolle und Transparenz im Unternehmensbereich vom 27. 4. 1998[334] haben Aktiengesellschaften die Möglichkeit, eigene Aktien allein aufgrund eines höchstens 18 Monate geltenden Hauptversammlungser-

---

[329] *Hopt* ZHR 159 (1995), 152; *Kümpel* AG 1997, 67; *Leis/Nowak,* 45; *Schlitt/Schäfer* AG 2005, 74.
[330] *Burgard* ZHR 162 (1998), 89; *Ekkenga* ZGR 1999, 185.
[331] Zur Gestaltung beim sogenannten „Block Trade" oder „Accelerated Bookbuilding" vgl. Gross ZHR 162 (1998), 318 ff; *Schwark/Heidelbach* BörsG, § 37, Rn. 7 ff.
[332] So *Ekkenga* ZGR 1999, 185; vgl. auch *Burgard* ZHR 162 (1998), 89.
[333] *Rosen/Helm* AG 1996, 439; *van Aerssen* WM 2000, 399 f; *Schockenhoff/Wagner* AG 1999, 548.
[334] BGBl. I 1998, S. 786.

mächtigung zurückzukaufen. Auf Grundlage einer solchen Ermächtigung kann die Gesellschaft Anteile, die bis zu 10% des Grundkapitals entsprechen zu verschiedensten Zwecken erwerben (§ 71 Abs. 1 S. 1 Nr. 8 AktG). Die Gesellschaft hat die BaFin gemäß § 71 Abs. 3 S. 3 AktG unverzüglich von der Ermächtigung zu unterrichten.

191 Mögliche Anknüpfungspunkte einer Ad-hoc-Pflicht beim Erwerb eigener Aktien sind: (1) der Vorschlag an die Aktionäre, in der Hauptversammlung eine diesbezügliche Ermächtigung des Vorstands zu beschließen, (2) die Ermächtigung durch die Hauptversammlung, (3) der Vorstandsbeschluss über die Durchführung, (4) der Zustimmungsbeschluss des Aufsichtsrats, (5) die Vorbereitungsmaßnahmen des Vorstandes für die Durchführung des Rückkaufs oder (6) der Beginn der Durchführung.

192 Der **Vorschlag an die Aktionäre,** in der Hauptversammlung über den Rückkauf von Aktien abzustimmen, ist typischerweise noch zu weit von der Realisierung entfernt und deshalb – je nach Betrachtungsweise – entweder noch keine hinreichend konkrete Information oder aber jedenfalls nicht geeignet, den Börsenpreis zu beeinflussen. Zu diesem Zeitpunkt steht nicht fest, ob die Hauptversammlung dem Vorschlag folgen wird und ob der Vorstand später von der Ermächtigung tatsächlich Gebrauch machen wird. Selbst wenn ein Mehrheitsaktionär die Ermächtigung zum Rückkauf initiiert, kommt eine Ad-hoc-Meldung noch nicht in Betracht, da weitere Schritte zur Realisierung des Rückkaufs nötig sind.[335]

193 Dem **Ermächtigungsbeschluss der Hauptversammlung** fehlt normalerweise ebenfalls die Kurserheblichkeit, da es noch im Ermessen des Vorstands liegt, diesen innerhalb von 18 Monaten umzusetzen oder verfallen zu lassen. Eine andere Beurteilung ist beispielsweise dann denkbar, wenn der Aktienrückkauf zu Akquisitionszwecken dienen soll und die Grundlagen für die Akquisition schon geschaffen sind. Auch wenn der tatsächliche Rückkauf in einem engen zeitlichen Zusammenhang mit dem Ermächtigungsbeschluss durchgeführt werden soll, kommt eine Ad-hoc-Meldung im Zusammenhang mit dem Hauptversammlungsbeschluss in Betracht, weil davon bereits eine Signalwirkung für den Kapitalmarkt ausgeht, die eine erhebliche Kurssteigerung zur Folge haben kann.[336]

194 Im Regelfall dürfte aber erst die **Vorstandsentscheidung,** von der Hauptversammlungsermächtigung zum Rückkauf eigener Aktien Gebrauch zu machen, die Ad-hoc-Publizitätspflicht auslösen, da damit der Aktienrückkauf mit seinen kursrelevanten Nachfrage- und Verwässerungseffekten unmittelbar bevorsteht.[337] Sofern der Ermächtigungsbeschluss eine Zustimmung des Aufsichtsrats vorsieht, kann sich die Gesellschaft gemäß § 15 Abs. 3 WpHG bis dahin von der Veröffentlichungspflicht befreien.[338] Sieht die Hauptversammlung das Erfordernis einer Zustimmung durch den Aufsichtsrat nicht ausdrücklich vor, darf eine Befassung durch den Aufsichtsrat für die Ad-hoc-Meldung nicht abgewartet werden. Es fehlt dann an einem berechtigten Aufschubinteresse gemäß § 15

---

[335] *Bosse* ZIP 1999, 2048.
[336] *Bosse* ZIP 1999, 2049.
[337] Schreiben des BAWe vom 28. 6. 1999; *Rosen/Helm* AG 1996, 439; *Schäfer* WM 1999, 1349 f.; vgl. auch *Geber/zur Megede* BB 2005, 186.
[338] *Schockenhoff/Wagner* AG 1999, 555 ff.; *van Aerssen* WM 2000, 400 ff.

Abs. 3 WpHG, weil schon der Vorstandsbeschluss allein die Kursbeeinflussung begründet.[339]

gg) Ad-hoc-Publizität bei öffentlichen Übernahmen. Bei Wertpapiererwerbs-, Übernahme- oder Pflichtangeboten i. S. d. WpÜG[340] können sowohl der Bieter als auch die Zielgesellschaft, sofern ihre Finanzinstrumente zum Börsenhandel zugelassen sind, gemäß § 15 WpHG ad-hoc-publizitätspflichtig sein. Bei öffentlichen Übernahmen ist regelmäßig eine Differenz zwischen dem vom Bieter im Übernahmeangebot genannten Kaufpreis für die Aktien der Zielgesellschaft und dem anschließenden Börsenkurs zu beobachten. Die Kenntnis eines bevorstehenden Übernahmeangebots wird einen verständigen Anleger dazu veranlassen, Aktien der Zielgesellschaft zu erwerben, da der Bieter im Rahmen des Übernahmeangebots in der Regel einen höheren Preis als den aktuellen Börsenkurs bieten wird, um den Erfolg seines Übernahmeangebots sicherzustellen. Es ist deshalb anerkannt, dass ein ernst gemeintes Übernahmeangebot geeignet ist, den Aktienkurs der Zielgesellschaft – aber auch des Bieters – erheblich zu beeinflussen.[341]

Hinsichtlich der **Entscheidung des Bieters** zur Abgabe eines Angebots ordnet § 10 Abs. 6 WpÜG ausdrücklich an, dass die Veröffentlichungsvorschrift des § 10 WpÜG als lex specialis gegenüber der Ad-hoc-Publizität nach § 15 WpHG vorgeht.[342] Die Veröffentlichung der Entscheidung des Bieters zur Abgabe eines Erwerbs-, Übernahme- oder Pflichtangebots hat den Charakter einer Ad-hoc-Mitteilung und ersetzt eine ansonsten gemäß § 15 WpHG erforderliche Veröffentlichung. Die Ad-hoc-Pflicht gemäß § 15 WpHG wird für den Bieter von § 10 WpÜG aber nur insoweit verdrängt, als der Anwendungsbereich und Inhalt dieser Spezialbestimmung reichen. Deshalb können für den Bieter weitere Umstände, insbesondere Eckpunkte des geplanten Übernahmeangebots, die in der Veröffentlichung nach § 10 WpÜG noch nicht enthalten waren, der allgemeinen Ad-hoc-Publizität gemäß § 15 WpHG unterliegen.[343] Auch der Entscheidung zur Abgabe eines Angebots vorausgehende Vorgänge können beim Bieter eine Pflicht zur Ad-hoc-Veröffentlichung auslösen, etwa bereits die Absicht des Vorstandes, ein Übernahmeangebot abzugeben.[344] Hier kann die Ad-hoc-Veröffentlichung nicht unter Berufung auf § 10 Abs. 6 WpÜG verzögert werden. Es besteht nur die Möglichkeit eines formalen Selbstbefreiungsverfahrens nach § 15 Abs. 3 WpHG unter den dort genannten – dann auch regelmäßig vorliegenden – Voraussetzungen.[345]

Bei bloßen **Vorbereitungshandlungen** des Bieters fehlt häufig die für eine Ad-hoc-Publizität notwendige Konkretisierung ebenso wie das Kursbeeinflussungspotenzial. Interne Überlegungen des Bieters, mit einer potenziellen Zielgesellschaft Vorgespräche aufzunehmen, sind mangels Konkretheit noch keine Insiderinformation. Auch die Beauftragung von externen Beratern (zB Rechtsanwälte, Banken,

---

[339] *van Aerssen* WM 2000, 402.
[340] Wertpapiererwerbs- und Übernahmegesetz vom 20. 12. 2001 idF vom 5. 1. 2007.
[341] *Brandi/Süßmann* AG 2004, 642, 654; *Nowak* ZBB 2001, 460; *Dreyling/Schäfer*, Rn. 459; *Gerke/Garz/Oerke* zfbf 1995, 810 ff.; *Bühner* zfbf 1990, 295 ff.
[342] RegE WpÜG, Begründung in BR-Drucks. 574/01 vom 17. 8. 2001, 97.
[343] Rundschreiben der BAWe vom 26. 4. 2002; *Brandi/Süßmann* AG 2004, 642, 652; *Hasselbach* NZG 2004, 1091.
[344] BaFin, Emittentenleitfaden idF vom 15. 7. 2005, 19.
[345] *Assmann/Schneider/Assmann*, § 15 Rn. 75.

Unternehmensberater) stellt keine Insiderinformation dar, da es sich noch um reine Vorbereitungsmaßnahmen handelt. Gleiches gilt in Fällen sogenannter nicht bindender Angebotsschreiben („non-binding indicative offer letter") an Großaktionäre der Zielgesellschaft.[346] Von einer Insiderinformation kann auf Seiten des Bieters erst dann ausgegangen werden, wenn aus Sicht des verständigen Anlegers eine hinreichende Wahrscheinlichkeit für das Zustandekommen der betreffenden Transaktion besteht und dies einschließlich der Aussicht auf eine etwa zu erwartende Gegenleistung (zB Prämie) ein erhebliches Preisbeeinflussungspotenzial begründen kann. Dabei sind in den Börsenkurs bereits eingepreiste Nachrichten, Gerüchte oder Übernahmefantasien mit zu berücksichtigen.[347]

198 § 10 Abs. 6 WpÜG betrifft nur die Veröffentlichungspflicht des Bieters, nicht die der **Zielgesellschaft**.[348] Für diese kann eine konkrete Übernahmeabsicht im Zeitpunkt der Kenntnisnahme durch ihre gesetzlichen Vertreter eine eigene Ad-hoc-Publizitätspflicht auslösen. Die Anwendbarkeit des § 15 WpHG für die Zielgesellschaft scheitert nicht daran, dass das Merkmal „im Tätigkeitsbereich des Emittenten" fehlt, da es hierauf nach der Gesetzesänderung durch das AnSVG nicht mehr ankommt.[349] Auch wenn nicht die Zielgesellschaft, sondern deren Aktionäre Adressaten des Übernahmeangebots sind, betrifft dieses doch die Zielgesellschaft unmittelbar.

199 Die Zielgesellschaft kann die Veröffentlichung der Information bezüglich eines bevorstehenden Übernahme- oder Pflichtangebots gemäß § 15 Abs. 3 WpHG solange aufschieben, bis der Bieter seine Entscheidung zur Angebotsabgabe bzw. den erfolgten Kontrollerwerb nach den Vorschriften des WpÜG veröffentlicht hat, sofern für diesen Zeitraum die Voraussetzungen der Selbstbefreiung für die Zielgesellschaft vorliegen. Zu den insoweit schützenswerten berechtigten Interessen der Zielgesellschaft gehört es, dass sie – bei feindlichen Übernahmeangeboten – zulässige Abwehrmaßnahmen vorbereiten kann, bevor die Neutralitätspflicht des § 33 Abs. 1 S. 1 WpÜG unmittelbar nach Veröffentlichung durch den Bieter gemäß § 10 WpÜG eingreift.[350] In der Praxis wird aber im Falle eines bevorstehenden feindlichen Übernahmeangebots der Vorstand der Zielgesellschaft die unverzügliche Ad-hoc-Meldung nutzen, um den Börsenkurs der Aktie der Zielgesellschaft zu steigern und damit die geplante Übernahme für den Bieter unattraktiv zu machen.[351]

200 Die **Entscheidung des Vorstands** der Zielgesellschaft hinsichtlich seiner Reaktion auf das Übernahmeangebot, etwa indem er seinen Aktionären von der Annahme eines bevorstehenden Übernahmeangebots abrät oder seinerseits Verteidigungsmaßnahmen gegen ein feindliches Übernahmeangebot einleitet, kann erneut eine Insiderinformation darstellen. Gleiches gilt, wenn der Vorstand der Zielgesellschaft mit dem Bieter im Fall einer freundlichen Übernahme eine vertragliche Vereinbarung über die Durchführung des Übernahmeangebots oder eines parallelen Paketerwerbs schließt.[352] Zum Zeitpunkt einer solchen eigenen

---

[346] BaFin, Emittentenleitfaden idF vom 15. 7. 2005, 51.
[347] BaFin, Emittentenleitfaden idF vom 15. 7. 2005, 52.
[348] *Steinmayer/Häger* § 10 WpÜG, Rn. 46; *Hopt* ZGR 2002, 345.
[349] *Brandi/Süßmann* AG 2004, 642, 654; *Wiesbrock* NZG 2005, 300.
[350] AA *Gutzy/Märzheuser,* 164.
[351] *Brandi/Süßmann* AG 2004, 642, 654.
[352] *Gehrt,* 151 f; *Waldhausen,* 250; *Brandi/Süßmann* AG 2004, 642, 654.

Entscheidung der Zielgesellschaft als Reaktion auf die Übernahmeofferte entsteht eine neue und ihrerseits ad-hoc-pflichtige Insiderinformation. Das muss auch für die Zustimmung des Vorstands einer börsennotierten Zielgesellschaft zur **Durchführung einer Due Diligence** durch den Bieter gelten. Zwar präjudiziert allein die Erlaubnis zur Durchführung einer solchen Due Diligence noch nicht die spätere Entscheidung des Bieters, tatsächlich ein Angebot abzugeben. Dennoch wird, je nach Qualität des Bieters, aus Sicht eines verständigen Anlegers bereits bei einer solchen Vorbereitungshandlung die Kurserheblichkeit zu bejahen sein.[353] In einem solchen Fall hilft nur die Selbstbefreiung gemäß § 15 Abs. 3 WpHG. Das gilt insbesondere dann, wenn das Ergebnis der Due Diligence die einzige der Entscheidung zur Abgabe eines Übernahmeangebots noch entgegenstehende Bedingung ist und bei objektiver Sicht mit einem für den Bieter zufriedenstellenden Ergebnis zu rechnen ist.[354]

hh) Ad-hoc-Publizität und Squeeze-Out. Gemäß §§ 327a–327f AktG ist ein Hauptaktionär mit mehr als 95% des Grundkapitals einer Aktiengesellschaft berechtigt, die übrigen (Minderheits-)Aktionäre durch Hauptversammlungsbeschluss zwangsweise gegen Barabfindung aus der Gesellschaft auszuschließen (Squeeze-Out). Als ad-hoc-pflichtiger Sachverhalt kommt für die betroffene Zielgesellschaft vor allem die Entscheidung des Hauptaktionärs über die Durchführung eines Squeeze-Out sowie die Festlegung der Höhe der Barabfindung für die Minderheitsaktionäre in Betracht. Nach altem Recht fehlt für die betroffene Gesellschaft der Emittentenbezug, da der Squeeze-Out nicht in ihrem Tätigkeitsbereich eintritt und auch keine Auswirkungen auf die Vermögens- oder Finanzlage oder den allgemeinen Geschäftsverlauf hat. Nach neuer Rechtslage dagegen bewirkt der Squeeze-Out eine wesentliche Änderung der Aktionärsstruktur, die unmittelbare Auswirkungen auf den Emittenten hat.[355] Somit ist spätestens das Verlangen des Hauptaktionärs, einen Beschluss der Hauptversammlung nach § 327a AktG auf die Tagesordnung zu setzen, eine veröffentlichungspflichtige Insiderinformation.[356] Außerdem wäre zB eine vorhergehende Delisting-Entscheidung ad-hoc-pflichtig.

Sofern der Hauptaktionär seinerseits börsennotiert ist, können Sachverhalte des von ihm initiierten Squeeze-Out auch aus seiner Sicht ad-hoc-publizitätspflichtig sein. Dies ist eine Frage des Einzelfalls, wobei die Kurserheblichkeit für die Wertpapiere des Hauptaktionärs häufig nicht gegeben sein wird.[357]

ii) Ad-hoc-Publizität bei sonstigen Mergers & Acqusitions-Transaktionen. Bei gewöhnlichen Unternehmenskäufen („M&A-Transaktionen"), die nicht dem Anwendungsbereich des WpÜG und den dortigen Publizitätsregeln unterliegen, können Ad-hoc-Pflichten des Erwerbers, des Veräußerers oder der Zielgesellschaft in Betracht, sofern diese als Inlandsemittenten dem Anwendungsbereich des § 15 WpHG unterliegen.[358]

Bei einer M&A-Transaktion handelt es sich um einen gestreckten Sachverhalt, der üblicherweise aus den folgenden **Teilschritten** besteht: Ausgangspunkt

---

[353] AA *Brandi/Süßmann* AG 2004, 642, 655; *Assmann* ZGR 2002, 715; *Linker/Zinger* NZG 2002, 501.
[354] Vgl. dazu *Götze* BB 1998, 2329f; *Linker/Zinger* NZG 2002, 501.
[355] *Assmann/Schneider/Assmann*, Rn. 84.
[356] BaFin, Emittentenleitfaden idF vom 15. 7. 2005, 53.
[357] *Assmann/Schneider/Assmann*, Rn. 84.
[358] *Brandi/Süßmann* AG 2004, 642ff.; *Hasselbach* NZG 2004, 1087ff.

ist die interne Beschlussfassung des Käufers, die wiederum zunächst aus entsprechenden Marktanalysen, Eingrenzung des Kreises potenzieller Zielunternehmen und der Fassung entsprechender Beschlüsse in verschiedenen Gremien des Käufers besteht. Anschließend erfolgt eine erste Kontaktaufnahme mit der Zielgesellschaft und/oder deren Eigentümern. Spätestens zu diesem Zeitpunkt, häufig aber auch schon früher, wird der Käufer entsprechende Berater (Rechtsanwälte, Investmentbanken) beauftragen und einbeziehen. Danach folgt typischerweise der Abschluss einer gemeinsamen Absichtserklärung (Letter of Intent oder Memorandum of Understanding), in der unter Umständen bereits wesentliche Elemente des abzuschließenden Kaufvertrages (einschließlich eines indikativen Kaufpreises) und hinsichtlich des geplanten Ablaufs der Transaktion enthalten sein können. Anschließend wird der Käufer üblicherweise eine Due Diligence Prüfung der Zielgesellschaft durchführen. Deren Ergebnisse finden anschließend Eingang in die Vertragsverhandlungen. Nach Unterzeichnung der Verträge sind unter Umständen noch zustimmende Organbeschlüsse (etwa des Aufsichtsrats) erforderlich, sofern diese nicht bereits zuvor eingeholt wurden. Die Wirksamkeit des Kaufvertrages ist dann häufig noch vom Eintritt verschiedener aufschiebender Bedingungen (insbesondere kartellrechtlicher Genehmigungen) abhängig. Grundsätzlich kommt in jeder dieser Phasen eine ad-hoc-pflichtige Insiderinformation sowohl für den Erwerber als auch für das Zielunternehmen und ggf. für die Veräußerer in Betracht. Bei Betrachtung dieses typischen Ablaufs einer M&A-Transaktion liegt vor Abschluss eines Letter of Intent/Memorandum of Understanding regelmäßig keine hinreichend konkrete Insiderinformation i. S. d. § 15 WpHG vor. Bis zur Erreichung dieses „Meilensteins" wird es sich häufig nur um bloße Vorbereitungsmaßnahmen handeln, denen im Hinblick auf den Gesamtsachverhalt die erforderliche Konkretheit fehlt oder die für sich betrachtet jedenfalls nicht kursrelevant sind. Für diese **Vorbereitungshandlungen** ist deshalb auch keine Selbstbefreiung gemäß § 15 Abs. 3 WpHG erforderlich.

Die **BaFin unterscheidet** danach, ob auf der Seite der Bieter oder der Zielgesellschaft ein oder mehrere Unternehmen in die Verhandlungen einbezogen sind.[359] Stehen sich auf beiden Seiten jeweils nur eine Gesellschaft gegenüber, wird nach Ansicht der BaFin regelmäßig mit dem Abschluss eines Letter of Intent oder einer vergleichbaren Vereinbarung, in der sich der ernsthafte Einigungswille der beiden Verhandlungspartner manifestiert, eine Insiderinformation vorliegen.[360] Sind dagegen auf der einen oder anderen Seite mehrere Unternehmen beteiligt (zB bei Auktionsverfahren) und wird deshalb mit allen beteiligten Verhandlungspartnern jeweils eine entsprechende Vereinbarung abgeschlossen, fehlt es für die Seite, bei der mehrere alternative Partner zum Zuge kommen können, an der notwendigen Konkretisierung. Bei einem Bieterverfahren kann der einzelne Bieter aufgrund des ungewissen Ausgangs des Verfahrens zunächst nicht davon ausgehen, dass er zum Zuge kommt und somit im Hinblick auf die Preisentwicklung seines Aktienkurses eine Insiderinformation vorliegt. Hier wird die Ad-hoc-Publizitätspflicht deshalb typischerweise erst bei Eintritt in konkrete Verhandlungen auf exklusiver Basis in Betracht kommen.[361]

---

[359] BaFin, Emittentenleitfaden idF v. 15. 7. 2005, 51, 52.
[360] BaFin, Emittentenleitfaden idF v. 15. 7. 2005, 52.
[361] BaFin, Emittentenleitfaden idF v. 15. 7. 2005, 52.

Liegt eine konkrete Insiderinformation vor, kommt für die weitere Durchführung der M&A-Transaktion eine Selbstbefreiung gemäß § 15 Abs. 3 WpHG in Betracht. Das gilt insbesondere für den Zeitraum der Due Diligence-Prüfung. Bedarf es bei einer ad-hoc-publizitätspflichtigen Partei noch eines zustimmenden Aufsichtsratsbeschlusses, wird der Aufschub der Ad-hoc-Meldung regelmäßig bis zu dessen Vorliegen möglich sein.[362] Die kartellrechtliche Zustimmung rechtfertigt regelmäßig keinen weiteren Aufschub der Ad-hoc-Publizität, da sie nicht mehr der Entscheidung durch die beteiligten Vertragsparteien unterliegt.

jj) Ad-hoc-Publizität bei Restrukturierung und Insolvenz. Die Feststellung der Insolvenz einer börsennotierten Gesellschaft ist eine die Gesellschaft unmittelbar betreffende, nicht öffentlich bekannte Insiderinformation. So ist regelmäßig die Antragstellung auf Eröffnung eines Insolvenzverfahrens gemäß § 13 InsO ebenso wie bereits die Feststellung eines Eröffnungsgrundes gemäß §§ 16 ff. InsO (Zahlungsunfähigkeit, drohende Zahlungsunfähigkeit oder Überschuldung) ad-hoc-publizitätspflichtig. Fraglich kann im Einzelfall sein, ob schon **einzelne Umstände im Vorfeld** einer Insolvenz, d. h. in der Unternehmenskrise, zu veröffentlichen sind. Der zur Insolvenz führende Eintritt einer Unternehmenskrise ist ein komplexer bzw. gestreckter Sachverhalt,[363] bei dem sich der Vorstand in einem Konflikt zwischen der sanktionsbewährten Pflicht zur unverzüglichen Publizität einerseits und der zur Krisenbewältigung erforderlichen Wahrung der Vertraulichkeit andererseits befindet. Eine verfrühte Ad-hoc-Mitteilung kann die Bemühungen zur Sanierung des Unternehmens bzw. zur Wiederherstellung der Liquidität gefährden. Insbesondere droht durch eine Ad-hoc-Veröffentlichung, dass Mitarbeiter verunsichert werden, Banken zur Kündigung bzw. Nichtgewährung von Kreditlinien veranlasst werden, Lieferanten Geschäftsvorgänge abbrechen, Eigentumsvorbehalte geltend machen oder Lieferungen nur gegen Vorkasse durchführen und Kunden – ggf. langfristige – Geschäftsbeziehungen beenden.

Der Eintritt einer Insolvenz beruht gewöhnlich nicht auf einem einzelnen, plötzlich eintretenden Ereignis. Vielmehr entstehen typischerweise **Anzeichen einer Krise**, die aber noch nicht die Krise als solches ausmachen, bereits erhebliche Zeit vorher. Zum Beispiel können bestehende Kreditlinien mit sofortiger Wirkung außerordentlich gekündigt werden, aber auch die normale Fälligkeit eines Darlehens kann – mangels rechtzeitig verfügbarer Anschlussfinanzierung – die Liquidität der Gesellschaft gefährden. Der Vorstand hat in dieser Phase aufgrund seiner Sorgfaltspflichten gemäß § 93 Abs. 1 S. 1 AktG seine Anstrengungen auf die Überwindung der Krise zu konzentrieren.[364] So wird der Vorstand regelmäßig um Gegenmaßnahmen bemüht sein, die der Erhaltung der Liquidität und Abwendung einer drohenden Insolvenz dienen, wie zB Prolongation oder Erweiterung bestehender sowie Einräumung neuer Kreditlinien, Bereitstellung von Finanzmitteln durch einen bestehenden Großaktionär oder neu hinzutretende Investoren sowie ggf. eine kurzfristige Einberufung der wesentlichen Gläubiger und deren Zustimmung zu einem realistischen Sanierungskonzept. Auch Verhandlungen mit Kunden und Lieferanten sowie Gespräche mit Arbeitnehmervertretern sind in dieser Situation gefordert. Während dieser Zeit stellt die bloß mögliche Insolvenz als zukünftiges Ereignis noch nicht zwingend eine ad-

---

[362] Zu den mehrstufigen Entscheidungsprozessen vgl. Rn. 102 ff.
[363] Vgl. dazu Rn. 96 ff.
[364] *Thümmel* BB 2002, 1105.

hoc-publizitätspflichtige Insiderinformation dar,[365] etwa wenn eine drohende Zahlungsunfähigkeit bei realistischer Betrachtung noch abwendbar erscheint, also die Tatbestandsvoraussetzungen des § 18 InsO noch nicht erfüllt sind.

211 Eine konkrete Insiderinformation im Sinne des § 15 WpHG wird im Einzelfall erst dann vorliegen, wenn der Eintritt der zur Insolvenz führenden Umstände eine gewisse Endgültigkeit aufweist und nicht durch wirksame Gegenmaßnahmen die Liquidität wieder hergestellt und damit die Krise abgewendet werden kann. **Bestimmte Krisenzeichen** müssen allerdings als so schwerwiegend gelten, dass sie in jedem Fall eine konkrete, gegenwärtige Insiderinformation bilden. Dazu gehören der Verlust der Hälfte des Grundkapitals (§ 92 Abs. 1 AktG) und die bereits eingetretene oder unabwendbar drohende Zahlungsunfähigkeit oder Überschuldung (§§ 17–19 InsO).

212 Gegenmaßnahmen zu Beginn einer Krise wie Verhandlungen mit Banken, Großaktionären oder Gläubigern, die eine Abwendung der Krise zum Gegenstand haben, sowie ein erfolgsversprechendes Sanierungskonzept können im Ergebnis zu der Beurteilung führen, dass es an einer hinreichend konkreten Insiderinformation fehlt und deshalb die Ad-hoc-Publizitätspflicht (noch) nicht eintritt. Einer Selbstbefreiung gemäß § 15 Abs. 3 WpHG bedarf es insoweit nicht. Der Begriff der **Gegenmaßnahmen** ist dabei jedoch eng auszulegen und muss in unmittelbarem Zusammenhang mit dem kursrelevanten Krisensachverhalt stehen.[366] Anderenfalls würde in der Krise einer Gesellschaft bis zur Stellung eines Insolvenzantrags keine Ad-hoc-Publizitätspflicht entstehen. Erforderlich ist deshalb die kurzfristige Durchführbarkeit einer realistischen Gegenmaßnahme. Außerdem muss die Gesellschaft die Realisierung der Gegenmaßnahme selbst hinreichend beeinflussen können.[367] Eine allgemeine Aussage über den Zeitraum, in dem solche Gegenmaßen realisierbar sein müssen, ist nicht möglich. Maßgeblich ist insoweit stets eine Einzelfallentscheidung.[368]

213 Fehlt den unmittelbar verfügbaren Gegenmaßnahmen diese Qualität und liegt wegen der damit konkret drohenden Insolvenz eine ad-hoc-pflichtige Insiderinformation vor, so besteht unter Umständen dennoch weiterhin die Möglichkeit eines erfolgversprechenden, längerfristigen Sanierungskonzepts. Für die Planung und Realisierung eines solchen – eigentlich ad-hoc-pflichtigen – Sanierungskonzepts kann die Veröffentlichung gemäß § 15 Abs. 3 WpHG aufgeschoben werden. Das Interesse des Emittenten an langfristiger Sicherung der Liquidität und damit die finanzielle Überlebensfähigkeit des Emittenten wird im Regelfall das Informationsbedürfnis der Marktteilnehmer überwiegen.[369] Sind die Sanierungsmaßnahmen erfolgreich und entfällt damit während der Selbstbefreiungsphase der ad-hoc-pflichtige Umstand, dann ist die ursprüngliche Information über eine drohende Krise auch nicht mehr nachträglich zu veröffentlichen.[370]

214 Auch **nach Eröffnung** des Insolvenzverfahrens über das Vermögen einer börsennotierten Gesellschaft besteht weiterhin die Verpflichtung des Emittenten zur

---

[365] *Assmann/Schneider/Assmann*, Rn. 139; *Reuter* BB 2003, 1800.
[366] *Wittich* AG 1997, 2; *Assmann/Schneider/Kümpel/Assmann* (3. Auflage 2003), Rn. 68.
[367] *Kümpel* AG 1997, 70.
[368] *Wittich* AG 1997, 70.
[369] *Kümpel* AG 1997, 71; *Möllers/Rotter*, § 9 Rn. 23; *Wölk* WM 1997, 79; *Fürhoff/Wölk* WM 1997, 458.
[370] Vgl. Rn. 400.

Ad-hoc-Veröffentlichung kursrelevanter Insiderinformationen.[371] Während des Insolvenzverfahrens sind die die Gesellschaft betreffenden öffentlich-rechtlichen Pflichten weder aufgehoben noch suspendiert, sondern bestehen fort.[372] Dabei unterscheiden sich die Ad-hoc-Publizitätspflichten insolventer Gesellschaften grundsätzlich nicht von den Pflichten solventer Unternehmen, da die Insolvenz keinen tauglichen Differenzierungsgrund abgibt.[373]

Nach anderer Ansicht[374] ist während der Insolvenz von einer erheblichen Reduzierung des Umfangs der Ad-hoc-Publizitätspflicht auszugehen, u. a. mit dem Hinweis auf einen in der Insolvenz typischerweise „gegen Null" gehenden Aktienkurs und ein geringes Handelsvolumen. Diese Argumentation überzeugt nicht, da gerade die reduzierten Handelsaktivitäten und der niedrige Aktienkurs zu erheblichen Kursausschlägen bei Bekanntwerden einer Insiderinformation führen werden und damit zu Spekulationen unter Ausnutzung von Insiderwissen verleiten. Ad-hoc-pflichtig wäre nach der Insolvenz zB der Umstand, dass der zu erwartende Liquidationserlös höher sein wird, als die Summe der zu befriedigenden Gläubigerverbindlichkeiten oder dass eine aussichtsreiche Sanierung des Unternehmens bevorsteht.[375]

215

Normadressat des § 15 WpHG ist der Emittent und nicht das jeweils vertretungsberechtigte Organ.[376] Deshalb ist die Erfüllung kapitalmarktrechtlicher Pflichten nach Eröffnung des Insolvenzverfahrens Bestandteil der dem **Insolvenzverwalter** obliegenden Masseverwaltung und Fortführung des Betriebs.[377] Zwar wird durch Eröffnung des Insolvenzverfahren das Amt des Vorstandes und seiner Organmitglieder nicht beendet, diese bleiben im Amt. Aufgrund des Beschlusses zur Eröffnung des Insolvenzverfahrens gilt die Aktiengesellschaft gemäß § 262 Abs. 1 Nr. 3 AktG jedoch als aufgelöst und an die Stelle des auf Gewinnerzielung gerichteten Gesellschaftszwecks tritt die Abwicklung. Der Vorstand verwaltet nur noch das insolvenzfreie Vermögen der Gesellschaft und ist nur für insolvenzneutrale Maßnahmen zuständig, die durch mangelnde Auswirkungen auf die Insolvenzmasse gekennzeichnet sind.[378] Die übrigen Befugnisse und Aufgaben des Vorstandes gehen gemäß § 80 InsO auf den Insolvenzverwalter über. Dazu gehört auch die Ad-hoc-Publizitätspflicht.[379]

216

kk) Ad-hoc-Publizität im Zusammenhang mit Personalentscheidungen. Personalnachrichten, insbesondere Personalveränderungen innerhalb der Führungsebene eines Unternehmens, können im Einzelfall eine Ad-hoc-Publizitätspflicht auslösen.[380] Der unmittelbare Emittentenbezug ist hier regelmäßig

217

---

[371] *Weber* ZGR 2001, 422, 434 ff.; *Rattunde/Berner* WM 2003, 1313, 1314.
[372] BVerwG, Beschluss vom 25. 2. 2000 – 3 B 1.00; BVerwG, Urteil vom 10. 2. 1999 – 11 C 9.97; BVerwGE 108, 269 ff. = ZIP 1999, 538; dazu *Lüke/Blenske* EWiR 2000, 629; BVerwG, Urteil vom 22. 10. 1998 – 7 C 38.97.
[373] *Weber* ZGR 2001, 434 ff.
[374] *Rattunde/Berner* WM 2003, 1313, 1314.
[375] VG Frankfurt ZIP 2004, 470; *Grub/Streit* BB 2004, 1404; *Weber* ZGR 2001, 425.
[376] BAWe/Deutsche Börse, Leitfaden, 48.
[377] VG Frankfurt ZIP 2004, 471; *Hirte* ZInsO 2005, 409; aA *Rattunde/Berner* WM 2003, 1313, 1315 f. mit Hinweis auf ihm vorliegende Stellungnahme der BaFin.
[378] MünchKomm-*Hüffer*, AktG, § 264 Rn. 64 ff., 68.
[379] *Ott/Brauckmann* ZIP 2004, 2120 f.
[380] BaFin, Emittentenleitfaden idF vom 15. 7. 2005, 23, 50.

gegeben. Fraglich ist allerdings das Vorliegen eines erheblichen Preisbeeinflussungspotenzials der Personalmaßnahme im Einzelfall. Regelmäßig wird die Kurserheblichkeit bei Mitgliedern des Vorstands oder Aufsichtsrats eher vorliegen als bei sonstigen Personen, auch wenn diese Schlüsselpositionen im Unternehmen einnehmen.

218 Ein Wechsel von Mitgliedern des Geschäftsführungsorgans oder des Aufsichtsrats stellt gemäß § 285 S. 1 Nr. 10 HGB eine Pflichtangabe im Anhang zur Bilanz dar.[381] Das Bestehen gesellschaftsrechtlicher Informationspflichten führt jedoch nicht ohne Weiteres auch zu einer Ad-hoc-Publizitätspflicht.[382] Maßgebend ist deshalb stets die potenzielle Kurserheblichkeit im Einzelfall. Dabei sind insbesondere Rolle und Bedeutung der Person im Unternehmen und der Hintergrund der Personalmaßnahme, zB der Grund eines Personalwechsels zu berücksichtigen.[383] Insbesondere der Wechsel von Organmitgliedern in Schlüsselpositionen, bei denen eine maßgebliche Einwirkung auf den künftigen Geschäftsverlauf zu erwarten ist oder in der Vergangenheit bestand, kann ein erhebliches Preisbeeinflussungspotenzial besitzen. Das gilt in besonderem Maße für das überraschende Ausscheiden des Vorstandsvorsitzenden oder auch eines Gründungsmitgliedes der Gesellschaft, da ein solcher Wechsel typischerweise erhebliche Signalwirkung für den Kapitalmarkt hat.

219 Ausnahmsweise können auch Veränderungen bei Personen in Schlüsselpositionen **unterhalb des Vorstands** erheblichen Einfluss auf den Geschäftsverlauf des Unternehmens haben (zB krankheitsbedingter Ausfall, Vertragsauflösung, Kündigung oder Neuverpflichtung).[384] Auch hier verbietet sich eine pauschale Betrachtung,[385] sondern es bedarf einer Prüfung der Voraussetzungen des § 15 WpHG im Einzelfall insbesondere der Kurserheblichkeit. Nicht ausschlaggebend ist, ob für die betreffende Personalmaßnahme eine Angabepflicht im Lagebericht besteht, etwa weil die Anstellung oder Entlassung eines Mitarbeiters für das Unternehmen von solcher Wichtigkeit ist, dass es als Ereignis von besonderer Bedeutung Eingang in den Lagebericht findet.[386] Bei Unternehmen, deren künftige Entwicklung zB von der Innovationsfähigkeit oder Kreativität einzelner Individuen abhängt, können entsprechende Personalveränderungen in den Bereichen Forschung und Entwicklung oder Design erheblich im Sinne des § 15 WpHG sein.[387] Bei börsennotierten Sportvereinen können Veränderungen bei Trainern oder bei Spitzenspielern ad-hoc-pflichtig sein.[388]

220 Soweit es um die Veröffentlichung persönlicher Daten von Schlüsselpersonen geht, ist § 15 WpHG verfassungskonform anzuwenden. Eine Ad-hoc-Veröffentlichung kommt dann nicht in Betracht, wenn diese mit einer Verletzung der Intimsphäre des Betroffenen und damit einen Verstoß gegen das allgemeine Per-

---

[381] *Beck'scher Bilanzkommentar-Ellrott,* § 285 Rn. 200; HGB-Bilanzrecht-*Hüttemann,* § 285 Rn. 78; *Burgard* ZHR 162 (1998), 83.
[382] *Möllers* NZG 2005, 460.
[383] *Bauer/Krets* DB 2003, 814 f.; *Assmann/Schneider/Assmann* Rn. 89; *Fürhoff/Wölk* WM 1997, 453.
[384] *Bauer/Krets* DB 2003, 815; *Fürhoff/Wölk* WM 1997, 453; *Schäfer,* Rn. 70; *v. Klitzing,* 152; *Gehrt,* 151 f.
[385] So aber *Pananis* WM 1997, 463; *Pellens* AG 1991, 65; *Heidmaier* AG 1992, 112.
[386] *Küting/Weber/Lück* § 289 HGB Rn. 33; *Baetge* Bilanzen, 630.
[387] BaFin, Emittentenleitfaden idF vom 15. 7. 2005, 50.
[388] *Wertenbruch* WM 2001, 193 ff.; *Waldhausen,* 262 f.

sönlichkeitsrecht des Art. 2 Abs. 1 GG bedeutet.[389] Eine Ad-hoc-Veröffentlichung von Insiderinformationen, die das allgemeine Persönlichkeitsrecht der betroffenen Schlüsselperson berühren, darf deshalb nur mit ausdrücklicher oder zumindest zu erwartender konkludenter Einwilligung des Betroffenen erfolgen.[390] Aus demselben Grund bedarf zB auch die Veröffentlichung von Entlassungen von Führungspersonen keiner weiteren Angabe von Gründen. Auch schwere Erkrankungen oder die Erhebung einer Klage gegen Personen in Schlüsselpositionen sind unter Berücksichtigung der Persönlichkeitsrechte des Betroffenen nicht ad-hoc-publizitätspflichtig.[391]

Sogenannte Change of Control Klauseln, d. h. finanzielle Zusagen in Anstellungsverträgen der Vorstandsmitglieder oder anderer Führungspersonen für den Fall einer Änderung der Kontrolle über die Gesellschaft, sind grundsätzlich nicht ad-hoc-publizitätspflichtig, da ihnen das Kursbeeinflussungspotenzial fehlt. Etwas anderes gilt möglicherweise im Fall außergewöhnlicher hoher Leistungszusagen.[392] 221

Schwierigkeiten kann in der Praxis die Bestimmung des **maßgeblichen Zeitpunkts** für die Entstehung der Ad-hoc-Publizitätspflicht bereiten. Wird ein Vorstandsmitglied mit sofortiger Wirkung abberufen, läuft sein Anstellungsvertrag aber noch weiter, ist allein der Wechsel der Organstellung, nicht aber das Ende des Anstellungsvertrages, maßgebend. Beruht die Personalentscheidung auf einem Willensschluss des betroffenen Organmitglieds selbst, ist zu differenzieren, ob es sich um eine endgültig getroffene Entscheidung des Betroffenen in Gestalt einer einseitigen Rücktrittserklärung handelt oder lediglich um eine Ankündigung des Betroffenen, sein Amt zu einem späteren Zeitpunkt niederlegen zu wollen.[393] Welche Konstellation im Einzelfall vorliegt, ist durch Auslegung der entsprechenden Erklärungen des Organmitglieds unter Heranziehung der sonstigen Umstände zu beurteilen. Da die einseitige Rücktrittserklärung eines Organmitglieds lediglich der Kenntnisnahme durch den Aufsichtsrat nicht aber dessen Zustimmung bedarf, ist eine solche Erklärung bereits hinreichend konkret im Sinne der Ad-hoc-Publizität. Ein Aufschub der Veröffentlichung kann nur mit berechtigten Interessen nach § 15 Abs. 3 WpHG begründet werden. Demgegenüber stellt die bloße Ankündigung der betreffenden Person, ihr Amt zu einem späteren Zeitpunkt niederlegen zu wollen, einen zukünftigen Umstand dar, für dessen Ad-hoc-Veröffentlichungspflicht die notwendige Konkretheit möglicherweise noch fehlt. So kann in einem solchen Fall die endgültige Entscheidung noch vom Ausgang der Nachfolgediskussion, von der Festlegung des konkreten Zeitpunkts und von weiteren Gesichtspunkten abhängig sein. Die Tatsache, dass im Falle eines Rücktritts ohne wichtigen Grund eine Verpflichtung zum Schadensersatz gemäß § 626 BGB entsteht, und deshalb im Zweifel nur eine Ankündigung des Rücktritts vorliegt, kann nicht ausschlaggebend sein.[394] Ferner kann 222

---

[389] Zu Recht kritisiert wurde beispielsweise die Ad-hoc-Mitteilung im Fall Heiko Herrlich von Borussia Dortmund, vgl. *Wertenbruch* WM 2001, 193; *Schumacher* NZG 2001, 776.
[390] *Wertenbruch* WM 2001, 194; *Schumacher* NZG 2001, 777.
[391] *Waldhausen*, 262.
[392] *Dreher* AG 2002, 221 f.
[393] BGH Beschl. v. 25. 2. 08 II ZB 9/07 in DB 2008, 857 ff.; OLG Stuttgart ZIP 2007, 352.
[394] AA: OLG Stuttgart ZIP 2007, 352.

das Vorliegen einer Rücktrittserklärung auch nicht von der Bedingung einer einvernehmlichen Nachfolgeregelung abhängig sein, da es sich bei der Rücktrittserklärung um ein Gestaltungsrecht handelt, das bedingungs- und befristungsfeindlich ist.[395]

223 Aufgrund der **Alleinzuständigkeit des Aufsichtsrats** bei Vorstandsmitglieder betreffenden Personalmaßnahmen (§ 84 AktG) ist das Konzept der mehrstufigen Entscheidungsprozesse hier nicht anwendbar.[396] Soweit es sich um eine aktienrechtlich zulässige Amtsniederlegung[397] handelt, kann diese einseitige Willenserklärung des Vorstandsmitglieds zum Zeitpunkt ihrer Äußerung ad-hoc-pflichtig sein. Eine Ad-hoc-Publizitätspflicht kann dabei frühestens dann entstehen, wenn die entsprechende Kündigungs-/Rücktrittserklärung bei der jeweils empfangszuständigen Stelle eingegangen ist. Für Kündigungserklärungen von Vorstandsmitgliedern ist dies der Aufsichtsrat, bei Kündigungen sonstiger Führungspersonen dagegen der Vorstand. Dabei reicht es aus, wenn die Erklärung einem Mitglied des zuständigen Gremiums zur Kenntnis gelangt.[398] Nicht erforderlich ist demnach, dass sich der Gesamtaufsichtsrat erst anlässlich einer Aufsichtsratssitzung ausdrücklich mit der Rücktrittserklärung eines Vorstandsmitglieds befasst.

224 Mit dem Zugang der Willensäußerung beim Aufsichtsrat hat sich ein gegenwärtiger Umstand hinreichend konkret manifestiert, sodass für Überlegungen zur Eintrittswahrscheinlichkeit des erst zukünftig angekündigten Rücktritts kein Raum mehr ist. Lediglich die Frage der Kursbeeinflussung ist im Hinblick auf die Bedeutung des zurücktretenden Vorstandsmitglieds noch zu prüfen. Mit Zugang der Information im Aufsichtsrat, d.h. bei einem Aufsichtsratsmitglied, entsteht somit die Ad-hoc-Publizitätspflicht des Emittenten. Anders liegt der Fall, wenn nicht eine einseitige Rücktrittserklärung eines Vorstandsmitglieds vorliegt, sondern der Aufsichtsrat einvernehmlich in die mittelfristige Rücktrittsplanung einschließlich Nachfolgeregelung des Vorstandsmitglieds einbezogen werden soll.[399] Auch hier handelt es sich nicht um einen mehrstufigen Entscheidungsprozess, sondern um einen gestreckten Geschehensablauf, dessen Ausgang sich zum Zeitpunkt der Unterrichtung des Aufsichtsrats noch nicht absehen lässt. Deshalb fehlt es in einem solchen Fall an der überwiegenden Eintrittswahrscheinlichkeit eines künftigen Umstandes und damit an der Konkretisierung der Insiderinformation i.S.v. § 15 WpHG.[400]

225 Liegt eine ad-hoc-pflichtige Personalentscheidung vor, bleibt immer noch die Möglichkeit zur Selbstbefreiung unter den Voraussetzungen des § 15 Abs. 3 WpHG. Soweit die Personalentscheidung ein Vorstandsmitglied betrifft, liegt auch die Zuständigkeit für die Einhaltung der formalen Voraussetzungen einer Selbstbefreiung beim Aufsichtsrat.[401] Es empfiehlt sich in solchen Fällen, die ent-

---

[395] *Fleischer* NZG 2007, 402; aA: OLG Stuttgart ZIP 2007, 352.
[396] Insoweit missverständlich OLG Stuttgart NZG 2007, 357.
[397] *Hüffer/Hüffer* AktG § 84, Rn. 36.
[398] BGH NZG 2002, 44.
[399] BGH Beschl. v. 25. 2. 08 II ZB 9/07 in DB 2008, 857 ff.; OLG Stuttgart ZIP 2007, 352.
[400] BGH Beschl. v. 25. 2. 08 II ZB 9/07 in DB 2008, 857 ff.; OLG Stuttgart NZG 2007, 358; *Fleischer* NZG 2007, 407.
[401] *Die Weitergabe der Insiderinformation an ein im Unternehmen bestehendes Ad-hoc-Gremium, welches wiederum dem Vorstand unterstellt ist, verbietet sich in solchen Fällen aufgrund der besonderen Vertraulichkeit der Personalmaßnahme.*

sprechende Selbstbefreiung in das Protokoll der Aufsichtsratssitzung, in der die Personalmaßnahme erörtert wurde, aufzunehmen.

ll) Ad-hoc-Publizität im Zusammenhang mit Rechts- und Verwaltungsverfahren. Rechtsstreitigkeiten und Verwaltungsverfahren sind trotz Öffentlichkeit des Verfahrens **nicht öffentlich bekannt** i. S. v. §§ 13, 15 WpHG, sofern keine Berichterstattung in allgemein verbreiteten Medien stattfindet. Die Gerichtsöffentlichkeit (§ 169 GVG) ist nicht mit der Bereichsöffentlichkeit i. S. d. Wertpapierhandelsgesetzes gleichzusetzen.[402] Dagegen darf allerdings die öffentliche Bekanntmachung von Musterentscheiden nach dem Kapitalanleger-Musterverfahrensgesetz (KapMuG) durch das Gericht im Klageregister des elektronischen Bundesanzeigers als öffentlich bekannt gelten. Einer zusätzlichen Ad-hoc-Meldung durch den Emittenten bedarf es hier nicht. 226

Der Emittent muss entweder als Adressat einer Klage, eines Urteils, einer Einstellungsverfügung oder eines Verwaltungsbescheids oder aber durch die damit verbundenen Rechtsfolgen **unmittelbar betroffen** sein.[403] 227

Da es sich bei Rechtsstreitigkeiten oder Verwaltungsverfahren um über mehrere Jahre andauernde gestreckte Sachverhalte handeln kann,[404] muss jeweils im Einzelfall entschieden werden, ob ein bestimmter Verfahrensschritt für sich betrachtet schon die hinreichende Konkretisierung im Hinblick auf das Verfahren insgesamt und zusätzlich das notwendige Preisbeeinflussungspotenzial aufweist. Potenziell **ad-hoc-fähige Verfahrensschritte** sind zB die Klagezustellung, die Eröffnung des mündlichen Verfahrens, gegnerische Schriftsätze mit neuen Fakten, Ergebnisse der Beweisaufnahme, richterliche Hinweise oder Vergleichsvorschläge, eine Instanz beendende Entscheidungen, Einlegung von Rechtsmitteln etc. Bei der Frage, zu welchem Zeitpunkt – d. h. bei welchem konkreten Verfahrensschritt – die Veröffentlichungspflicht entsteht, kommt es darauf an, ab wann mit hinreichender Wahrscheinlichkeit mit einem erheblich preisbeeinflussenden Ausgang des Verfahrens zu rechnen ist.[405] Bei Verfahren von existenziellem Ausmaß, wie zB Schadensersatzklagen in den USA oder wesentliche Lizenzstreitigkeiten, kann schon der Eingang der Klageschrift die Ad-hoc-Publizitätspflicht auslösen.[406] Ferner kann die Veröffentlichungspflicht dann entstehen, wenn der Emittent unabhängig vom Verfahrensausgang Maßnahmen ergreift, die für sich genommen erheblich kursbeeinflussend sind (zB Bildung von Rückstellungen).[407] 228

mm) Ad-hoc-Publizität bei strafbaren Handlungen. Strafbare Handlungen von Organen oder Organmitgliedern des Emittenten sowie strafbare Handlungen Dritter, die von Organen im Rahmen ihrer Organtätigkeit veranlasst wurden, betreffen den Emittenten regelmäßig unmittelbar und können deshalb bei Kurserheblichkeit der Ad-hoc-Publizitätspflicht unterliegen.[408] Wegen des damit verbundenen Zwangs zur öffentlichen Selbstbezichtigung unterliegt eine solche Ad-hoc-Publizitätspflicht allerdings **verfassungsrechtlichen Bedenken**. 229

---

[402] BaFin, Emittentenleitfaden idF vom 15. 7. 2005, 50.
[403] *Waldhausen*, 263.
[404] Siehe Rn. 99 ff.
[405] BaFin, Emittentenleitfaden idF vom 15. 7. 2005, 50.
[406] *Fürhoff*, 182.
[407] BaFin, Emittentenleitfaden idF vom 15. 7. 2005, 50.
[408] *Assmann/Schneider/Assmann*, Rn. 91.

§ 15 230–233   Abschnitt 3. Insiderüberwachung

Nach dem verfassungsrechtlich geschützten „nemo tenetur"-Grundsatz ist niemand verpflichtet, sich selbst zu belasten oder zur Aufklärung eines ihm zur Last gelegten Sachverhalts beizutragen.[409] Die Nichteinhaltung der Ad-hoc-Publizität in einem solchen Fall darf keine weiteren Sanktionen nach sich ziehen.[410]

230   **nn) Ad-hoc-Publizität bei Directors' Dealings.** Die Publizitätspflichten bei Directors' Dealings gemäß § 15a WpHG und die Ad-hoc-Publizität gemäß § 15 WpHG bestehen nebeneinander.[411] Grundsätzlich betreffen Geschäfte mit Finanzinstrumenten des Emittenten diesen aber **nur mittelbar**.[412] Das gilt auch für Directors' Dealings. Eine zusätzliche Ad-hoc-Publizitätspflicht für die nach § 15a Abs 4. WpHG zu veröffentlichenden Wertpapiergeschäfte von Organmitgliedern kommt deshalb nur in Betracht, wenn sie eine unternehmerische Beteiligung betreffen.[413] Dagegen kann ein festgestellter Verstoß gegen die Mitteilungspflicht des § 15a WpHG, also eine Pflichtverletzung des Vorstands, ihrerseits eine ad-hoc-pflichtige Information sein, wenn der damit einhergehende Reputationsschaden erheblich ist und deshalb die Gesellschaft unmittelbar betrifft.

231   Dagegen dürfte es schwierig sein, die Ad-hoc-Pflicht im Falle von Directors' Dealings (oberhalb der Bagatellgrenze von 5000,– € gemäß § 15a Abs. 1 S. 4 WpHG) mit dem Argument **fehlender Kurserheblichkeit** zu verneinen.[414] Das grundsätzlich unterstellte Potenzial zur Kurserheblichkeit von Directors' Dealings ist gerade deren Wesensmerkmal und gesetzgeberischer Hintergrund des § 15a WpHG.[415] Deshalb wird immer dann, wenn wegen der besonderen Bedeutung des Wertpapiergeschäfts eines Organmitglieds die unmittelbare Betroffenheit der Gesellschaft i. S. v. § 15 WpHG zu bejahen ist, auch die Kurserheblichkeit vorliegen.

232   **oo) Ad-hoc-Publizität bei Enforcement-Verfahren.** Gemäß § 37n WpHG hat die BaFin die Aufgabe, im sogenannten Enforcement-Verfahren zu überprüfen, ob der Jahresabschluss und der zugehörige Lagebericht bzw. der Konzernabschluss und der zugehörige Konzernlagebericht von börsennotierten Unternehmen den gesetzlichen Vorschriften, einschließlich der Grundsätze ordnungsgemäßer Buchführung, entsprechen. Hier kann sich in verschiedenen Abschnitten des Enforcement-Verfahrens die Frage nach der Ad-hoc-Publizitätspflicht stellen.[416]

233   Die speziellen Offenlegungsvorschriften der §§ 37o Abs. 1 S. 5, 37q Abs. 2 WpHG betreffen lediglich die Offenlegung bestimmter Ergebnisse des Enforcement-Verfahrens und verdrängen insoweit § 15 WpHG. Dennoch bleibt insbe-

---

[409] BVerfGE 56, 37 (49); BGH NJW 1996, 2942; *Kleinknecht/Meyer-Goßner*, StPO Einl., Rn. 29a.
[410] *Assmann/Schneider/Assmann*, Rn. 91.
[411] *Assmann/Schneider/Assmann*, Rn. 96; *Fleischer* ZIP 2002, 1229; *Schwark/Zimmer* Rn. 11.
[412] *Bednarz* AG 2005, 839f.
[413] Vgl. zur Unmittelbarkeit Rn. 132ff.
[414] So aber: *Assmann/Schneider/Assmann*, Rn. 96.
[415] *Bednarz* AG 2005, 839f., BaFin, Emittentenleitfaden idF v. 15. Juli 2005, 42.
[416] Ausführlich: *Assmann/Schneider/Assmann*, Rn. 97f. Dagegen kann ein festgestellter Verstoß gegen die Mitteilungspflicht des § 15a WpHG, also eine Pflichtverletzung des Vorstands, ihrerseits eine ad-hoc-pflichtige Information sein, wenn der damit einhergehende Reputationsschaden erheblich ist und deshalb die Gesellschaft unmittelbar betrifft.

sondere in Bezug auf die **Einleitung des Enforcement-Verfahrens** ebenso wie für weitere Verfahrensabschnitte Raum für die Anwendbarkeit des § 15 WpHG, wenn dessen Voraussetzungen vorliegen. Dabei stellt sich die Frage, ob die Einleitung des Enforcement-Verfahrens und die weiteren Verfahrensschritte jeweils schon eine hinreichend konkrete Information darstellen, da erst am Ende des Verfahrens feststeht, ob die Rechnungslegungsvorschriften durch den Emittenten eingehalten wurden oder nicht.[417]

Dabei wird der Emittent Dreierlei zu berücksichtigen haben: (1) ob der Bilanzmangel selbst kurserheblich ist, d. h. insbesondere, ob er Auswirkungen auf das festgestellte Jahresergebnis hat; (2) ob die bemängelte Bilanzierungsmethode darüber hinaus Auswirkungen auf den aktuellen (noch nicht veröffentlichten) und möglicherweise künftige Jahresabschlüsse hat und (3) ob möglicherweise allein die Tatsache des eingeleiteten Enforcement-Verfahrens durch die BaFin als solche kurserheblich ist – unabhängig von der Bedeutung des Bilanzfehlers. Der letztgenannte Gesichtspunkt allein sollte allerdings, bei Zugrundelegung der Sichtweise eines verständigen Anlegers, nicht zur Kurserheblichkeit führen.[418]

In der Literatur wird außerdem zwischen anlassbezogener Einleitung eines Enforcement-Verfahrens und lediglich stichprobenartig veranlassten Überprüfungen unterschieden.[419] Nur bei **anlassbezogenen** Verfahren wird der verständige Anleger davon ausgehen, dass eine konkrete, kursrelevante Information vorliegt, weil die BaFin gemäß § 342 b Abs. 2 S. 3 Nr. 1, S. 4 HGB, §§ 37 o Abs. 1 S. 1, 37 p Abs. 2 WpHG eine anlassbezogene Prüfung nur dann einleitet, wenn konkrete Anhaltspunkte für einen Verstoß gegen Rechnungslegungsvorschriften vorliegen und ein öffentliches Interesse an der Prüfung besteht.[420]

Ferner wird regelmäßig ein Aufschub der Veröffentlichung nach § 15 Abs. 3 WpHG möglich sein, wenn der Emittent begründeten Anlass dafür hat, den Verdacht eines Verstoßes gegen Rechnungslegungsvorschriften entkräften zu können.[421]

Dem Emittenten wird das Ergebnis der Prüfung gemäß § 342 b Abs. 5 S. 1 HGB mitgeteilt. Erklärt der Emittent sich mit dem Ergebnis einverstanden, dann meldet die Deutsche Prüfstelle für Rechnungslegung dies gemäß § 342 b Abs. 5 HGB der BaFin. Ergibt die Prüfung einen Fehler, so ordnet die BaFin die Veröffentlichung des festgestellten Fehlers gemäß § 37 q Abs. 2 S. 1 WpHG an. Diese Veröffentlichung **verdrängt** die Vorschrift des § 15 WpHG.[422] Wirkt der Emittent bei der Prüfung mit, ist er aber mit dem mitgeteilten Ergebnis nicht einverstanden, so kann die Ergebnismitteilung, wenn sie kurserheblich ist, ad-hoc-veröffentlichungspflichtig sein.

f) Veröffentlichung

Die Insiderinformation ist unverzüglich („ad hoc") zu veröffentlichen. Die Anforderungen an die Art, die Sprache, die Form und den Inhalt sowie an das Verfahren der Veröffentlichung werden durch die WpAIV konkretisiert.

---

[417] Vgl. die Ausführungen zur Problematik gestreckter Sachverhalte, Rn. 99.
[418] *Assmann* AG 2006, 266.
[419] *Assmann/Schneider/Assmann*, Rn. 98; *Müller* ZHR 168 (2004), 417.
[420] *Assmann/Schneider/Assmann*, Rn. 99, 100; *Müller* ZHR 168 (2004), 417.
[421] *Assmann/Schneider/Assmann*, Rn. 100.
[422] *Assmann/Schneider/Assmann*, Rn. 101.

§ 15 239–243 Abschnitt 3. Insiderüberwachung

239 **aa) Art der Veröffentlichung.** §§ 3a und 5 WpAIV bestimmen, in welcher Art die Insiderinformation zu veröffentlichen ist. Der Verordnungsgeber sieht zwingend drei Wege der Veröffentlichung vor, die kumulativ, nicht alternativ einzuhalten sind. Der Emittent hat die Veröffentlichung zunächst über ein weit verbreitetes, elektronisch betriebenes **Informationsverbreitungssystem** (§ 5 Nr. 1 WpAIV) vorzunehmen. Sofern eine Website des Emittenten besteht, ist die Meldung sodann auch auf dieser **Website** für die Dauer von mindestens einem Monat einzustellen (§ 5 Nr. 2 WpAIV). Die Veröffentlichung auf der Website darf nicht vor der Veröffentlichung über ein elektronisch betriebenes Informationsverbreitungssystem erfolgen. Mit der Umsetzung der Vorgaben aus der Transparenzrichtlinie durch das TUG wurde der Veröffentlichungsmodus erweitert, sodass Insiderinformationen zusätzlich auch **Medien** (§ 3a Abs. 1, 2 WpAIV) zuzuleiten sind, welche deren Verbreitung in der gesamten EU und dem EWR gewährleisten können.

240 Die bis zum Erlass des AnSVG zulässige Veröffentlichung in einem überregionalen Börsenpflichtblatt,[423] zu denen zB die „Börsen-Zeitung", „Frankfurter Allgemeine Zeitung", „Handelsblatt" oder „Süddeutsche Zeitung"[424] zählen, ist nicht mehr ausreichend.

241 Die Veröffentlichung von Ad-hoc-Meldungen in Printmedien spielte aber auch zuvor schon eine untergeordnete Rolle. Die Verbreitung einer Ad-hoc-Meldung über ein **Börsenpflichtblatt** war langwierig; häufig lag zwischen Anzeigenannahme und Veröffentlichung ein längerer Zeitraum. So musste bei Eintritt einer ad-hoc-pflichtigen Insiderinformation die Meldung bis spätestens 15.00 Uhr der Anzeigenannahme der entsprechenden Zeitung übermittelt sein, damit eine Veröffentlichung am nächsten Tag noch gewährleistet war. Gelang dies nicht oder trat die ad-hoc-pflichtige Insiderinformation erst nach diesem Zeitpunkt ein, verlängerte sich der Zeitraum, in dem die ad-hoc-pflichtige Insiderinformation zu unlauteren Zwecken ausgenutzt werden konnte.[425] Rund 98% der Ad-hoc-Mitteilungen wurden daher schon vor Erlass des AnSVG über elektronische Informationsverbreitungssysteme veröffentlicht.[426]

242 Die zur Veröffentlichung genutzten **elektronischen Informationsverbreitungssysteme** müssen bei Kreditinstituten, nach § 53 Abs. 1 KWG tätigen Unternehmen, anderen inländischen und zum inländischen Börsenhandel zugelassenen Unternehmen und Versicherungsunternehmen weit verbreitet sein (§ 5 Abs. 1 Nr. 1 WpAIV). In Betracht kommen vor allem Reuters, die Vereinigten Wirtschaftsdienste (VWD) oder Bloomberg.[427]

243 Auf die Terminals der genannten Informationsverbreitungssysteme haben nahezu ausschließlich professionelle Marktteilnehmer und nicht die Gesamtheit aller Marktteilnehmer Zugriff. Die beiden weiteren vorgeschriebenen Verbreitungswege (Veröffentlichung auf der Website und unter Einsatz europaweit verbreiteter Medien) sind dagegen auch der allgemeinen Öffentlichkeit zugänglich, sodass der bisherige Streit über die notwendige Herstellung von Bereichsöffentlichkeit oder breiter Öffentlichkeit hinfällig geworden ist. Die Ad-hoc-Publizität

---

[423] *Bauer/Kretz* DB 2003, 815.
[424] BAWe, Jahresbericht 1995, 25.
[425] *Fürhoff,* 197.
[426] *Leis/Nowak,* 11.
[427] BAWe, Jahresbericht 1995, 25.

632 *Pfüller*

ist eine Präventivmaßnahme zur Unterbindung von Insidertransaktionen. Wurde eine ad-hoc-pflichtige Information früher nur der Bereichsöffentlichkeit zugänglich gemacht, wirkte sie sich durch entsprechende Wertpapiertransaktionen der professionellen Marktteilnehmer sofort und unmittelbar auf den Börsenpreis aus. Damit konnte sie nicht mehr zum Insiderhandel ausgenutzt werden. Der vor Einführung der Veröffentlichung mit Hilfe eines Medienbündels vorherrschenden Ansicht, wonach die Bereichsöffentlichkeit für § 15 WpHG ausreichte, war somit zuzustimmen.[428]

Bei der Veröffentlichung auf seiner **Website** darf der Emittent die Insiderinformation nicht auf seiner Homepage unter einem beliebigen Link verbergen, hinter dem eine solche Information üblicherweise nicht zu erwarten ist. Vielmehr muss die Information von der Startseite rasch und leicht erreichbar sein und dies unter einer Rubrik, in der ein Anleger Ad-hoc-Mitteilungen **typischerweise erwartet**.[429] In der Praxis werden Ad-hoc-Mitteilungen zumeist unter der Rubrik „Investor Relations" und dort evtl. unter dem Unterpunkt „Meldepflichten nach WpHG" aufgeführt. Dies entspricht den Anforderungen des Verordnungsgebers. Die Bezeichnung „Investor Relations" muss nicht in deutscher Sprache genannt oder hinzugefügt werden, sondern es reicht aus, wenn die Ad-hoc-Meldung selbst in deutscher Sprache verfasst ist.

Die Anforderungen an die Verbreitung der Informationen in den **Medien** werden in § 3a WpAIV unter Umsetzung des Art. 21 Abs. 1 der Transparenzrichtlinie konkretisiert.[430] Dieser Veröffentlichungsmodus verlangt die Verbreitung der Insiderinformation unter Einschaltung von Medien, um eine zeitnahe Kenntnisnahme aller Marktteilnehmer in der EU bzw. dem EWR zu gewährleisten. Hierfür muss der Emittent ein sogenanntes Medienbündel unterschiedlicher Medienarten nutzen, welche die Information gemäß § 3a Abs. 2 Nr. 1 WpAIV so schnell und zeitgleich wie möglich in allen Mitgliedstaaten verbreiten.

Bereits vor Einführung des § 3a WpAIV wurden über die Verbreitungskanäle der Dienstleister für die Abwicklung und Veröffentlichung von Ad-hoc-Mitteilungen nicht nur professionelle Marktteilnehmer erreicht. So veröffentlichte der zentrale Dienstleister für die Abwicklung und Veröffentlichung von Ad-hoc-Mitteilungen, die Deutsche Gesellschaft für Ad-hoc-Publizität (DGAP), die vom Emittenten übermittelte Ad-hoc-Meldung zwar vor allem in den angeschlossenen Informationsverbreitungssystemen. Gleichzeitig wurde die Ad-hoc-Meldung aber auch über die Internetseite der DGAP und anderer Dienste verbreitet und erschien zudem im Videotext verschiedener Fernsehsender.[431] Dadurch wurde eine breite Öffentlichkeit angesprochen und die Informationslücke zu privaten Investoren geschlossen.[432]

---

[428] Begr. RegE BT-Drucks. 12/ 6679, S. 48.
[429] Bundesministerium der Finanzen (BMF), Erläuterungen zur Wertpapierhandelsanzeige- und Insiderverzeichnisverordnung (WpAIV) nach §§ 10 Abs. 4, 15 Abs. 7 S. 1; 15a Abs. 5 S. 1, 15b Abs. 2 S. 1 des WpHG, S. 8.
[430] Richtlinie 2004/109/EG des Europäischen Parlaments und des Rates zur Harmonisierung der Transparenzanforderungen in Bezug auf Informationen über Emittenten deren Wertpapiere zum Handel auf einem geregelten Markt zugelassen sind, und zur Änderungen der Richtlinie 2001/34/EG, ABl. EG 2004 Nr. L 390, S. 38.
[431] www.dgap.de.
[432] Leis/Nowak, 12.

§ 15 247–251 Abschnitt 3. Insiderüberwachung

247 Grundsätzlich bleibt die Auswahl von Art und Anzahl der Medien dem Emittenten nach den Umständen des Einzelfalls überlassen. Dabei hat der Emittent insbesondere Zahl und Orte seiner Börsenzulassungen in Europa sowie seine Aktionärsstruktur zu berücksichtigen.[433] Dem Wortlaut des § 3a WpAIV und der Gesetzesbegründung ist aber zu entnehmen, dass die Nutzung einer Medienart allein nicht ausreicht, sondern ein sogenanntes **Medienbündel** einzusetzen ist. Dazu müssen Medien gehören, die die Information so rasch und zeitgleich wie möglich aktiv und europaweit verbreiten können. Zu den zu berücksichtigenden Medienarten gehören elektronisch betriebene Informationsverbreitungssysteme, Nachrichtenagenturen, News Provider, Printmedien und Internetseiten für den Finanzmarkt.[434] Die BaFin hat in einem Rundschreiben zu den Veröffentlichungspflichten nach §§ 21 ff. WpHG auch zur Wahl der Medien Stellung genommen.[435] Dieses Rundschreiben kann für die Veröffentlichungspflicht nach § 15 WpHG entsprechend herangezogen werden. Als Mindeststandard hält es die BaFin danach für erforderlich, dass das Medienbündel alle fünf in der Gesetzesbegründung genannten Medienarten und pro Medienart mindestens ein Medium enthält. Insgesamt muss mindestens ein Medium eine aktive europaweite Verbreitung ermöglichen, einschließlich des Landes, in dem die Aktien börsenzugelassen sind. Hinzu kommt je EU-Mitgliedstaat/EWR-Vertragstaat ggf. ein weiteres Medium, das die Information in diesem Land verbreitet.

248 Da gemäß § 5 S. 2 WpAIV die Veröffentlichung auf der Website des Emittenten nach § 5 S. 1 Nr. 2 WpAIV nicht vor der Verbreitung über ein elektronisches Informationsverbreitungssystem nach § 5 S. 1 Nr. 1 WpAIV erfolgen darf, gilt diese Reihenfolge, d. h. die **zeitliche Vorrangigkeit des elektronischen Verbreitungssystems** auch für die Veröffentlichung in den Medien nach § 3a WpAIV.[436]

249 **bb) Sprache.** Die **Sprache** der Veröffentlichung richtet sich nach § 3b WpAIV. Dieser setzt das Sprachenregime gemäß Art. 20 der Transparenzrichtlinie für die Veröffentlichung von allen vorgeschriebenen Informationen i. S. d. Art. 2 Abs. 1 lit. k der Transparenzrichtlinie um und stellt die notwendige Übereinstimmung mit dem Sprachenregime der Prospektrichtlinie her. Als Differenzierungskriterien dienen der Sitz des Emittenten sowie der Ort, an welchem die Finanzinstrumente des Emittenten zugelassen sind bzw. das jährliche Dokument hinterlegt ist.

250 Nach **§ 3b Abs. 1 WpAIV** können Emittenten mit Sitz im Ausland, Emittenten, für die die Bundesrepublik Deutschland der Herkunftsstaat ist, sowie Emittenten, die bei der BaFin einen Prospekt in englischer Sprache für die Wertpapiere, auf die sich die Information bezieht, hinterlegt haben, ausschließlich in englischer Sprache veröffentlichen.

251 Nach **§ 3b Abs. 2 WpAIV** ist für die übrigen Emittenten, für die die Bundesrepublik Deutschland Herkunftsstaat ist, eine Veröffentlichung in deutscher Spra-

---

[433] Begr. RegE TUG BT-Drucks. 16/2498 S. 49.
[434] Vgl. *Begr. RegE* TUG, BT-Drucks. 16/2498 S. 33.
[435] BaFin Hinweise zu den Mitteilungs- und Veröffentlichungspflichten gemäß §§ 21 ff. WpHG vom 5. 2. 2007, verfügbar unter *http://www.bafin.de*.
[436] Dies soll die *gleichmäßige* Verbreitung der Information innerhalb der EU/EWR gewährleisten, was bei einer zeitlich frühen Veröffentlichung auf der Website nicht gegeben wäre; vgl. Begr. RegE BT-Drucks. 16/2498 S. 32.

che vorgeschrieben, sofern die Aktien nur in Deutschland zugelassen sind. Für den Fall, dass die Aktien auch in einem anderen Mitgliedstaat zugelassen sind, gibt § 3b Abs. 2 S. 2 WpAIV die Wahlmöglichkeit zwischen der von der Behörde des zuständigen Mitgliedstaates akzeptierten Sprache und der englischen Sprache.

Emittenten, deren Herkunftsstaat nicht die Bundesrepublik Deutschland ist, deren Finanzinstrumente aber ausschließlich in Deutschland zugelassen sind,[437] dürfen gemäß § 3b Abs. 3 S. 1 WpAIV in deutscher oder englischer Sprache veröffentlichen.

Für Emittenten mit Sitz im Inland, deren Aktien in mehreren[438] Mitgliedstaaten, nicht aber in Deutschland, zum Handel an einem organisierten Markt zugelassen sind, eröffnet § 3b Abs. 3 S. 2 WpAIV die Möglichkeit, zwischen einer Veröffentlichung in englischer oder in der von den zuständigen Behörden der betreffenden Mitgliedstaaten der EU oder der betreffenden Vertragsstaaten des EWR akzeptierten Sprache zu wählen. Eine ergänzende Veröffentlichung in deutscher Sprache ist möglich.

Sofern die Veröffentlichung **in deutscher Sprache** zu erfolgen hat, ist gleichwohl auch eine zeitgleiche Fassung in englischer Sprache möglich bzw. bei Notierung im Prime Standard sogar zusätzlich erforderlich.[439] Auch bei einer zweisprachigen Veröffentlichung ist das Gebot der Unverzüglichkeit zu beachten, d. h. die Veröffentlichung darf nicht aufgeschoben werden, bis die Übersetzung vorliegt.[440] Dies gilt auch, wenn die Börsenordnungen der Wertpapierbörsen vom Emittenten eine zeitgleiche Veröffentlichung der Ad-hoc-Mitteilung in englischer Sprache explizit fordern.[441] Diese Regelungen sind gegenüber dem Unverzüglichkeitserfordernis des § 15 WpHG nachrangig und können keine Verzögerung rechtfertigen.[442] Auch wenn nach dem Wortlaut des Gesetzes eine spätere Veröffentlichung der englischen Fassung nicht mehr in Form einer Ad-hoc-Meldung erfolgen dürfte, weil zu diesem Zeitpunkt die Information bereits öffentlich bekannt ist, erachtet die BaFin eine solche Meldung nach § 15 Abs. 2 S. 1 WpHG als zulässig,[443] wenn die Veröffentlichung der Übersetzung innerhalb von 24 Stunden nach Veröffentlichung der deutschen Version erfolgt.

cc) Unverzüglichkeit. § 15 WpHG ordnet die unverzügliche Veröffentlichung der Ad-hoc-Mitteilung an. Der Kapitalmarkt soll so früh wie möglich

---

[437] Inlandsemittenten im Sinne des § 2 Abs. 7 Nr. 2 WpHG.
[438] Für Emittenten, die ihren Sitz im Inland haben, deren Wertpapiere aber **nur in einem** anderen Mitgliedstaat zum Handel an einem organisierten Markt zugelassen sind, der für sie Veröffentlichungspflichten vorsieht, findet nach Art. 21 Abs. 3 der Transparenzrichtlinie das deutsche Publikationsregime grundsätzlich keine Anwendung, vgl. Begr. RegE zum TUG, BT-Drucks. 16/2498, S. 38; vgl. § 15 Rn. 52ff.
[439] Vgl. § 51 Börsenordnung für die Frankfurter Wertpapierbörse. § 3b Abs. 3 S. 2, letzter Halbsatz WpAIV betrifft dagegen den umgekehrten Fall, wonach bei einer erforderlichen Veröffentlichung in englischer Sprache zusätzlich auch eine Veröffentlichung in deutscher Sprache möglich sein soll.
[440] Bundesministerium der Finanzen (BMF), Erläuterungen zur Wertpapierhandelsanzeige- und Insiderverzeichnisverordnung (WpAIV) nach §§ 10 Abs. 4, 15 Abs. 7 S. 1; 15a Abs. 5 S. 1, 15b Abs. 2 S. 1 des WpHG, S. 9.
[441] Wie zB § 51 der Börsenordnung für die Frankfurter Wertpapierbörse für Unternehmen im Prime Standard.
[442] BaFin, Emittentenleitfaden idF v. 15. Juli 2005, 66.
[443] BaFin, Emittentenleitfaden idF v. 15. Juli 2005, 66.

§ 15 256–258 Abschnitt 3. Insiderüberwachung

diejenigen Informationen erhalten, die für die Preisbildung von Finanzinstrumenten notwendig sind, weil er sonst nicht in der Lage ist, die Funktion einer korrekten Preisbildung zu erfüllen.[444]

256 Im Gegensatz zu den Mitteilungspflichten über Stimmrechtsanteile gemäß § 21 WpHG und der Mitteilung von Directors' Dealings gemäß § 15a WpHG hat der Gesetzgeber bei der Ad-hoc-Pflicht nach § 15 WpHG darauf verzichtet, eine konkrete zeitliche Obergrenze für die Unverzüglichkeit festzusetzen. Für die Bestimmung der Frist kann daher auf § 121 BGB zurückgegriffen werden, d.h. die Veröffentlichung hat **ohne schuldhaftes Zögern** zu erfolgen.[445] Der dafür maßgebende allgemeine Verschuldensmaßstab nach § 276 BGB wird durch die §§ 39 Abs. 2 bzw. 37b Abs. 2, 37c Abs. 2 WpHG dahingehend modifiziert, dass die Verzögerung vorsätzlich oder leichtfertig (für eine Ahndung als Ordnungswidrigkeit) bzw. vorsätzlich oder grob fahrlässig (für die Geltendmachung eines Schadensersatzanspruchs) verursacht sein muss.

257 Der Emittent muss **positive Kenntnis oder zumindest grob fahrlässige Unkenntnis** von den Umständen haben, die Gegenstand einer veröffentlichungspflichtigen Insiderinformation sein können. Dass schon der objektive Eintritt einer Insiderinformation auch den Zeitpunkt ihrer Veröffentlichungspflicht bestimmen sollte,[446] war schon vor den Änderungen durch das AnSVG zweifelhaft und ließ sich nur im Rahmen der alten Rechtslage rechtfertigen, wonach die ad-hoc-pflichtige Tatsache „im Tätigkeitsbereich des Emittenten" eingetreten sein musste. Die für § 15 WpHG aF relevanten Ereignisse entstammten nämlich stets der Sphäre des Emittenten und erforderten keine zusätzlichen kognitiven Elemente. Der heute viel weiter gefasste Begriff des Emittentenbezugs, bei dem die ursprünglich enge Formulierung des Eintretens im Tätigkeitsbereich nur noch als Regelbeispiel dient, bezieht dagegen auch Umstände mit ein, die außerhalb der Emittentensphäre liegen, ihn aber unmittelbar betreffen. Die Festlegung des Entstehungszeitpunkts der Publikationspflicht auf das Vorliegen positiver Kenntnis (oder grob fahrlässiger Unkenntnis) von solchen – externen – Insiderinformationen ist nunmehr sachgerecht, weil andernfalls der Emittent mit einer Ad-hoc-Pflicht bereits bei Eintritt des – äußeren – Umstands unverhältnismäßig belastet wäre.

258 Die Kenntnisnahme einer zur Ad-hoc-Pflicht führenden Insiderinformation kann nicht unabhängig von der Stellung der betroffenen Person im Unternehmen sein. Dies schon deshalb, weil eine Kurserheblichkeitsprognose vorzunehmen und ggf. das Vorliegen von Befreiungsvoraussetzungen zu prüfen ist. Die von der BGH-Rechtsprechung[447] entwickelten **Grundsätze der Wissenszurechnung** müssen deshalb zur Anwendung kommen.[448] Dies ist auf die Erwägung zurückzuführen, dass der Rechtsverkehr durch die Wissensaufspaltung bei Gesellschaften nicht schlechter gestellt werden soll, als beim Kontakt mit natürli-

---

[444] Committee of European Securities Regulators, CESR's Advice on Level 2 Implementing Measures for the proposed Market Abuse Directive, CESR/02-089d, December 2002, Tz. 62.
[445] BaFin, Emittentenleitfaden idF vom 15. 7. 2005, 65.
[446] *Möllers/Rotter/Braun*, § 8 Rn. 47; *Marsch-Barner/Schäfer/Schäfer*, § 14 Rn. 28.
[447] Vgl. BGHZ 132, 30.
[448] *Assmann/Schneider/Assmann*, §§ 37b, 37c, Rn. 68; aA: *Marsch-Barner/Schäfer/Schäfer*, § 14 Rn. 28; *Möllers/Rotter/Braun*, § 8 Rn. 48.

chen Personen.⁴⁴⁹ Bei wertender Betrachtung ist zu beurteilen, ob die betreffende Person in der Unternehmensorganisation typischerweise über derartige Insiderinformationen verfügt. Wenn beispielsweise ein Mitarbeiter der Poststelle einen Brief mit einer Insiderinformation i. S. d. § 13 WpHG öffnet (zB Zustellung einer wichtigen Klage), wird diese Kenntnis (noch) nicht dem Emittenten zugerechnet.

Innerhalb des Emittenten besteht jedoch die **Organisationspflicht**, durch entsprechende Maßnahmen sicherzustellen, dass Informationen unverzüglich an verantwortliche Stellen weitergeleitet werden. Wenn eine Insiderinformation an einer Stelle im Unternehmen entsteht, die nicht berechtigt ist, über die Veröffentlichung zu entscheiden, muss durch unternehmensinterne Abläufe sichergestellt sein, dass die Information unverzüglich einer entscheidungsberechtigten Person oder einem zuständigen Gremium zugeleitet wird. Bei vorhersehbaren Insiderinformationen sind entsprechende Vorarbeiten zu leisten, die eine zeitliche Verzögerung weitestgehend vermeiden.

Auch bei **unternehmensexternen Insidern,** wie etwa rechtlichen Beratern oder sonstigen Beauftragten, ist auf die wertenden Grundsätze der Wissenszurechnung zurückzugreifen. Die Kenntnis dieser Personen kann dem Emittenten nur dann zugerechnet werden, wenn sie im Rahmen ihres konkreten Emittentenauftrags typischerweise über die Information verfügen. Erfährt zB ein Patentanwalt zufällig von Insiderinformationen, die zwar den Emittenten unmittelbar betreffen, nicht aber mit der mandatsbezogenen Patentsache zusammenhängen, kann diese Kenntnis dem Emittenten nicht zugerechnet werden.

Der Emittent benötigt **ausreichende Bedenkzeit,** um die möglichen Auswirkungen eines Ereignisses sorgfältig daraufhin prüfen zu können, ob eine ad-hoc-pflichtige Insiderinformation vorliegt. Im Zweifel soll er sich des Rates eines Experten bedienen können.⁴⁵⁰ Allerdings darf der Emittent nur solange zuwarten, wie dies durch besondere Umstände des Einzelfalls gerechtfertigt ist. Wenn der Emittent schuldhaft die Entscheidungsfindung verzögert, liegt keine unverzügliche Veröffentlichung mehr vor. Dabei ist im Hinblick auf den Zweck des § 15 WpHG ein restriktiver Maßstab anzuwenden. Die in der Vergangenheit zu beobachtende Praxis vieler Emittenten, gute Nachrichten während des Börsenhandels bekannt zu geben, schlechte Nachrichten hingegen erst später, ist unzulässig.⁴⁵¹ Die BaFin hat deshalb hervorgehoben, dass die Veröffentlichung **unabhängig von den Börsenhandelszeiten** zu erfolgen hat.⁴⁵² Die Pflicht zur unverzüglichen Veröffentlichung ist – unter der Berücksichtigung angemessener Zeit zur Prüfung des Sachverhalts – nicht erfüllt, wenn der Emittent eine am Vortag nach Börsenschluss eingetretene Insiderinformation erst am nächsten Morgen bei Beginn des Börsenhandels veröffentlicht.⁴⁵³ Denn auch außerbörslich, beispielsweise im Wege des Telefonhandels, findet ein bedeutender Teil des zu schützenden Wertpapierhandels statt. Die Unverzüglichkeit ist auch nicht

---

⁴⁴⁹ *Assmann/Schneider/Assmann,* §§ 37 b, 37 c, Rn. 68.
⁴⁵⁰ Das konstatierte bereits die Begründung zum 2. FFG, Reg. Begr. BT-Drucks. 12/6679, 48.
⁴⁵¹ *Röder* FB 2002, 735; *Patell/Wolfson,* Accounting Review 1982, 509–527; vgl. auch BAWe, Jahresbericht 2001, 31.
⁴⁵² BaFin, Emittentenleitfaden idF vom 15. 7. 2005, 65.
⁴⁵³ Mitteilung BaFin vom 12. 2. 2002; BAWe Jahresbericht 2001, 31.

§ 15 262–266 Abschnitt 3. Insiderüberwachung

gewahrt, wenn die Ad-hoc-pflichtige Insiderinformation während der Handelszeit eintritt und der Emittent bis zum Ende des Börsenhandels mit der Veröffentlichung wartet.[454] Nur durch eine von Börsenhandelszeiten unabhängige Veröffentlichung werden die Marktteilnehmer zeitnah informiert.

262–264 In der Praxis ist das Erfordernis der Unverzüglichkeit selten problematisch, weil die auf dem Gebiet der Ad-hoc-Publizität tätigen Dienstleister zu jeder Zeit die Möglichkeit bieten, eine sofortige Veröffentlichung zu veranlassen.[455]

265 Der Vorwurf mangelnder Unverzüglichkeit kann eventuell dann entfallen, wenn es aufgrund konkreter Umstände **nicht zumutbar** war, die Veröffentlichung noch am Abend des Entstehens der Insiderinformation vorzunehmen. Hierzu können im Ausnahmefall Gründe wie die noch nicht endgültig abgestimmte Formulierung kritischer Textpassagen, die Nichterreichbarkeit wichtiger, einzubeziehender Personen (Vorstandsmitglieder, Leiter Rechtsabteilung) die fehlende (nächtliche) Verfügbarkeit der notwendigen Verbreitungskanäle oder ähnliches herangezogen werden. Wenn sich zB eine Vorstands- oder Aufsichtsratsitzung bis in den späten Abend hinzieht, kann ausnahmsweise eine Veröffentlichung erst am Morgen des darauffolgenden Tages gerechtfertigt sein. Anders ist der Fall zu beurteilen, wenn über einen wichtigen Vertragsabschluss endgültige Einigkeit erzielt wurde, die Verhandlung technischer Einzelheiten der Vertragsdokumentation aber noch andauert. Hier besteht ein hohes Risiko für Insiderhandlungen, so dass die Information unmittelbar nach Einigung über den Vertragsabschluss zu veröffentlichen ist, sofern nicht ein Fall der Selbstbefreiung nach § 15 Abs. 3 WpHG vorliegt.[456] Liegt eine Insiderinformation vor, darf der Emittent zunächst – ohne dass darin ein schuldhaftes Zögern zu sehen wären – die Voraussetzungen des Befreiungssachverhalts gemäß § 15 Abs. 3 WpHG prüfen und dazu auch externe sachverständige Berater hinzuziehen, solange dies nicht missbräuchlich geschieht.[457]

266 **dd) Form der Veröffentlichung.** Form und Aufbau der Veröffentlichung sind in § 4 WpAIV geregelt. Mit der erstmaligen Verankerung in einer Rechtsverordnung wird im Wesentlichen die bisherige Praxis festgeschrieben.[458] Die Vorschrift bezweckt, den schnelllebigen Kapitalmarkt mit kurzen – die BaFin versteht darunter nicht mehr als 10 bis 20 Zeilen – aber präzisen Angaben zu Insiderinformationen i. S. d. § 15 WpHG zu versorgen. Dazu sind eine deutlich hervorgehobene **Überschrift** und ein **Schlagwort** vorgesehen. Das Publikum soll anhand der Überschrift und des Schlagwortes die Information sofort inhaltlich richtig einordnen können. Beispiele möglicher Schlagworte sind: Liquiditätsprobleme/Überschuldung, Mergers & Acquisitions, Geschäftszahlen, Ausschüttungen, Kooperationen/Zusammenarbeit, Kapitalmaßnahmen, Strategische Unternehmensentscheidungen, Personal, Recht/Prozesse oder Sonstiges.[459] Bei Veröffentlichung mehrerer Insiderinformationen in einer Ad-hoc-Meldung sind mehrere Schlagworte anzugeben.

---

[454] Mitteilung BaFin vom 12. 2. 2002; BAWe Jahresbericht 2001, 31.
[455] BaFin, Emittentenleitfaden idF v. 15. Juli 2005, 66; Beispiele für solche Dienstleister sind DGAP, Equity Story AG, euro adhoc und andere.
[456] The Committee of European Securities Regulators, Ref: CESR/02-089 d, 22.
[457] BaFin, Emittentenleitfaden idF vom 15. 7. 2005, 54.
[458] BaFin, Emittentenleitfaden idF vom 15. 7. 2005, 56.
[459] BaFin, Emittentenleitfaden idF vom 15. 7. 2005, 57.

Mitteilung, Veröffentl. u. Übermittl. v. Insiderinformationen 267–269 § 15

Anzugeben sind Firma und Anschrift des Emittenten, die betreffenden Wertpapierkennnummern sowie Börse und Handelssegment. Durch Angabe der Wertpapierkennnummern sollen die Anleger rasch erkennen können, welche Finanzinstrumente des Emittenten betroffen sind. Es reicht aus, wenn der Emittent mehrerer Finanzinstrumente die internationalen Wertpapierkennnummern der von ihm ausgegebenen Aktien, Options- und Wandelanleihen sowie von Genussscheinen mit Aktien vergleichbaren Ausstattungsmerkmalen angibt, für die eine Zulassung besteht oder beantragt wurde. Derivate Finanzinstrumente, die nicht vom Emittenten des Basiswertes selbst emittiert wurden, sind von der Verpflichtung zur Angabe ausgenommen, da nicht erwartet werden kann, dass der Emittent sie kennt.[460] Diese werden typischerweise von Kreditinstituten ausgegeben. Hat der Emittent weitere Finanzinstrumente ausgegeben, für die eine Zulassung besteht oder beantragt wurde, hat er in der Veröffentlichung eine Internetadresse anzugeben, unter der er die internationalen Wertpapierkennnummern dieser Finanzinstrumente und die jeweiligen Börsen einschließlich der Segmente, für die die Zulassung besteht oder beantragt wurde, in einer Datei bereitstellt. Die Datei muss stets aktuell, vollständig und zutreffend sein. Andernfalls erfüllt die Veröffentlichung nicht die Voraussetzungen des § 4 WpAIV.[461] 267

Mitzuteilen sind die zu veröffentlichende Insiderinformation und das **Datum des Eintritts der der Information zugrunde liegenden Umstände.** Nicht relevant ist dagegen der Zeitpunkt, zu dem sich der Emittent entscheidet, eine Ad-hoc-Meldung zu veröffentlichen oder der Zeitpunkt, zu dem der Emittent eine Befreiung von der Ad-hoc-Pflicht gemäß § 15 Abs. 3 WpHG beendet. Auch einer Beschreibung der Entwicklung der Insiderinformation im Befreiungszeitraum bedarf es in der Ad-hoc-Mitteilung nicht.[462] 268

Ferner anzugeben ist eine **kurze Erklärung,** inwieweit die Information den Emittenten unmittelbar betrifft, soweit sich dies nicht schon aus der Information selbst ergibt, sowie eine Erklärung, aus welchen Gründen die Information geeignet ist, im Fall ihres öffentlichen Bekanntwerdens den Börsen- oder Marktpreis erheblich zu beeinflussen. Hierzu gehören entsprechend der bisherigen Aufsichtspraxis der BaFin zumindest auch die Größenordnung des Kaufpreises bei Unternehmenskäufen und -verkäufen oder die Größenordnung des Volumens und die Vertragslaufzeit eines bedeutenden Auftrages, sofern gerade diese Daten das Preisbeeinflussungspotenzial der Insiderinformation begründen. Diese Faktoren sind für die Bewertung der Information durch die Anleger wesentlich. Eine Vertraulichkeitsvereinbarung mit dem Vertragspartner kann diese Verpflichtung nicht abbedingen. Der Emittent ist aber nicht verpflichtet, die Details einer Vereinbarung (zB gewährte Rabatte oder Sonderkonditionen) zu veröffentlichen.[463] Hinsichtlich der Größenordnung genügt zB im Fall eines einstelligen Millionenbetrages die Angabe des auf die nächste Million auf- oder abgerundeten Betrages. Ferner genügt eine Angabe, dass der Kaufpreis zwischen 550,– EUR und 269

---

[460] Bundesministerium der Finanzen (BMF), Erläuterungen zur Wertpapierhandelsanzeige- und Insiderverzeichnisverordnung (WpAIV) nach §§ 10 Abs. 4, 15 Abs. 7 S. 1; 15a Abs. 5 S. 1, 15b Abs. 2 S. 1 des WpHG, S. 6.
[461] BaFin, Emittentenleitfaden idF vom 15. 7. 2005, 58.
[462] BaFin, Emittentenleitfaden idF v. 15. Juli 2005, 58.
[463] BaFin, Emittentenleitfaden idF vom 15. 7. 2005, 58.

Pfüller 639

600 Mio. EUR liegt oder die Angabe der Auswirkungen der Maßnahme auf Ertrag bzw. Aufwendungen des Emittenten.[464]

270 Handelt es sich nicht um die erstmalige Veröffentlichung einer Information, sondern hat wegen einer erheblichen, preisbeeinflussenden Veränderung einer bereits veröffentlichten Information erneut eine Veröffentlichung nach § 15 Abs. 1 S. 1, 3, 4 WpHG zu erfolgen, so müssen teilweise andere Bestandteile in die Ad-hoc-Veröffentlichung aufgenommen werden. Diesen Sachverhalt regelt § 4 Abs. 2 WpAIV, mit dem Art. 2 Abs. 3 S. 1 der Durchführungsrichtlinie[465] zur Marktmissbrauchsrichtlinie umgesetzt wird. Diese erfordert eine **Aktualisierung von Ad-hoc-Mitteilungen** und sieht vor, dass alle „erheblichen Veränderungen" publiziert werden müssen. Ob darunter nur an sich preisbeeinflussende Informationen fallen, oder auch solche, die selbst nicht die Voraussetzungen einer Information nach § 15 Abs. 1 WpHG erfüllen, ist unklar.

271 Vor dem Hintergrund, dass § 15 Abs. 7 WpHG eine Verordnungskompetenz nur für die in § 15 WpHG benannten Informationen bzw. für die Art und Weise der Veröffentlichung derselben vorsieht, kann auch § 4 Abs. 2 WpAIV nur solche Informationen **mit Preisbeeinflussungspotential** umfassen, deren grundsätzliche Veröffentlichungspflicht bereits in § 15 WpHG angelegt ist. Ein anderes Verständnis, wonach eine Aktualisierungspflicht auch für Informationen besteht, denen ein Preisbeeinflussungspotential fehlt, ist von der Kompetenz des Verordnungsgebers nicht gedeckt.

272 Für die **Aktualisierung einer Ad-hoc-Mitteilung** verlangt § 4 Abs. 2 WpAIV eine deutlich hervorgehobene Überschrift „Ad-hoc-Aktualisierung nach § 15 WpHG" und ein als Betreff erkennbares Schlagwort, das den Inhalt der Veröffentlichung passend zusammenfasst. Neben den Angaben gemäß § 4 Abs. 1 Nr. 2 und 3 WpAIV müssen zusätzlich der Zeitpunkt und alle Medien, an die die ursprüngliche Ad-hoc-Veröffentlichung verteilt wurde, angegeben werden. Ferner müssen die für eine Erstveröffentlichung notwendigen Angaben auch in der Ad-hoc-Aktualisierung entsprechend enthalten sein.

g) Übermittlung an das Unternehmensregister

273 Im Zuge der Umsetzung der Vorgaben aus der Transparenzrichtlinie wurde die Pflicht des Emittenten eingeführt, die zu veröffentlichende Insiderinformation auch an das **Unternehmensregister** zu übermitteln. Dieses Register ist seit dem Gesetz über elektronische Handelsregister und Genossenschaftsregister sowie das Unternehmensregister („EHUG")[466] Teil des Publizitätssystems und findet seine gesetzliche Grundlage in § 8b HGB. Es enthält – neben einer Portalfunktion zu den übrigen elektronischen Registern, wie etwa dem elektronischen Handelsregister – auch unmittelbar dort gespeicherte Daten.[467] Zu diesen zählen vor allem unternehmensbezogene Bekanntmachungen im elektronischen Bundesanzeiger sowie kapitalmarktrechtliche Informationen. Unter die zweite Kategorie fallen Ad-hoc-Meldungen i. S. d. § 15 WpHG.

274, 275 Der Veröffentlichung im Unternehmensregister kommt **keine originäre Bekanntmachungsfunktion** zu, sondern sie bezweckt lediglich die zentrale Zu-

---

[464] BaFin, Emittentenleitfaden idF vom 15. 7. 2005, 58, dort Fn. 17.
[465] *Richtlinie 2003/124/EG.*
[466] BGBl. I 2006, S. 52.
[467] *Seibert/Decker* DB 2006, 2449 f.

sammenführung unternehmensrelevanter Angaben. § 15 Abs. 1 S. 1 Halbsatz 2 WpHG stellt deshalb klar, dass die Übermittlung der Insiderinformation an das Unternehmensregister nicht vor ihrer Veröffentlichung nach Halbsatz 1 erfolgen darf. Die Einführung der Übermittlungspflicht verändert die Konzeption und den Ablauf der originären Veröffentlichung also nicht, sondern schließt sich lediglich an diese an. So wird die Öffentlichkeit in der EU und dem EWR weiterhin einheitlich in der von § 15 WpHG i. V. m. der WpAIV vorgeschriebenen Weise informiert, bevor eine zentrale Speicherung erfolgt und dort eine weitere Abrufmöglichkeit entsteht.[468]

2. Veröffentlichung bei Weitergabe (§ 15 Abs. 1 Satz 4 WpHG)

Nach § 15 Abs. 1 S. 4 WpHG ist der Emittent oder eine Person, die in dessen Auftrag oder auf dessen Rechnung handelt, verpflichtet, gleichzeitig eine Adhoc-Mitteilung zu veröffentlichen, wenn einem Dritten Insiderinformationen befugt mitgeteilt oder zugänglich gemacht werden. Dies gilt nicht, soweit der Dritte rechtlich zur Vertraulichkeit verpflichtet ist. Diese Regelung soll sicherstellen, dass bei selektiver Weitergabe von Insiderinformationen im Rahmen der normalen Geschäftstätigkeit, diese gleichzeitig und vollständig auch dem Anlegerpublikum bekannt gemacht werden.[469]

§ 15 Abs. 1 S. 4 WpHG ist in Abgrenzung zu § 15 Abs. 1 S. 5 WpHG zu sehen. Während Satz 4 die **wissentliche Weitergabe** von Insiderinformationen betrifft, behandelt Satz 5 den Fall, dass die in Satz 4 beschriebene Mitteilung oder Zugänglichmachung von Insiderinformationen unwissentlich erfolgt.[470]

§ 15 Abs. 1 S. 4 WpHG kann nur in einem Zeitraum zur Anwendung gelangen, in dem der Emittent die Veröffentlichung der Insiderinformation gemäß § 15 Abs. 3 WpHG selbstbefreiend aufschiebt.[471] Denn ohne das Vorliegen der Selbstbefreiungsvoraussetzungen wäre eine Insiderinformation ohnehin unverzüglich zu veröffentlichen (vgl. § 15 Abs. 1 S. 1 WpHG) und verlöre dadurch ihren Charakter als Insiderinformation. § 15 Abs. 3 WpHG enthält wiederum Sonderregelungen für die Nachholung der Veröffentlichung, sofern die Vertraulichkeit nicht mehr gewährleistet ist. In diesem Zusammenspiel von § 15 Abs. 1 S. 1 und Abs. 3 WpHG erscheint die Regelung des § 15 Abs. 1 S. 4 WpHG überflüssig.

Im Übrigen ist eine Veröffentlichungspflicht für beauftragte Dritte systemwidrig und dient entgegen ihrer Intention nicht der Kapitalmarkttransparenz. Die WpAIV enthält mit Ausnahme des § 4 Abs. 1 S. 3 WpAIV auch keine detaillierten Regelungen für eine Veröffentlichung durch solche beauftragten Drittpersonen. Insiderinformationen mit unmittelbarem Bezug zum Emittenten müsste

---

[468] Begr. RegE BT Drs. 16/2498, 32.
[469] Vgl. Kommissionsvorschlag für die Marktmissbrauchsrichtlinie, KOM (2001) 281 (endg.), 8.
[470] *Assmann/Schneider/Assmann*, Rn. 109.
[471] Ebenso den begrenzten Anwendungsbereich betonend: Mitteilung der Kommission über Rating-Agenturen, ABl. EG 2006 C59-02, 3.1. Abs. 4; missverständlich *Assmann/Schneider/Assmann*, Rn. 121, wonach ein Aufschub gemäß § 15 Abs. 3 WpHG mangels Verweises nicht für eine Veröffentlichung nach § 15 Abs. 1 S. 4 WpHG möglich sei.

man dann beispielsweise (bei Anwendung des § 5 S. 1 Nr. 2 WpAIV) in Ad-hoc-Meldungen auf den Webseiten von Rechtsberatern, Steuerberatern, Übersetzungsbüros oder sonstigen Beauftragten wiederfinden. Das kann so nicht gewollt sein und hätte regelmäßig einen Verstoß gegen das Gleichbehandlungsgebot der Anleger zur Folge, da die Kenntnisnahme der Veröffentlichung vom Zufall abhinge und solche Marktteilnehmer, denen umfangreiche Such-Ressourcen zur Verfügung stehen, bevorzugt würden.

a) Emittent

280 Auffällig ist, dass der Emittentenbegriff in § 15 Abs. 1 S. 4 WpHG vom Anknüpfungspunkt des „Inlandsemittenten" in Satz 1 abweicht. Hierbei muss es sich um ein Redaktionsversehen handeln, durch das eine Anpassung in Satz 4 unterblieben ist. Denn die Verpflichtung zur Veröffentlichung gemäß § 15 Abs. 1 S. 4 WpHG kann sich nicht an einen anderen Adressatenkreis richten, als die primäre Ad-hoc-Pflicht des § 15 Abs. 1 S. 1 WpHG. Insoweit erlaubt die gebotene einheitliche Auslegung allein das Verständnis von Emittent i. S. d. § 15 Abs. 1 S. 1 und S. 2 WpHG als Adressaten.[472]

281 Die Tätigkeit des Emittenten („mitteilen" oder „zugänglich machen") knüpft an ein Handeln von Organmitgliedern, Angestellten oder sonstigen unternehmensinternen Personen an, die über Insiderinformationen verfügen. Unternehmensexterne Personen, die im Auftrag oder auf Rechnung des Emittenten tätig werden, sind dem Emittenten hier nicht zuzurechnen, sonder unterliegen – obwohl sie im Insiderverzeichnis des Emittenten gemäß § 15 b WpHG aufzuführen sind – einer eigenen Veröffentlichungspflicht nach § 15 Abs. 1 S. 4 WpHG.

b) Person im Auftrag oder auf Rechnung des Emittenten

282 Die Begriffe „im Auftrag" oder „auf Rechnung" decken sich mit den in § 15 b WpHG verwendeten Begriffen.[473] Mit „Auftrag" und „Rechnung" sind nicht die in § 675 BGB oder im Zusammenhang mit Kommissionsgeschäften verwendeten Rechtsbegriffe gemeint.[474] Vielmehr gilt eine weite Auslegung, um etwaige Umgehungsmöglichkeiten zu verhindern. Auch die **einheitliche Anwendung in der EU** erforderte eine allgemeine, vom Sprachgebrauch in den einzelnen Mitgliedsstaaten losgelöste Interpretation.[475] Erfasst sind also Personen, die Interessen des Emittenten wahrnehmen oder in beratenden Berufen tätig sind oder die in ihrer Tätigkeit für den Emittenten einem Bereich angehören, der typischerweise mit Insiderinformationen in Berührung kommt.[476]

283 Im Auftrag handeln zB Anwälte, Steuerberater, Notare, Strategieberater, Emissionsbegleiter, Emissionsgaranten und sonstige im Rahmen einer Emission beauftragte Personen, wie zB eine Druckerei oder Werbeagenturen. **Auf Rechnung** des Emittenten handeln zB Kreditinstitute, Investmentbanken aber auch Börsenmakler, Kommissionäre oder selbstständige Handelsvertreter, die in die Vertriebsstruktur des Emittenten eingebunden sind.

---

[472] *Leuering* NZG 2005, 13.
[473] Vgl. deshalb die Kommentierung zu § 15 b WpHG.
[474] *BaFin, Emittentenleitfaden* idF vom 15. 7. 2005, 96 f.
[475] *Assmann/Schneider/Sethe,* § 15 b WpHG Rn. 17.
[476] BaFin, Emittentenleitfaden idF vom 15. 7. 2005, 97.

Mitteilung, Veröffentl. u. Übermittl. v. Insiderinformationen 284–288 § 15

Ob auch **Wirtschaftsprüfer** erfasst werden und einer Veröffentlichungspflicht 284
nach § 15 Abs. 1 S. 4 WpHG unterliegen, ist fraglich. Personen i. S. d. § 323
Abs. 1 S. 1 HGB gelten bezüglich der Führungspflicht von Insiderverzeichnissen
gemäß § 15b Abs. 1 S. 4 WpHG nicht als im Auftrag oder für Rechnung des
Emittenten handelnd, sofern sie in ihrer Eigenschaft als Abschlussprüfer tätig
sind.[477] Eine denkbare entsprechende Anwendung dieser Ausnahmeregelung[478]
von der Insiderverzeichnisführungspflicht zugunsten des Abschlussprüfers auch
auf die Ad-hoc-Pflicht wäre verfehlt. Dagegen sprechen die unterschiedlichen
Regelungszwecke von § 15 und § 15b WpHG. Die Präventivfunktion der Ad-
hoc-Publizität und ihre Bedeutung für die Funktionsfähigkeit des Kapitalmarktes
erfordern lückenlose Veröffentlichungspflichten. In Anbetracht der geringen
praktischen Relevanz von § 15 Abs. 1 S. 4 WpHG und der Möglichkeit zum
Abschluss von Verschwiegenheitsvereinbarungen stellt die Verpflichtung zur Veröffentlichung für Wirtschaftsprüfer auch keinen unverhältnismäßigen Eingriff in
das Berufsgeheimnis dar.

c) Einem anderen

Nur die Weitergabe einer Insiderinformation an einen „anderen" löst eine 285
Ad-hoc-Publizitätspflicht nach § 15 Abs. 1 S. 4 WpHG aus. Dieser **Begriff des
„anderen"** ist im systematischen Kontext des § 15 WpHG und deshalb abweichend von § 14 Abs. 1 S. 2 WpHG auszulegen, bei dem mit „anderer" jede dritte Person gemeint ist, die vom Insider personenverschieden ist – unabhängig
davon, ob diese Person im Lager des Emittenten steht oder nicht.
Im Rahmen der Ad-hoc-Publizität kommt diesem Tatbestandsmerkmal eine 286
begrenzende Funktion zu. Ein „anderer" i. S. d. § 15 Abs. 1 S. 4 WpHG ist
nur, wer nicht rechtlich oder wirtschaftlich dem Emittenten zuzuordnen ist.
Auch Personen, die im Auftrag oder auf Rechnung des Emittenten handeln, sind
bei Empfang der Insiderinformationen, die der Emittent im Rahmen des Ge-
schäftsverhältnisses an sie weitergibt, „andere" i. S. d. Vorschrift.
Fälle der **innerbetrieblichen Weitergabe** von Insiderinformationen sind für 287
die Verpflichtung nach § 15 Abs. 1 S. 4 WpHG unbeachtlich, da sich die Informationsweitergabe hier nur innerhalb des Unternehmens abspielt. Dies betrifft
die gesamte Kommunikation im Unternehmen und nicht nur die, die innerhalb
der satzungsmäßigen Organe oder zwischen diesen stattfindet.[479]
Auch abhängige, herrschende bzw. verbundene Unternehmen gelten **bei In-** 288
formationsweitergabe innerhalb eines Konzerns nicht als „andere" i. S. d.
§ 15 Abs. 1 S. 4 WpHG. Rechtlich handelt es sich bei Konzernunternehmen
zwar um eigene juristische Personen, wirtschaftlich besteht jedoch innerhalb
eines Konzerns die gleiche Interessenrichtung im Sinne einer Gesamtvermö-

---

[477] BaFin, Emittentenleitfaden idF vom 15. 7. 2005, 99; *Assmann/Schneider/Sethe*, § 15b
WpHG Rn. 25; *Habersack/Mülbert/Schlitt/Klawitter*, Unternehmensfinanzierung am Kapitalmarkt, § 25 Rn. 47; *Schneider/v. Buttlar* ZIP 2004, 1624.
[478] Kritisch dazu: *Assmann/Schneider/Sethe*, § 15b WpHG Rn. 24.
[479] Die vielfältigen Unterrichtungspflichten und -rechte des Betriebsrates oder des
Wirtschaftsausschusses nach BetrVG sind ebenfalls unternehmensintern. Eine Unterrichtung aller Betriebsangehörigen im Rahmen einer Betriebsversammlung (§§ 43 Abs. 2
S. 3, § 110 Abs. 2 BetrVG) erfolgt jedoch unbefugt und fällt – ungeachtet ihres Verstoßes
gegen das Insiderhandelsverbot gemäß § 14 Abs. 1 Nr. 2 – als solche nicht unter § 15
Abs. 1 S. 4.

gensmaximierung, so dass man nicht von einem „anderen" sprechen kann. Die Rechtsordnung erkennt die Konzernbildung als zulässige Form des Zusammenschlusses von Unternehmen an und darf deshalb den berechtigen Informationsfluss innerhalb eines Konzerns nicht durch die Veröffentlichungspflicht gemäß § 15 Abs. 1 S. 4 WpHG behindern.

289 Dagegen stehen **Aktionäre** trotz ihrer kapitalmäßigen Beteiligung außerhalb des Unternehmens und sind „andere" i. S. d. § 15 Abs. 1 S. 4 WpHG, unabhängig vom Umfang ihrer Beteiligung, auch wenn sich die wirtschaftlichen Interessen insbesondere von Inhabern wesentlicher Beteiligungen weitestgehend mit dem Interesse des Emittenten decken.

d) Im Rahmen seiner Befugnis

290 Eine Veröffentlichungspflicht nach § 15 Abs. 1 S. 4 WpHG setzt voraus, dass der Emittent oder eine Person, die in dessen Auftrag oder auf dessen Rechnung handelt, Insiderinformationen **befugt i. S. d. § 14 Abs. 1 Nr. 2 WpHG** weitergibt. Als „befugt" ist eine aufgaben-, tätigkeits- oder berufsbedingte Weitergabe von Informationen anzusehen.[480] Der Emittent darf Informationen an solche Personen weitergeben, die diese zur Erfüllung der ihnen übertragenen Aufgaben benötigen.[481] Nicht erforderlich ist, die Informationsweitergabe nur auf solche Informationen zu beschränken, die für die Wahrnehmung der jeweiligen Aufgabe oder Tätigkeit zwingend notwendig sind. Gleichwohl umfasst die Befugnis zur Weitergabe nur solche Insiderinformationen, die mit der Aufgabenwahrnehmung in hinreichendem Sachzusammenhang stehen, d. h. **benötigt** werden. Die oftmals schwierige Abgrenzung im Einzelfall wird dadurch entbehrlich, dass für den Betroffenen typischerweise Vertraulichkeitsverpflichtungen bestehen.

291 Die **unbefugte Weitergabe** fällt nicht unter die Veröffentlichungspflicht nach § 15 Abs. 1 S. 4 WpHG.[482] Eine entsprechende Anwendung auf unbefugt weitergegebene Informationen würde gegen das Analogieverbot verstoßen, das bei bußgeldbewehrten Normen zu beachten ist (§ 3 OWiG). Ferner widerspräche eine solche Anwendung dem Nemo-tenetur-Grundsatz, da die unbefugte Weitergabe einer Insiderinformation gemäß § 14 Abs. 1 Nr. 2 i. V. m. §§ 38 Abs. 1 Nr. 2, 39 Abs. 2 Nr. 3 WpHG eine Straftat sein kann und der Gesetzgeber niemanden zwingen darf, sich durch Abgabe einer öffentlichen Ad-hoc-Mitteilung selbst zu belasten.

292 Auch in **behördlichen Genehmigungsverfahren,** wie zB nach dem BImSchG, dürfen der zuständigen Behörde Insiderinformationen befugt weitergegeben werden. In **Gerichts- oder Schiedsverfahren** ist eine Weitergabe von Insiderinformationen befugt, wenn aus einer ex-ante Prognose die Insiderinformation für die Schlüssigkeit des klägerischen Vortrags oder für die Erheblichkeit der Erwiderung relevant ist. In diesen Fällen der befugten Informationsweitergabe greift die Ad-hoc-Pflicht nach § 15 Abs. 1 S. 4 WpHG ein, es sei denn die Beteiligten eines Schiedsprozesses sind aufgrund der Schiedsgerichtsordnung zur Verschwiegenheit verpflichtet.

---

[480] *Assmann* AG 1997, 55; *Götz* DB 1995, 1950; *Schmidt-Diemitz* DB 1996, 1810; *Widder/Gallert* NZG 2006, 452.
[481] BaFin, Emittentenleitfaden idF vom 15. 7. 2005, 45.
[482] *Leuering* NZG 2005, 15; *Widder/Gallert* NZG 2006, 452, 45.

Mitteilung, Veröffentl. u. Übermittl. v. Insiderinformationen 293–297 § 15

Zeugen oder Sachverständige können in einem Gerichtsprozess im Spannungsverhältnis zwischen der prozessualen Wahrheitspflicht und dem Verbot der Weitergabe von Insiderinformationen stehen. Soweit ihnen ein Zeugnisverweigerungsrecht zusteht, zB aufgrund ihrer beruflichen Stellung, können sie dieses ausüben. Ansonsten geht die prozessuale Wahrheitspflicht dem insiderrechtlichen Weitergabeverbot vor. Die befugte Weitergabe von Insiderinformationen löst auch hier eine Veröffentlichungspflicht nach § 15 Abs. 1 S. 4 WpHG aus. Die Zeugen oder Sachverständigen können die Ad-hoc-Mitteilung entsprechend § 15 Abs. 1 S. 5 WpHG unverzüglich nach Ende des Sitzungstages, in dem sie die Insiderinformation Preis gegeben haben, nachholen, da eine „unverschuldete" Weitergabe insofern einer „unwissentlichen" Weitergabe gleichsteht. 293

aa) Weitergabe von Insiderinformationen an Aktionäre. Das **Auskunftsbegehren eines Aktionärs** während der Hauptversammlung gemäß § 131 AktG führt **nicht** zu einer befugten Weitergabe von Insiderinformationen durch den Vorstand. Andernfalls käme es zu einer Ungleichbehandlung zwischen den Aktionären, die an einer Hauptversammlung teilnehmen, und den übrigen Anlegern. § 131 Abs. 3 Nr. 5 AktG löst den Konflikt zwischen dem Auskunftsrecht der Aktionäre auf der einen und dem Gebot der Chancengleichheit auf der anderen Seite mit einem Auskunftsverweigerungsrecht des Vorstands und wird so dem Umstand gerecht, dass die Weitergabe als unbefugt zu qualifizieren ist.[483] 294

Auch eine Informationsweitergabe an Aktionäre außerhalb der Hauptversammlung ist regelmäßig unzulässig. Allerdings kann die Mitteilung an einen Aktionär mit einer wesentlichen, 5% übersteigenden Beteiligung ausnahmsweise dann befugt sein, wenn zB eine Kapitalerhöhung, eine wesentliche Satzungsänderung oder ein sonstiger „Holzmüller"-Beschluss geplant ist, dem die Hauptversammlung zustimmen muss. In einem solchen Fall kann ein berechtigtes Interesse des Emittenten an der Informationsweitergabe bestehen, da es geboten sein kann, sich schon vor der Hauptversammlung ein Bild von der Zustimmungsbereitschaft der Hauptversammlung zu machen.[484] Zeitgleich mit der Mitteilung an den Großaktionär ist dann aber auch eine Ad-hoc-Mitteilung nach § 15 Abs. 1 Nr. 4 WpHG zu veröffentlichen. 295

bb) Erwerb einer bedeutenden Beteiligung. Die Weitergabe von Insiderinformationen durch den Emittenten kann bei **Paketverkäufen** befugt iSv § 14 Abs. 1 Nr. 2 WpHG sein.[485] Es bleibt dann gemäß § 15 Abs. 1 S. 4 WpHG bei der sofortigen Ad-hoc-publizitätspflicht, wenn nicht mit dem Erwerbsinteressenten eine Vertraulichkeitsvereinbarung geschlossen wurde und die Voraussetzungen der Selbstbefreiung, § 15 Abs. 3 WpHG vorliegen. 296

Gleiches gilt für die Weitergabe von Insiderinformationen im Zusammenhang mit **öffentlichen Übernahmeangeboten.** Werden im Vorfeld eines öffentlichen Übernahmeangebots wesentliche Aktionäre einer Zielgesellschaft vom Erwerbsinteressenten angesprochen, um sich ihrer Unterstützung zu versichern, enthält dies die Mitteilung einer Insiderinformation, nämlich der Erwerbsabsicht und der Absicht, ein öffentliches Angebot abzugeben. Diese Rückfrage bei wesentlichen Aktionären gilt als befugt. Andererseits werden sich diese Aktionäre in 297

---
[483] *Weißhaupt* Der Konzern, 476 f.
[484] *Assmann/Schneider/Assmann*, § 14 Rn. 84; *Schwark/Schwark*, § 14 Rn. 35.
[485] *Koch* DB 2005, 269.

§ 15 298–302 Abschnitt 3. Insiderüberwachung

der Praxis selten mit einer Vertraulichkeitserklärung einverstanden erklären. Gleiches gilt bei Gesprächen des Bieters mit der Zielgesellschaft vor Veröffentlichung nach §§ 10, 29 WpÜG, sowie in Fällen, in denen Organe der Zielgesellschaft zufällig von einem beabsichtigten Übernahmeangebot Kenntnis erlangen und im Rahmen des § 33 Abs. 1 S. 2 WpÜG zulässigerweise einen potentiellen „white knight" auf der Suche nach einem konkurrierenden Angebot ansprechen.

298 In diesen Fallkonstellationen müsste eigentlich eine Ad-hoc-Meldung nach § 15 Abs. 1 S. 4 WpHG erfolgen, da die §§ 10, 34 und 35 WpÜG (noch) nicht eingreifen, um die Ad-hoc-Publizitätspflicht zu verdrängen. Aufgrund der berechtigten Interessen des Bieters und der Zielgesellschaft erscheint hier allerdings eine **teleologische Reduktion** des § 15 Abs. 1 S. 4 WpHG angemessen.[486] Durch die Ad-hoc-Veröffentlichungspflicht soll grundsätzlich nicht in ein Verfahren nach dem WpÜG eingegriffen werden. Dies wird durch Erwägungsgrund 28 der Marktmissbrauchsrichtlinie gestützt, wonach die Marktmissbrauchsrichtlinie weitestgehend so auszulegen ist, dass die Interessen der Inhaber von Wertpapieren einer Zielgesellschaft, die Gegenstand eines Übernahmeangebots ist, geschützt werden.

299 cc) **Weitergabe von Insiderinformationen außerhalb des Unternehmens/Konzerns.** Die Weitergabe von Insiderinformationen **im privaten Bereich** ist aufgrund der erforderlichen Berufsbezogenheit einer erlaubten Weitergabe grundsätzlich unbefugt und daher für § 15 Abs. 1 S. 4 WpHG nicht relevant. Sie fällt unter das Insiderhandelsverbot des § 14 Abs. 1 Nr. 2 WpHG.

300 Eine Weitergabe von Insiderinformationen **an externe Berater oder Dienstleister,** wie zB Rechtsanwälte, Notare, Investmentbanker, Unternehmensberater, Kreditinstitute, Techniker, Druckereien (zB bei der Veröffentlichung von Wertpapierprospekten, Angebotsunterlagen etc.), Verlage oder Nachrichtenagenturen (bei der Veröffentlichung von Ad-hoc-Mitteilungen) erfolgt in der Regel befugt.

301 Die Weitergabe von Insiderinformationen **an Rating-Agenturen** erfolgt jedenfalls dann befugt, wenn das Rating vom Emittenten in Auftrag gegeben wurde. Dies folgt aus der europarechtskonformen Auslegung des § 14 Abs. 1 Nr. 2 WpHG. Für Rating-Agenturen war ursprünglich eine eigene Ausnahme in Art 6 Abs. 3 Unterabsatz 2b) Marktmissbrauchsrichtlinie des Kommissionsentwurfs enthalten,[487] die erst im Laufe des europäischen Gesetzgebungsverfahrens[488] gestrichen wurde. Die Streichung der Ausnahme diente aber nur der Verallgemeinerung der Vorschrift. Aus der Geltung von Unterabsatz 2 auch für Rating-Agenturen lässt sich folgern, dass die Weitergabe an diese jedenfalls unter Art. 6 Abs. 3 Unterabsatz 1 der Marktmissbrauchsrichtlinie fallen soll, der wiederum nur die befugte Weitergabe einer Insiderinformation umfasst.[489]

302 Eine Mitteilung von Insiderinformationen **an die Medien bzw. die Presse** unter Missachtung der vorgesehenen Publikationswege gemäß § 15 Abs. 5 S. 1 WpHG i. V. m. der WpAIV ist verboten und kann mit Bußgeldern bis zu Euro

---

[486] *Versteegen* in KölnKomm, § 15 Rn. 131.
[487] Kommissionsentwurf für eine Marktmissbrauchsrichtlinie, KOM (2001) 281.
[488] Bericht des Ausschusses für Wirtschaft und Währung über den Vorschlag für die *Marktmissbrauchsrichtlinie*, A5-0069/2002, Änderungsantrag 38.
[489] Mitteilung der Kommission über Rating-Agenturen, ABl. EG 2006 C59-02, S. 3.1. Abs. 4.

e) Mitteilen oder zugänglich machen

Um die Veröffentlichungspflicht nach § 15 Abs. 1 S. 4 WpHG auszulösen, müssen Insiderinformationen einem Dritten mitgeteilt oder zugänglich gemacht werden. Eine Insiderinformation wird „**mitgeteilt**", wenn sie willentlich Gegenstand einer Nachricht an einen oder mehrere Dritte ist, wobei Art und Medium der Kommunikation unerheblich sind, ebenso wie die Tatsache, ob die Information als Insiderinformation kenntlich gemacht worden ist, oder nicht.[490]

Von „**zugänglich machen**" spricht man, wenn der Emittent die Voraussetzungen schafft, um einem anderen die Kenntnisnahme der Insiderinformation zu ermöglichen,[491] wie zB durch Mitteilen eines Kennworts oder durch Zuleiten eines Schriftstücks. Dabei ist nicht erforderlich, dass der Dritte tatsächlich Kenntnis von der Insiderinformation erlangt.[492]

Nur die **wissentliche** Mitteilung oder Zugänglichmachung einer Insiderinformation ist von § 15 Abs. 1 S. 4 WpHG erfasst. Dies ergibt sich im Umkehrschluss aus § 15 Abs. 1 S. 5 WpHG. Das Wissen muss sich sowohl auf die Tatsache der Weitergabe als auch auf die Eigenschaft der weitergegebenen Information als Insiderinformation beziehen.

f) Gleichzeitige Veröffentlichung

Teilt der Emittent oder eine Person, die in seinem Auftrag oder auf seine Rechnung handelt, im Rahmen seiner/ihrer Befugnis einem anderen Insiderinformationen mit, so sind diese Informationen **gleichzeitig mit der Weitergabe** zu veröffentlichen. Die Ablösung des zuvor verwendeten Begriffs „zeitgleich" durch den Terminus „gleichzeitig nach Satz 1" dient der Klarstellung, dass die Veröffentlichung der Insiderinformation auch bei einer Weitergabe nach den Vorgaben des Satzes 1 zu erfolgen hat.[493] Zudem soll eine einheitliche Terminologie innerhalb des Ad-hoc-Rechts (vgl. § 15 Abs. 4 S. 4, Abs. 5 S. 2 Halbsatz 1 u. 2 WpHG) gewährleistet werden. Das heißt, dass **vor** der Mitteilung oder dem Zugänglichmachen der Information für ihre Veröffentlichung zu sorgen ist, damit die Weitergabe der Insiderinformation mit ihrer Veröffentlichung zusammenfällt und nicht vorher erfolgt.[494]

Für die **Art und Weise der Veröffentlichung** nach § 15 Abs. 1 S. 4 WpHG gilt das Gleiche wie für eine Veröffentlichung nach § 15 Abs. 1 S. 1 WpHG. Erweitert wird dies gemäß § 4 Abs. 1 S. 3 WpAIV für Personen, die im Auftrag oder auf Rechnung des Emittenten handeln. Diese müssen den Emittenten über ihre Veröffentlichungspflicht unverzüglich informieren und in der Veröffentlichung durch Nennung ihres Namens und ihrer Anschrift ihre Urheberschaft kenntlich machen.

---

[490] *Schwark/Schwark*, § 14 Rn. 27.
[491] BAWe/Deutsche Börse, Leitfaden, 21; *Schwartz/Schwartz*, § 14 Rn. 28.
[492] *Pawik* in KölnKomm, § 14 Rn. 13.
[493] Begr. RegE BT- Drucks. 16/2498, 7.
[494] *Assmann/Schneider/Assmann*, Rn. 121.

§ 15 308–314 Abschnitt 3. Insiderüberwachung

g) Es sei denn, der andere ist zur Vertraulichkeit verpflichtet

308 Die mitgeteilte oder zugänglich gemachte Insiderinformation ist zu veröffentlichen, es sei denn der Empfänger ist rechtlich zur Vertraulichkeit verpflichtet. Diese rechtlichen Verpflichtungen können sich **aus speziellen und allgemeinen Gesetzen oder aus Vertrag** ergeben.

309 Falls Mitteilungspflichten gegenüber **Behörden** erfüllt werden, besteht keine Veröffentlichungspflicht, da Behördenmitarbeiter aufgrund des Amtsgeheimnisses zur Verschwiegenheit verpflichtet sind. Für Beamte folgt dies aus §§ 61 f. BBG, § 39 BRRG. Für die übrigen Behördenmitarbeiter gelten die jeweils einschlägigen Sondervorschriften: Für die integrierte Finanzdienstleistungsaufsicht zB § 11 FinDAG, § 8 WpHG, § 9 WpÜG, § 9 KWG, § 84 VAG; für Börsen und Börsenaufsicht § 10 BörsG; für sonstige Behörden § 30 VwVfG bzw. entsprechende Vorschriften der Länder.

310 Vorlagepflichten gegenüber Abschluss- und Sonderprüfern (nach §§ 320 HGB, 145 AktG) lösen ebenfalls keine Ad-hoc-Veröffentlichungspflicht aus, da diese gemäß § 323 Abs. 1 und Abs. 3 HGB zur Verschwiegenheit verpflichtet sind.[495] Gleiches gilt für Mitarbeiter der Deutschen Prüfstelle für Rechnungslegung (§ 342 c HGB). Das Bankgeheimnis ergibt sich aus Gewohnheitsrecht und nicht erst aus einer konkreten Vertragsbeziehung (vgl. Nr. 2 Abs. 1 AGB Banken),[496] sodass auch Banken rechtlich zur Vertraulichkeit verpflichtet sind.

311 **Standesrechtliche Vertraulichkeitsverpflichtungen** bestehen für Rechtsanwälte (§ 43a Abs. 2 BRAO), Notare (§ 18 Abs. 1 BNotO), Steuerberater (§ 57 Abs. 1 S. 1 StBerG), Wirtschaftsprüfer (§ 43 Abs. 1 S. 1 WPO) und Richter (§§ 43, 45 Abs. 1 DRiG).

312 Streitig ist, ob neben den adressatenbezogenen Verpflichtungen zur Vertraulichkeit auch das **allgemeine Weitergabeverbot** des § 14 Abs. 1 Nr. 2 WpHG eine gesetzliche Vertraulichkeitsverpflichtung i. S. d. § 15 Abs. 1 S. 4 WpHG darstellt, welche die Veröffentlichungspflicht entfallen lässt. Diese Streitfrage ist von Bedeutung, wenn eine vertragliche Vertraulichkeitsvereinbarung fehlt und auch kein spezielles gesetzliches Vertraulichkeitsgebot eingreift. Dem Wortlaut nach handelt es sich bei dem Weitergabeverbot des § 14 Abs. 1 Nr. 2 WpHG um eine rechtliche Verpflichtung zur Vertraulichkeit. Für ein Verständnis des allgemeinen Weitergabeverbots gemäß § 14 Abs. 1 Nr. 2 WpHG als rechtliche Vertraulichkeitsverpflichtung spricht außerdem, dass ein Verstoß straf- bzw. bußgeldbewehrt ist und somit strengere Sanktionen nach sich zieht als vertragliche Vertraulichkeitsvereinbarungen.[497] Dagegen spricht, dass bei dieser Auslegung nahezu kein Anwendungsbereich für § 15 Abs. 1 S. 3 WpHG übrig bliebe. Zudem richtet sich das Weitergabeverbot des § 14 Abs. 1 Nr. 2 WpHG an jedermann, ist also nicht hinreichend adressatenspezifisch und wird deshalb auch nicht als rechtliche Vertraulichkeitsverpflichtung wahrgenommen.[498]

313, 314 Bei Abwesenheit spezifischer gesetzlicher Verschwiegenheitspflichten empfiehlt sich deshalb, vor der befugten Weitergabe von Insiderinformationen an Dritte, ausdrückliche vertragliche **Vertraulichkeitsvereinbarungen** mit diesen

---

[495] Hinzu kommt die Verschwiegenheitspflicht aus berufsständischen Regelungen.
[496] Allgemeine Geschäftsbedingungen der privaten Banken und der Genossenschaftsbanken.
[497] *Assmann/Schneider/Assmann*, Rn. 117 ff.
[498] *Assmann/Schneider/Assmann*, Rn. 119.

648 *Pfüller*

abzuschließen, um das Eingreifen der Veröffentlichungspflicht nach § 15 Abs. 1 S. 4 WpHG zu vermeiden.⁴⁹⁹ Hierzu genügt nicht schon jede Vereinbarung, die mit „Vertraulichkeitserklärung" oder „Confidentiality Agreement" überschrieben ist. Mit Rücksicht auf den Schutzzweck des § 15 Abs. 1 S. 4 WpHG ist vielmehr ein gewisser Mindestinhalt erforderlich, aus dem sich ergibt, dass die Pflicht zur Vertraulichkeit ausdrücklicher und spezifischer Gegenstand der Vereinbarung ist. Ansonsten wäre der separate Abschluss einer solchen Vertraulichkeitsvereinbarung nicht notwendig, weil sich aus den meisten Vertragsverhältnissen ohnehin in irgendeiner Form eine Nebenpflicht zur Vertraulichkeit ergibt.

Es empfiehlt sich ferner, in der Vertraulichkeitserklärung eine ausdrückliche Belehrung über die Rechtspflichten vorzusehen, die sich aus dem Zugang zu Insiderinformationen ergeben, und den Empfänger von Insiderinformationen über mögliche Rechtsfolgen von Verstößen gegen die Insidervorschriften aufzuklären. Das Vorsehen einer **Vertragsstrafe** ist nicht zwingend,⁵⁰⁰ aber sinnvoll.

3. Unwissentlichkeit (§ 15 Abs. 1 Satz 5 WpHG)

Erfolgt eine Mitteilung oder Zugänglichmachung von Insiderinformationen nach § 15 Abs. 1 S. 4 WpHG unwissentlich, ist deren Veröffentlichung unverzüglich nachzuholen.⁵⁰¹ Auch hier ist der Anwendungsbereich auf Fälle der befugten Weitergabe an Dritte beschränkt.⁵⁰² **Unwissentlichkeit** liegt vor, wenn der Betroffene nicht wahrnimmt, dass durch sein Handeln einem anderen Insiderinformationen mitgeteilt oder zugänglich gemacht werden oder wenn er nicht erkennt, dass es sich um eine Insiderinformation handelt. Der unwissentlichen Mitteilung ist die nicht willentliche Mitteilung oder Zugänglichmachung gleichzustellen.⁵⁰³

Für die **Unverzüglichkeit** der Veröffentlichung gelten dieselben Grundsätze wie bei § 15 Abs. 1 WpHG. Sie muss insbesondere „ohne schuldhaftes Zögern" erfolgen.⁵⁰⁴

Die Pflicht zur nachholenden Veröffentlichung einer unwissentlich oder unwillentlich weitergegebenen Insiderinformation soll wie die Pflicht zur Veröffentlichung einer wissentlich und willentlich weitergegebenen Insiderinformation entfallen, wenn der Empfänger rechtlich zur Vertraulichkeit verpflichtet ist.⁵⁰⁵ Für diese, dem Gesetzeswortlaut nicht zwingend zu entnehmende Auslegung spricht, dass sich der Kreis der Insider bei einer unwissentlichen Weitergabe im selben Umfang zu erweitern droht, wie bei einer wissentlichen Weitergabe und rechtliche Vertraulichkeitspflichten deshalb denselben Schutz aufweisen.

---

⁴⁹⁹ Eine dahingehende Pflicht, wie sie *Kuthe* ZIP 2004, 835 fordert, würde zu weit gehen. Zuzustimmen ist *Holzborn/Israel* WM 2004, 1952 hinsichtlich der grundsätzlichen Bedeutung solcher Vereinbarungen.
⁵⁰⁰ BaFin, Emittentenleitfaden idF vom 15. 7. 2005, 46.
⁵⁰¹ BaFin, Emittentenleitfaden idF vom 15. 7. 2005, 39.
⁵⁰² *Assmann/Schneider/Assmann*, Rn. 122; obwohl Fälle der befugten und unwissentlichen Weitergabe kaum denkbar sind.
⁵⁰³ *Assmann/Schneider/Assmann*, Rn. 123.
⁵⁰⁴ Zu den Einzelheiten siehe oben Rn. 269 f.
⁵⁰⁵ *Assmann/Schneider/Assmann*, Rn. 126.

4. Kennzahlen (§ 15 Abs. 1 Satz 6 WpHG)

319 Gemäß § 15 Abs. 1 S. 6 WpHG müssen in einer Ad-hoc-Veröffentlichung genutzte Kennzahlen im Geschäftsverkehr üblich sein und einen Vergleich mit den zuletzt genutzten Kennzahlen ermöglichen.

320 Eine gesetzliche Definition der **Üblichkeit** fehlt. In der Gesetzesbegründung zum 4. FFG wird klargestellt, dass allein die vielfache Verwendung bestimmter Kennzahlen nicht ausreicht, um deren Üblichkeit anzunehmen.[506] Daraus lässt sich aber auch schließen, dass der Gesetzgeber keine branchen- oder größenspezifischen Einschränkungen der Üblichkeit vornehmen wollte. Als üblich gelten deshalb nur solche Kennzahlen, die von einer hinreichend großen Zahl von Unternehmen über einen gewissen Zeitraum tatsächlich verwandt werden.[507]

321 Die **BaFin**[508] betrachtet die folgenden Kennzahlen als besonders häufig verwendet und deshalb üblich. Umsatz (Umsatzerlöse, sales, revenue), Ergebnis pro Aktie (EPS – earnings per share), Jahresüberschuss (net profit), Cashflow, Ergebnis vor Zinsen und Steuern (EBIT – earnings before interest and taxes), Ergebnis vor Steuern (EBT – earnings before taxes), Dividende pro Aktie (dividends per share), Ergebnis vor Steuern, Zinsen und Abschreibungen (EBITDA – earnings before interest, taxes, depreciation and amortization), Ergebnismarge (in Prozent der Umsätze), Eigenkapitalquote, Ergebnis der gewöhnlichen Geschäftstätigkeit, Betriebliches Ergebnis, Operatives Ergebnis vor Sondereinflüssen.

322 Dieser Katalog bildet eine positive aber nicht abschließende Aufzählung derjenigen Kennzahlen, die jedenfalls den Anforderungen des § 15 Abs. 1 S. 6 WpHG entsprechen. In speziellen Branchen kann es aber darüber hinaus weitere Kennzahlen geben, die als üblich einzustufen sind.

323 Bei der Ermittlung der Üblichkeit einer Kennzahl kann nicht allein auf die verwendete Bezeichnung/den Begriff der Kennzahl abgestellt werden. So genügt es nicht, wenn für die in einer Ad-hoc-Mitteilung vorkommenden Kennzahlen anerkannte Kennzahlen als „Schlagworte" genutzt werden, ohne dass dies auch inhaltlich gerechtfertigt wäre. Vielmehr hat der Emittent im Einzelfall zu prüfen, ob die einer beabsichtigten Kennzahl zugrundeliegende Berechnungsmethode ihrerseits üblich ist und damit auch die Vergleichbarkeit mit der jeweils einschlägigen Vergleichsgruppe verwandter Kennzahlen gleicher Bezeichnung erlaubt.[509]

324 Um den Anlegern eine angemessene Bewertung der veröffentlichten Kennzahlen zu ermöglichen, müssen in der Ad-hoc-Mitteilung auch die entsprechenden Vorjahreszahlen und/oder die prozentualen Veränderungen gegenüber den Vorjahreszahlen genannt werden. Zusätzlich sollte darauf hingewiesen werden, ob sich gegenüber dem Vergleichszeitraum wesentliche Änderungen im Konsolidierungskreis des Emittenten ergeben haben oder ein Wechsel der Bilanzierungsmethode erfolgt ist. Nur so ist sichergestellt, dass die Marktteilnehmer die wesentlichen Informationen schnell erkennen, vergleichen und verarbeiten können. An den gestalterischen Aufbau der Ad-hoc-Mitteilung sind im Hinblick auf das Erfordernis der Vergleichbarkeit aber keine zu hohen Anforderungen zu stellen, so dass die Darstellungsform des Textes durchaus wechseln kann.[510]

---

[506] RegE 4. FFG, BR-Drucks. 936/01 vom 14. 11. 2001, 243.
[507] Vgl. auch *Assmann/Schneider/Assmann*, Rn. 194.
[508] *BaFin, Emittentenleitfaden* idF vom 15. 7. 2005, 49.
[509] Vgl. dazu *Letzel* WM 2003, 1760.
[510] *Letzel* WM 2003, 1760.

III. Richtigkeitsverpflichtung (§ 15 Abs. 2 WpHG)

§ 15 Abs. 2 WpHG regelt in Satz 1 ein Veröffentlichungsverbot für nicht ver- 325
öffentlichungspflichtige Informationen und in Satz 2 ein Berichtigungsgebot für
unwahre, aber veröffentlichte Informationen.

1. Veröffentlichungsverbot (§ 15 Abs. 2 Satz 1 WpHG)

Gemäß § 15 Abs. 2 S. 1 WpHG besteht ein Veröffentlichungsverbot für sons- 326
tige Angaben, welche die Voraussetzungen des Absatzes 1 offensichtlich nicht
erfüllen. Informationen, die offensichtlich nicht den Tatbestand der Ad-hoc-
Publizitätspflicht nach § 15 Abs. 1 WpHG erfüllen, dürfen weder als selbstständige Ad-hoc-Mitteilung noch im Zusammenhang mit einer im Übrigen tatbestandsmäßigen Ad-hoc-Mitteilung veröffentlicht werden. Im Gegensatz zum
Begriff der Insiderinformation in § 15 Abs. 1 WpHG erfasst der Begriff der
sonstigen Angaben in § 15 Abs. 2 S. 1 WpHG jede Art der Gedankenerklä-
rung. Der Gesetzgeber hat den Anwendungsbereich der Vorschrift bewusst weit
gefasst. So soll durch Abs. 2 S. 1 WpHG bereits die Veröffentlichung einfacher
Behauptungen unterbunden werden.[511] Dem Anleger wird durch jede Veröffentlichung überflüssiger Informationen erschwert, marktrelevante Informationen zu
erkennen. Dies gilt unabhängig davon, ob die Information selbst hinreichend
präzise ist. Gerade der Veröffentlichung von Informationen, die nicht oder nicht
vollständig den Tatbestand einer Insiderinformation erfüllen, wollte der Gesetzgeber mit der Einführung des Abs. 2 entgegentreten.

Die Regelung des § 15 Abs. 2 S. 1 WpHG ist auf die Entwicklung des Ad- 327
hoc-Verhaltens zahlreicher Emittenten seit Einführung der Veröffentlichungspflicht zurückzuführen.[512] Der Zielsetzung der Ad-hoc-Publizität, sachgerechte
Anlageentscheidungen zu ermöglichen, sind zu viele oder zu umfängliche Meldungen abträglich.[513] § 15 Abs. 2 S. 1 WpHG verbietet deshalb **überflüssige**
Veröffentlichungen. Als überflüssig gelten solche Angaben, die für sich betrachtet
keine Insiderinformationen bilden und auch nicht zum Verständnis der Umstände notwendig sind, welche zu einer Insiderinformation geführt haben.[514] Zulässig
sind dagegen alle Angaben, die zur Vollständigkeit der Ad-hoc-Veröffentlichung
nach § 4 WpAIV erforderlich sind.

Angaben i. S. d. § 15 Abs. 2 S. 1 WpHG dürfen dann nicht ad-hoc-veröffent- 328
licht werden, wenn sie den Tatbestand des § 15 Abs. 1 WpHG offensichtlich
nicht erfüllen. Das Merkmal der **Offensichtlichkeit** ist im Gesetz nicht definiert
und dient als Korrektiv für die nicht unerheblichen zivil- und ordnungswidrig-
keitsrechtlichen Sanktionen, die dem Emittenten bei einem Verstoß drohen. Der
Emittent bzw. seine handelnden Organe müssen über das Bestehen oder Nicht-
bestehen einer Insiderinformation und somit einer Veröffentlichungspflicht in
eigener Verantwortung entscheiden. Dies ist mitunter mit schwierigen Einschätzungen über die Konkretheit der Information und die Eignung zur Kursbeein-

---

[511] Begr. RegE BT-Drucks. 14/8017, 87.
[512] Siehe oben Rn. 8 f.
[513] RegE BR-Drucks. 936/01, 244; *Schwark/Zimmer*, Rn. 152.
[514] *Schwark/Zimmer*, Rn. 152; *Assmann/Schneider/Assmann*, Rn. 201.

Pfüller

flussung verbunden. Sofern dabei eine Veröffentlichung als Ergebnis einer fehlerhaften Einschätzung oder Bewertung erfolgt ist, soll der Emittent nur dann verantwortlich sein, wenn diese Einschätzung offensichtlich falsch war. Da eine vergleichbare Entlastung für fälschlicherweise nicht veröffentlichte Insiderinformationen nicht besteht (hier liegt regelmäßig ein Insiderverstoß vor), muss dies als Wertung des Gesetzgebers dahingehend interpretiert werden, dass im Zweifel eine Ad-hoc-Veröffentlichung vorzunehmen ist.

329 Alle Angaben, die aus der Perspektive eines verständigen Emittenten **in keinem sachlichen Zusammenhang** mit der publizitätspflichtigen Information stehen, sind offensichtlich überflüssig.[515] Ihre Veröffentlichung hat zu unterbleiben, wenn die Voraussetzungen der Ad-hoc-Publizität nach § 15 Abs. 1 WpHG für sie unter keinen Umständen vorliegen,[516] insbesondere wenn die Umstände zu keinem Zeitpunkt die Eignung zur erheblichen Kursbeeinflussung aufweisen.

330 Bestehen **Zweifel** am Vorliegen der weiteren Voraussetzungen für eine Ad-hoc-Publizitätspflicht nach § 15 Abs. 1 WpHG, so genügt dies nicht für einen Verstoß nach Abs. 2.[517] Vielmehr kann bei einer zweifelhaften Sachlage schon begrifflich das Fehlen einer Insiderinformation nicht „offenkundig" sein. Die Überflüssigkeit der Veröffentlichung drängt sich in solchen Fällen gerade nicht auf. Ein Emittent, der bei Zweifeln über das Vorliegen der Voraussetzungen des § 15 Abs. 1 WpHG dennoch ad-hoc-publiziert, liefe Gefahr, gegen § 15 Abs. 2 S. 1 WpHG zu verstoßen; verzichtet er andererseits auf die Veröffentlichung, trägt er das Risiko eines Verstoßes gegen die Verpflichtung aus Abs. 1. Diese Rechtsunsicherheit lässt sich nur dadurch beseitigen, dass Zweifel am Vorliegen der Voraussetzungen des § 15 Abs. 1 WpHG für einen Verstoß nach Abs. 2 nicht genügen.[518]

331 Überflüssig und somit missbräuchlich ist zB die Veröffentlichung des eigenen Firmenprofils des Emittenten oder von Zwischenberichten und **Jahresabschlüssen in voller Länge.** Nur die Insiderinformationen selbst (zB signifikantes Gewinnwachstum) bzw. die relevanten Geschäftszahlen sind ad hoc zu veröffentlichen.[519] Die bewusste Nutzung der Ad-hoc-Meldung zu Werbezwecken oder zur Selbstdarstellung soll ausgeschlossen werden. Auch Zitate von Organmitgliedern, Vertragspartnern usw. gehören nicht in eine Ad-hoc-Veröffentlichung.[520]

332 Der sonstigen allgemeinen Informationspolitik des Emittenten, etwa durch **Pressemitteilungen,** steht dieses Verbot nicht entgegen. Allein die Publikation in Form einer Ad-hoc-Mitteilung, die bereits an sich den Anschein von erheblicher Kapitalmarktrelevanz hat, darf nicht missbräuchlich zum Einsatz gelangen.

333 Für **Verstöße** gegen § 15 Abs. 2 S. 1 WpHG fehlt im Bußgeldkatalog des § 39 WpHG eine ausdrückliche Nennung. Die Ad-hoc-Veröffentlichung überflüssiger Angaben i. S. v. § 15 Abs. 2 S. 1 WpHG dürfte aber regelmäßig entwe-

---

[515] *Assmann/Schneider/Assmann*, Rn. 202.
[516] *Grimme/v. Buttlar* WM 2003, 903.
[517] *Grimme/v. Buttlar* WM 2003, 903.
[518] Beispiele für ein offenkundiges Fehlen der Voraussetzungen einer Ad-hoc-Pflicht nach § 15 Abs. 1 WpHG nach *Grimme/v. Buttlar* WM 2003, 903 sind: Noch nicht bekannte, branchenspezifische Gesetzgebungsverfahren, die Verhängung eines absatzrelevanten Embargos, ein außergewöhnlicher Orderaufkommen für Wertpapiere des Emittenten.
[519] *Rodewald/Tüxen* BB 2004, 2250; BaFin, Emittentenleitfaden idF vom 15. 7. 2005, 59.
[520] BaFin, Emittentenleitfaden idF vom 15. 7. 2005, 59.

Mitteilung, Veröffentl. u. Übermittl. v. Insiderinformationen 334–337 § 15

der als nicht richtige oder aber jedenfalls als nicht in der vorgeschriebenen Weise vorgenommene Veröffentlichung zu bewerten und deshalb gemäß § 39 Abs. 2 Nr. 5 WpHG sanktionsfähig sein.

2. Berichtigungsgebot (§ 15 Abs. 2 Satz 2 WpHG)

Diese ebenfalls durch das 4. FFG eingeführte Regelung komplettiert das System der Ad-hoc-Publizitätspflichten. Sie steht in engem Zusammenhang mit der primären Ad-hoc-Publizitätspflicht des § 15 Abs. 1 S. 1 WpHG. Informationen, die nach § 15 Abs. 1 S. 1 WpHG veröffentlicht wurden und nicht der Wahrheit entsprechen, sind unverzüglich in Form einer weiteren Ad-hoc-Veröffentlichung gemäß § 4 Abs. 2 WpAIV zu berichtigen. Auch hier verfolgt der Gesetzgeber die Herstellung erhöhter Markttransparenz.[521] Die den Marktteilnehmern zur Verfügung gestellten marktrelevanten Informationen sollen nicht nur vollständig, sondern auch richtig sein. Dadurch soll das Vertrauen in die Richtigkeit des gesamten Inhalts veröffentlichter Ad-hoc-Mitteilungen weiter gestärkt werden.[522] 334

Im Gegensatz zu § 15 Abs. 2 S. 1 WpHG spricht S. 2 nicht von Angaben, sondern von **Informationen**. Nach allgemeinem Sprachgebrauch ist der Begriff der Information wesentlich enger zu verstehen als der der Angabe. Ob der Gesetzgeber durch die Verwendung der uneinheitlichen Terminologie beabsichtigt hat, nur einen Teil der unwahren Aussagen, die nach § 15 Abs. 1 S. 1 WpHG veröffentlicht wurden, dem Berichtigungsverbot zu unterwerfen, ist fraglich.[523] Vielmehr dürfte die Transparenz der Kapitalmärkte verlangen, dass jede unrichtige Ad-hoc-Mitteilung als Information angesehen und demnach korrigiert werden muss. Sofern eine Differenzierung zwischen „bloßer" Angabe und Information im Einzelfall überhaupt möglich ist, wird eine solche dem (verständigen) Anleger schwer fallen. 335

Unwahre Informationen liegen vor, wenn der zugrunde liegende Sachverhalt falsch, frei erfunden oder durch Übertreibung geprägt ist.[524] Auch Beschönigungen, unübersichtliche Darstellungen oder unzutreffende Dementis sowie die Auslassung wesentlicher Gesichtspunkte lassen sich dieser Fallgruppe zuordnen.[525] 336

Auch die berichtigende Veröffentlichung hat **unverzüglich**, d. h. ohne schuldhaftes Zögern zu erfolgen. Dazu ist erforderlich, dass der Emittent Kenntnis von der Unwahrheit der veröffentlichten Information erlangt hat. Auch hier ist dem Emittenten ein angemessener Zeitraum zur Prüfung der Unwahrheit und zur Formulierung des Berichtigungstextes zuzugestehen. Erst wenn der Emittent die Entscheidungsfindung schuldhaft verzögert, liegt keine unverzügliche Berichtigung mehr vor. Wie bei § 15 Abs. 1 WpHG besteht die Pflicht zur Veröffentli- 337

---

[521] Begr. RegE, BT-Drucks. 14/8017, 87.
[522] Begr. RegE, BT-Drucks. 14/8017, 87.
[523] So aber *Grimme/v. Buttlar* WM 2003, 904 zur alten Rechtslage. Entgegen § 15 Abs. 1 S. 4 WpHG aF wird nun nicht mehr von „Tatsachen" gesprochen, obwohl *Assmann/Schneider/Assmann*, Rn. 189 den Begriff der Information auch weiterhin in diesem Sinne auslegt.
[524] Begr. RegE, BT-Drucks. 14/8017, 94; *Baums* ZHR 167 (2003), 159; *Möllers/Leisch* NZG 2003, 114.
[525] *Assmann/Schneider/Sethe*, §§ 37 b, 37 c Rn. 56; *Baums* ZHR 167 (2003), 159; *Möllers/Leisch* NZG 2003, 114.

§ 15 338–341 Abschnitt 3. Insiderüberwachung

chung auch nach § 15 Abs. 2 S. 2 WpHG unabhängig von den Börsenhandelszeiten.

338 Vor den Änderungen durch das 4. FFG war die Berichtigung einer falschen Ad-hoc-Mitteilung nur dann möglich, wenn der Inhalt der berichtigenden Mitteilung selbst eine kursbeeinflussende Tatsache im Sinne des § 15 Abs. 1 S. 1 WpHG aF darstellte.[526] Der Gesetzgeber hat klargestellt, dass die Berichtigungspflicht nicht von dieser Voraussetzung abhängig sein soll. Um unrichtige Ad-hoc-Mitteilungen schnellstmöglich und umfassend richtig zu stellen, dürfen auch solche Ad-hoc-Mitteilung nicht unberichtigt bleiben, bei denen im Hinblick auf die Korrektur die Voraussetzungen einer Pflichtmitteilung nach § 15 Abs. 1 WpHG nicht vorliegen.[527]

339 Die Berichtigung einer falschen Ad-hoc-Mitteilung gemäß § 15 Abs. 2 S. 2 WpHG i. V. m. § 4 Abs. 3 WpAIV muss folgende Elemente enthalten:

340 Die **deutlich hervorgehobene Überschrift** „Ad-hoc-Berichtigung nach § 15 WpHG" (§ 4 Abs. 3 Nr. 1 a) WpAIV); ein als Betreff **erkennbares Schlagwort**, das den Inhalt der Veröffentlichung passend zusammenfasst (§ 4 Abs. 3 Nr. 1 b) WpAIV); den **vollständigen Namen (Firma) und die Anschrift des Emittenten** (§ 4 Abs. 3 Nr. 2 i. V. m. § 4 Abs. 1 S. 1 Nr. 2 WpAIV); die internationalen **Wertpapierkennnummern** (ISIN) der vom Emittenten ausgegebenen Finanzinstrumente, die zum Handel an einem inländischen organisierten Markt zugelassen sind oder für die eine solche Zulassung beantragt wurde (§ 4 Abs. 3 Nr. 2 i. V. m. § 4 Abs. 1 Nr. 3 WpAIV);[528] den **Inhalt**,[529] **Zeitpunkt und alle Verteiler**[530] der Veröffentlichung der unwahren Information (§ 4 Abs. 3 Nr. 2 WpAIV); die **Feststellung der Unrichtigkeit** der unwahren Information sowie die **berichtigte Information** (§ 4 Abs. 3 Nr. 3 WpAIV); und alle auf die richtigen Informationen bezogenen Angaben i. S. d. § 4 Abs. 1 Nr. 5 bis 7 WpAIV.

341 Zusammen mit der Ad-hoc-Berichtigung sind weitere Angaben zu machen, die lediglich der BaFin zu übermitteln sind (§ 8 WpAIV). So ist eine **aussagekräftige Begründung** für die unrichtige Mitteilung vorzulegen, die der BaFin eine Bewertung des Sachverhaltes ermöglicht. Diese ergänzenden Angaben können bereits zusammen mit der Vorabmitteilung gemäß § 15 Abs. 4 S. 1 Nr. 3 WpHG an die BaFin erfolgen. Sie können aber auch gemäß § 8 Abs. 4 i. V. m. § 8 Abs. 2 WpAIV innerhalb von 14 Tagen nach der Veröffentlichung der Berichtigung mit einem Hinweis auf die betreffende Ad-hoc-Mitteilung per Telefax oder postalisch an die BaFin nachgereicht werden, um die Unverzüglichkeit der Meldung nicht zu gefährden.

---

[526] Grimme/v. Buttlar WM 2003, 904; Großmann/Nikoleyczik DB 2002, 2032.

[527] Begr. RegE zum 4. FFG, BT-Drucks. 14/8017, 87; Grimme/v. Buttlar WM 2003, 903.

[528] BaFin, Emittentenleitfaden idF vom 15. 7. 2005, 61.

[529] Die ursprüngliche Information kann gekürzt werden, soweit der unrichtige Teil nicht betroffen ist. Vgl. Bundesministerium der Finanzen (BMF), Erläuterungen zur Wertpapierhandelsanzeige- und Insiderverzeichnisverordnung (WpAIV) nach §§ 10 Abs. 4, 15 Abs. 7 S. 1; 15 a Abs. 5 S. 1, 15 b Abs. 2 S. 1 des WpHG, S. 7/8.

[530] Hierfür genügt es, das elektronisch betriebene Informationsverbreitungssystem zu benennen, über das die ursprüngliche Ad-hoc-Mitteilung im Sinne von § 5 Abs. 1 Nr. 1 WpAIV veröffentlicht wurde; die Angabe des Ad-hoc-Dienstleisters genügt dagegen nicht. Vgl. BaFin, Emittentenleitfaden idF vom 15. 7. 2005, 61.

IV. Selbstbefreiung (§ 15 Abs. 3 WpHG)

§ 15 Abs. 3 WpHG ermöglicht es dem Emittenten, die Veröffentlichung einer ad-hoc-pflichtigen Insiderinformation aufzuschieben. Hierdurch entfällt nicht etwa die Publizitätspflicht nach § 15 Abs. 1 WpHG als solche, sondern diese Pflicht wird nur suspendiert. Es handelt sich also grundsätzlich um eine **Befreiung auf Zeit**. Das AnSVG hat damit in Umsetzung der Marktmissbrauchsrichtlinie einen grundlegenden Systemwechsel bei der Befreiung des Emittenten von Ad-hoc-Veröffentlichungspflichten herbeigeführt. Vor dieser Änderung musste (und konnte!) der Emittent einen spezifischen Befreiungsantrag bei der BaFin stellen[531] und war auf den nach § 15 Abs. 1 S. 5 WpHG aF durch die BaFin zu erlassenden notwendigen Befreiungsbescheid als Verwaltungsakt angewiesen (auf dessen rechtskräftige Bindungswirkung er sich dann allerdings auch gegenüber Dritten verlassen durfte).[532] Wegen der erwarteten Vielzahl von insiderrelevanten Unternehmensinformationen, die nach Änderung des § 15 WpHG potenziell veröffentlichungspflichtig wurden, erschien das alte Befreiungsverfahren nicht mehr praktikabel.[533] Nunmehr kann der Emittent selbst und eigenverantwortlich unter Berücksichtigung der gesetzlichen Regelungen über die Notwendigkeit, die Zulässigkeit sowie die Dauer einer Befreiung von der Ad-hoc-Veröffentlichung entscheiden (sog. Selbstbefreiung).[534]

Fraglich ist, ob die wirksame Selbstbefreiung nach § 15 Abs. 3 WpHG eine dahingehende **bewusste Entscheidung** des Emittenten voraussetzt[535] oder ob es bereits genügt, wenn der objektive Tatbestand der Selbstbefreiungsvoraussetzungen vorliegt, ohne dass sich der Emittent dessen bewusst sein müsste oder eine diesbezügliche ausdrückliche Entscheidung zu treffen hätte.[536]

---

[531] *Holzborn* WM 2004, 1952; *Röder/Merten* NZA 2005, 271.
[532] *Brandi/Süßmann* AG 2004, 649; *Koch* DB 2005, 272.
[533] *Cahn*, Der Konzern 2005, 7. Die vor Inkrafttreten des § 15 Abs. 1 WpHG in der Praxis geäußerte Vermutung, dass die Emittenten die Möglichkeit der Befreiung verstärkt nutzen würden, hatte sich zunächst nicht erfüllt. Zwischen 1995 und dem Ende des Jahres 2000 wurden beim BAWe insgesamt nur 54 Anträge gestellt. 39 Anträgen wurde stattgegeben, 4 wurden abgelehnt, in den übrigen 11 Fällen wurde der Antrag vom Unternehmen zurückgezogen; vgl. BAWe, Jahresberichte 1995 bis 2000; bei *Fürhoff,* 209 ff. werden die Sachverhalte der Befreiungsanträge zwischen 1995 und 1998 sowie die Entscheidungen des BAWe ausführlich dargestellt. In den beiden darauf folgenden Jahren machten die Emittenten von der Befreiungsmöglichkeit dagegen verstärkt Gebrauch: Von den im Jahr 2001 gestellten 36 Befreiungsanträgen wurden 32 Anträge bewilligt, 2 wurden abgelehnt und 2 zurück genommen. Im Jahr 2002 wurden 26 Anträge gestellt, von denen 18 Anträgen stattgegeben wurde, 7 wurden abgelehnt, 1 Antrag wurde zurückgenommen; vgl. BAWe, Jahresberichte 2001 und 2002. In der Mehrzahl der Fälle wollten die Emittenten die Veröffentlichung einer drohenden Zahlungsunfähigkeit oder Überschuldung wegen laufender Sanierungsverhandlungen aufschieben. Daneben gab es Fälle, bei denen die Emittenten wegen der Kollision mit ausländischen Vorschriften vorübergehend von der Ad-hoc Publizitätspflicht befreit wurden.
[534] Begr. RegE, BT-Drucks. 15/3174, 35; *Brandi/Süßmann* AG 2004, 649; *Diekmann/Sustmann* NZG 2004, 935; *Koch* DB 2005, 272; *Bürgers* BKR 2004, 432; *Elster* PHI 2005, 48.
[535] So die hM. Vgl. *Harbarth* ZIP 2005, 1906; *Assmann/Schneider/Assmann* Rn. 129; BaFin Emittentenleitfaden idF vom 15. 7. 2005, 53; *Schneider/Gilfrich* BB 2007, 56.
[536] *Versteegen* in KölnKomm, Rn. 168.

344 Der Wortlaut des § 15 Abs. 3 S. 1 WpHG („ist … befreit") legt nahe, dass der Emittent bereits dann von der Verpflichtung zur Veröffentlichung befreit sein soll, wenn die Voraussetzungen des § 15 Abs. 1 S. 3 WpHG vorliegen.[537] Die Formulierung des Gesetzgebers könnte somit den Schluss zulassen, dass unabhängig von einer Entscheidung des Emittenten die Selbstbefreiung vorliegt, wenn nur objektiv der Schutz der berechtigten Interessen des Emittenten dies erfordert, keine Irreführung der Öffentlichkeit zu befürchten und die Vertraulichkeit der Insiderinformation gewährleistet ist.[538]

345 Anders als der deutsche Gesetzeswortlaut sieht Art. 6 Abs. 2 der Marktmissbrauchsrichtlinie vor, dass der Emittent die Ad-hoc-Veröffentlichung „aufschieben" darf, wenn die Selbstbefreiungsvoraussetzungen vorliegen. Der Begriff des **Aufschiebens** setzt eine aktive Handlung des Emittenten und – jener denknotwendigerweise vorgelagert – auch eine bewusste Entscheidung zur Vornahme einer solchen Handlung voraus. Da der deutsche Gesetzgeber sich nicht in Widerspruch zu den europarechtlichen Vorgaben setzen wollte, ist deshalb auch der Wortlaut des § 15 Abs. 3 S. 1 WpHG im Sinne einer aktiven Selbstbefreiungsentscheidung des Emittenten zu interpretieren.[539]

346 Die historische Entwicklung der Befreiung von der Ad-hoc-Veröffentlichungspflicht stützt diese Sichtweise. Die früher der BaFin obliegende Entscheidungsbefugnis über die Möglichkeit des Aufschubs wurde auf den Emittenten selbst übertragen, ohne dass dadurch der Entscheidungsakt als solcher entfallen sollte. Hinweise darauf, dass die Befreiung von der Pflicht zur Veröffentlichung nunmehr von Rechts wegen eintreten soll, sind nicht ersichtlich.[540] Ferner macht auch die Verpflichtung nach § 15 Abs. 3 S. 4 WpHG, wonach der Emittent zum Zeitpunkt der Nachholung der Veröffentlichung die Gründe für die Selbstbefreiung und den Zeitpunkt derselben der BaFin mitteilen muss, ohne eine entsprechende Befreiungsentscheidung keinen Sinn.

347 Der deutsche Gesetzgeber hat bewusst davon abgesehen, eine **Unterrichtungspflicht** des Emittenten gegenüber der BaFin über die Selbstbefreiung vorzusehen, wie es nach Art. 6 Abs. 2 der Marktmissbrauchsrichtlinie möglich gewesen wäre. Die beabsichtigte Deregulierung und Reduzierung des Prüfungsaufwands der BaFin würde durch eine solche Benachrichtigungspflicht vereitelt. Die BaFin hätte sonst schon wegen ihrer Pflicht zur Missstandsaufsicht nach § 4 WpHG eine Kontrolle sämtlicher Aufschubentscheidungen durchzuführen, was faktisch der bisherigen Befreiungsprüfung gleich käme.[541]

348 Die auf den ersten Blick für den Emittenten günstige, da unbürokratische Regelung des § 15 Abs. 3 WpHG birgt jedoch die Gefahr der Rechtsunsicherheit.[542] Die Entscheidung über den Aufschub der Ad-hoc-Veröffentlichung selbst

---

[537] So: *Küthe* ZIP 2004, 885; *Veith* NZG 2005, 254.
[538] *Versteegen* in KölnKomm, Rn. 168; hierzu auch *Widder*, DB 2008, 1481.
[539] *Schneider* BB 2005, 902; *Claussen/Florian* AG 2005, 757; *Widder* DB 2008, 1481.
[540] *Schneider/Gilfrich* BB 2007, 54.
[541] *Begr. RegE*, BT-Drucks. 15/3174, 35.
[542] Die formellen Voraussetzungen eines Befreiungsantrages gegenüber der BaFin nach § 15 Abs. 1 S. 5 WpHG aF umfassten die Angabe der Insidertatsache, hinsichtlich der von der Veröffentlichungspflicht befreit werden sollte, und des Zeitraums der angestrebten Befreiung sowie die *Glaubhaftmachung* der materiellen Befreiungsvoraussetzungen (insbesondere des vorrangigen Unternehmensinteresses). Auch wenn die BaFin die Eignung der Veröffentlichung zur Schädigung berechtigter Interessen des Emittenten bejahte, führte dies noch nicht

treffen zu müssen, ist für den Emittenten insbesondere vor dem Hintergrund der durch das AnSVG erweiterten Mitteilungspflichten gemäß § 15 Abs. 1 WpHG mit zusätzlichen Risiken behaftet.[543] Zum einen droht bei einer unrechtmäßigen oder unrechtmäßig langen Selbstbefreiung ein Bußgeld, zum anderen besteht die Gefahr einer zivilrechtlichen Haftung nach § 37b WpHG. Früher hatte der Befreiungsbescheid der BaFin als bestandskräftiger Verwaltungsakt legalisierende Wirkung gegenüber zivilrechtlichen Schadensersatzansprüchen.[544] Soweit heute die BaFin ein aufsichtsrechtliches Einschreiten gegenüber einer rechts- bzw. pflichtwidrigen Selbstbefreiung unterlässt, indem sie auf verwaltungsrechtliche Maßnahmen oder die Verhängung eines Bußgeldes verzichtet, sind die Zivilgerichte an diese Einschätzung nicht gebunden. In einem möglichen Schadensersatzprozess eines Anlegers kann sich der Emittent nicht mehr unter Berufung auf die behördliche Entscheidung exkulpieren.[545]

1. Befreiungsvoraussetzungen (§ 15 Abs. 3 Satz 1 WpHG)

Der Emittent ist von der Ad-hoc-Veröffentlichungspflicht solange befreit, wie es der Schutz seiner berechtigten Interessen erfordert, keine Irreführung der Öffentlichkeit zu befürchten ist und der Emittent die Vertraulichkeit der Insiderinformation gewährleisten kann. Sobald und solange diese Voraussetzungen vorlie-

---

zwangsläufig zur Befreiung. Vielmehr bestand auf der Rechtsfolgenseite ein Ermessen der Aufsichtsbehörde. Diese hatte bei Ausübung des Ermessens zwischen den Emittenten-, Anleger- und Marktinteressen abzuwägen. Der Befreiungsbescheid wurde dann regelmäßig mit einer Befristung, einem Widerrufsvorbehalt und Auflagen versehen. So wurde der Emittent zur Vertraulichkeit und Beobachtung der Marktentwicklung verpflichtet. Für den Fall, dass es zu einem „Durchsickern" von Gerüchten kam, war ein Widerrufsvorbehalt vorgesehen. Eine ausdrückliche Regelung der Rechtsfolgen einer Antragstellung fehlte. Aus dem Gesamtzusammenhang ergab sich jedoch, dass nach Stellung eines Befreiungsantrages die Veröffentlichungspflicht des Emittenten bis zur Entscheidung der BaFin ruhte. Der Emittent verletzte also die Pflicht zur unverzüglichen Veröffentlichung einer Insidertatsache nicht, wenn er einen Befreiungsantrag unverzüglich gestellt hatte. Dies galt allerdings nicht für rechtsmissbräuchlich gestellte Befreiungsanträge, etwa wenn der Antrag nur zu dem Zweck gestellt wurde, die Veröffentlichung für die Zeit der Bearbeitung durch die BaFin hinauszuzögern. Schwierig waren Fälle zu beurteilen, bei denen der Emittent dem Befreiungsantrag zwar nur geringe Chance einräumte, aber gleichwohl einen Erfolg nicht für ausgeschlossen hielt. Hier wurde dem Emittenten selbst auferlegt, über die Erfolgsaussichten seines Antrags zu befinden. Bereits das alte Recht enthielt somit Element eigenverantwortlicher Entscheidung des Emittenten über die Voraussetzungen seiner Befreiung. Die Börsen erhielten von einer Befreiung grundsätzlich keine Kenntnis, weil sonst die Gefahr einer angeordneten Kursaussetzung entstand, durch deren weitere Folgen der Zweck der Befreiung vereitelt worden wäre. Der Befreiungsbescheid der BaFin enthielt aber regelmäßig einen Hinweis an den Emittenten, sich erforderlichenfalls mit der Börse in Verbindung zu setzen und eine Kursaussetzung anzuregen (auch insoweit wurde also die Verantwortung auf den Emittenten verlagert). Lehnte die BaFin eine Befreiung ab, so bestand die Veröffentlichungspflicht gemäß § 15 Abs. 1 S. 1 WpHG aF fort – auch dann, wenn der ablehnende Bescheid rechtswidrig war. Der mögliche Widerspruch gegen den Bescheid hatte keine aufschiebende Wirkung und auch ein Antrag auf Erlass einer einstweiligen Regelungsanordnung gemäß § 123 Abs. 2 VwGO hatte keinen Suspensiveffekt. Der Emittent war daher bei Ablehnung seines Befreiungsantrages zur unverzüglichen Veröffentlichung verpflichtet.

[543] *Harbarth* ZIP 2005, 1903; *Elster* PHI 2005, 48.
[544] *Assmann/Schneider/Sethe*, §§ 37b, 37c, Rn. 55.
[545] *Elster*, PHI 2005, 49.

gen, kann der Emittent die Veröffentlichung aufschieben. Es handelt sich dabei um eine Legalausnahme, deren Vorliegen vom Emittenten selbst festgestellt wird, aber behördlicher oder ggf. gerichtlicher Überprüfung standhalten muss.[546]

350 Eine falsche Abwägung durch den Emittenten kann zu dessen unzulässiger Befreiung und damit zu einer verspäteten Veröffentlichung der Insiderinformation führen. Die **Gründe** für die Selbstbefreiung und die übrigen in § 8 Abs. 5 WpAIV genannten Angaben hat der Emittent zusammen mit der späteren Mitteilung der Insiderinformation gegenüber der BaFin in einer Weise darzulegen, die es der BaFin ermöglicht, die Interessenabwägung und die Annahme des berechtigten Interesses des Emittenten nachvollziehen zu können.

a) Berechtigte Interessen

351 Die berechtigten Interessen, die zu einer Selbstbefreiung gemäß § 15 Abs. 3 S. 1 WpHG führen können, werden in § 6 S. 1 WpAIV näher konkretisiert. Sie liegen vor, wenn die **Interessen des Emittenten an der Geheimhaltung** der Information die Interessen des Kapitalmarktes an einer vollständigen und zeitnahen Veröffentlichung **überwiegen**.

352 Bei der Abwägung sind nur die berechtigten Interessen **des Emittenten selbst** zu berücksichtigen und nicht eventuelle Interessen, die dritte Personen (zB Organmitglieder, Aktionäre oder Verhandlungspartner) an einer Verzögerung haben könnten.[547] Ein gleichlaufendes oder vergleichbares Interesse eines Dritten (etwa das Interesse einer Bietergesellschaft im Rahmen eines Übernahmeangebots, oder eines Paketerwerbers, der zwecks Gewährung einer Due Diligence an den Emittenten herantritt) ist aber für die Bewertung des eigenen Aufschubinteresses des Emittenten unschädlich. Bei berechtigtem Interesse von Konzernunternehmen dürfte regelmäßig auch ein daraus ableitbares berechtigtes Interesse des Emittenten begründbar sein.[548]

353 In der **Vergangenheit,** d. h. vor Einführung des Selbstbefreiungsmechanismus gemäß § 15 Abs. 3 WpHG und zu Zeiten der Geltung des behördlichen Befreiungsprozedere durch die BaFin,[549] wurden hohe Anforderungen an das Emittenteninteresse gestellt und die Möglichkeiten zum Aufschub der Veröffentlichung restriktiv angelegt.[550] Aufgrund der mit dem AnSVG eingeführten Ausdehnung des Begriffs der Insiderinformation und der damit verbundenen Erweiterung des Anwendungsbereichs von Ad-hoc-Veröffentlichungspflichten ist diese restriktive Auslegung des überwiegenden Emittenteninteresses nicht mehr sachgerecht.[551]

354 Ausgangspunkt der Abwägung muss der Regelungszweck der Ad-hoc-Publizitätspflicht einerseits und der Befreiungsmöglichkeit andererseits sein. Die Veröffentlichungspflicht dient der Markttransparenz und der Vermeidung eines Ausnutzens von Insiderwissen und damit im Ergebnis der fairen Preisbildung

---

[546] Zur Frage ob zur Erleichterung des Prozesses für den Emittenten eine „vorsorgliche Selbstbefreiung" bei Unsicherheit über das Vorliegen der Tatbestandsvoraussetzungen möglich ist: *Widder,* DB 2008, 1480 ff.
[547] BaFin, Emittentenleitfaden idF vom 15. 7. 2005, 55.
[548] So auch: *Assmann/Schneider/Assmann,* Rn. 157, *Spindler/Speier* BB 2005, 2033.
[549] Vgl. dazu *Kümpel/Assmann,* § 15 Rn. 132 ff.; *Fleischer* NJW 2002, 2980; *Maier-Reimer/Webering* WM 2002, 1857; *Reichert/Weller* ZRP 2002, 54; *Möllers/Leisch* NZG 2003, 114; *Brandi/Süßmann* AG 2004, 649.
[550] BaFin, Emittentenleitfaden idF vom 15. 7. 2005, 55.
[551] BaFin, Emittentenleitfaden idF vom 15. 7. 2005, 55.

am Kapitalmarkt. Die Befreiungsmöglichkeit trägt dem Umstand Rechnung, dass im Einzelfall unternehmerischen Schutzinteressen des Emittenten ein Vorrang gegenüber dem Informationsinteresse der Marktteilnehmer einzuräumen sein kann.[552]

Die Befreiungsmöglichkeit wird damit zum gebotenen **Korrektiv** einer weiten Ad-hoc-Publizitätspflicht. Damit steht auch das Verhältnis zwischen Regel (Veröffentlichung) und Ausnahme (Befreiung) fest. Der Beurteilungsmaßstab bemisst sich danach, ob die dem Emittenten aufgrund der sofortigen Veröffentlichung drohenden Nachteile schwerer wiegen als das Interesse der Marktteilnehmer an richtiger, vollständiger und zeitnaher Information.[553] 355

Hierbei ist besonders zu berücksichtigen, dass während des Zeitraums einer Befreiung dem Markt gerade solche Informationen vorenthalten werden, die für eine faire Preisbildung erforderlich wären, dass also vorübergehend ein Handel zu „unrichtigen" Kursen stattfindet.[554] Um diesen vom Gesetzeszweck der Ad-hoc-Publizität gerade nicht gewünschten Zustand auf das notwendige Minimum zu reduzieren, muss das Geheimhaltungsinteresse des Emittenten **erheblich** sein und gegenüber den Interessen des Kapitalmarktes an einer vollständigen und zeitnahen Veröffentlichung **überwiegen** (§ 6 S. 1 WpAIV). 356, 357

Nicht erforderlich ist, dass ein im Rahmen der berechtigen Emittenteninteressen zur Abwägung herangezogener Nachteil für das Unternehmen **bereits eingetreten** ist oder unmittelbar bevorsteht. Ein befürchteter Schadenseintritt muss auch nicht sicher oder von hoher Wahrscheinlichkeit sein. Die Veröffentlichung muss aber zumindest geeignet sein, die Interessen des Emittenten zu schädigen. Ein bloßer pauschaler Hinweis auf „Nachteile im Wettbewerb" genügt hier regelmäßig nicht.[555] 358

aa) Beeinträchtigung laufender Verhandlungen (§ 6 Satz 2 Nr. 1 WpAIV). Gemäß § 6 S. 2 Nr. 1 WpAIV kann ein überwiegendes Interesse des Emittenten insbesondere dann bestehen, wenn das Ergebnis oder der Gang laufender Verhandlungen über Geschäftsinhalte, die geeignet wären, im Falle ihres öffentlichen Bekanntwerdens den Börsen- oder Marktpreis erheblich zu beeinflussen, von der Veröffentlichung wahrscheinlich erheblich beeinträchtigt würden und eine Veröffentlichung die Interessen der Anleger ernsthaft gefährden würde. Das Erfordernis einer **erheblichen Beeinträchtigung** stimmt nicht mit den Kriterien der Durchführungsrichtlinie zur Marktmissbrauchsrichtlinie[556] überein. Gemäß Art. 3 Abs. 1 a S. 1 der Durchführungsrichtlinie genügt es, wenn das Ergebnis oder der normale Verlauf von Verhandlungen durch eine Veröffentlichung **wahrscheinlich beeinträchtigt** würde. Eine starke und unmittelbare Beeinträchtigung ist dort nur für den Sonderfall vorgesehen, dass Verhandlungen zur Sicherung der finanziellen Überlebensfähigkeit eines Emittenten, also Sanierungsverhandlungen, geführt werden. Bei richtlinienkonformer Auslegung des § 6 S. 2 Nr. 1 WpAIV kann ein überwiegendes Interesse des Emittenten am Aufschub der Veröffentlichung einer Insiderinformation deshalb schon dann bestehen, wenn das Ergebnis oder der Gang laufender Verhandlun- 359

---

[552] *Schneider* BB 2001, 1215.
[553] *Schäfer*, Rn. 114.
[554] *Fürhoff/Wölk* WM 1997, 457; *Fürhoff*, 201.
[555] *Assmann/Schneider/Assmann*, Rn. 138.
[556] Richtlinie 2003/124/EG, ABl. EG 2003 Nr, L 339, S. 70.

gen über Geschäftsinhalte durch die Veröffentlichung wahrscheinlich beeinträchtigt würde.[557]

360 Gründe für einen Aufschub können beispielsweise laufende Verhandlungen im Zusammenhang mit einer Unternehmensübernahme und dem damit verbundenen Verfahren sein, deren Veröffentlichung negative Auswirkungen auf die Verhandlungen nach sich zögen.[558] Bei **Wertpapiererwerbs- und Übernahmeangeboten** befinden sich die Ad-hoc-Publizität nach § 15 WpHG einerseits und die Transparenzvorschriften des WpÜG andererseits in einem sich gegenseitig ergänzenden Konkurrenzverhältnis. Nach der ausdrücklichen Regelung des § 10 Abs. 6 WpÜG ist die maßgebliche Entscheidung des Bieters über die Abgabe eines Übernahmeangebots ausschließlich nach § 10 WpÜG zu publizieren. Eine Ad-hoc-Veröffentlichung nach § 15 Abs. 1 WpHG ist insoweit (unabhängig von der Kursrelevanz) nicht erforderlich und damit auch keine Selbstbefreiung gemäß § 15 Abs. 3 WpHG. Anderes gilt für zusätzliche Insiderinformationen, die nicht in der Meldung nach § 10 WpÜG enthalten sein müssen, oder die erst **nach** der 10er-Meldung entstehen (wie zB die Eckdaten eines konkreten Angebotes). Diese Angaben können, ebenso wie kursrelevante Sachverhalte, die der Entscheidung zur Abgabe eines Angebots zeitlich **voraus** gehen, ihrerseits eine eigenständige Ad-hoc-Publizitätspflicht auslösen. So kann auch das vorgelagerte Vorhaben des Bieter-Vorstandes, ein Übernahmeangebot abzugeben, ein ad-hoc-publizitätspflichtiger Umstand sein.[559]

361 Insoweit erlangt dann die Möglichkeit zur Selbstbefreiung nach § 15 Abs. 3 WpHG Bedeutung. Dabei ist bei Wertpapiererwerbs- und Übernahmeangeboten regelmäßig ein berechtigtes Interesse des Bieters an der Nichtveröffentlichung des Vorhabens bis zum Zeitpunkts einer nach § 10 Abs. 1 S. 1 WpÜG zu veröffentlichenden Entscheidung über die Abgabe eines Angebots anzunehmen.[560] Ob hierbei allerdings bereits der pauschale Hinweis genügt, dass eine der Entscheidungsveröffentlichung nach § 10 WpÜG vorausgehende Ad-hoc-Meldung über das bevorstehende Angebot den Erfolg der Transaktion nachhaltig gefährden und den Kaufpreis für die Anteile der Zielgesellschaft erheblich verteuern kann, ist fraglich.[561] Vielmehr wird erforderlich sein, dass konkrete Umstände vorliegen, die die Einschätzung des Emittenten gerechtfertigt erscheinen lassen, dass die Vorab-Veröffentlichung den Erfolg der Transaktion gefährdet.[562]

362 Auch die **Zielgesellschaft** ihrerseits ist seit der Änderung des § 15 WpHG grundsätzlich ad-hoc-publizitätspflichtig, wenn sie von einem bevorstehenden Wertpapierwerbs-, Übernahme- oder Pflichtangebot vorab Kenntnis erlangt.[563]

---

[557] Vgl. *Assmann/Schneider/Assmann*, Rn. 138; *Merkner/Sustmann* NZG 2005, 736; *Messerschmidt*, 2539, allgemein zu § 15 Abs. 3 WpHG ausführlich in Fällen *Möllers* WM 2005, 1395 ff.

[558] Begr. RegE, BT-Drucks. 15/3174, 35, siehe auch *Brandi/Süßmann* AG 2004, 649; *Merkner/Sustmann* NZG 2005, 735.

[559] BaFin, Emittentenleitfaden idF vom 15. 7. 2005, 19; *Gutzy/Märzheuser*, Praxishandbuch Ad-hoc-Publizität 2007, S. 159, 160.

[560] *Assmann* AG 2002, 117.

[561] So *Brandi/Süßmann* AG 2004, 649.

[562] So auch *Assmann/Schneider/Assmann*, Rn. 153.

[563] *Gutzy/Märzheuser*, S. 160; aA noch zur alten Rechtslage *Weber-Rey/Scholderer* AG 2005, R 487 ff., wonach die Erwerbsabsicht keine im Tätigkeitsbereich der Zielgesellschaft eingetretene Insiderinformation sei.

Die Zielgesellschaft kann sich ihrerseits auf eine Selbstbefreiung gemäß § 15 Abs. 3 WpHG berufen, sofern ein berechtigtes Interesse und die übrigen Voraussetzungen vorliegen. Dabei muss das berechtigte Interesse der Zielgesellschaft separat, d. h. unabhängig von den Interessen des Beraters begründbar sein, was im Einzelfall schwierig sein kann.[564]

Mit Hinblick auf die einheitliche Anwendung der Publizitätsvorschriften und die in § 10 Abs. 6 WpÜG getroffene Wertung, die auch dazu dient, ungerechtfertigte Übernahmespekulationen vom Kapitalmarkt fernzuhalten, sollte aber der Zielgesellschaft zumindest solange ein eigenes berechtigtes Interesse am Aufschub der Ad-hoc-Veröffentlichung zugebilligt werden, wie auch der Bieter von seiner Veröffentlichungspflicht befreit ist.[565] Dies gilt jedoch nur, soweit die übrigen Voraussetzungen des § 15 Abs. 3 WpHG, insbesondere die Vertraulichkeit, gewährleistet sind.

Bei **sonstigen Anteilserwerben,** die keine Wertpapiererwerbs- oder Übernahmeangebote nach WpÜG darstellen, dürfte sich eine frühe Ad-hoc-Meldung nicht unmittelbar auf den Kaufpreis für das Erwerbsprojekt auswirken. Hier muss das berechtigte Interesse am Aufschub der Ad-hoc-Publizität mit dem nachteiligen Einfluss auf die laufende Vertragsverhandlung oder die politische oder wirtschaftliche Sensibilität der Transaktion begründet werden.[566]

In **Sanierungsfällen** ist offenkundig, dass ein frühzeitiges Bekanntwerden negativer Tatsachen, wie zB drohende Zahlungsunfähigkeit, erhebliche Verluste oder Umsatzeinbrüche, die erforderlichen Sanierungsmaßnahmen ernsthaft gefährden und somit letztlich auch den Anlegern schaden könnte.[567] Sanierungsverhandlungen mit den Beteiligten würden erschwert und Konkurrenten könnten die erkennbare Schwäche ausnutzen, um das Unternehmen vom Markt zu drängen. Ferner droht die Gefahr, dass Lieferanten nur noch gegen Vorkasse zu leisten bereit sind, erteilte Kundenaufträge storniert und Kundenbeziehungen insgesamt beeinträchtigt werden und auch unter den Mitarbeitern des Emittenten erhebliche Unruhe entsteht. Deshalb ist regelmäßig ein berechtigtes Emittenteninteresse zu bejahen, wenn realistische Sanierungspläne durch die vorzeitige Ad-hoc-Publizität gefährdet erscheinen und damit die finanzielle Überlebensfähigkeit des Emittenten erheblich und unmittelbar bedroht ist.[568]

Eine kritische Lage für das Unternehmen, wie zB dessen Existenzbedrohung, welche die BaFin nach alter Rechtslage[569] unter Betonung des Ausnahmecharakters des § 15 Abs. 1 S. 5 WpHG aF verlangte, wird auf jeden Fall auch im Rahmen des neuen § 15 Abs. 3 WpHG für eine Selbstbefreiung ausreichen. Aller-

---

[564] *Gutzy/Märzheuser,* S. 164; *Brandi/Süßmann* AG 2004, 655. Insbesondere bei feindlichen Übernahmen wird dies kaum gelingen – aber auch selten praxisrelevant sein, da die Zielgesellschaft hier häufig an einer schnellen Veröffentlichung interessiert ist.
[565] *Assmann/Schneider/Assmann,* Rn. 154.
[566] *Brandi/Süßmann* AG 2004, 654.
[567] *Hadding/Dreyling,* 159, 161; *Wittich* AG 1997, 4, sieht insbesondere bei einer Existenzgefährdung des Unternehmens das Publizitätsinteresse zurücktreten.
[568] Davon wird man ausgehen können, wenn die Liquiditätsrechnung des Emittenten ergibt, dass nur noch Mittel für die nächsten 4–6 Monate vorhanden sind oder wenn Banken mit wesentlichem Kreditengagement beim Emittenten Kreditlinien gestrichen oder erheblich nach unten korrigiert haben oder wenn diese Banken eine deutliche Erhöhung der zugrunde liegenden Sicherheiten fordern.
[569] Zur alten Rechtslage: BAWe/Deutsche Börse, Leitfaden, 46; *Wölk* AG 1997, 79.

dings muss die **hinreichende Erfolgswahrscheinlichkeit** bestehen, dass nach Ablauf des Befreiungszeitraumes die angespannte Situation beseitigt oder zumindest wesentlich entschärft wird. Dies ist anzunehmen, wenn beispielsweise aussichtsreiche Chancen für eine Sanierung bestehen.[570] Die Befreiung darf also nicht nur verzögernde Wirkung haben.[571] Andererseits muss das Ausbleiben eines Schadens, d. h. die erfolgreiche Sanierung nicht absolut sicher sein; die ausreichende Erfolgswahrscheinlichkeit genügt.[572]

367 Fraglich ist, ob nur solche Verhandlungen eine Verzögerung der Veröffentlichung rechtfertigen, bei denen der Emittent selbst Vertragspartei ist, oder ob auch Verhandlungen eines Großaktionärs hierunter fallen können. Dagegen spricht zunächst die Gesetzesbegründung zu § 15 Abs. 3 WpHG sowie Art. 3 I lit. a der Durchführungslinie zur Marktmissbrauchsrichtlinie. Da die in der Richtlinie ebenso wie in § 6 WpAIV genannten Fallgruppen als bloße Beispiele nicht abschließend sind, ist ein eigenes berechtigtes Interesse des Emittenten auch in solchen Fällen zumindest denkbar.[573]

368 **bb) Mehrstufige Entscheidungsprozesse (§ 6 Satz 2 Nr. 2 WpAIV).** Gemäß § 6 S. 2 Nr. 2 WpAIV liegen berechtigte Interessen des Emittenten insbesondere dann vor, wenn durch das Geschäftsführungsorgan des Emittenten abgeschlossene Verträge oder andere getroffene Entscheidungen zusammen mit der Ankündigung veröffentlicht werden müssten, dass die für die Wirksamkeit der Maßnahme erforderliche Zustimmung eines anderen Organs des Emittenten noch aussteht, und dies die sachgerechte Bewertung der Information durch das Publikum gefährden würde. Dies betrifft vor allem die sogenannten **mehrstufigen Entscheidungsprozesse.**[574]

369 Bei Aktiengesellschaften handelt es sich regelmäßig um Fälle, in denen Geschäftsführungsmaßnahmen des Vorstandes noch der Zustimmung des Aufsichtsrats bedürfen. Da auch andere Gesellschaften als Emittenten von Finanzinstrumenten in Betracht kommen (etwa eine GmbH, die Anleihen begibt), können aber auch obligatorische Mitwirkungsmaßnahmen von Beiräten hierunter fallen, sofern solche in der Satzung vorgesehen sind.

370 Nicht jede noch ausstehende Zustimmung eines anderen Organs erlaubt jedoch per se bereits den Aufschub der Ad-hoc-Veröffentlichung.[575] Gesetzgeberisches Motiv für das in § 6 S. 2 Nr. 2 WpAIV angeführte Regelbeispiel des berechtigten Interesses einer Selbstbefreiung ist nämlich nicht die Wahrung der Kompetenzverteilung im Rahmen angemessener Corporate Governance, wonach die Entscheidung eines zuständigen Aufsichtsorgans nicht präjudiziert werden darf. Vielmehr ist der berechtigte Aufschub der Ad-hoc-Veröffentlichung davon abhängig, ob die **sachgerechte Bewertung** der Information durch das Publikum wegen der Vorläufigkeit und somit Umkehrbarkeit der Entscheidung gefährdet erscheint. Die Bestimmung des „richtigen" Zeitpunkts einer Ad-hoc-Veröffentlichung hängt bei mehrstufigen Entscheidungsprozessen maßgeblich

---

[570] *Claussen,* Rn. 126; *Schäfer,* Rn. 116.
[571] BAWe/Deutsche Börse, Leitfaden, 46.
[572] *Schäfer,* Rn. 116.
[573] *Ziemons* NZG 2004, 543; *Brandi/Süßmann* AG 2004, 650.
[574] *Brandi/Süßmann* AG 2004, 649; *Diekmann/Sustmann* NZG 2004, 935; *Kuthe* ZIP 2004, 885.
[575] *Assmann/Schneider/Assmann,* Rn. 142.

von der Beurteilung ab, wann die Veröffentlichung dem Kapitalmarkt eher schadet als nutzt und dient somit nicht alleine der Sicherung der aktienrechtlichen Kompetenzordnung.[576] Der Kapitalmarkt soll nicht durch kursrelevante aber mangels finaler Entscheidung nicht belastbare Informationen beeinträchtigt werden, die zu einem spekulativen Auf und Ab des Börsenkurses führen würden. Eine Irreführung des Marktes durch die Bekanntgabe einer ersten, reversiblen Information kann nämlich nicht durch Veröffentlichung einer zweiten, berichtigenden Information beseitigt werden.[577]

§ 6 S. 2 Nr. 2 WpAIV selbst gibt keine Antwort auf die Frage, unter welchen Voraussetzungen ein Emittent wegen der noch ausstehenden Zustimmung eines anderen Organs zur Selbstbefreiung berechtigt sein soll. Auch nähere **Kriterien,** wonach die Gefährdung der sachgerechten Bewertung durch das Publikum zu beurteilen ist, enthält die WpAIV nicht. Als Bewertungsmaßstab kommt deshalb allein die Prognose darüber in Betracht, ob das betroffene weitere Organ seine Zustimmung voraussichtlich erteilen wird oder nicht. Je eher sich eine erwartete Entscheidung des Aufsichtsorgans absehen lässt, desto geringer ist die Gefahr einer sachfremden Bewertung durch das Publikum und um so schwächer ist das berechtigte Interesse an einer Selbstbefreiung.

Problematisch ist, dass – bei wortlautgetreuer Auslegung des § 6 WpAIV – der Vorstand des Emittenten nicht nur eine eigene Einschätzung über die Wahrscheinlichkeit der Zustimmung des Aufsichtsorgans treffen muss, sondern auch zu beurteilen hat, welche Prognose das Publikum diesbezüglich trifft. Beiden steht nämlich nicht zwangsläufig die gleiche Informationsgrundlage für die Vorhersage zur Verfügung. Dies zeigt, wie **untauglich** die Regelung des § 6 S. 1 Nr. 2 WpAIV für die Praxis ist. Richtigerweise wird deshalb darauf abzustellen sein, welche eigene Prognose der Vorstand des Emittenten bezüglich der Zustimmungswahrscheinlichkeit des anderen Organs trifft.

Die **BaFin** äußert sich im Emittentenleitfaden zur Befreiungsmöglichkeit bei mehrstufigen Entscheidungsprozessen widersprüchlich. Während sie einerseits den Aufschub der Veröffentlichung bei Gremienvorbehalten „regelmäßig"[578] oder „in der Regel"[579] für zulässig erachtet, hält die BaFin andererseits pauschale Begründungen, die auf die Kompetenzverteilung der Gesellschaft verweisen, nicht für ausreichend.[580] Es wird jedoch deutlich, dass die Verwaltungspraxis der BaFin – anders als der Normzweck der WpAIV – stärker auf die aktienrechtliche Organverfassung und Gesichtspunkte der Corporate Governance abstellt als auf die Möglichkeit zur sachgerechten Bewertung durch das Anlegerpublikum. Dogmatisch wäre diese – aus aktienrechtlicher Sicht durchaus gerechtfertigte – Auslegung als weiteres „Regelbeispiel" einzuordnen.

Beide Ansätze dürften nur bei eindeutigen Sachverhalten zum selben Ergebnis gelangen: Wenn die Zustimmung des anderen Organs nahezu feststeht, wird ein

---

[576] *Staake* BB 2007, 1576.
[577] DAV-Handelsrechtsausschuss AG 1997, 560; aA *Staake*, BB 2007, 1576, der den Schutz des Marktes vor Fehlprognosen insoweit nicht für erforderlich hält, solange die Tatsachengrundlage, also der Vorstandsbeschluss, richtig und vollständig ist.
[578] BaFin, Emittentenleitfaden idF vom 15. 7. 2005, 55.
[579] BaFin, Emittentenleitfaden idF vom 15. 7. 2005, 46.
[580] BaFin, Emittentenleitfaden idF vom 15. 7. 2005, 54; *Brandi/Süßmann* AG 2004, 642, 650 wollen in einer „formelhaften Begründung" genügen lassen.

berechtigtes Interesse der Gesellschaft am Aufschub der Veröffentlichung zu verneinen sein, entweder weil damit die Gefahr einer sachfremden Bewertung durch das Publikum ausgeschlossen erscheint oder weil es an einer materiellen Verletzung der satzungsmäßigen Kompetenzverteilung offenkundig fehlt.

375 Ist die Zustimmung des Aufsichtsorgans hingegen offen oder zumindest fraglich, unterscheiden sich die beiden Sichtweisen erheblich. Die kapitalmarktorientierte Betrachtung geht hier teilweise davon aus, dass das Publikum die Veröffentlichung bereits dann sachgerecht bewerten kann, wenn die Zustimmung des Aufsichtsrats als wahrscheinlich gilt.[581] Dagegen wendet die **gesellschaftsrechtliche Sichtweise** ein, dass dies den verantwortlichen Vorstand zwingt, eine Prognose darüber anzustellen, wie wahrscheinlich die Zustimmung bzw. Weigerung des Aufsichtsrates ist.[582] Dies stünde im Gegensatz zur aktienrechtlichen Organisationsverfassung. Die Haltung des Aufsichtsrats zu einer Entscheidung des Vorstandes sei nicht prognostizierbar, selbst wenn alle Mitglieder Zustimmung signalisieren.[583] Ferner sei es unzumutbar, den Vorstand zu sondierenden Gesprächen mit dem Aufsichtsrat zu zwingen. Eine Prognose sei dem Vorstand nicht zuzumuten. Sie würde eine Beurteilung des bisherigen Verhaltens des Gremiums und seiner Mitglieder erfordern, könnte die Zusammenarbeit der Organe beschädigen und gerade das Gegenteil dessen hervorrufen, was prognostiziert wurde.[584] Schließlich sei zu beachten, dass eine Veröffentlichung des Vorstandsbeschlusses und die darauf folgende Reaktion des Kapitalmarktes das satzungsmäßig zugewiesene, eigene Ermessen des Aufsichtsrats bei seiner Entscheidung beeinträchtigt. Dies könne im Sinne einer guten Corporate Governance nicht hingenommen werden. Insgesamt sei deshalb zu folgern, dass die Ad-hoc-Veröffentlichung mehrstufiger Entscheidungen regelmäßig bis zur Letztentscheidung des Aufsichtsorgans aufgeschoben werden könne.[585]

376 Im Rahmen einer Stellungnahme zu den beiden Sichtweisen sind die nachteiligen Konsequenzen einer fehlerhaften Selbstbefreiung, die besondere Bedeutung der Entscheidungsfreiheit von Aufsichtsorganen gerade auch im Interesse der Kapitalmarktteilnehmer und die durch den Aufschub der Veröffentlichung normalerweise nur unwesentlich vergrößerte Gelegenheit zu Insiderstraftaten zu berücksichtigen:[586] Vor dem Hintergrund dieser Interessenlage lässt sich eine Pflicht zur sofortigen Veröffentlichung der ad-hoc-pflichtigen Information unmittelbar nach der Vorstandsentscheidung bei mehrstufigen Sachverhalten nur dann rechtfertigen, wenn die Zustimmung des Aufsichtsorgans mit an Sicherheit grenzender, **hoher Wahrscheinlichkeit** zu erwarten ist.[587]

---

[581] *Harbarth* ZIP 2005, 1905; *Schneider* BB 2005, 899; vgl. auch *Kümpel* AG 1997, 68 f.
[582] *Veith* NZG 2005, 256.
[583] *Assmann/Schneider/Assmann*, Rn. 144.
[584] *Assmann/Schneider/Assmann*, Rn. 144.
[585] *Assmann/Schneider/Assmann*, Rn. 145.
[586] A. A. *Staake* BB 2007, 1576, der die Gefahr von Insiderstraftaten in diesem Zeitraum als besonders groß betrachtet.
[587] Gestützt wird diese Sichtweise durch die aktuelle Entscheidung des BGH (BGH Beschl. v. 25. 2. 2008 II ZB 9/07 „Fall Schrempp" in DB 2008, 857 f.), worin die Kompetenzen des Aufsichtsrats im Zusammenhang mit der Ad-hoc-Publizität ausdrücklich gestärkt werden. Darin führt der BGH aus, dass die Wahrscheinlichkeit des Eintritts einer bestimmten Aufsichtsratsentscheidung nur unter strengen Maßstäben prognostiziert werden kann. Die vom BGH in derselben Entscheidung gemachten Ausführungen zur hinrei-

Mitteilung, Veröffentl. u. Übermittl. v. Insiderinformationen   377–379   § 15

Bei „einfacher" Wahrscheinlichkeit oder berechtigten Zweifeln an der Zustimmung ist dagegen grundsätzlich vom berechtigten Interesse an einer Selbstbefreiung gemäß § 15 Abs. 3 S. 1 WpHG auszugehen, d. h. der Vorstand **kann** die von ihm getroffene, noch zustimmungspflichtige aber bereits kursrelevante Entscheidung veröffentlichen (ohne dass darin ein Verstoß gegen § 15 Abs. 2 S. 1 WpHG zu sehen wäre), ist dazu aber noch nicht verpflichtet. Dabei muss es genügen, wenn Mitglieder des Aufsichtsrates bereits im Vorfeld die Souveränität ihrer Zustimmungsentscheidung gegenüber dem Vorstand ausdrücklich betont haben oder wenn sich aus Erfahrungen der Vergangenheit für den Vorstand eine kritische Haltung des Aufsichtsrats absehen lässt.   377

Angesichts der dem Aufsichtsrat nach dem Aktiengesetz zugewiesenen gesetzlichen Aufgaben zur Überwachung des Vorstandes ist deshalb eine Befreiung gemäß § 15 Abs. 3 WpHG, § 6 S. 2 Nr. 2 WpAIV regelmäßig zulässig.[588] Allerdings muss die Entscheidung des Aufsichtsrats im Hinblick auf die während des Aufschubs sicherzustellende Vertraulichkeit in einem angemessenen Zeitraum, d. h. möglichst kurzfristig, herbeigeführt werden. Dies ist für die Terminierung der entsprechenden Vorstands- und Aufsichtsratssitzungen zu berücksichtigen. Ein Abwarten bis zur nächsten ordentlichen Aufsichtsratssitzung ist unter Umständen nicht zulässig. Auch erheblich verkürzte Vorbereitungs- und Befassungszeiträume wird der Aufsichtsrat mit Rücksicht auf das Interesse an der schnellstmöglichen Veröffentlichung hinnehmen müssen.   378

In einigen Fällen ist die **vorgelagerte Einbeziehung eines Aufsichtsratsausschusses** vorgesehen. Hier ist im Einzelfall zu prüfen, ob der Aufschub der Veröffentlichung gemäß § 15 Abs. 3 WpHG bis zum Zeitpunkt der Aufsichtsratsentscheidung oder nur bis zur Befassung und Entscheidung des Ausschusses möglich ist. Grundsätzlich ist im Hinblick auf die Einhaltung der aktienrechtlichen Kompetenzordnung von der Maßgeblichkeit der Entscheidung des Vollgremiums auszugehen. Wenn der Aufsichtsrat jedoch seine diesbezüglichen Kompetenzen auf einen Ausschuss delegiert hat, wird sich ein berechtigtes Interesse des Emittenten am Aufschub der Ad-hoc-Veröffentlichung auch regelmäßig nur bis zur Befassung dieses Ausschusses rechtfertigen lassen.[589]

Das Erfordernis zustimmender Entscheidungen der **Hauptversammlung** ist demgegenüber anders zu bewerten. Zwar sind auch diese häufig nicht hinreichend vorhersehbar; die vorherige Ad-hoc-Veröffentlichung des Sachverhalts, über den die Hauptversammlung zu entscheiden hat, nimmt dieser jedoch nicht die Entscheidungsfreiheit. Zudem wäre die erforderliche Vertraulichkeit der Insiderinformationen ohnehin nicht gewährleistet, da diese spätestens mit der Einladung zur Hauptversammlung öffentlich bekannt würde.[590]   379

---

chenden Eintrittswahrscheinlichkeit von über 50% sind dagegen im Rahmen der Selbstbefreiung als Maßstab nicht geeignet. Sie beziehen sich auf die Frage der Eintrittswahrscheinlichkeit zukünftiger Ereignisse zur Festlegung der Konkretheit einer Insiderinformation *und nicht auf die Frage des berechtigten Interesses zum Aufschub der Veröffentlichung* einer konkreten Information im Rahmen der Selbstbefreiung.
[588] BaFin, Emittentenleitfaden idF vom 15. 7. 2005, 55; anders *Staake*, BB 2007, 1577, der die Aufgabe des Aufsichtsrates auch in den Beratungsfunktion sieht. Und im Sinne der „lautlosen" Corporate Governace" eine möglichst frühe Einbeziehung des Aufsichtsrates für sinnvoll hält und deshalb eine Vorverlagerung der Publizitätspflicht für gut befindet.
[589] So auch BaFin, Emittentenleitfaden idF v. 15. Juli 2005, 55.
[590] *Assmann/Schneider/Assmann*, Rn. 146.

Pfüller   665

§ 15 380–385 Abschnitt 3. Insiderüberwachung

380 **cc) Anwendungsfälle außerhalb der Regelbeispiele.** Die in § 6 S. 2 WpAIV genannten Fallgruppen sind nicht abschließend, wie aus der Formulierung „insbesondere" hervorgeht, sondern haben lediglich **Beispielscharakter** für das Vorliegen eines Suspensivinteresses.[591] Das heißt, auch in anderen Konstellationen, in denen die Interessen des Emittenten an einem Aufschub gegenüber denjenigen des Kapitalmarktes an sofortiger Veröffentlichung überwiegen, ist eine Selbstbefreiung möglich.

381 Ein berechtigtes Interesse des Emittenten kann zB vorliegen, wenn es um die Neuentwicklung von Produkten, Patenten, Erfindungen etc. geht, deren Realisierung ein erhebliches Preisbeeinflussungspotenzial hat. Hier besteht ein berechtigtes Interesse des Emittenten, die Veröffentlichung dieser Insiderinformationen so lange aufzuschieben, bis der Emittent die erforderlichen Maßnahmen ergriffen hat, seine Rechte abzusichern (zB Patentanmeldung).[592]

382 Dabei bietet sich zur Auslegung des Begriffs der berechtigten Interessen eine Heranziehung der Wertungen zum **Auskunftsverweigerungsrecht** des Vorstands in der Hauptversammlung gemäß § 131 Abs. 3 Nr. 1 AktG an.[593] Danach ist der Vorstand berechtigt, auf solche Fragen der Aktionäre die Auskunft zu verweigern, deren Beantwortung nach vernünftiger kaufmännischer Beurteilung geeignet ist, der Gesellschaft oder einem verbundenen Unternehmen einen nicht unerheblichen Nachteil zuzufügen.[594]

383 Bei der Beurteilung kommt es nicht auf die subjektive Überzeugung des Vorstands, sondern eine an objektiven Maßstäben ausgerichtete Bewertung an. Mit Rücksicht auf die mit § 15 WpHG verfolgten Ziele der möglichst unverzüglichen Herstellung der erforderlichen Kapitalmarkttransparenz wird im Zweifel eine restriktive Betrachtungsweise geboten sein. Der bloße Hinweis auf „zu befürchtende Nachteile gegenüber Wettbewerbern" ist regelmäßig nicht ausreichend, sondern konkret zu belegen.

c) Keine Irreführung der Öffentlichkeit

384 Der Aufschub der Ad-hoc-Veröffentlichung einer Insiderinformation durch den Emittenten darf nicht zu einer Irreführung der Öffentlichkeit führen. Maßgeblich ist hierbei eine ex ante Betrachtung zum Zeitpunkt des Eintritts der Veröffentlichungspflicht.[595]

385 Die eigenständige **Bedeutung** des Tatbestandsmerkmals der Irreführung ist in der Praxis häufig fraglich. So kann eine Irreführung nicht schon darin zu sehen sein, dass es aufgrund der Selbstbefreiung zwangsläufig zu einem Informationsungleichgewicht kommt und sich wegen der Nichteinbeziehung der Insiderinformation in den aktuellen Börsenpreis der betroffenen Wertpapiere ein – hinzunehmender – verfälschter Kurs bildet. Beides ist die konsequente Folge eines jeden Aufschubs der Veröffentlichung; hieraus eine Irreführung des Kapitalmarkts anzunehmen, würde § 15 Abs. 3 S. 1 WpHG hinfällig werden lassen.[596]

---

[591] *Brandi/Süßmann* AG 2004, 649.
[592] BaFin, Emittentenleitfaden idF vom 15. 7. 2005, 55.
[593] Vgl. bereits zur alten Rechtslage BaWe/Deutsche Börse, Leitfaden 45; *Schneider* BB 2001, 1215.
[594] *Hüffer AktG*, § 131 Rn. 24 f.
[595] *Assmann/Schneider/Assmann*, 158.
[596] *Assmann/Schneider/Assmann*, 159.

Mitteilung, Veröffentl. u. Übermittl. v. Insiderinformationen   386–391   § 15

Ist eine Irreführung der Öffentlichkeit zu befürchten, kann die Veröffentli- 386
chung nicht aufgeschoben werden.[597] Bei den in § 6 WpAIV genannten Regelbeispielen eines berechtigten Interesses für die Selbstbefreiung hat der Gesetzgeber durch typisierende Betrachtungsweise eine Wertung dahingehend vorgenommen, dass in diesen Fällen eine potenzielle Irreführung des Publikums regelmäßig ausgeschlossen erscheint. Eine Irreführung ist deshalb vor allem dann zu prüfen, wenn die Veröffentlichung aus einem anderen, in § 6 WpAIV nicht genannten Grund aufgeschoben werden soll.

Selbstständige Bedeutung kommt dem Verbot der Irreführung, deshalb regel- 387
mäßig nur dann zu, wenn ein sonstiges Verhalten des Emittenten oder anderweitige Marktinformationen als Bezugspunkt hinzutreten. Eine Irreführung ist dann anzunehmen, wenn dem Publikum vor oder während der Selbstbefreiung andere Informationen vorliegen, die mit der zu veröffentlichenden Insiderinformation **im Widerspruch stehen** oder wenn der Emittent durch sein sonstiges Verhalten, insbesondere aufgrund anderweitiger Informationen falsche Vorstellungen oder Erwartungen im Hinblick auf die zurückgehaltene Insiderinformation weckt.[598]

Der Emittent darf während des Befreiungszeitraums aktiv keine Signale setzen, 388
die zu der noch nicht veröffentlichten Insiderinformation in Widerspruch stehen.[599]

Nach einer in der Literatur vertretenen Auffassung[600] ist hierbei zwischen ne- 389
gativen und positiven Insiderinformationen zu unterscheiden. Die Gefahr der Irreführung sei vor allem beim Aufschub negativer Insiderinformationen zu befürchten; positive Meldungen könnten dagegen allenfalls bei verfrühter Meldung irreführend wirken. Diese Ansicht ist nicht überzeugend, da die Gefahr einer unzutreffenden Bewertung für verkaufswillige Aktionäre bei der Zurückhaltung positiver Informationen in gleicher Weise bestehen kann, wie für Kaufinteressenten bei der Zurückhaltung negativer Informationen.[601]

Unter dem Gesichtspunkt des Verbots der Irreführung ist auch die Frage nach 390
dem zulässigen **Zeitraum** einer Selbstbefreiung nach § 15 Abs. 3 WpHG zu beantworten. Grundsätzlich kann eine Selbstbefreiung bei fortgesetztem Vorliegen der Voraussetzungen auch über einen längeren Zeitraum andauern. Das Gesetz sieht hier keine zeitlichen Höchstfristen vor. Allerdings müssen Befreiungsgrund und Befreiungsdauer in einem kausalen Zusammenhang zueinander stehen. Besteht zB bei einem mehrstufigen Entscheidungsprozess – etwa der Veröffentlichung des Jahresabschlusses – ein berechtigtes Interesse am Aufschub der Veröffentlichung bis zum Zustimmungsbeschluss des Aufsichtsrates, kann die Selbstbefreiung nicht auf einen beliebigen dazwischenliegenden Zeitpunkt – etwa eine Bilanzpressekonferenz – verkürzt werden.

Die Möglichkeit zur Selbstbefreiung wird in einem solchen Fall mit der akti- 391
enrechtlichen Kompetenzverteilung gerechtfertigt; diese würde durch eine zwischenzeitige Ad-hoc-Veröffentlichung zu einem vom Vorstand beliebig gewählten Zeitpunkt konterkariert. Die Optimierung der Kommunikationsstrategie

---

[597] *Holzborn/Israel* WM 2004, 1952.
[598] *Assmann/Schneider/Assmann,* Rn. 160.
[599] BaFin, Emittentenleitfaden idF vom 15. 7. 2005, 55.
[600] *Brandi/Süßmann* AG 2004, 650.
[601] *Assmann/Schneider/Assmann,* Rn. 160; *Harbarth* ZIP 2005, 1904.

Pfüller

durch Abwarten einer Pressekonferenz stellt keinen hinreichenden Grund für eine Selbstbefreiung dar und eine (scheinbare) Berufung auf die ausstehende Aufsichtsratsentscheidung wäre insoweit rechtsmissbräuchlich.[602]

d) Gewährleistung der Vertraulichkeit

392 Der Aufschub einer Ad-hoc-Veröffentlichung ist nur gestattet, wenn und solange der Emittent die Vertraulichkeit der Insiderinformation gewährleisten kann. Der Emittent hat dafür zu sorgen, dass alle Personen, die Zugang zu Insiderinformationen haben, ihre rechtlichen und regulatorischen Pflichten anerkennen und sich der Sanktionen bewusst sind, die bei einer missbräuchlichen Verwendung bzw. nicht ordnungsgemäßen Verwendung dieser Informationen verhängt werden können.[603]

393 Gemäß § 7 Nr. 1 WpAIV hat der Emittent während einer Befreiung nach § 15 Abs. 3 S. 1 WpHG den Zugang zu Insiderinformationen zu kontrollieren, in dem er wirksame Vorkehrungen dafür trifft, dass andere Personen als solche, deren Zugang zu Insiderinformationen für die Wahrnehmung ihrer Aufgaben beim Emittenten **unerlässlich** ist, keinen Zugang zu diesen Informationen zu erlangen. Der Begriff „unerlässlich" gilt hier als unglückliche Übersetzung[604] von Art. 3 II lit. b Rz 1 der Durchführungsrichtlinie zur Marktmissbrauchsrichtlinie, denn in deren englischen Fassung lautet die verwandte Formulierung „who require it for the exercise of their functions".[605] Es geht also allein darum, den Zugang zur betroffenen Insiderinformation auf diejenigen zu beschränken, die sie zur Wahrnehmung der ihnen übertragenen Aufgaben benötigen.[606] Dass diese Aufgaben ohne die Insiderinformation überhaupt nicht mehr erfüllbar sind – wie es der Wortlaut der deutschen Umsetzung nahe legen könnte – ist bei richtlinienkonformer Auslegung nicht erforderlich.[607]

394 Bei den Pflichten aus § 7 WpAIV handelt es sich um **Organisationspflichten des Emittenten,** die den Organisationspflichten von Wertpapierdienstleistungsunternehmen gemäß § 33 Abs. 1 Nr. 3 WpHG ähneln, jedoch bei weitem nicht denselben Umfang haben. So kann man vom Emittenten verlangen, dass er Vertraulichkeitsbereiche einrichtet, die verhindern, dass die betroffenen Insiderinformationen von unzuständigen Stellen genutzt werden können. Eine räumliche Trennung, wie sie bei § 33 Abs. 1 S. 3 WpHG gefordert wird, ist für § 7 Nr. 1 WpAIV nicht erforderlich, da hier nur der Fall des gelegentlichen Umgangs mit Insiderinformationen betroffen ist und nicht – wie in § 33 Abs. 1 S. 3 WpHG – der geschäftsmäßige. Allerdings ist durch geeignete organisatorische Maßnahmen sicherzustellen, dass die betroffenen Informationen nicht die Grenzen des Vertraulichkeitsbereichs überschreiten. So sind zB Projektnamen einzuführen und eine EDV-technische Trennung der Zugriffsmöglichkeiten einzurichten. Schriftliche Unterlagen, die sich auf Informationen gemäß § 15 Abs. 3 WpHG beziehen, sind verschlossen zu halten und die Mitarbeiter entsprechend

---

[602] Anders liegt der Fall, wenn der ursprüngliche Befreiungsgrund während der Befreiungsfrist entfällt und damit die sofortige Veröffentlichungspflicht des § 15 Abs. 3 S. 2 WpHG entsteht.
[603] Gesetzesbegründung, AnSVG, BT-Drucks. 15/3174, 35.
[604] *Assmann/Schneider/Assmann,* Rn. 162.
[605] *Richtlinie 2003/124/EG* ABl. EG 2003 Nr. L 339, S. 70.
[606] BaFin, Emittentenleitfaden idF vom 15. 7. 2005, 56.
[607] *Assmann/Schneider/Assmann,* Rn. 162.

zu schulen.⁶⁰⁸ Zu empfehlen, wenn auch nicht zwingend zu fordern, ist die Einrichtung einer auf die Einhaltung der kapitalmarktrechtlichen Pflichten aus §§ 12 ff. WpHG spezialisierte Compliance-Abteilung. Eine Offenlegung der Wertpapierkonten der Mitarbeiter wird im Rahmen des § 7 WpAIV nicht zu fordern sein.

Im Falle aufkommender **Gerüchte** über die der Insiderinformation zugrunde- 395 liegenden Umstände oder dem öffentlichen Bekanntwerden von Details oder der Gesamtheit der Insiderinformation im Befreiungszeitraum ist die Gewährleistung der Vertraulichkeit abhängig von der Kenntnis oder der begründeten Vermutung des Emittenten über Vertraulichkeitslücken innerhalb seines Herrschaftsbereichs. Die Vertraulichkeit ist dann nicht mehr gewährleistet, wenn dem Emittenten bekannt ist oder er Grund zu der Annahme hat, dass die Gerüchte oder das Bekanntwerden der Details auf eine Vertraulichkeitslücke in seinem Herrschaftsbereich zurückzuführen ist.⁶⁰⁹

Handelt es sich um Gerüchte im Markt, deren Auftreten nicht auf eine dem 396 Emittenten zurechenbare Vertraulichkeitslücke zurückzuführen sind, so kann dieser den Aufschub der Veröffentlichung fortsetzen, da die Vertraulichkeit seinerseits weiterhin gewährleistet ist.⁶¹⁰ Gleiches gilt für das öffentliche Bekanntwerden von Details über die der Insiderinformation zugrundeliegenden Umstände, sofern der Emittent ausschließen kann, dass diese Details aus seiner Sphäre stammen. Andernfalls könnte der Emittent durch gezielte Streuung von Gerüchten und dabei erzielte „Zufallstreffer" eines Dritten zur Ad-hoc-Publizität gezwungen werden.⁶¹¹ Der Emittent darf in solchen Fällen jedoch keine gegensätzlichen Erklärungen abgeben oder sonstige widersprüchliche Signale setzen, zB durch Dementis, sondern sollte sich auf eine strikte „no comment policy" beschränken, da sonst eine Irreführung der Öffentlichkeit nicht ausgeschlossen werden kann.⁶¹²

Der Emittent ist verpflichtet, die Insiderinformation sofort zu veröffentlichen, 397 wenn er nicht länger in der Lage ist, ihre Vertraulichkeit zu gewährleisten.⁶¹³ Dazu hat der Emittent Vorkehrungen zu treffen, die es ihm ermöglichen, die Information unverzüglich bekannt zu geben, **§ 7 Nr. 2 WpAIV**. Außerdem hat er den Kurs seiner Finanzinstrumente sorgfältig zu beobachten; ein sprunghafter Verlauf und atypische Kursgewinne oder -verluste sind ein Indiz dafür, dass die Insiderinformation durchgesickert ist.

2. Unverzügliches Nachholen der Ad-hoc-Meldung (§ 15 Abs. 3 Satz 2 WpHG)

Da § 15 Abs. 3 WpHG keine zeitlichen Schranken vorsieht, kann eine Selbst- 398 befreiung bei fortgesetztem und ununterbrochenem Vorliegen der Voraussetzun-

---

⁶⁰⁸ *Brandi/Süßmann* AG 2004, 650.
⁶⁰⁹ BaFin, Emittentenleitfaden idF vom 15. 7. 2005, 55; *Assmann/Schneider/Assmann*, Rn. 161; *Hopt* ZGR 1997, 23; *Fürhoff/Wölk* WM 1997, 457; *Burkhard* ZHR 162 (1980), 80.
⁶¹⁰ BaFin, Emittentenleitfaden idF vom 15. 7. 2005, 55; *Diekmann/Sustmann* NZG 2004, 935; *Koch* DB 2005, 273.
⁶¹¹ *Hopt* ZHR 159 (1995), 153; *Waldhausen*, 265.
⁶¹² BaFin, Emittentenleitfaden idF vom 15. 7. 2005, 56; *Diekmann/Sustmann* NZG 2004, 935.
⁶¹³ *Bürgers* BKR 2004, 426.

gen gegebenenfalls auch Wochen oder Monate andauern.[614] Dies kann insbesondere bei gestreckten Sachverhalten (wie zB langwierigen Vertragsverhandlungen) der Fall sein.

399 Zu beachten ist in jedem Fall, dass die Publizitätspflicht durch die Befreiung nicht entfällt, sondern **nur aufgeschoben** wird, also wieder auflebt, sobald die Voraussetzungen der Selbstbefreiung enden oder entfallen. Die Insiderinformation ist in ihrer zum Veröffentlichungszeitpunkt aktuellen Fassung gemäß § 15 Abs. 3 S. 2 WpHG unverzüglich zu veröffentlichen.[615] Unverzüglich bedeutet wie in § 15 Abs. 1 S. 1 WpHG ohne schuldhaftes Zögern (§ 121 BGB). Es ist also erforderlich, dass alle für die Erstellung der Ad-hoc-Veröffentlichung und alle zur Begründung der Befreiung erforderlichen Informationen entsprechend vorgehalten werden.

400 In der nachholenden Veröffentlichung ist der aktuelle Sachstand zu veröffentlichen, weil die Veröffentlichung einer überholten, mit der Wirklichkeit nicht mehr übereinstimmenden Information irreführend wäre.[616] Es kann allerdings auch dazu kommen, dass die veröffentlichungspflichtigen Umstände im Befreiungszeitraum weggefallen sind bzw. sich **erledigt** haben. Dies gilt zB, wenn Übernahmegespräche, die grundsätzlich ad-hoc-pflichtig gewesen wären, zu einem späteren Zeitpunkt abgebrochen werden oder wenn ein ad-hoc-pflichtiger Liquiditätsengpass, hervorgerufen durch die Kündigung wesentlicher Kreditlinien, nach erfolgreicher Verhandlung neuer Kredite während der Befreiungsphase wieder behoben wurde. Der Gesetzgeber hat diese Sachverhalte gesehen und bewusst in Kauf genommen, dass solche Insiderinformationen dann nicht mehr veröffentlicht werden und auch keine Mitteilung über die vorgenommene Befreiung gegenüber der BaFin erfolgt.[617] Die Insiderinformation hat sich in diesem Fall überholt, so dass ihre Ad-hoc-Publizität entbehrlich ist.[618] Bei den Anlegern besteht kein berechtigtes Interesse mehr, die überholte und deshalb unzutreffende Information zu erhalten. Vielmehr besteht die Gefahr, dass durch die Veröffentlichung der erledigten Information falsche Signale im Markt gesetzt werden, die zu einer Irreführung der Anleger führen können. Auch für eine nachträgliche Information an die BaFin besteht in diesem Fall kein Bedarf, da die Gelegenheit zu Insiderverstößen weggefallen ist.[619]

3. Entsprechende Geltung (§ 15 Abs. 3 Satz 3 WpHG)

401 Gemäß § 15 Abs. 3 S. 3 WpHG gilt Abs. 4 WpHG entsprechend, der die vor Veröffentlichung vorzunehmenden Mitteilungen an die Geschäftsführungen der direkt und indirekt (für Derivate) betroffenen Börsen sowie an die BaFin regelt. Die sogenannte **Vorabmitteilung** ist also auch in den Fällen der unverzüglichen Nachholung der Veröffentlichung nach Ablauf der Selbstbefreiung vorzunehmen. Für den Inhalt der Vorabmitteilung gilt auch hier § 8 WpAIV mit der Besonder-

---

[614] *Harbarth* ZIP 2005, 1904, vgl. § 15 Rn. 373.
[615] *Brandi/Süßmann* AG 2004, 649; *Bürgers* BKR 2004, 426; *Dreyling*, Der Konzern 2005, 3.
[616] *Assmann/Schneider/Assmann*, Rn. 172.
[617] BaFin, Emittentenleitfaden idF vom 15. 7. 2005, 53; aA *Tollkühn* ZIP 2004, 2220; *Kuthe* ZIP 2004, 886.
[618] *Diekmann/Sustmann* NZG 2004, 935.
[619] *Merkner/Sustmann* NZG 2005, 738; *Schneider* BB 2005, 901.

heit der Begründungspflicht und weiterer Angaben nach § 8 Abs. 5 Nr. 1 und Nr. 2 WpAIV. Dadurch wird insbesondere der BaFin die nachträgliche Überprüfung der Entscheidung des Emittenten über den Aufschub der Veröffentlichung ermöglicht.[620] Sind zwischenzeitlich die Umstände entfallen, welche Gegenstand der Insiderinformation waren, besteht mangels Pflicht zur Nachholung der Veröffentlichung auch keine Pflicht zur Vorabmitteilung nach § 15 Abs. 4 S. 3 WpHG.[621]

4. Begründung der Selbstbefreiung (§ 15 Abs. 3 Satz 4 WpHG)

Gemäß § 15 Abs. 3 S. 4 WpHG hat der Emittent der BaFin die Gründe für die Befreiung zusammen mit der Mitteilung gemäß § 15 Abs. 4 S. 1 WpHG unter Angabe des Zeitpunktes der Entscheidung über den Aufschub der Veröffentlichung mitzuteilen. Einzelheiten konkretisiert § 8 Abs. 5 WpAIV.

Hiernach muss der Emittent der BaFin zusammen mit der Vorabmitteilung der Insiderinformation die Gründe für die Befreiung, den Zeitpunkt der Entscheidung über den Aufschub der Veröffentlichung sowie eine kurze Beschreibung der internen Abläufe vom Entstehen der Information bis zu ihrer Mitteilung, insbesondere die Zeitpunkte der späteren Überprüfungstermine der Befreiungsgründe und den Zeitpunkt der Entscheidung über die nunmehr vorzunehmende Mitteilung und Veröffentlichung sowie die Daten zur Identifizierung aller an der Entscheidung beteiligten Personen (Namen, Geschäftsanschriften, Rufnummern) mitteilen. Es genügt die Angabe der Namen der entscheidungsfindenden Personen für die Befreiung. Personen, die lediglich an deren Vorbereitung beteiligt waren, sind nicht anzuführen, müssen in der Regel jedoch im Insiderverzeichnis benannt sein.[622]

Diese Angaben dienen der nachträglichen Überprüfung einer vom Emittenten vorgenommenen Befreiung gemäß § 15 Abs. 3 WpHG durch die BaFin. Die Begründung sollte deshalb aussagekräftig genug sein, um der BaFin zu ermöglichen, die Rechtmäßigkeit der Befreiung aufgrund der berechtigten Interessen des Emittenten nachvollziehen und bewerten zu können. **Pauschale Begründungen** sind nicht ausreichend.[623] Der Emittent muss vielmehr darauf achten, dass er formal ordnungsgemäß einen Beschluss über den Aufschub der Ad-hoc-Veröffentlichung fasst, diesen protokolliert und evtl. mit einer Stellungnahme der Rechtsabteilung oder eines Rechtsberaters zum Vorliegen der Voraussetzungen des § 15 Abs. 3 WpHG versieht. Alle zusätzlichen Unterlagen, die für eine Nachprüfung der Befreiungsvoraussetzungen und des fortgesetzten Bestandes der Befreiungsgründe durch die BaFin notwendig sind, sollten ebenfalls mit Datum versehen und aufbewahrt werden; sie sind nicht nur in einem Verfahren der BaFin, sondern auch in einem möglichen Zivilprozess als Beweismittel relevant.

Alle für die Erstellung der Ad-hoc-Mitteilung und alle zur Begründung der Befreiung erforderlichen Informationen müssen so vorgehalten werden, dass so-

---

[620] *Assmann/Schneider/Assmann*, Rn. 175.
[621] BaFin, Emittentenleitfaden idF vom 15. 7. 2005, 53.
[622] BaFin, Emittentenleitfaden idF vom 15. 7. 2005, 64.
[623] AA *Brandi/Süßmann* AG 2004, 642, 650 für die Befreiung bei mehrstufigen Entscheidungen bis zur Zustimmung des Aufsichtsrats.

VI. Vorabmitteilung (§ 15 Abs. 4 WpHG)

wohl die Mitteilung und die Veröffentlichung der Insiderinformation als auch die Mitteilung der Befreiung unverzüglich erfolgen können.[624]

406 Vor Veröffentlichung hat der Emittent eine Mitteilungspflicht. Diese ist in Abs. 4 geregelt.

1. Mitteilungspflicht (§ 15 Abs. 4 Satz 1 WpHG)

407 Besteht eine Veröffentlichungspflicht nach § 15 Abs. 1 S. 1 WpHG oder eine Berichtigungspflicht nach § 15 Abs. 2 S. 2 WpHG, muss der Emittent die zu veröffentlichende Insiderinformation noch vor ihrer Veröffentlichung den Geschäftsführungen der inländischen organisierten Märkte, an denen vom Unternehmen emittierte Finanzinstrumente zum Handel zugelassen sind (Nr. 1) und den Geschäftsführungen der inländischen Börsen, an denen Derivate gehandelt werden, die sich auf die Finanzinstrumente beziehen (Nr. 2) sowie der BaFin (Nr. 3) mitteilen.

408 Wenn und solange keine Veröffentlichungspflicht besteht, gibt es auch keine Mitteilungspflichten. Das gilt insbesondere für das Stadium der **Selbstbefreiung** nach § 15 Abs. 3 WpHG, während dessen die Veröffentlichungspflicht aufgeschoben ist. Während der Selbstbefreiung besteht keine Mitteilungspflicht (§ 15 Abs. 4 S. 2 WpHG):

409 Der deutsche Gesetzgeber hat damit bewusst auf die von der Marktmissbrauchsrichtlinie eingeräumte Möglichkeit verzichtet, den Emittenten dazu zu verpflichten, die BaFin **vorab** über eine eingeleitete Befreiung zu informieren. Nur nachträglich, im Zusammenhang mit der nachgeholten Ad-hoc-Meldung gemäß § 15 Abs. 3 S. 2 WpHG und deren Vorab-Mitteilung an die BaFin gemäß § 15 Abs. 3 S. 3 i.V.m. § 15 Abs. 4 S. 1 WpHG, ist auch eine Begründung für die Selbstbefreiung vorzulegen (§ 15 Abs. 3 S. 4 WpHG i.V.m. § 8 Abs. 5 WpAIV).

410 Damit kommt es – mangels Mitteilung an die betroffenen Börsen – auch nicht (mehr) zu einer Aussetzung oder Einstellung der **Börsenpreisfeststellung** während der Befreiungsphase.[625]

411 Eine Mitteilung nach anderen Vorschriften des WpHG, zB bei Veränderung des Stimmrechtsanteils bei börsennotierten Gesellschaften gemäß § 21 WpHG, macht eine Mitteilung nach § 15 Abs. 4 WpHG nicht entbehrlich.[626]

a) Frist der Vorabmitteilung

412 Die Vorabmitteilung soll **30 Minuten vor der Veröffentlichung** an die BaFin und die Geschäftsführungen der betroffenen Börsen übermittelt werden, an denen die vom Unternehmen emittierten Finanzinstrumente zugelassen sind oder Derivate gehandelt werden, die sich auf diese Finanzinstrumente beziehen.

---

[624] BaFin, Emittentenleitfaden idF vom 15. 7. 2005, 64.
[625] Nach altem Recht gab es dagegen die Möglichkeit, noch während der Entscheidung der *BaFin* über den Befreiungsantrag des Emittenten bereits eine vorübergehende Kursaussetzung zu veranlassen; vgl. *BAWe/Deutsche Börse*, Leitfaden S. 46 f.
[626] BAWe/Deutsche Börse, Leitfaden, 41.

Mitteilung, Veröffentl. u. Übermittl. v. Insiderinformationen   413–416   § 15

Durch § 15 Abs. 4 S. 4 WpHG wird die BaFin ermächtigt, Emittenten mit 413
Sitz im Ausland zu gestatten, die Mitteilung **gleichzeitig** mit der Veröffentlichung der Ad-hoc-Meldung vorzunehmen. Voraussetzung ist, dass die Entscheidung der Börsengeschäftsführungen über Aussetzung oder Einstellung der Börsenpreisfeststellung für die betroffenen Wertpapiere nicht beeinträchtigt wird. Durch diese Ermächtigung wird berücksichtigt, dass ausländischen Emittenten eine Weitergabe von Insiderinformationen vor ihrer Veröffentlichung nach den Vorschriften ihres Heimatstaatesgenerell untersagt sein kann;[627] sie würden gegen Recht ihres Sitzlandes verstoßen, wenn sie die BaFin oder die Börse vorab informieren.[628]

Mit der „Bekanntmachung einer Allgemeinverfügung zu § 15 Wertpapierhan- 414
delsgesetz (WpHG)" vom 13. Juli 2005 hat die BaFin Emittenten mit Sitz im Ausland, deren Finanzinstrumente auch an einem organisierten Markt im Ausland zugelassen sind, gestattet, die Mitteilung gleichzeitig mit ihrer Veröffentlichung vorzunehmen; die vorhergehende und weitergefasste Gestattung durch das BAWe wurde damit ersetzt.[629]

b) Inhalt der Mitteilung (§ 8 WpAIV)

Der Inhalt der Mitteilung an die Börsen und die BaFin ist in § 8 WpAIV ge- 415
regelt. Gemäß **§ 8 Abs. 1 WpAIV** sind der Wortlaut der vorgesehenen Veröffentlichung, der vorgesehene Zeitpunkt der Veröffentlichung und ein Ansprechpartner des Emittenten mit Telefonnummer anzugeben. Mittels der Telefonnummer eines Ansprechpartners des Emittenten lassen sich eventuell auftretende Fragen unkompliziert und rasch klären.[630] Dabei sieht die BaFin es als zwingend erforderlich an, dass der in der Vorabmitteilung genannte Ansprechpartner auch ab dem Zeitpunkt der Übermittlung der Vorabmitteilung unter der genannten Telefonnummer erreichbar ist.[631]

Im Falle von Ad-hoc-Berichtigungen, bei einer unwissentlichen bzw. unbe- 416
fugten Informationsweitergabe sowie bei einer Veröffentlichung nach einer Befreiung sind weitere Angaben zu machen, die lediglich der BaFin zu übermitteln sind: Bei einer Berichtigungsmitteilung nach § 15 Abs. 2 S. 2 WpHG sind gemäß **§ 8 Abs. 2 WpAIV** zusätzlich die Gründe darzulegen, die zu der unwah-

---

[627] BaFin, Emittentenleitfaden idF vom 15. 7. 2005, 66.
[628] Vor Einführung dieser Ermächtigung mit dem Dritten Finanzmarktförderungsgesetz wurden bei mehreren ausländischen Emittenten bereits Überlegungen angestellt, sich von deutschen Börsen zurückzuziehen, um den Konflikt mit der deutschen Ad-hoc Publizitätspflicht zu vermeiden. Die Geschäftsführungen der inländischen Börsen hatten seinerzeit gegenüber dem BAWe erklärt, dass ihre Entscheidung über eine Aussetzung oder Einstellung der Börsenpreisfeststellung für Wertpapiere ausländischer Emittenten durch die gleichzeitige Veröffentlichung nicht beeinträchtigt würde, weil sich die Geschäftsführungen in aller Regel nach der Entscheidung der ausländischen Heimatbörse richten.
[629] Bereits das BAWe hatte deshalb von der Ermächtigung Gebrauch gemacht und Emittenten mit Sitz im Ausland generell gestattet, Mitteilungen nach § 15 Abs. 4 S. 1 gleichzeitig mit ihrer Veröffentlichung vorzunehmen; Bekanntmachung der BAWe vom 11. 8. 1998, Bundesanzeiger Nr. 168 vom 9. 9. 1998, 13458 f.
[630] Bundesministerium der Finanzen (BMF), Erläuterungen zur Wertpapierhandelsanzeige- und Insiderverzeichnisverordnung (WpAIV) nach §§ 10 Abs. 4, 15 Abs. 7 S. 1; 15a Abs. 5 S. 1, 15b Abs. 2 S. 1 des WpHG, S. 10/11.
[631] BaFin, Emittentenleitfaden idF vom 15. 7. 2005, 62.

ren Meldung geführt haben. Die Begründung sollte aussagekräftig genug sein, um der BaFin eine Bewertung des Sachverhaltes zu ermöglichen. Um die Unverzüglichkeit der Meldung nicht zu gefährden, hat der Emittent die Möglichkeit, die Begründung innerhalb von 14 Tagen nach der Veröffentlichung der Berichtigung nachzureichen. Die Begründung sollte per Telefax oder postalisch an die BaFin übermittelt werden und einen Hinweis auf die betroffene Ad-hoc-Mitteilung enthalten.

417 § 4 Abs. 9 WpHG gilt entsprechend. Soweit also der Mitteilungspflichtige sich selbst oder einen der in § 383 Abs. 1 Nr. 1 bis 3 ZPO bezeichneten Angehörigen mit diesen Angaben der Gefahr strafgerichtlicher Verfolgung oder eines Verfahrens nach dem Gesetz über Ordnungswidrigkeiten aussetzen würde, kann er die Angabe der nach § 8 Abs. 2 WpAIV geforderten Gründe für die Veröffentlichung der unwahren Information verweigern. Die Verpflichtung zur Angabe der Gründe wird deshalb im Hinblick auf die Tatsache, dass eine Falschveröffentlichung bußgeldbewehrt ist und unter Berücksichtigung des nemo-tenetur-Grundsatzes in der Praxis weitgehend leerlaufen. Es gibt keine Verpflichtung des Emittenten, sich selbst zu belasten. Wenn der Emittent eingesteht, dass er eine Ad-hoc-Mitteilung zu Unrecht geschaltet hat und diese nach § 8 Abs. 2 S. 2 WpAIV berichtigt, kann die BaFin keine Begründung verlangen, die zB für die Festsetzung der Höhe des Bußgeldes relevant sein kann. Ist die Begründung dagegen geeignet, den Emittenten zu entlasten, empfiehlt es sich, diese darzulegen.

418 In Fällen des § 15 Abs. 1 S. 4 und 5 WpHG, in denen Insiderinformationen befugt an eine Person weitergegeben wurden, die nicht zur Vertraulichkeit verpflichtet ist, oder unwissentlich einem Dritten zugänglich gemacht wurden, sind gemäß **§ 8 Abs. 3 WpAIV** zusätzliche folgende Angaben in der Vorabmitteilung zu machen: Der vollständige Name der Person, der die Insiderinformation mitgeteilt oder zugänglich gemacht wurden (bei mehreren Betroffenen die Namen aller Personen); die geschäftliche Anschrift dieser Person(en) oder, soweit eine solche nicht vorhanden ist, ihre Privatanschrift; der Zeitpunkt der Informationspreisgabe und im Falle der unwissentlichen Weitergabe die Umstände der unwissentlichen Informationspreisgabe. Auch hier sollten die Umstände so geschildert werden, dass eine Bewertung des Sachverhaltes möglich ist.

419 Die Verpflichtung zu zusätzlichen Angaben nach § 8 Abs. 3 WpAIV trifft dem Wortlaut nach nur den Emittenten, nicht jedoch Personen, die im Auftrag oder auf Rechnung des Emittenten handeln und deshalb gemäß § 15 Abs. 1 S. 4 WpHG ihrerseits ad-hoc-publizitätspflichtig sind. Damit wären von § 8 WpAIV lediglich Fälle erfasst, in denen der Emittent die Insiderinformation weitergibt. Gibt sie ein **Dritter** weiter, ist dieser nach dem Wortlaut des § 8 Abs. 3 WpAIV zur Stellungnahme gegenüber der BaFin nicht verpflichtet. Hierbei dürfte es sich um ein Redaktionsversehen des Verordnungsgebers handeln. Da die Verpflichtung zur Ad-hoc-Mitteilung auch Dritte betrifft, die im Auftrag oder auf Rechnung des Emittenten handeln, und eine Vorabmitteilung auch in solchen Fällen im Hinblick auf eine mögliche Aussetzung der Preisfeststellung dringend geboten erscheint, sollte auch der betreffende Dritte einer Pflicht zur Vorabmitteilung unterliegen.[632]

420 Der Verordnungsgeber der WpAIV geht davon aus, dass in Fällen des § 15 Abs. 1 S. 4 und 5 WpHG die Gefahr von Rechtsverstößen gegen das Insider-

---

[632] So auch *Assmann/Schneider/Assmann*, Rn. 255.

handelsverbot besteht und die BaFin für ihre Ermittlungen die angeforderten Daten zur Person benötigt.[633] Gemäß § 8 Abs. 4 S. 2 i. V. m. § 4 Abs. 9 WpHG besteht auch hier ein Auskunftsverweigerungsrecht bei drohender Selbstbelastung.

Die Angaben nach § 8 Abs. 2 und Abs. 3 WpAIV können innerhalb von 14 Tagen nach der Veröffentlichung nachgereicht werden (§ 8 **Abs. 4 S. 1 WpAIV).** Da die Mitteilung nach § 15 Abs. 4 S. 1 WpHG vor der Veröffentlichung erfolgen muss, bestünde andernfalls die Gefahr, dass die Angaben nach § 8 Abs. 2 und Abs. 3 WpAIV die sofortige Veröffentlichung verzögern. Um dem Kapitalmarktinteresse an schnellstmöglicher Informationsverbreitung gerecht zu werden, hat der Verordnungsgeber die Möglichkeit eingeräumt, die entsprechenden Angaben **nachzuholen.**[634] 421

c) Form der Mitteilung (§ 9 WpAIV)

Gemäß § 9 WpAIV sind Mitteilungen an die BaFin schriftlich mittels Telefax zu übersenden. Auf Verlangen der BaFin ist eine Mitteilung eigenhändig zu unterschreiben und postalisch nachzureichen. Das gleiche gilt für die Geschäftsführungen der Börsen, sofern sie nach den Vorschriften der WpAIV eine Mitteilung erhalten. 422

In der Praxis werden die Mitteillungen nicht vom Emittenten selbst sondern von spezialisierten Dienstleistern an die Börsen und die BaFin übermittelt. Die BaFin kann gemäß § 9 Abs. 2 WpAIV die Möglichkeit eröffnen, die Mitteilungen im Wege der Datenfernübertragung zu übersenden. Diese Möglichkeit besteht zur Zeit noch nicht. 423

d) Adressaten der Mitteilung

Die Mitteilung nach § 15 Abs. 4 WpHG hat an die Geschäftsführung der inländischen organisierten Märkte, an denen die Finanzinstrumente zum Handel zugelassen sind, und die Geschäftsführung der inländischen organisierten Märkte an denen Derivate gehandelt werden, die sich auf die Finanzinstrumente beziehen, sowie an die BaFin[635] zu erfolgen. 424

Die Pflicht zur Mitteilung an die Geschäftsführungen der Börsen umfasst auch diejenigen organisierten Märkte an denen auf die Finanzinstrumente bezogene Derivate (die gemäß § 2 Abs. 2b WpHG ebenfalls Finanzinstrumente sind) gehandelt werden. Auf die Finanzinstrumente bezogene Derivate sind zB unverbriefte Optionsrechte zum Erwerb oder zur Veräußerung von Aktien sowie Wertpapier Index-Optionen oder Futures auf einen Wertpapierindex, wenn die betreffenden Wertpapiere in dem Index berücksichtigt sind.[636] 425

---

[633] Bundesministerium der Finanzen (BMF), Erläuterungen zur Wertpapierhandelsanzeige- und Insiderverzeichnisverordnung (WpAIV) nach §§ 10 Abs. 4, 15 Abs. 7 S. 1; 15a Abs. 5 S. 1, 15b Abs. 2 S. 1 des WpHG, S. 11.
[634] Bundesministerium der Finanzen (BMF), Erläuterungen zur Wertpapierhandelsanzeige- und Insiderverzeichnisverordnung (WpAIV) nach §§ 10 Abs. 4, 15 Abs. 7 S. 1; 15a Abs. 5 S. 1, 15b Abs. 2 S. 1 des WpHG, S. 11.
[635] Durch die Mitteilung an die BaFin soll dieser die Überwachung der Ad-hoc Publizitätspflichten ermöglicht werden; Begr. RegE zum 2. FFG, BT-Drucks. 12/6679, 49, Beschlussempfehlung Finanzausschuss zum 2. FFG, BT-Drucks. 12/7918, 101.
[636] Beschlussempfehlung Finanzausschuss zum 2. FFG, BT-Drucks. 12/7918, 101.

2. Entsprechende Geltung (§ 15 Abs. 4 Satz 2 WpHG)

426 Gemäß § 15 Abs. 4 S. 2 WpHG gelten § 15 Abs. 1 S. 6 sowie die Absätze 2 und 3 entsprechend. Das ist regelmäßig unproblematisch, weil die Mitteilung der Veröffentlichung vorausgeht und sich die entsprechend geltenden Sätze und Absätze auf die Veröffentlichung beziehen. Konkret bedeutet dies, dass die in einer Mitteilung genutzten Kennzahlen im Geschäftsverkehr üblich sein und einen Vergleich mit den zuletzt genutzten Kennzahlen ermöglichen müssen. Ferner gilt ein Mitteilungsverbot für Informationen, welche die Voraussetzungen des § 15 Abs. 1 WpHG offensichtlich nicht erfüllen sowie ein Berichtigungsgebot für unwahre Informationen. Schließlich bezieht sich das Selbstbefreiungsrecht des § 15 Abs. 3 WpHG auch auf die Mitteilungspflicht.

3. Aussetzung oder Einstellung der Preisfeststellung (§ 15 Abs. 4 Satz 3 WpHG)

427 Nach § 15 Abs. 4 S. 3 WpHG dürfen die Geschäftsführungen der Börsen die ihnen vor der Veröffentlichung mitgeteilten Tatsachen nur für ihre Entscheidung über die Aussetzung oder Einstellung der Börsenpreisfeststellung verwenden. Hintergrund dieser Regelung ist, dass die privatrechtlichen Träger der öffentlich-rechtlichen Börsen zum Teil auch Informationsverbreitungsdienste betreiben. So ist zB die Deutsche Börse AG als Trägerin der Frankfurter Wertpapierbörse auch an der Deutschen Gesellschaft für Ad-hoc-Publizität mbH (DGAP) beteiligt. Ohne die Einschränkung der Verwendung mitgeteilter Tatsachen hätten entsprechende Informationsverbreitungsdienste gegenüber ihren Wettbewerbern einen ungerechtfertigten Vorteil.[637]

428 Den Börsen soll die Mitteilung durch den Emittenten[638] die Möglichkeit einräumen, vor Veröffentlichung der kursbeeinflussenden Informationen über eine eventuelle Aussetzung oder Einstellung der Börsenpreisfeststellung zu entscheiden. Eine Aussetzung kann nach § 25 Abs. 1 S. 1 Nr. 1 BörsG vorgenommen werden, wenn ein ordnungsgemäßer Börsenhandel zeitweilig gefährdet ist oder wenn dies zum Schutz des Publikums als geboten erscheint. Eine Einstellung kann nach § 25 Abs. 1 S. 1 Ziffer 2 BörsG erfolgen, wenn ein ordnungsgemäßer Börsenhandel für die Wertpapiere nicht mehr gewährleistet ist.[639]

429 Sind die Finanzinstrumente nur an einer inländischen Börse zugelassen, so trifft diese die Entscheidung über die Aussetzung der Preisfeststellung. Sind die Finanzinstrumente an mehreren inländischen Börsen zugelassen, wird die Entscheidung entsprechend einer Vereinbarung zwischen den Börsen von der sogenannten **Heimatbörse** getroffen.[640]

430 Um den Geschäftsführungen der betroffenen Börsen ausreichend Zeit für eine Entscheidung, gegebenenfalls erforderliche Rückfragen beim Emittenten sowie die Abstimmung der Börsen untereinander einzuräumen, soll die Mitteilung

---

[637] *Beschlussempfehlung Finanzausschuss* zum 2. FFG, BT-Drucks. 12/7918, 101.
[638] Im Falle der Einbeziehung in den regulierten Markt der Frankfurter Wertpapierbörse treffen gemäß § 56 II BörsG i. V. m. § 86 BörsO FWB den Antragsteller Mitteilungspflichten an die Geschäftsführung; vgl. *Beck* BKR 2002, 708; *Schlitt* AG 2003, 69.
[639] Vgl. zur Aussetzung und Einstellung der Börsenpreisfeststellung: *Schäfer*, BörsG, § 43.
[640] Das ist regelmäßig die Börse in dem Bundesland, in dem der Emittent seinen Sitz hat; vgl. BaFin, Emittentenleitfaden idF vom 15. 7. 2005, 62, dort Fn. 20.

30 Minuten vor der Veröffentlichung erfolgen.[641] Dieser Zeitraum wird als unbedingt erforderlich angesehen, damit die Geschäftsführungen über die Aussetzung der Preisfeststellung entscheiden und die erforderliche Abstimmung zwischen den beteiligten Börsen herbeiführen können. Die Frist darf nur mit Zustimmung der Geschäftsführung derjenigen Börse **abgekürzt** werden, die als sog. Heimatbörse des Emittenten bezeichnet wird. Dabei ist zu beachten, dass eine Zustimmung zur Firstverkürzung nur während der üblichen Bürozeiten (60 Minuten vor Beginn des Börsenhandels und während der Börsenhandelszeiten der jeweiligen Börse) möglich ist. Die BaFin fordert, dass die Verkürzung des Zeitraumes zwischen Vorabmitteilung und Veröffentlichung der Ad-hoc-Meldung auf Ausnahmefälle beschränkt bleiben müsse.[642] Die zuständige Börse wird ihre Zustimmung nur in begründeten Fällen erteilen. Sollte eine Verkürzung des vorgenannten Zeitraumes ohne Zustimmung der Heimatbörse erfolgt sein, besteht die Gefahr, dass eine Kursaussetzung aufgrund des verkürzten Zeitraums ohne eingehende Prüfung erfolgt.

VII. Keine anderweitige Veröffentlichung (§ 15 Abs. 5 Satz 1 WpHG)

§ 15 Abs. 5 WpHG ergänzt das Veröffentlichungsverbot und das Berichtigungsgebot des § 15 Abs. 2 WpHG und stellt klar, dass eine Veröffentlichung von Insiderinformationen in anderer Weise als nach Abs. 1 nicht vor der Ad-hoc-Veröffentlichung vorgenommen werden darf. Der Gesetzgeber will durch diese Regelung einer unkontrollierten Verbreitung von sensiblen Informationen und deren Ausnutzung für verbotene Insidergeschäfte entgegenwirken.[643] Der Emittent darf eine ad-hoc-pflichtige Insiderinformationen nicht vorab durch einfache Pressemeldung, Interviews oder im Rahmen der Hauptversammlung verbreiten.[644] Auch die Verteilung von Unterlagen an Journalisten mit „Sperrvermerk" ist unzulässig.

VIII. Beleg der Veröffentlichung (§ 15 Abs. 5 Satz 2 WpHG)

Gemäß § 15 Abs. 5 S. 2 WpHG hat der Emittent die Veröffentlichung unverzüglich den Geschäftsführungen der betroffenen Börsen und der BaFin zu übersenden (soweit nicht die BaFin nach § 15 Abs. 4 S. 4 WpHG ausländischen Emittenten gestattet hat, die Mitteilung gleichzeitig mit der Veröffentlichung vorzunehmen). Ein **Beleg über die Veröffentlichung** in einem elektronisch betriebenen Informationsverbreitungssystem reicht aus. Aus dem Beleg muss sich der Zeitpunkt der Veröffentlichung ergeben. Die Übersendung des Beleges kann schriftlich oder elektronisch erfolgen.[645] Nicht übersendet werden muss ein

---

[641] BaFin, Emittentenleitfaden idF vom 15. 7. 2005, 61.
[642] BaFin, Emittentenleitfaden idF vom 15. 7. 2005, 61.
[643] Bericht des *Finanzausschusses* BT-Drucks. 12/ 7918, 101.
[644] Vgl. schon *BAWe/Deutsche Börse,* Leitfaden, 41; *Ekkenga* NZG 2001, 3.
[645] BaFin, Emittentenleitfaden idF vom 15. 7. 2005, 67.

Nachweis über die Veröffentlichung auf der Website des Emittenten; die BaFin überprüft die Veröffentlichung auf der Website aber routinemäßig.

IX. Schadensersatz und weitere Rechtsfolgen (§ 15 Abs. 6 WpHG)

433 § 15 Abs. 6 S. 1 WpHG normiert eine Schadensersatzpflicht des Emittenten von Finanzinstrumenten (nur) unter den Voraussetzungen der §§ 37b und 37c WpHG. Aus § 37b Abs. 1 WpHG ergibt sich eine Schadensersatzpflicht bei Unterlassung der unverzüglichen Veröffentlichung von Insiderinformationen, während § 37c Abs. 1 WpHG Schadensersatz in Fällen der Veröffentlichung unwahrer Insiderinformationen ermöglicht. Schadensersatzansprüche, die auf anderen Rechtsgrundlagen beruhen, bleiben gemäß § 15 Abs. 6 S. 2 WpHG unberührt.

1. Schadensersatz aus WpHG (§ 15 Abs. 6 Satz 1 WpHG)

434 Die Regelungen der §§ 15 Abs. 6 S. 1 iVm 37b, 37c WpHG schaffen **eigene Haftungstatbestände** bei unterlassenen, verspäteten oder unwahren Ad-hoc-Mitteilungen. Sowohl in den Fällen einer nicht oder zu spät erfolgten Veröffentlichung als auch bei einer inhaltlich falschen Veröffentlichung sollen die Anleger so gestellt werden, als ob der Emittent seine Pflichten ordnungsgemäß erfüllt hätte.[646] Die spezialgesetzliche Haftungsregelung ist eine Reaktion auf das vom Gesetzgeber für unzureichend erachtete vorherige Haftungssystem bei fehlerhaften Ad-hoc-Mitteilungen.[647] Neben dem verbesserten Schutz für Anleger wird auch eine „Disziplinierung" der Emittenten im Hinblick auf ihr oftmals mangelhaftes Publizitätsverhalten bezweckt.[648]

435 Erfasst wird nicht nur vorsätzliches, sondern **auch grob fahrlässiges Handeln** des Emittenten.[649] Dabei gilt eine Beweislastumkehr zugunsten des klagenden Anlegers, sodass der Emittent den Entlastungsbeweis zu führen hat. Haftungsansprüche haben zum einen solche Anleger, die Wertpapiere aufgrund einer unwahren oder unterlassenen Ad-hoc-Mitteilung „zu teuer" erworben haben, zum anderen aber auch diejenigen, die aufgrund einer unwahren oder unterlassenen Ad-hoc-Mitteilung „zu billig" verkauft haben.[650] Ein etwaiger Schadensersatzanspruch des Anlegers ist nach wohl überwiegender Auffassung auf den sog. Kursdifferenzschaden, also den Differenzbetrag zwischen dem tatsächlichen Transaktionspreis und dem Preis, der sich bei pflichtgemäßem Publizitätsverhalten gebildet hätte, gerichtet. Der geschädigte Anleger ist also nicht mehr nach § 249 BGB auf die bloße Rückabwicklung seiner Transaktion bzw. einen entsprechenden Geldersatzanspruch beschränkt.[651]

---

[646] Begr. RegE, BT-Drucks. 14/8017, 93; Überblick bei *Fleischer* NJW 2002, 2977 ff; *Maier-Reimer/Webering* WM 2002, 1857 ff.
[647] Begr. RegE, BT-Drucks. 14/8017, 93.
[648] Begr. RegE, BT-Drucks. 14/8017, 93; skeptisch, ob diese Zielsetzung erreicht werden kann *Rützel* AG 2003, 78 f.
[649] *Baums* ZHR 167 (2003), 147; *Nietzsch* BB 2005, 787.
[650] *Möllers/Leisch* NZG 2003, 113.
[651] *Fleischer* BB 2002, 1870; *Möllers/Leisch* BKR 2002, 1077 f.; *Möllers/Leisch* NZG 2003, 113.

Im Einzelnen begegnet die Haftungsregelung konzeptioneller **Kritik**,[652] in deren Mittelpunkt steht die **fehlende Außenhaftung der Organmitglieder**.[653] Der Schadensersatzanspruch bei fehlerhafter Ad-hoc-Publikation richtet sich gegen die Gesellschaft, war im Hinblick auf die Kapitalerhaltungsgrundsätze des §§ 57, 71 AktG und das dort niedergelegten Prinzip des Gläubigerschutzes nicht unproblematisch ist.[654] Hinzu kommt, dass Schadensersatzleistungen von erheblichen Umfang die Liquidität der Gesellschaft bedrohen und damit mittelbar der Gesamtheit der Aktionäre schaden; im Einzelfall kann dies bis zur Existenzgefährdung führen.[655] Die hM räumt der kapitalmarktrechtlichen Informationshaftung jedoch den Vorrang ein.[656]

Ungeachtet der Kritik führen die neuen Haftungsregelungen zu einer erheblichen **Verbesserung des Anlegerschutzes.** Vor der Neufassung des § 15 Abs. 6 WpHG durch das 4. FFG konnten Anleger im Falle der Verletzung einer Veröffentlichungs- oder Mitteilungspflicht durch den Emittenten gegen diesen nur in besonders gelagerten Fällen auf einen Verstoß gegen § 15 aF WpHG gestützte Schadensersatzansprüche geltend machen. Gemäß § 15 Abs. 6 S. 1 aF WpHG verpflichtete eine Verletzung des § 15 Abs. 1–3 aF WpHG ausdrücklich nicht zum Ersatz der daraus entstandenen Schäden. Die Regelungen zur Ad-hoc-Publizität stellten kein Schutzgesetz im Sinne des § 823 Abs. 2 BGB dar.[657] Dies wurde damit begründet, dass § 15 WpHG der individualschützende Charakter fehle, die Vorschrift diene vielmehr allgemein dem Schutz der Funktionsfähigkeit des Kapitalmarktes und damit ausschließlich öffentlichen Interessen.[658] Auch nach der Neuregelung durch das 4. FFG hat sich an der fehlenden Schutzgesetzeigenschaft des § 15 WpHG allerdings nichts geändert.

Stellte die Verletzung der Veröffentlichungs- und Mitteilungspflicht zugleich einen Verstoß gegen andere Rechtsvorschriften dar, stand aber bereits nach der alten Rechtslage dem Anleger der Weg offen, aus solchen Vorschriften vorzugehen. Der Anleger war dabei jedoch im Wesentlichen auf § 823 Abs. 2 BGB iVm § 88 BörsG aF (heute § 20a WpHG) oder §§ 263 Abs. 1, 264a Abs. 1 StGB oder § 400 Abs. 1 Nr. 1 AktG und § 826 BGB[659] jeweils iVm § 31 BGB analog

---

[652] Siehe dazu vor §§ 37b, 37c, Rn. 26.
[653] *Baums,* Bericht der Regierungskommission Corporate Governance 2001, Rn. 181–199; *Hutter/Leppert* NZG 2002, 654; *Rudolph* BB 2002, 1039; *Fleischer* BKR 2003, 611 ff.
[654] *Baums,* Bericht der Regierungskommission Corporate Governance 2001, Rn. 181–199; *Möllers/Rotter,* § 14 Rn. 135; *Schäfer,* BörsG, § 45, 46 aF Rn. 48; *Keusch/Wankerl* BKR 2003, 746.
[655] *Rudolph* BB 2002, 1039; *Hutter/Leppert* NZG 2002, 654.
[656] BGH v. 9. 5. 2005 NJW 2005, 2450; *Assmann/Schneider/Sethe* §§ 37b, c Rn. 6; *Möllers/Leisch* in KölnKomm, §§ 37b, c Rn. 37 ff.; *Renzenbrink/Holnzer* BKR 2002, 438; *Mollers* BB 2005, 1639 ff.; *Langenbücher* ZIP 2005, 241.
[657] *Barta* GmbHR 2004, 441; BGH II ZR 217/03 vom 19. 7. 2004, S. 7 in NJW 2004, 2668–2671; OLG München 30 U 855/01 vom 1. 10. 2002, WM 2003, 70; aA *Pluskat* FB 2002, 235 ff.; LG Augsburg, 3 O 4995/00 vom 24. 9. 2001; WM 2001, 1944 mit Besprechung von *Thümmel* DB 2001, 2334 ff.; *Möllers/Leisch* BKR 2001, 78 ff.; *Rodewald/Siems* BB 2001, 2437; LG Augsburg, 6 O 1640/01 vom 9. 1. 2002, WM 2002, 592: *Posegga* EwiR § 88 BörsG 1/2002, 475 f.
[658] Beschlussempfehlung Finanzausschuss, BT-Drucks. 12/ 7918, 102.
[659] Vgl. zur Haftung aus § 826 BGB: *Möllers/Leisch* WM 2001, 1648 ff.; *Goette* DStR 2004, 1491 ff.

beschränkt.[660] Diese Anspruchsgrundlagen bleiben auch nach der Neuregelung durch das 4. FFG neben §§ 37b, 37c weiterhin anwendbar (§ 15 Abs. 6 S. 2 WphG).

2. Schadensersatz aus anderen Rechtsgrundlagen (§ 15 Abs. 6 Satz 2 WpHG)

439 Schadensersatzansprüche aufgrund anderer Rechtsgrundlagen sind vor allem wegen Verletzung von Schutzgesetzen iVm § 823 II BGB und bei vorsätzlicher, sittenwidriger Schädigung gemäß § 826 BGB denkbar.[661] Indem § 15 Abs. 6 S. 1 WpHG klarstellt, dass Schadensersatzansprüche nur iVm §§ 37b und 37c WpHG entstehen, wird deutlich, dass § 15 WpHG selbst kein Schutzgesetz darstellt.[662] Schutzgut von § 15 ist allein die Sicherung der Funktionsfähigkeit des Kapitalmarktes.[663]

440 § **400 Abs. 1 Nr. 1 AktG** stellt zwar ein Schutzgesetz i. S. d. § 823 Abs. 2 dar.[664] Bei falschen Ad-hoc-Mitteilungen handelt es sich jedoch grundsätzlich nicht um Verhältnisse der Gesellschaft, die in Darstellungen oder Übersichten über den Vermögensstand (§ 400 Abs. 1 Nr. 1 AktG) falsch wiedergegeben würden. Unter „Übersicht über den Vermögensstand" sind alle Zusammenstellungen von Zahlenmaterialien, insbesondere Bilanzen zu verstehen, die einen Gesamtüberblick über die wirtschaftliche Situation des Unternehmens ermöglichen.[665] Darunter fallen Ad-hoc-Mitteilungen nicht, wenn sie nur eine singuläre Tatsache beinhalten, wie es zumeist der Fall ist.[666] Aber auch Ad-hoc-Mitteilungen, die Quartalszahlen oder Halbjahreszahlen zum Gegenstand haben, geben häufig keinen Gesamtüberblick über das Unternehmen i. S. v. § 400 Abs. 1 Nr. 1 AktG.

441 Der Verstoß gegen § **263 StGB** durch das Verbreiten einer falschen Ad-hoc-Mitteilung wird ebenfalls meist ausscheiden, da die Vorschrift aus mehreren Gründen selten einschlägig ist. Der BGH[667] stellt maßgeblich auf das Merkmal der „Stoffgleichheit" zwischen dem Vermögensschaden des Anlegers und dem Vermögensvorteil des Emittenten ab. Der Vorteil des Täters muss quasi die Kehrseite des Schadens des Anlegers sein. Daran fehlt es bei einer falschen Ad-hoc-Mitteilung, aufgrund derer der Aktienkurs steigt.[668] Zweifel bestehen aber auch am Vorliegen des Tatbestandsmerkmals „Täuschung über Tatsachen", wenn sich die Ad-hoc-Mitteilung auf die Zukunft bezieht. Die Absicht rechtswidriger Eigen-

---

[660] Überblick bei *Groß* WM 2002, 483 f.
[661] Zur Frage des deliktischen Schadenersatzes vgl. *Ekkenga* ZIP 2004, 781 ff.
[662] Vgl. *Barnert* WM 2002, 1481; zur Haftung wg. Falschinformation des Sekundärmarktes: *Baums* ZHR 167 (2003), 139.
[663] *Begr. RegE.* BT- Drucks. 14/8017, 87; *Edelmann* BB 2004, 2031; *Fleischer* NJW 2002, 2979; OLG München BKR 2002, 1096, 1098: *Gerber* DStR 2004, 1793; *Ekkenga* ZIP 2004, 784.
[664] BGHZ 149, 10, 20; Großkommentar/AktG-*Otto*, 4. Aufl. 1997, § 400 Rn. 2 mwN; *Lambsdorff* VuR 2003, 209.
[665] Vgl. BGH II ZR 217/03 vom 19. 7. 2004, 10 in NJW 2004, 2668–2671; Großkommentar/AktG-*Otto*, 4. Aufl. 1997, § 400 Rn. 33; *Kiethe* NStZ 2004, 75.
[666] *Gerber* DStR 2004, 1795.
[667] BGH II ZR 217/03 vom 19. 7. 2004, 12 in NJW 2004, 2668–2671.
[668] *BGH II ZR 217/03* vom 19. 7. 2004, 12 in NJW 2004, 2668–2671; LG *Augsburg* WM 2002, 592; *Schäfer* WuB 1 G 7.–8.01; *Möllers/Leisch*, WuB 1 G 7.–9.1.; *Edelmann* BB 2004, 2032; *Gerber* DStR 2004, 1795; *Lambsdorff* VuR 2003, 208.

Mitteilung, Veröffentl. u. Übermittl. v. Insiderinformationen   442–445   § 15

oder Drittbereicherung liegt bei schlichter Falschmitteilung ebenfalls nicht vor, da nur die unbekannten Verkäufer der Aktien unmittelbar begünstigt werden.[669]

Eine Haftung des Emittenten oder des Vorstandes des Emittenten gemäß § 823 Abs. 2 BGB iVm § 264a StGB kommt bei falschen Ad-hoc-Mitteilungen grundsätzlich nicht in Betracht. Zwar hat die Strafnorm drittschützenden Charakter, jedoch muss die fehlerhafte Information in Prospekten oder in Darstellungen oder Übersichten über den Vermögensstand erfolgen. Dies ist bei einer Ad-hoc-Mitteilung nicht der Fall.[670]   **442**

Aus demselben Grund scheitern auch Ansprüche aus **Prospekthaftung**, da Ad-hoc-Mitteilungen keine vollständige Unternehmensdarstellung enthalten und deshalb nicht als Prospekt im Sinne der allgemeinen oder spezialgesetzlichen Prospekthaftung anzusehen sind.[671]   **443**

Als allgemeine Anspruchsgrundlage zugunsten des Anlegers bei einem Verstoß gegen die Publizitätsvorschriften des § 15 WpHG kommt deshalb häufig nur **§ 826 BGB** in Betracht.[672] Hier stellt sich das Hauptproblem für den Anleger darin, dass er beweisen muss, dass die unterlassene, verspätete oder falsche Ad-hoc-Mitteilung kausal für seinen Entschluss war, die entsprechenden Wertpapiere zu kaufen bzw. zu verkaufen.[673] Ein genereller Anscheinsbeweis zugunsten des Anlegers besteht insoweit nicht. Auch die von der Rechtsprechung zur Prospekthaftung entwickelten Grundsätze über den Anscheinsbeweis bei Vorliegen einer sogenannten „Anlagestimmung"[674] lassen sich nicht ohne weiteres auf die deliktische Haftung nach § 826 wegen fehlerhafter Ad-hoc-Mitteilungen übertragen. Zwar kann eine solche **kausalitätsbegründende Anlagestimmung** durch eine Ad-hoc-Mitteilung hergestellt werden; sie nimmt aber im Laufe der Zeit ab, wenn andere Faktoren für die Einschätzung des Wertpapiers bestimmend werden, wie zB wesentliche Änderungen der Konjunktur oder sonstiger Unternehmensdaten, insbesondere neue Finanzangaben.   **444**

Ferner wird im Rahmen eines Anspruchs aus § 826 BGB häufig schwer zu beweisen sein, dass der Emittent seine Ad-hoc-Pflicht **vorsätzlich** verletzt hat.[675] Die vom BGH entschiedenen „Infomatec-Fälle"[676] waren insofern besonders gelagert, als die Vorstände dort bewusst rechtswidrig gehandelt hatten, um den Kurs ihrer Aktie in die Höhe zu treiben. Daraus und aus der Tatsache, dass die Vorstände dort selbst erhebliche Aktienpakete besaßen, die sie dann zu überhöh-   **445**

---

[669] *Gerber* DStR 2004, 1795.
[670] BGH II ZR 217/03 vom 19. 7. 2004, 11 in NJW 2004, 2668–2671; *Lambsdorff* VuR 2003, 209.
[671] BGH II ZR 217/03 vom 19. 7. 2004, 6 in NJW 2004, 2668–2671.
[672] Hierzu ausführlich: Vor §§ 37b, 37c Rn. 33. Im Zusammenhang mit einer Haftung gemäß § 88 BörsG aF *Fuchs/Dühn* BKR 2002, 1067; *Möller/Rotter*, § 13 Rn. 24.
[673] *Gerber* DStR 2004, 1796; BGH II ZR 218/03 v. 19. 7. 2004, DStR 2004, 1486; *Gottschalk* DStR 2005, 1649f.; *Haas* LMK 2004, 182; *Rössner/Balkart* WM 2005, 954; allg. zum Kausalitätsbeweis: *Hellgardt* ZIP 2005, 2000ff.
[674] Vgl. dazu BGHZ 139, 233 mwN; *Kowaleski/Hellgardt* DB 2005, 1840f.; *Möllers* JZ 2005, 77.
[675] BGH BKR 2005m. Anm. *Braun*, 415f.
[676] BGH II ZR 402/02 (Infomatec I) in BB 2004, 1816–1818; hierzu *Kort* AG 2005, 21ff.; *Leisch* ZIP 2004, 1573ff.; LG Augsburg ZIP 2001, 1881 mit Anm. *Möllers/Leisch* BKR 2001, 78; BGH II ZR 217/03 in NJW 224, 2668–2671 (Infomatec II); BGH II ZR 218/03 in BGHZ 160, 134 (Infomatec III); hierzu *Lenenbach* EwiR 2004, 961.

3. Weitere Sanktionen

446 Verletzt ein Emittent seine Verpflichtungen aus § 15 WpHG, kann dies verschiedene öffentlich-rechtliche Sanktionen nach sich ziehen. Gemäß § 39 WpHG sind Verstöße gegen die Melde-, Veröffentlichungs-, Bekanntmachungs-, Beleg-, Aufzeichnungs- und Aufbewahrungspflichten des § 15 WpHG bußgeldbewehrt. Zudem kann eine Verletzung dieser Verhaltenspflichten gemäß § 39 Abs. 2 Nr. 11 iVm § 20a Abs. 1 S. 1 WpHG zu einem Ordnungswidrigkeitenverfahren wegen des Vorwurfs der Kurs- und Marktpreismanipulation führen. Neben Sanktionen für Ordnungswidrigkeiten kann die Verletzung der Ad-hoc-Publizitätspflichten auch zu strafrechtlichen und börsenzulassungsrechtlichen Konsequenzen führen.

447 Im Ordnungswidrigkeitenrecht werden vorsätzliche oder leichtfertige Verstöße gegen die Pflichten aus § 15 Abs. 1 bis Abs. 6 WpHG gemäß **§ 39 Abs. 2 WpHG** geahndet. Je nach Art und Schwere des Verstoßes sieht § 39 Abs. 4 WpHG gestaffelte Maximalbeträge der möglichen Bußgelder vor. Verletzt der Emittent seine Publizitätspflichten aus § 15 Abs. 1 S. 1, 4 oder 5 WpHG, jeweils in Verbindung mit der WpAIV, oder seine Übermittlungspflichten aus § 15 Abs. 5 S. 1 WpHG, kann dies mit einem Bußgeld von bis zu 1 Mio. EUR geahndet werden (§ 39 Abs. 4 WpHG). Ein Verstoß gegen die Begründungspflicht des § 15 Abs. 3 S. 4 WpHG oder gegen die Mitteilungspflichten des § 15 Abs. 4 S. 1 und § 15 Abs. 5 S. 2 WpHG, jeweils auch in Verbindung mit der WpAIV, kann ein Bußgeld von bis zu 200 000,– € nach sich ziehen. Verstöße gegen ein vollziehbares Auskunftsverlangen der BaFin gemäß § 4 Abs. 3 WpHG oder eine Nichtgestattung des Betretens der Geschäftsräume gemäß § 4 Abs. 4 WpHG kann zu einem Bußgeld in Höhe von bis zu 50 000,– € führen.

448 **Nicht bußgeldbewehrt** sind Verstöße gegen den durch das 4. FFG neu geschaffenen Verbotstatbestand des § 15 Abs. 2 S. 1 WpHG und gegen die Berichtigungspflicht des § 15 Abs. 2 S. 2 WpHG. Im Referentenentwurf zum 4. FFG waren auch hierfür zunächst noch Bußgeldtatbestände vorgesehen;[677] davon wurde jedoch Abstand genommen, weil das allgemeine Verwaltungsrecht ausreichende Instrumente zur Überwachung und Sanktionierung dieser Verpflichtungen bereitstellt.[678]

449 Für die Verwirklichung der Bußgeldtatbestände ist zumeist **vorsätzliches bzw. leichtfertiges Verhalten** erforderlich.[679] Nur bei Zuwiderhandlungen gegen Auskunfts-, Vorlage- oder Zutrittsverlangen der BaFin gemäß § 4 Abs. 3 und 4 WpHG genügt bereits einfache Fahrlässigkeit (§ 39 Abs. 3 WpHG).

450 Die Höhe des im Einzelfall verhängten Bußgeldes hängt vom Grad des Verschuldens ab. Kann eine Ordnungswidrigkeit sowohl durch vorsätzliches als auch durch fahrlässiges Verhalten begangen werden, ist das Bußgeld bei fahrlässigem

---

[677] Vgl. § 39 Abs. 2 Nr. 6, 7 und 8 der Entwurfsfassung. Vgl. § 39 Abs. 2 Nr. 6, 7 und 8 der Entwurfsfassung der Bundesregierung, BT-Drucks. 14/8017.

[678] *Moosmayer* wistra 2002, 165.

[679] Leichtfertig handelt, wer die gebotene Sorgfalt in einem ungewöhnlich hohen Maße verletzt; vgl. *Assmann/Schneider/Assmann*, Rn. 289.

Verhalten gemäß § 17 Abs. 2 OWiG auf die Hälfte des zu verhängenden Höchstbetrages zu beschränken.

Zuständige Verwaltungsbehörde für die Ahndung von Ordnungswidrigkeiten bei Verstößen gegen § 15 WpHG ist gemäß § 40 WpHG iVm § 36 Abs. 1 Nr. 1 OWiG die BaFin. Zum Zwecke der Überwachung hat die BaFin insbesondere die Möglichkeiten nach § 4 WpHG.

Als **Adressat** der Sanktion kommt zunächst der Emittent selbst in Betracht, den die Verpflichtungen aus § 15 WpHG als juristische Person treffen. Bei den Bußgeldvorschriften handelt es sich insoweit um Sonderdelikte kraft gesetzlicher Regelung.[680] Als juristische Person handelt der Emittent durch seine Organe. Ein Verschulden der vertretungsberechtigten Organe bei Erfüllung der Verpflichtungen aus § 15 WpHG wird dem Emittent daher gemäß § 30 Abs. 1 OWiG als eigenes Verschulden zugerechnet. Gemäß § 130 OWiG handelt ordnungswidrig, wer als Vorstandsmitglied vorsätzlich oder fahrlässig die Aufsichtsmaßnahmen unterlässt, die erforderlich sind, um im Unternehmen Zuwiderhandlungen gegen Pflichten zu verhindern, die den Vorstand als solchen treffen und deren Verletzung mit Geldbuße bedroht ist. Gemäß § 9 Abs. 1 OWiG kann eine Geldstrafe auch gegen das handelnde vertretungsberechtigte Organ bzw. dessen individuelle Mitglieder verhängt werden, d. h. § 9 Abs. 1 OWiG delegiert die strafbegründende, besondere persönliche Emittenteneigenschaft auf das im konkreten Fall handelnde vertretungsberechtigte Organmitglied.[681] Verletzt der Vorstand, als vertretungsberechtigtes Organ der Aktiengesellschaft, vorsätzlich oder leichtfertig eine der Verpflichtungen aus § 15 WpHG, so haftet er auch persönlich, da die Emittenteneigenschaft als strafbegründendes persönliches Merkmal bei der durch ihn vertretenen juristischen Person vorliegt.[682] Ob der Vorstand insgesamt oder nur ein einzelnes Mitglied zur Verantwortung zu ziehen ist, richtet sich nach der Geschäftsverteilung. Hier ist die Einzelverantwortlichkeit der Vorstandsmitglieder von der Gesamtverantwortung des Vorstands abzugrenzen.[683]

Gemäß § 15 Abs. 2 S. 2 WpHG ist der Emittent verpflichtet, unwahre Tatsachen, die nach § 15 Abs. 1 S. 1 WpHG veröffentlicht wurden, unverzüglich zu berichtigen. Erfüllt der Emittent die **Berichtigungspflicht** von sich aus und setzt so die BaFin von der unwahren Tatsache in Kenntnis, offenbart er damit einen bei vorsätzlichem oder leichtfertigen Verhalten gemäß § 39 Abs. 2 Nr. 5a WpHG bußgeldbewehrten Verstoß gegen § 15 Abs. 1 S. 1 WpHG. Dies kommt einer „Selbstbezichtigung" gleich. Hat die BaFin anderweitig Kenntnis von der unwahren Tatsache erlangt, wird sie den Emittenten gegen Androhung von Zwangsgeld auffordern, seiner Berichtigungspflicht nachzukommen und zudem ein Ordnungswidrigkeitsverfahren nach § 39 Abs. 2 Nr. 5a WpHG einleiten. Auch in diesem Fall würde der Emittent durch die Berichtigung indirekt das

---

[680] *Möllers/Rotter*, § 11 Rn. 25.
[681] *Möllers/Rotter*, § 11 Rn. 25; *Assmann/Schneider/Assmann*, § 39 Rn. 36 f.
[682] Unter den Voraussetzungen des § 9 Abs. 2 OWiG kann eine Geldbuße auch gegen andere, für den Emittenten tätige Personen oder gegen Dritte verhängt werden, soweit ihnen bestimmte Leitungsaufgaben (eigenverantwortlich) übertragen wurden; vgl. *Möllers/Rotter*, § 11 Rn. 25; *Schäfer*, Rn. 159. Die Überwachung verbleibt aber stets im Aufgabenbereich des Vorstands und dieser kann gemäß § 130 Abs. 1 OWiG zur Verantwortung gezogen werden, soweit er seine Aufsichtspflicht verletzt; vgl. *Möllers/Rotter*, § 11 Rn. 30; *Schäfer*, Rn. 160.
[683] *Möllers/Rotter*, § 11 Rn. 28; *Assmann/Schneider/Assmann*, Rn. 291.

gegen ihn anhängige Ordnungswidrigkeitenverfahren fördern. Beides steht im Widerspruch zu dem sowohl verfassungsrechtlich[684] wie auch völkerrechtlich[685] verankerten „nemo-tenetur"-Grundsatz, wonach niemand verpflichtet ist, sich selbst zu belasten bzw. zur Aufklärung eines ihm zur Last gelegten Sachverhalts beizutragen.[686]

454 Im Schrifttum wird deshalb vertreten, dass verwaltungsrechtliche Sanktionen – wie etwa die Verhängung eines Zwangsgeldes – wegen Nichterfüllung der Berichtigungspflicht nach § 15 Abs. 2 S. 2 WpHG, unzulässig seien.[687] Die zwangsweise Durchsetzung der Berichtigungspflicht sei der BaFin verwehrt, da diese gegen den „nemo-tenetur"-Grundsatz verstoße.

455 Diese Auffassung greift in ihrer Allgemeinheit zu kurz. Soll die Berichtigungspflicht faktisch nicht leer laufen, muss es der BaFin möglich sein, ihre Einhaltung durch Androhung etwaiger Zwangsmittel sicherzustellen und diese notfalls auch zu vollstrecken. Zielsetzung des Gesetzgebers ist es, mit § 15 Abs. 2 S. 2 WpHG eine richtige und vollständige Information der Marktteilnehmer sicherzustellen.[688] Dies kann nicht erreicht werden, wenn de lege lata zwar eine Berichtigungspflicht unwahrer Tatsachen besteht, diese aber aufgrund des „nemo tenetur"-Grundsatzes durch den Emittenten nicht erfüllt werden muss. Eine sachgerechte Lösung dieses Konflikts dürfte die Annahme eines **selbstständigen Beweisverwertungsverbots** bieten, wonach weder der Umstand noch der Inhalt der Berichtigung gemäß § 15 Abs. 2 S. 2 WpHG in einem Ordnungswidrigkeitenverfahren verwertet werden dürfen. Insbesondere darf eine spätere Bußgeldentscheidung nicht darauf gestützt werden. Das schließt jedoch nicht aus, dass die BaFin von weiteren Ermittlungsmöglichkeiten Gebrauch macht. Werden auf diesem Wege weitere Beweise für einen Verstoß gegen § 15 Abs. 1 S. 1 WpHG ermittelt, so sind diese für die Bußgeldentscheidung verwertbar.[689]

456 Die Verletzung von Verhaltenspflichten nach § 15 WpHG kann zusätzlich auch den Tatbestand der **Kurs- bzw. Marktpreismanipulation** gemäß §§ 38 Abs. 2, 39 Abs. 2 Nr. 11 iVm § 20a Abs. 1 S. 1 Nr. 1 WpHG erfüllen. Die mit dem 4. FFG in das WpHG eingefügte Vorschrift des § 20a hat den vorherigen Tatbestand des Kursbetrugs nach § 88 BörsG aF in das WpHG übernommen.[690] Der Anwendungsbereich des § 20a Abs. 1 Nr. 1 WpHG ist weiter gefasst als der der Ad-hoc-Publizitätspflicht nach § 15 WpHG und bezieht auch Finanzinstrumente mit ein, die nur in den Freiverkehr einbezogen sind.[691] Der Tatbestand richtet sich an jeden, der falsche oder irreführende Informationen weitergibt, insbesondere aber an diejenigen, die für die getätigten Aussagen verantwortlich sind. Ein Verschweigen ist dann tatbestandsmäßig, wenn die betroffene Person eine eigene Offenlegungspflicht hat oder für diese zuständig ist, zB im Rahmen des § 15 WpHG. Bei der Aktiengesellschaft kommen hierfür die Mitglieder des Vorstands und des Aufsichtsrats in Betracht. Andere Personen können Beteiligte

---

[684] BVerfGE 56, 37 (49).
[685] Siehe Art 6 Abs. 1 EMRK.
[686] BGH NJW 1996, 2942; *Kleinknecht/Meyer-Goßner*, StPO Einl., Rn. 29a.
[687] *Moosmayer* wistra 2002, 165; *Möllers/Rotter*, § 11 Rn. 23.
[688] *Begr. RegE*, BT Drucks 14/8017, 87.
[689] *Kleinknecht/Meyer-Goßner*, StPO Einl. Rn. 57.
[690] Vgl. Kommentierung zu § 20a WpHG.
[691] BaFin, Emittentenleitfaden idF vom 15. 7. 2005, 86.

Mitteilung, Veröffentl. u. Übermittl. v. Insiderinformationen   457–460   § 15

des Verstoßes sein.[692] Ein Verstoß wird gemäß § 39 Abs. 2 Nr. 11 WpHG primär über das Ordnungswidrigkeitenrecht sanktioniert, wobei es für die Verwirkung eines Bußgeldes genügt, wenn die Tathandlung geeignet ist, auf den Börsen- bzw. Marktpreis einzuwirken. Wenn die vorsätzlich begangene Tathandlung tatsächlich auf den Börsen- bzw. Marktpreis einwirkt, kommt auch eine strafrechtliche Sanktionierung gemäß § 38 Abs. 2 WpHG in Betracht.[693]

In Ausnahmefällen kann bei nachhaltigen Verstößen gegen die Verpflichtungen aus § 15 WpHG ein **Widerruf der Zulassung** der Wertpapiere des Emittenten gemäß § 39 Abs. 1 BörsG in Betracht kommen. Voraussetzung ist, dass der Emittent seine Verpflichtungen aus der Börsenzulassung nicht erfüllt. Aus dem Wortlaut des § 15 Abs. 1 S. 1 WpHG wird gefolgert, dass hierzu auch die Erfüllung der Ad-hoc-Publizitätspflichten des § 15 WpHG gehört.[694]   457

IX. Rechtsverordnung (§ 15 Abs. 7 WpHG)

Gemäß § 15 Abs. 7 S. 1 WpHG ist das Bundesministerium der Finanzen zum Erlass einer Rechtsverordnung zur Regelung weiterer Details der Veröffentlichungs- (§ 15 Abs. 7 S. 1 Ziffer 1 WpHG) und Mitteilungspflichten (§ 15 Abs. 7 S. 1 Ziffer 2 WpHG) sowie der Voraussetzungen einer Selbstbefreiung (§ 15 Abs. 7 S. 1 Ziffer 3 WpHG) ermächtigt. Aufgrund dieser Ermächtigung wurde mit Datum vom 13. Dezember 2004 die Verordnung zur Konkretisierung von Anzeige-, Mitteilungs- und Veröffentlichungspflichten sowie der Pflicht zur Führung von Insiderverzeichnissen nach dem Wertpapierhandelsgesetz (Wertpapierhandelsanzeige- und Insiderverzeichnisverordnung – WpAIV) erlassen.[695] Von der Möglichkeit nach § 15 Abs. 7 S. 2 WpHG, die Ermächtigung auf die BaFin zu übertragen, wurde nicht Gebrauch gemacht.   458

Die **WpAIV** behandelt in ihrem 3. Abschnitt in den §§ 4–9 die Veröffentlichung und Mitteilung von Insiderinformationen. § 4 betrifft den Inhalt, § 5 die Art der Veröffentlichung. §§ 6 und 7 beziehen sich auf die Selbstbefreiung nach § 15 Abs. 3 WpHG. In § 6 wird das Tatbestandsmerkmal des berechtigten Interesses näher erläutert, während § 7 die Gewährleistung der Vertraulichkeit während der Befreiung von der Veröffentlichungspflicht ausführt. § 8 befasst sich mit dem Inhalt, § 9 mit der Form von Mitteilungen nach § 15 Abs. 4 WpHG.   459

X. Ad-hoc-Publizität in den USA

a) Regelungssystematik

Ähnlich dem deutschen Recht sieht das US-amerikanische Wertpapierrecht für börsennotierte Unternehmen neben den Regelpublizitätspflichten auch Pflichten zur Ad-hoc-Veröffentlichung bestimmter Unternehmensereignisse vor. Anders als im deutschen Recht, das dem Schutz der Funktionsfähigkeit des Kapitalmarkts Vorrang einräumt, steht bei der US-amerikanischen *disclosure philo-*   460

---

[692] BaFin, Emittentenleitfaden idF vom 15. 7. 2005, 88.
[693] *Möllers/Rotter*, § 12 Rn. 69 ff.
[694] *Schäfer*, Rn. 162.
[695] BGBl. I. S. 3376.

§ 15   461–463   Abschnitt 3. Insiderüberwachung

sophy der Individualschutz der Anleger im Vordergrund.[696] Allen Anlegern soll gleicher und schneller Zugang zu bestimmten relevanten Unternehmensinformationen ermöglicht werden. Hierfür können sich im US-Recht Offenlegungspflichten aus verschiedenen Rechtsquellen ergeben, die nebeneinander zur Anwendung kommen.[697] Für die Ad-hoc-Publizität gibt die Securities Exchange Commission („SEC") einen gesetzlichen Rahmen vor, der von den jeweiligen Börsen mit detaillierten Regelungen ausgefüllt wird; diese bedürfen wiederum der Zustimmung der SEC, bevor sie in Kraft treten, sodass die Aufsichtskompetenz der SEC gewahrt bleibt.

461   Bei Verletzung einer Ad-hoc-Publizitätspflicht sind verschiedene Maßnahmen oder Sanktionen möglich. Zum einen kann das Organ der jeweiligen Börse wegen einer Pflichtverletzung Sanktionen aussprechen; zum anderen hat die SEC klargestellt, dass eine Pflichtverletzung des Emittenten, die zugleich den Tatbestand der Rule 10b-5 erfüllt, erhebliche Sanktionen nach sich ziehen kann.[698]

462   So können sich umfassende Ad-hoc-Pflichten aus den Bestimmungen der einzelnen Börsen ergeben, die von dem Emittenten der dort notierten Wertpapiere jeweils zu beachten sind.[699] Daneben wurde die parallel in US-Bundesgesetzen bzw. -verordnungen geregelte Ad-hoc-Publizität durch die Umsetzung des § 409 Sarbanes-Oxley Act von 2002 verschärft. Schließlich können sich Pflichten zur Ad-hoc-Veröffentlichung bestimmter Tatsachen auch aus der *disclose-or-abstain-rule* ergeben, wonach ein Insider, der mit Aktien eines Unternehmens handeln will und wesentliche, unveröffentlichte Informationen über dieses Unternehmen besitzt, verpflichtet ist, diese Informationen dem Markt offenzulegen oder von dem jeweiligen Wertpapiergeschäft Abstand zu nehmen.[700]

b) Ad-hoc-Publizität nach dem Securities Exchange Act (SEA)

463   Eine Pflicht des Emittenten zur Veröffentlichung bestimmter Unternehmensdaten enthält § 13 (a) (1) Securities Exchange Act (SEA). Danach hat der Emittent registrierungspflichtiger Wertpapiere (§ 12 SEA oder § 5 Securities Act) neben der Pflicht zur Aufstellung von Jahres- bzw. Quartalsberichten gemäß § 13 (a) (2) SEA auch eine Pflicht zu unterjähriger Veröffentlichung wichtiger Unternehmensereignisse. So soll sichergestellt werden, dass Marktteilnehmer auch zwischen den Jahres- und Quartalsstichtagen über wichtige Unternehmensereignisse informiert werden und ihre Anlageentscheidung entsprechend daran ausrichten können.[701] Die Umsetzung des § 409 **Sarbanes-Oxley Act** von 2002 in § 13 (l) SEA erfordert, dass wesentliche Veränderungen der Finanzlage oder Geschäftstätigkeit des Emittenten stets sofort („real time") offen zu legen sind. Diese

---

[696] *Loss/Seligman*, Securities Regulation, volume 2, 4th edition 2006, 257–268; *Gruson/Wiegmann* AG 1995, 174.
[697] *Fürhoff,* 137; *Gruson/Wiegmann* AG 1995, 174.
[698] Bei einem Verstoß gegen Rule 10b-5 haftet die Gesellschaft wegen unvollständiger oder unrichtiger Angaben beim Kauf oder Verkauf jedweder Wertpapiere, wobei der Begriff des Kaufs oder Verkaufs von der SEC weit verstanden wird.
[699] Beispiele finden sich im NYSE Listed Company Manual §§ 201.00 ff.; AMEX Company Guide Part 4, §§ 401 ff.; Nasdaq Manual, Rule 4120.01.
[700] *Fürhoff,* 46, 136; *Leis/Nowak,* 62; *Gruson/Wiegmann* AG 1995, 174; grundlegend hierzu Entscheidung der SEC in the Matter of Cady, Roberts & Co., 40 SEC 907 (1961).
[701] *Gruson/Wiegmann* AG 1995, 177; *Fürhoff,* 137.

Mitteilung, Veröffentl. u. Übermittl. v. Insiderinformationen   464–466   § 15

Regelung bildet damit das eigentliche Pendant zu § 15 WpHG und vollzieht im US-Recht den Wandel von periodischen zu laufenden Veröffentlichungspflichten.

Ferner enthält **Regulation FD**[702] eine Pflicht des Emittenten, Informationen, die einem bestimmten Personenkreis – etwa Investoren oder Analysten – zugänglich gemacht wurden, gleichzeitig (im Falle absichtlicher Zugänglichmachung) oder unverzüglich (im Falle unabsichtlicher Zugänglichmachung) inhaltsgleich auch der Allgemeinheit zur Verfügung zu stellen. Dies entspricht den Pflichten nach § 15 Abs. 1 S. 4 und 5 WpHG.

Im Jahr 2004 hat die SEC die Regelung des § 13 (a) (1) SEA mit der Rule 13a-11 und dem darauf basierenden **Form 8-K**[703] weiter konkretisiert. Form 8-K, der sogenannte *Current Report*, führt enummerativ Sachverhalte auf, die durch den Emittenten zu veröffentlichen sind. Im Einzelnen sind in Form 8-K folgende, eine Ad-hoc-Publizitätspflicht auslösende Ereignisse aufgeführt: Abschluss oder Änderung wesentlicher Vereinbarungen außerhalb des gewöhnlichen Geschäftsablaufs (Item 1.01) und außerordentliche Beendigung einer solchen Vereinbarung (Item 1.02); Insolvenz oder Anordnung der Insolvenzverwaltung (Item 1.03); vollendete Übernahme oder Veräußerung von Vermögensgegenständen in einem bedeutenden Umfang (Item 2.01); Informationen bezüglich der Veröffentlichung von Ergebnissen der Geschäftstätigkeit und der Finanzlage in einem Quartals- oder Jahresbericht (mit Angabe des Datums und dem Text der Veröffentlichung als Anlage) (Item 2.02); Betroffenheit des Emittenten durch wesentliche direkte finanzielle Verpflichtungen (Item 2.03); Ereignisse, die die Höhe oder Fälligkeit einer finanziellen Verpflichtung beeinflussen (Item 2.04); Verpflichtung des Emittenten zu einem Ausstiegs- oder Veräußerungsplan mit Schätzung der entstehenden Kosten (Item 2.05); erheblicher Wertverfall von bestimmten Vermögensgegenständen unter schätzungsweiser Bezifferung (Item 2.06); Kenntnis von der Verletzung einer Börsenvorschrift (Item 3.01); Verkauf von Unternehmensanteilen in einer nicht registrierungspflichtigen Transaktion (Item 3.02); erhebliche Veränderungen der Aktionärsrechte (Item 3.03); Wechsel des Abschlussprüfers (Item 4.01); Fehler in veröffentlichten Geschäftsberichten (Item 4.02); Änderungen der Mehrheitsverhältnisse im Aktionärskreis (Item 5.01); Rücktritt von Mitgliedern des Board of Directors oder von bestimmten wesentlichen Führungskräften sowie Neueinstellung solcher Führungskräfte (Item 5.02); Änderungen der Satzung oder des Geschäftsjahres (Item 5.03); Mitteilungen gemäß Section 101 (i) (2) (E) des Employment Retirement Income Security Act (Item 5.04); Änderung oder Aussetzung von Vorschriften des Ethik-Codes (Item 5.05); Aufgabe eines Holding-Status durch eine Transaktion (Item 5.06); Jahresabschlüsse mit Anhängen (Item 9.01).

Bei Eintritt der vorgenannten Ereignisse ist der Emittent zwingend zur Veröffentlichung verpflichtet. Von dieser Verpflichtung kann grundsätzlich keine Befreiung erteilt werden. Allerdings ist der Emittent nicht in allen der in Form 8-K aufgezählten Fälle zur unverzüglichen Veröffentlichung verpflichtet. Vielmehr enthält Form 8-K für die verschiedenen genannten Items jeweils **unterschiedliche Publizitätsfristen**. Sofern eine detaillierte Fristbestimmung fehlt, gilt das Gebot der Unverzüglichkeit.

---

[702] Abzurufen unter: *www.sec.gov/rules/final133-7881.htm*.
[703] Abzurufen unter: *www.sec.gov/about/forms/form8-k.pdf*.

Pfüller   687

§ 15   467–471   Abschnitt 3. Insiderüberwachung

467   Auch für weitere, vorstehend nicht aufgezählte und potenziell kursrelevante Ereignisse kann der Emittent Form 8-K zur Veröffentlichung verwenden (Item 8.01). Item 8.01 enthält insoweit einen **Auffangtatbestand** für sonstige Ereignisse im Anwendungsbereich der Regulation FD, deren Relevanz der Emittent im Einzelfall selbst einschätzen muss. Item 8.01 sieht wegen seines fakultativen Charakters keine Sanktionen bei einem Verstoß vor, jedoch kann der Verstoß gegen die Veröffentlichungspflicht nach Regulation FD aufsichtsrechtliche Maßnahmen der SEC nach sich ziehen.

468   Verstöße gegen die Veröffentlichungspflicht im Zusammenhang mit den in Form 8-K vorgesehenen Ereignissen führen zu einer Schadensersatzpflicht des Emittenten nach § 18 (a) SEA.[704] Zudem können gemäß § 32 SEA Geld- und Freiheitsstrafen gegen die verantwortlichen Personen verhängt werden und der Emittent kann gemäß § 12 (k) und (j) SEA ganz oder teilweise vom Börsenhandel ausgeschlossen werden.[705]

469   Ausländische Emittenten sind außerdem gemäß Form 6-K zur Einreichung von Informationen bei der SEC verpflichtet, sofern sie einer Ad-hoc-Veröffentlichung in ihrem Heimatland nachkommen.[706]

470   Eine § 15 Abs. 1 S. 4 WpHG vergleichbare gesetzliche Verpflichtung zur **Aktualisierung** bzw. Korrektur veröffentlichter Informationen ist dem SEA nicht zu entnehmen.[707] Allerdings haben sich aus dem US-amerikanischen Case Law zwei Fallkonstellationen entwickelt, bei denen die Gerichte eine Pflicht zur Richtigstellung bzw. Aktualisierung veröffentlichter Informationen angenommen haben. Dies betrifft zum einen Informationen, die bereits im Zeitpunkt ihrer Veröffentlichung falsch bzw. irreführend waren.[708] Zum anderen erstreckt sich die Verpflichtung zur Richtigstellung auf Sachverhalte, die aufgrund nachträglicher Veränderung der Umstände falsch bzw. irreführend geworden sind.[709] Bei nachträglichen Veränderungen erlischt jedoch die Verpflichtung zur Richtigstellung bzw. Aktualisierung, sobald die veröffentlichten Informationen ihre Aktualität verloren haben.

c) Bestimmungen einzelner Wertpapierbörsen in den USA

471   US-amerikanische Börsen können jeweils **eigene Bestimmungen zur Ad-hoc-Publizität** für dort notierte Wertpapiere erlassen; diese bedürfen jedoch der Genehmigung durch die SEC. Die wichtigsten diesbezüglichen Vorschriften finden sich in den Regularien der New York Stock Exchange (NYSE), der American Stock Exchange (AMEX) und des Nasdaq Stock Market (Nasdaq).[710] Diese Börsenrichtlinien enthalten im Wesentlichen inhaltsgleiche Generalklauseln, welche die an der jeweiligen Börse notierten Emittenten verpflichten, für die Marktteilnehmer wesentliche Informationen durch unverzügliche Pressemitteilung bekannt zu geben bzw. aufkommende Gerüchte, die sich erheblich auf

---

[704] *Gruson/Wiegmann* AG 1995, 177; *Fürhoff,* 138.
[705] *Gruson/Wiegmann* AG 1995, 177; *Fürhoff,* 138.
[706] *Fürhoff,* 137.
[707] *Gruson/Wiegmann* AG 1995, 177.
[708] Backman v. Polaroid Corp. 910 F. 2 d 510, 16–17 (1st Cir.1990).
[709] Greenfield v. Heublein, Inc. 742 F. 2 d 751, 758 (3rd Cir. 1984); Time Warner Inc. v. Sec. Litigation, 9 F.3 d 259, 260, 267 (2 d Cir. 1993).
[710] Beispiele finden sich im NYSE Listed Company Manual §§ 201.00 ff.; AMEX Company Guide Part 4, §§ 401 ff.; Nasdaq Manual, Rule 4120.01.

Mitteilung, Veröffentl. u. Übermittl. v. Insiderinformationen   472–475   § 15

den Marktwert der Wertpapiere auswirken können, unverzüglich richtig zu stellen oder zu bestätigen.[711]

Die Börsenrichtlinie der AMEX definiert wesentliche Informationen abstrakt als Tatsachen, die sich bei Bekanntwerden wahrscheinlich in bedeutsamer Weise auf den Wertpapierkurs des Unternehmens auswirken oder die wahrscheinlich die Investitionsentscheidung von vernünftigen Investoren beeinflussen werden.[712] In den Bestimmungen der NYSE werden insbesondere die jährliche oder vierteljährliche Feststellung des Gewinns eines Unternehmens, die Festlegung der Dividende, Unternehmensübernahmen oder -zusammenschlüsse, Aktiensplits, wesentliche Veränderungen im Management, wichtige neue Produkte, Vertragsabschlüsse, Expansionspläne und sonstige erhebliche Unternehmensaspekte, die von ungewöhnlicher und nicht wiederkehrender Natur sind, als wesentliche Informationen *(material information)* beispielhaft aufgeführt.[713] Auch Verhandlungen oder Pläne, die zu solchen Ereignissen führen, können bereits wesentliche Informationen darstellen und daher eine Publizitätspflicht auslösen.[714]   472

Die Veröffentlichung wesentlicher Informationen hat **grundsätzlich durch Pressemitteilung** des Emittenten zu erfolgen. Diese sind schnellstmöglichst schriftlich oder auch telefonisch an Presseorgane und einschlägige Nachrichtenagenturen mit dem Zusatz „For Immediate Release" herauszugeben.[715] Ein formalisiertes Veröffentlichungsverfahren wie in § 15 WpHG, §§ 4 ff. WpAIV kennt das US-Recht nicht. Allerdings gibt es insoweit Parallelen zum deutschen Recht, als der Emittent wie bei § 15 Abs. 4 S. 1 WpHG dazu verpflichtet ist, die Börse vorab zu informieren und die entsprechende Pressemitteilung zur Kenntnisnahme zu übersenden, um der Börse damit die Möglichkeit zu geben, über eine Kursaussetzung zu entscheiden.[716]   473

Soweit Unternehmensinteressen des Emittenten unter gleichzeitiger Berücksichtigung der Interessen gegenwärtiger und zukünftiger Aktionäre durch eine Veröffentlichung gefährdet wären oder Wettbewerber etwaige Vorteile erlangen würden, ist der Emittent unter Umständen berechtigt, von einer Veröffentlichung abzusehen.[717]   474

Eine Verletzung der nach den genannten Börsen vorgesehenen Ad-hoc-Publizitätspflichten kann von der jeweiligen Börse bzw. durch die SEC mit vorübergehendem oder endgültigen Börsenausschluss sanktioniert werden.[718] Schadensersatzansprüche aufgrund eines Verstoßes gegen die Börsenrichtlinien können nicht geltend gemacht werden.[719]   475

---

[711] *Fürhoff*, 139; *Gruson/Wiegmann* AG 1995, 175; *Leis/Nowak*, 59, NYSE Listed Company Manual §§ 202.05, 202.03; AMEX Company Guide Part 4, § 401.
[712] AMEX Company Guide Part 4, §§ 401(a), 402(a).
[713] NYSE Listed Company Manual § 202.06; vergleichbare Listen mit ad-hoc-publizitätspflichtigen Ereignissen finden sich in den Bestimmungen der AMEX und Nasdaq; AMEX Company Guide Part 4, § 402 (a); Nasdaq Manual, Rule 4120.01.
[714] NYSE Listed Company Manual § 202.01.
[715] NYSE Listed Company Manual § 202.06 A und C.
[716] NYSE Listed Company Manual § 202.06 B und C.
[717] *Fürhoff*, 140.
[718] Insbesondere bei größeren Gesellschaften unterbleibt jedoch üblicherweise die mögliche Kursaussetzung oder gar ein Börsenausschluss; vgl. *Gruson/Wiegmann* AG 1995, 176; *Fürhoff*, 140; *Pellens/Fülbier*, 54.
[719] *Leis/Nowak*, 59; *Gruson/Wiegmann* AG 1995, 176.

Pfüller

d) Disclose-or-abstain-rule

476 Neben den einzelnen Börsenrichtlinien sowie den Wertpapiergesetzen und -verordnungen des Bundes kommt auch US-amerikanisches Case Law als Rechtsquelle für eine Ad-hoc-Publizitätspflicht in Frage. Insbesondere kann sich eine Pflicht zur Veröffentlichung bisher unveröffentlichter Informationen aus der *disclose-or-abstain-rule* ergeben.[720] Danach ist ein Insider zur Offenlegung wesentlicher, bisher unveröffentlichter Informationen über ein Unternehmen verpflichtet, sofern er mit Wertpapieren dieses Unternehmens handeln will. Insider in diesem Zusammenhang ist jede Person, die aufgrund ihrer Stellung in einem Unternehmen (insbesondere als Mitglied des *Board of Directors*) oder aufgrund ihrer Tätigkeit (insbesondere Anwälte und Wirtschaftprüfer) über wesentliche unveröffentlichte Informationen verfügt.[721] Bevor die betroffene Person eine Entscheidung trifft, hat sie die berechtigten Interessen des Emittenten an der Geheimhaltung der Informationen zu berücksichtigen, wozu sie aufgrund dienst- oder arbeitsvertraglicher oder organschaftlicher Loyalitätspflichten verpflichtet ist. Da der Insider regelmäßig nicht berechtigt sein wird, sensible Informationen ohne eine entsprechende Genehmigung des betroffenen Unternehmens offenzulegen, führt die Anwendung der *disclose or abstain rule* regelmäßig zu einem Transaktionsverzicht auf Seiten des Insiders.[722]

477 Die *disclose-or-abstain-rule* findet mittlerweile ihre gesetzliche Ausprägung in **Rule 10b-5** zu § 10 (b) SEA. Danach ist es u.a. verboten, im Zusammenhang mit dem Kauf oder Verkauf von Wertpapieren die Mitteilung oder Veröffentlichung wesentlicher Tatsachen *(material facts)* zu unterschlagen. Rule 10b-5 normiert insoweit einen Schadensersatzanspruch zugunsten von Investoren, die sich von Insidern aufgrund ihres Informationsvorsprungs bezüglich der richtigen Bewertung der Wertpapiere betrogen fühlen.[723] Hierdurch soll vermieden werden, dass Insider zu Lasten uninformierter Anleger einen unberechtigten Vorteil erwerben.[724]

478 Im Vergleich zu den Ad-hoc-Publizitätspflichten hat die Rule 10b-5 bzw. die darin zum Ausdruck gebrachte *disclose-or-abstain-rule* einen deutlich abweichenden Regelungscharakter. Zum einen entstehen die Offenlegungspflichten hiernach erst dann, wenn ein Insider tatsächlich unter Ausnutzung ihm bekannter wesentlicher und nicht veröffentlichter Informationen ein Wertpapiergeschäft vornehmen will. Zum anderen trifft die Pflicht zur Offenlegung nicht den Emittenten sondern den Insider.[725] Erst die Veröffentlichung der Information durch den Insider erlaubt es ihm, das Wertpapiergeschäft vorzunehmen. Insoweit ist Rule 10b-5 nicht als eigentliche Ad-hoc-Publizitätspflicht zu verstehen und daher auch nicht mit § 15 WpHG vergleichbar.[726]

---

[720] *Cady, Roberts & Co.*, 40 S.E.C. 907, 911-12 (1961); Chiarella vs. United States, 445 U.S. 222, 227 (1980); Dirks vs. SEC, 463 U.S. 646, 653-54 (1983).
[721] *Loss/Seligman*, volume 8, 2004, 3598–3603, 3605, 3613.
[722] *Fürhoff*, 136.
[723] *Gehrt*, 99.
[724] *Gruson/Wiegmann* AG 1995, 177.
[725] *Gruson/Wiegmann* AG 1995, 177; *Fürhoff*, 137.
[726] *Leis/Noak*, 62; *Gruson/Wiegmann* AG 1995, 177; *Fürhoff*, 137; *Gehrt*, 99.

§ 15a Mitteilung von Geschäften, Veröffentlichung und Übermittlung an das Unternehmensregister

(1) Personen, die bei einem Emittenten von Aktien Führungsaufgaben wahrnehmen, haben eigene Geschäfte mit Aktien des Emittenten oder sich darauf beziehenden Finanzinstrumenten, insbesondere Derivaten, dem Emittenten und der Bundesanstalt innerhalb von fünf Werktagen mitzuteilen. Die Verpflichtung nach Satz 1 obliegt auch Personen, die mit einer solchen Person in einer engen Beziehung stehen. Die Verpflichtung nach Satz 1 gilt nur bei Emittenten solcher Aktien, die

1. an einer inländischen Börse zum Handel zugelassen sind oder
2. zum Handel an einem ausländischen organisierten Markt zugelassen sind, sofern der Emittent seinen Sitz im Inland hat oder es sich um Aktien eines Emittenten mit Sitz außerhalb der Europäischen Union und des Europäischen Wirtschaftsraums handelt, für welche die Bundesrepublik Deutschland Herkunftsstaat im Sinne des Wertpapierprospektgesetzes ist.

Der Zulassung zum Handel an einem organisierten Markt steht es gleich, wenn der Antrag auf Zulassung gestellt oder öffentlich angekündigt ist. Die Pflicht nach Satz 1 besteht nicht, solange die Gesamtsumme der Geschäfte einer Person mit Führungsaufgaben und der mit dieser Person in einer engen Beziehung stehenden Personen insgesamt einen Betrag von 5000,– Euro bis zum Ende des Kalenderjahrs nicht erreicht.

(2) Personen mit Führungsaufgaben im Sinne des Absatzes 1 Satz 1 sind persönlich haftende Gesellschafter oder Mitglieder eines Leitungs-, Verwaltungs- oder Aufsichtsorgans des Emittenten sowie sonstige Personen, die regelmäßig Zugang zu Insiderinformationen haben und zu wesentlichen unternehmerischen Entscheidungen ermächtigt sind.

(3) Personen im Sinne des Absatzes 1 Satz 2, die mit den in Absatz 2 genannten Personen in einer engen Beziehung stehen, sind deren Ehepartner, eingetragene Lebenspartner, unterhaltsberechtigte Kinder und andere Verwandte, die mit den in Absatz 2 genannten Personen zum Zeitpunkt des Abschlusses des meldepflichtigen Geschäfts seit mindestens einem Jahr im selben Haushalt leben. Juristische Personen, bei denen Personen im Sinne des Absatzes 2 oder des Satzes 1 Führungsaufgaben wahrnehmen, gelten ebenfalls als Personen im Sinne des Absatzes 1 Satz 2. Unter Satz 2 fallen auch juristische Personen, Gesellschaften und Einrichtungen, die direkt oder indirekt von einer Person im Sinne des Absatzes 2 oder des Satzes 1 kontrolliert werden, die zugunsten einer solchen Personen gegründet wurden oder deren wirtschaftliche Interessen weitgehend denen einer solchen Person entsprechen.

(4) Ein Inlandsemittent hat Informationen nach Absatz 1 unverzüglich zu veröffentlichen und gleichzeitig der Bundesanstalt die Veröffentlichung mitzuteilen; er übermittelt sie außerdem unverzüglich, jedoch nicht vor ihrer Veröffentlichung dem Unternehmensregister im Sinne des § 8b des Handelsgesetzbuchs zur Speicherung. § 15 Abs. 1 Satz 2 gilt entsprechend mit der Maßgabe, dass die öffentliche Ankündigung eines Antrags auf Zulassung einem gestellten Antrag auf Zulassung gleichsteht.

(5) Das Bundesministerium der Finanzen kann durch Rechtsverordnung, die nicht der Zustimmung des Bundesrates bedarf, nähere Bestimmungen

§ 15a

Abschnitt 3. Insiderüberwachung

erlassen über den Mindestinhalt, die Art, die Sprache, den Umfang und die Form der Mitteilung nach Absatz 1 und Absatz 4 Satz 1 sowie der Veröffentlichung nach Absatz 4. Das Bundesministerium der Finanzen kann die Ermächtigung durch Rechtsverordnung auf die Bundesanstalt für Finanzdienstleistungsaufsicht übertragen.

Übersicht

	Rn.
I. Regelungsgegenstand und -zweck	1
1. Entstehungsgeschichte	2
a) Regelungsvorbilder und verwandte Regelungen	3
aa) Regelwerk Neuer Markt	4
bb) Deutscher Corporate Governance Kodex	5
cc) US-amerikanische Regelung	9
b) Das 4. Finanzmarktförderungsgesetz	10
c) Europarechtliche Entwicklung	11
aa) Marktmissbrauchsrichtlinie	12
bb) Durchführungsrichtlinie zur Marktmissbrauchsrichtlinie	14
cc) Anlegerschutzverbesserungsgesetz	15
dd) Gesetz zur Neuordnung des Pfandbriefrechts	17
ee) Transparenzrichtlinien-Umsetzungsgesetz	18
ff) Finanzmarktrichtlinie-Umsetzungsgesetz	19
2. Sinn und Zweck	20
a) Markttransparenz	21
b) Informierte Transaktionsentscheidung	24
c) Gleichbehandlung der Anleger	26
d) Marktintegrität	27
II. Mitteilungspflicht (§ 15 a Abs. 1 WpHG)	29
1. Sachlicher Anwendungsbereich	30
a) Emittent von Aktien	31
b) Zulassung zum Handel an einem organisierten Markt	34
aa) Zulassung zum Handel an einer inländischen Börse (§ 15 a Abs. 1 Satz 3 Nr. 1 WpHG)	39
bb) Zum Handel an einem ausländischen organisierten Markt zugelassen, sofern der Emittent seinen Sitz im Inland hat (§ 15 a Abs. 1 Satz 3 Nr. 2 Alt. 1 WpHG)	43
cc) Emittenten mit Sitz in Drittstaaten, für die Deutschland Herkunftsstaat ist (§ 15 a Abs. 1 Satz 3 Nr. 2 Alt. 2 WpHG)	45
c) Antrag gestellt oder öffentlich angekündigt	49
2. Persönlicher Anwendungsbereich (§ 15 a Abs. 1 Satz 1 und 2 WpHG)	50
a) Personen mit Führungsaufgaben (§ 15 a Abs. 2 WpHG)	51
aa) Mitglieder eines Leitungs-, Verwaltungs- oder Aufsichtsorgans	52
(α) Aktiengesellschaften	54
(β) Kommanditgesellschaften auf Aktien	58
(γ) Societas Europaea (SE)	60
(δ) Ausländische Gesellschaften	63
bb) Persönlich haftende Gesellschafter	66
cc) Sonstige Personen	70
(α) Zu wesentlichen unternehmerischen Entscheidungen ermächtigt	71
(β) Regelmäßiger Zugang zu Insiderinformationen	73
(γ) Fallgruppen	75

	Rn.
b) Personen in enger Beziehung	82
aa) Natürliche Personen	84
(α) Ehepartner	84
(β) Eingetragene Lebenspartner	86
(γ) Unterhaltsberechtigte Kinder	87
(δ) Andere Verwandte	93
bb) Juristische Personen und Führungsaufgaben (§ 15 Abs. 3 Satz 2 WpHG)	95
cc) Weitere juristische Personen (§ 15 Abs. 3 Satz 3 WpHG)	99
(α) Juristische Personen, Gesellschaften und Einrichtungen	100
(β) Direkt oder indirekt kontrolliert von einer Person mit Führungsaufgaben	101
(γ) Zugunsten einer solchen Person gegründet	104
(δ) Entsprechung wirtschaftlicher Interessen	105
dd) Einschränkung des Anwendungsbereichs für juristische Personen	106
ee) Adressat der Mitteilungspflicht	108
ff) Verfassungsmäßigkeit der Mitteilungs- und Offenlegungspflicht	112
3. Mitteilungspflichtige Geschäfte	116
a) Eigene Geschäfte	116
aa) Verpflichtungs- oder Verfügungsgeschäfte	117
bb) Vermögensverwaltung durch Dritte	124
cc) Einzelne Geschäfte	125
b) Mit Aktien des Emittenten	138
c) Mit sich darauf beziehenden Finanzinstrumenten	139
4. Mitteilung	142
a) Innerhalb von fünf Werktagen	143
b) Einzelmitteilung	147
c) Übermittlung durch Dritte	149
5. Bagatellgrenze (§ 15 Abs. 1 Satz 5 WpHG)	150
III. Pflichten des Emittenten (§ 15 Abs. 4 WpHG)	156
1. Unverzügliche Veröffentlichung (§ 15 Abs. 4 Satz 1, 1. Halbsatz WpHG)	156
2. Mitteilung der Veröffentlichung (§ 15 Abs. 4 Satz 1, 1. Halbsatz WpHG)	161
3. Übermittlung zur Speicherung im Unternehmensregister (§ 15 Abs. 4 Satz 1, 2. Halbsatz WpHG)	162
4. Entsprechende Geltung (§ 15 Abs. 4 Satz 2 WpHG)	165
IV. Konkretisierung durch Rechtsverordnung (§ 15 Abs. 5 WpHG)	166
1. Inhalt und Form der Mitteilung	167
a) Inhalt	167
b) Form der Mitteilung	171
2. Art, Inhalt, Sprache und Dauer der Veröffentlichung	173
a) Art der Veröffentlichung	173
b) Sprache der Veröffentlichung	176
c) Inhalt der Veröffentlichung	181
3. Inhalt der Mitteilung über die Veröffentlichung	184
V. Korrekturen	185
VI. Überwachung	186
VII. Sanktionen	190
1. Ordnungswidrigkeiten	190
a) Verletzung einer Mitteilungspflicht	190
b) Verletzung von Organisationspflichten	191

§ 15a   Abschnitt 3. Insiderüberwachung

	Rn.
c) Verletzung einer Veröffentlichungspflicht	193
d) Verletzung der Pflicht zur Mitteilung der Veröffentlichung (Beleg)	195
2. Kurs- und Marktpreismanipulationen	196
3. Normen des Zivilrechts	197
a) §§ 134, 138 BGB	198
b) § 826 BGB	199
c) § 823 Abs. 2 BGB	200
VIII. Verhältnis zu anderen Vorschriften	204
a) Ad-hoc-Publizität, § 15 WpHG	206
b) Veränderungen des Stimmrechtsanteils, §§ 21 ff. WpHG	207
c) Stellungnahme der Organmitglieder einer Zielgesellschaft, § 27 WpÜG	211
d) Governance Kodex	212

Schrifttum: *Baums,* Bericht der Regierungskommission Corporate Governance, 2001; *Bednarz,* Pflichten des Emittenten bei einer unterlassenen Mitteilung von Directors' Dealings, AG 2005, S. 835–843; *Bosse,* Wesentliche Neuregelungen ab 2007 aufgrund des Transparenzrichtlinie-Umsetzungsgesetzes für börsennotierte Unternehmen, DB 2007, 39; *Budde/Berger/Elrott* (Hrsg.), Beck'scher Bilanzkommentar, 5. Auflage 2003; *Diekmann/Sustmann,* Gesetz zur Verbesserung des Anlegerschutzes (Anlegerschutzverbesserungsgesetz – AnSVG), NZG 2004, 929; *Dreyling,* Das Vierte Finanzmarktförderungsgesetz – Überregulierung oder Notwendigkeit?, Die Bank 2002, 16; *Dreyling,* Die Umsetzung der Marktmissbrauchs-Richtlinie über Insider-Geschäfte und Marktmanipulation, Der Konzern 2005, 1; *Erkens,* Directors' Dealings nach neuem WpHG, Der Konzern 2005, 29; *Fischer zu Cramburg/Hannich,* in: *v. Rosen:* Directors' Dealings – Eine juristische und empirische Analyse des Handels von Organmitgliedern mit Aktien des eigenen Unternehmens, Studien des Deutschen Aktieninstituts, Heft 19, 2002; *Fleischer,* Directors' Dealings, ZIP 2002, 1217; *Fleischer,* Das Vierte Finanzmarktförderungsgesetz, NJW 2002, 2977; *Fleischer,* Empfiehlt es sich, im Interesse des Anlegerschutzes und zur Förderung des Finanzplatzes Deutschland das Kapitalmarkt- und Börsenrecht neu zu regeln?, Gutachten zum 64. DJT, 2002, S. F1; *Hadding/Hopt/Schimansky* (Hrsg.), Bankrechtstag 1998; *Hagen-Eck/Wirsch,* Gestaltung von Directors' Dealings, Der Betrieb 2007, 504; *Heidel/Wagner* (Hrsg.) Anwaltskommentar Aktienrecht, 2003; *Hueck/Canaris,* Recht der Wertpapiere, 12. Auflage 1996; *Holzborn/Israel,* Das Anlegerschutzverbesserungsgesetz – Die Veränderungen im WpHG, VerkProspG und BörsG und ihre Auswirkungen in der Praxis, WM 2004, 1948; *Hutter/Leppert,* Das 4. Finanzmarktförderungsgesetz aus Unternehmenssicht NZG 2002, 649; *Hutter/Kaulamo,* Transparenzrichtlinie-Umsetzungsgesetz: Änderungen der Regelpublizität und das neue Veröffentlichungsregime für Kapitalmarktinformationen NJW 2007, 550; *Hutter/Kaulamo,* Das Transparenzrichtlinie-Umsetzungsgesetz: Änderungen der anlassabhängigen Publizität, NJW 2007, 471; *Kropf/Semler* (Hrsg.) Münchner Kommentar zum Aktiengesetz, 2. Aufl., 2004; *Kuthe,* Änderungen des Kapitalmarktrechts durch das Anlegerschutzverbesserungsgesetz, ZIP 2004, 883; *Pirner/Lebherz,* Was muss ein Emittent künftig nach dem TUG publizieren?, AG 2007, 19; *Pluskat,* Die durch das Anlegerschutzverbesserungsgesetz geänderte Regelung der Directors' Dealings vor dem Hintergrund der Richtlinie zur Durchführung der Marktmissbrauchsrichtlinie, BKR 2004, 467; *Pluskat,* Die Regelung der Directors' Dealings nach § 15a WpHG im Lichte der europäischen Marktmissbrauchsrichtlinie, Finanz Betrieb 2004, 219; *Pluskat,* Die Neuregelung der Directors' Dealings in der Fassung des Anlegerschutzverbesserungsgesetzes, DB 2005, 1097; *Schneider,* Der pflichtauslösende Sachverhalt bei Directors' Dealings BB 2002, 1817; *Schuster,* Kapitalmarktrechtliche Verhaltenspflichten von Organmitgliedern am Beispiel des § 15a WpHG, ZHR 167 (2003) 193; *v. Buttlar,* Directors' Dealings: Änderungsbedarf auf Grund der Marktmissbrauchsrichtlinie, BB 2003, 2133–2139; *Wagner,* Börsensegmentierung und die Informationspflichten bei der Vermögensanlage in börsennotierte Aktien, Heidelberg 2007.

I. Regelungsgegenstand und -zweck*

Die Vorschrift des § 15 a WpHG regelt die Anzeige- und Veröffentlichungspflichten im Zusammenhang mit sogenannten Directors' Dealings. Unter diesem aus dem angelsächsischen Sprachgebrauch übernommenen Begriff werden eigene Geschäfte in Aktien eines Emittenten durch solche Personen erfasst, bei denen der Besitz von Insiderwissen über den Emittenten nahe liegt. Dazu gehören insbesondere Personen mit Führungsaufgaben beim Emittenten und diesen nahestehende Personen. Für den Kreis dieser „Directors" sowie die mit diesen in enger Beziehung stehenden Personen normiert § 15 a WpHG eine Mitteilungspflicht über Wertpapiergeschäfte gegenüber dem Emittenten und der BaFin. Mitteilungspflichtig ist jedes eigene Geschäft dieses Personenkreises mit Aktien des Emittenten oder mit sich darauf beziehenden Finanzinstrumenten. Die Veröffentlichungspflicht über mitgeteilte Geschäfte richtet sich an den Emittenten.

1. Entstehungsgeschichte

Die Pflicht für Mitglieder des Vorstands und des Aufsichtsrats börsennotierter Gesellschaften, eigene Geschäfte mit Aktien ihrer Gesellschaft, bei der sie die Organtätigkeit wahrnehmen, zu melden, wurde mit dem **4. Finanzmarktförderungsgesetz** („4. FFG")[1] am 1. Juli 2002 im Wertpapierhandelsgesetz auf der Grundlage bereits existierender Vorbilder eingeführt.[2] Hintergrund dieser Transaktionsmeldepflicht war das in der Praxis zu beobachtende missbräuchliche Verwenden von Insiderwissen durch Organmitglieder börsennotierter Gesellschaften. Erste Erweiterungen und Verschärfungen erfolgten durch das **Anlegerschutzverbesserungsgesetz** („AnSVG"),[3] mit dem der Kreis der mitteilungspflichtigen Personen vergrößert, der Adressatenkreis betroffener Emittenten erweitert, die Bagatellgrenze abgesenkt und zuvor bestehende Ausnahmeregelungen gestrichen wurden. Durch das Gesetz zur Neuordnung des Pfandbriefrechts[4] wurde § 15 a Abs. 3 Satz 2 und 3 WpHG in Bezug auf einzubeziehende juristische Personen zur Vermeidung von Umgehungsmöglichkeiten neu gefasst. Der Anwendungsbereich des § 15 a Abs. 1 Satz 3 Nr. 2 WpHG hinsichtlich der veröffentlichungspflichtigen Emittenten wurde durch das Finanzmarktrichtlinie-Umsetzungsgesetz[5] in klarstellender Weise an die Marktpraxis angepasst. Schließlich ergaben sich mit Wirkung vom 20. Januar 2007 durch das **Transparenzrichtlinien**-Umsetzungsgesetz („TUG")[6] wesentliche Änderungen in Bezug auf

---

* Unter Mitarbeit von *Maike Hoenigs* und *Jan Ludwig.*
[1] Gesetz zur weiteren Fortentwicklung des Finanzplatzes Deutschland (Viertes Finanzmarktförderungsgesetz) vom 21. 6. 2002, BGBl. I S. 2010.
[2] Vgl. § 15 a Rn. 3 ff.
[3] *Anlegerschutzverbesserungsgesetz* vom 28. 10. 2004, BGBl. I S. 2630.
[4] Gesetz zur Neuordnung des Pfandbriefrechts vom 22. 5. 2005, BGBl. I S. 1373.
[5] Gesetz zur Umsetzung der Richtlinie über Märkte für Finanzinstrumente und der Durchführungsrichtlinie der Kommission (Finanzmarktrichtlinie-Umsetzungsgesetz) vom 16. Juli 2007, BGBl. I 2007 S. 1330.
[6] Gesetz zur Umsetzung der Richtlinie 2004/109/EG des Europäischen Parlaments und des Rates vom 15. 12. 2004 zur Harmonisierung der Transparenzanforderungen in Bezug auf Informationen über Emittenten, deren Wertpapiere zum Handel auf einem geregelten

§ 15a 3–6 Abschnitt 3. Insiderüberwachung

den Anwendungsbereich (Einführung des Begriffs des Inlandsemittenten) und die Veröffentlichungspflichten in § 15a Abs. 4 WpHG.[7]

a) Regelungsvorbilder und verwandte Regelungen

3   Bei Einführung der gesetzlichen Regelung von Directors' Dealings mit dem 4. FFG konnte der deutsche Gesetzgeber bereits auf verschiedene Regelungsvorbilder zurückgreifen.

4   **aa) Regelwerk Neuer Markt.** Als Vorbild für § 15a WpHG diente zunächst Ziffer 7.2 des Regelwerks Neuer Markt.[8] Mit Inkrafttreten dieser Regelung im Regelwerk Neuer Markt zum 1. März 2001 wurde erstmals die Pflicht zur Veröffentlichung bestimmter Wertpapiergeschäfte durch Organmitglieder von börsennotierten Unternehmen in Deutschland eingeführt.[9] Ziffer 7.2 Regelwerk Neuer Markt (Meldepflichtige Wertpapiergeschäfte) verpflichtete Emittenten, deren Aktien am **Neuen Markt** gehandelt wurden, der Deutschen Börse AG unverzüglich, spätestens jedoch drei Börsentage nach Geschäftsabschluss, jedes Geschäft mitzuteilen, das der Emittent und seine einzelnen Vorstands- und Aufsichtsratsmitglieder in Aktien des Emittenten, als Festpreis oder Derivate, deren Preis von Aktien des Emittenten abhing, tätigte. Der Neue Markt war ein eigenständiges Handelssegment des Freiverkehrs an der Frankfurter Wertpapierbörse, bei dem es entgegen dem Wortlaut der Überschrift von Abschnitt 2 des Regelwerks Neuer Markt nicht um „Zulassungsbedingungen", sondern um die Einbeziehung zum Handel ging. Das Regelwerk Neuer Markt basierte auf privatrechtlichen Vereinbarungen zwischen Emittenten und der Deutsche Börse AG und hatte daher lediglich Vertrags- und keinen Gesetzescharakter.[10] Im Zuge der Einführung des § 15a WpHG durch das 4. FFG zum 1. Juli 2002 wurde eine Sonderregelung für den Neuen Markt entbehrlich und Ziffer 7.2 Regelwerk Neuer Markt durch die Deutsche Börse AG aufgehoben.[11]

5, 6   **bb) Deutscher Corporate Governance Kodex.** Der von der vom Bundesfinanzminister eingesetzten Regierungskommission „Corporate Governance Unternehmensführung – Unternehmenskontrolle – Modernisierung des Aktienrechts" am 26. Februar 2002 erstmals verabschiedete **Deutsche Corporate Governance Kodex** („DCGK")[12] beinhaltet eine Regelung mit verwandtem

---

Markt zugelassen sind, und zur Änderung der Richtlinie 2001/34/EG (Transparenzrichtlinie-Umsetzungsgesetz – TUG) vom 5. 1. 2007, BGBl. I S. 10 ff.

[7] Einen Überblick über die Neuerungen durch das TUG und deren Konsequenzen gibt Bosse DB 2007, 39 ff.

[8] Regelwerk Neuer Markt, Bekanntmachung der Deutschen Börse AG vom 20. 12. 2000, Beschluss des Neuen Markt Ausschusses vom 19. 12. 2000.

[9] Vgl. Deutsche Börse AG (Hrsg.), Neuer-Markt-Report 2001, Rundschreiben der Deutsche Börse AG vom 21. 2. 2001, Neuer Markt-Meldepflichtige Wertpapiergeschäfte.

[10] Im Einzelnen war der Rechtscharakter des Regelwerks Neuer Markt umstritten: Für dessen AGB-Charakter vgl. z. B. LG Frankfurt, WM 2001, 1610; *Potthoff/Stuhlfauth* WM Sonderbeilage 3/1997, 8; aA *Breitkreuz*, Die Ordnung der Börse, Berlin 2000, S. 302 ff., 320, der das Regelwerk als Benutzungsordnung einordnet; für den öffentlich-rechtlichen Charakter vgl. *Groß*, § 71 Rn. 3.

[11] Zum 5. Juni 2003 wurde der Neue Markt aufgelöst.

[12] Die aktuelle Fassung des Kodex vom 14. Juni 2007 ist unter *http://www.corporate-governance-code.de* verfügbar.

Charakter. Der DCGK beschreibt wesentliche gesetzliche Vorschriften zur Unternehmensführung deutscher börsennotierter Gesellschaften und enthält darüber hinaus national und international anerkannte Standards guter und verantwortungsvoller Unternehmensführung.[13] Ziel des DCGK ist es, das deutsche Corporate Governance System transparent und nachvollziehbar zu machen, um so das Vertrauen der internationalen und nationalen Anleger, der Kunden, der Mitarbeiter und der Öffentlichkeit in die Unternehmensführung deutscher börsennotierter Aktiengesellschaften zu fördern. Die Arbeiten des Gesetzgebers am 4. FFG erfolgten zeitgleich zur Tätigkeit der Regierungskommission Deutscher Corporate Governance Kodex, sodass die Entwürfe des § 15a WpHG aF in den DCGK einflossen. Die Regierungskommission begrüßte das Gesetzgebungsvorhaben im Zusammenhang mit Directors' Dealings und verzichtete ihrerseits auf konkrete Vorschläge.[14]

Die aktuelle Fassung des DCGK gibt unter Ziffer 6.6 Abs. 1 die Verpflichtung des § 15a WpHG – inhaltlich allerdings nicht ganz kongruent – wieder.[15] Ziffer 6.6 Abs 1 DCGK begründet dennoch **keine eigenständigen Meldepflichten** für Führungspersonen, da die abweichende Formulierung lediglich sprachlicher Übersichtlichkeit dienen soll. Zusätzlichen administrativen Aufwand wollte die Regierungskommission vermeiden. Nach dem DCGK sind der Erwerb oder die Veräußerung von Aktien der Gesellschaft oder von sich darauf beziehenden Finanzinstrumenten, insbesondere Derivaten, durch Vorstands- und Aufsichtsratsmitglieder der Gesellschaft oder sonstige Personen mit Führungsaufgaben, die regelmäßig Zugang zu Insiderinformationen der Gesellschaft haben und zu wesentlichen unternehmerischen Entscheidungen befugt sind, sowie durch bestimmte mit ihnen in einer engen Beziehung stehenden Personen von diesen unverzüglich der Gesellschaft mitzuteilen. Wie in § 15a Abs. 1 Satz 5 WpHG ist auch in Ziffer 6.6 Abs. 1 DCGK eine Bagatellegrenze vorgesehen. Mitteilungspflichtig sind danach nur Erwerbs- oder Veräußerungsgeschäfte über 5000,– € im Kalenderjahr. In Ziffer 6.6 Abs. 2 DCGK wird von Vorstands- und Aufsichtsratsmitgliedern zusätzlich die Angabe des Besitzes von Aktien der Gesellschaft oder sich darauf beziehender Finanzinstrumente gefordert, wenn er direkt oder indirekt größer als 1% der von der Gesellschaft ausgegebenen Aktien ist. Übersteigt der Gesamtbesitz aller Vorstands- und Aufsichtsratsmitglieder der von der Gesellschaft ausgegebenen Aktien, soll der Gesamtbesitz getrennt nach Vorstand und Aufsichtsrat ausgegeben werden. Diese Empfehlung geht über die Erfordernisse des § 15a WpHG hinaus. Die Mitteilung ist von der Gesellschaft unverzüglich zu veröffentlichen. Zur zeitnahen und gleichförmigen Information der Aktionäre und Anleger soll die Gesellschaft gemäß Ziffer 6.4 DCGK geeignete Kommunikationsmedien, wie etwa das Internet, nutzen. Außerdem sollen sämtliche Angaben zu Directors' Dealings im Corporate Governance Bericht der Gesellschaft enthalten sein (Ziffer 6.6 Abs. 3 DCGK).

---

[13] Zum deutschen Corporate Governance Kodex: *Baums,* Bericht der Regierungskommission Corporate Governance 2001; *Bednarz* AG 2005, 835; *Fleischer* ZIP 2002, 1217; Kodex-Kommentar-*Ringleb.*
[14] Vgl. dazu Bericht der Regierungskommission Corporate Governance, BT-Drucks. 14/7515 S. 116.
[15] KölnKommWpHG-*Heinrich,* Rn. 10 f.

8 Der DCGK besitzt durch die **Entsprechenserklärung** gemäß § 161 AktG[16] eine gesetzliche Anknüpfungsgrundlage, begründet jedoch keine rechtsbindenden Verpflichtungen der Unternehmen oder ihrer Organmitglieder. Allerdings besteht gemäß § 161 AktG die Pflicht für Vorstand und Aufsichtsrat von börsennotierten Gesellschaften mit Sitz in Deutschland (vgl. § 3 Abs. 2 AktG),[17] jährlich eine Entsprechenserklärung abzugeben, ob und inwieweit die Gesellschaft den Empfehlungen des DCGK folgt („comply or disclose").[18] Die Entsprechenserklärung ist gemäß §§ 285 Nr. 16, 314 Abs. 1 Nr. 8, 325 Abs. 1 Satz 1 HGB im Jahresabschluss, ggf. auch im Konzernabschluss aufzunehmen. Sie besteht aus zwei Komponenten: Zum einen enthält die Erklärung, dem DCGK entsprochen zu haben, einen Vergangenheitsbezug. Zum anderen ist die Erklärung, dem DCGK entsprechen zu wollen, zukunftsgerichtet. Sofern Directors' Dealings unter Verstoß gegen die Mitteilungspflichten vorgenommen wurden, muss die danach folgende Entsprechenserklärung eine dies offen legende Korrektur für die Vergangenheit enthalten.

9 **cc) US-amerikanische Regelung.** Wie schon die Vorgängerregelung aus dem Regelwerk Neuer Markt[19] hat auch die gesetzliche Vorschrift des § 15a WpHG Vorbilder im Ausland, insbesondere in den Vereinigten Staaten.[20] Das gemeinsame Vorbild einer Berichtspflicht für sogenannte Directors' Dealings findet sich im US-amerikanischen Securities Exchange Act von 1934 („SEA") und wurde dort bereits zum Zeitpunkt des Erlasses eingeführt. Sowohl der europäische als auch der deutsche Gesetzgeber haben diese Regelung ausdrücklich zur Grundlage ihrer Entscheidung gemacht.[21] Gemäß Section 16(a) SEA müssen „directors" und „officers", sowie Anteilseigner mit einem Anteilsbesitz über 10% der ausgegebenen Kapitalanteile Eigengeschäfte in Wertpapieren der Gesellschaft binnen zehn Tagen nach Monatsende der Wertpapieraufsichtsbehörde mitteilen. Flankiert wird diese in der Disclosure-Philosophy[22] gründende Veröffentlichungspflicht durch eine – nach deutschen Vorstellungen gesellschaftsrechtliche – Verpflichtung zur Abführung etwaiger Gewinne aus kurzfristigen Geschäften an den Emittenten (Section 16(b) SEA, sog. „Short-Swing Rule"). Nach dem Börsencrash von 1929 sollten diese Vorschriften die Leitungsorgane börsennotierter Unternehmen davon abhalten, ihren Informationsvorsprung für Insidergeschäfte zu Lasten der übrigen

---

[16] Eingefügt durch das Transparenz- und Publizitätsgesetz („TransPuG") vom 19. Juli 2002, BGBl. I 2002 S. 2681.

[17] Kodex-Kommentar-*Ringleb*, Rn. 1514; *Hüffer*, AktG, § 161 Rn. 6; aA *Claussen* DB 2002, 1204, der auch ausländischen Gesellschaften mit einer Börsennotierung in Deutschland in den Anwendungsbereich von § 161 AktG einbeziehen will.

[18] Kodex-Kommentar-*Ringleb*, Vorbem., Rn. 46 ff.

[19] Vgl. Rn. 4.

[20] Begr. RegE zum 4. FFG BT-Drucks. 14/8017, S. 88; ausführlich *Fleischer* ZIP 2002, 1221 ff.; *v. Rosen/Fischer zu Cramburg/Hannich*, Studie des Deutschen Aktieninstituts, Heft 19, 2002, 11 f.

[21] Begr. RegE zum 4. FFG, BT-Drucks. 14/8017, S. 88. Änderungsantrag Nr. 40 im Bericht des Ausschusses für Wirtschaft und Währung vom 27. 2. 2002 über den Vorschlag für eine Richtlinie des Europäischen Parlaments und des Rates über Insider-Geschäfte und Marktmanipulation (Marktmissbrauch) (KOM (2001) 281 – C5-0262/2001 – 2001/0118 (COD)), S. 33 f.

[22] *Loss/Seligman*, Fundamentals of Securities Regulation, 4th ed., S. 25–37; *Merkt*, Unternehmenspublizität, S. 117 ff.

Marktteilnehmer auszunutzen.[23] Nachdem die Vorschrift bereits 1991 und 1996 überarbeitet wurde, erfuhr sie durch den Sarbanes-Oxley Act von 2002 weitere Änderungen.[24] Sec. 16(a) SEA erfasst heute Emittenten, die an einer nationalen Wertpapierbörse der USA zum Handel zugelassen sind und solche, die zwar nicht börsennotiert sind, aber unter bestimmten Bedingungen in den USA im Freiverkehr gehandelt werden.[25] Um die Mitteilungspflichten durchzusetzen, kann die amerikanische Aufsichtsbehörde einstweilige Verfügungen erlassen oder Geldstrafen verhängen. Zivilrechtliche Schadensersatzansprüche der Anleger/Anteilseigner bestehen nicht, jedoch können diese die Abführung von Gewinnen aus nicht angezeigten Short-Swing-Geschäften an den Emittenten klageweise geltend machen, wenn der Emittent diese Ansprüche nicht selbst durchsetzt.

b) Das 4. Finanzmarktförderungsgesetz

Mit der Einführung des § 15a WpHG durch Art. 2 Nr. 9 des 4. FFG vom Juni 2002[26] erfolgte **erstmals die gesetzliche Regelung** von Directors' Dealings im deutschen Kapitalmarktrecht und damit die Unterstellung unter die Finanz- und Kapitalmarktaufsicht. Bis zu diesem Zeitpunkt gab es keine gesetzlichen Vorschriften zur Offenlegung von Wertpapiergeschäften durch Organmitglieder; diese war lediglich im privatrechtlichen Regelwerk Neuer Markt für dort notierte Unternehmen vorgesehen.[27] Als gesetzliche Verpflichtung bestand bis dahin nur die aktienrechtliche Pflicht gemäß §§ 21 ff. WpHG bestimmten Schwellenwerten den Aktienbesitz offenzulegen, die weiterhin auch Mitglieder der Verwaltungs- und Aufsichtsorgane einer börsennotierten Gesellschaft betreffen kann. Der Bundestag änderte auf Empfehlung des Finanzausschusses[28] den Regierungsentwurf vom 14. November 2001[29] in mehreren Punkten: Während der Regierungsentwurf noch vorsah, dass auch gewöhnliche Schuldverschreibungen von § 15a WpHG erfasst sein sollten,[30] beschränkte die endgültige Fassung die Mitteilungspflicht auf Geschäfte mit Aktien, andere aktienbezogene Wertpapiere – insbesondere Derivate wie etwa Optionsscheine aber auch Wandelanleihen – und erfasste sonstige, auf Barausgleich gerichtete Rechte nur, sofern diese in Abhängigkeit vom Börsenpreis der Aktie standen.[31] Die Ursprungsfassung des § 15a WpHG enthielt außerdem noch Ausnahmetatbestände, wonach die Mitteilungspflicht entfiel, wenn der Erwerb auf arbeitsvertraglicher Grundlage oder als Vergütungsbestandteil erfolgte oder wenn die Geschäfte den Wert von 25 000,– Euro innerhalb von 30 Tagen nicht überstiegen.

c) Europarechtliche Entwicklung

Die europarechtliche Entwicklung im Hinblick auf Directors' Dealings hatte ihren Ursprung in den Reformbestrebungen für die europäische Aktiengesell-

---

[23] Fleischer ZIP 2002, 1221.
[24] Assmann/Schneider/Sethe, Rn. 15 mit weiterführenden Literaturhinweisen.
[25] Vgl. Fleischer ZIP 2002, 1221.
[26] Gesetz zur weiteren Fortentwicklung des Finanzplatzes Deutschland (Viertes Finanzmarktförderungsgesetz) vom 21. Juni 2002, BGBl. I S. 2010.
[27] Vgl. § 15a Rn. 4 ff.
[28] Beschlussempfehlung des Finanzausschusses vom 20. 3. 2002, BT-Drucks. 14/8600 S. 7 f. und Bericht des Finanzausschusses vom 21. 3. 2002, BT-Drucks 14/8601 S. 18 f.
[29] Begr. RegE, BR-Drucks 936/01.
[30] BT-Drucks. 14/8017 S. 87 f.; BT-Drucks. 14/8600 S. 57.
[31] Vgl. zu § 15a in der Fassung nach dem 4. FFG Assmann/Schneider/Sethe, Rn. 1 ff.

§ 15a 12   Abschnitt 3. Insiderüberwachung

schaft. Im Vorschlag einer Verordnung über das **Statut für Europäische Aktiengesellschaften** von 1975[32] sollten Organmitglieder, Verantwortliche im Bereich des Rechnungswesens sowie deren nahe Verwandte verpflichtet werden, die von ihnen gehaltenen Aktien in Namensaktien umzuwandeln oder bei einer Bank zu hinterlegen (Art. 82 Abs. 1 der Verordnung). Ferner beinhaltete der Vorschlag eine mit der US-amerikanischen Short-Swing-Rule vergleichbare Gewinnabführungspflicht (Art. 82 Abs. 5 der Verordnung) sowie eine periodische Meldepflicht (Art. 82 Abs. 2 der Verordnung). Die Verordnung trat nie in Kraft und als der Gedanke einer europäischen Aktiengesellschaft 2001 wieder aufgegriffen wurde, enthielt diese keine vergleichbare Regelung von Offenlegungspflichten für Organmitglieder.[33]

12   **aa) Marktmissbrauchsrichtlinie.** Am 12. April 2003 trat die europäische Marktmissbrauchsrichtlinie[34] in Kraft. Gemäß Ziffer 12 ihrer Erwägungsgründe erfasst „Marktmissbrauch" sowohl Insider-Geschäfte als auch Sachverhalte der Marktmanipulation. Art. 6 Abs. 4 der Marktmissbrauchsrichtlinie, welcher erst in einem späten Stadium des Verfahrens auf Initiative des Ausschusses für Wirtschaft und Währung[35] und unter Bezugnahme auf die Erfahrungen in den USA in die Richtlinie aufgenommen wurde, gibt den Rahmen für Directors' Dealings vor. Der Ausschuss für Wirtschaft und Währung sah eine solche Regelung neben der Förderung von Anlegergleichbehandlung und präventiver Vorbeugung von verbotenen Insidergeschäften für geeignet an, um die Stabilität der Finanzmärkte zu fördern.[36] Dieser Erwägung lag die Annahme zugrunde, dass Unternehmensinsider Wertpapiere bei einer potentiellen Überbewertung verkaufen und bei Unterbewertung kaufen, und so im Ergebnis ein realistischer Marktpreis entsteht. Das Europäische Parlament begrüßte die Vorschläge des Ausschusses in erster Lesung und ließ sie mit kleineren Änderungen in den gemeinsamen Standpunkt einfließen.[37] Später beschränkte das Europäische Parlament die vorgeschlagene Wahlmöglichkeit der Mitgliedstaaten zwischen Sammel- oder Einzelmitteilungen auf die letztere Variante.[38] Diese Änderung wurde von der EU-Kommission im

---

[32] Abgedruckt in: *Lutter*, Europäisches Gesellschaftsrecht, Sonderheft 1 ZGR 1984, 385 f.; *Piepkorn* AG 1975, 324; *Walther/Wiesner* GmbHR 1975, 267.

[33] Verordnung EG Nr. 2157/2001 über das Statut der Europäischen Gesellschaft, ABl. EG Nr. L 294 vom 10. 11. 2001.

[34] Richtlinie 2003/6/EG des Europäischen Parlaments und des Rates vom 28. 1. 2003; ABl. EG Nr. L 96, S. 16 vom 12. 4. 2003.

[35] Änderungsantrag Nr. 40 im Bericht des Ausschusses für Wirtschaft und Währung vom 27. 2. 2002 über den Vorschlag für eine Richtlinie des Europäischen Parlaments und des Rates über Insider-Geschäfte und Marktmanipulation (Marktmissbrauch) (KOM (2001) 281 – C5-0262/2001 – 2001/0118 (COD)), S. 33 f.

[36] Ausschuss für Wirtschaft und Währung, (KOM (2001) 281 – C5-0262/2001 – 2001/0118 (COD)), S. 34.

[37] Bericht A5-0343/2002 vom 14. 3. 2002; Gemeinsamer Standpunkt (EG) Nr. 50/2002 vom Rat festgelegt am 19. 7. 2002, im Hinblick auf den Erlass der Richtlinie 2002/6/EG des Europäischen Parlaments und des Rates vom 28. 1. 2003 über Insider-Geschäfte und Marktmanipulation (Markmissbrauch), ABl. EG Nr. C 228 vom 25. 9. 2002, S. 19.

[38] Zweite Lesung des Europäischen Parlaments vom 24. 10. 2002: Bericht A5-0343/2002 vom 24. 10. 2002.

| Mitteilung v. Geschäften, Veröffentlichung u. Übermittlung | 13, 14 | § 15a |

Rahmen der obligatorischen Stellungnahme gemäß Art. 251 Abs. 2 UA 3 lit. c EG gebilligt.[39]

In Anbetracht der stetigen Veränderungen an den Kapitalmärkten verzichteten der Rat und das Europäische Parlament auf abschließende Regelungen in der Marktmissbrauchsrichtlinie, sondern übertrugen die notwendigen Konkretisierungen der EU-Kommission. In Art. 6 Abs. 10 und Art. 17 Abs. 2 der Marktmissbrauchsrichtlinie wird die Kommission ermächtigt, in Durchführungsvorschriften den Kreis der meldepflichtigen Personen, die erfassten Geschäfte sowie die technischen Modalitäten der Mitteilungen und Veröffentlichungen zu regeln. **13**

bb) Durchführungsrichtlinie zur Marktmissbrauchsrichtlinie. Zur Durchführung der Marktmissbrauchsrichtlinie hat die EU-Kommission mehrere Rechtsakte erlassen. Relevante Regelungen für Directors' Dealings enthält die Durchführungsrichtlinie zur Marktmissbrauchsrichtlinie.[40] Dabei kam das Lamfalussy-Verfahren zur Anwendung, das die Ausarbeitung von technischen Durchführungsvorschriften im Wege der **Komitologie** durch die EU-Kommission in Zusammenarbeit mit Ausschüssen vorsieht.[41] Tätig wurden dabei der Ausschuss der europäischen Wertpapierregulierungsbehörden (Committee of European Securities Regulators, „CESR") und der Europäische Wertpapierausschuss (European Securities Committee, „ESC"[42]). Die europäischen Maßnahmen sollen die Entstehung eines europäischen Binnenmarktes für Finanzdienstleistungen und die Schaffung gleicher Wettbewerbsbedingungen fördern sowie den durch neue finanzielle und technische Entwicklungen entstandenen Möglichkeiten des Marktmissbrauchs entgegenwirken. Zur Ausarbeitung der Durchführungsrichtlinie wurde CESR am 31. Januar 2003 von Seiten der Kommission mandatiert.[43] In einem Prozess der Beteiligung von Marktteilnehmern adressierte CESR eine Aufforderung zur Stellungnahme an einen unbestimmten Personenkreis.[44] Nach **14**

---

[39] Stellungnahme der Kommission, KOM (2002) 724 endg. vom 11. 12. 2002

[40] Richtlinie 2004/72/EG der Kommission vom 29. 4. 2004 zur Durchführung der Richtlinie 2003/6/EG des Europäischen Parlaments und des Rates – Zulässige Marktpraktiken, Definition von Insider-Informationen in Bezug auf Warenderivate, Erstellung von Insider-Verzeichnissen, Meldung von Eigengeschäften und Meldung verdächtiger Transaktionen, Amtsblatt Nr. L 162, S. 70 vom 30. 4. 2004.

[41] Siehe Schlussbericht des Ausschusses der Weisen über die Regulierung der Wertpapiermärkte vom 15. 2. 2001 sowie dazu die Presseerklärung des Vorsitzenden des Ausschusses der Weisen, Baron Alexandre Lamfalussy, zum Schlussbericht über die Regulierung der Wertpapiermärkte vom 15. 2. 2001; abrufbar unter *http://europa.eu.int/comm/internal_market/en/finances/general/lamfalussyde.pdf*, S. 26 ff.

[42] Bei dem ESC handelt es sich um ein von der EG-Kommission 2001 eingesetztes, aus hochrangigen Vertretern der Mitgliedstaaten und (als Vorsitzendem) einem Vertreter der Kommission bestehendes Gremium, das im Rahmen des Lamfalussy-Verfahrens zum einen die Kommission in politischen Fragen und in Bezug auf geplante EG-Rechtsakte für den Wertpapierbereich (Stufe 1) beraten soll, zum andern auf Stufe 2 innerhalb des Komitologieverfahrens auch regulierend tätig wird. An Sitzungen des ESC nimmt der Vorsitzende des CESR als Beobachter teil.

[43] An Additional Mandate to CESR for Technical Advice on Possible Implementing Measures Concerning the Directive on Insider Dealing and Market Manipulation (Market Abuse), MARKT/G2 D (2003) vom 31. 1. 2003.

[44] Results of CESR's Call for Evidence on the Second Mandate on Possible Implementing Measures of the Future Market Abuse Directive (CESR/03-087) vom 28. 3. 2003.

§ 15a   15   Abschnitt 3. Insiderüberwachung

Erhalt von 20 Hinweisen von Seiten unterschiedlichster Marktteilnehmer begann ein Konsultationsverfahren, das in einem Abschlussbericht von August 2003 resultierte.[45] Dessen Randziffern 37 bis 48 befassen sich inhaltlich mit Anregungen für die Veröffentlichungspflicht von Führungskräften. Am 17. Februar 2004 übermittelte die Kommission dem ESC und dem Europäischen Parlament einen Entwurf zur Regelung von Directors' Dealings, der später in die Durchführungsrichtlinie einfloss[46] und nach erneuter Überarbeitung durch den ESC am 19. April 2004 gebilligt wurde.[47] Diese Durchführungsrichtlinie bezieht sich auf Art. 1 Nr. 1, 2 und 5 sowie Art. 6 Abs. 3, 4, 10 vierter, fünfter, siebter Spiegelstrich der Marktmissbrauchsrichtlinie. Sie definiert in Artikel 1 wesentliche Begrifflichkeiten der Marktmissbrauchsrichtlinie und konkretisiert in Artikel 6 Abs. 1 die Mitteilungspflichten, in Artikel 6 Abs. 2 die Tatbestandsausnahmen und in Artikel 6 Abs. 3 die formellen Anforderungen an die Mitteilung.

15   cc) Anlegerschutzverbesserungsgesetz. Zur Umsetzung der europäischen Vorschriften in nationales Recht hat die Bundesregierung am 30. April 2004 den Entwurf eines Gesetzes zur Verbesserung des Anlegerschutzes („AnSVG")[48] vorgelegt. Einige Regelungsbereiche der Marktmissbrauchsrichtlinie hatte der deutsche Gesetzgeber bereits mit dem 4. FFG vom 21. Juni 2002 durch Einführung des § 15a WpHG teilweise vorweggenommen.[49] Die Umsetzung der Marktmissbrauchsrichtlinie in nationales Recht durch das AnSVG machte dennoch eine neuerliche Änderung des § 15a WpHG erforderlich. Die wesentlichen Neuerungen des Art. 1 AnSVG waren bereits im Referentenentwurf vom 12. März 2004 enthalten.[50] Nach der Stellungnahme des Bundesrates vom 16. Juni 2004[51] gab der Finanzausschuss seine Beschlussempfehlung mit kleinen Änderungen am 1. Juli 2004 ab.[52] Am 30. Oktober 2004 trat das AnSVG in Kraft.[53]

---

[45] Abschlussbericht: The Committee Of European Securities Regulators, Advice on the Second Set of Level 2 Implementing Measures for the Market Abuse Directive (CESR/03-212c) vom August 2003. Stellungnahme zur Anhörung: The Committee Of European Securities Regulators, Open Hearing On Possible Level 2 Implementing Measures Of The Proposed Market Abuse Directive (CESR/03-119) vom 30.4.2003. The Committee Of European Securities Regulators, Results of CESR's Public Consultation on the Level 2 Consultation Paper on Possible Implementing Measures of the future Market Abuse Directive (CESR/03-232) vom 18.7.2003 sowie Implementing Measures for Market Abuse Directive – Feedback Statement (CESR/03-213b) vom August 2003.

[46] Formeller, dem Europäischen Wertpapierausschuss vorgelegter Kommissionsentwurf eines zweiten Pakets von Maßnahmen zur Durchführung der Richtlinie des Europäischen Parlaments und des Rates 2003/6/EG über Insider-Geschäfte und Marktmanipulationen, Dokument ESC 48/2003 – Fassung 1 – Bereinigte Fassung vom 17.2.2004.

[47] Dokument ESC 48/2003.

[48] Gesetzesentwurf der Bundesregierung, Entwurf eines Gesetzes zur Verbesserung des Anlegerschutzes (Anlegerschutzverbesserungsgesetz – AnSVG), BT-Drucks. 15/3174 S. 1 ff.

[49] *Leppert/Stürwald* ZBB 2002, 95.

[50] Referentenentwurf des AnSVG vom 10.3.2004 = ZBB 2004, 168ff.

[51] Stellungnahme des Bundesrates und Gegenäußerung der Bundesregierung, BT-Drucks. 15/3355 S. 1 ff.

[52] Beschlussempfehlung und Bericht des Finanzausschusses (7. Ausschuss), BT-Drucks. 15/3493 S. 21, 51.

[53] Art. 1 AnSVG vom 28.10.2004, BGBl. I S. 2630.

Die **Neuerungen,** die § 15a WpHG durch die Umsetzung der Marktmiss- **16** brauchsrichtlinie und deren Durchführungsrichtlinie erfährt, sind zum großen Teil tatbestandserweiternd. In § 15a Abs. 1 WpHG wurde der Begriff der „anderen Wertpapiere" durch den der „Finanzinstrumente" ersetzt.[54] Ferner erweitert sich der Kreis mitteilungspflichtiger Personen, so dass unter bestimmten Voraussetzungen auch Personen mit Führungsaufgaben, die nicht dem Leitungs- oder Aufsichtsorgan der Gesellschaft angehören, sowie diesen nahestehende juristische und natürliche Personen erfasst sind.[55] Auch die Grenze für Bagatellgeschäfte wurde abgesenkt. Seit den Änderungen durch das AnSVG besteht eine Mitteilungspflicht schon dann, wenn die Gesamtsumme der Eigengeschäfte einen Betrag von 5000,– € bis zum Ende des Kalenderjahres übersteigt.[56] Zuvor waren es 25 000,– € innerhalb von 30 Tagen. In § 15a Abs. 2 und 3 WpHG finden sich nun die Definitionen des in Abs. 1 genannten mitteilungspflichtigen Personenkreises.[57] § 15a Abs. 4 WpHG entspricht zum großen Teil § 15 Abs. 3 WpHG aF § 15a Abs. 5 WpHG eröffnet die Möglichkeit des Erlasses von Durchführungsmaßnahmen in Form von Rechtsverordnungen, welche die BaFin nach Subdelegation des Bundesministeriums für Finanzen erlassen kann.

dd) Gesetz zur Neuordnung des Pfandbriefrechts. Mit Art. 10a Nr. 2 **17** des Gesetzes zur Neuordnung des Pfandbriefrechts vom 22. Mai 2005[58] wurden Änderungen des § 15a Abs. 3 WpHG vorgenommen, die aus Klarstellungsgesichtspunkten erforderlich waren.[59] Zum einen ist § 15a Abs. 3 Satz 2 WpHG betroffen, der nunmehr den einheitlichen Begriff „Führungsaufgaben" verwendet. Der zuvor enthaltene Begriff „Leitungsaufgaben" war ein Fremdkörper im System des WpHG und blieb undefiniert.[60] In § 15a Abs. 3 Satz 3 WpHG wurde der Zusatz „oder des Satzes 1" eingefügt, womit sich die Mitteilungspflicht nun ausdrücklich auf juristische Personen erstreckt, die von Angehörigen von Führungskräften kontrolliert werden. Die Vorfassung war mit Unklarheiten über die Einbeziehung von Angehörigen beherrschter Gesellschaften behaftet, weshalb die Ergänzung im Hinblick auf das Bestimmtheitsgebot notwendig war.[61]

ee) Transparenzrichtlinien-Umsetzungsgesetz. Durch das am 20. Januar **18** 2007 in Kraft getretene Transparenzrichtlinien-Umsetzungsgesetz[62] („TUG")

---

[54] Vgl. Art. 6 Abs. 4, Art. 1 Abs. 1 Nr. 3 Marktmissbrauchsrichtlinie.
[55] Vgl. Art. 6 Abs. 4 Marktmissbrauchsrichtlinie.
[56] Vgl. Art. 6 Abs. 10 Marktmissbrauchsrichtlinie, Art. 6 Abs. 2 Durchführungsrichtlinie.
[57] Vgl. Art. 6 Abs. 10 Marktmissbrauchsrichtlinie, Art. 1 Abs. 1 bzw. Abs. 2 Durchführungsrichtlinie.
[58] BGBl. I 2005 S. 1373.
[59] Zu den Änderungen nach dem Gesetz zur Neuordnung des Pfandbriefrechts: *Escher-Weingart/Hannich* NZG 2005, 922.
[60] Vgl. *Escher-Weingart/Hannich* NZG 2005, 922.
[61] Beschlussempfehlung und Bericht des Finanzausschusses (7. Ausschuss) zum Entwurf eines Gesetzes zur Neuordnung des Pfandbriefrechts, BT-Drucks. 15/4878, S. 19.
[62] Gesetz zur Umsetzung der Richtlinie 2004/109/EG des Europäischen Parlaments und des Rates vom 15. 12. 2004 zur Harmonisierung der Transparenzanforderungen in Bezug auf Informationen über Emittenten, deren Wertpapiere zum Handel auf einem geregelten Markt zugelassen sind, und zur Änderung der Richtlinie 2001/34/EG vom 5. 1. 2007, BGBl. I S. 10.

§ 15a 19–21   Abschnitt 3. Insiderüberwachung

wurde § 15a WpHG im Hinblick auf die Pflicht des Emittenten zur Übermittlung der Informationen an das Unternehmensregister gemäß § 8b HGB geändert. In diesem Zuge wurde auch die amtliche Überschrift angepasst. Die Pflichten des § 15a Abs. 4 WpHG wurden auf Inlandsemittenten i. S. v. § 2 Abs. 7 WpHG beschränkt. § 15a Abs. 2 WpHG lässt als Inlandsemittenten auch solche gelten, die einen Antrag auf Zulassung gestellt oder diesen öffentlich angekündigt haben. Entsprechend angepasst wurden auch die Vorschriften der §§ 11–13a WpAIV.

19 **ff) Finanzmarktrichtlinie-Umsetzungsgesetz.** Durch das Finanzmarktrichtlinie-Umsetzungsgesetz („FRUG")[63] vom 16. Juli 2007 wurde § 15a Abs. 1 Nr. 2 WpHG neu gefasst. Dabei wurde in Übereinstimmung mit Art. 6 Abs. 1 der Durchführungsrichtlinie[64] zur Marktmissbrauchsrichtlinie klargestellt, dass Mitteilungen gegenüber der BaFin nur dann zu erfolgen haben, wenn ein Inlandsbezug besteht,[65] entweder durch den Sitz des Emittenten im Inland oder bei einem Sitz außerhalb der EU bzw. der EWR dadurch, dass Deutschland als Herkunftsstaat im Sinne des Wertpapierprospektgesetzes („WpPG")[66] gilt. Die BaFin beschrieb dies als übliche Verwaltungspraxis bereits in ihrem Emittentenleitfaden.[67]

2. Sinn und Zweck

20 Die Pflicht zur Veröffentlichung von Directors' Dealings beruht auf dem Grundsatz der Kapitalmarktpublizität und bezweckt die möglichst frühzeitige Unterrichtung außenstehender Anleger über getätigte Eigengeschäfte von Führungspersonen. Dadurch soll die Gefahr eines möglichen Ausnutzens von deren Wissensvorsprung minimiert werden.[68] § 15a WpHG verfolgt hierbei vier Ziele: (a) die Förderung von Markttransparenz, (b) informierte Transaktionsentscheidungen, (c) Anlegergleichbehandlung und (d) Marktintegrität.[69]

a) Markttransparenz

21 Nach der Gesetzesbegründung sind „Geschäfte von Organmitgliedern und Führungskräften mit Wertpapieren des eigenen Unternehmens (…) insofern problematisch, als bei den Beteiligten regelmäßig davon ausgegangen werden

---

[63] Gesetz zur Umsetzung der Richtlinie über Märkte für Finanzinstrumente und der Durchführungsrichtlinie der Kommission (Finanzmarktrichtlinie-Umsetzungsgesetz) vom 16. Juli 2007, BGBl. I S. 1330.
[64] Richtlinie 2004/72/EG der Kommission vom 29. 4. 2004 zur Durchführung der Richtlinie 2003/6/EG des Europäischen Parlaments und des Rates – Zulässige Marktpraktiken, Definition von Insider-Informationen in Bezug auf Warenderivate, Erstellung von Insider-Verzeichnissen, Meldung von Eigengeschäften und Meldung verdächtiger Transaktionen, Amtsblatt Nr. L 162, S. 70 vom 30. 4. 2004.
[65] Begr. RegE BT-Drucks. 16/4028, S. 63
[66] Gesetz über die Erstellung, Billigung und Veröffentlichung des Prospekts, der beim öffentlichen Angebot von Wertpapieren oder bei der Zulassung von Wertpapieren zum Handel an einem organisierten Markt zu veröffentlichen ist (Wertpapierprospektgesetz – WpPG) vom 22. 6. 2005, BGBl. I S. 1698.
[67] BaFin, Emittentenleitfaden idF vom 15. 7. 2005, 68.
[68] *v. Rosen/Fischer zu Cramburg/Hannich*, 32; Überblick bei *Merkt/Rossbach* Jus 2003, 220; ausführlich *Hopt* ZHR 141, (1977), 432.
[69] Vgl. zur Zielsetzung insbesondere: *Fleischer* ZIP 2002, 1217 ff.; *Assmann/Schneider/Sethe*, Rn. 6 ff.; *Schwark/Zimmer*, Rn. 6 ff.; *Kümpel*, Bank- und Kapitalmarktrecht, Rn. 8.388 ff., der die Ziele nach Funktionsschutz und Anlegerschutz unterteilt.

Mitteilung v. Geschäften, Veröffentlichung u. Übermittlung 22–24 § 15a

kann, dass sie über einen Informationsvorsprung gegenüber anderen Marktteilnehmern verfügen. Der Anschein des Insiderwissens ist diesen Transaktionen also immanent, weshalb den Geschäften von Unternehmensinsidern üblicherweise auch eine gewisse Indikatorwirkung zugesprochen wird." Durch die rechtzeitige Mitteilung und Veröffentlichung derartiger Geschäfte wird der Anschein des heimlichen Ausnutzens eines Wissensvorsprungs vermieden.[70]

Die Veröffentlichung von Directors' Dealings ist deshalb als **Ergänzung zu den übrigen Publizitätsvorschriften** – insbesondere zu der in § 15 WpHG verankerten Ad-hoc-Publizität – zu verstehen. Die Markttransparenz wird in Gestalt der Beteiligungstransparenz gefördert.[71] Durch die Offenlegung erhält der Kapitalmarkt Informationen über Wertpapiergeschäfte derjenigen „eingeweihten" Personen, die regelmäßig über Sonderwissen in Bezug auf den Emittenten verfügen. Mögen diese Informationen im Einzelfall auch nicht die von § 13 WpHG geforderte Schwelle des erheblichen Kursbeeinflussungspotentials überschreiten, so sind die darüber verfügenden Personen dennoch im untechnischen Sinne „Insider" gegenüber den übrigen Anlegern. Wenn diese Personen Geschäfte mit Wertpapieren „ihres" Unternehmens durchführen, kann dies eine wertvolle Information für die anderen Markteilnehmer darstellen. 22

Vor dem 4. FFG waren Angaben über den Anteilsbesitz von Leitungsorganen nur hinsichtlich der Primärpublizität in Prospekten vorgeschrieben.[72] § 15a WpHG erstreckt diese Publizitätspflicht auf Sekundärmarkttransaktionen und macht durch die gebotene Einzelaufschlüsselung das Börsengeschehen durchsichtiger.[73] Die Melde- und Veröffentlichungspflichten gemäß §§ 21 ff. WpHG bei Veränderungen von Stimmrechtsanteilen gelten selbstverständlich auch für Organmitglieder und Führungskräfte des Emittenten. Die dort vorgesehenen Schwellenwerte sind jedoch zu hoch, um die beschriebene Markttransparenz herbeizuführen und den Anschein eines Ausnutzens von Insiderwissen zu vermeiden. 23

b) Informierte Transaktionsentscheidung

Der vermutete, immanente Informationsvorsprung von Mitgliedern des Managements des Emittenten bedeutet, dass diese schneller, gezielter und somit effektiver reagieren können als „gewöhnliche" Anleger. Directors' Dealings wird deshalb eine **Indikatorwirkung** zugesprochen, d. h. sie nehmen die natürliche Reaktion des Marktes vorweg.[74] Beim Verkauf von Wertpapieren durch das Management kann etwa der Eindruck entstehen, dem Unternehmen gehe es wirtschaftlich schlecht; der Kauf von Wertpapieren eignet sich, positive Signalwirkung zu entfalten. Das Verhalten des Managements kann also Rückschlüsse auf den Zustand des Unternehmens zulassen. Durch die Pflichten des § 15a WpHG werden dem Anleger die sich aus dieser Indikatorwirkung ergebenden Informationen zugänglich gemacht und damit seine Entscheidungssituation verbessert.[75] 24

---

[70] Begr. RegE zum 4. FFG, BT-Drucks. 14/8017, S. 88.
[71] *Fleischer* ZIP 2002, 1218; *Schwark/Zimmer*, Rn. 6.
[72] Vgl. § 28 Abs. 2 Ziffer 4 BörsenZulV idF der Bekanntmachung vom 9. 9. 1998, BGBl. I 1998 S. 2832; vgl. auch die heutige Fassung des § 3 Prospektrichtlinie-Umsetzungsgesetz v. 22. Juni 2005, BGBl. I 2005, S. 1698.
[73] *Fleischer* ZIP 2002, 1220; *Schwark/Zimmer*, Rn. 6.
[74] Begr. RegE zum 4. FFG, BT-Drucks. 14/8017, S. 87.
[75] *Fleischer* ZIP 2002, 1220; *Ziemons* NZG 2004, 543; *Weiler/Tollkühn* DB 2002, 1924; *Schwark/Zimmer*, Rn. 7 f.; *Assmann/Schneider/Sethe*, Rn. 7.

25 Die beobachtete Indikatorwirkung bedeutet aber keine Richtigkeitsgewähr. **Fehlschlüsse der Anleger** sind also möglich, insbesondere weil die Motive für das jeweilige Wertpapiergeschäft der Führungskraft nicht offengelegt werden und keineswegs immer auf einem nur vermuteten Wissensvorsprung beruhen müssen. Auch ist nicht ausgeschlossen, dass ein Insider absichtlich Aktien seines Unternehmens erwirbt, um damit vorzutäuschen, das Unternehmen sei wirtschaftlich stabil und den Anleger so zum Kauf anzuregen.[76] Trotz dieser Unwägbarkeiten haben Studien jedoch ergeben, dass sich Anlagestrategien, die die von Führungspersonen getätigten Directors' Dealings nachvollziehen, überdurchschnittlich entwickeln.[77] Neben den Pflichtveröffentlichungen auf den Webseiten der Emittenten und der BaFin stellen deshalb auch verschiedene Anbieter Informationen über Directors' Dealings dem Kapitalmarkt gebündelt zur Verfügung.

c) Gleichbehandlung der Anleger

26 Der **Wissensvorsprung von Unternehmensinsidern** soll durch möglichst zeitnahe Veröffentlichung ihrer Wertpapiergeschäfte ausgeglichen werden. Diese informationelle Chancengleichheit[78] gelingt aber nicht vollkommen, weil Mitglieder des Managements gleichwohl zwangsläufig früher Zugang zu relevanten Informationen haben, als dies anderen Marktteilnehmern möglich ist. Zudem erfährt der Anleger zwar von der Transaktion selbst und deren Umfang, jedoch nicht, aus welchen Gründen diese getätigt wurde.[79] Daher kann er nur auf die Indikatorwirkung vertrauen. Außerdem erfährt der angestrebte Ausgleich des Wissensvorsprungs eine Einschränkung durch das in § 15a Abs. 1 Satz 1 WpHG vorgesehene Zeitfenster von fünf Werktagen.

Ob die im Gesetz vorgesehene Pflicht zur nachträglichen Mitteilung bereits getätigter Geschäfte tatsächlich ausreicht, um die gesetzgeberischen Ziele erhöhter Markttransparenz und informierter Anlegerentscheidungen zu erreichen, bleibt umstritten. Diesen Zielen wäre bei einer Mitteilung **vor Geschäftsabschluss** möglicherweise besser gedient. Abgesehen von praktischen Problemen (es gäbe keine Verpflichtung, das gemeldete Geschäft auch tatsächlich durchzuführen), wäre eine solche alternativ diskutierte *Pretrading-Disclosure* mit unverhältnismäßigen Beeinträchtigungen für die handelnden Führungspersonen verbunden. Die an sich erwünschte Identifikation von Führungskräften mit dem eigenen Unternehmen durch stärkere Aktienbeteiligung wäre dadurch erheblich erschwert und würde möglicherweise ganz unterbleiben. Es ist davon auszugehen, dass bei Ankündigung eines bevorstehenden Geschäfts durch eine Führungsperson entsprechende Kursausschläge erfolgen, die das Geschäft für die Führungsperson unattraktiv machen. Dies würde – ebenso wie ein vollständiges Handelsverbot für Führungskräfte – zu einem unverhältnismäßigen Eingriff in deren Eigentumsrechte führen. Demgegenüber wird auch mit der nachträglichen Publikationspflicht die informationelle Chancengleichheit der Marktteilnehmer erheblich gesteigert.

---

[76] *Fleischer* ZIP 2002, 1220; *Assmann/Schneider/Sethe*, Rn. 7.
[77] *Rozeff/Zamann*, Journal of Finance 53 (1997), 701 ff.; *Bettis/Vickrey/Vickrey*, Financial Analyst Journal of Finance 53, 5 (1997), S. 57 ff.; *Jeng/Metrick/Zeckhauser*, Review of Economics & Statistics 85 (2003), S. 543 ff.; *Fleischer*, Gutachten zum 64. DJT, 2002, S. 123; Fleischer, ZIP 2002, 1220 mwN; *Weiler/Tollkühn* DB 2002, 1925, dort Fn. 22; *Deutsche Bank*, Directors' Dealings in Europe, S. 19 ff.; *Heidorn/Meyer/Pietrowia*, S. 15 ff.
[78] *Fleischer* ZIP 2002, 1220; *Assmann/Schneider/Sethe*, Rn. 8; *Schwark/Zimmer*, Rn. 9.
[79] *Assmann/Schneider/Sethe*, Rn. 8.

d) Marktintegrität

§ 15a WpHG soll schließlich die **Redlichkeit des Marktes** fördern. Durch die Offenlegungspflicht bei Wertpapiergeschäften von Führungspersonen soll, parallel zu den Regelungen der Ad-hoc-Publizität in § 15 WpHG, das Entdeckungsrisiko von Insiderverstößen erhöht und abschreckende Wirkung entfaltet werden.[80]

Ob verbotene Insidergeschäfte durch § 15a WpHG leichter aufgedeckt und vermieden werden können (Vorbeugungsfunktion), ist allerdings fraglich und bedarf genauerer Untersuchungen. Der Gedanke, dass eine Führungsperson ihre gegen Insiderhandelsverbote verstoßenden Geschäfte selbst meldet, ist eher fernliegend. Die weniger strenge Rechtsfolge eines Bußgeldes unterstützt diese Sichtweise. Auch die Überlegung, das Entdeckungsrisiko könne sich erhöhen, wenn andere Führungskräfte aus dem Umfeld durch ihre Mitteilungen die Untersuchungen der BaFin auf mögliche Insiderverstöße lenken, ist nicht überzeugend.[81] Konsequenterweise dürften auch die anderen Führungspersonen, deren Geschäfte ebenfalls Insiderstraftaten darstellen, keinen Anreiz verspüren, ihrer Mitteilungspflicht nachzukommen. Ist die individuelle Vorbeugungsfunktion demnach eher gering einzuschätzen, bleibt unbestritten, dass die Mitteilungspflicht von Directors' Dealings das Anlegervertrauen und somit die Effizienz des Kapitalmarktes stärkt, indem durch frühzeitige Transparenz bereits der erste Anschein verbotener Insidergeschäfte vermieden wird.

II. Mitteilungspflicht (§ 15a Abs. 1 WpHG)

§ 15a Abs. 1 WpHG ist – wie im übrigen die gesamte Vorschrift – sehr unübersichtlich aufgebaut. **Satz 1** beinhaltet den Kern der Regelung: eine Mitteilungspflicht für Geschäfte mit Aktien des Emittenten oder mit sich darauf beziehenden Finanzinstrumenten. Der Gesetzgeber verwendet hierfür im folgenden Absatz 3 den Begriff „meldepflichtiges Geschäft" als Synonym. Die Mitteilungs- oder Meldepflicht besteht für Personen, die bei einem Emittenten von Aktien (sachlicher Anwendungsbereich) Führungsaufgaben wahrnehmen (persönlicher Anwendungsbereich). **Satz 2** erweitert den persönlichen Anwendungsbereich auf Personen, die mit einer Führungsperson in einer engen Beziehung stehen. **Satz 3** schränkt den sachlichen Anwendungsbereich ein. Hiernach gilt die Mitteilungspflicht nur für Emittenten solcher Aktien, die an einer inländischen Börse zum Handel zugelassen sind (Nr. 1) bzw. für diejenigen Emittenten, die ihre Wertpapiere zum Handel an einem ausländischen organisierten Markt zugelassen haben und für Emittenten, die entweder ihren Sitz im Inland haben oder die ihren Sitz außerhalb der EU oder des EWR haben, für die aber Deutschland Herkunftsstaat im Sinne des WpPG ist (Nr. 2). **Satz 4** erweitert dann wiederum den sachlichen Anwendungsbereich. Hiernach steht der Zulassung zum Handel die Antragstellung auf Zulassung bzw. die öffentliche Ankündigung des Antrags gleich. **Satz 5** wiederum enthält eine generelle Ausnahme der Mitteilungspflicht: Solange die Gesamtsumme der Geschäfte einer Führungsperson und der ihr nahestehenden Personen jährlich 5000,– € nicht erreicht, besteht keine Meldepflicht.

---

[80] *Fleischer* ZIP 2002, 1220.
[81] So *Assmann/Schneider/Sethe*, Rn. 9.

§ 15a   30–33 Abschnitt 3. Insiderüberwachung

1. Sachlicher Anwendungsbereich

30   Directors' Dealings sind nur dann meldepflichtig, wenn sie sich auf Emittenten zugelassener Aktien beziehen bzw. wenn deren Zulassung unmittelbar bevorsteht.

a) Emittent von Aktien

31   Aktienemittent ist ein Aktienaussteller, der eine bestimmte Anzahl von Aktien ausgibt und platziert.[82] Nach deutschem Recht können nur die Aktiengesellschaft (AG), die Kommanditgesellschaft auf Aktien (KGaA) und nunmehr auch die Europäische Aktiengesellschaft (Societas Europaea, SE) Aktien ausgeben (§§ 1 Abs. 2, 278 Abs. 3 AktG; Art. 1 Abs. 2 Satz 1 VO über das Statut der Europäischen Gesellschaft (SE)[83]).

32   Aufgrund der einheitlichen europaweiten Anwendung können auch Aktienemittenten mit Sitz im Ausland – sowohl innerhalb als außerhalb der EU – dem Anwendungsbereich unterliegen.

33   Gegenüber dem früheren Wortlaut des § 15a WpHG aF, der den weitergehenden Begriff des „Emittenten von Wertpapieren" verwendete, scheint sich mit Änderung der Vorschrift durch das AnSVG und der Ersetzung des Begriffs „Wertpapiere" durch „Aktie" (vgl. § 2 Abs. 1 Nr. 1 WpHG) der Anwendungsbereich verengt zu haben. Aber bereits unter Geltung des § 15a WpHG aF war der Anwendungsbereich auf Aktienemittenten durch das Zusammenspiel der Tatbestandsmerkmale von § 15a Abs. 1 Satz 1 Nr. 1 und 2 WpHG aF und der damit verbundenen Abhängigkeit vom Börsenpreis der jeweiligen Aktie beschränkt.[84] Nach den Vorgaben der Marktmissbrauchsrichtlinie[85] sollten jedoch Emittenten von jeglichen Finanzinstrumenten erfasst sein (vgl. Art. 6 Abs. 4 der Marktmissbrauchsrichtlinie). Die deutsche Umsetzung der Marktmissbrauchsrichtlinie wurde zum Teil schon als Redaktionsversehen eingeschätzt.[86] Bei genauer Betrachtung beschränkt jedoch der letzte Halbsatz von Art. 6 Abs. 4 Satz 1 der Marktmissbrauchsrichtlinie ebenfalls die Meldepflicht auf Geschäfte mit Aktien bzw. mit sich darauf beziehenden Finanzinstrumenten. Solche Geschäfte sind **nur bei Aktienemittenten** möglich. In Einklang mit den Vorgaben des europäischen Gesetzgebers folgt deshalb aus der Gesamtschau des sachlichen Anwendungsbereiches mit den meldepflichtigen Geschäften die logische Beschränkung auf Aktienemittenten. Eine weitere Einschränkung ergibt sich aus dem Erfordernis der Zulassung dieser Aktien an einem organi-

---

[82] Vgl. *Kümpel*, Bank- und Kapitalmarktrecht, Rn. 9.2.
[83] Grundlage der europäischen Aktiengesellschaft ist das aus zwei EU-Rechtsetzungsakten bestehende SE-Statut: Die Verordnung über das Statut der SE (Verordnung (EG) Nr. 2157/2001 des Rates vom 8. 10. 2001, über das Statut der Europäischen Gesellschaft, ABl. EG Nr. L 294, S. 1 vom 10. 11. 2001), sowie die ergänzende Richtlinie über die Beteiligung der Arbeitnehmer (Richtlinie 2001/86/EG des Rates vom 8. 10. 2001 zur Ergänzung des Statuts der Europäischen Gesellschaft hinsichtlich der Beteiligung der Arbeitnehmer, ABl. EG Nr. L 294, S. 22 vom 10. 11. 2001). Die Umsetzung in deutsches Recht erfolgte am 22. 12. 2004 mit dem Gesetz zur Einführung der Europäischen Gesellschaft (SEEG), BGBl. I S. 3675.
[84] Vgl. *Assmann/Schneider/Sethe*, Rn. 21.
[85] Richtlinie 2003/6/EG des Europäischen Parlaments und des Rates vom 28. Januar 2003; ABl. EG Nr. L 96, S. 16 vom 12. April 2003.
[86] *Holzborn/Israel* WM 2004, 1953, dort Fn. 78.; *KölnKommWpHG-Heinrich*, Rn. 38.

sierten Markt. Ein Widerspruch zur Marktmissbrauchsrichtlinie besteht somit nicht.

b) Zulassung zum Handel an einem organisierten Markt

Die emittierten Aktien müssen zum Handel an einem organisierten Markt zugelassen sein. Eine solche **Zulassung richtet sich nach Börsenrecht.** Die Zulassung von Wertpapieren zum Börsenhandel ist die öffentlich-rechtliche Erlaubnis, für den Handel in den betreffenden Wertpapieren in dem jeweiligen Marktsegment die staatlich kontrollierten Märkte bzw. Börseneinrichtung für den Handel mit Finanzinstrumenten zu nutzen.[87] Für Einzelheiten des Zulassungsverfahrens ist die Börsenzulassungsverordnung maßgeblich. 34

Der Begriff des **organisierten Marktes** ist nicht in der Marktmissbrauchsrichtlinie angelegt. Dort wird in Art. 1 Nr. 3 der Terminus des geregelten Marktes (englisch: „regulated market") verwendet (definiert durch Verweis in Art. 1 Nr. 4 auf Art. 1 Nr. 13 der Wertpapierdienstleistungsrichtlinie[88]). Die im deutschen Sprachgebrauch des WpHG verwendete, abweichende Bezeichnung ist darauf zurückzuführen, dass der Begriff des geregelten Marktes in Deutschland bereits durch die §§ 49 ff. BörsG in anderem Zusammenhang besetzt war.[89] Um Missverständnisse zu vermeiden, hat der deutsche Gesetzgeber deshalb den Begriff des organisierten Marktes verwendet. Ausweislich der Begründung zur 6. KWG-Novelle,[90] mit der der Begriff des organisierten Marktes Einzug in das WpHG fand, entspricht die Legaldefinition des organisierten Marktes der Definition des geregelten Marktes in Art. 1 Nr. 3 Wertpapierdienstleistungsrichtlinie. 35, 36

Das Erfordernis der Zulassung zu einem organisierten Markt bedeutet eine Einschränkung des sachlichen Anwendungsbereiches sowohl gegenüber der Fassung vor den Änderungen des AnSVG als auch gegenüber der Marktmissbrauchsrichtlinie. § 15a WpHG aF war einschlägig, sobald der Emittent ein Wertpapier jeglicher Kategorie zugelassen hatte.[91] Die Zulassung seiner Aktien war nicht erforderlich.[92] Wenn also ein Emittent von Aktien nicht diese, sondern 37

---

[87] Für die Zulassung i. S. d. BörsG vgl.: *Kümpel,* Bank- und Kapitalmarktrecht, Rn. 17.364; *Groß,* § 30 BörsG Rn. 5, mwN.
[88] Richtlinie 93/22/EG.
[89] *Leppert/Stürwald* ZBB 2002, 98, zum geregelten Markt nach BörsG: *Schwark/Tranks,* § 2 BörsG Rn. 81 ff.
[90] Gesetzentwurf eines Gesetzes zur Umsetzung von EG-Richtlinien zur Harmonisierung bank- und wertpapieraufsichtsrechtlicher Vorschriften (6. KWG-Novelle), BT-Drucks. 13/7142, S. 103.
[91] Vgl. *Assmann/Schneider/Sethe,* 3. Auflage, Rn. 18.
[92] Fraglich ist, ob dies dem damaligen Sinn des Gesetzgebers entsprach. Zwar ist zwischen dem sachlichen Anwendungsbereich und dem pflichtauslösenden Geschäft zu trennen. Gemäß § 15a Abs. 1 Satz 3 Nr. 2 WpHG aF wurden andere Rechte aber nur dann erfasst, wenn sie vom Börsenpreis einer Aktie abhingen. Ein solcher Börsenpreis lässt sich aber nur feststellen, wenn die entsprechenden Aktien an einer Börse zugelassen sind. Nach Sinn und Zweck der Vorschrift hätte deshalb auch § 15a Abs. 1 Satz 3 Nr. 1 aF nur dann Anwendung finden dürfen, wenn ein Börsenpreis der Aktien festgestellt werden kann. Die Indikatorwirkung des Kaufs bzw. Verkaufs von Aktien eines Emittenten, der lediglich andere Wertpapiere zugelassen hat, ist hinsichtlich dieser Wertpapiere (zB Schuldverschreibungen) ohnehin gering. Außerdem wäre die Interessenlage mit einer – nicht Aktien emittierenden – GmbH vergleichbar, die Schuldverschreibungen emittiert und zulässt; für diese war § 15a WpHG aF nicht einschlägig.

§ 15a 38–40   Abschnitt 3. Insiderüberwachung

zB Schuldverschreibungen zugelassen hatte, entstand eine Mitteilungspflicht sofern – in dieser Konstellation nur außerbörslich möglich – Geschäfte mit den Aktien getätigt wurden. Der aktuelle § 15a WpHG erfasst diese Sachverhalte nicht mehr.

38   Die Marktmissbrauchsrichtlinie fordert zwar eine Zulassung an einem organisierten Markt, eröffnet aber den sachlichen Anwendungsbereich bei einer Zulassung jeglicher Art von Finanzinstrumenten (Art. 6 Abs. 4 iVm Art. 1 Abs. 1 Nr. 3 Marktmissbrauchsrichtlinie). Eine Einschränkung auf zugelassene Aktien erfolgt erst mit der Durchführungsrichtlinie[93] zur Marktmissbrauchsrichtlinie. In Art. 6 Abs. 1 Satz 1 der Durchführungsrichtlinie heißt es, dass die Mitgliedstaaten dafür Sorge tragen, „dass die (...) genannten Personen den zuständigen Behörden sämtliche von ihnen getätigte Geschäfte auf eigene Rechnung mit zum Handel auf geregelten Märkten zugelassenen Aktien oder mit sich darauf beziehenden Derivaten oder sonstigen Finanzinstrumenten melden". Dass neben den Aktien die „sonstigen Finanzinstrumente" nur dann erfasst werden, wenn sie sich auf Aktien beziehen, ergibt sich zwar nicht eindeutig aus dem deutschen, jedoch aus dem englischen Wortlaut der Durchführungsrichtlinie.[94]

39   **aa) Zulassung zum Handel an einer inländischen Börse (§ 15a Abs. 1 Satz 3 Nr. 1 WpHG).** Gemäß § 15a Abs. 1 Satz 3 Nr. 1 WpHG werden Emittenten erfasst, deren Aktien an einer inländischen Börse zugelassen sind. Hierunter fällt in Deutschland die **Zulassung zum Regulierten Mark** gemäß §§ 1 ff. BörsZulV. Der Regulierte Markt umfasst an der Frankfurter Wertpapierbörse den Prime Standard (§§ 45 ff. BörsO der Frankfurter Wertpapierbörse) und den General Standard (§§ 42 ff. BörsO der Frankfurter Wertpapierbörse), nicht aber den Entry Standard als Segment des Freiverkehrs. Weitere inländische Börsen i. S. d. § 15a WpHG sind die Börse Berlin, die Hanseatische Wertpapierbörse Hamburg, die Düsseldorfer Börse, die Niedersächsische Börse zu Hannover, die Börse München und die Baden-Württembergische Börse und der Startup Market an der Hanseatischen Wertpapierbörse Hamburg.[95] Die Grundsätze des jeweiligen Zulassungsverfahrens sind in §§ 30–48 BörsG in Verbindung mit der BörsZulVO geregelt.

40   Die **Einbeziehung** von Wertpapieren in den Regulierten Markt (§§ 55 BörsO der Frankfurter Wertpapierbörse) ist keine Zulassung im Sinne dieser Vorschrift.[96] Die Einbeziehung in den Handel kann auf Antrag eines Marktteilnehmers und ohne Zutun oder Zustimmung des Emittenten erfolgen (§ 50 Abs. 1

---

[93] Richtlinie 2004/72/EG vom 29. 4. 2004, ABl. EG Nr. L 162 vom 30. 4. 2004, S. 70.

[94] In der deutschen Fassung trennt das Wort „oder" die sonstigen Finanzinstrumente von den „Aktien und sich darauf beziehenden Derivaten". Der englische Wortlaut „shares ..., ... derivatives or other financial instruments linked to them" verdeutlicht, dass sich auch die sonstigen Finanzinstrumente auf Aktien beziehen müssen.

[95] Nach Artikel 16 der Richtlinie 93/22/EWG muss jeder Mitgliedstaat ein aktuelles Verzeichnis der von ihm genehmigten Märkte führen. Dieses Verzeichnis ist den anderen Mitgliedstaaten und der Kommission zu übermitteln. Die Kommission ist verpflichtet, einmal jährlich ein Verzeichnis der ihr mitgeteilten geregelten Märkte zu veröffentlichen.

[96] *Marsch-Barner/Schäfer*, § 16 Rn. b; *Assmann/Schneider/Sethe* Rn. 22, §§ 37 b, c Rn. 36; *Heinrich* KölnKomm Rn. 32.

Mitteilung v. Geschäften, Veröffentlichung u. Übermittlung 41 § 15a

BörsO für die Frankfurter Wertpapierbörse). Es ist dann dem Emittenten bzw. dessen Führungspersonen nicht zumutbar, gesteigerten Transparenzpflichten ohne eigenes Tätigwerden oder gar ohne Kenntnisnahme ausgesetzt zu sein. Allerdings kommt eine Einbeziehung in den regulierten Markt regelmäßig nur in Betracht, wenn die betroffenen Wertpapiere bereits an einer anderen inländischen Börse zum Handel im regulierten Markt zugelassen sind (§ 56 Abs. 4 Ziffer 1 BörsO für die Frankfurter Wertpapierbörse) oder in einem anderen EU-Mitgliedstaat zum Handel an einem „Regulated Market" zugelassen sind (§ 56 Abs. 4 Ziffer 2 BörsO für die Frankfurter Wertpapierbörse) oder in einem Drittstaat zum Börsenhandel zugelassen sind, sofern an diesem Markt vergleichbare Melde- und Transparenzpflichten bestehen (§ 56 Abs. 4 Ziffer 3 BörsO für die Frankfurter Wertpapierbörse). Sofern somit nach ausländischen Börsenvorschriften Verpflichtungen zur Meldung von Wertpapiergeschäften der Mitglieder von Geschäftsführungs- oder Aufsichtsorganen des Emittenten bestehen, die mit den Verpflichtungen des § 15a WpHG vergleichbar sind, hat der Handelsteilnehmer, der den entsprechenden Antrag auf Einbeziehung in den regulierten Markt nach § 56 BörsO für die Frankfurter Wertpapierbörse stellt, die Form und das Medium der Veröffentlichung von Directors' Dealings nach diesen ausländischen Vorschriften anzugeben (§ 56 Abs. 4 Satz 2 BörsO für die Frankfurter Wertpapierbörse).

Der **Freiverkehr** (§ 48 BörsG, § 140 BörsO für die Frankfurter Wertpapier- **41** börse iVm den Allgemeinen Geschäftsbedingungen für den Freiverkehr an der Frankfurter Wertpapierbörse, sog. „Open Market") ist von § 15a WpHG nicht erfasst.[97] Ob sich diese Beschränkung auf „organisierte" Märkte rechtfertigen lässt, ist der rechtspolitischen Diskussion ausgesetzt. Vielfach wird gefordert, die Mitteilungspflichten auf den Freiverkehr auszudehnen, weil auch dort ein grundsätzliches Bedürfnis nach Markttransparenz und Marktintegrität besteht.[98] Die Ausklammerung des Freiverkehrs sei ein dogmatischer Bruch mit den Insiderhandelsverboten des § 14 WpHG, die auch für Freiverkehrswerte gelten und ebenso wie § 15a WpHG der Verhütung von Insiderstraftaten dienen. Dieser Rückschluss ist jedoch nicht überzeugend, da die Mitteilungs- und Veröffentlichungspflichten von Directors' Dealings entgegen der gesetzgeberischen Intention nur sehr eingeschränkt geeignet sind, Verstößen gegen Insiderhandelsverbote vorzubeugen. Wie das Beispiel der Insiderhandelsverbote zeigt, ist auch der Freiverkehr anlegerschützenden Regelungen unterworfen. Gerade der Umfang der aufsichtsrechtlichen Transparenz- und Offenlegungspflichten unterscheidet die verschiedenen Marktsegmente. So liegt das Transparenzgefälle von geregelten zu ungeregelten Märkten in der Konzeption dieser unterschiedlichen Marktsegmente begründet.[99] Zum einen entstehen mit erhöhten Veröffentlichungspflichten auch höhere Transparenzkosten, die die Attraktivität des Freiverkehrs erheblich einschränken würden. Zum anderen wissen und berücksichtigen die Anleger, dass auf diesen Märkten ein geringeres Anlegerschutzniveau besteht und sind daher weniger schutzbedürftig.

---

[97] *Assmann/Schneider/Sethe* Rn. 23; *Heinrich*/KölnKomm Rn. 32.
[98] Vgl. zB *Fleischer* ZIP 2002, 1225, *Schwark/Zimmer*, Rn. 13; *v. Rosen/Fischer zu Cramburg/Hannich*, 26.
[99] *Assmann/Schneider/Sethe*, Rn. 23.

§ 15a 42 Abschnitt 3. Insiderüberwachung

Fraglich ist, ob ungeachtet der erforderlichen Zulassung zum Handel an einer inländischen Börse zusätzlich der Anwendungsbereich auf Führungspersonen bei Emittenten **mit Sitz im Inland** zu beschränken ist.[100] Dem Wortlaut des § 15a Abs. 1 Satz 3 Nr. 1 WpHG lässt sich eine solche Einschränkung nicht entnehmen. Auch nach dem Normzweck der Kapitalmarkttransparenz erscheint allein der Ort der Wertpapierzulassung und nicht der des formalen Sitzes geeignet, diesen Zweck zu fördern. In konsequenter Umsetzung von Art. 10a der Marktmissbrauchsrichtlinie erklärt auch § 1 Abs. 2 WpHG die Vorschriften des 3. Abschnitts „Insiderüberwachung" auf alle Handlungen (einschließlich der Geschäfte von Führungspersonen) anwendbar, sofern Finanzinstrumente des Emittenten an einer inländischen Börse zugelassen sind. Auch der Emittentenleitfaden der BaFin[101] verdeutlicht, dass die Einschränkung auf Emittenten mit Sitz im Inland nur für § 15a Abs. 1 Satz 3 Nr. 2 WpHG gelten soll und die BaFin fordert auf ihrer für Directors' Dealings eingerichteten Webseite, dass Führungskräfte bei Emittenten, die ihre Aktien an einer inländischen Börse zugelassen haben, unabhängig vom formalen Sitz der Gesellschaft gegenüber der BaFin mitteilungspflichtig sind.[102]

42 Diese Auslegung könnte unvereinbar mit Art. 6 Abs. 1 Satz 2 der Durchführungsrichtlinie zur Marktmissbrauchsrichtlinie sein, welche das Recht des Sitzstaates für anwendbar erklärt. Die Regelung in der Richtlinie lässt zwei Interpretationen zu und kann entweder als Kollisionsvorschrift („nur" das Recht des Sitzstaates) oder als Mindeststandard („zumindest" das Recht des Sitzstaates) verstanden werden. Im ersten Fall wären § 15a WpHG und die deutsche BaFin-Verwaltungspraxis nicht richtlinienkonform. Gegen eine solche kollisionsrechtliche Auslegung spricht aber zunächst die Marktmissbrauchsrichtlinie, die in Art. 10 lit. a ausdrücklich den Staat der Zulassung für die Verfolgung von verbotenen Handlungen verantwortlich erklärt. Durchführungsvorschriften müssen sich an die Vorgaben des Basisrechtaktes halten. Demnach dürfte die entscheidende Frage sein, ob die Durchführungsrichtlinie eine zulässige Konkretisierung der Marktmissbrauchsrichtlinie darstellt. Die Delegationsnorm des Art. 6 Abs. 10 5. Spiegelstrich der Marktmissbrauchsrichtlinie eröffnet hinsichtlich des Kreises der betroffenen Emittenten keinen Spielraum. Eine konforme Auslegung i. S. d. Basisrechtsakts lässt demnach allein die Lesart von Art. 6 Abs. 1 Satz 2 der Durchführungsrichtlinie zur Marktmissbrauchsrichtlinie als Mindeststandard zu. Zudem ist zu beachten, dass die europäische Finanzmarktgesetzgebung grundsätzlich das Konzept der Harmonisierung von Mindestanforderungen verfolgt. Dies bestätigt die Durchführungsrichtlinie, die in Art. 6 Abs. 1 Satz 1 strengere

---

[100] So *Assmann/Schneider/Sethe* Rn. 25; *Marsch-Barner/Schäfer* § 15 Rn. 10; *Erkens* Konzern 2005, 31 f.
[101] BaFin, Emittentenleitfaden idF v. 15. Juli 2005, 68 ff. Der Wortlaut des Emittentenleitfaden lässt die Präzision eines Gesetzestextes vermissen. Jedoch dürfte ein *Gegenschluss* aus V.1.1., dritter bis sechster Spiegelstrich, welche bei einer Zulassung der Aktien in der EU bzw. im EWR zusätzlich auch den Sitz des Emittenten im Inland fordern, zulässig sein. Die Auslegung von *Assmann/Schneider/Sethe,* Rn. 25, die bei einer inländischen Börsennotierung zusätzlich den Sitz des Emittenten im Inland als erforderliches Kriterium für die Mitteilungspflicht fordert, wäre allein dann zulässig, wenn es sich bei dem Verzicht auf den Zusatz „Sitz des Emittenten im Inland" bei V.1.1., erster Spiegelstrich um ein Redaktionsversehen handelte.
[102] Abrufbar unter http://www.bafin.de/datenbanken/p15a.html.

Maßnahmen der Mitgliedstaaten ausdrücklich zulässt. Somit sind getreu des Wortlauts von § 15a WpHG die Führungspersonen sämtlicher Emittenten, die ihre Aktien **in Deutschland zugelassen** haben, gegenüber der BaFin mitteilungspflichtig.[103] Dies gilt auch für Emittenten, die ihren Sitz außerhalb der EU bzw. des EWR haben, deren Aktien aber (auch) in Deutschland zugelassen sind. Ob diese Regelung und die sich daraus möglicherweise ergebende Pflicht zur Mehrfachmeldung aus Gesichtspunkten der Verwaltungsökonomie oder der Rechtssicherheit und -klarheit wünschenswert ist, ist allerdings fraglich.[104]

bb) **Zum Handel an einem ausländischen organisierten Markt zugelassen, sofern der Emittent seinen Sitz im Inland hat (§ 15a Abs. 1 Satz 3 Nr. 2 Alt. 1 WpHG).** Zur einheitlichen und lückenlosen Beaufsichtigung der europäischen Kapitalmärkte erfuhr der Anwendungsbereich des § 15a WpHG mit der Marktmissbrauchsrichtlinie und deren Umsetzung im AnSVG eine erhebliche Ausweitung. Maßgeblich ist nach § 15a Abs. 1 Satz 3 Nr. 2 WpHG die Zulassung von Wertpapieren zu einem organisierten Markt innerhalb der EU oder des EWR. 43

In Einklang mit der europarechtlichen Terminologie sind damit „geregelte Märkte" im Sinne von Art. 13 der **Wertpapierdienstleistungsrichtlinie** zu verstehen. Mitteilungspflichtig gegenüber der BaFin wären demnach alle Directors' Dealings – unabhängig vom formalen Sitz, dem Schwerpunkt der Geschäftstätigkeit oder dem Ort der Zulassung – sofern die meldepflichtige Person Führungsaufgaben bei einem Emittenten von in der EU bzw. dem EWR zugelassenen Wertpapieren wahrnimmt. Damit die Mitteilungspflichten gegenüber der BaFin nicht ausufern, musste dieser weite Anwendungsbereich des § 15a WpHG korrigiert werden. Der Gesetzgeber hat auf dieses Bedürfnis im Rahmen des TUG reagiert und durch Änderung des § 15a Abs. 1 Satz 3 Nr. 2 WpHG die Mitteilungspflicht auf diejenigen Führungspersonen beschränkt, die ihre Tätigkeit bei einem im Ausland zugelassenen Emittenten ausüben, der seinen formalen Sitz im Inland hat bzw. für welchen die Bundesrepublik Deutschland Herkunftsstaat i. S. d. WpPG ist. 44

Im Emittentenleitfaden hat die **BaFin** ihre Rechtsauffassung verdeutlicht, dass Geschäfte von Führungspersonen bei im Ausland zugelassenen Unternehmen nur dann der Bundesanstalt mitzuteilen sind, wenn der entsprechende **Emittent seinen formalen Sitz in Deutschland** hat.[105] Das Erfordernis eines inländi-

---

[103] Vgl. die entsprechende Diskussion in Österreich zu § 48d Abs. 4 BörsG, welcher zusätzlich den Sitz im Inland fordert und als system-, zweck- und europarechtswidrig eingeschätzt wird: *Kalls/Zollner,* Zeitschrift für Gesellschafts- und Steuerrecht 2005, 106f.

[104] Auch die Änderungen des § 15a Abs. 4 WpHG durch das TUG verschaffen hier keine Klarheit. Mit der Einführung des Begriffs „Inlandsemittent" erfolgte nur eine Klarstellung hinsichtlich der Veröffentlichungspflicht bzw. der Übermittlung des Belegs an die zuständige Aufsichtsbehörde. Allein diese Verpflichtungen beschränken sich künftig auf *Emittenten mit Sitz im Inland* bzw. für welche die Bundesrepublik Deutschland Herkunftsstaat ist (vgl. § 2 Abs. 6 und 7 WpHG). Die originäre Mitteilungspflicht der Führungspersonen selbst bleibt hiervon unberührt.

[105] BaFin, Emittentenleitfaden idF vom 15.7.2005, 68; so auch zustimmend *Assmann/Schneider/Sethe,* Rn. 25; KölnKommWpHG-*Heinrich,* Rn. 34. Diese Einschränkung fördert zum einen die Verwaltungsökonomie, indem Mehrfachprüfungen durch die nationalen Aufsichtsbehörden vermieden werden, und beschränkt zum anderen die Verpflichtung der Führungskräfte auf die Mitteilung gegenüber lediglich einer Aufsichtsbehörde.

schen Anknüpfungspunktes folgt aus dem Territorialitätsprinzip des internationalen Verwaltungsrechts, wonach Staaten nur in ihrem Herrschaftsbereich Hoheitsbefugnisse ausüben können, also ein Inlandsbezug hergestellt werden muss.[106] Daran vermag auch der Umstand, dass es sich bei § 15a WpHG um die Umsetzung von einheitlichen Vorgaben der EG handelt, nichts ändern. Die Einschränkung des § 15a Abs. 1 Satz 3 Nr. 2 WpHG ist so auch mit Art. 6 Abs. 1 Satz 2 der Durchführungsrichtlinie zur Marktmissbrauchsrichtlinie vereinbar, die – als Mindeststandard – das jeweilige Aufsichtrecht des Sitzstaates für anwendbar erklärt. Entgegen der Regelung des § 15a Abs. 1 Satz 3 Nr. 1 WpHG, welche Fälle hinsichtlich einer Wertpapierzulassung im Inland betrifft, widerspricht die Änderung von § 15a Abs. 1 Satz 3 Nr. 2 WpHG durch das TUG auch nicht der Marktmissbrauchsrichtlinie, die für rein ausländische Sachverhalte keine Vorgaben bezüglich des zuständigen Aufsichtregimes enthält.

45 **cc) Emittenten mit Sitz in Drittstaaten, für die Deutschland Herkunftsstaat ist (§ 15a Abs. 1 Satz 3 Nr. 2 Alt. 2 WpHG).** § 15a WpHG erfasst auch Führungspersonen mit Tätigkeit bei Drittstaatenemittenten, d. h. Emittenten, deren Wertpapiere an einem geregelten Markt im Inland, innerhalb der EU oder des EWR zugelassen sind, ohne ihren Sitz in einem Mitgliedstaat zu haben. Die Zuständigkeit der Aufsichtsbehörden für Meldungen von Directors' Dealings ist hierfür in Art. 6 Abs. 1 Satz 4 der Durchführungsrichtlinie zur Marktmissbrauchsrichtlinie geregelt, welcher auf Art. 10 der Prospektrichtlinie[107] verweist.

46 Nach Art. 10 der Prospektrichtlinie müssen Emittenten, deren Wertpapiere zum Handel an einem geregelten Markt zugelassen sind **bei der zuständigen Behörde des Herkunftsmitgliedstaats** mindestens einmal jährlich ein Dokument vorlegen, das alle Informationen enthält oder auf sie verweist, die sie in den vorausgegangenen zwölf Monaten in einem oder mehreren Mitgliedstaaten und in Drittstaaten aufgrund ihrer Verpflichtungen nach dem Gemeinschaftsrecht und den einzelstaatlichen Vorschriften über die Beaufsichtigung von Wertpapieren, Wertpapieremittenten und Wertpapiermärkten veröffentlicht oder dem Publikum zur Verfügung gestellt haben.

47 Der Herkunftsmitgliedstaat für Drittstaatsemittenten ist in Art. 2 Abs. 1 lit. m) iii) der Prospektrichtlinie geregelt. Danach haben Emittenten aus Drittstaaten **grundsätzlich die Wahl** zwischen dem Mitgliedstaat, in dem die Wertpapiere erstmals nach dem Inkrafttreten dieser Richtlinie öffentlich angeboten werden sollen, und dem Mitgliedstaat, in dem der erste Antrag auf Zulassung zum Handel an einem geregelten Markt gestellt wird. Ausgenommen sind lediglich solche Emittenten, die nicht schon in Art. 2 Abs. 1 lit. m) ii) genannt sind.

48 Im Emittentenleitfaden erklärt sich die **BaFin** nur dann für den Empfang von Mitteilungen über Directors' Dealings zuständig, wenn der Drittstaatenemittent das jährliche Dokument bei der BaFin hinterlegt hat.[108] Dies gelte selbst dann, wenn die Aktien des Emittenten ausschließlich an einer inländischen Börse zuge-

---

[106] *Leuering* NZG 2005, 13.
[107] Richtlinie 2003/71/EG des Europäischen Parlaments und des Rates vom 4. 11. 2003 betreffend den Prospekt, der beim öffentlichen Angebot von Wertpapieren oder bei deren Zulassung zum Handel zu veröffentlichen ist, und zur Änderung der Richtlinie 2001/34/EG, ABl. EG Nr. L 345 vom 31. 12. 2003, S. 64.
[108] BaFin, Emittentenleitfaden idF vom 15. 7. 2005, 68 f.

lassen sind. Drittstaatenemittenten werden so gegenüber EU-Inlandsemittenten privilegiert. Für die Differenzierung zwischen Emittenten mit Sitz innerhalb und außerhalb der EU bzw. des EWR gibt es aber keinen sachlichen Grund. Vielmehr ersetzt die Hinterlegung des jährlichen Dokuments für Drittstaatenemittenten lediglich das Merkmal des formalen Sitzes, welches für EU-Inlandsemittenten gilt. Art. 6 Abs. 1 Satz 4 der Durchführungsrichtlinie zur Marktmissbrauchsrichtlinie entspricht den für Emittenten aus der EU bzw. dem EWR geltenden Vorschriften des Art. 6 Abs. 1 Satz 2. Trotz Vergleichbarkeit der Regelungsmaterien versteht die BaFin Art. 6 Abs. 1 Satz 4 der Durchführungsrichtlinie hier offenbar als Kollisionsvorschrift und nicht als Mindeststandard. Der Wortlaut des § 15a Abs. 1 Satz 3 Nr. 1 WpHG gibt eine solche einschränkende Auslegung nicht her und es ist fraglich, ob diese Verwaltungspraxis und die offenbar dafür ursächliche Durchführungsrichtlinie in diesem Punkt gegen Art. 10 lit. a der Marktmissbrauchsrichtlinie verstößt. Diese Vorschrift erklärt Aufsichtrecht des Mitgliedstaates der Zulassung für anwendbar und lässt demnach nur eine Leseart der Durchführungsrichtlinie zu. Im Gegensatz zu den Fällen des § 15a Abs. 1 Satz 3 Nr. 2 besteht mit der Zulassung an einer deutschen Börse auch der erforderliche Anknüpfungspunkt im Inland. Zum Schutz des betroffenen inländischen Kapitalmarktes erscheint eine Meldung gegenüber der BaFin auch geboten.[109]

c) Antrag gestellt oder öffentlich angekündigt

Bereits der Antrag auf Zulassung zu einem geregelten Markt ist der Zulassung gleichgestellt (§ 15a Abs. 1 S. 4 WpHG). Diese Ausweitung des Tatbestandes lässt sich durch den Schutzzweck der Norm rechtfertigen. Bereits in einem früheren Stadium als dem der Börsenzulassung besteht ein berechtigtes Interesse an Anlegerschutz und Kapitalmarkttransparenz. Erfasst werden deshalb Emittenten bereits ab ihrer Ankündigung, die Börsenzulassung von Wertpapieren beantragen zu wollen. Im Hinblick auf die Rechtsfolgen (vgl. § 39 Abs. 2 Nr. 2d und Nr. 5b WpHG) bedarf diese weite Formulierung einer Konkretisierung.

Folgende Voraussetzungen müssen deshalb kumulativ vorliegen: Zunächst ist die innere Organisationsstruktur des Emittenten zu beachten. Danach wird die Mitteilungspflicht nicht bereits durch die öffentliche Äußerung eines beliebigen Mitarbeiters ausgelöst, sondern es ist erforderlich, dass die dafür **verantwortliche Person** die Absicht einer Börsenzulassung ankündigt.[110] Dazu zählen in jedem Fall der Vorstandsvorsitzende bzw. -sprecher (bzw. CEO) sowie der Leiter der Pressestelle und der Leiter Investor Relations. Eine Einzelfallbetrachtung des jeweiligen Emittenten und seiner Kompetenzverteilung ist geboten. Auch außerhalb der Organisationsstruktur des Emittenten stehende Dritte können das Merkmal der öffentlichen Ankündigung erfüllen, soweit sie über die erforderliche Berechtigung verfügen und dies erkennbar für den Anleger ist (zB Konsorti-

---

[109] Diese Unstimmigkeiten werden durch das TUG nicht beseitigt. Der geänderte § 15a Abs. 4 WpHG betrifft lediglich die Veröffentlichungspflicht des Emittenten und enthält keine Regelungen bezüglich der Mitteilungspflichten von Führungspersonen. Vielmehr bestätigen die nunmehr unterschiedlichen Anknüpfungspunkte (Emittenten in Abs. 1 und Inlandsemittenten in Abs. 4), dass mit einer Mitteilungspflicht von Directors' Dealings durch die betroffenen Führungspersonen gegenüber der BaFin nicht zwangsläufig eine Veröffentlichungspflicht des Emittenten nach deutschen Recht einhergeht; vgl. auch Begr. RegE zum TUG, BT-Drucks. 16/2498, S. 78.
[110] Vgl. *Assmann/Schneider/Sethe*, Rn. 24.

§ 15a 50–53

albank, beauftragte PR-Agentur). Zudem muss die öffentliche Äußerung die **Ernsthaftigkeit** der Absicht erkennen lassen.[111] Als weiteres, von der BaFin im Emittentenleitfaden genanntes Kriterium muss deutlich erkennbar sein, dass der Antrag auf Zulassung zum Handel **in absehbarer Zeit** gestellt werden wird.[112] Entscheidend für die Auslegung ist der objektivierte Horizont eines verständigen Anlegers.

2. Persönlicher Anwendungsbereich (§ 15a Abs. 1 Satz 1 und 2 WpHG)

50 Mitteilungspflichtig sind zum einen diejenigen Personen, die bei einem Emittenten von Aktien Führungsaufgaben wahrnehmen (Satz 1). Zum anderen unterfallen der Mitteilungspflicht auch solche Personen, welche mit Personen, die Führungsaufgaben wahrnehmen, in einer engen Beziehung stehen (Satz 2). Diese Begrifflichkeiten sind Art. 6 Abs. 4 der Marktmissbrauchsrichtlinie entnommen und werden in § 15a Abs. 2 und 3 WpHG definiert.

a) Personen mit Führungsaufgaben (§ 15a Abs. 2 WpHG)

51 Gemäß § 15a Abs. 1 Satz 1 WpHG sind Personen, die bei einem Emittenten von Aktien Führungsaufgaben wahrnehmen, mitteilungspflichtig. Dazu gehören gemäß Abs. 2 persönlich haftende Gesellschafter oder Mitglieder eines Leitungs-, Verwaltungs- oder Aufsichtsorgans des Emittenten **(Führungsperson im formellen Sinne)** sowie sonstige Personen, die regelmäßig Zugang zu Insiderinformationen haben und zu wesentlichen unternehmerischen Entscheidungen ermächtigt sind **(Führungsperson im materiellen Sinne)**. Bei ersteren unterstellt der Gesetzgeber auch dann eine Indikatorwirkung für den Kapitalmarkt, wenn die Betroffenen tatsächlich gar keinen Zugang zu Insiderinformation haben und überlässt die Bewertung der Bedeutung von Transaktionen, die von nicht zur Geschäftsführung befugten Komplementären vorgenommen werden, den Anlegern.

52 **aa) Mitglieder eines Leitungs-, Verwaltungs- oder Aufsichtsorgans.** Anknüpfungspunkt für die Mitteilungspflicht ist die (formelle) Eigenschaft als **Organmitglied**. Der Begriff Leitungsorgan wurde mit dem AnSVG eingeführt und ist weiter zu verstehen als der zuvor verwendete Begriff Geschäftsführungsorgan. Mitglieder des Geschäftsführungsorgans fallen auch weiterhin als Mitglieder eines Leitungsorgans unter die Mitteilungspflicht. Nach der neuen Fassung des § 15a WpHG sind aber auch Mitglieder des Verwaltungsorgans erfasst. Damit sind alle sonstigen Führungsorgane eines Emittenten gemeint, insbesondere bei ausländischen Gesellschaften, in deren Struktur Leitungs- und Überwachungsaufgaben häufig nicht getrennt sind.[113]

53 Organmitglieder einer – möglicherweise wesentlichen – Tochtergesellschaft sind, sofern nicht gleichzeitig Mitglied eines Organs des Emittenten, unter formellen Gesichtspunkten nicht meldepflichtig.[114] Entsendet der Emittent Vertreter in Gremien der Tochtergesellschaft, kann sich eine Meldepflicht als Führungsperson im materiellen Sinne ergeben.

---

[111] *Assmann/Schneider/Sethe*, Rn. 25.
[112] *BaFin*, Emittentenleitfaden idF vom 15. 7. 2005, 69.
[113] GK-HGB-*Gietl* § 290, Rn. 22.
[114] Vgl. Rn. 76.

Mitteilung v. Geschäften, Veröffentlichung u. Übermittlung 54–57 § 15a

(α) **Aktiengesellschaften.** Für die dualistisch strukturierte Aktiengesellschaft 54 nach deutschem Recht sind die Merkmale des Leitungs- und des Aufsichtsorgans einschlägig. Als Leitungsorgan führt der **Vorstand** gemäß § 76 Abs. 1 und 2, Satz 1 und 2 AktG die Geschäfte. Alle Mitglieder des **Aufsichtsrats** sind Mitglieder eines Aufsichtsorgans, bei mitbestimmten Aktiengesellschaften unabhängig von ihrer Stellung als Vertreter der Anteilseigner oder der Arbeitnehmer. Als Mitglied des Geschäftsführungsorgans gemäß § 76 Abs. 2 Satz 3, 13 Abs. 1 Satz 1 Montan-MitbestG, § 33 Abs. 1 Satz 1 MitbestG unterfällt auch der Arbeitsdirektor der Mitteilungspflicht.

Gemäß § 94 AktG gelten die Vorschriften über den Vorstand auch für **Stell-** 55 **vertreter von Vorstandsmitgliedern.**[115] Demnach sind Vertreter als vollwertige Vorstandsmitglieder und somit als mitteilungspflichtig anzusehen. Für den Aufsichtsrat gibt es keine Stellvertreterregelung. Stattdessen können gemäß § 101 Abs. 3 AktG **Ersatzmitglieder** bestellt werden. Sind sie **nachgerückt,** haben sie eine Stellung als Mitglied des Organs und werden ab diesem Zeitpunkt von § 15a WpHG erfasst.

Auch **fehlerhaft bestellte** (faktische) Organmitglieder können mitteilungs- 56 pflichtig sein. Üben sie die Organfunktion tatsächlich aus – wurde das Organverhältnis also in Vollzug gesetzt und nicht beendet – ist § 15a WpHG anwendbar.[116] Tätigen die Mitglieder des faktischen Organs Geschäfte mit „ihren" Aktien, kommt auch diesen eine Indikatorwirkung zu. Neben ihrer Stellung als formelle Organe erfüllen diese Sachverhalte zwar regelmäßig auch das Merkmal der sonstigen Führungspersonen. Aufgrund der Zuordnung zum formellen Organbegriff kommt es auf den tatsächlichen Zugang zu Insiderinformationen jedoch nicht an.

Wie bei **ausgeschiedenen** Organmitgliedern zu verfahren ist, ist gesetzlich 57 nicht geregelt. Auch hier kommt es auf den Informationsvorsprung und die damit verbundene Indikatorwirkung an. Mit Ausscheiden aus der Gesellschaft, verliert ein ehemaliges Organmitglied das Privileg, auf interne Informationen des Emittenten zugreifen zu können. Ab diesem Zeitpunkt fehlt dem Transaktionen Ehemaliger die Indikatorwirkung. Deshalb muss die Mitteilungspflicht entfallen.[117] Zwar kann ein Ehemaliger trotzdem noch von internen Kenntnissen Gebrauch machen, besonders bei Transaktionen kurze Zeit nach Beendigung der Organmitgliedschaft. Jedoch ist die Wahrscheinlichkeit, dass Transaktionen eines ehemaligen Organmitglieds auf anderen Motiven beruhen, insbesondere bei unfreiwilligem Ausscheiden, groß.[118] Außerdem verbietet der Wortlaut und damit der gesetzgeberische Wille eine extensive Auslegung, da § 15a WpHG allein auf die formale Stellung als Organ abstellt.[119] Eventuell fortbestehende Anstellungsverhältnisse sind von der Organbestellung zu trennen; das Anstellungsverhältnis kann trotz beendeter Organstellung weiterhin Mitteilungspflichten als Führungsperson im materiellen Sinne begründen.

---

[115] KölnKommWpHG-*Heinrich,* Rn. 37.
[116] *Fleischer* ZIP 2002, 1225; *Assmann/Schneider/Sethe,* Rn. 32; *v. Rosen/Fischer zu Cramburg/Hannich,* 20; KölnKommWpHG-*Heinrich,* Rn. 37.
[117] KölnKommWpHG-*Heinrich,* Rn. 38.
[118] *Assmann/Schneider/Sethe,* Rn. 33.
[119] Vgl. *Fleischer* ZIP 2002, 1226; *Schwark/Zimmer,* Rn. 19; *v. Buttlar* BB 2003, 2136 zur Rahmenvorschrift des Art. 6 Abs. 4 Marktmissbrauchsrichtlinie.

§ 15a 58–63 Abschnitt 3. Insiderüberwachung

58 **(β) Kommanditgesellschaften auf Aktien.** Die organschaftliche Geschäftsführung und Vertretung in einer Kommanditgesellschaft auf Aktien obliegt gemäß § 278 Abs. 2 AktG iVm §§ 114 ff., 125 ff. HGB, § 283 AktG den persönlich haftenden Gesellschaftern. Gemeinsam bilden sie das Leitungsorgan der KGaA und sind im Einzelnen mitteilungspflichtig. Zur Geschäftsführung bestellte Dritte, ohne persönlich haftende Gesellschafter zu sein, gelten nicht als organschaftliche Mitglieder des Leitungsorgans. Erfasst werden sie jedoch als sonstige Person aufgrund ihrer Stellung als Führungsperson im materiellen Sinn. Wenn die Geschäftsführung der KGaA von einer Komplementärgesellschaft wahrgenommen wird, gelten Personen, die bei der Komplementärgesellschaft Führungsaufgaben innehaben, ebenfalls nicht als Organmitglieder des Emittenten. Sie werden aber regelmäßig von § 15a Abs. 2 Satz 2 WpHG erfasst.[120] Legt der Gesellschaftsvertrag fest, dass einzelne Komplementäre von Geschäftsführung oder Vertretung ausgeschlossen sind, gehören diese nicht dem Leitungsorgan an. Dies ändert jedoch nichts an ihrer formellen Stellung als persönlich haftende Gesellschafter und damit ihrer Mitteilungspflicht.[121]

59 Ferner gilt die Mitteilungspflicht für die Mitglieder des Aufsichtsrats der KGaA (§§ 95 ff. in Verbindung mit § 278 Abs. 3 AktG).[122]

60 **(γ) Societas Europaea (SE).** Die Societas Europaea kann gemäß Art. 38 lit. b SE-VO durch Satzungsregelung zwischen zwei verschiedenen Leitungssystemen wählen. Ein Leitungssystem bildet das in Deutschland bekannte „dualistische System"(vgl. §§ 15–19 SEEG), welches eine Trennung von Aufsichts- und Leitungsorgan vorsieht.[123] Alternativ kann für das aus dem angloamerikanischen Rechtsraum bekannte „monistische System"optiert werden (§§ 20–49 SEEG). Bei diesem wird ein **einheitliches Verwaltungsorgan** gebildet, das die Societas Europaea leitet und überwacht.[124]

61 Im **dualistischen System,** mit der Trennung von Vorstand und Aufsichtsrat einer AG vergleichbar, nehmen die Mitglieder des Leitungsorgans und des Aufsichtsorgans Führungsaufgaben wahr, so dass insoweit auf die Ausführungen zur AG verwiesen werden kann: Mitglieder des Leitungs- und des Aufsichtsorgans sind mitteilungspflichtig.

62 Im **monistischen System** übernimmt ein einheitliches Verwaltungsorgan (board) die Führungsaufgaben. Dessen Mitglieder unterfallen dem Merkmal „Mitglied eines Verwaltungsorgans" und sind deshalb als formelle Führungspersonen mitteilungspflichtig. Führungskräfte unterhalb der Ebene des Verwaltungsorgans sind allenfalls als sonstige Personen, also als Führungspersonen im materiellen Sinne, zur Mitteilung ihrer Geschäfte verpflichtet.

63 **(δ) Ausländische Gesellschaften.** Die Mitteilungspflicht gilt auch für Personen, die bei ausländischen Emittenten Führungsaufgaben wahrnehmen. Voraussetzung ist ein Anknüpfungspunkt im Inland wonach die Aktien des Emittenten entweder an einer inländischen Börse zugelassen sind oder Deutschland als Herkunftsmitgliedstaat fingiert wird.

---

[120] Vgl. Rn. 78.
[121] Vgl. Rn. 66. AA *Assmann/Schneider/Sethe,* Rn. 30.
[122] Zu diesen und deren Ersatzmitgliedern vgl. Rn. 52.
[123] Vgl. Art. 39–42 SE-VO; §§ 15–19 SEEG.
[124] Vgl. Art. 43–45 SE-VO; §§ 20–49 SEEG.

Mitteilung v. Geschäften, Veröffentlichung u. Übermittlung 64–68 § 15a

Andere Rechtsordnungen kennen die Satzungsstrenge, wie sie in § 23 Abs. 5 **64, 65**
AktG zum Ausdruck kommt, nicht im selben Maße und sind bei der Gestaltung
ihrer Organstruktur freier. Regelmäßig stehen sich das dualistische *(two-tier)* und
das monistische *(one-tier)* System gegenüber. Im ersten Fall sind die Mitglieder
des Aufsichts- und des Leitungsorgans, im zweiten Fall die Mitglieder des Verwaltungsorgans mitteilungspflichtig. Das Verwaltungsorgan *(board)* ist regelmäßig
mit executive officers, welche die Geschäftsführungsaufgaben wahrnehmen und
mit non-executive officers, welche Aufsichtsfunktionen erfüllen, besetzt. Die
Mitteilungspflicht besteht hier für die Führungspersonen unabhängig von ihrer
Stellung innerhalb des Verwaltungsorgans.

bb) Persönlich haftende Gesellschafter. Der Begriff des **persönlich haf-** **66**
tenden Gesellschafters *(Komplementär)* entstammt dem Personengesellschaftsrecht. Da der sachliche Anwendungsbereich von § 15a WpHG auf Emittenten
von Aktien beschränkt ist, kommt ihm nur Bedeutung im Zusammenhang mit
einer KGaA bzw. einer vergleichbaren ausländischen Rechtsform zu.

Die persönliche Haftung bei der KGaA ergibt sich aus § 278 Abs. 1 AktG. Da **67**
den Komplementären gemäß § 278 Abs. 2 AktG regelmäßig auch die Geschäftsführung obliegt, sind sie bereits aufgrund ihrer formellen Organstellung von der
Mitteilungspflicht erfasst. Eigenständige Bedeutung kommt dem Merkmal nur
dann zu, wenn ein Komplementär satzungsgemäß **von der Geschäftsführung
ausgeschlossen** ist. Eine Differenzierung nach der Rolle der persönlich haftenden Gesellschafter innerhalb der Gesellschaft trifft § 15a Abs. 2 WpHG nicht.[125]
Aufgrund der persönlichen Haftung sind die Interessen der Komplementäre untereinander und mit dem Unternehmen verknüpft. Typischerweise haben sie
gegenüber gewöhnlichen Anlegern einen besseren Überblick über die Geschäftstätigkeit des Emittenten und ihnen ist aufgrund ihrer engen Verbundenheit mit
der Gesellschaft der Zugang zu internen Informationen auch bei fehlender Geschäftsführungsbefugnisse häufig erleichtert. Der Anleger hat daher ein berechtigtes Interesse zu erfahren, in welchem Umfang Personen, die durch ihre persönliche Haftung eng mit dem Emittenten verknüpft sind, Geschäfte mit diesen
Aktien tätigen oder ihre Beteiligung möglicherweise sogar aufgeben. In vergleichbarem Maße gelten diese Argumente zwar auch für **nicht persönlich
haftende Gesellschafter** mit unternehmerischer Beteiligung (zB Haupt- oder
Mehrheitsaktionäre). Im Gegensatz zu den persönlich haftenden Gesellschaftern
hat der Gesetzgeber diese Personengruppe in § 15a WpHG aber nicht aufgezählt.

Neben natürlichen Personen können auch **juristische Personen** mitteilungs- **68**
pflichtig sein, sofern sie als Komplementärgesellschaften die Stellung des persönlich haftenden Gesellschafters innehaben. Die Mitteilungspflicht korrespondiert
also mit der Komplementärfähigkeit. Natürliche Personen gelten unabhängig von
ihrer Geschäftsfähigkeit[126] und juristische Personen unabhängig von ihrer Gesellschaftsform als komplementärfähig.[127] Nicht maßgeblich ist der Sitz der Komplementärgesellschaft oder die Geschäfts- und Vertretungsbefugnis; die Mitteilungspflicht juristischer Personen nach § 15a Abs. 3 Satz 2 und 3 WpHG bleibt
hiervon unberührt.

---

[125] Das konstituiert auch die Gegenansicht; vgl. *Assmann/Schneider/Sethe,* Rn. 30.
[126] Zum Streitstand bei geschäftsleitenden Komplementären: *Hüffer* AktG § 278, Rn. 7.
[127] Vgl. *Hüffer* AktG § 278, Rn. 8 ff.

69 Mitglieder der **Geschäftsführung der Komplementär-Gesellschaft** wiederum sind ihrerseits keine Organmitglieder des Emittenten und werden vom persönlichen Anwendungsbereich des § 15a WpHG „nur" als sonstige (materielle) Führungspersonen erfasst.

70 **cc) Sonstige Personen.** Gegenüber der alten Rechtslage wurde der Kreis der mitteilungspflichtigen Personen durch das AnSVG um die „sonstigen Personen" gemäß § 15a Abs. 2 WpHG erweitert. Darunter fallen alle Personen mit Führungsaufgaben, die **regelmäßig Zugang zu Insiderinformationen** haben und zu **wesentlichen unternehmerischen Entscheidungen ermächtigt** sind. Die Voraussetzungen des regelmäßigen Zugangs zu Insiderinformationen und der Ermächtigung zu wesentlichen unternehmerischen Entscheidungen sind kumulativ zu lesen. Nur wenn also beide Voraussetzungen vorliegen, kann die Mitteilungspflicht entstehen. Die Erweiterung des mitteilungspflichtigen Personenkreises resultiert aus der Umsetzung von Art. 6 Abs. 4 der Marktmissbrauchsrichtlinie[128] sowie Art. 1 Abs. 1 lit. b der Durchführungsrichtlinie zur Marktmissbrauchsrichtlinie.[129]

71 **(α) Zu wesentlichen unternehmerischen Entscheidungen ermächtigt.** Der deutsche Gesetzgeber hat die in Art. 6 Abs. 4 der Marktmissbrauchsrichtlinie enthaltene und in Art. 1 Abs. 1b der Durchführungsrichtlinie wiederholte Formulierung „und befugt ist, unternehmerische Entscheidungen über zukünftige Entwicklungen und Geschäftsperspektiven des Emittenten zu treffen" nicht übernommen. Mit dem Verzicht auf diese einschränkende Formulierung hat der deutsche Gesetzgeber jedoch keine Erweiterung des mitteilungspflichtigen Personenkreises beabsichtigt. Zum einen würde die Ausdehnung des Personenkreises zu einer Flut von Mitteilungen führen, der Markttransparenz nicht dienlich sind (Verwässerungseffekt).[130] Zum anderen spricht die bereits eng gefasste Formulierung: „wesentliche" Entscheidungen für eine restriktive Auslegung.

72 Die **BaFin** legt bei ihrer Interpretation des Begriffs „Führungskraft" ein materielles Verständnis zugrunde und greift die Merkmale der europäischen Vorgaben wieder auf.[131] Nicht jede Führungsperson unterhalb des Vorstandes soll mitteilungspflichtig sein. Vielmehr muss die Person unternehmerische Entscheidungen über zukünftige Entwicklungen und Geschäftsperspektiven des Emittenten, d. h. strategische Entscheidungen für das Unternehmen treffen können.[132] Als Beispiele für betroffene Personen nennt die BaFin Generalbevollmächtigte des Emitten-

---

[128] Richtlinie 2003/6/EG des Europäischen Parlaments und des Rates vom 28. 1. 2003, ABl. EG Nr. L 96, S. 16 vom 12. 4. 2003.
[129] Richtlinie 2004/72/EG der Kommission vom 29. 4. 2004 zur Durchführung der Richtlinie 2003/6/EG des Europäischen Parlaments und des Rates. Art. 6 Abs. 4 der Marktmissbrauchsrichtlinie umfasst „Personen, die bei einem Emittenten von Finanzinstrumenten Führungsaufgaben wahrnehmen". Art. 1 Abs. 1 lit. b der Durchführungsrichtlinie beschreibt den Personenkreis genauer: Danach werden alle Personen umfasst, die als geschäftsführende Führungskraft zwar keinem Verwaltungs-, Leitungs- oder Aufsichtsorgan des Emittenten angehören, aber regelmäßig Zugang zu Insiderinformationen mit direktem oder indirektem Bezug zum Emittenten haben und befugt sind, unternehmerische Entscheidungen über zukünftige Entwicklungen und Geschäftsperspektiven dieses Emittenten zu treffen.
[130] So auch *v. Buttlar* BB 2003, 2135 f. mwN.
[131] Siehe auch *Assmann/Schneider/Sethe*, Rn. 27.
[132] BaFin, Emittentenleitfaden idF vom 15. 7. 2005, 69.

ten oder Mitglieder eines sogenannten erweiterten Geschäftsführungsgremiums.[133] Dabei ist es für die Mitteilungspflicht nicht notwendig, dass die Führungsperson die Entscheidungen alleine treffen kann. Vielmehr reicht es aus, wenn die Person Mitglied eines Gremiums ist, welches derartige Entscheidungen trifft.[134] Sobald jedoch ein Zustimmungsvorbehalt bei einem der Gesellschaftsorgane liegt, ist die Person nicht mitteilungspflichtig.[135]

Die Empfehlung des Committee of European Securities Regulators („CESR")[136] spricht von sogenannten *top executives*. Aus der Entstehungsgeschichte der **CESR-Empfehlung** ergibt sich, dass der Begriff „top executives" bewusst gewählt wurde, um sonstige leitende Angestellte aus der Mitteilungspflicht herauszunehmen.[137] Die BaFin geht deshalb zutreffend davon aus, dass bei Aktiengesellschaften nach deutschem Recht zusätzlich zu den Organmitgliedern nur wenige Personen auf der „zweiten Führungsebene" von dieser Alternative betroffen sind.[138] Ausländische Emittenten hingegen verfügen häufig über einstufige Management- bzw. Board-Systeme, so dass die Anzahl der betroffenen Führungspersonen unterhalb der obersten Managementebene, die auch der Mitteilungspflicht unterliegen, umfangreicher sein kann.[139] Gleiches gilt für die SE mit monistischer Leitungsstruktur.

(β) Regelmäßiger Zugang zu Insiderinformationen. Insiderinformation 73 ist gemäß § 13 WpHG jede konkrete Information über nicht öffentlich bekannte Umstände, die sich auf einen oder mehrere Emittenten von Insiderpapieren oder auf die Insiderpapiere selbst beziehen und die geeignet sind, im Falle ihres öffentlichen Bekanntwerdens den Börsen- oder Marktpreis der Insiderpapiere erheblich zu beeinflussen.

Zur Bestimmung des Personenkreises, der regelmäßig Zugang zu Insiderinformationen hat, kann das gemäß § 15b WpHG zu erstellende **Insiderverzeichnis** nur in beschränktem Maße herangezogen werden. Zwar enthält das Insiderverzeichnis diejenigen Personen, die bestimmungsgemäß – also anlassbezogen oder regelmäßig – Zugang zu Insiderinformationen haben, wofür eine Kausalität zwischen der Tätigkeit und dem Zugang zur Insiderinformation erforderlich ist.[140] Der Personenkreis ist somit bezüglich des Merkmals „Zugang zu Insiderinformationen" identisch. Gleichwohl begründet allein die Tatsache, dass eine Führungskraft im Insiderverzeichnis des Emittenten geführt wird, noch keine Mitteilungspflicht dieser Person.[141] Dies würde zu seiner uferlosen Ausdehnung der Meldepflichten führen. Die BaFin misst deshalb dem Merkmal des regelmäßigen Zugangs keine eigenständige Bedeutung zu und erachtet dieses

---

[133] BaFin, Emittentenleitfaden idF vom 15. 7. 2005, 70.
[134] BaFin, Emittentenleitfaden idF vom 15. 7. 2005, 70.
[135] BaFin, Emittentenleitfaden idF vom 15. 7. 2005, 69 f.
[136] „Advice on the Second Set of Level 2 Implementing Measures for the Market Abuse Directive", Ref: CESR/03–212c, August 2003, Empfehlung Nummer 42.
[137] *v. Buttlar* BB 2003, 2135.
[138] Ebenso *Diekmann/Sustmann* NZG 2005, 936.
[139] BaFin, Emittentenleitfaden idF v. 15. Juli 2005, 70.
[140] Nicht erforderlich ist dagegen ein Kausalzusammenhang zwischen einer konkreten Insiderinformation und einem dadurch motivierten – meldepflichtigen – Wertpapiergeschäft. Notwendig ist nur der regelmäßige, nicht der konkrete Zugang zu Insiderinformationen.
[141] BaFin, Emittentenleitfaden idF vom 15. 7. 2005, 70.

Pfüller

§ 15a 75–77

regelmäßig als erfüllt, wenn die betroffene Person zu wesentlichen unternehmerischen Entscheidung ermächtigt ist. Dennoch kann das Merkmal in Einzelfällen als Korrektiv verwendet werden, wenn eine Person zwar zu wesentlichen Entscheidungen ermächtigt ist, jedoch keinen Zugang zu Insiderinformationen hat.

75 **(γ) Fallgruppen.** Im Schrifttum wird vertreten, dass **Prokuristen** – im Gegensatz zu Generalbevollmächtigen[142] – nicht von der Mitteilungspflicht erfasst sein sollen, da sie nicht zwingend zu unternehmerischen Entscheidungen ermächtigt sind.[143] Personen der zweiten Führungsebene unterliegen nur dann der Mitteilungspflicht des § 15a WpHG, wenn die Entscheidungsstruktur des Unternehmens vorsieht, dass diese Personen sowohl regelmäßig Zugang zu Insiderinformationen haben, als auch zu strategischen Entscheidungen ermächtigt sind. Regelmäßig dürfte dies für Prokuristen nicht vorgesehen sein. Andererseits können **Leitende Angestellte** i. S. v. § 5 Abs. 3 Nr. 2 BetrVerfG unter die Mitteilungspflicht fallen, soweit sie unternehmerische Leitungsaufgaben i. S. v. § 5 Abs. 3 Satz 2 BetrVG wahrnehmen. Dies gilt allerdings nicht generell,[144] sondern nur abhängig vom Einzelfall.[145] Andernfalls droht eine Ausuferung des Adressatenkreises, die außer Verhältnis zum Transparenzgewinn stünde.[146] Maßgeblich ist der Umfang und die Bedeutung der jeweiligen Entscheidungsbefugnis. Dabei kann zB die Anzahl der leitenden Angestellten im Unternehmen ein Indiz für deren Mitteilungspflicht nach § 15a WpHG sein: Je weniger leitende Angestellte bestehen, desto eher wird deren Stellung auf höherer Ebene angesiedelt sein, was wiederum für umfangreichere Kompetenzen, Zugang zu relevanten Insiderinformationen und letztlich für eine Mitteilungspflicht spricht; ist die Zahl der leitenden Angestellten im Unternehmen dagegen groß, verhält es sich umgekehrt.

76 **Organmitglieder einer Tochtergesellschaft,** die Geschäfte mit Finanzinstrumenten der Muttergesellschaft (Emittent) tätigen, sind nicht bereits kraft ihrer Organstellung meldepflichtig. Sie können jedoch als „sonstige Person mit Führungsaufgaben" meldepflichtig sein, wenn es sich um eine wesentliche Tochtergesellschaft – etwa die einzige operativ tätige Tochtergesellschaft einer Holding – handelt. In einem solchen Fall kann man im Einzelfall vertreten, dass die Organmitglieder der Tochter bei konzernweiter Betrachtung als Führungspersonen des Emittenten gelten, und zwar unabhängig vom Bestehen einer Vertragsbeziehung (zB Angestelltenverhältnis) zum Emittenten.

77 **Organmitglieder der Muttergesellschaft** haben Geschäfte mit Finanzinstrumenten der Tochtergesellschaft (Emittent) grundsätzlich nicht zu melden. Eine solche Verpflichtung enthielt allerdings noch § 15a WpHG aF und zwar unabhängig davon, ob eine Funktion bei der Tochtergesellschaft ausgeübt wurde oder nicht.[147] Diese Regelung wurde durch das AnSVG gestrichen.[148] Bei Konzerngesellschaften tätige Personen zählen definitionsgemäß nicht mehr zu den

---

[142] BaFin, Emittentenleitfaden idF vom 15. 7. 2005, 70.
[143] *Kuthe* ZIP 2004, 886.
[144] So aber *Kuthe* ZIP 2004, 886, der sich auf BAG BB 1995, 1645 ff. beruft.
[145] So auch BaFin, Emittentenleitfaden idF vom 15. 7. 2005, 69.
[146] *v. Buttlar* BB 2003, 2136; *Weiler/Tollkühn* DB 2002, 1926.
[147] *v. Rosen/Fischer zu Cramburg/Hannich*, 22.
[148] Vgl. die berechtigte Kritik von *Assmann/Schneider/Sethe*, 3. Auflage, Rn. 28.

Mitteilung v. Geschäften, Veröffentlichung u. Übermittlung   78–80   § 15a

sonstigen Führungspersonen, da § 15a WpHG ausschließlich auf Personen abstellt, die bei dem börsennotierten Emittenten selbst Führungsaufgaben wahrnehmen.[149] Eine Regelung zur konzernweiten Geltung von Directors' Dealings fehlt auch in der Marktmissbrauchsrichtlinie, die ebenfalls nur von Führungskräften des Emittenten spricht. Unter Berücksichtigung des Konzernrechts können Organmitglieder der Muttergesellschaft allerdings dann als „sonstige Person mit Führungsaufgaben" gelten, wenn der Vorstand der Tochtergesellschaft von ihnen weisungsabhängig ist (zB bei Bestehen eines Beherrschungsvertrages, § 308 Abs. 1 AktG).

Organmitglieder der Komplementärgesellschaft einer KGaA sind nicht 78
mitteilungspflichtig, soweit die Komplementärin satzungsgemäß von der Geschäftsführung des Emittenten ausgeschlossen ist. In diesem Fall ist nur die Komplementärgesellschaft selbst aufgrund ihrer persönlichen Haftung zur Mitteilung verpflichtet, wenn sie ihrerseits Wertpapiergeschäfte vornimmt. Tätigen in diesem Fall Organmitglieder der Komplementärgesellschaft Geschäfte in eigenem Namen, so entfällt – anders als bei persönlich haftenden Gesellschaftern – die Mitteilungspflicht mangels Indikatorwirkung. Übt die Komplementärgesellschaft hingegen die Geschäftsführung aus, so sind es ihre Organmitglieder, die über Insiderinformationen verfügen und die wesentlichen unternehmerischen Entscheidungen treffen.[150] Auf sie entfällt dann auch die zur Mitteilungspflicht veranlassende Transparenz- und Indikatorwirkung für den Kapitalmarkt. Sind bei der Komplementärgesellschaft fakultative Organe vorgesehen, so hängt deren Mitteilungspflicht davon ab, ob das jeweilige Organ und seine Mitglieder zu wesentlichen unternehmerischen Entscheidungen befugt sind – nur dann unterfallen sie den Mitteilungspflichten des § 15a WpHG.

Rechtsgeschäftlich bestellte Geschäftsführer bei einer KGaA gelten zwar 79
nicht als Organmitglieder (§§ 278 AktG, 161 Abs. 2, 114ff., 125ff. HGB). Da ihren Transaktionen aber eine vergleichbare Indikatorwirkung zukommt, muss sich die Meldepflicht auch auf sie erstrecken. Erfasst werden sie als sonstige Führungspersonen, die aufgrund ihrer Leitungsfunktion zu unternehmerischen Entscheidung ermächtigt sind und diese regelmäßig auf der Grundlage von Insiderinformationen treffen. Unerheblich ist, dass die Geschäftsführungsbefugnis nicht durch die Satzung verliehen wird.

Die **Hauptversammlung** ist kein Organ i. S. d. § 15a Abs. 2 WpHG und die 80
Aktionäre als deren Mitglieder sind keine sonstigen Führungspersonen. Selbst wenn die Hauptversammlung über Fragen der Geschäftsführung gemäß § 119 Abs. 2 AktG entscheidet, entsteht keine Mitteilungspflicht. Gleiches gilt für Aktionäre einschließlich der **Mehrheitsaktionäre mit unternehmerischer Beteiligung**.[151] Letztere können zwar trotz Unabhängigkeit des Vorstandes (§ 76 Abs. 1 AktG) faktischen Einfluss auf den Emittenten ausüben. Häufig haben sie auch einen bevorzugten Einblick in die Geschäftstätigkeit der Gesellschaft – einschließlich möglicher Insiderkenntnisse. Dieser Einfluss bzw. Einblick ist aber vorrangig an gesellschaftsrechtlichen Maßstäben wie etwa dem Gleichbehandlungsgebot (§ 53a AktG) zu messen. Auch wenn die Interessen von Mehrheitsaktionären erheblich stärker mit der Entwicklung des Emittenten verknüpft sein

---

[149] BaFin, Emittentenleitfaden idF v. 15. Juli 2005, 70; v. *Buttlar* BB 2003, 2136.
[150] *Assmann/Schneider/Sethe*, Rn. 31.
[151] *Assmann/Schneider/Sethe*, Rn. 29.

§ 15a 81–83 Abschnitt 3. Insiderüberwachung

können als die von Kleinaktionären und sie damit eine den persönlich haftenden Gesellschaftern vergleichbare Interessenlage einnehmen, fehlt aufgrund des eindeutigen Wortlauts von § 15a WpHG eine Mitteilungspflicht für Groß- und Mehrheitsaktionäre. Eine mit Sec. 16a SEA im US amerikanischen Recht vergleichbare Regelung, wonach auch Anteilseigner mit einer Beteiligung von 10% oder mehr zu Veröffentlichung von Wertpapiergeschäften verpflichtet sind, existiert im deutschen Recht nicht. Von der Kapitalmarktpublizität werden Veränderungen wesentlicher Beteiligungen lediglich im Rahmen des §§ 21ff. WpHG unter Anwendung der dort genannten Schwellenwerte erfasst.

81 Ist das **Insolvenzverfahren** über den Emittenten eröffnet, übernimmt der Insolvenzverwalter die Geschäftsführungs- und Verfügungsbefugnis (§ 80 Abs. 1 InsO). Der **Vorstand** verbleibt aber gemäß § 263 AktG im Amt und verliert weder seine Organstellung noch die Mitteilungspflicht. Auch wenn dem Vorstand die Befugnisse zu wesentlichen Geschäftsführungsentscheidungen entzogen sind, ändert dies nichts an seiner formalen Stellung als Organ. Das Fortbestehen der Mitteilungspflicht ist auch durch das Informationsbedürfnis des Kapitalmarktes gerechtfertigt. Dieses besteht in der kritischen wirtschaftlichen Situation eines Insolvenzverfahrens sogar in besonderem Maße und verliert durch die Einschränkung der Einflussmöglichkeiten der Vorstandsmitglieder nicht an Bedeutung. Der **Insolvenzverwalter** seinerseits nimmt mit Eröffnung des Insolvenzverfahrens zwar keine formale Stellung als Leitungsorgan ein. Er ist aber aufgrund seiner faktischen Leitungsbefugnisse zu wesentlichen unternehmerischen Entscheidungen ermächtigt und damit als sonstige Führungsperson mitteilungspflichtig.[152] Gleiches muss für **Sonderbeauftragte im Sinne des § 36 Abs. 3 KWG**[153] sowie des § 83a VAG[154] gelten.

b) Personen in enger Beziehung

82 In § 15a Abs. 1 Satz 2, Abs. 3 WpHG erfolgte die Umsetzung von Art. 6 Abs. 10, 5. Spiegelstrich der Marktmissbrauchsrichtlinie sowie von Art. 1 Abs. 2 und 3 der Durchführungsrichtlinie zur Marktmissbrauchsrichtlinie. Der Adressatenkreis der Mitteilungspflicht ist danach auch auf solche Personen ausgedehnt, die mit den in § 15a Abs. 2 WpHG genannten Personen in enger Beziehung stehen. § 15a Abs. 3 Satz 1 WpHG erfasst zunächst natürliche Personen in enger Beziehung. Gemeint sind damit Ehepartner, Lebenspartner, unterhaltsberechtigte Kinder und andere Verwandte, die mit der Führungsperson vor Abschluss des mitteilungspflichtigen Geschäfts mindestens ein Jahr im selben Haushalt gelebt haben. Gemäß Satz 2 und 3 können auch juristische Personen, Gesellschaften und sonstige Einrichtungen als Personen in enger Beziehung gelten. Davon betroffen sind zB Verflechtungen, die durch eine Organtätigkeit der Führungsperson oder durch deren herrschenden Einfluss bei einem Dritten erreicht werden können.

83 Die Ausdehnung der Mitteilungspflicht auf nahestehende Personen i.S.d. § 15a WpHG will **Umgehungsgeschäften entgegenwirken**.[155] Es sollen Fälle erfasst werden, bei denen mitteilungspflichtige Transaktionen nicht von der Per-

---

[152] *Assmann/Schneider/Sethe*, Rn. 35.
[153] *Kreditwesengesetz* idF vom 21. 12. 2007, BGBl. I S. 2776.
[154] *Versicherungsaufsichtsgesetz* vom 23. Dezember 2007, BGBl. I S. 3248.
[155] *Diekmann/Sustmann* NZG 2004, 937.

son mit Führungsfunktion selbst, sondern über eine nahe stehende Person abgewickelt werden.[156] Zum anderen sollen auch solche Personen einbezogen werden, die regelmäßig Anteil am Wissensvorsprung der Führungsperson haben.[157] Allerdings können auch durch diese Erweiterung des Anwendungsbereichs Umgehungen der Mitteilungspflicht nicht völlig ausgeschlossen werden. Beispielsweise bleiben Wertpapiergeschäfte durch Verschwägerte, die nicht seit einem Jahr im selben Haushalt leben, oder durch Stiefkinder, die nicht adoptiert wurden, möglich. Eine noch weiter gehende Ausdehnung des persönlichen Anwendungsbereichs dürfte jedoch kaum noch praktikabel sein.

aa) Natürliche Personen. (α) Ehepartner. Den Personen mit Führungsaufgaben nahestehende Personen sind vor allem deren Ehepartner. Die Mitteilungspflicht beginnt für diese mit der Eheschließung gemäß § 1310 BGB. Verlobte sind als Nicht-Ehepartner nicht mitteilungspflichtig und unterfallen auch nicht dem Begriff des „anderen Verwandten". Eine Analogie verbietet sich nicht zuletzt wegen des Normcharakters einer Ordnungswidrigkeit. Die Mitteilungspflicht endet mit der Ehe, also entweder gemäß § 1313 Satz 2 BGB mit Rechtskraft eines Aufhebungsurteils, gemäß § 1564 Satz 2 BGB mit Rechtskraft eines Scheidungsurteils oder mit dem Tod des Ehegatten. Die Mitteilungspflicht besteht unabhängig davon, ob ein gemeinsamer Haushalt geführt wird. Das betrifft insbesondere das Trennungsjahr. Auch getrennt lebende Ehegatten unterliegen solange der Mitteilungspflicht, bis die Ehe geschieden wurde.[158] Diese Auslegung stimmt mit dem Ziel des Gesetzgebers überein, die genaue Überprüfbarkeit der Tatbestandsmerkmale zu gewährleisten.[159] Als Maßstab kann daher nur der **familienrechtliche Status** gelten. Auch wenn das vom Regelungszweck unterstellte Näheverhältnis zwischen Ehegatten während ihres Getrenntlebens nicht mehr angenommen werden kann, würde ein Wegfall der Mitteilungspflicht hier Umgehungsmöglichkeiten eröffnen, da das Getrenntleben leicht fingiert werden kann. **84**

Die Partner einer **nichtehelichen Lebensgemeinschaft,** also einer Gemeinschaft des bloßen Zusammenlebens ohne weitere Bindung, unterliegen nicht den Mitteilungspflichten des § 15a WpHG. Der Gesetzgeber hat das bloße Zusammenleben in häuslicher Gemeinschaft gerade nicht als geeigneten Anknüpfungspunkt der Mitteilungspflicht angesehen.[160] **85**

(β) Eingetragene Lebenspartner. Ebenfalls mitteilungspflichtig ist der dem Ehepartner gleichgestellte gleichgeschlechtliche, eingetragene Lebenspartner im Sinne des Gesetzes über die Eingetragene Lebenspartnerschaft (LPartG).[161] Die Lebenspartnerschaft gilt als geschlossen, nachdem die Beteiligten bei persönlicher und gleichzeitiger Anwesenheit vor der zuständigen Behörde erklärt haben, mit- **86**

---

[156] Begr. RegE zum 4. FFG, BT-Drucks. 14/8017, S. 88; *Deutsches Aktieninstitut,* Stellungnahme zum 4. FFG, S. 11; *v. Buttlar* BB 2003, 2136; *Zimmer* ZIP 2002, 1226; *Huetter/Leppert* NZG 2002, 656; *Assmann/Schneider/Sethe,* Rn. 38; *Schwark/Zimmer,* Rn. 23.
[157] *Erkens,* Der Konzern 2005, 33.
[158] BaFin, Emittentenleitfaden idF vom 15. 7. 2005, 70.
[159] *Assmann/Schneider/Sethe,* Rn. 39 und 41; Begr. RegE zum 4. FFG, BT-Drucksache 14/8017 S. 88; KölnKomm*WpHG-Heinrich,* Rn. 44.
[160] *Assmann/Schneider/Sethe,* Rn. 41.
[161] Gesetz über die eingetragene Lebenspartnerschaft (LPartG) vom 16. 2. 2001, BGBl. 2001 S. 266, zuletzt geändert durch Gesetz vom 11. 12. 2001, BGBl. I S. 3513.

§ 15a 87, 88 Abschnitt 3. Insiderüberwachung

einander eine Partnerschaft auf Lebenszeit führen zu wollen, § 1 Abs. 1 Satz 1 LPartG. Die Mitteilungspflichten bestehen vom Beginn bis zum Ende der Lebenspartnerschaft.[162] Sie endet, ähnlich wie die Ehe, mit einem rechtskräftigen Aufhebungsurteil gemäß § 15 Abs. 1 LPartG bzw. mit Tod eines Lebenspartners. Wie bei Ehepartnern ist auch hier die Führung eines gemeinsamen Haushalts nicht Voraussetzung für die Mitteilungspflicht.

87 **(γ) Unterhaltsberechtigte Kinder.** Nach § 15a Abs. 1 WpHG aF waren alle Verwandten ersten Grades mitteilungspflichtig, also auch alle Kinder. Der deutsche Gesetzgeber hat sich bei Umsetzung der Durchführungsrichtlinie, die in Art. 1 Nr. 2b eindeutig von unterhaltsberechtigten Kindern spricht, eng an die Vorgaben gehalten und den Anwendungsbereich verengt. Zentraler Anknüpfungspunkt ist nunmehr die **Unterhaltsberechtigung.** Diese richtet sich nach deutschem Recht, d. h. nach § 1601 ff. BGB (vgl. Art. 18 EGBGB). Es sind daher nur solche Kinder mitteilungspflichtig, denen gegenüber die Führungsperson zum Unterhalt verpflichtet ist. Unterhaltspflicht besteht gegenüber Verwandten in gerader Linie. Umfasst sind daher zum Beispiel leibliche Kinder und grundsätzlich Adoptivkinder, nicht hingegen Pflegekinder.

Nach Ansicht der BaFin soll unerheblich sein, ob von der betroffenen Führungsperson **tatsächlich Unterhalt geleistet** wird.[163] Diese Auffassung wird zwar durch den Text der Durchführungsrichtlinie zur Marktmissbrauchsrichtlinie gestützt, die lediglich an die formale Unterhaltsberechtigung anknüpft. Die Praktikabilität dieser Sichtweise ist jedoch fraglich. Sie führt zB dann zu praktischen Problemen, wenn die unterhaltsberechtigten Personen nicht im selben Haushalt wie die Meldepflichtige leben. Kommt es hier nicht zu Unterhaltszahlungen, wird der Unterhaltspflichtige häufig nicht in der Lage sein, auf die Erfüllung von Meldepflichten nach § 15a WpHG hinzuwirken. Bei Personen, die zwar unterhaltsberechtigt sind, aber keine Unterhaltszahlungen erhalten, fehlt auch die für eine Ausdehnung der Meldepflicht nach § 15a Abs. 1 Satz 2 WpHG unterstellte „enge" Beziehung. Richtigerweise sollte die Meldepflicht deshalb nur dann bestehen, wenn eine gesetzliche Unterhaltspflicht vorliegt und in Erfüllung derselben auch tatsächlich Unterhaltungszahlungen geleistet werden.

88 Gemäß § 1602 Abs. 1 BGB ist unterhaltsberechtigt, wer außerstande ist, sich selbst zu unterhalten.[164] Demnach kann ein minderjähriges, unverheiratetes Kind von seinen Eltern Unterhalt verlangen, wenn die Einkünfte aus seinem Vermögen und aus eigener Arbeit zum Unterhalt nicht ausreichen (§ 1602 Abs. 2 BGB). Kann das Kind hingegen Einkünfte aus seinem Vermögen für den eigenen Unterhalt verwenden, ist es nicht bedürftig.[165] Dann entfällt die Unterhaltsberechtigung und dementsprechend auch die Mitteilungspflicht gemäß § 15a WpHG. Eine Ausnahme von diesem Grundsatz ist allerdings zur Vermeidung von Umgehungen dann erforderlich, wenn das an sich unterhaltsberechtigte Kind von der Führungsperson mit Vermögen ausgestattet wurde.[166] Anderenfalls könnte die Mitteilungspflicht durch Ausstattung mit genügend Kapital umgangen werden. Jedenfalls dürfte ein solches mit Vermögen ausgestattetes Kind, wenn es

---

[162] BaFin, Emittentenleitfaden idF vom 15. 7. 2005, 70.
[163] BaFin, Emittentenleitfaden idF v. 15. Juli 2005, 70.
[164] Zum Unterhaltsrecht vgl. *Palandt/Diederichsen*, § 1602 Rn. 1 ff.
[165] *Palandt/Diederichsen*, § 1602 Rn. 20.
[166] *Assmann/Schneider/Sethe*, Rn. 42.

seit mindestens einem Jahr mit der Führungsperson im selben Haushalt lebt, unter die Fallgruppe der „anderen Verwandten" fallen.

Auch Volljährige können im Falle der Bedürftigkeit i. S. d. § 1602 BGB unterhaltsberechtigt sein.[167] Nichteheliche Kinder haben vor Anerkennung oder gerichtlicher Feststellung der Vaterschaft keine Unterhaltsansprüche. Gemäß § 1754 Abs. 1 BGB gilt ein adoptiertes Kind als leibliches Kind der Eltern. Unterhaltsrechtlich ist der Zeitpunkt relevant, zu dem die Eltern des Kindes die erforderliche Einwilligung in die Adoption erteilt haben und das Kind in die Obhut des Annehmenden mit dem Ziel der Annahme aufgenommen worden ist (§ 1751 Abs. 4 BGB). Volljährige Adoptierte erfasst § 15a WpHG nur, wenn der Annehmende selbst Führungsperson i.S.d. § 15a WpHG ist. Keine Mitteilungspflicht besteht für Stiefkinder einer Führungsperson, da diese nicht in direkter Verwandtschaft zueinander stehen.[168] Bei ausländischen Staatsangehörigen bzw. bei im Ausland ansässigen Personen richtet sich die Unterhaltsverpflichtung gegebenenfalls nach der anzuwendenden ausländischen Rechtsordnung.

(δ) Andere Verwandte. Von der Mitteilungspflicht erfasst sind auch andere Verwandte, die mit den in Abs. 2 genannten Personen zum Zeitpunkt des Abschlusses des mitteilungspflichtigen Geschäfts seit mindestens einem Jahr im selben Haushalt leben. Wer Verwandter ist, bestimmt sich nach § 1589 BGB. Danach sind Personen, deren eine von der anderen abstammt, in gerader Linie verwandt. Das sind Eltern, Kinder sowie Großeltern und Enkel.[169] Personen, die nicht in gerader Linie verwandt sind, aber von derselben dritten Person abstammen, sind in der Seitenlinie verwandt. So zB Geschwister, die von derselben Person abstammen.[170] Die Mitteilungspflicht besteht unabhängig vom Grad der Verwandtschaft.[171] Es kann also eine unbestimmte Zahl an Verwandten einbezogen sein. Jedoch begrenzt das Erfordernis des gemeinsamen Haushalts den sehr weiten Verwandtschaftsbegriff. Entgegen der früheren Regelung ist also nicht mehr allein die verwandtschaftliche Bindung entscheidend, sondern auch der tatsächliche häusliche Kontakt. Nur in diesen Fällen besteht der Anschein, dass Wertpapiergeschäfte in Kenntnis möglicher Insiderinformationen getätigt werden.[172] Anders als bei Ehegatten und eingetragenen Lebenspartnern kommt es bei den anderen Verwandten also gerade auf die räumliche Nähe an. Zwar ermöglicht diese Beschränkung Umgehungsmöglichkeiten, diese sind jedoch aus Gründen der Verhältnismäßigkeit und der Überschaubarkeit der Anzahl von meldepflichtigen Geschäften hinzunehmen.

Zum Zeitpunkt des Abschlusses des Geschäfts müssen „andere Verwandte" mindestens ein Jahr im selben Haushalt mit der Führungsperson leben. Der Begriff des Haushalts ist gesetzlich nicht geregelt. Das Kriterium des gemeinsamen Haushalts ist erfüllt, wenn eine Wohn- und Wirtschaftsgemeinschaft besteht,[173] d. h. wenn eine Wohnung oder ein Haus geteilt und ein gemeinsamer Haushalt geführt wird. Gemeint ist das ständige Zusammenleben in gemeinsamen Räum-

---

[167] Palandt/Diederichsen, § 1602 Rn. 5 a.
[168] So auch Assmann/Schneider/Sethe, Rn. 43.
[169] Palandt/Diederichsen, § 1589 Rn. 1.
[170] Palandt/Diederichsen, § 1589 Rn. 1.
[171] BaFin, Emittentenleitfaden idF vom 15. 7. 2005, 71.
[172] v. Buttlar BB 2003, 2136.
[173] BaFin, Emittentenleitfaden idF vom 15. 7. 2005, 71.

Pfüller

lichkeiten mit einheitlicher wirtschaftlicher Organisation des täglichen Lebens. Nicht erfüllt ist das Kriterium daher, wenn der Verwandte eine eigene Wohnung bzw. ein eigenes Haus bewohnt, das ihm lediglich von der Führungsperson zur Verfügung gestellt wurde und keine weiteren Umstände hinzukommen.[174]

95 **bb) Juristische Personen und Führungsaufgaben (§ 15 Abs. 3 Satz 2 WpHG).** Juristische Personen, bei denen die in § 15 Abs. 2 und Abs. 3 Satz 1 WpHG genannten Personen Führungsaufgaben wahrnehmen, gelten als Personen, die mit einer Führungsperson in enger Beziehung stehen (vgl. § 15 Abs. 3 Satz 2 WpHG). Damit haben diese juristischen Personen eigene Geschäfte ebenfalls mitzuteilen.

96 Die für § 15a WpHG relevanten juristischen Personen des Privatrechts beruhen auf einem privatrechtlichen Gründungsakt.[175] Darunter fallen nach deutschem Recht die GmbH, AG, Treuhandgesellschaft, Beteiligungsgesellschaft, Genossenschaft, ein Verein oder eine Stiftung. Da es weder auf den Sitz noch auf die zugrunde liegende Rechtsordnung ankommt, werden auch Gesellschaften erfasst, die im Ausland ansässig sind oder in einer ausländischen Jurisdiktion gegründet wurden. Ausgehend von der gesetzgeberischen Intention, Umgehungsgeschäfte möglichst umfassend auszuschließen, müssen in Satz 2 ergänzend zu den „juristischen Personen" auch die nur in Satz 3 genannten „Gesellschaften" und „Einrichtungen" einbezogen werden.[176] Die Formulierung des Gesetzes ist insoweit unglücklich und widerspricht dem Wortlaut und der grundsätzlichen Intention des Art. 1 Nr. 2 lit. d der Durchführungsrichtlinie zur Marktmissbrauchsrichtlinie.

97 Die Mitteilungspflicht entsteht für juristische Personen, Gesellschaften und Einrichtungen, bei denen Personen tätig sind, die sowohl im Hinblick auf den Emittenten als auch auf die entsprechende juristische Person Führungsaufgaben wahrnehmen. Gleiches gilt nach den Änderungen durch das Pfandbriefgesetz,[177] wenn nahestehende Personen i. S. d. § 15a Abs. 1 Satz 1 WpHG Führungsaufgaben bei dieser juristischen Person, Gesellschaft oder Einrichtung wahrnehmen.

98 Die Ausführungen zu den Führungs- bzw. nahestehenden Personen im Hinblick auf ihre Stellung beim Emittenten gelten insoweit entsprechend, als dass sie auf die jeweiligen Gesellschaftsformen übertragen werden müssen. So gelten zB die Geschäftsführer einer GmbH als Mitglieder des Leitungsorgans und somit als Führungspersonen. Aufgrund der weiten Formulierung kann jedoch in manchen Fällen eine Einschränkung des Wortlauts geboten sein.

99 **cc) Weitere juristische Personen (§ 15 Abs. 3 Satz 3 WpHG).** § 15 Absatz 3 Satz 3 WpHG erweitert die Mitteilungspflicht auf solche juristischen Personen, die entweder direkt oder indirekt von einer Person im Sinne des Abs. 2 oder des Abs. 3 Satz 1, d. h. einer natürlichen Person, kontrolliert werden, oder die zugunsten einer solchen Person gegründet wurden, oder deren wirtschaftliche Interessen weitgehend denen einer solchen Person entsprechen. Damit wird die Ausübung der Kontrolle der Wahrnehmung von Führungsaufgaben gleichge-

---

[174] *Erkens* Der Konzern 2005, 33.
[175] *Palandt/Heinrichs,* Einf. vor § 21 Rn. 3.
[176] So auch *Assmann/Schneider/Sethe,* Rn. 45.
[177] Gesetz zur Neuordnung des Pfandbriefrechts, vom 22. 5. 2006, BGBl. I S. 1373.

stellt und der Adressatenkreis der Mitteilungspflicht entsprechend erweitert. Mit der Regelung soll die Umgehung von Mitteilungspflichten durch Vornahme der Geschäfte über eine Gesellschaft, welche von der mitteilungspflichtigen Personen beherrscht wird, verhindert werden.

(α) Juristische Personen, Gesellschaften und Einrichtungen. Der Begriff der juristischen Person ist ergänzt um Gesellschaften und Einrichtungen. Dies dient der Klarstellung, so dass eine möglichst umfassende Interpretation gewährleistet ist. Der Gesellschaftsbegriff umfasst gemäß Art. 1 Nr. 2 lit. d der Durchführungsrichtlinie zur Marktmissbrauchsrichtlinie Personengesellschaften, also die OHG, KG, GbR oder die Partnerschaftsgesellschaft sowie vergleichbare ausländische Gesellschaften.[178] Einrichtungen sind gemäß Art. 1 Nr. 2 lit. d der Durchführungsrichtlinie zur Marktmissbrauchsrichtlinie treuhänderisch tätige Einrichtungen, bei denen der Treunehmer das Vermögen nach dem Willen des Treuhänders verwaltet. Unter anderem können darunter Stiftungen fallen.

(β) Direkt oder indirekt kontrolliert von einer Person mit Führungsaufgaben. Eine Mitteilungspflicht entsteht, wenn eine Führungsperson im Sinne des § 15 Abs. 2 WpHG oder eine Person im Sinne des § 15 Abs. 3 Satz 1 WpHG die juristische Person, Einrichtung oder Gesellschaft direkt oder indirekt kontrolliert. Dies ist erforderlich, um Umgehungsgeschäfte zu verhindern, bei denen die mitteilungspflichtige Transaktion statt über das Organmitglied, über eine von diesem dominierte Gesellschaft abgewickelt wird.[179] CESR[180] schlägt vor, den Begriff der Kontrolle mit der faktischen Bestimmung der Geschäftspolitik zu umschreiben. Die Führungsperson muss demnach so beteiligt sein, dass sie die Geschäftspolitik und damit das Unternehmen **beherrscht**. Zur Eingrenzung des Begriffs der Kontrolle bietet sich an, auf die Definition in § 1 Abs. 6 und Abs. 8 WpHG iVm § 290 HGB zurückzugreifen. Auch nach § 22 Abs. 3 WpHG, der die Zurechnung von Stimmrechten regelt, gelten Tochterunternehmen als solche i.S.d. § 290 HGB oder auf die ein beherrschender Einfluss ausgeübt werden kann.[181] Kontrolle kann vor allem aus einer Stimmrechtsmehrheit (Mehrheitsbeteiligung) der Gesellschafter entstehen. Gehört die Mehrheit der Anteile eines Unternehmens einer natürlichen Person, so übt diese regelmäßig auch die Kontrolle aus (vgl. zB § 16 Abs. 1 AktG). Die Stimmrechtsmehrheit muss in der Gesellschafterversammlung gegeben sein.[182] Unerheblich ist, ob und in welcher Höhe die Führungsperson kapitalmäßig beteiligt ist.[183] Ferner lässt sich Kontrolle aus dem Recht, die Mehrheit der Mitglieder des Verwaltungs-, Leitungs-, oder Aufsichtsorgans zu wählen oder aus dem Bestehen von Beherrschungsverträgen sowie aus besonderen, Kontrollrechte einräumenden Satzungsbestimmungen ableiten.

Grundsätzlich genügt bereits die **Möglichkeit der Kontrolle** durch eine Person mit Führungsaufgaben. Die tatsächliche Ausübung der Kontrolle ist nicht

---

[178] BaFin, Emittentenleitfaden idF vom 15. 7. 2005, 72.
[179] v. Buttlar BB 2003, 2136.
[180] Advice on the Second Set of Level 2 Implementing Measures for the proposed Market Abuse Directive (August 2003), CESR-Ratschlag Nr. 44 „… who has the power to manage its business or to materially influence its management decisions".
[181] Dabei kommt es nicht auf die Rechtsform oder den Sitz des Tochterunternehmens an.
[182] GK-HGB-*Gietl*, § 290 Rn. 22.
[183] GK-HGB-*Gietl*, § 290 Rn. 22.

erforderlich. Die Möglichkeit mittelbarer Kontrolle muss jedoch gesellschaftsrechtlich fundiert, beständig und umfassend sein.

103 Sofern es sich bei der juristischen Person ebenfalls um eine börsennotierte Aktiengesellschaft handelt, kann zur Auslegung des Kontrollbegriffs § 29 Abs. 2 WpÜG herangezogen werden. Danach gilt eine Kontrolle ab 30% der Stimmrechte als gegeben. Die Wahl dieser Schwelle ergibt sich aus der heute üblichen Hauptversammlungspräsenz, bei der die Abstimmungsmehrheit regelmäßig bei 30% erreicht wird.[184]

104 (γ) **Zugunsten einer solchen Person gegründet.** Umfasst werden ferner Fälle, in denen die Gesellschaft zugunsten der Person mit Führungsaufgaben oder einer ihr nahestehenden Person gegründet wurde. Der Gesetzgeber möchte mit dieser Formulierung Missbrauch und etwaige Umgehungsmöglichkeiten unterbinden.[185] In der Regel wird jedoch die Gründung einer Gesellschaft zugunsten einer Führungsperson bzw. ihr nahestehenden Person mit einer Organstellung oder der Kontrolle der Stimmrechte zusammenfallen, sodass es sich letztlich nur um einen Auffangtatbestand handeln dürfte.[186] Zu beachten ist jedoch, dass auch ausländische Gesellschaften erfasst werden. Sofern andere Rechtsordnungen Gestaltungsmöglichkeiten vorsehen, bei denen Begünstigung und Kontrolle auseinanderfallen, sind auch diese Gesellschaften mitteilungspflichtig.

105 (δ) **Entsprechung wirtschaftlicher Interessen.** In Umsetzung von Art. 1 Nr. 2 lit. d der Marktmissbrauchsrichtlinie in Verbindung mit Art. 6 Abs. 1 der Durchführungsrichtlinie zur Marktmissbrauchsrichtlinie sind auch Personen mitteilungspflichtig, deren wirtschaftliche Interessen weitgehend einer Person iSd § 15 Abs. 2 WpHG entsprechen. Beispiele für diese Konstellation sind Trusts oder auch Spezial-Sondervermögen nach §§ 2 Abs. 3, 91 ff. InvG.[187] Durch die weite Formulierung soll die Schaffung von Umgehungstatbeständen verhindert werden, etwa bei der Zwischenschaltung mehrerer juristischer Personen, dem Abschluss von Ergebnisabführungsverträgen oder ähnlichen gesellschaftsrechtlichen Konstruktionen.

Im Falle einer **Verpfändung** von Geschäftsanteilen, entspricht das Interesse des Pfandnehmers wirtschaftlich nicht dem Interesse eines Gesellschafters. Ist eine Führungsperson i. S. d. § 15a Abs. 1 WpHG also Pfandgläubiger von Anteilen einer Gesellschaft, die Geschäfte mit Aktien des Emittenten tätigt, besteht eine Mitteilungspflicht weder für diese Gesellschaft noch für die Führungsperson.

106 dd) **Einschränkung des Anwendungsbereichs für juristische Personen.** Die wörtliche Anwendung des § 15a Abs. 3 WpHG würde den Kreis der Mitteilungspflichtigen erheblich erweitern und alle juristischen Personen erfassen, bei denen Führungspersonen Einfluss ausüben. Dies wäre vom Regelungszweck der Verhinderung von Umgehungssachverhalten nicht mehr gedeckt. Nach seiner Ausgestaltung soll § 15a Abs. 3 Satz 2 WpHG lediglich eine Zurechnungsnorm sein.[188] Die Vorschrift ist deshalb unter Beachtung von Art. 6 Abs. 1 der Durchführungsrichtlinie zur Marktmissbrauchsrichtlinie und der **CESR-Emp-**

---

[184] MünchKommAktG-*Wackerbarth*, § 29 WpÜG Rn. 43.
[185] *Pluskat* BKR 2004, 469; *Diekmann/Sustmann* NZG 2004, 937.
[186] *Assmann/Schneider/Sethe*, Rn. 49.
[187] Siehe dazu *Assmann/Schneider/Sethe*, Rn. 49.
[188] *Assmann/Schneider/Sethe*, Rn. 47.

fehlungen[189] eng auszulegen und teleologisch zu reduzieren.[190] Entsprechend des CESR-Vorschlags sollen nur die juristischen Personen mitteilungspflichtig sein, bei denen Personen i.S. d. § 15a Abs. 2 bzw. Abs. 3 Satz 1 WpHG „*power to manage its business or to materially influence its management decisions*" ausüben. Eine Mitteilungspflicht besteht nur dann, wenn die betreffende natürliche Person sich durch ihren Einfluss auf die die Wertpapiergeschäfte tätigende Gesellschaft wirtschaftliche Vorteile sichern kann.

Die BaFin wendet eine **zweistufige Prüfung** an, um die Fälle auszuschließen, die nicht von der Regelung umfasst sein sollen.[191] Im ersten Schritt werden Personen ausgenommen, die keinen nennenswerten wirtschaftlichen Vorteil aus dem Geschäft erzielen können. Erst im zweiten Schritt ist dann nach Ansicht der BaFin weiter zu prüfen, ob die vermittelnde Führungsperson bzw. nahestehende Person auch die tatsächlichen Kontroll- bzw. Einflussmöglichkeiten bei der dann meldepflichtigen Gesellschaft hat. Das Merkmal des **nennenswerten wirtschaftlichen Vorteils** soll – beispielsweise – dann erfüllt sein, wenn der Führungsperson mindestens 50% der Gesellschaftsanteile, der Stimmrechte oder der Gewinne der Gesellschaft zugerechnet werden und sie damit „Anteil" an der Gesellschaft nimmt.[192] Wenn lediglich ergebnisabhängige Vergütungsvereinbarungen zwischen der Führungsperson und der handelnden Gesellschaft bestehen, soll es an einem nennenswerten wirtschaftlichen Vorteil fehlen.[193] Mit Rücksicht auf das Anlegerinformationsinteresse ist nicht nachzuvollziehen, warum Anleger nur über solche Geschäfte zwischengeschalteter Gesellschaften unterrichtet werden sollen, bei denen die – ohne eine solche Zwischenschaltung uneingeschränkt meldepflichtige – Führungsperson einen unmittelbaren wirtschaftlichen Vorteil erzielt. Die Indikatorwirkung für den Kapitalmarkt besteht auch unabhängig davon. Dem Wortlaut der CESR-Empfehlung lässt sich das Erfordernis eines nennenswerten wirtschaftlichen Vorteils nicht entnehmen. Auch die Andeutung des deutschen Gesetzgebers, dass hinter der Mitteilungspflicht juristischer Personen ein „wirtschaftliches Interesse" der Führungsperson stehen muss (vgl. § 15a Abs. 3 Satz 3, 3. Alternative WpHG), lässt sich nicht ohne weiteres auf § 15a Abs. 3 Satz 2 WpHG übertragen. Die Heranziehung des einschränkenden Kriteriums überzeugt deshalb nur, wenn auf die bezweckte **Vermeidung** von Umgehungssachverhalten abgestellt wird. Eine solche Umgehungsgefahr besteht nicht, wenn die Person selbst keinen wirtschaftlichen Vorteil aus der gewählten Konstruktion ziehen kann. Letztlich geht es bei § 15a WpHG um eine Mitteilungspflicht für „eigene Geschäfte" der Führungsperson, worunter Geschäfte auf eigene Rechnung zu verstehen sind. Um Umgehungen auszuschließen, werden der Führungsperson auch die Geschäfte verschiedener Personengruppen über

---

[189] Advice on the Second Set of Level 2 Implementing Measures for the proposed Market Abuse Directive (CESR/03–212c) vom August 2003, Rn. 44.
[190] So auch: BaFin, Emittentenleitfaden idF v. 15. Juli 2005, 72; *Schwintek*, 54; *Assmann/Schneider/Sethe*, Rn. 48.
[191] BaFin, Emittentenleitfaden idF v. 15. Juli 2005, 72f.; *Assmann/Schneider/Sethe*, Rn. 48.
[192] BaFin, Emittentenleitfaden idF v. 15. Juli 2005, 72, 73; *Assmann/Schneider/Sethe*, Rn. 48; *Schwintek*, 54. Diese Kriterien sind aber ohnehin bereits durch das Erfordernis der Kontrolle abgedeckt.
[193] *Schwintek*, 54.

§ 15 Abs. 2 und Abs. 3 Satz 1 WpHG zugerechnet. Eine solche Zurechnung ist dann nicht begründet, wenn das Geschäft gar nicht „auf Rechnung" der Führungsperson geht, ihr also keinen Vorteil bringt.

107 Vertretbar ist deshalb, jedenfalls, gemeinnützige Gesellschaften und Einrichtungen vom Anwendungsbereich des § 15a Abs. 3 WpHG auszunehmen.[194]

108 **ee) Adressat der Mitteilungspflicht.** Die Mitteilungspflicht trifft die nahestehenden Personen selbst und auch nur diese (vgl. § 15a Abs. 1 Satz 2 WpHG). Dies entspricht nicht nur dem Wortlaut der Marktmissbrauchsrichtlinie, sondern kommt auch in den Gesetzesmaterialien zum Ausdruck.[195] Geschäfte einer nahestehenden Person begründen deshalb keine Mitteilungspflicht für die „Primärinsider" des § 15 Abs. 1 Satz 1 WpHG.

109 Dies wird in der Literatur auf Grund der geringeren Sachkenntnis des nahestehenden Personenkreises über die Erfüllung der Meldepflichten aus § 15a WpHG zu Recht kritisiert.[196] Eine **Zurechnung von Geschäften der nahestehenden Personen** zur Führungsperson, ähnlich Sec. 328 des britischen Companies Act 1985, wonach nur der Führungsperson selbst die Mitteilungspflicht obliegt,[197] wäre daher vorzugswürdig.[198] Auch in den USA wird dieses Ergebnis durch das Konzept des *beneficial ownership* erreicht: Danach wird dem Verwaltungsmitglied auch derjenige Anteilsbesitz zugerechnet, an dem es ein geldwertes Interesse hat, wobei diesbezüglich eine widerlegbare Vermutung für den Anteilsbesitz naher Angehöriger besteht, die im gemeinsamen Haushalt wohnen.[199]

Obwohl eine solche Lösung wegen der größeren Sachnähe der Führungsperson gerechtfertigt erscheint,[200] wären erhebliche praktische Schwierigkeiten zu bedenken. Da der Kreis der nahestehenden Personen ausgedehnt wurde, müsste die meldepflichtige Führungsperson zunächst einmal Kenntnis über die mitteilungspflichtigen Transaktionen erlangen. Der zu erwartende Einwand, die Wertpapiergeschäfte der Angehörigen seien nicht bekannt gewesen, kann nicht ohne weiteres mit der Informationseinholungspflicht entkräftet werden,[201] auch wenn eine solche bei anderen Publizitätspflichten anerkannt ist.[202] Werden die nahestehenden Personen selbst von der Offenlegungspflicht ausgenommen, fehlt bei ihnen zudem der Abschreckungseffekt.

110, 111 Organmitglieder können ihren sachunkundigen Verwandten bei der Erfüllung ihrer Mitteilungspflichten behilflich sein.[203] Eine Rechtspflicht der Führungsperson zur **Mitwirkung an der Mitteilungspflicht** der ihr nahestehenden Personen besteht jedoch regelmäßig nicht. Allenfalls aus familienrechtlichen Garantenpflichten lässt sich ein Gebot zum Hinweis bzw. zur Hinwirkung auf

---

[194] BaFin, Emittentenleitfaden idF vom 15. 7. 2005, 72.
[195] Bericht des Finanzausschusses BT-Drucks. 14/8601, S. 10; Art. 6 Abs. 4 Marktmissbrauchsrichtlinie.
[196] *Huttner/Leppert* NZG 2002, 656; *Letzel* BKR 2002, 865; *Fleischer* ZIP 2002, 1226.
[197] Vgl. *Fischer zu Cramburg/Hannig*, 25.
[198] Ausführlich dazu *Assmann/Schneider/Sethe*, Rn. 44, der aber im Ergebnis eine Zurechnung ablehnt.
[199] Vgl. *Fleischer* ZIP 2002, 1221 f.
[200] Vgl. *Huetter/Leppert* NZG 2002, 656.
[201] So aber *Fleischer* ZIP 2002, 1226; *Schwark/Zimmer*, Rn. 23.
[202] Vgl. *Assmann/Schneider/Schneider*, § 21 Rn. 92 f.
[203] *v. Rosen/Fischer zu Cramburg/Hannich*, 25.

die Erfüllung öffentlich-rechtlicher Pflichten herleiten. Innerhalb einer ehelichen Lebensgemeinschaft oder Lebenspartnerschaft gemäß § 1353 BGB bzw. § 2 LPartG sind sich die Partner zu Beistand verpflichtet. Der eheliche Beistand umfasst unter anderem das Abhalten von strafbaren Handlungen.[204] Daraus kann auch die Verpflichtung einer Führungsperson resultieren, ihren Ehe- bzw. Lebenspartner auf die Mitteilungspflicht hinzuweisen.[205] Bezüglich minderjähriger Kinder sind die Eltern im Rahmen ihres Sorgerechts und als gesetzliche Vertreter des Kindes gemäß §§ 1626 Abs. 1, 1629 Abs. 1 BGB zur Wahrnehmung der Belange ihres Kindes verpflichtet. Hierunter fällt auch die Erfüllung der Mitteilungspflicht.[206] Mit der Volljährigkeit des Kindes endet die elterliche Sorge.[207] Darüber hinausgehende Hinweispflichten der Führungsperson bestehen nicht.

ff) Verfassungsmäßigkeit der Mitteilungs- und Offenlegungspflicht. Die **Verfassungsmäßigkeit** des § 15a WpHG hinsichtlich der Mitteilungs- und Offenlegungspflicht nahestehender Personen wurde vom VGH Kassel[208] in zweiter Instanz bestätigt. Die Mitteilungspflicht ist an Art. 2 Abs. 2 iVm Art. 1 Abs. 1 GG zu messen, da auch die Weitergabe und Verarbeitung privater Daten vom **Recht auf informationelle Selbstbestimmung** als Ausfluss des allgemeinen Persönlichkeitsrechts umfasst ist und nur aufgrund überwiegender Allgemeininteressen beschränkt werden darf.[209] Dem vom VGH Kassel zu entscheidenden Fall lag ein Sachverhalt zugrunde, bei dem der Aufsichtsratsvorsitzende einer börsennotierten Aktiengesellschaft mit Sitz im Inland und seine Ehefrau Aktien verkauft hatten. Eine Mitteilung an die BaFin war zwar erfolgt, eine entsprechende Mitteilung an die Gesellschaft war jedoch unterblieben. Die Kläger rügten eine Verletzung ihrer Persönlichkeitsrechte, da die BaFin die Veröffentlichung der Transaktion unter Namensnennung auf der Internetseite der betroffenen Gesellschaft verlangte. Dies entsprach bereits damals der Verwaltungspraxis, so dass die während des Verfahrens eingetretene Rechtsänderung, wonach § 15a Abs. 5 WpHG in Verbindung mit § 12 Nr. 2 WpAIV die Angabe von Vor- und Familiennamen nun ausdrücklich verlangt, außer Betracht blieb.

Der VGH Kassel billigt in seinem Urteil dem Gesetzgeber einen weitreichenden Ermessensspielraum zu. Gerade für Materien, die neuartige Sachverhalte betreffen und eine komplexe Regelung erfordern, müsse der Normgeber eine angemessene Zeit zur Sammlung von Erfahrungen haben, welche „experimentelle" Regelungen möglich macht.[210] Eine gänzlich anonyme Veröffentlichung oder auch die Veröffentlichung unter Umschreibung der Funktion könne die Ziele des Gesetzgebers nicht effektiv umsetzen, vielmehr sei nur die Namensnennung geeignet, eine Verschleierung mehrerer hintereinandergeschalteter Transaktionen

---

[204] BGH, Urteil vom 15. 10. 1954 – Az: 2 StR 12/54, NJW 1954, 1818.
[205] *Assmann/Schneider/Sethe*, Rn. 36; zu Garantenpflicht bei Ehegatten vgl. *Freund* NJW 2003, 3384 ff.
[206] MünchKommBGB-*Huber*, § 1629 Rn. 8; *Assmann/Schneider/Sethe*, Rn. 36.
[207] *Palandt/Diederichsen*, § 1626 Rn. 27.
[208] Urteil vom 3. 5. 2006 – 6 UE 2623/04, *VGH Kassel* ZIP 2006, 1243 ff., die Revision zum BVerwG wurde zugelassen; zum erstinstanzlichen Urteil vgl. *Lenenbach* EwiR 2005, 235 ff., *Siller* WuB, IG6/§ 15a WpHG.
[209] BVerfG NJW 1984, 419.
[210] Vgl. VGH Kassel ZIP 2006, 1246.

Pfüller

zu verhindern.²¹¹ Zudem verweist das Gericht auf die Abschreckungswirkung, die eine Namensnennung habe. Unter Gesichtspunkten der Verhältnismäßigkeit werde die betreffende Person allein durch die Namensnennung nicht automatisch mit einem „anrüchigen" Geschäft oder strafbarem Verhalten in Verbindung gebracht.²¹² Aufgrund der Gefahr, nahe Angehörige als Strohmann für mitteilungspflichtige Geschäfte einzusetzen, sei die Ausdehnung auf diese für die Wirksamkeit der Regelung unerlässlich.²¹³

115 Während es ohne weiteres überzeugt, dass Führungspersonen aufgrund ihrer Stellung bestimmte Pflichten und Einschränkungen hinzunehmen haben, kann dies nicht unbeschränkt auch für Angehörige unter Berufung auf mögliche Umgehungsgeschäfte gelten. Ob der Eingriff in höchstpersönliche Rechte von Personen, die sich nicht freiwillig in eine herausgehobene, der Öffentlichkeit exponierte Stellung begeben haben, mit dem erwünschten Zuwachs an Transparenz in verhältnismäßiger Weise begründet werden kann, bleibt fraglich.²¹⁴

3. Mitteilungspflichtige Geschäfte

a) Eigene Geschäfte

116 Der Begriff des Geschäfts wurde durch das AnSVG eingeführt. Umfasst sind sämtliche Geschäfte, die zum Erwerb oder zur Veräußerung von Aktien oder sonstigen, auf Aktien bezogenen, Finanzinstrumenten führen.²¹⁵ Die Mitteilungspflicht entsteht mit **Abschluss des Geschäfts**.

117 **aa) Verpflichtungs- oder Verfügungsgeschäfte.** Nach Definition der BaFin²¹⁶ fallen unter Geschäfte im Sinne des § 15a Abs. 1 WpHG alle rechtsgeschäftlichen Verfügungen. Trotz dieser unpräzisen Wortwahl kommt durch die übrigen Ausführungen der BaFin im Emittentenleitfaden zum Ausdruck, dass allein das **schuldrechtliche Verpflichtungsgeschäft** für die Mitteilungspflicht maßgebend sein kann.²¹⁷

118 Dies gilt auch bei **aufschiebend bedingten** Rechtsgeschäften, beim Kommissionsgeschäft oder beim Direkterwerb durch einen Dritten *(Streckengeschäft)*, also bei Geschäften, bei denen regelmäßig schuldrechtliche Verpflichtung und dingliche Verfügung auseinanderfallen.²¹⁸ Auch bei solchen Geschäften entsteht

---

²¹¹ VGH Kassel ZIP 2006, 1246.
²¹² Vgl. VGH Kassel ZIP 2006, 1246.
²¹³ Vgl. VGH Kassel ZIP 2006, 1247.
²¹⁴ Ausführlich *Schuster* ZHR 167 (2003), 209 f.
²¹⁵ *v. Buttlar* BB 2003, 2137.
²¹⁶ BaFin, Emittentenleitfaden idF vom 15. 7. 2005, 75.
²¹⁷ BaFin, Emittentenleitfaden idF vom 15. 7. 2005, 78; *v. Buttlar* BB 2003, 2137; *Schneider* BB 2002, 1819; *v. Rosen/Fischer zu Cramburg/Hannich*, 31; *Assmann/Schneider/Sethe*, Rn. 58; KölnKommWpHG–*Heinrich*, Rn. 52; auf das dingliche Erwerbs- oder Veräußerungsgeschäft abstellend *Fleischer* ZIP 2002, 1226.
²¹⁸ aA KölnKommWpHG–*Heinrich*, Rn. 54, der danach differenziert, ob die Bedingung vom Mitteilungspflichtigen herbeigeführt werden kann. Hängt deren Eintritt allein vom Willen der Führungsperson ab, so soll die Mitteilungspflicht mit Abschluss des schuldrechtlichen Verpflichtungsgeschäfts entstehen. Hängt der Bedingungseintritt hingegen nicht oder nicht ausschließlich vom Willen ab, so soll die Mitteilungspflicht erst mit Bedingungseintritt entstehen.

die Mitteilungspflicht schon mit Abschluss des Verpflichtungsgeschäfts. Bereits zu diesem Zeitpunkt entsteht das Informationsbedürfnis der außenstehenden Anleger, da der Anspruch auf Übereignung von Aktien durch das Verpflichtungsgeschäft entstanden ist. Die Markttransparenz kann allein durch eine möglichst frühzeitige Veröffentlichung von Directors' Dealings bestmöglich gefördert werden. Regelmäßig wird das Kausalgeschäft zeitlich vor dem Erfüllungsgeschäft vorgenommen, sofern nicht ausnahmsweise beide Geschäfte zusammenfallen.

Das Verpflichtungsgeschäft spiegelt auch am besten die wirtschaftlichen Parameter der Transaktion wider und enthält für den Anleger einen höheren Informationswert als die neutrale dingliche Übertragung. Hinzu kommt, dass bei aufschiebend bedingten Geschäften der Eintritt der Bedingung regelmäßig nicht vorhersehbar ist, so dass der Zeitpunkt der Mitteilungspflicht nahezu willkürlich wäre. Die Mitteilung des **dinglichen** Geschäfts käme zu spät.[219] Vor dem Hintergrund der Umsetzung der Marktmissbrauchsrichtlinie in anderen Mitgliedstaaten ist ferner zu beachten, dass in diesen das deutsche Trennungs- und Abstraktionsprinzip häufig unbekannt ist. Auch aus Gründen der einheitlichen Rechtsanwendung ist deshalb der Abschluss des schuldrechtlichen Vertrages als „maßgebliches Geschäft" anzusehen. Die Erfüllung desselben ist grundsätzlich nicht mitzuteilen, auch wenn ein erheblicher Zeitraum zwischen Verpflichtung und Erfüllung liegt.[220]

Etwas anderes gilt für Wertpapierkäufe und -verkäufe mit **auflösender Bedingung**. Hier entsteht mit Eintritt der Bedingung ein Rückabwicklungsverhältnis, bei dem die Leistungspflichten umgekehrt werden. Insofern entspricht der Bedingungseintritt wirtschaftlich einem Wiederverkauf bzw. -kauf. Deshalb sind sowohl der Geschäftsabschluss selbst als auch der Eintritt der auflösenden Bedingung mitteilungspflichtig.[221] Die entsprechenden Umstände sind bei der Mitteilung anzugeben.

Durch eine **weitere Vorverlagerung** der Veröffentlichungspflicht auf einen Zeitpunkt vor Abschluss des Geschäfts, also etwa bereits auf die ernsthafte Absicht einer Veräußerung oder eines Erwerbs von Finanzinstrumenten,[222] wäre den Transparenzzielen möglicherweise sogar noch besser gedient. Eine solche *Pretrading-Disclosure* begegnet jedoch erheblichen praktischen Bedenken und besteht nach geltender Rechtslage vernünftigerweise auch nicht. Unerheblich ist, ob die Transaktion über eine Börse oder unter Einschaltung sonstiger Intermediäre ausgeführt wird. Auch **außerbörsliche Geschäfte** und Geschäfte unter Privatpersonen (etwa im Familienkreis) unterliegen der Mitteilungspflicht.[223]

Mitteilungspflichtig ist auch die **Zeichnung**, d.h. der Erwerb neuer Aktien aus einer Kapitalerhöhung, sei es mit oder ohne Ausübung entsprechender Bezugsrechte, sowie der Bezug von Aktien durch Ausübung von Wandlungsrechten aus einer Umtausch- oder Wandelanleihe.[224]

---

[219] *Assmann/Schneider/Sethe*, Rn. 58.
[220] BaFin, Emittentenleitfaden idF vom 15. 7. 2005, 78; aA KölnKommWpHG-*Heinrich*, Rn. 54.
[221] *Assmann/Schneider/Sethe*, Rn. 61.
[222] *Assmann/Schneider/Sethe*, Rn. 58.
[223] KölnKommWpHG-*Heinrich*, Rn. 53.
[224] Daneben ist auch der Erwerb der Umtausch- oder Wandelschuldverschreibung selbst mitteilungspflichtig.

§ 15a 123–125 Abschnitt 3. Insiderüberwachung

123   Die **Nichtausübung** eines Geschäfts ist nicht meldepflichtig. So muss eine Führungsperson nicht den Widerruf eines Auftrags mitteilen, den sie einem Broker erteilt hat, wenn dieser Auftrag noch nicht ausgeführt wurde.

124   **bb) Vermögensverwaltung durch Dritte.** Fraglich ist, ob auch Geschäfte, die nicht von dem Meldepflichtigen selbst, sondern von einem beauftragten **Vermögensverwalter** vorgenommen werden, der Meldepflicht unterliegen. Die BaFin[225] differenziert danach, ob der Vermögensverwalter nur bevollmächtigt ist, als Vertreter des Vermögensinhabers Vermögensumschichtungen vorzunehmen (wie in der Praxis üblich) oder ob das Eigentum an dem verwalteten Vermögen treuhänderisch auf den Vermögensverwalter übertragen wurde. Nur in letzterem (Ausnahme-)Fall soll nach Ansicht der BaFin die Mitteilungspflicht entfallen. Der Vermögensverwalter muss deshalb über die Verpflichtungen nach § 15a WpHG und die Notwendigkeit einer unverzüglichen Benachrichtigung des meldepflichtigen Auftraggebers bei Transaktionen in Wertpapieren des Emittenten informiert werden.[226] Diese Sichtweise der BaFin überzeugt jedoch mit Blick auf den Gesetzeszweck nicht. Auch der nur bevollmächtigte Vermögensverwalter tätigt im Rahmen des ihm eingeräumten Ermessens selbstständig und ohne vorherige Absprache mit dem Mitteilungspflichtigen Geschäfte. Seine diesbezüglichen Entscheidungen haben für den Kapitalmarkt deshalb keine Signal- oder Indizwirkung.[227] Vielmehr besteht die Gefahr, dass Fehlvorstellungen ausgelöst werden, da für außenstehende Dritte nicht ersichtlich ist, ob die mitteilungspflichtige Person selbst oder ihr Vermögensverwalter die Transaktion veranlasst hat.

125   **cc) Einzelne Geschäfte.** Der Geschäftsbegriff umfasst grundsätzlich alle Varianten des Erwerbs und der Veräußerung von Finanzinstrumenten. Von praktischer Bedeutung sind vor allem der **Kauf** oder **Verkauf** von Wertpapieren. Ebenso kann ein Verpflichtungsgeschäft, das **Depotübertragungen** zum Gegenstand hat, meldepflichtig sein. Umstritten ist die Behandlung von **Schenkungen**. Nach herrschender Ansicht sollen Schenkungen insgesamt nicht mitteilungspflichtig sein.[228] Die BaFin folgt dieser Auffassung, indem sie in der Endfassung ihres Emittentenleitfadens[229] – anders als noch in der Entwurfsfassung[230] – Schenkungen als nicht meldepflichtige Geschäfte aufführt. Auch die EU-Kommission[231] bezweifelt, dass der schenkungsweise Erwerb erfasst werden soll. Während CESR[232] Erbschaften für nicht meldepflichtig hält, wird eine sol-

---

[225] Rundschreiben der BaFin 17/2001 vom 5. 9. 2001.
[226] *Hagen-Eck/Wirsch* DB 2007, 509; *Assmann/Schneider/Sethe*, Rn. 94.
[227] Vgl. Handbuch börsennotierte AG-*Schäfer*, § 15 Rn. 13.
[228] *v. Buttlar* BB 2003, 2137; *Erkens* Der Konzern 2005, 35; *Pluskat* FinanzBetrieb 2004, 221; *dies.* BKR 2004, 471; dies. DB 2005, 1099 f.; Handbuch börsennotierte AG-*Schäfer*, § 15 Rn. 11; *Schwintek*, Anlegerschutzverbesserungsgesetz, 55 f.; Kodex-Kommentar-*Ringleb*, Rn. 1247; aA KölnKommWpHG-*Heinrich*, Rn. 109.
[229] BaFin, Emittentenleitfaden idF vom 15. 7. 2005, 75.
[230] BaFin, Entwurf des Emittentenleitfadens idF vom 22. 12. 2004, 67.
[231] Wiedergabe bei: The Committee Of European Securities Regulators, Advice on the Second Set of Level 2 Implementing Measures for the Market Abuse Directive (CESR/03–212 c) vom August 2003, Rn. 38.
[232] The Committee Of European Securities Regulators, Advice on the Second Set of Level 2 Implementing Measures for the Market Abuse Directive (CESR/03–212 c) vom August 2003, Rn. 39.

che Verpflichtung für den schenkungsweisen Erwerb dagegen angenommen. Erforderlich erscheint deshalb eine differenziertere Betrachtung von Sachverhalten in denen die Führungsperson entweder als Erwerber (Beschenkter) oder als Veräußerer (Schenker) unentgeltliche Geschäfte tätigt.

Befindet sich die Führungsperson auf der **Passivseite** eines **Schenkungsgeschäfts**, so kann die Annahme der Schenkung nicht durch Kenntnis möglicher Insiderinformationen motiviert sein.[233] Zwar mag der Kapitalmarkt auch ein Interesse an der Kenntnis solcher Geschäfte haben, eine Indikatorwirkung kommt diesem aber nicht zu. Es besteht deshalb keine Mitteilungspflicht. 126

Steht die Führungsperson dagegen auf der **Aktivseite** eines **Schenkungsgeschäftes**, lässt sich eine für den Kapitalmarkt relevante Indikatorwirkung nicht abstreiten. Auch das Argument der Neutralität des Rechtsgeschäfts mangels Gegenleistung führt nicht weiter, da auch durch eine solche Transaktion eine Vermögensverschiebung stattfindet, die für den Markt von Interesse sein kann.[234] Gegen die Meldepflicht von Schenkungen spricht letztlich nur, dass die Motive für die Schenkung regelmäßig im privaten Bereich liegen dürften und solche Motivlagen nicht vom Regelungszweck des § 15a WpHG erfasst werden sollen. 127

Erbschaften entbehren der Qualität eines Rechtsgeschäfts, so dass sie nicht von § 15a WpHG erfasst werden.[235] Die Erbschaft beruht nicht auf einem aktiven Verhalten des Erben, sodass die Kapitalmarktteilnehmer aus dem Übergang der Finanzinstrumente sinnvollerweise keine Rückschlüsse auf die Unternehmensentwicklung ziehen können. Dies führt dazu, dass bei Versterben eines Mehrheitsaktionärs die Marktteilnehmer zunächst nicht darüber informiert werden, wo die Anteile verbleiben. Bei größeren Aktienpaketen wird diese Lücke über §§ 21 ff. WpHG geschlossen. 128

Nicht mitteilungspflichtig sind Geschäfte ohne die Möglichkeit einer Gewinnrealisierung, wie die **Verpfändung** und **Sicherungsübereignung** von Finanzinstrumenten.[236] Auch hieraus können die Marktteilnehmer keine Rückschlüsse auf das Vertrauen des Mitteilungspflichtigen in die Unternehmensentwicklung ziehen. Gleiches gilt für einen Erwerb von Wertpapieren durch Hoheitsakt oder aufgrund einer gesetzlich angeordneten Übertragung.[237] 129

Werden Aktien im Rahmen von **arbeitsvertraglichen Vereinbarungen oder als Vergütungsbestandteile** von einer Führungsperson **erworben,** ist dieser Vorgang ausnahmsweise nicht mitteilungspflichtig. Der vormals enthaltene Tatbestand in § 15a Abs. 1 Satz 3 WpHG aF wurde durch das AnSVG gestrichen. Solche Vorgänge beruhen nicht auf einem autonomen Entschluss der Führungsperson, sondern erfolgen aufgrund der dienst- oder arbeitsvertraglichen Grundlage quasi „automatisch" ohne zusätzlichen Willensakt des Betroffenen, so dass die entsprechende Indikatorwirkung für den Markt entfällt.[238] Gleiches gilt für den Fall, dass Aktien des Emittenten als Vergütungsbestandteil auf Grundlage einer Satzungsregelung gewährt werden. Die BaFin geht deshalb richtigerweise 130

---

[233] *v. Buttlar* BB 2003, 2137.
[234] *Assmann/Schneider/Sethe,* Rn. 65.
[235] KölnKommWpHG-*Heinrich,* Rn. 62.
[236] BaFin, Emittentenleitfaden idF vom 15. 7. 2005, 75; *Assmann/Schneider/Sethe,* Rn. 68.
[237] *Assmann/Schneider/Sethe,* Rn. 67.
[238] *Assmann/Schneider/Sethe,* Rn. 70.

§ 15a 131–135 Abschnitt 3. Insiderüberwachung

davon aus, dass in diesen Fällen kein „eigenes Geschäft" der Führungsperson vorliegt und dieses somit nicht mitzuteilen ist.[239]

131 Dagegen unterliegt die **Veräußerung** von Finanzinstrumenten, die durch Arbeitsverträge oder als Vergütungsbestandteil erworben oder gewährt wurden, der Mitteilungspflicht.[240] Diese Geschäfte basieren auf einem autonomen Willensentschluss der Führungsperson, der durch die Verwendung von Insiderwissen geprägt sein kann, so dass Rückschlüsse auf die Unternehmensentwicklung möglich sind.

132 Bei **Aktienoptionen** muss zwischen verschiedenen, möglicherweise pflichtauslösenden Sachverhalten einerseits und der Grundlage des Erwerbs andererseits differenziert werden. Für den Erwerb oder die Gewährung von Aktienoptionen im Rahmen arbeitsvertraglicher Vereinbarungen bzw. als Vergütungsbestandteil entfällt eine Mitteilungspflicht ebenso wie bei der Gewährung von Aktien selbst. Im Übrigen unterliegt der rechtsgeschäftliche Erwerb von Optionsrechten der Mitteilungspflicht nach § 15a WpHG. Die **Ausübung** einer Aktienoption ist dann als „eigenes Geschäft" mitteilungspflichtig, wenn sie auf der Grundlage eines autonomen Willensentschlusses der Führungsperson erfolgt. Sofern die Ausübung dagegen unabhängig von einer aktiven Teilnahme der aus der Option berechtigten Führungsperson erfolgt – etwa wenn der aus der Option Verpflichtete deren Eintritt selbst herbeiführen kann –, so fehlt es an der notwendigen Indikatorwirkung.

133 Für die **Veräußerung** von Aktienoptionen gelten die gleichen allgemeinen Grundsätze wie bei der Veräußerung von Aktien selbst.

134 Fraglich ist, ob diese Grundsätze auf **virtuelle Aktien- oder Optionsprogramme**, zB in Form von sog. Stock Appreciation Rights oder Phantom Stocks übertragbar sind. Dies hängt maßgeblich von ihrer Qualifikation als Finanzinstrumente bzw. als Derivate ab.[241] Nach neuem Recht besteht eine Mitteilungspflicht gemäß § 15a WpHG für alle eigenen Geschäfte von Führungspersonen mit Aktien des Emittenten oder sich darauf beziehenden Finanzinstrumenten, einschließlich Derivaten. Richtigerweise sind dabei Rechte auf Barausgleich aus einem Aktienoptionsprogramm nicht als Derivate i. S. v. § 2 Abs. 2 Nr. 1 WpHG einzuordnen.

135 Soweit keine „echte" Aktienoption vorliegt, also nicht das Recht zum Bezug von Aktien, sondern lediglich eine Ausgleichszahlung gewährleistet wird, liegt ausschließlich ein Geschäft zwischen der Führungsperson und der Gesellschaft vor, das keine Außenwirkung auf den Markt hat.[242] Diese Auffassung steht im Einklang mit den Gesetzeszwecken des § 15a WpHG. Geldzahlungsansprüche aus einer Baroption sind von der wirtschaftlichen Situation des Unternehmens regelmäßig unabhängig und haben also auch keine Indikatorwirkung für den Kapitalmarkt. Auch die Marktintegrität wird durch Meldungen im Rahmen von

---

[239] BaFin, Emittentenleitfaden idF vom 15. 7. 2005, 75.
[240] BaFin, Emittentenleitfaden idF vom 15. 7. 2005, 75.
[241] Ablehnend *Assmann/Schneider/Sethe*, Rn. 56; Handbuch börsennotierte AG-*Schäfer/Holzborn*, § 15 Rn. 12; KölnKommWpHG-*Heinrich*, Rn. 30; befürwortend BaFin, Emittentenleitfaden idF vom 15. 7. 2005, 18.
[242] Vgl. auch DAI, Stellungnahme zum Entwurf des Emittentenleitfadens vom 21. 1. 2005, S. 2; DAI, Weitere Anmerkungen zum Emittentenleitfaden vom 18. 3. 2005, S. 3; BDI, Stellungnahme zum Entwurf des Emittentenleitfadens vom 22. 12. 2004, S. 2.

Optionsprogrammen nicht erhöht. Die Optionsausübung hängt regelmäßig nur davon ab, ob sie für den Berechtigten wirtschaftlich vorteilhaft ist und nicht von eventuell vorhandenem Insiderwissen.

Nicht von der Mitteilungspflicht erfasst werden **Aktiensplits, Gratisaktien** **136** **oder Sachdividenden,** da diese Veränderungen entweder alle Aktionäre gleichermaßen betreffen oder aber eine Teilnahme daran durch die Führungspersonen keine ökonomisch relevante Erhöhung ihres Engagements in der Gesellschaft darstellt.[243] Auch entfällt die Mitteilungspflicht für bereits bei Eintritt in die Organstellung **gehaltene** Wertpapiere des eigenen Unternehmens.[244]

Transaktionen im Wege der **Wertpapierleihe** unterfallen der Mitteilungs- **137** pflicht.[245] Die Übertragung der Wertpapiere ist hier nicht rein vorübergehender Natur, sondern ein Sachdarlehen i. S. v. § 607 BGB, bei dem die Übereignung auf Dauer angelegt ist und ein schuldrechtlicher Anspruch auf Rückübereignung gleichartiger Wertpapiere entsteht. Gleiches gilt für **Pensionsgeschäfte.**[246]

b) Mit Aktien des Emittenten

Die Mitteilungspflicht erstreckt sich zunächst auf sämtliche Geschäfte mit vom **138** Emittenten ausgegebenen Aktien. Dazu zählen Inhaberaktien, Namensaktien (§ 68 Abs. 1 AktG) und vinkulierte Namensaktien (§ 68 Abs. 2 AktG), nicht aber deren Nebenpapiere.[247] Unerheblich ist, ob die Aktien, die Gegenstand der Transaktion sind, selbst börsenzugelassen sind.[248] Wenn nur eine Gattung (zB Stammaktien) oder nur ein Teil einer Gattung emittierter Aktien (zB nicht junge Aktien oder nicht die Aktien eines Großaktionärs, soweit gemäß § 69 BörsZulV zulässig) an einer Börse zugelassen ist, entsteht die Mitteilungspflicht auch dann, wenn das Geschäft mit den übrigen, nicht zugelassenen Aktien vorgenommen wird.

c) Mit sich darauf beziehenden Finanzinstrumenten

Ebenfalls von der Mitteilungspflicht umfasst sind Geschäfte in **Finanzinstru- 139 menten, die sich auf Aktien des Emittenten beziehen.** Finanzinstrumente sind gemäß § 2 Abs. 2a WpHG Wertpapiere, Geldmarktinstrumente, Derivate, Rechte auf Zeichnung von Wertpapieren und sonstige Instrumente, die zum Handel an einem organisierten Markt zugelassen sind oder für die eine Zulassung beantragt worden ist. Derivate werden in § 15a WpHG ausdrücklich aufgeführt, obwohl sie von § 2 Abs. 2a WpHG ohnehin umfasst sind. Die an sich überflüssige Nennung soll beispielhaft verdeutlichen, dass eine Abhängigkeit von einem anderen Wertpapier *(Underlying)* erforderlich ist. Als Underlying kommen gemäß § 15a WpHG nur Aktien in Frage. Der Wortlaut der Marktmissbrauchsrichtlinie (Art. 6 Abs. 4) sowie der Durchführungsrichtlinie zur Marktmissbrauchsrichtlinie (Art. 6 Abs. 1) ist hier in der deutschen Fassung weniger präzise als in der englischen Version. Sich auf Aktien beziehende Finanzinstrumente sind demnach solche, deren Preis in mittelbarer oder unmittelbarer Abhängigkeit von dem der

---

[243] *v. Rosen/Fischer zu Cramburg/Hannich,* 30; *Fleischer* ZIP 2000, 1222.
[244] *v. Rosen/Fischer zu Cramburg/Hannich,* 33.
[245] BaFin, Emittentenleitfaden idF vom 15. 7. 2005, 75.
[246] *Assmann/Schneider/Sethe,* Rn. 69; *Kümpel,* Rn. 8.126; 13.2 ff.
[247] *Assmann/Schneider/Assmann,* § 2 Rn. 12.
[248] BaFin, Emittentenleitfaden idF vom 15. 7. 2005, 74.

Aktien steht (vgl. § 2 Abs. 2 WpHG). Definitionsgemäß müssen die Finanzinstrumente an einem **organisierten Markt** zugelassen sein. Organisierte Märkte sind gemäß § 2 Abs. 5 WpHG alle inländischen und ausländischen Märkte, welche von staatlich anerkannten Stellen geregelt und überwacht werden, regelmäßig stattfinden und für das Publikum unmittelbar oder mittelbar zugänglich sind. Die mitteilungspflichtige Transaktion selbst kann börslich oder außerbörslich, d.h. außerhalb eines organisierten Marktes erfolgen. Entscheidend ist, dass das Finanzinstrument als solches an einem organisierten Markt gehandelt wird. Ob das Finanzinstrument vom Emittenten selbst oder von einem Dritten begeben wird, ist unerheblich.[249]

140 Ein **unmittelbarer Bezug zum Aktienkurs** ist dann gegeben, wenn das Finanzinstrument dem Gläubiger ein Recht zum Umtausch in Aktien des Emittenten einräumt (Bezugsrecht). Hierunter fallen als Fest- oder Optionsgeschäfte ausgestaltete Termingeschäfte (Derivate i.S.v. § 2 Abs. 2 WpHG), Wandelschuldverschreibungen sowie Wandelgenussscheine. Bei Optionsscheinen ist unerheblich, ob diese eine Verkaufs- (sog. *Put* bzw. *Short*) oder Kaufposition (sog. *Call* bzw. *Long*) zum Gegenstand haben.[250] Die Ausgestaltung der Optionen in Form einer tatsächlichen Lieferung der Aktien ist nicht erforderlich. Denn auch bei einer Auszahlung des Differenzbetrages hängt die Höhe dieses Betrages von dem Wert der entsprechenden Aktie ab. Die Bewertung von **Schuldverschreibungen** wird maßgeblich von Faktoren wie dem allgemeinen Zinsniveau und der Bonität des Emittenten beeinflusst. Dagegen ist der Börsenpreis von Aktien desselben Emittenten regelmäßig nur von geringer Bedeutung für den Preis der Schuldverschreibungen. Daher hat bereits der Finanzausschuss zum 4. FFG Geschäfte mit reinen Schuldverschreibungen von der Mitteilungspflicht nach § 15a WpHG ausgenommen.[251]

141 Anders als bei § 15a Abs. 1 Satz 1 Ziff. 2 WpHG aF ist nicht mehr notwendig, dass der Preis des Finanzinstruments unmittelbar vom Börsenpreis der Aktie abhängt. Vielmehr sind auch Geschäfte in Finanzinstrumenten mitteilungspflichtig, die nur einen **mittelbaren Bezug** zum Aktienkurs des Emittenten aufweisen. Um eine unverhältnismäßige Ausweitung des Tatbestandes zu vermeiden, sind allerdings nur solche Geschäfte mitteilungspflichtig, deren Preis **überwiegend** von dem der Aktie des Emittenten abhängt. Dazu soll genügen, wenn das Finanzinstrument sich zu mehr als 50% auf die Aktie des Emittenten bezieht.[252] So ist beispielsweise der Erwerb einer auf einen Basket mit verschiedenen Aktien bezogenen Option oder eines entsprechenden Zertifikats nur mitteilungspflichtig, wenn die Aktie des Emittenten darin ein Gewicht von mehr als 50% hat. Bei Finanzinstrumenten, bei denen der Bezug auf die Aktien des Emittenten variieren kann, ist auf den Anteil zum Zeitpunkt der Transaktion abzustellen.

4. Mitteilung

142 Führungspersonen bzw. diesen nahestehende Personen haben die von ihnen vorgenommenen Geschäfte mit Aktien des Emittenten oder darauf bezogenen

---

[249] *Letzel* BKR 2002, 867; Handbuch börsennotierte AG-*Schäfer*, § 15 Rn. 4 a.E.
[250] Vgl. *Assmann/Schneider/Sethe*, Rn. 55.
[251] Bericht des Finanzausschusses zum 4. FFG vom 21.3.2002, BT-Drucks. 14/8601, S. 18f.
[252] BaFin, Emittentenleitfaden idF vom 15.7.2005, 74.

Mitteilung v. Geschäften, Veröffentlichung u. Übermittlung   143–145   § 15a

Finanzinstrumenten unverzüglich sowohl dem Emittenten als auch der BaFin mitzuteilen. Während die Mitteilung an den Emittenten mittelbar der Transparenz dient, da der Emittent diese zu veröffentlichen hat, ist die Mitteilung gegenüber der BaFin zur Überwachung der Publizitätsvorschriften erforderlich. Die Mitteilungen müssen inhaltsgleich sein. Der notwendige Inhalt der Mitteilung wird durch § 10 WpAIV konkretisiert. Die BaFin stellt ein Formular mit Erläuterungen zur Verfügung, die den mitteilungspflichtigen Personen die Einhaltung der Mitteilungsvorschriften erleichtern sollen.[253] Das Formular enthält alle relevanten Daten und sollte für die Abgabe der Mitteilungen verwendet werden.

a) Innerhalb von fünf Werktagen

Die Mitteilung an den Emittenten und die BaFin muss gemäß § 15a Abs. 1 Satz 1 WpHG innerhalb von fünf Werktagen nach **Kenntnis** des Geschäftsabschlusses erfolgen. Kenntnis besteht beispielsweise, wenn dem Mitteilungspflichtigen die Abrechnung oder Bestätigung seiner Kauf- bzw. Verkaufsorder vorliegt.[254] Ist ein **Stellvertreter,** zB ein Vermögensverwalter oder Broker eingeschaltet, wird dessen Kenntnis über § 166 Abs. 1 BGB dem Mitteilungspflichtigen zugerechnet.[255] Die Zurechnung führt dazu, dass die Mitteilungsfrist bereits mit der Kenntnis des Vermögensverwalters/Brokers beginnt und dass es unerheblich ist, zu welchem Zeitpunkt die meldepflichtige Person selbst von der Transaktion erfährt. Häufig wird zwischen dem mitteilungspflichtigen Auftraggeber und dem Vermögensverwalter/Broker nur eine periodische Benachrichtigung vereinbart sein. Zur fristgerechten Erfüllung seiner Mitteilungspflichten muss der Meldepflichtige deshalb entweder auf sofortiger Benachrichtigung bestehen oder den Verwalter unmittelbar mit der Erfüllung der Mitteilungspflichten beauftragen. **143**

Die Mitteilung muss spätestens **am fünften Werktag** nach Geschäftsabschluss bei der BaFin und dem Emittenten eingegangen sein. Werktage sind alle Wochentage, die keine Sonn- oder Feiertage sind, also auch der Samstag. Für die Fristberechnung gegenüber der BaFin sind § 31 VwVfG, §§ 186 ff. BGB und gegenüber dem Emittenten §§ 186 ff. BGB maßgeblich. Mit Ausnahme der Regelungen zum Feiertag ergeben sich bei beiden Fristberechnungen keine Abweichungen. Für die Mitteilung gegenüber dem Emittenten ist der Sitz des Emittenten maßgebend für die Frage, ob ein Feiertag vorliegt (vgl. § 193 BGB). Bei der BaFin als Adressat gelten gemäß § 31 Abs. 3 VwVfG die Feiertagsregelungen des Ortes des Behördensitzes in Frankfurt und Bonn, d. h. es ist auf den hessischen bzw. nordrhein-westfälischen Feiertagskalender abzustellen.[256] **144**

Wird die **Bagatellgrenze** von 5000,– € überschritten und resultiert daraus eine nachträgliche Mitteilungspflicht für bereits zuvor getätigte Geschäfte, beginnt die Frist für die Nachmeldung der Geschäfte mit Abschluss des die Baga- **145**

---

[253] Derzeit abrufbar unter *www.Bafin.de* → Für Anbieter → Börsennotierte Unternehmen → Directors' Dealings → Mitteilungsformular für Geschäfte von Führungspersonen.
[254] *v. Rosen/Fischer zu Cramburg/Hannich,* 36.
[255] *Assmann/Schneider/Sethe,* Rn. 94.
[256] BaFin, Emittentenleitfaden idF vom 15. 7. 2005, 79. Der 24. 12., der 31. 12. und der Rosenmontag gelten nicht als Feiertage, auch wenn die Behördenmitarbeiter dienstfrei haben; vgl. *Kopp/Ramsauer/Ramsauer,* VwVfG, § 31 Rdn. 31 mwN.

Pfüller

tellgrenze überschreitenden Verpflichtungsgeschäftes.[257] Es ist daher darauf zu achten, dass die Person, die mit ihrem Geschäft die Bagatellgrenze überschreitet, die übrigen potenziell mitteilungspflichtigen Personen im Umfeld der Führungsperson über das Überschreiten der Bagatellgrenze unterrichtet, damit diese Personen ihrer Mitteilungspflicht fristgerecht nachkommen können.[258] Die mitteilungspflichtigen Personen sollten prüfen, ob sich mit Blick auf die im Laufe des Kalenderjahres möglicherweise noch beabsichtigten Geschäfte trotz Nichterreichens der Bagatellgrenze dennoch eine unmittelbar an den Geschäftsabschluss folgende, vorsorgliche Mitteilung empfiehlt. Die BaFin hat keine Bedenken, wenn auch Geschäfte unterhalb der Bagatellgrenze mitgeteilt werden.[259]

146 Sofern die Mitteilung im Einzelfall nicht fristgerecht eingereicht werden kann, muss zusammen mit der Mitteilung eine schlüssige Begründung für die Verzögerung übermittelt werden.[260] Die Begründung muss keine Angaben enthalten, die die mitteilungspflichtige Person oder einen Angehörigen im Sinne des § 383 Abs. 1 Nr. 1–3 ZPO der Gefahr strafrechtlicher Verfolgung oder eines Verfahrens nach dem Gesetz über Ordnungswidrigkeiten aussetzen.[261]

b) Einzelmitteilung

147, 148 Es gilt das Prinzip der **Einzelmitteilung,** d. h. der Meldung jeder einzelnen Transaktion. Die Möglichkeit von Sammelmitteilungen, die in der Marktmissbrauchsrichtlinie noch bis zur zweiten Lesung des Europäischen Parlaments diskutiert wurde,[262] besteht nicht. Sofern also erst mit einem späteren Geschäft die Bagatellgrenze überschritten wird, sind zusätzlich zu dieser Transaktion auch alle vorangegangen, insgesamt zur Überschreitung der Bagatellgrenze führenden Geschäfte, einzeln zu melden.

c) Übermittlung durch Dritte

149 Grundsätzlich ist die Mitteilung vom Mitteilungspflichtigen selbst an die BaFin zu übermitteln. In der Regel wird jedoch der Mitteilungspflichtige den Emittenten mit der Weiterleitung beauftragen. Solange eine fristgerechte Mitteilung gewährleistet ist, gestattet die BaFin dem Mitteilungspflichtigen, Dritte mit der Übermittlung der Mitteilung zu beauftragen. Es ist grundsätzlich zulässig, dass die Mitteilung nach § 15 Abs. 1 WpHG und der Veröffentlichungsbeleg nach § 15 Abs. 4 WpHG vom Emittenten gleichzeitig an die BaFin übermittelt werden. In diesem Fall trifft den Mitteilungspflichtigen allerdings eine Organisations- und Überwachungspflicht, dass die Übermittlung auch fristgemäß erfolgt.[263]

---

[257] BaFin, Emittentenleitfaden idF v. 15. 7. 2005, 79.
[258] BaFin, Emittentenleitfaden idF v. 15. 7. 2005, 79.
[259] BaFin, Emittentenleitfaden idF v. 15. 7. 2005, 76, 79.
[260] BaFin, Emittentenleitfaden idF v. 15. 7. 2005, 79.
[261] BaFin, Emittentenleitfaden idF v. 15. 7. 2005, 79.
[262] Gemeinsamer Standpunkt (EG) Nr. 50/2002 vom Rat festgelegt am 19. 7. 2002, im Hinblick auf den Erlass der Richtlinie 2002/6/EG des Europäischen Parlaments und des Rates vom 28. 1. 2003 über Insider-Geschäfte und Marktmanipulation (Marktmissbrauch), ABl. EG Nr. C 228 E vom 25. 9. 2002, S. 19. Bericht A5-0343/2002 vom 24. 10. 2002.
[263] BaFin, Emittentenleitfaden idF v. 15. 7. 2005, 76.

5. Bagatellgrenze (§ 15 Abs. 1 Satz 5 WpHG)

Gemäß § 15 Abs. 1 Satz 5 WpHG besteht die Mitteilungspflicht nicht, solange **150** die Gesamtsumme der Geschäfte einer Person den Betrag von 5000,– € bis zum Ende des Kalenderjahres nicht erreicht. Zur Berechnung dieser Grenze sind die Geschäfte der Führungsperson und der mit dieser in enger Beziehung stehenden natürlichen und oder juristischen Person kumulativ heranzuziehen.[264] Eine Saldierung von Kauf- und Verkaufsgeschäften erfolgt nicht, sondern es werden die absoluten Beträge summiert.[265] Ferner werden die Volumina aller getätigten Geschäfte mit Aktien und mit darauf bezogenen Finanzinstrumenten addiert.

Bei **Transaktionen mit Derivaten** kommen für die Berechnung der Errei- **151** chung der Bagatellgrenze verschiedene Bezugsgrößen in Betracht: Entweder der Optionspreis oder aber der so genannte Basis- oder Ausübungspreis, der sich nach dem Kurs bemisst, zu dem der Basiswert gemäß der Optionsbedingungen bezogen oder abgegeben werden kann. Mit Blick auf das von § 15a WpHG geschützte Informationsinteresse kommt es nicht auf die Summe des von der Führungsperson investierten Kapitals, sondern auf den Gegenwert des Underlying (typischerweise Aktien) an.[266] Da dieser durch den Basis- bzw. Ausübungspreis und nicht durch den Optionspreis repräsentiert wird, ist zur Berechnung der Gesamtsumme richtigerweise auf den Ausübungspreis abzustellen.[267]

Die Bagatellgrenze von 5000,– € ist damit schnell erreicht, sodass § 15 Abs. 1 **152** Satz 5 WpHG keine wirkliche Ausnahme mehr bedeutet. Vor der Änderung durch das AnSVG[268] enthielt § 15a WpHG aF noch eine Bagatellgrenze in Höhe von 25 000,– €, bezogen auf alle innerhalb von 30 Tagen getätigten Geschäfte. Damit war es **nach alter Rechtslage** möglich, die Mitteilungspflicht zu umgehen, indem monatlich Geschäfte mit geringen Aktienmengen vorgenommen wurden. Die aktuelle Bagatellgrenze wird ihrerseits jedoch ebenfalls als zu niedrig kritisiert.[269] Bei Abwägung des allgemeinen, von § 15a WpHG geschützten Transparenzinteresses gegenüber dem überwiegend nur mit Praktikabilitätserwägungen begründbaren Interesse an der Nichtveröffentlichung geringwertiger Transaktionen, für die regelmäßig auch die Indikatorwirkung entfallen dürfte, erscheint die jetzige Bagatellgrenze von 5000,– € durchaus angemessen.

Geschäfte, deren **Wert nicht bezifferbar** ist, können zu Gunsten der mittei- **153, 154** lungspflichtigen Person mit 0,– € bei Berechnung der Bagatellgrenze einbezogen werden.[270] Ihre Mitteilung kann daher unterbleiben, soweit die Bagatellgrenze nicht durch weitere Geschäfte überschritten wird. Werden dagegen weitere Geschäfte getätigt, durch die die Bagatellgrenze im Kalenderjahr überschritten wird,

---

[264] BaFin, Emittentenleitfaden idF vom 15. 7. 2005, 75.
[265] BaFin, Emittentenleitfaden idF vom 15. 7. 2005, 76; Kodex-Kommentar-Ringleb, Rn. 1250; Unternehmensfinanzierung am Kapitalmarkt-*Klawitter*, § 25 Rn. 114.
[266] Handbuch börsenorientierte AG-*Schäfer*, § 15 Rn. 15.
[267] *Assmann/Schneider/Sethe*, Rn. 81; KölnKommWpHG-*Heinrich*, Rn. 60.
[268] Gesetz zur Verbesserung des Anlegerschutzes (Anlegerschutzverbesserungsgesetz – AnSVG) vom 28. 10. 2004, BGBl. I S. 2630.
[269] *Schäfer*, § 15 Rn. 14; KölnKommWpHG-*Heinrich* Rn. 59; *Assmann/Schneider/Sethe*, Rn. 82 regt an, dass Schwellenwerte nach Marktsegmenten unterschieden werden müssten, da sich Directors' Dealings in verschiedenen Marktsegmenten unterschiedlich stark auswirken können.
[270] BaFin, Emittentenleitfaden idF vom 15. 7. 2005, 75.

müssen alle Geschäfte – einschließlich der nicht bezifferbaren – mitgeteilt werden.²⁷¹

155 Grundsätzlich dürfen auch Geschäfte **unterhalb der Bagatellgrenze** mitgeteilt werden,²⁷² sie erscheinen aber zunächst nicht auf der BaFin-Webseite für Directors' Dealings.

III. Pflichten des Emittenten (§ 15 Abs. 4 WpHG)

1. Unverzügliche Veröffentlichung (§ 15 Abs. 4 Satz 1, 1. Halbsatz WpHG)

156 Nur **Inlandsemittenten** sind gemäß § 15a Abs. 4 Satz 1 WpHG nach Erhalt einer Mitteilung gemäß § 15a Abs. 1 WpHG zu deren unverzüglicher Veröffentlichung verpflichtet. Diese Beschränkung auf Emittenten im Sinne von § 2 Abs. 7 WpHG erfolgte durch das TUG.²⁷³ Die Änderung dient der konsequenten Umsetzung von Art. 21 Abs. 1, 3 der Marktmissbrauchsrichtlinie in Verbindung mit Art. 2 Abs 1 lit. i der Transparenzrichtlinie. Nicht alle Emittenten, die eine Mitteilung ihrer Führungspersonen gemäß § 15a Abs. 1 WpHG erhalten, sind somit selbst zur Veröffentlichung der Mitteilung nach deutschem Kapitalmarktrecht verpflichtet. Die Veröffentlichungspflicht entsteht vielmehr grundsätzlich nur dort, wo der wesentliche kapitalmarktrechtliche Anknüpfungspunkt, d. h. die Börsenzulassung besteht. Regelmäßig ist dies mit einer Veröffentlichung in der Landessprache des betroffenen EU-/EWR-Mitgliedstaates verbunden.

157 Im Einzelnen sind folgende Emittenten, die eine Meldung i.S. v. § 15a Abs. 1 WpHG erhalten haben, nach den Vorschriften des WpHG und der WpAIV veröffentlichungspflichtig:
– *Emittenten mit Zulassung im Inland und Sitz im Inland;*
– Emittenten mit **ausschließlicher** Zulassung im Inland und Sitz im übrigen EU-Inland;
– Emittenten mit Zulassung im Inland und Sitz in einem Drittstaat, sofern sie das jährliche Dokument i. S. v. § 10 WpPG bei der BaFin hinterlegt haben;
– Emittenten mit Zulassung im Inland und Sitz in einem Drittstaat, auch wenn sie nicht das jährliche Dokument bei der BaFin hinterlegt haben, aber ihre Finanzinstrumente ausschließlich in der Bundesrepublik zugelassen sind.²⁷⁴

158 Die Einführung des Inlandsemittentenbegriffs bei der Veröffentlichungspflicht kann allerdings zur Uneinheitlichkeit der Rechtsanwendung und zu **Regelungs-**

---

[271] BaFin, Emittentenleitfaden idF vom 15. 7. 2005, 75.
[272] BaFin, Emittentenleitfaden idF vom 15. 7. 2005, 76.
[273] Gesetz zur Umsetzung der Richtlinie 2004/109/EG des Europäischen Parlaments und des Rates vom 15. 12. 2004 zur Harmonisierung der Transparenzanforderungen in Bezug auf Informationen über Emittenten, deren Wertpapiere zum Handel auf einem geregelten Markt zugelassen sind, und zur Änderung der Richtlinie 2001/34/EG, BGBl. I 2007 S. 10.
[274] Dieser Fall ist nur denkbar, wenn der Emittent gewählt hat, das jährliche Dokument in *einem Mitgliedstaat* zu hinterlegen, in welchem er die Finanzinstrumente öffentlich angeboten hat (vgl. Art. 2 Abs. 1 lit. m) iii) RL 2003/71/EG vom 4. 11. 2003); dieser theoretisch denkbare Fall hat in der Praxis einen geringen Anwendungsbereich.

Mitteilung v. Geschäften, Veröffentlichung u. Übermittlung **159, 160** **§ 15a**

lücken bei multinationalen Unternehmen, d. h. solchen mit Mehrfachzulassungen im EU-/EWR-Raum führen. Nach der Interpretation des Umsetzungsauftrages für die Wertpapierdienstleistungsrichtlinie durch den deutschen Gesetzgeber ist für solche Unternehmen das WpHG nur anwendbar, wenn das Unternehmen seinen Sitz im Inland hat. Eine Lücke in der europaweiten Kapitalmarktpublizität sollte dadurch dann nicht entstehen, wenn auch die übrigen Mitgliedstaaten bei Umsetzung der Transparenzrichtlinie ein vergleichbares Normverständnis haben. Im Ergebnis soll verhindert werden, dass grenzüberschreitend tätige Emittenten die gleichen Transparenzpflichten in mehreren Mitgliedstaaten erfüllen müssen. Durch die Einführung des neuen europaweiten Verbreitungssystems von unternehmensbezogenen Informationen kann eine Veröffentlichung nach den Vorschriften mehrerer Mitgliedstaaten entfallen, da die Marktteilnehmer bei Entstehen einer einzelnen Veröffentlichungspflicht künftig europaweit und effizient informiert werden.[275]

Entscheidend für die Veröffentlichungspflicht des Emittenten ist der **tatsächliche Zugang** der Mitteilung. Anderweitige Kenntnis eines mitteilungspflichtigen Geschäfts löst keine Veröffentlichungspflicht nach § 15a Abs. 4 WpHG aus. Die Anwendung der Vorschrift auf einen solchen Sachverhalt verbietet das Analogieverbot.[276] **159**

Unverzüglich bedeutet „ohne schuldhaftes Zögern" (§ 121 Abs. 1 BGB). Der Emittent darf mit der Veröffentlichung nur solange warten, wie dies durch besondere Umstände des Einzelfalles gerechtfertigt ist.[277] Im Regelfall sollte die Veröffentlichung spätestens ab dem auf die Mitteilung folgenden Werktag auf der Website des Emittenten verfügbar sein.[278] Dem veröffentlichungspflichtigen Unternehmen wird aber in angemessenem Umfang zugebilligt, die Voraussetzungen der Veröffentlichungspflicht, gegebenenfalls mit Inanspruchnahme internen und externen Rechtsrats, zu prüfen. Ferner wird dem Emittenten Gelegenheit zur Feststellung gegeben, ob die Mitteilung den inhaltlichen Voraussetzungen entspricht. Sofern keine für die Veröffentlichung zwingend vorgeschriebenen Angaben fehlen, sind auch unvollständige Mitteilungen zu veröffentlichen.[279] Dem Emittenten ist jede Verzögerung aufgrund organisatorischer Mängel schuldhaft zuzurechnen.[280] Aufgrund des Sanktionscharakters dieser Vorschrift trägt der Emittent keine Beweislast für die Unverzüglichkeit seiner Veröffentlichung.[281] Adressat der Verpflichtung ist der Vorstand des Emittenten. Dies gilt auch, wenn das Insolvenzverfahren eröffnet wurde.[282] **160**

---

[275] *Hutter/Kaulamo* NJW 2007, 471.
[276] Dazu: *Bednarz* AG 2005, 835 ff.
[277] *v. Rosen/Fischer zu Cramburg/Hannich*, 42.
[278] BaFin, Emittentenleitfaden idF vom 15. 7. 2005, 79.
[279] BaFin, Emittentenleitfaden idF vom 15. 7. 2005, 80.
[280] *Schwark/Zimmer*, Rn. 42; *v. Rosen/Fischer zu Cramburg/Hannich*, 42.
[281] AA *Assmann/Schneider/Sethe*, Rn. 97.
[282] BVerwG vom 13. 4. 2005 – 6 C 4/04, ZIP 2005, 1145, 1148 mit Anm. *Ott*; VG Frankfurt ZIP 2004, 469; *Dehlinger*, § 11 Rn. 3 mwN.

§ 15a 161, 162　　　　　　　　　　　　　Abschnitt 3. Insiderüberwachung

2. Mitteilung der Veröffentlichung (§ 15 Abs. 4 Satz 1, 1. Halbsatz WpHG)

161 Der Emittent hat die Veröffentlichung gegenüber der BaFin nachzuweisen, indem er der Bundesanstalt Art und Inhalt der Veröffentlichung mitteilt (sog. **Beleg**).[283] Diese Vorschrift erleichtert es der Aufsichtsbehörde, die Einhaltung der Anforderungen an Art und Inhalt der Veröffentlichung zu überwachen. Die alte Rechtslage ließ noch eine nachträgliche Übersendung des Belegs zu, die gemäß § 15a Abs. 4 Satz 2 WpHG aF „unverzüglich" nach der Veröffentlichung zu erfolgen hatte. Dies ist nach dem geänderten Wortlaut nicht mehr möglich. Vielmehr ist erforderlich, dass die Mitteilung „gleichzeitig" mit der Veröffentlichung erfolgt.[284] Die von Emittenten hierzu regelmäßig in Anspruch genommenen Dienstleistungsunternehmen haben ihrerseits die technischen Voraussetzungen geschaffen, den Beleg gemäß den gesetzlichen Vorgaben gleichzeitig mit der Veröffentlichung zu übermitteln. Ob die BaFin Ausnahmen hiervon zulässt, indem sie zB Emittenten, die ihre Veröffentlichungspflichten selbstständig wahrnehmen, gestattet, den Nachweis auch noch innerhalb von drei Werktagen nach der Veröffentlichung[285] zu erbringen, ist unklar. Verlautbarungen der BaFin zum praktischen Umgang mit der geänderten Vorschrift sind bisher nicht ergangen. Dennoch ist weiterhin davon auszugehen, dass der Nachweis über die Veröffentlichung postalisch, per E-Mail oder mittels Telefax mitgeteilt werden kann.[286] Weitere Vorgaben hinsichtlich des Inhalts der Mitteilung enthält § 13a WpAIV iVm § 3c WpAIV.[287]

3. Übermittlung zur Speicherung im Unternehmensregister (§ 15 Abs. 4 Satz 1, 2. Halbsatz WpHG)

162 § 15a Abs. 4 Satz 1, 2. Halbsatz WpHG regelt die durch die Transparenzrichtlinie notwendig gewordene unverzügliche Übermittlung der Information an ein allgemein zugängliches Speichermedium. Dieses Speichermedium wurde in Form des Unternehmensregisters durch das Gesetz über elektronische Handelsregister und Genossenschaftsregister sowie das Unternehmensregister („EHUG")[288] geschaffen. Es enthält neben einer Portalfunktion zu den übrigen elektronischen Registern, wie etwa dem elektronischen Handelsregister, auch unmittelbar dort gespeicherte Daten.[289] Dieser Kategorie unterfallen die kapitalmarktrechtlichen Informationen (vgl. § 8b Abs. 2 Nr. 9 HGB) und so auch die Veröffentlichungen gemäß § 15a WpHG.

---

[283] Vgl. zu der begrifflichen Änderung von „Übersenden" in „Mitteilen" Begr. RegE zum TUG, BT-Drucks. 16/2498, S. 33.

[284] AA KölnKommWpHG-*Heinrich*, Rn. 79, der sich noch auf die alte Rechtslage bezieht.

[285] So die zur alten Rechtslage als angemessen angesehene Frist, BaFin, Emittentenleitfaden idF vom 15. 7. 2005, 81.

[286] Zur Vorfassung nach dem AnSVG siehe BaFin, Emittentenleitfaden idF vom 15. 7. 2005, 81. Postanschrift: Lurgiallee 12, 60439 Frankfurt oder Postfach 800154, 60391 Frankfurt; Email: paragraph15a@BaFin.de; Faxnummer: 02 28/41 08-6 29 63.

[287] Siehe hierzu Rn. 180f.

[288] BGBl. I. 2006 S. 52.

[289] *Seibert/Decker* DB 2006, 2449f. Das Unternehmensregister ist im Internet unter der Adresse *www.unternehmensregister.de* zugänglich.

746　　　　　　　　　　　　*Pfüller*

Mitteilung v. Geschäften, Veröffentlichung u. Übermittlung 163–165 § 15a

Der zweite Halbsatz des § 15a Abs. 4 Satz 1 WpHG dient der Klarstellung, dass die Information nicht vor ihrer Veröffentlichung an das Speichermedium übermittelt werden darf, um das Entstehen neuer Insider zu vermeiden. Die Pflicht zur Übermittlung ergibt sich bereits aus der durch das EHUG geänderten Vorschrift des § 8b Abs. 2 Nr. 9, Abs. 3 Satz 1 Nr. 2 HGB. Für den Inhalt der zu übermittelnden Information gelten die Anforderungen an die Veröffentlichung entsprechend.[290] Für die Übertragung der Daten sieht die Unternehmensregisterverordnung („URV")[291] in § 4 Satz 2 – wenn auch sehr eng gefasste[292] – Ausnahmen von dem grundsätzlichen Weg der Datenfernübertragung vor. Diese können in Abstimmung mit dem Betreiber des Unternehmensregisters per Telefax übermittelt werden. In der Praxis übernehmen häufig spezialisierte Dienstleister wie DGAP, Equity Story AG, euro adhoc etc. die Sicherstellung der Veröffentlichung sowie der Übermittlung an die BaFin und das Unternehmensregister. Diese stellen auch die Einhaltung der vorgeschriebenen zeitlichen Abläufe sicher. 163

Als problematisch erweist sich die Dauer der Zugänglichkeit dieser Informationen. § 12 Abs. 2 Satz 2 URV sieht vor, dass die Daten für einen Zeitraum von 10 Jahren über das Unternehmensregister abrufbar bleiben müssen. Die dem zugrundeliegende Annahme, dass hierdurch den „datenschutzrechtlichen Interessen der Betroffenen und dem öffentlichen Interesse an den Bekanntmachungen andererseits angemessen Rechnung getragen" wird,[293] ist jedoch unzutreffend. Die derart lange Abrufbarkeit von persönlichen Daten ist ein unverhältnismäßiger Eingriff in das Allgemeine Persönlichkeitsrecht der meldepflichtigen Personen, da es für einen solchen ausgedehnten Zeitraum am erforderlichen Informationsinteresse des Marktes fehlt. Spätestens mit der Veröffentlichung des nächsten Jahresabschlusses und der damit einhergehenden Corporate Governance Erklärung erlischt das allgemeine Interesse an einer gesonderten Publizität zurückliegender Directors' Dealings. Diese Wertung wird auch durch die Jahresfrist des § 10 WpPG unterstrichen. Der Verordnungsgeber sollte daher eine Änderung des § 12 URV, zumindest für die Verfügbarkeit der Meldungen von Directors' Dealings, vornehmen. 164

4. Entsprechende Geltung (§ 15 Abs. 4 Satz 2 WpHG)

Die Emittentenpflichten des § 15a Abs. 4 Satz 1 WpHG gelten entsprechend für solche Inlandsemittenten, welche einen Zulassungsantrag für ihre Aktien gestellt haben bzw. die Zulassung öffentlich angekündigt haben. § 15a Abs. 4 Satz 2 WpHG stellt dies mit Verweis auf § 15 Abs. 1 Satz 2 WpHG ausdrücklich klar. Dieser Verweis war trotz der mit dem TUG neu eingeführten Regelung des § 15a Abs. 1 Satz 4 WpHG erforderlich, da die Anwendungsbereiche von § 15 Abs. 1 und Abs. 4 WpHG nicht mehr deckungsgleich sind.[294] 165

---

[290] Vgl. Rn. 181 ff.
[291] Verordnung über das Unternehmensregister (Unternehmensregisterverordnung – URV) vom 26. 2. 2007, BGBl. I S. 217.
[292] Vgl. die Amtliche Begründung, BR-Drucks. 11/07, S. 12 f.
[293] So die Amtliche Begründung, BR-Drucks. 11/07, S. 18.
[294] Vgl. Begr. RegE zum TUG, BT-Drucks. 16/2498, S. 33; hierzu Rn. 158 f.

IV. Konkretisierung durch Rechtsverordnung (§ 15 Abs. 5 WpHG)

166 Das Bundesfinanzministerium hat am 13. Dezember 2004 die Verordnung zur Konkretisierung von Anzeige-, Mitteilungs- und Veröffentlichungspflichten sowie der Pflicht zur Führung von Insiderverzeichnissen nach dem Wertpapierhandelsgesetz (Wertpaperhandelsanzeige- und Insiderverzeichnisverordnung – WpAIV)[295] erlassen. Sie ist am 14. Dezember 2004 in Kraft getreten und konkretisiert in Abschnitt 4 (§§ 10–13 WpAIV) die Pflichten des § 15a WpHG formell wie inhaltlich. Durch das TUG wurden die §§ 3ff. WpAIV hinsichtlich Art und Weise, Sprache, Inhalt und Dauer der Veröffentlichung geändert und an die Erfordernisse der europäischen Transparenzrichtlinie angepasst.

Von der Möglichkeit, die Verordnungsermächtigung auf die BaFin zu übertragen (Satz 2) hat das Bundesministerium der Finanzen keinen Gebrauch gemacht.

1. Inhalt und Form der Mitteilung

a) Inhalt

167 Zunächst ist die deutlich hervorgehobene Überschrift „Mitteilung über Geschäfte von Führungspersonen nach § 15a WpHG" anzugeben. Dann sind Angaben zur mitteilungspflichtigen Person zu machen, also Vor- und Familiennamen (bei juristischen Personen Firmensitz und Geschäftsanschrift oder falls nicht vorhanden), Privatanschrift, Rufnummer sowie das Geburtstagsdatum.[296] Ferner sind Namen und Anschrift des Emittenten mitzuteilen.

168 Weiter ist eine jeweils in einem Schlagwort zu formulierende Beschreibung der Position und des Aufgabenbereichs der mitteilungspflichtigen Person anzugeben. Gegebenfalls ist die enge Beziehung zur Person mit Führungsaufgaben (§ 15a Abs. 1 Satz 2 WpHG) schlagwortartig zu beschreiben. Das bedeutet für juristische Personen und Einrichtungen, die in enger Beziehung zu einer natürlichen Person stehen, die wiederum eine enge Beziehung zu einer Führungsperson im Sinne des § 15a Abs. 3 WpHG hat (zB Vermögensverwaltungs-GmbH der Ehegattin eines Vorstandsmitglieds), dass sowohl die eigene Beziehung zu der natürlichen Person, als auch deren Beziehung zur Führungsperson anzugeben sind.[297]

169 Weiter ist eine genaue Bezeichnung des Finanzinstruments mitzuteilen, in dem das Geschäft getätigt wurde, einschließlich der internationalen Wertpapierkennnummer (ISIN); bei Geschäften in Derivaten gemäß § 10 Ziff. 6 lit. d WpAIV sind zusätzlich Basisinstrument (Underlying), Basispreis (Strike- oder Ausführungspreis), Preismultiplikator (Bezugsverhältnis) und Fälligkeit anzugeben.

170 Schließlich muss eine genaue Beschreibung des Geschäfts erfolgen. Erforderlich sind hierfür zunächst Angaben zur Art des Geschäfts (zB An- oder Verkauf,

---

[295] BGBl. I S. 3376.
[296] So BaFin, Emittentenleitfaden idF v. 15. 7. 2005, 76ff.; während im Entwurf des *Emittentenleitfadens* idF vom 22. 12. 2004, S. 69, noch der Geburtsort erfasst war, war diese Forderung der BaFin von § 10 WpAIV nicht erfasst.
[297] BaFin, Emittentenleitfaden idF v. 15. 7. 2005, 77.

Mitteilung v. Geschäften, Veröffentlichung u. Übermittlung 171–173 § 15a

Erwerb durch Optionsausübung, Schenkung, Wertpapierleihe). Bei Geschäften, bei denen aus der reinen Bezeichnung nicht zu erkennen ist, ob die mitteilungspflichtige Person etwas erhalten oder veräußert hat, ist die Bezeichnung so zu ergänzen, dass dies deutlich wird.[298] Weiter sind Datum und Ort des Geschäftsabschlusses anzugeben. Zeitlich ist das schuldrechtliche Verpflichtungsgeschäft maßgebend, der Erfüllungszeitpunkt ist grundsätzlich unbeachtlich. Ort des Geschäftsabschlusses ist der Börsenplatz. Sofern es sich um ein außerbörsliches Geschäft handelt, ist die Handelsplattform anzugeben (zB XetraBest, PIP oder ähnliches). Bei Geschäften, die außerbörslich und ohne Einschaltung einer Handelsplattform abgeschlossen wurden, reicht es aus, den Ort als außerbörslich zu kennzeichnen.[299] Schließlich sind Preis, Währung, Stückzahl und Geschäftsvolumen anzugeben. Das Geschäftsvolumen ergibt sich aus der Multiplikation von Stückzahl und Preis. Der Preis ist die Gegenleistung, die die mitteilungspflichtige Person erhalten oder erbracht hat. Bei unentgeltlichen Geschäften kann als Preis 0,– € angegeben werden. In besonderen Einzelfällen kann es vorkommen, dass der Preis nicht mit vertretbarem Aufwand zu ermitteln ist. Der Emittentenleitfaden enthält unter Abschnitt V.3.6 eine beispielhafte Aufzählung von Einzelfällen. In diesen Fällen kann der Mitteilungspflichtige – ggf. nach Rücksprache mit der BaFin – den Preis als „nicht bezifferbar" angeben. Es empfiehlt sich dann, auch der Mitteilung eine zu veröffentlichende Erläuterung beizufügen.[300]

b) Form der Mitteilung

Die Mitteilung ist schriftlich zu übermitteln. Eine Übersendung per Telefax 171 erachtet die BaFin als ausreichend und hat eine eigene Faxnummer für Mitteilungen nach § 15a WpHG eingerichtet.[301] Im Fall der Übersendung einer Mitteilung per Telefax kann die BaFin gemäß § 11 Abs. 1 Satz 2 WpAIV zusätzlich eine eigenhändig unterschriebene Anzeige, die auf dem Postweg zu übersenden ist, verlangen.

Gemäß § 11 Abs. 2 WpAIV kann die BaFin es ermöglichen, die Mitteilung 172 im Wege der Datenfernübertragung zu übersenden, wenn Sicherheit, Datenschutz und Vertraulichkeit technisch gewährt sind. Diese Möglichkeit der Datenfernübertragung sowie die Möglichkeit der Übermittlung per E-Mail besteht gegenwärtig noch nicht.

2. Art, Inhalt, Sprache und Dauer der Veröffentlichung

a) Art der Veröffentlichung

Die **Art der Veröffentlichung** richtet sich nach § 15a Abs. 5 WpHG in 173 Verbindung mit § 3a WpAIV. Danach ist bei der Veröffentlichung zu gewährleisten, dass die Information Medien zugeleitet wird, zu denen auch solche gehören müssen, die die Information so rasch und so zeitgleich wie möglich in die Mit-

---

[298] BaFin, Emittentenleitfaden idF v. 15. 7. 2005, 78.
[299] BaFin, Emittentenleitfaden idF v. 15. 7. 2005, 78.
[300] BaFin, Emittentenleitfaden idF v. 15. 7. 2005, 78.
[301] BaFin, Emittentenleitfaden idF v. 15. 7. 2005, 81; die Faxnummer lautet 02 28/41 08-6 29 63.

Pfüller

§ 15a 174–177 Abschnitt 3. Insiderüberwachung

gliedstaaten der EU und des EWR aktiv verbreiten können.[302] Mit der Umsetzung der Vorgaben aus der Transparenzrichtlinie wurde der Veröffentlichungsmodus erweitert, sodass die Insiderinformationen nunmehr auch Medien zuzuleiten sind, die eine zeitnahe Kenntnisnahme aller Marktteilnehmer in der EU bzw. im EWR gewährleisten. Die Anforderungen an die Verbreitung der Informationen in den Medien konkretisiert § 3a WpAIV unter Berücksichtigung von Art. 21 Abs. 1 der Transparenzrichtlinie[303] iVm Art. 12 der Durchführungsrichtlinie zur Transparenzrichtlinie.[304] Unter anderem muss der Emittent ein sogenanntes **Medienbündel** unterschiedlicher Medienarten nutzen, welche die Information gemäß § 3a Abs. 2 Nr. 1 WpAIV so schnell wie möglich in allen Mitgliedsstaaten verbreiten.

174 Bis zur Änderung durch das TUG war gemäß § 13 Abs. 1 Satz 1 WpAIV aF als Veröffentlichungsweg grundsätzlich die Bekanntgabe im Internet auf einer **Website des Emittenten** vorgesehen, sofern dieser über eine solche verfügte.[305] Diese Veröffentlichungsart wurde ersatzlos gestrichen. Viele Emittenten haben die gewohnte und auch aus Anlegersicht hilfreiche Praxis dennoch beibehalten. Nunmehr sieht § 13 WpAIV lediglich die Möglichkeit vor, dass die BaFin eine entsprechende Mitteilung auf ihrer Webseite veröffentlicht.

175 Die **BaFin** macht von dieser Möglichkeit auch Gebrauch und stellt auf ihrer **Website** unter der Rubrik „Meldungen nach § 15a WpHG (Directors' Dealings)" die Informationen für die Dauer von einem Jahr zur Verfügung.[306] Eine längere Veröffentlichungsfrist wäre – gemessen am Allgemeinen Persönlichkeitsrecht der meldepflichtigen Personen – unverhältnismäßig, da es an dem erforderlichen Informationsinteresse des Marktes fehlt. Ohnehin verlängert sich der Zeitraum, in dem die Informationen der Öffentlichkeit zur Verfügung stehen, aufgrund der Pflicht zur Veröffentlichung des Jährlichen Dokuments i. S. d. § 10 WpPG um bis zu einem Jahr.[307]

b) Sprache der Veröffentlichung

176 Die **Sprache** der Veröffentlichung richtet sich nach § 3b WpAIV. Dieser setzt das Sprachenregime gemäß Art. 20 der Transparenzrichtlinie für die Veröffentlichung von allen vorgeschriebenen Informationen i. S. d. Art. 2 Abs. 1 lit. k der Transparenzrichtlinie um und stellt die notwendige Übereinstimmung mit dem Sprachenregime der Prospektrichtlinie her. Als Differenzierungskriterien dienen der Sitz des Emittenten sowie der Ort, an welchem die die Finanzinstrumente des Emittenten zugelassen sind bzw. das jährliche Dokument hinterlegt ist.

177 Nach § 3b Abs. 1 WpAIV können Emittenten mit Sitz im Ausland, Emittenten, die ihren Sitz in Deutschland haben, aber dort nicht börsennotiert sind, so-

---

[302] Einen Überblick zu den Veröffentlichungspflichten nach dem TUG geben *Pirner/Lebherz* AG 2007, 19 ff.
[303] Richtlinie 2004/109/EG.
[304] Richtlinie 2007/14/EG.
[305] Siehe dazu noch den insoweit überholten BaFin, Emittentenleitfaden idF vom 15. 7. 2005, 79. Ebenso KölnKommWpHG-*Heinrich*, Rn. 74, der noch die Vorfassung der WpAIV für seine Kommentierung zugrunde legt.
[306] *http://www.BaFin.de/datenbanken/p15a.html.*
[307] Vgl. auch zur (verfassungswidrigen) Regelung des § 12 Abs. 2 Satz 2 der Unternehmensregisterverordnung, Rn. 162.

Mitteilung v. Geschäften, Veröffentlichung u. Übermittlung 178–182 § 15a

wie Emittenten, die bei der BaFin einen Prospekt in englischer Sprache für die Wertpapiere, auf die sich die Information bezieht, hinterlegt haben, ausschließlich in englischer Sprache veröffentlichen. Die WpAIV regelt nicht, in welcher Sprache die Mitteilungspflichten ihrerseits der BaFin und dem Emittenten die getätigten Geschäfte mitzuteilen haben. Die BaFin akzeptiert aber für die Fälle des § 3b Abs. 1 WpAIV, dass die Mitteilungen in englischer Sprache vorgenommen werden.

Nach § 3b Abs. 2 WpAIV ist für die übrigen Emittenten, eine Veröffentlichung in deutscher Sprache vorgeschrieben, sofern die Aktien nur in Deutschland zugelassen sind. Sind die Aktien auch in einem anderen Mitgliedstaat zugelassen, gibt § 3b Abs. 2 Satz 2 WpAIV die Wahlmöglichkeit zwischen der von der Behörde des zuständigen Mitgliedstaates akzeptierten – und der englischen Sprache. **178**

Emittenten, deren Herkunftsstaat nicht die Bundesrepublik Deutschland ist, deren Finanzinstrumente aber ausschließlich in Deutschland zugelassen sind,[308] müssen/dürfen gemäß § 3b Abs. 3 Satz 1 WpAIV in deutscher oder englischer Sprache veröffentlichen. **179**

Emittenten mit Sitz im Inland, deren Aktien in **mehreren** Mitgliedstaaten, nicht aber in Deutschland, zum Handel an einem organisierten Markt zugelassen sind, haben nach deutschem Recht zu veröffentlichen.[309] § 3b Abs. 3 Satz 2 WpAIV eröffnet ihnen die Möglichkeit, zwischen einer Veröffentlichung in englischer oder in der von den zuständigen Behörden der betreffenden Mitgliedstaaten der EU oder der betreffenden Vertragsstaaten des EWR akzeptierten Sprache zu wählen. Eine ergänzende Veröffentlichung in deutscher Sprache ist möglich. **180**

c) Inhalt der Veröffentlichung

Der **Inhalt** der Veröffentlichung nach § 15a Abs. 4 Satz 1 WpHG ist gemäß § 12 iVm § 10 WpAIV standardisiert. Die Veröffentlichung beginnt mit der deutlich hervorgehobenen Überschrift „Mitteilung über Geschäfte von Führungspersonen nach § 15a WpHG". Dieser Überschrift folgen Angaben zu den mitteilungspflichtigen Personen und zum Emittenten sowie Angaben zu den einzelnen Geschäftsabschlüssen.[310] **181**

Die Angaben zur mitteilungspflichtigen Person enthalten deren Vor- und Familiennamen, bei juristischen Personen deren Firma und Sitz (vgl. § 12 Nr. 2 WpAIV).[311] Es folgen Angaben, ob die mitteilungspflichtige Person eine Führungsperson ist oder eine Person, die mit einer Führungsperson in enger Beziehung steht. Position und Aufgabenbereich der Führungsperson sind schlagwortartig anzugeben. **182**

---

[308] Inlandsemittenten im Sinne des § 2 Abs. 7 Nr. 2 WpHG.

[309] Für Emittenten, die ihren Sitz im Inland haben, deren Wertpapiere aber **nur in einem** anderen Mitgliedstaat zum Handel an einem organisierten Markt zugelassen sind, der für sie Veröffentlichungspflichten vorsieht, findet nach Art. 21 Abs. 3 der Transparenzrichtlinie das deutsche Publikationsregime grundsätzlich keine Anwendung, vgl. Begr. RegE zum TUG, BT-Drucks. 16/2498, S. 38.

[310] Eine Auflistung der veröffentlichungspflichtigen Angaben enthält BaFin, Emittentenleitfaden idF vom 15. 7. 2005, 80.

[311] Die Ergänzung dieser Vorschrift durch das TUG behoben eine Gesetzeslücke des § 12 Nr. 2 WpAIV, der bis dahin mitteilungspflichtige juristische Personen nicht erwähnte. Vgl. Begr. RegE zum TUG, BT-Drucks. 16/2498, S. 51.

Pfüller

§ 15a 183–187   Abschnitt 3. Insiderüberwachung

183   Die Angaben zum Emittenten müssen dessen vollständigen Namen und Anschrift enthalten. Die Angaben zum Geschäftsabschluss müssen das Wertpapier bzw. Finanzinstrument, in dem das Geschäft getätigt worden ist, genau bezeichnen. Bei Derivaten sind zusätzlich das Basisinstrument (Underlying), der Basispreis (Strike- oder Ausführungspreis), der Preismultiplikator (Bezugsverhältnis) und die Fälligkeit anzugeben. Hinzu kommen Angaben zur Art des getätigten Geschäfts (zB An- oder Verkauf), Datum und Ort des Abschlusses sowie Preis, Währung, Stückzahl und Geschäftsvolumen.

3. Inhalt der Mitteilung über die Veröffentlichung

184   Der neu eingeführte § 13a WpAIV stellt klar, dass auch die Mitteilung über die Veröffentlichung den Anforderungen des § 3c WpAIV genügen muss. Die Mitteilung hat danach unter Angabe des Textes der Veröffentlichung, der Medien, an die die Information gesandt wurde, sowie des genauen Zeitpunkts der Versendung an die Medien zu erfolgen. Durch diese zusätzlichen Angaben soll der Aufsichtsbehörde erleichtert werden, die Einhaltung der Transparenzvorschriften zu überwachen.

V. Korrekturen

185   Sofern **Korrekturen** der Veröffentlichung notwendig werden, sind diese unverzüglich vorzunehmen.[312] Zwar legt die BaFin keine weiteren Anforderungen an die Mitteilung und Veröffentlichung von Korrekturen fest, jedoch müssen für die Korrektur dieselben Voraussetzungen und Erfordernisse gelten wie für die erstmalige Mitteilung. Darüber hinaus ist ein Hinweis auf die zu korrigierende ursprüngliche Mitteilung sinnvoll.

VI. Überwachung

186   Gemäß § 4 Abs. 1 Satz 1 WpHG übernimmt die BaFin die Aufsicht über die Einhaltung der Vorschriften des WpHG.[313] Nach § 4 Abs. 3 WpHG kann die BaFin von den Melde- und Veröffentlichungspflichtigen sowie von den beteiligten Wertpapierdienstleistungsunternehmen insbesondere Auskünfte und die Vorlage von Unterlagen verlangen; ferner darf sie Personen laden und vernehmen. Gesetzliche Auskunfts- oder Aussageverweigerungsrechte sowie gesetzliche Verschwiegenheitspflichten bleiben gemäß § 4 Abs. 3 Satz 3 WpHG unberührt. Speziell ist hier auf das Zeugnisverweigerungsrecht und die Belehrungspflicht hinzuweisen (vgl. § 4 Abs. 9 WpHG).

187   Gemäß § 4 Abs. 4 Satz 1 WpHG ist Bediensteten der BaFin und den von ihr beauftragten Personen, soweit dies zur Wahrnehmung ihrer Aufgaben erforderlich ist, das Betreten der Grundstücke und Geschäftsräume der nach Absatz 3 auskunftspflichtigen Personen während der üblichen Arbeitszeit zu gestatten. Das Betreten außerhalb dieser Zeit oder das Betreten von in Wohnungen befindlichen Geschäftsräumen ist nur unter den Voraussetzungen des § 4 Abs. 4 Satz 2

---

[312] BaFin, Emittentenleitfaden idF v. 15. 7. 2005, 81.
[313] Vgl. ausführlich zur Überwachung durch die BaFin: Kommentierung zu § 4 WpHG.

Mitteilung v. Geschäften, Veröffentlichung u. Übermittlung 188–191 § 15a

WpHG möglich. Tatsachen, die den Verdacht einer Straftat nach § 38 WpHG begründen, muss die BaFin unverzüglich der zuständigen Staatsanwaltschaft anzeigen, § 4 Abs. 5 WpHG.

§ 4 Abs. 6 WpHG regelt die Möglichkeit einer **Ersatzvornahme** und gestattet der BaFin, eine nach § 15a WpHG gebotene Veröffentlichung oder Mitteilung auf Kosten des Pflichtigen vornehmen, wenn die Veröffentlichungs- oder Mitteilungspflicht nicht, nicht richtig, nicht vollständig oder nicht in der vorgeschriebenen Weise erfüllt wird. **188**

Adressaten der Maßnahmen stehen die Rechtsbehelfe des Widerspruchs und der Anfechtung nach der VwGO zur Verfügung. Seit dem AnSVG haben diese Rechtsbehelfe gemäß § 4 Abs. 7 WpHG allerdings keine aufschiebende Wirkung mehr. Insbesondere die Ersatzvornahme kann dann problematisch werden, wenn die BaFin einerseits und das Unternehmen, der Meldepflichtige andererseits unterschiedliche Auffassungen über das Vorliegen der tatbeständlichen Voraussetzungen des § 15a haben und eine Ersatzvornahme zu möglichen Nachteilen für das Unternehmen oder der Meldepflichtigen führen kann. Hier kommen Widerspruch und Anfechtungsklage verbunden mit einem Antrag auf (Wieder-) Herstellung der aufschiebenden Wirkung in Betracht. **189**

VII. Sanktionen

1. Ordnungswidrigkeiten

a) Verletzung einer Mitteilungspflicht

Der Tatbestand einer Ordnungswidrigkeit gemäß § 39 Abs. 2 Nr. 2 lit. d ist verwirklicht, wenn eine Mitteilungspflicht aus § 15a Abs. 1 und 2 WpHG und §§ 10f. WpAIV verletzt wurde. Eine Pflichtverletzung liegt vor, wenn die Mitteilung nicht, nicht richtig, nicht vollständig, nicht in der vorgesehenen Weise oder nicht rechtzeitig erfolgt ist. Die Mitteilungspflicht muss gemäß § 39 Abs. 2 Satz 1 WpHG vorsätzlich oder leichtfertig verletzt worden sein.[314] Der Verstoß gegen eine Mitteilungspflicht kann gemäß § 39 Abs. 4 WpHG mit einer Geldstrafe von bis zu 100 000,– € geahndet werden.[315] **190**

b) Verletzung von Organisationspflichten

Fraglich ist, ob die börsennotierte Gesellschaft eine Pflicht trifft, Führungspersonen und deren Angehörige auf ihre Mitteilungspflicht hinzuweisen und deren Einhaltung zu überwachen. Soweit ein Dritter seine Mitteilungspflichten nur deshalb verletzt, weil er nicht (hinreichend) vom Emittenten darauf hingewiesen wurde, kann dies sowohl für den Mitteilungspflichtigen als auch für den Emittenten Bedeutung haben. Für den Mitteilungspflichtigen kann in einem solchen Fall der Vorsatz- bzw. Leichtfertigkeitsvorwurf entfallen, insbesondere, wenn es sich nur um eine nahestehende Person i. S. d. § 15 Abs. 3 Satz 1 WpHG handelt. Für den Emittenten stellt sich die Frage nach einer Ersatzpflicht für Schäden, die **191**

---

[314] Ein fahrlässiger Verstoß genügt nach dem Willen des Gesetzgebers nicht; vgl. Begründung Regierungsentwurf 4. FFG, BT-Drucks. 14/8017, S. 98.
[315] Vgl. die Kommentierung zu § 39 WpHG.

Pfüller 753

§ 15a 192–196   Abschnitt 3. Insiderüberwachung

dem nicht aufgeklärten Mitteilungspflichtigen durch ein etwaiges Ordnungsgeld entstehen oder sogar nach der Begehung einer Ordnungswidrigkeit durch den Emittenten selbst.

192 Nach einer im Schrifttum vertretenen Ansicht soll eine derartige Pflicht in allgemeinen gesellschaftsrechtlichen Organisationspflichten begründet sein.[316] Danach sei der Emittent verpflichtet, geeignete Maßnahmen zu treffen, welche Angehörige von Führungspersonen über ihre Mitteilungspflichten informieren und deren Einhaltung sicherstellen. Eine derartige Pflicht entbehrt jedoch einer gesellschaftsrechtlichen Grundlage. Die Überwachung der Einhaltung kapitalmarktrechtlicher (Transparenz-) Pflichten außenstehender Dritter gehört nicht zu den Pflichten ordnungsgemäßer Geschäftsführung eines börsennotierten Unternehmens. Dennoch empfiehlt es sich in jedem Fall, Führungspersonen und deren Angehörige ausdrücklich auf die Meldepflichten des § 15a WpHG hinzuweisen und das Bestehen meldepflichtiger Transaktionen regelmäßig abzufragen.

c) Verletzung einer Veröffentlichungspflicht

193 Der objektive Tatbestand einer Ordnungswidrigkeit gemäß § 39 Abs. 2 Nr. 5 lit. b WpHG ist dann verwirklicht, wenn eine Veröffentlichungspflicht aus § 15a Abs. 4 Satz 1 WpHG und §§ 12f. WpAIV verletzt wurde. Eine Pflichtverletzung liegt vor, wenn die Veröffentlichung nicht, nicht richtig, nicht vollständig, nicht in der vorgesehenen Weise oder nicht rechtzeitig erfolgte oder nicht rechtzeitig nachgeholt wurde.[317] Die Mitteilungspflicht muss gemäß § 39 Abs. 2 Satz 1 WpHG vorsätzlich oder leichtfertig verletzt worden sein. Ein Verstoß aufgrund einfacher Fahrlässigkeit genügt nicht.[318]

194 Der Verstoß gegen eine Mitteilungspflicht kann gemäß § 39 Abs. 4 WpHG mit einer Geldstrafe von bis zu 100 000,– € geahndet werden.

d) Verletzung der Pflicht zur Mitteilung der Veröffentlichung (Beleg)

195 Der Tatbestand einer Ordnungswidrigkeit nach § 39 Abs. 2 Nr. 7 WpHG ist verwirklicht, wenn die Pflicht zur Mitteilung der Veröffentlichung aus § 15a Abs. 4 Satz 1 1. Halbsatz WpHG verletzt wurde. Eine Pflichtverletzung liegt vor, wenn der Beleg nicht oder nicht rechtzeitig übersandt wurde. Die Pflicht zur Übersendung muss gemäß § 39 Abs. 2 Satz 1 WpHG vorsätzlich oder leichtfertig verletzt worden sein. Der Verstoß gegen die Pflicht zur Übersendung des Belegs kann gemäß § 39 Abs. 4 WpHG mit einer Geldstrafe von bis zu 50 000,– € geahndet werden.

2. Kurs- und Marktpreismanipulationen

196 Die vorsätzliche Verletzung von Pflichten aus § 15a WpHG kann auch eine Kurs- und Marktmanipulationen i. S. d. § 20a WpHG darstellen, wenn durch die

---

[316] Unternehmensfinanzierung am Kapitalmarkt-*Klawitter*, § 25 Rn. 110.
[317] Für technische Systemfehler im Verantwortungsbereich der Medien, an die die Information versandt wurde, ist der Emittent nicht verantwortlich, *Hutter/Kaulamo* NJW 2007, 555.
[318] Begr. RegE zum 4. FFG BT-Drucks. 14/8017, S. 98.

Mitteilung v. Geschäften, Veröffentlichung u. Übermittlung 197–199 § 15a

Tathandlung auf den Börsen- oder Marktpreis tatsächlich eingewirkt wurde. In einem solchen Fall kann der Straftatbestand des §§ 38 Abs. 2, 39 Abs. 1 Nr. 1 und 2 WpHG erfüllt sein.[319]

3. Normen des Zivilrechts

§ 15a WpHG enthält keine ausdrückliche Regelung hinsichtlich zivilrechtli- 197 cher Schadensersatzansprüche. Eine § 15 Abs. 6 WpHG entsprechende Vorschrift fehlt. Die eine Schadensersatzpflicht anordnenden §§ 37b, 37c WpHG sind ausschließlich in Verbindung mit § 15 WpHG anwendbar. Somit bleibt nur der Rückgriff auf allgemeine Vorschriften.[320]

a) §§ 134, 138 BGB

Eine Verletzung der Pflichten aus § 15a WpHG führt nicht zur Nichtigkeit 198 der betroffenen Transaktion gemäß § 134 BGB. Die Publizitätspflichten gemäß § 15a WpHG stellen kein gesetzliches Verbot i. S. d. § 134 BGB dar, sondern knüpfen lediglich an einen bereits geschlossenen Vertrag mit zeitlich nachfolgenden Mitteilungs- und Veröffentlichungspflichten an. Aus gleichem Grund ist auch eine Nichtigkeit des Rechtsgeschäftes gemäß § 138 BGB abzulehnen.

b) § 826 BGB

Ein Verstoß gegen § 15a WpHG kann Ansprüche wegen vorsätzlicher sitten- 199 widriger Schädigung nach § 826 BGB begründen. Dies ist für Verstöße gegen die Ad-hoc-Publizitätspflicht gemäß § 15 WpHG allgemein anerkannt,[321] da § 15 Abs. 6 WpHG die Anwendbarkeit von Schadensersatzansprüchen auf der Grundlage von Rechtsgrundlagen außerhalb des WpHG ausdrücklich anerkennt. Auch gemäß § 12 Abs. 6 WpÜG bleiben nach dem Willen des Gesetzgebers weitergehende Ansprüche unberührt, die nach den Vorschriften des bürgerlichen Rechts auf Grund vorsätzlicher unerlaubter Handlungen erhoben werden können. Entsprechendes muss für einen Verstoß gegen § 15a WpHG gelten.[322] Die genannten Normen sollen jeweils verhindern, dass einzelne Anleger durch einen Informationsvorsprung bevorteilt werden. Auch § 15a WpHG soll die Anlegergleichbehandlung fördern, indem der Anschein des heimlichen Ausnutzens eines Wissensvorsprungs durch unternehmensnahe Insider mit der rechtzeitigen Mitteilung und Veröffentlichung ihrer Transaktionen beseitigt wird.[323] Die Normen verfolgen also im Wesentlichen den gleichen Schutzzweck. Es liegt deshalb nahe, dass die Anwendbarkeit von Schadensersatzansprüchen außerhalb des WpHG auch für § 15a WpHG gilt.[324]

---

[319] Vgl. dazu *Assmann/Schneider/Sethe*, Rn. 112.
[320] *Zimmer* ZIP 2002, 1229.
[321] Vgl. die Kommentierung zu § 15.
[322] So auch *Schuster* ZHR 167 (2002), 215; *Assmann/Schneider/Sethe*, Rn. 115; AK-Aktienrecht-*Fischer zu Cramburg*, Rn. 10; Handbuch börsennotierte AG-*Schäfer*, § 15 Rn. 23; *Schwark/Zimmer*, Rn. 47.
[323] Begr. RegE zum 4. FGG, BT-Drucks. 14/8017, S. 88.
[324] Vgl. *Assmann/Schneider/Sethe*, Rn. 106, der der Ansicht ist, dass, wenn der Gesetzgeber bereits in der restriktiven Regelung des § 15 Abs. 6 WpHG bestimmt, dass weitere Schadensersatzansprüche unberührt bleiben sollen, dies erst Recht für § 15a WpHG gelten muss.

c) § 823 Abs. 2 BGB

200, 201 Die Vorschrift des § 15a WpHG ist **kein Schutzgesetz** i. S. d. § 823 Abs. 2 BGB, da ihr keine individualschützende Wirkung zukommt.[325]

202 Der Bundesgerichtshof[326] hat bezüglich § 15 WpHG aF festgestellt, dass nach dem Normzweck der Ad-hoc-Publizitätspflichten nicht der Schutz von Individualinteressen der Anleger, sondern ausschließlich die im öffentlichen Interesse liegende Sicherung der Funktionsfähigkeit des Kapitalmarktes bezweckt sei, was eine Schutzgesetzeigenschaft des § 15 WpHG aF ausschließe.[327]

203 Gleiches muss für die Publizitätspflichten des § 15a WpHG gelten.[328] Grundsätzlich ist für die Qualität eines Schutzgesetzes die Intention des Gesetzgebers maßgeblich.[329] Mit der Umsetzung der Marktmissbrauchsrichtlinie ist zwar der Anlegerschutz in den Vordergrund gerückt und § 15a WpHG dient auch individuellen Anlegerinteressen.[330] Vorrangig schützt § 15a WpHG aber die Funktionsfähigkeit des Kapitalmarktes und betrifft die Marktteilnehmer nur mittelbar.[331] Der Schutz der Individualinteressen ist nur als Reflex der Sicherung der Funktionsfähigkeit des Kapitalmarktes.[332]

VIII. Verhältnis zu anderen Vorschriften

204 Neben § 15a WpHG gibt es weitere Vorschriften, die Pflichten zur Kapitalmarkttransparenz und -kommunikation enthalten. Ferner bestehen neben kapitalmarktrechtlichen auch gesellschaftsrechtliche Informationspflichten.[333] Dabei kann es zu tatbestandlichen Überschneidungen mit der Folge von Mehrfachmeldungen kommen. Grundsätzlich geht die BaFin davon aus, dass Publizitätspflichten aus anderen gesetzlichen Grundlagen von der Publizitätspflicht nach § 15a WpHG unberührt bleiben.[334]

205 Die **kapitalmarktrechtlichen Publizitätspflichten** unterscheiden sich in solche des Primärmarktes und des Sekundärmarktes. Der Primärmarkt umfasst den erstmaligen Absatz eines Wertpapiers oder Finanzinstruments, der Sekundärmarkt den weiteren Handel mit diesen. Die Informationspflichten im Primärmarkt, wozu insbesondere die Veröffentlichung eines Börsenzulassungs- oder Verkaufsprospekts gemäß §§ 3 ff. WpPG, 30 BörsG gehört, sind den Publizitäts-

---

[325] *Assmann/Schneider/Sethe*, Rn. 114; Handbuch börsennotierte AG-*Schäfer*, § 15 Rn. 22; vgl. auch zu § 15 WpHG aF: BGH DStR 2002, 1488; *Schuster* ZHR 167 (2002), 214 f.
[326] *BGH* DStR 2002, 1488; BT-Drucks. 12/7918, S. 96, 102.
[327] Vgl. auch BVerfG ZIP 2002, 1988; *Rützel* AG 2003, 72; *Thümmel* BB 2001, 2332; *Groß* WM 2002, 482; *Horn*, Festschrift für Ulmer 2003, 819; *Assmann/Schneider/Kümpel*, 2. Auflage, Köln 1999, § 15 Rn. 188; aA *Möllers/Rotter*, Ad-hoc- Publizität, § 16 Rn. 55.
[328] So auch *Schuster* ZHR 167 (2002), 214 f.; *Assmann/Schneider/Sethe*, Rn. 114; AK-Aktienrecht-*Fischer zu Cramburg*, Rn. 10; *v. Rosen/Fischer zu Cramburg/Hannrich*, 57; Handbuch börsennotierte AG-*Schäfer*, § 15, Rn. 22; *Schwark/Zimmer*, Rn. 47.
[329] *Palandt/Sprau*, § 823 Rn. 57.
[330] *Fleischer* ZIP 2002, 1229.
[331] Begr. RegE zum 4. FGG, BT-Drucks. 14/8017, S. 87.
[332] Vgl. *Schwark/Zimmer*, Rn. 47.
[333] *Möllers/Rotter*, Ad-hoc-Publizität, § 16 Rn. 54.
[334] BaFin, Emittentenleitfaden idF v. 15. 7. 2005, 47.

pflichten im Sekundärmarkt vorgelagert. Directors' Dealings begründen eine Publizitätspflicht im Sekundärmarkt, denn sie sind von Kapitalmarkttransaktionen des in § 15a WpHG genannten Personenkreises abhängig. Daher bestehen zwischen § 15a WpHG und den Publizitätspflichten im Primärmarkt[335] keine tatbestandlichen Überschneidungen.[336]

a) Ad-hoc-Publizität, § 15 WpHG

Grundsätzlich bestehen die Publizitätspflichten aus Directors' Dealings und der Ad-hoc-Publizität gemäß § 15 WpHG nebeneinander.[337] Während § 15 WpHG die unverzügliche Veröffentlichung kursbeeinflussender, den Emittenten unmittelbar betreffender Insiderinformationen verlangt, knüpft § 15a WpHG an Geschäfte von Führungspersonen oder diesen nahestehenden Personen mit Aktien des Emittenten oder sich darauf beziehenden Finanzinstrumenten an. **206**

b) Veränderungen des Stimmrechtsanteils, §§ 21 ff. WpHG

Das Erreichen, Überschreiten bzw. Unterschreiten bestimmter Schwellenwerte ist nach §§ 21 ff. WpHG zu veröffentlichen. Eine tatbestandliche Überschneidung mit dieser Norm ergibt sich, soweit eine mitteilungspflichtige Person nach § 15a WpHG auch einen der Schwellenwerte des § 21 WpHG über- bzw. unterschreitet. Beide Publizitätsvorschriften unterscheiden sich jedoch in den anzuwendenden **Fristen**. **207**

Der gemäß § 21 WpHG Meldepflichtige hat das Erreichen, Überschreiten bzw. Unterschreiten des Schwellenwertes unverzüglich, spätestens innerhalb von **sieben** Kalendertagen der Gesellschaft sowie der BaFin zu melden. Der Mitteilungspflicht gemäß § 15a WpHG hat der Meldepflichtige innerhalb von **fünf** Werktagen nachzukommen. Im Fall einer Mitteilung gemäß § 21 WpHG ist die Gesellschaft nach § 25 Abs. 1 WpHG unverzüglich, spätestens **drei** Börsenhandelstage nach Zugang der Mitteilung zur Veröffentlichung verpflichtet. Im Fall des § 15a WpHG ist der Emittent unverzüglich zur Veröffentlichung verpflichtet. **208**

Gegenüber einer Frist von fünf Werktagen bis zur Veröffentlichung der Meldung nach § 15a WpHG kann es bei einer Veröffentlichung nach §§ 21 ff. WpHG also bis zu zehn Tage dauern, bis die Information den Kapitalmarkt er- **209**

---

[335] Der Verkaufs-/Börsenzulassungsprospekt muss gemäß § 7 WpPG in Verbindung mit Anhang I der Verordnung (EG) Nr. 809/2004 der Kommission vom 29. 4. 2004 zur Umsetzung der Richtlinie 2003/71/EG des Europäischen Parlaments und des Rates betreffend die in Prospekten enthaltenen Informationen sowie das Format, die Aufnahme von Informationen mittels Verweis und die Veröffentlichung solcher Prospekte sowie die Verbreitung von Werbung (ABl. EG Nr. L 149 S. 1, Nr. L 215, S. 3) („Prospektverordnung") folgende Angaben enthalten: Aktuelle Angaben über den Aktienbesitz und etwaige Optionen auf Aktien für alle Mitglieder der Verwaltungs-, Geschäftsführungs- und Aufsichtsorgane sowie das obere Management des Emittenten (Anhang I Ziffer 17.2 Prospektverordnung); *Angaben zu Geschäften mit verbundenen Parteien*, die der Emittent während der letzten drei Jahre geschlossen hat (Anhang I Ziffer 19 Prospektverordnung); sowie Einzelheiten jeglicher Veräußerungsbeschränkungen, die von Mitgliedern der Verwaltungs-, Geschäftsführungs- oder Aufsichtsorgane sowie des oberen Managements für die von ihnen gehaltenen Wertpapiere des Emittenten vereinbart wurden (Anhang I Ziffer 14.2 Prospektverordnung).
[336] Vgl. *Assmann/Schneider/Sethe*, Rn. 123.
[337] *Fleischer* ZIP 2002, 1229; *Schwark/Zimmer*, Rn. 11; *Assmann/Schneider/Sethe*, Rn. 121.

§ 15b

Abschnitt 3. Insiderüberwachung

210 reicht. Aufgrund der wesentlich kürzeren Mitteilungs- und Veröffentlichungsfrist des § 15a WpHG, scheidet deshalb ein Vorrang der §§ 21 ff. WpHG aus.[338] Eine Mitteilung von Directors' Dealings lässt gleichwohl die (zeitlich nachfolgende) Veröffentlichung der Beteiligung nach §§ 21 ff. WpHG nicht überflüssig werden.[339] § 15a WpHG dient der Information des Marktes, um aufgrund des Erwerbs oder der Veräußerung einer der Gesellschaft nahestehenden Person Rückschlüsse auf die zukünftige Entwicklung des Unternehmens zu ermöglichen. Demgegenüber dienen §§ 21 ff. WpHG neben der Markttransparenz auch der Durchführung ordnungsgemäßer und fairer Übernahmeverfahren.[340]

c) Stellungnahme der Organmitglieder einer Zielgesellschaft, § 27 WpÜG

211 Gemäß § 27 Abs. 1 Nr. 4 WpÜG müssen Vorstand und Aufsichtrat einer **Zielgesellschaft**, soweit sie Inhaber von Wertpapieren der Zielgesellschaft sind, ihre Absicht mitteilen, ob sie das Angebot des Bieters annehmen. Wollen einige Organmitglieder das Angebot annehmen und andere nicht, so ist dies in der Stellungnahme unter namentlicher Bezeichnung der Personen mitzuteilen.[341] Für die Aktionäre der Zielgesellschaft ist die Stellungnahme eine wichtige Information, da die Offenlegung des beabsichtigten Verhaltens einen Rückschluss auf die Einschätzung der Organmitglieder zulässt. Die Pflicht zur Offenlegung des Annahmeverhaltens der Organmitglieder beruht somit auf ähnlichen Erwägungen wie die Veröffentlichung der Wertpapiergeschäfte von Führungskräften nach § 15a. Da aber nach § 27 WpÜG lediglich eine Absicht mitgeteilt wird, § 15a jedoch an ein bereits abgeschlossenes rechtsgeschäftliches Verfügungsgeschäft anknüpft, bestehen beide Publizitätspflichten nebeneinander.

d) Governance Kodex

212 Die Angaben gemäß Ziffer 6.6 des Deutschen Corporate Governance Kodex begründen keine zusätzliche Pflichten zu denen nach § 15a WpHG. Sie geben lediglich die bestehenden kapitalmarktrechtlichen Verpflichtungen zur Mitteilung und Veröffentlichung von Directors' Dealings wieder.[342]

§ 15b Führung von Insiderverzeichnissen

(1) ¹Emittenten nach § 15 Abs. 1 Satz 1 oder Satz 2 und in ihrem Auftrag oder für ihre Rechnung handelnde Personen haben Verzeichnisse über solche Personen zu führen, die für sie tätig sind und bestimmungsgemäß Zugang zu Insiderinformationen haben. ²Die nach Satz 1 Verpflichteten müssen diese Verzeichnisse unverzüglich aktualisieren und der Bundesanstalt auf Verlangen übermitteln. ³Die in den Verzeichnissen geführten Personen sind durch die Emittenten über die rechtlichen Pflichten, die sich aus dem Zugang zu Insiderinformationen ergeben, sowie über die Rechtsfolgen von Verstößen aufzuklären. ⁴Als im Auftrag oder für Rechnung des

---

[338] So auch *Fleischer* ZIP 2002, 1229; *Assmann/Schneider/Sethe*, Rn. 122;
[339] *Fleischer* ZIP 2002, 1229; *Assmann/Schneider/Sethe*, Rn. 122
[340] *Assmann/Schneider/Schneider*, Vor § 21 Rn. 2.
[341] *Hopt* ZGR 2002, 355; MünchKommAktG-*Wackerbarth*, § 27 WpÜG Rn. 11.
[342] Vgl. zum DCGK, § 15a Rn. 6 ff.

Führung von Insiderverzeichnissen § 15b

Emittenten handelnde Personen gelten nicht die in § 323 Abs. 1 Satz 1 des Handelsgesetzbuchs genannten Personen.

(2) ¹Das Bundesministerium der Finanzen kann durch Rechtsverordnung, die nicht der Zustimmung des Bundesrates bedarf, nähere Bestimmungen erlassen über
1. Umfang und Form der Verzeichnisse,
2. die in den Verzeichnissen enthaltenen Daten,
3. die Aktualisierung und die Datenpflege bezüglich der Verzeichnisse,
4. den Zeitraum, über den die Verzeichnisse aufbewahrt werden müssen und
5. Fristen für die Vernichtung der Verzeichnisse.

²Das Bundesministerium der Finanzen kann die Ermächtigung durch Rechtsverordnung auf die Bundesanstalt für Finanzdienstleistungsaufsicht übertragen.

Übersicht

	Rn.
I. Regelungsgegenstand und -zweck	1
1. Entstehungsgeschichte	6
a) Compliance-Richtlinie der BaFin	7
b) Marktmissbrauchsrichtlinie und Anlegerschutzverbesserungsgesetz	8
c) Transparenzrichtlinien-Umsetzungsgesetz („TUG")	11
2. Kritik	12
a) Deutliche Mehrbelastung	12
b) Verfassungsrechtliche Bedenken	14
II. Verzeichnisführungspflicht (§ 15 Abs. 1 Satz 1 WpHG)	16
1. Verzeichnisführungspflichtige	16
a) Emittent von Finanzinstrumenten	17
b) In ihrem Auftrag oder für ihre Rechnung handelnde Personen	18
aa) Grundsätzliches	18
bb) Fallgruppen	23
c) Ausnahmen gemäß § 323 I 1 HGB (§ 15b Abs. 1 Satz 2 WpHG)	30
d) Keine Verzeichnispflicht für Insider ohne Emittentenbezug	33
e) Begrenzung auf Inlandsemittenten	34
2. Verzeichnisse	35
a) Art des Verzeichnisses	35
b) Inhalt des Verzeichnisses	37
c) Aufbau des Verzeichnisses	42
aa) Insiderinformations- oder projektbezogener Aufbau (Anlassinsiderverzeichnis)	44
bb) Aufbau nach Funktions- oder Vertraulichkeitsbereichen (Regelinsiderverzeichnis)	46
d) Form des Verzeichnisses	50
3. Über solche Personen	51
a) die für sie tätig sind	52
b) und bestimmungsgemäß Zugang zu Insiderinformationen haben	57
aa) Fallgruppen	67
bb) Konzernsachverhalte	74
III. Aktualisierungs- und Übermittlungspflicht (§ 15b Abs. 1 Satz 2 WpHG)	76
1. Unverzügliche Aktualisierung	77
2. Übermittlung an die BaFin auf Verlangen	81

Pfüller

§ 15b 1, 2   Abschnitt 3. Insiderüberwachung

                                                                               Rn.
IV. Aufklärungspflicht (§ 15 b Abs. 1 Satz 3 WpHG)   83
V. Aufbewahrung und Vernichtung   91
VI. Verordnungsermächtigung (§ 15 b Abs. 2 WpHG)   97
VII. Sanktionen 100
    1. Ordnungswidrigkeiten 100
    2. Strafrechtliche Sanktionen 101
    3. Zivilrechtliche Sanktionen 104

Schrifttum: *Assmann,* Das künftige deutsche Insiderrecht, AG 1994, 250; *Baur,* Insider im Rampenlicht, Die Bank 2004, 14, 15; *Brandi/Süssmann,* Neue Insiderregeln und Ad-hoc-Publizität – Folgen für Ablauf und Gestaltung von M&A-Transaktionen, AG 2004, 644; *Budde/Berger/Elrott* (Hrsg.), Beck'scher Bilanzkommentar, 5. Auflage 2003; *Bürgers,* Das Anlegerschutzverbesserungsgesetz, BKR 2004, 425, 426; *Claussen,* Das neue Insiderrecht, DB 1994, 31; *Claussen/Florian,* Der Emittentenleitfaden, AG 2005, 763; *Diekmann/Sustmann,* Gesetz zur Verbesserung des Anlegerschutzes, NZG 2004, 932, 933; *Dreyling,* Die Umsetzung der Marktmissbrauchsrichtlinie über Insidergeschäfte und Marktmanipulation, Der Konzern 2005, 1–4; *Falkenhausen/Widder,* Die befugte Weitergabe von Insiderinformationen nach dem AnSVG, BB 2005, 225, 227; *Hadding/Hopt/Schimansky* (Hrsg.), Bankrechtstag 1998; *Heidel/Wagner* (Hrsg.) Anwaltskommentar Aktienrecht, 2003; *Holzborn/Israel,* Das Anlegerschutzverbesserungsgesetz – Die Veränderungen im WpHG, VerkProspG und BörsG und ihre Auswirkungen in der Praxis, WM 2004, 1948, 1952; *Hueck/Canaris,* Recht der Wertpaiere, 12. Auflage 1996; *Ilberg/Neises,* Die Richtlinien-Vorschläge der EU Kommission zum „Einheitlichen Europäischen Prospekt" und zum „Marktmissbrauch" aus Sicht der Praxis, WM 2002, 635, 647; *Kirchhöfer,* Führung von Insiderverzeichnissen bei Emittenten und externen Dienstleistern, Der Konzern 2005 22–28; *Koch,* Neuerungen im Insiderrecht und der Ad-hoc-Publizität, DB 2005, 270, 271; *Knauth/Käsler,* 20a WpHG und die Verordnung zur Konkretisierung des Marktmanipulationsverbots, WM 2006, 1041–1055; *Kropf/Semler* (Hrsg.) Münchner Kommentar zum Aktiengesetz, 2. Aufl., 2004; *Kuthe,* Änderungen des Kapitalmarktrechts durch das Anlegerschutzverbesserungsgesetz, ZIP 2004, 883–888; *Rodewald/Tüxen,* Neuregelung des Insiderrechts nach dem Anlegerschutzverbesserungsgesetz (AnSVG) – Neue Organisationsanforderungen für Emittenten und ihre Berater, BB 2004, 2249, 2250, 2251; *Schneider/v. Buttlar,* Die Führung von Insider-Verzeichnissen: Neue Compliance-Pflichten für Emittenten, ZIP 2004, 1623 ff.; *Simon,* Die neue Ad-hoc-Publizität, Der Konzern 2005, 13, 18; *Steidle/Waldeck,* Die Pflicht zur Führung von Insiderverzeichnissen unter dem Blickwinkel der informationellen Selbstbestimmung, WM 2005, 868 ff.; *v. Buttlar,* Director's Dealings: Änderungsbedarf aufgrund der Marktmissbrauchsrichtlinie, BB 2003, 2134; *Wagner,* Börsensegmentierung und die Informationspflichten bei der Vermögensanlage in börsennotierte Aktien, Heidelberg 2007; *Ziemons,* Neuerungen im Insiderrecht und bei der Ad-hoc-Publizität durch die Marktmissbrauchslinie und das Gesetz zur Verbesserung des Anlegerschutzes, NZG 2004, 537–543.

I. Regelungsgegenstand und -zweck*

1, 2   § 15b WpHG verpflichtet Inlandsemittenten von Finanzinstrumenten im Sinne des § 15 Abs. 1 Satz 1 und Satz 2 WpHG und in ihrem Auftrag oder für ihre Rechnung handelnde Personen, sogenannte „Insiderverzeichnisse" zu führen. In diese Verzeichnisse sind Daten von Personen aufzunehmen, die für die Verzeichnisführungspflichtigen tätig sind und bestimmungsgemäß Zugang zu Insiderinformationen haben. Gesetzgeberische Intention der Pflicht zur Führung von

---

* Unter Mitarbeit von *Maike Hoenigs* und *Jan Ludwig.*

Führung von Insiderverzeichnissen 3–5 § 15b

Insiderverzeichnissen ist die **erleichterte Überwachung von Insidergeschäften**.[1] Der Kreis der Insider soll bei Vorliegen eines Anfangsverdachtes durch die BaFin schneller ermittelt werden können.[2] In diesem Zusammenhang ist auch die Aktualisierungspflicht nach Abs. 1 Satz 2 und die Herausgabepflicht auf Verlangen der BaFin zu sehen. Der Gesetzgeber überträgt dem Unternehmen mit diesen Pflichten klassische aufsichtsrechtliche Aufgaben.[3]

Die Verzeichnisse ermöglichen den Verzeichnisführungspflichtigen ihrerseits, den Fluss der Insiderinformation zu überwachen und damit ihren Geheimhaltungspflichten nachzukommen.[4] Die Verzeichnisführungspflicht hat auch präventiven Charakter. Die verzeichneten Personen sind besonders zu belehren und auf die Folgen eines Verstoßes hinzuweisen, so dass sie für den aufmerksamen Umgang mit Insiderinformationen sensibilisiert werden. Vier Funktionen des § 15b WpHG sind zu unterscheiden: die Organisations- und Überwachungsfunktion,[5] die Abschreckungsfunktion,[6] die Strafverfolgungsfunktion[7] und die – wegen der durch die Insiderverzeichnisse eröffneten Beweismöglichkeiten – Durchsetzungsfunktion.[8] 3

Mit der Verzeichnisführungspflicht gehen **Folgepflichten** einher, die Emittenten gegebenenfalls durch Anpassung ihrer Organisationsstrukturen und interne Kontrollverfahren zu erfüllen haben.[9] Insbesondere ist hier zunächst die Aktualisierungspflicht des Verzeichnisführungspflichtigen gem. § 15b Abs. 1 Satz 2 WpHG zu nennen.[10] Auch sind die in das Verzeichnis aufzunehmenden Personen über die sich aus dem Zugang zu Insiderinformationen ergebenden rechtlichen Pflichten sowie über Rechtsfolgen von Verstößen aufzuklären.[11] 4

Die Regelungen des § 15b WpHG werden durch die „Verordnung zur Konkretisierung von Anzeige-, Mitteilungs- und Veröffentlichungspflichten und der Pflicht zur Führung von Insiderverzeichnissen nach dem Wertpapierhandelsgesetz (Wertpapierhandelsanzeige- und Insiderverzeichnisverordnung – WpAIV)" 5

---

[1] Begr. RegE zum AnSVG, BT-Drucks. 15/3174, 36.
[2] Begr. RegE zum AnSVG, BT-Drucks. 15/3174, 36; BaFin, Emittentenleitfaden idF vom 15. 7. 2005, 96; KölnKommWpHG-*Heinrich*, Rn. 3.
[3] *Assmann/Schneider/Sethe*, Rn. 2.
[4] Erwägungsgrund Nr. 6 der Durchführungsrichtlinie 2004/72/EG der Kommission vom 29. 4. 2004, ABl. EG Nr. L 162, S. 70; BaFin, Emittentenleitfaden idF vom 15. 7. 2005, 96; *Kirschhöfer*, Der Konzern 2005, 24; *Holzborn/Israel* WM 2004, 1948, 1952; kritisch: *Ilberg/Neises* WM 2002, 635, 647.
[5] Erwägungsgrund Nr. 6 der Durchführungsrichtlinie 2004/72/EG der Kommission vom 29. 4. 2004, ABl. EG Nr. L 162, S. 70; BaFin, Emittentenleitfaden idF vom 15. 7. 2005, 96.
[6] *Assmann/Schneider/Sethe*, Rn. 3; KölnKommWpHG-*Heinrich*, Rn. 4.
[7] Begr. RegE zum AnSVG, BT-Drucks. 15/3174, S. 36; Erwägungsgrund Nr. 6 der Durchführungsrichtlinie 2004/72/EG der Kommission vom 29. 4. 2004, ABl. EG Nr. L 162, S. 70; Zweifel daran: *Brandi/Süssmann* AG 2004, 644; *Hienzsch* HRRS, 4/2006, 147 mwN.
[8] *Assmann/Schneider/Sethe*, Rn. 3.
[9] *Schneider/v. Buttlar* ZIP 2004, 1623; *Assmann/Schneider/Sethe*, Rn. 4.
[10] Siehe auch Begr. RegE zum AnSVG, BT-Drucks. 15/3174, 36.
[11] In der Literatur wird vereinzelt bemerkt, dass es bei derartigen Vorgaben für größere Unternehmen in der Praxis nur noch ein kleiner Schritt zu einer unternehmensinternen Compliance-Richtlinie sei, vgl. *Schneider/v. Buttlar* ZIP 2004, 1623; *Assmann/Schneider/Sethe*, Rn. 4.

§ 15b 6–8   Abschnitt 3. Insiderüberwachung

vom 13. Dezember 2004[12] ergänzt. Die §§ 14 bis 16 WpAIV enthalten spezielle Vorschriften bezüglich des Verzeichnisinhaltes, der Berichtigung (bzw. Aktualisierung) des Verzeichnisses und der Aufbewahrung und Vernichtung von im Verzeichnis gespeicherten Daten. Darüber hinaus hat die BaFin mit Datum vom 15. Juli 2005 einen Emittentenleitfaden[13] herausgegeben, der praktische Hilfestellungen für den Umgang mit den Vorschriften des Wertpapierhandelsrechts bieten soll.

1. Entstehungsgeschichte

6   Die Regelung des § 15b WpHG wurde mit dem Anlegerschutzverbesserungsgesetz („AnSVG"),[14] welches die Marktmissbrauchsrichtlinie[15] umsetzt, am 30. Oktober 2004 Bestandteil des WpHG.

a) Compliance-Richtlinie der BaFin

7   Bis zur Einführung des § 15b WpHG existierte eine sogenannte Beobachtungsliste *(watch-list)*, die Kredit- und Finanzdienstleistungsinstitute gemäß der sogenannten Compliance-Richtlinie der BaFin[16] zu führen hatten und in der compliance-relevante Informationen zu börsennotierten Gesellschaften und Wertpapieren nebst der jeweiligen Wissensträger zu dokumentieren waren.[17] Zweck der Beobachtungsliste war, eine Überwachung der Eigenhandels- bzw. Mitarbeitergeschäfte in den betreffenden Werten durch die jeweilige Compliance-Stelle des betreffenden Instituts zu ermöglichen, um Verstöße gegen Insiderhandelsverbote oder gegen die Interessenwahrungspflicht aufdecken zu können.[18] Neben der Beobachtungsliste schrieb die Compliance-Richtlinie eine sogenannte Stoppliste *(restricted-list)* vor. Hierin waren alle Finanzinstrumente aufzulisten, mit denen jeglicher Handel aufgrund vorhandenen oder unterstellten Insiderwissens verboten war. Ein Ausnutzen der im jeweiligen Institut vorhandenen Insiderinformationen sollte so verhindert werden.[19] Die Pflicht zur Führung der genannten Listen oblag allerdings nur den am Wertpapierhandel teilnehmenden Banken und Finanzdienstleistungsinstituten als Adressaten der Compliance-Richtlinie. Die börsennotierten Unternehmen selbst (Emittenten) wurden hierdurch nicht verpflichtet.

b) Marktmissbrauchsrichtlinie und Anlegerschutzverbesserungsgesetz

8   § 15b WpHG setzt Art. 6 Abs. 3 Unterabs. 3 und 4 der Marktmissbrauchsrichtlinie sowie Art. 5 der Durchführungsrichtlinie zur Marktmissbrauchsrichtli-

---

[12] BGBl. I 2004, S. 3376 ff.
[13] BaFin, Emittentenleitfaden idF vom 15. 7. 2005, 96 bis 104.
[14] Anlegeschutzverbesserungsgesetz vom 28. 10. 2004, BGBl. I 2004, S. 2630 ff.
[15] Richtlinie 2003/6/EG des Europäischen Parlaments und des Rates vom 28. 1. 2003 über Insider-Geschäfte und Marktmanipulation (Marktmissbrauch), ABl. EG Nr. L 96, S. 16 ff.
[16] Richtlinie zur Konkretisierung der Organisationspflichten von Wertpapierdienstleistungsunternehmen gemäß § 33 Abs. 1 WpHG vom 25. 10. 1999 (Bundesanzeiger Nr. 210 vom 6. 11. 1999, S. 18 453).
[17] *Kirschhöfer*, Der Konzern 2005, 22, 23.
[18] *Assmann/Schneider/Sethe*, Rn. 7.
[19] *Assmann/Schneider/Sethe*, Rn. 8.

nie[20] in nationales Recht um.[21] § 15b Abs. 1 Satz 3 WpHG enthält in Umsetzung von Art. 5 Abs. 5 der Durchführungsrichtlinie zur Marktmissbrauchsrichtlinie[22] die Pflicht des Emittenten, die in der Liste aufgenommenen Personen über ihre Pflichten im Umgang mit Insiderinformationen und die Rechtsfolgen bei Verstößen zu belehren. Entsprechend Art. 12 Abs. 3 der Marktmissbrauchsrichtlinie enthält § 15b Abs. 1 Satz 4 WpHG eine Ausnahmebestimmung für den Abschlussprüfer nach § 323 HGB.

Die europäischen Vorgaben und somit auch die deutsche Umsetzung der Durchführungsrichtlinie zur Marktmissbrauchsrichtlinie beruhen in weiten Teilen auf Empfehlungen des Committee of European Securities Regulators („CESR").[23] Im deutschen Gesetzgebungsverfahren zur Umsetzung der europäischen Vorgaben enthielt der ursprüngliche Referentenentwurf lediglich die Pflicht zur Führung und Aktualisierung des Insiderverzeichnisses (§ 15b Abs. 1 Satz 1 und 2 WpHG).[24] Der Regierungsentwurf erweiterte die Diskussionsgrundlage durch die Aufklärungspflicht (Satz 3), die Ausnahmeregelung (Satz 4) sowie die Regelung über Fristen zur Vernichtung der Verzeichnisse (Abs. 2 Nr. 5).[25] **9**

Nach § 15b WpHG obliegt die Regelung des näheren Umfangs, der Form und des Inhalts dieses Verzeichnisses sowie dessen Aktualisierung und Aufbewahrung einer Verordnungsermächtigung durch das Bundesministerium der Finanzen. Dies ermöglicht es, schneller auf neue Entwicklungen zu reagieren und entsprechende Anpassungen an die europäischen Standards vorzunehmen.[26] Zudem soll das Mittel der Rechtsverordnung dazu genutzt werden, die durch § 15b WpHG noch nicht umgesetzten Bestimmungen der EG-Durchführungsrichtlinie zu vervollständigen.[27] **10**

c) Transparenzrichtlinien-Umsetzungsgesetz („TUG")

Durch das Transparenzrichtlinien-Umsetzungsgesetz[28] wurde in § 15b Abs. 1 Satz 1 WpHG ein Verweis auf § 15 Abs. 1 Satz 2 WpHG eingefügt. Hiermit soll **11**

---

[20] Richtlinie 2004/72/EG der Kommission vom 29. 4., ABl. EG Nr. L 162, S. 70.
[21] Art. 6 Abs. 3 Unterabs. 3 der Marktmissbrauchsrichtlinie lautet: „Die Mitgliedstaaten sehen vor, dass Emittenten oder in ihrem Auftrag oder für ihre Rechnung handelnde Personen ein Verzeichnis der Personen führen, die für sie auf Grundlage eines Arbeitsvertrags oder anderweitig tätig sind und Zugang zu Insider-Informationen haben. Die Emittenten bzw. die in ihrem Auftrag oder die für ihre Rechnung handelnden Personen müssen dieses Verzeichnis regelmäßig aktualisieren und der zuständigen Behörde auf Anfrage übermitteln."
[22] Richtlinie 2004/72/EG.
[23] CESR veröffentlichte die Empfehlungen im August 2003: Advice on the Second Set of Level 2 Implementing Measures for the Market Abuse Directive, Ref: CESR/03-212c.
[24] Referentenentwurf des AnSVG vom 10. 3. 2004, abgedruckt in ZBB 2004, 168ff.
[25] Begr. RegE zum AnSVG, BR-Drucks. 341/04, 20 sowie BT-Drucks. 15/3174, 14.
[26] Begr. RegE zum AnSVG, BT-Drucks. 15/3174, S. 37; *Assmann/Schneider/Sethe*, Rn. 10.
[27] Dies betrifft insbesondere die Aktualisierungs- und Aufbewahrungspflicht gemäß Art. 2 Abs. 2 bis 4 EG-Durchführungsrichtlinie, vgl. *Schneider/v. Buttlar* ZIP 2004, 1624.
[28] Gesetz zur Umsetzung der Richtlinie 2004/109/EG des Europäischen Parlaments und des Rates vom 15. 12. 2004 zur Harmonisierung der Transparenzanforderungen in Bezug auf Informationen über Emittenten, deren Wertpapiere zum Handel auf einem geregelten Markt zugelassen sind, und zur Änderung der Richtlinie 2001/34/EG (Transparenzrichtlinie-Umsetzungsgesetz – TUG), BGBl. I 2007, S. 10ff.

sicher gestellt werden, das auch Emittenten, die erst einen Antrag auf Zulassung ihrer Finanzinstrumente bei einer Börse (§ 30 BörsG, § 48 BörsZulV) gestellt haben, bereits zur Führung von Insiderverzeichnissen verpflichtet sind.[29]

2. Kritik

a) Deutliche Mehrbelastung

12 Das Gesetzgebungsverfahren zu § 15b WpHG war von dem Wunsch geprägt, übermäßige administrative Auflagen insgesamt zu vermeiden und die neue Regelung auf ihre Sinnhaftigkeit hin zu überprüfen.[30] Diesem gesetzgeberischen Ziel widersprechend werden die Regelungen des § 15b WpHG von einigen Stimmen[31] als nicht unerhebliche verwaltungsmäßige Belastung charakterisiert. Die Führung eines Insiderverzeichnisses sei eine zusätzliche kapitalmarktrechtliche Verpflichtung, die gerade kleinere Emittenten durch Kosten und Bindung von Personal unangemessen beeinträchtigt.[32] Aber auch bei größeren Unternehmen mit verzweigten Konzernstrukturen darf der organisatorische, personale und finanzielle Gesamtaufwand nicht unterschätzt werden.[33]

13 Auch Berater von Emittenten, wie Rechtsanwälte und Steuerberater, sehen sich einem erheblichen Verwaltungsmehraufwand ausgesetzt, vor allem dann, wenn Insiderverzeichnisse projektbezogen geführt werden, also auch bei bestehenden Mandatsverhältnissen für jedes neue Projekt ein eigenes Insiderverzeichnis angelegt werden muss.[34] Vor diesem Hintergrund bleibt kritisch zu beobachten, ob die erstrebten Vorteile die aufgezeigten Nachteile aufwiegen. Auch dass Deutschland einer der ersten Staaten war, der die Marktmissbrauchsrichtlinie umsetzte, wurde aus Wettbewerbssicht als deutlicher Kostennachteil angesehen.[35]

b) Verfassungsrechtliche Bedenken

14 Die Pflicht zur Führung von Insiderverzeichnissen begegnet aber auch verfassungsrechtlichen Bedenken. Unabhängig von der Behauptung, § 15b WpHG sei zu unbestimmt,[36] wird in der Literatur vereinzelt die Verfassungsmäßigkeit der Vorschrift aus anderen Gründen in Frage gestellt.[37]

15 Vor dem Hintergrund, dass es sich bei den Regelungen des WpHG um die Umsetzung europarechtlicher Vorgaben handelt, kann das Grundgesetz nur eingeschränkt als Prüfungsmaßstab dienen.[38] Verfassungsrechtlich überprüfbar sind

---

[29] BGBl. I 2007, S. 69.
[30] Rede des MdB *Stefan Müller* (CDU/CSU) in der 111. Sitzung des Deutschen Bundestages vom 27. 5. 2004, Plenarprotokoll 15/111, 10 141.
[31] *Ziemons* NZG 2004, 440; *Rodewald/Tüxen* BB 2004, 2250; *Diekmann/Sustmann* NZG 2004, 933; Studie des Deutschen Aktieninstituts, März 2007, 34 f.
[32] *Holzborn/Israel* WM 2004, 1952; *Bürgers* BKR 2004, 426.
[33] *Koch* DB 2005, 270.
[34] *Falkenhausen/Widder* BB 2005, 225.
[35] *Kirschhöfer*, Der Konzern 2004, 22, 28.
[36] Stellungnahme des Bundesverbandes der Wertpapierfirmen an der deutschen Börse e. V. vom 11. Juni 2004, 4/9, abrufbar unter: *www.bmw-verband.de*.
[37] Mit verfassungsrechtlichen Bedenken im Hinblick auf das Grundrecht zur informationellen Selbstbestimmung (Art. 1 Abs. 1, 2 Abs. 1 GG) sowie auf das Verhältnismäßigkeitsprinzip: *Steidle/Waldeck* WM 2005, 868 ff.
[38] BVerfGE 73, 339 ff. = NJW 1987, 577 ff. („Solange II-Beschluss"): Anerkennung eines ausreichenden Grundrechtsschutzes auf Gemeinschaftsebene durch den EuGH;

lediglich Spielräume des deutschen Gesetzgebers bei der Umsetzung der europarechtlichen Vorgaben. Im Hinblick auf die detaillierten Vorgaben der Marktmissbrauchs- und Durchführungsrichtlinie besteht für eine Überprüfung der Verfassungsmäßigkeit kaum Angriffsfläche.[39]

II. Verzeichnisführungspflicht (§ 15 Abs. 1 Satz 1 WpHG)

1. Verzeichnisführungspflichtige

§ 15b Abs. 1 Satz 1 WpHG benennt grundsätzlich zwei Personenkreise als 16 Verzeichnisführungspflichtige: (Inlands-)Emittenten nach § 15 Abs. 1 Satz 1 und Satz 2 WpHG sowie die in ihrem Auftrag oder für ihre Rechnung handelnden Personen. Die Verzeichnisführungspflicht trifft beide Personenkreise eigenständig. Es findet also keine befreiende gegenseitige Zurechnung der Pflichten der Personenkreise statt.[40]

a) Emittent von Finanzinstrumenten

Verzeichnisführungspflichtig sind Emittenten von Finanzinstrumenten, wobei 17 § 15b Abs. 1 Satz 1 WpHG auf den Emittentenbegriff des § 15 Abs. 1 Satz 1 und Satz 2 WpHG verweist.[41] Adressaten der Verzeichnisführungspflicht sind demnach Inlandsemittenten im Sinne des § 2 Abs. 7 WpHG. Der Anwendungsbereich wird durch Verweis auf § 15 Abs. 1 Satz 2 WpHG auf diejenigen Emittenten erweitert, die einen Antrag auf Zulassung ihrer Finanzinstrumente bei einer Börse gestellt haben (vgl. § 30 BörsG, § 48 BörsZulV). Der Verweis ist notwendig, da diese nicht bereits von der Definition des Inlandsemittenten gemäß § 2 Abs. 7 WpHG erfasst werden.

b) In ihrem Auftrag oder für ihre Rechnung handelnde Personen

aa) Grundsätzliches. Verzeichnisführungspflichtig sind neben den Emitten- 18 ten im Sinne des § 15 Abs. 1 Satz 1 und Satz 2 WpHG auch in ihrem Auftrag oder für ihre Rechnung handelnde Personen. Die BaFin bezeichnet diesen Personenkreis pauschal als „Dienstleister", was jedoch als Rechtsbegriff zu unbestimmt ist und deshalb weiterer Konkretisierung bedarf.[42] Die Bedeutung der Begriffe „in ihrem Auftrag" und „für ihre Rechnung" ist in der Literatur umstritten. Einerseits wird vertreten, für die Auslegung dieser Begriffe auf deren Verwendung im übrigen deutschen Rechtsgebrauch zurück zu greifen.[43] Das Merkmal „für Rechnung des Emittenten" sei demnach im Sinne der §§ 383 ff. HGB zu verstehen und erfasse ausschließlich Kommissionsgeschäfte. Das Merkmal „im Auftrag des Emittenten" sei im Sinne der §§ 662 ff., 675 BGB auszulegen und beziehe sich somit auf den klassischen „Auftrag". Richtigerweise

---

BVerfGE 89, 155 ff. = NJW 1993, 3047 ff. („Maastricht-Urteil"): Aufgabenverteilung zwischen EuGH und BVerfG stellt sich als Kooperationsverhältnis dar; BVerfGE 102, 147 ff. = NJW 2000, 3124 ff. („Bananenmarktordnung"): regelmäßig ist von einem ausreichend gewährten Grundrechtsstandard durch sekundäres Gemeinschaftsrecht auszugehen.

[39] *Assmann/Schneider/Sethe*, Rn. 62; KölnKommWpHG-*Heinrich*, Rn. 6.
[40] *Assmann/Schneider/Sethe*, Rn. 12.
[41] Vgl. hierzu die Kommentierung zu § 15 Rn. 40 ff.
[42] *Assmann/Schneider/Sethe*, Rn. 17 mit Verweis auf den Emittentenleitfaden, S. 97.
[43] *Brandi/Süßmann* AG 2004, 644.

Pfüller

muss für die Auslegung der genannten Begriffe deren europarechtlicher Hintergrund ausschlaggebend sein. Die Tatbestandsmerkmale „in ihrem Auftrag oder für ihre Rechnung" wurden wortgleich aus Art. 6 Abs. 3 Unterabs. 3 der Marktmissbrauchsrichtlinie übernommen.[44] Ein Vergleich mit anderen Sprachfassungen[45] der Richtlinie zeigt, dass diese Begriffe mit den dem deutschen Recht entnommenen Rechtstermini „Auftrag" oder „für Rechnung" für bestimmte Vertragstypen gemäß §§ 662ff., 675 BGB, §§ 383ff. HGB nicht ohne weiteres gleichgesetzt werden können. Auch nach Sinn und Zweck der Regelung sind die Zugangsmöglichkeiten zu Insiderinformationen gerade nicht mit bestimmten Vertragstypen verknüpft. Richtigerweise sind die Begriffe deshalb allgemeinsprachlich und damit weit auszulegen; erfasst werden somit alle Personen, die im Interesse des Emittenten handeln.[46]

19 Zweck der europäischen Regelung ist es, Angehörige bestimmter Berufsgruppen, die im Interesse des Emittenten handeln und aufgrund dieser Tätigkeit **typischerweise Kenntnis** von Insiderinformationen erlangen, in einem Verzeichnis zu erfassen und sie über die Pflichten im Umgang mit Insiderinformationen aufzuklären.[47] Damit ist auch der Kreis der Verpflichteten festgelegt, die neben dem Emittenten selbst ein solches Verzeichnis zu führen haben. Gemeint sind juristische oder natürliche Personen, die Interessen des Emittenten wahrnehmen oder in beratenden Berufen tätig sind oder für den Emittenten anderweitig in einem Bereich tätig sind, der typischerweise mit Insiderinformationen in Berührung kommt. Dies hängt nicht notwendigerweise von bestimmten Vertragstypen, wie Auftrags- oder Kommissionsgeschäften ab.[48] Grundsätzlich fällt jedes vertragliche Schuldverhältnis mit dem Emittenten unter den Anwendungsbereich, soweit dieser dadurch einem Dritten typischerweise Zugang zu Insiderinformationen gewährt.[49]

20 Lückenhaft bleibt die Führung von Insiderverzeichnissen, wenn Dritte zwar nicht im Auftrag des Emittenten, aber im Auftrag einer ihrerseits vom Emittenten beauftragten Person Kenntnis von Insiderinformationen erlangen. **Eine Ausweitung des verzeichnisführungspflichtigen Personenkreises** ist hier aufgrund der eindeutigen Wortlautgrenze des § 15b Abs. 1 WpHG ausgeschlossen. Subunternehmer unterliegen demnach nicht der Pflicht zur Führung von Insiderverzeichnissen.[50] Aus diesem Grund müssen Insiderverzeichnisse auch nicht von denjenigen Beratern im M&A-Prozess geführt werden, die von der einge-

---

[44] Eine entsprechende Formulierung findet sich zudem in Erwägungsgrund Nr. 6 der Durchführungsrichtlinie 2004/72/EG der Kommission vom 29. 4. 2004, ABl. EG Nr. L 162, S. 70.
[45] In der englischen Fassung heißt es „acting on their behalf or for their account", in der französichen „qui agissent au nom ou pour le compte" und in der spanischen Fassung „que actúan en su nombre o por cuenta de aquellos".
[46] Wie hier: BaFin, Emittentenleitfaden idF vom 15. 7. 2005, 97; *Schäfer/Hamann/ Eckhold*, Rn. 15; *Assmann/Schneider/Sethe*, Rn. 17; KölnKommWpHG-*Heinrich*, Rn. 21.
[47] BaFin, Emittentenleitfaden idF vom 15. 7. 2005, 97.
[48] *Assmann/Schneider/Sethe*, Rn. 17.
[49] *Simon*, Der Konzern 2005, 13, 18; *Schneider/v. Buttlar* ZIP 2004, 1624; *Schäfer/Hamann/Eckhold*, Rn. 16; *Assmann/Schneider/Sethe*, Rn. 17; KölnKommWpHG-*Heinrich*, Rn. 22.
[50] *Brandi/Süßmann* AG 2004, 644. Der Subunternehmer seinerseits wird aber im Insiderverzeichnis des Hauptunternehmens aufzuführen sein.

Führung von Insiderverzeichnissen   21–23   § 15b

schalteten Investmentbank mit der Wahrnehmung ihrer Interessen beauftragt werden.⁵¹ Auch wenn dieses Ergebnis unbefriedigend erscheint und es nach dem dargestellten Normzweck sinnvoll wäre, den Kreis der Verzeichnisführungspflichtigen in diesen Fällen zu erweitern, verbietet der eindeutige Wortlaut eine solche Ausdehnung. Außerdem würden andernfalls etwaige Beanstandungen der Verzeichnisführungspflicht solcher nur mittelbar im Auftrag oder für Rechnung des Emittenten Handelnden auf den Emittenten durchschlagen, obwohl dieser auf die Einhaltung der Pflichten mangels unmittelbarer Vertragsbeziehung keinen Einfluss nehmen kann.

Der Emittent hat in seinem Insiderverzeichnis einen Hinweis auf die Einbindung eines in seinem Auftrag oder für seine Rechnung Handelnden oder die Weitergabe einer Insiderinformation an einen solchen unter Angabe des Zeitpunkts der Einbindung oder Weitergabe zu vermerken. Dabei genügt es, dass er den Firmennamen des Handelnden sowie einen Ansprechpartner des Handelnden mit Telefonnummer benennt.⁵² Dies gilt auch, wenn der im Auftrag des Emittenten Handelnde seinerseits einen Berater einschaltet. Es reicht hier ebenfalls aus, wenn der vom Emittenten Beauftragte den Firmennamen seines Unter-Auftragnehmers sowie einen Ansprechpartner benennt.⁵³   21

Grundsätzlich haben mit Emittenten von Insiderpapieren zusammenarbeitende Dritte **selbstständig zu prüfen,** ob sie Zugang zu Insiderinformationen haben und aus diesem Grund ein Insiderverzeichnis gem. § 15 b WpHG zu führen haben.⁵⁴ Das Unterlassen der Aufklärung nach § 15 b Abs. 1 Satz 3 WpHG durch den Emittenten befreit den Dritten, der regelmäßig Zugang zu Insiderinformationen hat, nicht von seiner Pflicht zur Führung eines Insiderverzeichnisses.⁵⁵ Auch Dritte, die nicht über ihre Verpflichtungen aufgeklärt wurden, die sich aus dem Zugang zu Insiderinformationen ergeben, handeln ordnungswidrig iSd § 39 Abs. 2 Nr. 8 WpHG, wenn sie der Pflicht zur Führung eines Insiderverzeichnisses nicht nachkommen. Andernfalls entfiele bei einem Verstoß des Emittenten gegen seine Aufklärungspflicht zugleich die Verpflichtung der nicht ordnungsgemäß aufgeklärten Person zur Führung eines Insiderverzeichnisses. Dies kann jedoch nicht im Sinne der Norm sein. Ob in diesen Fällen allerdings schuldhaftes Handeln vorliegt, bleibt im Einzelfall zu prüfen.   22

bb) Fallgruppen. Im Auftrag oder für Rechnung des Emittenten handeln beispielsweise Rechtsanwälte, Unternehmensberater, Steuerberater, Investor-Relations-Agenturen und externe Buchhalter⁵⁶ sowie Wirtschaftsprüfer, Notare und externe Übersetzungsbüros. **Ratingagenturen** fallen in den Anwendungsbereich, soweit sie nicht aus eigener Initiative oder auf Veranlassung eines Dritten ein Rating anfertigen *(unsolicited rating),* sondern ein auftragsgebundenes Rating im Interesse des Emittenten durchführen.⁵⁷ **Kreditinstitute** werden nur erfasst, soweit sie über die allgemeinen Bankdienstleistungen hinausgehende Dienstleistungen erbringen, beispielsweise bei der Beratung einer Kapitalmaßnahme, eines Bör-   23

---

⁵¹ *Brandi/Süßmann* AG 2004, 644.
⁵² BaFin, Emittentenleitfaden idF vom 15. 7. 2005, 97.
⁵³ BaFin, Emittentenleitfaden idF vom 15. 7. 2005, 97.
⁵⁴ *Schäfer/Hamann/Eckhold,* Rn. 17.
⁵⁵ *Schäfer/Hamann/Eckhold,* Rn. 17.
⁵⁶ BaFin, Emittentenleitfaden idF vom 15. 7. 2005, 97.
⁵⁷ *Schneider/v. Buttlar* ZIP 2004, 1624; KölnKommWpHG-*Heinrich,* Rn. 25.

Pfüller

sengangs oder einer Akquisition.[58] Bei allgemeinen Bankdienstleistungen, wie zB der Kreditvergabe, entsteht grundsätzlich keine Pflicht nach § 15 b WpHG, da es hier nicht typischerweise zur Kenntnis von Insiderinformationen kommt.[59]

24 Auch der **Insolvenzverwalter** unterliegt der Vorschrift. Zwar ist höchstrichterlich geklärt, dass wertpapierhandelsrechtliche Pflichten auch im Fall der Insolvenz weiterhin den Vorstand treffen, weil der Insolvenzverwalter nur die Masse zu verwalten hat,[60] jedoch trifft den Insolvenzverwalter aus seiner Rechtsstellung als Dienstleister des Emittenten eine eigenständige Verzeichnisführungs- und Belehrungspflicht.[61] Es handelt sich hierbei also um eine eigene Pflicht des Insolvenzverwalters und nicht um die übergeleitete Verzeichnisführungspflicht des Emittenten.

25 **Organmitglieder** selbst haben kein eigenes Insiderverzeichnis zu führen.[62] Sie handeln im Fall der Hinzuziehung Dritter zu Beratungszwecken nicht im Auftrag oder auf Rechnung des Emittenten. Entweder wird dem Emittenten das Handeln seiner Organe als eigenes zugerechnet, so dass der Beratungsauftrag direkt dem Emittenten zuzurechnen ist, oder das Schuldverhältnis des Dritten wird nur mit dem individuellen Organ begründet, dann fehlt es an der nötigen Rechtsbeziehung zum Emittenten.[63] Schwierig ist die Einordnung sog. persönlicher **Assistenten** oder Sekretariate der einzelnen Aufsichtsratsmitglieder. Diese sind typischerweise nur für das – nicht verzeichnispflichtige – Organmitglied und nicht im Auftrag oder auf Rechnung des Emittenten tätig. Dennoch empfiehlt es sich, dass der Emittent neben den Aufsichtsratsmitgliedern auch deren Assistenz, soweit bekannt, mit in seinem Insiderverzeichnis aufnimmt.

26 Zur Führung von Insiderverzeichnissen können auch **einfache Dienstleistungsunternehmen** verpflichtet sein, von denen die Kenntnis kapitalmarktrechtlicher Pflichten gewöhnlich nicht erwartet werden kann. Dazu gehören beispielsweise Finanzdruckereien, die einen Geschäftsbericht oder Wertpapierprospekt des Emittenten drucken.[64] Die Ausdehnung kapitalmarktrechtlicher Pflichten auf kapitalmarktferne Dritte ist angesichts der Bußgelddrohung nicht unbedenklich und wird deshalb für Beteiligte abgelehnt, denen solche Pflichten fremd sind.[65] Als Personen außerhalb des kapitalmarktrechtlichen Pflichtenkreises gelten zB Lieferanten,[66] Kunden, individuelle Aktionäre (soweit sie nicht im Interesse des Emittenten handeln), Werbeagenturen und andere externe Berater, von denen die Kenntnis der Verzeichnisführungspflicht gemäß § 15 b WpHG vernünftigerweise nicht erwartet werden kann. Die Abgrenzung ist im Einzelfall nicht immer einfach und es empfiehlt sich in der Praxis eine Rücksprache mit der BaFin.

---

[58] BaFin, Emittentenleitfaden idF vom 15. 7. 2005, 98; *Schneider/v. Buttlar* ZIP 2004, 1624; *Schäfer/Hamann/Eckhold*, Rn. 19 a; *Assmann/Schneider/Sethe*, Rn. 22; KölnKommWpHG-*Heinrich*, Rn. 26.
[59] BaFin, Emittentenleitfaden idF vom 15. 7. 2005, 98; differenzierend und kritisch hierzu: *Assmann/Schneider/Sethe*, Rn. 22.
[60] BVerwG ZIP 2005, 1145, 1148.
[61] *Assmann/Schneider/Sethe*, Rn. 19; KölnKommWpHG-*Heinrich*, Rn. 27.
[62] BaFin, Emittentenleitfaden idF vom 15. 7. 2005, 100.
[63] *Schäfer/Hamann/Eckhold*, Rn. 22.
[64] *Koch* DB 2005, 270; *Schneider/v. Buttlar*, ZIP 2004, 1624.
[65] *Koch* DB 2005, 270.
[66] *Schneider/v. Buttlar* ZIP 2004, 1624.

Führung von Insiderverzeichnissen 27–30 § 15b

Notare, die im Zusammenhang mit ihrer Beurkundungstätigkeit Kenntnisse 27
von Insidertatsachen im Sinne von § 15 Abs. 1 WpHG erhalten, fallen als unabhängige Träger eines öffentlichen Amtes und Organ der vorsorgenden Rechtspflege nicht in den Anwendungsbereich des § 15 b WpHG, da sie nicht für einen Emittenten bzw. für dessen Rechnung oder in dessen Auftrag tätig sind, sondern eine neutrale überparteiliche Beratungsfunktion wahrnehmen.[67]

Nicht im Auftrag oder für Rechnung des Emittenten handeln regelmä- 28
ßig Behörden, Gerichte, Staatsanwaltschaften und die Polizei.[68] In der Literatur wird der Ausschluss öffentlicher Einrichtungen zum Teil als Regelungslücke kritisiert, da gerade dort Insiderinformationen generiert würden, bzw. bestimmungsgemäßer Zugang zu diesen bestehe.[69] Derartige „Behördeninsiderverzeichnisse" sind jedoch als Mehrgewinn für die Insiderüberwachung sehr zweifelhaft.[70] Auch Hochschullehrer unterfallen nicht § 15 b WpHG, wenn sie in hoheitlicher Funktion tätig werden; werden sie dagegen als Auftragnehmer in Drittmittelprojekten tätig, gelten sie als Gutachter und fallen in den Anwendungsbereich des § 15 b WpHG.[71]

Groß- oder Mehrheitsaktionäre eines Emittenten sowie Tochter- und 29
Muttergesellschaften handeln nicht im Auftrag oder für Rechnung des Emittenten, es sei denn, dass einzelne Mitarbeiter oder Abteilungen der Mutter- oder Tochtergesellschaft eine besondere vertragliche Anbindung zum börsennotierten Emittenten aufweisen.[72] Verzeichnisführungspflichtig sind zB diejenigen Stabsabteilungen oder Tochtergesellschaften eines Konzerns, die für eine Wertpapiere emittierende Finanzierungstochter bzw. -schwester im Konzern insiderrelevante Aufgaben übernehmen, wie etwa die Erstellung des Jahresabschlusses.

c) Ausnahmen gemäß § 323 I 1 HGB (§ 15 b Abs. 1 Satz 4 WpHG)

Ausgenommen von der Verzeichnisführungspflicht sind gemäß § 15 b Abs. 1 30
Satz 4 WpHG die in § 323 Abs. 1 Satz 1 HGB genannten Personen. Das sind der **Abschlussprüfer,** seine Gehilfen und die bei der Prüfung mitwirkenden gesetzlichen Vertreter einer Prüfungsgesellschaft.[73] Abschlussprüfer ist, wer im Wahlbeschluss des Unternehmens als solcher bezeichnet wird, gleichgültig, ob es sich um eine, mehrere Personen oder eine Prüfungsgesellschaft handelt, sowie ein nach § 318 Abs. 3 oder 4 HGB gerichtlich bestellter Prüfer.[74] Gehilfen sind alle auf Veranlassung des Abschlussprüfers an der Prüfung mitwirkenden Personen.[75] Der Umfang des Gehilfenkreises ist strittig.[76] Teils wird gefordert, dass es sich bei der Tätigkeit des Gehilfen um eine prüfungsspezifische handeln

---

[67] So die Ansicht der BaFin, vgl. Rundschreiben Nr. 25/2005 der Bundesnotarkammer vom 17. 8. 2005; aA KölnKommWpHG-*Heinrich,* Rn. 24.
[68] *Schneider/v.* Buttlar ZIP 2004, 1624; *Schäfer/Hamann/Eckhold,* Rn. 20; *Assmann/ Schneider/Sethe,* Rn. 23; KölnKommWpHG-*Heinrich,* Rn. 28.
[69] *Kirchhöfer,* Der Konzern 2005, 22, 26.
[70] *Schäfer/Hamann/Eckhold,* Rn. 20 und 23 in Fußnote 4.
[71] *Assmann/Schneider/Sethe,* Rn. 18.
[72] BaFin, Emittentenleitfaden idF vom 15. 7. 2005, 98, 99.
[73] Weite Auslegung des Personenkreises, vgl. *Baumbach/Hopt/Merkt,* § 323 HGB Rn. 1.
[74] *Schäfer/Hamann/Eckhold,* Rn. 27; Beck'scher Bilanz-Kommentar-*Hense,* 5. Aufl. (2003), § 323 HGB Rn. 61.
[75] Z. B. Sachverständige, vgl. MünchKommHGB, 2001, § 323 HGB Rn. 15.
[76] *Baumbach/Hopt/Merkt,* § 323 HGB Rn. 1; *Schäfer/Hamann/Eckhold,* Rn. 27.

§ 15b 31–33　　　　　　　　　　　　　Abschnitt 3. Insiderüberwachung

muss.[77] Eine andere Ansicht lässt hingegen auch jede sonstige Tätigkeit ausreichen, solange sich mit dieser der Zugang zu extern verwertbaren Informationen verbindet.[78] Richtigerweise wird die Einstufung als Gehilfe schon dann vorzunehmen sein, wenn die betreffende Person bestimmungsgemäßen Zugang zu den Informationen hat. Denn § 323 Abs. 1 Satz 2 HGB als handelsrechtliche Ausprägung des Verbots der Ausnutzung von Insiderinformationen erfordert den Schutz der Unternehmen schon aufgrund der bloßen Möglichkeit der Verwertung von internen Unternehmensinformationen.[79]

31　Die Ausnahme beruht auf Art. 12 Abs. 3 der Marktmissbrauchsrichtlinie, wonach innerstaatliche Vorschriften über den **Schutz von Berufsgeheimnissen** gewahrt bleiben sollen. Begründet man die Ausnahme mit der Wahrung des Berufsgeheimnisses, hätten allerdings auch Rechtsanwälte freigestellt werden müssen.[80] Sollten die dieser Ausnahmeregelung unterfallenden Personen im Rahmen der Prüfung Kenntnis von Insiderinformationen erhalten, ist der Abschlussprüfer beziehungsweise die Prüfungsgesellschaft sowie ein Ansprechpartner der Prüfungsgesellschaft in das vom Emittenten geführte Insiderverzeichnis aufzunehmen.[81] Abschlussprüfer werden im Rahmen der Primärpflichten wie privilegierte Dritte behandelt und sind von der Pflicht zur Führung von Insiderverzeichnissen befreit.[82]

32　Abschlussprüfer und deren Gehilfen sind nur dann gemäß § 15b Abs. 1 Satz 4 WpHG von der eigenen Verzeichnisführungspflicht befreit, wenn ihre Beauftragung erfolgt, um einer gesetzlich vorgesehenen Prüfung nachzukommen.[83] Sofern Wirtschaftsprüfer in anderer Weise, zum Beispiel beratend, für den Emittenten tätig werden und dabei bestimmungsgemäß mit Insiderinformationen in Berührung kommen, haben sie ein eigenes Insiderverzeichnis zu führen.[84]

d) Keine Verzeichnispflicht für Insider ohne Emittentenbezug

33　Insiderverzeichnispflichtig sind nur Personen, die einen Bezug zum Emittenten aufweisen und in diesem Zusammenhang bestimmungsgemäß Zugang zu Insiderinformationen erhalten. Nach herkömmlichem Verständnis handelt es sich um sog. „Primärinsider". Nicht verzeichnispflichtig sind dagegen Personen, die Zugang zu Insiderinformationen haben, welche sich nur indirekt auf den Emittenten beziehen zB unabhängige Ratingagenturen oder Wertpapierhandelsbanken. Ausgehend von Sinn und Zweck der Art. 5 ff. der Marktmissbrauchsrichtlinie, eine schnellere und effektivere Verfolgung von Insiderhandelsverstößen zu ermöglichen, wäre eigentlich die Ausdehnung der Verzeichnispflichten auch auf diesen Personenkreis geboten.[85] Da dies nicht der Fall ist, gewähren die vorzule-

---

[77] *Baumbach/Hopft/Merkt*, § 323 HGB Rn. 1.
[78] *Staub/Zimmer*, § 323 HGB, Rn. 4 mwN.
[79] *Schäfer/Hamann/Eckhold*, Rn. 27.
[80] *Assmann/Schneider/Sethe*, Rn. 24; die Gesetzesbegründung spricht aber nur von einer Ausnahmebestimmung für den Abschlussprüfer nach § 323 HGB, vgl. BT-Drucks. 15/3174, 36.
[81] *Schäfer/Hamann/Eckhold*, Rn. 26; *Assmann/Schneider/Sethe*, Rn. 25; KölnKomm WpHG-*Heinrich*, Rn. 32.
[82] *Rodewald/Tüxen* BB 2004, 2250.
[83] *Steidl/Waldeck* WM 2005, 870.
[84] BaFin, Emittentenleitfaden idF vom 15. 7. 2005, 99; *Schneider/v. Buttlar* ZIP 2004, 1624; *Assmann/Schneider/Sethe*, Rn. 25; KölnKommWpHG-*Heinrich*, Rn. 32.
[85] *Bürgers* BKR 2004, 425; *Brandi/Süßmann* AG 2004, 644.

genden Insiderverzeichnisse nur einen lückenhaften Überblick über den tatsächlichen Personenkreis mit Insiderkenntnissen, so dass für ergänzende Auskunftsersuchen der BaFin gemäß § 4 Abs. 2 WpHG erheblicher Raum bleibt.

e) Begrenzung auf Inlandsemittenten

Die Problematik, wonach internationale Emittenten, die zugleich an mehreren 34 europäischen Börsen notiert sind, verschiedene – inhaltlich möglicherweise divergierende – Listen zu führen hätten,[86] wird durch die Begrenzung des § 15b WpHG auf Inlandsemittenten weitestgehend entschärft. Davon zu trennen ist die Tatsache, dass auch im Ausland tätige Insider in das Verzeichnis eines Inlandsemittenten aufzunehmen und ihrerseits bei Vorliegen der genannten Voraussetzungen verzeichnisführungspflichtig sein können.

2. Verzeichnisse

a) Art des Verzeichnisses

Insiderverzeichnisse sind keine öffentlich zugänglichen Register. Sie sind 35 **streng vertraulich** unter Verschluss zu halten. Dies ergibt sich aus dem Zweck des Verzeichnisses, eine möglichst genaue Erfassung von Insidern zur effektiven Überwachung durch die BaFin zu gewährleisten. Angestellte können vom Verzeichnispflichtigen nur Auskunft über die zu ihrer Person im Insiderverzeichnis gespeicherten Daten verlangen. Ein Informationsinteresse Dritter besteht nicht. Insbesondere haben Aktionäre in der Hauptversammlung keinen Anspruch nach § 131 Abs. 1 Satz 1 AktG auf Informationen aus dem Insiderverzeichnis, weil insoweit das Datenschutzinteresse der in das Insiderverzeichnis aufgenommenen Personen höher zu bewerten ist als das Auskunftsrecht der Aktionäre.[87]

Ein Insiderverzeichnis gibt lediglich Auskunft über **mögliche Insider**. Es gibt 36 nicht Auskunft darüber, ob und gegebenenfalls wann jemand während seiner Nennung in einem Insiderverzeichnis auch tatsächlich über Insiderinformationen verfügt hat. Die Nennung in dem Verzeichnis kann nicht präjudizierend zum Nachteil von Betroffenen wirken.[88] Demgemäß will auch die BaFin keinen Rückschluss von der Aufnahme in ein Verzeichnis auf den Besitz von Insiderinformationen ziehen.[89]

b) Inhalt des Verzeichnisses

Die Verpflichteten haben Verzeichnisse „über Personen" zu führen. In wel- 37 cher Form und welche Daten genau aufzunehmen sind, ergibt sich daraus nicht. Das Bundesfinanzministerium hat von der Verordnungsermächtigung des § 15b Abs. 2 WpHG Gebrauch gemacht und mit Datum vom 13. Dezember 2004 die WpAIV[90] erlassen, um die notwendigen Einzelheiten zur Führung von Insiderverzeichnissen zu regeln. Relevant sind vor allem die §§ 14 bis 16 WpAIV.

---

[86] *Ziemons* NZG 2004, 540; BaFin, Emittentenleitfaden idF v. 15. 7. 2005, 99.
[87] *Diekmann/Sustmann* NZG 2004, 933.
[88] *Kirschhöfer*, Der Konzern 2004, 22, 25.
[89] BaFin, Emittentenleitfaden idF v. 15. 7. 2005, 102.
[90] BGBl. I, S. 3376.

38 § 14 WpAIV dient der Umsetzung von Art. 5 Abs. 2 und Abs. 3 Buchstabe c Satz 2 der Durchführungsrichtlinie zur Marktmissbrauchsrichtlinie.[91] Für die nach § 15 b WpHG zu führenden Insiderverzeichnisse verlangt § 14 WpAIV die **Bezeichnung als Insiderverzeichnis** sowie Angaben zu den führungspflichtigen und mit der Führung des Verzeichnisses beauftragten Personen. Gemäß § 14 WpAIV hat das Verzeichnis zunächst die deutlich hervorgehobene Überschrift „Insiderverzeichnis nach § 15 b WpHG" zu enthalten. Sodann ist der Name des zur Führung des Insiderverzeichnisses Verpflichteten und der von ihm mit der Führung des Insiderverzeichnisses beauftragten Personen, bei natürlichen Personen der Vor- und Familienname, aufzunehmen. Ferner hat das Verzeichnis zu den in das Insiderverzeichnis aufzunehmenden Personen jeweils ihren Vor- und Familiennamen, Tag und Ort ihrer Geburt sowie ihre Privat-[92] und Geschäftsanschrift zu enthalten. Bei Namenswechseln ist auch der zuvor geführte Namen in das Verzeichnis aufzunehmen. Ferner sind der Grund für die Erfassung dieser Personen im Verzeichnis,[93] das Datum, seit dem die jeweilige Person Zugang zu Insiderinformationen hat, und gegebenenfalls das Datum, seit der Zugang nicht mehr besteht, wobei urlaubs- oder kürzere krankheitsbedingte Abwesenheiten nicht anzugeben sind,[94] sowie das Datum der Erstellung sowie gegebenenfalls der letzten Aktualisierung des Verzeichnisses aufzunehmen. Daten nach § 14 Satz 1 Nr. 3 Buchstabe b und c WpAIV können durch Bezugnahme auf ein anderes Verzeichnis ersetzt werden, das diese Daten enthält, beispielsweise ein Personalinformationssystem.[95] Die Daten müssen dann aber jederzeit unverzüglich im Insiderverzeichnis ergänzt werden können. Wird das Insiderverzeichnis auf Anforderung an die BaFin übermittelt, muss es diese Angaben enthalten.

39 Der Umfang der aufzunehmenden Daten in der WpAIV geht über die Vorgaben in Art. 5 Abs. 2 der Durchführungsrichtlinie zur Marktmissbrauchsrichtlinie[96] hinaus. Danach hat das Insiderverzeichnis mindestens die Personalien all derjenigen zu enthalten, die Zugang zu Insiderinformationen haben, sowie den Grund für die Erfassung dieser Personen im Insiderverzeichnis und das Erstellungs- und Aktualisierungsdatum des Verzeichnisses. Der Katalog geht auf die CESR-Empfehlungen zurück.[97] Im Hinblick auf die Angabe des Aufnahmegrundes hält es CESR für ausreichend, wenn der Charakter der Insiderinformation allgemein benannt wird.[98] Beispiele hierfür sind etwa bei dem geschäftsbereichsbezogenen Personenkreis der Hinweis „Mitarbeiter in der Finanzabteilung" und bei dem anlassbezogenen Personenkreis der Hinweis „Erstellung des Geschäftsberichts", „Übernahme des Unternehmens XY" oder „Kapitalerhöhung".[99]

---

[91] Richtlinie 2004/72/EG, ABl. EG Nr. L 162 vom 20. 4. 2004, S. 70 ff.
[92] Die private Anschrift ist anzugeben, da sich Ermittlungen der BaFin oder der Staatsanwaltschaft auch auf zu diesem Zeitpunkt bereits ausgeschiedene Mitarbeiter erstrecken können und die private Anschrift zur Erleichterung bzw. Ermöglichung behördlichen Nachforschungen dient.
[93] Kritisch dazu: *Diekmann/Sustmann* NZG 2004, 932; *Koch* DB 2005, 270.
[94] BaFin, Emittentenleitfaden idF v. 15. 7. 2005, 103.
[95] BaFin, Emittentenleitfaden idF v. 15. 7. 2005, 102.
[96] Richtlinie 2004/72/EG, ABl. EG Nr. L 162 vom 20. 4. 2004, S. 70 ff.
[97] CESR, Advice on the Second Set of Level 2 Implementing Measures for the Market Abuse Directive, August 2003, V, S. 13 bis 14, Nr. 27 bis 36, insbesondere Nr. 32 bis 36.
[98] CESR, s. oben Fn. 97.
[99] *Schneider/v. Buttlar* ZIP 2004, 1626.

Gehört ein Mitarbeiter zum geschäftsbereichsbezogenen Personenkreis, so brauchen einzelne anlassbezogene Gründe nicht zusätzlich genannt zu werden. Arbeitet ein Mitarbeiter, der zum anlassbezogenen Personenkreis gehört, an mehreren Projekten, so müssen alle Projekte genannt werden.[100]

Der Entwurf der WpAIV[101] sah zusätzlich noch vor, neben dem Datum auch die Uhrzeit des erstmaligen Zugangs zur Insiderinformation festzuhalten. Hieran wurde aus Praktikabilitätsgründen erhebliche Kritik geäußert, u. a. durch die gemeinsame Stellungnahme des Deutschen Aktieninstituts und des Bundesverbands der Deutschen Industrie zur WpAIV vom 22. August 2004,[102] welche bewirkte, dass von einer Angabe der Uhrzeit abgesehen wurde. 40

Umstritten ist weiterhin die Angabe des Grundes, aus dem die betroffene Person in das Insiderverzeichnis aufgenommen wurde. Bei besonders sensiblen Insiderinformationen, beispielsweise bei Übernahmeverhandlungen, wird durch jede schriftliche Fixierung das Risiko erhöht, dass die Information nach Außen dringt. Das Risiko eines Informationslecks steigt, wenn der Kreis der informierten Personen (einschließlich der BaFin) bereits in einem frühen Stadium einer angedachten Transaktion erweitert wird.[103] Deshalb wird in der Literatur teilweise angeregt, dem Emittenten zu gestatten, besonders bedeutende Vorhaben auch in den Insiderverzeichnissen nur mit Codewörtern zu bezeichnen.[104] Die Kritik[105] hieran, es sei unklar, was sich als „besonders bedeutendes Vorhaben" qualifiziert und wer diese Kategorisierung vornehmen soll, überzeugt nicht. Auch eine Bezeichnung mit einem Codewort erfüllt den Sinn und Zweck des § 15b WpHG, da auch hier die handelnden potentiellen Insider eindeutig kenntlich gemacht werden. 41

c) Aufbau des Verzeichnisses

§ 14 WpAIV enthält keine Regelungen hinsichtlich des konkreten Aufbaus der Insiderverzeichnisse. Dem Emittenten soll die notwendige Flexibilität verbleiben, die für ihn praktikabelste Lösung zu finden, um seiner Pflicht zur Führung eines Insiderverzeichnisses nachzukommen.[106] Verschiedene Modelle für den Aufbau von Insiderverzeichnissen sind denkbar und in der Praxis vorzufinden, wobei die BaFin den insiderinformations- oder projektbezogenen Aufbau und den Aufbau nach Funktions- oder Vertraulichkeitsbereichen unterscheidet.[107] 42

Für die im Auftrag oder für Rechnung eines Emittenten handelnden Unternehmen wird insbesondere eine Trennung nach betreuten Emittenten und Projekten in Betracht kommen.[108] Das Insiderverzeichnis dieser Verpflichteten ist grundsätzlich emittentenbezogen zu führen, weil es sich um eine von dem jeweiligen Emittenten abgeleitete Verpflichtung handelt. Es wird deshalb angeregt, 43

---

[100] *Schneider/v. Buttlar* ZIP 2004, 1626.
[101] Abgedruckt in ZBB 2004, 443.
[102] Vgl. *Falkenhausen/Widder* BB 2005,225.
[103] So *Diekmann/Sustmann* NZG 2004, 932.
[104] *Koch* DB 2005, 270.
[105] *Assmann/Schneider/Sethe,* Rn. 60.
[106] Begr. des BMF zur WpAIV, abgedruckt in ZBB 2004, 422, 443.
[107] BaFin, Emittentenleitfaden idF vom 15. 7. 2005, 100, 101; anders noch *Baur,* Die Bank 2004, 14, 15, der lediglich projektbezogene Verzeichnisse erwartete.
[108] *Koch* DB 2005, 271.

dass Berater jeweils ein Verzeichnis für jeden Emittenten führen sollten.[109] Eine weitere Aufgliederung des Verzeichnisses, etwa nach Abteilungen oder Mitarbeitern des Emittenten, betroffenen Konzernunternehmen oder Vertragspartnern usw. oder nach Art des Aufnahmegrundes, wird nicht gefordert, ist aber zulässig und unter Umständen sinnvoll.[110]

44 **aa) Insiderinformations- oder projektbezogener Aufbau (Anlassinsiderverzeichnis).** Verzeichnisführungspflichtige können das Verzeichnis nach bestimmten Insiderinformationen oder Projekten unterteilen und jeweils die Personen benennen, die Zugang zu dieser konkreten Information oder zu dem konkreten Projekt haben. Da in diesem Verzeichnis vor allem projektbezogene Anlassinsider aufgenommen werden, bietet sich die Bezeichnung „Anlassinsiderverzeichnis" an. Ein solches Verzeichnis kann auch schon im Vorfeld des Entstehens einer Insiderinformation i. S. v. § 13 WpHG sinnvoll sein, vor allem für Informationen, die bis zu ihrer Konkretisierung einen längeren Zeitraum in Anspruch nehmen oder in die eine Vielzahl von Wissensträgern eingebunden sind.[111] Geeignet ist diese Variante auch, wenn verschiedene Personen nur zeitweise und vorübergehend mit Insiderinformationen in Berührung kommen. Personen, die zum Zeitpunkt der Entstehung einer konkreten Insiderinformation in das Projekt einbezogen sind, sind stets in das Verzeichnis aufzunehmen.[112] Umgekehrt zieht die BaFin aus der bloßen Aufnahme eines Projektes (oder einer Person) in das Insiderverzeichnis aber noch **keinen Rückschluss** darauf, dass der Verzeichnisführungspflichtige zu diesem Zeitpunkt das Vorliegen einer ad-hoc-publizitätspflichtigen Insiderinformation angenommen hätte. Vielmehr berücksichtigt die BaFin richtigerweise, dass der Verzeichnisführungspflichtige regelmäßig das Vorsichtsprinzip beachten und deshalb das Verzeichnis schon zu einem Zeitpunkt anlegen wird, in dem die Information noch nicht den für eine Insiderinformation erforderlichen Konkretisierungs- und Bestimmtheitsgrad erreicht hat.[113]

45 Gemäß § 14 Satz 1 Nr. 6 WpAIV ist das **Datum**, seit dem die jeweilige Person Zugang zu Insiderinformationen hat und gegebenenfalls das Datum, seit dem der Zugang nicht mehr besteht, anzugeben. Daher ist für ein Anlassinsiderverzeichnis maßgeblich, seit wann die einzelne Person konkreten Zugang zu der jeweiligen Information besitzt bzw. in das Projekt eingebunden wurde.[114] Für den Zeitpunkt, ab wann der Zugang nicht mehr besteht, ist das Datum der Veröffentlichung der Information oder gegebenenfalls das Datum der vorzeitigen Erledigung der Insiderinformation bzw. Beendigung des Projekts, oder das Ausscheiden der betreffenden Person aus dem Kreis der Insider anzugeben.[115]

---

[109] *Diekmann/Sustmann* NZG 2004, 932.
[110] *Schneider/v. Buttlar* ZIP 2004, 1626.
[111] Komplexe oder gestreckte Sachverhalte, vgl. § 15 Rn. 97, 98.
[112] BaFin, Emittentenleitfaden idF v. 15. 7. 2005, 101.
[113] BaFin, Emittentenleitfaden idF v. 15. 7. 2005, 101.
[114] Im Vorfeld der Einführung des § 15b wurde teilweise angeregt, auf die anlassbezogenen Insiderlisten dann zu verzichten, wenn einer eingerichteten Compliance-Stelle die Zuständigkeit dafür obliegt, Vorkehrungen zu treffen und zu überwachen, anhand derer konkreten Insider-Verdachtsfällen nachgegangen werden kann. Andernfalls entstünde ein *sachlich nicht gerechtfertigter Mehr-* bzw. Verwaltungsaufwand der Verpflichteten. Diese Anregungen wurden nicht umgesetzt. Vgl. Stellungnahme des BWF vom 11. 6. 2004, 6/9.
[115] BaFin, Emittentenleitfaden idF v. 15. 7. 2005, 103.

bb) Aufbau nach Funktions- oder Vertraulichkeitsbereichen (Regelin- 46 siderverzeichnis). Neben dem anlassbezogenen Aufbau ist ein Verzeichnis nach den Funktions- oder Vertraulichkeitsbereichen des Verzeichnisführungspflichtigen denkbar, in denen Insiderinformationen typischerweise und regelmäßig vorkommen. Hierin sind also vor allem die sogenannten **Regelinsider** aufgeführt – deshalb „Regelinsiderverzeichnis". Dabei muss die Insiderinformation nicht konkret benannt werden,[116] sondern die Bereiche müssen so konkret bezeichnet sein, dass entstehende Insiderinformationen zweifelsfrei zugeordnet werden können und Personen, die Zugriff auf diese Informationen haben, jederzeit identifizierbar sind. Es reicht dabei aus, wenn die Aufgabenbeschreibung der betroffenen Personen deren **potenzielle** Befassung mit Insiderinformationen vorsieht.[117] Haben innerhalb einer Abteilung nur einzelne Personen im Verzeichnis bestimmungsgemäß Zugang zu Insiderinformationen, so sind nur diese Personen aufzunehmen. Geeignete Unternehmensbereiche für Regelinsiderverzeichnisse sind beispielsweise Vorstand und Aufsichtsrat (jeweils inklusive der unterstützenden Sekretariate und Assistenten), Rechtsabteilung, Finanz- und Rechnungswesen, Controlling, Public- oder Investor-Relations sowie die Compliance-Abteilung.

Gemäß § 14 Satz 1 Nr. 6 WpAIV ist auch hier das **Datum**, seit dem die je- 47 weilige Person Zugang zu Insiderinformationen hat und gegebenenfalls das Datum, seit dem der Zugang nicht mehr besteht, anzugeben. Bei Führung eines Regelinsiderverzeichnisses nach Funktions- oder Vertraulichkeitsbereichen ist darauf abzustellen, seit wann die jeweilige Person dem entsprechenden Bereich angehört, beziehungsweise die entsprechende Funktion innehat. Liegt dieser Zeitpunkt vor Inkrafttreten des AnSVG zum 30. Oktober 2004, kann der 30. Oktober 2004 als Beginn angegeben werden.[118] Für die Frage, ab wann der Zugang nicht mehr besteht, ist auf das endgültige oder längerfristige Ausscheiden aus dem insiderrelevanten Vertraulichkeitsbereich abzustellen.

Abhängig von der jeweiligen Unternehmensorganisation und der Geschäftä- 48 tigkeit des Verzeichnisführungspflichtigen kann nur dieser selbst angemessen einschätzen, in welchen Bereichen Insiderinformationen typischerweise vorkommen und welche Personen im Regelinsiderverzeichnis aufgenommen werden sollten. Die vereinfachende Benennung **aller Personen, die für den Verzeichnisführungspflichtigen tätig sind,** stellt regelmäßig einen Verstoß gegen die Pflicht zur richtigen Führung von Insiderverzeichnissen dar;[119] Ausnahmen gelten allenfalls für Verzeichnisführungspflichtige mit sehr wenigen Mitarbeitern.

Mitarbeiter, die ausschließlich Kenntnis über einzelne Fakten besitzen, die für 49 sich gesehen noch keine Insiderinformation darstellen, sondern die sich erst im Zusammenspiel mit anderen Fakten zu einer Insiderinformation verdichten können, sind nicht in das Verzeichnis aufzunehmen.[120] Auch die Aufnahme von Personen in ein Regelinsiderverzeichnis reicht noch nicht aus, um den Schluss auf den Besitz konkreter Insiderinformationen zu ziehen.[121] Andernfalls wäre diesem

---

[116] *Koch* DB 2005, 271.
[117] BaFin, Emittentenleitfaden idF v. 15. 7. 2005, 101.
[118] BaFin, Emittentenleitfaden idF v. 15. 7. 2005, 103; kritisch hierzu KölnKomm-WpHG-*Heinrich*, Rn. 44.
[119] *Assmann/Schneider/Sethe*, Rn. 32.
[120] BaFin, Emittentenleitfaden idF v. 15. 7. 2005, 101.
[121] BaFin, Emittentenleitfaden idF v. 15. 7. 2005, 102.

§ 15b 50–53   Abschnitt 3. Insiderüberwachung

Personenkreis die Vornahme von Mitarbeitergeschäften oder Directors' Dealings umfassend verwehrt, was nicht Zielsetzung von § 15b WpHG ist.

d) Form des Verzeichnisses

50 Eine konkrete Form des Insiderverzeichnisses wird von § 15b Abs. 2 Satz 1 Nr. 1 WpHG in Verbindung mit §§ 14ff. WpAIV nicht vorgegeben, lässt sich jedoch aus den dort genannten Erfordernissen ableiten. § 16 Abs. 2 Satz 1 Nr. 4 WpAIV verweist bezüglich der Aufbewahrungspflicht auf § 257 Abs. 3 und Abs. 5 HGB, so dass das Verzeichnis in Papierform, oder auf einem sonstigen Bild- oder Datenträger vorliegen muss. Die Daten des Verzeichnisses müssen außerdem die Voraussetzung erfüllen, jederzeit verfügbar und innerhalb einer angemessenen Frist lesbar gemacht werden zu können. Neben der Schriftform sind hier elektronische oder sonstige Datensammlungen möglich, die diese Voraussetzungen erfüllen.[122] Hierzu gehört auch, dass der Aufsichtsbehörde ggf. die technischen Möglichkeiten zur Lesbarmachung von Daten zur Verfügung gestellt werden.

3. Über solche Personen

51 In Umsetzung von Art. 6 Abs. 3 Unterabs. 3 der Marktmissbrauchsrichtlinie sind Personen, d.h. Daten über Personen, die für den Verzeichnisführungspflichtigen tätig sind und bestimmungsgemäß Zugang zu Insiderinformationen haben, in das Verzeichnis aufzunehmen.

a) die für sie tätig sind

52 Der Begriff „tätig sein" ist auslegungsbedürftig und wird in Anlehnung an die europäischen Vorgaben weit interpretiert. Dieses Verständnis beruht auf den Vorgaben der Marktmissbrauchsrichtlinie und Erwägungsgrund Nr. 6 der Durchführungsrichtlinie zur Marktmissbrauchsrichtlinie. In Art. 6 Abs. 3 Unterabs. 3 der Marktmissbrauchsrichtlinie heißt es: „die für sie auf Grundlage eines Arbeitsvertrags oder anderweitig tätig sind".[123] Demnach umfasst das „tätig sein" nicht bloß Personen, die in einem Arbeitsverhältnis zu dem Verzeichnisführungspflichtigen stehen,[124] sondern auch solche, die anderweitig oder aufgrund anderer Vertragsgestaltungen für diesen tätig werden (zB freie Mitarbeiter, faktische Arbeitsverhältnisse, Gefälligkeitsverhältnisse etc.).[125] Aus der europarechtskonformen Auslegung (unter Berücksichtigung der Wortlautgrenzen des § 15b WpHG) ergibt sich, dass nicht nur Personen aufzunehmen sind, die ausschließlich im Interesse des Emittenten tätig werden.

53 Um den Gesetzeszweck zu erfüllen und den Fluss von Insiderinformationen sinnvoll nachvollziehen zu können, ist die **Aufnahme aller Vertragspartner** im Insiderverzeichnis erforderlich, soweit sie bestimmungsgemäß Zugang zu Insiderinformationen haben. Dazu können zB auch Kreditinstitute, Zulieferer, Ab-

---

[122] Zu den Anforderungen an ein Zur-Verfügung-Stellen und der Lesbarmachung der Daten vgl. unten Rn. 91.
[123] In den anderen Sprachfassungen heißt es entsprechend „working for them, under a contract of employment or otherwise", „travaillant pour eux, que ce soit dans le cadre d'un contrat de travail ou non" bzw. „que trabajan para ellas, en virtud de un contrato laboral o de otra forma".
[124] BaFin, Emittentenleitfaden idF vom 15. 7. 2005, 99f.; *v. Buttlar* BB 2003, 2134; *Kirschhöfer*, Der Konzern 2005, 22, 25; *Ziemons* NZG 2004, 540.
[125] *Assmann/Schneider/Sethe*, Rn. 36; *Schäfer/Hamann/Eckhold*, Rn. 30.

nehmer und die Druckerei des Geschäftsberichts gehören.[126] Richtigerweise sind im Insiderverzeichnis aber nur die genannten Vertragsparteien und nicht zusätzlich deren Mitarbeiter zu nennen.[127]

Die Einbeziehung von externen Vertragspartnern, d. h. nicht ausschließlich im Interesse des Emittenten Handelnden in das Insiderverzeichnis stößt vor dem Hintergrund des Analogieverbots bußgeldbewehrter Vorschriften auf **Kritik**.[128] Ein solches Verständnis sei nicht mehr vom Wortlaut gedeckt und es entstünde ein Wertungswiderspruch, weil die im Verzeichnis des Emittenten aufzunehmenden Personen ihrerseits teilweise keine eigenen Verzeichnisse führen müssen.[129] Es ist aus der Gesetzessystematik jedoch nicht ersichtlich, dass der Kreis der Verzeichnisführungspflichtigen mit dem der Verzeichneten korrespondieren muss. So sind beispielsweise auch Organmitglieder im Verzeichnis des Emittenten aufzunehmen, ohne dass sie ein eigenes Insiderverzeichnis zu führen haben. 54

Bei der Beurteilung der Notwendigkeit einer Aufnahme bestimmter Personen in das Insiderverzeichnis ist aber in jedem Einzelfall aufgrund der Bußgeldbewehrung gemäß § 39 Abs. 2 Nr. 8 und 9 WpHG das strafrechtliche Bestimmtheitsgebot zu berücksichtigen.[130] Die Anwendung des Tatbestandes muss den Anwendungsbereich des § 15 b WpHG in seinem Kern erkennen lassen und die Grenzen des Wortlauts der Norm beachten. Die sich daraus ergebende, notwendige Eingrenzung des im Insiderverzeichnis aufzunehmenden Personenkreises erfolgt weitgehend über das hinzukommende Merkmal des bestimmungsgemäßen Zugangs zu Insiderinformationen. 55, 56

Nicht für den Emittenten tätig sind deshalb z. B. regelmäßig **Familienangehörige** von Organmitgliedern oder leitenden Angestellten. Es ist allerdings im Einzelfall zu prüfen, ob hier evtl. ein Tätigwerden für einen Insiderverzeichnisführungspflichtigen vorliegt.[131] Auch **Mitarbeiter des Finanzamts oder der Gewerbeaufsicht** sind nicht „für den Emittenten" tätig.

b) und bestimmungsgemäß Zugang zu Insiderinformationen haben

Verzeichnisse sind über solche Personen zu führen, die für den Verzeichnisführungspflichtigen tätig sind und bestimmungsgemäß Zugang zu Insiderinformationen haben. Die Voraussetzungen des § 15 b WpHG sind kumulativ zu lesen, um den durch den Tätigkeitsbegriff zunächst sehr weit gefassten Tatbestand im Hinblick auf den Gesetzeszweck wieder einzugrenzen. 57

Nicht erforderlich ist, dass die aufzunehmenden Personen bereits Zugang zu konkreten Insiderinformationen hatten. Es genügt vielmehr, wenn die Aufgabenbeschreibung der betreffenden Person eine potentielle Befassung mit Insiderinformationen vorsieht. 58

Schon während des Gesetzgebungsverfahrens wurde kritisiert, dass der unbestimmte Rechtsbegriff des „bestimmungsgemäßen Zugangs" näher erläutert werden müsse, da es sich um eine bewusste gesetzgeberische Reduktion des Anwen- 59

---

[126] *Schneider/v. Buttlar* ZIP 2004, 1625.
[127] *Schneider/v. Buttlar* ZIP 2004, 1625.
[128] *Koch* DB 2005, 270.
[129] Vgl. Rn. 16 f.
[130] Strafrechtliche Normen müssen nach dem Bestimmtheitsgebot so konkret sein, dass Tragweite und Anwendungsbereich des Tatbestandes zu erkennen sind und sich durch Auslegung ermitteln lassen, vgl. BVerfGE 78, 374, 381.
[131] *Schäfer/Hamann/Eckhold*, Rn. 32.

§ 15b 60–65   Abschnitt 3. Insiderüberwachung

dungsbereichs der Vorschrift zugunsten der Emittenten und sonstiger Verpflichteten handele.[132] Diese Bedenken haben sich im Wortlaut des § 15b WpHG und in der WpAIV nicht niedergeschlagen. Eine notwendige Konkretisierung des Tatbestandsmerkmals findet sich jedoch im Emittentenleitfaden der BaFin.[133] „Bestimmungsgemäßer Zugang" erfordert demnach, dass die betreffende Person nicht nur zufällig oder bei Gelegenheit in den Besitz der Information gelangen darf.[134] Nicht bestimmungsgemäß ist beispielsweise die Informationserlangung, die sich ein Mitarbeiter oder Dritter widerrechtlich, unter Übertretung der Grenzen des ihm eingeräumten Zugangs zu Informationen, verschafft hat.

60, 61   Stellt ein Emittent fest, dass ein Mitarbeiter unbefugt Zugang zu Insiderinformationen erlangt hat, so muss er dies auch nicht nachträglich durch Aufnahme in das Insiderverzeichnis dokumentieren, weil dieser Zugang nicht bestimmungsgemäß war.[135] Allerdings obliegt es der **Organisationsverantwortung** des Emittenten und seiner Vertretungsorgane, dafür Sorge zu tragen, dass Insiderinformationen im Unternehmen nicht unnötig weit gestreut werden und notfalls durch Umorganisation den Kreis der potenziellen Wissensträger einzuschränken.[136]

62   In das Insiderverzeichnis aufzunehmen sind jedenfalls Personen, die bereits **bestimmungsgemäß** über Insiderinformationen **verfügen**. Da Insiderinformationen gemäß § 15 WpHG unverzüglich zu veröffentlichen sind und nach ihrer Veröffentlichung keine Insiderinformationen mehr darstellen, sind hier nur Personen betroffen, (i) die entweder über Insiderinformationen verfügen, die den Emittenten nicht „unmittelbar" betreffen oder (ii) die von unveröffentlichten Insiderinformationen Kenntnis haben, weil der Emittent von der Selbstbefreiungsmöglichkeit des § 15 Abs. 3 WpHG Gebrauch gemacht hat oder (iii) in Fällen, in denen das Unterlassen der Veröffentlichung schlicht rechtswidrig war.[137]

63   Zum anderen sind im Insiderverzeichnis Personen aufzuführen, die zwar **noch nicht** über Insiderinformationen verfügen, die aber bestimmungsgemäß Zugang zu Insiderinformationen mit direktem oder indirektem Bezug zum Emittenten haben.[138] In dieser Fallgruppe ist gemäß Art. 5 Abs. 1 der Durchführungsrichtlinie zur Marktmissbrauchsrichtlinie weiter zu unterscheiden, ob die Personen „regelmäßigen" oder „anlassbezogenen" Zugang zu Insiderinformationen haben.

64   **Regelmäßigen Zugang** zu Insiderinformationen haben die Mitglieder des Vorstands und des Aufsichtsrats, sowie die Leiter und wesentlichen Mitarbeiter bestimmter zentraler Geschäftsbereiche, in denen Insiderinformationen typischerweise anfallen. Dazu gehören etwa die Abteilungen Finanz- und Rechnungswesen, Controlling, Recht und Compliance, Mergers & Acquisitions, Konzernstrategie u. ä.

65   **Anlassbezogenen Zugang** zu Insiderinformationen haben Personen, die in bestimmte Projekte oder Transaktionen von kursrelevanter Bedeutung eingebun-

---

[132] Stellungnahme des bwf vom 11. 6. 2004, 5/9.
[133] BaFin, Emittentenleitfaden idF vom 15. 7. 2005, 100.
[134] S. Fußnote 132.
[135] *Falkenhausen/Widder* BB 2005, 227, dort Fn. 29.
[136] *Kirschhöfer*, Der Konzern 2004, 22, 25.
[137] *Schneider/v. Buttlar* ZIP 2004, 1625.
[138] BaFin, Emittentenleitfaden idF vom 15. 7. 2005, 99; *Schäfer/Hamann/Eckhold*, Rn. 35; *Schneider/v. Buttlar* ZIP 2004, 1625; aA *Diekmann/Sustmann* NZG 2004, 932; kritisch: *Steidle/Waldeck* WM 2005, 870 Fn. 19.

den sind. Ihrer Auflistung im Insiderverzeichnis lässt sich nicht entgegenhalten, dass das betroffene Projekt noch nicht abgeschlossen und über das Vorliegen einer Insiderinformation somit noch nicht entschieden sei. Zweck des Verzeichnisses ist es, festzuhalten, wer über welche Umstände zu welchem Zeitpunkt des Entstehens einer Insiderinformation Kenntnis haben konnte. Dies ist vor allem deshalb von Bedeutung, weil Insiderinformationen iSv §§ 13 ff. WpHG auch solche Umstände umfassen können, bei denen mit hinreichender Wahrscheinlichkeit davon ausgegangen werden kann, dass sie **erst in Zukunft** eintreten werden.

Beide Varianten, sowohl die des regelmäßigen als auch des anlassbezogenen Zugangs zu Insiderinformationen, machen gewisse Prognoseentscheidungen erforderlich, weshalb vorgeschlagen wurde, einfach sämtliche Mitarbeiter des Unternehmens in das Verzeichnis aufzunehmen, weil sie alle jederzeit Insider werden könnten.[139] Sinn und Zweck des § 15 b WpHG ist jedoch, der BaFin die Aufdeckung und Verfolgung von Insiderverstößen zu ermöglichen bzw. zu erleichtern. Eine vereinfachende Liste aller Mitarbeiter stünde diesem Zweck entgegen. Dies schließt in Sonderfällen, insbesondere in sehr kleinen Unternehmen nicht aus, dass tatsächlich alle Mitarbeiter aufgelistet werden, sofern sie bestimmungsgemäß Zugang zu Insiderinformationen haben.[140] 66

aa) Fallgruppen. Generelle Festlegungen, wer in das Insiderverzeichnis aufzunehmen ist, verbieten sich. Vielmehr ist im Einzelfall konkret zu bewerten, ob die betroffene Person für den Verzeichnisführungspflichtigen tätig ist und ob sie dabei bestimmungsgemäß Zugang zu Insiderinformationen hat. 67

Regelmäßig in das Insiderverzeichnis des Emittenten aufzunehmen sind die Mitglieder des Geschäftsführungsorgans, also Vorstandsmitglieder der AG, geschäftsführungs- und vertretungsbefugte persönlich haftende Gesellschafter der KGaA, Geschäftsführer der GmbH sowie die Mitglieder des Aufsichtsorgans.[141] Dies gilt auch für Aufsichtsratsmitglieder, die einer Behörde oder sonstigen öffentlich-rechtlichen Einrichtung angehören. Nachgeordnete Mitarbeiter dieser Behörde oder Einrichtung, die dem betreffenden Aufsichtsratsmitglied zuarbeiten, sind dagegen nicht zwingend im Verzeichnis des Emittenten aufzunehmen. 68

Daneben sind im Verzeichnis des Emittenten regelmäßig alle wesentlichen Mitarbeiter der Bereiche Finanz- und Rechnungswesen (jedenfalls soweit sie mit der Vorbereitung von Jahres- und Zwischenabschlüssen zu tun haben), Recht, Controlling, Revision, Unternehmenssteuerung/-strategie sowie Mergers & Acquisitions aufzunehmen. Typischerweise aufnahmepflichtig sind ferner leitende Angestellte, Mitglieder des Betriebsrates oder des Wirtschaftsausschusses nach dem Betriebsverfassungsgesetz. 69, 70

Aufzunehmen sind sämtliche Personen, die an einer **Entscheidung über die Befreiung** von der Ad-hoc-Publizität nach § 15 Abs. 3 Satz 1 WpHG beteiligt waren. Zweckmäßigerweise aufzunehmen sind ferner auch Vorstandsassistenten und Sekretariate der Personen, die Zugang zu Insiderinformationen haben.[142] 71

---

[139] *Schneider/v. Buttlar* ZIP 2004, 1626.
[140] *Schneider/v. Buttlar* ZIP 2004, 1626.
[141] *Assmann/Schneider/Sethe*, Rn. 39; *Claussen/Florian* AG 2005, 763.
[142] *Schäfer/Hamann/Eckhold*, Rn. 30; *Schneider/v. Buttlar* ZIP 2004, 1624; *Kirchhöfer*, Der Konzern 2005, 22, 25; *Diekmann/Sustmann* NZG 2004, 932; *Koch* DB 2005, 270; *Steidle/Waldeck* WM 2005, 869.

72 Beispiele für einen **anlassbezogenen Zugang** zu Insiderinformationen sind die Beteiligung an der Erstellung des Jahresabschlusses oder an einem Unternehmenskauf.[143]

73 Nicht aufzunehmen sind **IT-Mitarbeiter**, die aufgrund ihrer Administrationsrechte Zugang zu internen Datenbanken des Verzeichnisführungspflichtigen haben.[144] Sie haben keinen bestimmungsgemäßen Zugang zu insiderrelevanten Daten, da es nicht zu ihren Aufgaben gehört, sich mit dem Inhalt der Datenbanken auseinanderzusetzen.[145]

74 bb) **Konzernsachverhalte.** Sofern Organisationsmitglieder oder Mitarbeiter der **Konzernmutter** im Rahmen ihrer Konzernlenkungsfunktion bestimmungsgemäß Zugang zu Insiderinformationen bei einer Finanzinstrumente emittierenden Konzerntochter erhalten, muss die Tochtergesellschaft sie in ihr Insiderverzeichnis aufnehmen, denn sie sind in diesem Fall auch für die Tochtergesellschaft tätig.[146]

75 Umgekehrt kann die Verzeichnispflicht auch für Personen bei **Tochtergesellschaften** gelten, wenn die Finanzinstrumente emittierende Konzernmutter wesentliche Geschäftseinheiten durch Ausgliederung in Tochtergesellschaften zwar rechtlich verselbständigt hat, diese aber faktisch unselbständigen Geschäftseinheiten gleichzustellen sind, weil sie in die Ablauforganisation des Konzerns voll eingebunden sind. Hier kann die operative Einheit der Tochtergesellschaft auf Grund ihres Einblicks in den Geschäftsablauf bestimmungemäß Zugang zu auf den Gesamtkonzern bezogenen Insiderinformationen erhalten. Organe und Mitarbeiter von wesentlichen Tochterunternehmen können in diesen Fällen – richtigerweise aber auch nur dann – in das Insiderverzeichnis der Konzernmutter aufzunehmen sein.[147]

III. Aktualisierungs- und Übermittlungspflicht (§ 15 b Abs. 1 Satz 2 WpHG)

76 Verzeichnisführungspflichtige müssen ihre Verzeichnisse unverzüglich aktualisieren und der BaFin auf Verlangen übermitteln.

1. Unverzügliche Aktualisierung

77 Durch die Verpflichtung zur unverzüglichen Aktualisierung des Verzeichnisses soll sichergestellt werden, dass das Verzeichnis stets auf dem neuesten Stand ist. Wann eine Pflicht zur unverzüglichen Aktualisierung entsteht, wird durch § 15 WpAIV konkretisiert. § 15 Satz 1 WpAIV setzt Art. 6 Abs. 3 der Marktmissbrauchsrichtlinie bzw. Art. 5 Abs. 3 Buchstaben a, b und c Satz 1 der Durchführungsrichtlinie zur Marktmissbrauchsrichtlinie um. Während die Marktmissbrauchsrichtlinie eine „regelmäßige" Aktualisierung vorsieht, verlangt die konkretisierende Durchführungsrichtlinie zur Marktmissbrauchsrichtlinie eine

---

[143] *Schneider/v. Buttlar* ZIP 2004, 1625 f.
[144] KölnKommWpHG-*Heinrich*, Rn. 40.
[145] BaFin, Emittentenleitfaden idF vom 15. 7. 2005, 100.
[146] *Kirchhöfer*, Der Konzern 2004, 22, 25.
[147] Ebenso *Kirchhöfer*, Der Konzern 2004, 22, 25.

„unverzügliche" Aktualisierung, sobald sich die tatsächlichen Verhältnisse ändern. Damit wird die Durchführungsrichtlinie dem Erfordernis einer regelmäßigen Aktualisierung nicht gerecht, sofern sich die tatsächlichen Verhältnisse nicht ändern, erfüllt aber dennoch Sinn und Zweck des Art. 6 Abs. 3 der Marktmissbrauchsrichtlinie, so dass ein inhaltlicher Widerspruch zwischen den Richtlinien nicht vorliegt.

Gemäß § 15 WpAIV entsteht die Aktualisierungspflicht erst und immer dann, wenn das Verzeichnis unrichtig geworden ist. Gemäß § 15 Nr. 1 bis 3 WpAIV ist dies insbesondere (aber nicht ausschließlich) dann der Fall, wenn sich der Grund für die Erfassung bereits erfasster Personen ändert, neue Personen zum Verzeichnis hinzuzufügen sind oder im Verzeichnis erfasste Personen keinen Zugang zu Insiderinformationen mehr haben. Dabei handelt es sich um eine **beispielhafte** Aufzählung. Auch neue Projekte oder Transaktionen, die Insiderinformationen hervorbringen können, sowie Veränderungen im Kreis der Personen, denen die Führung des Verzeichnisses obliegt, lösen die Aktualisierungspflicht aus.[148] Urlaubs- oder kurzzeitige krankheitsbedingte Abwesenheiten der verzeichneten Personen sind demgegenüber kein Grund für eine Aktualisierung.[149]

Es empfiehlt sich, dass im Unternehmen ein **Beauftragter** benannt wird, der das Insiderverzeichnis führt und die erforderlichen Aktualisierungen zeitnah durchführt.[150]

Besteht Aktualisierungsbedarf, ist das Verzeichnis **unverzüglich** auf den neuesten Stand zu bringen. Unverzüglich bedeutet nach der Legaldefinition des § 121 Abs. 1 BGB ohne schuldhaftes Zögern. Nur Zweifelsfälle oder schwierige Ermittlungen, bei denen gegebenenfalls Rechtsrat eingeholt werden muss, rechtfertigen eine entsprechende Verzögerung. Ein Verstoß gegen die Aktualisierungspflicht ist eine Ordnungswidrigkeit nach § 39 Abs. 2 Nr. 8 WpHG, da das Merkmal „nicht richtig führt" erfüllt ist.[151]

2. Übermittlung an die BaFin auf Verlangen

Die BaFin geht davon aus, dass sie jederzeit, also **auch ohne einen konkreten Verdachtsfall,** die Übersendung des Insiderverzeichnisses verlangen kann.[152] Diese Ansicht deckt sich mit dem Wortlaut („auf Verlangen") des § 15 b Abs. 1 Satz 2 WpHG, der im Gegensatz zu § 4 Abs. 3 WpHG nicht ausdrücklich einen „Verdachtsfall" voraussetzt. Auch Art. 6 Abs. 3 Unterabs. 3 Satz 2, letzter Halbs. der Marktmissbrauchsrichtlinie, dessen Umsetzung § 15 b Abs. 1 Satz 2 Halbs. 2 WpHG dient, sieht eine solche Einschränkung nicht vor, was ebenfalls dafür spricht, dass die unterschiedliche Ausgestaltung der Auskunftsansprüche beabsichtigt ist. Das Recht der BaFin, die Vorlage des Verzeichnisses zu verlangen, lässt die allgemeine Auskunftsbefugnisse des § 4 WpHG unberührt.[153] Zu beachten ist jedoch, dass dem Verlangen der BaFin eine pflichtgemäße **Ermessens-**

---

[148] Assmann/Schneider/Sethe, Rn. 54.
[149] KölnKommWpHG-*Heinrich,* Rn. 47.
[150] Schneider/v. Buttlar ZIP 2004, 1626.
[151] Asmann/Schneider/Vogel, § 39 Rn. 14.
[152] Eine alternativ denkbare Pflicht zur automatischen Übermittlung des Verzeichnisses an die BaFin in jedem Fall der Aktualisierung würde zu erheblichem Aufwand bei der BaFin führen und wäre aus verwaltungsökonomischen Gründen nicht sinnvoll.
[153] Begr. RegE zum AnSVG, BT-Drucks. 15/3174, 36.

entscheidung zu Grunde liegen muss. Die sehr weitreichende Auffassung der BaFin, jederzeit und unbeschränkt die Weiterleitung der Verzeichnisse verlangen zu können, ist deshalb umstritten. Die Kritik an der BaFin-Auffassung stützt sich auf den Sinn und Zweck der Vorschrift als Ermittlungshilfe bei der Aufdeckung von Insiderverstößen.[154] Hiernach soll lediglich in konkreten Verdachtsfällen der Kreis der Insider durch die BaFin schneller ermittelt werden können.[155] Aus dem Erfordernis eines konkreten Insiderfalls folge, dass der Übermittlungsanspruch der BaFin keinesfalls unbeschränkt sein könne; eine Ausforschungsmöglichkeit im Hinblick auf etwaige bevorstehende Transaktionen solle der BaFin nicht eröffnet werden.[156] Die Kritik wird zum Teil auch mit Gefahren für das Recht auf informationelle Selbstbestimmung der verzeichneten Personen begründet.[157] Diese Bedenken können jedoch unter Hinweis auf die in jedem Fall bestehende Notwendigkeit einer ordnungsgemäßen Ermessensentscheidung entkräftet werden.[158]

82 Die Pflicht zur Übermittlung entsteht nur, wenn die BaFin die Übermittlung verlangt. Die Verzeichnisse sind dann auf eigene Kosten des Verzeichnisführungspflichtigen unverzüglich an die BaFin zu übersenden. Das Gebot der Unverzüglichkeit betrifft also auch die Übermittlungspflicht. Aufgrund moderner Datenverarbeitungs- und Übermittlungstechniken kann und muss das aktuelle Verzeichnis innerhalb kürzester Zeit übermittelt werden. Die BaFin erwartet deshalb eine Übermittlung in elektronischer Form.[159] Auch archivierte Fassungen sind innerhalb eines Arbeitstages reproduzierbar. Bei postalischer Übersendung hat das Verzeichnis unter Berücksichtigung von Postlaufzeiten spätestens am dritten Werktag nach Eingang des Übermittlungsverlangens bei der BaFin vorzuliegen.[160]

IV. Aufklärungspflicht (§ 15b Abs. 1 Satz 3 WpHG)

83 Die in den Verzeichnissen geführten Personen sind durch den Emittenten über die rechtlichen Pflichten, die sich aus dem Zugang zu Insiderinformationen ergeben, sowie über die Rechtsfolgen von Verstößen aufzuklären.

84 Durch den engen Wortlaut der Norm werden **nur Emittenten** selbst verpflichtet, nicht aber die in ihrem Auftrag oder für ihre Rechnung handelnden und ihrerseits gemäß § 15b Abs. 1 Satz 1 WpHG ebenfalls verzeichnisführungspflichtigen Dritten (sog. Dienstleister).[161] Dies hat zur Folge, dass nur die vom Emittenten selbst in dessen Verzeichnis aufgeführten Personen aufgeklärt werden müssen, die Personen, die im Verzeichnis des im Auftrag oder für Rechnung des Emittenten handelnden Dienstleisters aufgeführt werden, hingegen nicht. Die BaFin hat dieses Problem gesehen und anerkannt, dass Emittenten der Aufklärungspflicht bei Personen, die bei einem Dienstleister tätig sind, nur schwerlich nachkommen können.[162] Die BaFin schlägt deshalb vor, die Aufklärungspflicht in

---

[154] Begr. RegE zum AnSVG, BT-Drucks. 15/3174, 36.
[155] *Diekmann/Sustmann* NZG 2004, 933.
[156] *Diekmann/Sustmann* NZG 2004, 933.
[157] *Steidle/Waldeck* WM 2005, 872.
[158] So auch KölnKommWpHG-*Heinrich*, Rn. 52 mit weiteren Ausführungen.
[159] BaFin, Emittentenleitfaden vom 15. 7. 2005, 104.
[160] *Assmann/Schneider/Sethe*, Rn. 61.
[161] Vgl. BaFin, Emittentenleitfaden idF vom 15. 7. 2005, 97.
[162] BaFin, Emittentenleitfaden idF vom 15. 7. 2005, 103.

diesen Fällen an den Dienstleister zu delegieren, so dass dieser die in seinem Verzeichnis geführten Personen im Auftrag des Emittenten belehrt.[163]
Die Richtigkeit dieser Sicht- und Vorgehensweise ist jedoch fraglich. Es erscheint inkonsequent, einerseits sowohl den Emittenten als auch die in seinem Auftrag und für seine Rechnung Handelnden zur Führung eines Verzeichnisses zu verpflichten, andererseits aber nur dem Emittenten die korrespondierende Pflicht zur Aufklärung aufzuerlegen. Vieles spricht deshalb dafür, dass es sich um ein Redaktionsversehen handelt.[164] Gestützt wird dies durch Art. 5 Abs. 5 der Durchführungsrichtlinie zur Marktmissbrauchsrichtlinie,[165] wonach die zur Erstellung von Insiderverzeichnissen Verpflichteten Maßnahmen zu treffen haben, die sicherstellen, dass jede in einem Insiderverzeichnis erfasste Person ihre aus den Rechts- und Verwaltungsvorschriften erwachsenden Pflichten anerkennt und sich etwaiger Sanktionen bewusst ist. Hiervon werden alle Verpflichteten erfasst, d. h. für eine Beschränkung auf Emittenten besteht kein Anhaltspunkt. Somit wäre auch § 15b Abs. 1 Satz 3 WpHG richtlinienkonform dahingehend ergänzend auszulegen, dass **alle zur Führung eines Insiderverzeichnisses Verpflichteten** auch die Belehrung der jeweiligen in ihrem Verzeichnis aufzuführenden Personen, vorzunehmen haben.[166] Die Aufklärungspflicht obliegt also nicht nur dem Emittenten, sondern auch den in seinem Auftrag oder für seine Rechnung handelnden Personen, die ein eigenes Insiderverzeichnis führen müssen.[167] Diese europarechtlich gebotene Auslegung kann innerhalb der durch den Wortlaut des § 15b WpHG gesetzten Grenzen erfolgen, so dass eine Ergänzung durch den Gesetzgeber nicht erforderlich ist.[168] 85

Unklar ist auch, wer bei den im Auftrag oder für Rechnung des Emittenten tätigen Dritten konkret zu belehren ist, d. h. ob der Emittent jeden einzelnen der „für ihn" tätigen Mitarbeiter des Dienstleisters belehren muss oder ob es ausreicht, wenn der Emittent den Dienstleister als solchen und dieser wiederum die, in sein Verzeichnis aufgenommenen Mitarbeiter belehrt. Die letztgenannte Ansicht erscheint praktikabel und mit Rücksicht auf die oben beschriebene europarechtskonforme Auslegung des § 15b WpHG auch geboten. Der externe Dienstleister ist deutlich sachnäher und hat die bessere Kenntnis über die Identität der betroffenen Personen. Um überflüssige und evtl. irreführende Doppelbelehrungen zu vermeiden und eine klare Aufgabenverteilung zu erreichen, sollte jeder Verzeichnisführungspflichtige auch die in seinem Verzeichnis unmittelbar aufgeführten Personen belehren müssen.[169] 86

Das Gesetz lässt offen, auf welche **Art und Weise** bzw. in welcher **Form** die Aufklärung zu erfolgen hat. In Betracht kommen schriftliche Leitfäden oder auch Fortbildungsveranstaltungen, zu denen dann auch externe Betroffene (also bei Dienstleistern entstehende Insider) eingeladen werden können.[170] Bei pro- 87

---

[163] BaFin, Emittentenleitfaden idF vom 15. 7. 2005, 103.
[164] So auch *Brandi/Süßmann* AG 2004, 644.
[165] Richtlinie 2004/72/EG der Kommission vom 29. 4. 2004, ABl. EG Nr. L 162, S. 70.
[166] Vgl. *Brandi/Süßmann* AG 2004, 644.
[167] *Schneider/v. Buttlar* ZIP 2004, 2626; KölnKommWpHG-*Heinrich*, Rn. 48.
[168] Das fordert aber *Assmann/Schneider/Sethe*, Rn. 63.
[169] *Koch* DB 2005, 271; *Brandi/Süßmann* AG 2004, 644; *Kirschhöfer*, Der Konzern 2005, 22, 26; *Schneider/v. Buttlar* ZIP 2004, 2626; *Schäfer/Hamann/Eckhold* Rn. 51.
[170] *Schneider/v. Buttlar* ZIP 2004, 1626.

jektbezogenen Insiderverzeichnissen sind gegebenenfalls Personen, die in mehrere Projekte eingebunden sind, mehrfach zu belehren; Entsprechendes gilt für Personen, die aufgrund ihrer Tätigkeit regelmäßig mit wechselnden Insiderinformationen in Berührung kommen (wie zB Mitarbeiter von Stabsabteilungen wie Finanzen und Controlling, Rechtsanwälte, Wirtschaftsprüfer, Unternehmensberater oder auch Investmentbanker).[171] Die Aufklärung muss aber nicht bei jeder neuen potentiellen Insiderinformation erneut erfolgen. Bei Regelinsidern genügt eine einmalige Aufklärung, zum Beispiel bei der Einstellung.[172] Allerdings empfiehlt es sich, regelmäßige Aktualisierungen der Warnhinweise in angemessenen Zeitabständen vorzunehmen.[173]

88 Die in das Verzeichnis aufgenommenen Personen sind zunächst über die rechtlichen Pflichten, die sich aus dem Zugang zu Insiderinformationen ergeben, aufzuklären. Gemeint sind damit die Kernbereiche der im WpHG geregelten Insiderüberwachung. Die verzeichneten Personen sind ferner **über die Rechtsfolgen von Verstößen aufzuklären.** Gemeint sind die Straf- und Bußgeldvorschriften des WpHG. Aufzuklären ist also über die Strafbarkeit von Insidergeschäften nach § 38 Abs. 1, 3, 4 und 5 WpHG, die mit Freiheitsstrafe oder Geldstrafe bestraft beziehungsweise als Ordnungswidrigkeit nach § 39 Abs. 2 Nr. 3, 4 und Abs. 4 WpHG mit einer Geldbuße bis zu 200 000,– € verfolgt werden können. Zur Aufklärung über die Rechtsfolgen bei Verstößen genügt es, auf die mögliche Strafbarkeit des Verhaltens hinzuweisen und den Wortlaut der Vorschriften wiederzugeben. Die BaFin stellt einen „Aufklärungsbogen" als **Muster** auf ihrer Homepage[174] zur Verfügung (Aufklärungsbogen nach § 15b Abs. 1 Satz 3 WpHG). In diesem Musteraufklärungsbogen wird der Empfänger darauf hingewiesen, dass er in ein Insiderverzeichnis aufgenommen wurde. Es wird ferner darauf aufmerksam gemacht, dass durch das Verbot von Insidergeschäften die Funktionsfähigkeit des organisierten Kapitalmarkts geschützt wird und ein Verstoß gegen dieses Verbot als Straftat verfolgt werden kann.[175]

89 Eine schriftliche **Bestätigung,** dass die aufzuklärende Person die Information zur Kenntnis genommen hat, ist nicht erforderlich.[176] In der Praxis ist es jedoch sinnvoll, die erfolgte Aufklärung ausreichend zu dokumentieren.[177] Dies kann zB durch eine Empfangs- und Kenntnisnahmebestätigung erfolgen. Eine solche sieht auch die BaFin in ihrem Musteraufklärungsbogen vor.

90 Ein Anspruch der in das Insiderverzeichnis aufgenommenen Personen **auf Auskunft** über ihre dort gespeicherten persönlichen Daten ist mit Rücksicht auf das verfassungsrechtlich geschützte Recht zur informationellen Selbstbestimmung und das zwischen dem Verzeichnisführenden und der aufgenommenen Person bestehende (typischerweise arbeitsvertragliche) Rechtsverhältnis zu bejahen.[178]

---

[171] *Brandi/Süßmann* AG 2004, 644.
[172] BaFin, Emittentenleitfaden idF vom 15. 7. 2005, 104.
[173] *Kirschhöfer,* Der Konzern 2004, 22, 27.
[174] Abrufbar unter *www.*BaFin.*de,* Stand: 30. 10. 2004.
[175] Es wird kritisiert, dass der Aufklärungsbogen im Wesentlichen nur den Gesetzeswortlaut wiedergebe und deshalb für den Laien unverständlich sei; vgl. *Assmann/Schneider/Sethe,* Rn. 66.
[176] BaFin, Emittentenleitfaden idF vom 15. 7. 2005, 104.
[177] BaFin, Emittentenleitfaden idF vom 15. 7. 2005, 104; *Koch* DB 2005, 271.
[178] *Diekmann/Sustmann* NZG 2004, 933; Eckhold in: *Hamann/Schneider* Rn. 58.

V. Aufbewahrung und Vernichtung

Gemäß § 16 WpAIV muss sichergestellt sein, dass die Daten des Verzeichnisses 91 während der Dauer der Aufbewahrungsfrist **jederzeit verfügbar** sind und innerhalb angemessener Frist **lesbar** gemacht werden können. Eine verschlüsselte Aufbewahrung der Daten ist somit grundsätzlich möglich. Es obliegt dem Verzeichnisführungspflichtigen, die hierzu erforderlichen technischen Einrichtungen bereitzuhalten oder durch Dritte bereithalten zu lassen. Solange dies gewährleistet ist, ist unerheblich, ob die Daten in Papierform oder auf Datenträgern gespeichert werden.[179] Für die Aufbewahrung verweist § 16 Abs. 1 Satz 2 WpAIV auf § 257 Abs. 3 und 5 HGB entsprechend.[180] Das heißt, die Daten des Verzeichnisses können auch als Wiedergabe auf einem Bildträger oder auf anderen Datenträgern aufbewahrt werden, wenn sichergestellt ist, dass die Wiedergabe oder die Daten mit den Unterlagen inhaltlich und bildlich übereinstimmen, sobald sie lesbar gemacht werden.[181]

Zur Prävention des Insiderhandels und aus Gründen des Datenschutzes darf 92 das Verzeichnis gem. § 16 Abs. 1 Satz 3 WpAIV **nicht veröffentlicht** werden und ist so zu verwahren, dass nur ein eng begrenzter Personenkreis Einsicht nehmen kann. Der Zugang zum Verzeichnis darf nur folgenden (natürlichen) Personen möglich sein: (a) den beim verzeichnisführungspflichtigen Unternehmen für die Führung des Verzeichnisses **verantwortlichen Personen** (zB Vorstand), (b) den von diesen verantwortlichen Personen mit der konkreten Führung des Verzeichnisses **beauftragten Personen** (zB Mitarbeiter der Compliance-Abteilung oder der IT) und (c) den aufgrund ihres Berufs einer **gesetzlichen Verschwiegenheitspflicht** unterliegenden Personen.

Die Daten sind gemäß § 16 Abs. 2 Satz 1 WpAIV **sechs Jahre** lang so aufzu- 93 bewahren, dass jederzeit für einen beliebigen Zeitpunkt innerhalb dieser sechs Jahre nachgewiesen werden kann, welche Personen Zugang zu Insiderinformationen hatten. Damit übertrifft die deutsche Umsetzung des Art. 5 Abs. 4 der Durchführungsrichtlinie zur Marktmissbrauchsrichtlinie die europäischen Vorgaben, wonach die Verzeichnisse nur mindestens fünf Jahre lang aufzubewahren wären.

Sofern Daten im Verzeichnis **aktualisiert** werden, beginnt die Aufbewah- 94 rungsfrist für jeden Datensatz neu (§ 16 Abs. 2 Satz 2 WpAIV). Damit wird sichergestellt, dass das Verzeichnis den historischen Verlauf abbildet, zu welchem Zeitpunkt eine bestimmte Person die Möglichkeit hatte, auf Insiderinformationen zuzugreifen.

Für die **Fristberechnung** gelten die allgemeinen Vorschriften der §§ 187 ff. 95 BGB. Gemäß § 257 Abs. 5 HGB iVm § 16 Abs. 1 Satz 2 WpAIV **beginnt** die Aufbewahrungsfrist richtigerweise mit dem Schluss des Kalenderjahres der jeweiligen Datenerstellung. Dies vereinfacht die Berechnung der Aufbewahrungsfrist,

---

[179] BaFin, Emittentenleitfaden idF vom 15. 7. 2005, 104.
[180] In Anlehnung an § 34 Abs. 3 Satz 2 WpHG und § 25a Abs. 1 Nr. 3, 2. Halbsatz KWG.
[181] Die Aufbewahrung in Papierform stellt in der Praxis eher die Ausnahme dar und findet nur Anwendung, wenn der Kreis potentieller Insider beim Verzeichnispflichtigen relativ klein und kaum Veränderungen unterworfen ist.

verlängert jedoch die Frist für Fälle, die vor Kalenderjahresende entstehen. Nach Ansicht der BaFin[182] dagegen soll die Aufbewahrungsfrist bereits mit der Erstellung der Daten beginnen. Wegen der sich daraus ergebenden Unsicherheiten bezüglich des Beginns der Fristberechnung empfiehlt sich für die Praxis bis zur Klärung der korrekten Fristberechnung sicherheitshalber die längere Aufbewahrungsfrist zugrunde zu legen.

96 Nach Fristablauf sind die Daten zu **löschen** (§ 16 Abs. 2 Satz 3 WpAIV). Die Vernichtung hat so zu erfolgen, dass die Daten nicht wiederhergestellt werden können.[183]

VI. Verordnungsermächtigung (§ 15 b Abs. 2 WpHG)

97 Durch § 15 b Abs. 2 WpHG hat der Gesetzgeber die Möglichkeit geschaffen, die weiteren Ausführungsmodalitäten der Verzeichnisführungspflicht dem Bundesministerium der Finanzen zu übertragen. Mit der Delegation auf das Bundesfinanzministerium soll zudem die Möglichkeit geschaffen werden, durch **Rechtsverordnungen** schneller auf Entwicklungen zu reagieren und entsprechende Anpassungen an die europäischen Standards vornehmen zu können.[184] Die Verordnungsermächtigung wurde bereits während des Gesetzgebungsverfahrens kritisiert, weil damit das Bundesministerium der Finanzen im Verordnungsweg Bestimmungen treffen könne, die über die Mindestanforderungen der EU-Richtlinien hinausgehen.[185] Da der Gesetzgeber jedoch jederzeit die Ermächtigung zum Erlass von Rechtsverordnungen widerrufen kann und somit die Letztentscheidung über die Umsetzung der EU-Richtlinien bei der Legislative verbleibt, bleibt die demokratische Kontrolle ausreichend gewahrt.

98 Das Bundesfinanzministerium hat von der Verordnungsermächtigung Gebrauch gemacht und mit Datum vom 13. Dezember 2004 die Wertpapierhandelsanzeige – und Insiderverzeichnisverordnung (WpAIV) erlassen.[186] Abschnitt 3 Unterabschnitt 4 der WpAIV regelt in §§ 14 bis 16 die Anforderungen an das Insiderverzeichnis, d. h. dessen Inhalt (§ 14 WpAIV), die Berichtigung (§ 15 WpAIV) sowie die Aufbewahrung und Vernichtung (§ 16 WpAIV) der Verzeichnisse.

99 Gemäß § 15 b Abs. 2 Satz 2 WpHG besteht die Möglichkeit, die Ermächtigung durch Rechtsverordnung an die BaFin weiter zu übertragen. Von dieser Möglichkeit der Subdelegation ist bislang kein Gebrauch gemacht worden.

VII. Sanktionen

1. Ordnungswidrigkeiten

100 Der Verzeichnisführungspflichtige handelt gem. § 39 Abs. 2 Nr. 8 und 9 WpHG ordnungswidrig, wenn er vorsätzlich oder leichtfertig ein Verzeichnis nicht, nicht richtig oder nicht vollständig führt (Nr. 8) oder das Verzeichnis nicht

---

[182] BaFin, Emittentenleitfaden idF vom 15. 7. 2005, 104.
[183] *Schäfer/Hamann/Eckhold*, Rn. 63.
[184] Begr. RegE zum AnSVG, BT-Drucks. 15/3174, 37.
[185] Vgl. Rede des MdB Stefan Müller (CDU/CSU) in der 111. Sitzung des Deutschen Bundestages vom 27. 5. 2004, Plenarprotokoll 15/111, 10141.
[186] BGBl. I 2004, S. 3376 ff.

oder nicht rechtzeitig übermittelt (Nr. 9). Ein Verstoß gegen die Aktualisierungspflicht erfüllt das Merkmal des „nicht richtig führen" im Sinne des § 39 Abs. 2 Nr. 8 WpHG.[187] Die Ordnungswidrigkeiten können gemäß § 39 Abs. 4 WpHG seit dem AnSVG mit einer Geldbuße bis zu 200 000,– € geahndet werden.[188] Bei Verstößen gegen die Belehrungspflicht, ist keine Sanktion vorgesehen.[189]

2. Strafrechtliche Sanktionen

Beinhaltet eine gegen § 15 b WpHG verstoßende Handlung zugleich eine Insiderstraftat, wird gemäß § 21 Abs. 1 Satz 1 OWiG lediglich das strengere Strafgesetz angewendet. Sollte aber tatsächlich keine Strafe verhängt werden, kann die Ordnungswidrigkeit nach § 21 Abs. 2 OWiG wieder durch Bußgeld geahndet werden. 101

Mittäter eines Insiderdelikts kann sein, wer die ihm obliegende Pflicht zur ordnungsgemäßen Führung des Insiderverzeichnisses nicht erfüllt, um die Insiderstraftat eines anderen zu verschleiern, sofern er selbst ebenfalls Insider ist und die übrigen Vorraussetzungen der Mittäterschaft vorliegen.[190] Hat der Verzeichnisverantwortliche kein eigenes Insiderwissen, kommt eine Strafbarkeit wegen Beihilfe zum Insiderhandel (§ 27 StGB) oder Begünstigung (§ 257 StGB) in Betracht. 102

Eine (versuchte) Strafvereitelung (§ 258 StGB) kann gegeben sein, wenn sich der Verzeichnisverpflichtete zum Zweck der Verdeckung einer begangenen Insiderstraftat weigert, das Insiderverzeichnis an die BaFin zu übermitteln. 103

3. Zivilrechtliche Sanktionen

Geschädigte Anleger oder auch der Emittent können zivilrechtliche Schadensersatzansprüche gegenüber den sich ordnungswidrig verhaltenden Verzeichnisführungspflichtigen haben. Ein Schadensersatzanspruch aus § 823 Abs. 2 BGB würde voraussetzen, dass § 15 b WpHG ein Schutzgesetz darstellt. Dass der Gesetzgeber bei Schaffung der Norm die Interessen des Einzelnen schützen wollte, ist aber weder aus den Normzwecken,[191] noch aus den Gesetzesmaterialien erkennbar. Schutzgut der Norm ist allein die Sicherung der Funktionsfähigkeit des Kapitalverkehrs.[192] Dies wird durch den Vergleich mit anderen Vorschriften wie dem Insiderhandelsverbot nach § 14 WpHG, der Ad-hoc-Meldepflicht nach § 15 WpHG sowie den Dokumentations- und Organisationsregeln der §§ 33 ff. WpHG unterstrichen. Auch diesen Vorschriften wird die Schutzgesetzqualität aufgrund mangelnder Intention des Gesetzgebers von der herrschenden Meinung abgesprochen.[193] Gegen den Schutzzweckcharakter des § 15 b WpHG 104

---

[187] *Assmann/Schneider/Vogel*, § 39 Rn. 14.
[188] *Assmann/Schneider/Vogel*, § 39 Rn. 14; *Rodewald/Tüxen* BB 2004, 2251.
[189] *Koch* DB 2005, 271; *Schäfer/Hamann/Eckhold*, Rn. 66.
[190] *Assmann/Schneider/Sethe*, Rn. 76.
[191] Organisations- und Überwachungsfunktion, Abschreckungsfunktion, Strafverfolgungs- und Durchsetzungsfunktion; vgl. *Rodewald/Tüxen* BB 2004, 2251.
[192] *Rodewald/Tüxen* BB 2004, 2251; KölnKommWpHG-*Heinrich*, Rn. 64.
[193] Zu § 14 siehe *Palandt/Sprau*, § 823 BGB Rn. 71 mwN; aA *Assmann* AG 1994, 250, *Claussen* DB 1994, 31; zu § 15 siehe BVerfG NJW 2003, 501; BGH NJW 2004, 2664;

§ 16   Abschnitt 3. Insiderüberwachung

spricht schließlich auch, dass die eventuelle Nichtaufklärbarkeit eines Insiderverstoßes wegen ordnungswidriger Führung des Insiderverzeichnisses nicht schärfer geahndet werden kann, als der Verstoß gegen das Insiderverbot nach § 14 WpHG selbst. Wenn schon ein Verstoß gegen § 14 WpHG nicht zum Schadenersatz nach § 823 Abs. 2 BGB führt, so kann dies für einen Verstoß gegen § 15 b WpHG erst recht nicht gelten.[194]

105   Möglich ist unter den erhöhten Beweisanforderungen des § 826 BGB jedoch ein Schadensersatzanspruch der Anleger wegen sittenwidriger vorsätzlicher Schädigung durch den Verzeichnisführungspflichtigen.[195]

106   Jeder Verzeichnisführungspflichtige ist selbst verantwortlich, seinen aufsichtsrechtlichen Pflichten aus § 15 b WpHG nachzukommen. Deshalb können Dienstleister des Emittenten, die vom Emittenten nicht über ihre Verzeichnisführungspflicht aufgeklärt wurden, keine Erstattung gezahlter Bußgelder über §§ 280 Abs. 1, 241 Abs. 2 BGB verlangen.[196] Dasselbe gilt für Mitarbeiter des Emittenten oder des Dienstleisters. Auch hier liegt es in der Verantwortung des Mitarbeiters, sich über die bestehenden kapitalmarktrechtlichen Gebote und Verbote zu informieren.[197] Die unterlassene Aufklärung kann jedoch dazu führen, dass der erforderliche Vorsatz fehlt.

107   Schadensersatzansprüche erscheinen jedoch für den umgekehrten Fall denkbar, wenn der verzeichnisführungspflichtige Dienstleister dem Emittenten gegenüber pflichtwidrig handelt und zB Insiderinformationen weitergibt, mit der Folge, dass dadurch der Emittent aus Unkenntnis seinen eigenen Verpflichtungen nicht nachkommt oder sonstige Schäden (zB Abbruch von Vertragsverhandlungen etc.) erleidet.[198]

§ 16 Aufzeichnungspflichten

Wertpapierdienstleistungsunternehmen sowie Unternehmen mit Sitz im Inland, die an einer inländischen Börse zur Teilnahme am Handel zugelassen sind, haben vor Durchführung von Aufträgen, die Insiderpapiere im Sinne des § 12 zum Gegenstand haben, bei natürlichen Personen den Namen, das Geburtsdatum und die Anschrift, bei Unternehmen die Firma und die Anschrift der Auftraggeber und der berechtigten und verpflichteten Personen oder Unternehmen festzustellen und diese Angaben aufzuzeichnen. Die Aufzeichnungen nach Satz 1 sind mindestens 6 Jahre aufzubewahren. Für die Aufbewahrung gilt § 257 Abs. 3 und 5 des Handelsgesetzbuchs entsprechend.

Schrifttum: *Baur,* Das neue Wertpapierhandelsrecht, in: Die Bank 1997, S. 346 ff.

Palandt/Sprau, § 823 BGB Rn. 71, § 826 BGB Rn. 35 mwN; zu § 33 ff. siehe BGH NJW 2002, 62, 64; *Schwark/Schwark,* § 33 Rn. 4 mwN.
[194] BGH NJW-RR 2005, 680, 680; *Schäfer/Hamann/Eckhold,* Rn. 67.
[195] *Rodewald/Tüxen* BB 2004, 2249, 2251; *Schäfer/Hamann/Eckhold,* Rn. 67; *Sprau/Palandt,* § 826 BGB Rn. 35; BGH, BB 2004, 1812 ff., 1816 ff. („Infomatec").
[196] *Assmann/Schneider/Sethe,* Rn. 79.
[197] *Assmann/Schneider/Sethe,* Rn. 80.
[198] *Rodewald/Tüxen* BB 2004, 2251.

Übersicht

	Rn.
I. Regelungsgegenstand und -zweck	1
II. Der Inhalt von § 16 aF	2
III. § 16 nF	7
1. Aufzeichnungspflichtige Unternehmen	8
2. Aufzeichnungspflicht	9
3. Frist und Art der Aufbewahrung	12

I. Regelungsgegenstand und -zweck

§ 16 ist durch das Anlegerschutzverbesserungsgesetz erheblich modifiziert worden. Die aktuelle Normierung enthält nur noch die Aufzeichnungspflichten, die früher in Absatz 2 Satz 5 und Absatz 9 enthalten waren. Die übrigen Regelungen sind im neuen § 4 aufgegangen. **1**

II. Der Inhalt von § 16 aF

Mit § 16 aF wurden die materiell-rechtlichen Regelungen über Insidergeschäfte aufsichtsrechtlich umgesetzt. Die Vorschrift war mit § 18 aF die **zentrale Ermächtigungsnorm für die Beaufsichtigung des Insiderhandels**.[1] Es wurde eine ständige Überwachung des gesamten, börslichen wie außerbörslichen Geschäfts mit Insiderpapieren durch die Aufsichtsbehörde eingerichtet. Dieser wurden zur Erfüllung ihrer Aufgabe, „Verstößen gegen § 14 entgegenzuwirken", **weitreichende Befugnisse** zugestanden, die zT tief in die private Sphäre eindrangen, und nicht zuletzt deshalb Anlass für verfassungsrechtliche Kritik gaben.[2] § 16 **baute auf** den allgemeinen Mitteilungspflichten des **§ 9 auf** und erlaubte weitergehende Maßnahmen, nämlich Auskunftsverlangen (Abs. 2, 4, 5), Anordnung der Vorlage von Unterlagen (Abs. 3, 4), Betreten von Geschäftsräumen (Abs. 3), wenn sich aufgrund der erhaltenen Mitteilungen – oder auf anderem Wege – insiderrechtlich relevante Gesichtspunkte ergaben. § 16 enthielt eine in Bezug auf Gegenstand der Auskunftspflicht und Adressat der Maßnahme außerordentlich ausdifferenzierte Regelung: Auskunftspflichtig waren **2**
– Wertpapierdienstleistungsunternehmen (Abs. 2 S. 1),
– (sonstige) inländische Unternehmen, die eine inländische Börsenzulassung besitzen (Abs. 2 S. 1),
– ausländische Unternehmen, die eine inländische Börsenzulassung besitzen (Abs. 2 S. 2),
– Emittenten von Insiderpapieren, die eine inländische Börsenzulassung besitzen oder ihren Sitz im Inland haben, und die mit ihnen verbundenen Unternehmen (Abs. 4 Alt. 1),
– Personen, die aufgrund zureichender Anhaltspunkte den Anschein erwecken, Kenntnis von einer Insidertatsache (§ 13 Abs. 1) zu haben (Abs. 4 Alt. 2),
– Personen, deren Identität nach Absatz 2 S. 3 mitgeteilt worden ist (Abs. 5).
Gegenstand der Auskunftspflicht waren

---

[1] *Schäfer*, § 16 Rn. 1.
[2] S. dazu nunmehr bei der Kommentierung zu § 4.

§ 16 3, 4   Abschnitt 3. Insiderüberwachung

- Geschäfte in Insiderpapieren für eigene und fremde Rechnung (Abs. 2 S. 1, Abs. 5)
- die Identität der Auftraggeber, der berechtigten und verpflichteten Personen (Abs. 2 S. 3)
- Bestandsveränderungen in Insiderpapieren und weiteren bei der Depotbank geführten Konten (Abs. 2 S. 3, 4)
- Insidertatsachen (Abs. 4 S. 1 iVm § 13 Abs. 1)
- Personen, die von Insidertatsachen Kenntnis haben (Abs. 4 S. 1).

3 Dabei war der Gegenstand der Auskunftspflicht für die diversen Adressaten zT unterschiedlich, womit sich folgende Zuordnung ergab:

Wertpapierdienstleistungsunternehmen:	Geschäfte in Insiderpapieren für eigene und fremde Rechnung; Identität der Auftraggeber, der berechtigten und verpflichteten Personen; Bestandsveränderungen in Insiderpapieren und weiteren bei der Depotbank geführten Konten
(Sonstige) inländische Unternehmen, die eine inländische Börsenzulassung besitzen:	Geschäfte in Insiderpapieren für eigene und fremde Rechnung; Identität der Auftraggeber, der berechtigten und verpflichteten Personen; Bestandsveränderungen in Insiderpapieren und weiteren bei der Depotbank geführten Konten
Ausländische Unternehmen, die eine inländische Börsenzulassung besitzen:	Geschäfte in Insiderpapieren für eigene und fremde Rechnung, soweit an inländischer Börse oder im Freiverkehr; Identität der Auftraggeber, der berechtigten und verpflichteten Personen; Bestandsveränderungen in Insiderpapieren und weiteren bei der Depotbank geführten Konten
Emittenten von Insiderpapieren, die eine inländische Börsenzulassung besitzen oder ihren Sitz im Inland haben; mit ihnen verbundene Unternehmen:	Insidertatsachen; Personen, die von Insidertatsachen Kenntnis haben
Personen, die den Anschein erwecken, Kenntnis von einer Insidertatsache zu haben:	Insidertatsachen; Personen, die von Insidertatsachen Kenntnis haben
Personen, deren Identität nach Absatz 2 S. 3 mitgeteilt worden ist:	Geschäfte in Insiderpapieren für eigene und fremde Rechnung

4 Die Neuregelung in § 4 hat dieses unübersichtliche Regelungssystem beseitigt und erlaubt es der Bundesanstalt nunmehr, von „jedermann" Auskünfte und

Aufzeichnungspflichten 5–8 § 16

Unterlagenvorlage zu verlangen. Eventuelle Einschränkungen ergeben sich erst auf der Rechtsfolgenseite.[3]

Die aufgrund von Maßnahmen nach § 16a F gewonnenen Erkenntnisse durf- 5 ten **ausschließlich für Zwecke der Insiderüberwachung** gem. Abs. 1 – und nicht für die Bekämpfung anderer Missstände – genutzt werden.[4] § 16 bezog sich ausschließlich auf Insidergeschäfte nach § 14. Die Befugnisse der Bundesanstalt im Bereich der ad-hod-Publizität gem. § 15 waren in jener Vorschrift selbst, insbesondere in Absatz 5, geregelt; für den Bereich der Mitteilungs- und Veröffentlichungspflichten (§§ 21 ff.) enthielt § 29 Abs. 1, für die Wohlverhaltensregeln (§§ 31 ff.) § 35 eine vergleichbare Befugnisnorm. Diese verstreuten Regelungen sind seit dem Anlegerschutzverbesserungsgesetz in § 4 zusammengefasst worden.

Die Insiderüberwachung nach § 16 aF konnte durchaus schon als Quanten- 6 sprung gegenüber dem Rechtszustand **vor Inkrafttreten des WpHG** bezeichnet werden. Zuvor hatte lediglich eine **freiwillige Selbstkontrolle** stattgefunden. Diese hatte ihre Grundlage in den von der Börsensachverständigenkommission beim Bundesfinanzministerium am 13. Oktober 1970 beschlossenen „Empfehlungen zur Lösung der Insider-Probleme", die aus den „Insiderhandels-Richtlinien" (IHR) und den „Händler- und Beraterregeln" (HBR) bestanden. Verstöße gegen diese Empfehlungen wurden von einer an den Börsen eingerichteten Prüfungskommission untersucht und sanktioniert, sofern sich die Betroffenen den Empfehlungen, die eben keine Rechtsnormen darstellten, im Vorhinein unterworfen hatten.[5] In den 80er Jahren des vergangenen Jahrhunderts setzte sich in Praxis und Lehre die Erkenntnis durch, dass dieses System keine hinreichend effektive Kontrolle gewährleistete.[6]

III. § 16 nF

In der Neufassung regelt § 16 nur noch die Aufzeichnungspflichten von Un- 7 ternehmen bei der Durchführung mit Geschäften von Insiderpapieren. Nach **Satz 1** haben Wertpapierdienstleistungsunternehmen sowie sonstige Unternehmen mit Sitz im Inland, die an einer inländischen Börse zur Teilnahme am Handel zugelassen sind, vor der Durchführung von Aufträgen betreffend Insiderpapiere i. S. des § 12 die dort genannten Angaben festzustellen und aufzuzeichnen.

1. Aufzeichnungspflichtige Unternehmen

Aufzeichnungspflichtig sind zum einen die Wertpapierdienstleistungsunter- 8 nehmen (§ 2 Abs. 4 WpHG). Daneben sind auch die sonstigen Unternehmen mit Sitz im Inland, die an einer inländischen Börse zur Teilnahme am Handel zugelassen sind, zur Aufzeichnung verpflichtet. Die Zulassung eines Unternehmens zur Börse ist in § 19 BörsG geregelt. Ein Sitz im Inland wird auch durch eine Zweigniederlassung iS von §§ 13 d–g HGB durch ausländische Unternehmen begründet.

---

[3] S. i. e. die Kommentierung zu § 4.
[4] *Assmann/Schneider/Dreyling*, § 16 Rn. 6.
[5] Ausführlich *Rauscher*, Bundesaufsichtsamt, S. 23 ff.
[6] *Mennicke*, Insiderhandel, S. 228; *Rauscher*, Bundesaufsichtsamt, S. 31 ff., mit zahlr. Nachw.

§ 16a Abschnitt 3. Insiderüberwachung

2. Aufzeichnungspflicht

9   Die Aufzeichnungspflicht wurde hauptsächlich zur Kontrolle von **Tafelgeschäften** geschaffen;[7] sie erfasst allerdings sämtliche Aufträge, gleich ob bar oder unbar.[8] Die Aufzeichnungspflichtigen haben somit dafür Sorge zu tragen, dass jeder Auftrag einem Auftraggeber zugeordnet werden. Dies kann zu Schwierigkeiten führen, wenn mehrere Personen über ein Depot verfügen können. In diesem Fall ist durch Ausgabe separater PIN/Tan-Nummern die Identifizierung der einzelnen Auftraggeber zu gewährleisten.[9]

10 Die Aufzeichnungspflicht greift **vor Durchführung** von Aufträgen ein, also vor dem Eingehen von rechtsverbindlichen Verträgen. In der Praxis erfolgt die Aufnahme der in § 16 genannten Angaben in der Regel bei Eröffnung des Kontos bzw. Depots, weil bereits das Geldwäschegesetz eine entsprechende Aufzeichnung vorschreibt (§§ 2, 9 GwG).[10] Bei einer dauerhaften Geschäftsbeziehung genügt es, die Identität lediglich bei dem ersten Geschäft festzuhalten.[11]

11 In Satz 1 ist im Einzelnen geregelt, welche identitätsbezogenen Angaben festgestellt und aufgezeichnet werden müssen, nämlich bei natürlichen Personen Namen, Geburtsdatum und Anschrift, bei Unternehmen Firmenbezeichnung und Anschrift. Die Regelung geht insoweit über die allgemeinen Aufzeichnungspflichten des § 34 hinaus. Unklar ist, ob bei natürlichen Personen auch der ursprüngliche, durch Eheschließung aufgegebene Geburtsname genannt werden muss. In der Praxis wird in diesem Sinne verfahren.[12]

3. Frist und Art der Aufbewahrung

12 **Satz 2** ordnet eine Aufbewahrungsfrist von sechs Jahren an, wobei die Frist mit Ablauf des Kalenderjahres beginnt (**Satz 3** iVm § 257 Abs. 5 HGB). Die Frist von sechs Jahren ist vor dem Hintergrund, dass Verstöße gegen Insiderverbote nach fünf Jahren verjähren (§ 38 Abs. 1 iVm § 79 Abs. 1 Nr. 4 StGB) zu sehen. Nach Ablauf der Verjährungsfrist werden die Unterlagen nicht mehr benötigt.

13 Für die Art der Aufbewahrung erlaubt er in **Satz 3** in Bezug genommene § 257 Abs. 3 HGB, eine Aufbewahrung auf Bildträgern wie Microfiche oder eine elektronische Speicherung der Angaben (§ 257 Abs. 3 HGB).

§ 16a Überwachung der Geschäfte der bei der Bundesanstalt Beschäftigten

(1) **Die Bundesanstalt muß über angemessene interne Kontrollverfahren verfügen, die geeignet sind, Verstößen der bei der Bundesanstalt Beschäftigten gegen die Verbote nach § 14 entgegenzuwirken.**

(2) [1]**Der Dienstvorgesetzte oder die von ihm beauftragte Person kann von den bei der Bundesanstalt Beschäftigten die Erteilung von Auskünften**

---

[7] Vgl. *Schäfer,* § 16 Rn. 8, 19.
[8] *Schäfer,* § 16 Rn. 8.
[9] KölnKommWpHG-*Pawlik,* § 16 Rn. 8.
[10] KölnKommWpHG-*Pawlik,* § 16 Rn. 9.
[11] *Baur* Die Bank 1997, S. 346, 347.
[12] Vgl. *Rauscher,* Bundesaufsichtsamt, S. 152.

Laufende Überwachung 1, 2 § 16a

und die Vorlage von Unterlagen über Geschäfte in Insiderpapieren verlangen, die sie für eigene oder fremde Rechnung oder für einen anderen abgeschlossen haben. ²§ 16 Abs. 6 ist anzuwenden. ³Beschäftigte, die bei ihren Dienstgeschäften bestimmungsgemäß Kenntnis von Insidertatsachen haben oder haben können, sind verpflichtet, Geschäfte in Insiderpapieren, die sie für eigene oder fremde Rechnung oder für einen anderen abgeschlossen haben, unverzüglich dem Dienstvorgesetzten oder der von ihm beauftragten Person schriftlich anzuzeigen. ⁴Der Dienstvorgesetzte oder die von ihm beauftragte Person bestimmt die in Satz 3 genannten Beschäftigten.

Übersicht

	Rn.
I. Regelungsgegenstand und -zweck	1
II. Angemessene Kontrollverfahren innerhalb der Bundesanstalt (Abs. 1)	2
III. Verpflichtungen der beim Amt Beschäftigten (Abs. 2)	4

I. Regelungsgegenstand und -zweck

Auch die Mitarbeiter der Bundesanstalt können „Insider" i. S. der §§ 13 f. sein **1** und wie alle anderen Träger solcher geldwerten Informationen in Versuchung kommen, diese auszunutzen. Insbesondere bei der Überwachung der Ad-hoc-Meldungen (§ 15) und der Mitteilungs- und Veröffentlichungspflichten bei Veränderungen des Stimmrechtsanteils an börsennotierten Gesellschaften (§ 21) erlangen Mitarbeiter nicht selten Insiderinformationen.¹ Es ist daher nur konsequent, wenn § 16a Vorkehrungen trifft, **Insidergeschäfte von Anstaltsmitarbeitern zu verhindern.** Das deutsche Recht befindet sich damit auch in grundsätzlicher Übereinstimmung mit anderen Rechtsordnungen, die ebenfalls Schutzvorkehrungen vorsehen.² Rechtspolitisch war umstritten, ob man den Bediensteten Wertpapiergeschäfte grundsätzlich untersagen sollte – was zweifelsohne die überzeugendste Lösung gewesen wäre –, ob man solche Geschäfte nur vermittels einer Vermögensverwaltungsgesellschaft zulässt, oder ob man sich auf amtsinterne Sicherungsmaßnahmen verlässt.³ Der Gesetzgeber hat sich für die letztgenannte Alternative entschieden, und diese zudem nur ausgesprochen milder Form verwirklicht.

II. Angemessene Kontrollverfahren innerhalb der Bundesanstalt (Abs. 1)

Absatz 1 verzichtet auf eine eigene Regelung, sondern begnügt sich damit, die **2** Bundesanstalt aufzufordern, **„angemessene interne Kontrollverfahren"** zu schaffen. Eine entsprechende Normierung besteht gem. § 33 Abs. 1 Nr. 3 für Wertpapierhandelsunternehmen. Wie diese Kontrollverfahren auszusehen haben, wird nicht geregelt. Die Gesetzesbegründung nennt beispielhaft **Chinese Walls**

---

[1] BT-Drs., 13/8933, S. 94; *Assmann/Schneider/Dreyling*, § 16a, Rn. 2.
[2] Vgl. *Assmann/Schneider/Dreyling*, § 16a, Rn. 1.
[3] *Assmann/Schneider/Dreyling*, § 16a, Rn. 1.

und eine **Compliance-Organisation,** ohne dies zu spezifizieren.[4] Ob die Regelung in Absatz 1, wie es die Regierungsbegründung verkündet,[5] wirklich geeignet ist, „das Vertrauen des Finanzplatzes in die gesetzmäßige Ausübung der Wertpapierhandelsaufsicht zu stärken und jeglichen Anschein von Insidergeschäften durch Mitarbeiter des Bundesaufsichtsamtes zu vermeiden", erscheint fraglich. Absatz 1 besagt nichts anderes, als dass die zu Kontrollierenden gleichzeitig Kontrolleure sind und sie auch noch den anzulegenden Kontrollmaßstab selbst bestimmen.

3   **In der Praxis** erfolgt die Überwachung offenbar bislang anhand einer nicht veröffentlichten **Dienstanweisung.** Nach dieser Dienstanweisung war ein **Beauftragter gem. § 16a Abs. 1** zu bestellen, dem die Beschäftigten, die bei ihren Dienstgeschäften bestimmungsgemäß Kenntnis von Insidertatsachen hatten oder haben konnten, Geschäfte in Insiderpapieren, die sie für eigene oder fremde Rechnung oder für einen anderen geschlossen hatten, unverzüglich schriftlich anzuzeigen hatten, wobei die Offenlegungspflicht sich auch auf Wertpapierkonten, Depotverbindungen, Umsätze und erteilte Vollmachten erstreckte. Darüber hinaus nahm der Beauftragte bei den übrigen Mitarbeitern Stichproben vor. Im Rahmen der Kontrolle der Mitarbeitergeschäfte erfolgte ein Abgleich mit den in der Behörde angefallenen insiderrelevanten Informationen, um ggf. verbotene Insidergeschäfte aufzudecken.[6] Bislang ergab sich auf Grund dieses Verfahrens kein Grund für Beanstandungen oder weitere Untersuchungen.[7] Ob die Bundesanstalt an diesem Verfahren festhalten wird, bleibt abzuwarten.

III. Verpflichtungen der beim Amt Beschäftigten (Abs. 2)

4   Entgegen dem ersten Eindruck werden die notwendigen internen Kontrollverfahren auch nicht durch Absatz 2 (teilweise) geschaffen. Die Regelung betrifft lediglich gewissermaßen die Vorstufe: Indem sie dem Dienstvorgesetzten im Hinblick auf insiderrelevante Tatbestände die Möglichkeit gibt, von den Beschäftigten Auskünfte und Vorlage von Unterlagen[8] zu verlangen (Satz 1), sowie den Beschäftigten, die bestimmungsgemäß Kenntnis von Insidertatsachen erlangen (können),[9] Anzeigepflichten auferlegt (Satz 3), schafft sie nur die **beamtenrechtlichen Voraussetzungen** dafür, dass die internen Kontrollverfahren nach Absatz 1 mit entsprechenden Eingriffsbefugnissen eingerichtet werden können. Im Beamtenrecht gilt nämlich ein recht weitgehender Gesetzesvorbehalt,[10] so dass entsprechende Befugnisse des Dienstvorgesetzten – die für eine wirksame Kontrolle unerlässlich sind – nicht durch bloße Dienstanweisung oder freiwillige Vereinbarung geschaffen werden können, sondern eben eines Gesetzes bedürfen.[11] Die in Satz 1 sta-

---

[4] BT-Drs. 13/8933, S. 94.
[5] BT-Drs. 13/8933, S. 94.
[6] Vgl. zum Vorstehenden Jahresberichte BAWe 2000, S. 41f., 2001, S. 52f.
[7] Jahresberichte BAWe 2000, S. 42; 2001, S. 53.
[8] Zu diesem Begriff siehe oben bei § 16.
[9] *Assmann/Schneider/Dreyling,* § 16a Rn. 7: „aufsichtsamtliche Primärinsider".
[10] *Vgl.* BVerwG DVBl. 1993, 558, 559; *v. Mangoldt/Klein/Starck/Jachmann,* GG, Bd. II, Art. 33 Rn. 44.
[11] Vgl. näher *Assmann/Schneider/Dreyling,* § 16a Rn. 6.

tuierte Auskunftspflicht entspricht umfangmäßig der in § 16 Abs. 2 enthaltenen, d. h. es muss Auskunft auch über personenbezogene Daten (§ 16 Abs. 2 S. 3) gegeben werden. Das lässt sich aus § 17 Abs. 1 schließen, wo auch in Bezug auf § 16a Abs. 1 von personenbezogenen Daten die Rede ist und die diese Vorschrift in einem Zuge mit § 16 Abs. 2 S. 3 genannt wird. Anders als bei § 16 müssen keine „Anhaltspunkte" für einen Insiderverstoß vorliegen, damit der Dienstvorgesetzte von den ihm in Abs. 2 S. 1 eingeräumten Befugnissen Gebrauch machen kann. Ein von ihm ausgesprochenes **Auskunftsverlangen** ist **kein Verwaltungsakt** i. S. des § 35 VwVfG, weil es sich um eine organisationsinterne Maßnahme handelt, die die individuelle Rechtsposition des Betreffenden nicht berühren soll, und die Maßnahme deshalb nicht auf unmittelbare Rechtswirkung nach außen gerichtet ist.

Nach **Satz 4** kann der Dienstvorgesetzte die Beschäftigten, die bestimmungsgemäß mit Insidertatsachen in Berührung kommen, benennen, um auf diese Art und Weise zu klären, welche konkreten Mitarbeiter der Verpflichtung nach Satz 3 unterfallen. Betroffen dürften in erster Linie solche Mitarbeiter sein, die Sachverhalte nach § 15 und §§ 21 ff. zu bearbeiten haben.[12]   5

Dienstvorgesetzter ist gem. der Legaldefinition in § 3 Abs. 2 Satz 1 BBG,   6
wer für beamtenrechtliche Entscheidungen über die persönlichen Angelegenheiten der ihm nachgeordneten Beamten zuständig ist. Wer dies konkret ist, bestimmt sich nach Satz 3 jener Vorschrift „nach dem Aufbau der öffentlichen Verwaltung". Unmittelbarer Dienstvorgesetzter des Beamten ist i. d. R. der Behördenleiter.[13] Im Bereich der Bundesanstalt ist also deren Präsident Dienstvorgesetzter in diesem Sinne.

§ 16b Aufbewahrung von Verbindungsdaten

(1) ¹Die Bundesanstalt kann von einem Wertpapierdienstleistungsunternehmen sowie von einem Unternehmen mit Sitz im Inland, die an einer inländischen Börse zur Teilnahme am Handel zugelassen sind, und von einem Emittenten von Insiderpapieren sowie mit diesem verbundenen Unternehmen, die ihren Sitz im Inland haben oder deren Wertpapiere an einer inländischen Börse zum Handel zugelassen oder in den regulierten Markt oder Freiverkehr einbezogen sind, für einen bestimmten Personenkreis schriftlich die Aufbewahrung von bereits existierenden Verbindungsdaten über den Fernmeldeverkehr verlangen, sofern bezüglich dieser Personen des konkreten Unternehmens Anhaltspunkte für eine Verstoß gegen § 14 oder § 20 a bestehen. ²Das Grundrecht des Artikels 10 des Grundgesetzes wird insoweit eingeschränkt. ³Die Betroffenen sind gemäß § 101 der Strafprozessordnung zu benachrichtigen. ⁴Die Bundesanstalt kann auf der Grundlage von Satz 1 nicht die Aufbewahrung von erst zukünftig zu erhebenden Verbindungsdaten verlangen.

(2) ¹Die Frist zur Aufbewahrung der bereits existierenden Daten beträgt vom Tage des Zugangs der Aufforderung an höchstens sechs Monate. ²Ist die Aufbewahrung der Verbindungsdaten über den Fernmeldeverkehr zur Prüfung des Verdachts eines Verstoßes gegen ein Verbot nach § 14 oder

---

[12] *Assmann/Schneider/Dreyling*, § 16a Rn. 9.
[13] *Steiner/Köpp*, Bes. Verwaltungsrecht, Abschn. III Rn. 8.

§ 20 a nicht mehr erforderlich, hat die Bundesanstalt den Aufbewahrungspflichtigen hiervon unverzüglich in Kenntnis zu setzen und die dazu vorhandenen Unterlagen unverzüglich zu vernichten. [3]Die Pflicht zur unverzüglichen Vernichtung der vorhandenen Daten gilt auch für den Aufbewahrungspflichtigen.

Übersicht

	Rn.
I. Regelungsgegenstand und -zweck	1
II. Aufbewahrungsverlangen (Abs. 1)	4
1. Voraussetzungen	4
2. Rechtsfolgen	5
III. Aufbewahrungsfrist (Abs. 2)	10

I. Regelungsgegenstand und -zweck

1   Die durch das 4. Finanzmarktförderungsgesetz eingefügte Vorschrift soll der Bundesanstalt bei ihren Ermittlungen nach § 16 und § 20a die nötige zeitliche Flexibilität geben, ohne den Verlust bedeutsamer Telekommunikationsdaten befürchten zu müssen.[1] Aus der Auswertung von solchen Daten können sich nämlich wertvolle Indizien und weiterführende Ermittlungshinweise für Insidervergehen (§ 14) und Marktmanipulationen (§ 20a) ergeben, etwa über Verbindungen zwischen Primär- und Sekundärinsidern oder den Urheber von falschen Informationen im Internet.[2] § 16b ermächtigt die Bundesanstalt, die Aufbewahrung existierender Daten für einen Zeitraum von maximal 6 Monaten zu verlangen und so einen **Datenverlust zu verhindern**. Wegen des damit verbundenen Eingriffs in das Fernmeldegeheimnis (§ 85 Telekommunikationsgesetz) und Art. 10 GG bedurfte es einer ausdrücklichen gesetzlichen Grundlage. Abs. 1 Satz 2 trägt Art. 19 Abs. 1 Satz 2 GG (Zitiergebot) Rechnung.

2   Für sich genommen führt § 16b die Ermittlungen der Anstalt im Rahmen der §§ 16, 20b zwar nicht weiter, denn eine bloße Aufbewahrung von Daten bei Dritten macht diese der Anstalt für ihre Ermittlungen noch nicht zugänglich. § 16b ist aber vor dem Hintergrund der Befugnisse nach § 16, 20b, insbesondere der dort geregelten Vorlagepflichten, zu sehen. § 16b kommt insoweit eine wichtige **vorbereitende Funktion** zu, weil sie die Sicherung von Daten zu einem Zeitpunkt erlaubt, zu dem die Bundesanstalt aus welchen Gründen auch immer nach §§ 16, 20b noch nicht einschreiten kann oder will. Die Daten werden gewissermaßen „konserviert", damit zu einem späteren Zeitpunkt ein Vorlageverlangen nach § 16 oder § 20b erfolgen kann.

3   Der **systematische Standort** der Vorschrift im Abschnitt 3 (Insiderüberwachung) ist nicht ganz korrekt, weil die Vorschrift auch die Überwachung des Verbots der Kurs- und Marktpreismanipulation und damit auch Abschnitt 4 betrifft.

---

[1] Entwurfsbegründung, BT-Drs. 14/81 017, S. 89.
[2] Entwurfsbegründung, BT-Drs. 14/81 017, S. 88.

II. Aufbewahrungsverlangen (Abs. 1)

1. Voraussetzungen

Der Tatbestand wird damit in identischer Weise wie bei § 16 und § 20b um- 4
schrieben. Auch wenn § 16b im Vorfeld dieser Vorschriften angesiedelt ist, ist
wegen desselben Wortlauts und mangels gegenteiliger Anhaltspunkte davon auszugehen, dass die tatbestandlichen Anforderungen im Rahmen des § 16b nicht
geringer sind als bei § 16 und § 20b.[3]

2. Rechtsfolgen

Der Widerspruch hat mangels entgegenstehender gesetzlicher Regelung auf- 5
schiebende Wirkung (§ 80 Abs. 1, Abs. 2 Ziff. 3 VwGO), es sei denn, die Anstalt ordnet die sofortige Vollziehung an (§ 80 Abs. 2 Ziff. 4 VwGO). Die hinreichende **Bestimmtheit** (§ 37 VwVfG) des Aufbewahrungsverlangens kann
zweifelhaft werden, wenn die Bundesanstalt keine genauen Kenntnisse von Art
und Menge der Verbindungsdaten hat und ihr Verlangen daher nicht im Einzelnen spezifizieren kann. Um in diesem Fall § 37 VwVfG Genüge zu tun, sollte
das Verlangen wenigstens zeitlich oder umfangmäßig so eingegrenzt werden, dass
die erfassten Daten ohne weiteres bestimmbar sind. Zur Art der Aufbewahrung
macht § 16b keine Vorgaben. Deshalb ist davon auszugehen, dass die Aufbewahrung darin besteht, die Daten in der bereits vorliegenden Form weiter vorzuhalten. Das Aufbewahrungsverlangen begründet also keine weitergehenden Handlungspflichten des Adressaten (Speicherung elektronischer Daten auf gesonderten
Medien; Ausdruck auf Papier etc.), sondern lediglich eine **Unterlassungspflicht**
(Verbot der Datenvernichtung).

Adressaten des Verwaltungsakts sind die in Absatz 1 im Einzelnen aufgezähl- 6
ten Institute. Unternehmen oder Privatpersonen, die sich nicht mit Wertpapierhandel befassen, zB Internet-Provider oder sonstige Telekommunikationsunternehmen, sind dort nicht genannt. An sie kann ein Aufbewahrungsverlangen folglich nicht gerichtet werden.

Das Aufbewahrungsverlangen betrifft „**Verbindungsdaten über den Fern-** 7
meldeverkehr". Dieser Begriff wird in § 16b nicht definiert. Die Gesetzesbegründung nennt als Beispiele **Internet- und Intranet-Daten**.[4] In Ermangelung
einer wertpapierrechtlichen Begriffsbestimmung dürfte auf das allgemeine Telekommunikationsrecht zurückzugreifen sein. Gemäß § 2 Nr. 4 der Telekommunikations-Datenschutzverordnung (TDSV) sind Verbindungsdaten personenbezogene Daten eines an der Telekommunikation Beteiligten, die bei der Bereitstellung und Erbringung von Telekommunikationsdiensten erhoben werden. In
§ 6 Abs. 1 Nr. 1.–5. TDSV werden verschiedene Arten von Verbindungsdaten
aufgezählt.

Der Erlass eines Aufbewahrungsverlangens steht im **Ermessen** der Bundes- 8
anstalt (Wortlaut: „kann"). Für eine Intendierung des Ermessens zugunsten eines Aufbewahrungsverlangens spricht nichts; vielmehr steht es der Bundesanstalt in der Regel frei, nach Zweckmäßigkeit darüber zu entscheiden, ob sie bei

---

[3] Zur näheren Begriffsbestimmung der „Anhaltspunkte" s. § 16 Rn. 4 ff.
[4] Entwurfsbegründung, BT-Drs. 14/8017, S. 88.

§§ 17–20   Abschnitt 3. Insiderüberwachung

Anhaltspunkten sogleich nach § 16/§ 20b vorgeht oder zunächst § 16b anwendet.

9   Zur Durchsetzung des Aufbewahrungsverlangens können grundsätzlich **Zwangsmittel** eingesetzt werden (s. § 4 Rn. 33ff.). Dabei ist nicht zu verkennen, dass diese Möglichkeit in der Praxis häufig ins Leere gehen wird, weil ein Verstoß gegen die Aufbewahrungspflicht in der Löschung oder Vernichtung der Verbindungsdaten besteht, die in der Regel nicht rückgängig zu machen ist. Vor diesem Hintergrund wäre es wünschenswert gewesen, wenn der Gesetzgeber die Zuwiderhandlung gegen ein vollziehbares Aufbewahrungsverlangen bußgeldbewehrt hätte, um den Druck zur Befolgung zu erhöhen. § 16b ist in die einschlägige Vorschrift des § 39 Abs. 2 Ziff. 1 jedoch nicht aufgenommen worden.

III. Aufbewahrungsfrist (Abs. 2)

10   Vornehmlich aus **Datenschutzgründen** begrenzt § 16b Abs. 2 die Aufbewahrungsfrist auf 6 Monate und verpflichtet zur Vernichtung der Daten, wenn diese nicht mehr benötigt werden. Im Einzelfall kann es schwierig sein, genau festzustellen, wann die „Erforderlichkeit" einer Aufbewahrung entfallen ist.[5]

§ 17 Verarbeitung und Nutzung personenbezogener Daten *(aufgehoben)*

Die Vorschrift ist durch das Anlegerschutzverbesserungsgesetz aufgehoben worden. Der Regelungsgehalt ist in § 4 Abs. 10 überführt worden.

§ 18 Strafverfahren bei Insidervergehen *(aufgehoben)*

Die Vorschrift ist durch das Anlegerschutzverbesserungsgesetz aufgehoben worden. Der Regelungsgehalt ist in § 4 Abs. 5 überführt worden.

§ 19 Internationale Zusammenarbeit *(aufgehoben)*

Die Vorschrift ist durch das Anlegerschutzverbesserungsgesetz aufgehoben worden. Sie setzte Art. 10 der Insider-Richtlinie um und regelte in Form einer Spezialvorschrift zu § 7 die internationale Zusammenarbeit im Rahmen der Insiderüberwachung. Der Regelungsgehalt ist in § 7 nF überführt worden.

§ 20 Ausnahmen *(aufgehoben)*

Die Vorschrift ist durch das das Anlegerschutzverbesserungsgesetz aufgehoben worden. Eine entsprechende Regelung findet sich jetzt in § 1 Abs. 3.

---

[5] Vgl. näher § 17 Rn. 3.

Abschnitt 4. Überwachung des Verbots der Marktmanipulation

Vorbemerkung zu § 20a WpHG

Schrifttum: I. Allgemeines. *Altenhain*, Die Neuregelung der Marktpreismanipulation durch das Vierte Finanzmarktförderungsgesetz, BB 2002, 1874; *Arlt*, Der strafrechtliche Anlegerschutz vor Kursmanipulation, 2004; *Assmann/Schütze*, Handbuch des Kapitalanlagerechts, 3. Aufl. 2007; *Avgouleas*, The Mechanics and Regulation of Market Abuse, 2005; *Barnert*, Deliktischer Schadensersatz bei Kursmanipulation de lege lata und de lege ferenda – Zugleich eine Besprechung zu den Urteilen LG Augsburg vom 24. 9. 2001 und LG Augsburg vom 9. 1. 2002, WM 2002, 1473; *Bisson/Kunz*, Die Kurs- und Marktpreismanipulation nach In-Kraft-Treten des Gesetzes zur Verbesserung des Anlegerschutzes vom 28. 10. 2004 und der Verordnung zur Konkretisierung des Verbots der Marktmanipulation vom 1. 3. 2005, BKR 2005, 186; *Buck-Heeb*, Kapitalmarktrecht, 2. Aufl. 2007; Bundesanstalt für Finanzdienstleistungsaufsicht, Emittentenleitfaden, 2005; *Claussen/Florian*, Der Emittentenleitfaden, AG 2005, 745; *Dreyling*, Die Umsetzung der Marktmißbrauchsrichtlinie über Insider-Geschäfte und Marktmanipulation, Der Konzern 2005, 1; *ders.*, Ein Jahr Anlegerschutzverbesserungsgesetz – Erste Erfahrungen, Der Konzern 2006, 1; *Eichelberger*, Das Verbot der Marktmanipulation (§ 20a WpHG), 2006; *ders.*, Zur Verfassungsmäßigkeit von § 20a WpHG, ZBB 2004, 296; *Ekkenga*, Fragen der deliktischen Haftungsbegründung bei Kursmanipulationen und Insidergeschäften, ZIP 2004, 781; *Fleischer*, Das Haffa-Urteil: Kapitalmarktstrafrecht auf dem Prüfstand, NJW 2003, 2584; *ders.*, Das Vierte Finanzmarktförderungsgesetz, NJW 2002, 2977; *ders.*, Empfiehlt es sich, im Interesse des Anlegerschutzes und zur Förderung des Finanzplatzes Deutschland das Kapitalmarkt- und Börsenrecht neu zu regeln?, Gutachten F für den 64. Deutschen Juristentag, 2002; *ders.*, Stock-Spams – Anlegerschutz und Marktmanipulation, ZBB 2008, 137; *Fleischer/Schmolke*, Gerüchte im Kapitalmarktrecht – Insiderrecht, Ad-hoc-Publizität, Marktmanipulation, AG 2007, 841; *Hellgardt*, Fehlerhafte Ad-hoc-Publizität als strafbare Marktmanipulation, ZIP 2005, 2000; *Hopt*, Der Kapitalanlegerschutz im Recht der Banken, 1975; *Hopt/Rudolph/Baum* (Hrsg.), Börsenreform. Eine ökonomische, rechtsvergleichende und rechtspolitische Untersuchung, 1997; *Kaiser*, Die Sanktionierung von Insiderverstößen und das Problem der Kursmanipulation, WM 1997, 1557; *Kautzsch*, Marktmanipulation, in: *Kuthe/Rückert/Sickinger* (Hrsg.), Compliance-Handbuch Kapitalmarktrecht, 2004, 7. Kapitel, S. 213; *Knauth/Käsler*, § 20a WpHG und die Verordnung zur Konkretisierung des Marktmanipulationsverbots (MaKonV), WM 2006, 1041; *König*, Beeinflussung von Börsenkursen als gemeingefährliches Delikt, 1920; *Kümpel/Veil*, Wertpapierhandelsgesetz, 2. Aufl. 2006; *Kutzner*, Das Verbot der Kurs- und Marktpreismanipulation nach § 20a WpHG – Modernes Strafrecht?, WM 2005, 1401; *Lenzen*, Das neue Recht der Kursmanipulation, ZBB 2002, 279; *dies.*, Reform des Rechts zur Verhinderung der Börsenkursmanipulation, WM 2000, 1131; *dies.*, Unerlaubte Eingriffe in die Börsenkursbildung, 2000; *dies.*, Verbot der Kurs- und Marktpreismanipulation im Referenten-Entwurf für das 4. Finanzmarktförderungsgesetz, Finanz-Betrieb 2001, 603; *Meyer, Emil*, Der Kurs- und Prospektbetrug, Börsengesetz § 88, Diss. Rostock, 1913; *Möller*, Die Neuregelung des Verbots der Kurs- und Marktpreismanipulation im Vierten Finanzmarktförderungsgesetz, WM 2002, 309; *Moosmayer*, Straf- und bußgeldrechtliche Regelungen im Entwurf eines Vierten Finanzmarktförderungsgesetzes, wistra 2002, 161; *Papachristou*, Die strafrechtliche Behandlung von Börsen- und Marktmanipulation, 2006; *Park*, Börsenstrafrechtliche Risiken für Vorstandsmitglieder von börsennotierten Aktiengesellschaften, BB 2001, 2069; *ders.* (Hrsg.), Kapitalmarkt-Strafrecht, 2004; *ders.*, Kapitalmarktstrafrechtliche Neuerungen des Vierten Finanzmarktförderungsgesetzes, BB 2003, 1513; *Pfüller/Anders*, Die Verordnung zur Konkretisierung des Verbots der Kurs- und Marktpreismanipulation nach § 20 a WpHG, WM 2003, 2445; *Raabe,* Der Bestimmtheitsgrundsatz bei Blankettstrafgesetzen am Beispiel der unzulässigen Marktmanipulation, 2007; *Rückert/Kuthe,* Entwurf einer Verordnung zur Konkretisierung des Verbots der Kurs- und Marktpreismanipulation, ZBB 2003, 643; *Scheu,* Das Börsenstrafrecht und seine Reform, 1974; *Schlüchter,* Zweites Gesetz zur Bekämpfung der Wirtschaftskriminalität, 1987; *Schmidtbleicher/Cordalis,* „Defensive Bids" für Staatsanleihen – eine Marktmanipulation?, ZBB 2007, 124; *Schmitz,* Aktuelles zum Kursbetrug gemäß § 88 BörsG, wistra 2002, 208; *Schönhöft,* Die Strafbarkeit der Marktmanipulation gemäß § 20 a WpHG, 2006; *Schröder,* Handbuch Kapitalmarktstrafrecht, 2007; *Schwark,* Kurs- und Marktpreismanipulation, FS Kümpel, 2003, S. 485; *Schweizer,* Ein Beitrag zur Lehre vom Börsengesetze für das Deutsche Reich vom 22. Juni 1896, insbesondere von der Strafbestimmung des § 75 Abs. 1, Diss. Tübingen, 1900; *Schwintek,* Das Anlegerschutzverbesserungsgesetz, 2005; *ders.,* Die Anzeigepflicht bei Verdacht von Insidergeschäften und Marktmanipulation nach § 10 WpHG, WM 2005, 861; *Sorgenfrei,* Zum Verbot der Kurs- oder Marktpreismanipulation nach dem 4. Finanzmarktförderungsgesetz, wistra 2002, 321; *Streinz/Ohler,* § 20 a WpHG in rechtsstaatlicher Perspektive – europa- und verfassungsrechtliche Anforderungen an das Verbot von Kurs- und Marktpreismanipulation, WM 2004, 1309; *Tripmaker,* Der subjektive Tatbestand des Kursbetrugs – Zugleich ein Vergleich mit der Neuregelung des Verbots der Kurs- und Marktpreismanipulation im Vierten Finanzmarktförderungsgesetz –, wistra 2002, 2880; *Trüstedt,* Das Verbot der Börsenkursmanipulation, 2004; *Waschkeit,* Marktmanipulationen am Kapitalmarkt, 2007; *Weber, Martin,* Konkretisierung des Verbots der Kurs- und Marktpreismanipulation, NZG 2004, 23; *ders.,* Kursmanipulationen am Wertpapiermarkt, NZG 2000, 113; *Wodsack,* Täuschung des Kapitalmarkts durch Unterlassen, 2006; *Ziouvas,* Das neue Kapitalmarktstrafrecht. Europäisierung und Legitimation, 2005; *ders.,* Das neue Recht der Kurs- und Marktpreismanipulation im 4. Finanzmarktförderungsgesetz, ZGR 2003, 113; *ders.,* Vom Börsen- zum Kapitalmarktstrafrecht? – Zur Strafschutzbedürftigkeit des außerbörslichen Kapitalmarktes auf der Grundlage der Neuregelung des Kursmanipulationsverbots –, wistra 2003, 13; *Ziouvas/Walter,* Das neue Börsenstrafrecht mit Blick auf das Europarecht – Zur Reform des § 88 BörsG –, WM 2002, 1483.

II. Kurspflege, Kursstabilisierung, Rückerwerb eigener Aktien. *Aggarwal,* Stabilization Activities by Underwriters after Initial Public Offerings, 55 Journal of Finance 1075 (2000); *Ekkenga,* Kurspflege und Kursmanipulation nach geltendem und künftigem Recht, WM 2002, 317; *Fida,* Mehrzuteilung und „Greenshoe"-Option aus gesellschafts- und kapitalmarktrechtlicher Sicht, ÖBA 2005, 43; *Fleischer,* Statthaftigkeit und Grenzen der Kursstabilisierung, ZIP 2003, 2045; *Feuring/Berrar,* Stabilisierung, in: *Habersack/Mülbert/Schlitt* (Hrsg.), Unternehmensfinanzierung am Kapitalmarkt, 2. Aufl. 2008, S. 1007; *Geber/zur Megede,* Aktienrückkauf – Theorie und Kapitalmarktpraxis unter Beachtung der „Safeharbour-Verordnung" (EG Nr. 2273/2003), BB 2005, 1861; *Groß,* Kursstabilisierung – Zur Reichweite der Safe-Harbour-Regeln der §§ 14 Abs. 2 und 20 a Abs. 3 WpHG, GS Bosch, 2006, S. 49; *Grüger,* Kurspflege – Zulässige Kurspflegemaßnahmen oder verbotene Kursmanipulation?, 2006; *Krämer/Hess,* Zulässigkeit und Grenzen der Kursstabilisierung bei Aktienplazierungen, Freundesgabe Döser, 1999, S. 171; *Kuthe,* Erwerb und Veräußerung eigener Aktien, in: *Kuthe/Rückert/Sickinger* (Hrsg.), Compliance-Handbuch Kapitalmarktrecht, 2004, 9. Kapitel, S. 293; *Leppert/Stürwald,* Aktienrückkauf und Kursstabilisierung – Die safe-harbour-Regelungen der Verordnung (EG) Nr. 2273/2003 und der KuMaKV, ZBB 2004, 302; *Lombardo,* The stabilization of the share's price of IPOs in the US and EU, EBOR 2008, 521; *ders.,* Invitatio ad offerendum und overallotment option and greenshoe option in Deutschland, FS Hans-Bernd Schäfer, 2008, S. 537; *Meißner,* Die Stabilisierung und Pflege von Aktienkursen im Kapitalmarkt- und Aktienrecht, 2005; *Meyer, Andreas,* Neue Entwicklungen bei der Kursstabilisierung, AG 2004, 289; *Schäfer,* Zulässigkeit und Grenzen der Kurspflege, WM 1999, 1345; *ders.,* Marktpflege im Primär- und Sekundärmarkt und das Recht zur Verhinderung von Kursmanipulationen, in: *Schwintowski* (Hrsg.), Entwicklungen im deutschen und europäischen Wirtschaftsrecht,

Vorbemerkung   Vor § 20a

Symposium Immenga, 2001, S. 63; *Singhof/Weber*, Neue kapitalmarktrechtliche Rahmenbedingungen für den Erwerb eigener Aktien, AG 2005, 549; *Vogel*, Kurspflege: Zulässige Kurs- und Marktstabilisierung oder straf- bzw. ahndbare Kurs- und Marktpreismanipulation?, WM 2003, 2437.
III. Scalping. *Eichelberger*, Scalping – ein Insiderdelikt?, WM 2003, 2121; *Fleischer*, Scalping zwischen Insiderdelikt und Kursmanipulation – Zugleich Anmerkung zum BGH-Urteil vom 6. 11. 2003, DB 2004, 51; *Gaede/Mühlbauer*, Wirtschaftsstrafrecht zwischen europäischem Primärrecht, Verfassungsrecht und der richtlinienkonformen Auslegung am Beispiel des Scalping, wistra 2005, 9; *Kudlich*, Börsen-Gurus zwischen Zölibat und Strafbarkeit – Scalping als Straftat?, JR 2004, 191; *Lenenbach*, Scalping: Insiderdelikt oder Kursmanipulation?, ZIP 2003, 243; *Schneider/Burgard*, Scalping als Insiderstraftat, ZIP 1999, 381; *Vogel*, Scalping als Kurs- und Marktpreismanipulation, NStZ 2004, 252; *Volk*, Scalping strafbar?, ZIP 1999, 767; *Weber, Martin*, Scalping – Erfindung und Folgen eines Insiderdelikts, NJW 2000, 562; *Wohlers/Mühlbauer*, Strafbarkeit des „Scalping", FS Forstmoser, 2003, S. 743.
IV. Gemeinschaftsrecht und Rechtsvergleichung. *Altendorfer*, Kursmanipulationen am Wertpapiermarkt: Ein rechtsvergleichender Blick auf den Sanktionenbereich, in: *Aicher/Kalss/Oppitz* (Hrsg.), Grundfragen des neuen Börserechts, 1998, S. 207; *Ferrarini*, The European Market Abuse Directive, Common Market Law Review 2004, 711; *Hansen*, The New Proposal For a European Union Directive on Market Abuse, 23 U. Pa. J. Int'l Econ. L. 241 (2002); *Hopt/Waschkeit*, „Stabilisation and Allotment – A European Supervisory Approach" – Stellungnahme zum FESCO-Konsultationsdokument vom 15. 9. 2000, FS Lorenz, 2001, S. 147; *Iffland*, La répression pénale des manipulations de cours en droit suisse, 1994; *Jean-Richard*, Handelsinszenierungen zur Kursmanipulation am Kapitalmarkt (aus der Sicht eines Strafrechtlers), SZW 1995, 259; *Kapfer/Puck*, Der neue Marktmanipulationstatbestand im österreichischen Börserecht, ÖBA 2005, 517; *Lee*, Market Manipulation in the US and UK, 14 Company Lawyer 84 (Part I), 123 (Part II) (1993); *Mahoney*, The Stock Pools and the Securities Exchange Act, 51 Journal of Financial Economics 343 (1999); *Oppitz*, Kurspflege und Kursmanipulation – vom „nobile officium" zum Straftatbestand?, ÖBA 2005, 169; *ders.*, Noch Journalist oder schon Analyst? Zu den Tücken einer „Empfehlung" nach der Börsegesetznovelle 2004, ÖBA 2005, 459; *Watter*, Kursmanipulation am Aktienmarkt unter Berücksichtigung von sogenannten Stützungskäufen, SZW 1990, 193; *Weber, Martin*, Der Kommissionsentwurf einer Marktmißbrauchsrichtlinie, EuZW 2002, 43.
V. Wirtschaftswissenschaften. *Aggarwal/Wu*, Stock Market Manipulation, 79 Journal of Business 1915 (2006); *Allen/Gale*, Stock-Price Manipulation, 5 Review of Economic Studies 503 (1992); *Allen/Gorton*, Stock Price Manipulation, Market Microstructure and Asymmetric Information, 36 European Economic Review 624 (1992); *Avgouleas*, The Mechanics and Regulation of Market Abuse, 2005; *Bagnoli/Lipman*, Stock Price Manipulation Through Takeover Bids, 27 RAND Journal of Economics 124 (1996); *Baumeister/Werkmeister*, Aktuelle Entwicklungen bei Emissionsverfahren für Aktien, WiSt 2001, 225; *dies.*, Greenshoe, WISU 2000, 677; *Benabou/Laroque*, Using Privileged Information to Manipulate Markets: Insiders, Gurus, and Credibility, 107 Quarterly Journal of Economics 921 (1992); *Chatterjea/Cherian/Jarrow*, Market Manipulation and Corporate Finance: A New Perspective, 22 Financial Management 200 (1993); *Cherian/Jarrow*, Market Manipulation, in: *Jarrow/Maksimovic/Ziemba* (eds.), Handbook in Operations Research and Management Science, Vol. 9, 1995, S. 611; *Easterbrook*, Monopoly, Manipulation, and the Regulation of Futures Markets, 59 Journal of Business Law 103 (1986); *Ellis/Michaely/O'Hara*, When the Underwriter Is the Market Maker: An Examination of Trading in the IPO Aftermarket, 55 Journal of Finance 1039 (2000); *Fischel/Ross*, Should the Law Prohibit „Manipulation" in Financial Markets?, 105 Harv. L. Rev. 503 (1991); *Franklin/Douglas*, Stock-Price Manipulation, 5 Review of Financial Studies 503 (1992); *Gerard/Nanda*, Trading and Manipulation Around Seasoned Equity Offerings, 48 Journal of Finance 213 (1993); *Hauser*, Kursmanipulation mittels Spam Mails – Eine Event Study,

ÖBA 2007, 213; *Jarrow*, Market Manipulation, Bubbles, Corners, and Short Squeezes, 27 Journal of Financial and Quantitative Analysis 311 (1992); *Jiang/Mahoney/Mei*, Market Manipulation: A Comprehensive Study of Stock Pools, 77 Journal of Financial Economics 147 (2005); *Kumar/Seppi*, Futures Manipulation with „Cash Settlement", 47 Journal of Finance 1485 (1992); *Pirrong*, Manipulation of Cash-Settled Futures Contracts, 74 Journal of Business 221 (2001); *Thel*, 850 000,– $ in Six Minutes – The Mechanics of Securities Manipulation, 79 Cornell L. Rev. 219 (1994); *Thießen*, Sekundärmarktaktivitäten von Investmentbanken, WiSt 2002, 523; *Varnholt*, Kursmanipulation: Eine Typologie aus finanzmarkttheoretischer Sicht, 7 Finanzmarkt und Portfolio Management 459 (1993); *Vila*, Simple Games of Market Manipulation, 29 Economics Letters 21 (1989); *Yadlin*, Is Stock Manipulation Bad? Questioning the Conventional Wisdom with Evidence from the Israeli Experience, 2 Theoretical Inquiries in Law 839 (2001).

Übersicht

	Rn.
I. Grundlagen	1
1. Regelungsziel und Rechtsgut	1
2. Erscheinungsformen	3
a) Informations-, handels- und handlungsgestützte Strategien	4
b) Fiktive und effektive Geschäfte	5
c) Bullen- und Bärenmanipulationen	7
d) Manipulationen durch Insider und Outsider	8
3. Ökonomische Beurteilung	9
II. Entwicklungslinien	13
1. Frühe Vorschriften	13
2. Reform durch das Zweite Gesetz zur Bekämpfung der Wirtschaftskriminalität	14
3. Neuordnung durch das Vierte Finanzmarktförderungsgesetz	15
4. Erweiterungen durch das Gesetz zur Verbesserung des Anlegerschutzes	16
5. Einzelentfaltung durch die Verordnung zur Konkretisierung des Verbotes der Marktmanipulation	17
III. Rechtsvergleichender Rundblick	18
1. England	18
2. Vereinigte Staaten	20
3. Schweiz	23
4. Österreich	27
IV. Gemeinschaftsrechtlicher Rahmen	29
1. Marktmissbrauchsrichtlinie des Europäischen Parlaments und des Rates	29
2. Durchführungsmaßnahmen der Kommission	32
3. Leitlinien durch den Ausschuss der EU-Wertpapierregulierungsbehörden	37
V. Rechtstatsachen	38

I. Grundlagen

1. Regelungsziel und Rechtsgut

1 Das Verbot der Marktmanipulation (§ 20a WpHG) bildet zusammen mit dem Verbot von Insidergeschäften (§ 14 WpHG) das Kernstück eines integren Wertpapierhandels. Es soll die **Zuverlässigkeit und Wahrheit der Preisbildung an**

Vorbemerkung **2 Vor § 20a**

Börsen und Märkten schützen[1] und unerlaubte Eingriffe in das Marktgeschehen hintanhalten. Dahinter steht die empirisch erhärtete Einsicht, dass Kursmanipulationen geeignet sind, das Vertrauen der Anleger in die Integrität der Wertpapiermärkte zu erschüttern und deren Funktionsfähigkeit zu beeinträchtigen.[2] Neben dem Funktionsschutz sehen einzelne Schrifttumsstimmen in der Neufassung des § 20a WpHG auch die individuellen Vermögensinteressen der Anleger als mitgeschützt an,[3] doch ist die h. M. dem bislang mit Recht nicht gefolgt.[4] Von Belang ist dies namentlich bei der Frage, ob die Vorschrift ein Schutzgesetz i. S. d. § 823 Abs. 2 BGB darstellt (näher § 20a Rn. 152 ff.).

Wie ernst der Gesetzgeber die Gefahr von Marktmanipulationen nimmt, verdeutlicht ein Blick auf die **Sanktionsseite:** Verstöße gegen § 20a WpHG werden als **Ordnungswidrigkeit** geahndet (§ 39 Abs. 1 Nr. 1 und 2, Abs. 2 Nr. 11 WpHG) und bei einer tatsächlichen Einwirkung auf den Börsen- oder Marktpreis sogar unter **Strafe** gestellt (§ 38 Abs. 2 WpHG).[5] In einem besonders manipulationsanfälligen Bereich, dem Übernahmerecht, hebt § 3 Abs. 5 WpÜG zudem hervor, dass beim Handel mit Wertpapieren der Ziel- oder Bietergesellschaft keine Marktverzerrungen geschaffen werden dürfen.[6] Ferner trifft Wertpapierdienstleistungsunternehmen nach § 10 Abs. 1 WpHG eine **Anzeigepflicht** 2

---

[1] Vgl. Begr. RegE 4. FMFG, BT-Drucks. 14/8017, S. 98; OLG Frankfurt AG 2007, 749, 753; *Arlt*, S. 109 ff.; *Buck-Heeb*, Rn. 270, 291; *Eichelberger*, S. 101 ff.; *Kümpel/Veil*, 6. Teil Rn. 4; *Mock/Stoll/Eufinger* in KölnKommWpHG, § 20a Rn. 15; *Schäfer* in *Schäfer/Hamann*, KMG, § 20a WpHG Rn. 15; *Schröder*, Hdb Kapitalmarktstrafrecht, Rn. 372; *Schwark*, KMRK, § 20a WpHG Rn. 5; *Sorgenfrei* in *Park*, §§ 20a, 38 II, 39 I Nr. 1–2, II Nr. 11, IV WpHG Rn. 10; *Worms* in *Assmann/Schütze*, Hdb Kapitalanlagerecht, § 9 Rn. 99; s. auch *Vogel* in *Assmann/Schneider*, § 20a WpHG Rn. 12; ebenso zur Vorgängervorschrift des § 88 BörsG aF Begr. RegE 2. WiKG, BT-Drucks. 10/318, S. 45; *Groß*, § 88 BörsG Rn. 1; *Knauth*, NJW 1987, 28, 32; *Schäfer/Ledermann*, § 88 BörsG Rn. 2; *Schlüchter*, S. 136; *M. Weber*, NZG 2000, 113, 114.

[2] Vgl. Begr. RegE 4. FMFG, BT-Drucks. 14/8017, S. 98; *Kapfer/Puck*, ÖBA 2005, 517, 518; *Kautzsch*, 7. Kap. Rn. 1; *Lenzen*, S. 52 ff.; *Schwark*, KMRK, § 20a WpHG Rn. 5; *Sorgenfrei* in *Park*, §§ 20a, 38 II, 39 I Nr. 1–2, II Nr. 11, IV WpHG Rn. 10; weitere Belege aus der ökonomischen Literatur bei Rn. 9.

[3] Vgl. *Altenhain*, BB 2002, 1874, 1875; *Fuchs/Dühn*, BKR 2002, 1063, 1066; *Mock/Stoll/Eufinger* in KölnKommWpHG, § 20a Rn. 432; *Tripmaker*, wistra 2002, 288, 291; *Ziouvas*, ZGR 2003, 113, 143 f.; für ein „komplexes Rechtsgut des § 20a WpHG, das individuelle und überindividuelle Elemente aufweist", aus strafrechtlicher Sicht auch *Vogel* in *Assmann/Schneider*, § 20a WpHG Rn. 21, der davon aber die zivilrechtliche Schadensersatzfrage trennt und § 20a WpHG nicht als Schutzgesetz zugunsten der Anleger iSd § 823 Abs. 2 BGB ansieht.

[4] Vgl. noch zu § 88 BörsG aF BVerfG ZIP 2002, 1986, 1988; BGHZ 160, 134, 139 f.; *Barnert*, WM 2002, 1473, 1478 ff.; zur Neuregelung nach dem 4. FMFG *Buck-Heeb*, Rn. 291; *Fleischer*, DB 2004, 2031, 2032 f.; *Schäfer* in *Schäfer/Hamann*, KMG, § 20a WpHG Rn. 15; *Schmitz*, wistra 2002, 208, 212; *Schwark*, KMRK, § 20a WpHG Rn. 5; *Sorgenfrei* in *Park*, §§ 20a, 38 II, 39 I Nr. 1–2, II Nr. 11, IV WpHG Rn. 10; *Worms* in *Assmann/Schütze*, Hdb Kapitalanlagerecht, § 9 Rn. 100.

[5] Ausführlich zur Strafwürdigkeit der Marktmanipulation *Arlt*, S. 387 ff.; *Eichelberger*, S. 113 ff.; *Schönhöft*, S. 14 ff.; zur Rechtsgüterfrage im Kapitalmarktstrafrecht auch *Ziouvas*, S. 138 ff., 150 ff.

[6] Vgl. Begr. RegE WpÜG, BT-Drucks. 14/7034, S. 35 unter Hinweis auf § 88 BörsG; näher *Assmann*, ZGR 2002, 697, 721 ff.; *Fleischer* in *Fleischer/Kalss*, Das neue Wertpapiererwerbs- und Übernahmegesetz, 2002, S. 76; *Hopt*, ZHR 166 (2002), 383, 400; *Waschkeit*, S. 319.

gegenüber der BaFin, wenn sie Tatsachen feststellen, die den Verdacht eines Verstoßes gegen § 20a WpHG begründen.[7] Gleiches gilt gemäß § 7 Abs. 5 S. 5 BörsG für die Handelsüberwachungsstellen der Börsen.[8]

2. Erscheinungsformen

3   Kurs- und Marktpreismanipulationen nehmen in der Rechtspraxis vielerlei Gestalt an.[9] Eine Hauptaufgabe des Gesetzgebers liegt darin, die verbotenen Tathandlungen möglichst vollständig zu erfassen und sachgerecht zu strukturieren.[10] Dabei kann er auf ökonomische und juristische Vorarbeiten zurückgreifen.

a) Informations-, handels- und handlungsgestützte Strategien

4   Einer verbreiteten Systembildung im ökonomischen Schrifttum zufolge sind informations-, handels- und handlungsgestützte Manipulationsstrategien zu unterscheiden.[11] Bei einer **informationsgestützten** *(information-based)* Manipulation werden unwahre oder irreführende Angaben, zB Falschmeldungen über einen angeblichen Großauftrag oder einen vermeintlichen Gewinneinbruch, verbreitet,[12] wobei das Internet eine immer größere Rolle spielt.[13] Eine **handelsgestützte** *(trade-based)* Manipulation zeichnet sich dadurch aus, dass mit Hilfe tatsächlicher Transaktionen falsche oder irreführende Signale ausgesendet werden, etwa über das lebhafte Handelsvolumen eines Wertpapiers.[14] **Handlungsgestützte** *(action-based)* Manipulationen zielen schließlich auf eine Veränderung des inneren Wertes einer Aktie,[15] zB durch die Vergiftung der Erzeugnis-

---

[7] Näher *Gebauer*, GS Bosch, 2006, S. 31; *Schwintek*, WM 2005, 861; *Vogel* in *Assmann/Schneider*, § 10 WpHG Rn. 8 ff.; *Worms* in *Assmann/Schütze*, Hdb Kapitalanlagerecht, § 9 Rn. 150 ff.
[8] Dazu *Beck* in *Schwark*, KMRK, § 4 BörsG Rn. 19.
[9] Vgl. *Schwark*, FS Kümpel, 2003, S. 485, 492; ferner *Kapfer/Puck*, ÖBA 2005, 517, 518; monographisch *Leinweber/Madhavan*, Three Hundred Years of Stock Market Manipulation: From the Coffee House to the World Wide Web, 2000.
[10] Zu dieser Aufgabe bereits *Fleischer*, Gutachten F für den 64. DJT, F 119; ferner *Mock/Stoll/Eufinger* in KölnKommWpHG, § 20a Rn. 5.
[11] Grundlegend *Allen/Gale*, 5 Review of Financial Studies 503, 505 (1992); im Anschluss daran *Cherian/Jarrow*, S. 611, 619, 624; *Rudolph/Röhrl* in *Hopt/Rudolph/Baum*, S. 143, 187 f.; *Varnholt*, 7 Finanzmarkt und Portfolio Management 459, 461 ff. (1993); aus dem juristischen Schrifttum *Arlt*, S. 99 ff.; *Fleischer*, Gutachten F für den 64. DJT, F 119 f.; *Kapfer/Puck*, ÖBA 2005, 517, 518; *Lenzen*, S. 33 ff.; *Meißner*, S. 42 ff.; *Mock/Stoll/Eufinger* in KölnKommWpHG, § 20a Rn. 6 ff.; *Vogel* in *Assmann/Schneider*, vor § 20a WpHG Rn. 23 ff.; *Worms* in *Assmann/Schütze*, Hdb Kapitalanlagerecht, § 9 Rn. 99 ff.
[12] Vgl. *Rudolph/Röhrl* in *Hopt/Rudolph/Baum*, S. 143, 187; *Varnholt*, 7 Finanzmarkt und Portfolio Management 459, 462 (1993); für eine beispielhafte Modellrechnung *Cherian/Jarrow*, S. 611, 620 f.
[13] Zu sog. „Message Boards" im Internet BaFin, Jahresbericht 2006, S. 174 (MWB AG: gefälschte Ad-hoc-Mitteilung im Internet-Board Wallstreet Online); *Arlt*, S. 65 ff.; *Benner*, WM 2000, 124, 125 f.; *Meißner*, S. 43; vgl. auch den 10. Erwägungsgrund der Marktmißbrauchsrichtlinie.
[14] Vgl. *Allen/Gale*, 5 Review of Financial Studies 503, 505 (1992); *Meißner*, S. 44 ff.; *Rudolph/Röhrl* in *Hopt/Rudolph/Baum*, S. 143, 188; *Varnholt*, 7 Finanzmarkt und Portfolio Management 459, 462 (1993); für eine beispielhafte Modellrechnung *Cherian/Jarrow*, S. 611, 621 f.
[15] Vgl. *Allen/Gale*, 5 Review of Financial Studies 503, 505 (1992); *Lenzen*, WM 2000, 1131, 1137; *Meißner*, S. 43 f.; *Rudolph/Röhrl* in *Hopt/Rudolph/Baum*, S. 143, 187; *Varnholt*,

se eines Pharmakonzerns mit Rattengift und deren öffentliche Bekanntmachung.[16]

b) Fiktive und effektive Geschäfte

Unter einem anderen Blickwinkel pflegt man fiktive und effektive Geschäfte auseinanderzuhalten.[17] **Fiktive Geschäfte** zeichnen sich dadurch aus, dass ihnen die wirtschaftliche Relevanz fehlt:[18] Sie zielen allein darauf ab, erhöhte Umsätze und einen aktiveren Handel vorzutäuschen, der nicht den wirklichen Marktverhältnissen entspricht.[19] Zuweilen spricht man auch von einem Transaktionsdelikt.[20] Typische Erscheinungsformen sind Wertpapiergeschäfte zwischen wirtschaftlich identischen Vertragspartnern („Wash Sales") sowie Geschäfte, bei denen Aufträge und Gegenaufträge von vornherein aufeinander abgestimmt sind („Improper Matched Orders").[21] Solche fiktiven Transaktionen fallen ohne weiteres unter das Verbot der Marktmanipulation (näher unten § 20a Rn. 53 und 56).

Den **effektiven Geschäften** liegen dagegen tatsächliche Wertpapiertransaktionen zugrunde, bei denen der Handelnde das Marktrisiko trägt.[22] Die Einwirkung auf den Börsen- oder Marktpreis erfolgt hier häufig durch Verursachen einer Marktverengung oder -erweiterung unter Ausnutzung einer Monopolstellung („Cornering") oder durch zeitspezifische Handelsgegebenheiten („Marking the Close").[23] Ausweislich der Regierungsbegründung zum Vierten Finanzmarktförderungsgesetz können auch solche tatsächlichen Handelsaktivitäten geeignete Täuschungsmittel sein.[24] Die Schwierigkeit besteht darin, eine Trennlinie zwischen erlaubten und verbotenen Transaktionen zu ziehen.[25] Sie zeigt sich namentlich bei der Abgrenzung zwischen statthafter Kursstabilisierung und unstatthafter Kursmanipulation (näher § 20a Rn. 108 ff.).

---

[7] Finanzmarkt und Portfolio Management 459, 461 (1993); für eine beispielhafte Modellrechnung *Cherian/Jarrow*, S. 611, 622 f.

[16] Originalfall aus den Vereinigten Staaten, bei dem der Täter, ein früherer Angestellter eines Wertpapierhauses, den Aktienverfall durch Verkaufsoptionen gewinnbringend nutzte; dazu *Thel*, Colum. Bus. L. Rev. 1988, 359, 389; *Fleischer*, Gutachten F für den 64. DJT, F 120.

[17] Vgl. *Altendörfer*, S. 207, 214 ff.; *Lenzen*, S. 9 ff.; *Ziouvas*, ZGR 2003, 113, 132 ff.; kritisch zum Begriff des „fiktiven" Geschäfts *Sorgenfrei* in *Park*, §§ 20a, 38 II, 39 I Nr. 1–2, II Nr. 11, IV WpHG Rn. 23 und 102.

[18] Vgl. Begr. RegE 4. FMFG, BT-Drucks. 14/8017, S. 89; *Mock/Stoll/Eufinger* in KölnKommWpHG, § 20a Rn. 9; *Schwark*, KMRK, § 20a WpHG Rn. 24; *Sorgenfrei* in *Park*, §§ 20a, 38 II, 39 I Nr. 1–2, II Nr. 11, IV WpHG Rn. 102.

[19] Vgl. Begr. RegE 4. FMFG, BT-Drucks. 14/8017, S. 89; *Altendörfer*, S. 207, 215; *Lenzen*, WM 2000, 1131, 1132 ff.; *Vogel* in *Assmann/Schneider*, vor § 20a WpHG Rn. 26.

[20] So aus helvetischer Sicht *Böckli*, Schweizer Aktienrecht, 3. Aufl. 2004, § 18 Rn. 49; *Nobel*, Schweizerisches Finanzmarktrecht, 2. Aufl. 2004, § 15 Rn. 23; *Zobl/Kramer*, Schweizerisches Kapitalmarktrecht, 2004, Rn. 1044.

[21] Vgl. *Mock/Stoll/Eufinger* in KölnKommWpHG, § 20a Rn. 9; *Schwark*, KMRK, § 20a WpHG Rn. 25; *Ziouvas*, ZGR 2003, 113, 132 f.

[22] Vgl. *Altendörfer*, S. 207, 215 f.; *Lenzen*, WM 2000, 1131, 1133.

[23] Vgl. *Mock/Stoll/Eufinger* in KölnKommWpHG, § 20a Rn. 10; *Sorgenfrei* in *Park*, §§ 20a, 38 II, 39 I Nr. 1–2, II Nr. 11, IV WpHG Rn. 97 und 100; *Ziouvas*, ZGR 2003, 113, 134 f.

[24] Vgl. Begr. RegE, BT-Drs. 14/8017, S. 89; *Schwark*, KMRK, § 20a WpHG Rn. 27.

[25] Vgl. *Mock/Stoll/Eufinger* in KölnKommWpHG, § 20a Rn. 11; *Schwark*, KMRK, § 20a WpHG Rn. 28; *Vogel* in *Assmann/Schneider*, vor § 20a WpHG Rn. 28.

c) Bullen- und Bärenmanipulationen

7 Nach der angestrebten Wirkungsrichtung der Marktmanipulation lassen sich sog. Bullen- und Bärenmanipulationen auseinanderhalten.[26] Bei der „**Bull Manipulation**" werden Finanzinstrumente zu künstlich erhöhten Preisen verkauft und der nach Platzen der Spekulationsblase eintretende Kursverlust zusätzlich durch das Eingehen von Leerverkäufen ausgenutzt; bei der „**Bear Manipulation**" stammt der Manipulationsgewinn aus den zur Kurssenkung eingegangenen Leergeschäften sowie aus der Möglichkeit, sich zu niedrigen Kursen einzudecken.[27] § 20a WpHG erfasst sowohl das künstliche Erhöhen („Pump and Dump") als auch das künstliche Erniedrigen („Trash and Cash") des Preises.[28]

d) Manipulationen durch Insider und Outsider

8 Eine Einordnung nach den handelnden Personen unterscheidet schließlich Manipulationen durch **Insider** und **Outsider**.[29] Zu ersteren gehören Organmitglieder und Großaktionäre als Unternehmensinsider sowie Broker und Bankmitarbeiter als Marktinsider, zu letzteren außenstehende Dritte, die nicht mit dem Emittenten verbunden sind.[30] Kapitalmarktrechtlich ist diese Unterscheidung ohne Belang: Das Verbot der Marktmanipulation gemäß § 20a WpHG wendet sich grundsätzlich an **jedermann**[31] und schließt neben natürlichen **auch juristische Personen** (zB den Emittenten beim Handel mit eigenen Aktien nach § 20a Abs. 3 WpHG) als Verbotsadressaten ein.[32] Praktisch dominieren Manipulationen durch Unternehmensinsider, doch kommen auch solche durch Mitarbeiter von Wertpapierdienstleistungsunternehmen, Hedgefonds-Verwalter oder Privatanleger vor (Fallbeispiele der BaFin unten Rn. 38ff.).[33]

3. Ökonomische Beurteilung

9 Rechtsökonomisch steht die Sinnhaftigkeit eines Manipulationsverbots heute außer Streit:[34] Kurs- und Marktpreismanipulationen schädigen das Anlegerpublikum, beeinträchtigen die Lenkungsfunktion der Börsenpreise und führen zu höheren Risikoaufschlägen der Marktteilnehmer bis hin zur Marktabwande-

---

[26] Vgl. *Altendorfer*, S. 207, 213; *Arlt*, S. 56; *Hopt*, S. 491; *Waschkeit*, S. 40.

[27] Vgl. *Altendorfer*, S. 207, 222.

[28] Vgl. BaFin, Emittentenleitfaden, S. 93; *Vogel* in *Assmann/Schneider*, § 20a WpHG Rn. 27; *Worms* in *Assmann/Schütze*, Hdb Kapitalanlagerecht, § 9 Rn. 80; ferner CESR/04-505b vom Mai 2005: Market Abuse Directive. Level 3 – first set of CESR guidance and information on the common operation of the Directive, Chapter IV, Tz. 4.13.

[29] In diese Richtung *Watter*, SZW 1990, 193, 197; das aufnehmend *Altendorfer*, S. 207, 213; *Arlt*, S. 56.

[30] Zu diesen drei Gruppen *Watter*, SZW 1990, 193, 197.

[31] Vgl. BaFin, Emittentenleitfaden, S. 87; *Mock/Stoll/Eufinger* in KölnKommWpHG, § 20a Rn. 114; *Schäfer* in *Schäfer/Hamann*, KMG, § 20a WpHG Rn. 20; *Vogel* in *Assmann/Schneider*, § 20a WpHG Rn. 38; *Worms* in *Assmann/Schütze*, Hdb Kapitalanlagerecht, § 9 Rn. 103.

[32] Vgl. *Schäfer* in *Schäfer/Hamann*, KMG, § 20a WpHG Rn. 20; *Vogel* in *Assmann/Schneider*, § 20a WpHG Rn. 37; *Worms* in *Assmann/Schütze*, Hdb Kapitalanlagerecht, § 9 Rn. 103.

[33] Illustrativ BaFin, Jahresbericht 2006, S. 171ff.

[34] Vgl. *Avgouleas*, S. 210ff.; *Eichelberger*, S. 71ff.; *Hopt/Baum* in *Hopt/Rudolph/Baum*, S. 287, 438; *Lenzen*, S. 55ff.; *Meißner*, S. 47ff.; *Mock/Stoll/Eufinger* in KölnKommWpHG, § 20a Rn. 31; wohl auch *Vogel* in *Assmann/Schneider*, vor § 20a WpHG Rn. 31.

Vorbemerkung

rung.³⁵ Zweifel hegen könnte man allein an der Einbeziehung tatsächlicher Handelsaktivitäten,³⁶ die im US-amerikanischen Schrifttum gelegentlich als „selbstabschreckend" angesehen werden.³⁷ Für ihre Erfassung spricht jedoch, dass solche Geschäfte sehr wohl gewinnbringend sein können:³⁸ Ihre Profitabilität beruht auf der Ungewissheit anderer Marktteilnehmer darüber, ob der Handelnde die betreffenden Papiere tatsächlich für unter- oder überbewertet hält oder nur ihren Preis manipulieren will.³⁹ Weitere Gewinnmöglichkeiten ergeben sich, wenn man die Einsichten der *Behavioral Finance* über das Anlegerverhalten mitberücksichtigt.⁴⁰ Keine gleichwertige Alternative gegenüber einem gesetzlichen Verbotstatbestand stellt die gelegentlich erwogene Sanktionierung von Manipulationsstrategien durch die Börsen im Wege der Selbstregulierung dar.⁴¹

In der theoretischen und empirischen **Kapitalmarktforschung** gibt es darüber hinaus zahlreiche **Modelle und Fallstudien**, die Manipulationsstrategien auf verschiedenen Märkten und mit unterschiedlichen Mitteln analysieren.⁴² Eine aktuelle Auswertung aller von der SEC verfolgten Fälle zwischen 1990 und 2001 zeigt, dass die meisten Manipulationen auf ineffizienten Märkten stattfinden, wenig liquide Titel betreffen, durch ein gezieltes Hochtreiben der Kurse („Bull Manipulation", vgl. Rn. 7) eingeleitet und von wohlinformierten Insidern (vgl. Rn. 8) vorgenommen werden.⁴³ Umfassende Erhebungen für den deutschen Kapitalmarkt stehen noch aus; aufschlussreich sind aber die Jahresberichte der BaFin (vgl. unten Rn. 38 ff.).

---

³⁵ Ausführlich *Avgouleas,* S. 218 ff.; *Eichelberger,* S. 74 ff.; *Lenzen,* S. 51 ff.; *Meißner,* S. 47 ff.; ferner *Mock/Stoll/Eufinger* in KölnKommWpHG, § 20a Rn. 16; referierend *Vogel* in *Assmann/Schneider,* vor § 20a WpHG Rn. 28; ferner *Kapfer/Puck,* ÖBA 2005, 517, 518 mit dem berechtigten Zusatz, dass eine Überregulierung vermieden werden müsse, die nachteilige Folgen für das effiziente Funktionieren von Kapitalmärkten haben könne.
³⁶ Verhalten insoweit *Rudolph/Röhrl* in *Hopt/Rudolph/Baum,* S. 143, 188; s. auch *Mock/Stoll/Eufinger* in KölnKommWpHG, § 20a Rn. 22.
³⁷ Vgl. *Fischel/Ross,* 105 Harv. L. Rev. 503, 512 ff. (1991); mit einem anderen Akzent *Yadlin,* 2 Theoretical Inq. L. 839 (2001), wonach Kursmanipulationen häufig die Markteffizienz begünstigten und uninformierten Marktakteuren nutzten.
³⁸ Anekdotische Belege bei *Thel,* 79 Cornell L. Rev. 219, 223 (1994) unter Berufung auf *United States v. Mulheren,* 938 F.2d 364, 366–368 (2d Cir. 1991); ferner *Avgouleas,* S. 219 f.; *Eichelberger,* S. 74.
³⁹ Theoretisches Modell bei *Allen/Gale,* 5 Review of Financial Studies 503, 507 ff. (1992); zuletzt *Aggarwal/Wu,* 79 Journal of Business 1915 (2006); zusammenfassend *Avgouleas,* S. 134; *Lenzen,* S. 41 ff.
⁴⁰ Für einen Zusammenhang zwischen profitablen Manipulationsstrategien und *noise trading* etwa *Langevoort,* 97 Nw. U. L. Rev. 135, 160 f. (2002); außerdem *Avgouleas,* S. 215 f.; *Hanson/Kysar,* 74 NYU L. Rev. 630, 635 (1999); allgemein zur Bedeutung von *Behavioral Law and Economics* im Kapitalmarktrecht *Fleischer,* FS Immenga, 2004, S. 575; zuletzt *Fleischer,* ZBB 2008, 137 ff.
⁴¹ Näher *Avgouleas,* S. 229 ff.
⁴² Vgl. etwa *Kumar/Seppi,* 47 Journal of Finance 1485 (1992): Manipulation auf Märkten für Index-Futurekontrakte; *Gerard/Nanda,* 48 Journal of Finance 213 (1993): Baisse-Manipulation im Vorfeld einer Kapitalerhöhung; *Pirrong,* 74 Journal of Business 221 (2001): Manipulation auf Warenterminmärkten mit „Cash Settlement"; *Villa,* 29 Economics Letters 21 (1989): Manipulation durch nicht ernstgemeintes Übernahmeangebot; *Bagnoli/Lipman,* 27 RAND Journal of Economics 124 (1996): Manipulation durch Übernahmeangebot.
⁴³ Vgl. *Aggarwal/Wu,* 79 Journal of Business, 1915, 1917, 1934 ff., 1947 f. (2006).

11 Neuerdings hat vor allem die **Marktmanipulation durch Verbreitung von Stock-Spams** beträchtliche Aufmerksamkeit auf sich gezogen.[44] Erste empirische Studien belegen, dass Stock-Spams häufig zu einem kurzfristigen Anstieg des Handelsvolumens der betreffenden Aktien führen.[45] Die Spam-Versender, die sich zuvor günstig mit den Aktien eingedeckt haben, nutzen diesen Effekt durch ein „Pump-and-Dump"-Schema, indem sie die Nachfrage nach den Aktien durch das Streuen von Kaufempfehlungen nach oben treiben, um ihre Long-Position anschließend gewinnbringend aufzulösen.[46] Gegenstand theoretischer Überlegungen ist, ob die Befolgung dieser Kaufempfehlungen, die oft nur marktschreierische Parolen enthalten, auf rationales oder irrationales Anlegerverhalten hindeutet (näher § 20a Rn. 17).[47]

12 Die reichhaltigen Beiträge zur Markt-Mikrostruktur[48] enthalten bislang nur spärliche **Empfehlungen zur Kapitalmarktregulierung**.[49] Immerhin findet man den rechtspolitischen Hinweis, dass die besten Regulierungsstrategien gegen informations- und handelsgestützte Manipulationen bereits im Vorfeld ansetzen.[50] Es sind dies die Erhöhung der Informationseffizienz der Kapitalmärkte und die Verbesserung ihrer Liquidität.[51]

II. Entwicklungslinien

1. Frühe Vorschriften

13 Regelungen zur Bekämpfung des Kursbetruges lassen sich bis in das vorletzte Jahrhundert zurückverfolgen: Im Jahre 1884 sprach sich der 17. Deutsche Juristentag dafür aus zu prüfen, ob Strafbestimmungen gegen betrügerische Beeinflussung der Börsenkurse sinnvoll sein könnten.[52] Noch im selben Jahr fügte der Ge-

---

[44] Vgl. Kleine Anfrage der Fraktion BÜNDNIS 90/Die Grünen, BT-Drucks. 16/6234 vom 17. 8. 2007: „Einflußnahme auf Anlegerinnen und Anleger durch sogenannte Stock-Spams"; dazu die Antwort der Bundesregierung, BT-Drucks. 16/6315 v. 6. 9. 2007; ferner die Operation „Spamalot" der SEC vom März 2007 in der durch Stock-Spam beworbene Aktien von der Aufsichtsbehörde für einige Tage vom Handel ausgesetzt wurden; eingehend *Fleischer*, ZBB 2008, 137 ff.

[45] Vgl. *Hauser*, ÖBA 2007, 213 mwN.

[46] Ausführlich zum praktischen Erscheinungsbild eines „Pump-and-Dump"-Schemas *Pickholz/Pickholz*, 9 J. Fin. Crime 117, 124 ff. (2001).

[47] Vgl. *Avgouleas*, S. 126 f.; *Böhme/Holz*, The Effect of Stock Spams on Financial Markets, Working Paper, June 2006, S. 3: „If one believes that many people follow such dubious investment advices then jumping on the bandwagon is not irrational, since virtually everybody could profit from speculative gains in the resulting bubble."; ferner *Langevoort*, 97 Nw. U. L. Rev. 135, 161 (2001); ausführlich *Fleischer*, ZBB 2008, 137 ff.

[48] Zusammenfassend *Harris*, Trading and Exchanges, 2003, S. 89 ff., 484 ff.

[49] Vgl. etwa die Schlussfolgerung bei *Aggarwal/Wu*, 79 Journal of Business 1915, 1947 (2006): „This suggests a strong role for government regulation to discourage manipulation while encouraging greater competition for information."

[50] In diesem Sinne *Varnholt*, 7 Finanzmarkt und Portfolio Management 459, 470 f. (1993); ähnlich *Cherian/Jarrow*, S. 611, 629.

[51] Vgl. *Varnholt*, 7 Finanzmarkt und Portfolio Management 459, 470 f. (1993); dazu auch *Fleischer*, Gutachten F für den 64. DJT, F 122.

[52] Vgl. Verhandlungen des 17. DJT 1884, Bd. 2, S. 173 ff.; zum zeitgeschichtlichen Kontext *Merkt*, Beiträge zur Börsen- und Unternehmensgeschichte, 2001, S. 208 ff.

Vorbemerkung 14, 15 **Vor § 20a**

setzgeber in Art. 249d Abs. 1 Ziff. 2 ADHGB eine entsprechende Vorschrift in das Aktienrecht ein.[53] Sie wurde später verallgemeinert und als § 75 Abs. 1 in das Börsengesetz von 1896 aufgenommen,[54] um nach der Novelle von 1908 ihren endgültigen Platz in § 88 Abs. 1 BörsG zu finden.[55]

2. Reform durch das Zweite Gesetz zur Bekämpfung der Wirtschaftskriminalität

In den nachfolgenden Jahrzehnten blieb die Vorschrift nahezu unverändert, ohne allerdings praktische Bedeutung zu erlangen.[56] Verurteilungen wurden nicht bekannt, obwohl man die Dunkelziffer als hoch einschätzte.[57] Im Rahmen des Zweiten Gesetzes zur Bekämpfung der Wirtschaftskriminalität unternahm der Gesetzgeber sodann einen weiteren Versuch, den Tatbestand des Kursbetruges schlagkräftiger auszugestalten.[58] Hauptanliegen war dabei eine Straffung des subjektiven Tatbestandes, verbunden mit einer präziseren Fassung der objektiven Merkmale.[59] Gleichwohl fristete der Straftatbestand des Kursbetrugs auch in der Folgezeit ein Schattendasein.[60] Im Schrifttum empfahl man deswegen schon seine vollständige Abschaffung.[61] 14

3. Neuordnung durch das Vierte Finanzmarktförderungsgesetz

Durch das Vierte Finanzmarktförderungsgesetz sind die Vorschriften zum Verbot der Kurs- und Marktpreismanipulation tiefgreifend verändert worden.[62] Den 15

---

[53] Aktiennovelle vom 18. 7. 1884 (RGBl. S. 123, 167 f.): „Mit Gefängnis bis zu einem Jahre und zugleich Geldstrafe bis zu 10 000,– DM wird bestraft: (...) wer in betrügerischer Absicht auf Täuschung berechnete Mittel anwendet, um auf den Kurs von Aktien einzuwirken."; aus der Spruchpraxis RGSt 23, 137.
[54] Monographisch *Schweizer,* Ein Beitrag zur Lehre vom Börsengesetze, insbesondere von der Strafbestimmung des § 75 Abs. 1, Diss. Tübingen, 1900.
[55] Börsengesetznovelle vom 8. 5. 1908, RGBl. S. 215, 235 f.; § 88 Abs. 1 S. 1: „Wer in betrügerischer Absicht auf Täuschung berechnete Mittel anwendet, um auf den Börsen- oder Marktpreis von Waren oder Wertpapieren einzuwirken, wird mit Gefängnis und zugleich mit Geldstrafe bis zu 15 000,– DM bestraft."; dazu *Nußbaum,* BörsG, 1910, § 88, S. 344 ff.; *Bernstein,* BörsG, 1910, § 88, S. 341 ff.; monographisch *E. Meyer,* Der Kurs- und Prospektbetrug, Börsengesetz § 88, Diss. Rostock, 1913.
[56] Repräsentativ die Würdigung bei *Hopt,* S. 493: „Schlecht gefaßte und kaum praktische Tatbestände".
[57] Vgl. *Scheu,* S. 55 ff., 60 ff.
[58] Vgl. BGBl. I 1986, S. 721, § 88 BörsG: „Wer zur Einwirkung auf den Börsen- oder Marktpreis von Wertpapieren, Bezugsrechten oder Waren oder von Anteilen, die eine Beteiligung an dem Ergebnis eines Unternehmens gewähren sollen, 1. unrichtige Angaben über Umstände macht, die für die Bewertung der Wertpapiere, Bezugsrechte, Waren oder Anteile erheblich sind, oder solche Umstände entgegen bestehender Rechtsvorschriften verschweigt oder 2. sonstige auf Täuschung berechnete Mittel anwendet, wird mit Freiheitsstrafe bis zu drei Jahren oder mit Geldstrafe bestraft."
[59] Vgl. Begr. RegE 2. WiKG, BT-Drucks. 10/318, S. 45 f.; dazu *Schlüchter,* S. 135 ff.
[60] *Benner* in *Wabnitz/Janovsky,* Handbuch des Wirtschafts- und Steuerstrafrechts, 3. Aufl. 2007, 9. Kap., Rn. 123, S. 579 weist lediglich einen (!) Strafbefehl des AG München von 1996 nach; von „totem Recht" spricht *M. Weber,* NJW 2003, 18, 20.
[61] Vgl. *Möhrenschlager,* wistra 1983, 17 f.; *Worms,* wistra 1987, 242, 245; dagegen *Schröder,* Aktienhandel und Strafrecht, 1994, S. 77.
[62] Vgl. *Fleischer,* NJW 2002, 2977, 2978 f.; *Lenzen,* ZBB 2002, 279; *Möller,* WM 2002, 309.

"Problemimpuls" gaben folgende Umstände:[63] *Erstens* hatten rechtswissenschaftliche Vorarbeiten die konzeptionellen Unzulänglichkeiten des § 88 BörsG aF herausgearbeitet.[64] *Zweitens* zog die Bekämpfung des Marktmissbrauchs zunehmend die Aufmerksamkeit des Gemeinschaftsrechts auf sich (vgl. unten Rn. 29 ff.). *Drittens* verdeutlichte der Seitenblick auf andere Rechtsordnungen einen legislatorischen Nachholbedarf im deutschen Recht (vgl. unten Rn. 18 ff.). Erklärtes Ziel der Neufassung war es, die bisherige Regelung den **veränderten Erfordernissen der Praxis anzupassen** und ihre **Durchsetzung zu verbessern**. Zu diesem Zweck hat der Gesetzgeber die Möglichkeit einer Konkretisierung der Tathandlungen durch Rechtsverordnung eingeführt (§ 20a Abs. 2 WpHG aF = § 20a Abs. 5 WpHG nF). Außerdem hat er das Manipulationsverbot aus dem Börsengesetz herausgelöst und die BaFin mit seiner Überwachung betraut (§ 20b Abs. 1 WpHG aF = § 4 Abs. 2 WpHG nF).[65]

4. Erweiterungen durch das Gesetz zur Verbesserung des Anlegerschutzes

16 Die vorerst letzte Reform des Verbotes der Marktmanipulation ist im Jahre 2004 durch das Gesetz zur Verbesserung des Anlegerschutzes (AnSVG)[66] erfolgt. Art. 1 dieses Gesetzes hat die Vorgaben der **Marktmissbrauchsrichtlinie** (vgl. unten Rn. 29) und die zu ihr ergangenen Durchführungsmaßnahmen (vgl. unten Rn. 32 ff.) **in nationales Recht umgesetzt**. Zudem hat § 20a Abs. 1 WpHG den Begriff des Vermögenswertes in terminologischer Anpassung an die Marktmissbrauchsrichtlinie durch den des Finanzinstrumentes ersetzt (vgl. § 20a Rn. 4 f.). Außerdem hat § 20a Abs. 2 WpHG eine Ausnahme vom Verbot der Marktmanipulation eingeführt, wenn hierfür legitime Gründe im Zusammenhang mit einer eingeführten Marktpraxis gegeben sind (vgl. § 20a Rn. 75 ff.). Ergänzend sieht § 20a Abs. 3 WpHG eine „Safe-Harbor"-Regelung für Rückkaufprogramme und Kursstabilisierungsmaßnahmen vor. Schließlich ist das in § 20a Abs. 1 S. 1 Nr. 2 WpHG aF vorgesehene Absichtselement bei sonstigen Täuschungshandlungen entfallen, das in der Praxis zu erheblichen Beweisproblemen geführt hat. Nunmehr reicht für einen Verbotsverstoß die Eignung der Täuschungshandlung zur Marktpreiseinwirkung aus (vgl. § 20a Rn. 31 ff.).

5. Einzelentfaltung durch die Verordnung zur Konkretisierung des Verbotes der Marktmanipulation

17 Schärfere tatbestandliche Konturen hat das Verbot der Marktmanipulation jüngst durch die Verordnung zur Konkretisierung des Verbotes der Marktmanipulation **(MaKonV)** vom März 2005[67] auf der Grundlage des § 20a Abs. 5 S. 1

---

[63] Vgl. *Fleischer*, Gutachten F für den 64. DJT, F 118.
[64] Vgl. *Hopt/Baum* in *Hopt/Rudolph/Baum*, S. 287, 438 ff.; *Lenzen*, S. 247 ff. und passim; *dies.*, WM 2000, 1131.
[65] Dazu Begr. RegE 4. FMFG, BT-Drucks. 14/8017, S. 90; *Kümpel/Veil*, 6. Teil Rn. 1; *Waschkeit*, S. 345 ff.
[66] BGBl. 2004 I, S. 2630.
[67] BGBl. 2005 I, S. 515.

Vorbemerkung 18, 19 **Vor § 20a**

WpHG erhalten. Sie hat die Verordnung zur Konkretisierung des Verbotes der Kurs- und Marktpreismanipulation (**KuMaKV**) vom November 2003[68] abgelöst.

III. Rechtsvergleichender Rundblick

1. England

Das Verbot der Marktmanipulation hat seinen Ursprung im Vereinigten Königreich.[69] **Historischer Ausgangsfall** war die Entscheidung *Rex v. de Berenger*:[70] Börsenspekulanten machten sich im Jahre 1814 die Unsicherheit an der Londoner Börse über den Kriegsverlauf auf dem Kontinent zunutze. Sie kamen in Uniformen von Dover nach Winchester und verbreiteten die Nachricht, Napoleon sei gefallen und die Alliierten hätten Paris eingenommen. Wie erwartet, zogen die Börsenkurse scharf an, um nach Bekanntwerden der Wahrheit wieder zurückzufallen. In der Zwischenzeit hatten die Spekulanten ihre Wertpapierbestände mit großem Gewinn abgestoßen. Das Gericht wertete das Ausstreuen falscher Gerüchte als Betrug gegenüber dem Markt (**"conspiracy to rig the market"**), ohne dass die Schädigung bestimmter Anleger oder die Berechnung des Schadens nachgewiesen werden müsse.[71] Nachfolgende Entscheidungen dehnten das *common law*-Delikt auf tatsächliche Handelsaktivitäten aus.[72] **18**

Ein frühes gesetzliches Verbot der Verbreitung irreführender Informationen führte der Preventions of Fraud (Investments) Act 1939 ein. Sec. 47 Financial Services Act 1986 erstreckte das Verbot später auf die Kursbeeinflussung durch fiktive und effektive Geschäfte.[73] Nach der Reform des Börsen- und Kapitalmarktrechts von 2000 hat das Manipulationsverbot in **Sec. 118 Financial Services and Markets Act 2000** eine neue Heimstatt gefunden.[74] Der Tatbestand ist durch die **Financial Services and Markets Act 2000 (Market Abuse) Regulations 2005** in Umsetzung der Marktmissbrauchsrichtlinie neu gefasst worden.[75] Ihm zur Seite steht der Straftatbestand der irreführenden Angaben und **19**

---

[68] BGBl. 2003 I, S. 2300; zu ihr *Pfüller/Anders*, WM 2003, 2445; *Rückert/Kuthe*, BKR 2003, 647; *M. Weber*, NZG 2004, 23.

[69] Vgl. *Loss/Seligman*, Fundamentals of Securities Regulation, 5th ed. 2004, S. 1121: "If the Americans have been well ahead of the British in the unceasing struggle against insider trading, the British took the lead in the fight against manipulation."; zu den „common law offences" *Avgouleas*, S. 328 ff.

[70] 105 Eng. Rep. 536 (K.B. 1814).

[71] Vgl. *Lord Ellenborough* in *Rex v. de Berenger*, 105 Eng. Rep. 536, 538 (K.B. 1814): „The purpose itself is mischievous, it strikes at the price of a vendible commodity in the market, and if it gives it a fictitious price, by means of false rumours, it is a fraud levelled against all the public."

[72] Vgl. *Lord Justice Lopes* in *Scott v. Brown, Doering, Mc Nab & Co.*, 1892-2 Q.B. 724, 730: „I can see no substantial distinction between false rumours and false and fictitious acts."

[73] Näher dazu mit aufschlußreichen Fallbeispielen aus der Rechtspraxis *Lee*, Company Lawyer 1993, 123; rechtsvergleichend *Ellger/Kalss* in *Hopt/Rudolph/Baum*, S. 594, 689 ff.

[74] Vgl. *Avgouleas*, S. 349 ff.; *Threipland* in *Blair* (ed.), Financial Service and Markets Act 2000, 2001, S. 118 f.; rechtsvergleichend *Fleischer*, RIW 2001, 817, 822.

[75] Text und erläuternde Bemerkungen bei *Blair*, Annotated Guide to the Financial Services and Markets Act 2000, 2 d ed. 2005, Tz. 118.0 ff., S. 225 ff.

Vor § 20a 20, 21   Abschnitt 4. Überwachung des Verbots

Geschäftspraktiken gemäß Sec. 397. Beide Vorschriften sehen einen sog. „Safe Harbor" für Kursstabilisierungsmaßnahmen vor,[76] dessen Einzelausformung der britischen Aufsichtsbehörde übertragen ist.

2. Vereinigte Staaten

20 In den Vereinigten Staaten gab es schon Mitte des 19. Jahrhunderts Marktmanipulationen großen Stils, vor allem sog. „**Corners**", also die Herbeiführung und Ausnutzung einer Marktverengung durch Großaktionäre.[77] Während der zwanziger und dreißiger Jahre des 20. Jahrhunderts nahmen sog. „**Stock Pools**" überhand, bei denen sich mehrere Personen zum Zweck der Marktmanipulation zusammenschlossen.[78] Als Reaktion darauf führte der Bundesgesetzgeber mit **Sec. 9 Securities Exchange Act 1934** (SEA) ein strenges Manipulationsverbot für börsennotierte Wertpapiere ein.[79] Untersagt sind danach bis heute fiktive Geschäfte in der Absicht, den irreführenden Eindruck eines aktiven Handels hervorzurufen (Sec. 9(a)(1) SEA), die Herbeiführung einer Abfolge von – fiktiven oder effektiven – Geschäften mit dem Zweck, Dritte zum Handel in den gleichen Wertpapieren zu veranlassen (Sec. 9(a)(2) SEA), sowie die Verbreitung irreführender Informationen in der Absicht, andere zum Handel in dem betreffenden Wertpapier zu bewegen (Sec. 9(a)(3)–(5) SEA).[80] Zudem wurden der **Wertpapieraufsichtsbehörde** (SEC) weitreichende **Verordnungskompetenzen** eingeräumt, damit sie rasch auf neue Manipulationsstrategien reagieren kann.[81]

21 Nach Sec. 9(a)(6) SEA gilt das Manipulationsverbot auch für **Kursstabilisierungsmaßnahmen** („Pegging, Fixing, Stabilizing"), es sei denn, sie halten sich im Rahmen jener Vorgaben, die von der SEC erlassen werden. In einer Verlautbarung aus dem Jahre 1940 entschied sich die SEC, Kursstabilisierungen unter gewissen Schutzvorkehrungen zuzulassen, weil sie deren volkswirtschaftliche Vorteile höher einschätzte als die Gefahren einer Irreführung des Anlegerpublikums.[82] In der Folgezeit entwickelte sich eine interne Verwaltungspraxis zu den näheren Voraussetzungen der Kurspflege, die im Jahre 1955 in den SEA Rules

---

[76] Vgl. Sec. 118A (5) und Sec. 397 (4) und (5) FSAMA 2000; dazu *Blair* (Fn. 75), Tz. 118.6, S. 229.

[77] Näher zum berühmten „First Harlem Railroad Corner", bei dem der Hauptaktionär der Harlem Railroad, Vanderbilt, alle verfügbaren Aktien aufkaufte und auf diese Weise Spekulanten in die Enge trieb, die massive Leerverkäufe getätigt hatten, *Teweles/Bradley/Teweles*, The Stock Market, 1992, S. 317; rechtsvergleichend *Watter*, SZW 1990, 193, 194.

[78] Vgl. *Loss/Seligman* (Fn. 69), S. 1119f.; ausführlich und relativierend die empirische Studie von *Maloney*, 51 Journal of Financial Economics 343 (1999).

[79] Dazu aus den parlamentarischen Beratungen The House Report on the Act, H. Rep. No. 1383, 73 d Cong., 2 d Sess. 10 (1934): „To insure to the multitude of investors the maintenance of fair and honest markets, manipulative practices of all kinds on national exchanges shall be banned. The bill seeks to give investors markets where prices may be established by the free and honest balancing of investment demand with investment supply."

[80] Näher *Loss/Seligman* (Fn. 69), S. 1125 ff.; rechtsvergleichend *Altendorfer*, S. 207, 238 f.; *Lenzen*, S. 67 ff.

[81] Vgl. *Hazen*, The Law of Securities Regulation, 5th ed. 2005, § 1.4[2], S. 31 ff.; rechtsvergleichend *Lenzen*, S. 70 ff.

[82] Vgl. SEC, Exchange Act Release No. 2446 vom 18. 3. 1940, abgedruckt bei *Soderquist/Gabaldon*, Securities Regulation, 4th ed. 1999, S. 537 ff.

10b-6, 10b-7 und 10b-8 kodifiziert wurde.[83] Dieses Regelwerk ist 1997 einer grundlegenden Überarbeitung unterzogen und durch einen geschmeidigeren Rechtsrahmen ersetzt worden, die sog. **Regulation M**,[84] die man verschiedentlich als rechtspolitisches Vorbild für deutsche und europäische Regelungen zur Kursstabilisierung empfohlen hat.[85]

Verstöße gegen das Verbot der Marktmanipulation werden mit einem **mehrspurigen Sanktionensystem** bekämpft. Die SEC kann im Wege des **Verwaltungssanktionenrechts** einstweilige Verfügungen („Cease and Desist Orders") erlassen, Zivilstrafen („Civil Remedies") aussprechen und Tätigkeitsverbote („Bar Orders") verhängen.[86] Im Rahmen des **Strafrechts** können Gerichte nach Sec. 32 SEA Geldstrafen bis zu 5 Mio. $ (juristische Personen: 25 Mio $) sowie Freiheitsstrafen bis zu 20 Jahren verhängen. Was das **Zivilrecht** anbelangt, so enthält Sec. 9(e) SEA eine spezielle Anspruchsgrundlage für Kapitalanleger, die durch willentliche Marktmanipulationen geschädigt worden sind.[87] In echter Anspruchskonkurrenz dazu stehen Schadensersatzansprüche aus Sec. 10(b) SEA iVm SEA Rule 10b-5.[88]

3. Schweiz

In der Schweiz stellt **Art. 161bis StGB** die Kursmanipulation seit 1995 – nicht zuletzt auf außenpolitischen Druck hin[89] – unter Strafe.[90] Die Vorschrift erfasst zwei Formen manipulativen Verhaltens: das Verbreiten irreführender Informationen (Informationsdelikt) und fingierte Geschäfte (Transaktionsdelikt).[91] Hinsichtlich des **Informationsdelikts** ist umstritten, ob in Anlehnung an die Praxis zum Betrugstatbestand nur Tatsachenbehauptungen erfasst werden[92] oder ob auch bloße Werturteile und Prognosen als taugliche Tatmittel gelten.[93] Das Verbreiten einer irreführenden Information kann aktiv erfolgen, aber auch durch bloßes

---

[83] Ausführliche Darstellung bei *Loss/Seligman* (Fn. 69), S. 1137 ff.
[84] Eingehende Würdigungen bei *Hazen* (Fn. 81), § 6.2, S. 264 ff.; *Loss/Seligman* (Fn. 69), S. 1159 ff.; rechtsvergleichend *Fleischer*, ZIP 2003, 2045, 2048 f.; *Lenzen*, S. 91 ff.
[85] Vgl. *Lenzen*, WM 2000, 1131, 1138; *Schäfer*, WM 1999, 1345, 1352; für einen Verhaltenskodex *Krämer/Hess*, Freundesgabe Döser, 1999, S. 171, 196 f.
[86] Vgl. *Hazen* (Fn. 81), § 16.2, S. 695 ff.; rechtsvergleichend zu den kapitalmarktrechtlichen Tätigkeitsverboten *Fleischer*, WM 2004, 157, 162 ff.
[87] Näher *Hazen* (Fn. 81), § 12.1[4][A], S. 462 f. unter Hinweis auf die hohe „willfully"-Hürde; zuletzt zum „pleading requirement" *Moos*, 78 S. Cal. L. Rev. 763 (2005).
[88] Vgl. *Chemetron Corp. v. Business Funds, Inc.*, 718 F.2d 725 (5th Cir. 1983); *Hazen* (Fn. 81), § 12.1[4][B], S. 463.
[89] Vgl. *Amstutz/Reinert* in Basler Kommentar, StGB II, 2003, Art. 161bis Rn. 7.
[90] Eingehend zur vorherigen Entwicklung *Iffland*, passim.
[91] Vgl. *Böckli*, Schweizer Aktienrecht, 3. Aufl. 2004, § 18 Rn. 49; *Nobel*, Schweizerisches Finanzmarktrecht, 2. Aufl. 2004, § 15 Rn. 23; *Zobl/Kramer*, Schweizerisches Kapitalmarktrecht, 2004, Rn. 1040.
[92] So *Schmid*, FS Schweizerischer Juristentag, 1994, S. 525, 534; *Schmid/Baur* in *Vogt/Watter* (Hrsg.), Kommentar zum Schweizerischen Kapitalmarktrecht, 1999, Art. 161bis StGB Rn. 6; *Weber*, Börsenrecht, 2001, Art. 46 BEHG Rn. 4.
[93] So *Rehberg/Schmid/Donatsch*, Strafrecht III, 3. Aufl. 2003, S. 283; noch weitergehend *Iffland* in *Hertig/Meier-Schatz/Roth/Roth/Zobl*, Kommentar zum Bundesgesetz über die Börse und den Effektenhandel, 2000, Art. 46 Rn. 17, wonach alle Informationen erfasst werden, die geeignet sind, den Kurs zu beeinflussen.

Schweigen begangen werden, wenn eine Garantenstellung aus Gesetz, Vertrag oder Ingerenz besteht.[94] Nach herrschender, aber nicht unbestrittener Auffassung lässt sich eine solche Garantenstellung auch aus den kapitalmarktrechtlichen Publizitätspflichten, insbesondere aus der Pflicht zur Ad-hoc-Publizität nach Art. 72 KR ableiten.[95]

24 Das von **Art. 161bis StGB** als zweite Tatbestandsvariante genannte **Transaktionsdelikt** erfasst Scheingeschäfte, d. h. Geschäfte, „die beidseitig direkt oder indirekt auf Rechnung derselben Person oder zu diesem Zweck verbundener Personen erfolgen". Im Gegensatz zur Marktmissbrauchsrichtlinie erstreckt sich Art. 161bis StGB nicht auf Kursmanipulationen durch effektive Geschäfte, was im Schrifttum auf Kritik gestoßen ist.[96] Allerdings wird diese Schutzlücke zumindest teilweise durch die höchstrichterliche Rechtsprechung zum Betrug geschlossen: Das Bundesgericht hat angenommen, dass die Kursmanipulation den Tatbestand des Betruges erfülle,[97] und sich damit gegen eine verbreitete Lehrmeinung ausgesprochen, die Täuschungen auf einem anonymen Markt grundsätzlich für ausgeschlossen hält.[98] Diese Spruchpraxis schließt auch effektive Geschäfte ein, die mit Kursmanipulationsabsicht vorgenommen werden.

25 Art. 161bis StGB ist ein Vorsatzdelikt. Zudem muss der Täter in der **Absicht** handeln, den **Kurs** von in der Schweiz börslich gehandelten Effekten erheblich **zu beeinflussen**. Ob die beabsichtigte Kursbeeinflussung tatsächlich eintritt, ist dagegen unerheblich.[99] Überdies verlangt das Gesetz die **Absicht** des Täters, für sich oder Dritte einen unrechtmäßigen **Vermögensvorteil zu erzielen**. Stoffgleichheit ist nicht erforderlich; es reicht aus, wenn der Täter infolge des Kursanstiegs als Verwaltungsratsmitglied Anspruch auf einen höheren Bonus hat.[100] Der Vermögensvorteil muss allerdings **ungerechtfertigt** sein. Durch dieses Erfordernis sollen legitime Formen der Kurspflege vom Straftatbestand ausgenommen werden.[101]

26 Art. 161bis StGB soll nach einhelliger Auffassung die **unverfälschte Kursbildung** als Bestandteil eines integren und effizienten Kapitalmarktes gewährleisten.[102]

---

[94] Vgl. *Iffland*, S. 154 ff.; *Weber* (Fn. 92), Art. 46 BEHG Rn. 5.
[95] Vgl. *Schmid/Baur* (Fn. 92), Art. 161bis StGB Rn. 8; *Zobl/Kramer* (Rn. 91), Rn. 1043.
[96] Kritisch etwa *Iffland*, S. 89 ff.; *Zobl/Kramer* (Rn. 91), Rn. 1044; ferner *Böckli* (Fn. 31), § 4 Rn. 385 mit der Bemerkung: „Man wird den Eindruck nicht los, dass der Gesetzgeber einen Artikel ‚Kursmanipulation' ins Strafgesetzbuch schreiben und gleichzeitig dessen Anwendungsbereich verunmöglichen wollte."
[97] Vgl. BGE 122 II 422, 427 ff.; dazu *Iffland*, SZW 1997, 121; *Kleiner*, SZW 1997, 119; *Niggli*, AJP 1998, 395; *Peter*, SZW 1997, 124.
[98] In diesem Sinne etwa *Watter*, SZW 1990, 201; *Roth*, SZW 1991, 235; wie das Bundesgericht aber *de Beer*, SAG 1982, 155; *ders.*, SAG 1989, 147; *Iffland*, S. 185 ff.; *Richard*, SZW 1995, 260.
[99] Vgl. *Amstutz/Reinert* (Fn. 89), Art. 161bis StGB Rn. 15.
[100] Vgl. *Amstutz/Reinert* (Fn. 89), Art. 161bis StGB Rn. 27; *Iffland* (Fn. 93), Art. 46 BEHG Rn. 46.
[101] Vgl. *Nobel* (Fn. 91), § 15 Rn. 26; *Zobl/Kramer* (Fn. 91), Rn. 1048; kritisch dazu *Schmid/Baur* (Fn. 92), Art. 161bis StGB Rn. 14, weil die Bestimmung strafbaren Verhaltens auf die außerstrafrechtliche Ebene verschoben werde; zu Kurspflege und Kursstützung ausführlich *Böckli* (Fn. 91), § 4 Rn. 378 ff.
[102] Vgl. *Iffland* (Fn. 93), Art. 46 BEHG Rn. 13; *Schmid*, FS Schweizerischer Juristentag, 1994, S. 525, 531; *Zobl/Kramer* (Fn. 91), Rn. 1038.

Ob neben der Funktionsfähigkeit des Marktes auch die Vermögensinteressen der Anleger (mit)geschützt werden, wird unterschiedlich beurteilt.[103]

4. Österreich

In Österreich ist der hergebrachte Verwaltungsstraftatbestand der Preismanipulation[104] durch die **Börsegesetznovelle 2004** vom umfassenderen Tatbestand der Marktmanipulation abgelöst worden. Die am 1. Januar 2005 in Kraft getretenen Neuregelungen lehnen sich eng an die Vorgaben der Marktmissbrauchsrichtlinie an: § 48a Abs. 1 Nr. 3 BörseG paraphrasiert die gemeinschaftsrechtliche Definition der Marktmanipulation und § 48a Abs. 2 BörseG übernimmt wortlautgetreu die einschlägigen Beispielsfälle aus der Richtlinie.[105] 27

Von rechtsvergleichendem Interesse sind vor allem die **Sanktionen**. Wie bisher verzichtet der österreichische Gesetzgeber auf eine Kriminalisierung der Marktmanipulation und begnügt sich mit einem **Verwaltungsstraftatbestand**. Strafbehörde ist die Finanzmarktaufsicht, die nach § 48c S. 1 BörseG eine Geldstrafe bis zu 35 000,– € verhängen kann. Die im Vergleich zum deutschen Recht vergleichsweise niedrige Summe rührt daher, dass nach Ansicht des Verfassungsgerichtshofs Verwaltungsstrafen nicht höher als vom Gericht verhängte Strafen sein dürfen.[106] § 48c S. 3 BörseG normiert überdies, dass ein **erzielter Vermögensvorteil** von der Aufsichtsbehörde als **verfallen** zu erklären ist. Ferner kann die Finanzmarktaufsicht gemäß § 48q Abs. 3 S. 2 BörseG ein **Berufsausübungsverbot** verhängen, sofern ein Zusammenhang zwischen der Marktmanipulation und der Berufstätigkeit des Beschuldigten besteht. Zivilrechtlich hat sich in Österreich die Meinung verfestigt, dass das börsegesetzliche Manipulationsverbot als **Schutzgesetz** i. S. d. 1311 S. 2 ABGB anzusehen ist[107] und geschädigten Anlegern damit **Schadensersatzansprüche** gewährt.[108] 28

IV. Gemeinschaftsrechtlicher Rahmen

1. Marktmissbrauchsrichtlinie des Europäischen Parlaments und des Rates

Das Verbot der Marktmanipulation ruht inzwischen auf einem festen gemeinschaftsrechtlichen Fundament. Die Europäische Kommission hatte in ihrem Aktionsplan für Finanzdienstleistungen vom Mai 1999[109] eine Richtlinie zur Be- 29

---

[103] Dafür *Schmid*, FS Schweizerischer Juristentag, 1994, S. 525, 531; dagegen mit eingehender Begründung *Iffland* (Fn. 93), Art. 46 BEHG Rn. 15; *Nobel* (Fn. 91), § 15 Rn. 22.

[104] Zu ihm *Altendorfer*, S. 207, 225 ff.; *Kapfer/Puck*, ÖBA 2005, 517, 518 f.

[105] Eingehend dazu *Kalss/Oppitz/Zollner*, Kapitalmarktrecht, Bd. I, 2005, § 21 Rn. 3 ff. und Rn. 14 ff.; *Kapfer/Puck*, ÖBA 2005, 517, 519 ff.

[106] Dazu *Kapfer/Puck*, ÖBA 2005, 517, 523, die Zweifel daran äußern, ob dies im Kapitalmarktrecht zu adäquaten Ergebnissen führt.

[107] Vgl. *Altendorfer*, S. 207, 234 f.; *Kalss/Puck* in *Aicher/Kalss/Oppitz*, Grundfragen des neuen Börserechts, 1998, S. 319, 354; *Oppitz*, ÖBA 2005, 169, 182; *S. Weber*, Kapitalmarktrecht, 1999, S. 317.

[108] Zu den praktischen Problemen der Schadensberechnung und der Ausforschung des Täters im anonymen Börsehandel *Kalss/Oppitz/Zollner* (Fn. 105), § 21 Rn. 52.

[109] Vgl. Mitteilung der Kommission vom 11. 9. 1999, KOM (1999) 232 endg., abgedr. in ZBB 1999, 254.

kämpfung von Marktmissbräuchen angekündigt und im Mai 2001 einen entsprechenden Regelungsvorschlag unterbreitet.[110] Dieser mündete nach diversen Änderungen in die **Richtlinie 2003/6/EG** des Europäischen Parlaments und des Rates vom 28. 1. 2003 über Insider-Geschäfte und Marktmanipulation,[111] die auf die Binnenmarktkompetenz des Art. 95 EG als Ermächtigungsgrundlage gestützt ist. Die Mitgliedstaaten sind gemäß Art. 18 der Richtlinie verpflichtet, die Vorschriften bis zum 12. 10. 2004 umzusetzen.[112] In Deutschland ist dies durch das Gesetz zur Verbesserung des Anlegerschutzes geschehen (vgl. Rn. 16).

30 Den Anstoß zur Einführung der Marktmissbrauchsrichtlinie gab ausweislich ihres 11. Erwägungsgrundes, dass der vorhandene gemeinschaftliche Rechtsrahmen zum Schutz der Marktintegrität unvollständig war. Einige Mitgliedstaaten kannten gar keine Vorschriften zur Ahndung von Kursmanipulationen oder der Verbreitung irreführender Informationen, in anderen herrschte Unklarheit über die Reichweite und Durchsetzung der Verbotstatbestände. Erklärtes Ziel der Marktmissbrauchsrichtlinie ist es, die Integrität der europäischen Finanzmärkte zu sichern, das Vertrauen der Öffentlichkeit in Wertpapiere und Derivate zu stärken und einen einheitlichen Rechtsrahmen zur Bekämpfung von **Marktmissbrauch** zu schaffen. Unter diesem **Oberbegriff** versteht die Richtlinie nach ihrem 12. Erwägungsgrund sowohl **Insider-Geschäfte** als auch **Marktmanipulationen.**

31 Gemäß Art. 5 der Richtlinie untersagen die Mitgliedstaaten jedermann, Marktmanipulation zu betreiben. Eine **Basisdefinition** dieses Schlüsselbegriffs findet sich in Art. 1 Nr. 2 lit. a)–c) der Richtlinie. Sie wird durch einige **Beispiele** angereichert: die Sicherung einer marktbeherrschenden Stellung in Bezug auf das Angebot oder die Nachfrage eines Finanzinstruments (1. Spiegelstrich), der irreführende Kauf oder Verkauf von Finanzinstrumenten bei Börsenschluss (2. Spiegelstrich) und das sogenannte Scalping (3. Spiegelstrich). Nach Art. 8 der Richtlinie gilt das Verbot der Marktmanipulation allerdings nicht für den Handel mit eigenen Aktien im Rahmen von Rückkaufprogrammen und Kursstabilisierungsmaßnahmen für ein Finanzinstrument, sofern gewisse Vorgaben beachtet werden. Gemäß Art. 6 Abs. 6 der Richtlinie müssen die Mitgliedstaaten dafür sorgen, dass die Betreiber von Märkten strukturelle Vorkehrungen zur Vorbeugung gegen und zur Aufdeckung von Marktmanipulationspraktiken treffen. Schließlich haben die Mitgliedstaaten nach Art. 6 Abs. 9 der Richtlinie vorzusehen, dass Personen, die beruflich Geschäfte mit Finanzinstrumenten tätigen, unverzüglich die zuständige Behörde informieren, wenn sie den begründeten Verdacht haben, dass eine Transaktion eine Marktmanipulation darstellen könnte.

Gemäß Art. 14 der Richtlinie sind die Mitgliedstaaten verpflichtet, geeignete **Verwaltungsmaßnahmen gegen Marktmanipulationen** zu ergreifen, die

---

[110] Vgl. Kommissionsvorschlag für eine Richtlinie des Europäischen Parlaments und des Rates über Insider-Geschäfte und Marktmanipulation (Marktmißbrauch) vom 30. 5. 2001, KOM (2001) 281 endg.; dazu *Hansen,* 23 U. Pa. J. Int'l Econ. L. 241 (2002); *M. Weber,* EuZW 2002, 43.

[111] ABl. L 96/16 vom 12. 4. 2003; dazu *Ferrarini,* CMLR 2004, 711; eingehend zum Entstehungsprozeß der Richtlinie *Ziouvas,* S. 19 ff.

[112] Länderberichte auf dem Stand von 2005 bei *Hasselbach* (Deutschland), *Cerina/Lemmens/Sandrelli* (Italien), *de Rijk* (Niederlande), *Rossell* (Spanien) und *Tamlyn/Naylor* (England) in European Company Law 2005, 27–41; zuletzt der Überblick bei *Mock/Stoll/Eufinger* in KölnKommWpHG, § 20 a Rn. 52 ff.

wirksam, verhältnismäßig und abschreckend sind.[113] Die Verhängung strafrechtlicher Sanktionen ist ihnen ausdrücklich freigestellt.[114] Zivilrechtliche Sanktionen sind ebenfalls nicht zwingend vorgeschrieben.[115]

2. Durchführungsmaßnahmen der Kommission

Die Marktmissbrauchsrichtlinie ist als **Rahmenrichtlinie** im sogenannten *Lamfalussy*-Verfahren erlassen worden.[116] Sie wird ausweislich ihres 42. Erwägungsgrundes um **Durchführungsmaßnahmen** ergänzt, die von der Kommission nach Anhörung des Europäischen Wertpapierausschusses erlassen werden.[117] 32

Gemäß Art. 1 Abs. 2 der Marktmissbrauchsrichtlinie erlässt die Kommission Durchführungsmaßnahmen zur Definition der Marktmanipulation, um eine einheitliche Richtlinienanwendung in der Gemeinschaft zu gewährleisten. Von dieser Befugnis hat sie durch die **Richtlinie 2003/124/EG** vom 22. 12. 2003 betreffend die Begriffsbestimmung und die Veröffentlichung von Insider-Informationen und die Begriffsbestimmung der Marktmanipulation[118] Gebrauch gemacht. Diese Richtlinie enthält detaillierte Orientierungshilfen darüber, wann ein manipulatives Verhalten in Bezug auf falsche oder irreführende Signale und in Bezug auf die Kurssicherung (Art. 4) sowie in Bezug auf die Vorspiegelung falscher Tatsachen und in Bezug auf sonstige Kunstgriffe oder Formen der Täuschung (Art. 5) vorliegt. 33

Nach Art. 8 der Marktmissbrauchsrichtlinie obliegt es der Kommission, Durchführungsmaßnahmen hinsichtlich einer „Safe Harbor"-Regelung für Aktienrückkäufe und Kursstabilisierungen zu erlassen. Dies ist durch die **Verordnung (EG) Nr. 2273/2003** vom 22. 12. 2003 betreffend Ausnahmeregelungen für Rückkaufprogramme und Kursstabilisierungsmaßnahmen[119] geschehen. Diese Verordnung enthält detaillierte Vorgaben über den Zweck von Rückkaufprogrammen und deren Voraussetzungen (Art. 3–6) sowie über die Bedingungen für die Stabilisierung eines Finanzinstruments (Art. 7–10). Als ergänzende Kursstabilisierungsmaßnahmen werden Mehrzuteilungen und Greenshoe-Optionen geregelt (Art. 11). 34

Gemäß Art. 1 Nr. 2 lit. a) der Marktmissbrauchsrichtlinie entfällt eine Marktmanipulation, wenn die betreffende Person mit ihren Geschäften nicht gegen eine zulässige Marktpraxis verstoßen hat. Darunter sind nach der Legaldefinition des Art. 1 Nr. 5 Gepflogenheiten zu verstehen, die auf einem oder mehreren Finanzmärkten nach vernünftigem Ermessen erwartet und von den zuständigen Behörden gemäß den Leitlinien der Kommission anerkannt werden. Diese Leitlinien enthält die **Richtlinie 2004/72/EG** der Kommission vom 29. 4. 2004 35

---

[113] Dazu *Eichelberger*, S. 146 f.; *Vogel* in *Assmann/Schneider*, vor § 20 a WpHG Rn. 10.
[114] Wie hier *Eichelberger*, S. 149; *Mock/Stoll/Eufinger* in KölnKommWpHG, § 20 a Rn. 37; *Vogel* in *Assmann/Schneider*, vor § 20 a WpHG Rn. 10.
[115] Rechtsvergleichender Überblick bei *Avgouleas*, S. 292 ff.
[116] Vgl. *Mock/Stoll/Eufinger* in KölnKommWpHG, § 20 a Rn. 38; *Schwark*, § 20 a WpHG Rn. 4; eingehende Bestandsaufnahme des *Lamfalussy*-Verfahrens am Beispiel der Marktmissbrauchsrichtlinie bei *Karpf*, ÖBA 2005, 573, 575 f.; und *Ziouvas*, S. 22 f.; allgemeiner *Schmolke*, NZG 2005, 912.
[117] Ausführlich *Waschkeit*, S. 187 ff., 195 ff.
[118] ABl. L 339/70 vom 24. 12. 2003.
[119] ABl. L 336/33 vom 23. 12. 2003.

betreffend zulässige Marktpraktiken.[120] Sie gibt den Mitgliedstaaten eine Reihe von Faktoren vor, die bei der Beurteilung von Marktpraktiken zu berücksichtigen sind (Art. 2), und verlangt von ihnen zudem, ein bestimmtes Konsultationsverfahren einzuhalten sowie die Entscheidung bekannt zu geben (Art. 3). Außerdem konkretisiert sie die Meldepflicht professioneller Marktteilnehmer bei verdächtigen Geschäften (Art. 7).

36 Nach Art. 1 Nr. 2 lit. c) Spiegelstrich 3 der Marktmissbrauchsrichtlinie bilden Stellungnahmen zu einem Finanzinstrument, an dem der Empfehlende selbst Positionen hält, einen Anwendungsfall der Marktmanipulation (sog. Scalping), sofern er der Öffentlichkeit diesen Interessenkonflikt nicht gleichzeitig auf ordnungsgemäße und effiziente Weise mitteilt. Die Modalitäten einer solchen Mitteilung hat die Kommission in der **Richtlinie 2003/125/EG** vom 22. 12. 2003[121] in Bezug auf die sachgerechte Darbietung von Anlageempfehlungen und die Offenlegung von Interessenkonflikten im einzelnen festgelegt. Diese Richtlinie sieht ein allgemeines Muster für die Offenlegung von Interessenkonflikten vor (Art. 5), das um zusätzliche Bedingungen ergänzt wird (Art. 6).

3. Leitlinien durch den Ausschuss der EU-Wertpapierregulierungsbehörden

37 Die auf den ersten beiden Stufen des *Lamfalussy*-Verfahrens erlassenen Vorschriften zur Marktmanipulation werden auf der dritten Stufe durch die im Ausschuss der Wertpapierregulierungsbehörden (CESR) vertretenen nationalen Behörden erläutert und weiter konkretisiert.[122] Inzwischen liegt ein erstes endgültiges Dokument vor, das bestimmte Marktpraktiken als missbräuchlich identifiziert.[123]

V. Rechtstatsachen

38 Einen aufschlussreichen Überblick über die jüngsten Entwicklungen auf dem Gebiet der Marktmanipulation bieten die Jahresberichte der BaFin, die seit Juli 2002 für die Verfolgung von Kurs- und Marktmanipulationen zuständig ist. Im **zweiten Halbjahr 2002** eröffnete das neu gegründete Referat zur Verfolgung von Kursmanipulation 17 neue Untersuchungen. In drei Fällen erstattete die BaFin Anzeige bei den zuständigen Staatsanwaltschaften. Außerdem leitete sie vier Verfahren wegen des möglichen Verstoßes gegen den Ordnungswidrigkeitentatbestand des § 39 WpHG ein.[124]

39 **Im Jahr 2003** eröffnete die BaFin 51 neue Untersuchungen wegen des Verdachts der Marktmanipulation. In sieben Fällen stellte sie fest, dass die Verdächtigen tatsächlich auf den Börsenpreis des manipulierten Finanzinstruments eingewirkt hatten, und zeigte 21 Beteiligte bei der Staatsanwaltschaft an; in drei Fällen, die an das intern zuständige Bußgeld-Referat übergeben wurden, hatte

---

[120] ABl. L 162/70 vom 30. 4. 2004.
[121] ABl. L 339/73 vom 24. 12. 2003.
[122] Vgl. aus der Binnensicht von CESR *Karpf,* ÖBA 2005, 573, 575 f.
[123] Vgl. Dok CESR/04-505b (Fn. 28), Chapter IV: „Types of practice that CESR members would consider to constitute Market Manipulation"; dazu auch *Kümpel/Veil,* 6. Teil Rn. 3.
[124] Vgl. BaFin, Jahresbericht 2002, S. 153.

Verbot der Marktmanipulation § 20a

das manipulative Verhalten nicht auf den Börsenpreis eingewirkt.[125] Die **Manipulationsvarianten** betrafen die Verbreitung falscher Umsatzzahlen durch Verwaltungsmitglieder im Zusammenhang mit dem Verkauf eines Mehrheitsanteils an dem Unternehmen, die verspätete Mitteilung einer negativen neuen Tatsache durch Vorstandsmitglieder, die Beeinflussung von Referenzpreisen durch Händler eines Kreditinstituts, börsenübergreifende Manipulationen in den elektronischen Handelssystemen XETRA und QUOTRIX, Manipulationen mittels „Wash Sales" durch Privatpersonen, unrichtige Angaben über die Rechnungslegung eines Emittenten durch eine außenstehende Person, die zugleich im Hedgefonds-Geschäft tätig war, sowie unrichtige Mitteilungen über ein börsennotiertes Unternehmen in Internetforen, die sich als angebliche Meldung einer Nachrichtenagentur präsentierten.[126]

Im Jahr 2004 eröffnete die BaFin 52 neue Untersuchungen. Bei 15 Sachverhalten stellte sie ein tatsächliches Einwirken auf den Börsenpreis des untersuchten Wertpapiers fest und zeigte insgesamt 35 Personen bei der zuständigen Staatsanwaltschaft an; in zwei Fällen eröffnete sie das Bußgeldverfahren; 13 weitere Verfahren wurden eingestellt.[127] Zugleich gab es im Jahr 2004 eine Verurteilung wegen Kurs- und Marktpreismanipulation nach Hauptverhandlung[128] und eine weitere im Strafbefehlsverfahren. In einem anderen, ursprünglich als Insidersachverhalt angezeigten Fall erfolgte eine Verurteilung wegen Kursbetrugs. Die Staatsanwaltschaft stellte fünf angezeigte Sachverhalte ein, in zwei weiteren wurde bereits die Eröffnung eines Ermittlungsverfahrens aus Rechtsgründen abgelehnt.[129]

Im Jahr 2005 eröffnete die BaFin 53 neue Untersuchungen und stellte 13 Untersuchungen ein. In elf Verdachtsfällen zeigte sie 20 verdächtige Personen bei der Staatsanwaltschaft an. Von den eröffneten Bußgeldverfahren schloss die BaFin eines durch Verhängung einer Geldbuße iHv 5000,– € rechtskräftig ab, zwei weitere stellte sie aus Opportunitätsgründen ein. Außerdem gab es im Jahr 2005 drei gerichtliche Verurteilungen. Die Staatsanwaltschaften stellten Verfahren gegen elf Verdächtige ein, davon in drei Fällen gegen Zahlung einer Geldauflage.

Im Jahr 2006 eröffnete die BaFin 60 neue Untersuchungen und fand in 15 Fällen Anhaltspunkte für eine strafbare Marktmanipulation, zum Teil in Verbindung mit Insiderhandel.[130] Sie zeigte 38 Personen bei den zuständigen Staatsanwaltschaften an. Von den positiven Marktmanipulationsanalysen betrafen 66% das Vortäuschen von Handelsaktivitäten, fast die Hälfte von ihnen im Freiverkehr.[131]

40

§ 20a Verbot der Marktmanipulation

(1) ¹Es ist verboten,

1. unrichtige oder irreführende Angaben über Umstände zu machen, die für die Bewertung eines Finanzinstruments erheblich sind, oder solche Umstände entgegen bestehenden Rechtsvorschriften zu verschweigen, wenn die Angaben oder das Verschweigen geeignet sind, auf den inländi-

---

[125] Vgl. BaFin, Jahresbericht 2003, S. 186.
[126] Ausführliche Fallbeschreibungen in BaFin, Jahresbericht 2003, S. 187 ff.
[127] Vgl. BaFin, Jahresbericht 2004, S. 193.
[128] Vgl. LG München I NStZ 2004, 291 – ComRoad.
[129] Vgl. BaFin, Jahresbericht 2004, S. 193.
[130] Vgl. BaFin, Jahresbericht 2006, S. 170.
[131] Vgl. BaFin, Jahresbericht 2006, S. 156.

§ 20a Abschnitt 4. Überwachung des Verbots

schen Börsen- oder Marktpreis eines Finanzinstruments oder auf den Preis eines Finanzinstruments an einem organisierten Markt in einem anderen Mitgliedstaat der Europäischen Union oder in einem anderen Vertragsstaat des Abkommens über den Europäischen Wirtschaftsraum einzuwirken,

2. Geschäfte vorzunehmen oder Kauf- oder Verkaufaufträge zu erteilen, die geeignet sind, falsche oder irreführende Signale für das Angebot, die Nachfrage oder den Börsen- oder Marktpreis von Finanzinstrumenten zu geben oder ein künstliches Preisniveau herbeizuführen oder

3. sonstige Täuschungshandlungen vorzunehmen, die geeignet sind, auf den inländischen Börsen- oder Marktpreis eines Finanzinstruments oder auf den Preis eines Finanzinstruments an einem organisierten Markt in einem anderen Mitgliedstaat der Europäischen Union oder in einem anderen Vertragsstaat des Abkommens über den Europäischen Wirtschaftsraum einzuwirken.

²Satz 1 gilt für Finanzinstrumente, die

1. an einer inländischen Börse zum Handel zugelassen oder in den regulierten Markt oder in den Freiverkehr einbezogen sind oder

2. in einem anderen Mitgliedstaat der Europäischen Union oder einem anderen Vertragsstaat des Abkommens über den Europäischen Wirtschaftsraum zum Handel an einem organisierten Markt zugelassen sind.

³Der Zulassung zum Handel an einem organisierten Markt oder der Einbeziehung in den regulierten Markt oder in den Freiverkehr steht es gleich, wenn der Antrag auf Zulassung oder Einbeziehung gestellt oder öffentlich angekündigt ist.

(2) ¹Das Verbot des Absatzes 1 Satz 1 Nr. 2 gilt nicht, wenn die Handlung mit der zulässigen Marktpraxis auf dem betreffenden organisierten Markt oder in dem betreffenden Freiverkehr vereinbar ist und der Handelnde hierfür legitime Gründe hat. ²Als zulässige Marktpraxis gelten nur solche Gepflogenheiten, die auf dem jeweiligen Markt nach vernünftigem Ermessen erwartet werden können und von der Bundesanstalt als zulässige Marktpraxis im Sinne dieser Vorschrift anerkannt werden. ³Eine Marktpraxis ist nicht bereits deshalb unzulässig, weil sie zuvor nicht ausdrücklich anerkannt wurde.

(3) ¹Der Handel mit eigenen Aktien im Rahmen von Rückkaufprogrammen sowie Maßnahmen zur Stabilisierung des Preises von Finanzinstrumenten stellen in keinem Fall einen Verstoß gegen das Verbot des Absatzes 1 Satz 1 dar, soweit diese nach Maßgabe der Verordnung (EG) Nr. 2273/2003 der Kommission vom 22. Dezember 2003 zur Durchführung der Richtlinie 2003/6/EG des Europäischen Parlaments und des Rates – Ausnahmeregelungen für Rückkaufprogramme und Kursstabilisierungsmaßnahmen (ABl. EU Nr. L 336 S. 33) erfolgen. ²Für Finanzinstrumente, die in den Freiverkehr oder in den regulierten Markt einbezogen sind, gelten die Vorschriften der Verordnung (EG) Nr. 2273/2003 entsprechend.

(4) Die Absätze 1 bis 3 gelten entsprechend für Waren und ausländische Zahlungsmittel im Sinne des § 51 Abs. 2 des Börsengesetzes, die an einem organisierten Markt gehandelt werden.

(5) ¹Das Bundesministerium der Finanzen kann durch Rechtsverordnung, die der Zustimmung des Bundesrates bedarf, nähere Bestimmungen erlassen über

Verbot der Marktmanipulation § 20a

1. Umstände, die für die Bewertung von Finanzinstrumenten erheblich sind,
2. falsche oder irreführende Signale für das Angebot, die Nachfrage oder den Börsen- oder Marktpreis von Finanzinstrumenten oder das Vorliegen eines künstlichen Preisniveaus,
3. das Vorliegen einer sonstigen Täuschungshandlung,
4. Handlungen und Unterlassungen, die in keinem Fall einen Verstoß gegen das Verbot des Absatzes 1 Satz 1 darstellen, und
5. Handlungen, die als zulässige Marktpraxis gelten, und das Verfahren zur Anerkennung einer zulässigen Marktpraxis.

²Das Bundesministerium der Finanzen kann die Ermächtigung durch Rechtsverordnung auf die Bundesanstalt für Finanzdienstleistungsaufsicht übertragen. ³Diese erlässt die Vorschriften im Einvernehmen mit den Börsenaufsichtsbehörden der Länder.

(6) Bei Journalisten, die in Ausübung ihres Berufes handeln, ist das Vorliegen der Voraussetzungen nach Absatz 1 Satz 1 Nr. 1 unter Berücksichtigung ihrer berufsständischen Regeln zu beurteilen, es sei denn, dass diese Personen aus den unrichtigen oder irreführenden Angaben direkt oder indirekt einen Nutzen ziehen oder Gewinne schöpfen.

Verordnung zur Konkretisierung des Verbotes der Marktmanipulation (Marktmanipulations-Konkretisierungsverordnung – MaKonV)

Vom 1. März 2005 (BGBl. I 515)

Auf Grund des § 20a Abs. 5 Satz 1 des Wertpapierhandelsgesetzes, der durch Artikel 1 Nr. 7 des Gesetzes vom 28. Oktober 2004 (BGBl. I S. 2630) neu gefasst worden ist, verordnet das Bundesministerium der Finanzen:

Teil 1. Anwendungsbereich

§ 1 Anwendungsbereich

Die Vorschriften dieser Verordnung sind anzuwenden auf

1. die Bestimmung von Umständen, die für die Bewertung von Finanzinstrumenten im Sinne des § 20a Abs. 1 Satz 1 Nr. 1 des Wertpapierhandelsgesetzes erheblich sind,
2. die Bestimmung falscher oder irreführender Signale für das Angebot, die Nachfrage oder den Börsen- oder Marktpreis von Finanzinstrumenten sowie des Vorliegens eines künstlichen Preisniveaus im Sinne des § 20a Abs. 1 Satz 1 Nr. 2 des Wertpapierhandelsgesetzes,
3. die Feststellung des Vorliegens sonstiger Täuschungshandlungen im Sinne des § 20a Abs. 1 Satz 1 Nr. 3 des Wertpapierhandelsgesetzes,

§ 20a Abschnitt 4. Überwachung des Verbots

4. die Bestimmung von Handlungen, die in keinem Fall einen Verstoß gegen das Verbot der Marktmanipulation nach § 20a Abs. 1 Satz 1 des Wertpapierhandelsgesetzes darstellen, und
5. die Bestimmung von Handlungen, die als zulässige Marktpraxis gelten, und das Verfahren zur Anerkennung einer zulässigen Marktpraxis im Sinne des § 20a Abs. 2 des Wertpapierhandelsgesetzes.

Teil 2. Bewertungserhebliche Umstände, falsche oder irreführende Signale oder künstliches Preisniveau und sonstige Täuschungshandlungen

§ 2 Bewertungserhebliche Umstände

(1) [1]Bewertungserhebliche Umstände im Sinne des § 20a Abs. 1 Satz 1 Nr. 1 des Wertpapierhandelsgesetzes sind Tatsachen und Werturteile, die ein verständiger Anleger bei seiner Anlageentscheidung berücksichtigen würde. [2]Als bewertungserhebliche Umstände gelten auch solche, bei denen mit hinreichender Wahrscheinlichkeit davon ausgegangen werden kann, dass sie in Zukunft eintreten werden.

(2) Insiderinformationen, die nach § 15 Abs. 1 Satz 1 des Wertpapierhandelsgesetzes, sowie Entscheidungen und Kontrollerwerbe, die nach § 10 oder § 35 des Wertpapiererwerbs- und Übernahmegesetzes zu veröffentlichen sind, sind regelmäßig bewertungserhebliche Umstände im Sinne des Absatzes 1.

(3) Bewertungserhebliche Umstände im Sinne des Absatzes 1 sind insbesondere:
1. bedeutende Kooperationen, der Erwerb oder die Veräußerung von wesentlichen Beteiligungen sowie der Abschluss, die Änderung oder die Kündigung von Beherrschungs- und Gewinnabführungsverträgen und sonstigen bedeutenden Vertragsverhältnissen;
2. Liquiditätsprobleme, Überschuldung oder Verlustanzeige nach § 92 des Aktiengesetzes;
3. bedeutende Erfindungen, die Erteilung oder der Verlust bedeutender Patente und Gewährung wichtiger Lizenzen;
4. Rechtsstreitigkeiten und Kartellverfahren von besonderer Bedeutung;
5. Veränderungen in personellen Schlüsselpositionen des Unternehmens;
6. strategische Unternehmensentscheidungen, insbesondere der Rückzug aus oder die Aufnahme von neuen Kerngeschäftsfeldern oder die Neuausrichtung des Geschäfts.

(4) Bewertungserhebliche Umstände im Sinne des Absatzes 1 können insbesondere auch sein:
1. Änderungen in den Jahresabschlüssen und Zwischenberichten und den hieraus üblicherweise abgeleiteten Unternehmenskennzahlen;
2. Änderungen der Ausschüttungen, insbesondere Sonderausschüttungen, eine Dividendenänderung oder die Aussetzung der Dividende;
3. Übernahme-, Erwerbs- und Abfindungsangebote, soweit nicht von Absatz 2 erfasst;
4. Kapital- und Finanzierungsmaßnahmen.

§ 3 Falsche oder irreführende Signale oder künstliches Preisniveau

(1) Anzeichen für falsche oder irreführende Signale oder die Herbeiführung eines künstlichen Preisniveaus im Sinne des § 20a Abs. 1 Satz 1 Nr. 2 des Wertpapierhandelsgesetzes können insbesondere auf Finanzinstrumente bezogene

1. Geschäfte oder Kauf- oder Verkaufsaufträge sein,
   a) die an einem Markt einen bedeutenden Anteil am Tagesgeschäftsvolumen dieser Finanzinstrumente ausmachen, insbesondere wenn sie eine erhebliche Preisänderung bewirken;
   b) durch die Personen erhebliche Preisänderungen bei Finanzinstrumenten, von denen sie bedeutende Kauf- oder Verkaufspositionen innehaben, oder bei sich darauf beziehenden Derivaten oder Basiswerten bewirken;
   c) mit denen innerhalb kurzer Zeit Positionen umgekehrt werden und die an einem Markt einen bedeutenden Anteil am Tagesgeschäftsvolumen dieser Finanzinstrumente ausmachen und die mit einer erheblichen Preisänderung im Zusammenhang stehen könnten;
   d) die durch ihre Häufung innerhalb eines kurzen Abschnitts des Börsentages eine erhebliche Preisänderung bewirken, auf die eine gegenläufige Preisänderung folgt;
   e) die nahe zu dem Zeitpunkt der Feststellung eines bestimmten Preises, der als Referenzpreis für ein Finanzinstrument oder andere Vermögenswerte dient, erfolgen und mittels Einwirkung auf diesen Referenzpreis den Preis oder die Bewertung des Finanzinstruments oder des Vermögenswertes beeinflussen;
2. Kauf- oder Verkaufsaufträge sein, die auf die den Marktteilnehmern ersichtliche Orderlage, insbesondere auf die zur Kenntnis gegebenen Preise der am höchsten limitierten Kaufaufträge oder der am niedrigsten limitierten Verkaufsaufträge, einwirken und vor der Ausführung zurückgenommen werden;
3. Geschäfte sein, die zu keinem Wechsel des wirtschaftlichen Eigentümers eines Finanzinstruments führen.

(2) Irreführende Signale im Sinne des § 20a Abs. 1 Satz 1 Nr. 2 des Wertpapierhandelsgesetzes werden insbesondere auch durch Geschäfte oder einzelne Kauf- oder Verkaufsaufträge über Finanzinstrumente gegeben,

1. die geeignet sind, über Angebot oder Nachfrage bei einem Finanzinstrument im Zeitpunkt der Feststellung eines bestimmten Börsen- oder Marktpreises, der als Referenzpreis für ein Finanzinstrument oder andere Produkte dient, zu täuschen, insbesondere wenn durch den Kauf oder Verkauf von Finanzinstrumenten bei Börsenschluss Anleger, die aufgrund des festgestellten Schlusspreises Aufträge erteilen, über die wahren wirtschaftlichen Verhältnisse getäuscht werden,
2. die zu im Wesentlichen gleichen Stückzahlen und Preisen von verschiedenen Parteien, die sich abgesprochen haben, erteilt werden, es sei denn, diese Geschäfte wurden im Einklang mit den jeweiligen Marktbestimmungen rechtzeitig angekündigt, oder
3. die den unzutreffenden Eindruck wirtschaftlich begründeter Umsätze erwecken.

§ 20a   Abschnitt 4. Überwachung des Verbots

§ 4 Sonstige Täuschungshandlungen

(1) Sonstige Täuschungshandlungen im Sinne des § 20a Abs. 1 Satz 1 Nr. 3 des Wertpapierhandelsgesetzes sind Handlungen oder Unterlassungen, die geeignet sind, einen verständigen Anleger über die wahren wirtschaftlichen Verhältnisse, insbesondere Angebot und Nachfrage in Bezug auf ein Finanzinstrument, an einer Börse oder einem Markt in die Irre zu führen und den inländischen Börsen- oder Marktpreis eines Finanzinstruments oder den Preis eines Finanzinstruments an einem organisierten Markt in einem anderen Mitgliedstaat der Europäischen Union oder einem anderen Vertragsstaat des Abkommens über den Europäischen Wirtschaftsraum hoch- oder herunterzutreiben oder beizubehalten.

(2) Anzeichen für sonstige Täuschungshandlungen sind auch Geschäfte oder einzelne Kauf- oder Verkaufsaufträge, bei denen die Vertragspartner oder Auftraggeber oder mit diesen in enger Beziehung stehende Personen vorab oder im Nachhinein
1. unrichtige oder irreführende Informationen weitergeben oder
2. unrichtige, fehlerhafte, verzerrende oder von wirtschaftlichen Interessen beeinflusste Finanzanalysen oder Anlageempfehlungen erstellen oder weitergeben.

(3) Sonstige Täuschungshandlungen sind insbesondere auch
1. die Sicherung einer marktbeherrschenden Stellung über das Angebot von oder die Nachfrage nach Finanzinstrumenten durch eine Person oder mehrere in Absprache handelnde Personen mit der Folge, dass unmittelbar oder mittelbar Ankaufs- oder Verkaufspreise dieser Finanzinstrumente bestimmt oder nicht marktgerechte Handelsbedingungen geschaffen werden;
2. die Nutzung eines gelegentlichen oder regelmäßigen Zugangs zu traditionellen oder elektronischen Medien durch Kundgabe einer Stellungnahme oder eines Gerüchtes zu einem Finanzinstrument oder dessen Emittenten, nachdem Positionen über dieses Finanzinstrument eingegangen worden sind, ohne dass dieser Interessenkonflikt zugleich mit der Kundgabe in angemessener und wirksamer Weise offenbart wird.

Teil 3. Handlungen, die in keinem Fall einen Verstoß gegen das Verbot der Marktmanipulation darstellen

§ 5 Handlungen im Einklang mit europäischem Recht

Der Handel mit eigenen Aktien im Rahmen von Rückkaufprogrammen sowie Maßnahmen zur Stabilisierung des Preises von Finanzinstrumenten nach § 20a Abs. 3 des Wertpapierhandelsgesetzes in Verbindung mit der Verordnung (EG) Nr. 2273/2003 der Kommission vom 22. Dezember 2003 zur Durchführung der Richtlinie 2003/6/EG des Europäischen Parlaments und des Rates – Ausnahmeregelungen für Rückkaufprogramme und Kursstabilisierungsmaßnahmen (ABl. EU Nr. L 336 S. 33) – stellen in keinem Fall einen Verstoß gegen das Verbot der Marktmanipulation dar.

Verbot der Marktmanipulation § 20a

§ 6 Anerkennung ausländischer Stabilisierungsregeln

Zulässig sind auch im Ausland getätigte Maßnahmen zur Stabilisierung des Preises von Finanzinstrumenten, die nicht zum Handel an einem organisierten Markt in einem Mitgliedstaat der Europäischen Union oder einem anderen Vertragsstaat des Abkommens über den Europäischen Wirtschaftsraum zugelassen sind und für die eine solche Zulassung nicht beantragt ist, wenn sie den Anforderungen der Verordnung (EG) Nr. 2273/2003 genügen oder im Rahmen der an den betreffenden ausländischen Märkten bestehenden Regeln über zulässige Stabilisierungsmaßnahmen getätigt werden, sofern diese Regeln den Regeln dieser Verordnung gleichwertig sind.

Teil 4. Zulässige Marktpraxis

§ 7 Verfahren zur Anerkennung einer zulässigen Marktpraxis

(1) ¹Erhält die Bundesanstalt für Finanzdienstleistungsaufsicht (Bundesanstalt) im Rahmen ihrer Aufsichtstätigkeit Kenntnis von einer Gepflogenheit, die geeignet sein könnte, falsche oder irreführende Signale für das Angebot, die Nachfrage oder den Börsen- oder Marktpreis von Finanzinstrumenten zu geben oder ein künstliches Preisniveau herbeizuführen, so entscheidet sie über die Anerkennung dieser Gepflogenheit als eine zulässige Marktpraxis im Sinne des § 20a Abs. 2 des Wertpapierhandelsgesetzes nach Maßgabe des Absatzes 2 und der §§ 8 und 9. ²Sie überprüft die zulässige Marktpraxis regelmäßig und berücksichtigt dabei insbesondere wesentliche Änderungen des Marktes, wie geänderte Handelsregeln oder eine Änderung der Infrastruktur des Marktes. ³Sie kann die Anerkennung mit Wirkung für die Zukunft ändern oder widerrufen. ⁴Für die Änderung oder den Widerruf gelten die §§ 8 und 9 entsprechend.

(2) ¹Wurde bereits ein Verfahren wegen des Verdachts auf Marktmanipulation eingeleitet, so kann die Bundesanstalt für den Einzelfall bei besonderer Eilbedürftigkeit ohne die in § 9 vorgesehene Beteiligung von Marktteilnehmern, anderen Behörden und zuständigen ausländischen Stellen nur nach Maßgabe des § 8 Abs. 1 entscheiden. ²Die Beteiligung von Marktteilnehmern, anderen Behörden und zuständigen ausländischen Stellen nach § 9 sowie gegebenenfalls die Bekanntgabe der Anerkennung nach § 10 sind nachzuholen. Die Befugnisse der Staatsanwaltschaft bleiben unberührt.

§ 8 Kriterien

(1) Bei der Anerkennung von Gepflogenheiten als zulässige Marktpraxis im Sinne des § 20a Abs. 2 Satz 2 des Wertpapierhandelsgesetzes berücksichtigt die Bundesanstalt insbesondere, ob die Gepflogenheit
1. für den gesamten Markt hinreichend transparent ist,
2. die Liquidität und Leistungsfähigkeit des Marktes beeinträchtigt,
3. das Funktionieren der Marktkräfte und das freie Zusammenspiel von Angebot und Nachfrage unter Berücksichtigung wesentlicher Parameter, insbesondere der Marktbedingungen vor Einführung der Marktpraxis, des

§ 20a   Abschnitt 4. Überwachung des Verbots

gewichteten Durchschnittskurses eines Handelstages und der täglichen Schlussnotierung, beeinträchtigt,
4. mit dem Handelsmechanismus auf dem Markt vereinbar ist und den anderen Marktteilnehmern eine angemessene und rechtzeitige Reaktion erlaubt,
5. den Strukturmerkmalen des Marktes, insbesondere dessen Regulierung und Überwachung, den gehandelten Finanzinstrumenten und der Art der Marktteilnehmer gerecht wird und
6. die Integrität anderer Märkte, auf denen dasselbe Finanzinstrument gehandelt wird, gefährdet.

(2) Die Bundesanstalt berücksichtigt die Erkenntnisse anderer inländischer Behörden sowie zuständiger Stellen anderer Mitgliedstaaten der Europäischen Union und anderer Vertragsstaaten des Abkommens über den Europäischen Wirtschaftsraum aus Ermittlungstätigkeiten im Zusammenhang mit der betreffenden Marktpraxis, insbesondere zur Vereinbarkeit der Gepflogenheit mit Marktmissbrauchsrecht und den Verhaltensregeln des betreffenden Marktes oder mit diesem in Beziehung stehenden Märkten innerhalb der Europäischen Union und dem Europäischen Wirtschaftsraum.

§ 9 Beteiligung von Marktteilnehmern, Behörden und ausländischen Stellen

(1) [1]Soweit für eine sachgerechte Entscheidung erforderlich, sind vor der Anerkennung einer zulässigen Marktpraxis Spitzenverbände der betroffenen Wirtschaftskreise, insbesondere der Emittenten und der Wertpapierdienstleistungsunternehmen, Betreiber von Märkten, auf denen Finanzinstrumente gehandelt werden, Verbraucherverbände oder Behörden, deren Aufgabenbereiche von der Anerkennung der Marktpraxis berührt werden, anzuhören. [2]Zuständige Stellen anderer Mitgliedstaaten der Europäischen Union und anderer Vertragsstaaten des Abkommens über den Europäischen Wirtschaftsraum, die den Handel mit Finanzinstrumenten überwachen, sollen angehört werden, insbesondere wenn sie für die Überwachung von mit dem jeweiligen Markt vergleichbaren Märkten zuständig sind.

(2) [1]Die Bundesanstalt setzt eine angemessene Frist für die Abgabe von Stellungnahmen nach Absatz 1. [2]Fristgemäß abgegebene Stellungnahmen werden bei der Entscheidung über die Anerkennung berücksichtigt.

§ 10 Bekanntgabe

(1) [1]Die Bundesanstalt gibt die Anerkennung einer zulässigen Marktpraxis durch Veröffentlichung im elektronischen Bundesanzeiger und auf ihrer Website bekannt. [2]In der Bekanntgabe beschreibt sie das Verhalten, welches die zulässige Marktpraxis kennzeichnet, und nennt die der Anerkennung zugrunde liegenden Erwägungen. [3]Abweichungen von der zulässigen Marktpraxis auf anderen, mit dem jeweiligen Markt vergleichbaren Märkten, sind gesondert zu begründen.

(2) Die Bundesanstalt übermittelt die Bekanntgabe nach Absatz 1 unverzüglich dem Ausschuss der Europäischen Wertpapierregulierungsbehörden zum Zweck der Veröffentlichung auf dessen Website.

Teil 5. Schlussvorschriften

§ 11 Inkrafttreten, Außerkrafttreten

Diese Verordnung tritt am Tag nach der Verkündung in Kraft. Gleichzeitig tritt die Verordnung zur Konkretisierung des Verbotes der Kurs- und Marktpreismanipulation vom 18. November 2003 (BGBl. I S. 2300) außer Kraft.

Der Bundesrat hat zugestimmt.

Übersicht

	Rn.
I. Überblick	1
1. Regelungsgegenstand	1
2. Bußgeld- und Strafbewehrung	2
3. Regelungsumfeld	3
II. Anwendungsbereich (Abs. 1 S. 2 und Abs. 4)	4
1. Sachlicher Anwendungsbereich	4
a) Finanzinstrumente	4
b) Waren und ausländische Zahlungsmittel	6
c) Börsenüberwachte Märkte	7
2. Räumlicher Anwendungsbereich	10
III. Verbotstatbestände (Abs. 1 S. 1)	15
1. Machen unrichtiger oder irreführender Angaben über bewertungserhebliche Umstände (Nr. 1 Alt. 1)	15
a) Allgemeines	15
b) Angaben	16
c) Machen	18
d) Unrichtig oder irreführend	20
e) Berichtigungspflicht	23
f) Bewertungserhebliche Umstände	24
aa) Basisdefinition	24
bb) Tatsachen und Werturteile	25
cc) Verständiger Anleger	26
dd) Einzelumstände	27
ee) Verfassungsmäßigkeit	30
g) Eignung zur Einwirkung auf den Börsen- oder Marktpreis	31
2. Verschweigen entgegen bestehender Rechtsvorschriften (Nr. 1 Alt. 2)	35
a) Allgemeines	35
b) Verschweigen	36
c) Rechtspflicht zur Offenlegung	37
d) Bewertungserhebliche Umstände	40
e) Eignung zur Einwirkung auf den Börsen- oder Marktpreis	41
3. Geschäfte, die falsche Signale geben oder ein künstliches Preisniveau herbeiführen (Nr. 2)	42
a) Allgemeines	42
b) Vornahme von Geschäften und Erteilung von Aufträgen	44
c) Irreführungs- oder Manipulationseignung	46
aa) Eignung zur Abgabe irreführender Signale	47
bb) Eignung zur Herbeiführung eines künstlichen Preisniveaus	48

§ 20a Abschnitt 4. Überwachung des Verbots

	Rn.
d) Konkretisierung durch § 3 MaKonV	49
e) Anzeichen für falsche oder irreführende Signale oder künstliches Preisniveau	50
aa) Bedeutung	50
bb) Einzelanzeichen	51
f) Verbindliche Beispiele für irreführende Signale	54
aa) Bedeutung	54
bb) Einzelbeispiele	55
4. Vornahme sonstiger Täuschungshandlungen (Nr. 3)	58
a) Allgemeines	58
b) Basisdefinition	60
c) Anzeichen für sonstige Täuschungshandlungen	61
aa) Bedeutung	61
bb) Einzelanzeichen	62
d) Verbindliche Beispiele für sonstige Täuschungshandlungen	64
aa) Bedeutung	64
bb) Einzelbeispiele	65
(1) Sicherung einer marktbeherrschenden Stellung	65
(2) Scalping	67
(3) Sonstige Fälle	69
e) Eignung zur Einwirkung auf den Börsen- oder Marktpreis	70
f) Verfassungsmäßigkeit	72
5. Subjektiver Tatbestand	73
IV. Ausnahmen für zulässige Marktpraktiken (Abs. 2)	75
1. Allgemeines	75
2. Zulässige Marktpraxis	78
3. Legitime Gründe	79
4. Verfahren zur Anerkennung	80
a) Notwendigkeit einer Anerkennung durch die BaFin	80
b) Einzelheiten des Verfahrens	82
c) Nachträgliche Anerkennung	85
5. Kriterien für eine Anerkennung	86
a) Basisvorgaben	86
b) Einzelbeispiele	87
6. Bekanntgabe der Anerkennung	89
7. Änderung oder Widerruf der Anerkennung	90
V. Ausnahmen für Rückkaufprogramme und Kursstabilisierungsmaßnahmen (Abs. 3)	91
1. Allgemeines	91
2. Rückkaufprogramme	93
a) Begriff und Bedeutung	93
b) Freistellungsvoraussetzungen	95
aa) Rückkaufzwecke	96
bb) Rückkaufbedingungen	97
cc) Rückkauftransparenz	98
(1) Vorherige Offenlegung	99
(2) Mechanismen zur Erfüllung der Meldepflichten	101
(3) Nachträgliche Offenlegung	102
dd) Rückkaufpreis	103
ee) Rückkaufmenge	104
ff) Einschränkungen während des Rückkaufprogramms	106
3. Kursstabilisierungsmaßnahmen	108
a) Überblick	108
aa) Begriff und Bedeutung	108
bb) Anwendungsbereich und Abgrenzungen	109
cc) Stabilisierungsträger und Stabilisierungskosten	111

	Rn.
b) Bisherige Beurteilung	112
aa) Frühe Rechtfertigungen	112
bb) Moderne Begründungen	113
c) Freistellungsvoraussetzungen	115
aa) Stabilisierungszeitraum	116
bb) Stabilisierungstransparenz	121
(1) Vorherige Offenlegung	122
(2) Behördliche Meldepflichten	123
(3) Nachträgliche Offenlegung	124
(4) Aufzeichnungspflichten	125
cc) Stabilisierungsmanager	126
dd) Stabilisierungspreis	127
ee) Anerkennung ausländischer Stabilisierungsregeln	128
4. Ergänzende Kursstabilisierungsmaßnahmen: Mehrzuteilung und Greenshoe	129
a) Begriffe und Bedeutung	129
b) Kapitalmarktrechtliche Freistellungsvoraussetzungen	131
aa) Zeitraum und Kurs der Mehrzuteilung	132
bb) Naked Short	133
cc) Modalitäten der Greenshoe-Option	134
dd) Transparenz der Greenshoe-Option	135
c) Aktienrechtliche Zulässigkeit	136
VI. Verordnungsermächtigung (Abs. 5)	137
1. Allgemeines	137
2. Verfassungsmäßigkeit	138
3. Ermächtigungsadressaten	139
4. Ermächtigungsreichweite	140
5. Verordnung zur Konkretisierung des Verbotes der Marktmanipulation	141
VII. Sonderregelungen für Journalisten	142
VIII. Sanktionen	147
1. Bußgeld- und Strafbewehrung	147
a) Allgemeines	147
b) Bußgeldvorschriften	148
c) Strafvorschriften	149
2. Zivilrechtliche Sanktionen	152
a) Haftungsfolgen	152
aa) Bisherige Beurteilung	153
bb) Heutiger Rechtsstand	154
b) Nichtigkeit von Rechtsgeschäften	155

I. Überblick

1. Regelungsgegenstand

§ 20a WpHG regelt den Grundtatbestand des Verbotes der Marktmanipulation. **Abs. 1 S. 1** schützt die Zuverlässigkeit und Wahrheit der Preisbildung an Börsen und Märkten (zum Normzweck vor § 20a Rn. 1) gegen unerlaubte Eingriffe in dreierlei Form: unrichtige oder irreführende Angaben (Nr. 1), Geschäfte oder Aufträge, die geeignet sind, falsche oder irreführende Marktsignale zu geben oder ein künstliches Preisniveau herbeizuführen (Nr. 2), und sonstige Täuschungshandlungen (Nr. 3). **Abs. 1 S. 2 und Abs. 4** markieren den sachlichen Anwendungsbereich des Verbotstatbestandes. **Abs. 2 und 3** enthalten Verbotsausnahmen für Handlungen in Übereinstimmung mit einer zulässigen Marktpraxis und für den Handel mit eigenen Aktien im Rahmen von Rückkaufprogrammen und Kursstabilisierungsmaßnahmen. **Abs. 5** bietet eine Ermächtigungsgrundlage zur Spezifizierung des Verbotstatbestandes durch Rechtsverordnung. **Abs. 6** sieht Sonderregelungen für Journalisten vor.

2. Bußgeld- und Strafbewehrung

2   § 20a WpHG bildet zugleich die Grundlage für blankettartige Sanktionsnormen.[1] Den **Straftatbestand des § 38 Abs. 2 WpHG** verwirklicht, wer entgegen § 20a Abs. 1 S. 1 WpHG eine vorsätzliche Manipulationshandlung begeht und dadurch auf den Börsen- oder Marktpreis eines Finanzinstruments einwirkt. Es handelt sich um ein Erfolgsdelikt.[2] Den **Bußgeldtatbestand des § 39 Abs. 1 Nr. 1 und 2, Abs. 2 Nr. 11 WpHG** verwirklicht, wer entgegen § 20a Abs. 1 S. 1 WpHG vorsätzlich (Nr. 11: vorsätzlich oder leichtfertig) eine Manipulationshandlung begeht. Es handelt sich um ein Gefährdungsdelikt.[3]

3. Regelungsumfeld

3   § 20a WpHG bildet die **Nachfolgevorschrift zu § 88 BörsG aF** und hat seine heutige Gestalt durch das Vierte Finanzmarktförderungsgesetz von 2002 und das Anlegerschutzverbesserungsgesetz von 2004 gewonnen (näher vor § 20a Rn. 16). Seine dynamische Entwicklung und sein hoher Detaillierungsgrad gehen vor allem auf **gemeinschaftsrechtliche Harmonisierungsvorgaben** zurück (näher vor § 20a Rn. 29ff.). Bei der Rechtsanwendung sind daher die Grundsätze zur richtlinienkonformen Auslegung zu berücksichtigen.[4] Für eine weitere Einzelentfaltung sorgt die Verordnung des BMF zur Konkretisierung des Verbots der Marktmanipulation **(MaKonV)** vom März 2005 (vgl. vor § 20a Rn. 17). Auskunft über die praktische Anwendung des Verbotstatbestandes gibt schließlich der **Emittentenleitfaden** der BaFin vom Juli 2005.[5]

II. Anwendungsbereich (Abs. 1 S. 2 und Abs. 4)

1. Sachlicher Anwendungsbereich

a) Finanzinstrumente

4   Der sachliche Schutzbereich der Vorschrift erstreckt sich auf **Finanzinstrumente**. Diese durch das Anlegerschutzverbesserungsgesetz neu eingeführ-

---

[1] Vgl. *Arlt*, S. 102 ff.; *Sorgenfrei* in *Park*, §§ 20a, 38 II, 39 I Nr. 1–2, II Nr. 11, IV WpHG Rn. 19; *Vogel* in *Assmann/Schneider*, § 20a WpHG Rn. 3.

[2] Vgl. BGHSt 48, 373, 382; *Eichelberger*, S. 322; *Schwark*, KMRK, § 20a WpHG Rn. 2; *Sorgenfrei* in *Park*, §§ 20a, 38 II, 39 I Nr. 1–2, II Nr. 11, IV WpHG Rn. 26; *Vogel* in *Assmann/Schneider*, § 38 WpHG Rn. 2.

[3] Vgl. Begr. RegE 4. FMFG, BT-Drucks. 14/8017, S. 90; *Kautzsch*, 7. Kap. Rn. 81; *Schwark*, KMRK, § 20a WpHG Rn. 2; *Sorgenfrei* in *Park*, §§ 20a, 38 II, 39 I Nr. 1–2, II Nr. 11, IV WpHG Rn. 26.

[4] Vgl. *Vogel* in *Assmann/Schneider*, § 20a WpHG Rn. 15; zu Sonderproblemen bei den einzelnen Fällen überschießender Richtlinienumsetzung durch den deutschen Gesetzgeber *Mock/Stoll/Eufinger* in KölnKommWpHG, § 20a Rn. 39 ff. und Rn. 49.

[5] Vgl. BaFin, Emittentenleitfaden, Kap. VI, S. 86 ff.; dazu *Claussen/Florian*, AG 2005, 745.

te Sammelbezeichnung[6] hat den bisherigen Oberbegriff Vermögenswerte[7] abgelöst, inhaltlich aber zu keinen wesentlichen Veränderungen geführt.[8] Sie dient der Umsetzung von Art. 1 Nr. 3 der Marktmissbrauchsrichtlinie,[9] an dem sich bereits die Textfassung des Vierten Finanzmarktförderungsgesetzes orientiert hatte.[10]

Nach der Legaldefinition des § 2 Abs. 2b S. 1 WpHG gehören zu den Finanzinstrumenten Wertpapiere, Geldmarktinstrumente, Derivate und Rechte auf Zeichnung von Wertpapieren. **Wertpapiere** sind solche iSv § 2 Abs. 1 WpHG.[11] Im Unterschied zum Wertpapierbegriff des § 88 BörsG aF spielt die urkundliche Verbriefung heute keine Rolle mehr,[12] so dass auch bloße Wertrechte vom Manipulationsverbot erfasst werden, sofern sie fungibel und umlauffähig sind.[13] **Geldmarktinstrumente** sind nach der Formulierung des § 2 Abs. 1a WpHG Forderungen, die nicht unter den Wertpapierbegriff fallen und üblicherweise auf dem Geldmarkt gehandelt werden.[14] **Derivate** sind schon früher in den Tatbestand des § 88 BörsG aF einbezogen worden. Unter ihnen versteht man die in § 2 Abs. 2 WpHG aufgeführten Instrumente.[15] **Rechte auf Zeichnung** sind durch das Vierte Finanzmarktförderungsgesetz neu aufgenommen worden. Zu ihnen zählen gesetzlich oder vertraglich begründete Bezugsrechte iSd §§ 186, 187, 203 AktG.[16]

b) Waren und ausländische Zahlungsmittel

Gemäß § 20a Abs. 4 WpHG gilt das Verbot der Marktmanipulation entsprechend für Waren, die an einem organisierten Markt gehandelt werden. Unter **Waren** versteht man nach § 2 Abs. 2c WpHG fungible Wirtschaftsgüter, die geliefert werden können, zB Edelmetalle, Getreide oder Strom,[17] aber auch Verschmutzungsrechte (sog. Emissionszertifikate).[18] Die Gesetzesmaterialien rechtfertigen deren Einbeziehung im Hinblick auf deren Funktion als Basiswert

---

[6] Vgl. *Bürgers*, BKR 2004, 424; *Kümpel/Veil*, 6. Teil Rn. 6; *Mock/Stoll/Eufinger* in KölnKommWpHG, § 20a Rn. 118; *Schwintek*, S. 59; *Spindler*, NJW 2004, 3449, 3452; *Vogel* in *Assmann/Schneider*, § 20a WpHG Rn. 24; *Ziouvas*, S. 229 f.
[7] Zu ihm *Schwark*, KMRK, § 20a WpHG Rn. 6; *Sorgenfrei* in *Park*, 1. Aufl. 2004, §§ 20a, 38 I Nr. 4, 39 WpHG Rn. 15 ff.
[8] Vgl. *Bisson/Kunz*, BKR 2005, 186 f.; *Bürgers*, BKR 2004, 424.
[9] Vgl. Begr. RegE AnSVG, BT-Drucks. 15/3174, S. 29.
[10] Dazu *Möller*, WM 2002, 309, 312; *Ziouvas/Walter*, WM 2002, 1483, 1485; *Schwark*, KMRK, § 20a WpHG Rn. 7.
[11] Vgl. Begr. RegE 4. FMFG, BT-Drucks. 14/8017, S. 89; *Schröder*, Hdb Kapitalmarktstrafrecht, Rn. 383.
[12] Vgl. *Arlt*, S. 121 ff.; *Eichelberger*, S. 202; *Ziouvas*, ZGR 2003, 113, 121.
[13] Näher *Eichelberger*, S. 202; *Ziouvas*, wistra 2003, 13, 14.
[14] Zu ihrer Einbeziehung durch das 4. FMFG *Möller*, WM 2002, 309, 311.
[15] Vgl. Begr. RegE 4. FMFG, BT-Drucks. 14/8017, S. 89; *Schröder*, Hdb Kapitalmarktstrafrecht, Rn. 383.
[16] Vgl. *Arlt*, S. 130; *Eichelberger*, S. 206; *Schwark*, KMRK, § 20a WpHG Rn. 6; *Sorgenfrei*, wistra 2002, 321, 322 mit Fn. 29.
[17] Vgl. *Eichelberger*, S. 216; *Schäfer* in *Schäfer/Hamann*, KMG, § 20a WpHG Rn. 24; *Sorgenfrei* in *Park*, § 20a, §§ 38 I Nr. 1–2, II Nr. 11, IV WpHG Rn. 29; *Worms* in *Assmann/Schütze*, Hdb Kapitalanlagerecht, § 9 Rn. 101.
[18] Vgl. *Schäfer* in *Schäfer/Hamann*, KMG, § 20a WpHG Rn. 24.

§ 20a 7, 8 Abschnitt 4. Überwachung des Verbots

(Underlying) für Warenderivate.[19] Auch wenn letztere bereits als Derivate iSd § 2 Abs. 2 WpHG vom Anwendungsbereich des Verbots der Marktmanipulation erfasst werden,[20] ist ihre Einbeziehung sinnvoll, weil die Manipulation von Waren aus Gründen des Analogieverbots nicht mit der von Warenderivaten gleichgesetzt werden kann.[21] § 20a Abs. 4 WpHG bezieht schließlich auch **ausländische Zahlungsmittel** iSd § 51 Abs. 2 BörsG, die an einem organisierten Markt gehandelt werden, in den gesetzlichen Schutzbereich ein.

c) Börsenüberwachte Märkte

7 Gemäß § 20a Abs. 1 S. 2 Nr. 1 WpHG werden Finanzinstrumente nur dann vom Manipulationsverbot erfasst, wenn sie an einer inländischen Börse zum Handel zugelassen oder in den regulierten Markt oder den Freiverkehr einbezogen sind.[22] Ausweislich der Regierungsbegründung soll damit (allein) die Funktionsfähigkeit der überwachten Wertpapiermärkte geschützt werden.[23] Ohne Belang ist hingegen, ob das Geschäft mit **börsennotierten Finanzinstrumenten** an der Börse oder außerbörslich erfolgt: Das Verbot des § 20a WpHG erstreckt sich auf beide Fälle, weil auch außerbörslich vorgenommene Manipulationen die Funktionsfähigkeit der Wertpapiermärkte beeinträchtigen können.[24] Das liegt auf der Linie früherer Reformvorschläge[25] und entspricht Art. 9 Abs. 1 der Marktmissbrauchsrichtlinie.

8 Vom neu gefassten Manipulationsverbot **nicht** mehr **erfasst** wird dagegen der Handel mit **nicht börsenüberwachten Finanzinstrumenten**.[26] Ausgeklammert sind damit Finanzinstrumente, die ausschließlich im Telefonverkehr oder auf dem grauen Kapitalmarkt gehandelt werden.[27] Damit bleibt § 20a WpHG hinter dem Einzugsbereich des § 88 BörsG aF zurück, der nach herrschender Meinung auch außerbörsliche Märkte einbezog, soweit organisierte Markteinrichtungen bestanden.[28] Im Schrifttum wird die Schutzbereichsverkürzung überwiegend be-

---

[19] Vgl. Begr. RegE 4. FMFG, BT-Drucks. 14/8017, S. 89; ebenso AnwK-AktG-*Fischer zu Cramburg/Royé*, § 20a WpHG Rn. 2; *Möller*, WM 2002, 309, 311; *Schwark*, KMRK, § 20a WpHG Rn. 6; *Worms* in *Assmann/Schütze*, Hdb Kapitalanlagerecht, § 9 Rn. 101.
[20] Vgl. *Schröder*, Hdb Kapitalmarktstrafrecht, Rn. 384; *Ziouvas*, ZGR 2003, 113, 120.
[21] Wie hier *Arlt*, S. 131; *Eichelberger*, S. 217; *Mock/Stoll/Eufinger* in KölnKommWpHG, § 20a Rn. 386; *Vogel* in *Assmann/Schneider*, § 20a WpHG Rn. 31; kritisch aber *Schlüchter*, S. 140; *Worms* in *Assmann/Schütze*, Hdb Kapitalanlagerecht, § 9 Rn. 101.
[22] Ausführlich zu diesem Marktbezug *Arlt*, S. 131 ff.; *Eichelberger*, S. 206 ff.
[23] Vgl. Begr. RegE 4. FMFG, BT-Drucks. 14/8017, S. 89.
[24] Vgl. Begr. RegE 4. FMFG, BT-Drucks. 14/8017, S. 89; AnwK-AktG-*Fischer zu Cramburg/Royé*, § 20a WpHG Rn. 2; *Kümpel/Veil*, 6. Teil Rn. 6; *Mock/Stoll/Eufinger* in KölnKommWpHG, § 20a Rn. 131; *Möller*, WM 2002, 309, 312; *Schäfer* in *Schäfer/Hamann*, KMG, § 20a WpHG Rn. 23; *Vogel* in *Assmann/Schneider*, § 20a WpHG Rn. 29; *Worms* in *Assmann/Schütze*, Hdb Kapitalanlagerecht, § 9 Rn. 102; *Ziouvas*, ZGR 2003, 113, 124.
[25] Vgl. *Hopt/Baum* in *Hopt/Rudolph/Baum*, S. 287, 441.
[26] Vgl. *Schäfer* in *Schäfer/Hamann*, KMG, § 20a WpHG Rn. 23; *Vogel* in *Assmann/Schneider*, § 20a WpHG Rn. 26; ungenau *Ziouvas*, ZGR 2003, 113, 125 („börsennotiert"); *Ziouvas/Walter*, WM 2002, 1483, 1485.
[27] Vgl. *Mock/Stoll/Eufinger* in KölnKommWpHG, § 20a Rn. 130; *Möller*, WM 2002, 309, 312; *Schäfer* in *Schäfer/Hamann*, KMG, § 20a WpHG Rn. 23; *Vogel* in *Assmann/Schneider*, § 20a WpHG Rn. 27.
[28] Vgl. *Hopt/Baum* in *Hopt/Rudolph/Baum*, S. 287, 441; *Otto*, WM 1988, 729, 735.

grüßt.[29] Zur systematischen Rechtfertigung verweist man auf den Gleichlauf mit dem Begriff der Insiderpapiere in § 12 Abs. 1 S. 1 WpHG[30] sowie auf das enge Marktkonzept der Marktmissbrauchsrichtlinie.[31] Außerdem sieht man kein Bedürfnis für einen besonderen Strafrechtsschutz des außerbörslichen Kapitalmarkts (*over-the-counter*-Markt) und des grauen Kapitalmarkts,[32] zumal beide bereits einen gewissen Mindestschutz durch die §§ 263, 264a StGB genießen.[33]

Der Zulassung zum Handel an einem organisierten Markt oder der Einbeziehung in den regulierten Markt oder in den Freiverkehr steht es nach § 20a Abs. 1 S. 3 WpHG gleich, wenn der **Antrag auf Zulassung oder Einbeziehung gestellt** oder öffentlich angekündigt ist. Damit ist das Manipulationsverbot – anders als bisher[34] – auch auf den Handel per Erscheinen anwendbar.[35]

2. Räumlicher Anwendungsbereich

Bei Sachverhalten mit Auslandsberührung ist zwischen dem Geltungs- und Anwendungsbereich des § 20a WpHG zu unterscheiden. Der **Geltungsbereich** einer Norm des öffentlichen Rechts, also das Gebiet, in dem Gerichte und Behörden an die Norm gebunden sind, ist aufgrund des Territorialitätsprinzips stets auf das Staatsgebiet beschränkt.[36] Dagegen kann der **Anwendungsbereich** einer öffentlich-rechtlichen Norm auch grenzüberschreitende und Auslandssachverhalte einschließen.[37] Dies ist völkerrechtlich unbedenklich, solange ein sinnvoller inländischer Anknüpfungspunkt („reasonable link") besteht.[38]

Vorliegend gilt das Marktmanipulationsverbot gemäß § 20a Abs. 1 S. 2 Nr. 1 WpHG zunächst für Finanzinstrumente, die an einer **inländischen Börse** zum Handel zugelassen oder in den regulierten Markt oder in den Freiverkehr einbezogen sind. Wie sich aus § 1 Abs. 2 WpHG ergibt, sind damit auch Manipulationshandlungen im Ausland erfasst, sofern sie Finanzinstrumente betreffen, die an einer inländischen Börse gehandelt werden.[39]

---

[29] Vgl. *Lenzen*, S. 244 f.; *Ziouvas/Walter*, WM 2002, 1483, 1488; *Ziouvas*, ZGR 2003, 113, 125; kritisch in Bezug auf die Ausklammerung alternativer Handelssysteme aber *Eichelberger*, S. 214 f.
[30] Vgl. *Vogel* in *Assmann/Schneider*, § 20a WpHG Rn. 26; *Ziouvas*, wistra 2003, 13, 15.
[31] Vgl. *Ziouvas/Walter*, WM 2002, 1483, 1485 f.
[32] Eingehend *Ziouvas*, wistra 2003, 13, 16 ff.; knapper *ders.*, ZGR 2003, 113, 125; früher bereits *Schlüchter*, S. 45; referierend *Vogel* in *Assmann/Schneider*, § 20a WpHG Rn. 26.
[33] Darauf verweisend *Ziouvas/Walter*, WM 2002, 1483, 1488.
[34] Vgl. *Arlt*, S. 190 ff.; *Pfüller/Koehler*, WM 2002, 781, 787 f.; *Vogel* in *Assmann/Schneider*, § 20a WpHG Rn. 28; *Ziouvas/Walter*, WM 2002, 1483, 1485 mit Fn. 13.
[35] Vgl. *Mock/Stoll/Eufinger* in KölnKommWpHG, § 20a Rn. 127 f.; *Schäfer* in *Schäfer/Hamann*, KMG, § 20a WpHG Rn. 22; *Worms* in *Assmann/Schütze*, Hdb Kapitalanlagerecht, § 9 Rn. 102.
[36] Allgemein *Linke*, Europäisches Internationales Verwaltungsrecht, 2001, S. 93; für die Marktmanipulation *Eichelberger*, S. 221; *Vogel* in *Assmann/Schneider*, § 20a WpHG Rn. 34.
[37] Allgemein *Linke*, Europäisches Internationales Verwaltungsrecht, 2001, S. 94, 120; für die Marktmanipulation *Eichelberger*, S. 221 f.; *Vogel* in *Assmann/Schneider*, § 20a WpHG Rn. 34; abw. *Trüstedt*, S. 43; im Ergebnis auch *Arlt*, S. 353 ff.
[38] Vgl. BVerfGE 63, 343, 369; *Linke*, Europäisches Internationales Verwaltungsrecht, S. 94 ff.
[39] Vgl. *Eichelberger*, S. 223 f. (mit rechtspolitischer Kritik); *Holzborn/Israel*, WM 2004, 1948, 1949; *Mock/Stoll/Eufinger* in KölnKommWpHG, § 20a Rn. 134; *Spindler*, NJW

§ 20a 12–16   Abschnitt 4. Überwachung des Verbots

12   Darüber hinaus findet das Marktmanipulationsverbot gemäß § 20a Abs. 1 S. 2 Nr. 2 WpHG auch auf Finanzinstrumente Anwendung, die in einem anderen Mitgliedstaat der **Europäischen Union** (EU) oder einem anderen Vertragsstaat des Abkommens über den **Europäischen Wirtschaftsraum** (EWR) zum Handel an einem organisierten Markt zugelassen sind.[40] Hier muss die Tathandlung aber zumindest teilweise im Inland begangen worden sein.[41]

13   **Nicht** von § 20a WpHG erfasst werden dagegen Manipulationen in bezug auf Finanzinstrumente, die an einer **Drittstaatenbörse** zugelassen sind.[42] Dies gilt auch dann, wenn die Tathandlung in Deutschland vorgenommen wird. Anders liegt es nur, wenn die an der Drittstaatenbörse manipulierten Kurse ein Finanzinstrument betreffen, das zugleich an einer EU- oder EWR-Börse zugelassen ist.[43]

14   Davon zu unterscheiden ist die **Strafbarkeit** von Manipulationen mit Auslandsberührung nach §§ 38 Abs. 2, 39 Abs. 1 und 2 WpHG. Sie beurteilt sich **nach den Grundsätzen des internationalen Straf- und Bußgeldrechts**.[44]

III. Verbotstatbestände (Abs. 1 S. 1)

1. Machen unrichtiger oder irreführender Angaben über bewertungserhebliche Umstände (Nr. 1 Alt. 1)

a) Allgemeines

15   § 20a Abs. 1 S. 1 Nr. 1 Alt. 1 WpHG erfasst informationsgestützte Manipulationen (vgl. vor § 20a Rn. 4). Als Tathandlung kommen unrichtige oder irreführende Angaben über bewertungserhebliche Umstände in Betracht. Erstere wurden bereits von § 88 BörsG aF erfasst;[45] letztere sind durch das Anlegerschutzverbesserungsgesetz neu aufgenommen worden.[46]

b) Angaben

16   Der Begriff der Angaben wird **weit ausgelegt**. Er erfasst nach allgemeiner Ansicht nicht nur Tatsachen, sondern auch **Werturteile und Prognosen**, sofern sie einen **Tatsachenkern** enthalten.[47] Ohne Belang ist, ob die Angaben für

---

2004, 3449; *Waschkeit*, S. 263f.; ohne Hinweis auf § 1 Abs. 2 WpHG auch *Vogel* in *Assmann/Schneider*, § 20a WpHG Rn. 34.
[40] Dazu *Eichelberger*, S. 223; *Möller*, WM 2002, 309, 312; *Waschkeit*, S. 264.
[41] Vgl. *Mock/Stoll/Eufinger* in KölnKommWpHG, § 20a Rn. 135ff.; MünchKomm-BGB-*Schnyder*, Int. Kapitalmarktrecht, Rn. 305; *Waschkeit*, S. 264; nicht eindeutig *Vogel* in *Assmann/Schneider*, § 20a WpHG Rn. 34.
[42] Vgl. *Mock/Stoll/Eufinger* in KölnKommWpHG, § 20a Rn. 143; *Schäfer* in *Schäfer/Hamann*, KMG, § 20a WpHG Rn. 27; MünchKommBGB-*Schnyder*, Int. Kapitalmarktrecht, Rn. 305; abw. wohl *Vogel* in *Assmann/Schneider*, § 20a WpHG Rn. 34.
[43] Vgl. *Schäfer* in *Schäfer/Hamann*, KMG, § 20a WpHG Rn. 27.
[44] Vgl. *Mock/Stoll/Eufinger* in KölnKommWpHG, § 20a Rn. 140; *Vogel* in *Assmann/Schneider*, § 20a WpHG Rn. 35; ausführlich *Eichelberger*, S. 225ff.
[45] Zu dieser Tatbestandskontinuität Begr. RegE 4. FMFG, BT-Drucks. 14/8017, S. 89.
[46] Vgl. Begr. RegE AnSVG, BT-Drucks. 15/3174, S. 37; *Kautzsch*, 7. Kap. Rn. 10; *Kümpel/Veil*, 6. Teil Rn. 9; *Schäfer* in *Schäfer/Hamann*, KMG, § 20a WpHG Rn. 29; *Schwintek*, S. 59.
[47] Vgl. BaFin, Emittentenleitfaden, S. 89; LG München I NJW 2003, 328; AnwK-AktG-*Fischer zu Cramburg/Royé*, § 20a WpHG Rn. 4; *Möller*, WM 2002, 309, 312;

die Bewertung vorteilhaft oder nachteilig sind;[48] § 20a Abs. 1 S. 1 Nr. 1 Alt. 1 WpHG erfasst sowohl die Bullen- als auch die Bärenmanipulation (vgl. vor § 20a Rn. 7). Unerheblich ist ferner, ob es sich um Pflichtangaben oder freiwillige Verlautbarungen handelt.[49] Ebensowenig kommt es auf die Form der Angaben an:[50] Erfasst werden zB schriftliche Falschangaben in Prospekten, Geschäftsberichten, Bilanzen, Zwischenberichten, Ad-hoc-Meldungen,[51] Presseberichten und Aktionärsbriefen;[52] es genügen aber auch mündliche Äußerungen in Fernsehinterviews oder elektronische Mitteilungen über das Internet.[53]

Unterschiedlich beurteilt wird, ob auch **frei erfundene Gerüchte** oder **Wertungen ohne sachliche Grundlage** unter den Angabenbegriff fallen. Die herrschende Lehre verneint dies,[54] da sich ein rational denkender Anleger nicht von Gerüchten beeinflussen lasse.[55] Auch die Gesetzesmaterialien[56] und der Emittentenleitfaden der BaFin[57] sprechen sich ausdrücklich gegen die Einbeziehung bloßer Gerüchte aus, weil es sich bei ihnen um unverbürgte Nachrichten handele, denen ein Tatsachenkern fehle. Eine **vordringende Gegenauffassung** tritt für eine **weite Norminterpretation** ein, die auch reine Werturteile und Prognosen einschließt[58] und das Ausstreuen von Gerüchten ebenfalls als taugliche Tathandlung i. S. d. § 20a Abs. 1 S. 1 Nr. 1 Alt. 1 WpHG ansieht.[59] **Ihr ist beizutreten.**[60] Der Einwand, ein rationaler Anleger stütze seine Entscheidungen nicht auf solche „weichen" Aussagen, ist empirisch widerlegt: Scharen von Anlegern handeln aufgrund von Gerüchten aus vermeintlich vertrauenswürdiger Quelle, und sie verhalten sich dabei nicht notwendig irrational, wie Studien zum

17

Schmitz, wistra 2002, 208, 209 f.; *Schwark*, KMRK, § 20a WpHG Rn. 11; *Sorgenfrei* in *Park*, §§ 20a, 38 II, 39 I Nr. 1–2, II Nr. 11, IV WpHG Rn. 33; *M. Weber*, NZG 2000, 113, 114; vgl. auch § 2 Abs. 1 MaKonV („Tatsachen und Werturteile").
[48] Vgl. Begr. RegE 2. WiKG, BT-Drucks. 10/318, S. 46; *Groß*, § 88 BörsG Rn. 3; *Schäfer/Ledermann*, § 88 BörsG Rn. 10; *Schröder*, Hdb Kapitalmarktstrafrecht, Rn. 387.
[49] Vgl. BaFin, Emittentenleitfaden, S. 88.
[50] Vgl. BaFin, Emittentenleitfaden, S. 89; *Rössner/Worms*, § 9 Rn. 8; *Schäfer/Ledermann*, § 88 BörsG Rn. 8; *Sorgenfrei* in *Park*, §§ 20a, 38 II, 39 I Nr. 1–2, II Nr. 11, IV WpHG Rn. 35.
[51] Vgl. Begr. RegE 4. FMFG, BT-Drucks. 14/8017, S. 89; eingehend dazu *Hellgardt*, ZIP 2005, 2000, 2001 ff.
[52] Vgl. die Beispielslisten bei BaFin, Emittentenleitfaden, S. 88 f.; *Schäfer/Ledermann*, § 88 BörsG Rn. 8; *Vogel* in *Assmann/Schneider*, § 20a WpHG Rn. 42.
[53] Vgl. BaFin, Emittentenleitfaden, S. 89; *Arlt*, S. 157; *Hellgardt*, ZIP 2005, 2000, 2001; *Kümpel/Veil*, 6. Teil Rn. 14; *Mock/Stoll/Eufinger* in KölnKommWpHG, § 20a Rn. 154; *Schröder*, Hdb Kapitalmarktstrafrecht, Rn. 393; *Sorgenfrei*, wistra 2002, 321, 323; *Vogel* in *Assmann/Schneider*, § 20a WpHG Rn. 42.
[54] Vgl. *Buck-Heeb*, Rn. 273; AnwK-AktG-*Fischer* zu Cramburg/Royé, § 20a WpHG Rn. 12; *Kümpel*, Rn. 16.375; *Kümpel/Veil*, 6. Teil Rn. 14; *Schönhöft*, S. 56 f.; *Schwark*, KMRK, § 20a WpHG Rn. 12; *Waschkeit*, S. 266; *Ziouvas*, ZGR 2003, 113, 127.
[55] Vgl. *Arlt*, S. 150 f.; *Schwark*, KMRK, § 20a WpHG Rn. 12; *Waschkeit*, S. 267.
[56] Vgl. Begr. RegE 4. FMFG, BT-Drucks. 14/8017, S. 90.
[57] Vgl. BaFin, Emittentenleitfaden, S. 93.
[58] Vgl. *Eichelberger*, S. 238 ff.; *Mock/Stoll/Eufinger* in KölnKommWpHG, § 20a Rn. 156 f.; *Vogel* in *Assmann/Schneider*, § 20a WpHG Rn. 52.
[59] Vgl. *Eichelberger*, S. 241 f.; *Mock/Stoll/Eufinger* in KölnKommWpHG, § 20a Rn. 157; *Schäfer* in *Schäfer/Hamann*, KMG, § 20a WpHG Rn. 29; *Spindler*, NZG 2004, 1138, 1143; *Vogel* in *Assmann/Schneider*, § 20a WpHG Rn. 52.
[60] Ausführlich *Fleischer/Schmolke*, AG 2007, 841, 852 f.

c) Machen

18 Angaben macht, wer Erklärungen über das Vorliegen von Umständen abgibt.[63] Anders als § 264a StGB verlangt § 20a Abs. 1 S. 1 Nr. 1 Alt. 1 WpHG nicht, dass die Erklärung gegenüber einem größeren Kreis von Personen oder gar öffentlich erfolgt.[64] Äußerungen gegenüber einzelnen Personen reichen aus;[65] eine **Breitenwirkung** der Tathandlung ist **nicht erforderlich**. Die Gegenauffassung, die eine an die Kapitalmarktöffentlichkeit gerichtete Kundgabe mit abstrakter Preiseinwirkungseignung verlangt,[66] findet weder im Gesetzeswortlaut noch in der Tatbestandssystematik des § 20a Abs. 1 S. 1 Nr. 1 WpHG eine Grundlage; vielmehr bildet die Preiseinwirkungseignung ein selbständiges Tatbestandsmerkmal (vgl. Rn. 31 ff.).

19 Verbotsadressat des § 20a Abs. 1 WpHG ist grundsätzlich jedermann (vgl. vor § 20a Rn. 8). Hinzukommen muss allerdings, dass die **Verlautbarung** der Angaben **dem Handelnden normativ zuzurechnen** ist.[67] Eine Angabe „macht" nur, wer Konzeptionsherrschaft über sie hat und die Verantwortung für ihre Richtigkeit übernimmt.[68] Das können Vorstandsmitglieder des Emittenten oder Großaktionäre sein,[69] aber auch ein Anlagevermittler, der sich die Angaben – ohne ihr Konzeptionär zu sein – zu eigen macht.[70] Bei mehrköpfigen Gremien kann eine Abschichtung nach Verantwortungsbereichen geboten sein.[71]

d) Unrichtig oder irreführend

20 Unrichtig sind die gemachten Angaben, wenn sie nicht den tatsächlichen Gegebenheiten entsprechen.[72] Das ist bei **Tatsachen** der Fall, wenn sie objektiv unwahr sind, also nicht vorhandene Umstände als vorhanden oder vorhandene Umstände

---

[61] Näher *Fleischer/Schmolke*, AG 2007, 841, 852 mwN.
[62] So auch *Eichelberger*, S. 241.
[63] Vgl. BaFin, Emittentenleitfaden, S. 88. Für ein Zugangserfordernis *Mock/Stoll/Eufinger* in KölnKommWpHG, § 20a Rn. 158; *Vogel* in *Assmann/Schneider*, § 20a WpHG Rn. 48; dagegen *Eichelberger*, S. 253f.
[64] Vgl. BaFin, Emittentenleitfaden, S. 88; *Arlt*, S. 160; *Buck-Heeb*, Rn. 271; *Vogel* in *Assmann/Schneider*, § 20a WpHG Rn. 48; offen lassend *Waschkeit*, S. 273f.; abw. *Mock/Stoll/Eufinger* in KölnKommWpHG, § 20a Rn. 158.
[65] Vgl. *Arlt*, S. 160; *Buck-Heeb*, Rn. 271; *Claussen/Florian*, AG 2005, 745, 761; *Eichelberger*, S. 254; *Kümpel/Veil*, 6. Teil Rn. 14; *Schröder*, Hdb Kapitalmarktstrafrecht, Rn. 394.
[66] Vgl. *Mock/Stoll/Eufinger* in KölnKommWpHG, § 20a Rn. 158; *Schwark*, KMRK, § 20a WpHG Rn. 18.
[67] Vgl. *Mock/Stoll/Eufinger* in KölnKommWpHG, § 20a Rn. 159; *Schönhöft*, S. 61; *Vogel* in *Assmann/Schneider*, § 20a WpHG Rn. 49.
[68] Überzeugend *Vogel* in *Assmann/Schneider*, § 20a WpHG Rn. 49; ähnlich BaFin, Emittentenleitfaden, S. 87, wonach ausschlaggebend ist, wer über die Informationserteilung und ihren Inhalt entscheidet.
[69] Vgl. *Mock/Stoll/Eufinger* in KölnKommWpHG, § 20a Rn. 159; *Vogel* in *Assmann/Schneider*, § 20a WpHG Rn. 49.
[70] Vgl. *Papachristou*, S. 210.
[71] Vgl. *Mock/Stoll/Eufinger* in KölnKommWpHG, § 20a Rn. 159; für ein Beispiel BaFin, Emittentenleitfaden, S. 87.
[72] Vgl. BaFin, Emittentenleitfaden, S. 89; *Buck-Heeb*, Rn. 276; *Eichelberger*, S. 242; *Schröder*, Hdb Kapitalmarktstrafrecht, Rn. 390; *Vogel* in *Assmann/Schneider*, § 20a WpHG Rn. 43.

als nicht vorhanden darstellen.[73] Bei **Werturteilen** oder Prognosen liegt eine Unrichtigkeit dann vor, wenn sie auf einer unrichtigen oder unvollständigen Tatsachenbasis beruhen oder sich aus Tatsachen nicht plausibel ableiten lassen.[74] Die **Unrichtigkeit** muss nach fachmännischem Urteil **eindeutig** sein, so dass eine gegenteilige Auffassung auch bei Bewertungsspielräumen nicht mehr vertretbar sein darf.[75] Schlechterdings unvertretbar sind jedenfalls Einschätzungen und Erklärungen ins Blaue hinein.[76] Dagegen sind Anpreisungen, schönfärberische Darstellungen und grobe Übertreibungen, die von niemandem ernstgenommen werden und für jedermann als solche durchschaubar sind, schon aus dem objektiven Tatbestand des § 20 a Abs. 1 S. 1 Nr. 1 Alt. 1 WpHG auszuscheiden.[77]

Als unrichtig anzusehen sind – im Einklang mit der zivilrechtlichen Informationshaftung[78] – auch **unvollständige Angaben,** die wichtige Teilaspekte auslassen und so ein falsches Gesamtbild vermitteln.[79] So liegt es etwa, wenn ein Emittent neue Umsatz- und Ergebnisprognosen veröffentlicht, da neue Kooperationspartner gewonnen wurden, aber nicht mitteilt, dass die Zusammenarbeit bislang nur in Absichtserklärungen abgesichert und mithin noch erheblich risikobehaftet ist.[80]

Als **irreführend** gelten Angaben, die zwar inhaltlich richtig sind, jedoch aufgrund ihrer Darstellung beim Informationsempfänger eine falsche Vorstellung über den geschilderten Sachverhalt nahe legen.[81] Ob Marktteilnehmer tatsächlich

---

[73] Vgl. BaFin, Emittentenleitfaden, S. 89; *Buck-Heeb,* Rn. 276; *Eichelberger,* S. 245; *Groß,* § 88 BörsG Rn. 3; *Schäfer/Ledermann,* § 88 BörsG Rn. 8; *Mock/Stoll/Eufinger* in KölnKommWpHG, § 20a Rn. 161; *Schäfer* in *Schäfer/Hamann,* KMG, § 20a WpHG Rn. 30; *Schröder,* Hdb Kapitalmarktstrafrecht, Rn. 390; *Schwark,* KMRK, § 20a WpHG Rn. 13; *Sorgenfrei,* wistra 2002, 321, 323; *Vogel* in *Assmann/Schneider,* § 20 a WpHG Rn. 43.
[74] Vgl. BaFin, Emittentenleitfaden, S. 89; *Buck-Heeb,* Rn. 276; *Groß,* § 88 BörsG Rn. 3; *Kümpel/Veil,* 6. Teil Rn. 14; *Mock/Stoll/Eufinger* in KölnKommWpHG, § 20 a Rn. 162; *Schröder,* Hdb Kapitalmarktstrafrecht, Rn. 390; *Schwark,* § 88 BörsG Rn. 5; *Sorgenfrei,* wistra 2002, 321, 323; *Vogel* in *Assmann/Schneider,* § 20 a WpHG Rn. 43; allgemein dazu *Fleischer,* AG 2006, 2, 14 f.
[75] Vgl. *Buck-Heeb,* Rn. 276; *Eichelberger,* S. 245 f.; AnwK-AktG-*Fischer* zu *Cramburg/Royé,* § 20 a WpHG Rn. 4; *Mock/Stoll/Eufinger* in KölnKommWpHG, § 20 a Rn. 162; *Möller,* WM 2002, 309, 312; *Schröder,* Hdb Kapitalmarktstrafrecht, Rn. 390; *Schwark,* KMRK, § 20 a WpHG Rn. 13; *Sorgenfrei,* wistra 2002, 321, 323; *Sorgenfrei* in *Park,* §§ 20 a, 38 II, 39 I Nr. 1–2, II Nr. 11, IV WpHG Rn. 34; *Vogel* in *Assmann/Schneider,* § 20 a WpHG Rn. 43.
[76] Vgl. BaFin, Emittentenleitfaden, S. 89; *Vogel* in *Assmann/Schneider,* § 20 a WpHG Rn. 43.
[77] Vgl. *Vogel* in *Assmann/Schneider,* § 20 a WpHG Rn. 43.
[78] Näher *Fleischer,* Informationsasymmetrie im Vertragsrecht, 2001, S. 250 ff.
[79] Vgl. BaFin, Emittentenleitfaden, S. 89; *Eichelberger,* S. 247 ff.; *Groß,* § 88 BörsG Rn. 3; *Schäfer/Ledermann,* § 88 BörsG Rn. 8; *Mock/Stoll/Eufinger* in KölnKommWpHG, § 20 a Rn. 163; *Schäfer* in *Schäfer/Hamann,* KMG, § 20 a WpHG Rn. 30; *Schröder,* Hdb Kapitalmarktstrafrecht, Rn. 390; *Schwark,* KMRK, § 20 a WpHG Rn. 14; *Vogel* in *Assmann/Schneider,* § 20 a WpHG Rn. 44; auf den Schwerpunkt der Vorwerfbarkeit abstellend dagegen *Schmitz,* wistra 2002, 209, 210.
[80] Beispiel nach BaFin, Emittentenleitfaden, S. 89.
[81] Vgl. Begr. RegE AnSVG, BT-Drucks. 15/3174, S. 37; *Bisson/Kunz,* BKR 2005, 186, 187; *Kümpel/Veil,* 6. Teil Rn. 15; *Mock/Stoll/Eufinger* in KölnKommWpHG, § 20 a Rn. 163; *Schäfer* in *Schäfer/Hamann,* KMG, § 20 a WpHG Rn. 30; *M. Weber,* NJW 2004, 3674, 3675; *Vogel* in *Assmann/Schneider,* § 20 a WpHG Rn. 45; für ein Beispiel BaFin, Emittentenleitfaden, S. 89 f. Einen praktischen Anwendungsbereich dieser Tatbestandsvariante verneinend *Eichelberger,* S. 252 f.

irregeführt werden, ist unbeachtlich;[82] es genügt die konkrete Gefahr einer Irreführung. Der Begriff der Irreführung ist kapitalmarktrechtlich und nicht im Sinne der Auslegungspraxis zum UWG zu verstehen.[83] Das schließt freilich nicht aus, erprobte Begründungsmuster aus dem Wettbewerbsrecht in geeigneten Einzelfällen zu übernehmen.[84]

e) Berichtigungspflicht

23 Ausnahmsweise kann das Machen unrichtiger Angaben gemäß § 20a Abs. 1 S. 1 Nr. 1 Alt. 1 WpHG auch durch ein **garantenpflichtwidriges Unterlassen iSd § 13 StGB** erfolgen.[85] So liegt es, wenn eine Person zunächst gutgläubig Angaben macht, deren objektive Unrichtigkeit sie später erkennt. Die als unrichtig oder irreführend erkannten Angaben müssen dann entweder korrigiert, vervollständigt oder gegebenenfalls aktualisiert werden.[86] Sind die betreffenden Angaben Gegenstand einer Ad-hoc-Mitteilung, so ist gemäß § 15 Abs. 2 S. 2 WpHG iVm § 4 Abs. 3 WpAIV eine besondere Ad-hoc-Mitteilung erforderlich.[87] Sofern hiergegen vorgebracht wird, dass § 20a Abs. 1 S. 1 Nr. 1 Alt. 2 WpHG die Tatbestandsverwirklichung durch Schweigen abschließend regele,[88] gerät aus dem Blick, dass der Anknüpfungspunkt des Unterlassungsvorwurfs hier ein anderer ist: Es geht um eine **Unterlassungshaftung unter Ingerenzgesichtspunkten** im Anschluss an ein vorangegangenes Tun.[89]

f) Bewertungserhebliche Umstände

24 **aa) Basisdefinition.** Die unrichtigen Angaben müssen Umstände betreffen, welche für die Bewertung des Finanzinstruments erheblich sind.[90] Mit diesem Merkmal sollen – wie schon im Rahmen des § 88 BörsG aF[91] – Bagatellfälle aus dem objektiven Tatbestand ausgeschieden werden.[92] Als Beurteilungsmaßstab

---

[82] Vgl. *Kautzsch*, 7. Kap. Rn. 13.
[83] Vgl. *Kautzsch*, 7. Kap. Rn. 13 mit Fn. 10.
[84] Parallelen zur irreführenden Werbung zieht auch *Schröder*, Hdb Kapitalmarktstrafrecht, Rn. 392.
[85] Vgl. BaFin, Emittentenleitfaden, S. 90; *Eichelberger*, S. 255 ff.; *Vogel* in *Assmann/Schneider*, § 20a WpHG Rn. 50; abw. *Arlt*, S. 176; *Mock/Stoll/Eufinger* in KölnKommWpHG, § 20a Rn. 160; *Schröder*, Hdb Kapitalmarktstrafrecht, Rn. 395; kritisch auch *Claussen/Florian*, AG 2005, 745, 761.
[86] So ausdrücklich BaFin, Emittentenleitfaden, S. 90; ferner *Vogel* in *Assmann/Schneider*, § 20a WpHG Rn. 50, der von einer „kommunikativen Verkehrssicherungspflicht" spricht.
[87] Vgl. BaFin, Emittentenleitfaden, S. 90.
[88] In diesem Sinne *Arlt*, S. 176; *Schröder*, Hdb Kapitalmarktstrafrecht, Rn. 395; kritisch auch *Mock/Stoll/Eufinger* in KölnKommWpHG, § 20a WpHG Rn. 160; *Papachristou*, S. 174 f.
[89] Wie hier *Eichelberger*, S. 255 ff.
[90] Von der „wichtigsten Eingrenzungsfunktion" des § 20a WpHG sprechen insoweit *Claussen/Florian*, AG 2005, 745, 762.
[91] Vgl. Begr. RegE 2. WiKG, BT-Drucks. 10/318, S. 46; *Schwark*, § 88 BörsG Rn. 5; *Schäfer/Ledermann*, § 88 BörsG Rn. 9.
[92] Vgl. Begr. KuMaKV, BR-Drucks. 639/03, S. 9; *Kutzner*, WM 2005, 1401, 1402; *Mock/Stoll/Eufinger* in KölnKommWpHG, § 20a, Anh. I, § 2 MaKonV Rn. 1; *M. Weber*, NZG 2004, 23, 24; s. auch *Vogel* in *Assmann/Schneider*, § 20a WpHG Rn. 55 („Bagatellen und Formalien").

Verbot der Marktmanipulation 25, 26 § 20a

pflegte man bislang die Verkehrsauffassung heranzuziehen.[93] Nach überwiegender Auffassung galt ein Umstand als bewertungserheblich, wenn er geeignet war, auf die Investitionsentscheidung eines vernünftigen Anlegers von durchschnittlicher Vorsicht Einfluss zu nehmen.[94] Andere Stimmen bevorzugten dagegen den fachkundigen und verständigen Anleger als Maßfigur.[95] **§ 2 Abs. 1 MaKonV** hat den Meinungsstreit autoritativ im zweiten Sinne entschieden: Bewertungserhebliche Umstände iSd § 20a Abs. 1 S. 1 Nr. 1 WpHG sind danach Tatsachen und Werturteile, die ein **verständiger Anleger** bei seiner Anlageentscheidung berücksichtigen würde. Mit dieser Neufassung will der Verordnungsgeber vor allem einen **Gleichlauf mit** der Regelung der Insiderinformation in **§ 13 Abs. 1 S. 2 und 3 WpHG** herbeiführen und eine einheitliche Auslegung beider Vorschriften fördern.[96]

bb) Tatsachen und Werturteile. Die relevanten Angaben können sich auf **Umstände aller Art** beziehen.[97] § 2 Abs. 1 S. 1 MaKonV spricht insoweit von Tatsachen und Werturteilen. Nach § 2 Abs. 1 S. 2 MaKonV gelten als bewertungserhebliche Umstände – in Übereinstimmung mit § 13 Abs. 1 S. 3 WpHG – ferner solche, bei denen mit hinreichender Wahrscheinlichkeit davon ausgegangen werden kann, dass sie in Zukunft eintreten werden.[98] Im konkretisierenden Zugriff schichtet der Verordnungsgeber **drei Gruppen beurteilungsrelevanter Umstände** ab: Insiderinformationen, die regelmäßig bewertungserheblich sind (Abs. 2), Umstände, bei denen die Bewertungserheblichkeit stets zu bejahen ist (Abs. 3), und Fallgestaltungen, die in Hinsicht auf ihre Bewertungserheblichkeit einer Einzelfallprüfung bedürfen (Abs. 4).[99] 25

cc) Verständiger Anleger. Nach § 2 Abs. 1 S. 1 MaKonV beurteilt sich die Bewertungserheblichkeit aus der Sicht eines verständigen Anlegers. Diese inzwischen **das deutsche und europäische Kapitalmarktrecht beherrschende Maßfigur**[100] bedarf dringend näherer Konkretisierung, die nur in einem supranationalen Dialog zwischen dem EuGH und den nationalen Gerichten er- 26

---

[93] Vgl. Begr. RegE 2. WiKG, BT-Drucks. 10/318, S. 46; *Schwark*, KMRK, § 20a WpHG Rn. 15; *M. Weber*, NZG 2004, 23, 24.
[94] Vgl. *Schäfer/Ledermann*, § 88 BörsG Rn. 9; *Schwark*, KMRK, § 20a WpHG Rn. 15; *M. Weber*, NZG 2004, 23, 24; ebenso im Rahmen des § 264a StGB, vgl. Begr. RegE 2. WiKG, BT-Drucks. 10/318, S. 24; BGHSt 30, 285, 289; *Otto*, WM 1988, 729, 738; *Schwark*, Einl. § 88 BörsG Rn. 8; ähnlich § 2 Abs. 1 KuMaKV („vernünftiger Anleger mit durchschnittlicher Börsenkenntnis").
[95] Eingehend *Arlt*, S. 162 f.; *Vogel* in *Assmann/Schneider*, § 20a WpHG Rn. 62 f.
[96] Vgl. Begr. MaKonV, BR-Drucks. 18/05, S. 12; *Kautzsch*, 7. Kap. Rn. 16; *Mock/Stoll/Eufinger* in KölnKommWpHG, § 20a, Anh. I, § 2 MaKonV Rn. 8; *Schröder*, Hdb Kapitalmarktstrafrecht, Rn. 403; *Schwintek*, S. 59; *Vogel* in *Assmann/Schneider*, § 20a WpHG Rn. 51.
[97] Vgl. *Kautzsch*, 7. Kap. Rn. 17; *Mock/Stoll/Eufinger* in KölnKommWpHG, § 20a, Anh. I, § 2 MaKonV Rn. 3; *Vogel* in *Assmann/Schneider*, § 20a WpHG Rn. 52.
[98] Ausführlich zum Tatbestandsmerkmal der hinreichenden Wahrscheinlichkeit *Fleischer*, NZG 2007, 401, 405 f.
[99] Dazu die – vergröbernden – Darstellungen von *Bisson/Kunz*, BKR 2005, 186, 187; und *Kutzner*, WM 2005, 1401, 1402.
[100] Grundlegend *Moloney*, EBOR 6 (2005) 341, 391 ff.; *Veil*, ZBB 2006, 162, 163, 167; ausführlich zuletzt *Fleischer*, ZBB 2008, 137, 141 ff.

§ 20a 27 Abschnitt 4. Überwachung des Verbots

folgen kann.[101] Wie ein Vergleich mit ähnlichen Referenzmaßstäben im Zivil- und Handelsrecht[102] zeigt, handelt es sich um einen **objektiven Maßstab**, der behördlich oder gerichtlich festgestellt werden kann.[103] Subjektive Empfindlichkeiten und individuelle Besonderheiten werden ausgeblendet.[104] Ins Positive gewendet sprechen manche von einem rational handelnden,[105] angemessen informierten, aufmerksamen und kritischen Anleger;[106] andere bemühen den „homo oeconomicus", der seiner Anlageentscheidung nur Umstände zugrunde legt, welche die wirtschaftlichen Chancen und Risiken des jeweiligen Finanzinstruments betreffen;[107] wieder andere beziehen die Umstände des konkreten Einzelfalls mit ein und berücksichtigen auf diese Weise den tatsächlichen Adressatenkreis der Angaben sowie die jeweilige Geschäftsart.[108] Im konkreten Zugriff verhalten sich Anleger nicht notwendig irrational, wenn sie tatsächlichen oder behaupteten Markttrends folgen.[109] Vielmehr kann sich ihr „Herdenverhalten" als vernünftige Antwort auf Informationsasymmetrien darstellen, wie die Studien zum „Rational Herding in Financial Economics" belegen.[110] **Noch nicht abschließend beurteilen** lässt sich gegenwärtig, ob das kapitalmarktrechtliche **Anlegerleitbild** einer **verhaltensökonomischen Verfeinerung** bedarf.[111]

27 **dd) Einzelumstände.** § 2 Abs. 2 MaKonV schreibt vor, dass Insiderinformationen, die nach § 15 Abs. 1 WpHG, sowie Entscheidungen und Kontrollerwerbe, die nach § 10 oder § 35 WpÜG veröffentlicht werden müssen, **„regelmäßig" bewertungserhebliche Umstände** sind. Da Ausnahmefälle möglich bleiben, handelt es sich rechtstechnisch um Regelbeispiele.[112]

---

[101] Vgl. am Beispiel des lauterkeitsrechtlichen Leitbildes des „durchschnittlich informierten, aufmerksamen und verständigen Durchschnittsverbrauchers" (EuGH, Slg. 1998, I-4657 Tz. 31 – Gut Springenheide; Slg. 2000, I-117 Tz. 27 – Estée Lauder) *Röthel*, Normkonkretisierung im Privatrecht, 2004, S. 401 ff.

[102] Dazu *Röthel*, Normkonkretisierung im Privatrecht, 2004, S. 196 ff.; jüngst auch *Barnert*, Der eingebildete Dritte. Eine Argumentationsfigur im Zivilrecht, 2008.

[103] Vgl. BaFin, Emittentenleitfaden, S. 91; *Eichelberger*, S. 262 f.; *Mock/Stoll/Eufinger* in KölnKommWpHG, § 20 a, Anh. I, § 2 MaKonV Rn. 9; *Schröder*, Hdb Kapitalmarktstrafrecht, Rn. 404; *Vogel* in *Assmann/Schneider*, § 20 a WpHG Rn. 56.

[104] Vgl. *Schröder*, Hdb Kapitalmarktstrafrecht, Rn. 404: „Der Maßstab des verständigen Anlegers birgt den Vorteil, nicht jeder Mode im Verhalten von Anlegern folgen zu müssen und irrationales Anlegerverhalten ausblenden zu können."

[105] So BaFin, Emittentenleitfaden, S. 91.

[106] So *Veil*, ZBB 2008, 162, 167.

[107] So *Vogel* in *Assmann/Schneider*, § 20 a WpHG Rn. 63.

[108] So *Eichelberger*, S. 261 ff.; ähnlich *Schröder*, Hdb Kapitalmarktstrafrecht, Rn. 404.

[109] Im Ergebnis ebenso *Mock/Stoll/Eufinger* in KölnKommWpHG, § 20 a, Anh. I, § 2 MaKonV Rn. 10.

[110] Vgl. *Devenow/Welch*, European Economic Review 40 (1996) 663; außerdem *Bainbridge*, 68 U. Cinn. L. Rev. 1023, 1038 (2000); ausführlich *Fleischer*, ZBB 2008, 137 ff.

[111] Vorsichtig tastend *Choi/Pritchard*, 56 Stan. L. Rev. 1, 61 (2003); *Langevoort*, 97 Nw. U. L. Rev. 135, 162 (2002); *Moloney*, EBOR 6 (2005) 341, 368; *Veil*, ZBB 2006, 162, 167; näher *Fleischer*, ZBB 2008, 137 ff.

[112] Vgl. *Vogel* in *Assmann/Schneider*, § 20 a WpHG Rn. 65; rechtspolitische Kritik bei *Schwintek*, S. 60; s. auch *Mock/Stoll/Eufinger* in KölnKommWpHG, § 20 a, Anh. I, § 2 MaKonV Rn. 17, wonach die Ausnahmekonstellation faktisch keine Rolle spielt.

Verbot der Marktmanipulation   28–30 § 20a

§ 2 Abs. 3 MaKonV stellt in enger Anlehnung an die Auslegungspraxis zu 28 §§ 13, 15 WpHG eine Reihe von Fallgestaltungen zusammen, bei denen es sich **immer** um **bewertungserhebliche Umstände** handelt.[113] Es sind dies:[114] bedeutende Kooperationen, der Erwerb oder die Veräußerung von wesentlichen Beteiligungen sowie der Abschluss, die Änderung oder die Kündigung von Beherrschungs- und Gewinnabführungsverträgen und sonstigen bedeutenden Vertragsverhältnissen (Nr. 1); Liquiditätsprobleme, Überschuldung oder Verlustanzeige nach § 92 Abs. 1 AktG (Nr. 2); bedeutende Erfindungen, die Erteilung oder der Verlust bedeutender Patente und die Gewährung wichtiger Lizenzen (Nr. 3); Rechtsstreitigkeiten und Kartellverfahren von besonderer Bedeutung (Nr. 4); Veränderungen in personellen Schlüsselpositionen des Unternehmens (Nr. 5); strategische Unternehmensentscheidungen, insbesondere der Rückzug aus oder die Aufnahme von neuen Kerngeschäftsfeldern oder die Neuausrichtung des Geschäfts (Nr. 6).

§ 2 Abs. 4 MaKonV zählt schließlich Sachverhalte auf, die nicht zwingend 29 zur Annahme eines bewertungserheblichen Umstandes führen, sondern nach einer **Würdigung im Einzelfall** verlangen.[115] Es sind dies:[115a] Änderungen in den Jahresabschlüssen und Zwischenberichten und den hieraus üblicherweise abgeleiteten Unternehmenskennzahlen (Nr. 1); Änderungen der Ausschüttungen, insbesondere Sonderausschüttungen, eine Dividendenänderung oder die Aussetzung der Dividende (Nr. 2); Übernahme-, Erwerbs- und Abfindungsangebote, soweit nicht von Abs. 2 erfasst (Nr. 3); Kapital- und Finanzierungsmaßnahmen (Nr. 4).

ee) Verfassungsmäßigkeit. Gegenüber dem Tatbestandsmerkmal der Be- 30 wertungserheblichkeit sind verschiedentlich verfassungsrechtliche Bedenken laut geworden. Sie richten sich einmal gegen seine große Unbestimmtheit,[116] zum anderen gegen die Maßfigur des vernünftigen und durchschnittlich vorsichtigen Anlegers.[117] Dem ersten Gravamen ist nicht zu folgen: Einwände unter dem Gesichtspunkt des Art. 103 Abs. 2 GG bestehen hier so wenig wie im Rahmen der §§ 264a Abs. 1, 265b Abs. 1 StGB, 399 Abs. 1, 400 Abs. 2 AktG, die allesamt ein Erheblichkeitsmerkmal enthalten.[118] Fehl geht auch die Kritik an der Figur des durchschnittlich vernünftigen Anlegers, die sich im Rahmen der börsenge-

---

[113] So ausdrücklich Begr. MaKonV, BR-Drucks. 18/05, S. 13; *Kümpel/Veil*, 6. Teil Rn. 12; *Mock/Stoll/Eufinger* in KölnKommWpHG, § 20a, Anh. I, § 2 MaKonV Rn. 20; *Schwintek*, S. 60 („zwingend"); *Vogel* in *Assmann/Schneider*, § 20a WpHG Rn. 70.
[114] Ausführlich *Mock/Stoll/Eufinger* in KölnKommWpHG, § 20a, Anh. I, § 2 MaKonV Rn. 21 ff.
[115] In diesem Sinne Begr. MaKonV, BR-Drucks. 18/05, S. 13; *Kümpel/Veil*, 6. Teil Rn. 13; *Mock/Stoll/Eufinger* in KölnKommWpHG, § 20a, Anh. I, § 2 MaKonV Rn. 28; *Schröder*, Hdb Kapitalmarktstrafrecht, Rn. 414; *Schwintek*, S. 60 („mit Wertungsmöglichkeit"); *Vogel* in *Assmann/Schneider*, § 20a WpHG Rn. 73.
[115a] Ausführlich *Mack/Stoll/Eufinger* in KölnKommWpHG, § 20a, Anh. I, § 2 MaKonV Rn. 28 ff.
[116] Vgl. *Kutzner*, WM 2005, 1401, 1402; *Sorgenfrei*, wistra 2002, 321, 323 ff.; kritisch auch *Park*, BB 2003, 1513, 1514; früher bereits *Joecks*, wistra 1986, 145, 148.
[117] Vgl. *Altenhain*, BB 2002, 1974, 1978; *Kutzner*, WM 2005, 1401 f.
[118] Zutreffend *Tröndle/Fischer*, StGB, 51. Aufl. 2003, § 264a Rn. 12; im Ergebnis auch LG München I NJW 2003, 2328, 2330; *Arlt*, S. 162; *Schröder*, Hdb Kapitalmarktstrafrecht, Rn. 397 ff.; *Vogel* in *Assmann/Schneider*, vor § 20a WpHG Rn. 21 f.; Bedenken gegen die Verfassungsmäßigkeit aber nun bei *Fischer*, StGB, 55. Aufl. 2008, § 264a Rn. 16.

setzlichen Prospekthaftung als handhabbar erwiesen hat[119] und durch die Neufassung des § 2 Abs. 1 S. 1 MaKonV ohnehin hinfällig geworden ist.

g) Eignung zur Einwirkung auf den Börsen- oder Marktpreis

31   Endlich müssen die unrichtigen Angaben geeignet sein, auf den inländischen Börsen- oder Marktpreis des Finanzinstruments einzuwirken. Darin liegt eine Abschwächung gegenüber § 88 BörsG aF, der ein Handeln „zur Einwirkung auf den Börsen- oder Marktpreis"[120] verlangt und damit beträchtliche Beweisschwierigkeiten heraufbeschworen hatte.[121] Demgegenüber enthält § 20a Abs. 1 S. 1 Nr. 1 iVm § 39 Abs. 1 WpHG nunmehr einen **„objektivierten Ordnungswidrigkeitentatbestand"**;[122] strafrechtsdogmatisch spricht man von abstraktkonkreten oder potentiellen Gefährdungsdelikten.[123] Für eine Straftat fordert § 38 Abs. 2 WpHG allerdings eine tatsächliche Kursbeeinflussung.[124]

32   Unter **Einwirkung** versteht man jede Art von Einflussnahme.[125] **Börsenpreise** sind gemäß § 24 Abs. 1 BörsG Preise, die während der Börsenzeit an einer Börse festgestellt werden;[126] **Marktpreise** sind die sich auf einem Markt bei freiem Wirksamwerden von Angebot und Nachfrage ergebenden Gleichgewichtspreise.[127]

33   Für die **Eignung zur Preiseinwirkung** reicht es beim Manipulationsverbot aus, dass die Angaben generell tauglich sind, auf den Preis einzuwirken („generelle Kausalität"[128]).[129] Ein Kauf- oder Verkaufsanreiz muss nicht vorliegen.[130] Im Gegensatz zu § 13 Abs. 1 S. 1 WpHG setzt § 20a Abs. 1 S. 1 Nr. 1 WpHG auch keine Eignung zur „erheblichen" Beeinflussung des Börsen- oder Marktpreises voraus.[131] Dem Emittentenleitfaden der BaFin zufolge ist daher die Schwelle der Einwirkungseignung „leicht genommen".[132]

34   **In der Praxis** stellt die BaFin die Preiseinwirkungseignung im Wege einer **objektiv-nachträglichen Prognose** fest.[133] Nachträglich ist die Prognose,

---

[119] Näher *Ellenberger*, Prospekthaftung im Wertpapierhandel, 2001, S. 33 f.
[120] Dazu *Schäfer/Ledermann*, § 88 BörsG Rn. 13; zum Streit um den erforderlichen Vorsatz LG München I NJW 2003, 2328, 2329 – EM.TV.
[121] Vgl. *Altenhain*, BB 2002, 1874, 1877; *Lenzen*, Finanz-Betrieb 2001, 603, 605.
[122] *Schwark*, FS Kümpel, 2003, S. 485, 486.
[123] Vgl. *Mock/Stoll/Eufinger* in KölnKommWpHG, § 20a Rn. 180; *Vogel* in *Assmann/Schneider*, § 20a WpHG Rn. 88; kritisch zur „Geeignetheit" als Substitut einer Kausalität *Zieschang*, Die Gefährdungsdelikte, 1998, S. 199.
[124] Vgl. *Fleischer*, NJW 2003, 2584, 2585; *Vogel* in *Assmann/Schneider*, § 20a WpHG Rn. 88.
[125] Vgl. *Vogel* in *Assmann/Schneider*, § 20a WpHG Rn. 90.
[126] Vgl. *Mock/Stoll/Eufinger* in KölnKommWpHG, § 20a Rn. 181; *Vogel* in *Assmann/Schneider*, § 20a WpHG Rn. 89.
[127] Vgl. *Sorgenfrei*, wistra 2002, 221, 226; *Vogel* in *Assmann/Schneider*, § 20a WpHG Rn. 89.
[128] *Schröder*, Hdb Kapitalmarktstrafrecht, Rn. 433; *Vogel* in *Assmann/Schneider*, § 20a WpHG Rn. 92.
[129] Vgl. BaFin, Emittentenleitfaden, S. 92.
[130] Vgl. BaFin, Emittentenleitfaden, S. 92.
[131] Vgl. *Schröder*, Hdb Kapitalmarktstrafrecht, Rn. 433; *Vogel* in *Assmann/Schneider*, § 20a WpHG Rn. 90; aA offensichtlich *Sorgenfrei* in *Park*, §§ 20a, 38 II, 39 I Nr. 1–2, II Nr. 11, IV WpHG Rn. 70.
[132] *BaFin*, Emittentenleitfaden, S. 93.
[133] Vgl. BaFin, Emittentenleitfaden, S. 93; *Mock/Stoll/Eufinger* in KölnKommWpHG, § 20a Rn. 182; *Vogel* in *Assmann/Schneider*, § 20a WpHG Rn. 93.

weil sie erst im Rahmen eines späteren Verwaltungs-, Straf- oder Bußgeldverfahrens zu treffen ist.[134] Objektiv ist sie, weil sie aus der Sichtweise eines verständigen Anlegers erfolgt.[135] Konkret fragt die BaFin, ob nach kapitalmarktbezogenen Erfahrungssätzen vor dem Hintergrund der zum Handlungszeitpunkt vorherrschenden Marktverhältnisse die ernstzunehmende Möglichkeit bestand, dass durch die konkrete Handlung auf die Preisbildung eingewirkt wird.[136] Ohne Belang ist dabei, ob es sich um ein Kursbeeinflussungspotential „nach oben", „nach unten" oder „zur Seite" handelt.[137] Nicht erforderlich ist ferner, dass sich der Preis des Finanzinstruments tatsächlich verändert hat.[138] Im Schrifttum wird dem Merkmal der Preiseinwirkungseignung neben dem der Bewertungserheblichkeit (vgl. Rn. 24) keine nennenswerte Selektionskraft beigemessen.[139]

2. Verschweigen entgegen bestehender Rechtsvorschriften (Nr. 1 Alt. 2)

a) Allgemeines

Tatbestandsmäßig ist nach § 20a Abs. 1 S. 1 Nr. 1 Alt. 2 WpHG weiterhin das Verschweigen bewertungserheblicher Umstände entgegen bestehender Rechtsvorschriften. Dabei handelt es sich um ein **echtes Unterlassungsdelikt**.[140] Nach allgemeinen Regeln ist das Unterlassen subsidiär zu positivem Tun, so dass § 20 Abs. 1 S. 1 Nr. 1 Alt. 1 WpHG Vorrang hat.[141] Abgrenzungsschwierigkeiten zwischen beiden Modalitäten entstehen, wenn der Täter lediglich unvollständige Tatsachen verbreitet (vgl. oben Rn. 21). In diesem Fall liegt der Handlungsschwerpunkt auf dem positiven Tun, wenn die unvollständigen Angaben einen falschen Gesamteindruck vermitteln.[142] Fehlt es daran, kann § 20a Abs. 1 S. 1 Nr. 1 Alt. 2 WpHG uneingeschränkt zum Zuge kommen.[143]

---

[134] Dazu *Vogel* in *Assmann/Schneider*, § 20a WpHG Rn. 93.
[135] Vgl. BaFin, Emittentenleitfaden, S. 93; *Mock/Stoll/Eufinger* in KölnKommWpHG, § 20a Rn. 182; *Vogel* in *Assmann/Schneider*, § 20a WpHG Rn. 93.
[136] Ausdrücklich in diesem Sinne BaFin, Emittentenleitfaden, S. 93.
[137] Vgl. BaFin, Emittentenleitfaden, S. 93; *Mock/Stoll/Eufinger* in KölnKommWpHG, § 20a Rn. 181; *Sorgenfrei* in *Park*, §§ 20a, 38 II, 39 I Nr. 1–2, II Nr. 11, IV WpHG Rn. 70; *Vogel* in *Assmann/Schneider*, § 20a WpHG Rn. 92.
[138] Vgl. BaFin, Emittentenleitfaden, S. 93; *Kümpel/Veil*, 6. Teil Rn. 17; *Schwark*, KMRK, § 20a WpHG Rn. 17; *Vogel* in *Assmann/Schneider*, § 20a WpHG Rn. 92.
[139] Vgl. die Einschätzungen bei *Altenhain*, BB 2002, 1874, 1877; *Kümpel/Veil*, 6. Teil Rn. 18; *Schwark*, KMRK, § 20a WpHG Rn. 17; *Sorgenfrei* in *Park*, wistra 2002, 321, 326f.
[140] Vgl. *Eichelberger*, S. 266; *Mock/Stoll/Eufinger* in KölnKommWpHG, § 20a Rn. 165; *Schröder*, Hdb Kapitalmarktstrafrecht, Rn. 449; *Schwark*, KMRK, § 20a WpHG Rn. 19; *Sorgenfrei* in *Park*, §§ 20a, 38 II, 39 I Nr. 1–2, II Nr. 11, IV WpHG Rn. 71; differenzierend *Vogel* in *Assmann/Schneider*, § 20a WpHG Rn. 75, der von einem echten Unterlassungsdelikt im formellen Sinne und einem unechten Unterlassungsdelikt im materiellen Sinne spricht; abw. Ziouvas, ZGR 2003, 113, 126: unechtes Unterlassungsdelikt.
[141] Vgl. *Eichelberger*, S. 273; *Kautzsch*, 7. Kap. Rn. 19; *Mock/Stoll/Eufinger* in KölnKommWpHG, § 20a Rn. 165; *Vogel* in *Assmann/Schneider*, § 20a WpHG Rn. 76.
[142] Ähnlich *Mock/Stoll/Eufinger* in KölnKommWpHG, § 20a Rn. 172; *Schönhöft*, S. 88; *Schwark*, KMRK, § 20a WpHG Rn. 22; s. auch *Eichelberger*, S. 273.
[143] Vgl. *Mock/Stoll/Eufinger* in KölnKommWpHG, § 20a Rn. 172.

b) Verschweigen

36 Der Begriff des Verschweigens kann in unterschiedlichen Varianten erfüllt sein. Verschwiegen sind zunächst solche Angaben, die **gegenüber keiner Person aufgedeckt** werden.[144] Für das Verschweigen reicht es aber auch aus, wenn der betreffende Umstand **nicht gegenüber sämtlichen Personen offengelegt** wird, denen gegenüber eine Offenlegungspflicht besteht.[145] So liegt es etwa, wenn ein Emittent seiner Ad-hoc-Publizitätspflicht nicht in der nach § 15 Abs. 1 S. 1 WpHG iVm § 5 WpAIV vorgeschriebenen Form nachkommt, sondern die Mitteilung nur an die Lokalpresse am Gesellschaftssitz gibt.[146] Bei der Verletzung anderer Formvorschriften ist ebenfalls darauf abzustellen, ob dadurch der gesetzlich angestrebte Publizitätserfolg verfehlt wird.[147] Ein Verschweigen kann ferner gegeben sein, wenn ein bewertungserheblicher Umstand, der zu einem bestimmten Zeitpunkt zu offenbaren ist, **zu spät offengelegt** wird.[148] Schließlich liegt ein Verschweigen im Rechtssinne vor, wenn der Emittent einen Befreiungstatbestand nutzt, dessen Tatbestandsvoraussetzungen nicht erfüllt sind. Das ist zB der Fall, wenn er im Rahmen der Ad-hoc-Publizität von der Möglichkeit der Selbstbefreiung nach § 15 Abs. 3 WpHG Gebrauch macht, obwohl keine berechtigten Interessen vorliegen, die eine aufgeschobene Veröffentlichung der Information rechtfertigen.[149] Dagegen werden Umstände nicht verschwiegen, die bereits öffentlich bekannt gewesen sind.[150]

c) Rechtspflicht zur Offenlegung

37 § 20a Abs. 1 S. 1 Nr. 1 Alt. 2 WpHG begründet keine eigene Offenlegungspflicht, sondern setzt sie voraus.[151] Eine solche Rechtspflicht kann sich zunächst aus **deutschen Gesetzen und Rechtsverordnungen** ergeben.[152] In Betracht kommt ferner unmittelbar geltendes Gemeinschaftsrecht, namentlich Verordnungen des Rats und der Kommission,[153] nicht aber noch nicht umgesetzte Richtli-

---

[144] Vgl. BaFin, Emittentenleitfaden, S. 91; *Kautzsch,* 7. Kap. Rn. 21; *Vogel* in *Assmann/Schneider,* § 20a WpHG Rn. 78.
[145] Vgl. *Eichelberger,* S. 267; *Kautzsch,* 7. Kap. Rn. 21; *Kümpel/Veil,* 6. Teil Rn. 16; *Mock/Stoll/Eufinger* in KölnKommWpHG, § 20a Rn. 170; *Vogel* in *Assmann/Schneider,* § 20a WpHG Rn. 78; *Waschkeit,* S. 274.
[146] Beispiel nach BaFin, Emittentenleitfaden, S. 91; vgl. auch *Vogel* in *Assmann/Schneider,* § 20a WpHG Rn. 78.
[147] Vgl. *Eichelberger,* S. 268; *Mock/Stoll/Eufinger* in KölnKommWpHG, § 20a Rn. 171; im Ergebnis auch *Vogel* in *Assmann/Schneider,* § 20a WpHG Rn. 78.
[148] Vgl. BaFin, Emittentenleitfaden, S. 91; *Eichelberger,* S. 267; *Kümpel/Veil,* 6. Teil Rn. 16; *Mock/Stoll/Eufinger* in KölnKommWpHG, § 20a Rn. 169; *Schäfer* in *Schäfer/Hamann,* KMG, § 20a WpHG Rn. 31; *Vogel* in *Assmann/Schneider,* § 20a WpHG Rn. 79; *Waschkeit,* S. 274.
[149] Beispiel nach BaFin, Emittentenleitfaden, S. 91; ferner *Eichelberger,* S. 278.
[150] Vgl. *Kautzsch,* 7. Kap. Rn. 21; *Mock/Stoll/Eufinger* in KölnKommWpHG, § 20a Rn. 171; *Vogel* in *Assmann/Schneider,* § 20a WpHG Rn. 78.
[151] Vgl. *Eichelberger,* S. 269; *Kautzsch,* 7. Kap. Rn. 19; *Vogel* in *Assmann/Schneider,* § 20a WpHG Rn. 82.
[152] Vgl. BaFin, Emittentenleitfaden, S. 92; *Eichelberger,* S. 269; *Kautzsch,* 7. Kap. Rn. 20; *Mock/Stoll/Eufinger* in KölnKommWpHG, § 20a Rn. 166; *Schröder,* Hdb Kapitalmarktstrafrecht, Rn. 451; *Vogel* in *Assmann/Schneider,* § 20a WpHG Rn. 82.
[153] Vgl. BaFin, Emittentenleitfaden, S. 92; *Kautzsch,* 7. Kap. Rn. 20; *Mock/Stoll/Eufinger* in KölnKommWpHG, § 20a Rn. 166; *Schäfer* in *Schäfer/Hamann,* KMG, § 20a

Verbot der Marktmanipulation 38 § 20a

nien.[154] Zu denken ist unter Umständen auch an **ausländische Gesetze und Verordnungen**,[155] zB wenn die Finanzinstrumente des Emittenten auch an einer ausländischen Börse gehandelt werden und der Emittent den dortigen Kapitalmarktgesetzen unterliegt.[156] Dagegen reichen Offenlegungspflichten kraft privatrechtlicher Vereinbarung nach h. M. nicht aus.[157] Dem ist aus Gründen der Tatbestandsbestimmtheit beizupflichten, auch wenn die Regierungsbegründung Raum für Erweiterungen ließe.[158] Gleiches gilt für nicht rechtsverbindliche Kodizes und freiwillige Verhaltensvereinbarungen,[159] nach h. M. auch für Richterrecht.[160] Ob Börsenordnungen (§ 16 Abs. 1 BörsG) und andere Satzungen als Rechtsvorschriften iSd § 20 a Abs. 1 S. 1 Nr. 1 Alt. 2 WpHG anzusehen sind, wird unterschiedlich beurteilt.[161]

Im systematischen Zugriff lassen sich drei größere Gruppen von Offenlegungspflichten unterscheiden: Von herausragender praktischer Bedeutung sind zunächst die **kapitalmarktrechtlichen Publizitätsvorschriften**,[162] angefangen bei der Ad-hoc-Publizitätspflicht nach § 15 WpHG[163] über die Pflicht zur Offenlegung von Directors' Dealings gemäß § 15 a WpHG[164] und die übernahmerechtlichen Mitteilungspflichten nach §§ 37 w, x WpHG[165] bis hin zur Prospekt- 38

WpHG Rn. 33; *Schröder*, Hdb Kapitalmarktstrafrecht, Rn. 451; *Vogel* in *Assmann/ Schneider*, § 20 a WpHG Rn. 82.
[154] Vgl. *Mock/Stoll/Eufinger* in KölnKommWpHG, § 20 a Rn. 166; *Schäfer* in *Schäfer/ Hamann*, KMG, § 20 a WpHG Rn. 33; *Vogel* in *Assmann/Schneider*, § 20 a WpHG Rn. 65.
[155] Vgl. *Kautzsch*, 7. Kap. Rn. 20; *Mock/Stoll/Eufinger* in KölnKommWpHG, § 20 a Rn. 166; *Schäfer* in *Schäfer/Hamann*, KMG, § 20 a WpHG Rn. 33; *Vogel* in *Assmann/ Schneider*, § 20 a WpHG Rn. 82; abw. *Eichelberger*, S. 269.
[156] Beispiel nach BaFin, Emittentenleitfaden, S. 92.
[157] Vgl. *Eichelberger*, S. 270; *Kautzsch*, 7. Kap. Rn. 20; *Mock/Stoll/Eufinger* in KölnKommWpHG, § 20 a Rn. 166; *Schäfer* in *Schäfer/Hamann*, KMG, § 20 a WpHG Rn. 33; *Schröder*, Hdb Kapitalmarktstrafrecht, Rn. 451; *Schwark*, KMRK, § 20 a WpHG Rn. 19.
[158] Vgl. Begr. RegE 4. FMFG, BT-Drucks. 14/8017, S. 89, die nur von einer „Rechtspflicht zur Offenbarung" spricht; dagegen hatte Begr. RegE 2. WiKG, BT-Drucks. 10/ 318, S. 46 mit Blick auf § 88 BörsG aF noch von einer „gesetzlich geregelten Verpflichtung" gesprochen.
[159] Vgl. BaFin, Emittentenleitfaden, S. 92; *Eichelberger*, S. 270; *Mock/Stoll/Eufinger* in KölnKommWpHG, § 20 a Rn. 166; *Vogel* in *Assmann/Schneider*, § 20 a WpHG Rn. 84.
[160] Vgl. *Arlt*, S. 177; *Eichelberger*, S. 270; *Vogel* in *Assmann/Schneider*, § 20 a WpHG Rn. 84; abw. *Baumbach/Hopt*, HGB, 30. Aufl. 2000, § 88 BörsG aF Rn. 1.
[161] Bejahend *Eichelberger*, S. 269; verneinend *Mock/Stoll/Eufinger* in KölnKommWpHG, § 20 a Rn. 166; *Wodsack*, S. 86 f.
[162] Vgl. *Kautzsch*, 7. Kap. Rn. 20; *Mock/Stoll/Eufinger* in KölnKommWpHG, § 20 a Rn. 173; *Schwark*, KMRK, § 20 a WpHG Rn. 19; *Vogel* in *Assmann/Schneider*, § 20 a WpHG Rn. 87.
[163] Vgl. BaFin, Emittentenleitfaden, S. 92; *Hellgardt*, ZIP 2005, 2000, 2001; *Schäfer* in *Schäfer/Hamann*, KMG, § 20 a WpHG Rn. 33; *Schröder*, Hdb Kapitalmarktstrafrecht, Rn. 452 ff.; *Sorgenfrei* in *Park*, §§ 20 a, 38 II, 39 I Nr. 1–2, II Nr. 11, IV WpHG Rn. 72.
[164] Vgl. *Kümpel/Veil*, 6. Teil Rn. 16; *Mock/Stoll/Eufinger* in KölnKommWpHG, § 20 a Rn. 173; *Schäfer* in *Schäfer/Hamann*, KMG, § 20 a WpHG Rn. 33; *Schröder*, Hdb Kapitalmarktstrafrecht, Rn. 474; *Schwark*, KMRK, § 20 a WpHG Rn. 19; *Sorgenfrei* in *Park*, §§ 20 a, 38 II, 39 I Nr. 1–2, II Nr. 11, IV WpHG Rn. 72.
[165] Vgl. BaFin, Emittentenleitfaden, S. 92; *Kautzsch*, 7. Kap. Rn. 20; *Mock/Stoll/ Eufinger* in KölnKommWpHG, § 20 a Rn. 173; *Schäfer* in *Schäfer/Hamann*, KMG, § 20 a WpHG Rn. 33.

publizität iSd § 3 WpPG[166] sowie zur obligatorischen Veröffentlichung von Zwischenberichten nach § 40 BörsG iVm §§ 53 ff. BörsenZulVO.[167] Eine zweite Gruppe sammelt die **bilanzrechtlichen Publizitätspflichten** nach §§ 325 ff. iVm §§ 264 ff. HGB.[168] Hierher gehören drittens die **Handelsregisterpublizitätspflichten,**[169] die aufgrund der möglichen Einsichtnahme durch Dritte eine Publizitätswirkung gegenüber der Öffentlichkeit erzeugen, namentlich die Pflicht zur Stellung des Insolvenzantrags nach § 92 Abs. 2 AktG.[170] Dagegen scheiden ausschließlich steuer- oder umweltrechtlich begründete Offenlegungspflichten aus.[171]

39 Wer die betreffenden Umstände „verschweigt", wenn die gesetzliche Offenlegungspflicht den Emittenten trifft, wird wenig erörtert. Richtigerweise ist auf die Mitglieder des gesellschaftsintern zuständigen Organs abzustellen.[172] Handelt es sich um ein Kollegialorgan, etwa den Vorstand, so ist im Ausgangspunkt eine Kollektivverantwortung sämtlicher Organmitglieder gegeben,[173] die jedoch bei horizontaler Arbeitsteilung zu einer bloßen Überwachungspflicht der nicht ressortverantwortlichen Vorstandsmitglieder abgeschwächt wird.[174]

d) Bewertungserhebliche Umstände

40 Nicht anders als die unrichtigen oder irreführenden Angaben müssen auch die verschwiegenen Angaben Umstände betreffen, die für die Bewertung des Finanzinstruments erheblich sind (näher oben Rn. 24 ff.).

e) Eignung zur Einwirkung auf den Börsen- oder Marktpreis

41 Hinsichtlich der Preiseinwirkungseignung gelten die gleichen Voraussetzungen wie im Rahmen des § 20a Abs. 1 S. 1 Nr. 1 Alt. 1 WpHG (vgl. oben Rn. 31 ff.).

---

[166] Vgl. *Kautzsch,* 7. Kap. Rn. 20; *Vogel* in *Assmann/Schneider,* § 20a WpHG Rn. 87 (Publizitätspflicht bei Neuemissionen).
[167] Vgl. BaFin, Emittentenleitfaden, S. 92; *Mock/Stoll/Eufinger* in KölnKommWpHG, § 20a Rn. 173; *Schwark,* KMRK, § 20a WpHG Rn. 19; *Waschkeit,* S. 274.
[168] Vgl. BaFin, Emittentenleitfaden, S. 92; *Kautzsch,* 7. Kap. Rn. 20; *Kümpel/Veil,* 6. Teil Rn. 16; *Mock/Stoll/Eufinger* in KölnKommWpHG, § 20a Rn. 173; *Vogel* in *Assmann/Schneider,* § 20a WpHG Rn. 87.
[169] Vgl. *Sorgenfrei* in *Park,* §§ 20a, 38 II, 39 I Nr. 1–2, II Nr. 11, IV WpHG Rn. 72; *Vogel* in *Assmann/Schneider,* § 20a WpHG Rn. 87.
[170] Vgl. BaFin, Emittentenleitfaden, S. 92; *Kautzsch,* 7. Kap. Rn. 20; *Sorgenfrei* in *Park,* §§ 20a, 38 II, 39 I Nr. 1–2, II Nr. 11, IV WpHG Rn. 72; *Vogel* in *Assmann/Schneider,* § 20a WpHG Rn. 87; *Waschkeit,* S. 274; abw. *Eichelberger,* S. 271 f.; *Mock/Stoll/Eufinger* in KölnKommWpHG, § 20a Rn. 173.
[171] Vgl. *Vogel* in *Assmann/Schneider,* § 20a WpHG Rn. 85; differenzierend *Eichelberger,* S. 270 f.
[172] Vgl. *Eichelberger,* S. 272; *Mock/Stoll/Eufinger* in KölnKommWpHG, § 20a Rn. 168; *Schwark,* KMRK, § 20a WpHG Rn. 21.
[173] Vgl. *Eichelberger,* S. 344; *Mock/Stoll/Eufinger* in KölnKommWpHG, § 20a Rn. 168.
[174] Vgl. *Eichelberger,* S. 345; *Mock/Stoll/Eufinger* in KölnKommWpHG, § 20a Rn. 168; allgemein *Fleischer,* Hdb Vorstandsrecht, § 8 Rn. 16 ff.; abw. *Schwark,* KMRK, § 20a WpHG Rn. 21, der anscheinend von einer vollständigen Entlastung der ressortfremden Vorstandsmitglieder ausgeht.

3. Geschäfte, die falsche Signale geben oder ein künstliches Preisniveau herbeiführen (Nr. 2)

a) Allgemeines

Gemäß § 20a Abs. 1 S. 1 Nr. 2 WpHG ist es verboten, Geschäfte vorzunehmen oder Kauf- oder Verkaufsaufträge zu erteilen, die geeignet sind, falsche oder irreführende Signale für das Angebot, die Nachfrage oder den Börsen- oder Marktpreis von Finanzinstrumenten zu geben oder ein künstliches Preisniveau herbeizuführen. Ausweislich der Gesetzesbegründung sollen damit die Vorgaben der Marktmissbrauchsrichtlinie umgesetzt werden.[175] Die maßgebliche Umschreibung der in Rede stehenden Fallgruppe findet sich in Art. 1 Nr. 2 lit. a) Spiegelstrich 1 und 2 der Richtlinie, den die Durchführungsrichtlinie 2003/124/EG durch weitere Begriffsbestimmungen ergänzt. 42

Kennzeichnend für § 20a Abs. 1 S. 1 Nr. 2 WpHG ist, dass er das Manipulationsverbot auch auf **effektive Geschäfte** erstreckt.[176] Erfasst werden mithin tatsächliche Transaktionen, bei denen der Handelnde das Marktrisiko trägt (vgl. vor § 20a Rn. 6), wenn von ihnen falsche oder irreführende Signale ausgehen. Ein **Gegengewicht** zu dieser sehr weitreichenden Verbotsausdehnung bildet **§ 20a Abs. 2 WpHG**,[177] der eine Verbotsausnahme für Geschäfte vorsieht, die mit der zulässigen Marktpraxis vereinbar sind und für die der Handelnde legitime Gründe hat (vgl. unten Rn. 75 ff.). Die Voraussetzungen dieses „sicheren Hafens" sind allerdings erst zu prüfen, wenn der Tatbestand des § 20a Abs. 1 S. 1 Nr. 2 WpHG erfüllt ist.[178] 43

b) Vornahme von Geschäften und Erteilung von Aufträgen

Der Begriff des **Geschäfts** ist sehr weit zu verstehen. Er erfasst nicht nur Käufe und Verkäufe, sondern auch Sicherungsübereignungen, Sicherungszessionen, Treuhandschaften und Verpfändungen.[179] **Vorgenommen** ist das Geschäft mit seiner Ausführung, d.h. mit einem Wechsel der wirtschaftlichen Berechtigung.[180] Darüber hinaus gelten auch zivilrechtlich unwirksame Scheingeschäfte i.S.d. § 117 BGB als vorgenommen, wenn äußerlich der Schein des Vollzugs gegeben ist.[181] 44

---

[175] Vgl. Begr. RegE AnSVG, BT-Drucks. 15/3174, S. 37; *Mock/Stoll/Eufinger* in KölnKommWpHG, § 20a Rn. 184; *Schäfer* in *Schäfer/Hamann*, KMG, § 20a WpHG Rn. 47; *Vogel* in *Assmann/Schneider*, § 20a WpHG Rn. 111.
[176] Vgl. *Bisson/Kunz*, BKR 2005, 186, 187; *Eichelberger*, S. 288; *Mock/Stoll/Eufinger* in KölnKommWpHG, § 20a Rn. 184; *Schäfer* in *Schäfer/Hamann*, KMG, § 20a WpHG Rn. 47; *Schröder*, Hdb Kapitalmarktstrafrecht, Rn. 479; *Vogel* in *Assmann/Schneider*, § 20a WpHG Rn. 113.
[177] Zu diesem Zusammenhang auch *Kutzner*, WM 2005, 1401, 1404; *Mock/Stoll/Eufinger* in KölnKommWpHG, § 20a Rn. 186; *Schäfer* in *Schäfer/Hamann*, KMG, § 20a WpHG Rn. 47; *Schwintek*, S. 60f.; *Vogel* in *Assmann/Schneider*, § 20a WpHG Rn. 112.
[178] Vgl. *Mock/Stoll/Eufinger* in KölnKommWpHG, § 20a Rn. 186; *Schwintek*, S. 61.
[179] Vgl. *Mock/Stoll/Eufinger* in KölnKommWpHG, § 20a Rn. 187; *Schäfer* in *Schäfer/Hamann*, KMG, § 20a WpHG Rn. 48; *Vogel* in *Assmann/Schneider*, § 20a WpHG Rn. 116.
[180] Vgl. *Schäfer* in *Schäfer/Hamann*, KMG, § 20a WpHG Rn. 48; *Vogel* in *Assmann/Schneider*, § 20a WpHG Rn. 116.
[181] Vgl. *Mock/Stoll/Eufinger* in KölnKommWpHG, § 20a Rn. 189; *Schäfer* in *Schäfer/Hamann*, KMG, § 20a WpHG Rn. 48; *Vogel* in *Assmann/Schneider*, § 20a WpHG Rn. 116.

45 Die Begriffe **Kauf- oder Verkaufsaufträge** sind nicht zivilrechtlich, sondern kapitalmarktrechtlich als „Order" zu verstehen.[182] Sie umfassen daher alle Formen von Effektenorder, insbesondere Kommissions- und Vermittlungsaufträge.[183] **Erteilt** ist der Auftrag mit seinem Zugang beim Adressaten.[184] Werden Aufträge storniert, handelt es sich nicht um eine Erteilung i. S. d. § 20a Abs. 1 S. 1 Nr. 2 WpHG, doch kann die Stornierung ein Indiz für eine manipulative Auftragserteilung darstellen.[185]

c) Irreführungs- oder Manipulationseignung

46 Weiterhin müssen die Geschäfte oder Aufträge geeignet sein, falsche oder irreführende Signale für das Angebot, die Nachfrage oder den Börsen- oder Marktpreis von Finanzinstrumenten zu geben oder ein künstliches Preisniveau herbeizuführen. Maßgeblich ist eine objektiv-nachträgliche Prognose aus der Sicht eines verständigen, mit den Marktverhältnissen vertrauten Dritten.[186]

47 **aa) Eignung zur Abgabe irreführender Signale.** Von dem betreffenden Geschäft muss zunächst eine Eignung zur Signalgebung ausgehen. Mit dem Begriff **Signal** lehnt sich der deutsche und europäische Gesetzgeber – bewusst oder unbewusst – an die Terminologie der Marktprozesstheorie an, die Preise als Signale versteht.[187] Die Begriffswahl ist wenig glücklich, weil jedes Geschäft ein „Signal" für den Preis enthält.[188] **Falsch** ist das Signal, wenn es nicht mit der tatsächlichen Marktsituation hinsichtlich des betreffenden Finanzinstruments übereinstimmt.[189] Irreführend ist es, wenn es bei einem verständigen Anleger eine Fehlvorstellung hervorruft.[190]

48 **bb) Eignung zur Herbeiführung eines künstlichen Preisniveaus.** Verboten sind außerdem Geschäfte, die geeignet sind, ein künstliches **Preisniveau** herbeizuführen. Es genügt die entsprechende Eignung; auf die tatsächliche Herbeiführung kommt es nicht an.[191] Auch auf eine Erheblichkeitsschwelle hat der

---

[182] Vgl. *Mock/Stoll/Eufinger* in KölnKommWpHG, § 20a Rn. 187; *Schäfer* in *Schäfer/Hamann*, KMG, § 20a WpHG Rn. 49; *Vogel* in *Assmann/Schneider*, § 20a WpHG Rn. 117.

[183] Vgl. *Mock/Stoll/Eufinger* in KölnKommWpHG, § 20a Rn. 187; *Schäfer* in *Schäfer/Hamann*, KMG, § 20a WpHG Rn. 49; *Vogel* in *Assmann/Schneider*, § 20a WpHG Rn. 117.

[184] Vgl. *Mock/Stoll/Eufinger* in KölnKommWpHG, § 20a Rn. 188; *Vogel* in *Assmann/Schneider*, § 20a WpHG Rn. 117.

[185] Vgl. *Schäfer* in *Schäfer/Hamann*, KMG, § 20a WpHG Rn. 49; *Vogel* in *Assmann/Schneider*, § 20a WpHG Rn. 117.

[186] Vgl. *Mock/Stoll/Eufinger* in KölnKommWpHG, § 20a Rn. 190; *Vogel* in *Assmann/Schneider*, § 20a WpHG Rn. 118.

[187] Näher *Fleischer*, Informationsasymmetrie im Vertragsrecht, 2001, S. 95 ff.

[188] Vgl. *Vogel* in *Assmann/Schneider*, § 20a WpHG Rn. 119; kritisch auch *Eichelberger*, S. 290 ff.

[189] Vgl. *Mock/Stoll/Eufinger* in KölnKommWpHG, § 20a Rn. 191; *Vogel* in *Assmann/Schneider*, § 20a WpHG Rn. 119.

[190] Vgl. *Eichelberger*, S. 290; *Vogel* in *Assmann/Schneider*, § 20a WpHG Rn. 119; kritisch *Mock/Stoll/Eufinger* in KölnKommWpHG, § 20a Rn. 191, nach denen die Begriffe „falsch" und „irreführend" gleichbedeutend sind.

[191] Vgl. *Eichelberger*, S. 293; *Mock/Stoll/Eufinger* in KölnKommWpHG, § 20a Rn. 194; *Vogel* in *Assmann/Schneider*, § 20a WpHG Rn. 120.

Gesetzgeber bewusst verzichtet.[192] **Künstlich** ist ein Preisniveau, wenn es sich nicht mehr als Ergebnis eines unbeeinflussten Marktprozesses darstellt.[193] Im konkretisierenden Zugriff bedarf es hier eines intensiveren Austauschs mit der ökonomischen Kapitalmarktforschung.

d) Konkretisierung durch § 3 MaKonV

Festere tatbestandliche Konturen gewinnt § 20a Abs. 1 S. 1 Nr. 2 WpHG durch § 3 MaKonV, der die einschlägigen Bestimmungen der Richtlinie 2003/124/EG in deutsches Recht umsetzt.[194] Entsprechend dem Regelungsmuster der Richtlinie trennt er zwischen bloßen Anzeichen für falsche oder irreführende Signale (Abs. 1) und verbindlichen Beispielen für irreführende Signale iSd § 20a Abs. 1 S. 1 Nr. 2 WpHG (Abs. 2). Daran orientiert sich die weitere Erläuterung. 49

e) Anzeichen für falsche oder irreführende Signale oder künstliches Preisniveau

aa) Bedeutung. § 3 Abs. 1 MaKonV zählt eine Reihe von Geschäften und Kauf- oder Verkaufsaufträgen auf, die „Anzeichen" für falsche oder irreführende Signale oder die Herbeiführung eines künstlichen Preisniveaus sein können. Er setzt die Vorgaben aus Art. 4 der Richtlinie 2003/124/EG in deutsches Recht um und soll den Marktteilnehmern zusätzliche Rechtssicherheit bei der Abgrenzung von verbotenem und erlaubtem Verhalten geben.[195] Ausweislich der Verordnungsbegründung muss sich die BaFin bei ihrer Überwachungstätigkeit nach diesen „Anhaltspunkten" richten, ohne dass die Aufzählung indes abschließend wäre.[196] Auch bedeutet das Vorliegen eines der genannten Anzeichen **nicht zwingend,** dass eine Marktmanipulation gegeben ist;[197] ihnen kommt **nur** eine **Indizfunktion** zu. Aus der stets gebotenen Einzelfallbetrachtung können sich vielmehr überwiegende Gründe für ein gesetzeskonformes Verhalten ergeben.[198] 50

bb) Einzelanzeichen. § 3 Abs. 1 Nr. 1 MaKonV fasst eine Reihe von Anzeichen zusammen, die auf erhebliche Preisänderungen abstellen.[199] Dazu zählen zunächst Geschäfte oder Aufträge, die an einem – börslichen oder außerbörslichen[200] – Markt einen bedeutenden Anteil am Tagesgeschäftsvolumen die- 51

---

[192] Vgl. Begr. MaKonV, BR-Drucks. 18/05, S. 13; *Mock/Stoll/Eufinger* in KölnKommWpHG, § 20a Rn. 194; *Vogel* in *Assmann/Schneider,* § 20a WpHG Rn. 120.
[193] Vgl. *Mock/Stoll/Eufinger* in KölnKommWpHG, § 20a Rn. 194; *Schönhöft,* S. 112; *Vogel* in *Assmann/Schneider,* § 20a WpHG Rn. 120.
[194] Vgl. Begr. MaKonV, BR-Drucks. 18/05, S. 13; *Kümpel/Veil,* 6. Teil Rn. 21; *Vogel* in *Assmann/Schneider,* § 20a WpHG Rn. 111.
[195] Vgl. Begr. MaKonV, BR-Drucks. 18/05, S. 13; skeptisch insoweit *Schwintek,* S. 61; ebenso *Worms* in *Assmann/Schütze,* Hdb Kapitalanlagerecht, § 9 Rn. 122.
[196] Vgl. Begr. MaKonV, BR-Drucks. 18/05, S. 13; *Mock/Stoll/Eufinger* in KölnKommWpHG, § 20a, Anh. I, § 3 MaKonV Rn. 4; *Vogel* in *Assmann/Schneider,* § 20a WpHG Rn. 123.
[197] Vgl. Begr. MaKonV, BR-Drucks. 18/05, S. 13; *Mock/Stoll/Eufinger* in KölnKommWpHG, § 20a, Anh. I, § 3 MaKonV Rn. 5; *Schwintek,* S. 62.
[198] Vgl. Begr. MaKonV, BR-Drucks. 18/05, S. 13; *Kautzsch,* 7. Kap. Rn. 44; *Mock/Stoll/Eufinger* in KölnKommWpHG, § 20a, Anh. I, § 3 MaKonV Rn. 5.
[199] Vgl. *Knauth/Käsler,* WM 2006, 1041, 1045; *Kümpel/Veil,* 6. Teil Rn. 23; *Schröder,* Hdb Kapitalmarktstrafrecht, Rn. 509; *Vogel* in *Assmann/Schneider,* § 20a WpHG Rn. 124.
[200] Vgl. Begr. MaKonV, BR-Drucks. 18/05, S. 15.

ser Finanzinstrumente ausmachen, insbesondere wenn sie eine erhebliche Preisänderung bewirken (**Buchstabe a**).[201] Hierher gehören weiterhin Geschäfte und Orders, durch die Personen erhebliche Preisänderungen bei Finanzinstrumenten bewirken, von denen sie bedeutende Kauf- oder Verkaufspositionen oder sich darauf beziehende Derivate oder Basiswerte innehaben (**Buchstabe b**).[202] Gleiches gilt für Geschäfte, mit denen innerhalb kurzer Zeit Positionen umgekehrt werden und die an einem Markt einen bedeutenden Anteil am Tagesgeschäftsvolumen dieser Finanzinstrumente ausmachen und die mit einer erheblichen Preisänderung im Zusammenhang stehen können (**Buchstabe c**).[203] In dieselbe Reihe gehören schließlich Geschäfte, die durch ihre Häufung innerhalb eines kurzen Abschnitts des Börsentages eine erhebliche Preisänderung bewirken, die auf eine gegenläufige Preisänderung folgt (**Buchstabe d**).[204] Einen systematischen Sonderfall bilden Transaktionen, die nahe zu dem Zeitpunkt der Feststellung eines bestimmten Preises, der als Referenzpreis für ein Finanzinstrument oder andere Vermögenswerte dient, erfolgen und mittels Einwirkung auf diesen Referenzpreis den Preis oder die Bewertung des Finanzinstruments oder des Vermögenswertes beeinflussen (**Buchstabe e**).[205] Diese Geschäfte, die man als „Marking the Close" bezeichnet,[206] begegnen unter Täuschungsaspekten auch als Regelbeispiel in § 3 Abs. 2 Nr. 1 MaKonV (vgl. Rn. 55).

52 § **3 Abs. 1 Nr. 2 MaKonV** nennt als Anzeichen für falsche oder irreführende Signale ferner Kauf- oder Verkaufsaufträge, die auf die den Marktteilnehmern ersichtliche Orderlage, insbesondere auf die zur Kenntnis gegebenen Preise der am höchsten limitierten Kaufaufträge oder der am niedrigsten limitierten Verkaufsaufträge, einwirken und vor der Ausführung zurückgenommen werden.[207] Ein solches Verhalten kann die Marktteilnehmer über Angebot und Nachfrage eines Finanzinstruments täuschen und dazu veranlassen, selbst Geschäfte zu nicht

---

[201] Dazu *Knauth/Käsler*, WM 2006, 1041, 1045 f.; *Mock/Stoll/Eufinger* in KölnKommWpHG, § 20 a, Anh. I, § 3 MaKonV Rn. 7 ff.; *Schröder*, Hdb Kapitalmarktstrafrecht, Rn. 509 f.; *Vogel* in *Assmann/Schneider*, § 20 a WpHG Rn. 126; *Worms* in *Assmann/Schütze*, Hdb Kapitalanlagerecht, § 9 Rn. 122.
[202] Ausführlich *Knauth/Käsler*, WM 2006, 1041, 1046; *Mock/Stoll/Eufinger* in KölnKommWpHG, § 20 a, Anh. I, § 3 MaKonV Rn. 10 f.; *Schröder*, Hdb Kapitalmarktstrafrecht, Rn. 511; *Vogel* in *Assmann/Schneider*, § 20 a WpHG Rn. 126.
[203] Näher *Knauth/Käsler*, WM 2006, 1041, 1046 f.; *Mock/Stoll/Eufinger* in KölnKommWpHG, § 20 a, Anh. I, § 3 MaKonV Rn. 12 f.; *Schröder*, Hdb Kapitalmarktstrafrecht, Rn. 513; *Vogel* in *Assmann/Schneider*, § 20 a WpHG Rn. 127.
[204] Vgl. *Knauth/Käsler*, WM 2006, 1041, 1047; *Mock/Stoll/Eufinger* in KölnKommWpHG, § 20 a, Anh. I, § 3 MaKonV Rn. 15 f.; *Schröder*, Hdb Kapitalmarktstrafrecht, Rn. 514; *Vogel* in *Assmann/Schneider*, § 20 a WpHG Rn. 128.
[205] Ausführlich *Knauth/Käsler*, WM 2006, 1041, 1047; *Mock/Stoll/Eufinger* in KölnKommWpHG, § 20 a, Anh. I, § 3 MaKonV Rn. 17 f.; *Schröder*, Hdb Kapitalmarktstrafrecht, Rn. 516; *Vogel* in *Assmann/Schneider*, § 20 a WpHG Rn. 129.
[206] Vgl. CESR/04-505 b vom Mai 2005: Market Abuse Directive. Level 3 – first set of CESR guidance and information on the common operation of the Directive, Chapter IV, Tz. 4.12; *Schröder*, Hdb Kapitalmarktstrafrecht, Rn. 516; *Schwintek*, S. 62; *Vogel* in *Assmann/Schneider*, § 20 a WpHG Rn. 129.
[207] Vgl. *Knauth/Käsler*, WM 2006, 1041, 1047; *Mock/Stoll/Eufinger* in KölnKommWpHG, § *20 a*, Anh. I, § 3 MaKonV Rn. 19; *Schröder*, Hdb Kapitalmarktstrafrecht, Rn. 517; *Vogel* in *Assmann/Schneider*, § 20 a WpHG Rn. 130; *Worms* in *Assmann/Schütze*, Hdb Kapitalanlagerecht, § 9 Rn. 127.

Verbot der Marktmanipulation   53–55 § 20a

marktgerechten Preisen abzuschließen.[208] Versehentliche Ordereingaben (sog. „Mistrades") sind jedoch nicht tatbestandsmäßig.[209]

§ 3 Abs. 1 Nr. 3 MaKonV erfasst schließlich Geschäfte, die zu keinem   53
Wechsel des wirtschaftlichen Eigentümers eines Finanzinstruments führen.[210] Für sie hat sich die Bezeichnung „**Wash Sales**" eingebürgert.[211] Wie viele Personen an einer solchen Transaktion beteiligt sind, ist ohne Belang, so dass hierzu auch Ringkäufe und -verkäufe („**Circular Trading**") zählen. Ausgeschlossen ist eine Marktmanipulation jedoch dann, wenn die besonderen Umstände der Transaktion den Marktteilnehmern im Vorhinein hinreichend transparent gemacht wurden.[212] Das ist namentlich dann anzunehmen, wenn eine Bekanntgabe entsprechend gesetzlicher Vorschriften oder Marktbestimmungen, zB den Bestimmungen zu „Cross Trades" oder „Pre-arranged-Trades" an der Eurex, erfolgt.[213] Der Verordnungsbegründung zufolge kommt auch Wertpapierdarlehen, die außerhalb eines Marktes zwischen zwei Personen vereinbart und ausgeführt werden, in der Regel keine Indizwirkung zu, weil sie sich nicht auf die Bildung von Börsen- oder Marktpreisen auswirken können.[214]

f) Verbindliche Beispiele für irreführende Signale

aa) Bedeutung. § 3 Abs. 2 MaKonV zählt verschiedene Geschäfte und Kauf-   54
oder Verkaufsaufträge über Finanzinstrumente auf, die als irreführende Signale iSd § 20a Abs. 1 S. 1 Nr. 2 WpHG anzusehen sind. Die genannten Beispiele erfüllen ohne weiteres den Tatbestand der Marktmanipulation.[215] Im Gegensatz zu § 3 Abs. 1 MaKonV bedarf es hier weder einer weiteren Prüfung anhand bestimmter Marktmerkmale, noch besteht überhaupt eine entsprechende Wertungsmöglichkeit im Einzelfall.[216]

bb) Einzelbeispiele. Irreführende Signale werden nach **§ 3 Abs. 2 Nr. 1**   55
MaKonV durch Geschäfte oder Orders gegeben, die geeignet sind, über Angebot oder Nachfrage bei einem Finanzinstrument im Zeitpunkt der Feststellung eines bestimmten Börsen- oder Marktpreises, der als Referenzpreis für ein Fi-

---

[208] Vgl. Begr. MaKonV, BR-Drucks. 18/05, S. 15; *Schäfer* in *Schäfer/Hamann*, KMG, § 20a WpHG Rn. 55; *Schwintek*, S. 62.
[209] Vgl. *Mock/Stoll/Eufinger* in KölnKommWpHG, § 20a, Anh. I, § 3 MaKonV Rn. 19; *Schwintek*, S. 62.
[210] Vgl. *Knauth/Käsler*, WM 2006, 1041, 1047; *Mock/Stoll/Eufinger* in KölnKommWpHG, § 20a, Anh. I, § 3 MaKonV Rn. 20 ff.; *Vogel* in *Assmann/Schneider*, § 20a WpHG Rn. 131; *Worms* in *Assmann/Schütze*, Hdb Kapitalanlagerecht, § 9 Rn. 127.
[211] Vgl. CESR/04-505 b (Fn. 206), Chapter IV, Tz. 4.11; *Knauth/Käsler*, WM 2006, 1041, 1047; *Kümpel/Veil*, 6. Teil Rn. 26; *Lenzen*, S. 10 f.; *Sorgenfrei* in *Park*, §§ 20a, 38 II, 39 I Nr. 1–2, II Nr. 11, IV WpHG Rn. 102.
[212] Vgl. Begr. MaKonV, BR-Drucks. 18/05, S. 15; *Mock/Stoll/Eufinger* in KölnKommWpHG, § 20a, Anh. I, § 3 MaKonV Rn. 23; *Schröder*, Hdb Kapitalmarktstrafrecht, Rn. 511; *Schwintek*, S. 62; *Vogel* in *Assmann/Schneider*, § 20a WpHG Rn. 132.
[213] Vgl. *Schwintek*, S. 62; *Sorgenfrei* in *Park*, §§ 20a, 38 II, 39 I Nr. 1–2, II Nr. 11, IV WpHG Rn. 103; *Vogel* in *Assmann/Schneider*, § 20a WpHG Rn. 132.
[214] Vgl. Begr. MaKonV, BR-Drucks. 18/05, S. 15; ferner *Schröder*, Hdb Kapitalmarktstrafrecht, Rn. 525; *Schwintek*, S. 62.
[215] Vgl. *Kümpel/Veil*, 6. Teil Rn. 27; *Mock/Stoll/Eufinger* in KölnKommWpHG, § 20a, Anh. I, § 3 MaKonV Rn. 24; *Schäfer* in *Schäfer/Hamann*, KMG, § 20a WpHG Rn. 57; *Vogel* in *Assmann/Schneider*, § 20a WpHG Rn. 133.
[216] Vgl. *Schwintek*, S. 63; unscharf *Kautzsch*, 7. Kap. Rn. 34.

nanzinstrument oder andere Produkte dient, zu täuschen. Das gilt insbesondere, wenn durch den Kauf oder Verkauf von Finanzinstrumenten bei Börsenschluss Anleger, die aufgrund des festgestellten Schlusspreises Aufträge erteilen, über die wahren wirtschaftlichen Verhältnisse getäuscht werden. Im Schrifttum pflegt man derartige zeitspezifische Geschäfte als „**Marking the Close**" zu bezeichnen.[217]

56 Zu den irreführenden Signalen gehören nach § 3 Abs. 2 Nr. 2 MaKonV weiterhin Geschäfte oder Orders, die zu im Wesentlichen gleichen Stückzahlen und Preisen von verschiedenen Parteien, die sich abgesprochen haben, erteilt werden, es sei denn, diese Geschäfte wurden im Einklang mit den jeweiligen Marktbestimmungen rechtzeitig angekündigt. Man spricht insoweit von „**Improper Matched Orders**" oder „**Circular Trading**".[218] Maßgebend ist, dass die Absprache vor Auftragserteilung erfolgt; die Aufträge selbst müssen nicht zeitgleich vorgenommen werden.[219]

57 Als irreführend erfasst werden nach § 3 Abs. 2 Nr. 3 MaKonV schließlich Geschäfte oder Orders, die den unzutreffenden Eindruck wirtschaftlich begründeter Umsätze erwecken. Dabei handelt es sich um einen Auffangtatbestand,[220] der nach dem Willen des Verordnungsgebers erfüllt sein soll, wenn durch das betreffende Geschäft keine „Investmentidee umgesetzt" wird.[221] Als Beispiele genannt werden „**Painting the Tape**" oder „**Advancing the Bid**",[222] aber auch „**Pumping and Dumping**" und „**Circular Trading**".[223] Nicht erfasst werden dagegen das „Intra Day Trading", wenn die Käufe in der Erwartung ohnehin steigender Kurse getätigt werden, sowie das „Late Trading" von Investmentfondsanteilen.[224]

4. Vornahme sonstiger Täuschungshandlungen (Nr. 3)

a) Allgemeines

58 Gemäß § 20a Abs. 1 S. 1 Nr. 3 WpHG ist es verboten, sonstige Täuschungshandlungen vorzunehmen, die geeignet sind, auf den Börsen- oder Marktpreis

---

[217] Vgl. *Knauth/Käsler*, WM 2006, 1041, 1048; *Kümpel/Veil*, 6. Teil Rn. 27; *Mock/Stoll/Eufinger* in KölnKommWpHG, § 20a, Anh. I, § 3 MaKonV Rn. 26; *Schäfer* in *Schäfer/Hamann*, KMG, § 20a WpHG Rn. 57; *Schwintek*, S. 63; *Vogel* in *Assmann/Schneider*, § 20a WpHG Rn. 134.

[218] CESR/04-505b (Fn. 206), Chapter IV, Tz. 4.11; *Lenzen*, S. 11; *Schwark*, KMRK, § 20a WpHG Rn. 25; *Schäfer* in *Schäfer/Hamann*, KMG, § 20a WpHG Rn. 58; *Schwintek*, S. 63; *Vogel* in *Assmann/Schneider*, § 20a WpHG Rn. 135; *Ziouvas*, ZGR 2003, 113, 133.

[219] Vgl. *Mock/Stoll/Eufinger* in KölnKommWpHG, § 20a, Anh. I, § 3 MaKonV Rn. 30; *Vogel* in *Assmann/Schneider*, § 20a WpHG Rn. 135.

[220] Vgl. *Mock/Stoll/Eufinger* in KölnKommWpHG, § 20a, Rn. 197; *Vogel* in *Assmann/Schneider*, § 20a WpHG Rn. 136.

[221] Vgl. Begr. KuMaKV, BR-Drucks. 639/03, S. 12; kritisch *Mock/Stoll/Eufinger* in KölnKommWpHG, § 20a, Anh. I, § 3 MaKonV Rn. 31; *Pfüller/Anders*, WM 2003, 2445, 2448; *Vogel* in *Assmann/Schneider*, § 20a WpHG Rn. 136.

[222] Vgl. CESR/04-505b (Fn. 206), Chapter IV, Tz. 4.11; *Kümpel/Veil*, 6. Teil Rn. 27; *Mock/Stoll/Eufinger* in KölnKommWpHG, § 20a, Anh. I, § 3 MaKonV Rn. 32; *Schwintek*, S. 63.

[223] Vgl. *Mock/Stoll/Eufinger* in KölnKommWpHG, § 20a, Anh. I, § 3 MaKonV Rn. 32; *Vogel* in *Assmann/Schneider*, § 20a WpHG Rn. 136.

[224] Vgl. *Mock/Stoll/Eufinger* in KölnKommWpHG, § 20a, Anh. I, § 3 MaKonV Rn. 34; ferner *Eichelberger*, S. 43.

eines Finanzinstruments einzuwirken. Die Vorschrift ist als **Auffangtatbestand** konzipiert.[225] Ihre offene Formulierung will der Vielzahl von Manipulationstechniken Rechnung tragen, die sich einer umfassenden gesetzlichen Regelung entziehen.[226] Ausweislich der Gesetzesmaterialien soll § 20a Abs. 1 S. 1 Nr. 3 WpHG die **Vorgaben der Marktmissbrauchsrichtlinie umsetzen.**[227] Die einschlägigen Beispiele finden sich in Art. 1 Nr. 2 lit. c) 1. und 3. Spiegelstrich der Richtlinie, den die Durchführungsrichtlinie 2003/124/EG durch zusätzliche Begriffsbestimmungen ergänzt.

Festere tatbestandliche Konturen gewinnt § 20a Abs. 1 S. 1 Nr. 3 WpHG durch **§ 4 MaKonV**, der die Beispiele der Marktmissbrauchsrichtlinie und die konkretisierenden Bestimmungen der Durchführungsrichtlinie 2003/124/EG in deutsches Recht gießt. Dieser gibt zunächst eine Basisdefinition (Abs. 1) und trennt sodann zwischen bloßen Anzeichen (Abs. 2) und verbindlichen Beispielen für sonstige Täuschungshandlungen (Abs. 3). Daran orientiert sich die weitere Erläuterung.

b) Basisdefinition

Nach § 4 Abs. 1 MaKonV sind sonstige Täuschungshandlungen iSd § 20a Abs. 1 S. 1 Nr. 3 WpHG Handlungen oder Unterlassungen, die geeignet sind, einen verständigen Anleger über die wahren wirtschaftlichen Verhältnisse, insbesondere Angebot und Nachfrage in Bezug auf ein Finanzinstrument, an einer Börse oder einem Markt in die Irre zu führen und den Börsen- oder Marktpreis hoch- oder herunterzutreiben oder beizubehalten. Diese Basisdefinition dient der Klarstellung, dass sonstige Täuschungshandlungen **keinen kommunikativen Erklärungswert** zu haben brauchen.[228] Ein **Täuschungserfolg** in Form eines Irrtums der Marktteilnehmer ist **nicht erforderlich;** die Handlung oder das Unterlassen muss lediglich geeignet sein, bei einem verständigen Anleger (dazu Rn. 26) eine Fehlvorstellung herbeizuführen.[229] Der Verordnungsbegründung zufolge umfasst eine derartige Irreführung auch die Fehlvorstellung, beide Vertragspartner effektiver Geschäfte beabsichtigten die Übertragung von Finanzinstrumenten, während sie in Wirklichkeit die Ausführung ihrer Geschäfte nur in Kauf nehmen, um ihr eigentliches Ziel der Preiseinwirkung zu erreichen.[230] Tat-

---

[225] Vgl. *Bisson/Kunz*, BKR 2005, 186, 188; *Knauth/Käsler*, WM 2006, 1041, 1049; *Kümpel/Veil*, 6. Teil Rn. 32; *Mock/Stoll/Eufinger* in KölnKommWpHG, § 20a Rn. 201; *Schäfer* in *Schäfer/Hamann*, KMG, § 20a WpHG Rn. 64; *Schönhöft*, S. 123; *Vogel* in *Assmann/Schneider*, § 20a WpHG Rn. 164.
[226] Vgl. Begr. RegE 4. FMFG, BT-Drucks. 14/8017, S. 64 und 89; *Kutzner*, WM 2005, 1401, 1404.
[227] Vgl. Begr. RegE AnSVG, BT-Drucks. 15/3174, S. 37.
[228] Vgl. Begr. MaKonV, BR-Drucks. 18/05, S. 16; *Bisson/Kunz*, BKR 2005, 186, 188; *Kautzsch*, 7. Kap. Rn. 46; *Mock/Stoll/Eufinger* in KölnKommWpHG, § 20a, Anh. I, § 4 MaKonV Rn. 3; *Schäfer* in *Schäfer/Hamann*, KMG, § 20a WpHG Rn. 66; *Schröder*, Hdb Kapitalmarktstrafrecht, Rn. 549; *Vogel* in *Assmann/Schneider*, § 20a WpHG Rn. 166, 180; *Worms* in *Assmann/Schütze*, Hdb Kapitalanlagerecht, § 9 Rn. 136.
[229] Vgl. Begr. MaKonV, BR-Drucks. 18/05, S. 16; *Bisson/Kunz*, BKR 2005, 186, 188; *Eichelberger*, S. 310; *Knauth/Käsler*, WM 2006, 1041, 1049; *Kümpel/Veil*, 6. Teil Rn. 33; *Schröder*, Hdb Kapitalmarktstrafrecht, Rn. 549.
[230] Vgl. Begr. MaKonV, BR-Drucks. 18/05, S. 16; *Mock/Stoll/Eufinger* in KölnKommWpHG, § 20a, Anh. I, § 4 MaKonV Rn. 6.

bestandsmäßig sind Täuschungen durch positives Tun; Unterlassungen werden nur bei einem Verstoß gegen bestehende Garantenpflichten erfasst.[231]

c) Anzeichen für sonstige Täuschungshandlungen

61 aa) **Bedeutung.** § 4 Abs. 2 MaKonV nennt Anzeichen für sonstige Täuschungshandlungen. Er setzt die Vorgaben aus Art. 5 lit. a) und b) der Richtlinie 2003/124/EG in deutsches Recht um.[232] Wie im Rahmen des § 3 Abs. 1 MaKonV (vgl. Rn. 50) muss sich die BaFin bei ihrer Überwachungstätigkeit nach diesen Anhaltspunkten richten, ohne dass die Aufzählung indes abschließend wäre.[233] Auch bedeutet das Vorliegen eines der genannten Anzeichen **nicht zwingend,** dass eine Marktmanipulation gegeben ist.[234] Vielmehr kann im Einzelfall eine Marktmanipulation zu verneinen sein, wenn entgegenstehende Gründe dies gebieten.[235]

62 bb) **Einzelanzeichen.** Anzeichen für sonstige Täuschungshandlungen sind nach **§ 4 Abs. 2 Nr. 1 MaKonV** Geschäfte oder Orders, bei denen die Vertragspartner oder Auftraggeber oder mit diesen in enger Beziehung stehende Personen vorab oder im nachhinein **unrichtige oder irreführende Informationen** weitergeben. Der Begriff der Information ist wie in § 13 Abs. 1 WpHG zu bestimmen.[236] Die **Weitergabe** der betreffenden Information kann an einen unbestimmten Personenkreis oder an bestimmte Dritte erfolgen.[237] Weil das Machen unrichtiger oder irreführender Angaben aber bereits unter den vorrangigen § 20a Abs. 1 S. 1 Nr. 1 WpHG fällt, bleibt für § 4 Abs. 2 Nr. 1 MaKonV nur ein sehr schmaler Anwendungsbereich.[238]

63 Anzeichen für sonstige Täuschungshandlungen setzen nach **§ 4 Abs. 2 Nr. 2 MaKonV** ferner Vertragspartner oder Auftraggeber oder mit diesen in enger Beziehung stehende Personen voraus, die vor oder nach ihren Geschäften oder Orders unrichtige, **fehlerhafte,** verzerrende oder von wirtschaftlichen Interessen beeinflusste **Finanzanalysen oder Anlageempfehlungen erstellen oder weitergeben.** Entgegen dem Verordnungswortlaut ist das Erstellen für sich genommen noch nicht tatbestandsmäßig; hinzukommen muss eine Weitergabe der Fi-

---

[231] Vgl. *Eichelberger*, S. 313; *Mock/Stoll/Eufinger* in KölnKommWpHG, § 20a, Anh. I, § 4 MaKonV Rn. 5; *Schröder*, Hdb Kapitalmarktstrafrecht, Rn. 550; *Vogel* in *Assmann/Schneider*, § 20a WpHG Rn. 180.

[232] Vgl. Begr. MaKonV, BR-Drucks. 18/05, S. 16; *Kümpel/Veil*, 6. Teil Rn. 34.

[233] Vgl. *Mock/Stoll/Eufinger* in KölnKommWpHG, § 20a, Anh. I, § 4 MaKonV Rn. 8; *Vogel* in *Assmann/Schneider*, § 20a WpHG Rn. 181.

[234] Vgl. *Kümpel/Veil*, 6. Teil Rn. 34; *Mock/Stoll/Eufinger* in KölnKommWpHG, § 20a Rn. 204; *Schröder*, Hdb Kapitalmarktstrafrecht, Rn. 551; *Schwintek*, S. 64; *Vogel* in *Assmann/Schneider*, § 20a WpHG Rn. 181.

[235] Vgl. Begr. MaKonV, BR-Drucks. 18/05, S. 16; *Mock/Stoll/Eufinger* in KölnKommWpHG, § 20a, Anh. I, § 4 MaKonV Rn. 8.

[236] Vgl. *Mock/Stoll/Eufinger* in KölnKommWpHG, § 20a, Anh. I, § 4 MaKonV Rn. 10; *Vogel* in *Assmann/Schneider*, § 20a WpHG Rn. 181.

[237] Vgl. Begr. MaKonV, BR-Drucks. 18/05, S. 16; *Knauth/Käsler*, WM 2006, 1041, 1050; *Vogel* in *Assmann/Schneider*, § 20a WpHG Rn. 182; abw. *Mock/Stoll/Eufinger* in KölnKommWpHG, § 20a, Anh. I, § 4 MaKonV Rn. 10, die eine kapitalmarktgerichtete Informationsweitergabe fordern.

[238] Vgl. *Knauth/Käsler*, WM 2006, 1041, 1050; *Mock/Stoll/Eufinger* in KölnKommWpHG, § 20a, Anh. I, § 4 MaKonV Rn. 12; *Vogel* in *Assmann/Schneider*, § 20a WpHG Rn. 182.

nanzanalysen oder Anlageempfehlungen.[239] Der Verordnungsbegründung zufolge müssen die Analysen oder Empfehlungen inhaltlich oder der Form nach mit Fehlern behaftet, von wirtschaftlichen Interessen geleitet oder durch sonstige Voreingenommenheiten beeinflusst sein.[240] Vielfach wird in derartigen Fällen aber bereits der vorrangige Tatbestand des § 20a Abs. 1 S. 1 Nr. 1 WpHG erfüllt sein.[241]

d) Verbindliche Beispiele für sonstige Täuschungshandlungen

aa) Bedeutung. § 4 Abs. 3 MaKonV regelt zwei Fälle, die ohne weiteres als sonstige Täuschungshandlungen anzusehen sind.[242] Er setzt die Beispiele aus Art. 1 Nr. 2 lit. c) 1. und 3. Spiegelstrich der Marktmissbrauchsrichtlinie in deutsches Recht um.[243] Aus dem Wortlaut („insbesondere") ergibt sich, dass die geregelten Fälle keine abschließende Aufzählung darstellen.[244]

bb) Einzelbeispiele
(1) Sicherung einer marktbeherrschenden Stellung. Nach § 4 Abs. 3 Nr. 1 MaKonV ist die Sicherung einer marktbeherrschenden Stellung über Angebot und Nachfrage nach Finanzinstrumenten durch eine Person oder mehrere in Absprache handelnde Personen als sonstige Täuschungshandlung anzusehen, wenn dadurch unmittelbar oder mittelbar die Preise dieser Finanzinstrumente bestimmt oder nicht marktgerechte Handelsbedingungen geschaffen werden. Im Schrifttum spricht man insoweit vom sog. **„Cornering"** oder **„Abusive Squeeze"**.[245] Der Verordnungsbegründung zufolge kommt es nicht mehr auf ein Ausnutzen der marktbeherrschenden Stellung an. Vielmehr soll es ausreichen, wenn eine solche Stellung gesichert wird, aufgrund derer faktisch die Preisbildung kontrolliert wird, ohne dass dies bezweckt worden sein müsste.[246] Der Sache nach ist die gemeinschaftsrechtlich vorgegebene Einordnung des „Cornering" als Form der Marktmanipulation zweifelhaft, weil Marktbeherrschung allein keinen Täuschungswert hat und der Unrechtskern in dem monopolbedingten Außerkraftsetzen der Marktmechanismen liegt.[247]

---

[239] Vgl. *Knauth/Käsler*, WM 2006, 1041, 1050; *Mock/Stoll/Eufinger* in KölnKommWpHG, § 20a, Anh. I, § 4 MaKonV Rn. 14; *Vogel* in *Assmann/Schneider*, § 20a WpHG Rn. 183.
[240] Vgl. Begr. MaKonV, BR-Drucks. 18/05, S. 17; *Knauth/Käsler*, WM 2006, 1041, 1050; *Schröder*, Hdb Kapitalmarktstrafrecht Rn. 553.
[241] Vgl. *Knauth/Käsler*, WM 2006, 1041, 1050; *Schwintek*, S. 65.
[242] Vgl. *Kümpel/Veil*, 6. Teil Rn. 37.
[243] Vgl. Begr. MaKonV, BR-Drucks. 18/05, S. 17.
[244] Vgl. *Schröder*, Hdb Kapitalmarktstrafrecht, Rn. 554.
[245] Vgl. CESR/04-505b (Fn. 206), Chapter IV, Tz. 4.12; *Bisson/Kunz*, BKR 2005, 186, 188; *Kümpel/Veil*, 6. Teil Rn. 38; *Lenzen*, S. 18f.; *Mock/Stoll/Eufinger* in KölnKommWpHG, § 20a, Anh. I, § 4 MaKonV Rn. 18; *Schäfer* in *Schäfer/Hamann*, KMG, § 20a WpHG Rn. 74; *Schwintek*, S. 66; *Sorgenfrei* in *Park*, §§ 20a, 38 II, 39 I Nr. 1–2, II Nr. 11, IV WpHG Rn. 97; *Vogel* in *Assmann/Schneider*, § 20a WpHG Rn. 185.
[246] So die etwas umständliche Ausdrucksweise in Begr. MaKonV, BR-Drucks. 18/05, S. 17; dazu auch *Knauth/Käsler*, WM 2006, 1041, 1051; *Vogel* in *Assmann/Schneider*, § 20a WpHG Rn. 186.
[247] Wie hier *Arlt*, S. 316; *Knauth/Käsler*, WM 2006, 1041, 1051; *Mock/Stoll/Eufinger* in KölnKommWpHG, § 20a, Anh. I, § 4 MaKonV Rn. 18; *Trüstedt*, S. 202; *Vogel* in *Assmann/Schneider*, § 20a WpHG Rn. 185; näher zur unterbelichteten kartellrechtlichen Dimension *Fleischer*, ZGR 2008, 185, 221 ff.

§ 20a 66–68 Abschnitt 4. Überwachung des Verbots

66 Alternativ zur Preiskontrolle genügt das Hervorrufen unfairer Handelsbedingungen durch die marktbeherrschende Stellung. **Nicht marktgerechte Handelsbedingungen** herrschen nicht nur bei einer unfairen Preisbildung, sondern auch bei einer Beeinträchtigung sonstiger Bedingungen, die für die Funktionsfähigkeit der Märkte und deren Nutzen für die Marktteilnehmer von Bedeutung sind.[248] Allerdings liegt in der Regel keine Sicherung einer marktbeherrschenden Stellung vor, wenn der Emittent oder ein mit ihm verbundenes Unternehmen von ihm ausgegebene Finanzinstrumente an einem Markt durch das Einstellen von Kauf- oder Verkaufsaufträgen betreuen muss, um einen Handel zu ermöglichen, zB im Optionsscheinhandel.[249]

67 **(2) Scalping.** Eine sonstige Täuschungshandlung ist nach § 4 Abs. 3 Nr. 2 MaKonV ferner die Nutzung eines gelegentlichen oder regelmäßigen Zugangs zu traditionellen oder elektronischen Medien durch Kundgabe einer Stellungnahme oder eines Gerüchtes zu einem Finanzinstrument oder dessen Emittenten, nachdem Positionen über dieses Finanzinstrument eingegangen worden sind, ohne dass dieser Interessenkonflikt zugleich mit der Kundgabe in angemessener und wirksamer Form offenbart wird. Im Schrifttum bezeichnet man eine derartige Verhaltensweise griffiger als **„Scalping"**.[250] Inwieweit die Gerüchte zutreffen oder die Meinungen sachlich begründet sind, ist für die Tatbestandserfüllung unerheblich.[251] Allerdings muss die handelnde Person Positionen in dem betreffenden Finanzinstrument innehaben.[252] Sofern es sich bei dem tatbestandsmäßigen Verhalten um eine Finanzanalyse handelt, richtet sich der Maßstab der erforderlichen Offenlegung in erster Linie nach § 34b Abs. 1 S. 2 Nr. 2 WpHG iVm §§ 5, 6 FinAnV.[253]

68 „Scalping"-Fälle haben Rechtsprechung und Schrifttum schon vor der jüngsten Gesetzesreform beschäftigt. Nach zunächst herrschender Lehre sollten sie den Tatbestand eines verbotenen Insider-Geschäfts im Sinne der §§ 13, 14 WpHG erfüllen.[254] Dem sind zwei untergerichtliche Entscheidungen ausdrücklich gefolgt.[255] Eine vordringende Gegenauffassung übte dagegen Kritik an dieser Einordnung[256]

---

[248] Vgl. Begr. MaKonV, BR-Drucks. 18/05, S. 17; *Mock/Stoll/Eufinger* in KölnKomm-WpHG, § 20a, Anh. I, § 4 MaKonV Rn. 21.

[249] Vgl. Begr. MaKonV, BR-Drucks. 18/05, S. 17; *Mock/Stoll/Eufinger* in KölnKomm-WpHG, § 20a, Anh. I, § 4 MaKonV Rn. 20; *Vogel* in *Assmann/Schneider*, § 20a WpHG Rn. 186.

[250] Vgl. CESR/04-505b (Fn. 206), Chapter IV, Tz. 4.13; *Bisson/Kunz*, BKR 2005, 186, 188; *Kümpel/Veil*, 6. Teil Rn. 39; *Lenzen*, S. 28f.; *Mock/Stoll/Eufinger* in KölnKomm-WpHG, § 20a, Anh. I, § 4 MaKonV Rn. 20; *Schäfer* in *Schäfer/Hamann*, KMG, § 20a WpHG Rn. 77; *Vogel* in *Assmann/Schneider*, § 20a WpHG Rn. 189.

[251] Vgl. Begr. MaKonV, BR-Drucks. 18/05, S. 17; *Kümpel/Veil*, 6. Teil Rn. 41; *Mock/Stoll/Eufinger* in KölnKommWpHG, § 20a, Anh. I, § 4 MaKonV Rn. 34.

[252] Vgl. Begr. MaKonV, BR-Drucks. 18/05, S. 17.

[253] Vgl. *Mock/Stoll/Eufinger* in KölnKommWpHG, § 20a, Anh. I, § 4 MaKonV Rn. 36; *Vogel* in *Assmann/Schneider*, § 20a WpHG Rn. 188.

[254] Vgl. *Cahn*, ZHR 162 (1998) 1, 21; *Lenzen*, WM 2000, 1131, 1137; *Schneider/Burgard*, ZIP 1999, 381, 390.

[255] Vgl. LG Stuttgart ZIP 2003, 259; LG Frankfurt NJW 2000, 301, 302, das aber eine Eröffnung des Hauptverfahrens aus tatsächlichen Gründen abgelehnt hat; offen lassend OLG Frankfurt NJW 2001, 982.

[256] Vgl. *Eichelberger*, WM 2003, 2121; *Lenenbach*, ZIP 2003, 243; *Schwark*, FS Kümpel, 2003, S. 485, 496; *Volk*, BB 1999, 66; *ders.*, ZIP 1999, 788; *M. Weber*, NZG 2000, 113, 124; *ders.*, NJW 2000, 562.

und subsumierte das „Scalping" stattdessen unter den Tatbestand der Marktmanipulation.²⁵⁷ Der **BGH** hat sich dem in einer **Entscheidung aus dem Jahre 2004** angeschlossen und zur Begründung vor allem darauf abgestellt, dass die Marktmissbrauchsrichtlinie **„Scalping" als marktmanipulative Handlung** einstufe.²⁵⁸ Dogmatisch bejahte er eine sonstige Täuschung im Sinne des § 88 Nr. 2 BörsG aF durch positives Tun: Die Kaufempfehlungen beinhalteten die stillschweigende Erklärung, dass sie nicht mit dem sachfremden Ziel der Kursbeeinflussung zu eigennützigen Zwecken bemakelt seien.²⁵⁹ Damit hat der BGH die Schwierigkeit vermieden, sich auf die Suche nach einer Offenlegungspflicht begeben zu müssen (vgl. Rn. 37 ff.), wie US-amerikanische Gerichte dies überwiegend tun.²⁶⁰ Ferner kommt es nach Auffassung des BGH für das Vorliegen einer Täuschung nicht darauf an, ob die Empfehlungen nach fachmännischem Urteil aufgrund der Marktsituation sachlich gerechtfertigt waren.²⁶¹ Entscheidend sei, dass die Empfehlungsadressaten über den eigentlichen Beweggrund für die Empfehlung in die Irre geführt würden.²⁶²

(3) Sonstige Fälle. Als weitere Manipulationshandlung kommt nach verbreiteter Auffassung die Bestechung eines skontroführenden Kursmaklers in Betracht.²⁶³ Dies dürfte allerdings unter Täuschungsgesichtspunkten fragwürdig sein;²⁶⁴ denkbar ist allenfalls eine Beteiligung des Bestechenden an der anschließenden Täuschungshandlung des bestochenen Skontroführers.²⁶⁵ Ebensowenig lassen sich Sabotageakte gegen den Emittenten, die auf eine Verringerung des inneren Wertes seiner Aktien abzielen, zB die Vergiftung der Erzeugnisse eines Pharmakonzerns mit Rattengift, als Täuschungshandlungen erfassen.²⁶⁶ Die solchermaßen entstehende Regelungslücke für handlungsgestützte Manipulationsstrategien (vgl. vor § 20a Rn. 4) erscheint rechtspolitisch hinnehmbar, weil derartige Fälle selten vorkommen und zumeist allgemeine Straftatbestände in die

---

²⁵⁷ Vgl. *Schäfer/Ledermann*, § 88 BörsG Rn. 12; *Schwark*, § 88 BörsG Rn. 8; *M. Weber*, NZG 2000, 113, 124; *ders.*, NJW 2000, 562.
²⁵⁸ Vgl. BGH NJW 2004, 302; zustimmend *Lenenbach*, EWiR 2004, 307f.; *Mock/Stoll/Eufinger* in KölnKommWpHG, § 20a, Anh. I, § 4 MaKonV Rn. 30 f.; *Schäfer*, BKR 2004, 78; *Vogel*, NStZ 2004, 252, 254; *Widder*, BB 2004, 15; grundsätzlich auch *Schmitz*, JZ 2004, 526; ablehnend *Gaede/Mühlbauer*, wistra 2005, 9, 13; *Pananis*, NStZ 2004, 287; ausführlich zu allem *Fleischer*, DB 2004, 51.
²⁵⁹ Vgl. BGH NJW 2004, 302, 304 unter Berufung auf Präjudizien zur Betrugsstrafbarkeit, namentlich BGHR StGB § 263 Abs. 1 Täuschung 21 – Verschweigen einer Preisabsprache.
²⁶⁰ Leitentscheidung: *SEC v. Capital Gains Research Bureau*, 375 U.S. 180, 198 (1963); ausführlich *Fleischer*, DB 2004, 51, 53.
²⁶¹ Vgl. BGH NJW 2004, 302, 304.
²⁶² Vgl. BGH NJW 2004, 302, 304.
²⁶³ Vgl. Begr. RegE 2. WiKG, BT-Drucks. 10/318, S. 37; *Groß*, § 88 BörsG Rn. 5; *Schäfer/Ledermann*, § 88 BörsG Rn. 12; *Schönhöft*, S. 135; *Schwark*, KMRK, § 20a WpHG Rn. 34; *M. Weber*, NZG 2000, 113, 115.
²⁶⁴ Ebenso *Eichelberger*, S. 315; *Mock/Stoll/Eufinger* in KölnKommWpHG, § 20a Rn. 207; *Vogel* in *Assmann/Schneider*, § 20a WpHG Rn. 177.
²⁶⁵ Vgl. *Eichelberger*, S. 315 mit Fn. 303; *Vogel* in *Assmann/Schneider*, § 20a WpHG Rn. 177.
²⁶⁶ Vgl. *Arlt*, S. 342; *Eichelberger*, S. 317f.; *Fleischer*, Gutachten F für den 64. DJT, F 119f.; *Schwark*, KMRK, § 20a WpHG Rn. 34; abw. *Schönhöft*, S. 144.

Fleischer

Bresche springen.²⁶⁷ Auch Leerverkäufe sind für sich genommen keine sonstige Täuschungshandlung iSd § 20a Abs. 1 S. 1 Nr. 3 WpHG;²⁶⁸ sie können im Einzelfall allerdings die Voraussetzungen einer handelsgestützten Manipulation nach § 20a Abs. 1 S. 1 Nr. 2 WpHG erfüllen.²⁶⁹ Von Bedeutung bleibt die Variante der sonstigen Täuschungshandlung für das Ausstreuen von Gerüchten,²⁷⁰ sofern man Gerüchte entgegen der hier vertretenen Ansicht (vgl. Rn. 17) nicht als Angaben iSd § 20a Abs. 1 S. 1 Nr. 1 WpHG ansieht.

e) Eignung zur Einwirkung auf den Börsen- oder Marktpreis

70   Weiterhin müssen die sonstigen Täuschungshandlungen geeignet sein, auf den Börsen- oder Marktpreis eines Finanzinstruments einzuwirken. Dieses **objektive Tatbestandsmerkmal** ist durch das Anlegerschutzverbesserungsgesetz an die Stelle des subjektiven Tatbestandsmerkmals „um auf den Börsen- oder Marktpreis einzuwirken" getreten.²⁷¹ Ausschlaggebend dafür waren nach der Regierungsbegründung erhebliche Beweisprobleme mit dem bisherigen Absichtserfordernis.²⁷² Außerdem sollte § 20a Abs. 1 S. 1 Nr. 3 WpHG an Art. 1 Nr. 2 der Marktmissbrauchsrichtlinie angepasst werden, der ebenfalls **kein Absichtselement** voraussetzt.²⁷³ Innerhalb der Binnensystematik des § 20a Abs. 1 WpHG hat der Reformgesetzgeber damit die strukturellen Unterschiede zwischen Nr. 1 und Nr. 3 eingeebnet. Auf die obigen Erläuterungen zur Preiseinwirkungseignung (vgl. Rn. 31 ff.) kann daher verwiesen werden.

71   Die **rechtspolitischen Vor- und Nachteile einer „entsubjektivierten"**²⁷⁴ **Tatbestandsfassung** sind bereits im Vorfeld des Vierten Finanzmarktförderungsgesetzes ausgiebig erörtert worden.²⁷⁵ Einerseits kämpfen subjektive Tatbestandsvoraussetzungen mit einem evidenten Beweisproblem;²⁷⁶ andererseits können sie bei effektiven Wertpapiergeschäften (vgl. vor § 20a Rn. 6) eine Trennlinie zwischen erlaubten und verbotenen Transaktionen ziehen.²⁷⁷ Rechts-

---

²⁶⁷ Vgl. *Arlt*, S. 346; *Fleischer*, Gutachten F für den 64. DJT, F 120.
²⁶⁸ Vgl. *Arlt*, S. 316; *Eichelberger*, S. 315; *Mock/Stoll/Eufinger* in KölnKommWpHG, § 20a Rn. 209; näher zu den positiven ökonomischen Teileffekten von Leerverkäufen *Bris/Goetzman/Zhu*, 62 Journal of Finance 1029 (2007); *Fleischer*, ZGR 2008, 185, 220 f.
²⁶⁹ Vgl. *Mock/Stoll/Eufinger* in KölnKommWpHG, § 20a Rn. 209; s. auch Begr. RegE 4. FMFG, BT-Drucks. 14/8017, S. 89.
²⁷⁰ Vgl. Begr. RegE, 4. FMFG, BT-Drucks. 14/8017, S. 90; *Schönhöft*, S. 135.
²⁷¹ Vgl. *Bisson/Kunz*, BKR 2005, 186, 188; *Kautzsch*, 7. Kap. Rn. 46; *Kutzner*, WM 2005, 1401, 1405; *Schwintek*, S. 64; zur Vorgängerfassung *Fleischer*, NJW 2002, 2977, 2979; *Lenzen*, ZBB 2002, 279, 283; *Schwark*, KMRK, § 20a WpHG Rn. 45 f.; *Vogel* in *Assmann/Schneider*, § 20a WpHG Rn. 168 ff.
²⁷² Vgl. Begr. RegE AnSVG, BT-Drucks. 15/3174, S. 37; *Kümpel/Veil*, 6. Teil Rn. 32.
²⁷³ Auch dazu Begr. RegE AnSVG, BT-Drucks. 15/3174, S. 37.
²⁷⁴ *Dreyling*, Der Konzern 2005, 1, 4.
²⁷⁵ Vgl. *Fleischer*, Gutachten F für den 64. DJT, F 120 f.; *M. Weber*, NZG 2000, 113, 116 f.
²⁷⁶ Für eine Sanktionierung absichtsloser Kursmanipulationen deshalb *Kaiser*, WM 1997, 1557, 1563; zum Nachweisproblem auch *Möller*, WM 2002, 309, 314; *Schwark*, KMRK, § 20a WpHG Rn. 46.
²⁷⁷ Vgl. *Lenzen*, ZBB 2002, 279, 285; *Schäfer* in Symposium Immenga, S. 63, 69; *Schwark*, KMRK, § 20a Rn. 46; teilweise kritisch *Vogel* in *Assmann/Schneider*, § 20a WpHG Rn. 97.

Verbot der Marktmanipulation　　　　　　　　　　　72, 73　§ 20a

vergleichende Vorbilder weisen in unterschiedliche Richtungen.[278] Der Regierungsentwurf des Vierten Finanzmarktförderungsgesetzes entschloss sich, auf das Absichtsmerkmal zu verzichten;[279] der Finanzausschuss des Bundestages führte es nach Protesten im Schrifttum[280] wieder ein, weil der Unrechtsgehalt bei sonstigen Täuschungshandlungen auf der subjektiven Seite des Handelnden liege.[281] Mit dem Anlegerschutzverbesserungsgesetz kehrt der Gesetzgeber zum Ursprungsentwurf des Vierten Finanzmarktförderungsgesetzes zurück. Die Hauptlast der Abgrenzung zwischen legitimen und illegitimen Transaktionen verlagert sich damit auf die Ausnahmeregelungen des § 20a Abs. 2 und 3 WpHG: Ihnen obliegt die Feinjustierung, wo die zulässige Marktpraxis endet und die unzulässige Marktmanipulation beginnt.

f) Verfassungsmäßigkeit

Der Tatbestand des § 20a Abs. 1 S. 1 Nr. 3 WpHG ist – wie die Vorgängerregelung des § 88 Nr. 2 BörsG aF – wegen seiner großen Unbestimmtheit als verfassungsrechtlich bedenklich kritisiert worden.[282] Demgegenüber hat ihn der **BGH** vor kurzem als **hinreichend bestimmt** angesehen: Zum einen stelle die Vorschrift durch das Merkmal der „sonstigen" Täuschungshandlungen einen Bezug zu § 20a Abs. 1 S. 1 Nr. 1 WpHG her, der sonstige Täuschungshandlungen näher konkretisiere und damit Hinweise für die Auslegung des § 20a Abs. 1 S. 1 Nr. 3 WpHG biete.[283] Zum anderen sei der Begriff der Täuschungshandlung ungeschriebenes Tatbestandsmerkmal des § 263 Abs. 1 StGB und werde vom Gesetzgeber auch an anderer Stelle verwendet (§§ 109a, 152a, 267, 270, 276, 283 StGB). Die Rechtsprechung habe überall dort klare Kriterien dafür entwickelt, wann eine Täuschung vorliege.[284] **Dem wird man im Ergebnis beitreten,**[285] zumal die Definition der Marktmanipulation durch die Neueinführung des § 20a Abs. 1 S. 1 Nr. 2 WpHG (vgl. Rn. 42 ff.) abermals an Konturenschärfe gewonnen hat. 72

5. Subjektiver Tatbestand

Ob § 20a Abs. 1 S. 1 WpHG auch ein subjektives Element enthält, lässt sich dem Gesetzeswortlaut nicht eindeutig entnehmen. Außer Streit steht nur, dass für die **Straf- und Bußgeldtatbestände der §§ 38 Abs. 2, 39 Abs. 1 und 2** 73

---

[278] Vgl. *Fleischer,* Gutachten F für den 64. DJT, F 120 f.
[279] Vgl. § 20a Abs. 1 Nr. 2 WpHG RegE 4. FMFG, BT-Drucks. 14/8017, S. 27 („die geeignet sind").
[280] Vgl. etwa *Lenzen,* Finanz-Betrieb 2001, 603, 608 f.
[281] Vgl. Bericht des Finanzausschusses 4. FMFG, BT-Drucks. 14/8601, S. 19.
[282] Vgl. *Gaede/Mühlbauer,* wistra 2005, 9, 13 ff.; *Moosmayer,* wistra 2002, 161, 167; *Tripmaker,* wistra 2002, 288, 291 f.; *Schmitz,* ZStW 115 (2003) 501, 528; *Streinz/Ohler,* WM 2004, 1309, 1315; zu § 88 BörsG aF schon *Joecks,* wistra 1986, 142, 149; *Park,* BB 2001, 2069, 2071.
[283] Vgl. BGH NJW 2004, 302, 304.
[284] Vgl. BGH NJW 2004, 302, 305.
[285] Wie hier *Arlt,* S. 179; *Eichelberger,* ZBB 2004, 296, 297 ff.; *Mock/Stoll/Eufinger* in KölnKommWpHG, § 20a Rn. 200; *Schröder,* Hdb Kapitalmarktstrafrecht, Rn. 544 ff.; *Vogel* in *Assmann/Schneider,* vor § 20a WpHG Rn. 21; *Ziouvas/Walter,* WM 2002, 1483, 1486 f.

§ 20a 74, 75

WpHG (vgl. Rn. 147 ff.) Vorsatz bzw. Leichtfertigkeit vorliegen muss.[286] Unabhängig davon sprechen gute Gründe für ein **eigenständiges kapitalmarktrechtliches Vorsatzerfordernis** im Rahmen des § 20a Abs. 1 S. 1 WpHG, weil jeder Manipulation ein Wissens- und Wollenselement innewohnt.[287] Von Belang ist das vor allem für die Befugnisse der BaFin, die bei einem offensichtlich unvorsätzlichen Verstoß nicht eingreifen darf.[288] Für die Aufnahme von Ermittlungen nach § 4 WpHG reichen allerdings Anhaltspunkte für ein vorsätzliches (Fehl-)Verhalten.[289]

74 Für alle Tatbestandsvarianten des § 20a Abs. 1 S. 1 WpHG genügt **bedingter Vorsatz**.[290] Dieser muss sich auf alle objektiven Tatbestandsmerkmale einschließlich der Bewertungserheblichkeit und der Preiseinwirkungseignung beziehen.[291] In den Fällen des § 20a Abs. 1 S. 1 Nr. 1 Alt. 1 WpHG liegt es nahe, Eventualvorsatz bei Angaben „ins Blaue hinein" anzunehmen.[292] Eine Schädigungs- oder Bereicherungsabsicht – wie im schweizerischen Recht (vgl. vor § 20a Rn. 25) – verlangt das deutsche Kapitalmarktrecht nicht.[293] Auch eine „wohlmeinende" Marktmanipulation kann daher tatbestandsmäßig sein.[294]

IV. Ausnahmen für zulässige Marktpraktiken (Abs. 2)

1. Allgemeines

75 Gemäß § 20a Abs. 2 S. 1 WpHG gilt das Verbot der handelsgestützten Marktmanipulation nach § 20a Abs. 1 S. 1 Nr. 2 WpHG (vgl. oben Rn. 42 ff.) nicht, wenn die Handlung mit der zulässigen Marktpraxis auf dem betreffenden organisierten Markt oder in dem betreffenden Freiverkehr vereinbar ist und der Handelnde hierfür legitime Gründe hat. Ausweislich der Regierungsbegründung sollen damit die **Vorgaben der Marktmissbrauchsrichtlinie** umgesetzt werden:[295]

---

[286] Vgl. *Buck-Heeb*, Rn. 288 f.; *Mock/Stoll/Eufinger* in KölnKommWpHG, § 20a Rn. 211; *Schäfer* in *Schäfer/Hamann*, KMG, § 20a WpHG Rn. 38 f.; *Schröder*, Hdb Kapitalmarktstrafrecht, Rn. 590; *Vogel* in *Assmann/Schneider*, § 20a WpHG Rn. 2; *Worms* in *Assmann/Schütze*, Hdb Kapitalanlagerecht, § 9 Rn. 148.
[287] Wie hier *Eichelberger*, S. 320; *Mock/Stoll/Eufinger* in KölnKommWpHG, § 20a Rn. 212; *Vogel* in *Assmann/Schneider*, § 20a WpHG Rn. 2.
[288] Vgl. *Eichelberger*, S. 320; *Vogel* in *Assmann/Schneider*, § 20a WpHG Rn. 2; wohl auch *Mock/Stoll/Eufinger* in KölnKommWpHG, § 20a Rn. 212.
[289] Vgl. *Eichelberger*, S. 320 f.; *Vogel* in *Assmann/Schneider*, § 20a WpHG Rn. 2.
[290] Vgl. *Mock/Stoll/Eufinger* in KölnKommWpHG, § 20a Rn. 212; *Vogel* in *Assmann/Schneider*, § 20a WpHG Rn. 100, 121, 169.
[291] Vgl. *Mock/Stoll/Eufinger* in KölnKommWpHG, § 20a Rn. 214; *Schröder*, Hdb Kapitalmarktstrafrecht, Rn. 592; *Vogel* in *Assmann/Schneider*, § 20a WpHG Rn. 100.
[292] Vgl. *Mock/Stoll/Eufinger* in KölnKommWpHG, § 20a Rn. 213; *Vogel* in *Assmann/Schneider*, § 20a WpHG Rn. 101; vorsichtiger *Schröder*, Hdb Kapitalmarktstrafrecht, Rn. 592 („Frage des Einzelfalls").
[293] Vgl. *Fleischer*, NJW 2002, 2977, 2979; *Mock/Stoll/Eufinger* in KölnKommWpHG, § 20a Rn. 212; *Möller*, WM 2002, 309, 316; *Vogel* in *Assmann/Schneider*, § 20a WpHG Rn. 171.
[294] Vgl. *Vogel* in *Assmann/Schneider*, § 20a WpHG Rn. 171.
[295] Vgl. Begr. RegE AnSVG, BT-Drucks. 15/3174, S. 37; *Kümpel/Veil*, 6. Teil Rn. 28; *Mock/Stoll/Eufinger* in KölnKommWpHG, § 20a Rn. 218; *Schröder*, Hdb Kapitalmarktstrafrecht, Rn. 528; *Vogel* in *Assmann/Schneider*, § 20a WpHG Rn. 137.

Verbot der Marktmanipulation 76, 77 § 20a

Die Definition der zulässigen Marktpraxis findet sich in Art. 1 Nr. 5 der Richtlinie, die **Doppelformel der legitimen Gründe und der zulässigen Marktpraxis** in Art. 1 Nr. 2 lit. a). Darüber hinaus konkretisiert die Richtlinie 2004/72/EG die Beurteilungsfaktoren und das Konsultationsverfahren für die Anerkennung einer bestimmten Marktpraxis.

Rechtstechnisch stellt sich die Ausnahmebestimmung des § 20a Abs. 2 **76** WpHG als sog. **„Safe Harbor"-Regelung** dar,[296] wie sie im Kapitalmarktrecht zunehmend Verwendung findet.[297] Sie spezifiziert Tatbestandsvoraussetzungen, bei deren Beachtung ein Marktteilnehmer auf keinen Fall gegen das Verbot der Marktmanipulation verstößt. Dogmatisch handelt es sich um einen **Tatbestandsausschluss,** nicht erst um einen Rechtfertigungsgrund.[298] Der Vorzug dieser Regelungstechnik besteht darin, dass sie die Rechtsunsicherheit reduziert, ohne die Ausarbeitung eines vollständigen Verbotskatalogs zu verlangen.[299]

Im tatbestandlichen Zuschnitt enthält die Ausnahmebestimmung allerdings **77** zahlreiche **Problemzonen und Unschärfen,** die ihr im Schrifttum scharfe Kritik eingetragen haben.[300] Ein Haupteinwand geht dahin, dass der Ausnahmetatbestand des § 20a Abs. 2 WpHG in seiner konkreten Formulierung gegen die **Unschuldsvermutung aus Art. 6 Abs. 2 EMRK** verstoße.[301] Er stützt sich vor allem auf die unglückliche Formulierung in Art. 1 Nr. 2 lit. a) der Marktmissbrauchsrichtlinie („es sei denn, die Person weist nach").[302] Der deutsche Gesetzgeber hat versucht, diesen Einwand zu entschärfen, indem er bewusst nicht von einer Nachweispflicht spricht.[303] Gleichwohl halten sich verfassungsrechtliche Zweifel, weil der Einzelne nach wie vor gehalten sei, die legitimen Gründe für sein Handeln aufzuzeigen.[304] Sie setzen sich allerdings nicht damit auseinander, dass die Rechtsprechung des EGMR zu Art. 6 EMRK widerlegbare Beweisvermutungen im Strafrecht zulässt.[305] Unabhängig davon ordnet die Marktmissbrauchsrichtlinie **keine Beweislastumkehr im strafrechtlichen Zusammenhang** an,[306] und auch im deutschen Straf- und Bußgeldverfahren ist das

---

[296] Vgl. *Kautzsch,* Kap. 7 Rn. 48; *Kümpel/Veil,* 6. Teil Rn. 28; *Kuthe,* ZIP 2004, 883, 887; *Schröder,* Hdb Kapitalmarktstrafrecht, Rn. 537; *Spindler,* NJW 2004, 3449, 3452 f.

[297] Näher *Fleischer,* ZHR 168 (2004) 673, 700 f.

[298] Wie hier *Mock/Stoll/Eufinger* in KölnKommWpHG, § 20a Rn. 220; *Schröder,* Hdb Kapitalmarktstrafrecht, Rn. 536; *Schwintek,* S. 63 („Tatbestandsausnahme"); *Vogel* in Assmann/Schneider, § 20a WpHG Rn. 138; offen lassend *Dier/Fürhoff,* AG 2002, 604, 605; *Spindler,* NJW 2004, 3449, 3453; abw. *Bisson/Kunz,* BKR 2005, 186, 189.

[299] Vgl. *Fleischer,* ZHR 168 (2004) 673, 700.

[300] Vgl. etwa *Bisson/Kunz,* BKR 2005, 186, 188; *Kutzner,* WM 2005, 1401, 1405; *Spindler,* NJW 2004, 3449, 3453.

[301] Vgl. Handelsrechtsausschuss des DAV, NZG 2004, 703, 705; *Kutzner,* WM 2005, 1401, 1404; *Spindler,* NJW 2004, 3449, 3453.

[302] Eine Verletzung der Unschuldsvermutung bejahend *Schmitz,* ZStW 115 (2003) 501, 525 f.

[303] Vgl. auch *Dreyling,* Der Konzern 2005, 1, 4 („Eine Beweislastumkehr ist keinesfalls durch die neuen Regelungen erfolgt.").

[304] Dazu *Kutzner,* WM 2005, 1401, 1404.

[305] Vgl. EuGRZ 1992, 472 – *Pham Hoang;* dazu auch *Tiedemann,* Wirtschaftsstrafrecht, 2004, Rn. 67.

[306] Vgl. *Schröder,* Hdb Kapitalmarktstrafrecht, Rn. 528; ferner *Mock/Stoll/Eufinger* in KölnKommWpHG, § 20a Rn. 245.

2. Zulässige Marktpraxis

78 Ein Tatbestandsausschluss nach § 20a Abs. 2 S. 1 WpHG setzt zunächst voraus, dass die Handlung mit der zulässigen Marktpraxis auf dem betreffenden organisierten Markt oder in dem betreffenden Freiverkehr vereinbar ist. Als zulässige Marktpraxis gelten gemäß § 20a Abs. 2 S. 2 WpHG nur solche Gepflogenheiten, die auf dem jeweiligen Markt nach vernünftigem Ermessen erwartet werden können. Verlangt wird demnach eine **objektive Übung**, die von den Marktteilnehmern als üblich und angemessen angesehen wird[308] und mit den Funktionsbedingungen und Strukturen des betreffenden Marktes vereinbar ist.[309]

3. Legitime Gründe

79 Darüber hinaus verlangt § 20a Abs. 2 S. 1 WpHG, dass der Handelnde für sein Geschäftsgebaren legitime Gründe hat. Ausweislich der Regierungsbegründung soll es sich dabei um ein „subjektives Element" handeln, das lediglich dann zu verneinen sei, „wenn festgestellt wird, dass der Handelnde in manipulativer oder betrügerischer Absicht gehandelt hat".[310] Das vermag nicht zu überzeugen, weil das AnSVG gerade auf das subjektive Erfordernis einer Preisbeeinflussungsabsicht verzichtet hat (vgl. Rn. 70). Richtigerweise ist darauf abzustellen, ob dem Handelnden **kapitalmarktrechtlich relevante Gründe** zur Seite stehen, die der Integrität der jeweiligen Märkte nicht zuwiderlaufen.[311]

4. Verfahren zur Anerkennung
a) Notwendigkeit einer Anerkennung durch die BaFin

80 Nach § 20a Abs. 2 S. 2 WpHG muss die in Rede stehende Marktgepflogenheit von der **BaFin** als zulässige Marktpraxis im Sinne dieser Vorschrift anerkannt werden. Die **BaFin** hat mithin ein **Anerkennungsmonopol:** Eine Anerkennung von zulässigen Marktpraktiken auf anderem Wege oder durch andere staatliche Stellen ist nicht zulässig.[312] Die Notwendigkeit einer Anerkennung unterscheidet die Marktpraxis iSd § 20a Abs. 2 WpHG von den Handelsbräuchen iSd § 346 HGB, die allein eine einverständliche Übung der beteiligten Verkehrskreise voraussetzen und deren Feststellung nach hM Tatfrage ist.[313]

---

[307] Vgl. *Mock/Stoll/Eufinger* in KölnKommWpHG, § 20a Rn. 246; *Vogel* in *Assmann/Schneider*, § 20a WpHG Rn. 138.

[308] Vgl. *Mock/Stoll/Eufinger* in KölnKommWpHG, § 20a Rn. 227; *Vogel* in *Assmann/Schneider*, § 20a WpHG Rn. 141; s. auch *Eichelberger*, S. 296.

[309] Vgl. *Mock/Stoll/Eufinger* in KölnKommWpHG, § 20a Rn. 228; *Vogel* in *Assmann/Schneider*, § 20a WpHG Rn. 141.

[310] Begr. RegE AnSVG, BT-Drucks. 15/3174, S. 37.

[311] Überzeugend *Mock/Stoll/Eufinger* in KölnKommWpHG, § 20a Rn. 237; *Vogel* in *Assmann/Schneider*, § 20a WpHG Rn. 143.

[312] Vgl. Begr. MaKonV, BR-Drucks. 18/05, S. 19; *Mock/Stoll/Eufinger* in KölnKomm-WpHG, § 20a Anh. I, § 7 MaKonV Rn. 2.

[313] Vgl. BGH NJW 1966, 502, 503; *K. Schmidt*, Handelsrecht, § 1 III 3, S. 23 ff.

Bei der **Anerkennung** handelt es sich um eine **Allgemeinverfügung** gemäß § 35 S. 2 VwVfG.[314] Sie wirkt gegenüber allen Marktteilnehmern und **bindet** alle anderen Behörden einschließlich der **Staatsanwaltschaft**.[315] Man kann insoweit von einer Verwaltungsakzessorietät des Kapitalmarktstrafrechts sprechen.[316] **81**

b) Einzelheiten des Verfahrens

Die einzelnen Stationen des Anerkennungsverfahrens hat das BMF aufgrund der Ermächtigung des § 20 Abs. 5 Nr. 5 WpHG in einer Rechtsverordnung geregelt. Gemäß § 7 Abs. 1 S. 1 MaKonV entscheidet die BaFin über die Anerkennung einer Marktpraxis, wenn sie im Rahmen ihrer Aufsichtstätigkeit Kenntnis von einer Gepflogenheit erlangt, die geeignet sein könnte, falsche oder irreführende Signale für das Angebot, die Nachfrage oder den Börsen- oder Marktpreis von Finanzinstrumenten zu geben oder ein künstliches Preisniveau herbeizuführen. Sie hat dafür gemäß § 9 Abs. 1 S. 1 MaKonV zunächst **die Spitzenverbände der betroffenen Wirtschaftskreise,** insbesondere der Emittenten und der Wertpapierdienstleistungsunternehmen, Betreiber von Märkten, auf denen Finanzinstrumente gehandelt werden, Verbraucherverbände oder Behörden, deren Aufgabenbereiche von der Anerkennung der Marktpraxis berührt werden, **anzuhören,** soweit dies für eine sachgerechte Entscheidung erforderlich ist. Nach § 9 Abs. 1 S. 2 MaKonV sollen auch **zuständige Stellen anderer Mitgliedstaaten der Europäischen Union** und anderer Vertragsstaaten des Abkommens über den Europäischen Wirtschaftsraum, die den Handel mit Finanzinstrumenten überwachen, **angehört** werden. **82**

Wurde bereits ein Verfahren wegen des Verdachts auf Marktmanipulation eingeleitet, so kann die BaFin nach § 7 Abs. 2 S. 1 MaKonV für den Einzelfall **bei besonderer Eilbedürftigkeit ohne** die vorgeschriebenen **Anhörungen** entscheiden. Eine etwaige vorläufige Anerkennung ist indes nur für das konkretindividuelle Verfahren verbindlich und erlangt abstrakt-generelle Wirkung erst durch die in § 7 Abs. 2 S. 2 WpHG vorgeschriebene Nachholung von Beteiligung und Bekanntgabe, soweit die vorläufige Entscheidung der BaFin dadurch bestätigt und nicht inhaltlich abgeändert wurde.[317] **83**

Gemäß § 7 Abs. 2 S. 3 MaKonV bleiben die Befugnisse der **Staatsanwaltschaft** unberührt. Leitet sie Ermittlungen ein, so ist sie die **Herrin des Ermittlungsverfahrens**.[318] Nach § 40a Abs. 1 S. 1 WpHG informiert sie die BaFin über die Einleitung des Verfahrens. Dadurch erhält die BaFin Gelegenheit, in eigener Verantwortung abstrakt über die Anerkennung einer für das Verfahren be- **84**

---

[314] Wie hier *Mock/Stoll/Eufinger* in KölnKommWpHG, § 20a, Anh. I, § 7 MaKonV Rn. 7 ff.; *Schröder,* Hdb Kapitalmarktstrafrecht, Rn. 530; abw. *Vogel* in *Assmann/Schneider,* § 20a WpHG Rn. 145: Rechtsverordnung.
[315] Vgl. *Mock/Stoll/Eufinger* in KölnKommWpHG, § 20a Anh. I, § 7 MaKonV Rn. 15; *Schröder,* Hdb Kapitalmarktstrafrecht Rn. 538; *Vogel* in *Assmann/Schneider,* § 20a WpHG Rn. 149.
[316] Vgl. *Schröder,* Hdb Kapitalmarktstrafrecht, Rn. 538; *Vogel* in *Assmann/Schneider,* § 20a WpHG Rn. 139.
[317] Vgl. Begr. MaKonV, BR-Drucks. 18/05, S. 20; ferner *Kautzsch,* 7. Kap. Rn. 68.
[318] Vgl. *Mock/Stoll/Eufinger* in KölnKommWpHG, § 20a Anh. I, § 7 MaKonV Rn. 45; *Schröder,* Hdb Kapitalmarktstrafrecht, Rn. 534.

§ 20a 85, 86 Abschnitt 4. Überwachung des Verbots

deutsamen Marktpraxis zu entscheiden.[319] Ihre Beteiligung an den Ermittlungen des konkreten Verdachtsfalls ist hierfür nicht erforderlich.

c) Nachträgliche Anerkennung

85 Als ein Hauptstreitpunkt im Gesetzgebungsverfahren erwies sich die Möglichkeit einer nachträglichen Anerkennung. In der Begründung des Regierungsentwurfs hatte es hierzu lediglich geheißen, dass eine Anerkennung durch die BaFin auch ex post erfolgen könne.[320] Allerdings trage der Marktteilnehmer dann das Risiko, dass er den Tatbestand des § 20a Abs. 1 Nr. 2 WpHG verwirkliche.[321] Hiergegen gerichtete Kritik unter dem Gesichtspunkt des strafrechtlichen Bestimmtheitsgebots[322] versuchte der Finanzausschuss des Bundestages durch eine „klarstellende"[323] Ergänzung in § 20a Abs. 2 S. 3 WpHG zu entkräften. Danach ist eine Marktpraxis nicht bereits deshalb unzulässig, weil sie zuvor nicht ausdrücklich anerkannt wurde.[324] Gleichwohl halten verschiedene Stimmen im Schrifttum an ihrer verfassungsrechtlichen Grundsatzkritik fest.[325] Andere deuten § 20a Abs. 2 S. 3 WpHG in der Weise, dass die bloße Anerkennungsfähigkeit einer Marktpraxis genüge und eine Anerkennung durch die BaFin entbehrlich sei.[326]

5. Kriterien für eine Anerkennung

a) Basisvorgaben

86 § 8 Abs. 1 MaKonV stellt in enger Anlehnung an die Richtlinie 2004/72/EG einen **Katalog von Kriterien** auf, den die BaFin bei der Anerkennung von Gepflogenheiten als zulässige Marktpraxis berücksichtigt. Dazu gehört, ob die Gepflogenheit für den gesamten Markt hinreichend transparent ist **(Nr. 1)**, die Liquidität und die Leistungsfähigkeit des Marktes beeinträchtigt **(Nr. 2)**, das Funktionieren der Marktkräfte und das freie Zusammenspiel von Angebot und Nachfrage unter Berücksichtigung wesentlicher Parameter, insbesondere der Marktbedingungen vor Einführung der Marktpraxis, des gewichteten Durchschnittskurses eines Handelstages, und der täglichen Schlussnotierung, beeinträchtigt **(Nr. 3)**, mit dem Handelsmechanismus auf dem Markt vereinbar ist und den anderen Marktteilnehmern eine angemessene und rechtzeitige Reaktion erlaubt **(Nr. 4)**, den Strukturmerkmalen des Marktes, insbesondere dessen Regulierung und Überwachung, den gehandelten Finanzinstrumenten und der Art der Marktteilnehmer gerecht wird **(Nr. 5)** und die Integrität anderer Märkte, auf

---

[319] Vgl. Begr. MaKonV, BR-Drucks. 18/05, S. 20.
[320] Vgl. Begr. RegE AnSVG, BT-Drucks. 15/3174, S. 37.
[321] Vgl. Begr. RegE AnSVG, BT-Drucks. 15/3174, S. 37; dazu auch *Eichelberger*, S. 298.
[322] In diesem Sinne etwa Stellungnahme Handelsrechtsausschuß des DAV, NZG 2004, 703, 705.
[323] Beschlussempfehlung und Bericht des Finanzausschusses, BT-Drucks. 15/3493, S. 52.
[324] Dazu auch *Dreyling*, Der Konzern 2005, 1, 4; *Kümpel/Veil*, 6. Teil Rn. 29; ferner *Schwintek*, S. 63 f., der von einem „perplexen Wortlaut" spricht.
[325] Vgl. *Kutzner*, WM 2005, 1401, 1404; abgeschwächt auch *Bisson/Kunz*, BKR 2005, 186, 188 („nur schwer akzeptabel"); *Spindler*, NJW 2004, 3449, 3453 („ändert nichts an dem grundsätzlichen Problem der Unbestimmtheit").
[326] In diesem Sinne *Mock/Stoll/Eufinger* in KölnKommWpHG, § 20a Rn. 232 f.; *Vogel* in *Assmann/Schneider*, § 20a WpHG Rn. 140; dagegen aber *Eichelberger*, S. 297.

864 Fleischer

denen dasselbe Finanzinstrument gehandelt wird, gefährdet (**Nr. 6**). Für die Anerkennung einer Gepflogenheit als zulässige Marktpraxis **müssen nicht notwendig alle Kriterien erfüllt sein**; vielmehr bedarf es einer Abwägung im Einzelfall.[327]

b) Einzelbeispiele

Gegenwärtig werden auf Stufe 3 des Lamfalussy-Verfahrens (dazu vor § 20a Rn. 37) verschiedene Marktpraktiken erörtert, deren behördliche Anerkennung in Betracht kommt.[328] Sie sollen jedoch erst nach ihrer Anerkennung auf der CESR-Website veröffentlicht werden.[329] In Deutschland hat die **BaFin bisher keine Gepflogenheit als zulässige Marktpraxis anerkannt**[330] und sieht grundsätzlich auch keine Veranlassung, proaktiv tätig zu werden.[331] In den anderen Mitgliedstaaten entwickelt sich die Anerkennungspraxis ebenfalls nur sehr zögerlich.[332] 87

Im Schrifttum finden sich verschieden **Vorschläge**, bestimmte Gepflogenheiten als zulässige Marktpraxis anzuerkennen. Sie reichen von „Safe-Harbor"-Regeln für den Handel mit Wertpapierblöcken[333] über eine Tatbestandsausnahme für *designated sponsors, market maker* und Skontroführer[334] bis hin zu weiterreichenden Freistellungen für den gesellschaftsrechtlich zulässigen Rückerwerb eigener Aktien.[335] 88

6. Bekanntgabe der Anerkennung

Gemäß § 10 Abs. 1 S. 1 MaKonV gibt die BaFin die Anerkennung einer zulässigen Marktpraxis durch Veröffentlichung im elektronischen Bundesanzeiger und auf ihrer Website bekannt.[336] In der Bekanntgabe beschreibt sie nach § 10 Abs. 1 S. 2 MaKonV das Verhalten, welches die zulässige Marktpraxis kennzeichnet, und nennt die der Anerkennung zugrunde liegenden Erwägungen. Abweichungen von der zulässigen Marktpraxis auf anderen, mit dem jeweiligen Markt vergleichbaren Märkten sind gemäß § 10 Abs. 1 S. 3 WpHG gesondert zu 89

---

[327] Vgl. *Mock/Stoll/Eufinger* in KölnKommWpHG, § 20a Anh. I, § 8 MaKonV Rn. 2; *Vogel* in *Assmann/Schneider*, § 20a WpHG Rn. 153.
[328] Vgl. CESR/04-505b (Fn. 206), Chapter II: Accepted Market Practices.
[329] Vgl. CESR/04-505b (Fn. 206), Chapter II, Tz. 2.9.
[330] Vgl. *Mock/Stoll/Eufinger* in KölnKommWpHG, § 20a Anh. I, § 7 MaKonV Rn. 2; *Schäfer* in *Schäfer/Hamann*, KMG, § 20a WpHG Rn. 60.
[331] Vgl. *Dreyling*, Der Konzern 2005, 1, 3, wonach sich die BaFin mit prospektiv formulierten Regeln schnell den Vorwurf der Marktbehinderung einhandeln könne; s. nunmehr aber die beiden Vorschläge der BaFin bei *Mock/Stoll/Eufinger* in KölnKommWpHG, § 20a Rn. 251ff.; *Knauth/Käsler*, WM 2006, 1041, 1049.
[332] Dazu der Überblick bei *Mock/Stoll/Eufinger* in KölnKommWpHG, § 20a Rn. 259ff.
[333] Vgl. *Feuring/Berrar*, § 34 Rn. 19 und 66; § 27 Rn. 18 und 63; *Mock/Stoll/Eufinger* in KölnKommWpHG, § 20a Rn. 254; s. auch *Vogel* in *Assmann/Schneider*, § 20a WpHG Rn. 231.
[334] Vgl. *Mock/Stoll/Eufinger* in KölnKommWpHG, § 20a Rn. 255f.; *Pfüller/Anders*, WM 2003, 2445, 2448; s. auch *Vogel* in *Assmann/Schneider*, § 20a WpHG Rn. 229f.
[335] Vgl. *Mock/Stoll/Eufinger* in KölnKommWpHG, § 20a Rn. 257.
[336] Vgl. *Kautzsch*, 7. Kap. Rn. 69; *Mock/Stoll/Eufinger* in KölnKommWpHG, § 20a Anh. I, § 10 MaKonV Rn. 2; ferner *Vogel* in *Assmann/Schneider*, § 20a WpHG Rn. 151, der eine Veröffentlichung im Bundesanzeiger fordert.

begründen. Schließlich übermittelt die BaFin ihre Bekanntgabe nach § 10 Abs. 2 MaKonV dem Ausschuss der Wertpapierregulierungsbehörden zum Zweck der Veröffentlichung auf dessen Website.

7. Änderung oder Widerruf der Anerkennung

90 Gemäß § 7 Abs. 1 S. 2 MaKonV überprüft die BaFin regelmäßig die zulässige Marktpraxis und berücksichtigt dabei insbesondere wesentliche Änderungen des Marktes, wie geänderte Handelsregeln oder eine Änderung der Infrastruktur des Marktes. Sie kann die Anerkennung einer Marktpraxis nach § 7 Abs. 1 S. 3 MaKonV mit Wirkung für die Zukunft ändern oder widerrufen.[337] Für die Änderung oder den Widerruf gelten zufolge des § 7 Abs. 1 S. 4 MaKonV die §§ 8 und 9 MaKonV entsprechend.[338] Für die Veröffentlichung der Änderung oder des Widerrufs dürfte § 10 MaKonV entsprechend gelten.[339]

V. Ausnahmen für Rückkaufprogramme und Kursstabilisierungsmaßnahmen (Abs. 3)

1. Allgemeines

91 § 20a Abs. 3 WpHG sieht Ausnahmen vom Verbot der Marktmanipulation für den Handel mit eigenen Aktien im Rahmen von Rückkaufprogrammen sowie für Kursstabilisierungsmaßnahmen vor. Er setzt Art. 8 der Marktmissbrauchsrichtlinie in nationales Recht um[340] und verweist hinsichtlich der näheren Einzelheiten auf die **VO EG 2273/2003** (vgl. vor § 20a Rn. 34), die auch § 5 **MaKonV** in Bezug nimmt.

92 Rechtstechnisch sind die Ausnahmevorschriften des § 20a Abs. 3 als sog. **„Safe Harbor"-Regelung** ausgestaltet (dazu bereits oben Rn. 76). Wer sie beachtet, verstößt in keinem Fall gegen das Verbot der Marktmanipulation.[341] Dogmatisch handelt es sich – ebenso wie bei § 20a Abs. 2 WpHG (vgl. oben Rn. 76) – um **Tatbestandsausschlussgründe**.[342] Sie sperren den Rückgriff auf § 20a Abs. 1 WpHG, selbst wenn der Rechtsanwender meint, es liege nach allgemeinen Auslegungsregeln ein Fall von Marktmanipulation vor.[343] Umgekehrt schaffen die betreffenden Regelungen allerdings **keinen abschließenden Rechtsrahmen** für Rückkaufprogramme und Kursstabilisierungsmaßnahmen. Richtigerweise kann ein Marktverhalten, das von den Freistellungsregeln nicht (mehr) gedeckt wird,

---

[337] Zum Verlust der Anerkennung, wenn sich die Marktusancen geändert haben, *Kautzsch*, 7. Kap. Rn. 62.
[338] Vgl. *Kautzsch*, 7. Kap. Rn. 70; *Vogel* in *Assmann/Schneider*, § 20a WpHG Rn. 148.
[339] So auch *Kautzsch*, 7. Kap. Rn. 70.
[340] Vgl. Begr. RegE AnSVG, BT-Drucks. 15/3174, S. 37.
[341] So ausdrücklich der Wortlaut von § 20a Abs. 3 S. 1 WpHG sowie Begr. RegE 4. FMFG, BT-Drucks. 14/8017, S. 90; ferner *Fleischer*, ZIP 2003, 2045, 2050; *Pfüller/Anders*, WM 2003, 2445, 2448.
[342] Wie hier *Mock/Stoll/Eufinger* in KölnKommWpHG, § 20a Rn. 271; *Schäfer* in *Schäfer/Hamann*, KMG, § 20a WpHG Rn. 77; *Singhof/Weber*, AG 2005, 549, 555; *Vogel* in *Assmann/Schneider*, § 20a WpHG Rn. 195; wohl auch *Bisson/Kunz*, BKR 2005, 186, 189; zu weiteren Detailfragen *Vogel*, WM 2003, 2437, 2441.
[343] Vgl. *Bisson/Kunz*, BKR 2005, 186, 189; *Vogel* in *Assmann/Schneider*, § 20a WpHG Rn. 196.

Verbot der Marktmanipulation   93   § 20a

gleichwohl erlaubt sein.³⁴⁴ Das folgt zum einen aus der Zielrichtung eines „Safe Harbor", der nur einen Schutz-, aber keinen Sanktionscharakter aufweist,³⁴⁵ und findet zum anderen Rückhalt in der VO (EG) 2273/2003: Ausweislich ihres zweiten Erwägungsgrundes sollten Rückkaufprogramme und Stabilisierungsmaßnahmen, auch wenn sie nicht im Einklang mit den gemeinschaftsrechtlichen Durchführungsbestimmungen erfolgen, nicht „per se" als Marktmissbrauch gewertet werden.³⁴⁶ Ihre Zulässigkeit richtet sich vielmehr nach der allgemeinen Vorschrift des § 20a Abs. 1 WpHG.³⁴⁷ Soweit Kurspflegemaßnahmen danach keine falschen Signale geben (Nr. 2) und keine sonstigen Täuschungshandlungen darstellen (Nr. 3), bleiben allfällige Abweichungen von den „Safe Harbor"-Regeln sanktionslos.³⁴⁸ Allerdings werden sich die Aufsichtsbehörden in solchen Fällen zu einer besonders gründlichen Sachverhaltsprüfung veranlasst sehen.

2. Rückkaufprogramme

a) Begriff und Bedeutung

Unter einem Rückkaufprogramm versteht man nach der Legaldefinition des 93 Art. 2 Nr. 3 VO (EG) 2273/2003 den Handel mit eigenen Aktien gemäß den Artikeln 19–24 der Kapitalrichtlinie (RL 77/91/EWG). Der Begriff „Handel" ist unglücklich gewählt;³⁴⁹ gemeint ist nur der **Rückerwerb eigener Aktien** und nicht der schon aktienrechtlich ausgeschlossene „Handel in eigenen Aktien" i. S. d. § 71 Abs. 1 Nr. 8 S. 2 AktG.³⁵⁰ Ausweislich des 8. Erwägungsgrundes der Durchführungsverordnung erfasst die „Safe Harbor"-Regelung aber auch den Rückerwerb in Form derivativer Finanzinstrumente.³⁵¹ In der **Rechtspraxis** kommt dem Erwerb eigener Aktien eine beträchtliche Bedeutung zu.³⁵² Viele Aktiengesellschaften lassen sich seit der im Jahre 1998 durch das KonTraG³⁵³ eingeführten Lockerung des grundsätzlich bestehenden Erwerbsverbots routine-

---

[344] Im Ergebnis ebenso *Feuring/Berrar*, § 34 Rn. 13; § 27 Rn. 13; *Geber/zur Megede*, BB 2005, 1861; *Kuthe*, 9. Kap. Rn. 12; *Leppert/Stürwald*, ZBB 2004, 302, 306; *Pfüller/Anders*, WM 2003, 2445, 2448; *Schlitt/Schäfer*, AG 2004, 346, 356; *Schwark*, KMRK, § 20a WpHG Rn. 35; *Schwintek*, S. 67; *Singhof/Weber*, AG 2005, 549, 555; *Vogel*, WM 2003, 2437, 2442.
[345] Ebenso *Schwark*, KMRK, § 20a WpHG Rn. 38 mit Fn. 111.
[346] Vgl. *Feuring/Berrar*, § 34 Rn. 13; *Leppert/Stürwald*, ZBB 2004, 302, 306; *Mock/Stoll/Eufinger* in KölnKommWpHG, § 20a Rn. 341; *Schwintek*, S. 67 mit Fn. 2; *Singhof/Weber*, AG 2005, 549, 555.
[347] Wie hier *Feuring/Berrar*, § 34 Rn. 13; *Kuthe*, 9. Kap. Rn. 13; *Pfüller/Anders*, WM 2003, 2445, 2448; *Vogel*, WM 2003, 2437, 2442.
[348] Vgl. *Pfüller/Anders*, WM 2003, 2445, 2448 mit Hinweis auf rechtspolitische Alternativen in Fn. 29.
[349] Kritisch auch *Schäfer* in *Marsch-Barner/Schäfer*, Hdb börsennotierte AG, 2005, § 47 Rn. 22; *Singhof/Weber*, AG 2005, 549, 554.
[350] Vgl. *Geber/zur Megede*, BB 2005, 1861, 1862; *Leppert/Stürwald*, ZBB 2004, 302, 305f.; *Singer/Weber*, AG 2005, 549, 554 mit Fn. 64.
[351] Vgl. *Kuthe*, 9. Kap. Rn. 11; ausführlich zu den aktienrechtlichen Anforderungen an Derivate, die auf den Erwerb eigener Aktien gerichtet sind, *Kniehase*, Derivate auf eigene Aktien, 2005, S. 212 ff.
[352] Vgl. *Kuthe*, 9. Kap. Rn. 1; *Mock/Stoll/Eufinger* in KölnKommWpHG, § 20a Rn. 281 f.; *Singhof/Weber*, AG 2005, 549.
[353] Gesetz zur Kontrolle und Transparenz im Unternehmensbereich vom 27. 4. 1998, BGBl. I, S. 788.

mäßig nach § 71 Abs. 1 Nr. 8 AktG von der Hauptversammlung ermächtigen, eigene Aktien zu erwerben.

94 Der Rückerwerb eigener Aktien hat wegen der Angebotsverknappung häufig eine kurssteigernde Wirkung. Er kann daher mit dem Verbot der Marktmanipulation kollidieren, wobei vor allem an handelsgestützte Manipulationen iSd § 20 a Abs. 1 S. 1 Nr. 2 WpHG zu denken ist.[354] Allerdings erkennt die Marktmissbrauchsrichtlinie in ihrem 33. Erwägungsgrund an, dass Rückkaufprogramme unter bestimmten Umständen „**aus wirtschaftlichen Gründen gerechtfertigt**" sein können: Sie dienen der Signalsetzung bei einer Unterbewertung durch den Kapitalmarkt, tragen zur Optimierung des Verhältnisses von Eigen- und Fremdkapital bei und erweisen sich als eine Alternative zur Dividendenausschüttung.[355] Um solche legitimen Zwecke nicht zu gefährden, schafft das Gesetz spezifische Bereichsausnahmen für Rückkaufprogramme.

b) Freistellungsvoraussetzungen

95 § 20 a Abs. 3 WpHG führt iVm der VO (EG) 2273/2003 erstmals einen rechtssicheren Regelungsrahmen für Rückkaufprogramme ein, auf den § 5 MaKonV nochmals ausdrücklich hinweist.[356] Um in den Genuss der Freistellung zu kommen, muss ein Rückkaufprogramm den Artikeln 4, 5 und 6 der Durchführungsverordnung entsprechen und ausschließlich einem der in Art. 3 genannten Zwecke dienen. Im einzelnen:

96 **aa) Rückkaufzwecke.** Gemäß Art. 3 VO (EG) 2273/2003 dürfen Rückkaufprogramme nur ganz **bestimmten Erwerbszwecken** dienen: (1) der Herabsetzung des Aktienkapitals des Emittenten, (2) der Erfüllung von Verpflichtungen zur Umwandlung von Schuldtiteln in Beteiligungskapital sowie (3) der Erfüllung von Verpflichtungen aus Belegschaftsprogrammen und anderen Formen der Aktienzuteilung an Mitarbeiter des Emittenten oder einer Tochtergesellschaft.[357] Die **Aufzählung** ist **abschließend**, nicht beispielhaft.[358] Alle sonstigen Erwerbszwecke fallen nicht unter die Verordnung und sind nach den allgemeinen Marktmissbrauchsregeln zu beurteilen (vgl. Rn. 92).[359] Im Schrifttum wird jedoch im Wege einer erweiternden Auslegung erwogen, unter den Begriff der Mitarbeiter iSd Art. 3 lit. b) VO (EG) 2273/2003 auch Organmitglieder zu fassen.[360] Ferner soll der Begriff der Tochtergesellschaft im Sinne eines verbundenen Unternehmens gemäß §§ 15 ff. AktG zu verstehen sein.[361]

---

[354] Vgl. *Meißner*, S. 198 f.; *Singhof/Weber*, AG 2005, 549, 653; s. auch *Schäfer* (Fn. 349), § 47 Rn. 68.
[355] Näher MünchKommAktG/*Oechsler*, § 71 Rn. 1 ff. mwN.
[356] Vgl. *Geber/zur Megede*, BB 2005, 1861; *Kümpel/Veil*, 6. Teil Rn. 44.
[357] Vgl. *Geber/zur Megede*, BB 2005, 1861, 1862; *Kuthe*, 9. Kap. Rn. 32 ff.; *Leppert/Stürwald*, ZBB 2004, 302, 306; *Mock/Stoll/Eufinger* in KölnKommWpHG, § 20 a, Anh. II, Art. 3 VO Rn. 2 ff.; *Schwintek*, S. 67; *Singhof/Weber*, AG 2005, 549, 555; *Vogel* in Assmann/Schneider, § 20 a WpHG Rn. 201.
[358] Vgl. *Mock/Stoll/Eufinger* in KölnKommWpHG, § 20 a, Anh. II, Art. 3 VO Rn. 11; *Singhof/Weber*, AG 2005, 549, 555; *Vogel* in *Assmann/Schneider*, § 20 a WpHG Rn. 201.
[359] Vgl. *Geber/zur Megede*, BB 2005, 1861, 1862; *Kuthe*, 9. Kap. Rn. 13.
[360] Vgl. *Kuthe*, 9. Kap. Rn. 36; *Mock/Stoll/Eufinger* in KölnKommWpHG, § 20 a, Anh. II, Art. 3 VO Rn. 9; *Singhof/Weber*, AG 2005, 549, 555; anders aber *Geber/zur Megede*, BB 2005, 1861, 1864.
[361] So *Kuthe*, 9. Kap. Rn. 36.

bb) Rückkaufbedingungen. Nach Art. 4 VO (EG) 2273/2003 muss das 97 Rückkaufprogramm die in Art. 19 Abs. 1 der Kapitalrichtlinie festgelegten Bedingungen erfüllen.[362] Um in den Genuss der Freistellung zu kommen, hat eine deutsche Gesellschaft die Aktien daher auf der Grundlage einer **Hauptversammlungsermächtigung nach § 71 Abs. 1 Nr. 8 AktG** zurückzuerwerben.[363]

cc) Rückkauftransparenz. Zu den Freistellungsvoraussetzungen gehören 98 ferner detaillierte Bekanntgabepflichten, die in Art. 4 Abs. 2–4 VO (EG) 2273/ 2003 geregelt sind.[364]

(1) Vorherige Offenlegung. Vor Beginn des Rückkaufs sind nach Art. 4 99 Abs. 2 VO (EG) 2273/2003 alle **Einzelheiten des Programms** angemessen **bekannt zu geben**.[365] Hierzu zählen der Zweck des Programms, der maximale Kaufpreis, die maximal zu erwerbende Aktienstückzahl und der Zeitraum, für den das Programm genehmigt wurde.[366] Des weiteren müssen nachträgliche Änderungen des Programms angemessen bekannt gegeben werden.[367]

Die Bekanntgabe hat in sämtlichen Mitgliedstaaten zu erfolgen, in denen der 100 Emittent einen Antrag auf Zulassung seiner Aktien zum Handel auf einem geregelten Markt gestellt hat. **Angemessen** ist die **Bekanntgabe** nach der Legaldefinition in Art. 2 Nr. 5 VO (EG) 2273/2003, wenn sie gemäß Art. 102 Abs. 1 und Art. 103 der Börsenzulassungsrichtlinie (RL 2001/34/EG) erfolgt.[368] Danach sind die notwendigen Angaben in einer oder mehreren Zeitungen mit einer Verbreitung im gesamten Staatsgebiet oder weiter Verbreitung in dem oder den betroffenen Mitgliedstaaten zu veröffentlichen oder dem Publikum durch Anzeigen in einer oder mehreren Zeitungen mit einer Verbreitung im gesamten Staatsgebiet oder weiter Verbreitung zugänglich zu machen. Hierzu genügt die **Veröffentlichung in einem Börsenpflichtblatt**.[369]

(2) Mechanismen zur Erfüllung der Meldepflichten. Gemäß Art. 4 101 Abs. 3 VO (EG) 2273/2003 muss der Emittent über Mechanismen verfügen, die gewährleisten, dass er seinen Meldepflichten gegenüber den zuständigen Behörden nachkommt.[370] Diese Mechanismen müssen die Erfassung aller mit Rück-

---

[362] Vgl. *Geber/zur Megede,* BB 2005, 1861, 1862; *Leppert/Stünwald,* ZBB 2004, 302, 306; *Mock/Stoll/Eufinger* in KölnKommWpHG, § 20 a, Anh. II, Art. 4 VO Rn. 3 ff; rechtspolitische Kritik bei *Singhof/Weber,* AG 2005, 549, 555.
[363] Vgl. *Leppert/Stünwald,* ZBB 2004, 302, 306; *Singhof/Weber,* AG 2005, 302, 306; s. auch *Geber/zur Megede,* BB 2005, 1861, 1862.
[364] Vgl. *Mock/Stoll/Eufinger* in KölnKommWpHG, § 20 a, Anh. II, Art. 4 VO Rn. 7 ff; zur großen Bedeutung der Transparenz *Singhof/Weber,* AG 2005, 549, 556.
[365] Vgl. *Kuthe,* 9. Kap. Rn. 20; *Mock/Stoll/Eufinger* in KölnKommWpHG, § 20 a, Anh. II, Art. 4 VO Rn. 8.
[366] Vgl. *Geber/zur Megede,* BB 2005, 1861, 1863; *Mock/Stoll/Eufinger* in KölnKommWpHG, § 20 a, Anh. II, Art. 4 VO Rn. 8.
[367] Vgl. *Kuthe,* 9. Kap. Rn. 37; *Mock/Stoll/Eufinger* in KölnKommWpHG, § 20 a, Anh. II, Art. 4 VO Rn. 8; *Singhof/Weber,* AG 2005, 549, 557.
[368] Vgl. nunmehr aber auch Art. 32 der Transparenzrichtlinie (RL 2004/109/EG); ferner *Mock/Stoll/Eufinger* in KölnKommWpHG, § 20 a, Anh. II, Art. 2 VO Rn. 13.
[369] Vgl. *Geber/zur Megede,* BB 2005, 1861, 1862; *Singhof/Weber,* AG 2005, 549, 556.
[370] Vgl. *Leppert/Stünwald,* ZBB 2004, 302, 307; *Mock/Stoll/Eufinger* in KölnKommWpHG, § 20 a, Anh. II, Art. 4 VO Rn. 11; *Singhof/Weber,* AG 2005, 549, 557.

kaufprogrammen zusammenhängenden Transaktionen sicherstellen. Danach ist der Emittent verpflichtet, die Bezeichnung und die Zahl der erworbenen Instrumente, Datum und Uhrzeit des Abschlusses sowie den Kurs, zu dem das Geschäft abgeschlossen wurde, aufzuzeichnen.[371]

102   **(3) Nachträgliche Offenlegung.** Nach Art. 4 Abs. 4 VO (EG) 2273/2003 muss der Emittent über alle Transaktionen spätestens am Ende des siebten Handelstages nach deren Ausführung berichten.[372] Die Bekanntgabe muss die Bezeichnung der erworbenen Aktien, ihre Zahl, Datum und Uhrzeit des Geschäftsabschlusses sowie den Erwerbspreis enthalten.[373] Im Gegensatz zur vorherigen Offenlegung (Rn. 99 f.) fehlt hier der Zusatz einer „angemessenen" Bekanntgabe, was manche für ein Redaktionsversehen halten.[374]

103   **dd) Rückkaufpreis.** Nach Art. 5 Abs. 1 VO (EG) 2273/2003 darf der Emittent, wenn er Geschäfte im Rahmen eines Rückkaufprogramms tätigt, Aktien nicht zu einem Kurs erwerben, der über dem des letzten unabhängig getätigten Abschlusses oder (sollte dieser höher sein) über dem des derzeit höchsten unabhängigen Angebots auf den Handelsplätzen liegt, auf denen der Kauf stattfindet.[375] Als unabhängiges Angebot kommen nach dem Sinn und Zweck der Vorschrift nur unabhängige Kauforders und nicht unabhängige Verkaufsorders in Betracht.[376] Ist der Handelsplatz kein geregelter Markt, so ist der im Rahmen des letzten unabhängigen Abschlusses erzielte Kurs oder das derzeit höchste unabhängige Angebot auf dem geregelten Markt des Mitgliedstaates, in dem der Kauf stattfindet, als Referenzkurs zu berücksichtigen.[377] Wickelt der Emittent den Kauf eigener Aktien über derivative Finanzinstrumente ab, so sollte deren Basispreis nicht über dem Kurs des letzten unabhängigen Abschlusses oder (sollte dieser höher sein) über dem Kurs des derzeit höchsten unabhängigen Angebots liegen.

104   **ee) Rückkaufmenge.** Gemäß Art. 5 Abs. 2 VO (EG) 2273/2003 darf der Emittent an einem Tag **nicht mehr als 25% des durchschnittlichen täglichen Aktienumsatzes** auf dem geregelten Markt erwerben.[378] Diese Rückkaufmenge ist aus dem durchschnittlichen täglichen Handelsvolumen im Monat vor der Veröffentlichung des Programms abzuleiten und für die genehmigte Dauer des Programms festzulegen. Wird im Programm nicht auf diesen Wert

---

[371] Vgl. *Singhof/Weber*, AG 2005, 549, 557.
[372] Vgl. *Leppert/Stürwald*, ZBB 2004, 302, 206.
[373] Vgl. *Kuthe*, 9. Kap. Rn. 62.
[374] In diesem Sinne *Leppert/Stürwald*, ZBB 2004, 302, 306 f.; *Singhof/Weber*, AG 2005, 549, 568; s. auch *Kuthe*, 9. Kap. Rn. 63; anders *Geber/zur Megede*, BB 2005, 1861, 1863; *Mock/Stoll/Eufinger* in KölnKommWpHG, § 20 a, Anh. II, Art. 4 VO Rn. 17.
[375] Dazu *Geber/zur Megede*, BB 2005, 1861, 1563 f.; *Kuthe*, 9. Kap. Rn. 43; *Leppert/Stürwald*, ZBB 2004, 302, 307; *Mock/Stoll/Eufinger* in KölnKommWpHG, § 20 a, Anh. II, Art. 5 VO Rn. 2; *Singhof/Weber*, AG 2005, 549, 558 f.
[376] Vgl. *Mock/Stoll/Eufinger* in KölnKommWpHG, § 20 a, Anh. II, Art. 5 VO Rn. 3; *Singhof/Weber*, AG 2005, 549, 558; dem zustimmend *Geber/zur Megede*, BB 2005, 1861, 1863.
[377] Vgl. *Leppert/Stürwald*, ZBB 2004, 302, 307.
[378] Näher *Geber/zur Megede*, BB 2005, 1861, 1864; *Kuthe*, 9. Kap. Rn. 44 ff.; *Leppert/Stürwald*, ZBB 2004, 302, 307; *Mock/Stoll/Eufinger* in KölnKommWpHG, § 20 a, Anh. II, Art. 5 VO Rn. 7 ff.; *Singhof/Weber*, AG 2005, 549, 558 f.

Bezug genommen, so ist der durchschnittliche Tagesumsatz vom durchschnittlichen täglichen Handelsvolumen der 20 Börsentage vor dem Kauftermin abzuleiten. Letzteres gibt dem Emittenten mehr Flexibilität und wird ihm von der rechtsberatenden Praxis empfohlen.[379]

Bei außerordentlich niedriger Liquidität auf dem relevanten Markt kann der Emittent gemäß Art. 5 Abs. 3 VO (EG) 2273/2003 **die 25%-Schwelle überschreiten,** wenn er dies der zuständigen Behörde vorab mitteilt und auch den Marktteilnehmern in angemessener Weise bekannt macht. Allerdings darf er in keinem Fall über 50% des durchschnittlichen Tagesumsatzes hinausgehen. Was unter außerordentlich niedriger Liquidität zu verstehen ist, erläutert die Durchführungsverordnung nicht. Der gelegentlich als Auslegungshilfe herangezogene § 5 Abs. 4 WpÜG-AngebotsVO[380] verfolgt ein anderes Regelungsziel,[381] so dass vorläufig nur eine Einzelfallbetrachtung unter Berücksichtigung der im Umlauf befindlichen Aktien und der tatsächlich getätigten Transaktionen weiterführt.

ff) Einschränkungen während des Rückkaufprogramms. Gemäß Art. 6 Abs. 1 VO (EG) 2273/2003 sind dem Emittenten während seiner Teilnahme an einem Rückkaufprogramm **bestimmte Handlungen verboten.** Es sind dies nach lit. a) der Verkauf eigener Aktien während der Laufzeit des Programms,[382] nach lit. b) der Handel zu Zeiten, die nach dem Recht des Mitgliedstaats, in dem das Geschäft stattfindet, so genannte „geschlossene Zeiträume" sind,[383] sowie nach lit. c) der Handel, soweit der Emittent beschlossen hat, die Bekanntgabe von Insiderinformationen aufzuschieben.[384]

Nach Art. 6 Abs. 2 VO (EG) 2273/2003 **finden die** vorerwähnten **Einschränkungen** allerdings **keine Anwendung,** wenn der Emittent ein Wertpapierhaus[385] oder Kreditinstitut ist und für den Handel mit eigenen Aktien wirksame, der Aufsicht der zuständigen Behörde unterliegende Informationssperren („Chinese Walls") zwischen den für die Behandlung von Insiderinformationen und den für jede Entscheidung über den Handel mit eigenen Aktien zuständigen Personen eingerichtet hat. Gleiches gilt nach Art. 6 Abs. 3 VO (EG) 2273/2003, wenn der Emittent ein programmiertes Rückkaufprogramm durchführt, wie es Art. 2 Nr. 4 VO (EG) 2273/2003 definiert,[386] oder wenn das Rückkaufprogramm unter Führung eines Wertpapierhauses oder Kreditinstituts durchgeführt wird, das seine Entscheidungen über den Zeitpunkt des Erwerbs von Aktien des Emittenten unabhängig und unbeeinflusst von diesem trifft.[387]

---

[379] Vgl. *Geber/zur Megede,* BB 2005, 1861, 1864; *Singhof/Weber,* AG 2005, 549, 559.

[380] In diesem Sinne *Kuthe,* 9. Kap. Rn. 46; *Singhof/Weber,* AG 2005, 549, 560 mit Fn. 122.

[381] Zutreffend *Geber/zur Megede,* BB 2005, 1861, 1864; *Mock/Stoll/Eufinger* in KölnKommWpHG, § 20a, Anh. II, Art. 5 VO Rn. 15.

[382] Dazu *Mock/Stoll/Eufinger* in KölnKommWpHG, § 20a, Anh. II, Art. 6 VO Rn. 3; *Singhof/Weber,* AG 2005, 549, 560f.

[383] Dazu *Kuthe,* 9. Kap. Rn. 54; *Mock/Stoll/Eufinger* in KölnKommWpHG, § 20a, Anh. II, Art. 6 VO Rn. 4; *Singhof/Weber,* AG 2005, 549, 561.

[384] Dazu *Kuthe,* 9. Kap. Rn. 55; *Mock/Stoll/Eufinger* in KölnKommWpHG, § 20a, Anh. II, Art. 6 VO Rn. 5; *Singhof/Weber,* AG 2005, 549, 561.

[385] Zum Begriff Art. 2 Nr. 1 VO (EG) 2273/2003; kritisch *Leppert/Stürwald,* ZBB 2004, 302, 308.

[386] Dazu *Geber/zur Megede,* BB 2005, 1861, 1864.

[387] Vgl. *Singhof/Weber,* AG 2005, 549, 562.

3. Kursstabilisierungsmaßnahmen

a) Überblick

108 **aa) Begriff und Bedeutung.** Unter Kursstabilisierung versteht man nach der Legaldefinition des Art. 2 Nr. 7 VO (EG) 2273/2003 jeden Kauf von Wertpapieren, den Wertpapierhäuser oder Kreditinstitute im Rahmen eines signifikanten öffentlichen Zeichnungsangebots mit dem alleinigen Ziel tätigen, den Marktkurs dieser Wertpapiere für einen im Voraus bestimmten Zeitraum zu stützen, wenn auf diese Wertpapiere Verkaufsdruck besteht. Im Schrifttum spricht man zuweilen auch von Kurspflege, Marktpflege oder Kursstützung,[388] wobei der letztgenannte Begriff bereits den gleitenden Übergang zur unzulässigen Kursbeeinflussung bildet.[389] Zur Vermeidung von Missverständnissen empfiehlt es sich, in Zukunft allein den Sprachgebrauch der Verordnung zugrunde zu legen.

109 **bb) Anwendungsbereich und Abgrenzungen.** Von zentraler Bedeutung für die Reichweite der Freistellungsregeln ist der von Art. 2 Nr. 7 VO 2273/2003 verwandte Begriff des „**signifikanten Zeichnungsangebots**". Nach der Legaldefinition in Art. 2 Nr. 9 VO 2273/2003 versteht man darunter eine öffentlich angekündigte Erst- oder Zweitplatzierung relevanter Wertpapiere, die sich sowohl hinsichtlich des Werts der angebotenen Wertpapiere als auch hinsichtlich der Verkaufsmethoden vom üblichen Handel unterscheidet. Erfasst werden mithin nicht nur Kursstabilisierungen bei **Initial Public Offerings**,[390] sondern auch bei **Secondary Offerings,** also der erneuten Unterbringung von Wertpapieren zB aus Großaktionärs- oder Gruppenbesitz.[391] Weil Art. 2 Nr. 9 VO 2273/2003 auf „öffentlich angekündigte" und nicht auf „öffentliche" Angebote abstellt, erstreckt er sich grundsätzlich auch auf öffentlich angekündigte **Privatplatzierungen.**[392] Eine Rückausnahme macht der 14. Erwägungsgrund der VO 2273/2003 für den „Handel mit Wertpapierblöcken", bei dem es sich ausschließlich um „Privattransaktionen" handele.[393] Damit dürften jedoch nur reine Umplatzierungen mit schon vorher feststehenden Vertragsparteien gemeint sein.[394] Auch bei ihnen sind Kursstabilisierungsmaßnahmen nicht von vornherein

---

[388] Vgl. die Belege bei *Fleischer,* ZIP 2003, 2045; *Groß,* GS Bosch, 2006, S. 49, 51 f.; *Grüger,* S. 15 f.; *Schwark,* FS Kümpel, 2002, S. 485, 493; *Vogel,* WM 2003, 2437.

[389] Vgl. *Achleitner,* Handbuch Investmentbanking, 2. Aufl. 1999, S. 494; *Bosch/Groß,* Das Emissionsgeschäft, 2. Aufl. 2000, Rn. 10/340.

[390] Reiches rechtstatsächliches und statistisches Material zum US-amerikanischen Kapitalmarktrecht bei *Aggarwal,* 55 Journal of Finance 1075 (2000); *Ellis/Michaely/O'Hara,* 55 Journal of Finance 1009 (2000); *Wilhelm,* 12 Journal of Applied Corporate Finance 70 (1999); aus deutscher Sicht *Thießen,* WiSt 2002, 523, 524.

[391] Allgemein dazu *Fleischer,* ZIP 2007, 1969.

[392] Vgl. *Feuring/Berrar,* § 34 Rn. 16 f.; *Groß,* GS Bosch, 2006, S. 49, 60; *Leppert/Stürwald,* ZBB 2004, 302, 310; *Meyer,* AG 2004, 289, 298; *Mock/Stoll/Eufinger* in KölnKommWpHG, § 20 a, Anh. II, Art. 2 VO Rn. 48.

[393] Vgl. *Feuring/Berrar,* § 34 Rn. 18; *Leppert/Stürwald,* ZBB 2004, 302, 310; *Mock/Stoll/Eufinger* in KölnKommWpHG, § 20 a, Anh. II, Art. 2 VO Rn. 49; *Vogel* in *Assmann/Schneider,* § 20 a WpHG Rn. 209.

[394] Wie hier *Feuring/Berrar,* § 34 Rn. 18; unentschieden *Schlitt/Schäfer,* AG 2004, 346, 356 mit Fn. 99.

unzulässig, sondern am allgemeinen Maßstab des § 20a Abs. 1 S. 1 Nr. 2 WpHG zu messen.[395]

Von der Kursstabilisierung **abzugrenzen** sind demgegenüber verschiedene Maßnahmen, die im zeitlichen Zusammenhang mit einer Wertpapieremission erfolgen können. Dazu gehören Maßnahmen des Bezugsrechtskoordinators, die einen geordneten Bezugsrechtshandel fördern sollen und nicht dem „alleinigen Ziel" (Art. 2 Nr. 7 VO 2273/2003) der Kursstabilisierung dienen.[396] Gleiches gilt grundsätzlich für das Handeln als Designated Sponsor,[397] Market Maker[398] und für die bloße Ausführung von Kundenaufträgen.[399] 110

cc) Stabilisierungsträger und Stabilisierungskosten. Gemäß Art. 2 Nr. 7 VO (EG) 2273/2003 dürfen Stabilisierungsmaßnahmen nur von Wertpapierhäusern und Kreditinstituten wahrgenommen werden. Ihre **Vorbereitung und Durchführung** liegt fast ausnahmslos in den Händen des **Emissionskonsortiums**.[400] Vom Platzierungskonsortium unabhängige Kursstützungskonsortien haben früher eine gewisse Rolle gespielt,[401] sind aber heute kaum mehr anzutreffen.[402] Innerhalb des Emissionskonsortiums obliegt die Aufgabe des Stabilisierungsmanagers (vgl. unten Rn. 126) zumeist der **federführenden Bank** *(Lead Bank)*,[403] die gegebenenfalls geeignete Strategien entwickeln muss, um die Konsorten einzubinden.[404] Eine gesellschaftsrechtliche Nebenpflicht der Konsorten zur Kursstabilisierung lässt sich dagegen ohne vertraglichen Anhalt kaum begründen.[405] Ebenso wenig gibt es in aller Regel eine Stabilisierungsverpflichtung der Konsortialbanken gegenüber dem Emittenten, sofern dies im Übernahme- 111

---

[395] Näher *Schlitt/Schäfer*, AG 2004, 346, 356 ff.; ferner *Feuring/Berrar*, § 34 Rn. 19; mit der Anregung, in diesem Bereich eine zulässige Marktpraxis i. S. d. § 20a Abs. 2 S. 1 WpHG zu formulieren.
[396] Vgl. *Feuring/Berrar*, § 34 Rn. 20; *Leppert/Stürwald*, ZBB 2004, 302, 311.
[397] Vgl. *Arlt*, S. 339; *Feuring/Berrar*, § 34 Rn. 20; *Pfüller/Anders*, WM 2003, 2445, 2448; *Vogel* in *Assmann/Schneider*, § 20a WpHG Rn. 229; s. auch *Sorgenfrei* in *Park*, §§ 20a, 38 II, 39 I Nr. 1–2, II Nr. 1, IV WpHG Rn. 145 und Rn. 28 mit Fn. 156.
[398] Vgl. *Pfüller/Anders*, WM 2003, 2445, 2448; *Vogel* in *Assmann/Schneider*, § 20a WpHG Rn. 229; ferner *Oppitz*, ÖBA 2005, 169, 181 f. mit dem zutreffenden Hinweis, dass Market Making unter Umständen in Marktmanipulation umschlagen könne.
[399] Vgl. *Feuring/Berrar*, § 34 Rn. 21; s. auch *Pfüller/Anders*, WM 2003, 2445, 2451.
[400] Vgl. *Bruchner/Pospischil* in *Lutter/Scheffler/Schneider*, Handbuch der Konzernfinanzierung, 1998, Rn. 11.51; *Fleischer*, ZIP 2003, 2045, 2046; *Grundmann* in *Schimansky/Bunte/Lwowski*, Bankrechts-Handbuch, 3. Aufl. 2007, § 112 Rn. 30; *Mock/Stoll/Eufinger* in KölnKommWpHG, § 20a Rn. 316.
[401] Vgl. *Scholze*, Das Konsortialgeschäft der Deutschen Banken, Bd. 2, 1975, S. 664 f.
[402] Vgl. *Achleitner* (Fn. 389), S. 494; *Bosch/Groß* (Fn. 389), Rn. 10/340; *Mock/Stoll/Eufinger* in KölnKommWpHG, § 20a Rn. 316.
[403] Dazu *Achleitner* (Fn. 389), S. 494; *Schwintowski/Schäfer*, Bankrecht, 2. Aufl. 2004, § 23 Rn. 90.
[404] Vgl. *Fleischer*, ZIP 2003, 2045, 2046; *Hopt*, Die Verantwortlichkeit der Banken bei Emissionen, 1991, Rn. 28.
[405] Vgl. *Fleischer*, ZIP 2003, 2045, 2046; *Grundmann* (Fn. 400), § 112 Rn. 78; *Hartwig-Jakob*, Die Vertragsbeziehungen und die Rechte der Anleger bei internationalen Anleiheemissionen, 2001, S. 101 f.; *Mock/Stoll/Eufinger* in KölnKommWpHG, § 20a Rn. 317; *Siebel*, Rechtsfragen internationaler Anleihen, 1997, S. 742; abw. *De Meo*, Bankenkonsortien, 1994, § 2 Rn. 103 ff.

vertrag nicht ausdrücklich vereinbart ist.[406] Zumeist haben die Emissionsbanken jedoch ein ureigenes Interesse an einer erfolgreichen Kurspflege zur Wahrung ihres Emissionskredits;[407] manche machen ihre Mitwirkung an der Emission sogar davon abhängig, dass ihnen die Kurspflege übertragen wird.[408] Die bei der Kursstabilisierung anfallenden **Kosten** galten herkömmlich als solche der Emission, die im Übernahmevertrag dem Emittenten zugeordnet wurden.[409] Mittlerweile entspricht es aber den Marktusancen, dass die führende Bank die Kosten alleine trägt oder sie auf das Emissionskonsortium umlegt.[410] In der Praxis pflegt man Stabilisierungsregeln und Prinzipien der Kostentragung ausdrücklich und schriftlich zu vereinbaren.[411]

b) Bisherige Beurteilung

112 **aa) Frühe Rechtfertigungen.** Die Vereinbarkeit von Kursstabilisierungen mit § 88 BörsG aF wurde im älteren Schrifttum ausnahmslos bejaht.[412] Eine Literaturstimme sprach sogar von einem „nobile officium"[413] der Emissionsbanken. Zur Begründung stützte man sich vornehmlich auf drei Gesichtspunkte: Erstens entsprach die Kursstabilisierung gängiger Marktpraxis.[414] Zweitens entnahm man den Materialien zum Börsengesetz, dass der historische Gesetzgeber die Kurspflege als legitim ansah.[415] Drittens verwies man auf den Wortlaut des § 88 Abs. 1 BörsG aF und verneinte die dort vorausgesetzte Anwendung „auf Täuschung berechneter Mittel".[416] Zu diesen hergebrachten Gründen gesellt sich in jüngerer Zeit der Hinweis, der Gesetzgeber habe Kursstabilisierungen an verstreuter Stelle implizit gebilligt.[417]

113 **bb) Moderne Begründungen.** In neuester Zeit hebt man vermehrt die sachliche Rechtfertigung der Kursstabilisierung hervor. Das Hauptargument lautet, dass Stabilisierungsmaßnahmen markttechnisch bedingte Kursausschläge oder Zufallsschwankungen abschwächten und dadurch einen ruhigeren Absatz der

---

[406] Vgl. *Fleischer*, ZIP 2003, 2045, 2046; zweifelnd *Ekkenga*, WM 2002, 317, 318.
[407] Vgl. *Hartwig-Jakob* (Fn. 405), S. 72 und 75; *Hopt* (Fn. 404), Rn. 28; *Thießen*, WiSt 2002, 523.
[408] Vgl. *Fleischer*, ZIP 2003, 2045, 2046; *Hopt*, S. 117.
[409] In diesem Sinne noch *Hopt*, S. 377; *Siebel* (Fn. 405), S. 742.
[410] Vgl. *Hartwig-Jakob* (Fn. 399), S. 173; *Hopt* (Fn. 404), Rn. 28; *Schwintowski/Schäfer* (Fn. 403), § 23 Rn. 90.
[411] Vgl. *Bosch/Groß* (Fn. 389), Rn. 10/341; *Schanz*, Börseneinführung, 2. Aufl. 2002, § 10 Rn. 123; *Mock/Stoll/Eufinger* in KölnKommWpHG, § 20a Rn. 319.
[412] Vgl. *Apt*, BörsG, 1909, § 88 Anm. 2, S. 231; *Bernstein*, BörsG, 1910, § 88 Anm. I 1, S. 341; *Nußbaum*, BörsG, 1910, § 88 Anm. I a, S. 345 f.
[413] *Loewenberg*, HoldhMSchr 21 (1921) 144, 146; dies aufnehmend *Fleischer*, ZIP 2003, 2045, 2046; sowie *Oppitz*, ÖBA 2005, 169 unter dem Titel: „Kurspflege und Kursmanipulation – vom ‚nobile officium' zum Straftatbestand?".
[414] Vgl. *Nußbaum* (Fn. 412), § 88 BörsG Anm. I a, S. 345: „übliche Praxis der Bankhäuser"; *Loewenberg*, HoldhMSchr 21 (1921) 144, 146: „Verkehrssitte"; s. auch *Rießer*, Die deutschen Großbanken, 3. Aufl. 1910, S. 274; aus der Nachkriegszeit anekdotische Belege bei *Siebel* (Fn. 405), S. 741.
[415] Vgl. Stenographische Berichte über die Verhandlungen des Reichstages, Aktenstück Nr. 14, 9. Legislaturperiode, IV Session1895/96; zum entstehungsgeschichtlichen Argument auch *Nußbaum* (Fn. 412), § 88 BörsG Anm. I a, S. 345 f.
[416] Vgl. *Apt* (Fn. 412), § 88 BörsG Anm. 2; rückblickend auch *Meißner*, S. 77 ff.
[417] Vgl. *Bosch/Groß* (Fn. 389), Rn. 10/342; *Schäfer*, WM 1999, 1345, 1347.

Verbot der Marktmanipulation   114, 115   § 20a

neu emittierten Wertpapiere gewährleisteten.[418] Auf diese Weise steige das Vertrauen der Anleger, die von ihnen verlangte Risikoprämie sinke und die Finanzierungskosten des Emittenten fielen. In diesen Chor stimmen nun auch die Regierungsbegründung zum Vierten Finanzmarktförderungsgesetz[419] und die Erwägungsgründe der VO (EG) 2273/2003[420] ein.

Die **positive Beurteilung der Kursstabilisierung** durch den modernen Gesetzgeber verdient grundsätzlich **Zustimmung:** Gerade bei Erstemissionen kann es wegen des verbreiteten Anlegerverhaltens, zugeteilte Wertpapiere sogleich wieder zu veräußern, um Zeichnungsgewinne einzustreichen (sog. *Flipping*),[421] zu einem erheblichen Angebotsüberhang kommen. Darüber hinaus ist das Wissen von Emittenten und Emissionsbanken um die Möglichkeit der Kursstabilisierung geeignet, die Emissionsbereitschaft kleiner und mittlerer Unternehmen zu steigern[422] und die Anreize der „underwriter" zu vergrößern.[423] Schließlich lehrt die Kapitalmarktrechtsvergleichung, dass Stabilisierungsmaßnahmen ein bewährtes und markterprobtes Instrument darstellen: Sie gehören nicht nur in Großbritannien und den Vereinigten Staaten (vgl. vor § 20 a Rn. 18 und 20), sondern auch in Österreich[424] und der Schweiz (vgl. vor § 20 a Rn. 27 und 23) zum erlaubten Standardrepertoire. Bei alledem bleibt allerdings zu bedenken, dass Stabilisierungsmaßnahmen nicht ohne eine **begleitende Mindestregulierung** auskommen. Vor allem darf das Anlegerpublikum nicht über ihre mögliche Anwendung im Unklaren gelassen werden.[425] Außerdem wird die innere Rechtfertigung der Kurspflege hinfällig, wenn sie über einen längeren Zeitraum erfolgt, in dem sich längst ein stabiles Marktgleichgewicht hätte einstellen sollen.[426] Wissenschaftlich noch kaum belichtet ist schließlich die kartellrechtliche Würdigung der Kursstabilisierung.[426a] 114

c) Freistellungsvoraussetzungen

§ 20 a Abs. 3 WpHG führt iVm VO (EG) 2273/2003 erstmals einen rechtssicheren Regelungsrahmen für Kursstabilisierungsmaßnahmen ein. Um in den 115

---

[418] Vgl. aus dem ökonomischen Schrifttum *Aggarwal*, 55 Journal of Finance 1075, 1078 (2000); *Thießen*, WiSt 2002, 523, 524; aus juristischer Sicht *Bruchner/Pospischil* (Fn. 400), Rn. 11.48; *Schwark*, FS Kümpel, 2002, S. 485, 493; abgewogen auch *M. Weber*, NZG 2000, 113, 127.
[419] Vgl. BT-Drucks. 14/8017, S. 90; dazu auch *Möller*, WM 2002, 309, 314 f.
[420] Vgl. Erwägungsgrund 33, wonach Kursstabilisierungsmaßnahmen „unter bestimmten Umständen aus wirtschaftlichen Gründen gerechtfertigt" seien.
[421] Vgl. *Feuring/Berrar*, § 34 Rn. 1; *Mock/Stoll/Eufinger* in KölnKommWpHG, § 20 a Rn. 309; *Thießen* in Hockmann/Thießen, Investmentbanking, 2002, S. 388; zu Gegenstrategien *Aggarwal*, 55 Journal of Finance 1075, 1078 (2000).
[422] Vgl. *Fleischer*, ZIP 2003, 2045, 2047.
[423] Vgl. *Aggarwal*, 55 Journal of Finance 1075, 1078 (2000); *Fleischer*, ZIP 2003, 2045, 2047.
[424] Ausführlich *Oppitz*, ÖBA 2005, 169.
[425] Vgl. *Fleischer*, ZIP 2003, 2045, 2047; *Mock/Stoll/Eufinger* in KölnKommWpHG, § 20 a Rn. 311; *Thießen*, WiSt 2002, 523, 524; *Watter*, SZW 1990, 193, 199 f.; *M. Weber*, NZG 2000, 113, 127.
[426] Vgl. *Fleischer*, ZIP 2003, 2045, 2047.
[426a] Näher *Fleischer*, ZGR 2008, 185, 223; für einen stillschweigenden Ausschluss des Kartellrechts *Friedman v. Salomon Smith Barney Inc.*, 313 F. 3 d 796, 801 ff. (2 d Cir. 2002).

§ 20a 116–118 Abschnitt 4. Überwachung des Verbots

Genuss der Freistellung zu kommen, müssen diese Maßnahmen gemäß Art. 7 VO (EG) 2273/2003 den Anforderungen der Artikel 8, 9 und 10 dieser Verordnung genügen. Im Einzelnen:

116 **aa) Stabilisierungszeitraum.** Gemäß Art. 8 Abs. 1 VO (EG) 2273/2003 sind Kursstabilisierungsmaßnahmen **zeitlich befristet.** Der statthafte Stabilisierungszeitraum wird für Aktien aus einer Erst- (Abs. 2) und Zweitplatzierung (Abs. 3), Schuldverschreibungen (Abs. 4) sowie Wandel- und Optionsanleihen (Abs. 5) im Wege einer typisierenden Betrachtung unterschiedlich bemessen.[427] Schwierigkeiten bereitet die zeitliche Anknüpfung bei kombinierten Angeboten.[428] Außerhalb des privilegierten Stabilisierungszeitraums liegen Stabilisierungsmaßnahmen vor oder während der Bookbuildingphase.[429]

117 Bei **Aktien** und Aktien entsprechenden Wertpapieren **aus einer Erstplatzierung** beginnt der Stabilisierungszeitraum gemäß Art. 8 Abs. 2 S. 1 VO 2273/2003 an dem Tag, an dem auf dem geregelten Markt der Handel mit den relevanten Wertpapieren aufgenommen wird, und endet spätestens nach 30 Kalendertagen. Das entspricht der bisherigen Kapitalmarktpraxis[430] und ist auch sachlich begründet, weil Kapitalmärkte eine Wertpapieremission in aller Regel binnen eines Monats „verdauen".[431] Findet die öffentlich angekündigte Erstplatzierung in einem Mitgliedstaat statt, in dem das Wertpapier bereits vor Handelsaufnahme auf einem geregelten Markt gehandelt werden darf, so gelten nach Art. 8 Abs. 2 S. 2 VO (EG) 2273/2003 Sonderregelungen, soweit ein solcher Handel allen etwaigen Vorschriften des geregelten Marktes entspricht.[432] Diese Sonderregelungen erlangen in Deutschland keine Bedeutung, weil der hierzulande übliche „Handel per Erscheinen" nicht in Übereinstimmung mit allen Vorschriften des geregelten Marktes stattfindet.[433]

118 Bei **Aktien** und Aktien entsprechenden Wertpapieren **aus einer Zweitplatzierung** beginnt der Stabilisierungszeitraum gemäß Art. 8 Abs. 3 VO (EG) 2273/2003 am Tag der Veröffentlichung des Schlusskurses der relevanten Wertpapiere und endet spätestens 30 Kalendertage nach dem Zuteilungsdatum. Zweitplatzierungen sind neben der erneuten Unterbringung schon bestehender

---

[427] Vgl. *Feuring/Berrar,* § 34 Rn. 29; *Groß,* GS Bosch, 2006, S. 49, 53 f.; *Mock/Stoll/Eufinger* in KölnKommWpHG, § 20a, Anh. II, Art. 8 VO Rn. 1.
[428] Näher *Feuring/Berrar,* § 34 Rn. 38
[429] Vgl. *Feuring/Berrar,* § 34 Rn. 33; *Groß,* GS Bosch, 2006, S. 49, 59 f.; *Krämer/Hess,* Freundesgabe Döser, 1999, S. 171, 187; *Mock/Stoll/Eufinger* in KölnKommWpHG, § 20a, Anh. II, Art. 8 VO Rn. 6; *Schwark,* FS Kümpel, 2003, S. 485, 494; *Vogel* in *Assmann/Schneider,* § 20a WpHG Rn. 213; s. auch Begr. KuMaKV, BR-Drucks. 639/03, S. 15; dazu *Pfüller/Anders,* WM 2003, 2445, 2452.
[430] Vgl. Begr. zu § 7 KuMaKV, BR-Drucks. 639/03, S. 15; *Leppert/Stürwald,* ZBB 2004, 302, 310.
[431] Vgl. *Fleischer,* ZIP 2003, 2045, 2051.
[432] Vgl. auch Erwägungsgrund 15 der VO (EG) 2273/2003, wonach nur der Fall des „when issued trading" erfasst werden soll; ferner *Mock/Stoll/Eufinger* in KölnKommWpHG, § 20a, Anh. II, Art. 8 VO Rn. 7.
[433] Vgl. *Groß,* GS Bosch, 2006, S. 49, 53 mit Fn. 26; *Leppert/Stürwald,* ZBB 2004, 302, 310 mit Fn. 39; *Mock/Stoll/Eufinger* in KölnKommWpHG, § 20a, Anh. II, Art. 8 VO Rn. 7; ebenso für Österreich *Oppitz,* ÖBA 2005, 169, 175.

Aktien aus Altaktionärsbeständen[434] auch Platzierungen neuer Aktien aus einer Kapitalerhöhung bereits börsennotierter Emittenten.[435] Soweit die deutsche Fassung der Durchführungsverordnung den Stabilisierungszeitraum mit dem Tag der Veröffentlichung des „Schlusskurses" beginnen lässt, ist dies missverständlich. Wie ein Vergleich mit der englischen Version („final price") zeigt, ist damit der endgültige Platzierungspreis und nicht ein etwaiger an der Börse ermittelter Schlusskurs gemeint.[436] Zudem dürfte es entgegen der deutschen Textfassung nicht auf die „Veröffentlichung" des Platzierungspreises, sondern auf seine angemessene Bekanntgabe ankommen.[437]

Bei **Schuldverschreibungen** und anderen verbrieften Schuldtiteln, die nicht in Aktien oder Aktien entsprechende Wertpapiere umgewandelt oder umgetauscht werden können, beginnt der Stabilisierungszeitraum gemäß Art. 8 Abs. 4 VO 2273/2003 an dem Tag, an dem die Konditionen des Angebots der relevanten Wertpapiere angemessen bekannt gegeben werden, und endet spätestens 30 Kalendertage nach dem Tag, an dem der Emittent der Titel den Emissionserlös erhalten hat oder – sollte dies früher eintreten – spätestens 60 Kalendertage nach der Zuteilung der relevanten Wertpapiere. Mit dieser Regelung trägt der Verordnungsgeber der verbreiteten Praxis Rechnung, dass Schuldverschreibungen weitgehend außerbörslich gehandelt werden und ihre Börsennotierung häufig nicht unmittelbar nach der Platzierung, sondern zumeist erst deutlich später aufgenommen wird.[438]

Bei verbrieften **Schuldtiteln, die in Aktien** oder Aktien entsprechende Wertpapiere **umgewandelt oder umgetauscht** werden können, beginnt der Stabilisierungszeitraum gemäß Art. 8 Abs. 5 VO (EG) 2273/2003 an dem Tag, an dem die endgültigen Konditionen des Angebots der relevanten Wertpapiere angemessen bekannt gegeben werden, und endet spätestens 30 Kalendertage nach dem Tag, an dem der Emittent der Titel den Emissionserlös erhalten hat, oder – sollte dies früher eintreten – spätestens 60 Kalendertage nach der Zuteilung der relevanten Wertpapiere. Hierher gehören Wandel- und Umtauschanleihen, wegen ihrer „Aktienkomponente" aber wohl auch Optionsanleihen.[439]

bb) Stabilisierungstransparenz. Art. 9 VO (EG) 2273/2003 stellt Bedingungen für die Bekanntgabe und Meldung von Kursstabilisierungsmaßnahmen

---

[434] Vgl. Begr. zu § 4 Abs. 3 KuMakV, BR-Drucks. 639/03, S. 13 („erneute Unterbringung, zB aus Großaktionärs- oder Gruppenbesitz"); *Fleischer*, ZIP 2003, 2045, 2046; *Leppert/Stürwald*, ZBB 2004, 302, 310; *Meyer*, AG 2004, 289, 299.
[435] Vgl. *Feuring/Berrar*, § 34 Rn. 31; *Leppert/Stürwald*, ZBB 2004, 302, 310; *Meyer*, AG 2004, 289, 293; *Mock/Stoll/Eufinger* in KölnKommWpHG, § 20a, Anh. II, Art. 8 VO Rn. 8; *Möller*, WM 2002, 309, 315.
[436] Vgl. *Feuring/Berrar*, § 34 Rn. 32; *Groß*, GS Bosch, 2006, S. 49, 54 mit Fn. 27; *Leppert/Stürwald*, ZBB 2004, 302, 310; *Mock/Stoll/Eufinger* in KölnKommWpHG, § 20a, Anh. II, Art. 8 VO Rn. 8; *Meyer*, AG 2004, 289, 296 mit Fn. 61.
[437] Vgl. *Leppert/Stürwald*, ZBB 2004, 302, 311; *Mock/Stoll/Eufinger* in KölnKommWpHG, § 20a, Anh. II, Art. 8 VO Rn. 9.
[438] Vgl. *Groß*, GS Bosch, 2006, S. 49, 54; *Leppert/Stürwald*, ZBB 2004, 302, 311; *Meyer*, AG 2004, 289, 293; *Mock/Stoll/Eufinger* in KölnKommWpHG, § 20a, Anh. II, Art. 8 VO Rn. 10.
[439] Wie hier *Groß*, GS Bosch, 2006, S. 49, 54 mit Fn. 48; *Leppert/Stürwald*, ZBB 2004, 302, 311.

§ 20a 122–124   Abschnitt 4. Überwachung des Verbots

auf. Im Einzelnen sind *ex ante-* (Abs. 1) und *ex post*-Publizität (Abs. 3) sowie Melde- (Abs. 2) und Aufzeichnungspflichten (Abs. 4) zu unterscheiden.

122 **(1) Vorherige Offenlegung.** Gemäß Art. 9 Abs. 1 VO (EG) 2273/2003 geben Emittenten, Bieter oder Unternehmen, die Stabilisierungsmaßnahmen durchführen, vor Beginn der Zeichnungsfrist der relevanten Wertpapiere in angemessener Weise bekannt, dass möglicherweise eine Kursstabilisierungsmaßnahme durchgeführt wird, diese aber nicht garantiert wird und jederzeit beendet werden kann (lit. a); dass Stabilisierungsmaßnahmen auf die Stützung des Marktkurses der relevanten Wertpapiere abzielen (lit. b); wann der Zeitraum, innerhalb dessen die Maßnahme durchgeführt werden könnte, beginnt und endet (lit. c); welche Person für die Durchführung der Maßnahme zuständig ist (lit. d); ob die Möglichkeit einer Überzeichnung oder Greenshoe-Option (dazu unten Rn. 129 ff.) besteht und wenn ja, in welchem Umfang, in welchem Zeitraum die Greenshoe-Option ausgeübt werden soll und welche Voraussetzungen gegebenenfalls für eine Überzeichnung oder die Ausübung der Greenshoe-Option erfüllt sein müssen (lit. e). Eine „angemessene Bekanntgabe" ist nach Art. 2 Nr. 5 VO (EG) 2273/2003 eine solche gemäß Art. 102 Abs. 1 und 103 der Richtlinie 2001/34/EG.[440] Für Angebote, die in den Geltungsbereich der Bestimmungen zur Durchführung der Prospektrichtlinie fallen, gilt diese Offenlegungspflicht nach Art. 9 Abs. 1 S. 2 VO (EG) 2273/2003 nicht. Damit sollen Überschneidungen und Redundanzen vermieden werden, weil die betreffenden Angaben bereits im Prospekt enthalten sein müssen.[441]

123 **(2) Behördliche Meldepflichten.** Nach Art. 9 Abs. 2 VO (EG) 2273/2003 teilen Emittenten, Bieter oder Unternehmen, welche die Stabilisierungsmaßnahmen durchführen, der für den relevanten Markt zuständigen Behörde spätestens am Ende des siebten Handelstages nach dem Tag der Ausführung dieser Maßnahmen die Einzelheiten sämtlicher Stabilisierungsmaßnahmen mit. Diese Meldung kann nicht gebündelt erfolgen, sondern muss nach jeder einzelnen Stabilisierungsmaßnahme vorgenommen werden.[442] Welche „Einzelheiten" mitteilungspflichtig sind, wird nicht näher erläutert. Man kann sich aber wohl an Art. 20 Abs. 1 der alten Wertpapierdienstleistungsrichtlinie 93/22/EWG orientieren,[443] so dass alle Stabilisierungsaufträge und -transaktionen mit Tag, Uhrzeit, Anzahl der Wertpapiere und Preis anzugeben sind.[444]

124 **(3) Nachträgliche Offenlegung.** Gemäß Art. 9 Abs. 3 VO (EG) 2273/2003 müssen Emittenten, Bieter oder Unternehmen, die Stabilisierungsmaßnahmen durchführen, innerhalb einer Woche nach Ablauf des Stabilisierungszeitraums in angemessener Weise bekannt geben, ob eine Stabilisierungsmaßnahme durchgeführt wurde oder nicht (lit. a); zu welchem Termin mit der Kursstabilisierung begonnen wurde (lit. b); zu welchem Termin die letzte Kursstabilisierungsmaßnahme erfolgte (lit. c); innerhalb welcher Kursspanne die Stabilisierung zu dem

---

[440] Näher *Feuring/Berrar*, § 34 Rn. 39 ff.; *Mock/Stoll/Eufinger* in KölnKommWpHG, § 20a, Anh. II, Art. 9 VO Rn. 6.
[441] Vgl. *Groß*, GS Bosch, 2006, S. 49, 55.
[442] Vgl. *Leppert/Stürwald*, ZBB 2004, 302, 312.
[443] So auch *Groß*, GS Bosch, 2006, S. 49, 56; *Leppert/Stürwald*, ZBB 2004, 302, 312.
[444] Vgl. *Groß*, GS Bosch, 2006, S. 49, 56.

Verbot der Marktmanipulation   125–127   § 20a

jeweiligen Termin erfolgte (lit. d). Diese nachträgliche Offenlegungspflicht kann in gebündelter Form erfolgen.[445]

(4) Aufzeichnungspflichten. Nach Art. 9 Abs. 4 VO (EG) 2273/2003 zeich- 125
nen Emittenten, Bieter oder Unternehmen, die Stabilisierungsmaßnahmen durchführen, alle Kursstabilisierungsaufträge und -transaktionen auf. Sie müssen dabei zumindest die in Art. 20 Abs. 1 der Richtlinie 93/22/EWG genannten Informationen festhalten. Eine Aufbewahrungspflicht für diese Aufzeichnungen ist – anders als noch in § 10 Abs. 1 S. 3 KuMaKV[446] – nicht ausdrücklich geregelt.[447]

cc) Stabilisierungsmanager. Führen mehrere Wertpapierhäuser oder Kre- 126
ditinstitute Stabilisierungsmaßnahmen durch, so hat eines von ihnen nach Art. 9 Abs. 5 VO (EG) 2273/2003 die Funktion einer **zentralen Auskunftsstelle** zu übernehmen, an welche die zuständige Behörde alle Anfragen richten kann.[448] Ausweislich des 17. Erwägungsgrundes der Verordnung muss diese zentrale Auskunftsstelle nicht in jedem Mitgliedstaat dieselbe sein, wenn Kursstabilisierungsmaßnahmen in mehreren Mitgliedstaaten vorgenommen werden.[449] Der führende Stabilisierungsmanager kann neben Konsortialmitgliedern auch sonstige in seinem Namen handelnde Personen, insbesondere verbundene Unternehmen, zur Kursstabilisierung einschalten, soweit dies im Prospekt oder anderweitig offengelegt wird.[450]

dd) Stabilisierungspreis. Unter der Überschrift „Spezielle Kursbedingun- 127
gen" begrenzt Art. 10 VO (EG) 2273/2003 Stabilisierungsmaßnahmen dem Kurse nach. Gemäß Art. 10 Abs. 1 VO (EG) 2273/2003 dürfen diese bei Aktien oder Aktien entsprechenden Wertpapieren **unter keinen Umständen zu einem höheren Kurs als dem Emissionskurs** erfolgen. Eine Umkehrung des Markttrends oder ein „Hochpflegen" des Aktienkurses sind demnach vom „Safe Harbor" nicht gedeckt.[451] Bei Schuldverschreibungen, die in Aktien umgewandelt oder gegen Aktien eingetauscht werden können, darf die Stabilisierung nach Art. 10 Abs. 2 VO (EG) 2273/2003 unter keinen Umständen zu einem höheren Kurs erfolgen als dem Marktkurs dieser Instrumente zum Zeitpunkt der Bekanntgabe der endgültigen Modalitäten des neuen Angebots.[452] Dagegen ist für die Stabilisierung nicht wandel- oder umtauschbarer Schuldverschreibungen und anderer verbriefter Schuldtitel keine Obergrenze des Stabilisierungspreises vorgesehen,[453] weil sich die Referenzzinssätze ändern können.[454]

---

[445] Vgl. *Leppert/Stünvald*, ZBB 2004, 302, 312f.
[446] Aufbewahrungspflicht von mindestens fünf Jahren nach Abschluß der Kursstabilisierungsmaßnahme; dazu *Meyer*, AG 2004, 289, 294.
[447] Vgl. *Groß*, GS Bosch, 2006, S. 49, 56; *Mock/Stoll/Eufinger* in KölnKommWpHG, § 20a, Anh. II, Art. 9 VO Rn. 14.
[448] Näher *Feuring/Berrar*, § 34 Rn. 26; *Leppert/Stünvald*, ZBB 2004, 302, 313; *Meyer*, AG 2004, 289, 292; *Mock/Stoll/Eufinger* in KölnKommWpHG, § 20a, Anh. II, Art. 9 VO Rn. 5.
[449] Vgl. *Leppert/Stünvald*, ZBB 2004, 302, 313.
[450] Vgl. *Feuring/Berrar*, § 34 Rn. 27.
[451] Vgl. *Kautzsch*, 7. Kap. Rn. 59; *Meyer*, AG 2004, 289, 293; s. auch *Leppert/Stünvald*, ZBB 2004, 302, 309.
[452] Vgl. *Leppert/Stünvald*, ZBB 2004, 302, 313; *Meyer*, AG 2004, 289, 293; *Oppitz*, ÖBA 2005, 169, 175.
[453] Vgl. *Leppert/Stünvald*, ZBB 2004, 302, 313; *Meyer*, AG 2004, 289, 293.
[454] Dazu Begr. KuMakV, BR-Drucks. 639/03, S. 16; *Groß*, GS Bosch, 2006, S. 49, 56.

128 **ee) Anerkennung ausländischer Stabilisierungsregeln.** Gemäß Art. 6 MaKonV sind im Ausland getätigte Maßnahmen zur Preisstabilisierung von Finanzinstrumenten, die nicht an einem organisierten Markt eines EU-/EWR-Staates zugelassen sind, zulässig, wenn sie den Anforderungen der VO (EG) 2273/2003 genügen oder nach ausländischen Stabilisierungsregeln getätigt werden, die jenen dieser Verordnung gleichwertig sind.[455] Von Belang ist das für die lediglich in den geregelten Markt oder den Freiverkehr einbezogenen Finanzinstrumente, die nach § 20a Abs. 1 S. 2 Nr. 1 WpHG – außerhalb des Regelungsbereichs der Marktmissbrauchsrichtlinie – in den Schutzbereich des Marktmanipulationsverbots aufgenommen werden.[456] Als gleichwertig gelten sollten jedenfalls die US-amerikanischen Stabilisierungsregeln der *Regulation M* (vgl. vor § 20a Rn. 21).[457] Eine verbindliche Klärung kann jedoch nur durch die BaFin erfolgen.[458]

4. Ergänzende Kursstabilisierungsmaßnahmen: Mehrzuteilung und Greenshoe

a) Begriffe und Bedeutung

129 Unter ergänzenden Kursstabilisierungsmaßnahmen versteht man nach der Legaldefinition des Art. 2 Nr. 12 VO (EG) 2273/2003 eine **Überzeichnung** oder die Ausübung einer **Greenshoe-Option** durch ein Wertpapierhaus oder Kreditinstitut. Dabei handelt es sich um Instrumente, die von der internationalen Kapitalmarktpraxis entwickelt wurden und mit der Kursstabilisierung eng verbunden sind.[459] Der deutsche Begriff der Überzeichnung ist wenig glücklich; die passendere Übersetzung des englischen Fachbegriffs „over-allotment" wäre **Mehrzuteilung**.[460]

130 Bei einer solchen **Mehrzuteilung** veräußern die Emissionsbanken am Zuteilungstag nicht nur das eigentliche Platzierungsvolumen, sondern verkaufen eine größere Zahl von Aktien.[461] Die für die Bedienung der Mehrzuteilung erforderlichen Aktien erhalten die Emissionsbanken im Wege einer „Aktienleihe", also eines Sachdarlehens.[462] Fällt der Aktienkurs unter den Platzierungskurs, können die Banken die zur Erfüllung der Rückerstattungspflicht aus der Aktienleihe be-

---

[455] Zu gleichsinnigen Vorschriften im US-amerikanischen und britischen Recht *Fleischer*, ZIP 2003, 2045, 2052.
[456] Vgl. Begr. MaKonV, BR-Drucks. 18/05, S. 18; *Feuring/Berrar*, § 34 Rn. 62.
[457] Wie hier *Feuring/Berrar*, § 34 Rn. 61; *Meyer*, AG 2004, 289, 294; offenlassend *Leppert/Stürwald*, ZBB 2004, 302, 313.
[458] Dies anmahnend auch *Leppert/Stürwald*, ZBB 2004, 302, 313; *Meyer*, AG 2004, 289, 294; *Pfüller/Anders*, WM 2003, 2445, 2453; s. auch *Feuring/Berrar*, § 34 Rn. 61.
[459] Vgl. *Fida*, ÖBA 2005, 43, 44; *Meyer*, AG 2004, 289; *Schwintowski/Schäfer* (Fn. 403), § 23 Rn. 93; rechtsökonomisch und rechtsvergleichend *Lombardo*, EBOR 2008; *ders.*, FS Schäfer, 2008, S. 537 f.
[460] Dazu *Feuring/Berrar*, § 34 Rn. 49; *Fida*, ÖBA 2005, 43, 47 mit Fn. 48; *Leppert/Stürwald*, ZBB 2004, 302, 314; *Meyer*, AG 2004, 289, 296 mit Fn. 63.
[461] Vgl. *Fida*, ÖBA 2005, 43, 44; *Meyer*, AG 2004, 289; näher zum US-amerikanischen Ursprung *Meißner*, S. 28 f.
[462] Näher *Gravenhorst*, Plazierungsverfahren bei Aktienemissionen und der Anspruch auf Zuteilung, 2003, S. 90 ff.; *Koehler*, Der Gleichbehandlungsgrundsatz bei Aktienemissionen, 2006, S. 65 f.

nötigten Wertpapiere am Markt zurückkaufen. Steigt der Aktienkurs hingegen über den Platzierungskurs, müssten die Banken an sich verlustbringende Deckungskäufe tätigen. Um das zu vermeiden, wird ihnen bis zum Ablauf der Stabilisierungsphase die Option eingeräumt, Wertpapiere im Ausmaß der mehrzugeteilten Aktien zum ursprünglichen Platzierungspreis zu erwerben.[463] Dafür hat sich der Begriff **Greenshoe-Option** eingebürgert.[464] Als Stillhalter der Greenshoe-Option kommen in der Praxis die emittierende Gesellschaft oder ein Altaktionär in Betracht.[465] Ist die Mehrzuteilung nicht durch eine Greenshoe-Vereinbarung abgesichert, spricht man von einem sog. **Naked Short**.[466] Wegen ihres Verlustpotentials für die Emissionsbanken wird von dieser Gestaltung aber nur selten Gebrauch gemacht.[467]

b) Kapitalmarktrechtliche Freistellungsvoraussetzungen

Ergänzende Stabilisierungsmaßnahmen verstoßen nicht gegen § 20 a WpHG, wenn sie die in Art. 11 VO (EG) 2273/2003 vorgesehenen Bedingungen erfüllen.[468]

aa) Zeitraum und Kurs der Mehrzuteilung. Nach Art. 11 lit. a) VO (EG) 2273/2003 ist eine Mehrzuteilung relevanter Wertpapiere nur innerhalb der Zeichnungsfrist und zum Emissionskurs zulässig.[469] In der Praxis findet die Mehrzuteilung unmittelbar nach Ablauf der Zeichnungsfrist statt.[470] Dies dürfte den Anforderungen der „Safe Harbor"-Regelung trotz ihres missverständlichen Wortlauts genügen.[471]

bb) Naked Short. Gemäß Art. 11 lit. b) VO (EG) 2273/2003 darf eine aus einer Mehrzuteilung resultierende und nicht durch die Greenshoe-Option abgedeckte Position eines Wertpapierhauses oder Kreditinstitut 5% des ursprünglichen Angebots nicht überschreiten.[472] Anders als nach der KuMaKV (vgl. vor § 20 a Rn. 17) ist ein sog. Naked Short (Rn. 130) daher in begrenztem Umfang gestattet.[473] Gleichwohl rät man in der Praxis zu seiner marktschonenden Eindeckung unter Vermeidung von Kurssprüngen.[474]

---

[463] Vgl. *Fida*, ÖBA 2005, 43, 44; *Meyer*, AG 2004, 289, 290; *Schwintowski/Schäfer* (Fn. 403), § 23 Rn. 93.

[464] Der Begriff geht auf die Greenshoe Manufacturing Co. in Boston zurück, bei der dieses Verfahren erstmals praktiziert wurde.

[465] Näher *Fida*, ÖBA 2005, 43, 44 f.; *Gravenhorst* (Fn. 462), S. 89 f.; *Hartwig-Jakob* (Fn. 405), S. 225 f.; *Meyer*, AG 2004, 289, 290.

[466] Vgl. *Feuring/Berrar*, § 34 Rn. 52; *Meißner*, S. 30 f.; *Meyer*, AG 2004, 289, 290.

[467] Vgl. *Krämer/Hess*, Freundesgabe Döser, 1999, S. 171, 173 mit Fn. 18; *Meyer*, AG 2004, 289, 290; s. aber den abweichenden Befund zur Praxis in den Vereinigten Staaten bei *Fredebeil*, Aktienemissionen (2002), S. 117 f.

[468] Vgl. *Feuring/Berrar*, § 34 Rn. 48; *Fida*, ÖBA 2005, 43, 47; *Groß*, GS Bosch, 2006, S. 49, 56 f.; *Leppert/Stürwald*, ZBB 2004, 302, 313 f.; *Koehler* (Fn. 462), S. 64.

[469] Vgl. *Leppert/Stürwald*, ZBB 2004, 302, 314; *Meyer*, AG 2004, 289, 296; *Mock/Stoll/Eufinger* in KölnKommWpHG, § 20 a, Anh. II, Art. 11 VO Rn. 2 ff.

[470] Vgl. *Fida*, ÖBA 2005, 43, 47.

[471] Vgl. *Fida*, ÖBA 2005, 43, 47; *Meyer*, AG 2004, 289, 296.

[472] Dazu *Fida*, ÖBA 2005, 43, 47.

[473] Vgl. *Feuring/Berrar*, § 34 Rn. 53; *Groß*, GS Bosch, 2006, S. 49, 56 f. mit Fn. 36; *Koehler* (Fn. 462), S. 64; *Meyer*, AG 2004, 289, 296.

[474] Vgl. *Meyer*, AG 2004, 289, 296.

134 **cc) Modalitäten der Greenshoe-Option.** Nach Art. 11 lit. c) VO (EG) 2273/2003 kann die Greenshoe-Option von den Begünstigten nur im Rahmen einer Mehrzuteilung relevanter Wertpapiere ausgeübt werden. Ungeklärt ist, ob die Option auch dann in vollem Umfang ausgeübt werden darf, wenn Stabilisierungskäufe erfolgt sind. Dies wird in der Literatur unter Hinweis auf das aus den USA stammende Verfahren des „Refreshing the Shoe" vereinzelt angenommen,[475] begegnet aber Bedenken, weil die Greenshoe-Option nur eine ergebnisneutrale Stabilisierung ermöglichen, den Emissionsbanken aber keine zusätzlichen Gewinnchancen eröffnen soll.[476] Gemäß Art. 11 lit. d) VO (EG) 2273/ 2003 darf die Greenshoe-Option zudem 15% des ursprünglichen Angebots nicht überschreiten. Zusammen mit dem Naked Short von 5% (vgl. Rn. 133) beträgt die absolute Obergrenze einer Mehrzuteilung mithin 20% des ursprünglichen Angebots.[477] Schließlich muss sich der für die Ausübung der Greenshoe-Option vorgesehene Zeitraum nach Art. 11 lit. e) VO (EG) 2273/2003 mit dem Stabilisierungszeitraum decken.[478]

135 **dd) Transparenz der Greenshoe-Option.** Nach Art. 11 lit. f) VO (EG) 2273/2003 ist die Öffentlichkeit unverzüglich und in allen angemessenen Einzelheiten über die Ausübung der Greenshoe-Option zu unterrichten, insbesondere über den Zeitpunkt der Ausübung und die Zahl und Art der relevanten Wertpapiere.[479]

c) Aktienrechtliche Zulässigkeit

136 Unter dem Gesichtspunkt des § 255 Abs. 2 AktG hat das Kammergericht die Einräumung einer Greenshoe-Option durch die emittierende Gesellschaft wegen eines unangemessen niedrigen Ausgabekurses beanstandet.[480] Die Entscheidung betraf einen in mancher Hinsicht atypisch gelagerten Fall[481] und ist im Schrifttum mit Recht durchgängig auf Ablehnung gestoßen.[482] Weitere Fragen zur aktienrechtlichen Zulässigkeit von Greenshoe-Optionen können hier nicht vertieft werden.[483]

VI. Verordnungsermächtigung (Abs. 5)
1. Allgemeines

137 § 20a Abs. 5 WpHG enthält eine Ermächtigung, das Verbot der Marktmanipulation und seine Bereichsausnahmen durch Rechtsverordnung näher zu

---

[475] In diesem Sinne *Feuring/Berrar*, § 34 Rn. 55 ff.
[476] Vgl. *Fida*, ÖBA 2005, 43, 47.
[477] Vgl. *Leppert/Stürwald*, ZBB 2004, 302, 314; *Meißner*, S. 148.
[478] Vgl. *Feuring/Berrar*, § 34 Rn. 50; *Fida*, ÖBA 2005, 43, 47; *Leppert/Stürwald*, ZBB 2004, 302, 314.
[479] Vgl. *Feuring/Berrar*, § 34 Rn. 58 ff.; *Leppert/Stürwald*, ZBB 2004, 302, 314; *Meyer*, AG 2004, 289, 296.
[480] Vgl. KG ZIP 2001, 2178.
[481] Dazu *Meyer*, WM 2002, 1106, 1113 f.
[482] Kritisch *Busch*, AG 2002, 230; *Groß*, ZIP 2002, 160; *Meyer*, WM 2002, 1106; *Schanz*, BKR 2002, 439; *Schwintowski/Schäfer* (Fn. 403), § 23 Rn. 94; *Sinewe*, DB 2002, 314.
[483] Weiterführend zur sachlichen Rechtfertigung des Bezugsrechtsausschlusses *Fida*, ÖBA 2005, 43, 48 ff.

bestimmen. Ausweislich der Gesetzesmaterialien soll sie eine **flexible Konkretisierung der Verbotstatbestände** ermöglichen, da eine umfassende gesetzliche Regelung wegen der Vielzahl von Manipulationstechniken nicht möglich sei.[484] **Rechtsvergleichende Vorbilder** für eine solche gestufte Regelungstechnik finden sich im britischen und US-amerikanischen Kapitalmarktrecht (zu ersterem vor § 20a Rn. 18f., zu letzterem Rn. 20ff.) und haben sich dort gut bewährt.[485]

2. Verfassungsmäßigkeit

In der Literatur sind verfassungsrechtliche Bedenken dagegen laut geworden, dass der Tatbestand der Marktmanipulation durch eine Rechtsverordnung konkretisiert wird.[486] Indes hat das **Bundesverfassungsgericht** unter Billigung des staats-[487] und strafrechtlichen Schrifttums[488] wiederholt ausgesprochen, dass eine solche Blankettechnik zulässig ist, sofern **dem Verordnungsgeber** lediglich „gewisse Spezifizierungen" des Straftatbestandes **überlassen** bleiben.[489] Als gerechtfertigt angesehen wird dies vor allem dann, wenn wechselnde und mannigfaltige Einzelregelungen erforderlich werden können.[490] Vorliegend sprechen gute Gründe dafür, in der MaKonV (vgl. vor § 20a Rn. 17) lediglich eine Spezifizierung des gesetzlichen Verbotstatbestandes zu erblicken, die ihre Rechtfertigung in der Vielzahl und dem ständigen Wandel möglicher Manipulationstechniken findet.[491] Die Grundentscheidung über das bußgeldbewehrte bzw. strafbare Verhalten ist in § 20a Abs. 1 S. 1 WpHG deutlich vorgezeichnet. Allerdings wird man in der konkreten Normanwendung sorgfältig darauf achten müssen, dass die Verordnungsermächtigung nicht zur Ausdehnung des Verbotstatbestandes eingesetzt wird.[492]

---

[484] Vgl. Begr. RegE 4. FMFG, BT-Drucks. 14/8017, S. 90; dazu *Schwark*, KMRK, § 20a WpHG Rn. 50; *Worms* in *Assmann/Schütze*, Hdb Kapitalanlagerecht, § 9 Rn. 97; kritisch zu dieser Begründung *Vogel* in *Assmann/Schneider*, § 20a WpHG Rn. 129.

[485] So auch *Lenzen*, S. 70f. und S. 257.

[486] Vgl. *Altenhain*, BB 2002, 1874, 1876; *Gaede/Mühlbauer*, wistra 2005, 9, 13; *Kutzner*, WM 2005, 1401, 1406; *Moosmayer*, wistra 2002, 161, 167ff.; *Pfüller/Anders*, WM 2003, 2445, 2447f.; *Schmitz*, ZStW 115 (2003) 501, 528; *Schwark*, KMRK, § 20a WpHG Rn. 51f.; *Sorgenfrei*, wistra 2002, 321, 325; *Streinz/Ohler*, WM 2004, 1309, 1315.

[487] Vgl. *Nolte* in *v. Mangoldt/Klein/Starck*, GG, 5. Aufl. 2005, Art. 103 Rn. 152f.; *Schulze-Fielitz* in *Dreier*, GG, 2000, Art. 103 II Rn. 27, 29; Art. 104 Rn. 26; *Kunig* in *v. Münch/Kunig*, GG, 5. Aufl. 2003, Art. 103 Rn. 22f., ähnl. Art. 104 Rn. 9; ähnl. *Gusy* in *v. Mangoldt/Klein/Starck*, GG, 5. Aufl. 2005, Art. 104 Rn. 25.

[488] Vgl. *Gribbohm* in Leipziger Kommentar, StGB, 11. Aufl. 2003, § 1 Rn. 27.

[489] Vgl. BVerfGE 75, 329, 342 (zu Straftatbeständen auf dem Gebiet des Umweltrechts); 78, 374, 382 (zu Straftatbeständen nach dem Fernmeldeanlagengesetz).

[490] Vgl. BVerfGE 14, 174, 185ff.; 14, 245, 251; 22, 21, 25; 23, 265, 269; 75, 329, 342.

[491] Vgl. bereits *Fleischer*, DB 2004, 51, 54; ähnlich *Eichelberger*, ZBB 2004, 296, 299f.; *Lenzen*, ZBB 2002, 279, 286; *Mock/Stoll/Eufinger* in KölnKommWpHG, § 20a Rn. 94; *Möller*, WM 2000, 309, 314; *Schröder*, Hdb Kapitalmarktstrafrecht, Rn. 400; *Vogel* in *Assmann/Schneider*, vor § 20a WpHG Rn. 21 und § 20a WpHG Rn. 7; im Ergebnis auch *Tiedemann*, Wirtschaftsstrafrecht, 2004, Rn. 103 unter Berufung auf die inhaltliche Konkretisierung durch die Marktmissbrauchsrichtlinie.

[492] So auch *Eichelberger*, ZBB 2004, 296, 300; *Vogel* in *Assmann/Schneider*, vor § 20a WpHG Rn. 22 und § 20a WpHG Rn. 7; *Worms* in *Assmann/Schütze*, Hdb Kapitalanlagerecht, § 9 Rn. 98.

3. Ermächtigungsadressaten

139 Adressat der Verordnungsermächtigung ist nach § 20a Abs. 5 S. 1 WpHG das Bundesministerium der Finanzen. Dieses kann die Ermächtigung gemäß § 20a Abs. 5 S. 2 WpHG durch Rechtsverordnung auf die BaFin übertragen. Erklärtes Ziel der Regelung ist es, noch schneller auf neue Manipulationstechniken reagieren zu können.[493] In der Sache verdient die Möglichkeit einer Subdelegation wegen der größeren Sachnähe und Expertise der BaFin Zustimmung. Allerdings hat man gegen sie verfassungsrechtliche Bedenken erhoben.[494] Nach erfolgter Subdelegation erlässt die BaFin die Vorschriften gemäß § 20a Abs. 5 S. 3 WpHG im Einvernehmen mit den Börsenaufsichtsbehörden der Länder.[495]

4. Ermächtigungsreichweite

140 Gemäß § 20a Abs. 5 S. 1 WpHG erstreckt sich die Ermächtigung auf den Erlass „näherer Bestimmungen" über: Umstände, die für die Bewertung von Finanzinstrumenten erheblich sind **(Nr. 1)**, falsche oder irreführende Signale für das Angebot, die Nachfrage oder den Börsen- oder Marktpreis von Finanzinstrumenten oder das Vorliegen eines künstlichen Preisniveaus **(Nr. 2)**, das Vorliegen einer sonstigen Täuschungshandlung **(Nr. 3)**, Handlungen und Unterlassungen, die in keinem Fall einen Verstoß gegen das Verbot des Absatzes 1 darstellen **(Nr. 4)**, und Handlungen, die als zulässige Marktpraxis gelten, und das Verfahren zur Anerkennung einer zulässigen Marktpraxis **(Nr. 5)**. Bei der Einzelausfüllung steht dem Verordnungsgeber ein gewisses Verordnungsermessen zu.[496] Sofern die Grenzen der Verordnungsermächtigung eingehalten werden, sind die Verordnungsbestimmungen für den Rechtsanwender verbindlich.[497]

5. Verordnung zur Konkretisierung des Verbotes der Marktmanipulation

141 Von der Ermächtigung hat das Bundesministerium der Finanzen selbst Gebrauch gemacht, indem es im Jahre 2005 die **MaKonV** erlassen hat, die an die Stelle der KuMaKV getreten ist (vgl. vor § 20a Rn. 17). Die MaKonV schöpft sämtliche Einzelermächtigungen des § 20a Abs. 5 S. 1 Nr. 1 WpHG aus. Zu Zweifeln Anlass gibt allerdings, ob der Verordnungsgeber nicht die Grenzen der Ermächtigungsnorm in § 4 Abs. 3 Nr. 1 MaKonV überschritten hat, wenn er die Sicherung einer marktbeherrschenden Stellung als sonstige Täuschungshandlung iSd § 20a Abs. 5 S. 1 Nr. 3 WpHG versteht.[498]

---

[493] Vgl. Begr. RegE 4. FMFG, BT-Drucks. 14/8017, S. 90; *Schwark*, KMRK, § 20a WpHG Rn. 53.

[494] Vgl. etwa *Schwark*, KMRK, § 20a WpHG Rn. 53.

[495] Dazu *Mock/Stoll/Eufinger* in KölnKommWpHG, § 20a Rn. 390; *Vogel* in *Assmann/Schneider*, § 20a WpHG Rn. 8; verfassungsrechtliche Bedenken gegen das Einvernehmenserfordernis bei *Eichelberger*, ZBB 2004, 296, 301 f.

[496] Vgl. *Vogel* in *Assmann/Schneider*, § 20a WpHG Rn. 9; allgemein *Kunig* in *v. Münch/Kunig*, GG, 5. Aufl. 2003, Art. 103 Rn. 23.

[497] Vgl. *Mock/Stoll/Eufinger* in KölnKommWpHG, § 20a Rn. 393; *Vogel* in *Assmann/Schneider*, § 20a WpHG Rn. 11; abw. *Arlt*, S. 107.

[498] Ähnliche Bedenken bei *Eichelberger*, ZBB 2004, 296, 300; *Rückert/Kuthe*, BKR 2003, 647, 648; *Streinz/Ohler*, WM 2004, 1309, 1316; *M. Weber*, NZG 2004, 23, 28.

VII. Sonderregelungen für Journalisten

Nach § 20a Abs. 6 WpHG ist das Vorliegen einer informationsgestützten Manipulation iSd § 20a Abs. 1 S. 1 Nr. 1 WpHG bei Journalisten, die in Ausübung ihres Berufes handeln, unter Berücksichtigung ihrer berufsständischen Regeln zu beurteilen. Diese Sonderregelung, die erst auf Empfehlung des Finanzausschusses Eingang in das Gesetz gefunden hat,[499] geht auf Art. 1 Nr. 2 lit. c) S. 2 der Marktmissbrauchsrichtlinie zurück. Sie wird häufig als **„Journalistenprivileg"** bezeichnet[500] und trägt dem Umstand Rechnung, dass eine Informationsverbreitung über die Medien gemäß **Art. 5 Abs. 1 S. 2 GG** und **Art. 10 EMRK** grundrechtlichen Schutz genießt.[501] Gerade in der Wirtschaftsberichterstattung besteht ein immerwährendes Spannungsverhältnis zwischen der Wahrheitspflicht der Medien und der großen Bedeutung rascher Informationsweitergabe.[502]

Der Begriff des **Journalisten** ist im Lichte der grundrechtlich garantierten Pressefreiheit weit zu verstehen.[503] Er schließt natürliche und juristische Personen ein,[504] umfasst freie und angestellte Journalisten und erstreckt sich auch auf Mitarbeiter von Nichtmedienunternehmen, die mit journalistischen Aufgaben betraut sind.[505] Auch die Art des gewählten Mediums (zB Internet) ist ohne Belang.[506] Voraussetzung ist allerdings, dass die Finanzberichterstattung in den Schutzbereich der Pressefreiheit fällt, also auf die öffentliche Meinungsbildung abzielt und ein Mindestmaß an redaktioneller Bearbeitung aufweist.[507] Daran fehlt es bei reinen Werbemaßnahmen und Anlageempfehlungen für Kunden.[508] Schließlich muss der Journalist **in Ausübung seines Berufs** handeln. Von der Privilegierung ausgenommen ist damit privates Handeln, nicht aber der Gelegenheitsjournalismus.[509]

---

[499] Vgl. Beschlussempfehlung und Bericht des Finanzausschusses, BT-Drucks. 15/3843, S. 52; dazu *Kümpel/Veil*, 6. Teil Rn. 19; *Spindler*, NJW 2004, 3449, 3453.

[500] Vgl. *Kautzsch*, 7. Kap. Rn. 74; *Kümpel/Veil*, 6. Teil Rn. 19.

[501] Vgl. *Eichelberger*, S. 282 ff.; *Mock/Stoll/Eufinger* in KölnKommWpHG, § 20a Rn. 402; *Oppitz*, ÖBA 2005, 459, 460; *Schäfer* in *Schäfer/Hamann*, KMG, § 20a WpHG Rn. 40; *Spindler*, NZG 2004, 1138, 1139 f.; *Vogel* in *Assmann/Schneider*, § 20a WpHG Rn. 106; kritisch *Schröder*, Hdb Kapitalmarktstrafrecht, Rn. 439, wonach die gesetzlichen Ansätze zum Schutz der freien Berichterstattung nicht ausreichend sind.

[502] Näher *Eichelberger*, S. 283; *Spindler*, NZG 2004, 1138, 1143; *Vogel* in *Assmann/Schneider*, § 20a WpHG Rn. 106.

[503] Vgl. *Eichelberger*, S. 284; *Schäfer* in *Schäfer/Hamann*, KMG, § 20a WpHG Rn. 41; *Spindler*, NZG 2004, 1138, 1141.

[504] Vgl. *Eichelberger*, S. 284; *Mock/Stoll/Eufinger* in KölnKommWpHG, § 20a Rn. 405; *Vogel* in *Assmann/Schneider*, § 20a WpHG Rn. 107.

[505] Vgl. *Mock/Stoll/Eufinger* in KölnKommWpHG, § 20a Rn. 406; *Vogel* in *Assmann/Schneider*, § 20a WpHG Rn. 107.

[506] Vgl. *Mock/Stoll/Eufinger* in KölnKommWpHG, § 20a Rn. 406; *Vogel* in *Assmann/Schneider*, § 20a WpHG Rn. 107.

[507] Allgemein BVerfGE 50, 234, 239; 66, 116, 130; 95, 28, 34; im vorliegenden Zusammenhang *Mock/Stoll/Eufinger* in KölnKommWpHG, § 20a Rn. 405; *Vogel* in *Assmann/Schneider*, § 20a WpHG Rn. 107.

[508] Vgl. *Mock/Stoll/Eufinger* in KölnKommWpHG, § 20a Rn. 406; *Spindler*, NZG 2004, 1138, 1142; *Vogel* in *Assmann/Schneider*, § 20a WpHG Rn. 107; s. auch *Eichelberger*, S. 284 („geschmierter Journalist").

[509] Vgl. *Vogel* in *Assmann/Schneider*, § 20a WpHG Rn. 108.

§ 20a 144–147   Abschnitt 4. Überwachung des Verbots

144   Das Vorliegen der Voraussetzungen des § 20a Abs. 1 S. 1 Nr. 1 WpHG ist bei Journalisten **unter Berücksichtigung ihrer berufsständischen Regeln** zu beurteilen. Die Reichweite dieser Privilegierung ist noch wenig geklärt.[510] Ausweislich der Regierungsbegründung zum Anlegerschutzverbesserungsgesetz kommt es auf eine **einzelfallbezogene Abwägung** zwischen der Pflicht zu wahrheitsgemäßen Angaben und der Überprüfung von Quellen einerseits und dem Grundrecht der Pressefreiheit andererseits an.[511] Im konkreten Zugriff führt dies zu **abgestuften Prüfungs- und Kontrollpflichten**,[512] namentlich zu einer journalistischen Sorgfalts-, Recherche- und Wahrheitspflicht, einer Neutralitätspflicht und einer Pflicht zur Vermeidung bzw. Offenlegung von Interessenkonflikten.[513] Orientierungshilfe bieten vor allem die journalistischen Verhaltensgrundsätze des Presserates und die von ihm aufgestellten Sorgfaltsstandards hinsichtlich der Prüfung des Wahrheitsgehaltes von Informationen und der Kenntlichmachung von unbestätigten Meldungen, Gerüchten oder Vermutungen.[514]

145   **Nicht anwendbar** ist das Journalistenprivileg nach § 20a Abs. 6 Halbs. 2 WpHG, wenn der Journalist aus den unrichtigen oder irreführenden Angaben direkt oder indirekt einen **Nutzen zieht oder Gewinne schöpft**. Das entspricht den Vorgaben der Marktmissbrauchsrichtlinie und hält grundsätzlich auch einer verfassungsrechtlichen Prüfung stand, da sich der Schutz der Pressefreiheit prinzipiell nicht auf eine vorsätzlich falsche Berichterstattung erstreckt.[515] Im Lichte des Art. 5 Abs. 1 Satz 2 GG wird man die Nichtanwendbarkeit des § 20a Abs. 6 WpHG aber von einem vorsätzlichen oder leichtfertigen Handeln des Journalisten abhängig machen.

146   Schließlich gilt das Journalistenprivileg nur im Rahmen des § 20a Abs. 1 S. 1 Nr. 1 WpHG, nicht aber für handelsgestützte Manipulationen (Nr. 2) oder sonstige Täuschungshandlungen (Nr. 3).[516] Für **Finanzanalysen** ist zudem § 34b **Abs. 4 WpHG** zu beachten.[517]

VIII. Sanktionen

1. Bußgeld- und Strafbewehrung

a) Allgemeines

147   Der deutsche Gesetzgeber folgt bei der Sanktionierung der Marktmanipulation einem zweispurigen System von Bußgeld- und Strafbewehrung (zur abwei-

---

[510] Vgl. etwa *Kümpel/Veil*, 6. Teil Rn. 20 („höchst ungewisses Terrain").
[511] Vgl. Begr. RegE AnSVG, BT-Drucks. 15/3174, S. 37; dazu *Kautzsch*, 7. Kap. Rn. 74; *Kümpel/Veil*, 6. Teil Rn. 19. Der Regierungsentwurf enthielt noch keine ausdrückliche Regelung des Journalistenprivilegs, sondern erwähnte die einschlägige Vorgabe der Marktmissbrauchsrichtlinie nur in der Gesetzesbegründung.
[512] Vgl. *Spindler*, NZG 2004, 1138, 1143.
[513] Vgl. *Mock/Stoll/Eufinger* in KölnKommWpHG, § 20a Rn. 410; *Vogel* in *Assmann/Schneider*, § 20a WpHG Rn. 109.
[514] Näher *Spindler*, NZG 2004, 1138, 1143.
[515] Vgl. BVerfGE 7, 198, 212, 215; 99, 185, 197.
[516] Vgl. *Mock/Stoll/Eufinger* in KölnKommWpHG, § 20a Rn. 414.
[517] Vgl. *Mock/Stoll/Eufinger* in KölnKommWpHG, § 20a Rn. 398; *Vogel* in *Assmann/Schneider*, § 20a WpHG Rn. 105.

chenden Regelung in Österreich vor § 20a Rn. 27). Bei den einschlägigen Sanktionsnormen in §§ 38 Abs. 2, 39 Abs. 1 Nr. 1 und 2, Abs. 2 Nr. 11 WpHG handelt es sich um sog. **Blankett-Strafgesetze,** die durch § 20a WpHG ausgefüllt werden.[518] Sie dienen der gesetzestechnischen Vereinfachung und werfen als sog. **unechte Blankette** keine besonderen verfassungsrechtlichen Probleme auf, weil ihre Tatbestandskomplettierung durch denselben Normgeber erfolgt.[519] Anders liegt es bei Verweisungen auf Rechtsverordnungen, die mit einem Kompetenz- oder Normebenensprung einhergehen:[520] Für sie gelten strengere verfassungsrechtliche Anforderungen, denen § 20a Abs. 5 WpHG aber genügt (vgl. Rn. 138). Taugliches Verweisungsobjekt können ferner – wie hier im Rahmen des § 20a Abs. 3 WpHG – EG-Verordnungsvorschriften sein, die unmittelbar in jedem Mitgliedstaat gelten.[521]

b) Bußgeldvorschriften

Ordnungswidrig handelt nach § 39 Abs. 1 Nr. 1 und 2, Abs. 2 Nr. 11 WpHG, **148** wer gegen die Verbotstatbestände des § 20a Abs. 1 S. 1 Nr. 1–3 WpHG verstößt. Der Täter muss grundsätzlich in Bezug auf alle Tatbestandsmerkmale vorsätzlich handeln; für Abs. 2 Nr. 11 genügt ausnahmsweise Leichtfertigkeit. Ausreichend ist jeweils bedingter Vorsatz. Einer überschießenden Innentendenz in Form einer Bereicherungs- oder Schädigungsabsicht bedarf es nicht (zur abweichenden Regelung in der Schweiz vor § 20a Rn. 25).

c) Strafvorschriften

Mit Freiheitsstrafe bis zu fünf Jahren oder mit Geldstrafe wird nach § 38 **149** Abs. 2 WpHG bestraft, wer eine in § 39 Abs. 1 Nr. 1 oder 2 oder Abs. 2 Nr. 11 WpHG bezeichnete vorsätzliche Handlung begeht und dadurch auf den Börsen- oder Marktpreis eines Finanzinstruments einwirkt. Damit markiert das Tatbestandsmerkmal der **Einwirkung auf den Börsen- oder Marktpreis** die Trennlinie zwischen Straftat und Ordnungswidrigkeit. Wann ein solches Einwirken vorliegt, wird bislang erst ansatzweise diskutiert[522] und wirft vor allem **hinsichtlich des Kausalitätsnachweises** erhebliche **Probleme** auf.[523] Anerkannten Maßstäben zufolge muss das Gericht entweder andere potentielle Ursachen ausschließen können[524] oder eine Mitverursachung durch die Täuschungshandlung zweifelsfrei feststellen.[525] Wegen der vielfältigen Faktoren, die auf die börs-

---

[518] Vgl. *Arlt*, S. 102 ff.; *Eichelberger*, S. 163 ff.; *Raabe*, S. 27 ff.; *Vogel* in *Assmann/Schneider*, § 20a WpHG Rn. 3; allgemein zum Begriff *Enderle*, Blankett-Strafgesetze, 2000, S. 80 ff. und passim; *Tiedemann*, Wirtschaftsstrafrecht, 2. Aufl. 2007, Rn. 99 ff.
[519] Vgl. im allgemeinen Zusammenhang *Enderle* (Fn. 518), S. 81; speziell für die Marktmanipulation *Raabe*, S. 29 f.; *Vogel* in *Assmann/Schneider*, vor § 38 WpHG Rn. 7.
[520] Näher dazu *Enderle* (Fn. 518), S. 24 ff.; *Raabe*, S. 31 f.
[521] Vgl. BVerfGE 29, 198, 210 zu § 1 SchwellenpreisVO; näher *Enderle* (Fn. 518), S. 54 ff.
[522] Vgl. inzwischen aber *Altenhain* in KölnKommWpHG, § 38 Rn. 95 f.; *Eichelberger*, S. 330 ff.; *Hellgardt*, ZIP 2005, 2000, 2002 ff.; *Schröder*, Hdb Kapitalmarktstrafrecht, Rn. 563 ff.; *Vogel* in *Assmann/Schneider*, § 38 WpHG Rn. 20 ff.
[523] Dazu bereits *Fleischer*, NJW 2003, 2584, 2585.
[524] Vgl. BGHSt 37, 106, 112 (Lederspray).
[525] Vgl. BGHSt 41, 206, 216 (Holzschutzmittel).

liche Preisbildung einwirken, dürften Gerichte und Gutachter insoweit vor beträchtlichen Nachweisschwierigkeiten stehen.[526]

150 Allerdings hat der **BGH** in einer neueren Entscheidung weniger strenge Voraussetzungen aufgestellt: Für die Beurteilung der Frage, ob durch die marktmanipulative Handlung tatsächlich eine **Einwirkung auf den Kurs** eingetreten sei, dürften angesichts der Vielzahl der an der Preisbildung mitwirkenden Faktoren **keine überspannten Anforderungen** gestellt werden, weil der Tatbestand des § 38 Abs. 1 Nr. 4 WpHG aF (= § 38 Abs. 2 WpHG nF) ansonsten weitgehend leer liefe. Vergleiche von bisherigem Kursverlauf und Umsatz, die Kurs- und Umsatzentwicklung des betreffenden Papiers am konkreten Tag sowie die Ordergröße könnten eine Kursentwicklung hinreichend belegen.[527] Eine Befragung der Marktteilnehmer sei dazu nicht veranlasst.[528]

151 Diese höchstrichterlichen Vorgaben mögen als vorläufige Grundorientierung genügen. Sie bedürfen freilich noch einer **Präzisierung nach verschiedenen Richtungen:** Ungewiss ist zunächst, ob zur sicheren Sistierung des Taterfolges Tagesschlusskurse oder Intraday-Ausschläge herangezogen werden sollen. Einer Erklärung bedarf weiterhin, wie sich marktliche Störgrößen (zB *noise trading*) oder irrationales Anlegerverhalten in ein stimmiges Kausalitätskonzept einfügen lassen.[529] Schließlich harrt die Figur des Einwirkungsdelikts noch einer strafrechtsdogmatischen Aufarbeitung.[530] Befriedigende Antworten auf alle diese Fragen wird man nur im interdisziplinären Gespräch zwischen Kapitalmarktrechtlern, Ökonomen und Wirtschaftsstrafrechtlern finden. Als eine Nachweismöglichkeit der Kurseinwirkung dürften Ereignisstudien in Betracht kommen.[531]

2. Zivilrechtliche Sanktionen

a) Haftungsfolgen

152 Eine zivilrechtliche Haftung für Marktmanipulation wäre insbesondere nach § 823 Abs. 2 BGB iVm § 20a WpHG denkbar.

153 **aa) Bisherige Beurteilung.** Im früheren Recht hatte sich eine Einordnung des § 88 BörsG aF als Schutzgesetz nicht durchsetzen können: Der **BGH verneinte** seine **Schutzgesetzeigenschaft** in einer vielbeachteten Grundsatzent-

---

[526] Vgl. *Tripmaker*, wistra 2002, 288, 292; *Ziouvas*, ZGR 2003, 113, 140 f.; *Ziouvas/Walther*, WM 2002, 1483, 1487; rechtspolitische Kritik auch bei LG München I NJW 2003, 2328; dazu *Fleischer*, NJW 2003, 2584.
[527] Vgl. BGHSt 48, 375, 384 = NJW 2004, 302, 305; zustimmend *Vogel* in *Assmann/Schneider*, § 38 WpHG Rn. 24 unter Anführung ergänzender Kriterien; kritisch *Altenhain* in KölnKommWpHG, § 38 Rn. 99 f.; *Schröder*, Hdb Kapitalmarktstrafrecht, Rn. 566 f.
[528] Vgl. BGHSt 48, 375, 384 = BGH NJW 2004, 302, 305; zustimmend *Eichelberger*, S. 331; *Hellgardt*, ZIP 2005, 2000, 2003; *Vogel* in *Assmann/Schneider*, § 38 WpHG Rn. 25.
[529] Allgemein zum Einfluss von *Behavioral Finance* auf die Auslegung und Anwendung des Kapitalmarktrechts *Fleischer*, FS Immenga, 2004, S. 75; speziell mit Blick auf das Verbot der Marktmanipulation *Fleischer*, ZBB 2008, 137 ff.
[530] Dazu *Walther* nach dem Diskussionsbericht von *Julius*, ZStW 115 (2003) 677 mit der Anregung zu untersuchen, ob sich § 38 Abs. 2 WpHG – ebenso wie § 180b StGB (dazu BGHSt 45, 158) – als Unternehmensdelikt deuten lasse, so dass bereits der Versuch die Tatvollendung darstelle.
[531] Näher *Hellgardt*, ZIP 2005, 2000, 2006 f.

Verbot der Marktmanipulation 154 § 20a

scheidung⁵³², nachdem das BVerfG eine gegenteilige Deutung zuvor als willkürlich und damit verfassungswidrig gebrandmarkt hatte.⁵³³ Für eine generelle Kennzeichnung als Schutzgesetz stellte der BGH entscheidend auf den subjektiven Gesetzgeberwillen ab: Es komme neben Inhalt und Zweck des Gesetzes darauf an, ob der Gesetzgeber bei Erlass des Gesetzes gerade einen Rechtsschutz, wie er wegen der behaupteten Verletzung in Anspruch genommen werde, zugunsten von Einzelpersonen oder bestimmten Personenkreisen gewollt oder zumindest mitgewollt habe.⁵³⁴ Die **Entstehungsgeschichte des § 88a BörsG aF** im Rahmen des Zweiten Gesetzes zur Bekämpfung der Wirtschaftskriminalität belege, dass die Vorschrift in erster Linie der Zuverlässigkeit und Wahrheit der Preisbildung diene. Der dem einzelnen Anleger zustatten kommende mittelbare Schutz sei nur eine **Reflexwirkung des Gesetzes,** welche die zivilrechtliche Haftung nicht begründen könne.⁵³⁵ Die Funktion, den Anleger vor Täuschungen und Vermögensverlusten zu schützen, sei statt dessen von § 264a StGB übernommen worden, der seinerseits drittschützenden Charakter habe.⁵³⁶

bb) Heutiger Rechtsstand. Diese Beurteilung könnte sich durch das Vierte 154 Finanzmarktförderungsgesetz geändert haben, das ausweislich der Gesetzesmaterialien eine Stärkung des Anlegerschutzes bezweckt.⁵³⁷ Jedoch fehlt in der Einzelbegründung zu § 20a WpHG jeder Hinweis auf seinen Schutzgesetzcharakter⁵³⁸, und auch die Materialien zum Anlegerschutzverbesserungsgesetz sind insoweit unergiebig. Daher liegt es im Lichte des § 88 BörsG aF nahe, von einem *droit constant* auszugehen und die **Schutzgesetzqualität des § 20a WpHG zu verneinen.**⁵³⁹ Bei dieser Sichtweise lassen sich zudem Ungereimtheiten im haftpflichtrechtlichen Gesamtsystem vermeiden, die entstünden, wenn für die Marktmanipulation nach § 823 Abs. 2 BGB iVm § 20a WpHG schon bei leichter Fahrlässigkeit gehaftet würde, während eine Schadensersatzhaftung für falsche Ad-hoc-Mitteilungen gemäß §§ 37b, c WpHG erst bei grober Fahrläs-

---

⁵³² Vgl. BGHZ 160, 134, 139 – Infomatec I; dazu etwa *Fleischer,* DB 2004, 2031; *Goette,* DStR 2004, 1486; *Leisch,* ZIP 2004, 1573.
⁵³³ Vgl. BVerfG ZIP 2002, 1986, 1989.
⁵³⁴ Vgl. BGHZ 160, 134, 139.
⁵³⁵ Vgl. BGHZ 160, 134, 140; zustimmend *Edelmann,* BB 2004, 2031 f.; *Gerber,* DStR 2004, 1793, 1794; *Körner,* NJW 2004, 3386; *Kort,* AG 2005, 21, 23; *Spindler,* WM 2004, 2089, 2090 f.
⁵³⁶ Vgl. BGHZ 160, 134, 140.
⁵³⁷ Darauf maßgeblich abstellend *Dühn,* Schadensersatzhaftung börsennotierter Aktiengesellschaften für fehlerhafte Kapitalmarktinformation, 2003, S. 186 ff.; *Fuchs/Dühn,* BKR 2002, 1063, 1066; *Leisch* in *Möllers/Rotter,* Ad-hoc-Publizität, 2003, § 16 Rn. 78 ff.; *Mock/Stoll/Eufinger* in KölnKommWpHG, § 20a Rn. 432; *Ziouvas,* ZGR 2003, 113, 143; differenzierend *Ekkenga,* ZIP 2004, 781, 790 ff.
⁵³⁸ Zu dieser „Unterlassungssünde" bereits *Fleischer,* NJW 2002, 2977, 2979.
⁵³⁹ So bereits *Fleischer,* DB 2004, 2031, 2032 f.; im Ergebnis ebenso OLG Frankfurt AG 2007, 749, 753; *Barnert,* WM 2002, 1473, 1478 ff.; *Eichelberger,* S. 363 ff.; *Groß,* WM 2002, 477, 484; *Holzborn/Foelsch,* NJW 2003, 932, 938; *Horn,* FS Ulmer, 2003, S. 817, 823; *Kautzsch,* 7. Kap. Rn. 87; *Kümpel/Veil,* 6. Teil Rn. 53; *Maier-Reimer/Webering,* WM 2002, 1857, 1864; *Rützel,* AG 2003, 69, 79; *Sauer,* Falschinformation des Sekundärmarktes, 2004, S. 45; *Schäfer* in *Schäfer/Hamann,* KMG, § 20a WpHG Rn. 15; *Schwark,* KMRK, § 20a WpHG Rn. 5; *Vogel* in *Assmann/Schneider,* § 20a WpHG Rn. 22; *Waschkeit,* S. 305 ff.

Fleischer 889

§ 20b   Abschnitt 4. Überwachung des Verbots

sigkeit eingreift.[540] Davon unberührt bleibt eine **Schadensersatzhaftung** wegen vorsätzlicher sittenwidriger Schädigung **nach § 826 BGB**.[541] Bei informationsgestützten Manipulationshandlungen sind zudem Ansprüche **nach §§ 37b, c WpHG** denkbar.[542] *De lege ferenda* empfiehlt es sich, die Verantwortlichkeit für informationsgestützte Manipulationen (Abs. 1 S. 1 Nr. 1 WpHG) in den allgemeinen Haftungstatbestand für falsche Sekundärmarktpublizität einzupassen und deutlich zu machen, ob sich die Schadensersatzpflicht auch auf handelsgestützte Manipulationen und sonstige Täuschungshandlungen (Abs. 1 S. 1 Nr. 2 und 3 WpHG) erstreckt.[543]

b) Nichtigkeit von Rechtsgeschäften

155   Im Hinblick auf eine zivilrechtliche Nichtigkeit nach **§ 134 BGB** ist zu unterscheiden: Einseitige Verstöße gegen das Verbot der Kurs- und Marktpreismanipulation lassen die Wirksamkeit des betreffenden Rechtsgeschäfts unberührt;[544] beiderseitige Verstöße führen dagegen grundsätzlich zur Nichtigkeit nach § 134 BGB.[545] Im zweiten Fall ergibt sich die Nichtigkeit häufig auch aus § 117 BGB.[546]

§ 20b *(weggefallen)*

---

[540] Dazu *Fleischer*, DB 2004, 2031, 2033; *Schwark*, FS Kümpel, 2003, S. 485, 499; *Spindler*, WM 2004, 2089, 2091.
[541] Vgl. *Ekkenga*, ZIP 2004, 781, 783; *Kautzsch*, 7. Kap. Rn. 86; *Kümpel/Veil*, 6. Teil Rn. 53; *Lenzen*, S. 182f.; *Mock/Stoll/Eufinger* in KölnKommWpHG, § 20a Rn. 437ff.; *Schäfer* in *Schäfer/Hamann*, KMG, § 20a WpHG Rn. 86.
[542] Vgl. *Mock/Stoll/Eufinger* in KölnKommWpHG, § 20a Rn. 423f.
[543] So bereits *Fleischer*, DB 2004, 2031, 2033; in eine ähnliche Richtung *Hopt/Voigt* in dies., Prospekt- und Kapitalmarktinformationshaftung, 2005, S. 9, 48f.; *Schäfer* in *Schäfer/Hamann*, KMG, § 20a WpHG Rn. 89.
[544] Vgl. *Mock/Stoll/Eufinger* in KölnKommWpHG, § 20a Rn. 461; *Vogel* in *Assmann/Schneider*, § 20a WpHG Rn. 23; allgemein auch *Schäfer* in *Schäfer/Hamann*, KMG, § 20a WpHG Rn. 83.
[545] Vgl. *Mock/Stoll/Eufinger* in KölnKommWpHG, § 20a Rn. 461; *Vogel* in *Assmann/Schneider*, § 20a WpHG Rn. 23; abw. *Schäfer* in *Schäfer/Hamann*, KMG, § 20a WpHG Rn. 83.
[546] Vgl. *Mock/Stoll/Eufinger* in KölnKommWpHG, § 20a Rn. 462; *Vogel* in *Assmann/Schneider*, § 20a WpHG Rn. 23.

Abschnitt 5. Mitteilung, Veröffentlichung und Übermittlung von Veränderungen des Stimmrechtsanteils an das Unternehmensregister

Vorbemerkung zu den §§ 21 bis 30

Übersicht

	Rn.
I. Inhalt und Rechtsnatur der Regelungen in Abschnitt 5 des WpHG ..	1
1. Inhalt und Aufbau im Überblick	1
2. Rechtsnatur der Vorschriften	3
II. Entstehungsgeschichte	4
1. Europarechtlicher Hintergrund	4
2. Inkrafttreten der §§ 21 ff.	7
3. Weiterentwicklung	9
a) Gesetzesänderungen in der Folgezeit	9
b) Änderungen durch das Transparenzrichtlinie-Umsetzungsgesetz	11
c) Änderungen durch das Risikobegrenzungsgesetz	12
III. Normzweck und -anwendung	15
1. Normzweck	15
a) Grundlagen	15
b) Zweckerreichung in der Praxis	17
c) Kein Individualschutz	20
2. Normanwendung	23
a) Funktionsorientierte Auslegung	23
b) Richtlinienkonforme Auslegung	24
c) Einheitliche Anwendung	25
IV. Zusammenspiel der §§ 21 ff. mit anderen Regelungsbereichen	28
1. Gesetzliche Bezugnahmen auf die §§ 21 ff.	28
a) Wertpapierprospektrecht	28
b) Aktienrecht	29
c) Beteiligungsaufsicht	31
2. Verhältnis zu anderen Normenkomplexen	32
a) Vorschriften in Abschnitt 3 des WpHG	32
b) Übernahmerechtliche Transparenzvorschriften	35
c) Aktienrechtliche Beteiligungstransparenz	36
3. Aufdeckung der Beteiligungsverhältnisse auf sonstige Weise	38
a) Mitteilung nach § 42 AktG	38
b) Aktienregister gemäß § 67 AktG	39
c) Beteiligungstransparenz in der Hauptversammlung	40
d) Handelsrechtliche Offenlegung auf Ebene der Gesellschafter	42
e) Gesellschaftsrechtliche Treuepflicht	43

Schrifttum: *Arends,* Die Offenlegung von Aktienbesitz nach deutschem Recht, 2000; *Assmann,* Harmonisierung des Kapitalmarkt- und Börsenrechts in Hadding/Hopt/Schimansky (Hrsg.), Deutsches und europäisches Bank- und Börsenrecht, Bankrechtstag 1993, 1994, S. 61; *Assmann/Buck,* Europäisches Kapitalmarktrecht, EWS 1990, 110; *Assmann/Pötzsch/Schneider* (Hrsg.), Wertpapiererwerbs- und Übernahmegesetz, 2005; *Austmann,* Pflichten zur Offenlegung von Aktienbesitz, WiB 1994, 143; *Bott/Schleef,* Transparenz von Beteiligungsverhältnissen nach dem Wertpapierhandelsgesetz – Nutzen für den Anleger?,

Vor §§ 21 bis 30 Abschnitt 5. Veränd. des Stimmrechtsanteils

ZBB 1998, 330; *Brandi/Süßmann*, Neue Insiderregeln und Ad-hoc-Publizität – Folgen für Ablauf und Gestaltung von M&A-Transaktionen, AG 2004, 642; *von Bülow/Bücker*, Abgestimmtes Verhalten im Kapitalmarkt- und Gesellschaftsrecht, ZGR 2004, 669; *Buck-Heeb*, Kapitalmarktrecht, 2006; *Burgard*, Die Offenlegung von Beteiligungen, Abhängigkeits- und Konzernlagen bei der Aktiengesellschaft, 1990; *ders.*, Die Offenlegung von Beteiligungen bei der Aktiengesellschaft, AG 1992, 41; *ders.*, Die Berechnung des Stimmrechtsanteils nach §§ 21 bis 23 Wertpapierhandelsgesetz, BB 1995, 2069 ff.; *ders.*, Kapitalmarktrechtliche Lehren aus der Übernahme Vodafone-Mannesmann, WM 2000, 611; *Cahn*, Probleme der Mitteilungs- und Veröffentlichungspflichten nach dem WpHG bei Veränderung des Stimmrechtsanteils an börsennotierten Gesellschaften, AG 1997, 502; *ders.*, Grenzen des Markt- und Anlegerschutzes durch das WpHG, ZHR 162 (1998), 1; *ders.*, Besprechung Assmann/Schneider (Hrsg.), Wertpapierhandelsgesetz, ZHR 168 (2004), 483; *Casper*, Acting in Concert – Grundlagen eines neuen kapitalmarktrechtlichen Zurechnungstatbestandes, ZIP 2003, 1469; *DAV-Handelsrechtsausschuss*, Vorschlag für eine Harmonisierung der gesetzlichen Pflichten zur Mitteilung von Beteiligungen nach Aktiengesetz und Wertpapierhandelsgesetz, WiB 1996, 764; *Diekmann/Merkner*, Erhöhte Transparenzanforderungen im Aktien- und Kapitalmarktrecht – ein Überblick über den Regierungsentwurf zum Risikobegrenzungsgesetz, NZG 2007, 921; *Drinkuth*, Gegen den Gleichlauf des Acting in Concert nach § 22 WpHG und § 30 WpÜG, ZIP 2008, 676; *Eidenmüller*, Regulierung von Finanzinvestoren, DStR 2007, 2116; *Ehricke/Ekkenga/Oechsler*, WpÜG, 2003; *Emmerich/Habersack*, Aktien- und GmbH-Konzernrecht, 5. Auflage 2008; *Falkenhagen*, Aktuelle Fragen zu den neuen Mitteilungs- und Veröffentlichungspflichten nach Abschnitt 4 und 7 des Wertpapierhandelsgesetzes, WM 1995, 1005; *Fiedler*, Mitteilungen über Beteiligungen von Mutter- und Tochterunternehmen, 2005; *Fleischer*, Das Aktiengesetz von 1965 und das neue Kapitalmarktrecht, ZIP 2006, 451; *Franck*, Die Stimmrechtszurechnung nach § 22 WpHG und § 30 WpÜG, BKR 2002, 709; *Gelhausen/Bandey*, Bilanzielle Folgen der Nichterfüllung von Mitteilungspflichten gemäß §§ 20 f. AktG und §§ 21 ff. WpHG nach In-Kraft-Treten des Dritten Finanzmarktförderungsgesetzes, WPg 2000, 297; *Gehrt*, Die neue Ad-hoc-Publizität nach § 15 Wertpapierhandelsgesetz, 1997; *Happ*, Zum Regierungsentwurf eines Wertpapierhandelsgesetzes, JZ 1994, 240; *Heinrich*, Kapitalmarktrechtliche Transparenzbestimmungen und die Offenlegung von Beteiligungsverhältnissen, 2006; *Hildner*, Kapitalmarktrechtliche Beteiligungstransparenz verbundener Unternehmen, 2002; *Holzborn/Foelsch*, Schadensersatzpflichten von Aktiengesellschaften und deren Management bei Anlegerverlusten, NJW 2003, 932; *Hopt*, Grundsatz- und Praxisprobleme nach dem Wertpapiererwerbs- und Übernahmegesetz, ZHR 166 (2002), 383; *Hüffer*, Aktiengesetz, 7. Aufl. 2006; *Janert*, Veröffentlichungspflicht börsennotierter Gesellschaften bei unterlassener Mitteilung nach § 21 WpHG, BB 2004, 169; *Junge*, Anzeigepflichten und Publizität bei Beteiligungserwerb in FS Semler, 1993, S. 473; *Kaum/Zimmermann*, Das jährliche Dokument nach § 10 WpPG, BB 2005, 1466; *Kropff*, Aktiengesetz, 1965; *Kümpel*, Bank- und Kapitalmarktrecht, 3. Aufl. 2004; *Kumpan*, Private Equity und der Schutz deutscher Unternehmen, AG 2007, 461; *Kuthe/Rückert/Sickinger* (Hrsg.), Compliance-Handbuch Kapitalmarktrecht, 2004; *Lange*, Aktuelle Rechtsfragen der kapitalmarktrechtlichen Zurechnung, ZBB 2004, 22; *Liebscher*, Die Zurechnungstatbestände des WpHG und WpÜG, ZIP 2002, 1005; *Löhdefink*, Acting in Concert und Kontrolle im Übernahmerecht, 2007; *Lutter*, Die Treupflicht des Aktionärs, ZHR 153 (1989), S. 446; *ders.*, Europäisches Unternehmensrecht, 4. Aufl. 1996; *Merkt*, Unternehmenspublizität, 2001; *Meyer/Bundschuh*, Sicherungsübereignung börsennotierter Aktien, Pflichtangebot und Meldepflichten, WM 2003, 960; *Möller/Holzner*, Die Offenlegungspflichten des Risikobegrenzungsgesetzes (§ 27 II WpHG-E), NZG 2008, 166; *Neye*, Harmonisierung der Mitteilungspflichten zum Beteiligungsbesitz von börsennotierten Aktiengesellschaften, ZIP 1996, 1853; *Noack*, Die Namensaktie – Dornröschen erwacht, DB 1999, 1306; *ders.*, Die Umstellung von Inhaber- auf Namensaktien in FS Bezzenberger, 2000, 291; *ders.*, Namensaktie und Aktienregister: Einsatz für Investor Relations und Produktmarketing, DB 2001, 27; *Otto*, Die Verteilung der Kontrollprämie bei Übernahme von Aktiengesell-

Vorbemerkung **Vor §§ 21 bis 30**

schaften und die Funktion des Höchststimmrechts, AG 1994, 167; *Pentz,* Acting in Concert – Ausgewählte Einzelprobleme zur Zurechnung und zu den Rechtsfolgen, ZIP 2003, 1478; *Pötzsch,* Der Diskussionsentwurf des Dritten Finanzmarktförderungsgesetzes, AG 1997, 193; *ders.,* Das Dritte Finanzmarktförderungsgesetz, WM 1998, 949; *Schmidtbleicher,* Das „neue" acting in concert – ein Fall für den EuGH?, AG 2008, 73; *Uwe H. Schneider,* Anwendungsprobleme bei den kapitalmarktrechtlichen Vorschriften zur Offenlegung von wesentlichen Beteiligungen an börsennotierten Aktiengesellschaften (§§ 21 ff. WpHG), AG 1997, 81; *ders.,* Alternative Mitteilungen nach § 21 WpHG – Zur Rechtsberatung bei Rechtsunsicherheit – in FS Schütze, 1999, 757; *ders./Burgard,* Transparenz als Instrument der Steuerung des Einflusses der Kreditinstitute auf Aktiengesellschaften, DB 1996, 1761; *Schockenhoff/Schumann,* Acting in Concert – geklärte und ungeklärte Rechtsfragen, ZGR 2005, 568; *Seibt,* Grenzen des übernahmerechtlichen Zurechnungstatbestands in § 30 Abs. 2 WpÜG (Acting in Concert), ZIP 2004, 1829; *ders.,* Stimmrechtszurechnung nach § 30 WpÜG zum Alleingesellschafter-Geschäftsführer einer GmbH?, ZIP 2005, 729; *Starke,* Beteiligungstransparenz im Gesellschafts- und Kapitalmarktrecht – Rechtsprobleme der §§ 21 ff. WpHG und des § 20 AktG, 2002; *Steuer/Baur,* Erwerbsgeschäfte im Grenzbereich bedeutender Beteiligungen nach dem Wertpapierhandelsgesetz, WM 1996, 1477; *Sudmeyer,* Mitteilungs- und Veröffentlichungspflichten nach §§ 21, 22 WpHG, BB 2002, 685; *Timmann/Birkholz,* Der Regierungsentwurf für ein Risikobegrenzungsgesetz, BB 2007, 2749; *Wackerbarth,* Die Auslegung des § 30 Abs. 2 WpÜG und die Folgen des Risikobegrenzungsgesetzes, ZIP 2007, 2340; *ders.,* Die Zurechnung nach § 30 WpÜG zum Alleingesellschafter-Geschäftsführer einer GmbH, ZIP 2005, 1217; *Wastl,* Der Handel mit größeren Aktienpaketen börsennotierter Unternehmen, NZG 2000, 505; *Weber,* Deutsches Aktienkapitalmarktrecht im Umbruch, NJW 1994, 2849; *ders.,* Vormitgliedschaftliche Treubindungen, 1999; *Widder/Kocher,* Die Behandlung eigener Aktien im Rahmen der Mitteilungspflichten nach §§ 21 ff. WpHG, AG 2007, 13; *Wilsing/Goslar,* Der Regierungsentwurf eines Risikobegrenzungsgesetzes – ein Überblick, DB 2007, 2467; *Witt,* Die Änderungen der Mitteilungs- und Veröffentlichungspflichten nach §§ 21 ff. WpHG und §§ 20 f. AktG durch das Dritte Finanzmarktförderungsgesetz und das KonTraG, WM 1998, 1153; *ders.,* Vorschlag für eine Zusammenfügung der §§ 21 ff. WpHG und des § 20 AktG zu einem einzigen Regelungskomplex, AG 1998, 171; *ders.,* Übernahmen von Aktiengesellschaften und Transparenz der Beteiligungsverhältnisse, 1998; *ders.,* Regelmäßig „Wasserstandsmeldungen" – unverzichtbarer Bestandteil eines künftigen Übernahmegesetzes, NZG 2000, 809; *ders.,* Die Änderungen der Mitteilungs- und Veröffentlichungspflichten nach §§ 21 ff. WpHG durch das geplante Wertpapiererwerbs- und Übernahmegesetz, AG 2001, 233; *Ziemons/Jaeger,* Treupflichten bei der Veräußerung einer Beteiligung an einer Aktiengesellschaft, AG 1996, 359; *Zimmer,* Das Gesetz zur Kontrolle und Transparenz im Unternehmensbereich, NJW 1998, 3521; *Zöllner,* Schutz der Aktionärsminderheit bei einfacher Konzernierung in FS Kropff, 1997, 333.

Zur Umsetzung der Transparenzrichtlinie 2004/109/EG: *Arnold,* Stimmrechtsmitteilungen und -veröffentlichungen nach WpHG – alte und neue Probleme, AG 2007, R163; *Bosse,* Wesentliche Neuregelungen ab 2007 aufgrund des Transparenzrichtlinie-Umsetzungsgesetzes für börsennotierte Unternehmen, DB 2007, 39; *Dauner-Lieb,* Siegeszug der Technokraten? – Der Kampf der Bits und Bytes gegen das Papier bei Börseninformationen am Beispiel von Art. 17 des Entwurfs der Transparenzrichtlinie, DStR 2004, 361; *Göres,* Kapitalmarktrechtliche Pflichten nach dem Transparenzrichtlinie-Umsetzungsgesetz, Der Konzern 2007, 15; *Hutter/Kaulamo,* Das Transparenzrichtlinie-Umsetzungsgesetz: Änderungen der anlassabhängigen Publizität, NJW 2007, 471; *dies.,* Transparenzrichtlinie-Umsetzungsgesetz: Änderungen der Regelpublizität und das neue Veröffentlichungsregime für Kapitalmarktinformationen, NJW 2007, 550; *Mutter/Arnold/Stehle,* Die Hauptversammlung unter Geltung des TUG, AG 2007, R109; *Nießen,* Die Harmonisierung der kapitalmarktrechtlichen Transparenzregeln durch das TUG, NZG 2007, 41; *ders.,* Geänderte Transparenzanforderungen im Wertpapierhandelsgesetz, NJW-Spezial 2007, 75; *Noack,* Elektronische Publizität im Aktien- und Kapitalmarktrecht in Deutschland und

Vor §§ 21 bis 30 1, 2   Abschnitt 5. Veränd. des Stimmrechtsanteils

Europa, AG 2003, 537; *ders.*, Neue Publizitätspflichten und Publizitätsmedien für Unternehmen – eine Bestandsaufnahme nach EHUG und TUG, WM 2007, 377; *Pirner/ Lebherz,* Wie nach dem Transparenzrichtlinie-Umsetzungsgesetz publiziert werden muss, AG 2007, 19; *Riegger/Rieg,* Änderungen bei den Veröffentlichungspflichten nach Abschluss eines Spruchverfahrens durch das TUG, ZIP 2007, 1148; *Rodewald/Unger,* Zusätzliche Transparenz für die europäischen Kapitalmärkte – die Umsetzung der EU-Transparenzrichtlinie in Deutschland, BB 2006, 1917; *Schlitt/Schäfer,* Auswirkungen der Umsetzung der Transparenzrichtlinie und der Finanzmarktrichtlinie auf Aktien- und Equity-Linked-Emissionen, AG 2007, 227; *Schnabel/Korff,* Mitteilungs- und Veröffentlichungspflichten gemäß §§ 21 ff. WpHG und ihre Änderung durch das Transparenzrichtlinie-Umsetzungsgesetz – Ausgewählte Praxisfragen, ZBB 2007, 179; *Veil,* Der Schutz des verständigen Anlegers durch Publizität und Haftung im europäischen und nationalen Kapitalmarktrecht, ZBB 2006, 162.

I. Inhalt und Rechtsnatur der Regelungen in Abschnitt 5 des WpHG

1. Inhalt und Aufbau im Überblick

1   Der Abschnitt 5 des Wertpapierhandelsgesetzes begründet Mitteilungs- und Veröffentlichungspflichten bei Veränderungen des Stimmrechtsanteils an Aktienemittenten, für die die Bundesrepublik Deutschland der Herkunftsstaat (§§ 2 Abs. 6, 21 Abs. 2) ist. Der durch die Regelungsadressaten herzustellende Zustand wird auch als **„kapitalmarktrechtliche Beteiligungstransparenz"** bezeichnet.[1] Diese Begriffsbildung ist für den Normenkomplex der §§ 21 bis 30 und dessen Abgrenzung von anderen Regelungsbereichen in zweierlei Hinsicht kennzeichnend: Zum einen liegt die Zielrichtung der §§ 21 bis 30 in der Offenlegung wesentlicher Veränderungen von Beteiligungsanteilen an Emittenten im Sinne der §§ 2 Abs. 6, 21 Abs. 2. Die Vorschriften dienen damit einer speziellen Ausprägung des Gedankens der (emittentenbezogenen) Kapitalmarkttransparenz, der mit seinen verschiedenen Ausprägungen (insbesondere Publizität von Insiderinformationen nach § 15 und von „Directors' Dealings" nach § 15a, Regelpublizität nach den §§ 37v ff. sowie Börsenzulassungspublizität) im Wesentlichen darauf abzielt, den Kapitalmarktteilnehmern Anlageentscheidungen auf breiter Informationsgrundlage zu ermöglichen.[2] Zum anderen ist Beteiligungstransparenz auch Regelungszweck anderer Normen als der des Kapitalmarktrechts. Insbesondere enthält das (Aktien-)Gesellschaftsrecht Regelungen, mit denen Beteiligungsverhältnisse an Gesellschaften offengelegt werden sollen. Hieraus folgt, dass die §§ 21 bis 30 funktional in einem **Gesamtzusammenhang** stehen und Verbindungen zu anderen Transparenzbereichen und Rechtsgebieten aufweisen (näher hierzu Rn. 28 ff.).

2   **Kernvorschrift der kapitalmarkrechtlichen Beteiligungstransparenz ist § 21 Abs. 1.** Danach hat der Meldepflichtige einem Emittenten im Sinne der §§ 2 Abs. 6, 21 Abs. 2 und der BaFin schriftlich mitzuteilen, dass er einen be-

---

[1] Etwa von *Starke,* Beteiligungstransparenz im Gesellschaft- und Kapitalmarktrecht; *Hildner,* Kapitalmarktrechtliche Beteiligungstransparenz verbundener Unternehmen.
[2] Siehe Begr. RegE BT-Drucks. 12/6679, S. 52 und BT-Drucks. 16/2498, S. 26; eingehend *Starke,* Beteiligungstransparenz im Gesellschaft- und Kapitalmarktrecht, S. 93 ff.

Vorbemerkung 3 **Vor §§ 21 bis 30**

stimmten Stimmrechtsanteil (Schwelle von 3, 5, 10, 15, 20, 25, 30, 50 oder 75 Prozent) an dem Emittenten erreicht, über- oder unterschritten hat. Für die Stimmanteilsberechnung sind dem Meldepflichtigen nach § 22 unter den dort genannten Voraussetzungen Stimmrechte Dritter zuzurechnen. Im Ergebnis kann infolge einer solchen Zurechnung die Mitteilungspflicht des Meldepflichtigen begründet werden, obwohl ihm unmittelbar keine Stimmrechte am Emittenten zustehen oder sein Stimmrechtsanteil aus den von ihm unmittelbar gehaltenen Aktien eine der genannten Schwellen nicht berührt. Nach § 23 sind bestimmte Stimmrechte im Rahmen der Stimmanteilsberechnung nicht zu berücksichtigen. Unter den Tatbestand des § 23 fallen professionellen Beteiligungsinhaber, die ihren Aktienbestand nur kurzfristig halten und/oder mit diesem keinen Einfluss auf die Geschäftsführung des Emittenten ausüben. § 24 lässt es zu, dass Mitteilungspflichten im Konzernverbund allein durch das Mutterunternehmen des Konzerns erfüllt werden. § 25 begründet Mitteilungspflichten beim Halten von sonstigen Finanzinstrumenten. Nach § 26 sind Inlandsemittenten (§§ 2 Abs. 7, 21 Abs. 2) verpflichtet, die von Meldepflichtigen erhaltenen Stimmrechtsmitteilungen zu veröffentlichen und die Veröffentlichung der BaFin mitzuteilen. Daneben müssen sie die Gesamtzahl der Stimmrechte am Ende eines jeden Kalendermonats, in dem es zu einer Zu- oder Abnahme von Stimmrechten gekommen ist, veröffentlichen (§ 26a). Der Richtigkeitskontrolle von Stimmrechtsmitteilungen dient § 27, wonach der Mitteilende der BaFin oder dem Emittenten auf deren Verlangen das Bestehen der mitgeteilten Beteiligung nachzuweisen hat. § 28 bestimmt, dass Rechte aus Aktien für die Zeit der Nichterfüllung der Mitteilungspflicht nicht bestehen. Nach § 29 ist die BaFin ermächtigt, zur Darlegung ihrer Verwaltungspraxis und im Interesse einer gleichmäßigen Rechtsanwendung und Aufsicht über die Einhaltung der §§ 21 ff. normkonkretisierende Richtlinien zu erlassen. § 29a sieht eine Befreiungsmöglichkeit von den Veröffentlichungspflichten nach § 26 Abs. 1 und § 26a für Inlandsemittenten mit Sitz in einem Drittstaat vor, soweit diese Emittenten gleichwertigen Regeln eines Drittstaates unterliegen oder sich solchen Regeln unterwerfen. Schließlich definiert § 30 den in §§ 21 Abs. 1 Satz 1, 23 Abs. 2 Nr. 1, 26 Abs. 1 Satz 1 und 2 verwendeten Begriff der „Handelstage".

2. Rechtsnatur der Vorschriften

Die §§ 21 ff. sind **als Bestandteil des Kapitalmarktaufsichtsrechts weit- 3 gehend öffentlich-rechtlicher Natur.** Sie gehören zum öffentlichen Wirtschaftsrecht.[3] Zwar gibt es einen historischen Zusammenhang zwischen diesen Normen und der aktienrechtlichen Beteiligungstransparenz nach §§ 20 f. AktG, die ausschließlich dem Privatrecht zuzuordnen ist (vgl. hierzu Rn. 36 f.). Dies ändert aber nichts an der Zugehörigkeit der Regelungen zur Transparenz von wesentlichen Beteiligungen an Emittenten im Sinne der §§ 2 Abs. 6, 21 Abs. 2 zum öffentlichen Kapitalmarktrecht. Dessen ungeachtet ist auch eine **zivilrechtliche Einordnung** der Mitteilungspflicht möglich, soweit in § 21 Abs. 1 Satz 1 der Emittent als Adressat der Stimmrechtsmitteilung bezeichnet ist und soweit dieser vom Meldepflichtigen den Nachweis einer mitgeteilten Beteiligung ver-

---

[3] Vgl. KölnKommWpHG-*Hirte*, § 21 Rn. 5; *Schäfer* in *Marsch-Barner/Schäfer*, Handbuch börsennotierte AG, § 17 Rn. 4; *Schneider* in *Assmann/Schneider*, Vor § 21 Rn. 6; *Schwark*, vor § 21 WpHG Rn. 7.

langen kann (§ 27). Ferner ist die Sanktion des Rechtsverlustes (§ 28) – wenngleich sie zur Beachtung öffentlichen Rechts beitragen soll – dem Zivilrecht zuzuordnen, da sie allein im zivilrechtlichen Bereich Wirkung entfaltet. Die Qualifizierung der Normen als öffentlich-rechtlich bedeutet nicht, dass die Regelungsadressaten bei der Pflichterfüllung selbst in öffentlich-rechtlicher Form handeln. Als Behörde handelt allein die BaFin, die als **Kapitalmarktaufsichtsbehörde** in Rechtsform der bundesunmittelbaren, rechtsfähigen Anstalt des öffentlichen Rechts (§ 1 Abs. 1 FinDAG) die Einhaltung der kapitalmarktrechtlichen Verhaltensvorschriften überwacht, durchsetzt und Pflichtverletzungen sanktioniert. Die BaFin wird in den §§ 21 ff. ausdrücklich in dieser Eigenschaft erwähnt und mit konkreten hoheitlichen Befugnissen und Funktionen ausgestattet (etwa §§ 21 Abs. 1 Satz 1, 26 Abs. 2, 27 und 29). Darüber hinaus erstrecken sich die allgemeinen Aufgaben und Befugnisse der BaFin auf die §§ 21 ff. (vgl. § 4 Abs. 2 Satz 1 und Abs. 6). Die Zuordnung der §§ 21 ff. zum öffentlichen Wirtschaftsrecht hat – abgesehen von der dadurch begründeten verwaltungsverfahrensrechtlichen Stellung der BaFin als Behörde – praktisch nur geringe Bedeutung. Immerhin kann daraus hergeleitet werden, dass den sonstigen Kapitalmarktteilnehmer keine privatrechtlichen Ansprüche auf Einhaltung der §§ 21 ff. gegen die Regelungsadressaten zustehen.[4]

II. Entstehungsgeschichte

1. Europarechtlicher Hintergrund

4 Während die aktienrechtliche Beteiligungstransparenz nach den §§ 20 bis 22 AktG als Bestandteil des Aktienkonzernrechts bereits im Zuge der Aktiengesetznovelle 1965 gesetzlich verankert wurde, bedurfte es für die Normierung der kapitalmarktrechtlichen Beteiligungstransparenz in den §§ 21 ff. eines europarechtlichen Anstoßes. Ausgangspunkt war die – inzwischen aufgehobene[5] – **Transparenzrichtlinie 88/627/EWG vom 12. Dezember 1988**,[6] die sich mit Unterrichtungs- und Veröffentlichungspflichten hinsichtlich wesentlicher Beteiligungen an Gesellschaften befasste, deren Aktien zur amtlichen Notierung zugelassen waren.[7] Die Transparenzrichtlinie ging später in den Art. 85 ff. der **Richtlinie 2001/34/EG**[8] auf, die verschiedene europäische Richtlinien auf dem Gebiet der Offenlegungs- und Zulassungsfolgepflichten bei börsennotierten Aktiengesellschaften in einem Rechtssetzungsakt zusammenfasste.

---

[4] Der Emittent hat nach zutreffender Ansicht einen durchsetzbaren Erfüllungsanspruch gegenüber einem Meldepflichtigen, vgl. § 21 Rn. 60.

[5] Durch Art. 111 Abs. 1 der Richtlinie 2001/34/EG des Europäischen Parlaments und des Rates vom 28. Mai 2001 über die Zulassung von Wertpapieren zur amtlichen Börsennotierung und über die hinsichtlich dieser Wertpapiere zu veröffentlichenden Informationen, berichtigte Fassung ABl. EG Nr. L 217 vom 11. August 2001 S. 18 ff.

[6] Richtlinie 88/627/EWG des Rates der Europäischen Gemeinschaften vom 12. Dezember 1988 über die bei Erwerb und Veräußerung einer bedeutenden Beteiligung an einer börsennotierten Gesellschaft zu veröffentlichenden Informationen, ABl. EG Nr. L 348 vom 17. Dezember 1988 S. 62 ff.

[7] *Näher* zur Transparenzrichtlinie 88/627/EWG *Lutter*, Europäisches Unternehmensrecht, S. 585 ff.

[8] Siehe oben Fn. 5.

Vorbemerkung 5, 6 **Vor §§ 21 bis 30**

Der Verabschiedung der Transparenzrichtlinie 88/627/EWG war eine langjäh- 5
rige Diskussion über die Bedeutung der Beteiligungstransparenz für die Kapitalmärkte vorangegangen. Den Rahmen hierfür bildete das gemeinschaftliche Vorhaben einer **Integration der mitgliedstaatlichen Wertpapiermärkte** zur Verbesserung des Ausgleichs von Kapitalangebot und -nachfrage im Europäischen Raum. Das Ziel eines europäischen Wertpapierbinnenmarkts wurde bereits im Jahr 1966 im sog. Segré-Bericht[9] vorgeben und diente seitdem zahlreichen Normen auf europäischer Ebene als historische Legitimationsgrundlage (näher hierzu Einl. Rn. 3).[10] Nach den Erwägungsgründen der Transparenzrichtlinie 88/627/EWG sollte eine Politik der angemessenen Unterrichtung der Anleger über bedeutende Beteiligungen an börsennotierten Gesellschaften deren Schutz verbessern, dadurch das Vertrauen der Anleger in die Wertpapiermärkte stärken und zu deren reibungslosem Funktionieren beitragen.

Mit der **neuen Transparenzrichtlinie 2004/109/EG vom 15. Dezember** 6
2004[11] sollen die bisherigen Anforderungen an Wertpapieremittenten und an solche Anleger aktualisiert werden, die bedeutende Beteiligungen an Emittenten erwerben oder veräußern, deren Aktien zum Handel an einem geregelten Markt im Sinne europäischen Rechts zugelassen sind.[12] Die Transparenzrichtlinie war gemäß Art. 31 Abs. 1 durch die Mitgliedstaaten **bis zum 20. Januar 2007 umzusetzen** (dazu Rn. 11). An diesem Tag traten nach Art. 32 Nr. 5 der Richtlinie die bis dahin geltenden europäischen Beteiligungstransparenzvorschriften außer Kraft. Das neue Richtlinienrecht enthält in den Art. 9 ff. zahlreiche Modifikationen der bislang geltenden Bestimmungen. Insbesondere gehören künftig auch die **Stimmrechtsschwellen von 5%, 15%, 20% sowie 30%** zum Mindeststandard (Art. 9 Abs. 1 Satz 1), wobei die 30%-Schwelle durch eine ¹/₃-Schwelle ersetzt werden kann (Art. 9 Abs. 3 lit. a)). Daneben gelten die bisher normierten Stimmrechtsschwellen fort. Diese Fortentwicklung trägt den Stimmen Rechnung, die den Gesetzgeber schon im Zusammenhang mit der Verabschiedung des Zweiten Finanzmarktförderungsgesetzes aufgerufen haben, zur Vermeidung von Transparenzdefiziten (insbesondere im Anteilsbereich zwischen den Schwellen von 10% und 25% sowie zwischen 25% und 50%) weitere Schwellenwerte einzuführen.[13] Auch bei den Zurechnungsvorschriften enthält die neue Transparenzrichtlinie Erweiterungen und Klarstellungen im Verhältnis zur bisherigen Rechtslage. So wird etwa in Art. 10 lit. e) der Richtlinie ausdrücklich festgestellt, dass die Kontrolle über Unternehmen, die Aktien halten, auch von natürlichen Personen ausgeübt werden kann. Weitere Änderungen betreffen die Veröffentlichung von Stimmrechtsmitteilungen. Die Art. 20, 21 bezwecken eine schnelle, nicht diskriminierende und europaweite Verbreitung „al-

---

[9] EWG (Kommission), Der Aufbau eines Europäischen Kapitalmarkts, Bericht der von der EWG-Kommission eingesetzten Sachverständigengruppe (1966). Zur Bedeutung des Segré-Berichts *Assmann*, Deutsches und europäisches Bank- und Börsenrecht, S. 75 ff.
[10] Vgl. *Assmann/Buck* EWS 1990, 110, 12.
[11] Richtlinie 2004/109/EG des Europäischen Parlaments und des Rates vom 15. Dezember 2004, ABl. EU Nr. L 390 vom 31. Dezember 2004 S. 38 ff.
[12] Erwägungsgrund 38 der Transparenzrichtlinie 2004/109/EG.
[13] Vgl. MünchKommAktG-*Bayer*, § 22 Anh § 21 WpHG Rn. 14; *Burgard* WM 2000, 611, 616; *Hildner*, Kapitalmarktrechtliche Beteiligungstransparenz verbundener Unternehmen, S. 29; *Schneider* in *Assmann/Schneider*, § 21 Rn. 15; *Schneider/Burgard* DB 1996, 1761, 1763; *Witt* AG 1998, 171, 175.

ler vorgeschriebenen Informationen" im Sinne des Art. 2 Abs. 1 lit. k) der Richtlinie. Neu ist auch die Ermächtigung zur **Festlegung von Durchführungsmaßnahmen durch die Europäische Kommission** (als zweite Stufe des so genannten Lamfalussy-Verfahrens[14]) nach Art. 27 Abs. 2,[15] auf die bei einigen formellen und materiellen Vorschriften Bezug genommen wird (siehe etwa Art. 9 Abs. 7 oder Art. 12 Abs. 8). Von der Ermächtigung wurde mit der **Durchführungsrichtlinie 2007/14/EG** der Kommission vom 8. März 2007[16] Gebrauch gemacht.

2. Inkrafttreten der §§ 21 ff.

7 Die Transparenzrichtlinie 88/627/EWG war nach ihrem Art. 17 Abs. 1 bis zum 1. Januar 1991 in nationales Recht umzusetzen. Die Mitteilungs- und Veröffentlichungspflichten bei Veränderungen des Stimmrechtsanteils an börsennotierten Gesellschaften traten als §§ 21 bis 30 in ihrer ursprünglichen Fassung am 1. Januar 1995 in Kraft. Zuvor wurden unterschiedliche Ansichten darüber vertreten, ob die **Umsetzung der Transparenzrichtlinie** im Aktienrecht oder in Form selbstständiger kapitalmarktrechtlicher Regelungen erfolgen sollte.[17] Die Verzögerung bei der Umsetzung lässt sich darauf zurückführen, dass durch das Wertpapierhandelsgesetz neben der Transparenzrichtlinie die Insiderrichtlinie[18] und – aufgrund nachträglicher Einbeziehung in das parlamentarische Verfahren – in Teilen auch die Wertpapierdienstleistungsrichtlinie[19] umgesetzt werden sollten. Im Gesetzgebungsverfahren spielte die bereits zur Aktienrechtsreform 1965 geäußerte und umstrittene These des **Rechts von Aktionären auf Anonymität** erneut eine Rolle.[20] Allerdings sprachen sich nun auch Repräsentanten der Kreditwirtschaft dafür aus, gesetzlich für mehr Markttransparenz auf den Kapitalmärkten, insbesondere im Zusammenhang mit Unternehmensübernahmen, zu sorgen. Diese Forderung schloss Transparenz in Bezug auf Beteiligungsverhältnisse an börsennotierten Gesellschaften notwendig ein. Überwiegender Konsens bestand schließlich darin, dass „die Zusammensetzung des Aktionärskreises und die Veränderungen maßgeblicher Aktienbeteiligungen wichtige Kriterien für Anlagedispositionen der Investoren, insbesondere der institutionellen Anleger im In- und Ausland, [sind] und erheblichen Einfluss auf die Kursentwicklung einer Aktie [haben]".[21]

---

[14] Siehe dazu nur KölnKommWpHG-*Hirte/Heinrich,* Einl. Rn. 49 ff.
[15] Vgl. die Erwägungsgründe 30 ff. der Transparenzrichtlinie 2004/109/EG.
[16] ABl. EU Nr. L 69 vom 9. März 2007 S. 27 ff.
[17] Für eine aktienrechtliche Lösung insbesondere *Burgard,* Die Offenlegung von Beteiligungen, Abhängigkeits- und Konzernlagen bei der Aktiengesellschaft, S. 185; *Burgard* AG 1992, 41, 51; *Schneider* in *Assmann/Schneider,* Vor § 21 Rn. 3. AA *Austmann* WiB 1994, 143, 147; für Beibehaltung der Trennung auch *DAV*-Handelsrechtsausschuss WiB 1996, 764, 765 f.
[18] Richtlinie 89/592/EWG des Rates der Europäischen Gemeinschaften vom 13. November 1989 zur Koordinierung der Vorschriften betreffend Insider-Geschäfte (ABl. EG Nr. L 334 vom 18. November 1989 S. 30 ff.).
[19] Richtlinie 93/22/EWG des Rates der Europäischen Gemeinschaften vom 10. Mai 1993 über Wertpapierdienstleistungen (ABl. EG Nr. L 141 vom 11. Juni 1993 S. 27 ff.).
[20] *Siehe hierzu etwa Schäfer/Opitz,* vor §§ 21–30 WpHG Rn. 1 ff.; *Starke,* Beteiligungstransparenz im Gesellschafts- und Kapitalmarktrecht, S. 141 ff.
[21] So die Begr. RegE BT-Drucks. 12/6679, S. 52.

Vorbemerkung 8, 9 **Vor §§ 21 bis 30**

Bei der Umsetzung der Transparenzrichtlinie 88/627/EWG stand der Gesetz- 8
geber im Wesentlichen vor der Frage, in welchem Umfang er von den ihm
europarechtlich eingeräumten Wahlrechten Gebrauch machen sollte, insbesondere von der Ermächtigung nach Art. 3 der Richtlinie, die Regelungsadressaten zusätzlichen Verpflichtungen zu unterwerfen. In Anwendung von Art. 4
Abs. 1 Satz 2 der Richtlinie legte der Gesetzgeber anstelle der Schwellen von
20% und $^1/_3$ die Schwelle von 25% und anstelle der Schwelle von $^2/_3$ die von
75% fest, womit er eine sachgerechte Kongruenz mit entsprechenden aktienrechtlichen Quoren bezweckte.[22] Im Übrigen wurden die materiellen Vorschriften der Transparenzrichtlinie 88/627/EWG im Zuge ihrer Umsetzung nur
teilweise verschärft. Eine solche Verschärfung erfolgte hinsichtlich des wichtigen
Tatbestandsmerkmals der unteren Stimmrechtsschwelle, bei deren Erreichen,
Über- oder Unterschreiten die Mitteilungspflicht des Meldepflichtigen ausgelöst
wird. In Abweichung von Art. 4 Abs. 1 Satz 1 der Transparenzrichtlinie 88/627/
EWG, wonach die untere Stimmrechtsschwelle bei 10% lag, wurde diese in § 21
Abs. 1 Satz 1 unter Berücksichtigung internationaler Standards auf 5% der
Stimmrechte festgesetzt.[23] Außerdem erstreckte der Gesetzgeber in § 21 Abs. 2
aF den Anwendungsbereich der Vorschriften für inländische Gesellschaften mit
Börsennotierung an einer Wertpapierbörse eines Mitgliedstaates auch auf inländische Gesellschaften mit Börsennotierung an einer Wertpapierbörse in einem anderen EWR-Vertragsstaat.

3. Weiterentwicklung

a) Gesetzesänderungen in der Folgezeit

Die Beteiligungstransparenzvorschriften unterlagen einer ständigen **Weiter-** 9
entwicklung. Eine erste sachliche Neuerung bei der Beteiligungstransparenz
erfolgte durch eine Änderung des Aktiengesetzes. Obwohl vom Finanzausschuss
des Bundestags bereits im Zusammenhang mit der Verabschiedung des Zweiten
Finanzmarktförderungsgesetzes angemahnt, fehlte es zunächst an einer praktikablen Abstimmung zwischen den §§ 21 bis 30 einerseits und den aktienrechtlichen
Beteiligungstransparenzvorschriften der §§ 20 f. AktG anderseits.[24] Auf Beteiligungen an börsennotierte Gesellschaften des amtlichen Handels waren anfangs
beide Regelungskomplexe anwendbar, was einen erhöhten Verwaltungsaufwand
bei den Gesellschaften und sachliche Unstimmigkeiten hervorrief. Das Dritte Finanzmarktförderungsgesetzes vom 24. März 1998[25] brachte schließlich eine
Trennung der Anwendungsbereiche der §§ 21 ff. und der §§ 20 f. AktG.
Die durch Art. 15 Nr. 1 und Nr. 2 des Dritten Finanzmarktförderungsgesetzes
angefügten §§ 20 Abs. 8, 21 Abs. 5 AktG bestimmen, dass § 20 Abs. 1 bis 7

---

[22] Begr. RegE BT-Drucks. 12/6679, S. 52; *Schwark*, § 21 WpHG Rn. 6.
[23] Begr. RegE BT-Drucks. 12/6679, S. 52. Grundsätzlich zustimmend *Weber* NJW
1994, 2849, 2855; *Burgard*, Die Offenlegung von Beteiligungen, Abhängigkeits- und Konzernlagen bei der Aktiengesellschaft, S. 186 ff. Kritisch *Happ* JZ 1994, 240, 243 f.; *Falkenhagen* WM 1995, 1005; *Junge*, FS Semler, 1993, S. 473, 483.
[24] Siehe BT-Drucks. 12/7918, S. 96 f., mit der Aufforderung des Finanzausschusses an
den Gesetzgeber, das Verhältnis zwischen kapitalmarktrechtlicher und aktienrechtlicher
Beteiligungstransparenz baldmöglichst zu klären.
[25] Gesetz zur weiteren Fortentwicklung des Finanzplatzes Deutschland (BGBl. I 1998
S. 529 ff.).

Vor §§ 21 bis 30 10

AktG und § 21 Abs. 1 bis 4 AktG nicht für Aktien eines Emittenten im Sinne des § 21 Abs. 2 WpHG gelten. Dadurch wurde zwar die bis dahin bestehende Doppelverpflichtung aufgehoben, eine vollständige tatbestandliche Angleichung der jeweiligen Regelungskomplexe erschien dem Gesetzgeber aber nicht sachgerecht.[26] Im Übrigen führte Art. 3 des Dritten Finanzmarktförderungsgesetz zu einigen Tatbestandsänderungen bei den §§ 21 ff., von denen die Einfügung des § 21 Abs. 1a (Mitteilung wesentlicher Beteiligungen im Zeitpunkt der Börsenzulassung) und die Neufassung des § 28 (Rechtsverlust) hervorzuheben sind. Außerdem entfiel der bisherige § 25 Abs. 1 Satz 3, wonach die Gesellschaften auf die Veröffentlichung von Stimmrechtsmitteilungen im Bundesanzeiger hinweisen mussten.[27]

10 Die nächste bedeutsame Ergänzung erfuhren die kapitalmarktrechtlichen Beteiligungstransparenzvorschriften aufgrund von Art. 5 Nr. 1 des **Gesetzes zur Kontrolle und Transparenz im Unternehmensbereich** (KonTraG) vom 27. April 1998.[28] Mit einem neuen § 25 Abs. 1 Satz 3 (jetzt: § 26 Abs. 1 Satz 2) wurde klargestellt, dass die Veröffentlichungspflicht einer börsennotierten Gesellschaft auch bei Veränderungen des Bestands der Gesellschaft an eigenen Aktien gilt, obwohl hier weder Mitteilungen nach § 21 Abs. 1 vorliegen, noch die Gesellschaft über Stimmrechte aus den eigenen Aktien verfügt (§ 71b AktG). Die Änderung stand im Zusammenhang mit der ebenfalls durch das KonTraG eingeführten Ermächtigung der Gesellschaft zum Erwerb eigener Aktien aufgrund Hauptversammlungsbeschlusses (§ 71 Abs. 1 Nr. 8 AktG). Eine insbesondere aus Sicht der Praxis weit reichende Fortentwicklung der kapitalmarktrechtlichen Beteiligungstransparenzvorschriften brachte sodann Art. 2 des **Gesetzes zur Regelung von öffentlichen Angeboten zum Erwerb von Wertpapieren und von Unternehmensübernahmen** vom 20. Dezember 2001.[29] Im Wesentlichen wurden die Zurechnungstatbestände des § 22 WpHG an § 30 des neu geschaffenen WpÜG angepasst sowie der Anwendungsbereich der §§ 21 bis 30 dergestalt erweitert, dass von den Vorschriften alle inländische **Gesellschaften mit Börsennotierung an einem organisierten Markt** in einem Mitgliedstaat oder einem anderen EWR-Vertragsstaat erfasst waren.[30] Die weiteren Änderungen durch das Gesetz über die integrierte Finanzdienstleistungsaufsicht vom 22. April 2002[31] sowie das Vierte Finanzmarktförderungsgesetz vom 21. Juni 2002[32] waren überwiegend redaktioneller Natur. Seit Inkrafttreten des Vierten

---

[26] RegBegr. BT-Drucks. 13/8933 S. 147; siehe auch *Neye* ZIP 1996, 1853, 1856 ff.; *Pötzsch* WM 1998, 949, 957; ferner *Witt* AG 1998, 171 ff.; *Witt* WM 1998, 1160 f.; *Starke*, Beteiligungstransparenz im Gesellschafts- und Kapitalmarktrecht, S. 239 ff.; *Hüffer*, AktG, § 20 Rn. 18.
[27] Hierzu Begr. RegE BT-Drucks. 13/8933, S. 95.
[28] BGBl. I 1998 S. 786 ff.
[29] BGBl. I 2001 S. 3822 ff. Vgl. *Witt* AG 2001, 233 ff.; *Sudmeyer* BB 2002, 685.
[30] Die Änderungen der §§ 21 ff. durch das Gesetz zur Regelung von öffentlichen Angeboten zum Erwerb von Wertpapieren und von Unternehmensübernahmen waren im Gesetzgebungsverfahren weitgehend unumstritten (vgl. Begr. RegE BT-Drucks. 14/7034 S. 70 ff., die auch die Stellungnahme des Bundesrats enthält, sowie Beschlussempfehlung und Bericht des Finanzausschusses BT-Drucks. 14/7477 S. 38 ff.).
[31] BGBl. I 2002 S. 1310 ff.
[32] Gesetz zur weiteren Fortentwicklung des Finanzplatzes Deutschland (BGBl. I 2002 S. 2010 ff.).

Vorbemerkung **11 Vor §§ 21 bis 30**

Finanzmarktförderungsgesetzes am 1. Juli 2002 sind die Beteiligungstransparenzvorschriften nicht mehr in Abschnitt 4 sondern in Abschnitt 5 des Wertpapierhandelsgesetzes enthalten, da in Abschnitt 4 das Verbot der Marktmanipulation eingefügt wurde. Durch Art. 1 des Anlegerschutzverbesserungsgesetzes vom 28. Oktober 2004[33] wurden § 29 neu gefasst und § 30 aF aufgehoben. Diese Änderungen waren Folge der Novellierung der §§ 4 ff.[34] und hatten keine materiellen Auswirkungen auf die Beteiligungstransparenzvorschriften.

b) Änderungen durch das Transparenzrichtlinie-Umsetzungsgesetz

Seine gegenwärtige Gestalt bekam der nun mit „Mitteilung, Veröffentlichung und Übermittlung von Veränderungen des Stimmrechtsanteils an das Unternehmensregister" überschriebene Abschnitt 5 des WpHG durch das Transparenzrichtlinie-Umsetzungsgesetz vom 5. Januar 2007,[35] das am 20. Januar 2007 in Kraft trat. Hervorzuheben sind insbesondere folgende Änderungen: Entsprechend den Richtlinienvorgaben (siehe Rn. 6) enthält § 21 Abs. 1 Satz 1 nun die **zusätzlichen Meldeschwellen von 15%, 20% und 30%**. Über diese Vorgaben hinaus geht die Einfügung einer **neuen unteren Schwelle von 3%**, mit der sich der deutsche Gesetzgeber an Regelungen in einigen anderen Mitgliedstaaten[36] orientiert und die ein „unbemerktes Anschleichen" an Emittenten erschweren soll.[37] Neben einigen gemeinschaftsrechtlich determinierten Änderungen der Zurechnungsvorschriften des § 22 wurden auch die Voraussetzungen für eine Nichtberücksichtigung von Stimmrechten in § 23 nach Vorbild der Ausnahmetatbestände in Art. 9 Abs. 4 bis 6, Art. 11 der Transparenzrichtlinie normiert. Die **Meldepflicht für das Halten von sonstigen Finanzinstrumenten** gemäß dem ebenfalls neu gefassten § 25 beruht auf Art. 13 der Richtlinie. Die Veröffentlichungspflichten des Emittenten sind nun in den §§ 26, 26 a geregelt; das vom Gemeinschaftsrecht vorgegebene neue Publikationsregime wurde mit den §§ 3 a, 3 b der Wertpapierhandelsanzeige- und Insiderverzeichnisverordnung (WpAIV) umgesetzt (dazu § 26 Rn. 10 ff.). Mit § 30 wurde schließlich eine Definition des „Handelstags" in das WpHG eingefügt. Einzelne Bestimmungen der Durchführungsrichtlinie 2007/14/EG (Rn. 6) wurden dagegen nicht durch das Transparenzrichtlinie-Umsetzungsgesetz, sondern erst durch Art. 3 des Investmentänderungsgesetzes vom 21. Dezember 2007[38] umgesetzt.

---

[33] Gesetz zur Verbesserung des Anlegerschutzes (BGBl. I 2004 S. 2630 ff.).
[34] Hierzu Begr. RegE BT-Drucks. 15/3174, S. 38.
[35] Gesetz zur Umsetzung der Richtlinie 2004/109/EG des Europäischen Parlaments und des Rates vom 15. Dezember 2004 zur Harmonisierung der Transparenzanforderungen in Bezug auf Informationen über Emittenten, deren Wertpapiere zum Handel auf einem geregelten Markt zugelassen sind, und zur Änderung der Richtlinie 2001/34/EG, BGBl. I S. 10.
[36] Einen Überblick dazu gibt KölnKommWpHG-*Hirte*, § 21 Rn. 30 ff.
[37] Begr. RegE BT-Drucks. 16/2498, S. 28; zustimmend DAI, Stellungnahme zum Diskussionsentwurf eines Gesetzes zur Umsetzung der Transparenzrichtlinie, NZG 2006, 579, 580. – Ob die Einführung der 3%-Schwelle insoweit zu Verbesserungen führt, welche die damit verbundenen Nachteile (insbesondere größerer Aufwand für Investoren und Emittenten) aufwiegen, ist fraglich. Vgl. dazu die Einwände des Bundesrats in seiner Stellungnahme, BT-Drucks. 16/2917, S. 1; kritisch auch *Hutter/Kaulamo* NJW 2007, 471, 474; *Rodewald/Unger* BB 2006, 1917, 1918. Zur Diskussion siehe auch *Göres* Der Konzern 2007, 15, 18.
[38] BGBl. I S. 3089.

Vor §§ 21 bis 30   12, 13   Abschnitt 5. Veränd. des Stimmrechtsanteils

Dies betrifft die Anfügung von § 21 Abs. 1 Satz 4 und die Neufassung der §§ 22 Abs. 3a Satz 1, 23 Abs. 4, 29a Abs. 3 Satz 2, die allesamt noch nicht im Regierungsentwurf des Investmentänderungsgesetzes vorgesehen waren, sondern erst auf Empfehlung des Finanzausschusses in das Gesetz aufgenommen wurden.[39]

c) Änderungen durch das Risikobegrenzungsgesetz

12   Am 13. September 2007 veröffentlichte das Bundesfinanzministerium den Referentenentwurf eines so genannten „**Risikobegrenzungsgesetzes**" (Gesetz zur Begrenzung der mit Finanzinvestitionen verbundenen Risiken); am 24. Oktober 2007 beschloss das Bundeskabinett den Regierungsentwurf.[40] Nach der Vorstellung der Gesetzesverfasser soll es dazu beitragen, die Rahmenbedingungen für das Tätigwerden von Finanzinvestoren so zu gestalten, dass gesamtwirtschaftlich unerwünschte Aktivitäten erschwert werden, ohne zugleich Finanz- und Unternehmenstransaktionen, die effizienzfördernd wirken, zu beeinträchtigen.[41] Die an den Finanzmärkten und in den Unternehmen tätigen Akteure sollten grundsätzlich selbst in die Lage versetzt werden, auf die bestmöglichen Ergebnisse hinzuwirken; Grundvoraussetzung dafür sei die Schaffung von Transparenz. Welche konkreten Risiken durch das vorgeschlagene Gesetz begrenzt werden sollen, wird allerdings in der Regierungsbegründung an keiner Stelle näher erläutert.[42] Problematisch ist auch, dass die vorgesehenen Änderungen allesamt nicht auf europarechtlichen Vorgaben beruhen und von der Konzeption der Transparenzrichtlinie 2004/109/EG abweichen.[43] Es ist äußerst fraglich, ob nationale Sonderregelungen das geeignete Mittel sind, um die von den Entwurfsverfassern angeführten Regelungsziele zu erreichen.[44]

13   Geplant sind Änderungen des WpÜG, des AktG, des BetrVG und der §§ 21 ff. WpHG. So soll der Tatbestand der **Stimmanteilszurechnung bei abgestimmtem Verhalten** gemäß § 22 Abs. 2 erweitert und konkretisiert werden (§ 22 Rn. 82 ff.). Der Entwurf sieht weiter eine **Modifikation der Mitteilungspflichten beim Halten von sonstigen Finanzinstrumenten** gemäß § 25 vor. Alle Meldepflichtigen sollen entgegen dem bisherigen § 25 Abs. 2 Satz 3 Stimmrechte aus Aktien und aus vergleichbaren Positionen in anderen Finanzinstrumenten zusammenrechnen müssen (§ 25 Rn. 3 f.). Angestrebt ist auch eine **weitergehende Information über die Inhaber bedeutender Beteili-**

---

[39] Vgl. BT-Drucks. 16/5376 (Regierungsentwurf) und BT-Drucks. 16/6874 (Beschlussempfehlung und Bericht des Finanzausschusses).

[40] BT-Drs. 16/7438; siehe auch die Empfehlungen der Ausschüsse, BR-Drucks. 763/1/07, und die Stellungnahme des Bundesrates, BR-Drucks. 763/07; aus der Literatur: *Diekmann/Merkner* NZG 2007, 921; *Eidenmüller* DStR 2007, 2116; *Timmann/Birkholz* BB 2007, 2749; *Wackerbarth* ZIP 2007, 2340; *Wilsing/Goslar* DB 2007, 2467.

[41] Begründung des Regierungsentwurfs, BT-Drs. 16/7438, S. 8.

[42] Zu Recht kritisch zum Regelungsansatz der Entwurfsverfasser *Eidenmüller* DStR 2007, 2116, 2118 ff.

[43] Die Regierungsbegründung des Transparenzrichtlinieumsetzungsgesetzes wies demgegenüber noch darauf hin, dass man dem „Grundsatz der ‚Eins zu Eins'-Umsetzung" folgen wolle, vgl. BT-Drs. 16/2498, S. 26. – Auch an der Vereinbarkeit der Neuregelung mit der Kapitalverkehrsfreiheit ist zu zweifeln, vgl. *Eidenmüller* DStR 2007, 2116, 2119; *Schmidtbleicher* AG 2008, 73, 75 ff. (zu § 30 Abs. 2 WpÜG-RegE).

[44] Kritisch auch (zu § 25 RegE) *Diekmann/Merkner* NZG 2007, 921, 923 f.; *Möllers/Holzner* NG 2008, 166, 172; *Wilsing/Goslar* DB 2007, 2467, 2470.

Vorbemerkung 14, 15 **Vor §§ 21 bis 30**

gungen; nach § 27 Abs. 2 des Regierungsentwurfs haben Beteiligungsinhaber, die eine Stimmanteilsschwelle von mindestens 10% berühren, auf Verlangen des Emittenten die mit der Beteiligung verfolgten Ziele und die Herkunft der für den Erwerb verwendeten finanziellen Mittel offen zu legen (§ 27 Rn. 10). Schließlich soll die **Sanktion des Rechtsverlusts nach § 28 verschärft** werden. Aktieninhaber, die ihre Meldepflichten hinsichtlich der Höhe des Stimmrechtsanteils nicht erfüllen, verlieren nach § 28 Satz 1 RegE die Rechte aus den Aktien nicht nur für den Zeitraum der Nichterfüllung (also bis zu einer Nachholung der Meldung), sondern für zusätzliche sechs Monate (§ 28 Rn. 5 ff.). Diese Rechtsfolge soll nach § 28 Satz 2 des Entwurfs nicht eintreten, wenn die Mitteilung (einfach) fahrlässig unterlassen wurde.

Der Regierungsentwurf sieht **keine Anpassung der Übergangsregelung** 14 des § 41 vor. Dies bedeutet, dass keine Bestandsmitteilung (vgl. § 41 Rn. 5) erforderlich wäre, wenn ein Aktionär bei Inkrafttreten des Risikobegrenzungsgesetzes einen Stimmrechtsanteil hielte, der aufgrund der Neuregelung (d.h. wegen § 22 Abs. 2 RegE oder § 25 Abs. 1 Satz 3 RegE) erstmals eine Meldepflicht begründete.[45]

III. Normzweck und -anwendung

1. Normzweck

a) Grundlagen

Nach den Erwägungsgründen der beiden Transparenzrichtlinien[46] sollen durch 15 die Unterrichtung der Anleger über wesentliche Beteiligungen und deren Veränderungen der Anlegerschutz verbessert, das Vertrauen der Anleger in die Wertpapiermärkte gestärkt und dadurch ein **Beitrag zur Funktionsfähigkeit der Märkte** geleistet werden. Zeitnahe und umfassende Informationen über Wertpapieremittenten dienten sowohl dem Anlegerschutz als auch der Markteffizienz.[47] Das weitergehende Ziel der Transparenzrichtlinien besteht dabei – wie auch sonst bei europäischen Rechtsetzungsakten auf dem Gebiet des Kapitalmarktrechts – in der **Harmonisierung** der kapitalmarktbezogenen nationalen Vorschriften der Mitgliedstaaten, um dadurch das Entstehen eines echten europäischen Kapitalmarkts zu erreichen. Effiziente, transparente und integrierte Wertpapiermärkte in der Gemeinschaft sollen die Kapitalallokation verbessern und so für mehr Wachstum und die Schaffung von Arbeitsplätzen sorgen.[48] Die in den Richtlinien festgehaltenen Motive des europäischen Normgebers dienen dem Verständnis und der Auslegung des europäischen Rechts und sind bei dessen Umsetzung und Durchführung zu beachten. Sie haben vor allem Bedeutung für die gesetzgebenden Organe der Mitgliedstaaten und nunmehr auch für die Europäische Kommission, die in der neuen Transparenzrichtlinie 2004/109/EG ermächtigt wird, zu einzelnen Bestimmungen unmittelbar geltende (technische) Durchführungsvorschriften zu erlassen (siehe Rn. 6). Die Kommission ist aus-

---

[45] *Diekmann/Merkner* NZG 2007, 921, 924 (zu § 25 RegE).
[46] Rn. 4 und Rn. 6.
[47] Erwägungsgrund 1 der Transparenzrichtlinie 2004/109/EG.
[48] Erwägungsgrund 1 der Transparenzrichtlinie 2004/109/EG.

drücklich aufgefordert, dabei dem Sinn und Zweck der Beteiligungstransparenz Rechnung zu tragen.[49]

16 Das WpHG insgesamt und seine Einzelvorschriften wurden ebenfalls mit funktionalen Erwägungen begründet. Als Gesamtkomplex sollte das WpHG das inländische Kapitalmarkrecht den veränderten Marktgegebenheiten anpassen und dadurch die internationale Wettbewerbsfähigkeit des Finanzplatzes Deutschlands weiter fördern.[50] Vor diesem Hintergrund sollen die Beteiligungstransparenzvorschriften des Wertpapierhandelsgesetzes den Anlegern ein genaueres **Bild von den Beteiligungsverhältnissen** vermitteln und ihnen dadurch die Entscheidungsfindung erleichtern;[51] Kenntnisse von Beteiligungsveränderungen versetzten die Anleger auch in die Lage, mögliche **Unternehmensübernahmen** zu antizipieren.[52] Zugleich trügen sie zu einer möglichst umfassenden Information der Handelsteilnehmer und Anleger bei, was dem **Missbrauch von Insiderinformationen** entgegenwirke.[53] Beteiligungstransparenz fördere damit auch die Bereitschaft ausländischer Investoren, sich an deutschen Aktiengesellschaften zu beteiligen. Zudem sei auch für die Unternehmen selbst die Kenntnis ihrer Eigentümerstruktur von Bedeutung.[54]

b) Zweckerreichung in der Praxis

17 Die §§ 21 ff. spielen in der Kapitalmarktpraxis eine wichtige Rolle[55] und sorgen insgesamt für ein relativ **hohes Transparenzniveau,** das freilich noch weiter verbessert werden kann (zu den geplanten Änderungen siehe oben Rn. 12 ff.). Die Beteiligungsmitteilungen liefern jedenfalls Anhaltspunkte über

---

[49] Siehe Erwägungsgrund Nr. 36 der Transparenzrichtlinie 2004/109/EG mit einer Aufstellung von Grundsätzen, die von der Kommission bei Ausübung ihrer Durchführungsbefugnisse zu beachten sind.
[50] Begr. RegE BT-Drucks. 12/6679, S. 33.
[51] Begr. RegE BT-Drucks. 12/6679, S. 35 und 52. Dies entspricht weitgehend den Motiven, mit denen der Gesetzgeber im Rahmen der Aktiengesetzreform 1965 die Ein der aktienrechtlichen Beteiligungstransparenz nach §§ 20 f. AktG begründet hat (vgl. KölnKommAktG-*Koppensteiner*, § 22 Anh. §§ 21 ff. WpHG Rn. 9). Danach sollen die Aktionäre, die Gläubiger und die Öffentlichkeit durch die aktienrechtlichen Mitteilungspflichten über geplante und bestehende Konzernverbindungen besser unterrichtet werden und die „wahren Machtverhältnisse" in der Gesellschaft offen gelegt werden (Begr. RegE bei *Kropff,* Aktiengesetz, S. 38). Insbesondere sollen die §§ 20 f. AktG zur Aufdeckung derjenigen Aktionäre führen, die aufgrund einer größeren Beteiligung über eine Machtstellung in der Gesellschaft verfügen, wodurch „Missbräuchen (ihrer) Macht zum Nachteil namentlich der anderen Aktionäre durch eine entsprechende Verantwortung begegnet werden kann" (Begr. RegE bei *Kropff,* Aktiengesetz, S. 39).
[52] Begr. RegE BT-Drucks. 14/7034, S. 70.
[53] Begr. RegE BT-Drucks. 12/6679, S. 52; *Sudmeyer* BB 2002, 685, 686.
[54] Begr. RegE BT-Drucks. 12/6679, S. 35. Nach *Cahn* AG 1997, 502, 503, sollte den Emittenten bei Beteiligungsveränderungen auf Ebene ihrer Aktionäre durch die §§ 21 ff. ermöglicht werden, ihrer Pflicht zur Abgabe von Ad-hoc-Mitteilungen nachzukommen und dadurch einen Beitrag zur Verhinderung von Insidergeschäften zu leisten. Vor In-Kraft-Treten des Anlegerschutzverbesserungsgesetzes war indes umstritten, ob solche Veränderungen in der Aktionärsstruktur eine Pflicht zur Ad-hoc-Publizität begründen können (hierzu Rn. 32 f.).
[55] *Die Jahresberichte der BaFin* enthalten regelmäßig Zahlenangaben zu den Stimmrechtsmitteilungen nach § 21 und deren Veröffentlichung nach § 26 sowie Hinweise zur praktischen Handhabung.

die **im Markt vorhandene Liquidität,** weil sich aus ihnen Rückschlüsse auf die Höhe des Streubesitzes und das prinzipiell freie Handelsvolumen der Aktien eines Emittenten ziehen lassen.[56] Auch Insidergeschäfte mag die kapitalmarktrechtliche Beteiligungstransparenz mitunter verhindert haben. In manchen Fällen kann die Offenlegung von Beteiligungsveränderungen den Kapitalmarktteilnehmern auch eine nähere Einschätzung darüber ermöglichen, wie **die Lage des Unternehmens** von einem wesentlichen Aktionär beurteilt wird. Zu denken ist etwa an eine vollständige Beteiligungsveräußerung durch einen Finanzinvestor, die nach den gegebenen Umständen darauf hindeutet, dass die Ertragsziele der Investition erreicht wurden und bis auf weiteres keine Unternehmenswertsteigerungen mehr erwartet werden.[57] Die Identifizierung wesentlicher Aktionäre eines Emittenten im Sinne von § 21 Abs. 1 Satz 1 kann ferner der rechtlichen Überprüfbarkeit (faktischer) Konzernverhältnisse und sonstiger Beziehungen zwischen der Aktiengesellschaft und ihrer Aktionäre dienen.[58] Prüfungsmaßstab sind neben konzernrechtlichen Bestimmungen insbesondere § 57 AktG (Verbot der Einlagenrückgewähr) sowie § 53a AktG und § 30a Abs. 1 Nr. 1 (Gleichbehandlungsgebot).

Ungeachtet des grundsätzlich positiven Befundes entfalten die Regelungen **18** teilweise nicht die Wirkung, die sie nach Ansicht des Gesetzgebers haben sollten. Im Vorfeld einer **Unternehmensübernahme** lassen Stimmrechtsmitteilungen des Bieters bevorstehende Angebote nach dem Wertpapiererwerbs- und Übernahmegesetz nicht immer frühzeitig erkennen.[59] Vor allem bei einem außerbörslichen Paketerwerb des Bieters, der zur Überschreitung der 3%-Schwelle des § 21 Abs. 1 und zugleich zur Kontrolle über die Zielgesellschaft im Sinne von § 29 Abs. 2 WpÜG führt, können Mitteilungen nach den §§ 21 ff. die Kapitalmarktteilnehmer nicht auf die bevorstehende Übernahmesituation hinweisen. Weiter ist zu berücksichtigen, dass ein außerbörslicher Paketerwerb häufig unter aufschiebenden Bedingungen steht, etwa der Erteilung einer behördlichen Freigabe (insbesondere durch die Kartellbehörden) oder Befreiung (zB nach § 37 WpÜG). Da solche Gestaltungen – auch bei sonst wirksamem Vertragsabschluss – nach zutreffender Ansicht nicht dazu führen, dass dem Erwerber bereits bei Vertragsabschluss die unter den aufschiebenden Bedingungen erworbenen Aktien gemäß § 22 zugerechnet werden (§ 22 Rn. 69) und ihn auch keine Mitteilungspflicht nach § 25 trifft (§ 25 Rn. 11), entsteht seine Mitteilungspflicht gemäß § 21 Abs. 1 erst mit dem Eintritt sämtlicher Bedingungen für die Aktienübertragung. Zudem wird ein Bieter den außenstehenden Aktionären häufig ein Übernahmeangebot gemäß § 29 Abs. 1 WpÜG unterbreiten, wenn die Erlangung der Kontrollschwelle für ihn sonst nur sukzessive unter Beachtung der §§ 21 ff. erfolgen und damit möglicherweise zu einer Verteuerung eines Pflichtangebots (vgl. §§ 5 und 6 WpÜG-AngV) führen würde. Vor diesem Hinter-

---

[56] Nach Ziff. 1.8 des Leitfadens zu den Aktienindizes der Deutschen Börse (Stand März 2007) gilt Anteilsbesitz von über 5% als Festbesitz. Siehe ferner *Bott/Schleef* ZBB 1998, 330, 331.
[57] Hier werden Parallelen zum Regelungszweck des § 15a sichtbar.
[58] Aus dieser Sicht sind die Vorschriften über Beteiligungstransparenz der Corporate Governance zuzuordnen (ausführlich hierzu *Starke*, Beteiligungstransparenz im Gesellschafts- und Kapitalmarktrecht, S. 53 ff.).
[59] Vgl. Begr. RegE BT-Drucks. 14/7034, S. 70.

grund lässt sich auch bezweifeln, dass die kapitalmarktrechtliche Beteiligungstransparenz einen **Schutz vor feindlichen Übernahmen** gewähren kann,[60] zumal ein solcher Regelungszweck der neutralen Einstellung des Gesetzgebers zu Unternehmensübernahmen widersprechen würde.[61]

19 In Bereich der **Insiderüberwachung** sorgen in erster Linie die Meldepflichten nach § 9 dafür, dass die BaFin über den für ihre Überwachungstätigkeit erforderlichen Datenbestand verfügt, den sie insbesondere unter Berücksichtigung der von den Emittenten veröffentlichten Ad-hoc-Mitteilungen im Hinblick auf Insiderverstöße auswerten kann. Aus dieser Sicht haben Stimmrechtsmitteilungen nach § 21 Abs. 1 eher ergänzende Funktion,[62] zB wenn bei einem außerbörslichen Paketgeschäft im Einzelfall keine Meldepflicht nach § 9 besteht. Ferner enthalten Stimmrechtsmitteilungen und deren Veröffentlichung nur dann Erstinformationen über Beteiligungsveränderungen, wenn auf diese nicht zuvor gemäß § 15 Abs. 1 vom Emittenten oder – sofern die Transaktionsparteien selbst börsennotiert sind – auch vom Erwerber oder Veräußerer durch **Ad-hoc-Mitteilungen** hingewiesen worden ist (vgl. Rn. 33). Ist dagegen eine Ad-hoc-Mitteilung über eine bevorstehende Beteiligungsveränderung veröffentlicht worden, so kann die kapitalmarktrechtliche Beteiligungstransparenz nach §§ 21 ff. im Regelfall nur den dinglichen Vollzug der angekündigten Transaktion bestätigen. In diesem Fall wird der entscheidende Transparenzbeitrag von der Ad-hoc-Publizität geleistet.[63]

c) Kein Individualschutz

20 Eine normübergreifende Fragestellung im Bereich kapitalmarktrechtlicher Informations- und sonstiger Verhaltenspflichten lautet, ob eine pflichtbegründende Vorschrift neben der erkennbaren Zielrichtung des Funktionenschutzes auch den **Schutz von Anlegern** und sonstigen Kapitalmarktteilnehmern bezweckt (zur Rechtsposition des Emittenten im Rahmen der §§ 21 ff. siehe § 21 Rn. 60). Die einschlägigen Gesetzesmaterialien erwähnen im Allgemeinen zwar den Aspekt des Funktionsschutzes, schließen dabei aber eine anlegerschützende Wirkung nicht ausdrücklich aus. Praktische Bedeutung erlangt die Frage dadurch, dass nur Normen mit individualschützender Wirkung Schutzgesetze im Sinne des § 823 Abs. 2 BGB sein können. Voraussetzung für die Schutzgesetzeigenschaft ist, dass mit der konkreten Verhaltenspflicht über den funktionsbezogenen Zweck hinaus zielgerichtet auch der **individuelle (Vermögens-)Schutz von Anlegern** verfolgt wird. Da die verschiedenen Kapitalmarktteilnehmer von der ordnungsgemäßen Erfüllung der Verhaltenspflichten durch die Regelungsadressaten (Emittenten, Organmitglieder, Aktionäre) unstreitig profitieren können, dreht sich die Frage im Kern darum, ob diese faktische Begünstigung der Kapitalmarktteilnehmer eine Nebenfolge (Rechtsreflex) oder ein normatives Ziel der jeweiligen

---

[60] So aber *Schwark*, vor § 21 WpHG Rn. 2; einschränkend *Schneider* in *Assmann/Schneider*, Vor § 21 WpHG Rn. 4.

[61] Nach Begr. RegE BT-Drucks. 14/7034, S. 28, soll das Wertpapiererwerbs- und Übernahmegesetz „Leitlinien für ein faires und geordnetes Angebotsverfahren schaffen, ohne Unternehmensübernahmen zu fördern oder zu verhindern."

[62] Vgl. demgegenüber Begr. RegE BT-Drucks. 12/6679, S. 52.

[63] Zur Konzerneingangskontrolle durch §§ 21 ff. *Hildner*, Kapitalmarktrechtliche Beteiligungstransparenz verbundener Unternehmen, S. 24; *Schneider* in *Assmann/Schneider*, Vor § 21 Rn. 4; *Schwark*, vor § 21 WpHG Rn. 2.

Verhaltenspflicht darstellt. Die Rechtsnatur der Verhaltensvorschriften als öffentlich-rechtlich oder zivilrechtlich (hierzu Rn. 3) ist insoweit unbeachtlich, da die Schutzzweckeigenschaft der Normen hiervon nicht abhängt.

Nach überwiegender Auffassung in der Literatur[64] handelt es sich bei § 21 Abs. 1 (und § 21 Abs. 1 a) um eine gezielt individualschützende Norm und damit um ein Schutzgesetz im Sinne von § 823 Abs. 2 BGB.[65] Die **individualschützende Wirkung** des § 21 wird aus dem Gesamtzusammenhang des Normengefüges und daraus hergeleitet, dass bei den aktienrechtlichen Beteiligungstransparenzvorschriften der §§ 20 f. AktG eine solche Zielrichtung anerkannt sei.[66] Darüber hinaus wird die vermögensschützende Tendenz des § 21 als Indiz für den Individualschutz angeführt.[67] Im Übrigen sei die Drittschutzwirkung bei Verabschiedung des Zweiten Finanzmarktförderungsgesetzes lediglich in § 15 Abs. 6 WpHG aF hinsichtlich der Haftung für eine Verletzung der Ad-hoc-Publizitätspflicht ausgeschlossen worden.

21

Indes sollte durch § 15 Abs. 6 WpHG aF klargestellt werden, dass die Ad-hoc-Publizität gerade keine drittschützende Wirkung entfaltet, sondern ausschließlich der **Sicherung der Funktionsfähigkeit des Kapitalmarkts** dient.[68] Diese Feststellung trifft auch auf die Beteiligungstransparenzvorschriften der §§ 21 ff. zu, die ebenso wie die Ad-hoc-Publizität lediglich mit funktionalen Aspekten begründet wurden. Die Anleger und sonstigen Kapitalmarktteilnehmer werden von den Stimmrechtsmitteilungen und deren Veröffentlichung damit nur in ihrer Gesamtheit als Kapitalmarktpublikum und nicht individuell begünstigt.[69] Diese Auslegung ist **mit den gemeinschaftsrechtlichen Vorgaben vereinbar;** Art. 28 Abs. 1 Satz 1 der Transparenzrichtlinie 2004/109/EG lässt es genügen, wenn als Sanktion geeignete Verwaltungsmaßnahmen ergriffen werden können.[70] Auch Art. 28 Abs. 1 Satz 2 der Richtlinie, der wirksame und abschreckende

22

---

[64] Rechtsprechung hierzu ist – soweit ersichtlich – noch nicht vorhanden. Dies könnte dafür sprechen, dass es Anlegern gewöhnlich schwer fällt, von ihnen erlittene Kursverluste überzeugend auf eine Verletzung der §§ 21 ff. zurückzuführen.
[65] *MünchKommAktG-Bayer,* § 22 Anh. § 21 WpHG Rn. 2; *Buck-Heeb,* Kapitalmarktrecht, Rn. 328; *Burgard* BB 1995, 2069, 2070; *Heidel/Heinrich,* § 21 WpHG Rn. 2; *Heinrich,* Kapitalmarktrechtliche Transparenzbestimmungen, S. 64 f.; KölnKommWpHG-*Hirte,* § 21 Rn. 4; *Holzborn/Foelsch* NJW 2003, 932, 936 f.; KölnKommAktG-*Koppensteiner,* Anh § 22 §§ 21 ff. WpHG Rn. 46; *Merkt,* Unternehmenspublizität, S. 282 ff.; *Schneider* in *Assmann/Schneider,* § 28 Rn. 79; *Starke,* Beteiligungstransparenz im Gesellschafts- und Kapitalmarktrecht, S. 261 ff.; *Wastl* NZG 2000, 505, 512; *Witt,* Übernahmen von Aktiengesellschaften und Transparenz der Beteiligungsverhältnisse, S. 163. AA *Hüffer,* AktG, § 22 Anh. § 21 WpHG Rn. 1; *Kümpel,* Bank- und Kapitalmarktrecht, Rn. 16.441; *Opitz* in *Schäfer/Hamann,* KMG, § 21 WpHG Rn. 42; *Sudmeyer* BB 2002, 685, 691; *Sudmeyer,* Compliance-Handbuch Kapitalmarktrecht, 8. Kap. Rn. 110; *Veil* in *Schmidt/Lutter,* Anh. § 22: § 28 WpHG Rn. 8 (der sich jedoch für eine analoge Anwendung der §§ 37 b, 37 c ausspricht); wohl auch *Schwark,* § 21 WpHG Rn. 16.
[66] *MünchKommAktG-Bayer,* § 22 Anh. § 21 WpHG Rn. 2; *Schneider* in *Assmann/Schneider,* § 28 Rn. 79.
[67] *Starke,* Beteiligungstransparenz im Gesellschafts- und Kapitalmarktrecht, S. 264.
[68] Bericht des Finanzausschusses BT-Drucks. 12/7918, S. 102.
[69] Zur Rechtsposition des Emittenten § 21 Rn. 60.
[70] Zutreffend *Veil* ZBB 2006, 162, 169, der jedoch *de lege ferenda* für die Einführung einer spezialgesetzlichen Haftungsgrundlage eintritt. Siehe auch KölnKommWpHG-*Hirte,* § 21 Rn. 4.

Maßnahmen fordert, steht nicht entgegen: Für eine derartige Sanktionierung der Verhaltenvorschriften bedarf es des Drittschutzes nicht, da mit dem Rechtsverlust nach § 28, der Bußgeldvorschrift des § 39 Abs. 2 Nr. 2e) und Abs. 5c) sowie den aufsichtsrechtlichen Eingriffsbefugnissen der BaFin gemäß § 4 umfassende Präventionsmechanismen bestehen.[71] Auch aus diesem Grund kann die zu den §§ 20f. AktG überwiegend vertretene Ansicht, diese Normen entfalteten drittschützende Wirkung,[72] nicht auf die §§ 21 ff. übertragen werden.

2. Normanwendung

a) Funktionsorientierte Auslegung

23 Die §§ 21 ff. sind so anzuwenden, dass der verfolgte Regelungszweck der Beteiligungstransparenz möglichst weitgehend erfüllt wird. Dies bedeutet, dass in erster Linie eine **funktionsorientierte Auslegung der Normen** geboten ist. Hiermit ist nicht nur die Berücksichtigung der *ratio* der Transparenzvorschriften gemeint, ergänzt durch eine historische und systematische Betrachtung, was methodisch ohnehin selbstverständlich ist. Vielmehr bestehen Sinn und Zweck der §§ 21ff. insgesamt gerade darin, die Funktionsfähigkeit des Kapitalmarkts zu verbessern. Je nach Lage des Sachverhalts sind dabei verschiedene Einzelaspekte (Anlageentscheidungen auf breiter und richtiger Informationsgrundlage, Verhinderung von Insiderverstößen, Aufdeckung und Überwachung von Beherrschungsverhältnissen) besonders zu berücksichtigen. Ob daneben im Rahmen der funktionsorientierten Anwendung noch andere Auslegungsgrundsätze eine Rolle spielen, ist zweifelhaft. Insbesondere die Forderung einer „dynamischen" Auslegung[73] der §§ 21ff. erscheint wenig zielführend angesichts dessen, dass die Vorschriften genau genommen zu Bestandsaufnahmen verpflichten, die lediglich im Zusammenspiel einen dynamischen Charakter erhalten. Im Gegensatz etwa zur Pflicht, Insiderinformationen zu veröffentlichen, die auch bei hinreichend gesicherten Prognosen (insbesondere über den Geschäftsverlauf) entstehen kann, erfordern Stimmrechtsmitteilungen – auch unter Berücksichtigung der Zurechnungsnorm des § 22 – abgeschlossene Beteiligungsveränderungen. Zudem bedeutet funktionsorientierte Anwendung nicht, dass bei offenen Tatbeständen stets die weitestgehende Auslegung vorzuziehen[74] oder gar eine Analogie zu bestehenden Vorschriften vorzunehmen ist,[75] um dadurch im Zweifel zu einer Anwendbarkeit zu gelangen. Denn dies würde nicht immer dem Kapitalmarktinteresse entsprechen, was sich etwa bei der Anwendung und Auslegung des § 22 Abs. 2 (Zurechnung bei abgestimmtem Verhalten) zeigt. Insoweit wurde zutref-

---

[71] Zur Entbehrlichkeit des Drittschutzes bei bußgeldsanktionierten Tatbeständen BGHZ 84, 312, 317; BGHZ 116, 7, 13. Hierzu *Schwark/Zimmer*, §§ 37b, 37c WpHG Rn. 108; *Starke*, Beteiligungstransparenz im Gesellschaft- und Kapitalmarktrecht, S. 260.

[72] Siehe etwa *Burgard*, Die Offenlegung von Beteiligungen, Abhängigkeits- und Konzernlagen bei der Aktiengesellschaft, S. 54, *Starke*, Beteiligungstransparenz im Gesellschafts- und Kapitalmarktrecht, S. 260; KölnKommAktG-*Koppensteiner*, § 20 Rn. 90; *Emmerich/Habersack*, § 22 Rn. 64.

[73] *Schneider* in *Assmann/Schneider*, Vor § 21 Rn. 24; zustimmend KölnKommWpHG-*Hirte*, § 21 Rn. 8.

[74] In diese Richtung aber *Schneider* in *Assmann/Schneider*, Vor § 21 Rn. 23 („Grundsatz der größtmöglichen Transparenz").

[75] Zur analogen Anwendung siehe Rn. 25.

fend festgestellt, dass bei nicht eindeutig zu beurteilenden Sachverhalten zahlreiche unbegründete Stimmrechtsmitteilungen erfolgen würden, allein um drohende Rechtsnachteile auszuschließen.[76] Auf eine hinreichende sachliche Rechtfertigung der Meldung kann jedoch – wie auch bei anderen kapitalmarktrechtlichen Pflichtveröffentlichungen – nicht verzichtet werden, da sonst eine Irreführung der Kapitalmarktteilnehmer oder Missbräuche von Informationspflichten zu erwarten sind.

b) Richtlinienkonforme Auslegung

Aufgrund des europarechtlichen Hintergrunds der kapitalmarktrechtlichen Beteiligungsvorschriften (oben Rn. 4 ff.) sind diese auch gemeinschaftsrechtskonform auszulegen.[77] Insoweit sei auf die Einleitung Rn. 80 ff. verwiesen. **24**

c) Einheitliche Anwendung

Das Gebot der **Einheit der Rechtsanwendung** bedeutet für die §§ 21 ff., dass aus aufsichtsrechtlicher Sicht keine andere Anwendung der Normen angebracht ist als bei der Beurteilung der zivilrechtlichen Rechtslage, gerade wenn es um Fragen des Rechtsverlusts nach § 28 geht.[78] Darüber hinaus sind die Vorschriften der §§ 21 ff. als bußgeldsanktionierte Tatbestände einer analogen Anwendung nicht zugänglich. Es gilt das verfassungsrechtliche **Analogieverbot** gemäß Art. 103 Abs. 2 GG (§ 3 OWiG). Daher ist insbesondere auch eine analoge Anwendung der einzelnen Zurechnungstatbestände des § 22 nicht möglich, da eine solche Erweiterung des Anwendungsbereichs pflichtbegründende Wirkung hätte und bei Pflichtverletzungen gemäß § 39 Abs. 2 Nr. 2 e) Geldbußen angedroht sind.[79] Im Hinblick auf die Einheit der Rechtsordnung ist das Verbot der analogen Anwendung auf die zivilrechtliche Betrachtung – etwa vor dem Hintergrund des § 28 – und auf das aufsichtsrechtliche Verfahren zu erstrecken.[80] Im Übrigen würde eine entsprechende Anwendung der Normen nach den allgemeinen Regeln der Methodenlehre voraussetzen, dass das geschriebene Recht bei objektiver Betrachtung eine **planwidrige Regelungslücke** enthält. An einer solchen Lücke fehlt es indes, wenn ein bestimmter Normenkomplex nach dem erkennbaren Willen des Gesetzgebers abschließende Geltung beansprucht. Dies trifft vor allem auf enumerative Aufzählungen zu, also etwa die der Zurechnungstatbestände des § 22. **25**

---

[76] OLG Stuttgart AG 2005, 125, 129.
[77] Dazu *Schneider* in *Assmann/Schneider*, Vor § 21 Rn. 26.
[78] Vgl. Vor §§ 31 ff. Rn. 55 ff. zum ähnlichen Problem bei der Anwendung der Wohlverhaltensregeln der §§ 31 ff.
[79] So (zu 30 WpÜG) auch BGH NZG 2006, 945, 947 (= BGHZ 169, 98); siehe auch *Südmeyer* BB 2002, 685, 686; *Liebscher* ZIP 2002, 1005, 1009; *Casper* ZIP 2003, 1469, 1473; *Pentz* ZIP 2003, 1478, 1480 (zu § 30 WpÜG); KölnKommWpHG-*von Bülow*, § 22 Rn. 34; *Seibt* ZIP 2005, 729, 737 (zu § 30 WPÜG); *Schneider* in *Assmann/Schneider*, Vor § 21 Rn. 28.
[80] Siehe dazu auch Einleitung Rn. 79. – Hinsichtlich der Vorschriften des Wertpapierhandelsgesetzes generell aA *Cahn* ZHR 162 (1998), 1, 7 ff.; *Cahn*, ZHR 168 (2004), 483. Nach *Cahn* sollen die Restriktionen des Analogieverbots nicht norm- sondern rechtsfolgenspezifisch gelten. Im Ergebnis ebenso *Engert* JZ 2007, 314, 315 Fn. 8; KölnKomm WpHG-*Hirte*, § 21 Rn. 7; KölnKommAktG-*Koppensteiner*, § 22 Anh. §§ 21 ff. WpHG Rn. 9; *Wackerbarth* ZIP 2005, 1217, 1221.

26 Im Zuge der Verabschiedung des Wertpapiererwerbs- und Übernahmegesetzes (oben Rn. 10) erfolgte eine **partielle Rechtsvereinheitlichung zwischen dem Übernahmerecht und den §§ 21 ff.** So wurden insbesondere die Zurechnungstatbestände der § 22 WpHG und § 30 WpÜG nahezu wortgleich formuliert. Auch bei den Vorschriften zum Rechtsverlust (§ 28 WpHG und § 59 WpÜG) finden sich wörtliche Übereinstimmungen. Umstritten ist, ob eine einheitliche Auslegung und Anwendung des § 22 WpHG und des § 30 WpÜG geboten ist. Dabei geht es im Wesentlichen um die Zurechnung von Stimmrechten, die einem Tochterunternehmen des Meldepflichtigen/Bieters gehören (§ 22 Abs. 1 Satz 1 Nr. 1 und Abs. 3 WpHG und § 30 Abs. 1 Satz 1 Nr. 1 mit § 2 Abs. 6 WpÜG) sowie um die Zurechnung aufgrund abgestimmten Verhaltens (§ 22 Abs. 2 WpHG und § 30 Abs. 2 WpÜG).[81] Nach der wohl überwiegenden Ansicht sind die genannten **Zurechnungstatbestände nicht einheitlich** auszulegen. Dies ergebe sich aus den unterschiedlichen Normzwecken der Beteiligungstransparenzvorschriften nach §§ 21 ff. (Information des Kapitalmarkts über wesentliche Beteiligungen an einem Emittenten) einerseits und der übernahmerechtlichen Bestimmungen der §§ 29 ff. WpÜG (Minderheitenschutz bei Kontrollwechsel) andererseits.[82] Im Allgemeinen könnten die Zurechnungstatbestände des § 22 WpHG zugunsten einer möglichst umfassenden Beteiligungstransparenz weiter ausgelegt werden, während bei § 30 WpÜG eine restriktive Auslegung geboten sei, um Aktionäre vor einer sachlich unbegründeten Angebotspflicht zu bewahren.[83]

27 Für eine unterschiedliche Auslegung wortgleicher kapitalmarktrechtlicher Vorschriften besteht jedoch keine sachliche Notwendigkeit, die eine Ausnahme vom Gebot der einheitlichen Rechtsanwendung rechtfertigen könnte. Sie stünde auch nicht in Einklang mit der vom Gesetzgeber beabsichtigten **Synchronisierung der Normenkomplexe**.[84] Die verschiedenen Ziele der Beteiligungstransparenz (Grundlage für Anlagedispositionen) und des Pflichtangebotsrechts (Austrittsmöglichkeit aus der Gesellschaft) sind nur scheinbar geeignet, eine unterschiedliche Beurteilung zu rechtfertigen. Denn sowohl bei § 22 WpHG als

---

[81] Vgl. auch *Meyer/Bundschuh* WM 2003, 960, 962 ff., zur Stimmrechtszurechnung bei Übertragung von Aktien als Sicherheit gemäß § 22 Abs. 1 Satz 1 Nr. 3 WpHG und § 30 Abs. 1 Satz 1 Nr. 3 WpÜG.

[82] OLG Stuttgart AG 2005, 125, 129; *von Bülow/Bücker* ZGR 2004, 669, 703 f.; KölnKommWpÜG-*von Bülow*, § 30 WpÜG Rn. 5 ff.; *Casper* ZIP 2003, 1469, 1472 f.; *Drinkuth* in *Marsch-Barner/Schäfer*, Handbuch börsennotierte AG, § 59 Rn. 22; *Franck* BKR 2002, 709, 710 ff.; *Löhdefink*, Acting in Concert, S. 177 ff.; *Opitz* in *Schäfer/Hamann*, KMG, § 22 WpHG Rn. 101; *Schneider* in *Assmann/Schneider*, § 22 Rn. 12; *Schneider* in *Assmann/Pötzsch/Schneider*, WpÜG, § 30 Rn. 8; *Seibt* ZIP 2005, 729, 732 f.; *ders.* ZIP 2004, 1829, 1831.

[83] OLG Stuttgart AG 2005, 125, 129; *von Bülow/Bücker* ZGR 2004, 669, 703 f.; KölnKommWpÜG-*von Bülow*, § 30 WpÜG Rn. 5 ff.; *Casper* ZIP 2003, 1469, 1472 f.; *Schneider* in *Assmann/Pötzsch/Schneider*, WpÜG, § 30 Rn. 8; *Seibt* ZIP 2005, 729, 732 f.; *ders.* ZIP 2004, 1829, 1831; wohl auch *Oechsler* in *Ehricke/Ekkenga/Oechsler*, WpÜG, § 30 Rn. 1.

[84] Im Ergebnis ebenso *Lange* ZBB 2004, 22, 23 f.; *Schockenhoff/Schumann*, ZGR 2005, 568, 608 f.; *Veil* in *Schmidt/Lutter*, Anh. § 22: § 22 WpHG Rn. 28; *Wackerbarth* ZIP 2005, 1217, 1218 f.; *MünchKommAktG-Wackerbarth*, § 30 WpÜG Rn. 4 ff. Im Hinblick auf die Zurechnung nach § 22 Abs. 1 Satz 1 Nr. 3 WpHG, § 30 Abs. 1 Satz 1 Nr. 3 WpÜG auch *Meyer/Bundschuh* WM 2003, 960, 962 ff.; siehe auch *Hopt*, ZHR 166 (2004), 383, 392.

auch bei den §§ 29 Abs. 2, 30 WpÜG geht es um die Aufdeckung der „wirklichen Beherrschungsverhältnisse" in der Gesellschaft.[85] Darin erschöpft sich im Kern der Regelungszweck der Zurechnungstatbestände, was ihre divergierende Anwendung ausschließt. Der Gesetzgeber hat die normative Vereinheitlichung bewusst vorgenommen, um „Irritationen am Kapitalmarkt [zu vermeiden], die bei unterschiedlichen Zurechnungsmethoden auftreten würden".[86] Hinzu kommt, dass „die Unterrichtung der Anleger über Veränderungen wesentlicher Stimmrechtsbeteiligungen wichtige Hinweise auf ggf. bevorstehende Unternehmensübernahmen gibt".[87] Dementsprechend wäre es irreführend, wenn sich im Einzelfall aus einer oder mehreren sukzessiven Stimmrechtsmitteilungen Anhaltspunkte für einen bevorstehenden Kontrollwechsel ergeben, sodann gemessen an den §§ 21, 22 WpHG die 30%-Schwelle überschritten würde, anschließend aber – ohne Veränderung des Zurechnungssachverhalts – ein Pflichtangebot ausbleiben könnte. Mit dem Schutz der Minderheitsaktionäre wäre dies nicht vereinbar. Unter Verweis auf die unterschiedliche Zielrichtung der Beteiligungstransparenz und des Pflichtangebotsrechts kann allenfalls der Gesetzgeber aufgefordert werden, die Zurechnungstatbestände sprachlich voneinander zu lösen und unterschiedliche Beherrschungskriterien einzuführen.[88] Insgesamt spricht methodisch daher nichts gegen eine einheitlich restriktive Anwendung der §§ 21 ff. (oben Rn. 23) und des Pflichtangebotsrechts,[89] wohl aber sprechen gewichtige Gründe gegen die unterschiedliche Anwendung und Auslegung der Zurechnungsnormen.

IV. Zusammenspiel der §§ 21 ff. mit anderen Regelungsbereichen

1. Gesetzliche Bezugnahmen auf die §§ 21 ff.

a) Wertpapierprospektrecht

Bei Wertpapieremissionen, insbesondere bei **Aktienemissionen** im Rahmen eines Börsengangs, ist für die potentiellen Investoren u. a. von Interesse, wie die Aktionärsstruktur der Gesellschaft beschaffen ist. Aus diesem Grund bestimmt § 21 Abs. 1a, dass die Mitteilungspflicht nach § 21 Abs. 1 Satz 1 auch im Zeitpunkt der erstmaligen Zulassung der Aktien besteht (§ 21 Rn. 56). Ist für ein öffentliches Angebot oder für die Börsenzulassung von Aktien ein **Prospekt** erforderlich, müssen die Angaben zu den wesentlichen Beteiligungen an der Gesellschaft auch darin enthalten sein.[90] Nach § 10 Abs. 1 Satz 1 WpPG hat zudem

---

[85] Vgl. nur Begr. RegE BT-Drucks. 12/6679, S. 52, sowie Begr. RegE BT-Drucks. 14/7034, S. 53.
[86] Begr. RegE BT-Drucks. 14/7034, S. 53 und S. 70.
[87] Begr. RegE BT-Drucks. 14/7034, S. 70.
[88] Auch die geplanten Änderungen durch das so genannte „Risikobegrenzungsgesetz" (siehe Rn. 12ff.) sollen den Gleichlauf der Zurechnungsvorschriften nicht antasten, vgl. den Regierungsentwurf BT-Drs. 16/7438. *De lege ferenda* aber für eine Aufgabe des Gleichlaufs *Drinkuth* ZIP 2008, 676, 678 f.
[89] Für eine einheitlich restriktive Auslegung der § 22 Abs. 2 WpHG und § 30 Abs. 2 WpÜG auch *Schockenhoff/Schumann* ZGR 2005, 568, 608.
[90] Siehe Ziff. 18.1 des Moduls „Mindestangaben für das Registrierungsformular für Aktien" sowie Ziff. 18.1 des Schemas „Mindestangaben für Hinterlegungsscheine für Aktien"

Vor §§ 21 bis 30   29   Abschnitt 5. Veränd. des Stimmrechtsanteils

jeder Emittent, dessen Wertpapiere zum Handel an einem organisierten Markt zugelassen sind, dem Publikum mindestens einmal jährlich ein Dokument zur Verfügung zu stellen, das alle den Emittenten betreffenden kapitalmarktrechtlichen Pflichtveröffentlichungen der vorausgegangenen zwölf Monate enthält oder auf sie verweist.[91] Die Veröffentlichung des **jährlichen Dokuments** hat gemäß Art. 27 der Prospektverordnung[92] innerhalb von 20 Tagen nach Veröffentlichung des Jahresabschlusses auf eine der in § 14 Abs. 2 WpPG genannten Arten zu erfolgen (also zB auf den Internetseiten des Emittenten). Zu den in § 10 Abs. 1 Satz 1 WpPG bezeichneten Informationen gehören auch die Veröffentlichungen des Emittenten nach § 26 WpHG. Kein Inhalt des jährlichen Dokuments sind dagegen die bei der Gesellschaft eingegangenen Stimmrechtsmitteilungen der Meldepflichtigen.

b) Aktienrecht

29   Ergänzend zur Veröffentlichung von Stimmrechtsmitteilungen gemäß § 26 sowie zur regelmäßigen Berichterstattung in Form des jährlichen Dokuments nach § 10 WpPG ist es sachgerecht, die bei den Emittenten eingegangenen Stimmrechtsmitteilungen auch im Jahresabschluss zu dokumentieren, so dass dieser im Lichte der wesentlichen Beteiligungsverhältnisse und der Aktionärsstruktur gelesen und interpretiert werden kann. Dementsprechend bestimmt § 160 Abs. 1 Nr. 8 AktG, dass im **Anhang des Jahresabschlusses** das Bestehen einer gemäß § 21 Abs. 1, Abs. 1 a mitgeteilten Beteiligung mit dem nach § 26 Abs. 1 veröffentlichen Inhalt anzugeben ist. Die bereits zuvor für Mitteilungen nach § 20 AktG geltende Vorschrift wurde durch das Kapitalgesellschaften- und Co-Richtlinie-Gesetz (KapCoRiLiG)[93] auf nach §§ 21 ff. mitgeteilte und veröffentlichte Beteiligungen erstreckt.[94] § 160 Abs. 1 Nr. 8 AktG gilt – anders als § 26, der sich in der Fassung des Transparenzrichtlinie-Umsetzungsgesetzes auf alle Aktienemittenten im Sinne der §§ 2 Abs. 7, 21 Abs. 2 bezieht – lediglich für deutsche Aktiengesellschaften. Die Anhangangabe nach § 160 Abs. 1 Nr. 8 AG soll ein **aktuelles Bild von den Beteiligungsverhältnissen** an der Gesellschaft ermöglichen. Daraus folgt, dass eine Stimmrechtsmitteilung mit dem Inhalt ihrer Veröffentlichung nach § 26 nicht nur in den Jahresabschluss für das Geschäftsjahr aufzunehmen ist, in dessen Verlauf die Stimmrechtsmitteilung bei der Gesellschaft einging. Vielmehr ist eine mitgeteilte Beteiligung solange im Anhang eines Jahresabschlusses auszuweisen, bis sie durch eine aktuellere Mitteilung veraltet ist.[95] Wie auch im Rahmen des § 26

(enthalten jeweils in der Prospekt-Verordnung (EG) Nr. 809/2004 der Kommission vom 29. April 2004; ABl. EU Nr. L 149 vom 30. April 2004 S. 1 ff.).

[91] Allgemein zum jährlichen Dokument gemäß § 10 WpPG *Kaum/Zimmermann* BB 2005, 1466.

[92] Prospekt-Verordnung (EG) Nr. 809/2004 der Kommission vom 29. April 2004 (ABl. EU Nr. L 149 vom 30. April 2004 S. 1 ff.).

[93] Gesetz vom 24. Februar 2000 zur Durchführung der Richtlinie des Rates der Europäischen Union zur Änderung der Bilanz- und Konzernbilanzrichtlinie hinsichtlich ihres Anwendungsbereichs (90/605/EWG), zur Verbesserung der Offenlegung von Jahresabschlüssen und zur Änderung anderer handelsrechtlicher Bestimmungen (BGBl. 2000 I S. 154).

[94] *Das übersieht Schneider* in *Assmann/Schneider*, Vor § 21 Rn. 45 und 61.

[95] *Ellrott* in BeckBil.Komm, § 284 HGB Rn. 47; MünchKommAktG-*Kessler*, § 285 HGB Rn. 305 mwN.

Vorbemerkung 30 **Vor §§ 21 bis 30**

(siehe dort Rn. 4) besteht keine Veröffentlichungspflicht nach § 160 Abs. 1 Nr. 8 AktG, wenn die Gesellschaft von Beteiligungsveränderungen nicht durch (zur Veröffentlichung geeignete) Stimmrechtsmitteilungen, sondern auf **sonstige Weise Kenntnis** nimmt.[96]
Eine Anknüpfung an die Mitteilungspflicht nach § 21 enthält auch § 128 **30** Abs. 2 Satz 7 AktG. Die Norm ist durch das Gesetz zur Kontrolle und Transparenz im Unternehmensbereich (KonTraG) vom 27. April 1998[97] in das AktG eingefügt worden. In § 128 Abs. 2 AktG werden für Kreditinstitute, die in Hauptversammlungen für Aktionäre Stimmrechte ausüben wollen, verschiedene Rechtspflichten begründet, um auf möglicherweise bestehende **Interessenkollisionen** hinzuweisen und die Stimmrechtsausübung im Interesse der vertretenen Aktionäre sicherzustellen.[98] Bei vorhandener Absicht, Stimmrechte für andere auszuüben, haben die Kreditinstitute in den in § 128 Abs. 1 genannten Fällen den von ihnen vertretenen Aktionären insbesondere zu den einzelnen Gegenständen der Tagesordnung der Hauptversammlung Vorschläge für die Stimmrechtsausübung mitzuteilen und dabei Weisungen für die Ausübung des Stimmrechts zu erbitten.[99] Ergänzend hierzu sind die betroffenen Kreditinstitute verpflichtet, den Aktionären Umstände mitzuteilen, die auf ein Näheverhältnis zwischen ihnen und der jeweiligen Aktiengesellschaft und somit auf potentielle Interessenkonflikte hindeuten können. Hierzu gehören neben personellen Verflechtungen (§ 128 Abs. 2 Satz 6 AktG) und geschäftsmäßigen Beziehungen bei Wertpapieremissionen (§ 128 Abs. 2 Satz 7 AktG) **Beteiligungen der Kreditinstitute an der Aktiengesellschaft**.[100] Nach § 128 Abs. 2 Satz 7 AktG mitzuteilen sind Beteiligungen, die von den Kreditinstituten gemäß § 21 zu melden sind, d. h. Stimmrechtsanteile der Kreditinstitute von wenigstens 3%. Die Berechnung der Stimmrechtsanteile erfolgt unter Berücksichtigung von § 22.[101] Nach dem Wortlaut von § 128 Abs. 2 Satz 7 AktG ist nur auf das Bestehen der Beteiligung hinzuweisen, nicht auf die jeweils erreichte Stimmrechtsschwelle des § 21 Abs. 1 und die genaue Beteiligungshöhe.[102] Wenn ein Kreditinstitut bei der Berechnung seines Stimmrechtsanteils gemäß § 23 Stimmrechte unberücksichtigt lassen kann, so gilt dies auch im Rahmen von § 128 Abs. 2 Satz 7 AktG.[103]

---

[96] *Hüffer*, AktG, § 160 Rn. 18; MünchKommAktG-*Kessler*, § 285 HGB Rn. 302; wohl auch *Ellrott* in BeckBil.Komm, § 284 HGB Rn. 47.
[97] BGBl. I 1998 S, 786 ff.
[98] Begr. RegE BT-Drucks. 13/9712, S. 18 ff.
[99] Zu beachten ist der mit Wirkung vom 1. Januar 2007 durch das Gesetz über elektronische Handelsregister und Genossenschaftsregister sowie das Unternehmensregister (EHUG), BGBl. I 2006 S. 2553, in das AktG eingefügte § 67 Abs. 4 Satz 4, wonach die Pflichten des § 128 nicht ausgelöst werden, wenn ein Kreditinstitut im Rahmen eines Übertragungsvorgangs von Namensaktien nur vorübergehend gesondert in das Aktienregister eingetragen wird. Die Bestimmung geht auf einen Vorschlag des Rechtsausschusses zurück (vgl. BT-Drucks. 16/2781, S. 61, 88).
[100] Die Verpflichtungen bestehen nach Maßgabe von § 128 Abs. 5 AktG auch für Aktionärsvereinigungen.
[101] *Hüffer*, AktG, § 128 Rn. 13a; MünchKommAktG-*Kessler*, § 128 Rn. 41.
[102] Die Begr. RegE BT-Drucks. 13/9712, S. 19, spricht allerdings davon, dass das „Kreditinstitut die gesetzlichen Meldungen nach dem WpHG nur zu wiederholen (braucht)." Siehe auch *Hüffer*, AktG, § 128 Rn. 13a; MünchKommAktG-*Kessler*, § 128 Rn. 41.
[103] Siehe nur *Hüffer*, AktG, § 128 Rn. 13a.

c) Beteiligungsaufsicht

31 Die §§ 21 ff. verfolgen den Zweck, die verschiedenen Interessengruppen über die Aktionärsstruktur und die Beherrschungsverhältnisse an der Gesellschaft zu informieren (Rn. 15 ff.). Insbesondere die Zurechnungsvorschrift des § 22 leistet in diesem Zusammenhang einen wesentlichen Beitrag dazu, dass die wirklichen Beteiligungsverhältnisse nicht verborgen bleiben, wenn Aktienbesitz rechtlich oder tatsächlich (wirtschaftlich) für Dritte oder in Abstimmung mit Dritten gehalten wird. Durch die Zurechnung werden die gesetzlich angestrebten Rechtsfolgen auch in Fällen der Aufspaltung von unmittelbarem Beteiligungsbesitz und tatsächlicher Interesse- und Beherrschungslage zur Geltung gebracht.[104] Der Blick auf eine hinter dem unmittelbaren Beteiligungsinhaber oder an seiner Seite stehende Person ist vor allem geboten, wenn ein **öffentliches Interesse an der Aufdeckung der Beherrschungsstrukturen** besteht. Dementsprechend finden sich im Wirtschaftsverwaltungsrecht häufig Bestimmungen, die zur Herstellung von Beteiligungstransparenz ausdrücklich auf den Zurechnungstatbestand des § 22 Bezug nehmen. Im Bereich der Finanzdienstleistungsaufsicht sind dies namentlich die Regelungen betreffend die Inhaber bedeutender **Beteiligungen an Kreditinstituten** und Finanzdienstleistungsinstituten gemäß § 2b KWG und § 24 Abs. 1 Nr. 11 KWG jeweils iVm § 1 Abs. 9 Satz 2 KWG sowie betreffend die Inhaber bedeutender **Beteiligungen an Versicherungsunternehmen** gemäß §§ 13d Nr. 4 und Nr. 5 VAG und § 104 VAG jeweils iVm § 7a Abs. 2 Satz 3 VAG. Auf § 1 Abs. 9 KWG (und damit mittelbar auf § 22) wird wiederum verwiesen von § 6 Abs. 1 Satz 1 BörsG im Rahmen der Regelungen über bedeutende Beteiligungen an Börsenträgergesellschaften. Ferner finden sich Bezugnahmen auf §§ 21 ff. gelegentlich in Spezialgesetzen, die für Emittenten eines bestimmten Wirtschaftsbereichs weitergehende Bestimmungen zur Aktionärsstruktur vorsehen.[105] Eine eigenständige Zurechnungssystematik enthält dagegen die Definition des Zusammenschlusses in § 37 GWB.

2. Verhältnis zu anderen Normenkomplexen

a) Vorschriften in Abschnitt 3 des WpHG

32 Das Insiderrecht (Verbot von Insidergeschäften nach § 14, Verpflichtung zur Ad-hoc-Publizität nach § 15 und zur Mitteilung von Geschäften nach § 15a) einerseits und die Beteiligungstransparenz nach den §§ 21 ff. andererseits sind zwei **rechtlich getrennte Regelungskomplexe,** deren Normen bei Vorliegen der jeweiligen Tatbestandsvoraussetzungen selbstständig zu erfüllen sind. Ein Vorrangverhältnis besteht weder in der einen noch in der anderen Richtung.[106] Dies ist für das Verhältnis der §§ 21 ff. zum Insiderhandelsverbot nach § 14 und zur Mitteilung von Geschäften nach § 15a unstreitig. Die im Zuge der Verabschiedung der §§ 21 ff. durch das Zweite Finanzmarktförderungsgesetz

---

[104] Vgl. *von Bülow/Bücker* ZGR 2004, 669 f.
[105] Siehe zB § 2 Abs. 1 Satz 1 des Luftverkehrsnachweissicherungsgesetzes vom 5. Juni 1997 (BGBl. I 1997 S. 1322) mit Regelungen zur Aktionärsstruktur börsennotierter Luftfahrtunternehmen mit Sitz im Inland.
[106] *Fiedler,* Mitteilungen über Beteiligungen, S. 60 f.; KölnKommWpHG-*Hirte,* § 21 Rn. 56; *Schneider* in *Assmann/Schneider,* Vor § 21 Rn. 36a.

(Rn. 7) bisweilen vertretene Ansicht, dass im Zusammenhang mit Beteiligungstransaktionen die §§ 21 ff. die Pflicht zur Publikation von Insiderinformationen verdrängen würden,[107] ist abzulehnen.[108] Für das Entstehen der Beteiligungstransparenzpflichten kommt es nur darauf an, ob die vollzogene Beteiligungstransaktion den Tatbestand der §§ 21 f. erfüllt, nicht auch auf deren Kurswirkung. Hiervon unabhängig ist zu beurteilen, ob im Zusammenhang mit einer Veränderung von Stimmrechtsanteilen gemäß § 15 Insiderinformationen mitzuteilen sind. Die Pflicht zur Publikation von Ad-hoc-Mitteilungen kann für den Emittenten selbst oder für den Beteiligungserwerber oder -veräußerer bestehen, soweit es sich bei diesen um Emittenten im Sinne des § 2 Abs. 7 handelt. Zu beachten ist zudem, dass der Geltungsbereich der Beteiligungstransparenzvorschriften **nicht vollständig mit dem Anwendungsbereich der Regeln zur Ad-hoc-Publizität deckungsgleich** ist (vgl. § 21 Abs. 1 Satz 1 und § 15 Abs. 1 Satz 1).

In der Praxis sind die meisten der gemäß § 21 Abs. 1 mitzuteilenden Stimmrechtsveränderungen und die diesen zugrunde liegenden Anlageentscheidungen nicht auch gemäß § 15 bekannt zu geben.[109] Umgekehrt sind Beteiligungsveränderungen möglich, die nicht die Voraussetzungen des § 21 erfüllen, aber gleichwohl die Pflicht zur Publikation nach § 15 auslösen können. Im Allgemeinen handelt es sich um Transaktionen, bei denen keine der in § 21 genannten Schwellen berührt wird, die jedoch Auswirkungen rechtlicher oder tatsächlicher (strategischer) Art auf den Emittenten haben. Bei anderen Sachverhalten können Mitteilungs- und Veröffentlichungspflichten nach den §§ 21 ff. sowie Verhaltens- und Mitteilungspflichten nach den §§ 14, 15 und 15 a kumulativ entstehen, etwa wenn ein Organmitglied mit seinen Wertpapiergeschäften eine der in § 21 Abs. 1 Satz 1 genannten Schwellen berührt und zugleich das in § 15 a Abs. 1 Satz 5 festgesetzte Volumen überschreitet.[110] Sofern dem Organmitglied gemäß § 22 zuzurechnende Dritte oder gemäß § 15 a Abs. 3 nahe stehende Personen Aktiengeschäfte tätigen, kommt es nur dann zu einer kumulativen Begründung der verschiedenen Meldepflichten, wenn jeweils die Voraussetzungen für eine Zurechnung und ein Näheverhältnis erfüllt sind, die nicht deckungsgleich sind. **33**

Ist die nach den §§ 21 ff. mitzuteilende und zu veröffentlichende Beteiligungstransaktion oder die Absicht, eine solche durchzuführen, kurserheblich im Sinne von § 13 Abs. 1, sind neben den Pflichten nach §§ 21 ff. das Verbot des Insidergeschäfts nach § 14 Abs. 1 sowie die Publikationspflicht nach § 15 Abs. 1 zu be- **34**

---

[107] *Gehrt*, Die neue Ad-hoc-Publizität nach § 15 Wertpapierhandelsgesetz, S. 140. In diese Richtung auch *Schäfer/Geibel*, § 15 WpHG Rn. 9.
[108] Siehe nur *Fiedler*, Mitteilungen über Beteiligungen, S. 60 f.; *Schneider* in *Assmann/Schneider*, Vor § 21 Rn. 34 ff.; *Starke*, Beteiligungstransparenz im Gesellschafts- und Kapitalmarktrecht, S. 107. – *Schwark/Zimmer*, § 15 WpHG Rn. 17, hält die Rechtslage jedoch weiterhin für nicht vollständig geklärt.
[109] Vgl. *Fiedler*, Mitteilungen über Beteiligungen, S. 61 ff und S. 75. – Auch größere Beteiligungstransaktionen sind häufig nicht ad-hoc-pflichtig, zB wenn eine Investmentgesellschaft ein größeres Aktienpaket aus Anlagegesichtspunkten erwirbt oder veräußert (BaFin, Emittentenleitfaden, Juli 2005, S. 42).
[110] Während aber § 21 Abs. 1 an das Verfügungsgeschäft anknüpft (§ 21 Rn. 28), ist für die Mitteilungspflicht nach § 15 a das Verpflichtungsgeschäft entscheidend (Emittentenleitfaden BaFin, Juli 2005, S. 79).

achten. Da seit der Neufassung des § 15 Abs. 1 durch das Anlegerschutzverbesserungsgesetz[111] die *ad hoc* mitzuteilende Insiderinformation nicht mehr notwendig im Tätigkeitsbereich des Emittenten entstanden sein muss, werden Beteiligungstransaktionen – bei vorhandener Kurserheblichkeit – tendenziell häufiger gemäß § 15 mitzuteilen sein (ausführlich hierzu § 15 Rn. 120ff.).[112] Dies kann dazu führen, dass Beteiligungstransaktionen von erheblicher Bedeutung zuerst über eine Ad-hoc-Mitteilung nach § 15 bekannt werden und die Veröffentlichung gemäß § 26 folgt. Dasselbe gilt für das Nebeneinander von Ad-hoc-Mitteilung und Beteiligungstransparenz im Fall der **Durchführung eines Aktienrückkaufprogramms** durch den Emittenten, sofern beim Erwerb eigener Aktien Stimmrechtsschwellen nach § 21 Abs. 1 erreicht oder überschritten werden (vgl. § 26 Abs. 1 Satz 2).[113] Wird das Aktienrückkaufprogramm unter Berücksichtigung der §§ 14 Abs. 2, 20a Abs. 3 durchgeführt, treten außerdem die Zwischenstandsmeldungen nach Art. 4 Abs. 4 der in §§ 14 Abs. 2, 20a Abs. 3 genannten Durchführungsverordnung hinzu.

b) Übernahmerechtliche Transparenzvorschriften

35   Im Rahmen von **Übernahmeverfahren** sind die Veröffentlichungspflichten des Wertpapiererwerbs- und Übernahmegesetzes und etwaige Mitteilungs- und Veröffentlichungspflichten nach den §§ 21 ff. unabhängig voneinander zu erfüllen.[114] Gemäß § 23 Abs. 1 WpÜG hat der Bieter ab Veröffentlichung der Angebotsunterlage zunächst wöchentlich, in der letzten Woche vor Ablauf der Annahmefrist täglich sowie jeweils unverzüglich nach Ablauf der Annahmefrist, nach Ablauf einer etwaigen weiteren Annahmefrist und nach Erreichen der für einen Ausschluss nach § 39a Abs. 1 und 2 WpÜG erforderlichen Beteiligungshöhe den Stand des Angebotsverfahrens und sein Ergebnis zu veröffentlichen sowie der BaFin mitzuteilen.[115] Aus dem **Nebeneinander der verschiedenen Mitteilungs- und Veröffentlichungspflichten** folgt, dass während des Übernahmeverfahrens Stimmrechtsmitteilungen nach § 21 Abs. 1 (in Verbindung mit § 22) abgegeben und nach § 26 veröffentlicht werden müssen, wenn die in § 21 Abs. 1 genannten Schwellen durch den Bieter überschritten oder durch die das Angebot annehmenden Aktionäre unterschritten werden. Insoweit ist zu beachten, dass der für § 21 Abs. 1 maßgebliche Eigentumsübergang an den Aktien (vgl. § 21 Rn. 28) von der jeweiligen Ausgestaltung des Angebots, d. h. insbesondere von seiner technischen Abwicklung und ggf. vom Eintritt bestimmter

---

[111] Gesetz zur Verbesserung des Anlegerschutzes vom 28. Oktober 2004 (BGBl. I 2004 S. 2630).

[112] Vgl. *Brandi/Süßmann* AG 2004, 642, 648 ff. Zur Rechtslage nach § 15 WpHG aF etwa *Janert* BB 2004, 169, 171; *Schäfer* in *Marsch-Barner/Schäfer*, Handbuch börsennotierte AG, § 14 Rn. 34; *Schwark/Zimmer*, § 15 WpHG Rn. 50 ff.

[113] Zur Ad-hoc-Pflicht beim Erwerb eigener Aktien etwa *Schäfer* in *Marsch-Barner/Schäfer*, Handbuch börsennotierte AG, § 47 Rn. 64.

[114] Erwerbsangebote können auf eine bestimmte Aktiengattung beschränkt werden, so dass bei einem ausschließlich auf stimmrechtslose Vorzugsaktien gerichteten Angebot für den Bieter keine Pflichten nach §§ 21 ff. entstehen (vgl. § 21 Rn. 54).

[115] § 23 WpÜG gilt bei allen Angebotsarten des Wertpapiererwerbs- und Übernahmegesetzes (freiwilliges Angebot nach § 10 Abs. 1 WpÜG, Übernahmeangebot nach § 29 Abs. 1 WpÜG und Pflichtangebot nach § 35 WpÜG). Eingehend zum Zweck der „Wasserstandsmeldungen" *Witt* NZG 2000, 809, 811 ff.

Vorbemerkung 36 **Vor §§ 21 bis 30**

Bedingungen abhängig ist.[116] Praktisch unüblich ist es, dass die Aktien, für die das Angebot angenommen worden ist, bereits während der Laufzeit des Angebots übertragen werden.[117] Vielmehr wird in der Angebotsunterlage häufig bestimmt, dass die Aktien unter Vermittlung einer Zentraleinreichungsstelle sowie nach dem Eintritt der festgelegten aufschiebenden Bedingungen, dem Ablauf der Annahmefrist und **Zug um Zug gegen Bezahlung des Angebotspreises** übereignet werden.[118] In diesem Fall sind die etwa erforderlichen Stimmrechtsmitteilungen nach § 21 Abs. 1 entsprechend verzögert vorzunehmen. Insoweit ist auch von Bedeutung, dass dem Bieter die Aktien, für die das Angebot angenommen worden ist, nicht vor der Wirksamkeit der Übereignung gemäß § 22 zugerechnet werden können.[119] Insbesondere erfüllt das durch die Abwicklungsregelungen ausgestaltete Rechtsverhältnis zwischen dem Bieter und den Aktionären nicht den Zurechnungstatbestand des § 22 Abs. 1 Satz 1 Nr. 5 (näher hierzu § 22 Rn. 65).

c) Aktienrechtliche Beteiligungstransparenz

Die **aktienrechtlichen Beteiligungstransparenzvorschriften** der §§ 20 f. 36 AktG sind bereits seit der Aktiengesetznovelle 1965 Bestandteil des Aktienkonzernrechts und galten bis zum Inkrafttreten der §§ 20 Abs. 8 und 21 Abs. 5 AktG im Jahr 1998 (Rn. 9) nicht nur – wie weiterhin – für nicht börsennotierte Aktiengesellschaften und Kommanditgesellschaften auf Aktien (vgl. § 278 Abs. 3 AktG), sondern auch für börsennotierte Gesellschaften (jetzt: Emittenten) im Sinne von § 21 Abs. 2. Nach § 20 Abs. 1 AktG hat ein Unternehmen, dem mehr als der **vierte Teil der Aktien** einer Aktiengesellschaft mit (statutarischem) Sitz im Inland gehört, dies der Gesellschaft unverzüglich schriftlich mitzuteilen. Die Berechnung der Beteiligungshöhe erfolgt nach Maßgabe von § 16 Abs. 2 Satz 1 und Abs. 4 AktG sowie der Zurechnungsvorschrift des § 20 Abs. 2 AktG. Handelt es sich bei dem Unternehmen um eine Kapitalgesellschaft, besteht eine Mitteilungspflicht auch dann, wenn dem Unternehmen ohne Berücksichtigung von § 20 Abs. 2 AktG mehr als der vierte Teil der Aktien gehört (§ 20 Abs. 3 AktG). Ferner ist nach § 20 Abs. 4 AktG eine Mehrheitsbeteiligung im Sinne von § 16 Abs. 1 AktG mitzuteilen. Entsprechende Mitteilungspflichten sind bei Unterschreiten der maßgeblichen Beteiligungsschwellen gegeben (§ 20 Abs. 5 AktG). Die Gesellschaft hat die mitgeteilten Beteiligungen unverzüglich in den Gesellschaftsblättern, also zumindest im elektronischen Bundesanzeiger (§ 25 AktG), bekannt zu machen (§ 20 Abs. 6 AktG). Darüber hinaus ist die mitgeteilte Beteiligung nach § 160 Abs. 1 Nr. 8 AktG im Anhang des Jahresabschlusses der Gesellschaft auszuweisen (vgl. Rn. 29). Im Fall der Verletzung einer Mitteilungspflicht kommt es nach Maßgabe von § 20 Abs. 7 AktG zum Verlust der Rechte aus den Aktien der Gesellschaft, die dem meldepflichtigen Unternehmen gehören oder ihm zuzurechnen sind. Ähnliche Mitteilungspflichten bestehen nach § 21 Abs. 1, 2 und 3 AktG für Beteiligungen der Gesellschaft an anderen Kapitalgesellschaften mit Sitz im Inland. Gemäß § 22 AktG kann ein

---

[116] Ausführlich zur Abwicklung des Angebots KölnKommWpÜG-*Seydel*, § 11 Rn. 89 ff.
[117] *Geibel* in *Geibel/Süßmann*, WpÜG, § 11 Rn. 62.
[118] Siehe nur KölnKommWpÜG-*Seydel*, § 11 Rn. 89.
[119] Ebenso *Steuer/Baur* WM 1996, 1477, 1478 ff. AA *Burgard* WM 2000, 611, 613 f.

Vor §§ 21 bis 30 37

Unternehmen, dem eine Mitteilung nach § 20 Abs. 1, 3 oder 4, § 21 Abs. 1 oder 2 AktG zugegangen ist, jederzeit verlangen, dass ihm das Bestehen der Beteiligung nachgewiesen wird.

37 Durch das Dritte Finanzmarktförderungsgesetz[120] wurde die Geltung der §§ 20f. AktG im Hinblick auf börsennotierte Gesellschaften (jetzt: Emittenten im Sinne des § 21 Abs. 2) aufgehoben, nachdem die §§ 21ff. bereits am 1. Januar 1995 in Kraft getreten waren (oben Rn. 7). Die **Trennung der Anwendungsbereiche** gesellschaftsrechtlicher und kapitalmarktrechtlicher Beteiligungstransparenz an Aktiengesellschaften war zur Vermeidung der Doppelbelastung der Regelungsadressaten zuvor von Praxis und Teilen des Schrifttums gefordert worden.[121] Sie folgt aus § 20 Abs. 8 AktG und § 21 Abs. 5 AktG, wonach § 20 Abs. 1 bis 7 AktG und § 20 Abs. 1 bis 4 AktG nicht auf Aktien an Emittenten im Sinne des § 21 Abs. 2 WpHG anwendbar sind. Infolge der Trennung der Anwendungsbereiche von §§ 21ff. WpHG und §§ 20ff. AktG kommt es weder zu einem Nebeneinander der verschiedenen Mitteilungs- und Veröffentlichungspflichten, noch ist einer der Regelungskomplexe vorrangig. Im Einzelnen ergibt sich im Umkehrschluss aus § 21 Abs. 2, dass die §§ 20f. AktG nur auf Beteiligungen an Aktiengesellschaften mit satzungsmäßigem Sitz im Inland Anwendung finden, deren Aktien nicht börsenhandelbar sind oder deren Aktien lediglich im Freiverkehrssegment einer inländischen Wertpapierbörse oder an einem anderen nicht organisierten Markt in einem Mitgliedstaat der EU (des EWR) oder an einem Markt außerhalb der EU (des EWR) gehandelt werden. Im Übrigen bestehen einige **sachliche Unterschiede** zwischen den beiden Regelungen. Dies betrifft insbesondere die Person der Meldepflichtigen (§ 20 Abs. 1 AktG: „Unternehmen" – § 21 Abs. 1 WpHG: auch Aktionäre ohne Unternehmenseigenschaft), die Anteilsberechnung (§ 20 AktG: Kapital- oder Stimmrechtsanteil – § 21 Abs. 1 WpHG: nur Stimmrechtsanteil) und Schwellenwerte, die Zurechnungstatbestände nach § 20 Abs. 2 AktG und § 22 WpHG sowie die Art und Weise der Veröffentlichung nach § 20 Abs. 6 AktG und § 26 WpHG.[122] Wegen der bestehenden Abweichungen wird der derzeitige Rechtszustand kritisiert und eine weitgehende Harmonisierung aktienrechtlicher und kapitalmarktrechtlicher Beteiligungstransparenz gefordert.[123] Dagegen ist einzuwenden, dass die Regelungen in der Praxis nicht zu untragbaren Diskrepanzen geführt haben[124] und die normativen Unterschiede durch die Typen-

---

[120] Gesetz zur weiteren Fortentwicklung des Finanzplatzes Deutschland vom 24. März 1998 (BGBl. I 1998 S. 529 ff.).
[121] DAV-Handelsrechtsausschuss WiB 1996, 764, 766; *Neye* ZIP 1996, 1853, 1855 ff.; *Pötzsch* AG 1997, 193, 198 f.; *Pötzsch* WM 1998, 949, 957). Für eine Streichung des § 20 AktG und Erweiterung der §§ 21 ff. WpHG *Witt* AG 1998, 171 ff.
[122] Siehe auch *Schneider* AG 1997, 81, 82 ff; *Schneider* in *Assmann/Schneider*, Vor § 21 Rn. 42 ff.; *Starke*, Beteiligungstransparenz im Gesellschafts- und Kapitalmarktrecht, S. 240 ff.; *Witt* AG 1998, 171 ff.
[123] Insbesondere von *Schneider/Burgard* DB 1996, 1761, 1767; *Witt* AG 1998, 171 ff.; *Witt* WM 1998, 1153, 1160 f. Demgegenüber restriktiv *Starke*, Beteiligungstransparenz im Gesellschafts- und Kapitalmarktrecht, S. 243 ff.; *Hüffer*, AktG, § 20 Rn. 78.
[124] Ebenso *Hüffer*, AktG, § 20 Rn. 18. Unter Einbeziehung weiterer Offenlegungsvorschriften im Handelsrecht, Börsenrecht und sonstigen Wirtschaftsrecht spricht *Schneider* in *Assmann/Schneider*, Vor § 21 Rn. 37, dagegen von einem „unerträglichen Zustand" für die praktische Anwendung.

unterschiede zwischen Publikumsgesellschaften und geschlossenen Gesellschaften gerechtfertigt sind.[125]

3. Aufdeckung der Beteiligungsverhältnisse auf sonstige Weise

a) Mitteilung nach § 42 AktG

Gehören alle Aktien allein oder neben der Gesellschaft einem Aktionär (so genannte **Einpersonengesellschaft**), ist nach § 42 AktG unverzüglich eine entsprechende Mitteilung unter Angabe von Name, Vorname, Geburtsdatum und Wohnort (Firma und Sitz) des alleinigen Aktionärs zum Handelsregister einzureichen.[126] Mitteilungspflichtig ist der Vorstand der Gesellschaft.[127] Die Mitteilung zum Handelsregister, die dort nicht eingetragen wird, jedoch von jedermann eingesehen werden kann, bezweckt die Information der Öffentlichkeit über das Vorliegen der Einpersonenstruktur und der damit verbundenen Besonderheiten. So ist beispielsweise die Hauptversammlung der Einpersonengesellschaft notwendig Vollversammlung, was bei ihr nach § 121 Abs. 6 AktG zahlreiche Formalitäten der Einberufung und Abhaltung einer Hauptversammlung entfallen lässt. Für einen Emittenten im Sinne von § 21 Abs. 2 hat § 42 AktG während des Bestehens der Börsennotierung indes praktisch keine Bedeutung. Vielmehr werden bei ihm die Umstände, die zu einer Einpersonenstruktur führen, nämlich die Anteilsvereinigung in einer Hand, regelmäßig die **Beendigung der Börsennotierung** nach sich ziehen. Dies gilt namentlich für die Durchführung eines Ausschlusses von Minderheitsaktionären gemäß den §§ 327 a ff. AktG oder den §§ 39 a, 39 b WpÜG.[128] Da gerade die Registereintragung des „Squeeze-Out" nach § 327 e AktG zum Entstehen einer Einpersonengesellschaft führt, ist eine gesonderte Mitteilung nach § 42 AktG in diesem Fall entbehrlich.[129]

b) Aktienregister gemäß § 67 AktG

Bei Gesellschaften, die Namensaktien ausgegeben haben, sorgt auch das von ihnen gemäß § 67 Abs. 1 AktG zu führende **Aktienregister** für eine besondere Form von Beteiligungstransparenz.[130] Die Namensaktien sind unter Angabe des Namens, Geburtsdatums und der Adresse des Inhabers (Firma und Sitz) sowie

---

[125] Allgemein zur Herausbildung eines gesetzlichen Leitbilds der börsennotierten Aktiengesellschaft *Fleischer* ZIP 2006, 451, 454 ff.; *Marsch-Barner/Schäfer*, Handbuch börsennotierte AG, § 1 Rn. 5 ff.
[126] § 42 AktG ist durch das Gesetz für kleine Aktiengesellschaften und zur Deregulierung des Aktienrechts vom 2. August 1994 (BGBl. I S. 1961 ff.) neu gefasst worden. Hierzu *Hüffer*, AktG, § 42 Rn. 1.
[127] § 42 AktG gilt gemäß § 278 Abs. 3 AktG auch bei Kommanditgesellschaften auf Aktien, die nach hM als Einmanngesellschaft bestehen können (siehe *Hüffer*, AktG, § 278 Rn. 5).
[128] Näher zum Wegfall der Börsennotierung infolge eines Squeeze-Out *Schäfer/Eckhold* in *Marsch-Barner/Schäfer*, Handbuch börsennotierte AG, § 63 Rn. 15.
[129] Zutreffend KölnKommWpÜG-*Hasselbach*, § 327 e AktG Rn. 17, auch im Hinblick auf die Eingliederung nach den §§ 320 ff. AktG. – Anders dürfte dies wegen dem von den aktienrechtlichen „Squeeze-Out"-Bestimmungen abweichenden Ausschlussverfahren der §§ 39 a, 39 b WpÜG zu beurteilen sein.
[130] § 67 AktG wurde durch das Gesetz zur Namensaktie und zur Erleichterung der Stimmrechtsausübung (Namensaktiengesetz) vom 18. Januar 2001 (BGBl. I 2001 S. 123) insgesamt neu gefasst. Eingehend *Noack* DB 1999, 1306 ff.

Vor §§ 21 bis 30 40 Abschnitt 5. Veränd. des Stimmrechtsanteils

der Stückzahl oder der Aktiennummer und bei Nennbetragsaktien des Betrags in das Aktienregister der Gesellschaft einzutragen. Im Verhältnis zur Gesellschaft gilt als Aktionär nur, wer als solcher im Aktienregister eingetragen ist (§ 67 Abs. 2 AktG).[131] Nach § 67 Abs. 6 S. 3 AktG darf die Gesellschaft die Registerdaten für ihre Aufgaben im Verhältnis zu den Aktionären verwenden. Das Aktienregister soll einen engeren und persönlichen Kontakt zwischen der Gesellschaft und ihren Aktionären ermöglichen, was insbesondere Investor Relations-Maßnahmen einschließt.[132] Die einzelnen Aktionäre können von der Gesellschaft Auskunft lediglich über die zu ihrer Person im Aktienregister eingetragenen Daten verlangen (§ 67 Abs. 6 Satz 1 AktG). Allein bei nicht börsennotierten Gesellschaften kann die Satzung Weiteres bestimmen (§ 67 Abs. 6 S. 2 AktG), also insbesondere das Auskunftsrecht eines einzelnen Aktionärs auf den Kreis der Mitaktionäre erstrecken.[133] Mit diesen gesetzlichen Vorgaben dient das Aktienregister vor allem den **Interessen der Gesellschaft** an einer detaillierten Kenntnis des eigenen Aktionärskreises. Es ist dagegen nicht kapitalmarktbezogen und macht bei einer börsennotierten Aktiengesellschaft die Beteiligungstransparenz gemäß den §§ 21 ff. nicht entbehrlich.

c) Beteiligungstransparenz in der Hauptversammlung

40   Die Beteiligungsverhältnisse an einer Gesellschaft können auch im Rahmen einer **Hauptversammlung** mehr oder weniger weit aufgedeckt werden. Nach § 129 Abs. 1 Satz 2 AktG ist in der Hauptversammlung ein Verzeichnis der erschienenen oder vertretenen Aktionäre und der Vertreter von Aktionären mit Angabe ihres Namens und Wohnorts sowie bei Nennbetragsaktien des Betrags, bei Stückaktien der Zahl der von jedem vertretenen Aktien unter Angabe ihrer Gattung aufzustellen. Das Verzeichnis ist vor der ersten Abstimmung allen Teilnehmern zugänglich zu machen. Jedem Aktionär ist auf Verlangen bis zu zwei Jahren nach der Hauptversammlung Einsicht in das **Teilnehmerverzeichnis** zu gewähren (§ 129 Abs. 4 AktG). Das Teilnehmerverzeichnis bezweckt nicht die Information der Öffentlichkeit über die Zusammensetzung des Aktionärskreises,[134] sondern die ordnungsgemäße Durchführung der Hauptversammlung. Im Wesentlichen dient das Verzeichnis der Feststellung der Beschlussfähigkeit der Hauptversammlung, der Feststellung des Abstimmungsergebnisses sowie der Beurteilung von Stimmrechtsausschlüssen.[135] Der Aspekt der Transparenz von Beteiligungsverhältnissen ist hier lediglich von untergeordneter Bedeutung, zumal die Aussagekraft des Teilnehmerverzeichnisses durch die Beschränkung auf präsente Aktionäre und Aktionärsvertreter erheblich reduziert ist.

---

[131] Zur Unmaßgeblichkeit der Registereintragung im Rahmen der Mitteilungspflicht siehe § 21 Rn. 32.
[132] Begr. RegE BT-Drucks. 14/4051, S. 12. Siehe auch *Noack* DB 1999, 1306; *Noack* in FS Bezzenberger, 291, 294f.; *Noack* DB 2001, 27, 28ff.; *Hüffer*, AktG, § 67 Rn. 31.
[133] Siehe nur *Hüffer*, AktG, § 67 Rn. 30.
[134] Das Teilnehmerverzeichnis muss seit der Änderung des § 130 Abs. 3 AktG durch das Namensaktiengesetz vom 18. Januar 2001 (BGBl. I 2001 S. 123) nicht mehr zusammen mit der Niederschrift über die Hauptversammlung zum Handelsregister eingereicht werden. Dementsprechend kann dort regelmäßig keine Einsicht in das Verzeichnis genommen werden.
[135] Siehe nur *Hüffer*, AktG, § 129 Rn. 1.

Umstritten ist, ob der Vorstand zu einer **Auskunft über die Gesellschafter-** **41**
struktur der Aktiengesellschaft gemäß § 131 Abs. 1 AktG verpflichtet ist.
Hierfür spricht nach einer Ansicht, dass der Auskunftsanspruch des Aktionärs in
der Hauptversammlung zumindest soweit reicht, wie das gesetzlich anerkannte
Informationsbedürfnis der Öffentlichkeit besteht.[136] Ferner soll die Kenntnis der
„wahren Machtverhältnisse" für die Beschlussfassung über die Entlastung der
Mitglieder von Vorstand und Aufsichtsrat von Nutzen sein.[137] Dagegen lässt sich
jedoch anführen, dass die Aktionärsstruktur keine Angelegenheit der Gesellschaft
im Sinne des § 131 Abs. 1 Satz 1 AktG, sondern ausschließlich eine solche ihrer
Aktionäre ist.[138] Anders kann dies allenfalls für ein Verlangen nach Auskunft über
die der Gesellschaft zugegangenen Stimmrechtsmitteilungen nach § 21 und den
§§ 20, 21 AktG zu beurteilen sein.[139] Insoweit ist jedoch § 131 Abs. 3 Satz 1
Nr. 7 AktG zu beachten, nach dem die Auskunft verweigert werden darf, soweit
sie auf der Internetseite der Gesellschaft über mindestens sieben Tage vor Beginn
und in der Hauptversammlung durchgängig zugänglich ist. In jedem Fall fehlt es
aber schon an der Erforderlichkeit der Auskunft, wenn sich die gewünschte Information ohne weiteres aus dem **Jahresabschluss der Gesellschaft** nebst Anhang ergibt.[140] Demzufolge besteht kein Auskunftsanspruch der Aktionäre nach
§ 131 Abs. 1 Satz 1 AktG über die wesentlichen Beteiligungsverhältnisse, soweit
sich diese gemäß § 160 Abs. 1 Nr. 8 AktG (hierzu Rn. 29) aus dem Anhang des
Jahresabschlusses ergeben.

d) Handelsrechtliche Offenlegung auf Ebene der Gesellschafter

Punktuelle Informationen über die Beteiligungsstruktur einer (börsennotier- **42**
ten) Gesellschaft sind nicht nur auf Ebene dieser Gesellschaft zu erlangen, sondern ggf. auch auf Ebene der Gesellschafter.[141] Sofern es sich bei einem Gesellschafter selbst um eine börsennotierte Kapitalgesellschaft handelt, hat er im
Anhang des Jahresabschlusses nach § 285 Nr. 11 HGB letzter Satzteil Beteiligungen von über 5% der Stimmrechte an anderen großen Kapitalgesellschaften anzugeben.[142] Dies gilt unabhängig davon, ob die Kapitalgesellschaft als Meldepflichtige im Sinne des § 21 Abs. 1 die Beteiligung mitgeteilt hat oder nicht.[143]
Die Angabe darf lediglich unter den Voraussetzungen des § 286 Abs. 1 und
Abs. 3 Satz 1 Nr. 1 HGB unterbleiben. Unberührt bleibt die Angabepflicht aller
Kapitalgesellschaften nach § 285 Nr. 11 HGB erster Satzteil, die sich auf wenigs-

---

[136] *Schneider* in *Assmann/Schneider*, vor § 21 Rn. 55.
[137] *Burgard*, Die Offenlegung von Beteiligungen, Abhängigkeits- und Konzernlagen bei der Aktiengesellschaft, S. 7.
[138] GroßKommAktG-*Decher*, 4. Aufl. 2001, § 131 Rn 131; MünchKommAktG-*Kubis* § 131 Rn. 167 (mit Rechtsprechungsnachweisen in Fn. 329); vgl. auch KG NJW-RR 1995, 98, 103. – AA *Fiedler*, Mitteilungen über Beteiligungen, S. 48 f.
[139] Siehe MünchKommAktG-*Kubis* § 131 Rn. 167 mwN.
[140] *Hüffer*, AktG, § 131 Rn. 19.
[141] Näher hierzu *Starke*, Beteiligungstransparenz im Gesellschafts- und Kapitalmarktrecht, S. 144 ff.
[142] Nach § 267 Abs. 3 Satz 2 HGB gilt eine Kapitalgesellschaft stets als große, wenn sie einen organisierten Markt im Sinne von § 2 Abs. 5 WpHG durch von ihr ausgegebene Wertpapiere in Anspruch nimmt oder die Zulassung zum Handel an einem organisierten Markt beantragt worden ist.
[143] So zutreffend *Ellrott* in BeckBil.Komm., § 285 Rn. 227.

tens 20% der Anteile an anderen Unternehmen bezieht, wobei auf die Berechnung der Anteile § 16 Abs. 2 und 4 AktG entsprechend anzuwenden sind. Die Anhangangabe ist auch bei kleinen und mittelgroßen Kapitalgesellschaften erforderlich (vgl. § 288 HGB). Die in § 285 Nr. 11 HGB vorgeschriebenen Angaben dürfen statt im Anhang auch in einer gesonderten Aufstellung des Anteilsbesitzes gemacht werden (§ 287 S. 1 HGB). Eine entsprechende Darstellung hat auch in einem etwaigen **Konzernabschluss des Gesellschafters** zu erfolgen. Insbesondere müssen dort neben den konsolidierten und assoziierten Unternehmen (vgl. § 313 Abs. 2 Nr. 1 und 2 HGB) diejenigen Unternehmen aufgeführt werden, bei denen das Mutterunternehmen, ein Tochterunternehmen oder eine für Rechnung eines dieser Unternehmen handelnde Person wenigstens 20% der Anteile besitzt (§ 313 Abs. 2 Nr. 4 Satz 1 HGB). Ferner sind alle Beteiligungen an großen Kapitalgesellschaften (§ 267 Abs. 3 HGB) anzugeben, die andere als die in § 313 Abs. 2 Nr. 1 bis 3 HGB bezeichneten Unternehmen sind, wenn sie von einem börsennotierten Mutterunternehmen, einem börsennotierten Tochterunternehmen oder einer für Rechnung eines dieser Unternehmen handelnden Person gehalten werden und 5% der Stimmrechte überschreiten (§ 313 Abs. 2 Nr. 4 Satz 2 HGB). Nach § 315a Abs. 1 HGB ist § 313 Abs. 2 bis 4 HGB auch anzuwenden, wenn der **Konzernabschluss** gemäß Art. 4 der IAS-Verordnung[144] nach Maßgabe der von der Kommission übernommenen internationalen Rechnungslegungsstandards zu erstellen ist. Insgesamt wird durch diese Form der Beteiligungsoffenlegung auf Ebene der Gesellschafter keine umfassende und zusammenhängende Beteiligungstransparenz im Hinblick auf die börsennotierte Gesellschaft hergestellt, was in der abweichenden Zielrichtung und dem Adressatenkreis der Abschlussunterlagen der Gesellschafter begründet ist.

e) Gesellschaftsrechtliche Treuepflicht

43 Vor Inkrafttreten des WpHG und des WpÜG wurde auf breiter Basis diskutiert, ob sich Beteiligungstransparenzpflichten aus der allgemeinen **aktienrechtlichen Treuepflicht** der Aktionäre gegenüber anderen Aktionären oder gegenüber der Gesellschaft herleiten lassen.[145] Allgemein sind Aktionäre verpflichtet, mitgliedschaftliche Befugnisse so auszuüben, dass der Gesellschaftszweck gefördert und nicht beeinträchtigt wird, eine willkürliche und unverhältnismäßige Rechtsausübung zu unterlassen sowie auf die legitimen Interessen anderer Gesellschafter Rücksicht zu nehmen.[146] Mit diesem Inhalt bezieht sich die Treuepflicht der Aktionäre nicht nur auf die Stimmrechtsausübung in der Hauptversammlung (auch wenn sie in diesem Zusammenhang wesentliche Konturen erhalten hat) sondern erstreckt sich auch auf sonstiges Aktionärsverhalten. Sie kann damit grundsätzlich bei Beteiligungstransaktionen (insbesondere Paketgeschäften) zur Anwendung kommen. Vor diesem Hintergrund ist unter Rückgriff auf die Treuepflicht u. a. gefordert worden, dass Beteiligungsübertragungen von

---

[144] Verordnung (EG) Nr. 1606/2002 des Europäischen Parlaments und des Rates vom 19. Juli 2002 betreffend die Anwendung internationaler Rechnungslegungsstandards, ABl. EG Nr. L 243, S. 1 ff.
[145] Ausführlich *Starke*, Beteiligungstransparenz im Gesellschafts- und Kapitalmarktrecht, S. 165 ff.
[146] Siehe nur *Hüffer*, AktG, § 53a Rn. 16; *Mimberg* in *Marsch-Barner/Schäfer*, Handbuch börsennotierte AG, § 36 Rn. 32.

erheblichem Gewicht rechtzeitig offen zu legen sind und den anderen Aktionären ein **Übernahmeangebot** zu unterbreiten ist, um diese an der so genannten Kontrollprämie partizipieren zu lassen[147] oder um die Übernahme der Kontrolle zum Nachteil der Gesellschaft abwenden zu können.[148] Aus der allgemeinen Treuepflicht der Aktionäre lassen sich in diesen Fällen jedoch keine Offenlegungspflichten ableiten,[149] die über die gesetzlichen Beteiligungstransparenzvorschriften hinausgehen. Die Mitteilungs- und Veröffentlichungspflichten des WpHG und des WpÜG sind **abschließende Normenkomplexe**, die nach der Wertung des Gesetzgebers – zusammen mit den anderen einschlägigen Regelungen betreffend Unternehmensübernahmen – die Wahrung der Interessen der außenstehenden Aktionäre hinreichend gewährleisten.[150] Ein Rückgriff auf die Treuepflicht zur Begründung weitergehender Offenlegungspflichten ist bei Übernahmen von Gesellschaften im Sinne von § 21 Abs. 2 WpHG und § 2 Abs. 3 WpÜG *de lege lata* weder geboten noch sachgerecht.[151] Etwas anderes kann allenfalls gelten, wenn eine börsennotierte Gesellschaft ohne vorherige Veränderung der Beteiligungsverhältnisse als abhängige Gesellschaft in einen Konzern aufgenommen werden soll.[152]

§ 21 Mitteilungspflichten des Meldepflichtigen

(1) ¹Wer durch Erwerb, Veräußerung oder auf sonstige Weise 3 Prozent, 5 Prozent, 10 Prozent, 15 Prozent, 20 Prozent, 25 Prozent, 30 Prozent, 50 Prozent oder 75 Prozent der Stimmrechte an einem Emittenten, für den die Bundesrepublik Deutschland der Herkunftsstaat ist, erreicht, überschreitet oder unterschreitet (Meldepflichtiger), hat dies unverzüglich dem Emittenten und gleichzeitig der Bundesanstalt, spätestens innerhalb von vier Handelstagen unter Beachtung von § 22 Abs. 1 und 2 mitzuteilen. ²Bei Zertifikaten, die Aktien vertreten, trifft die Mitteilungspflicht ausschließlich den Inhaber der Zertifikate. ³Die Frist des Satzes 1 beginnt mit dem Zeitpunkt, zu dem der Meldepflichtige Kenntnis davon hat oder nach den Umständen haben mußte, daß sein Stimmrechtsanteil die genannten Schwellen erreicht, überschreitet oder unterschreitet. ⁴Es wird vermutet, dass der Meldepflichtige zwei Handelstage nach dem Erreichen, Überschreiten oder Unterschreiten der genannten Schwellen Kenntnis hat.

(1 a) Wem im Zeitpunkt der erstmaligen Zulassung der Aktien zum Handel an einem organisierten Markt 3 Prozent oder mehr der Stimmrechte an einem Emittenten zustehen, für den die Bundesrepublik Deutschland der Herkunftsstaat ist, hat diesem Emittenten sowie der Bundesanstalt eine

---

[147] *Burgard* AG 1992, 41, 47 ff.; *Otto* AG 1994, 167, 169 ff.; *Weber*, Vormitgliedschaftliche Treubindungen, S. 347 ff. Die Pflicht zur Abgabe eines Übernahmeangebots und Teilhabe an Kontrollprämie ablehnend etwa *Lutter* ZHR 153 (1989), 446, 460 ff.

[148] Vgl. *Ziemons/Jaeger* AG 1996, 358, 361; *Zöllner* in FS Kropff, S. 338 ff.

[149] Im Ergebnis auch *Starke*, Beteiligungstransparenz im Gesellschaft- und Kapitalmarktrecht, S. 173.

[150] KölnKommWpHG-*Hirte*, § 21 Rn. 63; in diesem Sinne auch *Janert* BB 2004, 169, 172, zur Frage, ob sich aus der Treuepflicht eine Pflicht der Gesellschaft ergibt, Stimmrechtsveränderungen zu veröffentlichen, wenn Mitteilungen nach § 21 versäumt werden.

[151] Restriktiv auch *Wastl* NZG 2000, 505, 506 f.

[152] Vgl. *Emmerich* in *Emmerich/Habersack*, § 20 Rn. 11.

§ 21 Abschnitt 5. Veränd. des Stimmrechtsanteils

Mitteilung entsprechend Absatz 1 Satz 1 zu machen. Absatz 1 Satz 2 gilt entsprechend.

(2) Inlandsemittenten und Emittenten, für die die Bundesrepublik Deutschland der Herkunftsstaat ist, sind im Sinne dieses Abschnitts nur solche, deren Aktien zum Handel an einem organisierten Markt zugelassen sind.

(3) Das Bundesministerium der Finanzen kann durch Rechtsverordnung, die nicht der Zustimmung des Bundesrates bedarf, nähere Bestimmungen erlassen über den Inhalt, die Art, die Sprache, den Umfang und die Form der Mitteilung nach Absatz 1 Satz 1 und Absatz 1 a.

Übersicht

	Rn.
I. Grundlagen	1
II. Regelungsadressaten	3
1. Allgemeines	3
2. Meldepflichtige Personen und Gesellschaften	7
a) Natürliche Personen	7
b) Juristische Personen und Personenhandelsgesellschaften	8
c) Gesellschaft bürgerlichen Rechts als Außengesellschaft	9
d) Sonstige Meldepflichtige	10
3. Nicht meldepflichtige Personenmehrheiten	11
4. Besondere Sachverhalte	13
a) Auslandsbezug	13
b) Insolvenz, Testamentsvollstreckung	15
c) Rechtsnachfolge	16
III. Der Stimmrechtsanteil als Bezugsgröße	17
1. Stimmrechte an Emittenten im Sinne der §§ 2 Abs. 6, 21 Abs. 2 ...	17
a) Stimmrechte	17
b) Aktienemittenten (§§ 2 Abs. 6, 21 Abs. 2)	20
2. Berechnung von Stimmrechtsanteilen	26
a) Gesamtzahl der Stimmrechte	26
b) Individueller Stimmrechtsanteil	27
c) Die Maßgeblichkeit der dinglichen Rechtslage	28
3. Einzelfälle	31
a) Bindungen im Innenverhältnis	31
b) Namensaktien	32
c) Inhaberaktien	33
d) Gemeinschaftliches Eigentum	34
e) Investmentfonds	35
IV. Mitzuteilende Veränderungen des Stimmrechtsanteils	36
1. Grundlagen	36
a) Schwellenwerte	36
b) Stimmanteilsveränderung	37
c) Zwischenerwerb	40
d) Umschichtung von Beteiligungen	41
2. Einzelne Sachverhalte	42
a) Einzelrechtsnachfolge	42
b) Erbschaft	45
c) Umstrukturierung, Umwandlung und Umfirmierung	46
d) Kapitalerhöhungen	48
e) Kapitalherabsetzungen	52
f) Aufleben von Stimmrechten nach §§ 140 Abs. 2 und 141 Abs. 4 AktG	54
g) Teileingezahlte Aktien	55

Mitteilungspflichten des Meldepflichtigen § 21

	Rn.
V. Mitteilungspflicht bei erstmaliger Zulassung der Aktien (§ 21 Abs. 1 a)	56
VI. Erfüllung der Mitteilungspflichten nach § 21 Abs. 1 und Abs. 1 a	57
1. Aussteller und Adressaten der Mitteilung	57
2. Inhalt der Mitteilung (§ 17 WpAIV)	61
a) Grundlagen	61
b) Einzelheiten	66
aa) Name des Meldepflichtigen und des Emittenten	66
bb) Anschrift des Meldepflichtigen und des Emittenten	69
cc) Angabe der Schwellenberührung	71
dd) Stimmrechtsanteil des Meldepflichtigen	72
ee) Datum der Stimmanteilsveränderung	75
3. Art, Form und Sprache der Mitteilung (§ 18 WpAIV)	76
4. Mitteilungsfrist	79
a) Grundlagen	79
b) Fristbeginn	80
c) Fristdauer und -berechnung	87
d) Maßgeblicher Zeitpunkt	88

Schrifttum: *Arends,* Die Offenlegung von Aktienbesitz nach deutschem Recht, 2000; *Bedkowski/Widder,* Meldepflichten nach WpHG bei Umfirmierung bzw. Namensänderung des Aktionärs, BB 2008, 245; *Bernhardt,* Mitteilungs-, Bekanntmachungs- und Berichtspflichten über Beteiligungen nach neuem Aktienrecht, BB 1966, 678; *Bosse,* Melde- und Informationspflichten nach dem Aktiengesetz und dem Wertpapierhandelsgesetz in Zusammenhang mit dem Rückkauf eigener Aktien, ZIP 1999, 2047; *Bott/Schleef,* Transparenz von Beteiligungsverhältnissen nach dem Wertpapierhandelsgesetz – Nutzen für den Anleger?, ZBB 1998, 330; *Buck-Heeb,* Kapitalmarktrecht, 2006; *Burgard,* Die Offenlegung von Beteiligungen, Abhängigkeits- und Konzernlagen bei der Aktiengesellschaft, 1990; *Burgard,* Die Berechnung des Stimmrechtsanteils nach §§ 21 bis 23 Wertpapierhandelsgesetz, BB 1995, 2069; *ders.,* Kapitalmarktrechtliche Lehren aus der Übernahme Vodafone-Mannesmann, WM 2000, 611; *Cahn,* Probleme der Mitteilungs- und Veröffentlichungspflichten nach dem Aktiengesetz bei Veränderung des Stimmrechtsanteils an börsennotierten Gesellschaften, AG 1997, 502; *Dehlinger,* Vertragliche Marktsegmentregulierung an Wertpapierbörsen, 2003; *Diekmann,* Mitteilungspflichten nach §§ 20 ff. AktG und dem Diskussionsentwurf des Wertpapierhandelsgesetzes, DZWiR 1994, 13; *Emmerich/Habersack,* Aktien- und GmbH-Konzernrecht, 5. Auflage 2008; *Falkenhagen,* Aktuelle Fragen zu den neuen Mitteilungs- und Veröffentlichungspflichten nach Abschnitt 4 und 7 des Wertpapierhandelsgesetzes, WM 1995, 1005; *Fleischer/Körber,* Der Rückerwerb eigener Aktien und das Wertpapiererwerbs- und Übernahmegesetz, BB 2001, 2589; *Fuchs,* Tracking Stock – Spartenaktien als Finanzierungsinstrument für deutsche Aktiengesellschaften, ZGR 2003, 167; *Grub/Streit,* Börsenzulassung und Insolvenz, BB 2004, 1397; *Grunewald,* Die Rechtsfähigkeit der Erbengemeinschaft, AcP 197 (1997), 305; *Happ,* Zum Regierungsentwurf eines Wertpapierhandelsgesetzes, JZ 1994, 240; *Harbarth,* Kontrollerlangung und Pflichtangebot, ZIP 2002, 321; *Heinrich,* Kapitalmarktrechtliche Transparenzbestimmungen und die Offenlegung von Beteiligungsverhältnissen, 2006; *Heppe,* Zu den Mitteilungspflichten nach § 21 WpHG im Rahmen der Umwandlung von Gesellschaften, WM 2002, 60; *Hildner,* Kapitalmarktrechtliche Beteiligungstransparenz verbundener Unternehmen, 2002; *Hopt,* Zum neuen Wertpapierhandelsgesetz in WM-Festgabe für Thorwald Hellner, WM 1994, 29; *Horn,* Deutsches und europäisches Gesellschaftsrecht und die EUGH-Rechtsprechung zur Niederlassungsfreiheit – Inspire Art, NJW 2004, 893; *Hüffer,* Aktiengesetz, 7. Aufl. 2006; *Kirschner,* Unterlassene Meldung einer Umfirmierung als Verstoß gegen § 21 Abs. 1 Satz 1 WpHG?, DB 2008, 623; *Kuthe/Rückert/Sickinger* (Hrsg.), Compliance-Handbuch Kapitalmarktrecht, 2004; *Lange,* Aktuelle Rechtsfragen der kapitalmarktrechtlichen Zurechnung, ZBB 2004, 22; *Liebscher,* Die Zurechnungstatbestände

§ 21 1

Abschnitt 5. Veränd. des Stimmrechtsanteils

des WpHG und WpÜG, ZIP 2002, 1005; *Lutter,* „Überseering" und die Folgen, BB 2003, 7; *Maul/Schmidt,* Inspire Art – Quo vadis Sitztheorie?, BB 2003, 2297; *Möllers,* Anlegerschutz durch Aktien- und Kapitalmarktrecht, ZGR 1997, 334; *Müller-Michaels/ Wecker,* Freiverkehr: gesetzliche Rahmenbedingungen und Börsenordnungen, FB 2005, 736; *Hoffmann-Becking* (Hrsg.), Münchener Handbuch zum Gesellschaftsrecht, Bd. 4, 3. Aufl. 2007; *Mutter,* Die Stimmrechtszurechnung nach § 22 WpHG bei Einschaltung eines Trusts, AG 2006, 637; *Nottmeier/Schäfer,* Praktische Fragen im Zusammenhang mit §§ 21, 22 WpHG, AG 1997, 87; *Ringe,* Die Neuregelung des Internationalen Kapitalmarktpublizitätsrechts durch die Neufassung der Transparenzrichtlinie, AG 2007, 809; *D. Schäfer,* Aktuelle Probleme des neuen Aktienrechts, BB 1966, 229; *Schnabel/Korff,* Mitteilungs- und Veröffentlichungspflichten gemäß §§ 21 ff WpHG und ihre Änderung durch das Transparenzrichtlinie-Umsetzungsgesetz – Ausgewählte Praxisfragen, ZBB 2007, 179; *Uwe H. Schneider,* Die kapitalmarktrechtlichen Offenlegungspflichten von Konzernunternehmen in FS Brandner, 1996, 565; *ders.,* Anwendungsprobleme bei den kapitalmarktrechtlichen Vorschriften zur Offenlegung von wesentlichen Beteiligungen an börsennotierten Aktiengesellschaften (§§ 21 ff. WpHG), AG 1997, 81; *ders.,* Alternative Mitteilungen nach § 21 WpHG? – Zur Rechtsberatung bei Rechtsunsicherheit in FS Schütze, 1999, 757; *ders./Burgard,* Transparenz als Instrument der Steuerung des Einflusses der Kreditinstitute auf Aktiengesellschaften, DB 1996, 1761; *Schnorbus,* Die Rechtsstellung der Emissionsbank bei der Aktienemission, AG 2004, 113; *Segna,* Irrungen und Wirrungen im Umgang mit den §§ 21 ff. WpHG und § 244 AktG, AG 2008, 311; *Sieger/ Hasselbach,* „Tracking Stock" im deutschen Aktien- und Kapitalmarktrecht, AG 2001, 391; *Starke,* Beteiligungstransparenz im Gesellschafts- und Kapitalmarktrecht – Rechtsprobleme der §§ 21 ff. WpHG und des § 20 AktG, 2002; *Südmeyer,* Mitteilungs- und Veröffentlichungspflichten nach §§ 21, 22 WpHG, BB 2002, 685; *Vonnemann,* Mitteilungspflichten gemäß §§ 20 Abs. 1, 21 Abs. 1 AktG, AG 1991, 325; *Widder,* Rechtsnachfolge in Mitteilungspflichten nach §§ 21 ff. WpHG, § 20 AktG?, NZG 2004, 275; *ders.,* Kapitalmarktrechtliche Beteiligungstransparenz und Gesamtrechtsnachfolge, BB 2005, 1979; *Wilsing,* Wiederaufleben des Stimmrechts aus Vorzugsaktien und Mitteilungspflicht nach § 21 Abs. 1 WpHG, BB 1995, 2877; *Witt,* Die Änderungen der Mitteilungs- und Veröffentlichungspflichten nach §§ 21 ff. WpHG und § 20 f. AktG durch das Dritte Finanzmarktförderungsgesetz und das KonTraG, WM 1998, 1153; *ders.,* Vorschlag für eine Zusammenfügung der §§ 21 ff. WpHG und des § 20 AktG zu einem einzigen Regelungskomplex, AG 1998, 171; *ders.,* Übernahmen von Aktiengesellschaften und Transparenz der Beteiligungsverhältnisse, 1998.

I. Grundlagen

1 § 21 regelt die **Voraussetzungen der Mitteilungspflicht** und bildet damit die Kernvorschrift im fünften Abschnitt des WpHG. Zusammen mit der Veröffentlichungspflicht nach § 26 kennzeichnet § 21 den gesamten Regelungskomplex der §§ 21 bis 30 als funktionsorientiertes Kapitalmarktrecht mit dem Ziel der Beteiligungstransparenz an Aktienemittenten im Sinne des § 21 Abs. 2 (Vor §§ 21 bis 30 Rn. 16). Die **zentrale Stellung des § 21** zeigt sich auch daran, dass alle weiteren Normen des fünften Abschnitts des WpHG auf § 21 verweisen oder sich auf die Stimmrechtsmitteilungen beziehen. Hierdurch erscheinen die §§ 21 ff. als weitgehend in sich geschlossen. Im Einzelnen legt § 21 Abs. 1 die Voraussetzungen und Inhalt der Mitteilungspflicht bei wesentlichen Stimmanteilsveränderungen fest. Dabei wird in § 21 Abs. 1 Satz 1 auch die **Zurechnungsvorschrift des § 22** berücksichtigt, weshalb diese letztlich einen tatbestandlichen Annex zu § 21 Abs. 1 darstellt. Nach Maßgabe von § 21 Abs. 1 a entsteht die Mitteilungspflicht bereits im Zeitpunkt der erstmaligen Zulassung von Aktien eines Emittenten zum Handel an einem organisierten Markt. Der Anwendungsbereich der §§ 21 ff. wird durch § 21 Abs. 2 konkretisiert, wonach als Inlandsemittenten (§ 2 Abs. 7) und Emittenten, für die die Bundesrepublik Deutschland der Herkunftsstaat ist (§ 2 Abs. 6), nur solche gelten, deren Aktien zum Handel an einem organisierten Markt (§ 2 Abs. 5) zugelassen sind. Das Erfordernis der Zulassung an einem organisierten Markt ergibt sich bereits aus den Definitionen in § 2 Abs. 6 und Abs. 7, so dass der eigentliche Regelungsgehalt des § 21 Abs. 2 in der **Beschränkung des Anwendungsbereichs der §§ 21 ff. auf Aktienemittenten** besteht. § 21 Abs. 1 und Abs. 1a finden nur auf Emittenten im Sinne des § 2 Abs. 6 Anwendung, während die Veröffentlichungspflichten nach §§ 26, 26a für alle Inlandsemittenten von Aktien gelten.

§ 21 wurde zuletzt durch das **Transparenzrichtlinie-Umsetzungsgesetz** 2 vom 5. Januar 2007[1] mit Wirkung zum 20. Januar 2007 umgestaltet (zum gemeinschaftsrechtlichen Hintergrund siehe Vor §§ 21 bis 30 Rn. 4 ff.). Neben der Umsetzung des Herkunftsstaatsprinzips[2] wurden insbesondere die Schwellenwerte von 15%, 20% und 30% (vgl. Art. 9 Abs. 1 der Transparenzrichtlinie 2004/109/EG) eingefügt. Die neue Eingangsmeldeschwelle von 3% stellt demgegenüber originär nationales Recht dar. Weitere Änderungen betreffen die von Art. 12 Abs. 2 der Richtlinie geforderte Verkürzung der maximalen Erfüllungsfrist auf vier Handelstage, die auf Art. 2 Abs. 1 e) Nr. iii) der Richtlinie beruhende Einfügung des neuen § 21 Abs. 1 Satz 2 sowie die Verlagerung der Bestimmungen zu Inhalt und Form der Stimmrechtsmitteilungen in die WpAIV (dazu Rn. 61).

II. Regelungsadressaten

1. Allgemeines

Die Normadressaten werden in § 21 Abs. 1 Satz 1 als „Meldepflichtige" be- 3 zeichnet. Weitere Angaben zur **Person der Meldepflichtigen** enthält der Tatbestand nicht. Die normative Offenheit des Adressatenkreises ist angesichts des Normzwecks zwingend. Im Gegensatz zu den konzernrechtlichen Regelungen der §§ 20 f. AktG, die den Kreis der Meldepflichtigen und Beteiligungsgesellschaften auf „Unternehmen" beschränken, sind die §§ 21 ff. nicht auf einen anhand bestimmter Merkmale eingrenzbaren Personenkreis festgelegt. Sie gelten damit auch für so genannte Privataktionäre, also Privatpersonen ohne anderweitige wirtschaftliche Interessenbindung. Eine nähere normative Konkretisierung der Meldepflichtigen erscheint weder sachgerecht noch möglich. Eine solche Festlegung würde dem von § 21 (zusammen mit der Zurechnung nach § 22) verfolgten Regelungszweck, alle Rechtssubjekte mit Stimmrechtseinfluss auf die Gesellschaft zu erfassen, nicht gerecht.[3]

---

[1] Gesetz zur Umsetzung der Richtlinie 2004/109/EG des Europäischen Parlaments und des Rates vom 15. Dezember 2004 zur Harmonisierung der Transparenzanforderungen in Bezug auf Informationen über Emittenten, deren Wertpapiere zum Handel auf einem geregelten Markt zugelassen sind, und zur Änderung der Richtlinie 2001/34/EG, BGBl. I S. 10.
[2] Dazu Begr. RegE BT-Drucks. 16/2498, S. 27.
[3] Nach Art. 2 Abs. 1 lit. e) iVm Art. 9 Abs. 1 der Transparenzrichtlinie 2004/109/EG ist Regelungsadressat „jede natürliche oder juristische Person des privaten oder öffentlichen Rechts".

§ 21 4, 5   Abschnitt 5. Veränd. des Stimmrechtsanteils

4   Die Begründung der Mitteilungspflicht in der Person eines Meldepflichtigen setzt voraus, dass dieser **Träger von Rechten und Pflichten** ist. Auch bei Sachverhalten, die nach der inländischen Rechtsordnung zu beurteilen sind, ist die persönliche Zuordnung der Mitteilungspflicht nicht immer einfach. Beispiele hierfür sind Gesamthandsgemeinschaften (Gesellschaft bürgerlichen Rechts, Erbengemeinschaft, eheliche Gütergemeinschaft), Bruchteilsgemeinschaften und die vormals so genannten „Scheinauslandsgesellschaften" (Gesellschaften mit statutarischem Sitz im Ausland und Verwaltungssitz im Inland). Teilweise kann sich – wie bei der Außen-GbR und den Scheinauslandsgesellschaften geschehen – allein durch die höchstrichterliche Rechtsprechung die Zuordnung von Rechten und Pflichten ändern. Demzufolge handelt es sich hier um allgemeine (zivil-)rechtliche Vorfragen, was einer konkreteren Beschreibung der Regelungsadressaten in § 21 Abs. 1 entgegensteht. Dies gilt auch für Sachverhalte mit Auslandsbezug (zB Personenzusammenschlüsse mit Sitz im Ausland), bei denen eine Beurteilung der persönlichen Zuordnung der Mitteilungspflicht nach Maßgabe des jeweils anwendbaren ausländischen Personen- oder Gesellschaftsrechts erfolgt.

5   Gemäß § 21 Abs. 1 und Abs. 1a mitteilungspflichtig kann nur sein, wer **rechtsfähig oder zumindest teilrechtsfähig** ist.[4] Dies gilt für Meldepflichtige privaten und öffentlichen Rechts unabhängig von ihrem (Wohn-)Sitz.[5] Die Rechtsträgereigenschaft ist *conditio sine qua non* der Mitteilungspflicht, gleich ob diese allein aufgrund von § 21 oder auch unter Berücksichtigung des § 22 begründet wird. Im Grundsatz sind diejenigen, die Eigentümer des mitzuteilenden Stimmrechtsanteils sind (oder waren), stets selbst gemäß § 21 Abs. 1 verpflichtet. Die dingliche Inhaberschaft von Stimmrechtsanteilen in erforderlichem Umfang begründet – mit einer Ausnahme im Fall der Übertragung von Sicherungseigentum (hierzu § 22 Rn. 59) – immer die Mitteilungspflicht des Anteilsinhabers, und zwar auch dann, wenn ein Dritter für die Pflichterfüllung des Meldepflichtigen zuständig ist (siehe unten). Umgekehrt setzt die Mitteilungspflicht nicht notwendig voraus, dass der Meldepflichtige Eigentümer des mitzuteilenden Stimmrechtsanteils ist oder sonst über eine dingliche Rechtsposition daran verfügt. Bei Anwendung des § 22 fällt die dingliche Zuordnung des Stimmrechtsanteils und die Zuordnung der Mitteilungspflicht typischerweise auseinander. Davon zu unterscheiden ist die Frage, **wer die Mitteilungspflicht des Meldepflichtigen tatsächlich erfüllt.** Bei natürlichen Personen ist dies im Regelfall der Meldepflichtige selbst oder eine von diesem bevollmächtigte Person, bei juristischen Personen oder (teil-)rechtsfähigen Gesamthandsgemeinschaften das Vertretungsorgan oder eine intern zuständige oder bevollmächtigte Person. Im Konzern kann die Mitteilungspflicht einer Tochtergesellschaft nach Maßgabe von § 24 mit befreiender Wirkung von der Muttergesellschaft erfüllt werden.

---

[4] MünchKommAktG-*Bayer*, § 22 Anh. § 21 WpHG Rn. 4; *Heidel/Heinrich*, § 21 WpHG Rn. 4; *Hildner*, Kapitalmarktrechtliche Beteiligungstransparenz verbundener Unternehmen, S. 27; KölnKommWpHG-*Hirte*, Rn. 129 ff.; *Nolte* in *Bürgers/Körber*, Anh. § 22/§ 21 WpHG Rn. 2; *Veil* in *Schmidt/Lutter*, Anh. § 22: § 21 WpHG Rn. 4.
[5] *Hüffer*, AktG, § 22 Anh. § 21 WpHG Rn. 4; KölnKommAktG-*Koppensteiner*, § 22 Anh. §§ 21 ff. WpHG Rn. 33; *Schneider* in *Assmann/Schneider*, Rn. 5; *Schwark*, § 21 WpHG Rn. 2.

Die Mitteilungspflicht nach § 21 Abs. 1 entfällt nicht deshalb, weil die Stimmrechte des Meldepflichtigen gemäß § 22 einem Dritten zuzurechnen sind.[6] Es findet also **keine Absorption der Stimmrechte** statt. Die zu den aktienrechtlichen Mitteilungspflichten nach § 20 AktG teilweise vertretene Gegenansicht hat im Rahmen der §§ 21, 22 keine Gefolgschaft gefunden.[7] Das Nebeneinander der Mitteilungspflichten des Aktionärs und des Dritten ist vom Zweck der §§ 21 ff. geboten und von ihrem Wortlaut gedeckt. In Zurechnungsfällen bleibt für den Kapitalmarkt von Bedeutung, wer an dem Emittenten unmittelbar mit den nach § 21 Abs. 1 mitzuteilenden Stimmrechtsanteilen beteiligt ist.[8] Zwar sieht § 17 Abs. 2 Satz 1 WpAIV (dazu § 22 Rn. 109) vor, dass in der Stimmrechtsmitteilung eines gemäß § 22 Meldepflichtigen die Person des unmittelbaren Aktionärs, dessen Aktien dem Meldepflichtigen zuzurechnen sind, namentlich genannt werden muss, wenn der zugerechnete Stimmrechtsanteil mindestens 3% beträgt. Dennoch käme es bei einer Absorption der Stimmrechte des Aktionärs zu Transparenzlücken.[9] Vor diesem Hintergrund sprechen die in § 22 verwendeten Begriffe („Zurechnung" und „gleichstehen") dafür, dass die zuzurechnenden Stimmrechtsanteile in der Person des Aktionärs bestehen bleiben und dort unter den Voraussetzungen des § 21 Abs. 1 dessen Mitteilungspflicht begründen. Soweit die **doppelte Mitteilungspflicht** weiter aus § 24 hergeleitet wird,[10] ist dies nur teilweise plausibel. Nach § 24 können im Konzern etwaige Mitteilungspflichten der Tochtergesellschaften von der jeweiligen Muttergesellschaft erfüllt werden. Damit erfasst § 24 auch den Fall, dass im Konzern eine Mitteilungspflicht der Muttergesellschaft neben einer solchen der Tochtergesell-

---

[6] LG Hamburg AG 2002, 525, 526; *Arends,* Die Offenlegung von Aktienbesitz nach deutschem Recht, S. 58; MünchKommAktG-*Bayer,* § 22 Anh. § 22 WpHG Rn. 3; KölnKommWpHG-*von Bülow,* § 22 Rn. 30; *Burgard* BB 1995, 2069, 2072; *Hildner,* Kapitalmarktrechtliche Beteiligungstransparenz verbundener Unternehmen, S. 100 f.; KölnKommWpHG-*Hirte,* Rn. 94; *Hüffer,* AktG, § 22 Anh. § 22 WpHG Rn. 6; KölnKommAktG-*Koppensteiner,* § 22 Anh. §§ 21 ff. WpHG Rn. 24; *Opitz* in *Schäfer/Hamann,* KMG, § 21 WpHG Rn. 36; *Schneider* in *Assmann/Schneider,* Rn. 57 ff.; *Schwark,* § 22 WpHG Rn. 32; *Witt,* Übernahme von Aktiengesellschaften und Transparenz der Beteiligungsverhältnisse, S. 154 f. AA *Lange* ZBB 2004, 22, 24 f.
[7] Für eine alleinige Mitteilungspflicht des herrschenden Unternehmens im Rahmen von § 20 AktG *D. Schäfer* BB 1966, 229, 230; *Bernhardt* BB 1966, 678, 681. Für Mitteilungspflicht bei herrschendem und abhängigem Unternehmen etwa *Burgard,* Die Offenlegung von Beteiligungen, Abhängigkeits- und Konzernlagen bei der Aktiengesellschaft, S. 50; wieder anders *Vonnemann* AG 1991, 352 ff.
[8] Ähnlich *Burgard,* Die Offenlegung von Beteiligungen, Abhängigkeits- und Konzernlagen bei der Aktiengesellschaft, S. 50, im Hinblick auf § 20 AktG.
[9] Zum Beispiel dann, wenn dem Dritten vom Aktionär als Treuhänder (nach § 22 Abs. 1 Satz 1 Nr. 2) ein Stimmrechtsanteil von 2,5% zugerechnet wird und der Aktionär daneben einen Anteil von 2,9% für eigene Rechnung hält. Käme es in diesem Fall zu einer „Wegrechnung" der Stimmrechte beim Aktionär, wäre dieser nicht meldepflichtig; der Dritte müsste dessen Namen gemäß § 17 Abs. 2 Satz 1 nicht offen legen. Somit wäre der Kapitalmarkt nicht darüber informiert, wer unmittelbar insgesamt 5,4% der Stimmrechte hält.
[10] *Arends,* Die Offenlegung von Aktienbesitz nach deutschem Recht, S. 58; *Burgard* BB 1995, 2069, 2072; *Hildner,* Kapitalmarktrechtliche Beteiligungstransparenz verbundener Unternehmen, S. 161; KölnKommWpHG-*Hirte,* Rn. 94; *Schneider* in *Assmann/Schneider,* Rn. 60; *Schwark,* § 22 WpHG Rn. 32.

schaft besteht. Fraglich ist aber gerade, ob bei der Zurechnung im Konzern nach § 22 Abs. 1 Satz 1 Nr. 1 die Mitteilungspflicht der Tochtergesellschaft erhalten bleibt. Hierauf gibt § 24 keine Antwort. Ohnehin ist § 24 auch in dem Fall anwendbar, dass lediglich die Tochtergesellschaft mitteilungspflichtig ist und keine pflichtbegründende Zurechnung an die Muttergesellschaft erfolgt (nämlich wenn sich der Gesamtstimmrechtsanteil der Muttergesellschaft durch die Stimmanteilsveränderung auf Ebene der Tochtergesellschaft nicht im mitzuteilenden Umfang bewegt). Erstreckt sich demnach der Anwendungsbereich des § 24 auf die einfache Mitteilungspflicht im Konzern, kann der Norm im Hinblick auf die doppelte Mitteilungspflicht in Zurechnungsfällen keine konkrete Aussage entnommen werden.

2. Meldepflichtige Personen und Gesellschaften

a) Natürliche Personen

7   Natürliche Personen sind **stets rechtsfähig** und Träger von Rechten und Pflichten. Damit entsteht die Mitteilungspflicht unter den Voraussetzungen des § 21 Abs. 1 unmittelbar in ihrer Person. Dies gilt unabhängig davon, ob der Meldepflichtige geschäftsfähig, beschränkt geschäftsfähig oder geschäftsunfähig ist. Denn bei § 21 Abs. 1 handelt es sich um eine gesetzliche Pflicht, die bei der tatbestandlich erfassten Person ohne Rücksicht auf Lebensalter oder sonstige Lebensverhältnisse ansetzt. Diese Umstände verlagern daher nicht die Mitteilungspflicht auf eine andere Person, sondern sind in anderem Zusammenhang relevant, etwa soweit es um den Beginn der Erfüllungsfrist nach § 21 Abs. 1 Satz 3 oder um die **Erfüllungszuständigkeit** geht. Dies trifft auch zu, wenn die Mitteilungspflicht des Meldepflichtigen unter Anwendung von § 22 begründet wird, zB bei einem Anteilsnießbrauch gemäß § 22 Abs. 1 Satz 1 Nr. 4 zugunsten eines Minderjährigen. Im Fall der vollen Geschäftsfähigkeit ist die betroffene natürliche Person nicht nur gemäß § 21 Abs. 1 verpflichtet, sondern auch für die Pflichterfüllung selbst verantwortlich, was die Einschaltung eines rechtsgeschäftlichen Vertreters als „Erfüllungsgehilfen" – zB im Rahmen einer Vermögensverwaltung – nicht ausschließt. Ein beschränkt geschäftsfähiger Meldepflichtiger kann die ihm obliegende Meldepflicht mit einer Mitteilung gemäß § 21 Abs. 1 selbst erfüllen (§ 107 BGB analog); dessen ungeachtet sind aber in erster Linie seine gesetzlichen Vertreter für die Erfüllung der Mitteilungspflicht verantwortlich. Allein den gesetzlichen oder etwaigen gerichtlich bestellten Vertretern obliegt die Pflichterfüllung, wenn der Meldepflichtige nicht einmal beschränkt geschäftsfähig oder aus sonstigen Gründen, insbesondere wegen seiner geistigen oder körperlichen Verfassung, nicht in der Lage ist, die Mitteilungspflicht zu erfüllen. Daher wird auch in Fällen der Vormundschaft, Pflegschaft oder Betreuung zwar die Mitteilungspflicht in der Person des Mündels, Betreuten usw. begründet, die Pflichterfüllung erfolgt aber durch den entsprechenden Vertreter, sofern der Meldepflichtige zur selbständigen Pflichterfüllung nicht in der Lage ist.[11]

b) Juristische Personen und Personenhandelsgesellschaften

8   Juristische Personen sind als Rechtsträger unter den Voraussetzungen des § 21 selbst mitteilungspflichtig. Dies gilt auch für Vorgesellschaften, also gegründete

---

[11] Nach *Schneider* in *Assmann/Schneider*, Rn. 10 b, hat der Vormund „für die Erfüllung der Meldepflichten zu sorgen".

aber noch nicht im Handelsregister eingetragene (Kapital-)Gesellschaften.[12] Keine Ausnahme von der Mitteilungspflicht besteht für juristische Personen des öffentlichen Rechts, deren unmittelbare oder mittelbare Beteiligungen an anderen (auch börsennotierten) Gesellschaften nach den einschlägigen gesetzlichen Bestimmungen in den Beteiligungsberichten der öffentlichen Hand anzugeben sind.[13] Nicht mitteilungspflichtig sind dagegen **Konzerne und Unternehmensgruppen** als solche, da diese – im Gegensatz zu den konzernangehörigen Unternehmen – keine Rechtsträgereigenschaft besitzen.[14] Den juristischen Personen im Hinblick auf eine eigene Rechtspersönlichkeit stark angenähert sind die Personenhandelsgesellschaften (Offene Handelsgesellschaft und Kommanditgesellschaft), die gemäß den §§ 124 Abs. 1, 161 Abs. 2 HGB über rechtliche Selbstständigkeit verfügen. Demnach sind sie nach Maßgabe des § 21 selbst mitteilungspflichtig.[15] Bei den juristischen Personen und Personenhandelsgesellschaften ist die Erfüllung der Mitteilungspflicht eine **Maßnahme der Geschäftsführung**, deren tatsächliche Erfüllung auf hierzu bevollmächtigte Personen oder Mitarbeiter delegiert werden kann (was der praktischen Übung bei Großunternehmen entspricht). Eine eigene Mitteilungspflicht von Gesellschaftern einer juristischen Person im Hinblick auf die von dieser gehaltenen Stimmrechte besteht nur bei Anwendung der Zurechnungsvorschrift des § 22.

c) Gesellschaft bürgerlichen Rechts als Außengesellschaft

Die Gesellschaft bürgerlichen Rechts kann als so genannte Außengesellschaft Träger von Rechten und Pflichten sein.[16] Eine solche **Außengesellschaft ist unter den Voraussetzungen des § 21 selbst mitteilungspflichtig.** Voraussetzung für diese Qualifizierung ist, dass die Gesellschaft bürgerlichen Rechts im Rechtsverkehr nach außen in Erscheinung tritt. Im vorliegenden Zusammenhang geht die Einordnung als Außengesellschaft eng einher mit der Erfüllung der tatbestandlichen Voraussetzungen der §§ 21 und 22. Eine Mitteilungspflicht der Gesellschaft besteht nur, wenn sie über mitteilungspflichtige Stimmrechtsanteile an dem Emittenten verfügt oder ihr im erforderlichen Umfang Stimmrechtsanteile Dritter zuzurechnen sind. In beiden Fällen tritt die Gesellschaft nach außen

---

[12] Hat die Vorgesellschaft (etwa bei einer Sachgründung) eine Stimmrechtsmitteilung nach § 21 Abs. 1 abzugeben, entsteht nach Eintragung der Gesellschaft in das Handelsregister die Mitteilungspflicht nicht neu (vgl. Rn. 47).
[13] Jahresbericht BAWe 1996, S. 27; *Nottmeier/Schäfer* AG 1997, 87, 90; *Arends*, Die Offenlegung von Aktienbesitz nach deutschem Recht, S. 48 f.; *Schwark*, § 21 WpHG Rn. 2.
[14] *MünchKommAkt-Bayer*, § 22 Anh. § 21 WpHG Rn. 6; *Hildner*, Kapitalmarktrechtliche Beteiligungstransparenz verbundener Unternehmen, S. 28; *Schneider* in FS Brandner, 565, 567; *Starke*, Beteiligungstransparenz im Gesellschafts- und Kapitalmarktrecht, S. 180.
[15] Vgl. *Opitz* in *Schäfer/Hamann*, KMG, § 21 WpHG Rn. 5; *Schneider* in *Assmann/Schneider*, Rn. 7; *Schwark*, § 21 WpHG Rn. 2.
[16] Siehe nur BGHZ 146, 341; BGH NJW 2002, 1207; *MünchKommBGB-Ulmer*, Vor § 705 Rn. 9 ff. mwN – Im vorliegenden Zusammenhang auch *Arends*, Die Offenlegung von Aktienbesitz nach deutschem Recht, S. 49; *KölnKommWpHG-Hirte*, Rn. 132; *Nottmeier/Schäfer* AG 1997, 87, 91; *Opitz* in *Schäfer/Hamann*, KMG, § 21 WpHG Rn. 7; *Schneider* in *Assmann/Schneider*, Rn. 8; *Schwark*, § 21 WpHG Rn. 3; *Starke*, Beteiligungstransparenz im Gesellschafts- und Kapitalmarktrecht, S. 180.

in Erscheinung, nämlich entweder als Aktionär des Emittenten (mit Gesamthandsvermögen) oder durch sonstiges Verhalten mit Außenwirkung, das einen der Zurechnungstatbestände des § 22 Abs. 1 oder Abs. 2 erfüllt.[17] Auch das bloße Halten und Verwalten der Beteiligung ist ausreichend für die Qualifizierung als Außengesellschaft,[18] zumal dies bei börsengehandelten Aktien im Regelfall die Einrichtung eines Depots bei einem Wertpapierdienstleistungsunternehmen erfordert. Sofern die Aktien dagegen im Außenverhältnis von einem Gesellschafter gehalten werden und die anderen Gesellschafter nur im Innenverhältnis an der Beteiligung und deren Verwaltung partizipieren, liegt eine **Innengesellschaft bürgerlichen Rechts** vor, die als solche nicht mitteilungspflichtig ist.[19]

d) Sonstige Meldepflichtige

10   Mitteilungspflichtig sind auch die sonstigen Rechtssubjekte, denen kraft Gesetzes **Rechtsträgereigenschaft** zukommt. Hierzu gehören die Partnerschaftsgesellschaft und die Europäische Wirtschaftliche Interessenvereinigung (EWIV), auf die § 124 Abs. 1 HGB entsprechende Anwendung findet und die damit rechtlich selbstständig sind.[20] Die Europäische Gesellschaft (SE) ist ebenfalls juristische Person[21] und daher unter den Voraussetzungen des § 21 selbst mitteilungspflichtig. Eine Besonderheit stellt der Idealverein im Sinn von § 54 BGB dar, der aufgrund seiner fehlenden Rechtsfähigkeit im Grunde nicht mitteilungspflichtig sein kann. Jedoch wird er nach ganz herrschender Meinung im Wesentlichen wie ein rechtsfähiger Verein behandelt.[22] Hinzu kommt, dass auf einen nicht rechtsfähigen Verein nach § 54 Satz 1 BGB die Vorschriften über die Gesellschaft (§§ 705 ff. BGB) anwendbar sind. Hieraus ergibt sich für einen nicht rechtsfähigen Verein, der nach außen in Erscheinung tritt, dass er wie eine Außengesellschaft bürgerlichen Rechts Rechtsträgereigenschaft besitzt und demnach wie eine solche gemäß § 21 mitteilungspflichtig ist.

3. Nicht meldepflichtige Personenmehrheiten

11   Mangels Rechtsträgereigenschaft kommen zahlreiche Personenmehrheiten und Gemeinschaften nicht als eigenständige Meldepflichtige im Sinne der §§ 21 ff. in Betracht. In diesen Fällen können nur die einzelnen Personen mitteilungspflichtig sein, die der **Personenmehrheit** oder der **Gemeinschaft** angehören, was indes nicht ausschließt, dass in den jeweiligen Stimmrechtsmitteilungen die persönliche Verbundenheit zum Ausdruck zu bringen ist (hierzu Rn. 68). Dies trifft zunächst auf die Gesamthandsgemeinschaften zu, die nicht selbst Rechtsträ-

---

[17] Zum Inhalt der Stimmrechtsmitteilung einer Außengesellschaft bürgerlichen Rechts noch unten Rn. 67.
[18] Vgl. *Opitz* in *Schäfer/Hamann*, KMG, § 21 WpHG Rn. 8.
[19] KölnKommWpHG-*Hirte*, Rn. 132; *Opitz* in *Schäfer/Hamann*, KMG, § 21 WpHG Rn. 7; *Schwark*, § 21 WpHG Rn. 3.
[20] Siehe § 7 Abs. 2 PartGG und § 1 EWIV-Ausführungsgesetz vom 14. August 1988 (BGBl. I 1988 S. 514).
[21] Siehe Art. 1 Abs. 3 und Art. 10 der Verordnung (EG) Nr. 2157/2001 des Rates von 8. Oktober 2001 über das Statut der Europäischen Gesellschaft (SE) (ABl. EG Nr. L294 vom 10. November 2001, S. 1 ff.).
[22] Siehe nur MünchKommBGB-*Reuter*, § 54 Rn. 15 ff. mwN.

ger sind, also die Erbengemeinschaft (§ 2032 BGB)[23] und die eheliche Gütergemeinschaft (§ 1415 BGB).[24] Weiter ist die Bruchteilsgemeinschaft der Miteigentümer nach § 741 BGB nicht selbst mitteilungspflichtig; ebenso die Innengesellschaft bürgerlichen Rechts nach §§ 705 ff. BGB (oben Rn. 9).[25] Die **Familie** als solche gehört ebenfalls nicht zu den Meldepflichtigen, selbst wenn die Familienangehörigen untereinander vertraglichen Bindungen im Hinblick auf die jeweils gehaltenen Aktien unterliegen (insbesondere aufgrund von Poolvereinbarungen oder so genannten Schutzgemeinschaftsverträgen).[26]

Den genannten Personenmehrheiten und Gemeinschaften ist gemeinsam, dass die Mitteilungspflicht bei den einzelnen Personen ansetzt und nicht bei der Personengruppe als solcher. Im Übrigen gibt es in der rechtlichen Behandlung der Personengruppen einige Unterschiede, etwa betreffend die Anteilszuordnung zu den Einzelpersonen (jeweils quotale Berechnung oder Zuweisung des gesamten Anteils) sowie den Inhalt der Stimmrechtsmitteilungen (hierzu unten Rn. 68). Eine grobe Einteilung lässt sich danach vornehmen, ob die meldepflichtige Einzelperson aktienrechtlich zur Ausübung der mitgliedschaftlichen Rechte allein berechtigt ist (so ein einzelnes Familienmitglied oder der Gesellschafter-Aktionär einer Innengesellschaft bürgerlichen Rechts) oder ob die Aktien – im Sinne von § 69 Abs. 1 AktG – mehreren Berechtigten zustehen (so bei der Bruchteils-, Erben- und Gütergemeinschaft). Während im ersten Fall der Meldepflichtige seinen eigenen Stimmrechtsanteil ganz mitzuteilen hat, ist im zweiten Fall je nach Art der Gemeinschaft eine volle oder quotale Bemessung des persönlichen Stimmrechtsanteils vorzunehmen, ohne dass – im Regelfall – zusätzlich untereinander eine gegenseitige Zurechnung nach § 22 erfolgt (näher Rn. 34).

4. Besondere Sachverhalte

a) Auslandsbezug

Die Mitteilungspflicht besteht unter den Voraussetzungen der §§ 21 und 22 auch, wenn der pflichtbegründende Sachverhalt einen Auslandsbezug aufweist. Dieser kann sich insbesondere daraus ergeben, dass der Stimmrechtsinhaber oder der Dritte, dem Stimmrechte nach § 22 zugerechnet werden, eine natürliche Person mit ausländischer Staatsangehörigkeit oder eine nach ausländischem Recht gegründete Gesellschaft oder ein sonst nach ausländischem Recht beste-

---

[23] Für Rechtsfähigkeit der Erbengemeinschaft dagegen *Grunewald* AcP 197 (1997), 305.
[24] Wie hier – Meldepflicht der Einzelpersonen – KölnKommWpHG-*Hirte*, Rn. 135; *Opitz* in *Schäfer/Hamann*, § 21 WpHG Rn. 11; *Schneider* in *Assmann/Schneider*, Rn. 10; *Schwark*, § 22 WpHG Rn. 4; *Sester* in *Spindler/Stilz*, § 22 Anh. Rn. 23. Abweichend – Erben- oder Gütergemeinschaft meldet unter Nennung der Mitglieder – BAWe, Jahresbericht 1996, S. 28; *Hüffer*, AktG, § 22 Anh. § 21 WpHG Rn. 4. KölnKommAktG-*Koppensteiner*, § 22 Anh. §§ 21 ff. WpHG Rn. 33; *Nottmeier/Schäfer* AG 1997, 87, 90 f.; wohl auch *Starke*, Beteiligungstransparenz im Gesellschafts- und Kapitalmarktrecht, S. 181; *Arends*, Die Offenlegung von Beteiligungsbesitz nach deutschem Recht, S. 49.
[25] Vgl. KölnKommWpHG-*Hirte*, Rn. 132, 135; *Schneider* in *Assmann/Schneider*, Rn. 6; *Schwark*, § 22 WpHG Rn. 3.
[26] Jahresbericht BAWe 1996, S. 28; KölnKommWpHG-*Hirte*, Rn. 134; *Hüffer*, AktG, § 22 Anh. § 21 WpHG Rn. 4; *Nottmeier/Schäfer* AG 1997, 87, 90; *Schneider* in *Assmann/Schneider*, Rn. 9; *Schwark*, § 21 WpHG Rn. 4; *Sester* in *Spindler/Stilz*, § 22 Anh. Rn. 23; *Starke*, Beteiligungstransparenz im Gesellschafts- und Kapitalmarktrecht, S. 181.

hendes Rechtssubjekt ist.²⁷ Der Auslandsbezug wird noch verstärkt, wenn sich der ausländische Meldepflichtige gewöhnlich nicht im Inland aufhält oder keinen Verwaltungssitz oder eine Niederlassung im Inland hat. In diesen Fällen entfalten die §§ 21 ff. extraterritoriale, d. h. über das inländische Hoheitsgebiet hinausgehende Wirkung, da die ausländischen Meldepflichtigen einer Rechtsordnung unterworfen werden, zu der sie persönlich – abgesehen von ihrer unmittelbaren oder gemäß § 22 vermittelten Beteiligung an einem Emittenten im Sinne der §§ 2 Abs. 6, 21 Abs. 2 – keinen weiteren Bezug haben.²⁸ Es kann nicht durchgängig angeführt werden, der ausländische Aktionär habe sich durch sein Beteiligungsgeschäft freiwillig dem inländischen Sachrecht unterworfen. Insbesondere im Fall der erstmaligen Börsenzulassung der Aktien der Gesellschaft entsteht die Mitteilungspflicht gemäß § 21 Abs. 1a im Zweifel auch ohne Zutun oder Einverständnis des Meldepflichtigen. Die **extraterritoriale Wirkung** wird besonders deutlich, wenn bei Pflichtverletzungen der Meldepflichtigen Bußgeldsanktionen oder aufsichtsrechtliche Maßnahmen der BaFin drohen. Unter diesem Blickwinkel ist die Anknüpfung der Mitteilungspflichten an Stimmrechtsanteile an Aktienemittenten, für die die Bundesrepublik Deutschland der Herkunftsstaat ist (§ 2 Abs. 6), aber ausreichend, damit die extraterritoriale Wirkung der Mitteilungspflichten **sachlich gerechtfertigt** ist und nicht gegen völkerrechtliche Grundsätze verstößt.²⁹ Die einheitliche Geltung der Mitteilungspflichten nach §§ 21 und 22 für in- und ausländische Meldepflichtige ist für die Erreichung des Zwecks der Vorschriften (Vor §§ 21 bis 30 Rn. 15 ff.) unabdingbar. Nur dadurch kann die Beteiligungstransparenz möglichst weitgehend und gleichmäßig hergestellt werden. Zudem wird so verhindert, dass über die Gründung ausländischer Zwischenholdings oder Vorschaltgesellschaften oder sonstige Einschaltung ausländischer Personen inländisches Kapitalmarktrecht umgangen wird.

14 Gewissermaßen das Gegenstück der Geltung inländischen Kapitalmarktrechts im Ausland ist die Geltung ausländischen Rechts bei der Beurteilung eines Sachverhalts mit Auslandsbezug am Maßstab der §§ 21 ff. Denn für bestimmte materielle Vorfragen der Anwendung der Mitteilungspflicht ist die jeweils einschlägige **ausländische Rechtsordnung** maßgeblich.³⁰ Dies gilt etwa für die Frage, ob eine Stimmanteilsveränderung oder Stimmrechtszurechnung die zur Auslösung der Mitteilungspflicht erforderliche (dingliche) Wirksamkeit erlangt hat. Werden Stimmrechtsanteile nach ausländischem Recht übertragen, richtet sich der für § 21 entscheidende Eigentumsübergang (hierzu Rn. 28) regelmäßig nach dieser Rechtsordnung. Vor allem ist ausländisches Recht maßgeblich, wenn es um die Beurteilung der Frage geht, ob eine ausländische Person, Gesellschaft oder ein

---

²⁷ *Arends*, Offenlegung von Aktienbesitz nach deutschem Recht, S. 48; *Falkenhagen* WM 1995, 1005; *Hildner*, Kapitalmarktrechtliche Beteiligungstransparenz verbundener Unternehmen, S. 28; *Nottmeier/Schäfer* AG 1997, 87, 90; *Schneider* in *Assmann/Schneider*, Rn. 11 f; *Starke*, Beteiligungstransparenz im Gesellschafts- und Kapitalmarktrecht, S. 180; *Opitz* in *Schäfer/Hamann*, KMG, § 21 WpHG Rn. 3, der zutreffend darauf hinweist, dass es sich bei § 1 Abs. 2 insoweit um ein Redaktionsversehen handelt.
²⁸ Eingehend zur extraterritorialen Wirkung *Opitz* in *Schäfer/Hamann*, KMG, § 21 WpHG Rn. 10a und 10b; vgl. auch *Ringe* AG 2007, 809, 813 ff.
²⁹ Im Ergebnis ebenso *Opitz* in *Schäfer/Hamann*, KMG, § 21 WpHG Rn. 10a und 10b; *Schneider* in *Assmann/Schneider*, vor § 21 Rn. 29 ff.; *Schwark*, § 21 WpHG Rn. 5.
³⁰ Zur Anwendung der §§ 21, 22 auf das Rechtsinstitut des Trusts siehe beispielsweise *Mutter* AG 2006, 637 ff.

sonstiger Zusammenschluss Rechtsträger ist und damit als Meldepflichtiger im Sinne von § 21 Abs. 1 in Betracht kommt. Insoweit enthält § 21 zwar die Anforderung der Rechtsfähigkeit, nimmt selbst aber keine Bewertung vor.

b) Insolvenz, Testamentsvollstreckung

Wird über das Vermögen eines Meldepflichtigen die Insolvenzverwaltung angeordnet oder wird im Wege der Erbschaft Vermögen erworben, das der Testamentsvollstreckung unterliegt, so schließt dies nach §§ 21, 22 bestehende Mitteilungspflichten der von den **Verfügungsbeschränkungen** betroffenen Personen nicht aus.[31] Dies ergibt sich nun auch aus dem neu in das WpHG eingefügten § 11 (siehe dort Rn. 6), nach dem der Insolvenzverwalter den Schuldner bei der Erfüllung der Pflichten nach dem WpHG zu unterstützen hat.[32] Weder gehen also die Mitteilungspflichten auf den Insolvenzverwalter oder den Testamentsvollstrecker mit befreiender Wirkung für die betroffenen Personen über, noch sind Insolvenzverwalter oder Testamentvollstrecker für die Erfüllung der Mitteilungspflichten der Meldepflichtigen zuständig.[33] Nach Eintritt der Insolvenz oder durch Erbfall oder aufgrund von Handlungen des Testamentsvollstreckers verwirklichte mitteilungspflichtige Sachverhalte lassen die dadurch bei den Meldepflichtigen (insolvente Personen oder Erben) begründeten Mitteilungspflichten unberührt (vgl. zur Zurechnung von Stimmrechten § 22 Rn. 73). Insolvenzverwalter und Testamentsvollstrecker haben als **Inhaber eines privaten Amtes** zwar die Verfügungsbefugnis über fremdes Vermögen; diese Amtswalter übernehmen jedoch nicht das Eigentum an dem von ihnen zu verwaltenden Vermögen. Der Zweck der §§ 21, 22 gebietet es, die Mitteilungspflicht bei den betroffenen Personen bestehen zu lassen. Andernfalls würde keine Transparenz hinsichtlich der dinglichen Beteiligungsverhältnisse bestehen. Der Blick auf die Eigentumsverhältnisse ist für den Kapitalmarkt weiterhin von Bedeutung, und zwar auch dann, wenn die Amtswalter die Stimmrechtsausübung übernehmen. Im Übrigen handelt es sich bei den Mitteilungspflichten nach den §§ 21, 22 um **persönliche Pflichten,**[34] die zwar einen Vermögensbezug haben, dadurch aber nicht in den gesetzlichen Zuständigkeitsbereich der Amtswalter fallen. Daher besteht auch keine Erfüllungszuständigkeit der Amtswalter, wenn die Mitteilungspflicht im konkreten Fall durch ihre Amtshandlung ausgelöst wird (insbesondere durch Beteiligungsveräußerung).[35] Zu ihren Pflichten gehört es allerdings, die Meldepflichtigen von den mitzuteilenden Stimmanteilsveränderungen in Kenntnis zu setzen.[36]

---

[31] Vgl. BVerwG AG 2005, 579, 580; *Dehlinger* in *Marsch-Barner/Schäfer*, Handbuch börsennotierte AG, § 11 Rn. 3; *Nottmeier/Schäfer* AG 1997, 87, 89; *Schneider* in *Assmann/Schneider*, Rn. 95; anders *Grub/Streit* BB 2004, 1397).

[32] Siehe auch Begr. RegE BT-Drucks. 16/2498, S. 31 f.

[33] AA *Schneider* in *Assmann/Schneider*, Rn. 10b und 10c, wonach die Erfüllungszuständigkeit auf den Testamentsvollstrecker oder Insolvenzverwalter übergehen soll.

[34] Zur Personenbezogenheit der §§ 21 ff. im Zusammenhang mit Beteiligungsübertragungen im Wege der Gesamtrechtsnachfolge auch *Widder* BB 2005, 1979, 1980; *Widder* NZG 2004, 275, 276.

[35] Insbesondere im Fall der Testamentsvollstreckung bleibt es den Meldepflichtigen unbenommen, den Testamentsvollstrecker zu bevollmächtigen, im Namen der betroffenen Mitglieder der Erbengemeinschaft Mitteilungspflichten zu erfüllen.

[36] Begr. RegE BT-Drucks. 16/2498, S. 32: Der Insolvenzverwalter hat dem Schuldner die zur Erfüllung seiner kapitalmarktrechtlichen Pflichten nötigen Informationen zur Verfügung zu stellen.

c) Rechtsnachfolge

16 Ist die Mitteilungspflicht in der Person eines Meldepflichtigen entstanden, geht sie weder im Wege der **Einzelrechtsnachfolge** noch der **Gesamtrechtsnachfolge** auf einen Rechtsnachfolger des Meldepflichtigen über.[37] Die gemäß § 21 entstandene Mitteilungspflicht (auf die Kenntnis nach § 21 Abs. 1 Satz 3 kommt es dabei nicht an) ist nicht übertragbar. Die Mitteilungspflicht ist nicht in der Weise sachbezogen, dass sie den mitzuteilenden Stimmrechtsanteilen oder Rechtspositionen, welche die Zurechnung nach § 22 begründen, akzessorisch anhaftet, wenn diese auf andere Personen übertragen werden. Dass die Mitteilungspflicht stattdessen personenbezogen ist, ergibt sich schon daraus, dass für die Pflichtbegründung **die individuellen Vermögens- und Rechtsverhältnisse** der Regelungsadressaten entscheidend sind. Damit entstehen bei Einzel- und Gesamtrechtsnachfolge die Mitteilungspflichten unter den Voraussetzungen der §§ 21, 22 beim Rechtsnachfolger allenfalls neu.[38] Ob die beim Rechtsvorgänger bereits begründeten Mitteilungspflichten fortbestehen oder erlöschen, ist eine anhand des Einzelfalls zu beantwortende Frage. Das Fortbestehen der Mitteilungspflicht liegt auf der Hand, wenn der Meldepflichtige nach dem Übertragungsvorgang weiter existiert (etwa bei einer Einzelübertragung oder bei einer partiellen Gesamtrechtsnachfolge durch Ausgliederung oder Abspaltung). In diesem Fall bleibt er verpflichtet, seine bisher entstandenen Mitteilungspflichten zu erfüllen. Verletzt er fortgesetzt diese Pflichten, droht ihm eine Geldbuße.[39] Die bisher entstandenen Mitteilungspflichten erlöschen dagegen, wenn der Meldepflichtige stirbt oder sonst wegfällt (zB im Wege der Verschmelzung oder Aufspaltung) und sein Vermögen sowie sonstige Rechtspositionen insgesamt im Wege der Gesamtrechtsnachfolge übertragen werden.

III. Der Stimmrechtsanteil als Bezugsgröße

1. Stimmrechte an Emittenten im Sinne der §§ 2 Abs. 6, 21 Abs. 2

a) Stimmrechte

17 Die Mitteilungspflicht nach § 21 bezieht sich allein auf die **Stimmrechte** an dem Emittenten (deren Gesamtzahl nach Maßgabe des § 26a zu publizieren ist); die Anteilsverhältnisse am Gesellschaftskapital sind demgegenüber unbeachtlich.[40] Damit unterscheidet sich die kapitalmarktrechtliche Beteiligungstransparenz von der aktienrechtlichen, die bei einer 25%-igen Beteiligung am Kapital der

---

[37] *Nolte* in *Bürgers/Körber*, Anh. § 22/§ 28 WpHG Rn. 3; *Widder* BB 2005, 1979 ff., *Widder* NZG 2004, 275 ff. AA *Heppe* WM 2002, 60, 63 ff., *Emmerich* in *Emmerich/Habersack*, Aktien- und GmbH-Konzernrecht, § 20 Rn. 16a (für den Fall der Gesamtrechtsnachfolge).
[38] Ebenso *Widder* BB 2005, 1979.
[39] Die eingetretene Sanktion des Rechtsverlustes wird jedoch aufgehoben, soweit der Meldepflichtige Aktien veräußert (siehe § 28 Rn. 21).
[40] Auch bei Kommanditgesellschaften auf Aktien sind allein die Stimmrechte aus den *Aktien entscheidend*, wenngleich bestimmte Hauptversammlungsbeschlüsse gemäß § 285 Abs. 2 Satz 1 AktG der Zustimmung des persönlich haftenden Gesellschafter der KGaA bedürfen.

Gesellschaft einsetzt (§ 20 Abs. 1 AktG iVm § 16 Abs. 2 Satz 1 und Abs. 4 AktG) und ferner bei Kapital- oder Stimmrechtsmehrheit besteht (§ 20 Abs. 4 AktG iVm § 16 Abs. 1 AktG). Nach Art. 4 Abs. 1 (aE) der Transparenzrichtlinie 88/627/EWG (Vor §§ 21 bis 30 Rn. 4) war es den Mitgliedstaaten überlassen, die Mitteilungspflicht zusätzlich auf wesentliche **Kapitalanteile** zu beziehen. Von dieser Option machte der Gesetzgeber jedoch keinen Gebrauch.[41] Nach der neuen Transparenzrichtlinie 2004/109/EG (Vor §§ 21 bis 30 Rn. 6) sind ausschließlich die Stimmrechte maßgeblich (vgl. Art. 9 ff.). Auch der **Kontrolltatbestand des § 29 Abs. 2 WpÜG** stellt auf das Halten von mindestens 30 Prozent der Stimmrechte (und nicht des Kapitals) ab, wodurch die vom Gesetzgeber insbesondere im Hinblick auf Übernahme- und Pflichtangebote (§§ 29 Abs. 1, 35 WpÜG) beabsichtigte Verknüpfung mit den Beteiligungstransparenzvorschriften der §§ 21 ff. hergestellt wird.[42] Die formale Betrachtung des Stimmrechtsanteils bedeutet weiter, dass – mit Ausnahme der von § 23 erfassten Sachverhalte – der **tatsächliche Einfluss des Meldepflichtigen auf den Emittenten grundsätzlich irrelevant** ist. Unerheblich für die Anwendung der §§ 21, 22 ist auch, ob mit einem mitzuteilenden Stimmrechtsanteil das Ziel der Kapitalanlage, eine Stimmrechtsausübung in der Hauptversammlung oder eine weitergehende unternehmerische Betätigung verfolgt wird.[43]

Wenngleich die Mitteilungspflicht an Stimmrechtsanteile anknüpft, folgt daraus nicht, dass sie von den Aktien losgelöst ist, welche die Stimmrechte verkörpern. Meldepflichtiger kann nur sein, wer entweder Eigentümer der Aktien ist oder wem Stimmrechte aus von Dritten gehaltenen Aktien gemäß § 22 zugerechnet werden. Das bedeutet, dass die tatsächliche Stimmrechtsausübung kein pflichtbegründendes Merkmal ist. Aus diesem Grund kann allein die Stimmrechtsausübung durch einen Vertreter des Aktionärs oder einen Legitimationsaktionär deren Mitteilungspflicht nicht begründen,[44] sofern nicht außerdem ein Fall des § 22 (siehe § 22 Rn. 72) vorliegt. Ferner bezieht sich die Mitteilungspflicht nur auf stimmberechtigte Aktien, die **wirksam begründete Mitgliedschaftsrechte** verkörpern. Stammaktien mit einheitlichem Nennwert und Stückaktien mit einem anteiligen Betrag des Grundkapitals sind jeweils mit Stimmrecht versehen. Vorzugsaktien sind nicht zu berücksichtigen, solange nicht die Stimmrechte unter den Voraussetzungen des § 140 Abs. 2 AktG wiederaufleben (dazu Rn. 54). Keine Stimmrechte verkörpern **aktienvertretende Zertifi-**

---

[41] Kritisch hierzu *Möllers* ZGR 1997, 334, 343; *Schneider* in *Assmann/Schneider*, Rn. 18.
[42] Nach Begr. RegE BT-Drucks. 14/7034, S. 70, soll die Unterrichtung der Anleger über Veränderungen wesentlicher Stimmrechtsbeteiligungen wichtige Hinweise auf bevorstehende Unternehmensübernahmen geben (Vor §§ 21 bis 30 Rn. 16). Diese Funktion können die §§ 21 ff. nur erfüllen, wenn bei der Bemessung der Beteiligungshöhe jeweils dieselben Kriterien gelten.
[43] Zu der geplanten Erstreckung der Stimmrechtsmitteilungen auf die vom Aktionär verfolgten Ziele siehe Vor §§ 21 bis 30 Rn. 13.
[44] Hierauf weist auch *Schneider* in *Assmann/Schneider*, Rn. 20, hin. Allerdings ist sein Hinweis auf das Fehlen des Zusatzes „aus ihm gehörenden Anteilen" (oder eines vergleichbaren Zusatzes) nicht ganz zutreffend, da in § 22 Abs. 1 Satz 1 ausdrücklich von „Stimmrechten aus Aktien des Emittenten" die Rede ist. In diesem Sinne auch Jahresbericht (BAWe) 1999, S. 33. Siehe ferner *Sudmeyer* in *Kuthe/Rückert/Sickinger*, Compliance-Handbuch Kapitalmarktrecht, 8. Kap. Rn. 10; KölnKommWpÜG-*von Bülow*, § 29 Rn. 117.

kate, insbesondere American Depositary Receipts (ADRs), die von Depositärbanken begeben werden und die von diesen gehaltenen Aktien repräsentieren. Die Mitteilungspflicht trifft gleichwohl ausschließlich den Zertifikatsinhaber, was § 21 Abs. 1 Satz 2 klarstellt (dazu noch Rn. 31).

19 So genannte **Tracking Stocks** (Spartenaktien), die nach herrschender Ansicht auch im Anwendungsbereich des Aktiengesetzes wirksam ausgegeben werden könnten,[45] wären bei der Bemessung der Stimmrechte zu berücksichtigen, sofern sie mit Stimmrechten ausgestattet sind.[46] Bei mit unterschiedlichen Nennwerten ausgegebenen Stammaktien sowie teileingezahlten Aktien einer börsennotierten Gesellschaft (vgl. § 5 Abs. 2 Nr. 1 BörsZulV) wird die Anzahl der jeweils verkörperten Stimmrechte durch weitere Umstände bestimmt (Höhe des Nennwerts oder Höhe der Einzahlung). **Bedingtes Kapital** zur Schaffung stimmberechtigter Stammaktien[47] führt nur im Umfang seiner wirksamen Inanspruchnahme zum Entstehen von Stimmrechten, d. h. etwa bei Aktienoptionen schrittweise je nach Ausübung und Ausgabe der Bezugsaktien (hierzu Rn. 50).

b) Aktienemittenten (§§ 2 Abs. 6, 21 Abs. 2)

20 Die mitzuteilenden Anteilsveränderungen beziehen sich auf Stimmrechte aus Aktien, die zum Handel an einem organisierten Markt (§ 2 Abs. 5) zugelassen sind. Das Erfordernis der Zulassung an einem organisierten Markt folgt schon aus der Definition des § 2 Abs. 6 (Emittent, für den die Bundesrepublik der Herkunftsstaat ist), an die § 21 Abs. 1 Satz 1 und Abs. 1 a tatbestandlich anknüpfen. § 21 Abs. 2 hat daher – neben der insoweit klarstellenden Funktion – die Bedeutung, den **Anwendungsbereichs der §§ 21 ff. auf Aktienemittenten zu beschränken.** Die Definition ist für den gesamten fünften Abschnitt des WpHG maßgeblich; insbesondere kommen damit ausschließlich Aktienemittenten als Adressaten der Veröffentlichungspflichten nach den §§ 26, 26 a (die an den Begriff des Inlandsemittenten gemäß § 2 Abs. 7 anknüpfen, siehe § 26 Rn. 3) in Betracht. Nicht unter § 21 Abs. 2 fallen damit Emittenten, die ausschließlich über eine Börsenzulassung von anderen Wertpapieren als Aktien verfügen.

21 Durch die Umsetzung der Transparenzrichtlinie 2004/109/EG[48] wurde das **Herkunftsstaatsprinzip** in das deutsche Recht übernommen. Anders als nach § 21 Abs. 2 aF ist nun ein Sitz des Emittenten im Inland nicht mehr zwingend erforderlich. [49] Gemäß § 2 Abs. 6 Nr. 1 b) sind auch solche Emittenten erfasst, die ihren Sitz in einem Staat haben, der weder Mitgliedstaat der EU noch Vertragsstaat des EWR ist (Drittstaat), und deren Wertpapiere zum Handel an einem organisierten Markt im Inland, in der EU oder dem EWR zugelassen sind, wenn das jährliche Dokument im Sinne des § 10 WpPG bei der Bundesanstalt zu hinterlegen ist. Zu den Einzelheiten sei auf § 2 Rn. 152 ff. verwiesen.[50]

---

[45] *Butzke* in *Marsch-Barner/Schäfer*, Handbuch börsennotierte AG, § 5 Rn. 40 ff.; *Fuchs* ZGR 2003, 167 ff.; *Sieger/Hasselbach* AG 2001, 391 ff.
[46] Tracking Stocks können als stimmberechtigte Stammaktien oder stimmrechtslose Vorzugsaktien ausgegeben werden (*Fuchs* ZGR 2003, 167, 187; *Sieger/Hasselbach* AG 2001, 391, 392).
[47] Bedingtes Kapital kann der Ausgabe unterschiedlicher Aktiengattungen dienen (siehe nur MünchKommAktG-*Fuchs*, § 193 Rn. 7).
[48] *Zum europarechtlichen Hintergrund siehe* Vor §§ 21 bis 30 Rn. 6.
[49] Kritisch zur alten Rechtslage *Schneider* in *Assmann/Schneider*, Rn. 46.
[50] Siehe dazu auch *Ringe* AG 2007, 809, 810 ff.

Die Aktien müssen gemäß § 21 Abs. 2 zum Handel an einem **organisierten** 22 **Markt** zugelassen sein. Nach der Legaldefinition des § 2 Abs. 5 ist organisierter Markt ein im Inland, in einem anderen Mitgliedstaat der EU oder einem anderen EWR-Vertragsstaat betriebenes oder verwaltetes, durch staatliche Stellen genehmigtes, geregeltes und überwachtes multilaterales System, das die Interessen einer Vielzahl von Personen am Kauf und Verkauf von dort zum Handel zugelassenen Finanzinstrumenten innerhalb des Systems und nach festgelegten Bestimmungen in einer Weise zusammenbringt oder das Zusammenbringen fördert, die zu einem Vertrag über den Kauf dieser Finanzinstrumente führt (§ 2 Rn. 141 ff.). Darunter fällt der **regulierte Markt im Sinne der §§ 32 ff. BörsG**, nicht aber der in § 48 BörsG geregelte Freiverkehr (§ 2 Rn. 149).[51] Soweit rechtspolitisch gefordert wird, dass die kapitalmarktrechtlichen Beteiligungstransparenzvorschriften auch auf **Freiverkehrsemittenten** Anwendung finden,[52] ist zu unterscheiden: Die herkömmlichen Freiverkehrssegmente sind nicht als IPO-Segmente angelegt, sondern für den Handel von Wertpapieren, die bereits an einer anderen inländischen oder ausländischen Börse notiert sind. Im Rahmen des Freiverkehrs soll es den Handelsteilnehmern der jeweiligen Wertpapierbörsen ermöglicht werden, die andernorts bereits gehandelten Wertpapiere auch ohne Mitwirkung der Emittenten unter dem Dach der jeweiligen Börse handeln zu können. Infolgedessen ist nach den Regelwerken der herkömmlichen Freiverkehrssegmente eine Antragstellung durch die betroffenen Emittenten regelmäßig nicht vorgesehen, allenfalls besteht eine Widerspruchsmöglichkeit. Aus diesem Grund wäre es insbesondere bei ausländischen Emittenten, die lediglich über eine Börsenzulassung in einem Drittstaat verfügen, rechtlich problematisch, wenn die Einbeziehung ihrer Wertpapiere in den Freiverkehr pflichtbegründende Wirkung entfalten sollte, ohne dass sie an der Einbeziehung mitgewirkt hätten. Anders liegt es bei den Freiverkehrssegmenten, die als IPO-Segmente ausgestaltet sind.[53] Bei diesen bestimmen die einschlägigen Regelwerke, dass die Einbeziehung der Aktien ausschließlich im Einvernehmen mit den Emittenten beantragt werden kann. Infolge der obligatorischen Mitwirkung der Emittenten wäre es unbedenklich, wenn durch die Einbeziehung der Aktien (weitere) kapitalmarktrechtliche Pflichten für Emittenten und Aktionäre begründet würden.[54] Soweit rechtspolitisch die Berücksichtigung der Freiverkehrssegmente im Rahmen des § 2 Abs. 5 oder in vergleichbaren Definitionsnormen gefordert wird, müsste dementspre-

---

[51] Vor Inkrafttreten des Finanzmarktrichtlinie-Umsetzungsgesetzes (BGBl. I 2007 S. 1330) am 1. November 2007 erfüllten in Deutschland der amtliche Markt (§§ 30 ff. BörsG aF) und der geregelte Markt (§§ 49 ff. BörsG aF) die Voraussetzungen eines organisierten Marktes. Siehe auch *Ringe* AG 2007, 809, 813.

[52] Etwa von *Witt*, Übernahme von Aktiengesellschaften und Transparenz der Beteiligungsverhältnisse, S. 240; vgl. auch *Schneider* in *Assmann/Schneider*, Rn. 48.

[53] Zum Beispiel der so genannte Entry Standard der Frankfurter Börse. Auch der Neue Markt der Frankfurter Börse war ein Freiverkehrssegment, wenngleich die Emittenten dort zusätzlich über eine Zulassung zum geregelten Markt verfügen mussten.

[54] Das Regelwerk des Entry Standard sieht zwar Folgepflichten der Emittenten vor, diese bestehen jedoch allein im Verhältnis der Emittenten zu den antragstellenden Handelsteilnehmern. Zwischen der Deutsche Börse AG als Veranstalter des Entry Standard und den Emittenten gibt es keine unmittelbaren Rechtsbeziehungen; vgl. auch die §§ 16 ff. der Allgemeinen Geschäftsbedingungen für den Freiverkehr an der FWB (Stand 28. April 2008).

23 chend zwischen den herkömmlichen Freiverkehrssegmenten (Einbeziehungssegmenten) einerseits und IPO-Segmenten andererseits differenziert werden.

23 Welche Märkte oder Marktsegmente **ausländischer Börsen** als organisierte Märkte im Sinne der §§ 2 Abs. 5, 21 Abs. 2 einzuordnen sind, ist am Maßstab der materiellen Anforderungen des § 2 Abs. 5 mit Blick auf die jeweiligen Börsenrechtsordnungen zu beurteilen. Zwar handelt es sich hier um eine autonome Betrachtung aus Sicht des inländischen Rechts, dabei kann aber berücksichtigt werden, wie der jeweilige Sitzstaat der Börse oder die dortige Börsenrechtspraxis den konkreten Markt selbst einstuft. In der Regel sind demnach die ausländischen Märkte, die in dem nach Art. 47 der Richtlinie über Märkte für Finanzinstrumente 2004/39/EG (MiFID)[55] zu erstellenden Verzeichnis der geregelten Märkte enthalten sind, organisierte Märkte im Sinne von § 2 Abs. 5.

24 Unter der **Zulassung von Wertpapieren** versteht man die an den Emittenten gerichtete Erlaubnis, für den Handel der Wertpapiere die Einrichtungen des organisierten Marktes zu benutzen.[56] Von der Zulassung zu unterscheiden ist die **Einführung der Wertpapiere,** also die tatsächliche Aufnahme der Notierung (siehe § 38 BörsG). Entscheidend für die Anwendung von § 21 ist allein die Zulassung, auf die nachfolgende Einführung kommt es nicht an.[57] Auch eine **Einbeziehung der Aktien** in einen organisierten Markt (vgl. § 33 BörsG) reicht nicht aus. Findet deutsches Börsenrecht Anwendung, ist in diesem Zusammenhang allerdings zu berücksichtigen, dass die Emittenten, deren Aktien in den regulierten Markt einbezogen werden, gemäß § 33 Abs. 1 Nr. 1 BörsG über eine bereits bestehende anderweitige Börsenzulassung verfügen müssen. Aufgrund dieser vorhandenen Zulassung können die Emittenten zur Beteiligungspublizität nach den §§ 21 ff. verpflichtet sein (so in den Fällen des § 33 Abs. 1 Nr. 1 a) und b) BörsG). Bei einer Börsenzulassung in einem Drittstaat nach § 33 Abs. 1 Nr. 1 c) BörsG ist der Emittent zwar nicht von § 21 Abs. 2 erfasst, es müssen jedoch vergleichbare Transparenzvorschriften anwendbar sein, wenn seine Aktien in den regulierten Markt einbezogen werden sollen.

25 Für den Tatbestand der Zulassung in § 21 Abs. 2 ist es ausreichend, wenn Aktien (irgend)einer Gattung zum Handel an einem organisierten Markt zugelassen sind. Demzufolge ist es bei Emittenten, die **mehrere Aktiengattungen** ausgegeben haben, nicht erforderlich, dass sämtliche Aktiengattungen zugelassen sind.[58] Auch müssen die zugelassenen Aktien nicht gerade die Stimmrechte verkörpern, auf die es bei der Berechnung der Stimmrechtsanteile nach § 21 Abs. 1 Satz 1 ankommt. Die §§ 21 ff. sind daher insbesondere auch auf Gesellschaften anzuwenden, bei denen lediglich die (im Regelfall) stimmrechtslosen Vorzugsaktien im Sinne von § 139 AktG, nicht aber die stimmberechtigten Stammaktien

---

[55] Dazu Einleitung Rn. 56 ff.
[56] Siehe etwa *Dehlinger* in *Marsch-Barner/Schäfer,* Handbuch börsennotierte AG, § 11 Rn. 1.
[57] Vgl. *Dehlinger* in *Marsch-Barner/Schäfer,* Handbuch börsennotierte AG, § 11 Rn. 2. Unzutreffend *Ringe* AG 2007, 809, 813, der zusätzlich fordert, dass die Wertpapiere in der Gemeinschaft tatsächlich gehandelt werden. Nach deutschem Börsenrecht erlischt jedoch die Zulassung, wenn die Wertpapiere nicht innerhalb von drei Monaten nach Veröffentlichung der Zulassungsentscheidung eingeführt werden (§ 38 Abs. 4 BörsG).
[58] *KölnKommWpHG-Hirte,* Rn. 102; *Nottmeier/Schäfer* AG 1997, 87, 91; *Schneider* in *Assmann/Schneider,* Rn. 47 a; *Starke,* Beteiligungstransparenz im Gesellschafts- und Kapitalmarktrecht, S. 177.

zugelassen sind.[59] Dies folgt aus der *ratio* der kapitalmarktrechtlichen Beteiligungstransparenzvorschriften (Vor §§ 21 bis 30 Rn. 16), zumal das Stimmrecht der Vorzugsaktionäre gemäß § 140 Abs. 2 Satz 1 AktG wieder aufleben kann (hierzu Rn. 54). § 21 Abs. 2 setzt zudem nicht voraus, dass von der zugelassenen Aktiengattung tatsächlich alle Aktien zugelassen sind.

2. Berechnung von Stimmrechtsanteilen

a) Gesamtzahl der Stimmrechte

Der für die Mitteilungspflicht entscheidende Parameter ist der Stimmrechtsanteil des Meldepflichtigen an dem Emittenten. Der Stimmrechtsanteil bemisst sich nach dem Verhältnis der dem Meldepflichtigen gehörenden und ihm nach § 22 zuzurechnenden Stimmrechte zum Gesamtbestand der Stimmrechte, die in den wirksam ausgegebenen Aktien des Emittenten verkörpert sind. Nach § 26a haben alle Inlandsemittenten (§§ 2 Abs. 7, 21 Abs. 2) die Gesamtzahl der Stimmrechte am Ende eines jeden Kalendermonats, in dem es zu einer Zu- oder Abnahme von Stimmrechten gekommen ist, in der in § 26 Abs. 1 Satz 1 vorgesehenen Weise zu veröffentlichen und gleichzeitig der BaFin mitzuteilen. Diese Regelung soll die nach § 21 meldepflichtigen Personen entlasten; diese dürfen die für die Berechnung ihres Stimmrechtsanteils erforderliche Gesamtzahl der Stimmrechte **grundsätzlich der Veröffentlichung nach § 26a entnehmen** (§ 17 Abs. 4 WpAIV). Dazu und zur Berechnung der Gesamtzahl siehe § 26a Rn. 5f.

b) Individueller Stimmrechtsanteil

Für die Berechnung des individuellen Stimmrechtsanteils sind – personenbezogen – die unmittelbar gehaltenen und die nach § 22 zuzurechnenden Stimmrechte Dritter zu ermitteln und in der Summe durch die Gesamtzahl der vorhandenen Stimmrechte zu dividieren. Die **individuelle Bestandsaufnahme** erfolgt weitgehend nach denselben Regeln wie die Erhebung der Gesamtstimmrechte (im Einzelnen § 26a Rn. 5f.). Es steht der Erfassung von Stimmrechten nicht entgegen, wenn die Aktien lediglich zur Kapitalanlage gehalten werden und eine Stimmrechtsausübung nicht beabsichtigt ist. Auch vertragliche Stimmrechtsverzichte oder -bindungen[60] sind unerheblich. Weiter zählen im Grundsatz alle (unmittelbar gehaltenen oder zuzurechnenden) Stimmrechte mit, auch wenn sie unter den konkreten Umständen kraft Gesetzes nicht ausgeübt werden dürfen oder in der Person des Aktionärs (vorübergehend) nicht bestehen (vgl. § 17 Abs. 1 Nr. 5 WpAIV und § 26a Rn. 6). Dies betrifft insbesondere die Stimmrechtsausübungsverbote nach §§ 71b, 71d Abs. 1 Satz 4 AktG im Fall des Erwerbs eigener Aktien durch den Emittenten (zur Zurechnung nach § 22 Abs. 1 Satz 1 Nr. 1 in diesem Fall siehe aber § 22 Rn. 12), nach § 136 AktG bei Interessenkonflikten im Zusammenhang mit Entlastungsbeschlüssen der Hauptversammlung sowie den Wegfall der Stimmrechte infolge der Verletzung von Mitteilungspflichten und Angebotspflichten gemäß § 28 WpHG und § 59 WpÜG. Die **Berücksichtigung der nicht ausübbaren Stimmrechte** bei der indivi-

---

[59] KölnKommWpHG-*Hirte*, Rn. 102; *Schneider* in *Assmann/Schneider*, Rn. 47a.
[60] Zur aktienrechtlichen Zulässigkeit von Stimmbindungsverträgen etwa *Hüffer*, AktG, § 133 Rn. 25ff.

duellen Bestandsaufnahme ist dadurch begründet, dass diese Stimmrechtsbeschränkungen an der Bedeutung des entsprechenden Anteils für Kapitalmarkt und Emittent nichts ändern (insbesondere wenn sie nur vorübergehend bestehen oder jederzeit aufgehoben werden können) und außerdem § 23 lediglich für bestimmte Fälle (und damit abschließend) die Nichtberücksichtigung von Stimmrechten zulässt. Allein Stimmrechte, die von einem der **Tatbestände des § 23** erfasst werden, zählen bei der Berechnung des individuellen Stimmrechtsbestands nicht mit. Dagegen sind Stimmrechte, die in übernahmerechtlichem Zusammenhang gemäß §§ 20 oder 35 WpÜG unberücksichtigt bleiben können, bei der Stimmanteilsberechnung nach § 21 Abs. 1 hinzuzuzählen. Die übernahmerechtlichen Bestimmungen enthalten Ausnahmeregelungen, die die Regelungsadressaten in sachlich begründeten Fällen insbesondere von der Angebotspflicht gemäß § 35 WpÜG dispensieren. Eine Einschränkung der kapitalmarktrechtlichen Beteiligungstransparenz ist dadurch nicht veranlasst.

c) Die Maßgeblichkeit der dinglichen Rechtslage

28 Bei der individuellen Erfassung der eigenen und der zuzurechnenden Stimmrechte kommt es grundsätzlich (zur Ausnahme im Fall von § 22 Abs. 1 Satz 1 Nr. 3 siehe § 22 Rn. 59) auf das **Eigentum der die Stimmrechte vermittelnden Aktien** oder die **Vollendung eines zur Zurechnung gemäß § 22 führenden Sachverhalts** an. Die Stimmrechte eines Dritten können nur zugerechnet werden, wenn der Dritte Aktieneigentümer ist oder – bei der Kettenzurechnung (§ 22 Rn. 13) – die zuzurechnenden Stimmrechte letztlich im Aktieneigentum eines vorgehenden Glieds der Zurechnungskette verkörpert sind. Dies bedeutet für Transaktionen unter Anwendung des Trennungsprinzips des deutschen Zivilrechts, dass der Abschluss eines auf Übereignung von Aktien gerichteten Verpflichtungsgeschäfts oder ein sonstiger **vertraglicher oder gesetzlicher Anspruch auf Verschaffung von Aktieneigentum** nicht ausreicht, die Mitteilungspflicht nach § 21 zu begründen. Dies entspricht der zu unmittelbaren Anteilsveränderungen bislang einhellig vertretenen Ansicht[61] und der zu § 22 Abs. 1 Satz 1 Nr. 5 überwiegend geäußerten Meinung,[62] die mit den Vorstellungen des Gesetzgebers des Transparenzrichtlinie-Umsetzungsgesetzes[63] übereinstimmt (im Einzelnen § 22 Rn. 65). Eine Anknüpfung an vertragliche oder gesetzliche Übereignungsansprüche wäre nicht geeignet, die Beherrschungsverhältnisse an der Gesellschaft sachgerecht widerzuspiegeln, da solche Verschaffungsan-

---

[61] *Arends*, Die Offenlegung von Aktienbesitz nach deutschem Recht, S. 53 f.; *Buck-Heeb*, Kapitalmarktrecht, Rn. 302; KölnKommWpHG-*von Bülow*, § 22 Rn. 91; *Burgard* BB 1995, 2069; *Cahn* AG 1997, 502, 507; *Heidel/Heinrich*, § 21 WpHG Rn. 7; *Hildner*, Kapitalmarktrechtliche Beteiligungstransparenz verbundener Unternehmen, 31; KölnKomm WpHG-*Hirte*, Rn. 106 ff.; *Hüffer*, AktG, § 22 Anh. § 21 WpHG Rn. 8; *Nottmeier/Schäfer* AG 1997, 87, 88; *Opitz* in *Schäfer/Hamann*, KMG, § 21 WpHG Rn. 20; insoweit auch *Schneider* in *Assmann/Schneider*, Rn. 411; *Schwark*, § 21 WpHG Rn. 12; *Starke*, Beteiligungstransparenz im Gesellschafts- und Kapitalmarktrecht, S. 182; *Veil* in *Schmidt/Lutter*, Anh. § 22: § 21 WpHG Rn. 9. Die dingliche Rechtslage ist auch bei der Berechnung der Kontrollschwelle nach § 29 Abs. 2 WpÜG entscheidend (siehe etwa KölnKömm WpÜG-*von Bülow*, § 29 Rn. 91 und 95).
[62] AA *Schneider* in *Assmann/Schneider*, Rn. 41 m und § 22 Rn. 92 ff.; *Arends*, Die Offenlegung von Aktienbesitz nach deutschem Recht, S. 68 f.
[63] Siehe BT-Drucks. 16/2498, S. 37 (zu § 25).

sprüche – wenn nicht außerdem ein zur Zurechnung nach § 22 führender Umstand vorliegt – typischerweise noch keine Stimmrechtsmacht mit sich bringen. Diesem Verständnis scheint auf den ersten Blick **Art. 12 Abs. 2 lit. a) der Transparenzrichtlinie 2004/109/EG** (Vor §§ 21 bis 30 Rn. 6) zu widersprechen. Danach beginnt die Meldefrist ungeachtet des Zeitpunkts, in dem der Erwerb, die Veräußerung oder die Möglichkeit der Ausübung der Stimmrechte wirksam werden. Die Reichweite dieser Norm und ihre Bedeutung für die Auslegung des § 21 sind insbesondere dann unklar, wenn auf eine Transaktion (etwa die rechtsgeschäftliche Veräußerung von Aktien) deutsches Recht Anwendung findet und damit zwischen Verpflichtungs- und Verfügungsgeschäft zu unterscheiden ist. Betrachtet man Art. 12 Abs. 2 lit. a) isoliert, könnte ihm die Bedeutung zukommen, dass die Meldepflicht nach Art. 9 der Richtlinie (und damit nach § 21) an das Bestehen von **Ansprüchen auf Übertragung von Aktien** anknüpft. Dagegen spricht jedoch, dass Art. 9 Abs. 1 für das Entstehen der Mitteilungspflicht darauf abstellt, welchen Stimmrechtsanteil der Meldepflichtige „hält" und dass gemäß Art. 12 Abs. 1 lit. a) die Anzahl der Stimmrechte „nach dem Erwerb bzw. der Veräußerung" zu melden sind. Auch dann, wenn Ereignisse im Sinne des Art. 9 Abs. 2 eintreten („Ereignisse, die die Aufteilung der Stimmrechte verändern", also zB Kapitalmaßnahmen), soll es nach dieser Vorschrift offenbar auf die dingliche Rechtslage ankommen, d. h. die Meldepflicht soll erst bestehen, wenn sich der Stimmrechtsanteil des Meldepflichtigen tatsächlich verändert hat (und nicht schon, wenn etwa eine Kapitalerhöhung nur beschlossen, aber noch nicht wirksam geworden ist). Dies folgt mittelbar auch aus Art. 12 Abs. 2 lit. b), wonach die Meldefrist in diesen Fällen erst beginnt, wenn der Meldepflichtige über das in Art. 9 Abs. 2 genannte (also das die Aufteilung der Stimmrechte effektiv verändernde) Ereignis informiert wird. Es ist daher festzuhalten, dass Art. 12 Abs. 2 lit. a) nicht den Anknüpfungspunkt der Beteiligungstransparenz regelt; stattdessen ist **nach wie vor die dingliche Rechtslage maßgeblich.**[64]

Art. 12 Abs. 2 lit. a) der Transparenzrichtlinie stellt damit lediglich für den Beginn der Meldefrist **zugunsten des Meldepflichtigen** klar, dass nicht objektiv der Zeitpunkt der (dinglichen) Wirksamkeit des Erwerbs oder der Veräußerung der die Stimmrechte verkörpernden Aktien maßgeblich ist, sondern allein der Zeitpunkt, in dem die darauf bezogenen Kenntnis oder das Kennenmüssen des Meldepflichtigen anzunehmen sind (zum Fristbeginn siehe Rn. 80 ff.). Dafür, Art. 12 Abs. 2 lit. a) keine Bedeutung für den Anknüpfungspunkt der Beteiligungstransparenz beizumessen, spricht auch der beschränkte Anwendungsbereich dieser Regelung. Denn für Änderungen des Stimmrechtsanteils, die nicht auf ein Rechtsgeschäft des Meldepflichtigen zurückgehen (also in den Fällen des Art. 9 Abs. 2 der Richtlinie) gilt Art. 12 Abs. 2 lit. b) (siehe Rn. 29). Des Weiteren

---

[64] Siehe auch die Hinweise der BaFin zu den Mitteilungs- und Veröffentlichungspflichten gemäß §§ 21 ff. WpHG, Stand 5. Februar 2007, unter I. 3. (abrufbar unter *www.bafin.de*). Das Committee of European Securities Regulators steht offenbar auf einem anderen Standpunkt (CESR's Final Technical Advice on Possible Implementing Measures of the Transparency Directive, Ref. CESR/05–407, June 2005, § 130), berücksichtigt jedoch die Besonderheiten des deutschen Zivilrechts nicht in ausreichendem Maße. Zudem haben diese Erwägungen keinen Niederschlag in der Transparenzrichtlinie 2004/109/EG oder der Durchführungsrichtlinie 2007/14/EG gefunden.

werden **Rechtsgeschäfte über Aktien, die nicht unmittelbar nach Vertragsschluss zu erfüllen sind** (Options- und Festgeschäfte im Sinne des § 2 Abs. 2, vgl. § 25 Rn. 7) nach der richtlinienkonformen Konzeption des deutschen Gesetzgebers von § 25 erfasst,[65] der eine *lex specialis* zu den §§ 21, 22 darstellt. Diese Trennung der Regelungsbereiche der §§ 21, 22 einerseits und des § 25 andererseits ist sachgerecht und vermeidet eine Irreführung der Kapitalmarktteilnehmer, da so Mitteilungen nach den §§ 21, 22 – wie nach der bisherigen Rechtslage – die gegenwärtigen Beherrschungsverhältnisse widerspiegeln, während Meldungen gemäß § 25 über den in der Zukunft (möglicherweise) erfolgenden Erwerb von Stimmrechten informieren sollen.

3. Einzelfälle

a) Bindungen im Innenverhältnis

31 Wenn der Aktieneigentümer im Innenverhältnis zu anderen Personen verpflichtet ist, bei der Stimmrechtsausübung oder der sonstigen Beteiligungsverwaltung (auch) deren Interessen zu wahren, schließt dies seine eigene Mitteilungspflicht nicht aus. Dies gilt insbesondere für die Fälle, in denen die Stimmrechte aus den Aktien gemäß § 22 einem Dritten zuzurechnen sind. Die Zurechnung nach § 22 lässt eine bestehende Mitteilungspflicht des Stimmrechtsinhabers nicht entfallen (siehe Rn. 6). Lediglich im Ausnahmefall bleiben stimmberechtigte Aktien beim Aktieneigentümer – auch ohne Anwendung des § 23 – unberücksichtigt: Dies betrifft zum einen Stimmrechte aus Aktien, die einem Gläubiger im Wege der **Sicherungsübereignung** übertragen worden und dem Sicherungsgeber nach § 22 Abs. 1 Satz 1 Nr. 3 zuzurechnen sind. Im Regelfall ist der Sicherungsnehmer im Hinblick auf die ihm sicherungshalber übertragenen Aktien nicht mitteilungspflichtig (§ 22 Rn. 60). Scheidet dagegen eine Zurechnung zum Sicherungsgeber aus, weil der Sicherungsnehmer zur weisungsunabhängigen Stimmrechtsausübung befugt und entschlossen ist, hat der Sicherungsnehmer ein über das Verwertungsinteresse hinausgehende Interesse an den mit den sicherungshalber übertragenen Aktien verbundenen mitgliedschaftlichen Rechten, so dass ihm die Stimmrechte aus den Aktien zuzuordnen sind. Zum anderen trifft die Mitteilungspflicht bei der Ausgabe von **aktienvertretenden Zertifikaten** (insbesondere **American Depositary Receipts**) ausschließlich den Zertifikatsinhaber, was § 21 Abs. 1 Satz 2 nun klarstellt.[66] Die Aussteller der Zertifikate und die mit der Verwahrung der zugrunde liegenden Aktien betrauten Stellen sind nicht mitteilungspflichtig.

b) Namensaktien

32 Hat der Emittent Namensaktien ausgegeben, gilt gemäß § 67 Abs. 2 AktG gegenüber der Gesellschaft nur derjenige als Aktionär, der im **Aktienregister der Gesellschaft** eingetragen ist. Nur die im Aktienregister Eingetragenen können

---

[65] In diesem Sinne dürften auch die Ausführungen der BaFin zu § 25 in dem unter *www.bafin.de* abrufbaren Dokument „Häufig gestellte Fragen zu den §§ 21 ff. WpHG" (Stand: 11. Juni 2007) zu verstehen sein.

[66] § 21 Abs. 1 Satz 2 dient der Umsetzung von Art. 2 Abs. 1 lit. e) iii) der Transparenzrichtlinie 2004/109/EG, vgl. BT-Drucks. 16/2498, S. 34. – Dies bedeutet keine Änderung der bisherigen Rechtslage, vgl. etwa Jahresbericht BaFin 2004, S. 200; anders noch Jahresbericht BAWe 1997, S. 31.

in der Hauptversammlung der Gesellschaft Stimmrechte ausüben.[67] Von der Eintragung im Aktienregister unabhängig ist die **dingliche Zuordnung des Aktieneigentums** und der darin verkörperten Stimmrechte.[68] Dementsprechend gibt die Registereintragung unter bestimmten Umständen nicht die wirklichen Eigentumsverhältnisse wieder. In diesen Fällen liegen die – für § 21 Abs. 1 entscheidende – Stimmrechtsinhaberschaft und die – gesetzlich unwiderlegbar angenommene – Berechtigung zur Stimmrechtsausübung nicht in einer Hand. Hierzu kommt es insbesondere, wenn Aktien nicht über die Börse erworben oder veräußert werden (zB bei außerbörslichen Pakettransaktionen oder Aktienübertragungen im Wege der Gesamtrechtsnachfolge) und damit die Umschreibung im Aktienregister nicht automatisch aufgrund der abwicklungstechnischen Routinen im Börsenhandel erfolgt,[69] sondern die Änderung des Registers manuell vorgenommen werden muss. Überdies können im Aktienregister Dritte als Legitimationsaktionäre eingetragen werden, die die Stimmrechte aus den ihnen nicht gehörenden Aktien im eigenen Namen für den, den es angeht (also die jeweiligen Aktieneigentümer), ausüben. Fallen Stimmrechtsinhaberschaft und Stimmrechtsausübungsberechtigung in dieser Weise auseinander, sind die Stimmrechte allenfalls unter den Voraussetzungen des § 22 zusätzlich noch den Ausübungsberechtigten zuzurechnen (§ 22 Rn. 71 ff.).[70] Für den Sonderfall, dass ein Kreditinstitut (als Depotbank) im Rahmen eines Übertragungsvorgangs von Namensaktien nur vorübergehend gesondert in das Aktienregister eingetragen wird, enthält § 67 Abs. 4 Satz 4[71] die Klarstellung, dass die Eintragung keine Pflichten „infolge" des § 67 Abs. 2 auslöst, d. h. insbesondere auch keine Meldepflichten nach dem WpHG begründet.[72]

c) Inhaberaktien

Die vorstehenden Grundsätze gelten entsprechend bei Anwendung des § 123 Abs. 3 Satz 4 AktG, wonach bei **Inhaberaktien** im Verhältnis zur Gesellschaft nur derjenige zur Teilnahme an der Hauptversammlung oder der Ausübung von Stimmrechten berechtigt ist, der einen in der Satzung der Gesellschaft festgelegten **Berechtigungsnachweis** form- und fristgerecht erbracht hat. Bei börsennotierten Gesellschaften ist der Berechtigungsnachweis dadurch zu erbringen, dass ein depotführendes Institut den Anteilsbesitz des Aktionärs auf den Beginn des einundzwanzigsten Tags vor der Hauptversammlung (so genanntes „Record

---

[67] Voraussetzung für die Legitimationswirkung des Aktienregisters (unwiderlegbare Vermutung der Berechtigung) ist ein formal ordnungsgemäßes Eintragungsverfahren (näher *Hüffer*, AktG, § 67 Rn. 12).
[68] Siehe nur *Hüffer*, AktG, § 67 Rn. 11; *Opitz* in *Schäfer/Hamann*, KMG, § 21 WpHG Rn. 21; *Schneider* in *Assmann/Schneider*, Rn. 31 a; *Starke*, Beteiligungstransparenz im Gesellschafts- und Kapitalmarktrecht, S. 182; abweichend MünchKommAktG-*Bayer*, § 22 Anh. § 21 WpHG Rn. 25.
[69] Näher zur technischen Abwicklung *Gätsch* in *Marsch-Barner/Schäfer*, Handbuch börsennotierte AG, § 4 Rn. 104 f.
[70] Vgl. Jahresbericht (BAWe) 1999, S. 33.
[71] Die Norm wurde mit Wirkung zum 1. Januar 2007 durch das Gesetz über elektronische Handelsregister und Genossenschaftsregister sowie das Unternehmensregister (EHUG), BGBl. I 2006, S. 2553, in das AktG eingefügt.
[72] Die Bestimmung geht auf einen Vorschlag des Rechtsausschusses zurück, vgl. BT-Drucks. 16/2781, S. 61, 88. Siehe auch MünchKommAktG-*Bayer*, § 67 Rn. 58 a. E.

Date") bestätigt und der Nachweis rechtzeitig bei der Gesellschaft eingeht (§ 123 Abs. 3 Satz 2 und 3 AktG). Wird ein solcher stichtagsbezogener Nachweis für den Aktionär ausgestellt und der Gesellschaft mit der Anmeldung zur Hauptversammlung übermittelt, bleibt dieser Aktionär auch dann allein zur Ausübung der Stimmrechte aus den Aktien berechtigt, wenn und soweit er diese nach dem „Record Date" und vor der Hauptversammlung veräußert. Die veräußerten Aktien sind im Rahmen von § 21 Abs. 1 dagegen dem Erwerber zuzuordnen, auch wenn er nicht teilnahme- und stimmberechtigt ist.[73] Verpflichtet sich hier – im Fall des Paketverkaufs – der Veräußerer gegenüber dem Erwerber, die Stimmrechte in der Hauptversammlung im Interesse des Erwerbers auszuüben, kann freilich der Veräußerer nach § 22 Abs. 1 Satz 1 Nr. 6 mitteilungspflichtig sein (§ 22 Rn. 71 ff.).

d) Gemeinschaftliches Eigentum

34 Im Rahmen von § 21 Abs. 1 stellt sich insbesondere bei den **nichtrechtsfähigen Gemeinschaften** (Erbengemeinschaft, eheliche Gütergemeinschaft, Miteigentümergemeinschaft und Bruchteilsgemeinschaft) die Frage, ob auf die einzelnen Mitglieder einer Gemeinschaft jeweils die gesamten der Gemeinschaft zuzuordnenden Stimmrechte entfallen oder ob eine quotale Berechnung nach dem Maßstab des jeweiligen Anteils an der Gemeinschaft erfolgt. Im Hinblick darauf, dass solche Gemeinschaften für die Stimmrechtsausübung nach § 69 Abs. 1 AktG einen gemeinsamen Vertreter zu benennen haben, mag zwar eine ungeteilte Zuordnung der Stimmrechte zu den jeweiligen Gemeinschaftsmitgliedern nahe liegen. Von § 69 Abs. 1 AktG lässt sich aber nicht notwendig auf eine ungeteilte Stimmrechtsmacht der einzelnen Mitglieder schließen, da der Zweck der Norm allein darin besteht, die Gesellschaft vor Nachteilen aus der Existenz mehrerer Berechtigter zu schützen.[74] Entscheidend ist vielmehr, ob das einzelne Gemeinschaftsmitglied befugt ist, über den (rechnerischen) Anteil an den gemeinschaftlichen Aktien selbst zu verfügen (dann **quotale Berücksichtigung**), oder ob eine Verfügung über die Aktien oder deren Verwaltung im Regelfall nur gemeinschaftlich möglich ist (dann **ungeteilte Zuordnung der Stimmrechte**). Demnach sind Stimmrechte aus im Miteigentum nach Bruchteilen (§§ 741 BGB) stehenden Aktien den jeweiligen Bruchteilseigentümern quotal, d. h. im Verhältnis ihres jeweiligen Anteils am Gemeinschaftseigentum, zuzuordnen.[75] Dies gilt auch für Aktien, die gemäß § 5 DepotG der **Girosammelverwahrung** durch eine Wertpapiersammelbank unterliegen (vgl. § 6 DepotG), so dass in diesem Fall auf die Aktionäre je Stückaktie ein Stimmrecht oder bei Nennwertaktien Stimmrechte je Nennwert entfallen.[76] Bei der Erbengemeinschaft (§§ 2032 ff. BGB) und der Gütergemeinschaft (§§ 1415 ff. BGB) sind die Stimmrechte jedem

---

[73] Ebenso *Opitz* in *Schäfer/Hamann*, KMG, § 21 WpHG Rn. 18; vgl. auch KölnKommWpHG-*von Bülow*, § 22 Rn. 94 f.
[74] Vgl. nur *Hüffer*, AktG, § 69 Rn. 1. Auch KölnKommWpÜG-*von Bülow*, § 29 Rn. 92, hält § 69 AktG im vorliegenden Zusammenhang nicht für maßgebend.
[75] So auch OLG Stuttgart AG 2005, 125, 126 f. Siehe ferner KölnKommWpÜG-*von Bülow*, § 29 Rn. 92; *Schneider/Burgard* DB 1996, 1761, 1764; *Schneider* in *Assmann/Schneider*, Rn. 6. Ggf. kann bei der Miteigentümergemeinschaft eine gegenseitige Zurechnung nach § 22 Abs. 2 erfolgen.
[76] Siehe auch KölnKommWpÜG-*von Bülow*, § 29 Rn. 92.

Gemeinschaftsmitglied ungeteilt zuzuordnen,[77] da eine Einzelverfügungsbefugnis hier ausgeschlossen ist.[78]

e) Investmentfonds

Besonderheiten bei der dinglichen Zuordnung von Aktieneigentum und Stimmrechten gibt es bei Vermögen, das in den Anwendungsbereich des Investmentgesetzes fällt. Die zu einem Sondervermögen gehörenden Vermögensgegenstände stehen nach Maßgabe der Vertragsbedingungen entweder im Eigentum der Kapitalanlagegesellschaft **(Treuhandlösung)** oder im **Miteigentum der Anleger** (§ 30 Abs. 1 Satz 1 InvG). In jedem Fall ist die Kapitalanlagegesellschaft gesetzlich berechtigt, im eigenen Namen über die zu einem Sondervermögen gehörenden Gegenstände zu verfügen und alle Rechte aus ihnen auszuüben (§ 31 Abs. 1 InvG). Zu den hiernach ausübbaren Rechten zählen auch die Stimmrechte aus den zu einem Sondervermögen gehörenden Aktien. Bei formaler Betrachtung würden die Stimmrechte bei der Treuhandlösung der Kapitalanlagegesellschaft und bei der Miteigentumslösung den Anlegern verhältnismäßig nach der Höhe des jeweiligen Bruchteils zugeordnet. Für die Miteigentumslösung sieht jedoch § 32 Abs. 2 Satz 3 und 4 InvG vor, dass die zu einem **Publikums-Sondervermögen** (vgl. § 2 Abs. 3 InvG) gehörenden Stimmrechte für die Anwendung der §§ 21 Abs. 1, 25 WpHG und des § 29 Abs. 2 WpÜG als Stimmrechte der Kapitalanlagegesellschaft gelten. Weiter ist in § 32 Abs. 2 Satz 3 InvG bestimmt, dass § 22 Abs. 1 WpHG und § 30 Abs. 1 WpÜG bei der Treuhandlösung keine Anwendung finden (§ 22 Rn. 17). Im Ergebnis bedeutet dies, dass Anleger (Fondsanteilsinhaber) im Hinblick auf die zu einem Publikums-Sondervermögen gehörenden Stimmrechte nicht der Mitteilungspflicht nach den §§ 21, 22, 25 unterliegen. Dies gilt auch für **Investmentaktiengesellschaften** (vgl. § 99 Abs. 3 iVm § 32 InvG),[79] nicht aber für **Spezial-Sondervermögen** (vgl. § 32 Abs. 2 Satz 3 InvG),[80] auf die die allgemeinen Regeln Anwendung finden. Eine mit § 32 Abs. 2 Satz 3 InvG vergleichbare Ausnahme ist im Zusammenhang mit dem **Vertrieb von EG-Investmentanteilen** (vgl. § 2 Abs. 10 InvG) in § 32 Abs. 3 InvG für Stimmrechte aus Aktien enthalten, die zu einem von einer (ausländischen) Investmentgesellschaft verwalteten ausländischen Investmentvermögen gehören.

---

[77] Ebenso *Schneider* in *Assmann/Schneider*, Rn. 10 a; *Sester* in *Spindler/Stilz*, § 22 Anh. Rn. 23. AA (quotale Zurechnung) etwa KölnKommWpÜG-*von Bülow*, § 29 Rn. 94; *Opitz* in *Schäfer/Hamann*, KMG, § 21 WpHG Rn. 11.

[78] Zum Inhalt der Stimmrechtsmitteilung in diesen Fällen siehe Rn. 68. Übernahmerechtliche Härten werden gemäß § 36 WpÜG durch eine Nichtberücksichtigung von Stimmrechten oder gemäß § 37 WpÜG iVm § 9 Satz 1 Nr. 1 WpÜG-AngV durch eine Befreiung von den Pflichtangebotsvorschriften vermieden.

[79] Der Verweis auf § 32 Abs. 2 wurde durch das Transparenzrichtlinie-Umsetzungsgesetz vom 5. Januar 2007 (BGBl. I S. 10) eingefügt, vgl. Begr. RegE BT-Drucks. 16/2498, S. 57.

[80] OLG Stuttgart AG 2005, 125, 126 f. Vgl. – noch zur Rechtslage nach § 10 Abs. 1 a Satz 2 KAGG – *Starke*, Beteiligungstransparenz im Gesellschafts- und Kapitalmarktrecht, S. 221; *Schneider* in *Assmann/Schneider*, Anh. I zu § 22 Rn. 217.

IV. Mitzuteilende Veränderungen des Stimmrechtsanteils

1. Grundlagen

a) Schwellenwerte

36 Die für die Mitteilungspflicht maßgeblichen Stimmanteilsschwellen liegen gemäß § 21 Abs. 1 Satz 1 bei 3%, 5%, 10%, 15%, 20%, 25%, 30%, 50% und 75% der Stimmrechte des Emittenten. Die Mitteilungspflicht wird ausgelöst, wenn der Stimmrechtsanteil eines Meldepflichtigen eine (oder mehrere) der genannten Schwellen erreicht, überschreitet oder unterschreitet. Aus der gesetzlichen Anknüpfung an Anteilsveränderungen wird teilweise hergeleitet, dass die Regelungen „dynamisch" auszulegen seien, damit der Kapitalmarkt möglichst frühzeitig über entscheidungserhebliche Entwicklungen bei den Beteiligungsverhältnissen informiert wird.[81] Im Ergebnis enthält § 21 Abs. 1 Satz 1 aber lediglich eine Verpflichtung zur Bestandsaufnahme an Stimmrechtsanteilen, wenngleich die Pflichtvoraussetzungen dynamischer Natur sind und dies auch in der Stimmrechtsmitteilung selbst zum Ausdruck kommt. Prognosen über den sukzessiven Beteiligungsaufbau oder -abbau eines bestimmten Meldepflichtigen lassen sich allenfalls aufgrund einer Betrachtung mehrerer aufeinander folgender Stimmrechtsmitteilungen dieses Meldepflichtigen treffen (vgl. Vor §§ 21 bis 30 Rn. 23).

b) Stimmanteilsveränderung

37 Die Mitteilungspflicht wird ausgelöst durch **Erreichen, Überschreiten oder Unterschreiten** der Schwellen des § 21 Abs. 1 Satz 1. Maßgeblich ist das Verhältnis der Gesamtzahl der Stimmrechte zur Anzahl der individuellen, d. h. eigenen sowie ggf. nach § 22 zuzurechnenden Stimmrechte (zur Anteilsberechnung Rn. 26 ff.). Anteilsveränderungen innerhalb zweier aufeinander folgender Schwellen lösen die Mitteilungspflicht nicht aus. Hieraus folgt für den Fall einer Anteilsberechnung unter Anwendung des § 22, dass keine Mitteilungspflicht besteht, wenn sich für einen Meldepflichtigen lediglich der konkret anzuwendende Zurechnungstatbestand ändert[82] oder wenn der Anteil der eigenen Stimmrechte und/oder der Anteil der zuzurechnenden Stimmrechte zwar unter Berührung einer Stimmanteilsschwelle verändert werden, bei Zusammenrechnung der eigenen und zuzurechnenden Stimmrechte aber keine Schwelle erreicht, über- oder unterschritten wird (zur Umschichtung von Beteiligungen siehe noch Rn. 41).[83] Wäh-

---

[81] *Schneider* in *Assmann/Schneider*, Vor § 21 Rn. 24.
[82] Vgl. LG München I ZIP 2004, 167, 169; *Liebscher*, ZIP 2002, 1005, 1013; *Sudmeyer* BB 2002, 685, 688 f. Beispiel: Hat der Meldepflichtige nach § 21 Abs. 1 mitgeteilt, dass ihm gemäß § 22 Abs. 1 Satz 1 Nr. 1 Stimmrechte aus Aktien zugerechnet werden, und veräußert er das Unternehmen an einen Dritten, dem die Stimmrechte des Tochterunternehmens ebenfalls nach § 22 Abs. 1 Satz 1 Nr. 1 zugerechnet werden, wobei er mit dem Dritten vor Veräußerung der Aktien eine Verhaltensabstimmung gemäß § 22 Abs. 2 vereinbart hat, wird in der Person des Meldepflichtigen keine Mitteilungspflicht ausgelöst. AA KölnKommAktG-*Koppensteiner*, § 22 Anh. §§ 21 ff. WpHG Rn. 22. Siehe zur Kettenzurechnung § 22 Rn. 13 ff.
[83] Beispiel: Hat ein Meldepflichtiger allein aufgrund ihm gemäß § 22 zuzurechnender *Stimmrechte* das Erreichen der Schwelle von 5% mitgeteilt und erwirbt er sodann selbst Aktien hinzu, die einen Stimmrechtsanteil von 4% verkörpern, ist er nicht erneut nach § 21 Abs. 1 mitteilungspflichtig.

rend die Tatbestandsalternativen des Überschreitens und Unterschreitens einer Anteilsschwelle nicht weiter erläuterungsbedürftig sind, stellt sich bei der Tatbestandsalternative des Erreichens einer Anteilsschwelle (also der exakten Erzielung einer gesetzlichen Stimmanteilsschwelle) die Frage, ob eine Schwelle nur durch Erhöhung des Anteils „erreicht" werden kann oder auch durch Anteilsverringerung. Da der Begriff des „Erreichens" einer Schwelle semantisch beide Fallgestaltungen (Anteilserhöhung und Anteilsverringerung) erfassen dürfte, ist angesichts des Zwecks der Beteiligungstransparenzvorschriften davon auszugehen, dass eine Anteilsschwelle auch durch Verringerung der Anzahl der Stimmrechte erreicht werden kann.[84] Das **Erreichen einer Schwelle** ist nicht ausdrücklich mitzuteilen, wenn durch den die Mitteilungspflicht auslösenden konkreten Vorgang zugleich eine Stimmanteilsschwelle überschritten oder unterschritten wird.[85] Sofern innerhalb kurzer oder – insbesondere beim reinen Durchgangserwerb – innerhalb kürzester Zeit mehrere abgrenzbare, von einem bestimmten Meldepflichtigen mitzuteilende Stimmanteilsveränderungen stattfinden, sind diese jeweils gesondert anzugeben, was allerdings in einer einzigen Stimmrechtsmitteilung erfolgen kann, sofern die Mitteilungsfrist des § 21 Abs. 1 Satz 1 gewahrt ist. Eine Angabe nur des Endergebnisses, etwa zum Ablauf eines Tages, oder eine Saldierung der einzelnen Vorgänge ist grundsätzlich nicht möglich (siehe dazu noch Rn. 40).

Die gesetzlichen Schwellenwerte können nach § 21 Abs. 1 Satz 1 durch „Erwerb, Veräußerung oder auf sonstige Weise" erreicht, über- oder unterschritten werden. Durch die Verwendung der **Tatbestandsalternative „auf sonstige Weise"** kommt zum Ausdruck, dass alle rechtsgeschäftlichen oder tatsächlichen Vorgänge erfasst werden sollen, die zu wesentlichen Veränderungen von Stimmrechtsanteilen führen.[86] Angesichts des Auffangtatbestands „auf sonstige Weise" ist eine genaue Differenzierung von Fällen des Erwerbs und der Veräußerung einerseits sowie der Pflichtbegründung „auf sonstige Weise" andererseits für die Rechtsanwendung von untergeordneter Bedeutung. Dessen ungeachtet erscheint es sachgerecht, dem Erwerb und der Veräußerung lediglich Stimmanteilsveränderungen zuzuordnen, die den eigenen Bestand des Meldepflichtigen an stimmberechtigten Aktien betreffen. Worauf eine solche Bestandsveränderung bei den ihm selbst gehörenden Aktien beruht (Kauf, Schenkung, Gesamtrechtsnachfolge, Erwerb im Rahmen einer Kapitalerhöhung usw.), ist irrelevant.[87] Alle anderen Sachverhalte, insbesondere Stimmanteilsveränderungen unter Berücksichtigung von § 22[88] sowie solche, die ohne jede Mitwirkung des Meldepflichtigen erfol-

---

[84] So im Ergebnis wohl auch *Schneider* in *Assmann/Schneider*, Rn. 40 a, wonach das Erreichen der Schwellenwerte mit ihrem Unterschreiten zusammenfallen kann.
[85] KölnKommWpHG-*Hirte*, Rn. 69; *Schneider* in *Assmann/Schneider*, Rn. 40 a.
[86] Die Differenzierung geht zurück auf Art. 2 und 4 der Transparenzrichtlinie 88/627/EWG (Vor §§ 21 bis 30 Rn. 4), wenngleich dort in Art. 2 nur von einem „sonstigen Erwerb" die Rede ist. In der neuen Transparenzrichtlinie 2004/109/EG (Vor §§ 21 bis 30 Rn. 6) wird in Art. 9 Abs. 1 und 2 unterschieden zwischen Erwerb oder Veräußerung einerseits und Anteilsveränderungen aufgrund von „Ereignissen, die die Aufteilung der Stimmrechte verändern" andererseits.
[87] Anders etwa *Schwark*, § 21 WpHG Rn. 12 f., der zwar unter „Erwerb und Veräußerung" das dingliche Verfügungsgeschäft versteht, zugleich aber den Fall der Erbschaft dem Tatbestand „auf sonstige Weise" zuordnet. Ebenso *Hüffer*, AktG, § 22 Anh. § 21 WpHG Rn. 8.
[88] Vgl. Begr. RegE BT-Drucks. 12/6679, S. 53.

gen (zB im Fall des Auflebens von Stimmrechten bei Vorzugsaktien gemäß § 140 Abs. 2 AktG), fallen aus dieser Sicht unter den Tatbestand „auf sonstige Weise".

39 Die Mitteilungspflicht nach § 21 Abs. 1 Satz 1 entsteht, wenn der jeweils **pflichtbegründende Sachverhalt vollendet** ist. Die Kenntnis des Meldepflichtigen von den hierfür maßgeblichen Umständen oder sein Kennenmüssen ist keine Voraussetzung dafür, dass die Mitteilungspflicht in der Person des Meldepflichtigen entsteht, sondern lediglich für den Beginn der Frist zur Pflichterfüllung relevant (vgl. § 21 Abs. 1 Satz 3).[89] Die Mitteilungspflicht ist nicht dadurch ausgeschlossen, dass der Emittent und die BaFin bereits anderweitig von der mitzuteilenden Stimmanteilsveränderung Kenntnis erlangt haben (vgl. § 28 Rn. 10). Bei einem Erwerb oder der Veräußerung von stimmberechtigten Aktien durch den Meldepflichtigen tritt die Stimmanteilsveränderung im **Zeitpunkt des Eigentumsübergangs** an den Aktien ein (siehe Rn. 28). Dies gilt bei allen Arten von Erwerb und Veräußerung sowie unabhängig davon, ob der Eigentumsübergang nach inländischem Recht oder einer ausländischen Rechtsordnung vollzogen wird. Bei sonstigen Stimmanteilsveränderungen ist zu differenzieren: In den Zurechnungsfällen des § 22 kommt es auf die Verwirklichung des jeweils einschlägigen Zurechnungstatbestands an, wobei insoweit schuldrechtliche Vereinbarungen zwischen dem Meldepflichtigen und dem Stimmrechtsinhaber genügen können (etwa bei abgestimmtem Verhalten nach § 22 Abs. 2). Erforderlich ist aber auch hier, dass die zuzurechnenden Stimmrechte – insbesondere bei der so genannten Kettenzurechnung (hierzu § 22 Rn. 13 ff.) – letztlich im Aktieneigentum eines an dem Zurechnungssachverhalt beteiligten Rechtsträgers verkörpert sind. Wird der Zurechnungssachverhalt beendet, kann dies ebenfalls die Mitteilungspflicht auslösen. Alle anderen Stimmanteilsveränderungen auf sonstige Weise (zB infolge des Wiederauflebens von Stimmrechten nach § 140 Abs. 2 AktG, aufgrund einer Kapitalerhöhung unter Bezugsrechtsausschluss oder einer Einziehung von Aktien) treten ein, wenn die Stimmrechte wirksam entstanden oder die Stimmrechte weggefallen sind.

c) Zwischenerwerb

40 Für das Entstehen der Mitteilungspflicht in der Person des Meldepflichtigen ist nicht entscheidend, für welchen Zeitraum er die Stimmrechte innehat oder sie ihm nach § 22 zuzurechnen sind.[90] Auch setzt § 21 Abs. 1 nicht die tatsächliche Stimmrechtsausübung durch den Meldepflichtigen voraus (Rn. 17). Daher steht es der Anwendung der §§ 21 ff. zum einen nicht entgegen, wenn eine mitzuteilende Beteiligung nach einer Hauptversammlung erworben und vor der darauf

---

[89] Die Differenzierung zwischen Entstehen und Kenntnis der Mitteilungspflicht kann für die – abzulehnende – Auffassung von Bedeutung sein, die sich für einen Übergang der Mitteilungspflicht im Wege der Gesamtrechtsnachfolge (zB Erbschaft) ausspricht (vgl. Rn. 16).

[90] Ebenso MünchKommAktG-*Bayer*, § 22 Anh. § 21 WpHG Rn. 27; KölnKomm WpÜG-*von Bülow*, § 29 Rn. 115 f.; KölnKommWpHG-*Hirte*, Rn. 139; *Schneider* in *Assmann/Schneider*, Rn. 12 f.; *Veil* in *Schmidt/Lutter*, Anh. § 22: § 21 WpHG Rn. 8. Vgl. demgegenüber *Geibel/Süßmann*, WpÜG, § 29 Rn. 17, wonach die Beteiligung für eine „gewisse" Dauer/Frist vom Bieter gehalten werden müsse. – Bei Schwellenüberschreitungen und -unterschreitungen innerhalb eines Tages lässt die BaFin eine Saldierung zu, so die Ausführungen zu § 21 in dem unter *www.bafin.de* abrufbaren Dokument „Häufig gestellte Fragen zu den §§ 21 ff. WpHG" (Stand: 11. Juni 2007).

folgenden Hauptversammlung wieder veräußert wird. Zum anderen sind auch Veränderungen an Stimmrechtsanteilen, die nur kurze oder kürzeste Zeit Bestand haben, unter den gesetzlichen Voraussetzungen mitzuteilen. Dies betrifft etwa den reinen **Durchgangserwerb,** der lediglich für eine juristische (logische) Sekunde erfolgt (zB bei einer so genannten Kettenumwandlung von Gesellschaften). Weiter sind die Fälle erfasst, in denen ein Erwerber nicht die Absicht hat, die Aktien längere Zeit zu halten, sondern diese nach ihrem Erwerb alsbald Dritten übereignet. Hierunter fallen insbesondere Wertpapierdarlehen und Wertpapierpensionsgeschäfte[91] und der Erwerb von Aktien durch Wertpapierdienstleistungsunternehmen für Dritte sowie im Rahmen von Kapitalerhöhungen mit mittelbarem Bezugsrecht (§ 186 Abs. 5 AktG).[92] Die hier als Zwischenerwerber auftretenden Personen (typischerweise Wertpapierdienstleistungsunternehmen) sind unter den Voraussetzungen des § 21 Abs. 1 mitteilungspflichtig, sofern keiner der Tatbestände des § 23 erfüllt ist.[93] Entstehen Stimmrechte in der Hand des Emissionsunternehmens als Zwischenerwerber, kann dies bei den Altaktionären zum Unterschreiten von Stimmanteilsschwellen führen, soweit ihnen die neuen Aktien nicht bereits im Zeitpunkt des Wirksamwerdens der Kapitalerhöhung nach § 22 Abs. 1 zuzurechnen sind (§ 22 Rn. 70).

d) Umschichtung von Beteiligungen

Eine wesentliche Beteiligung kann in bestimmten Fällen von einer Person auf eine andere übertragen werden, ohne dass sich im Ergebnis an dem konkreten Stimmrechtsanteil desjenigen, dem die Beteiligung zuvor gehörte oder nach § 22 zuzurechnen war, etwas ändert. Überträgt ein Mutterunternehmen eine bislang von ihr selbst gehaltene Beteiligung auf eine Tochtergesellschaft, verliert sie zwar das entsprechende Aktieneigentum, aufgrund der Zurechnung nach §§ 22 Abs. 1 Satz 1 Nr. 1 ändert sich der vom Mutterunternehmen mitzuteilende Stimmrechtsanteil aber nicht.[94] Wird die Beteiligung sodann von der Tochtergesellschaft auf eine andere Tochtergesellschaft übertragen, bleibt der Stimmrechtsanteil des Mutterunternehmens erneut unverändert. Überträgt ein Aktionär die Hälfte seiner Beteiligung auf eine Person, mit der er gemäß § 22 Abs. 2 eine Verhaltensabstimmung vereinbart hat, ändert sich sein Stimmrechtsanteil ebenfalls nicht. In diesen und vergleichbaren Fällen stellt sich die Frage, ob in der Person desjenigen, dessen nach den §§ 21, 22 zu berechnender Stimmrechtsanteil sich im Ergebnis nicht ändert, die Mitteilungspflicht gleichwohl begründet wird.[95] Die

---

[91] Vgl. KölnKommWpüG-*von Bülow,* § 29 Rn. 102 f.; KölnKommWpHG-*Hirte,* Rn. 139.

[92] Bei Kapitalerhöhungen mit mittelbarem Bezugsrecht erwirbt das Emissionsunternehmen mit Eintragung der Kapitalerhöhung in das Handelsregister die neuen Aktien grundsätzlich mit allen Rechten (auch Stimmrechten) und Pflichten (vgl. *Schnorbus* AG 2004, 113, 114 ff.). Die mitgliedschaftlichen Positionen entfallen erst durch Weiterveräußerung *der Aktien an die bezugsberechtigten Personen* (siehe nur *Hüffer,* AktG, § 186 Rn. 50).

[93] Vgl. Jahresbericht BaFin 2003, S. 201. AA *Schnorbus* AG 2004, 113, 125 f. im Hinblick auf die Kontrollerlangung des Emissionsunternehmens im Rahmen der Übernahme und Platzierung von Aktien.

[94] Vgl. hierzu auch *Hildner,* Kapitalmarktrechtliche Beteiligungstransparenz verbundener Unternehmen, S. 34 f.

[95] Die Mitteilungspflicht desjenigen, der durch die Umschichtung erstmals eine Stimmanteilsschwelle erreicht, über- oder unterschreitet, ist dagegen unumstritten.

Frage wird überwiegend verneint; solche Umschichtungen seien **meldeneutral**.[96] Dieser Ansicht ist angesichts des Wortlauts des § 21 Abs. 1 Satz 1 zuzustimmen. Gegen sie lässt sich zwar einwenden, dass das Ausbleiben einer (klarstellenden) Mitteilung zu einer Irreführung des Kapitalmarkts führen kann. Erwirbt zB die Tochtergesellschaft die Beteiligung des Mutterunternehmens und gibt sie hierauf eine Stimmrechtsmitteilung nach § 21 Abs. 1 ab, könnte dies mangels einer korrespondierenden Mitteilung des Mutterunternehmens so verstanden werden, dass sich die Beteiligung des Konzerns des Mutterunternehmens an dem Emittenten insgesamt um den von der Tochtergesellschaft erworbenen Anteil erhöht hat. Derartige Transparenzdefizite sind aber in der Systematik der §§ 21, 22 angelegt. Etwas anderes ergibt sich auch nicht aus § 17 Abs. 2 Satz 2 WpAIV, wonach die Mitteilung im Fall des § 22 die zuzurechnenden Stimmrechte (für jeden Zurechnungstatbestand getrennt) anzugeben hat. Denn § 17 WpAIV regelt – entsprechend der Verordnungsermächtigung des § 21 Abs. 3 – lediglich den Inhalt von Stimmrechtsmitteilungen und modifiziert nicht den Tatbestand des § 21 Abs. 1. Eine entsprechende Anwendung von § 21 Abs. 1 auf Fälle meldeneutraler Umschichtungen ist wegen des **Analogieverbots** (Vor §§ 21 bis 30 Rn. 25) unzulässig.

2. Einzelne Sachverhalte

a) Einzelrechtsnachfolge

42 Für Verfügungsgeschäfte über Aktien, also **Rechtsgeschäfte zur Übertragung von Aktieneigentum,** gelten die allgemeinen Regelungen der Rechtsgeschäftslehre und die besonderen Anforderungen des Sachen- und Wertpapierrechts. Soweit hiernach ein Verfügungsgeschäft über stimmberechtigte Aktien nichtig ist, kann keine nach § 21 Abs. 1 Satz 1 mitzuteilende Stimmanteilsveränderung eintreten. Die Anfechtbarkeit eines Verfügungsgeschäfts oder dessen Rechtsgrundlosigkeit ändert an der Wirksamkeit einer Aktienübertragung dagegen nichts, so dass unter den Voraussetzungen des § 21 Abs. 1 Mitteilungen zu erfolgen haben. Wird berechtigtermaßen die Anfechtung des Verfügungsgeschäfts erklärt, fällt das Aktieneigentum an den Veräußerer zurück, was die Mitteilungspflicht erneut auslösen kann.[97] Entsprechendes gilt, wenn Aktieneigentum in Erfüllung bereicherungsrechtlicher Ansprüche oder sonstiger Rückabwicklungsansprüche dem (Bereicherungs-)Gläubiger übertragen wird. Wird Aktieneigentum unter (auflösenden oder aufschiebenden) **Bedingungen** übertragen, entsteht die Mitteilungspflicht unter den Voraussetzungen des § 21 Abs. 1 entweder sofort und ggf. später bei Eintritt der auflösenden Bedingung erneut oder erst bei Eintritt der

---

[96] Vgl. LG München I ZIP 2004, 167, 169; KölnKommWpHG-*von Bülow,* § 22 Rn. 37; *Hildner,* Kapitalmarktrechtliche Beteiligungstransparenz verbundener Unternehmen, S. 34 f.; KölnKommWpHG-*Hirte,* Rn. 71; KölnKommAktG-*Koppensteiner,* § 22 Anh. §§ 21 ff. WpHG Rn. 22; *Schnabel/Korff* ZBB 2007, 179, 180 f.; *Schneider* in *Assmann/Schneider,* Rn. 44; *Sudmeyer* BB 2002, 685, 688 f.

[97] Genau genommen entfällt im Fall der Anfechtung des Verfügungsgeschäfts das Aktieneigentum des Erwerbers rückwirkend (§ 142 Abs. 1 BGB), so dass es der Veräußerer *rückblickend* nicht verloren hat. Zumindest dann, wenn die anfechtbare Aktienübertragung bereits gemäß § 21 Abs. 1 mitgeteilt worden ist, muss jedoch aus Transparenzgründen nach der Anfechtung erneut eine (klarstellende) Stimmrechtsmitteilung erfolgen.

letzten aufschiebenden Bedingung.[98] Sofern für die Aktienübertragung eine ausländische Rechtsordnung maßgeblich ist, kommt es im Rahmen von § 21 Abs. 1 auf deren Wirksamkeitsvoraussetzungen für die Aktienübertragung an.

Das Eigentum an Namensaktien wird außerhalb des Aktienregisters übertragen.[99] Die Eintragung im Aktienregister hat zwar Bedeutung für die Frage, wer im Verhältnis zur Gesellschaft als Aktionär gilt (vgl. § 67 Abs. 2 AktG); sie hat aber **keine konstitutive Wirkung** für den Eigentumsübergang (hierzu bereits Rn. 32). Sofern die Namensaktien vinkuliert sind (§ 68 Abs. 2 AktG), geht das Aktieneigentum bei seiner rechtsgeschäftlichen Übertragung erst mit der Zustimmung des zuständigen Organs (im Regelfall des Vorstands) auf den Erwerber über. Bis zum Zugang der Zustimmungserklärung ist das Verfügungsgeschäft schwebend unwirksam; bei Versagung der Zustimmung bleibt es endgültig unwirksam. 43

Soll Aktieneigentum an eine oder durch eine **geschäftsunfähige Person** übertragen werden, bedarf es hierfür entsprechender Willenserklärungen des gesetzlichen Vertreters. Die Mitteilungspflicht als solche geht dadurch aber nicht auf den gesetzlichen Vertreter über, sondern bleibt in der Person des Geschäftsunfähigen begründet (Rn. 7). In bestimmten Fällen wird die Aktienübertragung zudem erst mit Zustimmung des Vormundschaftsgerichts wirksam (zB § 1643 BGB). Eine Aktienübertragung unter Beteiligung eines **beschränkt geschäftsfähigen Minderjährigen** bedarf ebenfalls einer entsprechenden Zustimmungserklärung seines gesetzlichen Vertreters.[100] Die Veräußerung von Aktien stellt für den beschränkt Geschäftsfähigen nicht lediglich einen rechtlichen Vorteil dar, so dass diese gemäß § 107 BGB stets eine Zustimmung des gesetzlichen Vertreters voraussetzt. Der Aktienerwerb eines beschränkt geschäftsfähigen Minderjährigen bedarf jedenfalls dann der Zustimmung (Einwilligung) des gesetzlichen Vertreters, wenn dadurch eine gemäß § 21 Abs. 1 mitzuteilende Stimmanteilsveränderung eintritt. Dies gilt auch bei einem Aktienerwerb, mit dem ein wirksamer Verschaffungsanspruch des Minderjährigen erfüllt wird oder der im Wege der Schenkung erfolgt. Denn mit einer Übereignung von Aktien, die die Mitteilungspflicht nach § 21 Abs. 1 auslöst, erhält der Minderjährige nicht lediglich einen rechtlichen Vorteil, sondern einen Vermögenswert, der zu zusätzlichen personenbezogenen Pflichten führt, wobei bei Pflichtverletzungen weitere Sanktionen drohen.[101] 44

b) Erbschaft

Bei einem Beteiligungsübergang im Wege der Erbschaft (testamentarische Verfügung oder gesetzliche Erbfolge) kann nicht für alle Fälle einheitlich beurteilt werden, in wessen Person und zu welchem Zeitpunkt eine wesentliche Stimman- 45

---

[98] Umstritten ist, ob bei der Vereinbarung von aufschiebenden Bedingungen schon vor Bedingungseintritt eine Zurechnung der Stimmrechte zum Erwerber nach § 22 Abs. 1 Satz 1 Nr. 5 erfolgen kann (§ 22 Rn. 65 ff.).

[99] Näher hierzu etwa *Hüffer*, AktG, § 68 Rn. 3.

[100] Eine Ausnahme gilt lediglich für testamentarische Verfügungen, da die Testierfähigkeit nach § 2229 BGB mit Vollendung des 16. Lebensjahres beginnt, sofern die Testierfähigkeit in diesem Zeitpunkt nicht aus anderen Gründen ausgeschlossen ist.

[101] Die Übereignung von Aktien in einem nach § 21 Abs. 1 mitzuteilenden Umfang ist nicht vergleichbar mit der Übereignung eines Grundstücks, das mit öffentlich-rechtlichen Pflichten belastet ist. Die Mitteilungspflicht des § 21 Abs. 1 ist personen- und nicht gegenstandsbezogen (vgl. Rn. 12).

teilsveränderung eintritt. Die Sachverhalte unterscheiden sich danach, ob eine Erbengemeinschaft besteht, (Voraus-)Vermächtnisse oder Auflagen vorhanden sind, Teilungsanordnungen getroffen sind, Testamentsvollstreckung angeordnet ist oder ob die Erbschaft durch eine zum Erben berufene Person nachträglich ausgeschlagen wird. Weitere Besonderheiten sind außerdem zu beachten, wenn die Erbrechtsnachfolge nach einer ausländischen Rechtsordnung zu beurteilen ist. Da die BaFin im Rahmen der §§ 21 ff. nicht ermächtigt ist, bei einem Beteiligungserwerb durch Erbfolge Stimmrechte von der Berechnung des individuellen Stimmrechtsanteils auszunehmen oder die Regelungsadressaten von der Mitteilungspflicht nach § 21 Abs. 1 zu befreien,[102] ist für das Entstehen der Mitteilungspflicht ausschließlich der Eigentumserwerb entscheidend. Dementsprechend kann es im Zusammenhang mit einer Erbschaft zu einer **Häufung von Stimmrechtsmitteilungen** kommen, wenn gemäß dem Fortgang der Erbauseinandersetzung oder der Erfüllung von Vermächtnissen und Auflagen verschiedene Stimmrechtsmitteilungen vorzunehmen sind. Wird eine Beteiligung vererbt, die einen Stimmrechtsanteil von mindestens 3% verkörpert, unterliegen jedenfalls der Alleinerbe und die in Erbengemeinschaft verbundenen Erben der Mitteilungspflicht,[103] und zwar unabhängig davon, ob das Aktieneigentum der Testamentsvollstreckung unterliegt, anschließend unter den Erben aufgeteilt oder etwa einem Vermächtnisnehmer übertragen wird. Das Entstehen der Mitteilungspflicht ist nicht dadurch aufgeschoben, dass noch die Frist zur Ausschlagung der Erbschaft (§ 1944 BGB) läuft. Wird die Erbschaft im Einzelfall dagegen innerhalb der Frist ausgeschlagen, so gilt der Anfall der Erbschaft beim Ausschlagenden als nicht erfolgt (§ 1953 Abs. 1 BGB). Dies kann neuerliche (klarstellende) Stimmrechtsmitteilungen erforderlich machen, insbesondere in dem Fall, dass unter Beteiligung des Ausschlagenden bereits zuvor Stimmrechtsmitteilungen abgegeben worden sind.

c) Umstrukturierung, Umwandlung und Umfirmierung

46 Gemäß § 21 Abs. 1 mitzuteilende Stimmanteilsveränderungen können dadurch eintreten, dass unter Beteiligung des Emittenten oder unter Beteiligung von Gesellschaften, die Aktien an dem Emittenten halten, Strukturmaßnahmen vorgenommen werden, insbesondere **Umwandlungen nach den Vorschriften des Umwandlungsgesetzes**.[104] Hierfür ist zunächst zu beachten, dass es im Rahmen der §§ 21 ff. keine dem § 36 WpÜG entsprechende Ermächtigung gibt, wonach die BaFin auf Antrag zulassen kann, dass Stimmrechte aus Aktien des Emittenten bei der Berechnung des Stimmrechtsanteils unberücksichtigt bleiben, wenn die Aktien durch Rechtsformwechsel (§ 36 Nr. 2 WpÜG) oder Umstrukturierungen innerhalb eines Konzerns (§ 36 Nr. 3 WpÜG) erlangt wurden. Dementsprechend ist im Rahmen von Umstrukturierungen hinsichtlich der Mitteilungspflicht nach § 21 Abs. 1 eine rein formale Betrachtung der Eigentumsverhältnisse vorzunehmen. Bei der umwandlungsrechtlichen Umstrukturierung

---

[102] Im Fall der Kontrollerlangung durch Erbschaft oder Erbauseinandersetzung kann die BaFin übernahmerechtlich gemäß § 36 Nr. 1 WpÜG zulassen, dass die betreffenden Stimmrechte bei der Berechnung des Stimmrechtsanteils unberücksichtigt bleiben, oder gemäß § 37 WpÜG iVm § 9 Satz 1 Nr. 1 WpÜG-AngV eine Befreiung von den übernahmerechtlichen Pflichten bei Kontrollerlangung erteilen.

[103] Zur Erbengemeinschaft Rn. 34 sowie zur Mitteilungspflicht beim Zwischenerwerb Rn. 40.

[104] Eingehend *Heppe*, WM 2002, 60, 64 ff.

einer Gesellschaft, die wesentlich an einem Emittenten im Sinne der §§ 2 Abs. 6, 21 Abs. 2 beteiligt ist, kann die Mitteilungspflicht nach § 21 Abs. 1 dadurch begründet werden, dass die Gesellschaft als übertragender Rechtsträger mit einer anderen Gesellschaft **verschmolzen** wird oder dass sie ihre Beteiligung an dem Emittenten im Wege der **Spaltung** (Abspaltung, Aufspaltung oder Ausgliederung) auf einen anderen Rechtsträger überträgt.[105] Bei einer Umwandlung unter Beteiligung des Emittenten kann es zu mitzuteilenden Stimmanteilsveränderungen kommen, wenn andere Gesellschaften mit dem Emittenten als übernehmendem Rechtsträger verschmolzen oder auf den Emittenten als übernehmendem Rechtsträger von anderen Gesellschaften Vermögensgegenstände im Wege der Spaltung zur Aufnahme übertragen werden. Ist in diesen Fällen eine **Erhöhung des Grundkapitals** des Emittenten erforderlich, verändert diese Kapitalerhöhung die Gesamtzahl der von dem Emittenten ausgegebenen Aktien und im Regelfall die Zusammensetzung des Aktionärskreises (allgemein zu Kapitalerhöhungen beim Emittenten Rn. 48 ff.). Dagegen lassen Abspaltungen und Ausgliederungen von Vermögensgegenständen aus dem Vermögen des Emittenten als übertragendem Rechtsträger dessen Beteiligungsstruktur grundsätzlich unverändert, auch wenn infolge der Spaltung eine **Herabsetzung des Grundkapitals** vorzunehmen ist (allgemein zur Kapitalherabsetzung Rn. 52 f.).

Bei einem **Formwechsel** gemäß den §§ 190 ff. UmwG bleibt der formwechselnde Rechtsträger in der im Umwandlungsbeschluss bestimmten Rechtsform weiter bestehen (§ 202 Abs. 1 Nr. 1 UmwG). Zum Übergang von Wirtschaftsgütern auf einen anderen Rechtsträger kommt es nicht. Dennoch könnte § 36 Nr. 2 WpÜG dafür zu sprechen, dass der Formwechsel einer besonderen kapitalmarktrechtlichen Behandlung bedarf. Nach dieser Vorschrift kann die BaFin in übernahmerechtlichem Zusammenhang auf schriftlichen Antrag zulassen, dass Stimmrechte aus Aktien bei der Berechnung des Stimmrechtsanteils unberücksichtigt bleiben, wenn die Aktien durch Rechtsformwechsel „erlangt wurden". Überwiegend wird § 36 Nr. 2 WpÜG aber einschränkend ausgelegt und nur auf Sachverhalte bezogen, in denen durch andere Maßnahmen als einen Formwechsel nach den §§ 190 ff. UmwG ein wirtschaftlich ähnliches Ergebnis herbeigeführt wird (etwa im Fall des Beitritts eines beschränkt haftenden Gesellschafters zu einer OHG, wodurch diese zur KG wird).[106] Sofern solche Maßnahmen zu einem Übergang von stimmberechtigten Aktien auf einen anderen Rechtsträger führen, können sie die Mitteilungspflicht nach Maßgabe von § 21 Abs. 1 begründen.[107] Ungeachtet dessen wird für die Mitteilungspflicht im Fall der formwechselnden Umwandlung eines Rechtsträgers, der mit einem Stimmrechtsanteil von mindestens 3% an dem Emittenten beteiligt ist, angeführt, dass eine entsprechende Stimmrechtsmitteilung – wie bei einer bloßen Änderung der Firma[108] des Meldepflichtigen – aus Transparenzgründen und zur Vermeidung der Irre-

---

[105] Siehe Rn. 16 zum Übergang der Mitteilungspflicht als solcher im Wege der Gesamtrechtsnachfolge.
[106] KölnKommWpÜG-*von Bülow*, § 36 Rn. 32 ff.; *Drinkuth* in *Marsch-Barner/Schäfer*, Handbuch börsennotierte AG, § 59 Rn. 102; *Schwark/Noack*, § 36 WpÜG Rn. 7 f.
[107] Zur übernahmerechtlichen Sichtweise etwa KölnKommWpÜG-*von Bülow*, § 36 Rn. 37.
[108] Für Umfirmierungen und Namensänderungen natürlicher Personen geht nun das LG Köln, AG 2008, 336, 338 von einer Schwellenberührung in „sonstiger Weise" aus.

§ 21 48, 49   Abschnitt 5. Veränd. des Stimmrechtsanteils

führung des Kapitalmarkts erforderlich sei.[109] Hiergegen spricht zum einen, dass es nicht der Zweck der §§ 21 ff. ist, einen Formwechsel oder eine bloße **Firmenänderung des Aktionärs** öffentlich bekannt zu machen. Dies ist vielmehr Aufgabe der Handelsregisterpublizität. Zum anderen ergibt sich aus dem Tatbestand des § 21 Abs. 1, dass lediglich Veränderungen bei den wesentlichen Stimmrechtsanteilen zur Mitteilungspflicht führen und gleich bleibende Stimmrechtsanteile in der Person eines Rechtsträgers die Mitteilungspflicht nicht auslösen können.[110] Die Gegenansicht läuft im Ergebnis auf eine – im Rahmen der §§ 21 ff. unzulässige (vgl. vor §§ 21 bis 30 Rn. 25) – Analogie hinaus. Gleiches gilt für die Namensänderung einer natürlichen Person. Dementsprechend kann auch ein Formwechsel (sofern dadurch nicht ohnehin die Zulassung zu einem organisierten Markt endet) oder ein Änderung der Firma des Emittenten selbst die Mitteilungspflicht nach § 21 Abs. 1 nicht begründen.

d) Kapitalerhöhungen

48   Kapitalerhöhungen bei dem Emittenten, die zur Ausgabe neuer stimmberechtigter Aktien führen, haben häufig Veränderungen bei den wesentlichen Beteiligungen zur Folge. Die Mitteilungspflicht betrifft typischerweise Personen, denen neue Aktien über ihr gesetzliches Bezugsrecht hinaus oder im Fall des Ausschlusses des Bezugsrechts der Altaktionäre bestimmungsgemäß zugeteilt werden, und Altaktionäre, die nicht in vollem Umfang von ihrem Bezugsrecht Gebrauch machen oder vom Bezug der neuen Aktien ausgeschlossen sind. Aus Sicht der neuen Aktionäre kann dabei von einer Stimmanteilsveränderung durch „Erwerb" gesprochen werden, während es sich bei Altaktionären, die von ihrem Bezugsrecht nicht in vollem Umfang Gebrauch machen oder vom Aktienbezug ausgeschlossen sind, um Stimmanteilsveränderungen „auf sonstige Weise" handelt (vgl. Rn. 38). In allen Kapitalerhöhungsfällen mit Ausgabe neuer stimmberechtigter Aktien richtet sich die Anwendung des § 21 Abs. 1 danach, wann und in wessen Händen die neuen Aktien (Mitgliedschaftsrechte) entstehen und wer im Rahmen der Abwicklung der Kapitalerhöhung neue Aktien erhält und hierdurch Stimmanteilsschwellen im Sinne von § 21 Abs. 1 Satz 1 berührt. Bei einer **Kapitalerhöhung mit mittelbarem Bezugsrecht** gemäß § 186 Abs. 5 AktG kommt es zu einem Zwischenerwerb des Emissionsunternehmens, der – ggf. unter Berücksichtigung von § 23[111] – nach den allgemeinen Regeln zu behandeln ist (hierzu Rn. 40). Die **reguläre Kapitalerhöhung** sowie die **Kapitalerhöhung aus genehmigtem Kapital** werden mit Eintragung ihrer Durchführung in das Handelsregister der Gesellschaft wirksam (vgl. § 189 AktG und § 189 iVm § 203 Abs. 1 AktG). Die Ausgabe von Aktienurkunden ist für die Entstehung der mitgliedschaftlichen Rechte nicht erforderlich.[112]

49   Da die Eintragung der Durchführung der Kapitalerhöhung bei fehlerfreier (bestandskräftiger) Kapitalerhöhung konstitutive Wirkung hat,[113] kann die Kapi-

---

[109] *Heppe* WM 2002, 60, 70.
[110] Im Ergebnis auch *Bedkowski/Widder* BB 2008, 245; *Hüffer*, AktG, § 22 Anh. § 21 WpHG Rn. 8; *Kirschner* DB 2008, 623, 624 f.; *Schäfer/Opitz*, § 21 WpHG Rn. 22; *Segna* AG 2008, 311, 313 f. AA *Heppe* WM 2002, 60, 70.
[111] § 23 Rn. 9.
[112] Siehe nur *Busch* in *Marsch-Barner/Schäfer*, Handbuch börsennotierte AG § 39 Rn. 111; *Hüffer*, AktG, § 189 Rn. 3.
[113] Hierzu etwa *Hüffer*, AktG, § 189 Rn. 4.

talerhöhung scheitern, wenn eine ihrer wesentlichen Voraussetzungen (insbesondere der Kapitalerhöhungsbeschluss) nachträglich mit Erfolg angegriffen wird. Eine Aufhebung des Kapitalerhöhungsbeschlusses führt jedoch zur entsprechenden Anwendung der Regeln über die **fehlerhafte Gesellschaft** und wirkt damit lediglich *ex nunc,* entfaltet also keine Rückwirkung.[114] Hieraus folgt für die Anwendung des § 21 Abs. 1, dass die Mitteilungspflicht bei einer wesentlichen Stimmanteilsveränderung in jedem Fall im Zeitpunkt der Eintragung der Durchführung der Kapitalerhöhung in das Handelsregister entsteht. Wird der Kapitalerhöhungsbeschluss später rechtskräftig aufgehoben, kann dies erneut die Mitteilungspflicht begründen.

Bei der **bedingten Kapitalerhöhung** ist das Grundkapital dagegen mit Ausgabe der neuen Aktien an die Bezugsberechtigten erhöht (§ 200 AktG). Die Eintragung des effektiven Kapitalerhöhungsvolumens aufgrund entsprechender Anmeldung innerhalb eines Monats nach Ablauf eines Geschäftsjahres gemäß § 201 Abs. 1 AktG hat nur deklaratorischen Charakter.[115] Entscheidend für nach § 21 Abs. 1 mitzuteilende Stimmanteilsveränderungen ist daher allein die Ausgabe der Bezugsaktien gemäß den eingegangenen Bezugserklärungen[116] (dazu auch § 26 a Rn. 5). **50**

Bei einer **Kapitalerhöhung aus Gesellschaftsmitteln,** die mit der Eintragung des Erhöhungsbeschlusses in das Handelsregister wirksam wird (§ 211 AktG), gilt das (nicht dispositiven) Prinzip der verhältniswahrenden Zuordnung des Erhöhungsbetrags (§ 212 AktG). Im Regelfall sind daher in direkter Folge einer Kapitalerhöhung aus Gesellschaftsmitteln keine Stimmrechtsmitteilungen gemäß § 21 Abs. 1 abzugeben. Dies gilt unabhängig davon, ob im Rahmen der Kapitalerhöhung neue Aktien ausgegeben werden, was bei Stückaktien nicht notwendig ist (siehe § 207 Abs. 2 Satz 2 AktG). Sofern gemäß § 213 AktG allerdings **Teilrechte** entstehen, können sich infolge von Teilrechtsübertragungen Stimmrechtsanteile an den Emittenten verändern. Eine verhältniswahrende Zuordnung ist auch bei Existenz verschiedener Aktiengattungen zwingend. Für diesen Fall bestimmt § 216 Abs. 1 Satz 1 AktG, dass durch die Kapitalerhöhung aus Gesellschaftsmitteln das Verhältnis der mit den Aktien verbundenen Rechten zueinander nicht berührt wird. Soll durch eine Kapitalerhöhung aus Gesellschaftsmitteln eine **neue Aktiengattung** eingeführt werden,[117] müssen die Rechte der bisherigen Aktionäre bewahrt werden, was einer Verschiebung von Stimmrechtsanteilen im Allgemeinen entgegensteht. Hat die Gesellschaft teileingezahlte Aktien ausgegeben (siehe Rn. 55),[118] entsteht nach der gesetzlichen Ausgangslage das Stimmrecht bei teileingezahlten Aktien erst mit der Volleinzahlung (siehe § 134 Abs. 2 Satz 1 AktG). Die Satzung kann abweichend davon bestimmen, **51**

---

[114] *Busch* in *Marsch-Barner/Schäfer,* Handbuch börsennotierte AG § 39 Rn. 116 sowie — zur Einziehung von Aktien aus für nichtig erklärten Kapitalerhöhungen — § 46 Rn. 38.
[115] Siehe etwa *Hüffer,* AktG, § 200 Rn. 1 und 3 sowie § 201 Rn. 2.
[116] Zur technischen Abwicklung des Aktienbezugs aus bedingtem Kapital durch Einschaltung zentraler Optionsstellen *Busch* in *Marsch-Barner/Schäfer,* Handbuch börsennotierte AG, § 41 Rn. 52.
[117] Die Zulässigkeit eines solchen Vorgehens ist umstritten. Siehe *Krieger* in MünchHdb. AG, § 59 Rn. 53; *Busch* in *Marsch-Barner/Schäfer,* Handbuch börsennotierte AG, § 42 Rn. 38; MünchKommAktG-*Volhard,* § 216 Rn. 5.
[118] Teileingezahlte Aktien können nach Maßgabe von § 5 Abs. 2 Nr. 1 BörsZulV zum Börsenhandel zugelassen werden.

§ 21   52, 53   Abschnitt 5. Veränd. des Stimmrechtsanteils

dass das Stimmrecht beginnt, wenn auf die Aktie die gesetzliche oder eine höhere satzungsmäßige Mindesteinlage geleistet ist (§ 134 Abs. 2 Satz 2 AktG). Ungeachtet des Vorhandenseins einer solchen satzungsmäßigen Regelung wirken sich Kapitalerhöhungen aus Gesellschaftsmitteln auf teileingezahlte Aktien ebenfalls verhältniswahrend aus.[119] Das Stimmrecht erhöht sich in den von § 216 Abs. 2 AktG erfassten Fällen im Ergebnis jeweils um den Prozentsatz, um den sich das Grundkapital erhöht.

e) Kapitalherabsetzungen

52   Kapitalherabsetzungen nach den §§ 222 ff. AktG können je nach der im Einzelfall angewendeten Verfahrensart zu gemäß § 21 Abs. 1 mitzuteilenden Stimmanteilsveränderungen führen.[120] Im Ausgangspunkt ist zwischen der **ordentlichen Kapitalherabsetzung** (§§ 222 ff. AktG) und der **vereinfachten Kapitalherabsetzung** (§§ 229 ff. AktG) einerseits sowie der **Kapitalherabsetzung durch Einziehung von Aktien** (§§ 237 ff. AktG) andererseits (hierzu Rn. 53) zu unterscheiden.[121] Die ordentliche und die vereinfachte Kapitalherabsetzung werden mit Eintragung des Beschlusses der Hauptversammlung über die Herabsetzung des Grundkapitals in das Handelsregister für die Gesellschaft wirksam (§ 224 AktG und § 224 iVm § 229 Abs. 3 AktG). Die Eintragung der Durchführung der Kapitalherabsetzung (§ 227 AktG und § 227 iVm § 229 Abs. 3 AktG) erfolgt nachrichtlich. Unrichtig gewordene Aktienurkunden (betreffend Nennbetragsaktien) sind zu berichtigen oder auszutauschen, ohne dass dies die Wirksamkeit der Kapitalherabsetzung aufschiebt. Die ordentliche und die vereinfachte Kapitalherabsetzung sind in ihrer unmittelbaren gesetzlichen Wirkung verhältniswahrend, so dass sie zwar die Gesamtzahl der Stimmrechte verringern können, nicht jedoch bestehende Stimmrechtsanteile an dem Emittenten verändern.[122] Besonderheiten können im Weiteren aber zu beachten sein, wenn durch die Kapitalherabsetzung Bruchteilsrechte entstehen[123] und Aktien gemäß § 224 Abs. 4 und § 226 AktG zusammengelegt und verwertet werden. Zum Zweck der Sanierung einer Gesellschaft wird die vereinfachte Kapitalherabsetzung oftmals mit einer ordentlichen Kapitalerhöhung gegen Einlagen verbunden (**„Kapitalschnitt"**). Sofern es in diesem Fall nach Eintragung des Kapitalherabsetzungsbeschlusses und des Kapitalerhöhungsbeschlusses überhaupt zu Veränderungen bei den wesentlichen Stimmrechtsanteilen kommt (zB infolge des Entstehens von Teilrechten), sind diese Veränderungen nach Maßgabe von § 21 Abs. 1 mitzuteilen, auch wenn sie nur kurze Zeit Bestand haben (vgl. Rn. 40).

53   Hinsichtlich der **Kapitalherabsetzung durch Einziehung** ist zwischen folgenden Verfahren zu unterscheiden: Bei der so genannten **angeordneten Zwangseinziehung** wird der Vorstand der Gesellschaft satzungsmäßig ermäch-

---

[119] Siehe hierzu das von *Hüffer*, AktG, § 216 Rn. 8, gebildete Beispiel.
[120] Vgl. *Busch* in *Marsch-Barner/Schäfer*, Handbuch börsennotierte AG, § 43 Rn. 6; *Schneider* in *Assmann/Schneider*, Rn. 43; *Sudmeyer* in *Kuthe/Rückert/Sickinger*, Compliance-Handbuch Kapitalmarktrecht, 8. Kap. Rn. 23.
[121] Überblick bei *Busch* in *Marsch-Barner/Schäfer*, Handbuch börsennotierte AG, § 43.
[122] Vgl. *Sudmeyer* in *Kuthe/Rückert/Sickinger*, Compliance-Handbuch Kapitalmarktrecht, 8. Kap. Rn. 23.
[123] Hierzu etwa *Krieger* in MünchHdb. AG, § 60 Rn. 35; *Hüffer*, AktG, § 224 Rn. 6.

tigt und verpflichtet, Aktien nach Maßgabe der in der Satzung enthaltenen konkreten Voraussetzungen durch Vorstandsbeschluss einzuziehen und dadurch das Kapital herabzusetzen (§ 237 Abs. 6 AktG). Eine **gestattete Zwangseinziehung** liegt vor, wenn durch Satzungsregelung der Hauptversammlung die Befugnis eingeräumt ist, durch weiteren Hauptversammlungsbeschluss Aktien einzuziehen und dadurch das Kapital herabzusetzen. Eine **Einziehung von Aktien nach deren Erwerb** durch die Gesellschaft erfordert einen Kapitalherabsetzungsbeschluss nach § 237 Abs. 2 oder Abs. 4 AktG, der die Einziehung nach § 71 Abs. 1 Nr. 6 AktG legitimiert, oder einen Hauptversammlungsbeschluss nach § 71 Abs. 1 Nr. 8 Satz 6 AktG. Die Kapitalherabsetzung durch Einziehung führt zur Vernichtung der eingezogenen Aktien und der Mitgliedschaftsrechte. Aufgrund des partiellen Erlöschens mitgliedschaftlicher Rechte verändert sich infolge einer Kapitalherabsetzung durch Einziehung stimmberechtigter Aktien im Regelfall nicht nur die Gesamtzahl der vorhandenen Stimmrechte, sondern auch der jeweilige Stimmrechtsanteil der Aktionäre, und zwar unabhängig davon, ob sie selbst Inhaber eingezogener Aktien waren. Unter den Voraussetzungen des § 21 Abs. 1 kann im Zeitpunkt des Wirksamwerdens einer Kapitalherabsetzung durch Einziehung damit die Mitteilungspflicht ausgelöst werden. Kapitalherabsetzungen durch gestattete Zwangseinziehung sowie durch Einziehung von Aktien nach deren Erwerb durch die Gesellschaft gemäß § 71 Abs. 1 Nr. 6 AktG werden wirksam, wenn der Kapitalherabsetzungsbeschluss eingetragen ist und die gesetzlich erforderlichen Einziehungshandlungen erfolgt sind (vgl. § 238 Satz 1 AktG). Im Gegensatz dazu wird die Kapitalherabsetzung auf Grundlage einer in der Satzung angeordneten Zwangseinziehung wirksam, wenn die Entscheidung des Vorstands über die Einziehung und entsprechende Einziehungshandlungen vorliegen. Dies ergibt sich daraus, dass in diesen Fällen ein Hauptversammlungsbeschluss über die Vornahme der Einziehung regelmäßig fehlt (vgl. § 237 Abs. 6 Satz 2 AktG) und die Vorstandsentscheidung über die Einziehung nicht anmelde- und eintragungsfähig ist (ebenso bei Einziehung nach § 71 Abs. 1 Nr. 8 Satz 6 AktG).[124] Lässt der Vorstand – was ihm unbenommen bleibt – die Hauptversammlung gleichwohl über die Einziehung beschließen, kommt als Wirksamkeitsvoraussetzung der Kapitalherabsetzung durch angeordnete Zwangseinziehung die Eintragung des fakultativen Hauptversammlungsbeschlusses hinzu. Mit den in jedem Fall erforderlichen Einziehungshandlungen muss der Wille der Gesellschaft zur Vernichtung der Mitgliedschaftsrechte zum Ausdruck gebracht werden. Bei einer Einziehung eigener Aktien nach deren Erwerb durch die Gesellschaft wird die Einziehungshandlung zumeist konkludent vorgenommen (zB durch Ausbuchung der Aktien aus dem Bestand der Gesellschaft). Im Übrigen muss die Gesellschaft hinreichend bestimmte (empfangsbedürftige) Einziehungserklärungen gegenüber den betroffenen Aktionären abgeben.[125] Die Eintragung der **Durchführung der Kapitalherabsetzung** in das Handelsregister gemäß § 239 AktG sowie die **effektive Vernichtung von Aktienurkunden** gehören bereits zu den Folgemaßnahmen ohne konstitutive Wirkung für die Kapitalherabsetzung.

---

[124] Vgl. *Busch* in *Marsch-Barner/Schäfer*, Handbuch börsennotierte AG, § 46 Rn. 31; *Hüffer*, AktG, § 238 Rn. 1; *Krieger* in MünchHdb. AG, § 62 Rn. 18; MünchKommAktG-*Oechsler*, § 237 Rn. 115.
[125] Zu den Einzelheiten siehe etwa *Hüffer*, AktG, § 238 Rn. 8 f.

§ 21 54   Abschnitt 5. Veränd. des Stimmrechtsanteils

f) Aufleben von Stimmrechten nach §§ 140 Abs. 2 und 141 Abs. 4 AktG

54 Hat ein Emittent sowohl stimmberechtigte Stammaktien als auch Vorzugsaktien ausgegeben, kann es zu (erheblichen) Stimmanteilsveränderungen im Sinne von § 21 Abs. 1 kommen, wenn das Stimmrecht der Vorzugsaktionäre auflebt.[126] In diesem Fall besteht das **Stimmrecht der Vorzugsaktionäre in vollem Umfang** und im gesamten Zuständigkeitsbereich der Hauptversammlung.[127] Vorzugsaktien sind gemäß § 139 AktG mit einem nachzuzahlenden Vorzug bei der Gewinnverteilung ausgestattet. Die Stimmrechte leben kraft Gesetzes auf, wenn der Vorzugsbetrag in einem Jahr nicht oder nicht vollständig gezahlt und der Rückstand im nächsten Jahr nicht neben dem vollen Vorzug dieses Jahres nachgezahlt wird (§ 140 Abs. 2 AktG). Demnach bleiben Vorzugsaktien zunächst ohne Stimmrecht, wenn der Vorzug erstmals nicht oder nicht vollständig bedient wird. Maßgeblich für das Aufleben der Stimmrechte ist die Situation im Folgejahr. Wird der Rückstand neben dem vollen Vorzug des Folgejahres bezahlt, verkörpern die Vorzugsaktien weiterhin keine Stimmrechte. Im anderen Fall ist zu unterscheiden: Billigt der Aufsichtsrat im Folgejahr den Jahresabschluss des Vorjahres (wodurch dieser gemäß § 172 AktG festgestellt ist), lebt das Stimmrecht der Vorzugsaktionäre im Zeitpunkt der Beschlussfassung des Aufsichtsrats auf, wenn in dem festgestellten Jahresabschluss ein für die vollständige Bezahlung von Rückstand und Vorzug ausreichender Bilanzgewinn nicht ausgewiesen ist.[128] Sofern die Feststellung des keinen (ausreichenden) Bilanzgewinn ausweisenden Jahresabschlusses der Hauptversammlung obliegt oder die Hauptversammlung beschließt, einen im bereits festgestellten Jahresabschluss ausgewiesenen, rechnerisch ausreichenden Bilanzgewinn nicht für die Bezahlung des Rückstands und des vollen Vorzugs zu verwenden, lebt das Stimmrecht der Vorzugsaktionäre nach der im Vordringen befindlichen Meinung **unmittelbar im Anschluss an die Beschlussfassung** (über die Feststellung des Jahresabschlusses oder die Verwendung des Bilanzgewinns) auf.[129] Von den Stimmrechten kann dementsprechend bereits bei den nächsten Beschlussgegenständen dieser Hauptversammlung Gebrauch gemacht werden. Das Stimmrecht der Vorzugsaktionäre erlischt kraft

---

[126] Ebenso *Burgard* BB 1995, 2069, 2070; *Hüffer*, AktG, § 22 Anh. § 21 WpHG Rn. 6; *Schäfer* in *Marsch-Barner/Schäfer*, Handbuch börsennotierte AG, § 17 Rn. 10; *Schäfer/Opitz*, § 21 WpHG Rn. 23; *Schneider* in *Assmann/Schneider*, Rn. 28 ff.; *Wilsing* BB 1995, 2277, 2278. Siehe auch Hinweise der BaFin zu den Mitteilungs- und Veröffentlichungspflichten gemäß §§ 21 ff. WpHG, Stand 5. Februar 2007, unter I. 2. (abrufbar unter www.bafin.de). Gegen eine Berücksichtigung von gemäß § 140 Abs. 2 AktG entstandenen Stimmrechten im Rahmen von § 21 Abs. 1 *Happ* JZ 1994, 240, 244; *de lege ferenda* auch *Dieckmann*, DZWiR 1994, 13, 18; *Wilsing* BB 1995, 2277, 2280.
[127] Vgl. nur *Hüffer*, AktG, § 140 Rn. 6.
[128] In diesem Fall sollte die Verwaltung der börsennotierten Gesellschaft in der Einladung zur ordentlichen Hauptversammlung auf das Wiederaufleben der Stimmrechte hinweisen (vgl. *Wilsing* BB 1995, 2277, 2279). Im Übrigen werden die zum Wiederaufleben der Stimmrechte nach § 140 Abs. 2 führende Beschlussfassung des Aufsichtsrats und das Wiederaufleben regelmäßig durch Ad-hoc-Mitteilung nach § 15 zu veröffentlichen sein.
[129] Vgl. *Butzke* in *Marsch-Barner/Schäfer*, Handbuch börsennotierte AG § 5 Rn. 28 und *Hüffer*, AktG, § 140 Rn. 5, jeweils mwN Nach aA entsteht das Stimmrecht nach Ablauf der Hauptversammlung, weil die Endgültigkeit der Beschlussfassungen erst mit Versammlungsende und dessen Beurkundung eintritt (*Semler* in MünchHdb. AG, § 38 Rn. 25).

Gesetzes wieder, wenn auf Grundlage eines entsprechenden Gewinnverwendungsbeschlusses der Hauptversammlung sämtliche Rückstände und der laufende Vorzugsbetrag nachgezahlt sind. Für den dafür erforderlichen Gewinnverwendungsbeschluss sowie die anderen Beschlussgegenstände dieser Hauptversammlung sind die Vorzugsaktionäre noch stimmberechtigt.[130] Im Gegensatz zum – allenfalls aus faktischer Sicht dauerhaften – Bestehen des Stimmrechts nach § 140 Abs. 2 AktG gewähren die betroffenen Aktien im Fall der Aufhebung des Vorzugs nach § 141 Abs. 6 AktG endgültig das Stimmrecht. Da es sich bei einer Aufhebung des Vorzugs um eine Satzungsänderung handelt, entsteht das Stimmrecht der Aktionäre gemäß § 141 Abs. 6 AktG im Zeitpunkt der Eintragung der Satzungsänderung in das Handelsregister der Gesellschaft (vgl. § 181 Abs. 3 AktG).[131]

g) Teileingezahlte Aktien

Teileingezahlte Aktien sind nach Maßgabe von § 5 Abs. 2 Nr. 1 BörsZulV börsenzulassungsfähig.[132] Im gesetzlichen Normalfall des § 134 Abs. 2 Satz 1 AktG beginnt das Stimmrecht mit der vollständigen Leistung der Einlage. Davon abweichend kann in der Satzung der Gesellschaft bestimmt werden, dass das Stimmrecht beginnt, wenn auf die Aktie die gesetzliche oder eine höhere satzungsmäßige Mindesteinlage geleistet ist (§ 134 Abs. 2 Satz 2 AktG). Sofern eine solche Satzungsbestimmung nicht vorhanden ist, haben nur die Aktionäre ein Stimmrecht, die ihre Einlage vollständig geleistet haben. Hat noch kein Aktionär – auf Anforderung des Vorstands in einem formalisierten Verfahren[133] – seine Einlage vollständig geleistet, richtet sich das **Stimmenverhältnis nach Höhe der tatsächlich geleisteten Einlagen,** wobei die Leistung der Mindesteinlage eine Stimme gewährt (§ 134 Abs. 2 Satz 4 AktG) und Stimmenbruchteile nur zu berücksichtigen sind, soweit sie zusammen volle Stimmen ergeben (§ 134 Abs. 2 Satz 5 AktG). Bestimmt die Satzung, dass das Stimmrecht mit Erbringung der gesetzlichen oder einer höheren satzungsmäßigen Mindesteinlage beginnt, gewährt die Leistung der Mindesteinlage eine Stimme, darüber hinausgehende Einzahlungen werden bei der Stimmrechtsbemessung verhältnismäßig berücksichtigt (§ 134 Abs. 2 Satz 3 AktG). Bei teileingezahlten Aktien können sich damit aufgrund von Volleinzahlungen oder weiteren Einzahlungen der Aktionäre gemäß § 21 Abs. 1 mitzuteilende Stimmanteilsveränderungen ergeben.

V. Mitteilungspflicht bei erstmaliger Zulassung der Aktien (§ 21 Abs. 1 a)

Im Fall der erstmaligen Zulassung der Aktien eines Emittenten im Sinne der §§ 2 Abs. 6, 21 Abs. 2 besteht die Mitteilungspflicht gemäß § 21 Abs. 1 a in Form einer Pflicht zur **Bestandsaufnahme wesentlicher Stimmrechtsanteile**

---

[130] Vgl. *Hüffer*, AktG, § 140 Rn. 7.
[131] Die Stimmrechte der Vorzugsaktionäre in der gesonderten Versammlung nach § 141 Abs. 3 AktG erhöhen nicht den für § 21 Abs. 1 maßgeblichen Bestand der Stimmrechte (§ 26 a Rn. 5).
[132] In der Praxis sind börsenzugelassene teileingezahlte Aktien selten und haben lediglich in der Versicherungswirtschaft eine gewisse Bedeutung erlangt.
[133] Vgl. *Hüffer*, AktG, § 134 Rn. 16.

§ 21 57   Abschnitt 5. Veränd. des Stimmrechtsanteils

(Stimmrechtsanteile ab 3%) an der Gesellschaft zum Zeitpunkt der Zulassung.[134] Der Zulassungstatbestand ist im Rahmen des § 21 Abs. 1a ebenso zu beurteilen wie bei § 21 Abs. 2 (hierzu Rn. 22ff.). Die Mitteilungspflicht nach § 21 Abs. 1a wird durch die Zulassungsentscheidung des zuständigen Organs des jeweiligen organisierten Marktes ausgelöst, im Geltungsbereich des Börsengesetzes also durch den **Zulassungsbeschluss** der Börsengeschäftsführung gemäß § 32 Abs. 1 BörsG.[135] Die Erfüllungsfrist der Meldepflichtigen beginnt mit Kenntnis oder Kennenmüssen dieser Entscheidung (§ 21 Abs. 1 Satz 3).[136] Auf die der Zulassung nachfolgenden **Einführung der Aktien** gemäß § 38 BörsG (Aufnahme der Notierung) kommt es für § 21 Abs. 1a nicht an.[137] Die Mitteilungspflicht nach § 21 Abs. 1a besteht nicht, wenn die Gesellschaft bereits über eine Zulassung zum regulierten Markt oder zu einem Teilbereich des regulierten Marktes mit besonderen Pflichten für Emittenten (§ 42 BörsG) verfügt und dann in einen (anderen) Teilbereich oder von dort in die Grundform des regulierten Marktes wechselt. Auch von Sinn und Zweck des § 21 Abs. 1a ist bei einem solchen Segmentwechsel eine gesonderte Bestandsaufnahme wesentlicher Stimmrechtsanteile nicht geboten, da hier die Mitteilungspflicht ohnehin nach § 21 Abs. 1 (fort)besteht (anders bei einem Wechsel vom Freiverkehr in den regulierten Markt oder einen Teilbereich des regulierten Marktes[138]). Ebenso wenig gilt § 21 Abs. 1a, wenn Aktien eines Emittenten gemäß § 33 BörsG in den regulierten Markt einbezogen werden (vgl. auch Rn. 24).

VI. Erfüllung der Mitteilungspflichten nach § 21 Abs. 1 und Abs. 1a

1. Aussteller und Adressaten der Mitteilung

57   Die Mitteilungen nach § 21 Abs. 1 und Abs. 1a sind Wissenserklärungen der Meldepflichtigen. Die Mitteilungen müssen erkennen lassen, durch oder für welchen Meldepflichtigen sie abgegeben werden (näher zur Person der Meldepflichtigen Rn. 3ff.). Natürliche Personen, die unbeschränkt geschäftsfähig sind, können selbst Aussteller und Absender der Mitteilung sein oder sich bei Erfüllung der Mitteilungspflicht durch einen **Bevollmächtigten** vertreten lassen. Für die

---

[134] Vor Einfügung des § 21 Abs. 1a durch das Dritte Finanzmarktförderungsgesetz (siehe Vor §§ 21 bis 30 Rn. 9) wurde der Fall der erstmaligen Zulassung der Aktien teilweise als Fall des Erreichens einer Stimmanteilsschwelle im Sinne von § 21 Abs. 1 Satz 1 angesehen, teilweise wurde eine analoge Anwendung von § 21 Abs. 1 Satz 1 für möglich gehalten (vgl. *Nottmeier/Schäfer* AG 1997, 88f.). Überwiegend wurde dies jedoch im Hinblick auf das Analogieverbot (hierzu Vor §§ 21 bis 30 Rn. 25) abgelehnt (siehe auch *Schneider* in *Assmann/Schneider*, Rn. 51).

[135] Im Gegensatz zur Mitteilungspflicht nach § 21 Abs. 1a gilt die Ad-hoc-Pflicht (§ 15 Abs. 1) bereits ab dem Zeitpunkt der Stellung des Zulassungsantrags. Weiter ist zu berücksichtigen, dass bei einem Börsengang die Zulassung der Aktien die Veröffentlichung eines Wertpapierprospekts voraussetzt, der Angaben zur Beteiligungsstruktur der Gesellschaft enthält (Vor §§ 21 bis 30 Rn. 28).

[136] Nach *Arends*, Die Offenlegung von Aktienbesitz nach deutschem Recht, S. 55, beginnt die Mitteilungsfrist dagegen generell am Tag der Zulassung.

[137] So auch Hinweise der BaFin zu den Mitteilungs- und Veröffentlichungspflichten gemäß §§ 21ff. WpHG, Stand 5. Februar 2007, unter I. 4. (abrufbar unter *www.bafin.de*).

[138] Vgl. *Schwark*, § 21 WpHG Rn. 13.

Erfüllung der Mitteilungspflicht nicht voll geschäftsfähiger Meldepflichtiger ist der **gesetzliche Vertreter** oder ein bestellter Amtswalter (Vormund, Pfleger, Betreuer usw.) zuständig, ohne dass die Mitteilungspflicht als solche auf diese Personen übergeht. Vielmehr sind sie lediglich unter den Voraussetzungen des § 22 selbst mitteilungspflichtig (hierzu § 22 Rn. 72). Rechtsfähige Gesellschaften, Vereine, Stiftungen sowie öffentlich-rechtliche Rechtsträger werden als Meldepflichtige durch ihre gesetzlich berufenen Organe vertreten, wobei die tatsächliche Erfüllung auf Mitarbeiter delegiert werden kann oder andere (unternehmensexterne) Personen dazu bevollmächtigt werden können.

Bei **Gemeinschaften** (Bruchteilsgemeinschaft, Erbengemeinschaft und eheliche Gütergemeinschaft) folgt aus deren fehlender Rechtsfähigkeit, dass nicht die Gemeinschaft als solche mitteilungspflichtig ist, sondern die Mitteilungspflicht unter den Voraussetzungen des § 21 Abs. 1 den einzelnen Gemeinschaftsmitgliedern obliegt (näher Rn. 11 ff.). Bei einer Veräußerung oder einem Erwerb von Bruchteilseigentum oder eines ungeteilten Anteils an einer Erbengemeinschaft sind daher Veräußerer und Erwerber nach Maßgabe von § 21 Abs. 1 mitteilungspflichtig, nicht die Gemeinschaft selbst. Die einzelnen Gemeinschaftsmitglieder sind auch dann selbst mitteilungspflichtig, wenn die Gemeinschaft durch Erbgang entsteht oder im Rahmen der Verwaltung oder Auseinandersetzung des Gesamthandsvermögens mitzuteilende Stimmanteilsveränderungen (insbesondere durch Veräußerung oder weiteren Erwerb von Aktien eines Emittenten) erfolgen. Gerade weil die Gemeinschaft als solche nicht mitteilungspflichtig ist, muss in diesen Fällen die gesamthänderische Gebundenheit des Gemeinschaftsvermögens in der Stimmrechtsmitteilung der Meldepflichtigen zum Ausdruck kommen (siehe Rn. 68). Im Übrigen können die mitteilungspflichtigen Gemeinschaftsmitglieder zusammen eine einheitliche Mitteilung oder getrennte Mitteilungen abgeben[139] und sich durch Bevollmächtigte (insbesondere Testamentsvollstrecker oder Nachlassverwalter) vertreten lassen. Amtswalter wie der Testamentsvollstrecker sind nicht kraft Gesetzes für die Erfüllung der Mitteilungspflicht der Meldepflichtigen zuständig[140] und nur unter den Voraussetzungen des § 22 selbst mitteilungspflichtig.[141]

---

[139] Demgegenüber nimmt die hM an, dass die gesamthänderische Verbundenheit der Erben getrennten Mitteilungen der einzelnen Erben entgegenstehe. Mitteilungspflichtig seien die Miterben in ihrer gesamthänderischen Verbundenheit oder die Erbengemeinschaft unter Bezeichnung ihrer Mitglieder (*Arends*, Die Offenlegung von Beteiligungsbesitz nach deutschem Recht, S. 49; *Hüffer*, AktG, § 22 Anh. § 21 WpHG Rn. 4; Münch-KommAktG-*Bayer*, § 22 Anh. § 21 WpHG Rn. 5; *Nottmeier/Schäfer* AG 1997, 87, 90 f.; *Schneider* in *Assmann/Schneider*, Rn. 10; *Starke*, Beteiligungstransparenz im Gesellschafts- und Kapitalmarktrecht, S. 181.). Im Hinblick auf den konkreten Inhalt der Stimmrechtsmitteilung unterscheiden sich die verschiedenen Betrachtungsweisen jedoch nur in Nuancen (siehe Rn. 68).

[140] Ein Testamentsvollstrecker könnte die Mitteilungspflicht eines Erben im Zweifel ohnehin nicht pflichtgemäß erfüllen, wenn der Erbe neben der zum Nachlass gehörenden wesentlichen Beteiligung an einer börsennotierten Gesellschaft noch weitere Aktien dieser Gesellschaft hält oder ihm solche gemäß § 22 zugerechnet werden und der Testamentsvollstrecker hiervon keine Kenntnis hat. Hier zeigt sich, dass die Mitteilungspflicht nach § 21 Abs. 1 eine persönliche (unübertragbare) Pflicht ist und keine gegenstandsbezogene (akzessorische) Belastung des Aktieneigentums darstellt.

[141] Siehe auch Rn. 57.

§ 21 59, 60   Abschnitt 5. Veränd. des Stimmrechtsanteils

59   Der Meldepflichtige hat die wesentliche Stimmanteilsveränderung gemäß § 21 Abs. 1 Satz 1 dem Emittenten und gleichzeitig (Rn. 88) der BaFin mitzuteilen. Die Stimmrechtsmitteilung muss dem Emittenten und der BaFin **jeweils gesondert** zugehen.[142] Dem Meldepflichtigen obliegt es, die Stimmrechtsmitteilung an eine Adresse des Emittenten, unter der sich bei objektiver Betrachtung eine Empfangsstelle für seine kapitalmarktrechtliche Erklärung befindet, sowie der BaFin zu übermitteln (zur Form der Mitteilung Rn. 76 f.).[143] Geeignete Empfangsstellen des Emittenten sind die Geschäftsleitung oder die Verwaltungsführung im Sinne von § 5 Abs. 2 AktG,[144] so dass dem Emittenten die Stimmrechtsmitteilung stets **unter der Adresse der Zentralverwaltung oder des Vorstands** zugehen kann. Ebenfalls geeignet sind Adressen, unter denen im konkreten Fall die intern für die Bearbeitung der Mitteilung zuständige Fachabteilung (zB Investor Relations oder Rechtsabteilung) erreichbar ist. Jedenfalls hat der Emittent im Hinblick auf die Veröffentlichungsfrist des § 26 Abs. 1 Satz 1 seinen Posteingang so zu organisieren, dass die Stimmrechtsmitteilungen unverzüglich den für ihre Veröffentlichung zuständigen Personen zugeleitet werden. Nicht ohne weiteres ausreichend wäre es dagegen, wenn der Meldepflichtige die Stimmrechtsmitteilung an die Niederlassung eines Emittenten sendet, die offensichtlich allein im Vertrieb tätig ist und keine zentralen Funktionen wahrnimmt. Gehört der Emittent zu einem Konzern, wäre es mangels Vorhandenseins einer § 24 entsprechenden Regelung im Bereich der Mitteilungspflicht ferner ungenügend, wenn die Stimmrechtsmitteilung des Meldepflichtigen allein bei dem Mutterunternehmen des Emittenten eingeht. Leitet eine ungeeignete Empfangsstelle die Stimmrechtsmitteilung an die richtige Adresse weiter, ist der Zugang bei dem Emittenten aber erfolgt, wobei dadurch eintretende Verzögerungen regelmäßig dem Meldepflichtigen zuzurechnen sind.

60   Die Adressatenstellung des Emittenten sowie die privatrechtlich Rechtsnatur der Mitteilungspflicht im Verhältnis zum Emittenten (Vor §§ 21 bis 30 Rn. 3) wirft die Frage auf, ob Kehrseite der Pflicht des Meldepflichtigen zur Abgabe einer Stimmrechtsmitteilung ein **Anspruch des Emittenten gegenüber dem Meldepflichtigen** ist, den er ggf. zivilprozessual durchsetzen kann. Als Rechtsgrundlage kommen § 21 Abs. 1 Satz 1 als gesetzlicher Leistungsanspruch oder § 1004 BGB als quasinegatorischer Anspruch mit § 21 Abs. 1 als Schutzgesetz

---

[142] Die Mitteilung an die BaFin soll nach Nottmeier/*Schäfer* AG 1997, 87, 92, sowie nach *Schneider* in *Assmann/Schneider,* Rn. 72, auch der Emittent selbst als Vertreter oder Bote des Meldepflichtigen abgeben können. Das ist im Ausgangspunkt zwar richtig (vgl. *Schwark*, § 21 WpHG Rn. 14; MünchKommAktG-*Bayer,* § 22 Anh. § 21 WpHG Rn. 29; ablehnend *Arends,* Die Offenlegung von Aktienbesitz nach deutschem Recht, S. 57), darf aber im Hinblick auf die Erfüllungsfrist nicht zu einer verzögerten Übermittlung der Stimmrechtsmitteilung an die BaFin führen. Allgemein empfehlenswert erscheint diese Option daher nicht.
[143] Gemäß § 1 Abs. 2 FinDAG hat die BaFin einen Doppelsitz in Bonn und Frankfurt am Main. Die Stimmrechtsmitteilungen sollten an die Adresse in Frankfurt am Main (Postfach 50 01 54 , 60391 Frankfurt a. M.) gerichtet werden, weil sich dort das zuständige Referat befindet. Gemäß § 18 WpAIV können die Mitteilungen auch per Telefax (02 28– 41 08 31 19) übermittelt werden, vgl. auch die Hinweise der BaFin zu den Mitteilungs- und Veröffentlichungspflichten gemäß §§ 21 ff. WpHG, Stand 5. Februar 2007 (abrufbar unter *www.bafin.de*).
[144] Hierzu etwa *Hüffer*, AktG, § 5 Rn. 7.

zugunsten der Gesellschaft im Sinne von § 823 Abs. 2 BGB in Betracht.[145] Diese Frage kann praktische Bedeutung haben, wenn einem Emittenten bei nichtordnungsgemäßer Erfüllung der Mitteilungspflichten im Einzelfall eine erhebliche Beeinträchtigung von Gesellschaftsinteressen droht. Werden etwa in einer Hauptversammlung Beschlüsse gefasst, deren Wirksamkeit für die Gesellschaft von erheblicher Tragweite ist (zB in Sanierungssituationen), kann die Nichterfüllung der – möglicherweise bestrittenen oder unklaren – Mitteilungspflicht eines mit einem relevanten Stimmrechtsanteil beteiligten Aktionärs eine Anfechtungsklage begründen (näher hierzu § 28 Rn. 39). Sofern in dieser Situation ein Anspruch des Emittenten auf Pflichterfüllung bestünde, könnte er das Risiko einer Beschädigung von Gesellschaftsinteressen verringern oder von einem schuldhaft pflichtwidrig handelnden Meldepflichtigen Ersatz eines durch die erfolgreiche Anfechtungsklage eines Dritten etwa eintretenden Schadens verlangen. Hierfür ist auch zu berücksichtigen, dass Aktionäre mit der Begründung der Verletzung von Mitteilungspflichten nur bei Offenkundigkeit dieses Vorwurfs von der Stimmrechtsausübung in der Hauptversammlung ausgeschlossen werden können (siehe § 28 Rn. 37) und die BaFin möglicherweise nicht rechtzeitig hoheitliche Maßnahmen zur Durchsetzung der Mitteilungspflichten (insbesondere Anordnungen nach § 4 Abs. 2 Satz 2 oder Abs. 6) treffen wird. Im Ergebnis dürfte ein privatrechtlicher Leistungsanspruch des Emittenten gegenüber einem Meldepflichtigen auf Abgabe der geforderten Stimmrechtsmitteilung bestehen.[146] Für einen Leistungsanspruch der Gesellschaft spricht zum einen, dass die Mitteilungspflicht im Verhältnis zum Emittenten privatrechtlicher Natur ist und im Privatrecht der primären Leistungspflicht des einen Rechtssubjekts regelmäßig der Anspruch eines anderen gegenübersteht. Zum anderen soll die Offenlegung nach den §§ 21 ff. dem Emittenten einen besseren Überblick über die Beteiligungsstruktur und die Beherrschungsverhältnisse ermöglichen.[147] Dieser Zielrichtung würde es nicht Rechnung tragen, wenn die Kenntnis des Emittenten von den eigenen Beteiligungs- und Beherrschungsverhältnissen im Ergebnis lediglich Nebenfolge einer im öffentlichen Interesse liegenden Information des Kapitalmarkts wäre.

2. Inhalt der Mitteilung (§ 17 WpAIV)

a) Grundlagen

Der Inhalt der Stimmrechtsmitteilung ist in dem auf der Verordnungsermächtigung des § 21 Abs. 3 beruhenden § 17 Wertpapierhandelsanzeige- und Insider-

---

[145] Zu § 1004 BGB als Rechtsgrundlage eines Anspruchs der Gesellschaft gegenüber einem Unternehmen nach § 20 AktG *Burgard*, Die Offenlegung von Beteiligungen, Abhängigkeits- und Konzernlagen bei der Aktiengesellschaft, S. 53 f.
[146] Ebenso KölnKommWpHG-*Hirte*, Rn. 185; *Schneider* in *Assmann/Schneider*, Rn. 94. Vgl. auch *Starke*, Beteiligungstransparenz im Gesellschafts- und Kapitalmarktrecht, S. 261. Ablehnend KölnKommAktG-*Koppensteiner*, § 22 Anh. §§ 21 ff. WpHG Rn. 46; *Opitz* in *Schäfer/Hamann*, KMG, § 21 WpHG Rn. 41; *Schwark*, § 21 WpHG Rn. 17. *Witt*, Übernahmen von Aktiengesellschaften und Transparenz der Beteiligungsverhältnisse, S. 142, hält die Mitteilungspflichten vor dem Hintergrund der Sanktion des Rechtsverlustes nach § 28 lediglich für Obliegenheiten des Meldepflichtigen. Diese Ansicht erscheint jedoch schon deshalb unrichtig, weil die Erfüllung der Mitteilungspflicht zumindest von der BaFin im Wege aufsichtsrechtlicher Verfügungen unmittelbar durchgesetzt werden kann.
[147] Begr. RegE BT-Drucks. 12/6679, S. 53.

§ 21 62, 63

verzeichnisverordnung (WpAIV) geregelt; die dazu bislang in § 21 Abs. 1 Satz 1 enthaltenen Vorgaben wurden durch das Transparenzrichtlinie-Umsetzungsgesetz (Vor §§ 21 bis 30 Rn. 11) gestrichen.[148] Anzugeben sind nun gemäß § 17 Abs. 1 WpAIV neben der deutlich hervorgehobenen **Überschrift** „Stimmrechtsmitteilung" (Nr. 1) der **Name** und die **Anschrift** des Mitteilungspflichtigen (Nr. 2) sowie des Emittenten (Nr. 3), die **Tatsache des Erreichens, Überschreitens oder Unterschreitens** der einschlägigen Stimmanteilsschwelle (Nr. 4), die **Höhe des aktuellen Stimmrechtsanteiles** in Bezug auf die Gesamtmenge der Stimmrechte und in Bezug auf alle mit Stimmrechten versehenen Aktien ein und derselben Gattung (Nr. 5) und das **Datum** des Erreichens, Überschreitens oder Unterschreitens (Nr. 6).

62   Die Mitteilung selbst sollte ebenfalls mit einem Datum versehen werden.[149] Der Aussteller der Stimmrechtsmitteilung hat diese zu unterzeichnen und sollte – sofern es sich nicht um den Meldepflichtigen selbst handelt und er nicht über den Meldepflichtigen erreichbar ist – dem Emittenten und der BaFin seine eigene Anschrift mitteilen (was allerdings außerhalb der Stimmrechtsmitteilung erfolgen kann, zB in einem Begleitschreiben).[150] Darüber hinaus verlangt § 17 Abs. 2 Satz 1 WpAIV im Fall der **Zurechnung von Stimmrechten nach § 22 Abs. 1 und 2** die Angabe des Namens des Dritten, aus dessen Aktien dem Mitteilungspflichtigen Stimmrechte zugerechnet werden, wenn dessen zugerechneter Stimmrechtsanteil jeweils 3% oder mehr beträgt (Nr. 1) und ggf. die Namen der kontrollierten Unternehmen, über die die Stimmrechte tatsächlich gehalten werden, wenn deren zugerechneter Stimmrechtsanteil jeweils 3% oder mehr beträgt (Nr. 2). Zusätzlich sind gemäß § 17 Abs. 2 Satz 2 WpAIV die Stimmrechte aus den jeweils angewendeten **Zurechnungstatbeständen** der § 22 Abs. 1 Nr. 1 bis Nr. 6 und Abs. 2 getrennt anzugeben (näher hierzu § 22 Rn. 108 ff.).

63   Die von der BaFin vorgeschlagene Formulierung einer Stimmrechtsmitteilung gemäß § 21 Abs. 1 unter Anwendung von § 22 lautet:[151]

„Stimmrechtsmitteilung nach § 21 Abs. 1 WpHG

[Name und Anschrift des Mitteilungspflichtigen]

[Name und Anschrift des Emittenten]

Hiermit teile ich gemäß § 21 Abs. 1 WpHG mit, dass mein Stimmrechtsanteil an der XY AG am [Datum der Schwellenberührung] die Schwelle(n) von ...% überschritten/unterschritten/erreicht hat und zu diesem Tag xx,yy% (xy Stimmrechte) beträgt.

ggf.:

Davon sind mir xx,yy% (xy Stimmrechte) nach § 22 Abs. x Satz y Nr. z WpHG. zuzurechnen.

ggf.:

---

[148] BT-Drucks. 16/2498 S. 34.
[149] So auch KölnKommWpHG-*Hirte*, Rn. 142; *Schneider* in *Assmann/Schneider*, Rn. 80.
[150] Wird die Stimmrechtsmitteilung durch einen bevollmächtigten Dritten oder Amtswalter für den Meldepflichtigen abgegeben, empfiehlt es sich, der Mitteilung die Vollmachts- oder Bestellungsurkunde beizufügen.
[151] Abrufbar unter *www.bafin.de*.

Von folgenden Aktionären, deren Stimmrechtsanteil an der XY AG jeweils 3% oder mehr beträgt, werden mir dabei Stimmrechte zugerechnet:
– [Name]
– [Name]
...
ggf.:
Mir zugerechnete Stimmrechte werden dabei über folgende von mir kontrollierte Unternehmen, deren Stimmrechtsanteil an der XY AG jeweils 3% oder mehr beträgt, gehalten:
– [Name]
– [Name]
...
Unterschrift"

Weitere Angaben sind in der Mitteilung nicht zu machen. Insbesondere muss in der Stimmrechtsmitteilung nicht der zur Mitteilungspflicht führende Vorgang dargestellt werden (zB Beteiligungskauf oder Erbschaft).[152] Der sachliche Hintergrund der mitzuteilenden Stimmanteilsveränderung ist vom Meldepflichtigen im Allgemeinen nur auf Verlangen der BaFin in einer gesonderten Auskunft offen zulegen oder dann, wenn eine solche Erläuterung für einen gemäß § 27 verlangten Nachweis erforderlich ist. Auch im Übrigen sollten die in § 17 Abs. 1 und Abs. 2 WpAIV genannten Inhalte nicht als Mindestangaben, sondern als **abschließende Bestandteile von Stimmrechtsmitteilungen** betrachtet werden. 64

Weitergehende **freiwillige Angaben** sind im Hinblick auf den Zweck kapitalmarktrechtlicher Beteiligungstransparenz regelmäßig weder geboten (auch unter Berücksichtigung der Interessen der Beteiligten) noch sinnvoll. Gleichwohl wird empfohlen oder für notwendig erachtet, die Stimmrechtsmitteilung um entsprechende Erläuterungen des Sachverhalts und der Rechtsanwendung zu ergänzen, wenn der vorliegende Sachverhalt dazu Anlass bietet.[153] Dies sei der Fall, wenn trotz Anwendung der geforderten Sorgfalt ein Sachverhalt nicht vollständig aufbereitet oder eine rechtliche Beurteilung der Mitteilungspflicht nicht hinreichend sicher vorgenommen werden kann.[154] Ob dieser Empfehlung generell gefolgt werden soll, mag angesichts dessen, dass der Rechtsverlust gemäß § 28 nach zutreffender Ansicht ein Verschulden des Meldepflichtigen erfordert (vgl. § 28 Rn. 16), dahinstehen. Jedenfalls erscheint eine rechtliche Würdigung des Sachverhalts in einer Stimmrechtsmitteilung unangebracht und auch nicht ratsam, da 65

---

[152] Ebenso KölnKommWpHG-*Hirte*, Rn. 144; *Hüffer*, AktG, § 22 Anh. § 21 WpHG Rn. 9. Ähnlich *Witt*, Übernahmen von Aktiengesellschaften und Transparenz der Beteiligungsverhältnisse, S. 144. Anders wohl *Schwark*, § 21 WpHG Rn. 18.
[153] Maßgeblich *Schneider*, FS Schütze, S. 757 ff. Siehe auch die Empfehlung von *Schneider* in *Assmann/Schneider*, Rn. 73, in der Mitteilung „besser zu viel als zu wenig" mitzuteilen. – KölnKommWpHG-*Hirte*, Rn. 145, KölnKommAktG-*Koppensteiner*, § 22 Anh. §§ 21 ff. WpHG Rn. 30 und *Opitz* in *Schäfer/Hamann*, § 21 WpHG Rn. 34, die es für zweckmäßig erachten, in der Stimmrechtsmitteilung auch den Tag anzugeben, an dem der Meldepflichtige von der mitzuteilenden Stimmrechtsveränderung Kenntnis erlangt hat, kann nicht gefolgt werden.
[154] *Schneider*, FS Schütze, S. 757, 759 ff.

sie zum Widerspruch geradezu herausfordern könnte.[155] Eine gesetzliche Stimmrechtsmitteilung ist nach der gegenwärtigen Rechtslage[156] auch nicht der richtige Ort für Erklärungen des Meldepflichtigen zu **den mit seiner Beteiligung oder einer Beteiligungsveräußerung verfolgten Absichten** sowie etwaigen weitergehenden Ziele im Hinblick auf den Emittenten. Bei kurserheblichen Stimmanteilsveränderungen sind solche Motive ggf. in einer Ad-hoc-Mitteilung zu veröffentlichen.

b) Einzelheiten

66 **aa) Name des Meldepflichtigen und des Emittenten.** Aus der Stimmrechtsmitteilung muss der Name des Meldepflichtigen (und des Emittenten) hervorgehen (§ 17 Abs. 1 Nr. 2 und 3 WpAIV). Bei natürlichen Personen muss der (volle) Name, bei Kapitalgesellschaften und Personenhandelsgesellschaften die Firma angegeben werden.[157] Bei sonst in Registern eingetragenen Rechtsträgern (zB Partnerschaftsgesellschaften, eingetragenen Vereinen) ist der aus dem Register ersichtliche Name zu verwenden, bei Stiftungen die durch das genehmigte Stiftungsgeschäft festgelegte Bezeichnung. Juristische Personen und Stiftungen des öffentlichen Rechts sind durch den für sie festgelegten Namen zu bezeichnen. Bei ausländischen Rechtsträgern gilt dies entsprechend, soweit nicht die jeweils anwendbare Rechtsordnung eine andere Betrachtung nahe legt. Meldepflichtiger kann nur sein, wer rechtsfähig ist (Rn. 5 ff.).

67 Besonderheiten für die Namensangabe in der Stimmrechtsmitteilung bestehen für Rechtsträger, die nicht über einen eingetragenen oder amtlich genehmigten Namen verfügen, also insbesondere die **(Außen-)Gesellschaft bürgerlichen Rechts** (siehe Rn. 9). Sofern die Gesellschaft im Rechtsverkehr unter einem eigenen Namen auftritt, ist dieser Name auch in der Stimmrechtsmitteilung zu verwenden. Da bei der (Außen-)Gesellschaft bürgerlichen Rechts jedoch keine Registerpublizität besteht, aus der die Gesellschaftsverhältnisse ersichtlich sind, müssen in der Mitteilung nach § 21 Abs. 1 immer auch die Namen oder Firmen der Gesellschafter angegeben werden.[158]

68 Nicht rechtsfähig ist dagegen die Erbengemeinschaft, so dass die Stimmrechtsmitteilung nicht von der **Gemeinschaft** selbst, sondern von den einzelnen Gemeinschaftsmitgliedern abzugeben ist (zur Erbengemeinschaft siehe bereits Rn. 11 und Rn. 34).[159] Dies gilt entsprechend für die eheliche Gütergemeinschaft. Nach der herrschenden Ansicht müssen in der Stimmrechtsmitteilung die Namen und Wohnorte der Gemeinschaftsmitglieder angegeben und das Gemeinschaftsverhält-

---

[155] Wird eine Ergänzung einer Stimmrechtsmitteilung über die gesetzlich geforderten Inhalte hinaus erwogen, sollte die Abgabe der Mitteilung angesichts der Abweichung von der gesetzlichen Ausgangslage und wegen einer möglichen Präzedenzwirkung mit der BaFin abgestimmt werden.

[156] Zu den insoweit geplanten Reformen siehe Vor §§ 21 bis 30 Rn. 12.

[157] Siehe auch *Schneider* in *Assmann/Schneider*, Rn. 75.

[158] Ebenso KölnKommAktG-*Koppensteiner*, § 22 Anh. §§ 21 ff. WpHG Rn. 33; *Schneider* in *Assmann/Schneider*, Rn. 75. Nach *Hüffer*, AktG, § 22 Anh. § 21 WpHG Rn. 10, ist dagegen Gesamtname der Gesellschaft ausreichend, wenn sie einen solchen „als zulässig" führt. Im Ergebnis ebenso *Opitz* in *Schäfer/Hamann*, KMG, § 21 WpHG Rn. 33.

[159] Unterliegt die Beteiligung der Testamentsvollstreckung, muss darauf in der Stimmrechtsmitteilung der Erben nicht ausdrücklich hingewiesen werden.

nis zum Ausdruck gebracht werden.[160] Dies ist im Ausgangspunkt mit der Maßgabe zutreffend, dass nicht die Gemeinschaft selbst (bestehend aus ihren Mitgliedern), sondern die Meldepflichtigen (als Mitglieder der Gemeinschaft) Aussteller der Mitteilung sind. Ihre Mitteilungspflicht können die Gemeinschaftsmitglieder jedoch nicht nur in Form einer gemeinsamen Stimmrechtsmitteilung erfüllen. Vielmehr bleibt es jedem Gemeinschaftsmitglied aufgrund seiner originären Mitteilungspflicht unbenommen, für sich selbst eine eigene Mitteilung abzugeben (siehe Rn. 12),[161] wobei auch in dieser Mitteilung auf das Gemeinschaftsverhältnis hinzuweisen ist. In diesem Fall ist es ausreichend, wenn sich der Meldepflichtige mit seinem Namen und seiner Anschrift identifiziert, im Übrigen aber die Erbengemeinschaft durch den Namen des Erblassers bezeichnet, ohne die Namen der Miterben zu nennen. Bei einer ehelichen Gütergemeinschaft ist in der Einzelmitteilung eines Ehegatten dementsprechend ein Hinweis auf den Güterstand ausreichend, ohne dass der Name des anderen Ehegatten genannt werden muss.

bb) Anschrift des Meldepflichtigen und des Emittenten. Als Anschrift (§ 17 Abs. 1 Nr. 2 und 3 WpAIV) sind die Straße nebst Hausnummer, die Gemeinde sowie – bei ausländischen Meldepflichtigen – auch der Staat anzugeben. Ausreichend ist im Regelfall die Adresse des Wohnorts oder des Geschäftssitzes (Sitz der Hauptniederlassung) des Meldepflichtigen. Bei einer (Außen-)Gesellschaft bürgerlichen Rechts sind die Anschriften der namentlich zu nennenden Gesellschafter (siehe Rn. 67) entbehrlich, wenn die Gesellschaft einen effektiven Geschäftssitz hat und dessen Anschrift angegeben werden kann. Ist dies nicht der Fall, sind die Anschriften der einzelnen Gesellschafter aufzuführen.[162] Sofern die Stimmrechtsmitteilung von einem Dritten (einem Bevollmächtigten, einem bestellten Amtswalter oder gemäß § 24 vom Mutterunternehmen) für den Meldepflichtigen abgegeben wird, ist die Anschrift des Meldepflichtigen nicht deshalb entbehrlich, weil der Dritte seine eigene Anschrift angibt (vgl. oben Rn. 62).

Stimmrechtsmitteilungen von Meldepflichtigen, die einer verschachtelten Unternehmensgruppe (vor allem ausländischer Beteiligungsgesellschaften) angehören, enthalten gelegentlich **Anschriften unter Nennung einer zentralen Adresse** (zumeist unter Verwendung des postalischen Hinweises: „c/o"), die nicht mit dem Sitz des Meldepflichtigen identisch ist. Da das Gesetz keine näheren Anforderungen dazu enthält, was insoweit unter einer gültigen Anschrift zu verstehen ist, kommt es zur Beurteilung der Zulässigkeit einer solchen oder vergleichbaren Angabe auf den Zweck des Mitteilungsbestandteils der Anschrift an. Hierfür ist von Bedeutung, dass die volle Anschrift des Meldepflichtigen in der Veröffentlichung der Stimmrechtsmitteilung nach § 26 nicht enthalten ist (hierzu

---

[160] *Arends,* Die Offenlegung von Aktienbesitz nach deutschem Recht, S. 49; *Nottmeier/ Schäfer* AG 1197, 87, 91; *Schneider* in *Assmann/Schneider,* Rn. 10; *Starke,* Beteiligungstransparenz im Gesellschafts- und Kapitalmarktrecht, S. 181.

[161] Demgegenüber soll nach Formulierungsvorschlägen der Literatur die Gemeinschaft, bestehend aus den Mitgliedern X, Y, Z, die Stimmrechtsmitteilung abgeben (so etwa *Arends,* Die Offenlegung von Aktienbesitz nach deutschem Recht, S. 49; *Nottmeier/Schäfer* AG 1197, 87, 91; *Schneider* in *Assmann/Schneider,* Rn. 10; *Starke,* Beteiligungstransparenz im Gesellschafts- und Kapitalmarktrecht, S. 181).

[162] Ebenso *Hüffer,* AktG, § 22 Anh. § 21 WpHG Rn. 10. Nach *Schneider* in *Assmann/ Schneider,* Rn. 75, besteht ein Wahlrecht zwischen der Anschrift der Gesellschafter und der Adresse des Geschäftslokals.

§ 26 Rn. 8). Die Nennung der Anschrift des Meldepflichtigen soll in erster Linie dem Emittenten und der BaFin die Möglichkeit der Kontaktaufnahme mit dem Meldepflichtigen gewährleisten. Hierfür kann auch eine c/o-Adresse sachgerecht sein, wenn etwa am Satzungssitz eine jederzeitige und kurzfristige Erreichbarkeit des Meldepflichtigen nicht gegeben ist; in einem solchen Fall muss jedoch zusätzlich der Ort des Sitzes angegeben werden, da dieser gemäß § 19 WpAIV in die Veröffentlichung nach § 26 aufzunehmen ist.

71 cc) **Angabe der Schwellenberührung.** Für die **Art der Berührung** einer der in § 21 Abs. 1 Satz 1 genannten Stimmanteilsschwellen (§ 17 Abs. 1 Nr. 4 WpAIV) sind in der Stimmrechtsmitteilung die gesetzlichen Begriffe „erreichen", „überschreiten" und „unterschreiten" zu verwenden. Erstreckt sich eine mitzuteilende Stimmanteilsveränderung über mehrere Schwellen, muss – entgegen der Ansicht der BaFin[163] – lediglich die (erreichte, überschrittene oder unterschrittene) Schwelle genannt werden, die dem bisherigen Stimmrechtsanteil des Meldepflichtigen am nächsten liegt. Dafür spricht zum einen der Wortlaut des § 17 Abs. 1 Nr. 4 WpAIV („die Schwelle, die berührt wurde"), zum anderen ergeben sich die weiteren berührten Schwellen aus der nach § 17 Abs. 1 Nr. 5 WpAIV erforderlichen Angabe des nunmehr gehaltenen Stimmrechtsanteils. Die Nennung weiterer betroffener Schwellen ist jedoch fakultativ möglich. Das Erreichen einer Schwelle ist nicht ausdrücklich mitzuteilen, wenn durch den die Mitteilungspflicht auslösenden Vorgang eine Stimmanteilsschwelle überschritten oder unterschritten wird.[164]

72 dd) **Stimmrechtsanteil des Meldepflichtigen.** Weiter ist in der Stimmrechtsmitteilung anzugeben, in welcher Höhe der Stimmrechtsanteil des Meldepflichtigen infolge des die Mitteilungspflicht auslösenden Vorgangs besteht, und zwar sowohl in Bezug auf die Gesamtmenge der Stimmrechte des Emittenten als auch in Bezug auf alle mit Stimmrechten versehenen Aktien ein und derselben Gattung (§ 17 Abs. 1 Nr. 5 WpAIV). Mit § 17 Abs. 1 Nr. 5 Halbsatz 2 WpAIV wird Art. 9 Abs. 1 Unterabs. 2 Satz 2 der Transparenzrichtlinie 2004/109/EG (Vor §§ 21 bis 30 Rn. 6) umgesetzt. Erfasst sind ausschließlich dauerhaft nebeneinander bestehende und mit Stimmrechten ausgestattete **Aktiengattungen**.[165] Vorzugsaktien bilden keine Gattung in diesem Sinne; handelt es sich bei dem Emittenten um eine deutsche Aktiengesellschaft, ist die Pflicht zur nach Aktiengattung differenzierenden Angabe des Stimmrechtsanteils somit nur bei Mehrstimmrechtsaktien relevant.

73 Im Regelfall reicht es aus, wenn der **Stimmrechtsanteil mit zwei Nachkommastellen** (kaufmännisch gerundet) beziffert wird.[166] Wenn der Stimmrechts-

---

[163] Siehe dazu das Muster einer Stimmrechtsmitteilung nebst Erläuterung unter *www.bafin.de*.
[164] *Burgard* BB 1995, 2069; KölnKommWpHG-*Hirte*, Rn. 69; *Schneider* in *Assmann/Schneider*, Rn. 40a; *Witt*, Übernahmen von Aktiengesellschaften und Transparenz der Beteiligungsverhältnisse, S. 143.
[165] Begr. RegE BT-Drucks. 16/2498, S. 52.
[166] Siehe etwa LG München I ZIP 2004, 167, 168; MünchKommAktG-*Bayer*, § 22 Anh. § 21 WpHG Rn. 35; KölnKommWpHG-*Hirte*, Rn. 147; *Hüffer*, AktG, § 22 Anh. § 21 WpHG Rn. 9; *Nottmeier/Schäfer* AG 1997, 87, 92; *Sudmeyer* BB 2002, 685, 689. – *Schneider* in *Assmann/Schneider*, Rn. 77 f., verlangt dagegen die Angabe der Anzahl der Stimmrechte oder eine Mischform von (rundem) Stimmrechtsanteil und darüber hinaus-

Mitteilungspflichten des Meldepflichtigen 74 § 21

anteil gemäß § 17 Abs. 2 Satz 2 WpAIV auf mehrere Zurechnungstatbestände aufzuteilen ist, kann im Einzelfall aber zur Vermeidung von Rundungsdifferenzen eine Angabe der Stimmrechtsanteile mit mehr als zwei Nachkommastellen geboten sein. Die Angabe der (absoluten) Anzahl der vom Meldepflichtigen gehaltenen Stimmrechte ist nach dem Wortlaut des § 17 Abs. 1 Nr. 5 WpAIV nicht erforderlich, auch wenn dies von der BaFin ohne nähere Begründung vertreten wird.[167] Nach der herrschenden Ansicht soll es aber ausnahmsweise zur Gewährleistung der Transparenz geboten sein, zusätzlich die Anzahl der Stimmrechte anzugeben, wenn beispielsweise der Meldepflichtige über „50% der Stimmrechte + 1 Aktie" verfügt.[168] Denn hier sei eine Angabe von „50,00% der Stimmrechte" (kaufmännisch abgerundet) nicht hinreichend aussagekräftig. Gegen die hM spricht zwar, dass in einem solchen Fall aufgrund der Verwendung der Begriffe des „Erreichens" oder „Überschreitens" der Stimmanteilsschwelle von 50% hinreichend deutlich wird, ob der Meldepflichtige über exakt 50% der Stimmrechte oder über 50% der Stimmrechte „+ 1 Aktie" verfügt. Dennoch sollte die vorgeschlagene Präzisierung erfolgen, weil der Text der Mitteilung dadurch jedes Missverständnis ausschließt.

Umstritten ist überdies, ob in der Stimmrechtsmitteilung nach **Unterschreiten der Eingangsmeldeschwelle** auch der genaue Stimmrechtsanteil im Bereich unter 3 % anzugeben ist. Nach einer im Schrifttum vertreten Ansicht kann auf die Angabe eines solchen Stimmrechtsanteils verzichtet werden.[169] Dies wird insbesondere daraus hergeleitet, dass Stimmrechtsanteile unterhalb der Eingangsmeldeschwelle – ausweislich des § 21 Abs. 1 Satz 1 – nach Auffassung des Gesetzgebers nicht mitteilungspflichtig seien. Dagegen spricht aber der Wortlaut des § 21 Abs. 1 Satz 1, der die Angabe des aktuellen Stimmrechtsanteils unabhängig davon verlangt, ob eine Stimmanteilsschwelle (also auch die Schwelle von 3%) erreicht, überschritten oder unterschritten wird. Für die Angabe des Stimmrechtsanteils von unter 3% im Fall des Unterschreitens dieser Schwelle spricht ferner, dass allein dadurch dem Kapitalmarkt ersichtlich wird, ob sich der betreffende (Haupt-)Aktionär vollständig aus der Gesellschaft zurückgezogen hat oder ob ihm eine geringe Beteiligung verblieben ist.[170]

74

---

gehender Aktienanzahl. Ähnlich *Schäfer/Opitz*, § 21 WpHG Rn. 34. *Falkenhagen* WM 1995, 1005, hält eine Nachkommastelle für ausreichend.

[167] Hinweise zu den Mitteilungs- und Veröffentlichungspflichten gemäß §§ 21 ff. WpHG, Stand 5. Februar 2007, unter I. 3 (abrufbar unter *www.bafin.de*). Auch Art. 9 Abs. 1 Unterabs. 1 der Transparenzrichtlinie 2004/109/EG spricht vom „Anteil an den Stimmrechten". Etwas anderes folgt auch nicht aus Art. 12 Abs. 1 lit. a) der Richtlinie, nach der die „Anzahl der Stimmrechte" zu veröffentlichen ist: Der Vergleich mit der englischen und der französischen Sprachfassung des Art. 12 zeigt, dass nicht die Anzahl der Stimmrechte, sondern der aus Erwerb oder Veräußerung resultierende Stimmrechtsanteil publiziert werden muss.

[168] *Arends*, Die Offenlegung von Beteiligungsbesitz nach deutschem Recht, S. 57; KölnKommWpHG-*Hirte*, Rn. 148 f.; *Nottmeier/Schäfer* AG 1997, 87, 92; *Starke*, Beteiligungstransparenz im Gesellschafts- und Kapitalmarktrecht, S. 186; vgl. auch *Schwark*, § 21 WpHG Rn. 19; *Sudmeyer* in *Kuthe/Rückert/Sickinger*, Compliance-Handbuch Kapitalmarktrecht, 8. Kap. Rn. 83.

[169] Vgl. *Schneider* in *Assmann/Schneider*, Rn. 79; *Starke*, Beteiligungstransparenz im Gesellschafts- und Kapitalmarktrecht, S. 186.

[170] Auch nach Ansicht der BaFin ist ein Stimmrechtsanteil von weniger als 3% in der Stimmrechtsmitteilung anzugeben (siehe dazu ihre Hinweise zu den Mitteilungs- und Ver-

75 **ee) Datum der Stimmanteilsveränderung.** In der Stimmrechtsmitteilung ist ferner das Datum der Stimmanteilsveränderung zu nennen (§ 17 Abs. 1 Nr. 6 WpAIV). Sofern in der Person eines Meldepflichtigen mehrere Stimmanteilsveränderungen unmittelbar hintereinander stattfinden, hat er jede von ihnen ausdrücklich mitzuteilen. Sofern die Mitteilungsfrist des § 21 Abs. 1 Satz 1 gewahrt ist, können mehrere Stimmanteilsveränderungen in einer Mitteilung zusammengefasst werden. Finden mehrere von einem Meldepflichtigen mitzuteilende Stimmrechtsveränderungen innerhalb eines Tages statt, etwa im Fall des reinen Durchgangserwerbs (für eine logische Sekunde) oder sonstigen Zwischenerwerbs (Rn. 40), muss aus den Mitteilungen ersichtlich sein, in welchem zeitlichen Ablauf die einzelnen Vorgänge erfolgten. Hierfür kann sich eine zusammengefasste Mitteilung anbieten, die die mitzuteilenden Anteilsveränderungen in ihrem chronologischen Ablauf darstellt.

3. Art, Form und Sprache der Mitteilung (§ 18 WpAIV)

76 Art, Form und Sprache der Mitteilung sind aufgrund des § 21 Abs. 3 in § 18 WpAIV geregelt. Stimmrechtsmitteilungen nach § 21 Abs. 1 Satz 1 und Abs. 1a sind **schriftlich oder mittels Telefax**[171] an den Emittenten und die Bundesanstalt zu übersenden. Dies entspricht der Rechtslage nach § 21 Abs. 1 Satz 1 aF, ergänzt um die Möglichkeit der Übersendung per Telefax, welche die BaFin auch bisher schon akzeptiert hatte. Das Schriftformerfordernis ist gemäß § 126 Abs. 1 BGB jedenfalls erfüllt, wenn die Mitteilung vom Aussteller eigenhändig durch Namensunterschrift unterzeichnet ist und so dem Emittenten zugeht.[172]

77 Die schriftliche Form kann gemäß § 126 Abs. 3 BGB durch die **elektronische Form** ersetzt werden, wenn sich nicht aus dem Gesetz ein anderes ergibt. Ein Ausschluss der elektronischen Form lässt sich weder dem Wortlaut[173] noch dem Zweck des § 18 WpAIV entnehmen. Nach § 126a BGB setzt die an die Stelle der schriftliche Form tretende elektronische Form voraus, dass der Aussteller der Erklärung dieser seinen Namen hinzufügt und das elektronische Dokument mit einer qualifizierten elektronischen Signatur nach dem Signaturgesetz versieht. Eine Übersendung der Stimmrechtsmitteilung als Datei per Email ohne Verwendung einer elektronischen Signatur ist für § 126a BGB daher nicht ausreichend. Selbst wenn eine qualifizierte elektronische Signatur verwendet wird, ist zu beachten, dass nach allgemeinen Regeln ein Zugang nur erfolgen kann, wenn der Empfänger entsprechende technische Vorkehrungen getroffen und diese gerade für den Empfang elektronischer Erklärungen bestimmt hat.[174] Damit scheidet eine Stimmrechtsmitteilung in elektronischer Form jedenfalls gegenüber der BaFin zum gegenwärtigen Zeitpunkt aus.[175]

öffentlichungspflichten gemäß §§ 21 ff. WpHG, Stand 5. Februar 2007, unter I. 1.). Ebenso KölnKommWpHG-*Hirte*, Rn. 146.

[171] Die Telefax-Nummer 0228–41083119 findet sich in den Hinweisen der BaFin zu den Mitteilungs- und Veröffentlichungspflichten gemäß §§ 21 ff. WpHG, Stand 5. Februar 2007 (abrufbar unter *www.bafin.de*).

[172] § 126 BGB ist auf die Stimmrechtsmitteilung als sog. Wissenserklärung anwendbar (so auch *Sudmeyer* in *Kuthe/Rückert/Sickinger*, Compliance-Handbuch Kapitalmarktrecht, 8. Kap. Rn. 84).

[173] Zu den Kriterien dafür siehe nur MünchKommBGB-*Einsele* § 126 Rn. 23 ff.

[174] Vgl. MünchKommBGB-*Einsele* § 130 Rn. 18.

[175] KölnKommWpHG-*Hirte*, Rn. 158.

In Umsetzung von Art. 20 Abs. 3 der Transparenzrichtlinie 204/109/EG ermöglicht § 18 WpAIV es dem Meldepflichtigen, die Stimmrechtsmitteilung **in deutscher oder alternativ in englischer Sprache** abzufassen.

4. Mitteilungsfrist

a) Grundlagen

Zum Zweck einer zügigen Information des Kapitalmarkts schreibt § 21 Abs. 1 Satz 1 vor, dass die Stimmanteilsveränderungen unverzüglich dem Emittenten und gleichzeitig der BaFin, spätestens aber **innerhalb von vier Handelstagen** (vgl. § 30) mitgeteilt werden muss.[176] Es handelt sich dabei (zusammen mit der Regelung zum Fristbeginn in § 21 Abs. 1 Satz 3 und 4) um eine Frist zur Erfüllung der aufgrund des maßgeblichen Sachverhalts begründeten Mitteilungspflicht. Die Umstände des Fristbeginns (Kenntnis oder Kennenmüssen der mitzuteilenden Stimmanteilsveränderung) sind keine Tatbestandsvoraussetzungen für die Begründung der Mitteilungspflicht,[177] sondern gehören zu den gesetzlichen Anforderungen an eine ordnungsgemäße Erfüllungshandlung des Meldepflichtigen. Eine nicht fristgemäße, im Übrigen aber korrekte Stimmrechtsmitteilung ist – wie sich auch aus § 28 Satz 2 ergibt – wirksam. Die Mitteilungsfrist ist **keine absolute Frist** in dem Sinne, dass eine verspätete Mitteilung keine Erfüllungswirkung mehr hat. Vielmehr drohen aufgrund der Fristverletzung die Sanktionen des Rechtsverlustes nach § 28 und eines Bußgeldes nach § 39 Abs. 2 Nr. 2 e).

b) Fristbeginn

Für den Beginn der Mitteilungsfrist ist nach § 21 Abs. 1 Satz 3 der Zeitpunkt entscheidend, ab dem der Meldepflichtige Kenntnis davon hat oder nach den Umständen haben musste, dass eine rechtserhebliche Stimmanteilsveränderung stattgefunden hat. Die beiden Varianten des Fristbeginns schließen sich gegenseitig aus, wobei sich das Gebot unverzüglichen Handelns im Sinne von § 21 Abs. 1 Satz 1 im Allgemeinen auf den Fall der positiven Kenntnis des Meldepflichtigen von der Stimmanteilsveränderung bezieht, während die Höchstfrist von vier Handelstagen auch beim Tatbestand des Kennenmüssens eine Rolle spielt. Sofern die mitzuteilende **Stimmanteilsveränderung unter Beteiligung des Meldepflichtigen** erfolgt, insbesondere bei einem rechtsgeschäftlichen Erwerb oder einer rechtsgeschäftlichen Veräußerung von Aktien, hat der Meldepflichtige regelmäßig sofortige Kenntnis von die Mitteilungspflicht auslösenden Umständen. Gemäß § 21 Abs. 1 Satz 4 wird vermutet, dass der Meldepflichtige zwei Handelstage (vgl. § 30) nach dem Erreichen, Überschreiten oder Unterschreiten der jeweiligen Schwelle Kenntnis davon hat. Damit soll Art. 9 der Durchfüh-

---

[176] Nach Begr. RegE BT-Drucks. 12/6679, S. 53, dient die Mitteilungsfrist der „schnellstmöglichen Unterrichtung des Publikums". Der Zeitrahmen von sieben Kalendertagen des § 21 Abs. 1 Satz 1 aF ging zurück auf Art. 4 Abs. 1 Satz 1 der Transparenzrichtlinie 88/627/EWG (Vor §§ 21 bis 30 Rn. 4). Art 12 Abs. 2 der neuen Transparenzrichtlinie 2004/109/EG (Vor §§ 21 bis 30 Rn. 6) sieht die nun umgesetzte Mitteilungsfrist von vier Handelstagen vor.

[177] So aber *Sudmeyer* in *Kuthe/Rückert/Sickinger*, Compliance-Handbuch Kapitalmarktrecht, 8. Kap. Rn. 89. Die unterschiedliche Betrachtung ist praktisch zumeist bedeutungslos, da auch die Sanktion des Rechtsverlustes nach § 28 an unzureichende Erfüllungshandlungen des Meldepflichtigen anknüpft.

rungsrichtlinie 2007/14/EG (Vor §§ 21 bis 30 Rn. 6) in deutsches Recht umgesetzt werden.[178] Dieser bestimmt, dass „davon ausgegangen" wird, dass der Meldepflichtige von dem Erwerb oder der Veräußerung spätestens zwei Handelstage nach der Ausführung des Geschäfts Kenntnis „erhalten haben dürfte". Wie der Vergleich mit der englischen Sprachfassung zeigt, soll Art. 9 eine Vermutung dafür begründen, dass der Meldepflichtige spätestens nach zwei Handelstagen den Erwerb oder die Veräußerung kennen muss. Damit soll der Aufsichtsbehörde der Nachweis erleichtert werden, dass eine Mitteilung im konkreten Fall verspätet abgegeben wurde.[179] Unklar ist nach dem Wortlaut des Art. 9, ob sich das Tatbestandsmerkmal „nach der Ausführung des Geschäfts" auf den Zeitpunkt des Abschlusses des Verpflichtungsgeschäfts oder des Erfüllungsgeschäfts bezieht. Weder die englische („following the transaction") noch die französische („après la transaction") Sprachfassung sind insoweit klarer gefasst. Jedoch regelt auch der durch Art. 9 der Durchführungsrichtlinie konkretisierte Art. 12 Abs. 2 lit. a) der Transparenzrichtlinie nach richtiger Ansicht nicht den Anknüpfungspunkt der Beteiligungstransparenz, sondern ist im Sinne einer bloßen Klarstellung so zu verstehen, dass für den Beginn der Meldefrist zugunsten des Meldepflichtigen nicht der Zeitpunkt der Übertragung oder des Erwerbs der Aktien maßgeblich ist, sondern allein der Zeitpunkt, in dem der Meldepflichtige davon Kenntnis hat oder haben müsste (Rn. 30). Deshalb ist es konsequent, dass der deutsche Gesetzgeber die Vermutungswirkung des § 21 Abs. 1 Satz 4 zwei Handelstage „nach dem Erreichen, Überschreiten oder Unterschreiten der jeweiligen Schwelle" beginnen lässt und damit wie auch in § 21 Abs. 1 Satz 1 die dingliche Rechtslage für maßgeblich erklärt.[180] Die Vermutung kann vom Meldepflichtigen durch entsprechende Darlegung entkräftet werden, was insbesondere bei einer Veränderung des Stimmrechtsanteils ohne dessen Mitwirkung in Betracht kommen wird.

81 Insbesondere für Stimmanteilsveränderungen in sonstiger Weise, die ohne Mitwirkung des Meldepflichtigen eintreten, ist das **Tatbestandsmerkmal des Kennenmüssens** in § 21 Abs. 1 Satz 3 von Bedeutung.[181] Nach der Legaldefinition des § 122 Abs. 2 BGB bedeutet Kennenmüssen die fahrlässige Unkenntnis eines maßgeblichen Umstands oder Sachverhalts. Im Rahmen von § 21 Abs. 1 bezieht sich die Fahrlässigkeit auf die Unkenntnis des pflichtbegründenden Sachverhalts, nicht auch auf seine zutreffende rechtliche Bewertung (Rn. 83). Rechtserheblich ist jeder Grad von Fahrlässigkeit, so dass einfache Fahrlässigkeit des Meldepflichtigen erforderlich, aber auch ausreichend ist. Nach § 276 Abs. 2

---

[178] Beschlussempfehlung des Finanzausschusses, BT-Drucks. 16/6874, S. 122.

[179] Vgl. CESR's Final Technical Advice on Possible Implementing Measures of the Transparency Directive, Ref. CESR/05–407, June 2005, § 210.

[180] Den Erwägungen des Committe of European Securities Regulators (CESR) zur Auslegung des Art. 12 Abs. 2 lit. a) (CESR's Final Technical Advice on Possible Implementing Measures of the Transparency Directive, Ref. CESR /05–407, June 2005, §§ 192ff.) liegt offenbar ein anderer Standpunkt zugrunde, der allerdings die Besonderheiten des deutschen Zivilrechts nicht ausreichend berücksichtigt. Dieser Standpunkt hat im Wortlaut des Art. 9 der Durchführungsrichtlinie 2007/14/EG keinen Niederschlag gefunden. Angesichts dessen ist § 21 Abs. 1 Satz 4 richtlinienkonform.

[181] § 21 Abs. 1 Satz 3 differenziert nicht danach, auf welche Weise Stimmanteilsveränderungen stattfinden. Das ist mit Art. 12 Abs. 2 lit. b) der Transparenzrichtlinie 2004/109/EG vereinbar, da der Herkunftsstaat nach Art. 3 Abs. 1 der Richtlinie strengere Anforderungen vorsehen darf.

BGB handelt fahrlässig, wer die im Verkehr erforderliche Sorgfalt außer Acht lässt. Dabei gilt kein individueller, sondern ein auf die allgemeinen Verkehrsbedürfnisse ausgerichteter **objekt-abstrakter Sorgfaltsmaßstab**.
Im Zusammenhang mit § 21 Abs. 1 kommt es auf die Sorgfalt eines Kapitalmarktteilnehmers mit einer wesentlichen Beteiligung an einem Emittenten im Sinne der §§ 2 Abs. 6, 21 Abs. 2 an,[182] wobei jedoch die konkreten Umstände der Stimmanteilsveränderung (zB aufgrund einer Erbschaft) ebenfalls Berücksichtigung finden. Die an einen Meldepflichtigen im Sinne von § 21 Abs. 1 gerichteten Sorgfaltsanforderungen gehen damit über das hinaus, was von einem so genannten Kleinaktionär oder Streubesitzaktionär hätte erwartet werden können.[183] Von einem Meldepflichtigen kann erwartet werden, dass er allgemein bekannt gewordene Entwicklungen und Vorgänge bei dem Emittenten, die zu einer Stimmanteilsveränderung in seiner Person führen können oder bereits geführt haben, zur Kenntnis nimmt, insbesondere unter **Heranziehung der Veröffentlichungen nach § 26 a** (dazu noch § 26 a Rn. 2 ff.).[184] Auch bei der Mitteilungspflicht nach § 21 Abs. 1 a zur Bestandsaufnahme der Beteiligungsverhältnisse im Zeitpunkt der erstmaligen Zulassung der Aktien zum Handel an einem organisierten Markt (näher hierzu Rn. 56) ist von einem Meldepflichtigen zu erwarten, dass er sich baldmöglichst vom Zulassungsbeschluss Kenntnis verschafft.

Vom Wortlaut des § 21 Abs. 1 Satz 3 wäre eine Auslegung gedeckt, wonach die Mitteilungsfrist (erst) mit der zutreffenden rechtlichen Bewertung des Meldepflichtigen beginnt, dass der jeweilige Sachverhalt zu einer mitzuteilenden Stimmanteilsveränderung führt. Für diese Auslegung ließe sich anführen, dass das Bestehen und der Inhalt der Mitteilungspflicht im Einzelfall anhand komplexer juristischer Wertungen zu beurteilen ist. Indes gilt insoweit (wie in anderen Bereichen der Rechtsordnung auch), dass es für den Beginn der Frist zur Erfüllung der Mitteilungspflicht allein auf die Kenntnis des die Mitteilungspflicht auslösenden Sachverhalts oder das Kennenmüssen durch den Meldepflichtigen ankommt. Eine **zutreffende Bewertung des Sachverhalts ist keine Voraussetzung des Fristbeginns**.[185] Diese Grundsätze gelten auch, wenn die Mitteilungspflicht aufgrund einer Stimmrechtszurechnung nach § 22 begründet wird. Objektive Schwierigkeiten bei der Rechtsanwendung können allenfalls im Rahmen des Merkmals der Unverzüglichkeit berücksichtigt werden (hierzu unten Rn. 87).

Entsprechend dem Rechtsgedanken des § 166 Abs. 1 BGB und den allgemeinen Grundsätzen der **Wissenszurechnung** ist für die Beurteilung der Kenntnis und des Kennenmüssens der mitzuteilenden Stimmanteilsveränderung auf denjenigen abzustellen, der im vorliegenden Zusammenhang die Interessen des Meldepflichtigen vertritt (gesetzlicher Vertreter, Organmitglied usw.). Hieraus folgt zB im Hinblick auf mitteilungspflichtige Gesellschaften, dass die Mitteilungsfrist beginnt, wenn nur ein Mitglied der Geschäftsführung die mitzuteilende Stimmanteilsveränderung kennt oder kennen muss, ohne dass es sich hierbei um das

---

[182] Ähnlich *Hüffer*, AktG, § 22 Anh. § 21 WpHG Rn. 11.
[183] Siehe auch Erwägungsgrund 11 der Durchführungsrichtlinie 2007/14/EG (Vor §§ 21 bis 30 Rn. 6).
[184] Vgl. auch KölnKommWpHG-*Hirte*, Rn. 183.
[185] Anders wohl MünchKommAktG-*Bayer*, § 22 Anh. § 21 WpHG Rn. 38.

für Beteiligungen zuständige Geschäftsführungsmitglied handeln muss.[186] Ist der Meldepflichtige ein größeres Unternehmen, sind neben den Mitgliedern des Geschäftsführungsorgans zumindest auch die im Beteiligungsgeschäft tätigen Mitarbeiter als Wissensvertreter für den Meldepflichtigen anzusehen.[187] Dementsprechend haben alle Meldepflichtigen, die arbeitsteilig organisiert sind, durch ihre sachliche, organisatorische und personelle Infrastruktur zu gewährleisten, dass die für die Erfüllung der Mitteilungspflicht maßgeblichen Informationen beschafft und ausgewertet werden und den intern für die Erfüllung zuständigen Personen unverzüglich vorliegen.[188]

85 Ferner ist im Rahmen des § 21 Abs. 1 Satz 3 auf die Person eines Dritten abzustellen, wenn der Dritte anstelle des Meldepflichtigen für die Erfüllung der Mitteilungspflicht zuständig ist, weil der Meldepflichtige hierzu – bei rechtlicher Betrachtung – selbst nicht in der Lage ist (näher Rn. 7). Für den Beginn der Erfüllungsfrist ist damit im Fall **geschäftsunfähiger oder beschränkt geschäftsfähiger Meldepflichtiger** auf die Kenntnis des Sachverhalts oder das Kennenmüssen durch den gesetzlichen oder gerichtlich bestellten Vertreter abzustellen.

86 Wieder anders zu beurteilen ist es, wenn ein geschäftsfähiger Meldepflichtiger eine andere Person zur Verwaltung seines Vermögens bevollmächtigt und beauftragt. Hier hängt von der näheren Ausgestaltung des Auftragsverhältnisses ab, ob die Kenntnis oder das Kennenmüssen des Vermögensverwalters dem Meldepflichtigen zuzurechnen ist. Davon dürfte jedoch bei einer der **Vermögensverwaltung** unterliegenden Beteiligung an einem Emittenten, die in einer gemäß § 21 Abs. 1 Satz 1 mitzuteilenden Größenordnung besteht, im Allgemeinen auszugehen sein, ohne dass dadurch die eigene Kenntnis des Meldepflichtigen bedeutungslos wird.

c) Fristdauer und -berechnung

87 Die Stimmanteilsveränderung muss gemäß § 21 Abs. 1 Satz 1 unverzüglich mitgeteilt werden. Unverzügliches Handeln ist nach der Legaldefinition des § 121 Abs. 1 Satz 1 BGB Handeln ohne schuldhaftes Zögern.[189] Bei transparenten Sachverhalten und einfachen rechtlichen Bewertungen kann und muss die Stimmrechtsmitteilung damit innerhalb kurzer Zeit erfolgen.[190] Keinesfalls darf in solchen Fällen für die Stimmrechtsmitteilung generell die **Frist von vier Handelstagen** gemäß § 21 Abs. 1 Satz 1 in Anspruch genommen werden.[191] Hierbei handelt es sich um eine **Höchstfrist**, bis zu deren Ablauf die Stimmrechtsmitteilung dem Emittenten und der BaFin in jedem Fall zugegangen sein muss. Im

---

[186] KölnKommWpHG-*Hirte*, Rn. 183; *Schneider* in *Assmann/Schneider*, Rn. 88; *Schwark*, § 21 WpHG Rn. 22.

[187] Ebenso *Schneider* in *Assmann/Schneider*, Rn. 89, wenn der nachgeordnete Mitarbeiter mit der Wahrnehmung der entsprechenden Aufgaben betraut ist. Ähnlich *Opitz* in *Schäfer/Hamann*, KMG, § 21 WpHG Rn. 26.

[188] Siehe *Burgard* BB 1995, 2069, 2070; KölnKommWpHG-*Hirte*, Rn. 175; *Opitz* in *Schäfer/Hamann*, KMG, § 21 WpHG Rn. 27. Allgemein zu Organisationsanforderungen im Lichte kapitalmarktrechtlicher Verhaltenspflichten *Schneider* in *Assmann/Schneider*, Rn. 92 f.

[189] Demzufolge spielt die Unverzüglichkeit im Fall des Kennenmüsses der Stimmanteilsveränderung praktisch keine Rolle, da hier der Vorwurf bereits in der fehlenden Kenntniserlangung *besteht* und nicht an verspätetes Handeln nach Kenntniserlangung anknüpft.

[190] Siehe auch *Burgard* BB 1995, 2069, 2070.

[191] Ähnlich KölnKommWpHG-*Hirte*, Rn. 163; *Schneider* in *Assmann/Schneider*, Rn. 84.

Rahmen der Höchstfrist kann das Verzögern einer Mitteilung dadurch gerechtfertigt sein, dass dem Meldepflichtigen ein komplexer Sachverhalt zur Beurteilung vorliegt oder die rechtliche Beurteilung – insbesondere am Maßstab des § 22 – keine eindeutigen Ergebnisse hervorbringt.[192] In einem solchen Fall ist dem Meldepflichtigen zugestanden, sich zunächst rechtlich beraten zu lassen oder eine Abstimmung mit der BaFin zu suchen.[193] Die Maximalfrist von vier Handelstagen bemisst sich nach **§ 30 iVm §§ 187 Abs. 1, 188 Abs. 1 BGB**;[194] der Tag, an dem die Voraussetzungen des § 21 Abs. 1 Satz 3 zum ersten Mal vorliegen *(dies a quo)*, wird gemäß § 187 Abs. 1 BGB nicht mitgerechnet, was den Vorgaben des Art. 12 Abs. 2 der Transparenzrichtlinie 2004/109/EG (Vor §§ 21 bis 30 Rn. 6) entspricht.

d) Maßgeblicher Zeitpunkt

Eine **gleichzeitige Mitteilung gegenüber Emittent und BaFin** ist bereits dann gegeben, wenn beide Meldungen unmittelbar hintereinander versandt werden;[195] jedenfalls insoweit ist auf den Zeitpunkt der Absendung abzustellen. Umstritten ist aber, ob auch für die Einhaltung der Mitteilungsfrist ein rechtzeitiges Absenden der Mitteilung genügt, oder ob diese innerhalb der Frist zugehen muss.[196] Vom Wortlaut des § 21 Abs. 1 Satz 1 dürften beide Auslegungen gedeckt sein. Vorzugswürdig ist die Ansicht, wonach die Fristwahrung den **rechtzeitigen Zugang der Stimmrechtsmitteilung** bei Emittenten und BaFin voraussetzt. Hierfür spricht, dass dem Zweck der Beteiligungstransparenz, eine zeitnahe Information des Kapitalmarkts über die Beteiligungsverhältnisse zu gewährleisten, besser gerecht wird, wenn vom Meldepflichtigen das Verspätungsrisiko zu tragen ist, es ihm also im Zweifel obliegt, den rechtzeitigen Eingang der Stimmrechtsmitteilung bei den Adressaten zu verifizieren.

88

§ 22 Zurechnung von Stimmrechten

(1) ¹Für die Mitteilungspflichten nach § 21 Abs. 1 und 1a stehen den Stimmrechten des Meldepflichtigen Stimmrechte aus Aktien des Emittenten, für den die Bundesrepublik Deutschland der Herkunftsstaat ist, gleich,
1. die einem Tochterunternehmen des Meldepflichtigen gehören,

---

[192] Vgl. *Schneider*, FS Schütze, S. 757, 759. Exemplarisch für Komplexität von Sachverhalt und rechtlicher Beurteilung steht etwa der Fall des LG München II AG 2005, 52.
[193] Vgl. *Schneider* in *Assmann/Schneider*, Rn. 84; *Schwark*, § 21 WpHG Rn. 24. Die Höchstfrist ist nicht verlängerbar (*Nottmeier/Schäfer* AG 1997, 87, 92; *Schneider* in *Assmann/Schneider*, Rn. 84).
[194] Vgl. KölnKommWpHG-*Hirte*, Rn. 164; *Hüffer*, AktG, § 22 Anh. § 21 WpHG Rn. 11; *Schwark*, § 21 WpHG Rn. 23.
[195] Begr. RegE BT-Drucks. 16/2498, S. 34; *Nolte* in *Bürgers/Körber*, Anh. § 22/§ 21 WpHG Rn. 7. Das Erfordernis der Gleichzeitigkeit wurde durch das Transparenzrichtlinie-Umsetzungsgesetz (vgl. Vor §§ 21 bis 30 Rn. 11) in § 21 Abs. 1 Satz 1 aufgenommen.
[196] Für Zugang innerhalb der Frist (wegen Fehlens einer § 121 Abs. 1 Satz 2 BGB entsprechenden Regelung) etwa MünchKommAktG-*Bayer*, § 22 Anh. § 21 WpHG Rn. 39; *Burgard* BB 1995, 2069, 2070; KölnKommWpHG-*Hirte*, Rn. 165; *Nolte* in *Bürgers/Körber*, Anh. § 22/§ 21 WpHG Rn. 8; *Schneider* in *Assmann/Schneider*, Rn. 86; *Sudmeyer* BB 2002, 685, 690. – Für Abgabe innerhalb der Frist etwa *Schwark*, § 21 WpHG Rn. 23; wohl auch *Hüffer*, AktG, § 22 Anh. § 21 WpHG Rn. 11.

§ 22   Abschnitt 5. Veränderungen des Stimmrechtsanteils

2. die einem Dritten gehören und von ihm für Rechnung des Meldepflichtigen gehalten werden,
3. die der Meldepflichtige einem Dritten als Sicherheit übertragen hat, es sei denn, der Dritte ist zur Ausübung der Stimmrechte aus diesen Aktien befugt und bekundet die Absicht, die Stimmrechte unabhängig von den Weisungen des Meldepflichtigen auszuüben,
4. an denen zugunsten des Meldepflichtigen ein Nießbrauch bestellt ist,
5. die der Meldepflichtige durch eine Willenserklärung erwerben kann,
6. die dem Meldepflichtigen anvertraut sind oder aus denen er die Stimmrechte als Bevollmächtigter ausüben kann, sofern er die Stimmrechte aus diesen Aktien nach eigenem Ermessen ausüben kann, wenn keine besonderen Weisungen des Aktionärs vorliegen.

[2]Für die Zurechnung nach Satz 1 Nr. 2 bis 6 stehen dem Meldepflichtigen Tochterunternehmen des Meldepflichtigen gleich. [3]Stimmrechte des Tochterunternehmens werden dem Meldepflichtigen in voller Höhe zugerechnet.

(2) [1]Dem Meldepflichtigen werden auch Stimmrechte eines Dritten aus Aktien des Emittenten, für den die Bundesrepublik Deutschland der Herkunftsstaat ist, in voller Höhe zugerechnet, mit dem der Meldepflichtige oder sein Tochterunternehmen sein Verhalten in Bezug auf diesen Emittenten auf Grund einer Vereinbarung oder in sonstiger Weise abstimmt; ausgenommen sind Vereinbarungen über die Ausübung von Stimmrechten in Einzelfällen. [2]Für die Berechnung des Stimmrechtsanteils des Dritten gilt Absatz 1 entsprechend.

(3) Tochterunternehmen sind Unternehmen, die als Tochterunternehmen im Sinne des § 290 des Handelsgesetzbuchs gelten oder auf die ein beherrschender Einfluss ausgeübt werden kann, ohne dass es auf die Rechtsform oder den Sitz ankommt.

(3 a) [1]Für die Zurechnung nach dieser Vorschrift gilt ein Wertpapierdienstleistungsunternehmen hinsichtlich der Beteiligungen, die von ihm im Rahmen einer Wertpapierdienstleistung nach § 2 Abs. 3 Satz 1 Nr. 7 verwaltet werden, unter den folgenden Voraussetzungen nicht als Tochterunternehmen im Sinne des Absatzes 3:
1. das Wertpapierdienstleistungsunternehmen darf die Stimmrechte, die mit den betreffenden Aktien verbunden sind, nur aufgrund von in schriftlicher Form oder über elektronische Hilfsmittel erteilten Weisungen ausüben oder stellt durch geeignete Vorkehrungen sicher, dass die Finanzportfolioverwaltung unabhängig von anderen Dienstleistungen und unter Bedingungen, die denen der Richtlinie 85/611/EWG des Rates vom 20. Dezember 1985 zur Koordinierung der Rechts- und Verwaltungsvorschriften betreffend bestimmte Organismen für gemeinsame Anlagen in Wertpapieren (OGAW) (ABl. EG Nr. L 375 S. 3), die zuletzt durch Artikel 9 der Richtlinie 2005/1/EG des Europäischen Parlaments und des Rates vom 9. März 2005 (ABl. EU Nr. L 79 S. 9) geändert worden sind, gleichwertig sind, erfolgt,
2. das Wertpapierdienstleistungsunternehmen übt die Stimmrechte unabhängig vom Meldepflichtigen aus,
3. der Meldepflichtige teilte der Bundesanstalt den Namen dieses Wertpapierdienstleistungsunternehmens und die für dessen Überwachung zuständige Behörde oder das Fehlen einer solchen mit und

4. der Meldepflichtige erklärt gegenüber der Bundesanstalt, dass die Voraussetzungen der Nummer 2 erfüllt sind.
²Ein Wertpapierdienstleistungsunternehmen gilt jedoch dann für die Zurechnung nach dieser Vorschrift als Tochterunternehmen im Sinne des Absatzes 3, wenn der Meldepflichtige oder ein anderes Tochterunternehmen des Meldepflichtigen seinerseits Anteile an der von dem Wertpapierdienstleistungsunternehmen verwalteten Beteiligung hält und das Wertpapierdienstleistungsunternehmen die Stimmrechte, die mit diesen Beteiligungen verbunden sind, nicht nach freiem Ermessen, sondern nur aufgrund unmittelbarer oder mittelbarer Weisungen ausüben kann, die ihm vom Meldepflichtigen oder von einem anderen Tochterunternehmen des Meldepflichtigen erteilt werden.

(4) ¹Wird eine Vollmacht im Falle des Absatzes 1 Satz 1 Nr. 6 nur zur Ausübung der Stimmrechte für eine Hauptversammlung erteilt, ist es für die Erfüllung der Mitteilungspflicht nach § 21 Abs. 1 und 1a in Verbindung mit Absatz 1 Satz 1 Nr. 6 ausreichend, wenn die Mitteilung lediglich bei Erteilung der Vollmacht abgegeben wird. ²Die Mitteilung muss die Angabe enthalten, wann die Hauptversammlung stattfindet und wie hoch nach Erlöschen der Vollmacht oder des Ausübungsermessens der Stimmrechtsanteil sein wird, der dem Bevollmächtigten zugerechnet wird.

(5) Das Bundesministerium der Finanzen kann durch Rechtsverordnung, die nicht der Zustimmung des Bundesrates bedarf, nähere Bestimmungen erlassen über die Umstände, unter welchen im Falle des Absatzes 3a eine Unabhängigkeit des Wertpapierdienstleistungsunternehmens vom Meldepflichtigen gegeben ist, und über elektronische Hilfsmittel, mit denen Weisungen im Sinne des Absatzes 3a erteilt werden können.

Übersicht

	Rn.
I. Regelungsgegenstand und -zweck	1
II. Grundlagen der Zurechnung	4
1. Zurechnungsmethodik	4
a) Grundlagen	4
b) Kettenzurechnung	13
2. Investmentrechtlicher Zurechnungsausschluss	16
3. Kenntnis der zuzurechnenden Stimmrechte	18
III. Einseitige Zurechnung nach § 22 Abs. 1 Satz 1	22
1. Stimmrechte von Tochterunternehmen (Nr. 1)	22
a) Überblick	22
b) Als Tochterunternehmen im Sinne von § 290 HGB geltende Unternehmen	28
c) Möglichkeit zur Ausübung beherrschenden Einflusses	35
d) Einzelfälle	37
e) Ausnahme nach § 22 Abs. 3a	41
f) Umfang der Zurechnung (§ 22 Abs. 1 Satz 2 und 3)	43
2. Halten der Stimmrechte für Rechnung des Meldepflichtigen (Nr. 2)	46
a) Überblick	46
b) Treuhand	50
c) Vermögensverwaltungs- und Vorschaltgesellschaften	53
d) Weitere Einzelfälle	56
3. Übertragung von Aktien als Sicherheit (Nr. 3)	59

§ 22 Abschnitt 5. Veränderungen des Stimmrechtsanteils

	Rn.
4. Bestellung eines Nießbrauchs an Aktien (Nr. 4)	62
5. Erwerbsrechte an Aktien (Nr. 5)	63
a) Grundlagen	63
b) Einzelfälle	67
6. Stimmrechte aus anvertrauten Aktien, Stimmrechtsvollmacht (Nr. 6)	71
a) Überblick	71
b) Keine Absorption bei Bevollmächtigung	75
c) Einzelfälle	76
d) Stimmrechtsvollmacht für eine HV (§ 22 Abs. 4)	78
IV. Wechselseitige Zurechnung nach § 22 Abs. 2	79
1. Grundlagen	79
a) Regelungsgegenstand und -zweck	79
b) Änderungen durch das Risikobegrenzungsgesetz	82
2. Anwendung des § 22 Abs. 2	86
a) Regelungsadressaten	86
b) Grund der Zurechnung: Verhaltensabstimmung	88
c) Inhalt der Abstimmung: Verhalten in Bezug auf die Gesellschaft	94
d) Ausnahme: Abstimmung in Einzelfällen	97
3. Rechtsfolge (auch zu § 22 Abs. 2 Satz 2)	101
4. Besondere Sachverhalte	103
a) Mittelbare Verhaltensabstimmung	103
b) Personenidentität	106
c) Familienpools	107
V. Mitteilungsinhalt im Zurechnungsfall	108

Schrifttum: *Arends,* Die Offenlegung von Aktienbesitz nach deutschem Recht, 2000; *Berger/Filgut,* „Acting in Concert" nach § 30 Abs. 2 WpÜG, AG 2004, 592; *Borges,* Acting in Concert: Vom Schreckgespenst zur praxistauglichen Zurechnungsnorm, ZIP 2007, 357; *Buck-Heeb,* Kapitalmarktrecht, 2006; *von Bülow/Bücker,* Abgestimmtes Verhalten im Kapitalmarkt- und Gesellschaftsrecht, ZGR 2004, 669; *Burgard,* Die Berechnung des Stimmrechtsanteils nach §§ 21–23 Wertpapierhandelsgesetz, BB 1995, 2069; *ders.,* Kapitalmarktrechtliche Lehren aus der Übernahme Vodafone-Mannesmann, WM 2000, 611; *Casper,* Acting in Concert – Grundlagen eines neuen kapitalmarktrechtlichen Zurechnungstatbestandes, ZIP 2003, 1469; *ders./Bracht,* Abstimmung bei der Wahl des Aufsichtsrats: ein Fall für ein Pflichtangebot?, NZG 2005, 839; *Diekmann,* Mitteilungspflichten nach §§ 20 ff. AktG in dem Diskussionsentwurf des Wertpapierhandelsgesetzes, DZWir 1994, 13; *Diekmann/Merkner,* Erhöhte Transparenzanforderungen im Aktien- und Kapitalmarktrecht – ein Überblick über den Regierungsentwurf zum Risikobegrenzungsgesetz, NZG 2007, 921; *Drinkuth,* Gegen den Gleichlauf des Acting in Concert nach § 22 WpHG und § 30 WpÜG, ZIP 2008, 676; *Eidenmüller,* Regulierung von Finanzinvestoren, DStR 2007, 2116; *Engert,* Anmerkung zu BGH II ZR 137/05, JZ 2007, 314; *Falkenhagen,* Aktuelle Fragen zu den neuen Mitteilungs- und Veröffentlichungspflichten nach Abschnitt 4 und 7 des Wertpapierhandelsgesetzes, WM 1995, 1005; *Fiedler,* Mitteilungen über Beteiligungen von Mutter- und Tochterunternehmen, 2005; *Franck,* Die Stimmrechtszurechnung nach § 22 WpHG und § 30 WpÜG, BKR 2002, 709; *Göres,* Kapitalmarktrechtliche Pflichten nach dem Transparenzrichtlinie-Umsetzungsgesetz, Der Konzern 2007, 15; *Halász/Kloster,* Acting in Concert im Lichte der aktuellen höchstrichterlichen Rechtsprechung, Der Konzern 2007, 344; *Hamann,* In concert or not in concert?, ZIP 2007, 1088; *Happ,* Zum Regierungsentwurf eines Wertpapierhandelsgesetzes, JZ 1994, 240; *Harbarth,* Kontrollerlangung und Pflichtangebot, ZIP 2002, 321; *Heinrich,* Kapitalmarktrechtliche Transparenzbestimmungen und die Offenlegung von Beteiligungsverhältnissen, 2006; *Hildner,* Kapitalmarktrechtliche Beteiligungstransparenz verbundener Unternehmen, 2002; *Holzborn/Friedhoff,* Die gebundenen Ausnahmen der Zurechnung nach dem WpÜG, WM

2002, 948; *Hopt,* Grundsatz- und Praxisprobleme nach dem Wertpapierhandelsgesetz, ZHR 159 (1995), 135; *ders.,* Familien- und Aktienpools unter dem Wertpapierhandelsgesetz, ZGR 1997, 1; *ders.,* Grundsatz- und Praxisprobleme nach dem Wertpapiererwerbs- und Übernahmegesetz, ZHR 166 (2002), 383; *Hüffer,* Aktiengesetz, 7. Aufl. 2006; *Jäger,* Rechtsprobleme bei der Meldung des Anteilsbesitzes gem. § 21 bzw. § 41 WpHG, insbesondere bei Familienaktiengesellschaften, WM 1996, 1356; *Kropff,* Aktiengesetz, 1965; *Kümpel,* Wertpapierhandelsgesetz, 1996; *Kuthe/Rückert/Sickinger,* Compliance-Handbuch Kapitalmarktrecht, 2004; *Lange,* Aktuelle Rechtsfragen der kapitalmarktrechtlichen Zurechnung, ZBB 2004; *Lenz/Linke,* Das WpÜG in der aufsichtsrechtlichen Praxis, AG 2002, 361; *Liebscher,* Die Zurechnungstatbestände des WpHG und WpÜG, ZIP 2002, 1005; *Löhdefink,* Acting in Concert und Kontrolle im Übernahmerecht, 2007; *Meyer/ Bundschuh,* Sicherungsübereignung börsennotierter Aktien, Pflichtangebot und Meldepflichten, WM 2003, 960; *Nießen,* Die Harmonisierung der kapitalmarktrechtlichen Transparenzregeln durch das TUG, NZG 2007, 41; *Nottmeier/Schäfer,* AG 1997, 87, 91; *Pentz,* Acting in Concert – Ausgewählte Einzelprobleme zur Zurechnung und zu den Rechtsfolgen, ZIP 2003, 1478; *Schmidtbleicher,* Das „neue" acting in concert – ein Fall für den EuGH?, AG 2008, 73; *Schnabel/Korff,* Mitteilungs- und Veröffentlichungspflichten gemäß §§ 21 ff. WpHG und ihre Änderung durch das Transparenzrichtlinie-Umsetzungsgesetz – Ausgewählte Praxisfragen, ZBB 2007, 179; *Uwe H. Schneider,* Die kapitalmarktrechtlichen Offenlegungspflichten von Konzernunternehmen nach §§ 21 ff. WpHG in FS Brandner, 1996, 565; *ders.,* Anwendungsprobleme bei den kapitalmarktrechtlichen Vorschriften zur Offenlegung von wesentlichen Beteiligungen an börsennotierten Aktiengesellschaften (§§ 21 ff. WpHG), AG 1997, 81; *ders.,* Alternative Mitteilungen nach § 21 WpHG? – Zur Rechtsberatung bei Rechtsunsicherheit in FS Schütze, 1999, 757; *ders.,* Acting in Concert – ein kapitalmarktrechtlicher Zurechnungstatbestand, WM 2006, 1321; *ders.,* Acting in Concert: Vereinbarung oder Abstimmung über Ausübung von Stimmrechten, ZGR 2007, 440; *Uwe H. Schneider/Anzinger,* Institutionelle Stimmrechtsberatung und Stimmrechtsvertretung – „A quiet guru's enormous clout", NZG 2007, 88; *Uwe H. Schneider/Burgard,* Transparenz als Instrument der Steuerung des Einflusses der Kreditinstitute auf Aktiengesellschaften, DB 1996, 1761; *Schnorbus,* Die Rechtsstellung der Emissionsbank bei der Aktienemission, AG 2004, 123; *Schockenhoff/Schumann,* Acting in Concert – geklärte und ungeklärte Rechtsfragen, ZGR 2005, 568; *Seibt,* Grenzen des übernahmerechtlichen Zurechnungstatbestandes in § 30 Abs. 2 WpÜG (Acting in Concert), ZIP 2004, 1829; *ders.,* Stimmrechtszurechnung nach § 30 WpÜG zum Alleingesellschafter-Geschäftsführer einer GmbH?, ZIP 2005, 729; *Sieger/Hasselbach,* Wertpapierdarlehen – Zurechnungsfragen im Aktien-, Wertpapierhandels- und Übernahmerecht, WM 2004, 1370; *Steuer/Baur,* Erwerbsgeschäfte im Grenzbereich bedeutender Beteiligungen nach dem Wertpapierhandelsgesetz, WM 1996, 1477; *Sudmeyer,* Mitteilungs- und Veröffentlichungspflichten nach §§ 21, 22 WpHG, BB 2002, 685; *Starke,* Beteiligungstransparenz im Gesellschafts- und Kapitalmarktrecht – Rechtsprobleme der §§ 21 ff. WpHG und des § 20 AktG, 2002; *Timmann/Birkholz,* Der Regierungsentwurf für ein Risikobegrenzungsgesetz, BB 2007, 2749; *Vedder,* Zum Begriff „für Rechnung" im AktG und im WpHG, 1999; *Wackerbarth,* Die Auslegung des § 30 Abs. 2 WpÜG und die Folgen des Risikobegrenzungsgesetzes, ZIP 2007, 2340; *ders.,* Die Zurechnung nach § 30 WpÜG zum Alleingesellschafter-Geschäftsführer einer GmbH, ZIP 2005, 1217; *Weiler/Meyer,* „Abgestimmtes Verhalten" gemäß § 30 WpÜG: Neue Ansätze der Bundesanstalt für Finanzdienstleistungsaufsicht?, NZG 2003, 909; *Widder/Kocher,* Die Behandlung eigener Aktien im Rahmen der Mitteilungspflichten nach §§ 21 ff. WpHG, AG 2007, 13; *Wilsing/Goslar,* Der Regierungsentwurf eines Risikobegrenzungsgesetzes – ein Überblick, DB 2007, 2467; *Witt,* Übernahmen von Aktiengesellschaften und Transparenz der Beteiligungsverhältnisse, 1998; *ders.,* Vorschlag für eine Zusammenfügung der §§ 21 ff. WpHG und des § 20 AktG zu einem einzigen Regelungskomplex, AG 1998, 171; *ders.,* Die Änderungen der Mitteilungs- und Veröffentlichungspflichten nach §§ 21 ff. WpHG durch das geplante Wertpapiererwerbs- und Übernahmegesetz, AG 2001, 233.

§ 22   Abschnitt 5. Veränderungen des Stimmrechtsanteils

I. Regelungsgegenstand und -zweck

1   § 22 enthält eine enumerative Aufzählung von Tatbeständen, bei deren Erfüllung dem Meldepflichtigen die von anderen Personen gehaltenen Stimmrechte zugerechnet werden.[1] Durch die Zurechnung werden für die Anwendung des § 21 Abs. 1 und 1a Stimmrechte aus Aktien, die anderen gehören, im Ergebnis wie Stimmrechte aus dem Meldepflichtigen gehörenden Aktien behandelt. Eine im Wortlaut nahezu identische Regelung enthält § 30 WpÜG (einschließlich § 2 Abs. 6 WpÜG) für die Beurteilung der Kontrolle an einer Zielgesellschaft im Sinne von § 29 Abs. 2 WpÜG.[2] Die Zurechnung von Stimmrechten führt zu einer deutlichen **Intensivierung kapitalmarktrechtlicher Beteiligungstransparenz**,[3] da sie den Kreis der (potentiellen) Regelungsadressaten des § 21 über den Kreis der Aktionäre hinaus erweitert[4] und zugleich den sachlichen Anwendungsbereich der Mitteilungspflicht ausdehnt. § 22 liegt die – notwendig typisierende – Annahme von Richtlinien- und Gesetzesverfasser zugrunde, dass der Meldepflichtige bei Erfüllung der Zurechnungstatbestände rechtlich oder zumindest faktisch auf die Ausübung der Stimmrechte anderer Personen Einfluss nehmen oder sich die stimmberechtigten Aktien ohne weiteres aneignen kann. Die Stimmrechtszurechnung nach § 22 ist eine tatbestandliche Ergänzung des § 21[5] und leistet einen selbstständigen Beitrag zur Herstellung größtmöglicher Transparenz der Beteiligungsverhältnisse.[6] Darüber hinaus wird durch die Pflicht zur Aufdeckung faktischer und rechtlicher Einflussnahmemöglichkeiten auf die

---

[1] § 22 dient der Umsetzung von Art. 10 der Transparenzrichtlinie 2004/109/EG (Vor §§ 21 ff. Rn. 6).

[2] Die Vereinheitlichung von § 22 WpHG und § 30 WpÜG erfolgte durch das Gesetz zur Regelung von öffentlichen Angeboten zum Erwerb von Wertpapieren und von Unternehmensübernahmen vom 20. Dezember 2001 (BGBl. I S. 3822) und soll Irritationen am Kapitalmarkt vermeiden, die bei unterschiedlichen Zurechnungsmethoden auftreten würden (vgl. Begr. RegE BT-Drucks. 14/7034, S. 53 und 70). § 22 WpHG und § 30 WpÜG wurden durch das Übernahmerichtlinie-Umsetzungsgesetz nicht geändert. Die Änderungen des § 22 Abs. 1 Satz 1 Nr. 6 und die Einfügung des § 22 Abs. 3a (dazu Rn. 71 ff. und 41) durch das Transparenzrichtlinie-Umsetzungsgesetz vom 5. Januar 2007 (BGBl. I S. 10) wurden in § 30 WpÜG übernommen, um den Gleichlauf der Zurechnungsvorschriften zu erhalten (vgl. Begr. RegE BT-Drucks. 16/2498, S. 57).

[3] Die Zurechnungsvorschriften aktienrechtlicher Beteiligungstransparenz (vgl. §§ 20 Abs. 1 und 2, 16 Abs. 4 AktG) bleiben im Ergebnis hinter der Reichweite des § 22 zurück (vgl. KölnKommAktG-*Koppensteiner*, § 22 Anh. §§ 21 ff. WpHG Rn. 18; *Starke*, Beteiligungstransparenz im Gesellschafts- und Kapitalmarktrecht, S. 243 ff.; ferner *Witt* AG 1998, 171, 175 ff.).

[4] Für die Anwendung des § 22 ist es nicht erforderlich, dass derjenige, dem Stimmrechte zugerechnet werden, selbst Aktionär ist (MünchKommAktG-*Bayer*, § 22 Anh. § 22 WpHG Rn. 3; *Hüffer*, AktG, § 22 Anh. § 22 WpHG Rn. 2; *Nottmeier/Schäfer*, AG 1997, 87, 91).

[5] Der Gesetzgeber sieht die Zurechnung von Stimmrechten nach § 22 im Rahmen des § 21 Abs. 1 Satz 1 als Fall der Stimmanteilsveränderung „in sonstiger Weise" an (vgl. Begr. RegE BT-Drucks. 12/6679, S. 53).

[6] *Zum Zweck der „größtmöglichen Transparenz"* siehe Begr. RegE BT-Drucks. 12/6679, S. 35. Teilweise wird § 22 dennoch für unzulänglich gehalten (siehe insbesondere *Schneider* in *Assmann/Schneider*, Rn. 5).

Stimmrechtsausübung eine **Umgehung kapitalmarktrechtlicher Pflichten** im Wege der Gestaltung von Beteiligungsstrukturen verhindert.[7] Diesen Zweck verfolgen – jeweils im Hinblick auf den eigenen Regelungsgegenstand – neben § 22 auch der weitgehend gleich lautende § 30 WpÜG sowie § 15a Abs. 1 Satz 2 und Abs. 3 WpHG.[8]

Die einzelnen Zurechnungstatbestände des § 22 sind in Abs. 1 Satz 1 Nr. 1 bis Nr. 6 sowie Abs. 2 enthalten; in Abs. 1 Satz 2 und 3 ist für die Zurechnung der Stimmrechtsanteile von Tochterunternehmen sowie in Abs. 2 Satz 2 für die Stimmrechtszurechnung bei abgestimmtem Verhalten ausdrücklich eine so genannte Kettenzurechnung (hierzu Rn. 14) angeordnet. Die Legaldefinition des Tochterunternehmens in Abs. 3 gehört zusammen mit der Ausnahmeregelung des Abs. 3a systematisch zum Zurechnungstatbestand des § 22 Abs. 1 Satz 1 Nr. 1 und ist nicht identisch mit dem Begriff des Tochterunternehmens in § 24. § 22 Abs. 4 enthält eine Sonderregelung zur Zurechnung nach § 22 Abs. 1 Satz 1 Nr. 6. Die Zurechnungstatbestände des § 22 Abs. 1 Satz 1 Nr. 1 bis Nr. 6 erfassen verschiedenartige Sachverhalte, denen nach der abstrahierenden Betrachtung des Gesetzgebers gemeinsam ist, dass die Stimmrechte aus den betroffenen Aktien wertungsmäßig nicht (nur) dem Aktieneigentümer, sondern (auch) dem Meldepflichtigen zustehen oder von ihm durch einseitige Willenserklärung ohne weiteres erworben werden können. Die **gesetzliche Vermutung der Verschiebung von Stimmrechtsmacht** ist nur dort widerlegbar, wo das Gesetz den Einwand fehlender Einflussnahme ausdrücklich zulässt (vgl. § 22 Abs. 1 Satz 1 Nr. 3 – „es sei denn" –, Nr. 6 – „sofern" – und § 22 Abs. 3a). In den anderen Fällen ist die Zurechnung zwingend, auch wenn derjenige, dem Stimmrechte zugerechnet werden, eine Einflussnahmemöglichkeit oder die Absicht der Einflussnahme bestreitet.[9]

Mit Ausnahme des § 22 Abs. 1 Satz 1 Nr. 5 (Zurechnung bei einseitigem Aneignungsrecht) zeichnen sich die von § 22 Abs. 1 Satz 1 erfassten Sachverhalte dadurch aus, dass zwischen demjenigen, dem Stimmrechte zugerechnet werden, und dem Aktieneigentümer ein Rechtsverhältnis besteht, das den Meldepflichtigen als „Hintermann" des Aktieneigentümers erscheinen lässt. Hieraus folgen bestimmte Interessenbindungen des Aktieninhabers, die zu den Nebenpflichten des jeweiligen Rechtsverhältnisses gehören (zB bei der Treuhand) oder zumindest faktisch vorhanden sind (zB im Verhältnis eines Tochterunternehmens zur Muttergesellschaft). Anders stellt sich die Sachlage bei einer **Zurechnung aufgrund abgestimmten Verhaltens** nach § 22 Abs. 2 dar.[10] Zwar bestehen auch bei Personen, die ihr Verhalten im Hinblick auf den Emittenten abstimmen, Interessenbindungen. Diese bilden aber den eigentlichen Zweck der Verhaltensab-

---

[7] Vgl. die Gesetzesbegründung (Begr. RegE 12/6679, S. 54) zu § 22 Abs. 1 Satz 1 Nr. 6 aF (jetzt: § 22 Abs. 1 Satz 1 Nr. 5) und § 22 Abs. 3 aF (Definition des kontrollierten Unternehmens; jetzt: Definition des Tochterunternehmens). Ferner *Hüffer*, AktG, § 22 Anh. § 22 WpHG Rn. 1; *Schneider* in *Assmann/Schneider*, Rn. 4f.

[8] Siehe zum Zweck von Zurechnungsnormen auch *von Bülow/Bücker* ZGR 2004, 66f. (im Hinblick auf den Zurechnungstatbestand des § 30 Abs. 2 WpÜG).

[9] Vgl. *Schneider* in *Assmann/Schneider*, Rn. 3; KölnKommWpÜG-*von Bülow*, § 30 Rn. 30.

[10] Bis zur Neufassung des § 22 durch das Gesetz zur Regelung von öffentlichen Angeboten zum Erwerb von Wertpapieren und von Unternehmensübernahmen vom 20. Dezember 2001 (BGBl. I S. 3822) war die Zurechnung aufgrund abgestimmten Verhaltens in § 22 Abs. 1 Nr. 3 aF geregelt.

stimmung und sind nicht lediglich Nebenfolge vertraglicher oder faktischer Beziehungen. Dementsprechend zeichnet sich die Zurechnung nach § 22 Abs. 2 – im Gegensatz zur Zurechnung nach § 22 Abs. 1 Satz 1 – dadurch aus, dass sie im Verhältnis von Personen untereinander erfolgt, die jeweils selbst Aktionär sind oder denen ihrerseits Aktien Dritter zugerechnet werden (vgl. § 22 Abs. 2 Satz 2). Anders als die Zurechnung nach § 22 Abs. 1 Satz 1 erfolgt die Zurechnung bei abgestimmtem Verhalten nicht nur in eine Richtung, sondern immer gegenseitig. Hier kann von einer horizontalen Zurechnung auf Aktionärsebene gesprochen werden, während es sich bei § 22 Abs. 1 Satz 1 um eine vertikale Zurechnung handelt. Das Zurechnungssystem des § 22 Abs. 1 und Abs. 2 ist abschließend,[11] so dass eine **analoge Anwendung** der einzelnen Zurechnungstatbestände ausgeschlossen ist (zum Analogieverbot siehe Vor §§ 21 bis 30 Rn. 25).

II. Grundlagen der Zurechnung

1. Zurechnungsmethodik

a) Grundlagen

4   Die Zurechnungstatbestände des § 22 sind funktionsorientiert auszulegen und anzuwenden. In Zweifelsfällen erfolgt eine Zurechnung von Stimmrechten nur, wenn dies sowohl im Hinblick auf den Gesamtzweck der kapitalmarktrechtlichen Beteiligungstransparenz, durch Aufdeckung der Beteiligungsverhältnisse einen Beitrag zur Funktionsfähigkeit des Kapitalmarkts zu leisten (Vor §§ 21 bis 30 Rn. 15 ff.), als auch hinsichtlich des Zwecks der Zurechnung, typisierend eine **möglichst realistische** (nicht formale) **Beteiligungstransparenz** herzustellen (oben Rn. 1), gerechtfertigt ist. Mit dieser Ausrichtung an Sinn und Zweck der Zurechnung im Rahmen des Gesamtsystems der Beteiligungstransparenz ist der im Schrifttum teilweise vertretene Grundsatz „Im Zweifel für die Offenlegung" oder ein **Grundsatz der größtmöglichen Transparenz**[12] nur bedingt vereinbar, da eine extensive Anwendung die klare Sicht auf die Beherrschungsverhältnisse eher beeinträchtigt als fördert.[13] Im Übrigen erscheint es insbesondere aus dem Blickwinkel der Praxis vordringlich, in den Kernbereichen der Zurechnungstatbestände Rechtssicherheit zu schaffen, statt in den Randbereichen eine ausdehnende Auslegung vorzunehmen. Dies gilt nicht nur für die Zurechnung nach § 22 WpHG, sondern auch für die Anwendung des im Wesentlichen wortlautgleichen § 30 WpÜG, wobei beide Zurechnungstatbestände einheitlich anzuwenden sind (Vor §§ 21 bis 30 Rn. 26 ff.). Rechtspolitische Forderungen nach einer Erweiterung der Zurechnungsmöglichkeiten sind kritisch darauf zu überprüfen, ob sie durch die *ratio* der kapitalmarktrechtlichen Beteiligungstransparenz gerechtfertigt sind und per Saldo zu einem echten Informationsgewinn führen.[14]

5   Aufgrund des § 22 wird derjenige, dem Stimmrechte eines Anderen zugerechnet werden, im Rahmen des § 21 so gestellt, als ob ihm die stimmberechtig-

---

[11] Ebenso KölnKommWpÜG-*von Bülow*, § 30 Rn. 3.
[12] *Schneider* in *Assmann/Schneider*, vor § 21 Rn. 23.
[13] Siehe auch KölnKommWpHG-*von Bülow*, Rn. 20, der zutreffend darauf hinweist, dass etwa § 22 Abs. 1 Satz 1 Nr. 1 bei komplexen Konzernstrukturen eine „Flut von Mitteilungen" auslöst, die der Transparenz eher abträglich sind.
[14] Zu den Plänen, den Tatbestand des § 22 Abs. 2 zu erweitern, siehe Vor §§ 21 bis 30 Rn. 13 und unten Rn. 82 ff.

ten Aktien selbst gehörten.[15] Hieraus folgt, dass Stimmrechte nur demjenigen zugerechnet werden können, der selbst die **persönlichen Anforderungen an einen Meldepflichtigen** erfüllt (hierzu § 21 Rn. 3 ff.).[16] Ebenso wenig wie bei der Mitteilungspflicht eines Aktionärs kommt es bei der Mitteilungspflicht unter Berücksichtigung von § 22 darauf an, dass der Meldepflichtige die bei ihm gesetzlich vermutete Einflussnahmemöglichkeit auf den Emittenten tatsächlich geltend macht oder geltend machen kann (vgl. oben Rn. 2). Die Zurechnung setzt auch nicht voraus, dass derjenige, dem Stimmrechte zugerechnet werden, Kenntnis von dem Zurechnungssachverhalt hat. Kenntnis oder Kennenmüssen des Zurechnungssachverhalts spielen aber für den Beginn der Erfüllungsfrist gemäß § 21 Abs. 1 Satz 3 eine Rolle.

Ganz überwiegend setzen die einzelnen Zurechnungstatbestände des § 22 ein **6** vertragliches oder gesetzliches **Rechtsverhältnis zwischen dem Aktionär und demjenigen, dem die Stimmrechte des Aktionärs zugerechnet werden,** voraus (Beteiligung an einem Tochterunternehmen, Treuhand, Nießbrauch usw.). Eine Ausnahme gilt lediglich für die Stimmrechtszurechnung nach § 22 Abs. 2, soweit es die Verhaltensabstimmung „in sonstiger Weise" betrifft (hierzu Rn. 88). Für die Anwendung der ein Rechtsverhältnis voraussetzenden Zurechnungstatbestände ist es nicht ausreichend, wenn die rechtsgeschäftliche Beziehung von den Beteiligten irrtümlich für wirksam erachtet wird. Das Rechtsverhältnis muss wirksam sein, um eine Zurechnung von Stimmrechten zu begründen;[17] gegen eine Erfassung (unerkannt) unwirksamer Rechtsverhältnisse sprechen das Analogieverbot (Vor §§ 21 bis 30 Rn. 25) und der Schutz unerkannt geschäftsunfähiger Personen.

Unter den Voraussetzungen des § 22 Abs. 1 und Abs. 2 werden auch Stimm- **7** rechte zugerechnet, die nicht 3% der Stimmrechte an dem Emittenten erreichen. Dem steht nicht entgegen, dass die Beteiligung des Anderen bei einer **Größenordnung von weniger als 3%** durch diesen selbst nicht mitzuteilen ist. Denn zum einen kommt es für die Bemessung der Stimmrechtsanteile insoweit auf die Person desjenigen an, dem die Stimmrechte zugerechnet werden, zum anderen wird in diesem Fall der Stimmrechtsmitteilung der Name des Anderen nicht genannt (vgl. § 17 Abs. 2 Satz 1 WpAIV), so dass dieser tatsächlich anonym bleibt. Geht die Zurechnung von verschiedenen Personen aus, werden die zuzurechnenden Stimmrechte addiert. Die Mitteilungspflicht wird begründet, wenn sich der Gesamtbestand der Stimmrechte so verändert, dass eine der in § 21 Abs. 1 Satz 1 genannten Schwellen berührt wird.[18]

Können dieselben Stimmrechte aus verschiedenen Rechtsgründen einer be- **8** stimmten Person zugerechnet werden, weil bei dem konkret vorliegenden Sachverhalt mehrere der in § 22 Abs. 1 und Abs. 2 enthaltenen Zurechnungstatbe-

---

[15] KölnKommWpÜG-*von Bülow*, § 30 Rn. 1. Die Zurechnung von Stimmrechten bewirkt keine Absorption der Stimmrechte beim Aktieninhaber (hierzu § 21 Rn. 6).
[16] KölnKommWpHG-*von Bülow*, Rn. 25.
[17] Ebenso – im Hinblick auf Treuhandverhältnisse nach § 22 Abs. 1 Satz 1 Nr. 2 – *Schwark*, § 22 WpHG Rn. 4. AA *Schneider* in *Assmann/Schneider*, Rn. 56.
[18] KölnKommWpHG-*von Bülow*, Rn. 29; *Schneider* in *Assmann/Schneider*, Rn. 15. Keine Mitteilungspflicht besteht daher, wenn sich der Gesamtbestand der Stimmrechte einer Person aufgrund der erstmaligen oder geänderten Anwendung von Zurechnungsvorschriften anders zusammensetzt, dabei aber insgesamt keine der in § 21 Abs. 1 genannten Stimmanteilsschwellen berührt wird (hierzu § 21 Rn. 41).

stände erfüllt sind (zB wenn ein Nießbrauchsberechtigter selbst Aktionär des Emittenten ist und sein Verhalten gemäß § 22 Abs. 2 mit dem Inhaber der nießbrauchsbelasteten Aktien abstimmt), werden die Stimmrechte bei der Zurechnung **nur einfach berücksichtigt**.[19]

9 Stimmrechte, die einer **Ausübungsbeschränkung** unterliegen (etwa aufgrund des Rechtsverlustes nach § 28), werden nur zugerechnet, wenn sie auch bei der Berechnung des Stimmrechtsanteils des Inhabers der Aktien zu berücksichtigen sind (dazu § 21 Rn. 27). Dies folgt aus der von § 22 bezweckten Gleichstellung desjenigen, dem Stimmrechte zugerechnet werden, mit dem Inhaber der Stimmrechte. Im Ergebnis werden damit grundsätzlich auch Stimmrechte, die wegen einer gesetzlichen oder vertraglichen Ausübungsbeschränkung nicht ausgeübt werden dürfen, gemäß § 22 Abs. 1 und Abs. 2 zugerechnet.[20]

10 Auch Stimmrechte, für die gemäß §§ 20 und 36 WpÜG eine Befreiung der BaFin vorliegt, können zugerechnet werden. Die **übernahmerechtlichen Befreiungsvorschriften** sollen nicht die kapitalmarktrechtliche Beteiligungstransparenz einschränken, sondern sachgerechte Dispensmöglichkeiten bei Pflichtangeboten schaffen.

11 Eine Teilausnahme von der Zurechnung besteht für **Stimmrechte aus Aktien, die nach § 23 unberücksichtigt bleiben.** Handelt es sich bei dem Befreiungsadressaten um ein Tochterunternehmen im Sinne von § 22 Abs. 3, werden die von der Befreiung erfassten Stimmrechte nicht nach § 22 Abs. 1 Satz 1 Nr. 1 zugerechnet. Erwirbt und hält der professionelle Marktteilnehmer, der einen der Tatbestände des § 23 erfüllt, die Aktien im Rahmen der Erbringung einer Wertpapierdienstleistung für Dritte, ist eine Zurechnung der in diesen Aktien abstrakt verkörperten Stimmrechte zu den Dritten nicht ausgeschlossen, sondern nach den einschlägigen Zurechnungstatbeständen (insbesondere § 22 Abs. 1 Satz 1 Nr. 2) zu beurteilen.[21]

12 Ein Sonderfall liegt vor, wenn ein Emittent über eigene Aktien (§ 71 AktG) verfügt und selbst Tochterunternehmen im Sinne von § 22 Abs. 1 Satz 1 Nr. 1 und Abs. 3 ist. Hier unterliegt der Emittent gemäß § 26 Abs. 1 Satz 2 der Pflicht zur Veröffentlichung von Veränderungen am Bestand eigener Aktien nach Maßgabe von § 21 Abs. 1 (§ 26 Rn. 20). Gleichwohl dürfte eine Zurechnung der – nicht ausübbaren – **Stimmrechte aus eigenen Aktien des Emittenten** zu dessen Gesellschaftern ausscheiden, da § 22 Abs. 1 Satz 1 Nr. 1 auf diesen Fall nicht zugeschnitten und ein Erwerb eigener Aktien durch den Emittenten kaum geeignet ist, die Mitteilungspflicht eines Meldepflichtigen zu umgehen.[22]

---

[19] KölnKommWpÜG-*von Bülow*, § 30 Rn. 28; *Schneider* in *Assmann/Schneider*, Rn. 15; *Schwark/Noack*, § 30 WpÜG Rn. 26. Dieselben Stimmrechte können jedoch mehreren verschiedenen Personen zugerechnet werden (insbesondere bei der Verhaltensabstimmung mit mehr als zwei Beteiligten).

[20] Vgl. KölnKommWpÜG-*von Bülow*, § 30 Rn. 34; KölnKommWpHG-*von Bülow*, Rn. 35.

[21] Im Ergebnis wie hier *Burgard* BB 1995, 2069, 2078; *Schneider* in *Assmann/Schneider*, § 23 Rn. 80 ff.; siehe auch KölnKommWpÜG-*von Bülow*, § 30 Rn. 32; KölnKomm WpHG-*von Bülow*, Rn. 35. Anders *Schwark*, § 23 WpHG Rn. 18.

[22] So auch *Schnabel/Korff* ZBB 2007, 179, 180; *Widder/Kocher* AG 2007, 13, 15 ff.; aA KölnKommWpHG-*von Bülow*, Rn. 50, 56.

b) Kettenzurechnung

Mit dem Begriff der „**Kettenzurechnung**" ist die Fragestellung verbunden, ob Stimmrechte aus bestimmten Aktien hintereinander zugerechnet werden, wenn mehrere Zurechnungssachverhalte durch wenigstens eine Person als Bindeglied aneinander gekoppelt sind. Werden beispielsweise Stimmrechte des Aktionärs einem Anderen zugerechnet, weil der Aktionär für diesen als Treuhänder im Sinne von § 22 Abs. 1 Satz 1 Nr. 2 fungiert, und nimmt der Andere mit diesen (und möglicherweise noch eigenen) Stimmrechten an einer Verhaltensabstimmung gemäß § 22 Abs. 2 mit weiteren Personen teil, sind durch den Treugeber als Bindeglied verschiedene Zurechnungssachverhalte miteinander verbunden, die sich auf dieselben Stimmrechte beziehen. Hier stellt sich die Frage, ob die vom Treuhänder gehaltenen Stimmrechte nicht nur – in einem ersten Schritt – dem Treugeber, sondern – in einem zweiten Schritt – auch allen anderen Poolmitgliedern zugerechnet werden. Die Verkettung von Zurechnungssachverhalten wird dabei noch verlängert, wenn auch von einem anderen Poolmitglied eine Zurechnung ausgeht (etwa weil es sich bei diesem um ein Tochterunternehmen im Sinne von § 22 Abs. 1 Satz 1 Nr. 1 handelt). Kein Einwand gegen eine Kettenzurechnung lässt sich jedenfalls daraus herleiten, dass es dadurch zu einer **Vervielfachung gemäß § 21 Abs. 1 mitzuteilender Stimmrechtsanteile** kommen kann, die in der Summe über den realen Gesamtstimmrechtsanteil von 100% der Stimmrechte hinausgeht. Denn dies kommt auch bei einer einfachen Zurechnung häufig vor.[23]

Die Kettenzurechnung ist in zwei Fällen **gesetzlich geregelt:** Gemäß § 22 Abs. 1 Satz 2 und Satz 3 werden Stimmrechte, die dem Tochterunternehmen nach § 22 Abs. 1 Satz 1 Nr. 2 bis Nr. 6 zugerechnet werden, auch dem Meldepflichtigen nach § 22 Abs. 1 Satz 1 Nr. 1 in voller Höhe zugerechnet (hierzu Rn. 43 ff.).[24] Gemäß § 22 Abs. 2 Satz 2 werden bei abgestimmtem Verhalten Stimmrechte eines Abstimmungsteilnehmers einschließlich etwaiger diesem selbst zugerechneter Stimmrechte den anderen Abstimmungsteilnehmern zugerechnet (hierzu Rn. 101 f.).

Der Befund, dass lediglich in den genannten zwei Fällen die Kettenzurechnung ausdrücklich normiert ist, spricht zunächst gegen eine Kettenzurechnung in anderen Fällen.[25] Ein differenziertes Bild ergibt sich aber aufgrund einer **wertenden Betrachtung der einzelnen Zurechnungssachverhalte.** Nur bei einem Tochterunternehmen und im Fall der Verhaltensabstimmung bezieht sich die Zurechnung typischerweise nicht lediglich auf Stimmrechte aus bestimmten Aktien, sondern grundsätzlich auf den Gesamtbestand der dem Tochterunter-

---

[23] Vgl. *Arends*, Die Offenlegung von Aktienbesitz nach deutschem Recht, S. 58; MünchKommAktG-*Bayer*, § 22 Anh. § 22 WpHG Rn. 4 (kritisch zur *lex lata*).
[24] Werden dem Tochterunternehmen seinerseits Stimmrechte eines anderen Unternehmens (Enkelunternehmens) gemäß § 22 Abs. 1 Satz 1 Nr. 1 zugerechnet, werden diese Stimmrechte zwar auch dem Mutterunternehmen zugerechnet. Es handelt sich hier aber nicht um einen Fall der Kettenzurechnung, sondern um eine unmittelbare Zurechnung gemäß § 22 Abs. 1 Satz 1 Nr. 1, weil es sich bei dem Enkelunternehmen um ein (mittelbares) Tochterunternehmen handelt (vgl. Begr. RegE BT-Drucks. 12/6679, S. 54).
[25] Vgl. *Hildner*, Kapitalmarktrechtliche Beteiligungstransparenz verbundener Unternehmen, S. 103; KölnKommAktG-*Koppensteiner*, § 22 Anh. §§ 21 ff. WpHG Rn. 21. – Gegen eine Kettenzurechnung außerhalb der ausdrücklich geregelten Fälle KölnKommWpHG-*von Bülow*, Rn. 34.

§ 22 16   Abschnitt 5. Veränderungen des Stimmrechtsanteils

nehmen oder dem Abstimmungsteilnehmer zuzuordnenden Stimmrechte. Im Gegensatz dazu betrifft die Zurechnung nach § 22 Abs. 1 Satz 1 Nr. 2 bis Nr. 6 typischerweise Stimmrechte aus bestimmten Aktien, weil nur diese Aktien Gegenstand des jeweiligen Rechtsverhältnisses (Treuhand, Sicherungsgeschäft, Nießbrauch) sind. Wenn demjenigen, von dem die Zurechnung ausgeht (Treuhänder, Sicherungsnehmer usw.), aus anderen Gründen weitere Stimmrechte Dritter zuzurechnen sind oder er außerdem über eigene Stimmrechte verfügt, ist eine Kettenzurechnung dieser weiteren Stimmrechte nur veranlasst, soweit sich das jeweils vorliegende Rechtsverhältnis auch auf diese Stimmrechte erstreckt und eine Einflussnahmemöglichkeit des Anderen (Treugeber, Sicherungsgeber usw.) besteht.[26] Nur wenn dieselben Stimmrechte Gegenstand verschiedener gekoppelter Zurechnungssachverhalte sind (zB wenn die Rechtsposition eines Nießbrauchers durch einen Treuhänder für einen Anderen wahrgenommen wird), ist eine Kettenzurechnung sachgerecht und zumeist – bei typischerweise vorhandener Einflussnahmemöglichkeit des Anderen – auch geboten.[27] Im Übrigen kann bei einer Verkettung von Zurechnungssachverhalten § 22 Abs. 2 unmittelbar anwendbar sein, etwa wenn über einen gemeinsamen Treuhänder eine Stimmrechtskoordination mehrerer Treugeber vorgenommen wird (näher Rn. 103 ff.). In diesen Fällen bedarf es einer Kettenzurechnung nicht.

2. Investmentrechtlicher Zurechnungsausschluss

16   Einen gesetzlichen Ausschluss der Stimmrechtszurechnung enthält das Investmentrecht[28] in § 32 Abs. 2 und Abs. 3 InvG (siehe auch § 21 Rn. 35). Im Hinblick auf die Besonderheiten der Kapitalanlage in **Sondervermögen von Kapitalanlagegesellschaften** ist es sachgerecht, dass unter den Voraussetzungen des § 21 Abs. 1 und Abs. 1a grundsätzlich nur die Kapitalanlagegesellschaft mitteilungspflichtig ist, nicht aber auch das im Regelfall vorhandene Mutterunternehmen der Kapitalanlagegesellschaft und – bei Publikums-Sondervermögen – die Kapitalanleger selbst. Entscheidend ist, dass die Stimmrechte aus den in Sondervermögen gehaltenen Aktien gemäß § 32 Abs. 1 InvG autonom durch die Fondsleitung ausgeübt werden.[29] Im Einzelnen bestimmt § 32 Abs. 2 Satz 1 InvG

---

[26] Auf dieser Linie liegt die Begründung von § 22 Abs. 1 Satz 3, wonach sich bei einer Kontrollsituation der Einfluss auf sämtliche Stimmrechte des Tochterunternehmens und nicht nur auf einen Teil der Stimmrechte erstreckt (Begr. RegE BT-Drucks. 14/7034, S. 53).
[27] Vgl. *Burgard* BB 1995, 2068, 2077. – Zur Kettentreuhand auch MünchKommAktG-*Bayer*, § 22 Anh. § 22 WpHG Rn. 6 ff.; KölnKommAktG-*Koppensteiner*, § 22 Anh. §§ 21 ff. WpHG Rn. 21; *Schneider* in *Assmann/Schneider*, Rn. 21; *Sudmeyer* in *Kuthe/Rückert/Sickinger*, Compliance-Handbuch Kapitalmarktrecht, 8. Kap. Rn. 54 f.
[28] Ausführlich hierzu etwa *Starke*, Beteiligungstransparenz im Gesellschafts- und Kapitalmarktrecht, S. 217 ff.; ferner – in übernahmerechtlichem Zusammenhang – *Assmann* in *Assmann/Pötzsch/Schneider*, WpÜG, Anhang I und II zu § 30; *Steinmeyer* in *Steinmeyer/Häger*, WpÜG, § 30 Rn. 25 ff.
[29] Vgl. Begr. RegE BT-Drucks. 12/6679, S. 81, und Begr.Finanzausschuss BT-Drucks. 12/7918, S. 116, zu § 10 Abs. 1a KAGG als Vorgängernorm von § 32 Abs. 2 InvG. Kritisch zu diesen Erwägungen des Gesetzgebers und zu § 32 Abs. 2 aF *Schneider* in *Assmann/Schneider*, Rn. 205 f. Zustimmung *Starke*, Beteiligungstransparenz im Gesellschafts- und Kapitalmarktrecht, S. 218 ff.; im Ergebnis auch *Witt*, Übernahmen von Aktiengesellschaften und Transparenz der Beteiligungsverhältnisse, S. 252. – Durch das Trans-

für Publikums- und Spezial-Sondervermögen,[30] dass die Kapitalanlagegesellschaft hinsichtlich der von ihr verwalteten Sondervermögen **keine Tochterunternehmen** im Sinne von § 22 Abs. 3 WpHG (und § 2 Abs. 6 WpÜG) ist, sofern sie ihre Stimmrechte unabhängig von ihrem Mutterunternehmen ausübt,[31] das Sondervermögen nach Maßgabe der Richtlinie 85/611/EWG[32] verwaltet wird, das Mutterunternehmen der Bundesanstalt den Namen der Kapitalanlagegesellschaft sowie die für deren Überwachung zuständige Behörde oder das Fehlen einer solchen mitteilt und das Mutterunternehmen gegenüber der Bundesanstalt erklärt, dass die Voraussetzungen des § 32 Abs. 2 Satz 1 Nr. 1 erfüllt sind. Eine Ausnahme von der Nichtzurechnung enthält § 32 Abs. 2 Satz 2 InvG,[33] wonach die Kapitalanlagegesellschaft dann als Tochterunternehmen gilt, wenn das Mutterunternehmen oder ein anderes vom Mutterunternehmen kontrolliertes Unternehmen im Sinne des § 22 Abs. 3 seinerseits Anteile an dem von dieser Kapitalanlagegesellschaft verwalteten Sondervermögen hält und die Kapitalanlagegesellschaft die Stimmrechte, die mit diesen Beteiligungen verbunden sind, nicht nach freiem Ermessen, sondern nur aufgrund unmittelbarer oder mittelbarer Weisungen ausüben kann, die ihr vom Mutterunternehmen oder von einem anderen im Sinne des § 22 Abs. 3 kontrollierten Unternehmen des Mutterunternehmens erteilt werden. Sind die Voraussetzungen des § 32 Abs. 2 Satz 1 InvG erfüllt und greift die Ausnahme des § 32 Abs. 2 Satz 2 InvG nicht ein, kommt eine Zurechnung nach § 22 Abs. 1 Satz Nr. 1 (und § 30 Abs. 1 Satz 1 Nr. 1 WpÜG) nicht in Betracht.

Die Anwendung anderer Zurechnungstatbestände ist hinsichtlich der Stimmrechte in Sondervermögen weitgehend ausgeschlossen, weil es den Kapitalgesellschaften verboten ist, die stimmberechtigten Aktien für die von den Zurechnungstatbeständen erfassten Rechtsgeschäfte (Treuhand zugunsten Dritter, Sicherungsgeschäft, Nießbrauch usw.) zu verwenden. Eine Verhaltensabstimmung von Fondsleitungen verschiedener Sondervermögen oder Kapitalanlagegesellschaften könnte allerdings im Einzelfall zur Anwendung des § 22 Abs. 2 führen.[34] Bei der Normierung des **Zurechnungsausschlusses im Verhältnis zu den Kapitalanlegern** von Publikums-Sondervermögen musste in § 32 Abs. 2 Satz 3 InvG berücksichtigt werden, dass die zu einem Sondervermögen gehörenden Aktien

---

parenzrichtlinie-Umsetzungsgesetz vom 5. Januar 2007 (BGBl. I S. 10) und das Investmentänderungsgesetz vom 21. Dezember 2007 (BGBl. I S. 3089) wurde § 32 Abs. 2 InvG entsprechend der Regelung des § 22 Abs. 3 a eingeschränkt.

[30] Die BaFin wendet § 32 Abs. 2 Satz 1 InvG nicht auf Spezial-Sondervermögen an (vgl. Jahresbericht BaFin 2002, S. 167). Die Differenzierung zwischen Publikums- und Spezial-Sondervermögen findet sich jedoch nur in § 32 Abs. 2 Satz 3; in Satz 1 ist sie nicht enthalten.

[31] Eine Konkretisierung dieser Anforderung erfolgt in Art. 10 Abs. 1 und Abs. 5 der Durchführungsrichtlinie 2007/14/EG.

[32] Richtlinie des Rates vom 20. Dezember 1985 zur Koordinierung der Rechts- und Verwaltungsvorschriften betreffend bestimmte Organismen für gemeinsame Anlagen in Wertpapieren, ABl. EG Nr. L 375, S. 3.

[33] Vgl. auch § 22 Abs. 3 a Satz 2 und Rn. 41.

[34] Nicht durch § 32 Abs. 2 InvG ausgeschlossen ist auch die Zurechnung der in einem Sondervermögen gehaltenen Stimmrechte gemäß § 22 Abs. 1 Satz 1 Nr. 5, wenn die Fondsleitung einem Anderen ein entsprechendes Erwerbsrecht einräumt (so auch KölnKommWpÜG-*von Bülow*, § 30 Rn. 39).

§ 22 18, 19   Abschnitt 5. Veränderungen des Stimmrechtsanteils

nach Maßgabe der Vertragsbedingungen entweder im Miteigentum der Anleger oder im Eigentum der Kapitalanlagegesellschaft stehen (§ 30 Abs. 1 Satz 1 InvG).[35] Dementsprechend bestimmt § 32 Abs. 2 Satz 3 Halbsatz 1 InvG, dass bei der **Miteigentumslösung** die im Publikums-Sondervermögen gehaltenen Stimmrechte als Stimmrechte der Kapitalanlagegesellschaft gelten.[36] Stehen die Aktien dagegen im **Eigentum der Kapitalanlagegesellschaft,** werden sie für Rechnung der Kapitalanleger gehalten. Gemäß § 32 Abs. 2 Satz 3 Halbsatz 2 InvG ist jedoch § 22 Abs. 1 nicht anzuwenden, so dass insbesondere eine Zurechnung von Stimmrechten zu den Kapitalanlegern nach § 22 Abs. 1 Satz 1 Nr. 2 ausgeschlossen ist (anders bei Spezial-Sondervermögen). Im Hinblick auf ausländische Investmentvermögen (§ 2 Abs. 8 InvG), für die EG-Investmentanteile (§ 2 Abs. 10 InvG) ausgegeben und öffentlich vertrieben werden, verweist § 32 Abs. 3 Satz 1 InvG auf § 32 Abs. 2 Satz 1, 2 und 4 InvG. Ferner sind Kapitalanleger nach § 32 Abs. 3 Satz 2 InvG selbst nicht mitteilungspflichtig, wenn sie nach dem anwendbaren ausländischen Investmentrecht im Regelfall keine Weisungen für die Ausübung der Stimmrechte erteilen können.

3. Kenntnis der zuzurechnenden Stimmrechte

18   Angesichts der bei einer Verletzung der Mitteilungspflicht drohenden Sanktionen (insbesondere Rechtsverlust nach § 28), die nicht nur bei vollständig unterlassenen oder verspäteten, sondern auch bei inhaltlich falschen Stimmrechtsmitteilungen bestehen (siehe § 28 Rn. 12 ff.), muss jeder Meldepflichtige ein Interesse daran haben, dass er von den Stimmrechten, die ihm nach § 22 zugerechnet werden, rechtzeitig und vollständig Kenntnis erlangt. Auch bei Zurechnungssachverhalten beginnt die **Frist für die Erfüllung der Mitteilungspflicht,** wenn der Meldepflichtige von der von ihm mitzuteilenden Stimmanteilsveränderung Kenntnis hat oder haben muss (§ 21 Abs. 1 Satz 3).

19   Während die Tatsachen, die eine Zurechnung nach § 22 begründen, den Meldepflichtigen regelmäßig bekannt sind, weil deren Mitwirkung für die Erfüllung des einschlägigen Zurechnungstatbestands erforderlich ist (Vereinbarung einer Treuhand, Abschluss eines Sicherungsgeschäfts, Bestellung eines Nießbrauchs), spielen sich die Veränderungen bei den zuzurechnenden Stimmrechtsanteilen typischerweise in der Sphäre desjenigen ab, von dem die Stimmrechtszurechnung ausgeht. Hier hat die **Tatbestandsalternative des Kennenmüssens** in § 21 Abs. 1 Satz 3 besondere Bedeutung, weil sich daraus ergibt, ob und wie lange sich der Meldepflichtige darauf berufen kann, von den Stimmrechtsveränderungen in der Person desjenigen, von dem die Zurechnung ausgeht, keine Kenntnis oder keine vorwerfbare Unkenntnis zu haben. Dies führt zu der Frage, ob im Verhältnis der an einem Zurechnungssachverhalt beteiligten Personen **Informationspflichten** betreffend Stimmanteilsveränderungen gesetzlich bestehen oder vertraglich vereinbart werden müssen, damit die im Hinblick auf die Kenntniserlangung gemäß § 21 Abs. 1 Satz 3 gebotene Sorgfalt gewahrt ist. Praktisch betrifft die

---

[35] Bei Spezial-Sondervermögen (vgl. § 2 Abs. 3 InvG) ist die Zurechnung von Stimmrechten zu den Anlegern nach Maßgabe von § 22 WpHG und § 30 WpÜG ausdrücklich nicht ausgeschlossen (siehe etwa Schneider in *Assmann/Schneider,* Rn. 137).

[36] Bei Spezial-Sondervermögen sind im Fall der Miteigentumslösung die Stimmrechte des Sondervermögens der Kapitalanlagegesellschaft nach § 22 Abs. 1 Satz 1 Nr. 6 zuzurechnen (vgl. OLG Stuttgart AG 2005, 125, 127).

Fragestellung in erster Linie die Zurechnung der Stimmrechte eines Tochterunternehmens nach § 22 Abs. 1 Satz 1 Nr. 1 sowie die Zurechnung aufgrund abgestimmten Verhaltens nach § 22 Abs. 2, da sich die Rechtsverhältnisse, die eine Zurechnung nach § 22 Abs. 1 Satz 1 Nr. 2 bis Nr. 6 begründen, häufig nur auf eine feststehende Anzahl von Aktien beziehen.

Im Grundsatz ist von Folgendem auszugehen: Derjenige, dem Stimmrechte **20** zugerechnet werden, hat gegenüber demjenigen, von dem die Zurechnung ausgeht, einen **Anspruch auf Auskunftserteilung** über die Anzahl der zuzurechnenden Stimmrechte und über Veränderungen des zuzurechnenden Stimmrechtsanteils. Dieser Anspruch ergibt sich gegenüber einem Tochterunternehmen im Sinne von § 22 Abs. 3 ggf. aus konzernrechtlichen Tatbeständen (zB aus einer entsprechenden Anwendung von § 294 Abs. 3 HGB).[37] Im Übrigen kann der Anspruch aus einer entsprechenden vertraglichen Nebenpflicht hergeleitet werden, soweit ein legitimes Auskunftsinteresse desjenigen, dem Stimmrechte zugerechnet werden, besteht und die Auskunftserteilung dem Verpflichteten zumutbar ist. Letzteres ist angesichts dessen, dass die Auskunft für die Erfüllung gesetzlicher Pflichten erforderlich ist, im Allgemeinen der Fall. Der ausdrücklichen Vereinbarung einer vertraglichen Auskunftspflicht bedarf es aus dieser Sicht nicht; sie kann jedoch vorsorglich vorgenommen werden.

Die Kehrseite des Auskunftsanspruchs ist die **Auskunftsverpflichtung** desjenigen, von dem die Stimmrechtszurechnung ausgeht. Dieser Verpflichtung ist nicht nur auf Verlangen nachzukommen, sondern immer dann, wenn die Stimmanteilsveränderung für denjenigen, dem die Stimmrechte zuzurechnen sind (oder waren), nicht offensichtlich unerheblich ist.[38] Auf dieser Grundlage stellt sich für den Auskunftsberechtigten weiter die Frage, ob er im Rahmen der ordnungsgemäßen Sorgfalt stets darauf vertrauen darf, dass der Auskunftsverpflichtete von sich aus Stimmanteilsveränderungen anzeigt, oder ob er (*ad hoc* oder periodisch) ausdrückliche Auskunftsverlangen an den Verpflichteten zu stellen hat. Eine generelle Aussage hierzu ist nicht möglich. Tendenziell gilt, dass der Auskunftsberechtigte beim Auskunftsverpflichteten nachfragen muss, wenn er bereits Anhaltspunkte für Veränderungen des ihm zuzurechnenden Stimmrechtsanteils hat. In den übrigen Fällen liegt es an dem Auskunftsverpflichteten, den Meldepflichtigen ungefragt zu informieren.

III. Einseitige Zurechnung nach § 22 Abs. 1 Satz 1

1. Stimmrechte von Tochterunternehmen (Nr. 1)

a) Überblick

Mit der Zurechnung von Stimmrechten eines Tochterunternehmens befasst **22** sich § 22 an mehreren Stellen: Die Zurechnung wird begründet in § 22 Abs. 1 Satz 1 Nr. 1,[39] wonach den Stimmrechten des Meldepflichtigen Stimmrechte an

---

[37] Ebenso *Schneider*, FS Brandner, S. 565, 573; *Schneider* in *Assmann/Schneider*, Rn. 24.
[38] Ähnlich *Schneider*, FS Brandner, S. 565, 574; *Schneider* in *Assmann/Schneider*, Rn. 28.
[39] § 22 Abs. 1 Satz 1 Nr. 1 trat aufgrund des Gesetzes zur Regelung von öffentlichen Angeboten zum Erwerb von Wertpapieren und von Unternehmensübernahmen vom 20. Dezember 2001 (Vor §§ 21 bis 30 Rn. 10) an die Stelle von § 22 Abs. 3 aF. § 22 Abs. 3 aF diente der Umsetzung von Art. 7 (zweiter Spiegelstrich) und Art. 8 der Transpa-

§ 22 23, 24   Abschnitt 5. Veränderungen des Stimmrechtsanteils

dem Emittenten gleichstehen, die einem Tochterunternehmen des Meldepflichtigen gehören. Eine **Legaldefinition des Tochterunternehmens** enthält § 22 Abs. 3.[40] Hiervon erfasst sind Unternehmen, die als Tochterunternehmen im Sinne von § 290 HGB gelten oder auf die ein beherrschender Einfluss ausgeübt werden kann. Rechtsform und Sitz sind unbeachtlich. Wertpapierdienstleistungsunternehmen (§ 2 Abs. 4), die Finanzportfolioverwaltung (§ 2 Abs. 3 Nr. 7, siehe dazu Rn. 41) betreiben, gelten unter den Voraussetzungen des § 22 Abs. 3a nicht als Tochterunternehmen; von ihnen gehaltene Stimmrechte werden also nicht nach § 22 Abs. 1 Satz 1 Nr. 1 zugerechnet. § 22 Abs. 1 Satz 2 stellt klar, dass dem Meldepflichtigen für die Zurechnung nach Satz 1 Nr. 2 bis Nr. 6 Tochterunternehmen des Meldepflichtigen gleichstehen. Aufgrund dieser Kettenzurechnung werden Stimmrechte, die dem Tochterunternehmen selbst nach Satz 1 Nr. 2 bis Nr. 6 zuzurechnen sind, auch bei der Zurechnung von Stimmrechten des Tochterunternehmens nach § 22 Abs. 1 Satz 1 Nr. 1 berücksichtigt (allgemein zur Kettenzurechnung Rn. 13ff.). Dabei werden die dem Tochterunternehmen zuzurechnenden Stimmrechte in voller Höhe erfasst (§ 22 Abs. 1 Satz 3). Schließlich wird das Tochterunternehmen im Rahmen des Tatbestands der Stimmrechtszurechnung bei abgestimmtem Verhalten erwähnt. Nach § 22 Abs. 2 Satz 1 reicht es für die Zurechnung aufgrund abgestimmten Verhaltens aus, wenn sich an der Abstimmung mit anderen Personen ein Tochterunternehmen beteiligt. In diesem Fall werden die Stimmrechte, die dem Tochterunternehmen nach § 22 Abs. 2 zugerechnet werden, auch demjenigen zugerechnet, dem das Tochterunternehmen zuzuordnen ist (siehe Rn. 101).

23 Aus dem Zusammenspiel der vorgenannten Normen ergibt sich ein Regelungssystem, das darauf ausgerichtet ist, das Bestehen und das Zwischenschalten von Tochterunternehmen im Hinblick auf die Mitteilungspflicht desjenigen, dem die Stimmrechte des Tochterunternehmens zuzurechnen sind, zu **neutralisieren.** Für die kapitalmarktrechtliche Beteiligungstransparenz wird die Beteiligung von Tochterunternehmen dadurch im Ergebnis wie ein unselbstständiger Vermögensbestandteil des im Sinne von § 22 Abs. 3 maßgeblichen Gesellschafters des Tochterunternehmens behandelt, wenngleich die Mitteilungspflicht am Maßstab des § 21 Abs. 1 für die beteiligten Rechtsträger weiterhin selbstständig zu beurteilen ist. Insbesondere bei einer konzerninternen Umschichtung von Beteiligungen kann im Einzelfall ein Tochterunternehmen mitteilungspflichtig sein, während eine Mitteilungspflicht des Mutterunternehmens ausscheidet (hierzu § 21 Rn. 41).

24 Ein Unternehmen ist in drei Fällen als Tochterunternehmen gemäß § 22 Abs. 3 zu qualifizieren: Wenn es als Tochterunternehmen im Sinne von § 290

---

renzrichtlinie 88/627/EWG vom 12. Dezember 1988 und enthielt dementsprechend lediglich Elemente des so genannten Control-Konzeptes, das § 290 Abs. 2 HGB zugrunde liegt. § 22 Abs. 1 Satz 1 Nr. 1 verweist dagegen vollständig auf § 290 HGB (also auch auf das sog. Konzern-Konzept des § 290 Abs. 1 HGB) und enthält zusätzlich das Merkmal des beherrschenden Einflusses als Auffangtatbestand (vgl. Begr. RegE BT-Drucks. 14/7034, S. 34f. und 53). Gemeinschaftsrechtliche Grundlage des § 22 Abs. 1 Satz 1 Nr. 1 ist nun Art. 10 lit. e) iVm Art. 2 Abs. 1 lit. f) der Transparenzrichtlinie 2004/109/EG.

[40] Normatives Vorbild für § 22 Abs. 3 war § 1 Abs. 7 Satz 1 KWG (vgl. Begr. RegE BT-Drucks. 14/7034, S. 34), der das Tochterunternehmen für den Bereich der Beteiligungsaufsicht über Kredit- und Finanzdienstleistungsinstitute definiert. Siehe im Sachzusammenhang näher zu § 1 Abs. 7 KWG *Seibt* ZIP 2005, 729, 732; *Wackerbarth* ZIP 2005, 1217, 1218.

Abs. 1 HGB (Konzernkonzept) gilt, wenn § 290 Abs. 2 HGB (so genanntes „Control-Konzept")[41] anwendbar ist und wenn auf das Unternehmen ein beherrschender Einfluss ausgeübt werden kann. Dem Wortlaut von § 22 Abs. 3 lässt sich entnehmen, dass der Begriff des Tochterunternehmens in einem **denkbar weiten Sinne** verstanden werden soll.[42] Für die Qualifizierung als Tochterunternehmen ist es ausreichend, wenn das Unternehmen die Voraussetzung einer der genannten Fallgruppen erfüllt. Die Voraussetzungen des § 22 Abs. 3 sind jederzeit zu beachten, ohne dass es auf eine Einordnung des Unternehmens als Tochterunternehmen im Rahmen eines vorgehenden oder nachfolgenden Konzernabschlusses ankommt.

Darüber hinaus ist zu beachten, dass die Legaldefinition des § 22 Abs. 3 gegenüber § 290 HGB einen **eigenständigen Regelungskomplex** darstellt, der autonom unter Berücksichtigung des Zwecks kapitalmarktrechtlicher Beteiligungstransparenz anzuwenden ist. Dies kommt im Gesetzeswortlaut dadurch zum Ausdruck, dass Unternehmen schon dann Tochterunternehmen gemäß § 22 Abs. 3 sind, wenn sie als Tochterunternehmen i. S. d. § 290 HGB „gelten" oder auf sie aus anderen Gründen ein beherrschender Einfluss ausgeübt werden kann.[43] Daraus folgt zum einen, dass ein Unternehmen, welches aus Sicht der Konzernrechnungslegung alle Anforderungen an ein Tochterunternehmen gemäß § 290 HGB erfüllt, auch im Rahmen der kapitalmarktrechtlichen Beteiligungstransparenz ein Tochterunternehmen ist. Zum anderen kommen als Beteiligte eines Zurechnungsverhältnisses nach § 22 Abs. 1 Satz 1 Nr. 1 nicht nur Unternehmen jeglicher Rechtsform mit Sitz im Inland in Betracht, sondern auch Unternehmen jeglicher Rechtsform mit Sitz im Ausland.[44]

Für alle der von § 22 Abs. 3 erfassten Fallgruppen ist fraglich, ob eine Qualifizierung als Tochterunternehmen die **Unternehmenseigenschaft** voraussetzt. Allein aus dem Gebrauch des Begriffes „Tochter*unternehmen*" in § 22 Abs. 3 lässt sich dieses Erfordernis nicht herleiten, da es im Konzern- und Rechnungslegungsrecht auf eine anderweitige wirtschaftliche Interessenbindung der abhängigen Gesellschaft gerade nicht ankommt.[45] Andernfalls könnten die Transparenzpflichten nach den §§ 21 ff. ohne weiteres durch Einschaltung von Zwischenholdings oder Vorschaltgesellschaften, denen außer einer unmittelbaren Beteiligung an dem Emittenten keine Anteile an anderen Gesellschaften gehören,

---

[41] Die Kontrolle kann gemäß § 290 Abs. 3 auch mittelbar ausgeübt werden. Teilweise ist daher auch von vier Fällen der Qualifizierung eines Unternehmens als Tochterunternehmen die Rede (siehe etwa *Seibt* ZIP 2005, 729, 730; *Schneider* in *Assmann/Schneider*, Rn. 29).
[42] So zutreffend – im Hinblick auf § 2 Abs. 6 WpÜG – KölnKommWpÜG-*Versteegen*, § 2 Rn. 181.
[43] Aus Begr. RegE BT-Drucks. 14/7034, S. 35 („Für die Beurteilung der o. g. Kriterien unerheblich ist die Rechtsform oder der Sitz der Beteiligten"), ergibt sich, dass der Gesetzgeber die Unerheblichkeit von Rechtsform und Sitz auf alle drei Anforderungsprofile eines Tochterunternehmens und auf alle an der Zurechnung beteiligten Rechtsträger bezogen wissen will.
[44] Die Unternehmen müssen allerdings Rechtsträger sein, damit sie als Tochterunternehmen oder aufgrund einer Zurechnung nach § 22 Abs. 1 Satz 1 Nr. 1 der Mitteilungspflicht nach § 21 Abs. 1 unterliegen (vgl. § 21 Rn. 4).
[45] Vgl. *Hüffer*, AktG, § 15 Rn. 14.

§ 22 27 Abschnitt 5. Veränderungen des Stimmrechtsanteils

umgangen werden.[46] Das Tochterunternehmen im Sinne von § 22 Abs. 3 muss daher nicht zwingend ein Unternehmen sein, sondern kann jede rechtsfähige Gesellschaft oder eine sonstige juristische Person sein, sofern deren Verfassung eine Konzernierung (§ 290 Abs. 1 HGB), Kontrolle (§ 290 Abs. 2 HGB) oder eine beherrschende Einflussnahme zulässt.[47]

27 Im Hinblick auf den Rechtsträger, dem nach § 22 Abs. 1 Satz 1 Nr. 1 Stimmrechte zugerechnet werden, fällt zunächst auf, dass der **Begriff des Mutterunternehmens** in § 22 WpHG – anders als in § 1 Abs. 6 KWG – nicht definiert und auch sonst nicht unmittelbar verwendet wird. Jedoch ist sowohl in § 290 HGB als auch in § 17 Abs. 1 AktG, auf dessen Auslegung bei der Anwendung der Tatbestandsvariante der Ausübung beherrschenden Einflusses zurückgegriffen werden kann,[48] von „Mutterunternehmen" und (herrschendem) „Unternehmen" die Rede. Für die Unerheblichkeit der Unternehmenseigenschaft desjenigen, dem Stimmrechte nach § 22 Abs. 1 Satz 1 Nr. 1 zugerechnet werden, spricht gleichwohl der bewusst relativierend formulierte Verweis auf § 290 HGB („... als Tochterunternehmen im Sinne von § 290 HGB gelten..."). Zudem ergibt sich nunmehr aus Art. 2 Abs. 1 lit. f) der Transparenzrichtlinie 2004/109/EG (Vor §§ 21 bis 30 Rn. 6) ausdrücklich, dass **auch natürliche Personen** Unternehmen im Sinne des mit § 22 Abs. 1 Satz 1 Nr. 1 umgesetzten Art. 10 lit. e) der Richtlinie kontrollieren können. Im Übrigen ist kein Grund dafür ersichtlich, warum es für die Beteiligungstransparenz zwar nicht auf Rechtsform und Sitz, aber auf die Unternehmenseigenschaft des aufgrund einer Zurechnung nach § 22 Abs. 1 Satz 1 Nr. 1 mitteilungspflichtigen Rechtsträgers ankommen soll.[49] Vielmehr verhält sich der Unternehmensbegriff zur Beteiligungstransparenz neutral, so dass die Auslegung des § 22 Abs. 3 uneingeschränkt funktionsorientiert erfolgen kann. Für die Aufdeckung mittelbarer Beteiligungsverhältnisse und zur Verhinderung von Maßnahmen zur Umgehung der Mitteilungspflichten ist es geboten, die Zurechnung nach § 22 Abs. 1 Satz 1 Nr. 1 ungeachtet der Unternehmenseigenschaft dessen, dem Stimmrechte zugerechnet werden, vorzunehmen.[50] Maßgebend für die Anwendung des § 22 Abs. 3 sind damit nicht per-

---

[46] Ähnlich KölnKommWpÜG-*Versteegen*, § 2 Rn. 187, zu § 2 Abs. 6 WpÜG. In übernahmerechtlichem Zusammenhang spricht sich insbesondere *Seibt* ZIP 2005, 729 ff., dafür aus, dass *de lege lata* durch Zwischenschaltung einer GmbH eine Abschirmung gegen die Angebotsverpflichtung nach § 35 WpÜG erreicht werden kann (hierzu *Wackerbarth* ZIP 2005, 1217 ff.).

[47] Das Analogieverbot (Vor §§ 21 bis 30 Rn. 25) steht dem nicht entgegen. Als Tochterunternehmen kommen demnach auch Stiftungen in Betracht (vgl. *Hüffer*, AktG, § 22 Anh. § 22 WpHG Rn. 9). Anders noch zu § 22 Abs. 3 aF *Hildner*, Kapitalmarktrechtliche Beteiligungstransparenz verbundener Unternehmen, S. 72 f. – Natürliche Personen scheiden als Tochterunternehmen im Sinne von § 22 Abs. 3 aus (OLG Stuttgart AG 2005, 125, 128; KölnKommWpHG-*von Bülow*, Rn. 225; KölnKommWpÜG-*Versteegen*, § 30 Rn. 188).

[48] Begr. RegE BT-Drucks. 14/7034, S. 35.

[49] Ähnlich *Wackerbarth* ZIP 2005, 1217, 1219.

[50] Zu § 22 Abs. 3 im Ergebnis ebenso OLG Stuttgart AG 2005, 125, 128; *Fiedler*, Mitteilungen über Beteiligungen, S. 31 f.; KölnKommAktG-*Koppensteiner*, § 22 Anh. §§ 21 ff. *WpHG* Rn. 16; *Sudmeyer* BB 2002, 685, 688; *Wackerbarth* ZIP 2005, 1217, 1218 ff.; bezogen auf die Möglichkeit der Ausübung beherrschenden Einflusses auch *Schäfer* in Marsch-Barner/*Schäfer*, Handbuch börsennotierte AG, § 17 Rn. 20. Zu § 2 Abs. 6 WpÜG ebenso

sönliche Eigenschaften der beteiligten Rechtsträger, sondern die sachlichen Anforderungen an die Rechtsbeziehungen zwischen Gesellschaft (Tochterunternehmen) und Gesellschafter. Daher gehören zum Kreis der Meldepflichtigen nach § 22 Abs. 1 Satz 1 Nr. 1 auch natürliche Personen.

b) Als Tochterunternehmen im Sinne von § 290 HGB geltende Unternehmen

Mit dem Verweis auf § 290 HGB werden die sachlichen Voraussetzungen der Konzernrechnungslegung eines Mutterunternehmens Bestandteil des Zurechnungssystems nach § 22. Dagegen sind die persönlichen Anforderungen des § 290 HGB an die beteiligten Rechtsträger im Rahmen der Stimmrechtszurechnung durch § 22 Abs. 3 weitgehend aufgehoben (oben Rn. 27). § 290 Abs. 1 HGB knüpft die Verpflichtung zur Konzernrechnungslegung an die Konzernierung eines Rechtsträgers (des Tochterunternehmens) an. Hierfür ist erforderlich, dass das Tochterunternehmen unter **einheitlicher Leitung** des Mutterunternehmens steht und das Mutterunternehmen eine Beteiligung im Sinne von § 271 HGB an der Gesellschaft hält. § 290 Abs. 2 setzt dagegen voraus, dass das Mutterunternehmen das Tochterunternehmen (rechtlich) kontrolliert. Nach Maßgabe von § 290 Abs. 3, der sich auf § 290 Abs. 2 HGB bezieht, werden auch mittelbare Beteiligungen erfasst und Rechte aus bestimmten Anteilen neutralisiert. Im Rahmen der Stimmrechtszurechnung nach § 22 Abs. 3 kommt es ausschließlich auf die sachlichen Voraussetzungen der Konzernrechnungslegungspflicht hinsichtlich der Beherrschungsverhältnisse an. Ohne Bedeutung sind die Möglichkeiten einer **Befreiung von der Konzernrechnungslegung** nach § 293 HGB (schon wegen § 293 Abs. 5 HGB) und eines Verzichts auf die Konsolidierung nach § 296 HGB. Die Tatbestände des § 290 Abs. 1 und Abs. 2 HGB stehen in einem **alternativen Verhältnis** zueinander,[51] was auch bei der Stimmrechtszurechnung nach § 22 Abs. 3 von Bedeutung sein kann.[52] In der Praxis erfüllen Tochterunternehmen, die zum Konsolidierungskreis eines Konzernabschlusses gehören, häufig das Anforderungsprofil von § 290 Abs. 1 und von § 290 Abs. 2. Gleichwohl sind weder die BaFin noch ein Gericht an die Konsolidierungspraxis gebunden, wenn sie einen Sachverhalt am Maßstab von § 22 Abs. 3 beurteilen.[53] Im Übrigen kann eine Zurechnung von Stimmrechten eines Tochterunternehmens nach § 22 Abs. 1 Satz 1 Nr. 1 auch erfolgen, wenn das Tochter-

---

KölnKommWpÜG-*Versteegen*, § 2 Rn. 187 f.; *Wackerbarth* ZIP 2005, 1217, 1218 ff. AA KölnKommWpHG-*von Bülow*, Rn. 229; *Seibt* ZIP 2004, 1829, 1834 f.; *Seibt* ZIP 2005, 729, 730 ff.

[51] *Hoyos/Ritter-Thiele* in BeckBil.Komm., § 290 HGB Rn. 7. Im Ergebnis hat § 290 Abs. 1 HGB eigenständige Bedeutung, wenn Beteiligung und einheitliche Leitung gegeben sind, das Mutterunternehmen aber nicht über rechtlich gesicherte Befugnisse der Einflussnahme nach § 290 Abs. 2 HGB verfügt (siehe KölnKommWpÜG-*Versteegen*, § 2 Rn. 191).

[52] Wenn im Ausnahmefall die Alternativität der Kriterien dazu führt, dass ein Tochterunternehmen in zwei Konzernabschlüsse einzubeziehen ist (vgl. *Hoyos/Ritter-Thiele* in BeckBil.Komm., § 290 HGB Rn. 7), folgt daraus auch eine doppelte Stimmrechtszurechnung nach § 22 Abs. 3.

[53] Allerdings dürfte es für die BaFin insgesamt Bindungswirkung entfalten, wenn sie im Rahmen des Verfahrens nach den §§ 37 n ff. die Rechtmäßigkeit eines Konzernabschlusses unter dem Aspekt des Konsolidierungskreises geprüft und festgestellt hat.

§ 22 29, 30   Abschnitt 5. Veränderungen des Stimmrechtsanteils

unternehmen unter Verstoß gegen §§ 290 und 294 Abs. 1 HGB nicht in den letzten Konzernabschluss des Mutterunternehmens einbezogen worden ist.

29 Die Stimmrechtszurechnung nach § 22 Abs. 1 Satz 1 Nr. 1 und Abs. 3 WpHG iVm § 290 Abs. 1 HGB setzt voraus, dass der Rechtsträger, von dem die Zurechnung ausgeht, unter der **einheitlichen Leitung** des Rechtsträgers steht, dem die Stimmrechte zugerechnet werden, und dieser eine Beteiligung an jenem im Sinne von § 271 Abs. 1 HGB hält. Eine Beteiligung gemäß § 271 Abs. 1 Satz 1 HGB liegt vor, wenn die Anteile dazu bestimmt sind, dem Geschäftsbetrieb des Beteiligungsinhabers durch Herstellung einer dauernden Verbindung mit der Gesellschaft (dem Unternehmen) zu dienen. Als Beteiligung gelten im Zweifel Anteile an einer Kapitalgesellschaft, die insgesamt den fünften Teil des Nennbetrags dieser Gesellschaft überschreiten, wobei die Berechnung entsprechend § 16 Abs. 2 und 4 AktG erfolgt (§ 271 Abs. 1 Satz 3 und 4 HGB).[54] Die Beteiligung im Sinne von § 271 Abs. 1 HGB kann somit mittelbar bestehen. Auch in diesem Zusammenhang ist die Rechtsform der Kapitalgesellschaft für § 22 Abs. 3 nicht konstitutiv, so dass andere Rechtsformen und Rechtsträger ebenfalls in Betracht kommen.

30 Das Tatbestandsmerkmal der einheitlichen Leitung in § 290 Abs. 1 HGB ist nach hM identisch mit der einheitlichen Leitung im Sinne von § 18 AktG und § 11 PublG.[55] Der Gesetzgeber hat den Tatbestand der einheitlichen Leitung an keiner Stelle näher beschrieben, sondern seine Auslegung bewusst den Rechtsanwendern überlassen.[56] Das Begriffsverständnis der herrschenden Ansicht kann als **Übernahme originärer Leitungsaufgaben für den gesamten Konzern** durch das Mutterunternehmen und planmäßige Koordinierung der Geschäftspolitik und sonstiger Aspekte der Konzernleitung zusammengefasst werden.[57] Zu ergänzen sind die Durchführung und die zentrale Kontrolle der vorgegebenen Zielsetzung.[58] Auf welche unternehmerischen Tätigkeiten sich die Koordination zwingend beziehen muss, ist im Einzelnen umstritten. Grob kann zwischen einer engen Begriffsverwendung (Konzern als wirtschaftliche Gesamtheit) und einer weiten Auslegung (ausreichend ist Leitungseinheit in einem wesentlichen unternehmerischen Bereich) unterschieden werden.[59] Die einheitliche Leitung muss jedenfalls tatsächlich ausgeübt werden (anders bei der Möglichkeit zur Ausübung beherrschenden Einflusses gemäß § 22 Abs. 3),[60] wobei als Leitungsformen **alle geeigneten Mittel der koordinierenden Einflussnahme** in Betracht kommen (personelle Verflechtungen, Weisungen, zentrale Zielvorgaben usw.). Wird die einheitliche Leitung auf Grundlage einer Mehrheitsbeteiligung oder eines

---

[54] Da das Tatbestandsmerkmal der einheitlichen Leitung gemäß § 290 Abs. 1 HGB regelmäßig die Anforderungen des § 271 Abs. 1 Satz 1 HGB erfüllt, ist die Höhe der Beteiligung im Ergebnis unbeachtlich (vgl. KölnKommWpÜG-*Versteegen*, § 2 Rn. 194).
[55] *Hoyos/Ritter-Thiele* in BeckBil.Komm., § 290 HGB Rn. 20. Dabei orientiert sich das aktienrechtliche Schrifttum teilweise am Begriff der einheitlichen Leitung in § 290 Abs. 1 HGB und der mit der Konzernrechnungslegung verbundenen Betrachtungsweise eines Konzerns als wirtschaftlicher Einheit (siehe *Hüffer*, AktG, § 18 Rn. 10).
[56] Vgl. Begr. RegE bei *Kropff*, Aktiengesetz, S. 33.
[57] Vgl. *Hoyos/Ritter-Thiele* in BeckBil.Komm., § 290 HGB Rn. 20.
[58] Vgl. *Hüffer*, AktG, § 18 Rn. 11.
[59] Siehe *Hüffer*, AktG, § 18 Rn. 9.
[60] *Hoyos/Ritter-Thiele* in BeckBil.Komm., § 290 HGB Rn. 21; KölnKommWpÜG-*Versteegen*, § 2 Rn. 192.

Beherrschungsvertrags ausgeübt (vgl. § 18 Abs. 1 Satz 2 und 3 AktG), sind neben dem Tatbestand der Konzernierung nach § 290 Abs. 1 HGB zugleich der Kontrolltatbestand des § 290 Abs. 2 Nr. 1 HGB und der Tatbestand der Möglichkeit zur Ausübung beherrschenden Einflusses (§ 22 Abs. 3 WpHG mit § 17 Abs. 1 AktG) bzw. der Kontrolltatbestand des § 290 Abs. 2 Nr. 3 HGB erfüllt.

Nach § 22 Abs. 1 Satz 1 Nr. 1 und § 22 Abs. 3 WpHG iVm § 290 Abs. 2 **31** HGB werden Stimmrechte demjenigen zugerechnet, dem die Mehrheit der Stimmrechte der Gesellschafter zusteht (§ 290 Abs. 2 Nr. 1), als Gesellschafter das Recht zusteht, die Mehrheit der Mitglieder des Verwaltungs-, Leitungs- oder Aufsichtsorgans zu bestellen oder abzuberufen (§ 290 Abs. 2 Nr. 2), oder das Recht zusteht, einen beherrschenden Einfluss aufgrund eines mit der Gesellschaft geschlossenen Beherrschungsvertrags oder aufgrund einer Satzungsbestimmung der Gesellschaft auszuüben (§ 290 Abs. 2 Nr. 3). Nach Maßgabe von § 290 Abs. 3 Satz 1 und 2 HGB kann die **Kontrollposition** auch mittelbar bestehen,[61] wobei nach § 290 Abs. 3 Satz 3 HGB Rechte aus bestimmten Anteilen unberücksichtigt bleiben (abgezogen werden).

Im Hinblick auf die **Stimmenmehrheit** nach § 290 Abs. 2 Nr. 1 HGB stellt **32** § 290 Abs. 4 HGB klar, dass es auf das Verhältnis der Zahl der Stimmrechte, die der Gesellschafter aus ihm zuzuordnenden Anteilen ausüben kann, zur Gesamtzahl aller Stimmrechte ankommt. Dabei sind von der Gesamtzahl aller Stimmrechte die Stimmrechte aus eigenen Anteilen der Gesellschaft und aus Anteilen ihr zurechenbarer Dritter abzuziehen. Entscheidend ist die **formale Rechtsposition der Beteiligten**.[62] Beschränkungen bei der Geltendmachung der (formalen) Stimmrechtsmehrheit stehen einer Einordnung als Tochterunternehmen im Sinne von § 290 Abs. 2 Nr. 1 HGB grundsätzlich nicht entgegen, so etwa das Erfordernis qualifizierter Stimmrechtsmehrheiten bei (bestimmten) Beschlussgegenständen der Gesellschafterversammlung (insbesondere eine satzungsmäßig festgelegte Drei-Viertel-Mehrheit).[63] Eine – wenn auch andauernde – **Präsenzmehrheit in der Gesellschafterversammlung** reicht dagegen für die Stimmrechtsmehrheit im Sinne von § 290 Abs. 2 Nr. 1 HGB nicht aus,[64] kann aber zur Ausübung beherrschenden Einflusses im Sinne des § 22 Abs. 3 WpHG führen (Rn. 36).

Gemäß § 22 Abs. 1 Satz 1 Nr. 1 und § 22 Abs. 3 WpHG iVm § 290 Abs. 2 **33** Nr. 2 HGB werden Stimmrechte demjenigen zugerechnet, der als Gesellschafter

---

[61] Besteht zB eine mittelbare Beteiligung im Sinne von § 290 Abs. 3 HGB an einem Enkelunternehmen, werden dessen Stimmrechte dem Mutterunternehmen – bei Vorliegen der weiteren tatbestandlichen Voraussetzungen – unmittelbar gemäß § 22 Abs. 1 Satz 1 Nr. 1 zugerechnet, ohne dass auf die Kettenzurechnung über das Tochterunternehmen (vgl. § 22 Abs. 1 Satz 2 und 3) zurückgegriffen werden muss (Begr. RegE BT-Drucks. 12/6679, S. 54).

[62] Vgl. dazu KölnKommWpHG-*von Bülow*, Rn. 237; *Hildner*, Kapitalmarktrechtliche Beteiligungstransparenz verbundener Unternehmen, S. 79f.; *Nottmeier/Schäfer* AG 1997, 87, 93; *Starke*, Beteiligungstransparenz im Gesellschafts- und Kapitalmarktrecht, S. 192; KölnKommWpÜG-*Versteegen*, § 2 Rn. 195f. AA etwa MünchKommAktG-*Bayer*, § 22 Anh. § 22 WpHG Rn. 14.

[63] Zu der umstrittenen Frage, ob Stimmbindungs- und Entherrschungsvertrag der Qualifikation als Tochterunternehmen i. S. d. § 290 Abs. 2 Nr. 1 HGB entgegenstehen können, siehe nur KölnKommWpHG-*von Bülow*, Rn. 237 mwN.

[64] Siehe etwa *Hoyos/Ritter-Thiele* in BeckBil.Komm., § 290 HGB Rn. 41; KölnKommWpHG-*von Bülow*, Rn. 237; KölnKommWpÜG-*Versteegen*, § 2 Rn. 196.

das Recht hat, die **Mehrheit der Mitglieder des Verwaltungs-, Leitungs- oder Aufsichtsorgans** zu bestellen oder abzuberufen. Die Vorschrift ist rechtsformunabhängig. Sie gilt sowohl für gesetzliche als auch für fakultative Organe, deren Gewicht in der Gesellschaftsverfassung mit dem des Aufsichtsrats der AG vergleichbar ist, und zielt schon im Wortlaut („Verwaltungsorgan") auch auf Gesellschaften ausländischen Rechts ab.[65] Die Position des Gesellschafters muss rechtlich gesichert sein, weshalb für § 290 Abs. 2 Nr. 2 HGB eine einfache Stimmenmehrheit in der Gesellschafterversammlung zB dann nicht ausreicht, wenn für die Wahl von Organmitgliedern nach Satzung oder Gesellschaftsvertrag eine qualifizierte Mehrheit vorgeschrieben ist. Im Übrigen bedeutet Mehrheit der Organmitglieder nicht Mehrheit der Anteilseignervertreter, sondern Mehrheit innerhalb des Gesamtorgans. Bei einer Aktiengesellschaft sind die Anteilseignervertreter im Sinne von § 290 Abs. 2 Nr. 2 HGB in der Mehrheit; dies gilt wegen des Doppelstimmrechts des Vorsitzenden als Anteilseignervertreter gemäß §§ 27 Abs. 2, 29 Abs. 2 MitbestG auch bei paritätischer Mitbestimmung nach dem Mitbestimmungsgesetz.[66] Unabhängig von Stimmrechtsmehrheiten kann im Einzelfall einem Gesellschafter ein satzungsmäßiges oder gesellschaftsvertragliches Sonderrecht zustehen, bestimmte Personen (auch die Mehrheit der Mitglieder) in das Organ zu entsenden.[67]

34 Gemäß § 22 Abs. 1 Satz 1 Nr. 1 und § 22 Abs. 3 WpHG iVm § 290 Abs. 2 Nr. 3 HGB werden Stimmrechte demjenigen zugerechnet, der eine Gesellschaft **aufgrund eines Beherrschungsvertrags oder einer vergleichbaren Satzungsbestimmung** beherrscht. Eine Beherrschung aufgrund entsprechender Satzungsrechte kommt in der Praxis vor allem bei Personenhandelsgesellschaften in Betracht, da mit diesen als Untergesellschaften regelmäßig keine Beherrschungsverträge abgeschlossen werden. Die Satzungsbestimmung muss eine dem Beherrschungsvertrag vergleichbare Wirkung entfalten (vgl. § 291 Abs. 1 AktG), d. h. Weisungsrechte, Zustimmungs- oder Widerspruchsvorbehalte zugunsten des Begünstigten vorsehen. Für die Beherrschung nach § 290 Abs. 2 Nr. 3 HGB ist eine Stimmenmehrheit im Sinne von § 290 Abs. 2 Nr. 1 entbehrlich; insbesondere können Beherrschungsverträge mit Gesellschaftern bestehen, die nicht über die Stimmenmehrheit an der Untergesellschaft verfügen. Eine eigenständige Bedeutung dürfte § 290 Abs. 2 Nr. 3 HGB im Rahmen von § 22 Abs. 3 WpHG gleichwohl nur in wenigen Fällen haben, weil Beherrschungsverträge die einheitliche Leitung im Sinne von § 290 Abs. 1 HGB begründen (vgl. § 18 Abs. 1 Satz 1 AktG) und das Recht zur Ausübung beherrschenden Einflusses unmittelbar von § 22 Abs. 3 WpHG erfasst wird.[68]

c) Möglichkeit zur Ausübung beherrschenden Einflusses

35 Gemäß § 22 Abs. 1 Satz 1 Nr. 1 und § 22 Abs. 3 (2. Fall) werden Stimmrechte, die einer anderen Gesellschaft gehören, demjenigen zugerechnet, der auf diese

---

[65] Vgl. *Hoyos/Ritter-Thiele* in BeckBil.Komm., § 290 HGB Rn. 52 ff.
[66] KölnKommWpHG-*von Bülow*, Rn. 239 mwN.
[67] Insoweit ist für die Aktiengesellschaft zu beachten, dass nach § 101 Abs. 2 Satz 4 AktG Entsendungsrechte insgesamt höchstens für ein Drittel der sich aus dem Gesetz oder der Satzung ergebenden Zahl der Aufsichtsratsmitglieder der Aktionäre eingeräumt werden können. Ein aktienrechtliches Entsendungsrecht allein kann daher nicht die Anforderungen des § 290 Abs. 2 Nr. 2 HGB erfüllen.
[68] Ähnlich KölnKommWpÜG-*Versteegen*, § 2 Rn. 199.

Gesellschaft einen beherrschenden Einfluss ausüben kann. Bei der Anwendung des Tatbestands kann auf die **zu § 17 Abs. 1 AktG entwickelten Grundsätze** zurückgegriffen werden,[69] wobei es auch in diesem Zusammenhang weder auf die Unternehmenseigenschaft der Beteiligten nach aktien- oder handelsrechtlichem Verständnis noch auf deren Rechtsform ankommt (siehe Rn. 26). Die Möglichkeit beherrschender Einflussnahme im Sinne von § 22 Abs. 3 WpHG, § 17 Abs. 1 AktG besteht, wenn eine Person aufgrund ihrer Mitgliedschaft oder einer vergleichbaren Rechtsposition (etwa bei einer Stiftung) beständig und nicht nur punktuell in der Lage ist, auf die Geschäftsführung der Gesellschaft in der Weise Einfluss auszuüben, dass diese zu einem bestimmten Handeln veranlasst wird.[70] Der beherrschende Einfluss kann auch mittelbar ausgeübt werden.[71] Aus dem so konturierten Abhängigkeitsbegriff folgt, dass eine rein **faktische Abhängigkeit ohne mitgliedschaftliche Grundlage** nicht ausreicht. Demzufolge besteht keine Abhängigkeit von Kreditgebern oder Lieferanten, selbst wenn diese einen erheblichen Einfluss auf den Geschäftsverlauf oder die Entwicklung der Gesellschaft haben oder ihnen – zB im Sanierungsfall – eine Beteiligung eingeräumt wird, die aber isoliert betrachtet keine Abhängigkeit begründet.[72] Die bloße Sperrminorität eines Gesellschafters ist nicht ohne weiteres geeignet, die Abhängigkeit gemäß § 17 Abs. 1 AktG zu begründen, da sie typischerweise nur Verhinderungswirkung und nicht Veranlassungswirkung hat.[73]

Die eigenständige Bedeutung des Abhängigkeitstatbestands für die Zurechnung von Stimmrechten nach § 22 Abs. 3 ist dort zu finden, wo Beherrschungssachverhalte nicht ohnehin zur Anwendung der Tatbestände des § 290 HGB führen. Sofern die Abhängigkeit aufgrund einer vorliegenden Mehrheitsbeteiligung vermutet wird (vgl. § 17 Abs. 2 AktG),[74] ist bei Stimmrechtsmehrheit im Regelfall auch § 290 Abs. 2 Nr. 1 HGB anwendbar, weil in beiden Fällen im Gegensatz zur einheitlichen Leitung nach § 290 Abs. 1 HGB – ein tatsächliches Handeln nicht erforderlich ist, sondern die Möglichkeit zur Einflussnahme genügt. Wird der abhängigkeitsbegründende Einfluss im Rahmen einheitlicher Leitung effektiv geltend gemacht, gibt es mit § 290 Abs. 1 HGB eine Überschneidung, weil auch hier – im Gegensatz zu § 290 Abs. 2 Nr. 1 HGB – eine Mehrheitsbeteiligung nicht zwingend erforderlich ist. Besteht dagegen weder eine Mehrheitsbeteiligung gemäß § 290 Abs. 2 Nr. 1 HGB noch eine effektive Konzernleitung im Sinne von § 290 Abs. 1 HGB (und sind auch nicht die Tatbestandsmerkmale der § 290 Abs. 2 Nr. 2 und Nr. 3 HGB erfüllt), kann die Zu- 36

---

[69] Begr. RegE BT-Drucks. 14/7034, S. 35. Die im Wortlaut übereinstimmenden Tatbestandsmerkmale von § 22 Abs. 3 (2. Fall) WpHG und § 17 Abs. 1 AktG sind einheitlich auszulegen (ebenso KölnKommWpÜG-*Versteegen*, § 2 Rn. 204).
[70] Vgl. KölnKommWpHG-*von Bülow*, Rn. 243; *Hüffer*, AktG, § 17 Rn. 5 ff.; KölnKommWpÜG-*Versteegen*, § 2 Rn. 206.
[71] KölnKommWpHG-*von Bülow*, Rn. 244.
[72] Siehe KölnKommWpHG-*von Bülow*, Rn. 256; *Hüffer*, AktG, § 17 Rn. 8; *Schneider* in *Assmann/Schneider*, Rn. 30.
[73] KölnKommWpHG-*von Bülow*, Rn. 255 mwN.
[74] Die Abhängigkeitsvermutung nach § 17 Abs. 2 AktG kann auch im Rahmen von § 22 Abs. 3 angewendet werden, weil es sich um eine rechtliche Vermutung handelt (ebenso KölnKommWpÜG-*Versteegen*, § 2 Rn. 210). AA *Liebscher* ZIP 2002, 1005, 1009, 1011, der mit Blick auf § 39 Abs. 2 Nr. 2 e) auf die Unzulässigkeit von Beweisvermutungen im Ordnungswidrigkeitenrecht verweist.

rechnung von Stimmrechten allenfalls aufgrund des Abhängigkeitstatbestands nach § 22 Abs. 3 (2. Fall) vorgenommen werden. Voraussetzung hierfür ist, dass die Minderheitsbeteiligung unter den konkreten Umständen eine Beherrschungsmöglichkeit vermittelt, die sie wie eine Mehrheitsbeteiligung wirken lässt.[75] Dies kann je nach Lage des Einzelfalls zB aufgrund einer besonderen Zusammensetzung des Gesellschafterkreises und einer daraus folgenden **Präsenzmehrheit in der Gesellschafterversammlung** oder bei Vertretung des Minderheitsgesellschafters im Leitungsorgan der Gesellschaft in Betracht kommen.[76]

d) Einzelfälle

37 Sachverhalte mit Bezug zur Zurechnungsnorm des § 22 Abs. 1 Satz 1 Nr. 1 können komplex sein. Auch bei eher einfach gestalteten Sachverhalten kann eine schwierige Abgrenzung zu anderen Zurechnungstatbeständen (insbesondere § 22 Abs. 1 Satz 1 Nr. 2 und Abs. 2) erforderlich werden, etwa beim Einsatz von Zweckgesellschaften oder Beteiligungsgesellschaften ohne operativen Geschäftsbetrieb. Durch die mögliche Erfassung von Privatpersonen als „Mutterunternehmen" (hierzu Rn. 27) im Sinne von § 22 Abs. 3 wird das **Spektrum denkbarer Fallgestaltungen** noch breiter. Immerhin gibt es einige typische Einordnungsfragen und Erscheinungsformen, deren Beurteilung am Maßstab von § 22 Abs. 3 einzelfallübergreifend von Interesse ist. Hierzu gehört die Behandlung des **persönlich haftenden Gesellschafters einer Kommanditgesellschaft,** die an einem Emittenten im Sinne der §§ 2 Abs. 6, 21 Abs. 2 beteiligt ist. Eine Zurechnung von Stimmrechten nach § 22 Abs. 1 Satz 1 Nr. 1 zum Komplementär (insbesondere zu einer Komplementär-Kapitalgesellschaft) scheidet hier jedenfalls dann aus, wenn der persönlich haftende Gesellschafter – wie es in der Praxis häufig vorkommen dürfte – keine originären Leitungsaufgaben übernimmt, sondern die Entscheidungen über Grundsatzfragen der Geschäftsführung und Geschäftspolitik den Kommanditisten vorbehalten sind.[77]

38 Im mehrstufigen Konzern spielt für den Begriff des Tochterunternehmens nach § 22 Abs. 3 auch eine Rolle, dass das Konzern-Konzept des § 290 Abs. 1 HGB einen **Teilkonzern** auf Ebene eines Tochterunternehmens systematisch ausschließt, da eine einheitliche Konzernleitung des Mutterunternehmens für eine unternehmensführende Tätigkeit des Tochterunternehmens in Bezug auf so genannte Enkelgesellschaften keinen Raum lässt.[78] In diesem Fall werden die der Enkelgesellschaft zustehenden Stimmrechte dem Mutterunternehmen in voller Höhe zugerechnet (nach § 22 Abs. 1 Satz 1 Nr. 1 und Abs. 3 WpHG iVm § 290

---

[75] *Hüffer,* AktG, § 17 Rn. 9.
[76] Näher hierzu *Krieger* in MünchHdb.AG, § 68 Rn. 42; KölnKommWpÜG-*Versteegen,* § 2 Rn. 209.
[77] *Hoyos/Ritter-Thiele* in BeckBil.Komm., § 290 HGB Rn. 29 f.; generell gegen die Annahme eines beherrschenden Einflusses des Komplementärs KölnKommWpHG-*von Bülow,* Rn. 264; *Opitz* in *Schäfer/Hamann,* KMG, § 22 Rn. 19. AA *Nottmeier/Schäfer* AG 1997, 87, 93 (zu § 22 Abs. 3 WpHG aF). Die BaFin hält dagegen § 22 Abs. 1 Satz 1 Nr. 1 auf die typische Komplementär-GmbH für anwendbar, so dass dieser die der Kommanditgesellschaft gehörenden Stimmrechte auch zuzurechnen sind, wenn die GmbH weder Stimmrechte noch Kapitalanteil in der Kommanditgesellschaft hat. Etwas anderes soll nur *gelten, wenn die GmbH vollständig entmachtet ist.*
[78] MünchKommAktG-*Bayer,* § 18 Rn. 42; *Hüffer,* AktG, § 18 Rn. 14; *Krieger* in MünchHdb.AG, § 68 Rn. 76.

Abs. 1 HGB sowie ggf. iVm § 290 Abs. 2 und 3 HGB, ohne Rückgriff auf die Kettenzurechnung nach § 22 Abs. 1 Satz 2). Eine zusätzliche Zurechnung der Stimmrechte nach § 22 Abs. 1 Satz 1 Nr. 1 zur Tochtergesellschaft kann nur unter den Voraussetzungen des § 290 Abs. 2 HGB[79] erfolgen oder wenn die Enkelgesellschaft von ihr im Sinne von § 22 Abs. 3 WpHG, § 17 Abs. 1 AktG abhängig ist. Bei komplex verschachtelten Beteiligungen können Zwischengesellschaften allerdings nicht nur als Tochterunternehmen im Sinne von § 22 Abs. 3 bestehen, sondern auch als **treuhänderisch tätige Vorschaltgesellschaften** gemäß § 22 Abs. 1 Satz 1 Nr. 2 oder als Treuhänder im Sinne von § 290 Abs. 3 HGB.

Einen Sonderfall stellt das so genannte **Gemeinschaftsunternehmen** dar. **39** Um ein solches handelt es sich, wenn mehrere andere Unternehmen zum gemeinsamen Nutzen durch Gründung oder Anteilserwerb an der Tochtergesellschaft beteiligt sind und ihre Einflusspotentiale nicht einzeln, aber zusammengerechnet Stimmenmehrheit ergeben.[80] Eine rechtliche Einordnung von Gemeinschaftsunternehmen wird in verschiedenen Rechtsgebieten vorgenommen, namentlich im Aktienkonzernrecht, im Konzernrechnungslegungsrecht und im Kartellrecht.[81] In konzernrechtlichem Zusammenhang geht die hM davon aus, dass bei einem Gemeinschaftsunternehmen Abhängigkeit zu jedem Gesellschafter bestehen kann.[82] Hierfür ist eine vertraglich vereinbarte oder faktische Interessenkoordination der Gesellschafter erforderlich, die aus Sicht der Gesellschaft das notwendige Einflusspotential für die Abhängigkeit ergibt. Die Interessenkoordination fehlt, wenn die Geschäftsführung des Unternehmens lediglich von einem Gesellschafter Weisungen erhält, etwa weil dieser Gesellschafter die Gesellschaft in seine einheitliche Konzernleitung im Sinne von § 290 Abs. 1 HGB, § 18 Abs. 1 AktG einbezogen hat, und die anderen Gesellschafter keine Einflussnahmemöglichkeit mehr haben. Die Stimmrechte eines abhängigen Gemeinschaftsunternehmens sind jedem beherrschenden Gesellschafter in voller Höhe zuzurechnen (hierzu Rn. 45).

Nicht zu den Voraussetzungen für die Qualifikation als Tochterunternehmen **40** im Sinne von § 22 Abs. 3 gehört, dass dieses operativ am Markt tätig ist. Viel-

---

[79] In diesem Fall besteht ein Teilkonzern mit der Tochtergesellschaft als Teilkonzernspitze (vgl. *Hoyos/Ritter-Thiele* in BeckBil.Komm., § 290 HGB Rn. 25).
[80] So etwa *Hüffer*, AktG, § 17 Rn. 13. Nach dieser Definition ist eine Qualifizierung als Gemeinschaftsunternehmen ausgeschlossen, wenn ein Gesellschafter eine Mehrheitsbeteiligung an einer Gesellschaft hält oder ein Gesellschafter bei Patt-Situationen in der Gesellschafterversammlung ein zusätzliches Stimmrecht hat. Bei so genannten paritätischem Gemeinschaftsunternehmen ist Abhängigkeit nach hM nicht schon wegen eines faktischen Einigungszwangs gegeben (vgl. MüchKommAktG-*Bayer*, § 17 Rn. 81; KölnKomm-WpHG-*von Bülow*, Rn. 254; *Hüffer*, AktG, § 17 Rn. 16).
[81] Kartellrechtlich werden die Gesellschafter eines Gemeinschaftsunternehmens jeweils als herrschendes Unternehmen behandelt (§ 36 Abs. 2 Satz 2 GWB).
[82] Siehe etwa MünchKommAktG-*Bayer*, § 17 Rn. 77; *Hüffer*, AktG, § 17 Rn. 13 mwN Zu den Einzelheiten im Sachzusammenhang auch KölnKommWpHG-*von Bülow*, Rn. 257 ff.; KölnKommWpÜG-*Versteegen*, § 2 Rn. 211. Da es für § 22 Abs. 3 nicht auf die Unternehmenseigenschaft der „Mutterunternehmen" ankommt (vgl. Rn. 27) und jedenfalls in diesem Zusammenhang eine potentielle Konzernierung des Tochterunternehmens nicht zum Abhängigkeitsbegriff gehört, können auch natürliche Personen ohne anderweitige Interessenbindung ein Gemeinschaftsunternehmen im Sinne von § 22 Abs. 3 gründen oder sich an einem solchen beteiligen.

mehr verhält sich der Begriff des Tochterunternehmens neutral zum **Unternehmensgegenstand;** es genügt jede rechtlich besonders organisierte Vermögenseinheit ohne Rücksicht auf Rechtsform oder Geschäftsbetrieb.[83] Die Funktion eines Tochterunternehmens kann darauf beschränkt sein, Beteiligungen an anderen Gesellschaften zu halten und zu verwalten.[84] In der Praxis besteht der Zweck von Tochterunternehmen häufig nur darin, eine einzige Beteiligung an einem bestimmten Emittenten zu übernehmen. Bei solchen Unternehmen soll es nach einer Literaturansicht nahe liegen, dass sie die Beteiligung(en) **treuhänderisch** für den/die Gesellschafter oder sonst für dessen/deren Rechnung im Sinne von § 22 Abs. 1 Satz 1 Nr. 2 halten (hierzu Rn. 55).[85] Ungeachtet dessen bleibt es den Beteiligten rechtlich unbenommen, entsprechende (Treuhand-)Verträge ausdrücklich mündlich oder schriftlich abzuschließen. § 22 Abs. 1 Satz 1 Nr. 1 und § 22 Abs. 1 Satz 3 sind auch anwendbar, wenn und soweit das Tochterunternehmen die stimmberechtigten Aktien für Gesellschafter oder für Dritte treuhänderisch oder sonst für deren Rechnung im Sinne von § 22 Abs. 1 Satz 1 Nr. 2 hält.[86] Dies gilt für alle Fälle, in denen eine Zurechnung von Stimmrechten vom Tochterunternehmen ausgeht, also zB auch in dem Fall, dass an den dem Tochterunternehmen gehörenden Aktien ein Nießbrauch zugunsten eines Gesellschafters oder eines Dritten im Sinne von § 22 Abs. 1 Satz 1 Nr. 4 bestellt ist. Eine Verdrängung von § 22 Abs. 1 Satz 1 Nr. 1 und Satz 3 ist hier nicht gerechtfertigt, da auch bei bestehender Zurechnung der Stimmrechte aus den dem Tochterunternehmen gehörenden Aktien nach anderen Zurechungsvorschriften typischerweise nicht ausgeschlossen ist, dass der Gesellschafter, dem Stimmrechte nach § 22 Abs. 1 Satz 1 Nr. 1 zugerechnet werden, Einfluss auf die Ausübung der Stimmrechte aus diesen Aktien nimmt.[87] Ob diese Einflussnahme im Verhältnis zu den betroffenen Personen (zB Treugebern, Nießbrauchern usw.) rechtmäßig oder rechtswidrig ist, spielt im Hinblick auf Sinn und Zweck kapitalmarktrechtlicher Beteiligungstransparenz keine Rolle.

e) Ausnahme nach § 22 Abs. 3 a

41 Der Abs. 3 a wurde durch das Transparenzrichtlinie-Umsetzungsgesetz vom 5. Januar 2007[88] in § 22 eingefügt; er dient der Umsetzung des Art. 12 Abs. 5 der Transparenzrichtlinie 2004/109/EG. Diese Regelung bezweckt, die tatsächlichen Machtverhältnisse an einem Emittenten deutlich zu machen.[89] Gemäß § 22

---

[83] Vgl. *Hüffer*, AktG, § 15 Rn. 14.

[84] Die Bezeichnung solcher Gesellschaften ist uneinheitlich (Vorschaltgesellschaft, Zwischenholding, Vermögensverwaltungsgesellschaft) und für die rechtliche Beurteilung ohne Bedeutung.

[85] Bei operativ tätigen Tochterunternehmen kommt eine fiduziarische Beteiligung oder Beteiligung für fremde Rechnung allenfalls in Betracht, wenn die konkrete Beteiligung nicht zu den Kernbereichen des Unternehmens gehört (vgl. *Hüffer*, AktG, § 17 Rn. 6) oder – bei Gemeinschaftsunternehmen – von der Interessenkoordination der Gesellschafter ausgenommen ist.

[86] Im Ergebnis wohl auch *Starke*, Beteiligungstransparenz im Gesellschafts- und Kapitalmarktrecht, S. 202. AA *Sudmeyer* in *Kuthe/Rückert/Sickinger*, Compliance-Handbuch Kapitalmarktrecht, Kap. 8 Rn. 38.

[87] *Vgl. Begr. RegE zu § 22 Abs. 1 Satz 3 (BT-Drucks. 14/7034, S. 53).*

[88] BGBl. I S. 10, vgl. Vor §§ 21 bis 30 Rn. 11.

[89] Begr. RegE BT-Drucks. 16/2498 S. 56.

Abs. 3a Satz 1 werden Stimmrechten aus Aktien, die ein Wertpapierdienstleistungsunternehmen (§ 2 Abs. 4) **im Rahmen der Finanzportfolioverwaltung** (§ 2 Abs. 3 Nr. 7) verwaltet, dem „Mutterunternehmen" des Wertpapierdienstleistungsunternehmens nicht nach § 22 Abs. 1 Satz 1 Nr. 1, Abs. 3 zugerechnet, wenn kumulativ vier Voraussetzungen erfüllt sind. § 22 Abs. 3a Satz 1 Nr. 1 sieht vor, dass entweder die Stimmrechte nur aufgrund von schriftlich oder mittels elektronischer Hilfsmittel erteilten Weisungen (der Kunden des Wertpapierdienstleistungsunternehmens) ausgeübt werden dürfen oder durch geeignete Vorkehrungen sichergestellt wird, dass die Finanzportfolioverwaltung unabhängig von anderen Dienstleistungen und unter Bedingungen erfolgt, die denen der Richtlinie 85/611/EWG (OGAW-Richtlinie)[90] gleichwertig sind. Zusätzlich muss das Wertpapierdienstleistungsunternehmen gemäß § 22 Abs. 3a Satz 1 Nr. 2 die Stimmrechte **unabhängig vom Meldepflichtigen** (d. h. dem Mutterunternehmen) ausüben.[91] Nach § 22 Abs. 3a Satz 1 Nr. 3 und 4[92] hat der Meldepflichtige der Bundesanstalt den Namen des Wertpapierdienstleistungsunternehmens und die für dessen Überwachung zuständige Behörde oder das Fehlen einer solchen mitzuteilen und gegenüber der Bundesanstalt zu erklären, dass § 22 Abs. 3a Satz 1 Nr. 2 erfüllt ist. Die Voraussetzungen des § 22 Abs. 3a Satz 1 Nr. 1 (2. Alternative) und der Nr. 2 bis 4 entsprechen denen, welche die Parallelvorschrift des § 32 Abs. 2 Satz 1 InvG für Kapitalanlagegesellschaften aufstellt (Rn. 16). Eine Rückausnahme enthält § 22 Abs. 3a Satz 2. Danach findet § 22 Abs. 3a Satz 1 keine Anwendung auf ein Wertpapierdienstleistungsunternehmen, wenn der Meldepflichtige (das Mutterunternehmen) oder ein anderes Tochterunternehmen des Meldepflichtigen seinerseits Anteile an der von dem Wertpapierdienstleistungsunternehmen verwalteten Beteiligung (also an dem Emittenten) hält und das Wertpapierdienstleistungsunternehmen die Stimmrechte, die mit diesen Beteiligungen verbunden sind, nicht nach freiem Ermessen, sondern nur aufgrund unmittelbarer oder mittelbarer Weisungen ausüben kann.[93] Ist dieser Tatbestand erfüllt, findet eine Zurechnung der Stimmrechte aus den im Rahmen der Finanzportfolioverwaltung gehaltenen Aktien gemäß § 22 Abs. 1 Satz 1 Nr. 1, Abs. 3 statt.

Von der Verordnungsermächtigung des § 22 Abs. 5 wurde mit Erlass der §§ 2, 3 TranspRLDV[94] Gebrauch gemacht. Diese dienen der Umsetzung der materiellen und verfahrensmäßigen **Anforderungen an die Unabhängigkeit des Wertpapierdienstleistungsunternehmens** gegenüber dem Meldepflichtigen (dem Mutterunternehmen), die Art. 10 der Durchführungsrichtlinie 2007/14/EG (Vor §§ 21 bis 30 Rn. 6) aufstellt. Gemäß § 2 Abs. 1 TranspRLDV übt ein Wertpapierdienstleistungsunternehmen die Stimmrechte im Sinne des § 22 Abs. 3a Satz 1 Nr. 2 unabhängig vom Meldepflichtigen aus, wenn der Meldepflichtige oder ein anderes Tochterunternehmen des Meldepflichtigen nicht

42

---

[90] Richtlinie des Rates vom 20. Dezember 1985 zur Koordinierung der Rechts- und Verwaltungsvorschriften betreffend bestimmte Organismen für gemeinsame Anlagen in Wertpapieren, ABl. EG Nr. L 375, S. 3.
[91] Eine Konkretisierung dieser Anforderung erfolgt in Art. 10 Abs. 1 und Abs. 5 der Durchführungsrichtlinie 2007/14/EG und § 2 TranspRLDV (dazu Rn. 42).
[92] Eingefügt durch Art. 3 des Investmentänderungsgesetzes vom 21. Dezember 2007, BGBl. I S. 3089.
[93] KölnKommWpHG-*von Bülow*, Rn. 15, 288.
[94] Transparenzrichtlinie-Durchführungsverordnung vom 13. März 2008, BGBl. I S. 408.

§ 22 43, 44   Abschnitt 5. Veränderungen des Stimmrechtsanteils

durch unmittelbare oder mittelbare Weisungen (vgl. § 2 Abs. 2 TranspRLDV) oder in anderer Weise auf die Ausübung der Stimmrechte aus den verwalteten Aktien einwirken darf (Nr. 1) und das Wertpapierdienstleistungsunternehmen die Stimmrechte aus den von ihm verwalteten Aktien frei und unabhängig von dem Meldepflichtigen und den anderen Tochterunternehmen des Meldepflichtigen ausübt (Nr. 2). § 3 TranspRLDV konkretisiert in Abs. 1 und 2 die Pflichten gemäß § 22 Abs. 3a Satz 1 Nr. 3 und 4, während § 3 Abs. 3 TranspRLDV eine **Nachweispflicht des Meldepflichtigen** gegenüber der BaFin hinsichtlich der Unabhängigkeit des Wertpapierdienstleistungsunternehmens begründet. Nach § 3 Abs. 3 Satz 2 TranspRLDV müssen der Meldepflichtige und das Wertpapierdienstleistungsunternehmen zumindest schriftliche Strategien und Verfahren festgelegt haben, die dazu bestimmt sind, einen Informationsaustausch in Bezug auf die Stimmrechtsausübung zu verhindern. Für den Fall, dass der Meldepflichtige seinerseits Kunde des Wertpapierdienstleistungsunternehmens ist oder Anteile an einer von diesem verwalteten Beteiligung hält, hat er der BaFin gemäß § 3 Abs. 3 Satz 3 TranspRLDV auf deren Verlangen auch nachzuweisen, dass ein klares schriftliches Mandat besteht, das eine unabhängige Kundenbeziehung zwischen ihm und dem Wertpapierdienstleistungsunternehmen vorsieht.

f) Umfang der Zurechnung (§ 22 Abs. 1 Satz 2 und 3)

43 Gemäß § 22 Abs. 1 Satz 2 werden bei einer Zurechnung nach § 22 Abs. 1 Satz 1 Nr. 1 Stimmrechte, die dem Tochterunternehmen nicht selbst gehören, sondern ihm von Dritten nach § 22 Abs. 1 Satz 1 Nr. 2 bis Nr. 6 zugerechnet werden, wie eigene Stimmrechte des Tochterunternehmens behandelt. § 22 Abs. 1 Satz 2 ordnet damit gesetzlich eine **Kettenzurechnung** an (allgemein dazu Rn. 13 ff.). Die Norm nimmt keinen Bezug auf § 22 Abs. 1 Satz 1 Nr. 1, obwohl Tochterunternehmen ihrerseits Tochterunternehmen haben können (so genannte Enkelunternehmen).[95] Die von Enkelunternehmen gehaltenen Stimmrechte werden dem „Mutterunternehmen" nicht im Wege der Kettenzurechnung zugerechnet. Vielmehr handelt es sich bei Enkelunternehmen grundsätzlich um **(mittelbare) Tochterunternehmen** im Sinne von § 22 Abs. 3, so dass § 22 Abs. 1 Satz 1 Nr. 1 auf Stimmrechte von Enkelunternehmen direkt anwendbar ist.[96]

44 Nach § 22 Abs. 1 Satz 3 werden die Stimmrechte, die einem Tochterunternehmen gehören oder ihm zuzurechnen sind, **in voller Höhe zugerechnet.** Die Zurechnung nach § 22 Abs. 1 Satz 1 Nr. 1 erfasst damit auch Stimmrechte, die zwar dem Tochterunternehmen dinglich gehören, aber von diesem Dritten zugerechnet werden. Ein Abzug dieser Stimmrechte von dem Bestand, der dem Meldepflichtigen nach § 22 Abs. 1 Satz 1 Nr. 1 zuzurechnen ist, wäre nicht gerechtfertigt, da für den Meldepflichtigen (das Mutterunternehmen) eine Einflussnahme auf das Tochterunternehmen und dessen Ausübung der Stimmrechte, die den Dritten zugerechnet werden, zumindest faktisch möglich bleibt (siehe Rn. 40). Die

---

[95] Die Stimmrechte Dritter, mit denen das Tochterunternehmen sein Verhalten in Bezug auf den Emittenten abstimmen, werden nach § 22 Abs. 2 Satz 1 unmittelbar dem „Mutterunternehmen" zugerechnet und nicht über eine Kettenzurechnung im Sinne von § 22 Abs. 1 Satz 2 (hierzu Rn. 101).
[96] Ebenso KölnKommWpÜG-*von Bülow*, § 30 Rn. 49. Auf die Einordnung so genannter *Enkelunternehmen* als Tochterunternehmen des Meldepflichtigen im Sinne von § 22 Abs. 3 weist auch Begr. RegE BT-Drucks. 12/6679, S. 54, im Hinblick auf den Kontrolltatbestand des § 22 Abs. 3 WpHG aF hin.

Zurechnung von Stimmrechten 45, 46 § 22

Zurechnung der Stimmrechte des Tochterunternehmens erfolgt auch dann in voller Höhe, wenn die Person, der diese Stimmrechte nach § 22 Abs. 1 Satz 1 Nr. 1 zugerechnet werden, an dem Tochterunternehmen nicht allein beteiligt ist.
Es findet **keine Durchrechnung** der Höhe der an dem Tochterunternehmen 45 gehaltenen Beteiligung auf die Anzahl der zuzurechnenden Stimmrechte statt.[97] Der Grund hierfür liegt darin, dass ein Rechtsträger aufgrund der Umstände, die zu einer Einordnung eines Unternehmens als sein Tochterunternehmen im Sinne von § 22 Abs. 3 führen (einheitliche Leitung, Kontrolle, Beherrschung), typischerweise Einfluss auf die gesamten dem Tochterunternehmen zustehenden Stimmrechte hat, und nicht nur auf einen Teil davon.[98] Dementsprechend werden auch die einem abhängigen Gemeinschaftsunternehmen als Tochterunternehmen im Sinne von § 22 Abs. 3 (hierzu Rn. 39) zustehenden Stimmrechte an einem Emittenten den Gesellschaftern **jeweils in voller Höhe zugerechnet** (vgl. demgegenüber § 310 HGB zur Teilkonsolidierung).[99] Die Zurechnung in voller Höhe zu den einzelnen Gesellschaftern folgt aus § 22 Abs. 1 Satz 3, der gemessen an Sinn und Zweck der Beteiligungstransparenz im Fall einer gemeinsamen Beherrschung keiner teleologischen Reduktion bedarf. Dagegen ist eine Zurechnung der Stimmrechte zur Gruppe der Gesellschafter als solcher auch dann ausgeschlossen, wenn dieser für Zwecke der Interessenkoordination die Form einer Innengesellschaft bürgerlichen Rechts gegeben wurde.[100]

2. Halten der Stimmrechte für Rechnung des Meldepflichtigen (Nr. 2)

a) Überblick

Der Zurechnungstatbestand des § 22 Abs. 1 Satz 1 Nr. 2 enthält als Zentralbe- 46 griff das im privaten und öffentlichen Wirtschaftsrecht gängige **Tatbestandsmerkmal des Handelns für fremde Rechnung**.[101] Im Rahmen kapitalmarktrechtlicher Beteiligungstransparenz besteht das Handeln für fremde Rechnung darin, dass ein Rechtsträger für Rechnung eines Anderen (des Meldepflichtigen) stimmberechtigte Aktien des Emittenten hält. Dieser Rechtsträger muss – sofern im Einzelfall nicht eine Kettenzurechnung anzuerkennen ist (vgl. Rn. 15) – formal Eigentümer der Aktien sein[102] und kann damit aufgrund des Grundsatzes der doppelten Mitteilungspflicht (hierzu § 21 Rn. 6) nach Maßgabe von § 21 Abs. 1

---

[97] KölnKommWpÜG-*von Bülow*, § 30 Rn. 48; KölnKommWpHG-*von Bülow*, Rn. 59; *Falkenhagen* WM 1995, 1005, 1006; *Witt* AG 2001, 233, 237; *Witt*, Übernahmen von Aktiengesellschaften und Transparenz der Beteiligungsverhältnisse, S. 151.
[98] Vgl. Reg.Begr. BT-Drucks. 14//7034, S. 53.
[99] Ebenso *Schneider* in *Assmann/Schneider*, Rn. 37. Wohl auch *Pentz* ZIP 2003, 1478, 1484. Für quotale Zurechnung entsprechend dem Beteiligungsumfang am Gemeinschaftsunternehmen dagegen *Starke*, Beteiligungstransparenz im Gesellschafts- und Kapitalmarktrecht, S. 197.
[100] Vgl. *Hüffer*, AktG, § 17 Rn. 14; KölnKommWpÜG-*Versteegen*, § 2 Rn. 214.
[101] Vgl. etwa § 16 Abs. 2 Satz 3 und Abs. 4 AktG, § 290 Abs. 3 Satz 1 HGB, § 383 Abs. 1 HGB, § 1 Abs. 1 Satz 2 Nr. 4 und Abs. 1a Satz 2 Nr. 2 KWG, § 37 Abs. 1 Nr. 3 GWB, § 2 Abs. 3 Nr. 1 und Nr. 3 WpHG. Weitere Beispiele bei *Starke*, Beteiligungstransparenz im Gesellschafts- und Kapitalmarktrecht, S. 199. – Allgemein dazu *Vedder*, Zum Begriff „für Rechnung" im AktG und im WpHG.
[102] Siehe Begr. RegE BT-Drucks. 13/8933, S. 95.

§ 22 47, 48   Abschnitt 5. Veränderungen des Stimmrechtsanteils

und Abs. 1 a selbst einer Meldepflicht unterliegen. Eine Legaldefinition des Merkmals „für Rechnung" enthält das WpHG nicht; sie findet sich auch nicht in den anderen einschlägigen Normen. Der Zurechnungstatbestand des § 22 Abs. 1 Satz 1 Nr. 2 kann allerdings an ein **allgemeines Begriffsverständnis** anknüpfen, welches – mit den notwendigen, teleologisch bedingten Abweichungen im Detail – für alle gesetzlichen Tatbestände des Handelns für fremde Rechnung gilt. Die verschiedenen Regelungssachverhalte zeichnen sich dadurch aus, dass derjenige, der im Außenverhältnis handelt, nicht derjenige ist, dem das Handeln bestimmungsgemäß zugute kommt oder wirtschaftlich zuzurechnen ist. Dies ist vielmehr derjenige, für dessen Rechnung gehandelt wird.

47   Darin erschöpfen sich aber bereits die Gemeinsamkeiten der Verwendung des Begriffs „für fremde Rechnung"; weitergehende Anforderungen ergeben sich aus den einzelnen gesetzlichen Bestimmungen.[103] Insbesondere ist es keine allgemeine Voraussetzung des Handelns für fremde Rechnung, dass das **wirtschaftliche Risiko einer Investition** dauerhaft verlagert wird. Wie etwa das Kommissionsgeschäft nach den §§ 383 ff. HGB oder das Finanzkommissionsgeschäft nach § 1 Abs. 1 Satz 1 Nr. 4 KWG und § 2 Abs. 3 Nr. 1 WpHG zeigen, liegt ein Handeln für fremde Rechnung auch vor, wenn ein Gegenstand (Waren oder Finanzinstrumente) für einen Anderen möglichst günstig beschafft werden soll, ohne dass der Kommissionär längerfristig – wie ein Treuhänder – die formale Stellung des Eigentümers (der Waren oder Finanzinstrumente) übernimmt (vgl. § 384 Abs. 2 Halbsatz 2 HGB). Für § 22 Abs. 1 Satz 1 Nr. 2 könnte sich allerdings die tatbestandsmäßige Notwendigkeit einer nicht nur vorübergehenden Verlagerung des wirtschaftlichen Risikos daraus ergeben, dass die Vorgängernorm von § 22 Abs. 1 Satz 1 Nr. 2 (§ 22 Abs. 1 Nr. 1 WpHG aF) ausdrücklich mit Hinweis auf ein treuhänderisches Halten von Aktien des Emittenten begründet worden ist.[104] Ein solches Verständnis hätte aber entgegen dem Zweck kapitalmarktrechtlicher Beteiligungstransparenz sowie dem Wortlaut der Norm zur Folge, dass Stimmrechte aus Aktien, die ein Wertpapierdienstleistungsunternehmen als Kommissionär im Wege des Durchgangs- oder Zwischenerwerbs zur baldigen Weiterübertragung erwirbt (vgl. § 2 Abs. 3 Nr. 1), dem Auftraggeber unter den weiteren Voraussetzungen des § 22 Abs. 1 Satz 1 Nr. 2 nicht zugerechnet werden könnten (zum Kommissionsgeschäft Rn. 57).

48   Entscheidend kommt es auf die **wirtschaftliche (bestimmungsgemäße) Zuordnung des Aktieneigentums** an,[105] und zwar unabhängig davon, ob dem Aktionär längerfristig das wirtschaftliche Risiko abgenommen wird. Aus dem in § 22 Abs. 1 Satz 1 Nr. 2 verwendeten Begriff des „Haltens" folgt nichts anderes, weil nach zutreffender Ansicht auch ein kurzfristiger Zwischen- oder Durchgangserwerb dieses Tatbestandsmerkmal erfüllt (hierzu § 21 Rn. 40).[106] Zur An-

---

[103] Das Rechtsverhältnis, aus dem sich die Stimmrechtsinhaberschaft für Rechnung des Meldepflichtigen ergibt, muss wirksam sein, um die Zurechnung nach § 22 Abs. 1 Satz 1 Nr. 2 begründen zu können (Rn. 6).
[104] Begr. RegE BT-Drucks. 12/6679, S. 53.
[105] So auch VG Frankfurt a. M. BKR 2007, 40, 43.
[106] Vgl. – überwiegend im Hinblick auf den Begriff des „Haltens" in § 29 Abs. 2 WpÜG – *KölnKommWpÜG-von Bülow*, § 29 Rn. 115 f.; *Drinkuth* in *Marsch-Barner/Schäfer*, Handbuch börsennotierte AG, § 59 Rn. 8; *Schwark/Noack*, § 29 WpÜG Rn. 22. AA *Geibel/Süßmann*, WpÜG, § 29 Rn. 17.

wendung des Zurechnungstatbestands ist somit die Vereinbarung eines Treuhandverhältnisses zwischen dem Aktionär und dem Meldepflichtigen im Regelfall ausreichend, nicht aber stets erforderlich.[107] Unverzichtbar für die Anwendung von § 22 Abs. 1 Satz 1 Nr. 2 ist dagegen, dass derjenige, von dem die Zurechnung der Stimmrechte ausgeht, **im eigenen Namen** handelt. Zwar kann ein Handeln für fremde Rechnung auch vorliegen, wenn nicht in eigenem Namen, sondern in fremdem Namen gehandelt wird (Abschlussvermittlung, vgl. § 2 Abs. 3 Nr. 3). Vom Anwendungsbereich des § 22 Abs. 1 Satz 1 Nr. 2 ist das Halten von Aktien in offener Stellvertretung aber nicht erfasst, da die Norm die Aktieninhaberschaft desjenigen, von dem die Zurechnung ausgeht, voraussetzt. Dementsprechend erfüllt es nicht den Tatbestand des § 22 Abs. 1 Satz 1 Nr. 2, wenn einer bestimmten Person im Rahmen eines so genannten gesetzlichen Treuhandverhältnisses die Betreuung oder Verwaltung des Vermögens von Aktionären des Emittenten obliegt (zB Insolvenzverwalter, gesetzlicher Vertreter geschäftsunfähiger Aktionäre usw.).[108] Hier kommt allenfalls § 22 Abs. 1 Satz 1 Nr. 6 zur Anwendung (hierzu Rn. 73).

Derjenige, der beim Erwerb, der Veräußerung oder dem Halten von Aktien im eigenen Namen für Rechung eines Anderen (des Meldepflichtigen) handelt, ist als Aktionär Inhaber der Stimmrechte aus den ihm gehörenden Aktien. Er kann die Stimmrechte selbst ausüben oder einer anderen Person (etwa dem Treugeber) Stimmrechtsvollmacht erteilen. Nach der *ratio* kapitalmarktrechtlicher Beteiligungstransparenz ist eine Zurechnung gemäß § 22 Abs. 1 Satz 1 Nr. 2 nur gerechtfertigt, wenn der Aktionär bei seinen Dispositionen nicht völlig frei ist, sondern sich dabei allein oder zumindest auch nach demjenigen richtet, für den er handelt. Das Merkmal „für fremde Rechnung" ist daher im Rahmen der Stimmrechtszurechnung **restriktiv auszulegen**, damit die Zurechnung den typisierend angenommenen Stimmrechtseinfluss des Hintermannes zutreffend zum Ausdruck bringt.[109] Umstritten ist allerdings, nach welchen Kriterien sich die einschränkende Auslegung richtet. Nach zutreffender Ansicht setzt die Zurechnung nach § 22 Abs. 1 Satz 1 Nr. 2 voraus, dass die Interessen desjenigen, dem die Stimmrechte zugerechnet werden, bei der Ausübung von Aktionärsrechten Berücksichtigung finden.[110] Ein **Weisungsrecht** gegenüber dem Vordermann ist hierfür nicht erforderlich;[111] dieses ist auch sonst keine zwingende

---

[107] Bei einem entgeltlichen Handeln auf fremde Rechnung liegt in der Regel ein Geschäftsbesorgungsverhältnis vor, bei Unentgeltlichkeit ein Auftragsverhältnis.
[108] KölnKommWpÜG-*von Bülow*, § 30 Rn. 61 und KölnKommWpHG-*von Bülow*, Rn. 74 f., mit dem zutreffenden Hinweis, dass bei gesetzlichen Treuhandverhältnissen nach ausländischen Rechtsordnungen etwas anderes gelten kann.
[109] Siehe etwa *Starke*, Beteiligungstransparenz im Gesellschafts- und Kapitalmarktrecht, S. 199 ff.; KölnKommWpÜG-*von Bülow*, § 30 Rn. 54; KölnKommWpHG-*von Bülow*, Rn. 66.
[110] Vgl. VG Frankfurt a.M. BKR 2007, 40, 43; KölnKommWpÜG-*von Bülow*, § 30 Rn. 54; KölnKommWpHG-*von Bülow*, Rn. 66; *Drinkuth* in *Marsch-Barner/Schäfer*, Handbuch börsennotierte AG, § 59 Rn. 30; *Starke*, Beteiligungstransparenz im Gesellschafts- und Kapitalmarktrecht, S. 200 f.; *Sudmeyer* in *Kuthe/Rückert/Sickinger*, Comliance-Handbuch Kapitalmarktrecht, 8. Kap. Rn. 40.
[111] Ebenso VG Frankfurt a.M. BKR 2007, 40, 43; KölnKommWpÜG-*von Bülow*, § 30 Rn. 54; *Heidel/Heinrich*, § 22 WpHG Rn. 6; *Nolte* in *Bürgers/Körber*, Anh. § 22/§ 22 WpHG Rn. 4; *Steinmeyer* in *Steinmeyer/Häger*, WpÜG, § 30 Rn. 13.

§ 22 50   Abschnitt 5. Veränderungen des Stimmrechtsanteils

Zurechnungsvoraussetzung (etwa bei der Sicherungsübereignung nach § 22 Abs. 1 Satz 1 Nr. 3 oder der Bestellung eines Nießbrauchs nach § 22 Abs. 1 Satz 1 Nr. 4). Entscheidend ist vielmehr, dass sich derjenige, von dem die Zurechnung der Stimmrechte ausgeht (also der Aktionär), bei der Ausübung mitgliedschaftlicher Rechte (insbesondere des Stimmrechts) von den **Interessen des Hintermannes** (Treugeber, Kommittent) leiten lässt oder – wenn während seiner Aktieninhaberschaft keine Gelegenheit zur Rechtsausübung besteht – leiten lassen würde, weil er dazu rechtlich verpflichtet oder nach dem Wesen des Rechtsverhältnisses zwischen ihm und dem Hintermann gehalten ist.[112] Als Gegenprobe kann dabei die Überlegung dienen, ob es im Einzelfall sachlich gerechtfertigt wäre, wenn gemäß § 28 Satz 1 in den Händen des Aktionärs der Rechtsverlust eintreten würde, falls der Hintermann seine – unterstellte – Mitteilungspflicht verletzt (siehe § 28 Rn. 26).[113]

b) Treuhand

50 Die **treuhänderische Übernahme von Aktien** ist ein typischer Anwendungsfall der Zurechnung nach § 22 Abs. 1 Satz 1 Nr. 2. Im Regelfall geht damit einher, dass der Treuhänder gegenüber dem Treugeber weisungsgebunden ist (vgl. §§ 662, 665, 675 Abs. 1 BGB bei Treuhand aufgrund Auftrag oder Geschäftsbesorgung) oder sich bei der Rechtsausübung zumindest von dessen Interessen leiten lassen muss. Im Rahmen von § 22 Abs. 1 Satz 1 Nr. 2 ist die Interessenbindung oder Weisungsgebundenheit des Treuhänders zugunsten des Treugebers gesondert festzustellen.[114] Zu berücksichtigen ist, dass die von den Vertragsparteien gewählte Vertragssprache allenfalls ein Indiz für das Vorliegen einer Treuhand ist. In der Sache sind stets die materiellen Merkmale des Rechtsverhältnisses der Beteiligten entscheidend.[115] Insoweit ergeben sich aus § 22 Abs. 1 Satz 1 Nr. 2 weitere Anforderungen an die Ausgestaltung einer Treuhand: Zum einen muss es sich im Rahmen der Zurechungsnorm zwingend um eine **Verwaltungstreuhand mit Vollrechtseinräumung** handeln.[116] Nur bei der Verwaltungstreuhand fallen dingliche und wirtschaftliche Zuordnung der Aktien (Stimmrechte) im Sinne von § 22 Abs. 1 Satz 1 Nr. 2 auseinander.[117] Die **Vollmachtstreuhand** über Aktien führt dagegen zu einer fiduziarischen Ausübung

---

[112] So auch *Franck* BKR 2002, 709, 714 f., mit Hinweis auf den Tatbestand „on behalf" in der englischen Fassung von Art. 7 Satz 1 der Transparenzrichtlinie 88/627/EWG.
[113] Vgl. Begr. RegE BT-Drucks. 13/8933, S. 95.
[114] Vgl. *Starke*, Beteiligungstransparenz im Gesellschafts- und Kapitalmarktrecht, S. 201; KölnKommWpÜG-*von Bülow*, § 30 Rn. 57.
[115] Eine Treuhand an Gesellschaftsanteilen eines Tochterunternehmens oder einer Vorschaltgesellschaft, die Aktien der börsennotierten Gesellschaft halten, reicht für die Anwendung von § 22 Abs. 1 Satz 1 Nr. 2 nicht aus.
[116] *Schwark*, § 22 WpHG Rn. 4; *Schneider* in *Assmann/Schneider*, Rn. 51 f. und 114 a f.; KölnKommWpÜG-*von Bülow*, § 30 Rn. 57; KölnKommWpHG-*von Bülow*, Rn. 70; *Veil* in *Schmidt/Lutter*, Anh. § 22: § 22 WpHG Rn. 13.
[117] Bei der Verwaltungstreuhand handelt der Treuhänder regelmäßig als mittelbarer Stellvertreter des Treugebers, wenn er im Außenverhältnis für dessen Rechnung rechtsgeschäftlich oder rechtsgeschäftsähnlich tätig wird (zB Aktien erwirbt, veräußert oder Rechte aus ihnen ausübt). Ein Fall der Verwaltungstreuhand kann auch vorliegen, wenn ein Aktienpaket bei einem Wertpapierdienstleistungsunternehmen für einen Kunden „geparkt" wird (vgl. MünchKommAktG-*Bayer*, § 22 Anh. § 22 WpHG Rn. 17; *Nottmeier/Schäfer* AG 1997, 87, 93; *Schwark*, § 22 WpHG Rn. 4).

von Stimmrechten durch den Treuhänder (soweit das aktienrechtliche Abspaltungsverbot nicht entgegensteht), belässt dabei aber das dingliche Eigentum der Aktien beim Treugeber. Die Vollmachtstreuhand wird daher von § 22 Abs. 1 S. 1 Nr. 2 nicht erfasst.[118] Zum anderen muss die Treuhand zumindest auch fremdnützige Elemente aufweisen. Dies folgt daraus, dass bei der ausschließlich eigennützigen Treuhand die Möglichkeit des Treugebers zur Einflussnahme auf die Stimmrechtsausübung typischerweise nicht ausreichend ausgeprägt und in § 22 Abs. 1 Satz 1 Nr. 3 ein Fall der eigennützigen Treuhand (Sicherungsübereignung von Aktien) gesondert geregelt ist.

Hält ein Treuhänder Aktien für eine **Mehrzahl von Treugebern**, ist zu differenzieren:[119] Für § 22 Abs. 1 Satz 1 Nr. 2 ist nur das Verhältnis des Treuhänders zu den einzelnen Treugebern von Bedeutung. Stimmen sich mehrere Treugeber untereinander hinsichtlich der Einflussnahme auf den Treuhänder ab, kommt zusätzlich eine gegenseitige (Ketten-)Zurechnung der jeweils treuhänderisch übertragenen Aktien nach § 22 Abs. 2 in Betracht (vgl. Rn. 105). Ist der Treuhänder als mittelbarer Stellvertreter befugt, die Aktien auf einen Dritten zu übertragen, der die Aktien seinerseits im Sinne von § 22 Abs. 1 Satz 1 Nr. 2 für Rechnung des Treuhänders hält, sind die Stimmrechte des Dritten aus diesen Aktien nicht nur dem Treuhänder, sondern im Wege der **Kettenzurechnung** auch dessen Treugeber zuzurechnen, weil die Einflussnahmemöglichkeit dieses Treugebers auf das Untertreuhandverhältnis ausstrahlt (siehe Rn. 15).

51

Bei der **Beendigung von Treuhandverhältnissen** und dem damit verbundenen Wegfall der Stimmrechtszurechnung nach § 22 Abs. 1 Satz 1 Nr. 2 zum Treugeber ist zu beachten, dass das Aktieneigentum je nach gewählter Vertragsgestaltung entweder im Zeitpunkt der Aufhebung der Treuhand automatisch an den Treugeber zurückfällt (wenn eine entsprechende **auflösende Bedingung** vereinbart wurde) oder durch den Treuhänder gesondert an den Treugeber zurück zu übertragen ist. Während im ersten Fall keine Mitteilungspflicht des Treugebers (sondern nur des Treuhänders) entstehen kann, weil sich hier am Stimmrechtsanteil des Treugebers keine mitzuteilenden Veränderung ergibt, ist im zweiten Fall auch der Treugeber nach Maßgabe von § 21 Abs. 1 mitteilungspflichtig, da sich sein Stimmrechtsanteil zunächst durch die Aufhebung der Treuhand reduziert und erst in einem nachfolgenden Schritt durch die Übereignung der Aktien wieder (im selben Umfang) erhöht. Dies gilt auch, wenn die Übereignung zeitlich unmittelbar nach Aufhebung der Treuhand erfolgt (siehe auch § 21 Rn. 40).

52

c) Vermögensverwaltungs- und Vorschaltgesellschaften

Aus der Anfangszeit kapitalmarktrechtlicher Beteiligungstransparenz stammt die Diskussion, unter welchen Voraussetzungen die von einer Gesellschaft gehaltenen Stimmrechte nach § 22 Abs. 1 Satz 1 Nr. 2 den Gesellschaftern zugerechnet werden können. Die Fragestellung erscheint im Hinblick darauf, dass in § 22 Abs. 1 Satz 1 Nr. 1 die Zurechnung zwischen Gesellschaft und Gesellschafter geregelt ist,

53

---

[118] Je nach Ausgestaltung ist daher die Vermögensverwaltung zugunsten Dritter ein Anwendungsfall des § 22 Abs. 1 Satz 1 Nr. 2 (wenn der Verwalter Aktieneigentum übernimmt) oder ausschließlich nach § 22 Abs. 1 Satz 1 Nr. 6 zu beurteilen (wenn der Verwalter nicht Eigentümer der Aktien ist).
[119] Siehe auch KölnKommWpHG-*von Bülow*, Rn. 73.

§ 22   54, 55   Abschnitt 5. Veränderungen des Stimmrechtsanteils

etwas gekünstelt.[120] Allerdings wird sie im Wesentlichen getragen von dem **Aspekt des Umgehungsschutzes** und ist insoweit auch berechtigt. Schwerpunktmäßig werden in diesem Zusammenhang Vermögensverwaltungs- oder Vorschaltgesellschaften (auch als Zwischenholdings bezeichnet) behandelt, die neben dem Halten von Beteiligungen keine geschäftlichen Aktivitäten entfalten. Allerdings ist zu beachten, dass der zur Zurechnung nach § 22 Abs. 1 Satz 1 Nr. 1 führende Begriff des Tochterunternehmens gemäß § 22 Abs. 3 auch Gesellschaften und sonstige juristische Personen erfasst, die von einer natürlichen Person oder von mehreren Personen einheitlich geleitet, kontrolliert oder beherrscht werden (ausführlich Rn. 27). Demzufolge bezieht sich der Aspekt des Umgehungsschutzes praktisch allenfalls auf Minderheitsgesellschafter, die die Gesellschaft weder einheitlich leiten, noch gemäß § 290 Abs. 2 Nr. 2 und Nr. 3 HGB kontrollieren, noch sonst beherrschen. Vor diesem Hintergrund ist es im Ausgangspunkt nahe liegend, zwischen dem Fall einer ausdrücklichen vertraglichen Vereinbarung eines Handelns der Gesellschaft für Rechnung von Gesellschaftern und dem Fall des Fehlens einer solchen Vereinbarung zu unterscheiden:[121]

54   Liegt im Ausnahmefall etwa ein **Treuhandvertrag** zwischen der Gesellschaft als Treuhänder und einem Gesellschafter als Treugeber vor, der sich auf Aktien des Emittenten bezieht, ist § 22 Abs. 1 Satz 1 Nr. 2 dem Grunde nach ohne weiteres anwendbar. Hinsichtlich des Umfangs der Zurechnung wird insoweit jedoch zu pauschal die Ansicht vertreten, dass die Zurechnung quotal am Maßstab des auf den jeweils betroffenen Gesellschafter entfallenden Anteils an der Gesellschaft erfolgt.[122] Eine solche anteilige Zurechnung ist nur sachgerecht, wenn die von der Gesellschaft gehaltenen Aktien nicht einzeln dem Gesellschafter als Treugut zugeordnet werden können. Wenn aber zB ein Gesellschafter eine **bestimmte Aktientranche** der Gesellschaft treuhänderisch überträgt, so bezieht sich die Treuhand und damit die Zurechnung nach § 22 Abs. 1 Satz 1 Nr. 2 auf diese Aktien (und die in ihnen verkörperten Stimmrechte) und nicht auf einen aus den Beteiligungsverhältnissen errechneten Anteil eines Gesamtbestands.

55   Umstritten ist dagegen die Anwendung von § 22 Abs. 1 Satz 1 Nr. 2, wenn entsprechende Vereinbarungen, wonach die Gesellschaft die Aktien des Emittenten für Rechnung von Gesellschaftern hält, nicht (ausdrücklich) bestehen. Nach einer Ansicht soll bei **Vermögensverwaltungs- und Vorschaltgesellschaften**, die neben dem Halten und Verwalten von Beteiligungen keine sonstigen unternehmerischen Aktivitäten entfalten, davon auszugehen sein, dass diese die zu ihrem Vermögen gehörenden Aktien im Sinne von § 22 Abs. 1 Satz 1 Nr. 2 treuhänderisch für Rechnung der Gesellschafter halten.[123] Dies ergebe sich aus dem Zweck der Gesellschaft, der in solchen Fällen ausschließlich in der **Wahrnehmung von Beteiligungsrechten** für die Gesellschafter bestehe. Gegen

---

[120] Siehe etwa die Fallgestaltung in OLG Schleswig ZIP 2006, 421, 423.
[121] Vgl. *Burgard* BB 1995, 2069, 2073; *Schneider* in *Assmann/Schneider*, Rn. 61.
[122] So etwa MünchKommAktG-*Bayer*, § 22 Anh. § 22 WpHG Rn. 19; *Burgard* BB 1995, 2069, 2073; *Lenz/Linke* AG 2002, 361, 369; *Schneider/Burgard*, DB 1996, 1761, 1764; *Schneider* AG 1997, 81, 84; *Schneider* in *Assmann/Schneider*, Rn. 66; *Veil* in *Schmidt/Lutter*, Anh. § 22: § 22 WpHG Rn. 14.
[123] OLG Schleswig ZIP 2006, 421, 423 und insbesondere *Burgard* BB 1995, 2069, 2073; *Schäfer/Opitz*, § 22 Rn. 20; *Schneider* in *Assmann/Schneider*, Rn. 64 ff.; *Schneider* AG 1997, 81, 84; *Veil* in *Schmidt/Lutter*, Anh. § 22: § 22 WpHG Rn. 14. In diese Richtung auch *Opitz* in *Schäfer/Hamann*, KMG, § 22 Rn. 32.

diese pauschale Einordnung spricht aber, dass sie auf einer Fiktion beruht. Auch Vermögensverwaltungs- und Vorschaltgesellschaften halten die in ihrem Vermögen befindlichen Beteiligungen im Regelfall für eigene Rechnung, da sie nicht nur dingliches, sondern auch wirtschaftliches Zuordnungssubjekt dieses Vermögens sind.[124] Das gilt im Allgemeinen auch dann, wenn die Gesellschaft lediglich eine einzige Beteiligung hält. Damit steht aus praktischer Sicht in Einklang, dass Sachgründungen oder Sachkapitalerhöhungen bei Vermögensverwaltungs- oder Vorschaltgesellschaften, deren Sacheinlage aus Beteiligungen an anderen Gesellschaften besteht, in das Handelsregister der Gesellschaft eingetragen werden. Müssten die eingebrachten Beteiligungen generell als für Rechnung von Gesellschaftern (treuhänderisch) gehalten angesehen werden, wäre die Sacheinlage im Zweifel – mangels freier Verfügbarkeit der Einlage – nicht vollständig geleistet. Auf die **Intensität der Einflussnahme** der Gesellschafter auf die Geschäftsführung kommt es insoweit nicht an, auch wenn sie gebündelt über Weisungen der Gesellschafterversammlung erfolgt.[125] Eine unmittelbare Einflussnahme auf die Stimmrechtsausübung kann aber – unter den Voraussetzungen des § 22 Abs. 3 – die Qualifizierung der Gesellschaft als gemeinschaftliches Tochterunternehmen rechtfertigen (zur Anwendung von § 22 Abs. 2 bei einer Abstimmung von Gesellschaftern auf Gesellschaftsebene siehe Rn. 105).[126]

d) Weitere Einzelfälle

Im Ausgangspunkt ist jedenfalls derjenige, der im Rahmen einer **Wertpapiertransaktion** oder **Wertpapierdienstleistung** Aktieneigentum erwirbt, unter den Voraussetzungen des § 21 Abs. 1 Satz 1 selbst mitteilungspflichtig. Eine Zurechnung aufgrund Handels für fremde Rechnung ist in solchen Fällen aus Sicht der Vertragsgegenseite zu prüfen: **Optionsrechte** jeglicher Art auf Kauf und Verkauf von Aktien führen in der Person des Berechtigten (bei Kaufoption) und des Verpflichteten (bei Verkaufsoption) nicht zu einer Zurechnung nach § 22 Abs. 1 Satz 1 Nr. 2, sondern allenfalls zu einer Meldepflicht nach § 25. Zwar ist mit einem Optionsgeschäft regelmäßig eine Zuordnung des wirtschaftlichen Risikos abweichend von den Eigentumsverhältnissen verbunden (solange – bei einer Kaufoption – der Verpflichtete und – bei einer Verkaufsoption – der Berechtigte bis zur Ausübung der Option überhaupt Aktieneigentümer ist). Mangels der erforderlichen fremdnützigen Bindungen der (im Optionsausübungsfall) Aktien übertragenden Partei zugunsten des Erwerbers ist aber eine Zurechnung von Stimmrechten unter dem Aspekt des Handelns für fremde Rechnung ausgeschlossen.[127] Dies gilt im Allgemeinen auch bei **Wertpapierdarlehen** sowie bei echten und unechten **Wertpapierpensionsgeschäften,** wenn diese so ausgestaltet sind, dass der Aktienerwerber (Darlehens- oder Pensionsnehmer) die Stimmrechte aus den Aktien während der Dauer seines Aktieneigentums selbstständig und ohne Interessenbindung gegenüber dem Verleiher (Darlehensgeber)

---

[124] Im Ergebnis ebenso KölnKommWpÜG-*von Bülow,* § 30 Rn. 64; KölnKomm-WpHG-*von Bülow,* Rn. 77; *Falkenhagen* WM 1995, 1005, 1007.
[125] Anders etwa *Starke,* Beteiligungstransparenz im Gesellschafts- und Kapitalmarktrecht, S. 203, wonach die Möglichkeit der Einflussnahme auf die Stimmrechtsausübung für ein Rechtsverhältnis im Sinne von § 22 Abs. 1 Satz 1 Nr. 2 spreche.
[126] Ähnlich KölnKommWpÜG-*von Bülow,* § 30 Rn. 62.
[127] Vgl. KölnKommWpÜG-*von Bülow,* § 30 Rn. 55f.; KölnKommWpHG-*von Bülow,* Rn. 88f.

oder Pensionsgeber ausüben darf.[128] Dies ist entscheidend für die Unanwendbarkeit des § 22 Abs. 1 Satz 1 Nr. 2, so dass in diesem Fall eine (insbesondere beim Wertpapierpensionsgeschäft) abweichende Zuordnung des wirtschaftlichen Risikos nicht ausschlaggebend ist.[129]

57 Erwirbt ein Wertpapierdienstleistungsunternehmen im Wege des Zwischenerwerbs Aktieneigentum als **Kommissionär** zur bestimmungsgemäßen Weiterübertragung an den Kommittenten, ist eine Zurechnung von Stimmrechten nach § 22 Abs. 1 Satz 1 Nr. 2 ebenfalls nur gerechtfertigt, wenn der Kommittent Einfluss auf die Ausübung mitgliedschaftlicher Rechte durch das Wertpapierdienstleistungsunternehmen hat oder dieses sich bei dem vorübergehenden Halten und Verwalten der Aktien an den Interessen des Kommittenten orientiert. Gerade das entspricht allerdings dem Wesen des Kommissionsgeschäfts,[130] so dass eine Stimmrechtszurechnung zum Kommittenten beim Zwischenerwerb nur unter besonderen Umständen ausscheidet.[131]

58 Bei der Ausgabe von **Zertifikaten,** die Aktien vertreten (insbesondere Depositary Receipts) sind gemäß § 21 Abs. 1 Satz 1 allein die Zertifikateinhaber mitteilungspflichtig (§ 21 Rn. 31), ohne dass eine Zurechnung der Stimmrechte aus den zugrunde liegenden Aktien der Depositärbank nach § 22 Abs. 1 Satz 1 Nr. 2 erfolgt.[132]

3. Übertragung von Aktien als Sicherheit (Nr. 3)

59 § 22 Abs. 1 Satz 1 Nr. 3 regelt die Zuordnung von Stimmrechten aus Aktien, die der Meldepflichtige (Sicherungsgeber) dem Dritten (Sicherungsnehmer) als Sicherheit übertragen hat. Angesichts des bei Sicherungsgeschäften **typischen Auseinanderfallens von Rechtsmacht einerseits und wirtschaftlicher Zugehörigkeit** des Sicherungsgutes andererseits besteht ein Bedürfnis für eine solche Regelung.[133] Die Besonderheit von § 22 Abs. 1 Satz 1 Nr. 3 im Vergleich

---

[128] Siehe zu diesem Thema KölnKommWpÜG-*von Bülow*, § 30 Rn. 67 ff.; KölnKommWpHG-*von Bülow*, Rn. 79 ff.; *Burgard* BB 1995, 2069, 2073 f.; *Geibel/Süßmann*, WpÜG, § 30 Rn. 9 ff., *Opitz* in *Schäfer/Hamann*, KMG, § 22 WpHG Rn. 42 ff; *Schneider* AG 1997, 81, 84; *Schneider* in *Assmann/Schneider*, Rn. 68 ff.; *Sieger/Hasselbach* WM 2004, 1370, 1376 f.; *Steinmeyer* in *Steinmeyer/Häger*, WpÜG, § 30 Rn. 33 ff.; *Schwark*, § 22 WpHG Rn. 5. – Nach Ansicht der BaFin (vgl. das unter www.bafin.de abrufbare Dokument „Häufig gestellte Fragen zu den §§ 21 ff. WpHG", Stand: 11. Juni 2007) besteht keine Meldepflicht des Darlehensgebers aus § 25.
[129] Im Ergebnis aA MünchKommAktG-*Bayer*, § 22 Anh. § 22 WpHG Rn. 21; *Schneider* in *Assmann/Schneider*, Rn. 71; siehe auch *Steuer/Baur* WM 1996, 1477, 1483.
[130] Ebenso KölnKommWpÜG-*von Bülow*, § 30 Rn. 66; KölnKommWpHG-*von Bülow*, Rn. 78; *Opitz* in *Schäfer/Hamann*, KMG, § 22 Rn. 35.
[131] Nach einer verbreiteten Ansicht soll es unter § 22 Abs. 1 Satz 1 Nr. 2 fallen, wenn Aktien für den Kunden bei einer Bank „geparkt" werden (MünchKommAktG-*Bayer*, § 22 Anh. § 22 WpHG Rn. 17; *Schwark*, § 22 WpHG Rn. 4). Dies mag häufig zutreffen, erübrigt aber nicht die Einzelfallprüfung (ähnlich *Nottmeier/Schäfer* AG 1997, 87, 93).
[132] Die früher herrschende Ansicht, dass die Stimmrechte den Zertifikateinhabern gemäß § 22 Abs. 1 Satz 1 Nr. 2 zuzurechnen seien (KölnKommWpHG-*von Bülow*, Rn. 26; *Geibel/Süßmann*, WpÜG, § 30 Rn. 8; *Opitz* in *Schäfer/Hamann*, KMG, § 22 Rn. 39; *Schneider* in *Assmann/Schneider*, Rn. 54; *Schwark*, § 22 WpHG Rn. 6), ist überholt.
[133] Die Sicherungsübereignung von Aktien kann im Übrigen weitgehend nach den Regeln einer (eigennützigen) Treuhand beurteilt werden (vgl. *Franck* BKR 2002, 709; 715; *Hüffer*, AktG, § 22 Anh. § 22 WpHG Rn. 4).

zu den anderen Zurechnungstatbeständen des § 22 besteht nach zutreffender Ansicht darin, dass die Zuordnung von Stimmrechten aus sicherungshalber übertragenen Aktien zum Sicherungsgeber oder zum Sicherungsnehmer alternativ ist, dass also der Grundsatz der mehrfachen Mitteilungspflicht (siehe § 21 Rn. 6) in diesem Zurechnungsfall keine Anwendung findet.[134] Die Stimmrechte sind somit entweder dem Sicherungsgeber oder dem Sicherungsnehmer zuzuordnen. In jedem Fall bezieht sich die Zurechnung zu einem bestimmten Sicherungsgeber nur auf die Stimmrechte aus den Aktien, die **Gegenstand der Sicherungsabrede(n)** zwischen diesem Sicherungsgeber und einem bestimmten Sicherungsnehmer sind.[135]

§ 22 Abs. 1 Satz 1 Nr. 3 erfasst die **Sicherungsübereignung von Aktien**. 60 Als Inhaber der sicherungshalber übereigneten Aktien ist der Sicherungsnehmer stets in der Lage, die Stimmrechte aus den Aktien auszuüben. Sofern der Sicherungsnehmer nicht bekundet, die Stimmrechte weisungsunabhängig ausüben zu wollen, werden die Stimmrechte nach § 22 Abs. 1 Satz 1 Nr. 3 jedoch ausschließlich dem Sicherungsgeber zugerechnet. Gerade aufgrund dieser Zurechnung wird eine Mitteilungspflicht des Sicherungsgebers nach § 21 Abs. 1 bei Durchführung des Sicherungsgeschäftes im Regelfall aber nicht begründet, da sich der Stimmrechtsanteil des Sicherungsgebers zunächst wegen der Zurechnung und bei Beendigung der Sicherungsübereignung wegen des Rückfalls des Aktieneigentums im Ergebnis nicht ändert.[136] Entgegen einer verbreiteten Auffassung führt die **Verpfändung von Aktien** nicht zu einer Zurechnung der in den Aktien verkörperten Stimmrechte nach § 22 Abs. 1 Satz 1 Nr. 3.[137] Hiergegen spricht schon die Tatsache, dass sich durch die Verpfändung der Aktien an der dinglichen Zuordnung der Stimmrechte zum Verpfänder nichts ändert, so dass die Zurechnungsnorm insoweit generell keine Bedeutung hätte.[138] Ist der

---

[134] *Arends,* Die Offenlegung von Beteiligungsbesitz nach deutschem Recht, S. 66; KölnKommWpHG-*von Bülow,* Rn. 103; *Burgard* BB 1995, 2069, 2075; *Heidel/Heinrich,* § 22 WpHG Rn. 7; *Meyer/Bundschuh* WM 2003, 960, 961 f.; *Nolte* in *Bürgers/Körber,* Anh. § 22/§ 22 WpHG Rn. 5; *Schneider* in *Assmann/Schneider,* Rn. 76; *Sester* in *Spindler/Stilz,* § 22 Anh. Rn. 32; *Starke,* Beteiligungstransparenz im Gesellschafts- und Kapitalmarktrecht, S. 204 f.; *Veil* in *Schmidt/Lutter,* Anh. § 22: § 22 WpHG Rn. 15. – Zu § 30 Abs. 1 Satz 1 Nr. 2 WpÜG (nebst § 9 Satz 1 Nr. 4 WpÜG-AngVO) auch *Liebscher* ZIP 2002, 1005, 1006; *Meyer/Bundschuh* WM 2003, 960, 962; insoweit aA etwa KölnKommWpÜG-*von Bülow,* § 30 Rn. 72; *Franck* BKR 2002, 709, 715; *Drinkuth* in *Marsch-Barner/Schäfer,* Handbuch börsennotierte AG, § 59 Rn. 33.
[135] Haben andere Aktionäre diesem Sicherungsnehmer ebenfalls stimmberechtigte Aktien derselben börsennotierten Gesellschaft als Sicherheit überlassen, werden diese bei den einzelnen Zurechnungen nach § 22 Abs. 1 Satz 1 Nr. 3 nicht addiert.
[136] Die Wahrung der Vertraulichkeit von Kreditbeziehungen dürfte eher ein Reflex der Zurechnung sein, als zum Normzweck des § 22 Abs. 1 Satz 1 Nr. 3 gehören (in diese Richtung aber *Schneider* in *Assmann/Schneider,* Rn. 81).
[137] Ebenso MünchKommAktG-*Bayer,* § 22 Anh. § 22 WpHG Rn. 24; *Drinkuth* in *Marsch-Barner/Schäfer,* Handbuch börsennotierte AG, § 59 Rn. 31; *Schneider* in *Assmann/Schneider,* Rn. 75; *Schwark,* § 22 WpHG Rn. 13. – Für Erfassung der Verpfändung KölnKommWpÜG-*von Bülow,* § 30 Rn. 73; KölnKommWpHG-*von Bülow,* Rn. 100; *Heidel/Heinrich,* § 22 WpHG Rn. 7; *Hüffer,* AktG, § 22 Anh. § 22 WpHG Rn. 4 f.; KölnKommAktG-*Koppensteiner,* § 22 Anh. §§ 21 ff. WpHG Rn. 19.
[138] Die Begr. RegE BT-Drucks. 12/6679, S. 53, kann nicht dafür in Anspruch genommen werden, dass die Verpfändung von der Zurechnungsnorm erfasst sein soll (so aber

§ 22   61, 62   Abschnitt 5. Veränderungen des Stimmrechtsanteils

Pfandgläubiger aufgrund einer entsprechenden Vertragsgestaltung im Innenverhältnis zur Stimmrechtsausübung nach eigenem Ermessen befugt (zB als Bevollmächtigter oder Legitimationsaktionär), mag jedoch eine Zurechnung der Stimmrechte zum Pfandgläubiger nach § 22 Abs. 1 Satz 1 Nr. 6 (siehe Rn. 71) in Betracht kommen.

61   Sofern der Sicherungsnehmer zur Ausübung der Stimmrechte aus den sicherungshalber übertragenen Aktien befugt ist und die Absicht bekundet, die Stimmrechte unabhängig von den Weisungen des Sicherungsgebers auszuüben, entfällt nach § 22 Abs. 1 Satz 1 Nr. 3 eine Zurechnung der Stimmrechte zum Sicherungsgeber. Die Befugnis zur Stimmrechtsausübung ergibt sich bei der Sicherungsübereignung aus der dinglichen Rechtsmacht des Sicherungsnehmers als Aktionär, wobei etwaige Beschränkungen im Innenverhältnis insoweit unbeachtlich sind. Die Absicht muss **nach außen erkennbar** und gegenüber einer relevanten Partei geäußert worden sein.[139] Dies gilt entsprechend, wenn der Sicherungsnehmer beabsichtigt, die Stimmrechte künftig wieder weisungsgebunden auszuüben (was die Zurechnung nach § 22 Abs. 1 Satz 1 Nr. 3 aufleben lässt). Geeigneter und notwendiger Empfänger der Absichtsbekundung ist jedenfalls der Sicherungsgeber, da hierdurch seine eigene Mitteilungspflicht ausgelöst werden kann. Ferner kann die Absicht gegenüber der BaFin, anderen Aktionären oder dem Emittenten (etwa in Form der Anmeldung zur Hauptversammlung) geäußert werden, wobei im Innenverhältnis zum Sicherungsgeber bestehende Vertraulichkeitspflichten zu beachten sind.

4. Bestellung eines Nießbrauchs an Aktien (Nr. 4)

62   Wird an Aktien eines Emittenten ein Nießbrauch bestellt, behält der Aktionär das Aktieneigentum (d. h. die Mitgliedschaft als solche), während die Nutzungen (vgl. §§ 99 f. BGB), insbesondere die Dividenden, dem Nießbraucher zugewiesen sind. § 22 Abs. 1 Satz 1 Nr. 4 bestimmt, dass die Stimmrechte dem Nießbraucher zuzurechnen sind. Dies scheint in Widerspruch zur zivilrechtlichen Betrachtung der herrschenden Meinung zu stehen, wonach die **Stimmrechte dinglich beim Aktionär verbleiben** und gerade nicht vom Nießbraucher ausgeübt werden.[140] Dementsprechend wird § 22 Abs. 1 Satz 1 Nr. 4 teilweise für verfehlt angesehen, weil der Nießbraucher nach der gesetzlichen Ausgangslage keinen Einfluss auf die Stimmrechtsausübung habe.[141] Ungeachtet dessen, dass

---

KölnKommWpÜG-*von Bülow*, § 30 Rn. 73). Denn mit dem Verweis auf die Verpfändung wird dort eher ausgesagt, dass bei der Verpfändung von Aktien ohnehin, aber auch bei der Sicherungsübereignung (wegen der Zurechnung) keine Mitteilungspflicht des Sicherungsgebers entsteht.

[139] So zutreffend KölnKommWpÜG-*von Bülow*, § 30 Rn. 77; KölnKommWpHG-*von Bülow*, Rn. 99. Hinzunehmen ist insoweit, dass der Sicherungsnehmer durch das Erfordernis der Äußerung der Stimmrechtsausübungsabsicht den Zeitpunkt des etwaigen Entstehens von Mitteilungspflichten nahezu beliebig beeinflussen kann.

[140] Siehe zum Streitstand nur KölnKommWpÜG-*von Bülow*, § 30 Rn. 79; KölnKommWpHG-*von Bülow*, Rn. 106; differenzierend *Hüffer*, AktG, § 16 Rn. 7. Nach der zutreffenden Aussage in Begr. RegE BT-Drucks. 12/6679, S. 53 f, hat dieser Meinungsstreit für § 22 Abs. 1 Satz 1 Nr. 4 keine Relevanz; vgl. auch *Schneider* in *Assmann/Schneider*, Rn. 85.

[141] KölnKommWpÜG-*von Bülow*, § 30 Rn. 79. Kritisch auch KölnKommAktG-*Koppensteiner*, § 30 Rn. 19.

die Zurechnungsnorm auf einer entsprechenden europarechtlichen Vorgabe beruht,[142] ist die der Zurechnung zugrunde liegende (notwendig typisierende) Wertung, dass sich der Aktionär bei seiner eigenen Stimmrechtsausübung zumindest faktisch (auch) an den **Vermögensinteressen des Nießbrauchers** orientiert, durchaus plausibel. Im Übrigen kann der Aktionär bereits gesetzlich verpflichtet sein, an bestimmten Beschlussfassungen der Hauptversammlung nicht ohne Zustimmung des Nießbrauchers teilzunehmen (siehe § 1071 BGB zur Aufhebung oder Änderung des belasteten Rechts) sowie bestimmte Maßnahmen nur in Einvernehmen mit dem Nießbraucher zu ergreifen (vgl. § 1083 BGB), und zwar unabhängig davon, ob entsprechende Handlungen dem Nießbraucher wirtschaftlich schaden oder nützen. Vor diesem Hintergrund ist die Zurechnung von Stimmrechten zum Nießbraucher vertretbar, auch wenn Aktionäre die Stimmrechte aus den nießbrauchsbelasteten Aktien praktisch häufig selbstständig und weisungsunabhängig ausüben. Demnach ist es keine Voraussetzung für die Anwendung von § 22 Abs. 1 Satz 1 Nr. 4, dass der Nießbraucher im konkreten Fall zur Stimmrechtsausübung bevollmächtigt ist oder sonst Einfluss auf die Stimmrechtsausübung des Aktionärs hat.[143] Aufgrund des Grundsatzes der mehrfachen Mitteilungspflicht (§ 21 Rn. 6) sind nach Maßgabe von § 21 Abs. 1 sowohl der Aktionär als auch der Nießbraucher mitteilungspflichtig, wobei sich der Stimmrechtsanteil des Aktionärs durch die Bestellung und Beendigung des Nießbrauchs nicht ändert. Die Zurechnung von Stimmrechten nach § 22 Abs. 1 Satz 1 Nr. 4 tritt mit dinglichem **Wirksamwerden der Bestellung** des Nießbrauchs an den Aktien ein (vgl. §§ 1069, 1081 Abs. 2 BGB) und entfällt im Zeitpunkt des Erlöschens des Nießbrauchs infolge seiner rechtsgeschäftlichen Aufhebung oder kraft Gesetzes.

5. Erwerbsrechte an Aktien (Nr. 5)

a) Grundlagen

Nach § 22 Abs. 1 Satz 1 Nr. 5 werden Stimmrechte aus Aktien demjenigen zugerechnet, der diese Aktien **durch eine Willenserklärung erwerben** kann.[144] Dieser Zurechnungstatbestand beruht auf Art. 7 der Transparenzrichtlinie 88/627/EWG. Die neue Transparenzrichtlinie 2004/109/EG (Vor §§ 21 bis 30 Rn. 6) enthält in ihrem Art. 10 keine Regelung mehr, die Art. 7 der Transparenzrichtlinie 88/627/EWG insoweit im Wortlaut entspricht. Stattdessen normiert Art. 13 der Richtlinie eine Mitteilungspflicht für Finanzinstrumente, die ihrem Inhaber das Recht verleihen, von sich aus im Rahmen einer förmlichen Vereinbarung mit Stimmrechten verbundene Aktien eines Emittenten zu erwerben. Diese Vorgabe wurde in § 25 umgesetzt; der deutsche Gesetzgeber

---

[142] Art. 10 lit. d) der Transparenzrichtlinie 2004/109/EG.
[143] AA KölnKommWpÜG-*von Bülow*, § 30 Rn. 79 (siehe aber auch Rn. 81), und *Drinkuth* in *Marsch-Barner/Schäfer*, Handbuch börsennotierte AG, § 59 Rn. 34.
[144] In der Vorgängernorm von § 22 Abs. 1 Satz 1 Nr. 5 (§ 22 Abs. 1 Nr. 6 WpHG aF) war noch von einem Erwerb durch „einseitige" Willenserklärung die Rede. Die entsprechende Änderung durch das Gesetz zur Regelung von öffentlichen Angeboten zum Erwerb von Wertpapieren und von Unternehmensübernahmen vom 20. Dezember 2001 (BGBl. I S. 3822) hat keine inhaltlichen Auswirkungen (*Witt* AG 2001, 233, 237; *Starke*, Beteiligungstransparenz im Gesellschafts- und Kapitalmarktrecht, S. 206).

§ 22 64, 65　　　　　　　Abschnitt 5. Veränderungen des Stimmrechtsanteils

hat sich jedoch aus Gründen des Umgehungsschutzes dafür entschieden, die bisherige Regelung in § 22 Abs. 1 Satz 1 Nr. 5 neben § 25 beizubehalten (§ 25 Rn. 15).[145]

64　Die sachliche Berechtigung dieses Zurechnungstatbestands wurde auch bisher nicht ohne Grund bestritten: Allein von einer einseitigen Erwerbsmöglichkeit kann wohl nicht – nicht einmal typisierend – darauf geschlossen werden, dass der Erwerbsberechtigte vor Übergang des Aktieneigentums auf ihn bereits auf die Stimmrechtsausübung des bisherigen Aktionärs Einfluss nehmen kann oder sich der bisherige Aktionär bei der Stimmrechtsausübung an den **Interessen des Erwerbsberechtigten** orientiert. Ein solcher Erfahrungssatz ist nicht ersichtlich.[146] Der Wortlaut der Norm beschränkt sich zudem nicht auf Umgehungsfälle, sondern erfasst auch – und aus praktischer Sicht vor allem – den erstmaligen oder zusätzlichen Aktienerwerb von Dritten, der zumeist jeglicher Umgehungstendenz entbehrt. Vor diesem Hintergrund wird zutreffend sowohl für die kapitalmarktrechtliche Beteiligungstransparenz als auch in übernahmerechtlichem Zusammenhang eine enge Auslegung von § 22 Abs. 1 Satz 1 Nr. 5 WpHG und § 30 Abs. 1 Satz 1 Nr. 5 WpÜG befürwortet (siehe allgemein zur einheitlichen Auslegung von § 22 WpHG und § 30 WpÜG Vor §§ 21 bis 30 Rn. 26 f.).[147] Dies betrifft allerdings nicht die **allgemeinen Grundsätze der Stimmrechtszurechnung,** weshalb insbesondere Kettenzurechnungen unter Beteiligung weiterer Rechtsträger gemäß § 22 Abs. 1 Satz 2 und Satz 3 (Tochterunternehmen steht Erwerbsrecht zu) oder § 22 Abs. 2 Satz 2 (Verhaltensabstimmung mit einem Erwerbsberechtigten) nicht ausgeschlossen sind.[148] In jedem Fall muss sich das Erwerbsrecht unmittelbar auf Aktien des Emittenten beziehen, so dass Möglichkeiten zum Erwerb von Anteilen an zwischengeschalteten Gesellschaften (insbesondere Tochterunternehmen im Sinne von § 22 Abs. 3) nicht in den Anwendungsbereich von § 22 Abs. 1 Satz 1 Nr. 5 fallen.[149]

65　Zentrale Bedeutung für den Anwendungsbereich des § 22 Abs. 1 Satz 1 Nr. 5 hat die Frage, ob die Stimmrechtszurechnung bereits erfolgt, wenn der Erwerbsberechtigte einen **schuldrechtlichen Anspruch auf Übereignung von Aktien** des Emittenten hat oder durch eine Optionsausübung einen solchen Anspruch zum Entstehen bringen kann, oder ob die Zurechnung erst ausgelöst wird, wenn der Erwerbsberechtigte durch eine letzte Willenserklärung den **Übergang des Aktieneigentums** auf sich unmittelbar herbeiführen kann. Die

---

[145] Begr. RegE BT-Drucks. 16/2498, S. 37; siehe auch Begr. RegE BT-Drucks. 12/6679, S. 54.
[146] Ebenso KölnKommWpÜG-*von Bülow,* § 30 Rn. 81; KölnKommWpHG-*von Bülow,* Rn. 109. Durch entsprechende Vertragsgestaltung kann eine solche Interessenbindung bei einer außerbörslichen Pakettransaktion für den Zeitraum bis zur Übereignung der Aktien allerdings vereinbart werden, was u. U. zur Anwendung anderer Zurechnungstatbestände führt.
[147] Siehe KölnKommWpÜG-*von Bülow,* § 30 Rn. 81; *Drinkuth* in *Marsch-Barner/Schäfer,* Handbuch börsennotierte AG, § 59 Rn. 35; *Steuer/Baur* WM 1996, 1477, 1478 ff. Weiterhin aA *Schneider* in *Assmann/Schneider,* Rn. 99, unter Bezug auf seine These der dynamischen Auslegung (hierzu Vor §§ 21 bis 30 Rn. 23).
[148] Eine Kettenzurechnung kommt auch in Betracht, wenn eine Person für Rechnung einer anderen (im Sinne von § 22 Abs. 1 Satz 1 Nr. 2) die Stellung eines Erwerbsberechtigten (im Sinne von § 22 Abs. 1 Satz 1 Nr. 5) einnimmt.
[149] Zutreffend KölnKommWpÜG-*von Bülow,* § 30 Rn. 82.

Frage stellt sich insbesondere für den Erwerb nach deutschem Zivilrecht, das durch die Trennung von Verpflichtungs- und Verfügungsgeschäft gekennzeichnet ist. Nach überwiegender und zutreffender – auch zu § 30 Abs. 1 Satz 1 Nr. 5 WpÜG vertretener – Ansicht ist von § 22 Abs. 1 Satz 1 Nr. 5 ausschließlich eine Rechtsposition erfasst, die es dem Erwerbsberechtigten (Meldepflichtigen) ermöglicht, durch eine Willenserklärung oder vergleichbare Handlung (siehe Rn. 66) die Übereignung von Aktien des Emittenten an sich unmittelbar zu bewirken.[150] Schon der Wortlaut von § 22 Abs. 1 Satz 1 Nr. 5 spricht für die restriktive Normanwendung.[151] Das gleiche gilt für die systematische Auslegung unter Berücksichtigung des § 25 Abs. 2 Satz 2 (§ 25 Rn. 15).[152] Darüber hinaus ist die Erfassung schuldrechtlicher Verschaffungsansprüche und Optionen auch vom **Sinn und Zweck der Zurechnungsnorm** nicht gedeckt, da solche Rechtspositionen noch weniger auf eine Einflussnahme auf den bisherigen Aktieninhaber und dessen Interessenbindung zugunsten des potentiellen Erwerbers hindeuten, als einseitige dingliche Erwerbsrechte des künftigen Aktionärs. Diese Auslegung hat der Gesetzgeber bereits mehrfach – zuletzt bei der Umsetzung des Art. 13 der Transparenzrichtlinie 2004/109/EG durch § 25 – bestätigt und dabei unmissverständlich klargestellt, dass von § 22 Abs. 1 Satz 1 Nr. 5 ausschließlich dingliche Erwerbsrechte erfasst sind.[153]

Damit erfolgt eine Zurechnung von Stimmrechten nach § 22 Abs. 1 Satz 1 Nr. 5 ausschließlich im Fall einer **einseitigen dinglichen Erwerbsmöglichkeit,** insbesondere im Fall eines vorbehaltlosen Übereignungsangebots, durch dessen Annah-

---

[150] So etwa MünchKommAktG-*Bayer,* § 22 Anh. § 22 WpHG Rn. 28; *Buck-Heeb,* Kapitalmarktrecht, Rn. 312; KölnKommWpÜG-*von Bülow;* § 30 Rn. 83; KölnKommWpHG-*von Bülow,* Rn. 112 f.; *Geibel/Süßmann,* WpÜG, § 30 Rn. 20; *Hüffer,* AktG, § 22 Anh. § 21 WpHG Rn. 5; *Nolte* in *Bürgers/Körber,* Anh. § 22/§ 22 WpHG Rn. 7; *Opitz* in *Schäfer/Hamann,* KMG, § 22 WpHG Rn. 58 ff.; *Schäfer* in *Marsch-Barner/Schäfer,* Handbuch börsennotierte AG, § 17 Rn. 27; *Schnabel/Korff* ZBB 2007, 179, 183; *Schwark,* § 22 WpHG Rn. 10; *Schwark/Noack,* § 30 WpÜG Rn. 8; *Sester* in *Spindler/Stilz,* § 22 Anh. Rn. 34; *Sieger/Hasselbach* WM 2004, 1370, 1377; *Steuer/Baur* WM 1996, 1477, 1480 f.; *Starke,* Beteiligungstransparenz im Gesellschafts- und Kapitalmarktrecht, S. 206 ff.; *Sudmeyer* in *Kuthe/Rückert/Sickinger,* Compliance-Handbuch Kapitalmarktrecht, 8. Kap Rn. 46; *Veil* in *Schmidt/Lutter,* Anh. § 22: § 22 WpHG Rn. 18. AA – teilweise noch zu § 22 Abs. 1 Nr. 6 WpHG aF – *Arends,* Die Offenlegung von Aktienbesitz nach deutschem Recht, S. 66 ff. (mit Ausnahme für börsengängige Optionen); MünchKommAktG-*Bayer,* 2. Aufl. 2000, § 22 Anh. § 22 WpHG Rn. 33; *Burgard* BB 1995, 2069, 2076; *Burgard* WM 2000, 611, 613; *Heidel/Heinrich,* § 22 WpHG Rn. 9; *Heinrich,* Kapitalmarktrechtliche Transparenzbestimmungen, S. 101 ff.; KölnKommAktG-*Koppensteiner,* § 22 Anh. §§ 21 ff. WpHG Rn. 19; *Schneider* AG 1997, 81, 83 f.; *Schneider* in *Assmann/Schneider,* Rn. 89 ff.; *Schneider* in *Assmann/Pötzsch/Schneider,* WpÜG, § 30 Rn. 64 ff.
[151] Vgl. *Steuer/Baur* WM 1996, 1477, 1478 und 1480.
[152] So jetzt auch MünchKommAktG-*Bayer,* § 22 Anh. § 22 WpHG Rn. 33.
[153] Siehe Begr. RegE BT-Drucks. 16/2498, S. 37; Begr. RegE BT-Drucks. 14/7034, S. 54. Die Hinweise der Begr. RegE BT-Drucks. 14/7034, S. 54, halten zutreffend für eine Bestätigung der engen Auslegung KölnKommWpÜG-*von Bülow,* § 30 Rn. 83; *Geibel/Süßmann,* WpÜG, § 30 Rn. 20; *Hüffer,* AktG, § 22 Anh. § 21 WpHG Rn. 5; *Schäfer* in *Marsch-Barner/Schäfer,* Handbuch börsennotierte AG, § 17 Rn. 17; *Schwark,* § 22 WpHG Rn. 10; *Sieger/Hasselbach* WM 2004, 1370, 1377; *Witt* AG 2001, 233, 237. – *Schneider* in *Assmann/Schneider,* Rn. 96 ff., sowie *Schneider* in *Assmann/Pötzsch/Schneider,* WpÜG, § 30 Rn. 64 ff., hält dagegen an seiner extensiven Auslegung fest.

me es unmittelbar zum Übergang des Aktieneigentums kommt.[154] Der Ausübung des Erwerbsrechts durch Abgabe einer einseitigen Willenserklärung steht es gleich, wenn der Erwerbsberechtigte einen Übergang der Aktien an sich durch eine sonstige Erklärung oder Handlung (zB Zahlung des Restkaufpreises bei Eigentumsvorbehalt) erreichen kann.[155] Denn auch hier hängt der Aktienerwerb nur noch von einem **Willensentschluss des Erwerbsberechtigten** und dessen Ausführung ab (näher zu Potestativbedingungen Rn. 69).[156] Die Kehrseite dessen besteht einerseits darin, dass es für die Anwendung von § 22 Abs. 1 Satz 1 Nr. 5 nicht ausreicht, wenn die Vollendung des Erwerbstatbestands noch von Erklärungen oder Handlungen des verpflichteten Aktieninhabers oder Dritter abhängt.[157] Andererseits ist eine Willenserklärung oder vergleichbare Handlung des Erwerbsberechtigten zwar ausreichend, aber für die Anwendung der Zurechnungsnorm auch erforderlich. An dieser Tatbestandsvoraussetzung fehlt es etwa, wenn der Übergang des Aktieneigentums nach den konkreten Vertragsbestimmungen mit Wirkung zu einem zukünftigen Datum ohne weitere Beteiligung des Erwerbsberechtigten erfolgt.[158] Darüber hinaus ist § 22 Abs. 1 Satz 1 Nr. 5 nur anwendbar, wenn **der Erwerbsberechtigte an der Begründung** des Erwerbsrechts (zumindest indirekt) **mitgewirkt** hat oder sich das Bestehen des Erwerbsrechts aus sonstigen Gründen zurechnen lassen muss.[159] Unaufgefordert übermittelte (unbedingte) Übereignungsofferten oder Erwerbsrechte aus Vertragsverhältnissen unter Dritten, die ohne Beteiligung und Wissen des Erwerbsberechtigten zustande gekommen sind, sind daher für die Stimmrechtszurechnung nach § 22 Abs. 1 Satz 1 Nr. 5 nicht ausreichend. Die dingliche Erwerbsposition muss ferner gegenüber dem Verpflichteten und Dritten bestandskräftig und unanfechtbar sein. Hieran fehlt es insbesondere, wenn der Verpflichtete berechtigt ist, das Erwerbsrecht vor dessen Ausübung zunichte zu machen (zB aufgrund eines vertraglichen Rücktrittsrechts), ohne dass der Berechtigte dies jederzeit verhindern kann.[160] Ist für die Ausübung des dinglichen Erwerbsrechts eine Frist vereinbart, entfällt die Zurechnung, wenn der Erwerbsberechtigte die Ausübungsfrist verstreichen lässt.

b) Einzelfälle

67 Ein typischer Anwendungsfall des § 22 Abs. 1 Satz 1 Nr. 5 ist das Vorliegen eines **vorbehaltlosen Angebots der Übereignung von Aktien,** dessen An-

---

[154] Auf das Übereignungsangebot, das jederzeit mit dinglicher Wirkung angenommen werden kann, passen die Begriffe „Erwerbsrecht" und „Erwerbsberechtigter" genau genommen nicht. Gleichwohl ist eine solche Begriffsverwendung, wie auch im Fall von Potestativbedingungen, üblich.
[155] Ebenso KölnKommWpÜG-*von Bülow*, § 30 Rn. 86; *Drinkuth* in *Marsch-Barner/ Schäfer*, Handbuch börsennotierte AG, § 59 Rn. 35.
[156] Der Wortlaut von § 22 Abs. 1 Satz 1 Nr. 5 enthält allerdings den Begriff der Willenserklärung, was auf ein Begriffsverständnis im bürgerlich-rechtlichen Sinne hindeutet (wovon auch konkludentes Handeln erfasst ist). Es ist aber noch vom Wortlaut der Norm gedeckt, unter Willenserklärung auch eine sonstige Handlung zu fassen, mit dem der Erwerbsberechtigte seinen (fortbestehenden) Aneignungswillen zum Ausdruck bringt.
[157] Vgl. KölnKommWpÜG-*von Bülow*, § 30 Rn. 86; *Geibel/Süßmann*, WpÜG, § 30 Rn. 20; *Starke*, Beteiligungstransparenz im Gesellschafts- und Kapitalmarktrecht, S. 208.
[158] Vgl. KölnKommWpÜG-*von Bülow*, § 30 Rn. 88; *Schwark*, § 22 WpHG Rn. 11; *Steuer/Baur* WM 1996, 1477, 1480.
[159] KölnKommWpÜG-*von Bülow*, § 30 Rn. 90.
[160] Vgl. KölnKommWpÜG-*von Bülow*, § 30 Rn. 89.

nahme unmittelbar zum dinglichen Erwerb des Angebotsempfängers (des Meldepflichtigen) führt. Eine mit der dinglichen Übereignungsofferte vergleichbare und damit die Stimmrechtszurechnung nach § 22 Abs. 1 Satz 1 Nr. 5 begründende Sachlage besteht, wenn ein **dingliches Vorerwerbsrecht** über Aktien des Emittenten vorliegt, das vom Begünstigten mit unmittelbarer Übereignungswirkung ausgeübt werden kann, wenn der Vorerwerbsfall eingetreten ist.[161]

Dagegen fällt es nicht in den Anwendungsbereich des § 22 Abs. 1 Satz 1 Nr. 5 **68** (aber je nach Ausgestaltung in den des § 25 Abs. 1 Satz 1), wenn der Begünstigte durch eine Willenserklärung lediglich einen Anspruch auf Übereignung von Aktien erhält, der durch den Verpflichteten gesondert zu erfüllen ist. Damit sind insbesondere den Inhabern von schuldrechtlich ausgestalteten **Kaufoptionen** nicht die Stimmrechte aus den betroffenen Aktien zuzurechnen.[162] Dasselbe gilt hinsichtlich derjenigen, die im Falle der Ausübung einer **Verkaufsoption** oder eines Andienungsrechts zur Abnahme von Aktien verpflichtet sind, und zwar schon deswegen, weil sie als Stillhalter den Erwerbsfall nicht beeinflussen können.[163]

Einen anderen Charakter als Erklärungen, mit denen Übereignungsangebote **69** angenommen werden können, haben **Potestativbedingungen,** d. h. aufschiebende oder auflösende Bedingungen im Sinne von § 158 BGB, deren Eintritt im Belieben einer Partei steht. Gleichwohl können sie die Stimmrechtszurechnung nach § 22 Abs. 1 Satz 1 Nr. 5 begründen, wenn nämlich der Eintritt der im Belieben des Erwerbsberechtigten stehenden Potestativbedingung ohne weiteres zum Übergang von Aktieneigentum auf den Erwerbsberechtigten führt. Steht der Eigentumserwerb dagegen unter aufschiebenden Bedingungen, die keine Potestativbedingungen zugunsten des Erwerbsberechtigten sind, ist eine Stimmrechtszurechnung ausgeschlossen. Dies betrifft zB Fälle, in denen der Eigentumsübergang eines Aktienpakets aufschiebend bedingt ist durch die kartellrechtliche Freigabe der Beteiligungstransaktion oder in denen für den dinglichen Erwerb vinkulierter Namensaktien noch die Zustimmung der Gesellschaft nach § 68 Abs. 2 AktG erforderlich ist, selbst wenn die Zustimmung nach der Satzung der Gesellschaft nur aus wichtigem Grund verweigert werden darf.

Die speziell dem Kapitalmarktbereich zuzuordnenden standardisierten Erwerbsmöglichkeiten und Erwerbsvorgänge fallen nahezu durchgängig nicht in den **70** Anwendungsbereich des § 22 Abs. 1 Satz 1 Nr. 5. Dies gilt insbesondere für **börsengängige Call- und Put-Optionen,** die im Ausübungsfall lediglich Lieferansprüche entstehen lassen;[164] insoweit kann allenfalls eine **Mitteilungspflicht nach**

---

[161] Vor Eintreten des Vorerwerbsfalles ist eine Stimmrechtszurechnung nach § 22 Abs. 1 Satz 1 Nr. 5 ausgeschlossen, da der Vorerwerbsfall stets aufgrund von Erklärungen/Handlungen Dritter eintritt (vgl. KölnKommWpÜG-*von Bülow,* § 30 Rn. 98; KölnKomm-WpHG-*von Bülow,* Rn. 129).

[162] Siehe etwa KölnKommWpHG-*von Bülow,* Rn. 121; *Geibel/Süßmann,* WpÜG, § 30 Rn. 21; *Opitz* in *Schäfer/Hamann,* KMG, § 22 WpHG Rn. 64; *Schäfer* in *Marsch-Barner/Schäfer,* Handbuch börsennotierte AG, § 17 Rn. 27; *Schwark,* § 22 WpHG Rn. 10; *Sieger/Hasselbach* WM 2004, 1370, 1377. AA MünchKommAktG-*Bayer,* 2. Aufl. 2000, § 22 Anh. § 22 WpHG Rn. 33; *Burgard* BB 1995, 2069, 2076, *Schneider* AG 1997, 91, 83 f.; *Schneider* in *Assmann/Schneider,* Rn. 89 ff.

[163] Vgl. KölnKommWpÜG-*von Bülow,* § 30 Rn. 93; KölnKommWpHG-*von Bülow,* Rn. 123; *Steuer/Baur* WM 1996, 1477, 1481.

[164] Siehe nur *Falkenhagen* WM 1995, 1005, 1007; *Opitz* in *Schäfer/Hamann,* KMG, § 22 WpHG Rn. 67; *Schwark,* § 22 WpHG Rn. 10; *Steuer/Baur* WM 1996, 1477, 1481 ff. AA

§ 22 **Abschnitt 5. Veränderungen des Stimmrechtsanteils**

§ 25 bestehen. Auch den Inhabern von in Wertpapieren verkörperten oder sonstigen Bezugsrechten werden Stimmrechte aus den erwerbbaren Aktien nicht zugerechnet. Das liegt bei **Bezugsaktien aus bedingtem Kapital,** d. h. insbesondere bei Bezugsrechten aus Wandelschuldverschreibungen und Beteiligungsprogrammen nach § 192 Abs. 2 Nr. 1 und Nr. 3 AktG, schon daran, dass sich die kapitalmarktrechtliche Beteiligungstransparenz allein auf bereits vorhandene Aktien bezieht, da bei einer Erfassung von noch nicht ausgegebenen Bezugsaktien die Beteiligungsverhältnisse verfälscht würden (hierzu auch § 21 Rn. 50).[165] Im Übrigen führt die Bezugsrechtsausübung regelmäßig nicht zu einem unmittelbaren Übergang der Aktien auf den Bezugsberechtigten. Vielmehr bedarf es hierfür noch weiterer Handlungen der verpflichteten Aktieninhaber (Übereignung durch Aktieninhaber, zB bei Bezugsrecht aus Optionsscheinen oder beim Erwerb neuer Aktien vom Emissionsunternehmen im Rahmen einer Kapitalerhöhung mit mittelbarem Bezugsrecht) oder einer gesonderten Mitwirkung des Emittenten (zB bei Ausübung des Bezugsrechts aus Wandelschuldverschreibungen oder Lieferung von Bezugsaktien aus dem Bestand eigener Aktien).[166]

6. Stimmrechte aus anvertrauten Aktien, Stimmrechtsvollmacht (Nr. 6)

a) Überblick

71 Nach § 22 Abs. 1 Satz 1 Nr. 6 werden Stimmrechte aus Aktien zugerechnet, die dem Meldepflichtigen anvertraut sind[167] oder aus denen er die Stimmrechte als Bevollmächtigter[168] ausüben kann. Weitere Voraussetzung ist, dass die Stimmrechtsausübung nach eigenem Ermessen erfolgen kann, wenn keine besonderen Weisungen erteilt sind. Dem Zurechnungstatbestand liegt die Erwägung zugrunde, dass eine im Sinne von § 21 Abs. 1 wesentliche Stimmrechtsmacht auch in den Händen desjenigen besteht, der aufgrund eines besonderen Vertrauens- oder Rechtsverhältnisses zu einem Aktionär oder aufgrund Bevollmächtigung befugt ist, die Stimmrechte aus dessen Aktien **weitgehend nach eigenem Ermessen** auszuüben. Darin kommt der für § 22 insgesamt bestimmende Gedanke zum Ausdruck, dass zur möglichst objektiven Darstellung der Beteiligungsverhältnisse

---

Burgard BB 1995, 2069, 2076; *Schneider* AG 1997, 91, 83 f.; *Schneider* in *Assmann/Schneider,* Rn. 108 ff. Auch Vertreter einer weiten Auslegung von § 22 Abs. 1 Satz 1 Nr. 5 (§ 22 Abs. 1 Nr. 6 WpHG aF) nehmen teilweise börsengängige Optionen von der Anwendung der Zurechnungsnorm aus (vgl. *Arends,* Die Offenlegung von Aktienbesitz nach deutschem Recht, S. 68 ff., sowie MünchKommAktG-*Bayer,* § 22 Anh. § 22 WpHG Rn. 30).

[165] Ebenso *Schneider* in *Assmann/Schneider,* Rn. 112.

[166] Siehe KölnKommWpÜG-*von Bülow,* § 30 Rn. 96; KölnKommWpHG-*von Bülow,* Rn. 127; *Steuer/Baur* WM 1996, 1477, 1481 ff. Anders im Hinblick auf Wandelanleihen offenbar *Holzborn/Friedhoff* WM 2002, 948.

[167] Gemeinschaftsrechtliche Grundlage der Zurechnung von „anvertrauten" Aktien ist Art. 10 lit. f) der Transparenzrichtlinie 2004/109/EG (Vor §§ 21 bis 30 Rn. 6), der anders als § 22 Abs. 1 Satz 1 Nr. 6 das Merkmal der Verwahrung enthält. Den Mitgliedstaaten ist aber unbenommen, die Regelungen der Richtlinien zu verschärfen, d. h. im vorliegenden Zusammenhang durch Verzicht auf das Erfordernis der Verwahrung den Zurechnungstatbestand zu erweitern.

[168] Die Tatbestandsalternative der Bevollmächtigung wurde durch das Transparenzrichtlinie-Umsetzungsgesetz vom 5. Januar 2007 (BGBl. I S. 10) eingefügt. Sie dient der Umsetzung von Art. 10 lit. h) der Transparenzrichtlinie 2004/109/EG (Vor §§ 21 bis 30 Rn. 6).

nicht ausschließlich die formalen Eigentumsverhältnisse entscheidend sind, sondern – bei typisierender Betrachtung – auch sonstige Einflussnahmemöglichkeiten von Bedeutung sein können.

Unter **„Bevollmächtigung"** ist die wirksame (vgl. insbesondere § 134 Abs. 3 72 Satz 2 AktG) **rechtsgeschäftliche Erteilung von Vertretungsmacht** zur Stimmrechtsausübung zu verstehen. Auch eine punktuelle, beispielsweise auf eine Hauptversammlung (zu § 22 Abs. 4 siehe Rn. 78) oder auch nur einen Tagesordnungspunkt bezogene Vollmacht genügt. Auch die **Legitimationsübertragung** ist eine Bevollmächtigung im Sinne des § 22 Abs. 1 Satz 1 Nr. 6. Sie begründet zwar keine Vertretungsmacht, der Legitimationsaktionär kann aber aufgrund dinglicher Ermächtigung zur Stimmrechtsausübung entsprechend § 185 BGB die fremden Stimmrechte im eigenen Namen ausüben; er hat damit – trotz unterschiedlicher rechtstechnischer Ausgestaltung – die gleichen Möglichkeiten zur Einflussnahme auf den Emittenten wie ein Bevollmächtigter. Der Wortlaut (zum Analogieverbot siehe Vor §§ 21 bis 30 Rn. 25) steht diesem Verständnis nicht entgegen, da der Begriff „Bevollmächtigter", gerade auch vor dem gemeinschaftsrechtlichen Hintergrund der Norm, nicht zwingend die (technische) Bedeutung haben muss, die ihm nach deutschem Zivilrecht üblicherweise zukommt.[169] Eine Begrenzung dieses weiten Zurechnungstatbestandes erfolgt jedoch dadurch, dass die Stimmrechtsausübung nicht weisungsgebunden sein darf (zum Vollmachtsstimmrecht der Kreditinstitute nach § 135 AktG und zu den Stimmrechtsvertretern der Gesellschaft gemäß § 134 Abs. 3 Satz 3 AktG siehe Rn. 77). Aus dieser Einschränkung ergibt sich, dass eine **kraft Gesetzes bestehende Vertretungsmacht** keine „Bevollmächtigung" im Sinne des § 22 Abs. 1 Satz 1 Nr. 6 darstellt (siehe auch Rn. 73). Denn diesem Zurechnungstatbestand liegt die Annahme zugrunde, dass der Meldepflichtige grundsätzlich als Empfänger von Weisungen in Betracht kommt.[170] Dies ist bei gesetzlichen Vertretern gerade nicht der Fall; diese sind keine Empfänger von auf die Stimmrechtsausübung bezogenen Weisungen, sondern umgekehrt diejenigen, die für die von ihnen vertretenen Aktionäre anderen Personen (zB gewerblichen Vermögensverwaltern) Weisungen erteilen. Auch **organschaftliche Vertreter** sind keine „Bevollmächtigten" im Sinne des § 22 Abs. 1 Satz 1 Nr. 6.

Der Begriff **„anvertraut"** überschneidet sich mit dem der „Bevollmächti- 73 gung", ist aber enger als dieser. Auch bei anvertrauten Aktien ist Voraussetzung für eine Zurechnung, dass der Meldepflichtige (kraft Vollmacht) befugt ist, die Stimmrechte für den Aktionär auszuüben. Zusätzlich erfordert das „Anvertrautsein" aber eine bestimmte Art von Rechtsverhältnis zwischen Aktionär und Meldepflichtigem. Dieses muss **fiduziarischen (treuhandähnlichen) Charakter** haben, d.h. der Aktionär muss unter Beibehaltung seiner dinglichen Rechtsstellung (insoweit unter Abweichung von der Treuhand) einen Anderen (den Meldepflichtigen) damit beauftragt haben, seine (des Aktionärs) Vermögensinteressen im Hinblick auf die Aktien des konkreten Emittenten wahrzunehmen.[171] Hieraus folgt einerseits, dass das Rechtsverhältnis zwischen den Beteiligten **auf eine gewisse Dauer angelegt** sein muss, da eine Beauftragung für den Einzelfall (etwa zur Stimmrechtsausübung in einer bestimmten Hauptversammlung)

---

[169] AA *Schnabel/Korff* ZBB 2007, 179, 181.
[170] Vgl. auch KölnKommWpHG-*von Bülow*, Rn. 135.
[171] KölnKommWpÜG-*von Bülow*, § 30 Rn. 101.

keinen vermögensbetreuenden Charakter hat. Diese Anforderung an das Rechtsverhältnis ist jedenfalls erfüllt, wenn der Beauftragte das Aktienvermögen des Aktionärs verwaltet und aufgrund umfassender Vollmacht dauerhaft in der Lage ist, die mitgliedschaftlichen Rechte wie ein Aktionär auszuüben. **Gesetzlichen Vertretern** und **gesetzlichen Vermögensverwaltern** (Insolvenz-, Zwangs-, Nachlassverwalter oder Testamentsvollstrecker) sind die Aktien, auf die sich ihre Vertretung oder ihr privates Amt erstreckt, nicht im Sinne von § 22 Abs. 1 Satz 1 Nr. 6 anvertraut.[172] Ihnen obliegt zwar die Aufgabe, Vermögensinteressen des Vertretenen wahrzunehmen. Diese Aufgabe ist ihnen aber nicht – wie von § 22 Abs. 1 Satz 1 Nr. 6 gefordert – aufgrund eines **besonderen Rechtsverhältnisses** zur Erledigung zugewiesen, das über ihre originären Vermögensbetreuungspflichten hinausgeht.[173] Dies zeigt sich auch daran, dass die gesetzlichen Vertreter und Vermögensverwalter nicht als Empfänger von Weisungen im Sinne von § 22 Abs. 1 Satz 1 Nr. 6 in Betracht kommen, sondern – gerade umgekehrt – diejenigen sind, die für die von ihnen vertretenen Aktionäre anderen Personen Weisungen erteilen, sofern solche Personen aufgrund einzelvertraglicher Vereinbarungen mit den gesetzlichen Vertretern und Vermögensverwaltern mit der Vermögensbetreuung beauftragt sind.

74 Das Tatbestandsmerkmal der **Stimmrechtsausübung nach eigenem Ermessen** besagt nicht, dass die Zurechnung ausgeschlossen ist, wenn der Aktionär im konkreten Fall Weisungen zur Stimmrechtsausübung erteilt.[174] Erforderlich ist nur, dass **bei abstrakter Betrachtung**, also für den Fall, dass keine Einzelweisungen erteilt wurden, ein Ermessensspielraum des Meldepflichtigen besteht. Dies gilt selbst dann, wenn der Aktionär praktisch regelmäßig Weisungen erteilt, solange dadurch der – im Hintergrund vorhandene – Ermessensspielraum nicht als aufgehoben anzusehen ist.[175] Eine andere Auslegung würde den Sinn und Zweck des Zurechnungstatbestands verkennen und könnte wegen des damit verbundenen punktuellen Entstehens und Wegfalls der Stimmrechtszurechnung diffuse Stimmrechtsmitteilungen verursachen. Vielmehr beschreibt das Tatbestandsmerkmal den Ermessensspielraum als generelle Ermächtigung zur Stimmrechtsausübung, die unter dem Vorbehalt ausdrücklicher Einzelweisungen des Aktionärs stehen kann.[176]

---

[172] Im Ergebnis ebenso KölnKommWpÜG-*von Bülow*, § 30 Rn. 101; KölnKommWpHG-*von Bülow*, Rn. 135. AA *Arends*, Die Offenlegung von Aktienbesitz nach deutschem Recht, S. 70; MünchKommAktG-*Bayer*, § 22 Anh. § 22 WpHG Rn. 32; *Burgard* BB 1995, 2069, 2076; *Schneider* in *Assmann/Schneider*, Rn. 114; *Schwark*, § 22 WpHG Rn. 13; *Sudmeyer* in *Kuthe/Rückert/Sickinger*, Compliance-Handbuch Kapitalmarktrecht, 8. Kap. Rn. 47.

[173] Zutreffend KölnKommWpÜG-*von Bülow*, § 30 Rn. 101. Die Einbeziehung gesetzlicher Vertreter ist auch nicht erforderlich, um die effektive Durchsetzung der Mitteilungspflichten zu erhöhen. Denn sie sind schon aufgrund ihrer jeweils bestehenden Sorgfaltspflichten im Innenverhältnis zu den Vertretenen verpflichtet, für eine ordnungsgemäße Erfüllung der den Vertretenen obliegenden Pflichten zu sorgen.

[174] So aber *Schneider* in *Assmann/Schneider*, Rn. 122, im Hinblick auf das Vollmachtsstimmrecht der Depotbanken nach § 135 (näher hierzu Rn. 77).

[175] Ähnlich KölnKommWpÜG-*von Bülow*, § 30 Rn. 104; KölnKommWpHG-*von Bülow*, Rn. 138, wonach eine Zurechnung nach § 22 Abs. 1 Satz 1 Nr. 6 ausscheidet, wenn für eine Stimmrechtsausübung nach eigenem Ermessen faktisch kein Raum mehr bleibt.

[176] Ebenso KölnKommWpÜG-*von Bülow*, § 30 Rn. 104; KölnKommWpHG-*von Bülow*, Rn. 138.

b) Keine Absorption bei Bevollmächtigung

Im Fall des § 22 Abs. 1 Satz 1 Nr. 6 findet – entsprechend dem allgemeinen Grundsatz der mehrfachen Mitteilungspflicht (vgl. § 21 Rn. 6) – keine **Absorption der Stimmrechte beim Vollmachtgeber** (d.h. dem Aktionär) statt.[177] Demgegenüber soll nach Ansicht des Committee of European Securities Regulators (CESR)[178] zu dem durch § 22 Abs. 1 Satz 1 Nr. 6 umgesetzten Art. 10 lit. h) der Transparenzrichtlinie 2004/109/EG auch der Vollmachtgeber eine Mitteilung abzugeben haben, wenn sich infolge der Bevollmächtigung sein Stimmrechtsanteil verringert. Diese Auffassung hat jedoch in der Durchführungsrichtlinie 2007/14/EG (Vor §§ 21 bis 30 Rn. 6) keinen Niederschlag gefunden. Zudem bleibt der Vollmachtgeber Aktionär, woraus auch das von Art. 10 lit. h) der Transparenzrichtlinie 2004/109/EG vorausgesetzte grundsätzliche Weisungsrecht des Vollmachtgebers folgt. Eine Absorption der Stimmrechte würde in irreführenden Stimmrechtsmitteilungen resultieren, da der Vollmachtgeber, der die Vollmacht jederzeit widerrufen oder einschränken kann, weiterhin Einfluss auf den Emittenten hat.

c) Einzelfälle

Ein typischer Anwendungsfall des § 22 Abs. 1 Satz 1 Nr. 6 ist die **Vermögensverwaltung**.[179] Die bei der gewerbsmäßigen Vermögensverwaltung einzuhaltenden **Anlagerichtlinien** (näher hierzu § 31 Rn. 261 ff.) stehen der Anwendung von § 22 Abs. 1 Satz 1 Nr. 6 nicht entgegen, da diese Vorgaben hinsichtlich der konkreten Ausübung mitgliedschaftlicher (Verwaltungs-)Rechte enthalten und daher den Ermessensspielraum des Vermögensverwalters nicht generell verdrängen. Ist der Vermögensverwalter für mehrere Kunden so tätig, dass ihm jeweils gemäß § 22 Abs. 1 Satz 1 Nr. 6 die Stimmrechte aus den verwalteten Aktien zugerechnet werden, sind die hiervon erfassten Stimmrechte aus Aktien eines bestimmten Emittenten zur Bemessung seines Stimmrechtsanteils zu addieren. Nicht viel anders sind im vorliegenden Zusammenhang die **Investment- oder Fonds-Management-Gesellschaften** nach US-amerikanischer Prägung zu beurteilen, die nicht dem Investmentgesetz unterliegen. Deren Zweck besteht typischerweise in der zentralen Verwaltung von in rechtlich selbstständigen Einheiten (Fonds) gehaltenen Kapitalanlagevermögen. An den Fonds sind die Management-Gesellschaften häufig jedoch nicht selbst korporativ beteiligt (so dass eine Zurechnung nach § 22 Abs. 1 Satz 1 Nr. 1 und Abs. 3 ausscheidet), sondern mit diesen lediglich über ein gemeinsames Mutterunternehmen auf höherer Konzernebene verbunden.[180] Soweit die Management-Gesellschaften für die Fonds die Beteiligungs- und Vermögensverwaltung übernehmen und sie hierfür wirksam mit entsprechenden Vollmachten sowie Ermessensspielraum mit (oder ohne)

---

[177] Siehe auch Hinweise der BaFin zu den Mitteilungs- und Veröffentlichungspflichten gemäß §§ *21 ff.* WpHG, Stand 5. Februar 2007, unter I. 5. (abrufbar unter *www.bafin.de*).
[178] CESR's Final Technical Advice on Possible Implementing Measures of the Transparency Directive, Ref. CESR /05-407, June 2005, §§ 175 f., 184.
[179] Näher zur Vermögensverwaltung im vorliegenden Zusammenhang siehe *Schäfer* in *Marsch-Barner/Schäfer*, Handbuch börsennotierte AG, § 17 Rn. 31. Vgl. auch Jahresbericht BAWe 1997, S. 31.
[180] Näher zu Struktur und Erscheinungsformen etwa *Schäfer* in *Marsch-Barner/Schäfer*, Handbuch börsennotierte AG, § 17 Rn. 32; *Schneider* in *Assmann/Schneider*, Rn. 118 ff.

§ 22   77   Abschnitt 5. Veränderungen des Stimmrechtsanteils

Weisungsvorbehalt ausgestattet sind, werden ihnen die Stimmrechte aus den in den Fonds gehaltenen Aktien nach § 22 Abs. 1 Satz 1 Nr. 6 zugerechnet.[181]

77   Das Entstehen und die Intensität der Diskussion[182] um die Anwendbarkeit des § 22 Abs. 1 Satz 1 Nr. 6 auf das **Vollmachtsstimmrecht der Kreditinstitute** nach § 135 AktG ist möglicherweise darauf zurückzuführen, dass die Aktien nach § 22 Abs. 1 Satz 1 Nr. 7 WpHG aF noch „zur Verwahrung" anvertraut sein mussten. Potentielle Regelungsadressaten der Vorgängernorm von § 22 Abs. 1 Satz 1 Nr. 6 waren daher im Wesentlichen nur die Depotbanken der Aktionäre, und zwar nicht nur in ihrer Funktion als Vermögensverwalter (insoweit war die Anwendbarkeit auch nicht umstritten), sondern als Stimmrechtsbevollmächtigte gemäß § 135 AktG. Angesichts der geringen praktischen Bedeutung des Zurechnungstatbestands, der ihm bei einem Ausscheiden des Vollmachtstimmrechts aus seinem Anwendungsbereich verbliebenen wäre, war eine Tendenz zur ausführlichen Erörterung der Anwendbarkeit des § 22 Abs. 1 Nr. 7 WpHG aF auf diesen Fall vorgegeben, obgleich im Gesetzgebungsverfahren ausdrücklich auf die Unanwendbarkeit der Zurechnungsnorm auf das Vollmachtstimmrecht der Kreditinstitute hingewiesen worden ist.[183] Die Frage, ob den Kreditinstituten die Aktien ihrer Depotkunden im Sinne von § 22 Abs. 1 Satz 1 Nr. 6 anvertraut sind, hat durch die Einfügung der Tatbestandsalternative der Bevollmächtigung,[184] deren Voraussetzungen (Rn. 72) das Vollmachtstimmrecht der Kreditinstitute erfüllt, ihre Bedeutung verloren. Die Zurechnung der Stimmrechte aus Aktien der Depotkunden scheitert aber nach wie vor daran, dass § 135 AktG (auch iVm § 128 Abs. 2 AktG) den Depotbanken verschiedenen Verhaltensgebote auferlegt, die anstelle des für § 22 Abs. 1 Satz 1 Nr. 6 erforderlichen Ermessensspielraums mit Weisungsvorbehalt zu einer Weisungs- und Vorschlagsgebundenheit mit Abweichungsvorbehalt (vgl. 135 Abs. 5 AktG) führen.[185] Das Gleiche gilt für **Aktionärsvereinigungen** und die sonstigen in § 135 Abs. 9 genannten Personen.[186]

---

[181] Ebenso *Geibel/Süßmann,* WpÜG, § 30 Rn. 24; *Schneider* in *Assmann/Schneider,* Rn. 119; *Schwark,* § 22 WpHG Rn. 14.

[182] Vgl. etwa die umfassenden Nachweise bei *Schneider* in *Assmann/Schneider,* Rn. 123; *Starke,* Beteiligungstransparenz im Gesellschafts- und Kapitalmarktrecht, S. 211.

[183] Begr. RegE BT-Drucks. 12/6679, S. 54. Dieser Hinweis findet sich auch in der Begründung des Regierungsentwurfs des Transparenzrichtlinie-Umsetzungsgesetzes (siehe Vor §§ 21 bis 30 Rn. 11), BT-Drucks. 16/2498, S. 35.

[184] Durch das Transparenzrichtlinie-Umsetzungsgesetz vom 5. Januar 2007 (BGBl. I S. 10).

[185] Im Ergebnis (zT für § 22 Abs. 1 Satz 1 Nr. 6 aF) ebenso Jahresbericht BAWe 1999, S. 33; MünchKommAktG-*Bayer,* § 22 Anh. § 22 WpHG Rn. 33 ff.; KölnKommWpÜG-*von Bülow,* § 30 Rn. 105; KölnKommWpHG-*von Bülow,* Rn. 139; *Falkenhagen* WM 1995, 1005, 1007; *Franck* BKR 2002, 709, 715; *Geibel/Süßmann,* WpÜG, § 30 Rn. 25; *Göres* Der Konzern 2007, 15, 18; *Heidel/Heinrich,* § 22 WpHG Rn. 10; *Hopt* ZHR 159 (1995), 135, 139; *Hüffer,* AktG, § 22 Anh. § 22 WpHG Rn. 5; *Nießen* NZG 2007, 41, 42 f.; *Nolte* in *Bürgers/Körber,* Anh. § 22/§ 22 WpHG Rn. 8; *Opitz* in *Schäfer/Hamann,* KMG, § 22 WpHG Rn. 69 ff.; *Schnabel/Korff* ZBB 2007, 179, 181; *Schneider* in *Assmann/Schneider,* Rn. 124 ff.; *Schwark,* § 22 WpHG Rn. 15; *Starke,* Beteiligungstransparenz im Gesellschafts- und Kapitalmarktrecht, S. 210 f. AA etwa *Arends,* Die Offenlegung von Beteiligungsbesitz nach deutschem Recht, S. 70 f.; *Burgard* BB 1995, 2069, 2076 f.; *Witt* AG 1998, 171, 176 f.; de lege ferenda *Schneider/Burgard* DB 1997, 1761, 1765.

[186] Zu diesen können auch institutionelle Stimmrechtsberater gehören (vgl. § 135 Abs. 9 Satz 1 Nr. 3); siehe dazu auch *Nolte* in *Bürgers/Körber,* Anh. § 22/§ 22 WpHG

Auf **Stimmrechtsvertreter der Gesellschaft** (§ 134 Abs. 3 Satz 3 AktG) ist § 22 Abs. 1 Satz 1 Nr. 6 ohnehin nicht anwendbar, da diese stets weisungsgebunden sind.[187]

d) Stimmrechtsvollmacht für eine HV (§ 22 Abs. 4)

§ 22 Abs. 4 wurde durch das Transparenzrichtlinie-Umsetzungsgesetz vom 5. Januar 2007[188] eingefügt; die in § 22 Abs. 4 aF enthaltene Regelung findet sich nun in § 17 Abs. 2 Satz 2 WpAIV (Rn. 110f.). Wird eine von § 22 Abs. 1 Satz 1 Nr. 6 erfasste Stimmrechtsvollmacht **nur für eine konkrete Hauptversammlung** (oder auch für nur einen Beschlussgegenstand einer Hauptversammlung) erteilt, könnte dies sowohl dann zu einer Meldepflicht des Bevollmächtigten führen, wenn die Vollmacht erteilt wird und durch die Zurechnung eine Schwellenberührung stattfindet, als auch dann, wenn nach Beendigung der Hauptversammlung die Vollmacht (oder das Ausübungsermessen) erlischt und damit die zugerechneten Stimmrechte nicht mehr zu berücksichtigen sind.[189] § 22 Abs. 4 Satz 1 macht in diesem Fall **die zweite Stimmrechtsmitteilung entbehrlich**. Die bei der Erteilung der Vollmacht abzugebende Mitteilung hat nach § 22 Abs. 4 Satz 2 die Angabe zu enthalten, wann die Hauptversammlung stattfindet und wie hoch nach Erlöschen der Vollmacht oder des Ausübungsermessens der Stimmrechtsanteil sein wird, der dem Bevollmächtigten zugerechnet wird. Eine (zweite) Mitteilung ist allerdings dann erforderlich, wenn sich unabhängig vom Erlöschen der Vollmacht der (eigene oder ihm zuzurechnende) Stimmrechtsanteil des Bevollmächtigten verändert[190] und dadurch eine der Schwellen des § 21 Abs. 1 berührt wird.[191]

IV. Wechselseitige Zurechnung nach § 22 Abs. 2

1. Grundlagen

a) Regelungsgegenstand und -zweck

Der Zurechnungstatbestand des § 22 Abs. 2 betrifft die Verhaltenskoordination auf Aktionärsebene des Emittenten. Im Unterschied zu den Zurechnungstatbeständen des § 22 Abs. 1 Satz 1, bei denen die Zurechnung auf dem Auseinanderfallen von dinglicher Zuordnung der Stimmrechte bei einem Rechtsträger (Aktionär) und – typisierend angenommenem – Stimmrechtseinfluss eines anderen Rechtsträgers (Meldepflichtiger) beruht, setzt die Zurechnung nach § 22 Abs. 2 Satz 1 eine **gemeinsame zielgerichtete Willensbildung** der Beteiligten voraus.[192] Während demnach im Rahmen der Zurechnungstatbestände nach § 22

Rn. 8 und (allerdings noch auf Grundlage des § 22 Abs. 1 Satz 1 Nr. 6 aF) *Schneider/Anzinger* NZG 2007, 88, 93f.
[187] Siehe nur *Hüffer*, AktG, § 134 Rn. 26b.
[188] BGBl. I S. 10. § 22 Abs. 4 dient der Umsetzung von Art. 8 Abs. 2 der Durchführungsrichtlinie 2007/14/EG (Vor §§ 21 bis 30 Rn. 6).
[189] Vgl. Begr. RegE BT-Drucks. 16/2498, S. 35.
[190] Vgl. Begr. RegE BT-Drucks. 16/2498, S. 35; *Schnabel/Korff* ZBB 2007, 179, 182.
[191] Siehe auch KölnKommWpHG-*von Bülow*, Rn. 289; *Veil* in *Schmidt/Lutter*, Anh. § 22: § 22 WpHG Rn. 21.
[192] Die Stimmrechtszurechnung aufgrund abgestimmten Verhaltens war zunächst in § 22 Abs. 1 Nr. 3 WpHG aF enthalten und setzte tatbestandlich eine Vereinbarung über die

§ 22 80, 81   Abschnitt 5. Veränderungen des Stimmrechtsanteils

Abs. 1 Satz 1 in erster Linie äußere Tatsachen entscheidend sind, geht es bei § 22 Abs. 2 Satz 1 im Kern um subjektive Umstände, die zwar ebenfalls eine Außenwirkung haben, sich dabei aber nicht immer eindeutig manifestieren. Dieser Aspekt hat hauptsächlich Auswirkungen prozessualer Natur.[193]

80 Die Anwendung des § 22 Abs. 2 ist dadurch geprägt, dass die wesentlichen Tatbestandsmerkmale der Norm, insbesondere im Hinblick auf die Zielsetzung und Intensität der Verhaltensabstimmung, **unbestimmt** sind und mehrere Deutungen zulassen. Keine Abhilfe schafft in diesem Zusammenhang der Befund, dass als Bezeichnung für abgestimmtes Verhalten auf Gesellschafterebene der Begriff des „**Acting in Concert**" über Rechtsordnungen hinweg geläufig ist und damit auch § 22 Abs. 2 zugeordnet werden kann.[194] Denn zum einen gibt es international keine einheitliche Begriffsverwendung, sondern eine Vielfalt verschiedener Ausprägungen dieser Rechtsfigur, die Gemeinsamkeiten nur in Teilen feststellen lässt.[195] Zum anderen ist es dem nationalen Gesetzgeber nicht verwehrt, im Rahmen europäischer Richtlinienvorgaben einen Zurechnungstatbestand zu schaffen, der über die Schnittmenge der Begriffsverwendungen der einzelnen Rechtsordnungen hinausgeht[196] oder diese noch verkleinert. Besonders vor diesem Hintergrund sollte eine beinahe begriffsjuristische Verwendung des „Acting in Concert" vermieden und – wie auch sonst bei der Anwendung kapitalmarktrechtlicher Normen – eine Auslegung des § 22 Abs. 2 anhand der *ratio legis* vorgenommen werden (vgl. Vor §§ 21 bis 30 Rn. 23).

81 Die Stimmrechtszurechnung aufgrund abgestimmten Verhaltens soll – entsprechend der für alle Zurechnungstatbestände geltenden Zwecksetzung (Rn. 1) – dazu beitragen, das **gemeinsame Einflusspotential** der sich untereinander abstimmenden Personen zu erfassen.[197] Ferner dient die Stimmrechtszurechnung der Eindämmung von Umgehungstendenzen, insbesondere durch künstliche Aufteilung eines Aktienpakets auf formal verschiedene Rechtsträger, die sich aufgrund ihrer Verhaltenskoordination als Einheit präsentieren. Beide Zwecke

---

langfristige Verfolgung gemeinschaftlicher Ziele bezüglich der Geschäftsführung der Gesellschaft im Wege einvernehmlicher Stimmrechtsausübung voraus (hierzu Begr. RegE 12/6679, S. 53). Durch das Gesetz zur Regelung von öffentlichen Angeboten zum Erwerb von Wertpapieren und von Unternehmensübernahmen vom 20. Dezember 2001 (BGBl. I S. 3822) wurde § 22 Abs. 1 Nr. 3 WpHG aF durch § 22 Abs. 2 ersetzt. Näher zu den Unterschieden beider Zurechnungsnormen *Starke*, Beteiligungstransparenz im Gesellschafts- und Kapitalmarktrecht, S. 213 ff.

[193] Eingehend zu prozessualen Fragen betreffend § 22 Abs. 2, insbesondere zur Darlegungs- und Beweislast, *Schockenhoff/Schumann* ZGR 2005, 568, 594 ff. Siehe in diesem Zusammenhang auch OLG Stuttgart AG 2005, 125, 128 ff.

[194] Vgl. Begr. RegE BT-Drucks. 14/7034, S. 54.

[195] Vgl. OLG Frankfurt a. M. AG 2004, 617, 618; OLG München AG 2005, 482, 483; KölnKommWpÜG-*von Bülow*, § 30 Rn. 106; *Casper* ZIP 2003, 1469, 1470 f.; *Hamann* ZIP 2007, 1088, 1092 f.; *Schockenhoff/Schumann* ZGR 2005, 568, 570 f. Demgegenüber sehen *Berger/Filgut* AG 2004, 592, 601 ff., rechtsvergleichend den abgestimmten Parallelerwerb als obligatorisches Element des „Acting in Concert".

[196] Nach Begr. RegE BT-Drucks. 14/7034, S. 54, soll von § 22 Abs. 2 „auch" das Acting in Concert erfasst werden, was auf die Ansicht des Gesetzgebers hindeutet, dass es sich hierbei nur um einen möglichen Anwendungsbereich der Zurechnungsnorm handelt. In diese Richtung auch *Schwark/Noack*, § 30 WpÜG Rn. 10.

[197] Siehe OLG Frankfurt a. M. AG 2004, 617, 618; *Schwark/Noack*, § 30 WpÜG Rn. 11.

(Transparenz und Umgehungsschutz) werden im Hinblick auf den **Kontrolltatbestand des § 29 WpÜG** auch von der Stimmrechtszurechnung gemäß § 30 Abs. 2 WpÜG, der mit § 22 Abs. 2 WpHG im Wesentlichen wortlautgleich ist, verfolgt. Die Zurechnungsnormen sollten einheitlich ausgelegt und angewendet werden, auch wenn kapitalmarktrechtliche Beteiligungstransparenz gemäß § 21 Abs. 1 bereits bei einer Beteiligung von 3% der Stimmrechte ansetzt und es aus übernahmerechtlicher Sicht zusätzlichen Abstimmungsbedarf zwischen § 30 Abs. 2 WpÜG und § 2 Abs. 5 WpÜG gibt.[198] Die verbreitete Ansicht, es sei § 22 Abs. 2 WpHG eher weit und § 30 Abs. 2 WpÜG restriktiv auszulegen, ist nicht plausibel (hierzu Vor §§ 21 bis 30 Rn. 27).[199]

b) Änderungen durch das Risikobegrenzungsgesetz

Der Regierungsentwurf eines **Risikobegrenzungsgesetzes**[200] (Vor §§ 21 bis 30 Rn. 12) sieht folgende Neufassung des § 22 Abs. 2 (und entsprechende Änderungen des § 30 Abs. 2 WpÜG) vor:

„Dem Meldepflichtigen werden auch Stimmrechte eines Dritten aus Aktien des Emittenten, für den die Bundesrepublik Deutschland der Herkunftsstaat ist, in voller Höhe zugerechnet, mit dem der Meldepflichtige oder sein Tochterunternehmen in Bezug auf diesen Emittenten oder den Erwerb von dessen Aktien auf Grund einer Vereinbarung oder in sonstiger Weise abstimmt. Ein abgestimmtes Verhalten liegt vor, wenn der Meldepflichtige oder sein Tochterunternehmen und der Dritte in einer Weise zusammenwirken, die geeignet ist, die unternehmerische Ausrichtung des Emittenten dauerhaft oder erheblich zu beeinflussen. Für die Berechnung des Stimmrechtsanteils des Dritten gilt Absatz 1 entsprechend."

Die geplante Änderung des Zurechnungstatbestandes ist eine unmittelbare Reaktion des Gesetzgebers auf die nach der bisherigen Gesetzesfassung zutreffende enge Auslegung der Parallelnorm des § 30 Abs. 2 WpÜG durch den BGH.[201] Demgegenüber soll nach der Vorstellung der Gesetzesverfasser eine **dreifache Erweiterung** erfolgen:[202] Eine Zurechnung ist nach der Entwurfsfassung des § 22 Abs. 2 Satz 1 nicht nur dann vorzunehmen, wenn sich die Verhaltensabstimmung auf den Emittenten, sondern auch dann, wenn sie sich auf den Aktienerwerb bezieht. Der **abgestimmte Parallelerwerb** von Aktien (dazu Rn. 96) könnte damit eine Zurechnung von Stimmrechten begründen. Andere Absprachen auf Aktionärsebene, wie „Stand still"-Vereinbarungen oder Vereinbarungen über die Veräußerung von Aktien, wären dagegen nicht erfasst. Nichts ändern würde sich auch daran, dass faktisches Parallelverhalten wie der parallele Erwerb von Aktien keine Vermutung dafür begründet, dass die Erwerber ihr

---

[198] Zum Verhältnis zwischen § 30 Abs. 2 WpÜG und § 2 Abs. 5 WpÜG etwa *von Bülow/Bücker* ZGR 2004, 669, 695f.; KölnKommWpÜG-*von Bülow*, § 30 Rn. 135; *Casper* ZIP 2003, 1469, 1473; *Schockenhoff/Schumann* ZGR 2005, 568, 572f.
[199] Ausdrücklich im Hinblick auf die Stimmrechtszurechnung nach § 22 Abs. 2 WpHG und § 30 Abs. 2 WpÜG auch *Schockenhoff/Schumann* ZGR 2005, 568, 608. Anders *von Bülow/Bücker* ZGR 2004, 669, 703ff. *De lege ferenda* für eine Aufgabe des Gleichlaufs zwischen § 22 Abs. 2 und § 30 Abs. 2 WpÜG *Drinkuth* ZIP 2008, 676, 678f.
[200] BT-Drs. 16/7438.
[201] BT-Drs. 16/7438, S. 11 und BGH NZG 2006, 945, 948 (= BGHZ 169, 98), dazu Rn. 96.
[202] Siehe dazu BT-Drs. 16/7438, S. 11.

Verhalten in Bezug auf den Emittenten abstimmen (vgl. Rn. 93).[203] Die bisherige Einschränkung des § 22 Abs. 2 Satz 1 Halbsatz 2, wonach Vereinbarungen über die Ausübung von Stimmrechten in Einzelfällen von der Zurechnung ausgenommen sind (dazu Rn. 97 ff.), ersetzt der Regierungsentwurf durch eine **Konkretisierung des Begriffs des „abgestimmten Verhaltens"** in einem neuen § 22 Abs. 2 Satz 2. Entscheidend ist danach, ob das Zusammenwirken geeignet ist, die unternehmerische Ausrichtung des Emittenten „dauerhaft oder erheblich" zu beeinflussen. Der vorgeschlagene Gesetzeswortlaut soll schließlich auch bewirken, dass sich das abgestimmte Verhalten nicht durch entsprechende Stimmabgabe in der Hauptversammlung manifestieren muss (zur bisherigen Rechtslage siehe Rn. 94 ff.), sondern auch **andere koordinierte Verhaltensweisen** in Bezug auf den Emittenten, wie Abstimmungsvorgänge innerhalb des Aufsichtsrats, den Zurechnungstatbestand erfüllen können, wenn sie die Voraussetzungen des § 22 Abs. 2 Satz 2 RegE erfüllen.[204]

84 Nach der Begründung des Regierungsentwurfs soll die geplante Neufassung des § 22 Abs. 2 unter anderem der Tatsache Rechnung tragen, dass der bisherige Tatbestand in der Praxis zu zahlreichen Auslegungsproblemen geführt habe. Dieses Ziel dürfte jedoch mit den vorgeschlagenen Änderungen, die eine **Vielzahl von neuen Auslegungs- und Anwendungsfragen** aufwerfen werden, kaum zu erreichen sein.[205] Beispielsweise wird das abgestimmte Verhalten in § 22 Abs. 2 Satz 2 Alt. 1 RegE ausschließlich durch seine potentielle („geeignet ist") Auswirkung auf den Emittenten definiert. Damit käme es nicht darauf an, ob das abgestimmte Verhalten selbst dauerhaft erfolgt, sondern ob dessen Wirkungen auf die unternehmerische Ausrichtung des Emittenten voraussichtlich dauerhaft sind. Ist dies zu bejahen, erfolgt stets eine Zurechnung, ohne dass die Erheblichkeit der Auswirkung noch von Bedeutung wäre. Ob das Zusammenwirken aber tatsächlich in der Zukunft die unternehmerische Ausrichtung des Emittenten dauerhaft beeinflussen wird, ist eine Prognoseentscheidung, die vielfach nicht einfach zu treffen sein sowie erhebliche Rechtsunsicherheit (und Anfechtungsrisiken) mit sich bringen dürfte.[206]

85 Auch im Übrigen ist § 22 Abs. 2 RegE **rechtspolitisch fragwürdig.** Die bisher in § 22 Abs. 2 Satz 1 Halbsatz 2 enthaltene Ausnahme für Vereinbarungen über die Stimmrechtsausübung in Einzelfällen erfasst gerade auch *ad hoc* zwischen Aktionären getroffene Vereinbarungen und greift nach zutreffender Ansicht unabhängig von der Bedeutung der jeweiligen Beschlussgegenstände ein (Rn. 100). Gemäß § 22 Abs. 2 Satz 2 RegE soll ein abgestimmtes Verhalten aber schon dann anzunehmen sein, wenn das Zusammenwirken geeignet ist, die unternehmerische Ausrichtung des Emittenten erheblich zu beeinflussen. Das **alleinige Abstellen auf die Auswirkung des abgestimmten Verhaltens,** also darauf, ob ein erheblicher Einfluss auf den Emittenten ausgeübt werden kann, wäre zum einen **ein Fremdkörper im System der kapitalmarktrechtlichen Beteiligungspublizität.** Denn auch im Rahmen des § 22 Abs. 1 Satz 1 ist es keine

---

[203] So auch *Wilsing/Goslar* DB 2007, 2467, 2468.
[204] BT-Drs. 16/7438, S. 11.
[205] Siehe auch *Eidenmüller* DStR 2007, 2116, 2120; *Wilsing/Goslar* DB 2007, 2467, 2467 f.
[206] Zutreffend *Timmann/Birkholz* BB 2007, 2749, 2751; kritisch auch Stellungnahme des Deutschen Anwaltsvereins, Dezember 2007, abrufbar unter *www.anwaltverein.de*, S. 6; *Diekmann/Merkner* NZG 2007, 921, 923.

Voraussetzung der Stimmrechtszurechnung, dass mit dem zuzurechnenden Stimmrechtsanteil materiell spürbarer Einfluss auf den Emittenten ausgeübt wird (vgl. Rn. 100). Noch schwerer wiegt, dass das Merkmal der „Eignung zur dauerhaften oder erheblichen Beeinflussung" jedenfalls bei konsequenter Anwendung dazu führen könnte, dass eine Stimmrechtszurechnung nur dann vorzunehmen wäre, wenn sich die Abstimmenden mit ihren Vorstellungen (voraussichtlich) durchsetzen können; dies hinge unter anderem von der Höhe der jeweiligen Stimmrechtsanteile ab.[207] Eine Differenzierung danach, ob die Stimmrechtsanteile der sich Abstimmenden nur eine untere Stimmanteilsschwelle (wie 3% oder 5%) berühren oder ob diese eine realistische Aussicht haben, in der Hauptversammlung die Mehrheit zu bilden, wäre jedoch keinesfalls sachgerecht (siehe auch Rn. 99). Zum anderen besteht die Gefahr, dass die **Abschreckungswirkung** der Neuregelung – zu berücksichtigen ist insoweit auch die Pflicht nach § 35 WpÜG – so groß sein wird, dass (wesentlich beteiligte) Aktionäre generell von ad hoc getroffenen Vereinbarungen Abstand nehmen, d. h. unabhängig davon, ob tatsächlich eine erhebliche Beeinflussung anzunehmen ist. Zu befürchten ist außerdem, dass entgegen der Ausführungen der Gesetzesverfasser[208] die Aktionärskommunikation derart beeinträchtigt wird, dass eine offene Diskussion und damit die Meinungsbildung im Vorfeld der Hauptversammlung und in dieser selbst zumindest erschwert werden. Die „Aktionärsdemokratie" beruht aber gerade auch darauf, dass es Aktionären, die mit der unternehmerischen Ausrichtung des Emittenten unzufrieden sind, möglich ist, in Opposition zur Unternehmensleitung neue Mehrheiten zu bilden.[209]

2. Anwendung des § 22 Abs. 2

a) Regelungsadressaten

In den persönlichen Anwendungsbereich der Zurechnungsnorm fallen alle Personen, die an einer Verhaltensabstimmung im Sinne von § 22 Abs. 2 teilnehmen, sofern sie Rechtsträgereigenschaft haben und damit Meldepflichtige im Sinne von § 21 sein können (zur Rechtsträgereigenschaft der Meldepflichtigen § 21 Rn. 7 ff.).[210] Generell ausgeschlossen aus dem persönlichen Anwendungsbereich von § 22 Abs. 2 ist der **Emittent selbst**, auch wenn in der Praxis – insbesondere im Rahmen faktischer Konzernverhältnisse – eine Abstimmung zwischen Emittenten und ihren wesentlichen Aktionären im Hinblick auf die Geschäftspolitik und strategische Entscheidungen üblich ist.[211] Der Ausschluss

---

[207] In diese Richtung *Wilsing/Goslar* DB 2007, 2467, 2468 f.; vgl. auch *Wackerbarth* ZIP 2007, 2340, 2347.
[208] BT-Drs. 16/7438, S. 11.
[209] Kritisch etwa auch die Stellungnahme des Deutschen Anwaltsvereins, Dezember 2007, abrufbar unter *www.anwaltverein.de*, S. 5 f.; *Kaserer*, Stellungnahme zum Referentenentwurf für das Gesetz zur Begrenzung der mit Finanzinvestitionen verbundenen Risiken, abrufbar unter http://www.cefs.de/files/stellungnahme_re_risikobegrenzungsgesetz.pdf. – Von der Unvereinbarkeit der Parallelregelung in § 30 Abs. 2 WpÜG-RegE mit der Kapitalverkehrsfreiheit geht *Schmidtbleicher* AG 2008, 73, 75 ff. aus.
[210] Anders die Beurteilung durch *von Bülow/Bücker* ZGR 2004, 669, 684 f. im Hinblick auf den Tatbestand der gemeinsam handelnden Personen nach § 2 Abs. 5 Satz 1 WpÜG.
[211] Im Ergebnis ebenso *von Bülow/Bücker* ZGR 2004, 669, 697, 705; KölnKomm-WpÜG-*von Bülow*, § 30 Rn. 126 ff.; KölnKommWpHG-*von Bülow*, Rn. 149.

des Emittenten aus dem Anwendungsbereich der Zurechnungsnorm beruht im Wesentlichen darauf, dass durch eine Koordination zwischen Gesellschaft und Gesellschafter das Einflusspotential des (Haupt-)Aktionärs gerade zum Ausdruck kommt und nicht im Sinne von § 22 Abs. 2 verstärkt wird (zum Emittenten als Tochterunternehmen siehe Rn. 12). Demzufolge können weder etwaige eigene Aktien des Emittenten dem (Haupt-)Aktionär, mit dem der Emittent Fragen der Geschäftspolitik abstimmt, zugerechnet werden, noch sind dessen Aktien bei dem von der Gesellschaft nach § 26 Abs. 1 Satz 2 zu veröffentlichenden Bestand eigener Aktien zu berücksichtigen.

87 Wer als Aktionär einer **Stimmrechtsbeschränkung** unterliegt (etwa aufgrund eines Rechtsverlustes nach § 28 oder als Vorstand der Gesellschaft nach § 136 AktG), kann mit den betroffenen Aktien gleichwohl an einer Verhaltensabstimmung im Sinne von § 22 Abs. 2 teilnehmen, weil die Stimmrechte aus diesen Aktien ohnehin bei der Stimmanteilsbemessung nach § 21 Abs. 1 zu berücksichtigen sind (siehe § 21 Rn. 27). Wie sich darüber hinaus aus § 22 Abs. 2 Satz 2 ergibt, ist es keine zwingende Tatbestandsvoraussetzung, dass die Teilnehmer der Verhaltensabstimmung selbst Aktionäre sind.[212] Der Zurechnungstatbestand lässt die Teilnahme von Rechtsträgern genügen, denen – ohne selbst Aktionär zu sein – die Stimmrechte Dritter nach § 22 Abs. 1 Satz 1 Nr. 1 bis Nr. 6 zugerechnet werden. Dies ist sachlich gerechtfertigt, weil bei diesen Teilnehmern ein Einflusspotential auf die Stimmrechtsausübung der Dritten gesetzlich vermutet und gerade durch ihre Teilnahme an einer Verhaltensabstimmung praktisch bestätigt wird. **Rechtsträger, denen weder Aktien gehören noch Stimmrechte Dritter** gemäß § 22 Abs. 1 Satz 1 Nr. 1 bis Nr. 6 **zuzurechnen sind,** können dagegen nicht Abstimmungsteilnehmer (Meldepflichtige) im Sinne von § 22 Abs. 2 sein, sondern allenfalls eine Verhaltensabstimmung unter Dritten vermitteln (siehe Rn. 89 und Rn. 104).

b) Grund der Zurechnung: Verhaltensabstimmung

88 Das Tatbestandsmerkmal des (sich) „Abstimmens" in § 22 Abs. 2 Satz 1 ist schon für sich betrachtet (d. h. ohne Blick auf die Zielsetzung der Verhaltensabstimmung) auslegungsbedürftig. Dies gilt insbesondere im Hinblick auf das Abstimmungsverfahren und die Rolle der einzelnen Abstimmungsteilnehmer (zur erforderlichen Zielsetzung der Abstimmung unten Rn. 94 ff.). Für die Auslegung des Begriffes spielen die äußeren Umstände der Abstimmung keine Rolle, da durch das Tatbestandsmerkmal „in sonstiger Weise" ohnehin alle Erscheinungsformen von Verhaltensabstimmungen erfasst sind. Die **Differenzierung zwischen Abstimmung „aufgrund einer Vereinbarung" und „in sonstiger Weise"** ist daher für die Anwendung des Zurechnungstatbestands nicht entscheidend, zumal sich die gesetzliche Ausnahme nach § 22 Abs. 2 Satz 1 Halbsatz 2 entgegen dem Wortlaut der Norm auch auf die Einzelfallabstimmung in sonstiger Weise bezieht (hierzu Rn. 98). Gleichwohl ist die Unterscheidung nicht bedeutungslos, sondern kann als Beleg dafür dienen, dass es im Rahmen

---

[212] § 22 Abs. 2 Satz 2 bezieht sich seinem Wortlaut nach zwar nur auf den dem Meldepflichtigen zuzurechnenden Stimmrechtsanteil des Dritten. Wegen des Prinzips der gegenseitigen Zurechnung bezieht sich die Norm aus der Perspektive des Dritten aber auch auf den ihm zuzurechnenden Stimmrechtsanteil des Meldepflichtigen (siehe auch *Schneider* in *Assmann/Schneider*, Rn. 158).

von § 22 Abs. 2 – im Gegensatz zu den Zurechnungstatbeständen nach § 22 Abs. 1 Satz 1 – nicht darauf ankommt, dass das zur Zurechnung führende Rechtsverhältnis (die Vereinbarung) wirksam ist (vgl. Rn. 6).[213]

Die Stimmrechtszurechnung nach § 22 Abs. 2 wird durch die Verhaltensabstimmung von wenigstens zwei Personen begründet. Eine Verhaltensabstimmung im Sinne von § 22 Abs. 2 ist nicht möglich mit einer Person, der Aktien weder gehören noch nach § 22 Abs. 1 Satz 1 Nr. 1 bis Nr. 6 zugerechnet werden.[214] Dies ergibt sich daraus, dass durch die Stimmrechtszurechnung nach § 22 Abs. 2 die mit einer Koordination mehrerer Personen verbundene **Verstärkung des Einflusspotentials** auf den Emittenten aufgedeckt werden soll. Wer selbst nicht über ein – sei es noch so geringes – Einflusspotential verfügt, kann auch nicht zur Verstärkung des Einflusses einer koordinierten Einheit beitragen,[215] sondern allenfalls eine Verhaltensabstimmung unter Dritten vermitteln.[216]

89

Das Tatbestandsmerkmal der Abstimmung kann von zwei Seiten aus weiter eingegrenzt werden: Auf der einen Seite reicht eine **bloße Verabredung zur Verhaltensabstimmung** für die Anwendung von § 22 Abs. 2 nicht aus, es sei denn, aus der Verabredung als solcher folgt bereits die Bildung einer Einheit mit der erforderlichen Koordination und Zielsetzung. So ist zB der Abschluss einer Poolvereinbarung mit dem Inhalt, dass sich die Vertragsbeteiligten nach jeder Einberufung der Hauptversammlung eines Emittenten über die Stimmabgabe zu den angekündigten Tagesordnungspunkten verständigen, für die Anwendung von § 22 Abs. 2 ausreichend, auch wenn die erste Gelegenheit der effektiven Abstimmung noch in weiter Ferne ist. Auf der anderen Seite setzt die Verhaltensabstimmung tatbestandlich nicht voraus, dass die Zielvorgaben des gefundenen Abstimmungsergebnisses **praktisch umgesetzt** werden. Der Grund der Stimmrechtszurechnung besteht allein in der Verhaltenskoordination, nicht in der Realisierung ihres Ergebnisses.[217] In Anlehnung an die strafrechtliche Terminologie (Gefährdungsdelikt, Erfolgsdelikt) handelt es sich bei der Verhaltensabstimmung im Sinne von § 22 Abs. 2 um einen „**Gefährdungstatbestand**" und nicht um einen „Erfolgstatbestand".[218] Hieraus folgt, dass die Anwendung des § 22 Abs. 2 nicht ausgeschlossen ist, wenn ein Poolmitglied in der Hauptversammlung in

90

---

[213] Verstößt eine Konsortialvereinbarung zB gegen § 405 Abs. 3 Nr. 6 AktG (Verbot des Abkaufs einer Stimmabgabe) und ist deshalb gemäß § 134 BGB nichtig, kann die Zurechnung der betroffenen Stimmrechte gleichwohl nach § 22 Abs. 2 vorgenommen werden.

[214] Ebenso *von Bülow/Bücker* ZGR 2004, 669, 711; KölnKommWpHG-*von Bülow*, Rn. 148; unklar *Schneider* in *Assmann/Schneider*, Rn. 136; *Schneider* WM 2006, 1321, 1321.

[215] Personen, die Aktionäre beraten oder diesen gegenüber Empfehlungen im Hinblick auf ihr Verhalten als Mitglieder der Gesellschaft aussprechen (insbesondere zur Berufsverschwiegenheit verpflichtete Personen), sind keine geeigneten Teilnehmer einer Verhaltensabstimmung. Im Übrigen stellt eine Empfehlung oder eine Beratung keine Verhaltenskoordination im Sinne von § 22 Abs. 2 dar.

[216] Das ist etwa entscheidend für die Frage, ob sich Gesellschafter einer unabhängigen und nicht fiduziarisch tätigen Vorschaltgesellschaft über die von der Gesellschaft gehaltenen Aktien im Sinne von § 22 Abs. 2 abstimmen können (hierzu Rn. 105).

[217] Ebenso KölnKommWpÜG-*von Bülow*, § 30 Rn. 110; *Schwark/Noack*, § 30 WpÜG Rn. 16.

[218] Vgl. KölnKommWpÜG-*von Bülow*, § 30 Rn. 110 (im Lichte des übernahmerechtlichen Minderheitenschutzes): „Bereits die Gefährdungslage rechtfertigt die Zurechnung des von dem Dritten gehaltenen Stimmrechtsanteils."

Widerspruch zu einer Poolvorgabe votiert (etwa weil er in der Poolsitzung gegen sie gestimmt hat), wenn eine wirksam bestehende Stimmbindungsvereinbarung von den Vertragsbeteiligten nicht aktiv umgesetzt wird[219] oder wenn die koordinierte Einheit in der Hauptversammlung nicht in der Lage ist, sich gegen andere Aktionäre und Aktionärsgruppen durchzusetzen.[220]

91 Für die Stimmrechtszurechnung nach § 22 Abs. 2 ist ein bestimmtes **Abstimmungsprozedere** erforderlich (aber auch ausreichend), dessen Ablauf unter Berücksichtigung von Sinn und Zweck der Zurechnungsnorm zu konkretisieren ist (zum Inhalt der Abstimmung Rn. 94 ff.). Insoweit wird zutreffend darauf hingewiesen, dass der Wortlaut von § 22 Abs. 2 und § 30 Abs. 2 WpÜG, wonach der Meldepflichtige oder Bieter „sein" Verhalten mit einem Dritten abstimmt, nicht bedeutet, dass es an einer Abstimmung fehlt, wenn der Dritte sein Verhalten nach dem Meldepflichtigen oder dem Bieter ausrichtet.[221] Vielmehr handelt der Zurechnungstatbestand – wie der Begriff der Abstimmung bereits vorgibt – von einer Verhaltenskoordination.[222] Diese besteht in einem **Prozess der gemeinsamen Willensbildung** mit dem Ziel eines gleichgerichteten Verhaltens in Bezug auf den Emittenten, wobei die (weitergehenden) Motive der Beteiligten für ihre Teilnahme an der Koordination und dem gleichgerichteten Verhalten nicht einheitlich sein müssen.[223] Eine gemeinsame Willensbildung liegt nicht nur vor, wenn unter den Beteiligten freimütige Einigkeit hinsichtlich ihres Verhaltens erzielt worden ist. Vielmehr ist ein aufgedrängter (etwa durch den Poolführer oder den Familienpatriarchen), aber noch selbstständig gebildeter Wille ausreichend,[224] da es für die kapitalmarktrechtliche Beteiligungstransparenz im Allgemeinen ohne Bedeutung ist, aus welchen Motiven und unter welchen Umständen eine koordinierte Stimmrechtseinheit zustande gekommen ist (siehe auch Rn. 92). Aus der Perspektive des Kapitalmarkts wird weiter ersichtlich, dass die Teilnehmer der Verhaltensabstimmung innerhalb der gebildeten Einheit **weder gleiches (Stimm-)Gewicht haben, noch gleichberechtigt** sein müssen.[225] Ausreichend ist ihre Beteiligung an dem Willensbildungsprozess oder auch ihre bloße Beteiligungs-

---

[219] So wohl auch *Schneider* in *Assmann/Schneider,* Rn. 142.

[220] Die mangelnde Aussicht auf Durchsetzung der Zielvorgabe des Pools in der Hauptversammlung steht auch übernahmerechtlich der Stimmrechtszurechnung nach § 30 Abs. 2 WpÜG nicht entgegen (vgl. § 9 Satz 2 Nr. 1 WpÜG-AngVO). Dies gilt erst recht für die kapitalmarktrechtliche Beteiligungstransparenz mit ihrer abweichenden Zielrichtung.

[221] KölnKommWpÜG-*von Bülow,* § 30 Rn. 107; KölnKommWpHG-*von Bülow,* Rn. 150; *Pentz* ZIP 2003, 1478, 1480; *Schwark/Noack,* § 30 WpÜG Rn. 15. *Casper* ZIP 2003, 1469, 1474, spricht insoweit von einem Scheinproblem.

[222] Zu eng erscheint allerdings die Aussage, § 22 Abs. 2 und § 30 Abs. 2 WpÜG setzten voraus, dass der Dritte dem Meldepflichtigen/Bieter „folgt" (so *Schwark/Noack,* § 30 WpÜG Rn. 15). Grund der Zurechnung ist die Verhaltenskoordination.

[223] Ebenso KölnKommWpÜG-*von Bülow,* § 30 Rn. 108.

[224] Vgl. BGH NZG 2006, 945, 946 (= BGHZ 169, 98); *Casper* ZIP 2003, 1469, 1475; aA KölnKommWpÜG-*von Bülow,* § 30 Rn. 116.

[225] Vgl. OLG Frankfurt a. M. AG 2004, 617, 618 (im Hinblick auf die Stimmführerschaft eines Poolmitglieds); OLG Stuttgart AG 2005, 125, 128; *Casper* ZIP 2003, 1469, 1475; *Schwark/Noack,* § 30 WpÜG Rn. 20, der jedoch eine Stimmrechtszurechnung zu einem Poolmitglied ausschließt, wenn im Pool mit Mehrheit abgestimmt wird und dieses Poolmitglied dauerhaft keine Möglichkeit zur Durchsetzung hat (hierzu auch Rn. 102).

möglichkeit (zB bei Abwesenheit in einer Poolsitzung). Eine Grenze ist allerdings dort überschritten (auch sprachlich), wo der Wille nicht mehr aufgedrängt, sondern – etwa aufgrund Drohung mit einem empfindlichen Übel – aufgenötigt ist. Hier kann nicht mehr von einer Verhaltenskoordination gesprochen werden.[226]

Dem Erfordernis einer gemeinsamen Willensbildung mit dem Ziel eines gleichgerichteten Verhaltens genügt es nicht, wenn mehrere Personen zwar denselben Willen bilden oder eine gleiche Vorstellung von der künftigen Entwicklung des Emittenten haben, sich auch dementsprechend verhalten (typischerweise durch Stimmabgabe in der Hauptversammlung), dabei aber völlig **unabhängig voneinander vorgehen**. Hier ist die Übereinstimmung in der Willensbildung und im Handeln – aus rechtlicher Sicht – rein zufällig und kann demnach die Stimmrechtszurechnung nach § 22 Abs. 2 nicht begründen. Entscheidend ist, dass eine Verhaltensabstimmung im Sinne von § 22 Abs. 2 nur vorliegt, wenn die **Koordination mit kommunikativen Mitteln** erfolgt[227] und eine gewisse Bindungswirkung besteht. Die Kommunikation zwischen den Beteiligten kann direkt oder unter Einschaltung eines Dritten als Moderator erfolgen.[228] Die Bindungswirkung muss (bei einer Verhaltensabstimmung in sonstiger Weise) wenigstens darin bestehen, dass die Beteiligten von der Umsetzung der Verhaltensabsprachen ausgehen können, weil sie sich dazu verpflichtet fühlen (ohne rechtlich verpflichtet zu sein). Eine solche Bindungswirkung kann bei einem so genannten „Gentlemen's Agreement" dadurch entstehen, dass die Beteiligten den an sie gerichteten Vorhalt, sich nicht an Absprachen zu halten, vermeiden wollen. Ein bloß ideeller Druck ist allerdings nicht ausreichend, wenn er weit von der Qualität einer Rechtspflicht entfernt ist (was nur einzelfallbezogen beurteilt werden kann).[229] Gemessen an diesen Anforderungen an eine Verhaltenskoordination gemäß § 22 Abs. 2 ist es in materiell-rechtlicher Hinsicht offenkundig, dass ein **faktisches Parallelverhalten** verschiedener Personen die Stimmrechtszurechnung nicht begründet.[230] Dies gilt sowohl für den faktischen Parallelerwerb von Aktien (hierzu noch Rn. 96) als auch für Parallelverhalten in der Hauptversammlung. Dementsprechend liegt eine gemeinsame Willensbildung nicht allein deshalb vor, weil mehrere Personen einem Rechtsträger Stimmrechtsvollmacht mit gleichem Inhalt und Auftrag erteilt haben.[231]

---

[226] AA *Pentz* ZIP 2003, 1478, 1486.
[227] Siehe etwa *Seibt* ZIP 2004, 1829, 1832. Eine Kommunikation zum Zwecke des bloßen Informationsaustausches ist für § 22 Abs. 2 nicht ausreichend (ebenso *Schockenhoff/Schumann* ZGR 2005, 568, 583).
[228] Vgl. *Angerer* in *Geibel/Süßmann*, WpÜG, § 30 Rn. 26; *von Bülow/Bücker* ZGR 2004, 669, 688; *Pentz* ZIP 2003, 1478, 1491.
[229] Vgl. MünchKommAktG-*Bayer*, § 22 Anh. § 22 WpHG Rn. 42; *Schwark/Noack*, § 30 WpÜG Rn. 21.
[230] Ebenso OLG Frankfurt a. M. AG 2004, 617, 618; *Angerer* in *Geibel/Süßmann*, WpÜG, KölnKommWpÜG-*von Bülow*, § 30 Rn. 108; KölnKommWpHG-*von Bülow*, Rn. 152; § 2 Rn. 25; *Casper* ZIP 2003, 1469, 1475; *Drinkuth* in *Marsch-Barner/Schäfer*, Handbuch börsennotierte AG, § 59 Rn. 38; *Seibt* ZIP 2004, 1829, 1832; *Schneider* in *Assmann/Schneider*, Rn. 143; *Schwark*, § 22 WpHG Rn. 20; *Starke*, Beteiligungstransparenz im Gesellschafts- und Kapitalmarktrecht, S. 215 f.; *Weiler/Meyer* NZG 2003, 909, 910. Missverständlich Begr. RegE BT-Drucks. 14/7034, S. 34.
[231] Siehe auch *Schneider/Anzinger* NZG 2007, 88, 94 zur Einschaltung institutioneller Stimmrechtsberater.

93 Davon zu unterscheiden ist die Frage, ob in einem Verwaltungs- oder Gerichtsverfahren ein – erwiesenes – faktisches Parallelverhalten unter weiteren Umständen auf eine Verhaltensabstimmung schließen lässt. Solche weiteren Umstände sind insbesondere gegeben, wenn sich Familienmitglieder gleichförmig verhalten, wenn bestimmte (Groß-)Aktionäre in der Vergangenheit als Einheit aufgetreten sind oder wenn ein Aktionär zugleich gesetzlicher Vertreter eines anderen Aktionärs ist (näher hierzu Rn. 106). Zutreffend wird in prozessualer Hinsicht aber davon ausgegangen, dass gleichförmiges Abstimmungsverhalten weder allgemein, noch unter solchen weiteren Umständen **die Vermutung eines abgestimmten Verhaltens** rechtfertigt.[232] Auch aus einer gebündelten Stimmrechtsvollmacht mehrerer Personen kann nicht abgeleitet werden, dass bereits die Willensbildung der Vollmachtgeber koordiniert worden ist.

c) Inhalt der Abstimmung: Verhalten in Bezug auf die Gesellschaft

94 Nach § 22 Abs. 2 muss das Verhalten der Beteiligten in Bezug auf den Emittenten Inhalt der Abstimmung sein. Im Vergleich zu § 22 Abs. 1 Nr. 3 WpHG aF, der eine Verpflichtung zur Verfolgung langfristiger gemeinschaftlicher Ziele bezüglich der Geschäftsführung der börsennotierten Gesellschaft vorsah, ist der Wortlaut von § 22 Abs. 2 wesentlich abstrakter gehalten.[233] Die Bezugnahme auf die Geschäftsführung der börsennotierten Gesellschaft (jetzt: des Emittenten) ist entfallen.[234] Dies besagt jedoch noch nichts darüber, welcher Art das abgestimmte Verhalten sein muss, zumal die Tatbestandsmerkmale „Ziele bezüglich der Geschäftsführung" in § 22 Abs. 1 Nr. 3 WpHG aF ohnehin als „Ziele in Bezug auf die Gesellschaft" interpretiert wurden.[235] Es liegt auf der Hand und ist im Hinblick auf § 22 Abs. 2 WpHG und § 30 Abs. 2 WpÜG weitgehend unbestritten, dass in den Anwendungsbereich des Zurechnungstatbestands die Abstimmung über die **Ausübung der Verwaltungsrechte,** insbesondere des Stimmrechts, fällt.[236] Im europäischen Recht ist die Stimmrechtsausübung als (alleiniges) Mittel zur Zielerreichung im Tatbestand der Zurechnungsvorschriften

---

[232] OLG Stuttgart AG 2005, 125, 129 („Die Abstimmung in sonstiger Weise ist kein Auffangtatbestand für nicht bewiesene Verhaltensweisen."); KölnKommWpHG-*von Bülow*, Rn. 277 f.; *Schockenhoff/Schumann* ZGR 2005, 568, 594 ff.; *Schwark*, § 22 WpHG Rn. 20; *Schwark/Noack*, § 30 WpÜG Rn. 21; *Seibt* ZIP 2004, 1829, 1834; *Steinmeyer* in *Steinmeyer/Häger*, WpÜG, § 30 Rn. 61; problematisch dagegen LG Köln AG 2008, 336, 338. – *Schneider* in *Assmann/Schneider*, Rn. 143 und 161 unterscheidet zwischen unbewusstem und bewusstem gleichförmigen Abstimmungsverhalten.

[233] Nach Begr. RegE BT-Drucks. 14/7031, S. 54, sollte der Zurechnungstatbestand des abgestimmten Verhaltens erweitert werden.

[234] Die Eingrenzung auf die Geschäftsführung in § 22 Abs. 1 Nr. 3 WpHG aF war jedenfalls im Lichte der aktienrechtlichen Binnenverfassung fraglich, weil die Hauptversammlung nur in wenigen Fällen unmittelbar auf die Geschäftsführung Einfluss nehmen kann (vgl. *Happ* JZ 1994, 240, 244). Sie hatte ihren Ursprung allerdings in Art. 7 der Transparenzrichtlinie 88/627/EWG (Vor §§ 21 bis 30 Rn. 4), ist dort aber nicht notwendig in einem (organbezogenen) Sinne zu verstehen (ebenso in Art. 10 lit. a) der Transparenzrichtlinie 2004/109/EG).

[235] *Arends*, Die Offenlegung von Beteiligungsbesitz nach deutschem Recht, S. 64.

[236] In anderen Rechtsordnungen wird das „Acting in Concert" eher im Sinne eines gemeinsamen Kontrollerwerbs (vgl. § 2 Abs. 5 WpÜG) verstanden, siehe dazu etwa *Berger/Filgut* AG 2004, 592, 601 f.; *von Bülow/Bücker* ZGR 2004, 669, 672; *Casper* ZIP 2003, 1469, 1470; *Schockenhoff/Schumann* ZGR 2005, 568, 570.

ausdrücklich enthalten.[237] Bestätigend kommt hinzu, dass sich die Ausnahmevorschrift des § 22 Abs. 2 Satz 1 Halbsatz 2 ausschließlich auf die Stimmrechtsausübung (in Einzelfällen) bezieht und nicht von sonstigen Verhaltensweisen handelt (dazu noch Rn. 97).[238] Vereinbarungen oder informelle Abreden mit dem Inhalt einer koordinierten Stimmrechtsausübung in der Hauptversammlung sind daher – vorbehaltlich der Ausnahme für Einzelfallabstimmungen – stets geeignet, die Stimmrechtszurechnung zu begründen. Dies gilt auch für die **Verhaltenskoordination von Vorzugsaktionären**, sofern und solange sie gemäß § 140 Abs. 2 AktG das Stimmrecht haben, nicht jedoch für das Sonderstimmrecht der Vorzugsaktionäre nach § 141 AktG (hierzu § 21 Rn. 54).[239] Wem dagegen nicht selbst Aktien gehören oder Stimmrechte nach § 22 Abs. 1 zugerechnet werden, kann an einer Verhaltensabstimmung im Sinne von § 22 Abs. 2 nicht teilnehmen (siehe Rn. 89). Hieraus folgt, dass eine Stimmbindungsvereinbarung zwischen einem Aktionär und einer anderen Person, der Aktien weder gehören noch nach § 22 Abs. 1 zugerechnet werden, nicht zur Anwendung von § 22 Abs. 2 führt, auch wenn diese Person maßgeblichen Einfluss auf die Stimmrechtsausübung des Aktionärs hat.[240]

Umstritten ist hingegen, ob neben der Abstimmung über die Stimmrechtsausübung in der Hauptversammlung noch **andere koordinierte Verhaltensweisen** die Anforderungen des Zurechnungstatbestands erfüllen. Die Fragestellung betrifft vor allem Absprachen von Investoren und Aktionären über den Erwerb, den Bestand (so genannte „Stand still"-Vereinbarungen) und die Veräußerung von Aktien sowie insbesondere den abgestimmten Parallelerwerb von Aktien (vgl. zum faktischen Parallelerwerb Rn. 92). Rein formal handelt es sich bei **Beteiligungstransaktionen und Maßnahmen der Bestandserhaltung** um Sachverhalte, die der Gesellschafterebene (Aktionärsebene) zuzuordnen sind. Hinsichtlich des Parallelerwerbs geht es genau betrachtet um zwei Aspekte: Zum einen stellt sich die Frage, ob ein – erwiesener – Parallelerwerb die Vermutung begründet, dass die Erwerber ihr Verhalten in Bezug auf den Emittenten gemäß § 22 Abs. 2 abstimmen. Eine solche Vermutung besteht aber weder im Verwaltungsverfahren noch prozessual (siehe Rn. 93). Zum anderen kommt der **abgestimmte Parallelerwerb** als solcher als abgestimmtes Verhalten im Sinne von § 22 Abs. 2 in Betracht.

Nach zutreffender Ansicht ist der Parallelerwerb kein abgestimmtes Verhalten in Bezug auf den Emittenten.[241] Dies gilt auch für „Stand still"-Vereinbarungen

---

[237] Vgl. Art. 7 der Transparenzrichtlinie 88/627/EWG und Art. 10 lit. a) der Transparenzrichtlinie 2004/109/EG (Vor §§ 21 bis 30 Rn. 6).

[238] Ebenso *Seibt* ZIP 2004, 1829, 1833.

[239] Ebenso KölnKommWpÜG-*von Bülow*, § 30 Rn. 118; KölnKommWpHG-*von Bülow*, Rn. 158; einschränkend *Pentz* ZIP 2003, 1478, 1482.

[240] Der starke Einfluss eines an dem Emittenten weder unmittelbar noch mittelbar beteiligten Ehegatten auf den anderen, der Aktionär ist, führt daher nicht zur Zurechnung der Aktien nach § 22 Abs. 2 (im Ergebnis auch *Nottmeier/Schäfer* AG 1997, 87, 95; vgl. auch *Schneider* AG 1997, 81, 85).

[241] Ebenso *Borges* ZIP 2007, 357, 364 f.; KölnKommWpÜG-*von Bülow*, § 30 Rn. 122 f.; KölnKommWpHG-*von Bülow*, Rn. 162, 203; *Pentz* ZIP 2003, 1478, 1481; *Schwark/Noack*, § 30 WpÜG Rn. 13; *Seibt* ZIP 2004, 1829, 1832. AA *Berger/Filgut* AG 2004, 592, 594 ff.; *Heidel/Heinrich*, § 22 WpHG Rn. 12; *Heinrich*, Kapitalmarktrechtliche Transparenzbestimmungen, S. 120 ff.; *Schneider* in *Assmann/Schneider*, Rn. 149 ff.; *Schneider* WM

§ 22 96   Abschnitt 5. Veränderungen des Stimmrechtsanteils

und abgestimmte Aktienveräußerungen.[242] Die Koordination der Beteiligten muss sich auf die Ausübung der in den Aktien verkörperten Verwaltungsrechte, insbesondere der Stimmrechte, beziehen.[243] Anknüpfungspunkt kapitalmarktrechtlicher Beteiligungstransparenz sind die Stimmrechtsverhältnisse an der Gesellschaft.[244] Das ergibt sich nicht nur aus § 21 Abs. 1, wonach für die Begründung von Mitteilungspflichten gerade Stimmanteilsveränderungen entscheidend sind und nicht sonstige Entwicklungen. Auch den Zurechnungstatbeständen des § 22 Abs. 1 liegt – in konsequenter Ergänzung des § 21 Abs. 1 – die unwiderlegbare Annahme zugrunde, dass derjenige, dem Stimmrechte Dritter zugerechnet werden, die Stimmrechtsausübung der Dritten (und nicht deren sonstiges Verhalten) beeinflussen kann.[245] Es ist kein Grund ersichtlich, warum die **Anknüpfung an bestehende oder potentielle Stimmrechtsmacht** im Rahmen des § 22 Abs. 2 keine Bedeutung mehr haben sollte. Vom Sinn und Zweck kapitalmarktrechtlicher Beteiligungstransparenz ist eine solche Abweichung jedenfalls nicht geboten. Wenn die Anwendbarkeit von § 22 Abs. 2 auf den Parallelerwerb damit gerechtfertigt wird, dass es für die Bemessung von Stimmrechtsanteilen nicht darauf ankommt, ob derjenige, dem Stimmrechte zuzuordnen sind, diese auch ausübt oder seinen Einfluss auf die Stimmrechtsausübung geltend macht,[246] ist dies nicht überzeugend.[247] Der Grundsatz, dass die effektive Ausübung von Stimmrechten für die Bemessung von Stimmrechtsanteilen unerheblich ist, setzt notwendig voraus, dass die entsprechende Stimmrechtsmacht vorhanden ist, so dass mit diesem Argument gerade das Gegenteil begründet wird, nämlich dass der abgestimmte Parallelerwerb kein Fall des § 22 Abs. 2 ist. Da an den Tatbestand einer bloßen Koordination von Aktionären nicht – wie bei den Regelungssachverhalten des § 22 Abs. 1 – die Vermutung des Einflusses auf die Stimm-

---

2006, 1321, 1325; *Starke*, Beteiligungstransparenz im Gesellschafts- und Kapitalmarktrecht, S. 215.

[242] So (für eine „Stand still"-Vereinbarung) BGH NZG 2006, 945, 948 (= BGHZ 169, 98); siehe auch MünchKommAktG-*Bayer*, § 22 Anh. § 22 WpHG Rn. 43; KölnKommWpÜG-*von Bülow*, § 30 WpÜG Rn. 124; KölnKommWpHG-*von Bülow*, Rn. 203, 205; *Casper* ZIP 2003, 1469, 1476; *Heidel/Heinrich*, § 22 WpHG Rn. 12; *Heinrich*, Kapitalmarktrechtliche Transparenzbestimmungen, S. 122; *Pentz* ZIP 2003, 1478, 1481; *Schockenhoff/Schumann* ZGR 2005, 568, 579 ff.; *Schwark*, § 22 WpHG Rn. 21; *Schwark/Noack*, § 30 WpÜG Rn. 13; *Seibt* ZIP 2004, 1829, 1832; *Steinmeyer* in *Steinmeyer/Häger*, WpÜG, § 30 Rn. 57. AA *Schneider* in *Assmann/Schneider*, Rn. 154; *Schneider* WM 2006, 1321, 1325.

[243] So für § 30 Abs. 2 WpÜG auch BGH NZG 2006, 945, 946 f. (= BGHZ 169, 98); LG Hamburg AG 2007, 177, 178; zustimmend etwa KölnKommWpHG-*von Bülow*, Rn. 160; *Halász/Kloster* Der Konzern 2007, 344; *Hamann* ZIP 2007, 1088, 190 f.; *Löhdefink*, Acting in Concert, S. 273 ff. – Den BGH kritisieren u. a. *Engert* JZ 2007, 314, 314 ff.; *Schneider* ZGR 2007, 440, 450 ff.

[244] Vgl. KölnKommWpÜG-*von Bülow*, § 30 Rn. 114; *Casper* ZIP 2003, 1469, 1476; *Schwark/Noack*, § 30 WpÜG Rn. 13. Anders *Schneider* in *Assmann/Pötzsch/Schneider*, WpÜG, § 30 Rn. 104 (faktische Einflussnahme auf Geschäftsführung ist ausreichend); *Sudmeyer* in *Kuthe/Rückert/Sickinger*, Compliance-Handbuch Kapitalmarktrecht, 8. Kap. Rn. 48.

[245] Ob die typisierende Annahme des Gesetzgebers (also die Fallgruppenbildung) in jedem Einzelfall sachgerecht ist, ist eine andere Frage.

[246] *Berger/Filgut* AG 2004, 592, 599.

[247] So auch *Schockenhoff/Schumann* ZGR 2005, 568, 577 ff.

rechtsausübung Dritter geknüpft werden kann, muss dies bei der teleologischen Auslegung von § 22 Abs. 2 berücksichtigt werden. Der Parallelerwerb, sowie andere beteiligungsbezogene Vereinbarungen und Absprachen auf Gesellschafterebene („Stand still"-Vereinbarungen, vertragliche Veräußerungsbeschränkungen, Parallelveräußerung) fallen damit nicht in den Anwendungsbereich von § 22 Abs. 2,[248] sofern sie im Einzelfall nicht mit einer gesonderten Koordination der Stimmrechtsausübung einhergehen.

d) Ausnahme: Abstimmung in Einzelfällen

Nach § 22 Abs. 2 Satz 1 Halbsatz 2 scheidet eine Stimmrechtszurechnung bei Vereinbarungen über die Ausübung von Stimmrechten in Einzelfällen aus. Der Zweck der Ausnahmeregelung besteht darin, Verhaltensabstimmungen von der Anwendung der Stimmrechtszurechnung auszunehmen, die das **Einflusspotential der einzelnen Beteiligten** durch Bündelung der Stimmrechte **zwar formell, nicht aber materiell verstärken**. Dies ist im Rahmen der §§ 21 und 22 bemerkenswert, weil es für die kapitalmarktrechtliche Beteiligungstransparenz im Allgemeinen nicht darauf ankommt, ob eine formelle Stimmrechtsmacht auch materiell (d. h. als tatsächliche Einflussnahmemöglichkeit) besteht. Sie bestätigt aber die Ansicht, wonach eine besondere Voraussetzung für die Begründung der Stimmrechtszurechnung nach § 22 Abs. 2 darin liegt, dass Gegenstand der Verhaltensabstimmung die koordinierte Stimmrechtsausübung der Beteiligten ist (vgl. Rn. 94).[249]

Angesichts der entsprechenden Differenzierung im ersten Halbsatz ist § 22 Abs. 2 Satz 1 Halbsatz 2 so auszulegen, dass nicht nur eine Vereinbarung über die Ausübung von Stimmrechten in Einzelfällen, sondern auch ein sonstiges Einvernehmen über die Stimmrechtsausübung in Einzelfällen den Ausnahmetatbestand erfüllt.[250] Ein sachlicher Grund dafür, dass in § 22 Abs. 2 Satz 1 Halbsatz 2 ausschließlich die koordinierte Stimmrechtsausübung aufgrund Vereinbarung genannt wird, ist nicht ersichtlich.[251] Im Gegenteil ist eine Ausnahme in Fällen der Verhaltensabstimmung aufgrund einer Vereinbarung (zB aufgrund eines Stimmbindungs- oder Konsortialvertrags) oftmals nicht gerechtfertigt, soweit hier die Verabredung der einheitlichen Stimmrechtsausübung nicht einzelfallbezogen erfolgt, sondern generell und kontinuierlich.[252] Daher liegt bei solchen Vereinbarungen ein Einzelfall im Sinne von § 22 Abs. 2 Satz 1 Halbsatz 2 auch dann nicht vor, wenn aufgrund einer entsprechenden Willensbildung der Beteiligten ein Beschlussgegenstand oder bestimmte Beschlussgegenstände einer Hauptversammlung zur „freien Stimmabgabe freigegeben" werden, solange die (Stimmrechts-)Vereinbarung grundsätzlich bestehen bleibt.[253] Aus dieser Perspektive befasst sich § 22 Abs. 2 Satz 1 Halbsatz 2 normtypisch vor allem mit **ad hoc ge-**

---

[248] Vgl. LG München I DB 2004, 1252.
[249] *Seibt* ZIP 2004, 1829, 1833.
[250] Ebenso KölnKommWpÜG-*von Bülow*, § 30 Rn. 140; KölnKommWpHG-*von Bülow*, Rn. 169; *Casper* ZIP 2003, 1469, 1476; *Pentz* ZIP 2003, 1478; *Schockenhoff/Schumann* ZGR 2005, 568, 587.
[251] Das Analogieverbot (siehe Vor §§ 21 bis 30 Rn. 25) steht dieser ergänzenden Auslegung nicht entgegen, weil sie zugunsten der potentiellen Regelungsadressaten wirkt.
[252] Siehe *Schockenhoff/Schumann* ZGR 2005, 568, 589 f.
[253] Vgl. KölnKommWpÜG-*von Bülow*, § 30 Rn. 139; *Schneider* in *Assmann/Schneider*, Rn. 165.

troffenen Vereinbarungen oder sonstigen Einzelfall-Absprachen und nicht mit langfristig abgeschlossenen Stimmbindungsverträgen (oder vergleichbaren Rechtsverhältnissen).[254]

99 Der Anwendungsbereich von § 22 Abs. 2 Satz 1 Halbsatz 2 wird maßgeblich durch die Auslegung des unbestimmten Tatbestandsmerkmals „Einzelfälle" bestimmt. Nach einer verbreiteten Ansicht kann aus dem Ausnahmetatbestand hergeleitet werden, dass die Verhaltenskoordination **„nachhaltig"** sein muss, um die Stimmrechtszurechnung zu begründen.[255] Mit diesem Attribut wird möglicherweise eine sachnähere Bewertung, aber ebenfalls keine Exaktheit gewonnen; § 22 Abs. 2 Satz 1 Halbsatz 2 fordert genau genommen nicht – positiv – Nachhaltigkeit, sondern nimmt – negativ – die Einzelfallabstimmung aus (was nicht dasselbe sein muss). Keine Voraussetzung für die Stimmrechtszurechnung ist jedenfalls, dass die sich Abstimmenden durch Stimmrechtsbündelung erreichen, in der Hauptversammlung des Emittenten Beschlussfassungen des gewünschten Inhalts durchsetzen zu können. Eine solche Auslegung ist weder im Rahmen kapitalmarktrechtlicher Beteiligungstransparenz, die gemäß § 21 Abs. 1 Satz 1 bei einem Stimmrechtsanteil von 3% beginnt, noch in übernahmerechtlicher Hinsicht vertretbar. Es wäre nicht sachgerecht, bei einer Zurechnung nach § 22 Abs. 2 von unterschiedlichen Anforderungen auszugehen, je nach dem, ob der zusammengerechnete Stimmrechtsanteil der sich Abstimmenden nur eine untere Stimmanteilsschwelle (wie 3%, 5% oder 10%) oder eine darüber liegende Stimmanteilsschwelle erreichen oder überschreiten würde.[256]

100 Darüber hinaus kann es keine Rolle spielen, ob von der Verhaltensabstimmung für den Emittenten **besonders bedeutende Beschlussgegenstände** (Umwandlung der Gesellschaft oder Aufsichtsratswahlen mit anschließendem Austausch des Vorstands) oder lediglich Routinebeschlüsse (zB Wahl des Abschlussprüfers) erfasst oder ausgenommen werden.[257] Denn eine solche qualitative Differenzierung würde darauf hinauslaufen, die durch Verhaltensabstimmung gebildete Stimmrechtmacht nach ihrer materiellen Bedeutung für den Emittenten zu gewichten und so ein Unterscheidungsmerkmal einzuführen, das der kapitalmarktrechtlichen Beteiligungstransparenz fremd ist. Dementsprechend ist es auch keine Voraussetzung der Stimmrechtszurechnung nach § 22 Abs. 1 Satz 1, dass mit dem zuzurechnenden Stimmrechtsanteil materiell spürbarer Einfluss auf die Gesellschaft ausgeübt wird (vgl. Rn. 2). Damit bleibt als Richtschnur der Anwendung des § 22 Abs. 2 Satz 1 Halbsatz 2 nur die **Abgrenzung am Maß-**

---

[254] Vgl. *Schwark,* § 22 WpHG Rn. 19.
[255] OLG Frankfurt a. M. AG 2004, 617, 618; OLG Stuttgart AG 2005, 125, 128; OLG München AG 2005, 482, 483; LG Hamburg AG 2007, 177, 179; KölnKommWpHG-*von Bülow,* Rn. 165; *Casper/Bracht* NZG 2005, 839, 839 ff.; *Casper* ZIP 2003, 1469, 1476; *Drinkuth* in *Marsch-Barner/Schäfer,* Handbuch börsennotierte AG, § 59 Rn. 39; *Hamann* ZIP 2007, 1088, 1094; *Liebscher* ZIP 2002, 1005, 1008; *Schockenhoff/Schumann* ZGR 2005, 568, 587 ff.; *Seibt* ZIP 2004, 1829, 1833 f. Ablehnend *Schwark,* § 22 WpHG Rn. 21.
[256] Im Ergebnis auch *Schwark,* § 22 WpHG Rn. 21. Anders *von Bülow/Bücker* ZGR 2004, 669, 705 f.
[257] Gegen ein qualitatives Element (die Frage aber letztlich offen lassend) wohl BGH NZG 2006, 945, 947 (= BGHZ 169, 98); KölnKommWpHG-*von Bülow,* Rn. 170; aA OLG München AG 2005, 482, 483; *Casper* ZIP 2003, 1469, 1476; *Casper/Bracht* NZG 2005, 839, 839 ff.; *Hamann* ZIP 2007, 1088, 1094; *Liebscher* ZIP 2002, 1005, 1008; *Schockenhoff/Schumann* ZGR 2005, 568, 589 f.

stab der Kontinuität und Beständigkeit.[258] Auf der einen Seite führen demnach *ad-hoc*-Abstimmungen auch dann nicht zur Stimmrechtszurechnung, wenn sie einen für die Gesellschaft weit reichenden Beschlussgegenstand betreffen. Auf der anderen Seite löst eine langfristige Stimmbindungsvereinbarung die Stimmrechtszurechnung stets aus, und zwar unabhängig davon, ob sich diese auf wesentliche Beschlussgegenstände bezieht.[259] Dazwischen gibt es eine Vielzahl von Sachverhalten, die je nach Ausgestaltung der einen oder anderen Seite zuzuordnen sind. Lässt sich bei Betrachtung punktueller Absprachen der Beteiligten (zB über bestimmte Tagesordnungspunkte) im Zeitablauf ein Fortsetzungszusammenhang nachweisen, kann dies für die Stimmrechtszurechnung nach § 22 Abs. 2 ausreichend sein,[260] wenn nicht lediglich faktisches Parallelverhalten vorliegt (vgl. Rn. 92). Erfolgt eine Abstimmung hinsichtlich der Stimmrechtsausübung im Rahmen einer **M&A-Transaktion** (rechtstechnisch als Nebenpflicht des Verkäufers oder als Bedingung für den Vollzug des Vertrages ausgestaltet), ist ein Einzelfall im Sinne des § 22 Abs. 2 Satz 1 Halbsatz 2 gegeben, wenn sich die Abstimmung – wie im Regelfall – nur auf das Vollzugsstadium des Vertrages (also den Zeitraum zwischen „Signing" und „Closing") bezieht.[261]

3. Rechtsfolge (auch zu § 22 Abs. 2 Satz 2)

Liegt eine Verhaltensabstimmung im Sinne von § 22 Abs. 2 Satz 1 vor, werden den Beteiligten die jeweils gehaltenen und gemäß § 22 Abs. 1 Satz 1 zuzurechnende Stimmrechte **wechselseitig zugerechnet**. Hierdurch kommt es bei einer Verhaltensabstimmung, an der wenigstens drei Rechtsträger beteiligt sind, zu einer mehrfachen Zurechnung derselben Stimmrechte.[262] Stimmrechtsbeschränkungen sind im Rahmen der Stimmrechtszurechnung unbeachtlich (vgl. Rn. 87). Mitwirkende, denen selbst keine Aktien gehören noch nach § 22 Abs. 1 Satz 1 zugerechnet werden, sind keine geeigneten Abstimmungsteilnehmer im Sinne von § 22 Abs. 2 (siehe Rn. 89); ihnen werden daher die Stimmrechte der an der Verhaltensabstimmung Beteiligten nicht zugerechnet (siehe zu Vermittlern noch Rn. 104). Bei einer Verhaltensabstimmung, die **von Tochterunternehmen gehaltene Aktien** einbezieht, ist zu differenzieren: Ist an den Verhaltensabsprachen mit Dritten unmittelbar nur das „Mutterunternehmen" (zum Begriff, der insoweit auch natürliche Personen erfasst, siehe Rn. 27) beteiligt (etwa bei einem schriftlich abgeschlossenen Poolvertrag), werden die Stimmrechte der Dritten ausschließlich und direkt (ohne den Weg der Kettenzurechnung) dem Mutterunternehmen gemäß § 22 Abs. 2 zugerechnet, und zwar auch dann, wenn das Tochterunternehmen die Stimmrechte aus den von ihm selbst gehaltenen Aktien entsprechend den getroffenen Absprachen ausübt. Nur unter der Voraussetzung, dass das Tochterunternehmen selbst ausdrücklich an der Verhaltensabstimmung mit Dritten teilnimmt (etwa selbst Vertragspartei eines Poolvertrags ist), werden auch ihm die Stimmrechte der Dritten zugerechnet. Ebenfalls ausgeschlossen ist

---

[258] Anders *Schwark*, § 22 WpHG Rn. 21, der weder Beständigkeit noch Nachhaltigkeit für erforderlich hält.
[259] AA *Schwark/Noack*, § 30 WpÜG Rn. 24.
[260] Vgl. KölnKommWpÜG-*von Bülow*, § 30 Rn. 138; *Casper* ZIP 2003, 1469, 1476; *Seibt* ZIP 2004, 1829, 1833.
[261] Zutreffend KölnKommWpHG-*von Bülow*, Rn. 213 ff. mwN.
[262] Vgl. Begr. RegE BT-Drucks. 12/6679, S. 53.

eine Kettenzurechnung in dem Fall, dass ein Teilnehmer zu **mehreren koordinierten Einheiten** gehört.²⁶³ Sofern diesem Teilnehmer einvernehmlich die Funktion eines Moderators zwischen den verschiedenen Gruppen zukommen soll, erfolgt die Stimmrechtszurechnung unter den gruppenangehörigen Rechtsträgern unmittelbar gemäß § 22 Abs. 2, und nicht über den Weg der Kettenzurechnung der dem Moderator zuzuordnenden Gesamtstimmrechte (hierzu auch Rn. 104).²⁶⁴

102 Die Stimmrechte der Beteiligten der Verhaltensabstimmung werden wechselseitig grundsätzlich **in voller Höhe zugerechnet**. Hiervon ist keine Ausnahme geboten, wenn sich ein Teilnehmer der Verhaltensabstimmung aufgrund der Mehrheitsverhältnisse innerhalb der koordinierten Einheit bei den Beschlussfassungen über die Vorgaben für die Stimmrechtsausübung in der Hauptversammlung dauerhaft nicht durchsetzen kann.²⁶⁵ Gegen eine nur einseitige Zurechnung von Stimmrechten zum **beherrschenden Teilnehmer** der Verhaltensabstimmung spricht, dass eine von diesem angewiesene natürliche Person über die Stimmrechtszurechnung nach § 22 Abs. 2 im Ergebnis wie ein beherrschtes Unternehmen im Sinne von § 22 Abs. 3 behandelt werden würde, obwohl der Begriff des Tochterunternehmens natürliche Personen nicht erfasst (näher hierzu Rn. 26). Im Übrigen steht der Wortlaut des § 22 Abs. 2 Satz 1 einer solchen Auslegung entgegen. Allerdings ist das Prinzip der gegenseitigen Zurechnung von Stimmrechten in voller Höhe auf die Aktien beschränkt, auf die sich die Verhaltensabstimmung der Beteiligten ausdrücklich oder konkludent bezieht. Wenn sich Abstimmungsteilnehmer ausdrücklich vorbehalten, Stimmrechte aus bestimmten ihnen gehörenden oder nach § 22 Abs. 1 Satz 1 zuzurechnenden Aktien weiterhin **unabhängig von der Willenskoordination der Gruppe** auszuüben, sind diese Aktien nicht in die Verhaltensabstimmung einbezogen und können somit auch nicht wechselseitig zugerechnet werden.

4. Besondere Sachverhalte

a) Mittelbare Verhaltensabstimmung

103 Besonderheiten sind in den Fällen zu beachten, in denen der zur Verhaltensabstimmung erforderliche Kontakt zwischen den Beteiligten nicht unmittelbar zwischen diesen besteht, sondern durch eine Kontaktperson vermittelt wird (zB wenn eine Person an zwei verschiedenen Stimmrechtspools teilnimmt), oder in denen die Kommunikation zwar unmittelbar erfolgt, dies jedoch nicht auf Aktionärsebene, sondern über einen vorgelagerten Rechtsträger als Aktionär (Gesellschafter einer Vorschalt- oder Vermögensverwaltungsgesellschaft).²⁶⁶

---

²⁶³ Im Ergebnis ebenso *Casper* ZIP 2003, 1469, 1476 f.; *Drinkuth* in *Marsch-Barner/Schäfer*, Handbuch börsennotierte AG, § 59 Rn. 33; *Liebscher* ZIP 2003, 1005, 1010. Hierzu auch KölnKommWpÜG-*von Bülow*, § 30 Rn. 19 und 144; *Lange* ZBB 2004, 22, 25. Vgl. demgegenüber KölnKommAktG-*Koppensteiner*, § 20 Anh. §§ 21 ff. WpHG Rn. 31; *Witt* AG 2001, 233, 238.
²⁶⁴ Ähnlich KölnKommWpÜG-*von Bülow*, § 30 Rn. 144.
²⁶⁵ Ebenso *Lenz/Linke* AG 2002, 361, 368. AA KölnKommWpHG-*von Bülow*, Rn. 175; *Casper* ZIP 2003, 1469, 1474; *Pentz* ZIP 2003, 1478, 1488; *Schwark/Noack*, § 30 WpÜG Rn. 12.
²⁶⁶ Ausführlich KölnKommWpHG-*von Bülow*, Rn. 187 ff.

Hinsichtlich des ersten Falles ist von Folgendem auszugehen: Wenn die Kontaktperson zwar mit mehreren Aktionären eines Emittenten in Verbindung steht, dabei aber nicht als **Moderator einer gemeinsamen Willensbildung** auftritt, sondern nur mehrfach gleichartig handelt, kommt eine Verhaltensabstimmung der Aktionäre untereinander nicht in Betracht.[267] Dies gilt unabhängig davon, ob der Kontaktperson selbst Aktien gehören oder gemäß § 22 Abs. 1 Satz 1 zuzurechnen sind. Dementsprechend sind etwa den Kunden eines bestimmten Vermögensverwalters oder den Aktionären, die eine bestimmte Aktionärsvereinigung oder einen gemeinsamen Vertreter mit der Stimmrechtsausübung beauftragen, ihre jeweiligen Stimmrechtsanteile ohne Vorliegen besonderer Umstände nicht wechselseitig zuzurechnen (siehe zur umgekehrten Zurechnung nach § 22 Abs. 1 Satz 1 Nr. 6 Rn. 71 ff.).[268] Auf die Vorgehensweise des Intermediärs kommt es auch an, wenn dieser an mehreren koordinierten Einheiten (Aktionärsgruppen, Pools) beteiligt ist. Sofern dieser nicht die Funktion eines Moderators zwischen den verschiedenen Einheiten mit dem Ziel einer koordinierten Willensbildung und Stimmrechtsausübung übernimmt, werden die Stimmrechte aller anderen Poolmitglieder zwar ihm zugerechnet, nicht aber wechselseitig zwischen den selbstständigen Pools und deren Mitgliedern.[269]

104

Bei der **Einschaltung eines Zwischenaktionärs** (zB Vorschaltgesellschaft oder gemeinsamer Treuhänder) ist für den Fall, dass sich die Hintermänner auf Gesellschafterebene der Vorschaltgesellschaft oder als gemeinsame Treugeber (ggf. über den Treuhänder als Moderator) mit dem Ziel einer einheitlichen Weisung zur Stimmrechtsausübung an den Zwischenaktionär abstimmen, wie folgt zu differenzieren: Können den Hintermännern die Aktien des Vordermanns zugerechnet werden, werden ihnen unter den allgemeinen Voraussetzungen des § 22 Abs. 2 die jeweils zugerechneten Stimmrechte untereinander auch wechselseitig zurechnet.[270] Sofern die Vorschaltgesellschaft kein Gemeinschaftsunternehmen ist, ist eine Abstimmung der Gesellschafter gemäß § 22 Abs. 2 hinsichtlich der Vorschaltgesellschaft zustehenden Stimmrechte ausgeschlossen, weil die Gesellschafter mangels Zurechnung der Stimmrechte nach § 22 Abs. 1 Satz 1 Nr. 1 nicht an einer Verhaltensabstimmung teilnehmen können (vgl.

105

---

[267] Hierzu auch *Pentz* ZIP 2003, 1478, 1485 f.
[268] Im Ergebnis auch *von Bülow/Bücker* ZGR 2004, 669, 171; *Schäfer* in *Marsch-Barner/Schäfer*, Handbuch börsennotierte AG, § 17 Rn. 35 (zu Vermögensverwaltern).
[269] Vgl. auch KölnKommWpÜG-*von Bülow*, § 30 Rn. 144; *Pentz* ZIP 2003, 1478, 1484. Wenn der Intermediär als Moderator tätig wird, bedarf es für die Anwendbarkeit von § 22 Abs. 2 nicht der Annahme einer stillschweigenden Bevollmächtigung (so aber *Lange* ZBB 2004, 22, 26).
[270] Im Fall des gemeinsamen Treuhänders werden den Treugebern die ihnen jeweils zuzuordnenden Aktien zunächst persönlich gemäß § 22 Abs. 1 Satz 1 Nr. 2 und dann gemäß § 22 Abs. 2 wechselseitig untereinander zugerechnet. Bei einer Vorschaltgesellschaft als Gemeinschaftsunternehmen im Sinne von § 22 Abs. 3 (hierzu Rn. 39) werden die von dieser gehaltenen Stimmrechte nach zutreffender Ansicht den Gesellschaftern nach § 22 Abs. 1 Satz 1 Nr. 1 jeweils in voller Höhe zugerechnet (näher Rn. 45). Sofern sich die Gesellschafter außerhalb gemäß § 22 Abs. 2 die Ausübung der ihnen zuzurechnenden Stimmrechte abstimmen (was in diesen Fällen nahe liegt), werden die Stimmrechte aber nicht nochmals bei der Stimmanteilsbemessung berücksichtigt. Dem steht der Grundsatz entgegen, dass dieselben Stimmrechte in der Hand einer Person nicht mehrfach zählen (siehe Rn. 8).

Rn. 89).²⁷¹ Fehlt es an einer Beherrschung der Vorschaltgesellschaft im Sinne von § 22 Abs. 3, bleibt die Koordination der Gesellschafter eine Abstimmung auf Ebene der Gesellschafter der Vorschaltgesellschaft und ist keine Abstimmung auf Ebene der Aktionäre des Emittenten.²⁷² Im Übrigen spricht hier gegen eine Zurechnung nach § 22 Abs. 2, dass durch sie die Anforderungen des § 22 Abs. 3 an ein Tochterunternehmen aufgehoben werden würden.²⁷³

b) Personenidentität

106 Gehören einer Person Aktien des Emittenten (oder werden ihr Stimmrechte nach § 22 zugerechnet) und ist dieselbe Person Vertreter eines anderen Rechtsträgers, dem ebenfalls Aktien gehören (oder dem Stimmrechte zugerechnet werden), kann der Gedanke der „In-sich-Abstimmung" eine Zurechnung nach § 22 Abs. 2 nahe legen. Personenidentität in diesem Sinne ist beispielsweise gegeben, wenn das **Organmitglied einer juristischen Person,** der Aktien gehören, selbst auch Aktionär ist, oder wenn der gesetzliche Vertreter einer minderjährigen Person, der Aktien gehören, ebenfalls Aktionär ist. Allerdings besteht auch in diesen Fallkonstellationen **keine prozessuale Vermutung für ein abgestimmtes Verhalten** (hierzu bereits Rn. 93).²⁷⁴ Im Gegenteil können im konkreten Fall Umstände vorhanden sein, die darauf hindeuten, dass eine koordinierte Willensbildung gerade nicht gewollt ist.²⁷⁵ Ein solcher Sachverhalt liegt beispielsweise vor, wenn ein Mitglied der Geschäftsführung einer an dem Emittenten maßgeblich beteiligten Zwischenholding Aktionär und Mitglied des Aufsichtsrats des Emittenten ist, die Beteiligungsverwaltung der Zwischenholding aber zur Vorbeugung gegen Insiderdelikte intern ausschließlich anderen Mitgliedern der Geschäftsführung unter Einrichtung eines Vertraulichkeitsbereichs („Chinese Walls") zugewiesen ist. Hier ist trotz der Personenidentität nicht von **einer koordinierten Willensbildung** auszugehen; die gesellschaftsrechtlichen Grundsätze der Wissenszurechnung stehen dem nicht entgegen. Im Übrigen kann die Zwischenholding hinsichtlich der Beteiligung an dem Emittenten eine andere Strategie verfolgen, als ein Mitglied ihrer Geschäftsführung. Die materiell-rechtlichen Voraussetzungen einer koordinierten Willensbildung und Stimmrechtsausübung gemäß § 22 Abs. 2 sind damit nach den allgemeinen Grundsätzen (vgl. Rn. 88 ff.) zu beurteilen.²⁷⁶

c) Familienpools

107 Insbesondere im Hinblick auf abgestimmtes Verhalten von Familienaktionären (aufgrund von Stimmbindungs- oder Poolvereinbarungen) werden die gesetzlichen Anforderungen an Stimmrechtsmitteilungen seit Inkrafttreten der §§ 21 ff.

---

²⁷¹ Vgl. *von Bülow/Bücker* ZGR 2004, 669, 711 f.
²⁷² Siehe OLG Stuttgart AG 2005, 125, 129; KölnKommWpÜG-*von Bülow,* § 30 Rn. 120; *Liebscher* ZIP 2002, 1005, 1011 f.; *Pentz* ZIP 2003, 1478, 1485.
²⁷³ Ebenso KölnKommWpÜG-*von Bülow,* § 30 Rn. 120; *Liebscher* ZIP 2002, 1005, 1011 f.; *Pentz* ZIP 2003, 1478, 1485.
²⁷⁴ Im vorliegenden Zusammenhang auch *von Bülow/Bücker* ZGR 2004, 669, 718 f.; KölnKommWpHG-*von Bülow,* Rn. 208; *Nottmeier/Schäfer* AG 1997, 87, 95. Hinsichtlich der In-sich-Abstimmung wohl a A *Schneider* in *Assmann/Schneider,* Rn. 139.
²⁷⁵ Dies übersieht *Schneider* in *Assmann/Pötzsch/Schneider,* WpÜG, § 30 Rn. 121.
²⁷⁶ Ähnlich *von Bülow/Bücker* ZGR 2004, 669, 717 f. Siehe im Hinblick auf Familienaktionäre *Schockenhoff/Schumann* ZGR 2005, 568, 591 ff.; *Pentz* ZIP 2003, 1478, 1485.

kritisiert, da bei einem zahlreiche Personen umfassenden **Familienpool** auch eine geringfügige Änderung im Aktienbesitz (nur) eines Familienmitglieds die Mitteilungspflicht der anderen Poolteilnehmer gemäß §§ 21, 22 Abs. 2 auslösen kann, und zwar auch bei denen, die unmittelbar nur eine Kleinstbeteiligung an dem Emittenten halten.[277] Vorschläge zur Abhilfe bestehen im Wesentlichen darin, die Familie als solche als mitteilungspflichtig anzusehen oder § 22 Abs. 2 *de lege ferenda* so abzuändern, dass Anteilsveränderungen innerhalb des Familienpools die Mitteilungspflicht nicht auslösen.[278] Letztlich bleibt es *de lege lata* jedoch bei der Mitteilungspflicht aller Poolmitglieder, deren Stimmrechtsanteil sich infolge einer Bestandsveränderung in der Person eines anderen Poolmitglieds in einer gemäß § 21 Abs. 1 mitzuteilenden Weise ändert. Dies ist zumindest bei bloßen Aktienübertragungen innerhalb des Pools oder bei der Auswechslung von Poolmitgliedern (etwa im Wege der Gesamtrechtsnachfolge) allerdings häufig nicht der Fall, da die Mitteilungspflicht in Zurechnungsfällen nur unter der Voraussetzung begründet wird, dass in der Person eines konkreten Poolmitglieds überhaupt eine wesentliche Stimmanteilsveränderung stattfindet (vgl. § 21 Rn. 41). Im Gegensatz zu einer verbreiteten Einschätzung dürften daher familiäre Ereignisse für die nicht unmittelbar beteiligten Familienmitglieder nicht selten meldeneutral sein.[279] Im Übrigen besteht die Möglichkeit, dass eine bestimmte Person (Poolmitglied oder externer Vertreter) bevollmächtigt und beauftragt wird, die Mitteilungspflicht zu erfüllen.[280]

V. Mitteilungsinhalt im Zurechnungsfall

Verändert sich der Stimmrechtsanteil eines Rechtsträgers, dem Stimmrechte Dritter gemäß § 22 Abs. 1 Satz 1 oder § 22 Abs. 2 zugerechnet werden, in einer gemäß § 21 Abs. 1 mitzuteilenden Weise oder besteht der Stimmrechtsanteil in einem gemäß § 21 Abs. 1a mitzuteilenden Umfang, sind nach § 17 Abs. 2 **WpAIV zusätzliche Informationen in die Stimmrechtsmitteilung aufzunehmen** (allgemein zum Inhalt der Stimmrechtsmitteilung § 21 Rn. 61 ff.).

Gemäß § 17 Abs. 2 Satz 1 Nr. 1 WpAIV ist der **Name des Dritten** (bei Kettenzurechnung: nicht auch der des „Vierten", siehe auch Rn. 110) anzugeben, aus dessen Aktien dem Mitteilungspflichtigen Stimmrechte nach § 22 Abs. 1 oder Abs. 2 zugerechnet werden, wenn der zugerechnete Stimmrechtsanteil mindestens 3% beträgt.[281] Davon ist auch der Name (die Firma) eines Tochterunternehmens des Meldepflichtigen erfasst. Daneben schreibt § 17 Abs. 2 Satz 1 Nr. 2 vor, dass die **Namen der kontrollierten Unternehmen** anzugeben sind, über die die Stimmrechte tatsächlich gehalten werden, wenn deren zugerechneter Stimmrechtsanteil jeweils mindestens 3% oder mehr beträgt. § 17 Abs. 2 Satz 1 Nr. 2 erfasst damit (wie schon Nr. 1) die Zurechnung nach § 22 Abs. 1

---

[277] Vgl. *Falkenhagen* WM 1995, 1005, 1007 f.; *Hopt* ZGR 1997, 1, 26 f.; *Nottmeier/Schäfer* AG 1997, 87, 94 f.; *Schneider* AG 1997, 81, 85.
[278] Vgl. *Hopt* ZGR 1997, 1, 26 f.; siehe auch *Falkenhagen* WM 1995, 1005, 1008, mit dem Vorschlag jährlicher Mitteilungen über den Poolbestand.
[279] Siehe demgegenüber *Schwark*, § 22 WpHG Rn. 24.
[280] Vgl. *Jäger* WM 1996, 1356, 1357.
[281] Zum Formulierungsvorschlag der BaFin für eine Mitteilung unter Berücksichtigung von § 22 siehe § 21 Rn. 63.

§ 22 110, 111 Abschnitt 5. Veränderungen des Stimmrechtsanteils

Satz 1 Nr. 1, Abs. 3. Diese Regelung dürfte damit zu erklären sein, dass nach Art. 12 Abs. 1 lit. b) der Transparenzrichtlinie 2004/109/EG (iVm Art. 10 lit. e)) die Angabe der „Kette der kontrollierten Unternehmen, über die Stimmrechte tatsächlich gehalten werden" zum Mitteilungsinhalt gehört. § 17 Abs. 2 Satz 1 Nr. 2 stellt damit insbesondere für den Fall, dass Stimmrechte eines „Enkelunternehmens" dem Mutterunternehmen direkt zugerechnet werden (Rn. 38), klar, dass in der Mitteilung nicht nur die Firma des Enkelunternehmens, sondern auch die Firmen der „zwischengeschalteten" Unternehmen zu nennen sind.

110 Ferner hat der Meldepflichtige nach § 17 Abs. 2 Satz 2 WpAIV in der Stimmrechtsmitteilung die ihm zuzurechnenden Stimmrechte für jeden der anzuwendenden **Zurechnungstatbestände getrennt anzugeben.** Wenn Zurechnungstatbestände erstmals oder in geänderter Zusammensetzung angewendet werden, dadurch aber keine gemäß § 21 Abs. 1 mitzuteilende Stimmanteilsveränderung eintritt (etwa bei einer bloßen **Umschichtung;** siehe § 21 Rn. 41), kommt § 17 Abs. 2 Satz 2 WpAIV nicht in Betracht. In einer unter Berücksichtigung von § 17 Abs. 2 Satz 2 WpAIV zu formulierenden Stimmrechtsmitteilung muss der Gesamtstimmrechtsanteil des Meldepflichtigen genannt und angegeben werden, wie sich dieser auf die einzelnen Zurechnungstatbestände und auf den vom Meldepflichtigen selbst gehaltenen Stimmrechtsanteil verteilt. Dabei ist – anders als im Rahmen von § 17 Abs. 2 Satz 1 Nr. 1 und Nr. 2 WpAIV (vgl. Rn. 108) – eine entsprechende Angabe auch erforderlich, wenn die zuzurechnenden Stimmrechte einen Anteil von wenigstens 3% an dem Emittenten nicht erreichen.[282] Findet im konkreten Fall eine **Kettenzurechnung** statt (hierzu Rn. 13 ff.), ist dennoch nur der (Gesamt-)Stimmrechtsanteil des Dritten und der im Verhältnis zwischen diesem und dem Meldepflichtigen anzuwendende Zurechnungstatbestand anzugeben, nicht auch der Stimmrechtsanteil des „Vierten" und der im Verhältnis zwischen diesem und dem Dritten anzuwendende Zurechnungstatbestand. Werden etwa dem Meldepflichtigen gemäß § 22 Abs. 1 Satz 1 Nr. 1 und Satz 2 Stimmrechte eines Tochterunternehmens zugerechnet, die dem Tochterunternehmen selbst von „Vierten" zuzurechnen sind, ist in der Stimmrechtsmitteilung des Meldepflichtigen die Angabe des (Gesamt-)Stimmrechtsanteils des Tochterunternehmens ausreichend.

111 Weiter ergibt sich aus § 17 Abs. 2 Satz 2 WpAIV, dass in der Stimmrechtsmitteilung die zuzurechnenden Stimmrechtsanteile Dritter lediglich nach den einzelnen Zurechnungstatbeständen aufzuschlüsseln sind, dass aber innerhalb eines bestimmten Zurechnungstatbestands keine weitere Differenzierung erfolgen muss, wenn dieser Zurechnungstatbestand im Verhältnis zum Meldepflichtigen mehrfach zur Anwendung kommt.[283] Stimmt der Meldepflichtige zB sein Verhalten mit zwei weiteren Aktionären gemäß § 22 Abs. 2 ab, hat er in seiner Stimmrechtsmitteilung – vorbehaltlich des § 17 Abs. 2 Satz 1 Nr. 1 WpAIV – lediglich den zusammengerechneten Stimmrechtsanteil der zwei weiteren Aktionäre unter Nennung dieses Zurechnungstatbestands anzugeben. Sind im Verhält-

---

[282] *Schwark,* § 22 Rn. 34; aA *Jäger* WM 1996, 1356, 1358.

[283] Bei Sonderfällen und komplexen Sachverhalten kann es sich empfehlen, vor Einreichung der Stimmrechtsmitteilung beim dem Emittenten und der BaFin den genauen Inhalt der *Stimmrechtsmitteilung* mit der BaFin (innerhalb der in § 21 Abs. 1 genannten Frist) abzustimmen. Die Gerichte sind an die Auffassung der BaFin jedoch nicht gebunden (vgl. *Schneider,* FS Schütze, S. 757, 762).

nis zwischen dem Meldepflichtigen und einem Dritten im Hinblick auf bestimmte (abgrenzbare) Stimmrechte mehrere Zurechnungstatbestände anwendbar (zB weil bestimmte Aktien von einem Tochterunternehmen des Meldepflichtigen zugleich treuhänderisch für diesen gemäß § 22 Abs. 1 Satz 1 Nr. 2 gehalten werden), ist es im Allgemeinen geboten, sämtliche anwendbaren Zurechnungstatbestände anzugeben.[284] Nicht zu den gesetzlichen Inhalten einer Stimmrechtsmitteilung nach § 17 Abs. 2 Satz 2 WpAIV gehören dagegen der jeweilige Zurechnungssachverhalt, also die **Darstellung der zur Zurechnung führenden tatsächlichen Umstände**, und die rechtliche Begründung der Zurechnung am Maßstab der konkret angewendeten Zurechnungstatbestände.

§ 23 Nichtberücksichtigung von Stimmrechten

(1) Stimmrechte aus Aktien eines Emittenten, für den die Bundesrepublik Deutschland der Herkunftsstaat ist, bleiben bei der Berechnung des Stimmrechtsanteils unberücksichtigt, wenn ihr Inhaber
1. ein Unternehmen mit Sitz in einem Mitgliedstaat der Europäischen Union oder in einem anderen Vertragsstaat des Abkommens über den Europäischen Wirtschaftsraum ist, das Wertpapierdienstleistungen erbringt,
2. die betreffenden Aktien im Handelsbestand hält oder zu halten beabsichtigt und dieser Anteil nicht mehr als 5 Prozent der Stimmrechte beträgt und
3. sicherstellt, dass die Stimmrechte aus den betreffenden Aktien nicht ausgeübt und nicht anderweitig genutzt werden, um auf die Geschäftsführung des Emittenten Einfluss zu nehmen.

(2) Stimmrechte aus Aktien eines Emittenten, für den die Bundesrepublik Deutschland der Herkunftsstaat ist, bleiben bei der Berechnung des Stimmrechtsanteils unberücksichtigt, sofern
1. die betreffenden Aktien ausschließlich für den Zweck der Abrechnung und Abwicklung von Geschäften für höchstens drei Handelstage gehalten werden, selbst wenn die Aktien auch außerhalb eines organisierten Marktes gehandelt werden, oder
2. eine mit der Verwahrung von Aktien betraute Stelle die Stimmrechte aus den verwahrten Aktien nur aufgrund von Weisungen, die schriftlich oder über elektronische Hilfsmittel erteilt wurden, ausüben darf.

(3) [1]Stimmrechte aus Aktien, die die Mitglieder des Europäischen Systems der Zentralbanken bei der Wahrnehmung ihrer Aufgaben als Währungsbehörden zur Verfügung gestellt bekommen oder die sie bereitstellen, bleiben bei der Berechnung des Stimmrechtsanteils am Emittenten, für den die Bundesrepublik Deutschland der Herkunftsstaat ist, unberücksichtigt, soweit es sich bei den Transaktionen um kurzfristige Geschäfte handelt und die Stimmrechte aus den betreffenden Aktien nicht ausgeübt werden. [2]Satz 1 gilt insbesondere für Stimmrechte aus Aktien, die einem oder einem Mitglied im Sinne des Satzes 1 zur Sicherheit übertragen werden, und für Stimmrechte aus Aktien, die dem Mitglied als Pfand oder im Rahmen eines Pensionsgeschäfts oder einer ähnlichen Vereinbarung gegen Liquidität für geldpolitische Zwecke oder innerhalb eines Zahlungssystems zur Verfügung gestellt oder von diesem bereitgestellt werden.

---

[284] Einschränkend dagegen KölnKommWpHG-*von Bülow*, Rn. 272.

§ 23 Abschnitt 5. Veränderungen des Stimmrechtsanteils

(4) ¹Für die Meldeschwellen von 3 Prozent und 5 Prozent bleiben Stimmrechte aus solchen Aktien eines Emittenten, für den die Bundesrepublik Deutschland der Herkunftsstaat ist, unberücksichtigt, die von einer Person erworben oder veräußert werden, die an einem Markt dauerhaft anbietet, Finanzinstrumente im Wege des Eigenhandels zu selbst gestellten Preisen zu kaufen oder zu verkaufen (Market Maker), wenn
1. diese Person dabei in ihrer Eigenschaft als Market Maker handelt,
2. sie eine Zulassung nach § 32 Abs. 1 Satz 1 in Verbindung mit § 1 Abs. 1a Satz 2 Nr. 4 des Kreditwesengesetzes hat,
3. sie nicht in die Geschäftsführung des Emittenten eingreift und keinen Einfluss auf ihn dahingehend ausübt, die betreffenden Aktien zu kaufen oder den Preis der Aktien zu stützen und
4. sie der Bundesanstalt unverzüglich, spätestens innerhalb von vier Handelstagen mitteilt, dass sie hinsichtlich der betreffenden Aktien als Market Marker tätig ist; für den Beginn der Frist gilt § 21 Abs. 1 Satz 3 und 4 entsprechend.

²Die Person kann die Mitteilung auch schon zu dem Zeitpunkt abgeben an dem sie beabsichtigt, hinsichtlich der betreffenden Aktien als Market Marker tätig zu werden.

(5) Stimmrechte aus Aktien, die nach den Absätzen 1 bis 4 bei der Berechnung des Stimmrechtsanteils unberücksichtigt bleiben, können mit Ausnahme von Absatz 2 Nr. 2 nicht ausgeübt werden.

(6) Das Bundesministerium der Finanzen kann durch Rechtsverordnung, die nicht der Zustimmung des Bundesrates bedarf,
1. eine geringere Höchstdauer für das Halten der Aktien nach Absatz 2 Nr. 1 festlegen,
2. nähere Bestimmungen erlassen über die Nichtberücksichtigung der Stimmrechte eines Market Maker nach Absatz 4 und
3. nähere Bestimmungen erlassen über elektronische Hilfsmittel, mit denen Weisungen nach Absatz 2 Nr. 2 erteilt werden können.

Übersicht

	Rn.
I. Grundlagen	1
1. Regelungsgegenstand und -zweck	1
2. Änderungen durch das Transparenzrichtlinie-Umsetzungsgesetz	4
3. Anpassungen durch das Investmentänderungsgesetz	6
II. Tatbestände der Nichtberücksichtigung von Stimmrechten	7
1. Handelsbestand (§ 23 Abs. 1)	7
a) Adressaten (Nr. 1)	8
b) Zuordnung zum Handelsbestand (Nr. 2)	9
c) Keine Einflussnahme auf die Geschäftsführung (Nr. 3)	12
2. Für Abrechnungs- und Abwicklungszwecke gehaltene Aktien (§ 23 Abs. 2 Nr. 1)	14
3. Verwahrstellen (§ 23 Abs. 2 Nr. 2)	16
4. Zentralbankenbestand (§ 23 Abs. 3)	17
5. Market Maker (§ 23 Abs. 4)	18
a) Adressaten (Nr. 1)	19
b) Zulassung nach §§ 32 Abs. 1 Satz 1, 1 Abs. 1a Satz 2 Nr. 4 KWG (Nr. 2)	20

	Rn.
c) Keine Einflussnahme auf die Geschäftsführung (Nr. 3)	21
d) Mitteilung an die BaFin (Nr. 4)	22
III. Stimmrechtsausübungsverbot (§ 23 Abs. 5)	23
IV. Verordnungsermächtigung (§ 23 Abs. 6)	24

Schrifttum: *Arends* Die Offenlegung von Aktienbesitz nach deutschem Recht, 2000; *Burgard*, Die Berechnung des Stimmrechtsanteils nach §§ 21–23 Wertpapierhandelsgesetz, BB 1995, 2069; *Cahn*, Probleme der Mitteilungs- und Veröffentlichungspflichten nach dem WpHG bei Veränderungen des Stimmrechtsanteils an börsennotierten Gesellschaften, AG 1997, 502; *Göres*, Kapitalmarktrechtliche Pflichten nach dem Transparenzrichtlinie-Umsetzungsgesetz, Der Konzern 2007, 15; *Hildner*, Kapitalmarktrechtliche Beteiligungstransparenz verbundener Unternehmen, 2002; *Holzborn/Blank*, Die Nichtzurechnung nach §§ 20, 36 WpÜG und die Befreiung vom Pflichtangebot nach § 37 WpÜG §§ 8 ff. WpÜGAngVO, NZG 2002, 948; *Holzborn/Friedhoff*, Die gebundenen Ausnahmen der Zurechnung nach dem WpÜG – Die Tücken des Handelsbestandes nach § 20 WpÜG, WM 2002, 948; *Hutter/Kaulamo*, Das Transparenzrichtlinie-Umsetzungsgesetz: Änderungen der anlassabhängigen Publizität, NJW 2007, 471; *Kuthe/Rückert/Sickinger*, Compliance-Handbuch Kapitalmarktrecht (Hrsg.), 2004; *Schlitt/Schäfer*, Auswirkungen der Umsetzung der Transparenzrichtlinie und der Finanzmarktrichtlinie auf Aktien- und Equity-Linked-Emissionen, AG 2007, 227; *Starke*, Beteiligungstransparenz im Gesellschafts- und Kapitalmarktrecht – Rechtsprobleme der §§ 21 ff. WpHG und des § 20 AktG, 2002.

I. Grundlagen

1. Regelungsgegenstand und -zweck

Der Mitteilungspflicht nach §§ 21 und 22 liegt die typisierende Annahme des **1** Gesetzgebers zugrunde, dass unter den jeweiligen Tatbestandsvoraussetzungen ein hinreichendes materielles Einflusspotential des Meldepflichtigen auf den Emittenten besteht. Bei der Gesetzesanwendung spielt es grundsätzlich keine Rolle, ob ein Meldepflichtiger mit dem ihm zuzuordnenden Stimmrechtsanteil tatsächlich Einfluss auf die Gesellschaft ausübt oder – bei einer Stimmrechtszurechnung nach § 22 Abs. 1 – die Stimmrechtsausübung des Aktionärs tatsächlich beeinflusst. Ausschließlich im Hinblick auf **Wertpapierdienstleister und sonstige am Kapitalmarkt professionell auftretende Unternehmen** sieht § 23 unter bestimmten Voraussetzungen eine Nichtberücksichtigung von Stimmrechten vor. Der Zweck der Regelung besteht darin, eine Irreführung des Kapitalmarkts zu verhindern, die im Rahmen der Anwendung von § 21 bei einer Erfassung von Aktien eintreten könnte, die von professionellen Marktteilnehmern ohne die Absicht einer Daueranlage, ohne Einfluss auf den Emittenten auszuüben und ohne Eigeninteresse an den in diesen Aktien verkörperten mitgliedschaftlichen Rechten gehalten werden.[1] Ferner entlastet § 23 die Adressaten der §§ 21, 22, die betroffenen Emittenten und die BaFin von bürokratischem Aufwand, soweit gerade infolge der Nichtberücksichtigung von Stimmrechten die Mitteilungs- und Veröffentlichungspflicht entfällt.[2]

---

[1] Vgl. Begr. RegE BT-Drucks. 12/6679, S. 54, Beschlussempfehlung und Bericht Finanzausschuss BT-Drucks. 12/7918, S. 102, Begr. RegE BT-Drucks. 14/7034, S. 48 (hinsichtlich § 20 WpÜG) und Begr. RegE BT-Drucks. 16/2498, S. 35 f.

[2] Vgl. MünchKommAktG-*Bayer*, § 22 Anh. § 23 WpHG Rn. 1; *Hüffer*, § 22 Anh. § 23 WpHG Rn. 1; *Schwark*, § 23 WpHG Rn. 1; *Starke*, Beteiligungstransparenz im Gesellschafts- und Kapitalmarktrecht, S. 233.

§ 23 2–5 Abschnitt 5. Veränderungen des Stimmrechtsanteils

2   Die Nichtberücksichtigung von Stimmrechten aufgrund des § 23 wirkt sich lediglich auf die **Stimmanteilsberechnung** aus und lässt den Tatbestand der Mitteilungspflicht als solchen und eine trotz Eingreifen des § 23 etwa bestehende Mitteilungspflicht des Betroffenen (zB im Fall des § 23 Abs. 1 hinsichtlich der im Anlagebestand gehaltenen Aktien) unberührt. Auf die Gesamtzahl der Stimmrechte aus Aktien des Emittenten, die für die Berechnung der individuellen Stimmrechtsanteile aller Meldepflichtigen von Bedeutung ist, hat die Anwendung von § 23 keinen Einfluss (siehe § 26a Rn. 6).

3   Einen mit § 23 vergleichbaren Regelungsgegenstand enthalten die §§ 20, 36 WpÜG. In **übernahmerechtlichem Zusammenhang** hat die Nichtberücksichtigung von Stimmrechten Folgen für die Durchführung von Angeboten (vgl. § 20 Abs. 1 WpÜG) und die Angebotspflicht (§ 36 WpÜG). Wegen ihrer voneinander abweichenden Zielrichtung sind die wertpapierhandelsrechtlichen und übernahmerechtlichen Bestimmungen über die Nichtberücksichtigung von Stimmrechten unabhängig voneinander anzuwenden.[3] Wenn etwa aufgrund der in § 36 Nr. 1 bis Nr. 3 WpÜG genannten Umstände Aktien erworben werden, erscheint ein Pflichtangebot mangels Änderung der materiellen Kontrollsituation bei der Zielgesellschaft entbehrlich,[4] nicht aber eine Information des Kapitalmarkts über die damit einhergehende Stimmanteilsveränderung.

2. Änderungen durch das Transparenzrichtlinie-Umsetzungsgesetz

4   § 23 ist durch das das Transparenzrichtlinie-Umsetzungsgesetz vom 5. Januar 2007[5] grundlegend umgestaltet worden. Nach § 23 Abs. 1 und Abs. 2 aF war es für die Nichtberücksichtigung von Stimmrechten nicht ausreichend, wenn nur die gesetzlichen Voraussetzungen erfüllt waren. Vielmehr bedurfte es einer ausdrücklichen Befreiung durch die BaFin, die als Verwaltungsakt konstitutive Wirkung hatte. Demgegenüber ist nun keine Befreiungsentscheidung der BaFin mehr erforderlich. Sind die Voraussetzungen eines der Tatbestände des § 23 erfüllt, **bleiben die Stimmrechte aus den erfassten Aktien** *ipso iure* **unberücksichtigt.** Die Änderung soll zur Entbürokratisierung[6] und wohl auch zur Entlastung der BaFin beitragen.[7]

5   Die Regelung des § 23 Abs. 2 aF zur **Befreiung des so genannten Spekulationsbestands** wurde ersatzlos gestrichen, da sie mit den durch § 23 umgesetzten Vorschriften der Transparenzrichtlinie[8] (Art. 9 Abs. 4, Abs. 5, Abs. 6 und

---

[3] Im Ergebnis auch *Racky* in *Geibel/Süßmann*, WpÜG, § 20 Rn. 12; *Seiler* in *Assmann/Pötzsch/Schneider*, WpÜG, § 20 Rn. 6.

[4] Hierzu KölnKommWpÜG-*von Bülow*, § 36 Rn. 3.

[5] Gesetz zur Umsetzung der Richtlinie 2004/109/EG des Europäischen Parlaments und des Rates vom 15. Dezember 2004 zur Harmonisierung der Transparenzanforderungen in Bezug auf Informationen über Emittenten, deren Wertpapiere zum Handel auf einem geregelten Markt zugelassen sind, und zur Änderung der Richtlinie 2001/34/EG, BGBl. I S. 10.

[6] Begr. RegE BT-Drucks. 16/2498, S. 35; MünchKommAktG-*Bayer*, § 22 Anh. § 23 WpHG Rn. 1 („vorrangiger Zweck").

[7] *Kritisch dazu Göres* Der Konzern 2007, 15, 19.

[8] Richtlinie 2004/109/EG des Europäischen Parlaments und des Rates vom 15. Dezember 2004, ABl. EU Nr. L 390/38 vom 31. Dezember 2004.

Abs. 11) nicht vereinbar wäre.[9] Entsprechend den Richtlinienvorgaben neu in das Gesetz eingefügt wurden die Tatbestände des § 23 Abs. 2, Abs. 3 und Abs. 4, während der Regelungsgehalt von § 23 Abs. 1 (nun beschränkt auf 5% der Stimmrechte des Emittenten) und Abs. 5 mit dem der Vorgängervorschriften (§ 23 Abs. 1 und Abs. 4 aF) weitgehend übereinstimmt.

3. Anpassungen durch das Investmentänderungsgesetz

§ 23 Abs. 4 wurde durch Art. 3 des Investmentänderungsgesetzes vom 21. Dezember 2007[10] neu gefasst. Insbesondere wurden zur Umsetzung der von Art. 6 Abs. 1 Unterabs. 1 der Durchführungsrichtlinie 2007/14/EG vorgesehenen **Meldepflicht** § 23 Abs. 4 Satz 1 Nr. 4 und Satz 2 angefügt (dazu Rn. 22); die weiteren Änderungen waren lediglich redaktioneller Art.[11]

II. Tatbestände der Nichtberücksichtigung von Stimmrechten

1. Handelsbestand (§ 23 Abs. 1)

§ 23 Abs. 1 beruht auf **Art. 9 Abs. 6 der Transparenzrichtlinie 2004/109/EG** (Vor §§ 21 bis 30 Rn. 6), nach dem Herkunftsmitgliedstaaten vorsehen können, dass Stimmrechte, die ein Kreditinstitut oder eine Wertpapierfirma aufgrund ihres Wertpapierhandels hält, nicht berücksichtigt werden, vorausgesetzt dass der Anteil der aufgrund des Wertpapierhandels gehaltenen Stimmrechte nicht höher als 5% ist und das Kreditinstitut oder die Wertpapierfirma sicherstellt, dass die Stimmrechte aus Aktien, die aufgrund des Wertpapierhandels gehalten werden, nicht ausgeübt werden und nicht anderweitig genutzt werden, um in die Geschäftsführung des Emittenten einzugreifen.

a) Adressaten (Nr. 1)

Von § 23 Abs. 1 erfasst sind nur Unternehmen mit Sitz in EU oder EWR, die Wertpapierdienstleistungen erbringen. Anders als nach § 23 Abs. 1 aF müssen diese Unternehmen nicht zwingend börsenzugelassen sein. Die **Erbringung von Wertpapierdienstleistungen** gehört zu den personellen (nicht zu den sachlichen) Voraussetzungen für eine Nichtberücksichtigung von Stimmrechten. Das bedeutet nicht, dass die Aktien bei Ausführung einer Wertpapierdienstleistung erworben werden müssen.[12] Vielmehr müssen überhaupt Wertpapierdienstleistungen erbracht werden, was bei inländischen Unternehmen am Maßstab von § 2 Abs. 3 beurteilt werden kann. Da der Gesetzgeber den Begriff des Wertpapierdienstleistungsunternehmens nicht ausdrücklich verwendet, läge die Annah-

---

[9] Begr. RegE BT-Drucks. 16/2498, S. 35. – § 23 Abs. 2 aF beruhte nicht auf Art. 9 der Transparenzrichtlinie 88/627/EWG vom 12. Dezember 1988, sondern wurde im Rahmen des ursprünglichen Gesetzgebungsverfahrens auf Initiative des Finanzausschusses in § 23 eingefügt.
[10] BGBl. I S. 3089.
[11] Beschlussempfehlung des Finanzausschusses, BT-Drucks. 16/6874, S. 122.
[12] In den sachlichen Anwendungsbereich von § 23 Abs. 1 fallen gleichwohl auch Aktien, die im Rahmen einer Wertpapierdienstleistung für Kunden erworben werden (näher hierzu Rn. 10).

me nahe, dass die Voraussetzungen der Definitionsnorm des § 2 Abs. 4 nicht erfüllt sein müssen. Dies ist insoweit zutreffend, als insbesondere auch solche Unternehmen unter § 23 Abs. 1 Nr. 1 fallen können, die nicht im Geltungsbereich der inländischen Institutsaufsicht tätig sind, aber ihrem Handelsbestand Aktien eines Emittenten im Sinne des § 2 Abs. 6 zuführen (wollen). Jedoch ist kein Umkehrschluss zu § 2 Abs. 4 mit dem Ergebnis möglich, dass das Unternehmen die Wertpapierdienstleistungen nicht gewerbsmäßig oder in einem Umfang erbringen müsste, der einen in kaufmännischer Weise eingerichteten Geschäftsbetrieb erfordert: Der mit § 23 Abs. 1 umgesetzte Art. 9 Abs. 6 der Transparenzrichtlinie 2004/109/EG nennt ausdrücklich Kreditinstitute im Sinne des Art. 2 Abs. 1 lit. o) der Richtlinie und Wertpapierfirmen; nach der Definition der Wertpapierfirma in Art. 4 Abs. 1 Nr. 1 der Richtlinie über Märkte für Finanzinstrumente (MiFID)[13] ist ein **gewerbsmäßiges Tätigwerden erforderlich.** § 23 Abs. 1 Nr. 1 ist damit so auszulegen, dass die Wertpapierdienstleistungen gewerbsmäßig im Sinn des Art. 4 Abs. 1 Nr. 1 MiFiD erbracht werden müssen. Auch Unternehmen, die nach § 2a Abs. 1 nicht als Wertpapierdienstleistungsunternehmen gelten, können – sofern sie gewerbsmäßig Wertpapierdienstleistungen erbringen – unter § 23 Abs. 1 Nr. 1 fallen.

b) Zuordnung zum Handelsbestand (Nr. 2)

9   Nach § 23 Abs. 1 Nr. 2 können Stimmrechte aus Aktien nur unberücksichtigt bleiben, soweit die betreffenden Aktien im Handelsbestand des Unternehmens gehalten werden oder nach seiner Absicht gehalten werden sollen und dieser Anteil nicht mehr als 5% der Stimmrechte beträgt. Das Tatbestandsmerkmal des Handelsbestands ist **gesetzlich nicht definiert;** seine Anwendung bereitet Schwierigkeiten.[14] Anhaltspunkte bietet Art. 9 Abs. 6 der Transparenzrichtlinie 2004/109/EG, der auf die Definition des Wertpapierhandels nach Art. 2 Nr. 6 der Kapitaladäquanzrichtlinie[15] verweist.[16] Betrachtet man den Zweck des § 23 Abs. 1, erscheint die Zuordnung von Aktien zu einem bestimmten Bestand auf den ersten Blick eher zweitrangig, soweit § 23 Abs. 1 Nr. 3 erfüllt ist, d. h. auf die Geschäftsführung des Emittenten kein Einfluss genommen wird. Denn bereits dann wäre die Nichtberücksichtigung von Stimmrechten jedenfalls zur Verhinderung von Irreführungen des Kapitalmarkts gerechtfertigt, ohne dass es noch auf eine Bestandszuweisung ankäme. Gleichwohl ist es sachgerecht, wenn dem Handelsbestand zusätzliche Bedeutung zukommt. Denn nicht allein die fehlende Absicht einer Einflussnahme auf den Emittenten ist für die Nichtberücksichtigung von Stimmrechten ausschlaggebend (auch sonst hindert die fehlende Absicht der Stimmrechtsausübung nicht die Anwendung der Beteiligungstransparenzpflichten), sondern auch (und vor allem) der Umstand der **Umschlagshäu-**

---

[13] Richtlinie 2004/39/EG des Europäischen Parlaments und des Rates vom 21. April 2004 über Märkte für Finanzinstrumente, zur Änderung der Richtlinien 85/611/EWG und 93/6/EWG des Rates und der Richtlinie 2000/12/EG des Europäischen Parlaments und des Rates und zur Aufhebung der Richtlinie 93/22/EWG des Rates, ABl. L 145 vom 30. April 2004, S. 1.
[14] Vgl. *Schwark*, § 23 WpHG Rn. 6.
[15] Richtlinie 93/6/EWG des Rates vom 15. März 1993 über die angemessene Eigenkapitalausstattung von Wertpapierfirmen und Kreditinstituten, ABl. L 141 vom 11. Juni 1993 S. 1.
[16] Vgl. auch *Seiler* in *Assmann/Pötzsch/Schneider*, WpÜG, § 20 Rn. 16.

figkeit und -geschwindigkeit im Wertpapierhandel, der durch das Tatbestandsmerkmal des Handelsbestands abgebildet wird.[17]

Zur näheren Bestimmung lässt sich darauf abstellen, dass zum Handelsbestand alle Aktien gehörten, die nicht dem Anlagebestand zugeordnet sind, die also nicht der dauerhaften Anlage dienen.[18] Dadurch wird eine nähere Bestandsabgrenzung nicht entbehrlich, wenn der Aktienerwerb oder das Halten von Aktien objektiv neutral ist (zB bei einem reinen Eigengeschäft). Allerdings ist die Umschreibung insoweit hilfreich, als sie deutlich werden lässt, dass der Aktienerwerb im Rahmen der Ausführung von Wertpapierdienstleistungen im Sinne von § 2 Abs. 3 allenfalls dem Handelsbestand zugehört, nicht jedoch dem Anlagebestand.[19] Denn Aktien, die **unmittelbar oder im Wege des Durchgangserwerbs für Dritte** erworben werden, dienen nicht der Kapitalanlage des von § 23 Abs. 1 erfassten Unternehmens. Vielmehr sind diese Aktien Gegenstand einer Wertpapierdienstleistung, zu deren Inhalt es im Allgemeinen gehört, die auftragsgemäß erworbenen und gehaltenen Aktien bestimmungsgemäß unverzüglich oder zum vereinbarten Zeitpunkt dem Auftraggeber zu überlassen.[20] Das „Durchleiten" von Aktien im Auftrag Dritter ist gemessen an Sinn und Zweck des § 23 ein geradezu typischer Anwendungsfall.[21] Von diesem Standpunkt aus stellt sich bei Wertpapierdienstleistungen in erster Linie die Frage, ob bei Auftragsausführung erworbene Aktien nur dann dem Handelsbestand zugehören, wenn das Unternehmen diese im Wege des Zwischenerwerbs zu Eigentum erwirbt oder auch dann, wenn es in offener Stellvertretung für seinen Auftraggeber oder als Stellvertreter für den, es angeht, handelt, also zu keinem Zeitpunkt Eigentümer der Aktien ist.[22] Dies ist von Bedeutung, wenn dem Unternehmen aufgrund eines Auftrags Stimmrechte des Auftraggebers zugerechnet werden, zB bei der Tätigkeit als Vermögensverwalter (§ 2 Abs. 3 Nr. 6) die Stimmrechte aus gemäß § 22 Abs. 1 Satz 1 Nr. 6 anvertrauten Aktien. Die Rechtsfolge des § 23 Abs. 5 (Stimmrechtsausübungsverbot) wäre in diesem Fall jedoch nicht sachgerecht, da damit die Stimmrechtszurechnung nach § 22 Abs. 1 Satz 1 Nr. 6 in ihr Gegenteil verkehrt würde. Im Übrigen spricht der Begriff Handels*bestand* genauso wie die Definition des Wertpapierhandels nach Art. 2 Nr. 6 lit. a) der Kapitaladäquanzrichtlinie 93/6/EWG dafür, § 23 Abs. 1 **auf den Eigenerwerb des Unternehmens zu beschränken**. Zu den Wertpapierdienstleistungen, die zu einem vorübergehenden Eigentumserwerb des Unternehmens führen und damit in den Anwendungsbereich des § 23 Abs. 1 fallen, gehören insbesondere

---

[17] Vgl. Begr. RegE BT-Drucks. 16/2498, S. 35.
[18] Begr. RegE BT-Drucks. 16/2498, S. 35.
[19] Vgl. MünchKommAktG-*Bayer,* § 22 Anh. § 23 WpHG Rn. 4; KölnKommWpHG-*Hirte,* Rn. 21; *Nolte* in *Bürgers/Körber,* Anh. § 22/§ 23 WpHG Rn. 2.
[20] Nach *Schwark,* § 23 WpHG Rn. 6, liegt gerade das Gegenteil auf der Hand, nämlich dass nur für eigene, nicht aber für fremde Rechnung gehaltene Aktien zum Handelsbestand gehören; ähnlich *Holzborn/Friedhoff* WM 2002, 948, 949; *Opitz* in *Schäfer/Hamann,* KMG, § 23 WpHG Rn. 6; *Schneider* in *Assmann/Schneider,* Rn. 13; *Sudmeyer* in *Kuthe/ Rückert/Sickinger,* Compliance-Handbuch Kapitalmarktrecht, 8. Kap. Rn. 65.
[21] Vgl. *Arends,* Die Offenlegung von Beteiligungstransparenz nach deutschem Recht, S. 73; KölnKommWpÜG-*Hirte,* § 20 Rn. 67; *Seiler* in *Assmann/Pötzsch/Schneider,* WpÜG, § 20 Rn. 4 und Rn. 17; *Starke,* Beteiligungstransparenz im Gesellschafts- und Kapitalmarktrecht, S. 234.
[22] Unklar KölnKommWpHG-*Hirte,* Rn. 21.

§ 23 11   Abschnitt 5. Veränderungen des Stimmrechtsanteils

das Wertpapierkommissionsgeschäft mit Selbsteintritt (vgl. § 2 Abs. 3 Nr. 1) der Eigenhandel für Andere (§ 2 Abs. 3 Nr. 2) und das Emissionsgeschäft (§ 2 Abs. 3 Nr. 5).[23] Im Einzelfall können Besonderheiten zu beachten sein, zB wenn im Rahmen einer Wertpapieremission übernommene Aktien nicht verwertet und – mit der Folge des Wegfalls der Befreiungswirkung – in den Anlagebestand umgebucht werden (zur Umwidmung noch Rn. 11).

11 Erfolgt der Aktienerwerb nicht im Rahmen der Ausführung von Wertpapierdienstleistungen, können zunächst solche Erwerbsfälle aus dem Anwendungsbereich von § 23 Abs. 1 ausgeschlossen werden, die wegen ihrer speziellen Zweckbestimmung offenkundig nicht dem „Handel" zu dienen bestimmt sind. Hierzu gehört in erster Linie der Erwerb von Aktien im Wege der **Sicherungsübereignung** (vgl. § 22 Rn. 60). Auf der anderen Seite gibt es Erwerbsfälle, die – wie bei im Rahmen einer Wertpapierdienstleistung erworbenen Aktien – objektiv darauf hindeuten, dass das Unternehmen die Aktien nicht zur Kapitalanlage nutzen wird. Hierbei handelt es sich um den Aktienerwerb, der im Zuge der Erfüllung eines **Wertpapierdarlehens** oder eines **Wertpapierpensionsgeschäfts** erfolgt. Sofern nicht besondere Umstände vorliegen oder die Voraussetzungen des § 23 Abs. 1 Nr. 3 nicht eingehalten werden, gehören die darlehensweise oder pensionsweise erworbenen Aktien zum Handelsbestand und fallen daher unter § 23 Abs. 1.[24] Was bleibt, sind die bloßen Eigengeschäfte der Handelsteilnehmer, die ihren Grund weder in einer Wertpapierdienstleistung haben (und auch keine Wertpapierdienstleistung darstellen)[25] noch einer speziellen Zweckbestimmung (wie bei den sicherungshalber erworbenen Aktien) unterliegen. Ob Eigengeschäfte von § 23 Abs. 1 erfasst sind (d. h. zum Handelsbestand gehören) oder nicht (d. h. zum Anlagebestand gehören), richtet sich im Ausgangspunkt nach der jeweiligen subjektiven Widmung des Handelsteilnehmers,[26] die eng mit dem Vorhandensein oder dem Fehlen der Absicht zusammenhängt, auf den Emittenten Einfluss nehmen zu wollen (hierzu Rn. 12). In diesem Zusammenhang ist zu beachten, dass Eigengeschäfte für den Anlagebestand häufig ihre Grundlage in einer entsprechenden Willensbildung der Geschäftsführung des Unternehmens haben, Eigengeschäfte für den Handelsbestand dagegen ohne eine solche Einzelvorgabe getätigt werden.[27] Aus dieser Perspektive dienen die im Schrifttum diskutierten Kriterien für die Abgrenzung von Handelsbestand und Anlagebestand (siehe sogleich) nicht in erster Linie der konstitutiven Zuordnung von Aktien zu einem der Bestände, sondern vornehmlich der Widerlegung einer **Vermutung eines Erwerbs für den Handelsbestand** und der Missbrauchskontrolle. Dessen ungeachtet ist für beide Betrachtungsweisen von Bedeutung, wann von einer Widmung der Aktien zum Handels- oder zum Anlagebestand auszugehen ist. Angeknüpft wird im Wesentlichen an den bilanziellen Ausweis der Aktien unter

---

[23] Zur Anwendung von § 23 beim Emissionsgeschäft Jahresbericht BaFin 2003, S. 201. Siehe demgegenüber *Seiler* in *Assmann/Pötzsch/Schneider*, WpÜG, § 20 Rn. 18.
[24] Im Ergebnis ebenso KölnKommWpHG-*Hirte*, Rn. 21; *Schwark*, § 23 WpHG Rn. 6; *Seiler* in *Assmann/Pötzsch/Schneider*, WpÜG, § 20 Rn. 17; siehe auch *Nolte* in *Bürgers/Körber*, Anh. § 22/§ 23 WpHG Rn. 2.
[25] *Schwark/Beck*, § 2 WpHG Rn. 23.
[26] Vgl. KölnKommWpÜG-*Hirte*, § 20 Rn. 70; KölnKommWpHG-*Hirte*, Rn. 24; *Holzborn/Friedhoff* WM 2002, 948, 949; *Holzborn/Blank* NZG 2002, 948, 949; *Schneider* in *Assmann/Schneider*, Rn. 19.
[27] Anders KölnKommWpÜG-*Hirte*, § 20 Rn. 70; KölnKommWpHG-*Hirte*, Rn. 24.

dem Umlauf- oder Anlagevermögen, an die steuerliche Spekulationsfrist oder an ähnliche Differenzierungsmerkmalen außerhalb des Wertpapierhandelsgesetzes. Vorzugswürdig ist die Ansicht, die sich an der **bilanziellen Erfassung der Aktien** orientiert, soweit die Bilanzierung die subjektive Einordnung des Handelsteilnehmers zutreffend zum Ausdruck bringt und nicht anhand pauschaler Fristen erfolgt.[28] Hiernach steht es zB einer Zuordnung von Aktien zum Handelsbestand nicht entgegen, wenn die Aktien zwar länger als vorgesehen gehalten werden, aber veräußert werden sollen, sobald es die Börsenlage zulässt. Ungeachtet dessen entfällt die Wirkung des § 23 Abs. 1, wenn sich die Zweckbestimmung der (zunächst) dem Handelsbestand zugehörenden Aktien ändert.

c) Keine Einflussnahme auf die Geschäftsführung (Nr. 3)

Nach § 23 Abs. 1 Nr. 3 hat das Unternehmen sicherzustellen, dass die Stimmrechte aus den zum Handelsbestand gehörenden Aktien nicht ausgeübt und nicht anderweitig genutzt werden, um auf die Geschäftsführung des Emittenten Einfluss zu nehmen. Im Allgemeinen bedeutet Einflussnahme auf die Geschäftsführung **jede Einwirkung auf den Emittenten**,[29] gleich ob im Wege der Stimmrechtsausübung oder faktisch, rechtmäßig oder rechtswidrig, nachhaltig oder punktuell. Keine Einflussnahme ist dagegen die **bloße Wahrnehmung von Vermögensrechten** (auch Bezugsrechten), schon gar nicht der bloße Informationsaustausch. Entscheidend ist, dass das Unternehmen keinen Einfluss auf die Willensbildung des Emittenten nimmt. Wenn der Aktienerwerb im Rahmen der Erbringung einer Wertpapierdienstleistung für einen Kunden des Unternehmens erfolgt (siehe Rn. 10), kann eine Einflussnahme auf den Emittenten vom Auftraggeber gewünscht oder diesem gegenüber geschuldet sein (zB bei einem treuhänderischen Erwerb eines Aktienpakets). Für die Anwendung des § 23 Abs. 1 Nr. 3 ist jedenfalls unerheblich, aus welchem Grund sich das Unternehmen einer Einflussnahme auf den Emittenten enthält oder seine Absicht ändert. Für den Kapitalmarkt und die Transparenz der Beteiligungsverhältnisse spielen die Motive, von der Stimmrechtsmacht Gebrauch zu machen oder dies zu unterlassen, keine Rolle.

Umstritten ist der Aussagegehalt von § 23 Abs. 1 Nr. 3 in den Fällen, in denen das Unternehmen neben Aktien eines Emittenten, dessen Stimmrechte er zur Vermeidung der Mitteilungspflicht unberücksichtigt lässt, **weitere Aktien dieses Emittenten im Anlagebestand** hält. Hier steht lediglich fest, dass das Unternehmen Stimmrechte aus den unberücksichtigten Aktien nicht ausüben kann; andernfalls entfällt die Wirkung des § 23 Abs. 1. Unterschiedliche Auffassungen bestehen über die Zulässigkeit faktischer Einflussnahmen, da diese im Regelfall nicht einer bestimmten Aktientranche (befreit oder nicht befreit) zugeordnet werden können. Mit beachtlichen Gründen wird vertreten, dass dem Unternehmen jede faktische Einflussnahme auf die Gesellschaft verwehrt ist.[30] Gleichwohl erscheint dies unverhältnismäßig, zumal die Rechtsfolge des § 23 Abs. 5

---

[28] Vgl. *Arends,* Die Offenlegung von Aktienbesitz nach deutschem Recht, S. 73 f.; *Schwark,* § 23 WpHG Rn. 6; einschränkend *Holzborn/Friedhoff* WM 2002, 948, 950.
[29] Die Zielrichtung auf das Geschäftsführungsorgan des Emittenten ist nicht im engen Sinne zu verstehen, sondern bedeutet jede Einwirkung auf den Emittenten.
[30] MünchKommAktG-*Bayer,* § 22 Anh. § 23 WpHG Rn. 6; KölnKommWpHG-*Hirte,* Rn. 29; *Schneider* in *Assmann/Schneider,* Rn. 28 f. AA *Schwark,* § 23 WpHG Rn. 9.

§ 23 14, 15   Abschnitt 5. Veränderungen des Stimmrechtsanteils

nach allgemeiner Meinung auf den befreiten Bestand beschränkt ist. Entscheidend spricht aber gegen die weite Auslegung, dass sich die kapitalmarktrechtliche Beteiligungstransparenz nach den §§ 21 ff. schon systematisch nicht auf faktische Einflussnahmen bezieht, weshalb etwa Abhängigkeiten des Emittenten von Großlieferanten oder Kreditgebern nicht offen zu legen sind. Dass durch § 23 Abs. 1 Nr. 3 faktische Einflussnahmen dennoch rechtliche Bedeutung erlangen, stellt einen der strukturellen Mangel dieser Norm dar.

2. Für Abrechnungs- und Abwicklungszwecke gehaltene Aktien (§ 23 Abs. 2 Nr. 1)

14 § 23 Abs. 2 Nr. 1 dient der Umsetzung von Art. 9 Abs. 4 der Transparenzrichtlinie 2004/109/EG. Danach ist keine Stimmrechtsmitteilung erforderlich für Aktien, die ausschließlich zum Zweck der Abrechnung und Abwicklung von Geschäften **innerhalb des üblichen kurzen Abwicklungszyklus** erworben werden. Die Höchstdauer dieses Zyklus wird durch Art. 5 der Durchführungsrichtlinie 2007/14/EG[31] auf drei Handelstage nach Geschäftsabschluss festgelegt.

15 Anders als im Fall des § 23 Abs. 1 stellt § 23 Abs. 2 keine personellen Voraussetzungen für die Nichtberücksichtigung auf; seine Anwendung ist nicht auf Unternehmen beschränkt, die Wertpapierdienstleistungen erbringen. In der Praxis werden sich aber ausschließlich Wertpapierdienstleister und sonstige professionelle Kapitalmarktteilnehmer auf den Tatbestand des § 23 Abs. 2 Nr. 1 berufen können. Die Entsprechungen für „Abrechnung" und „Abwicklung" in der – auch in Deutschland gebräuchlichen – englischen Terminologie sind **„Clearing"** und **„Settlement"**.[32] Zur Auslegung können die Definitionen herangezogen werden, die in den „CESR/ECB Standards for Securities Clearing and Settlement Systems in the European Union"[33] enthalten sind. Danach lässt sich unter „Abrechnung" die Be- oder Verrechnung der gegenseitigen Verpflichtungen von Marktteilnehmern aus Wertpapiergeschäften verstehen. „Abwicklung" bedeutet demgegenüber den Vollzug einer Transaktion durch die Übertragung der Wertpapiere und die Erbringung der Gegenleistung. Entscheidend für die Anwendbarkeit des § 23 Abs. 2 Nr. 1 ist, dass die Aktien ausschließlich für diese Zwecke und nicht etwa für Anlage- oder Sicherungszwecke gehalten werden.[34] Die Abwicklungsfrist endet am dritten Handelstag (vgl. § 30) nach Abschluss des abzuwickelnden Geschäfts („T+3").[35] § 23 Abs. 2 Nr. 1 Halbsatz 2 stellt klar, dass auch die Stimmrechte aus solchen Aktien des Emittenten unberücksichtigt blieben, die außerhalb eines organisierten Marktes (§ 2 Abs. 5) gehandelt werden.

---

[31] Richtlinie der Kommission vom 8. März 2007, ABl. EU Nr. L 69 vom 9. März 2007 S. 27.
[32] Vgl. auch die englische Richtlinienfassung.
[33] Stand: September 2004, abrufbar unter http://www.ecb.int/pub/pdf/other/escb-cesr-standardssecurities2004en.pdf.
[34] Siehe auch das unter *www.bafin.de* abrufbare Dokument „Häufig gestellte Fragen zu den §§ 21 ff. WpHG" (Stand: 11. Juni 2007).
[35] Dies ergibt sich aus Art. 5 der Richtlinie 2007/14/EG (Vor §§ 21 bis 30 Rn. 6). Zur Anwendung auf Emissionsbanken siehe *Schlitt/Schäfer* AG 2007, 227, 230.

3. Verwahrstellen (§ 23 Abs. 2 Nr. 2)

Mit § 23 Abs. 2 Nr. 2 wird Art. 9 Abs. 4 der Transparenzrichtlinie 2004/ 109/EG umgesetzt, der eine Ausnahme von der Mitteilungspflicht für Aktien vorsieht, die von Verwahrstellen in ihrer Eigenschaft als Verwahrer gehalten werden. Erfasst wird damit das Depotgeschäft im Sinne des § 2 Abs. 3a Nr. 1 (§ 2 Rn. 119). Die richtlinienkonforme Auslegung des § 23 Abs. 2 Nr. 2 ergibt, dass sich die Nichtberücksichtigung auf solche Aktien beschränkt, die **im Eigentum der Verwahrstelle** stehen.[36] Depotbanken, die Verwahrungsverträge nach deutschem Recht abschließen (was jedenfalls bei regulärer Vertragsgestaltung bedeutet, dass der Hinterleger Eigentümer bleibt), können sich daher nicht auf § 23 Abs. 2 Nr. 2 berufen.[37] Weitere Voraussetzung ist, dass die Verwahrstelle die Stimmrechte aus diesen Aktien (im Innenverhältnis zum Hinterleger) **nur aufgrund von Weisungen ausüben** kann, die schriftlich oder über elektronische Hilfsmittel erteilt wurden. Dem liegt die Erwägung zugrunde, dass die Verwahrstelle, obwohl sie formal Aktionärin ist, keinerlei Einfluss auf den Emittenten ausübt, wenn sie lediglich den Willen des Hinterlegers ausführt (siehe auch Rn. 1). Aus diesem Grund fehlt in § 23 Abs. 2 Nr. 2 auch eine dem § 23 Abs. 1 Nr. 3 entsprechende Einschränkung.

4. Zentralbankenbestand (§ 23 Abs. 3)

Art. 11 Abs. 1 der Transparenzrichtlinie 2004/109/EG sieht vor, dass für solche Aktien keine Meldepflicht besteht, die den Mitgliedern des **Europäischen Systems der Zentralbanken (ESZB)** bei der Wahrnehmung ihrer Aufgaben als Währungsbehörden zur Verfügung gestellt oder von diesen bereit gestellt werden. Nach Art. 11 Abs. 1 Halbsatz 2 zählen dazu auch Aktien, die den Mitgliedern des ESZB als Pfand oder im Rahmen eines Pensionsgeschäfts oder einer ähnlichen Vereinbarung gegen Liquidität für geldpolitische Zwecke oder innerhalb eines Zahlungssystems zur Verfügung gestellt oder von diesen bereit gestellt werden. Als zusätzliche Voraussetzung für die Nichtberücksichtigung ordnet Art. 11 Abs. 2 an, dass es sich bei den genannten Transaktionen um kurzfristige Geschäfte handeln muss und die Stimmrechte aus den betreffenden Aktien nicht ausgeübt werden dürfen. Diese gemeinschaftsrechtlichen Vorgaben wurden vom deutschen Gesetzgeber (auch sprachlich weitestgehend) unverändert in § 23 Abs. 3 übernommen. Zur Auslegung des Tatbestandsmerkmals des „**kurzfristigen Geschäfts**" ist Erwägungsgrund 19 der Transparenzrichtlinie heranzuziehen.[38] Danach fallen unter § 23 Abs. 3 Kreditgeschäfte, die im Einklang mit dem Vertrag und den Rechtsakten der EZB, insbesondere den EZB-Leitlinien über

---

[36] Nach Art. 9 Abs. 4 der Transparenzrichtlinie 2004/109/EG müssen die Aktien von der Verwahrstelle „gehalten" werden, was sich nach der Terminologie der Richtlinie (vgl. Art. 9 Abs. 1) auf die dingliche Rechtslage bezieht.
[37] Zutreffend die BaFin in dem unter *www.bafin.de* abrufbaren Dokument „Häufig gestellte Fragen zu den §§ 21 ff. WpHG" (Stand: 11. Juni 2007). – Da das Depotstimmrecht gemäß § 135 AktG nicht zu einer Zurechnung von Stimmrechten nach § 22 Abs. 1 Satz 1 Nr. 6 führt (§ 22 Rn. 77), besteht in diesem Fall auch kein Bedarf für eine Nichtberücksichtigung.
[38] Begr. RegE BT-Drucks. 16/2498, S. 36.

geldpolitische Instrumente und Verfahren[39] und dem System TARGET,[40] oder entsprechenden nationalen Vorschriften vorgenommen werden.

5. Market Maker (§ 23 Abs. 4)

18 Die Meldepflicht entfällt nach Art. 9 Abs. 5 der Transparenzrichtlinie 2004/ 109/EG für den Erwerb oder die Veräußerung einer bedeutenden Beteiligung, sofern hierdurch die Schwelle von 5% oder mehr durch einen Market Maker, der in dieser Eigenschaft handelt (dazu Rn. 19), erreicht, überschritten oder unterschritten wird, vorausgesetzt, er ist in seinem Herkunftsmitgliedstaat nach Maßgabe der Richtlinie 2004/39/EG zugelassen (dazu Rn. 20), greift nicht in die Geschäftsführung des betreffenden Emittenten ein und übt keinen Einfluss auf diesen dahin aus, die betreffenden Aktien zu kaufen oder den Aktienkurs zu stützen (dazu Rn. 21). Die in der deutschen Richtlinienfassung enthaltene, missverständliche Formulierung „Schwelle von 5% oder mehr" bedeutet nicht, dass die Nichtberücksichtigung für alle Schwellen von 5% aufwärts gilt.[41] Der deutsche Gesetzgeber ging zutreffend von einem redaktionellen Fehler aus und nahm neben der 5%-Schwelle lediglich die neue Eingangsmeldeschwelle des § 21 Abs. 1 Satz 1 (vgl. § 21 Rn. 36) in § 23 Abs. 4 Satz 1 auf.[42] Aus der Formulierung „für die Meldeschwellen von 3 Prozent und 5 Prozent" (im Unterschied zu der des § 23 Abs. 1 Nr. 2) ergibt sich, dass nicht der zum Zwecke des Market Making gehaltene Bestand, sondern der **Gesamtbestand maßgeblich** ist.[43] Dieser muss (nachdem der nach § 23 Abs. 1 unberücksichtigte Handelsbestand in Abzug gebracht wurde) unter 10% liegen, andernfalls sind alle Stimmrechte zu berücksichtigen.

a) Adressaten (Nr. 1)

19 Die von § 23 Abs. 4 erfassten Aktien müssen von einem in dieser Eigenschaft handelnden Market Maker erworben oder veräußert werden. Nach der – Art. 2 Abs. 1 lit. n) der Transparenzrichtlinie 2004/109/EG umsetzenden – Definition des § 23 Abs. 4 Satz 1 sind Market Maker Personen, die an einem Markt dauerhaft anbieten, Finanzinstrumente (vgl. § 2 Abs. 2b) im Wege des Eigenhandels (vgl. § 2 Abs. 3 Nr. 2) zu selbst gestellten Preisen zu kaufen oder zu verkaufen. Market Maker sind somit **Liquiditätsanbieter,** die durch ihre dauernde Bereitschaft, im Kapitalmarkt als Gegenpartei zu fungieren, die fortwährende Handelbarkeit von (umsatzschwachen) Finanzinstrumenten sicherstellen und kurzfristige Marktungleichgewichte ausgleichen. Sie werden im Eigenhandel, d. h. im eige-

---

[39] Leitlinie der Europäischen Zentralbank vom 31. August 2000 über geldpolitische Instrumente und Verfahren des Eurosystems, EZB/2000/7, ABl. EG L 310 vom 11. Dezember 2000, S. 1, zuletzt geändert durch Leitlinie der EZB vom 31. August 2006, EZB/ 2006/12, ABl. EU L 352 vom 13. Dezember 2006, S. 1.

[40] Leitlinie der EZB vom 30. Dezember 2005 über ein Transeuropäisches Automatisiertes Echtzeit-Brutto-Express-Zahlungsverkehrssystem („TARGET"), EZB/2005/16, ABl. EU L 18 vom 23. Januar 2006, S. 1, zuletzt geändert durch Leitlinie der EZB vom 3. August 2006, EZB/2006/11, ABl. EU L 221 vom 12. August 2006, S. 17.

[41] Dies wird im Vergleich mit der englischen („reaching or crossing the 5% threshold") und der französischen („atteignant ou dépassant le seuil de 5%") Fassung deutlich.

[42] *BT-Drucks. 16/2498,* S. 36; siehe auch MünchKommAktG-*Bayer,* § 22 Anh. § 23 WpHG Rn. 10.

[43] *Hutter/Kaulamo* NJW 2007, 471, 475.

Nichtberücksichtigung von Stimmrechten 20–22 § 23

nen Namen und auf eigene Rechnung, tätig. Von der Definition des Market Maker in § 23 Abs. 4 Satz 1 werden beispielsweise die an der Frankfurter Wertpapierbörse auf der Handelsplattform XETRA aktiven „**Designated Sponsors**" und „**Market Experts**" erfasst.[44]

b) Zulassung nach §§ 32 Abs. 1 Satz 1, 1 Abs. 1a Satz 2 Nr. 4 KWG (Nr. 2)

Market Maker, die sich auf § 23 Abs. 4 berufen wollen, müssen nach § 32 Abs. 1 Satz 1 iVm § 1 Abs. 1a Satz 2 Nr. 4 KWG zugelassen sein. Dieses Erfordernis beruht auf Art. 9 Abs. 5 lit. a) der Transparenzrichtlinie 2004/109/EG, nach dem der Market Maker in seinem Herkunftsmitgliedstaat nach Maßgabe der Richtlinie über Märkte für Finanzinstrumente (MiFID)[45] zugelassen sein muss. Das Market Making stellt als **Eigenhandel** im Sinne des § 1 Abs. 1a Satz 2 Nr. 4 KWG eine Finanzdienstleistung dar, die einer Erlaubnis nach § 32 Abs. 1 Satz 1 KWG bedarf, wenn sie im Inland gewerbsmäßig oder in einem Umfang erbracht wird, der einen in kaufmännischer Weise eingerichteten Geschäftsbetrieb erfordert. 20

c) Keine Einflussnahme auf die Geschäftsführung (Nr. 3)

Wie auch § 23 Abs. 1 Nr. 1 verbietet § 23 Abs. 4 Satz 1 Nr. 3 **jede Einwirkung auf den Emittenten** (siehe Rn. 12 f.), unabhängig davon, ob diese durch Ausübung von Stimmrechten oder auf sonstige Weise erfolgt. Das Gesetz führt zwar die Ausübung von Stimmrechten anders als in § 23 Abs. 1 Nr. 3 nicht ausdrücklich auf, nach der *ratio* des § 23 Abs. 4 Satz 1 Nr. 3 muss diese aber gleichfalls erfasst sein. Etwas anderes ergibt sich auch nicht daraus, dass § 23 Abs. 1 Nr. 3 von der „Einflussnahme" auf die Geschäftsführung spricht, während im ersten Satzteil des § 23 Abs. 4 Satz 1 Nr. 3 von einem „Eingreifen" die Rede ist. Die jeweils umgesetzten Bestimmungen der Transparenzrichtlinie 2004/109/EG (Art. 9 Abs. 6 lit. b) und Art. 9 Abs. 5 lit. b)) untersagen übereinstimmend jeden „Eingriff" in die Geschäftsführung des Emittenten. Auch aus den Gesetzesmaterialien ergibt sich nicht, dass ein unterschiedlicher Regelungsgehalt bezweckt war. Neben dem Verbot der Einwirkung auf den Emittenten stellt § 23 Abs. 4 Satz 1 Nr. 3 klar, dass der Market Maker auch nicht die Entscheidungen darüber beeinflussen darf, die von ihm betreuten Aktien zurückzukaufen oder Stabilisierungsmaßnahmen zu ergreifen.[46] 21

d) Mitteilung an die BaFin (Nr. 4)

Mit § 23 Abs. 4 Satz 1 Nr. 4 und Satz 2 wird Art. 6 Abs. 1 der Durchführungsrichtlinie 2007/14/EG in deutsches Recht umgesetzt.[47] Danach haben Market Maker, die sich auf § 23 Abs. 4 berufen wollen, **der BaFin unverzüg-** 22

---

[44] Zur Anwendbarkeit des § 23 Abs. 4 auf Designated Sponsors siehe auch *Schlitt/Schäfer* AG 2007, 227, 231.
[45] Richtlinie 2004/39/EG des Europäischen Parlaments und des Rates vom 21. April 2004 über Märkte für Finanzinstrumente, zur Änderung der Richtlinien 85/611/EWG und 93/6/EWG des Rates und der Richtlinie 2000/12/EG des Europäischen Parlaments und des Rates und zur Aufhebung der Richtlinie 93/22/EWG des Rates, ABl. L 145 vom 30. April 2004, S. 1.
[46] BT-Drucks. 16/2498, S. 36.
[47] Beschlussempfehlung des Finanzausschusses, BT-Drucks. 16/6874, S. 122.

§ 23 23, 24   Abschnitt 5. Veränderungen des Stimmrechtsanteils

lich, spätestens innerhalb von vier Handelstagen mitzuteilen (zu Fristdauer und -berechnung siehe § 21 Rn. 87), dass sie Market Making für einen bestimmten Emittenten betreiben. Gemäß § 23 Abs. 4 Satz 2 kann die Mitteilung auch schon zu einem früheren Zeitpunkt abgegeben werden; eine weitere Mitteilung bei tatsächlicher Aufnahme des Market Making erübrigt sich dann. Zu den Mitteilungs- und Nachweispflichten des § 4 TranspRLDV siehe Rn. 24.

III. Stimmrechtsausübungsverbot (§ 23 Abs. 5)

23   Nach § 23 Abs. 5 kann das Unternehmen - mit Ausnahme von § 23 Abs. 2 Nr. 2 – keine Stimmrechte aus den unberücksichtigten Aktien des Emittenten ausüben. Das Stimmrechtsausübungsverbot wurde teilweise als zu weitgehend kritisiert, zumal es nicht auf europäischem Recht beruht.[48] Infolge der Neufassung des § 23 durch das Transparenzrichtlinie-Umsetzungsgesetz (Rn. 4) **hat das Stimmrechtsausübungsverbot keinen nennenswerten Anwendungsbereich mehr,** was der Gesetzgeber offenbar übersehen hat: Anders als nach § 23 aF, bei dem Verstöße des Befreiungsempfängers gegen das Stimmrechtsausübungsverbot geeignet waren, einen Widerruf der nach § 23 Abs. 1 aF erteilten Befreiung durch die BaFin zu begründen, ist nun die Nichtausübung der Stimmrechte bereits nach § 23 Abs. 1 Nr. 3, Abs. 3 Satz 1 und auch Abs. 4 Nr. 3 (siehe Rn. 20) Tatbestandvoraussetzung für eine Nichtberücksichtigung der Stimmrechte. In diesen Fällen entfaltet § 23 Abs. 5 im Ergebnis keine nennenswerte Wirkung, da schon bei dem Versuch, Stimmrechte auszuüben, die Voraussetzungen des § 23 Abs. 1 Nr. 3, Abs. 3 Satz 1 oder Abs. 4 Nr. 3 regelmäßig nicht mehr gegeben sind, was *ipso iure* zu einer Berücksichtigung der Stimmrechte und damit zur Nichtanwendbarkeit des gesamten § 23 führt (wird dadurch die Meldepflicht ausgelöst, kann sich ein Rechtsverlust allerdings aus § 28 ergeben). Für die Fälle des § 23 Abs. 2 Nr. 2 enthält § 23 Abs. 5 eine ausdrückliche Ausnahme. Somit bliebe als Anwendungsbereich des Stimmrechtsausübungsverbots nur noch § 23 Abs. 2 Nr. 1, was aber bei einem Halten von Aktien ausschließlich für Abrechnungs- und Abwicklungszwecke für maximal drei Handelstage ebenfalls nicht sachgerecht wäre. § 23 Abs. 5 sollte daher ersatzlos gestrichen werden.

IV. Verordnungsermächtigung (§ 23 Abs. 6)

24   Die Verordnungsermächtigung des § 23 Abs. 6 dient dazu, Durchführungsmaßnahmen der Kommission, die aufgrund des Art. 9 Abs. 7 der Transparenzrichtlinie 2004/109/EG getroffen werden, in deutsches Recht umzusetzen. Eine solche Maßnahme stellt Art. 6 der Durchführungsrichtlinie 2007/14/EG[49] dar. Art. 6 Abs. 1 Unterabs. 1 der Richtlinie wurde mit § 23 Abs. 4 Satz 1 Nr. 4 und Satz 2 (Rn. 22) umgesetzt; auf Grundlage des § 23 Abs. 6 Nr. 2 wurde zur Umsetzung von Art. 6 Abs. 1 Unterabs. 2 und Abs. 2 der Richtlinie § 4 TranspRLDV[50] erlassen.[51] § 4 Abs. 1 TranspRLDV begründet eine **Mitteilungs-**

---

[48] Vgl. *Hüffer*, AktG, § 22 Anh. § 23 WpHG Rn. 5.
[49] Richtlinie der Kommission vom 8. März 2007, ABl. EU Nr. L 69/27 vom 9. März 2007.
[50] *Transparenzrichtlinie-Durchführungsverordnung* vom 13. März 2008, BGBl. I S. 408.
[51] Eine Umsetzung von Art. 6 Abs. 3 der Durchführungsrichtlinie 2007/14/EG war nicht erforderlich.

Mitteilung durch Konzernunternehmen 1 § 24

pflicht des Market Maker gegenüber der BaFin, wenn dieser für einen bestimmten Emittenten an einem Markt nicht mehr dauerhaft anbietet, Aktien oder Finanzinstrumente im Sinne des § 25 Abs. 1 Satz 1 im Wege des Eigenhandels zu selbst gestellten Preisen zu kaufen oder zu verkaufen. Gemäß § 4 Abs. 2 TranspRLDV hat der Market Maker **der BaFin auf deren Verlangen nachzuweisen**, welche Aktien oder sonstigen Finanzinstrumente er in seiner Eigenschaft als Market Maker hält. Der Nachweis kann gemäß Art. 6 Abs. 2 Satz 1 der Durchführungsrichtlinie durch jedes nachprüfbare Mittel geführt werden. Ist der Market Maker dazu nicht in der Lage (oder verweigert er einen entsprechenden Nachweis), kann die BaFin die Verwahrung der in der Eigenschaft als Market Maker gehaltenen Aktien oder sonstigen Finanzinstrumenten auf einem gesonderten Konto anordnen.

§ 24 Mitteilung durch Konzernunternehmen

Gehört der Meldepflichtige zu einem Konzern, für den nach den §§ 290, 340i des Handelsgesetzbuchs ein Konzernabschluss aufgestellt werden muss, so können die Mitteilungspflichten nach § 21 Abs. 1 und 1a durch das Mutterunternehmen oder, wenn das Mutterunternehmen selbst ein Tochterunternehmen ist, durch dessen Mutterunternehmen erfüllt werden.

Übersicht

	Rn.
I. Regelungsgegenstand und -zweck	1
II. Tatbestandsvoraussetzungen	2
III. Rechtsfolge	6

Schrifttum: *Arends*, Die Offenlegung von Aktienbesitz nach deutschem Recht, 2000; *Falkenhagen*, Aktuelle Fragen zu den neuen Mitteilungs- und Veröffentlichungspflichten nach Abschnitt 4 und 7 des Wertpapierhandelsgesetzes, WM 1995, 1005; *Hildner*, Kapitalmarktrechtliche Beteiligungstransparenz verbundener Unternehmen, 2002; *Kuthe/Rückert/Sickinger* (Hrsg.), Compliance-Handbuch Kapitalmarktrecht, 2004; *Nottmeier/Schäfer*, Zu den Mitteilungspflichten von Konzernunternehmen gemäß § 24 Wertpapierhandelsgesetz, WM 1996, 513; *Uwe H. Schneider*, Die kapitalmarktrechtlichen Offenlegungspflichten von Konzernunternehmen nach §§ 21 ff. WpHG in FS Brandner, 1996, S. 565; *Starke*, Beteiligungstransparenz im Gesellschafts- und Kapitalmarktrecht – Rechtsprobleme der §§ 21 ff. WpHG und des § 20 AktG, 2002.

I. Regelungsgegenstand und -zweck

Nach § 24 sind Mutterunternehmen eines Konzerns im Sinne von §§ 290, 1 340i HGB berechtigt, Mitteilungspflichten von Tochterunternehmen gemäß § 21 Abs. 1 und Abs. 1a im eigenen Namen zu erfüllen.[1] Der Zweck der Norm

---

[1] § 24 diente der Umsetzung von Art. 6 der Transparenzrichtlinie 88/627/EWG vom 12. Dezember 1988. Siehe auch Art. 12 Abs. 3 der neuen Transparenzrichtlinie 2004/109/EG vom 15. Dezember 2004, wo missverständlich von einem Wegfall der Mitteilungspflicht des Tochterunternehmens die Rede ist.

soll in der **Vermeidung von Doppelmeldungen** durch ein Tochterunternehmen und sein Mutterunternehmen liegen.[2] Werden durch ein Mutterunternehmen eigene Stimmrechtsmitteilungen zusammen mit Stimmrechtsmitteilungen von Tochterunternehmen abgegeben und diese gemeinsam gemäß § 26 veröffentlicht, kann dies der Übersichtlichkeit der Beteiligungsstruktur des Emittenten dienen. Allerdings ist es auch bei Anwendung von § 22 Abs. 1 Satz 1 Nr. 1 (Zurechnung der Stimmrechte eines Tochterunternehmens) nicht zwingend, dass ein konkreter Sachverhalt die Mitteilungspflicht sowohl des Tochterunternehmens als auch des Mutterunternehmens begründet. Vielmehr sind die Voraussetzungen der Mitteilungspflicht nach § 21 Abs. 1 oder Abs. 1 a für jeden Rechtsträger im Konzern gesondert zu überprüfen. Dies gilt bei Beteiligungstransaktionen eines Tochterunternehmens mit Dritten, bei Umschichtungen im Konzern (hierzu § 21 Rn. 41) und auch bei Stimmanteilsveränderungen in sonstiger Weise. Angesichts dessen liegt der Zweck von § 24 nicht nur in der Vermeidung von Doppelmeldungen, sondern letztlich auch darin, die Aufgabe der Erfüllung von Verhaltenspflichten der angeschlossenen Gesellschaften **auf Ebene der Konzernspitze wahrzunehmen**.[3] Vor diesem Hintergrund besteht der Regelungsgegenstand von § 24 darin, die Erfüllung von Mitteilungspflichten durch das Mutterunternehmen im eigenen Namen zu legitimieren. Von § 24 ist auch gedeckt, dass das Mutterunternehmen Dritte mit der zentralisierten Erfüllung von Mitteilungspflichten der Tochterunternehmen beauftragt und entsprechend bevollmächtigt. Im Übrigen ist § 24 abschließend und nicht für eine analoge Anwendung auf andere Sachverhalte als Konzernsachverhalte geeignet. Eine vergleichbar zentralisierte Erfüllung von Mitteilungspflichten mehrerer Meldepflichtiger kann aber in anderen Fällen (etwa bei Bestehen eines zahlreiche Mitglieder umfassenden Familienpools, siehe auch § 22 Rn. 107) regelmäßig durch gemeinsame Bevollmächtigung einer bestimmten Person bewerkstelligt werden.

II. Tatbestandsvoraussetzungen

2   Die von § 24 erfassten **Konzernlagen** sind durch den Verweis auf die §§ 290, 340i HGB festgelegt. Zusätzlich wird klargestellt, dass die Regelung auch im dreistufigen Konzern gilt. Darüber hinaus ist § 24 in jedem mehrstufigen Konzern anwendbar. **Gleichordnungskonzerne** sind dagegen nicht erfasst.[4] Für die Beurteilung, ob eine zur Anwendung von § 24 führende Konzernlage besteht, ist nicht der Stichtag des letzten Geschäftsjahres des Mutterunternehmens entscheidend, sondern der Zeitpunkt des Entstehens der Mitteilungspflichten der Meldepflichtigen (gleichsam als fiktiver Abschlussstichtag).

3   Im Gegensatz zur Legaldefinition des Tochterunternehmens in § 22 Abs. 3 müssen die Meldepflichtigen im Rahmen von § 24 **Konzernunternehmen im rechtstechnischen Sinne** sein (und nicht nur als solche „gelten"). Demzufolge

---

[2] Begr. RegE BT-Drucks. 12/6679, S. 54.
[3] Vgl. *Hildner*, Kapitalmarktrechtliche Beteiligungstransparenz verbundener Unternehmen, S. 39 f.; *Schneider* in FS Brandner, S. 565, 575 f.
[4] *MünchKommAktG-Bayer*, § 22 Anh. § 24 WpHG Rn. 3; *Hildner*, Kapitalmarktrechtliche Beteiligungstransparenz verbundener Unternehmen, S. 43; KölnKommWpHG-*Hirte*, Rn. 1; *Schneider* in *Assmann/Schneider*, Rn. 26; *Schwark*, § 24 WpHG Rn. 2.

Mitteilung durch Konzernunternehmen 4, 5 § 24

können Mitteilungspflichten von Tochterunternehmen lediglich durch Gesellschaften mit Sitz im Inland (§ 290 Abs. 1 und Abs. 2 HGB, § 264a HGB) oder durch Kreditinstitute und Finanzdienstleistungsinstitute im Sinne von §§ 340, 340i HGB (also auch etwa Genossenschaften) erfüllt werden.[5] Das **Mutterunternehmen** muss zur Aufstellung eines Konzernabschlusses verpflichtet sein. Dies ist bei Kreditinstituten und Finanzdienstleistungsinstituten immer der Fall, da für sie die Befreiungsmöglichkeit nach § 293 HGB nicht gilt (§ 340i Abs. 2 Satz 2 HGB). Bei sonstigen Mutterunternehmen im Sinne von § 290 HGB würde die Anwendung von § 24 nach dem Wortlaut der Norm dagegen ausscheiden, wenn sie die größenabhängigen Befreiungen nach § 293 HGB in Anspruch nehmen können und daher keinen Konzernabschluss aufstellen „müssen". Jedoch wird zutreffend davon ausgegangen, dass es für die Anwendung von § 24 lediglich auf die Tatbestandsvoraussetzungen des § 290 HGB ankommt und Befreiungsmöglichkeiten unbeachtlich sind.[6] Konzernangehörige Meldepflichtige im Sinne von § 24 sind Tochterunternehmen gemäß § 290 HGB, auch wenn deren Einbeziehung in den Konzernabschluss des Mutterunternehmens infolge eines Verzichts nach § 296 HGB oder vergleichbarer Regelungen unterbleibt.

Für die Einordnung als **Tochterunternehmen** sind im Rahmen von § 24 das 4 Konzern-Konzept (§ 290 Abs. 1 HGB) sowie das „Control-Konzept" (§ 290 Abs. 2 HGB) unter Einschluss der ergänzenden Bestimmungen nach § 290 Abs. 3 und Abs. 4 maßgeblich (vgl. § 22 Rn. 24). In weiterer Abweichung von § 22 Abs. 3 ist für die Anwendung von § 24 ein sonstiges Abhängigkeitsverhältnis zwischen einem Mutterunternehmen und einem Meldepflichtigen nicht ausreichend. Beherrschungsverhältnisse, die sich aus anderen als den von § 290 Abs. 1 und Abs. 2 erfassten Sachverhalten ergeben (zB faktische Abhängigkeit von einem Minderheitsgesellschafter ohne einheitliche Leitung), erfüllen daher nicht die Voraussetzungen des § 24.

Sofern eine Konzernlage im Sinne von §§ 290 und 340i HGB besteht, setzt 5 die Anwendung von § 24 noch das Entstehen einer Mitteilungspflicht gemäß § 21 Abs. 1 oder Abs. 1 a (ggf. iVm § 22) bei einem Tochterunternehmen voraus. Ob aufgrund desselben Sachverhalts daneben die Mitteilungspflicht des Mutterunternehmens begründet ist (insbesondere infolge einer Zurechnung nach § 22 Abs. 1 Satz 1 Nr. 1 oder Abs. 2), spielt für die Anwendung von § 24 keine Rolle. Da es sich bei § 24 um eine **bloße Verfahrensvorschrift** ohne materiellrechtliche Auswirkungen auf die Mitteilungspflicht und deren Erfüllung handelt, führt es nicht zu einer Vorverlagerung der Erfüllungsfrist des § 21 Abs. 1, wenn das Mutterunternehmen vor dem betroffenen Tochterunternehmen Kenntnis von dem die Mitteilungspflicht des Tochterunternehmens auslösenden Sachverhalt hat oder diesen kennen muss (was etwa bei Stimmrechtsveränderungen in sonstiger Weise der Fall sein kann).[7]

---

[5] Auf Zweigstellen von Kreditinstituten und Finanzdienstleistungsinstituten im Sinne von § 340 HGB iVm § 53 KWG ist § 24 nicht anwendbar.
[6] *Hildner*, Kapitalmarktrechtliche Beteiligungstransparenz verbundener Unternehmen, S. 40; *Hüffer*, AktG, § 22 Anh. § 24 WpHG Rn. 2; *Schwark*, § 24 WpHG Rn. 2. Für § 293 HGB aA KölnKommWpHG-*Hirte*, Rn. 12.
[7] Ebenso *Schneider* in *Assmann/Schneider*, Rn. 15; *Sudmeyer* in *Kuthe/Rückert/Sickinger*, Compliance-Handbuch Kapitalmarktrecht, 8. Kap. Rn. 95.

III. Rechtsfolge

6 Nach § 24 ist das Mutterunternehmen berechtigt (nicht verpflichtet), Mitteilungspflichten von Tochterunternehmen im eigenen Namen zu erfüllen.[8] Im mehrstufigen Konzern kann das an der Konzernspitze stehende Unternehmen auch die Mitteilungspflichten so genannter Enkelgesellschaften erfüllen, wobei es sich bei diesen im Regelfall ohnehin um mittelbare Tochterunternehmen im Sinne von § 290 Abs. 3 HGB handelt. Bei einer Anwendung von § 24 wird die Mitteilungspflicht des Tochterunternehmens nicht auf das Mutterunternehmen übergeleitet. Vielmehr tritt bei weiter bestehender Verpflichtung des Tochterunternehmens die **Erfüllungswirkung** auch durch eine entsprechende Mitteilung des Mutterunternehmens ein. Das Mutterunternehmen muss zur Erfüllung der Mitteilungspflicht des Tochterunternehmens daher alle Angaben machen, zu denen das betreffende Tochterunternehmen nach § 21 Abs. 1 Satz 1 verpflichtet ist.[9] Sofern die mitzuteilende Stimmrechtsveränderung infolge der Anwendung eines Zurechnungstatbestands (§ 22 Abs. 1 Satz 1 Nr. 1 oder Abs. 2) auch die eigene Mitteilungspflicht des Mutterunternehmens begründet, ist eine Verbindung der verschiedenen Mitteilungen zumeist zweckmäßig und dient der Veranschaulichung der Beteiligungsverhältnisse.

7 Die Kehrseite der Übernahme der Pflichterfüllung durch das Mutterunternehmen besteht darin, dass die Rechtsfolgen einer nicht ordnungsgemäßen Erfüllung der Mitteilungspflicht das Tochterunternehmen ebenso trifft, wie wenn es die Mitteilungspflicht selbst verletzt hätte. Dies gilt insbesondere für die Sanktion des Rechtsverlustes nach § 28, die über den Fall der Erfüllungsübernahme gemäß § 24 hinaus Tochterunternehmen auch erfasst, wenn das Mutterunternehmen eigene Mitteilungspflichten verletzt (näher hierzu § 28 Rn. 26).[10] Um solche Folgen zu vermeiden, ist bei Anwendung von § 24 darauf zu achten, dass die erforderlichen Informationen dem Mutterunternehmen unverzüglich und routinemäßig übermittelt werden. Dies ist im Konzern schon wegen der möglichen Zurechnung von Stimmrechten nach § 22 Abs. 1 Satz 1 Nr. 1 und Abs. 2 zu berücksichtigen (vgl. § 22 Rn. 20). Ferner kann es sich zur Vermeidung von

---

[8] Eingangs der Mitteilung sollte darauf hingewiesen werden, dass es sich um eine Stimmrechtsmitteilung unter Anwendung von § 24 handelt.

[9] *Arends*, Die Offenlegung von Aktienbesitz nach deutschem Recht, S. 82; MünchKommAktG-*Bayer*, § 22 Anh. § 24 WpHG Rn. 7; *Hildner*, Kapitalmarktrechtliche Beteiligungstransparenz verbundener Unternehmen, S. 47 ff.; KölnKommWpHG-*Hirte*, Rn. 15; *Hüffer*, AktG, § 22 Anh. § 24 WpHG Rn. 3; *Nottmeier/Schäfer* WM 1996, 513, 514 ff.; *Opitz* in *Schäfer/Hamann*, KMG, § 24 WpHG Rn. 6; *Schneider* in *Assmann/Schneider*, Rn. 15; *Schwark*, § 24 WpHG Rn. 4; *Starke*, Beteiligungstransparenz im Gesellschafts- und Kapitalmarktrecht, S. 186; *Sudmeyer* in *Kuthe/Rückert/Sickinger*, Compliance-Handbuch Kapitalmarktrecht. 8. Kap. Rn. 95. Die Ansicht von *Falkenhagen* WM 1995, 1005, 1009, wonach in einer gemäß § 24 durch das Mutterunternehmen abgegebenen Stimmrechtsmitteilung das verpflichtete Tochterunternehmen nicht genannt werden müsste, ist vereinzelt geblieben.

[10] Nach *Schwark*, § 24 WpHG Rn. 4, trifft die Bußgeldsanktion des § 39 Abs. 2 Nr. 2 e) *das Tochterunternehmen* jedoch nicht, wenn es seine Angaben dem Mutterunternehmen gegenüber korrekt erbracht hat. Ähnlich *Schäfer* in *Marsch-Barner/Schäfer*, Handbuch börsennotierte AG, § 17 Rn. 38.

Verzögerungen empfehlen, die konzerninterne Zuständigkeit, d. h. die Inanspruchnahme von § 24, nicht von Fall zu Fall zu klären, sondern **generell zu bestimmen,** ob die Erfüllung von Mitteilungspflichten der Tochterunternehmen vom Mutterunternehmen übernommen wird.[11] Die Frist zur Erfüllung der Mitteilungspflicht gemäß § 21 Abs. 1 beginnt jedenfalls im Zeitpunkt der Kenntnis oder des Kennenmüssens des Tochterunternehmens vom pflichtbegründenden Sachverhalt und nicht erst im Zeitpunkt der Kenntnisnahme durch das Mutterunternehmen. Falls das Mutterunternehmen keine oder nur unzureichende Erfüllungshandlungen vornimmt, obliegt es dem Tochterunternehmen, seine **originäre Erfüllungszuständigkeit** wahrzunehmen und durch die ordnungsgemäße Abgabe der geforderten Stimmrechtsmitteilung seine Mitteilungspflicht selbst zu erfüllen.

§ 25 Mitteilungspflichten beim Halten von sonstigen Finanzinstrumenten

(1) ¹Wer unmittelbar oder mittelbar Finanzinstrumente hält, die ihrem Inhaber das Recht verleihen, einseitig im Rahmen einer rechtlich bindenden Vereinbarung mit Stimmrechten verbundene und bereits ausgegebene Aktien eines Emittenten, für den die Bundesrepublik Deutschland der Herkunftsstaat ist, zu erwerben, hat dies bei Erreichen, Überschreiten oder Unterschreiten der in § 21 Abs. 1 Satz 1 genannten Schwellen mit Ausnahme der Schwelle von 3 Prozent entsprechend § 21 Abs. 1 Satz 1 unverzüglich dem Emittenten und gleichzeitig der Bundesanstalt mitzuteilen. ²Die §§ 23 und 24 gelten entsprechend. ³Soweit nicht etwas anderes bestimmt ist, findet eine Zusammenrechnung mit den Beteiligungen nach den §§ 21 und 22 nicht statt.

(2) ¹Beziehen sich verschiedene der in Absatz 1 genannten Finanzinstrumente auf Aktien des gleichen Emittenten, muss der Mitteilungspflichtige die Stimmrechte aus diesen Aktien zusammenrechnen. ²Soweit bereits eine Meldung nach § 21 aufgrund einer Zurechnung nach § 22 Abs. 1 Satz 1 Nr. 5 erfolgt, ist eine zusätzliche Meldung nach dieser Vorschrift nicht erforderlich.

(3) Das Bundesministerium der Finanzen kann durch Rechtsverordnung, die nicht der Zustimmung des Bundesrates bedarf, nähere Bestimmungen erlassen über den Inhalt, die Art, die Sprache, den Umfang und die Form der Mitteilung nach Absatz 1.

Übersicht

	Rn.
I. Regelungsgegenstand und -zweck	1
II. Änderungen durch das Risikobegrenzungsgesetz	3
III. Der Tatbestand des § 25 Abs. 1 Satz 1	6
1. Erfasste Finanzinstrumente	6
2. Unmittelbares oder mittelbares Halten	12
3. Schwellenberührung	13

---

[11] Ähnlich *Hildner,* Kapitalmarktrechtliche Beteiligungstransparenz verbundener Unternehmen, S. 46; *Opitz* in *Schäfer/Hamann,* KMG, § 24 WpHG Rn. 1.

§ 25 1, 2   Abschnitt 5. Veränderungen des Stimmrechtsanteils

	Rn.
4. Entsprechende Anwendung der §§ 23, 34	14
5. Verhältnis zu § 22 Abs. 1 Satz 1 Nr. 5	15
IV. Zusammenrechnung	16
V. Rechtsfolge	18
1. Entsprechende Geltung des § 21 Abs. 1 Satz 1	18
2. Inhalt der Mitteilung (§ 17 WpAIV)	19
3. Art, Form und Sprache der Mitteilung (§ 18 WpAIV)	21

Schrifttum: Vor §§ 21 bis 30.

I. Regelungsgegenstand und -zweck

1   § 25 wurde durch das **Transparenzrichtlinie-Umsetzungsgesetz** vom 5. Januar 2007[1] mit Wirkung vom 20. Januar 2007 neu gefasst. Bis zu diesem Zeitpunkt regelte § 25 die Veröffentlichungspflichten des Emittenten, die nun Gegenstand des § 26 sind. § 25 setzt Art. 13 der Transparenzrichtlinie 2004/109/EG (Vor §§ 21 bis 30 Rn. 6) um, nach dem die Pflicht zur Mitteilung des Erwerbs oder der Veräußerung bedeutender Beteiligungen (Art. 9 der Richtlinie) auch für Personen gilt, die direkt oder indirekt Finanzinstrumente halten, die ihrem Inhaber das Recht verleihen, von sich aus im Rahmen einer förmlichen Vereinbarung[2] mit Stimmrechten verbundene und bereits ausgegebene Aktien eines Emittenten zu erwerben, die zum Handel an einem organisierten Markt zugelassen sind. Erfasst werden damit bestimmte **(schuldrechtliche) Ansprüche auf Verschaffung von Eigentum an Aktien** des Emittenten, insbesondere Ansprüche aus Derivatgeschäften im Sinne des § 2 Abs. 2 (Fest- und Optionsgeschäfte).

2   Die von § 25 angeordnete Mitteilungspflicht bezweckt eine **Ergänzung des § 21**; Emittent und Anleger sollen darüber informiert werden, dass der Inhaber der erfassten Finanzinstrumente in Zukunft Aktien und die darin verkörperten Stimmrechte erwerben wird (bei Festgeschäften) oder zumindest die Möglichkeit hat, nach seinem Ermessen Aktien zu erwerben und die damit verbundenen Stimmrechte auszuüben (bei Optionsgeschäften).[3] § 25 ergänzt auch den Zurechnungstatbestand des § 22 Abs. 1 Satz 1 Nr. 5, der weiterhin ausschließlich dinglich ausgestaltete Erwerbsrechte erfasst (dazu noch Rn. 15 und § 22 Rn. 65). Aus der Ergänzungsfunktion des § 25 ergibt sich, dass dieser § 21 nicht verdrängt. Das bedeutet, dass eine (erneute) Mitteilungspflicht nach Maßgabe der §§ 21, 22 bestehen kann, wenn zu einem späteren Zeitpunkt tatsächlich ein Aktienerwerb erfolgt (d. h. wenn die Option ausgeübt oder das Festgeschäft fällig wird). Die **Eingangsmeldeschwelle von 3%**, die – über die Richtlinienvorgaben hinaus –

---

[1] Gesetz zur Umsetzung der Richtlinie 2004/109/EG des Europäischen Parlaments und des Rates vom 15. Dezember 2004 zur Harmonisierung der Transparenzanforderungen in Bezug auf Informationen über Emittenten, deren Wertpapiere zum Handel auf einem geregelten Markt zugelassen sind, und zur Änderung der Richtlinie 2001/34/EG, BGBl. I S. 10.
[2] Unter einer „förmlichen Vereinbarung" ist gemäß Art. 11 Abs. 1 Unterabs. 3 der Richtlinie 2007/14/EG der Kommission vom 8. März 2007, ABl. EU Nr. L 69, S. 27, eine Vereinbarung zu verstehen, die nach dem anwendbaren Recht verbindlich ist.
[3] Begr. RegE BT-Drucks. 16/2498, S. 37.

gehend – durch das Transparenzrichtlinie-Umsetzungsgesetz in § 21 Abs. 1 Satz 1 aufgenommen wurde (dazu Vor §§ 21 bis 30 Rn. 11), gilt ausdrücklich nicht für Finanzinstrumente nach § 25. Der Gesetzgeber will damit die „Belastung der Beteiligten auf das für die Transparenz notwendige Maß" reduzieren.[4]

II. Änderungen durch das Risikobegrenzungsgesetz

Der Regierungsentwurf eines **Risikobegrenzungsgesetzes**[5] (Vor §§ 21 bis 30 Rn. 12) sieht neben einer Streichung des bisherigen § 25 Abs. 2 Satz 2 eine Ersetzung des § 25 Abs. 1 Satz 3 durch folgende Bestimmungen vor: 3

„Eine Zusammenrechnung mit den Beteiligungen nach den §§ 21 und 22 findet statt; Finanzinstrumente im Sinne des § 22 Abs. 1 Satz 1 Nr. 5 werden bei der Berechnung nur einmal berücksichtigt. Soweit bereits eine Mitteilung nach § 21, auch in Verbindung mit § 22, erfolgt oder erfolgt ist, ist eine zusätzliche Mitteilung auf Grund der Zusammenrechnung im Sinne des Satzes 3 nur erforderlich, wenn hierdurch eine weitere der in § 21 Abs. 1 Satz 1 genannten Schwellen erreicht, überschritten oder unterschritten wird."

Damit soll, nur etwas mehr als ein Jahr nach dem Inkrafttreten des neugefassten (Rn. 1) § 25, der bislang in Abs. 1 Satz 3 eine **Zusammenrechnung der Stimmrechte** aus Aktien und aus sonstigen Finanzinstrumenten ausgeschlossen hat, nun doch eine Aggregation der Bestände erfolgen. Die Gesetzesverfasser wollen damit die „Meldedichte" erhöhen und die Transparenz von Kapitalmarktbewegungen erhöhen.[6] Dinglich ausgestaltete Optionen sind nach § 25 Abs. 1 Satz 3 RegE nur einmal zu berücksichtigen (vgl. auch Rn. 15). Der neue § 25 Abs. 1 Satz 4 soll sicherstellen, dass **keine doppelte Mitteilung** (nach § 21 Abs. 1 Satz 1 und § 25 Abs. 1 Satz 1) erfolgen muss, wenn durch die Zusammenrechnung keine weitere Schwellenberührung stattfindet. Hat also der Meldepflichtige beispielsweise einen (tatsächlichen) Stimmrechtsanteil von 5,5% nach § 21 Abs. 1 Satz 1 gemeldet, würde der Erwerb eines weiteren (hypothetischen) Stimmrechtsanteils durch Finanzinstrumente im Sinne des § 25 Abs. 1 Satz 1 in Höhe von 4% keine erneute Meldepflicht auslösen, da die nächste Schwelle (10%) nicht berührt würde. Dagegen wäre – anders als nach der bisherigen Rechtslage – eine Meldung (Überschreiten der nach § 25 Abs. 1 Satz 1 bestehenden Eingangsmeldeschwelle von 5%)[7] erforderlich, wenn der Meldepflichtige einen tatsächlichen Stimmrechtsanteil von 2,99% und einen hypothetischen Stimmrechtsanteil von 4,99% hielte.[8] Die geplante Neuregelung würde also im Bereich der Eingangsmeldeschwellen tatsächlich die „Meldedichte" tendenziell erhöhen; gerade bei den oberen Stimmrechtsschwellen wäre aber eher das Ge- 4

---

[4] So Begr. RegE BT-Drucks. 16/2498, S. 37; kritisch dazu MünchKommAktG-*Bayer*, § 22 Anh. § 25 WpHG Rn. 6.
[5] BT-Drs. 16/7438.
[6] BT-Drs. 16/7438, S. 11 f.
[7] Da die Eingangsmeldeschwelle des § 25 Abs. 1 Satz 1 unverändert bei 5% bleiben soll und § 21 Abs. 1 Satz 1 keine Zusammenrechnung anordnet, wäre bei einem tatsächlichen Stimmrechtsanteil von 2,99% und einem hypothetischen Stimmrechtsanteil von bis zu 2% weder eine Meldung nach § 21 Abs. 1 Satz 1 noch nach § 25 Abs. 1 Satz 1 abzugeben, vgl. *Diekmann/Merkner* NZG 2007, 921, 923 Fn. 27.
[8] Vgl. *Wilsing/Goslar* DB 2007, 2467, 2470.

§ 25   5   Abschnitt 5. Veränderungen des Stimmrechtsanteils

genteil der Fall.[9] Zu beachten ist, dass die Sanktion des Rechtsverlusts gemäß § 28 auch im Regierungsentwurf nach wie vor nur für eine Verletzung der Meldepflicht des § 21 (der keine Zusammenrechnung anordnet), nicht aber für einen Verstoß gegen § 25 vorgesehen ist.[10]

5   Weitere geplante Änderungen betreffen den in § 17 WpAIV geregelten **Inhalt der Mitteilung.** Gemäß § 17 Abs. 1 Nr. 7 WpAIV RegE haben Mitteilungen nach § 21 Abs. 1 Satz 1 auch die Angabe zu enthalten, ob und wie viele Stimmrechte durch Ausübung des durch Finanzinstrumente nach § 25 Abs. 1 Satz 1 verliehenen Rechts auf Aktienerwerb erlangt wurden. § 17 Abs. 3 WpAIV soll wie folgt gefasst werden:

„Die Mitteilung nach § 25 Abs. 1 Satz 1 des Wertpapierhandelsgesetzes hat neben den Angaben des Absatzes 1 Nr. 1, 2, 4 und 6 zu enthalten:
1. den Namen und die Anschrift des Emittenten der Aktien, die mit den Finanzinstrumenten erworben werden können,
2. die Summe des Anteils aus gehaltenen Stimmrechten und des Anteils an Stimmrechten, der bestände, wenn der Mitteilungspflichtige statt der Finanzinstrumente die Aktien hielte, die aufgrund der förmlichen Vereinbarung erworben werden können, sowie die Angabe, ob die Schwelle überschritten, unterschritten oder erreicht würde; die Angabe des Stimmrechtsanteils muss sich auf die Gesamtmenge der Stimmrechte des Emittenten beziehen,
2a. die Höhe des Stimmrechtsanteils, der bestände, wenn der Mitteilungspflichtige statt der Finanzinstrumente die Aktien hielte, die auf Grund der förmlichen Vereinbarung erworben werden können; die Angabe des Stimmrechtsanteils muss sich auf die Gesamtmenge der Stimmrechte des Emittenten beziehen,
2b. die Höhe des gehaltenen Stimmrechtsanteils in Bezug auf die Gesamtmenge der Stimmrechte des Emittenten, auch wenn die Ausübung dieser Stimmrechte ausgesetzt ist, und in Bezug auf alle mit Stimmrechten versehenen Aktien ein und derselben Gattung,
3. gegebenenfalls die Kette der kontrollierten Unternehmen, über die die Finanzinstrumente gehalten werden,
4. [gestrichen]
5. bei Finanzinstrumenten mit einem bestimmten Ausübungszeitraum einen Hinweis auf den Zeitpunkt, an dem die Aktien erworben werden sollen oder können, und
6. das Datum der Fälligkeit oder des Verfalls der Finanzinstrumente."

Gemäß § 17 Abs. 3 Nr. 2 WpAIV RegE muss die Summe des nach § 21 Abs. 1 Satz 1 zu meldenden tatsächlichen Stimmrechtsanteils und des nach § 25 Abs. 1 Satz 1) zu meldenden hypothetischen Stimmrechtsanteils angegeben werden; § 17 Abs. 3 Nr. 2a) und b) WpAIV RegE fordern zusätzlich eine separate Angabe der beiden Bestände, so dass die Meldung auch über die Zusammensetzung der nach Nr. 2 nur summenmäßig zu berichtenden Stimmrechte Aufschluss gibt. Der Verweis auf § 17 Abs. 1 Nr. 6 WpAIV RegE im einleitenden Halbsatz des § 17 Abs. 3 WpAIV RegE ist so zu verstehen, dass die Meldung das Datum des hypothetischen Erreichens, Überschreitens oder Unterschreitens der Schwelle, also den Zeitpunkt des Erwerbs der Finanzinstrumente im Sinne des § 25 Abs. 1 Satz 1, enthalten muss.[11]

---

[9] *Zutreffend Wilsing/Goslar* DB 2007, 2467, 2470.
[10] Dies übersehen *Wilsing/Goslar* DB 2007, 2467, 2471.
[11] BT-Drs. 16/7438, S. 15.

III. Der Tatbestand des § 25 Abs. 1 Satz 1

1. Erfasste Finanzinstrumente

Der in § 2 Abs. 2b definierte Begriff des Finanzinstruments umfasst insbesondere Derivate im Sinne des § 2 Abs. 2 (siehe dazu § 2 Rn. 39ff. und Rn. 67). Da unter § 25 Abs. 1 Satz 1 fallende Finanzinstrumente auf Aktien bezogen sein müssen, kommen insoweit ausschließlich Derivate nach § 2 Abs. 2 Nr. 1 in Betracht. Danach muss es sich um als Kauf, Tausch oder anderweitig ausgestaltete **Festgeschäfte oder Optionsgeschäfte** handeln, die zeitlich verzögert zu erfüllen sind und deren Wert sich unmittelbar oder mittelbar vom Preis der Aktien des Emittenten ableitet. Nach § 25 Abs. 1 Satz 1 ist weitere Voraussetzung, dass die Finanzinstrumente ihrem Inhaber das Recht verleihen, einseitig im Rahmen einer rechtlich bindenden Vereinbarung mit Stimmrechten verbundene (dazu § 21 Rn. 17 ff.) und bereits ausgegebene Aktien eines Emittenten im Sinne des § 2 Abs. 6 zu erwerben. Die Formulierung **„im Rahmen einer rechtlich bindenden Vereinbarung"** geht auf Art. 13 Abs. 1 der Transparenzrichtlinie 2004/109/EG iVm Art. 11 Abs. 1 Unterabs. 3 der Durchführungsrichtlinie 2007/14/EG[12] zurück, ist jedoch im deutschen Gesetzestext überflüssig, da eine rechtlich bindende Vereinbarung dem Inhaber der Finanzinstrumente nicht „das Recht verleiht", Aktien des Emittenten zu erwerben. Missverständlich ist auch das – in den Richtlinien nicht verwendete – **Tatbestandsmerkmal der „einseitigen" Erwerbsmöglichkeit**: Wie aus Art. 11 Abs. 1 Unterabs. 2 der Richtlinie 2007/14/EG folgt, ist es unerheblich, ob dem Inhaber des Finanzinstruments bei Fälligkeit ein unbedingtes Recht auf Erwerb der Aktien des Emittenten zusteht, oder ob der Erwerb der Aktien noch von einer – in dessen Ermessen liegenden – Erklärung des Inhabers abhängt. Im Einzelnen bedeuten die geschilderten Voraussetzungen folgendes:

Gemäß § 2 Abs. 2 müssen die als Kauf, Tausch oder anderweitig ausgestalteten Festgeschäfte oder Optionsgeschäfte zeitlich verzögert zu erfüllen sein. Aus dem **Erfordernis der zeitlich verzögerten Erfüllung** lässt sich ableiten, dass Rechtsgeschäfte über Aktien, die keine gesonderte Erfüllungsfrist aufweisen und damit so ausgestaltet sind, dass sie unmittelbar nach Vertragsschluss zu erfüllen sind, was für den börslichen Erwerb von Aktien grundsätzlich eine Lieferfrist von zwei Handelstagen („T+2") bedeutet (Kassamarkt),[13] nicht unter § 25 Abs. 1 Satz 1 fallen.[14] Solche Geschäfte sind allenfalls nach den §§ 21, 22 zu melden.

Die Finanzinstrumente müssen sich **auf bereits ausgegebene Aktien beziehen**. Somit besteht keine Meldepflicht nach § 25 Abs. 1 Satz 1 für Rechte auf noch auszugebende Aktien aus bedingtem Kapital, d. h. insbesondere für **Bezugsrechte aus Wandelschuldverschreibungen und Beteiligungspro-**

---

[12] Siehe Fn. 2.
[13] Siehe etwa §§ 7, 28 der Bedingungen für Geschäfte an der Frankfurter Wertpapierbörse (Stand: 15. August 2008). – Ein Überblick über die Abwicklungszeiträume in den verschiedenen europäischen Staaten findet sich in „CESR/ECB Standards for Securities Clearing and Settlement Systems in the European Union", Annex 1 (Stand: September 2004, abrufbar unter *http://www.ecb.int/pub/pdf/other/escb-cesr-standardsecurities2004en.pdf*).
[14] So auch die BaFin in dem unter *www.bafin.de* abrufbaren Dokument „Häufig gestellte Fragen zu den §§ 21 ff. WpHG" (Stand: 11. Juni 2007) zu § 25.

§ 25 9–11   Abschnitt 5. Veränderungen des Stimmrechtsanteils

grammen[15] nach § 192 Abs. 2 Nr. 1 und Nr. 3 AktG.[16] Dies steht im Einklang damit, dass sich die kapitalmarktrechtliche Beteiligungstransparenz auch sonst allein auf bereits vorhandene Aktien bezieht, da bei einer Erfassung von noch nicht ausgegebenen Bezugsaktien die Darstellung der Beteiligungsverhältnisse an dem Emittenten verfälscht würde (siehe auch § 22 Rn. 70). § 25 Abs. 1 Satz 1 kann allerdings auf solche (Umtausch-, Wandel- oder Options-) Anleihen anwendbar sein, nach deren Bedingungen ausschließlich bereits ausgegebene Aktien zu liefern sind.[17] Wieder anders zu behandeln sind Anleihen, die so ausgestaltet sind, dass der Emittent nach seiner Wahl junge oder schon existierende Aktien liefern kann.[18] In diesem Fall steht der Erwerb von ausgegebenen Aktien nicht alleine im Ermessen des Inhabers des Finanzinstruments (dazu Rn. 9).

9   Dem Inhaber des Finanzinstruments muss eine einseitige Erwerbsmöglichkeit zustehen, d. h. entweder das unbedingtes Recht auf (zukünftigen) Erwerb der Aktien oder ein derart bedingtes Recht, dass der Erwerb ausschließlich in seinem Ermessen steht (Potestativbedingung). Deshalb werden Finanzinstrumente von § 25 Abs. 1 Satz 1 nicht erfasst, wenn sie so ausgestaltet sind, dass der **Aktienerwerb von äußeren Umständen abhängt,** wie etwa dem Erreichen, Über- oder Unterschreiten eines bestimmten Kursniveaus.[19] Daran ändert sich nichts, wenn in einem solchen Fall das Kursziel erreicht wird und damit eine ausschließlich im Ermessen des Inhabers stehende Ausübung möglich wäre.[20] Unanwendbar ist § 25 Abs. 1 Satz 1 auch auf Finanzinstrumente, die dem Emittenten oder einem Dritten wahlweise (oder als *facultas alternativa*) eine Erfüllung mit Bargeld statt mit Aktien **(Barausgleich)** ermöglichen.[21]

10 Unerheblich ist dagegen, ob die Finanzinstrumente dinglich ausgestaltet sind, ob ihr Inhaber also durch eine letzte Willenserklärung den Übergang des Aktieneigentums auf sich unmittelbar herbeiführen kann, oder ob ihm lediglich ein **schuldrechtlicher Anspruch** auf Übereignung von Aktien zusteht.[22] Für dinglich ausgestaltete Erwerbsrechte gilt allerdings weiterhin § 22 Abs. 1 Satz 1 Nr. 5, was nach Maßgabe des § 25 Abs. 2 Satz 2 eine Mitteilung nach § 25 Abs. 1 Satz 1 entbehrlich machen kann (dazu Rn. 15).

11 Nicht zu den Voraussetzungen des § 2 Abs. 2 Nr. 1 gehört – wie auch der Umkehrschluss aus § 2 Abs. 2 Nr. 2b) ergibt –, dass die zeitlich verzögert zu

---

[15] Bei diesen scheitert eine Anwendung des § 25 im Regelfall auch daran, dass sie für die Ausübung bestimmte Erfolgsziele (Kursziele) vorsehen, vgl. Rn. 9 und *Schnabel/Korff* ZBB 2007, 179, 182.
[16] *Hutter/Kaulamo* NJW 2007, 471, 475; *Schlitt/Schäfer* AG 2007, 227, 233 f.
[17] *Klawitter* in *Habersack/Mülbert/Schlitt,* Unternehmensfinanzierung, § 32 Rn. 111; *Schlitt/Schäfer* AG 2007, 227, 234 (mit dem zutreffenden Hinweis, dass die Meldepflicht in diesen Fällen bereits mit Erwerb des Finanzinstruments und nicht erst mit Beginn des Ausübungszeitraums besteht; vgl. auch § 17 Abs. 3 Nr. 5 WpAIV).
[18] *Klawitter* in *Habersack/Mülbert/Schlitt,* Unternehmensfinanzierung, § 32 Rn. 111 Fn. 168; *Schlitt/Schäfer* AG 2007, 227, 234.
[19] Begr. RegE BT-Drucks. 16/2498, S. 36 f.; siehe auch Erwägungsgrund 13 der Richtlinie 2007/14/EG. Unerheblich ist, ob die Ausübung für den Berechtigten erst ab einem bestimmten Kurs wirtschaftlich sinnvoll ist (unentschieden *Schlitt/Schäfer* AG 2007, 227, 233).
[20] *Schnabel/Korff* ZBB 2007, 179, 182.
[21] Erwägungsgrund 13 der Richtlinie 2007/14/EG; *Nolte* in Bürgers/Körber, Anh § 22/ § 25 WpHG Rn. 3; *Schlitt/Schäfer* AG 2007, 227, 233.
[22] Vgl. Begr. RegE BT-Drucks. 16/2498, S. 37.

erfüllenden Fest- oder Optionsgeschäfte auf einem organisierten Markt oder in einem multilateralen Handelssystem abgeschlossen werden (vgl. § 2 Rn. 48 ff.). Dies entspricht den Vorgaben des Art. 11 Abs. 1 Unterabs. 1 der Durchführungsrichtlinie 2007/14/EG, die ihrerseits auf Abschnitt C Anhang I der Finanzmarktrichtlinie 2004/39/EG (MiFID, vgl. Einleitung Rn. 56 ff.) verweist. Damit erfasst § 25 Abs. 1 Satz 1 insbesondere auch **außerbörsliche Kaufverträge über Aktien**, die für die Lieferung einen gesonderten, über T+2 (siehe Rn. 7) hinausgehenden Zeitraum vorsehen (Festgeschäfte)[23] oder die einer Vertragspartei ein einseitiges, nur von deren Ermessen abhängendes Erwerbsrecht einräumen (Optionsgeschäft).[24] Nicht unter § 25 Abs. 1 Satz 1 fallen dagegen Aktienkaufverträge, die den Übergang des Eigentums unter sonstige Bedingungen stellen,[25] also etwa die kartellrechtliche Freigabe bei außerbörslichen Pakettransaktionen.

2. Unmittelbares oder mittelbares Halten

§ 25 Abs. 1 Satz 1 lässt es genügen, wenn die Finanzinstrumente mittelbar gehalten werden. Damit ist nach der Gesetzesbegründung ein Halten über **Tochterunternehmen** (im Sinne des § 22 Abs. 3) oder **Verwaltungstreuhänder** gemeint.[26] Gemäß § 17 Abs. 3 Nr. 3 WpAIV ist in der Mitteilung nach § 25 Abs. 1 Satz 1 auch die Kette der kontrollierten Unternehmen, über die die Finanzinstrumente gehalten werden, anzugeben (vgl. § 22 Rn. 109).

3. Schwellenberührung

Die Mitteilungspflicht besteht bei Erreichen, Überschreiten oder Unterschreiten der in § 21 Abs. 1 Satz 1 genannten Schwellen mit Ausnahme der Schwelle von 3 Prozent. Abzustellen ist auf die **hypothetische Schwellenberührung**, also darauf, ob sich die Options- oder Festgeschäfte auf eine entsprechende Anzahl von in den Aktien des Emittenten verkörperten Stimmrechten beziehen.[27] Zu einem Unterschreiten von Meldeschwellen kann es kommen, wenn die Finanzinstrumente kein Erwerbsrecht im Sinne des § 25 Abs. 1 Satz 1 mehr verkörpern, etwa weil dieses ausgeübt wurde (was u. U. zu einer Mitteilungspflicht nach § 21 Abs. 1 führt) oder weil der Zeitraum für eine Optionsausübung verstrichen ist, ohne dass von diesem Recht Gebrauch gemacht wurde.

4. Entsprechende Anwendung der §§ 23, 24

Gemäß § 25 Abs. 1 Satz 2 gelten die §§ 23, 24 für die Mitteilungspflicht nach § 25 Abs. 1 Satz 1 entsprechend. Insoweit sei auf die Kommentierung zu diesen Vorschriften verwiesen.

---

[23] Vgl. das Dokument der BaFin „Häufig gestellte Fragen zu den §§ 21 ff. WpHG" (Stand: 11. Juni 2007, *www.bafin.de*) zu § 25.
[24] Offenbar aA MünchKommAktG-*Bayer*, § 22 Anh. § 25 WpHG Rn. 3 (unklar); *Bosse* DB 2007, 39, 42 Fn. 34; *Nolte* in *Bürgers/Körber*, Anh. § 22/§ 25 WpHG Rn. 3. Unklar auch *Schlitt/Schäfer* AG 2007, 227, 235, nach denen rein schuldrechtliche Ansprüche nicht der Definition des Finanzinstruments (§ 2 Abs. 2b) unterfallen sollen.
[25] So wohl auch *Hutter/Kaulamo* NJW 2007, 471, 475; *Nießen* NZG 2007, 41, 43.
[26] Begr. RegE BT-Drucks. 16/2498, S. 37. – *Nießen* NZG 2007, 41, 43 fordert zusätzlich, dass der Berechtigte einseitig die Rechte jederzeit ausüben kann, ohne dass dem unmittelbar Haltenden ein diesbezügliches Entscheidungsermessen eingeräumt ist.
[27] Hinweise der BaFin zu den Mitteilungs- und Veröffentlichungspflichten gemäß §§ 21 ff. WpHG, Stand 5. Februar 2007, unter I. 6. (abrufbar unter *www.bafin.de*).

5. Verhältnis zu § 22 Abs. 1 Satz 1 Nr. 5

15   Begründen die Finanzinstrumente ein dingliches Erwerbsrecht des Inhabers, werden sie auch vom Zurechnungstatbestand des § 22 Abs. 1 Satz 1 Nr. 5 erfasst (§ 22 Rn. 63 ff.). Die Mitteilungspflichten nach den §§ 21 Abs. 1 Satz 1, 22 Abs. 1 Satz 1 Nr. 5 einerseits und § 25 Abs. 1 Satz 1 andererseits bestehen grundsätzlich unabhängig voneinander. Gemäß § 25 Abs. 2 Satz 2 kann eine Mitteilung nach § 25 Abs. 1 Satz 1 nur unterbleiben, soweit eine solche bereits gemäß §§ 21 Abs. 1 Satz 1, 22 Abs. 1 Satz 1 Nr. 5 erfolgt ist. Nach dem Zweck der Norm[28] ist Voraussetzung für ein Eingreifen des § 25 Abs. 2 Satz 2, dass die Mitteilung nach §§ 21 Abs. 1 Satz 1, 22 Abs. 1 Satz 1 Nr. 5 den **gleichen Informationsgehalt** aufweist, den eine Meldung nach § 25 Abs. 1 Satz 1 hätte.[29] Dies ist nicht zwangsläufig der Fall; so kann etwa der Zeitpunkt der Schwellenberührung nach § 21 Abs. 1 Satz 1 ein anderer sein als der nach § 25 Abs. 1 Satz 1. Auch die maßgebliche Schwelle ist nicht notwendig identisch. In solchen Fällen sind zwei gesonderte Mitteilungen erforderlich.

IV. Zusammenrechnung

16   § 25 Abs. 1 Satz 3 sieht vor, dass eine Zusammenrechnung der gemäß § 25 Abs. 1 Satz 1 meldepflichtigen Finanzinstrumente mit den nach § 21 zu meldenden Stimmrechten grundsätzlich nicht stattfindet.[30] Die Mitteilungspflichten nach beiden Normen bestehen unabhängig voneinander. Der Zurechnungstatbestand des § 22 Abs. 1 Satz 1 Nr. 5 erfasst allerdings auch dinglich ausgestaltete Erwerbsrechte; insoweit kann es also zu Überschneidungen im Anwendungsbereich der §§ 21, 22 einerseits und des § 25 andererseits kommen (siehe dazu Rn. 15).

17   § 25 Abs. 2 Satz 1 betrifft demgegenüber den Fall, dass sich verschiedene Finanzinstrumente auf Aktien ein und desselben Emittenten beziehen. In Umsetzung des Art. 11 Abs. 2 der Richtlinie 2007/14/EG sind diese für die Meldepflicht nach § 25 Abs. 1 Satz 1 zusammenzurechnen.

V. Rechtsfolge

1. Entsprechende Geltung des § 21 Abs. 1 Satz 1

18   § 25 Abs. 1 Satz 1 verweist für die Erfüllung der Mitteilungspflicht gegenüber Emittent und BaFin auf § 21 Abs. 1 Satz 1 (siehe dazu, insbesondere auch zum Merkmal der Unverzüglichkeit, § 21 Rn. 79 ff.). Die Verweisung bedeutet nicht,

---

[28] Ein „Annähern" an eine hohe Beteiligung durch eine Kombination von Aktien und Finanzinstrumenten soll verhindert werden, vgl. Begr. RegE BT-Drucks. 16/2498, S. 37.

[29] Zutreffend die Hinweise der BaFin zu den Mitteilungs- und Veröffentlichungspflichten gemäß §§ 21 ff. WpHG, Stand 5. Februar 2007, unter I. 6. (abrufbar unter www.bafin.de); siehe auch Schnabel/Korff ZBB 2007, 179, 183.

[30] Hält ein Aktionär einen tatsächlichen Stimmrechtsanteil von 2,99% und einen hypothetischen Stimmrechtsanteil von 4,99% über Finanzinstrumente, ist also weder eine Meldung nach § 21 Abs. 1 Satz 1 noch nach § 25 Abs. 1 Satz 1 erforderlich. Kritisch dazu MünchKommAktG-*Bayer*, § 22 Anh. § 25 WpHG Rn. 7. Siehe auch Rn. 4.

dass der Verstoß gegen § 25 auch zu einem **Rechtsverlust nach** § 28 führt.[31] § 28 gilt schon seinem Wortlaut nach nur für die gemäß §§ 21, 22 begründete Mitteilungspflicht; zudem stehen dem nach § 25 Abs. 1 Satz 1 Meldepflichtigen bis zum tatsächlichen Erwerb (der dann ggf. eine durch § 28 sanktionierte Mitteilungspflicht gemäß §§ 21, 22 begründet) keine mitgliedschaftlichen Rechte zu. Der Verstoß gegen § 25 ist somit nur als Ordnungswidrigkeit nach § 39 Abs. 2 Nr. 2 f) sanktioniert.

2. Inhalt der Mitteilung (§ 17 WpAIV)

Von der Verordnungsermächtigung des § 25 Abs. 3 wurde durch § 17 Abs. 3 WpAIV Gebrauch gemacht. Danach hat die Mitteilung gemäß § 25 Abs. 1 Satz 1 zunächst die von § 17 Abs. 1 und 2 auch für die Meldung nach den §§ 21, 22 geforderten Angaben zu enthalten (§ 21 Rn. 61 ff.). Daneben sind folgende Angaben zu machen (§ 17 Abs. 3 Nr. 1 bis 6 WpAIV):
– Name und Anschrift des Emittenten (Nr. 1)
– hypothetische Schwellen und hypothetische Höhe des Stimmrechtsanteils (siehe dazu § 21 Rn. 73), sowie die Angabe, ob die Schwellen überschritten, unterschritten oder erreicht würden (Nr. 2);
– bei mittelbarem Halten der Finanzinstrumente die Kette der kontrollierten Unternehmen, über die die Finanzinstrumente gehalten werden (Nr. 3);
– Datum des hypothetischen Erreichens, Überschreitens oder Unterschreitens der Schwelle(n) (Nr. 4);
– bei Finanzinstrumenten mit einem bestimmten Ausübungszeitraum einen Hinweis auf den Zeitpunkt, an dem die Aktien erworben werden sollen oder können (Nr. 5);
– Datum der Fälligkeit oder des Verfalls der Finanzinstrumente (Nr. 6).

Das von der BaFin formulierte Muster einer Mitteilung nach § 25 lautet:[32]

„Stimmrechtsmitteilung nach § 25 Abs. 1 WpHG
[Name und Anschrift des Mitteilungspflichtigen]
[Name und Anschrift des Emittenten des Basiswertes]
Hiermit teile ich gem. § 25 Abs. 1 WpHG mit, dass ich am [Datum der Schwellenberührung] Finanzinstrumente unmittelbar oder mittelbar halte, die mir das Recht einräumen, Aktien an der XY AG zu beziehen, die xx,yy% der Stimmrechte (xy Stimmrechte) verbriefen. An diesem Tag hätte ich damit die Schwelle(n) von ...% der Stimmrechte an der XY AG überschritten/unterschritten/
erreicht.
ggf.:
Der Ausübungszeitraum/-zeitpunkt für die Finanzinstrumente lautet: ...
ggf.:
Das Datum der Fälligkeit für die Finanzinstrumente lautet: ...
ggf.:
Das Datum des Verfalls für die Finanzinstrumente lautet: ...

---

[31] *Schnabel/Korff* ZBB 2007, 179, 183.
[32] Abrufbar unter *www.bafin.de*.

§ 26   Abschnitt 5. Veränderungen des Stimmrechtsanteils

ggf.:
Von mir mittelbar gehaltene Finanzinstrumente werden dabei über folgende von mir kontrollierte Unternehmen gehalten:
– [Name]
– [Name]
...
Unterschrift"

3. Art, Form und Sprache der Mitteilung (§ 18 WpAIV)

21   Gemäß § 18 WpAIV sind Mitteilungen nach § 25 Abs. 1 Satz 1 schriftlich oder mittels Telefax in deutscher oder englischer Sprache an den Emittenten und die BaFin zu übersenden (siehe dazu auch § 21 Rn. 76 ff.).

§ 26 Veröffentlichungspflichten des Emittenten und Übermittlung an das Unternehmensregister

(1) ¹Ein Inlandsemittent hat Informationen nach § 21 Abs. 1 Satz 1, Abs. 1a und § 25 Abs. 1 Satz 1 oder nach entsprechenden Vorschriften anderer Mitgliedstaaten der Europäischen Union oder anderer Vertragsstaaten des Abkommens über den Europäischen Wirtschaftsraum unverzüglich, spätestens drei Handelstage nach Zugang der Mitteilung zu veröffentlichen; er übermittelt sie außerdem unverzüglich, jedoch nicht vor ihrer Veröffentlichung dem Unternehmensregister im Sinne des § 8 b des Handelsgesetzbuchs zur Speicherung. ²Erreicht, überschreitet oder unterschreitet ein Inlandsemittent in Bezug auf eigene Aktien entweder selbst oder über eine in eigenem Namen, aber für Rechnung dieses Emittenten handelnde Person die Schwellen von 5 Prozent oder 10 Prozent durch Erwerb, Veräußerung oder auf sonstige Weise, gilt Satz 1 entsprechend mit der Maßgabe, dass abweichend von Satz 1 eine Erklärung zu veröffentlichen ist, deren Inhalt sich nach § 21 Abs. 1 Satz 1, auch in Verbindung mit einer Rechtsverordnung nach § 21 Abs. 2 bestimmt, und die Veröffentlichung spätestens vier Handelstage nach Erreichen, Überschreiten oder Unterschreiten der genannten Schwellen zu erfolgen hat; wenn für den Emittenten die Bundesrepublik Deutschland der Herkunftsstaat ist, ist außerdem die Schwelle von 3 Prozent maßgeblich.

(2) Der Inlandsemittent hat gleichzeitig mit der Veröffentlichung nach Absatz 1 Satz 1 und 2 diese der Bundesanstalt mitzuteilen.

(3) Das Bundesministerium der Finanzen kann durch Rechtsverordnung, die nicht der Zustimmung des Bundesrates bedarf, nähere Bestimmungen erlassen über

1. den Inhalt, die Art, die Sprache, den Umfang und die Form der Veröffentlichung nach Absatz 1 Satz 1 und
2. den Inhalt, die Art, die Sprache, den Umfang und die Form der Mitteilung nach Absatz 2.

Veröffentlichungspflichten des Emittenten 1, 2 § 26

Übersicht

	Rn.
I. Grundlagen	1
1. Regelungsgegenstand und -zweck	1
2. Entstehungsgeschichte	3
II. Veröffentlichungspflicht gemäß § 26 Abs. 1	4
1. Veröffentlichung von Stimmrechtsmitteilungen (Satz 1)	4
a) Voraussetzungen	4
b) Inhalt, Art und Sprache der Veröffentlichung	8
c) Veröffentlichungsfrist	16
d) Übermittlung an das Unternehmensregister	19
2. Veröffentlichung hinsichtlich eigener Aktien (Satz 2)	20
III. Mitteilung der Veröffentlichung (§ 26 Abs. 2)	23

Schrifttum: Vgl. die Nachweise Vor §§ 21 bis 30 und *Arends*, Die Offenlegung von Aktienbesitz nach deutschem Recht, 2000; *Falkenhagen*, Aktuelle Fragen zu den neuen Mitteilungs- und Veröffentlichungspflichten nach Abschnitt 4 und 7 des Wertpapierhandelsgesetzes, WM 1995, 1005; *Hopt*, Familien- und Aktienpools unter dem Wertpapierhandelsgesetz, ZGR 1997, 1; *Jäger*, Rechtsprobleme bei der Meldung des Anteilsbesitzes gem. § 21 bzw. § 41 WpHG, insbesondere bei Familienaktiengesellschaften, WM 1996, 1356; *Janert*, Veröffentlichungspflicht börsennotierter Gesellschaften bei unterlassener Mitteilung nach § 21 WpHG?, BB 2004, 169; *Sudmeyer*, Mitteilungs- und Veröffentlichungspflichten nach §§ 21, 22 WpHG, BB 2002, 685.

I. Grundlagen

1. Regelungsgegenstand und -zweck

§ 26 enthält Regelungen über die Veröffentlichung der nach den §§ 21 Abs. 1 **1** Satz 1 oder Abs. 1a, 25 Abs. 1 Satz 1 oder nach entsprechenden Vorschriften anderer EU-Mitgliedstaaten oder EWR-Vertragsstaaten bei dem Emittenten eingegangenen Stimmrechtsmitteilungen sowie über die Veröffentlichung wesentlicher Veränderungen des Bestands eigener Aktien des Emittenten. **Regelungsadressaten** sind Inlandsemittenten von Aktien im Sinne der §§ 2 Abs. 7, 21 Abs. 2 (siehe auch Rn. 3). Die Adressaten des § 26 Abs. 1 sind damit nicht deckungsgleich mit den Empfängern von Mitteilungen nach den §§ 21 Abs. 1 Satz 1, Abs. 1a, 25 Abs. 1 Satz 1 (dies sind Emittenten im Sinne des § 2 Abs. 6), was den Verweis auf die entsprechenden Vorschriften anderer EU-Mitgliedstaaten oder EWR-Vertragsstaaten erforderlich machte.[1]

Der **Zweck der Publikationsvorschrift** besteht darin, auf Grundlage der **2** Stimmrechtsmitteilungen der Meldepflichtigen die kapitalmarktrechtliche Beteiligungstransparenz zu verwirklichen (vgl. Vor §§ 21 bis 30 Rn. 16). Aus diesem Regelungszweck lässt sich eine drittschützende Wirkung des § 26 nicht ableiten. Wie die kapitalmarktrechtliche Beteiligungstransparenz insgesamt dient auch § 26 nicht den Individualinteressen bestimmter Personen (insbesondere der Anleger), sondern ausschließlich der Funktionsfähigkeit des Kapitalmarkts (Vor §§ 21 bis 30 Rn. 20 ff.).[2] Eine Verletzung der Veröffentlichungspflicht kann daher **keine Scha-**

---
[1] Vgl. Begr. RegE BT-Drucks. 16/2498, S. 38.
[2] Ebenso *Opitz* in *Schäfer/Hamann*, KMG, § 25 WpHG Rn. 16; *Schwark*, § 25 WpHG Rn. 10. AA *Schneider* in *Assmann/Schneider*, § 25 Rn. 39.

§ 26   3   Abschnitt 5. Veränderungen des Stimmrechtsanteils

densersatzansprüche betroffener Investoren unter dem Aspekt der Schutzgesetzverletzung (§ 823 Abs. 2 BGB) begründen.³ Pflichtverstöße sind in erster Linie mit dem Instrumentarium des Wertpapierhandelsgesetzes zu verfolgen, d. h. insbesondere im Wege aufsichtsrechtlicher Maßnahmen nach § 4 (zur Veröffentlichung durch Ersatzvornahme nach § 4 Abs. 6 siehe § 4 Rn. 98 ff.) sowie durch Ahndung als Ordnungswidrigkeit gemäß § 39 Abs. 2 Nr. 2 g), Nr. 5 c), Nr. 6.

2. Entstehungsgeschichte

3   In seiner jetzigen Fassung wurde § 26 durch das **Transparenzrichtlinie-Umsetzungsgesetz** vom 5. Januar 2007⁴ in das WpHG eingefügt. Er ersetzt die Vorgängerregelung in den §§ 25, 26 aF. Diese Vorschriften waren seit ihrem Inkrafttreten im Jahr 1994 bereits zahlreichen Änderungen unterworfen.⁵ Die – neben dem **neuen Publikationsregime** nach § 20 WpAIV iVm den §§ 3a, 3b WpAIV (dazu Rn. 10 ff.) – wohl tiefgreifendste Änderung durch das Transparenzrichtlinie-Umsetzungsgesetz resultiert daraus, dass sich die Veröffentlichungspflicht nach § 26 Abs. 1 entsprechend den Richtlinienvorgaben an Inlandsemittenten im Sinne des § 2 Abs. 7 richtet. Nach § 25 Abs. 1 Satz 1 aF iVm § 21 Abs. 2 aF traf die Veröffentlichungspflicht börsennotierte Gesellschaften mit Sitz im Inland, deren Aktien zum Handel an einem organisierten Markt mit einem EU-Mitgliedstaat oder einem EWR-Vertragsstaat zugelassen waren. Demgegenüber bringt die Neuregelung in § 26 Abs. 1 iVm § 2 Abs. 7 **sowohl eine Erweiterung als auch eine Einschränkung des Adressatenkreises** mit sich: Zum einen sind nun auch Emittenten mit Sitz in einem anderen Mitgliedstaat veröffentlichungspflichtig, wenn deren Aktien ausschließlich im Inland an einem organisierten Markt zugelassen sind (§ 2 Abs. 7 Nr. 2). Zum anderen unterliegen Emittenten mit Sitz in der Bundesrepublik nicht der Publikationspflicht des § 26 Abs. 1, wenn ihre Aktien nur in einem anderen Mitgliedstaat an einem organisierten Markt zugelassen sind, soweit für sie dort Veröffentlichungs- und Mitteilungspflichten nach Maßgabe der Transparenzrichtlinie 2004/109/EG gelten (§ 2 Abs. 7 Nr. 1). Dies bedeutet beispielsweise, dass ein Emittent, der seinen Sitz in einem anderen Mitgliedstaat hat und dessen Aktien sowohl im Sitzstaat als auch im Inland an einem organisierten Markt zugelassen sind, nur nach den Vorschriften seines Sitzstaates veröffentlichen muss, da er kein Inlandsemittent im Sinne des § 2 Abs. 7 ist. Im Zuge der Umsetzung der Transparenzrichtlinie 2004/109/EG konnte damit auch die Regelung des § 25 Abs. 2 aF gestrichen werden, die für den Fall, dass Aktien einer börsennotierten Gesellschaft mit Sitz im Inland (auch) zum Börsenhandel an einem organisierten Markt in einem anderen EU-Mitgliedstaat oder einem EWR-Vertragsstaat zugelassen waren, (zusätzlich) eine

---

³ Die Anwendung von § 826 BGB ist dagegen nicht generell ausgeschlossen (siehe *Opitz* in *Schäfer/Hamann*, KMG, § 25 WpHG Rn. 16), wenngleich die Tatbestandsvoraussetzungen dieser Norm nur im Ausnahmefall erfüllt sein werden (bewusst falsche oder verzögerte Veröffentlichung einer Stimmrechtsmitteilung mit Schädigungsabsicht).
⁴ Gesetz zur Umsetzung der Richtlinie 2004/109/EG des Europäischen Parlaments und des Rates vom 15. Dezember 2004 zur Harmonisierung der Transparenzanforderungen in Bezug auf Informationen über Emittenten, deren Wertpapiere zum Handel auf einem geregelten Markt zugelassen sind, und zur Änderung der Richtlinie 2001/34/EG, BGBl. I S. 10.
⁵ Siehe dazu insbesondere *Hüffer*, AktG, § 22 Anh. § 25 WpHG Rn. 1; *Schwark*, § 25 WpHG Rn. 1.

Veröffentlichungspflichten des Emittenten 4, 5 § 26

entsprechende Veröffentlichung im Sitzstaat des ausländischen organisierten Marktes vorsah. Das neue Publikationsregime des Art. 21 der Transparenzrichtlinie, das eine gemeinschaftsweite Verbreitung der zu veröffentlichenden Informationen vorsieht (dazu noch Rn. 10 ff.), macht eine Veröffentlichung nach den Normen verschiedener Mitgliedstaaten überflüssig.[6]

II. Veröffentlichungspflicht gemäß § 26 Abs. 1

1. Veröffentlichung von Stimmrechtsmitteilungen (Satz 1)

a) Voraussetzungen

Zur Veröffentlichung von Stimmrechtsmitteilungen gemäß § 26 Abs. 1 Satz 1 ist jeder Inlandsemittent (§ 2 Abs. 7) verpflichtet, dem gemäß § 21 Abs. 1 Satz 1, Abs. 1 a, § 25 oder nach entsprechenden Vorschriften anderer EU-Mitgliedstaaten oder EWR-Vertragsstaaten die Veränderung eines Stimmrechtsanteils mitgeteilt worden ist. Nimmt die Gesellschaft **von Beteiligungsveränderungen auf sonstige Weise Kenntnis** (zB infolge einer Einsicht der Gesellschaft in ein gemäß § 67 AktG bestehendes Aktienregister), löst dies die Veröffentlichungspflicht nach § 26 nicht aus (hierzu auch Rn. 18). Die Veröffentlichungspflicht betrifft nach dem Wortlaut von § 26 Abs. 1 Satz 1 Stimmrechtsmitteilungen gemäß § 21 Abs. 1 und Abs. 1 a; ein ausdrücklicher Verweis auf den Zurechnungstatbestand des § 22 ist insoweit entbehrlich, weil es sich bei Stimmanteilsveränderungen unter Anwendung von § 22 um Stimmanteilsveränderungen „in sonstiger Weise" (vgl. § 21 Abs. 1 Satz 1) handelt (hierzu § 21 Rn. 38). Wenn der die Mitteilungspflicht nach § 21 Abs. 1 auslösende Sachverhalt im Einzelfall weitere kapitalmarktrechtliche Veröffentlichungspflichten des Emittenten begründet (insbesondere die Pflicht zur Abgabe einer Ad-hoc-Mitteilung nach § 15), hat dieser die verschiedenen Pflichten unabhängig voneinander zu erfüllen (siehe Vor §§ 21 bis 30 Rn. 32). Intern handelt es sich bei der Vornahme von Pflichtveröffentlichungen um eine **Maßnahme der Geschäftsführung** des Emittenten. Zur Erfüllung der Veröffentlichungspflicht in der Insolvenz des Emittenten siehe § 11 Rn. 7 ff.

Die Verpflichtung des Emittenten, eine Stimmrechtsmitteilung innerhalb der gesetzlichen Frist zu veröffentlichen, setzt voraus, dass die ihm zugegangene Mitteilung **zur Veröffentlichung geeignet** ist. Dies ist danach zu beurteilen, ob die Mitteilung die Anforderungen der einschlägigen Vorschriften formal erfüllt. Hierzu müssen alle gesetzlichen Pflichtangaben enthalten sein. Fehlen in der Stimmrechtmitteilung derartige Angaben, wird die Veröffentlichungspflicht nicht ausgelöst.[7] Inhaltliche Fehler vollständig vorhandener Pflichtangaben, etwa versehentliche Falschangaben über die Höhe des erreichten Stimmrechtsanteils, die maßgebliche Stimmanteilsschwelle oder den Zeitpunkt der Stimmanteilsveränderung, schließen die Veröffentlichungspflicht dagegen nicht aus, sondern berechti-

4

5

---

[6] Vgl. Begr. RegE BT-Drucks. 16/2498, S. 37 f.
[7] Einschränkend (nur die „zentralen Angaben" müssen vorliegen) KölnKommWpHG-*Hirte*, § 25 Rn. 28. – Nach hM sind auch unvollständige Mitteilungen zu veröffentlichen, wenn der Meldepflichtige innerhalb der Veröffentlichungsfrist die fehlende Pflichtangabe nachgetragen hat; siehe etwa *Schäfer* in Marsch-Barner/*Schäfer*, Handbuch börsennotierte AG, § 17 Rn. 56; *Schneider* in Assmann/*Schneider*, § 25 Rn. 10; *Schwark*, § 25 WpHG Rn. 6.

6 Auch wenn in der Mitteilung die gemäß § 17 Abs. 1 Nr. 2 WpAIV aufzunehmende **Anschrift des Meldepflichtigen** fehlt, entsteht die Veröffentlichungspflicht nicht. Zwar ist die Anschrift mitteilungspflichtiger Privatpersonen nicht in die Veröffentlichung von Stimmrechtsmitteilungen aufzunehmen (siehe Rn. 8). Aber die Anschrift des Meldepflichtigen ist auch ein Nachweis der Authentizität der Stimmrechtsmitteilung, die als Voraussetzung einer kapitalmarktrechtlichen Pflichtveröffentlichung mit der ihr immanenten Wirkungsbreite anzusehen ist. Eine **Informationsbeschaffungspflicht** des Emittenten infolge des Zugangs einer zur Veröffentlichung nicht geeigneten Mitteilung besteht nicht. Sie ergibt sich auch nicht daraus, dass der Emittent nach zutreffender Ansicht einen Anspruch auf Abgabe der geforderten Stimmrechtsmitteilungen hat (hierzu § 21 Rn. 60) und sich außerdem die mitzuteilende Stimmanteilsveränderung gemäß § 27 nachweisen lassen kann. Die Zuständigkeit für die Einforderung der fehlenden Angaben liegt bei der BaFin, die anhand der ihr ebenfalls vorliegenden unvollständigen Stimmrechtsmitteilungen die erforderlichen Maßnahmen ergreifen kann.

7 Die in § 25 Abs. 4 aF vorgesehene Möglichkeit der BaFin, den Emittenten auf Antrag von der Veröffentlichungspflicht zu befreien, wenn dies zum Schutz höherrangiger öffentlicher Interessen oder Interessen der Gesellschaft geboten war, ist entfallen. Sie beruhte auf Art. 11 der Transparenzrichtlinie 88/627/EWG (Vor §§ 21 bis 30 Rn. 4), der in der Transparenzrichtlinie 2004/109/EG keine Entsprechung hat. Eine **Befreiung von den Pflichten nach § 26 Abs. 1** ist nun ausschließlich für Inlandsemittenten mit Sitz in einem Drittstaat nach Maßgabe des § 29a möglich.

b) Inhalt, Art und Sprache der Veröffentlichung

8 Aufgrund der Verordnungsermächtigung des § 26 Abs. 3 Nr. 1 regelt § 19 WpAIV den **Inhalt der Veröffentlichung.** Diese muss die Angaben der Stimmrechtsmitteilung enthalten (dazu § 21 Rn. 61 ff. und § 25 Rn. 19). Der Mitteilungspflichtige ist mit vollständigem Namen, Sitz und Staat, in dem sich sein Wohnort oder Sitz befindet, anzugeben; der Wohnort mitteilungspflichtiger Privatpersonen ist damit nicht zu veröffentlichen. Auch die volle Anschrift (d. h. insbesondere Straße und Hausnummer) ist, wie der Vergleich mit § 17 Abs. 1 Nr. 2 und 3 WpAIV zeigt, nicht zu publizieren. Mitteilungen sind so zu veröffentlichen, wie sie dem Emittenten zugehen. Inhaltliche oder redaktionelle Änderungen dürfen nicht vorgenommen werden.[8] Für die Veröffentlichung sind aus der Stimmrechtsmitteilung insbesondere zu übernehmen: das Erreichen, Überschreiten oder Unterschreiten des maßgeblichen Schwellenwerts, das Datum der Stimmanteilsveränderung, die Höhe des aktuellen Stimmrechtsanteils des Meldepflichtigen sowie im Fall der Anwendung von Zurechnungstatbeständen nach § 22 die Angaben nach § 17 Abs. 2 WpAIV.

9 Das von der BaFin formulierte Muster der Veröffentlichung einer Mitteilung nach § 21 lautet:[9]

---

[8] Siehe nur KölnKommWpHG-*Hirte*, § 25 Rn. 29.
[9] Abrufbar unter *www.bafin.de.* – In der Praxis ist zudem gebräuchlich, den Wortlaut der Stimmrechtsmitteilung vollständig in die Veröffentlichung zu übernehmen („Veröffentlichung gemäß § 26 Abs. 1 Satz 1 WpHG – Unserer Gesellschaft ist folgende Mitteilung nach § 21 Abs. 1 WpHG zugegangen: ‚[Wortlaut der Mitteilung]' – Y-AG, Anschrift").

"Veröffentlichung gem. § 26 Abs. 1 WpHG
[juristische Person: Firma, Sitz, Staat/natürliche Person: Name, Staat], hat uns nach § 21 Abs. 1 WpHG mitgeteilt, dass sein/ihr Stimmrechtsanteil an unserer Gesellschaft am [Datum der Schwellenberührung] die Schwelle(n) von ...% überschritten/unterschritten/erreicht hat und zu diesem Tag xx,yy% (xy Stimmrechte) beträgt.

ggf.:
Davon sind ihm/ihr xx,yy % nach § 22 Absatz x Satz y Nr. z WpHG zuzurechnen.

ggf.:
Von folgenden Aktionären, deren Stimmrechtsanteil an der XY AG jeweils 3% oder mehr beträgt, werden ihm/ihr dabei Stimmrechte zugerechnet:
– [Name]
– [Name]
...

ggf.:
Zugerechnete Stimmrechte werden dabei über folgende von ihm/ihr kontrollierte Unternehmen, deren Stimmrechtsanteil an der XY AG jeweils 3% oder mehr beträgt, gehalten:
– [Name]
– [Name]
...

XY AG, [Anschrift]"

Art und Sprache der Veröffentlichung regelt nun § 20 WpAIV ivm den §§ 3a, 3b WpAIV. Damit werden Art. 20 und Art. 21 der Transparenzrichtlinie 2004/109/EG sowie Art. 12 der Durchführungsrichtlinie 2007/14/EG (Vor §§ 21 bis 30 Rn. 6) in deutsches Recht umgesetzt, die den Modus der Veröffentlichung für alle „vorgeschriebenen Informationen" im Sinne des Art. 2 Abs. 1 lit. k) der Transparenzrichtlinie und damit auch für Stimmrechtsmitteilungen regeln. Das neue Veröffentlichungsregime, das eine europaweite Verbreitung der zu veröffentlichenden Informationen bezweckt, geht damit erheblich über die bisherige Regelung in § 25 Abs. 1 Satz 1 aF hinaus, nach der die Stimmrechtsmitteilungen in deutscher Sprache in einem überregionalen Börsenpflichtblatt zu veröffentlichen waren.[10] Der von den Emittenten zu betreibende Aufwand erhöht sich auf diese Weise signifikant.

Grundnorm für die Art der Veröffentlichung ist § 3a Abs. 1 Satz 1 WpAIV. Danach sind die Stimmrechtsmitteilungen zur Veröffentlichung **bestimmten Medien zuzuleiten,** und zwar einschließlich solcher Medien, bei denen davon ausgegangen werden kann, dass sie die Information in der gesamten Europäischen Union und in den übrigen EWR-Vertragsstaaten verbreiten. Der Emittent erfüllt seine Veröffentlichungspflicht bereits dann, wenn er die Anforderungen beachtet, die § 3a Abs. 2 WpAIV für die Weiterleitung der Informationen an die Medien aufstellt (dazu noch Rn. 12f.). Aus § 3a WpAIV lassen sich **keine weitergehenden Pflichten zur Sicherstellung einer tatsächlichen Publika-**

---

[10] Siehe auch *Riegger/Rieg* ZIP 2007, 1148, 1150.

tion in diesen Medien ableiten.[11] Somit muss er auch keine kostenpflichtigen Leistungen der Medien, wie etwa das Schalten einer Anzeige, in Anspruch nehmen[12] oder andere Maßnahmen ergreifen, um den Veröffentlichungserfolg sicherzustellen; die Medien entscheiden selbstständig darüber, ob, wann und auf welche Art die Informationen publiziert werden.

12 Gemäß § 3a Abs. 2 Satz 1 Nr. 1 WpAIV sollen zu dem vom Emittenten genutzten **„Medienbündel"** auch solche Medien gehören, die die Information so rasch und „so zeitgleich" wie möglich in allen Mitgliedstaaten der Europäischen Union und in den übrigen EWR-Vertragsstaaten aktiv verbreiten können.[13] Weitere Anforderungen an die Auswahl der Medien und deren Anzahl lassen sich dem Gesetzestext nicht entnehmen.[14] Die richtlinienkonforme Auslegung ergibt, dass der Emittent die von ihm genutzten Medien so auszuwählen hat, dass der **größtmögliche öffentliche Zugang des Anlegerpublikums** zu den veröffentlichten Informationen und eine **möglichst gleichzeitige Verbreitung in allen Mitgliedstaaten** erreicht wird.[15] Nach den Vorstellungen der Gesetzesverfasser soll vor allem auf die Aktionärsstruktur sowie Zahl und Ort der Börsenzulassungen des Emittenten abzustellen sein.[16] Da die Beteiligungspublizität aber nicht nur der Information der gegenwärtigen Aktionäre, sondern der aller Kapitalmarktteilnehmer einschließlich der potentiellen Anleger dient, dürfte diesen Kriterien keine allein entscheidende Bedeutung für die Auswahl der Medien zukommen. Keinesfalls ausreichend ist es, wenn sich ein Emittent mit Börsenzulassung in lediglich einem Mitgliedstaat und überwiegend regionalem Aktionärskreis auf Medien beschränkt, die eine ebenfalls nur regionale oder eine in anderen Mitgliedstaaten deutlich verzögerte Verbreitung ermöglichen. Im Hinblick auf **die Art der auszuwählenden Medien** ist die Gesetzesbegründung wenig erhellend; nach dieser sollen in jedem Fall mindestens ein elektronisch betriebenes Informationssystem, so genannte „News Provider", Nachrichtenagenturen, die jeweils wichtigsten Printmedien auf nationaler und europäischer Ebene und Internetseiten für den Finanzmarkt genutzt werden.[17] Ungeachtet dieser Aufzählung ist der **Emittent gerade nicht verpflichtet, für die tatsächliche Publikation zu sorgen** und zB eine Anzeige in einem Printmedium zu schalten (Rn. 11).[18] Da Printmedien aber die ihnen zugeleiteten Informationen kaum auf

---

[11] *Hutter/Kaulamo* NJW 2007, 550, 555; *Noack* WM 2007, 377, 380 Fn. 50; *Riegger/Rieg* ZIP 2007, 1148, 1150; unklar *Pirner/Lebherz* AG 2007, 19, 21 ff.
[12] So auch die BaFin in dem unter *www.bafin.de* abrufbare Dokument „Häufig gestellte Fragen zu den §§ 21ff. WpHG" (Stand: 11. Juni 2007). – Dies wird von *Pirner/Lebherz* AG 2007, 19, 23 übersehen.
[13] Nach Art. 21 Abs. 4 Unterabs. 3 der Transparenzrichtlinie 2004/109/EG kann die Kommission eine Liste der in Frage kommenden Medien zusammenstellen und aktualisieren.
[14] Zu Recht kritisch zur äußerst unklaren Regelung *Noack* WM 2007, 377, 380.
[15] Vgl. Art. 12 Abs. 2 der Richtlinie 2007/14/EG.
[16] Begr. RegE BT-Drucks. 16/2498, S. 49; vgl. auch *Hutter/Kaulamo* NJW 2007, 550, 555; *Pirner/Lebherz* AG 2007, 19, 24.
[17] Begr. RegE BT-Drucks. 16/2498, S. 49. – Zur damit immer größer werdenden Bedeutung des Internets siehe *Hutter/Kaulamo* NJW 2007, 550, 555; *Noack* AG 2003, 537 ff. und (kritisch) *Dauner-Lieb* DStR 2004, 361 ff.
[18] Zutreffend *Noack* WM 2007, 377, 380 Fn. 50. – Kritisch zur Publikation in Printmedien auch *Pirner/Lebherz* AG 2007, 19, 22 f. mit Hinweis auf technische bedingte Verzögerungen und – insoweit unzutreffend – auf die für den Emittenten entstehenden Kosten.

eigene Kosten publizieren werden, ist fraglich, ob diese Medienart faktisch eine Rolle spielen wird, was die Gesetzesverfasser offenbar übersehen haben. Nach Ansicht der BaFin erfüllt ein „Medienbündel" nur dann einen „Minimumstandard", wenn es mindestens alle fünf genannten Medienarten und pro Medienart mindestens ein Medium enthält; wenigstens ein Medium muss danach eine aktive europaweite Verbreitung ermöglichen.[19] Dem ist jedenfalls insoweit zuzustimmen, als keine generelle Verpflichtung besteht, pro Medienart mehrere Medien einzusetzen, um eine europaweite Verbreitung sicherzustellen.[20] In der Regel wird die europaweite Verbreitung durch ein elektronisch betriebenes Informationssystem sichergestellt werden können.[21]

§ 3a Abs. 2 WpAIV stellt darüber hinaus **Anforderungen an die Übermittlung** der zu veröffentlichenden Informationen auf. Gemäß § 3a Abs. 2 Satz 1 Nr. 2 WpAIV muss die sichere Identifizierbarkeit des Absenders (Emittent oder ein von ihm beauftragter Dritter, siehe Rn. 14), ein hinreichender Schutz gegen unbefugte Zugriffe oder Veränderung der Daten, die Vertraulichkeit und Sicherheit der Übersendung und die unverzügliche Behebbarkeit von Übertragungsfehlern oder -unterbrechungen sichergestellt sein. Eine **Übermittlung per Telefax** genügt diesen Anforderungen, während eine unverschlüsselte E-Mail-Übertragung nicht ausreichend ist.[22] Darüber hinaus muss die Übermittlung an die Medien die Angaben nach § 3a Abs. 2 Satz 1 Nr. 3 WpAIV enthalten, die jedoch nicht Teil der übermittelten Information selbst sein müssen, sondern beispielsweise auf einem Deckblatt enthalten sein können.[23] Schließlich hat der Emittent, um die Überwachung der Veröffentlichungspflicht durch die BaFin zu ermöglichen, die in § 3a Abs. 3 WpAIV genannten Informationen sechs Jahre lang aufzubewahren und der BaFin auf Auforderung mitzuteilen.

Der Emittent darf **einen Dritten mit der Veröffentlichung betrauen;** § 3a Abs. 4 stellt klar, dass der Emittent für die Erfüllung seiner Veröffentlichungspflicht verantwortlich bleibt.[24] In keinem Fall muss der Emittent aber für eine fehlerhafte, verzögerte oder unterbliebene Veröffentlichung einstehen, wenn er alles für einen ordnungsgemäßen Empfang der Information durch die Medien getan hat und dieser durch technische Systemfehler im Verantwortungsbereich der Medien verhindert wurde (§ 3a Abs. 2 Satz 2).

Die **Sprache der Veröffentlichung** bestimmt sich nach § 3b WpAIV (dazu auch § 15 Rn. 249ff.).[25] Ergänzend sieht § 20 Halbsatz 2 WpAIV vor, dass der Emittent die Mitteilung auch in englischer Sprache veröffentlichen darf, wenn er die Mitteilung in englischer Sprache erhalten hat. Damit wird Art. 20 Abs. 5 Satz 2 der Transparenzrichtlinie 2004/109/EG umgesetzt. Der Emittent ist somit

---

[19] Hinweise der BaFin zu den Mitteilungs- und Veröffentlichungspflichten gemäß §§ 21 ff. WpHG, Stand 5. Februar 2007, unter II. 1. c. (abrufbar unter *www.bafin.de*).
[20] AA *Pirner/Lebherz* AG 2007, 19, 23.
[21] Zutreffend *Pirner/Lebherz* AG 2007, 19, 23 mit Hinweis auf Reuters. Zur weiteren Konkretisierung der Auswahl vgl. auch *Pirner/Lebherz* AG 2007, 19, 23f.
[22] Zutreffend die Hinweise der BaFin zu den Mitteilungs- und Veröffentlichungspflichten gemäß §§ 21 ff. WpHG, Stand 5. Februar 2007, unter II. 1. c. (abrufbar unter *www.bafin.de*). Siehe auch *Pirner/Lebherz* AG 2007, 19, 25.
[23] Begr. RegE BT-Drucks. 16/2498, S. 49.
[24] Zu entsprechenden Dienstleistern siehe *Klawitter* in Habersack/Mülbert/Schlitt, Unternehmensfinanzierung, § 32 Rn. 66.
[25] Zu § 3b WpAIV siehe auch *Hutter/Kaulamo* NJW 2007, 550, 555.

nicht gezwungen, eine Übersetzung der Mitteilung zu veranlassen, wenn der Meldepflichtige von seinem Wahlrecht nach § 18 WpAIV Gebrauch macht und die Mitteilung in englischer Sprache abgibt.

c) Veröffentlichungsfrist

16 Mit Zugang der zur Veröffentlichung geeigneten Stimmrechtsmitteilung beim Emittenten entsteht die Veröffentlichungspflicht, die gemäß § 26 Abs. 1 Satz 1 **unverzüglich, spätestens drei Handelstage** (vgl. § 30) nach Zugang zu erfüllen ist. Der gegenüber § 25 Abs. 1 Satz 1 aF deutlich verkürzte maximale Erfüllungszeitraum beruht auf Art. 12 Abs. 6 der Transparenzrichtlinie 2004/109/EG. Der Emittent hat sein Veröffentlichungspflicht bereits dann erfüllt, wenn er die zu veröffentlichenden Informationen den nach § 3a WpAIV zu nutzenden Medien zugeleitet und alles für einen ordnungsgemäßen Empfang der Information getan hat.[26] Ob die **tatsächliche Veröffentlichung** in den Medien und die europaweite Verbreitung der Informationen innerhalb der Frist des § 26 Abs. 1 Satz 1 erfolgt, ist daher unerheblich (siehe auch Rn. 11). Dem Emittenten sind weder technische Systemfehler (vgl. § 3a Abs. 2 Satz 2 WpAIV) noch im Verantwortungsbereich der Medien begründete Verzögerungen zurechenbar.

17 Der Zugang der Stimmrechtsmitteilung beim Emittenten setzt voraus, dass die formgerecht abgegebene Stimmrechtsmitteilung so in seinen Machtbereich gelangt ist, dass mit einer baldigen Kenntnisnahme zu rechnen ist (hierzu § 21 Rn. 59). Die Regelung der Veröffentlichungsfrist enthält die aus § 21 Abs. 1 Satz 1 bekannte Differenzierung zwischen unverzüglichem Handeln und einem maximalen Erfüllungszeitraum, der hier drei Handelstage beträgt. Diese Frist bemisst sich nach § 30 und den §§ 187, 188 BGB. **Unverzügliches Handeln** bedeutet Handeln ohne schuldhaftes Zögern (vgl. § 121 BGB). Damit ist es unvereinbar, den Erfüllungszeitraum auch dann auszuschöpfen, wenn keine besonderen Umstände die Verzögerung rechtfertigen. Anders als bei der Frist zur Abgabe der Stimmrechtsmitteilung durch den Meldepflichtigen nach § 21 Abs. 1 können Schwierigkeiten bei der Erfassung und rechtlichen Beurteilung eines (komplexen) Sachverhalts ein Hinausschieben der Veröffentlichung durch den Emittenten nicht rechtfertigen (vgl. § 21 Rn. 87). Denn der Emittent ist nicht berufen, seiner eigenen Beurteilung Vorrang zu geben. Wenn Stimmrechtsmitteilungen dagegen offensichtliche Schreibversehen oder nach sicherer Kenntnis des Emittenten andere inhaltliche Fehler enthalten (etwa zur Höhe des angegebenen Stimmrechtsanteils), kann er zunächst beim Meldepflichtigen oder der BaFin anregen, den Fehler zu korrigieren. Geht hierauf keine berichtigte Mitteilung des Meldepflichtigen bei der Gesellschaft ein, ist die Veröffentlichung innerhalb des Erfüllungszeitraums vorzunehmen.[27]

18 Fehlt es dagegen bereits am Zugang einer Mitteilung oder einer zur Veröffentlichung geeigneten Mitteilung, ist der Emittent auch dann nicht zu einer Veröffentlichung nach § 26 Abs. 1 Satz 1 verpflichtet, wenn er auf anderem Weg (sichere) Kenntnis von der mitzuteilenden Stimmanteilsveränderung erlangt

---

[26] Siehe auch BT-Drucks. 16/2498, S. 38.
[27] Vgl. Opitz in *Schäfer/Hamann*, KMG, § 25 WpHG Rn. 5. Nach *Sudmeyer* BB 2002, 685, soll der Emittent dagegen offensichtliche Fehler der Mitteilung in der Veröffentlichung stillschweigend berichtigen dürfen.

hat.[28] § 26 Abs. 1 Satz sieht ein **Selbsteintrittsrecht des Emittenten** für den Fall ausbleibender Stimmrechtsmitteilungen der Meldepflichtigen nicht vor. Dem Emittenten bleibt unbenommen, den Meldepflichtigen informell zur Erfüllung seiner Mitteilungspflicht aufzufordern oder die BaFin von dem Vorgang zu unterrichten. Eine Pflicht hierzu besteht indes nicht, weil der Emittent – im Gegensatz zur BaFin – nicht Sachwalter von Allgemeininteressen ist. Unberührt bleibt der (nach zutreffender Ansicht bestehende) Anspruch der Gesellschaft, vom Meldepflichtigen die ordnungsgemäße Abgabe von Stimmrechtsmitteilungen zu verlangen, insbesondere um von der Gesellschaft Schaden abzuwenden (siehe § 21 Rn. 60).

d) Übermittlung an das Unternehmensregister

Gemäß § 26 Abs. 1 Satz 1 Halbsatz 2 sind die Stimmrechtsmitteilungen unverzüglich, jedoch nicht vor ihrer Veröffentlichung,[29] dem Unternehmensregister im Sinne des § 8b HGB zur Speicherung zu übermitteln. Die Pflicht zur Übermittlung ergibt sich bereits aus § 8b Abs. 2 Nr. 9, Abs. 3 S. 1 Nr. 2 HGB; § 26 Abs. 1 Satz 1 Halbsatz 2 hat daher lediglich im Hinblick auf die zeitlichen Vorgabe eigenständige Bedeutung.[30]

2. Veröffentlichung hinsichtlich eigener Aktien (Satz 2)

Mit § 26 Abs. 1 Satz 2 wurde Art. 14 der Transparenzrichtlinie 2004/109/EG umgesetzt, was im Vergleich zur Vorgängerregelung des § 25 Abs. 1 Satz 3 aF[31] zu weitreichenden Änderungen führte. Jeder Inlandsemittent (§ 2 Abs. 7), der in Bezug auf eigene Aktien entweder selbst oder über eine in eigenem Namen, aber für Rechnung dieses Emittenten handelnde Person die Schwellen von 3% (nur wenn der Emittent zugleich ein solcher im Sinne des § 2 Abs. 6 ist),[32] 5% oder 10% durch Erwerb, Veräußerung oder auf sonstige Weise berührt, hat dies nach § 21 Abs. 1 Satz 1 zu veröffentlichen. Zum Halten für Rechnung des Emittenten kann auf die Ausführung zu § 22 Abs. 1 Satz 1 Nr. 2 (§ 22 Rn. 46 ff.) verwiesen werden. Dass nun gegenüber § 25 Abs. 1 Satz 3 aF auch die Schwellenberührung „auf sonstige Weise" erfasst ist, bedeutet insbesondere, dass ein Emittent, der beim Erwerb eigener Aktien eine der Schwellen überschreitet, eine erneute Veröffentlichung wegen Unterschreitens der Schwelle vorzunehmen hat,

---

[28] *Arends*, Die Offenlegung von Aktienbesitz nach deutschem Recht, S. 84; *Janert* BB 2004, 169, 170 ff.; *Opitz* in *Schäfer/Hamann*, KMG, § 25 WpHG Rn. 3; *Schwark*, § 25 WpHG Rn. 5. – Nach MünchKommAktG-*Bayer*, 2. Aufl. 2000, § 22 Anh. § 25 WpHG Rn. 3, und KölnKommAktG-*Koppensteiner*, § 22 Anh. §§ 21 ff. WpHG Rn. 38, soll die Gesellschaft zumindest berechtigt sein, eine Stimmrechtsveränderung, von der sie auf andere Weise Kenntnis erlangt hat, zu veröffentlichen, so wohl auch KölnKommWpHG-*Hirte*, § 25 Rn. 26.
[29] Zum insoweit maßgeblichen Zeitpunkt siehe *Pirner/Lebherz* AG 2007, 19, 25.
[30] BT-Drucks. 16/2498, S. 37.
[31] Dieser sah für börsennotierte Gesellschaften mit Sitz in Deutschland eine Veröffentlichungspflicht bei Berührung aller der in § 21 Abs. 1 Satz 1 genannten Schwellen vor, erfasste aber nicht die Schwellenberührung „auf sonstige Weise".
[32] Die Beschränkung des § 26 Abs. 1 Satz 2 Halbsatz 2 auf Emittenten, für die die Bundesrepublik Deutschland Herkunftsstaat ist, beruht auf Art. 3 Abs. 2 der Transparenzrichtlinie 2004/109/EG.

§ 26 21–23   Abschnitt 5. Veränderungen des Stimmrechtsanteils

wenn er diese Aktien einzieht.[33] Die Veröffentlichung muss gemäß § 26 Abs. 1 Satz 2 spätestens innerhalb von vier Handelstagen (§ 30) nach der Bestandsveränderung vorgenommen werden, wobei entsprechend § 26 Abs. 1 Satz 1 eine unverzügliche Veröffentlichung geboten ist.

21   Soweit der Inlandsemittent eine deutsche Aktiengesellschaft ist, erfasst § 26 Abs. 1 Satz 2 **alle Fälle des Erwerbs eigener Aktien gemäß den §§ 71 ff. AktG.** Dabei spielt es für die Anwendung von § 26 Abs. 1 Satz 2 keine Rolle, ob der Erwerb eigener Aktien gemessen an den in § 71 AktG enthaltenen Tatbeständen zulässig ist. Denn aus Sicht des Kapitalmarkts ist auch der unzulässige Erwerb publikationswürdig (vgl. auch § 71 Abs. 4 AktG), wodurch eine zusätzliche Präventivwirkung erzielt wird. Bei Aktienrückkaufprogrammen sowie bei Kursstabilisierungsmaßnahmen kann es neben einer Veröffentlichung gemäß § 26 Abs. 1 Satz 2 infolge der Inanspruchnahme der so genannten **Safe Harbor-Regelungen** der §§ 14 Abs. 2, 20a Abs. 3 zu weiteren Veröffentlichungen über den Bestand eigener Aktien kommen. Nach diesen Normen sind Insidergeschäfte oder Marktmanipulationen grundsätzlich ausgeschlossen, wenn das Aktienrückkaufprogramm oder die Kursstabilisierungsmaßnahme nach Maßgabe der Durchführungsverordnung zur Marktmanipulationsrichtlinie vorgenommen wird.[34] Die Durchführungsverordnung enthält u. a. Regelungen über die Veröffentlichung so genannter Wasserstandsmeldungen (vgl. Art. 4 Abs. 4 der Verordnung). Zu den Einzelheiten sei auf § 14 Rn. 391 ff. und § 20a Rn. 91 ff. verwiesen. Die Veröffentlichungspflicht nach § 26 Abs. 1 Satz 2 bleibt unberührt, wenn der Emittent den Kapitalmarkt über den Fortgang des jeweiligen Programms nach Maßgabe der Durchführungsverordnung unterrichtet. Denkbar ist allerdings, dass das Überschreiten der maßgeblichen Schwelle gemäß § 26 Abs. 1 Satz 2 zusammen mit der entsprechenden Wasserstandsmeldung veröffentlicht wird.

22   Der **Inhalt der Veröffentlichung** ergibt sich aus einer entsprechenden Anwendung von § 26 Abs. 1 Satz 1, wobei eine Erklärung zu veröffentlichen ist, deren Inhalt sich nach § 21 Abs. 1 Satz 1 richtet. Demnach muss die Erklärung neben Firma und Sitz des Emittenten folgende Angaben enthalten: das Erreichen, Überschreiten oder Unterschreiten des maßgeblichen Schwellenwerts, das Datum der mitzuteilenden Anteilsveränderung und die Höhe des aktuellen Bestands eigener Aktien (vgl. § 17 Abs. 1 WpAIV). Bei der Berechnung des Anteils bleibt außer Betracht, dass einem Emittenten (nach deutschem Aktienrecht) aus diesen Aktien keine Stimmrechte zustehen. Auch die für die Berechnung von Stimmrechtsanteilen maßgebliche Gesamtzahl von Stimmrechten wird durch den Erwerb eigener Aktien durch die Gesellschaft nicht verringert (hierzu § 21 Rn. 11).

III. Mitteilung der Veröffentlichung (§ 26 Abs. 2)

23   Der Emittent hat gemäß § 26 Abs. 2 gleichzeitig mit der Veröffentlichung nach § 26 Abs. 1 Satz 1 und 2 diese der BaFin mitzuteilen. Nach den §§ 21, 3c

---

[33] Vgl. BT-Drucks. 16/2498, S. 38.
[34] Verordnung (EG) Nr. 2273/2003 der Kommission vom 22. Dezember 2003 (ABl. EU Nr. L 336, S. 33 ff.); Richtlinie 2003/6/EG des europäischen Parlaments und des Rates vom 28. Juni 2003 über Insidergeschäfte und Marktmanipulation (ABl. Nr. L 96 vom 12. April 2003, S. 16 ff.).

WpAIV muss die Veröffentlichung unter Angabe ihres Textes, der Medien, an die die Information gesandt wurde, sowie des genauen Zeitpunkts der Versendung an die Medien mitgeteilt werden. Eine „gleichzeitige" Mitteilung liegt auch dann vor, wenn die Übermittlung an die BaFin unmittelbar nach der Veröffentlichung, also nach der Übersendung an die Medien erfolgt.[34] Da der Emittent seine Veröffentlichungspflicht mit der ordnungsgemäßen Übermittlung an die Medien erfüllt hat (Rn. 11), ist es nun abweichend von § 25 Abs. 3 Satz 1 aF nicht mehr erforderlich, der BaFin einen Beleg (unter Geltung des § 25 aF konnte dies zB ein Belegexemplar der Ausgabe des Börsenpflichtblatts, in der die Veröffentlichung erschienen war, sein) über die tatsächlich, d. h. in den jeweiligen Medien, erfolgte Veröffentlichung zukommen zu lassen.

§ 26a Veröffentlichung der Gesamtzahl der Stimmrechte und Übermittlung an das Unternehmensregister

¹Ein Inlandsemittent hat die Gesamtzahl der Stimmrechte am Ende eines jeden Kalendermonats, in dem es zu einer Zu- oder Abnahme von Stimmrechten gekommen ist, in der in § 26 Abs. 1 Satz 1, auch in Verbindung mit einer Rechtsverordnung nach Absatz 3 Nr. 1, vorgesehenen Weise zu veröffentlichen und gleichzeitig der Bundesanstalt entsprechend § 26 Abs. 2, auch in Verbindung mit einer Rechtsverordnung nach Absatz 3 Nr. 2, die Veröffentlichung mitzuteilen. ²Er übermittelt die Information außerdem unverzüglich, jedoch nicht vor ihrer Veröffentlichung dem Unternehmensregister im Sinne des § 8b des Handelsgesetzbuchs zur Speicherung.

Schrifttum: Vor §§ 21 bis 30.

Übersicht

	Rn.
I. Regelungsgegenstand und -zweck	1
II. Berechnung der Gesamtzahl der Stimmrechte	5
III. Veröffentlichung nach § 26	7

I. Regelungsgegenstand und -zweck

§ 26a wurde durch das Transparenzrichtlinie-Umsetzungsgesetz vom 5. Januar 2007[1] in das WpHG eingefügt. Die Vorschrift dient der Umsetzung des Art. 15 der Transparenzrichtlinie 2004/109/EG (Vor §§ 21 bis 30 Rn. 6). Danach hat der Herkunftsmitgliedstaat für die Berechnung der Schwellenwerte nach Art. 9 der Richtlinie vorzuschreiben, dass der Emittent die Gesamtzahl der Stimmrechte und das Kapital am Ende jeden Kalendermonats, an dem es zu einer Zu- oder

---

[34] Vgl. BT-Drucks. 16/2498, S. 38.
[1] Gesetz zur Umsetzung der Richtlinie 2004/109/EG des Europäischen Parlaments und des Rates vom 15. Dezember 2004 zur Harmonisierung der Transparenzanforderungen in Bezug auf Informationen über Emittenten, deren Wertpapiere zum Handel auf einem geregelten Markt zugelassen sind, und zur Änderung der Richtlinie 2001/34/EG, BGBl. I S. 10.

§ 26a 2–4   Abschnitt 5. Veränderungen des Stimmrechtsanteils

Abnahme von Stimmrechten oder Kapital gekommen ist, veröffentlicht. Wie auch § 26 gilt § 26a für **Inlandsemittenten von Aktien** im Sinne der §§ 2 Abs. 7, 21 Abs. 2 und hat damit einen Adressatenkreis, der nicht deckungsgleich ist mit den Empfängern von Mitteilungen nach den §§ 21 Abs. 1 Satz 1, Abs. 1a, 25 Abs. 1 Satz 1 (dies sind Emittenten im Sinne der §§ 2 Abs. 6, 21 Abs. 2).

2   Bezweckt ist eine **Entlastung der nach den §§ 21, 25 Meldepflichtigen.** Diese müssen die für die Berechnung ihres Stimmrechtsanteils erforderliche Gesamtzahl der Stimmrechte nicht selbst ermitteln, sondern dürfen gemäß § 17 Abs. 4 WpAIV die nach § 26a veröffentlichte Zahl zugrunde legen.[2] Insbesondere bei bedingtem Kapital und bei teileingezahlten Aktien stellt dies gegenüber der bisherigen Rechtslage eine deutliche Erleichterung für die Meldepflichtigen dar, da es gerade in diesen Fällen zu einer ständigen und unregelmäßigen Erhöhung der Anzahl der Stimmrechte kommen kann (durch Ausübung von Bezugsrechten oder weitere Einlageleistungen), was die Bestandsaufnahme der Gesamtzahl der Stimmrechte für (potentiell) Meldepflichtige erschwert.

3   Fraglich ist allerdings, ob § 17 Abs. 4 WpAIV auch bedeutet, dass sich Meldepflichtige ausschließlich auf die Veröffentlichung nach § 26a verlassen dürfen und nicht **verpflichtet sind, von Ereignissen Kenntnis zu nehmen, die zwischen zwei Veröffentlichungen nach § 26a stattfinden** und die Gesamtzahl der Stimmrechte (erheblich) verändern.[3] Nach Ansicht der BaFin[4] ist § 17 Abs. 4 „eng auszulegen" und greift nur ein, wenn sich seit der letzten Veröffentlichung nach § 26a keine weitere Änderung des Gesamtstimmrechtsanteils ergeben haben.[5] Daran ist zunächst richtig, dass es für die Berechnung des Stimmrechtsanteils nicht auf die nach § 26a veröffentlichte Gesamtzahl ankommen kann, wenn dem Meldepflichtigen eine davon abweichende tatsächliche Gesamtzahl bekannt ist. Andernfalls käme es zu dem mit der *ratio* der Beteiligungstransparenz unvereinbaren Ergebnis, dass die abgegebene Stimmrechtsmitteilung ein **verzerrtes Bild der Beteiligungsverhältnisse**[6] ergibt, obwohl der Meldepflichtige davon Kenntnis hat und deshalb auch nicht der Entlastung durch § 26a und § 17 Abs. 4 WpAIV bedarf.

4   Aber auch dann, wenn der Meldepflichtige keine positive Kenntnis von der tatsächlichen Gesamtzahl der Stimmrechte hat, kann er im Einzelfall – trotz § 17 Abs. 4 – verpflichtet sein, diese in Erfahrung zu bringen und seiner Stimmrechtsmitteilung zugrunde zu legen. Dies folgt daraus, dass § 21 Abs. 1 Satz 3 für den Beginn der Meldefrist bloßes Kennenmüssen ausreichen lässt und somit **dem Meldepflichtigen bestimmte Sorgfaltspflichten auferlegt** (dazu auch § 21 Rn. 82); eine vom Verordnungsgeber auf Grundlage des § 21 Abs. 3 ausschließlich zum Inhalt der Mitteilung getroffene Regelung (§ 17 Abs. 4 WpAIV) kann

---

[2] BT-Drucks. 16/2498, S. 38.
[3] So offenbar *Klawitter* in *Habersack/Mülbert/Schlitt*, Unternehmensfinanzierung, § 32 Rn. 114; *Nießen* NZG 2007, 41, 42; *Nolte* in *Bürgers/Körber*, Anh. § 22/§ 26a WpHG Rn. 1.
[4] Siehe das unter *www.bafin.de* abrufbare Dokument „Häufig gestellte Fragen zu den §§ 21 ff. WpHG", Stand: 11. Juni 2007.
[5] Kritisch *Schnabel/Korff* ZBB 2007, 179, 185; *Veil* in *Schmidt/Lutter*, Anh. § 22: § 26a WpHG Rn. 2.
[6] Siehe etwa das von *Schnabel/Korff* ZBB 2007, 179, 184f. gebildete Beispiel.

daran nichts ändern. Von einem wesentlich (im Sinne des § 21) an einem Emittenten Beteiligten kann – anders als von einem Kleinaktionär – zumindest erwartet werden, dass er allgemein bekannt gewordene Vorgänge, die zu einer Stimmanteilsveränderung führen, zur Kenntnis nimmt. Dies gilt insbesondere für solche Veränderungen des Grundkapitals, die mit (konstitutiver) Eintragung in das Handelsregister wirksam werden (reguläre Kapitalerhöhung, Ausnutzung genehmigten Kapitals), und über die sich der Meldepflichtige ohne weiteres informieren kann.[7] Dürfte er in diesen Fällen mit seiner Stimmrechtsmitteilung bis zur nächsten Veröffentlichung nach § 26a warten, würde dies dem Zweck der Beteiligungstransparenz (und der Verkürzung der Meldefrist des § 21 Abs. 1 Satz 1 auf vier Handelstage) widersprechen. Anderes gilt etwa für die Ausübung von mit bedingtem Kapital unterlegten Bezugsrechten (zB aus Beteiligungsprogrammen), über deren Umfang sich der Meldepflichtige im Regelfall nur informieren kann, wenn er den Emittenten um Auskunft bittet.

II. Berechnung der Gesamtzahl der Stimmrechte

Zur Gesamtzahl der Stimmrechte zählen sämtliche **Stimmrechte aus Stammaktien,** wobei volleingezahlte Stückaktien jeweils eine Stimme und Nennwertaktien Stimmrechte nennwertabhängig verkörpern (vgl. § 134 Abs. 1 Satz 1 AktG). Unterschiede zwischen Inhaber- und Namensaktien bestehen insoweit nicht. Bei teileingezahlten Stammaktien hängt der Umfang des von ihnen verkörperten Stimmrechts von den Einlageleistungen der Aktionäre ab.[8] Erhöhungen und Herabsetzungen des Grundkapitals sind im Zeitpunkt ihres Wirksamwerdens zu berücksichtigen, wenn und soweit sich die Kapitalmaßnahmen auf den Bestand der Stimmrechte auswirken (§ 21 Rn. 48ff.).[9] Bei **bedingtem Kapital** bewirkt die Ausgabe[10] stimmberechtigter Aktien gemäß § 200 AktG die Erhöhung des Gesamtbestands der Stimmrechte;[11] zuvor bestehende Umtausch- und Bezugsrechte auf diese Aktien sind unbeachtlich.[12] **Vorzugsaktien** enthalten im gesetzlichen Normalfall keine Stimmrechte, die für die Gesamtzahl im Sinne des § 26a und den Stimmrechtsanteil nach § 21 Abs. 1 zu berücksichtigen

5

---

[7] Siehe auch KölnKommWpHG-*Hirte,* § 21 Rn. 183.
[8] Teileingezahlte Stammaktien begründen nach zutreffender Ansicht keine eigenständige Aktiengattung im Sinne von § 11 AktG (vgl. *Butzke* in *Marsch-Barner/Schäfer,* Handbuch börsennotierte AG, § 5 Rn. 5).
[9] MünchKommAktG-*Bayer,* § 22 Anh. § 21 WpHG Rn. 17; KölnKommWpÜG-*von Bülow,* § 29 Rn. 88; *Schneider* in *Assmann/Schneider,* § 21 Rn. 24.
[10] Die BaFin will es aus Praktikabilitätsgründen zulassen, dass der Emittent bei Mitarbeiter-Optionsprogrammen bereits dann von einer Erhöhung des Grundkapitals ausgeht, wenn das für diese Zwecke eingeschaltete Institut angewiesen wurde, die Bezugsaktien beim Berechtigten einzubuchen, so die Ausführungen der BaFin zu § 26a in dem unter *www.bafin.de* abrufbaren Dokument „Häufig gestellte Fragen zu den §§ 21ff. WpHG" (Stand: 11. Juni 2007). Siehe auch *Schlitt/Schäfer* AG 2007, 227, 229 und 235f.
[11] Dies bedeutet, dass eine Ausübung von Bezugsrechten am Monatsende eine Veröffentlichung nach § 26a erforderlich ist, selbst wenn sich dies nur unwesentlich auf die Gesamtzahl der Stimmrechte auswirkt. Kritisch dazu die Stellungnahme des Handelsrechtsausschusses des Deutschen Anwaltsvereins, NZG 2006, 655, 656.
[12] *Sudmeyer* BB 2002, 685, 687 (hinsichtlich Optionsscheinen); KölnKommWpÜG-*von Bülow,* § 29 Rn. 87.

sind. Das Sonderstimmrecht der Vorzugsaktionäre (§ 141 Abs. 3 AktG) bleibt außer Betracht, weil es die Beherrschungsverhältnisse an der Gesellschaft nicht beeinflusst, sondern dem Schutz der Vorzugsaktionäre vor Beeinträchtigungen des Vorzugs dient.[13] Dessen ungeachtet sind Stimmrechte aus Vorzugsaktien ausnahmsweise zu berücksichtigen, wenn und solange diese Stimmrechte infolge ihres Auflebens nach § 140 Abs. 2 Satz 1 AktG bestehen (siehe § 21 Rn. 54 ff.). Im Zuge einer Umwandlung von Vorzugsaktien in Stammaktien durch Satzungsänderung verkörpern die neuen Stammaktien mit der Eintragung der Satzungsänderung in das Handelsregister Stimmrechte,[14] die den Gesamtbestand der Stimmrechte entsprechend erhöhen. Zur Gesamtzahl der Stimmrechte zählen ausnahmsweise **Mehrstimmrechte,** sofern die Hauptversammlung in Abweichung von § 12 Abs. 2 AktG deren Fortgeltung gemäß § 5 Abs. 1 Satz 1 EGAktG beschlossen hat. Bestehende Mehrstimmrechte sind ohne Rücksicht auf ihre konkrete Ausgestaltung bei den Gesamtstimmrechten zu berücksichtigen.[15] Statutarische Höchststimmrechte sind bei börsennotierten Gesellschaften nicht mehr zulässig und mit Wirkung zum 1. Juni 2000 gesetzlich aufgehoben (vgl. § 134 Abs. 1 Satz 2 AktG iVm § 5 Abs. 7 EGAktG).

6 Die Gesamtzahl der Stimmrechte wird **abstrakt berechnet,** d. h. ohne Blick auf die Stimmrechtsausübung und Ausübungsbefugnisse der einzelnen Aktionäre. Die Nichtausübung von Stimmrechten durch die Aktionäre – gleich ob aus tatsächlichen oder rechtlichen Gründen – ist für die Gesamtzahl der Stimmrechte nicht von Bedeutung (für die Berechnung der individuellen Stimmrechte gilt dies mit Ausnahme der Nichtberücksichtigung nach § 23 entsprechend; siehe § 21 Rn. 27). Auf derartige Umstände in der Person von Aktionären kann es nicht ankommen, da die Beteiligungstransparenzvorschriften sonst unpraktikabel wären. Der Zuwachs an Rechtssicherheit, der durch die pauschale Betrachtung erreicht wird, ist höher zu bewerten als die damit unter Umständen einhergehende Diskrepanz zwischen rechnerischer und tatsächlicher Stimmrechtsmacht eines Meldepflichtigen.[16] Diese Ansicht wird nun auch von Art. 9 Abs. 1 Unterabs. 1 Satz 1 der Transparenzrichtlinie 2004/109/EG (umgesetzt durch § 17 Abs. 1 Nr. 5 WpAIV) gestützt, wonach der Anteil der Stimmrechte ausgehend von der Gesamtzahl der mit Stimmrechten versehenen Aktien berechnet wird, auch wenn die Ausübung dieser Stimmrechte ausgesetzt ist.[17] Demnach zählen Stimmrechte zum Gesamtbestand, die unter den konkreten Umständen infolge eines gesetzlichen **Wegfalls der Stimmrechte** oder eines gesetzlichen **Verbots der Stimmrechtsausübung** nicht bestehen oder nicht ausgeübt werden

---

[13] So auch MünchKommAktG-*Bayer,* § 22 Anh. § 21 WpHG Rn. 23; KölnKommWpÜG-*von Bülow,* § 29 Rn. 83; KölnKommWpHG-*Hirte,* § 21 Rn. 85; *Opitz* in *Schäfer/Hamann,* KMG, § 28 WpHG Rn. 16.

[14] Zu diesem Verfahren etwa *Gätsch* in *Marsch-Barner/Schäfer,* Handbuch börsennotierte AG, § 4 Rn. 54 ff.

[15] Ebenso KölnKommWpÜG-*von Bülow,* § 29 Rn. 85; *Falkenhagen* WM 1995, 1005, 1008; *Nottmeier/Schäfer* AG 1997, 87, 92. Nach Beschlussgegenständen differenzierend MünchKommAktG-*Bayer,* § 22 Anh. § 21 WpHG Rn. 22; KölnKommWpHG-*Hirte,* § 21 Rn. 87 f.; *Schneider* in *Assmann/Schneider,* § 21 Rn. 27; ähnlich *Harbarth* ZIP 2002, 321, 326 f.

[16] Vgl. MünchKommAktG-*Bayer,* § 22 Anh. § 21 WpHG Rn. 18; KölnKommWpÜG-*von Bülow,* § 29 Rn. 127.

[17] KölnKommWpHG-*Hirte,* § 21 Rn. 76; *Schnabel/Korff* ZBB 2007, 179, 180.

können. Dies betrifft insbesondere Stimmrechte, für die die folgenden Ausübungssperren bestehen: §§ 71 b, 71 d Abs. 1 Satz 4 AktG (Verbot der Stimmrechtsausübung durch die Gesellschaft aus eigenen Aktien oder durch Dritte und verbundene Unternehmen),[18] § 136 AktG (Verbot der Stimmrechtsausübung wegen Interessenkollision),[19] § 28 (keine Stimmrechte infolge der Verletzung von § 21) oder § 59 WpÜG (keine Stimmrechte infolge Verletzung übernahmerechtlicher Pflichtangebotsvorschriften).[20] Ebenso zählen zum Gesamtbestand die Stimmrechte, die im Fall der Kaduzierung von Aktien (§§ 64 f. AktG) nach dem Ausschluss des einlagesäumigen Aktionärs bis zur Veräußerung der Aktien an Dritte durch die Gesellschaft nicht ausgeübt werden dürfen.[21] Weiter sind in die Gesamtzahl der Stimmrechte die Stimmrechte einzurechnen, die gemäß § 23 bei der Berechnung des individuellen Stimmrechtsanteil nicht zu berücksichtigen sind und aus denen Stimmrechte gemäß § 23 Abs. 5 nicht ausgeübt werden können. Das Gleiche gilt für die Nichtberücksichtigung von Stimmrechten nach §§ 20 und 36 WpÜG.

III. Veröffentlichung nach § 26

Für die Veröffentlichung gilt durch den Verweis auf § 26 das **Publikationsregime der §§ 3 a, 3 b WpAIV** (§ 26 Rn. 10 ff.). Das bedeutet insbesondere, dass der Emittent seine Veröffentlichungspflicht bereits dann erfüllt hat, wenn er die zu veröffentlichenden Informationen den nach § 3 a WpAIV zu nutzenden Medien zugeleitet und alles für einen ordnungsgemäßen Empfang der Information getan hat. Nur darauf bezieht sich die zeitliche Vorgabe des § 26 a („**am Ende eines jeden Kalendermonats**"). Ist der letzte Tag eines Monats ein Samstag, ein Sonntag oder ein Feiertag, kann die Veröffentlichung entsprechend § 193 BGB am nächsten Werktag erfolgen.[22] Die zu veröffentlichenden Informationen sind nach § 26 a Satz 2 zudem unverzüglich, jedoch nicht vor der Veröffentlichung dem Unternehmensregister im Sinne des § 8 b HGB zur Speiche-

---

[18] *Arends*, Die Offenlegung von Beteiligungsbesitz nach deutschem Recht, S. 52; *Buck-Heeb*, Kapitalmarktrecht, Rn. 301; *Burgard* BB 1995, 2069, 2070; *Falkenhagen* WM 1995, 1005, 1008; *Heidel/Heinrich*, § 21 WpHG Rn. 6; *KölnKommWpHG-Hirte*, § 21 Rn. 76; *Mutter/Arnold/Stehle* AG 2007, R 109, R 112; *Nolte* in *Bürgers/Körber*, Anh. § 22/§ 21 WpHG Rn. 3; *Schnabel/Korff* ZBB 2007, 179, 180 und 184; *Schneider* in *Assmann/Schneider*, § 21 Rn. 32 ff.; *Sudmeyer* BB 2002, 685, 687. AA *Bosse* ZIP 1999, 2047, 2050; *Fleischer/Körber* BB 2001, 2589, 2593 f.; *Harbarth* ZIP 2002, 321, 326 f.; *KölnKommAktG-Koppensteiner*, § 22 Anh. § 21 ff.; *Schwark*, § 21 WpHG Rn. 11; *Schwark*, § 21 WpHG Rn. 9; *Widder/Kocher* AG 2007, 13, 13 f.; *Witt* WM 1998, 1153, 1159.
[19] *Arends*, Die Offenlegung von Beteiligungsbesitz nach deutschem Recht, S. 53; *Heidel/Heinrich*, § 21 WpHG Rn. 6; *KölnKommWpHG-Hirte*, § 21 Rn. 77; *Opitz* in *Schäfer/Hamann*, KMG, § 21 WpHG Rn. 18; *Schneider* in *Assmann/Schneider*, § 21 Rn. 35.
[20] Wie hier *Buck-Heeb*, Kapitalmarktrecht, Rn. 301; *KölnKommWpÜG-von Bülow*, § 29 Rn. 129; *Burgard* BB 1995, 2069, 2071; *Harbarth* ZIP 2002, 321, 326 f.; *Heidel/Heinrich*, § 21 WpHG Rn. 6; *KölnKommWpHG-Hirte*, § 21 Rn. 76; *KölnKommAktG-Koppensteiner*, § 22 Anh. §§ 21 ff. WpHG Rn. 12; *Nolte* in *Bürgers/Körber*, Anh. § 22/§ 21 WpHG Rn. 3; *Schneider* in *Assmann/Schneider*, § 21 Rn. 35; *Sudmeyer* BB 2002, 685, 687.
[21] *KölnKommWpÜG-von Bülow*, § 29 Rn. 89.
[22] AA die BaFin, vgl. das unter *www.bafin.de* abrufbare Dokument „Häufig gestellte Fragen zu den §§ 21 ff. WpHG" (Stand: 11. Juni 2007).

§ 27 Abschnitt 5. Veränderungen des Stimmrechtsanteils

rung zu übermitteln.[23] Dies ergibt sich bereits aus § 8b Abs. 2 Nr. 9, Abs. 3 Satz 1 Nr. 2 HGB, so dass § 26a Satz 2 nur wegen seiner zeitlichen Vorgabe von Bedeutung ist.

§ 27 Nachweis mitgeteilter Beteiligungen

Wer eine Mitteilung nach § 21 Abs. 1, 1a oder 25 Abs. 1 abgegeben hat, muß auf Verlangen der Bundesanstalt oder des Emittenten, für den die Bundesrepublik Deutschland der Herkunftsstaat ist, das Bestehen der mitgeteilten Beteiligung nachweisen.

Übersicht

	Rn.
I. Regelungsgegenstand und -zweck	1
II. Voraussetzungen und Erklärung des Verlangens	3
III. Nachweiserbringung	8
IV. Änderungen durch das Risikobegrenzungsgesetz	10

Schrifttum: Vgl. die Nachweise Vor §§ 21 bis 30 und *Arends,* Die Offenlegung von Aktienbesitz nach deutschem Recht, 2000; *Hildner,* Kapitalmarktrechtliche Beteiligungstransparenz verbundener Unternehmen, 2002; *Hirte,* Nachweis mitgeteilter Beteiligungen im Wertpapierhandelsrecht in FS Lutter, 2000, S. 1347.

I. Regelungsgegenstand und -zweck

1   Die Vorschrift des § 27 dient der **Richtigkeitskontrolle** der gemäß §§ 21, 25 abgegebenen Stimmrechtsmitteilungen.[1] Mittelbar trägt § 27 zur Vermeidung unrichtiger Darstellungen über die Beteiligungsverhältnisse bei und hat damit eine gewisse Präventivwirkung, wenngleich die drohenden Sanktionen (insbesondere der Rechtsverlust nach § 28) einen weitaus höheren Wirkungsgrad haben dürften. Die BaFin ist als Kapitalmarktaufsichtsbehörde hoheitlich legitimiert, die Richtigkeit der mitgeteilten Beteiligungen anhand geeigneter Nachweise zu überprüfen. Für sie stellt § 27 nur einen **Bestandteil des aufsichtsrechtlichen Instrumentariums** dar. Insbesondere kann die BaFin auch im Rahmen der Wahrnehmung ihrer allgemeinen Aufgaben und Befugnisse von Meldepflichtigen u.a. die Vorlage von Unterlagen verlangen, soweit dies aufgrund von Anhaltspunkten – die ein Nachweis im Sinne von § 27 liefern kann – für die Überwachung der Einhaltung der Gesetzesvorschriften erforderlich ist (vgl. § 4 Abs. 3 Satz 1). Die Bedeutung von § 27 für den Emittenten liegt ebenfalls in seiner **Präventivwirkung.** Der Emittent kann zudem gezielt von § 27 Gebrauch machen, zB um im Vorfeld einer Hauptversammlung zu überprüfen, ob angesichts der Sanktion des Rechtsverlustes im Fall unrichtiger Stimmrechtsmitteilungen Anfechtungsrisiken bestehen (vgl. hierzu § 28 Rn. 39) oder der

---

[23] Siehe dazu auch § 26 Rn. 19.
[1] Die Nachweispflicht des § 27 beruht nicht auf Vorgaben der Transparenzrichtlinie 88/627/EWG vom 12. Dezember 1988. Normatives Vorbild ist § 22 AktG, der jedoch im Wortlaut teilweise von § 27 abweicht. – Das Transparenzrichtlinie-Umsetzungsgesetz vom 5. Januar 2007, BGBl. I S. 10, führte lediglich zu Folgeänderungen in § 27.

Ausschluss eines Aktionärs von der Teilnahme an der Hauptversammlung gerechtfertigt ist (siehe § 28 Rn. 37).[2]

Das Nachweisverlangen der BaFin ergeht in Form eines **Verwaltungsaktes** **2** gemäß § 35 VwVfG; es handelt sich nicht um eine bloße Verfahrenshandlung ohne selbständigen Regelungsgehalt.[3] Der Anspruch des Emittenten gegenüber dem Nachweisverpflichteten ist dagegen **privatrechtlicher Natur** und auf dem Zivilrechtsweg durchzusetzen.[4] Sofern der Emittent gegenüber einem Meldepflichtigen seinen – nach zutreffender Ansicht bestehenden – Anspruch auf Abgabe einer Stimmrechtsmitteilung gemäß § 21 Abs. 1 oder Abs. 1a geltend macht (vgl. § 21 Rn. 60), kann er diesen Anspruch mit einem Nachweisverlangen nach § 27 verbinden. Weitere Nachweisberechtigte werden in § 27 nicht bestimmt, weshalb insbesondere **Meldepflichtige untereinander** nicht nachweispflichtig und -berechtigt sind (zur Informationspflicht im Fall der Stimmrechtszurechnung siehe § 22 Rn. 20 f.). Der Nachweisanspruch des Emittenten gemäß § 27 ist überdies höchstpersönlicher Natur,[5] so dass er nicht im Wege der Abtretung auf einen anderen (zB einen Aktionär) übertragen werden kann.

II. Voraussetzungen und Erklärung des Verlangens

Nach § 27 setzt das Nachweisverlangen der BaFin und des Emittenten die **3** Abgabe einer Mitteilung nach den §§ 21 Abs. 1, Abs. 1a, 25 Abs. 1 voraus. Damit ist auch gemeint, dass den Nachweisberechtigten die abgegebene **Mitteilung zugegangen** sein muss. Dagegen wird die Nachweisverpflichtung nicht begründet, wenn die BaFin oder der Emittent auf sonstige Weise vom Bestehen einer mitzuteilenden Beteiligung Kenntnis erlangt haben.[6]

Die Veröffentlichungspflicht nach § 26 und das Nachweisverlangen sind rechtlich unabhängig. Allerdings mag ein Nachweis im Sinne von § 27 im Einzelfall **4** dazu beitragen, dass eine unrichtige Stimmrechtsmitteilung nicht publiziert wird. Insoweit ist jedoch zu beachten, dass eine erkannte Unrichtigkeit der (vollständigen) Stimmrechtsmitteilung nicht von der Veröffentlichungsfrist nach § 26 Abs. 1 Satz 1 dispensiert, sondern lediglich die Ausnutzung des Erfüllungszeitraums rechtfertigt (vgl. § 26 Rn. 17). Die Veröffentlichungsfrist wird demnach nicht gehemmt, wenn die BaFin oder der Emittent gemäß § 27 den Nachweis einer mitgeteilten Beteiligung verlangt.[7] Nach Zugang der Mitteilung können die BaFin und der Emittent von ihrer Nachweisberechtigung unabhängig voneinander Gebrauch machen.[8] Eine **Gesamtgläubigerschaft** oder eine vergleichbare Zu-

---

[2] Vgl. MünchKommAktG-*Bayer*, § 22 Anh. § 27 WpHG Rn. 1; *Hirte* in FS Lutter, S. 1348; *Schneider* in *Assmann/Schneider*, Rn. 1.
[3] Dazu im Einzelnen KölnKommWpHG-*Hirte*, Rn. 36 ff.
[4] KölnKommWpHG-*Hirte*, Rn. 33.
[5] Zutreffend *Hirte* in FS Lutter, S. 1352.
[6] Ebenso *Arends*, Die Offenlegung von Aktienbesitz nach deutschem Recht, S. 89; MünchKommAktG-*Bayer*, § 22 Anh. § 27 WpHG Rn. 3; *Heidel/Heinrich*, § 27 WpHG Rn. 2; *Hirte* in FS Lutter, S. 1349; KölnKommWpHG-*Hirte*, Rn. 10; *Schneider* in *Assmann/Schneider*, Rn. 4; *Schwark*, § 27 WpHG Rn. 2.
[7] MünchKommAktG-*Bayer*, § 22 Anh. § 27 WpHG Rn. 2; *Hildner*, Kapitalmarktrechtliche Beteiligungstransparenz verbundener Unternehmen, S. 36; *Hüffer*, AktG, § 22 Anh. § 27 WpHG Rn. 1; *Schwark*, § 27 WpHG Rn. 4.
[8] *Heidel/Heinrich*, § 27 WpHG Rn. 3.

§ 27 5, 6   Abschnitt 5. Veränderungen des Stimmrechtsanteils

sammenfassung von BaFin und Gesellschaft zur Geltendmachung des Nachweisverlangens besteht schon wegen der unterschiedlichen Rechtsnatur der jeweiligen Rechtsverhältnisse zum Nachweisverpflichteten nicht.[9] Der Nachweis ist somit gegenüber beiden Berechtigten zu erbringen, wenn dies sowohl von der BaFin als auch von dem Emittenten verlangt wird.

5   Die Erklärung des Nachweisverlangens steht grundsätzlich im Belieben der BaFin und des Emittenten. Das **Ermessen** kann sich nur aufgrund besonderer Umstände so verdichten, dass von der Nachweisberechtigung aus Sorgfaltsgründen Gebrauch zu machen ist. Diese Umstände müssen so beschaffen sein, dass das Unterlassen des Nachweisverlangens als amtspflichtwidrige oder als sorgfaltswidrige Geschäftsführung anzusehen ist, und werden daher nur im Ausnahmefall vorliegen.[10] Das Nachweisverlangen muss gegenüber dem Nachweisverpflichteten nicht begründet und kann bis zur Grenze der Verwirkung geltend gemacht werden.[11] Sind die vom Nachweisverpflichteten vorgelegten Belege als Nachweis zur Überzeugung der BaFin oder des Emittenten nicht ausreichend, kann eine **Ergänzung** verlangt werden. Schranken der Rechtsausübung ergeben sich lediglich aus den Grundsätzen fehlerfreier Ermessensausübung und aus dem Schikaneverbot (§ 229 BGB). Dem Nachweisverpflichteten kann zur Pflichterfüllung eine angemessene Frist gesetzt werden.[12]

6   Die Regelung des § 22 AktG, an der sich § 27 WpHG orientiert, wird nach verbreiteter Ansicht in der Weise ausgelegt, dass vom Verpflichteten neben dem Nachweis des Bestehens einer Beteiligung auch der **Nachweis des Fortbestands einer Beteiligung** verlangt werden kann, wenn Anhaltspunkte für den Wegfall der mitgeteilten Beteiligung in der Person des Meldepflichtigen gegeben sind.[13] Diese Auffassung wird entsprechend für § 27 WpHG vertreten,[14] was jedoch der Systematik der Mitteilungspflichten nach §§ 21 Abs. 1, Abs. 1a, 25 Abs. 1 nicht gerecht wird. Im Unterschied zu § 22 AktG entsteht die kapitalmarktrechtliche Mitteilungspflicht auch bei einem Unterschreiten von Stimmanteilsschwellen, so dass bei dem Wegfall einer zunächst mitgeteilten Beteiligung vom bisherigen Beteiligungsinhaber ohnehin eine Stimmrechtsmitteilung abgegeben werden muss und – wovon insoweit auszugehen ist – abgegeben wird.[15] Stimmanteilsveränderungen im Rahmen zweier nebeneinander liegender Stimmanteilsschwellen begründen die Mitteilungspflicht dagegen nicht. Eine über die

---

[9] Nach *Hirte* in FS Lutter, S. 1352 ff. und KölnKommWpHG-*Hirte*, Rn. 20 soll dagegen eine analoge Anwendung von § 428 Satz 1 BGB möglich sein.
[10] Anders *Hirte* in FS Lutter, S. 1351 f. und KölnKommWpHG-*Hirte*, Rn. 16, nach dem Nachweise schon dann verlangt werden müssen, wenn Zweifel an der Richtigkeit einer Stimmrechtsmitteilung vorhanden sind. Ähnlich *Opitz* in *Schäfer/Hamann*, KMG, § 27 WpHG Rn. 4.
[11] Vgl. *Schneider* in *Assmann/Schneider*, Rn. 10 f. Nach einer anderen Ansicht kann das Nachweisverlangen nur innerhalb eines engen zeitlichen Zusammenhangs mit der Mitteilung geltend gemacht werden (*Arends*, Die Offenlegung von Aktienbesitz nach deutschem Recht, S. 89).
[12] *Schwark*, § 27 WpHG Rn. 7.
[13] Siehe nur *Hüffer*, AktG, § 22 Rn. 2.
[14] *Heidel/Heinrich*, § 27 WpHG Rn. 2; *Hüffer*, AktG, § 22 Anh. § 27 WpHG Rn. 1.
[15] *Im Fall des Verdachts*, dass der Meldepflichtige eine Stimmanteilsschwelle unterschritten und dies nicht mitgeteilt hat, kann die BaFin (ggf. auf Anregung des Emittenten) durch Aufsichtsmaßnahmen nach § 4 den Sachverhalt aufklären.

§§ 21, 25 hinausgehende partielle – allein der BaFin und dem Emittenten gegenüber bestehende – Beteiligungstransparenz kann demzufolge auch nicht über ein Nachweisverlangen gemäß § 27 hergestellt werden.[16] Ausgeschlossen ist dadurch auch ein Nachweisverlangen mit dem Ziel, festzustellen, ob die mitgeteilte Beteiligung noch in der Bandbreite zwischen den beiden Stimmanteilsschwellen besteht, die zur mitgeteilten Beteiligungshöhe am nächsten liegen.[17] Im Übrigen ist in § 27 WpHG im Unterschied zu § 22 AktG nicht bestimmt, dass der Nachweis des Bestehens der Beteiligung „jederzeit" verlangt werden kann.[18] § 27 ist **keine Grundlage für einen Dauerauskunftsanspruch** der BaFin und des Emittenten gegenüber einer letztlich nur punktuell nachweisverpflichteten Person.

Adressat des Nachweisverlangens ist nach dem Wortlaut von § 27, wer eine Mitteilung gemäß §§ 21 Abs. 1, Abs. 1 a, 25 Abs. 1 abgegeben hat. Streitig ist der richtige Adressat, wenn die **Stimmrechtsmitteilung eines Tochterunternehmens** gemäß § 24 von dem Mutterunternehmen abgegeben worden ist. Hier stellt sich insbesondere für den Fall, dass die bei dem Tochterunternehmen zur Mitteilungspflicht führende Stimmanteilsveränderung keine eigene Mitteilungspflicht des Mutterunternehmens auslöst,[19] die Frage, ob das meldepflichtige Tochterunternehmen oder das die Mitteilungspflicht gemäß § 24 erfüllende Mutterunternehmen im Sinne von § 27 nachweisverpflichtet ist.[20] Nach einer Auffassung folgt aus dem Wortlaut von § 27, dass das Mutterunternehmen, das die Stimmrechtsmitteilung tatsächlich „abgegeben" hat, der Nachweisverpflichtung unterliegt.[21] Diese Argumentation ist nicht überzeugend, weil sie auch zu einer Nachweisverpflichtung von gesetzlichen Vertretern oder Bevollmächtigten führen würde, die unbestritten nicht besteht. Eher noch spricht für diese Auffassung, dass § 24 eine zentralisierte Erfüllung von Publikationspflichten auf Ebene der Konzernspitze ermöglichen soll (siehe § 24 Rn. 1) und diese Zentralisierung sinnvollerweise auch im Nachweisverfahren gilt.[22] Gleichwohl erscheint es vorzugswürdig, die Nachweisverpflichtung zumindest auch bei dem mitteilungs-

---

[16] Im Ergebnis auch *Schneider* in *Assmann/Schneider*, Rn. 5 ff.; *Schwark*, § 27 WpHG Rn. 3. AA MünchKommAktG-*Bayer*, § 22 Anh. § 27 WpHG Rn. 4.
[17] So aber *Hirte* in FS Lutter, S. 1350; KölnKommWpHG-*Hirte*, Rn. 14.
[18] Vgl. auch *Schwark*, § 27 WpHG Rn. 3.
[19] Das Mutterunternehmen ist nicht automatisch mitteilungspflichtig, wenn das Tochterunternehmen mitteilungspflichtig ist. Zwar wird der Stimmrechtsanteil eines Tochterunternehmens dem Mutterunternehmen gemäß § 22 Abs. 1 Satz 1 Nr. 1 zugerechnet. Wenn aber dem Mutterunternehmen selbst oder über Dritte weitere Stimmrechte an der börsennotierten Gesellschaft zustehen, löst eine von dem Tochterunternehmen mitzuteilende Stimmanteilsveränderung nicht zwingend die Mitteilungspflicht des Mutterunternehmens aus.
[20] Wenn das Mutterunternehmen aufgrund einer Stimmanteilsveränderung bei einem Tochterunternehmen selbst mitteilungspflichtig ist, erstreckt sich die Nachweisverpflichtung des Mutterunternehmens nach § 27 regelmäßig auf die von dem Tochterunternehmen gehaltene Beteiligung an der börsennotierten Gesellschaft. In diesem Fall ist der Meinungsstreit praktisch unerheblich, da der Nachweis der Beteiligung des Tochterunternehmens über das mitteilungspflichtige Mutterunternehmen zu erhalten ist.
[21] So etwa *Hirte* in FS Lutter, S. 1349; KölnKommWpHG-*Hirte*, Rn. 12; *Schwark*, § 27 WpHG Rn. 2.
[22] Vgl. *Hildner*, Kapitalmarktrechtliche Beteiligungstransparenz verbundener Unternehmen, S. 37; *Hirte* in FS Lutter, S. 1349 f.; KölnKommWpHG-*Hirte*, Rn. 12.

pflichtigen Tochterunternehmen anzusiedeln.²³ Dadurch kommt es zu einer sachgerechten **Identität von Meldepflichtigem und Nachweisverpflichtetem,** die dazu führt, dass der Nachweis ohne rechtliche oder faktische Umwege von dem Unternehmen verlangt werden kann, dem die Stimmrechtsmitteilung materiell-rechtlich zuzuordnen ist. Die Nachweisverpflichtung des Tochterunternehmens kann allerdings auch durch das Mutterunternehmen erfüllt werden, das hierzu gerade angesichts der nach § 24 abgegebenen Stimmrechtsmitteilung berufen und zumindest kraft Anscheins- oder Duldungsvollmacht berechtigt ist.

III. Nachweiserbringung

8   Nach § 27 bezieht sich das Nachweisverlangen auf das Bestehen einer gemäß §§ 21 Abs. 1, Abs. 1 a, 25 Abs. 1 mitgeteilten Beteiligung. Nach Sinn und Zweck der Norm sowie in Anlehnung an § 22 AktG ist Gegenstand des Nachweises ausschließlich die **mitgeteilte Höhe des Stimmrechtsanteils.**²⁴ Da dem Emittenten die Gesamtzahl der vorhandenen Stimmrechte bekannt ist, geht es damit letztlich um die Anzahl der dem Meldepflichtigen zuzuordnenden Stimmrechte. Nicht nachzuweisen oder zu versichern hat der Meldepflichtige, dass ihm neben den mitgeteilten Stimmrechten keine weiteren Stimmrechte zustehen.²⁵ Die anderen Inhalte einer Stimmrechtsmitteilung (insbesondere der Tag der Stimmanteilsveränderung) unterliegen nicht der Nachweispflicht. Ebenfalls nicht gezielt nachzuweisen sind etwa Rechtsgrund und Vertragspartner einer Beteiligungstransaktion oder die Ursache einer Stimmanteilsveränderung „in sonstiger Weise" (die ohnehin zumeist aus der Sphäre des Emittenten stammt). Eine bestimmte Form oder Art der Erbringung des Nachweises sieht § 27 – zweckmäßigerweise – nicht vor.²⁶ Das Nachweismittel muss objektiv geeignet sein, das Bestehen des mitgeteilten Stimmrechtsanteils zu belegen. Die Anzahl von Stimmrechten kann regelmäßig durch **Depotbescheinigungen** und Hinterlegungsbescheinigungen nachgewiesen werden. Wenn sich im Einzelfall der Eigentumsübergang an Aktien ohne depotmäßige Umbuchung vollzogen hat (zB im Fall der Gesamtrechtsnachfolge), ist zum Nachweis des Bestehens einer Beteiligung auch die (auszugsweise) Vorlage von Unterlagen geeignet, aus denen sich die Übertragung des Aktieneigentums ergibt.²⁷ Mündliche Darlegungen sind da-

---

[23] Ebenso *Schneider* in *Assmann/Schneider*, Rn. 4. Ähnlich *Hirte* in FS Lutter, S. 1349 f. und KölnKommWpHG-*Hirte*, Rn. 12, nach dessen Ansicht die Nachweispflicht das Tochterunternehmen zumindest dann trifft, wenn vom Mutterunternehmen kein Nachweis zu erlangen ist. Für eine ausschließliche Nachweisverpflichtung des Mutterunternehmens dagegen *Hildner*, Kapitalmarktrechtliche Beteiligungstransparenz verbundener Unternehmen, S. 37; *Schwark*, § 27 WpHG Rn. 2.
[24] Ebenso *Hirte* in FS Lutter, S. 1355; KölnKommWpHG-*Hirte*, Rn. 23.
[25] Vgl. *Hüffer*, AktG, § 22 Anh. § 27 WpHG Rn. 1.
[26] Die Kosten der Nachweiserbringung trägt der Nachweisverpflichtete, so zutreffend *Hirte* in FS Lutter, S. 1358 und KölnKommWpHG-*Hirte*, Rn. 32.
[27] Siehe Begr. RegE BT-Drucks. 12/6679, S. 56. Eingehend *Hirte* in FS Lutter, S. 1355 ff. und KölnKommWpHG-*Hirte*, Rn. 15. Ferner *Arends*, Die Offenlegung von Aktienbesitz nach deutschem Recht, S. 89 f.; *Heidel/Heinrich*, § 27 WpHG Rn. 5; *Opitz* in *Schäfer/Hamann*, KMG, § 27 WpHG Rn. 9; *Schneider* in *Assmann/Schneider*, Rn. 13 f.; *Schwark*, § 27 WpHG Rn. 6.

gegen nicht ausreichend; schriftliche Erklärungen haben allenfalls Aussagekraft, wenn deren Richtigkeit eidesstattlich versichert wird.[28]

Bei einer **Stimmrechtszurechnung gemäß § 22** beschränkt sich der 9 Nachweis auf den Stimmrechtsanteil des Dritten und den Grund der Zurechnung, der zB durch (selektive) Vorlage von Treuhandverträgen, Sicherungsvereinbarungen usw. belegt werden kann.[29] Eine Nennung des Namens oder der Firma des Dritten, dessen Stimmrechte angabegemäß dem Meldepflichtigen zuzurechnen sind, ist – unterhalb der Schwelle des § 17 Abs. 2 Satz 1 WpAIV (dazu § 22 Rn. 109) – nicht geboten, wenn der Nachweis des Zurechnungssachverhalts auf andere Weise erbracht wird, insbesondere durch eidesstattliche Versicherung der Richtigkeit schriftlicher Darstellungen des Zurechnungssachverhalts. In allen anderen Fällen ist die Bezeichnung des Dritten möglich, jedoch nicht gemäß § 27 obligatorisch.[30]

IV. Änderungen durch das Risikobegrenzungsgesetz

Der Regierungsentwurf eines **Risikobegrenzungsgesetzes**[31] (Vor §§ 21 bis 10 30 Rn. 12) sieht die Anfügung des folgendes Absatzes 2 vor:

„(2) Ein Meldepflichtiger im Sinne der §§ 21 und 22, der die Schwelle von 10 Prozent der Stimmrechte aus Aktien oder eine höhere Schwelle erreicht oder überschreitet, muss dem Emittenten auf dessen Verlangen die mit dem Erwerb der Stimmrechte verfolgten Ziele und die Herkunft der für den Erwerb verwendeten Mittel innerhalb von 20 Handelstagen mitteilen. Eine Änderung der Ziele im Sinne des Satzes 1 ist innerhalb von 20 Handelstagen mitzuteilen. Hinsichtlich der mit dem Erwerb der Stimmrechte verfolgten Ziele hat der Meldepflichtige anzugeben, ob
1. die Investition der Umsetzung strategischer Ziele oder der Erzielung von Handelsgewinnen dient,
2. er innerhalb der nächsten zwölf Monate weitere Stimmrechte durch Erwerb oder auf sonstige Weise zu erlangen beabsichtigt,
3. er die Erlangung der Kontrolle im Sinne des § 29 Abs. 2 des Wertpapiererwerbs- und Übernahmegesetzes über den Emittenten anstrebt,
4. er eine Einflussnahme auf die Besetzung von Verwaltungs-, Leitungs- und Aufsichtsorganen des Emittenten anstrebt, und
5. er eine wesentliche Änderung der Kapitalstruktur der Gesellschaft, insbesondere im Hinblick auf das Verhältnis von Eigen- und Fremdfinanzierung und die Dividendenpolitik anstrebt.

Hinsichtlich der Herkunft der verwendeten Mittel hat der Meldepflichtige anzugeben, ob es sich um Eigen- oder Fremdmittel handelt, die der Meldepflichtige zur Finanzierung des Erwerbs der Stimmrechte aufgenommen hat. Eine Mitteilungspflicht nach Satz 1 besteht nicht, wenn der Schwellenwert auf Grund eines Angebots im Sinne des § 2 Abs. 1 Satz 1

---

[28] Vgl. *Hirte* in FS Lutter, S. 1356 und KölnKommWpHG-*Hirte*, Rn. 25. Nach *Schneider* in *Assmann/Schneider*, Rn. 13, *Schwark*, § 27 WpHG Rn. 6, und *Hüffer*, AktG, § 22 Anh. § 27 WpHG Rn. 2, sind eigene Erklärungen des Meldepflichtigen nicht als Nachweismittel geeignet.
[29] Siehe Begr. RegE BT-Drucks. 12/6679, S. 56.
[30] Nach *Hirte* in FS Lutter, S. 1357 und KölnKommWpHG-*Hirte*, Rn. 28, kann sich eine Pflicht des Nachweisverpflichteten zur Geheimhaltung der Person des Dritten aus dem Innenverhältnis zwischen ihm und dem Dritten ergeben.
[31] BT-Drs. 16/7438.

§ 27   11   Abschnitt 5. Veränderungen des Stimmrechtsanteils

des Wertpapiererwerbs- und Übernahmegesetzes erreicht oder überschritten wurde. Der Emittent hat die erhaltenen Informationen oder die Tatsache, dass die Mitteilungspflicht nach Satz 1 nicht erfüllt wurde, entsprechend § 26 Abs. 1 Satz 1 in Verbindung mit der Rechtsverordnung nach § 26 Abs. 3 Nr. 1 zu veröffentlichen. Das Bundesministerium der Finanzen kann durch Rechtsverordnung, die nicht der Zustimmung des Bundesrates bedarf, nähere Bestimmungen über den Inhalt, die Art, die Sprache, den Umfang und die Form der Mitteilungen nach den Sätzen 1 bis 4 erlassen."

11   Mit § 27 Abs. 2 RegE wollen sich die Entwurfsverfasser an in den USA[32] und in Frankreich[33] bestehenden Meldepflichten orientieren und so im Interesse des Emittenten die Informationen über Inhaber wesentlicher Beteiligungen verbessern.[34] Die Regelung knüpft in § 27 Abs. 2 Satz 1 des Entwurfs an die Meldepflicht nach den §§ 21, 22 an,[35] enthält eine **eigene Eingangsmeldeschwelle von 10%** und erfasst ausschließlich das Erreichen oder Überschreiten von Stimmrechtsschwellen. Bei einem Abbau der Beteiligung wäre also in keinem Fall eine Mitteilung nach § 27 Abs. 2 erforderlich. Die Mitteilungspflicht soll nur **auf Verlangen des Emittenten** (und zeitlich unbefristet[36]) bestehen und innerhalb von 20 Handelstagen (vgl. § 30) ab Zugang des Auskunftsverlangens zu erfüllen sein. Die Entwurfsbegründung äußert sich nicht dazu, welchen Bindungen der Vorstand des Emittenten unterliegt, wenn er über das Auskunftsrecht nach § 27 Abs. 2 Satz 1 RegE entscheidet. Nach dem **Gleichbehandlungsgebot** des § 53a AktG und des § 30a Abs. 1 Nr. 1 (zum inhaltlichen Gleichlauf beider Vorschriften siehe § 30a Rn. 5f.) ist jedenfalls eine willkürliche Handhabung unzulässig.[37] Es müssen also sachliche, im Unternehmensinteresse liegende Gründe gegeben sein, um eine unterschiedliche Behandlung von Aktionären rechtfertigen zu können. Die Konkretisierung des Unternehmensinteresses obliegt dem Vorstand, der sich insoweit auf die „Business Judgement Rule" des § 93 Abs. 1 Satz 2 AktG berufen kann. Entscheidend ist damit in erster Linie, ob er frei von Sonderinteressen und sachfremden Einflüssen, d. h. vor allem ohne Beeinflussung durch einen Loyalitätskonflikt, und unter pflichtgemäßer Erfüllung seiner Informations- und Sachprüfungspflicht entscheidet.[38] Eine **Änderung der Ziele** des Aktionärs ist – wenn bereits eine Mitteilung nach § 27 Abs. 2 Satz 1 RegE erfolgt war – gemäß § 27 Abs. 2 Satz 2 RegE ohne erneute Aufforderung des Emittenten innerhalb von 20 Handelstagen mitzuteilen; der Entwurf sieht also eine Aktualisierungspflicht des Aktionärs vor. Gemäß § 27 Abs. 2 Satz 5

---

[32] Sec. 13 (d) Securities Exchange Act (15 USC § 78m).
[33] Art. L233-7 Code de Commerce.
[34] BT-Drs. 16/7438, S. 12 und S. 13 („im Interesse des Emittenten eingeführte Offenlegungspflicht"). – Übersehen wurde offenbar, dass Sec. 13 (d) des Securities Exchange Act einen deutlich engeren Anwendungsbereich hat als § 27 Abs. 2 RegE. SEC Rule 13d-1 (b) und (c) enthalten Einschränkungen der Meldepflicht für bestimmte Aktionäre, wenn diese mit ihrer Beteiligung keinen Kontrollwechsel anstreben. Zureffend ist daher die Feststellung von *Möller/Holzner* NZG 2008, 166, 169, dass Sec. 13 (d) vor allem im übernahmerechtlichen Kontext erhöhte Transparenz schaffen soll.
[35] Auch die §§ 23, 24 sollen insoweit anwendbar sein, vgl. BT-Drs. 16/7438, S. 12.
[36] Zu Recht kritisch die Stellungnahme des Deutschen Anwaltsvereins, Dezember 2007, abrufbar unter *www.anwaltverein.de*, S. 8f.
[37] *Vgl. auch Diekmann/Merkner* NZG 2007, 921, 925; nach *Wilsing/Goslar* DB 2007, 2467, 2469f. soll zwar § 30a Abs. 1 Nr. 1, nicht aber § 53a AktG anwendbar sein.
[38] Dazu allgemein *Hüffer*, § 93 AktG Rn. 4e, 4g mwN.

RegE besteht keine Mitteilungspflicht, wenn der Schwellenwert auf Grund eines Angebots im Sinne des § 2 Abs. 1 WpÜG erreicht oder überschritten wurde. In diesem Fall sollen allein die übernahmerechtlichen Publizitätspflichten (vgl. § 11 Abs. 2 Satz 3 Nr. 1 und 2 WpÜG) gelten.[39]

Die Mitteilung hat über die mit dem Erwerb der Stimmrechte **verfolgten Ziele** und die **Herkunft der für den Erwerb verwendeten Mittel** Auskunft zu geben. Ihr Inhalt wird in § 27 Abs. 2 Satz 3 und 4 RegE näher geregelt. So ist anzugeben, ob die Investition der Umsetzung strategischer Ziele oder der Erzielung von Handelsgewinnen dient (Satz 3 Nr. 1). Nach der Begründung des Regierungsentwurfs soll dabei der zeitliche Horizont des Investments eine entscheidende Rolle für die Einordnung spielen. Eine genauere Beschreibung der Ziele ist nach Satz 3 Nr. 1 aber nicht erforderlich; es genügt die Angabe einer der beiden im Gesetzestext vorgesehenen Alternativen. Weiter muss die Mitteilung darüber Aufschluss geben, ob der Meldepflichtige innerhalb der nächsten zwölf Monate weitere Stimmrechte durch Erwerb oder auf sonstige Weise zu erlangen beabsichtigt (Satz 3 Nr. 2) und ob er die Erlangung der Kontrolle im Sinne des § 29 Abs. 2 WpÜG über den Emittenten anstrebt (Satz 3 Nr. 3). Zum Mitteilungsinhalt gehört auch die Angabe, ob eine Einflussnahme auf die Besetzung von Verwaltungs-, Leitungs- und Aufsichtsorganen des Emittenten (Satz 3 Nr. 4) und eine wesentliche Änderung der Kapitalstruktur der Gesellschaft, insbesondere im Hinblick auf das Verhältnis von Eigen- und Fremdfinanzierung und der Dividendenpolitik (Satz 3 Nr. 5) angestrebt wird. Hinsichtlich der Herkunft der verwendeten Mittel ist lediglich die Aufteilung in Eigen- und Fremdmittel, d.h. der jeweilige prozentuale Anteil,[40] anzugeben (Satz 4). Damit sind bei einer Fremdfinanzierung insbesondere Angaben zu den Gläubigern und den vereinbarten Konditionen nicht erforderlich.[41]

Verlangt der Emittent nach § 27 Abs. 2 Satz 1 RegE Auskunft, hat er gemäß § 27 Abs. 2 Satz 6 RegE die erhaltenen Informationen oder die Tatsache, dass die Mitteilungspflicht nicht erfüllt wurde, entsprechend § 26 Abs. 1 Satz 1 zu veröffentlichen (siehe § 26 Rn. 4 ff.). Diese Veröffentlichung bildet die einzige **Sanktion für unterlassene, verspätete oder inhaltlich unrichtige Mitteilungen.** Von einer Anwendung des § 28 soll vorerst abgesehen werden, um der Gefahr zu begegnen, dass ein Stimmrechtsverlust und die damit verbundene Möglichkeit der Anfechtung von Hauptversammlungsbeschlüssen missbräuchlich ausgenutzt werden.[42] Das Fehlen weitergehender Sanktionen bedeutet beispielsweise, dass ein Aktionär, der gemäß § 27 Abs. 2 Satz 3 Nr. 2 RegE angegeben hatte, innerhalb der nächsten zwölf Monate keine weiteren Stimmrechte erwerben zu wollen, in keiner Weise daran gehindert ist, entgegen dieser Angabe weitere Anteile zu erwerben, ohne zuvor eine Mitteilung gemäß § 27 Abs. 2 Satz 2 RegE abzugeben.[43] Zu bedenken ist auch, dass insbesondere der tatsächliche Zeitpunkt der Änderung von einmal gemeldeten Absichten (zB des Erwerbs weiterer Aktien oder der Erlangung der Kontrolle) vielfach nicht nachweisbar

---

[39] BT-Drs. 16/7438, S.12 f.
[40] BT-Drs. 16/7438, S. 12.
[41] BT-Drs. 16/7438, S. 12.
[42] Die Frage der Sanktionierung des § 27 Abs. 2 RegE soll nach Ablauf von zwei Jahren einer Prüfung unterzogen werden, BT-Drs. 16/7438, S. 13.
[43] Unklar *Wilsing/Goslar* DB 2007, 2467, 2470.

§ 28　Abschnitt 5. Veränderungen des Stimmrechtsanteils

sein wird,[44] was – selbst wenn sich der Gesetzgeber zu einer weitergehenden Sanktionierung entschließen würde – eine effektive Überwachung der Mitteilungspflicht erschwert und Umgehungsstrategien (formelle Änderung der Ziele erst kurz vor ihrer Umsetzung) ermöglicht.

14　Abgesehen davon, dass die vorgesehene Sanktion für eine Verletzung der Mitteilungspflicht voraussichtlich keinerlei abschreckende Wirkung entfalten und damit weitgehend wirkungslos sein wird,[45] besteht noch erheblicher Diskussionsbedarf bei der Frage, ob die Offenlegung der Absichten des Meldepflichtigen **rechtspolitisch sinnvoll** ist (siehe auch Vor §§ 21 bis 30 Rn. 12).[46] Nach der Begründung des Regierungsentwurfs sollen Finanz- und Unternehmenstransaktionen, die effizienzfördernd wirken, nicht beeinträchtigt werden.[47] Sollte es gelingen, die Mitteilungspflicht des § 27 Abs. 2 RegE trotz der zu erwartenden Beweisschwierigkeiten wirksam zu sanktionieren, wäre aber gerade zu befürchten, dass die Regelung auch effizienzsteigernde Transaktionen erschwert oder verhindert.[48]

§ 28 Rechtsverlust

¹**Rechte aus Aktien, die einem Meldepflichtigen gehören oder aus denen ihm Stimmrechte gemäß § 22 Abs. 1 Satz 1 Nr. 1 oder 2 zugerechnet werden, bestehen nicht für die Zeit, für welche die Mitteilungspflichten nach § 21 Abs. 1 oder 1a nicht erfüllt werden.** ²**Dies gilt nicht für Ansprüche nach § 58 Abs. 4 des Aktiengesetzes und § 271 des Aktiengesetzes, wenn die Mitteilung nicht vorsätzlich unterlassen wurde und nachgeholt worden ist.**

Übersicht

	Rn.
I. Grundlagen	1
1. Regelungsgegenstand und -zweck	1
2. Anwendungsbereich	4
3. Änderungen durch das Risikobegrenzungsgesetz	5

---

[44] Vgl. die Stellungnahme des Bundesrats, BR-Drucks. 763/07, S. 5; *Diekmann/Merkner* NZG 2007, 921, 925.

[45] Kritisch auch zur Stellungnahme des Bundesrats, BR-Drucks. 763/07, S. 5; *Kaserer*, Stellungnahme zum Referentenentwurf für das Gesetz zur Begrenzung der mit Finanzinvestitionen verbundenen Risiken, S. 5, abrufbar unter http://www.cefs.de/files/stellungnahme_re_risikobegrenzungsgesetz.pdf; *Möllers/Holzner* NZG 2008, 166, 169f.; *Wilsing/Goslar* DB 2007, 2467, 2470.

[46] Dagegen etwa *Arends*, Die Offenlegung von Beteiligungsbesitz nach deutschem Recht, S. 117; *Heinrich*, Kapitalmarktrechtliche Transparenzbestimmungen, S. 259f.; *Möllers/Holzner* NZG 2008, 166, 170f. (jedenfalls zur konkreten Ausgestaltung des § 27 Abs. 2 RegE); zweifelnd *Wilsing/Goslar* DB 2007, 2467, 2470. – Für die Offenlegung von Absichten KölnKommWpHG-*Hirte*, § 21 Rn. 44; *Kumpan* AG 2007, 461, 471; *Schneider* in *Assmann/Schneider*, § 21 Rn. 81a; *Starke*, Beteiligungstransparenz im Gesellschafts- und Kapitalmarktrecht, S. 185.

[47] *Begründung des Regierungsentwurfs*, BT-Drs. 16/7438, S. 8.

[48] Allgemein zu möglichen nachteiligen Folgen erhöhter Transparenz *Eidenmüller* DStR 2007, 2116, 2119.

Rechtsverlust   1   § 28

	Rn.
II. Eintritt und Wegfall des Rechtsverlusts	8
1. Nichterfüllung der Mitteilungspflicht	8
a) Überblick	8
b) Versäumung der Mitteilung	10
c) Inhaltlich unrichtige oder unvollständige Mitteilung	12
2. Verschulden	16
3. Wegfall des Rechtsverlusts	19
III. Zielrichtung des Rechtsverlusts	24
1. Betroffene Aktien und Aktionäre	24
2. Betroffene Aktionärsrechte	30
IV. Folgen des Rechtsverlusts und unzulässiger Rechtsausübung	36
1. Verwaltungsrechte	36
2. Vermögensrechte (auch zu § 28 Satz 2)	40
3. Sonstige (insbesondere quorumsabhängige) Rechte	49
V. Sonstige Folgen von Mitteilungspflichtverletzungen	51

Schrifttum: Vgl. die Nachweise Vor §§ 21 bis 30 und *Buck-Heeb*, Kapitalmarktrecht, 2006; *Burgard*, Kapitalmarktrechtliche Lehren aus der Übername Vodafone-Mannesmann, WM 2000, 611; *Gelhausen/Bandey*, Bilanzielle Folgen der Nichterfüllung von Mitteilungspflichten gemäß §§ 20 f. AktG und §§ 21 ff. WpHG nach In-Kraft-Treten des Dritten Finanzmarktförderungsgesetzes, WPg 2000, 497; *Grobecker/Kuhlmann*, Der Bestätigungsbeschluss nach § 244 AktG in der Praxis, NZG 2007, 1; *Hildner*, Kapitalmarktrechtliche Beteiligungstransparenz verbundener Unternehmen, 2022; *Kirschner*, Unterlassene Meldung einer Umfirmierung als Verstoß gegen § 21 Abs. 1 Satz 1 WpHG?, DB 2008, 623; *Kuthe/Rückert/Sickinger* (Hrsg.), Compliance-Handbuch Kapitalmarktrecht, 2004; *Riegger*, Zweifelsfragen zum Dividendenverlust nach § 28 WpHG, Festschrift Westermann, 2008, S. 1331; *Uwe H. Schneider*, Anwendungsprobleme bei den kapitalmarktrechtlichen Vorschriften zur Offenlegung von wesentlichen Beteiligungen an börsennotierten Aktiengesellschaften (§§ 21 ff. WpHG), AG 1997, 81; *ders.*, Der kapitalmarktrechtliche Rechtsverlust, Festschrift Kümpel, 2003, S. 477 ff.; *Sven H. Schneider/Uwe H. Schneider*, Der Rechtsverlust gemäß § 28 WpHG bei Verletzung der kapitalmarktrechtlichen Meldepflichten – zugleich einer Untersuchung zu § 20 Abs. 7 AktG und § 59 WpÜG, ZIP 2006, 493; *Segna*, Irrungen und Wirrungen im Umgang mit § 28 WpHG und § 244 AktG, AG 2008, 311; *Starke*, Beteiligungstransparenz im Gesellschafts- und Kapitalmarktrecht – Rechtsprobleme der §§ 21 ff. WpHG und des § 20 AktG, 2002; *Widder*, Rechtsnachfolge in Mitteilungspflichten nach §§ 21 ff. WpHG, § 20 AktG?, NZG 2004, 275; *Witt*, Die Änderungen der Mitteilungs- und Veröffentlichungspflichten nach §§ 21 ff. WpHG und § 20 f. AktG durch das Dritte Finanzmarktförderungsgesetz und das „KonTraG".

I. Grundlagen

1. Regelungsgegenstand und -zweck

Der Rechtsverlust nach § 28 ist eine Sanktion[1] mit spezifisch **gesellschafts-** **1** **rechtlicher Wirkung** für den Fall, dass die kapitalmarktrechtlichen Mittei-

---

[1] Die Sanktion des Rechtsverlusts ist durch die Transparenzrichtlinie 88/627/EWG vom 12. Dezember 1988 (Vor §§ 21 bis 30 Rn. 4) nicht vorgegeben. Die Richtlinie verlangt in Art. 15 lediglich „angemessene Sanktionen" im Fall des Verstoßes gegen die Beteiligungstransparenzvorschriften. Vgl. auch Art. 28 der neuen Transparenzrichtlinie 2004/109/EG vom 15. Dezember 2004 (Vor §§ 21 bis 30 Rn. 6), wonach die Verhängung von Sanktionen zusätzlich publik gemacht werden soll, wenn nicht schützenswerte Interessen entgegenstehen.

§ 28 2 Abschnitt 5. Veränderungen des Stimmrechtsanteils

lungspflichten nach § 21 Abs. 1 und Abs. 1 a nicht erfüllt werden. Der Rechtsverlust bezieht sich nach § 28 Satz 1 grundsätzlich auf alle Vermögens-, Verwaltungs- und Sonderrechte aus Aktien, die dem pflichtwidrig handelnden Meldepflichtigen gehören oder aus denen ihm Stimmrechte Dritter gemäß § 22 Abs. 1 Satz 1 Nr. 1 oder Nr. 2 zugerechnet werden. In der Praxis liegt die Bedeutung von § 28 vor allem in seiner **Präventivwirkung,** da die Meldepflichtigen angesichts der weit reichenden Ausgestaltung des Rechtsverlusts in besonderem Maße zur Pflichterfüllung gehalten sind.[2] Die Sanktion des § 28 entspricht – mit den notwendigen tatbestandlichen Abweichungen – dem Rechtsverlust nach § 20 Abs. 7 und § 21 Abs. 4 AktG.[3] Einen Rechtsverlust sieht auch § 59 WpÜG für den Fall der Verletzung übernahmerechtlicher Pflichtangebotsvorschriften vor. Eine kumulative Anwendung von § 28 WpHG einerseits und § 20 Abs. 7 AktG andererseits scheidet wegen der ausschließlichen Geltung von § 28 WpHG für Aktionäre von Emittenten im Sinne des § 21 Abs. 2 und von § 20 Abs. 7 AktG für Aktionäre nichtbörsennotierter Gesellschaften generell aus (vgl. § 20 Abs. 8 AktG). Dagegen sind § 28 WpHG und § 59 WpÜG nach Maßgabe der jeweiligen Tatbestandsvoraussetzungen unabhängig voneinander anwendbar.[4] Dies kann zur kumulativen Anwendung beider Sanktionsnormen führen, wenn der Meldepflichtige/Bieter infolge eines die Mitteilungspflicht nach § 21 Abs. 1 auslösenden Anteilserwerbs zugleich die Kontrolle an einer börsennotierten Gesellschaft im Sinne von § 29 Abs. 2 WpÜG erlangt und weder der Mitteilungspflicht nach § 21 Abs. 1 noch den Pflichten nach § 35 Abs. 1 und Abs. 2 WpÜG nachkommt. In diesem Fall leben die Rechte aus den betroffenen Aktien erst wieder auf, wenn sämtliche mit dem Rechtsverlust sanktionierten Pflichten erfüllt sind. Ungeachtet eines nach § 28 WpHG und/oder § 59 WpÜG eingetretenen Rechtsverlusts sind die in diesen Aktien abstrakt verkörperten Stimmrechte bei der **Berechnung von Stimmrechtsanteilen** im Sinne von § 21 Abs. 1 zu berücksichtigen (vgl. § 21 Rn. 27).

2 Neben dem Rechtsverlust droht dem pflichtwidrig handelnden Meldepflichtigen die Bußgeldsanktion nach § 39 Abs. 2 Nr. 2 e). Unberührt bleiben ferner die Befugnisse der BaFin, die Erfüllung der Mitteilungspflicht mit den allgemeinen Mitteln des Verwaltungszwangs durchzusetzen (vgl. insbesondere § 4 Abs. 6). Das Nebeneinander der Sanktion des Rechtsverlusts, der Bußgeldsanktion, der aufsichtsrechtlichen Befugnisse der BaFin sowie nach derzeitigem Rechtsstand nicht völlig auszuschließender haftungsrechtlicher Folgen einer Verletzung der Mitteilungspflichten (hierzu Rn. 54) hat keine Entsprechung in der aktienrechtlichen Beteiligungstransparenz der §§ 20 f. AktG, die mit § 20 Abs. 7 AktG aF ursprünglich das normative Vorbild für § 28 WpHG lieferte. Das europäische Kapitalmarktrecht sowie die Rechtsordnungen der meisten anderen EU-Mitglied-

---

[2] Nach *Schneider/Schneider* ZIP 2006, 493, 494, kommt dem kapitalmarktrechtlichen Rechtsverlust bislang nur ein begrenztes Interesse zu. Aus Praxissicht dürfte diese Behauptung – auch für die Vergangenheit – nicht zutreffend sein (siehe auch *Opitz* in *Schäfer/Hamann,* KMG, § 28 WpHG Rn. 1).
[3] Die Angleichung von § 28 WpHG und §§ 20 Abs. 7, 21 Abs. 4 AktG erfolgte im Zuge der Trennung der Anwendungsbereiche kapitalmarktrechtlicher Beteiligungstransparenz (§§ 21 ff. WpHG) einerseits und aktienrechtlicher Beteiligungstransparenz (§§ 20 f. *AktG)* andererseits durch das Dritte Finanzmarktförderungsgesetz (Vor §§ 21 bis 30 Rn. 9).
[4] Siehe nur *Santelmann* in *Steinmeyer/Häger,* WpÜG, § 59 Rn. 2.

staaten sind insoweit zurückhaltender. Überdies kann ein gewisser Widerspruch darin gesehen werden, dass die Verletzung der Meldepflicht von Aktionären nach § 15a im Gegensatz zur Verletzung der Mitteilungspflicht von Aktionären nach § 21 nicht zu einem Rechtsverlust aus den betroffenen Aktien führt. Damit werden Organmitglieder und die anderen gemäß § 15a mitteilungspflichtigen Personen als Aktionäre auf der Rechtsfolgenebene besser gestellt als die nach § 21 mitteilungspflichtigen Aktionäre, obwohl die unterschiedlichen Pflichtverletzungen aus Sicht des Kapitalmarkts in etwa gleichgewichtig zu bewerten sein dürften. Schon aus dieser Gesamtschau sind **Zweifel angebracht, ob das Sanktionensystem im Fall der Verletzung der Mitteilungspflicht nach § 21 noch angemessen ist.**[5]

Verschärfend kommt **aus praktischer Sicht** hinzu, dass die Subsumtion eines Sachverhalts unter die §§ 21 ff. im Einzelfall häufig auch für erfahrene Rechtsanwender schwierig ist und zu einem indifferenten Ergebnis hinsichtlich der Pflichtbegründung und des Inhalts einer ggf. gebotenen Stimmrechtsmitteilung führen kann, insbesondere wenn eine Zurechnung von Stimmrechten Dritter gemäß § 22 in Betracht kommt und komplexe Mehrpersonenverhältnisse vorliegen.[6] Eine Korrekturmöglichkeit des extensiven Sanktionspotentials ist lediglich insoweit gegeben, als der Rechtsverlust gemäß § 28 nach zutreffender Ansicht ein Verschulden des Meldepflichtigen voraussetzt (hierzu Rn. 16).[7] Da aber zum Verschuldenserfordernis und zu den allgemeinen Voraussetzungen des Verschuldens bislang kaum Rechtsprechung vorliegt, bleibt die Rechtsunsicherheit bestehen. Hiervon sind nicht allein die Meldepflichtigen betroffen, sondern unter Umständen auch die an sich unbeteiligten Emittenten selbst, wenn zB die Hauptversammlung über existenzielle Sanierungsmaßnahmen zu beschließen hat und die ordnungsgemäße Erfüllung der Mitteilungspflicht eines die Beschlüsse mittragenden Großaktionärs im Rahmen einer Anfechtungsklage bestritten wird (zur Anfechtbarkeit Rn. 39). Solche **externen Effekte** zum Nachteil der betroffenen Gesellschaft sind zwar auch aus anderen Gründen denkbar (etwa bei unzulässiger Stimmrechtsausübung infolge eines Stimmausübungsverbots nach § 136 AktG), dort aber angesichts der geringeren Unschärfen der entsprechenden Normen und der im Allgemeinen geringeren Komplexität der Regelungssachverhalte eher nachvollziehbar als im Bereich der Mitteilungspflicht nach den

---

[5] Kritisch auch KölnKommWpHG-*Kremer/Oesterhaus,* Rn. 6f. (mit dem Vorschlag, eine Befugnis der BaFin einzuführen, bei geringfügigen Verstößen Ausnahmen von dem Rechtsverlust zu gewähren); *Opitz* in *Schäfer/Hamann,* KMG, § 28 WpHG Rn. 1. Dagegen geht *Burgard* WM 2000, 611, 615, der Rechtsverlust (nach § 28 WpHG aF) nicht weit genug. Differenzierend *Schneider,* FS Kümpel, S. 477, 483f.

[6] Exemplarisch LG München II AG 2005, 52, 53: „Für die Kammer, die sich mit Aktienrecht immer wieder zu befassen hat, wie auch mit den Vorschriften des WpHG, war ein ganz ungewöhnlicher Zeitaufwand erforderlich, um überhaupt den Sachverhalt nachvollziehen zu können, geschweige denn die damit verbundenen zahlreichen und besonders schwierigen Rechtsfragen lösen zu können." – Siehe auch KölnKommWpHG-*Kremer/ Oesterhaus,* Rn. 7.

[7] Nach Ansicht von *Schneider* in *Assmann/Schneider,* § 28 Rn. 6f., soll sich die Sanktionsfolge des § 28 u.a. dadurch relativieren, dass der Rechtsverlust den betroffenen Aktionär zwischen zwei Hauptversammlungen und nach Entstehen eines Dividendenanspruchs nicht belastet. Dies überzeugt jedenfalls in Fällen unsicherer Sach- und Rechtslage nicht, da hier die Rechtsrisiken über Hauptversammlungen hinweg fortbestehen können.

§ 28   4   Abschnitt 5. Veränderungen des Stimmrechtsanteils

§§ 21 f. bei unsicherer Sach- und Rechtslage. Vor diesem Hintergrund sollte § 28 überprüft werden.[8]

2. Anwendungsbereich

4   Bis zum Inkrafttreten des Transparenzrichtlinie-Umsetzungsgesetzes am 20. Januar 2007 (Vor §§ 21 bis 30 Rn. 11) galten die §§ 21 ff. nur für Stimmrechte an Gesellschaften mit Sitz im Inland (§ 21 Abs. 2 aF). Seit diesem Zeitpunkt sind mit Einführung des Herkunftsstaatsprinzips auch **Aktienemittenten mit Sitz in einem Drittstaat** von § 21 Abs. 1 und Abs. 1 a erfasst (§ 21 Abs. 2 iVm § 2 Abs. 6 Nr. 1 b), dazu § 2 Rn. 152 ff.). Der Rechtsverlust nach § 28 ist als – im WpHG systemwidrig geregelte – gesellschaftsrechtliche Sanktion für die Verletzung kapitalmarktrechtlicher Pflichten zu qualifizieren.[9] Dies ergibt sich daraus, dass er die innere Verfassung der Gesellschaft, nämlich die aus der Mitgliedschaft folgende Rechtsstellung des betroffenen Aktionärs im Verhältnis zu seinen Mitaktionären und der Gesellschaft selbst regelt. Der Bezug des Rechtsverlusts zur Gesellschaftsverfassung und zum Inhalt der Mitgliedschaft bedeutet, dass dieser nach allgemeinen Regeln des internationalen Privatrechts[10] der *lex societatis* (dem Gesellschaftsstatut) unterliegt (dazu, ob bei einem Auseinanderfallen der Verwaltungs- oder der Gründungssitz maßgeblich ist, siehe § 2 Rn. 155). Auf Drittstaatenemittenten im Sinne des § 2 Abs. 6 Nr. 1 b) ist deshalb **deutsches Gesellschaftsrecht (und damit auch § 28) unanwendbar**. Das weitergehende Problem, ob der deutsche Gesetzgeber (insbesondere völkerrechtlich) befugt wäre, eine von diesem allgemeinen Grundsatz abweichende Regelung zu treffen (und ob dafür allein die Inlandsnotierung der Aktien des Drittstaatenemittenten als Anknüpfungspunkt ausreichend wäre), stellt sich für die Anwendung des § 28 nicht, da eine solche abweichende Regelung fehlt:[11] § 28 war ursprünglich nur auf Gesellschaften mit Inlandssitz bezogen. Die Folgen, die eine Erweiterung des § 21 auf Emittenten im Sinne des § 2 Abs. 6 für den Anwendungsbereich des § 28 haben würde, wurden vom Gesetzgeber ausweislich der Gesetzesmaterialien nicht bedacht.[12] Im WpHG existiert keine den Anwendungsbereich des § 28 auf Beteiligungen an Auslandsgesellschaften erstreckende Norm, wie dies im Über-

---

[8] Die Gelegenheit hierzu, die für den Gesetzgeber im Rahmen der Umsetzung der Transparenzrichtlinie 2004/109/EG bestand, wurde nicht wahrgenommen; stattdessen ist eine weitere Verschärfung geplant (siehe Rn. 5 ff.). Zumindest sollte erwogen werden, in § 28 das Verschuldenserfordernis einzuführen oder die Anwendbarkeit der Norm auf Fälle grob fahrlässiger Pflichtverletzungen zu beschränken (vgl. § 37 b Abs. 2 und § 37 c Abs. 2). Siehe auch *Opitz* in *Schäfer/Hamann*, KMG, § 28 WpHG Rn. 1.

[9] Vor §§ 21 bis 30 Rn. 3; vgl. *Heinrich*, Kapitalmarktrechtliche Transparenzbestimmungen, S. 144 f.; KölnKommWpHG-*Hirte*, § 21 Rn. 5; MünchKommAktG-*Schlitt*, § 59 WpÜG Rn. 1; *Schneider* in *Assmann/Schneider*, Rn. 2; *Schneider* in *Assmann/Pötzsch/Schneider*, WpÜG, § 59 Rn. 2; *Widder* NZG 2004, 275, 276. Siehe auch *Schneider*, FS Kümpel, S. 477, 479 („privatrechtsgestaltende Rechtsfolge").

[10] Siehe nur MünchKommBGB-*Kindler*, Internationales Handels- und Gesellschaftsrecht Rn. 585 mwN; KölnKommWpHG-*Hirte*, § 21 Rn. 51.

[11] Allgemein zu den Anforderungen an eine (einseitige) Erstreckung nationalen Rechts auf Auslandssachverhalte *Schneider* in *Assmann/Schneider*, Vor § 21 Rn. 29 ff. mwN. Siehe auch § 21 Rn. 13.

[12] Begr. RegE BT-Drucks. 16/2498, S. 34 ff.

Rechtsverlust   5–7 § 28

nahmerecht mit den – auch auf § 59 WpÜG verweisenden[13] – §§ 2 Abs. 3 Nr. 2, 1 Abs. 3 WpÜG iVm § 2 Nr. 11 WpÜG-Anwendbarkeitsverordnung der Fall ist. Auch der unveränderte Wortlaut des § 28 Satz 2, der ausdrücklich Bestimmungen des deutschen Aktienrechts zitiert, spricht dafür, dass § 28 nach den Vorstellungen des Gesetzgebers ausschließlich für Gesellschaften mit (Gründungs-)Sitz im Inland gemäß § 2 Abs. 6 Nr. 1 a) gelten soll. Verstoßen Aktienemittenten mit Sitz in einem Drittstaat gegen die Mitteilungspflichten nach § 21 Abs. 1 und Abs. 1 a, kommt somit nur die Bußgeldsanktion des § 39 Abs. 2 Nr. 2 e) in Betracht.[14]

3. Änderungen durch das Risikobegrenzungsgesetz

Der Regierungsentwurf eines **Risikobegrenzungsgesetzes**[15] (Vor §§ 21 bis 30 Rn. 12) sieht folgende Änderungen in § 28 Satz 1 vor: 5

„Rechte aus Aktien, die einem Meldepflichtigen gehören oder aus denen ihm Stimmrechte gemäß § 22 Abs. 1 Satz 1 Nr. 1 oder 2 zugerechnet werden, bestehen nicht für die Zeit, für welche die Mitteilungspflichten nach § 21 Abs. 1 oder 1 a nicht erfüllt werden, und, sofern die Höhe des Stimmrechtsanteils betroffen ist, für die sechs Monate danach."

Außerdem ist geplant, folgenden Satz 3 anzufügen:

„Die sechsmonatige Frist nach Satz 1 gilt nicht, wenn die Mitteilung nicht vorsätzlich oder grob fahrlässig unterlassen wurde."

Mit der geplanten Änderung des § 28 soll die **Durchsetzung der Meldepflicht des § 21 verbessert** werden. Die Entwurfsverfasser weisen vor allem darauf hin, dass ein Aktionär nach bisheriger Rechtslage zwischen zwei Hauptversammlungen die Meldung ohne rechtliche Konsequenzen unterlassen kann, solange er seine Meldepflicht zum Stichtag erfüllt (siehe dazu Rn. 40 ff.).[16] Dieser Zeitraum werde mit § 28 RegE erheblich eingeschränkt, indem die Aktieninhaber, die ihre Meldepflichten hinsichtlich der Höhe des Stimmrechtsanteils nicht erfüllen – von (einfach) fahrlässigem Verhalten abgesehen – die Rechte aus den Aktien nicht nur für den Zeitraum der Nichterfüllung, sondern für zusätzliche sechs Monat verlieren. Nach § 28 Satz 3 RegE gilt die sechsmonatige Frist auch für grob fahrlässige Verletzungen der Meldepflicht. Dies erscheint schon deshalb als zu weitgehend, weil die Neuregelung gerade die bewusste Umgehung der Meldepflichten zum Zweck des „unbemerkten Anschleichens" an einen Emittenten erschweren soll; der Rechtsverlust für zusätzliche sechs Monate ab Nachholung der Mitteilung (Rn. 19) sollte daher – parallel zu § 28 Satz 2 – auf vorsätzliches Handeln beschränkt werden. 6

Der um sechs Monate erweiterte Rechtsverlust nach § 28 Satz 1 RegE soll 7 nur eingreifen, **„sofern die Höhe des Stimmrechtsanteils betroffen ist"**.

---

[13] Ob dieser Verweis von § 1 Abs. 3 Satz 2 WpÜG gedeckt ist, erscheint allerdings fraglich, da auch § 59 WpÜG gesellschaftsrechtlich zu qualifizieren ist.
[14] Vgl. auch *Schneider* in *Assmann/Schneider*, § 26 Rn. 2; MünchKommBGB-*Schnyder*, Internationales Kapitalmarktrecht Rn. 149.
[15] BT-Drs. 16/7438.
[16] BT-Drs. 16/7438, S. 13. – Die auch in diesem Fall eingreifende Bußgeldsanktion (Rn. 51) wurde offenbar übersehen; vgl. auch *Timmann/Birkholz* BB 2007, 2749, 2752 f., die vorschlagen, eine Erhöhung des Bußgeldrahmens zu erwägen.

Dehlinger/Zimmermann   1101

Alle anderen Verletzungen der Meldepflicht, wie etwa eine fehlerhafte Angabe zur Zurechnung nach § 22 ohne Auswirkungen auf den insgesamt gemeldeten Stimmrechtsanteil, wären wie nach der bisherigen Rechtslage zu behandeln.[17] Nach der Entwurfsbegründung **erfasst der Rechtsverlust nur die Mitverwaltungsrechte,** nicht aber die Vermögensrechte der Meldepflichtigen.[18] In ihrer Allgemeinheit ist diese Aussage allerdings nicht zutreffend: § 28 Satz 1 RegE gilt seinem Wortlaut nach sowohl für die Mitverwaltungs- als auch die Vermögensrechte.[19] Lediglich bei nicht vorsätzlichen Verstößen ist wie bisher eine rückwirkenden Nachholung im Sinne von § 28 Satz 2 möglich, die sich auf die vermögensrechtlichen Ansprüche des Meldepflichtigen auswirkt.

II. Eintritt und Wegfall des Rechtsverlusts

1. Nichterfüllung der Mitteilungspflicht

a) Überblick

8   Nach § 28 Satz 1 besteht der Rechtsverlust für die Zeit, für welche ein Meldepflichtiger die Mitteilungspflicht gemäß § 21 Abs. 1 oder Abs. 1a nicht erfüllt. Wenn aufgrund eines konkreten Sachverhalts mehrere Personen mitteilungspflichtig sind (etwa im Fall einer Stimmrechtszurechnung nach § 22), ist jede von ihnen für die Erfüllung der jeweils eigenen Mitteilungspflicht verantwortlich, was eine zentralisierte Erfüllung im Konzern gemäß § 24 oder durch Vollmachtserteilung nicht ausschließt. Von einem etwaigen Rechtsverlust erfasst sind in jedem Fall **die von dem Meldepflichtigen gehaltenen Aktien.** In den Zurechnungsfällen nach § 22 Abs. 1 Satz 1 Nr. 1 und Nr. 2 erstreckt sich der Rechtsverlust auf Aktien, die einem Dritten gehören (näher hierzu Rn. 26). Der Rechtsverlust tritt zum einen bei **Versäumung** der sich aus § 21 Satz 1 und Satz 3 ergebenden Mitteilungsfrist ein, d. h. wenn der Meldepflichtige die geforderte Stimmrechtsmitteilung nicht unverzüglich, spätestens jedoch innerhalb von vier Handelstagen nach Kenntnis oder ihm möglicher Kenntniserlangung von der mitzuteilenden Stimmanteilsveränderung abgibt. Solange die konkrete Mitteilungsfrist noch nicht verstrichen ist, können die Rechte aus den Aktien auch bei noch ausstehender Stimmrechtsmitteilung ausgeübt werden.[20] Zum anderen ist § 28 auch bei **Abgabe inhaltlich unrichtiger oder unvollständiger Stimmrechtsmitteilungen** anwendbar (hierzu Rn. 12).

9   Nach seinem Eintritt entfällt der Rechtsverlust – vorbehaltlich der in § 28 Satz 2 geregelten Sonderfälle (siehe Rn. 40 ff.) – erst mit Nachholung der geforderten Mitteilung oder aufgrund anderer zur Beendigung führender Sachverhalte (näher Rn. 19 ff.). Der Rechtsverlust knüpft ausschließlich an die Verletzung einer bestehenden Mitteilungspflicht an. § 28 ist nicht anwendbar, wenn eine Mitteilungspflicht irrtümlich angenommen und infolge dessen eine **gesetzlich**

---

[17] Vgl. auch *Wilsing/Goslar* DB 2007, 2467, 2471.
[18] BT-Drs. 16/7438, S. 13.
[19] Zutreffend *Wilsing/Goslar* DB 2007, 2467, 2471.
[20] *Beispiele sind die Überschreitung einer Stimmanteilsschwelle durch den Meldepflichtigen unmittelbar vor Eröffnung einer Hauptversammlung oder vor Einräumung eines Bezugsrechts (vgl. Opitz* in *Schäfer/Hamann,* KMG, § 28 WpHG Rn. 38).

nicht erforderliche **Stimmrechtsmitteilung** abgegeben wird.[21] Hier kann der Mitteilende lediglich von der BaFin gemäß § 4 zur Korrektur veranlasst werden, falls die Stimmrechtsmitteilung unrichtig ist.

b) Versäumung der Mitteilung

Unstreitig kommt es zum Rechtsverlust, solange eine gemäß § 21 Abs. 1 oder Abs. 1a abzugebende Stimmrechtsmitteilung nach Ablauf der Mitteilungsfrist unterbleibt.[22] Dies gilt auch bei **Unterschreiten** einer der in § 21 Abs. 1 Satz 1 genannten Schwellenwerte.[23] Der Rechtsverlust wird nicht dadurch ausgeschlossen, dass die Gesellschaft und die BaFin auf anderem Wege von den gemäß § 21 Abs. 1 Satz 1 oder Abs. 1a in einer Stimmrechtsmitteilung anzugebenden Tatsachen Kenntnis erlangen.[24]

10

Die Sanktion erfasst weiter den Fall, dass der Meldepflichtige eine – inhaltlich richtige – Stimmrechtsmitteilung lediglich **gegenüber einem der beiden Adressaten** abgibt.[25] Das folgt schon aus der unterschiedlichen Weiterverwendung von Stimmrechtsmitteilungen durch die Gesellschaft einerseits (Veröffentlichung nach § 26) und die BaFin andererseits (Überwachung der Beteiligungstransparenz).

11

c) Inhaltlich unrichtige oder unvollständige Mitteilung

Aus § 28 ergibt sich dagegen nicht eindeutig, ob der Rechtsverlust nur eintritt, wenn eine Stimmrechtsmitteilung (vorläufig oder endgültig) unterbleibt, oder auch in **anderen Fällen nicht ordnungsgemäßer Pflichterfüllung**, insbesondere wenn die abgegebene Stimmrechtsmitteilung inhaltlich unrichtig oder unvollständig ist. Nach zutreffender Ansicht können bestimmte inhaltliche Mängel einer abgegebenen Stimmrechtsmitteilung den Rechtsverlust auslösen.[26] Dem steht nicht entgegen, dass der einschlägige Bußgeldtatbestand des § 39 Abs. 2

12

---

[21] Z.B. entsteht bei einer Umschichtung von Anteilen im Konzern auf Ebene der Muttergesellschaft häufig keine Mitteilungspflicht (vgl. § 21 Rn. 41). Eine gleichwohl von der Muttergesellschaft abgegebene Mitteilung führt auch dann nicht zur Anwendung von § 28, wenn sie unrichtig ist.
[22] Vgl. Begr. RegE BT-Drucks. 12/6679, S. 56.
[23] *Heidel/Heinrich*, § 28 WpHG Rn. 3; *Hüffer*, AktG, § 22 Anh. § 28 WpHG Rn. 3; KölnKommWpHG-*Kremer/Oesterhaus*, Rn. 43; *Schäfer* in *Marsch-Barner/Schäfer*, Handbuch börsennotierte AG, § 17 Rn. 45; *Schneider* in *Assmann/Schneider*, Rn. 19; kritisch *Witt* WM 1998, 1153, 1160.
[24] OLG Schleswig ZIP 2006, 421, 423; KölnKommWpHG-*Kremer/Oesterhaus*, Rn. 24; *Schneider* in *Assmann/Schneider*, Rn. 13; *Schwark*, § 28 WpHG Rn. 4.
[25] OLG Schleswig ZIP 2006, 421, 423; *Heidel/Heinrich*, § 28 WpHG Rn. 3; *Hüffer*, AktG, § 22 Anh. § 28 WpHG Rn. 3; KölnKommWpHG-*Kremer/Oesterhaus*, Rn. 24; *Schneider* in *Assmann/Schneider*, Rn. 12.
[26] Wie hier OLG Frankfurt a. M. NZG 2007, 553, 558; *Heidel/Heinrich*, § 28 WpHG Rn. 3; KölnKommWpHG-*Kremer/Oesterhaus*, Rn. 29; *Opitz* in *Schäfer/Hamann*, KMG, § 28 WpHG Rn. 5; *Riegger*, FS Westermann, S. 1331, 1333; *Schneider* in *Assmann/Schneider*, Rn. 15 ff.; *Schwark*, § 28 WpHG Rn. 3; *Sester* in *Spindler/Stilz*, § 22 Anh. Rn. 53. Auch die hM zu § 59 WpÜG geht von der Anwendbarkeit der Norm bei einer Schlechterfüllung der Pflichtangebotsregelungen aus (siehe nur KölnKommWpÜG-*Kremer/Oesterhaus*, § 59 Rn. 13; *Tschauner* in *Geibel/Süßmann*, WpÜG, § 59 Rn. 11). AA *Schwark/Noack*, § 59 WpÜG Rn. 3, mit der Begründung, dass die BaFin die Veröffentlichung der Angebotsunterlage des Bieters bei inhaltlichen Mängeln untersagen kann.

§ 28 13 Abschnitt 5. Veränderungen des Stimmrechtsanteils

Nr. 2 e) im Gegensatz zu § 28 die möglichen Arten einer Pflichtverletzung enumerativ aufzählt (Mitteilung erfolgt „nicht, nicht richtig, nicht vollständig, nicht in der vorgeschriebenen Weise oder nicht rechtzeitig").[27] Denn diese Aufzählung bezieht sich auf alle in § 39 Abs. 2 Nr. 2 genannten Bußgeldtatbestände und dient damit in erster Linie der redaktionellen Entlastung von § 39 Abs. 2 Nr. 2. Eher noch spricht für einen engen, auf das Unterlassen der Mitteilung beschränkten Anwendungsbereich von § 28, dass der Gesetzgeber offenbar nur diesen Fall der Pflichtverletzung vor Augen hatte.[28] Entscheidend ist aber, dass bei funktionaler Betrachtung eine unrichtige Mitteilung in ihren Wirkungen einer vollständig unterlassenen Mitteilung gleichstehen kann, nämlich wenn von der unrichtigen Mitteilung eine ähnliche Desinformation des Kapitalmarkts ausgeht wie von einer vollständig unterlassenen Mitteilung.[29] Vor diesem Hintergrund erscheint es vom Zweck der Norm geboten, ihren Anwendungsbereich auf Fälle sonstiger gravierender Pflichtverletzungen zu erstrecken, wobei die demgemäß erforderliche Sachverhaltsbewertung angesichts des eingeschränkten, ausschließlich auf unterlassene Mitteilungen bezogenen Blickwinkels des Gesetzgebers restriktiv vorzunehmen ist.[30]

13 Bei der Beurteilung der Frage, welche inhaltlichen Mängel einer Stimmrechtsmitteilung zur Anwendung des § 28 führen, ist eine abschließende Fallgruppenbildung, die zur Erhöhung der Rechtssicherheit führen würde, nicht möglich. Die **denkbaren Varianten inhaltlicher Fehler** sind so vielfältig, dass sie nicht durchgängig nach allgemeinen Maßstäben als unwesentlich oder wesentlich bewertet werden können. Im Ausgangspunkt ist allerdings davon auszugehen, dass abgegebene Stimmrechtsmitteilungen, die nicht zur Veröffentlichung durch den Emittenten gemäß § 26 geeignet sind, einen wesentlichen Mangel enthalten, der zum Rechtsverlust aus den betroffenen Aktien führt. Dementsprechend ist § 28 anwendbar, wenn in der Stimmrechtsmitteilung eine oder mehrere der in § 17 Abs. 1 und Abs. 2 WpAIV bezeichneten Pflichtangaben fehlen (näher zur Veröffentlichungstauglichkeit von Stimmrechtsmitteilungen § 26 Rn. 5), die Mitteilung also unvollständig ist. Auf der anderen Seite stehen offensichtlich unwesentliche Unrichtigkeiten, die den Rechtsverlust nicht auslösen. Hierzu gehören bloß redaktionelle Fehler bei verwendeten Begriffen („Tippfehler"), die den Inhalt der Mitteilung nicht verfälschen.[31] Zwischen diesen beiden Positionen kann über die Anwendbarkeit von § 28 nur einzelfallbezogen entschieden werden, wobei neben der **Wirkung des Fehlers auf die Marktteilnehmer** auch der Verschuldensgrad der die Mitteilung abgebenden Person eine Rolle spielt (schuldlose Falschmitteilungen lösen den Rechtsverlust schon dem Grunde nach nicht aus, hierzu Rn. 16). Vorsätzlich gemachte Falschangaben führen dabei im Allgemeinen auch dann zum Rechtsverlust, wenn die dadurch

---

[27] In diese Richtung aber *Hüffer*, AktG, § 22 Anh. § 28 WpHG Rn. 3.
[28] Vgl. Begr. RegE BT-Drucks. 12/6679, S. 56, und Begr. RegE 13/8933, S. 96, wo nur von „unterlassenen" Mitteilungen die Rede ist. Siehe auch *Schwark*, § 28 WpHG Rn. 3.
[29] Insoweit auch *Hüffer*, AktG, § 22 Anh. § 28 WpHG Rn. 3, wonach die inhaltlich falsche Mitteilung (5% erreicht) das Unterlassen der richtigen Mitteilung (5% überschritten) *bedeutet*.
[30] Im Ergebnis ebenso *Opitz* in *Schäfer/Hamann*, KMG, § 28 WpHG Rn. 5.
[31] OLG Düsseldorf AG 2006, 202, 205.

eintretende Desinformation des Kapitalmarkts eher zu vernachlässigen ist (zB wenn der gemäß § 17 Abs. 2 Satz 2 WpAIV anzugebende Zurechnungstatbestand bewusst unrichtig angegeben ist, was aber auf den mitzuteilenden Gesamtstimmrechtsanteil keinen Einfluss hat).

In sich **widersprüchliche Mitteilungen** sind ebenfalls erheblich und führen 14 bei schuldhaftem Handeln zum Rechtsverlust (zB wenn das Erreichen einer Stimmrechtsschwelle und ein aktueller Stimmrechtsanteil mit davon abweichenden Nachkommastellen mitgeteilt wird). Bei der Angabe zur Höhe des aktuellen Stimmrechtsanteils ist zu unterscheiden: Rundungsfehler bei der zweiten Nachkommastelle sind für den Kapitalmarkt regelmäßig nicht von Bedeutung. Dies gilt auch im Fall einer sonstigen Falschbezifferung, wenn die damit verbundene Fehlinformation des Kapitalmarkts gering ist (zB wenn das Überschreiten der Schwelle von 50% mitgeteilt wird, der aktuelle Stimmrechtsanteil 60% beträgt, in der Mitteilung aber versehentlich mit 62% angegeben ist). Im Einzelfall kann aber eine Falschangabe auch hier erheblich sein, insbesondere wenn der angegebene oder anzugebende aktuelle Stimmrechtsanteil rechtliche Bedeutung hat (zB wenn der Meldepflichtige das Überschreiten der Schwelle von 75% mitteilt und anstatt des von ihm aktuell gehaltenen, gemäß § 327a AktG oder § 39a WpÜG den Ausschluss der Minderheitsaktionäre ermöglichenden Stimmrechtsanteils von 95% versehentlich 85% angibt). Eine wesentliche Unrichtigkeit stellt es ferner dar, wenn die maßgebliche Stimmrechtsschwelle nicht richtig bezeichnet ist, was die Mitteilung widersprüchlich werden lässt (zB wenn der Meldepflichtige seinen Stimmrechtsanteil von 80% auf 4% reduziert, in der Mitteilung aber nur das Unterschreiten der 5%-Schwelle angibt).[32]

Bei einer **Anwendung der Zurechnungstatbestände** des § 22 Abs. 1 und 15 Abs. 2 ist die Sanktion des Rechtsverlust nicht geboten, wenn der Meldepflichtige, dem Stimmrechte zugerechnet werden, seinen Gesamtstimmrechtsanteil richtig, den zuzurechnenden Stimmrechtsanteil des Dritten aber geringfügig falsch angibt. Ist jedoch der Dritte selbst zur Abgabe einer Stimmrechtsmitteilung verpflichtet und widerspricht diese Mitteilung (insbesondere hinsichtlich des von ihm gehaltenen aktuellen Stimmrechtsanteils) der Mitteilung desjenigen, dem die Stimmrechte zugerechnet werden, so liegen widersprüchliche Angaben vor, die auf Seiten des fehlerhaft handelnden Meldepflichtigen (und bei einer Zurechnung nach § 22 Abs. 1 Satz 1 Nr. 1 oder Nr. 2 auch bei dem Dritten) zum Rechtsverlust aus den betroffenen Aktien führen.

2. Verschulden

Nach zutreffender Ansicht setzt der Rechtsverlust nach § 28 stets voraus, dass 16 der Meldepflichtige die in seiner Person gemäß § 21 Abs. 1 oder 1a begründete Mitteilungspflicht **schuldhaft**, also wenigstens fahrlässig verletzt.[33] Das Ver-

---

[32] Anzugeben wäre jedenfalls das Unterschreiten der Schwelle von 75% (hierzu § 21 Rn. 71), da nur so (insbesondere für die BaFin) ersichtlich wird, in welcher Bandbreite die Beteiligung des Meldepflichtigen zuvor bestand.
[33] MünchKommAktG-*Bayer*, § 22 Anh. § 28 WpHG Rn. 6; *Buck-Heeb*, Kapitalmarktrecht, Rn. 323 f.; *Heidel/Heinrich*, § 28 WpHG Rn. 5; KölnKommWpHG-*Kremer/ Oesterhaus*, Rn. 31; *Opitz* in *Schäfer/Hamann*, KMG, § 28 WpHG Rn. 6 ff.; *Schneider* in *Assmann/Schneider*, Rn. 20; *Schwark*, § 28 WpHG Rn. 5; *Schäfer* in *Marsch-Barner/Schäfer*, Handbuch börsennotierte AG, § 17 Rn. 46; *Segna* AG 2008, 311, 315; *Sester* in *Spind-*

§ 28 17, 18　　　　　　Abschnitt 5. Veränderungen des Stimmrechtsanteils

schuldenserfordernis folgt aus dem Charakter der Sanktion des Rechtsverlusts. Dass es sich bei § 28 nicht um eine gesetzliche Kriminalstrafe handelt, ist aus dieser Sicht unbeachtlich. Vielmehr gebieten das für staatliche Sanktionen mit Strafcharakter **geltende Schuldprinzip** sowie das allgemeine Übermaßverbot eine Beschränkung des Rechtsverlusts auf Fälle schuldhafter Nichterfüllung der Mitteilungspflicht. Darüber hinaus ist in § 28 Satz 2 der Vorsatz als Verschuldensgrad ausdrücklich erwähnt, was eher für als gegen ein Verschuldenserfordernis spricht.[34]

17　　Im Einzelnen ist das Verschuldenserfordernis je nach Fallgestaltung in unterschiedlichem Zusammenhang zu berücksichtigen, wobei es sich nur teilweise unmittelbar aus § 21 Abs. 1 ergibt: Hat der Meldepflichtige die erforderliche Stimmrechtsmitteilung unterlassen, liegt entweder der Fall vor, dass ihm der pflichtauslösende Sachverhalt unbekannt geblieben ist, oder der Meldepflichtige hat bei vollständiger Sachverhaltskenntnis seine Mitteilungspflicht nicht erkannt (also übersehen), nach rechtlicher Prüfung verkannt oder bewusst missachtet. Im ersten Fall handelt es sich um eine **Sachverhaltsunkenntnis,** die sich ggf. als Kennenmüssen im Sinne von § 21 Abs. 1 Satz 3 (zweite Alternative), d. h. als fahrlässige Unkenntnis, qualifizieren lässt. Ohne Verschulden wird hier die Mitteilungsfrist nicht ausgelöst, was einen Rechtsverlust wegen mangelhafter Pflichterfüllung von vornherein ausschließt.[35] In den anderen Fällen des Unterlassens einer Stimmrechtsmitteilung folgt das Verschuldenserfordernis für den Eintritt des Rechtsverlusts unmittelbar aus § 28. Bei der Abgabe einer (inhaltlich zutreffenden) Stimmrechtsmitteilung innerhalb der Frist von vier Handelstagen kann der Verschuldensvorwurf darin liegen, dass der Meldepflichtige gleichwohl nicht unverzüglich im Sinne von § 21 Abs. 1 Satz 1 gehandelt hat. Lässt der Meldepflichtige die Mitteilungshöchstfrist von vier Handelstagen ohne Abgabe einer Stimmrechtsmitteilung verstreichen, ist bei vollständiger Sachverhaltskenntnis regelmäßig von einem fahrlässigen Handeln auszugehen, solange die Stimmrechtsmitteilung nicht vorliegt. Dies gilt insbesondere auch, wenn der Meldepflichtige von den Mitteilungs- und Veröffentlichungspflichten nach §§ 21 ff. insgesamt keine Kenntnis hat.[36] **Schwierigkeiten bei der Subsumtion** rechtfertigen keine Verlängerung der gesetzlichen Höchstfrist von vier Handelstagen.

18　　Der Grund für **inhaltlich unrichtige (aber fristgerechte) Stimmrechtsmitteilungen** liegt im Wesentlichen ebenfalls entweder darin, dass der Meldepflichtige von einem falschen Sachverhalt ausgegangen ist (etwa weil ihm ein Dritter, dessen Stimmrechte dem Meldepflichtigen nach § 22 zugerechnet werden, eine falsche Stimmrechtsanzahl mitgeteilt hat), oder dass die rechtliche Bewertung des zutreffend erfassten Sachverhalts unrichtig war. Der Rechtsverlust nach § 28 setzt hier im ersten Fall eine wenigstens fahrlässige Sachverhaltsfehlvorstellung und im zweiten Fall eine wenigstens fahrlässige rechtliche Falschbewertung voraus. Über die vorgenannten Fallgruppen hinweg stellt sich insbesondere bei einer rechtlichen Falschbewertung der Mitteilungspflicht die Frage, un-

---

ler/Stilz, § 22 Anh. Rn. 53; *Widder* NZG 2004, 275, 276. AA *Hägele* NZG 2000, 726, 727; *Starke,* Beteiligungstransparenz im Gesellschafts- und Kapitalmarktrecht, S. 250 f.
[34] Vgl. *Schäfer* in *Marsch-Barner/Schäfer,* Handbuch börsennotierte AG, § 17 Rn. 46.
[35] Ähnlich *Opitz* in *Schäfer/Hamann,* KMG, § 28 WpHG Rn. 7.
[36] Vgl. auch *Opitz* in *Schäfer/Hamann,* KMG, § 28 WpHG Rn. 7; *Schneider* in *Assmann/Schneider,* Rn. 21.

ter welchen Umständen ein gegenüber dem Meldepflichtigen zu erhebender Fahrlässigkeitsvorwurf ausscheidet. Ein solcher Vorwurf kann nicht erhoben werden, wenn sich der Meldepflichtige bei seiner Beurteilung der Mitteilungspflicht von **fachkundiger Seite** beraten lässt oder eine vorherige Abstimmung mit der BaFin[37] herbeiführt. Dabei ist es regelmäßig ausreichend, dass sich der Meldepflichtige an den Empfehlungen eines Rechtsanwalts orientiert.[38] Die darüber hinausgehende Forderung, dass es sich um einen mit den §§ 21 ff. vertrauten oder laufend befassten Spezialisten handeln muss,[39] ist nicht sachgerecht.

3. Wegfall des Rechtsverlusts

Der Rechtsverlust hat – vorbehaltlich der Regelung des § 28 Satz 2 – grundsätzlich endgültige Wirkung.[40] Dies bedeutet, dass eine während der Dauer des Rechtsverlusts dennoch vorgenommene Rechtsausübung des betroffenen Aktionärs nicht schwebend (so nur im Fall des § 28 Satz 2), sondern **dauerhaft unwirksam** ist.[41] Der Meldpflichtige kann den Rechtsverlust beseitigen, indem er die geforderte Stimmrechtsmitteilung nachholt.[42] Die Nachholung hat lediglich beschränkte Rückwirkung: An den Meldepflichtigen oder an die in § 22 Abs. 1 Satz 1 Nr. 1 und Nr. 2 bezeichneten Dritten während der Dauer des Rechtsverlusts ausbezahlte Dividenden und Liquidationserlöse können nur behalten werden, wenn der Verstoß des Meldepflichtigen gegen die Mitteilungspflicht nicht vorsätzlich erfolgte (näher hierzu Rn. 42) und – bei Anwendung von § 22 Abs. 1 Satz 1 Nr. 1 oder Nr. 2 – der Dritte eine etwaige eigene Mitteilungspflicht ordnungsgemäß erfüllt oder – bei eigener, lediglich fahrlässiger Pflichtverletzung – die von ihm geforderte Stimmrechtsmitteilung ebenfalls nachgeholt hat. In allen anderen Fällen, also hinsichtlich anderer Vermögensrechte (insbesondere Bezugsrechte), sämtlicher Verwaltungsrechte und sonstiger Rechte sowie bei vorsätzlicher Pflichtverletzung auch hinsichtlich empfangener Dividenden und Liquidationserlöse, führt die Nachholung der geforderten Stimmrechtsmitteilung nur zu einem Wiederaufleben der Rechte *ex nunc,* so dass die vorherige Rechtsausübung zwingend unwirksam bleibt.

Sofern während des Rechtsverlusts weitere vom betroffenen Meldepflichtigen gemäß § 21 Abs. 1 mitzuteilende Stimmanteilsveränderungen stattfinden, soll der Rechtsverlust nach einer Ansicht erst wegfallen, wenn der Meldepflichtige sämt-

---

[37] Zur Bedeutung einer Auskunft der BaFin zutreffend *Segna* AG 2008, 311, 315. Bedenklich dagegen LG Köln, Urteil vom 5. Oktober 2007, Az. 82 O 114/06 (in AG 2008, 336 insoweit nicht abgedruckt), wonach neben einer Auskunft der BaFin stets Rechtsrat einzuholen sein soll; ähnlich *Schneider* in *Assmann/Schneider,* Rn. 67. Zu eng auch *Nolte* in *Bürgers/Körber,* Anh. § 22/§ 28 WpHG Rn. 2, nach der ein Rechtsirrtum nur in „seltenen Ausnahmefällen" einem Verschulden entgegensteht.
[38] Ebenso *Opitz* in *Schäfer/Hamann,* KMG, § 28 WpHG Rn. 7; vgl. auch KölnKomm WpHG-*Kremer/Oesterhaus,* Rn. 30.
[39] In diese Richtung *Schneider* in *Assmann/Schneider,* Rn. 67, allerdings bezogen auf vorsätzliches Handeln des Meldepflichtigen; siehe auch *Riegger,* FS Westermann, S. 1341, 1335.
[40] Vgl. Begr. RegE BT-Drucks. 13/8933, S. 96.
[41] OLG Schleswig ZIP 2006, 421, 423.
[42] KölnKommWpHG-*Kremer/Oesterhaus,* Rn. 32; *Schäfer* in *Marsch-Barner/Schäfer,* Handbuch börsennotierte AG, § 17 Rn. 51; *Schneider* in *Assmann/Schneider,* Rn. 68.

liche von ihm geforderten (aktuelle und früheren) Stimmrechtsmitteilungen abgegeben hat.[43] Dies ist jedoch nicht gerechtfertigt, da dem Informationsbedürfnis des Kapitalmarkts **mit ordnungsgemäßer Veröffentlichung der aktuellen Stimmrechtsmitteilung** Rechnung getragen ist.[44] Die Sanktion des Rechtsverlusts ist nicht mehr geboten und unverhältnismäßig, wenn der Kapitalmarkt aktuell informiert ist und ihm lediglich keine Angaben zu historischen (überholten) Beteiligungsverhältnissen vorliegen. Insoweit ist die Bußgeldsanktion des § 39 Abs. 2 Nr. 2 e) ausreichend. Etwas anderes gilt, wenn eine unterlassene Mitteilung dadurch (faktisch) nachgeholt wird, dass die zuletzt abgegebene (und nach § 26 veröffentlichte) Mitteilung durch eine weitere Veränderung des Stimmrechtsanteils wieder richtig wird. Eine solche **„Nachholung ohne Mitteilung"** ist nicht ausreichend, da § 28 Satz 2 ausdrücklich die Nachholung *der* Mitteilung fordert.[45] Eine mögliche Irritation der Marktteilnehmer[46] ist hinzunehmen, zumal aus der – von der ursprünglichen Meldung abweichenden – Angabe des Datums der (erneuten) Schwellenberührung (vgl. § 17 Abs. 1 Nr. 6 WpAIV) hervorgeht, dass in der Zwischenzeit eine weitere, nicht gemeldete Veränderung des Stimmrechtsanteils erfolgt sein muss.

21 Da der Rechtsverlust nach § 28 keine akzessorische Belastung der Aktien darstellt, sondern zu einer personenbezogene Einschränkung der Ausübung mitgliedschaftlicher Rechte führt, wird er durch dingliche **Übertragung der betroffenen Aktien** auf andere Personen grundsätzlich aufgehoben. Dies gilt unbestritten für den Fall, dass die Aktien im Wege der Einzelrechtsnachfolge auf einen Erwerber übergehen, der zum bisherigen Aktionär nicht in einem von § 22 Abs. 1 Satz 1 Nr. 1 oder Nr. 2 erfassten Rechtsverhältnis steht.[47] Erfolgt der Erwerb dagegen durch eine Person, die mit dem Veräußerer im Sinne von § 22 Abs. 1 Satz 1 Nr. 1 oder Nr. 2 verbunden ist, bleibt der Rechtsverlust bestehen. Dies ergibt sich aus der in § 28 Satz 1 enthaltenen Wertung, dass für den Rechtsverlust der Meldepflichtige zusammen mit seiner Tochtergesellschaft oder mit dem für seine Rechnung handelnden Dritten als in einem Lager stehend behandelt wird. Soweit die betroffenen Aktien nur innerhalb dieses Lagers umgeschichtet werden, endet der Rechtsverlust nicht.

---

[43] *Opitz* in *Schäfer/Hamann,* KMG, § 28 WpHG Rn. 41; *Riegger,* FS Westermann, S. 1331, 1339. So offenbar auch die Auffassung der BaFin. Zutreffend aA KölnKomm-WpHG-*Kremer/Oesterhaus,* Rn. 73; *Schnabel/Korff* ZBB 2007, 179, 183 f.; *Schneider/Schneider* ZIP 2006, 493, 496 f.
[44] Ähnlich im Hinblick auf die Stimmrechtsmitteilung nach § 41 Abs. 2 *Sudmeyer* in *Kuthe/Rückert/Sickinger,* Compliance-Handbuch Kapitalmarktrecht, 8. Kap. Rn. 107, wonach eine ordnungsgemäße Stichtagsmitteilung zum 1. April 2002 frühere Mitteilungspflichtverletzungen heilt.
[45] *Riegger,* FS Westermann, S. 1331, 1338 f.; *Schneider/Schneider* ZIP 2006, 493, 496 f.; *Schwark,* § 28 WpHG Rn. 12; aA *Schnabel/Korff* ZBB 2007, 179, 184.
[46] Auf diese Gefahr weisen *Schnabel/Korff* ZBB 2007, 179, 184, hin.
[47] Vgl. KölnKommWpHG-*Kremer/Oesterhaus,* Rn. 84; *Nolte* in *Bürgers/Körber,* Anh. § 22/ § 29 WpHG Rn. 3; *Schäfer* in *Marsch-Barner/Schäfer,* Handbuch börsennotierte AG, § 17 Rn. 51; *Schneider* in *Assmann/Schneider,* § 22 WpHG Rn. 70. Ein zeitnaher Rückerwerb der Aktien durch den Meldepflichtigen kann jedoch auf eine Umgehung hindeuten, die den Rechtsverlust fortbestehen lässt. Nach *Opitz* in *Schäfer/Hamann,* KMG, § 28 WpHG Rn. 36 a, soll auch ein kollusives Zusammenwirken mit dem Erwerber zu Lasten der Gesellschaft den Rechtsverlust fortbestehen lassen.

Ungeachtet der Person des Erwerbers soll nach der wohl überwiegenden Ansicht der Rechtsverlust fortbestehen, wenn die betroffenen Aktien im Wege der **Gesamtrechtsnachfolge** übertragen werden.[48] Diese Meinung steht auf einer Linie mit der Auffassung, dass bei einer vollständigen (nicht partiellen) Gesamtrechtsnachfolge die bislang unerfüllte Mitteilungspflicht der verstorbenen Person oder des übertragenden Rechtsträgers auf den Erwerber (Erben oder übernehmenden Rechtsträger) übergeht (hierzu § 21 Rn. 16). Wegen der Personenbezogenheit kapitalmarktrechtlicher Beteiligungstransparenz geht jedoch weder die Mitteilungspflicht des bisherigen Aktionärs als solche auf den Gesamtrechtsnachfolger über, noch erwirbt der Gesamtrechtsnachfolger die betroffenen Aktien mit fortwirkendem Rechtsverlust. Bei einer Konzernverschmelzung bleibt der Rechtsverlust im Allgemeinen aber deshalb bestehen, weil die bislang von der übertragenden Gesellschaft gehaltenen Aktien im Zuge der Umwandlung nicht auf eine externe Person übergehen (siehe oben Rn. 21). Hiervon abgesehen wird mit der Übertragung der Aktien der bestehende Rechtsverlust auch im Fall der Gesamtrechtsnachfolge aufgehoben. Sofern der Erwerber aufgrund des Aktienerwerbs selbst eine der in § 21 Abs. 1 genannten Stimmanteilsschwellen berührt, wird dessen eigene Mitteilungspflicht begründet, wobei die Nichterfüllung dieser Pflicht zum Eintritt des Rechtsverlusts originär in seiner Person führt. 22

Schließlich endet der Rechtsverlust für sämtliche Aktionäre einer Gesellschaft, wenn diese ihren Status als Emittent im Sinne von § 21 Abs. 2 verliert, wenn also entweder ein **vollständiger Rückzug von der Börse** stattfindet oder die Aktien nicht mehr zum Handel an einem organisierten Markt zugelassen sind.[49] In diesem Fall gilt fortan die aktienrechtliche Beteiligungstransparenz nach §§ 20 f. AktG. 23

III. Zielrichtung des Rechtsverlusts

1. Betroffene Aktien und Aktionäre

Von der Sanktion des Rechtsverlusts sind stets die Aktien erfasst, die dem Meldepflichtigen gehören (zu Aktien Dritter Rn. 26) Die Sanktion ist **personenbezogenen** und stellt keine akzessorische Belastung der Aktien dar, weshalb der Rechtsverlust entfällt, soweit der Meldepflichtige die betroffenen Aktien Dritten zu Eigentum überträgt (hierzu Rn. 21). Der Rechtsverlust bezieht sich nur auf Aktien, die Stimmrechte verkörpern. Hält ein Meldepflichtiger neben Stammaktien, für die er seine Mitteilungspflicht verletzt hat, Vorzugsaktien ohne Stimmrecht, sind diese nicht vom Verlust der (Vermögens-)Rechte betroffen. Lediglich unter der Voraussetzung, dass das Stimmrecht der Vorzugsaktien gemäß § 140 Abs. 2 AktG besteht und der Meldepflichtige diese Stimmrechte (ebenfalls) nicht ordnungsgemäß mitteilt, sind die Vorzugsaktien vom Rechtsverlust erfasst.[50] 24

Der Rechtsverlust ist auf Aktien beschränkt. § 28 ist insbesondere nicht anwendbar auf Rechte zum Bezug von Aktien, die nicht in den vom Meldepflichtigen gehaltenen Aktien verkörpert sind (zB im Börsenhandel erworbene Be- 25

---

[48] Siehe nur *Opitz* in *Schäfer/Hamann*, KMG, § 28 WpHG Rn. 36 a.
[49] Ebenso *Opitz* in *Schäfer/Hamann*, KMG, § 28 WpHG Rn. 40.
[50] Die Frage des gattungsübergreifenden Rechtsverlusts ist bislang kaum erörtert.

§ 28 26 Abschnitt 5. Veränderungen des Stimmrechtsanteils

zugsrechte auf neue Aktien, Wandelschuldverschreibungen, Aktienoptionen). Auf die **Verbriefung** der vom Rechtsverlust betroffenen Aktien kommt es nicht an, da diese für die mitgliedschaftlichen Rechte oder deren Wegfall keine konstitutive Bedeutung hat. Zweifelsfragen ergeben sich in diesem Zusammenhang somit nicht; allenfalls hat die Art der Verbriefung Auswirkungen auf tatsächlicher Ebene (Zuordnung einzelner Aktien zum Bestand des Meldepflichtigen).[51] Bei Namensaktien hängt der Rechtsverlust nicht von der Eintragung des Meldepflichtigen im **Aktienregister** gemäß § 67 AktG ab, da die Eintragung keine notwendige Voraussetzung für die Inhaberschaft der Aktien ist (vgl. § 21 Rn. 32). Die Legitimationswirkung des § 67 Abs. 2 AktG, wonach gegenüber der Gesellschaft nur der im Register Eingetragene als Aktionär gilt,[52] hat für die Anwendung von § 28 keine Bedeutung. Sofern im Aktienregister für den Meldepflichtigen eine andere Person eingetragen ist (insbesondere ein Legitimationsaktionär), kann diese die Rechte aus den Aktien nicht ausüben, solange der meldepflichtige Aktionär seine Mitteilungspflicht nicht erfüllt. Keine Besonderheiten gibt es ferner bei gemeinschaftlich gehaltenen Aktien (vgl. zur Bruchteils- und Erbengemeinschaft § 21 Rn. 34), deren Rechte nur einheitlich ausgeübt werden können. Sofern hier ein Gemeinschaftsmitglied die in seiner Person begründete Mitteilungspflicht nicht erfüllt, entfallen die Rechte aus allen der Gemeinschaft zuzuordnenden Aktien. Eine Aufteilung nach Beteiligungsquoten findet im Rahmen des Rechtsverlusts nicht statt.[53]

26 Nach § 28 Satz 1 erfasst der Rechtsverlust auch Aktien, die dem pflichtwidrig handelnden Meldepflichtigen gemäß § 22 Abs. 1 Satz 1 Nr. 1 oder Nr. 2 zugerechnet werden. Dabei handelt es sich um die Zurechnung von Aktien, die einer Tochtergesellschaft (vgl. § 22 Abs. 3) des Meldepflichtigen gehören (Nr. 1) oder auf Rechnung des Meldepflichtigen von einem Dritten (insbesondere Treuhänder) gehalten werden (Nr. 2).[54] Der Rechtsverlust erstreckt sich dagegen nicht auf Stimmrechte aus Aktien, die der **Tochtergesellschaft** oder der **für Rechnung des Meldepflichtigen handelnden Person** ihrerseits gemäß § 22 Abs. 1 Satz 1 Nr. 3 bis Nr. 6 oder Abs. 2 zugerechnet werden und damit auch vom Meldepflichtigen bei seiner Stimmanteilsberechnung zu berücksichtigen sind (näher zur Kettenzurechnung § 22 Rn. 13 ff.). Dies folgt aus der in § 28 Satz 1 enthaltenen gesetzgeberischen Wertung, dass Stimmrechte aus Aktien, die dem Meldepflichtigen nach diesen Tatbeständen zugerechnet werden, nicht vom Rechtsverlust erfasst sein sollen (siehe unten). Daran kann sich nichts ändern, wenn die Zurechnung nach § 22 Abs. 1 Satz 1 Nr. 3 bis Nr. 6 oder Abs. 2 nicht auf Ebene des Meldepflichtigen, sondern auf Ebene der Tochtergesellschaft oder der für Rechnung des Meldepflichtigen handelnden Person erfolgt. In den Zu-

---

[51] Vgl. demgegenüber Opitz in Schäfer/Hamann, KMG, § 28 WpHG Rn. 32.
[52] § 67 Abs. 2 kommt auch dann zur Anwendung, wenn der Gesellschaft positiv bekannt ist, dass der Eingetragene materiell nicht Aktionär ist (siehe nur Gätsch in Marsch-Barner/Schäfer, Handbuch börsennotierte AG, § 4 Rn. 71).
[53] Nach Opitz in Schäfer/Hamann, KMG, § 28 WpHG Rn. 32, soll der Rechtsverlust lediglich den Aktienbestand betreffen, der sich aus der Quote des säumigen Meldepflichtigen ergibt.
[54] Die Wirkung des Rechtsverlusts wurde durch das Dritte Finanzmarktförderungsgesetz vom 24. März 1998 (BGBl. I S. 529) auf Rechte aus Aktien erweitert, die dem Meldepflichtigen nach § 22 Abs. 1 Satz 1 Nr. 2 zuzurechnen sind (vgl. Begr. RegE BT-Drucks. 13/8933, S. 95 f.).

rechnungsfällen nach § 22 Abs. 1 Satz 1 Nr. 1 und Nr. 2 tritt der Rechtsverlust bei den von der Zurechnung betroffenen Aktien infolge einer Pflichtverletzung des Meldepflichtigen auch ein, wenn der Tochtergesellschaft oder dem Dritten im Sinne von § 22 Abs. 1 Satz 1 Nr. 2 keine eigene Pflichtversäumnis vorgeworfen werden kann (weil diese konkret nicht selbst meldepflichtig sind oder eine etwa bestehende eigene Mitteilungspflicht ordnungsgemäß erfüllt haben).[55] Außerdem ist nicht erforderlich, dass sich die Pflichtverletzung des Meldepflichtigen gerade auf den gemäß § 22 Abs. 1 Satz 1 Nr. 1 oder Nr. 2 zuzurechnenden Stimmrechtsanteil bezieht.

Die nach § 28 Satz 1 bestehende externe Wirkung des Rechtsverlusts ist sachlich nur bei einem besonders engen Näheverhältnis zwischen dem Meldepflichtigen und dem Dritten gerechtfertigt, wie es vom Gesetzgeber hinsichtlich der Rechtsbeziehungen des Meldepflichtigen mit einer Tochtergesellschaft oder mit einem Dritten, der für Rechnung des Meldepflichtigen handelt, pauschal angenommen worden ist. Die Regelung des § 28 Satz 1 ist insoweit **abschließend.** In Zurechnungsfällen nach § 22 Abs. 1 Satz 1 Nr. 3 bis 6 und Abs. 2 erstreckt sich der vom Meldepflichtigen zu verantwortende Rechtsverlust demzufolge nicht auf Aktien der Dritten, aus denen dem Meldepflichtigen Stimmrechte zugerechnet werden. Das mag im Einzelfall zwar nicht vollständig nachvollziehbar sein,[56] ist aber die notwendige Folge daraus, dass der Gesetzgeber bei der Normierung der kapitalmarktrechtlichen Beteiligungstransparenz häufig nur eine generalisierende Betrachtung vornehmen kann.[57]

Die generalisierende Betrachtung des Gesetzgebers kann sich im Einzelfall für die sich selbst regelkonform verhaltenden Aktionäre, deren Aktien gemäß § 28 Satz 1 iVm § 22 Abs. 1 Satz 1 Nr. 1 oder Nr. 2 vom Rechtsverlust erfasst sind, nachteilig auswirken. Dies gilt vor allem im **Unternehmensverbund,** wenn die Tochtergesellschaften ihren Unternehmensgegenstand weitgehend unabhängig von der Betätigung der Muttergesellschaft und der anderen Konzerngesellschaften verfolgen. In diesem Zusammenhang ist auch von Bedeutung, dass eine Tochtergesellschaft im Sinne von § 22 Abs. 3 allein aufgrund der Beteiligungsverhältnisse vorliegen kann (vgl. § 290 Abs. 2 HGB), ohne dass die Muttergesellschaft über sie eine einheitliche Leitung ausübt. Im zwei- oder mehrstufigen Konzern tritt für Konzerngesellschaften nur dann kein Rechtsverlust ein, wenn sowohl das Unternehmen, dem die Aktien gehören, als auch alle im Konzern über diesem anzusiedelnden Unternehmen ihre etwa bestehenden Mitteilungspflichten erfüllen.[58] Eine gesetzliche **Informationspflicht** der höheren Konzerngesellschaften gegenüber weiter unten angesiedelten Aktiengesellschaften dürfte insoweit nicht bestehen, da die unteren Gesellschaften für ihre eigenen

---

[55] Siehe auch *Hildner,* Kapitalmarktrechtliche Beteiligungstransparenz verbundener Unternehmen, S. 58 f.

[56] So bleibt etwa dem Nießbraucher bei Verletzung seiner Mitteilungspflicht nach § 22 Abs. 1 Satz 1 Nr. 4 die Dividende erhalten (näher hierzu und zu anderen Beispielen *Schneider* in *Assmann/Schneider,* Rn. 50 ff.).

[57] Der übernahmerechtliche Rechtsverlust nach § 59 WpÜG betrifft auch Aktien, die gemeinsam mit dem Bieter handelnden Personen im Sinne von § 2 Abs. 5 WpÜG gehören.

[58] Vgl. *Opitz* in *Schäfer/Hamann,* KMG, § 28 WpHG Rn. 32; *Schneider* in *Assmann/ Schneider,* Rn. 43 ff. Erfüllungswirkung hat insoweit auch die zentral von einer Muttergesellschaft für die Tochtergesellschaft gemäß § 24 vorgenommene Stimmrechtsmitteilung.

§ 28 29, 30 Abschnitt 5. Veränderungen des Stimmrechtsanteils

Stimmrechtsmitteilungen Angaben über Aktiengeschäfte der übergeordneten Konzerngesellschaften grundsätzlich nicht benötigen (vgl. zur Informationspflicht einer Tochtergesellschaft gegenüber einer Muttergesellschaft § 22 Rn. 20f.).[59] Selbst wenn ein Unternehmen aufgrund eigener Kenntnis die Stimmrechtsmitteilung der übergeordneten Konzerngesellschaft abgeben könnte, besteht nach zutreffender Ansicht **keine Ermächtigung für eine solche Ersatzvornahme**.[60] Vielmehr kommt im Allgemeinen nur ein Schadensersatzanspruch des unmittelbar an einem Emittenten beteiligten Konzernunternehmens in Betracht, wenn ein übergeordnetes Konzernunternehmen seine Mitteilungspflicht verletzt und dadurch den Rechtsverlust nach § 28 Satz 1 iVm § 22 Abs. 1 Satz 1 Nr. 1 herbeiführt; die Anspruchsgrundlage ergibt sich im Wesentlichen aus dem allgemeinen Gesellschaftsrecht.[61]

29   Bei der Stimmrechtszurechnung nach § 22 Abs. 1 Satz 1 Nr. 2 ist es dagegen zumeist nachvollziehbar, wenn sich der Rechtsverlust gemäß § 28 Satz 1 auf die von dem Dritten für Rechnung des Meldepflichtigen gehaltenen Aktien erstreckt.[62] Insbesondere bei einer Treuhand liegt das wirtschaftliche Risiko aus den Aktien typischerweise beim Treugeber, was grundsätzlich bedeutet, dass der Treuhänder bei der Stimmrechtsausübung den Weisungen des Treugebers unterliegt.[63] Ein Eigeninteresse des Treuhänders an der Rechtsausübung besteht hier weitgehend nicht, so dass ihn die Sanktion des Rechtsverlustes nach § 28 nur unter besonderen Umständen persönlich betrifft (zB wenn sich seine Vergütung nach dem Umfang der Dividendenvereinnahmung bemisst).

2. Betroffene Aktionärsrechte

30   Der Rechtsverlust nach § 28 erfasst alle Rechte aus Aktien, die dem Meldepflichtigen gehören oder aus denen ihm Stimmrechte gemäß § 22 Abs. 1 Satz 1 Nr. 1 oder Nr. 2 zugerechnet werden. Die Mitgliedschaft als solche bleibt vom Rechtsverlust unberührt, der Meldepflichtige ist daher während der Dauer des Rechtsverlusts **weiterhin Aktionär** der Gesellschaft.[64] Treue- und Gleichbehandlungspflichten der Gesellschaft oder anderer Gesellschafter bestehen dem Meldepflichtigen gegenüber fort, soweit er nicht gerade aufgrund des Rechtsverlusts nach § 28 aus dem Schutzbereich des Rücksichtnahme- und Gleichbehandlungsgebots fällt. Der Meldepflichtige verliert nicht seine **Verfügungsbefugnis**

---

[59] Zweifelnd auch *Schneider* in *Assmann/Schneider*, Rn. 47.
[60] Siehe *Schneider/Schneider* ZIP 2006, 493, 497. Denkbar ist die Abgabe der Stimmrechtsmitteilung als Vertreter ohne Vertretungsmacht für die Muttergesellschaft mit der Möglichkeit der rückwirkenden Genehmigung entsprechend § 177 Abs. 1 BGB.
[61] Nach KölnKommWpHG-*Kremer/Oesterhaus*, Rn. 36 und *Opitz* in *Schäfer/Hamann*, KMG, § 28 WpHG Rn. 33, soll der Schadensersatzanspruch der betroffenen Tochtergesellschaft gegenüber dem seine Mitteilungspflicht verletzenden Gesellschafter aus der gesellschaftsrechtlichen Treuepflicht folgen (ähnlich *Schneider/Schneider* ZIP 2006, 493, 497). – Nur wenn das übergeordnete Konzernunternehmen seine Mitteilungspflicht bewusst und mit der Absicht verletzt, dass die Tochtergesellschaft wegen § 28 die Rechte aus den Aktien nicht ausüben kann (was praktisch kaum vorkommen dürfte), ist auch an einen Schadensersatzanspruch aus § 823 Abs. 1 (Mitgliedschaft als sonstiges Recht) oder aus § 826 BGB zu denken.
[62] Ebenso *Hüffer*, AktG, § 22 Anh. § 28 WpHG Rn. 2.
[63] Vgl. *Schneider/Schneider* ZIP 2006, 493, 497; *Schneider* in *Assmann/Schneider*, Rn. 49.
[64] KölnKommWpHG-*Kremer/Oesterhaus*, Rn. 68; *Schneider* in *Assmann/Schneider*, Rn. 40.

über die Aktien, insbesondere kann er die Aktien an Dritte übereignen (hierzu auch Rn. 21). Bei einer Kapitalerhöhung aus Gesellschaftsmitteln werden die neuen Aktien auch dem pflichtwidrig handelnden Meldepflichtigen gemäß § 212 AktG entsprechend seinem bisherigen Anteil am Grundkapital des Emittenten zugewiesen.[65]

Surrogate einer entzogenen Mitgliedschaft oder ein gesetzlicher Ausgleich für ihren Wegfall stehen ebenfalls dem Meldepflichtigen zu (zB eine gemäß § 327b AktG zu leistende Barabfindung oder die Lieferung von Gesellschaftsanteilen des übernehmenden Rechtsträgers an die außenstehenden Aktionäre einer übertragenden Gesellschaft im Rahmen einer umwandlungsrechtlichen Verschmelzung).[66] Dies gilt auch für das Einziehungsentgelt nach § 237 Abs. 2 AktG (näher zur Kapitalherabsetzung durch Einziehung § 21 Rn. 53).[67] Der Anspruch auf den Abwicklungsüberschuss nach § 271 AktG wird dagegen vom Rechtsverlust erfasst, was sich aus § 28 Satz 2 ergibt und auch in der Sache plausibel ist (näher hierzu Rn. 47).[68] 31

Neue **mitgliedschaftliche Individualverpflichtungen** dürfen dem Meldepflichtigen auch bei bestehendem Rechtsverlust nicht gegen seinen Willen auferlegt werden (zB nachträgliche Begründung von Nebenverpflichtungen; vgl. § 180 Abs. 1 AktG). Dies gilt entsprechend bei jeder Änderung mitgliedschaftlicher Rechte, deren Wirksamkeit der individuellen Zustimmung des betroffenen Aktionärs bedarf (zB bei nachträglicher Einführung der Vinkulierung von Namensaktien; vgl. § 180 Abs. 2 AktG). 32

Im Übrigen kann hinsichtlich der Rechte, die in den Anwendungsbereich von § 28 fallen, zwischen Verwaltungsrechten, Vermögensrechten und (quorumsbezogenen) sonstigen Rechten unterschieden werden.[69] Zu den **Verwaltungsrechten,** die von einem Rechtsverlust nach § 28 betroffen sind, gehören insbesondere: Das Recht zur Teilnahme an der Hauptversammlung (§ 118 Abs. 1 AktG), das Auskunfts-,[70] Frage- und Rederecht in der Hauptversammlung (§ 131 AktG), das Stimmrecht (§§ 133 ff. AktG) sowie das Gegenantragsrecht im Sinne von § 126 AktG (zum Einberufungs- und Ergänzungsverlangen siehe unten). Akzessorisch hierzu sind von § 28 auch die Einsichtnahmerechte von Aktionären im Vorfeld einer Hauptversammlung (zB §§ 175 Abs. 2, 293f Abs. 1, 327c Abs. 3 AktG, § 63 UmwG) erfasst. Das auf den gleichwohl an der Hauptversammlung teilnehmenden Meldepflichtigen entfallende Grundkapital ist bei der Berechnung des insgesamt vertretenen Grundkapitals nicht zu berücksichtigen.[71] Der Rechtsverlust er- 33

---

[65] KölnKommWpHG-*Kremer/Oesterhaus*, Rn. 70f.; *Opitz* in *Schäfer/Hamann*, KMG, § 28 WpHG Rn. 18; aA *Schneider* in *Assmann/Schneider*, Rn. 41.
[66] KölnKommWpÜG-*Kremer/Oesterhaus*, § 59 Rn. 74; KölnKommWpHG-*Kremer/ Oesterhaus*, Rn. 69ff.; *Opitz* in *Schäfer/Hamann*, KMG, § 28 WpHG Rn. 21ff.
[67] Ebenso KölnKommWpHG-*Kremer/Oesterhaus*, Rn. 72; *Opitz* in *Schäfer/Hamann*, KMG, § 28 WpHG Rn. 21; *Schwark*, § 28 WpHG Rn. 10; aA *Schneider* in *Assmann/ Schneider*, Rn. 39.
[68] Nach *Opitz* in *Schäfer/Hamann*, KMG, § 28 WpHG Rn. 19, soll dagegen der Abwicklungsüberschuss nicht vom Rechtsverlust nach § 28 erfasst sein.
[69] Einen Überblick über die verschiedenen Aktionärsrechte gibt zB *Mimberg* in *Marsch-Barner/Schäfer*, Handbuch börsennotierte AG, § 36 Rn. 4ff.
[70] OLG Schleswig ZIP 2006, 421, 423.
[71] KölnKommWpÜG-*Kremer/Oesterhaus*, § 59 Rn. 56; *Schneider/Schneider* ZIP 2006, 493, 495; *Schneider* in *Assmann/Schneider*, Rn. 31.

streckt sich ferner auf die **Anfechtungsbefugnis** des Aktionärs nach § 245 AktG, weshalb eine Anfechtungsklage des Meldepflichtigen, einer Tochtergesellschaft oder der für Rechnung des Meldepflichtigen handelnde Person als unbegründet abzuweisen ist (siehe Rn. 38). Der Meldepflichtige bleibt dagegen weiterhin zur Erhebung von Nichtigkeitsklagen befugt, da die Nichtigkeit von jedermann geltend gemacht werden kann, wenn das allgemeine Feststellungs- und Rechtsschutzinteresse vorliegt.[72]

34 Zu den von § 28 erfassten **Vermögensrechten** zählen der Anspruch auf Beteiligung am Bilanzgewinn (Dividendenrecht gemäß § 58 Abs. 4 AktG) sowie der Anspruch nach § 271 AktG auf Teilhabe an einem etwaigen Abwicklungsüberschuss (vgl. § 28 Satz 2). Hinzu kommen das Bezugsrecht auf junge Aktien im Rahmen von Kapitalerhöhungen (§ 186 Abs. 1 AktG) sowie gesetzlichen Bezugsrechte der Aktionäre auf von der Gesellschaft ausgegebene Wandel-, Options- und Gewinnschuldverschreibungen und Genussrechte (vgl. § 221 Abs. 4 AktG).[73]

35 **Sonstige – häufig quorumsabhängige – Rechte,** auf die sich der Rechtsverlust nach § 28 erstreckt, sind insbesondere:[74] Das Recht, die Einberufung der Hauptversammlung oder die Ergänzung/Erweiterung der Tagesordnung zu verlangen (§ 122 Abs. 1 oder Abs. 2 AktG), die Befugnis, einen Antrag auf gerichtliche Bestellung von Sonderprüfern einzureichen (§ 142 Abs. 2 und Abs. 4 AktG) sowie die Antrags- und Klagerechte von Aktionären zur Durchsetzung von Schadensersatzansprüchen der Gesellschaft gegenüber Gründern und Mitgliedern von Verwaltungsorganen (§ 147 Abs. 2 oder § 148 Abs. 1 AktG). Auch das Recht eines Hauptaktionärs nach § 327a Abs. 1 AktG, die Einberufung einer Hauptversammlung zu verlangen, die über den Ausschluss der Minderheitsaktionäre (Squeeze-Out) beschließt, ist vom Rechtsverlust nach § 28 erfasst (siehe zu den Folgen einer gleichwohl einberufenen Hauptversammlung Rn. 50).[75] Nichts anderes gilt für das Recht, einen Ausschluss der übrigen Aktionäre gemäß § 39a WpÜG zu beantragen.

IV. Folgen des Rechtsverlusts und unzulässiger Rechtsausübung

1. Verwaltungsrechte

36 Für die Zeit des Rechtsverlustes entfallen die Verwaltungsrechte aus den betroffenen Aktien endgültig. Die Nachholung der geforderten Stimmrechtsmitteilung lässt die Verwaltungsrechte lediglich *ex nunc* wiederaufleben (hierzu schon Rn. 19). Maßgeblich ist der **Zeitpunkt der Geltendmachung des jeweiligen Aktionärsrechts.** Wenn einem Meldepflichtigen unter Bezugnahme auf den Rechtsverlust der Zutritt zur Hauptversammlung verwehrt wird, kann er die

---

[72] Siehe nur *Hüffer*, AktG, § 249 Rn. 4; *Tschauner* in *Geibel/Süßmann*, WpÜG, § 59 Rn. 43.
[73] *Opitz* in *Schäfer/Hamann*, KMG, § 28 WpHG Rn. 17.
[74] Vgl. ergänzend die Aufstellung bei *Opitz* in *Schäfer/Hamann*, KMG, § 28 WpHG Rn. 31.
[75] Ebenso *Opitz* in *Schäfer/Hamann*, KMG, § 28 WpHG Rn. 31a; *Schäfer* in *Marsch-Barner/Schäfer*, Handbuch börsennotierte AG, § 17 Rn. 49; *Schneider/Schneider* ZIP 2006, 493, 495.

Stimmrechtsmitteilung nachholen und ist ab diesem Zeitpunk teilnahmeberechtigt. Eine Pflicht des Emittenten, dem betroffenen Aktionär den beabsichtigten Ausschluss von der Hauptversammlung bereits im Vorfeld anzukündigen, besteht nicht. Wenn sich erst während der Hauptversammlung herausstellt, dass ein teilnehmender Aktionär von einem Rechtsverlust betroffen ist, kann (nicht: muss) diesem Gelegenheit gegeben werden, seine Mitteilungspflicht gegenüber dem Emittenten und der BaFin zu erfüllen und dadurch sein Teilnahme- und Stimmrecht wiederaufleben zu lassen. Eine Pflicht des Versammlungsleiters zur Unterbrechung der Hauptversammlung besteht auch dann nicht, wenn bereits in die Beschlussfassung eingetreten wurde (vgl. aber Rn. 37).

Eine **Zurückweisung des Aktionärs** von seiner Teilnahme an oder der 37 Rechtsausübung in der Hauptversammlung durch den für den Emittenten auftretenden Versammlungsleiter setzt indes weiter voraus, dass der Rechtsverlust in der Person des Aktionärs mit **hinreichender Gewissheit** besteht.[76] Bei dieser Einschränkung der Leitungsbefugnisse des Versammlungsleiters handelt es sich nicht um eine Besonderheit im Rahmen des Rechtsverlusts nach § 28, sondern um einen allgemein für die Durchführung von Hauptversammlungen geltenden Grundsatz. Hinreichende Gewissheit in diesem Sinne ist stets gegeben, wenn die Pflichtverletzung des Meldepflichtigen sowie sein Verschulden offenkundig sind (zB wenn die genaue, nicht gemäß § 21 Abs. 1 mitgeteilte Beteiligungshöhe des Meldepflichtigen bereits Inhalt einer Ad-hoc-Mitteilung oder übernahmerechtlicher Veröffentlichungen war). In einem solchen Fall ist die Zurückweisung des Aktionärs obligatorisch.[77] Liegt dagegen ein **komplexer Sachverhalt** vor, der schwierige rechtliche Wertungen erforderlich macht, kann nicht ohne weiteres von einer schuldhaften Pflichtverletzung des Meldepflichtigen ausgegangen werden. Dem betroffenen Aktionär ist in diesem Fall die Teilnahme an Hauptversammlung und Beschlussfassung zu gewähren.[78]

Der Rechtsverlust nach § 28 lässt auch die **Anfechtungsbefugnis** von Ak- 38 tionären entfallen.[79] Hieraus folgt im Rahmen der Anfechtungsklage eines Meldepflichtigen, einer Tochtergesellschaft des Meldepflichtigen (§ 22 Abs. 1 Satz 1 Nr. 1) oder eines für Rechnung des Meldepflichtigen handelnden Dritten (§ 22 Abs. 1 Satz 1 Nr. 2), dass eine Sachentscheidung des Gerichts nur erfolgen kann, wenn folgende Voraussetzungen gegeben sind: Der Anfechtungskläger war bereits zum Zeitpunkt der Beschlussfassung Aktionär der Gesellschaft (ein etwaiger Rechtsverlust zu diesem Zeitpunkt ändert an der Aktionärseigenschaft nichts),[80]

---

[76] Ähnlich *Opitz* in *Schäfer/Hamann*, KMG, § 28 WpHG Rn. 7.
[77] Vgl. *Schneider* in *Assmann/Schneider*, Rn. 72 f.
[78] Wird die Teilnahmeberichtigung eines Aktionärs bereits im Vorfeld einer Hauptversammlung von der Gesellschaft unter Hinweis auf § 28 bestritten und dem Aktionär die Zurückweisung angekündigt, kann der Aktionär – sofern die prozessrechtlichen Voraussetzungen vorliegen – Feststellungsklage mit dem Begehren erheben, dass seine Teilnahmeberechtigung durch das Gericht festgestellt wird. Hierfür kommt auch vorläufiger Rechtsschutz in Betracht. Der Aktionär muss sich nicht auf die Möglichkeit der Anfechtung der Beschlussfassung verweisen lassen.
[79] Siehe nur OLG Frankfurt a. M. NZG 2007, 553, 555; OLG Schleswig ZIP 2006, 421, 423. – Eine Beteiligung an Anfechtungsverfahren Dritter im Wege des Beitritts ist ebenfalls nicht möglich, OLG Schleswig ZIP 2006, 421, 423 f.
[80] Siehe zum Erfordernis der Aktionärseigenschaft nur *Hüffer*, AktG, § 245 Rn. 5 ff.; *Mimberg* in *Marsch-Barner/Schäfer*, Handbuch börsennotierte AG, § 37 Rn. 77 ff.

die Anfechtungsklage wurde fristgerecht erhoben (vgl. § 246 Abs. 1 AktG) und der Anfechtungskläger ist nicht von einem Rechtsverlust nach § 28 betroffen, wobei ggf. ein zunächst noch bestehender Rechtsverlust durch Nachholung der geforderten Stimmrechtsmitteilung bis zum Ablauf der Anfechtungsfrist aufgehoben werden kann.[81] Ein etwaiger zusätzlicher Rechtsverlust nach § 59 WpÜG bleibt hiervon unberührt.

39   Die **unzulässige Ausübung von Verwaltungsrechten** durch einen von der Sanktion des Rechtsverlusts betroffenen Aktionär kann – abhängig von der Art des ausgeübten Verwaltungsrechts – von Dritten (insbesondere von anderen Aktionären) geltend gemacht werden. Im Vordergrund steht in diesem Zusammenhang die Anfechtung von Beschlussfassungen der Hauptversammlung der Gesellschaft, an denen der betroffene Aktionär trotz bestehendem Rechtsverlust beteiligt war. Nach zutreffender Ansicht sind solche Hauptversammlungsbeschlüsse nicht *per se* nichtig, sondern gemäß den §§ 243 ff. AktG **anfechtbar**.[82] Das Gericht kann die Beschlussfassung nur für nichtig erklären (vgl. § 241 Nr. 5 AktG), wenn die unzulässige Stimmabgabe des betroffenen Aktionärs für das Beschlussergebnis relevant war.[83] Eine nach Beschlussfassung vorgenommene Nachholung der geforderten Stimmrechtsmitteilung ändert an der Unzulässigkeit der Stimmabgabe nichts, weil diese den Rechtsverlust lediglich *ex nunc* beseitigt (hierzu Rn. 36); möglich bleibt allerdings, wie auch bei anderen Verfahrensfehlern[84] von Hauptversammlungsbeschlüssen, ein Bestätigungsbeschluss gemäß § 244 Satz 1 AktG, sobald die Stimmrechtsmitteilung nachgeholt wurde.[85] Der Anfechtungskläger hat zur Geltendmachung der unzulässigen Stimmrechtsausübung Tatsachen vorzutragen, aus denen sich die Nichterfüllung der Mitteilungspflicht durch den Meldepflichtigen – ggf. mit Wirkung zum Nachteil der in § 22 Abs. 1 Satz 1 Nr. 1 oder Nr. 2 bezeichneten Dritten – schlüssig ergibt. Hierfür ist eine Behauptung ins Blaue hinein, dass der Rechtsverlust bei der angefochtenen Beschlussfassung bestand, jedenfalls nicht ausreichend. Dies gilt auch unter Berücksichtigung dessen, dass der Anfechtungskläger häufig keinen genauen Einblick in Aktientransaktionen oder Strukturen eines Meldepflichtigen hat. Wenn auf Antrag der Gesellschaft nach Erhebung einer Anfechtungsklage ein **Freigabeverfahren** gemäß § 246a AktG oder §§ 319 Abs. 6, 327e Abs. 2 AktG oder § 16 Abs. 3 UmwG stattfindet, ist der Rechtsverlust in diesem Verfahren summarisch

---

[81] Näher hierzu auch *Opitz* in *Schäfer/Hamann*, KMG, § 28 WpHG Rn. 28. Nach *Schneider/Schneider* ZIP 2006, 493, 496, soll es dagegen für die Anfechtungsbefugnis „aus praktischen Gründen" auf den Zeitpunkt des Eingangs des Schriftsatzes bei Gericht ankommen.
[82] OLG Stuttgart NZG 2005, 432, 437; LG Berlin NZG 2004, 337, 338; LG Mannheim AG 2005, 780, 781; KölnKommWpÜG-*Kremer/Oesterhaus*, § 59 Rn. 57; KölnKommWpHG-*Kremer/Oesterhaus*, Rn. 49; *Opitz* in *Schäfer/Hamann*, KMG, § 28 WpHG Rn. 51; *Schneider/Schneider* ZIP 2006, 493, 498; *Schneider* in *Assmann/Schneider*, Rn. 38.
[83] Allgemein zum Relevanzerfordernis etwa *Hüffer*, AktG, § 243 Rn. 12 ff.; *Mimberg* in *Marsch-Berner/Schäfer*, Handbuch börsennotierte AG, § 37 Rn. 44 f. Siehe auch *Schneider/Schneider* ZIP 2006, 493, 498; *Schneider* in *Assmann/Schneider*, Rn. 28; *Schwark*, § 28 WpHG Rn. 11.
[84] Allgemein dazu *Grobecker/Kuhlmann* NZG 2007, 1, 2 mwN.
[85] Zutreffend OLG Stuttgart NZG 2005, 432, 437; *Kirschner* DB 2008, 623, 625; *Segna* AG 2008, 311, 318; aA LG Köln, Urteil vom 5. Oktober 2007, Az. 82 O 114/06 (in AG 2008, 336 insoweit nicht abgedruckt).

zu überprüfen.[86] In anderen Fällen hat die unzulässige Ausübung von Verwaltungsrechten oftmals keine Folgen, wenn zB in der Hauptversammlung auf Verlangen des betroffenen Aktionärs Auskünfte gemäß § 131 AktG erteilt wurden oder einem Aktionär unberechtigt Einsicht in ab der Einberufung der Hauptversammlung ausgelegten Unterlagen gewährt wurde (vgl. Rn. 33). Die unzulässige Rechtsausübung ist hier regelmäßig nicht relevant für das Ergebnis der Beschlussfassungen der Hauptversammlung und stellt auch sonst keine Verletzung von Rechten Dritter dar.

2. Vermögensrechte (auch zu § 28 Satz 2)

Soweit sich der Rechtsverlust nach § 28 auf die Ansprüche der Aktionäre auf Teilhabe am Bilanzgewinn (§ 58 Abs. 4 AktG) und auf Teilhabe am Abwicklungsüberschuss (§ 271 AktG) sowie auf gesetzlich bestehende Bezugsrechte bezieht, stellen sich komplexere Rechtsfragen als hinsichtlich des Wegfalls von Verwaltungsrechten. Dies hat zum einen damit zu tun, dass die auf die betroffenen Aktionäre (zu diesen Rn. 24 ff.) entfallenden Anteile an den **Dividenden** und **Liquidationserlösen** sowie **Bezugsrechte** anderen Personen (entweder der Gesellschaft oder anderen Aktionären) zugeordnet werden müssen. Zum anderen ist hier der Rechtsverlust aufgrund der Regelung des § 28 Satz 2 nicht notwendig endgültig, so dass zusätzlich die Frage nach der ordnungsgemäßen Behandlung der betroffenen Aktionäre während der sich aus § 28 Satz 2 ergebenden Schwebezeit oder bis zu einer rechtskräftigen Feststellung über den Rechtsverlust zu beantworten ist. Dabei fällt auf, dass der Verlust von Vermögensrechten in der Praxis – entgegen dem durch die ausführliche Behandlung des Themas in der Literatur möglicherweise entstehenden Eindruck – bislang keine größere Bedeutung erlangt hat. Dies kann in erster Linie damit erklärt werden, dass die Emittenten weder verpflichtet noch im Regelfall in der Lage sind, fortwährend zu überprüfen, ob bei den wesentlichen Aktionären oder den Personen, denen Stimmrechte nach § 22 Abs. 1 Satz 1 Nr. 1 oder Nr. 2 zugerechnet werden, gemäß § 21 Abs. 1 mitzuteilende Stimmanteilsveränderungen stattgefunden haben. Daher können die Emittenten im Allgemeinen davon ausgehen, dass die Mitteilungspflichten der Aktionäre ordnungsgemäß erfüllt worden sind, solange nicht Anhaltspunkte für Pflichtverletzungen vorliegen. Erkennt die Gesellschaft bei einem Meldepflichtigen versehentliche Pflichtversäumnisse, kann (nicht: muss) sie diesen auf die Rechtslage hinweisen. Selbst wenn von der Gesellschaft angenommene Pflichtverletzungen nicht abgestellt werden, ist die Zurückweisung der betroffenen Aktionäre ein zusätzlicher und besonders sorgfältig zu prüfender Schritt, insbesondere wenn sich die Sach- und Rechtslage hinsichtlich der Anwendung der §§ 21 f. als komplex darstellt und zur Frage des Rechtsverlusts eine andere Bewertung vertretbar ist. Dabei hat die Verwaltung der Gesellschaft jedoch auch zu bedenken, dass die anderen Aktionäre nicht ohne weiteres die Möglichkeit haben, eine unberechtigte Ausübung von Vermögensrechten rückgängig zu machen (wie etwa bei einer unzulässigen Stimmrechtsausübung durch einen vom Rechtsverlust betroffenen Großaktionär im Wege der Anfechtungsklage) oder so gestellt zu werden, als sei der Rechtsverlust beachtet worden. Letztlich verlagert sich die Thematik weitgehend in den Bereich der **allgemei-**

---

[86] Vgl. LG München II AG 2005, 52.

§ 28 41, 42 Abschnitt 5. Veränderungen des Stimmrechtsanteils

nen Sorgfaltspflichten der zuständigen Verwaltungsorgane (insbesondere § 93 Abs. 3 Nr. 1 AktG iVm dem Verbot der Einlagenrückgewähr nach § 57 AktG, gegen das bei Dividendenleistungen und sonstigen Auszahlungen an nicht berechtigte Aktionäre verstoßen wird), wobei in diesem Rahmen auch die bislang bestehende Rechtsunsicherheit bei der Behandlung (möglicherweise) verfallener Vermögensrechte zu berücksichtigen ist.

41   Maßgeblich für den Wegfall des Anspruchs auf Teilhabe am Bilanzgewinn ist der Zeitpunkt, in dem sich das in den Aktien verkörperte allgemeine Dividendenrecht nach § 58 Abs. 4 AktG zu einem Auszahlungsanspruch der Aktionäre konkretisiert. Dies ist der Moment der **Beschlussfassung der Hauptversammlung über die Verwendung des Bilanzgewinns**,[87] sofern aus dem Bilanzgewinn eine Ausschüttung an die Aktionäre vorgenommen werden soll (vgl. § 174 Abs. 2 Nr. 2 AktG). Die Aktionäre, die in diesem Zeitpunkt wegen der Sanktion des § 28 rechtelos sind, haben – vorbehaltlich der rückwirkenden Nachholung im Sinne von § 28 Satz 2 – keinen Anspruch auf Partizipation am Bilanzgewinn. Eine nach Fassung des Gewinnverwendungsbeschlusses, jedoch vor Auszahlung der Dividenden vorgenommene Veräußerung der betroffenen Aktien an einen Dritten (hierzu Rn. 21) lässt den Rechtsverlust lediglich *ex nunc* entfallen und kann damit den Dividendenanspruch nicht begründen. Außerdem wäre der Erwerber in diesem Fall auch ohne Anwendung von § 28 aktienrechtlich nicht dividendenberechtigt. Gibt der Meldepflichtige bis zur Fassung des Gewinnverwendungsbeschlusses eine zunächst versäumte oder unterlassene Stimmrechtsmitteilung ordnungsgemäß ab, besteht der Dividendenauszahlungsanspruch des betroffenen Aktionärs in voller Höhe. Eine **zeitanteilige Bemessung der Dividende** im Verhältnis des Zeitraums pflichtwidrigen Verhaltens zum Zeitraum beginnend ab der Pflichterfüllung bis zur Fassung des Gewinnverwendungsbeschlusses ist nicht sachgerecht und scheidet aus.[88]

42   Bei **vorsätzlichen Pflichtverletzungen,** die bis zur Fassung des Gewinnverwendungsbeschlusses nicht abgestellt sind,[89] haben die betroffenen Aktionäre in keinem Fall einen Anspruch auf Auszahlung von Dividenden (§ 28 Satz 2). Dem Meldepflichtigen obliegt insoweit der Entlastungsbeweis.[90] Vorsätzliches Handeln liegt nach allgemeinen Grundsätzen bereits vor, wenn der Meldepflichtige eine Pflichtverletzung billigend in Kauf genommen hat (Eventualvorsatz). Hiervon kann im vorliegenden Zusammenhang jedoch nicht ausgegangen werden, wenn die Sach- und Rechtslage komplex und indifferent ist und der Meldpflichtige das Unterlassen oder einen bestimmten Inhalt einer Mitteilung mit gu-

---

[87] Vgl. *Gelhausen/Bandey* WPg 2000, 497, 499; KölnKommWpÜG-*Kremer/Oesterhaus*, § 59 Rn. 59; KölnKommWpHG-*Kremer/Oesterhaus*, Rn. 53; *Opitz* in *Schäfer/Hamann*, KMG, § 28 WpHG Rn. 14; *Schneider/Schneider* ZIP 2006, 493, 496; *Schneider* in *Assmann/Schneider*, Rn. 33.

[88] Im Ergebnis ebenso *Gelhausen/Bandey* WPg 2000, 497, 500; KölnKommWpHG-*Kremer/Oesterhaus*, Rn. 76; *Opitz* in *Schäfer/Hamann*, KMG, § 28 WpHG Rn. 14; *Schneider* in *Assmann/Schneider*, Rn. 33; *Schneider/Schneider* ZIP 2006, 493, 496.

[89] Wenn der Meldepflichtige die geforderte Stimmrechtsmitteilung zunächst vorsätzlich unterlässt, dann aber zur Pflichterfüllung eine fahrlässig unrichtige Mitteilung abgibt, liegt von da an insgesamt nur fahrlässiges Verhalten des Meldepflichtigen vor (*Opitz* in *Schäfer/Hamann*, KMG, § 28 WpHG Rn. 38).

[90] Kritisch zur gesetzlichen Zuordnung der Beweislast KölnKommWpÜG-*Kremer/Oesterhaus*, § 59 Rn. 79; KölnKommWpHG-*Kremer/Oesterhaus*, Rn. 78.

ten Gründen vertreten kann. Holt ein Meldepflichtiger, der seine Mitteilungspflicht zunächst fahrlässig verkannt oder übersehen hat, nach Erfassung der Rechtslage die von ihm geforderte Stimmrechtsmitteilung bewusst nicht nach, handelt er ab diesem Zeitpunkt (mit Wirkung erst zum folgenden Gewinnverwendungsbeschluss) vorsätzlich. Für die Vergangenheit ist dagegen weiter von unvorsätzlichem Verhalten auszugehen.[91] Ein eigenständiger **kapitalmarktrechtlicher Vorsatzbegriff** ist nicht anzuerkennen, da er die Trennlinie zwischen (grober) Fahrlässigkeit und Eventualvorsatz zu Lasten der betroffenen Aktionäre verwischt.[92]

Ist die Mitteilungspflicht vorsätzlich verletzt worden, stehen die auf die betroffenen Aktien entfallenden Dividenden nach zutreffender Ansicht den anderen Aktionären zu.[93] Dies ergibt sich aus der Beschlussfassung der Hauptversammlung, einen bestimmten Betrag des Bilanzgewinns an die berechtigten Aktionäre auszuschütten (vgl. § 174 Abs. 2 Nr. 2 AktG). Ein Ausweis der rechnerischen Dividende je Aktie im Gewinnverwendungsbeschluss steht dem nicht entgegen, weil dieser Ausweis keine konstitutive Bedeutung hat, wenn die tatsächliche Anzahl der berechtigten Aktionäre von der angenommenen Gesamtzahl abweicht. Der Beschlussfassung nach § 174 Abs. 2 Nr. 2 AktG würde es widersprechen, wenn die auf die betroffenen Aktien entfallenden Dividenden im Rahmen des folgenden Gewinnverwendungsbeschlusses dann doch (anteilig) an die zurückgewiesenen Aktionäre ausgeschüttet würden.

43

Von der objektiven Betrachtung der Rechtslage zu unterscheiden ist – bei Anhaltspunkten für eine Pflichtverletzung (hierzu Rn. 42) – die **Perspektive des Emittenten,** die wesentlich von der Sorgfaltspflicht der Verwaltungsmitglieder beeinflusst wird.[94] Verhaltensbestimmende Faktoren sind zum einen ihre Beurteilung der Sach- und Rechtslage sowie der konkrete Zeitpunkt der Entscheidungsfindung. Erfüllt ein zunächst säumiger Meldepflichtiger vor Fassung des Gewinnverwendungsbeschlusses seine Mitteilungspflicht, müssen die Dividenden auf die im Zeitpunkt der Beschlussfassung nicht mehr vom Rechtsverlust betroffenen Aktien ausbezahlt werden. Bei der Formulierung des mit der Einberufung der Hauptversammlung bekannt zu machenden Gewinnverwendungsvorschlags wird zweckmäßigerweise unterstellt, dass der Meldepflichtige die gefor-

44

---

[91] Anders wohl *Schneider/Schneider* ZIP 2006, 493, 500, für den Fall, dass die Stimmrechtsmitteilung nach Erkennen der Mitteilungspflicht nicht unverzüglich nachgeholt wird („In einem solchen Fall wird das zunächst heilbare Ruhen der Vermögensrechte nachträglich zu einem endgültigen Verlust"); zustimmend KölnKommWpHG-*Kremer/Oesterhaus*, Rn. 83.
[92] Gegen einen kapitalmarktrechtlichen Ansatz auch *Riegger*, FS Westermann, S. 1331, 1337 f. Siehe demgegenüber *Schneider/Schneider* ZIP 2006, 493, 499 f.; *Schneider* in *Assmann/Schneider*, Rn. 62 ff.
[93] Ebenso *Opitz* in *Schäfer/Hamann*, KMG, § 28 WpHG Rn. 42; *Schneider/Schneider* ZIP 2006, 493, 498; *Schneider* in *Assmann/Schneider*, Rn. 34. AA etwa KölnKommWpÜG-*Kremer/Oesterhaus*, § 59 Rn. 61; KölnKommWpHG-*Kremer/Oesterhaus*, Rn. 55 f.; *Riegger*, FS Westermann, S. 1331, 1341 ff. mwN.
[94] Zahlt der Vorstand einer Gesellschaft zB Dividenden an einen Aktionär aus, obwohl der Rechtsverlust zur Gewissheit der zuständigen Vorstandsmitglieder feststeht, kommt strafbares Verhalten (Untreue gemäß § 266 StGB) in Betracht (so *Schneider/Schneider* ZIP 2006, 493, 498 f., auch mit Hinweisen zur möglichen Betrugsstrafbarkeit eines Aktionärs im Fall eines von der Gesellschaft nicht erkannten Rechtsverlusts).

§ 28 **45** Abschnitt 5. Veränderungen des Stimmrechtsanteils

derte Stimmrechtsmitteilung bis zur Fassung des Gewinnverwendungsbeschlusses nachholt. Nur in dem (eher theoretischen) Fall, dass der Meldepflichtige bereits zuvor glaubhaft erklärt hat, die eindeutig erforderliche und von ihm vorsätzlich unterlassene Stimmrechtsmitteilung nicht bis zur Beschlussfassung abzugeben, kann dies bereits bei Bemessung des Ausschüttungsbetrags im Gewinnverwendungsvorschlag (vgl. § 170 Abs. 2 Nr. 1 AktG) berücksichtigt werden.[95] Sofern die Gesellschaft zu der Überzeugung gelangt, dass ein Meldepflichtiger im Zeitpunkt der Fassung des Gewinnverwendungsbeschlusses seine Mitteilungspflicht (noch) nicht ordnungsgemäß erfüllt hat, darf auf die vom Rechtsverlust gemäß § 28 betroffenen Aktien keine Dividende ausbezahlt werden.[96]

45 Die **weitere Verwendung einbehaltener Dividenden** hängt davon ab, ob für den Emittenten eine vorsätzliche Pflichtverletzung des Meldepflichtigen ersichtlich ist: Wenn der Emittent – ggf. nach sachkundiger Beratung durch einen Rechtsanwalt oder einer entsprechenden Einschätzung der BaFin – noch vor Ausbezahlung der Dividenden an die berechtigten Aktionäre (üblicherweise am Tag nach der ordentlichen Hauptversammlung) mit Gewissheit davon ausgehen kann, dass die Pflichtverletzung des Meldepflichtigen vorsätzlich erfolgt ist, erscheint es vertretbar, die auf die betroffenen Aktien entfallenden einbehaltenen Dividenden anteilig mit der regulären Dividende an die berechtigen Aktionäre auszubezahlen.[97] Geht der Emittent dagegen von einer allenfalls fahrlässigen Pflichtverletzung des Meldepflichtigen aus, besteht aus seiner Sicht die Möglichkeit der zurückwirkenden Nachholung der Stimmrechtsmitteilung (§ 28 Satz 2). Dementsprechend hat er ein vorläufiges Leistungsverweigerungs- oder Zurückbehaltungsrecht an dem vom Rechtsverlust erfassten Dividendenbetrag. Verweigert der Meldepflichtige glaubhaft und endgültig die Nachholung der Stimmrechtsmitteilung, darf der Dividendenbetrag gleichwohl nicht sofort an die übrigen Aktionäre ausgeschüttet werden, sondern ist von dem Emittenten bis zur rechtskräftigen Klärung der Dividendenberechtigung als Verbindlichkeit zu passivieren oder gemäß §§ 372 ff. BGB (mit Rücknahmerecht) zu hinterlegen. Wird der Rechtsverlust später rechtskräftig bestätigt (weil keine Nachholung erfolgt ist oder sich die Pflichtverletzung doch als vorsätzlich herausstellt), muss der Emittent den (hinterlegten) Dividendenbetrag für die Ausschüttung an die berechtigten Aktionäre verwenden, weil dies von der Hauptversammlung gemäß § 174 Abs. 2 Nr. 2 AktG beschlossen worden ist.[98]

---

[95] Vgl. *Gelhausen/Bandey* WPg 2000, 497, 501 f.
[96] Bei unklarer Rechtslage hinsichtlich des Bestehens der Mitteilungspflicht und des korrekten Inhalts einer Stimmrechtsmitteilung kommt ggf. eine Hinterlegung der Dividenden nach den §§ 372 ff. BGB in Betracht.
[97] Vgl. KölnKomm*WpÜG-Kremer/Oesterhaus*, § 59 Rn. 60. Anders nach der Ansicht, die eine Ausschüttung an die anderen Aktionäre ablehnt (hierzu Rn. 43).
[98] Empfänger der nachträglich ausgeschütteten Dividenden sind die Personen, die im Zeitpunkt der Fassung des jeweiligen Gewinnverwendungsbeschlusses berechtigte Aktionäre der Gesellschaft waren. Denn mit der Beschlussfassung wird ein individueller Zahlungsanspruch dieser Aktionäre begründet, der von der Mitgliedschaft losgelöst ist und bei einem Verkauf der Aktien nach Fassung des Beschlusses aktienrechtlich nicht auf den Erwerber übergeht. Frühere berechtigte Aktionäre, die nicht mehr bekannt sind, könnten öffentlich (insbesondere im elektronischen Bundesanzeiger) aufgefordert werden, ihren Anspruch gegenüber der Gesellschaft unter Nachweis ihre Aktionärsstellung zum maßgeblichen Zeitpunkt geltend zu machen.

Wird dem Emittenten der Rechtsverlust nach § 28 dagegen erst nach Ausbezahlung von Dividenden an unberechtigte Aktionäre bekannt, ist der Vorstand der Gesellschaft verpflichtet, gemäß § 62 AktG die **Rückzahlung der Auszahlungsbeträge** an die Gesellschaft zu verlangen.[99] Dies gilt zunächst unabhängig davon, ob die Möglichkeit einer rückwirkenden Heilung besteht. Holt der Meldepflichtige daraufhin die geforderte Stimmrechtsmitteilung nach, kann er bereits ausbezahlten Dividenden nur insoweit behalten, als der entsprechende Gewinnverwendungsbeschluss zu Zeiten fehlenden Vorsatzes des Meldepflichtigen gefasst worden ist. Im Übrigen ist der Rückzahlungsanspruch von der Gesellschaft weiterzuverfolgen. 46

Der **Liquidationserlös nach § 271 AktG** ist von der Sanktion des Rechtsverlusts ebenfalls erfasst, was sich unmittelbar aus § 28 Satz 2 ergibt.[100] Der Liquidationserlös ist **kein Surrogat** der Mitgliedschaft im engen Sinne, da die Auszahlung des Abwicklungsüberschusses an die Aktionäre weder Einfluss auf den Bestand der Mitgliedschaft hat, noch vom Erlöschen der Mitgliedschaft abhängt.[101] Vielmehr ist der Anspruch auf Teilhabe am Liquidationserlös nach seiner Konkretisierung (durch Eintritt der Verteilungsvoraussetzungen) ein Gläubigerrecht der Aktionäre.[102] Dessen ungeachtet dürfte der Verlust des Anspruchs auf den Abwicklungsüberschuss kaum relevant werden. Zwar bleibt nach der Verwaltungspraxis der (inländischen) Wertpapierbörsen die Börsennotierung des Emittenten im Fall der Auflösung gemäß § 262 AktG (insbesondere durch Eröffnung des Insolvenzverfahrens) grundsätzlich bestehen. Es kommt allerdings äußerst selten vor, dass sich Emittenten im Abwicklungsstadium befinden und die Aktionäre die Auszahlung eines Liquidationserlöses erwarten können. Falls dennoch ein solcher Sachverhalt vorliegt, ist für den Rechtsverlust nach § 28 der Zeitpunkt des Eintritts der gesetzlichen Verteilungsvoraussetzungen maßgeblich.[103] Sofern ein Meldepflichtiger in diesem Zeitpunkt seine Mitteilungspflicht nicht erfüllt hat, kann an ihn oder die in § 28 Satz 1 iVm § 22 Abs. 1 Satz 1 Nr. 1 und Nr. 2 bezeichneten Dritten (vorerst) kein Liquidationserlös ausbezahlt werden. 47

Der **Verlust des Bezugsrechts auf junge Aktien** (§ 186 Abs. 1 AktG) und andere von der Gesellschaft ausgegebene Finanzinstrumente (§ 221 Abs. 4 AktG) 48

---

[99] Vgl. *Gelhausen/Bandey* WPg 2000, 497, 500 und 503; *Hüffer*, AktG, § 20 Rn. 17; KölnKommWpÜG-*Kremer/Oesterhaus*, Rn. 58; *Opitz* in *Schäfer/Hamann*, KMG, § 59 Rn. 63; KölnKommWpHG-*Kremer/Oesterhaus*, § 59 WpHG Rn. 47; *Riegger*, FS Westermann, S. 1331, 1340; *Schäfer* in *Marsch-Barner/Schäfer*, Handbuch börsennotierte AG, § 17 Rn. 52; *Schneider* in *Assmann/Schneider*, Rn. 35. Nach *Schneider/Schneider* ZIP 2006, 493, 498, soll sich der Rückzahlungsanspruch der Gesellschaft dagegen aus § 812 Abs. 1 Satz 1, 1. Alt. BGB ergeben.

[100] Gleichwohl aA *Opitz* in *Schäfer/Hamann*, KMG, § 28 WpHG Rn. 19.

[101] Die Mitgliedschaft endet erst mit Vollbeendigung der Gesellschaft im Zuge einer Auflösung gemäß den §§ 262 ff. AktG (vgl. nur *Hüffer*, AktG, § 262 Rn. 2 f.; *Mimberg* in *Marsch-Barner/Schäfer*, Handbuch börsennotierte AG, § 36 Rn. 15). – Anders *Opitz* in *Schäfer/Hamann*, KMG, § 28 WpHG Rn. 19.

[102] Hierzu etwa *Hüffer*, AktG, § 271 Rn. 2.

[103] Näher zu diesen Voraussetzungen *Hüffer*, AktG, § 271 Rn. 3 f. Nach KölnKommWpÜG-*Kremer/Oesterhaus*, § 59 Rn. 68 und KölnKommWpHG-*Kremer/Oesterhaus*, Rn. 66, soll dagegen der Zeitpunkt des Auflösungsbeschlusses (§ 262 AktG) entscheidend sein.

Abschnitt 5. Veränderungen des Stimmrechtsanteils

nach § 28 ist endgültig und kann auch im Fall fahrlässiger Pflichtverletzungen nicht rückwirkend geheilt werden. Maßgeblich für die Beurteilung des Rechtsverlusts ist hier der **Zeitpunkt des Entstehens der Bezugsrechte**. Abzustellen ist also – sofern das Bezugsrecht nicht ausgeschlossen wird – auf die Beschlussfassung der Hauptversammlung über die Kapitalerhöhung gegen Einlagen, das Vorliegen des Kapitalerhöhungsbeschlusses von Vorstand und Aufsichtsrat bei einer Kapitalerhöhung aus genehmigtem Kapital oder den Beschluss der Hauptversammlung über die Ausgabe der in § 221 AktG bezeichneten Finanzinstrumente.[104] Da bei einer Kapitalerhöhung gegen Einlagen die neuen Aktien regelmäßig auch insoweit entstehen (vor allem im Fall des mittelbaren Bezugsrechts), als sie auf den Anteil nicht bezugsberechtigter Aktionäre entfallen,[105] stellt sich die Frage nach der Zuordnung der nicht bezugsrechtsgebundenen neuen Aktien. Nach zutreffender Ansicht stehen diese Aktien dem Emittenten zur Verwertung zu,[106] wobei im Fall des mittelbaren Bezugsrechts die Verwertung durch das Bankenkonsortium übernommen werden kann.[107] Wenn der Rechtsverlust allerdings erst nach Lieferung der neuen Aktien an einen nicht bezugsberechtigten Aktionär der Gesellschaft bekannt wird, ist der Aktionär nach zutreffender Ansicht verpflichtet, der Gesellschaft **den Wert der von ihm unberechtigt ausgeübten Bezugsrechte** gemäß § 62 AktG zu erstatten.[108] Eine Pflicht zur – unentgeltlichen – Rückübertragung der bezogenen Wertpapiere (neue Aktien oder ausgegebene Finanzinstrumente) an die Gesellschaft zur eigenständigen Verwertung besteht dagegen nicht,[109] da dies über das Maß der ungerechtfertigten „Bereicherung" des betroffenen Aktionärs hinausgehen würde.

3. Sonstige (insbesondere quorumsabhängige) Rechte

49 Bei den sonstigen in den Anwendungsbereich von § 28 fallenden Aktionärsrechten (siehe Rn. 35) ist für die Beurteilung des Rechtsverlusts jeweils der Zeitpunkt maßgeblich, in dem die entsprechende Rechtsposition ausgeübt oder geltend gemacht wird (zB der Zeitpunkt eines an den Vorstand der Gesellschaft gerichteten Einberufungsverlangens nach § 122 Abs. 1 AktG oder der Zeitpunkt eines beim zuständigen Gericht gestellten Klagezulassungsantrags nach § 148 Abs. 1 AktG). Die Ausübung solcher Rechte erfolgt im Unterschied zu den aus-

---

[104] Vgl. *Opitz* in *Schäfer/Hamann*, KMG, § 28 WpHG Rn. 15 ff.; *Schneider/Schneider* ZIP 2006, 493, 496; *Schneider* in *Assmann/Schneider*, Rn. 36; *Tschauner* in *Geibel/Süßmann*, WpÜG, § 59 Rn. 28 ff.

[105] Anders allenfalls bei der sog. Bis-zu-Kapitalerhöhung (Höchstbetragskapitalerhöhung) unter Einräumung eines unmittelbaren Bezugsrechts (hierzu *Busch* in *Marsch-Barner/Schäfer*, Handbuch börsennotierte AG, § 39 Rn. 11 f.), wenn der Rechtsverlust nach § 28 feststeht und dem bezugswilligen, vom Rechtsverlust betroffenen Aktionär bereits die Bezugsberechtigung abgesprochen werden kann.

[106] *Busch* in *Marsch-Barner/Schäfer*, Handbuch börsennotierte AG, § 39 Rn. 43; KölnKommWpÜG-*Kremer/Oesterhaus*, § 59 Rn. 66; KölnKommWpHG-*Kremer/Oesterhaus*, Rn. 61; *Krieger* in MünchHdb. AG, § 68 Rn. 140 b, 163. AA *Schneider* in *Assmann/Schneider*, Rn. 36.

[107] Siehe *Opitz* in *Schäfer/Hamann*, KMG, § 28 WpHG Rn. 43.

[108] *Opitz* in *Schäfer/Hamann*, KMG, § 28 WpHG Rn. 50; *Hüffer*, AktG, § 20 Rn. 17; *Schwark*, § 28 WpHG Rn. 11; KölnKommWpÜG-*Kremer/Oesterhaus*, § 59 Rn. 66; KölnKommWpHG-*Kremer/Oesterhaus*, Rn. 62.

[109] So aber *Schneider* in *Assmann/Schneider*, Rn. 36.

schließlich in der Hauptversammlung ausübbaren Verwaltungsrechten und den Vermögensrechten grundsätzlich **nicht stichtagsbezogen.** Bis zur Grenze der Verwirkung (und vorbehaltlich der gesetzlichen Voraussetzungen der Rechtsausübung) können die sonstigen Rechte daher jederzeit geltend gemacht werden, also zB auch unmittelbar nach Aufhebung eines Rechtsverlusts infolge der Nachholung der geforderten Stimmrechtsmitteilung. Falls das Recht zunächst geltend gemacht worden ist, als der Aktionär noch vom Rechtsverlust betroffen war, kann der Aktionär durch ordnungsgemäße Abgabe der ausstehenden Stimmrechtsmitteilung faktisch eine Heilungswirkung erreichen, sofern sein Verlangen nicht bereits wegen des Rechtsverlusts zurückgewiesen worden ist (dann ist ein erneute Rechtsausübung erforderlich).[110]

Die quorumsabhängigen Rechte sind häufig darauf gerichtet, dass der Vorstand der Gesellschaft eine bestimmte Handlung vornimmt (zB Einberufung einer Hauptversammlung nach § 327a Abs. 1 AktG, die über den Ausschluss von Minderheitsaktionären beschließt) oder dass ein Gericht eine bestimmte Entscheidung erlässt (zB Klagezulassungsverfahren nach § 148 AktG). Insoweit stellt sich die Frage, ob die Wirksamkeit der dem Verlangen oder dem Antrag eines Aktionärs nachkommenden Maßnahmen oder Entscheidungen davon abhängt, dass auch das Verlangen selbst berechtigt war. War etwa ein Hauptaktionär im Zeitpunkt des Verlangens gemäß § 327a Abs. 1 AktG mit seinen – mehr als 95% des Grundkapitals repräsentierenden – Aktien (unerkannt) vom Rechtsverlust nach § 28 betroffen, lassen sich – je nach Fortgang des Verfahrens – die Einberufung der Hauptversammlung, die entsprechende Beschlussfassung über den Ausschluss der Minderheitsaktionäre sowie die Eintragung des Übertragungsbeschlusses in das Handelsregister nicht auf ein berechtigtes Begehren des Hauptaktionärs zurückführen. In diesem Fall sind die **einzelnen Vollzugsschritte vom Rechtsverlust** im Zeitpunkt des Verlangens nach § 327a Abs. 1 AktG infiziert.[111] Denn schon die Einberufung der Hauptversammlung durch den Vorstand war hier unberechtigt und stellt damit keine ordnungsgemäße Grundlage für die weiteren Vollzugsschritte dar, sofern der Hauptaktionär die geforderte Stimmrechtsmitteilung nicht rechtzeitig nachholt. Diese Grundsätze gelten bei Gerichtsentscheidungen entsprechend. Allerdings ist ein Aktionär auch dann befugt, Ersatzansprüche der Gesellschaft gegenüber Gründern oder Organmitgliedern nach Maßgabe von § 148 AktG geltend zu machen, wenn dem **rechtskräftigen** Klagezulassungsverfahren nach § 148 Abs. 1 AktG ein wegen Rechtsverlusts nach § 28 (unerkannt) unberechtigter Antrag zugrunde lag. 50

V. Sonstige Folgen von Mitteilungspflichtverletzungen

Durch die Anwendung von § 28 sind sonstige Sanktionen und Folgen von Mitteilungspflichtverletzungen nicht generell ausgeschlossen. Vor allem bleiben die Befugnisse der BaFin unberührt, Pflichtverstöße mit einer Geldbuße zu ahn- 51

---

[110] Hat zB ein Aktionär, der mit 5% am Grundkapital der Gesellschaft beteiligt ist, einen Klagezulassungsantrag nach § 148 Abs. 1 AktG gestellt, als er noch von einem Rechtsverlust nach § 28 betroffen war, kann er während des Verfahrens seine Antragsbefugnis durch Nachholung der geforderten Stimmrechtsmitteilung erreichen und dadurch die Klageabweisung (wegen Rechtsverlusts) verhindern. Siehe auch *Opitz* in *Schäfer/Hamann,* KMG, § 28 Rn. 53.
[111] Siehe auch LG Mannheim AG 2005, 780.

§ 28 52   Abschnitt 5. Veränderungen des Stimmrechtsanteils

den (vgl. § 39 Abs. 2 Nr. 2 e) und die nach § 21 Abs. 1 begründeten Mitteilungspflichten mit Mitteln des Verwaltungszwanges durchzusetzen (siehe insbesondere § 4 Abs. 6). Nach einer Ansicht in der Literatur soll weiter zu beachten sein, dass die Tatsache der Nichterfüllung von Mitteilungspflichten, d. h. der Eintritt des Rechtsverlusts nach § 28, eine **Insiderinformation** darstellen kann, die von dem Emittenten selbst oder dem betroffenen Aktionär oder Meldepflichtigen (soweit es sich bei diesen ihrerseits um Emittenten handelt) gemäß § 15 in einer Ad-hoc-Mitteilung bekannt zu machen ist.[112] Darüber hinaus soll das Erreichen, Über- oder Unterschreiten einer Meldeschwelle als solches eine Insiderinformation sein, die es dem Meldepflichtigen gemäß § 14 verbiete, weitere Aktien des Emittenten zu erwerben oder zu veräußern, solange die geforderte Stimmrechtsmitteilung nicht veröffentlicht ist.[113] Abgesehen davon, dass sich das Verbot von Insidergeschäften in diesem Fall auch auf andere Insider und andere Handlungen (Weitergabe von Insiderinformationen, Empfehlung des Erwerbs oder der Veräußerung der Insiderpapiere) erstrecken würde, ist zweifelhaft, ob diese Rechtsfolgen (*Ad-hoc*-Pflicht und Insiderverbot) bestehen. Im Ansatz ist schon fraglich, ob eine gemäß § 21 Abs. 1 mitzuteilende Stimmanteilsveränderung oder der Eintritt eines Rechtsverlusts nach § 28 eine kurserhebliche Insiderinformation darstellt (vgl. Vor §§ 21 bis 30 Rn. 33). Eine Geeignetheit zur Kursbeeinflussung dürfte hier nur im Ausnahmefall bestehen, nämlich wenn sich der Rechtsverlust mit hinreichender Wahrscheinlichkeit erheblich auf die Belange des Emittenten oder der anderen Aktionäre auswirken wird. Eine solche Wahrscheinlichkeit ist bei unklarer Rechtslage oder bei bestehender Möglichkeit des Meldepflichtigen, die geforderte Stimmrechtsmitteilung nachzuholen, nicht gegeben. Im Übrigen würde es sich bei einem weiteren Hinzuerwerb dieser Aktien (Insiderpapiere) oder der fortgesetzten Veräußerung dieser Aktien durch den Meldepflichtigen lediglich um die Umsetzung eines zuvor gefassten Entschlusses handeln, die nach zutreffender Ansicht nicht unter das Insiderverbot fällt.[114]

52   Aus zivilrechtlicher Sicht ist umstritten, ob und unter welchen Voraussetzungen eine Verletzung von gemäß §§ 21 ff. begründeten Mitteilungs- und Veröffentlichungspflichten **Schadensersatzansprüche Dritter** (des Emittenten selbst oder von Kapitalanlegern) gegenüber dem Meldepflichtigen auslösen kann. Eine Anspruchsgrundlage ist in Abschnitt 5 des Wertpapierhandelsgesetzes nicht normiert; sie kann sich allenfalls aus dem **allgemeinen Haftungsrecht** ergeben. Im Verhältnis zum Emittenten folgt nach zutreffender Ansicht aus der Mitteilungspflicht nach § 21 Abs. 1 Satz 1 ein auf Pflichterfüllung gerichteter (gesetzlicher) Leistungsanspruch (siehe § 21 Rn. 60). Ausgehend hiervon sind Nichterfüllungsansprüche des Emittenten gegenüber einem Meldepflichtigen denkbar, wenn dieser zur Erfüllung seiner Mitteilungspflicht vergeblich aufgefordert worden und dem Emittenten in der Folge ein Schaden entstanden ist (zB nach einer erfolgreichen Anfechtung eines Hauptversammlungsbeschlusses, der von dem von § 28 betroffenen Meldepflichtigen mitgetragen worden ist).

---

[112] So *Schneider/Schneider* ZIP 2006, 493, 498.
[113] *Schneider* AG 1997, 81, 86; *Schneider* in *Assmann/Schneider*, Rn. 75.
[114] Insoweit auch KölnKomm*WpÜG*-*Kremer/Oesterhaus*, § 59 Rn. 84; KölnKomm-*WpHG*-*Kremer/Oesterhaus*, Rn. 85; *Opitz* in *Schäfer/Hamann*, KMG, § 28 WpHG Rn. 59; *Tschauner* in *Geibel/Süßmann*, WpÜG, § 59 Rn. 76; aA *Schneider* in *Assmann/Schneider*, Rn. 75.

Ferner wird die Ansicht vertreten, es handle sich bei der Nichterfüllung der 53
Mitteilungspflicht um eine **aktienrechtliche Treuepflichtverletzung** des Meldepflichtigen, die Schadensersatzansprüche des geschädigten Emittenten begründen könne.[115] Doch ist die Anwendbarkeit der Rechtsfigur der gesellschaftsrechtlichen Treuepflicht auf Fälle von Mitteilungspflichtverletzungen aus praktischen und rechtlichen Gründen zweifelhaft: Zum einen wird ein Meldepflichtiger die Mitteilungspflicht selten zielgerichtet mit der Absicht verletzen, dem Emittenten einen Schaden zuzufügen. Zum anderen müsste die ordnungsgemäße Erfüllung der Mitteilungspflicht nach § 21 Abs. 1 Inhalt der aktienrechtlichen Treuepflicht sein. Davon ist jedoch schon deshalb nicht auszugehen, weil das Entstehen der Mitteilungspflicht die Aktionärseigenschaft der Meldepflichtigen nicht generell voraussetzt (vgl. § 22).

Im Verhältnis eines pflichtwidrig handelnden Meldepflichtigen zu Kapitalanlegern, die behaupten, im Zusammenhang mit einer unterlassenen und unrichtigen Stimmrechtsmitteilung einen Vermögensschaden (Kursverlust oder entgangenen Gewinn) erlitten zu haben, kommen grundsätzlich nur deliktische Anspruchsgrundlagen in Betracht. Dabei scheidet eine Haftung aus § 823 Abs. 2 BGB nach zutreffender Ansicht aus, weil die Mitteilungs- und Veröffentlichungspflichten gemäß §§ 21 ff. allein den **Funktionenschutz des Kapitalmarkts** bezwecken (näher hierzu Vor §§ 21 bis 30 Rn. 20 ff.) und daher keine Schutzgesetze im deliktsrechtlichen Sinne darstellen.[116] Auch § 28 ist als Sanktionsnorm kein solches Schutzgesetz,[117] so dass § 823 Abs. 2 BGB nicht zur Anwendung kommt, wenn Dividenden oder Liquidationserlöse entgegen § 28 an nichtberechtigte Aktionäre ausbezahlt und dadurch den berechtigten Aktionäre vorenthalten werden. Nicht ausgeschlossen ist dagegen – wie auch sonst im Fall kapitalmarktrechtlicher Informationspflichtverletzungen – die Anwendung von § 826 BGB (Haftung wegen vorsätzlich sittenwidriger Schädigung, dazu im Einzelnen Vor §§ 37 b, 37 c Rn. 30 ff.). 54

§ 29 Richtlinien der Bundesanstalt

¹ **Die Bundesanstalt kann Richtlinien aufstellen, nach denen sie für den Regelfall beurteilt, ob die Voraussetzungen für einen mitteilungspflichtigen Vorgang oder eine Befreiung von den Mitteilungspflichten nach § 21 Abs. 1 gegeben sind.** ² **Die Richtlinien sind im elektronischen Bundesanzeiger zu veröffentlichen.**

Schrifttum: Vor §§ 21 bis 30.

---

[115] *Schneider* in *Assmann/Schneider*, Rn. 82.
[116] *Ebenso Schwark*, § 28 WpHG Rn. 14; *Opitz* in *Schäfer/Hamann*, KMG, § 28 WpHG Rn. 60; *Sudmeyer* in *Kuthe/Rückert/Sickinger*, Compliance-Handbuch Kapitalmarktrecht, 8. Kap. Rn. 110; *Veil* in *Schmidt/Lutter*, Anh. § 22: § 28 Rn. 8 (der sich jedoch für eine analoge Anwendung der §§ 37b, 37c ausspricht). AA *Starke*, Beteiligungstransparenz im Gesellschafts- und Kapitalmarktrecht, S. 261 ff.; *Schneider* in *Assmann/Schneider*, Rn. 79 ff.
[117] *Ebenso Opitz* in *Schäfer/Hamann*, KMG, § 28 WpHG Rn. 60; *Schwark*, § 28 WpHG Rn. 14; *Starke*, Beteiligungstransparenz im Gesellschafts- und Kapitalmarktrecht, S. 265 ff.

§ 29a   Abschnitt 5. Veränderungen des Stimmrechtsanteils

1   De Ermächtigung zur Aufstellung von Richtlinien im Sinne von § 29 besteht bereits seit Inkrafttreten des WpHG.[1] Bislang hat die BaFin (zuvor: das BAWe) von dieser Kompetenz **keinen Gebrauch** gemacht. Angesichts der nunmehr der Europäischen Kommission zugewiesenen Befugnisse zum Erlass von Durchführungsvorschriften, mit denen detaillierte Vorgaben für die Rechtsanwendung auf dem Gebiet der Beteiligungstransparenz gemacht werden,[2] erscheint die praktische Bedeutung von § 29 weiter eingeschränkt.

2   Im Übrigen hat die BaFin in anderer Form **Anwendungshinweise** zu den Mitteilungs- und Veröffentlichungspflichten nach §§ 21 ff. gegeben.[3] Eine solche Anleitung für die Praxis ist durch § 29 nicht ausgeschlossen.[4] Der mögliche Inhalt von Richtlinien gemäß § 29 betrifft nach dem Wortlaut der Ermächtigungsnorm ausschließlich die Voraussetzungen der Mitteilungspflicht (§§ 21 und 22) sowie die Nichtberücksichtigung von Stimmrechten (§ 23). Daher sind andere Regelungsbereiche von Abschnitt 5 des WpHG, insbesondere die Veröffentlichungspflichten, für eine Aufarbeitung in Form von Richtlinien nicht geeignet.[5] Der Zweck einer Richtlinie im Sinne von § 29 bestünde in ihrer **normkonkretisierenden Wirkung**.[6] Sie wäre damit Gegenstand und nicht Maßstab einer (gerichtlichen) Rechtskontrolle. Die praktische und rechtliche Bedeutung einer solchen Richtlinie läge in ihrem Beitrag zur Rechtssicherheit und zur Gleichbehandlung der Regelungsadressaten. Sachlich nicht gerechtfertige Abweichungen von einer durch Richtlinienerlass gefestigten einheitlichen Verwaltungspraxis der BaFin würden im Regelfall eine Verletzung von Rechten der betroffenen Meldepflichtigen darstellen.[7]

§ 29a Befreiungen

(1) **Die Bundesanstalt kann Inlandsemittenten mit Sitz in einem Drittstaat von den Pflichten nach § 26 Abs. 1 und § 26a freistellen, soweit diese Emittenten gleichwertigen Regeln eines Drittstaates unterliegen oder sich solchen Regeln unterwerfen.**

(2) [1]Emittenten, denen die Bundesanstalt eine Befreiung nach Absatz 1 erteilt hat, müssen Informationen über Umstände, die denen des § 21

---

[1] § 29 wurde durch das Anlegerschutzverbesserungsgesetz vom 28. Oktober 2004 (BGBl. I S. 2630) neu gefasst. Zuvor waren in § 29 neben der Bestimmung zur Richtlinienbefugnis (§ 29 Abs. 2 WpHG aF) Regelungen über die Überwachung und Durchsetzung der Mitteilungs- und Veröffentlichungspflichten enthalten (§ 29 Abs. 1 und Abs. 3). Diese sind durch die ebenfalls neu gefassten Bestimmungen über die Aufgaben und Befugnisse der BaFin (§ 4) ersetzt worden (vgl. Begr. RegE BT-Drucks. 15/3174, S. 38).
[2] Siehe Art. 9 Abs. 7, Art. 12 Abs. 8, Art. 13 Abs. 2, Art. 14 Abs. 2, jeweils iVm Art. 27 Abs. 2 der Transparenzrichtlinie 2004/109/EG vom 15. Dezember 2004, dazu Vor §§ 21 bis 30 Rn. 6.
[3] Die Hinweise sind veröffentlicht unter *www.bafin.de*.
[4] Ebenso *Schwark*, § 29 WpHG Rn. 3.
[5] Im Ergebnis auch *Schwark*, § 29 WpHG Rn. 3; aA KölnKommWpHG–*Hirte*, Rn. 16. Missverständlich Begr. RegE BT-Drucks. 12/6679, S. 56, wo lediglich von Veröffentlichungspflichten die Rede ist.
[6] AA KölnKommWpHG–*Hirte*, Rn. 13f., der eine Normsetzungsbefugnis der BaFin „ähnlich einer Verordnungsermächtigung" annimmt.
[7] Vgl. *Schneider* in *Assmann/Schneider*, Rn. 4ff.; *Schwark*, § 29 WpHG Rn. 4.

Befreiungen **1 § 29a**

Abs. 1 Satz 1, Abs. 1 a, § 25 Abs. 1 Satz 1, § 26 Abs. 1 Satz 1 und 2 und § 26 a entsprechen und die nach den gleichwertigen Regeln eines Drittstaates der Öffentlichkeit zur Verfügung zu stellen sind, in der in § 26 Abs. 1 Satz 1, auch in Verbindung mit einer Rechtsverordnung nach Absatz 3, geregelten Weise veröffentlichen und gleichzeitig der Bundesanstalt mitteilen. ²Die Informationen sind außerdem unverzüglich, jedoch nicht vor ihrer Veröffentlichung dem Unternehmensregister im Sinne des § 8 b des Handelsgesetzbuchs zur Speicherung zu übermitteln.

(3) ¹Für die Zurechnung der Stimmrechte nach § 22 gilt ein Unternehmen mit Sitz in einem Drittstaat, das nach § 32 Abs. 1 Satz 1 in Verbindung mit § 1 Abs. 1 a Satz 2 Nr. 3 des Kreditwesengesetzes einer Zulassung für die Finanzportfolioverwaltung bedürfte, wenn es seinen Sitz oder seine Hauptverwaltung im Inland hätte, hinsichtlich der Aktien, die von ihm im Rahmen der Finanzportfolioverwaltung verwaltet werden, nicht als Tochterunternehmen im Sinne von § 22 Abs. 3. ²Das setzt voraus, dass

1. es bezüglich seiner Unabhängigkeit Anforderungen genügt, die denen für Wertpapierdienstleistungsunternehmen nach § 22 Abs. 3 a, auch in Verbindung mit einer Rechtsverordnung nach § 22 Abs. 5, gleichwertig sind,
2. der Meldepflichtige der Bundesanstalt den Namen dieses Unternehmens und die für dessen Überwachung zuständige Behörde oder das Fehlen einer solchen mitteilt und
3. der Meldepflichtige gegenüber der Bundesanstalt erklärt, dass die Voraussetzungen der Nummer 1 erfüllt sind.

(4) Das Bundesministerium der Finanzen wird ermächtigt, durch Rechtsverordnung, die nicht der Zustimmung des Bundesrates bedarf, nähere Bestimmungen über die Gleichwertigkeit von Regeln eines Drittstaates und die Freistellung von Emittenten nach Absatz 1 und Unternehmen nach Absatz 3 zu erlassen.

Schrifttum: Vor §§ 21 bis 30.

§ 29 a wurde durch das Transparenzrichtlinie-Umsetzungsgesetz vom 5. Januar **1** 2007 (Vor §§ 21 bis 30 Rn. 11) in das WpHG eingefügt. Nach Art. 23 Abs. 1 der Transparenzrichtlinie 2004/109/EG können Emittenten mit Sitz in einem Drittstaat von den Anforderungen der Art. 12 Abs. 6, 14 und 15 der Richtlinie befreit werden, wenn das Recht des Drittstaates zumindest gleichwertige Anforderungen vorsieht oder die zuständige Behörde die rechtlichen Vorgaben des Drittstaates als gleichwertig betrachtet. Damit soll die **Belastung der Emittenten durch zwei gleichwertige Regelwerke** vermieden werden. Um die angemessene Information der (Markt-)Öffentlichkeit in EU und EWR sicherzustellen, gelten für die Hinterlegung und Veröffentlichung der nach dem Recht des Drittstaates vorzulegenden Informationen jedoch die Art. 19 bis 21 der Richtlinie. In Umsetzung dieser europarechtlichen Bestimmungen sieht § 29 a Abs. 1 vor, dass die BaFin **nach pflichtgemäßen Ermessen** Inlandsemittenten im Sinne des § 2 Abs. 7 (dazu § 2 Rn. 161) von den Pflichten nach § 26 Abs. 1 und § 26 a freistellen kann, soweit diese Emittenten gleichwertigen Regeln eines Drittstaates im Sinne des § 2 Abs. 6 Nr. 1 b) (dazu § 2 Rn. 157) unterliegen oder sich diesen Regeln unterwerfen. Eine Konkretisierung des Tatbestandsmerkmals der zu § 26 Abs. 1 und § 26 a „gleichwertigen Regeln" erfolgt in den §§ 5 bis 7

§ 29a 2, 3 Abschnitt 5. Veränderungen des Stimmrechtsanteils

TranspRLDV,[1] die aufgrund der Verordnungsermächtigung des § 29a Abs. 4 erlassen wurden. Gleichwertigkeit zu den Anforderungen des § 26 Abs. 1 Satz 1 ist gemäß § 5 Satz 1 TranspRLDV gegeben, wenn die Regeln des Drittstaats vorschreiben, dass die Frist, innerhalb derer der Emittent über Veränderungen des Stimmrechtsanteils zu informieren ist und innerhalb derer er diese Veränderungen zu veröffentlichen hat, höchstens sieben Handelstage beträgt. Für den insoweit anzustellenden Vergleich mit dem deutschen Recht ist nach § 5 Satz 2 TranspRLDV entsprechend § 21 Abs. 1 Satz 3 für den Fristbeginn auf den Zeitpunkt abzustellen, in dem der Meldepflichtige Kenntnis von der Schwellenberührung hat oder haben muss. In Bezug auf eigene Aktien regelt § 6 TranspRLDV die Gleichwertigkeit im Verhältnis zu § 26 Abs. 1 Satz 2, während nach § 7 TranspRLDV die Normen des Drittstaats dann zu den Anforderungen des § 26a gleichwertig sind, wenn der Emittent die Gesamtzahl der Stimmrechte innerhalb von 30 Kalendertagen nach einer Veränderung zu veröffentlichen hat.

2 Wird eine Befreiung erteilt, gilt gemäß § 29a Abs. 2 für alle Informationen, die nach den gleichwertigen Regeln eines Drittstaates der Öffentlichkeit zur Verfügung zu stellen sind und die sonst von den §§ 26 Abs. 1 Satz 1 und 2, 26a erfasst würden, das **Publikationsregime der §§ 3a, 3b WpAIV** (§ 26 Rn. 10 ff.). Die danach zu veröffentlichenden Informationen sind zudem der BaFin mitzuteilen und unverzüglich, jedoch nicht vor der Veröffentlichung dem Unternehmensregister im Sinne des § 8b HGB zur Speicherung übermitteln.[2]

3 § 29a Abs. 3 setzt Art. 23 Abs. 6 der Transparenzrichtlinie 2004/109/EG um. Damit gilt für die Zurechnung gemäß § 22 ein Unternehmen mit Sitz in einem Drittstaat hinsichtlich der Aktien, die es im Rahmen der Finanzportfolioverwaltung im Sinne des § 1 Abs. 1a Satz 2 Nr. 3 KWG verwaltet, nicht als Tochterunternehmen im Sinne des § 22 Abs. 3, wenn es bezüglich seiner Unabhängigkeit Anforderungen genügt, die denen für Wertpapierdienstleistungsunternehmen nach § 22 Abs. 3a (dazu § 22 Rn. 41) gleichwertig sind (§ 29a Abs. 3 Satz 2 Nr. 1), sowie die Mitteilungs- und Erklärungspflichten des § 29a Abs. 3 Satz 2 Nr. 2 und 3 erfüllt. Auf Grundlage der Verordnungsermächtigung des § 29a Abs. 4 bestimmt § 8 TranspRLDV,[3] wann von einer Gleichwertigkeit der drittstaatlichen Anforderungen auszugehen ist. Gemäß § 8 Abs. 1 TranspRLDV müssen die Rechtsvorschriften des Drittstaates vorschreiben, dass der Portfolioverwalter die Stimmrechte aus den verwalteten Vermögenswerten in jedem Fall frei und unabhängig von dem Meldepflichtigen oder einem anderen Tochterunternehmen des Meldepflichtigen ausübt, und dass er bei Interessenkonflikten die Interessen des Meldepflichtigen oder eines anderen Tochterunternehmens des Meldepflichtigen nicht beachten muss. Zusätzlich bestimmt § 8 Abs. 2 Satz 1 TranspRLDV, dass § 29a Abs. 3 nur dann gilt, wenn der Meldepflichtige der BaFin gegenüber eine Mitteilung im Sinne des § 22 Abs. 3a Satz 1 Nr. 3 (§ 22 Rn. 41) abgibt und erklärt, dass die Voraussetzungen des § 8 Abs. 1 TranspRLDV in Bezug auf alle Wertpapierdienstleistungsunternehmen erfüllt sind. Gemäß § 8 Abs. 2 Satz 2 TranspRLDV besteht eine Nachweispflicht gegenüber der BaFin entsprechend § 3 Abs. 3 TranspRLDV (dazu § 22 Rn. 42).

---

[1] Transparenzrichtlinie-Durchführungsverordnung vom 13. März 2008, BGBl. I S. 408.
[2] Siehe dazu auch § 26 Rn. 19.
[3] Transparenzrichtlinie-Durchführungsverordnung vom 13. März 2008, BGBl. I S. 408.

Vorsätzliche oder leichtfertige Verstöße gegen die Mitteilungs-, Veröffentlichungs- oder Übermittlungspflicht des § 29 a Abs. 2 erfüllen den Tatbestand des § 39 Abs. 2 Nr. 2 i), Nr. 5 c) bzw. Nr. 6. In allen Fällen kann gemäß § 39 Abs. 4 ein Bußgeld von bis zu 200 000,– Euro verhängt werden. **4**

§ 30 Handelstage

(1) **Für die Berechnung der Mitteilungs- und Veröffentlichungsfristen nach diesem Abschnitt gelten als Handelstage alle Kalendertage, die nicht Sonnabende, Sonntage oder zumindest in einem Land landeseinheitliche gesetzlich anerkannte Feiertage sind.**

(2) **Die Bundesanstalt stellt im Internet unter ihrer Adresse einen Kalender der Handelstage zur Verfügung.**

Übersicht

	Rn.
I. Definition der Handelstage (Abs. 1)	1
II. Kalender der Handelstage (Abs. 2)	3

Schrifttum: Vor §§ 21 bis 30.

§ 30 regelte bis zu seiner Aufhebung durch das Anlegerschutzverbesserungsgesetz vom 28. Oktober 2004[1] die Zusammenarbeit mit den zuständigen Stellen im Ausland. *Sedes materiae* ist nun § 7. In seiner jetzigen Fassung wurde § 30 durch das Transparenzrichtlinie-Umsetzungsgesetz vom 5. Januar 2007 (Vor §§ 21 bis 30 Rn. 11) in das WpHG eingefügt. **1**

I. Definition der Handelstage (Abs. 1)

Die in den §§ 21 Abs. 1 Satz 1, 23 Abs. 2 Nr. 1, 26 Abs. 1 Satz 1 und 2 bestimmten Fristen sind in Handelstagen bemessen. Gemäß Art. 7 Abs. 1 der Durchführungsrichtlinie 2007/14/EG (Vor §§ 21 bis 30 Rn. 6) soll dafür der „Kalender der Handelstage des Herkunftslands des Emittenten" gelten. Der Umsetzung dieser Bestimmung dient § 30 Abs. 1. Bezweckt ist eine **bundeseinheitliche Definition der Handelstage.**[2] Deshalb gilt jeder Feiertag, der zumindest in einem Bundesland ein landeseinheitlicher Feiertag ist, auch in der übrigen Bundesrepublik nicht als Handelstag.[3] Feiertage, die lediglich in bestimmten Gemeinden oder Teilgebieten eines Bundeslandes gesetzliche Feiertage sind, stellen keinen landeseinheitlichen Feiertag dar.[4] **2**

---

[1] BGBl. I S. 2630.
[2] Begr. RegE BT-Drucks. 16/2498, S. 39.
[3] Dieser Verweis auf die jeweilige landesrechtliche Regelung stellt sicher, dass die Kompetenz der Länder zur Festlegung von Feiertagen nicht berührt wird, vgl. KölnKomm-*WpHG-Hirte,* Rn. 8.
[4] Begr. RegE BT-Drucks. 16/2498, S. 39.

II. Kalender der Handelstage (Abs. 2)

3 § 30 Abs. 2 setzt Art. 7 Abs. 2 der Richtlinie 2007/14/EG um. Der unter *www.bafin.de* zu findende **Kalender der Handelstage hat reine Informationsfunktion;**[5] dieser Veröffentlichung kommt daher keine konstitutive Wirkung zu.

---

[5] Begr. RegE BT-Drucks. 16/2498, S. 39.

Abschnitt 5a. Notwendige Informationen für die Wahrnehmung von Rechten aus Wertpapieren

Vorbemerkung zu den §§ 30a bis 30g

Übersicht

	Rn.
I. Das Transparenzrichtlinie-Umsetzungsgesetz	1
1. Umsetzung der Transparenzrichtlinie	1
2. Entstehungsgeschichte des Umsetzungsgesetzes	3
3. Änderung der Wertpapierhandelsanzeige- und Insiderverzeichnisverordnung	4
II. Die Verlagerung von börsenrechtlichen Zulassungsfolgepflichten in das WpHG	6
1. Grundlagen	6
2. Die Verhaltenspflicht des § 39 Abs. 1 Nr. 1 BörsG	9
3. Die Verhaltenspflicht des § 39 Abs. 1 Nr. 2 BörsG	10
4. Die Publizitätspflicht des § 39 Abs. 1 Nr. 3 BörsG iVm §§ 63ff. BörsZulV	11
III. Vorschriften zu Gläubigerversammlungen	15

Schrifttum: *Bosse,* Wesentliche Neuregelungen ab 2007 aufgrund des Transparenzrichtlinie-Umsetzungsgesetzes für börsennotierte Unternehmen, DB 2007, 39; *Dauner-Lieb,* Siegeszug der Technokraten? – Der Kampf der Bits und Bytes gegen das Papier bei Börseninformationen am Beispiel von Art. 17 des Entwurfs der Transparenzrichtlinie, DStR 2004, 361; *Dühn,* Schadensersatzhaftung börsennotierter Aktiengesellschaft für fehlerhafte Kapitalmarktinformation de lege lata und de lege ferenda, 2003; *Foelsch,* EU-Aktionsplan für Finanzdienstleistungen und nationale Kapitalmarktreform – Die Entwicklung des Kapitalmarktaufsichtsrechts in den Jahren 2003 bis 2006, BKR 2007, 94; *Göres,* Kapitalmarktrechtliche Pflichten nach dem Transparenzrichtlinie-Umsetzungsgesetz, Der Konzern 2007, 15; *Groß,* Kapitalmarktrecht, 3. Aufl. 2006; *Hutter/Kaulamo,* Das Transparenzrichtlinie-Umsetzungsgesetz: Änderungen der anlassabhängigen Publizität, NJW 2007, 471; *Klerx/Penzlin,* Schuldverschreibungsgesetz von 1899 – ein Jahrhundertfund?, BB 2004, 791; *Mutter/Arnold/Stehle,* Die Hauptversammlung unter Geltung des TUG, AG 2007, R109; *Mutter,* Die Anwendung von § 30c WpHG durch Vorstand und Aufsichtsrat, AG 2007, R34; *Nießen,* Die Harmonisierung der kapitalmarktrechtlichen Transparenzregeln durch das TUG, NZG 2007, 41; *Noack,* Neue Publizitätspflichten und Publizitätsmedien für Unternehmen – eine Bestandsaufnahme nach EHUG und TUG, WM 2007, 377; *Pirner/Lebherz,* Wie nach dem Transparenzrichtlinie-Umsetzungsgesetz publiziert werden muss, AG 2007, 19; *Riegger/Rieg,* Änderungen bei den Veröffentlichungspflichten nach Abschluss eines Spruchverfahrens durch das TUG, ZIP 2007, 1148; *Rodewald/Unger,* Zusätzliche Transparenz für die europäischen Kapitalmärkte – die Umsetzung der EU-Transparenzrichtlinie in Deutschland, BB 2006, 1917; *Schäfer,* Grundzüge des neuen Börsenrechts, ZIP 1987, 953; *Tielmann/Schulenburg,* Aktuelle Gestaltungsempfehlungen zur Vorbereitung der Hauptversammlung nach EHUG und TUG, BB 2007, 840; *Verse,* Der Gleichbehandlungsgrundsatz im Recht der Kapitalgesellschaften, 2006; *Zetzsche,* Aktionärsinformation in der börsennotierten Aktiengesellschaft, 2006; *Zietsch/Holzborn,* Zulassungsfolgepflichten börsennotierter Unternehmen, Teil I, WM 2002, 2356.

I. Das Transparenzrichtlinie-Umsetzungsgesetz

1. Umsetzung der Transparenzrichtlinie

1 Der Abschnitt 5a wurde durch das Transparenzrichtlinie-Umsetzungsgesetz vom 5. Januar 2007[1] mit Wirkung vom 20. Januar 2007 in das WpHG eingefügt. Die Vorschriften der §§ 30a ff. dienen der Umsetzung der Art. 16 bis 18, 19 Abs. 1 Unterabs. 2, 23 Abs. 1 Unterabs. 2 der Transparenzrichtlinie 2004/109/ EG (siehe auch Einleitung Rn. 50).[2]

2 Die Transparenzrichtlinie 2004/109/EG beruht auf dem Financial Service Action Plan (FSAP[3]). Sie regelt Pflichten kapitalmarktorientierter Unternehmen zur regelmäßigen und laufenden Information der Anleger und harmonisiert diese, indem sie europaweite Standards festschreibt. Dabei handelt es sich um Mindeststandards; gemäß Art. 3 Abs. 1 der Richtlinie kann der Herkunftsmitgliedsstaat für Emittenten strengere Anforderungen vorsehen. Die Richtlinie hat zum **Ziel, das Vertrauen der Anleger durch gemeinschaftsweit gleich hohe Transparenz zu sichern** und durch die **Schaffung effizienter, transparenter und integrierter Wertpapiermärkte** zu einem echten Binnenmarkt in der Gemeinschaft beizutragen.[4] Neben der Sicherung der Funktionsfähigkeit der Kapitalmärkte ist aber auch der Schutz der Anleger bezweckt.[5]

2. Entstehungsgeschichte des Umsetzungsgesetzes

3 Dem Transparenzrichtlinie-Umsetzungsgesetz ging der Regierungsentwurf vom 4. September 2006[6] voraus. Die Stellungnahme des Bundesrates betraf hinsichtlich der §§ 30a ff. lediglich die später in § 30b Abs. 1 Satz 2 erfolgte Klarstellung sowie die Einführung der Übergangsregelungen, die sich nun in § 46 Abs. 3, 4 finden.[7] Den Anregungen des Bundesrates hatte sich der Finanzausschuss des Bundestages in seiner Beschlussempfehlung angeschlossen.[8] Auf die Empfehlung des Ausschusses geht auch der Wortlaut des § 30b Abs. 1 Satz 1 Nr. 1 zurück.[9] Im Übrigen wurde der Regierungsentwurf der §§ 30a ff. unverändert Gesetz.

---

[1] Gesetz zur Umsetzung der Richtlinie 2004/109/EG des Europäischen Parlaments und des Rates vom 15. Dezember 2004 zur Harmonisierung der Transparenzanforderungen in Bezug auf Informationen über Emittenten, deren Wertpapiere zum Handel auf einem geregelten Markt zugelassen sind, und zur Änderung der Richtlinie 2001/34/EG, BGBl. I S. 10.

[2] Richtlinie 2004/109/EG des Europäischen Parlaments und des Rates vom 15. Dezember 2004, ABl. EU Nr. L 390/38 vom 31. Dezember 2004.

[3] Mitteilung der Europäischen Kommission Nr. KOM (1999) 232 vom 11. Mai 1999; dazu *Foelsch* BKR 2007, 94.

[4] Siehe insbesondere die Erwägungsgründe 1 und 41 der Richtlinie.

[5] Begr. RegE BT-Drucks. 16/2498 S. 26; *Rodewald/Unger* BB 2006, 1917.

[6] BT-Drucks. 16/2498.

[7] Stellungnahme des Bundesrates und Gegenäußerung der Bundesregierung zum Regierungsentwurfs des Transparenzrichtlinie-Umsetzungsgesetz, BT-Drucks. 16/2917.

[8] BT-Drucks. 16/3644 S. 22, 37.

[9] BT-Drucks. 16/3644 S. 21, 74 f.

3. Änderung der Wertpapierhandelsanzeige- und Insiderverzeichnisverordnung

Das Transparenzrichtlinie-Umsetzungsgesetz führte auch zu weit reichenden **4** Änderungen der Wertpapierhandelsanzeige- und Insiderverzeichnisverordnung (WpAIV). Dies betrifft insbesondere die **nun in den §§ 3 a ff. WpAIV geregelte Art und Weise der Veröffentlichung und Weitergabe von Informationen** (dazu § 26 Rn. 10 ff.). § 3a WpAIV setzt Art. 21 der Transparenzrichtlinie 2004/109/EG um, der die Bekanntgabe der „vorgeschriebenen Informationen" im Sinne des Art. 2 Abs. 1 lit. k) der Richtlinie in einer Form vorsieht, die in nicht diskriminierender Weise einen schnellen Zugang zu ihnen gewährleistet. § 3b WpAIV beruht auf der in Art. 20 der Transparenzrichtlinie getroffenen Sprachregelung, während § 3c WpAIV der Umsetzung von Art. 19 Abs. 1 Unterabs. 1 der Richtlinie dient. Gemäß § 26 WpAIV gelten die §§ 3a–3c WpAIV für die nach § 30e zu veröffentlichen Angaben, während für die Informationen nach § 30b die Veröffentlichung im elektronischen Bundesanzeiger genügt. Der Grund für diese unterschiedlichen Vorgaben liegt darin, dass das mit den **5** §§ 3a ff. WpAIV umgesetzte Publikationsregime der Art. 19 bis 21 der Transparenzrichtlinie 2004/109/EG nur für „vorgeschriebene Informationen" im Sinne des Art. 2 Abs. 1 lit. k) gilt. Darunter fallen alle Angaben, die ein Emittent nach der Richtlinie offen legen muss. Dazu zählen die zusätzlichen Angaben nach Art. 16 bzw. § 30e (§ 30e Rn. 10), nicht jedoch die nach Art. 17 Abs. 2 und Art. 18 Abs. 2 den Wertpapierinhabern zur Verfügung zu stellenden Informationen,[10] für die § 30b deshalb eine von den Art. 19 bis 21 der Richtlinie abweichende Veröffentlichung vorsehen konnte (§ 30b Rn. 5 ff.).

II. Die Verlagerung von börsenrechtlichen Zulassungsfolgepflichten in das WpHG

1. Grundlagen

Durch das Transparenzrichtlinie-Umsetzungsgesetz wurden unter anderem § 39 **6** **Abs. 1 Nr. 1–3 BörsG und die §§ 63, 64, 66, 67, 70 BörsZulV aufgehoben.** Diese Vorschriften normierten **Zulassungsfolgepflichten** bei Zulassung von Wertpapieren zum Börsenhandel im amtlichen und (über den Verweis in § 54 Satz 1 BörsG aF) im geregelten Markt. § 39 Abs. 1 Nr. 1 BörsG regelte die Pflicht, die Inhaber zugelassener Wertpapiere unter gleichen Voraussetzungen grundsätzlich gleich zu behandeln; nach § 39 Abs. 1 Nr. 2 BörsG war für die Dauer der Zulassung mindestens eine Zahl- und Hinterlegungsstelle im Inland zu bestimmen. § 39 Abs. 1 Nr. 3 BörsG begründete die Zulassungsfolgepflicht der angemessenen Unterrichtung über den Emittenten und die Wertpapiere und wurde durch die §§ 63 ff. BörsZulV konkretisiert. Das **Transparenzrichtlinie-Umsetzungsgesetz verlagerte diese börsenrechtlichen Vorschriften in das WpHG.**[11]

---

[10] Siehe Begründung des Regierungsentwurfs des Transparenzrichtlinie-Umsetzungsgesetzes, BT-Drucks. 16/2498 S. 41 und Begründung des Regierungsentwurfs des Gesetzes über elektronische Handelsregister und Genossenschaftsregister sowie das Unternehmensregister (EHUG), BT-Drucks. 16/960 S. 64.

[11] Für einen Überblick über die Vorgängerregelungen zu den §§ 30a ff. siehe sogleich Rn. 9 ff.

7 Hintergrund für die Übernahme der börsenrechtlichen Zulassungsfolgepflichten in das WpHG ist zum einen Art. 24 Abs. 1 der Transparenzrichtlinie 2004/109/EG.[12] Danach hat jeder Mitgliedstaat die zentrale Behörde im Sinne von Art. 21 Abs. 1 der Prospektrichtlinie 2003/71/EG[13] als Verwaltungsbehörde zu benennen, die für die Wahrnehmung der Verpflichtungen aus der Transparenzrichtlinie zuständig ist. Dies ist in Deutschland nach § 21 WpPG die BaFin. Von der Übergangsregelung in Art. 24 Abs. 1 wollte der deutsche Gesetzgeber keinen Gebrauch machen.[14] Damit war **keine dezentrale Überwachung der börsenrechtlichen Zulassungsfolgepflichten durch die Börsenzulassungsstellen mehr möglich** und eine Aufnahme dieser Pflichten in das WpHG folgerichtig, um Verweisungsvorschriften auf Befugnisnormen des WpHG zu vermeiden.[15] Zum anderen gelten, worauf die Begründung des Regierungsentwurfs zutreffend hinweist,[16] die §§ 30a–30c für Emittenten, deren Herkunftsstaat die Bundesrepublik Deutschland ist. Dies bedeutet nach § 2 Abs. 6, dass die von diesen emittierten Finanzinstrumente nicht notwendig an einem deutschen organisierten Markt zugelassen sind (§ 2 Rn. 152 ff.). Jedenfalls insoweit musste also die Anknüpfung der Folgepflichten an die Zulassung zum amtlichen oder geregelten Markt (jetzt: regulierter Mark gemäß den §§ 32 ff. BörsG) aufgegeben werden.

8 Als eine wesentliche inhaltliche Änderungen infolge der Verlagerung des § 39 Abs. 1 Nr. 1–3 BörsG und der §§ 63, 64, 66, 67, 70 BörsZulV in das WpHG ist somit hervorzuheben, dass aus diesen börsenrechtlichen Zulassungsfolgepflichten kapitalmarktrechtliche, d. h. an alle Emittenten im Sinne des § 2 Abs. 6 oder § 2 Abs. 7 (vgl. § 30e) gerichtete und durch die BaFin überwachte Pflichten wurden. Unverändert gilt jedoch, dass sich die §§ 30a ff. wie ihre Vorgängerregelungen ausschließlich an Emittenten richten und damit einen engeren Adressatenkreis haben als beispielsweise die aus den §§ 12 ff. oder §§ 21 ff. folgenden Pflichten, die auch für Dritte gelten.[17]

2. Die Verhaltenspflicht des § 39 Abs. 1 Nr. 1 BörsG

9 Das in § 39 Abs. 1 Nr. 1 Halbsatz 1 BörsG normierte Gleichbehandlungsgebot wurde in Umsetzung von Art. 17 Abs. 1 und Art. 18 Abs. 1 der Transparenzrichtlinie 2004/109/EG in § 30a Abs. 1 Nr. 1 übernommen. Dies gilt nicht für die bislang in § 39 Abs. 1 Nr. 1 Halbsatz 2 BörsG enthaltene Ausnahme für Schuldverschreibungen. Danach waren vorzeitige Rücknahmeangebote zulässig, die im berechtigten Interesse bestimmter Gruppen von Inhabern der Schuldverschreibungen abgegeben wurden. Diese Ausnahme beruhte auf Art. 78 Abs. 1 Unterabs. 2 und Art. 83 Abs. 1 Unterabs. 2 der Kapitalmarktpublizitätsrichtli-

---

[12] Siehe dazu Begr. RegE BT-Drucks. 16/2498 S. 39 f.
[13] Richtlinie 2003/71/EG des Europäischen Parlaments und des Rates vom 4. November 2003 betreffend den Prospekt, der beim öffentlichen Angebot von Wertpapieren oder bei deren Zulassung zum Handel zu veröffentlichen ist, und zur Änderung der Richtlinie 2001/34/EG, ABl. EU Nr. L 345/64 vom 31. Dezember 2003.
[14] Begr. RegE BT-Drucks. 16/2498 S. 39.
[15] Begr. RegE BT-Drucks. 16/2498 S. 28, 40.
[16] BT-Drucks. 16/2498 S. 28, 40.
[17] Vgl. dazu auch *Groß*, § 39 BörsG Rn. 2.

nie,[18] die durch Art. 32 Nr. 5 der Transparenzrichtlinie 2004/109/EG aufgehoben wurden. Dementsprechend hat der deutsche Gesetzgeber auch in § 30a keine Ausnahmevorschrift mehr vorgesehen.[19]

3. Die Verhaltenspflicht des § 39 Abs. 1 Nr. 2 BörsG

Die Pflicht zur Bestimmung einer Zahlstelle, die sich bislang in § 39 Abs. 1 Nr. 2 BörsG fand, wurde in § 30a Abs. 1 Nr. 4 übernommen. Diese Norm dient der Umsetzung von Art. 17 Abs. 2 lit. c) und Art. 18 Abs. 2 lit. c) der Transparenzrichtlinie 2004/109/EG (dazu § 30a Rn. 19f.).   10

4. Die Publizitätspflicht des § 39 Abs. 1 Nr. 3 BörsG iVm §§ 63ff. BörsZulV

Die Pflicht zur angemessenen Unterrichtung in § 39 Abs. 1 Nr. 3 BörsG wurde durch die §§ 63ff. BörsZulV konkretisiert. Gemäß § 63 Abs. 1 BörsZulV waren bei Aktien die Einberufung der Hauptversammlung, Mitteilungen über die Ausschüttung und Auszahlung von Dividenden, die Ausgabe neuer Aktien und die Ausübung von Umtausch-, Bezugs- und Zeichnungsrechten zu veröffentlichen. Eine dem weitgehend entsprechende Regelung findet sich nun in § 30b Abs. 1, der Art. 17 Abs. 2 lit. a) und d) der Transparenzrichtlinie 2004/109/EG umsetzt (§ 30b Rn. 9 ff.). § 63 Abs. 2 BörsZulV betraf die Veröffentlichung von Mitteilungen bei anderen Wertpapieren als Aktien; *sedes materiae* ist nun § 30b Abs. 2, der auf Art. 18 Abs. 2 lit. a) der Transparenzrichtlinie 2004/109/EG beruht.   11

Die Pflicht zur Mitteilung von Änderungen der Rechtsgrundlage des Emittenten findet sich nun statt in § 64 BörsZulV in dem auf Art. 19 Abs. 1 Unterabs. 2 der Transparenzrichtlinie 2004/109/EG basierenden § 30c (§ 30c Rn. 2ff.). Die von § 66 BörsZulV erfassten zusätzlichen Angaben müssen nach § 30e Abs. 1 Nr. 1 und 2 veröffentlicht werden. Die Abweichungen der neuen Vorschrift von § 66 BörsZulV[20] erklären sich durch die Vorgaben von Art. 16 der Transparenzrichtlinie 2004/109/EG.   12

Ersatzlos gestrichen wurde § 67 Abs. 1 BörsZulV, der vorsah, dass ein Emittent bei Zulassung von Wertpapieren zum amtlichen Markt an mehreren inländischen Börsen an diesen Börsenplätzen dieselben Angaben veröffentlichen musste. Nachfolgeregelung von § 67 Abs. 2 BörsZulV ist der auf Art. 23 Abs. 3 der Transparenzrichtlinie 2004/109/EG beruhende § 30e Abs. 1 Nr. 3.   13

Die bislang von § 70 BörsZulV vorgeschriebene Art und Weise der Veröffentlichung ergibt sich für § 30b aus dieser Norm selbst (Veröffentlichung im elektronischen Bundesanzeiger); § 30e wird durch § 26 WpAIV iVm §§ 3a–3c WpAIV ergänzt. Für die nach § 30b zu veröffentlichenden Informationen bedeutet dies keine Neuerung, da insoweit die Umstellung von der Börsenpflichtblattpublizität auf die Veröffentlichung im elektronischen Bundesanzeiger bereits   14

---

[18] Richtlinie 2001/34/EG des Europäischen Parlaments und des Rates vom 28. Mai 2001 über die Zulassung von Wertpapieren zur amtlichen Börsennotierung und über die hinsichtlich dieser Wertpapiere zu veröffentlichenden Informationen, ABl. EG Nr. L 184/1 vom 6. Juli 2001 (berichtigte Fassung, ABl. EG Nr. L 217/18 vom 11. August 2001).
[19] Vgl. Begr. RegE BT-Drucks. 16/2498 S. 40 und § 30a Rn. 9ff.
[20] Siehe dazu die Kommentierung zu § 30e Rn. 5ff.

§ 30a   Abschnitt 5a. Notwendige Informationen

durch das Gesetz über elektronische Handelsregister und Genossenschaftsregister sowie das Unternehmensregister (EHUG) vom 10. November 2006[21] mit einer entsprechenden – und nach Inkrafttreten des EHUG am 1. Januar 2007 noch für 19 Tage geltenden – Änderung der §§ 63, 67, 70 Abs. 1 BörsZulV vorgenommen wurde.[22]

III. Vorschriften zu Gläubigerversammlungen

15 Die §§ 30a Abs. 1 Nr. 6, Abs. 2, 30b Abs. 2 Nr. 1, Abs. 3 Nr. 2a) enthalten Bestimmungen, die auf Gläubigerversammlungen Bezug nehmen. Das deutsche SchVerschrG von 1899 findet nur auf Gläubigerversammlungen von Emittenten Anwendung, die im Inland ihren Sitz oder ihre Niederlassung und dort Schuldverschreibungen ausgegeben haben (§ 1 Abs. 1 SchVerschrG),[23] und hat damit einen engeren Anwendungsbereich als die genannten Vorschriften (vgl. Rn. 9).

§ 30a Pflichten der Emittenten gegenüber Wertpapierinhabern

(1) **Emittenten, für die die Bundesrepublik Deutschland der Herkunftsstaat ist, müssen sicherstellen, dass**
1. alle Inhaber der zugelassenen Wertpapiere unter gleichen Voraussetzungen gleich behandelt werden;
2. alle Einrichtungen und Informationen, die die Inhaber der zugelassenen Wertpapiere zur Ausübung ihrer Rechte benötigen, im Inland öffentlich zur Verfügung stehen;
3. Daten zu Inhabern zugelassener Wertpapiere vor einer Kenntnisnahme durch Unbefugte geschützt sind;
4. für die gesamte Dauer der Zulassung der Wertpapiere mindestens ein Finanzinstitut als Zahlstelle im Inland bestimmt ist, bei der alle erforderlichen Maßnahmen hinsichtlich der Wertpapiere, im Falle der Vorlegung der Wertpapiere bei dieser Stelle kostenfrei, bewirkt werden können;
5. im Falle zugelassener Aktien jeder stimmberechtigten Person zusammen mit der Einladung zur Hauptversammlung oder nach deren Anberaumung auf Verlangen in Textform ein Formular für die Erteilung einer Vollmacht für die Hauptversammlung übermittelt wird;
6. im Falle zugelassener Schuldtitel im Sinne des § 2 Abs. 1 Satz 1 Nr. 3 mit Ausnahme von Wertpapieren, die zugleich unter § 2 Abs. 1 Satz 1 Nr. 2 fallen oder die ein zumindest bedingtes Recht auf den Erwerb von

---

[21] BGBl. I 2553.
[22] Vgl. die Gegenäußerung der Bundesregierung zur Stellungnahme des Bundesrates zum Regierungsentwurfs des Transparenzrichtlinie-Umsetzungsgesetz, BT-Drucks. 16/2917 S. 5 sowie die Begr. RegE BT-Drucks. 16/2498 S. 41.
[23] Siehe zu den Überlegungen, das SchVerschG zu überarbeiten oder zu ergänzen, wie dies in einem im Jahr 2003 vom Bundesjustizministerium vorgelegten Diskussionsentwurf eines Gesetzes zur Änderung des Schuldverschreibungsrechts vorgesehen war, zB *Klerx/Penzlin* BB 2004, 791, 794; *Kümpel*, Bank- und Kapitalmarktrecht, Rn. 9.227 ff. und nun auch den Referentenentwurf eines Gesetzes zur Neuregelung der Rechtsverhältnisse bei Schuldverschreibungen vom 9. Mai 2008, abrufbar unter *www.bmj.de*.

Pflichten der Emittenten	§ 30a

Wertpapieren nach § 2 Abs. 1 Satz 1 Nr. 1 oder Nr. 2 begründen, jeder stimmberechtigten Person zusammen mit der Einladung zur Gläubigerversammlung oder nach deren Anberaumung auf Verlangen rechtzeitig in Textform ein Formular für die Erteilung einer Vollmacht für die Gläubigerversammlung übermittelt wird.

(2) ¹Ein Emittent von zugelassenen Schuldtiteln im Sinne von Absatz 1 Nr. 6, für den die Bundesrepublik Deutschland der Herkunftsstaat ist, kann die Gläubigerversammlung in jedem Mitgliedstaat der Europäischen Union oder anderen Vertragsstaat des Abkommens über den Europäischen Wirtschaftsraum abhalten. ²Das setzt voraus, dass in dem Staat alle für die Ausübung der Rechte erforderlichen Einrichtungen und Informationen für die Schuldtitelinhaber verfügbar sind und zur Gläubigerversammlung ausschließlich Schuldtitelinhaber mit einer Mindeststückelung von 50 000,– Euro oder dem am Ausgabetag entsprechenden Gegenwert in einer anderen Währung eingeladen werden.

(3) Für die Bestimmungen nach Absatz 1 Nr. 1 bis 5 sowie nach § 30b Abs. 3 Nr. 1 stehen die Inhaber Aktien vertretender Zertifikate den Inhabern der vertretenen Aktien gleich.

Übersicht

	Rn.
I. Grundlagen	1
1. Überblick	1
2. Umsetzung der Art. 17 und 18 der Transparenzrichtlinie	2
3. Anwendungsbereich	3
a) Emittenten, für die die Bundesrepublik Deutschland der Herkunftsstaat ist	3
b) Inhaber der zugelassenen Wertpapiere	4
II. Pflichten der Emittenten gegenüber Wertpapierinhabern (Abs. 1)	5
1. Gleichbehandlungsgebot (Nr. 1)	5
a) Die Reichweite des Gleichbehandlungsgebots	5
b) Der Inhalt des Gleichbehandlungsgebots	7
aa) Gleichbehandlung von Aktionären	8
bb) Gleichbehandlung der Inhaber von Schuldverschreibungen	9
2. Informationen und Einrichtungen zur Ausübung von Rechten (Nr. 2)	12
a) Zur Rechtsausübung erforderliche Informationen	14
aa) Ausübung von Stimm- und Mitverwaltungsrechten	15
bb) Ausübung von Vermögensrechten	16
b) Zur Rechtsausübung erforderliche Einrichtungen	17
3. Datenschutz (Nr. 3)	18
4. Bestimmung einer Zahlstelle (Nr. 4)	19
5. Übermittlung eines Vollmachtformulars (Nr. 5 und 6)	21
III. Abhalten der Gläubigerversammlung (Abs. 2)	24
IV. Gleichstellung der Inhaber von Aktien vertretenden Zertifikaten (Abs. 3)	25
V. Rechtsfolgen bei Verstößen gegen § 30a	26
1. § 30a Abs. 1 Nr. 1	26
2. § 30a Abs. 1 Nr. 2–6	29
3. Anfechtbarkeit von Hauptversammlungsbeschlüssen	31

Schrifttum: Vor §§ 30a bis 30g.

§ 30a 1–4   Abschnitt 5a. Notwendige Informationen

I. Grundlagen

1. Überblick

1 § 30a Abs. 1 fasst **Zulassungsfolgepflichten** zusammen, die Emittenten, für die die Bundesrepublik Deutschland der Herkunftsstaat ist, gegenüber den Inhabern von solchen Wertpapieren treffen, die an einem organisierten Markt in der Europäischen Union oder im Europäischen Wirtschaftsraum zugelassen sind. § 30a Abs. 2 gestattet es den Emittenten bestimmter Schuldtitel, die Gläubigerversammlung unter gewissen Voraussetzungen in jedem Mitgliedstaat der Europäischen Union oder des Europäischen Wirtschaftsraums abzuhalten. § 30a Abs. 3 stellt klar, dass für § 30a Abs. 1 Nr. 1–5 und § 30b Abs. 3 Nr. 1 die Inhaber von Zertifikaten, die Aktien vertreten, den Aktieninhabern gleichstehen.

2. Umsetzung der Art. 17 und 18 der Transparenzrichtlinie

2 Mit § 30a werden wesentliche Bestimmungen der Art. 17 und 18 der Transparenzrichtlinie 2004/109/EG in deutsches Recht umgesetzt. Art. 17 normiert Informationspflichten der Emittenten von zum Handel an einem geregelten Markt zugelassenen Aktien, Art. 18 die Informationspflichten der Emittenten von zum Handel an einem geregelten Markt zugelassenen Schuldtiteln. Auch diese Vorschriften dienen der europaweiten Harmonisierung der Emittentenpflichten.[1]

3. Anwendungsbereich

a) Emittenten, für die die Bundesrepublik Deutschland der Herkunftsstaat ist

3 § 30a gilt für alle Emittenten, für die die Bundesrepublik Deutschland Herkunftsstaat im Sinne des § 2 Abs. 6 ist. Zur Einführung des Herkunftsstaatsprinzips durch das Transparenzrichtlinie-Umsetzungsgesetz und den Einzelheiten des § 2 Abs. 6 sei auf die Kommentierung dieser Vorschrift unter den Rn. 152 ff. verwiesen. Festzuhalten ist, dass der Anwendungsbereich des § 30a damit nicht auf Emittenten mit Sitz in Deutschland beschränkt ist (vgl. § 2 Abs. 6 Nr. 1 b)).

b) Inhaber der zugelassenen Wertpapiere

4 Die in § 30a normierten Pflichten gelten gegenüber den Inhabern „zugelassener Wertpapiere" sowie, im Fall des Abs. 1 Nr. 6 und des Abs. 2, gegenüber den Inhabern „zugelassener Schuldtitel". Der Begriff des Wertpapiers ist in § 2 Abs. 1 definiert, der des Schuldtitels in § 2 Abs. 1 Satz 1 Nr. 3. Eine Klarstellung, dass es sich bei den „zugelassenen Wertpapieren" nur um solche handelt, die **an einem organisierten Markt im Sinne des § 2 Abs. 5 zugelassen** sind, fehlt im Gesetz, anders als etwa in § 21 Abs. 2. Diese Einschränkung ergibt sich jedoch aus der Definition des Emittenten, für den die Bundesrepublik Deutschland der Herkunftsstaat ist. In allen Alternativen des § 2 Abs. 6 müssen nämlich die dort genannten Finanzinstrumente zum Handel an einem organisierten Markt zugelassen sein. § 30a findet insoweit keine Anwendung, als be-

---

[1] Allgemein zur Transparenzrichtlinie siehe Einleitung Rn. 50 ff.

stimmte Wertpapiere eines Emittenten im Sinne des § 2 Abs. 6 an einem nichtorganisierten Markt (§ 2 Rn. 149), also etwa im Freiverkehr, gehandelt werden.[2]

II. Pflichten der Emittenten gegenüber Wertpapierinhabern (Abs. 1)

1. Gleichbehandlungsgebot (Nr. 1)

a) Die Reichweite des Gleichbehandlungsgebots

Gemäß § 30a Abs. 1 Nr. 1 müssen Emittenten, für die die Bundesrepublik Deutschland der Herkunftsstaat ist, sicherstellen, dass alle Inhaber der zugelassenen Wertpapiere unter gleichen Voraussetzungen gleich behandelt werden. Diese Formulierung ist mit der Vorgängerregelung des § 39 Abs. 1 Nr. 1 Halbsatz 1 BörsG fast wortgleich. § 39 Abs. 1 Nr. 1 Halbsatz 1 BörsG wurde einhellig im Sinne eines allgemeinen Gleichbehandlungsgebots ausgelegt, das für Aktien neben § 53a AktG keine eigenständige Bedeutung habe.[3] Ob § 30a Abs. 1 Nr. 1 dieselbe Reichweite hat, ist angesichts des Wortlauts der mit dieser Vorschrift umgesetzten Art. 17 Abs. 1 und Art. 18 Abs. 1 der Transparenzrichtlinie 2004/109/EG jedoch nicht zweifelsfrei. Die Auslegung der Richtlinie ergibt, dass deren Art. 17 Abs. 1 und Art. 18 Abs. 1 kein allgemeines Gleichbehandlungsgebot aufstellen, sondern nur zur **Gleichbehandlung hinsichtlich der vom Emittenten zur Verfügung zu stellenden Informationen** verpflichten.[4] Dies folgt zum einen aus dem systematischen Zusammenhang; Art. 17 und Art. 18 regeln nach ihrer Überschrift „Informationspflichten der Emittenten von zum Handel an einem geregelten Markt zugelassenen Aktien". Zum anderen zeigt Erwägungsgrund 22 der Richtlinie, dass die gleiche Behandlung nur im Hinblick auf die zur Verfügung zu stellenden Informationen stattzufinden hat. Danach soll bei der in Kapitel III der Richtlinie (zu dem auch die Art. 17, 18 gehören) geregelten laufenden Information „auch weiterhin nach dem Grundsatz der Gleichbehandlung verfahren werden."

Das systematische Argument ist auch bei der Auslegung des § 30a zu berücksichtigen, da der Abschnitt 5a des WpHG die amtliche Überschrift „Notwendige Informationen für die Wahrnehmung von Rechten aus Wertpapieren" trägt. Aus der Begründung des Regierungsentwurfs folgt allerdings, dass die Gesetzesverfasser **§ 39 Abs. 1 Nr. 1 BörsG** – mit Ausnahme des entfallenen zweiten Halbsatzes – inhaltlich **unverändert in das WpHG übernehmen** wollten.[5] Der geänderte systematische Zusammenhang und die engere Fassung der Richtlinie wurden offenbar übersehen. Deshalb dürften die besseren Argumente dafür sprechen, § 30a Abs. 1 Nr. 1 wie die Vorgängernorm des § 39 Abs. 1 Nr. 1 BörsG im Sinne eines allgemeinen Gleichbehandlungsgebotes zu verstehen. Bei

---

[2] Vgl. auch Begr. RegE BT-Drucks. 16/2498 S. 40.

[3] Siehe zB *Groß*, § 39 BörsG Rn. 3; *Schäfer* ZIP 1987, 953, 956; *Schwark/Heidelbach*, § 39 BörsG Rn. 3.

[4] Eine weitere gemeinschaftsrechtliche Vorgabe zur Gleichbehandlung ergibt sich aus Art. 42 der Kapitalrichtlinie (Zweite Richtlinie 77/91/EWG des Rates vom 13. Dezember 1976).

[5] BT-Drucks. 16/2498 S. 40.

§ 30a 7–9   Abschnitt 5a. Notwendige Informationen

diesem Verständnis stellt § 30a Abs. 1 Nr. 1, soweit es um Gleichbehandlung hinsichtlich anderer Umstände als die Information der Wertpapierinhaber geht, nicht gemeinschaftsrechtlich angeglichenes Recht dar, so dass insoweit keine richtlinienkonforme Auslegung vorzunehmen ist.[6]

b) Der Inhalt des Gleichbehandlungsgebots

7   Mit der Pflicht, Wertpapierinhaber unter gleichen Voraussetzungen gleich zu behandeln, **begründet § 30a Abs. 1 Nr. 1 ein Willkürverbot;** Ungleichbehandlungen sind zulässig, wenn sie sachlich gerechtfertigt sind.[7] Unstreitig ist, dass Wertpapierinhaber im Einzelfall auf den Schutz durch das Gleichbehandlungsgebot verzichten können.[8] Die Pflicht zur Gleichbehandlung bezieht sich – auch soweit es um die informationelle Gleichbehandlung geht – nur auf die aktuellen Wertpapierinhaber, nicht aber auf alle Marktteilnehmer unter Einschluss der potentiellen Anleger.[9]

8   aa) **Gleichbehandlung von Aktionären.** Für die Gleichbehandlung von Aktionären hat § 30a Abs. 1 Nr. 1 gegenüber § 53a AktG insoweit eigenständige Bedeutung, als § 30a **auch ausländische Emittenten erfasst.**[10] Deren Aktionäre sind durch § 30a Abs. 1 Nr. 1 gegen gleichheitswidrige, d.h. willkürliche Eingriffe der Organe des Emittenten in ihre mitgliedschaftliche Rechtsposition geschützt. Inhaltlich bestehen aber keine Unterschiede zwischen § 30a Abs. 1 Nr. 1 und § 53a AktG. Insbesondere ist Maßstab der Gleichbehandlung für die Hauptrechte der Aktionäre (Stimmrecht, Dividendenrecht, Bezugsrecht, Recht auf den Liquidationsüberschuss) grundsätzlich ihre Beteiligung am Grundkapital der Gesellschaft; für Hilfsrechte (Recht zur Teilnahme an der Hauptversammlung, Rederecht, Auskunftsrecht, Anfechtungsbefugnis) ist die Gleichbehandlung nach Köpfen maßgeblich.[11]

9   bb) **Gleichbehandlung der Inhaber von Schuldverschreibungen.** § 39 Abs. 1 Nr. 1 Halbsatz 2 BörsG enthielt für Schuldverschreibungen eine Ausnahme vom Gleichbehandlungsverbot.[12] Danach waren **vorzeitige Rücknahme-**

---

[6] Siehe Einleitung Rn. 80ff. – Dazu, dass die Richtlinie auch auf den nicht richtliniendeterminierten Teil einer nationalen Rechtsnorm wie § 30a Abs. 1 Nr. 1 ausstrahlen kann und im Zweifel keine gespaltene Auslegung vorzunehmen ist, siehe im Sachzusammenhang auch *Verse*, Der Gleichbehandlungsgrundsatz im Recht der Kapitalgesellschaften, S. 112f.

[7] *Gebhardt* in *Schäfer/Hamann*, KMG, § 39 BörsG Rn. 6; *Schwark/Heidelbach*, § 39 BörsG Rn. 2; zu § 53a AktG siehe nur BGHZ 33, 175, 186; 120, 141, 150; MünchKommAktG-*Bungeroth*, § 53a Rn. 14 mwN; *Hüffer*, § 53a AktG Rn. 4.

[8] MünchKommAktG-*Bungeroth*, § 53a Rn. 17f.; *Gebhardt* in *Schäfer/Hamann*, KMG, § 39 BörsG Rn. 7; *Schwark/Heidelbach*, § 39 BörsG Rn. 2.

[9] *Zetzsche*, Aktionärsinformation, S. 283ff., nimmt dagegen rechtsfortbildend einen allgemeinen kapitalmarktrechtlichen Grundsatz der informationellen Gleichbehandlung aller Marktteilnehmer an. De lege lata ist dies nicht überzeugend, da das Kapitalmarktrecht mit den §§ 12ff. die informationelle Gleichbehandlung auch der potentiellen Anleger nur für Insiderinformationen im Sinne des § 13 sicherstellt und insoweit keine planwidrige Regelungslücke gegeben ist. Siehe dazu auch *Assmann* in *Assmann/Schneider*, Vor § 12 Rn. 45; *Verse*, Der Gleichbehandlungsgrundsatz im Recht der Kapitalgesellschaften, S. 525f. Fn. 68.

[10] Dazu Rn. 3. – Vgl. auch *Gebhardt* in *Schäfer/Hamann*, KMG, § 39 BörsG Rn. 10.

[11] Siehe nur *Hüffer*, § 53a AktG Rn. 6f. mwN.

[12] Siehe dazu *Gebhardt* in *Schäfer/Hamann*, KMG, § 39 BörsG Rn. 14; *Groß*, § 39 BörsG Rn. 5; *Schwark/Heidelbach*, § 39 BörsG Rn. 5.

Pflichten der Emittenten 10, 11 § 30a

angebote zulässig, die im berechtigten Interesse bestimmter Gruppen von Inhabern der Schuldverschreibungen abgegeben wurden. Diese Ausnahme beruhte auf Art. 78 Abs. 1 Unterabs. 2 und Art. 83 Abs. 1 Unterabs. 2 der Kapitalmarktpublizitätsrichtlinie.[13] Diese Vorschriften wurden durch Art. 32 Nr. 5 der Transparenzrichtlinie 2004/109/EG aufgehoben. Die Gesetzesverfasser, die soweit als möglich „bestehendes Recht unangetastet" lassen wollten,[14] haben dies als Begründung dafür angeführt, dass auch § 30a Abs. 1 Nr. 1 keine entsprechende Ausnahmevorschrift mehr enthält.[15] Dem liegt jedoch eine Fehlvorstellung zugrunde; § 30a Abs. 1 Nr. 1 setzt nur insoweit zwingendes europäisches Recht um, als es um die Gleichbehandlung bei der Information der Wertpapierinhaber geht (vgl. Rn. 5f.). Für vorzeitige Rücknahmeangebote, die nicht von Art. 18 Abs. 1 der Transparenzrichtlinie 2004/109/EG erfasst werden, hätte der deutsche Gesetzgeber also die Ausnahmeregelung des § 39 Abs. 1 Nr. 1 Halbsatz 2 Börsengesetz ohne weiteres in das WpHG übernehmen können. Angesichts des klaren Wortlauts des § 30a Abs. 1 Nr. 1 bleibt jedoch festzuhalten, dass vorzeitige Rücknahmeangebote, die im berechtigten Interesse bestimmter Gruppen von Inhabern abgegeben werden, nicht mehr vom Gleichbehandlungsgebot ausgenommen sind.

Unter Geltung von § 30a Abs. 1 Nr. 1 stellt sich wie bei der Vorgängervorschrift des § 39 Abs. 1 Nr. 1 Halbsatz 1 BörsG die Frage, ob im Rahmen des **vorzeitigen, teilweisen Rückerwerbs von Schuldverschreibungen** Verfahren zulässig sind, bei denen die Auswahl derjenigen Inhaber, von denen die Anleihen zurückerworben werden, ein Zufallselement aufweist. Zu diesen Verfahren zählen in erster Linie die **Auslosung und der (anonyme) Rückkauf über die Börse**. Richtiger Ansicht nach ist in diesen Fällen ein Verstoß gegen das Gleichbehandlungsgebot zu verneinen, da die zufällige Auswahl der Inhaber Chancengleichheit bewirkt[16] und andernfalls – gerade auch nach Streichung des § 39 Abs. 1 Nr. 1 Halbsatz 2 BörsG (vgl. Rn. 9) – ein Teilrückkauf im Ergebnis nur mit Zustimmung aller betroffenen Inhaber und damit faktisch nicht mehr durchführbar wäre. Die Möglichkeit eines Teilrückerwerbs ist aber nach Maßgabe des § 10 Abs. 5 Satz 6, Abs. 5a Satz 6, Abs. 7 Satz 5 KWG ausdrücklich zugelassen;[17] will man diese bankaufsichtsrechtliche Regelung mit § 30a Abs. 1 Nr. 1 harmonisieren, darf man in einem teilweisen Rückerwerb mit Zufallselement keinen Verstoß gegen den Gleichbehandlungsgrundsatz sehen. Wie bereits erwähnt, steht dieser Auslegung Art. 18 Abs. 1 der Transparenzrichtlinie 2004/109/EG nicht entgegen, da das europarechtliche Gleichbehandlungsgebot auf die Information der Inhaber beschränkt ist (vgl. Rn. 5f.).

Neben § 30a Abs. 1 Nr. 1 kann § 12 SchVerschrG Anwendung finden, der allerdings keine Pflicht des Emittenten begründet, sondern inhaltliche Anforde-

---

[13] Richtlinie 2001/34/EG des Europäischen Parlaments und des Rates vom 28. Mai 2001 über die Zulassung von Wertpapieren zur amtlichen Börsennotierung und über die hinsichtlich dieser Wertpapiere zu veröffentlichenden Informationen, ABl. EG Nr. L 184/1 vom 6. Juli 2001 (berichtigte Fassung, ABl. EG Nr. L 217/18 vom 11. August 2001).
[14] BT-Drucks. 16/2498 S. 26.
[15] BT-Drucks. 16/2498 S. 40.
[16] Für die Zulässigkeit *Gebhardt* in *Schäfer/Hamann*, KMG, § 39 BörsG Rn. 13; *Groß*, § 39 BörsG Rn. 4; *Schwark/Heidelbach*, § 39 BörsG Rn. 6; aA *Schäfer* ZIP 1987, 953, 956.
[17] So der zutreffende Hinweis von *Groß*, § 39 BörsG Rn. 4.

§ 30a 12–16   Abschnitt 5a. Notwendige Informationen

rungen an Beschlüsse der Gläubigerversammlung nach § 11 SchVerschG aufstellt.[18]

2. Informationen und Einrichtungen zur Ausübung von Rechten (Nr. 2)

12   § 30a Abs. 1 Nr. 2 verpflichtet Emittenten, für die die Bundesrepublik Deutschland der Herkunftsstaat ist, sicherzustellen, dass im Inland alle Einrichtungen und Informationen, die die Inhaber der zugelassenen Wertpapiere zur Ausübung ihrer Rechte benötigen, öffentlich zur Verfügung stehen. Damit sollen Art. 17 Abs. 2 Satz 1 und Art. 18 Abs. 2 Satz 1 der Transparenzrichtlinie 2004/109/EG umgesetzt werden.[19] Art. 17 Abs. 2 Satz 3 und Art. 18 Abs. 2 Satz 3 der Richtlinie zählen Informationen und Einrichtungen auf, die der Emittent „insbesondere" zur Verfügung stellen muss. Der deutsche Gesetzgeber hat sich dafür entschieden, diese Aufzählung nicht in § 30a Abs. 1 Nr. 2, sondern durch verschiedene andere Vorschriften, namentlich § 30a Abs. 1 Nr. 4–6 und § 30b Abs. 1 Nr. 1, Abs. 2 Nr. 1, 2 umzusetzen. Gleichwohl müssen diese Normen als Konkretisierungen des § 30a Abs. 1 Nr. 2 verstanden werden; der **eigenständige Anwendungsbereich des § 30a Abs. 1 Nr. 2** neben diesen konkretisierenden Vorschriften **ist denkbar gering**.

13   § 30a Abs. 1 Nr. 2 beschränkt sich nicht auf die bloße Umsetzung der Richtlinie, sondern erweitert die Pflichten der Emittenten dadurch, dass die Informationen und Einrichtungen im Inland „öffentlich" zur Verfügung stehen müssen, während die Richtlinie diesen Zusatz in Art. 17 Abs. 2, also bei den gegenüber Aktionären bestehenden Informationspflichten, nicht kennt.[20]

a) Zur Rechtsausübung erforderliche Informationen

14   Hinsichtlich der zur Rechtsausübung erforderlichen Informationen kann unterschieden werden zwischen Informationen, die zur Ausübung von Stimm- und Mitverwaltungsrechten erforderlich sind, und solchen, die zur Ausübung von Vermögensrechten benötigt werden.

15   **aa) Ausübung von Stimm- und Mitverwaltungsrechten.** Zu den Informationen, die Wertpapierinhaber zur Ausübung ihrer Rechte benötigen, gehört bei Aktien die Information über die Einberufung der Hauptversammlung, deren Tagesordnung, die Gesamtzahl der Aktien und Stimmrechte im Zeitpunkt der Einberufung sowie die Rechte der Aktionäre bezüglich der Teilnahme an der Hauptversammlung (Art. 17 Abs. 2 Satz 3 lit. a) Transparenzrichtlinie 2004/109/EG, § 30b Abs. 1 Satz 1 Nr. 1). Bei Schuldverschreibungen muss über den Ort, den Zeitpunkt und die Tagesordnung der Gläubigerversammlung sowie über das Recht der Inhaber zur Teilnahme daran informiert werden (Art. 18 Abs. 2 Satz 3 lit. a) Transparenzrichtlinie 2004/109/EG, § 30b Abs. 2 Nr. 1).

16   **bb) Ausübung von Vermögensrechten.** Bei Aktien ist zu informieren über die Ausschüttung und Auszahlung von Dividenden, die Ausgabe neuer Aktien und die Vereinbarung oder Ausübung von Umtausch-, Bezugs-, Einziehungs- und Zeichnungsrechten (Art. 17 Abs. 2 Satz 3 lit. d) Transparenzrichtlinie 2004/

---

[18] Zu § 12 SchVerschrG siehe auch *Schwark/Heidelbach*, § 39 BörsG Rn. 4 mwN.
[19] Begr. RegE BT-Drucks. 16/2498 S. 40.
[20] Siehe dazu auch § 30b Rn. 2.

1142   *Zimmermann*

109/EG, § 30b Abs. 1 Satz 1 Nr. 2), bei Schuldverschreibungen entsprechend über die Ausübung von Umtausch-, Zeichnungs- und Kündigungsrechten sowie über die Zinszahlungen, die Rückzahlungen, die Auslosungen und die bisher gekündigten oder ausgelosten, noch nicht eingelösten Stücke (Art. 18 Abs. 2 Satz 3 lit. a) Transparenzrichtlinie 2004/109/EG, § 30b Abs. 2 Nr. 2).

b) Zur Rechtsausübung erforderliche Einrichtungen

Der Gesetzgeber hat in § 30a Abs. 1 Nr. 2 den in diesem Zusammenhang sprachlich unpassenden Begriff der „Einrichtung" aus der deutschen Richtlinienfassung übernommen. Zu den vom Emittenten zur Verfügung zu stellenden „Einrichtungen" gehören zum einen Vollmachtformulare für Haupt- oder Gläubigerversammlung (Art. 17 Abs. 2 Satz 3 lit. b), Art. 18 Abs. 2 Satz 3 lit. b) Transparenzrichtlinie 2004/109/EG, § 30a Abs. 1 Nr. 5, 6), zum anderen Bestimmung eines Finanzinstituts als Zahlstelle, die – auf Art. 17 Abs. 2 Satz 3 lit. c) und Art. 18 Abs. 2 Satz 3 lit. c) beruhend – in § 30a Abs. 1 Nr. 4 geregelt ist.

3. Datenschutz (Nr. 3)

§ 30a Abs. 1 Nr. 3 setzt Art. 17 Abs. 2 Satz 1 und Art. 18 Abs. 2 Satz 1 der Transparenzrichtlinie 2004/109/EG um. Die Richtlinie spricht nur von der „Integrität der Daten", ohne zu spezifizieren, welche Daten im Einzelnen geschützt werden sollen. Der deutsche Gesetzgeber hat dies so interpretiert, dass (persönliche) Daten über Wertpapierinhaber vor einer Kenntnisnahme durch Unbefugte geschützt sein sollen. Die Vorschrift ist im systematischen Zusammenhang mit § 30a Abs. 1 Nr. 2 zu sehen; **erfasst sind nur solche Daten, die im Zusammenhang mit der Ausübung von Rechten durch Wertpapierinhaber an den Emittenten gelangen.** Bei Namensaktien kommt § 30a Abs. 1 Nr. 3 hinsichtlich der im Aktienregister gemäß § 67 Abs. 1 AktG erfassten Daten (Name, Adresse, Geburtsdatum, Stückzahl/Nennbetrag) neben **§ 67 Abs. 6 AktG** zur Anwendung. § 67 Abs. 6 Satz 4 AktG, der die Verwendung der Daten zur Werbung für das Unternehmen gestattet, soweit der Aktionär nicht widerspricht, berechtigt die Gesellschaft nicht zur Weitergabe der Registerdaten an Dritte[21] und steht damit nicht im Widerspruch zu § 30a Abs. 1 Nr. 3.

4. Bestimmung einer Zahlstelle (Nr. 4)

Die Pflicht zur Bestimmung einer Zahl- und Hinterlegungsstelle, die sich bislang in § 39 Abs. 1 Nr. 2 BörsG fand, wurde in § 30a Abs. 1 Nr. 4 übernommen und an die Vorgabe von Art. 17 Abs. 2 Satz 3 lit. c) und Art. 18 Abs. 2 Satz 3 lit. c) der Transparenzrichtlinie 2004/109/EG angepasst, welche die Benennung eines Finanzinstituts als Zahlstelle fordern. Das Gesetz erwähnt im Vergleich zur Vorgängerregelung nur noch die Zahlstelle, die Pflicht zur Bestimmung einer Hinterlegungsstelle ist entfallen. Dies ist für deutsche Gesellschaften konsequent,[22] da § 123 Abs. 3 Satz 1 AktG in der Fassung des UMAG[23] eine sat-

---

[21] Siehe nur *Hüffer*, § 67 Rn. 31.
[22] So auch *Groß*, § 39 BörsG Rn. 7.
[23] Gesetz zur Unternehmensintegrität und Modernisierung des Anfechtungsrechts vom 22. September 2005, BGBl. I S. 2802.

zungsmäßige Hinterlegungsklausel nur noch bei nichtbörsennotierten Gesellschaften gestattet. Bei börsennotierten Gesellschaften genügt nach § 123 **Abs. 3 Satz 2 AktG** der Nachweis der Aktionärseigenschaft durch Bankbescheinigung. Zu beachten ist freilich, dass nach § 16 Satz 2 EGAktG bisherige satzungsmäßige Hinterlegungserfordernisse aufrechterhalten werden können. In der Praxis dürfte dem jedoch keine große Bedeutung zukommen, da eine Vielzahl von Gesellschaften ihre Satzungen an § 123 Abs. 3 AktG nF angepasst haben; im Übrigen ist bei kapitalmarktorientierten Aktiengesellschaften der Ausschluss des mitgliedschaftlichen Einzelverbriefungsanspruch gemäß § 10 Abs. 5 AktG inzwischen wohl der Regelfall, in dem ohnehin keine durch den Aktionär hinterlegbaren effektiven Stücke existieren.

20   Wie schon nach § 39 Abs. 1 Nr. 2 BörsG in der Fassung des Dritten Finanzmarktförderungsgesetzes[24] (§ 44 Abs. 1 Nr. 2 BörsG aF) genügt auch gemäß § 30a Abs. 1 Nr. 4 die Bestimmung einer Zahlstelle im Inland unabhängig von dem Ort, an dem (oder an denen) Wertpapiere des Emittenten notiert sind. Die bloße Benennung einer Zahlstelle ist nicht ausreichend; der Emittent ist vielmehr verpflichtet, durch schuldrechtliche Vereinbarung mit einem (emissionsbegleitenden) Finanzinstitut sicherzustellen, dass dieses **den Wertpapierinhabern als Zahlstelle tatsächlich zur Verfügung steht.**[25] Alle von der Zahlstelle vorgenommenen Maßnahmen[26] müssen für den Wertpapierinhaber kostenfrei bleiben, wenn die Wertpapiere bei der Zahlstelle vorgelegt werden; dies gilt nicht für weitere Zahlstellen, die der Emittent über die Anforderungen des § 30a Abs. 1 Nr. 4 hinaus benennt.[27]

5. Übermittlung eines Vollmachtformulars (Nr. 5 und 6)

21   § 30a Abs. 1 Nr. 5 und 6 setzen Art. 17 Abs. 2 Satz 3 lit. b) und Art. 18 Abs. 2 Satz 3 lit. b) der Transparenzrichtlinie 2004/109/EG um. § 30a Abs. 1 Nr. 5 begründet die Pflicht, jedem stimmberechtigten Aktionär zusammen mit der Einladung oder auf Verlangen nach deren Anberaumung ein Vollmachtsformular in Textform zu übermitteln. Das übliche Verfahren, dass die den Aktionären übersandten Eintrittskarten und/oder Stimmkarten(blöcke) auch ein Vollmachtsformular enthalten, erfüllt die Anforderungen des § 30a Abs. 1 Nr. 5.[28] Da sowohl Richtlinie („oder auf Verlangen (...)") als auch deutsches Gesetz („oder (...) auf Verlangen") alternativ formulieren, ist in jedem Fall auch die **Übermittlung auf Verlangen des Aktionärs ausreichend;** der Emittent ist also nicht verpflichtet, das Formular unaufgefordert zur Verfügung zu stellen.

22   Das Vollmachtsformular ist nach § 30a Abs. 1 Nr. 5 in **Textform** zu übermitteln. Die insoweit bestehenden Anforderungen ergeben sich, weil das Formular selbst keine Willenserklärung darstellt, aus einer **analogen Anwendung des § 126b BGB.** Danach hat das Vollmachtsformular in einer Urkunde oder auf andere zur dauerhaften Wiedergabe in Schriftzeichen geeigneten Weise an den

---

[24] BGBl. I 1998 S. 529.
[25] *Groß,* § 39 BörsG Rn. 7; *Gebhardt* in *Schäfer/Hamann,* KMG, § 39 BörsG Rn. 16.
[26] Wie etwa Zins- oder Dividendenzahlungen, Rückzahlung fälliger Schuldverschreibungen etc.
[27] *Schwark/Heidelbach,* § 39 BörsG Rn. 12.
[28] Vgl. auch *Bosse* DB 2007, 39, 43; *Tielmann/Schulenburg* BB 2007, 840, 842. AA (ohne Begründung) *Mutter/Arnold/Stehle* AG 2007, R109, R113.

Aktionär zu gelangen. Eine Übermittlung auf elektronischem Wege – etwa per E-Mail – genügt.[29] Da es sich um keine Willenserklärung handelt (sondern um ein bloßes Formular für eine von einer anderen Person abzugebende Willenserklärung), sind die weiteren Anforderungen des § 126b BGB (Nennung der Person des Erklärenden, Kenntlichmachung des Abschlusses der Erklärung durch Nachbildung der Namensunterschrift oder auf andere Weise) nicht einzuhalten. Für die Form der von dem Aktionär erteilten Vollmacht gilt bei deutschen Aktiengesellschaften § 134 Abs. 3 Satz 2 AktG.

§ 30a Abs. 1 Nr. 6 gilt für alle Schuldtitel im Sinne des § 2 Abs. 1 Satz 1 Nr. 3; ausgenommen sind solche Schuldtitel, die auch die Definition des § 2 Abs. 1 Satz 1 Nr. 2 erfüllen, also mit Aktien vergleichbar sind oder Aktien vertretende Zertifikate darstellen, sowie Schuldtitel, die ein Recht auf den Erwerb von Wertpapieren nach § 2 Abs. 1 Satz 1 Nr. 1 oder Nr. 2 begründen. Damit können etwa Optionsscheine, deren Basiswert eine Aktie ist, oder hybride Instrumente wie Wandel- oder Optionsanleihen aus dem Anwendungsbereich des § 30a Abs. 1 Nr. 6 heraus fallen.[30] Entsprechend § 30a Abs. 1 Nr. 5 begründet auch § 30a Abs. 1 Nr. 6 die Pflicht, jedenfalls auf Verlangen ein Vollmachtsformular in Textform zur Verfügung zu stellen.

III. Abhalten der Gläubigerversammlung (Abs. 2)

§ 30a Abs. 2 setzt Art. 18 Abs. 3 der Transparenzrichtlinie 2004/109/EG um. Er gestattet in Satz 1 Emittenten, für die die Bundesrepublik Deutschland der Herkunftsstaat ist, die Gläubigerversammlung in jedem Mitgliedstaat der EU und jedem Vertragsstaat des EWR abzuhalten. Voraussetzung dafür ist nach § 30a Abs. 2 Satz 2 zum einen, dass dort alle für die Ausübung der Rechte erforderlichen Einrichtungen und Informationen für die Schuldtitelinhaber verfügbar sind, d. h., dass in diesem Staat die Voraussetzungen des § 30a Abs. 1 Nr. 2 erfüllt sind. Zum anderen dürfen zu der Gläubigerversammlung ausschließlich Schuldtitelinhaber mit einer Mindeststückelung von 50 000,– Euro oder dem am Ausgabetag entsprechenden Gegenwert in einer anderen Währung eingeladen werden.

IV. Gleichstellung der Inhaber von Aktien vertretenden Zertifikaten (Abs. 3)

Art. 2 Abs. 1 lit. e) iii) der Transparenzrichtlinie 2004/109/EG bestimmt, dass für die Zwecke der Richtlinie der Inhaber eines Zertifikats, das Aktien vertritt, als Aktionär der durch das Zertifikat der vertretenen Aktie gilt. Dies wurde in § 30a Abs. 3 umgesetzt, der die Inhaber Aktien vertretender Zertifikate für die Anwendung von § 30a Abs. 1 Nr. 1 bis 5 sowie § 30b Abs. 3 Nr. 1 den Inha-

---

[29] Begr. RegE BT-Drucks. 16/2498 S. 40.
[30] Die Regelungstechnik beruht darauf, dass der deutsche Gesetzgeber Art. 2 Abs. 1 lit. b) der Transparenzrichtlinie 2004/109/EG (der enger ist als die Definition der Schuldverschreibung in Art. 4 Abs. 1 Nr. 18 lit. b) der Finanzmarktrichtlinie 2004/39/EG) in der Definition des § 2 Abs. 1 Nr. 3 bewusst nur unvollständig umgesetzt hat (Begr. RegE BT-Drucks. 16/2498, S. 30) und deshalb in § 30a Abs. 1 Nr. 6 (wie auch in § 37w Abs. 1 Satz 1 und § 37z Abs. 1) eine entsprechende Einschränkung vornehmen musste.

bern der vertretenen Aktien gleichstellt. Dies bedeutet insbesondere, dass eine Pflicht zur Gleichbehandlung gemäß § 30a Abs. 1 Nr. 1 auch im Verhältnis von Aktien- und Zertifikatsinhabern zueinander besteht;[31] die Innehabung des Zertifikats ist kein sachlicher Grund für eine Ungleichbehandlung. Im praktisch besonders wichtigen Fall, dass Aktien eines Emittenten in **American Depositary Receipts (ADR)** verkörpert sind und diese an einer US-amerikanischen Börse gehandelt werden, müssen also die ADR-Inhaber im Verhältnis zu den Aktieninhabern gleich behandelt werden. Voraussetzung dafür ist allerdings, dass die Aktien an einem organisierten Markt im Inland, in der EU oder dem EWR zugelassen sind, da andernfalls der Anwendungsbereich des § 30a (und des § 2 Abs. 6) nicht eröffnet ist.

V. Rechtsfolgen bei Verstößen gegen § 30a

1. § 30a Abs. 1 Nr. 1

26 Bei Verstößen gegen das Gleichbehandlungsgebot des § 30a Abs. 1 Nr. 1 steht den benachteiligten Wertpapierinhabern jedenfalls im richtliniendeterminierten Teil der Norm, also bei Verstoß gegen das Gebot der gleichheitsgemäßen Erfüllung der von der Richtlinie vorgeschriebenen Informationspflichten (vgl. Rn. 5f.), ein **Anspruch auf Beseitigung der Ungleichbehandlung durch sofortige Nachinformation** zu. Entgegen der bislang vorherrschenden Meinung[32] steht § 131 Abs. 4 AktG, der eine Nachinformation in der nächsten Hauptversammlung genügen lässt, dieser Auslegung nicht entgegen. Dies folgt aus der richtlinienkonformen Auslegung des § 30a Abs. 1 Nr. 1, da ein Verstoß andernfalls nicht im Sinne des Effektivitätsgebots hinreichend sanktioniert wäre.[33] Aber auch außerhalb des richtliniendeterminierten Teils des § 30a Abs. 1 Nr. 1, also hinsichtlich der Gleichbehandlung in sonstiger Weise, sprechen gute Gründe für die Annahme eines allgemeinen Beseitigungsanspruchs.[34]

27 Die Inhaber von Wertpapieren stehen in einer Sonderverbindung zum Emittenten, so dass bei Verletzung des Gleichbehandlungsgebots **Schadensersatzansprüche aus § 280 Abs. 1 BGB iVm § 31 BGB** in Betracht kommen;[35] bei Aktien ist zu beachten, dass nur Eigenschäden der Aktionäre einen Ersatzanspruch begründen können.

28 Ob das Gleichbehandlungsgebot ein **Schutzgesetz im Sinne des § 823 Abs. 2 BGB** darstellt und seine Verletzung damit nicht nur gemäß § 31 BGB analog einen Schadensersatzanspruch gegen den Emittenten, sondern auch eine Außenhaftung der verantwortlichen Organmitglieder des Emittenten begründen

---

[31] Begr. RegE BT-Drucks. 16/2498 S. 40.
[32] So etwa GroßkommAktG-*Decher*, § 131 Rn. 337; GroßkommAktG-*Henze/Notz*, § 53a Rn. 58, 132; *Hüffer*, § 131 Rn. 42; KölnKommAktG-*Lutter/Zöllner*, § 53a Rn. 74, jeweils mwN.
[33] Überzeugend *Verse*, Der Gleichbehandlungsgrundsatz im Recht der Kapitalgesellschaften, S. 514f.
[34] Grundlegend dazu *Verse*, Der Gleichbehandlungsgrundsatz im Recht der Kapitalgesellschaften, S. 381ff. mwN.
[35] Ausführlich zu Schadensersatzansprüchen gleichheitswidrig benachteiligter Gesellschafter gegen die Gesellschaft *Verse*, Der Gleichbehandlungsgrundsatz im Recht der Kapitalgesellschaften, S. 399ff.

Pflichten der Emittenten 29, 30 § 30a

kann, wurde bereits für die Vorgängernorm des § 39 Abs. 1 Nr. 1 BörsG diskutiert. Unter Verweis auf die herrschende Ansicht zum aktienrechtlichen Gleichbehandlungsgebot des § 53a AktG wurde die Schutzgesetzqualität auch für § 39 Abs. 1 Nr. 1 BörsG ganz überwiegend verneint.[36] Entscheidend ist, ob § 30a Abs. 1 Nr. 1 nicht nur den Schutz der Allgemeinheit, sondern zumindest auch den Schutz des Einzelnen oder abgrenzbarer Personenkreise bezweckt.[37] Diese Voraussetzung ist erfüllt; das Gleichbehandlungsgebot dient in erster Linie dem Schutz des ungleich behandelten Wertpapierinhabers[38] und nicht lediglich der Funktionsfähigkeit der Kapitalmärkte. Damit sind bei schuldhaften Verstößen gegen das Gleichbehandlungsgebot in analoger Anwendung des § 31 BGB **Schadensersatzansprüche gegen den Emittenten aus § 823 Abs. 2 BGB iVm § 30a Abs. 1 Nr. 1 zu bejahen.** Anders zu beantworten ist die Frage, ob daneben eine deliktische Außenhaftung der Organmitglieder des Emittenten zu begründen ist. Adressat der Verhaltenspflicht des § 30a Abs. 1 Nr. 1 ist der Emittent; das diesem zuzurechnende Verhalten der Organmitglieder kann nur dann zu einer eigenständigen persönlichen Außenhaftung der Organmitglieder führen, wenn diese damit ein eigenes Verhaltensunrecht – gerade auch im Verhältnis zu den Kapitalanlegern – verwirklichen.[39] Dies ist für § 30a Abs. 1 Nr. 1 zu verneinen, weil keine besondere Sanktionsnorm existiert, die sich gerade gegen die Organmitglieder richtet.[40] Eine **deliktische Eigenhaftung der Organmitglieder kommt somit nicht in Betracht.**

2. § 30a Abs. 1 Nr. 2–6

Auch bei Nichteinhaltung der aus § 30a Abs. 1 Nr. 2–6 folgenden Pflichten 29 ist bei richtlinienkonformer Auslegung ein Anspruch der Wertpapierinhaber auf Bereitstellung der im Gesetz genannten Einrichtungen und Informationen gegen den Emittenten gegeben; im Fall eines Verstoßes gegen § 30a Abs. 1 Nr. 3 besteht ein Unterlassungsanspruch.

Gemäß § 39 Abs. 2 Nr. 12–14, Abs. 4 werden vorsätzliche oder leichtfertige 30 Verstöße gegen § 30a Abs. 1 Nr. 2–4 als Ordnungswidrigkeiten mit einer Geldbuße von bis zu 100 000,– Euro geahndet. **Die Nr. 2–4 des § 30a Abs. 1 sind im Übrigen als Schutzgesetze im Sinne des § 823 Abs. 2 BGB zu qualifizieren.**[41] Dies gilt insbesondere auch für die Zulassungsfolgepflicht, den Wertpa-

---

[36] *Groß*, § 39 BörsG Rn. 6; *Schwark/Heidelbach*, § 39 BörsG Rn. 7; *Zietsch/Holzborn* WM 2002, 2356, 2363; aA *Kümpel*, Bank- und Kapitalmarktrecht, Rn. 8.426; *Schäfer* ZIP 1987, 953, 956. Ohne Stellungnahme *Gebhardt* in *Schäfer/Hamann*, KMG, § 39 BörsG Rn. 15.
[37] Vgl. zur Definition des Schutzgesetzes i. S. d. § 823 Abs. 2 nur MünchKommBGB-*Wagner*, § 823 Rn. 340ff. und *Soergel/Zeuner*, § 823 Rn. 289, jeweils mwN. – Kritisch *Ekkenga* ZIP 2004, 781, 784ff.; *Fleischer* DB 2004, 2031, 2031f.
[38] *Gebhardt* in *Schäfer/Hamann*, KMG, § 39 BörsG Rn. 11; für den gesellschaftsrechtlichen Gleichbehandlungsgrundsatz siehe nur *Verse*, Der Gleichbehandlungsgrundsatz im Recht der Kapitalgesellschaften, S. 427.
[39] Dazu ausführlich Vor §§ 37b, 37c Rn. 58ff. und Vor §§ 37v bis 37z Rn. 26.
[40] Zu weiteren Einwänden gegen eine Haftung der Organmitglieder bei Verletzung des gesellschaftsrechtlichen Gleichbehandlungsgebots *Verse*, Der Gleichbehandlungsgrundsatz im Recht der Kapitalgesellschaften, S. 427ff.
[41] Für § 39 Abs. 1 Nr. 2 BörsG wurde die Schutzgesetzeigenschaft bejaht von *Gebhardt* in *Schäfer/Hamann*, KMG, § 39 BörsG Rn. 18, 19; *Groß*, § 39 BörsG Rn. 11; *Schwark/*

§ 30b　　　　　　　　　　　Abschnitt 5a. Notwendige Informationen

pierinhabern gemäß § 30a Abs. 1 Nr. 2 Informationen zur Verfügung zu stellen. Anders als beispielsweise die Ad-hoc-Publizität gemäß § 15, deren Normzweck teilweise ausschließlich in der Sicherung der Funktionsfähigkeit der Kapitalmärkte gesehen wird[42] und für die § 15 Abs. 6 Satz 1 den Schutzgesetzcharakter ausdrücklich verneint, dient die Informationspflicht des § 30a Abs. 1 Nr. 2 (und der spezielleren Normen § 30b Abs. 1 und 2) vorrangig dem Schutz der individuellen Wertpapierinhaber; die zur Verfügung zu stellenden Informationen sollen diesen die Ausübung der in den Wertpapieren verbrieften Rechte ermöglichen. Folglich haftet der Emittent – in analoger Anwendung des § 31 BGB – für Verstöße gegen die § 30a Abs. 1 Nr. 2–4 nach § 823 Abs. 2 BGB auf Schadensersatz. Der Verschuldensmaßstab ist der Sanktionsnorm des § 39 Abs. 2 zu entnehmen,[43] so dass Ansprüche nur bei vorsätzlichem oder leichtfertigem Verhalten bestehen. Wie auch bei Verstoß gegen § 30a Abs. 1 Nr. 1 **scheidet eine deliktische Außenhaftung der Organmitglieder des Emittenten aus,** da eine gerade gegen sie gerichtete Sanktionsnorm fehlt. § 39 Abs. 2 knüpft tatbestandsmäßig an die Verhaltensnorm des § 30a an, der selbst ausschließlich an den Emittenten adressiert ist. Gegen die Organmitglieder können Bußgelder alleine wegen der Erstreckungsnorm des § 9 OWiG verhängt werden; dies genügt nicht, um deren Eigenhaftung zu begründen.[44]

3. Anfechtbarkeit von Hauptversammlungsbeschlüssen

31　Hauptversammlungsbeschlüsse, die gegen § 30a, etwa gegen das Gleichbehandlungsgebot des § 30a Abs. 1 Nr. 1 verstoßen, sind gemäß § 30g nicht aus diesem Grund anfechtbar. Die Anfechtbarkeit kann sich jedoch aus der Verletzung anderer Normen, beispielsweise des § 53a AktG, ergeben.

§ 30b Veröffentlichung von Mitteilungen und Übermittlung im Wege der Datenfernübertragung

(1) ¹Der Emittent von zugelassenen Aktien, für den die Bundesrepublik Deutschland der Herkunftsstaat ist, muss
1. die Einberufung der Hauptversammlung einschließlich der Tagesordnung, die Gesamtzahl der Aktien und Stimmrechte im Zeitpunkt der Einberufung der Hauptversammlung und die Rechte der Aktionäre bezüglich der Teilnahme an der Hauptversammlung sowie
2. Mitteilungen über die Ausschüttung und Auszahlung von Dividenden, die Ausgabe neuer Aktien und die Vereinbarung oder Ausübung von Umtausch-, Bezugs-, Einziehungs- und Zeichnungsrechten

---

Heidelbach, § 39 BörsG Rn. 14; *Zietsch/Holzborn* WM 2002, 2356, 2359. – Für die Schutzgesetzeigenschaft des § 39 Abs. 1 Nr. 3 BörsG, *Dühn,* Schadensersatzhaftung, S. 208 f.
[42] So zB *Assmann* in *Assmann/Schneider,* § 15 Rn. 27.
[43] Vgl. allgemein dazu, dass der Verschuldensmaßstab der Sanktionsnorm maßgeblich ist, wenn das Schutzgesetz selbst keine Regelung der Schuldform enthält, BGH NJW 1982, 1037, 1038; *Larenz/Canaris,* Schuldrecht II/2, 13. Aufl. 1994, § 77 IV 2., S. 446; *Staudinger/Hager,* 13. Bearb. 1999, § 823 Rn. G437.
[44] Siehe auch Vor §§ 37v bis 37z Rn. 26.

Veröffentlichung von Mitteilungen § 30b

unverzüglich im elektronischen Bundesanzeiger veröffentlichen. ²Soweit eine entsprechende Veröffentlichung im elektronischen Bundesanzeiger auch durch sonstige Vorschriften vorgeschrieben wird, ist eine einmalige Veröffentlichung ausreichend.

(2) Der Emittent zugelassener Schuldtitel im Sinne von § 30a Abs. 1 Nr. 6, für den die Bundesrepublik Deutschland der Herkunftsstaat ist, muss

1. den Ort, den Zeitpunkt und die Tagesordnung der Gläubigerversammlung und Mitteilungen über das Recht der Schuldtitelinhaber zur Teilnahme daran sowie

2. Mitteilungen über die Ausübung von Umtausch-, Zeichnungs- und Kündigungsrechten sowie über die Zinszahlungen, die Rückzahlungen, die Auslosungen und die bisher gekündigten oder ausgelosten, noch nicht eingelösten Stücke unverzüglich im elektronischen Bundesanzeiger veröffentlichen.

(3) Unbeschadet der Veröffentlichungspflichten nach den Absätzen 1 und 2 dürfen Emittenten, für die die Bundesrepublik Deutschland der Herkunftsstaat ist, Informationen an die Inhaber zugelassener Wertpapiere im Wege der Datenfernübertragung übermitteln, wenn die dadurch entstehenden Kosten nicht unter Verletzung des Gleichbehandlungsgrundsatzes nach § 30a Abs. 1 Nr. 1 den Wertpapierinhabern auferlegt werden und

1. im Falle zugelassener Aktien
   a) die Hauptversammlung zugestimmt hat,
   b) die Wahl der Art der Datenfernübertragung nicht vom Sitz oder Wohnsitz der Aktionäre oder der Personen, denen Stimmrechte in den Fällen des § 22 zugerechnet werden, abhängt,
   c) Vorkehrungen zur sicheren Identifizierung und Adressierung der Aktionäre oder derjenigen, die Stimmrechte ausüben oder Weisungen zu deren Ausübung erteilen dürfen, getroffen worden sind und
   d) die Aktionäre oder in Fällen des § 22 Abs. 1 Satz 1 Nr. 1, 3, 4 und Abs. 2 die zur Ausübung von Stimmrechten Berechtigten in die Übermittlung im Wege der Datenfernübertragung ausdrücklich eingewilligt haben oder einer Bitte in Textform um Zustimmung nicht innerhalb eines angemessenen Zeitraums widersprochen und die dadurch als erteilt geltende Zustimmung nicht zu einem späteren Zeitpunkt widerrufen haben,

2. im Falle zugelassener Schuldtitel im Sinne von § 30a Abs. 1 Nr. 6
   a) eine Gläubigerversammlung zugestimmt hat,
   b) die Wahl der Art der Datenfernübertragung nicht vom Sitz oder Wohnsitz der Schuldtitelinhaber oder deren Bevollmächtigten abhängt,
   c) Vorkehrungen zur sicheren Identifizierung und Adressierung der Schuldtitelinhaber getroffen worden sind,
   d) die Schuldtitelinhaber in die Übermittlung im Wege der Datenfernübertragung ausdrücklich eingewilligt haben oder einer Bitte in Textform um Zustimmung nicht innerhalb eines angemessenen Zeitraums widersprochen und die dadurch als erteilt geltende Zustimmung nicht zu einem späteren Zeitpunkt widerrufen haben.

§ 30b 1, 2   Abschnitt 5a. Notwendige Informationen

Übersicht

	Rn.
I. Grundlagen	1
1. Überblick	1
2. Umsetzung der Art. 17 und 18 der Transparenzrichtlinie	2
3. Anwendungsbereich	3
a) Emittenten, für die die Bundesrepublik Deutschland der Herkunftsstaat ist	3
b) Zugelassene Wertpapiere	4
4. Veröffentlichung im elektronischen Bundesanzeiger	5
II. Veröffentlichungspflichten bei Aktien (Abs. 1)	9
1. Veröffentlichungspflichtige Informationen (Abs. 1 Satz 1)	9
a) § 30b Abs. 1 Satz 1 Nr. 1	9
aa) Einberufung der Hauptversammlung	10
bb) Gesamtzahl der Aktien und Stimmrechte	12
cc) Rechte bezüglich der Teilnahme an der Hauptversammlung	15
b) § 30b Abs. 1 Satz 1 Nr. 2	16
2. Veröffentlichungspflichten nach anderen Vorschriften (Abs. 1 Satz 2)	17
III. Veröffentlichungspflichten bei Schuldtiteln (Abs. 2)	18
IV. Übermittlung im Wege der Datenfernübertragung (Abs. 3)	21
V. Sanktionen	25

Schrifttum: Vor §§ 30a bis 30g.

I. Grundlagen

1. Überblick

1   Die Abs. 1 und 2 des § 30b verpflichten Emittenten im Sinne des § 2 Abs. 6, Informationen im elektronischen Bundesanzeiger zu veröffentlichen, die sich auf die Ausübung der Verwaltungs- und Vermögensrechte der Inhaber von Aktien und Schuldtiteln beziehen. Daneben stellt § 30b Abs. 3 Voraussetzungen dafür auf, Informationen im Wege der Datenfernübertragung an die Wertpapierinhaber zu übermitteln.

2. Umsetzung der Art. 17 und 18 der Transparenzrichtlinie

2   § 30b setzt – neben § 30a – weitere Bestimmungen der Art. 17 und 18 der Transparenzrichtlinie 2004/109/EG in deutsches Recht um. § 30b Abs. 1 und 2 beruhen auf Art. 17 Abs. 2 lit. a) und d) sowie Art. 18 Abs. 2 lit. a) der Richtlinie. Der deutsche Gesetzgeber hat sich somit dafür entschieden, Art. 17 Abs. 2 und Art. 18 Abs. 2 nicht einheitlich und der Systematik der Richtlinie entsprechend umzusetzen, sondern die Regelung auf § 30a und § 30b aufzuteilen. Hintergrund dafür ist, dass § 30b Abs. 1 und 2 wie ihre börsenrechtlichen Vorgängernormen (Vor §§ 30a bis 30g Rn. 14) die Publikation bestimmter Informationen im elektronischen Bundesanzeiger vorsehen und damit insbesondere über Art. 17 Abs. 2 lit. a) und d) hinausgehen, die das bloße Zurverfügungstellen der Informationen genügen lassen.

3. Anwendungsbereich

a) Emittenten, für die die Bundesrepublik Deutschland der Herkunftsstaat ist

§ 30b gilt genauso wie § 30a für alle Emittenten, für die die Bundesrepublik Deutschland Herkunftsstaat im Sinne des § 2 Abs. 6 ist. Zur Einführung des Herkunftsstaatsprinzips durch das Transparenzrichtlinie-Umsetzungsgesetz siehe § 2 Rn. 152 ff.

b) Zugelassene Wertpapiere

Die Anwendung des § 30b ist beschränkt auf die Emittenten zugelassener Aktien (Abs. 1), Schuldtitel (Abs. 2) und Wertpapiere (Abs. 3). Die entsprechenden Definitionen finden sich in § 2 Abs. 1 (§ 2 Rn. 8 ff.). „Zugelassene Wertpapiere" sind, wie sich aus dem Begriff des Emittenten, für den die Bundesrepublik Deutschland der Herkunftsstaat ist, gemäß § 2 Abs. 6 ergibt, nur solche, die **an einem organisierten Markt im Sinne des § 2 Abs. 5 zugelassen** sind. § 30b findet folglich insoweit keine Anwendung, als Wertpapiere eines Emittenten an einem nichtorganisierten Markt (§ 2 Rn. 149), also zB im Freiverkehr, gehandelt werden.[1]

4. Veröffentlichung im elektronischen Bundesanzeiger

Gemäß § 30b Abs. 1 und 2 sind bestimmte Informationen, welche die Inhaber von Aktien und Schuldtiteln zur Ausübung ihrer Rechte benötigen, im elektronischen Bundesanzeiger zu veröffentlichen. Dies entspricht der Art der Veröffentlichung, die § 70 Abs. 1 Satz 2 BörsZulV in der Fassung des Gesetzes über elektronische Handelsregister und Genossenschaftsregister sowie das Unternehmensregister (EHUG) vom 10. November 2006[2] mit Wirkung zum 1. Januar 2007 (Vor §§ 30a bis 30g Rn. 14) bereits vorsah, weicht jedoch von der bis zum 31. Dezember 2006 geltenden Rechtslage ab. Bis zu diesem Datum war die Veröffentlichung nach § 70 Abs. 1 BörsZulV aF in einem oder mehreren Börsenpflichtblättern vorzunehmen. Mit dieser Umstellung will der Gesetzgeber den **elektronischen Bundesanzeiger als das „Quellmedium" auch für kapitalmarktrechtliche Veröffentlichungen** einführen.[3] Dem liegt die Überlegung zugrunde, dass – im Gegensatz zu den nur einem begrenzten Personenkreis zugänglichen Börsenpflichtblättern – eine **schnelle und einheitliche Information aller Kapitalmarktteilnehmer über die Internetseite des elektronischen Bundesanzeigers** möglich ist und damit gerade auch Kapitalmarktteilnehmern mit Sitz im Ausland der Zugang erleichtert wird.[4]

Bereits im Gesetzgebungsverfahren zum EHUG war umstritten, ob bei der Umstellung von der Börsenpflichtblattpublizität auf die elektronische Veröffentlichung eine Übergangsregelung angebracht sei. Während die Bundesregierung keine Umstellungsprobleme erwartete und darauf hinwies, dass insbesondere die Einberufung der Hauptversammlung ohnehin schon gemäß §§ 121 Abs. 3 Satz 1,

---

[1] Vgl. auch Begr. RegE BT-Drucks. 16/2498 S. 40.
[2] BGBl. I 2553.
[3] Begr. RegE BT-Drucks. 16/960 S. 64.
[4] Begr. RegE BT-Drucks. 16/960 S. 64. – Kritisch zur Publikation von Pflichtinformationen ausschließlich über das Internet *Dauner-Lieb* DStR 2004, 361 ff.

§ 30b 7–10   Abschnitt 5a. Notwendige Informationen

25 Satz 1 AktG im elektronischen Bundesanzeiger erfolgen müsse,[5] befürwortete der Bundesrat für eine Übergangszeit (bis zum 31. Dezember 2009) eine parallele Veröffentlichung in Papierform, um die Verfügbarkeit der Informationen sicherzustellen.[6] Man verständigte sich schließlich auf eine **Übergangsregelung in § 72a Abs. 2 BörsZulV**, die bis zum 31. Dezember 2008 eine Veröffentlichung in einem Börsenpflichtblatt neben der Publikation im elektronischen Bundesanzeiger vorsieht. Ebenfalls auf Anregung des Bundesrates[7] wurde diese Regelung durch das Transparenzrichtlinie-Umsetzungsgesetz in **§ 46 Abs. 4** übernommen (§ 46 Rn. 5).

7   Die Veröffentlichung hat sowohl nach § 30b Abs. 1 als auch nach § 30b Abs. 2 **„unverzüglich"**, d.h. ohne schuldhaftes Zögern (§ 121 Abs. 1 Satz 1 BGB) zu erfolgen (vgl. auch Rn. 14). Die Ausnutzung einer gewissen **Organisations- und Veranlassungsfrist** begründet noch kein schuldhaftes Zögern; im Regelfall wird diese Frist ein bis zwei Tage betragen dürfen.[8]

8   Nach dem aufgehobenen § 70 Abs. 2 BörsG konnte die Zulassungsstelle bei umfangreichen Angaben gestatten, lediglich eine Zusammenfassung zu veröffentlichen, wenn die vollständigen Angaben bei den Zahlstellen kostenfrei erhältlich waren und in der Veröffentlichung darauf hingewiesen wurde.[9] Diese Möglichkeit ist mit der Neuregelung entfallen.

II. Veröffentlichungspflichten bei Aktien (Abs. 1)

1. Veröffentlichungspflichtige Informationen (Abs. 1 Satz 1)

a) § 30b Abs. 1 Satz 1 Nr. 1

9   § 30b Abs. 1 Satz 1 begründet Zulassungsfolgepflichten für Aktienemittenten, deren Herkunftsstaat im Sinne des § 2 Abs. 6 die Bundesrepublik Deutschland ist. Diese gehen sowohl über die in der Vorgängerregelung des § 63 Abs. 1 BörsZulV aF[10] vorgesehenen als auch über die nach Aktienrecht bestehenden Pflichten hinaus. Nach § 30b Abs. 1 Satz 1 Nr. 1 sind die **Einberufung der Hauptversammlung** einschließlich der Tagesordnung, die **Gesamtzahl der Aktien und Stimmrechte** im Zeitpunkt der Einberufung der Hauptversammlung und die **Rechte der Aktionäre bezüglich der Teilnahme an der Hauptversammlung** unverzüglich im elektronischen Bundesanzeiger zu veröffentlichen.

10   **aa) Einberufung der Hauptversammlung.** Die Einberufung der Hauptversammlung musste bereits nach § 63 Abs. 1 BörsZulV aF bekannt gemacht werden; gesellschaftsrechtlich ist eine entsprechende Pflicht in § 121 Abs. 3 AktG und – für die Bekanntmachung der Tagesordnung – in § 124 Abs. 1 Satz 1 AktG vorgesehen. § 30b Abs. 1 Satz 1 Nr. 1 geht darüber hinaus, indem nun auch die Gesamtzahl der Aktien und Stimmrechte im Zeitpunkt der Einberufung

---

[5] BT-Drucks. 16/960 S. 94f.
[6] BT-Drucks. 16/960 S. 83f.
[7] BT-Drucks. 16/2917, S. 2, 5.
[8] Vgl. zu § 70 Abs. 3 BörsZulV *Gebhardt* in *Schäfer/Hamann*, KMG, § 70 BörsZulV Rn. 7: „nur wenige Tage".
[9] Dazu *Groß*, §§ 53–70 BörsZulV Rn. 17; *Gebhardt* in *Schäfer/Hamann*, KMG, § 63 BörsZulV Rn. 6, § 70 BörsZulV Rn. 6; *Schwark/Heidelbach*, § 70 BörsZulV Rn. 1.
[10] Siehe auch Vor §§ 30a bis 30g Rn. 11.

der Hauptversammlung zu veröffentlichen sind (siehe Rn. 12 ff.). Die Tagesordnung muss im elektronischen Bundesanzeiger in ihrer Langfassung (d.h. mit den ausführlichen Beschlussvorlagen und den Teilnahmebedingungen) veröffentlicht werden. Für die gemäß § 46 Abs. 4 bis zum 31. Dezember 2008 daneben vorzunehmende Veröffentlichung in einem Börsenpflichtblatt (dazu schon oben Rn. 6) lässt die BaFin eine **Kurzfassung der Tagesordnung** ausreichen, wenn bestimmte Mindestbedingungen eingehalten werden.[11] Nach Auffassung der BaFin müssen im Börsenpflichtblatt angegeben werden Ort und Zeit der Hauptversammlung, die einzelnen Tagesordnungspunkte, die weiteren Angaben des § 30b Abs. 1 Satz 1 Nr. 1, ein Hinweis, dass die Langfassung der Tagesordnung im elektronischen Bundesanzeiger veröffentlicht wurde sowie eine Stelle, bei der die vollständige Tagesordnung mit Anlagen kostenfrei erhältlich ist.

Der Regierungsentwurf[12] sah vor, dass statt der Einberufung „der Ort, Zeitpunkt und die Tagesordnung" der Hauptversammlung zu veröffentlichen sei. Der demgegenüber geänderte Wortlaut des § 30b Abs. 1 Satz 1 Nr. 1 geht zurück auf die Empfehlung des Finanzausschusses des Bundestages.[13] Damit sollte klargestellt werden, dass sich das Tatbestandsmerkmal der Unverzüglichkeit auf die „Einberufung der Hauptversammlung" und nicht etwa auf einen vorgelagerten Zeitpunkt wie die Aufstellung der Tagesordnung durch den Vorstand oder die Beschlussfassung von Vorstand und Aufsichtsrat über die Verwaltungsvorschläge bezieht.

bb) Gesamtzahl der Aktien und Stimmrechte. Zur **Gesamtzahl der Aktien** gehören auch Aktien, die nicht mit einem Stimmrecht verknüpft sind; Vorzugsaktien und Aktien mit ruhenden Stimmrechten sind somit einzubeziehen.[14] Eine weitere Aufschlüsselung, etwa die ausdrückliche Angabe der Anzahl von Stamm- und Vorzugsaktien oder der im Eigenbestand gehaltenen Aktien der Gesellschaft sieht § 30b Abs. 1 Satz 1 Nr. 1 nicht vor.

Für die **Gesamtzahl der Stimmrechte** sind dagegen nur diejenigen Aktien zu berücksichtigen, die ihren Inhabern im konkreten Fall Stimmrechte gewähren.[15] Das bedeutet, das Stimmrechte aus Vorzugsaktien nur zu berücksichtigen sind, wenn und solange diese Stimmrechte infolge ihres Auflebens nach § 140 Abs. 2 Satz 1 AktG (siehe auch § 21 Rn. 54) bestehen. Für eine Versammlung nach § 141 Abs. 3 AktG ist das nach dieser Vorschrift bestehende Sonderstimmrecht der Vorzugsaktionäre zu berücksichtigen (anders im Rahmen des § 26a, vgl. § 26a Rn. 5).[16] Nicht einzubeziehen sind Stimmrechte, die unter den konkreten Umständen infolge eines gesetzlichen Wegfalls der Stimmrechte oder eines gesetzlichen Verbots der Stimmrechtsausübung nicht bestehen oder nicht ausgeübt werden können, insbesondere aufgrund der §§ 71b, 71d Abs. 1 Satz 4 AktG (Verbot der Stimmrechtsausübung durch die Gesellschaft aus eigenen Aktien), § 136 AktG (Verbot der Stimmrechtsausübung wegen Interessenkollision),

---

[11] So das unter *www.bafin.de* abrufbaren Dokument „Häufig gestellte Fragen zu den §§ 30a ff. WpHG" (Stand: 5. April 2007).
[12] BT-Drucks. 16/2498.
[13] BT-Drucks. 16/3644 S. 21, 74f.; vgl. auch Stellungnahme des Bundesrats zum Regierungsentwurf, BT-Drucks. 16/2917 S. 2.
[14] Zutreffend *Tielmann/Schulenburg* BB 2007, 840, 840f.
[15] AA *Mutter/Arnold/Stehle* AG 2007, R109, R111f.
[16] Zutreffend *Mutter/Arnold/Stehle* AG 2007, R109, R112.

§ 30b   14, 15   Abschnitt 5a. Notwendige Informationen

§ 28 (keine Stimmrechte infolge der Verletzung von § 21) oder § 59 WpÜG (keine Stimmrechte infolge Verletzung übernahmerechtlicher Pflichtangebotsvorschriften). Dafür spricht bereits der Umkehrschluss zu dem mit § 17 Abs. 1 Nr. 5 WpAIV (dazu § 21 Rn. 72) umgesetzten Art. 9 Abs. 1 Unterabs. 2 Satz 1 der Transparenzrichtlinie 2004/109/EG: Dieser bestimmt für die Beteiligungspublizität, dass der Anteil der Stimmrechte ausgehend von der Gesamtzahl der mit Stimmrechten versehenen Aktien berechnet wird, auch wenn die Ausübung dieser Stimmrechte ausgesetzt ist. Eine entsprechende Regelung fehlt in Art. 17 Abs. 2 lit. a) der Richtlinie. Zudem dient die Veröffentlichung – wie sich aus Art. 17 Abs. 2 Satz 1 ergibt – dazu, den Aktionären die Informationen zukommen zu lassen, die sie zur Ausübung ihrer Rechte benötigen. Um diesen Regelungszweck zu verwirklichen, ist es sachgerecht, ruhende Stimmrechte in Abzug zu bringen.[17] Es erfolgt somit – anders als im Rahmen der Beteiligungspublizität (dazu § 26a Rn. 6) – keine abstrakte, sondern eine **konkrete Berechnung der Gesamtstimmzahl.**

14 Die Gesamtzahl der Aktien und Stimmrechte muss für den **Zeitpunkt der Einberufung der Hauptversammlung** angegeben werden. Anders als bei der Berechnung der Einberufungsfrist des § 123 AktG[18] ist nicht der Tag entscheidend, an dem die Einberufung gemäß § 121 Abs. 3 Satz 1 AktG bekannt gemacht wird. Vielmehr kommt es auf den Zeitpunkt an, in dem durch die Einberufungsberechtigten (im Regelfall der Vorstand, § 121 Abs. 2 Satz 1 AktG) über **die Einberufung der Hauptversammlung beschlossen** wird. Ab diesem Zeitpunkt beginnt die Frist des § 30b Abs. 1 Satz 1 („unverzüglich") für die Veröffentlichung im elektronischen Bundesanzeiger (und eine diese ersetzende Veröffentlichung nach § 30b Abs. 1 Satz 2 iVm § 121 Abs. 3 AktG, dazu Rn. 17) zu laufen. Ändert sich die Gesamtzahl der Aktien und Stimmrechte durch **Kapitalmaßnahmen,** ist der Zeitpunkt ihres Wirksamwerdens für die Veröffentlichung nach § 30b Abs. 1 Satz 1 Nr. 1 entscheidend. So entstehen bei der regulären Kapitalerhöhung und der Kapitalerhöhung aus genehmigtem Kapital die neuen Aktien (Stimmrechte) mit Eintragung der Durchführung der Maßnahme in das Handelsregister der Gesellschaft (vgl. § 189 AktG und § 189 iVm § 203 Abs. 1 AktG); die Ausgabe von Aktienurkunden ist für die Entstehung der mitgliedschaftlichen Rechte nicht erforderlich. Werden dagegen Aktien aus bedingtem Kapital ausgegeben, bewirkt bereits die Ausgabe gemäß § 200 AktG die Erhöhung des Gesamtbestands des Grundkapitals. Bestehen mit bedingtem Kapital unterlegte Bezugsrechte (zB im Rahmen von Beteiligungsprogrammen), muss also vor der Veröffentlichung nach § 30b Abs. 1 Satz 1 Nr. 1 der aktuelle Stand der Ausgabe von Bezugsaktien geprüft werden.[19] Zum Zeitpunkt des Wirksamwerdens von Kapitalmaßnahmen siehe im Übrigen auch § 21 Rn. 48 ff.

15 cc) **Rechte bezüglich der Teilnahme an der Hauptversammlung.** Die wenig elegante Formulierung „Rechte der Aktionäre bezüglich der Teilnahme an der Hauptversammlung" hat der deutsche Gesetzgeber wörtlich aus Art. 17 Abs. 2 lit. a) der Transparenzrichtlinie 2004/109/EG übernommen.[20] Gemeint

---

[17] Ähnlich *Tielmann/Schulenburg* BB 2007, 840, 841.
[18] Dazu *Hüffer,* § 123 AktG Rn. 2.
[19] Vgl. *Mutter/Arnold/Stehle* AG 2007, R109, R111.
[20] Kritisch auch die Stellungnahme des Handelsrechtsausschusses des Deutschen Anwaltsvereins, NZG 2006, 655, 657.

sind damit, wie insbesondere die englische und die französische Fassung der Richtlinie zeigen, die **Teilnahmerechte der Aktionäre**. Inhaltlich ist dies gleichbedeutend mit der Information über die Bedingungen für die Teilnahme an der Hauptversammlung, die bereits gemäß § 121 Abs. 3 Satz 2 AktG bekannt zu machen sind.[21]

b) § 30b Abs. 1 Satz 1 Nr. 2

§ 30b Abs. 1 Satz 1 Nr. 2 begründet die Zulassungsfolgepflicht, Mitteilungen **16** über die **Ausschüttung und Auszahlung von Dividenden**, die **Ausgabe neuer Aktien** und die **Vereinbarung oder Ausübung von Umtausch-, Bezugs-, Einziehungs- und Zeichnungsrechten** im elektronischen Bundesanzeiger zu veröffentlichen. Wie bislang nach § 63 Abs. 1 BörsZulV aF muss über die Modalitäten der Ausübung der Umtausch-, Bezugs-, Einziehungs- und Zeichnungsrechten informiert werden; nicht erforderlich ist eine laufende Unterrichtung über den Umfang der Ausübung dieser Rechte.[22] So muss etwa bei Bestehen eines Aktienoptionsplans nicht die einzelne Ausübung von Aktienoptionen oder die Ausgabe neuer Aktien (aus bedingtem Kapital) mitgeteilt werden.[23] Im Unterschied zur Vorgängerregelung des § 63 Abs. 1 BörsZulV ist – in Umsetzung von Art. 17 Abs. 2 lit. d) Transparenzrichtlinie 2004/109/EG – nun bereits die Vereinbarung der genannten Rechte veröffentlichungspflichtig. Der Terminus „**Vereinbarung**" wurde wörtlich aus der Richtlinie übernommen, ist jedoch missverständlich. Die englische („information on any arrangements for allotment, subscription, cancellation or conversion") und die französische („informations sur les modalités éventuelles d'attribution, de souscription, d'annulation ou de conversion") Fassung zeigen, dass eine weite Auslegung des Begriffs angebracht ist.[24] Beispielsweise dürfte auch eine nach § 71 Abs. 1 Nr. 8 AktG beschlossene Ermächtigung zur Verwendung eigener Aktien unter Ausschluss des Bezugsrechts von § 30b Abs. 1 Satz 1 Nr. 2 erfasst sein.

2. Veröffentlichungspflichten nach anderen Vorschriften (Abs. 1 Satz 2)

Gemäß § 30b Abs. 1 Satz 2 müssen die in § 30b Abs. 1 Satz 1 genannten Umstände **17** nur einmal publiziert werden, soweit eine entsprechende Veröffentlichung im elektronischen Bundesanzeiger auch nach anderen Vorschriften zu erfolgen hat. Die Anfügung des Satzes 2 des geht auf eine Anregung des Bundesrates zurück,[25] der sich der Finanzausschuss des Bundestages angeschlossen hatte.[26] Die Regelung

---

[21] So auch *Bosse* DB 2007, 39, 43; *Mutter/Arnold/Stehle* AG 2007, R109, R110; *Noack* WM 2007, 377, 378. – Zu weit dagegen *Tielmann/Schulenburg* BB 2007, 840, 842, nach denen etwa auch das Auskunftsrecht gemäß § 131 AktG in der Bekanntmachung darzustellen sein soll.
[22] So bereits zu § 63 BörsZulV *Groß*, §§ 53–70 BörsZulV Rn. 9. – Siehe auch die Begründung zu § 63 BörsZulV, BR-Drucks. 72/87, S. 91.
[23] So auch das unter *www.bafin.de* abrufbaren Dokument „Häufig gestellte Fragen zu den §§ 30a ff. WpHG" (Stand: 5. April 2007).
[24] Nach Ansicht der BaFin ist auch der Ausschluss eines in § 30b Abs. 1 Satz 1 Nr. 2 genannten Rechts erfasst, vgl. das unter *www.bafin.de* abrufbaren Dokument „Häufig gestellte Fragen zu den §§ 30a ff. WpHG" (Stand: 5. April 2007).
[25] Stellungnahme des Bundesrats zum Regierungsentwurf, BT-Drucks. 16/2917 S. 2.
[26] BT-Drucks. 16/3644 S. 75.

§ 30b 18, 19　　　　　　　　Abschnitt 5a. Notwendige Informationen

soll der Klarstellung dienen und damit Rechtsunsicherheiten vermeiden. Anwendungsfälle des § 30b Abs. 1 Satz 2 sind die **gesellschaftsrechtlichen Veröffentlichungspflichten nach den §§ 121 Abs. 3, 124 Abs. 1 Satz 1 AktG**, die in Verbindung mit § 25 Satz 1 AktG ebenfalls eine Publikation im elektronischen Bundesanzeiger vorsehen. Zu beachten ist jedoch, dass § 30b Abs. 1 Satz 1 Nr. 1 über die gesellschaftsrechtlichen Pflichten hinausgeht und zusätzlich die Angabe der Gesamtzahl der Aktien und Stimmrechte im Zeitpunkt der Einberufung der Hauptversammlung erfordert. Die bisher nach §§ 121 Abs. 3, 124 Abs. 1 Satz 1 AktG erforderliche Veröffentlichung im elektronischen Bundesanzeiger muss also künftig entsprechend erweitert werden, um eine zusätzliche Publikation entbehrlich zu machen.[27] Kein Anwendungsfall des § 30b Abs. 1 Satz 2 ist die **Veröffentlichung der Gesamtzahl der Stimmrechte gemäß § 26a**. Danach muss ein Inlandsemittent (§ 2 Abs. 7) die Gesamtzahl der Stimmrechte am Ende eines jeden Kalendermonats, in dem es zu einer Zu- oder Abnahme von Stimmrechten gekommen ist, nach Maßgabe des § 26 Abs. 1 Satz 1 veröffentlichen (zur Art der Veröffentlichung siehe § 26 Rn. 10ff.). Abgesehen davon, dass die Gesamtzahl der Stimmrechte im Rahmen des § 26a anders zu berechnen ist als im Rahmen des § 30b Abs. 1 Satz 1 (Rn. 13), erfolgt die Veröffentlichung nicht im elektronischen Bundesanzeiger, was Voraussetzung für die Anwendung des § 30b Abs. 1 Satz 2 wäre. Zudem wird die Publikation der Gesamtstimmzahl nach § 26a kaum jemals auf den nach § 30b Abs. 1 Satz 1 Nr. 1 maßgeblichen Zeitpunkt der Einberufung der Hauptversammlung (Rn. 14) bezogen sein.

III. Veröffentlichungspflichten bei Schuldtiteln (Abs. 2)

18　§ 30b Abs. 2 begründet Zulassungsfolgepflichten für die Emittenten von Schuldtiteln im Sinne des § 30a Abs. 1 Nr. 6 (§ 30a Rn. 23) und setzt damit Art. 18 Abs. 2 lit. a) der Transparenzrichtlinie 2004/109/EG um. § 30b Abs. 2 Nr. 1 entspricht inhaltlich weitgehend der Vorgängerregelung des § 63 Abs. 2 Satz 2 BörsZulV, allerdings ist nun auch über das Teilnahmerecht der Schuldtitelinhaber an der Gläubigerversammlung zu informieren.[28]

19　Der Wortlaut des § 30b Abs. 2 Nr. 2 ist mit dem des § 63 Abs. 2 Satz 1 BörsZulV aF nahezu identisch; inhaltlich haben sich keine Änderungen ergeben. Wie bisher muss über die (Modalitäten der) Ausübung der Umtausch-, Zeichnungs- und Kündigungsrechte, über die Zins- und Rückzahlungen sowie über die Auslosungen und die bisher gekündigten oder ausgelosten, noch nicht eingelösten Stücke informiert werden. Nicht erforderlich ist eine laufende Unterrichtung über den Umfang der Ausübung dieser Rechte oder die Entwicklung der Zahlungen (siehe auch Rn. 16).[29] Wie schon unter Geltung des § 63 Abs. 2 Satz 1

---

[27] *Bosse* DB 2007, 39, 43; *Mutter/Arnold/Stehle* AG 2007, R109, R111 (mit einem Formulierungsvorschlag); *Noack* WM 2007, 377, 378. – In diesem Sinne wohl auch die BaFin in dem unter *www.bafin.de* abrufbaren Dokument „Häufig gestellte Fragen zu den §§ 30a ff. WpHG" (Stand: 5. April 2007).

[28] So die BaFin in dem unter *www.bafin.de* abrufbaren Dokument „Häufig gestellte Fragen zu den §§ 30a ff. WpHG" (Stand: 5. April 2007).

[29] So bereits zu § 63 BörsZulV *Gebhardt* in *Schäfer/Hamann*, KMG, § 63 BörsZulV Rn. 9; *Groß*, §§ 53–70 BörsZulV Rn. 9; *Schwark/Heidelbach*, § 63 BörsZulV Rn. 3.

BörsZulV aF ist eine **Veröffentlichung über Zinszahlungen** nicht erforderlich, wenn bei einem festen Zinssatz dessen Höhe und die Zahlungstermine bereits im Prospekt angegeben wurden.[30] Bei einem variablen Zinssatz ist mit der Ankündigung der Zinszahlung der dann geltende Zinssatz nach § 30 b Abs. 2 Nr. 2 zu veröffentlichen.[31]

Gemäß § 46 Abs. 4 ist bis zum 31. Dezember 2008 zusätzlich zu der von § 30 b Abs. 2 vorgeschriebenen Publikation im elektronischen Bundesanzeiger eine Veröffentlichung in einem Börsenpflichtblatt vorzunehmen. Diese Übergangsregelung erfasst jedoch nur Fälle, in denen auch nach altem Recht (also nach § 63 Abs. 2 BörsZulV aF) zu veröffentlichen war, d. h. nur Schuldtitel, die an einer deutschen Börse notiert sind.

IV. Übermittlung im Wege der Datenfernübertragung (Abs. 3)

§ 30 b Abs. 3 stellt Voraussetzungen für die Übermittlung von Informationen an Wertpapierinhaber im Wege der Datenfernübertragung auf und setzt damit Art. 17 Abs. 3 sowie Art. 18 Abs. 4 der Transparenzrichtlinie 2004/109/EG um. Die Regelung gilt **unbeschadet der Veröffentlichungspflichten nach § 30 b Abs. 1 und 2**, d. h., dass die Veröffentlichung im elektronischen Bundesanzeiger nicht durch eine direkte Übermittlung der Informationen an die Wertpapierinhaber ersetzt werden kann.[32] Damit geht § 30 b über die Vorgaben der Transparenzrichtlinie 2004/109/EG hinaus, nach der jedenfalls die gemäß Art. 17 Abs. 2 erforderlichen Informationen auch durch direkte Übermittlung zur Verfügung gestellt werden können („zur Verfügung stehen" in Art. 17 Abs. 2 der Richtlinie gegenüber „öffentlich zur Verfügung stehen" in Art. 18 Abs. 2). Datenfernübertragung bedeutet entsprechend der Definition des Art. 2 Abs. 1 lit. l) der Transparenzrichtlinie 2004/109/EG die „Übertragung von Daten über Kabel, Funk, optische Technologien oder andere elektromagnetische Verfahren".

Nach der deutschen Gesetzesfassung bleibt **unklar, für welche Informationen § 30 b Abs. 3 gilt.** Die systematische Auslegung der Art. 17 Abs. 3 und Art. 18 Abs. 4 der Transparenzrichtlinie 2004/109/EG spricht dafür, dass die dort aufgestellten Anforderungen nur diejenigen Informationen erfassen, die nach Art. 17 Abs. 2 und Art. 18 Abs. 2 gewährt werden müssen, d. h. die Informationen, die zur Ausübung der Rechte der Wertpapierinhaber benötigt werden. Dies muss genauso für § 30 b Abs. 3 gelten, da der deutsche Gesetzgeber lediglich die Richtlinie umsetzen und keine zusätzlichen Voraussetzungen aufstellen wollte.[33] § 30 b Abs. 3 findet daher auf Informationen im Sinne des § 30 a Abs. 1 Nr. 2 und des § 30 b Abs. 1 und 2 Anwendung, soweit diese im Wege der Datenfernübertragung übermittelt werden sollen. Ebenfalls gilt § 30 b Abs. 3 für

---

[30] Zu § 63 BörsZulV *Gebhardt* in *Schäfer/Hamann*, KMG, § 63 BörsZulV Rn. 10; *Groß*, §§ 53–70 BörsZulV Rn. 9. – Dies entspricht der Auffassung der BaFin zu § 30 b Abs. 2 Nr. 2, siehe das unter *www.bafin.de* abrufbare Dokument „Häufig gestellte Fragen zu den §§ 30 a ff. WpHG" (Stand: 5. April 2007).

[31] So die BaFin in dem unter *www.bafin.de* abrufbaren Dokument „Häufig gestellte Fragen zu den §§ 30 a ff. WpHG" (Stand: 5. April 2007).

[32] Begr. RegE BT-Drucks. 16/2498, S. 41.

[33] BT-Drucks. 16/2498, S. 41.

§ 30c   Abschnitt 5a. Notwendige Informationen

23 **Mitteilungen nach § 125 AktG,** die Emittenten im Sinne des § 2 Abs. 6 auf elektronischem Wege versenden wollen.[34] Unanwendbar ist § 30b Abs. 3 allerdings auf alle sonstigen, insbesondere auf freiwillig gewährte Informationen. Voraussetzung der Informationsübermittlung im Wege der Datenfernübertragung ist für alle Arten von Wertpapieren die **Einhaltung des Gleichbehandlungsgebots** (§ 30a Abs. 1 Nr. 1) bei der Verteilung der Kosten. Daneben sehen § 30b Abs. 3 Nr. 1 und 2 inhaltlich identische Anforderungen für Aktien und Schuldtitel im Sinne des § 30a Abs. 1 Nr. 6 (§ 30a Rn. 23) vor. So ist die **Zustimmung der Haupt- oder Gläubigerversammlung** einzuholen; die Wahl der Art der Datenfernübertragung darf nicht von Sitz oder Wohnsitz abhängen. Zudem müssen Vorkehrungen zur Identifizierung und Adressierung getroffen werden, um sicherzustellen, dass die Betroffenen auf elektronischem Wege tatsächlich erreicht werden. Schließlich ist die **ausdrückliche Einwilligung in diese Art der Übermittlung** einzuholen. Anforderungen an die Form der Einwilligung stellt das Gesetz nicht, so dass auch eine auf elektronischem Wege – etwa über einen Online-Dialog[35] – erteile Einwilligung genügt. Buchstabe d) des § 30b Abs. 3 Nr. 1 und 2 sieht jeweils vor, dass der Emittent die Wertpapierinhaber in Textform (§ 126b BGB) zur Zustimmung innerhalb eines angemessenen Zeitraums auffordern kann; wird der Übermittlung im Wege der Datenfernübertragung innerhalb dieser Frist nicht widersprochen, gilt sie als erteilt.[36] Ein Widerruf der auf diese Weise fingierten Zustimmung ist jederzeit möglich.

24   Die Zustimmung der Hauptversammlung gemäß § 30b Abs. 3 Nr. 1a) ist nach der Übergangsregelung des § 46 Abs. 3 erstmals für Informationen erforderlich, die nach dem 31. Dezember 2007 übermittelt werden.

V. Sanktionen

25   Nach § 39 Abs. 2 Nr. 5d) handelt ordnungswidrig, wer vorsätzlich oder leichtfertig entgegen § 30b Abs. 1 oder 2 eine Veröffentlichung nicht, nicht richtig, nicht vollständig, nicht in der vorgeschriebenen Weise oder nicht rechtzeitig vornimmt oder nicht oder nicht rechtzeitig nachholt; gemäß § 39 Abs. 4 kann die Ordnungswidrigkeit mit einer Geldbuße von bis zu 200000,– Euro geahndet werden. § 30b Abs. 1 und 2 sind – wie auch § 30a Abs. 1 Nr. 2 – **Schutzgesetze im Sinne des § 823 Abs. 2 BGB** (§ 30a Rn. 30).

§ 30c Änderungen der Rechtsgrundlage des Emittenten

Der Emittent zugelassener Wertpapiere, für den die Bundesrepublik Deutschland der Herkunftsstaat ist, muss beabsichtigte Änderungen seiner Satzung oder seiner sonstigen Rechtsgrundlagen, die die Rechte der Wertpapierinhaber berühren, der Bundesanstalt und den Zulassungsstellen der inländischen oder ausländischen organisierten Märkte, an denen seine Wertpapiere zum Handel zugelassen sind, unverzüglich nach der Entschei-

---

[34] In diesem Sinne wohl auch *Bosse* DB 2007, 39, 43.
[35] So die Begr. RegE BT-Drucks. 16/2498, S. 41.
[36] Vgl. auch *Mutter/Arnold/Stehle* AG 2007, R109, R113.

Änderungen der Rechtsgrundlage 1–3 § 30c

dung, den Änderungsentwurf dem Beschlussorgan, das über die Änderung beschließen soll, vorlegen, spätestens aber zum Zeitpunkt der Einberufung des Beschlussorgans mitteilen.

Übersicht

	Rn.
I. Grundlagen	1
II. Mitteilungspflicht gegenüber BaFin und Zulassungsstellen	2
III. Sanktionen	7

Schrifttum: Vor §§ 30a bis 30g.

I. Grundlagen

§ 30c beruht auf Art. 19 Abs. 1 Unterabs. 2 der Transparenzrichtlinie 2004/109/EG und ersetzt die Vorgängerregelung in § 64 BörsZulV. Die Zulassungsfolgepflicht, beabsichtigte Änderungen der Satzung oder sonstiger Rechtsgrundlagen der Bundesanstalt und den Zulassungsstellen mitzuteilen, trifft alle Emittenten im Sinne des § 2 Abs. 6.[1] „Zugelassene Wertpapiere" sind, wie sich aus dem Begriff des Emittenten, für den die Bundesrepublik Deutschland der Herkunftsstaat ist, gemäß § 2 Abs. 6 ergibt, nur solche, die an einem **organisierten Markt** im Sinne des § 2 Abs. 5 zugelassen sind (§ 2 Rn. 141 ff.).

II. Mitteilungspflicht gegenüber BaFin und Zulassungsstellen

Die Mitteilungspflicht nach § 30c besteht gegenüber der BaFin und allen Zulassungsstellen derjenigen Märkte im Sinne des § 2 Abs. 5, an denen Wertpapiere des Emittenten zugelassen sind. Somit kann, anders als bisher nach § 64 BörsZulV aF, eine **Mitteilung auch gegenüber Zulassungsstellen in anderen Staaten der EU oder des EWR** abzugeben sein.

Wie die Vorgängerregelung des § 64 BörsZulV unterscheidet auch § 30c zwischen beabsichtigten Änderungen der **Satzung** und der **Rechtsgrundlagen des Emittenten;** die Bedeutung dieser Unterscheidung ist im Rahmen des § 30c jedoch nicht völlig klar: § 64 BörsZulV aF differenzierte zwischen Emittenten von Aktien und solchen von anderen Wertpapieren. Aktienemittenten mussten nach § 64 Abs. 1 BörsZulV aF beabsichtigte Änderungen der Satzung stets mitteilen. Emittenten anderer Wertpapiere hatten gemäß § 64 Abs. 2 BörsZulV aF beabsichtigte Änderungen ihrer Rechtsgrundlage, d. h. bei Aktiengesellschaften (soweit sie nicht schon unter Abs. 1 fielen) Änderungen der Satzung, bei Gesellschaften anderer Rechtsform Änderungen des entsprechenden Dokuments (Satzung oder Gesellschaftsvertrag), mitzuteilen, wenn die Änderungen Rechte der Wertpapierinhaber berührten. § 30c unterscheidet nicht mehr in dieser Weise und spricht von „Änderungen seiner Satzung oder seiner sonstigen Rechtsgrundlagen". Missverständlich ist diese Formulierung vor allem wegen Verwen-

---

[1] § 2 Rn. 152 ff.

Zimmermann 1159

dung des Wortes „sonstige". Aus der Begründung des Regierungsentwurfs ergibt sich, dass die Gesetzesverfasser nichts an der bisherigen Rechtslage ändern wollten.² Deshalb ist diese Vorschrift so auszulegen, dass dann, wenn die „zugelassenen Wertpapiere" im Sinne des § 30 c Aktien sind, Änderungen der Satzung (oder, bei ausländischen Gesellschaften, Änderungen des entsprechenden Dokuments) in jedem Fall mitzuteilen sind; begründen andere Wertpapiere die Emittenteneigenschaft nach § 2 Abs. 6, sind beabsichtigte Änderungen an den Rechtsgrundlagen (d. h. der Satzung, des Gesellschaftsvertrages oder vergleichbarer Dokumente) nur mitzuteilen, wenn diese die Rechte der Wertpapierinhaber berühren. Dies kann beispielsweise bei Schuldverschreibungen der Fall sein, die (auch) einen am Gewinn des Emittenten orientierten Anspruch verbriefen (Genussrechte).³

4   Die Mitteilung hat – abweichend von § 64 BörsZulV aF – unverzüglich nach der Entscheidung zu erfolgen, den Änderungsentwurf dem zuständigen Beschlussorgan vorzulegen;⁴ spätester Zeitpunkt ist derjenige der Einberufung des Beschlussorgans. Bei Satzungsänderungen einer deutschen Aktiengesellschaft muss die Mitteilung unverzüglich nach dem Beschluss über die Vorschläge der Verwaltung gemäß § 124 Abs. 3 Satz 1 AktG erfolgen. Da § 124 Abs. 3 Satz 1 AktG die Beschlussfassung von Vorstand und Aufsichtsrat fordert und § 30 c mit der Formulierung „nach der Entscheidung, den Änderungsentwurf (...) vor[zu]legen" an die gesellschaftsrechtlichen Voraussetzungen anknüpft, **entsteht die Mitteilungspflicht erst dann, wenn die Beschlussvorschläge beider Organe vorliegen.**⁵

5   Aus der Mitteilung muss sich die beabsichtigte Änderung ergeben; dazu sollte die bisherige Satzungsregelung der geplanten Neufassung gegenübergestellt werden.⁶

6   Auf Änderungen der Satzung nach § 179 Abs. 1 Satz 2 oder § 237 Abs. 3 Nr. 3 AktG, also **auf bloße Fassungsänderungen** durch Aufsichtsrat oder Vorstand, **ist § 30 c nicht anwendbar.**⁷ Dies folgt bereits daraus, dass eine Mitteilungspflicht nur bei inhaltlichen Änderungen der Satzung sachgerecht ist, nicht aber bei einer Bereinigung oder Anpassung der Satzungsfassung. Zum diesem Ergebnis gelangt auch die richtlinienkonforme Auslegung: Art. 19 Abs. 1 Unterabs. 2 Satz 2 der Transparenzrichtlinie 2004/109/EG bezieht sich ausschließlich auf Beschlüsse, die von Haupt- oder Gläubigerversammlung getroffen werden. „Beschlussorgan" im Sinne des § 30 c ist damit nur die Hauptversammlung, nicht aber Aufsichtsrat oder Vorstand im Falle des § 179 Abs. 1 Satz 2 oder § 237 Abs. 3 Nr. 3 AktG.⁸

---

² Begr. RegE BT-Drucks. 16/2498, S. 41.
³ Vgl. auch *Schwark/Heidelbach*, § 64 BörsZulV Rn. 3.
⁴ Die geringe Sorgfalt, mit der (nicht nur) § 30 c im Gesetzgebungsverfahren behandelt wurde, zeigt sich daran, dass der Gesetzestext von „vorlegen" statt – grammatikalisch korrekt – von „vorzulegen" spricht.
⁵ Im Ergebnis ebenso *Bosse* DB 2007, 39, 43; *Mutter* AG 2007, R 34; siehe auch *Klawitter* in *Habersack/Mülbert/Schlitt*, Unternehmensfinanzierung, § 32 Rn. 141.
⁶ Siehe auch das unter *www.bafin.de* abrufbaren Dokument „Häufig gestellte Fragen zu den §§ 30 a ff. WpHG" (Stand: 5. April 2007).
⁷ Im Ergebnis ebenso *Mutter* AG 2007, R 34.
⁸ So auch die BaFin, vgl. das unter *www.bafin.de* abrufbaren Dokument „Häufig gestellte Fragen zu den §§ 30 a ff. WpHG" (Stand: 5. April 2007).

III. Sanktionen

Nach § 39 Abs. 2 Nr. 2 j) handelt ordnungswidrig, wer vorsätzlich oder leichtfertig entgegen § 30c eine Mitteilung nicht, nicht richtig, nicht vollständig, nicht in der vorgeschriebenen Weise oder nicht rechtzeitig macht; die Ordnungswidrigkeit ist gemäß § 39 Abs. 4 mit einer Geldbuße von bis zu 50 000,– Euro sanktioniert.

7

§ 30d Vorschriften für Emittenten aus der Europäischen Union und dem Europäischen Wirtschaftsraum

Die Vorschriften der §§ 30a bis 30c finden auch Anwendung auf Emittenten, für die nicht die Bundesrepublik Deutschland, sondern ein anderer Mitgliedstaat der Europäischen Union oder Vertragsstaat des Abkommens über den Europäischen Wirtschaftsraum der Herkunftsstaat ist, wenn ihre Wertpapiere zum Handel an einem inländischen organisierten Markt zugelassen sind und ihr Herkunftsstaat für sie keine den §§ 30a bis 30c entsprechenden Vorschriften vorsieht.

Schrifttum: Vor §§ 30a bis 30g.

§ 30d stellt sicher, dass Emittenten, deren Wertpapiere zum Handel an einem inländischen organisierten Markt zugelassen sind, den §§ 30a bis 30c unterliegen, auch wenn sie keine Emittenten im Sinne des § 2 Abs. 6 sind und ihr Herkunftsstaat keine Vorschriften vorsieht, die inhaltlich den §§ 30a bis 30c entsprechen.[1]

1

§ 30e Veröffentlichung zusätzlicher Angaben und Übermittlung an das Unternehmensregister

(1) ¹Ein Inlandsemittent muss

1. jede Änderung der mit den zugelassenen Wertpapieren verbundenen Rechte sowie

   a) im Falle zugelassener Aktien der Rechte, die mit derivativen vom Emittenten selbst begebenen Wertpapieren verbunden sind, sofern sie ein Umtausch- oder Erwerbsrecht auf die zugelassenen Aktien des Emittenten verschaffen,

   b) im Falle anderer Wertpapiere als Aktien Änderungen der Ausstattung dieser Wertpapiere, insbesondere von Zinssätzen, oder der damit verbundenen Bedingungen, soweit die mit den Wertpapieren verbundenen Rechte hiervon indirekt betroffen sind,

   c) bei Wertpapieren, die den Gläubigern ein Umtausch- oder Bezugsrecht auf Aktien einräumen, alle Änderungen der Rechte, die mit den Aktien verbunden sind, auf die sich das Umtausch- oder Bezugsrecht bezieht,

2. die Aufnahme von Anleihen mit Ausnahme staatlicher Schuldverschreibungen im Sinne des § 36 des Börsengesetzes sowie die für sie über-

---

[1] Vgl. auch Begr. RegE BT-Drucks. 16/2498, S. 41.

§ 30e 1, 2   Abschnitt 5a. Notwendige Informationen

nommenen Gewährleistungen, sofern er nicht eine internationale öffentliche Einrichtung ist, der mindestens ein Mitgliedstaat der Europäischen Union oder ein anderer Vertragsstaat des Abkommens über den Europäischen Wirtschaftsraum angehört, oder er nicht ausschließlich Wertpapiere begibt, die durch den Bund garantiert werden, und

3. Informationen, die er in einem Drittstaat veröffentlicht und die für die Öffentlichkeit in der Europäischen Union und dem Europäischen Wirtschaftsraum Bedeutung haben können,

unverzüglich veröffentlichen und gleichzeitig der Bundesanstalt diese Veröffentlichung mitteilen. ²Er übermittelt diese Informationen außerdem unverzüglich, jedoch nicht vor ihrer Veröffentlichung dem Unternehmensregister im Sinne des § 8b des Handelsgesetzbuchs zur Speicherung.

(2) Das Bundesministerium der Finanzen wird ermächtigt, durch Rechtsverordnung, die nicht der Zustimmung des Bundesrates bedarf, nähere Bestimmungen zu erlassen über den Mindestinhalt, die Art, die Sprache, den Umfang und die Form der Veröffentlichung und der Mitteilung nach Absatz 1 Satz 1.

Übersicht

	Rn.
I. Grundlagen	1
1. Überblick	1
2. Umsetzung des Art. 16 der Transparenzrichtlinie	2
3. Anwendungsbereich	3
a) Inlandsemittenten	3
b) Zugelassene Wertpapiere	4
II. Erfasste Angaben	5
1. Änderung der mit den Wertpapieren verbundenen Rechte (Abs. 1 Satz 1 Nr. 1)	5
2. Aufnahme von Anleihen (Abs. 1 Satz 1 Nr. 2)	7
3. In Drittstaaten veröffentlichte Informationen (Abs. 1 Satz 1 Nr. 3)	8
III. Veröffentlichung	10
IV. Weitere Pflichten	11
V. Sanktionen	13

Schrifttum: Vor §§ 30a bis 30g.

I. Grundlagen

1. Überblick

1   § 30e begründet für Inlandsemittenten die Zulassungsfolgepflicht, bestimmte „zusätzliche Angaben" zu veröffentlichen und an das Unternehmensregister zu übermitteln. Eine entsprechende Veröffentlichungspflicht war bereits nach der Vorgängerregelung des § 66 BörsZulV gegeben; die Abweichungen von dieser Norm sind durch die Vorgaben der Transparenzrichtlinie 2004/109/EG begründet.

2. Umsetzung des Art. 16 der Transparenzrichtlinie

2   § 30e setzt Art. 16 der Transparenzrichtlinie 2004/109/EG um. Dieser regelt eine Pflicht zur Offenlegung von Angaben und wird damit von der Definition

Veröffentlichung zusätzlicher Angaben 3–6 § 30e

der „vorgeschriebenen Informationen" in Art. 2 Abs. 1 lit. k) der Richtlinie erfasst (dazu bereits Vor §§ 30a bis 30g Rn. 4f.). Dies hat zur Folge, dass die Angaben im Sinne des Art. 16 dem Publikationsregime des Art. 21 unterfallen, das in den §§ 3a ff. WpAIV umgesetzt wurde (Rn. 10).

3. Anwendungsbereich

a) Inlandsemittenten

Die Zulassungsfolgepflichten des § 30e treffen nur Inlandsemittenten im Sinne 3
des § 2 Abs. 7 (§ 2 Rn. 161f.). Der Begriff des Inlandsemittenten schließt zum einen Emittenten im Sinne des § 2 Abs. 6 aus, deren Wertpapiere nicht im Inland, sondern in anderen EU- oder EWR-Staaten zugelassen sind. Zum anderen werden – in Umsetzung von Art. 21 Abs. 3 der Transparenzrichtlinie 2004/109/EG – solche Emittenten einbezogen, für die ein anderer EU- oder EWR-Staat der Herkunftsstaat ist, deren Wertpapiere aber ausschließlich in Deutschland zum organisierten Markt zugelassen sind (§ 2 Rn. 161).

b) Zugelassene Wertpapiere

Die Anwendung des § 30e ist beschränkt auf die Emittenten zugelassener 4
Wertpapiere. Die entsprechenden Definitionen finden sich in § 2 Abs. 1 (§ 2 Rn. 8ff.). „Zugelassene Wertpapiere" sind, wie sich aus dem Begriff des Inlandsemittenten gemäß § 2 Abs. 7 ergibt, nur solche, die an einem **organisierten Markt** im Sinne des § 2 Abs. 5 zugelassen sind.

II. Erfasste Angaben

1. Änderung der mit den Wertpapieren verbundenen Rechte (Abs. 1 Satz 1 Nr. 1)

§ 30e Abs. 1 Satz 1 Nr. 1 sieht als **Auffangtatbestand**[1] für die Publikation 5
wertpapierbezogener Informationen vor, dass jede Änderung der mit den zugelassenen Wertpapieren verbundenen Rechte zu veröffentlichen ist. Erfasst werden alle Änderungen, unabhängig davon, ob sie für die Beurteilung der Wertpapiere durch deren Inhaber oder das Anlegerpublikum wesentlich sind.[2] Zu veröffentlichen sind beispielsweise Änderungen des Stimmrechts oder der Dividendenberechtigung sowie Kapitalherabsetzungen.[3]

Dieser Auffangtatbestand wird in Nr. 1a) bis c) für verschiedene Arten von 6
Wertpapieren ergänzt: § 30e Abs. 1 Satz 1 Nr. 1a) sieht vor, dass im Fall zugelassener Aktien jede Änderung der Rechte zu veröffentlichen ist, die mit derivativen, vom Emittenten selbst begebenen Wertpapieren verbunden sind, sofern

---

[1] Zur Regelung des aufgehobenen § 66 Abs. 1 BörsZulV siehe *Gebhardt* in *Schäfer/Hamann*, KMG, § 66 BörsZulV Rn. 4; *Schwark/Heidelbach*, § 66 BörsZulV Rn. 2; *Zietsch/Holzborn* WM 2002, 2356, 2360.
[2] Vgl. *Gebhardt* in *Schäfer/Hamann*, KMG, § 66 BörsZulV Rn. 5; unklar *Schwark/Heidelbach*, § 66 BörsZulV Rn. 2. – Für eine weite Auslegung des Begriffs „verbundene Rechte" auch *Riegger/Rieg* ZIP 2007, 1148, 1151.
[3] *Gebhardt* in *Schäfer/Hamann*, KMG, § 66 BörsZulV Rn. 5; *Zietsch/Holzborn* WM 2002, 2356, 2360.

§ 30e 7   Abschnitt 5a. Notwendige Informationen

sie ein Umtausch- oder Erwerbsrecht auf die zugelassenen Aktien des Emittenten verschaffen. Im Gegensatz zur Vorgängerregelung des § 66 Abs. 1 BörsZulV müssen damit – in Umsetzung von Art. 16 Abs. 1 der Transparenzrichtlinie 2004/109/EG – auch Rechtsänderungen bei wertpapiermäßig verbrieften, vom Emittenten begebenen Derivaten veröffentlicht werden, welche die (an einem organisierten Markt) zugelassenen Aktien dieses Emittenten als Basiswert haben. Bei anderen Wertpapiere als Aktien sind gemäß **§ 30e Abs. 1 Satz 1 Nr. 1b)** Änderungen der Ausstattung dieser Wertpapiere, insbesondere von Zinssätzen, oder der damit verbundenen Bedingungen zu veröffentlichen, soweit die mit den Wertpapieren verbundenen Rechte davon indirekt betroffen sind. Aus dem Wortlaut des damit umgesetzten Art. 16 Abs. 2 der Transparenzrichtlinie 2004/109/EG ergibt sich, dass mit **„indirekten"** Änderungen insbesondere Änderungen der Anleihekonditionen gemeint sind. Der Wortlaut des **§ 30e Abs. 1 Satz 1 Nr. 1c)** ist identisch mit dem des § 66 Abs. 2 Nr. 2 BörsZulV aF. Bei Wertpapieren, die den Gläubigern ein Umtausch- oder Bezugsrecht auf Aktien einräumen (v. a. Wandelschuldverschreibungen und Optionsanleihen), sind damit alle Änderungen der Rechte zu veröffentlichen, die mit den Aktien verbunden sind, auf die sich das Umtausch- oder Bezugsrecht bezieht.[4]

2. Aufnahme von Anleihen (Abs. 1 Satz 1 Nr. 2)

7   Gemäß § 30e Abs. 1 Satz 1 Nr. 2 sind die Aufnahme von Anleihen sowie die für sie übernommenen Gewährleistungen zu veröffentlichen. Diese stellen keine Änderung der mit den zugelassenen Wertpapieren verbundenen Rechte im Sinne des § 30e Abs. 1 Satz 1 Nr. 1 dar, können aber die Fähigkeit des Emittenten beeinträchtigen, seinen Verpflichtungen aus diesen Wertpapieren nachzukommen.[5] Aus diesem Grund ist es für das Bestehen der Veröffentlichungspflicht unerheblich, ob die neu emittierten Schuldverschreibungen an einem organisierten Markt zugelassen sind.[6] Im Unterschied zur Vorgängerregelung des § 66 Abs. 2 Nr. 1 BörsZulV und in Umsetzung von Art. 16 Abs. 3 Satz 1 der Transparenzrichtlinie 2004/109/EG **trifft die Zulassungsfolgepflicht nach § 30e Abs. 1 Satz 1 Nr. 2 nun auch Aktienemittenten.** Art. 1 Abs. 3 und Art. 16 Abs. 3 Satz 2 der Richtlinie gestatten Ausnahmen für bestimmte Emittenten; dementsprechend gilt § 30e Abs. 1 Satz 1 Nr. 2 nicht für internationale öffentliche Einrichtungen, denen mindestens ein Mitgliedstaat angehört, für staatliche Schuldverschreibungen im Sinne des § 37 BörsG[7] und für Emittenten, die ausschließlich durch den Bund garantierte Wertpapiere begeben. § 66 Abs. 3 BörsZulV

---

[4] Zu § 66 Abs. 2 Nr. 2 BörsZulV siehe *Gebhardt* in *Schäfer/Hamann*, KMG, § 66 BörsZulV Rn. 8; *Schwark/Heidelbach*, § 66 BörsZulV Rn. 3.
[5] Zum Zweck des aufgehobenen § 66 Abs. 2 Nr. 1 BörsZulV siehe *Gebhardt* in *Schäfer/Hamann*, KMG, § 66 BörsZulV Rn. 7.
[6] Dies entspricht der Ansicht der BaFin, vgl. das unter *www.bafin.de* abrufbaren Dokument „Häufig gestellte Fragen zu den §§ 30a ff. WpHG" (Stand: 5. April 2007). Zutreffend ist auch die Auffassung der BaFin, die Ausgabe von Pfandbriefen sei keine Aufnahme von Anleihen im Sinne des § 30e Abs. 1 Nr. 2.
[7] Der Gesetzestext verweist auf § 36 BörsG; die dort getroffene Regelung findet sich im BörsG in der Fassung des Finanzmarktrichtlinie-Umsetzungsgesetzes (dazu Einleitung Rn. 56) in § 37. Dass § 30e Abs. 1 S. 1 Nr. 2 an diese Änderung anzupassen ist, wurde offenbar übersehen.

enthielt weitere Ausnahmeregelungen, die nicht in § 30 e übernommen wurden.[8]

3. In Drittstaaten veröffentlichte Informationen (Abs. 1 Satz 1 Nr. 3)

§ 30 e Abs. 1 Satz 1 Nr. 3 ersetzt den bisherigen § 67 Abs. 2 BörsZulV und erfasst Informationen, die ein Inlandsemittent in einem Drittstaat[9] veröffentlicht und die für die Öffentlichkeit in der Europäischen Union und dem Europäischen Wirtschaftsraum Bedeutung haben können. Damit wird Art. 23 Abs. 3 der Transparenzrichtlinie 2004/109/EG umgesetzt, der ein **Informationsgefälle zwischen Drittstaaten und den EU- sowie EWR-Staaten verhindern** soll. Wegen dieses Regelungszwecks kommt es nicht darauf an, ob in dem Drittstaat eine Veröffentlichungspflicht bestand oder die Information freiwillig publiziert wurde;[10] entscheidend ist allein, ob die Information für die Öffentlichkeit Bedeutung haben kann. Angesichts des Stellenwerts, der einer umfassenden Information der Anleger für einen funktionsfähigen Kapitalmarkt zukommt, sind an die (potentielle) Bedeutung für die Öffentlichkeit nur geringe Anforderungen zu stellen. Von § 30 e Abs. 1 Satz 1 Nr. 3 erfasst sind beispielsweise die Informationen, die bei der SEC in Form 20-F eingereicht werden.[11] Aus dem Anwendungsbereich fallen solche Informationen heraus, die ein verständiger Anleger ganz offensichtlich nicht bei seiner Anlageentscheidung berücksichtigen würde. 8

Da Art. 23 Abs. 3 der Transparenzrichtlinie 2004/109/EG und § 30 e Abs. 1 Satz 1 Nr. 3 den Zweck haben, ein Informationsgefälle zu verhindern, besteht keine Veröffentlichungspflicht, soweit **inhaltlich identische Informationen** bereits in einer dem **Publikationsregime der Transparenzrichtlinie** unterliegenden Veröffentlichung verbreitet wurden. In diesem Fall würde es zu einer unnötigen Doppelveröffentlichung kommen, die für das Anlegerpublikum eher irreführend als hilfreich wäre. Sind also in einem Form 20-F enthaltene Informationen bereits in einer den §§ 3a, 3b WpAIV (dazu Rn. 10) entsprechenden Weise publiziert worden, werden sie von § 30 e Abs. 1 Satz 1 Nr. 3 nicht erfasst. 9

III. Veröffentlichung

Die Veröffentlichung hat **unverzüglich**, d. h. gemäß § 121 Abs. 1 Satz 1 BGB ohne schuldhaftes Zögern zu erfolgen; dem Emittenten steht eine angemessene Organisations- und Veranlassungsfrist zu (siehe § 30 b Rn. 7). Art und Inhalt der Veröffentlichung der zusätzlichen Angaben können gemäß § 30 e Abs. 2 in einer Rechtsverordnung geregelt werden. Dies ist in der – ebenfalls durch das Transpa- 10

---

[8] Siehe dazu die Begr. RegE BT-Drucks. 16/2498, S. 42. Zu § 66 Abs. 3 BörsZulV vgl. *Gebhardt* in *Schäfer/Hamann*, KMG, § 66 BörsZulV Rn. 7; *Schwark/Heidelbach*, § 66 BörsZulV Rn. 2.
[9] Gemäß § 2 Abs. 6 Nr. 1 b) handelt es sich dabei um Staaten, die weder Mitgliedstaat der Europäischen Union noch Vertragsstaat des Abkommens über den Europäischen Wirtschaftsraum sind.
[10] Vgl. auch Begr. RegE BT-Drucks. 16/2498, S. 42.
[11] *Göres* Der Konzern 2007, 15, 22; *Hutter/Kaulamo* NJW 2007, 471, 477; *Klawitter* in *Habersack/Mülbert/Schlitt*, Unternehmensfinanzierung, § 32 Rn. 142; *Nießen* NZG 2007, 41, 45 Fn. 35.

§ 30f   Abschnitt 5a. Notwendige Informationen

renzrichtlinie-Umsetzungsgesetz geänderten – Wertpapierhandelsanzeige- und Insiderverzeichnisverordnung (WpAIV) geschehen; gemäß § 26 Satz 1 Halbsatz 1 WpAIV gelten die §§ 3a, 3b WpAIV (siehe im Einzelnen § 26 Rn. 10 ff.) für die nach § 30e zu veröffentlichen Angaben. § 3a WpAIV setzt Art. 21 der Transparenzrichtlinie 2004/109/EG um, der die Bekanntgabe der „vorgeschriebenen Informationen" im Sinne des Art. 2 Abs. 1 lit. k) der Richtlinie in einer Form vorsieht, die in nicht diskriminierender Weise einen schnellen Zugang zu ihnen gewährleistet. § 3b WpAIV beruht auf der in Art. 20 der Transparenzrichtlinie 2004/109/EG getroffene Sprachregelung. Gemäß § 26 Satz 1, 2. Halbsatz WpAIV kann der Emittent die Informationen im Sinne des § 30e Abs. 1 Satz 1 Nr. 3 auch **in englischer Sprache** veröffentlichen.

IV. Weitere Pflichten

11   Die zusätzlichen Angaben sind gemäß § 30e Abs. 1 Satz 1 gleichzeitig mit ihrer Veröffentlichung der BaFin mitzuteilen. Zudem müssen die Angaben nach § 30e Abs. 1 Satz 2 unverzüglich, jedoch nicht vor ihrer Veröffentlichung, dem Unternehmensregister im Sinne des § 8b HGB zur Speicherung übermittelt werden. Die Pflicht dazu ergibt sich auch aus § 8b Abs. 2 Nr. 9, Abs. 3 Satz 1 Nr. 2 HGB; § 30e Abs. 1 Satz 2 soll lediglich der Klarstellung dienen.[12] Gemäß § 8b Abs. 3 Satz 3 HGB überwacht die BaFin die Einhaltung der Übermittlungspflicht.

12   Für die Mitteilung an die BaFin gilt gemäß § 26 Satz 2 WpAIV deren § 3c; danach muss der Bundesanstalt die Veröffentlichung unter Angabe ihres Textes, der Medien, an die die Information gesandt wurde, sowie des genauen Zeitpunkts der Versendung an die Medien mitgeteilt werden (siehe dazu § 26 Rn. 23).

V. Sanktionen

13   Vorsätzliche oder leichtfertige Verstöße gegen die Veröffentlichungspflicht des § 30e Abs. 1 Satz 1 erfüllen den Tatbestand des § 39 Abs. 2 Nr. 5e), Verstöße gegen die Mitteilungspflicht des § 30e Abs. 1 Satz 1 den Tatbestand des § 39 Abs. 2 Nr. 2k). Die vorsätzliche oder leichtfertige Verletzung der Pflicht gemäß § 30e Abs. 1 Satz 2, die Informationen dem Unternehmensregister zu übermitteln, wird von § 39 Abs. 2 Nr. 6 erfasst. Im Falle des § 39 Abs. 2 Nr. 2k) kann ein Bußgeld von bis zu 50 000,– Euro, in den anderen Fällen von bis zu 20 000,– Euro verhängt werden, § 39 Abs. 4.

§ 30f Befreiung

(1) **Die Bundesanstalt kann Inlandsemittenten mit Sitz in einem Drittstaat von den Pflichten nach den §§ 30a, 30b und 30e Abs. 1 Satz 1 Nr. 1 und 2 freistellen, soweit diese Emittenten gleichwertigen Regeln eines Drittstaates unterliegen oder sich solchen Regeln unterwerfen.**

(2) **Emittenten, denen die Bundesanstalt eine Befreiung nach Absatz 1 erteilt hat, müssen Informationen über Umstände im Sinne des § 30e Abs. 1**

---

[12] Begr. RegE BT-Drucks. 16/2498, S. 42.

Satz 1 Nr. 1 und 2, die nach den gleichwertigen Regeln eines Drittstaates der Öffentlichkeit zur Verfügung zu stellen sind, nach Maßgabe des § 30e Abs. 1 in Verbindung mit einer Rechtsverordnung nach § 30e Abs. 2 veröffentlichen und die Veröffentlichung gleichzeitig der Bundesanstalt mitteilen; sie müssen die Informationen außerdem unverzüglich, jedoch nicht vor der Veröffentlichung dem Unternehmensregister im Sinne des § 8b des Handelsgesetzbuchs zur Speicherung übermitteln.

(3) Das Bundesministerium der Finanzen wird ermächtigt, durch Rechtsverordnung, die nicht der Zustimmung des Bundesrates bedarf, nähere Bestimmungen über die Gleichwertigkeit von Regeln eines Drittstaates und die Freistellung von Emittenten nach Absatz 1 zu erlassen.

Schrifttum: Vor §§ 30a bis 30g.

Gemäß Art. 23 Abs. 1 der Transparenzrichtlinie 2004/109/EG können Emittenten mit Sitz in einem Drittstaat von den Anforderungen der Art. 16 bis 18 befreit werden, wenn das Recht des Drittstaates zumindest gleichwertige Anforderungen vorsieht oder die zuständige Behörde die rechtlichen Vorgaben des Drittstaates als gleichwertig betrachtet. Damit soll die Belastung von Emittenten durch zwei gleichwertige Regelwerke vermieden werden. Um die angemessene Information der (Markt-)Öffentlichkeit in EU und EWR sicherzustellen, gelten für die Hinterlegung und Veröffentlichung der nach dem Recht des Drittstaates vorzulegenden Informationen jedoch die Art. 19 bis 21 der Richtlinie. In Umsetzung dieser gemeinschaftsrechtlichen Vorgaben sieht § 30f Abs. 1 vor, dass die BaFin nach pflichtgemäßen Ermessen Inlandsemittenten im Sinne des § 2 Abs. 7 von den Pflichten nach den §§ 30a, 30b und 30e Abs. 1 Satz Nr. 1 und 2 freistellen kann, soweit diese Emittenten gleichwertigen Regeln eines Drittstaates im Sinne des § 2 Abs. 6 Nr. 1b) unterliegen oder sich solchen Regeln unterwerfen. 1

Wird eine solche Befreiung erteilt, gilt gemäß § 30f Abs. 2 für alle Informationen, die nach den gleichwertigen Regeln eines Drittstaates der Öffentlichkeit zur Verfügung zu stellen sind und die sonst von § 30e Abs. 1 Satz Nr. 1 und 2 erfasst würden, das Publikationsregime der §§ 3a, 3b WpAIV (siehe § 30e Rn. 10 und § 26 Rn. 10ff.). Die danach zu veröffentlichenden Informationen sind zudem der BaFin mitzuteilen und unverzüglich, jedoch nicht vor der Veröffentlichung dem Unternehmensregister im Sinne des § 8b HGB zur Speicherung übermitteln (vgl. § 30e Rn. 11). 2

Die Verordnungsermächtigung des § 30f Abs. 3 zum Erlass näherer Bestimmungen über die Gleichwertigkeit von Regeln eines Drittstaates und die Freistellung von Emittenten soll dazu dienen, Durchführungsmaßnahmen der Europäischen Kommission nach Art. 23 Abs. 4 der Transparenzrichtlinie 2004/109/EG in deutsches Recht umzusetzen.[1] Eine solche Maßnahme ist die **Durchführungsrichtlinie 2007/14/EG** der Kommission vom 8. März 2007[2] (Einleitung Rn. 50). Deren Art. 22 stellt Kriterien für die Gleichwertigkeit bezüglich der Anforderungen der Art. 17 Abs. 2 Satz 3 lit. a) und 18 Abs. 2 Satz 3 lit. a) der Transparenzrichtlinie auf, die mit § 30b Abs. 1 Nr. 1, Abs. 2 Nr. 1 und 2 umgesetzt wurden. Danach gelten Regeln eines Drittstaats als gleichwertig, wenn ein 3

---

[1] Begr. RegE BT-Drucks. 16/2498, S. 42.
[2] ABl. EU Nr. L 69/27 vom 9. März 2007.

§ 30g 1, 2   Abschnitt 5a. Notwendige Informationen

Emittent, dessen eingetragener Sitz in diesem Drittland belegen ist, in Bezug auf den Inhalt der Informationen über Versammlungen zumindest Informationen über Ort, Zeitpunkt und Tagesordnung der Versammlungen beizubringen hat. Eine entsprechende Vorgabe enthält nun § 9 TranspRLDV.[3]

4   Vorsätzliche oder leichtfertige Verstöße gegen die Mitteilungs-, Veröffentlichungs- oder Übermittlungspflicht des § 30f Abs. 2 erfüllen den Tatbestand des § 39 Abs. 2 Nr. 2 l), Nr. 5 e) bzw. Nr. 6. Im Falle des § 39 Abs. 2 Nr. 2 l) kann ein Bußgeld von bis zu 50 000,– Euro, in den anderen Fällen von bis zu 200 000,– Euro verhängt werden, § 39 Abs. 4.

§ 30g Ausschluss der Anfechtung

Die Anfechtung eines Hauptversammlungsbeschlusses kann nicht auf eine Verletzung der Vorschriften dieses Abschnitts gestützt werden.

Schrifttum: Vor §§ 30 a bis 30 g.

1   § 30 g dient der Klarstellung, dass Verstöße gegen die §§ 30 a ff. nicht zur Anfechtbarkeit von Hauptversammlungsbeschlüssen führen.[1] Die Anfechtbarkeit kann sich jedoch aus einem Verstoß gegen andere Normen, etwa § 53 a AktG, der neben § 30 a Abs. 1 Nr. 1 (§ 30 a Rn. 31) Anwendung findet, ergeben.

2   Die Norm ist dem Gesellschaftsrecht zuzuordnen und hätte systemgerecht in das AktG aufgenommen werden müssen. Aus der gesellschaftsrechtlichen Qualifizierung folgt, dass § 30 g nur für Aktiengesellschaften **mit (Gründungs-)Sitz in Deutschland** gilt (siehe zu einer vergleichbaren Fragestellung § 28 Rn. 4). Eine Klarstellung im Text des § 30 g wäre jedoch wünschenswert gewesen, da er sich auf die §§ 30 a bis 30 f bezieht und damit auf Vorschriften, deren Geltungsbereich nicht auf deutsche Aktiengesellschaften beschränkt ist (vgl. insbesondere § 2 Abs. 6 Nr. 1 b)).

---

[3] Transparenzrichtlinie-Durchführungsverordnung vom 13. März 2008, BGBl. I S. 408.
[1] Begr. RegE BT-Drucks. 16/2498, S. 42. Aus Praxissicht begrüßen *Mutter/Arnold/ Stehle* AG 2007, R 109, R 113 f. die Regelung.

# Abschnitt 6. Verhaltenspflichten, Organisationspflichten, Transparenzpflichten, Verjährung von Ersatzansprüchen

Vorbemerkung zu den §§ 31 bis 37a

Übersicht

	Rn.
I. Einführung	1
1. Überblick	1
2. Entstehungsgeschichte	2
a) Europarechtliche Entwicklung	2
aa) Segré-Bericht	2
bb) Empfehlung der Kommission vom 25. Juli 1977	3
cc) Weitere Entwicklung bis zur Wertpapierdienstleistungsrichtlinie 1993	6
dd) Verhaltensregeln in der Wertpapierdienstleistungsrichtlinie 1993	7
ee) Marktmissbrauchsrichtlinie	10
ff) Richtlinie über Märkte für Finanzinstrumente (MiFID)	13
b) Die Umsetzung der Verhaltensregeln in das deutsches Recht	22
aa) Das Zweite Finanzmarktförderungsgesetz und seine Vorgeschichte	22
bb) Vom Zweiten zum Vierten Finanzmarktförderungsgesetz	23
cc) Anlegerschutzverbesserungsgesetz	26
dd) Das Finanzmarktrichtlinie-Umsetzungsgesetz (FRUG)	28
II. Inhalt und Zweck der Vorschriften	31
1. Regelungsgegenstände der §§ 31–37a	31
a) Verhaltensregeln	32
b) Organisationspflichten	41
c) Transparenzvorschriften	46
d) Analyse von Finanzinstrumenten	47
e) Überwachung durch die BaFin	48
f) Sonstige Regeln	49
2. Schutzzwecke der §§ 31 ff.	51
a) Funktionenschutz und individueller Anlegerschutz	51
b) Wechselwirkungen	54
III. Rechtsnatur und Bedeutung der Verhaltensregeln	55
1. Aufsichtsrechtliche Zielsetzung und Ausgestaltung	55
2. Die Lehre von der „Doppelnatur"	57
3. Ausstrahlungswirkung auf das Zivilrecht	60
4. Die Bedeutung der Verhaltensregeln für den Anlegerschutz	63
a) Verhältnis zu den zivilrechtlichen Grundsätzen der anleger- und objektgerechten Beratung	63
b) Konkretisierung des Beurteilungsmaßstabs	65
aa) Konzeptioneller Ausgangspunkt	65
bb) Konkretisierung des Anlegerleitbilds	66
IV. Durchsetzung der Verhaltensregeln und Rechtsfolgen ihrer Verletzung	71
1. Behördliche Überwachung und Sanktionierung	71
2. Zivilrechtliche Konsequenzen	76
a) Kein Verstoß gegen § 134 BGB	76

Vor §§ 31 bis 37a   Abschnitt 6. Verhaltensregeln, Verjährung

Rn.
b) Schadensersatzhaftung bei Verletzung der Wohlverhaltensregeln   77
   aa) Überblick über mögliche Anspruchsgrundlagen   77
   bb) Die Verhaltensregeln als Schutzgesetze im Sinne von § 823
       Abs. 2 BGB   80
       (1) Schutzgesetzcharakter der Verhaltensregeln i. e. S.   80
       (2) Qualifikation der Organisationspflichten   83
       (3) Finanzanalysen (§§ 34b, 34c)   86
       (4) Transparenzvorschriften   87

Schrifttum: *Balzer,* Anlegerschutz bei Verstößen gegen die Verhaltenspflichten nach §§ 31 ff. Wertpapierhandelsgesetz (WpHG), ZBB 1997, 260; *ders.,* Der Vorschlag der EG-Kommission für eine neue Wertpapierdienstleistungsrichtlinie, ZBB 2003, 177; *Baur,* Die Verhaltensrichtlinie des BAWe, Die Bank 1997, 485; *Becker,* Das neue Wertpapierhandelsgesetz, Berlin 1995; *Bliesener,* Aufsichtsrechtliche Verhaltenspflichten beim Wertpapierhandel, Berlin/New York 1998; *Brandt,* Aufklärungs- und Beratungspflichten der Kreditinstitute bei der Kapitalanlage, Baden-Baden 2002; *Buhk,* Die Haftung eines Wertpapierdienstleistungsunternehmens bei der Anlagevermittlung und der Anlageberatung, Frankfurt a. M. 1999; *Bürgers,* Das Anlegerschutzverbesserungsgesetz, BKR 2004, 424; *Cahn,* Grenzen des Markt- und Anlegerschutzes durch das WpHG, ZHR 162 (1998), 1; Europäische Wirtschaftsgemeinschaft (Hrsg.), Der Aufbau eines Europäischen Kapitalmarkts: Bericht einer von der EWG-Kommission eingesetzten Sachverständigengruppe, Brüssel 1966; *Dier/Fürhoff,* Die geplante europäische Marktmissbrauchsrichtlinie, AG 2002, 604; *Dreyling,* Die Umsetzung der Marktmissbrauchs-Richtlinie über Insider-Geschäfte und Marktmanipulation, Der Konzern 2005, 1; *Einsele,* Anlegerschutz durch Information und Beratung, JZ 2008, 477; *Fleischer,* Die Richtlinie über Märkte für Finanzmarktinstrumente und das Finanzmarkt-Richtlinie-Umsetzungsgesetz, BKR 2006, 389; *Gaßner/Escher,* Bankpflichten bei der Vermögensverwaltung nach Wertpapierhandelsgesetz und BGH-Rechtsprechung, WM 1997, 93; *Grimme/von Butlar,* Neue Entwicklungen in der Ad-hoc-Publizität, WM 2003, 901; *Hadding /Hopt /Schimansky (Hrsg.),* Das Zweite Finanzmarktförderungsgesetz in der praktischen Umsetzung, Bankrechtstag 1995, Berlin 1996; *Hagemeister,* Die neue Bundesanstalt für Finanzdienstleistungsaufsicht, WM 2002, 1773; *Hammes,* Die Vorschläge der Europäischen Kommission zur Überarbeitung der Wertpapierdienstleistungsrichtlinie, ZBB 2001, 498; *Hopt,* Kapitalanlegerschutz im Recht der Banken, München 1975; *ders.,* Zum neuen Wertpapierhandelsgesetz – Stellungnahme für den Finanzausschuß des Deutschen Bundestags, WM-Festgabe für Thorwald Hellner, 1994, S. 29; *ders.,* Grundsatz- und Praxisprobleme nach dem Wertpapierhandelsgesetz, ZHR 159 (1995), 135; *Horn,* Bankrecht auf dem Weg nach Europa, ZBB 1989, 107; *ders.,* Entwicklungslinien des europäischen Bank- und Finanzdienstleistungsrechts, ZBB 1994, 130; *ders.,* Die Aufklärungs- und Beratungspflichten der Banken, ZBB 1997, 139; *Jentsch,* Die EG-Wertpapierdienstleistungsrichtlinie – Entstehungsgeschichte und Inhalt –, WM 1993, 2189; *Jütten,* Das Zweite Finanzmarktförderungsgesetz aus der Sicht der Kreditwirtschaft, Die Bank 1993, 601; *ders.,* Finanzplatz Deutschland wird attraktiver, Die Bank 1994, 34; *ders.,* Anlegerschutz im Wertpapiergeschäft, Die Bank 1995, 153; *ders.,* Compliance-Richtlinie schließt Regelungslücke, Die Bank 1999, 126; *Kalss,* Zur Umsetzung der Wohlverhaltensregeln nach der Wertpapierdienstleistungsrichtlinie, ÖBA 1995, 835; *Kasten,* Regulierung durch Expertengruppen auf der Ebene der Europäischen Kommission – Lobbyismus oder notwendiger Sachverstand?, ZBB 2008, 238; *Köndgen (Hrsg.),* Neue Entwicklungen im Bankhaftungsrecht, Köln 1987; *ders.,* Die Entwicklung des privaten Bankrechts in den Jahren 1992–1995, NJW 1996, 558; *ders.,* Wieviel Aufklärung braucht ein Wertpapierkunde? ZBB 1996, 361; *Kopp/Colomb/Lenz,* Der Europäische Pass für Emittenten, AG 2002, 24; *Krimphove,* Das Zweite Finanzmarktförderungsgesetz, JZ 1994, 23; *Kühne,* Ausgewählte Auswirkungen der Wertpapierdienstleistungsrichtlinie – MiFID, BKR 2005, 275; *Kümpel,* Das Effektengeschäft im Licht des 2. Finanzmarktförderungsgesetzes, WM 1993, 2025;

Vorbemerkung Vor §§ 31 bis 37a

ders., Die allgemeinen Verhaltensregeln des Wertpapierhandelsgesetzes, WM 1995, 689; *ders.*, Wertpapierhandelsgesetz, Berlin 1996; *ders.*, Verbraucherschutz im Bank- und Kapitalmarktrecht, WM 2005, 1; *Lang, Volker*, Informationspflichten bei Wertpapierdienstleistungen, 2003; *Lang, Norbert*, Doppelnormen im Recht der Finanzdienstleistungen, ZBB 2004, 289; *Lange, Markus*, Informationspflichten von Finanzdienstleistern, Berlin 2000; *Leisch*, Informationspflichten nach § 31 WpHG, 2004; *Lösler*, Das moderne Verständnis von Compliance im Finanzmarktrecht, NZG 2005, 104; *van Look*, Das Zweite Finanzmarktförderungsgesetz in der praktischen Umsetzung, ZBB 1995, 307; *Meixner*, Neuerungen im Bankenaufsichts- und Kapitalmarktrecht, NJW 1998, 862; *ders.*, Das Dritte Finanzmarktförderungsgesetz, NJW 1998, 1896; *Mensching*, Der neue Komitologie-Beschluss des Rates, EuZW 2000, 268; *Metz*, Discount-Broker: Bankgeschäfte und technologische Veränderungen, VuR 1996, 183; *Metzger*, EG-Wertpapierdienstleistungsrichtlinie als Herausforderung für die Wertpapiermärkte, Sparkasse 1993, 361; *Möllers*, Anlegerschutz durch Aktien- und Kapitalmarktrecht – Harmonisierungsmöglichkeiten nach geltendem und künftigem Recht, ZGR 1997, 334; *ders.*, Das neue Werberecht der Wertpapierfirmen: § 36b WpHG, ZBB 1999, 134; *ders.*, Vermögensbetreuungsvertrag, graue Vermögensverwaltung und Zweitberatung, WM 2008, 93; *ders./Ganten*, Die Wohlverhaltensrichtlinie des BAWe im Lichte der neuen Fassung des WpHG – Eine kritische Bestandsaufnahme, ZGR 1998, 773; *Pfeiffer*, Der Schutz des (Klein-) Anlegers im Rahmen der Verhaltensregeln der §§ 31, 32 WpHG: verbraucherschützende Aufklärungs- und Beratungspflichten der Banken, Augsburg 1999; *Mülbert*, Konzeption des europäischen Kapitalmarktrechts für Wertpapierdienstleistungen, WM 2001, 2081; *ders.*, Anlegerschutz bei Zertifikaten, WM 2007, 1149; *ders.*, Auswirkungen der MiFID-Rechtsakte für Vertriebsvergütungen im Effektengeschäft der Kreditinstitute, ZGR 172 (2008) 170; *Pötzsch*, Der Diskussionsentwurf des Dritten Finanzmarktförderungsgesetzes, AG 1997, 193; *Raeschke-Kessler*, Grenzen der Dokumentationspflicht nach § 31 Abs. 2 Nr. 1 WpHG – Anmerkungen zum Bankgeheimnis und informationellen Selbstbestimmung, WM 1996, 1764; *Reich*, Informations-, Aufklärungs- und Warnpflichten beim Anlagegeschäft unter besonderer Berücksichtigung des „execution-only-business" (EOB), WM 1997, 1601; *Rellermeyer*, Das Zweite Kapitalmarktförderungsgesetz in der praktischen Umsetzung, WM 1995, 1981; *Riepe*, Das Zweite Finanzmarktförderungsgesetz, DStR 1994, 1236; *von Rosen*, Zweites Finanzmarktförderungsgesetz und Privatanleger, Die Bank 1995, 9; *Schäfer*, Materielle Aspekte der EG-Richtlinie über Wertpapierdienstleistungen, AG 1993, 389; *ders.*, Sind die §§ 31 ff. WpHG n. F. Schutzgesetze i. S. v. § 823 Abs. 2 BGB?, WM 2007, 1872; *ders./Müller*, Haftung für fehlerhafte Wertpapierdienstleistungen, Köln 1999; *Scharrenberg*, Die Umsetzung des Insiderrechts und der Verhaltensregeln des WpHG in den Compliance-Organisationen der Banken und Sparkassen, in: *Claussen/Loistl* (Hrsg.), Das neue Kapitalmarktrecht in Frage und Antwort, Dreieich 1995, 67; *Schön*, Verhaltensregeln für Wertpapierdienstleistungsunternehmen nach dem Zweiten Finanzmarktförderungsgesetz, Hamburg 1998; *Schröder*, Die Wertpapierhandelsaufsicht nach dem Zweiten Finanzmarktförderungsgesetz, Frankfurt a. M. 1998; *Schwark*, Börsen und Wertpapierhandelsmärkte in der EG, WM 1997, 293; *ders.*, Die Verhaltensnormen der §§ 31 ff. WpHG, in: *Hadding/Schneider/Hopt (Hrsg.)*, Das zweite Finanzmarktförderungsgesetz in der praktischen Umsetzung, Bankrechtstag 1995, Berlin 1996, 109; *Schwennicke*, Die neuere Rechtsprechung zur Börsentermingeschäftsfähigkeit und zu den Aufklärungs- und Beratungspflichten bei Börsentermingeschäften, WM 1997, 1265; *ders.*, Die Dokumentation der Erfüllung von Verhaltenspflichten nach § 31 Abs. 2 WpHG durch die Bank, WM 1998, 1101; *Schwintowski/Nicodem*, Die Verleitung des Anlegers zur Selbstschädigung – Grenzen zwischen Anlegerbevormundung und Anlegerschutz, VuR 2004, 314; *Schulte-Frohlinde*, Art. 11 Wertpapierdienstleistungsrichtlinie und seine Umsetzung durch das Wertpapierhandelsgesetz, Frankfurt a. M. 1999; *Seitz*, Die Integration der europäischen Wertpapiermärkte und die Finanzmarktgesetzgebung in Deutschland, BKR 2002, 340; *Sethe*, Anlegerschutz im Recht der Vermögensverwaltung, 2005; *Seyfried*, Die Richtlinie über Märkte für Finanzinstrumente (MiFID) – Neuordnung der Wohlverhaltensregeln, WM 2006, 1375; *Spindler*, Kapitalmarktreform in Permanenz –

Vor §§ 31 bis 37a 1 Abschnitt 6. Verhaltensregeln, Verjährung

Das Anlegerschutzverbesserungsgesetz, NJW 2004, 3449; *Spindler/Christoph*, Die Entwicklung des Kapitalmarktrechts in den Jahren 2003/2004, BB 2004, 2197; *Spindler/Kasten*, Der neue Rechtsrahmen für den Finanzdienstleistungssektor – Die MiFID und ihre Umsetzung, WM 2006, 1749, 1797; *dies.*, Änderungen des WpHG durch das Finanzmarktrichtlinie-Umsetzungsgesetz (FRUG), WM 2007, 1245; *Steuer*, Anlegerschutz im Wertpapiergeschäft, WM 1995, 281; *ders.*, Haftung für fehlerhafte Anlageberatung – Eine unendliche Geschichte, in Festschrift für Herbert Schimansky, Köln 1999, 653; *Than*, Die Umsetzung der Verhaltensnormen der §§ 31 ff. WpHG in den Kreditinstituten, in: Hadding/Hopt/Schimansky (Hrsg.), Das Zweite Finanzmarktförderungsgesetz in der praktischen Umsetzung, Bankrechtstag 1995, Berlin 1996, 135; *Veil*, Anlageberatung im Zeitalter der MiFID – Inhalt und Konzeption der Pflichten und Grundlagen einer zivilrechtlichen Haftung, WM 2007, 1821; *Vortmann*, Aufklärungs- und Beratungspflichten der Banken, 8. Aufl., Köln 2006; *Waldeck*, Haftung aus Anlageberatung und Vermögensverwaltung, 1995, S. 647; *Weichert/Wenninger*, Die Neuregelung der Erkundigungs- und Aufklärungspflichten von Wertpapierdienstleistungsunternehmen gem. Art. 19 RiL 2004/39/EG (MiFID) und Finanzmarkt-Richtlinie-Umsetzungsgesetz, WM 2007, 627; *Wieneke*, Discount-Broking und Anlegerschutz, Baden-Baden 1999; *Wolf*, Getrennte Verwahrung von Kundengeldern, BKR 2002, 892; *Ziemons*, Neuerungen im Insiderrecht und bei der Ad-hoc-Publizität durch die Marktmissbrauchsrichtlinie und das Gesetz zur Verbesserung des Anlegerschutzes, NZG 2004, 537; *Zimmermann, Martin*, Die Verjährung von Ersatzansprüchen gegen Wertpapierdienstleistungsunternehmen – Ein Plädoyer für die Abschaffung des § 37a WpHG, ZIP 2007, 410; *ders.*, Privatrecht im Kapitalmarktrecht der Gemeinschaft, GPR 2008, 38.

Vgl. auch die Angaben vor Einleitung und bei § 31, § 31a, § 31d, § 33, § 34b.

I. Einführung

1. Überblick

1 Die im Zuge der Umsetzung der Finanzmarktrichtlinie durch das FRUG neu gefasste Überschrift des sechsten Abschnitts des WpHG spiegelt den **erweiterten Anwendungsbereich der „Wohlverhaltensregeln"** wider. Im Vergleich zur bisherigen Überschrift („Verhaltensregeln für Wertpapierdienstleistungsunternehmen und hinsichtlich Finanzanalysen, Verjährung von Ersatzansprüchen") werden die Regelungsgegenstände präziser und sprachlich eleganter, allerdings immer noch nicht erschöpfend beschrieben. Sie betreffen vor allem (allgemeine und spezielle) **Verhaltensregeln** der Wertpapierdienstleistungsunternehmen bei der Erbringung von (bestimmten Arten von) Wertpapier(neben)dienstleistungen (§§ 31–32d, 34b) sowie **Organisationspflichten** (§§ 33–34a). Dabei bestehen Überschneidungen mit den **„Transparenzpflichten"**, da diese sowohl als Bestandteil von Verhaltens- als auch Organisationspflichten angesehen werden können. Ihre eigenständige Erwähnung soll wohl nur ihre besondere Bedeutung hervorheben, die sich insbesondere beim Betrieb eines mulilateralen Handelssystems (nunmehr Wertpapierdienstleistung nach § 2 Abs. 3 Nr. 8) in Form der Vor- und Nachhandelstransparenz (§ 31g) sowie in weiteren Veröffentlichungspflichten zeigen, die bei Geschäften außerhalb eines organisierten Marktes oder eines multilateralen Handelssystems für Transparenz im Marktgeschehen sorgen sollen (vgl. §§ 31h, 32a).[1] Nicht eigens angesprochen in der Überschrift werden

---

[1] Auf einer anderen Ebene liegt die Anzeigepflicht anderer Personen als Wertpapierdienstleistungsunternehmen nach § 34c gegenüber der BaFin.

Vorbemerkung 2, 3 **Vor §§ 31 bis 37a**

die einschlägigen Überwachungs-, Prüfungs- und sonstigen **Befugnisse der BaFin** in Bezug auf die geregelten Pflichten (§§ 32b, 35, 36, 36b). Eine Sonderstellung nimmt die Vorschrift des § 37a zur kurzen **Verjährung von zivilrechtlichen Ersatzansprüchen** der Kunden gegen Wertpapierdienstleistungsunternehmen wegen Verletzung von Informationspflichten oder fehlerhafter Beratung im Zusammenhang mit einer Wertpapierdienstleistung ein. Rechtspolitisch gut begründeten Forderungen nach Abschaffung dieser Vorschrift[2] ist der Gesetzgeber im Zuge der Verabschiedung des FRUG (noch) nicht nachgekommen. Dies soll aber nunmehr im Zuge eines geplanten Gesetzes zur Neuregelung der Rechtsverhältnisse bei Schuldverschreibungen aus Anleihen und zur Anpassung kapitalmarktrechtlicher Verjährungsvorschriften geschehen.[2a]

2. Entstehungsgeschichte
a) Europarechtliche Entwicklung

aa) Segré-Bericht. Die Ursprünge für die Entwicklung von Verhaltensregeln 2 lassen sich bis zu dem 1966 erschienenen **Segré-Bericht** zurückverfolgen.[3] Mit diesem wurde auf europäischer Ebene der Grundstein zu einer Harmonisierung und Verbesserung des europäischen Kapitalmarkts gelegt. In dem Bericht wurden vor allem wirtschaftspolitische Instrumente (Geld- und Kapitalmarktpolitik, Sparförderung und Investitionslenkung sowie die Rolle der öffentlichen Hand), der Ausbau der Kreditversorgungswege durch mittel- und langfristige Kredite sowie als weitere zentrale Punkte die Integration der Wertpapiermärkte (insbesondere Publizitätsvorschriften) und die Harmonisierung der Zugangsbedingungen auf dem europäischen Kapitalmarkt diskutiert. Ergebnis des Berichts waren **klar formulierte Leitziele,** deren Realisierung zu einem Fortschritt beim Aufbau eines europäischen Kapitalmarktes beitragen sollte. Als wesentliche Voraussetzung dafür sah man die **Integration der nationalen Wertpapiermärkte** an. Neben der Schaffung eines harmonisierten Primärmarktes wurde auch an die fortlaufende Information des Anlegerpublikums durch Publizitätsvorschriften an den Sekundärmärkten gedacht. Dabei wurde die Bedeutung individueller Information der Anleger durch Wertpapierdienstleistungsunternehmen besonders hervorgehoben: Mehr Klarheit im Hinblick auf einzelne Anlageformen sollte zugleich dazu dienen, dass Anleger sich auch zur Geldanlage in Wertpapieren entschließen.[4]

bb) Empfehlung der Kommission vom 25. Juli 1977. Auf die im Segré- 3 Bericht enthaltenen Maßgaben und Vorschläge hinsichtlich einer umfassenden Information des Anlegerpublikums kam die Kommission jedoch erst im Jahre 1977 in einer **Empfehlung betreffend europäische Verhaltensregeln für Wertpapiertransaktionen** zurück.[5] Danach bestand der Zweck von Verhaltens-

---

[2] Vgl. *Zimmermann,* ZIP 2007, 410 ff.; näher zur Vorgeschichte § 37a Rn. 3.
[2a] RefE v. 9. 5. 2008, abgedruckt in ZBB 2008, 200.
[3] EWG-Kommission, Der Aufbau eines europäischen Kapitalmarkts, S. 237 ff.; *Bliesener,* S. 7 ff.; *Assmann* in *Assmann/Schütze,* 2. Aufl. 1997, § 1 Rn. 86.
[4] EWG-Kommission, Der Aufbau eines europäischen Kapitalmarkts, S. 238 f.; *Bliesener,* S. 8 f.
[5] Empfehlung der Kommission vom 25. 7. 1977 betreffend europäische Verhaltensregeln für Wertpapiertransaktionen, Nr. 77/534/EWG, ABl. EG Nr. L 212/37 vom 20. 8. 1977; dazu *Koller* in *Assmann/Schneider,* Vor § 31 Rn. 1 f.; *Schwark,* Vor § 31 Rn. 2; *Schulte-Frohlinde,* S. 38 f.; *Bliesener,* S. 9 ff.; *Brandt,* S. 167.

regeln vor allem darin, auf europäischer Ebene die Regeln für ein loyales Verhalten aufzustellen, die zum wirksamen Funktionieren der Wertpapiermärkte beitragen und die einen angemessenen Schutz der Interessen des Publikums gewährleisten.[6] Zur Erreichung dieses Ziels enthielten die Empfehlungen **allgemeine und ergänzende Grundsätze,** von denen ein bedeutender Teil heute zu den festen Bestandteilen der verschiedenen europäischen Kapitalmarktrechtsordnungen gehört.[7]

4   Im Mittelpunkt der **allgemeinen Grundsätze** standen das Gebot der **Gleichbehandlung der Kapitalanleger** sowie den Grundsatz der **umfassenden Information des Anlegerpublikums.**[8] Adressat der Informationspflicht waren diejenigen, die auf Grund ihres Berufes oder ihrer Tätigkeit das Publikum unterrichten müssen oder können. Die Finanzmittler wurden aufgefordert, jeden **Interessenkonflikt** untereinander, mit ihren Kunden oder der Kunden untereinander zu vermeiden.[9]

5   Die **ergänzenden Grundsätze** waren vor allem von dem Gedanken geprägt, das **Vertrauen der Kapitalanleger in funktionsfähige Wertpapiermärkte** zu stärken. In diesem Rahmen finden sich einzelne Tatbestände, die dieses Vertrauen stören können und insoweit typische Verstöße gegen die Verhaltensregeln darstellen. Dazu gehört etwa die heute als „Spesenschinderei" oder „churning" bekannte Erscheinung, dass Wertpapierkunden allein zum Zwecke des Provisionsanfalls zu wiederholten Wertpapiertransaktionen veranlasst werden, oder die Weitergabe bislang unveröffentlichter Informationen innerhalb des Betriebes der Finanzintermediäre, soweit diese die Möglichkeit haben, den Kurs eines Wertpapiers erheblich zu beeinflussen.[10] Insgesamt litten die Grundsätze der Kommission jedoch von Anfang an daran, dass sie **keine rechtlich bindende Wirkung** entfalteten, sondern sich als **bloße Empfehlung i. S. v. Art 189 EGV** darstellten, so dass sie in weiten Teilen der Praxis keine Beachtung fanden.[11]

6   cc) **Weitere Entwicklung bis zur Wertpapierdienstleistungsrichtlinie 1993.** Erst am **3. Januar 1989** legte die EG-Kommission das **Konzept einer Richtlinie des Rates über Wertpapierdienstleistungen** vor.[12] Nach Art 9 Abs 1 S. 1 des Entwurfes sollten die Mitgliedstaaten „Schutzvorschriften" erlassen, die von den national zugelassenen Wertpapierdienstleistungsunternehmen fortwährend einzuhalten seien. Wie sich aus der Konkretisierung in Art. 9 Abs 1 S. 2 ergibt, handelte es sich bei diesen Schutzvorschriften aber formal lediglich um **Organisations- und Verfahrensregelungen,** während die Rechtsverhältnisse zwischen Wertpapierdienstleistungsunternehmen und ihren Kunden nicht Gegenstand der Regelung waren. Die Wertpapierfirmen sollten u. a. verpflichtet werden, Verwaltung und Buchhaltung angemessen zu organisieren, interne Kon-

---

[6] Empfehlung der Kommission vom 25. 7. 1977 (Fn. 5) unter dem Abschnitt „Hauptziel".
[7] Ausführlich *Bliesener,* S. 9.
[8] Empfehlung der Kommission vom 25. 7. 1977 (Fn. 5) Allgemeiner Grundsatz Nr. 2.
[9] Empfehlung der Kommission vom 25. 7. 1977 (Fn. 5) Allgemeiner Grundsatz Nr. 6.
[10] Empfehlung der Kommission vom 25. 7. 1977 (Fn. 5) Ergänzende Grundsätze Nr. 5–10; dazu *Bliesener,* S. 89 f.
[11] Zusammenfassend *Brandt,* S. 168.
[12] Vorschlag 89/C 43/10 für eine Richtlinie über Wertpapierdienstleistungen, ABl. EG Nr. C 43/7 vom 22. 2. 1989; dazu *Koller* in *Assmann/Schneider,* Vor § 31 Rn. 3; *Schön,* S. 5 ff.; *Schulte-Frohlinde,* S. 36 ff.; *Bliesener,* S. 10.

Vorbemerkung 7 **Vor §§ 31 bis 37a**

trollverfahren einzurichten, eigenes Vermögen von dem der Kunden zu trennen, transaktionsbezogene Aufzeichnungen anzufertigen sowie Interessenkonflikte jeder Art zu vermeiden. Die vorgeschlagenen Vorschriften legten **lediglich organisatorische Rahmenbedingungen** für alle Wertpapierfirmen fest und enthielten insoweit **keine materiellen Standards.** Die Kommission begründete diese Zurückhaltung vor allem damit, dass die Mitgliedstaaten insoweit erhebliche Regelungsdifferenzen aufwiesen, die noch für eine Übergangszeit hingenommen werden sollten.[13] Der Wirtschafts- und Sozialausschuss kritisierte in seiner Stellungnahme[14] den Richtlinienvorschlag der Kommission wegen verschiedener Unzulänglichkeiten, vor allem wegen des Fehlens verbindlicher materieller Verhaltensstandards für die Erbringung von Wertpapierdienstleistungen.[15] Materiell regelungsbedürftig sei vor allem die bestmögliche Ausführung der Transaktion auf der Basis umfassender und vollständiger Information über die verschiedenen Finanzinstrumente nach vorheriger Erkundigung über die persönlichen und finanziellen Verhältnisse des Anlegers.[16] Trotz grundlegender Änderungsvorschläge des Wirtschafts- und Sozialausschusses führte die Überarbeitung des Richtlinienkonzepts nur zu unwesentlichen Änderungen, die sich im **geänderten Richtlinienvorschlag vom 8. Februar 1990** widerspiegelten. Danach sollten Interessenkonflikte im Rahmen der Organisation so weit ausgeschlossen werden, dass sie nicht den Interessen der Kunden schadeten.[17]

dd) Verhaltensregeln in der Wertpapierdienstleistungsrichtlinie 1993. 7
Das Ziel der schließlich am 10. Mai 1993 erlassenen **Wertpapierdienstleistungsrichtlinie (WpDRL)** war es, angemessene Rahmenbedingungen für einen einheitlichen europäischen Binnenmarkt für Wertpapierdienstleistungen und einen **Mindeststandard anlegerschützender Vorgaben** auf europäischer Ebene zu schaffen.[18] Gemäß Art. 31 Abs. 1 der Richtlinie wurden die Mitgliedstaaten verpflichtet, bis zum 1. Juli 1995 die zur Umsetzung erforderlichen Rechts- und Verwaltungsvorschriften zu erlassen.[19] Wesentliche Vorgaben für die Ausgestaltung der nationalen Verhaltensregeln fanden sich in **Art. 10 und 11 der WpDRL von 1993**.[20] Art. 10 WpDRL verpflichtete die Mitgliedstaaten, **Organisationsregeln zu erlassen,** die von den Wertpapierfirmen fortwährend einzuhalten waren. Dazu gehörten etwa die **Organisation der Wertpapierdienstleistungsunternehmen** durch ordnungsgemäße **Verwaltung und**

---

[13] ABl. EG Nr. C 298/14 vom 27. 11. 1989; dazu *Koller* in *Assmann/Schneider*, Vor § 31 Rn. 3; *Bliesener*, S. 10.
[14] Stellungnahme 89/c 298/03 zu dem Vorschlag für eine Richtlinie des Rates über Wertpapierdienstleistungen vom 27. 9. 1989, ABl. EG Nr. C 298 vom 27. 11. 1989, S. 6 ff.
[15] ABl. EG Nr. C 298/14 vom 27. 11. 1989 unter 2.19.5; vertiefend *Bliesener*, S. 10.
[16] ABl. EG Nr. C 298/14 vom 27. 11. 1989 unter 2.19.5.
[17] *Koller* in *Assmann/Schneider*, Vor § 31 Rn. 6.
[18] Richtlinie 93/22/EWG des Rates über Wertpapierdienstleistungen, ABl. EG Nr. L 141/27 vom 11. 6. 1993; dazu zB *Reich* WM 1997, 1601 f.; *Hopt* ZHR 159 (1995), 135, 137; *Krimphove* JZ 1994, 23, 25; *Jentsch* WM 1993, 2189, 2191; *Metzger*, Sparkasse 1993, 361; vgl. auch *Schulte-Frohlinde*, S. 47 ff.; *Buhk*, S. 37 ff.; *Brandt*, S. 167 ff., 171 ff.
[19] *Bliesener*, S. 11 mwN.
[20] Näher dazu *Koller* in *Assmann/Schneider*, Vor § 31 Rn. 6; *Schäfer* Vor § 31 WpHG Rn. 2; *Reich* WM 1997, 1601 f.; *Hopt* ZHR 159 (1995), 135, 137; *Krimphove*, JZ 1994, 23, 25; *Jentsch* WM 1993, 2189, 2191; *Metzger*, Sparkasse 1993, 361; *Schön*, S. 5; *Bliesener*, S. 11 f.; *Schulte-Frohlinde*, S. 47 ff.; *Buhk*, S. 37 ff.; *Brandt*, S. 171 ff.; *Wieneke*, S. 70 ff.

Buchhaltung, die Einrichtung von **Kontroll- und Sicherheitsvorkehrungen** sowie organisatorische Maßnahmen zum Schutz der Eigentumsrechte der Anleger, die zB verhindern sollten, dass deren Wertpapiere ohne ihre Zustimmung von den Wertpapierfirmen für eigene Rechnung verwendet wurden. Weiter sah die Richtlinie Aufzeichnungspflichten vor, um so jederzeit aufsichtsrechtliche Prüfungen zu ermöglichen. Durch Schaffung dieser Strukturen sollte auch das Risiko von Interessenkonflikten in jeglicher Richtung gering gehalten werden.

8 Darüber hinaus enthielt die Richtlinie in **Art. 11** auch echte **materielle Vorgaben** für die Ausgestaltung nationaler Verhaltensregeln.[21] Ganz im Mittelpunkt stand die Regelung des Art. 11 Abs 1 S. 4, 2. Spiegelstrich, nach der Wertpapierdienstleistungsunternehmen bei der Ausübung ihrer Tätigkeit im **bestmöglichen Interesse ihrer Kunden und der Integrität des Marktes** handeln, ihre Tätigkeit mit der gebotenen **Sachkenntnis, Sorgfalt und Gewissenhaftigkeit** ausüben sowie über die für einen erfolgreichen Abschluss der Tätigkeit erforderlichen **Mittel und Verfahren** verfügen und diese auch wirksam einsetzen sollten.[22] Dazu musste das Wertpapierdienstleistungsunternehmen von seinen Kunden **Angaben über ihre finanzielle Lage, Erfahrung mit Wertpapiergeschäften und die mit der Dienstleistung verfolgten Ziele verlangen**, bei den Verhandlungen alle zweckdienlichen Informationen in geeigneter Form mitteilen, sich um die Vermeidung von Interessenkonflikten bemühen, und, wenn sich diese nicht vermeiden ließen, dafür sorgen, dass die Kunden nach Recht und Billigkeit behandelt werden.[23] Art. 11 Abs. 1 S. 2 forderte darüber hinaus, **bei der Erbringung von Wertpapierdienstleistungen der „Professionalität" der Person Rechnung zu tragen,** für die die Dienstleistung erbracht wird.[24]

9 Die WpDRL von 1993 wurde zum 1. November 2007 aufgehoben und **durch die Richtlinie über die Märkte für Finanzinstrumente** vom 21. April 2004 **abgelöst**.[25] Diese hat – zusammen mit weiteren Rechtsetzungsakten zu ihrer Ausführung – zu erheblichen Modifikationen und Konkretisierungen der Verhaltensregeln geführt.[26] Die Finanzmarktrichtlinie ist dabei bereits die fünfte Richtlinie, die auf der Grundlage des so genannten Lamfalussy-Verfahrens implementiert worden ist.[27] Schon vorher hat eine andere Richtlinie ergänzende Vorschriften für den Bereich der Finanzanalyse mit sich gebracht.

10 ee) Marktmissbrauchsrichtlinie. Die **Richtlinie über Insider-Geschäfte und Marktmanipulation vom 28. Januar 2003** (Marktmissbrauchsrichtli-

---

[21] Einzelheiten zB bei *Jentsch* WM 1993, 2189, 2193 f.
[22] Zusammenfassend zB *Koller* in *Assmann/Schneider*, Vor § 31 Rn. 6; *Bliesener*, S. 12 f.; *Brandt*, S. 173 f.
[23] Einzelheiten bei *Jentsch*, WM 1993, 2189, 2193 f.; zusammenfassend etwa *Bliesener*, S. 12 f.
[24] Ausführlich dazu zB bei *Schulte-Frohlinde*, S. 134 ff.; *Bliesener*, S. 12 f.
[25] Vgl. Art. 69 der Richtlinie über die Märkte für Finanzinstrumente vom 21. 4. 2004 (2004/39/EG), ABl. EG Nr. L 145, S. 1, in der durch die Richtlinie 2006/31/EG zur Änderung der Richtlinie 2004/39/EG erfolgten Fassung, ABl. EG Nr. L 114 vom 27. 4. 2006, S. 60, 62.
[26] Näher zur Richtlinie 2004/39/EG unten Rn. 13 ff.
[27] Vgl. zu diesem mehrstufigen Verfahren zB *Kopp-Colomb/Lenz* AG 2002, 24 ff.; *Seitz* BKR 2002, 340 ff.; *Mensching* EuZW 2000, 268 ff.; *Kasten* ZBB 2008, 238, 240 ff. mwN.

Vorbemerkung   11–13   **Vor §§ 31 bis 37a**

nie),[28] die ebenfalls im sog. Komitologieverfahren oder Lamfalussy-Prozess erlassen wurde, soll insbesondere die Integrität der europäischen Finanzmärkte sicherstellen.[29] **Art. 6 Abs. 5** enthält Vorgaben für Verhaltensregeln von Finanzanalysten. Danach müssen die Mitgliedstaaten geeignete Regelungen treffen, wonach Personen, die Analysen von Finanzinstrumenten oder Emittenten oder sonstige für Informationsverbreitungskanäle oder die Öffentlichkeit bestimmte Informationen mit Empfehlungen oder Anregungen zu Anlagestrategien erstellen oder weitergeben, in angemessener Weise dafür Sorge tragen, dass die Information sachgerecht dargeboten wird. Zudem sind etwaige Interessen oder Interessenkonflikte im Zusammenhang mit den Finanzinstrumenten, auf die sich die Information bezieht, offen zu legen.

In **Erweiterung der WpDRL** von 1993 enthält Art. 6 Abs. 5 der Marktmissbrauchsrichtlinie nicht nur **materielle Vorgaben für die Verhaltenspflichten im Zusammenhang mit der Wertpapieranalyse, sondern bezieht sich nunmehr allgemein auf Analysen und research reports betreffend Finanzinstrumente.** Der durch Art. 1 Nr. 3 der Marktmissbrauchsrichtlinie neu eingeführte Begriff des **Finanzinstruments** erfasst neben den Wertpapieren auch Geldmarktinstrumente, Derivate oder Rechte auf Zeichnung von Wertpapieren. Die Verhaltensregeln erstrecken sich in personeller Hinsicht auf **alle Finanzanalysten** und erfassen somit auch sonstige Personen oder Unternehmen, die nicht als Wertpapierdienstleistungsunternehmen zu qualifizieren sind. Die Richtlinie konzipiert allgemeine Verhaltensregeln, die für sämtliche Bereiche der Finanzanalyse Geltung beanspruchen.   11

Die Kommission hat zur Durchführung der Marktmissbrauchsrichtlinie (Stufe 2 des Komitologieverfahrens) in einer zusätzlichen **Richtlinie zur sachgerechten Darbietung von Anlageempfehlungen und der Offenlegung von Interessenkonflikten**[30] im Hinblick auf Art. 6 Abs. 5 der Richtlinie technische Modalitäten festgelegt und weitere Erläuterungen hinzugefügt (vgl. näher die Kommentierung zu § 34b).   12

ff) **Richtlinie über Märkte für Finanzinstrumente (MiFID).** Die zunehmende Veränderung der strukturellen Rahmenbedingungen der weltweiten Finanzmärkte und bestehende Regulierungsdefizite des geltenden Richtlinienkonzepts veranlassten das Europäische Parlament und den Rat der Europäischen Union, auf Vorschlag der Kommission die WpDRL von 1993 grundlegend zu reformieren.[31] Zur Implementierung dieser Novellierung wurde am 21. April 2004 die **Richtlinie über Märkte für Finanzinstrumente (Markets in Financial Instruments Directive – MiFID)**[32] erlassen, die umfassende Rege-   13

---

[28] RL 2003/6/EG, ABl. EG Nr. L 96/16; dazu statt vieler *Ziemons* NZG 2004, 537 ff.; *Grimme/von Butlar* WM 2003, 901 ff.; *Leppert/Stürwald* ZBB 2002, 90 ff.; *Dier/Fürhoff* AG 2002, 604 ff. Zur Umsetzung in das deutsche Recht durch das Anlegerschutzverbesserungsgesetz s. Rn. 26.
[29] Vgl. Erwägungsgrund 24 der Marktmissbrauchsrichtlinie.
[30] Richtlinie 2003/125/EG, ABl. EG Nr. L 339/73.
[31] Vgl. Erwägungsgrund 2, 3 der Richtlinie 2004/39/EG, ABl. EG Nr. L 145/1. Zu den Hintergründen der Entstehung der MiFID auch *Balzer* ZBB 2003, 177 ff.; *Hammes* ZBB 2001, 498 ff.; *Spindler/Kasten* WM 2006, 1749, 1750 f.
[32] Richtlinie 2004/39/EG des Europäischen Parlaments und des Rates vom 21. 4. 2004 über Märkte für Finanzinstrumente, zur Änderung der Richtlinien 85/611/EWG und

lungen für die Zulassung von Wertpapierfirmen und Bedingungen für die Ausübung ihrer Tätigkeit enthält. Dazu gehören insbesondere inhaltlich erweiterte organisatorische Anforderungen an die Wertpapierfirmen (Art. 13) und Vorkehrungen zur Vermeidung von Interessenkonflikten (Art. 18) sowie Änderungen der materiellen Wohlverhaltensregeln (Art. 19–24). Ursprünglich sollte die Richtlinie bis zum 1. Mai 2006 in das nationale Recht umgesetzt werden.[33] Die **Umsetzungsfrist** wurde dann aber **bis zum 31. Januar 2007 verlängert**; darüber hinaus wurde den Unternehmen eine Umstellungsfrist eingeräumt, in der sie ihre technologische Infrastruktur und IT-Software, ihre Meldesysteme, Leitlinien und internen Strategien an die neuen Vorschriften anpassen konnten. **Die neuen,** in Umsetzung der Richtlinie erlassenen **nationalen Bestimmungen** waren daher erst **ab dem 1. November 2007 in den Mitgliedstaaten anzuwenden.**[34]

14   Die MiFID als „neue Wertpapierdienstleistungsrichtlinie" verfolgt ein **zweifaches Ziel:** den **Schutz der Anleger und die Gewährleistung eines reibungslosen Funktionierens der Wertpapiermärkte.**[35] Die Verbesserung des (individuellen) Anlegerschutzes ist auch das Leitmotiv im Hinblick auf die Reform der Verhaltensregeln für Wertpapierdienstleister. Dies wird bereits durch die Überschrift von Abschnitt 2 des Kapitels II der MiFID reflektiert („Bestimmungen zum Anlegerschutz"), während die Förderung von „Markttransparenz und -integrität" (Abschnitt 3) Ziel und Gegenstand besonderer Transparenzvorschriften in den Art. 25–30 sind.

15   Mit der Novellierung wird zunächst der **Geltungsbereich der Vorschriften erweitert** und **auf die Anlageberatung** in Finanzinstrumenten erstreckt. Diese wird gemäß Art. 4 Abs. 1 Nr. 2, 5 Abs. 1 iVm Anh. I Abschn. A Nr. 5 der MiFID als erlaubnispflichtige Wertpapierdienstleistung eingestuft und so in den Anwendungsbereich der Wohlverhaltensregeln einbezogen, **wenn ihre Ausübung als übliche berufliche oder gewerbliche Tätigkeit einzustufen ist.** Die anlegerschützenden Verhaltenspflichten werden auf diese Weise zu einem bestimmenden Element in dem sehr weiten Bereich der Anlageberatung. Die Neuregelung betrifft eine große Anzahl von Anlageberatern, die ausschließlich Anlageberatung in Finanzinstrumenten anbieten und bisher nicht als Wertpapierdienstleister eingeordnet wurden.[36] Nicht davon betroffen sind hingegen Personen, die nur gelegentlich Wertpapierdienstleistungen im Rahmen ihrer beruflichen Tätigkeit erbringen, wenn diese Tätigkeit durch Rechts- oder Verwaltungsvorschriften oder Standesregeln geregelt ist, die die Erbringung dieser Dienstleistung nicht ausschließen (Art. 2 Abs. 1 lit. c).

16   Die neu gefassten **materiellen Verhaltensregeln** sind in den **Art. 18 bis 24 der MiFID** enthalten. Dort finden sich Vorgaben zur Behandlung von Interessen-

---

93/6/EWG des Rates und der Richtlinie 2000/12/EG des Europäischen Parlaments und des Rates und zur Aufhebung der Richtlinie 93/22/EWG des Rates, ABl. EG Nr. L 145 vom 30. 4. 2004, S. 1.

[33] Art. 69, 70 der Richtlinie 2004/39/EG (MiFID).

[34] Art. 69, 70 der Richtlinie 2006/31/EG des Europäischen Parlaments und des Rates vom 5. 4. 2006 zur Änderung der Richtlinie 2004/39/EG über Märkte für Finanzinstrumente in Bezug auf bestimmte Fristen, ABl. Nr. L 114 vom 27. 4. 2006, S. 60, 62.

[35] So ausdrücklich Erwägungsgrund 44 der Richtlinie 2004/39/EG (MiFID).

[36] So auch *Kühne* BKR 2005, 276.

Vorbemerkung 17, 18 **Vor §§ 31 bis 37a**

konflikten zwischen den Wertpapierdienstleistern und den Kunden (Art. 18),[37] Regeln für die Erbringung von Dienstleistungen gegenüber den Kunden (Art. 19) sowie zur Erbringung von Dienstleistungen auf Anweisung einer anderen Wertpapierfirma (Art. 20). Weitere Vorschriften regeln die Ausführung von Kundenaufträgen (Art. 21, 22) und die Heranziehung von vertraglich gebundenen, von der Wertpapierfirma beauftragten Vermittlern (Art. 23) sowie den Geschäftsabschluss mit geeigneten Gegenparteien (*eligible counterparties*, Art. 24).

Die MiFID enthält nicht nur viele **punktuelle Neuerungen,** wie zB die 17 Pflicht des Wertpapierdienstleisters zur Offenlegung von möglichen Interessenkonflikten nach Art. 18 Abs. 2, wenn die Vorkehrungen zur Regelung von Interessenkonflikten nach vernünftigem Ermessen eine Vermeidung der Beeinträchtigung von Kundeninteressen nicht gewährleisten können, sondern auch **strukturelle Änderungen,** die im Rahmen der Umsetzung in nationales Recht besondere Beachtung verdienen. Neu eingeführt wird u. a. das **Prinzip der abgestuften Anwendung**[38] **von Wohlverhaltensregeln** bei der Erbringung von Wertpapierdienstleistungen für Kunden. Danach hängen Inhalt und Umfang der Pflichten maßgeblich von der konkreten **Art der Dienstleistung und dem damit verbundenen Risiko** ab.

Dieser Gedanke prägt insbesondere den Aufbau von Art. 19 Abs. 4 bis 6 18 der MiFID. Die **Richtlinie differenziert** hier in Bezug auf die Pflichten des Wertpapierdienstleisters nach dem Gegenstand der erbrachten Dienstleistung: **Anlageberatung, Anlagebetreuung und bloße Ausführung von Kundenaufträgen (execution only).**[39] Geht es um Anlageberatung oder Portfolio-Management, dann muss die Wertpapierfirma nach Art. 19 Abs. 4 alle notwendigen Informationen über die einschlägigen Kenntnisse und die Erfahrung des Kunden oder potentiellen Kunden, über seine finanziellen Verhältnisse und seine Anlageziele einholen, um geeignete Empfehlungen abgeben zu können. Bei anderen Finanzdienstleistungen besteht nach Art. 19 Abs. 5 lediglich die Verpflichtung, Informationen über einschlägige Kenntnisse und Erfahrungen des Kunden einzuholen, um im Falle der mangelnden Eignung eines Finanzinstruments eine entsprechende Warnung aussprechen zu können.[40] Im Falle des Art. 19 Abs. 6 *(execution only)* können hingegen Wertpapierdienstleistungen für die Kunden erbracht werden, ohne dass zuvor Informationen eingeholt und die Risiken bewertet werden müssen. Ein *execution-only*-Geschäft ist aber nur bezogen auf nicht komplexe Finanzinstrumente zulässig, wie zB Aktien, Geldmarktinstrumente oder Schuldverschreibungen, sofern die Dienstleistung auf Veranlassung des Kunden erfolgt und der Wertpapierdienstleister seinen Kunden darüber aufklärt, dass die Wohlverhaltensregeln nicht zur Anwendung kommen.

---

[37] Art. 18 Abs. 1 enthält streng genommen in erster Linie organisatorische Vorgaben, insbesondere wenn es um Vorkehrungen zur Vermeidung von Interessenkonflikten geht. Inhaltlich deckt sich diese Regelung weitgehend mit Art. 13 Abs. 3 MiFID. Art. 18 Abs. 2 hingegen begründet eine Informationspflicht der Wertpapierfirma und damit eine echte materielle Verhaltenspflicht.
[38] Diesen Begriff verwendet bereits *Hammes* ZBB 2001, 498, 503, ohne jedoch näher darauf einzugehen.
[39] Ebenso *Spindler* BB 2004, 2197, 2204.
[40] Vgl. hierzu zB *Spindler* BB 2004, 2197, 2204; *Kühne* BKR 2005, 275, 278.

Vor §§ 31 bis 37a 19–21   Abschnitt 6. Verhaltensregeln, Verjährung

19 Zu einer abgestuften Anwendung von Verhaltensregeln und so zu einem **unterschiedlichen Schutzniveau** kann es auch aufgrund der **Professionalität des Kunden** kommen.[41] Ausdrücklich verlangt Erwägungsgrund 31 der Richtlinie, dass **der Anlegerschutz den Eigenheiten der jeweiligen Anlegerkategorie anzupassen ist**. Im Unterschied zur WpDRL von 1993 unterscheidet die MiFID namentlich zwischen professionellen Kunden (Art. 4 Abs. 1 Nr. 11 iVm Anhang II) und Kleinanlegern (Art. 4 Abs. 1 Nr. 12). Nach Anhang II der MiFID werden institutionelle Anleger oder größere Unternehmen dabei automatisch als professionelle Kunden angesehen, da diese – so wird unterstellt – über ausreichende Erfahrungen, Kenntnisse und Sachverstand verfügen, um eine Anlageentscheidung selbst treffen und die damit verbundenen Risiken angemessen beurteilen zu können. Auch andere Personen können auf Antrag als professionelle Kunden behandelt werden, wenn sie über entsprechende Marktkenntnisse und Erfahrungen verfügen und die im Anh. II Abschnitt II der MiFID aufgeführten formalen Kriterien, wie zB regelmäßige Marktteilnahme oder Verfügungsrecht über ein Finanzinstrument-Portfolio von mindestens 500 000,– €, erfüllen. Das Schutzniveau bezogen auf die Teile der Wohlverhaltensregeln wird somit zukünftig für bestimmte, besonders erfahrene oder vermögende natürliche Personen verhandelbar sein.

20 Von besonderer Relevanz sind auch die Art. 21, 22 MiFID über die **Verpflichtung** der Wertpapierdienstleistungsunternehmen **zur kundengünstigsten und unverzüglichen Abwicklung von Kundenaufträgen.** Die Richtlinie belässt es hier nicht bei der bloßen Verpflichtung zur bestmöglichen Ausführung. Flankierend müssen die Mitgliedstaaten sicherstellen, dass die einzelnen Wertpapierfirmen Grundsätze der Auftragsausführung festlegen und anwenden (Art. 21 Abs. 2) bzw. Verfahren und Systeme anwenden (Art. 22 Abs. 1), die es ihnen ermöglichen, den aufgestellten Regeln effektiv nachzukommen. Ausdrücklich verpflichtet Art. 21 Abs. 2 die Wertpapierfirmen, **entsprechende Verfahren auch selbst zu entwickeln.**[42]

21 Im Jahre 2006 hat die Kommission in Stufe 2 des Komitologieverfahrens (Lamfalussy-Prozess) zwei Durchführungsmaßnahmen zur MiFID erlassen, die einerseits konkretisierende, unmittelbar in jedem Mitgliedstaat geltende Vorschriften enthalten – **Durchführungsverordnung** (DVO)[43] – und andererseits wichtige Vorgaben für die Umsetzung in mitgliedstaatliches Recht machen – **Durchführungsrichtlinie (DRL)**.[44]

---

[41] Ähnlich *Kühne* BKR 2005, 275, 278; *Balzer* ZBB 2003, 177, 187.
[42] So auch *Spindler* BB 2004, 2197, 2204.
[43] Verordnung Nr. 1287/2006 der Kommision vom 10. August 2006 zur Durchführung der Richtlinie 2004/39/EG des Europäischen Parlaments und des Rates betreffend die Aufzeichnungspflichten für Wertpapierfirmen, die Meldung von Geschäften, die Markttransparenz die Zulassung von Finanzinstrumenten zum Handel und bestimmte Begriffe im Sinne dieser Richtlinie, ABl. EG Nr. L 241/1 vom 2. 9. 2006.
[44] Richtlinie 2006/73/EG der Kommission vom 10. August 2006 zur Durchführung der Richtlinie 2004/39/EG des Europäischen Parlaments und des Rates in Bezug auf die organisatorischen Anforderungen an Wertpapierfirmen und die Bedingungen für die Ausübung ihrer Tätigkeit sowie in Bezug auf die Definition bestimmter Begriffe für die Zwecke der genannten Richtlinie, ABl. EG Nr. L 241/26 vom 2. 9. 2006.

Vorbemerkung   22, 23   **Vor §§ 31 bis 37a**

b) Die Umsetzung der Verhaltensregeln in das deutsche Recht

**aa) Das Zweite Finanzmarktförderungsgesetz und seine Vorgeschich-   22
te.** Am 12. Juli 1993 legte das Bundesfinanzministerium zunächst einen **Referentenentwurf** eines Zweiten Finanzmarktförderungsgesetzes vor.[45] In diesem war von Verhaltens- und Organisationsregeln die Rede, die den Wertpapierfirmen die sorgfältige und gewissenhafte Erbringung der Dienstleistungen im Interesse ihrer Kunden aufgaben (§§ 23 ff. WpHG-E). Konkrete Handlungsanweisungen betrafen etwa die Pflicht zur Einholung von Informationen über Erfahrungen und finanzielle Verhältnisse der Kunden (§ 23 Nr. 2 WpHG-E) und deren anschließende Unterrichtung über die wichtigsten Aspekte der zu erbringenden Wertpapierdienstleistung (§ 23 Nr. 3 WpHG-E). Der **Regierungsentwurf** enthielt davon abweichend **keine Verhaltensregeln**, obwohl die Erweiterung des Anlegerschutzes als zentrales Ziel des Gesetzesvorhabens genannt wurde.[46] Zwar war bereits bekannt, dass die noch ausstehende Umsetzung der WpDRL zur Übertragung weiterer zentraler Überwachungsaufgaben einschließlich der Aufsicht über die Einhaltung von Verhaltensregeln führen würde,[47] doch sahen sich zunächst weder der Bundesrat in seiner Stellungnahme vom 17. Dezember 1993 noch die Bundesregierung in ihrer Gegenäußerung veranlasst, für das weitere Gesetzgebungsverfahren Verhaltensregeln in den Gesetzentwurf aufzunehmen.[48] Dies geschah erst auf Grund entsprechender Beschlüsse des Finanzausschusses, der die große Bedeutung von Wohlverhaltensregeln der Wertpapierdienstleister für das Vertrauen der Anleger in das ordnungsmäßige Funktionieren der Wertpapiermärkte betonte.[49] Die Verhaltensregeln und deren Begleitnormen wurden schließlich in §§ 31 bis 37 (Abschnitt 5) des WpHG normiert, das am 26. Juli 1994 als Artikel 1 des **Gesetzes über den Wertpapierhandel und zur Änderung börsenrechtlicher und wertpapierrechtlicher Vorschriften (Zweites Finanzmarktförderungsgesetz)** verkündet wurde.[50] Gemäß Artikel 20 dieses Gesetzes traten die Verhaltensregeln am 1. Januar 1995 in Kraft.[51]

bb) Vom Zweiten zum Vierten Finanzmarktförderungsgesetz. Zu einer   23
ersten **Änderung der Verhaltensregeln** für Wertpapierfirmen kam es durch Artikel 2 des Gesetzes zur Umsetzung von EG-Richtlinien zur **Harmonisierung**

---

[45] Zum Gang der Gesetzgebung *Krimphove* JZ 1994, 23 ff.; *Dannhoff* DZWir 1993, 521 f.; *Schön*, S. 4 ff.; *Schulte-Frohlinde*, S. 66 f.; *Bliesener*, S. 13 ff.
[46] BR-Drucks. 793/93, S. 1. Das Wertpapierhandelsgesetz sollte auch der Umsetzung der Richtlinie 88/627/EWG des Rates der Europäischen Gemeinschaften vom 12. Dezember 1988 über die bei Erwerb oder Veräußerung einer bedeutenden Beteiligung an einer börsennotierten Gesellschaft zu veröffentlichenden Information (ABl. EG Nr. L 348/62) und der Richtlinie 89/591/EWG des Rates der Europäischen Gemeinschaften vom 13. November zur Koordinierung der Vorschriften betreffend Insidergeschäfte (ABl. EG Nr. L 334/30) dienen.
[47] Vgl. den Hinweis in BR-Drucks. 793/93, S. 105.
[48] BT-Drucks. 12/6679, S. 94, 101 ff.
[49] BT-Drucks. 12/7918, S. 97.
[50] Gesetz über den Wertpapierhandel und zur Änderung börsenrechtlicher und wertpapierrechtlicher Vorschriften (Zweites Finanzmarktförderungsgesetz), BGBl. I 1994, S. 1749; dazu *Koller* in *Assmann/Schneider*, 3. Aufl., Vor § 31 Rn. 7; *Schön*, S. 4 f.; *Schulte-Frohlinde*, S. 66 f.; *Bliesener*, S. 14.
[51] Zur Umsetzung der WpDRL im europäischen Ausland *Koller* in *Assmann/Schneider*, Vor § 31 Rn. 7 a.

bank- und wertpapieraufsichtsrechtlicher Vorschriften vom 22. Oktober 1997 (Umsetzungsgesetz).[52] Die §§ 31 bis 33 waren dabei allerdings nur Gegenstand marginaler Ergänzungen. So ist etwa seit dem Umsetzungsgesetz auch der Bereich des Wertpapiernebendienstleistungsgeschäfts von den Verhaltensregeln umfasst. Wichtig war insbesondere der neu eingefügte § 31 Abs. 2 Satz 2 sowie § 33 Abs. 2. Auch im Bereich der Aufzeichnungs- und Aufbewahrungspflichten (§ 34), der Vorschriften über die Vermögensverwaltung (§ 34a), der Meldepflichten (§§ 35 f.), der grenzüberschreitenden Dienstleistung (§ 36a), der Werbung der Wertpapierfirmen (§ 36b) sowie der Zusammenarbeit mit zuständigen Stellen im Ausland (§ 36c) kam es zu Nachbesserungen und Neuerungen.

24 Eine weitere Änderung des Abschnitts 5 brachte das **Gesetz zur weiteren Fortentwicklung des Finanzplatzes Deutschland vom 24. März 1998 (Drittes Finanzmarktförderungsgesetz).**[53] Der neu eingefügte § 37a regelt die Verjährung von Ansprüchen des Kunden gegen sein Wertpapierdienstleistungsunternehmen auf Schadensersatz wegen Verletzung von Informations- und Beratungspflichten. Das Gesetz zur Umsetzung der EG-Einlagensicherungsrichtlinie und der EG-Anlegerentschädigungsrichtlinie vom 16. Juli 1998[54] nahm geringfügige Änderungen am Wortlaut des § 34a Abs. 1 Satz 1 und 3 vor.

25 Wichtige Änderungen brachte das **Gesetz zur weiteren Fortentwicklung des Finanzplatzes Deutschland vom 26. Juni 2002 (Viertes Finanzmarktförderungsgesetz).**[55] So wurden in § 34b erstmals Regeln für die Wertpapieranalyse eingeführt. Ähnlich wie bei den allgemeinen Verhaltensregeln müssen die Wertpapierdienstleister seitdem auch Wertpapieranalysen mit der erforderlichen Sachkenntnis, Sorgfalt und Gewissenhaftigkeit erbringen und Interessenkonflikte offen legen.[56] Weitere Änderungen betrafen §§ 35, 36 und 36c.[57]

26 cc) **Anlegerschutzverbesserungsgesetz.** Im Zuge des **Gesetzes zur Verbesserung des Anlegerschutzes vom 28. Oktober 2004**[58] wurde § 34b WpHG nach nur zwei Jahren einer tief greifenden Reform unterzogen, die vor allem zu einer erheblichen Ausweitung des Anwendungsbereichs der Vorschrift in sachlicher und persönlicher Hinsicht führte.[59] Während der Inhalt der auferlegten Verhaltenspflichten (Erstellung der Analysen mit der erforderlichen Sachkenntnis, Sorgfalt und Gewissenhaftigkeit; Offenlegung möglicher Interessenkonflikte) gemäß § 34b Abs. 1, 2 weitgehend unverändert blieb, führte die Umsetzung von Art. 6 Abs. 5 der Marktmissbrauchsrichtlinie[60] dazu, dass diese Verhaltenspflichten nicht mehr nur Wertpapierdienstleistungsunternehmen tref-

---

[52] BGBl. I 1997, S. 2518, insbes. S. 2558 ff.; dazu *Schäfer* Vor § 31 WpHG Rn. 4; *Koller* in *Assmann/Schneider,* Vor § 31 Rn. 7.
[53] Gesetz zur weiteren Fortentwicklung des Finanzplatzes Deutschland, BGBl. I 1998, S. 529; dazu *Koller* in *Assmann/Schneider,* Vor § 31 Rn. 7.
[54] BGBl. I 1998, S. 1847.
[55] BGBl. I 2002, S. 2010 ff.
[56] Zu den Einzelheiten s. die Kommentierung zu § 34b sowie die Bekanntmachung der BaFin zur Auslegung einzelner Begriffe in § 34b WpHG vom 11. 3. 2003 (www.bafin.de).
[57] Zu den Einzelheiten die Kommentierung zu §§ 35, 36 und 36c.
[58] Gesetz zur Verbesserung des Anlegerschutzes (AnSVG), BGBl. I S. 2630. Hierzu statt vieler *Bürgers* BKR 2004, 242 ff.; *Spindler* NJW 2004, 3449 ff.; *Dreyling* Der Konzern 2005, 1 ff.; *Diekmann/Sustmann* NZG 2004, 929 ff.; wN oben vor der Einleitung (S. 2 f.).
[59] Vgl. näher § 34b Rn. 6 ff.
[60] Richtlinie 2003/6/EG vom 28. 1. 2003.

fen, sondern alle natürlichen oder juristischen Personen, die im Rahmen ihrer beruflichen Tätigkeit Finanzanalysen für einen unbestimmten Personenkreis erstellen oder weitergeben.[61] In sachlicher Hinsicht werden nicht nur Wertpapieranalysen erfasst, sondern auch die Analyse von anderen Finanzinstrumenten isd § 2 Abs. 2 b.[62] Die Vorschrift legt somit einen **allgemeinen Standard für Finanzanalysen** fest.

Das Bundesministerium der Finanzen hat von der Ermächtigung nach § 34 b Abs. 8 Gebrauch gemacht und in der **Finanzanalyseverordnung (FinAnV)** vom 17. Dezember 2004[63] nähere Bestimmungen zu einzelnen Tatbestandsmerkmalen des § 34 b erlassen. Die FinAnV stellt beispielsweise in § 1 Abs. 2 Nr. 5 klar, dass der personelle Anwendungsbereich des § 34 b auch angestellte Analysten erfasst, soweit diese für die Erstellung von Finanzanalysen verantwortlich sind, die direkte Empfehlungen für Anlageentscheidungen zu bestimmten Finanzinstrumenten enthalten. Für die Auslegung einzelner Begriffe des § 34 b sind das Schreiben der BaFin vom 1. September 2005[64] sowie das Schreiben der BaFin an den Deutschen Sparkassen und Giroverband vom 7. Dezember 2005[65] relevant. Durch das AnSVG neu eingefügt wurde § 34 c, der eine **Anzeigepflicht gegenüber der BaFin** für Personen festlegt, die weder Wertpapierdienstleistungsunternehmen noch Kapitalanlage- oder Investmentaktiengesellschaften sind, aber dennoch in Ausübung einer beruflichen Tätigkeit Finanzanalysen erstellen oder weitergeben.

dd) Das Finanzmarktrichtlinie-Umsetzungsgesetz (FRUG). Der Erlass der **Richtlinie über Märkte für Finanzinstrumente (MiFID)**[66] und ihrer Durchführungsakte (DVO, DRL) auf europäischer Ebene hat zu einem erheblichen Anpassungsbedarf im Recht der Mitgliedstaaten geführt. Vor einer näheren Betrachtung der einzelnen Regelungsgegenstände der §§ 31 ff. WpHG nF (dazu sogleich Rn. 31 ff.), gilt es hervorzuheben, dass sich schon dadurch eine beträchtliche (mittelbare) **Ausdehnung des Anwendungsbereichs im Vergleich zur Wertpapierdienstleistungsrichtlinie** ergibt, dass die Anlageberatung von einer Neben- zu einer Hauptdienstleistung (§ 2 Abs. 3 Nr. 9) aufgewertet und die Vermittlung von Investmentfonds sowie Dienstleistungen im Zusammenhang mit Derivaten einbezogen werden.[67] In der Sache neue Rege-

---

[61] Vgl. auch die RegBegr., BT-Drucks. 15/3174, S. 35 ff.

[62] Die mit dem AnSVG eingeführte einheitliche Legaldefinition des „Finanzinstruments" in § 2 Abs. 2 b bewirkt zusammen mit § 34 b Abs. 3, dass Analysen nicht nur in Bezug auf Wertpapiere und ihre Emittenten, sondern auch in Bezug auf Geldmarktinstrumente, Derivate, Rechte auf Zeichnung von Wertpapieren sowie sonstige Instrumente erfasst sind, sofern sie zum Handel an einem organisierten Markt in einem Mitgliedstaat der EU zugelassen sind oder eine solche Zulassung beantragt ist; vgl. näher § 34 b Rn. 16.

[63] Verordnung über die Analyse von Finanzinstrumenten vom 17. 12. 2004 (FinAnV), BGBl. I, S. 3522, abgedruckt im Anhang zu § 34 b (Rn. 61).

[64] Schreiben der BaFin zur Auslegung einzelner Begriffe des § 34 b WpHG in Verbindung mit der Verordnung über die Analyse von Finanzinstrumenten vom 1. 9. 2005 (www.bafin.de).

[65] Schreiben der BaFin an den Deutschen Sparkassen und Giroverband u. a. vom 7. 12. 2005 betreffend die Weitergabe von Analysen von Finanzinstrumenten gem. § 34 b WpHG im Finanzverbund (www.bafin.de).

[66] Richtlinie 2004/39/EG vom 21. 4. 2004, ABl. EG Nr. L 145, S. 1 ff.

[67] Vgl. BegrRegE (FRUG), BT-Drucks. 16/4028, S. 52.

Vor §§ 31 bis 37a 29–30a Abschnitt 6. Verhaltensregeln, Verjährung

lungen werden durch die MiFID vor allem für Handelsplattformen (vgl. §§ 31 f–32 d) sowie für die Ausführung von Wertpapiergeschäften getroffen. Letztere betreffen sowohl die Verhaltensregeln als auch Organisationspflichten.

29   Die **Wohlverhaltenspflichten im Verhältnis zum Kunden** werden in den §§ 31–31 e **grundlegend neu gefasst,** teilweise erweitert und in den §§ 31 f–32 d um spezielle Pflichten für die Betreiber multilateraler Handelssysteme und systematische Internalisierer ergänzt.[67a] Zu wesentlichen Verschärfungen kommt es vor allem in Bezug auf die Informationspflichten gegenüber Kunden und bei den Vorgaben für die Auftragsausführung, die im Vergleich zu den bisherigen Regelungen in den §§ 31, 32 WpHG aF sehr viel detaillierter ausfallen. Bereits vor Abschluss eines Wertpapiergeschäfts sind nunmehr zB weitergehende Informationen über das Wertpapierunternehmen selbst, das angebotene Finanzinstrument und das Entgelt zu erteilen (vgl. § 31 Abs. 3) und alle Informationen einschließlich Werbemitteilungen, die Wertpapierdienstleistungsunternehmen Kunden zugänglich machen, müssen „redlich, eindeutig und nicht irreführend sein" (§ 31 Abs. 2 Satz 1). Die Anforderungen an die Erkundigungspflicht über Kenntnisse und Erfahrungen des Kunden zur Beurteilung der Eignung und Angemessenheit von Geschäften für diesen (§ 31 Abs. 4 und 5) werden ebenso erhöht wie diejenigen an die Bearbeitung von Kundenaufträgen und ihre Ausführung (§§ 31 c, 33 a). Von grundlegender Bedeutung ist die Bildung von drei verschiedenen Kategorien von Kunden (Privatkunden, professionelle Kunden und geeignete Gegenparteien) (§§ 31 a, 31 b), für die jeweils unterschiedliche Schutzstandards gelten.

30   Bei den **neuen organisatorischen Anforderungen** an Wertpapierdienstleistungsunternehmen geht es über die bisher in §§ 33, 34, 34 a WpHG aF enthaltenen Vorgaben hinaus insbesondere um Pflichten im Zusammenhang mit Compliance, Risikokontrolle, Innenrevision und Auslagerung von Tätigkeiten sowie erweiterte Pflichten zum Management und zur Offenlegung von Interessenkonflikten.[68] Auch die neue Vorschrift des § 33 a zur bestmöglichen Ausführung von Kundenaufträgen *(best execution)* ist hier einzuordnen. Denn die Vorgabe, bei der Ausführung von Kundenaufträgen den für diese günstigsten Weg im Hinblick auf Kosten, Schnelligkeit und Abwicklungsverfahren zu wählen, besteht nicht für jeden Einzelfall, sondern bezieht sich auf die „Bereithaltung eines Systems, das auf die Erfüllung der kundengünstigsten Ausführung ausgerichtet ist".[69]

30a   Schließlich werden durch die Finanzmarktrichtlinie auch die Pflichten der Unternehmen, die zuständigen Aufsichtsbehörden mit den für eine effektive Überwachung relevanten Daten zu versorgen **(Meldewesen),** umfassend harmonisiert, wobei das Herkunftslandsprinzip zugrunde gelegt wird. Dies hat zu entsprechenden Anpassungen in den §§ 35–36 b geführt. § 36 c WpHG aF ist in dem neuen § 7 aufgegangen.

[67a] Vgl. die Überblicke zB bei *Fleischer* BKR 2006, 389 ff.; *Spindler/Kasten* WM 2007, 1245 ff.; *Weichert/Wenninger* WM 2007, 627 ff.; wN oben vor der Einleitung (S. 4 f.).
[68] BegrRegE (FRUG), BT-Drucks. 16/4028, S. 52.
[69] BegrRegE (FRUG), BT-Drucks. 16/4028, S. 53.

Vorbemerkung   31–33   Vor §§ 31 bis 37a

II. Inhalt und Zweck der Vorschriften

1. Regelungsgegenstände der §§ 31–37a

Die §§ 31 ff. setzten ursprünglich Art. 10 und 11 der WpDRL von 1993 **31**
um.[70] Nunmehr dienen sie der **Implementierung der Art. 18–24 der Finanzmarktrichtlinie**. Sie verpflichten Wertpapierdienstleistungsunternehmen, bei der Erfüllung ihrer Leistungsverpflichtungen verschiedene öffentlich-rechtliche Pflichten zum Schutz der Kapitalanleger zu beachten.[71] Die Umsetzung der Finanzmarktrichtlinie hat dabei zu einer erheblichen Ausdifferenzierung und Ergänzung des Regelungsbereichs von Abschnitt 6 des WpHG geführt. Ungeachtet mancher Qualifikationsprobleme im Einzelfall lassen sich die vielfältigen Einzelvorschriften in Anlehnung an die vom Gesetzgeber neu gefasste Überschrift systematisch in (allgemeine und besondere) **Verhaltensregeln** ieS (des Wertpapierdienstleisters im Verhältnis zu den Kunden), **Organisationspflichten** und (marktbezogene) **Transparenzvorschriften** einteilen. Die Zuordnung einer Regelung zu einer dieser drei Kategorien kann ggf. Bedeutung erlangen im Zusammenhang mit der Frage, ob der entsprechenden Vorschrift die Eigenschaft als Schutzgesetz im Sinne des § 823 Abs. 2 BGB zukommt (vgl. dazu unten Rn. 80 ff.). Eine gesonderte Erwähnung verdienen neben der singulären **Verjährungsregelung** für zivilrechtliche Ersatzansprüche in § 37a auch die Bestimmungen zur **Analyse von Finanzinstrumenten** (§§ 34b, 34c), da sie für einen erweiterten Kreis von Normadressaten gelten, sowie die Vorschriften zur Gewährleistung einer effektiven **Überwachung durch die BaFin** (§§ 35–36b).

a) Verhaltensregeln

Im Zentrum der Verhaltensregeln steht unverändert § 31 Abs 1 Nr. 1, **32**
der Wertpapierdienstleistungsunternehmen ganz **allgemein verpflichtet, ihre Leistungen mit der erforderlichen Sorgfalt, Sachkenntnis und Gewissenhaftigkeit im Interesse seiner Kunden zu erbringen** und insoweit einen generellen öffentlich-rechtlichen Standard für die Erbringung von Wertpapierdienstleistungen setzt, der dem eines Kommissionärs nach § 384 Abs 1 HGB vergleichbar ist.[72] Damit wird zutreffend in den Vordergrund gestellt, dass die Interessenwahrnehmung für den Kunden und die Beachtung der verkehrserforderlichen Sorgfalt zu den Grundelementen jeder Wertpapierdienstleistung gehören.
Die weiteren konkreten **Informations-, Erkundigungs- und sonstigen** **33**
Verhaltenspflichten dienen vornehmlich der Konkretisierung dieses allgemeinen Verhaltensstandards. Das gilt zunächst für die Regelung zur **Vermeidung von Interessenkonflikten** in § 31 Abs 1 Nr. 2, die an entsprechende organisatorische Vorkehrungen nach § 33 Abs. 1 Nr. 3 zu deren Identifikation und Handhabung anknüpft und durch das FRUG um eine Offenlegungspflicht hinsichtlich der allgemeinen Art und Herkunft der Interessenkonflikte ergänzt worden ist, soweit die internen organisatorischen Maßnahmen nicht ausreichen, das

---

[70] S. statt aller *Kümpel* Rn. 16.504.
[71] S. zur umstr. Rechtsnatur der Verhaltensregeln unten Rn. 55 ff.
[72] *Balzer* ZBB 1997, 260, 264; *Kümpel*, Bank- und Kapitalmarktrecht Rn. 16.519; *ders.* WM 1995, 689; *Schulte-Frohlinde*, S. 71 f.; *Bliesener*, S. 217; *Schön*, S. 34 f.; *Buhk*, S. 46 ff.

Risiko der Beeinträchtigung von Kundeninteressen auszuschließen. Aus § 31 Abs. 1 Nr. 1 folgt, dass auch nach Offenlegung des Interessenkonflikts Geschäfte nur unter der gebotenen Wahrung des Kundeninteresses vorgenommen werden dürfen.[73]

34 Wertpapierdienstleistungsunternehmen können die Verpflichtungen zur Wahrung des Kundeninteresses nur dann erfüllen, wenn Sie das individuelle **Profil ihrer Kunden kennen** und zusätzlich sicherstellen, dass diese auf der Basis von sachgerechter Information zu selbstbestimmten Anlageentscheidungen befähigt werden.[74] § 31 Abs. 2 WpHG aF verpflichtete die Wertpapierdienstleistungsunternehmen daher allgemein, sich bereits vor der Erbringung von Wertpapierdienstleistungen über Erfahrungen, Kenntnisse, Anlageziele und finanzielle Verhältnisse ihrer Kunden zu informieren und diesen auf Grundlage der individuellen Angaben alle für ihre Entscheidungen zweckdienlichen Informationen mitzuteilen. In § 31 Abs. 2–9 WpHG nF werden nunmehr die **Informations- und Explorationspflichten** der Wertpapierdienstleistungsunternehmen an die detaillierten Anforderungen der Finanzmarktrichtlinie, insbesondere des Art. 19 iVm Art. 28 ff. DRL, angepasst.

35 Generell gilt, dass den Kunden **rechtzeitig und in verständlicher Form angemessene Informationen** zur Verfügung zu stellen sind, damit sie nach vernünftigem Ermessen die Art und die Risiken der ihnen angebotenen oder von ihnen nachgefragten Arten von Finanzinstrumenten oder Wertpapierdienstleistungen verstehen und auf dieser Grundlage ihre Anlageentscheidungen treffen können (§ 31 Abs. 3 Satz 1). Dazu sind insbesondere Angaben über das Wertpapierdienstleistungsunternehmen und seine Dienstleistungspalette, die Arten von Finanzinstrumenten und vorgeschlagene Anlagestrategien einschließlich damit verbundener Risiken sowie Ausführungsplätze und Kosten zu machen. Dem **Ziel der Ermöglichung einer informierten Anlageentscheidung des Kunden** dient auch das weitere allgemeine Erfordernis, dass alle Informationen (einschließlich Werbemitteilungen), die Kunden zugänglich gemacht werden, „redlich, eindeutig und nicht irreführend" sein müssen (§ 31 Abs. 2 Satz 1).[75]

36 Im Übrigen hängen die konkreten Anforderungen einerseits von der **Art der fraglichen Wertpapierdienstleistung** ab; für die Anlageberatung und Finanzportfolioverwaltung gelten insoweit nach § 31 Abs. 4 strengere Voraussetzungen als für andere Wertpapierdienstleistungen (Abs. 5). Andererseits wird entsprechend ihrer Schutzbedürftigkeit nach **drei verschiedenen Kundenkategorien** (Privatkunden, professionelle Kunden, geeignete Gegenparteien, vgl. § 31 a) differenziert. Daraus ergibt sich, dass die strengen Anforderungen der Geeignetheitsprüfung nach § 31 Abs. 4 gegenüber professionellen Kunden nicht zum Tragen kommen (§ 31 Abs. 9) und die meisten Informationspflichten nicht für

---

[73] Die in § 31 Abs. 1 Nr. 2 WpHG aF noch ausdrücklich hervorgehobene Verpflichtung, Kundenaufträge bei unvermeidbaren Interessenkonflikten (nur) unter der gebotenen Wahrung des Kundeninteresses durchzuführen, hat der Gesetzgeber des FRUG wegen der eindeutigen Regelung des § 31 Abs. 1 Nr. 1 für entbehrlich gehalten und daher aus dem Normtext gestrichen, vgl. BegrRegE, BT-Drucks. 16/4028, S. 63.

[74] *Horn* ZBB 1997, 139, 141; *Lenebach* Rn. 8.13; *Schulte-Frohlinde*, S. 72 f.; *Bliesener*, S. 328 f.; *Schön*, S. 51; *Steuer* in FS Schimansky, S. 793, 796.

[75] Eine Konkretisierung der allgemeinen Informationspflichten nach § 31 Abs. 2 und 3 erfolgt in den §§ 4, 5, WpDVerOV; vgl. im Einzelnen § 31 Rn. 93 ff.

Vorbemerkung   37–40   **Vor §§ 31 bis 37a**

bestimmte Geschäfte (Finanzkommission, Anlage- und Abschlussvermittlung, Eigenhandel) mit geeigneten Gegenparteien gelten (§ 31b Abs. 1).
Die früher allgemein in § 31 Abs. 2 Satz 1 Nr. 1 WpHG aF geregelte Pflicht   37
zur Einholung von Kundenangaben über seine Kenntnisse, Erfahrungen sowie finanziellen Verhältnisse wird nunmehr in § 31 Abs. 4 und 5 weitergehend konkretisiert. Der Umfang dieser sog. **Explorationspflichten** unterscheidet sich dabei für die Anlageberatung einerseits und das beratungsfreie Geschäft andererseits, weil auch die Maßstäbe für die Prüfung der Geeignetheit bzw. der Angemessenheit des Geschäfts in beiden Fällen divergieren (näher § 31 Rn. 188 ff.).

Weitere Verhaltenspflichten betreffen das grundsätzliche **Verbot der Entge-**   38
gennahme von Zuwendungen Dritter im Zusammenhang mit der Erbringung von Wertpapierdienstleistungen, das freilich durch teilweise großzügige Ausnahmen ausgehöhlt und im Wesentlichen auf eine Offenlegungspflicht reduziert wird (§ 31 d). Die Vorschrift steht in engem Zusammenhang mit dem generellen Gebot zur Vermeidung von Interessenkonflikten nach § 31 Abs. 1 Nr. 2. Zum Teil neue, konkrete **Vorgaben für die Bearbeitung von Kundenaufträgen** (auch im Verhältnis zu anderen Kundenaufträgen) enthält § 31 c.

Die **besonderen Verhaltensregeln des § 32 WpHG aF**, die bestimmte be-   39
reits unter § 31 fallende Sachverhalte konkretisierten,[76] sind zwar mit dem FRUG entfallen, gelten der Sache nach aber weiter. Der Gesetzgeber verweist insoweit zutreffend darauf, dass sämtliche der dort bislang geregelten Konstellationen von verbotenen Empfehlungen und Eigengeschäften durch anderweitige (neue) Bestimmungen bereits abgedeckt seien.[77] Das gilt nicht nur für das Verbot von Anlageempfehlungen, die nicht mit den Interessen des Kunden übereinstimmen (§ 32 Abs. 1 Nr. 1, Abs. 2 Nr. 1 Alt. 1 WpHG aF) und damit schon der Grundregel des § 31 Abs. 1 Nr. 1 widersprechen. Zugleich kann bei der Anlageberatung das Gebot des § 31 Abs. 4 verletzt sein, nur für den Kunden generell geeignete Geschäfte zu empfehlen. Außerdem ist möglicherweise der Tatbestand der Marktmanipulation (§ 20a) erfüllt, wenn die Anlageempfehlung dazu dienen soll, für Eigengeschäfte des Wertpapierdienstleisters die Preise in eine bestimmte Richtung zu lenken (bislang explizit nach § 32 Abs. 1 Nr. 2, Abs. 2 Nr. 1 Alt. 2 WpHG untersagt). Das durch § 32 Abs. 1 Nr. 3, Abs. 2 Nr. 2 WpHG aF verbotene sog. *Frontrunning* zum Nachteil des Kunden fällt nunmehr unter § 31 Abs. 1 Nr. 1 iVm § 31 c Abs. 1 Nr. 5 und bleibt damit weiterhin unzulässig.[78]

Ihre Grundsätze zur Interpretation und Handhabung der Verhaltensregeln   40
nach §§ 31, 32 WpHG aF hatte die **BaFin** in der sog. **Wohlverhaltensrichtlinie konkretisiert**.[79] Diese entfaltete zwar keine rechtlich bindende Außenwirkung, war in der Praxis aber gleichwohl von erheblicher Bedeutung für die Auslegung und Anwendung der Verhaltensregeln.[80] Nach deren weitgehender Umgestaltung und sehr detaillierten gesetzlichen Regelung durch das FRUG sowie die Konkretisierung durch die WpDVerOV hat die BaFin die Wohlverhal-

---

[76] Überblick bei *Schulte-Frohlinde*, S. 73 f.
[77] BegrRegE (FRUG), BT-Drucks. 16/4028, S. 69.
[78] BegrRegE (FRUG), BT-Drucks. 16/4028, S. 69.
[79] Richtlinie vom 23. August 2001, BAnz. Nr. 165 vom 4. 9. 2001, S. 19 217; dazu *Jütten* Die Bank 1999, 126 ff.; *Möllers/Ganten* ZGR 1998, 773 ff.; *Baur* Die Bank 1997, 485 ff.
[80] *Lenenbach* Rn. 8.8.

Fuchs   1187

tensrichtlinie mit Schreiben vom 23. 10. 2007 mit Wirkung vom 1. 11. 2007 aufgehoben. Gleichwohl können ihr noch in Ausnahmefällen konkretisierende Auslegungshinweise entnommen werden.

b) Organisationspflichten

41 Die Verhaltensregeln werden in den §§ 33–34a von **Organisationspflichten** der Wertpapierdienstleistungsunternehmen flankiert.[81] Zu den wichtigsten Aufgaben der Wertpapierdienstleister gehört die **Erarbeitung und Anwendung von Verfahren, die eine Beachtung der materiellen Verhaltensregeln erst ermöglichen.** Eine angemessene interne Organisation der Unternehmen – mit den hierfür erforderlichen Kontrollverfahren – bildet die Grundlage für eine effektive Durchsetzung der Verhaltensregeln und für ein Handeln in Übereinstimmung mit dem Gesetz (**compliance**).[82]

42 Im Unterschied zu § 33 WpHG aF, der sich insoweit auf allgemeine Grundsätze beschränkte, die durch die **Compliance-Richtlinie**[83] der BaFin konkretisiert wurden,[84] werden die wesentlichen Grundlagen der Compliance-Organisation nunmehr ausdrücklich und direkt im Gesetz verankert sowie durch §§ 13, 14 WpDVerOV normativ konkretisiert. Trotz der sehr viel stärker ausdifferenzierten Regelung geht es im Kern nach wie vor darum, dass die Wertpapierdienstleistungsunternehmen zu einer **angemessenen betrieblichen Organisation ihres Wertpapiergeschäfts** verpflichtet sind.[85] Dazu gehört zum einen, dass Wertpapierdienstleistungsunternehmen – neben der Einhaltung der für Finanzinstitute geltenden organisatorischen Anforderungen nach § 25a Abs. 1 und 4 KWG (§ 33 Abs. 1 Satz 1) – die für eine ordnungsgemäße Erbringung der Leistungen notwendigen sachlichen und personellen Mittel und Verfahren vorhalten und wirksam einsetzen sowie **insbesondere eine dauerhafte, effektive und unabhängige Compliance-Funktion** einrichten (§ 33 Abs. 1 Satz 2 Nr. 1 WpHG). Dabei sind die Anstrengungen auch auf die Gewährleistung von Kontinuität und Regelmäßigkeit der Leistungen zu richten (Nr. 2). Zum anderen müssen die Unternehmen entsprechende Vorkehrungen treffen, um bei Erbringung der Leistungen Interessenkonflikte zwischen ihnen selbst und ihren Kunden oder Interessenkonflikte der Kunden untereinander zu erkennen und eine Beeinträchtigung der Kundeninteressen zu vermeiden (Nr. 3). Weitere Vorgaben betreffen die Einrichtung eines wirksamen und transparenten Beschwerdemanagements gegenüber Privatkunden (Nr. 4) sowie eines Berichtswesens im Bereich der Compliance-Funktion (Nr. 5). Schließlich müssen die Angemessenheit und Wirksamkeit der getroffenen organisatorischen Maßnahmen überwacht und regelmäßig bewertet sowie die erforderlichen Maßnahmen

---

[81] Überblick zum bisherigen Recht vor Umsetzung der Finanzmarktrichtlinie bei *Schulte-Frohlinde*, S. 74 f.; *Buhk*, S. 55 f.
[82] Zum Begriff „compliance" ausführlich *Lösler* NZG 2005, 104 ff.; *ders.*, Compliance im Wertpapierdienstleistungskonzern, 2003, S. 39 ff.; *Hauschka* (Hrsg.), Corporate Compliance § 1 Rn. 2 ff.
[83] RL zur Konkretisierung der Organisationspflichten von Wertpapierdienstleistungsunternehmen gem. § 33 Abs. 1 WpHG vom 25. 10. 1999, BAnz. Nr. 210 vom 6. 11. 1999, S. 18453, aufgehoben mit Wirkung zum 1. 11. 2007 durch Schreiben der BaFin vom 23. 10. 2007 (abrufbar unter www.bafin.de).
[84] Vgl. dazu zB *Lenenbach* Rn. 10.100 ff.
[85] Vgl. nur *Lösler* NZG 2005, 104 (zu § 33 WpHG aF).

Vorbemerkung   43–46   **Vor §§ 31 bis 37a**

zur Beseitigung von Unzulänglichkeiten ergriffen werden (Nr. 6). Besondere Anforderungen gelten für die Auslagerung von Aktivitäten oder Prozessen (§ 33 Abs. 2 und 3).

Eine eingehende Regelung hat die Verpflichtung zur Aufstellung von   43 Grundsätzen für eine bestmögliche Ausführung von Kundenaufträgen *("best execution policy")* im neuen § 33 a gefunden. Entgegen der plakativen, aber missverständlichen Überschrift der Norm geht es hierbei nicht darum, in jedem Einzelfall das für den Kunden bestmögliche Ergebnis zu erreichen; vielmehr sollen in Konkretisierung der allgemeinen Verhaltenspflicht nach § 31 Abs. 1 Nr. 1 (Erbringung der Dienstleistung mit der erforderlichen Sachkenntnis, Sorgfalt und Gewissenhaftigkeit im Interesse des Kunden) **die organisatorischen Voraussetzungen** dafür geschaffen werden, dass bei der Ausführung von Kundenaufträgen grundsätzlich das für diese beste Ergebnis erreicht wird.[86]

Die Umsetzung der MiFID hat nunmehr auch für die **Behandlung von**   44 **Mitarbeitergeschäften** zu einer eigenständigen gesetzlichen Regelung in § 33 b geführt. Bisher ergaben sich die maßgeblichen Grundsätze aus den Mitarbeiterleitsätzen der BaFin,[87] die sie zur Konkretisierung der Pflichten aus § 33 Abs. 1 Nr. 2 und Nr. 3 WpHG aF auf der Grundlage des § 4 Abs. 1 Satz 2 WpHG aF erlassen hatte.

Zu den organisatorischen Vorgaben gehören schließlich auch die umfassenden   45 **Dokumentationspflichten,** die in § 34 geregelt sind, um der BaFin einer Überprüfung der Einhaltung der Wohlverhaltenspflichten zu ermöglichen. Die Umsetzung von Art. 13 Abs. 6 der MiFID durch das FRUG hat insofern zu einer erheblichen Ausweitung der **Aufzeichnungs- und Aufbewahrungspflichten** geführt, die nicht nur sämtliche Kundenaufträge betrifft (Abs. 1), sondern auch Vereinbarungen mit den Kunden über die Konditionen der Leistungserbringung (Abs. 2). Inhaltliche Konkretisierungen der gesetzlichen Vorgaben ergeben sich aus § 15 WpDVerOV und aus dem nach § 34 Abs. 5 von der BaFin auf ihrer Internetseite veröffentlichten Verzeichnis der Mindestaufzeichnungen.[88] Daneben sieht § 34 a zum **Schutz der Kundengelder,** die im Zusammenhang mit einer Wertpapierdienst- oder Wertpapiernebendienstleistung entgegengenommen werden, eine **getrennte Vermögensverwahrung** vor. Diese Vorschrift konkretisiert die allgemeinen Verhaltens- und Organisationspflichten nach §§ 31 Abs. 1 Nr. 1, 33 Abs. 1 Satz 2 Nr. 1.[89]

c) Transparenzvorschriften

Die in der Überschrift zu Abschnitt 6 des WpHG explizit erwähnten Transpa-   46 renzpflichten betreffen vor allem **Handelsplattformen.** Zu diesen erstmals im

---

[86] Vgl. vorerst nur *Bauer* in *Clouth/Lang* (Hrsg.), MiFID-Handbuch, Rn. 707 ff.; näher hierzu § 33 a Rn. 14, 35 ff.

[87] Bekanntmachung des BAKred und des BAWe über Anforderungen an Verhaltensregeln für Mitarbeiter der Kreditinstitute und Finanzdienstleistungsinstitute in Bezug auf Mitarbeitergeschäfte vom 7. Juni 2000 (Mitarbeiter-Leitsätze), aufgehoben durch Schreiben der BaFin vom 23. 10. 2007; näher hierzu § 33 b Rn. 3 f.

[88] Bisher wurden die Dokumentationspflichten des § 34 WpHG aF insbesondere durch Teil B Ziffer 3.6 und Teil D der Wohlverhaltensrichtlinie (oben Fn. 79) sowie durch den 5. Abschnitt der Compliance-Richtlinie der BaFin (oben Fn. 83) konkretisiert.

[89] So zutreffend *Wolf* BKR 2002, 892 (zu §§ 33 Abs. 1 Nr. 1, Nr. 3, 31 Abs. 1 Nr. 1 WpHG aF).

WpHG geregelten Einrichtungen gehören multilaterale Handelssysteme (Multilateral Trading Facilities – MTF) sowie Internalisierungssysteme, bei denen Banken oder Brokerfirmen Kundenaufträge auf regelmäßiger Basis hausintern ausführen. Soweit auf derartigen Handelsplattformen Aktien gehandelt werden, die an organisierten Märkten zugelassen sind, werden diese Einrichtungen (insbesondere) umfangreichen Anforderungen an die Gewährleistung einer hinreichenden **Vor- und Nachhandelstransparenz** unterworfen: So sind systematische Internalisierer zur Stellung und Veröffentlichung von verbindlichen Kursofferten („quotes") verpflichtet (§ 32a), während der Betreiber eines multilateralen Handelssystems aktuelle Geld- und Briefkurse sowie die Handelstiefe zu den jeweiligen Kursen publizieren müssen (§ 31g Abs. 1). Im Bereich der Nachhandelstransparenz unterliegen nicht nur systematische Internalisierer und Betreiber von MTF (§ 31g Abs. 3), sondern auch Wertpapierdienstleistungsunternehmen, die außerbörslich Handel mit an einem organisierten Markt zugelassenen Aktien (oder diese vertretenden Zertifikaten) treiben (§ 31h), der Verpflichtung, Volumen, Marktpreis und Zeitpunkt der abgeschlossenen Geschäfte öffentlich bekannt zu geben.

d) Analyse von Finanzinstrumenten

47   Die §§ 34b, 34c enthalten besondere **Verpflichtungen im Zusammenhang mit der Analyse von Finanzinstrumenten,** die sich nicht nur an Wertpapierdienstleistungsunternehmen richten. Die Regelungen in § 34b erfassen vielmehr den gesamten Bereich der Finanzanalyse und machen allgemeine Vorgaben für deren Erstellung, Weitergabe sowie Veröffentlichung, wobei Journalisten nach Abs. 4 unter bestimmten Voraussetzungen ausdrücklich vom Anwendungsbereich ausgenommen werden. Neben Verhaltenspflichten werden auch organisatorische Anforderungen an Unternehmen gestellt, die Finanzanalysen erstellen oder weitergeben (§ 34b Abs. 5). § 34c begründet eine Anzeigepflicht für Finanzanalysten gegenüber der BaFin.

e) Überwachung durch die BaFin

48   Die §§ 35 bis 36c legen die Rechte und Pflichten der BaFin bezogen auf den 6. Abschnitt des WpHG fest. Den Schwerpunkt bilden hierbei die §§ 35, 36, welche die **Überwachung und Prüfung der Meldepflichten und Verhaltensregeln** ordnen. Die BaFin kann zum Zwecke der Überwachung auch mit den zuständigen Stellen im Ausland zusammenarbeiten, § 36c. In direktem Zusammenhang mit den Verhaltensregeln steht auch § 36b,[90] der die BaFin dazu ermächtigt, **missbräuchliche Werbung** zu untersagen. Die BaFin hat beispielsweise in einer Verfügung bereits das sog. *„cold calling"* verboten.[91]

f) Sonstige Regeln

49   § 37 enthält eine Reihe von **Ausnahmen** von den Verhaltenspflichten. Soweit es um Geschäfte geht, die an organisierten Märkten oder in multilateralen Handelssystemen zwischen zwei Wertpapierdienstleistungsunternehmen oder zwischen diesen und sonstigen Mitgliedern oder Teilnehmern solcher Märkte oder Systeme abgeschlossen werden, finden § 31 Abs. 1 Nr. 1, Abs. 2 bis 8 sowie die §§ 31c, 31d und 33a keine Anwendung. Die Geltung dieser Vorschriften

---

[90] Zu dieser Vorschrift *Möllers* ZBB 1999, 134 ff.
[91] Allgemeinverfügung vom 27. 7. 1999, BAnz. Nr. 149 vom 12. 8. 1999, S. 1318.

Vorbemerkung   50–52   Vor §§ 31 bis 37a

gegenüber den Kunden, für die ein Wertpapierdienstleistungsunternehmen Aufträge ausführt, bleibt dagegen unberührt.
Einen Fremdkörper innerhalb des 6. Abschnitts stellt die Vorschrift des § 37a **50** über die **Verjährung von zivilrechtlichen Ersatzansprüchen** des Kunden wegen der Verletzung von Informationspflichten und wegen fehlerhafter Beratung im Zusammenhang mit einer Wertpapierdienstleistung oder -nebendienstleistung dar. Die Verkürzung der Frist auf drei Jahre nach Entstehung der Ansprüche weicht zulasten des Kunden von der zivilrechtlichen Regelverjährung nach §§ 195, 199 Abs. 1 BGB ab, ohne dass es dafür eine rechtspolitisch überzeugende Rechtfertigung gäbe.[92]

2. Schutzzwecke der §§ 31 ff.

a) Funktionenschutz und individueller Anlegerschutz

Die Verhaltens-, Organisations- und Transparenzregeln der §§ 31 ff. verfolgen **51** insgesamt, wie die meisten modernen Gesetze im Kapitalmarktrecht, eine doppelte Zielrichtung:[93] Sie dienen sowohl dem öffentlichen Interesse an der **Funktionsfähigkeit der Wertpapiermärkte** als auch dem **individuellen Schutz der Wertpapierkunden**.[94]

Der Aspekt der Funktionsfähigkeit wird üblicherweise weiter in eine institu- **52** tionelle, eine allokative sowie eine operationale Komponente unterteilt.[95] Auch die Verhaltens-, Organisations- und Transparenzregeln der §§ 31 ff. dienen diesen drei Facetten der **Funktionsfähigkeit der Kapitalmärkte**.[96] So tragen die Verhaltensregeln (i. w. S.) zur **institutionellen Funktionsfähigkeit** der Kapitalmärkte bei, indem sie Rahmenbedingungen setzen, die für eine Stärkung des Vertrauens der Anleger in die Stabilität und Zuverlässigkeit der Märkte sorgen.[97] Dies wirkt sich zugleich positiv auf die Erfüllung der Hauptfunktion des Kapitalmarkts aus, die in der optimalen Zusammenführung potentieller Kapitalgeber mit nachfragenden Kapitalnehmern und damit der **allokativen Funktionsfähigkeit** besteht. Optimale Kapitalallokation in diesem Sinne liegt vor, wenn Kapital genau dorthin geleitet wird, wo es einerseits am dringendsten benötigt wird und auf der anderen Seite für seine Überlassung der höchste Preis bezahlt

---

[92] Vgl. zur Kritik *Zimmermann*, ZIP 2007, 410 ff. sowie unten § 37a Rn. 3.
[93] Vgl. BegrRegE, BT-Drucks. 12/7918, S. 97. Diese doppelte Zielsetzung findet sich auch im 38. Erwägungsgrund der WpDRiL von 1993 sowie im 44. Erwägungsgrund der MiFiD.
[94] *Assmann* in *Assmann/Schütze*, 2. Aufl., § 1 Rn. 63; *Koller* in *Assmann/Schneider*, Vor § 31 Rn. 8 ff.; *Schäfer* Vor § 31 WpHG Rn. 7; *Schwark*, Vor § 31 Rn. 4; *Cahn* ZHR 162 (1998), 1, 33; *Raeschke-Kessler* WM 1996, 1764, 1766; *Schäfer* in *Schwintowski/Schäfer*, § 18 Rn. 8; *Kümpel*, Bank- und Kapitalmarktrecht, Rn. 16.506 ff.; *ders.*, Wertpapierhandelsgesetz, S. 156 ff.; *Lenenbach* Rn. 10.96; *Lange*, Informationspflichten, S. 272 ff.; *Schulte-Frohlinde*, S. 48 ff.; *Bliesener*, S. 49 f., 150 ff.; *Brandt*, S. 177 ff.; *Hopt*, Kapitalanlegerschutz, S. 449 ff.
[95] *Lenenbach* Rn. 1.39 ff.; *Kümpel*, Bank- und Kapitalmarktrecht, Rn. 8.388; *Bliesener*, S. 43 ff.; grundlegend bereits *Kübler* AG 1977, 85, 87 f.
[96] So zu §§ 31 ff. WpHG aF BegrRegE, BT-Drucks. 12/7918, 97; *Kümpel*, Bank- und Kapitalmarktrecht, Rn. 16.509; *Koller* in *Assmann/Schneider*, Vor § 31 Rn. 8 ff.; *Schulte-Frohlinde*, S. 47.
[97] *Kümpel*, Bank- und Kapitalmarktrecht Rn. 8.400; *Koller* in *Assmann/Schneider*, Vor § 31 Rn. 8 f.; *Assmann* in *Assmann/Schütze*, 2. Aufl., § 1 Rn. 26; *Bliesener*, S. 45 f.

wird.[98] Schließlich können die Verhaltensregeln (i. w. S.) zu einer Senkung der Transaktionskosten und damit zu einer Verbesserung der **operationalen Funktionsfähigkeit** des Kapitalmarkts führen.[99] Die im Zuge der Umsetzung der Finanzmarktrichtlinie erlassenen äußerst detaillierten und weitreichenden normativen Vorgaben führen allerdings zu einem immensen Anstieg der administrativen Kosten bei den Wertpapierdienstleistungsunternehmen und anderen Marktteilnehmern, der nicht immer durch entsprechende Verbesserungen der Marktfunktionen oder Vorteile für den Endkunden kompensiert zu werden scheint. Insoweit stellt sich zunehmend die Frage einer Verschlechterung der Markteffizienz durch Überregulierung, welche letztlich (auch) die Vorteile für den Endkunden aufhebt.[100]

53 Trotz ihrer grundsätzlich aufsichtsrechtlichen Natur dienen die Verhaltens- und Organisationsregeln auch dem **Individualanlegerschutz**.[101] Sie sollen beispielsweise sicherstellen, dass den Kapitalanlegern die für ihre Anlageentscheidungen notwendigen Informationen zur Verfügung gestellt werden und sie auf dieser Grundlage selbstbestimmte und eigenverantwortliche Anlageentscheidungen treffen können.[102] Die Verhaltensregeln (i. e. S.) stellen schon ihrem Wortlaut nach den einzelnen Kapitalanleger und Wertpapierkunden ganz in den Mittelpunkt. Dieser soll individuell in die Lage versetzt werden, Tragweite und Risiken seiner Anlageentscheidung einzuschätzen.[103] Eine **informierte Entscheidung der Anleger** ist aber nur dann möglich, wenn die vorhandenen Informationsasymmetrien zwischen den Kunden und den Wertpapierdienstleistern weitgehend beseitigt werden.

b) Wechselwirkungen

54 Individualanlegerschutz und Funktionenschutz stehen daher nach heute herrschender und zutreffender Auffassung nicht unverbunden nebeneinander, sondern in enger und untrennbarer **Wechselwirkung**.[104] Denn das durch kumulierte Einzelentscheidungen gebildete **Vertrauen des Anlegerpublikums** ist Voraussetzung und Bindeglied für die Funktionsfähigkeit der Wertpapiermärkte insgesamt. Erst bei einer – mittels ordnungsgemäßen Wertpapierdienstleistungen hergestellten – weitgehenden Markttransparenz können Kapitalmärkte die ihnen volkswirtschaftlich zugewiesenen Aufgaben angemessen erfüllen.[105] Mit anderen

---

[98] *Kümpel*, Bank- und Kapitalmarktrecht Rn. 8.417; *Koller* in *Assmann/Schneider*, Vor § 31 Rn. 10; *Assmann* in *Assmann/Schütze*, 2. Aufl., § 1 Rn. 24; *Bliesener*, S. 43; *Schulte-Frohlinde*, S. 48 ff.; *Lenenbach* Rn. 1.40.
[99] *Kümpel*, Bank- und Kapitalmarktrecht Rn. 8.412; *Lenenbach* Rn. 1.42; *Assmann* in *Assmann/Schütze*, 2. Aufl., § 1 Rn. 26; *Bliesener*, S. 44 f.
[100] Vgl. zB die Kritik an den äußerst weitreichenden und detaillierten Vorgaben für die Erstellung einer Best Execution Policy nach § 33 a bei *Bauer* in *Clouth/Lang* (Hrsg.), MiFID-Praktikerhandbuch, Rn. 762 ff.; *Spindler/Kasten*, WM 2006, 1797, 1804.
[101] *Koller* in *Assmann/Schneider*, Vor § 31 Rn. 11; *Schäfer* Vor § 31 WpHG Rn. 7; *Balzer* ZBB 1997, 260, 263 f.; *Horn* ZBB 1997, 139, 142; **abw.** *Lenenbach* Rn. 96; *Kümpel*, Bank- und Kapitalmarktrecht Rn. 16.506 ff.; *Schwark*, Vor § 31 Rn. 4.
[102] *Koller* in *Assmann/Schneider*, Vor § 31 Rn. 11; *Schäfer* Vor § 31 WpHG Rn. 7; *Lenenbach* Rn. 8.4.
[103] BT-Drucks. 12/7918, S. 103.
[104] *Lenenbach*, Rn. 8.2; *Hopt* ZHR 159 (1995), 135, 159; *Kübler* AG 1977, 85, 87 f.
[105] BT-Drucks. 12/7918, S. 96 f.; zusammenfassend *Lenenbach* Rn. 1.37 ff.; *Koller* in *Assmann/Schneider*, Vor § 31 Rn. 8; *Brandt*, S. 177 ff.

Vorbemerkung 55, 56 **Vor §§ 31 bis 37a**

Worten: Der Schutz der Anleger erfordert funktionierende Kapitalmärkte, und das öffentliche Interesse am Funktionenschutz verlangt nach einem angemessenen individuellen Anlegerschutz, um das Anlegervertrauen in das ordnungsgemäße Funktionieren der Kapitalmärkte zu stärken und zu bestätigen.

III. Rechtsnatur und Bedeutung der Verhaltensregeln

1. Aufsichtsrechtliche Zielsetzung und Ausgestaltung

Unter der Geltung der **WpDRL** war anerkannt, dass die Wohlverhaltensregeln nach Art. 11 (ebenso wie die übrigen Bestimmungen der Richtlinie) im Ansatz als **Regelungen für das Verhältnis zwischen den Aufsichtsbehörden und den Wertpapierdienstleistungsunternehmen** konzipiert waren.[106] Sie stellten behördlich zu überwachende Mindestpflichten dieser Unternehmen dar.[107] Als Sanktionen für ihre Verletzung wurden in Art. 27 WpDRL lediglich der Entzug der Zulassung, strafrechtliche Bestimmungen und Maßnahmen zur Beendung von festgestellten Verstößen und zur Beseitigung ihrer Ursachen angesprochen. An dieser Rechtslage hat sich durch die MiFID nichts geändert, auch wenn sie den Aspekt des Anlegerschutzes besonders in den Vordergrund stellt. Die „Bestimmungen zum Anlegerschutz" in Abschnitt 2 der Richtlinie (Art. 19–24) bleiben Bestandteil der Regelungen in Kapitel II über „Bedingungen für die Ausübung der Tätigkeit von Wertpapierfirmen" und damit eindeutig aufsichtsrechtlicher Natur. 55

Dementsprechend haben auch die §§ 31–37 WpHG nF nach wie vor (primär) aufsichtsrechtliche Qualität[108] und sind nach herrschender Auffassung **ausschließlich öffentlich-rechtlicher Natur.**[109] Die Verhaltensregeln als solche stehen daher grundsätzlich auch **nicht zur Disposition der Parteien.**[110] Die öffentlich-rechtliche Natur folgt zunächst daraus, dass Eingriffsmöglichkeiten nach §§ 4, 35 und 36 im aufsichtsrechtlichen Verhältnis ausschließlich der BaFin 56

---

[106] *Koller* in *Assmann/Schneider,* Vor § 31 Rn. 16; *Sethe,* Anlegerschutz im Recht der Vermögensverwaltung, S. 747 ff.; vgl. auch *Schwark* Vor § 31 Rn. 6 (Richtlinie lässt aufsichtsrechtliche Dimension erkennen, überlässt aber die Art der Festlegung der Verbindlichkeit dem nationalen Recht).

[107] *Schwark* Vor § 31 Rn. 7.

[108] Ausschließlich privatrechtlichen Charakter hat hingegen § 37 a, der die Verjährung zivilrechtlicher Schadensersatzansprüche regelt.

[109] So zu §§ 31 ff. WpHG aF BGH WM 2002, 1758, 1759 = EWiR 2001, 837 m. Anm. *Tilp; Lang,* § 6 Rn. 7, 9; *ders.* WM 2000, 450, 455; MünchKommHGB-*Ekkenga,* Effektengeschäft Rn. 168, 198 („genuines Aufsichtsrecht"); *Schwennicke* WM 1998, 1101, 1102; *Reich* WM 1997, 1601, 1604; *Horn* ZBB 1997, 139, 149; *ders.* WM 1999, 1, 4; *Balzer,* ZBB 1997, 260, 261; *Gaßner/Escher,* WM 1997, 93, 94; *Köndgen* ZBB 1996, 360, 361; *Koller* in *Assmann/Schneider,* Vor § 31 Rn. 17; *Lenenbach* Rn. 8.7; *Schäfer* Vor § 31 WpHG Rn. 8; *Schön,* S. 112.; *Schulte-Frohlinde,* S. 80f.; *Schwark* Vor § 31 Rn. 7; *Hannöver* in: Bankrechtshandbuch, § 110 Rn. 46; *Lange,* Informationspflichten, S. 300 f.; *Wieneke,* S. 87; *Bliesener,* S. 112 f.; *Brandt,* S. 182 f., 184; *Hadding/Hennrichs* in FS Claussen, S. 447, 460; *Nobbe,* Bankrecht 1998, S. 235, 249; *Schäfer,* Bankrecht 1998, S. 33; *Zimmermann,* GPR 2008, 38, 43 f.; zur Gegenansicht vgl. Rn. 57.

[110] *Reich* WM 1997, 1601, 1602; *Koller* in *Assmann/Schneider,* Vor § 31 Rn. 20 a; *Brandt,* S. 185.

zustehen.[111] Insbesondere die Kompetenz der BaFin nach § 35 Abs. 4 (früher Abs. 6) zum Erlass von Richtlinien als norminterpretierende Verwaltungsvorschriften zeigt, dass die fraglichen WpHG-Normen dem öffentlichen Recht zuzuordnen sind.[112] Auch die Hervorhebung der öffentlichen Interessen in den Gesetzesmaterialien zum WpHG spricht dafür, dass der Gesetzgeber den Erlass öffentlich-rechtlicher Vorschriften vor Augen hatte.[113] Dementsprechend ist anerkannt, dass das WpHG insgesamt überwiegend öffentlich-rechtliche Vorschriften enthält.[114] Hinzu kommt, dass sich die Verhaltensregeln zum Teil gerade auch an Personen richten, die mit den Wertpapierkunden nicht in direkten vertraglichen Beziehungen stehen.[115]

2. Die Lehre von der „Doppelnatur"

57 Eine Reihe von Autoren vertritt allerdings Ansicht, dass § 31 eine „Doppelnatur" habe, die Norm also sowohl öffentlich-rechtlichen als auch zivilrechtlichen Charakter aufweise.[116] Danach sollen die Verhaltensregeln Normen im Schnittfeld von öffentlichem Recht und Privatrecht darstellen und keinem der beiden Rechtsgebiete eindeutig zuzuordnen sein.[117] Der strikte Dualismus der Rechtsgebiete sei überholt; der Gesetzgeber könne, sofern er die notwendige Befugnis habe, Normen erlassen, die gleichzeitig sowohl öffentlich-rechtliche als auch privatrechtliche Regelungen enthielten.[118] Die Lehre von der Doppelnatur hat zwar im Zuge der Umsetzung der MiFID – nicht zuletzt wegen des hohen Detaillierungsgrades und vieler bis ins Einzelne gehender Vorgaben für das Verhältnis zwischen den Wertpapierdienstleistern und ihren Kunden – an Zulauf gewonnen,[118a] vermag aber letztlich nicht zu überzeugen.

58 Gegen eine solche Sicht bestehen jedoch durchgreifende Bedenken. Für eine Abweichung von den klassischen Qualifikationstheorien (Interessen-, Subordinations- oder modifizierte Subjektstheorie), die von einer notwendig alternativen Zuordnung ausgehen[119] mit der Folge, dass es schon im Ansatz keine doppelte Qualifikation einer Norm als sowohl öffentlich-rechtlich als auch zivilrechtlich geben kann,[120] werden keine überzeugenden Gründe vorgebracht.

---

[111] *Reich* WM 1997, 1601, 1603; *Gaßner/Escher* WM 1997, 93, 94; *Lange*, Informationspflichten, S. 300f.; *Brandt*, S. 182f.

[112] *Wieneke*, S. 81.

[113] BT-Drucks. 12/7918, S. 96ff.; *Brandt*, S. 184.

[114] *Horn* ZBB 1997, 139, 149f.; *Balzer* ZBB 1997, 2060, 262; *Koller* in *Assmann/Schneider*, Vor § 31 Rn. 17; *Roth* in *Assmann/Schütze*, § 12 Rn. 14; *Wieneke*, S. 80.

[115] Vgl. zu § 32 Abs. 2 WpHG aF *Koller* in *Assmann/Schneider*, § 32 Rn. 1. Nach neuem Recht gilt das etwa für die Betreiber von Handelsplattformen (§§ 31 f ff.) und Finanzanalysten (§§ 34 b, 34 c).

[116] So zu § 31 WpHG aF *Lang* ZBB 2004, 289 ff.; *Leisch*, S. 44 ff., 68 ff.; wohl auch *Roth* in *Assmann/Schütze* § 11 Rn. 11; *Schwintowski* VuR 1997, 83, 85 f.; *Köndgen* NJW 1996, 558, 569; *Meier-Schatz* ZBB 1997, 325, 334; ebenso auch zu § 32 WpHG aF *Kümpel*, Bank- und Kapitalmarktrecht, Rn. 16.522.

[117] *N. Lang* ZBB 2004, 289, 294.

[118] *Leisch*, S. 45 ff.; *N. Lang* ZBB 2004, 289, 294.

[118a] Vgl. *Weichert/Wenninger* WM 2007, 627, 635; *Veil* WM 2007, 1821, 1825 f.; wohl auch *Nikolaus/d'Oleire* WM 2007, 2129, 2130 (Normierung des Vertragsinhalts durch die §§ 31 ff.).

[119] Näher dazu *Brandt*, S. 180 f. mwN.

[120] **AA** mit beachtlichen Argumenten *Leisch*, S. 44 ff., 69 ff.

Vorbemerkung **Vor §§ 31 bis 37a**

Die zutreffende Beobachtung, dass gerade im Bereich des Wirtschaftsrechts private und öffentliche Interessen oft in einer engen Beziehung und **Wechselwirkung** zueinander stehen, kann für sich allein eine „Doppelnatur" bestimmter Normen noch nicht rechtfertigen, zumal die Notwendigkeit einer solchen Qualifikation nicht ersichtlich ist. Die (mögliche) Einordnung der Verhaltensregeln als Schutzgesetze i. S. v. § 823 Abs. 2 BGB (dazu näher unten Rn. 80 ff.) setzt keine Doppelnatur voraus, da Schutzgesetze ohne weiteres dem öffentlichen Recht entstammen können. Gleiches gilt für deliktische Verkehrspflichten, deren Verletzung im Einzelfall ebenfalls zivilrechtliche Konsequenzen in Form von Schadensersatzansprüchen rechtfertigen kann.[121] Anerkannt ist ferner, dass öffentlich-rechtliche Normen mittelbar eine **Ausstrahlungswirkung** auf die Ausgestaltung und Auslegung vertraglicher oder sonstiger zivilrechtlicher Pflichten entfalten können. Daher spricht vieles dafür, dass auch die §§ 31 ff. zwar in der Weise auf das Zivilrecht ausstrahlen, dass sie mittelbar zur Konkretisierung der zivilrechtlichen Pflichten der Wertpapierdienstleister beitragen,[122] dass sie aber nicht direkt auch als zivilrechtliche Normen zu qualifizieren sind.[123]

Die Verhaltensregeln sind somit zwar formal als rein aufsichtsrechtliche Normen öffentlich-rechtlicher Art anzusehen, enthalten aber nach zutreffender Auffassung zugleich **in der Sache Konkretisierungen vertraglicher bzw. vorvertraglicher Verhaltenspflichten** der Wertpapierdienstleistungsunternehmen.[124] Dafür spricht bereits, dass die §§ 31 ff. inhaltlich kein neues oder erweitertes Pflichtenprogramm für die Wertpapierdienstleistungsunternehmen begründen sollten, sondern insoweit an die bereits existierenden Rechtsprechungsgrundsätze anknüpfen wollten.[125] Den Verhaltensregeln kann man daher zwar keine „Doppelnatur", wohl aber eine „Doppelrolle" in dem Sinne zusprechen, dass sie den Inhalt vertraglicher Rechtsbeziehungen zumindest mit beeinflussen.[126] Auch aus der MiFID lässt sich jedoch nicht ableiten, dass die umgesetzten Normen unmittelbar und ohne jede Abweichung das zivilrechtliche Verhältnis zwischen den Parteien der Wertpapierdienstleistung ausgestalten. Das folgt schon aus der unterschiedli-

---

[121] *Balzer*, ZBB 1997, 260, 264; *Horn* ZBB 1997, 139, 150; aA *Lange*, Informationspflichten, S. 308.
[122] *Schwark* Vor § 31 Rn. 5, 8; KG BKR 2005, 457, 458; *Zimmermann*, GPR 2008, 38, 44. Zur Ausstrahlungswirkung ausführlich unter Rn. 60 ff.
[123] Die Bedenken von *Kühne* BKR 2005, 275, 278 ff. wegen der Vorgabe eines Mindestinhalts vertraglicher Regelungen zwischen Wertpapierunternehmen und Kleinanleger durch Art. 19 Abs. 7 MiFID sind nicht berechtigt, da den diesbezüglichen Pflichten der Wertpapierdienstleister kein korrespondierender Anspruch des Privatkunden gegenübersteht; für ausschließlich privatrechtliche Natur der Verhaltenspflichten aber *Einsele* JZ 2008, 477, 482 f. (§ 31 als Konkretisierung zwingender zivilrechtlicher Pflichten der Wertpapierdienstleister gegenüber den Kunden); vgl. zu § 31 WpHG aF auch *Grundmann* in: *Ebenroth/Boujong/Jost*, HGB, Wertpapierhandelsgesetz § 31 Rn. 184.
[124] Vgl. *Lang* WM 2000, 450, 454; *Schwennicke* WM 1998, 1101, 1102; *Horn* WM 1999, 1, 4; *ders.* ZBB 1997, 139, 150; *Balzer* WM 2000, 441, 443; *ders.* ZBB 1997, 260, 261 f.; *Gaßner/Escher* WM 1997, 93 ff., 96; *Nobbe*, Bankrecht 1998, S. 235, 249 f.; *Koller* in *Assmann/Schneider*, Vor § 31 Rn. 19; *Kümpel*, Bank- und Kapitalmarktrecht Rn. 16.521 f.; *Schulte-Frohlinde*, S. 83; *Bliesener*, S. 157 f.; *Brandt*, S. 188; aA *Lenenbach* Rn. 8.8.; *Lange*, Informationspflichten, S. 304.
[125] *Gaßner/Escher* WM 1997, 93, 94; *Horn* ZBB 1997, 139, 150.
[126] Zutr. insoweit *Brandt*, S. 186, der hier von „faktischer" Doppelnatur spricht.

Vor §§ 31 bis 37a 60, 61   Abschnitt 6. Verhaltensregeln, Verjährung

chen Zielrichtung von Aufsichtsrecht und Zivilrecht. Bei der Beurteilung zivilrechtlicher Fragen im Einzelfall bleiben die ordentlichen Gerichte daher autonom und sind nicht etwa an öffentlich-rechtliche Mindest- oder gar Maximalstandards gebunden.[126a]

3. Ausstrahlungswirkung auf das Zivilrecht

60   Trotz ihrer ausschließlich öffentlich-rechtlichen Rechtsnatur haben die Verhaltensregeln, wie bereits angedeutet, eine **Ausstrahlungswirkung** auf das Zivilrecht und die privatrechtliche Rechtsanwendung.[127] Diese besteht darin, dass öffentlich-rechtliche Normen zugleich Umfang und Inhalt der vertraglich geschuldeten Pflichten mit beeinflussen, ohne diese indes abschließend inhaltlich festzulegen.[128] Die Ausstrahlungswirkung wird schon aus der anlegerschützenden Wirkung der Verhaltensregeln abgeleitet.[129] Dogmatisch lässt sie sich damit begründen, dass die Wohlverhaltensregeln den Rechtsanwender bei der Ableitung konkreter Pflichten aus abstrakten Prinzipien wie dem Vertrauensprinzip im Bankgeschäft,[130] dem Grundsatz von Treu und Glauben (§ 242 BGB),[131] der kommissionsrechtlichen Pflicht zur Interessenwahrung (§ 384 HGB) und vorvertraglichen Pflichten (§ 311 Abs. 2 BGB) unterstützen.[132]

61   Die so begründete Ausstrahlungswirkung sorgt zugleich dafür, dass **aufsichtsrechtliche und privatrechtliche Verhaltensstandards** sich nicht völlig gegenläufig entwickeln, sondern **aufeinander abgestimmt** bleiben.[133] Eine solche Harmonisierung bedeutet aber nicht, dass aufsichtsrechtliche und privatrechtliche Verhaltensstandards automatisch vollständig übereinstimmen. Denn infolge der mangelnden unmittelbaren zivilrechtlichen Wirkung der Verhaltensregeln erfolgt die Konkretisierung vertraglicher und vorvertraglicher Pflichten weiterhin im Wege autonomer Prüfung des Einzelfalles durch die Zivilgerichte.[134] Diese sind an die Verhaltensregeln im Rechtssinne nicht gebunden[135], sondern bestimmen den Inhalt der zivilrechtlichen Verhaltenspflichten im Einzelfall

---

[126a] Vgl. zB *Assmann* ZBB 2008, 21, 29 (zu § 31 d); allg. *Sethe*, S. 747 ff. mwN.

[127] BGH WM 2001, 1758, 1759 = EWiR 2001, 837 m. Anm. *Tilp;* BGH ZIP 1999, 1915, 1918 = EWiR 1999, 1111 m. Anm. *Koller;* OLG München EWiR 2001, 839 m. Anm. *Balzer; Koller* in *Assmann/Schneider,* Vor § 31 Rn. 19; *Schäfer* Vor § 31 WpHG Rn. 8; *Horn* WM 1999, 1, 5; *ders.* ZBB 1997, 139, 149 f.; *Balzer* ZBB 1997, 260, 262; *Gaßner/Escher* WM 1997, 93, 94; *Köndgen* ZBB 1996, 360, 361; *Brandt,* S. 184 f.; *Bliesener,* S. 140 ff.; *Wieneke,* S. 89, 93; *Schulte-Frohlinde,* S. 81; *Schäfer,* Bankrecht 1998, S. 27, 33; *Balzer,* Vermögensverwaltung, S. 153; *Schwark* Vor § 31 Rn. 8; *Zimmermann,* GPR 2008, 38, 44; ablehnend *Lenenbach* Rn. 8.8.

[128] Vgl. nur *Koller* in *Assmann/Schneider,* Vor § 31 Rn. 19; *Balzer* ZBB 1997, 260, 262; *Horn* ZBB 1997, 139, 149 f.; *Köndgen* ZBB 1996, 361; für Mindeststandards, die europarechtlich durch das Prinzip des effet utile geboten sind, *Schwark* Vor § 31 Rn. 8; weitergehend *Wieneke,* S. 95, nach dem die Verhaltensregeln auch im zivilrechtlichen Verhältnis verbindlich sind und insoweit ein absoluter Gleichlauf besteht.

[129] *Wieneke,* S. 93; *Gaßner/Escher* WM 1997, 93, 94.

[130] *Kümpel,* WM 1995, 689, 694; in diese Richtung auch *Wieneke,* S. 92.

[131] *Reich* WM 1997, 1601, 1604; *Balzer* ZBB 1997, 260, 261; *Wieneke,* S. 94.

[132] *Schwark* Vor § 31 Rn. 8.

[133] *Koller* in *Assmann/Schneider,* Vor § 31 Rn. 19; ablehnend *Lenenbach* Rn. 8.8.

[134] *Bliesener,* S. 159 ff.

[135] *Lenenbach* Rn. 8.8.

durch Auslegung des Vertrags unter Heranziehung von allgemein für ein bestimmtes Umfeld definierten Standards (Verkehrssitte, Handelsbrauch, Grundsatz von Treu und Glauben). Den **Zivilgerichten** bleibt es daher im Grundsatz auch **unbenommen, im konkreten Einzelfall von den** in §§ 31 ff. allgemein formulierten **Verhaltensregeln abzuweichen**, und zwar sowohl im Sinne einer Verschärfung, als auch durch eine Verminderung der Verhaltensanforderungen. Aus dieser wechselseitigen Beeinflussung zivilrechtlicher und wertpapierhandelsrechtlicher Pflichten lässt sich nicht der Schluss ziehen, dass es nicht zu Abweichungen der jeweiligen Pflichtenstandards kommen könnte.[136] Denn im Einzelfall mag es sehr wohl denkbar erscheinen, dass der wertpapierhandelsrechtliche Pflichtenstandard über die normalen zivilrechtlichen Pflichten hinausgeht oder umgekehrt.[137] Dies wird besonders deutlich durch die mit dem FRUG eingeführte **Abstufung der aufsichtsrechtlichen Verhaltenspflichten nach drei gesetzlich vorgegebenen Kundenkategorien** (Privatkunden, professionelle Kunden, geeignete Gegenparteien), die im Ausgangspunkt nach bestimmten abstrakten Kriterien, also ohne Rücksicht auf die konkreten Kenntnisse und Erfahrungen der Kunden im Einzelfall abgegrenzt werden – vorbehaltlich einer in begrenztem Umfang möglichen Änderung der Einstufung (§§ 31a, 31b). Trotz des damit wieder deutlicher hervortretenden Gegensatzes zwischen dem einzelfallbezogenen zivilrechtlichen Anlegerschutz und den stärker standardisierten, auf typische Gefährdungslagen reagierenden aufsichtsrechtlichen Verhaltensstandards bleiben die §§ 31 ff. jedenfalls innerhalb der Kategorie der Privatkunden weiterhin (auch) an einem Schutz des konkreten Kunden unter Berücksichtigung seiner individuellen Verhältnisse verpflichtet.[138]

Jedenfalls insoweit verhindert die Ausstrahlungswirkung, dass sich aufsichtsrechtliche und privatrechtliche Standards zu weit auseinander oder gar völlig gegenläufig entwickeln, und gewährleistet daher grundsätzlich einen **allgemein anerkannten und gleichmäßigen Verhaltensstandard**.[139] Die Wohlverhaltensregeln lassen sich insoweit als einen **objektiv typisierten Mindeststandard für die ordnungsgemäße Erbringung von Wertpapierdienstleistungen** qualifizieren, dessen Einhaltung von den Wertpapierfirmen allgemein, also auch im Privatrechtsverhältnis erwartet werden darf und im Zweifel von der BaFin unmittelbar verlangt und durchgesetzt werden kann. Infolge privater Anreizwirkungen kommt es zugleich zu einer deutlich höheren Aufdeckung von Verstößen gegen die Verhaltensregeln.[140]

4. Die Bedeutung der Verhaltensregeln für den Anlegerschutz

a) Verhältnis zu den zivilrechtlichen Grundsätzen der anleger- und objektgerechten Beratung

Die Verhaltensregeln begründen keine vollständig neuen Maßstäbe für Wertpapierdienstleistungsunternehmen, da prinzipielle Standards bereits **vor Erlass des**

---

[136] So aber *Arendts* DStR 1997, 1649; *Horn* ZBB 1997, 139, 150; *Schwennicke* WM 1997, 1265, 1273; *Heinsius* WM 1996, 421, 423; vgl. auch *Roth* in *Assmann/Schützе*, § 11 Rn. 11 (unmittelbare, nicht notwendig abschließende Konkretisierung).
[137] *Lange*, Informationspflichten, S. 327 f.
[138] Näher hierzu § 31 Rn. 236 ff., 255 ff., 269 ff.
[139] *Horn*, ZBB 1997 139, 149; *Köndgen* ZBB 1996, 361 f.; *Brandt*, S. 185.
[140] *Köndgen* ZBB 1996, 361; *Brandt*, S. 185.

WpHG durch die Rechtsprechung ausgeformt und konkretisiert worden waren.[141] Ausgehend vom grundlegenden **Bond-Urteil** des BGH[142] hat die Rechtsprechung im Laufe der Zeit ein engmaschiges Netz von vertraglichen und vorvertraglichen Aufklärungs- und Beratungspflichten für Wertpapierdienstleister entwickelt. Danach müssen Wertpapierdienstleistungsunternehmen unter Berücksichtigung der Person des Kunden und der konkreten Umstände des Einzelfalls bei ihrer Beratung einerseits auf die konkreten Bedürfnisse des individuellen Kunden, andererseits auf die speziellen Eigenarten des fraglichen Anlageobjekts eingehen. Die von der Rechtsprechung entwickelten **Grundsätze der anleger- und anlagegerechten Beratung** gelten auch für die Information und Aufklärung.[143] Sie sind gleichwohl **nicht völlig deckungsgleich** mit den Erkundungs- und Informationspflichten des § 31 Abs. 4, wie sich bereits aus der terminologischen Trennung durch den Gesetzgeber selbst ergibt.[144] Die Grenzen sind hier im Einzelfall freilich schwierig zu ziehen,[145] zumal sich der Gesetzgeber bei Erlass der Verhaltensregeln ausdrücklich auf die im Bond-Urteil entwickelten Grundsätze der anleger- und anlagegerechten Beratung bezogen und die wesentlichen Aussagen im Wortlaut des § 31 wiedergegeben hat.[146] Man kann insoweit von einer **gegenseitigen Befruchtung** der BGH-Rechtsprechung und der Gesetzgebung sprechen.[147] Die Implementierung der gesetzlichen Verhaltensregeln hat daher die Bedeutung der (früheren) Rechtsprechung nicht in Frage gestellt.[148] Im Hinblick auf die Ausstrahlungswirkung der Verhaltensregeln kommt der zivilgerichtlichen Rechtsprechung auch Einfluss auf Anwendung und Auslegung der gesetzlich normierten Verhaltensregeln zu, da die §§ 31 ff. zahlreiche unbestimmte und damit konkretisierungsbedürftige Rechtsbegriffe enthalten. Zwar wird die Konkretisierung der Verhaltensregeln in einem großen Teil durch die Richtlinienkompetenz der BaFin geleistet. In der Praxis kommt es gleichwohl zu wichtigen gegenseitigen Beeinflussungen zwischen Rechtsprechung und BaFin.[149]

64 Den gesetzlich normierten Verhaltensregeln kommt eine **eigenständige Bedeutung im Hinblick auf den Anlegerschutz** zu, auch wenn die Wertpapierdienstleistungsunternehmen zur Einhaltung unmittelbar nur gegenüber der BaFin und nicht gegenüber dem Wertpapierkunden verpflichtet sind. Dies kann die (mittelbar) anlegerschützende Wirkung der Verhaltensregeln nicht in Frage stellen.[150] Gerade die **öffentlich-rechtliche Natur der Verhaltensstandards** trägt in zweifacher Weise zu einer **Verbesserung des Anlegerschutzes** bei: Zum einen ermöglicht sie die laufende hoheitliche Überwa-

---

[141] Vgl. nur *Schäfer* Vor § 31 WpHG Rn. 30; *ders.* in *Schwintowski/Schäfer*, § 18 Rn. 18 ff.; *Kümpel*, Bank- und Kapitalmarktrecht, Rn. 16.554 ff.; *ders.* WM 1995, 691 ff.
[142] BGHZ 123, 126 = WM 1993, 1455 (Bond) = NJW 1993, 2433 = EWiR 1993, 857 m. Anm. *Köndgen* = WuB I G 4.–4. 93 m. Anm. *Schwark*.
[143] *Horn* ZBB 1997, 139, 145 ff.; *Steuer* in FS Schimansky, S. 793, 795 f.
[144] BT-Drucks. 12/7918, S. 103; *Schwennicke* WM 1998, 1101, 1103.
[145] *Lenenbach* Rn. 8.24; *Steuer* in FS Schimansky, S. 793, 801.
[146] BT-Drucks. 12/7918, S. 103 f.; *Lenenbach* Rn. 8.7.
[147] *Kümpel* WM 1995, 689, 692; *Metz*, VuR 1996, 183, 185.
[148] Vgl. *Bliesener*, S. 159, der auch auf die Unabhängigkeit der Zivilgerichte verweist; Überblick zur früheren Rspr. bei *Schön*, S. 17 ff.
[149] *Lenenbach* Rn. 8.8.
[150] Zu diesem Einwand *Lange*, Informationspflichten, S. 308.

chung und Kontrolle der Verhaltensregeln durch die BaFin,[151] zum anderen entzieht sie die Verhaltensregeln wegen ihres zwingenden Charakters der Disposition der Vertragsparteien. Als öffentlich-rechtliche Normen können die Verhaltensregeln prinzipiell weder durch Individualvereinbarung noch durch AGB abbedungen oder inhaltlich reduziert werden.[152] Im Gegensatz dazu sind die durch die Rechtsprechung entwickelten Grundsätze im Rahmen vertraglicher oder vorvertraglicher Rechtsbeziehungen weitgehend dispositiv.[153] Sie können daher im Rahmen der Privatautonomie nicht nur individuell durch die Parteien einvernehmlich abgeändert oder ausgeschlossen werden, sondern in den Grenzen der §§ 307 ff. BGB grundsätzlich auch durch allgemeine Geschäftsbedingungen der Wertpapierdienstleistungsunternehmen modifiziert oder ausgeschlossen werden. Die Unterschiede dürfen allerdings nicht überschätzt werden. Auch bei Anwendung der öffentlich-rechtlichen Verhaltensregeln können sich zumindest bei Anlageberatung und Vermögensverwaltung, aber im beratungsfreien Geschäft nach Maßgabe des individuellen Kundeninteresses und des Grundsatzes der Erforderlichkeit deutlich unterschiedliche Anforderungen im Einzelfall ergeben.[154]

b) Konkretisierung des Beurteilungsmaßstabs

aa) Konzeptioneller Ausgangspunkt. Die beiden **zentrale Kriterien,** an denen sich die Verhaltensregeln der §§ 31, 32 WpHG aF inhaltlich ausrichteten, die „**Wahrung des Kundeninteresses**" (§ 31 Abs. 1 Nr. 1 und Nr. 2) und die **Mitteilung aller „zweckdienlichen Informationen"** (§ 31 Abs. 2 Nr. 2), stellen auch nach der umfassenden Modifizierung und Ausweitung der Verhaltenspflichten durch das FRUG die maßgeblichen Eckpunkte dar. Das gilt nicht nur für die unverändert gebotene Ausrichtung der Dienstleistungen am Kundeninteresse (§ 31 Abs. 1), sondern auch für die stärker ausdifferenzierten Anforderungen an die Informationen, die dem Kunden mitzuteilen sind. Diese müssen einerseits „redlich, eindeutig und nicht irreführend" (§ 31 Abs. 2), andererseits „angemessen" sein, um die Art und Risiken der Finanzinstrumente oder Wertpapierdienstleistungen verstehen und auf dieser Grundlage die Anlageentscheidung treffen zu können. Bezugspunkt ist somit das **Ziel, eine selbstverantwortliche, informierte Anlegerentscheidung zu ermöglichen.** Dies war zwar auch bisher schon der Fall, wird aber durch die Neuregelung deutlicher in den Vordergrund gestellt.

bb) Konkretisierung des Anlegerleitbilds. Fraglich und umstritten ist, an welchem **Typus des Anlegers** oder welcher „Anlegerpersönlichkeit" sich die Finanzdienstleister insoweit orientieren sollen.[155] Dazu lässt sich weder dem WpHG noch den Gesetzesmaterialien eine eindeutige Aussage entnehmen. Denkbar sind zwei gegensätzliche Konzepte: Einerseits kann man den Typus des rein rational agierenden Anlegers (sog. **homo oeconomicus**) zugrundelegen, dem es lediglich aufgrund von Informationsdefiziten an einer sicheren Entschei-

---

[151] *Lenenbach* Rn. 8.7; *Lange,* Informationspflichten, S. 309.
[152] *Koller* in *Assmann/Schneider,* § 31 Rn. 126; *Köndgen* ZBB 1996, 361, 365; *Horn* ZBB 1997, 139, 151.
[153] BGHZ 123, 126 (Bond-Urteil).
[154] Vgl. § 31 Abs. 4 und 5, hierzu § 31 Rn. 255 ff., 268 ff., 280 ff.
[155] Dazu *Koller* in *Assmann/Schneider,* Vor § 31 Rn. 12 ff.; *Brandt,* S. 178 ff.

dungsgrundlage fehlt.[156] Darauf deuten Aussagen im Gesetzgebungsverfahren zum WpHG hin, die allein das Informationsdefizit der Wertpapierkunden betonen.[157] Diesem marktorientierten Modell, das auf die Kompensation von Marktunvollkommenheiten (insbesondere durch den Abbau von Informationsasymmetrien) setzt, steht ein verbraucherschutzorientierter Ansatz gegenüber, der auf den Typus des unterlegenen und unerfahrenen Anlegers (sog. **homo inferior**) abstellt, der (selbst bei hinreichender und zutreffender Information) aus eigener Kraft keine rationale Entscheidung treffen kann und daher umfassender Fürsorge durch die Rechtsordnung bedarf.[158] Bei einem solchen Ansatz steht ein sozialpolitisch motivierter Unterlegenenschutz im Vordergrund. Die Frage, welches dieser beiden unterschiedlichen Ausprägungen des „Anlegerbildes" im Rahmen der Konkretisierung und Auslegung der Verhaltenspflichten heranzuziehen ist, kann erhebliche Bedeutung für die Reichweite und den Umfang der Verhaltenspflichten erlangen.

67 Somit ist insbesondere der Frage nachzugehen, ob die Verhaltensregeln der §§ 31 ff. **verbraucherschützenden Charakter** haben.[159] Während der deutsche Gesetzgeber es beim Erlass des WpHG bei dem Hinweis auf ein Informationsgefälle zwischen Wertpapierdienstleistungsunternehmen und Wertpapierkunden belassen hat,[160] was eher für einen am Bild des homo oeconomicus ausgerichteten, marktorientierten Ansatz spricht, finden sich in der Genese der Verhaltensregeln auf europäischer Ebene starke Anhaltspunkte für den verbraucherschützenden Charakter der WpDRL von 1993.[161] Zudem ist der Verbraucherschutz inzwischen auch zu einem expliziten Gemeinschaftsziel in Art. 3 lit. s) und Art. 129a EGV avanciert.[162]

68 Empirische Untersuchungen belegen, dass jedenfalls die **Vorstellung eines vollständig rational handelnden Anlegers** ein unrealistisches **theoretisches Konstrukt** ist. In der Praxis dominiert vielmehr eher ein emotional handelnder Anleger, der häufig impulsiv Entscheidungen trifft und dabei die zur Verfügung stehenden Informationen oft nur selektiv wahrnimmt.[163] Die **Bedeutung** vor allem **psychologischer Faktoren** bei der Einschätzung der realistisch zu erwartenden Reaktion von (potentiellen) Anlegern auf Anlageangebote darf also nicht

---

[156] *Assmann* in *Assmann/Schütze*, § 1 Rn. 63 ff.; zum Bild eines „rational agierenden Anlegers" auch BGH WM 1998, 1391 f. mwN auf die ältere Rspr.
[157] BT-Drucks. 12/7918, S. 97; *Koller* in *Assmann/Schneider*, Vor § 31 Rn. 13.
[158] Einen ausdrücklich als verbraucherschutzorientiert bezeichneten Ansatz vertritt in diesem Zusammenhang *Pfeiffer*, Der Schutz des (Klein-) Anlegers im Rahmen der Verhaltensregeln der §§ 31, 32 WpHG, S. 235; zu einem sozialpolitisch motivierten Schutz des homo inferior bereits *Hopt*, Kapitalanlegerschutz, S. 288 ff.; vgl. auch *Schwark*, Vor § 31 Rn. 4.
[159] *Bliesener*, S. 47 ff.; *Brandt*, S. 178 f.; ausführlich *Pfeiffer*, S. 10 ff. Zum Verbraucherschutz im Bank- und Kapitalmarktrecht *Kümpel* WM 2005, 1 ff.
[160] Finanzausschuss, BT-Drucks. 12/7918, S. 97; *Koller* in *Assmann/Schneider*, Vor § 31 Rn. 13.
[161] Vgl. Stellungnahme des Wirtschafts- und Sozialausschusses, ABl. EG Nr. C 298/6 vom 27. November 1989, Ziff. 1.7; 1.8.2.1 f.; Stellungnahme des Ausschusses für Recht und Bürgerrechte des Europäischen Parlaments, Dokument A 3-0080/93; den verbraucherschützenden Charakter der WpDRL bejahend auch *Reich* WM 1997, 1601, 1603; *Mülbert* WM 2001, 2081, 2099 ff.
[162] Zutreffend *Brandt*, S. 178 f.
[163] *Koller* in *Assmann/Schneider*, Vor § 31 Rn. 12 mwN auf empirische Untersuchungen.

Vorbemerkung 69, 70 **Vor §§ 31 bis 37a**

völlig ausgeblendet werden. Auf der anderen Seite würde aber ein etwaiger „Typus des emotionalen Anlegers", der per se unterlegen, zu vernünftigen Anlageentscheidungen auf rationaler Basis allein nicht in der Lage und damit gewissermaßen „unmündig" wäre, keinen geeigneten Anknüpfungspunkt für die Auferlegung und Konkretisierung bestimmter Wohlverhaltensregeln bilden. Ein derart weitreichender paternalistischer „Schutz vor sich selbst" verträgt sich nicht mit der Privatautonomie und würde auch keine Grenze definieren können für die von den Wertpapierdienstleistern zu beachtenden Informations- und Beratungspflichten. Da impulsiv getroffene Entscheidungen weder durch Informationen noch durch weitere Sachaufklärung verhindert werden können, bestünde die Gefahr, dass die Verantwortung für objektiv vernünftige Anlageentscheidungen auf den Wertpapierdienstleister abgewälzt würde.

Die **Verhaltensregeln** sind daher zunächst in ihrer **marktorientierten** 69 **Funktion zur Kompensation von Informationsasymmetrien und anderen Marktunvollkommenheiten** zu würdigen. Sie weisen aber auf Grund ihrer anlegerschutzorientierten Konzeption über einen rein ökonomischen Ansatz insoweit hinaus, als die Tätigkeit der Finanzdienstleister tendenziell **auch den bei realistischer Betrachtung typischerweise zu erwartenden Abweichungen des durchschnittlichen Anlegers vom rein zweckrationalen Verhalten** eines homo oeconomicus **Rechnung tragen** muss. Insoweit lässt sich davon sprechen, dass den §§ 31 ff. auch eine verbraucherschützende Orientierung zugrunde liege.[164] In jedem Fall zu vermeiden ist aber zum einen eine Bevormundung des Anlegers, die ihm keinen Raum mehr für die Realisierung seiner persönlichen Wünsche lassen würde, zum anderen eine einseitige Risikoverlagerung hinsichtlich des Anlageerfolgs auf die Wertpapierdienstleister.[165] Die Rechtsprechung des BGH,[166] wonach auch objektiv unvernünftige Aufträge hinreichend informierter Kunden von Wertpapierdienstleistungsunternehmen ausgeführt werden dürfen, unterstützt diese Auffassung. Die Verhaltensregeln erfassen hiernach lediglich die üblichen Schwächen des Verbraucherverhaltens, die nicht ausgenutzt werden dürfen.[167] Hat der Wertpapierdienstleister den Anleger mit Hilfe von Informationen in die Lage versetzt, eine adäquate Risikoeinschätzung vorzunehmen und eine eigenverantwortliche Entscheidung zu treffen, dann ist auch die unvernünftige Entscheidung des Anlegers ein Ausdruck der Privatautonomie. Grenzen können sich ergeben, wenn das Wertpapierdienstleistungsunternehmen den Kunden zu einer Selbstschädigung geradezu verleitet.[168]

Die **Neufassung des § 31 Abs. 3 Satz 1** bringt diesen **ausgewogenen An-** 70 **satz** sehr viel deutlicher als bisher zum Ausdruck, indem auf die Verständlichkeit und Angemessenheit der mitzuteilenden Informationen sowie eine objektivierte Beurteilung nach „vernünftigem Ermessen" abgestellt wird, ob der Anleger die Möglichkeit zum Verstehen der Art und Risiken der Finanzinstrumente oder

---

[164] Vgl. dazu *Koller* in *Assmann/Schneider*, Vor § 31 Rn. 14f.; *Brandt*, S. 178f.; *Pfeiffer*, S. 235f.
[165] *Koller* in *Assmann/Schneider*, Vor § 31 Rn. 15; *Brandt*, S. 179.
[166] BGH BB 2001, 1865, 1866; BGH ZIP 2004, 111.
[167] BGH BB 2001, 1865, 1866.
[168] Ausführlich dazu *Schwintowski/Nicodem* VuR 2004, 314ff. Vor diesem Hintergrund war BGH ZIP 2004, 111 nicht unproblematisch, ist aber durch den neuen Ansatz des § 31 Abs. 5 und Abs. 7 bestätigt worden.

Vor §§ 31 bis 37a 71   Abschnitt 6. Verhaltensregeln, Verjährung

Dienstleistungen und damit zu einer rationalen Entscheidung hat. Unerheblich ist dagegen, ob der Anleger sich im Ergebnis tatsächlich richtig oder auch nur vernünftig entscheidet. Dennoch ist nicht zu verkennen, dass die Finanzmarktrichtlinie und ihre Umsetzung in das deutsche Recht ein durchaus widersprüchliches Bild bieten. Einerseits zeigen die umfangreichen Detailvorgaben in der MiFID, DRL und DVO bzw. WpHG und WpDVerOV eine paternalistische Tendenz, andererseits wird in wichtigen Bereichen der individuelle Anlegerschutz zugunsten abstrakter, pauschalierender Ansätze abgeschwächt. Exemplarisch sind insoweit der Verzicht auf konkrete anlageobjektbezogene Informationen in § 31 Abs. 3 und der erheblich reduzierte Schutz beim beratungsfreien Geschäft (Abs. 5) sowie beim reinen Ausführungsgeschäft (Abs. 7) zu erwähnen. Zudem werden in der Literatur zunehmend die **Grenzen des kapitalmarktrechtlichen Informationsmodells** diskutiert.[168a] Vor diesem Hintergrund bleibt zu konstatieren, dass ein einheitliches, in sich konsistentes Anlegerleitbild nach wie vor fehlt.[168b]

IV. Durchsetzung der Verhaltensregeln und Rechtsfolgen ihrer Verletzung

1. Behördliche Überwachung und Sanktionierung

71 Die Einhaltung der §§ 31 ff. wird in erster Linie aufsichtsrechtlich durch die **BaFin** überwacht und durchgesetzt, die insoweit die Nachfolgebehörde des früheren Bundesaufsichtsamts für den Wertpapierhandel (BAWe) ist.[169] Die zur Erfüllung der allgemeinen Aufgabenzuweisung nach § 4 Abs. 1 S. 1 erforderlichen Befugnisse sind seit dem AnSVG vorrangig in **§ 4 Abs. 2 bis 4** geregelt.[170] Daneben finden sich in den **§§ 35–36b** einige spezielle Tatbestände, die der BaFin **verschiedene Einzelbefugnisse** zur Durchsetzung der Verhaltensregeln einräumen.[171] Dazu gehören insbesondere das Recht, auch ohne besonderen Anlass bei den Wertpapierdienstleistungsunternehmen, den mit diesen verbundenen Unternehmen und bestimmten dritten Personen Prüfungen vorzunehmen (§ 35 Abs. 1) sowie Auskünfte und die Vorlage von Unterlagen auch von Unternehmen mit Sitz in einem Drittstaat verlangen zu können, sofern sie Wertpapierdienstleistungen gegenüber Kunden im Inland erbringen (§ 35 Abs 2). Die Einhaltung der in Abschnitt 6 geregelten Pflichten ist einmal jährlich von einem geeigneten Prüfer zu prüfen (§ 36). Zudem kann die BaFin zur Eindämmung von Missständen bei der Werbung für Wertpapier(neben)dienstleistungen bestimmte Arten der Werbung untersagen (§ 36b). Auf dieser Grundlage hat die BaFin am 27. Juli 1999 eine **Allgemeinverfügung** bezüglich der Werbung in Form des sog. *„cold calling"* erlassen.[172] § 36c WpHG aF über die Zusammenarbeit mit zuständigen Stellen im Ausland ist durch das FRUG aufgehoben worden, weil sein Regelungsgehalt

---

[168a] Vgl. *Koller,* FS Huber, 2006, S. 821, 828 ff., 833 ff.; *Schön,* FS Canaris, Bd. I, 2007, S. 1191, 1193 ff.; 1205 ff.; *Stürner,* FS Canaris, Bd. I, 2007, S. 1489, 1491 ff.
[168b] So zB auch *N. Lang,* VuR 2004, 201, 205 ff. für das Investmentrecht.
[169] *Lenenbach* Rn. 12.1 ff.; ausführlich *Hagemeister* WM 2002, 1773 ff.
[170] Dazu im Einzelnen die Kommentierung zu § 4 WpHG.
[171] Vgl. hierzu zB *Lenenbach* Rn. 12.1 ff.; *Schäfer* Vor § 31 WpHG Rn. 6; *Schön,* S. 100 f.; *Wieneke,* S. 105 ff.; *Schulte-Frohlinde,* S. 75 ff.; *Bliesener,* S. 113 ff.
[172] BAnz. vom 12. 8. 1999, S. 13 518.

1202   *Fuchs*

Vorbemerkung   72–74 **Vor §§ 31 bis 37a**

nunmehr durch den neuen § 7 Abs. 1 Satz 1 und 2 sowie Abs. 2 a Satz 2 abgedeckt wird. Die Kompetenzen zur Zusammenarbeit mit ausländischen Stellen auch bei anderen Sachverhalten hat der Gesetzgeber in § 7 gebündelt, um die diesbezüglichen Regelungen zu straffen und ihre Übersichtlichkeit zu erhöhen.[173]

Von besonderer Bedeutung ist die Befugnis der BaFin nach § 35 Abs. 4 (früher Abs. 6), **Richtlinien** aufzustellen, nach denen sie nach Maßgabe der aufgeführten europäischen Richtlinien „für den Regelfall beurteilt, ob die Anforderungen dieses Abschnitts erfüllt sind". Auf diese Weise kann sie einen Beitrag zur Konkretisierung von Inhalt und Umfang der Verhaltensregeln leisten.[174] Allerdings ist zu beachten, dass den Richtlinien des BaFin, im Gegensatz zu Verordnungen gemäß §§ 34 Abs. 4, 34 a Abs. 5 oder 36 Abs. 5, **keine unmittelbare Außenwirkung** zukommt.[175] Vielmehr stellen sie lediglich **norminterpretierende Verwaltungsvorschriften** dar, die für eine gleichmäßige Ausübung der aufsichtsrechtlichen Tätigkeit der BaFin bezüglich der Einhaltung der Verhaltensregeln sorgen sollen. Da sie aber die Verwaltungspraxis der Behörde nach außen transparent machen und damit wichtige Anhaltspunkte für die Auslegung der sehr weit gefassten Verhaltensregeln geben,[176] kommt den Richtlinien trotz fehlender rechtlicher Außenwirkung eine erhebliche faktische Bedeutung zu. Die BaFin hat von ihrer Befugnis bereits mehrfach Gebrauch gemacht und damit einen erheblichen Einfluss auf die Entwicklung der Verhaltens- und Organisationsregeln genommen. Hervorzuheben sind die so genannte „Wohlverhaltensrichtlinie" vom 23. August 2001[177] sowie die „Compliance-Richtlinie" zur Konkretisierung der Organisationspflichten von Wertpapierdienstleistungsunternehmen gemäß § 33 Abs. 1 vom 25. Oktober 1999.[178] Beide sind allerdings im Zuge der MiFID-Umsetzung von der BaFin zum 1. 11. 2007 aufgehoben worden (vgl. oben Rn. 40, und § 33 Rn. 2).

Wegen der Ausstrahlungswirkung der §§ 31 ff. kann den Richtlinien der BaFin darüber hinaus sogar eine mittelbare zivilrechtliche Bedeutung im Rahmen der Auslegung und Konkretisierung des vertraglich geschuldeten Pflichtenprogramms der Wertpapierdienstleistungsunternehmen zukommen. Die Richtlinien der BaFin sind zwar nicht als Schutzgesetze i. S. v. § 823 Abs. 2 S. 1 BGB anzusehen. Trotz fehlender Gesetzesqualität und Bindungswirkung für die Zivilgerichte kommt ihnen jedoch in der Praxis eine **herausragende Bedeutung** zu, weil die Gerichte sie regelmäßig als Auslegungshilfe und Erkenntnisquelle für **wertpapierrechtliche Mindeststandards** heranziehen.[179]

Abschnitt 6 enthält ferner verschiedene **Verordnungsermächtigungen,** die allerdings von der BaFin nur dann ausgeübt werden können, wenn ihr diese Befugnis durch das Bundesministerium der Finanzen jeweils explizit übertragen wor-

---

[173] BegrRegE, BT-Drucks. 16/4028, S. 78.
[174] *Kümpel,* Bank- und Kapitalmarktrecht, Rn. 16.645 ff.; ausführlich dazu *Schön,* S. 126 ff.; *Schulte-Frohlinde,* S. 76 ff.; *Bliesener,* S. 126.
[175] *Koller* in *Assmann/Schneider,* § 35 Rn. 6; *Schäfer* Vor § 31 WpHG Rn. 6; *Kümpel,* Bank- und Kapitalmarktrecht Rn. 16.646; *Köndgen* ZBB 1996, 361; *Reich* WM 1997, 1601, 1608; *Balzer* ZBB 1997, 260. 268; *Möllers/Ganten* ZGR 1998, 773, 800 f.; *Bliesener,* S. 128; *Wieneke,* S. 106 f.
[176] *Kümpel,* Bank- und Kapitalmarktrecht, Rn. 16.648.
[177] BAnz. vom 4. 9. 2001, S. 19 217.
[178] BAnz. vom 6. 11. 1999, S. 18 453.
[179] *Koller* in *Assmann/Schneider,* § 35 Rn. 6; *Köndgen* ZBB 1996, 361; *Bliesener,* S. 157, 159 ff.

Vor §§ 31 bis 37a 75–77 Abschnitt 6. Verhaltensregeln, Verjährung

den ist.[180] Dazu zählen etwa § 34 Abs. 4 Satz 2 hinsichtlich der Aufzeichnungs- und Aufbewahrungspflichten, § 34a Abs. 5 Satz 2 hinsichtlich der getrennten Vermögensverwaltung sowie § 36 Abs. 5 Satz 2 hinsichtlich der Prüfung der Meldepflichten und Verhaltensregeln. Von der zuletzt genannten Ermächtigung hat die BaFin Gebrauch gemacht durch die Verordnung über die Prüfung der Wertpapierdienstleistungsunternehmen nach § 36 des Wertpapierhandelsgesetzes (Wertpapierdienstleistungs-Prüfungsverordnung – WpDPV) vom 16. 12. 2004.[181]

75 Die Verletzung einzelner Verhaltenspflichten stellt schließlich eine **bußgeldbewehrte Ordnungswidrigkeit** dar. Das gilt zum einen nach **§ 39 Abs. 1 Nr. 3 bis 6** für schuldhafte Verstöße gegen die Pflichten aus den §§ 31g Abs. 1, 32d Abs. 1 Satz 1, 34b Abs. 1 Satz 2 und Abs. 2, zum anderen nach **§ 39 Abs. 2 Nr. 15 bis 23** für vorsätzliche oder leichtfertige Verletzungen bestimmter Verhaltens- oder Organisationspflichten (§§ 31 Abs. 1 Nr. 2, Abs. 4 Satz 3, Abs. 5 Satz 3 oder 4, 33a Abs. 5 Satz 2 oder Abs. 6 Nr. 1 oder 2, 33a Abs. 6 Nr. 3, 34 Abs. 3 Satz 1, 34a Abs. 1 Satz 1, 3, 4 oder 5 (auch iVm Abs. 2 Satz 2) oder Abs. 2 Satz 1) sowie Anzeigepflichten gegenüber der BaFin nach §§ 34c Satz 1, 2 oder 4, 36 Abs. 2 Satz 1 und der Pflicht zur Bestellung eines Prüfers nach § 36 Abs. 1 Satz 2.

2. Zivilrechtliche Konsequenzen

a) Kein Verstoß gegen § 134 BGB

76 Ein Verstoß gegen die (aufsichtsrechtlichen) Verhaltensregeln bewirkt **keine Nichtigkeit** des Wertpapierdienstleistungsvertrages.[182] Denn trotz ihrer zwingenden Natur enthalten die §§ 31 ff. kein gesetzliches Verbot i. S. v. § 134 BGB,[183] zumal die Nichtigkeitsfolge gerade den (unerwünschten) Untergang vertraglicher Ansprüche zur Folge hätte und insoweit dem Regelungsziel des Anlegerschutzes widerspräche.[184]

b) Schadensersatzhaftung bei Verletzung der Wohlverhaltensregeln

77 aa) Überblick über mögliche Anspruchsgrundlagen. Verletzt das Wertpapierdienstleistungsunternehmen seine Verpflichtungen aus §§ 31 ff., können sich Schadensersatzansprüche fehlerhaft informierter Anleger prinzipiell **auf vertraglicher, vorvertraglicher und deliktischer Grundlage** ergeben.[185] Soweit zwischen dem Wertpapierdienstleistungsunternehmen und dem Kapitalanleger ein ausdrücklicher oder konkludenter Beratungsvertrag geschlossen wurde, kommt eine vertragliche Haftung auf Grundlage des § 280 Abs. 1 BGB wegen fehlerhafter Beratung oder auf Grundlage der §§ 280 Abs. 1, 311 Abs. 2 iVm

---

[180] Vgl. dazu § 1 der Verordnung zur Übertragung von Befugnissen zum Erlass von Rechtsverordnungen auf die Bundesanstalt für Finanzdienstleistungsaufsicht vom 13. 12. 2002 (BGBl. 2003 I S. 3).
[181] BGBl. I S. 3515, vgl. auch *Kümpel*, Bank- und Kapitalmarktrecht, Rn. 16.652 ff. (zur Vorgängerregelung vom 6. Januar 1999, BGBl. 1999 I, 4).
[182] *Koller* in *Assmann/Schneider*, Vor § 31 Rn. 20a; *Bliesener*, S. 143 ff.
[183] Vgl. zu den Voraussetzungen dafür nur *Palandt/Thomas* BGB, 67. Aufl. 2008, § 134 Rn. 13 ff. mwN.
[184] *Gaßner/Escher* WM 1997, 93, 94; *Wieneke*, S. 93; ebenso zu § 31 Abs. 4 Satz 3 WpHG nF *Veil* WM 2007, 1821, 1826.
[185] *Lang* WM 2000, 450, 455 ff.; *Balzer* ZBB 1997, 260, 268; *Horn* ZBB 1997, 129, 150; *Gaßner/Escher* WM 1997, 93, 94; *Köndgen* ZBB 1996, 360, 361; *ders.* NJW 1996, 558, 569; *Koller* in *Assmann/Schneider*, Vor § 31 Rn. 17; *Wieneke*, S. 207 f.; *Brandt*, S. 146, 156.

§ 241 Abs. 2 BGB (c.i.c.) wegen fehlerhafter Aufklärung im Vorfeld der Beratung in Betracht.[186] Gleiches gilt bei Vorliegen anderer (vor)vertraglicher Beziehungen. Zwar handelt es sich bei den Wohlverhaltensregeln als solchen nicht um gesetzliche Kodifizierungen vertraglicher oder vorvertraglicher Pflichten, sondern um öffentlich-rechtliche Verhaltensstandards.[187] Gleichwohl wird bei einem Verstoß gegen die Wohlverhaltensregeln regelmäßig zugleich eine Verletzung (vor)vertraglicher Pflichten vorliegen (vgl. oben Rn. 60 ff. zur Ausstrahlungswirkung auf das Zivilrecht).

Zudem können sich bei Verstößen gegen die Wohlverhaltensregeln deliktische Schadensersatzansprüche aus § 823 Abs. 2 BGB iVm einem Schutzgesetz und § 826 BGB ergeben.[188] Ob es sich bei den §§ 31 ff. um Schutzgesetze i. S. d. § 823 Abs. 2 BGB handelt, kann allerdings nicht einheitlich beurteilt werden. Vielmehr kommt es jeweils auf die **konkrete Verhaltenspflicht bzw. den Schutzzweck der einzelnen Norm** an. Insoweit bedarf es daher einer näheren Betrachtung der jeweiligen konkreten Vorschrift, wobei eine gewisse Gruppenbildung nach Verhaltenspflichten i. e. S. in Abgrenzung von den Organisationspflichten der §§ 33 ff. und den marktbezogenen Transparenzpflichten nach §§ 31 f bis 32 d sinnvoll erscheint (vgl. dazu unten Rn. 80 ff.). **78**

Die Verletzung der Wohlverhaltensregeln kann im Einzelfall auch eine vorsätzliche und sittenwidrige Schädigung darstellen und somit zu einer Haftung aus § **826 BGB** führen.[189] Die Voraussetzungen sind grundsätzlich erfüllt, wenn das Wertpapierdienstleistungsunternehmen seinen Kunden bewusst falsch oder unvollständig informiert, um einen eigenen Wissensvorsprung auszunutzen und den Kunden zu einem von Anfang an aussichtslosen Geschäft zu bewegen.[190] Dies kann etwa dann anzunehmen sein, wenn der Geschäftsführer einer Gesellschaft Optionsgeschäfte ohne ordnungsgemäße Aufklärung abschließt oder veranlasst.[191] Gleiches gilt für den Fall der gezielten Vermittlung hochriskanter Termingeschäfte an unerfahrene Wertpapierkunden.[192] Ausreichend für eine vorsätzliche sittenwidrige Schädigung können bereits Angaben „ins Blaue hinein" sein, wenn Wertpapierkunden dadurch zu aussichtslosen Geschäften bewegt werden.[193] Denn zur Haftungsbegründung nach § 826 BGB genügt bedingter Vorsatz.[194] **79**

---

[186] St. Rspr. seit BGHZ 123, 126 (Bond); vgl. oben Rn. 63 mwN.
[187] Vgl. dazu bereits oben Rn. 55 f.
[188] Allg. dazu *Koller* in Assmann/Schneider, Vor § 31 Rn. 22; *Reich* WM 1997, 1601 f.; *Kümpel* WM 1995, 689, 693; einschränkend *Wieneke,* S. 208, der neben der vertraglichen Haftung allein eine deliktische Haftung auf Grundlage von § 826 BGB befürwortet.
[189] BGH ZIP 2001, 2276 = EWiR 2002, 201 m. Anm. *Kälberer;* BGH ZIP 2001, 2274 = EWiR 2002, 199 m. Anm. *Schäfer;* BGH ZIP 1999, 486 f. = EWiR 1999, 351 m. Anm. *Tilp;* BGH ZIP 1994, 1528 = WuB I G 4.–9.94 m. Anm. *Wach;* BGH NJW 1991, 3282 f.; BGH NJW 1987, 1758 = EWiR 1987, 591 m. Anm. *Gräfe;* aus der Lit. zB *Horn,* ZBB 1997, 139, 150; *Brandt,* S. 156 f.
[190] BGH BKR 2008, 294, 297; WM 2004, 1768, 1769; WM 1992, 1812, 1823; KölnKommWpHG-*Möllers* § 32 Rn. 100 mwN.
[191] So die Fallgestaltungen in BGH ZIP 2001, 2276 = EWiR 2002, 201 m. Anm. *Kälberer;* BGH ZIP 2001, 2274 = EWiR 2002, 199 m. Anm. *Schäfer.*
[192] BGH WM 1988, 291, 292 f.; BGH WM 1982, 738 ff.; *Brandt,* S. 156.
[193] BGH NJW 1986, 180, 181; *Brandt,* S. 156.
[194] *Horn* ZBB 1997, 139, 145.

80 **bb) Die Verhaltensregeln als Schutzgesetze im Sinne von § 823 Abs. 2 BGB. (1) Schutzgesetzcharakter der Verhaltensregeln i. e. S.** Der BGH hat die Frage der Schutzgesetzqualität des **§ 31 WpHG aF** bislang meist offen gelassen[195] und nur für den als Organisationsregel qualifizierten § 31 Abs. 1 Nr. 2 WpHG aF verneint,[196] zuletzt auch für § 32 Abs. 2 Nr. 1 WpHG aF.[196a] Die überwiegende Auffassung in der Literatur hat §§ 31, 32 WpHG aF dagegen grundsätzlich als Schutzgesetze i. S. v. § 823 Abs. 2 S. 1 BGB zugunsten der individuellen Wertpapierkunden qualifiziert.[197] Dem lässt sich insbesondere nicht entgegenhalten, dass die Verhaltensregeln i. e. S. (Rn. 31) nur den Funktionenschutz, nicht jedoch den Individualanlegerschutz bezweckten.[198] Ein Schutzgesetz i. S. v. § 823 Abs. 2 S. 1 BGB liegt nur vor, wenn die Vorschrift neben dem Schutz der Allgemeinheit zumindest auch den Schutz individueller Interessen bezweckt.[199] Das ist bei den §§ 31, 32 WpHG aF der Fall, soweit sie **kundenbezogene Verhaltenspflichten i. e. S.** begründen, wie sich auch unzweideutig aus den Gesetzesmaterialien ergibt, die ausdrücklich den Schutz der individuellen Interessen der einzelnen Wertpapierkunden betonen.[200] Mit den Wohlverhaltenspflichten will der Gesetzgeber somit grundsätzlich gerade auch der individuellen Schädigung der einzelnen Kapitalanleger durch fehlerhafte Wertpapierdienstleistungen entgegenwirken. Für die zivilrechtliche Schadensersatzbewehrung von Verstößen gegen die aufsichtsrechtlichen Verhaltenspflichten sprechen zudem die untrennbaren Wechselwirkungen von Individual- und Funktionenschutz,[201] die dazu führen, dass ohne individuellen Anlegerschutz als notwendiges Nah- oder Zwischenziel auch das für den Funktionenschutz unabdingbare Anlegervertrauen nicht erhalten werden kann. Hinzu kommt, dass die §§ 31 ff. keine dem § 15 Abs. 6 vergleichbare Ausschlussregelung kennen.[202]

---

[195] Vgl. zB BGH BKR 2005, 323, 326.
[196] BGHZ 170, 226 = BGH ZIP 2007, 518 m. Anm. *Lang/Balzer* = BKR 2007, 160 m. Anm. *Schäfer/Schäfer*.
[196a] BGH BKR 2008, 294 m. abl. Anm. *Balzer/Lang* BKR 2008, 297 ff.
[197] *Balzer* ZBB 1997, 260, 263; *Reich* WM 1997, 1601, 1604; *Gaßner/Escher* WM 1997, 93 f., 96; *Metz* VuR 1996, 183, 187; *Köndgen* ZBB 1996, 361; *ders.* NJW 1996, 558, 569; *Schrödermeier* WM 1995, 2053, 2054 f.; *Schulte-Nölke* DStR 1995, 1798, 1800; *Hopt* ZHR 159 (1995), 135, 160; *Koller* in *Assmann/Schneider*, Vor § 31 Rn. 17; *Schäfer* Vor § 31 WpHG Rn. 9; *Lenzbach* Rn. 8.7; *Roth* in *Assmann/Schütze*, § 11 Rn. 10; *Kümpel*, Bank- und Kapitalmarktrecht, Rn. 8.423 ff.; *Schäfer/Müller* Rn. 33; *Schäfer/Lang* in *Clouth/Lang*, MiFID-Praktikerhandbuch, Rn. 231; *Schwark*, Vor § 31 Rn. 9; *Schlüter* Rn. 373; *Bliesener*, S. 152; *Schulte-Frohlinde*, S. 82; *Buhk*, S. 62; *Brandt*, S. 191; **aA** aber *Leisch*, S. 86 ff.; *N. Lang* ZBB 2004, 289, 295; *Schwennicke* WM 1998, 1101, 1102; *Kaiser* WM 1997, 1557, 1559 f.; *Lange*, Informationspflichten, S. 308; *Schön*, S. 123; zweifelnd auch *Horn* ZBB 1997, 139, 150; auf die praktische Irrelevanz weisen *Nobbe*, Bankrecht 1998, S. 235, 250 f. und *Hannöver* in Bankrechtshandbuch, § 110 Rn. 60 hin.
[198] So aber *Horn* ZBB 1997, 139, 150; *Kaiser* WM 1997, 1557, 1559 f.; *Lange*, Informationspflichten, S. 308; *Schön*, S. 123.
[199] *Palandt/Thomas* (Fn. 183) § 823 Rn. 141; *MünchKommBGB-Wagner* 4. Aufl. 2004, § 823 Rn. 340 ff.; **aA** *Vortmann*, Rn. 283; differenzierend *Wieneke*, S. 103.
[200] BT-Drucks. 12/7918, S. 103 ff.
[201] *Hopt* ZHR 159 (1995), 135, 159.
[202] *Balzer* ZBB 1997, 260, 263; *Hopt* ZHR 159 (1995), 135, 161 f.; *Lang*, § 6 Rn. 22 ff.; *Koller* in *Assmann/Schneider*, Vor § 31 Rn. 17; kritisch hingegen *Bliesener*, S. 152; *Wieneke*, S. 97; *Brandt*, S. 191; abl. jetzt BGH BKR 2008, 294, 296.

Vorbemerkung 81, 81a **Vor §§ 31 bis 37a**

Soweit die Vertreter der Lehre von der Doppelnatur teilweise zu einem anderen Ergebnis gelangen,[203] beruht dies darauf, dass nach ihrer Auffassung bereits unmittelbare zivilrechtliche Ansprüche aus den §§ 280, 311 BGB (ggf. iVm § 241 BGB) zur Verfügung stünden, so dass sich eine Haftung aus Schutzgesetzverletzung nach § 823 Abs. 2 BGB nicht in das haftpflichtrechtliche Gesamtsystem einfüge.[204] Jedenfalls § 32 Abs. 2 Nr. 1 und Nr. 2 WpHG aF, deren konkrete Verbote sich an andere Adressaten wenden, zu denen der Kunde keine vertraglichen Beziehungen hat (Organe und Mitarbeiter des Wertpapierdienstleistungsunternehmens), werden dagegen vielfach auch von Vertretern der Lehre von der Doppelnatur der Verhaltensregeln als Schutzgesetze qualifiziert.[205] 81

In der jüngeren Rechtsprechung zeigt sich aber eine stark **restriktive Tendenz.** So hat der BGH in seiner Entscheidung zur Aufklärungspflicht bei Rückvergütungen[206] den §§ 31 ff. WpHG aF ausdrücklich eine eigenständige schadensersatzrechtliche Bedeutung abgesprochen. Soweit ihnen nicht lediglich aufsichtsrechtliche Relevanz, sondern auch eine anlegerschützende Funktion zukomme, gehe ihr zivilrechtlicher Schutz nicht über die (von ihnen mit beeinflussten) (vor)vertraglichen Aufklärungs- und Beratungspflichten hinaus.[207] Daran anknüpfend verneint der BGH nunmehr in einer neueren Entscheidung explizit die Schutzgesetzeigenschaft des § 32 Abs. 2 Nr. 1 WpHG aF. Er erkennt zwar die anlegerschützende Funktion der §§ 31 ff. WpHG aF an, hält aber einen individuellen Schadensersatzanspruch nicht für sinnvoll und im Lichte des haftungsrechtlichen Gesamtsystems tragbar.[208] Die dafür gegebene Begründung vermag jedoch nicht zu überzeugen:[209] Soweit der BGH darauf abstellt, die Anwendung des § 823 Abs. 2 BGB auf die fahrlässige Verletzung von Beratungspflichten nach § 32 Abs. 2 Nr. 1 WpHG aF durch Organe oder Mitarbeiter des Wertpapierdienstleisters würde die Grundsätze über die lediglich ausnahmsweise Eigenhaftung des Vertreters aushebeln, verkennt er, dass gerade die Ausdehnung des Normadressatenkreises auf die gegenüber dem Kunden handelnden natürlichen Personen die gesetzlich intendierte Stärkung des Anlegerschutzes bewirken soll 81a

---

[203] *N. Lang* ZBB 2004, 289, 295; *Leisch*, S. 86 ff.; KölnKommWpHG-*Möllers* § 31 Rn. 10.
[204] So *Leisch*, S. 87 ff.; KölnKommWpHG-*Möllers* § 31 Rn. 10.
[205] Vgl. zB *Leisch*, S. 89; *Wienecke*, S. 99; ferner KölnKommWpHG-*Möllers*, § 32 Rn. 94 f., 98, der § 32 Abs. 2 WpHG aF mangels schuldrechtlicher Beziehung der Normadressanten zum Kunden als rein öffentlich-rechtliche Norm einordnet und sowohl Nr. 1 Alt. 1 als auch Nr. 2 Schutzgesetzcharakter zubilligt (gleiches soll allerdings auch für § 32 Abs. 1 Nr. 1 und Nr. 3 WpHG aF gelten, aaO, Rn. 96 f.); **aA** (Ablehnung der Schutzgesetzeigenschaft der §§ 31, 32 WpHG aF insgesamt) *Vortmann*, Rn. 285; *Waldeck* in: Cramer/Rudolph, S. 647, 652; *Lange*, Informationspflichten, S. 307 f.; *N. Lang* ZBB 2004, 289, 295; *Schwennicke* WM 1998, 1101, 1102. Generell für die Qualifizierung des § 32 WpHG aF als Schutzgesetz iSd § 823 Abs. 2 BGB die hM in der Literatur, vgl. nur *Koller* in: *Assmann/Schneider*, Vor § 31 Rn. 17, § 32 Rn. 22; *Schwark* Vor § 31 Rn. 9, § 32 Rn. 2; *Kümpel*, Bank- und Kapitalmarktrecht, Rn. 16.11; *Lang*, § 6 Rn. 20 ff.; zuletzt *Balzer/Lang* BKR 2008, 297, 298 ff. mwN.
[206] BGHZ 170, 226 = ZIP 2007, 518 = BKR 2007, 160; ausführlich hierzu § 31 d Rn. 45 ff.
[207] BGHZ 170, 226, 232 Tz. 18.
[208] BGH BKR 2008, 294, 295 f.; **aA** die Vorinstanz OLG Frankfurt aM ZIP 2006, 2218.
[209] Ebenso *Balzer/Lang* BKR 2008, 297 ff.; krit. auch *Assmann* ZBB 2008, 21, 30.

und diese Personen insoweit eine eigene gesetzliche Pflicht gegenüber dem Kunden verletzen.[210] Dass der Gesetzgeber sich gegen eine allgemeine deliktische Einstandspflicht für primäre Vermögensschäden entschieden hat, spricht ebenfalls nicht gegen die Anerkennung des Schutzgesetzcharakters einer anlegerschützenden Verbotsnorm wie § 32 Abs. 2 Nr. 1 WpHG aF. Vielmehr zeigen die §§ 37b, 37c, mit denen der Gesetzgeber (an sich systemwidrig) sogar Verstöße gegen die marktbezogene und nicht individualschützende Ad-hoc-Publizitätspflicht nach § 15 unter bestimmten Voraussetzungen mit individuellen Schadensersatzansprüchen sanktioniert, welch große Bedeutung er dem individuellen Anlegerschutz zubilligt.[211] Umso weniger Anlass besteht, selbst bei klar anlegerschützenden Normen des WpHG grundsätzlich nur dann eine Qualifikation als Schutzgesetz für möglich zu halten, wenn diese „entweder nur vorsätzlich verletzt werden können oder im Falle fahrlässiger Begehung ein sittenwidriges Verhalten sanktionieren".[212] Ebenso wenig vermag es zu überzeugen, wenn aus dem *obiter dictum* des BGH über die fehlende schadensersatzrechtliche Bedeutung einer etwaigen deliktischen Haftung bei gleichlaufenden vertraglichen Pflichten[213] eine allgemeine negative Tatbestandsvoraussetzung für die Qualifizierung einer Norm als Schutzgesetz gemacht wird.[214] Vielmehr bleibt festzuhalten, dass die **kundenbezogenen Verhaltenspflichten i. e. S.** grundsätzlich auch den Schutz des individuellen Anlegers bezwecken und ihre Schadensersatzbewehrung über § 823 Abs. 2 BGB wegen der Grundentscheidung des Gesetzgebers für einen wirksamen Anlegerschutz auch mit dem haftpflichtrechtlichen Gesamtsystem vereinbar ist.

82 Die **prinzipielle Schutzgesetzqualität** der Normen, die **kundenbezogene Verhaltenspflichten i. e. S.** (in Abgrenzung von den Organisationspflichten der §§ 33 ff. und den marktbezogenen Transparenzpflichten nach §§ 31f bis 32d, dazu unten Rn. 83 ff. bzw. Rn. 87) wird **durch** die mit dem **FRUG** eingeführten Neuregelungen **nicht in Frage gestellt**. Die anhand abstrakter Kundenkategorien erfolgende Abstufung der Reichweite der diversen Verhaltenspflichten i. e. S. ändert nichts daran, dass die einzelne Verhaltenspflicht, soweit sie anwendbar ist, auch einen individualschützenden Charakter hat. Für eine Stärkung dieser Komponente spricht die stärkere Ausdifferenzierung der konkreten Verhaltenspflichten mit einer Vielzahl neuer Detailvorgaben.[215] Im Einzelnen gilt danach

---

[210] Zutreffend *Balzer/Lang* BKR 2008, 297, 298.
[211] *Balzer/Lang* BKR 2008, 297, 300.
[212] So aber BGH BKR 2008, 294, 296 unter Berufung auf *Leisch,* S. 88.
[213] BGHZ 170, 226 = BGH ZIP 2007, 518 Rn. 18.
[214] So aber der Ansatz von *Schäfer* WM 2007, 1872, 1875 ff., der jeweils prüft, ob die aufsichtsrechtlichen Pflichten nach §§ 31 ff. WpHG über die zivilrechtliche Pflichtenlage hinausgehen, und den Schutzgesetzcharakter einer Norm mangels Notwendigkeit einer deliktischen Haftung verneint, falls das nicht der Fall ist. Aber auch wenn im Einzelfall Diskrepanzen festgestellt werden, soll eine Fortbildung der vertraglichen Pflichten unter Berücksichtigung der Ausstrahlungswirkung der aufsichtsrechtlichen Normen vorzugswürdig sein, „um eine Zersplitterung des Schadensersatzrechts in unterschiedliche Haftungsgrundlagen zu vermeiden" (aaO, S. 1877, vgl. auch S. 1878). Im Ergebnis läuft dies darauf hinaus, den Schutzgesetzcharakter immer dann zu verneinen, wenn eine Anspruchskonkurrenz mit vertraglichen Ansprüchen besteht oder möglich ist – ein außerhalb des Kapitalmarktrechts bisher, soweit ersichtlich, noch nicht vertretener Ansatz.
[215] Ebenso *Schäfer/Lang* in *Clouth/Lang,* MiFID-Praktikerhandbuch, Rn. 232; iE auch *Einsele* JZ 2008, 477, 482 unter Hinweis auf die Erwägungsgründe 31 und 44 der MiFID.

Vorbemerkung   83 Vor §§ 31 bis 37a

folgendes: Die allgemeine Sorgfalts- und Interessenwahrungspflicht des § 31 **Abs. 1 Nr. 1** weist die erforderliche konkrete individualschützende Zielrichtung auf, um als **Schutzgesetz** iSd § 823 Abs. 2 BGB qualifiziert zu werden.[216] Gleiches gilt für die allgemeinen **Informationspflichten nach § 31 Abs. 2 und Abs. 3**, da sie sich auf die Ermöglichung einer informierten Anlageentscheidung durch den Kunden beziehen und nicht nur die allgemeine Markttransparenz stärken sollen. Die Pflichten im Zusammenhang mit der **Geeignetheits- und Angemessenheitsprüfung nach § 31 Abs. 4 bzw. Abs. 5** dienen ebenso dem Schutz des einzelnen Kunden wie die **Berichtspflichten** nach Ausführung des Geschäfts gemäß § 31 Abs. 8. Auch die Pflicht zur **Offenlegung von Interessenkonflikten** dürfte hier einzuordnen sein. Denn der BGH hat die Schutzgesetzeigenschaft des § 31 Abs. 1 Nr. 2 WpHG aF nur abgelehnt, „soweit" die Pflicht, sich um die Vermeidung von Interessenkonflikten zu bemühen, „die Ergreifung organisatorischer Maßnahmen beinhaltet".[217] § 31 Abs. 1 Nr. 2 nF greift jedoch erst ein, „soweit die organisatorischen Vorkehrungen nach § 33 Abs. 1 Satz 2 Nr. 3 nicht ausreichen, um nach vernünftigem Ermessen das Risiko der Beeinträchtigung von Kundeninteressen zu vermeiden". Auch wenn sich die Offenlegungspflicht nur auf „die allgemeine Art und Herkunft der Interessenkonflikte" bezieht, besteht eine hinreichende Nähe zur Ermöglichung einer informierten Entscheidung durch den individuellen Anleger, dem auf Nachfrage nähere Erläuterungen zu geben sind.[218] Schutzgesetzcharakter hat auch die Vorschrift des § 31d über (das grundsätzliche Verbot der Annahme oder Gewährung von) **Zuwendungen**, die einen besonders gelagerten Interessenkonflikt regelt.[219] Dagegen beziehen sich Pflichten nach § 31c für die **Bearbeitung von Kundenaufträgen** trotz teilweise sehr detaillierter Vorgaben jeweils nur darauf, „geeignete Vorkehrungen" zu treffen, und sind damit lediglich organisationsrechtlicher Art.

(2) Qualifikation der Organisationspflichten. Keinen Schutzgesetz- 83 **charakter** haben dagegen nach ganz überwiegender Auffassung die **Organisations- und Dokumentationsregeln der §§ 33 und 34**.[220] § 33 regelt allein

---

[216] Der Inhalt dieser gesetzlichen Pflicht ist allerdings praktisch identisch mit den entsprechenden (vor)vertraglichen Pflichten, so dass sich der zusätzliche deliktische Anspruch (iE für Anspruchskonkurrenz von vertraglichen und deliktischen Schadensersatzansprüchen auch *Einsele* JZ 2008, 477, 483; *Veil* WM 2007, 1821, 1826) kaum positiv für den geschädigten Kunden auswirkt, da die Verjährungsregelung des § 37a nicht nur vertragliche Ansprüche, sondern auch den konkurrierenden deliktischen Anspruch erfasst (s. nur BGHZ 170, 226 = BGH ZIP 2007, 518, 519 Tz. 15 mwN; zum Fortfall der rechtspolitischen Legitimation der kurzen Verjährung nach Einführung der allgemeinen, kenntnisabhängigen Dreijahresfrist gemäß § 199 BGB vgl. unten § 37a Rn. 3). Ist der Anleger durch eine unerlaubte Handlung zur Überweisung der Anlagesumme bestimmt worden, soll allerdings eine Verzinsung nach § 849 BGB ab Entzug des Geldes eingreifen, vgl. *Jordans* BB 2008, 1135, 1136 unter Hinweis auf BGH, Urt. v. 26. 11. 2007 – II ZR 167/06.
[217] Vgl. BGHZ 170, 226 = ZIP 2007, 518, 520 Tz. 19.
[218] Auch für *Schäfer* WM 2007, 1872, 1876 hat diese neue gesetzliche Informationspflicht „eindeutig anlegerschützenden Charakter"; sie soll aber keine schadensersatzrechtliche Bedeutung haben (und damit nicht die Eigenschaft als Schutzgesetz) haben, weil die Regelung nicht über die zivilrechtliche Rechtslage hinausgehe.
[219] Vgl. im Einzelnen § 31d Rn. 60 mwN.
[220] So zu § 33 WpHG aF insbes. *Schwennicke* WM 1998, 1101, 1107; *Balzer* ZBB 1997, 260, 264; *Schäfer*, Vor § 31 WpHG Rn. 11; *Schwark*, Vor § 31 Rn. 9; *Koller* in *Assmann/*

Vor §§ 31 bis 37a 84   Abschnitt 6. Verhaltensregeln, Verjährung

organisatorische Aspekte der von den Wertpapierdienstleistungsunternehmen einzurichtenden Aufbau- und Ablauforganisation.[221] Zwar kommen die Gebote, Interessenkonflikte zu vermeiden sowie Verstößen gegen die Verpflichtungen nach dem WpHG entgegenzutreten, mittelbar auch den einzelnen Anlegern zugute, die davon profitieren, Geschäfte mit einem wohl organisierten Wertpapierdienstleistungsunternehmen abzuschließen.[222] Insgesamt wird man aber die sehr weit und allgemein gefassten Zielvorgaben als nicht ausreichend für die Schutzgesetzeigenschaft ansehen können.[223] Organisationsregeln entfalten nur dann Schutzgesetzqualität zugunsten individueller Wertpapierkunden, wenn sie konkrete Handlungsanweisungen enthalten, aus denen sich ergibt, dass gerade auch der Schutz vor individuellen Vermögensschäden vom persönlichen und sachlichen Anwendungsbereich der Vorschrift erfasst ist (vgl. zB zu § 34a unten Rn. 85). Die bloße Konkretisierung durch Richtlinien der BaFin (oder durch Normen der WpDVerOV) vermag daran nichts zu ändern, auch wenn sie für mehr Bestimmtheit und Rechtssicherheit auf Seiten der Unternehmen sorgen. Denn die Richtlinien der BaFin sollen ihrer Funktion nach nur für die gleichmäßige Ausübung ihrer Aufsichtstätigkeit sorgt.[224] Die konkretisierenden Normen der WpDVerOV stellen ebenfalls keine Schutzgesetze im Sinne von § 823 Abs. 2 BGB dar, weil es bei ihnen ebenso wie bei § 33 an der **konkreten Drittgerichtetheit der Organisationspflichten fehlt.** Auch nach Umsetzung der MiFID und der sehr viel stärkeren Detailgenauigkeit der organisatorischen Regelungen bleibt es somit dabei, dass § 33 nF kein Schutzgesetz i. S. d. § 823 Abs. 2 BGB ist.[225] Gleiches gilt nunmehr für die Vorgaben des **§ 33a** für die **bestmögliche Ausführung von Kundenaufträgen**, soweit sie lediglich organisatorischer Art sind, also entsprechende „Vorkehrungen" betreffen (einschließlich der Festlegung und Überprüfung der Ausführungsgrundsätze). Schutzgesetzcharakter haben dagegen die besonderen Hinweis- und Informationspflichten nach § 33a Abs. 5 Satz 2 sowie Abs. 6, die entweder direkt auf die Einholung der Zustimmung des einzelnen Kunden oder zumindest darauf gerichtet sind, ihm eine informierte Entscheidung zu ermöglichen.

84   Die **Aufzeichnungs- und Aufbewahrungspflichten nach § 34** WpHG aF sollten nach dem Bericht des Finanzausschusses[226] ausschließlich der zuständigen Behörde die Kontrolle der Einhaltung der Verhaltensregeln ermöglichen[227] und waren daher nicht als Schutzgesetze i. S. v. § 823 Abs. 2 BGB anzusehen.[228] Die Neufassung der Vorschrift hat daran nichts geändert, sondern die ausschließlich aufsichtsrechtliche Zielsetzung im Text der Norm verankert.

Schneider, Vor § 31 Rn. 17; Schulte-Frohlinde, S. 83; Brandt, S. 192 f.; KölnKommWpHG – Meyer/Paetzel, § 33 Rn. 120 mwN; **aA** Grundmann in Ebenroth/Boujong/Jost, HGB, Bd. 2 Bankrecht § 33 WpHG Rn. VI 266.
[221] BT-Drucks. 12/7918, S. 105.
[222] Koller in Assmann/Schneider, Vor § 31 Rn. 17.
[223] Schäfer Vor § 31 WpHG Rn. 11; Hopt ZHR 159 (1995), 135, 160 f.
[224] Schäfer Vor § 31 WpHG Rn. 10; Koller in Assmann/Schneider, Vor § 31 Rn. 18; Balzer ZBB 1997, 260, 268.
[225] Im Ergebnis ebenso KölnKommWpHG – Meyer/Paetzel, § 33 Rn. 121; Kumpan/Hellgardt, DB 2006, 1714, 1716.
[226] BT-Drucks. 12/7918, S. 105.
[227] Schäfer Vor § 31 WpHG Rn. 11.
[228] S. nur KölnKommWpHG – Möllers, § 34 Rn. 62 mwN.

Obwohl ebenfalls als Organisationsregel konzipiert, ist die Vorschrift des 85
§ 34a über die getrennte Vermögensverwaltung dagegen als Schutzgesetz
einzustufen.[229] Denn aus den Gesetzesmaterialien geht hinreichend deutlich hervor, dass die Pflicht zur getrennten Vermögensverwaltung eine konkrete Handlungsanweisung zum Schutz individueller Kunden ist.[230] Insbesondere sei die
Entgegennahme und Verwendung von Kundengeldern im eigenen Namen für
Rechnung des Kunden als eine Form der Ermächtigungstreuhand in der Ausgestaltung der Verwaltungstreuhand zu verstehen.[231] Bereits Art. 10 Abs. 1 Satz 2
Spiegelstrich 2 und 3 der WpDRL weisen darauf hin, dass durch eine getrennte
Vermögensverwaltung die (Eigentums-)Rechte der Kunden an den ihnen gehörenden Wertpapieren und den von ihnen eingebrachten Geldern geschützt werden sollen.

(3) **Finanzanalysen (§§ 34b, 34c).** Den Regelungen des § 34b kommt 86
grundsätzlich keine Schutzgesetzqualität zu,[232] schon weil Finanzanalysen definitionsgemäß einem unbestimmten Personenkreis zugänglich gemacht werden sollen. Insoweit geht es allein um den **Schutz der Marktintegrität,** nicht um die
Sicherung unverfälschter Anlageentscheidungen einzelner Marktteilnehmer. Die
Anzeigepflichten nach § 34c sollen nur die Überwachungstätigkeit der BaFin erleichtern und dienen ebenfalls nicht dem Individualschutz. Etwas anderes konnte
für § 34b Abs. 6 WpHG aF vertreten werden, der in Parallele zu § 31 Abs. 1
Nr. 1 Sorgfaltsanforderungen für die Darbietung von Informationen über Finanzinstrumente oder deren Emittenten aufstellte, sofern Wertpapierdienstleistungsunternehmen individuellen Personen eine Analyse oder sonstige Information mit einer Empfehlung oder Anregung zu einer bestimmten Anlagestrategie
oder -entscheidung gaben. Die Vorschrift ist jedoch durch das FRUG aufgehoben worden.

(4) **Transparenzvorschriften.** Die Verletzung von Pflichten nach den 87
§§ 31f bis 32d über die **Vor- und Nachhandelstransparenz** (insbesondere
bei multilateralen Handelssystemen (MTF) und systematischer Internalisierung)
ist nicht als Verstoß gegen ein Schutzgesetz zu qualifizieren. Denn das Regelungsziel der diversen Verhaltenspflichten in diesem Zusammenhang wie zB die
kontinuierliche und zeitnahe Veröffentlichung der Preise und Volumina für die
einbezogenen Aktien durch die Betreiber multilateraler Handelssysteme (§ 31g
Abs. 1 und 3) oder das Stellen und die Veröffentlichung von Quotes durch systematische Internalisierer (§ 32a) ist die Herstellung ausreichender **Markttransparenz als Voraussetzung für die Funktionsfähigkeit des Marktes,** nicht
die Stärkung der individuellen Position des (potentiellen) Kunden.[233]

---

[229] OLG Frankfurt AG 2006, 859, 860; *Schäfer* Vor § 31 WpHG Rn. 12; ebenso *Grundmann* in *Ebenroth/Boujong/Joost,* HGB, BankR VI Rn. 286; *Lang,* Informationspflichten, § 6 Rn. 31 (S. 134); *Koller* in *Assmann/Schneider* § 34a Rn. 1 mwN; aA *Schwark* § 34a Rn. 1; *Weber* NJW 2000, 2061, 2074.
[230] BR-Drucks. 963/96, S. 110f. und BT-Drucks. 13/7627, S. 166f.
[231] BR-Drucks. 963/96, S. 110.
[232] *Koller* in *Assmann/Schneider* § 34b Rn. 129; KölnKommWpHG-*Möllers* § 34b Rn. 284ff.; aA *Vogler,* Schadensersatzhaftung für fehlerhafte Aktienanalysen, S. 215f., 219ff.; differenzierend *Schwark,* § 34b Rn. 10 jeweils mwN.
[233] Vgl. § 31g Rn. 2, § 32a Rn. 2.

§ 31 Allgemeine Verhaltensregeln

(1) Ein Wertpapierdienstleistungsunternehmen ist verpflichtet,

1. Wertpapierdienstleistungen und Wertpapiernebendienstleistungen mit der erforderlichen Sachkenntnis, Sorgfalt und Gewissenhaftigkeit im Interesse seiner Kunden zu erbringen,
2. sich um die Vermeidung von Interessenkonflikten zu bemühen und vor Durchführung von Geschäften für Kunden diesen die allgemeine Herkunft der Interessenkonflikte eindeutig darzulegen, soweit die organisatorischen Vorkehrungen nach § 33 Abs. 1 Satz 2 Nr. 3 nicht ausreichen, um nach vernünftigem Ermessen das Risiko der Beeinträchtigung von Kundeninteressen zu vermeiden.

(2) Alle Informationen einschließlich Werbemitteilungen, die Wertpapierdienstleistungsunternehmen Kunden zugänglich machen, müssen redlich, eindeutig und nicht irreführend sein. Werbemitteilungen müssen eindeutig als solche erkennbar sein. § 124 des Investmentgesetzes und § 15 des Wertpapierprospektgesetzes bleiben unberührt. Sofern Informationen über Finanzinstrumente oder deren Emittenten gegeben werden, die direkt oder indirekt eine allgemeine Empfehlungen für eine bestimmte Anlageentscheidung enthalten, müssen

1. die Wertpapierdienstleistungsunternehmen den Anforderungen des § 33 b Abs. 5 und 6 sowie des § 34 b Abs. 5, auch in Verbindung mit einer Rechtsverordnung nach § 34 b Abs. 8, oder vergleichbaren ausländischen Vorschriften entsprechen oder
2. die Informationen, sofern sie ohne Einhaltung der Nummer 1 als Finanzanalyse oder Ähnliches beschrieben oder als objektive oder unabhängige Erläuterung der in der Empfehlung enthaltenen Punkte dargestellt werden, eindeutig als Werbemitteilung gekennzeichnet und mit einem Hinweis versehen sein, dass sie nicht allen gesetzlichen Anforderungen zur Gewährleistung der Unvoreingenommenheit von Finanzanalysen genügen und dass sie einem Verbot dese Handels vor der Veröffentlichung von Finanzanalysen nicht unterliegen.

(3) Wertpapierdienstleistungsunternehmen sind verpflichtet, Kunden rechtzeitig und in verständlicher Form Informationen zur Verfügung zu stellen, die angemessen sind, damit die Kunden nach vernünftigem Ermessen die Art und die Risiken der ihnen angebotenen oder von ihnen nachgefragten Arten von Finanzinstrumenten oder Wertpapierdienstleistungen verstehen oder auf dieser Grundlage ihre Anlageentscheidung treffen können. Die Informationen können auch in standardisierter Form zur Verfügung gestellt werden. Die Informationen müssen sich beziehen auf

1. das Wertpapierdienstleistungsunternehmen und seine Dienstleistungen,
2. die Arten von Finanzinstrumenten und vorgeschlagenen Anlagestrategien einschließlich damit verbundener Risiken,
3. Ausführungsplätze und
4. Kosten und Nebenkosten.

Vertreibt ein Wertpapierdienstleistungsunternehmen Anteile an Investmentvermögen im Sinne des Investmentgesetzes, gelten die im vereinfachten Verkaufsprospekt nach § 121 Abs. 1 bis 3 und § 123 des Investmentgesetzes enthaltenen Informationen als angemessen im Sinne des Satzes 1.

Allgemeine Verhaltensregeln § 31

(4) **Ein Wertpapierdienstleistungsunternehmen, das Anlageberatung oder Finanzportfolioverwaltung erbringt,** muss von den Kunden alle Informationen einholen über Kenntnisse und Erfahrungen der Kunden in Bezug auf Geschäfte mit bestimmten Arten von Finanzinstrumenten oder Wertpapierdienstleistungen, über die Anlageziele der Kunden und über ihre finanziellen Verhältnisse, die erforderlich sind, um den Kunden ein für sie geeignetes Finanzinstrument oder eine für sie geeignete Wertpapierdienstleistung empfehlen zu können. Die Geeignetheit beurteilt sich danach, ob das konkrete Geschäft, das dem Kunden empfohlen wird, oder die konkrete Wertpapierdienstleistung im Rahmen der Finanzportfolioverwaltung den Anlagezielen des betreffenden Kunden entspricht, die hieraus erwachsenden Anlagerisiken für den Kunden seinen Anlagezielen entsprechend finanziell tragbar sind und der Kunde mit seinen Kenntnissen und Erfahrungen die hieraus erwachsenden Anlagerisiken verstehen kann. Erlangt das Wertpapierdienstleistungsunternehmen die erforderlichen Informationen nicht, darf es im Zusammenhang mit einer Anlageberatung kein Finanzinstrument empfehlen oder im Zusammenhang mit einer Finanzportfolioverwaltung keine Empfehlung abgeben.

(5) **Vor der Erbringung anderer als der in Absatz 4 genannten Wertpapierdienstleistungen zur Ausführung von Kundenaufträgen** hat ein Wertpapierdienstleistungsunternehmen von den Kunden Informationen über Kenntnisse und Erfahrungen der Kunden in Bezug auf Geschäfte mit bestimmten Arten von Finanzinstrumenten oder Wertpapierdienstleistungen einzuholen, sowie diese Informationen erforderlich sind, um die Angemessenheit der Finanzinstrumente oder Wertpapierdienstleistungen für den Kunden beurteilen zu können. Die Angemessenheit beurteilt sich danach, ob der Kunde über die erforderlichen Kenntnisse und Erfahrungen verfügt, um die Risiken in Zusammenhang mit der Art der Finanzinstrumente, Wertpapierdienstleistungen angemessen beurteilen zu können. Gelangt ein Wertpapierdienstleistungsunternehmen aufgrund der nach Satz 1 erhaltenen Informationen zu der Auffassung, dass das vom Kunden gewünschte Finanzinstrument oder die Wertpapierdienstleistung für den Kunden nicht angemessen ist, hat es den Kunden darauf hinzuweisen. Erlangt das Wertpapierdienstleistungsunternehmen nicht die erforderlichen Informationen, hat es den Kunden darüber zu informieren, dass eine Beurteilung der Angemessenheit im Sinne des Satzes 1 nicht möglich ist. Der Hinweis nach Satz 3 und die Informationen nach Satz 4 können in standardisierter Form erfolgen.

(6) **Soweit die in den Absätzen 4 und 5 genannten Informationen auf Angaben des Kunden beruhen,** hat das Wertpapierdienstleistungsunternehmen die Fehlerhaftigkeit oder Unvollständigkeit der Angaben seiner Kunden nicht zu vertreten, es sei denn, die Unvollständigkeit oder Unrichtigkeit der Kundenangaben ist ihm bekannt oder in Folge grober Fahrlässigkeit unbekannt.

(7) **Die Pflichten nach Absatz 5 gelten nicht,** soweit das Wertpapierdienstleistungsunternehmen

1. auf Veranlassung des Kunden Finanzkommissionsgeschäft, Eigenhandel, Abschlussvermittlung oder Anlagevermittlung in Bezug auf Aktien, die zum Handel an einem organisierten Markt oder einem gleichwertigen Markt zugelassen sind, Geldmarktinstrumente, Schuldverschreibungen und andere verbriefte Schuldtitel, in die kein Derivat eingebettet ist, von

§ 31
Abschnitt 6. Verhaltensregeln, Verjährung

einer Kapitalanlagegesellschaft verwaltete Publikums-Sondervermögen nach den Anforderungen der Richtlinie 85/611/EWG oder in Bezug auf andere nicht-komplexe Finanzinstrumente erbringt und
2. den Kunden darüber informiert, dass keine Angemessenheitsprüfung im Sinne des Absatzes 5 vorgenommen wird. Die Information kann in standardisierter Form erfolgen.

(8) Wertpapierdienstleistungsunternehmen müssen ihren Kunden in geeigneter Form über die ausgeführten Geschäfte oder die erbrachte Finanzportfolioverwaltung berichten.

(9) Bei professionellen Kunden im Sinne des § 31 a Abs. 2 ist das Wertpapierdienstleistungsunternehmen im Rahmen seiner Pflichten nach Absatz 4 berechtigt, davon auszugehen, dass sie für die Produkte, Geschäfte oder Dienstleistungen, für die sie als professionelle Kunden eingestuft sind, über die erforderlichen Kenntnisse und Erfahrungen verfügen, um die mit den Geschäften oder der Finanzportfolioverwaltung einhergehenden Risiken zu verstehen, und dass für sie etwaige mit dem Geschäft oder der Finanzportfolioverwaltung einhergehende Anlagerisiken entsprechend ihren Anlagezielen finanziell tragbar sind.

(10) Absatz 1 Nr. 2 und die Absätze 2 bis 9 sowie die §§ 31a, 31b, 31d und 31e gelten entsprechend auch für Unternehmen mit Sitz in einem Drittstaat, die Wertpapierdienstleistungen oder Wertpapiernebendienstleistungen gegenüber Kunden erbringen, die ihren gewöhnlichen Aufenthalt oder ihre Geschäftsleitung im Inland haben, sofern nicht die Wertpapierdienstleistung oder Wertpapiernebendienstleistung einschließlich der damit in Zusammenhang stehenden Nebenleistungen ausschließlich in einem Drittstaat erbracht werden.

(11) Das Bundesministerium der Finanzen kann durch Rechtsverordnung, die nicht der Zustimmung des Bundesrates bedarf, nähere Bestimmungen erlassen
1. zu Art, Umfang und Form der Offenlegung nach Absatz 1 Nr. 2,
2. zu Art, inhaltlicher Gestaltung, Zeitpunkt und Datenträger der nach den Absätzen 2 und 3 notwendigen Informationen für die Kunden,
3. zur Art der nach den Absätzen 4 und 5 von den Kunden einzuholenden Informationen,
4. zur Zuordnung anderer Finanzinstrumente zu den nicht-komplexen Finanzinstrumenten im Sinne des Absatzes 7 Nr. 1,
5. zu Art, inhaltlicher Gestaltung, Zeitpunkt und Datenträger der Berichtspflichten nach Absatz 8.

Das Bundesministerium der Finanzen kann die Ermächtigung durch Rechtsverordnung auf die Bundesanstalt übertragen.

Schrifttum: *Arendts,* Beratungs- und Aufklärungspflichten über das einem Wertpapier erteilte Rating, WM 1993, 229; *ders.,* Aufklärungs- und Beratungspflichten bei der Anlageberatung, DZWir 1994, 184; *ders.,* Die Haftung der Banken für fehlerhafte Anlageberatung nach der neueren deutschen Rechtsprechung, ÖBA 1994, 251; *ders.,* Die Haftung für fehlerhafte Anlageberatung – BGHZ 123, 126, JuS 1994, 915; *ders.,* Schriftliche Anlegeraufklärung bei modernen Finanzprodukten, DStR 1994, 1350; *ders.,* Bankenhaftung – kann Privatautonomie durch Aufklärungs- und Beratungspflichten erreicht werden?, in: Jahrbuch junger Zivilrechtswissenschaftler, 1995, 165; *ders.,* Betrügerische Verhaltensweisen bei der Anlageberatung und Vermögensverwaltung, ÖBA 1996, 775; *ders.,*

Allgemeine Verhaltensregeln § 31

Die Nachforschungspflichten des Anlageberaters über die von ihm empfohlene Kapitalanlage, DStR 1997, 1649; *ders.*, Die Haftung für fehlerhafte Anlageberatung, München 1998; *Assmann*, Negativberichterstattung als Gegenstand der Nachforschungs- und Hinweispflichten von Anlageberatern und Anlagevermittlern, ZIP 2000, 637; *ders.*, Interessenkonflikte aufgrund von Zuwendungen, ZBB 2008, 21; *Assmann/Sethe*, Warn- und Hinweispflichten von Kreditinstituten gegenüber Kunden am Beispiel kundenschädigender Wertpapier- und Depotgeschäfte bankexterner Vermögensverwalter, in: Festschrift für Harm-Peter Westermann, 2008, S. 67; *Balzer*, Vermögensverwaltung durch Kreditinstitute, München 1999; *ders.*, Discount-Broking im Spannungsfeld zwischen Beratungsausschluss und Verhaltenspflichten nach WpHG, DB 1997, 2311; *ders.*, Anlegerschutz bei Verstößen gegen die Verhaltenspflichten nach §§ 31 ff. Wertpapierhandelsgesetz (WpHG), ZBB 1997, 260; *ders.*, Verhaltenspflichten der Kreditinstitute nach dem Wertpapierhandelsgesetz bei der Verwaltung von Wertpapiervermögen, in: Herrmann/Berger/Wackerbarth (Hrsg.), Deutsches und Internationales Wirtschaftsrecht im Wandel, Berlin/New York 1997, 21; *ders.*, Aktuelle Rechtsprechung zur Vermögensverwaltung, Die Bank 1998, 584; *ders.*, Discount-Broking und Anlegerschutz, ZBB 1999, 269; *ders.*, Haftung von Direktbanken bei Nichterreichbarkeit, ZBB 2000, 258; *ders.*, Aufklärungs- und Beratungspflichten bei der Vermögensverwaltung, WM 2000, 441; *ders.*, Aktuelle Rechtsprechung zum Discount Broking, Die Bank 2001, 51; *ders.*, Zur Haftung des Vermögensverwalters aus Verletzung der Aufklärungspflicht, ZIP 2001, 232; *ders.*, Der Vorschlag der EG-Kommission für eine neue WpDRL, ZBB 2003, 177; *Bank-Verlag Medien* (Hrsg.), Basisinformationen über Vermögensanlagen in Wertpapieren: Grundlagen, wirtschaftliche Zusammenhänge, Möglichkeiten und Risiken, Stand: Juni 2007 (zit. Bank-Verlag, Basisinformationen); *Barta*, Die Haftung der depotführenden Bank bei churning des Anlageberaters − Zugleich Besprechung der Entscheidung des BGH v. 13. 7. 2004 − VI ZR 136/03 − „Brokerhaftung", BKR 2004, 433; *Bechtel*, Anlageberatung der Kreditinstitute im Wandel, Köln 1999; *Benicke*, Wertpapiervermögensverwaltung, Tübingen 2006; *ders.*, Pflichten des Vermögensverwalters beim Investitionsprozess, ZGR 2004, 760; *Birkelbach*, Cyber finance: Finanzgeschäfte im Internet, 2. Aufl., Wiesbaden 1998; *ders.*, Onlinebanking, Bankgeschäfte rund um die Uhr, Köln 1998; *ders.*, Internet Banking geht in die nächste Runde, Die Bank 1999, 484; *ders.*, sicheres Homebanking − Ist der Kunde zukünftig das Hauptrisiko?, WM 1996, 2099; *Birnbaum*, Stichwort „Churning", Wistra 1991, 253; *ders.*, Die jährliche Prüfung des Wertpapierdienstleistungsgeschäfts bei Wertpapierdienstleistungsinstituten nach § 36 des Wertpapierhandelsgesetzes (WpHG), WPg 1999, 110; *Brandt*, Aufklärungs- und Beratungspflichten der Kreditinstitute bei der Kapitalanlage, Baden-Baden 2002; *Buhk*, Die Haftung eines Wertpapierdienstleistungsunternehmens bei der Anlagevermittlung und der Anlageberatung, Frankfurt a. M. 1999; *Buhl/Kaiser*, Herausforderungen und Gestaltungschancen aufgrund von MiFID und EU-Vermittlerrichtlinie, ZBB 2008, 43; *Canaris*, Die Verbindlichkeit von Optionsscheingeschäften, WM 1988, Sonderbeilage Nr. 10; *Cramer/Rudolph* (Hrsg.), Handbuch für Anlageberatung und Vermögensverwaltung, Frankfurt a. M. 1995; *Dannhoff*, Das Recht der Warentermingeschäfte: Eine Untersuchung zum deutschen, internationalen und U.S.-amerikanischen Recht, Baden-Baden 1993; *Deipenbrock*, Aktuelle Rechtsfragen zur Regulierung des Ratingwesens, WM 2005, 261; *Dötsch/Kellner*, Aufklärungs- und Beratungspflichten der Kreditinstitute beim Vertrieb von Aktienanleihen, WM 2001, 1994; *Drygala*, Termingeschäftsfähigkeit und Aufklärungspflicht beim Handel mit Optionsscheinen, ZHR 159 (1995), 686; *Eichhorn/Binsch/Frank*, Discount Brokerage: Die Akzeptanz bei jungen Anlegern, Die Bank 1997, 410; *Einsele*, Wertpapiere im elektronischen Bankgeschäft, WM 2001, 7; *dies.*, Anlegerschutz durch Information und Beratung, JZ 2008, 477; *Ellenberger*, Die neuere Rechtsprechung des Bundesgerichtshofes zum Börsenterminhandel, WM 1999, Sonderbeilage Nr. 2; *ders.*, Die neuere Rechtsprechung des Bundesgerichtshofes zu Aufklärungs- und Beratungspflichten bei der Anlageberatung, WM 2001, Sonderbeilage Nr. 1; *Fandrich*, Aktuelle Rechtsprechung zur Anlageberatung, Die Bank 1996, 626; *Faßbender*, Innerbetriebliches Wissen und bankrechtliche Aufklä-

Fuchs 1215

§ 31 Abschnitt 6. Verhaltensregeln, Verjährung

rungspflichten, Berlin/New York 1998; *Fröhlich,* Die Haftung von Anlageberatern für fehlerhafte Dienstleistungen nach deutschem und U. S.-amerikanischem Recht, Göttingen 1996; *Gaßner/Escher,* Bankpflichten bei der Vermögensverwaltung nach Wertpapierhandelsgesetz und BGH-Rechtsprechung, WM 1997, 93; *Geibel,* Schadensersatz wegen verdeckter Innenprovisionen und ähnlicher Zuwendungen, ZBB 2003, 349; *Göres,* Die Interessenkonflikte von Wertpapierdienstleistern und -analysten bei der Wertpapieranalyse, Berlin 2004; *Grunewald,* Die Beweislastverteilung bei der Verletzung von Aufklärungspflichten, ZIP 1994, 1162; *Hackenberg/Roller,* Die Darlegungs- und Beweislastverteilung in Haftungsprozessen im Wertpapier(-neben-)dienstleistungsrecht, VuR 2005, 127; *Hadding,* Zur Abgrenzung von Unterrichtung, Aufklärung, Auskunft, Beratung und Empfehlung als Inhalt bankrechtlicher Pflichten, in: Festschrift für Herbert Schimansky, Köln 1999, 67; *Hadding/Hennrichs,* Devisentermingeschäfte – Prolongation und Aufklärungspflichten, in: Festschrift für Carsten Peter Claussen, Köln 1997, 447; *Hansen,* Hat der Discount-Broker Marktchancen?, AG 1994, R 298; *Heinsius,* Anlageberatung durch Kreditinstitute, ZHR 145 (1981), 177; *ders.,* Pflichten und Haftung der Kreditinstitute bei der Anlageberatung, ZBB 1994, 47; *ders.,* Anlageberatung durch Kreditinstitute – ein Thema ohne Ende, in: Freundesgabe für Friedrich Kübler, Heidelberg 1997, 405; *Heinze,* Haftung des Wertpapierdienstleister beim Vertrieb von Zinssatz- und Währungsswaps an kommunale Eigengesellschaften, ZBB 2005, 367; *Helmschrott/Waßmer,* Aufklärungs-, Beratungs- und Verhaltenspflichten von Wertpapierdienstleistern nach §§ 31, 32 WpHG bei der Anlage in Aktien des Neuen Marktes, WM 1999, 1853; *Hergeth,* Umfang der Aufklärungspflicht einer Discount-Bank für Börsentermingeschäfte mit Bandbreiten-Optionsscheinen, DStR 2000, 83; *Herkströter,* Haftungsprobleme beim Direkt-Banking: der Verzicht auf Aufklärung, Beratung und Information, Frankfurt a. M. 1999; *Heymann,* Zur Haftung bei Anlageberatung und Anlagevermittlung, DStR 1993, 1147; *Hoeren,* Kreditinstitute im Internet – eine digitale Odyssee im juristischen Weltraum, WM 1996, 2006; *Hoever,* Anlageberatung und Beratungshaftung, Sparkasse 1995, 402; *Hopt,* Aktuelle Rechtsfragen der Haftung für Anlage- und Vermögensberatung, 2. Aufl., Köln 1985; *ders.,* Funktion, Dogmatik und Reichweite der Aufklärungs-, Warn- und Beratungspflichten der Kreditinstitute, in: Festschrift für Joachim Gernhuber, Tübingen 1993, 169; *Horn,* Anlageberatung im Privatkundengeschäft der Banken, WM 1999, 1; *ders.,* Der Ausschluß von Aufklärung und Beratung im Anlegerschutzrecht, in: Festschrift für Herbert Schimansky, Köln 1999, 653; *ders.,* Sorgfaltspflichten bei der Vermögensverwaltung, in: *Horn/Schimansky* (Hrsg.), Bankrecht 1998, RWS-Forum 12, Köln 1998, 265; *ders.,* Zur Haftung der Banken bei der Kreditfinanzierung von Vermögensanlagen, in: Festschrift für Carsten Peter Claussen, Köln 1997, 469; *Jaskulla,* Die Einführung derivativer Finanzinstrumente an den deutschen Wertpapierbörsen als Regelungsproblem, Frankfurt a. M. 1995; *ders.,* Direct Banking im Cyberspace, ZBB 1996, 214; *Jerusalem,* Die Regelung der Mitarbeitergeschäfte im Bankgewerbe durch Compliance, Berlin 1996; *Joswig,* Aufklärungspflichten bei der Vermittlung amerikanischer Billigaktien (Penny Stocks), DB 1995, 2253; *Jütten,* Anlageberatung wird neu geordnet, Die Bank 1995, 221; *Keller,* Haftung der Banken und Vermögensberater für Wertpapierempfehlungen, Tagungsbericht, NJW 1997, 569 f.; *Kiethe/Hektor,* Haftung für Anlageberatung und Vermögensverwaltung, DStR 1996, 547; *Knobl,* Wie viel Beratung braucht der österreichische Wertpapierkunde?, ÖBA 1997, 783; *Kölsch,* Discount Brokerage auf dem Kontinent: eine internationale Dienstleistung mit nationalen Besonderheiten, WM 1996, 1169; *Köndgen,* Wieviel Aufklärung braucht ein Wertpapierkunde?, ZBB 1996, 361; *ders.,* Die Entwicklung des privaten Bankrechts in den Jahren 1999–2003, NJW 2004, 1288; *Koller,* Interessenkonflikte im Kommissionsverhältnis, BB 1978, 1733; *ders.,* Wer ist „Kunde" eines Wertpapierdienstleistungsunternehmens (§§ 31 f. WpHG)?, ZBB 1996, 97; *ders.,* Die Abdingbarkeit des Anlegerschutzes durch Information im europäischen Kapitalmarktrecht, in: Festschrift für Ulrich Huber, 2006, S. 821; *ders.,* Zu den Grenzen des Anlegerschutzes bei Interessenkonflikten, ZBB 2007, 197; *Krimphove,* Anlageberatung – Das System der zivilrechtlichen Haftung von Kreditinstituten, Frankfurt a. M. 1992; *Kübler,* Anlagebe-

Allgemeine Verhaltensregeln § 31

ratung durch Kreditinstitute, ZHR 145 (1981), 204; *ders.,* Müssen Anlageempfehlungen anlegergerecht sein? Zum Stellenwert der amerikanischen „suitability"-Doktrin im deutschen Recht, in: Festschrift für Helmut Coing, Band 2, München 1982, 193; *Kühne,* Ausgewählte Auswirkungen der WpDRL – MiFID, BKR 2005, 275; *Kümpel,* Verbraucherschutz im Bank- und Kapitalmarktrecht, WM 2005, 1; *ders.,* Das Effektengeschäft im Lichte des 2. Finanzmarktförderungsgesetzes, WM 1993, 2025; *ders.,* Die allgemeinen Verhaltensregeln des Wertpapierhandelsgesetzes, WM 1995, 689 ff; *ders.,* Wertpapierhandelsgesetz, Berlin 1996; *Lampert,* Die Aufklärungs- und Beratungspflichten bei der Vermögensanlage und deren Anwendung auf neue Entwicklungen im Anlagegeschäft, WiB 1995, 501; *V. Lang,* Aufklärungspflichten bei der Anlageberatung, Stuttgart 1995; *ders.,* „Börsentermingeschäftsfähigkeit" von privaten Anlegern auch ohne Unterzeichnung des Informationsmerkblatts?, ZBB 1999, 218; *ders.,* Die Beweislastverteilung im Falle der Verletzung von Aufklärungs- und Beratungspflichten bei Wertpapierdienstleistungen, WM 2000, 450; *Lange,* Informationspflichten von Finanzdienstleistern, Berlin 2000; *Lange,* Internet Banking – Eine Potentialanalyse, in Lange (Hrsg.), Internet-Banking, der Bankvertrieb im Umbruch, Wiesbaden 1998; *Lenzen,* Reform des Rechts zur Verhinderung der Börsenkursmanipulation, WM 2000, 1131; *Luttermann,* Aktienverkaufsoptionsanleihen („reserve convertible notes"), standardisierte Information und Kapitalmarktdemokratie, ZIP 2001, 1901; *Mahler,* Internetbanking: Das Leistungsspektrum, Die Bank 1996, 488; *Metz,* Discount-Broker: Bankgeschäfte und technologische Veränderungen, VuR 1996, 183; *Möllers,* Vermögensbetreuungsvertrag, graue Vermögensverwaltung und Zweitberatung, WM 2008, 93; *Möllers/Ganten,* Die Wohlverhaltensrichtlinie des BAWe im Lichte der neuen Fassung des WpHG, ZGR 1998, 773; *Mülbert,* Anlegerschutz bei Zertifikaten, WM 2007, 1149; *ders.,* Auswirkungen der MiFID-Rechtsakte für Vertriebsvergütungen im Effektengeschäft der Kreditinstitute, ZHR 172 (2008) 170; *Müller-Deku,* Day-Trading zwischen Termin- und Differenzeinwand, WM 2000, 1029; *v. Nitzsch/ Rouette,* Ermittlung der Risikobereitschaft – die Anlageberatung optimieren, Die Bank 2003, 404; *Nobbe,* Aufklärungs- und Beratungspflichten bei Wertpapieranlagen, in: *Horn/Schimansky* (Hrsg.), Bankrecht 1998, RWS-Forum 12, Köln 1998, 235; *Oikonomou,* Bankenhaftung bei der Anlageberatung, Münster 1999; *Pfüller/Westerwelle,* Das Internet als Kapitalmarkt, MMR 1998, 171; *Pfüller/Maerker,* Rechtliche Rahmenbedingungen bei der Zuteilung von Aktien, Die Bank 1999, 670; *Potthoff,* Aufklärungs- und Beratungspflichten bei Optionsscheingeschäften, WM 1993, 1319; *Raeschke-Kessler,* Bankenhaftung bei der Anlageberatung über neue Finanzprodukte, WM 1993, 1830; *ders.,* Grenzen der Dokumentationspflicht nach § 31 Abs. 2 Nr. 1 WpHG – Anmerkungen zum Bankgeheimnis und informationellen Selbstbestimmung, WM 1996, 1764; *Rehberg,* Transparenz beim Vertrieb von Finanzprodukten, WM 2005, 1011; *Reich,* Informations-, Aufklärungs- und Warnpflichten beim Anlagegeschäft unter besonderer Berücksichtigung des „execution-only-business" (EOB), WM 1997, 1601; *Richrath,* Aufklärungs- und Beratungspflichten – Grundlagen und Grenzen, WM 2004, 653; *Rössner/Arendts,* Die Haftung wegen Kontoplünderung durch Spesenschinderei (Churning), WM 1996, 1517; *Roth, Herbert,* Beweismaß und Beweislast bei der Verletzung von bankvertraglichen Aufklärungs- und Beratungspflichten, ZHR 154 (1990), 513; *v. Rottenburg,* Rechtsprobleme beim Direktbanking, WM 1997, 2381; *Rümker,* Aufklärungs- und Beratungspflichten der Kreditinstitute aus Sicht der Praxis, in: *Hadding/Hopt/Schimansky* (Hrsg.), Aufklärungs- und Beratungspflichten der Kreditinstitute – Der moderne Schuldturm, Bankrechtstag 1992, Berlin/New York 1993, 29; *Schäfer, Frank A.,* Allgemeine Aufklärungs-, Beratungs- und Warnpflichten der Bank, in: *Horn/Schimansky* (Hrsg.), Bankrecht 1998, RWS-Forum 12, Köln 1998, 27; *ders.,* Zulässigkeit und Grenzen der Kurspflege, WM 1999, 1345; *ders.,* Die Verjährung von Ersatzansprüchen nach § 37a WpHG, in: Festschrift für Herbert Schimansky, Köln 1999, 699; *Scharrenberg,* Die Dokumentation der Anlageberatung nach den §§ 31, 34 WpHG, Die Sparkasse 1995, 108; *Schiereck,* Die Ziele eines Anlegers bei der Wahl des Börsenplatzes, ZBB 1996, 185; *Schlotthauer,* Überlegungen für eine „anlegergerechte" Wertpapierberatung, Sparkasse 1994, 434; *Schneider/Burgard,* Scalping als Insider-

§ 31
Abschnitt 6. Verhaltensregeln, Verjährung

straftat, ZIP 1999, 381; *Schoch,* Bankenhaftung trotz ordnungsgemäßer Begründung der Börsentermingeschäftsfähigkeit, BB 1996, 1565; ders., Bankenhaftung wegen Aufklärungs- und Beratungspflichtverletzungen bei Börsentermingeschäften, BB 2000, 163; *Schödermeier,* Nachforschungspflichten einer Bank als Vermögensverwalterin zur Person ihres Kunden, WM 1995, 2053; *Schulte-Nölke,* Anlegerschutz bei Optionsscheinen, DStR 1995, 1798; *Schütt,* Discount-Broking: Die neue Konkurrenz, Die Bank 1995, 101; *Schwark,* Die Verhaltensnormen der §§ 31 ff. WpHG, in: *Hadding/Schneider/Hopt* (Hrsg.), Das zweite Finanzmarktförderungsgesetz in der praktischen Umsetzung, Bankrechtstag 1995, Berlin 1996, 109; *Schwennicke,* Die neuere Rechtsprechung zur Börsentermingeschäftsfähigkeit und zu den Aufklärungs- und Beratungspflichten bei Börsentermingeschäften, WM 1997, 1265; ders., Die Dokumentation der Erfüllung von Verhaltenspflichten nach § 31 Abs. 2 WpHG durch die Bank, WM 1998, 1101; *Schwintowski,* Aufklärungspflichten beim Discount-Brokerage, ZBB 1999, 385; *ders./Nicodem,* Die Verleitung des Anlegers zur Selbstschädigung – Grenzen zwischen Anlegerbevormundung und Anlegerschutz, VuR 2004, 314; *Sethe,* Anlegerschutz im Recht der Vermögensverwaltung, Köln 2005; *Siebert,* Das Direktbankgeschäft, Baden-Baden 1998; *Siol,* Beratungs- und Aufklärungspflichten der Discount Broker, in: Festschrift für Herbert Schimansky, Köln 1999, 781; *Siller,* Rechtsfragen des Discount-Broking, Köln 1999; *Prockhoff,* Die Bankenhaftung bei Abschluss und Umsetzung eines Vermögensverwaltungsvertrags in der richterlichen Praxis, WM 2005, 1739; *Stafflage,* Die Anlageberatung der Banken. Das Kreditinstitut im Spannungsverhältnis zwischen Informationspflicht und Insiderhandelsverbot, Berlin 1996; *Staud,* Die Beachtung der Dokumentationspflichten bei Wertpapiergeschäften, Regensburg 1999; *v. Stebut,* Aufklärungspflichten und Haftungsrisiken von Finanzdienstleistern, ZIP 1992, 1698; *Steuer,* Anlegerschutz im Wertpapiergeschäft, WM 1995, 281 f.; ders., Haftung für fehlerhafte Anlageberatung – Eine unendliche Geschichte, in: Festschrift für Herbert Schimansky, Köln 1999, 653; *Stockmann,* Elektronische Bankfilialen und virtuelle Banken, Heidelberg 1998; *Than,* Die Umsetzung der Verhaltensnormen der §§ 31 ff. WpHG in den Kreditinstituten, in: *Hadding/Hopt/Schimansky* (Hrsg.), Das Zweite Finanzmarktförderungsgesetz in der praktischen Umsetzung, Bankrechtstag 1995, Berlin 1996, 135; *Tilp,* Aufklärungspflichten bei Devisentermingeschäften, ZIP 1993, 1843; *Tippach,* Das Insider-Handelsverbot und die besonderen Rechtspflichten der Banken, Köln 1995; *Titz,* Beratungspflicht für Discount-Broker?, WM 1998, 2179; *Veil,* Anlageberatung im Zeitalter der MiFID, WM 2007, 1821; ders., Vermögensverwaltung und Anlageberatung im neuen Wertpapierhandelsrecht – eine behutsame Reform der Wohlverhaltensregeln?, ZBB 2008, 34; *Volk,* Scalping strafbar?, ZIP 1999, 787; *Vortmann,* Anlegergerechte Beratung und Maßnahmen zur Reduzierung des Haftungsrisikos, ÖBA 1994, 579; ders., Aufklärungs- und Beratungspflichten der Banken, 8. Auflage Köln 2006; *ders.* (Hrsg.), Prospekthaftung und Anlageberatung, 1999; *Weber, Martin,* Kursmanipulationen am Wertpapiermarkt, NZG 2000, 113; ders., Die Entwicklung des Kapitalmarktrechts 1998-2000 – Organisation, Emission und Vertrieb, NJW 2000, 2061; *Weber-Rey/Baltzer,* Neueste Entwicklungen zu den Verhaltensregeln für Wertpapierdienstleistungsunternehmen, WiB 1997, 1283; *Wieneke,* Discount-Broking und Anlegerschutz, Baden-Baden 1999; *Wittich,* Neue Regeln für Finanzdienstleistungsinstitute, die Wertpapierdienstleistungen erbringen, WM 1998, 1526 f.; *Zeidler,* Marketing nach MiFID, WM 2008, 238; *Zervas/Hanten,* Funktionsauslagerung (Outsourcing) bei Kreditinstituten, ZBB 2000, 276.

Übersicht

	Rn.
A. Grundlagen	1
I. Regelungsgegenstand	1
II. Normzweck	9
III. Aufbau der Kommentierung	10

Allgemeine Verhaltensregeln § 31

Rn.

B. Sorgfaltsanforderungen und Wahrung des Kundeninteresses (Abs. 1 Nr. 1) ... 13
  I. Grundlagen ... 13
    1. Leitbild ordnungsgemäßer Wertpapierdienstleistung ... 13
    2. Verhältnis zu den übrigen Verhaltenspflichten ... 16
  II. Die Sorgfaltspflicht ... 20
    1. Allgemeines ... 20
    2. Sachkenntnis ... 21
      a) Inhalt und Umfang ... 21
      b) Verschaffung der Sachkenntnis (Recherchepflichten) ... 25
    3. Sorgfalt und Gewissenhaftigkeit ... 28
  III. Die Interessenwahrungspflicht ... 31
    1. Der Maßstab des Kundeninteresses ... 31
      a) Begriff des Kunden ... 31
      b) Kundeneigenschaft bei Vertretungsverhältnissen ... 32
    2. Orientierung am „bestmöglichen" Kundeninteresse ... 33
    3. Kriterien zur Bestimmung des Kundeninteresses ... 35
      a) Subjektiver Maßstab ... 35
      b) Widersprüchliches oder unvernünftiges Kundeninteresse ... 38
    4. Einzelne Ausprägungen der Interessenwahrungspflicht ... 41
      a) Die Pflicht zur bestmöglichen Auftragsausführung („best execution") ... 41
      b) Konkrete Vorgaben für die Bearbeitung von Kundenaufträgen (§ 31 c) ... 42
      c) Grenzen der Interessenwahrung ... 43
C. Vermeidung und Offenlegung von Interessenkonflikten (Abs. 1 Nr. 2) ... 45
  I. Grundlagen ... 45
    1. Regelungszweck und systematische Einbettung ... 45
    2. Erscheinungsformen von Interessenkonflikten ... 50
      a) Allgemeines ... 50
      b) Kundeninteresse und Eigeninteresse des Wertpapierdienstleisters ... 55
      c) Arten von Interessenkonflikten ... 55 a
  II. Pflicht und Methoden zur Vermeidung von Interessenkonflikten ... 56
    1. Überblick ... 56
    2. Organisatorische Maßnahmen ... 59
    3. Abstandnahme vom Geschäft ... 60
    4. Aufklärung des Kunden ... 61
    5. Grundsatz der Priorität ... 63
    6. Grundsatz der Gleichbehandlung ... 65
    7. Konfliktvermeidungsstrategie und Abwägung im Einzelfall ... 66
  III. Offenlegung des Interessenkonflikts ... 68
    1. Allgemeines ... 68
    2. Inhalt und Reichweite der Aufklärung ... 69
    3. Grenzen ... 73
  IV. Einzelne Interessenkonflikte ... 77
    1. Konflikte zwischen Kunde und Wertpapierdienstleistungsunternehmen ... 77
      a) Konkurrierender Eigenhandel ... 77
      b) Empfehlungen bei besonderem Vertriebsinteresse ... 79
      c) Beeinflussung und Stellung der Wertpapierkurse ... 82
      d) Vergütungsfragen ... 84
    2. Konflikte zwischen verschiedenen Kunden ... 89
      a) Konkurrierende Kundenorders ... 89

	Rn.
b) Gegenläufige Kundenorders	90
c) Bevorzugung bestimmter Kunden bei Zuteilung von Neuemissionen oder Anlageempfehlungen	91
D. Information des Kunden (Abs. 2 und 3)	93
I. Überblick	93
II. Allgemeine Anforderungen an Informationen und Werbemitteilungen (Abs. 2)	97
1. Redlich, eindeutig und nicht irreführend	97
a) Objektiver Maßstab	97
b) Anforderungen an die Informationsbeschaffung und -weiterleitung	100
2. Werbemitteilungen	106
a) Allgemeines	106
b) Erkennbarkeit	108
c) Inhaltliche Anforderungen in besonderen Fällen	109
d) Besondere Bestimmungen für Finanzanalysen (Abs. 2 Satz 4)	110
3. Konkretisierung der Anforderungen für Informationen an Privatkunden (§ 4 WpDVerOV)	112
III. Basisinformationen zur Ermöglichung einer informierten Anlageentscheidung (Abs. 3)	118
1. Systematische Einordnung	118
2. Allgemeine Grundsätze der Informationserteilung	121
a) Überblick	121
b) Rechtzeitigkeit der Information	122
c) Verständlichkeit	126
d) Zulässigkeit der Standardisierung	131
e) Form der Informationserteilung	134
3. Art und Umfang der Informationen	137
a) Allgemeines	137
b) Katalog der Standardinformationen	144
aa) Informationen über das Wertpapierdienstleistungsunternehmen und seine Dienstleistungen	144
bb) Produktinformationen	147
cc) Ausführungsplätze	149
dd) Kosten und Nebenkosten	150
IV. Produktbezogene Informationspflichten im Überblick	152
1. Schuldverschreibungen	153
2. Aktien	167
3. Genussscheine	170
4. Investmentanteile	171
5. Optionsscheine und andere Derivate	174
6. Zertifikate	178
7. Sonstige Anlageformen	181
E. Kenntnisverschaffung über den Wertpapierkunden (Abs. 4–7)	188
I. Grundlagen	188
1. Abgestufter Pflichtenkatalog	188
2. Art und Zeitpunkt der Ermittlung	191
a) Allgemeines	191
b) Standardisierung der Einholung von Kundeninformationen	192
c) Zeitliche Abstände	195
3. Allgemeine Grenzen der Erkundigungspflicht	198
a) Erforderlichkeit der Angaben	198
b) Grundsätzlich keine Nachforschungspflicht	203

	Rn.
c) Verweigerung der Angaben durch den Kunden	205
4. Explorationspflichten bei Einschaltung Dritter	209
a) Vertretung des Kunden	209
b) Zwischengeschaltete Wertpapierdienstleistungsunternehmen	212
5. Praktische Umsetzung und Dokumentation	215
II. Die Gegenstände der Exploration im Einzelnen	217
1. Kenntnisse und Erfahrungen	217
2. Anlageziele	223
3. Finanzielle Verhältnisse	230
a) Zweck der Angaben	230
b) Gegenstand und Umfang	233
F. Pflichten bei Anlageberatung und Vermögensverwaltung	236
I. Anlageberatung	236
1. Allgemeines	236
2. Zivilrechtliche Grundlagen	242
a) Zustandekommen des Beratungsvertrages	242
b) Abgrenzung von verwandten Vertragstypen	243
c) Vertragliche Pflichten im Überblick	247
aa) Ausgangspunkt	247
bb) Anlegergerechte Beratung	249
cc) Objektgerechte Beratung	250
dd) Nachwirkende Informations- oder Warnpflichten?	252
d) Verhältnis zum Aufsichtsrecht	254
3. Die Elemente der Geeignetheitsprüfung nach Abs. 4 Satz 2	255
a) Übereinstimmung mit den Anlagezielen	256
b) Risikotragfähigkeit des Kunden	259
c) Fähigkeit des Kunden zur angemessenen Risikoeinschätzung aufgrund von Kenntnissen und Erfahrungen	260
II. Vermögensverwaltung (Finanzportfolioverwaltung)	261
1. Allgemeines	261
2. Vertragliche Pflichten im Überblick	263
a) Grundsätze ordnungsgemäßer Vermögensverwaltung	263
b) Beachtung der Vorgaben des Auftraggebers	264
c) Besondere Informationspflichten	266
d) Sonstige Pflichten	267
3. Die Geeignetheitsprüfung bei der Vermögensverwaltung	268
a) Eignung der Wertpapierdienstleistung „Finanzportfolioverwaltung"	269
b) Anforderungen an die Anlagestrategie	272
c) Geeignetheit der vom Verwalter veranlassten Transaktionen	274
G. Pflichten beim beratungsfreien Geschäft	275
I. Überblick	275
II. Explorationspflicht	279
III. Allgemeine Kriterien der Angemessenheitsprüfung (Abs. 5)	280
1. Gegenstand und Maßstab der Prüfung (Satz 2)	280
2. Hinweis- und Informationspflichten (Satz 3 bis 5)	285
a) Warnhinweis vor nicht angemessenen Geschäften	285
b) Unmöglichkeit der Angemessenheitsprüfung	287
3. Dokumentationspflichten	290
IV. Die Pflichtenlage beim Discount-Broking	292
1. Einordnung des Geschäftsmodells	292

	Rn.
2. Erkundigungspflichten des Discount-Brokers	295
3. Informationspflichten	299
H. **Pflichten beim reinen Ausführungsgeschäft**	302
I. Überblick	302
II. Die Voraussetzungen nach Abs. 7 im Einzelnen	305
1. Erwerb oder Veräußerung nicht-komplexer Finanzinstrumente	305
2. Geschäftsabschluss „auf Veranlassung des Kunden"	311
3. Warnhinweis	312
I. **Kundenbenachrichtigung nach Ausführung des Geschäfts (Abs. 8)**	313
I. Allgemeines	313
II. Berichtspflichten gegenüber Privatkunden	316
J. **Anwendung der Wohlverhaltenspflichten auf Unternehmen mit Sitz in einem Drittstaat (Abs. 10)**	322
I. Allgemeines	322
II. Konkretisierung des erforderlichen Inlandsbezugs	325
III. Überwachung durch die BaFin	327
K. **Verordnungsermächtigung (Abs. 11)**	328

A. Grundlagen

I. Regelungsgegenstand

1 § 31 normiert allgemeine Verhaltenspflichten für Wertpapierdienstleistungsunternehmen, die diese bei Erbringung ihrer Leistungen zu beachten haben. Gewisse Grundanforderungen gelten dabei für alle Wertpapierdienstleistungen und Wertpapiernebendienstleistungen, während weitergehende Pflichten nur bei bestimmten **Arten von Dienstleistungen** zu beachten sind. Grundlegend ist insoweit zunächst die Unterscheidung zwischen der Anlageberatung und Vermögensverwaltung (Finanzportfolioverwaltung) einerseits (Abs. 4) und dem beratungsfreien Geschäft andererseits (Abs. 5). Zusätzlich wird – gewissermaßen als „neue Geschäftsform" mit nochmals reduziertem Pflichteninhalt – das reine Ausführungsgeschäft in Bezug auf nicht-komplexe Finanzinstrumente geschaffen (Abs. 7).

2 Desweiteren wird der Pflichtenumfang maßgeblich dadurch bestimmt, welcher **Kundenkategorie** der jeweilige Empfänger der Dienstleistung zugeordnet ist. Das Gesetz differenziert insoweit nach ihrer typischen Schutzbedürftigkeit zwischen Privatkunden, professionellen Kunden und geeigneten Gegenparteien (vgl. § 31a Abs. 2 bis 4). Während für Geschäfte mit Privatkunden alle einschlägigen Verhaltenspflichten zu beachten sind, kommen dem Wertpapierdienstleistungsunternehmen bei der Anbahnung und Abwicklung von Geschäftsbeziehungen mit professionellen Kunden wegen deren geringerer Schutzbedürftigkeit gewisse Erleichterungen zugute, insbesondere bei der Anlageberatung und Vermögensverwaltung (Abs. 9), aber auch im beratungsfreien Geschäft.[1] Nur die absolut grundlegenden Anforderungen an eine ordnungsgemäße Wertpapier(neben)dienstleistung gelten für Geschäfte mit geeigneten Gegenparteien (vgl. § 31b Abs. 1).

3 **Ausgangspunkt aller Verhaltensregeln** ist die Verpflichtung jedes Wertpapierdienstleistungsunternehmens, seine Tätigkeit mit der erforderlichen **Sach-**

---

[1] Vgl. dazu im Einzelnen unten Rn. 188 ff., 239, 259, 260 a.

Allgemeine Verhaltensregeln 4–6 § 31

kenntnis, Sorgfalt und Gewissenhaftigkeit am Maßstab des Kundeninteresses zu erbringen. § 31 Abs. 1 Nr. 1 legt damit **die wesentlichen Grundelemente jeder Wertpapier(neben)dienstleistung** fest.[2] Ergänzt werden diese Grundanforderungen durch das Gebot, sich um die **Vermeidung von Interessenkonflikten** zu bemühen und die Kunden deutlich über die allgemeine Herkunft bestehender Interessenkonflikte aufzuklären, soweit diese sich nicht durch organisatorische Vorkehrungen ausschließen lassen (Abs. 1 Nr. 2).[3]

Voraussetzung für eine fundierte Anlageentscheidung ist, dass sie auf einer **zutreffenden Informationsgrundlage** getroffen wird. Das Gesetz verlangt insoweit zum einen, dass alle Informationen einschließlich Werbemitteilungen, die Kunden zugänglich gemacht werden, „redlich, eindeutig und nicht irreführend" sein müssen (Abs. 2, s. Rn. 97 ff.). Zum anderen verpflichtet es die Wertpapierdienstleister, ihren Kunden rechtzeitig und in verständlicher Form auch tatsächlich Informationen zur Verfügung zu stellen, die diese für eine vernünftige und selbstverantwortliche Anlageentscheidung benötigen (Abs. 3, s. Rn. 118 ff.). 4

Die Erbringung einer dem jeweiligen einzelnen Kunden und seinen individuellen Bedürfnissen gerecht werdenden Wertpapier(neben)dienstleistung ist zudem grundsätzlich nur möglich, wenn die Wertpapierdienstleistungsunternehmen ihrerseits ausreichende und zutreffende **Informationen über den Kunden,** seine Erfahrungen und Kenntnisse in Bezug auf die beabsichtigten Geschäfte, die damit verfolgten Ziele und seine finanziellen Verhältnisse haben. Die Wertpapierdienstleister müssen daher grundsätzlich entsprechende Angaben von ihren Kunden einholen (s. Rn. 188 ff.). Da das Ausmaß der benötigten Angaben maßgeblich von der Art der zu erbringenden Wertpapierdienstleistung abhängt, differenziert das Gesetz nunmehr bei der Reichweite der – ursprünglich allgemein in § 31 Abs. 2 Satz 1 Nr. 1 WpHG aF geregelten – **Erkundigungspflichten** zwischen Anlageberatung und Vermögensverwaltung (Abs. 4 Satz 1) auf der einen sowie dem beratungsfreien Geschäft (Abs. 5 Satz 1) auf der anderen Seite. Bei reinen Ausführungsgeschäften in Bezug auf nicht-komplexe Finanzinstrumente (Abs. 7) kann unter bestimmten Voraussetzungen auf die Einholung von Kundenangaben gänzlich verzichtet werden. 5

Die Existenz und Intensität der Explorationspflichten steht in unmittelbarem Zusammenhang mit den **materiellen Pflichten,** denen die Wertpapierdienstleistungsunternehmen bei verschiedenen Arten von Wertpapierdienstleistungen unterliegen. Für die **Anlageberatung und Vermögensverwaltung** (Finanzportfolioverwaltung) begründet Abs. 4 das Erfordernis einer strengen **Geeignetheitsprüfung** (dazu Rn. 255 ff.) während **im beratungsfreien Geschäft** nach Abs. 5 lediglich die Angemessenheit der Finanzinstrumente oder Wertpapierdienstleistungen zu beurteilen ist (Rn. 280 ff.) und beim reinen Ausführungsgeschäft nach Abs. 7 (dazu Rn. 302 ff.) bei entsprechender Information des Kunden auch auf diese **Angemessenheitsprüfung** verzichtet werden kann. 6

---

[2] Beschlussempfehlung und Bericht des Finanzausschusses, BT-Drucks. 12/7918, S. 103; *Schwark,* Rn. 1; s. hierzu im Einzelnen unten Rn. 13 ff.
[3] Der in § 31 Abs. 1 Nr. 2 WpHG aF noch enthaltene Passus, bei unvermeidbaren Kollisionen sei der Auftrag „unter der gebotenen Wahrung des Kundeninteresses" auszuführen, ist zwar durch das FRUG entfallen. Dadurch ist der grundsätzliche Vorrang des Kundeninteresses jedoch nicht eingeschränkt worden; vgl. unten Rn. 48, 56 ff.

Fuchs 1223

§ 31 7–9 Abschnitt 6. Verhaltensregeln, Verjährung

7   Neben der Festlegung des allgemeinen Verhaltensstandards (Abs. 1) sowie der Anforderungen an die Information der Kunden (Abs. 2 und 3), die Einholung von Kundenangaben (Explorationspflichten) und die materiellen Prüfungspflichten (Abs. 4, 5, 7 und 9) enthält § 31 einige **ergänzende Regelungen** über die **Verantwortlichkeit für fehlerhafte und unvollständige Kundenangaben** (Abs. 6), die **Berichtspflicht über ausgeführte Geschäfte** (Abs. 8, s. Rn. 313 ff.). Die kollisionsrechtliche Regelung des Abs. 10, die weitgehend dem § 31 Abs. 3 WpHG aF entspricht, erstreckt den Anwendungsbereich der meisten Verhaltenspflichten auf **Wertpapierdienstleistungsunternehmen mit Sitz in einem Drittstaat**, die Leistungen gegenüber Kunden im Inland erbringen (Rn. 322 ff.).

8   Abs. 11 enthält schließlich eine erweiterte **Ermächtigung an das Bundesministerium der Finanzen,** die Wohlverhaltenspflichten des § 31 durch eine Rechtsverordnung normativ zu konkretisieren. Davon hat Ministerium mit dem Erlass der „Verordnung zur Konkretisierung der Verhaltensregeln und Organisationsanforderungen für Wertpapierdienstleistungsunternehmen (Wertpapierdienstleistungs-Verhaltens- und Organisationsverordnung – WpDVerOV)"[4] vom 20. Juli 2007 Gebrauch gemacht.

II. Normzweck

9   § 31 dient (zusammen mit der WpDVerOV) der Umsetzung einer ganzen Reihe von wesentlichen Vorschriften der Finanzmarkt- und der dazu ergangenen Durchführungsrichtlinie (Art. 18, 19 MiFID sowie Art. 27 ff. DRL). Die Vielzahl der detaillierten Vorgaben hat im Vergleich zu § 31 WpHG aF, durch den Art. 11 Abs. 1 S. 4, 1. und 2. Spiegelstrich der WpDRL umgesetzt worden war,[5] zu einer völligen Umgestaltung und erheblichen Erweiterung der Norm von drei auf elf Absätze geführt. Die grundlegende **Zielrichtung,** die mit der Normierung der allgemeinen Verhaltenspflichten verfolgt wird, hat sich jedoch nicht verändert. Sie ist **nach wie vor eine doppelte:** Zum einen soll dadurch das Vertrauen der Anleger in ein ordnungsgemäßes Geschäftsgebaren der Wertpapierdienstleistungsunternehmen als Marktintermediäre gestärkt und damit die **Funktionsfähigkeit des Kapitalmarkts verbessert** werden; zum anderen bezwecken die Wohlverhaltenspflichten aber **auch die Stärkung der Rechtsposition des einzelnen Anlegers** und dienen somit zugleich dem Individualanlegerschutz.[6] Verstöße gegen die Wohlverhaltensregeln können daher auch zu zivilrechtlichen Schadensersatzansprüchen führen.[7]

---

[4] BGBl I S. 1432. Durch die Erste Verordnung zur Änderung der Wertpapierdienstleistungs-Verhaltens- und Organisationsverordnung vom 21. 11. 2007, BGBl. I S. 2602 sind neben kleineren Änderungen die §§ 9a, 14a über die Berichtspflichten bei Verwahrung von Kundenvermögen und die getrennte Vermögensverwahrung eingeführt worden.
[5] KölnKommWpHG-*Möllers,* Rn. 14.
[6] Vgl. nur die Hervorhebung des Anlegerschutzes in Erwägungsgrund 31 der MiFID; ebenso die ganz überwiegende Auffassung in der Literatur zum bisherigen Recht, s. nur *Lang,* Informationspflichten, § 18 Rn. 7; *Schäfer,* in: Schwintowski/*Schäfer,* § 18 Rn. 8; *Schäfer/Müller,* Rn. 32 jeweils mwN; ebenso wohl auch *Schwark,* Rn. 3.
[7] Vgl. zur Schutzgesetzeigenschaft der kundenbezogenen Verhaltenspflichten des § 31 Vor §§ 31 bis 37 a Rn. 80 ff.

Allgemeine Verhaltensregeln

III. Aufbau der Kommentierung

Der Aufbau des § 31 ist im Wesentlichen bereits im Rahmen des Überblicks **10** über die Regelungsgegenstände deutlich geworden. Dabei hat sich bereits gezeigt, dass die verschiedenen Absätze der Norm teilweise zusammenwirken, sich ergänzen oder aufeinander Bezug nehmen und durch weitere Regelungen in den §§ 31 a bis 31 e sowie §§ 33, 33 a komplettiert werden. Die Abstufung des Pflichtenkatalogs nach unterschiedlichen, sich teilweise überschneidenden Kriterien wie Art der Wertpapierdienstleistung und Kundenkategorie führt zu einem teilweise komplexen und nicht immer übersichtlichen **Ineinandergreifen verschiedener Regelungen.** Die vorliegende Kommentierung folgt deshalb nicht sklavisch den einzelnen Absätzen der Norm, sondern geht von bestimmten **Regelungskomplexen** aus:

In Abschnitt B. (Rn. 13 ff.) werden zunächst die **generellen Sorgfaltsanfor- 11 derungen und** die Verpflichtung **zur Wahrung des Kundeninteresses** nach Abs. 1 Nr. 1 behandelt, der unverändert die für alle Wertpapier(neben)dienstleistungen geltenden Minimalanforderungen normiert. Sodann (C., Rn. 45 ff.) folgt die Kommentierung der redaktionell überarbeiteten, aber im Kern ebenfalls erhalten gebliebenen Vorschrift über die **Vermeidung und Offenlegung von Interessenkonflikten** (Abs. 1 Nr. 2). Spezielle Regelungen mit einem engen Bezug zur Bewältigung von Interessenkonflikten enthalten § 31 d (Zuwendungen) und § 33 Abs. 1 Satz 2 Nr. 3 (Organisationspflichten). Die **Information des Kunden** durch das Wertpapierdienstleistungsunternehmen, die generell dabei zu beachtenden Anforderungen nach Abs. 2 ebenso wie die allgemeinen Informationspflichten zur Ermöglichung einer fundierten Anlageentscheidung nach Abs. 3 werden unter D. (Rn. 93 ff.) erörtert. Es folgen die Grundsätze der **Erkundigungspflichten über den Wertpapierkunden** (E., Rn. 188 ff.), bevor die **Besonderheiten** der Informations-, Explorations- und materiellen Prüfungspflichten speziell **für einzelne Arten von Wertpapierdienstleistungen** wie Anlageberatung und Vermögensverwaltung (F., Rn. 236 ff.), beratungsfreies Geschäft (G., Rn. 275 ff.) und reines Ausführungsgeschäft (H., Rn. 302 ff.) kommentiert werden. Im jeweiligen Kontext wird dabei auch auf den geringeren Pflichtenumfang für professionelle Kunden (Abs. 9) eingegangen, während allgemeine Fragen der Kundenkategorisierung, der Wechsel in eine andere Kundengruppe durch Hoch- oder Herabstufung im Rahmen der Kommentierung des § 31 a bzw. § 31 b behandelt werden.

Konkrete Vorgaben für die Bearbeitung von Kundenaufträgen enthält § 31 c, **12** der durch die organisatorischen Anforderungen zur Umsetzung der *„best execution policy"* nach § 33 a ergänzt wird. Lediglich die Pflicht zur Benachrichtigung des Kunden nach Ausführung eines Wertpapiergeschäfts ist in § 31 Abs. 8 geregelt (I., Rn. 313 ff.). Die Anwendung der Wohlverhaltensregeln auf Unternehmen mit Sitz in einem Drittstaat regelt Abs. 10 (J., Rn. 322 ff.)

B. Sorgfaltsanforderungen und Wahrung des Kundeninteresses (Abs. 1 Nr. 1)

I. Grundlagen

1. Leitbild ordnungsgemäßer Wertpapierdienstleistung

13 Wertpapierdienstleistungsunternehmen müssen ihre Tätigkeit mit der erforderlichen **Sachkenntnis, Sorgfalt und Gewissenhaftigkeit** erbringen und sich dabei immer am **Kundeninteresse** orientieren. Mit diesen grundlegenden Anforderungen normiert § 31 Abs. 1 Nr. 1 gewissermaßen das gesetzliche Leitbild ordnungsgemäßer Wertpapierdienstleistung.[8] Die Vorschrift weist deutliche Parallelen zu den zivilrechtlichen Pflichten eines Kommissionärs nach § 384 Abs. 1 HGB auf, der seine Tätigkeit ebenfalls mit der „Sorgfalt eines ordentlichen Kaufmanns" auszuführen hat und dabei einer Interessenwahrungspflicht zugunsten des Kommittenten unterliegt.[9] Auch in dieser Vorschrift werden die beiden Dimensionen der **Sorgfalts- und Interessenwahrungspflicht** unterschieden. Trotz gewisser Überschneidungen können sie nicht gleichgesetzt werden, sondern betreffen ähnlich wie die Sorgfalts- und Treuepflichten von Organmitgliedern juristischer Personen unterschiedliche Aspekte, wie sie im anglo-amerikanischen Rechtskreis mit den Begriffen der *duty of care* und *duty of loyalty* umschrieben werden. Die Pflicht zur Interessenwahrung ist prinzipiell unabhängig von dem erforderlichen Aufwand zu erfüllen, während das Ausmaß der geschuldeten Sorgfalt dem Grundsatz der Verhältnismäßigkeit unterliegt.[10]

14 Mit Abs. 1 Nr. 1 ist ursprünglich Art. 11 Abs. 1 Satz 4, 2. Spiegelstrich der **WpDRL** von 1993 umgesetzt worden,[11] wobei allerdings einige Unklarheiten oder Ungereimtheiten aufgetreten sind:[12] So fehlt in der deutschen Norm neben der Erwähnung der gebotenen Sachkenntnis, Sorgfalt und Gewissenhaftigkeit die Bezugnahme darauf, dass die Tätigkeit auch „im bestmöglichen Interesse ihrer Kunden und der Integrität des Marktes" auszuüben ist. Abs. 1 Nr. 1 beschränkt sich insoweit auf das (einfache) Interesse der Kunden. Zudem ist nach Art. 11 Abs. 1 Satz 4, 1. Spiegelstrich WpDRL bei der Ausübung der Tätigkeit „recht und billig" sowie im „bestmöglichen" Interesse der Kunden zu handeln.[13] Die

---

[8] Vgl. *Schwark*, Rn. 1 („Grundelemente jeder Wertpapierdienstleistung"); Überblick bei *Leisch*, S. 113 ff.; *Kümpel* WM 1995, 689; *Schwennicke* WM 1998, 1101; *Koller*, in: *Assmann/Schneider*, vor § 31; *Eisele*, in: Bankrechtshandbuch, § 109 Rn. 23 f.; *Schön*, S. 33 ff.; *Arendts*, Jahrbuch 1995, S. 165, 171 ff.; *Bliesener*, S. 217; grundlegend *Hopt*, Kapitalanlegerschutz, S. 8 ff., 59 ff; 82 ff., 288 ff.; 351 ff., 440 ff.

[9] *Balzer* ZBB 1997, 260, 264; *Kümpel* WM 1995, 689; *ders.* Bank- und Kapitalmarktrecht, Rn. 16.519; *Schäfer*, Rn. 4; *Bliesener*, S. 217; *Wieneke*, S. 108.

[10] KölnKommWpHG-*Möllers*, Rn. 64; *Koller*, in: Großkomm. HGB, § 384 Rn. 17.

[11] Im Bericht des Finanzausschusses, BT-Drucks. 12/7918, S. 97, 103 wird daneben auch Art. 11 Abs. 1, 3. Spiegelstrich WpDRL erwähnt, der sich jedoch nur auf die Verfügbarkeit und den Einsatz der für einen erfolgreichen Abschluss der Tätigkeit erforderlichen Mittel und Verfahren bezieht. Diese Vorgabe ist seinerzeit durch § 33 WpHG aF umgesetzt worden.

[12] Vgl. hierzu *Koller*, in: *Assmann/Schneider*, Rn. 1 f., 8; *Schön*, S. 33 ff.; *Wieneke*, S. 78.

[13] Im Bericht des Finanzausschusses, BT-Drucks. 12/7918, S. 97, 103 fehlt ein Hinweis auf die Umsetzung des ersten Spiegelstrichs von Art. 11 Abs. 1 WpDRL gänzlich. In der Sache deckte § 31 Abs. 1 Nr. 1 WpHG aF aber die Kriterien dieser Vorschrift ebenfalls mit ab.

Allgemeine Verhaltensregeln 15, 16 § 31

hier erkennbaren Unstimmigkeiten in der Umsetzung werden auf eine erhebliche Hektik im Gesetzgebungsverfahren zurückgeführt, ließen sich aber im Wege einer richtlinienkonformen Auslegung weitgehend ausräumen.[14]
Die Richtlinie über Märkte für Finanzinstrumente (**MiFID**)[15] regelt nunmehr **15** den Grundsatz der Interessenwahrung in Art. 19 Abs. 1. Hiernach müssen die Wertpapierfirmen ihre Dienstleistungen „**ehrlich, redlich und professionell im bestmöglichen Interesse** ihrer Kunden" erbringen. Durch den Austausch einzelner Vokabeln gegenüber Art. 11 Abs. 1 Satz 4, 1. und 2. Spiegelstrich WpDRL hat sich am Leitbild der ordnungsgemäßen Wertpapierdienstleistung offensichtlich nichts geändert,[16] so dass sich auch der deutsche Gesetzgeber (trotz der bislang nicht ganz befriedigenden Umsetzung der WpDRL) zu keinen Modifikationen in Abs. 1 Nr. 1 veranlasst gesehen hat.[17] Das ist unschädlich, weil materiell keine Divergenzen zwischen Richtlinie und WpHG bestehen: Da das Kundeninteresse nicht teilbar ist, muss es bei der Wahl zwischen mehreren zumutbaren Handlungsoptionen immer „bestmöglich" gefördert werden, wobei nach § 242 BGB zugleich ein ehrliches und redliches Verhalten geschuldet ist.[18] Der Wertpapierdienstleister muss bei der Erbringung der Dienstleistung weiter die fachlichen Voraussetzungen erfüllen und die verkehrserforderliche Sorgfalt anwenden.[19] Allerdings enthalten die Art. 21 ff. MiFID sowie die dazu ergangene DRL weitreichende Präzisierungen und Ausformungen der allgemeinen Interessenwahrungspflicht. So konkretisiert Art. 21 Abs. 1 Satz 1 MiFID den Grundsatz der „*best execution*", Art. 22 Abs. 1 MiFID das Prinzip der unverzüglichen Ausführung *(„timely execution")* unter Bezugnahme auf das „bestmögliche Ergebnis" für den Kunden. Diese Vorschriften erfordern eine Nachbildung im nationalen Recht und haben daher zu einer erheblichen Zahl von neuen Detailregelungen auch außerhalb des § 31 Abs. 1 Nr. 1 mit teils verhaltensbezogenen, teils organisatorischen Vorgaben geführt (vgl. §§ 31 c, 33 a WpHG, 10, 11 WpDVerOV).

2. Verhältnis zu den übrigen Verhaltenspflichten

Die Grundelemente der ordnungsgemäßen Wertpapierdienstleistung nach **16** Abs. 1 Nr. 1 stehen in einem engen **funktionalen Zusammenhang** mit den weiteren Verhaltensregeln der §§ 31 ff.:[20] **Abs. 1 Nr. 2** stärkt die Ausrichtung des Wertpapierdienstleistungsunternehmens auf die Verfolgung des Kundeninteresses, indem es präventiv zur **Vermeidung von** (transaktionsbezogenen)[21] In-

---

[14] *Köndgen* ZBB 1996, 361; *Koller,* in: *Assmann/Schneider,* 3. Aufl., Rn. 2, 7; *Schön,* S. 36.
[15] ABl. EG vom 30. 4. 2004 Nr. L 145/1.
[16] So auch KölnKommWpHG-*Möllers,* Rn. 17 (keine Änderung durch Art. 19 Abs. 1 MiFID gegenüber Art. 11 Abs. 1 Satz 4, 1. Spiegelstrich WpDRL).
[17] In der Gesetzesbegründung zum FRUG finden sich zu dem unveränderten § 31 Abs. 1 Nr. 1 WpHG keinerlei Ausführungen, vgl. BT-Drucks. 16/4028, S. 52 f., 63.
[18] Vgl. KölnKommWpHG-*Möllers,* Rn. 73 ff., der daher eine richtlinienkonforme Auslegung für nicht erforderlich hält.
[19] *Schwark* Rn. 5; *Roth,* in: *Assmann/Schütze,* § 11 Rn. 85. Eine branchenübliche Sorgfalt genügt nicht.
[20] Zu Aufbau und Systematik des neuen § 31 vgl. Rn. 3 ff. sowie Vor §§ 31 bis 37 a Rn. 32 ff.; zu § 31 WpHG aF s. *Leisch,* S. 111 ff.
[21] Strukturellen Interessenkonflikten ist mittels organisatorischen Vorkehrungen entgegen zu wirken, vgl. § 33 Abs. 1 Satz 2 Nr. 3 und dazu § 33 Rn. 91 ff.

§ 31 17–19 Abschnitt 6. Verhaltensregeln, Verjährung

teressenkonflikten und im Übrigen bei Interessenkonflikten zur **Aufklärung des Kunden** über verbleibende Risiken einer Beeinträchtigung seiner Interessen angehalten wird (vgl. näher unten Rn. 61 f., 68 ff.). Die Streichung des zweiten Halbsatzes über die vorrangige Wahrung des Kundeninteresses hat keine materiellen Auswirkungen, da sich das gleiche nach wie vor bereits aus Abs. 1 Nr. 1 ergibt (vgl. unten Rn. 48). Interessenkonflikte durch Zuwendungen an und durch Dritte regelt § 31 d.

17 Als Konkretisierung der Sorgfaltspflicht lassen sich die allgemeinen **Anforderungen an** die den Kunden zugänglich gemachten **Informationen** (einschließlich Werbemitteilungen) nach Abs. 2 einordnen („redlich, eindeutig und nicht irreführend"), während die generellen **Informationspflichten** gemäß Abs. 3 – ebenso wie die Angemessenheits- bzw. Geeignetheitsprüfung einschließlich der jeweiligen vorbereitenden **Explorationspflichten** nach Abs. 4 bis 7 – auf die Ermöglichung einer informierten Anlageentscheidung des Kunden und damit auf die Wahrung seiner Interessen ausgerichtet sind. Die **Berichtspflicht** über ausgeführte Geschäfte (Abs. 8) ermöglicht eine Kontrolle des Wertpapierdienstleisters und dient damit ebenso den Kundeninteressen wie die speziellen Pflichten für die Bearbeitung von Kundenaufträgen nach § 31 c.

18 Angesichts des erheblich höheren Detaillierungsgrades der Wohlverhaltenspflichten nach den §§ 31 ff. WpHG nF einschließlich der Ausführungsvorschriften in der WpDVerOV und vor allem wegen des **abschließenden Charakters der MiFID**, die im Gegensatz zur WpDRL keine bloße Mindestharmonisierung darstellt, sondern dem **Prinzip der Vollharmonisierung** folgt,[22] bleibt in Zukunft praktisch kein Raum mehr für eine Ableitung weiterer, konkreter Verhaltensgebote aus dem gesetzlichen Leitbild ordnungsgemäßer Wertpapierdienstleistung in Abs. 1 Nr. 1. Das gilt aber nur für die Entwicklung weitergehender **aufsichtsrechtlicher Standards**. Die Anwendung ggf. strengerer zivilrechtlicher Pflichten im Einzelfall, insbesondere im Rahmen des von der Rechtsprechung seit dem grundlegenden „Bond-Urteil" des BGH entwickelten „beweglichen Systems" von Aufklärungs- und Beratungspflichten,[23] wird durch die MiFID nicht gesperrt.[24] Vielmehr bleibt es der zivilgerichtlichen Rechtsprechung nach wie vor überlassen, im Einzelfall konkrete Sorgfaltsanforderungen und Präzisierungen der Interessenwahrungspflicht von Wertpapierdienstleistern herauszuarbeiten.

19 Enge Verbindungen bestehen zwischen § 31 und den **Organisationspflichten des § 33**, welche erst die Voraussetzung für eine dauerhafte und regelmäßige Erbringung interessengerechter Wertpapierdienstleistungen schaffen.[25] Eine Organisationspflichtverletzung nach § 33 stellt aber nicht stets zugleich einen Verstoß gegen das Gebot zur Wahrung des Kundeninteresses nach § 31 Abs. 1

---

[22] Vgl. *Möllers,* WM 2008, 93, 96; weitergehend („Maximalharmonisierung") *Mülbert* ZHR 172 (2008) 170, 176 f.

[23] BGHZ 123, 126 = WM 1993, 1455 (Bond) = NJW 1993, 2433; näher hierzu zB *Schäfer* in *Schwintowski/Schäfer,* § 18 Rn. 18 ff.; *Ellenberger* in *Ellenberger/Schäfer,* S. 65 ff.; *Hannöver* in Bankrechtshandbuch, § 110 Rn. 30 ff. jeweils mwN.

[24] So aber *Mülbert* ZHR 172 (2008) 170, 183 ff.; *ders.* WM 2007, 1149, 1156 f. (MiFID als „Maximalstandard", der auch strengeres Zivilrecht sperrt); im Ergebnis wie hier dagegen *Veil* WM 2007, 1821, 1825 f.; *Koller,* FS Huber, 2006, S. 821, 839 f.; vgl. näher unten Rn. 254 und § 31 d Rn. 6, ferner Vor §§ 31 bis 37 a Rn. 59, 61 f.

[25] Dazu im Einzelnen die Kommentierung zu § 33.

Nr. 1 dar. Denn im Mittelpunkt des § 33 steht das öffentliche Interesse an der Erhaltung der Funktionsfähigkeit des Kapitalmarkts; die Vorschrift hat keinen individualschützenden Charakter, [26] auch wenn nicht ausgeschlossen ist, dass einzelne konkrete Organisationspflichten zugleich aus der Notwendigkeit zur Wahrung spezifischer Kundeninteressen i. S. d. § 31 Abs. 1 Nr. 1 abzuleiten sind und sich insoweit gewisse Überschneidungen im Anwendungsbereich beider Vorschriften ergeben.

II. Die Sorgfaltspflicht

1. Allgemeines

Die Begriffe **Sachkenntnis, Sorgfalt und Gewissenhaftigkeit** wurden wörtlich aus der deutschen Fassung des Art. 11 Abs. 1, 2. Spiegelstrich WpDRL übernommen.[27] Dass Wertpapierdienstleistungen unter Beachtung dieser Anforderungen sowie im Interesse des Kunden zu erbringen sind, ergibt sich grundsätzlich bereits aus den vertraglichen oder vorvertraglichen Rechtsverhältnissen, die der Erbringung von Wertpapier(neben)dienstleitungen zugrunde liegen.[28] Abs. 1 Nr. 1 statuiert daher insoweit lediglich deklaratorisch einen Sorgfaltsmaßstab, den jeder ordentliche Kaufmann ohnehin einzuhalten hat.[29] Eine wesentliche und eigenständige Bedeutung erhält die Vorschrift aber dadurch, dass diese **typisch zivilrechtlichen Verhaltensstandards ins öffentlich-rechtliche Recht transponiert werden und aufsichtsrechtliche Qualität** gewinnen. Damit unterliegt ihre Einhaltung zum einen **behördlicher Kontrolle,** zum anderen können die öffentlich-rechtlichen Verhaltenspflichten grundsätzlich weder abbedungen noch beschränkt werden.[30] Das hat insofern besondere Bedeutung, als beide Formen der Verhaltenspflichten inhaltlich praktisch identisch sind.[31]

2. Sachkenntnis

a) Inhalt und Umfang

Mit Sachkenntnis ist das **Wissen** des Wertpapierdienstleistungsunternehmens **um die im konkreten Fall** für die Erbringung der Dienstleistung **erheblichen sachlichen Umstände** gemeint.[32] Der Wertpapierdienstleister muss sicherstellen, dass ihn alle relevanten Informationen erreichen oder zumindest (auf Nachfrage) kurzfristig zur Verfügung stehen und auch bei Erbringung der Wertpapier-

---

[26] Vgl. zur fehlenden Schutzgesetzeigenschaft des § 33 Vor §§ 31 bis 37 a Rn. 83.
[27] *Koller,* in: *Assmann/Schneider,* Rn. 5; *Schäfer,* Rn. 4; *Schwark,* Rn. 4.
[28] *Balzer* ZBB 1997, 260, 264; *Köndgen* NJW 1996, 558, 569; *Schäfer,* Rn. 4; aA *Heinsius* WM 1996, 421, 423.
[29] *Kümpel* WM 1995, 689; *Balzer* ZBB 1997, 260, 264; *Cahn* ZHR 162 (1998), 1, 33 ff.; *Reich* WM 1997, 1601, 1602 ff.; *Koller,* in: *Assmann/Schneider,* Rn. 159; *Schäfer,* Rn. 4; *Bliesener,* S. 213; *Schäfer/Müller* Rn. 69 f, *Schön,* S. 34.
[30] Dazu bereits zu §§ 31 bis 37 a Rn. 56.
[31] Wohl allg. Meinung, s. nur *Schäfer,* in: *Schwintowski/Schäfer* § 18 Rn. 13; näher zur „Ausstrahlungswirkung" der öffentlich-rechtlichen Wohlverhaltensregeln auf das Zivilrecht *Lang,* Informationspflichten, § 6 Rn. 10 ff. sowie oben Vor §§ 31 bis 37 a Rn. 60 ff.
[32] *Ellenberger,* WM Sonderbeilage Nr. 1 zu Heft 15/2001, S. 5; *Schwennicke* WM 1997, 1265, 1274 f.; *Koller,* in: *Assmann/Schneider,* Rn. 8; *Schäfer,* Rn. 4 f.; *Kümpel,* Bank- und Kapitalmarktrecht Rn. 16.549.

dienstleistung berücksichtigt werden. Sind die erforderlichen Kenntnisse nicht vorhanden, hat das Wertpapierdienstleistungsunternehmen sich diese durch **Nachforschungen und Erkundigungen** zu verschaffen.[33]

22   Sachkenntnis setzt zunächst zwingend die **Kenntnis sämtlicher Eigenschaften und Risiken des** avisierten **Anlageobjekts** voraus (Prinzip des „**know your product**").[34] Die Sachkenntnis beschränkt sich dabei nicht auf die eigentlichen Produkteigenschaften wie etwa die Hebelwirkung von Optionsscheinen oder das Kursrisiko bei Aktien, sondern erstreckt sich **auch** auf die **Rahmenbedingungen und äußeren Umstände,** die für Einschätzung und Bewertung des Produktes von Bedeutung sind. Darunter sind rechtliche Bedingungen ebenso zu fassen wie marktbezogene Rahmenbedingungen, zu denen etwa **aktuelle Markt- und Konjunkturdaten** sowie die allgemeine Markt- oder Börsenstimmung gehören.[35] Grundsätzlich erfasst die Sachkenntnis nicht nur die abstrakt-pauschalen Produkteigenschaften als solche, sondern auch die **konkreten individuellen Produktmerkmale** wie zB die **konkreten Wirtschaftsdaten und Verhältnisse eines in Frage stehenden Emittenten.**[36]

23   Für die Konkretisierung und **Bestimmung des Umfangs** der gebotenen Sachkenntnis ist **nicht** auf einen (empirisch verstandenen) **durchschnittlichen Angehörigen der Wertpapierbranche** mit üblichen theoretischen Kenntnissen und einer durchschnittlichen Erfahrung abzustellen.[37] Vielmehr handelt es sich (auch insoweit)[38] um einen **normativen Maßstab** eines ordentlichen Wertpapierdienstleistungsunternehmens,[39] der **auf die gebotene Wahrung des Kundeninteresses bezogen** ist. Davon abweichende tatsächliche Umstände können die Anforderungen der Wohlverhaltensregeln nicht relativieren. Daher kann der Umfang der gebotenen Sachkenntnis grundsätzlich nicht von der Größe oder der üblichen Geschäftstätigkeit des jeweiligen Wertpapierdienstleistungsunternehmens abhängig gemacht werden.[40] Denn es widerspräche einem wirksamen Anlegerschutz, wenn die für Wertpapierkunden elementaren Standards je nach dem konkreten Erbringer der Wertpapierdienstleistung variieren könnten.

24   Im Übrigen korrespondiert der Umfang der erforderlichen Sachkenntnis mit der **Bedeutung der Anlageentscheidung:** Je höher das Verlust- oder Ausfallri-

---

[33] BGHZ 123, 126 = WM 1993, 1455, 1456 (Bond) = NJW 1993, 2433 = EWiR 1993, 857 m. Anm. *Köndgen* = WuB I G 4.-4.93 Anm. *Schwark;* aus der Lit. *Ellenberger,* WM Sonderbeilage Nr. 1 zu Heft 15/2001, S. 5; *Horn* WM 1999, 1, 5; *Heinsius* ZBB 1994, 47, 52 ff.; *ders.* ZHR 145 (1981), 177, 189 ff.; *Schäfer,* Rn. 4; *Schäfer/Müller* Rn. 148; *Schäfer* in: *Schwintowski/Schäfer,* § 18 Rn. 15; *Schwark,* Rn. 5.
[34] *Arendts,* Jahrbuch 1995, 165, 171, 176; *Schäfer* in: *Schwintowski/Schäfer,* § 18 Rn. 13.
[35] Vgl. *Roth* in *Assmann/Schütze,* § 11 Rn. 37, 42, 56, 87.
[36] Vgl. *Koller* in *Assmann/Schneider,* Rn. 133, 136; *Roth* in *Assmann/Schütze,* § 11 Rn. 35, 42, 57.
[37] So aber offenbar *Schäfer,* in: *Schwintowski/Schäfer,* § 18 Rn. 13 (für die Anlageberatung in Ermangelung von Marktstandards); dagegen wie hier *Koller,* in: *Assmann/Schneider,* Rn. 7 aE; *Schwark,* Rn. 5.
[38] Zur verkehrserforderlichen Sorgfalt sogleich unten Rn. 28 f.
[39] *Balzer* ZBB 1997, 260, 264; *Brandt,* 194 f.; *Koller,* in: *Assmann/Schneider,* Rn. 7 aE; *Schwark,* Rn. 5; ebenso *Schäfer,* Rn. 5; vgl. aber auch *dens.,* in: *Schwintowski/Schäfer,* § 18 Rn. 13.
[40] *Buhk,* S. 124; **aA** LG Frankfurt a.M. WM 1993, 194, 195; LG Traunstein, WM 1993, 207, 209.

siko der in Frage stehenden Anlage, desto umfassender sind insoweit die Anforderungen an das Wertpapierdienstleistungsunternehmen.[41] Auch bei einer normativ verstandenen Sachkenntnis darf von Wertpapierdienstleistungsunternehmen und ihren Mitarbeitern **nichts Unzumutbares oder gar Unmögliches** verlangt werden. Falls sich der Wertpapierdienstleister im Ausnahmefall trotz entsprechender Vorkehrungen nur über unzureichende Kenntnis verfügt und sich ausreichende Sachkenntnis auch nicht mit zumutbarem Aufwand verschaffen kann, muss er dies dem Anlageinteressenten klar und erkennbar **offen legen**.[42] Unzumutbarkeit ist etwa erreicht, wenn ein Kunde an eine kleine Volksbankfiliale auf dem Land mit dem Wunsch herantritt, abgetrennte Dollaroptionsscheine einer Tochtergesellschaft der Deutschen Bank auf den niederländischen Antillen erwerben zu wollen. In einem solchen Fall darf das Wertpapierdienstleistungsunternehmen den Auftrag auch dann ausführen, wenn es offen legt, dass es derartige Geschäfte üblicherweise nicht vornimmt und daher auch keine entsprechenden Informationen erteilen kann.[43]

b) Verschaffung der Sachkenntnis (Recherchepflichten)

Die erforderliche Sachkenntnis hat sich der Mitarbeiter des Wertpapierdienst- 25
leistungsunternehmens aus **nationalen Börsenpflichtblättern, Fachliteratur und Tagespresse**[44] sowie **Brancheninformationsdiensten**,[45] **Datenbanken**[46] und **Ratings**[47] zu verschaffen. Dabei muss er aber nur solche Beiträge beachten, die auf zuverlässiger Berichterstattung und Recherche beruhen und daher als **qualitativ zuverlässig** gelten, also vor allem die überregionalen Tageszeitungen mit eigenem Wirtschaftsteil.[48] Für die Sachkenntnis hinsichtlich Kapitalanlagen im Bereich der grauen Kapitalmärkte kommt es auch auf die Kenntnis der einschlägigen Brancheninformationsdienste bzw. Branchenblätter an.[49] Das gilt ungeachtet des teilweise polemischen Stils mancher dieser Dienste.[50]

Soweit für die Beurteilung einer Anlage Informationen wichtig sind, die nicht 26
in nationalen Blättern enthalten sind, müssen auch **ausländische Publikationen** herangezogen werden.[51] So kann es im Einzelfall zB erforderlich sein, die Originalausgabe der Financial Times zu lesen und sich Kenntnis über ausländi-

---

[41] *Heinsius* ZBB 1994, 47, 53; *Escher-Weingart* JZ 1994, 104, 105; *Buhk,* S. 123.
[42] BGH WM 1999, 2300, 2302; BGH WM 1998, 274; BGH WM 1998, 1391; aus der Lit. nur *Koller,* in: *Assmann/Schneider,* Rn. 153; *Kümpel,* Bank- und Kapitalmarktrecht, Rn. 16.549; *Schäfer/Müller* Rn. 148.
[43] BGH WM 1998, 274; *Nobbe,* Bankrecht 1998, S. 235, 241.
[44] BGHZ 123, 126 = WM 1993, 1455, 1456 = OLG Braunschweig, WM 1996, 1484, 1485; LG Hamburg WM 1993, 196, 200; LG Hannover WM 1993, 201, 204; aus der Lit. nur *Arendts* JuS 1994, 915, 917; *ders.* ÖBA 1994, 251, 254; *Buhk,* S. 122 f.
[45] *Arendts* DStR 1997, 1649, 1652.
[46] *Arendts* DStR 1997, 1649, 1652.
[47] OLG Schleswig WM 1996, 1089 (Hafnia); *Arendts* WM 1993, 229 mwN.
[48] In BGHZ 123, 126 = WM 1993, 1455, 1456 (Bond) hatte der BGH eine Verpflichtung angenommen, die Frankfurter Allgemeine Zeitung (FAZ), die Börsenzeitung und das Handelsblatt zu lesen; einschränkend *Buhk,* S. 122.
[49] *Arendts* DStR 1997, 1649, 1652.
[50] So wird etwa die Lektüre des Gerlach-Reports überwiegend für zwingend gehalten, vgl. *Assmann,* ZIP 2002, 637, 641 mwN aus der Instanzrechtsprechung.
[51] BGHZ 123, 126 = WM 1993, 1455 (Bond); OLG Braunschweig WM 1996, 1484 (Polly-Peck).

§ 31 27, 28 Abschnitt 6. Verhaltensregeln, Verjährung

sche Ratings zu verschaffen.[52] Während Veröffentlichungen in der seriösen Wirtschaftspresse auszuwerten und der Kunde ggf. über Negativberichterstattungen zu informieren ist, brauchen Mutmaßungen, Gerüchte oder lancierte Einschätzungen aus zweiter Hand nicht berücksichtigt zu werden.[53]

27 Das Wertpapierdienstleistungsunternehmen muss von den Emittenten oder Anbietern veröffentlichte Broschüren, Prospekte und Geschäftsberichte **zur Kenntnis nehmen und auswerten.** Dabei hat es insbesondere **Warnsignale** wie Gewinn- oder Umsatzeinbrüche, einen Austausch der Führungsspitze oder strafrechtlich relevante Handlungen im Rahmen der Geschäftsführung zu beachten und bei der Information und Beratung seiner Kunden zu berücksichtigen.[54] Andererseits darf sich das Wertpapierdienstleistungsunternehmen nicht allein und generell auf die Informationen der Emittenten oder Anbieter verlassen, sondern muss sich seine Sachkenntnis, soweit möglich und zumutbar, **auch aus anderen, neutralen Quellen beschaffen.** Jedenfalls darf es sich nicht auf Informationen solcher Personen verlassen, die ein eigenes Interesse an dem Vertrieb der in Frage stehenden Anlagen haben[55] oder an deren Seriosität oder Professionalität Zweifel bestehen. Das Wertpapierdienstleistungsunternehmen ist aber grundsätzlich nicht für die Richtigkeit von Informationen verantwortlich, die es sich ohne eigene Recherche aus **anerkannt seriöser Quelle** verschafft hat.[56] Dies gilt jedenfalls dann, wenn dem Kunden gegenüber ausdrücklich erklärt wird, sich Informationen aus „dritter Hand" bedient zu haben.[57]

3. Sorgfalt und Gewissenhaftigkeit

28 Die Verpflichtung der Wertpapierdienstleistungsunternehmen zu **sorgfältigem und gewissenhaftem** Verhalten konkretisiert die allgemeine Interessenwahrungspflicht gegenüber ihren Kunden[58] und schreibt insoweit für die Durchführung der Dienstleistung die Einhaltung der in **§§ 276 Abs. 1 S. 2 BGB, 347 Abs. 1 HGB** verankerten Pflichtenstandards vor.[59] Teilweise wird die damit in Bezug genommene **verkehrserforderliche Sorgfalt**[60] im Hinblick auf anderssprachige Textfassungen der WpDRL darüber hinaus im Sinne einer besonderen Fürsorgepflicht interpretiert.[61] Das ist jedoch weder notwendig noch überzeugend: Zumindest die englische Fassung der WpDRL in diesem Punkt („with due skill, care and diligence") deutet eher auf einen negligence-Standard

---

[52] Dies wurde angenommen in BGHZ 123, 126 = WM 1993, 1455 (Bond); LG Hamburg, WM 1993, 196, 197; dazu zB *Schäfer* in: *Schwintowski/Schäfer,* § 18 Rn. 18 ff.
[53] *Roth* in *Assmann/Schütze,* § 11 Rn. 87; *Richrath* WM 2004, 653, 656 mwN.
[54] *Arendts* DStR 1997, 1649, 1651.
[55] OLG Karlsruhe WM 1989, 1380.
[56] OLG Frankfurt a. M. WM 2002, 957 = EWiR 2002, 607 m. Anm. *Schweiger.*
[57] OLG Frankfurt a. M. WM 2002, 956 = WuB I G 1. 2–02 m. Anm. *Schwennicke.*
[58] *Schäfer,* in: *Schwintowski/Schäfer,* § 18 Rn. 13; *Koller,* in: *Assmann/Schneider,* Rn. 6; *Eisele* in Bankrechtshandbuch, § 109 Rn. 23.
[59] Vgl. *Schwark,* Rn. 5; *Balzer,* ZBB 1997, 260, 264; *Schäfer/Müller* Rn. 147; *Bliesener,* S. 208 f.
[60] S. nur *Lang,* Informationspflichten, § 7 Rn. 8; *Schäfer,* in: *Schwintowski/Schäfer,* § 18 Rn. 13 aE; *Schwark,* Rn. 5; insoweit übereinstimmen *Koller,* in: *Assmann/Schneider,* Rn. 7.
[61] So *Koller,* in: *Assmann/Schneider,* Rn. 7.

hin.[62] Zudem ergibt sich die Verpflichtung auf eine fremdnützige Tätigkeit einerseits schon aus dem Charakter der Wertpapierdienstleistung selbst, andererseits aus Art. 11 Abs. 1, 1. Spiegelstrich. Dieser verlangt, dass sich die Wertpapierdienstleister „recht und billig" („honestly and fairly") im bestmöglichen Interesse ihrer Kunden zu verhalten haben.[63] Daran hat sich in der Sache unter der Geltung des Art. 19 Abs. 1 MiFID („honestly, fairly and professionally in accordance with the best interests of its clients"/„ehrlich, redlich und im bestmöglichen Interesse ihrer Kunden") nichts geändert. Das „professionally" wird man ohne weiteres als verkürzte Umschreibung des bisherigen Standards von „due skill, care and diligence" interpretieren können.[64]

Festzuhalten bleibt aber, dass die in Abs. 1 Nr. 1 ausdrücklich erwähnte **Erforderlichkeit** sich nicht allein auf die Sachkenntnis bezieht, sondern auch auf die beiden folgenden Begriffe Sorgfalt und Gewissenhaftigkeit erstreckt.[65] Zudem darf sie nicht im Sinne eines Minimalstandards als die Sachkunde oder Sorgfalt interpretiert werden, die nötig ist, um überhaupt Dienstleistungen dieser Art erbringen zu können. Vielmehr kommt es in jeder Hinsicht auf die **Verkehrserforderlichkeit** im gleichen Sinne wie beim normativen Maßstab des Handelns eines ordentlichen Kaufmanns an.[66] Der **Maßstab der verkehrserforderlichen Sorgfalt als objektivierter Verhaltensstandard** gilt auch dann, wenn zwischen den Parteien die Maßgeblichkeit ausländischen Rechts vereinbart wurde.[67] Es handelt sich um einen im professionellen Wertpapiergeschäft stets zu beachtenden allgemeinen Verhaltensstandard.

Der Verpflichtung zu gewissenhaftem Handeln kommt hingegen **keine eigenständige Bedeutung** zu. Weder ist der Maßstab der Gewissenhaftigkeit subjektiv zu verstehen noch kommt ihm die Funktion einer objektiv gesteigerten Sorgfaltspflicht zu. Denn anders als teilweise für den Bereich der gewissenhaften Prüfung durch Wirtschaftsprüfer in § 323 Abs. 1 S. 1 HGB vertreten,[68] ist § 31 WpHG von dem allgemeinen **Leitgedanken der** fremdnützigen **Interessenwahrung** geprägt.[69] Bei den Begriffen Sorgfalt und Gewissenhaftigkeit im WpHG handelt es sich der Sache nach um ein **Begriffspaar,** dessen beide Elemente im Wesentlichen das gleiche meinen und daher **prinzipiell austauschbar** sind.[70] Eine nicht gewissenhaft erbrachte Leistung wird dem Maßstab der gebotenen Sorgfalt regelmäßig nicht genügen können. Umgekehrt wird eine un-

---

[62] Vgl. *Blair,* Financial Services, S. 8; *Bliesener,* S. 217 ff. (objektiver Maßstab iS einer qualifizierten Sorgfaltspflicht). Aspekte einer Treue- oder Fürsorgepflicht werden im angelsächsischen Raum üblicherweise unter dem Begriff der „duty of loyalty" behandelt.
[63] Auch nach Auffassung von *Koller,* in: *Assmann/Schneider,* Rn. 9, unterstreicht diese Formulierung die Pflicht der Wertpapierdienstleister, sich als Interessenwahrer zu verstehen.
[64] So auch KölnKommWpHG–*Möllers,* Rn. 66.
[65] Ebenso wohl *Schäfer,* Rn. 5; *Schäfer/Müller* Rn. 149 unter Hinweis auf die grammatikalische Offenheit der Formulierung.
[66] *Schwark,* Rn. 5 aE; *Schäfer,* Rn. 5 aE; *Balzer,* ZBB 1997, 260, 267; vgl. auch *Schäfer/Müller* Rn. 149.
[67] Im Fall LG Düsseldorf WM 2000, 1191, 1194 war etwa die Geltung englischen Rechts vereinbart.
[68] Vgl. nur MünchKommHGB–*Ebke,* § 323 Rn. 34 ff. mwN.
[69] *Schäfer,* Rn. 10 ff.; *Koller,* in: *Assmann/Schneider,* Rn. 8.
[70] *Schäfer,* Rn. 4.

§ 31   Abschnitt 6. Verhaltensregeln, Verjährung

sorgfältige Tätigkeit regelmäßig auch keine gewissenhafte Dienstleistung darstellen können.

III. Die Interessenwahrungspflicht

1. Der Maßstab des Kundeninteresses

a) Begriff des Kunden

31   Nach einhelliger Auffassung ist Kunde jeder, der in Verhandlungen mit einem Wertpapierdienstleistungsunternehmen tritt, unabhängig davon, ob es zu einem Vertragsabschluss kommt oder nicht.[71] Kunden sind daher die **Gesamtheit der aktuellen und potentiellen Auftraggeber** des Wertpapierdienstleistungsunternehmens. Während das WpHG früher noch von einem einheitlichen Kundenbegriff ausging und prinzipiell nicht zwischen privaten und professionellen Kapitalanlegern differenzierte,[72] hängen Inhalt und Reichweite der Verhaltenspflichten seit der Umsetzung der MiFID durch das FRUG von der **Zuordnung zu einer bestimmten Kundenkategorie** ab (vgl. dazu im Einzelnen Rn. 2, 236 ff. sowie § 31 a Rn. 6 ff.). Die unterschiedliche Ausgestaltung der Verhaltenspflichten je nach Art der Wertpapierdienstleistung und Zugehörigkeit zur Gruppe der Privatkunden, professionellen Kunden oder geeigneten Gegenparteien hat auch Auswirkungen auf die Feststellung des jeweiligen Kundeninteresses durch den Wertpapierdienstleister (vgl. etwa zum Umfang der Explorationspflichten unten Rn. 188 ff.). Die Differenzierungen erlauben es, den Eigenheiten der unterschiedlichen Anlegergruppen mit ihren teilweise sehr disparaten Interessen besser Rechnung zu tragen, und vollziehen teilweise eine Entwicklung in der Praxis nach, die schon längst zur Bildung von standardisierten Kundenprofilen und Anlegergruppen übergegangen ist.[73] Diese institutseigenen Abstufungen gehen allerdings weit über die drei gesetzlichen Kundenkategorien hinaus und dif-

---

[71] *Koller* ZBB 1996, 97; *Koller*, in: *Assmann/Schneider*, Rn. 3, 8; *Schäfer*, Rn. 6; *Bliesener*, S. 216; *Schwark*, Rn. 18.

[72] *Bliesener*, S. 216. Obwohl schon Art. 11 Abs. 1 Satz 2 der WpDRL von 1993 ausdrücklich betonte, dass bei der Erbringung von Wertpapierdienstleistungen der Professionalität der Person Rechnung zu tragen ist, für die die Wertpapierdienstleistung erbracht wird, enthielt das WpHG aF so gut wie keine expliziten Regelungen, die nach verschiedenen Kundengruppen differenzierten (anders nur die Ausnahmevorschrift des § 37 Abs. 1 WpHG aF für Geschäfte zwischen Wertpapierdienstleistungsunternehmen); bei der Rechtsanwendung im Einzelfall wurde allerdings die unterschiedliche Professionalität und damit Schutzbedürftigkeit der Kunden durchaus berücksichtigt, vgl. zB auch die Differenzierung zwischen Privatkunden und professionellen Kunden in Ziffer 3.4 der früheren Wohlverhaltensrichtlinie der BaFin, nach der Privatkunden im Rahmen von Neuemissionen über das angewendete Zuteilungsverfahren zu informieren waren.

[73] Dagegen bestanden schon nach altem Recht keine Bedenken, denn Sinn und Zweck der Verhaltensregeln erfordern nicht, jedem Kunden ein unverwechselbares Individualprofil zu geben, *Lenenbach* Rn. 8.27; *Schäfer*, Rn. 11; *Wieneke*, S. 28 ff. Zudem deutete die Differenzierung nach der Professionalität des Kunden in Art. 11 Abs. 1 Satz 2 WpDRL auf die Zulässigkeit der Bildung von Kategorien und Gruppen von Kunden hin, *Bliesener*, S. 216 f. Auch die frühere Wohlverhaltensrichtlinie der BaFin erklärte in Ziffer 2.2 ein solches Verfahren ausdrücklich für zulässig, verlangte aber, dem Kunden die Einstufung und die maßgeblichen Kriterien mitzuteilen.

Allgemeine Verhaltensregeln 32–34 § 31

ferenzieren zB innerhalb der Gruppe der Privatkunden bezüglich der Kenntnisse und Erfahrungen mit bestimmten Produktgattungen (vgl. Rn. 193, 257f., 284, 295, 298). Bei Zweifeln über die Einstufung in eine bestimmte „Erfahrungsklasse", etwa weil der Kunde Angaben (zu bestimmten Fragen) verweigert, gebietet die generelle Interessenwahrungspflicht, ihn in die risikoärmere Klasse einzustufen.[74] Ungeachtet aller Differenzierungen zwischen verschiedenen Kundenkategorien oder Erfahrungs- und Risikoklassen, in die Kunden eingestuft werden, bleibt der **Kernbereich der Sorgfalts- und Interessenwahrungspflicht** nach Abs. 1 Nr. 1 **für alle Kunden gleich.**

b) Kundeneigenschaft bei Vertretungsverhältnissen

Bei **offener Stellvertretung** ist als Wertpapierkunde **allein der Vertretene** 32 einzustufen, während dies bei **verdeckter Stellvertretung** mangels Erkennbarkeit des (wirtschaftlichen) Geschäftsherrn **der Vertreter** (zB der Kommissionär) ist.[75] Wenn allerdings für den Wertpapierdienstleister ersichtlich ist, dass ihm gegenüber ein verdeckter Stellvertreter agiert, und auch die (typischen) Interessen des dahinter stehenden Auftraggebers erkennen kann, dann ist er gehalten, sich an diesen Interessen zu orientieren, ohne dass damit der Dritte zum Kunden würde.[76] Inhalt und Umfang der Vollmacht sind grundsätzlich vom Wertpapierdienstleistungsunternehmen zu überprüfen. Überschreitet oder missbraucht der Vertreter seine Vollmacht, wird der Vertretene nicht Kunde. Der **Bote** kann hingegen mangels eigenen Handlungsspielraums nie selbst Kunde des Wertpapierdienstleistungsunternehmens sein.[77]

2. Orientierung am „bestmöglichen" Kundeninteresse

Schon Art. 11 Abs. 1, 1. Spiegelstrich der WpDRL verlangte bei der Erbringung 33 von Wertpapierdienstleistungen die Orientierung am „bestmöglichen" Kundeninteresse. Damit sollte insoweit ein **besonders hoher berufsrechtlicher Verhaltensstandard** etabliert werden.[78] Daraus wird ersichtlich, dass es aus europäischer Sicht nicht genügt, wenn das Verhalten des Wertpapierdienstleisters den Interessen des Kunden nicht widerspricht (passive Interessenwahrung), sondern dass die Wertpapierdienstleistungsunternehmen im Sinne einer aktiven Interessenwahrnehmung alle zumutbaren Anstrengungen unternehmen müssen, um den Kunden die **bestmöglichen Bedingungen** zu verschaffen.[79] Dies entspricht auch den internationalen Standards, da sowohl im US-amerikanischen als auch im britischen Kapitalmarktrecht das **Prinzip der** *best execution* anerkannt ist.[80]

Obwohl die Richtlinie über Märkte für Finanzinstrumente in Art. 19 Abs. 1 34 diese Vorgabe („ehrlich, redlich und professionell im bestmöglichen Interesse ih-

---

[74] *Lenenbach* Rn. 8.27; *Siol*, in: FS Schimansky, S. 781, 788 ff.
[75] *Koller*, in: *Assmann/Schneider*, Rn. 3, 97; ebenso wohl *Schwark*, Rn. 21; *Schäfer*, Rn. 8.
[76] *Koller*, in: *Assmann/Schneider*, Rn. 3, 97; einschränkend *Schwark*, Rn. 19f.
[77] *Koller*, in: *Assmann/Schneider*, Rn. 3, 97. In der Praxis wird die Botenfunktion aber regelmäßig von einem Wertpapierdienstleister übernommen, der seinerseits eine Geschäftsbeziehung (zB Anlageberatung) mit dem Anleger als Kunden unterhält, vgl. *Schäfer*, Rn. 8.
[78] *Koller*, in: *Assmann/Schneider*, Rn. 9f.
[79] *Koller*, in: *Assmann/Schneider*, Rn. 9; *Schwark*, Rn. 12ff.
[80] *Möllers/Ganten*, ZGR 1998, 773, 795; *Bliesener*, S. 223f. mwN.

rer Kunden") erneut bekräftigt, ist § 31 Abs 1 Nr. 1 unverändert geblieben und spricht nach wie vor nur von dem „Interesse seiner Kunden". Auch wenn eine ausdrückliche Klarstellung vorzugswürdig gewesen wäre, lässt sich die erforderliche Orientierung am bestmöglichen Interesse insoweit unschwer aus einer **richtlinienkonformen Auslegung** ableiten.[81] Zudem spricht schon der **Charakter der Wertpapierdienstleistung** als Geschäftsbesorgung im Sinne der §§ 675 BGB, 383, 384 Abs. 1 HGB für eine aktive Orientierung am „bestmöglichen" Kundeninteresse.[82] Denn Geschäftsbesorger und Kommissionäre müssen sich dem Geschäftsherrn bzw. Kommittenten gegenüber stets auf die Wahrung der (Vermögens-) Interessen des Kunden konzentrieren.[83] Die Fremdnützigkeit des Dienstleistungsverhätnisses ist damit gewährleistet, ohne dass dies unmittelbar im Wortlaut der Norm zum Ausdruck gekommen sein muss.[84] Außerdem wird das **Prinzip der bestmöglichen Ausführung von Kundenaufträgen** *(„best execution")* nunmehr jedenfalls in seiner organisationsrechtlichen Dimension in § 33a kodifiziert. Zudem enthält § 31c weitere Konkretisierungen für Verhaltenspflichten bei der Ausführung von Kundenaufträgen.

3. Kriterien zur Bestimmung des Kundeninteresses

a) Subjektiver Maßstab

35 Im Gegensatz zu den normativen Begriffen der Sachkenntnis und der Erforderlichkeit ist das **Kundeninteresse kein objektivierter Maßstab,** sondern wird **durch die Parteien im Einzelfall** – wenn auch mit Hilfe standardisierter Instrumente – **bestimmt.**[85] Abzustellen ist auf die individuellen Interessen des einzelnen Kunden, nicht die einer Kundengruppe oder gar der Kundengesamtheit.[86] Der konkrete Inhalt der im Einzelfall einzuhaltenden Wohlverhaltensstandards kann daher selbst dann erheblich variieren, wenn zuvor eine Einstufung des Kunden in eine bestimmte Risikoklasse erfolgt ist.[87] Dieser **variable Maßstab ist geboten und sachgerecht,** denn die Parteiinteressen können je nach Geschäft völlig unterschiedlich beschaffen sein. So ist etwa das Interesse eines Discount-Broker-Kunden seinem Inhalt nach von völlig anderer Qualität, als das eines unerfahrenen Anlegers, der eine erstmalige Wertpapierberatung wünscht oder eines Kunden, der eine umfassende Vermögensverwaltung beabsichtigt.

36 Zur Bestimmung des Kundeninteresses müssen Wertpapierdienstleister sich zunächst über ihre Kunden informieren (**Prinzip des** *„know your customer"*).[88]

---

[81] *Koller,* in: *Assmann/Schneider,* Rn. 8 (zu § 31 Abs. 1 Nr. 1 WpHG aF); nicht für erforderlich hält dies KölnKommWpHG-*Möllers,* Rn. 73 ff., vgl. oben Rn. 15.

[82] Auf das bestmögliche Kundeninteresse nahm auch Ziffer 4.3 der früheren Wohlverhaltensrichtlinie der BaFin Bezug.

[83] *Kümpel* WM 1995, 689; *Schäfer,* Rn. 10.

[84] Krit. *Koller,* in: *Assmann/Schneider,* Rn. 6, nach dem der Begriff der Sorgfalt in § 31 Abs. 1 Nr. 1 als Fürsorge zu verstehen ist, damit die Fremdnützigkeit zum Ausdruck kommt.

[85] *Koller,* in: *Assmann/Schneider,* Rn. 11; *Schäfer,* Rn. 11; *Bliesener,* S. 212; *Brandt,* S. 206; **aA** nur *Köndgen,* ZBB 1996, 361, 365 (wohlverstandenes Interesse des Kunden); s. auch *Leisch* S. 167 ff.

[86] *Schwark,* Rn. 7; *Schäfer,* Rn. 11, 13; *Koller,* in: *Assmann/Schneider,* Rn. 11.

[87] Deutlich *Bliesener,* S. 212 f.; vgl. auch *Koller,* in: *Assmann/Schneider,* Rn. 11; *Brandt,* S. 206.

[88] Vgl. nur *Koller,* in: *Assmann/Schneider,* Rn. 11; *Bliesener,* S. 212 f.; ausführlich zu den Explorationspflichten unten Rn. 188 ff.

Allgemeine Verhaltensregeln 37–40 § 31

Das wichtigste Mittel dieser Informationsbeschaffung ist eine **obligatorische Befragung der Kunden,** auf deren Grundlage dann anhand der Kundenangaben eine **Einschätzung bzw. Evaluierung des Kunden** erfolgt. Seit der Einführung kundengruppenbezogener Abstufungen der Verhaltenspflichten hängen Bestehen und Ausmaß dieser Explorationspflichten allerdings sowohl von der Zuordnung zu einer bestimmten Kundenkategorie wie von der in concreto zu erbringenden Wertpapierdienstleistung ab (vgl. im Einzelnen unten Rn. 188ff.). **Keinerlei Erkundungspflichten** bestehen **beim reinen Ausführungsgeschäft** nach Abs. 7.

Die **Evaluierung** als solche darf **auf der Grundlage standardisierter Informationserhebung** erfolgen. Individuell erkennbare sonstige Umstände, die dem Wertpapierdienstleistungsunternehmen im Rahmen der Evaluierung oder bei sonstiger Gelegenheit zur Kenntnis gelangen, hat es aber in jedem Fall zu berücksichtigen. Soweit die Evaluierung auf Grundlage der Kundenangaben zu einem unklaren oder gar widersprüchlichen Bild führt, ist der Kunde zunächst darauf hinzuweisen, sodann hat eine weitere Aufklärung und am Ende der Versuch einer Auflösung der Widersprüche zu erfolgen. 37

b) Widersprüchliches oder unvernünftiges Kundeninteresse

Bleibt es auch danach bei Widersprüchen der individuellen Angaben, sind zur Bestimmung des Kundeninteresses die **objektiven, also überprüfbaren Merkmale maßgeblich.** Keinesfalls darf das Wertpapierdienstleistungsunternehmen aber Aufträge gegen das erkannte Kundeninteresse ausführen. Dies kann etwa dann der Fall sein, wenn sich der Kunde bei der Befragung nach seinen finanziellen Verhältnissen als vermögend bezeichnet, dem Wertpapierdienstleistungsunternehmen aber aufgrund einer langjährigen Geschäftsbeziehung das Gegenteil bekannt ist. Nur wenn das individuelle Interesse des Kunden trotz Bemühungen und Nachfrage des Wertpapierdienstleistungsunternehmens nicht erkennbar wird, darf das Wertpapierdienstleistungsunternehmen sich an allgemeinen, „objektiv vernünftigen" Kategorien orientieren. In diesen Fällen kommt es für das Kundeninteresse auf die typische, objektivierte Interessenlage eines verständigen Durchschnittskunden an.[89] 38

Davon streng zu unterscheiden sind hingegen die Fälle, in denen das **individuelle Kundeninteresse zwar objektiv unvernünftig, aber in sich einheitlich und widerspruchsfrei** ist. In diesen Fällen darf das Wertpapierdienstleistungsunternehmen sich nicht über die ihm bekannten, wenn auch unvernünftigen Interessen ihres Kunden hinwegsetzen.[90] Dies mag etwa dann der Fall sein, wenn der Wertpapierdienstleistungskunde sein vergleichsweise geringes Vermögen vollständig in Optionsscheine investieren will. Dagegen spricht insbesondere nicht, dass Wertpapierdienstleistungsunternehmen sich uneingeschränkt loyal zu ihren Kunden zu verhalten haben.[91] Denn Loyalität geht nicht soweit, sich über ein erkanntes und in sich widerspruchsfreies Kundeninteresse hinwegzusetzen. 39

Es darf **nicht** zu einer **Bevormundung des Kunden** kommen, wie auch in der Rechtsprechung des BGH anerkannt ist. Danach darf ein Wertpapierdienst- 40

---

[89] *Schäfer,* Rn. 12; ähnlich *Schwark,* Rn. 8.
[90] *Koller,* in: *Assmann/Schneider,* Rn. 11; *Schäfer,* Rn. 12; *Bliesener,* S. 212; *Brandt,* S. 206; *Wieneke,* S. 115f.
[91] *Koller,* in: *Assmann/Schneider,* Rn. 10; *Schwark* Rn. 6.

Fuchs 1237

leister auch objektiv unvernünftige Aufträge ausführen, sofern der Kunde hinreichend informiert ist.[92] § 31 sei in diesem Zusammenhang so zu interpretieren, dass nur die **Schwächen des Verbraucherverhaltens, insbesondere soweit sie auf unzureichender Information beruhen, nicht ausgenutzt werden dürfen**.[93] Die Dienstleistung darf sich im Ergebnis **nicht** als eine **Verleitung zur Selbstschädigung** darstellen. Offenbart der Kunde erst durch sein späteres Verhalten, dass er seine Fähigkeiten falsch eingeschätzt hat, so muss das Wertpapierdienstleistungsunternehmen geeignete Maßnahme zur Interessenwahrung ergreifen; mithin darf es im Einzelfall objektiv unvernünftige, weil völlig sinnlose und selbstschädigende Aufträge nicht ausführen.[94] Dies gilt insbesondere dann, wenn der Auftrag infolge einer Beratung durch das Institut selbst motiviert ist.[95] Zumindest trifft den Wertpapierdienstleister aber bei für den einzelnen Kunden unangemessenen Geschäften eine entsprechende **Warnpflicht** (vgl. Abs. 5 für das beratungsfreie Geschäft). Im Rahmen einer Anlageberatung oder Finanzportfolioverwaltung dürfen bei fehlender Geeignetheit des Wertpapiergeschäfts für den individuellen Kunden keinerlei Empfehlungen abgegeben werden (Abs. 4).

4. Einzelne Ausprägungen der Interessenwahrungspflicht

a) Die Pflicht zur bestmöglichen Auftragsausführung („best execution")

41 Die Ausführung der Kundenorders muss grundsätzlich zu den für den jeweiligen Kunden günstigsten Bedingungen erfolgen, und zwar nicht nur im Hinblick auf die Kurse, sondern unter Einbeziehung der Transaktionskosten sowie der Schnelligkeit und Wahrscheinlichkeit einer erfolgreichen Abwicklung des Auftrags.[96] Dazu muss jedes Wertpapierdienstleistungsunternehmen nach Maßgabe des § 33a WpHG **Ausführungsgrundsätze** aufstellen sowie geeignete Vorkehrungen für ihre Einhaltung und Überprüfung treffen. Dieses Regelwerk über die *„best execution policy"* soll insbesondere präzise Handlungsanweisungen für die Abwicklung der Aufträge an dem für den Kunden günstigsten Handelsplatz enthalten und auf diese Weise den Wettbewerb zwischen verschiedenen Börsen untereinander und mit alternativen Handelssystemen beleben, wovon man sich eine Verbesserung der Konditionen für die Kunden verspricht.[97]

b) Konkrete Vorgaben für die Bearbeitung von Kundenaufträgen (§ 31 c)

42 Eine Reihe von Einzelvorgaben für die Durchführung von Kundenaufträgen, die sich als konkrete Ausprägungen der Interessenwahrungspflicht interpretieren lassen, sind in § 31c Abs. 1 Nr. 1–6 niedergelegt. Es handelt sich insbesondere um die **Pflicht zur unverzüglichen und redlichen Auftragsausführung**

---

[92] BGHZ 147, 343, 349; BGH ZIP 2004, 111; *Schwark,* Rn. 7.
[93] BGHZ 147, 343, 349; BGH ZIP 2004, 111.
[94] *Schwintowski/Nicodem,* VuR 2004, 314, 318f. mit beachtlichen Argumenten.
[95] Im Fall BGH ZIP 2004, 111 hatte die Bank dem Kunden weitere Kredite zu Spekulationszwecken gewährt, damit er seine Verbindlichkeiten abtragen konnte.
[96] Vgl. die in § 33a Abs. 2 WpHG genannten Kriterien.
[97] KölnKommWpHG-*Möllers,* Rn. 92.

Allgemeine Verhaltensregeln 43, 44 § 31

("timely execution"),[98] die **Interessenwahrung bei der Zusammenlegung von Kundenaufträgen** (sog. Blockorders)[99] und das **Verbot des Missbrauchs von Informationen über ausstehende Kundenaufträge** (vor allem durch sog. Vor-, Mit- und Gegenlaufen).[100] Der Vermeidung von Interessenkonflikten dient der **Grundsatz der Priorität** bei der Ausführung vergleichbarer Kundenaufträge.[101]

c) Grenzen der Interessenwahrung

Die Interessenwahrungspflicht bietet entgegen manchen Bestrebungen in der Literatur keine Grundlage für die Entwicklung besonderer Pflichten hinsichtlich der **Vereinbarung und Höhe der Vergütung** für die Erbringung von Wertpapierdienstleistungen. Da jedem Kunden klar ist, dass es sich um entgeltliche Dienstleistungen handelt, genügt es, wenn ihm in geeigneter Weise ermöglicht wird, Informationen über Berechnung, Höhe und Art der Preise und Kosten zur Kenntnis zu nehmen.[102] Eine aktive Information des Kunden seitens der Bank ist nicht erforderlich.[103] Hinsichtlich des „Preisfindungsrechts" der Banken, d. h. ihrer Möglichkeit, für bestimmte (Teil-)Leistungen im Rahmen der Geschäftsbeziehung mit dem Kunden (gesonderte) Entgelte und Gebühren festzulegen, sind die AGB-rechtlichen Schranken nach § 307 BGB zu beachten.[104] Auch bezüglich der Höhe der Vergütung bleibt es bei der Anwendung der allgemeinen Vorschriften, insbesondere des § 138 BGB, wobei allerdings der fremdnützige Charakter des Geschäfts im Rahmen der Bestimmung des auffälligen Missverhältnisses zwischen Leistung und Gegenleistung eine Rolle spielen kann.[105] 43

Weitergehende **Dokumentationspflichten,** die über die expliziten Vorgaben des § 34 und der WpDVerOV hinausgehen, lassen sich aus der Sorgfalts- und Interessenwahrungspflicht nach Abs. 1 Nr. 1 ebenfalls **nicht ableiten.** Dagegen spricht neben gesetzessystematischen Erwägungen vor allem, dass die internen Aufzeichnungspflichten primär dafür sorgen sollen, dass die BaFin die Einhaltung der Verhaltenspflichten effektiv überwachen kann,[106] nicht aber der unmittelbaren Förderung des Kundeninteresses. 44

---

[98] Vgl. dazu zB KölnKommWpHG-*Möllers,* § 31 Rn. 93 ff. sowie näher § 31 c Rn. 6 ff.
[99] Vgl. § 31 c Rn. 12 f.
[100] Näher dazu § 31 c Rn. 14.
[101] Vgl. dazu auch unten Rn. 63 f. sowie § 31 c Rn. 9 f.
[102] So bereits Ziffer B 2.2 Abs. 1 der früheren Wohlverhaltensrichtlinie der BaFin.
[103] **AA** KölnKommWpHG-*Möllers,* Rn. 99; *Möllers/Ganten,* ZGR 1998, 773, 781 ff.
[104] Vgl. zur Kontrollfähigkeit von sog. Preisnebenabreden (insbes. zu Entgelten für Neben- oder Zusatzleistungen im Privatkundengeschäft der Banken) ausführlich *Fuchs* in: Ulmer/Brandner/Hensen, AGB-Recht, 10. Aufl. 2006, § 307 Rn. 75 ff. (79 f., 85 ff.) mwN.
[105] KölnKommWpHG-*Möllers.* Rn. 100; **aA** *Koller* in: *Assmann/Schneider,* Rn. 18, der Entgelte unterhalb der Schwelle der Sittenwidrigkeit schon dann als „übermäßig hoch" ansieht, wenn sie „nicht der Billigkeit" i. S. d. § 315 BGB entsprechen.
[106] Vgl. hierzu und zur Ablehnung einer Begründung weitergehender interner Aufzeichnungspflichten durch bloße Verwaltungsvorschriften wie die (frühere) Wohlverhaltensrichtlinie der BaFin KölnKommWpHG-*Möllers,* Rn. 101 ff.; *Möllers/Ganten,* ZGR 1998, 773, 801 ff.; vgl. auch BGH ZIP 2006, 504 = BKR 2006, 163 m. Anm. *Jordans/ Mucke* (weder aufsichts- noch zivilrechtliche Pflicht zur schriftlichen Dokumentation der Erfüllung von Beratungs- und Aufklärungspflichten).

Fuchs 1239

C. Vermeidung und Offenlegung von Interessenkonflikten (Abs. 1 Nr. 2)

I. Grundlagen

1. Regelungszweck und systematische Einbettung

45 Wertpapierdienstleistungsunternehmen sind regelmäßig für eine Vielzahl von Kunden auf verschiedenen, sich teilweise berührenden Geschäftsfeldern und zugleich im Eigenhandel tätig und sehen sich daher vielfältigen, oft gegenläufigen Interessen ausgesetzt. Derartige Interessenkonflikte rufen die Gefahr einer Vernachlässigung des nach Abs. 1 Nr. 1 prinzipiell vorrangigen Kundeninteresses hervor und können zugleich das Vertrauen der Anleger in die Marktintegrität empfindlich stören, weil sie die Anfälligkeit für Manipulationen erhöhen. Die Vermeidung und Bewältigung von Interessenkonflikten dient daher sowohl der **Präzisierung der Interessenwahrungspflicht** als auch dem **Schutz der Marktintegrität**.[107]

46 In der Richtlinie über Märkte für Finanzinstrumente (**MiFID**)[108] finden sich an zwei Stellen Regelungen zur Vermeidung und Steuerung von Interessenkonflikten. **Art. 13 Abs. 3** verlangt von den Wertpapierfirmen auf Dauer wirksame **organisatorische und verwaltungsmäßige Vorkehrungen,** um zu verhindern, dass Interessenkonflikte i. S. d. Art. 18 den Kundeninteressen schaden. Die Wertpapierdienstleister müssen also interne Strukturen schaffen, die bei Auftreten von Interessenkonflikten die Interessen der Kunden beachten und schützen. In **Art. 18 Abs. 1** existiert eine scheinbar sehr ähnliche Vorschrift. Die Wertpapierfirmen sollen hiernach **angemessene Vorkehrungen** treffen, um Interessenkonflikte zwischen ihnen selbst und ihren Kunden oder zwischen ihren Kunden untereinander zu erkennen. Sofern die organisatorischen Maßnahmen nicht ausreichen, um das Risiko einer Beeinträchtigung von Kundeninteressen zu vermeiden, verlangt Art. 18 Abs. 2 MiFID, dem Kunden die „allgemeine Art und/oder die Quellen von Interessenkonflikten" eindeutig darzulegen, bevor Geschäfte für ihn getätigt werden. Der Unterschied zu Art. 13 Abs. 3 liegt darin, dass nicht strukturelle Anforderungen *(prudential rules)* an die Wertpapierfirmen gestellt werden, sondern auf die Durchführung einzelner Geschäfte bezogene Verhaltensregeln *(rules of conduct)*.[109] Im Rahmen der Erbringung einer Dienstleistung müssen die Wertpapierdienstleister ernsthaft überprüfen, ob im Einzelfall möglicherweise verschiedene Interessen kollidieren.[110]

47 Dieses in der Finanzmarktrichtlinie angelegte **zweistufige System zur Bewältigung von Interessenkonflikten** durch das **Zusammenwirken von**

---

[107] *Schwark,* Rn. 23; vgl. zum Aspekt der Marktintegrität auch BegrRegE, BT-Drucks. 12/7918, S. 97; *Roth,* in: *Assmann/Schütze,* § 11 Rn. 14.
[108] Richtlinie 2004/39/EG vom 21. 4. 2004, ABl. EG Nr. L 145/1.
[109] Vgl. zu dieser Unterscheidung schon unter der Geltung der WpDRL *Schäfer* AG 1993, 389, 393; ders. in: *Schwintowski/Schäfer,* § 18 Rn. 31.
[110] Zum einzelfallbezogenen Ansatz des § 31 Abs. 1 Nr. 2 WpHG aF *Schwark,* Rn. 24; **aA** (Gesamtheit der Kunden entscheidend) *Kümpel,* WM 1993, 2025, 2027; WM 1995, 689, 690.

strukturellen bzw. **organisatorischen Vorkehrungen** einerseits **und** geschäfts- bzw. **verhaltensbezogenen Anforderungen** andererseits drückt sich im WpHG durch das Zusammenspiel von (allgemeiner) Organisationspflicht nach § 33 Abs. 1 Nr. 3 und (ergänzender) konkreter Verhaltenspflicht nach § 31 Abs. 1 Nr. 2 aus. Erstere ist darauf gerichtet, schon im Vorfeld durch dauerhaft wirksame Vorkehrungen angemessene Maßnahmen zum Erkennen von Interessenkonflikten und zur präventiven Vermeidung von Beeinträchtigungen des Kundeninteresses zu treffen.[111] Auf der zweiten Stufe, bei der Erbringung von Wertpapierdienstleistungen müssen sich die Banken dann auch konkret um eine Vermeidung von Interessenkollisionen im Einzelfall bemühen und – sofern die organisatorischen Regelungen keinen ausreichenden Schutz der Kundeninteressen bewirken – den bestehenden Interessenkonflikt offenlegen.

Die **neue Rechtslage** unterscheidet sich nur unwesentlich von den bisherigen Regelungen. § 31 Abs. 1 Nr. 2 WpHG aF verlangte zwar neben dem Bemühen um die Vermeidung von Interessenkonflikten explizit, „dafür zu sorgen, dass bei unvermeidbaren Interessenkonflikten der Kundenauftrag unter der gebotenen Wahrung des Kundeninteresses ausgeführt wird". Die Streichung dieser Passage hat jedoch keine weiteren Konsequenzen, weil bereits § 31 Abs. 1 Nr. 1 für die notwendige Ausrichtung am Kundeninteresse und dessen Vorrang sorgt.[112] Auf der anderen Seite stellt die ausdrückliche **Einführung einer Aufklärungspflicht** auch keine grundlegende Neuerung dar. Denn schon bisher war anerkannt, dass bei unvermeidbaren Interessenkonflikten die Aufklärung des Kunden grundsätzlich ein taugliches Mittel zur Konfliktbekämpfung darstellen konnte.[113] Im Einzelnen war insoweit allerdings vieles streitig, insbesondere hinsichtlich der Art und Weise der Information des Kunden.[114] Abs. 1 Nr. 2 Halbs. 2 stellt nunmehr klar, dass eine deutliche Aufklärung des Kunden (nur) über „die allgemeine Herkunft der Interessenkonflikte" erfolgen muss, soweit die organisatorischen Maßnahmen nicht ausreichen, um das Risiko einer Beeinträchtigung von Kundeninteressen zu vermeiden.

Die **Anforderungen an die Unterrichtung des Kunden** werden durch § 13 Abs. 4 WpDVerOV spezifiziert. Danach muss diesem – unter Berücksichtigung seiner Einstufung als Privatkunde, professioneller Kunde oder geeignete Gegenpartei – ermöglicht werden, seine Entscheidung über die Wertpapier-(neben)dienstleistung, in deren Zusammenhang der Interessenkonflikt auftritt, auf informierter Grundlage zu treffen. Dies steht in einem offensichtlichen Spannungsverhältnis zu der Regelung in Abs. 1 Nr. 2, der nur einen (wenn auch ein-

---

[111] Vgl. näher § 33 Rn. 91 ff.
[112] BegrRegE, BT-Drucks. 16/4028, S. 63.
[113] Der Streit, ob durch Aufklärung der Interessenkonflikt vermieden werden kann – so zB *Koller*, in: *Assmann/Schneider*, Rn. 43, **aA** etwa *Schwark*, Rn. 33 f., KölnKommWpHG-*Möllers*, Rn. 129 – oder ob dadurch lediglich die Manipulationsgefahren und (potentiell) nachteiligen Auswirkungen des Interessenkonflikts für den Kunden gemildert werden können – so zB KölnKommWpHG-*Möllers*, Rn. 134, *Schwark*, Rn. 33 f. – ist letztlich ohne praktische Relevanz; vgl. dazu auch unten Rn. 61.
[114] Einen allgemeinen, nicht spezifizierten Hinweis hielt bislang schon für ausreichend *Vortmann*, ÖBA 1994, 579, 585; differenzierend (je nach Lage des Einzelfalls mehr oder minder spezifiziert) *Roth*, in: *Assmann/Schütze*, § 11 Rn. 132; **aA** *Koller*, in: *Assmann/Schneider*, Rn. 44 (konkrete Aufklärung erforderlich, der sich ein Hinweis auf den Grad der Gefährdung entnehmen lässt).

deutigen) Hinweis auf die allgemeine Herkunft des Interessenkonflikts verlangt. Daraus wird ein Kunde aber wohl kaum den Grad der Gefährdung seiner Interessen erkennen können,[115] zumal er damit rechnen muss, dass andere Banken ähnlichen Interessenkonflikten allgemeiner Art unterliegen. Richtig ist jedenfalls (auch im Lichte von Abs. 3 Satz 1), dass sich die Anforderungen, wie konkret oder detailliert die Aufklärung über die Existenz des Interessenkonflikts ausfallen muss, an dem **Maßstab der Ermöglichung einer fundierten Anlageentscheidung** auszurichten haben. Bei Privatkunden werden die erforderlichen Angaben insoweit wegen deren größerer Schutzbedürftigkeit tendenziell näher spezifiziert werden müssen als bei professionellen Kunden oder geeigneten Gegenparteien. Durch die Begrenzung auf die „allgemeine" Herkunft des Interessenkonflikts wird auf der anderen Seite deutlich, dass nicht der individuelle Einzelkonflikt, als zB die konkrete Geschäftsbeziehung zu (einem) anderen (namentlich benannten) Kunden oder konkrete eigene Geschäfte der Bank offenbart werden müssen (vgl. näher zu Art und Reichweite der Informationspflicht über Interessenkonflikte unten Rn. 69 ff.).

2. Erscheinungsformen von Interessenkonflikten
a) Allgemeines

50 Bei der Durchführung von Wertpapier(neben)dienstleistungen kann es zu vielfältigen Interessenkollisionen kommen. Diese entstehen, wenn verschiedene Parteien bestimmte Ziele erreichen, insbesondere eine bestimmte Geschäftschance verwirklichen wollen, eine vollständige Realisierung aber nur für eine Partei möglich ist, wenn also gerade die **Realisierung eines Interesses spiegelbildlich Nachteile bei der Verwirklichung eines anderen Interesses** bewirkt.[116] Dabei kommt es für das Vorliegen eines Interessenkonflikts nicht darauf an, wem diese Geschäftschancen rechtlich zuzuordnen sind, da die Wohlverhaltensregeln bei jedem Interessenkonflikt zu beachten sind.[117] **Interessenkonflikte** sind sowohl zwischen dem **Wertpapierdienstleistungsunternehmen und seinen Kunden** als auch zwischen den **Kunden untereinander** denkbar.[118]

51 § 31 Abs 1 Nr. 2 erfasst allerdings **nicht schlechthin jedes Interesse oder jede Geschäftschance,** sondern nur solche, die gerade durch die Erbringung der Wertpapier(neben)dienstleistung entstehen und beeinträchtigt werden können. Als Auslöser eines relevanten Interessenkonflikts kommen daher von vornherein nur solche Interessen des Kunden in Betracht, die er selbst mit seinem konkreten Wertpapierauftrag verfolgt und die er gerade durch Inanspruchnahme der Wertpapier(neben)dienstleistung verwirklichen will.[119]

---

[115] Daher für eine *konkrete* Aufklärung über den Konflikt nach § 31 Abs. 1 Nr. 2 WpHG aF *Koller,* in: *Assmann/Schneider,* Rn. 36.

[116] Überblicke bei *Koller,* in: *Assmann/Schneider,* Rn. 31 ff.; *Lenenbach* Rn. 8.65 ff.; *Eisele* in: Bankrechtshandbuch, § 109 Rn. 25 ff.; *KölnKommWpHG-Möllers,* Rn. 106 ff.; *Meyer/Paetzel,* ibid., § 33 Rn. 62 ff.; *Schwark,* Rn. 23 ff. *Roth,* in: *Assmann/Schütze,* § 11 Rn. 122 ff.; *Schäfer,* Rn. 14; *Schäfer,* in: *Schwintowski/Schäfer,* § 18 Rn. 31 ff.; *Bliesener,* S. 166 ff.; *Schön,* S. 40 f; vgl. bereits *Heinsius* ZHR 145 (1981), 177, 193 ff.; *Koller* BB 1978, 1733; *Hopt* Kapitalanlegerschutz, S. 108 ff., 440 ff.

[117] *Koller,* in: *Assmann/Schneider,* Rn. 32.

[118] *Koller,* in: *Assmann/Schneider,* Rn. 31 ff.; *Bliesener,* S. 166 ff.; *Schäfer,* Rn. 14; *Schön,* S. 40; *Eisele* in: Bankrechtshandbuch, § 109 Rn. 26, 28; *Schwark,* Rn. 25 f., 30.

[119] *Koller,* in: *Assmann/Schneider,* Rn. 31 ff.; *Schäfer,* Rn. 14; *Schön,* S. 40.

Sog. **Kleinst- oder Minimalkonflikte** sind dabei ebenso wie nur theoretisch denkbare Konflikte von vornherein unbeachtlich; ein Interessenkonflikt i. S. v. Abs. 1 Nr. 2 liegt in diesen Fällen schon begrifflich nicht vor.[120] Dies ist insbesondere der Fall bei Gefahren, denen auch ein vernünftiger Kunde keine Beachtung schenken würde.[121] Schließlich kann auch das **Vergütungsinteresse** des Wertpapierdienstleistungsunternehmens schon für sich nur im Ausnahmefall einen Interessenkonflikt begründen, da andernfalls konfliktlose Situationen zwischen Wertpapierdienstleistungsunternehmen und Kunden kaum denkbar wären.[122] 52

Die Vorschrift erfasst **die** individuellen **Interessen der Wertpapierdienstleistungsunternehmen und ihrer Kunden.**[123] Dies bedeutet zugleich, dass **Fremd- oder Drittinteressen,** die sich außerhalb des Tätigkeitsbereiches der Wertpapierdienstleistungsunternehmen bewegen, außer Betracht bleiben. **Öffentliche Interessen** sind daher nur dann – ausnahmsweise – zu berücksichtigen, wenn diese in den rechtlich verbindlichen Verhaltensgeboten selbst zum Ausdruck kommen und sich im konkreten Einzelfall an die Beteiligten des Dienstleistungsverhältnisses richten. Im Zweifel hat das Individualinteresse aus Sicht der Wertpapierdienstleistungsunternehmen Vorrang vor den Allgemeininteressen. Dies kann etwa der Fall sein, wenn ein Vermögensverwalter zu Beginn einer Baisse größere Wertpapierbestände im Interesse seiner Kunden abstößt, obwohl er dadurch weitere Kursverluste mitbefördert und dadurch womöglich wider allgemeine volkswirtschaftliche Interessen handelt.[124] 53

Für die konkrete Beurteilung, ob ein Interessenkonflikt vorliegt, ist auf die **individuellen Interessen** des Wertpapierkunden abzustellen.[125] Daher wird das Vorliegen eines Interessenkonflikts ebenso wie bei Abs. 1 Nr. 1 maßgeblich durch den Kunden selbst bestimmt.[126] Dafür spricht auch, dass Wertpapierdienstleistungen stets im bestmöglichen Interesse ihrer Kunden zu erbringen sind.[127] 54

b) Kundeninteresse und Eigeninteresse des Wertpapierdienstleisters

Die Maßgeblichkeit der individuellen Kundeninteressen bedeutet indes nicht, dass das Wertpapierdienstleistungsunternehmen seine eigenen Interessen stets absolut vernachlässigen muss, wenn diese mit dem Kundeninteressen in Konflikt geraten. Vielmehr zielt § 31 Abs 1 schon seinem Wortlaut nach nicht auf die einseitige Bevorzugung eines Interesses, sondern auf einen vernünftigen **Ausgleich** der konkreten Parteiinteressen unter Berücksichtigung der Sachlage im Einzelfall.[128] Nur **im Zweifel oder bei Gleichwertigkeit** der Interessen hat das **Kundeninteresse Vorrang** vor den Eigeninteressen des Wertpapierdienstleistungsunternehmens.[129] Von einem generellen (absoluten) Vorrang der Kun- 55

---

[120] KölnKommWpHG-*Möllers,* Rn. 106; *Koller,* in: *Assmann/Schneider,* Rn. 41.
[121] *Koller,* in: *Assmann/Schneider,* Rn. 41; *Schäfer,* Rn. 16.
[122] *Schwark,* Rn. 27; *Koller,* in: *Assmann/Schneider,* Rn. 70; *Schäfer,* Rn. 29.
[123] *Schäfer,* Rn. 13; KölnKommWpHG-*Möllers,* Rn. 105.
[124] *Schäfer,* Rn. 13.
[125] *Koller,* in: *Assmann/Schneider,* Rn. 33; *Schäfer,* Rn. 13; *Schäfer/Müller* Rn. 332.
[126] *Koller,* in: *Assmann/Schneider,* Rn. 35; **aA** *Kümpel* WM 1995, 689; WM 1993, 2025 ff.
[127] *Koller,* in: *Assmann/Schneider,* Rn. 33 ff.
[128] *Koller,* in: *Assmann/Schneider,* Rn. 61.
[129] *Schäfer,* Rn. 12; *Lenenbach* Rn. 8.70; *Eisele* in: Bankrechtshandbuch, § 109 Rn. 25.

§ 31 55a, 56 Abschnitt 6. Verhaltensregeln, Verjährung

deninteressen gegenüber den Interessen des Wertpapierdienstleistungsunternehmens wird man hingegen nicht ausgehen können.[130]

c) Arten von Interessenkonflikten

55a Interessenkonflikte können nicht nur in der vertikalen Beziehung **zwischen dem Wertpapierdienstleistungsunternehmen und seinem Kunden**, sondern auch im Verhältnis **zwischen verschiedenen Kunden** desselben Dienstleisters auftreten.[131] Da dieser grundsätzlich jedem seiner Kunden in gleicher Weise zur Interessenwahrung verpflichtet ist, müssen auch solche horizontalen Konflikte vermieden bzw. gelöst werden. Inhaltlich lassen sich nach den möglichen **Quellen für Interessenkonflikte** fünf Konstellationen identifizieren (vgl. § 13 Abs. 1 WpDVerOV), die vor allem **geschäfts- oder vergütungsbezogene** Interessengegensätze betreffen: die (unmittelbare) Erzielung finanzieller Vorteile zu Lasten von Kunden, die Verfolgung eines divergierenden Interesses am Ergebnis eines für den Kunden getätigten Geschäfts, die Existenz von Anreizen zur Bevorzugung bestimmter Kunden(gruppen) gegenüber anderen, die Verfolgung des gleichen Geschäfts wie der Kunde und der (mögliche) Empfang von Zuwendungen Dritter im Zusammenhang mit der Erbringung von Dienstleistungen für den Kunden (dazu § 31 d). **Kein Interessenkonflikt** ist dagegen der Gegensatz zwischen dem **Interesse der Allgemeinheit** an der Erhaltung der Funktionsfähigkeit und Stabilität des Kapitalmarkts auch in Zeiten aktueller Finanzkrisen und den Interessen der individuellen Kunden zB an einer Verlustminimierung durch rasche (weitere) Verkäufe in Zeiten dramatischer Kursrückgänge. Das Wertpapierdienstleistungsunternehmen darf seine Verpflichtung aus § 31 Abs. 1 Nr. 1 zur bestmöglichen Wahrung des individuellen Kundeninteresses nicht unter Hinweis auf entgegenstehende Interessen „des Kapitalmarkts" oder der Gesamtheit der Kunden (etwa an einer Vermeidung übermäßiger Volatilität der Kurse) relativieren.[132]

II. Pflicht und Methoden zur Vermeidung von Interessenkonflikten

1. Überblick

56 Schon vor der Umsetzung der Finanzmarktrichtlinie zielten die gesetzlichen Regelungen darauf ab, die durch Interessenkonflikte ausgelösten Spannungen grundsätzlich dadurch gering zu halten, dass die Wertpapierdienstleistungsunternehmen verpflichtet werden, sich **um die Vermeidung von Interessenkonflikten zu bemühen**.[133] Angesichts dieser ausdrücklichen Verpflichtung nach Abs. 1 Nr. 2 kommt der Frage, ob das gleiche schon aus der allgemeinen Verhaltensregel des Abs. 1 Nr. 1 folgt, keine praktische Bedeutung zu. Schon bisher

---

[130] *Schäfer*, Rn. 12; mit anderer Betonung aber *Koller*, in: Assmann/Schneider, Rn. 22; *Schäfer/Müller* Rn. 332.
[131] Vgl. nur KölnKommWpHG-*Möllers*, Rn. 108 f.
[132] Im Ergebnis ebenso KölnKommWpHG-*Möllers*, Rn. 110; *Koller* in *Assmann/ Schneider*, Rn. 33; *Lang*, Informationspflichten, § 8 Rn. 7; aA *Kümpel* WM 1995, 689, 690.
[133] *Koller*, in: *Assmann/Schneider*, Rn. 41 ff.; *Eisele* in: Bankrechtshandbuch, § 109 Rn. 25; *Schäfer*, Rn. 16 ff; *Schön*, S. 41 f.

1244 Fuchs

war anerkannt, dass es insoweit nicht um die absolute Verhinderung des Entstehens von Interessenkonflikten gehen kann, sondern – im Lichte des Verhältnismäßigkeitsprinzips – nur um deren **relative Vermeidbarkeit**, d. h. um die Entschärfung der mit zumutbarem Einsatz vermeidbaren Interessenkonflikte.[134]

Bezugspunkt ist in erster Linie der **Konflikt als solcher**, der bereits im Vorfeld der Auftragserledigung entsteht und das Risiko für Manipulationen zu Lasten des einzelnen Kunden hervorruft. Schon der **Gefahr einer suboptimalen Befriedigung der Kundeninteressen** infolge von Interessenkonflikten soll entgegengewirkt werden.[135] Der Nachweis, dass bei der Auftragsausführung tatsächlich im besten Interesse des Kunden gehandelt worden ist, genügt daher nicht zur Einhaltung der Verhaltenspflicht nach Abs. 1 Nr. 2. Auf der anderen Seite sind auch bei unvermeidbaren Interessenkonflikten alle zumutbaren **Anstrengungen** zu unternehmen, **damit sich das Risiko** der Beeinträchtigung von Kundeninteressen bei der Auftragsdurchführung **nicht realisiert**. Dies gilt nach wie vor trotz Streichung des zweiten Halbsatzes in § 31 Abs. 1 Nr. 2 WpHG aF (Ausführung des Kundenauftrags bei unvermeidbaren Interessenkonflikten unter der gebotenen Wahrung des Kundeninteresses).[136] Auch wenn Abs. 1 Nr. 2 nunmehr bei nicht ausreichender Risikoreduzierung durch organisatorische Maßnahmen explizit nur die Offenlegung des Interessenkonflikts nach seiner „allgemeinen Herkunft" verlangt, bedeutet dies nicht, dass sich die Strategien der Wertpapierdienstleistungsunternehmen darauf beschränken könnten.[137] Die redaktionelle Neufassung des Abs. 1 Nr. 2 macht vielmehr deutlich, dass es sowohl um die Vermeidung von Konfliktlagen im Sinne einer Ausschaltung von Manipulationsgefahren zu Lasten der Kunden im Vorfeld der Auftragserledigung als auch um eine Minimierung der Risiken für den Kunden bei der Erbringung der Wertpapierdienstleistung geht. Soweit „unvermeidbare" Interessenkonflikte (i. S. d. bisherigen Terminologie) bestehen, sind sie nach wie vor auch im Rahmen der Auftragsausführung möglichst gering zu halten. Vor diesem Hintergrund erscheint eine terminologische Differenzierung zwischen „Vermeidung" (der Entstehung) des Interessenkonflikts im Vorfeld und seiner „Auflösung" oder „Minimierung" bei der Durchführung der Wertpapierdienstleistung[138] im neuen Wertpapierhandelsrecht nicht weiterführend. Statt wie bisher von zwei Stufen (Konfliktvermeidung auf der ersten, Konfliktminimierung zur gebotenen Wahrung des Kundeninteresses bei unvermeidbaren Interessenkonflikten auf der zweiten Stufe) zu sprechen,[139] dürfte es der Neufassung des Abs. 1 Nr. 2 eher entsprechen, das „Bemühen um die Vermeidung von Interessenkonflikten" umfassend im Sinne einer kontinuierlichen Pflicht zur Vornahme aller in der jeweiligen Situation zumutbaren Anstrengungen im Interesse der Kunden zu verste-

---

[134] Vgl. nur *Koller* in: *Assmann/Schneider*, Rn. 36 ff. mwN; KölnKommWpHG-*Möllers*, Rn. 111; ebenso zu § 33 Abs. 1 Nr. 2 WpHG aF *Meyer/Paetzel* ibid., § 33 Rn. 67.
[135] Vgl. *Koller*, in: *Assmann/Schneider*, Rn. 40, 41, 43. Zum Zusammenspiel mit der Organisationspflicht nach § 33 Abs. 1 Satz 2 Nr. 3 vgl. bereits oben Rn. 46 f. sowie § 33 Rn. 91 ff.
[136] BegrRegE, BT-Drucks. 16/4028, S. 63; vgl. dazu bereits oben Rn. 48.
[137] So aber wohl KölnKommWpHG-*Möllers*, Rn. 136 (bei unvermeidbaren Interessenkonflikten lediglich Aufklärungspflicht nach Art. 18 Abs. 2 MiFID).
[138] So zu § 31 Abs. 1 Nr. 2 WpHG aF insbesondere KölnKommWpHG-*Möllers*, Rn. 115, 121, 131, 133 f.; vgl. auch *Schwark*, Rn. 37.
[139] Vgl. zB KölnKommWpHG-*Möllers*, Rn. 113.

hen: Das verfolgte **Ziel ist letztlich die Vermeidung einer Beeinträchtigung von Kundeninteressen,** doch sollen die Bemühungen so früh wie möglich beginnen, also bereits im Vorfeld der Erledigung eines Auftrags, um schon insoweit unnötige Risiken für die Kundeninteressen auszuschließen.[140]

58 Zur Vermeidung bzw. Auflösung oder Abmilderung von Interessenkonflikten stehen den Wertpapierdienstleistern **verschiedene Instrumente** zur Verfügung:[141] Soweit sie Interessenkonflikten nicht bereits durch organisatorische Maßnahmen im Vorfeld der Auftragserteilung oder bei der Auftragsabwicklung vorbeugen können, müssen sie den Kunden grundsätzlich über das Bestehen eines erkannten Interessenkonflikts aufklären.[142] Im Übrigen kommen vor allem die Grundsätze der Priorität und der Gleichbehandlung bei der Abwicklung von Aufträgen in Betracht.[143] Generell dürfen allerdings die vom Wertpapierdienstleister im Einzelnen zu erwartenden Anstrengungen zur Vermeidung von Interessenkonflikten im Hinblick auf den Grundsatz der Verhältnismäßigkeit die Grenze der Zumutbarkeit nicht überschreiten.[144]

2. Organisatorische Maßnahmen

59 Die Neufassung des Abs. 1 Nr. 2 betont nunmehr ausdrücklich den Vorrang präventiv wirkender organisatorischer Maßnahmen nach § 33 Abs. 1 Satz 2 Nr. 3. Diese richten sich zunächst darauf, relevante Interessenkonflikte bei der Erbringung von Wertpapier(neben)dienstleistungen überhaupt zu erkennen, und erstrecken sich sodann auf Vorkehrungen, um eine *Beeinträchtigung* der Kundeninteressen zu vermeiden. Im Ergebnis geht es also weniger darum, schon die Entstehung von Interessenkonflikten zu verhindern, was meist ohnehin nicht möglich ist, als vielmehr um die **Identifizierung und angemessene Bewältigung von Interessenkollisionen,** also eine **gesetzliche Pflicht zur Steuerung von Interessenkonflikten.**[145] Soweit Interessenkonflikte im Vorfeld der Dienstleistung durch organisatorische Vorkehrungen so gelöst werden können, dass nach vernünftigem Ermessen das Risiko einer Beeinträchtigung von Kundeninteressen nicht mehr besteht, bedarf es daher keiner weiteren Maßnahmen mehr wie etwa der Aufklärung des Kunden. Das stellt die Neufassung des Abs. 1 Nr. 2 nunmehr eindeutig klar.[146] Wegen der Einzelheiten zu den organisatorischen Vorkehrungen und strukturellen Anforderungen an die Wertpapierdienstleistungsunternehmen nach § 33 Abs. 1 Satz 2 Nr. 3 vgl. § 33 Rn. 91 ff.

---

[140] Insofern ist es nach wie vor richtig, dass die Pflicht zur „Konfliktvermeidung" Vorrang vor der Pflicht zur Konfliktminimierung bei „unvermeidbaren Interessenkonflikten" hat, vgl. in diesem Sinne zu § 31 Abs. 1 Nr. 2 WpHG aF zB KölnKommWpHG-*Möllers,* Rn. 115.
[141] *Koller,* in: *Assmann/Schneider,* Rn. 41; *Schäfer,* Rn. 16 f.; *Lenenbach* Rn. 8.70.
[142] *Koller,* in: *Assmann/Schneider,* Rn. 43, 46; näher unten Rn. 61 b, 68 ff.
[143] *Lenenbach* Rn. 8.70; näher hierzu unten Rn. 63 ff.
[144] *Koller,* in: *Assmann/Schneider,* Rn. 38.
[145] Im Ergebnis ebenso *Loy,* in: *Clouth/Lang* (Hrsg.), MiFID-Praktikerhandbuch, Rn. 571.
[146] Mit dem nicht ganz unproblematischen Begründung, dass in diesen Fällen der konkrete Interessenkonflikt bei der eigentlichen Erbringung der Wertpapier(neben)dienstleistung nicht (mehr) bestehe, wurde das überwiegend auch bisher schon so gesehen, vgl. *Koller,* in: *Assmann/Schneider,* Rn. 52, 74; *Schön,* 43 f.; *Brandt,* S. 142 ff., 218; kritisch *Schäfer,* Rn. 26; *Hopt,* in: FS Heinsius, S. 289, 320; *Schwark,* Rn. 32.

3. Abstandnahme vom Geschäft

Vollständig vermieden werden können Interessenkonflikte, wenn das Wertpapierdienstleistungsunternehmen **auf das konkrete konfliktbeladene Geschäft verzichtet.** Aus praktischer und ökonomischer Sicht kann ein solcher Verzicht aber **nur ganz ausnahmsweise** von dem Wertpapierdienstleistungsunternehmen verlangt werden,[147] etwa wenn bei unvermeidbaren Interessenkonflikten ein Auftrag überhaupt nicht (mehr) unter der gebotenen Wahrung des Kundeninteresses ausgeführt werden kann.[148] In anderen Fällen, insbesondere bei (möglichen) Konflikten der Kunden untereinander, kann dagegen eine Abstandnahme nicht von Rechts wegen erwartet werden. Andernfalls dürfte der Dienstleister in letzter Konsequenz stets nur für einen einzigen Kunden tätig werden[149] Im Übrigen zeigt die Grundwertung des Abs. 1 Nr. 1, dass selbst bei unvermeidbaren Interessenkonflikten ein Auftrag grundsätzlich ausführbar bleibt. **60**

4. Aufklärung des Kunden

Eines der wichtigsten Mittel zur Bekämpfung von Interessenkonflikten liegt in der **Aufklärung des Kunden** über deren Vorliegen.[150] Dem liegt der zutreffende Gedanke zugrunde, dass ein Kunde, dem der bestehende Interessenkonflikt durch das Wertpapierdienstleistungsunternehmen offen gelegt wurde und der sich daher seiner Situation bewusst ist, nicht mehr schutzbedürftig ist.[151] Dies entspricht der regelmäßig zu §§ 383 ff. HGB vertretenen Auffassung, dass die Schutzwürdigkeit des Kunden bei Kenntnis der Gefährdung entfällt.[152] Man mag einwenden, dass der Interessenkonflikt im Grunde nur hingenommen und gerade nicht vermieden werde.[153] Doch wird der Kunde jedenfalls grundsätzlich in die Lage versetzt, selbst zu entscheiden, für wie wesentlich er die Gefährdung hält und inwieweit er welche Maßnahmen zu seinem eigenen Schutz ergreifen möchte. **61**

Die Änderungen in **Abs. 1 Nr. 2 Halbs. 2** durch das FRUG erheben nunmehr die Offenlegung von Interessenkonflikten praktisch zu einer eigenständigen Verhaltenspflicht, die subsidiär eingreift, soweit organisatorische Vorkehrungen zur Vermeidung des Risikos einer Beeinträchtigung von Kundeninteressen nicht ausreichen. Darin liegt insofern keine materielle Rechtsänderung, als das Wertpapierdienstleistungsunternehmen **bereits nach früherem Recht** grundsätzlich **zur Aufklärung verpflichtet** war, wenn die Information des Kunden über das Bestehen eines Interessenkonflikts zumutbar war und im Kundeninteresse lag.[154] **62**

---

[147] *Koller*, in: *Assmann/Schneider*, Rn. 58; *Schäfer*, Rn. 25; *Schön*, S. 45; generell gegen eine Pflicht zur Abstandnahme vom Geschäft (auch als *ultima ratio*) KölnKommWpHG-*Möllers*, Rn. 136.
[148] Als theoretisch bezeichnet *Schäfer*, Rn. 25, diese Variante.
[149] *Koller*, in: *Assmann/Schneider*, Rn. 36; *Kümpel* WM 1995, 689, 690; *ders.* WM 1993, 2025, 2027.
[150] Dazu *Koller*, in: *Assmann/Schneider*, Rn. 42 ff.; *Schäfer*, Rn. 17; zT krit. *Schwark*, Rn. 34; *Roth*, in: *Assmann/Schütze*, § 11 Rn. 131 ff.; KölnKommWpHG-*Möllers*, Rn. 128 ff., 134.
[151] *Koller*, in: *Assmann/Schneider*, Rn. 43.
[152] *Koller*, in: *Assmann/Schneider*, Rn. 42.
[153] Kritisch *Schäfer*, Rn. 17; KölnKommWpHG-*Möllers*, Rn. 129; *Schwark*, Rn. 33 f.
[154] *Koller*, in: *Assmann/Schneider*, Rn. 46.

Die Zumutbarkeit wurde regelmäßig bereits dann bejaht, wenn das Wertpapierdienstleistungsunternehmen nicht schon durch organisatorische Maßnahmen die Vermeidung von Interessenkonflikten sicherstellen konnte und gleichzeitig ein **Verstoß gegen das Kundeninteresse** ohne Aufklärung **wahrscheinlich** war.[155] Außer der Wahrscheinlichkeit des Verstoßes war auch die **Intensität des Interessenkonfliktes** zu berücksichtigen.[156] Nach dem bisherigen Ansatz ist eine Aufklärung dem Wertpapierdienstleistungsunternehmen immer dann zumutbar, wenn eine Verletzung oder Vernachlässigung des Kundeninteresses nahe liegt.[157] Das ist jedenfalls anzunehmen, wenn der Kunde im Falle einer (fiktiven) Aufklärung Abstand von dem konkreten Geschäft nähme.[158] Darüber hinaus genügt nach Abs. 1 Nr. 2 Halbs. 2 aber schon, dass „nach vernünftigem Ermessen", also vom Standpunkt eines objektiv urteilenden Dritten, das **Risiko einer Beeinträchtigung des Kundeninteresses nicht ausgeschlossen** werden kann, um die Pflicht zur eindeutigen Darlegung der „allgemeinen Herkunft" von Interessenkonflikten auszulösen (vgl. näher, insbesondere zu Inhalt und Reichweite der Aufklärung, unten Rn. 68 ff.).

5. Grundsatz der Priorität

63 In Fällen konkurrierender Wertpapiertransaktionen verschiedener Kunden kann eine strenge Anwendung des **Prinzips der zeitlichen Priorität** Interessenkonflikte von Anfang an vermeiden.[159] Dabei kann der Prioritätsgrundsatz nach zutreffender Auffassung aber nur dann eingreifen, wenn überhaupt realisierbare Wertpapieraufträge vorliegen.[160] Entscheidend ist daher neben dem Eingang der Zeitpunkt der Erfüllbarkeit der Orders, da vorher kein Interessenkonflikt besteht.[161] Die Gefahr eines Interessenkonflikts besteht im Übrigen nicht nur bei denselben Wertpapieren, sondern auch bei solchen, deren Kurse sich wechselseitig beeinflussen (Aktien und Aktienoptionen), so dass auch insoweit der Prioritätsgrundsatz bei der Durchführung von Wertpapieraufträgen zu beachten ist.[162]

64 Für die Auflösung von **Interessenkonflikten zwischen Wertpapierdienstleistungsunternehmen und seinen Kunden** eignet sich das Prioritätsprinzip dagegen weniger.[163] Zunächst ist zu beachten, dass vorrangig für eine strikte organisatorische Trennung von Eigenhandel und Kundengeschäft durch sog. *Chinese Walls* zu sorgen ist (vgl. § 33 Rn. 108). Soweit dem Genüge getan ist, liegt kein relevanter Interessenkonflikt mehr vor. Im Übrigen würde eine Anwendung des Prioritätsgrundsatzes im Verhältnis Eigenhandel/Kundenaufträge gerade die Zusammenschau der jeweiligen Orders und damit ein *wall crossing* voraussetzen,[164]

---

[155] *Koller*, in: *Assmann/Schneider*, Rn. 46 f.
[156] *Koller*, in: *Assmann/Schneider*, Rn. 48.
[157] *Koller*, in: *Assmann/Schneider*, Rn. 48.
[158] *Koller*, in: *Assmann/Schneider*, Rn. 48; vgl. auch *Schäfer*, Rn. 18; ähnlich *Hopt*, Kapitalanlegerschutz, S. 447 f.
[159] KölnKommWpHG-*Möllers*, Rn. 116 ff.; *Koller*, in: *Assmann/Schneider*, Rn. 55, 65; *Schäfer*, Rn. 23; *Schön*, S. 44; *Schwark*, Rn. 35 f.; *Roth*, in: *Assmann/Schütze*, § 11 Rn. 139; *Bliesener*, S. 226 f.; vgl. bereits *Hopt* Kapitalanlegerschutz, S. 485; *Koller* BB 1978, 1733 ff.
[160] *Koller*, in: *Assmann/Schneider*, Rn. 55; *Schäfer*, Rn. 23.
[161] KölnKommWpHG-*Möllers*, Rn. 117.
[162] *Koller*, in: *Assmann/Schneider*, Rn. 65; KölnKommWpHG-*Möllers*, Rn. 118.
[163] Zum Streitstand *Koller*, in: *Assmann/Schneider*, Rn. 56 f.; *Schäfer*, Rn. 24.
[164] Das übersieht KölnKommWpHG-*Möllers*, Rn. 120.

Allgemeine Verhaltensregeln 65 § 31

das nur ausnahmsweise zulässig ist (vgl. § 33 Rn. 113). Fehlt es dagegen an hinreichenden organisatorischen Vorkehrungen für eine Abschottung der Bereiche Eigenhandel und Kundengeschäft oder greifen sie im Einzelfall nicht, kann die Beachtung des Prioritätsprinzips auch hier zur Vermeidung von konkreten Interessenkonflikten beitragen. Denn die Pflicht zur Wahrung des Kundeninteresses nach Abs. 1 Nr. 1 begründet nicht die Notwendigkeit einer pauschalen und generellen Bevorzugung aller Kundenaufträge, sondern lässt durchaus Raum für die legitime Verfolgung eigener Interessen durch das Wertpapierdienstleistungsunternehmen.[165]

6. Grundsatz der Gleichbehandlung

Eine angemessene Möglichkeit zur Vermeidung bzw. Lösung von Interessenkonflikten kann in bestimmten Fällen auch der Grundsatz der **Gleichbehandlung** sein.[166] Das gilt allerdings nur in den eher seltenen Konstellationen, in denen die konkurrierenden Interessen der Betroffenen nicht darauf gerichtet sind, die jeweils besten Geschäftsgelegenheiten gerade nur für sich allein nutzen zu können; in diesen Fällen kommt grundsätzlich dem Prioritätsprinzip der Vorrang zu, weil es den Kundeninteressen besser entspricht. Der Grundsatz der Gleichbehandlung ist aber zB bei der Zusammenfassung von Kleinaufträgen zu Großaufträgen mit günstigeren Konditionen (sog. **Blockorder**) anwendbar.[167] Die im Wege der Bündelung erzielbaren Preis- und Kostenvorteile sind dann anteilig an die Kunden weiterzugeben.[168] Zu beachten ist aber jeweils auch das Prinzip der bestmöglichen Wahrung der Kundeninteressen, das zB verletzt wird, wenn die Bündelung von Aufträgen zu schlechteren Kursen führt, als bei Erledigung der Kundenaufträge nach dem Grundsatz der Priorität erreichbar gewesen wären.[169] Auch bei Entscheidungen über die **Zuteilung** von Wertpapieren im Rahmen **überzeichneter Neuemissionen** ist eine willkürliche Privilegierung einzelner Anleger(gruppen) zu vermeiden.[170] Sachgerechte Differenzierungen bleiben aber möglich, so dass zB eine asymmetrische Aufteilung des Emissionsvolumens auf verschiedene Gruppen von Zeichnern (zB institutionelle Investoren, Privatanleger) mit einer gleich hohen *pro rata*-Zuteilung innerhalb der jeweiligen Gruppe zulässig ist; dies erscheint besser geeignet, die gegenläufigen Interessen der beteiligten Zeichner auszugleichen als ein Vorgehen nach der (zeitlichen) Priorität der

65

---

[165] Vgl. *Kümpel* WM 1993, 2025, 2027; *Schäfer*, Rn. 24; insoweit zutreffend auch KölnKommWpHG-*Möllers*, Rn. 120 (kein apodiktischer Vorrang der Kundenaufträge); vgl. auch oben Rn. 55.
[166] *Koller*, in: *Assmann/Schneider*, Rn. 53 f.; *Schäfer*, Rn. 20 ff.; *Schön*, S. 44; krit. (kein Instrument der Konfliktvermeidung, sondern der Lösung von Konflikten) *Schwark*, Rn. 37; KölnKommWpHG-*Möllers*, Rn. 121.
[167] Dabei handelt es sich um Bündelung mehrerer Kundenaufträge bzw. die Kombination von Kundenaufträgen mit Eigenorders aus Gründen einer rationelleren Auftragsabwicklung, vgl. nur KölnKommWpHG-*Möllers*, Rn. 90 mwN sowie § 31 c Rn. 12 f.
[168] *Koller*, in: *Assmann/Schneider*, Rn. 53 f.; *Schäfer*, Rn. 20; KölnKommWpHG-*Möllers*, Rn. 124 f.
[169] *Koller*, in: *Assmann/Schneider*, Rn. 54; KölnKommWpHG-*Möllers*, Rn. 126.
[170] Vgl. *Schäfer*, Rn. 20 (Repartierung, einschr. aber Rn. 22); aA KölnKommWpHG-*Möllers*, Rn. 127; *Schwark*, Rn. 37 (WpHG nicht anwendbar, da § 2 Abs. 3 Nr. 5 nur die feste Übernahme, nicht den späteren Verkauf der Papiere im eigenen Namen und für eigene Rechnung erfasse; insoweit ist aber § 2 Abs. 3 Satz 1 Nr. 2 bzw. Satz 2 zu beachten).

Zeichnungsaufträge. Der Gleichbehandlungsgrundsatz verlangt keine starre Einheitslösung für alle Kunden, sondern ist offen für sachgerechte Gruppenbildungen und Differenzierungen zwischen verschiedenen Kategorien von Kunden, die dann jeweils nur gruppenintern gleich behandelt werden. Bei Vorliegen eines entsprechenden objektiven Grundes kann auch die Bildung von Untergruppen innerhalb der gesetzlichen Kundenkategorien (Privatkunde, professioneller Kunde, geeignete Gegenpartei, vgl. §§ 31a, 31b) gerechtfertigt sein.

7. Konfliktvermeidungsstrategie und Abwägung im Einzelfall

66   Eine zwingende Festlegung der Reihen- oder Rangfolge der anzuwendenden Vermeidungsstrategien existiert nicht. Als **generelle Leitlinie** wird man indes festhalten können, dass sich das Wertpapierdienstleistungsunternehmen im Rahmen der **Auftragsanbahnung regelmäßig** um **Aufklärung** bemühen muss, wenn Konflikte nicht bereits durch Organisation vermieden werden können. Im Stadium der **Auftragsdurchführung** kommt dem Grundsatz der **Kundenpriorität** die größte Bedeutung zu. Im Übrigen gilt das Prinzip der Gleichbehandlung. Generell folgt aus der Pflicht zur Wahrung des Kundeninteresses, dass die aus dem Bestehen unvermeidbarer Interessenkonflikte resultierenden Gefahren **so weit wie möglich reduziert** werden müssen.[171] Inhaltlich wird damit eine Minderung des unauflösbaren Konfliktpotentials in der Weise verlangt, dass die widerstreitenden Interessen „optimal realisiert" werden müssen.[172]

67   Diese allgemeinen Vorgaben lassen dem Wertpapierdienstleistungsunternehmen eine recht breite Palette an Handlungsmöglichkeiten. Über seine Vorgehensweise bei der Bekämpfung von Interessenkonflikten, insbesondere die organisatorischen Vorkehrungen, muss es angemessene **Grundsätze für den Umgang mit Interessenkonflikten** aufstellen (sog. „*Conflict of Interest Policy Statement*") und seinen Kunden kommunizieren (§ 13 Abs. 2 WpDVerOV, näher hierzu § 33 Rn. 96 ff.).

III. Offenlegung des Interessenkonflikts

1. Allgemeines

68   Wie bereits dargelegt, hat Abs. 1 Nr. 2 Halbs. 2 in Umsetzung von Art. 18 Abs. 2 MiFID[173] die Aufklärung des Kunden über das Bestehen eines Interessenkonflikts gewissermaßen zu einer eigenständigen Verhaltenspflicht aufgewertet und damit eine wichtige Methode zur Vermeidung von Nachteilen für die Kunden aus bestehenden Interessenkonflikten gesondert geregelt.

2. Inhalt und Reichweite der Aufklärung

69   Die Art und Weise, in der die gebotene Aufklärung zu erfolgen hat, ist schon unter der Geltung des § 31 Abs. 1 Nr. 2 WpHG aF **umstritten** gewesen.[174] Die

---

[171] Vgl. *Koller*, in: *Assmann/Schneider*, Rn. 33.
[172] Vgl. zur Geltung des Verhältnismäßigkeitsprinzips bei der Entschärfung von Interessenkonflikten *Koller*, in: *Assmann/Schneider*, Rn. 37, 38, 40; für eine umfassende Interessen- und Güterabwägung und die Ablehnung des Auftrags als ultima ratio *Schwark*, Rn. 38.
[173] BegrRegE, BT-Drucks. 16/4028, S. 63.
[174] Zum Streitstand *Koller*, in: *Assmann/Schneider*, Rn. 42 ff.; vgl. aber nun die ausdrückliche Regelung in Art. 18 Abs. 2 MiFID.

Positionen reichten von einem allgemeinen **Hinweis auf die abstrakte Möglichkeit**[175] des Bestehens eines Interessenkonflikts über eine vermittelnde Linie, die grundsätzlich einen **abstrakt-konkretisierenden Hinweis** in dem Sinne forderte, dass der Kunde den Grad seiner Gefährdung bezüglich seines konkreten Geschäfts prinzipiell einschätzen kann,[176] bis hin zu einem **konkreten Hinweis auf einen bestimmten Interessenkonflikt** im Einzelfall.[177] Dabei kann der Grad der Konkretisierung im Einzelfall davon abhängen, inwieweit Interessen des Wertpapierdienstleistungsunternehmens oder anderer Wertpapierkunden betroffen sind.[178]

Die Neufassung von **Abs. 1 Nr. 2** scheint auf den ersten Blick der zuerst genannten Auffassung zu folgen, da nur ein Hinweis auf „die allgemeine Herkunft der Interessenkonflikte" verlangt wird. Andererseits muss dieser Hinweis „ein deutig" sein und nach § 13 Abs. 4 Satz 1 WpDVerOV dem Kunden eine informierte Entscheidung ermöglichen. Dabei ist auch dem Umstand Rechnung zu tragen, ob es sich um einen Privatkunden, einen professionellen Kunden oder eine geeignete Gegenpartei handelt (vgl. bereits oben Rn. 49; näher zu den Kundenkategorien § 31a Rn. 17 ff.). **70**

Vor diesem Hintergrund reicht ein bloßer Hinweis lediglich auf die abstrakte Möglichkeit eines Interessenkonflikts nicht. Geboten ist vielmehr zumindest eine **abstrakt-konkretisierende Aufklärung** in dem Sinne, dass auf den **Verständnishorizont eines typischen Mitglieds der betroffenen Kundenkategorie** abzustellen und diesem durch die Aufklärung eine sinnvolle Einschätzung der Gefährdung seiner Interessen zu ermöglichen ist. Dem Kunden muss jedenfalls deutlich vor Augen geführt werden, dass sich das in Aussicht genommene Geschäft infolge des Interessenkonflikts als ungünstiger oder unvorteilhafter erweisen könnte, als es ohne Bestehen des Interessenkonflikts wäre; der Kunde muss also in die Lage versetzt werden, das Risiko einer Beeinträchtigung seiner Interessen tatsächlich zu erkennen.[179] Denn andernfalls ist nicht zu erwarten, dass er veranlasst wird, ernsthaft über etwaige Selbstschutzmaßnahmen nachzudenken (sei es durch Abstandnahme von dem Geschäft oder Verlangen bestimmter zusätzlicher Sicherungsmaßnahmen zu seinen Gunsten). Erst wenn somit die realistische Chance besteht, dass der Kunde eine **bewusste Entscheidung** darüber trifft, ob er das Risiko einer Benachteiligung infolge des erkannten Interessenkonflikts auf Seiten der Bank in Kauf nehmen will, entfällt seine Schutzbedürftigkeit. Dabei ist dem unterschiedlichen Grad an Professionalität des Kunden Rechnung zu tragen.[180] Eine Aufklärung, die aus Sicht eines Privatkunden unzureichend wäre, weil er seine mögliche Gefährdung durch den Interessenkonflikt nicht erkennt, kann für professionellen Kunden durchaus ausreichend sein. **71**

---

[175] In diese Richtung zB *Vortmann*, ÖBA 1994, 579, 585.
[176] BGH ZIP 1995, 18, 20; *Koller*, in: Assmann/Schneider, Rn. 44; KölnKommWpHG-*Möllers*, Rn. 134.
[177] Vgl. die Hinweise bei *Koller*, in: Assmann/Schneider, Rn. 42; differenzierend *Roth* in Assmann/Schütze, § 11 Rn. 132 (je nach Lage des Einzelfalls mehr oder weniger spezifisch).
[178] So unter Hinweis auf das Berufsgeheimnis gegenüber anderen Kunden und Mitteilungsverbote nach dem Insiderrecht *Schäfer*, Rn. 19; vgl. zur Schranke der Zumutbarkeit der Aufklärung auch *Koller*, in: Assmann/Schneider, Rn. 46 ff. mwN sowie unten Rn. 73 ff.
[179] *Koller*, in: Assmann/Schneider, Rn. 44; *Köndgen* ZBB 1996, 361, 363.
[180] Vgl. Erwägungsgrund 31 der MiFID; *Koller*, in: Assmann/Schneider, Rn. 44.

72 Fraglich ist dagegen, ob nicht darüber hinaus verlangt werden muss, dass sich das Wertpapierdienstleistungsunternehmen an dem Verständnishorizont des *individuellen* Wertpapierkunden, nicht nur des durchschnittlichen Mitglieds einer Kundenkategorie, zu orientieren hat und sicherstellen muss, dass dieser den **konkreten Grad seiner Gefährdung** tatsächlich erkennt.[181] Eine so weitreichende Offenlegungspflicht lässt sich jedoch grundsätzlich weder aus Abs. 1 Nr. 2 noch aus der zugrunde liegenden Norm der Finanzmarktrichtlinie ableiten. Auch nach Art. 18 Abs. 2 MiFID[182] hat die Wertpapierfirma dem Kunden lediglich „die allgemeine Art und/oder die Quellen von Interessenkonflikten" eindeutig darzulegen, sofern die organisatorischen Vorkehrungen zu deren Steuerung nicht ausreichen. Eine **individuelle, auf den konkreten Einzelkonflikt bezogene Aufklärung** wird man **nur im Ausnahmefall** als Maßnahme zur Wahrung des Kundeninteresses nach Abs. 1 Nr. 1 verlangen können, wenn andernfalls *in concreto* ein so schwerwiegendes Risiko von Nachteilen für den betroffenen Kunden besteht, dass dem eine generalisierende Offenlegung der Art des Konflikts und seiner Ursachen oder Hintergründe nicht mehr gerecht würde, und daher von der Bank ohne Einverständnis des Kunden eine Abstandnahme von dem (anderen) Geschäft erwartet werden müsste. Darüber hinaus sind generell gewisse Grenzen auch für eine (etwaige freiwillige) detaillierte Aufklärung von Kunden im Hinblick auf die Interessen anderer Kunden und des Wertpapierdienstleistungsunternehmens selbst zu beachten.

3. Grenzen

73 Eine (konkrete) Aufklärung hat jedenfalls immer dann zu unterbleiben, wenn sie gleichzeitig einen **Eingriff in den geschützten Bereich der Geschäftssphäre eines anderen Wertpapierkunden** darstellen würde. Dies folgt schon aus der allgemeinen Interessenwahrungspflicht gegenüber dem anderen Wertpapierkunden. So darf das Wertpapierdienstleistungsunternehmen selbst dann nicht über konkrete Wertpapiertransaktionen eines ihrer Kunden aufklären, wenn diese aufgrund ihres Volumens oder der Marktlage zu erheblichen Kursveränderungen führen können. In diesen Fällen kann aber die allgemeine Interessenwahrungspflicht gebieten, generell darauf hinzuweisen, dass der konkrete Kundenauftrag mit Wertpapieraufträgen anderer Kunden konkurrieren kann. Das Wertpapierdienstleistungsunternehmen darf sich schließlich regelmäßig darauf berufen, dass es aus Gründen des Berufsgeheimnisses keine (konkrete) Information preisgeben darf.[183] Dies gilt aber dann nicht, wenn die durch das **Berufsgeheimnis** geschützten Personen ihrerseits verpflichtet wären, bestimmte Informationen weiterzugeben.[184]

74 Eine Aufklärung darf auch dann unterbleiben, wenn die konkrete Aufklärung gleichzeitig einen **Eingriff in die geschützte eigene Sphäre des Wertpapierdienstleistungsunternehmens** darstellen würde.[185] Sofern kein *Scalping*

---

[181] So zu § 31 Abs. 1 Nr. 2 WpHG aF *Koller*, in: *Assmann/Schneider*, Rn. 44; wohl auch KölnKommWpHG-*Möllers*, Rn. 134.
[182] Richtlinie 2004/39/EG vom 21. 4. 2004, ABl. EG Nr. L 145/1.
[183] *Schäfer*, Rn. 19; KölnKommWpHG-*Möllers*, Rn.135; *Koller*, in: *Assmann/Schneider*, Rn. 51; *Roth*, in: *Assmann/Schütze*, § 11 Rn. 134ff.
[184] *Koller*, in: *Assmann/Schneider*, Rn. 51.
[185] *Koller*, in: *Assmann/Schneider*, Rn. 49; *Schäfer*, Rn. 19; *Hopt*, Kapitalanlegerschutz, S. 446f.

vorliegt (Rn. 83), muss das Wertpapierdienstleistungsunternehmen weder darüber aufklären, dass es selbst über Eigenbestände des vom Wertpapierkunden avisierten Wertpapiers verfügt, noch dass es möglicherweise selbst mit den Eigenbeständen handeln will.[186] Auch hier muss ein abstrakter Hinweis auf mögliche Interessenkonflikte zwischen Eigeninteressen des Wertpapierdienstleistungsunternehmens und Interessen der Kunden ausreichen, aus denen der Kunde dann seine eigenen Schlüsse ziehen kann.[187]

Eine konkrete Aufklärung hat schließlich zu unterbleiben, wenn die **Aufklärung gesetzlich verboten ist**. So ist es dem Wertpapierdienstleistungsunternehmen etwa untersagt, konkret aufklären, wenn es dadurch gegen **Insiderverbote** i. S. v. §§ 14 Abs. 1 Nr. 2, 3 verstieße.[188] In diesen Fällen kann aber zumindest ein **abstrakter Hinweis dahingehend geboten sein, dass es aus Rechtsgründen nicht aufklären darf**.[189] Jedenfalls ist es den Wertpapierdienstleistungsunternehmen bei Insiderkenntnissen, die sich nachteilig auf das Kundeninteresse auswirken könnten, verboten, aktive Empfehlungen hinsichtlich des in Frage stehenden Wertpapiers zu erteilen.[190]

Ob es bei zu einer Transaktion bereits entschlossenen Wertpapierkunden darüber hinaus verpflichtet ist, eine **negative Empfehlung** in dem Sinne abzugeben, **von der geplanten Transaktion abzusehen**, ist umstritten, im Ergebnis aber bei sonst drohenden gravierenden Nachteilen für den Kunden zu bejahen.[191] Dem Kundeninteresse entspräche es nämlich nicht, ihn wider besseres Wissen eine vermeidbar nachteilhafte Transaktion vornehmen, ihn gewissermaßen „sehenden Auges ins Verderben laufen zu lassen". Das Wertpapierdienstleistungsunternehmen kann sich dem nicht dadurch entziehen, dass es einen uninformierten Mitarbeiter einsetzt.[192]

IV. Einzelne Interessenkonflikte

1. Konflikte zwischen Kunde und Wertpapierdienstleistungsunternehmen

a) Konkurrierender Eigenhandel

Der praktisch wichtigste Interessenkonflikt entsteht, wenn sowohl das Wertpapierdienstleistungsunternehmen als auch der Kunde bestimmte Papiere erwerben oder veräußern wollen und die zeitlich spätere Ausführung des jeweiligen Auftrags nur zu einem ungünstigeren Kurs erfolgen kann.[193] Nach überwiegender

---

[186] *Koller,* in: *Assmann/Schneider,* Rn. 49.
[187] Vgl. dazu *Koller,* in: *Assmann/Schneider,* Rn. 44.
[188] *Koller,* in: *Assmann/Schneider,* Rn. 50; *Hopt,* Kapitalanlegerschutz, S. 469 ff.
[189] *Koller,* in: *Assmann/Schneider,* Rn. 50; *Roth,* in: *Assmann/Schütze,* § 11 Rn. 136 aE; *Vortmann,* ÖBA 1994, 579, 585.
[190] *Koller,* in: *Assmann/Schneider,* Rn. 50.
[191] Vgl. *Roth,* in: *Assmann/Schütze,* § 11 Rn. 137 aE; *Assmann* AG 1997, 50, 58; krit. *Cahn* ZHR 162 (1998) I, 33 ff.; näher zum Streitstand *Koller,* in: *Assmann/Schneider,* Rn. 50 mwN.
[192] *Koller,* in: *Assmann/Schneider,* Rn. 50.
[193] *Koller,* in: *Assmann/Schneider,* Rn. 61; *Schäfer,* Rn. 14; *Bliesener,* S. 229 ff.; *Brandt,* S. 218 f.

Auffassung gilt hier der **Vorrang des Kundeninteresses**, d. h. Eigenhandelsinteressen des Wertpapierdienstleistungsunternehmen müssen hinter den Kundeninteressen zurückstehen, das Wertpapierdienstleistungsunternehmen muss dafür sorgen, dass das Kundeninteresse nicht durch parallel laufende Eigengeschäfte verletzt wird.[194] Ausnahmen bestehen nach dieser Auffassung nur insoweit, als der Eigenhandel der Wertpapierdienstleistungsunternehmen Vorteile für die Kunden mit sich bringt, indem sie dadurch etwa auf der Marktgegenseite bessere Konditionen erzielen.[195]

78 Die Gegenauffassung verneint einen generellen Vorrang des Kundeninteresses. Vielmehr bestehe in diesen Fällen lediglich eine Verpflichtung des Wertpapierdienstleistungsunternehmens, auf das Vorliegen eines Interessenkonflikts hinzuweisen. Dafür spricht, dass die Aufklärung insoweit das mildere Mittel darstellt, vor allem aber, dass ein Wertpapierdienstleistungsunternehmen andernfalls kaum einmal größere Positionen eigener Wertpapiere ohne größere Haftungsgefahren bewegen könnte.[196] Schließlich hat der Eigenhandel positive Effekte im Hinblick auf die gesteigerte Marktliquidität, die auch im Interesse der Kunden liegt.[197] Auch die MiFID geht von der grundsätzlichen Zulässigkeit des Eigenhandels aus.[198] **Grenzen** bestehen aber zumindest insoweit, als das Wertpapierdienstleistungsunternehmen bestimmte Kundenorders gezielt zur Verbesserung eigener Transaktionen einsetzt oder einplant.[199] Vorrangig ist zudem auf die Vermeidung von geschäftsbezogenen Interessenkonflikten durch organisatorische Maßnahmen hinzuwirken.[200]

b) Empfehlungen bei besonderem Vertriebsinteresse

79 Das Wertpapierdienstleistungsunternehmen kann ein Interesse daran haben, (ausschließlich) **Produkte des eigenen Hauses zu empfehlen**.[201] Sofern die Bank nicht für sich in Anspruch nimmt, auch über Fremdprodukte zu beraten, oder der Kunde dies erkennbar erwartet, hat der BGH die alleinige Empfehlung bank-, konzern- oder institutsgruppeneigener Anlageprodukte auch ohne gesonderte Aufklärung nicht beanstandet.[202]

80 Etwas anderes gilt aber, wenn aus einer **Verbindung zu Dritten** ein besonderes eigenes Provisions- oder sonstiges Geschäftsinteresse resultiert, sei es aufgrund von Rückvergütungen oder anderen Zuwendungen für den Vertrieb bestimmter fremder Produkte, sei es wegen einer direkten oder mittelbaren Beteiligung an der Emission eines Finanzinstruments. Möglich ist auch, dass der

---

[194] Vgl. *Koller,* in: *Assmann/Schneider,* Rn. 50; einschränkend *Schwark,* Rn. 36; *Brandt,* S. 218.
[195] Vgl. hierzu *Kümpel,* Bank- und Kapitalmarktrecht Rn. 16.529.
[196] *Lenenbach* Rn. 8.73.
[197] *Kümpel,* Bank- und Kapitalmarktrecht Rn. 16.530.
[198] Vgl. Art. 4 Abs. 1 Nr. 1 iVm Anhang I A Nr. 3 („Handel für eigene Rechnung").
[199] *Koller,* in: *Assmann/Schneider,* Rn. 61.
[200] Vgl. zur Schaffung von Vertraulichkeitsbereichen durch sog. Chinese Walls § 33 Rn. 107 ff.
[201] *Koller,* in: *Assmann/Schneider,* Rn. 73; vgl. bereits *Hopt,* Kapitalanlegerschutz, S. 122 ff.
[202] BGH ZIP 2007, 518, 520; zust. *Schäfer/Schäfer,* BKR 2007, 163, 164; krit. *Koller,* ZBB 2007, 197, 198 (gewisser Wertungswiderspruch); vgl. auch *Roth* in *Assmann/Schütze,* § 11 Rn. 130.

Wertpapierdienstleister generell an dem „*good will*" eines Emittenten interessiert ist, mit dem er in anderer Verbindung steht.[203] Soweit in diesen Fällen kein spezielles Verbot eingreift,[204] ist prinzipiell zumindest eine entsprechende **Aufklärung des Kunden** erforderlich, damit er eigenverantwortlich entscheiden kann, inwieweit er der möglicherweise vom Eigeninteresse der Bank geleiteten Empfehlung folgen will.[205] So muss das Wertpapierdienstleistungsunternehmen den Kunden zB gesondert darauf hinweisen, wenn es im Falle einer Emission als Konsortialbank besondere Interessen am Vertrieb hat.[206]

Ein schwerwiegender Interessenkonflikt liegt vor, wenn die Bank **ein bestimmtes Wertpapier empfiehlt, um eigene Positionen in eben diesem Papier abzubauen**.[207] Dieser Konflikt mag noch durch Offenlegung abgemildert werden können. Soweit ein Wertpapierdienstleister sogar gezielt Wertpapiere erwirbt, um diese nach Empfehlung an den Kunden wieder abzubauen und dadurch Gewinne zu erzielen (*scalping*), folgt schon aus dem Verbot der Kursmanipulation in § 20a, dass ein solchen Verhalten generell verboten ist und daher unter keinen Umständen gerechtfertigt werden kann.[208] 81

c) Beeinflussung und Stellung der Wertpapierkurse

Auch andere **Kursmanipulationen** i. S. d. § 20a wie zB die Verbreitung fehlerhafter Mitteilungen oder die Vornahme von Geschäften, die falsche Signale geben oder ein künstliches Preisniveau herbeiführen, sind gesetzlich verbotene Verhaltensweisen, die nicht in eine Abwägung zur Bewältigung von Interessenkonflikten nach Abs. 1 Nr. 2 eingebracht werden können; sie **verstoßen ohne weiteres auch gegen Abs. 1 Nr. 1**.[209] Soweit es sich – etwa im Anschluss an eine Wertpapieremission – um zulässige Maßnahmen der **Kursstabilisierung** handelt,[210] können diese einen Interessenkonflikt zB zwischen dem Wertpapierdienstleister und spekulativ eingestellten Anlegern, die gerade auf hohe Kursschwankungen aus sind, aber auch zwischen verschiedenen Gruppen von Anlegern mit unterschiedlichen Anlagezielen begründen.[211] Damit die Kunden sich darauf einstellen können, ist es erforderlich, sie darüber aufzuklären, dass für einen bestimmten Zeitraum Kurspflege betrieben wird.[212] 82

Eine vergleichbare Problematik stellt sich beim **Market Making:** Hat sich das Wertpapierdienstleistungsunternehmen verpflichtet, jederzeit für marktübliche Mengen eines bestimmten Finanzinstruments verbindliche An- und Verkaufskurse zu stellen und damit einen liquiden Handel für diese Titel zu ge- 83

---

[203] Vgl. *Koller*, in: *Assmann/Schneider*, Rn. 73; *Schäfer*, Rn. 14.
[204] Vgl. zum sog. „*churning*" Rn. 267, zum „*scalping*" § 20a Rn. 67f., zu „*kick-backs*" und den Zulässigkeitskriterien für Zuwendungen § 31d Rn. 24ff.
[205] *Lenenbach* Rn 8.72; *Koller* in *Assmann/Schneider*, Rn. 42ff.; zurückhaltend *Roth*, in: *Assmann/Schütze*, § 11 Rn. 131f.
[206] *Lenenbach* Rn 8.72; *Roth*, in: *Assmann/Schütze*, § 11 Rn. 130.
[207] *Koller*, in: *Assmann/Schneider*, Rn. 61; *Schäfer*, in: *Schäfer*, Rn. 14.
[208] BGH NJW 2004, 302 (zu § 88 BörsG aF); *Lenenbach* Rn. 8.73; ausführlich § 20a Rn. 67f.
[209] *Koller*, in: *Assmann/Schneider*, 3. Aufl., Rn. 18.
[210] Vgl. dazu § 20a Rn. 108ff.
[211] *Koller*, in: *Assmann/Schneider*, Rn. 62, 71.
[212] Zutreffend KölnKommWpHG-*Möllers*, Rn. 139; *Schäfer*, Rn. 78; *ders.* WM 1999, 1345, 1351; *Lang*, Informationspflichten, § 8 Rn. 15.

währleisten, ist evident, dass es selbst und sein Kunde mit dem Geschäft gegenläufige Interessen verfolgen. Der Konflikt ist prinzipiell durch ausdrückliche Aufklärung über die Rolle des Wertpapierdienstleisters als Market Maker zu lösen. Abzulehnen ist die Auffassung, dass im Einzelfall auch der Verzicht auf das Stellen der *Quotes* zumutbar sein soll,[213] da sich der Market Maker sonst auf intransparente Weise unter Berufung auf angebliche Kundeninteressen von seiner unbedingt übernommenen Pflicht zum Market Making verabschieden könnte.

d) Vergütungsfragen

84 Als gewinnorientierte Unternehmen haben Wertpapierdienstleistungsunternehmen ein berechtigtes Interesse an einer angemessenen Vergütung für ihre Tätigkeit.[214] Der natürliche Antagonismus zwischen seinem Interesse an einer möglichst hohen Vergütung und dem entgegengesetzten Interesse des Kunden an möglichst niedrigen Preisen für Wertpapierdienstleistungen stellt aber für sich noch keinen wertpapierhandelsrechtlich relevanten Interessenkonflikt dar, sondern ist jeder entgeltlichen Geschäftsbesorgung immanent.[215] Das gilt auch im Hinblick auf die Höhe der Vergütung,[216] die Wertpapierdienstleistungsunternehmen in den Grenzen des § 138 BGB, des ABG-Rechts und des Kartellrechts (§§ 19, 20 GWB) für jede angebotene Dienstleistung selbst bestimmen können, ohne *de iure* die gegenläufigen Interessen der Kunden berücksichtigen zu müssen. Diese werden grundsätzlich durch den funktionierenden Wettbewerb im Bankensektor ausreichend geschützt.[217]

85 Auch wenn es bei isolierter Betrachtung des Entgelts für das einzelne Wertpapiergeschäft an einem relevanten Interessenkonflikt i. S. d. Abs. 1 Nr. 2 fehlt, kann ein solcher hinsichtlich der gesamten Geschäftsbeziehung sehr wohl vorliegen. Das Interesse an der Erzielung einer möglichst hohen Gesamtvergütung mit dem einzelnen Kunden, ausgelöst durch eine Vielzahl von Einzeltransaktionen, steht dem Interesse des Kunden gegenüber, nur solche entgeltpflichtigen Geschäfte durchzuführen, für deren Vornahme ein sachlich berechtigter Grund und vernünftiger Anlagezweck besteht. Die mittelbare **Erlössteigerung durch Veranlassung „unnötiger Geschäftsvorfälle"** widerspricht dem Kundeninteresse und verstößt daher bereits gegen Abs. 1 Nr. 1.[218]

86 Das schließt jedoch nicht aus, das Wertpapierdienstleistungsunternehmen auch nach Abs. 1 Nr. 2 für verpflichtet zu halten, sich durch geeignete Maßnahmen

---

[213] So aber KölnKommWpHG-*Möllers*, Rn. 140; ähnlich *Koller*, in: *Assmann/Schneider*, Rn. 72 (Verzicht auf die Doppelrolle).
[214] *Schäfer*, Rn. 29; *Bliesener*, S. 235 ff.
[215] Zutreffend KölnKommWpHG-*Möllers*, Rn. 141; *Schäfer*, Rn. 29; *Lang*, Informationspflichten, § 8 Rn. 28; **aA** wohl *Koller*, in: *Assmann/Schneider*, Rn. 70.
[216] Anders *Koller*, in: *Assmann/Schneider*, Rn. 18, der aus Art. 11 Abs. 1 Satz 2, 1. Spiegelstrich der WpDRL im Wege der richtlinienkonformen Auslegung ein Übermaßverbot in dem Sinne herauslesen will, dass eine vereinbarte Vergütung nicht unverhältnismäßig hoch sein dürfe, sondern der Billigkeit (§ 315 BGB) entsprechen müsse.
[217] Hinzu kommt, dass gerade im Finanzsektor die Preisgestaltung von diversen Verbraucherschutzorganisationen kritisch beobachtet wird, vgl. KölnKommWpHG-*Möllers*, Rn. 141.
[218] KölnKommWpHG-*Möllers*, Rn. 142 (zum verbotenen „Churning"); insoweit zutreffend auch *Koller*, in: *Assmann/Schneider*, Rn. 18, 70.

für die Verringerung des Risikos einzusetzen, dass es zu einem „**Churning**" (Spesenreiterei) oder vergleichbaren Strategien zu Lasten des Kunden kommt.[219] Davon wird gesprochen, wenn Wertpapierdienstleistungsunternehmen alleine zu dem Zweck Wertpapiertransaktionen empfehlen oder (insbesondere im Rahmen der Vermögensverwaltung) für den Kunden tätigen, um ihr eigenes Provisionsaufkommen künstlich zu erhöhen.[220] Dies kann etwa bei regelmäßigen und nicht im Kundeninteresse liegenden Depotumschichtungen der Fall sein. Die genaue Bestimmung, wann ein künstliches Aufblähen der Wertpapierumsätze vorliegt, erweist sich aber in der Praxis als schwierig. Die Grenze ist erreicht, wenn die Transaktionskosten im Verhältnis zum eingesetzten Kapital oder zum erzielbaren Gewinn unverhältnismäßig hoch sind.[221] Indizien sind zB ein Verhältnis der monatlichen Provisionen zum durchschnittlichen Tagessaldo von 18% bzw. zum gesamten Anlagekapital von 11,8%,[222] das Aufzehren von mehr als 17% des Vermögens innerhalb von fünf Monaten,[223] ein hoher Anteil von wirtschaftlich sinnlosen, kurzfristigen Geschäften sowie das Fehlen von ausreichenden Sicherheitsreserven.[224] Zu beachten sind aber auch die geäußerten Anlageziele des Kunden; ist dieser hochspekulativ eingestellt und bestrebt, mit Hilfe charttechnischer Signale kurzfristige Arbitragegeschäfte durchzuführen, kann dieser Umstand die große Umschlaghäufigkeit im Depot erklären und die Indizien für ein Churning entkräften.[225]

Problematisch sind auch **Provisionen**, die das Wertpapierdienstleistungsunternehmen **an seine eigenen Mitarbeiter** für den Vertrieb bestimmter Produkte zahlt.[226] Denn hierdurch kann ein Anreiz geschaffen werden, sich ggf. über die Kundeninteressen hinwegzusetzen. Dennoch war bislang umstritten, ob schon die erfolgsorientierten Provisionen als solche oder allein die etwaigen interessewidrigen Empfehlungen gegen § 31 Abs. 1 Satz 1 verstoßen.[227] Jedenfalls verpflichten derartige erfolgsorientierte Anreizsysteme das Wertpapierdienstleistungsunternehmen zu einer (organisatorischen) **Überwachung der Tätigkeit der Mitarbeiter**.[228] Von § 31 d werden interne Provisionszahlungen an Mitarbeiter nicht erfasst (vgl. § 31 d Rn. 20). **87**

Schon vor der Einführung des § 31 d mit seinem grundsätzlichen Verbot von **Zuwendungen von dritter Seite** (mit weit gefassten Ausnahmen bei Offenlegung), war anerkannt, dass derartige Zahlungen, sei es als **Bonifikationen** von Emittenten für die Bemühungen um den Absatz der Finanzinstrumente,[229] sei **88**

---

[219] Vgl. BGH ZIP 1999, 1838, 1840; *Koller*, in: *Assmann/Schneider*, Rn. 70.
[220] BGH WM 2004, 1768; BGH NJW 1995, 1225, 1226; aus der Lit. zB *Schäfer*, § 32 Rn. 5; *Schwark*, Rn. 27 und § 32 Rn. 8; *Lenenbach* Rn. 8.72; *Barta* BKR 2004, 433, 434 ff.
[221] *Koller*, in: *Assmann/Schneider*, Rn. 70; *Knobl* ÖBA 1997, 125, 132; *Arendts* ÖBA 1996, 775, 779; *Holl/Kessler*, RIW 1995, 983, 984.
[222] *Koller*, in: *Assmann/Schneider*, Rn. 70; vgl. auch KölnKommWpHG-*Möllers*, Rn. 142; *Holl/Kessler*, RIW 1995, 983, 984 mwN zur US-amerikanischen Rspr.
[223] BGH NJW 2004, 3423, 3424; zust. *Tilp*, EWiR 2004, 963, 964.
[224] *Koller*, in: *Assmann/Schneider*, Rn. 70 mwN; KölnKommWpHG-*Möllers*, Rn. 142.
[225] KölnKommWpHG-*Möllers*, Rn. 143.
[226] *Koller*, in: *Assmann/Schneider*, Rn. 19 mwN; aA *Schäfer*, Rn. 84.
[227] Im letzteren Sinn *Schäfer*, Rn. 84.
[228] *Schäfer*, Rn. 84; vgl. auch § 33 Rn. 99 ff.
[229] *Koller*, in: *Assmann/Schneider*, Rn. 81; *Schäfer*, Rn. 82.

es als sog. **Kick-backs** (oder **Retrozessionen**) etwa im Rahmen einer Vereinbarung zwischen einem Vermögensverwalter und der die Transaktionen abwickelnden Bank,[230] schwerwiegende Interessenkonflikte auslösen. Denn das Wertpapierdienstleistungsunternehmen gerät durch die Entgegennahme der Zahlungen eines Dritten in eine Doppelrolle zwischen diesem und ihrem Kunden mit jeweils divergierenden Interessen.[231] Zu Einzelheiten s. § 31 d Rn. 3 ff.

2. Konflikte zwischen verschiedenen Kunden

a) Konkurrierende Kundenorders

89 Interessenkonflikte der Kunden untereinander ergeben sich vor allem dann, wenn verschiedene Kundenaufträge bezüglich der gleichen Transaktion vorliegen und das Wertpapierdienstleistungsunternehmen nicht alle vergleichbaren Aufträge zu den gleichen Konditionen ausführen kann.[232] Im Verhältnis der Kunden untereinander stellt häufig das **Prioritätsprinzip** den besten Weg zur Vermeidung von Interessenkonflikten dar,[233] wie es nunmehr auch in § 31 c Abs. 1 Nr. 2 im Zuge der Umsetzung der MiFID kodifiziert worden ist. Auch die Wohlverhaltensrichtlinie sah schon ein derartiges Verfahren ausdrücklich vor.[234] Dies überzeugt, weil bei strenger Wahrung des Prioritätsprinzips bereits der Verdacht der einseitigen Bevorzugung bestimmter Kundengruppen entfällt. Im Übrigen gilt hinsichtlich der Kunden untereinander der Grundsatz der **Gleichbehandlung** (s. oben Rn. 65).

b) Gegenläufige Kundenorders

90 Ein Interessenkonflikte entsteht auch dann, wenn ein bestimmter Kunde eigene Positionen eines Wertpapiers auf- oder abbauen will und die Bank gerade deshalb einem anderen Kunden die gegenteilige Transaktion nahe legt oder empfiehlt.[235] Soweit das Wertpapierdienstleistungsunternehmen hier über **Insiderwissen** verfügt, darf es dieses nicht in eine Aufklärung einfließen lassen.[236] Aber auch im Übrigen wird das Bankgeheimnis ihr regelmäßig verbieten, über fremde gegenläufige Kundenorders zu informieren.[237] Möglich erscheint aber eine abstrakte Aufklärung darüber, dass generell gegenläufige großvolumige Kundenorders vorliegen können. In diesem Fall wird jedenfalls das Bankgeheimnis nicht verletzt.[238] Allerdings tendiert auch der Informationswert einer solchen Mitteilung für die Entscheidungsfindung des Kunden gegen Null.

---

[230] Vgl. dazu BGHZ 146, 235, 241; BGH ZIP 2007, 518; *Koller*, in: *Assmann/Schneider*, Rn. 83; KölnKommWpHG-*Möllers*, Rn. 144 ff., 241, 301; *Schäfer*, Rn. 82; *Lang*, Informationspflichten, § 24 Rn. 50; *Arendts*, ÖBA 1996, 775, 778.
[231] KölnKommWpHG-*Möllers*, Rn. 145.
[232] *Koller*, in: *Assmann/Schneider*, Rn. 55, 62; *Schäfer*, Rn. 15; *Roth*, in: *Assmann/Schütze*, § 11 Rn. 122; *Schwark*, Rn. 30.
[233] *Koller*, in: *Assmann/Schneider*, Rn. 55, 65; *Kümpel* Rn. 8.241; *Roth*, in: *Assmann/Schütze*, § 11 Rn. 127, 139; *Schwark*, Rn. 35; vgl. bereits oben Rn. 63 f.
[234] Ziffer 3.2 der früheren Wohlverhaltensrichtlinie der BaFin.
[235] *Koller*, in: *Assmann/Schneider*, Rn. 62; *Lenenbach* Rn. 8.75; *Schäfer*, Rn. 15; *Schäfer*, in: *Schwintowski/Schäfer*, § 18 Rn. 36 f.
[236] *Lenenbach* Rn. 8.74; *Schäfer*, in: *Schwintowski/Schäfer*, § 18 Rn. 38 ff. mwN.
[237] *Lenenbach* Rn. 8.76.
[238] *Lenenbach* Rn. 8.76.

c) Bevorzugung bestimmter Kunden bei Zuteilung von Neuemissionen oder Anlageempfehlungen

Aus den Wohlverhaltensregeln lässt sich **kein Anspruch des Wertpapierkunden auf Berücksichtigung bei der Aktienzuteilung** ableiten. Es reicht aus, wenn das Wertpapierdienstleistungsunternehmen ein Zuteilungsverfahren mit **sachlichen Kriterien** wählt.[239] In diesem Fall ist es nicht zu beanstanden, wenn institutionelle Wertpapierkunden vorrangig berücksichtigt werden.[240]

91

Im Hinblick auf Anlageempfehlungen kann es ganz allgemein zu Interessenkonflikten kommen, wenn das Wertpapierdienstleistungsunternehmen diese **nur an bestimmte Kunden, etwa Großkunden** erteilt.[241] Hier folgt aus dem Grundsatz der Gleichbehandlung ohne weiteres, dass ein solches Verhalten jedenfalls dann unzulässig ist, wenn eine Anlageempfehlung an bestimmte Kunden nur deshalb unterbleibt, weil diese Kunde nicht zu dem Kreis der privilegierten Empfehlungsempfänger gehören, obwohl das Produkt im Hinblick auf das Kundenprofil ohne weiteres hätte empfohlen werden können.

92

D. Information des Kunden (Abs. 2 und 3)

I. Überblick

Inhalt und Umfang der Informationspflichten, denen das Wertpapierdienstleistungsunternehmen unterliegt, hängen sowohl von der Art der jeweils zu erbringenden Dienstleistung als auch davon ab, zu welcher Kategorie der (potentielle) Kunde gehört. Dabei sind generell die höchsten Anforderungen bei Wertpapier(neben)dienstleistungen gegenüber Privatkunden zu beachten, während das Informationsbedürfnis professioneller Kunden und geeigneter Gegenparteien weitaus geringer ausfällt.[242] **Bestimmte Mindestanforderungen** sind jedoch **bei allen Wertpapierdienstleistungen** gegenüber jeder Art von Kunden einzuhalten (mit Ausnahme bestimmter Geschäfte mit geeigneten Gegenparteien, § 31 b Abs. 1).

93

Insoweit stellt § 31 Abs. 2 Satz 1 zunächst **allgemeine Anforderungen** („redlich, eindeutig und nicht irreführend") an „alle Informationen einschließlich Werbemitteilungen, die Wertpapierdienstleistungsunternehmen Kunden zugänglich machen". **Inhaltlich** nimmt sodann **Abs. 3 Satz 1** eine normzweckbezogene Konkretisierung vor, indem die **Ausrichtung** der Informationserteilung auf die **Ermöglichung einer fundierten Anlageentscheidung** durch den Anleger betont wird.[243] Die rechtzeitig und in verständlicher Form zur Verfügung zu stellenden Informationen sollen den Kunden in die Lage versetzen, die Art und Risiken der angebotenen Finanzprodukte und Dienstleistungen zu verstehen.

94

In der Sache scheint diese Neuregelung weitgehend mit der Vorschrift des § 31 Abs. 2 Nr. 2 WpHG aF übereinzustimmen, nach der die Wertpapier-

95

---

[239] *Brandt*, S. 215 f.
[240] *Brandt*, S. 215 f.
[241] *Koller*, in: *Assmann/Schneider*, Rn. 76; *Schön*, S. 49.
[242] Vgl. zu diesen drei verschiedenen Kundengruppen und die Regeln für die Zuordnung zu ihnen die Kommentierung des § 31 a.
[243] Vgl. *Fleischer*, BKR 2006, 389, 395; *Spindler/Kasten*, WM 2006, 1797, 1799; *Seyfried*, WM 2006, 1375, 1378; *Schäfer/Lang*, in: *Clouth/Lang* (Hrsg.), MiFID-Leitfaden, Rn. 114.

dienstleistungsunternehmen verpflichtet waren, ihren Kunden alle „**zweckdienlichen Informationen**" mitzuteilen.[244] Denn zweckdienlich sind Informationen immer dann, wenn sie dem Wertpapierkunden die individuelle Bewertung und Einschätzung der konkreten Kapitalanlage erlauben, ihm also die **Einschätzung von Risiken und Tragweite seiner Anlageentscheidung** ermöglichen.[245] Prinzipielle Voraussetzung dafür wiederum ist die **rechtzeitige, wahre, verständliche und vollständige** Erteilung der benötigten Informationen.[246] Schon vor Umsetzung der MiFID war daher anerkannt, dass die Aufklärung **inhaltlich zutreffend, vollständig, unmissverständlich sowie gedanklich geordnet und in geeigneter Weise gestaltet** sein muss.[247] Ein wichtiger Unterschied zur alten Rechtslage ist jedoch, dass sich die Basisinformationen zur Ermöglichung einer informierten Anlageentscheidung nach Abs. 3 auf *abstrakte* Informationen hinsichtlich der **Arten von Finanzinstrumenten** und Wertpapierdienstleistungen beschränken (vgl. unten Rn. 118 ff., 152) und nicht (mehr) grundsätzlich) auf das konkrete Produkt oder Wertpapiergeschäft beziehen müssen, das der einzelne Kunde ins Auge gefasst hat.[248] Eine derartige individuelle Information erfolgt nur im Rahmen bestimmter Wertpapierdienstleistungen, die unter Abs. 4 bzw. Abs. 5 fallen.[249]

96 Die Neufassung von § 31 Abs. 2 und 3 dient der **Umsetzung von Art. 19 Abs. 2 und 3 der MiFID**[250] sowie Art. 28–34 DRL. Eine nähere Konkretisierung der allgemeinen Informationspflichten erfolgt durch §§ 4, 5 WpDVerOV.

---

[244] *Koller*, in: *Assmann/Schneider*, Rn. 111 ff.; *Schäfer*, Rn. 60 ff.; *Eisele* in: Bankrechtshandbuch, § 109 Rn. 36 f., 41 ff.; *Hannöver* in: Bankrechtshandbuch, § 110 Rn. 51 ff.; *Schön*, S. 59 f.; *Brandt*, S. 205 ff.; *Lange*, Informationspflichten, S. 270 ff.; *Wieneke*, S. 114 ff.; *Schäfer/Müller* Rn. 125; *Nobbe*, Bankrechtstag 1998, S. 235, 245 ff.; *Kümpel*, Bank- und Kapitalmarktrecht Rn. 16.536 ff., *ders.*, Wertpapierhandelsgesetz, S. 173 ff., 298 ff.

[245] BT-Drucks. 12/7918, S. 103; *Kümpel*, Bank- und Kapitalmarktrecht Rn. 16.542 ff. *Koller*, in: *Assmann/Schneider*, Rn. 111 ff.; *Eisele* in: Bankrechtshandbuch, § 109 Rn. 41; *Hannöver* in: Bankrechtshandbuch, § 110 Rn. 53; *Schwark*, Rn. 52.

[246] BT-Drucks. 12/7918, S. 104; *Koller*, in: *Assmann/Schneider*, Rn. 114; *Schwark*, Rn. 57 ff.; *Lenenbach* Rn. 8.25; *Schäfer*, Rn. 60; *Lange*, Informationspflichten, S. 207 ff.; *Raeschke-Kessler* WM 1993, 1830, 1835; *Heinsius* ZHR 145 (1981), 177, 188.

[247] Ziffer 2.2 der früheren Wohlverhaltensrichtlinie.

[248] So die überwiegende Auffassung in der Lit. zu § 31 Abs. 2 Nr. 2 WpHG aF, vgl. nur *Leisch*, S. 131 ff.; *Koller* in *Assmann/Schneider*, Rn. 131 ff.; KölnKommWpHG-*Möllers*, Rn. 231, 243 jeweils mwN; Abstufungen hinsichtlich Art und Umfang der „zweckdienlichen Informationen" innerhalb der individuellen Kundenbeziehung bis zur Rechtfertigung einer pauschalierten Aufklärung per Informationsbroschüre konnten sich aber aus dem Erforderlichkeitsvorbehalt, insbesondere der Berücksichtigung der Professionalität des Kunden, ergeben, vgl. dazu nur KölnKommWpHG-*Möllers*, Rn. 255 ff. mwN; ferner *Schäfer*, Rn. 32 ff., der auch das Verhältnismäßigkeitsprinzip erwähnt, Rn. 49. Dagegen hat die BaFin in ihrer Wohlverhaltensrichtlinie, Ziffer 2.2, auch bisher schon nur eine *abstrakte* Aufklärung der Kunden über die Eigenschaften und Risiken der verschiedenen *Anlageformen* verlangt und eine standardisierte Information über entsprechende Broschüren zugelassen; ähnlich *Bliesener*, S. 303 ff. (außerhalb der Anlageberatung nur nicht-individualisierte Grundaufklärung erforderlich).

[249] Vgl. zur Anlageberatung unten Rn. 236 ff., zur Vermögensverwaltung Rn. 261 ff., zum beratungsfreien Geschäft nach Abs. 5 Rn. 275 ff.

[250] Richtlinie 2004/39/EG, ABl. EG Nr. L 145/1.

II. Allgemeine Anforderungen an Informationen und Werbemitteilungen (Abs. 2)

1. Redlich, eindeutig und nicht irreführend

a) Objektiver Maßstab

Mit den Adjektiven **„redlich, eindeutig und nicht irreführend"** bezeichnet Abs. 2 Satz 1 in enger Anlehnung an Art. 19 Abs. 2 MiFID die Grundvoraussetzungen, denen jedwede Information seitens des Wertpapierdienstleisters genügen muss. Bei der Beurteilung der „Redlichkeit" der Information geht es nicht um eine (subjektive) ethische Bewertung des Verhaltens des Wertpapierdienstleisters, sondern um die **Einhaltung eines objektiven Maßstabs** bzw. Verhaltensstandards bei der Ermittlung und Weitergabe von Informationen.[251] Jede Information muss grundsätzlich sachlich zutreffend und so eindeutig sein, dass nicht mehrere Auslegungen mit unterschiedlichem Inhalt gleichermaßen möglich oder nahe liegend erscheinen. Die notwendige **Klarheit der Information** wird aber nicht durch eine ganz fern liegende, nur theoretisch denkbare abweichende Interpretation in Frage gestellt.

Allerdings kann auch eine wahre und – isoliert gesehen – eindeutige Information durch den Kontext oder die Art und Weise, wie sie gegeben wird, einen **irreführenden Eindruck beim Empfänger** erwecken. Das ist insbesondere der Fall, wenn die jeweilige (Einzel-)Information zwar klar und wahr ist, insgesamt aber kein vollständiges und zutreffendes Bild der Wirklichkeit vermittelt wird. Werden etwa einseitig nur die Chancen einer bestimmten Anlageform hervorgehoben, ohne (auch) deren Risiken zu erwähnen, kann die Werbemitteilung im Ergebnis irreführend sein.[252] Fraglich ist, ob für einen Verstoß gegen das (aufsichtsrechtliche) Verbot der Irreführung erforderlich ist, das bei einem maßgeblichen Teil der Kunden tatsächlich Fehlvorstellungen hervorgerufen werden, oder ob auch insoweit – wie im Recht des unlauteren Wettbewerbs – bereits die (objektive) **Eignung zur Irreführung** genügt.[253] Letzteres ist zu bejahen, da kein Grund ersichtlich ist, im Bereich der Wertpapierdienstleistungen geringere Anforderungen als im allgemeinen Wettbewerbsrecht zu stellen.

Nicht erforderlich ist eine aktive Informationshandlung des Wertpapierdienstleistungsunternehmens in Richtung auf einen bestimmten Kunden; vielmehr genügt es für ein **„Zugänglichmachen"**, wenn der Kunde die Information aus eigener Initiative aus dem Bereich der Bank abrufen kann (zB von der Website oder per Faxabruf). Die Wertpapierdienstleistungsunternehmen müssen daher Sorge dafür tragen, dass **alle Informationen, die an Kunden gelangen können,** insbesondere auf ihrer Homepage im Internet, den Anforderungen gemäß Abs. 2 Satz 1 genügen. Die Art des jeweiligen Kommunikationsmittels hat dabei

---

[251] Nach *Zeidler,* WM 2008, 238, 240 sind Informationen „redlich", wenn sie nicht unlauter iSd UWG sind.
[252] Vgl. § 4 Abs. 2 WpDVerOV, der zwar direkt nur für Informationen an Privatkunden gilt, aber in der Sache eine Konkretisierung des Aspekts der Irreführung enthält.
[253] Vgl. dazu näher *Bornkamm,* in: *Hefermehl/Köhler/Bornkamm,* UWG 26. Aufl. 2008, § 5 Rn. 2.65, 2.169 ff. mwN.

indirekt auch Einfluss auf die konkreten Anforderungen, die an die Einhaltung der Merkmale „redlich, eindeutig und nicht irreführend" zu stellen sind.[254]

b) Anforderungen an die Informationsbeschaffung und -weiterleitung

100 Unter der Geltung des § 31 Abs. 2 Nr. 2 WpHG aF wurden aus der Pflicht zur Erteilung aller zweckdienlichen Informationen die (ungeschriebenen) **Grundsätze der Wahrheit, Vollständigkeit, Rechtzeitigkeit und Verständlichkeit** der Information abgeleitet.[255] Dass die Information des Kunden zur Ermöglichung einer eigenverantwortlichen Anlageentscheidung rechtzeitig und verständlich sein muss, ist nunmehr ausdrücklich in Abs. 3 Satz 1 geregelt (vgl. Rn. 122 ff.), wobei offenbar zugleich das Erfordernis der Angemessenheit (Rn. 121, 140 ff.) an die Stelle des Vollständigkeitspostulats getreten ist, soweit dieses nicht schon vom Verbot der Irreführung in Abs. 2 Satz 1 abgedeckt ist (Rn. 98, 113). Dagegen dürfte sich der bisherige Wahrheitsgrundsatz im Erfordernis der „Redlichkeit" wiederfinden. Obwohl die Terminologie gewöhnungsbedürftig erscheint, da das Adjektiv „redlich" normalerweise im Zusammenhang mit Personen und nicht zur Kennzeichnung von Gegenständen verwendet wird, kommt mit diesem Begriff ein Aspekt besser zur Geltung: Die Information muss nicht immer objektiv wahr sein, sondern es genügt, wenn sie mit der Sorgfalt eines ordentlichen Wertpapierdienstleistungsunternehmens ermittelt und an den Kunden weitergeleitet worden ist.[256]

101 **Wahrheitsgemäß** ist eine Information grundsätzlich immer dann, wenn sie zum Zeitpunkt ihrer Erteilung inhaltlich **objektiv richtig** ist.[257] Da es bei Markt- und Börsengeschäften stets auf eine besondere Zeitnähe ankommt, gehört zur objektiven Richtigkeit auch die **Aktualität der Information** im Zeitpunkt ihrer Erteilung.[258] Von den Wertpapierdienstleistungsunternehmen kann im Regelfall aber nicht verlangt werden, dass sie Informationen von sorgfältig ausgewählter und zuverlässiger dritter Seite stets inhaltlich nachprüfen; daher reduziert sich der Wahrheitsmaßstab. Wahrheitsgemäß oder nunmehr „**redlich**" erteilt ist eine bestimmte Information bereits dann, wenn sie vom Wertpapierdienstleistungsunternehmen **mit der nötigen Sorgfalt** eines ordentlichen Kaufmannes ermittelt und an den Wertpapierkunden weitergeleitet worden ist.[259]

102 Dazu muss das Wertpapierdienstleistungsunternehmen eine interne **Organisation** bereithalten, die eine zuverlässige und zeitnahe Ermittlung und Weiterlei-

---

[254] Ebenso *Schäfer/Lang*, in: *Clouth/Lang* (Hrsg.), MiFID-Praktikerhandbuch, Rn. 134 (angemessene und verhältnismäßige Berücksichtigung des jeweils benutzten Kommunikationsmittels); *Zeidler*, WM 2008, 238, 239.
[255] Vgl. statt aller *Koller* in: *Assmann/Schneider*, Rn. 114 ff.; *Schwark*, Rn. 57 ff.
[256] So schon bisher die hM, vgl. *Koller* in: *Assmann/Schneider*, Rn. 114 mwN.; **aA** KölnKommWpHG-*Möllers*, Rn. 246 ff.
[257] BGHZ 123, 126, 129; *Brandt*, S. 92.
[258] *Koller*, in: *Assmann/Schneider*, Rn. 117; *Brandt*, S. 92; *Knobl* ÖBA 1995, 741, 747; *Arendts* ÖBA 1994, 251, 255.
[259] *Koller*, in: *Assmann/Schneider*, Rn. 114; *Roth*, in: *Assmann/Schütze* § 11 Rn. 80, 84; *Schäfer*, Rn. 60; *Schön*, S. 63 f.; *Nobbe*, Bankrechtstag 1998, S. 235, 245; *Kümpel*, Wertpapierhandelsgesetz, S. 174; *Arendts* ÖBA 1994, 251, 254; *Raeschke-Kessler*, WM 1993, 1830, 1832.

Allgemeine Verhaltensregeln 103–105 § 31

tung von Informationen ermöglicht.²⁶⁰ Auf die Richtigkeit der Information aus den **allgemein zugänglichen Quellen** der Fach- und Wirtschaftspresse, von Brancheninformationsdiensten, aus Datenbanken und Ratings sowie aus Veröffentlichungen der betroffenen Unternehmen selbst (Jahresabschlüsse, Ad-hoc-Mitteilungen und Zwischenberichte) darf sich das Wertpapierdienstleistungsunternehmen verlassen.²⁶¹

Ausnahmsweise kann aber eine eigene **Informationsüberprüfung** notwendig werden. Dies kann etwa bei Emittenten der Fall sein, deren Verlässlichkeit infolge kurzer Marktzugehörigkeit noch nicht genau abgeschätzt werden kann.²⁶² Eine eigene Informationsverantwortung wird man auch dann bejahen können, wenn das Wertpapierdienstleistungsunternehmen ein eigenes Interesse an dem Vertrieb bestimmter Kapitalanlagen hat und diese gerade deshalb besonders empfiehlt.²⁶³ 103

Die Pflicht zur sorgfältigen Informationsermittlung steht in jedem Fall unter dem **Vorbehalt der Zumutbarkeit:** Grundsätzlich darf sich das Wertpapierdienstleistungsunternehmen auf fremde Informationen verlassen, wenn diese aus erfahrungsgemäß vertrauenswürdiger Quelle stammen, im Einzelfall plausibel sind oder wenn die eigene Beschaffung im Einzelfall mit unverhältnismäßigen Transaktionskosten verbunden wäre.²⁶⁴ Bei der Bestimmung der Zumutbarkeit im Einzelfall ist vor allem die Wahrscheinlichkeit eines Schadenseintritts beim Kunden zu berücksichtigen.²⁶⁵ 104

Unzumutbarkeit ist allerdings nicht schon dann gegeben, wenn die **Kosten der Informationsbeschaffung** hoch sind, da das Wertpapierdienstleistungsunternehmen diese Kosten bei der Ausgestaltung der Vergütung anteilig an seine Kunden weitergeben oder auf die Ausführung des Auftrags verzichten kann.²⁶⁶ Keinesfalls können hohe Informationskosten für sich die Weitergabe unwahrer Informationen rechtfertigen.²⁶⁷ Hier muss das Wertpapierdienstleistungsunternehmen im Zweifel auf das Geschäft mit der Anlageform verzichten.²⁶⁸ Wegen der anlegerschützenden Zielrichtung der Verhaltensregeln muss schließlich die tatsächliche Größe oder Marktstellung des Wertpapierdienstleisters außer Betracht bleiben, da der zu leistende Informationsstandard im Wertpapierdienstleistungsgeschäft gleichmäßig sein muss.²⁶⁹ 105

---

²⁶⁰ *Koller,* in: *Assmann/Schneider,* Rn. 118; näher zum Informationsmanagement § 33 Rn. 56 ff.
²⁶¹ *Koller,* in: *Assmann/Schneider,* Rn. 114 f.; *Nobbe,* Bankrechtstag 1998, S. 235, 245; *Arendts* DStR 1997, 1649, 1651 f.; *ders.* ÖBA 1994, 251, 254.
²⁶² *Koller,* in: *Assmann/Schneider,* Rn. 114.
²⁶³ *Koller,* in: *Assmann/Schneider,* Rn. 114; *Lenenbach* Rn. 8.37; *Arendts* DStR 1997, 1649, 1651 f.; *ders.* ÖBA 1994, 251, 254; *Heinsius* ZBB 1994, 47, 53.
²⁶⁴ BGHZ 70, 356, 363; OLG Karlsruhe WM 1989, 1380; OLG Oldenburg, WM 1996, 255 = WuB I G 7–4.96 m. Anm. *Schäfer.*
²⁶⁵ KölnKommWpHG-*Möllers,* Rn. 248; *Koller,* in: *Assmann/Schneider,* Rn. 115; *Schön,* S. 65.
²⁶⁶ *Koller,* in: *Assmann/Schneider,* Rn. 115; KölnKommWpHG-*Möllers,* Rn. 277.
²⁶⁷ *Koller,* in: *Assmann/Schneider,* Rn. 115; *Raeschke-Kessler* WM 1993, 1830, 1832.
²⁶⁸ *Koller,* in: *Assmann/Schneider,* Rn. 115.
²⁶⁹ *Koller,* in: *Assmann/Schneider,* Rn. 116; *Raeschke-Kessler* WM 1993, 1830, 1833.

2. Werbemitteilungen

a) Allgemeines

106 Die MiFID hat zwar erstmals explizit auch den Umgang mit Werbemitteilungen geregelt, in der Sache werden jedoch kaum (grundlegend) neue Anforderungen begründet. Die speziellen Regelungen hinsichtlich der Werbung für den Erwerb von Investmentanteilen nach § 124 InvG und im Zusammenhang mit einem öffentlichen Angebot von Wertpapieren oder die Zulassung zum Handel an einem organisierten Markt gemäß § 15 WpPG (insbesondere Bezugnahme auf den veröffentlichten Prospekt, kein Widerspruch zu den Prospektangaben) bleiben nach Abs. 2 Satz 3 ausdrücklich unberührt. Das gleiche gilt auch ohne explizite Erwähnung für die allgemeinen lauterkeitsrechtlichen Vorschriften des UWG, die in vollem Umfang auch auf Werbemaßnahmen im Bereich der Finanzdienstleistungen anzuwenden sind.[270]

107 Als **Werbemitteilung** ist jede (Marketing-)Information anzusehen, die den oder die Empfänger dazu veranlassen könnte, eine Wertpapier(neben)dienstleistung in Anspruch zu nehmen. Sie muss sich nicht an die Öffentlichkeit oder eine Vielzahl potentieller Kunden richten, sondern kann auch in einer gezielten Mitteilung an einen einzelnen Kunden bestehen und sich auf ein individuelles Wertpapier beziehen. Eine reine „Imagewerbung" dürfte nicht erfasst sein.[271]

b) Erkennbarkeit

108 Neben den allgemeinen Anforderungen an jegliche Kundeninformation („redlich, eindeutig und nicht irreführend" nach Abs. 2 Satz 1, vgl. dazu oben Rn. 97 ff.) müssen Werbemitteilungen nach Abs. 2 Satz 2 **„eindeutig als solche erkennbar"** sein. Dies folgt bereits aus § 4 Nr. 3 UWG. Zur Konkretisierung kann auf die lauterkeitsrechtliche Rechtsprechung zur „getarnten Werbung" zurückgegriffen werden.[272] Anzeigen in Printmedien sind eindeutig als solche zu kennzeichnen,[273] ebenso im Internet.[274] Das Gebot der Trennung von Werbung und redaktionellen Beiträgen gilt im Übrigen auch in Rundfunk und Fernsehen.[275] Generell empfiehlt es sich, Werbemitteilungen klar als solche zu bezeichnen. Außerdem sollte ein deutlicher Hinweis erfolgen, dass es sich weder um eine Anlageberatung noch um eine Anlageempfehlung handelt.[276]

c) Inhaltliche Anforderungen in besonderen Fällen

109 **Zusätzliche Anforderungen** an die inhaltliche Ausgestaltung von Werbemitteilungen sind, wie **Abs. 2 Satz 3** klarstellt, für das Marketing von **Invest-**

---

[270] So auch *Schäfer/Lang*, in: *Couth/Lang* (Hrsg.), MiFID-Praktikerhandbuch, Rn. 135 unter besonderer Hervorhebung des Wahrheitsgrundsatzes. Dessen Geltung dürfte sich hier allerdings schon aus dem Merkmal „redlich" ergeben; dazu oben Rn. 100 f.

[271] In diese Richtung *Spindler/Kasten* WM 2006, 1797, 1801; vgl. auch Erwägungsgrund 46 der DRL zur MiFID, der weitergehende Einschränkungen aus dem Verhältnismäßigkeitsprinzip ableitet.

[272] Vgl. dazu BGH GRUR 1989, 516, 518 – Vermögensberater; *Köhler* in: *Hefermehl/Köhler/Bornkamm*, UWG, 26. Aufl. 2008, § 4 Nr. 3.1 ff.

[273] *Köhler* aaO, § 4 Rn. 3.20 ff. mwN.

[274] KG GRUR 2007, 254, 255.

[275] BGHZ 110, 278, 287 – Werbung im Programm; BGH WRP 2002, 1136, 1138 – Gewinnspiel im Radio; *Köhler*, aaO, § 4 Rn. 3.38 ff.

[276] *Schäfer/Lang*, in: *Couth/Lang* (Hrsg.), MiFID-Praktikerhandbuch, Rn. 133.

Allgemeine Verhaltensregeln 110–112 § 31

mentfondsanteilen (§ 124 InvG) sowie für **öffentliche Angebote von Wertpapieren** (§ 15 WpPG) zu beachten. Diese Vorschriften enthalten unter anderem spezielle inhaltliche Vorgaben (zB konkrete Hinweispflichten auf die Verkaufsprospekte, die Anlagestrategie oder besondere Risiken bei der Werbung für Investmentfondsanteile), weitere Anforderungen an die Werbung (zB kein Widerspruch zu den Angaben im Prospekt bei Informationen in Bezug auf öffentliche Angebote oder die Zulassung zum Handel an einem organisierten Markt), sowie zusätzliche Pflichten.[277]

d) Besondere Bestimmungen für Finanzanalysen (Abs. 2 Satz 4)

Sofern Informationen über Finanzinstrumente oder deren Emittenten verbreitet werden, die zugleich „direkt oder indirekt eine **allgemeine Empfehlung für eine bestimmte Anlageentscheidung**" enthalten, begründet Abs. 2 Satz 4 die Verpflichtung, dass entweder sämtliche **Anforderungen an die Finanzanalyse** eingehalten werden oder dass eine eindeutige Kennzeichnung als Werbemittelung und der ausdrückliche Hinweis erfolgt, dass sie nicht allen gesetzlichen Anforderungen zur Gewährleistung der Unabhängigkeit der Finanzanalyse genügt und einem Verbot des Handels vor der Veröffentlichung von Finanzanalysen nicht unterliegt. Auf diese Weise soll dem Empfänger klar vor Augen geführt werden, dass es sich bei der allgemeinen Empfehlung lediglich um eine Marketingmaßnahme und nicht um eine objektive Analyse handelt.[278] 110

Die Anforderungen des **Abs. 2 Satz 4** brauchen nicht eingehalten zu werden, wenn es sich um reines Werbematerial handelt. Denn die Vorschrift bezieht sich nur auf **Finanzanalysen**.[279] Sie soll auf die **Einhaltung der organisatorischen Vorschriften** des § 33 b Abs. 5 und 6 sowie des § 34 b Abs. 5 iVm § 5 a FinAnV oder vergleichbarer ausländischer Vorschriften hinwirken. Auf der anderen Seite löst eine teilweise oder völlige **Nichtbeachtung** der organisatorischen Vorkehrungen lediglich die Pflicht zur eindeutigen **Kennzeichnung als Werbemitteilung und** die genannten **Hinweispflichten** auf die fehlende Gewährleistung der Unvoreingenommenheit und des Handelsverbots vor Veröffentlichung der Finanzanalyse aus. Um den Preis der expliziten Aufklärung der Empfehlungsadressaten wird somit eine Art Dispens von den besonderen Organisationsvorschriften bei der Finanzanalyse erteilt. Alle übrigen Bestimmungen zur sachgerechten Erstellung und Darbietung der Analyse sowie zur Offenlegung von Interessenkonflikten sind dagegen weiterhin zu beachten.[280] 111

3. Konkretisierung der Anforderungen für Informationen an Privatkunden (§ 4 WpDVerOV)

Unter welchen **(Mindest-)Voraussetzungen** („nur dann") Informationen einschließlich Werbemitteilungen **gegenüber Privatkunden** „redlich, eindeutig 112

---

[277] Dazu gehören zB Informationspflichten im Falle fehlender Prospektpflicht (§ 15 Abs. 5 WpPG).
[278] Vgl. Erwägungsgrund 47 der MiFID; *Teuber*, BKR 2006, 429, 430; *Schäfer/Lang*, in: *Couth/Lang* (Hrsg.), MiFID-Praktikerhandbuch, Rn. 131.
[279] Näher zum Begriff der Finanzanalyse ieS und iwS sowie zu seiner Abgrenzung von reinen Werbemitteilungen § 34 b Rn. 17 ff., 52 ff.
[280] Schreiben der BaFin vom 21. 12. 2007 zur Auslegung einzelner Begriffe der §§ 31 Abs. 2 S. 4, 34b WpHG iVm der Verordnung über die Analyse von Finanzinstrumenten (FinAnV), Ziffer 5.

und nicht irreführend" im Sinne des § 31 Abs. 2 sind, wird durch § 4 WpDVerOV verbindlich konkretisiert. Im Einzelfall können sich allerdings (noch) weitergehende Anforderungen ergeben. Aus der ausdrücklichen Begrenzung des Anwendungsbereichs auf Informationen gegenüber Privatkunden lässt sich nicht ohne weiteres der Umkehrschluss ableiten, dass entsprechende Informationen bei professionellen Kunden in keinem Fall erforderlich seien. Vielmehr sind **einzelne Regelungen** durchaus **in ihrem Kern auch auf das Verhältnis zu professionellen Kunden übertragbar.**

113 Das gilt etwa für den **Grundsatz einer ausgewogenen Darstellung** nach § 4 Abs. 2 Satz 1 WpDVerOV, wonach mögliche Vorteile einer Wertpapierdienstleistung nur hervorgehoben werden dürfen, wenn gleichzeitig auch eindeutig auf die damit einhergehenden Risiken verwiesen wird. Zudem dürfen wichtige Aussagen oder Warnungen nicht unverständlich oder abgeschwächt dargestellt werden (Satz 2). Damit wird der **Aspekt der Irreführung** generell und nicht nur gegenüber Privatkunden **konkretisiert,** wenn auch bei anderen Kundengruppen die Verständlichkeit und Eindeutigkeit der Hinweise teilweise schon eher zu bejahen sein wird. Auch der **Grundsatz der Widerspruchsfreiheit** zwischen Werbemitteilungen und den bei der Erbringung von Wertpapier(neben)dienstleistungen zur Verfügung gestellten Informationen (§ 4 Abs. 9 WpDVerOV) und das Verbot, den Namen der Aufsichtsbehörde zu Werbezwecken zu „missbrauchen" (Abs. 11),[281] ist nicht auf das Verhältnis zu den Privatkunden beschränkt.

114 Die Anforderungen an **Vergleiche von Finanzinstrumenten, Wertpapier(neben)dienstleistungen und der sie erbringenden Personen** nach § 4 Abs. 3 WpDVerOV (ausgewogene Darstellung, aussagekräftiger Vergleich, Angabe der herangezogenen Informationsquellen, wesentlichen Fakten und Hypothesen) gehen über die lauterkeitsrechtlichen Maßstäbe für vergleichende Werbung nach § 6 UWG hinaus[282] und dürften daher insoweit keine Geltung für Geschäfte mit professionellen Kunden beanspruchen.

115 **Aussagen zur früheren Wertentwicklung von Finanzinstrumenten,** die nach § 4 Abs. 4 WpDVerOV „nicht im Vordergrund der Information stehen" dürfen und die in Nr. 1 bis 4 aufgelisteten detaillierten Vorgaben erfüllen müssen,[283] sind im Verhältnis zu professionellen Kunden wohl ebenfalls weitgehend ohne Beachtung der einschränkenden Voraussetzungen zulässig. Denn diese Kundengruppe vermag aufgrund ihrer Erfahrungen und Kenntnisse die begrenzte Aussagekraft solcher vergangenheitsbezogener Angaben einzuschätzen. Daher sind ihnen gegenüber auch die Vorgaben für **Hinweise und Angaben zur künftigen Wertentwicklung und zur steuerlichen Behandlung** nach Abs. 6 bis 8 weitestgehend entbehrlich.

116 Soweit die **Anforderungen an Simulationen einer früheren Wertentwicklung** (Abs. 5) Grundbedingungen einer „redlichen" Simulation festlegen (Beruhen auf der tatsächlichen früheren Wertentwicklung mindestens eines Finanzinstruments, Basiswertes oder Finanzindexes, die mit dem betreffenden Fi-

---

[281] Hinweise auf eine „Genehmigung", „Prüfung" oder „Zertifizierung" eines Finanzinstruments durch die BaFin stellen generell irreführende Werbung dar, vgl. LG Hamburg WM 2007, 1738 = EWiR 2008, 255 m. Anm. *v. Livonius; Zeidler* WM 2008, 238, 244.

[282] **AA** *Zeidler* WM 2008, 238, 241, der aber zutreffend darauf hinweist, dass die Gegenüberstellung eines Musterdepots zur Entwicklung des DAX ohne weiteres zulässig ist.

[283] Zu Einzelheiten s. *Zeidler* WM 2008, 238, 242f.

nanzinstrument übereinstimmen oder diesem zugrunde liegen), dürften sie weitgehend auch im Verhältnis zu professionellen Kunden gelten.

Erhält ein Privatkunde durch die Werbemaßnahme die **Möglichkeit, unmittelbar ein konkretes Geschäft** mit dem Wertpapierdienstleister abzuschließen,[284] muss die Werbemitteilung nach § 4 Abs. 10 WpDVerOV bereits die notwendigen Informationen über die Wertpapierfirma und die von ihr angebotenen Finanzdienstleistungen nach § 5 Abs. 1 und 2 WpDVerOV enthalten. Ob die Angaben „ausreichend detailliert" sind, ist „unter Berücksichtigung der Einstufung des Kunden" (§ 5 Abs. 1 WpDVerOV) auch bei professionellen Kunden zu beachten. **117**

III. Basisinformationen zur Ermöglichung einer informierten Anlageentscheidung (Abs. 3)

1. Systematische Einordnung

Nach § 31 Abs. 2 Nr. 2 WpHG aF war ein Wertpapierdienstleistungsunternehmen generell verpflichtet, seinen Kunden „alle zweckdienlichen Informationen mitzuteilen, soweit dies zur Wahrung der Interessen der Kunden und im Hinblick auf Art und Umfang der beabsichtigten Geschäfte erforderlich ist". Die neue Regelung in Abs. 3 Satz 1 schwächt die Anforderungen insofern ab, als nur noch „Informationen" verlangt werden, die „angemessen" sind, damit die Kunden die „Art und die Risiken" der fraglichen Finanzinstrumente oder Wertpapierdienstleistungen „nach vernünftigem Ermessen" verstehen und „auf dieser Grundlage ihre Anlageentscheidungen treffen können". Da diese Informationen ausdrücklich „auch in standardisierter Form" (Satz 2) zur Verfügung gestellt werden können, wird deutlich, dass (insoweit) **nur abstrakte Informationen im Hinblick auf die Typen von Finanzinstrumenten oder Wertpapierdienstleistungen** geschuldet sind, nicht dagegen über die besonderen Umstände des konkret vom Kunden ins Auge gefassten Geschäfts.[285] **118**

Bei den Angaben nach Abs. 3 Satz 1 handelt es sich aber nur um die in jedem Fall zu erteilenden **Basis- oder Standardinformationen**. Diese werden **ergänzt durch weitere konkrete Informationspflichten nach Abs. 4 und 5**, die maßgeblich an die Art des jeweils betroffenen Finanzinstruments bzw. der jeweils involvierten Wertpapierdienstleistung anknüpfen und dabei die Ziele, Verhältnisse und Erfahrungen des konkreten Anlegers berücksichtigen müssen. Entsprechend den Vorgaben der Finanzmarktrichtlinie kommt es für den Umfang dieser konkreten Informationspflichten darauf an, ob der Kunde eine **Anlageberatung oder Vermögensverwaltung** wünscht oder eine andere Wertpapierdienstleistung in Anspruch nimmt. Im ersten Fall bestehen umfassende Explorationspflichten über die individuellen Kenntnisse, Erfahrungen, finanziellen Verhältnisse und Anlageziele des einzelnen Kunden, auf deren Grundlage **119**

---

[284] Neben dem unwahrscheinlichen Fall, dass die Werbemitteilung bereits ein verbindliches Angebot der Wertpapierfirma enthält, ist auch die bloße *invitatio ad offerendum* an den Kunden erfasst, sofern die Art und Weise der Antwort oder ein Antwortformular vorgegeben ist. Diese Einschränkung übersieht *Zeidler* WM 2008, 238, 244.

[285] Unter der Geltung des § 31 Abs. 2 Nr. 2 WpHG aF war dies umstritten; vgl. *Koller*, in: *Assmann/Schneider*, § 31 Rn. 111, 131 ff. mwN, der eine entsprechend restriktive Interpretation der Vorschrift durch die BaFin und Teile des Schrifttums grundsätzlich ablehnte und allenfalls über eine Vorwirkung der MiFID ab 1. 5. 2006 für vertretbar hielt.

dann eine eingehende **Geeignetheitsprüfung** erfolgt, die sich auf das konkrete Geschäft bzw. die konkrete Wertpapierdienstleistung bezieht, die dem jeweiligen Kunden empfohlen wird (Art. 19 Abs. 4 MiFID, § **31 Abs. 4 WpHG**) (hierzu unten Rn. 255 ff.). Bei anderen Wertpapierdienstleistungen als Anlageberatung und Finanzportfolioverwaltung, dem sog. **beratungsfreien Geschäft**, genügt dagegen eine **Angemessenheitsprüfung**, die sich darauf bezieht, ob der Kunde zu einer angemessenen Beurteilung der mit Art der Finanzinstrumente oder Wertpapierdienstleistungen verbundenen Risiken in der Lage ist (Art. 19 Abs. 5 MiFID, § **31 Abs. 5 WpHG**) (hierzu unten Rn. 280 ff.). Wenn das vom Kunden gewünschte Finanzinstrument oder die Wertpapierdienstleistung für ihn nicht angemessen ist, besteht eine entsprechende Hinweis- bzw. Warnpflicht des Wertpapierdienstleistungsunternehmens.[286]

120   Auch diese eingeschränkte Prüfung ist entbehrlich im **Fall des reinen Ausführungsgeschäfts**. Unter den in Art. 19 Abs. 6 MiFID, § 31 Abs. 7 WpHG genannten Voraussetzungen findet weder eine Erkundigung über die Kenntnisse, Erfahrungen oder finanziellen Verhältnisse des konkreten Kunden noch eine Angemessenheitsprüfung statt. Das geht über die Privilegierung des bisher mit dem Stichwort „*execution only*" verbundenen Geschäftsmodells des Discount-Broking hinaus, das mit einer Exploration und Kundenkategorisierung verbunden war und daher eher mit dem jetzigen beratungsfreien Geschäft nach § 31 Abs. 5 WpHG vergleichbar ist.[287] Das „reine Ausführungsgeschäft" i. S. d. Abs. 7 steht nur für bestimmte Dienstleistungen in Bezug auf „nicht-komplexe Finanzinstrumente" zur Verfügung und setzt ferner voraus, dass die Initiative zu dem Geschäft vom Kunden ausgeht (näher unten Rn. 302 ff.). Auch im reinen Ausführungsgeschäft müssen aber die Basisinformationen nach Abs. 3 erteilt werden.

2. Allgemeine Grundsätze der Informationserteilung

a) Überblick

121   Abs. 3 Satz 1 ergänzt die generellen Anforderungen an die Kommunikation des Wertpapierdienstleistungsunternehmens mit seinen Kunden gemäß Abs. 2 („redlich, eindeutig und nicht irreführend") um allgemeine Grundsätze, die bei der Informationserteilung zur Ermöglichung einer eigenverantwortlichen Anlegerentscheidung stets zu beachten sind. Neben der insoweit ausdrücklich geforderten **Rechtzeitigkeit und Verständlichkeit** der Information, die auch bisher schon als Voraussetzung einer ordnungsgemäßen Unterrichtung des Kunden anerkannt waren,[288] wird inhaltlich nunmehr auf die **Angemessenheit der Informationen** abgestellt. Dieses Merkmal, das an die Stelle des bislang geltenden Grundsatzes der Vollständigkeit der Information („alle zweckdienlichen Informationen", § 31 Abs. 2 Nr. 2 WpHG aF) getreten ist, wird in Satz 3 durch Festlegung der Basis- oder Standardinformationen, auf die sich die Angaben inhaltlich mindestens beziehen müssen, konkretisiert (dazu Rn. 140 ff.). Hinzu tritt eine

---

[286] Während Art. 19 Abs. 5 MiFID von „Warnung" spricht, begnügt sich § 31 Abs. 4 WpHG mit einem entsprechenden „Hinweis".
[287] Ebenso *Balzer* ZBB 2007, 333, 340 f.; *Spindler/Kasten* WM 2006, 1797, 1800; *Schäfer/Lang*, in: *Clouth/Lang*, Rn. 233, 244 ff., anders aber *dies.*, a. a. O., Rn. 249 (reines Ausführungsgeschäft „am ehesten" mit dem bisherigen „execution only"-Geschäft vergleichbar). Näher zur Pflichtenlage beim Discount-Broking unten Rn. 292 ff.
[288] Vgl. statt aller *Koller* in: *Assmann/Schneider*, Rn. 146 ff. mwN.

Allgemeine Verhaltensregeln 122–124 § 31

spezielle Regelung für den Vertrieb von Investmentanteilen, mit der die Angaben im vereinfachten Verkaufsprospekt als angemessen anerkannt werden (Satz 4, s. Rn. 143). Satz 2 stellt klar, dass die Informationen auch in standardisierter Form zur Verfügung gestellt werden können (Rn. 131 ff.).

b) Rechtzeitigkeit der Information

In zeitlicher Hinsicht ist Information immer nur dann sinnvoll, wenn sie die avisierte Anlageentscheidung tatsächlich beeinflussen kann. Dementsprechend müssen die zu erteilenden Informationen **rechtzeitig** erteilt werden, also **bevor die entsprechende Anlageentscheidung getroffen wird**.[289] § 5 Abs. 3 Satz 1 WpDVerOV konkretisiert dies für die Unterrichtung von *Privatkunden:* Danach sind Informationen über die Vertragsbedingungen, das Wertpapierdienstleistungsunternehmen und sein Leistungsprogramm sowie im Zusammenhang mit der Finanzportfolioverwaltung grundsätzlich bereits vor Vertragsabschluss zur Verfügung zu stellen, während die übrigen Informationen (näher zu Art und Umfang unten Rn. 137 ff.) vor Erbringung der Wertpapier(neben)dienstleistung bereitzustellen sind. Auf diese Weise soll den Kunden die Möglichkeit gegeben werden, die Informationen grundsätzlich vor dem Eingehen einer vertraglichen Bindung aufzunehmen, zu verstehen und zur Grundlage ihrer Entscheidung zu machen. Die für die Informationsaufnahme und -verarbeitung sowie Entscheidungsfindung zu veranschlagende Zeit kann nicht abstrakt-generell bestimmt werden, sondern ist eine Frage des Einzelfalls.[290] Jedenfalls darf das Wertpapierdienstleistungsunternehmen den Kunden nicht unter (Zeit-)Druck setzen oder zu einer schnellen Entscheidung drängen. 122

Bei einem **telefonischen Vertragsschluss** oder Verwendung eines anderen Fernkommunikationsmittels, das die Bereitstellung der Informationen auf einem dauerhaften Datenträger vor Vertragsschluss oder Erbringung der Dienstleistung ausschließt, genügt es, wenn die Informationen über die Vertragsbedingungen **unverzüglich nach Vertragsschluss**, die übrigen Informationen unverzüglich nach Erbringung der Wertpapier(neben)dienstleistung zur Verfügung gestellt werden (§ 5 Abs. 3 Satz 2 WpDVerOV). Voraussetzung dafür ist allerdings, dass der Vertragsschluss in dieser Form **auf Verlangen des Privatkunden** geschlossen wird. Die Initiative zum Vertragsabschluss darf also nicht vom Wertpapierdienstleistungsunternehmen ausgehen, insbesondere nicht im Wege des (ohnehin weitgehend wettbewerbswidrigen) *cold calling* erfolgen.[291] Ist der Privatkunde Verbraucher i. S. d. § 13 BGB, sind auch die generellen Informationspflichten beim Abschluss von Fernabsatzverträgen nach § 312 c BGB zu beachten. Sofern der Privatkunde Unternehmer (§ 14 BGB) ist, gelten nach § 5 Abs. 3 Satz 3 Halbs. 2 WpDVerOV die Pflichten zur Offenlegung der Identität des Anrufers und des geschäftlichen Zwecks des Kontakts sowie zur Bereitstellung von Informationen bei Telefongesprächen nach § 312 c Abs. 1 BGB entsprechend. 123

Soweit bis zur tatsächlichen Auftragserteilung keine wesentlichen Änderungen eintreten, ist eine Information auch dann rechtzeitig, wenn sie bereits einige 124

---

[289] BGHZ 123, 126 = WM 1993, 1455, 1457 f. (Bond); aus der Lit. nur *Lenenbach* Rn. 8.25; *Koller,* in: *Assmann/Schneider,* Rn. 151; KölnKommWpHG-*Möllers,* Rn. 254; *Schäfer,* Rn. 63; *Lange,* Informationspflichten, S. 217; *Bliesener,* S. 344 f.
[290] BdB, MiFID-Leitfaden, S. 35.
[291] Vgl. dazu *Köhler* in: *Hefermehl/Köhler/Bornkamm,* UWG, 26. Aufl. 2008, § 7 Rn. 38 ff., 48 ff.

Wochen zurückliegt.²⁹² Im Übrigen besteht nach § 5 Abs. 4 WpDVerOV eine begrenzte **Aktualisierungspflicht:** Wesentliche Änderungen der zur Verfügung gestellten Informationen sind rechtzeitig mitzuteilen, „soweit diese für eine Dienstleistung relevant sind, die das Wertpapierdienstleistungsunternehmen für den Kunden erbringt". Empfehlenswert zur Vermeidung von Haftungsrisiken ist es jedoch, alle Informationen, die den Kunden zur Verfügung gestellt werden und damit potentiell relevant sind, immer auf dem neuesten Stand zu halten.²⁹³

125 Abgesehen von den Berichtspflichten nach Abs. 8 über die ausgeführten Geschäfte und die erbrachte Finanzportfolioverwaltung, enden **nach Durchführung des Wertpapierauftrags die Informations- und Aufklärungspflichten.**²⁹⁴ Grundsätzlich ist das Wertpapierdienstleistungsunternehmen daher außerhalb etwaiger Warnpflichten nicht mehr verpflichtet, über kurs- oder werterhebliche Umstände und Entwicklungen zu informieren, die nach Auftragsdurchführung eintreten, es sei denn, es liegt eine besondere Vereinbarung wie etwa Depotüberwachung vor.²⁹⁵

c) Verständlichkeit

126 Ebenfalls seit jeher anerkannt ist, dass die Information für den Kapitalanleger **verständlich** sein muss.²⁹⁶ Dies folgt bereits aus der anlegerschutzorientierten Zielrichtung der Wohlverhaltensregeln, die erfordert, dass Inhalt und Reichweite der erteilten Information vom Kunden richtig erfasst, eingeordnet und verarbeitet werden können.²⁹⁷ Wegen der generellen Orientierung am individuellen Kundeninteresse (Abs. 1 Nr. 1) müssen die Wertpapierdienstleistungsunternehmen dabei grundsätzlich tatsächliche Unterschiede bei den jeweiligen Informationsempfängern berücksichtigen, sich also auf einen **unterschiedlichen Verständnishorizont bei den Anlegern** einrichten.²⁹⁸ Dabei entsteht gerade bei wirtschaftlich schwierigen Zusammenhängen das Problem, einerseits sachlich richtig und verständlich zu informieren, andererseits komplexe Sachverhalte nicht unzulässig zu vereinfachen und damit womöglich irreführende Signale zu

---

²⁹² BGH WM 2000, 1441, 1442 = WuB I G 1.-4.00 m. Anm. *Horn/Felke;* aus der Lit. *Lenenbach* Rn. 8.25; *Ellenberger,* WM Sonderbeilage Nr. 1 zu Heft 15/2001, S. 2, 5 f.
²⁹³ So auch *Schäfer/Lang,* in: *Clouth/Lang* (Hrsg.), MiFID-Praktikerhandbuch, Rn. 122.
²⁹⁴ OLG Köln WM 1989, 402 = WuB I G 1.-1.89 m. Anm. *Peterhoff;* aus der Lit. zB *Lange,* Informationspflichten, S. 217; *Heinsius* ZBB 1994, 47, 50.
²⁹⁵ OLG München WM 1994, 236 = EWiR 1994, 119 m. Anm. *Wittkowski* = WuB I G 4.-4.94 m. Anm. *Vortmann;* LG München WM 1996, 2113, 2114; LG Hamburg WM 1994, 2014 = EWiR 1994, 1167 m. Anm. *Staab* = WuB I G 1.-3.95 m. Anm. *v. Look;* vgl. auch Rn. 245 f. sowie Rn. 245 f. zu den besonderen Pflichten bei der Vermögensberatung oder -betreuung.
²⁹⁶ BT-Drucks. 12/7918, S. 103; aus der Lit. nur *Ellenberger,* WM Sonderbeilage Nr. 1 zu Heft 15/2001, S. 4; *Koller,* in: *Assmann/Schneider,* Rn. 146; *Schäfer,* Rn. 60; *Wieneke,* S. 125; *Schön,* S. 66; *Eisele* in: Bankrechtshandbuch, § 109 Rn. 37; *Hannöver* in: Bankrechtshandbuch, § 110 Rn. 53; *Roth,* in: *Assmann/Schütze,* § 11 Rn. 81 f.
²⁹⁷ *Koller,* in: *Assmann/Schneider,* Rn. 146; *Kümpel,* Wertpapierhandelsgesetz, S. 174.
²⁹⁸ BGHZ 123, 126 = WM 1993, 1455, 1457 (Bond) = NJW 1993, 2433 = EWiR 1993, 857 m. Anm. *Köndgen* = WuB I G 4.-4.93 Anm. *Schwark;* BGH WM 1996, 1214, 1216 = ZIP 1996, 1161, 1162 = EWiR 1996, 791 m. Anm. *Schwintowski* = WuB I G 1.-11.96 m. Anm. *Koller;* BGH ZIP 1996, 1206, 1207; aus der Lit. *Schrödermeier* WM 1995, 2053, 2059; *Raeschke-Kessler* WM 1993, 1830, 1835; *Koller,* in: *Assmann/Schneider,* Rn. 147; *Lange,* Informationspflichten, S. 209; *Roth,* in: *Assmann/Schütze,* § 11 Rn. 81.

geben. Die ausdrückliche Anerkennung der Möglichkeit einer standardisierten Informationserteilung durch Satz 2 bestätigt jedoch den schon bislang anerkannten Grundsatz, dass die Wertpapierdienstleistungsunternehmen eine **Grundaufklärung** durch standardisierte Information leisten können, die sich insoweit an einem „**Durchschnittsanleger**" orientieren kann.[299] § 4 Abs. 1 Satz 1 WpDVerOV präzisiert dies nunmehr dahingehend, dass die Informationen jeweils „**für den angesprochenen Kundenkreis**" verständlich sein müssen.

Je nach **Einzelfall** kann es **im Rahmen von Abs. 4 und Abs. 5** erforderlich werden, komplexe Zusammenhänge und Fachbegriffe individuell zu erläutern.[300] Dies gilt vor allem bei innovativen Finanzprodukten aus dem angloamerikanischen Raum, die regelmäßig mit Bezeichnungen versehen sind, die selbst einem erfahrenen und verständigen Wertpapierkunden nicht immer geläufig sein mögen.[301] Hat der Kunde seinerseits Fragen, darf das Wertpapierdienstleistungsunternehmen weder ausweichend noch irreführend antworten, insbesondere bei spekulativen Anlageformen wie OTC-Geschäften.[302]

Verständlichkeit erfordert **nicht,** dass Informationen von besonderem Gewicht **auch für den „flüchtigen" Leser verständlich** sein müssen oder dass generell nicht erwartet werden darf, dass Kunden eigene geistige Anstrengungen in die Durchdringung der ihnen mitgeteilten Informationen investieren oder Texte intensiv lesen.[303] Eine solche Sicht würde der Komplexität moderner Anlageformen nicht gerecht und ließe letztlich die Informationspflicht als solche gegenstandslos werden. Auch den **Kunden trifft** insoweit eine **Obliegenheit,** sich (objektiv) verständlich erteilter Information nicht durch Flüchtigkeit oder Nachlässigkeit zu verschließen.[304]

Auf der anderen Seite setzt die Verständlichkeit der Information **nicht das tatsächliche Verstehen durch jeden einzelnen Kunden** voraus: Soweit das Wertpapierdienstleistungsunternehmen zum Zeitpunkt der Erteilung einer objektiv verständlichen Information keinen Zweifel hatte oder haben musste, dass der Kunde die Information auch verstanden hat, kann sich dieser später nicht darauf berufen, er habe die Information tatsächlich nicht verstanden.[305]

Zur Verständlichkeit gehört neben einer **geordneten Präsentation** auch, dass **keine Informationsüberflutung** eintritt oder ein Informationsüberdruss bei dem Kunden hervorgerufen wird.[306] Davon kann allerdings nicht schon dann die Rede sein, wenn ihm insgesamt eine Vielzahl von Informationen zur Kennt-

---

[299] BGHZ 124, 151, 155; vgl. auch KölnKommWpHG-*Möllers,* Rn. 252 aE.
[300] Vgl. zu § 31 WpHG aF BGH WM 1992, 770, 772; *Koller,* in: *Assmann/Schneider,* Rn. 147; *Lange,* Informationspflichten, S. 209 f.
[301] *Brandt,* S. 93; vgl. etwa die Beispiele vielfältiger „exotischer" Optionen bei *Kümpel,* Bank- und Kapitalmarktrecht, Rn. 14, 209 ff.
[302] BGH WM 1991, 127, 129; *Brandt,* S. 93.
[303] In diese Richtung aber BGH WM 1996, 1214, 1215 = ZIP 1996, 1161, 1162 = EWiR 1996, 791 m. Anm. *Schwintowski* = WuB I G 1.-11.96 m. Anm. *Koller;* ähnlich *Koller,* in: *Assmann/Schneider,* Rn. 148.
[304] Abweichend BGH WM 1996, 1214, 1216 = ZIP 1996, 1161, 1162 = EWiR 1996, 791 m. Anm. *Schwintowski* = WuB I G 1.-11.96 m. Anm. *Koller;* aus der Lit. *Koller,* in: *Assmann/Schneider,* Rn. 148.
[305] Zu einem ähnlich gelagerten Sachverhalt OLG Frankfurt a. M. ZIP 1998, 2148, 2149 f.
[306] *Schwark,* Rn. 61; *Koller,* in: *Assmann/Schneider,* Rn. 149; vgl. auch *Roth,* in: *Assmann/Schütze,* § 11 Rn. 82 aE, 91 ff. (zu den Grenzen des Informationsmodells).

nis gegeben wird, die im Einzelfall Relevanz gewinnen können. Durch eine übersichtliche und geordnete Darstellung muss aber eine **selektive Aufnahme** der jeweils gerade benötigten Informationen **ermöglicht** werden. Diesen Anforderungen genügt die von den Banken üblicherweise verwendete Broschüre „Basisinformationen über Vermögensanlagen in Wertpapieren".[307]

d) Zulässigkeit der Standardisierung

131 Trotz der vorrangigen Maßgabe des individuellen Kundeninteresses (Abs. 1 Nr. 1) ist es aus Gründen der Rationalisierung und Praktikabilität unabweislich, zumindest die Erteilung grundlegender, für alle Kunden oder bestimmte Kundenkreise gleicher Informationen auf der **Grundlage standardisierter Informationsinstrumente** wie etwa allgemeiner Broschüren oder in Allgemeinen Geschäftsbedingungen zu ermöglichen. Schon vor der ausdrücklichen gesetzlichen Legitimierung durch Abs. 3 Satz 2 war dies allgemein anerkannt.[308] Dementsprechend haben schon bisher die meisten Wertpapierdienstleistungsunternehmen ihre Kunden zunächst durch die Broschüre „Basisinformationen über Vermögensanlagen in Wertpapieren" informiert, die inzwischen an die neue Rechtslage angepasst worden ist[309] und damit weiterhin zur Grundaufklärung der Kunden verwendet werden kann.[310] Weitere „Standardinformationen" sind in den AGB der Banken bzw. Sparkassen sowie in diversen geschäftsartspezifischen „Sonderbedingungen" enthalten (zB Sonderbedingungen für Wertpapiergeschäfte, Sonderbedingungen für Termingeschäfte).

132 Die Nutzung solcher standardisierten Informationsinstrumente ist allerdings regelmäßig **nur Grundlage weitergehender Informationserteilung,** die sich dann im Einzelnen nach der in Anspruch genommenen Wertpapierdienstleistung sowie der Zugehörigkeit zu einer bestimmten Kundenkategorie richtet. Nur im Fall des reinen Ausführungsgeschäfts (Abs. 7) sind auch gegenüber Privatkunden keine weitergehenden Informationspflichten als nach Abs. 3 zu erfüllen. Die Nutzung standardisierter Informationsinstrumente, zu denen neben der genannten Broschüre (oder vergleichbaren Darstellungen) gegenüber Privatkunden auch Informationen über die Vertragsbedingungen (also die AGB und einschlägigen Sonderbedingungen) gehören (§ 5 Abs. 2 Satz 1 WpDVerOV), ist des Weiteren daran gebunden, dass das Wertpapierdienstleistungsunternehmen unmissverständlich darauf hinweist, dass die Lektüre der Broschüre der Erfüllung der Informationsverpflichtung dient und im Interesse des Wertpapierkunden liegt.[311] Keinesfalls darf der Eindruck entstehen, es handele sich bei der Aushändigung um eine bloße Formalie.[312]

133 Soweit das Wertpapierdienstleistungsunternehmen im Einzelfall konkrete Anhaltspunkte dafür hat, dass Bedeutung und/oder Inhalt der Informationsschrift

---

[307] Herausgegeben von der Bank-Verlag Medien GmbH, Köln, Stand: Juni 2007.
[308] *Kümpel,* Bank- und Kapitalmarktrecht Rn. 16.550; *Bliesener,* S. 341 ff.; *Lang,* Informationspflichten, S. 164 ff.; *Brandt,* S. 206 f.; *KölnKommWpHG-Möllers,* Rn. 242; *Hannöver* in: Bankrechtshandbuch, § 110 Rn. 54; vgl. auch Ziffer 2.2 der Wohlverhaltensrichtlinie der BaFin.
[309] Herausgegeben von der Bank-Verlag Medien GmbH, Köln, Stand: Juni 2007.
[310] *Weichert/Wenninger,* WM 2007, 627, 633; *Schäfer/Lang,* in: *Clouth/Lang* (Hrsg.), MiFID-Praktikerhandbuch, Rn. 124.
[311] *Lange,* Informationspflichten, S. 166.
[312] *Arendts* DStR 1994, 1350, 1352.

nicht erfasst worden sind, hat es die Informationsschrift zu erläutern. Im Übrigen darf das Wertpapierdienstleistungsunternehmen davon ausgehen, dass der Wertpapierkunde die Broschüre zur Kenntnis genommen und verstanden hat.[313] Keinesfalls kann von den Wertpapierdienstleistungsunternehmen verlangt werden, individuell nach- oder abzuprüfen, ob der Kunde die standardisierte Information verstanden hat. Ein Abfragen des Kunden bedeutete nicht nur einen unzumutbaren Arbeitsaufwand für die Wertpapierdienstleistungsunternehmen, sondern würde darüber hinaus kaum dem Bild eines selbstbestimmten und eigenverantwortlichen Wertpapierkunden gerecht.[314]

e) Form der Informationserteilung

Im früheren Recht konnten die Wertpapierdienstleistungsunternehmen ihrer Verpflichtung zur Mitteilung zweckdienlicher Information gemäß § 31 Abs. 2 Nr. 2 WpHG aF grundsätzlich **mündlich oder schriftlich** nachkommen.[315] Nur **für bestimmte Bereiche,** die durch komplexe wirtschaftliche Zusammenhänge und eine besondere Gefährdung des Kunden gekennzeichnet sind, hat die **Rechtsprechung** ein **Schriftformerfordernis** entwickelt.[316] So haben etwa **Vermittler von Termingeschäften**[317] sowie von US-amerikanischen Billigaktien **(Penny stocks)**[318] schriftlich über die Risiken der avisierten Anlageform aufzuklären.[319] Wertpapierdienstleistungsunternehmen müssen schriftlich informieren über **Termindirektgeschäfte,**[320] **Aktienindex-Optionen,**[321] **Stillhalteroptionsgeschäfte**[322] sowie die wirtschaftliche Bedeutung der **Optionsprämie.**[323] Ein allgemeines Schriftformerfordernis kann dieser Rechtsprechung aber nicht entnommen werden.[324]

Ein generelles Formerfordernis besteht auch im neuen Wertpapierhandelsrecht nach Umsetzung der Finanzmarktrichtlinie nicht. Für viele wichtige Mitteilungen, Hinweise sowie die Standardinformationen nach § 31 Abs. 3 Satz 3 WpHG iVm § 5 Abs. 1 und 2 WpDVerOV wird jedoch die Zurverfügungstellung auf einem **dauerhaften Datenträger** verlangt (vgl. § 5 Abs. 5, § 8 Abs. 1 und 2, § 9 Abs. 1 und 4, § 11 Abs. 4, § 13 Abs. 4 Satz 2 WpDVerOV). Die konkreten Anforderungen ergeben sich aus § 3 WpDVerOV. Vorausgesetzt wird eine lesbare Form, die für einen angemessenen Zeitraum die inhaltlich unveränderte Wiedergabe der In-

---

[313] BGH WM 1996, 664, 665 = EWiR 1996, 395 m. Anm. *Steiner* = WuB I G 1.-7.96 m. Anm. *Schäfer;* aus der Lit. *Lange,* Informationspflichten, S. 165.
[314] Anders aber *Buhk,* S. 135.
[315] BGH WM 1998, 1391 = WuB I G 7.-6.98 m. Anm. *Eisele;* BGH WM 1994, 2231, 2232 f.= WuB I G 7.1-95 m. Anm. *Gesang;* aus der Lit. zB *Lange,* Informationspflichten, S. 210, 216.; *Buhk,* S. 73 ff.
[316] Überblick bei *Hannöver* in: Bankrechtshandbuch, § 110 Rn. 44 f. mwN.
[317] BGHZ 105, 108; BGH WM 1991, 127; WM 1992, 770; WM 1993, 1457.
[318] BGH WM 1991, 667; OLG Frankfurt a.M. WM 1996, 253 = WuB I G 1.-5.96 m. Anm. *Eichhorn* = OLG Düsseldorf, RIW 1996, 859.
[319] Kritisch *Lange,* Informationspflichten, S. 211 ff.
[320] BGH WM 1996, 1214 = EWiR 1996, 791 m. Anm. *Schwintowski* = WuB I G 1.-11.96 m. Anm. *Koller;* BGH WM 1992, 770; OLG Düsseldorf WM 1995, 1710.
[321] BGH WM 1991, 127, 128 = WuB I G 4.-3.91 m. Anm. *Nassall.*
[322] BGH WM 1992, 1935, 1936 = WuB I G 4.-1.94 m. Anm. *Pohle.*
[323] OLG Düsseldorf WM 1995, 1488.
[324] *Lange,* Informationspflichten, S. 213 f.; *Schäfer* in: Schwintowski/Schäfer, § 18 Rn. 43 f.; *Schwark,* Rn. 60; dafür aber zB *Raeschke-Kessler,* WM 1993, 1830; 1836.

§ 31 136, 137 Abschnitt 6. Verhaltensregeln, Verjährung

formationen ermöglicht (Abs. 1). Nach § 3 Abs. 2 WpDVerOV ist die Verwendung eines anderen dauerhaften Datenträgers als **Papier** nur zulässig, wenn dies nach den Rahmenbedingungen für die Ausführung des Geschäfts angemessen ist und sich der Kunde ausdrücklich damit einverstanden erklärt hat. In Betracht kommen Disketten, CD-ROMs, DVD und ähnliche Speichermedien, ferner die Übersendung von E-Mails (ggf. mit Dateianhängen).[325] Zweifelhaft erscheint dagegen, ob es genügt, wenn die Bank die Informationen für den Kunden in einem (vor unbefugtem Zugriff geschützten) elektronischen Briefkasten im Internet gewissermaßen „hinterlegt". Insoweit dürfte es an einem aktiven Zurverfügungstellen fehlen. Zwar müssen zB auch E-Mails vom Kunden abgerufen oder CD-ROMs/DVD abgespielt werden, um sie zur Kenntnis nehmen zu können, doch befinden sich die übermittelten Informationen jeweils in seinem Machtbereich. Werden die Informationen dagegen im Internet in einem von der Bank geführten elektronischen Briefkasten abgelegt, fehlt es daran. Vielmehr ist die Situation eher mit der (verschlüsselten) Bereitstellung zum Download im Internet vergleichbar. Diese ist aber nur für Informationen, die nicht an den Kunden persönlich gerichtet sind, unter den weiteren Voraussetzungen des § 3 Abs. 3 und Abs. 4 WpDVerOV zulässig.

136 Die **Veröffentlichung auf der Internetseite** des Wertpapierdienstleistungsunternehmens kommt als Kommunikationsweg mit den Kunden in Betracht, soweit es um die Bereitstellung allgemeiner, nicht an den Kunden persönlich gerichteter Informationen geht, die auf aktuellem Stand zu halten sind. Zu den näheren Voraussetzungen des § 3 Abs. 3 und Abs. 4 WpDVerOV gehört, dass die Bereitstellung der Informationen auf diesem Weg den Rahmenbedingungen des jeweiligen Wertpapiergeschäfts angemessen ist, der Kunde ausdrücklich zugestimmt hat, ihm die Adresse der Internetseite zumindest auf einem dauerhaften Datenträger mitgeteilt worden ist, die Informationen dort laufend abgefragt werden können und so lange eingestellt bleiben, „wie unter billigem Ermessen für den Kunden zu erwarten ist". In der Praxis empfiehlt sich eine (aus Beweisgründen zu dokumentierende) ausdrückliche **Vereinbarung mit dem Kunden** über die Nutzung elektronischer Kommunikationsmittel. Diese kann in den Depoteröffnungsformularen enthalten sein, sollte aus Gründen des AGB-rechtlichen Transparenzgebotes (§ 307 Abs. 1 Satz 2 BGB) aber klar und eindeutig formuliert sowie drucktechnisch hervorgehoben sein.[326] Ggf. können dort auch konkretisierende Regelungen zum Beispiel über die Mindesteinstelldauer getroffen werden. Nähere Bestimmungen zur Angemessenheit der Bereitstellung der Informationen über das Internet erübrigen sich angesichts des § 3 Abs. 4 WpDVerOV, der lediglich einen regelmäßigen Zugang des Kunden zum Internet verlangt und als Nachweis die Angabe einer E-Mail-Adresse durch den Kunden genügen lässt.

3. Art und Umfang der Informationen
a) Allgemeines

137 Bislang mussten die Wertpapierdienstleistungsunternehmen ihren Kunden „alle zweckdienlichen Informationen" zur Verfügung stellen, „soweit dies zur Wahrung der Interessen der Kunden und im Hinblick auf Art und Umfang der

---

[325] So auch BdB, MiFID-Leitfaden, S. 31.
[326] Vgl. *Schäfer/Lang*, in: *Clouth/Lang* (Hrsg.), MiFID-Praktikerhandbuch, Rn. 120; zum AGB-rechtlichen Transparenzgebot *Fuchs*, in: *Ulmer/Brandner/Hensen*, AGB-Recht, 10. Aufl. 2006, § 307 BGB Rn. 323 ff. mwN.

1274 *Fuchs*

beabsichtigten Geschäfte erforderlich ist" (§ 31 Abs. 2 Nr. 2 WpHG aF). Damit wurde ausschließlich eine Pflicht zur Mitteilung von Informationen, aber nicht zu Beratung oder Empfehlung begründet.[327] Die Vorgängervorschrift sollte insoweit einen **Mindeststandard** gewährleisten, der im Hinblick auf die Informationserteilung im Wertpapiergeschäft zwingend erforderlich ist.[328]

Daran hat sich durch die Neufassung in Abs. 3 nichts geändert. Die Informationserteilung beschränkt sich auf die **Aufklärung über bestimmte (Erfahrungs-)Tatsachen** und verpflichtet nicht zur Mitteilung von Einschätzungen, Empfehlungen oder Ratschlägen.[329] Das gilt unabhängig von der letztlich erbrachten Wertpapier(neben)dienstleistung: Die nach Abs. 3 Satz 1 geschuldeten Informationen bilden die **Grundlage für eine informierte Anlageentscheidung**, stellen den Kern oder Ausgangspunkt **für jede Art von Wertpapier(neben)dienstleistung** dar, die dann ggf. weiterreichende Verpflichtungen (zB nach Abs. 4 bei der Anlageberatung und Vermögensverwaltung, nach Abs. 5 im beratungsfreien Geschäft oder nach § 34 b bei der Nebendienstleistung der Finanzanalyse) umfasst. 138

Der **Maßstab** dieser allgemeinen Informationspflicht ist deutlicher als bisher auf die **Ermöglichung einer informierten, eigenverantwortlichen Anlageentscheidung des Kunden** ausgerichtet.[330] Die Grundvoraussetzung dafür ist, dass der Kunde die **Art des Finanzinstruments** bzw. der Wertpapierdienstleistung – also die jeweiligen charakteristischen, generischen Produkteigenschaften – und die damit verbundenen Risiken verstehen kann. Allerdings braucht insoweit keine Erfolgskontrolle durchgeführt zu werden. Ob der Kunde die Informationen tatsächlich verstanden hat, ist irrelevant. Es kommt lediglich darauf an, dass die Informationen „nach vernünftigem Ermessen" – also weder aus der bloß subjektiven Sicht des individuellen Kunden oder betroffenen Wertpapierdienstleisters, sondern aus der **Perspektive eines objektiv urteilenden Dritten** – zur richtigen Einschätzung der Funktionsweise und Risiken des Finanzinstruments **hinreichend geeignet** gewesen sind. 139

Fraglich ist, ob die geforderte „**Angemessenheit**" der Informationen eine Erleichterung oder Verschärfung gegenüber dem bisherigen Maßstab der Erforderlichkeit darstellt. Beabsichtigt ist offenbar eine Relativierung der Anforderungen nach dem Grundsatz der Verhältnismäßigkeit (vgl. Erwägungsgründe 44–46 der DRL). Abs. 3 Satz 3 konkretisiert die „Angemessenheit" insoweit, als **vier Gegenstände** benannt werden, auf die sich die Informationen beziehen müssen: das Wertpapierdienstleistungsunternehmen und sein Dienstleistungsprogramm, die Arten von Finanzinstrumenten und vorgeschlagenen Anlagestrategien einschließlich damit verbundener Risiken, Ausführungsplätze und Kosten sowie Nebenkosten. Dieser **Katalog an Standard- oder Basisinformationen** stellt 140

---

[327] *Schwennicke* WM 1998, 1101, 1103; *Horn* ZBB 1997, 139, 149; *Balzer* DB 1997, 2311, 2313; *Koller*, in: *Assmann/Schneider*, Rn. 111; *Schwark*, Rn. 54 f.; *Schäfer*, Rn. 64; *Eisele* in: Bankrechtshandbuch, § 109 Rn. 36; *Kümpel*, Bank- und Kapitalmarktrecht Rn. 16.542; *Bliesener*, S. 299 ff, 304 f.; *KölnKommWpHG-Möllers*, Rn. 225.
[328] *Horn* WM 1999, 1, 9; *ders.*, ZBB 1997, 139, 149; *Koller*, in: *Assmann/Schneider*, Rn. 111; *Brandt*, S. 210.
[329] S. zu § 31 Abs. 2 Nr. 2 WpHG aF nur *Brandt*, S. 198 ff.; *Schäfer*, Rn. 64; *Koller*, in: *Assmann/Schneider*, Rn. 111 mwN.
[330] Vgl. *Fleischer*, BKR 2006, 389, 395; *Spindler/Kasten*, WM 2006, 1797, 1799; *Seyfried*, WM 2006, 1375, 1378.

die **Mindestvoraussetzung** für eine angemessene Anlegerinformation dar, kann aber nicht als abschließend betrachtet werden.[331] Vielmehr können im Einzelfall auch weitere Informationen geboten sein, um dem Kunden eine fundierte Anlageentscheidung zu ermöglichen.

141 Der ausdrückliche **Erforderlichkeitsvorbehalt** des früheren Rechts findet sich nunmehr explizit nur noch bei den Explorationspflichten nach Abs. 4 und Abs. 5. Doch wird man nach wie vor davon ausgehen können, dass eine Pflicht zur Bereitstellung angemessener Informationen dann nicht (mehr) besteht, wenn diese Informationen nicht erforderlich sind oder der Kunde darauf verzichtet. Das hat zur Folge, dass insbesondere Informationen über die Art und Risiken der angebotenen Finanzinstrumente **gegenüber professionellen Kunden regelmäßig entbehrlich** sind. Auf die Vermutung nach Abs. 9, dass professionelle Kunden über die zur Risikoeinschätzung erforderlichen Kenntnisse und Erfahrungen verfügen, kann sich das Wertpapierdienstleistungsunternehmen nach dem Wortlaut der Norm zwar nur „im Rahmen seiner Pflichten nach Absatz 4" verlassen. Dennoch wird man auch die generellen Informationspflichten nach Abs. 3 nicht eingreifen lassen, soweit sie zur Risikoeinschätzung und Vornahme einer informierten Anlageentscheidung eindeutig nicht erforderlich sind. Das gilt auch für die in Satz 3 aufgelisteten Standardinformationen über das Wertpapierdienstleistungsunternehmen und seine Dienstleistungen, allgemeine Produktinformationen, Ausführungsplätze sowie Kosten und Nebenkosten (näher dazu Rn. 144 ff.). Denn Satz 3 konkretisiert nur Abs. 3 Satz 1, demzufolge sich die Informationspflicht auf solche Angaben beschränkt, die „angemessen sind, damit die Kunden nach vernünftigem Ermessen die Art und Risiken der fraglichen Wertpapiergeschäfte verstehen und auf dieser Grundlage ihre Anlageentscheidung treffen können. Auch wenn die Pflichten nach Abs. 3 nicht von vornherein nur gegenüber Privatkunden bestehen,[332] entfalten sie doch ihre eigentliche Wirkung in erster Linie gegenüber dieser Kundenkategorie. Das zeigt sich auch darin, dass die konkretisierenden Bestimmungen in § 5 WpDVerOV zwar nicht ausschließlich, aber doch in erster Linie explizit die Information von Privatkunden regeln (vgl. § 5 Abs. 2 und Abs. 3, während in Abs. 1, 4 und 5 allgemein von „Kunden" die Rede ist). Zudem erfolgt die Information über Art und Risiken der angebotenen oder nachgefragten Finanzinstrumente nach § 5 Abs. 1 WpDVerOV ausdrücklich „unter Berücksichtigung der Einstufung des Kunden".

142 In der Praxis dürfte die Frage einer ausreichenden Information professioneller Kunden kaum relevant werden. Die meisten Standardinformationen sind in der bereits erwähnten (Rn. 131) Broschüre „Basisinformationen über Vermögensanlagen in Wertpapieren" sowie in den Sonderbedingungen für Wertpapiergeschäfte enthalten.

143 Für den **Vertrieb von Investmentanteilen fingiert Abs. 3 Satz 4 die Angemessenheit** der Informationen, die im vereinfachten Verkaufsprospekt nach §§ 121 Abs. 3, 123 InvG enthalten sind.

b) Katalog der Standardinformationen

144 **aa) Informationen über das Wertpapierdienstleistungsunternehmen und seine Dienstleistungen.** § 31 Abs. 3 Satz 3 Nr. 1 WpHG verlangt zu-

---

[331] *Schäfer/Lang*, in: *Clouth/Lang*, Rn. 115; *Balzer* ZBB 2007, 333, 338.
[332] So aber offenbar BdB, MiFID-Leitfaden, S. 29.

Allgemeine Verhaltensregeln 145–147 § 31

nächst nähere Angaben zum Wertpapierdienstleistungsunternehmen selbst und seinem Leistungsprogramm. Privatkunden gegenüber sind die im Einzelnen in § 5 Abs. 2 Satz 2 Nr. 1 und Nr. 2 WpDVerOV aufgelisteten Informationen zur Verfügung zu stellen. Dazu gehören insbesondere Informationen über die **Kommunikationsmöglichkeiten** mit dem Wertpapierdienstleister (Name und Anschrift, verwendbare Sprachen und Kommunikationsmittel), über die Auftragsanbahnung und -durchführung (Hinweise auf **vertraglich gebundene Vermittler**, Beschreibung der Grundsätze für den Umgang mit Interessenkonflikten – *conflict of interest policy* – nach § 33 Abs. 1 Satz 2 Nr. 3 WpHG iVm § 13 Abs. 2 WpDVerOV[333] sowie Angaben zu Art, Häufigkeit und Zeitpunkt der **Berichte über die erbrachten Dienstleistungen** nach § 31 Abs. 8 WpHG iVm §§ 8. 9 WpDVerOV) sowie über wesentliche **Maßnahmen zum Schutz des Kundenvermögens** (einschließlich der Mitgliedschaft in etwaigen Anlegerentschädigungs- oder Einlagensicherungssystemen).

Hinsichtlich des angebotenen **Leistungsspektrums** dürften **grundsätzlich 145 allgemeine Hinweise** auf oder Beschreibungen der angebotenen Wertpapierdienstleistungen oder -nebendienstleistungen genügen. **Konkrete Angaben** sind jedoch bei **Erbringung der Vermögensverwaltung für Privatkunden** zu machen. Nach § 5 Abs. 2 Satz 2 Nr. 2 lit. a) bis e) WpDVerOV sind eine Bewertungs- oder Vergleichsmethode, die dem Privatkunden eine Beurteilung der Leistung des Wertpapierdienstleistungsunternehmens ermöglicht, die Managementziele und das bei der Ausübung des Verwalterermessens zu beachtende Risikoniveau sowie etwaige spezifische Einschränkungen seines Ermessens mitzuteilen. Weitere Informationen betreffen die Art und Weise sowie Häufigkeit der Bewertung des Kundenportfolios, Einzelheiten zu einer möglichen Delegation der Vermögensverwaltung mit Ermessensspielraum sowie die Eckdaten von Anlagerichtlinien (Art der Finanzinstrumente, in die investiert werden darf, und Art der Geschäfte, die mit diesen Instrumenten getätigt werden dürfen, einschließlich der Angabe etwaiger Einschränkungen).

Durch die Informationen über das Wertpapierdienstleistungsunternehmen und **146** sein Leistungsprogramm sollen die (potentiellen) Kunden in die Lage versetzt werden, sich bereits vor Vertragsschluss ein **Bild über die Leistungsfähigkeit des möglichen Vertragspartners und seine Integrität im Umgang mit Interessenkonflikten** zu machen. Insoweit wird ein „Mindestmaß an Transparenz" bezweckt.[334]

bb) Produktinformationen. Unverzichtbar ist eine generelle, ausreichend de- **147** taillierte Beschreibung der **Art und Risiken von Finanzinstrumenten.** Insoweit geht es um eine Darstellung der charakteristischen Merkmale der jeweiligen Kategorie oder Gattung von Finanzinstrumenten wie zB verzinsliche Wertpapiere, Aktien, Genussscheine, Zertifikate, Investmentanteilscheine, Optionsscheine und alternative Investments (zB Hedge Fonds, Private Equity, Rohstoffe)[335] und der

---

[333] Auf Wunsch des Kunden sind jederzeit Einzelheiten zu diesen Grundsätzen zu erläutern, wobei § 5 Abs. 2 Satz 2 Nr. 1 lit. i) wohl so zu verstehen ist, dass die Kunden auf diese Möglichkeit explizit hinzuweisen sind.
[334] Vgl. *Weichert/Wenninger*, WM 2007, 627, 634; *Schäfer/Lang*, in: *Clouth/Lang* (Hrsg.), MiFID-Praktikerhandbuch, Rn. 117.
[335] So zB die Einteilung der Anlageformen bei Bank-Verlag, Basisinformationen über Vermögensanlagen in Wertpapieren, Abschnitt B, S. 13 ff. Keine eigene „Art von Finanz-

Fuchs 1277

§ 31 148, 149   Abschnitt 6. Verhaltensregeln, Verjährung

jeweils mit ihnen verbundenen Risiken.[336] § 5 Abs. 1 Satz 2 Nr. 1–5 WpDVerOV verlangt im Einzelnen, soweit relevant, gesonderte Angaben über Hebelwirkungen und das Risiko des Totalverlusts der Anlage, über Volatilität und eingeschränkte Handelbarkeit, über Eventualverbindlichkeiten und Marginverpflichtungen sowie sonstige spezifische Risiken der Produktart wie Besonderheiten bei zusammengesetzten Produkten. Ferner sind bei Finanzinstrumenten mit einer Garantie alle wesentlichen Angaben über die Garantie und den Garantiegeber zu machen (§ 5 Abs. 2 Satz 2 Nr. 4 WpDVerOV); bei prospektpflichtigen öffentlichen Angeboten über Finanzinstrumente ist die Stelle zu benennen, bei der dieser Prospekt erhältlich ist (Nr. 3). Soweit „freiwillig" konkrete anlageobjektbezogene Informationen bereitgestellt werden, müssen sie den Anforderungen der §§ 31 Abs. 2 WpHG, 4 WpDVerOV genügen.

148 Neben den Chancen und Risiken einzelner Anlageformen ist auch über **Anlagestrategien** und die damit verbundenen Risiken aufzuklären. Insoweit geht es um die Beziehungen zwischen den drei grundlegenden Anlagekriterien **Sicherheit, Liquidität und Rentabilität**, die miteinander konkurrieren und sich wechselseitig beeinflussen. Das Spannungsverhältnis und die Zielkonflikte zwischen den einzelnen Komponenten dieses „magischen Dreiecks" der Vermögensanlage ist dem Kunden nahe zu bringen, damit er auf der Basis seiner persönlichen Präferenzen in Bezug auf Anlageziele (insbes. Höhe der Renditeerwartung), zeitlicher Anlagehorizont und Risikotragfähigkeit (Bereitschaft und Fähigkeit, Wertschwankungen in Kauf zu nehmen und etwaige finanzielle Verluste zu tragen) eine Gewichtung vornehmen kann, die sich in einer für ihn passenden individuellen Anlagestrategie niederschlägt.[337]

149 cc) **Ausführungsplätze.** Für die Ausführung von Wertpapieraufträgen gelten zum einen die Sonderbedingungen für Wertpapiergeschäfte, zum anderen muss nach § 33 a iVm § 11 WpDVerOV jede Bank über Ausführungsgrundsätze (*„best execution policy"*) verfügen, in der sie ihre organisatorischen Vorkehrungen niederlegt, um die Kundenorders bestmöglich auszuführen (näher dazu § 33 a Rn. 2, 14 ff.). Dazu gehören auch Bestimmungen über die wichtigsten Ausführungsplätze, die von der Bank genutzt werden. Neben den **Börsen** kommen auch **andere Marktformen** wie multilaterale Handelssysteme (*Multilateral Trading Facilities –* MTF) (§ 2 Abs. 3 Nr. 8), der „Telefonverkehr" unter Banken oder die interne Zusammenführung von Wertpapierorders (systematische Internalisierung) in Betracht. Die Ausführungsgrundsätze und die allgemeinen Informationen in den „Basisinformationen über Vermögensanlagen in Wertpapieren"[338] dürften als Informationen über (mögliche) Ausführungsplätze grundsätzlich ausreichend sein;

---

instrumenten" iSd § 31 Abs. 3 WpHG stellen sog. „Finanzinnovationen" dar; vielmehr handelt es sich um einen nicht sehr konturenscharfen Sammelbegriff, der spezielle Gestaltungen von Anleihen, Zertifikaten, Optionen und anderen Derivaten erfasst, die sich dadurch auszeichnen, dass bestimmte Elemente einzelner Gattungen von Finanzinstrumenten getrennt und wieder neu gebündelt werden, so dass eine bisher nicht praktizierte Kombination von Leistungsmerkmalen entsteht, vgl. hierzu ausführlich *Kümpel*, Bank- und Kapitalmarktrecht, Rn. 14.1 ff.

[336] Vgl. *Weichert/Wenninger,* WM 2007, 627, 634 (Aufklärung über die Produktgattung genügt); **aA** *Veil,* ZBB 2006, 162, 170.

[337] Vgl. Bank-Verlag, Basisinformationen über Vermögensanlagen in Wertpapieren, S. 9 f.

[338] Vgl. Abschnitt E, S. 145 ff.

ausnahmsweise – etwa bei Auslandsgeschäften – kann eine individuelle Erteilung ergänzender Informationen erforderlich werden.

dd) Kosten und Nebenkosten. Von großer praktischer Bedeutung sind Informationen über Preise, Kosten und Nebenkosten. Detaillierte Vorgaben enthält § 5 Abs. 2 Nr. 5 WpDVerOV. Danach ist der **Gesamtpreis** (bzw. die Grundlagen für seine Berechnung, sofern die genaue Angabe noch nicht möglich ist), den der Kunde im Zusammenhang mit dem Finanzinstrument oder der Wertpapier(neben)dienstleistung zu entrichten hat, **einschließlich aller Gebühren, Provisionen, Entgelte und Auslagen sowie** über das Wertpapierdienstleistungsunternehmen zu entrichtender **Steuern** mitzuteilen. In jedem Fall separat aufzuführen sind die in Rechnung gestellten Provisionen. Für Zahlungen in Fremdwährungen sind der Wechselkurs (bzw. die Grundlagen für seinen Berechnung) sowie etwaige Zusatzkosten aufzuführen. Zudem sind die Kunden darauf hinzuweisen, dass möglicherweise aus Geschäften mit dem Finanzinstrument oder der Wertpapierdienstleistung weitere Kosten und Steuern entstehen können, die nicht über das Wertpapierdienstleistungsunternehmen gezahlt oder von ihm in Rechnung gestellt werden. Mitzuteilen sind schließlich auch Bestimmungen über die Zahlung oder sonstige Gegenleistungen.

Die Grundaufklärung über die Kosten und Nebenkosten wird in der Praxis regelmäßig über das allgemeine **Preisverzeichnis** der Bank geleistet. Da die Angaben in standardisierter Form gemacht werden können (Abs. 3 Satz 2, dazu oben Rn. 131), wird sich daran insoweit nichts ändern. Im Einzelfall können allerdings zusätzliche Angaben gegenüber dem individuellen Kunden erforderlich sein. Dabei ist darauf zu achten, dass dies nicht erst nachträglich bei der Abrechnung des durchgeführten Auftrags geschieht (vgl. zu den Berichtspflichten über die Ausführung von Aufträgen nach § 31 Abs. 8 WpHG und §§ 8, 9 WpDVerOV unten Rn. 313 ff.), sondern rechtzeitig vor Erbringung der Dienstleistung bzw. Abschluss des Vertrages (§ 5 Abs. 3 Satz 1 WpDVerOV). Zudem sind dem Wertpapierkunden die relevanten Angaben aus dem allgemeinen Preis- und Leistungsverzeichnis vom Wertpapierdienstleister aktiv **zu übermitteln.** Ein bloßer Hinweis auf Preisaushänge oder in der Bank bereit liegende Preis- und Leistungsverzeichnisse genügt nicht.[339] Dem Kunden ist vielmehr der das Wertpapiergeschäft betreffende Auszug aus dem Preis- und Leistungsverzeichnis **auf einem dauerhaften Datenträger** (vgl. Rn. 135) zur Verfügung zu stellen.

IV. Produktbezogene Informationspflichten im Überblick

Die Informationspflichten des Wertpapierdienstleisters sollen zwar eine konkrete Anlageentscheidung des Kunden ermöglichen, beziehen sich aber nach Abs. 3 Satz 1 (im Gegensatz zur früheren Rechtslage, nach der „alle zweckdienlichen Informationen" zur Verfügung zu stellen waren, § 31 Abs. 2 Nr. 2 WpHG aF) lediglich auf die „**Art und die Risiken**" der nachgefragten oder angebotenen „**Arten von Finanzinstrumenten**". Danach sind **die charakteristischen Merkmale und Risiken der einzelnen Produktgattungen** zu vermitteln, nicht dagegen das konkrete Risiko des einzelnen Finanzinstruments

---

[339] Ebenso BdB, MiFID-Leitfaden, S. 31.

(zB die geringe Bonität des konkreten Emittenten).³⁴⁰ Diese eher abstrakten und deshalb auch in standardisierter Form erfüllbaren Informationspflichten gelten grundsätzlich für alle Arten von Wertpapierdienstleistungen; sie werden erst im Rahmen der Anlageberatung oder Finanzportfolioverwaltung nach Abs. 4 durch weitergehende Anforderungen ergänzt, die eine auf die spezifischen Bedürfnisse des individuellen Kunden ausgerichtete Empfehlung und Information verlangen.³⁴¹ Im Folgenden wird ein knapper Überblick über die wichtigsten Produktarten und die jeweils mit ihnen verbundenen typischen Risiken, über die aufzuklären ist, gegeben.

1. Schuldverschreibungen

153 Bei Anleihen, die regelmäßig als Inhaberschuldverschreibung gemäß § 793 BGB ausgestaltet sind, verspricht der Aussteller, den Nennwert eines verzinslichen Wertpapiers nach einem festgelegten Zeitraum zurückzuzahlen und während der Laufzeit regelmäßig bestimmte (feste oder variable, an einem Referenzzinssatz orientierte) Zinszahlungen auf den Nennwert zu leisten.³⁴² Die wichtigsten **Ausstattungsmerkmale,** welche die vom Anleger zu tragenden Risiken beeinflussen, sind neben der **Art und Höhe der Verzinsung** vor allem die **Laufzeit** und die **Währung.** Hinzu kommen ggf. die Möglichkeit einer **vorzeitigen Tilgung** nach Kündigung oder Auslosung der Schuldverschreibung sowie besondere Bestimmungen über den **Rang** im Insolvenzfall oder bei Liquidation des Emittenten.

154 Das größte Risiko für den Wertpapierkunden liegt darin, dass der Emittent (vorübergehend oder endgültig) nicht bereit oder in der Lage ist, seine Zins- oder Tilgungsverpflichtungen termingerecht zu erfüllen.³⁴³ Über dieses **Bonitätsrisiko** als solches, also die Gefahr der Zahlungsunfähigkeit oder Illiquidität des Anleiheschuldners und die Bedeutung seiner wirtschaftlichen Leistungsfähigkeit und -willigkeit, ist der Kunde abstrakt aufzuklären.³⁴⁴ Ein ernstzunehmendes Ausfallrisiko besteht nicht nur bei in- und ausländischen Industrieanleihen, sondern – wie die Argentinienkrise gezeigt hat – auch bei Anleihen ausländischer Staaten.

155 Über **die konkreten Bonitätsrisiken einzelner Emittenten** muss der Kunde dagegen erst im Zusammenhang mit einer Anlageberatung oder Vermögensverwaltung unterrichtet werden.³⁴⁵ Dabei trifft die Wertpapierdienstleistungsunternehmen grundsätzlich eine eigene Verpflichtung zur Bonitätsprüfung.³⁴⁶ Soweit sie ihr Urteil auf andere Quellen, etwa Analystenhäuser oder die Fachpresse, stützen, ist dies offenzulegen.³⁴⁷ Eine Aufklärungspflicht kann bereits

---

³⁴⁰ Vgl. *Seyfried,* WM 2006, 1375, 1379; *Weichert/Wenninger,* WM 2007, 627, 633, 634.
³⁴¹ Vgl. dazu unten Rn. 236 ff.
³⁴² Vgl. näher *Lenenbach,* Rn. 2.20 ff.
³⁴³ *Koller,* in: *Assmann/Schneider,* Rn. 122; s. auch *Roth,* in: *Assmann/Schütze,* § 11 Rn. 57; *Lange,* Informationspflichten, S. 172 ff.; Bank-Verlag, Basisinformationen, Abschnitt D, 1.1.
³⁴⁴ Ziffer 2.2.1 der früheren Wohlverhaltensrichtlinie der BaFin.
³⁴⁵ BGHZ 123, 126 = WM 1993, 1455 (Bond) = NJW 1993, 2433 = EWiR 1993, 857 *(Köndgen)* = WuB I G 4. – 4.93 *(Schwark).*
³⁴⁶ BGH WM 2000, 426 = WuB I G 1.-2.00 *(Jaskulla).*
³⁴⁷ OLG Braunschweig WM 1996, 1486.

Allgemeine Verhaltensregeln 156–158 § 31

dann bestehen, wenn ein Emittent in den betroffenen Kreisen als „angeschlagen" gilt.[348]

Das **Bonitätsrisiko** ist nicht nur theoretischer Natur, sondern **von erheblicher praktischer Relevanz**,[349] wie zahlreiche Fälle von fallierenden Industrieanleihen insbesondere ausländischer Emittenten zeigen.[350] Lediglich bei Schuldverschreibungen des Bundes, der Länder oder Gemeinden sowie Pfandbriefen ist ein Ausfall von Zins- und Rückzahlungen so gut wie ausgeschlossen. Ein Hinweis auf die unterschiedlichen **Arten von Emittenten** dürfte daher schon in der abstrakten Grundaufklärung angebracht sein.[351] **156**

Das (konkrete) Bonitätsrisiko von Anleihen ausländischer Emittenten ist wegen unterschiedlicher politischer, konjunktureller und steuerlicher Verhältnisse von einem inländischen Wertpapierdienstleister oft nur schwer zu beurteilen. Besondere Bedeutung kommt hier, aber auch generell den Bewertungen von **Ratingagenturen** zu, deren Kenntnis wesentlich für die Einschätzung des Bonitätsrisikos eines Emittenten ist.[352] Das veröffentlichte Ratingurteil stellt insoweit aber lediglich ein Hilfsmittel dar, um die Bonität des Emittenten und damit dessen Ausfallrisiko einzuschätzen.[353] Es stellt weder eine Empfehlung für eine bestimmte Anlageentscheidung (Kauf, Verkauf oder Halten des bewerteten Objekts) dar noch kann es an die Stelle aller vom Anleger zu berücksichtigenden Informationen treten, sondern gibt lediglich die Meinung der Ratingagentur über das mit dem Finanztitel verbundene relative Bonitätsrisiko im Verhältnis zu anderen Ratingobjekten wieder.[354] **157**

Das Ergebnis der Bonitätsbewertung wird durch die Vergabe eines bestimmten **Ratingsymbols** zusammengefasst.[355] Die *relative* Bewertungsskala reicht dabei von „AAA" (beste Qualität, geringstes Ausfallrisiko) über eine Reihe von Zwi- **158**

---

[348] BGHZ 123, 126, 128 ff.; LG Hannover WM 1993, 201.
[349] Vgl. *Nobbe*, Bankrechtstag 1998, S. 235, 254 f.; *Buhk*, S. 100 f.
[350] Vgl. etwa die Fälle „Bond" (BGHZ 123, 126; hierzu auch OLG Celle WM 1993, 191; OLG Braunschweig WM 1993, 190; OLG Frankfurt a. M. WM 1995, 245, 247); „Fokker" (BGH WM 2000, 1441; OLG Hamburg WM 1999, 1875; OLG Braunschweig, WM 1998, 375; OLG Nürnberg WM 1998, 378), „Polly-Peck" (OLG Braunschweig, WM 1996, 1484; OLG Frankfurt a. M. WM 1996, 2049; OLG Frankfurt a. M. WM 1994, 2106; OLG Düsseldorf WM 1994, 1468; OLG Braunschweig WM 1994, 59); „Daewoo" (OLG Nürnberg BKR 2002, 738); „Heron" (OLG Koblenz WM 1996, 1089) und „Hafnia" (OLG Schleswig WM 1996, 1487).
[351] Vgl. die Übersicht über verschiedene Arten von Schuldverschreibungen und öffentlichen Anleihen bei *Roth*, in: *Assmann/Schütze*, § 10 Rn. 36 ff.
[352] *Roth*, in: *Assmann/Schütze*, § 11 Rn. 71; allgemein zum Rating *Richter*, Die Verwendung von Ratings zur Regulierung des Kapitalmarkts, 2008, insbes. S. 21 ff., 63 ff., 88 ff.; *Pfingsten* BKR 2001, 139 ff.; *v. Randow* ZBB 1996, 85 ff.; *Ebenroth/Daum* WM Sonderbeilage 5/1992, S. 2 ff.
[353] Bank-Verlag, Basisinformationen, Abschnitt D 1, 1.1. Der Bewertung durch die Ratingagentur, die regelmäßig auf Antrag des Emittenten, aber auch auf eigene Initiative erfolgt, geht eine eingehende Untersuchung der wirtschaftlichen Situation des Emittenten und aller wesentlichen objektiven Marktumstände und Risiken voraus, näher zum Ratingverfahren *Richter*, aaO, S. 49 ff.
[354] *Richter*, Die Verwendung von Ratings zur Regulierung des Kapitalmarkts, 2008, S. 93 f.
[355] Näher hierzu *Richter*, aaO; S. 58 f. sowie die Tabelle auf S. 98 (Abschnitt D, 1.1) der Basisinformationen mit Erläuterungen der unterschiedlichen Ratingsymbole der drei führenden Agenturen.

§ 31 159–162   Abschnitt 6. Verhaltensregeln, Verjährung

schenstufen wie zB „BBB" (mittlere Qualität, aber mangelnder Schutz gegen die Einflüsse sich verändernder Wirtschaftentwicklung) und spekulativen Anleihen mit nur mäßiger Deckung für Zins- und Tilgungsleistungen („BB") bis zu hoch spekulativen „Junk Bonds" niedrigster Qualität, die den geringsten Anlegerschutz bieten und schon in Zahlungsverzug oder direkter Gefahr des Zahlungsverzugs sind („CCC" und niedriger bis „D" = sicherer Kreditausfall, fast bankrott).

159 Der Kunde ist über diese Zusammenhänge wie auch den **Einfluss des Rating** auf die Konditionengestaltung und Rendite der Anleihen sowie die Auswirkungen von Ratingänderungen auf die Kurse zu informieren.[356] Gleiches gilt für die grundlegenden Ursachen für Bonitätsveränderungen.[357]

160 Informationen über **das konkrete Rating** einzelner Emittenten oder Anlageprodukte sind dagegen **nicht Gegenstand der** abstrakten und standardisierten **Basisaufklärung,** sondern allenfalls im Zusammenhang mit der Empfehlung bestimmter Finanzinstrumente erforderlich. Im Rahmen der Anlageberatung (oder Vermögensverwaltung) müssen zumindest die Ratings der marktführenden Agenturen (insbes. Moody's, Standard & Poor's, Fitch), bei ausländischen Finanztiteln ggf. auch die von maßgeblichen und zuverlässigen regionalen bzw. nationalen Agenturen berücksichtigt werden.[358] Eine ausdrückliche Mitteilung oder Erläuterung des Rating als solches gegenüber dem Kunden ist jedoch grundsätzlich nicht geboten,[359] jedenfalls wenn das entsprechende Bonitätsrisiko auf der Grundlage anderer Informationen verdeutlicht worden ist. Existiert kein Rating für ein Finanzinstrument oder den Emittenten, ist darüber im Regelfall nicht gesondert aufzuklären.[360]

161 Weiterer Gegenstand der abstrakten Aufklärung ist das **Zinsänderungs- und Kursrisiko** während der Laufzeit von Anleihen.[361] Da das Verhältnis der Nominalverzinsung der Anleihe zum herrschenden Marktzinssatz die Kursbildung beeinflusst, wirken sich Änderungen des Zinsniveaus im Geld- und Kapitalmarkt unmittelbar auf den Kurs der Anleihe aus.[362] Hinzuweisen ist auch darauf, dass das Ausmaß der Reaktion auf Veränderungen des Marktzinssatzes nicht immer gleich ist. Vielmehr hängt die „Zinsänderungsempfindlichkeit" einer Anleihe von ihrer Restlaufzeit und der Höhe des Kupons ab.[363]

162 Festverzinsliche Wertpapiere sind für die Dauer ihrer Laufzeit jedenfalls für den Anleger nicht kündbar, so dass Liquidität nur über einen vorzeitigen Verkauf beschafft werden kann, der möglicherweise mit Kursverlusten gegenüber dem Nennwert der Anleihe verbunden ist.[364] Darin allein liegt jedoch kein (spezifisches) **Liquiditätsrisiko** dieser Anlageform. Vielmehr geht es bei der Liquidität

---

[356] Bereits die Existenz eines negativen Rating kann unabhängig von dessen inhaltlicher Richtigkeit erhebliche Auswirkungen auf die Bewertung eines Börsenpapiers haben, vgl. *Arendts* WM 1993, 229, 233 ff.; *Brandt,* S. 95.
[357] Vgl. Bank-Verlag, Basisinformationen, Abschnitt D, 1.1.
[358] Vgl. OLG Celle WM 1993, 191, 193; *Arendts* WM 1993, 229, 234; *Brandt,* S. 95. Überblick zur Entwicklung der Ratingagenturen bei *Richter,* Die Verwendung von Ratings zur Regulierung des Kapitalmarkts, 2008, S. 43 ff.
[359] *Brandt,* S. 95 mwN.
[360] OLG Frankfurt a. M., WM 1996, 2049; OLG Schleswig, WM 1996, 1487, 1488.
[361] *Lange,* Informationspflichten, S. 175; *Buhk,* S. 102 f.
[362] *Buhk,* S. 102; Bank-Verlag, Basisinformationen, Abschnitt D, 1.2.
[363] Vgl. näher Bank-Verlag, Basisinformationen, Abschnitt D, 1.2 (S. 100 f.).
[364] Vgl. *Buhk,* S. 102 f.

Allgemeine Verhaltensregeln 163–165 § 31

einer Kapitalanlage generell um die Möglichkeit des Anlegers, sie *jederzeit zu marktgerechten Preisen* wieder verkaufen zu können.[365] Diese Möglichkeit hängt primär von der Breite und Tiefe des Marktes ab. Schwierigkeiten bei der Ausführung von Wertpapiertransaktionen können sich aber nicht nur bei angebots- und nachfragebedingter Illiquidität, sondern auch aus bestimmten Marktusancen (lange Erfüllungsfristen) oder einer besonderen Ausgestaltung des Wertpapiers ergeben. Darauf ist der Kunde in abstrakter Form hinzuweisen, während über die konkreten Anleihebedingungen, die fehlende Börsennotierung oder Handelbarkeit auf einem liquiden Markt erst im Rahmen einer individuellen Wertpapierdienstleistung nach Abs. 4 zu informieren ist.

Anleihen können auch so ausgestaltet sein, dass dem Emittenten ein vorzeitiges Kündigungsrecht gewähren oder die Tilgung über ein Auslosungsverfahren erfolgt. Für den Kunden ist **das Kündigungs- bzw. Auslosungsrisiko** mit der Gefahr negativer Abweichungen von der erwarteten Rendite verbunden.[366] 163

Besondere Anleiheformen können abweichende oder zusätzliche Risiken aufweisen, über die das Wertpapierdienstleistungsunternehmen ebenfalls abstrakt aufzuklären hat. Bei **Wandel- und Optionsanleihen** ist der Wertpapierkunde auf das höhere Kursrisiko hinzuweisen, das aus der Anbindung der Anleihe an eine bestimmte Aktie folgt.[367] Bei **Floating Rate Notes** ist über die variablen und damit unsicheren Zinserträge (und das damit zusammenhängende Kursrisiko) zu informieren,[368] bei **Zerobonds** über die Möglichkeit höherer Kursverluste im Vergleich zu anderen Anleiheformen wegen der Hebelwirkung des abgezinsten Ausgabekurses.[369] **Fremd- und Doppelwährungsanleihen** unterliegen dem zusätzlichen Risiko schwankender Devisenkurse, die Einfluss auf die Rendite haben können.[370] 164

Strukturierte Anleihen verbinden die Anlageprofile von Anleihen und Aktien und weisen je nach ihrer konkreten Ausgestaltung unterschiedliche Rendite-Risiko-Strukturen auf.[371] **Zwei Grundformen** lassen sich unterscheiden, je nachdem, ob sich die variable, an die Wertentwicklung einer oder mehrerer Aktien gekoppelte Komponente auf den Rückzahlungsanspruch oder die Verzinsung bezieht: Während bei Aktienanleihen eine relativ hohe feste Verzinsung durch ein Aktienandienungsrecht des Emittenten am Ende der Laufzeit erkauft wird, also eine modifizierte Form und Höhe der Rückzahlung vorgesehen ist, weisen andere Anleihen eine variable Verzinsung auf, die sich an der Entwick- 165

---

[365] Vgl. Bank-Verlang, Basisinformationen, Abschnitt C, 6 (S. 87 f.), wo das Liquiditätsrisiko als Teil der Basisrisiken jeder Vermögensanlage behandelt wird, während Ziffer 2.2.1 der früheren Wohlverhaltensrichtlinie der BaFin Angaben zum Liquiditätsrisiko gerade auch bei Schuldverschreibungen verlangte.
[366] Bank-Verlag, Basisinformationen, Abschnitt D, 1.3 und 1.4.
[367] AG Neuss WM 1993, 211 = EWiR 1992, 19 m. Anm. *Potthoff.*
[368] Bank-Verlag, Basisinformationen, Abschnitt D, 1.5; vgl. zu Ausgestaltungsvarianten *Kümpel,* Bank- und Kapitalmarktrecht, Rn. 14.21 ff.
[369] Bank-Verlag, Basisinformationen, Abschnitt D, 1.5, S. 102; vgl. a. *Kümpel,* Bank- und Kapitalmarktrecht, Rn. 14.26 f. bei derartigen „Nullkupon-Anleihen" liegt der Zinsertrag nicht in periodischen Zinszahlungen, sondern in der (einmaligen) Differenz zwischen dem unter dem Nennwert liegenden Kaufpreis und dem Rückzahlungskurs am Ende der Laufzeit (bzw. dem Erlös bei einem vorzeitigen Verkauf).
[370] Bank-Verlag, Basisinformationen, Abschnitt D, 1.5.
[371] Näher *Wohlfahrt/Brause* WM 1998, 1859; 1861 ff.; Bank-Verlag, Basisinformationen, Abschnitt B, 1.4 (S. 22 ff.).

lung eines Index oder Aktienkorbs orientiert. Auch hier kann der Rückzahlungsbetrag am Laufzeitende ggf. unter dem Nominalbetrag der Anleihe liegen, so dass weder Ertrag noch Wertentwicklung im Voraus bestimmbar sind.

166 **Aktienanleihen** sind verzinsliche Schuldverschreibungen mit fester Laufzeit, an deren Ende dem Emittenten ein Wahlrecht zusteht, ob er den Nominalbetrag der Anleihe zurückzahlt oder stattdessen eine im Voraus bestimmte Anzahl eigener Aktien liefert.[372] Für das Risiko, dass der Kurswert dieser Aktien unter dem Nennbetrag der Anleihe liegt, erhält der Anleger eine höhere Verzinsung als bei im Übrigen vergleichbaren Schuldverschreibungen.[373] Die Wertpapierpraxis hat eine Vielzahl unterschiedlicher Ausgestaltungen für diese auch „*Reverse Convertible*" genannte Anleiheform entwickelt.[374] Nach ganz überwiegender Auffassung handelt es sich nicht um Finanztermingeschäfte.[375] Zu der gebotenen (abstrakten) Information über die **Funktionsweise und Risiken** dieser Anlageform[376] gehört der deutliche Hinweis, dass der Kunde bei Unterschreitung der Andienungsschwelle am Stichtag anstelle des Nominalbetrags der Anleihe Aktien mit einem geringeren Kurswert, im Extremfall sogar wertlose Aktien erhält, und dass die Kurs der Aktienanleihe während der Laufzeit nicht nur vom Kapitalmarktzins, sondern auch von der Wertentwicklung der zugrunde liegenden Aktie und deren Volatilität abhängt, so dass mit stärkeren Kursschwankungen als bei Standardanleihen zu rechnen ist.[377]

2. Aktien

167 Der Kunde ist zunächst darüber aufzuklären, dass er als Anteilseigner **das unternehmerische Risiko** der Aktiengesellschaft in Höhe des von ihm eingesetzten Kapitals trägt. Im Falle der **Insolvenz** kann er einen Totalverlust erleiden.[378] Insoweit betrifft das für Anleihen beschriebene **Bonitätsrisiko** die Aktionäre in noch stärkerer Weise, da sie Verluste der Gesellschaft noch vor den Gläubiger zu tragen haben. Hinzu kommt wegen der ausschließlich gewinnabhängigen Ausschüttungen (Dividenden), die in schwachen Jahren vollständig ausfallen können, ein höheres **Ertragsrisiko**. Die Risikohinweise zu Aktien müssen ferner Informationen über das **Kursrisiko**, das **Liquiditätsrisiko**[379] sowie das **Konjunktur- und Währungsrisiko** enthalten.[380]

---

[372] Einzelheiten bei *Schwark* WM 2001, 1973 ff.
[373] LG Frankfurt a. M. WM 2000, 1293, 1295.
[374] *Schwark* WM 2001, 1973.
[375] BGH WM 2002, 803 = BKR 2002, 393 m. Anm. *Assies* = WuB I G 1.-3.02 m. Anm. *Haertlein*; aus der Lit. z. B. *Reiner* ZBB 2002, 211; *Schwark* WM 2001, 1973, 1980 ff.; *Dötsch/Kellner* WM 2001, 1994, 1996 f.; *Kilgus* WM 2001, 1324, 1327; *Luttermann* ZIP 2001, 1901, 1902; *Müller* ZBB 2001, 363, 370 f.; a A *Köndgen* ZIP 2001, 1197, 1198 f.
[376] Vgl. dazu auch BGH ZIP 2002, 748; *Luttermann*, ZIP 2001, 1901; *Dötsch/Kellner* WM 2001, 1994; *Lenenbach* Rn. 8.33.
[377] Bank-Verlag, Basisinformationen, Abschnitt D, 1.5 (S. 104). Zur Möglichkeit einer mündlichen Risikoaufklärung bei Aktienanleihen s. BGH WM 2002, 803, anders noch BGH WM 2001, 1369; abl. *Dötsch/Kellner* WM 2001, 1994, 1998 f.; *Köndgen* ZIP 2001, 1197, 1198.
[378] Bank-Verlag, Basisinformationen, Abschnitt D, 2.1.
[379] Vgl. hierzu bereits oben Rn. 160.
[380] *Lange*, Informationspflichten, S. 177 ff.; Ziffer 2.2.2 der Wohlverhaltensrichtlinie; vgl. näher zu diesen allgemeinen Risiken Bank-Verlag, Basisinformationen, Abschnitt C, 1 und 4 (S. 84, 86).

Ob man innerhalb der Kapitalanlage in Aktien weiter zwischen „Anlagegeschäften" (zB in sog. **„blue chips"**) und „Spekulationsgeschäften" differenzieren sollte, erscheint angesichts der teilweise sehr hohen Volatilität selbst von DAX-Werten fraglich, kann aber unter bestimmten Umständen zu bejahen sein. So verlangte die frühere Wohlverhaltensrichtlinie der BaFin zu Recht **spezielle Risikohinweise** zu Aktien, die nicht an einer in- oder ausländischen Börse gehandelt werden (insbes. zu US-amerikanischen **„penny stocks"**).[381] Daran ist auch im Rahmen des § 31 Abs. 3 WpHG nF festzuhalten, zumal in der Rechtsprechung anerkannt ist, dass über die Risiken der sog. „penny stocks" gesondert und in schriftlicher Form aufzuklären ist.[382] Entsprechende Risikohinweise (nicht unbedingt in schriftlicher Form) dürften auch bei anderen Aktien angebracht sein, die (nur) in speziellen, engen Marktsegmenten gehandelt werden, mit besonderen Liquiditäts- und anderen Risiken verbunden sind und damit gewissermaßen als „eigene Gattung" von Anlagetiteln erscheinen.[383]

168

Bei der gebotenen abstrakten Aufklärung über das **Kursrisiko** ist hervorzuheben, dass dieses in erster Linie von den wirtschaftlichen Daten des Emittenten abhängt. Im beratungsfreien Geschäft und beim reinen Ausführungsgeschäft muss das Wertpapierdienstleistungsunternehmen aber keine Daten mitteilen, die Rückschlüsse auf die geschäftlichen Verhältnisse und die wirtschaftliche Lage des einzelnen Unternehmens zulassen oder Zweifel an seiner Ertragskraft begründen könnten. Daneben ist generell deutlich zu machen, dass die Kursentwicklung nicht nur von der wirtschaftlichen Lage des Unternehmens, sondern auch von **allgemeinen Markt- und Konjunkturschwankungen** abhängt.[384] Besondere Bedeutung können auch **marktpsychologische Faktoren und Stimmungen** gewinnen, etwa **übertriebene Hausse- oder Baissestimmungen** sowie **internationale Krisen**,[385] zB bei drohender Kriegs- oder Terrorgefahr. Auch darüber ist der Wertpapierkunde (abstrakt) aufzuklären.[386] Derartige Einflüsse können verstärkt werden durch die Meinungsführerschaft einzelner Marktteilnehmer oder Analysten, trendverstärkende Spekulationen oder Herdenverhalten der Marktteilnehmer. Hinzu kommt, dass nicht nur fundamental sondern auch charttechnisch orientierte Anleger am Markt operieren.[387]

169

---

[381] Nach Ziffer 2.2.2 der Wohlverhaltensrichtlinie der BaFin (s. Einl. Rn. 84) sollten insoweit Informationen über den Markt (insbesondere die Marktliquidität) und das besondere Verlustrisiko der Anlageform sowie über die Herkunft der Kursangaben, den Unterschied zwischen Geld- und Briefkurs *(spread)* und die Entgelte der an der Ausführung beteiligten Wertpapierdienstleister gegeben werden. Dabei muss deutlich werden, dass Gewinne wegen des *spread* nur bei enormen Kurssteigerungen möglich sind, so *Nobbe*, Bankrechtstag 1998, S. 235, 254.

[382] BGH WM 1991, 667; BGH WM 1991, 315, 316 f.; OLG Frankfurt WM 1996, 253, 254; OLG Düsseldorf, BB 1996, 1904; aus der Lit. zB *Lenenbach* Rn. 8.34; *Lange*, Informationspflichten, S. 180 f.; *Nobbe*, Bankrechtstag 1998, 235, 256; *Joswig*, DB 1995, 2253.

[383] Vgl. zu den besonderen Risiken der Aktien von Real Estate Investment Trusts (REITs) Bank-Verlag, Basisinformationen, Abschnitt D, 2.8, zu an der NASDAQ gehandelte Wertpapieren BGH WM 2002, 913 sowie zu sog. „Regulation S"-Aktien BGH ZIP 2001, 2276; *Lenenbach* Rn. 8.34.

[384] Bank-Verlag, Basisinformationen, Abschnitt D, 2.2.

[385] OLG Frankfurt a. M. WM 1994, 234; OLG München WM 1994, 236.

[386] OLG Zweibrücken NJW-RR 1996, 949; *Lange*, Informationspflichten, S. 177.

[387] Bank-Verlag, Basisinformationen, Abschnitt D, 2.4

3. Genussscheine

170 Das gemeinsame Charakteristikum der Genussscheine liegt in der Gewährung eines oder mehrerer aktionärstypischer Vermögensrechte auf schuldrechtlicher Grundlage. Die Ausgestaltungsmöglichkeiten sind sehr groß und variieren in der Praxis stark. Da die verschiedenen Produkte oft kaum Gemeinsamkeiten aufweisen, reduziert sich die abstrakte Aufklärung über die mit Genussscheinen verbundenen Risiken auf die Basiselemente Ausschüttung, Rückzahlung, Kündigung und Haftung.[388] So ist der Wertpapierkunde darüber aufzuklären, dass die Verzinsung eines Genussscheins, soweit keine vom Bilanzergebnis unabhängige Mindestverzinsung garantiert wird, an das Vorhandensein eines Gewinns geknüpft ist (**Ausschüttungsrisiko**). Darüber hinaus kann in Fällen ausbleibender Gewinne auch ein echtes **Rückzahlungsrisiko** entstehen, wenn der Wertpapierkunde durch Reduzierung des Rückzahlungsbetrags an den Verlusten beteiligt ist. Existiert ein **Kündigungsrecht**, kann eine Wiederanlage des Kapitals womöglich nur zu schlechteren Marktbedingungen erfolgen.[389] Schließlich muss der Anleger wissen, dass er als Inhaber von Genussscheinen im Falle der Insolvenz oder Liquidation des Emittenten meist nur **nachrangig** befriedigt wird (**Haftungsrisiko**).[390]

4. Investmentanteile

171 Die frühere Wohlverhaltensrichtlinie der BaFin verlangte, dass die Risikohinweise zu Investmentanteilscheinen Informationen über die Zusammensetzung des Fondsvermögens, die Anlagestrategie, die Verwendung der Erträge, die Ausgabekosten (Ausgabeaufschlag u. a.), das Kursrisiko und das Bewertungsverfahren enthielten.[391] Diese Elemente bilden auch das Gerüst für die von § 31 Abs. 3 WpHG nF geforderten abstrakten Erläuterungen zu den Merkmalen und Risiken dieser Anlageform. So ist der Wertpapierkunde darüber aufzuklären, dass Investmentanteilscheine dem allgemeinen **Risiko sinkender Anteilspreise** unterliegen, da sich Kursrückgänge der im Fondsvermögen gebundenen Wertpapiere im Preis des Anteilsscheins widerspiegeln.[392] Dieses Anlagerisiko steigt mit zunehmender Spezialisierung auf bestimmte Anlageschwerpunkte, aber selbst bei sehr breiter Streuung bleibt ein **allgemeines Marktrisiko** bestehen. Dem Kunden ist deutlich zu machen, dass die **Zusammensetzung des Fondsvermögens** wesentlichen Einfluss auf das Risikoprofil hat und insoweit erhebliche Unterschiede zB zwischen Renten- und Aktienfonds, regionalen, Länder- oder Branchenfonds sowie Indexfonds bestehen.[393] Außerdem ist auf die besonderen Risiken bei offenen Immobilienfonds und bei börsengehandelten Investmentfonds hinzuweisen.[394] Geboten ist ferner ein Hinweis auf die mögliche Existenz

---

[388] Vgl. Bank-Verlag, Basisinformationen, Abschnitt D, 3.1 bis 3.4.
[389] *Lange*, Informationspflichten, S. 184.
[390] *Lange*, Informationspflichten, S. 184; Bank-Verlag, Basisinformationen, Abschnitt D, 3.3, 3.4.
[391] Ziffer 2.2.3 der Wohlverhaltensrichtlinie; vgl. auch *Koller*, in: *Assmann/Schneider*, Rn. 125; *Schäfer/Müller* Rn. 172; *Nobbe*, Bankrechtstag 1998, S. 235, 257.
[392] *Lange*, Informationspflichten, S. 205; *Schäfer/Müller* Rn. 172; Bank-Verlag, Basisinformationen, Abschnitt D, 5.3.
[393] Bank-Verlag, Basisinformationen, Abschnitt D, 5.3.
[394] Vgl. hierzu Bank-Verlag, Basisinformationen, Abschnitt D, 5.7 und 5.8.

Allgemeine Verhaltensregeln 172–175 § 31

von **Aussetzungsklauseln,** die dazu führen können, dass der Kunde vorübergehend nicht mehr Auszahlung gegen Rückgabe der Anteilscheine verlangen kann.[395]

Der Kunde ist auch darüber zu informieren, dass er einem **Managementrisiko** unterliegt, weil er keinen Einfluss auf die Zusammensetzung des Fondsvermögens hat, sondern die konkreten Entscheidungen im Rahmen der Anlagegrundsätze allein von den Fondsmanagern getroffen werden.[396] Soweit für die Beurteilung des bisherigen Anlageerfolgs des Fonds sog. **Performance-Statistiken** herangezogen werden, besteht ein spezielles **Risiko der Fehlinterpretation,** auf das die Kunden hinzuweisen sind.[397] Dabei muss insbesondere deutlich werden, dass vergangene Kursentwicklungen keine Garantie hinsichtlich zukünftiger Kursentwicklungen enthalten können. 172

Schließlich ist der Anleger darauf aufmerksam zu machen, dass die professionelle Verwaltung des Fonds **zusätzliche Kosten** verursacht, die beim Eigenerwerb der im Fondsvermögen gebundenen Wertpapiere nicht anfielen.[398] Hinzu kommen häufig einmalige **Ausgabeaufschläge,**[399] die zusammen mit den laufenden Verwaltungskosten die Gesamtkosten dieser Anlageform ausmachen und sich je nach Haltedauer ungünstig auf die Rendite der Anlage auswirken können. 173

5. Optionsscheine und andere Derivate

Optionsscheine *(Warrants)* verbriefen das Recht, eine bestimmte Menge eines Basiswertes zu einem im Voraus festgelegten Preis zu kaufen *(Call)* oder zu verkaufen *(Put).* Als selbständige Wertpapiere unterliegen sie dem Gesetz von Angebot und Nachfrage und insoweit einem **allgemeinen Kursrisiko.**[400] Häufig bestehen erhebliche **Liquiditätsrisiken,** weil für die oft sehr speziellen Produkte kein hinreichend breiter und tiefer Markt existiert und weder der Emittent noch ein Dritter sich zur jederzeitigen Stellung verbindlicher An- und Verkaufskurse verpflichtet hat.[401] Zudem kann es zu erheblichen Differenzen zwischen Geld- und Briefkursen kommen, insbesondere bei sog. exotischen Optionsscheinen, die neuartige, vielfach sehr komplexe und preislich schwer zu bewertende Strukturen aufweisen.[402] Über diese aus der Unübersichtlichkeit und Intransparenz des Optionsscheinmarktes resultierenden Risiken ist der Kunde zumindest abstrakt aufzuklären, ebenso über den Umstand, dass Hedge-Geschäfte des Emittenten Einfluss auf die Kursbildung im Markt haben können.[403] 174

Die Hinweise zu Optionsscheinen und anderen Derivaten sollen neben **Informationen über den Basiswert** vor allem die **wirtschaftlichen Zusam-** 175

---

[395] Bank-Verlag, Basisinformationen, Abschnitt D, 5.4.
[396] *Lange,* Informationspflichten, S. 206.; Bank-Verlag, Basisinformationen, Abschnitt D, 5.1.
[397] Bank-Verlag, Basisinformationen, Abschnitt D 5, 5.5.
[398] *Roth,* in: *Assmann/Schütze,* § 11 Rn. 70.
[399] *Schäfer/Müller* Rn. 172; *Lange,* Informationspflichten, S. 206; Bank-Verlag, Basisinformationen, Abschnitt D, 5.2.
[400] Bank-Verlag, Basisinformationen, Abschnitt D, 6.1.
[401] *Potthoff,* WM 1993, 1319, 1322; *Buhk,* 112.
[402] Bank-Verlag, Basisinformationen, Abschnitt D, 6.1 und 6.8.
[403] Bank-Verlag, Basisinformationen, Abschnitt D, 6.12.

menhänge und **Funktionsweise der Produkte** beleuchten und dabei insbesondere auf die Bedeutung der Laufzeit für das Aufgeld, der Ausübungsart, des Hebeleffekts, der Liquidität und Volatilität des Marktes und ggf. des Stillhalterrisikos sowie auf das Kurs-, Währungs- und Bonitätsrisiko eingehen.[404] Eine darüber hinausgehende individuelle Aufklärung über die spezifischen Produktmerkmale und Umstände einzelner Anlagetitel ist nur noch im Rahmen bestimmter Wertpapierdienstleistungen wie der Anlageberatung nach Maßgabe des Erforderlichkeitsprinzips geboten.[405]

176 Die abstrakten **Informationen zu Verlustrisiken** müssen darauf eingehen, dass neben Kursveränderungen des Basiswerts,[406] die sich aufgrund der Hebelwirkung *(leverage effect)* überproportional auswirken[407] bis hin zum Risiko des Totalverlusts,[408] der Wert eines Optionsscheins oder anderen Derivates auch durch Veränderungen der Volatilität des Basiswerts negativ beeinflusst werden kann.[409] Aufzuklären ist auch über das Verlustrisiko durch Zeitwertverfall.[410] Hinzu kommt, dass Kursverluste von Optionsscheinen nicht durch andere Erträge (Zinsen oder Dividende) kompensiert werden können und die Nebenkosten ein so erhebliches Ausmaß erreichen können, dass es unerwartet hoher Gewinne bedarf, um im Einzelfall überhaupt in die Gewinnzone zu gelangen.[411] Teilweise kann die Kostenbelastung ein Vielfaches des Wertes des Optionsscheine ausmachen.[412]

177 Hinzuweisen ist ferner auf den Umstand, dass im Zusammenhang mit derivativen Finanzinstrumenten **Sicherheitsleistungen** erforderlich werden können, die den Kunden uU zur Leistung erheblicher Nachschüsse zwingen.[413]

6. Zertifikate

178 Unter dem **Begriff** „Zertifikat" werden zahlreiche unterschiedliche Produkte angeboten, die als Inhaberschuldverschreibung das Recht auf Rückzahlung eines Geldbetrags oder Lieferung eines Basiswerts in Abhängigkeit von der Entwicklung eines oder mehrerer Parameter verbriefen.[414] In ihrer Funktionsweise gleichen sie teils Optionsscheinen, teils strukturierten Anleihen, zeichnen sich aber vielfach auch durch eigenständige Kombinationen bestimmter Ausstat-

---

[404] BGH WM 1994, 149, 150; WM 1994, 453; NJW 1993, 257; WM 1991, 1410; WM 1991, 127; WM 1989, 807; OLG Düsseldorf BKR 2002, 544, 545; OLG Frankfurt a. M. WM 1994, 542, 543 f.; Ziffer 2.2.4 der Wohlverhaltensrichtlinie; dazu *Koller,* in: Assmann/Schneider, Rn. 127; *Nobbe,* Bankrecht 1998, S. 235, 257 f.
[405] Vgl. zum *suitability test* näher unten Rn. 236 ff.
[406] Bank-Verlag, Basisinformationen, Abschnitt D 6, 6.2.
[407] Vgl. zB OLG Frankfurt a. M. WM 1994, 543, 544; *Buhk,* S. 109; Bank-Verlag, Basisinformationen, Abschnitt D, 6.5.
[408] *Buhk,* S. 109 ff.; Bank-Verlag, Basisinformationen, Abschnitt D 6, 6.1.
[409] Bank-Verlag, Basisinformationen, Abschnitt D 6, 6.3.
[410] OLG Köln, WM 1995, 382, 384; OLG Frankfurt a. M. WM 1994, 543, 544; OLG Frankfurt a. M. WM 1993, 685, 686; aus der Lit. *Drygala,* ZHR 159(1995), 686, 716; *Potthoff* WM 1993, 1319, 1322; *Buhk,* S. 111; Bank-Verlag, Basisinformationen, Abschnitt D 6, 6.4.
[411] Bank-Verlag, Basisinformationen, Abschnitt D, 6.10.
[412] Bank-Verlag, Basisinformationen, Abschnitt D, 6.10.
[413] Ziffer 2.2.4 der Wohlverhaltensrichtlinie.
[414] Vgl. *Mülbert,* WM 2007, 1797, 1798 ff.; sowie die Übersicht bei Bank-Verlang, Basisinformationen, Abschnitt B, 4 (S. 42 ff.).

tungsmerkmale aus. Als Anknüpfungspunkte sind grundsätzlich alle Anlageinstrumente denkbar, für die regelmäßig Preise festgestellt werden (Aktien, Renten oder Zinsen, Rohstoffe, Währungen, Fonds, Strom, Immobilien- oder sonstige Indices usw.).

Dementsprechend **vielgestaltig** ist das **Risikoprofil** von Zertifikaten, das hier nicht im Einzelnen dargestellt werden kann. Die abstrakten Hinweise für den Kunden im Rahmen des Abs. 3 müssen jedenfalls auf die Verknüpfung mit den speziellen Risiken der jeweils zugrunde liegenden Basiswerte sowie das bei allen Zertifikatstypen bestehende **Emittentenrisiko, Kursänderungsrisiko, Liquiditätsrisiko** sowie das **Korrelationsrisiko** hinweisen. Letzteres besteht darin, dass die Wertentwicklung des Basiswerts (zB eines Index) nicht exakt, sondern nur annähernd nachvollzogen wird oder bestimmte exogene Faktoren die Preisentwicklung des Zertifikats mitbestimmen.[415] Auch über den Einfluss von Hedge-Geschäften des Emittenten auf die Zertifikate ist aufzuklären. Schließlich muss dem Kunden deutlich offenbart werden, dass Zertifikate – anders als Aktien oder Anleihen – **keine weiteren Erträge** bieten, so dass sich die Rendite der Anlage allein aus Kurssteigerungen ergeben kann. 179

Spezielle Risiken ergeben sich aus der besonderen Struktur **einzelner Zertifikatstypen:**[416] So erhöht zB die nach oben begrenzte Gewinnmöglichkeit (Cap) bei **Discountzertifikaten** das Korrelationsrisiko, gleiches gilt für **Bonuszertifikate,** sobald die Gefahr einer Unterschreitung der Barriere besteht, die zum Fortfall des Bonus- und Kapitalschutzmechanismus führt und damit das Risiko eines partiellen oder im Extremfall totalen Kapitalverlusts heraufbeschwört. In diesem Fall kann es auch zu erheblichen Einschränkungen der Liquidität kommen. Das Risiko eines Totalverlustes des eingesetzten Kapitals ist auch bei **Hebelzertifikaten** besonders hoch. 180

7. Sonstige Anlageformen

Spezielle Risiken bestehen auch bei sonstigen Anlageformen („Alternativen Investments") wie etwa **Hedge-Fonds** und **Private-Equity-Fonds.**[417] Problematisch ist hier insbesondere die fehlende aktuelle Bewertung des Anlagevermögens, die nur zu bestimmten Stichtagen erfolgt und sich bei illiquiden Aktiva regelmäßig auf bloße Schätzungen stützt, das hohe Liquiditätsrisiko sowie die Verfolgung besonders risikoreicher Strategien und Techniken der Kapitalanlage durch die Fondsmanager. Insbesondere bei Private-Equity-Beteiligungen besteht ein erhöhtes Risiko des Totalverlustes der Anlage. 181

Zu den spezifischen Risiken von Investments in **Rohstoffen** gehört vor allem die besonders hohe Schwankungsbreite der Preise, die häufig durch ein zyklisches Angebots- und Nachfrageverhalten ausgelöst wird, aber auch durch politische und regulatorische Einflüsse, die Auswirkungen von Wetter- und Naturkatastrophen sowie illiquide Märkte begünstigt wird.[418] 182

(einstweilen frei) 183–187

---

[415] Näheres bei Bank-Verlag, Basisinformationen, Abschnitt D, 4.1.
[416] Vgl. hierzu und zum Folgenden Bank-Verlag, Basisinformationen, Abschnitt D, 4.2–4.3.
[417] Vgl. Bank-Verlag, Basisinformationen, Abschnitt D, 7.1 bis 7.3 (S. 138 ff.).
[418] Hierzu näher Bank-Verlag, Basisinformationen, Abschnitt D, 7.4.

E. Kenntnisverschaffung über den Wertpapierkunden (Abs. 4–7)

I. Grundlagen

1. Abgestufter Pflichtenkatalog

188 Bereits nach § 31 Abs 2 Nr. 1 WpHG aF war ein Wertpapierdienstleistungsunternehmen verpflichtet, **Angaben seiner Kunden** über ihre Erfahrungen oder Kenntnisse in Wertpapiergeschäften, ihre Anlageziele und über ihre finanziellen Verhältnisse einzuholen.[419] Im Zuge der Umsetzung der MiFID durch das FRUG ist diese **Explorationspflicht in § 31 Abs. 4 bis 7 stärker ausdifferenziert** und dabei – abhängig von der Art der involvierten Wertpapierdienstleistung und der betroffenen Kundenkategorie – teilweise materiell erweitert, teilweise aber auch abgeschwächt worden.[420] Die umfangreichsten Pflichten bestehen bei der Anlageberatung und Vermögensverwaltung (Abs. 4), während im beratungsfreien Geschäft geringere Anforderungen zu beachten sind (Abs. 5): Hier genügt es, Informationen über Kenntnisse und Erfahrungen des Kunden einzuholen, für die Anlageberatung und Vermögensverwaltung werden darüber hinaus Angaben zu den finanziellen Verhältnissen des Kunden und zu seinen Anlagezielen benötigt. Im Rahmen des reinen Ausführungsgeschäfts in Bezug auf nicht-komplexe Finanzinstrumente kann dagegen ganz auf die Einholung von Kundenangaben verzichtet werden (Abs. 7), und zwar auch bei Geschäften mit Privatkunden. Im Übrigen gelten jeweils Erleichterungen für Geschäfte mit professionellen Kunden, da bei diesen ohne nähere Prüfung die notwendigen Kenntnisse und Erfahrungen sowie die finanzielle Tragfähigkeit angenommen werden dürfen (Abs. 9). Bei der Anlageberatung eines professionellen Kunden muss sich die Bank daher nur noch vergewissern, dass die empfohlenen Produkte oder Dienstleistungen seinen Anlagezielen entsprechen.

189 Dieser **abgestufte Pflichtenkatalog** findet seine Rechtfertigung darin, dass die Erkundigungspflichten in engem Zusammenhang mit dem übergreifenden Ziel stehen, den Kunden in die Lage zu versetzen, **Tragweite und Risiken seiner Anlageentscheidungen rational einschätzen** zu können.[421] Denn ein Wertpapierdienstleistungsunternehmen kann nur dann sachgerecht aufklären, beraten und Anlagen empfehlen, wenn es die Erfahrungen und Kenntnisse, finanziellen Möglichkeiten und Ziele seiner Kunden kennt (**"know your customer"**).[422] Dabei dient die Erkundigungspflicht der Aufklärung eines mündigen und nicht der Bevormundung eines als unselbständig, irrational und entschei-

---

[419] Vgl. dazu insbes. *Horn* WM 1999, 1,8; *ders.* ZBB 1997, 139, 141; *Koller*, ZBB 1996, 97; *Raeschke-Kessler*, WM 1996, 1764; *Schrödermeier*, WM 1995, 2053; *Koller*, in: *Assmann/Schneider*, Rn. 90ff.; KölnKommWpHG-*Möllers*, Rn. 151ff.; *Kümpel*, Bank- und Kapitalmarktrecht Rn. 16.573ff.; *ders.*, Wertpapierhandelsgesetz, S. 176ff; *Schäfer*, Rn. 50ff.; *Lenenbach* Rn. 8.27; *Schön*, S. 51; *Schäfer*, in: *Schwintowski/Schäfer*, § 18 Rn. 15ff.; *Schwark*, Rn. 39ff.; *Bliesener*, S. 297ff.; *Buhk*, S. 126ff.; *Steuer*, in: FS Schimansky, S. 793, 796.
[420] Vgl. *Weichert/Wenninger*, WM 2007, 627, 630.
[421] So bereits die Gesetzesmaterialien zum ursprünglichen WpHG, vgl. BegrRegE, BT-Drucks. 12/7918, S. 103.
[422] BT-Drucks. 12/7918, S. 103; *Schwark*, Rn. 39.

dungsunfähig verstandenen Anlegers. Anlegergerechte Information auf Grundlage persönlicher Daten soll diesen in die Lage versetzen, **eigenverantwortlich Chancen und Risiken** seiner individuellen Entscheidungen **abschätzen** zu können.[423] Inhaltlich entspricht die Verpflichtung zur Kenntnisverschaffung aus § 31 Abs. 4 den zivilrechtlichen Grundsätzen der anlegergerechten Beratung, welche die Rechtsprechung seit dem grundlegenden „Bond"-Urteil des BGH entwickelt und präzisiert hat.[424] Die aufsichtsrechtlichen Erkundigungspflichten gehen allerdings über den Bereich der Anlageberatung hinaus und gelten nach Abs. 5 – in abgeschwächtem Umfang – auch im beratungsfreien Geschäft für jede Form der Wertpapierdienstleistung, sofern es sich nicht um ein reines Ausführungsgeschäft nach Abs. 7 handelt. Zivilrechtlich kann in diesen Fällen nur ausnahmsweise eine Aufklärungs- oder Warnpflicht bestehen.

Schon nach altem Recht stand die Erkundigungspflicht unter dem **Vorbehalt der Erforderlichkeit.** Die Einholung von Kundendaten war nach § 31 Abs. 2 Satz 1 Nr. 1 WpHG aF nur insoweit geboten, als dies zur Wahrung der Interessen und im Hinblick auf Art und Umfang der beabsichtigten Geschäfte erforderlich war. Dieser Vorbehalt gilt auch nach neuem Recht, wie insbesondere die ausdrücklichen Formulierungen in Abs. 4 und 5 sowie in § 6 Abs. 1 und 2 WpDVerOV („soweit erforderlich") zeigen (Einzelheiten unten Rn. 198 ff.).

190

2. Art und Zeitpunkt der Ermittlung

a) Allgemeines

Die Einholung der Kundenangaben ist grundsätzlich **formfrei,** wird aber bereits aus Dokumentations- und Beweisgründen regelmäßig schriftlich erfolgen, indem die Wertpapierdienstleistungsunternehmen ihren Kunden zumindest beim erstmaligen Geschäftskontakt standardisierte Fragebögen vorlegen.[425] Die Erkenntnisquellen des Wertpapierdienstleistungsunternehmens sind aber nicht darauf beschränkt, mittels der üblichen standardisierten **Erfassungsbögen** die relevanten persönlichen Daten des Kunden abzufragen. In der Praxis wird die Exploration üblicherweise durch ein **individuelles Gespräch** mit dem Kundenberater begleitet.

191

Die erforderlichen Informationen ergeben sich regelmäßig, aber nicht notwendigerweise aus **freiwilligen Angaben des Kunden.**[426] Sie können auch

---

[423] *Horn* ZBB 1997, 139, 141; *Raeschke-Kessler* WM 1996, 1765; *Heinsius* ZBB 1994, 47, 52; *Koller,* in: *Assmann/Schneider,* Rn. 90 f.; *Schäfer,* in: *Schwintowski/Schäfer,* § 18 Rn. 15; *Bliesener,* S. 212 f.; *Wieneke,* S. 117; *Lenenbach* Rn. 8.13; *Steuer,* in: FS Schimansky, S. 793, 796.
[424] BGHZ 123, 126 = WM 1993, 1455 (Bond) = NJW 1993, 2433 = EWiR 1993, 857 m. Anm. *Köndgen* = WuB I G 4. -4.93 Anm. *Schwark;* aus der Lit. hierzu zB *Hannöver* in: Bankrechtshandbuch, § 110 Rn. 30 ff.; *Horn* WM 1999, 1, 3 ff.; *ders.,* ZBB 1997, 139, 144; *Schwennicke* WM 1997, 1265, 1272 f.; *Nobbe,* Bankrecht 1998, S. 235, 240 ff.
[425] Zutreffend *Möllers/Ganten,* ZGR 1998, 773, 801 ff.; *Koller,* in: *Assmann/Schneider,* Rn. 108; *Schäfer,* Rn. 52; **aA** *Schwennicke* WM 1998, 1101, 1107; vgl. auch Ziffer 3.7 der früheren Wohlverhaltensrichtlinie; aus deren Ziffer 3.6 kann hingegen keine Dokumentationspflicht abgeleitet werden.
[426] BGH WM 1996, 1214, 1216 = ZIP 1996, 1161, 1163 = EWiR 1996, 791 m. Anm. *Schwintowski* = WuB I G 1.-11.96 m. Anm. *Koller;* BGH ZIP 1996, 2064, 2066 = EWiR 1997, 71 m. Anm. *Schwintowski; Schwark,* Rn. 40.

anderen Quellen entstammen.⁴²⁷ Auch der Rückschluss aus dem vergangenen Anlageverhalten ist zulässig.⁴²⁸ Das Wertpapierdienstleistungsunternehmen muss sich bei **unklaren** oder **widersprüchlichen Kundenangaben** durch gezielte Rückfragen um deren Präzisierung bemühen,⁴²⁹ unterliegt aber grundsätzlich keiner eigenen Nachforschungspflicht (näher unten Rn. 203 ff.).

b) Standardisierung der Einholung von Kundeninformationen

192 Für die Erteilung von Informationen oder Hinweisen durch das Wertpapierdienstleistungsunternehmen an seine Kunden erlaubt das Gesetz an mehreren Stellen ausdrücklich, dass dies „in standardisierter Form" erfolgen könne (vgl. zB Abs. 3 Satz 2, Abs. 5 Satz 5, Abs. 7 Nr. 2). Aus dem Umstand, dass eine entsprechende Bestimmung für die Einholung von Kundenangaben fehlt, kann jedoch kein Umkehrschluss auf die Unzulässigkeit einer standardisieren Informationsbeschaffung abgeleitet werden. Vielmehr war es schon nach früherer Rechtslage auch ohne explizite gesetzliche Regelung üblich und allgemein anerkannt, dass sich die Wertpapierdienstleistungsunternehmen insoweit bestimmter **Standardformulare (Erfassungsbögen) und Checklisten** bedienen, um auf dieser Grundlage bestimmte **Kundenprofile** zu entwickeln, die wiederum die Basis für eine Einschätzung von Kenntnissen, Erfahrungen und Risikobereitschaft bilden.⁴³⁰ Im Zuge dieser standardisierten Informationseinholung wird der konkrete Kunde dann zunächst einer bestimmten Kategorie oder **Risikoklasse zugeordnet**.⁴³¹ Diese bildet dann den Rahmen für die Prüfung der Geeignetheit bzw. Angemessenheit der Finanzinstrumente und Wertpapierdienstleistungen nach Abs. 4 bzw. Abs. 5.

193 Ein solches Vorgehen kann den Instituten schon aus Vereinfachungs- und Effizienzgründen nicht verwehrt werden. Zudem erfordern Sinn und Zweck der Verhaltensregeln nicht, jedem einzelnen Kunden ein unverwechselbares Individualprofil zu geben. Nach früherem Recht deutete die Abstufung der Intensität der Verhaltenspflichten nach der Professionalität des Kunden gemäß Art. 11 Abs. 1 Satz 2 der WpDRL auf die **Zulässigkeit einer Kategorisierung und Bildung von typischen Kundenprofilen** hin.⁴³² Eine derartige Kundengruppenbildung ist auch nach Einführung der (sehr viel gröberen und schon für den generellen Umfang der Verhaltenspflichten maßgeblichen) gesetzlichen Kundenkategorien der Privatkunden, professionellen Kunden und geeigneten Gegenparteien (§§ 31 a, 31 b) zulässig. Zu beachten ist allerdings, dass für die Geeignetheitsprüfung nach Abs. 4 bei der Anlageberatung und Vermögensverwaltung ein

---

⁴²⁷ BGHZ 123, 126 = WM 1993, 1455, 1456 (Bond) = NJW 1993, 2433 = EWiR 1993, 857 m. Anm. *Köndgen* = WuB I G 4.-4.93 Anm. *Schwark;* OLG Nürnberg ZIP 1998, 380, 382.
⁴²⁸ BGHZ 123, 126 = WM 1993, 1455 (Bond) = NJW 1993, 2433 = EWiR 1993, 857 m. Anm. *Köndgen* = WuB I G 4.-4.93 Anm. *Schwark*.
⁴²⁹ *Koller*, in: Assmann/Schneider, Rn. 106.
⁴³⁰ *Koller*, in: Assmann/Schneider, Rn. 101; *Lenenbach* Rn. 8.27; *Kümpel*, Bank- und Kapitalmarktrecht Rn. 16.575; *Eisele* in: Bankrechtshandbuch, § 109 Rn. 39; *Schäfer*, Rn. 11; *Bliesener*, S. 216 f; *Wieneke*, S. 28 ff.; *Brandt*, S. 212 f.; *Schwark*, Rn. 41.
⁴³¹ So ausdrücklich Ziffer 2.2. der früheren Wohlverhaltensrichtlinie.
⁴³² *Bliesener*, S. 216 f.; für Zulässigkeit (und Pflicht zur Mitteilung der Kriterien und des Ergebnisses der Einstufung) auch Ziffer 2.2 der früheren Wohlverhaltensrichtlinie der BaFin.

Allgemeine Verhaltensregeln 194–196 § 31

konkreter Maßstab gilt (Übereinstimmung des konkreten Wertpapiergeschäfts mit den Anlagezielen des jeweiligen Kunden) (näher dazu unten Rn. 255 ff.), während es im beratungsfreien Geschäft für die Angemessenheit nach Abs. 5 nur auf die Angemessenheit der *Art* der Finanzinstrumente oder Dienstleistung für den Kunden ankommt (vgl. näher Rn. 280 ff.). Daraus folgt, dass die Bildung und Zuordnung zu bestimmten Anlage- oder Risikoprofilen jedenfalls nicht zu pauschal erfolgen darf, sondern hinreichend ausdifferenziert sein muss.

Soweit aufgrund der Kundenangaben eine **Einstufung** in eine Risikokategorie 194 vorgenommen wird, muss diese **dem Kunden** unter Offenlegung der Einstufungskriterien **mitgeteilt** werden.[433] Diese Zuordnung ist dann bei der Ausführung von Kundenaufträgen zu beachten.[434] Liegen Aufträge innerhalb der Risikokategorie, ist nicht mehr bei jeder einzelnen Transaktion aufzuklären.[435] Soweit der Kunde Angaben (zu bestimmten Fragen) verweigert, gebietet die generelle Interessenwahrungspflicht, ihn im Zweifel in die risikoärmere Klasse einzuordnen.[436]

c) Zeitliche Abstände

Die erforderlichen Angaben über den Kunden muss die Bank **vor der erst-** 195 **maligen Erbringung einer Wertpapierdienstleistung** für diesen (außerhalb des reinen Ausführungsgeschäfts nach Abs. 7) einholen. Die im Zuge der Exploration erhaltenen Informationen **gelten dann** grundsätzlich **bis auf weiteres**, also für einen längeren, nicht (näher) bestimmten Zeitraum. Obwohl keine definitiven gesetzlichen oder verwaltungsinternen Vorgaben zur wiederkehrenden Befragung der Kunden existieren,[437] wird man aber bei längeren Geschäftsbeziehungen aus der allgemeinen Interessenwahrungspflicht des § 31 Abs 1 Nr. 1 ableiten müssen, dass eine einmalige Erkundigung nicht ausreichend ist, sondern **in gewissen Zeitabständen eine Überprüfung und Aktualisierung** der Angaben geboten ist.[438] Denn die persönlichen und wirtschaftlichen Verhältnisse des Kunden sowie seine Anlageziele können und werden sich im Laufe der Jahre ändern (zB durch Wechsel oder Verlust des Arbeitsplatzes, familiäre Umstände, Eintritt in das Rentenalter). In welchen zeitlichen Intervallen der Datenbestand überprüft und ggf. aktualisiert werden muss, lässt sich nicht allgemein bestimmen, sondern hängt von den Umständen des Einzelfalls ab. Jedenfalls ist zwischen einer anlassbezogenen und einer nur durch Zeitablauf bedingten Überprüfung zu unterscheiden.

Sofern sich – für das Wertpapierdienstleistungsunternehmen erkennbar – die 196 Einkommens- und/oder Vermögensverhältnisse des Kunden wesentlich geändert haben, seine familiäre Situation einen grundlegenden Wandel erfahren hat oder wenn der Kunde bestimmte Geschäfte tätigen oder Finanzinstrumente erwerben möchte, die über sein bisheriges Risikoprofil hinausgehen, besteht **Anlass**, die

---

[433] Ziffer 2.2. der früheren Wohlverhaltensrichtlinie.
[434] Ziffer 2.2. der früheren Wohlverhaltensrichtlinie.
[435] *Lange*, Informationspflichten, S. 164.
[436] *Lenenbach* Rn. 8.27; *Siol*, in: FS Schimansky, S. 781, 788 ff.
[437] Ziffer 3.1 der früheren Wohlverhaltensrichtlinie der BaFin verlangte allerdings für Kunden, die Derivategeschäfte tätigen, soweit erforderlich, nach Ablauf von drei Jahren eine erneute Befragung.
[438] Zutreffend *Koller*, in: *Assmann/Schneider*, Rn. 107; *Kienle* in: Bankrechtshandbuch, 2. Aufl. 2001, § 110 Rn. 27; *Lang*, Informationspflichten, § 9 Rn. 20, 22; *Balzer*, in: *Weber/Lang*, Handbuch der Informationspflichten im Bankverkehr, 2005, Rn. 7.20.

Fuchs 1293

fortdauernde Gültigkeit seiner Angaben zu sämtlichen Kriterien einer Überprüfung zu unterziehen.[439] Eine Verpflichtung, von sich aus und unaufgefordert eigene Nachforschungen anzustellen, besteht jedoch nicht. Der sich aus Abs. 6 (bis zur Grenze der groben Fahrlässigkeit) ergebende Schutz des Vertrauens in die Richtigkeit und Vollständigkeit der Kundenangaben erstreckt sich nicht nur auf den Zeitpunkt der Einholung der Angaben, sondern grundsätzlich auch auf deren fortdauernde Gültigkeit, solange sich keine gegenteiligen Indizien aufdrängen.

197 Daher lässt sich eine definitive Überprüfungs- oder Aktualisierungspflicht selbst dann nicht begründen, wenn seit der erstmaligen Erhebung der Kundendaten bereits eine erhebliche Zeitspanne verstrichen ist. Zwar empfiehlt es sich, auch ohne konkreten Anlass in bestimmten **regelmäßigen Zeitintervallen** den Kunden anzusprechen und um eine etwaige Aktualisierung seiner Angaben zu bitten, doch existieren insoweit **keine verbindlichen** (aufsichtsrechtlichen) **Vorgaben**. Letztlich kommt es auf die **Umstände des Einzelfalls** an, zumal zu Beginn und am Ende des Berufswegs eines Kunden eher mit relevanten Veränderungen zu rechnen ist als in mittleren Lebensjahren. Der in der Literatur teilweise für angemessen gehaltene jährliche Zeitabstand[440] erscheint zu pauschal und zu kurz für eine anlasslose Überprüfung. Im Übrigen ist zu beachten, dass sich die Wiederholung der Erkundigung im Wesentlichen auf Angaben über die finanziellen Verhältnisse richten wird, da die Geschäftserfahrungen im Zweifel nur gewachsen sein werden,[441] außer im Falle jahrelanger Inaktivität des Kunden. Empfehlenswert erscheint zudem ein Hinweis an den Wertpapierkunden, die Bank von sich aus über etwaige relevante Veränderungen in der Sphäre des Kunden zu informieren, die für sie nicht erkennbar sind. Die Wertpapierkunden trifft zwar keine aktive Mitwirkungspflicht, wohl aber eine **Obliegenheit zur Aktualisierung** ihrer persönlichen Angaben.[442]

3. Allgemeine Grenzen der Erkundigungspflicht
a) Erforderlichkeit der Angaben

198 Ebenso wie nach § 31 Abs 2 Nr. 1, 2. HS WpHG aF steht auch nach Umsetzung der MiFID durch das FRUG die Exploration des Kunden unter dem **Vorbehalt der Erforderlichkeit**. Bisher traf die Verpflichtung zur Einholung von Angaben den Wertpapierdienstleister nur dann, wenn dies zur Wahrung der Kundeninteressen und im Hinblick auf Art und Umfang der beabsichtigten Geschäfte erforderlich war.[443] Nach den Gesetzesmaterialien bestimmte sich die Erforderlichkeit im Wege einer Interessenabwägung zwischen Kunde und Wertpapierdienstleister,[444] und zwar im Hinblick auf das jeweilige konkrete Ge-

---

[439] *Schäfer/Lang*, in: *Clouth/Lang*, Rn. 166; in diese Richtung bereits *Balzer* DB 1997, 2311, 2312; *Schwark*, Rn. 43.
[440] Für jährliche Überprüfung zB *Balzer* WM 2000, 441, 444 f.; *ders.* DB 1997, 2311, 2312; *Schrödermeier*, WM 1995, 2053, 2058; wohl auch *Koller*, in: *Assmann/Schneider*, Rn. 107; nicht eindeutig *Schäfer*, in: *Schwintowski/Schäfer*, § 18 Rn. 16; **aA** *Schwark*, Rn. 43.
[441] *Koller*, in: *Assmann/Schneider*, Rn. 107.
[442] Dazu *Koller*, in: *Assmann/Schneider*, Rn. 107; *Schäfer*, Rn. 53.
[443] BT-Drucks. 12/7918, S. 104; *Koller*, in: *Assmann/Schneider*, Rn. 98; *Eisele* in: Bankrechtshandbuch, § 109 Rn. 38 f.; *Schäfer*, Rn. 32; *Schön*, S. 56 f.; *Schwark*, Rn. 43.
[444] BT-Drucks. 12/7918, S. 104; insoweit **aA** *Koller*, in: *Assmann/Schneider*, Rn. 98.

schäft⁴⁴⁵ und das individuelle Kundeninteresse.⁴⁴⁶ Vorsorgliche Informationen hinsichtlich potentieller Kapitalanlagen brauchte das Wertpapierdienstleistungsunternehmen nicht einzuholen.⁴⁴⁷

Nunmehr verlangt **Abs. 4** im Rahmen der Anlageberatung und Finanzportfolioverwaltung, dass die Wertpapierdienstleister „alle Informationen einholen ..., die erforderlich sind", um eine Geeignetheitsprüfung durchführen zu können. Gleichermaßen begründet **Abs. 5** eine Explorationspflicht für das beratungsfreie Geschäft nur, „soweit diese Informationen erforderlich sind", um die Angemessenheit der Geschäfte für den Kunden beurteilen zu können. Auch die konkretisierenden Ausführungsbestimmungen des § 6 Abs. 1 und Abs. 2 WpDVerOV inkorporieren jeweils ausdrücklich den Erforderlichkeitsgrundsatz. Die konkrete **Reichweite der Erkundigungspflicht** hängt somit maßgeblich von der Art der relevanten Wertpapierdienstleistung und der jeweiligen **Schutzbedürftigkeit des Kunden** ab. Schon bisher war anerkannt, dass – entsprechend den Vorgaben von Art. 11, 4. Spiegelstrich der WpDRL zur Berücksichtigung der Professionalität des Kunden⁴⁴⁸ – die Erkundigungspflicht umso geringer ausfallen konnte, je professioneller und damit weniger schutzbedürftig der Kunde war,⁴⁴⁹ und im Einzelfall sogar ganz entfallen konnte.⁴⁵⁰ Eine erste **grobe Differenzierung** nach der Schutzbedürftigkeit wird nunmehr bereits **durch die gesetzlichen Kundenkategorien** insbesondere der Privatkunden einerseits und der professionellen Kunden andererseits vorgenommen.

Mangels Erforderlichkeit **entfällt die Erkundigungspflicht bei professionellen Kunden in weitem Umfang** (mit Ausnahme der Eruierung der Anlageziele für die Zwecke der Anlageberatung und Vermögensverwaltung). Denn bei ihnen ist weder eine Angemessenheitsprüfung nach Abs. 5 durchzuführen, noch werden für die Geeignetheitsprüfung nach Abs. 4 Angaben zu den Kenntnissen und Erfahrungen oder den finanziellen Verhältnissen benötigt, weil das Wertpapierdienstleistungsunternehmen nach Abs. 9 davon ausgehen kann, dass die entsprechenden Kenntnisse und Erfahrungen sowie die finanzielle Risikotragfähigkeit vorliegen. Letzteres gilt nicht nur für „geborene" professionelle Kunden i. S. d. § 31a Abs. 2, sondern auch für solche, die nachträglich infolge einer Hoch- oder Herabstufung nach § 31a Abs. 5 oder Abs. 7 in diese Kategorie eingeordnet worden sind. Denn für eine Unterscheidung professioneller Kunden „erster und zwei-

---

⁴⁴⁵ Ziffer 2.1 der früheren Wohlverhaltensrichtlinie.
⁴⁴⁶ *Koller*, in: *Assmann/Schneider*, Rn. 98f.; *Schäfer*, Rn. 32f.; *Bliesener*, S. 322ff.
⁴⁴⁷ *Koller*, in: *Assmann/Schneider*, Rn. 98.
⁴⁴⁸ *Horn* ZBB 1997, 139, 149; *Köndgen* ZBB 1996, 361, 363; *Koller*, in: *Assmann/Schneider*, Rn. 99; *Kümpel*, Bank- und Kapitalmarktrecht Rn. 16.550; *Bliesener*, S. 216; *Wieneke*, S. 116; *Schäfer*, Rn. 32 mit Hinweis auf den 30. Erwägungsgrund der WpDRL, nach der den „den unterschiedlichen Schutzbedürfnissen der einzelnen Gruppen von Anlegern und ihren unterschiedlichen fachlichen Erfahrungen" Rechnung getragen werden soll. Obwohl der Maßstab der Professionalität im Wortlaut des § 31 Abs. 2 WpHG aF keinen unmittelbaren Niederschlag gefunden hatte, war man sich einig, dass es sich zwanglos aus dem Merkmal der Erforderlichkeit ergab, vgl. zB *Koller*, in: *Assmann/Schneider*, Rn. 99; *Schäfer*, Rn. 32; *Köndgen* ZBB 1996, 361, 363; vgl. auch BT-Drucks. 12/7918, S. 104.
⁴⁴⁹ Vgl. zum Zusammenhang zwischen Professionalität und Schutzbedürfnis zB *Koller*, in: *Assmann/Schneider*, Rn. 99; *Schäfer*, Rn. 32; *Kümpel*, Bank- und Kapitalmarktrecht Rn. 16.574; *Wieneke*, S. 118.
⁴⁵⁰ Näher dazu *Schön*, S. 51.

ter Klasse" sind weder Anhaltspunkte im Gesetz noch Sachgründe ersichtlich.[451] Da sich bei der Anlageberatung und Finanzportfolioverwaltung für professionelle Kunden die Pflicht des Wertpapierdienstleisters im Rahmen der Geeignetheitsprüfung darauf beschränkt, die Übereinstimmung des konkret empfohlenen Finanzinstruments bzw. der fraglichen Dienstleistung mit den Anlagezielen des Kunden sicherzustellen, sind auch nur insoweit Angaben zu erheben.

201 Innerhalb der Kategorie der **Privatkunden** sind weitere **Abstufungen nach dem konkreten Grad der Professionalität** nach wie vor zu berücksichtigen.[452] So kann auf weitere Erkundigungen verzichtet werden, soweit ein Privatkunde für den Wertpapierdienstleister erkennbar über hinreichende Kenntnisse und Erfahrungen verfügt.[453] Dieser Schluss kann sich etwa auf den ausgeübten Beruf oder die bisher getätigten Geschäfte stützen.[454]

202 Auch in anderer Hinsicht kann die Erforderlichkeit zur Einholung von Kundenangaben entfallen, wenn dem Wertpapierdienstleistungsunternehmen die benötigten **Informationen bereits anderweitig bekannt** sind und diese Daten noch aktuell sind. Sie entfällt auch ganz oder teilweise, wenn die **gewählte Geschäftsform** (zB Discount-Broking im beratungsfreien Geschäft oder als reines Ausführungsgeschäft nach Abs. 7) oder das ins Auge gefasste **Anlageobjekt**[455] die Einholung nicht erfordern.[456] Der Kenntnisstand eines Wertpapierkunden braucht auch dann nicht erfragt zu werden, wenn er von einem Vermögensverwalter betreut wird und bereits klare Vorstellungen hinsichtlich des Anlageobjekts besitzt.[457] Grundsätzlich muss sich das Wertpapierdienstleistungsunternehmen freilich Gewissheit darüber verschaffen, welche Art von Anlage der Kunde wünscht.[458] Letztlich kommt es stets maßgeblich auf die konkreten Umstände des Einzelfalls an.[459]

b) Grundsätzlich keine Nachforschungspflicht

203 Auf die von den Kunden erlangten Informationen kann sich das Wertpapierdienstleistungsunternehmen in der Regel verlassen. Es ist **grundsätzlich nicht verpflichtet, die Selbstdarstellung des Kunden nachzuprüfen.**[460] Nach dem Wortlaut des Abs. 6 gilt das – unter dem Vorbehalt der Kenntnis oder grob fahrlässigen Unkenntnis des Wertpapierdienstleistungsunternehmens – sowohl für die Richtigkeit als auch für die Vollständigkeit der Kundenangaben.

---

[451] BdB, MiFID-Leitfaden, S. 19, 24; *Schäfer/Lang*, in: *Clouth/Lang* Rn. 161.
[452] *Schäfer/Lang*, in: *Clouth/Lang* Rn. 163; vgl. auch Erwägungsgrund Nr. 31 der MiFID, nach dem der Grad der Schutzbedürftigkeit zukünftig abhängig von der Professionalität des Kunden sein soll.
[453] *Schäfer/Lang*, in: *Clouth/Lang* Rn. 163.
[454] Vgl. *Koller*, in: *Assmann/Schneider*, Rn. 99; *Wieneke*, S. 118; *Brandt*, S. 210 f.
[455] Finanzielle Verhältnisse brauchten nach Ziffer 2.2. der Wohlverhaltenslinie der BaFin dann nicht erfragt zu werden, wenn aus Guthaben in Wertpapiere mit besonderer Bonität des Emittenten investiert wird, wie etwa Wertpapiere des Bundes, der Sondervermögen des Bundes oder der Bundesländer.
[456] *Koller*, in: *Assmann/Schneider*, Rn. 102.
[457] BGH WM 1996, 664 = EWiR 1996, 395 m. Anm. *Steiner* = WuB I G 1.-7.96 m. Anm. *Schäfer*.
[458] BGH WM 2000, 1441 = WuB I G 1.-4.00 m. Anm. *Horn/Felke*; OLG Koblenz ZIP 1999, 1667 f.
[459] *Koller*, in: *Assmann/Schneider*, Rn. 98; *Schäfer*, Rn. 32.
[460] *Balzer* ZBB 2007, 333, 339; *Raeschke-Kessler* WM 1996, 1764, 1768; *Schrödermeier* WM 1995, 2053, 2058; *Koller*, in: *Assmann/Schneider*, Rn. 101; *Schäfer*, Rn. 43; *Schwark*, Rn. 40.

Eine Nachprüfungspflicht ergibt sich weder ausdrücklich aus dem WpHG noch folgt sie aus dem allgemeinen Gebot der Wahrung des Kundeninteresses.[461] Etwas anderes kann ausnahmsweise nur dann gelten, wenn die Angaben des Kunden widersprüchlich sind oder aus anderen Gründen deutlich erkennbar fehler- oder lückenhaft sind.[462] Bloße Zweifel an der Richtigkeit der Angaben lassen eine Nachprüfungspflicht hingegen nicht entstehen.[463] Soweit keine **evident oder ohne weiteres erkennbar fehlerhafte Information** durch den Kunden vorliegt, ist das Institut für die Unrichtigkeit oder Unvollständigkeit der Kundenangaben nicht verantwortlich. Geriert sich der Kunde zB wahrheitswidrig als geschäftserfahren, risikobewusst und vermögend, muss er sich an den unrichtigen Angaben festhalten lassen und kann sich später nicht auf eine mangelhafte Exploration oder Verletzung von Aufklärungs- oder Beratungspflichten durch die Bank berufen.[464]

c) Verweigerung der Angaben durch den Kunden

Die Kunden sind **nicht verpflichtet,** dem Verlangen des Wertpapierdienstleistungsunternehmens nach Angaben über Erfahrungen, Kenntnisse, ihre Anlageziele und finanziellen Verhältnisse nachzukommen.[465] Dies war bisher ausdrücklich in § 31 Abs. 2 Satz 2 WpHG aF normiert, gilt aber trotz Fehlens einer expliziten Nachfolgevorschrift auch nach neuem Recht.[466] Denn die Konsequenz der Freiwilligkeit der Kundenangaben ergibt sich bereits aus dem allgemeinen Persönlichkeitsrecht des Kunden. Auf sein „Verweigerungsrecht" ist der Wertpapierkunde hinzuweisen.[467] Andernfalls könnte der Eindruck des „gläsernen Kunden" vermittelt und dadurch das nötige Vertrauensverhältnis zum Dienstleister gefährdet werden.[468] Dem Kunden ist aber deutlich zu machen, dass die freiwillige Erteilung der Informationen in seinem eigenen Interesse liegt, da seine Angaben die **Grundlage der Aufklärung** sind.[469] Das Wertpapierdienstleistungsunternehmen muss daher zunächst versuchen, etwaige **Widerstände zu überwinden,** und dem Kunden verdeutlichen, dass Einschätzung, Aufklärung und eventuelle Beratung vernünftigerweise nur auf Grundlage der individuellen Kundenangaben erfolgen können.[470] Jedenfalls darf es nach § 6 Abs. 2 Satz 2 WpDVerOV Kunden nicht dazu verleiten, Angaben nach Abs. 4 oder Abs. 5 zurückzuhalten. Das Wertpapierdienstleistungs-

---

[461] *Raeschke-Kessler* WM 1996, 1764, 1768.
[462] *Koller,* in: *Assmann/Schneider,* Rn. 101; *Schäfer,* Rn. 43.
[463] *Koller,* in: *Assmann/Schneider,* Rn. 101; *Schäfer,* Rn. 43.
[464] BGH WM 1996, 1214 = EWiR 1996, 791 m. Anm. *Schwintowski;* = WuB I G 1.-11.96 m. Anm. *Koller;* aus der Lit. zB *Balzer* ZBB 1997, 260, 262; *Köndgen* ZBB 1996, 361, 363; *Koller,* in: *Assmann/Schneider,* Rn. 101; *Schäfer,* Rn. 43.
[465] BGH ZIP 1998, 1220; *Balzer* WM 2000, 441, 445 f.; *Nobbe,* in: *Horn/Schimansky,* Bankrecht 1998, S. 235, 253; *Horn* ZBB 1997, 139, 150; *Koller,* in: *Assmann/Schneider,* Rn. 104; *Schäfer,* Rn. 44 f.; *Lange,* Informationspflichten, § 9 Rn. 23; *Hannöver* in: Bankrechtshandbuch, § 110 Rn. 56; *Schön,* S. 57; *Buhk,* S. 136 ff.
[466] *Balzer* ZBB 2007, 333, 339; wohl auch *Teuber* BKR 2006, 429, 433; *Schäfer/Lang,* in: *Clouth/Lang* Rn. 195 ff.
[467] So nach altem Recht *Koller,* in: *Assmann/Schneider,* Rn. 104; *Lang,* Informationspflichten, § 9 Rn. 23; das gilt auch nach neuem Recht, solange der Kunde nicht dazu animiert wird, Angaben zurückzuhalten.
[468] *Koller,* in: *Assmann/Schneider,* Rn. 90; *Raeschke-Kessler* WM 1996, 1765; *Heinsius* ZBB 1994, 47, 52.
[469] Ziffer 2.1 der früheren Wohlverhaltensrichtlinie.
[470] *Koller,* in: *Assmann/Schneider,* Rn. 106; *Brandt,* S. 213.

unternehmen muss sich vielmehr „ernsthaft um die Erlangung der erforderlichen Kundenangaben (...) bemühen".[471] Dementsprechend darf die Möglichkeit, keine Angaben machen zu müssen, nicht als Bestandteil eines Fragebogens vorgesehen sein.[472] Zwangs- oder Druckmittel darf das Wertpapierdienstleistungsunternehmen aber in keinem Fall einsetzen.

206 Hinsichtlich der **rechtlichen Konsequenzen einer Weigerung** des Kunden, erforderliche Angaben zu machen, ist zwischen verschiedenen Wertpapierdienstleistungen zu unterscheiden: Im **beratungsfreien Geschäft** genügt nach Abs. 5 Satz 4 ein **Warnhinweis** des Instituts, dass eine Beurteilung der Angemessenheit des Geschäfts nicht möglich ist. Anschließend kann die Wertpapierdienstleistung trotz der fehlenden Angaben durchgeführt werden, wobei sich die Pflichten der Bank – mangels näherer Kenntnisse über die Person des Kunden – auf eine abstrakte Aufklärung über die mit dem Finanzinstrument oder der Dienstleistung verbundenen Risiken beschränken.[473] Dies folgt aus der generellen Pflicht zur Interessenwahrung nach Abs. 1 Nr. 1, die in jedem Fall bestehen bleibt und insbesondere zu einer allgemeinen Aufklärung über Eigenschaften und Risiken der avisierten Anlageform verpflichtet.[474]

207 Werden dagegen die für eine Geeignetheitsprüfung erforderlichen Angaben verweigert, darf neuerdings nach Abs. 4 Satz 3 eine **Anlageberatung** oder eine konkrete Empfehlung im Rahmen der **Vermögensverwaltung** grundsätzlich **nicht mehr durchgeführt** werden.[475] Nach Erwägungsgrund 60 der DRL ist eine solche (verbotene) Empfehlung bereits darin zu sehen, dass der Portfolioverwalter dem Kunden gegenüber als Empfehlung, Wunsch oder Rat äußert, dieser möge ihm eine Weisung erteilen oder ändern. Verletzt die Bank dieses aufsichtsrechtliche Verbot und spricht eine Anlageempfehlung aus, obwohl sie nicht über die erforderlichen Informationen über Kenntnisse und Erfahrungen, die finanziellen Verhältnisse und Anlageziele ihres Kunden verfügt, kommt dennoch in aller Regel ein wirksamer Beratungsvertrag zustande.[476] Denn **Abs. 4 Satz 3 ist kein Verbotsgesetz i. S. d. § 134 BGB.** Ihrer Pflicht zu einer anleger- und objektgerechten Beratung wird die Bank in diesen Fällen aber ohne ausreichende Kenntnis ihres Kunden kaum gerecht werden können,[477] so dass sie sich einem erheblichen **Haftungsrisiko** aussetzt. Im Zweifel wird das Wertpa-

---

[471] Ziffer 2.4 der früheren Wohlverhaltensrichtlinie.
[472] Ziffer 2.4 der früheren Wohlverhaltensrichtlinie.
[473] *Schäfer/Lang*, in: *Clouth/Lang*, Rn. 196; vgl. zu § 31 WpHG aF BGH ZIP 1996, 872; ZIP 1996, 667; *Koller* in: *Assmann/Schneider*, Rn. 104f., 160; *Schäfer*, Rn. 44; *Horn*, ZBB 1997, 139, 151; *Lang*, Informationspflichten, § 9 Rn. 24.
[474] Vgl. zu § 31 WpHG aF BGH WM 1996, 906 = EWiR 1996, 641 m. Anm. *Zeller* = WuB I G 1.-9.96 m. Anm. *Schäfer*; BGH WM 1996, 664 = EWiR 1996, 395 m. Anm. *Steiner* = WuB I G 1.-7.96 m. Anm. *Schäfer*; aus der Lit. nur *Horn* ZBB 1997, 139, 151; *Koller*, in: *Assmann/Schneider*, Rn. 104f.; *Schäfer*, Rn. 44.
[475] Anders zum alten Recht BGH WM 1998, 1391 = WuB I G 7.-6.98 m. Anm. *Einsele*; aus der Lit. *Koller*, in: *Assmann/Schneider*, Rn. 108; *Schäfer*, Rn. 44f.; *Steuer*, in: FS Schimansky, S. 793, 802. Danach durfte das Wertpapierdienstleistungsunternehmen im Auftrag trotz der Verweigerung von Kundenangaben ausführen, musste dabei aber im Zweifel die weniger riskante Variante wählen, *Schrödermeier* WM 1995, 2053, 2059; *Koller*, in: *Assmann/Schneider*, Rn. 105.
[476] *Schäfer/Lang*, in: *Clouth/Lang*, Rn. 199; *Balzer* ZBB 2007, 333, 340.
[477] Vgl. *Schäfer*, Rn. 44; *Lang*, Informationspflichten, § 9 Rn. 25.

pierdienstleistungsunternehmen daher den Kunden in die Kategorie eines gänzlich unerfahrenen Anlegers mit der höchsten Präferenz für eine sichere Anlage einordnen (müssen).[478]

Zu beachten ist aber, dass eine **Verweigerung von Angaben** durch den Kunden **nicht automatisch** zum **Eingreifen des Beratungs- und Empfehlungsverbots** nach Abs. 4 Satz 3 führt. Vielmehr ist **im Einzelfall zu prüfen, ob die fehlende Angabe** für eine sachgerechte Anlageberatung im konkreten Fall **tatsächlich erforderlich ist** und die Bank auch nicht aus anderweitigen Quellen über die benötigten Informationen verfügt. Die große Bedeutung des Erforderlichkeitsvorbehalts in Abs. 4 (vgl. oben Rn. 199) zeigt sich auch darin, dass er noch einmal ausdrücklich in den konkretisierenden Vorschriften § 6 Abs. 1 WpDVerOV (einzuholende Angaben zu den finanziellen Verhältnissen des Kunden und seinen Anlagezielen „soweit erforderlich") und § 6 Abs. 2 WpDVerOV (Angaben zu Kenntnissen und Erfahrungen „soweit in Abhängigkeit von der Einstufung des Kunden, der Art und des Umfanges der Wertpapierdienstleistung, der Art der Finanzinstrumente und der jeweils damit verbundenen Komplexität und Risiken erforderlich") wiederholt wird. Liegen der Bank etwa aussagekräftige Informationen über Kenntnisse und Erfahrungen ihres Kunden mit bestimmten Arten von Wertpapiergeschäften vor, dürften die Angaben zu Bildung, Beruf und früheren Berufen entbehrlich sein, zumal sie ohnehin eher ergänzenden Charakter haben.[479] Gleiches gilt auch für viele andere Einzelangaben, zu deren Erhebung die Bank grundsätzlich gehalten ist, um die Kriterien der Kenntnisse und Erfahrungen, Anlageziele und finanziellen Verhältnisse ihres Kunden auszufüllen (vgl. dazu Rn. 217 ff.). Soweit es für die konkrete Anlageberatung, d. h. die Beurteilung der Geeignetheit des empfohlenen Finanzinstruments, nicht darauf ankommt, darf der Wertpapierdienstleister im Einzelfall auch ohne die fragliche (Einzel-)Information eine Empfehlung aussprechen.

4. Explorationspflichten bei Einschaltung Dritter

a) Vertretung des Kunden

Die Erkundigungspflicht obliegt dem Wertpapierdienstleistungsunternehmen **gegenüber seinem Kunden**.[480] Lässt dieser sich nach § 164 BGB offen rechtsgeschäftlich vertreten, bleibt Wertpapierkunde allein **der Vertretene.** Hinsichtlich der Erkundigungspflichten ist allerdings zu **differenzieren:** Die Angaben zu **Kenntnissen und Erfahrungen** müssen sich nach dem Rechtsgedanken des § 166 BGB auf den **Vertreter** beziehen,[481] während sich die Angaben über die verfolgten **Ziele sowie die finanziellen Verhältnisse** naturgemäß an der Person des **rechtsgeschäftlich Vertretenen** zu orientieren haben.[482] Diese Angaben können zwar von dem Vertreter erteilt werden, müssen inhaltlich aber allein an der Person des Vertretenen ausgerichtet sein.[483] In den Fällen der Einschaltung

---

[478] Ebenso *Schäfer/Lang,* in: *Clouth/Lang,* Rn. 199.
[479] *Schäfer/Lang,* in: *Clouth/Lang* (Hrsg.), MiFID-Praktikerhandbuch, Rn. 198.
[480] Ausführlich zum Kundenbegriff *Koller,* in: *Assmann/Schneider,* Rn. 97; *ders.,* ZBB 1996, 97 ff.
[481] BGHZ 147, 343, 353; BGH ZIP 1996, 667, 668 = EWiR 1996, 395 m. Anm. *Steiner;* aus der Lit. nur *Lenenbach* Rn. 8.27; *Koller,* in: *Assmann/Schneider,* Rn. 97 aE; *Schwark,* Rn. 49.
[482] *Lenenbach* Rn. 8.27; *Schwark,* Rn. 50; *Gaßner/Escher* WM 1997, 93, 104.
[483] *Koller,* in: *Assmann/Schneider,* Rn. 97; *Koller,* ZBB 1996, 97 ff.; **aA** *Schäfer,* Rn. 35.

eines **Boten** kommt es auch hinsichtlich der Kenntnisse und Erfahrungen ausschließlich auf die Person des Vertretenen an.

210 Bei **gesetzlicher Stellvertretung** und **organschaftlichen Vertretungsverhältnissen** stößt die Ausrichtung der Angaben zu den Anlagezielen an der Person des Vertretenen freilich an Grenzen, da die Formulierung dieser Ziele grundsätzlich dem Vertreter obliegt. Im Verhältnis der Eltern zu ihren Kindern gilt dies jedenfalls, solange das Kind selbst insoweit (noch) keine entsprechenden Vorstellungen entwickeln und Angaben erteilen kann. Die ausnahmsweise Orientierung an den Vorstellungen des Vertreters gilt nicht mehr bei erkennbarem Missbrauch der Vertretungsmacht.[484]

211 In Fällen **verdeckter Stellvertretung** kann das Wertpapierdienstleistungsunternehmen nicht erkennen, dass der eigentliche „Kunde" hinter dem Vertreter steht, so dass sich die Exploration zwangsläufig allein auf den „Vertreter" bezieht, der aber *de iure* Kunde ist.

b) Zwischengeschaltete Wertpapierdienstleistungsunternehmen

212 Anders stellt sich die Situation dar, wenn das in direktem Kontakt zu einem Kunden stehende Wertpapierdienstleistungsunternehmen im Zusammenhang mit der Erbringung seiner Leistungen ein **weiteres Wertpapierdienstleistungsunternehmen einschaltet** und diesem **im Namen des Kunden,** also in offener Stellvertretung, den Auftrag erteilt, bestimmte Wertpapierdienstleistungen zu erbringen. So bedienen sich etwa Vermögensverwalter für die Abwicklung von Kauf- und Verkaufsaufträgen, die sie im Rahmen der Finanzportfolioverwaltung für ihre Kunden tätigen, regelmäßig anderer (Depot-)Banken und erteilen die entsprechenden Aufträge im Namen ihrer Kunden.[485]

213 In diesen Fällen sind die Kundenangaben zunächst von dem Wertpapierdienstleistungsunternehmen einzuholen, das den **unmittelbaren Kontakt** zum Kunden hat, selbst wenn es hinsichtlich der konkreten Wertpapierdienstleistung formal nur Vertreter oder Vermittler ist.[486] Grundsätzlich bedarf es in diesen Fallkonstellationen **keiner weiteren Erkundigung** durch das mit der Durchführung der Transaktion beauftragte Wertpapierdienstleistungsunternehmen, selbst wenn dieses formal in einer direkten Geschäftsbeziehung zum Wertpapierkunden steht. Denn dies hätte eine ökonomisch wenig sinnvolle Verdoppelung der Erkundigungspflicht zur Folge. Das dritte Wertpapierdienstleistungsunternehmen kann hier regelmäßig davon ausgehen, dass das zwischengeschaltete seinen Verpflichtungen ordnungsgemäß nachgekommen ist. Diese schon bisher anerkannten Grundsätze hat nunmehr § 31 e in Umsetzung von Art. 20 MiFID kodifiziert. Danach dürfen bei Erbringung von Dienstleistungen über eine andere Wertpapierfirma die eingeholten Kundeninformationen an den angewiesenen Wertpapierdienstleister weitergeleitet werden, der sich seinerseits auf die so erhaltenen Informationen stützen darf. Die Wertpapierfirma, die die Anweisungen übermittelt hat, bleibt aber für die Vollständigkeit und Richtigkeit der Anweisung verantwortlich.

214 Auch bei **mehrstufigen Vermittlungsverhältnissen** sind Angaben grundsätzlich von dem Wertpapierdienstleistungsunternehmen einzuholen, das den un-

---

[484] *Koller*, in: *Assmann/Schneider*, Rn. 97.
[485] Vgl. *Schäfer*, Rn. 35.
[486] BGH ZIP 2001, 1580, 1583 = EWiR 2001, 837 m. Anm. *Tilp; Lenenbach* Rn. 8.27; *Koller*, in: *Assmann/Schneider*, Rn. 97; *Schäfer*, Rn. 35; *Schwark*, Rn. 51.

mittelbaren Kontakt zum Kunden hat.[487] Im Einzelfall kann aber eine gesonderte Aufklärung über die in der Sphäre des jeweiligen Wertpapierdienstleistungsunternehmens liegenden Risiken erforderlich sein.[488] Hat das weitere Wertpapierdienstleistungsunternehmen ausnahmsweise **durchgreifende Anhaltspunkte** dafür oder positive Kenntnis davon, dass sich der vom Kunden unmittelbar beauftragte Dienstleistungsschuldner nicht ordnungsgemäß verhalten hat, so kann sich daraus die Pflicht ergeben, die Auftragsausführung vorerst auszusetzen und den Kunden auf das Fehlverhalten des von ihm kontaktierten Unternehmens hinzuweisen. Grundsätzlich ist das spätere Wertpapierdienstleistungsunternehmen aber nicht verpflichtet, Nachforschungen über die Ordnungsmäßigkeit der Tätigkeit des vorhergehenden anzustellen (vgl. § 31 e).

5. Praktische Umsetzung und Dokumentation

Die Ergebnisse der Einholung von Kundenangaben sind – wie schon bisher – eingehend zu dokumentieren. Dies geschieht in der Praxis grundsätzlich über entsprechende **Erfassungsbögen,** die meist vom Kundenberater in Anwesenheit des Kunden nach dessen Angaben ausgefüllt werden. Eine Unterschrift durch den Kunden ist nicht notwendig, wird aber von einer Reihe von Banken aus kundenpsychologischen und geschäftspolitischen Gründen für sinnvoll angesehen und darf zulässigerweise eingeholt werden.[489]

Festzuhalten ist aus Beweisgründen insbesondere auch, wenn der Kunde einzelne oder sämtliche Angaben zu seinen Kenntnissen und Erfahrungen, Anlagezielen und finanziellen Verhältnissen verweigert.[490]

II. Die Gegenstände der Exploration im Einzelnen

1. Kenntnisse und Erfahrungen

Die **Schutzbedürftigkeit** des Kunden und damit der konkrete Aufklärungs- und Beratungsbedarf im Einzelfall wird ganz maßgeblich dadurch bestimmt, über welche Kenntnisse und Erfahrungen der Kunde im Hinblick auf Anlagemöglichkeiten und die damit verbundenen Risiken bereits verfügt.[491] Je höher der eigene Kenntnisstand und das Erfahrungswissen des Kunden insoweit sind, desto geringer ist sein **Informationsbedürfnis.**[492] Das gilt sowohl im Rahmen der Anlageberatung und Vermögensverwaltung nach Abs. 4 als auch für das beratungsfreie Geschäft nach Abs. 5.

Schon bisher war anerkannt, dass bei der Anwendung der Wohlverhaltensregeln der „**Professionalität**" des Kunden Rechnung zu tragen ist.[493] An diesem

---

[487] Ziffer 2.1 der früheren Wohlverhaltensrichtlinie.
[488] Ziffer 2.1 der früheren Wohlverhaltensrichtlinie.
[489] *Schäfer/Lang,* in: *Clouth/Lang* (Hrsg.), MiFID-Praktikerhandbuch, Rn. 201.
[490] So bereits zu § 31 WpHG aF BaFin, 2.4 der Wohlverhaltensrichtlinie; *Schäfer,* in: *Schwintowski/Schäfer,* § 18 Rn. 16; *Schwark,* Rn. 48.
[491] Vgl. nur BGHZ 123, 126, 129 = ZIP 1993, 1148, 1149 („Bond"); OLG Köln, WM 1995. 697, 698; OLG Frankfurt a. M., ZIP 1998, 2148; *Lang,* Informationspflichten, § 10 Rn. 22.
[492] Vgl. *Koller,* in: *Assmann/Schneider,* Rn. 99; *Köndgen,* ZBB 1996, 361, 363.
[493] Vgl. Art. 11 Abs. 1 Satz 2 WpDRL; Beschlussempfehlung und Bericht des Finanzausschusses, BT-Drucks. 12/7918, S. 104 („Grad der Professionalität").

Grundsatz hat sich auch unter der MiFID und ihrer Umsetzung in das deutsche Recht nichts geändert. Eine gewisse Modifikation ist lediglich dadurch eingetreten, dass mit der Einführung der gesetzlichen Kategorie des „professionellen Kunden" (§ 31 a Abs. 2) das Vorhandensein der erforderlichen Kenntnisse und Erfahrungen bei den Angehörigen dieser Kundengruppe ohne Einzelfallprüfung pauschal unterstellt wird (Abs. 9). Im Zusammenwirken mit dem Erforderlichkeitsvorbehalt (Rn. 198 ff.) führt dies zur **generellen Entbehrlichkeit der Einholung entsprechender Angaben von professionellen Kunden**.[494]

219 Für **Privatkunden** bleibt es dagegen insoweit bei der Notwendigkeit einer **Einzelfallprüfung,** ob die Kenntnisse und Erfahrungen[495] in concreto ausreichen, „die mit dem beabsichtigten Geschäft verbundenen Risiken zutreffend und realistisch einzuschätzen".[496] Insofern kann man von einer „relativen Professionalität" sprechen,[497] von der die **Erforderlichkeit der Einholung von Angaben** über Kenntnisse und Erfahrungen im jeweiligen Einzelfall abhängt (vgl. auch § 6 Abs. 2 Satz 1 WpDVerOV: „soweit in Abhängigkeit von der Einstufung des Kunden, der Art und des Umfangs der Wertpapierdienstleistung, der Art der Finanzinstrumente und der jeweils damit verbundenen Komplexität und Risiken erforderlich").

220 Zu den **Gegenständen der** nach Abs. 4 und Abs. 5 **einzuholenden Informationen** über Kenntnisse und Erfahrungen des Kunden zählen nach § 6 Abs. 2 Satz 1 WpDVerOV Angaben über *Arten* von Wertpapierdienstleistungen oder Finanzinstrumenten, mit denen der Kunde vertraut ist, Art, Umfang und Häufigkeit zurückliegender Geschäfte mit Finanzinstrumenten sowie der Zeitraum, in dem diese getätigt worden sind. Außerdem sind Ausbildung und Beruf sowie relevante frühere Tätigkeiten zu erfragen. Der Katalog ist nicht abschließend, sondern kann um weitere Faktoren in der Person oder aus der Sphäre des Kunden ergänzt werden, die von Bedeutung für die Frage einer Beratungs- oder Aufklärungspflicht sein können. Welche konkreten Wertpapiere zu einer bestimmten „Art von Finanzinstrument" zusammengefasst werden können, hängt primär von der Komplexität und den Risiken der Finanzprodukte ab (vgl. Art. 37 Abs. 1 DRL); wichtiger als ein exaktes Nachvollziehen der Wirkungs-

---

[494] Ebenso *Balzer* ZBB 2007, 333, 338; *Teuber* BKR 2006, 429, 434.
[495] Auch nach § 31 Abs. 2 Nr. 1 WpHG aF waren trotz des gegenteiligen Wortlauts („oder") beide Kriterien kumulativ abzufragen, vgl. nur *Balzer* WM 2000, 441, 444; *Koller,* in: *Assmann/Schneider,* Rn. 94; *Schäfer,* Rn. 58; *Wieneke,* S. 123; *Schön,* S. 53 f.; *Brandt,* S. 210; **aA** *Schwark,* Rn. 44; *Bliesener,* S. 356 f. Dafür sprach nicht nur eine richtlinienkonforme Auslegung, sondern auch der Umstand, dass sich beide Elemente nicht sinnvoll trennen lassen. Soweit man die Begriffe im Sinne einer abstrahierenden Trennung zwischen theoretischen (abstrakten) Kenntnissen und praktischen (konkreten) Erfahrungen verstehen will, ist dies zwar begrifflich möglich, inhaltlich jedoch wenig ertragreich.
[496] *Schäfer/Lang,* in: *Clouth/Lang* (Hrsg.), MiFID-Praktikerhandbuch, Rn. 171.
[497] *Schäfer/Lang,* in: *Clouth/Lang* Rn. 171, die dies aber offenbar auch auf andere Kunden wie sogar institutionelle Anleger beziehen, da selbst diese angesichts der Unüberschaubarkeit der internationalen Finanzmärkte und Ausdifferenzierung moderner Finanzinstrumente nicht mehr die Möglichkeit hätten, auf alle Informationen zugreifen zu können. Das mag zwar tatsächlich zutreffen, entspricht aber nicht mehr der Konzeption des WpHG nach Einführung der gesetzlichen Kundenkategorien durch § 31 a. § 6 Abs. 2 Satz 1 WpDVerOV reflektiert die neue Gesetzeslage bei der Formulierung des Erforderlichkeitsvorbehalts („in Abhängigkeit von der Einstufung des Kunden").

weise eines Finanzinstruments dürfte für die Anlageentscheidung des Kunden jedoch die Kenntnis der charakteristischen Risiken eines Finanzprodukts sein, so dass es für die Erfassung als eine bestimmte „Art von Finanzinstrumenten" vor allem auf die Ähnlichkeit der Verlustrisiken ankommt.[498]

Die Wertpapierdienstleistungsunternehmen müssen **Kenntnisse und Erfahrungen konkret abfragen.** Pauschalanfragen danach, ob und wie lange man sich mit bestimmten Anlageformen beschäftigt hat, sind im Zweifel nicht ausreichend.[499] Das Wertpapierdienstleistungsunternehmen hat den Kunden darüber zu befragen, in welchen Anlageformen (zB Schuldverschreibungen, Aktien, Investmentanteilscheine, Derivate) er über Wissen verfügt oder welche Anlageformen er in der Vergangenheit bereits selbst genutzt hat. Soweit dies der Fall ist, hat das Wertpapierdienstleistungsunternehmen nähere Angaben über Zeiträume, Umfang und Häufigkeit der Geschäfte zu erfragen.[500] Nur mit Hilfe dieser konkreten und detaillierten Angaben ist es dem Wertpapierdienstleistungsunternehmen im Zweifel möglich, die tatsächlich vorhandenen Kenntnisse sowie die Risikobereitschaft ihres Kunden zu ermitteln.

Zur Ermittlung der Erfahrungen und Kenntnisse kann sich das Wertpapierdienstleistungsunternehmen **grundsätzlich auch anderer Informationen wie zB des Berufs- oder Ausbildungsstandes** bedienen, wenngleich diesen Informationen regelmäßig nur eine gewisse Indizwirkung zukommen kann.[501] Ist dem Wertpapierdienstleistungsunternehmen etwa bekannt, dass der Anleger bereits in der Vergangenheit komplexe Anlagefinanzierungen vorgenommen hat,[502] oder dass der Anleger, unabhängig von Beruf und sozialem Status, nachweislich über angewandte Kenntnisse in Termingeschäften verfügt, kann daraus auf einen bestimmten Kenntnis- oder Erfahrungsgrad geschlossen werden.[503] Umgekehrt lässt die Ausbildung als Bankkaufmann Informationspflichten jedenfalls dann nicht entfallen, wenn dieser seit Jahren als Kreditsachbearbeiter tätig ist.[504] Bei sog. **„Bestandskunden",** mit denen die Bank bereits vor Inkrafttreten des FRUG Geschäfte mit einer bestimmten Art von Finanzinstrumenten durchgeführt hat, kann sie vom Vorhandensein der notwendigen Kenntnisse und Erfahrungen ausgehen, ohne eine erneute Abfrage durchführen zu müssen.[505]

2. Anlageziele

Von grundlegender Bedeutung für die **Geeignetheit** eines Finanzinstruments, also im Rahmen der Anlageberatung und Vermögensverwaltung, nicht dagegen im beratungsfreien Geschäft, ist die Übereinstimmung der charakteristischen Eigenschaften eines Finanzprodukts mit den Zielen, die der Kunde mit der Anlage verfolgt. Ohne deren Kenntnis kann das Wertpapierdienstleistungsunternehmen grundsätzlich keine den Interessen des individuellen Anlegers gerecht werdende

---

[498] Vgl. *Teuber,* BKR 2006, 429, 432 f.
[499] *Koller,* in: *Assmann/Schneider,* Rn. 94.
[500] Ziffer 2.1 b der früheren Wohlverhaltensrichtlinie.
[501] *Brandt,* S. 99; *Balzer* ZBB 2007, 333, 338; krit. *Teuber,* BKR 2006, 429, 433 mit Hinweis auf BGH BKR 2005, 36, 37.
[502] OLG Frankfurt a. M. ZIP 1993, 1855, 1858.
[503] OLG Koblenz WM 2002, 1224 = WuB I G 1.-6.02 m. Anm. *Jaskulla.*
[504] BGH WM 1981, 552; OLG Nürnberg WM 1998, 378; *Brandt,* S. 99 f.
[505] Vgl. *Teuber,* BKR 2006, 429, 434 f.

§ 31 224, 225 Abschnitt 6. Verhaltensregeln, Verjährung

Anlageempfehlung aussprechen. Dabei bezieht sich die Ermittlung der Anlageziele nach § 6 Abs. 1 Nr. 2 WpDVerOV auf **drei Elemente**: die **Anlagedauer**, die **Risikobereitschaft** des Kunden und den **Zweck der Anlage**. Ob man die Anlagedauer wirklich als gleichrangiges, eigenständiges Kriterium neben dem Anlagezweck oder nur als einen wesentlichen Teilaspekt davon einordnen sollte,[506] kann dahinstehen. In der Praxis ist jedenfalls der vom Kunden ins Auge gefasste Anlagehorizont ein ganz wesentlicher Aspekt für die Auswahl eines geeigneten Finanzinstruments. Im Übrigen lassen sich auch die mit der Kapitalanlage verfolgten Zwecke und die Risikobereitschaft des Kunden nicht voneinander trennen, sondern stehen in enger Wechselwirkung zueinander.[507]

224 Die **Festlegung der Anlageziele** bleibt **allein Sache des Kunden**.[508] Um die relevanten Aspekte zu eruieren, muss das Wertpapierdienstleistungsunternehmen den Kunden insbesondere zu seinem Interesse an lang- oder kurzfristigen Anlagen (zB für Zwecke der Altersvorsorge, Ausbildung, allgemeinen Rücklagenbildung für Notfälle oder gezielten Kapitalakkumulation zur Finanzierung geplanter größerer Anschaffungen zu einem künftigen Zeitpunkt), einmaligen oder wiederkehrenden Ausschüttungen (Erträgen) und über den Umfang seiner Risikobereitschaft befragen.[509] Auch weitergehende Motive wie die Minimierung der Steuerlast kann für den Kunden eine wichtige Determinante der Anlageentscheidung sein. Zwar lässt sich der konkrete Zweck einer Kapitalanlage (zB Ausbildungsvorsorge für Kinder, eigene Altersvorsorge etc.) von den begleitenden Motiven oder Einstellungen des Kunden wie hohe Gewinnerzielungsabsicht (Rendite) oder Absicherung gegen Verlustrisiken unterscheiden, doch hängen beide Aspekte eng miteinander zusammen.

225 Aufgabe des Wertpapierdienstleistungsunternehmens ist es, deutlich zu machen, dass **die zentralen Merkmale der Rentabilität, Sicherheit und Liquidität einer Kapitalanlage** nicht ohne weiteres miteinander vereinbar sind, sondern **in einem Spannungsverhältnis zueinander stehen** („magisches Dreieck" der Vermögensanlage).[510] Das gilt nicht nur für die Beziehung zwischen Sicherheit und Rendite, da eine höhere Sicherheit meist mit einer geringeren Rendite erkauft wird, sondern auch für das Verhältnis zwischen Liquidität und Rentabilität, da liquide Anlageformen ebenfalls oft mit Renditenachteilen verbunden sind. Die Aufgabe des Wertpapierdienstleistungsunternehmens besteht hier vor allem darin, dem Anleger mögliche Widersprüche zwischen erklärten Zielvorstellungen und seiner Risikobereitschaft deutlich zu machen. Ein solcher Widerspruch besteht allerdings nicht schon dann, wenn ein Anleger mit spekulativen Anlageformen langfristige Ziele wie etwa seine Altersvorsorge verfolgt.[511] Etwas anderes gilt aber, wenn er erklärt, schnell reich werden zu wollen, ohne jedoch risikobereit zu sein. In diesem Fall muss das Wertpapierdienstleistungsun-

---

[506] In der Literatur zu § 31 WpHG aF wurden als Hauptkriterien regelmäßig nur Anlagezweck und Risikobereitschaft einander gegenübergestellt, vgl. etwa *Balzer* WM 2000, 441, 445; *Koller*, in: *Assmann/Schneider*, Rn. 95; *Schäfer*, Rn. 56; *Schön*, S. 54 f.; *Schwark*, Rn. 45.
[507] *Koller*, in: *Assmann/Schneider*, Rn. 95.
[508] *Nobbe*, Bankrechtstag 1998, S. 235, 242.
[509] Ziffer 2.1 a der früheren Wohlverhaltensrichtlinie.
[510] Bank-Verlag, Basisinformationen, Abschnitt A.
[511] Zu diesem Beispiel *Koller*, in: *Assmann/Schneider*, Rn. 84.

ternehmen auf den Widerspruch hinweisen und die Wechselbeziehungen zwischen Rendite und Risiko erläutern.

Die **Risikoneigung des Anlegers,** seine Bereitschaft, gewisse ihm vor Augen geführte Risiken bewusst einzugehen, andere dagegen eher nicht, ist letztlich Ausdruck einer bestimmten Grundeinstellung und von verschiedenen Faktoren abhängig, die von der psychischen, charakterlichen und sonstigen Grunddisposition, aber auch von bestimmten Lebensumständen des Kunden (zB Alter, Geschlecht, Beruf) beeinflusst sein können. Zwischen den Grundtypen einer eher vorsichtigen, auf Sicherheit bedachten **Anlegerpersönlichkeit** und einem dynamischen, transaktionsorientierten Anlegertypus mit hoher Risikotoleranz gibt es zahlreiche Zwischenstufen.[512] Das Wertpapierdienstleistungsunternehmen sollte im Rahmen der Exploration versuchen, durch gezielte Befragung die **konkrete Anlagestrategie, die zum jeweiligen Kunden passt,** zu ermitteln. 226

In der Praxis werden üblicherweise (nur) **drei Grundtypen** möglicher Strategien unterschieden: eine „**konservative**", eine „**renditeorientierte**" (oder „risikobewusste") und eine „**spekulative**" Anlagepolitik.[513] Konservative Anlagestrategien stellen Substanzerhalt und damit Sicherheit der Kapitalanlage in den Vordergrund. Anlageziel ist kontinuierlicher Vermögensaufbau. Schwerpunkt der Anlage sind festverzinsliche Wertpapiere. Renditeorientierte (oder risikobewusste) Strategien erhöhen das Risiko, um eine dementsprechend höhere Rendite zu erzielen. Im Einzelnen sind hier zahlreiche Gestaltungen möglich, regelmäßig werden dem Depot Aktien beigemischt, wobei ein Schwerpunkt auf einer angemessenen Streuung der Anlagetitel liegt. Spekulative Anlagestrategien beziehen schließlich das Risiko des Substanzverlustes um der Aussicht auf möglichst hohe Gewinne willen mit ein.[514] 227

Zu beachten ist aber, dass es sich bei dieser Einteilung nicht um fest umrissene oder aufsichtsrechtlich geprägte Begriffe, sondern im Grunde um „marketingorientierte Charakterisierungen einer bestimmten Anlegermentalität" handelt, die häufig mit Schlagworten wie „Ertrag", „Wachstum" und „Chance" etikettiert werden.[515] Zudem stellen diese Grundtypen eine sehr grobe Aufteilung dar, die im Einzelfall stark variieren kann.[516] Die Wertpapierdienstleistungsunternehmen dürfen sich daher **nicht auf die bloße Einordnung in eine der drei Gruppen beschränken,** sondern müssen die **konkreten Anlagemotive im Einzelfall herausarbeiten.** Mit diesen ist dann die grundsätzlich gewählte Anlagestrategie in Einklang zu bringen. Dabei ist vor allem sicherzustellen, dass der Kunde Inhalt und Bedeutung der jeweiligen Risikostufen tatsächlich versteht.[517] Allge- 228

---

[512] Vgl. *Schäfer/Lang,* in: *Clouth/Lang* (Hrsg.), MiFID-Praktikerhandbuch, Rn. 181.
[513] Vgl. BGH WM 2002, 1177, 1178; LG München WM 1999, 179, 180 = EWiR 1999, 249 m. Anm. *Balzer;* aus der Lit. etwa *Balzer* ZBB 2007, 333, 339; *Koller,* in: *Assmann/Schneider,* Rn. 95; *Schäfer/Müller* Rn. 282; *Schäfer,* in: *Assmann/Schütze,* § 23 Rn. 22; *Nobbe,* Bankrechtstag 1998, S. 235, 243 f.; *Lang,* Informationspflichten, § 9 Rn. 45.
[514] *Raeschke-Kessler* WM 1993, 1830 ff.; *Pohl* WM 1995, 957 ff.; *Drygala* ZHR 159 (1995), 686 ff.
[515] *Schäfer/Lang,* in: *Clouth/Lang* (Hrsg.), MiFID-Praktikerhandbuch, Rn. 182.
[516] Zu Recht kritisch daher *Schäfer/Müller* Rn. 282; *Horn,* Bankrecht 1998, S. 265, 273 f.; *Lang,* Informationspflichten, § 9 Rn. 44; vgl. auch *Koller,* in: *Assmann/Schneider,* Rn. 95; *Schäfer/Lang,* in: *Clouth/Lang,* Rn. 182.
[517] *Koller,* in: *Assmann/Schneider,* Rn. 95; *Balzer* ZBB 2007, 333, 339.

meine Formulierungen, die häufig zusätzlich mit Werbeaussagen verbunden werden wie „ertragsorientiert", „wachstumsorientiert" oder gar „ausgewogen" bzw. „einkommensorientiert", sind insoweit ungeeignet.[518]

229 Alle drei Elemente der Anlageziele (Zweck und Dauer der Anlage sowie Risikobereitschaft des Kunden) spielen sodann für die Empfehlung einer geeigneten **Anlageform** eine wichtige Rolle. Wenn dem Kunden etwa jederzeit an schneller Liquidität gelegen ist, kann das Wertpapierdienstleistungsunternehmen nicht Anlageformen mit langjährigen Laufzeiten berücksichtigen, bei denen keine Möglichkeit des vorzeitigen Verkaufs in einem liquiden Markt besteht. Dem risikoscheuen Kunden dürfen grundsätzlich keine spekulativen Anlageformen empfohlen werden. Doch ist eine entsprechende individuelle Entscheidung des Wertpapierkunden zu akzeptieren, soweit er sich der entsprechenden Risiken bewusst ist.[519] Andererseits darf die **Einordnung in die Gruppe der spekulativen Anleger nicht** als **Reduzierung des Pflichtenstandards** hinsichtlich des Umfangs oder der Intensität von Aufklärungs- und Beratungspflichten missverstanden werden,[520] auch wenn die Rechtsprechung zuweilen bei offensichtlichen Spekulationsgeschäften geringere Anforderungen an die Aufklärung oder Beratung gestellt hat.[521] Die Risikobereitschaft als Teil der autonomen Bestimmung des Anlageziels durch den Kunden ist von seiner Professionalität als maßgeblichem Kriterium für das Ausmaß seiner Schutzbedürftigkeit zu unterscheiden. Bei einem unerfahrenen Kunden kann daher gerade das – seiner kommunizierten Risikoneigung entsprechende – hohe Verlustrisiko bei einem Finanzinstrument einen erheblich größeren Aufklärungs- und Beratungsbedarf auslösen.

3. Finanzielle Verhältnisse

a) Zweck der Angaben

230 Die Ermittlung der finanziellen Verhältnisse dient im Ausgangspunkt sowohl dem **Schutz des Wertpapierdienstleistungsunternehmens** vor zahlungsunfähigen Kunden als auch dem individuellen **Anlegerschutz** der Wertpapierkunden.[522] Die Institute sollen insoweit vor allem in die Lage versetzt werden, zu überprüfen, ob die vom Kunden gewählte Anlagestrategie auch mit dessen finanziellen Verhältnissen übereinstimmt. Denn zwischen diesen beiden Elementen bestehen enge Wechselbeziehungen. So wird sich etwa eine auf langfristige Altersvorsorge gerichtete Zielsetzung bei geringen finanziellen Spielräumen kaum allein durch spekulative Anlageformen erreichen lassen. Hochriskante Geschäfte sind vielmehr nur vertretbar, soweit auch im Verlustfall noch ausreichend Mittel zur Abdeckung der Grundbedürfnisse vorhanden sind. Der Kunde muss sich

---

[518] *Koller*, in: *Assmann/Schneider*, Rn. 95; krit. auch *Schäfer/Müller* Rn. 282; zumindest weitere Erläuterungen für den Kunden verlangen *Schäfer/Lang*, in: *Clouth/Lang*, Rn. 182.
[519] *Koller*, in: *Assmann/Schneider*, Rn. 95; *Nobbe*, Bankrechtstag 1998, S. 235, 244; *Oehler* ZBB 1998, 320.
[520] *Balzer* ZBB 2007, 333, 339; *Schäfer/Lang*, in: *Clouth/Lang*, Rn. 183 mwN.
[521] Vgl. zB OLG Frankfurt a.M. WM 1995, 245, 247; OLG Düsseldorf WM 1995, 1771, 1772; OLG Karlsruhe WM 1988, 411, 412; OLG Köln WM 1989, 402, 404; *Schäfer*, Rn. 64ff.
[522] *Koller*, in: *Assmann/Schneider*, Rn. 96; *Schäfer*, Rn. 56; *Schön*, S. 55; *Raschke-Kessler* WM 1996, S. 1764, 1767; aA **Schwark**, Rn. 46 (nur Anlegerschutz).

darüber im Klaren sein, dass er seine wirtschaftliche Existenz in nicht vorhersehbarer Weise gefährdet, wenn er Anlagegeschäfte tätigt, die seine finanzielle Leistungsfähigkeit übersteigen.[523]

Die finanziellen Verhältnisse des Kunden bestimmen seine **Risikotragfähigkeit**, deren Einschätzung wiederum erforderlich ist, um insoweit eine interessengerechte produktbezogene Aufklärung leisten zu können.[524] Die Angaben über die finanziellen Verhältnisse sollen dem Wertpapierdienstleistungsunternehmen dabei auch die Beurteilung erleichtern, ob und inwieweit dem Kunden der mögliche Wertverfall oder Verlust seiner Anlage klar ist und ob er dies finanziell verkraften kann, ohne dabei seine konkreten Lebensverhältnisse einschneidend ändern zu müssen.[525] Dies gilt insbesondere bei Anlagen, die auf Kredit finanziert werden sollen oder mit einer etwaigen Nachschusspflicht verbunden sind.[526]   231

Soweit ein finanzschwacher Kunde eine spekulative Anlagestrategie wählt, kann das Wertpapierdienstleistungsunternehmen dies zwar nicht verhindern, es kann und wird sich im Regelfall aber bei Anlageempfehlungen zurückhalten und im Zweifel ausschließlich eine konservative Strategie vorschlagen. Soweit der Kunde trotz gegenteiliger Einschätzung seitens der Bank an seiner spekulativen Strategie festhält, wird das Wertpapierdienstleistungsunternehmen ihre gegenteilige Einschätzung in den Unterlagen dokumentieren.   232

b) Gegenstand und Umfang

Für die Ermittlung der finanziellen Verhältnisse des Kunden ist sowohl seine **Einkommens- als auch Vermögenssituation** zu berücksichtigen.[527] Nach Abs. 4 iVm § 6 Abs. 1 Nr. 1 WpDVerOV sind Angaben einzuholen über „Grundlage und Höhe regelmäßiger Einkommen" sowie über „vorhandene Vermögenswerte, insbesondere Barvermögen, Kapitalanlagen und Immobilienvermögen". Dem ist gegenüberzustellen die Höhe „regelmäßiger finanzieller Verpflichtungen". Dazu gehören etwa Unterhaltszahlungen, Annuitätendarlehen und Abzahlungskredite, Mietzahlungen und Leasingraten usw.   233

Daraus folgt, dass es grundsätzlich nicht ausreicht, lediglich das Jahresnettoeinkommen des Kunden zu erfragen oder nur das „freie Finanzvermögen" und sonstige liquide Vermögenswerte heranzuziehen,[528] auch wenn diese am ehesten zur Kompensation etwaiger Verluste aus Anlagegeschäften geeignet und daher von besonderer Bedeutung sind.[529] Vielmehr sind auch vorhandene Schulden und sonstige Belastungen einschließlich familiärer und beruflicher Verpflichtungen zu berücksichtigen.[530] Außerhalb der eigentlichen Einkommens- und Vermögenssituation können auch Umstände berücksichtigt werden, die damit in engem Zusammenhang stehen, wie etwa berufliche Stellung, Alter und Fami-   234

---

[523] *Schäfer/Lang*, in: *Clouth/Lang*, Rn. 174 mwN.
[524] *Nobbe*, Bankrechtstag 1998, S. 235, 244; vgl. auch *Schwark*, Rn. 46; *Lang*, Informationspflichten, § 9 Rn. 38; *Horn*, WM 1999, 1, 8.
[525] *Schrödermeier* WM 1995, 2053, 2058; *Schäfer/Müller* Rn. 246.
[526] *Nobbe*, Bankrechtstag 1998, S. 235, 244; *Teuber* BKR 2006, 429, 432.
[527] Vgl. nur *Lang*, Informationspflichten, § 9 Rn. 39; *Steuer*, FS Schimansky, S. 793, 802.
[528] *Schäfer/Lang*, in: *Clouth/Lang*, Rn. 177; *Balzer* DB 1997, 2311, 2312; *Koller*, in: *Assmann/Schneider*, Rn. 96.
[529] *Koller*, in: *Assmann/Schneider*, Rn. 96.
[530] Ebenso bereits zu § 31 WpHG aF *Balzer* DB 1997, 2311, 2312; *Schrödermeier* WM 1995, 2053, 2058; *Koller*, in: *Assmann/Schneider*, Rn. 96; *Schäfer*, Rn. 56; *Brandt*, S. 99.

§ 31   235–237   Abschnitt 6. Verhaltensregeln, Verjährung

lienverhältnisse (insbesondere Familienstand und Zahl der unterhaltsberechtigten Kinder).[531]

235   Die finanziellen Verhältnisse sind allerdings nur insoweit zu ermitteln, als dies im Hinblick auf die beabsichtigten Geschäftsarten und unter Berücksichtigung der Anlageziele des Kunden sowie seiner Kenntnisse und Erfahrungen **erforderlich** ist.[532] Eine wichtige Rolle spielt insofern, ob die beabsichtigten Geschäfte aus eigenen Mitteln bezahlt oder durch Kredite finanziert werden und welche Verlust-, Nachschuss- oder andere Risiken bei diesen Geschäften bestehen. Werden aus Guthaben Anlagen in Wertpapieren mit besonderer Bonität des Emittenten, wie beispielsweise Wertpapiere des Bundes, der Sondervermögen des Bundes, der Bundesländer sowie in vergleichbaren Papieren der Staaten des Europäischen Wirtschaftsraumes getätigt, sind Angaben zu den finanziellen Verhältnissen grundsätzlich entbehrlich.[533] Soweit andere Anlagen aus liquiden Mitteln finanziert werden, ist im Einzelfall zu prüfen, ob auf weitere Angaben zu finanziellen Verhältnissen verzichtet werden kann.

F. Pflichten bei Anlageberatung und Vermögensverwaltung

I. Anlageberatung

1. Allgemeines

236   Im Unterschied zu anderen Wertpapierdienstleistungen zeichnet sich die Anlageberatung (§ 2 Abs. 3 Nr. 9) dadurch aus, dass die Bank gegenüber dem einzelnen Kunden eine **persönliche Empfehlung für ein bestimmtes Wertpapiergeschäft** abgibt.[534] Diese Empfehlung muss inhaltlich sowohl auf die individuellen Verhältnisse des einzelnen Anlegers als auch die Besonderheiten des konkreten Produkts abgestimmt sein. Ob sie tatsächlich **anleger- und objektgerecht** (bzw. anlagegerecht) ist,[535] hängt (bei Privatkunden) davon ab, dass sie den persönlichen Anlagezielen des Kunden, seinen Kenntnissen und Erfahrungen sowie seinen finanziellen Verhältnissen entspricht. Nur dann ist das empfohlene Wertpapiergeschäft für den konkreten Kunden „geeignet" (vgl. Abs. 4 Satz 2). Die für die Beurteilung erforderlichen Angaben sind vom Kunden zu erfragen, soweit sie nicht bereits vorliegen (Abs. 4 Satz 1; vgl. näher zu dieser sog. Explorationspflicht oben Rn. 186 ff.). Ohne eine entsprechende Informationsgrundlage darf das Wertpapierdienstleistungsunternehmen keine Empfehlung aussprechen (Abs. 4 Satz 3); eine bloße (standardisierte) Warnung des Kunden wie beim beratungsfreien Geschäft (Abs. 5 Satz 3 und 4) genügt nicht.

237   Die Abgabe einer Anlageempfehlung ist somit an eine vorherige **Geeignetheitsprüfung** auf der Basis hinreichender Informationen über den Kunden ge-

---

[531] *Lang*, Informationspflichten, § 9 Rn. 40; *Koller*, in: *Assmann/Schneider*, Rn. 96.
[532] Vgl. zum Erforderlichkeitsvorbehalt bereits oben Rn. 198 ff.
[533] BaFin, Ziffer 2.1 c der früheren Wohlverhaltensrichtlinie.
[534] *Schäfer/Lang*, in: *Clouth/Lang* (Hrsg.), MiFID-Praktikerhandbuch, Rn. 210.
[535] Grundlegend BGHZ 123, 126 („Bond"); vgl. dazu statt vieler *Brandt*, S. 91 ff.; *Ellenberger* in: *Ellenberger/Schäfer*, Fehlgeschlagene Wertpapieranlagen, 2006, S. 65 ff.; *Hannöver* in Bankrechtshandbuch, § 110 Rn. 30 ff. jeweils mwN.

koppelt.[536] Bei **Privatkunden** ist neben der Übereinstimmung des empfohlenen Geschäfts mit den Anlagezielen des einzelnen Kunden zu prüfen, ob dieser nach seinen Kenntnissen und Erfahrungen auch in der Lage ist, die damit verbundenen Risiken zu verstehen und sie im Falle ihrer Realisierung nach Maßgabe seiner finanziellen Verhältnisse zu tragen (Abs. 4 Satz 2). Soweit der Kunden nach seinem Kenntnis- und Erfahrungsstand bestimmte Risiken nicht hinreichend erkennen kann, sind ihm über die Basisinformationen nach Abs. 3 hinaus im Einzelfall zusätzliche Informationen zur Verfügung zu stellen, damit er eine informierte Entscheidung über das konkrete ihm empfohlene Geschäft treffen kann (vgl. dazu näher unten Rn. 255 ff.). Das dritte Element der Geeignetheitsprüfung im Rahmen der Anlageberatung umfasst die Prüfung der finanziellen Risikotragfähigkeit des Kunden.

In allen drei Punkten unterscheidet sich die Geeignetheitsprüfung **von der bloßen Angemessenheitsprüfung nach Abs. 5** im Rahmen des beratungsfreien Geschäfts:[537] Erstens spielen dort die Anlageziele des Kunden keine Rolle, zweitens müssen sich die erforderlichen Kenntnisse und Erfahrungen des Kunden nur darauf beziehen, die Risiken im Zusammenhang mit der *Art* des Finanzinstruments oder der Wertpapierleistung (also nicht unbedingt des konkreten Geschäfts) erkennen zu können, drittens kommt es nicht auf die finanziellen Risikotragfähigkeit des Kunden an.

Bei der Anlageberatung gegenüber **professionellen Kunden**[538] kommen dem Wertpapierdienstleistungsunternehmen die beiden (unwiderlegbaren) **Vermutungen des Abs. 9** zugute: Danach ist das Wertpapierdienstleistungsunternehmen „berechtigt, davon auszugehen", dass professionelle Kunden sowohl über die erforderlichen Kenntnisse und Erfahrungen verfügen, um die aus den konkreten Geschäften resultierenden Risiken zu verstehen, als auch über die entsprechende finanzielle Risikotragfähigkeit. Im Ergebnis besteht die Geeignetheitsprüfung **nur noch** darin, die **Übereinstimmung** des konkret empfohlenen Geschäfts **mit den Anlagezielen** des professionellen Kunden **sicherzustellen**.

Die Vorgaben zu den Erkundigungspflichten nach Abs. 4 Satz 1 werden durch § 6 Abs. 1 und 2 WpDVerOV konkretisiert (vgl. dazu bereits Rn. 220, 223, 233). § 14 Abs. 6 WpDVerOV enthält nähere Bestimmungen über die **Dokumentation** einer erfolgten Anlageberatung. Danach muss in jedem Fall erkennbar sein, dass ein Geschäftsabschluss auf einer Beratung beruht (Satz 2); im Übrigen sind Aufzeichnungen über eine erfolgte Beratung dann entbehrlich, wenn es zu einem Geschäftsabschluss kommt, dessen Geeignetheit „nachvollzogen werden kann" (Satz 1). Die grundsätzliche Pflicht zur Berichterstattung an den Kunden über die ausgeführten Geschäfte ergibt sich aus **Abs. 8**.

Die **aufsichtsrechtlichen Anforderungen an die Geeignetheitsprüfung** nach Abs. 4 Satz 2 mit ihren (für Privatkunden) drei Elementen der Überein-

---

[536] Vgl. hierzu zB *Balzer* ZBB 2007, 333, 337 f.; *Teuber*, BKR 2006, 429, 431 ff.; *Weichert/Wenninger*, WM 2007, 627, 630 ff.; *Veil*, ZBB 2008, 34, 37 f.; *dens.*, WM 2007, 1823; *Duve/Keller*, BB 2006, 2477, 2478.

[537] Überblick zum „*appropriateness test*" zB bei *Balzer* ZBB 2007, 333, 340 f.; *Duve/Keller* BB 2006, 2477, 2478 f.; *Teuber* BKR 2006, 429, 433 f.; *Spindler/Kasten* WM 2006, 1797, 1800; *Weichert/Wenninger* WM 2007, 627, 631; vgl. näher hierzu unten Rn. 280 ff.

[538] Die Kundenkategorie der geeigneten Gegenpartei (§ 31a Abs. 4) gibt es im Bereich der Anlageberatung nicht (§ 31b Abs. 1), so dass alle Kunden, die nicht Privatkunden sind, als professionelle Kunden zu behandeln sind.

stimmung der konkreten Wertpapierdienstleistung mit den Anlagezielen des betreffenden Kunden, der finanziellen Tragbarkeit der Anlagerisiken und der Verständnismöglichkeit der Risiken vor dem Hintergrund der Erfahrungen und Kenntnisse des einzelnen Kunden geben nur den **allgemeinen Rahmen** vor, innerhalb dessen eine sachgerechte, einzelfallbezogene Prüfung durch das Wertpapierdienstleistungsunternehmen vorgenommen werden muss, bevor es eine konkrete Anlageempfehlung ausspricht. Deren Erstellung wird weder durch die MiFID (oder eine zu ihrer Implementierung erlassene Durchführungsmaßnahme) noch durch die nationalen aufsichtsrechtlichen Vorschriften im WpHG oder in der WpDVerOV näher geregelt.[539] Das ist auch richtig so und zu begrüßen, weil andernfalls die Privatautonomie zu sehr eingeschränkt würde. Das Aufsichtsrecht regelt zu Recht nur **einzelne Ausschnitte des Verhältnisses zwischen Wertpapierdienstleister und Kunden** – bei der Anlageberatung die Bereiche Exploration, Information und Geeignetheitstest –, überlässt die übrigen Elemente aber dem Vertragsrecht der Mitgliedstaaten. Vor einer Konkretisierung des „*suitability test*" nach Abs. 4 Satz 2 ist daher kurz auf die wesentlichen Ausprägungen der zivilrechtlichen Pflichten des Anlageberaters einzugehen.

2. Zivilrechtliche Grundlagen

a) Zustandekommen des Beratungsvertrages

242 Nach der Rechtsprechung kommt ein Beratungsvertrag regelmäßig konkludent zustande, wenn einem Anleger Auskünfte oder Ratschläge erteilt werden, die – für das Wertpapierdienstleistungsunternehmen erkennbar – von erheblicher Bedeutung für den Empfänger im Hinblick auf eine Anlageentscheidung sind.[540] Dazu gehört nicht nur der Erwerb oder die Veräußerung eines Finanzinstruments, vielmehr stellt auch die Empfehlung des „Haltens" eines Finanztitels eine Anlageberatung dar.[541] Die Anlageberatung wird dabei meist nicht ausdrücklich als isolierte oder selbständige Dienstleistung (gegen gesonderte Vergütung) erbracht, sondern regelmäßig im Zusammenhang mit einer anderen vertraglichen Beziehung wie etwa einem Effektenkauf- oder Effektenkommissionsgeschäft. Aufklärungs- und Beratungspflichten können sich daher im Einzelfall als Nebenpflicht zu einem anderweitigen Vertragsverhältnis,[542] aber auch aus einem ausdrücklich oder stillschweigend geschlossenen eigenständigen Beratungsvertrag ergeben.[543] Nach gefestigter Rechtsprechung entsteht in der Beratungssituation ein eigenständiger Beratungsvertrag zwischen Bank und Kunde, der erstere zu einer **anleger- und objektgerechten Beratung** des Kunden verpflichtet.[544]

---

[539] So auch *Veil*, ZBB 2008, 34, 41 f. (MiFID trifft keine Aussage zur Beratung); ähnlich *Einsele*, JZ 2008, 477, 480 f. (keine Vorgaben für Voraussetzungen und Zeitpunkt des Abschlusses eines Beratungsvertrages).

[540] S. nur BGH ZIP 1999, 275; BGHZ 123, 126; *Hannöver* in Bankrechtshandbuch, § 110 Rn. 24; *Schäfer*, in: *Schwintowski/Schäfer*, § 18 Rn. 4 f. jeweils mwN.

[541] *Veil*, WM 2007, 1821, 1822; *Mülbert* ZHR 572 (2008) 170, 189; vgl. auch *BaFin/ Deutsche Bundesbank*, Gemeinsames Informationsblatt zum neuen Tatbestand der Anlageberatung vom 12. 11. 2007, Ziffer 2 (zu dem wörtlich übereinstimmenden § 1 Abs. 1 a Satz 2 Nr. 1 a KWG).

[542] Vgl. *Möllers*, WM 2008, 93, 94; *Schäfer*, in: *Schwintowski/Schäfer*, § 18 Rn. 4 mwN.

[543] Vgl. *Hannöver* in Bankrechtshandbuch, § 110 Rn. 24 ff. mwN.

[544] St. Rspr. seit BGHZ 123, 126, 128.

b) Abgrenzung von verwandten Vertragstypen

Von der bloßen **Anlagevermittlung** unterscheidet sich die Anlageberatung dadurch, dass nicht nur eine richtige und vollständige Information des Anlegers über das Finanzprodukt, sondern auch eine fachkundige Bewertung und Handlungsempfehlung für den Empfänger unter Berücksichtigung seiner Anlageziele und Risikotragfähigkeit erfolgt.[545] Trotz der theoretisch klaren Grenzziehung sind die Unterschiede letztlich nur graduell.[546] Denn auch im Rahmen der Anlagevermittlung nimmt die Rechtsprechung den stillschweigenden Abschluss eines haftungsbewehrten Auskunftsvertrages an, wenn der Anlageinteressent deutlich macht, dass er bezüglich einer bestimmten Anlageentscheidung die besonderen Kenntnisse und Verbindungen des Vermittlers in Anspruch nehmen will und dieser die gewünschte Tätigkeit beginnt.[547] Aufsichtsrechtlich ist nunmehr wegen der strikten Trennung zwischen dem Geeignetheitstest bei Anlageberatung und Finanzportfolioverwaltung einerseits und der bloßen Angemessenheitsprüfung beim beratungsfreien Geschäft andererseits zwar insoweit theoretisch eine eindeutige Zuordnung geboten, doch dürfte in der Praxis wegen der großzügigen Annahme von (konkludenten) Beratungsverträgen seitens der Rechtsprechung[548] im Zweifel die Anwendung des strengeren Tests angezeigt sein. Soll eine Zuordnung zur Anlageberatung vermieden werden, empfiehlt sich ein ausdrücklicher Ausschluss jeder Beratungsdienstleistung;[549] zudem muss im Geschäftsverkehr mit dem Kunden der Eindruck einer Empfehlung oder sonstigen Bewertung des Anlageprodukts

---

[545] Vgl. nur BGH BKR 2007, 298, 299; NJW-RR 2006, 109; ZIP 2000, 355, 356; ZIP 1993, 997, 998; OLG Frankfurt a. M., WM 2007, 1215; *Assmann,* in: *Assmann/Schneider,* § 2 Rn. 74 a mwN.

[546] Die Rechtsprechung hat zwar zunächst unter Berücksichtigung des beim Vermittler stark im Vordergrund stehenden Werbe- und Verkaufsaspekts bei diesem wesentlich geringere Aufklärungs- und Beratungspflichten angenommen, doch haben sich die Grenzen zur Anlageberatung zusehends verwischt und werden inzwischen teilweise sogar für hinfällig gehalten, vgl. *Schäfer,* in: *Schwintowski/Schäfer,* § 18 Rn. 2 mwN; s. auch BGH, ZIP 1993, 997, 998 (Überschneidungen möglich, Bestimmung des jeweiligen Pflichtenumfangs nur nach Maßgabe der besonderen Umstände des Einzelfalls).

[547] BGH NJW 2007, 1362, 1363 = ZIP 2007, 1069; ZIP 2006, 2221; ZIP 2005, 1082 (st. Rspr.). Vgl. auch BGH NJW-RR 2000, 998; OLG Karlsruhe BKR 2003, 382, 384 (Pflicht des Anlagevermittlers, das Anlagekonzept auf seine wirtschaftliche Plausibilität zu überprüfen und den Anlageinteressenten über Widersprüche und Ungereimtheiten aufzuklären); OLG Karlsruhe BKR 2007, 468 (Pflicht zur Offenlegung des Umstands, dass keine eigene Plausibilitätsprüfung erfolgt und daher keine Aussage zur Verlässlichkeit der Auskünfte möglich ist); BGH ZIP 2003, 1928 (ausdrückliche Hinweispflicht auf fehlende Überprüfung der Angaben zur Sicherheit der Kapitalanlage).

[548] In der Literatur wird die Annahme eines konkludenten Beratungsvertrags zwar häufig als „Fiktion" kritisiert, s. nur *Baumbach/Hopt,* HGB, § 347 Rn. 19, 22; *Heinsius,* ZHR 145 (1981) 177, 180 ff. mwN, **aA** *Nobbe* in: Bankrecht 1998, S. 234, 239 f.; *Lang,* Informationspflichten, § 5 Rn. 6; im Ergebnis wird jedoch ein vergleichbarer Schutzstandard durch das Postulat einer „rechtlichen Sonderverbindung" (allgemeines Vertrauensverhältnis, dauernde Geschäftsverbindung, rechtsgeschäftlicher Kontakt oder berufliches Auftreten am Markt) erreicht, vgl. etwa *Berger* ZBB 2001, 238, 243 ff. sowie den Überblick bei *Lang,* Informationspflichten, § 5 Rn. 40 f. Letztlich haben die unterschiedlichen dogmatischen Grundlagen kaum Auswirkungen auf den konkreten Pflichteninhalt, *Schäfer,* in: *Schwintowski/Schäfer,* § 18 Rn. 7.

[549] So auch *Schäfer,* in: *Schwintowski/Schäfer,* § 18 Rn. 5.

vermieden und die bloße Orderausführung angeboten werden. Tritt der Kunde von sich aus an die Bank mit gezielten Aufträgen heran und beschränkt sich diese auf die Orderausführung, kommt kein Beratungsvertrag zustande.[550]

244 Die **Finanzportfolioverwaltung** ist dadurch gekennzeichnet, dass der Vermögensverwalter die Pflicht hat, Verfügungen über das betreute Vermögen des Kunden eigenständig und ohne Rücksprache mit diesem vorzunehmen, um die vereinbarten Anlageziele zu verfolgen. Im Gegensatz dazu bleibt der Kunde als Vermögensinhaber bei der Anlageberatung allein dispositionsbefugt und trifft selbst die jeweilige Anlageentscheidung, die sodann vom beauftragten Wertpapierdienstleister ausgeführt wird.[551] Hinzu kommt, dass sich die Pflichten des Anlageberaters grundsätzlich auf eine punktuelle Anlagesituation beschränken und mit der Abgabe der Empfehlung erfüllt sind, während es sich bei der Finanzportfolioverwaltung um ein Dauerschuldverhältnis handelt, das zu einer fortdauernden Überwachung der Zusammensetzung des verwalteten Kundenvermögens verpflichtet.[552]

245 Zwischen der klassischen Vermögensverwaltung und der Anlageberatung sind auch **Mischformen** denkbar, bei denen Elemente der fortdauernden Betreuung durch den Dienstleister mit der Wahrung der Dispositionsbefugnis des Anlegers kombiniert werden. So kann die Bank etwa die (nicht nur punktuelle, sondern von vornherein auf Wiederholung angelegte) Anlageberatung mit der Verpflichtung zu einer fortlaufenden Marktbeobachtung und Mitteilung von wichtigen Umständen oder Änderungen übernehmen. Wie bei der klassischen Anlageberatung verbleibt die Dispositionsbefugnis beim Anleger, während insoweit eine Annäherung an die Vermögensverwaltung erfolgt, als eine auf Dauer angelegte laufende Überwachung des Kundenvermögens mit einer aktiven, individuellen und umfassenden Beratung bei Transaktionen verbunden wird.[553] Ein derartiger **Vermögensberatungs- oder Vermögensbetreuungsvertrag**,[554] der zivilrechtlich wohl als eigener Vertragstypus einzuordnen ist,[555] kann auch konkludent zustande kommen.[556] Das ist aber nur dann anzunehmen, wenn eine intensive Verbindung zwischen Kunde und Bank besteht, die über den (mehrfachen) Abschluss von Einzelberatungsverträgen hinausgeht und die rechtlich geschützte

---

[550] BGH WM 2004, 1772; WM 1999, 2300, 2303; ZIP 1998, 1138; ZIP 1996, 872; *Hannöver* in Bankrechtshandbuch, § 110 Rn. 26 mwN.

[551] *Schäfer*, in: *Schwintowski/Schäfer*, § 18 Rn. 3; *Möllers*, WM 2008, 93.

[552] *Lang*, Informationspflichten, § 21 Rn. 2; *Schäfer*, in: *Schwintowski/Schäfer*, § 19 Rn. 30.

[553] Vgl. *Möllers*, WM 2008, 93, 95; *Sethe*, Anlegerschutz im Recht der Vermögensverwaltung, S. 29; *Köndgen*, NJW 2004, 1288, 1299; *Balzer*, Vermögensverwaltung, S. 17 f.

[554] Die Terminologie ist uneinheitlich; *Möllers*, WM 2008, 93 ff. spricht überwiegend von „Vermögensbetreuungsvertrag", verwendet aber auch den Ausdruck „Vermögensberatung", vgl. auch *Sethe*, Anlegerschutz im Recht der Vermögensverwaltung, S. 28 f. (Vermögensbetreuung als gesteigerte Form der Beratung); *Köndgen*, NJW 2004, 1288, 1299 („Anlageberatung und Vermögensberatung", „Vermögensbetreuung").

[555] Dafür *Möllers*, WM 2008, 93, 95.

[556] Wenn eine Anlageberatung allmählich in eine Vermögensverwaltung übergeht, spricht man in der Literatur auch von einer sogenannten „grauen Vermögensverwaltung", vgl. *Schäfer*, in: *Schwintowski/Schäfer*, § 19 Rn. 31; *Sethe*, Anlegerschutz im Recht der Vermögensverwaltung, S. 27. Eine konkludente Umwandlung des Vertragsverhältnisses in einen *Vermögensverwaltungsvertrag* nimmt das OLG Karlsruhe WM 2001, 805, 808 an, wenn ein Berater mehrfach Verfügungen ohne Rücksprache mit dem Kunden vornahm und dieser ihn gewähren ließ; vgl. auch *Möllers*, WM 2008, 94 f.

Erwartung des Kunden begründet, dass die Bank nicht nur regelmäßig initiativ wird und ihm Anlagevorschläge unterbreitet, sondern fortlaufend die Entwicklung des Depots in seinem Interesse überprüft.[557] Ein wichtiges Indiz kann in diesem Zusammenhang die ausdrückliche Vereinbarung von Anlagerichtlinien oder auch die (mehr oder weniger stillschweigende) Verständigung auf eine bestimmte Anlagestrategie sein.

Da bei der Vermögensberatung nach wie vor der Kunde die einzelnen Anlageentscheidungen trifft, sind insoweit die gleichen Grundsätze der anleger- und objektgerechten Beratung wie bei der klassischen Anlageberatung zu beachten.[558] Hinzu kommen **besondere Überwachungs- und Benachrichtigungspflichten**, die grundsätzlich denen des Vermögensverwalters vergleichbar sind, teilweise aber auch davon abweichen können. Zunächst muss der Vermögensberater oder -betreuer auch nach der Anlageentscheidung des Kunden die Märkte sowie die Finanzinstrumente im Kundendepot fortlaufend überwachen, um sicherzustellen, dass die Anlageziele des Kunden nach Möglichkeit erreicht werden.[559] Daraus wird man insbesondere abzuleiten haben, dass der Vermögensberater nach Eintritt von nicht unerheblichen Verlusten von sich aus den Kunden benachrichtigen muss, und zwar im Gegensatz zur Finanzportfolioverwaltung nicht erst bei Verlusten im gesamten Portfolio, sondern schon bei Kursverlusten bei einem einzelnen Wertpapier, damit dieser reagieren und eine Entscheidung treffen kann.[560] Wirkt sich die fehlende Dispositionsbefugnis des Vermögensbetreuers insoweit pflichtverschärfend aus, wird man ihm auf der anderen Seite keine ebenso strikte Bindung an die vereinbarten Anlagerichtlinien auferlegen wie einem Vermögensverwalter. Die Anlageempfehlungen können daher durchaus von der vereinbarten Strategie abweichen, da es der Entscheidung des Kunden obliegt, ihr zu folgen oder nicht. Allerdings muss auch die von den Anlagerichtlinien abweichende Empfehlung für sich betrachtet anleger- und objektgerecht sein.

c) Vertragliche Pflichten im Überblick

aa) Ausgangspunkt. Gegenstand, Inhalt und Umfang der Beratung hängen primär von der konkreten Vereinbarung der Parteien im Einzelfall ab. Sie kann sich auf die allgemeine Vermögenssituation des Kunden, etwa im Vorfeld einer möglichen Beauftragung mit der Vermögensverwaltung, oder auf die Empfehlung einer generellen Anlagestrategie beziehen. In aller Regel erfolgt die Beratung aber anlassbezogen zur Vorbereitung einer konkreten Anlageentscheidung des Kunden.[561] Mangels ausdrücklicher Erklärungen ist das Verhalten der Parteien unter Berücksichtigung der Umstände des Einzelfalls, insbesondere der erkennbaren Vorstellungen und Erwartungen des Kunden einerseits und des konkreten Angebots der Bank andererseits auszulegen.

Zu den generell zu berücksichtigenden Faktoren, von denen Inhalt und Umfang der Beratungspflicht abhängen, gehört dabei zum einen die **Person des Kunden**, zum anderen das in Aussicht genommene **Anlageobjekt:** Die Beratung muss sowohl **anlegergerecht**, d. h. auf die persönlichen Verhältnisse des Kunden

---
[557] Tendenziell geringere Anforderungen dagegen bei *Möllers*, WM 2008, 93, 95.
[558] Ebenso *Möllers*, WM 2008, 93, 97 mwN.
[559] *Möllers*, WM 2008, 93, 98.
[560] So auch *Möllers*, WM 2008, 93, 98.
[561] *Hannöver* in Bankrechtshandbuch, § 110 Rn. 28.

zugeschnitten, als auch anlage- bzw. **objektgerecht** sein, also die relevanten Eigenschaften und Risiken des konkreten Anlageobjekts berücksichtigen.[562] Diese für die professionelle Anlageberatung geltenden Grundsätze sind auf andere Situationen, zB eine Beratung im (erweiterten) Familienkreis, nicht ohne weiteres übertragbar.[563]

249 **bb) Anlegergerechte Beratung.** Zu den für die anlegergerechte Beratung einzubeziehenden Umständen in der Person des Kunden gehören insbesondere seine **Kenntnisse und Erfahrungen** mit Anlagegeschäften sowie seine **Risikobereitschaft**.[564] Unabdingbar ist zudem die Kenntnis der **Anlageziele** des Kunden, ohne die keine anlegergerechte Empfehlung abgegeben werden kann. Der Kenntnisverschaffung über den Kunden *(„know your customer")* einschließlich seiner **finanziellen Verhältnisse** dienen die bereits erörterten Explorationspflichten der Wertpapierdienstleistungsunternehmen (vgl. oben Rn. 188 ff.). Auf dieser Basis ist dann ein Anlegerprofil zu erstellen, das sich zwar bestimmter pauschalierender Kategorisierungen bedienen darf (zB Anlagestrategien „konservativ", „wachstums-" oder „gewinnorientiert", „spekulativ") aber letztlich immer auf die individuellen Verhältnisse des einzelnen Kunden bezogen sein muss. So ist auch ein Anleger, der über grundlegende Kenntnisse verfügt und eine „chancenorientierte" Anlagestrategie verfolgt, über die Risiken einer ihm bislang nicht bekannten Anlageform zutreffend aufzuklären.[565]

250 **cc) Objektgerechte Beratung.** Für eine anlagegerechte Beratung muss die Bank über diejenigen **Eigenschaften und Risiken des** in Betracht kommenden **Anlageobjekts** informieren, die für die zu treffende Anlageentscheidung wesentliche Bedeutung haben (können) *(„know your product")*. Dabei sind neben den allgemeinen Risiken wie Konjunkturlage oder Entwicklung der Börsenmärkte auch die speziellen Risiken, die mit dem jeweiligen Produkt zusammenhängen, zu berücksichtigen (zB Kurs-, Zins-, Währungsrisiko, Bonität des Emittenten). Dazu gehört insbesondere auch der Hinweis auf die eingeschränkte Handelbarkeit des Anlageprodukts.[566] Die Beratung muss dabei richtig und sorgfältig, für den Kunden verständlich und vollständig sein und so zeitnah erfolgen, dass der Kunde eine eigenverantwortliche, wohl informierte Anlageentscheidung treffen kann.[567] Der Kunde muss daher über die Eignung des Anlageobjekts für seine Zwecke und die mit ihm verbundenen spezifischen Risiken aufgeklärt werden.

---

[562] Vgl. nur BGHZ 123, 126, 128 ff., *Schäfer,* in: *Schwintowski/Schäfer,* § 18 Rn. 18 ff.; *Lang,* Informationspflichten, § 10 Rn. 48 ff. mwN.
[563] Vgl. BGH ZIP 2007, 1160, 1161 f.
[564] *Hannöver* in Bankrechtshandbuch, § 110 Rn. 34 mwN.
[565] BGH ZIP 2008, 838, 841 (Beteiligung an einem Filmfonds durch Zeichnung einer Kommanditeinlage).
[566] OLG Düsseldorf ZIP 2002, 1583; OLG Oldenburg ZIP 2002, 2252 (Belehrung über erschwerte Handelbarkeit von nicht börsennotierten Aktien erforderlich); BGH BKR 2007, 298, 299 = ZIP 2007, 636 (Kommanditbeteiligung an einem geschlossenen Immobilienfonds); die Hinweispflicht entfällt, wenn die Veräußerlichkeit der Anlage für den Kunden im Einzelfall erkennbar ohne Belang ist oder wenn die Informationen in einem Prospekt enthalten sind, den der Kunde gelesen und verstanden hat; vgl. auch BGH WM 2007, 1608 (keine besondere *Aufklärungspflicht des Anlagevermittlers,* wenn der Prospekt nach Form und Inhalt *geeignet ist,* die nötigen Informationen bezüglich eines in der Rechtsform der GbR betriebenen geschlossenen Immobilienfonds wahrheitsgemäß und verständlich zu vermitteln).
[567] Vgl. nur BGH BKR 2007, 298, 299; NJW 2004, 1868, 1869; BGHZ 123, 126, 129.

Vor allem wenn es um die Abweichung von einer bisher verfolgten risikoärmeren Strategie geht, sind dem Anleger sowohl die Tatsache der Abweichung von der bisherigen Anlagestrategie als auch die größeren **Risiken** hinreichend **deutlich vor Augen zu führen.** Dazu kann es erforderlich sein, auf mögliche unbegrenzte Verlustrisiken nicht nur ausdrücklich hinzuweisen,[568] sondern anhand von Beispielsrechnungen und realistischen Verlaufsszenarien zu veranschaulichen.[569] Zutreffende Warnhinweise in Prospekten dürfen nicht verharmlost werden.[570] **251**

dd) Nachwirkende Informations- oder Warnpflichten? Mit der Erteilung der Auskünfte und Ratschläge in anleger- und objektgerechter Weise sind die Pflichten aus einem Beratungsvertrag vollständig erfüllt.[571] Den Anlageberater treffen daher **grundsätzlich keine nachvertraglichen Informations-, Warn- oder Überwachungspflichten** hinsichtlich der weiteren Entwicklung der getätigten Anlage.[572] Nur ausnahmsweise können aus der durchgeführten Anlageberatung nachwirkende Pflichten der Bank bestehen. So kann sie etwa bei Inanspruchnahme besonderen Vertrauens zur nachträglichen Berichtigung von Informationen oder Auskünften verpflichtet sein;[573] gleiches wird teilweise angenommen, wenn sie an der Vermittlung von Vermögensanlagen beteiligt ist, für die es keinen Sekundärmarkt gibt[574] oder wenn Bank und Kunde in einem laufenden Gedankenaustausch über Anlagemöglichkeiten und Kursentwicklungen stehen.[575] Letzteres ist sehr zweifelhaft, sofern nicht aus dem Verhalten der Parteien auf den stillschweigenden Abschluss eines Vermögensbetreuungsvertrags (oben Rn. 245) geschlossen werden kann. In aller Regel kommt aber ein **weiterer, neuer Beratungsvertrag** (konkludent) zustande, wenn sich entweder der Kunde nach der Wertentwicklung (und Einschätzung) bestimmter Finanzprodukte erkundigt und die Bank entsprechend informiert[576] oder wenn diese von sich aus an den Kunden herantritt und eine Disposition über die im Depot gehaltene Anlage bzw. eine neue Anlage vorschlägt und der Kunde darauf eingeht. **252**

Der Anlageberater kann sich allerdings neben der anleger- und objektgerechten Beratung zu einer fortlaufenden oder turnusmäßigen Beobachtung der Kurse einzelner Wertpapiere oder des gesamten Depots des Kunden verpflichten.[577] **253**

---

[568] Vgl. zur Notwendigkeit einer gesonderten Aufklärung über den spekulativen Charakter des Geschäfts zB bei einem Zinswährungsswap BGH, Beschl. v. 21. 6. 2006 – XI ZR 116/05.
[569] Vgl. LG Berlin, Urt. v. 10. 5. 2007 – 37 O 460/06, zit. nach *Knappe*, BKR 2008, 170, 171.
[570] BGH WM 2007, 1606, 1607 = EWiR § 276 BGB aF 2/07, 517 *(Frisch).*
[571] BGHZ 123, 126, 128 ff.
[572] Vgl. zB OLG Koblenz BKR 2007, 428 (grds. keine Pflicht des Anlageberaters, auf eine spätere negative Presseberichterstattung hinzuweisen, aber Ausnahme denkbar bei Bestehen einer Widerrufsmöglichkeit hinsichtlich der Anlage).
[573] BGHZ 74, 281, 290 f.; *Kübler* ZHR 145 (1981) 204, 216.
[574] *Kübler* ZHR 145 (1981) 204, 216.
[575] *Möllers*, WM 2008, 93, 94.
[576] Vgl. BGH WM 2006, 851; WM 1987, 531, 532; *Möllers*, WM 2008, 93, 94.
[577] Vgl. zur Anerkennung gesonderter Beobachtungs- oder Überwachungspflichten aufgrund einer entsprechenden Vereinbarung OLG Düsseldorf WM 1994, 1468, 1469; WM 2003, 1263, 1264; OLG Bamberg, BKR 2002, 185, 187; aus der Literatur zB *Köndgen*, NJW 2004, 1288, 1299; *Roller/Hackenberg*, ZBB 2004, 227, 232; ausführlich jüngst *Möllers*, WM 2008, 93 ff. mwN.

§ 31 254, 255   Abschnitt 6. Verhaltensregeln, Verjährung

Eine derartige (gesonderte, auch stillschweigend mögliche) Vereinbarung zusätzlich zur Anlageberatung kann als „Vermögensbetreuung" oder „Vermögensberatung" bezeichnet werden[578] und lässt eine entsprechende **Überwachungs- und Benachrichtigungspflicht** des Beraters entstehen. Die Umstände oder Ereignisse, bei denen der Berater dem Kunden durch eine Mitteilung die Gelegenheit geben muss, durch neue Anlageentscheidungen und entsprechende Aufträge auf die neue Situation reagieren zu können (zB Unterschreitung eines bestimmten Kurses von Einzelwerten oder des gesamten Depotwertes), sollten möglichst präzise im Voraus festgelegt werden.

d) Verhältnis zum Aufsichtsrecht

254   Die von der zivilgerichtlichen Rechtsprechung herausgearbeiteten Grundsätze der anleger- und objektgerechten Beratung und ihre Konkretisierung sind durch die Umsetzung der MiFID und der DRL nicht verdrängt worden. Zwar bestehen nunmehr anstelle der weitgehend generalklauselartigen §§ 31, 32 WpHG aF sehr viel detailliertere gesetzliche Vorschriften, die eine Ausstrahlungswirkung auf die zivilrechtliche Pflichtenlage haben.[579] Entgegen vereinzelten Stimmen in der Literatur ist die **„*Bond*"-Rechtsprechung** aber **nicht obsolet geworden**.[580] Vielmehr ist es nach wie vor Aufgabe der Zivilgerichte, die im Einzelfall bestehenden vertraglichen Rechte und Pflichten bei der Anlageberatung zu konkretisieren. Die dabei herausgearbeiteten Grundsätze werden sich zwar weitgehend an den Vorgaben der §§ 31 ff. WpHG nF und der WpDVerOV orientieren, sind aber nicht in jedem Fall deckungsgleich und können durchaus darüber hinausgehen.[581] Die von der MiFID und der DRL erstrebte Vollharmonisierung[582] betrifft nur das Aufsichtsrecht und vermag strengere zivilrechtliche Vorgaben im Einzelfall nicht zu blockieren.[583]

3. Die Elemente der Geeignetheitsprüfung nach Abs. 4 Satz 2

255   Trotz gewisser Unterschiede im Detail entspricht der aufsichtsrechtlich geforderte *suitability test*, die **Prüfung** der Geeignetheit **eines konkreten Geschäfts**

---

[578] Vgl. oben Rn. 245.
[579] Vgl. zu dieser Ausstrahlungswirkung Vor §§ 31 bis 37 a Rn. 60 ff. Ob der BGH an seiner jüngst geäußerten Auffassung, die Pflichtenlage nach den §§ 31, 32 WpHG aF sei identisch mit den vertraglichen Pflichten des Anlageberaters, so dass sich die Frage nach der Schutzgesetzeigenschaft (mangels weiterreichender deliktischer Haftung über § 823 Abs. 2 BGB) erübrige, vgl. BGHZ 170, 226 = ZIP 2007, 518 (m. Anm. *Lang/Balzer*) = WM 2007, 487, auch nach der Umsetzung der MiFID festhalten wird, bleibt abzuwarten.
[580] Ebenso *Veil*, ZBB 2008, 34, 41 f. gegen *Mülbert*, WM 2007, 1149, 1157, der „Bond" für durch die MiFID „gemeinschaftsrechtlich erledigt" hält; vgl. auch *dens.*, ZHR 172 (2008) 170, 183 ff.
[581] Vgl. zB für Zuwendungen durch oder an Dritte § 31 d Rn. 44 ff.
[582] Dazu *Möllers*, WM 2008, 93, 96; *Weichert/Wenninger*, WM 2007, 627, 628; anderes Begriffsverständnis bei *Mülbert* ZHR 172 (2008) 170, 176 f., der unter Vollharmonisierung die Festlegung eines flächendeckend einheitlichen Regelungsniveaus für alle Vorgänge einschließlich rein innerstaatlicher Sachverhalte versteht und die MiFID als „Maximalharmonisierung" iSd Verbots strengeren nationalen Rechts einordnet.
[583] Im Ergebnis ebenso *Veil*, ZBB 2008, 34, 41 f.; *Koller*, FS Huber, S. 821, 839 f.; *Möllers*, WM 2008, 93, 96, 102; **aA** *Mülbert*, WM 2007, 1149, 1157; *ders.*, ZHR 172 (2008) 170, 183 ff.

über ein bestimmtes Anlageprodukt **für den individuellen Kunden,** in der Sache weitgehend den von der Rechtsprechung entwickelten Grundsätzen der anleger- und objektgerechten Beratung.[584] Bevor eine sachgerechte Anlageempfehlung ausgesprochen werden kann, muss sich das Wertpapierdienstleistungsunternehmen die dafür erforderlichen Kenntnisse über den Kunden verschaffen (vgl. oben Rn. 188 ff.). Zudem sind dem Kunden neben dem konkreten Anlagevorschlag alle Informationen zur Verfügung zu stellen, die er für eine eigenverantwortliche Anlageentscheidung benötigt. Neben den allgemeinen Informationen über die charakteristischen Elemente der fraglichen *Art* des Finanzinstruments bzw. der Wertpapierdienstleistung nach Abs. 3 (vgl. dazu oben Rn. 118 ff.) gehören dazu **auch alle relevanten Informationen über das konkrete Geschäft,** die der Kunde benötigt, um die damit verbundenen spezifischen Anlagerisiken des empfohlenen Produkts verstehen und einschätzen zu können.[585] Für den Inhalt der Geeignetheitsprüfung gibt Abs. 4 Satz 2 drei Elemente vor:

a) Übereinstimmung mit den Anlagezielen

Bei der Überprüfung, ob das konkrete Geschäft, das dem Kunden empfohlen wird, seinen Anlagezielen entspricht, muss eine Verbindung hergestellt werden zwischen den persönlichen Anlagepräferenzen des Kunden und den charakteristischen Eigenschaften des Finanzprodukts. Maßgeblich für die Konkretisierung der Anlageziele sind nach § 6 Abs. 1 Nr. 2 WpDVerOV die drei Elemente **Anlagedauer, Risikobereitschaft des Kunden und Zweck der Anlage.**[586] Bereits zwischen diesen Faktoren bestehen enge Wechselwirkungen. Sofern es zu Diskrepanzen zwischen dem Zweck der Anlage (zB Altersversorgung, allgemeiner Vermögensaufbau oder gezielte Eigenkapitalbildung zur Finanzierung bestimmter Vorhaben), dem vom Kunden angegebenen zeitlichen Anlagehorizont und seiner erklärten Risikobereitschaft kommt, muss der Anlageberater versuchen, die Widersprüche durch Nachfragen beim Kunden aufzulösen, und jedenfalls deutlich auf die Unvereinbarkeit der einzelnen Elemente des Anlageziels hinweisen.

Die Beratung muss darauf abgestimmt sein, welchem **Risikoprofil oder Anlegertyp** der Interessent hinsichtlich der erstrebten Sicherheit der Anlage und seiner Risikobereitschaft zuzuordnen ist. In der Praxis ordnen die Wertpapierdienstleistungsunternehmen den einzelnen Anleger meist einer von nur drei unterschiedlichen Kategorien zu, die als „konservativ", „renditeorientiert" und „spekulativ" bezeichnet werden.[587] Der Anlageberater handelt jedenfalls dann pflichtwidrig, wenn er einem Anleger, der nach seinen Angaben als „konservativ" zu klassifizieren ist, die Zeichnung von Aktienfonds empfiehlt, die als „ge-

---

[584] *Schäfer/Lang,* in: *Clouth/Lang,* Rn. 220; *Balzer,* ZBB 2007, 333, 337; *Spindler/Kasten,* WM 2006, 1797, 1799; *Weichert/Wenninger,* WM 2007, 627, 631; *Veil,* ZBB 2008, 34, 38; *Einsele,* JZ 2008, 447, 481 f.; **aA** *Mülbert,* WM 2007, 1149, 1156 f.
[585] Zutreffend *Einsele,* JZ 2008, 477, 481 f.; **aA** *Mülbert,* WM 2007, 1149, 1156; gegen eine *aufsichtsrechtlich* gebotene objektspezifische Aufklärung auch *Veil,* ZBB 2008, 34, 38, 39, der aber insoweit ein Schutzdefizit sieht, das im Sinne der Bond-Rechtsprechung zivilrechtlich kompensiert werden könne.
[586] Vgl. dazu bereits oben Rn. 223 ff.
[587] Vgl. Rn. 227 f. Im Fall BGH WM 2007, 2228 standen vier Anlegertypen („sicherheitsorientiert", „konservativ", „gewinnorientiert", „risikobewusst") zur Auswahl. Der Kunde wurde widersprüchlich allen vier Kategorien gleichzeitig zugeordnet.

winnorientiert" einzustufen sind.[588] Unterschiedlich beurteilt wird, ob der Erwerb von Aktien generell einer Einstufung als „konservativ" entgegensteht.[589] Hat der Kunden seine Risikobereitschaft mit „risikobewusst – höhere Renditeaussichten bei überschaubaren Risiken" bezeichnet (und nicht als „spekulativ – offensive Nutzung der Marktchancen bei entsprechend hoher Risikotoleranz"), dann wäre eine Empfehlung von Indexzertifikaten oder Aktien von jungen, technologie-orientierten *start-up* Unternehmen nicht geeignet.[590] Ein Zinssatzswapvertrag (zB „CMS Spread Ladder Swap")[591] ist nur bei spekulativ eingestellten Kunden mit ausgeprägter Risikobereitschaft als anlegergerecht anzusehen.[592]

258 Die Einstufung in eine der drei Gruppen und der Vergleich mit der Risikoklasse des empfohlenen Finanzprodukts kann zwar den Ausgangspunkt für die Geeignetheitsprüfung bilden, genügt für sich allein aber noch nicht. Vielmehr ist nach der ausdrücklichen Regelung des Abs. 4 Satz 2 die Konkordanz mit den Anlagezielen „des betreffenden Kunden", also des individuellen Anlegers erforderlich. Sofern der Kunde bei der Exploration konkrete, persönliche Anlagemotive geäußert hat, ist diesen daher bei der Anlageempfehlung Rechnung zu tragen. Die Zuordnung zu einem Anlegertyp stellt daher nur ein vereinfachendes Grobraster dar, das **im Einzelfall durch weitere Kriterien ergänzt und konkretisiert** werden muss. Dieses Element der Geeignetheitsprüfung ist auch gegenüber professionellen Kunden uneingeschränkt zu beachten.

b) Risikotragfähigkeit des Kunden

259 Die Fähigkeit des Anlegers, auch bestimmte Verluste hinnehmen zu können, wenn sich die mit der Anlage verbundenen Risiken realisieren sollten, wird maßgeblich durch seine finanziellen Verhältnisse bestimmt, die im Rahmen der Exploration zu eruieren sind.[593] Diese erstreckt sich auf die Einkommens- und Vermögenssituation des Kunden einschließlich regelmäßiger finanzieller Verpflichtungen (§ 6 Abs. 1 Nr. 1 WpVerOV). Für die Geeignetheitsprüfung kommt es insoweit entscheidend darauf an, ob der Kunde den möglichen Wertverfall oder Verlust seiner Anlage oder gar etwaige zusätzliche finanzielle Belas-

---

[588] OLG Frankfurt a. M., WM 2007, 1215. Nach dem *in casu* verwendeten Klassifizierungssystem der Bank wurde ein Anleger als „konservativ" bezeichnet, dem die Sicherheit der Anlage wichtig ist, der aber für Renditevorteile auch mögliche Verlustrisiken in Form kurzfristiger moderater Kursschwankungen in Kauf nimmt, wobei mittel- bis langfristig ein Vermögensverlust unwahrscheinlich ist. Als „gewinnorientiert" wurde dagegen eingestuft, wer „höhere Kursschwankungen auf Aktien-, Zins- und Währungsentwicklungen" in Kauf nimmt, aaO, S. 1216.
[589] Bejahend LG Berlin VuR 2004, 186, 187 (bei Aktienfonds keine Erhaltung des eingesetzten Kapitals gewährleistet); verneinend LG Müchen I, BKR 2003, 558, 559 bezüglich deutscher „Blue Chips" (Siemens, Daimler) im Gegensatz zu spekulativen Fonds.
[590] Vgl. BGH NJW 2004, 2967, 2968 (zur Hinweispflicht von Direkt-Brokern bei Abweichungen von früheren Zielvorstellungen durch Erwerb von Aktien oder Indexzertifikaten des Neuen Markts).
[591] Vgl. zu solchen Verträgen (mit kommunalen Eigenbetrieben) LG Magdeburg BKR 2008, 166 m. Anm. *Knappe* (S. 170 ff.) und Anm. *Bausch* (S. 172 ff.); OLG Naumburg ZIP 2005, 1546; dazu *Heinze*, ZBB 2005, 367; LG Frankfurt a. M. WM 2008, 1061; LG Würzburg WM 2008, 977. Ausführlich zu Funktionsweise, Risikostruktur und rechtlicher Bewertung von „Constant Maturity Swaps" *Roller/Elster/Knappe*, ZBB 2007, 345 ff.
[592] *Roller/Elster/Knappe*, ZBB 2007, 345, 357; *Knappe*, BKR 2008, 170.
[593] Vgl. dazu bereits oben Rn. 230 ff.

Allgemeine Verhaltensregeln   260, 261   § 31

tungen (zB aus Nachschusspflichten) verkraften kann, ohne dabei seine wirtschaftliche Existenz aufs Spiel setzen oder die konkreten Lebensverhältnisse einschneidend ändern zu müssen. Neben den produktspezifischen Risiken ist insoweit auch relevant, ob die Investition aus eigenen Mittel bezahlt oder durch Kredit finanziert wird.[594] Trifft letzteres zu, sind jedenfalls spekulative Käufe risikoreicher Finanzprodukte für den Kunden nicht geeignet. Bei professionellen Kunden wird dagegen die finanzielle Risikotragfähigkeit unwiderleglich vermutet (vgl. § 31 Abs. 9), so dass eine gesonderte Prüfung insoweit entfällt und es allein auf die Übereinstimmung mit den Anlagezielen ankommt.

c) Fähigkeit des Kunden zur angemessenen Risikoeinschätzung aufgrund von Kenntnissen und Erfahrungen

Das dritte Element des *suitability test* ist das einzige, das vom Anlageberater beeinflusst werden kann: Sofern dem Kunden die nötigen Kenntnisse zur angemessenen Risikoeinschätzung des konkreten Geschäfts fehlen, können sie ihm durch Aufklärung über die Funktionsweise, Risiken und Chancen des Produkts (oder der Wertpapierdienstleistung) seitens des Wertpapierdienstleisters verschafft werden. Der Anlageberater hat insoweit die Möglichkeit, die Eignung des Produkts selbst (mit) herbeizuführen.[595] Bei hinreichender Aufklärung wird der Kunde in die Lage versetzt, die Risiken des Geschäfts nachzuvollziehen. Dass er damit noch keine Erfahrungen im Sinne praktischen (und nicht nur theoretischen) Wissens hat, ist unschädlich; denn entscheidend kann nur sein, ob der Kunde die Risiken richtig erfassen kann.[596] Ist dies (infolge einer entsprechenden Aufklärung) der Fall, muss er das Geschäft durchführen können, zumal er sonst niemals die Gelegenheit bekäme, Erfahrungen mit für ihn neuen Anlageprodukten oder Dienstleistungen zu sammeln. 260

Gegenüber **professionellen Kunden** entfällt dieses Element der Geeignetheitsprüfung, da der Wertpapierdienstleister bei ihnen schon definitionsgemäß „davon ausgehen kann, dass sie über ausreichende Erfahrungen, Kenntnisse und Sachverstand verfügen, um ihre Anlageentscheidungen zu treffen und die damit verbundenen Risiken angemessen beurteilen zu können" (§ 31 a Abs. 2; ebenso § 31 Abs. 9). Darin ist eine **unwiderlegliche Vermutung der Fähigkeit zur angemessenen Risikoeinschätzung** zu sehen, so dass es (aufsichtsrechtlich) nicht darauf ankommen kann, ob der Wertpapierdienstleister etwa im Einzelfall bei einem konkreten professionellen Kunden dessen mangelnde Urteilsfähigkeit erkennt oder infolge grober Fahrlässigkeit verkennt.[597] 260a

II. Vermögensverwaltung (Finanzportfolioverwaltung)

1. Allgemeines

Die in § 2 Abs. 3 Nr. 7 definierte Finanzportfolioverwaltung stellt eine entgeltliche Geschäftsbesorgung dar, die auf eine **Dienstleistung** gerichtet (§§ 611, 261

---

[594] Vgl. oben Rn. 231.
[595] *Schäfer/Lang*, in: Clouth/Lang, MiFID-Praktikerhandbuch, Rn. 221.
[596] Im Ergebnis ebenso *Schäfer/Lang*, in: Clouth/Lang, Rn. 221; *Teuber*, BKR 2006, 429, 433 („Heilung" fehlender Erfahrung durch hinreichende Kenntnisvermittlung).
[597] So aber (ohne nähere Problematisierung) *Teuber*, BKR 2006, 429, 434.

§ 31 261a   Abschnitt 6. Verhaltensregeln, Verjährung

675 BGB)[598], auf eine gewisse Dauer angelegt ist und darin besteht, das anvertraute Vermögen durch Anlage in Finanzinstrumenten und ggf. deren Umschichtung fortlaufend zu vermehren.[599] Ein bestimmter Anlageerfolg wird dabei grundsätzlich nicht geschuldet.[600] Im Gegensatz zur Anlageberatung trifft nicht der Kunde selbst, sondern der Vermögensverwalter die einzelnen Anlageentscheidungen und setzt sie (ohne Rücksprache im Einzelfall) mit Wirkung für den Kunden um. Zu diesem Zweck erhält er eine entsprechende Vollmacht zu Verfügungen über das seiner Verwaltung unterstellte Vermögen des Kunden.[601] Regelmäßig werden in Anlagerichtlinien (oder auf andere Weise) zwischen Verwalter und Kunden bestimmte Kriterien festgelegt, nach denen die Bildung und Umschichtung des Portefeuilles erfolgen soll. Der Erstellung des Anlagekonzepts geht grundsätzlich eine Bestandsaufnahme und Analyse der persönlichen und finanziellen Verhältnisse des Kunden und seiner Anlagepräferenzen voraus.

261a   Die gebotene Intensität der Exploration hängt nicht zuletzt davon ab, inwieweit dem Kunden eine individuelle oder eine (mehr oder weniger) standardisierte Form der Vermögensverwaltung angeboten wird.[602] Üblicherweise wird in **Anlagerichtlinien** (nur) die allgemeine **Ausrichtung der Anlagepolitik** festgelegt, regelmäßig ergänzt durch die Festlegung bestimmter Arten und Klassen von Finanztiteln sowie der jeweiligen Prozentsätze, die höchstens (teilweise auch mindestens) investiert werden sollen.[603] Außer **standardisierten Vorgaben** für eine „wachstums-", „chancen-" oder „sicherheitsorientierte" Strategie finden sich in der Praxis auch **individuelle Gestaltungen,** bei denen die Anlagerichtlinien den Bedürfnissen des einzelnen Kunden entsprechend speziell erarbeitet werden[604] und sehr detailliert die zulässigen Anlageformen (Finanzinstrumente und Währungen), deren jeweiligen Anteil am Gesamtportfolio und sonstige Details (zB Inanspruchnahme von Kredit) regeln. Bei einer Finanzportfolioverwaltung, die dem Kunden nur die Wahl zwischen einer begrenzten Anzahl im voraus festgelegter Anlagekonzepte lässt, ist die individuelle Zielbestimmung nicht erforderlich, vielmehr dürfte in diesen Fällen auch nach Umsetzung der MiFID die Einordnung des Kunden (nach seinen Angaben) in eine von mehreren (meist drei oder fünf) Anlegergruppen genügen.[605]

---

[598] S. nur BGH WM 2002, 913; ZIP 1997, 2149, 2150; *Kienle* in Bankrechtshandbuch, § 111 Rn. 14; *Schäfer* in *Assmann/Schütze,* § 23 Rn. 15; *Benicke,* S. 190 f.
[599] Vgl. nur *Benicke,* S. 27.
[600] *Schäfer/Müller,* Rn. 208, 316; ausführlich *Benicke,* S. 176 ff. mwN.
[601] Im Unterschied zu dem in Deutschland fast ausschließlich angebotenen Modell der Vollmachtsverwaltung sind in anderen Ländern wie Schweiz, Großbritannien und USA auch Treuhandkonstruktionen verbreitet, bei der entweder eine Vollrechtsübertragung des zu verwaltenden Effektenvermögens erfolgt oder der Verwalter ermächtigt wird, Konto und Depot im eigenen Namen für Rechnung des Kunden zu führen; vgl. nur *Benicke,* S. 52 f.
[602] Näher zur Unterscheidung individueller und standardisierter Vermögensverwaltung *Kienle* in Bankrechtshandbuch, § 111 Rn. 12 f.; *Benicke,* S. 44 ff.
[603] Vgl. *Benicke,* S. 45 mit Beispielen. Die Anlagerichtlinien können sich aber auch auf eine schlagwortartige Beschreibung der Anlagepolitik beschränken.
[604] Vgl. die Beispiele in LG Stuttgart, WM 1997, 163; LG München I, WM 1999, 179.
[605] So zum früheren Recht *Benicke,* S. 46.

Eine **Pflicht zur Aufstellung** (oder Vereinbarung) **von Anlagerichtlinien** 261b
besteht nicht.[606] Vielmehr kann der Kunde die nähere Ausgestaltung der Vermögensverwaltung auch dem beruflichen Ermessen des Vermögensverwalters überlassen. In diesem Fall muss der Verwalter die allgemeinen Bindungen beachten, denen er bei Ausübung seiner Geschäftsbesorgungstätigkeit im Interesse des Kunden unterliegt. Rechtsprechung und Literatur haben insoweit allgemeine Grundsätze der Vermögensverwaltung herausgearbeitet (vgl. unten Rn. 262). Nach Ansicht des BGH muss in einem solchen Fall zudem als notwendiges Korrektiv für das freie Ermessen des Verwalters ein jederzeitiges fristloses Kündigungsrecht des Kunden ohne Angabe von Gründen bestehen.[607]

Vermögensverwaltungsverträge werden in der Praxis regelmäßig schriftlich abgeschlossen. Auch wenn keine Formerfordernisse existieren, lässt sich hier – im Unterschied zur Anlageberatung – angesichts der abweichenden Interessenlage der Parteien allerdings nicht ohne weiteres von einem konkludenten **Vertragsschluss** ausgehen.[608] Der erhebliche Vertrauensvorschuss, den der Auftraggeber dem Verwalter entgegenbringen muss, wie auch die große Verantwortung und das erhebliche Haftungsrisiko des Verwalters verlangen jedenfalls die klare Identifizierung sowohl der anvertrauen Vermögensgegenstände wie auch der Befugnisse des Verwalters (einschließlich der Erteilung einer entsprechenden Vollmacht). 261c

2. Vertragliche Pflichten im Überblick

a) Grundsätze ordnungsgemäßer Vermögensverwaltung

Die konkreten Pflichten, die den Finanzportfolioverwalter im Rahmen der 262
Umsetzung der Anlagerichtlinien bei seinen nach eigenem Ermessen zu fällenden Anlageentscheidungen treffen, hängen letztlich von den Umständen des Einzelfalls ab. Rechtsprechung und Literatur haben aber einige Grundsätze entwickelt, die eine ordnungsgemäße Vermögensverwaltung auszeichnen. Zu den allgemeinen Pflichten des Verwalters beim Investitionsprozess gehören insbesondere das **Gebot der Risikominderung durch Diversifikation** der Anlagen, das **Verbot der Spekulation** und die **Pflicht zur produktiven Vermögensverwaltung**.[609] Diese allgemeinen Grundsätze der Vermögensverwaltung können allerdings durch vertragliche Abreden modifiziert[610] und durch etwaige Weisungen des Kunden im Einzelfall überspielt werden.

Die **Pflicht zur produktiven Vermögensverwaltung** bedeutet, dass der 263
Verwalter die Interessen des Auftraggebers und seine vorgegebenen Ziele möglichst optimal zu verfolgen hat. Dafür ist erforderlich, das Vermögen ständig zu überwachen und aus einer unbefriedigenden Entwicklung des Portfolios Konsequenzen zu ziehen. Der Verwalter muss daher handeln, wenn ein Wert nicht

---

[606] So die ganz hM, vgl. nur *Benicke*, S. 580 f.; *Kienle* in Bankrechtshandbuch, § 111 Rn. 20; *Schäfer*, in Assmann/Schütze, § 23 Rn. 25; *Schäfer/Müller*, Rn. 283; *Schödermeier*, WM 1995, 2053, 2056; **aA** *Sethe*, S. 870 ff. (aufsichtsrechtliche Pflicht).
[607] BGH WM 1994, 834, 836; ausführlich hierzu *Benicke*, S. 954 ff.
[608] Ebenso *Schäfer/Müller*, Rn. 210.
[609] Vgl. nur *Schäfer* in Assmann/Schütze, § 23 Rn. 26 f.; *Schäfer/Müller*, Rn. 270 ff.; *Benicke*, S. 764 ff.; mit weitergehender Ausdifferenzierung *Sethe*, S. 903 ff.
[610] Vgl. zur Zulässigkeit abweichender Anlagerichtlinien zB BGH ZIP 2004, 693, 694; OLG Düsseldorf, WM 1991, 94, 95, *Kienle* in Bankrechtshandbuch, § 111 Rn. 17 mwN.

§ 31 263a Abschnitt 6. Verhaltensregeln, Verjährung

mehr optimal in die Zusammensetzung des Portfolios passt.[611] Die Pflicht zur kontinuierlichen Überwachung der Vermögensanlagen ist insbesondere darauf gerichtet, relevante Veränderungen auf den Märkten insgesamt oder bei einzelnen Anlagetiteln zu erkennen und darauf angemessen zu reagieren. Der Verwalter muss daher zumindest in den Marktsegmenten, in denen er Vermögensanlagen für seine Kunden getätigt hat, ständig auf dem Laufenden sein und durch organisatorische Vorkehrungen für den raschen Erhalt und die wirksame Auswertung der nötigen Informationen sorgen.[612] Zudem ist auf die Einhaltung vereinbarter Anlagestrukturen und die Zusammensetzung des gesamten Portfolios zu achten. Bei der Auswahl der zu erwerbenden Finanzinstrumente ist der Verwalter auf die Produkte beschränkt, die er ausreichend beurteilen kann und die zu der vereinbarten Anlagestrategie passen.[613]

263a Das **Verbot der Spekulation** lässt sich nur relativ bestimmen im Vergleich zu den Anlagerichtlinien oder sonstigen Vorgaben des Kunden.[614] Es ist letztlich auf die Vermeidung übermäßiger Risiken gerichtet und steht insofern auch in engem Zusammenhang mit dem **Gebot der Risikodiversifikation**. Danach ist der Verwalter verpflichtet, das Kundenvermögen auf verschiedene Anlageobjekte mit unterschiedlichem Risikograd zu verteilen, um auf diese Weise das Risiko für das Gesamtportfolio gering(er) zu halten.[615] Bei seiner Anlagepolitik muss der Verwalter keiner bestimmten **Kursprognosetheorie** folgen.[616] Sofern keine abweichenden ausdrücklichen Vereinbarungen existieren, ist es daher nicht pflichtwidrig, bei der Vermögensverwaltung die so genannte Charttechnik als eine Erscheinungsform der technischen Marktanalyse außer Acht zu lassen und einer fundamental orientierten Bewertung volks- und betriebswirtschaftlicher Daten (fundamentale Aktienanalyse) den Vorzug zu geben.[617] Da es dem Kunden um eine professionelle Verwaltung seines Vermögens geht, muss die Portfolioverwaltung aber jedenfalls auf einer rationalen und wirtschaftswissenschaftlich fundierten Grundlage erfolgen. Mangels ausdrücklicher Zustimmung des Kunden darf der Verwalter daher nicht einfach instinktgeleitete Entscheidungen treffen, irrationalen (zB astrologisch motivierten) „Entscheidungshilfen" oder ökonomischen Außenseitertheorien (zB „Elliot-Wellen-Theorie") folgen.[618] Der Vermögensverwalter ist dagegen nicht

---

[611] *Schäfer* in *Assmann/Schütze*, § 23 Rn. 27; *Schäfer/Müller*, Rn. 271; *Sethe*, S. 903 ff., 911 f.
[612] Vgl. näher *Schäfer/Müller*, Rn. 306 ff.
[613] *Schäfer/Müller*, Rn. 271, die zutreffend darauf hinweisen, dass diese Pflicht mit der Pflicht zur anleger- und objektgerechten Beratung im Rahmen der Anlageberatung korrespondiert.
[614] Ebenso *Schäfer/Müller*, Rn. 274; *Sethe*, S. 912; wohl auch *Kienle* in Bankrechtshandbuch, § 111 Rn. 20; krit. bis ablehnend zum Spekulationsverbot *Benicke*, S. 770 ff.
[615] BGH ZIP 2004, 693, 695; OLG Hamm WM 1996, 669, 670; OLG Frankfurt a. M. WM 1996, 665, 668; *Sethe*, S. 910 f.; *Kienle* in Bankrechtshandbuch, § 111 Rn. 20; *Schäfer/Müller*, Rn. 275.
[616] *Schäfer* in *Assmann/Schütze*, § 23 Rn. 29; knapper Überblick über die Grundlagen anerkannter Anlagestrategien (Diversifikation, Fundamentalanalyse, Technische Analyse; Indexierung und Zusammensetzung des Portfolios nach Risikomerkmalen) bei *Benicke*, S. 100 ff. mwN.
[617] LG Freiburg, WM 2004, 124 = EWiR 2004, 215; *Elster*, AG 2004, S. R367.
[618] *Elster*, AG 2004, S. R368; *Schäfer/Müller*, Rn. 276; so auch *Koller* in *Assmann/Schneider*, § 31 Rn. 22 (Anwendung von Außenseitermethoden nur in Absprache mit dem voll informierten Kunden zulässig).

ohne weiteres verpflichtet, von sich aus zum Zwecke der Verlustbegrenzung **Stop-Loss-Marken** zu setzen.[619] Dieses automatisch wirkende Instrument stellt grundsätzlich nur dann ein taugliches Mittel der Depotüberwachung dar, wenn der Kunde nicht depotwertbezogen denkt, sondern eine primär einzelwertbezogene Anlagestrategie verfolgt oder wenn ausnahmsweise bestimmte Anlageobjekte einen nicht unerheblichen Teil des Gesamtvermögens repräsentieren und vernünftigerweise gesondert abzusichern sind.

b) Beachtung der Vorgaben des Auftraggebers

Aus dem Charakter der Vermögensverwaltung als Geschäftsbesorgung für den Kunden ergibt sich die grundsätzliche Pflicht des Verwalters, den generellen Vorgaben – wie sie insbesondere in den Anlagerichtlinien niedergelegt sind – als auch Einzelweisungen des Kunden zu folgen. Die Beachtung der **Weisungen des Kunden** (§§ 675, 665 BGB) gehört zu den wesentlichen Vertragspflichten des Vermögensverwalters.[620] Nur ausnahmsweise kann dieser zum Schutz der wohlverstandenen Interessen des Kunden zu Warnhinweisen oder gar zur Abweichung von der Ausführung einer Weisung verpflichtet sein.[621]

Ihrer **Rechtsnatur** nach stellen auch die **Anlagerichtlinien** in der Regel **generelle Weisungen** des Kunden dar,[622] die der Vermögensverwalter bei seiner Investitionstätigkeit zu beachten hat.[623] Der Kunde kann grundsätzlich jederzeit – auch von den Anlagerichtlinien abweichende – Weisungen erteilen.[624] Jedenfalls bei individuell auf die Bedürfnisse des einzelnen Kunden abgestimmten Anlagerichtlinien wird man nur ausnahmsweise ein anerkennenswertes Interesse des Verwalters feststellen können, die Anlagerichtlinien als integralen Bestandteil des Finanzportfoliovertrags zu verstehen mit der Folge, dass sie nur mit Zustimmung des Verwalters geändert werden können. Bei standardisierten und vom Verwalter selbst vorformulierten Anlagerichtlinien ist dagegen näher zu prüfen, ob es sich um eine nähere Ausgestaltung des angebotenen Produkts handelt. Liegt eine (vom Wertpapierdienstleister vorgegebene) Produktbeschreibung (regelmäßig in der Form von AGB) vor, die Vertragsbestandteil geworden ist, kann der Kunde davon nicht einseitig abweichen, indem er gegenteilige Weisungen erteilt, sondern muss ggf. den Vertrag kündigen,[625] falls der Verwalter einer Vertragsänderung nicht zustimmt. Das Recht des Kunden zur Erteilung von Einzelweisungen (Anlage von Betrag x in Finanzinstrument y bzw. Veräußerung bestimmter Finanzinstrumente) bleibt davon grundsätzlich unberührt.[626]

---

[619] LG Freiburg WM 2004, 124; vgl. auch OLG Bremen NJW-RR 2005, 128.
[620] OLG Köln WM 1997, 570, 572 f.; *Kienle* in Bankrechtshandbuch, § 111 Rn. 22.
[621] BGHZ 137, 69, 74; *Schäfer/Müller*, Rn. 292; *Sethe*, S. 902 f.
[622] *Schäfer/Müller*, Rn. 284; *Sethe*, S. 899.
[623] Näher zur generellen Pflicht des Verwalters, die Anlagerichtlinien einzuhalten und nur in begründeten Ausnahmefällen davon abzuweichen, *Kienle* in Bankrechtshandbuch, § 111 Rn. 17 f.; *Sethe*, S. 898 ff.
[624] *Kienle* in Bankrechtshandbuch, § 111 Rn. 17; *Schäfer/Müller*, Rn. 288; *Schäfer* in *Assmann/Schütze*, § 23 Rn. 31; *Sethe*, S. 899.
[625] Als Dauerschuldverhältnis ist der Vermögensverwaltungsvertrag aus wichtigem Grund jederzeit fristlos kündbar (§ 314 BGB), im Übrigen nach Dienstvertragsrecht (§§ 621, 622 BGB); § 671 Abs. 1 BGB ist dagegen mangels Verweisung in § 675 Abs. 2 BGB nicht anwendbar, vgl. *Schäfer/Müller*, Rn. 372 f.
[626] Vgl. *Sprockhoff*, WM 2005, 1740; *Kienle* in Bankrechtshandbuch, § 111 Rn. 17; zur Unwirksamkeit der formularmäßigen Abbedingung der grundsätzlichen Weisungsgebun-

c) Besondere Informationspflichten

266 Im Vergleich zur Anlageberatung sind die speziellen Informationspflichten bei der Finanzportfolioverwaltung geringer ausgeprägt, weil die vertragstypische Leistung gerade darin besteht, dass der Vermögensverwalter selbst anstelle des Kunden die konkrete Anlageentscheidung trifft.[627] Ansatzpunkt für **vorvertragliche Informationspflichten** ist allerdings auch bei der Finanzportfolioverwaltung das typische Informationsgefälle zwischen dem professionellen Verwalter und dem Kunden. Diesem ist durch eine entsprechende „anleger- und objektgerechte" Aufklärung und ggf. Beratung[628] die Möglichkeit zu geben, eine auf seine individuellen Bedürfnisse und Interessen zugeschnittene Vermögensverwaltung zu vereinbaren. Die Information durch den Verwalter ist dementsprechend darauf auszurichten, dem Kunden eine **sachgerechte Entscheidung über die Anlagestrategie** zu ermöglichen, und beschränkt sich daher im Prinzip auf die Darstellung der grundsätzlichen Risikomerkmale zulässiger Anlageformen.[629] Die Aufklärung dient also primär dazu, die Aufstellung von angemessenen Anlagerichtlinien für die Portfolioverwaltung zu ermöglichen, die den Kenntnissen und Erfahrungen, den Anlagezielen, den finanziellen Verhältnissen und der Risikobereitschaft des Kunden entsprechen. Jedenfalls ist der Vermögensverwalter verpflichtet, vor Vollzug einer Anlageentscheidung dem Vertragspartner ein zutreffendes Bild von den Chancen und Risiken der auszuführenden Geschäfte zu vermitteln.[630] Auch wenn anlegergerechte Anlagerichtlinien vereinbart worden sind, kann der Verwalter pflichtwidrig handeln, wenn er später einzelne Anlagen tätigt, über deren generelle Risiken der Kunde zuvor nicht informiert worden ist.[631]

266a **Vertragliche Mitteilungspflichten** während der Durchführung der Finanzportfolioverwaltung ergeben sich aus §§ 675, 666 BGB. Dazu gehören die Pflichten zur Auskunft über den Stand der Geschäfte (auf Verlangen des Kunden) und zur Rechenschaft nach Auftragsausführung.[632] Die **Auskunfts- und Rechenschaftspflichten** werden nunmehr aufsichtsrechtlich durch § 31 Abs. 8 iVm §§ 8, 9 WpDVerOV konkretisiert (dazu unten Rn. 313 ff.), was auch auf die Ausgestaltung der zivilrechtlichen Pflichten ausstrahlt. Treten im Verlauf der Finanzportfolioverwaltung **erhebliche Verluste** am Kundenvermögen ein, muss der Verwalter den Kunden nach §§ 666, 675 Abs. 2 BGB grundsätzlich unverzüglich darüber informieren.[633] Diese **Benachrichtigungspflicht** ist allerdings dispositiver Natur und kann im Vertrag konkretisiert oder modifiziert wer-

---

denheit des Vermögensverwalters OLG Köln, WM 1997, 570, 572; *Schäfer/Müller*, Rn. 291.

[627] *Kümpel*, Bank- und Kapitalmarktrecht, Rn. 10.23; *Horn*, ZBB 1997, 139, 147; *Möllers*, WM 2008, 93, 96.

[628] Vgl. zur Möglichkeit eines gesonderten Beratungsvertrags im Vorfeld des Abschlusses des Vermögensverwaltungsvertrags *Lang*, Informationspflichten, § 22 Rn. 1, 3; *Balzer*, WM 2000, 441, 442; vgl. auch *Gaßner/Escher*, WM 1997, 93, 96.

[629] Vgl. *Balzer* in: Handbuch zum dt. und europ. Bankrecht, § 45 Rn. 18.

[630] BGH ZIP 2007, 1160, 1161.

[631] *Balzer*, EWiR 2004, 787, 788.

[632] Näher dazu *Schäfer/Müller*, Rn. 309 ff. mwN.

[633] Vgl. BGH ZIP 1994, 693, 694; *Kienle* in Bankrechtshandbuch, § 111 Rn. 25; *Schäfer* in *Assmann/Schütze*, § 23 Rn. 38; *dens.*, WM 1995, 1009, 1011; *Schäfer/Müller*, Rn. 314 f.; *Sethe*, S. 914 f.

den.[634] Fehlen Angaben, ist für die Konkretisierung der Erheblichkeitsschwelle auf die Risikostruktur des verwalteten Vermögens bzw. die verfolgte Anlagestrategie abzustellen.[635] Maßgeblich für die Feststellung einer die Benachrichtigungspflicht auslösenden Verlustsituation ist dabei grundsätzlich eine Betrachtung des *Gesamtportfolios*, nicht einzelner Werte, sofern nichts anderes vereinbart worden ist.[636]

Greift der Kunde durch Erteilung spezieller Weisungen zum Kauf oder Verkauf bestimmter Finanzinstrumente in einer Weise in die Vermögensanlage ein, die im Widerspruch zu den Anlagerichtlinien, dem vom Verwalter verfolgten Anlagekonzept oder den vom Kunden angegebenen Anlagezielen steht, ist der Kunde auf die Unvereinbarkeit hinzuweisen (**Warnhinweis**).[637] **266b**

d) Sonstige Pflichten

Der Vermögensverwalter ist nicht nur aufsichtsrechtlich nach § 31 Abs. 1 Nr. 1, sondern auch zivilrechtlich verpflichtet, die Portfolioverwaltung im Interesse des Vermögensinhabers durchzuführen. Aus dieser **Interessenwahrungspflicht** folgt ein Vorrang des Kundeninteresses vor etwaigen eigenen Interessen des Verwalters.[638] Einen eklatanten Verstoß stellt zB die Vornahme unverhältnismäßig häufiger Umschichtungen des Depots oder sonstiger, nicht durch das Kunden-, sondern das eigene Provisionsinteresse veranlasster Transaktionen dar (sog. *churning* oder Spesenschinderei).[639] **267**

3. Die Geeignetheitsprüfung bei der Vermögensverwaltung

Die Pflicht zur Vornahme eines Eignungstests bezieht sich bei der Finanzportfolioverwaltung zum einen auf die Empfehlung einer Vermögensverwaltung als solche (mit einer bestimmten Anlagestrategie in ihrem Rahmen), zum anderen auf die einzelnen Transaktionen, die vom Verwalter zur Verwirklichung der Ziele des Vermögensverwaltungsvertrages für den Kunden durchgeführt werden.[640] **268**

---

[634] Vgl. BGH, Urt. v. 23. 10. 2007 – XI ZR 423/06 (Vereinbarung über eine gesonderte Benachrichtigung erst ab einer Wertminderung von 20%); nach LG Kiel EWiR § 666 BGB 1/06. 135 *(Balzer)* ist der Vermögensverwalter bei einer Anlagestrategie mit überdurchschnittlich hohem Risiko jedenfalls dann zur Benachrichtigung des Kunden verpflichtet, wenn der (Buch-)Verlust 25% des eingesetzten Kapitals (von 2 Mio. DM) überschreitet; krit. *Balzer,* EWiR 2006, 135 (Grenze eher bei 20% anzusiedeln). Bei einer risikoärmeren Strategie dürfte die Schwelle niedriger liegen (wohl bei Kurseinbußen ab 15%, bei konservativ ausgerichteten, risikoabgeneigten Kunden uU schon ab 5%–10%, so *Schäfer/Müller,* Rn. 318; Sethe, S. 914 f.). Jedenfalls ist die Erheblichkeitsschwelle relativ und in Abhängigkeit von der individuellen Risikobereitschaft des Kunden zu bestimmen. Eine rechtssichere Konkretisierung lässt sich auch dem Aufsichtsrecht nicht entnehmen, da die Pflicht zur unverzüglichen Benachrichtigung bei Überschreitung bestimmter Verlustschwellen nach § 9 Abs. 5 iVm § 8 Abs. 6 WpDVerOV auf „vereinbarte Schwellenwerte" Bezug nimmt.
[635] *Schäfer,* WM 1995, 1009, 1011.
[636] *Schäfer/Müller,* Rn. 320 mwN.
[637] Vgl. *Schäfer/Müller,* Rn. 292.
[638] *Kienle* in Bankrechtshandbuch, § 111 Rn. 23.
[639] Vgl. dazu zB BGH NJW 2004, 3423, 3424; *Schwark,* § 32 Rn. 8; *Koller* in *Assmann/Schneider,* § 31 Rn. 70, § 32 Rn. 7; ausführlich *Benicke,* S. 690 ff.; *Sethe,* S. 894 ff. mwN.
[640] *Teuber/Müller* in *Clouth/Lang,* MiFID-Praktikerhandbuch, Rn. 279.

§ 31   269–271   Abschnitt 6. Verhaltensregeln, Verjährung

Gegenüber professionellen Kunden iSd § 31 a Abs. 2 gelten jeweils die Erleichterungen nach § 31 Abs. 9 im Hinblick auf die vermuteten Kenntnisse und Erfahrungen sowie die finanzielle Risikotragfähigkeit.[641]

a) Eignung der Wertpapierdienstleistung „Finanzportfolioverwaltung"

269   **Vor Abschluss** eines Vermögensverwaltungsvertrags ist zu prüfen, ob dieses „konkrete Geschäft, das dem Kunden empfohlen wird" (§ 31 Abs. 4 Satz 2) für ihn geeignet ist. Sofern dies nach den Anlagezielen, den finanziellen Verhältnissen des Kunden und seinen Kenntnissen und Erfahrungen die Wertpapierdienstleistung „Finanzportfolioverwaltung" zutrifft, darf ihm nur eine für ihn **geeignete Form der Vermögensverwaltung** mit einer zu seinen individuellen Präferenzen und Interessen passenden Anlagestrategie empfohlen werden.[642] Regelmäßig wird dem Abschluss eines entsprechenden Vertrages eine eingehende Beratung durch den Vermögensverwalter vorausgehen. Ob darin ein eigenständiger Beratungsvertrag liegt, kann dahinstehen, da sich die gleichen Aufklärungs- und Beratungspflichten auch aus einem vorvertraglichen Rechtsverhältnis ergeben.

270   Den drei Elementen der Geeignetheitsprüfung, die bereits im Zusammenhang mit der Exploration (oben Rn. 217 ff.) und mit der „normalen", auf den Abschluss konkreter Wertpapiertransaktionen gerichteten Anlageberatung (oben Rn. 256 ff.) behandelt worden sind, kommt im Kontext einer in Aussicht genommenen Vermögensverwaltung ein unterschiedliches Gewicht zu. Ganz im Vordergrund muss das **Verständnis des Kunden für die Funktionsweise der Wertpapierdienstleistung „Finanzportfolioverwaltung"** stehen. Sofern der Kunde diese Dienstleistung bisher noch nicht in Anspruch genommen hat, kann seine mangelnde Erfahrung dadurch kompensiert werden,[643] dass ihm besonders deutlich vor Augen geführt wird, was diese Dienstleistung auszeichnet: dass er damit die einzelnen Anlageentscheidungen dem Ermessen des Verwalters überlässt und dieser aufgrund einer Vollmacht auch für die eigenständige Umsetzung der Entscheidungen sorgt. Nur bei klarer Kenntnis dieser Charakteristika der Vermögensverwaltung kann er eine eigenverantwortliche Entscheidung über die Inanspruchnahme dieser Art der Wertpapierdienstleistung treffen.

271   Neben der auf informierter Grundlage bekundeten Bereitschaft, sich auf die Finanzportfolioverwaltung einzulassen, ist auch die **finanzielle Risikotragfähigkeit** des Kunden nicht ganz zu vernachlässigen.[644] In der Praxis dürfte die Vermögensverwaltung aber – auch im eigenen Interesse des Wertpapierdienstleisters – nur Kunden angeboten werden, die über ein hinreichend großes „freies" Vermögen verfügen, das sie einem Dritten zur mittel- bis längerfristigen Verwaltung überlassen können. Die Anlageziele im engeren Sinn (Anlagezweck, Ri-

---

[641] Art. 35 Abs. 2 Unterabs. 2 DRL sieht zwar die Vermutung der finanziellen Risikotragfähigkeit nur für die Anlageberatung vor, doch darin läge eine inkonsequente Ungleichbehandlung, vgl. *Schäfer* in Bankrechtstag 2006, S. 31, 34.
[642] *Teuber/Müller* in *Clouth/Lang*, MiFID-Praktikerhandbuch, Rn. 280.
[643] Ebenso *Teuber*, BKR 2006, 429, 433; *Teuber/Müller* in *Clouth/Lang*, Rn. 284; vgl. auch oben Rn. 260 zur Anlageberatung.
[644] **AA** *Teuber/Müller* in *Clouth/Lang*, Rn. 283 unter Hinweis auf die sonst drohende paternalistische Rolle des Vermögensverwalters. Die Tendenz dazu ist aber gerade in der Regelung der Wohlverhaltenspflichten angelegt.

Allgemeine Verhaltensregeln 272–274 § 31

sikobereitschaft, Haltedauer) sind dagegen für den Abschluss des Verwaltungsvertrags als solchen noch ohne Bedeutung. Eine gewichtige Rolle kommt ihnen aber für die Empfehlung einer geeigneten Anlagestrategie zu.

b) Anforderungen an die Anlagestrategie

Die Empfehlung eines geeigneten Anlagekonzepts für die Durchführung der 272
Finanzportfolioverwaltung im Interesse des Kunden setzt grundsätzlich voraus, dass der Vermögensverwalter die Anlageziele, die Kenntnisse und Erfahrungen sowie die finanzielle Risikotragfähigkeit des Kunden berücksichtigt.[645] Maßgeblich sind in erster Linie die **Anlageziele** des einzelnen Kunden. Seine Risikoneigung, seine konkret verfolgten Anlagezwecke, insbesondere die intendierte Laufzeit der Vermögensverwaltung (bzw. die Haltedauer von Finanzinstrumenten oder der Bedarf für etwaige Entnahmen aus dem verwalteten Vermögen), grenzen den Kreis der geeigneten Anlagestrategien ein. So verbieten sich substantielle Investitionen in besonders risikoreiche Finanzinstrumente bei einem eher auf Sicherheit und Vermögenserhalt bedachten ebenso wie bei einem eher kurzfristig orientierten Anleger. Stellt der Vermögensverwalter fest, dass der Kunde mit der von ihm vorgegebenen Anlagestrategie von seinen eigenen Zielvorstellungen deutlich abweicht, muss er den Kunden auf die Diskrepanz hinweisen, da den Verwalter insoweit eine Warnpflicht trifft.[646]

Zudem muss der Verwalter überprüfen, ob der Kunde nach seinen **Kenntnis-** 273
sen und Erfahrungen in der Lage ist, die Risiken der vom Verwalter empfohlenen (oder von Kunden selbst vorgeschlagenen) Anlagestrategie zu beurteilen. Dazu ist nicht erforderlich, dass der Kunde die Risiken jedes Einzelgeschäfts im Rahmen der Vermögensverwaltung zu verstehen und einzuschätzen vermag. Vielmehr kommt es nur darauf an, dass er die mit der Anlagestrategie verbundenen Risiken richtig erfassen kann.[647] Mangelnde Erfahrungen können auch hier durch eine (besonders) eingehende Aufklärung und Kenntnisverschaffung kompensiert werden (vgl. bereits oben Rn. 260).

Die finanzielle Risikotragfähigkeit des Kunden spielt dagegen im Zusammen- 273a
hang mit der Auswahl einer geeigneten Anlagestrategie nur noch eine untergeordnete Rolle, weil bereits die Inanspruchnahme der Wertpapierdienstleistung „Finanzportfolioverwaltung" ein hinreichendes liquides Vermögen voraussetzt. Sofern allerdings aus den Erträgen der Vermögensverwaltung regelmäßige Entnahmen zur Erfüllung finanzieller Verpflichtungen des Kunden geplant sind, muss dieser Umstand bei der Auswahl geeigneter Anlagestrategien berücksichtigt werden.[648]

c) Geeignetheit der vom Verwalter veranlassten Transaktionen

Während der Durchführung der Portfolioverwaltung trifft zwar der Vermö- 274
gensverwalter selbst nach eigenem Ermessen die einzelnen Anlageentscheidungen und setzt sie um. § 31 Abs. 4 Satz 2 verlangt aber, dass „die konkrete Wertpapierdienstleistung im Rahmen der Finanzportfolioverwaltung" für den betroffenen Kunden geeignet ist. Daher muss jede einzelne Transaktion in Über-

---

[645] Vgl. zu diesen Kriterien bereits oben Rn. 217 ff., im Kontext der Anlageberatung Rn. 256 ff.
[646] Vgl. BGH ZIP 2004, 111, 113; ZIP 2004, 1636, 1638.
[647] *Teuber/Müller* in Clouth/Lang, MiFID-Praktikerhandbuch, Rn. 287.
[648] *Teuber/Müller* in Clouth/Lang, Rn. 288.

einstimmung mit den Anlagezielen, der finanziellen Tragfähigkeit und den Kenntnissen und Erfahrungen des Kunden stehen.[649] Ein übermäßiger Aufwand ist mit der Eignungsprüfung dennoch nicht verbunden, da ihr Bezugspunkt im Rahmen der Vermögensverwaltung ein anderer als bei der Anlageberatung ist: Wegen der vorgängigen Vereinbarung einer für den einzelnen Kunden geeigneten **Anlagestrategie** ist deren Einhaltung **und die Beachtung etwaiger weiterer Anlagerichtlinien der zentrale Maßstab** für die Geeignetheit einzelner Wertpapiergeschäfte.[650] Da die Befolgung der Anlagerichtlinien und der vereinbarten Anlagestrategie ohnehin auch zum zivilrechtlichen Pflichtenprogramm des Vermögensverwalters gehört, stellt die aufsichtsrechtliche Verpflichtung zum *suitability test* bei der Durchführung der Finanzportfolioverwaltung keine neue oder weitergehende Belastung dar.[651]

G. Pflichten beim beratungsfreien Geschäft

I. Überblick

275 Als sog. beratungsfreies Geschäft werden diejenigen Wertpapier(neben)dienstleistungen bezeichnet, die einerseits keine Anlageberatung oder Finanzportfolioverwaltung darstellen, sich andererseits aber auch nicht in der bloßen Ausführung bestimmter Geschäfte über „nicht-komplexe Finanzinstrumente" i. S. d. § 31 Abs. 7 WpHG erschöpfen (sog. reines Ausführungsgeschäft, vgl. dazu unten Rn. 302 ff.). Kennzeichnend für das unter § 31 Abs. 5 WpHG fallende beratungsfreie Geschäft ist das **Fehlen einer konkreten Empfehlung** des Wertpapierdienstleisters.[652] Unerheblich ist dagegen, auf welche Art von Finanzinstrument sich das Geschäft bezieht und ob die Initiative dazu von der Bank oder vom Kunden ausgegangen ist. Darin unterscheidet sich das beratungsfreie vom reinen Ausführungsgeschäft nach Abs. 7.

276 Nach dem der MiFID und nunmehr auch dem WpHG zugrunde liegenden Konzept abgestufter Wohlverhaltenspflichten stellt sich der **Inhalt der Pflichten beim beratungsfreien Geschäft** gegenüber Privatkunden grundsätzlich wie folgt dar: Nach der für alle Wertpapierdienstleister vorgeschriebenen Erteilung der **Basisinformationen** über das eigene Unternehmen und sein Leistungsprogramm einschließlich der mit den verschiedenen Arten von Finanzinstrumenten und Wertpapierdienstleistungen verbundenen Risiken gemäß § 31 Abs. 3 WpHG iVm § 5 Abs. 2 WpDVerOV müssen noch vor Vertragsabschluss die erforderlichen Kundenangaben eingeholt werden (**Explorationspflicht** gemäß § 31 Abs. 5 Satz 1 WpHG), um darauf aufbauend die gebotene **Angemessenheitsprüfung** nach Abs. 5 Satz 2 durchführen zu können. Diese richtet sich da-

---

[649] Ebenso *Teuber/Müller* in Clouth/Lang, Rn. 289.
[650] *Sethe*, 898 f.; *Teuber/Müller* in Clouth/Lang, Rn. 289; *ders.*, in: *Ellenberger/Schäfer* (Hrsg.), S. 221, 243.
[651] Für Gleichklang zwischen Zivil- und Aufsichtsrecht in diesem Punkt auch *Teuber/Müller* in *Clouth/Lang*, Rn. 289. Näher zu den vertraglichen Pflichten des Vermögensverwalters beim Investitionsprozess zB *Benicke*, Wertpapiervermögensverwaltung, 2006, S. 170 ff., 762 ff.; *ders.*, ZGR 2004, 760, 793 ff.; *Sprockhoff*, WM 2005, 1739 ff.
[652] So auch *Schäfer/Lang*, in: *Clouth/Lang* (Hrsg.), MiFID-Praktikerhandbuch, Rn. 239.

rauf, ob der Kunde über die erforderlichen Kenntnisse und Erfahrungen verfügt, um die Risiken angemessen beurteilen zu können, die mit der fraglichen *Art* der Finanzinstrumente oder Wertpapierdienstleistungen verbunden sind. Ergibt die Prüfung, dass der gewünschte Geschäftsabschluss (im Hinblick auf das Finanzinstrument oder die Wertpapierdienstleistung) für den Kunden nicht angemessen ist, muss die Bank einen entsprechenden **Warnhinweis** geben (Satz 3); ist sie wegen des Fehlens der erforderlichen Informationen zur Beurteilung der Angemessenheit nicht in der Lage, ist der Kunde darüber zu informieren (Satz 4). Dies kann ebenso wie der Warnhinweis in standardisierter Form erfolgen (Satz 5). Keine Besonderheiten bestehen bei der **Abwicklung des Auftrags**. Hier ist – wie auch sonst – die bestmögliche Ausführung im Kundeninteresse sicherzustellen und die Kundenorder mit allen relevanten Daten der Auftragsdurchführung zu dokumentieren.

Gegenüber professionellen Kunden i. S. d. § 31 a Abs. 2 sowie geeigneten Gegenparteien nach § 31 b besteht **keine Pflicht zur Angemessenheitsprüfung.**[653] Das ergibt sich zwar nicht (mehr) ausdrücklich aus § 31 Abs. 9, der sich explizit nur auf die Prüfung nach Abs. 4 bezieht. Doch handelt es sich bei der Streichung des ursprünglich vorgesehenen Satzes 2 in Abs. 9 durch den Finanzausschuss offenbar um ein Redaktionsversehen, da eine inhaltliche Änderung nicht beabsichtigt war.[654] Ein anderes Ergebnis würde im Übrigen Art. 36 Unterabs. 2 DRL widersprechen, demzufolge eine Wertpapierfirma bei professionellen Kunden davon ausgehen darf, dass sie über die erforderlichen Kenntnisse und Erfahrungen verfügen, um die Risiken im Zusammenhang mit den fraglichen Geschäften zu erfassen.

Schon **nach bisherigem Recht** wurde die „Professionalität" des Kunden im Rahmen der Beurteilung berücksichtigt, ob eine Aufklärung erforderlich ist. Dabei kam es allerdings auf die **individuellen Kenntnisse und Erfahrungen des einzelnen Kunden** an, während sich heute die Zugehörigkeit zur Kategorie der professionellen Kunden grundsätzlich allein nach den abstrakten, in § 31 a Abs. 2 fixierten Kriterien richtet. Etwas anderes gilt nur im Falle der individuellen Hochstufung eines Privatkunden (näher dazu § 31a Rn. 34 ff.).

II. Explorationspflicht

Für die Erbringung anderer Wertpapierdienstleistungen als Anlageberatung und Finanzportfolioverwaltung beschränkt sich die Explorationspflicht nach Abs. 5 Satz 1 auf die Ermittlung der **Kenntnisse und Erfahrungen** des Kunden in Bezug auf Geschäfte mit bestimmten *Arten* von Finanzinstrumenten oder Wertpapierdienstleistungen. Hinzu kommt die ausdrückliche Bezugnahme auf den Grundsatz der Erforderlichkeit im Hinblick auf die Angemessenheitsprüfung nach Satz 2. Diese bezieht sich ebenfalls nur auf die Beurteilung der **Risiken**, die im Zusammenhang mit der *Art* von Finanzinstrumenten oder Wertpapierdienstleistungen stehen, betreffen also nicht das jeweilige konkrete Finanzinstrument oder die konkrete Wertpapierdienstleistung. Näher zum Merkmal der „Kenntnisse und Erfahrungen" des Kunden als Gegenstand der Erkundigungspflicht oben Rn. 217 ff.

---

[653] *Schäfer/Lang,* in: *Clouth/Lang,* Rn. 237; *Einsele,* JZ 2008, 477, 479; *Balzer,* ZBB 2007, 333, 341; *Weichert/Wenninger,* WM 2007, 627, 632; *Seyfried,* WM 2006, 1375, 1383.
[654] Vgl. BdB, MiFID-Leitfaden, S. 64 f.; s. näher § 31a Rn. 46.

III. Allgemeine Kriterien der Angemessenheitsprüfung (Abs. 5)

1. Gegenstand und Maßstab der Prüfung (Satz 2)

280 Die Beurteilung durch das Wertpapierhandelsunternehmen muss sich auf „**die Angemessenheit der Finanzinstrumente oder Wertpapierdienstleistungen** für den Kunden" erstrecken. Obwohl dies in Abs. 5 – anders als in Abs. 4 für die Geeignetheitsprüfung – nicht explizit ausgeführt wird, geht es insoweit jeweils um den **konkreten Kunden** (innerhalb der Kategorie der Privatkunden) und dessen individuellen Verhältnisse. Hinsichtlich des intendierten Wertpapiergeschäfts genügt dagegen eine Betrachtung der **Art der Finanzinstrumente oder Wertpapierdienstleistungen**. Schon daraus folgt, dass es hier weder um die wirtschaftliche Zweckmäßigkeit noch um die Angemessenheit der konkreten Konditionen des jeweiligen Geschäfts vor dem Hintergrund der (finanziellen und sonstigen) Situation des individuellen Kunden geht. Eine solche Überprüfung durch das Wertpapierdienstleistungsunternehmen wäre ohnehin weder praktisch umsetzbar noch wünschenswert.

281 Vielmehr ist der **Beurteilungsmaßstab** für die Angemessenheit nach Abs. 5 Satz 2 allein, ob der **Kunde die Risiken** im Zusammenhang mit der Art der Finanzinstrumente oder Wertpapierdienstleistungen angemessen **beurteilen kann**. Da dies für den Wertpapierdienstleister nicht (in zumutbarer Weise) direkt nachprüfbar ist, richtet sich der Prüfungsauftrag auf das Vorhandensein der dafür erforderlichen Kenntnisse und Erfahrungen auf Seiten des Kunden. Die Bank muss zu der begründeten Annahme gelangen, dass der Kunde in der Lage ist, die mit den Geschäften verbundenen Risiken angemessen zu verstehen und auf dieser Grundlage eine informierte, eigenverantwortliche Anlageentscheidung zu treffen (vgl. Abs. 3 Satz 1).

282 Maßstab kann hier allerdings nur eine **Plausibilitätskontrolle auf der Basis der Kundenangaben** sein. Abs. 6 stellt hierzu ausdrücklich klar, dass sich das Wertpapierdienstleistungsunternehmen grundsätzlich auf die Angaben des Kunden verlassen darf. Etwas anderes gilt nur, wenn es die Unvollständigkeit oder Unrichtigkeit der Kundenangaben kennt oder infolge grober Fahrlässigkeit nicht erkennt, obwohl sich dieser Schluss geradezu aufdrängen musste. Kommt die Angemessenheitsprüfung wegen (ohne grobe Fahrlässigkeit) nicht erkannter fehlerhafter oder unvollständiger Kundenangaben zu einem falschen Ergebnis, hat dies der Wertpapierdienstleister nicht zu vertreten.[655] Andernfalls kann er sich schadensersatzpflichtig machen, da § 31 Abs. 5 eine auf den einzelnen Kunden bezogene Verhaltenspflicht ieS normiert und daher ein Schutzgesetz i.S.d. § 823 Abs. 2 BGB ist.[656] Die **Bedeutung von Abs. 6** erschöpft sich nicht in einer Anhebung des Verschuldensmaßstabs auf grobe Fahrlässigkeit, sondern begrenzt zugleich eine etwaige Überprüfungs- oder Nachforschungspflicht hinsichtlich der Kundenangaben auf solche Fälle, in denen starke Indizien für die Fehlerhaf-

---

[655] Nach dem Wortlaut von Abs. 6 („nicht zu vertreten") geht es um die Anhebung des Verschuldensmaßstabs auf grobe Fahrlässigkeit. Denkbar erscheint aber auch eine Interpretation, nach der es schon an einer objektiven Pflichtwidrigkeit der auf fehlerhaften oder unvollständigen Angaben des Kunden beruhenden Angemessenheitsprüfung fehlt.

[656] Vgl. näher Vor §§ 31 bis 37a Rn. 80 ff.

Allgemeine Verhaltensregeln 283–285 § 31

tigkeit oder Unvollständigkeit der Angaben sprechen, und gestaltet insoweit bereits die objektive Pflichtenlage aus.

Die **Prüfung, ob** die vom Kunden im Einzelfall getroffene **Entscheidung mit** 283
seinen **Kenntnissen und Erfahrungen übereinstimmt,** ist zwar im Ansatz individualbezogen, doch sind gewisse Standardisierungen in der Praxis unvermeidlich. Das bislang in Deutschland (insbes. beim Discount-Broking) praktizierte System einer **Zuordnung der Kunden zu bestimmten Kenntnisstufen und Risikoklassen von Wertpapiergeschäften** kann auch im neuen Recht fortgeführt werden. Denn im Grunde hat dieses ausdifferenzierte, am Maßstab einer relativen Professionalität orientierte Modell der abgestuften Kundengruppenbildung die nunmehr geforderte Angemessenheitsprüfung vorweggenommen.[657] In der Praxis werden detaillierte **Wertpapiererfassungsbögen** verwendet, in denen die Erfahrungen und Kenntnisse des betreffenden Kunden bezüglich bestimmter Arten von Finanzinstrumenten erfasst werden. Die Einstufung in eine bestimmte Risikoklasse führt dann im Sinne eines **Kundengruppenmodells**[658] dazu, dass Aufträge des Kunden für Finanzinstrumente, die in diese oder eine niedrigere Risikoklasse fallen, ohne weiteres ausgeführt werden. Bei Aufträgen für eine höhere Risikoklasse muss ein entsprechender Warnhinweis (näher Rn. 285) und – vor der etwaigen Ausführung des Geschäfts – eine zusätzliche Aufklärung erfolgen.

Die **Übereinstimmung** des Geschäfts **mit den Anlagezielen** des Kunden ist 284
dagegen **nicht Gegenstand der Angemessenheitsprüfung.** Ebenso wenig wird die finanzielle Risikotragfähigkeit überprüft. Daher erübrigt sich auch eine Abfrage entsprechender Angaben.[659] Wenn allerdings solche Informationen beim Wertpapierdienstleister im Rahmen einer bestehenden Kundenbeziehung erhoben worden oder aus anderen Gründen noch vorhanden sind, stellt sich die Frage, ob die tatsächliche Kenntnis eine weitergehende Warnpflicht auslösen könnte, etwa in Anknüpfung an die bisherige Rechtsprechung zum Direktbankengeschäft, nach der die deutliche Abweichung eines Auftrags von den zuvor geäußerten Anlagezielvorstellungen des Kunden die Pflicht zu einem entsprechenden Warnhinweis begründete.[660] An dieser zivilrechtlichen Lage dürfte sich durch die Umsetzung der MiFID nichts geändert haben,[661] während aufsichtsrechtlich keine Warnpflicht über den Wortlaut des § 31 Abs. 5 hinaus besteht.

2. Hinweis- und Informationspflichten (Satz 3 bis 5)

a) Warnhinweis vor nicht angemessenen Geschäften

Gelangt das Wertpapierdienstleistungsunternehmen im Rahmen der Angemes- 285
senheitsprüfung auf der Basis der vom Kunden erhaltenen Informationen über

---

[657] *Schäfer/Lang* in Clouth/Lang, Rn. 241, 246. Die von den konkreten Kenntnissen und Erfahrungen des einzelnen Kunden ausgehende Einstufung ist streng von der groben gesetzlichen Kundenkategorisierung nach §§ 31a, 31b in Privatkunden, professionelle Kunden und geeignete Gegenparteien anhand abstrakter (institutioneller) Merkmale zu unterscheiden.
[658] Vgl. hierzu ausführlich *Lang*, Informationspflichten, § 17 Rn. 63 ff. mwN.
[659] *Balzer*, ZBB 2007, 333, 341.
[660] Vgl. BGH ZIP 2004, 111, 113; ZIP 2004, 1636, 1638; vgl. auch *Horn*, ZBB 1997, 139, 150.
[661] Vorsichtiger und ohne Differenzierung zwischen Aufsichts- und Zivilrecht *Balzer*, ZBB 2007, 333, 341 (Warnpflicht in diesen Fällen „nicht ausgeschlossen").

Fuchs 1331

dessen Kenntnisse und Erfahrungen zu dem Ergebnis, dass die gewünschte Dienstleistung oder das fragliche **Finanzinstrument nicht angemessen** für ihn ist, muss es den Kunden darauf hinweisen (Abs. 5 Satz 3). Dieser **Warnhinweis** kann in standardisierter Form erfolgen (Satz 5) und zB lauten: „Wir weisen darauf hin, dass das von Ihnen beabsichtigte Geschäft nach Ihren von uns ermittelten Kenntnissen und Erfahrungen für sie nicht angemessen ist."[662] Eine bestimmte Form ist für den Warnhinweis nicht vorgeschrieben, so dass er zB auch mündlich gegeben werden kann. Allerdings empfiehlt sich schon aus Beweisgründen eine schriftliche Erteilung.[663]

286 Sofern der Kunde trotz Erhalt des Warnhinweises weiterhin die Durchführung des Geschäfts verlangt, ist das Wertpapierdienstleistungsunternehmen berechtigt, den Auftrag auszuführen.[664] Fraglich ist allerdings, ob es in diesem Zusammenhang zur **Erteilung zusätzlicher Informationen** verpflichtet ist, um dem Kunden etwa die für Geschäfte dieser Art erforderlichen Kenntnisse zu vermitteln und ihn dann ggf. in eine höhere Risikoklasse einzustufen. Eine derartige aufsichtsrechtliche Pflicht lässt sich aber weder § 31 WpHG nF noch der WpDVerOV entnehmen. Zivilrechtlich könnte dann etwas anderes gelten, wenn für die Bank erkennbar ein entsprechendes Aufklärungsbedürfnis besteht und das Verhalten des Kunden nicht als konkludenter Verzicht auf eine Informationserteilung zu werten ist.

b) Unmöglichkeit der Angemessenheitsprüfung

287 Die Pflicht zur Angemessenheitsprüfung entfällt, wenn das Wertpapierdienstleistungsunternehmen **„nicht die erforderlichen Informationen"** erlangt. In diesem Fall ist der Kunde darüber zu informieren, dass eine **Beurteilung der Angemessenheit nicht möglich** ist (Abs. 5 Satz 4). Das gewünschte Geschäft darf in diesem Fall dennoch ausgeführt werden, wenn der Kunde es weiterhin wünscht.[665]

288 Das Informationsdefizit des Wertpapierdienstleisters hinsichtlich der erforderlichen Informationen über den Kunden kann darauf beruhen, dass dieser sich weigert, entsprechende Angaben zu machen, dass diese Angaben erhebliche Lücken aufweisen oder offensichtlich fehlerhaft sind. In allen drei Fällen kann eine einigermaßen korrekte Risikoklassifizierung nicht erfolgen. Allerdings dürfte dieser Fall in der Praxis relativ selten sein. Abs. 6 stellt klar, dass sich der Wertpapierdienstleister grundsätzlich auf die Richtigkeit und Vollständigkeit der im Rahmen der Exploration vom Kunden erhaltenen Angaben verlassen kann, sofern ihm das Gegenteil nicht bekannt oder infolge grober Fahrlässigkeit unbekannt geblieben ist.

289 Die **Weigerung des Kunden,** die erforderlichen Angaben zu machen, stellt keine Pflichtverletzung dar. Schon nach früherem Recht war der Kunde zu einer Auskunftserteilung nicht verpflichtet, musste aber etwaige Rechtsnachteile durch fehlende Informationserteilung erleiden. Daran hat sich durch die Neuregelungen im Zuge des FRUG nichts geändert (vgl. Rn. 205). Es handelt sich nach wie vor lediglich um eine Obliegenheit des Kunden. Gibt er keine für eine Ange-

---

[662] Schäfer/Lang, in: Clouth/Lang, Rn. 242.
[663] Schäfer/Lang, in: Clouth/Lang, Rn. 243.
[664] Schäfer/Lang, in: Clouth/Lang, Rn. 243; Teuber, BKR 2006, 429, 434.
[665] Teuber, BKR 2006, 429, 434.

messenheitsprüfung ausreichenden Informationen, muss er als Konsequenz damit rechnen, mit einem dennoch ausführten Geschäft für ihn nicht überschaubare Risiken einzugehen.

3. Dokumentationspflichten

Während bei Altkunden die bestehenden Konten- und Depotverträge unverändert weitergeführt werden können, sind Wertpapierdienstleistungsunternehmen gegenüber **privaten Neukunden** verpflichtet, mit ihnen eine **schriftliche Rahmenvereinbarung** abzuschließen, bevor sie diesen gegenüber erstmalig eine beratungsfreie Wertpapierdienstleistung erbringen. Diese Rahmenvereinbarung muss nach § 34 Abs. 2 Satz 2 „mindestens die wesentlichen Rechte und Pflichten des Wertpapierdienstleistungsunternehmens und des Privatkunden" enthalten. **Verweise auf andere Dokumente oder Rechtstexte** sind **zulässig** (§ 34 Abs. 2 Satz 3). Daher genügt eine entsprechende Modifizierung des Formulars für den Depoteröffnungsantrag,[666] in dem dann auf die Allgemeinen Geschäftsbedingungen der Bank sowie auf die verschiedenen Sonderbedingungen (für Wertpapiergeschäfte, für Termingeschäfte etc.) verwiesen wird. Dabei ist allerdings streng auf die Einhaltung des AGB-rechtlichen Transparenzgebots zu achten.[667] Die Rahmenvereinbarung ist dem Privatkunden in Papierform oder auf einem anderen dauerhaften Datenträger zur Verfügung zu stellen (näher hierzu § 34 Rn. 18 f.).

Da nach § 34 Abs. 1 iVm § 14 Abs. 1 WpDVerOV nachvollziehbar sein muss, ob das Wertpapierdienstleistungsunternehmen die jeweils relevante Verhaltenspflicht erfüllt hat, ist auch die **Erteilung von Warnhinweisen** zu dokumentieren. Die Aufzeichnung sollte ggf. um den Vermerk ergänzt werden, dass der Kunde trotzdem auf die Durchführung des Wertpapiergeschäfts bestanden hat. Wegen der näheren Einzelheiten der (allgemeinen) Aufzeichnungs- und Aufbewahrungspflichten nach § 34, die durch § 14 WpDVerOV konkretisiert werden, wird auf die Kommentierung des § 34 verwiesen.

IV. Die Pflichtenlage beim Discount-Broking

1. Einordnung des Geschäftsmodells

Kennzeichnend für das sog. **Discount-Broking**[668] ist, dass Wertpapierdienstleistungen unter prinzipiellem **Ausschluss von Beratung und erheblicher Reduzierung bzw. Standardisierung von Information** erbracht werden.[669]

---

[666] *Schäfer/Lang*, in: *Clouth/Lang*, Rn. 248.
[667] Vgl. zu den Anforderungen im Einzelnen, insbesondere bei Verweisen, *Fuchs*, in: *Ulmer/Brandner/Hensen*, AGB-Recht, 10. Aufl. 2006, § 307 Rn. 323 ff., 337.
[668] Ausführlich zu den Besonderheiten des Discount-Broking im Rahmen des § 31 WpHG aF *Brandt*, S. 280 ff.; *Lang*, Informationspflichten, § 17 Rn. 1 ff. Alternative Bezeichnungen für dieses Geschäftsmodell sind Discount-Brokerage, Discount-Brokering, Discount-Banking, execution-only-business oder ähnliche Termini, vgl. nur *Schäfer/Lang*, in: *Clouth/Lang*, Rn. 244 mwN.
[669] BT-Drs. 12/7918, S. 104; *Balzer* WM 2001, 1533; *ders.* DB 1997, 2311 ff.; *ders.* ZBB 1997, 260, 266; *Horn* ZBB 1997, 139, 151; *Reich* WM 1997, 1601, 1606; *Köndgen* ZBB 1996, 361, 364; *Koller*, in: *Assmann/Schneider*, Rn. 159, 165 ff.; *Lenenbach* Rn. 8.44; *Kümpel*, Bank- und Kapitalmarktrecht Rn. 16.580 ff.; *Wieneke*, S. 140 ff.; *Siller*, S. 3 ff., 30 ff.; *Herkströter*, S. 35 ff.; *Siebert*, S. 169 ff.; *Brandt*, S. 266; *Schwark*, Rn. 65 ff.

§ 31 293 Abschnitt 6. Verhaltensregeln, Verjährung

Der Discount-Broker beschränkt sich in aller Regel auf die bloße Ausführung von Kauf- und Verkaufsorders sowie der begleitenden Depotverwaltung. Durch die Konzentration auf bloße Auftragsausführung *(execution-only)* kann der Discount-Broker erheblich **kostengünstiger** arbeiten als vergleichbare Wertpapierdienstleistungsunternehmen und diese Kostenvorteile (teilweise) an seine Kunden weitergeben.[670] Discount-Broker betreiben Wertpapiergeschäfte als Kommissionäre oder im Wege des Eigenhandels mit einem stark standardisierten und teilweise eingeschränkten Leistungsprogramm sowie in aller Regel ohne Filialpräsenz ausschließlich über Fernkommunikationsmittel wie Telefon, Telefax, E-Mail, Online-Verbindungen über das Internet etc.[671]

293 Da beim Discount-Broking **prinzipiell keine Beratungspflichten** bestehen[672] und auch keine Vermögensverwaltung angeboten wird, ist diese Geschäftsform grundsätzlich dem beratungsfreien Geschäft nach § 31 Abs. 5 zuzuordnen. Dass der **formularmäßige Ausschluss jeder Beratung** seitens der Discount-Broker ohne weiteres **zulässig** ist, wird schon seit längerem nicht mehr bestritten.[673] Voraussetzung ist aber, dass die Wertpapierkunden vor Begründung der Geschäftsbeziehung ausdrücklich darauf hingewiesen werden, dass Beratungsleistungen nicht erbracht werden.[674] Dies schließt freilich nicht aus, dass im Einzelfall dennoch ein Beratungsvertrag mit dem Discount-Broker auf andere Weise entstehen kann: Soweit etwa der Discount-Broker auf telefonische Anfrage hin individuelle Empfehlungen erteilt, kann darin der Abschluss eines konkludenten Beratungsvertrags liegen.[675] Will das Wertpapierdienstleistungsunternehmen dies vermeiden, muss es darauf achten, dass seine Mitarbeiter sich nicht auf persönliche und individuelle Gespräche mit ihren Kunden einlassen, da sonst die Gefahr der Begründung eines konkludenten Beratungsvertrages mit potentiell weit reichenden Haftungsfolgen besteht.[676]

---

[670] Vgl. statt vieler *Wieneke*, S. 13 ff.; *Brandt*, S. 266 ff.

[671] Vgl. *Schäfer/Lang*, in: *Clouth/Lang*, Rn. 244; *Roth*, in: *Assmann/Schütze*, § 11 Rn. 105.

[672] Eine Beratungspflicht lässt sich weder aus § 31 Abs. 2 oder Abs. 3 konstruieren noch verstößt der grundsätzliche Ausschluss von Beratungsleistungen gegen die Pflicht zur Wahrung des Kundeninteresses gemäß § 31 Abs. 1 Nr. 1; vgl. zu § 31 WpHG aF BGH WM 1999, 2300, 2303 = WuB I G 7.-2.00 m. Anm. *Meixner;* BGH WM 1996, 906 = WuB I G 1.-9.96 m. Anm. *Schäfer;* OLG Hamm, WM 1997, 568, 569; aus der Lit. *Lang*, Informationspflichten, § 17 Rn. 10 ff.; *Koller*, in: *Assmann/Schneider*, Rn. 111; *Hannöver* in: Bankrechtshandbuch, § 110 Rn. 61 ff.; *Schwark*, Rn. 67.

[673] OLG München ZIP 1998, 2056 = EWiR 1998, 2056 *(Balzer);* LG München I EWiR 1998, 473 *(Siller);* aus der Lit. nur *Kümpel*, Bank- und Kapitalmarktrecht Rn. 16.582; *Siol*, in: FS Schimansky, S. 781, 791; abw. LG Köln WM 1998, 1479 = EWiR 1997, 675 *(Balzer),* das in einem formularmäßigen Beratungsausschluss zugleich einen Informationsverzicht gesehen hat; dazu *Balzer* WM 2001, 1533, 1535 f.; *Metz*, VuR 1996, 184 f.; *Wieneke*, S. 232.

[674] BT-Drucks. 12/7918, S. 104; aus der Lit. zB *Kümpel*, Bank- und Kapitalmarktrecht Rn. 16.585; *Hannöver* in: Bankrechtshandbuch, § 110 Rn. 61 ff.; *Roth*, in: *Assmann/Schütze*, § 11 Rn. 118; *Brandt*, S. 272.

[675] *Balzer* WM 2001, 1533, 1534 ff.; *Ellenberger*, WM Sonderbeilage Nr. 1 zu Heft 15/2001, S. 2, 5; *Horn*, in: FS Schimansky, S. 653, 656; *Steuer*, in: FS Schimansky, S. 793, 814; *Siol*, in: FS Schimansky, S. 781, 784; *Richrath* WM 2004, 653 ff.

[676] Vgl. *Balzer* DB 1997, 2311, 2314; *Kümpel* WM 1995, 689, 693; *Hannöver* in: Bankrechtshandbuch, § 110 Rn. 62; *Horn*, in: FS Schimansky, S. 653, 656.

Allgemeine Verhaltensregeln 294–297 § 31

Sofern durchgängig die Anforderungen des § 31 Abs. 7 eingehalten werden, 294
was voraussetzt, dass nur ein eingeschränkter Katalog an Wertpapierdienstleistungen in Bezug auf „nicht-komplexe Finanzinstrumente" angeboten wird (vgl. Rn. 302 ff.), entfallen die Pflichten sowohl zur Einholung von Kundenangaben als auch zur Angemessenheitsprüfung nach Abs. 5. Eine **Beschränkung auf** dieses sog. **reine Ausführungsgeschäft** dürfte in der Praxis aber **selten** sein. Meist werden Discount-Broker wohl daneben auch im beratungsfreien Geschäft mit einem gegenüber der Anlageberatung zwar reduzierten, aber nicht völlig zu vernachlässigenden Pflichtenkatalog tätig sein. Die neue Rechtslage nach Abs. 5 stimmt dabei im Wesentlichen mit der bisherigen rechtlichen Behandlung des Discount-Broking überein.

2. Erkundigungspflichten des Discount-Brokers

So war schon bisher anerkannt, dass Discount-Broker grundsätzlich dem nor- 295
malen Pflichtenprogramm für Wertpapierdienstleistungsunternehmen einschließlich der grundlegenden Explorationspflichten nach § 31 Abs. 2 Nr. 1 WpHG aF unterliegen.[677] Kenntnisse über ihren Kunden verschaffen sich die Discount-Broker in der Praxis regelmäßig durch Übersendung standardisierter Erhebungsbögen, mit denen der Wertpapierkunde sein Risikoprofil weitgehend selbständig bestimmen kann.[678] Danach werden die **Kunden** entsprechend ihren Angaben über Kenntnisse und Erfahrungen hinsichtlich bestimmter Arten von Wertpapiergeschäften **bestimmten Risikoklassen zugeordnet.** Die Bildung der entsprechenden Kundengruppen orientiert sich dabei am Maßstab ihrer „relativen Professionalität" in Form von Erfahrungen und Kenntnissen im Umgang mit bestimmten Arten von Finanzinstrumenten unterschiedlicher Risikostruktur.[679]

Abweichend von den Vorgaben des § 31 Abs. 2 Nr. 1 WpHG aF hat die Ba- 296
Fin es allerdings für zulässig gehalten, dass Discount-Broker ihre Kunden grundsätzlich nur zu ihren Kenntnissen und Erfahrungen befragen.[680] **Angaben zu Anlagezielen und finanziellen Verhältnissen** sollten **regelmäßig entbehrlich** und nur dann erforderlich sein, wenn der Discount-Broker den Kunden zur Durchführung der beabsichtigten Geschäfte Kredit vermittelt, selbst einräumt oder Sicherheit verlangt.[681] Diese früher nicht unbedenkliche Praxis ist nunmehr durch Abs. 5 legalisiert worden; denn wie die Gegenüberstellung mit der weiterreichenden Geeignetheitsprüfung nach Abs. 4 bestätigt, genügt es für die Angemessenheit nach Abs. 5, dass der Kunde auf Grund seiner Kenntnisse und Erfahrungen die Risiken der beabsichtigten Geschäfte angemessen beurteilen kann, während die finanzielle Tragbarkeit und die Übereinstimmung mit den Anlagezielen nur in Abs. 4 im Zusammenhang mit der Anlageberatung und Finanzportfolioverwaltung erwähnt werden.

Der Frage nach der **Möglichkeit eines völligen Verzichts auf die Explo-** 297
ration des Kunden im Rahmen des Discount-Broking wurde bisher nur eine

---

[677] *Wieneke*, S. 28 f.; *Siller*, S. 12; *Brandt*, S. 280.
[678] *Kümpel*, Bank- und Kapitalmarktrecht Rn. 16.587 f.; *Wieneke*, S. 31 f.
[679] Vgl. *Wieneke*, S. 173; *Lang*, Informationspflichten, § 17 Rn. 6, 63 ff.; *Schäfer/Lang*, in: *Clouth/Lang* (Hrsg.), MiFID-Praktikerhandbuch, Rn. 245.
[680] Ziffer 2.6 der früheren Wohlverhaltensrichtlinie.
[681] Ziffer 2.6 der früheren Wohlverhaltensrichtlinie; krit. dazu *Schäfer*, Rn. 48; *Koller* in: *Assmann/Schneider*, Rn. 167.

Fuchs 1335

§ 31 298–300   Abschnitt 6. Verhaltensregeln, Verjährung

untergeordnete Bedeutung beigemessen, da diese Erkundigung in der Praxis wohl stets erfolgte.[682] Nunmehr richtet sich die Antwort allein danach, ob der **Bereich des reinen Ausführungsgeschäfts** nach Abs. 7 überschritten ist. Wenn das der Fall ist, muss auch eine Exploration zum Zwecke der Ermöglichung einer Angemessenheitsprüfung durchgeführt werden.

298   Durch die **Einstufung in Risikoklassen** ist bereits ein entsprechender Mindeststandard an Anlegerschutz verwirklicht worden, da der Discount-Broker Aufträge, die außerhalb des Risikoprofils liegen, prinzipiell nicht oder erst auf Nachfrage und Erteilung einer weiteren Aufklärung ausführt.[683] Dieses Vorgehen ist vom BGH ausdrücklich gebilligt worden.[684] Es **entspricht einer Angemessenheitsprüfung**, die ggf. mit Warnhinweisen vor der Ausführung von Aufträgen außerhalb der Risikoklasse, welcher der Kunde zugeordnet ist, endet.

3. Informationspflichten des Discount-Brokers

299   Im Regelfall dürfte es genügen, wenn der Discount-Broker die grundlegenden Informationspflichten nach Abs. 3 erfüllt. Schon unter der Geltung des § 31 Abs. 2 Nr. 2 WpHG aF war überwiegend anerkannt, dass die besondere Geschäftsform des Discount-Broking zwar keinen vollständigen Ausschluss der gesetzlichen Informationspflicht rechtfertigte,[685] dass aber insoweit letztlich nur ein reduziertes Pflichtenprogramm eingreifen konnte. Dogmatisch stützte sich die überwiegende Auffassung insoweit (nicht ganz unproblematisch) auf einen ausnahmsweise zulässigen standardisierten Teilverzicht auf Aufklärung, der zu einer deutlichen Absenkung des insgesamt zu erfüllenden Pflichtenstandards führen sollte.[686] Die Einzelheiten waren allerdings umstritten.[687]

300   Nunmehr stellt **Abs. 3** klar, dass vorbehaltlich besonderer Regelungen (wie zB bei Anlageberatung oder Portfolioverwaltung nach Abs. 4) nur eine **standardisierte Grundinformation** erforderlich ist. Diese entspricht in ihrem Umfang und Zuschnitt weitgehend dem, was schon bislang in Form der Übersendung standardisierter Informationsbroschüren üblich war.[688] Ein ausdrücklicher Vorbehalt, sich nur an gut informierte und erfahrene Anleger zu wenden, ist nicht er-

---

[682] *Balzer* DB 1997, 2311, 2315; *Wieneke*, S. 13 ff.; *Siller*, S. 64.
[683] *Lenenbach* Rn. 8.48; *Siol*, in: FS Schimansky, S. 781, 789; *Wieneke*, S. 32.
[684] BGH ZIP 1999, 1915, 1917 f. = WM 1999, 2300, 2302 f. = ZBB 1999, 380, 383 f. (m. krit. Anm. *Schwintowski*, ZBB 1999, 385, 386 f.; abl. auch *Koller*, EWiR 1999, 111, 112).
[685] *Balzer* WM 2001, 1533, 1536; *Brandt*, S. 280 f.; *Wieneke*, S. 186; *Koller*, in: *Assmann/Schneider*, Rn. 111, 159, 167; *Kümpel*, Bank- und Kapitalmarktrecht, Rn. 16.582 ff.; *Köndgen*, ZBB 1996, 361, 364 f.; weitergehend *Horn* ZBB 1997, 139, 150 ff.; *Hannöver* in: Bankrechtshandbuch, § 110 Rn. 63 ff.
[686] Vgl. BGHZ 142, 345 = WM 1999, 2300 = WuB I G 7.-2.00 m. Anm. *Meixner*; OLG München WM 1998, 2367; WM 1998, 2188; aus der Lit. zB *Balzer* WM 2001, 1533, 1536 f.; *Horn* ZBB 1997, 139, 151; *Köndgen* ZBB 1996, 361, 365; zT **krit.** *Koller*, in: *Assmann/Schneider*, Rn. 159, 167; *Roth*, in: *Assmann/Schütze*, § 11 Rn. 108 ff.; vgl. auch Ziffer 2.6. der früheren Wohlverhaltensrichtlinie.
[687] Zum früheren Streitstand zB *Wieneke*, S. 141 f.; *Brandt*, S. 284 ff. jeweils mwN
[688] Vgl. BGHZ 142, 345; OLG München WM 1998, 2367; aus der Lit. *Balzer*, DB 1997, 2311, 2314; *Lenenbach* Rn. 8.45; *Horn*, in: FS Schimansky, S. 653, 662 ff.; *Steuer*, in: FS Schimansky, S. 793, 814 f.; **abl.** aber *Schwintowski*, ZBB 1999, 385, 387. Aus Sicht der Verhaltensregeln ist in diesen Fällen eine weitergehende Aufklärung nicht erforderlich, vgl. *Koller*, in: *Assmann/Schneider*, Rn. 161; *Siol*, in: FS Schimansky, S. 781, 787.

forderlich.[689] Denn schon durch die Wahl der Geschäftsform des Discount-Broking gibt der Wertpapierkunde zu erkennen, dass er eine weitergehende, über standardisierte Instrumente hinausgehende Information nicht benötigt.[690] Dafür lässt sich auch anführen, dass die Kostengünstigkeit des Discount-Broking gerade auch durch die Beschränkung auf die Durchführung von Effektengeschäften auf Grundlage standardisierter Information erreicht wird.[691] Nur ausnahmsweise kann eine weitergehende Informationspflicht des Discount-Brokers in den Fällen entstehen, in denen dieser eine Aufklärungsbedürftigkeit erkennt oder die entsprechende Unkenntnis auf grober Fahrlässigkeit beruht.[692] Sofern das Unternehmen dem Kunden Informationen zukommen lässt, die über das nach dem WpHG erforderliche Maß hinausgehen, zB durch Marktkommentare, Charts oder Analysen, sollte es gegenüber dem Kunden ausdrücklich klarstellen, dass diese Informationen keine Anlageberatung darstellen, sondern lediglich die selbständige Anlageentscheidung des Kunden erleichtern sollen.[693]

Im Rahmen der laufenden Geschäftsbeziehung treffen den Discount-Broker weitere Pflichten: Erteilt der Kunde **Orders, die seiner Risikoklasse** nicht entsprechen, muss der Discount-Broker darauf hinweisen.[694] Er darf einen Auftrag auch dann nicht sofort ausführen, wenn er ihn für völlig sinnlos hält, sondern muss zunächst nachfragen.[695] Schließlich treffen auch den Discount-Broker die allgemeinen (vorvertraglichen) **Warnpflichten,** die sich aber nicht auf (spätere) Entwicklungen und Veränderungen der Emittenten beziehen.[696]

H. Pflichten beim reinen Ausführungsgeschäft

I. Überblick

§ 31 Abs. 7 WpHG führt in Umsetzung von Art. 19 Abs. 6 der MiFID gewissermaßen eine „neue" Geschäftsart ein, bei der die Pflichten des Wertpapierdienstleisters auf ein Minimum reduziert sind und die Kunden dementsprechend nur einen **sehr geringen Schutz** genießen. Die Tätigkeit des Wertpapierdienstleistungsunternehmens beschränkt sich auf die bloße Ausführung des vom Kunden gewünschten Geschäfts bezüglich eines bestimmten Finanzinstruments und ist mit **keinerlei Exploration, Angemessenheits- oder Geeignetheitsprüfung** ver-

---

[689] OLG München WM 1998, 2188, 2189; *Balzer* WM 2001, 1533, 1534; aA *Cahn,* ZHR 162 (1998), 1, 38 ff.; *Reich* WM 1997, 1601, 1606; *Koller,* in: *Assmann/Schneider,* Rn. 135 f.
[690] S. zum früheren Recht *Balzer* WM 2001, 1533, 1534; *ders.* DB 1997, 2311, 2314; *Nobbe,* Bankrechtstag 1998, S. 235, 253; *Horn* ZBB 1997, 139, 150; *Wieneke,* S. 149; *Siller,* S. 47; *Hannöver* in: Bankrechtshandbuch, § 110 Rn. 64.
[691] *Horn* ZBB 1997, 139, 150; *Wieneke,* S. 149; *Siller,* S. 47; aA *Balzer* DB 1997, 2311, 2314; *Cahn,* ZHR 162 (1998), 1, 33, 38 ff.; *Köndgen* ZBB 1996, 361, 364; *Reich* WM 1997, 1601, 1606; *Koller,* in: *Assmann/Schneider,* Rn. 159; *Bliesener,* S. 214 f.
[692] BGH WM 1999, 2300, 2303; *Balzer,* WM 2001, 1533, 1535, *ders.* DB 1997, 2311, 2316; *Horn* ZBB 1997, 139, 150; *Nobbe,* Bankrechtstag 1998, S. 235, 253.
[693] Ziffer 2.6 der früheren Wohlverhaltensrichtlinie.
[694] BGH WM 1999, 2300; WM 2004, 24, 27; WM 2004, 1774, 1776 f. *Balzer* DB 1997, 2311, 2316; *Horn* ZBB 1997, 139, 150 f.; *Siol,* in: FS Schimansky, S. 781, 789; enger *Hannöver* in: Bankrechtshandbuch, § 110 Rn. 65.
[695] *Siol,* in: FS Schimansky, S. 781, 789.
[696] *Kümpel,* Bank- und Kapitalmarktrecht Rn. 16.589; *Roth,* in: *Assmann/Schütze,* § 11 Rn. 120 mwN.

bunden. In dem Verzicht auf jegliche Einholung von Angaben des Kunden über seine Erfahrungen und Kenntnisse unterscheidet sich das reine Ausführungsgeschäft nach dem neuen WpHG von dem schon bisher als „execution only" bezeichnete Geschäft, wie es insbesondere von Discount-Brokern praktiziert worden ist.[697]

303 Wegen des (nochmals) abgesenkten Schutzniveaus ist der **Anwendungsbereich des reinen Ausführungsgeschäfts** in doppelter Weise beschränkt: Zum einen steht diese Geschäftsform nur für bestimmte Wertpapierdienstleistungen, zum anderen nur in Bezug auf einen begrenzten Kreis „nicht-komplexer Finanzinstrumente" zur Verfügung. Im Kern geht es um die Anschaffung oder Veräußerung von börsennotierten Aktien, von Geldmarktinstrumenten, Schuldverschreibungen und anderen Schuldtiteln, in die kein Derivat eingebettet ist, sowie von Investmentanteilen. Bei diesen Wertpapieren erscheint dem Gesetzgeber der Verzicht auf besondere Schutzmechanismen zugunsten des Kunden wegen ihres geringen Komplexitätsgrades und ihres überschaubaren Risikogehalts vertretbar.[698]

304 Darüber hinaus wird vorausgesetzt, dass die **Initiative** zu dem Geschäft **vom Kunden** ausgeht („auf Veranlassung des Kunden") und er durch einen ausdrücklichen **Warnhinweis** darüber informiert wird, dass keine Angemessenheitsprüfung vorgenommen wird. Nicht erforderlich ist, dass ein Wertpapierdienstleister sich generell oder ausschließlich für die Erbringung von reinen Ausführungsleistungen entscheidet; diese Geschäftsform kann vielmehr auch im Einzelfall als Alternative zur Anlageberatung oder dem beratungsfreien Geschäft angeboten werden.[699] Aus Art. 19 Abs. 6 MiFID lässt sich nicht ableiten, dass die Erleichterungen des reinen Ausführungsgeschäfts von vornherein nur für solche Wertpapierfirmen gelten sollen, die ausschließlich *execution-only*-Dienstleistungen anbieten.[700] Im Ergebnis dürfte Abs. 7 aber nur den Wertpapierdienstleistern eine deutliche und rechtssichere Erleichterung der Geschäftsabwicklung bieten, die sich ausschließlich als Discount-Broker betätigen und zugleich ihr Leistungsprogramm auf nicht-komplexe Finanzinstrumente beschränken. Denn andernfalls müsste jeweils durch aufwendige Organisationsmaßnahmen[701] sichergestellt werden, dass es nicht doch zum (konkludenten) Abschluss eines Beratungsvertrags oder zu Geschäftsabschlüssen über komplexe Finanzinstrumente kommt, die jeweils weitergehende Pflichten nach sich ziehen.

II. Die Voraussetzungen nach Abs. 7 im Einzelnen

1. Erwerb oder Veräußerung nicht-komplexer Finanzinstrumente

305 Der Anwendungsbereich des reinen Ausführungsgeschäfts beschränkt sich nach Abs. 7 Satz 1 Nr. 1 auf die Durchführung des Finanzkommissionsgeschäfts,

---

[697] Zutreffend *Balzer*, ZBB 2007, 333, 341; insoweit unklar *Schäfer/Lang*, in: *Clouth/Lang*, Rn. 244, 249.
[698] *Schäfer/Lang*, in: *Clouth/Lang*, Rn. 256.
[699] Vgl. *Schäfer/Lang*, in: *Clouth/Lang*, Rn. 252; *Balzer*, ZBB 2007, 333, 341 f.
[700] So aber *Weichert/Wenninger*, WM 2007, 627, 632, die für eine Beschränkung des § 31 Abs. 7 auf Geschäfte ohne persönlichen Kundenkontakt plädieren.
[701] So auch *Roth* in *Assmann/Schütze*, § 11 Rn. 104 (strikte Trennung der Abteilungen erforderlich).

Allgemeine Verhaltensregeln 306, 307 § 31

des Eigenhandels, der Abschluss- oder Anlagevermittlung (§ 2 Abs. 3 Nr. 1–4) in Bezug auf „nicht-komplexe Finanzinstrumente". Dazu zählen zunächst **Aktien, die an einem organisierten Markt** (§ 2 Abs. 5) **oder** einem **gleichwertigen Markt zugelassen** sind. Als gleichwertig sind Märkte außerhalb des EWR dann anzusehen, wenn es sich ebenfalls um ein durch staatliche Stellen genehmigtes, geregeltes und überwachtes multilaterales System handelt, das die Interessen einer Vielzahl von Personen am Kauf und Verkauf der dort zum Handel zugelassenen Finanzinstrumente innerhalb des Systems nach festgelegten Bestimmungen zu Vertragsabschlüssen zusammenführt.

Neben **Geldmarktinstrumenten** (§ 2 Abs. 1a) und **Investmentanteilen** 306 gehören auch „Schuldverschreibungen und andere **verbriefte Schuldtitel, in die kein Derivat eingebettet** ist" zu den nicht-komplexen Finanzinstrumenten. Zu den Schuldtiteln (§ 2 Abs. 1 Nr. 3) zählen insbesondere Genussscheine, Inhaber- und Orderschuldverschreibungen sowie Zertifikate, die Schuldtitel vertreten (lit. a). Erfasst sind damit auch besondere Ausgestaltungsformen wie Gewinnschuldverschreibungen, variabel verzinsliche Anleihen, Zero-Bonds oder „ewige Anleihen" ohne festgelegten Rückzahlungstermin. Allerdings dürfen die Schuldtitel nicht mit Erwerbs- oder Umtauschrechten oder sonstigen charakteristischen Elementen von Derivaten (§ 2 Abs. 2) verbunden sein. Wandel- und Optionsanleihen, entsprechend ausgestattete Genussscheine sowie sonstige Wertpapiere, die zum Erwerb oder zur Veräußerung von Aktien oder vergleichbaren Wertpapieren berechtigen „oder zu einer Barzahlung führen, die in Abhängigkeit von Wertpapieren, von Währungen, Zinssätzen oder anderen Erträgen, von Waren, Indizes oder Messgrößen bestimmt wird" (Schuldtitel nach § 2 Abs. 1 Nr. 3 lit. b) bleiben daher ausgeklammert.[702] Nicht in die Kategorie der „nicht-komplexen Finanzinstrumente" fallen auch Aktienanleihen, Anleihen mit Tilgungswahlrecht des Emittenten (Übereignung von Aktien anstelle der Rückzahlung des Kapitalbetrags bei Laufzeitende) und ähnliche Gestaltungen, die einer Partei gewissermaßen eine „Put Option" einräumen.

Angesichts der äußerst vielfältigen und teilweise komplizierten Ausgestaltungs- 307 formen von **Genussscheinen,** die zB auch ungewöhnliche, nicht an den Jahresüberschuss, den Bilanzgewinn oder die Aktiendividende anknüpfende Formen der Gewinnbeteiligung, nachrangige Rückzahlungsansprüche sowie eine Verlustbeteiligung schon während der Laufzeit vorsehen können,[703] erscheint es bedenklich, alle Erscheinungsformen von Genussscheinen (außer Options- oder Wandelgenussscheine) pauschal in die Kategorie der „nicht-komplexen Finanzinstrumente" einzubeziehen. Es fällt jedoch schwer, ein klares Differenzierungskriterium zu finden, mit dem bestimmte Gestaltungen im Rahmen der breiten Palette von obligationsähnlichen über aktienähnliche bis zu (fast) „aktiengleichen" Genussscheinen aus dem Bereich der nicht-komplexen Finanzinstrumente herausgefiltert werden könnten. Denkbar erscheint die Anknüpfung an eine **Verlustbeteiligung während der Laufzeit des Genussscheins:** Kann das Genussrechtskapital (bzw. der Rückzahlungsanspruch des Genussscheininhabers) – isoliert oder gekoppelt an eine Herabsetzung des Grundkapitals – vor dem Ende der Laufzeit des Genussscheins herabgesetzt und gänzlich aufgezehrt werden, be-

---

[702] So auch ausdrücklich § 7 Nr. 1 WpDVerOV.
[703] Vgl. zu möglichen Ausgestaltungsformen von Genussscheinen zB *Frantzen,* Genussscheine, S. 97 ff.

steht ähnlich wie bei Derivaten ein gesteigertes Risiko des Totalverlustes der Anlage, das es rechtfertigen könnte, diese Form von Genussscheinen **vom reinen Ausführungsgeschäft** nach Abs. 7 Satz 1 Nr. 1 **auszunehmen.**

308 **„Andere nicht-komplexe Finanzinstrumente"** sind solche, die mit den aufgezählten Kategorien vergleichbar sind. Dazu gehören zB mit Aktien vergleichbare börsennotierte Anteile an ausländischen juristischen Personen oder Zertifikate, die Aktien vertreten. § 7 WpDVerOV konkretisiert die vier entscheidenden **Kriterien,** die solche weiteren, nicht explizit in Abs. 7 Nr. 1 erwähnten Finanzinstrumente **kumulativ** erfüllen müssen,[704] um als „nicht-komplex" qualifiziert werden zu können:

1. Das Finanzinstrument darf weder zu den Derivaten i. S. d. § 2 Abs. 2 noch zu den „derivativen" Schuldtiteln des § 2 Abs. 1 Satz 1 Nr. 3 lit. b) gehören;
2. die Investition muss für den Kunden regelmäßig ohne besondere Hindernisse zu einem angemessenen, unabhängig vom Emittenten ermittelten oder bestätigten sowie allgemein zugänglichen Preis beendet werden können (durch Veräußerung, Einlösung oder anderweitige Realisierung);
3. der Kunde darf über die Zahlung des Anschaffungspreises hinaus nicht mit zusätzlichen (auch nur bedingten) Verpflichtungen belastet werden und
4. muss aufgrund öffentlich verfügbarer und für den durchschnittlichen Privatkunden verständlicher Informationen in der Lage sein, eine sachkundige Anlageentscheidung zu treffen.

309 Während dem ersten Kriterium überwiegend nur eine klarstellende Funktion im Hinblick auf die Ausklammerung von Derivaten und Schuldtiteln mit derivativen Elementen aus dem Begriff der „anderen nicht-komplexen Finanzinstrumenten" zukommt, stellen die beiden folgenden Kriterien mit der regelmäßigen Desinvestitionsmöglichkeit zu angemessenen Markt- oder vergleichbaren Preisen sowie der Freiheit von zusätzlichen Verpflichtungen (wie etwa Nachschüssen, Sicherheitszahlungen etc.) **materielle Voraussetzungen** auf, die auch nicht unbedingt immer bei allen ausdrücklich genannten nicht-komplexen Finanzinstrumenten erfüllt sind. Das gleiche gilt für das vierte Kriterium der öffentlichen Verfügbarkeit von für den durchschnittlichen Privatanleger verständlichen Informationen, die zB bei ausländischen börsennotierten Aktien nicht immer gewährleistet erscheint. Denn nicht alle Kunden haben die erforderlichen Sprachkenntnisse und Zugang zu allen Informationsmedien wie etwa Internet, um etwa auch Informationen, die nur außerhalb Deutschlands erhältlich sind, zu bekommen und zu verstehen. Ob diese materiellen Anforderungen, die § 7 WpDVerOV ausdrücklich nur **für die nicht bereits in § 31 Abs. 7 Nr. 1 WpHG aufgezählten Finanzinstrumente** („neben den dort genannten Wertpapieren und Geldmarktinstrumenten") aufstellt, auf die pauschal als „nicht-komplex" bezeichneten Finanzinstrumente zu erstrecken sind, muss als offene Frage bezeichnet werden.

310 Im Hinblick auf die herausragende Bedeutung, die dem Kriterium der Ermöglichung einer informierten, selbstverantwortlichen Anlageentscheidung zukommt, sollte das Wertpapierdienstleistungsunternehmen **das reine Ausführungsgeschäft generell nur für solche Finanzinstrumente** anbieten, für die **aussagekräftige Produktinformationen** existieren, die in Deutschland öffentlich ver-

---

[704] So auch *Balzer,* ZBB 2007, 333, 342.

Allgemeine Verhaltensregeln 311, 312 § 31

fügbar und verständlich sind,[705] und für die ein **hinreichend liquider Markt** besteht.

2. Geschäftsabschluss „auf Veranlassung des Kunden"

Weitere Voraussetzung für die Entbehrlichkeit einer Angemessenheitsprüfung im Rahmen eines reinen Ausführungsgeschäfts nach Abs. 7 Nr. 1 ist, dass der **Kunde die Initiative zu dem Geschäft** ergreifen muss. Zwar wird letztlich jeder Auftrag an ein Wertpapierdienstleistungsunternehmen „auf Veranlassung des Kunden" erteilt; im vorliegenden Zusammenhang ist jedoch entscheidend, dass der Verzicht auf eine Beratung und auf eine Angemessenheitsprüfung ausschließlich vom Kunden ausgeht. Die Bank darf in keiner Weise aktiv darauf hinwirken, dass eine Geeignetheits- oder Angemessenheitsprüfung unterbleibt.[706] Das bloße Angebot von Wertpapierdienstleistungen im Rahmen des reinen Ausführungsgeschäfts (auch zu ggf. günstigeren Konditionen als im beratungsfreien Geschäft oder mit Anlageberatung) schließt die Erbringung reiner Ausführungsleistungen „auf Veranlassung des Kunden" nicht aus. Auch eine werbemäßige Herausstellung derartiger Dienstleistungen schadet insofern nicht. Nach Erwägungsgrund 30 der MiFID ist die Voraussetzung aber dann nicht erfüllt, wenn die Anforderung der Leistung durch den Kunden als Reaktion auf eine an ihn persönlich gerichtete Mitteilung des Wertpapierdienstleisters erfolgt, mit der er zum Kauf eines bestimmten Finanzinstruments oder Abschluss eines bestimmten Geschäfts animiert werden soll. Die Gefahr einer Beeinflussung der Anlageentscheidung besteht aber dann nicht (mehr), wenn die Auftragserteilung erst nach Ablauf einer längeren Zeitspanne (mind. sechs Monate) seit der Übersendung der persönlichen Mitteilung an den Kunden erfolgt.[707]

311

3. Warnhinweis

Die Konsequenz des herabgesetzten Schutzniveaus für den Kunden, der lediglich die allgemeinen Informationen nach § 31 Abs. 3 erhält,[708] muss diesem deutlich vor Augen geführt werden, damit er sich bewusst und eigenverantwortlich für die Geschäftsform des reinen Ausführungsgeschäfts entscheiden kann. Deshalb verlangt Abs. 7 Nr. 2, dass der Kunde darüber **informiert** wird, **dass keine Angemessenheitsprüfung** im Sinne des Abs. 5 stattfindet. Diese Information kann in standardisierter Form erteilt werden. Dies hat rechtzeitig vor der Ausführung des Geschäfts zu erfolgen und muss ebenso wie die Orderausführung dokumentiert werden. Für den **Warnhinweis** selbst ist keine Form vorgeschrieben, so dass er auch mündlich erteilt werden kann. Allerdings empfiehlt sich aus Beweisgründen eine schriftliche Erteilung.

312

---

[705] Andeutungsweise in diese Richtung wohl auch *Schäfer/Lang*, in: *Clouth/Lang* (Hrsg.), MiFID-Praktikerhandbuch, Rn. 258.
[706] *Schäfer/Lang*, in: *Clouth/Lang*, Rn. 253; *Balzer*, ZBB 2007, 333, 342.
[707] *Balzer*, ZBB 2007, 333, 342.
[708] Es ist daher darauf zu achten, dass auch der Kunde im reinen Ausführungsgeschäft die Broschüre „Basisinformationen über Wertpapiergeschäfte" erhält.

I. Kundenbenachrichtigung nach Ausführung des Geschäfts (Abs. 8)

I. Allgemeines

313 Mit der Klarstellung, dass Wertpapierdienstleistungsunternehmen ihren Kunden in geeigneter Form über die ausgeführten Geschäfte oder die erbrachte Finanzportfolioverwaltung berichten müssen, regelt § 31 Abs. 8 **einen einzelnen Aspekt der Auftragsabwicklung.** Diese beginnt mit der Orderannahme und erstreckt sich auf die unverzügliche Ausführung und weitere Abwicklung sowie die damit zusammenhängenden Dokumentations- und Aufbewahrungspflichten.[709] Die wesentlichen Regelungen dazu finden sich in § 31 c (Bearbeitung von Kundenaufträgen), § 33 a (organisatorische Vorgaben für die Implementierung einer „best execution policy") sowie in § 34 (Aufzeichnungs- und Aufbewahrungspflichten).

314 Die Vorschrift des § 31 Abs. 8 setzt Art. 19 Abs. 8 MiFID und Art. 40 DRL um. Sie gilt grundsätzlich in gleicher Weise für alle Kundengruppen. Doch enthalten die **§§ 8, 9 WpDVerOV** bis ins Einzelne gehende konkretisierende Bestimmungen, die teilweise spezielle Anforderungen für Geschäfte mit Privatkunden formulieren (näher dazu unten Rn. 316 ff.). Diese rechtlich verbindlichen Vorgaben ersetzen – unter teilweiser inhaltlicher Modifizierung – die bislang in den Ziffern 3.6.2 und 3.6.3 der Wohlverhaltensrichtlinie der BaFin enthaltenen norminterpretierenden Verwaltungsvorschriften.

315 Die **generelle Verpflichtung** gemäß § 31 Abs. 8 WpHG iVm § 8 Abs. 1 WpDVerOV, dem Kunden **unverzüglich nach Auftragsausführung** auf einem dauerhaften Datenträger (s. hierzu § 3 WpDVerOV) die wesentlichen Informationen darüber zu übermitteln, entspricht zwar weitgehend (bis auf die Formvorschrift) den Anforderungen im Auftrags-, Geschäftsbesorgungs- und Kommissionsrecht (§§ 666, 675 Abs. 1 BGB, 384 Abs. 2 HGB). Das trifft im Kern auch auf die weitere Pflicht zu, den Kunden auf Wunsch über den Stand der Auftragsausführung zu unterrichten (§ 8 Abs. 4 WpDVerOV). Die wertpapierhandelsrechtliche Berichtspflicht gilt jedoch für alle Arten von Wertpapierdienstleistungen. Zudem begründen die einschlägigen Vorschriften spezielle, ansonsten gesetzlich nicht (detailliert) vorgegebene Verpflichtungen; das gilt insbesondere für die Berichtspflichten im Zusammenhang mit der Finanzportfolioverwaltung (§ 9 WpDVerOV, näher dazu Rn. 319 ff.). Dabei steht die allgemeine Pflicht zur periodischen Übersendung einer Aufstellung der im Rahmen der Portfolioverwaltung im Namen des Kunden erbrachten Dienstleistungen unter dem Vorbehalt, dass eine derartige Aufstellung nicht bereits von anderer Seite übermittelt wird (Abs. 1).

II. Berichtspflichten gegenüber Privatkunden

316 § 8 Abs. 2 Satz 2 Nr. 1–15 WpDVerOV listet im Einzelnen auf, welche **Angaben** die Bestätigung der Auftragsausführung **bei Geschäften mit Privat-**

---

[709] Vgl. für einen Überblick über die drei Phasen der Auftragsabwicklung (Orderannahme, -ausführung und -abwicklung) und die dabei jeweils zu beachtenden Vorschriften BdB, MiFID-Leitfaden, S. 116 ff.

Allgemeine Verhaltensregeln 317–319 § 31

kunden enthalten muss. Dazu gehören insbesondere Handelstag und –zeitpunkt, Art des Auftrags und Ausführungsplatz (Nr. 3–6), Menge (Nr. 10) und Stückpreis; bei tranchenweiser Ausführung genügt es, den Preis für die einzelnen Tranchen oder den Durchschnittspreis zu übermitteln, allerdings ist einem Privatkunden auf Wunsch der Preis der einzelnen Tranchen mitzuteilen (Nr. 11). Hervorzuheben ist, dass neben dem Gesamtentgelt (Nr. 12) grundsätzlich nur die Summe der in Rechnung gestellten Provisionen und Auslagen anzugeben ist, während eine Aufschlüsselung nach Einzelposten erst auf Wunsch des Privatkunden erfolgen muss (Nr. 13). Die Gegenpartei des Kunden ist ihm nur mitzuteilen, wenn der Auftrag nicht über ein Handelssystem ausgeführt wurde, das den anonymen Handel erleichtert, und es sich bei der Gegenpartei um das Wertpapierdienstleistungsunternehmen selbst, eine Person der zugehörigen Unternehmensgruppe oder um einen anderen Kunden des Wertpapierdienstleisters handelt (Nr. 15). Eine besondere Verlustmitteilungspflicht besteht, wenn eine ungedeckte Position bei einem Geschäft mit Eventualverbindlichkeiten besteht und die Verluste einen etwaigen Schwellenwert übersteigen (§ 8 Abs. 6 WpDVerOV).

Hinsichtlich des **Zeitpunkts der Übermittlung** konkretisiert § 8 Abs. 2 317 Satz 1 WpDVerOV das Erfordernis der Unverzüglichkeit generell dahingehend, dass der Wertpapierdienstleister seiner Berichtspflicht spätestens am ersten Geschäftstag nach der Ausführung des Auftrags bzw. nach Eingang der Ausführungsbestätigung von einem Dritten nachkommen muss. Für die Verlustmitteilung nach Abs. 6 wird die Frist auf das Ende des Geschäftstags gelegt, an dem der Schwellenwert überschritten wird (bzw. bei geschäftsfreien Tagen auf das Ende des folgenden Geschäftstags). Eine längere Frist von einem Monat gilt nach § 8 Abs. 3 WpDVerOV für Anleihen zur Finanzierung von Hypothekarkreditverträgen.

Ausnahmen und Erleichterungen sind vorgesehen, um einerseits unnötige 318 Doppelmeldungen zu vermeiden und andererseits die Administration zu vereinfachen. So sieht § 8 Abs. 2 Satz 4 WpDVerOV vor, dass die Berichtspflicht des Wertpapierdienstleistungsunternehmens entfällt, wenn die Bestätigung der Auftragsausführung die gleichen Informationen enthalten würde wie eine Bestätigung, die dem Privatkunden unverzüglich von einer anderen Person zuzusenden ist. Bei regelmäßiger Ausführung von Kauf- oder Verkaufsaufträgen über Investmentanteile für Privatkunden genügt es, wenn das Wertpapierdienstleistungsunternehmen (statt der Einzelbestätigungen) dem Kunden mindestens alle sechs Monate die Informationen über die betreffenden Geschäfte übermittelt (§ 8 Abs. 5 WpDVerOV). Eine regelmäßige Ausführung liegt zB bei Sparplänen vor, bei denen ein im voraus festgelegter Betrag in periodisch wiederkehrenden Abständen (etwa monatlich) in Investmentanteilen angelegt werden soll.

Für die **Finanzportfolioverwaltung für Privatkunden** konkretisiert § 9 319 Abs. 2 Nr. 1–8 WpDVerOV die notwendigen **Gegenstände der Aufstellung**, die dem Kunden periodisch zu übermitteln ist. Der **Zeitraum** beträgt grundsätzlich sechs Monate, kann aber – worauf der Kunde hinzuweisen ist – auf drei Monate verkürzt werden (§ 9 Abs. 3 Satz 1 und 2 WpDVerOV); er beträgt höchstens einen Monat, wenn der Vermögensverwaltungsvertrag ein kreditfinanziertes Finanzportfolio oder Finanzinstrumente mit Hebelwirkung zulässt (Satz 3). Verlangt der Kunde dagegen Einzelmitteilungen über die Ausführung jedes einzelnen Geschäfts, sind ihm die relevanten Angaben entsprechend § 8 Abs. 2 WpDVerOV jeweils unverzüglich zu übermitteln; der Zeitraum für die

Fuchs 1343

periodische Aufstellung verlängert sich dann auf mindestens einmal alle zwölf Monate (bzw. alle sechs Monate, wenn einzelne Geschäfte Finanzinstrumente nach § 2 Abs. 1 Satz 1 Nr. 3 lit. b oder Abs. 2 betreffen, § 9 Abs. 4 WpDVerOV).

320 Zu den **Kernangaben in der periodischen Aufstellung** gehören insbesondere die „Zusammensetzung und Bewertung des Finanzportfolios mit Einzelangaben zu jedem gehaltenen Finanzinstrument, seinem Marktwert oder, wenn dieser nicht verfügbar ist, dem beizulegenden Zeitwert, dem Kontostand zum Beginn und zum Ende des Berichtszeitraums sowie der Wertentwicklung des Finanzportfolios während des Berichtszeitraums" (§ 9 Abs. 2 Nr. 3 WpDVerOV), der Gesamtbetrag der im Berichtszeitraum angefallenen Gebühren und Entgelte, mindestens aufgeschlüsselt in Verwaltungsgebühren einerseits und Kosten im Zusammenhang mit der Leistungserbringung andererseits, verbunden mit dem Hinweis, dass auf Anfrage eine detaillierte Aufschlüsselung erfolgt (Nr. 4), der „Gesamtbetrag der Dividenden-, Zins- und sonstigen Zahlungen, die während des Berichtszeitraums im Zusammenhang mit dem Kundenportfolio eingegangen sind" (Nr. 6), sowie „Informationen über sonstige Maßnahmen des Unternehmens, die Rechte in Bezug auf ein Finanzportfolio gehaltene Finanzinstrumente verleihen" (Nr. 7). Darunter sind bei Aktien insbesondere Bezugsrechte bei Kapitalerhöhungen, Abfindungs- oder Ausgleichsansprüche im Zusammenhang mit dem Abschluss von Unternehmensverträgen, Umwandlungsmaßnahmen oder einem *squeeze-out* zu verstehen. Hat der Kunde keine Einzelmitteilungen verlangt, muss die periodische Aufstellung für jedes im Berichtszeitraum ausgeführte Geschäft die Angaben nach § 8 Abs. 2 Satz 2 Nr. 3 bis Nr. 12 WpDVerOV enthalten (§ 9 Abs. 2 Nr. 8 WpDVerOV).

321 Eine **besondere unverzügliche Benachrichtigungspflicht** besteht **für Verluste,** die bei der Finanzportfolioverwaltung entstehen und vereinbarte Schwellenwerte überschreiten (§ 9 Abs. 5 iVm § 8 Abs. 6 WpDVerOV). Auch bei Fehlen einer entsprechenden Vereinbarung ist der Vermögensverwalter nach der Rechtsprechung gehalten, den Kunden von sich aus über eingetretene Verluste zu informieren, sofern diese eine Erheblichkeitsschwelle von etwa 20% des Kurswertes überschreiten (vgl. oben Rn. 266a).

J. Anwendung der Wohlverhaltenspflichten auf Unternehmen mit Sitz in einem Drittstaat (Abs. 10)

I. Allgemeines

322 Der **internationale Anwendungsbereich der Verhaltenspflichten nach §§ 31 ff.** bei Sachverhalten mit Auslandsbezug ergibt sich aus einer Gesamtschau verschiedener Einzelregelungen, die zwischen Unternehmen mit Sitz in einem Mitgliedstaat der EU oder in einem anderen Vertragsstaat des EWR einerseits (§ 36a) und solchen mit Sitz in einem Drittstaat andererseits (§ 31 Abs. 10) differenzieren. Der Grund für diese Abweichung von den Vorgängervorschriften (§§ 31 Abs. 3, 32 Abs. 3 WpHG a. F.), die generell die Anwendung der Wohlverhaltenspflichten auf Wertpapierdienstleistungsunternehmen[710] mit „Sitz im

---

[710] Auch wenn Abs. 10 den Terminus „Unternehmen" verwendet, sind Normadressaten lediglich Wertpapierdienstleistungsunternehmen iSd § 2 Abs. 4, da nur diese den Verhal-

Allgemeine Verhaltensregeln 323, 324 § 31

Ausland" regelten, liegt in der **Einführung des Herkunftslandprinzips** durch Art. 31 Abs. 1 Unterabs. 2 der Finanzmarktrichtlinie.[711] Wertpapierdienstleister mit Sitz in einem Mitgliedstaat der EU oder in einem anderen Vertragsstaat des EWR unterliegen danach primär den materiellen Regelungen und der Aufsicht durch die zuständige Behörde ihres Heimatstaates, in dem sie ihren Sitz haben. Auf **Zweigniederlassungen** iSd § 53 b KWG in Deutschland sind allerdings die §§ 31 ff. mit Ausnahme einzelner Bestimmungen (§§ 31 Abs. 1 Nr. 2, 31 f, 31 g, 33, 33 b, 34 a, 34 b Abs. 5, 34 c) entsprechend anzuwenden (§ 36 a Abs. 1 Satz 1; zu den Aufsichtsbefugnissen der BaFin in diesen Fällen vgl. § 36 a Abs. 2). Soweit andere Vorschriften verletzt werden, hat die **BaFin** nach § 36 a Abs. 3 eine **subsidiäre Zuständigkeit** für anlegerschützende Maßnahmen (und Mitteilungspflichten an die zuständige Behörde des Mitgliedstaates). Das gleiche gilt, wenn Unternehmen mit Sitz in einem anderen Staat des EWR ohne inländische Zweigniederlassung grenzüberschreitende Wertpapier(neben)dienstleistungen an Kunden erbringen, die ihren gewöhnlichen Aufenthalt oder ihre Geschäftsleitung im Inland haben (§ 36 a Abs. 4 mit Verweis auf Abs. 3).

§ 31 Abs. 10 betrifft die grenzüberschreitende Erbringung von Wertpapier(neben)dienstleistungen an Kunden mit gewöhnlichem Aufenthalt oder Geschäftsleitung im Inland durch **Unternehmen mit Sitz**[712] **in einem Drittstaat** und ordnet insoweit unter bestimmten Voraussetzungen die **weitgehende Anwendung der Wohlverhaltensregeln** (§§ 31 Abs. 1 Nr. 1, Abs. 2 bis 9, 31 a, 31 b, 31 d und 31 e) an. Ausgeklammert bleiben somit insbesondere die organisationsbezogenen Bestimmungen der §§ 33 ff., die eng damit zusammenhängende besondere Regelung zur Vermeidung von Interessenkonflikten nach Abs. 1 Nr. 2 sowie die konkreten Vorgaben für die Bearbeitung von Kundenaufträgen (§ 31 c). Von diesen Vorschriften werden nur die Unternehmen erfasst, die in Deutschland ihren Sitz haben.[713] Abgesehen von der Anpassung des Umfangs der zu beachtenden Vorschriften an die mit dem FRUG verwirklichten Änderungen der Wohlverhaltenspflichten bleibt es hinsichtlich der Kriterien für die Anknüpfung des deutschen Rechts bei der bisherigen Regelung.[714]

Den Regelungen nach Abs. 10 und nach § 36 a ist gemeinsam, dass die (partielle) Anwendung des deutschen Rechts auf die grenzüberschreitende Erbringung von Wertpapier(neben)dienstleistungen **unabhängig** davon erfolgt, ob das **Vertragsverhältnis mit dem Kunden** deutschem Recht unterliegt.[715] Maß-

---

tenspflichten der in Bezug genommenen Vorschriften der §§ 31 ff. unterliegen; ebenso schon zur alten Rechtslage nach §§ 31 Abs. 3, 32 Abs. 3 WpHG aF KölnKommWpHG-*Möllers*, § 31 Rn. 308.
[711] Vgl. BegrRegE (FRUG), BT-Drucks. 16/4028, S. 66.
[712] Unter „Sitz" ist nach Art. 4 Abs. 1 Nr. 20 a) der MiFID bei Wertpapierfirmen, die natürliche Personen sind, der Staat zu verstehen, in dem diese Personen ihre Hauptverwaltung haben, während es für juristische Personen auf den satzungsmäßigen Sitz ankommt und nur subsidiär, falls ein solcher nach einzelstaatlichem Recht nicht existiert, auf den Ort der tatsächlichen Hauptverwaltung abzustellen ist; ebenso schon zur Art 1 Nr. 6 WpDRL und dazu *Koller* in Assmann/Schneider, Rn. 176; *Schwark* Rn. 70; *Schäfer* Rn. 71.
[713] Vgl. *Einsele*, Bank- und Kapitalmarktrecht, § 8 Rn. 79 (zu § 33 WpHG aF).
[714] BegrRegE (FRUG), BT-Drucks. 16/4028, S. 66.
[715] *Einsele*, JZ 2008, 477, 487. Vgl. zum Vertragsstatut Art. 27 ff. EGBGB sowie speziell zur kollisionsrechtlichen Anknüpfung bei Bankgeschäften mit Auslandsbezug *Einsele*, Bank- und Kapitalmarktrecht, § 2 Rn. 14 ff.

geblich sind vielmehr allein objektive Kriterien wie der gewöhnliche Aufenthalt des Kunden bzw. der Ort seiner Geschäftsleitung im Inland und die nicht ausschließliche Erbringung der Wertpapier(neben)dienstleistung in einem Drittstaat.

II. Konkretisierung des erforderlichen Inlandsbezugs

325   Die einseitige Sonderanknüpfung zugunsten der Geltung deutschen Rechts[716] ist grundsätzlich weit auszulegen; es genügt, wenn Wertpapier(neben)dienstleistungen **zumindest teilweise in Deutschland oder ins Inland hinein** erbracht werden.[717] Dies ergibt sich im Umkehrschluss aus der Ausnahmeklausel in Abs. 10, nach der die aufgezählten Normen (nur dann) nicht anwendbar sind, sofern die Wertpapier(neben)dienstleistungen einschließlich der damit im Zusammenhang stehenden Nebenleistungen ausschließlich im Ausland erbracht werden. Daran fehlt es etwa, wenn zB eine Beratung von Unternehmen über die Kapitalstruktur als Wertpapiernebendienstleistung nach § 2 Abs. 3a Nr. 3 im Inland erfolgt, auch wenn die eigentliche Wertpapierdienstleistung oder Transaktion ausschließlich im Ausland vollzogen wird. Zudem macht es keinen Unterschied, ob eine Wertpapier(neben)dienstleistung vor Ort im Inland erbracht wird oder ob sie etwa mit Fernkommunikationsmitteln wie Telefon, Fax, E-Mail oder Schriftverkehr vom Ausland ins Inland hinein erfolgt.[718] Nicht anwendbar sind die Wohlverhaltensregeln allerdings, sofern die Kontaktaufnahme und Initiative zum Geschäftsabschluss allein vom inländischen Kunden ausgeht und die eigentlichen Wertpapierdienstleistungen dann ausschließlich im Ausland durchgeführt werden.[719] Denn in diesem Fällen erbringt das kontaktierte Unternehmen keine Wertpapierdienstleistung im Inland, vielmehr begibt sich der Kunde gewissermaßen ins Ausland. Erfolgt allerdings im Rahmen der Abwicklung („settlement") eine Lieferung von Wertpapieren oder Überweisung von Anlagegeldern vom Ausland ins Inland, ist der nötige Inlandsbezug hergestellt und die Leistungen unterliegen dem Pflichtenprogramm der in Abs. 10 aufgeführten Wohlverhaltensregeln.[720]

---

[716] Zur Anwendbarkeit ausländischer Verhaltenspflichten im Zusammenhang mit Wertpapierdienstleistungen vgl. *Einsele*, Bank- und Kapitalmarktrecht, § 8 Rn. 80 f.
[717] *Koller*, in: *Assmann/Schneider*, § 31 Rn. 175, 177; *Schäfer* § 31 Rn. 69, 73.
[718] *Koller* in: *Assmann/Schneider*, § 31 Rn. 177; KölnKommWpHG-*Möllers*, § 31 Rn. 310; *Schäfer* § 31 Rn. 73; für telefonische Beratung aus dem Ausland ebenso *Schwark* § 31 Rn. 70.
[719] Vgl. *Bliesener*, S. 34 ff.; nach *Koller* in *Assmann/Schneider*, § 31 Rn. 177 soll es dagegen schon genügen, wenn (etwa auf eine entsprechende Anfrage) die Informationserteilung durch den Wertpapierdienstleister gezielt ins Inland hinein erfolge. Bei Internetangeboten (dazu zB *Spindler*, WM 2001, 1689, 1699; *v. Livonius*, BKR 2005, 12, 17) genügt dafür nicht schon die bloße Abrufbarkeit von Informationen von der Website des Wertpapierdienstleisters; andererseits schließt die Verwendung eines „*disclaimer*" die Anwendbarkeit deutschen Rechts nicht aus, wenn trotzdem individuelle Anfragen bearbeitet und Leistungen gegenüber Kunden aus Deutschland erbracht werden.
[720] *Koller*, in: *Assmann/Schneider*, § 31 Rn. 177; KölnKommWpHG-*Möllers*, § 31 Rn. 311; wohl auch *Schäfer* in *Schäfer*, Rn. 74; **aA** *Schwark* Rn. 70 aE (alle zu § 31 Abs. 3 WpHG aF).

Geschützt sind nur **Wertpapierkunden**, die ihren **gewöhnlichen Aufent-** 326
halt oder ihre Geschäftsleitung, d. h. den Ort ihrer tatsächlichen Hauptverwaltung, **im Inland** haben.[721] Für das Vorliegen eines gewöhnlichen Aufenthalts natürlicher Personen wird verlangt, dass der Aufenthalt auf Dauer angelegt ist[722] und durch andere Umstände persönlicher oder beruflicher Art deutlich wird, dass sie den Schwerpunkt ihrer Lebensverhältnisse in dem entsprechenden Staat haben.[723] Die Anknüpfung an die Geschäftsleitung betrifft den Ort der tatsächlichen Hauptverwaltung,[724] an dem die grundlegenden unternehmenspolitischen Entscheidungen in Geschäftsführungsakte des täglichen Management umgesetzt werden.[725]

III. Überwachung durch die BaFin

Die BaFin ist nach § 35 Abs. 2 berechtigt, auch von ausländischen Anbietern 327
mit Sitz in einem Drittstaat Auskünfte und die Vorlage von Unterlagen zu verlangen, um die Einhaltung der Wohlverhaltensregeln überwachen zu können. Prüfungen vor Ort sind dagegen nicht möglich.[726]

K. Verordnungsermächtigung (Abs. 11)

Abs. 11 räumt dem BMF die Möglichkeit ein, durch Rechtsverordnung nähe- 328
re Bestimmungen für einzelne, in Satz 1 Nr. 1 bis 5 genau aufgeführte Regelungskomplexe des § 31 zu erlassen. Davon hat das BMF mit der Verordnung zur Konkretisierung der Verhaltensregeln und Organisationsanforderungen (Wertpapierdienstleistungs-Verhaltens- und Organisationsverordnung – WpDVerOV) vom 20. Juli 2007 (BGBl. I S. 1432) Gebrauch gemacht. So enthalten die §§ 3 bis 5 WpDVerOV Vorgaben für die Kundeninformation gemäß Abs. 1 Nr. 2, Abs. 2 und 3 nach Art, Inhalt und Zeitpunkt sowie Form (Anforderungen an den Datenträger). Die nach Abs. 4 und 5 vom Kunden einzuholenden Angaben präzisiert § 6 WpDVerOV, während § 7 WpDVerOV die Voraussetzungen für die Zuordnung anderer Finanzinstrumente zu den nicht-komplexen Finanzinstrumenten nach Abs. 7 Nr. 1 auflistet. Konkretisierungen bezüglich der Berichtspflichten über die Ausführung von Aufträgen (Abs. 8) nach Art, Inhalt, Zeitpunkt und Form (Anforderungen an den Datenträger) finden sich in § 8 und – bezogen auf die Berichtspflichten bei Finanzportfolioverwaltung – in § 9 WpDVerOV.

---

[721] *Schwark* in Schwark, Rn. 70; *Koller,* in: *Assmann/Schneider,* Rn. 177.
[722] Erforderlich ist, dass sich die fragliche Person entweder bereits eine längere Zeitspanne (Faustregel ca. sechs Monate) tatsächlich in dem Staat aufgehalten hat oder dass ihr Aufenthalt nach den Umständen noch eine längere Zeit andauern wird, da es sonst an der sozialen Integration in das betreffende Umfeld fehlt, vgl. nur BGHZ 78, 293, 294 f.; OLG Rostock, IPRax 2001, 588, 589; *Baetge,* IPRax 2001, 573 ff.
[723] Vgl. zB BGHZ 78, 293, 295; BGH NJW 1975, 1068; näher zum Ganzen *v. Bar/Mankowski,* Internationales Privatrecht, Bd. I, 2. Aufl. 2003, § 7 Rn. 23 mwN.
[724] *Koller* in *Assmann/Schneider,* § 31 Rn. 177; *Kurth,* WM 2000, 1521, 1526;
[725] Grdl. BGHZ 97, 269, 272.
[726] *Schäfer* in *Schäfer,* Rn. 76.

§ 31 a Kunden

(1) Kunden im Sinne dieses Gesetzes sind alle natürlichen oder juristischen Personen, für die Wertpapierdienstleistungsunternehmen Wertpapierdienstleistungen oder Wertpapiernebendienstleistungen erbringen oder anbahnen.

(2) Professionelle Kunden im Sinne dieses Gesetzes sind Kunden, bei denen das Wertpapierdienstleistungsunternehmen davon ausgehen kann, dass sie über ausreichende Erfahrungen, Kenntnisse und Sachverstand verfügen, um ihre Anlageentscheidungen zu treffen und die damit verbundenen Risiken angemessen beurteilen zu können. Professionelle Kunden im Sinne des Satzes 1 sind

1. Unternehmen, die als
   a) Wertpapierdienstleistungsunternehmen,
   b) sonstige zugelassene oder beaufsichtigte Finanzinstitute,
   c) Versicherungsunternehmen,
   d) Organismen für gemeinsame Anlagen und ihre Verwaltungsgesellschaften,
   e) Pensionsfonds und ihre Verwaltungsgesellschaften,
   f) Unternehmen im Sinne des § 2a Abs. 1 Nr. 8,
   g) Börsenhändler und Warenderivatehändler,
   h) sonstige institutionelle Anleger, deren Haupttätigkeit nicht von den Buchstaben a bis g erfasst wird, im Inland oder Ausland zulassungs- oder aufsichtspflichtig sind, um auf den Finanzmärkten tätig werden zu können;
2. nicht im Sinne der Nummer 1 zulassungs- oder aufsichtpflichtige Unternehmen, die mindestens zwei der drei nachfolgenden Merkmale überschreiten:
   a) 20 000 000 Euro Bilanzsumme,
   b) 40 000 000 Euro Umsatzerlöse,
   c) 2 000 000 Euro Eigenmittel;
3. nationale und regionale Regierungen sowie Stellen der öffentlichen Schuldenverwaltung;
4. Zentralbanken, internationale und überstaatliche Einrichtungen wie die Weltbank, der Internationale Währungsfonds, die Europäische Zentralbank, die Europäische Investmentbank und andere vergleichbare internationale Organisationen;
5. andere nicht im Sinne der Nummer 1 zulassungs- oder aufsichtspflichtige institutionelle Anleger, deren Haupttätigkeit in der Investition in Finanzinstrumente besteht, und Einrichtungen, die die Verbriefung von Vermögenswerten und andere Finanzierungsgeschäfte betreiben. Sie werden in Bezug auf alle Finanzinstrumente, Wertpapierdienstleistungen und Wertpapiernebendienstleistungen als professionelle Kunden angesehen.

(3) Privatkunden im Sinne dieses Gesetzes sind Kunden, die keine professionellen Kunden sind.

(4) Geeignete Gegenparteien sind Unternehmen im Sinne des Absatzes 2 Nr. 1 Buchstabe a bis f, Einrichtungen nach Absatz 2 Nr. 3 und 4 sowie Unternehmen im Sinne des § 2a Abs. 1 Nr. 12. Den geeigneten Gegenparteien stehen gleich

Kunden § 31a

1. Unternehmen im Sinne des Absatzes 2 Nr. 2 mit Sitz im In- oder Ausland,
2. Unternehmen mit Sitz in einem anderen Mitgliedstaat der Europäischen Union oder einem anderen Vertragsstaat des Abkommens über den Europäischen Wirtschaftsraum, die nach dem Recht des Herkunftsmitgliedstaates als geeignete Gegenparteien im Sinne des Artikels 24 Abs. 3 Satz 1 der Richtlinie 2004/39/EG des Europäischen Parlaments und des Rates vom 21. April 2004 über Märkte für Finanzinstrumente, zur Änderung der Richtlinien 85/611/EWG und 93/6/EWG des Rates und des Richtlinie 2000/12/EG des Europäischen Parlaments und des Rates und zur Aufhebung der Richtlinie 93/22/EWG des Rates (ABl. EU Nr. L 145 S. 1, 2005 Nr. L 45 S. 18) in der jeweils geltenden Fassung anzusehen sind, wenn diese zugestimmt haben, für alle oder einzelne Geschäfte als geeignete Gegenpartei behandelt zu werden.

(5) Ein Wertpapierdienstleistungsunternehmen kann ungeachtet der Absätze 2 und 4 geeignete Gegenparteien als professionelle Kunden oder Privatkunden und professionelle Kunden als Privatkunden einstufen. Das Wertpapierdienstleistungsunternehmen muss seine Kunden über eine Änderung der Einstufung informieren.

(6) Ein professioneller Kunde kann mit dem Wertpapierdienstleistungsunternehmen eine Einstufung als Privatkunde vereinbaren. Die Vereinbarung über die Änderung der Einstufung bedarf der Schriftform. Soll die Änderung nicht alle Wertpapierdienstleistungen, Wertpapiernebendienstleistungen und Finanzinstrumente betreffen, ist dies ausdrücklich festzulegen. Ein Wertpapierdienstleistungsunternehmen muss professionelle Kunden im Sinne des Absatzes 2 Satz 2 Nr. 2 und des Absatzes 7 am Anfang einer Geschäftsbeziehung darauf hinweisen, dass sie als professionelle Kunden eingestuft sind und die Möglichkeit einer Änderung der Einstufung nach Satz 1 besteht. Hat ein Wertpapierdienstleistungsunternehmen Kunden vor dem 1. November 2007 auf der Grundlage eines Bewertungsverfahrens, das auf den Sachverstand, die Erfahrungen und Kenntnisse der Kunden abstellt, im Sinne des Absatzes 2 Satz 1 eingestuft, hat die Einstufung nach dem 1. November 2007 Bestand. Diese Kunden sind über die Voraussetzungen der Einstufung nach den Absätzen 2, 5 und 6 und die Möglichkeit der Änderung der Einstufung nach Absatz 6 Satz 4 zu informieren.

(7) Ein Privatkunde kann auf Antrag oder durch Festlegung des Wertpapierdienstleistungsunternehmens als professioneller Kunde eingestuft werden. Der Änderung der Einstufung hat eine Bewertung durch das Wertpapierdienstleistungsunternehmen vorauszugehen, ob der Kunde aufgrund seiner Erfahrungen, Kenntnisse und seines Sachverstandes in der Lage ist, generell oder für eine bestimmte Art von Geschäften eine Anlageentscheidung zu treffen und die damit verbundenen Risiken angemessen zu beurteilen. Eine Änderung der Einstufung kommt nur in Betracht, wenn der Privatkunde mindestens zwei der drei folgenden Kriterien erfüllt:
1. der Kunde hat an dem Markt, an dem die Finanzinstrumente gehandelt werden, für die er als professioneller Kunde eingestuft werden soll, während des letzten Jahres durchschnittlich zehn Geschäfte von erheblichem Umfang im Quartal getätigt;
2. der Kunde verfügt über Bankguthaben und Finanzinstrumente im Wert von mehr als 500 000 Euro;

§ 31a   Abschnitt 6. Verhaltensregeln, Verjährung

3. der Kunde hat mindestens für ein Jahr einen Beruf am Kapitalmarkt ausgeübt, der Kenntnisse über die in Betracht kommenden Geschäfte, Wertpapierdienstleistungen und Wertpapiernebendienstleistungen voraussetzt. Das Wertpapierdienstleistungsunternehmen muss den Privatkunden schriftlich darauf hinweisen, dass mit der Änderung der Einstufung die Schutzvorschriften dieses Gesetzes für Privatkunden nicht mehr gelten. Der Kunde muss schriftlich bestätigen, dass er diesen Hinweis zur Kenntnis genommen hat. Informiert ein professioneller Kunde im Sinne des Satzes 1 oder des Absatzes 2 Satz 2 Nr. 2 das Wertpapierdienstleistungsunternehmen nicht über alle Änderungen, die seine Einstufung als professioneller Kunde beeinflussen können, begründet eine darauf beruhende fehlerhafte Einschätzung keinen Pflichtverstoß des Wertpapierdienstleistungsunternehmens.

(8) Das Bundesministerium der Finanzen kann durch Rechtsverordnung, die nicht der Zustimmung des Bundesrates bedarf, nähere Bestimmungen erlassen zu den Vorgaben an eine Einstufung gemäß Absatz 2 Nr. 2, dem Verfahren und den organisatorischen Vorkehrungen der Wertpapierdienstleistungsunternehmen bei einer Änderung der Einstufung nach Absatz 5 und den Kriterien, dem Verfahren und den organisatorischen Vorkehrungen bei einer Änderung oder Beibehaltung der Einstufung nach den Absätzen 6 und 7. Das Bundesministerium der Finanzen kann die Ermächtigung durch Rechtsverordnung auf die Bundesanstalt übertragen.

Schrifttum: *Bracht,* Kommunen als geeignete Gegenparteien im Handel mit Derivaten nach dem Finanzmarktrichtlinie-Umsetzungsgesetz, WM 2008, 1386; Bundesverband deutscher Banken, Richtlinie über Märkte für Finanzinstrumente – Leitfaden zur Umsetzung (Version 2.0), Juni 2007 (zit.: BdB, MiFID-Leitfaden); *Clouth/Seyfried,* Kundenkategorisierung: Ausgestaltung, Zielsetzung und Bedeutung für die Verhaltenspflichten in *Clouth/Lang* (Hrsg.), MiFID-Praktikerhandbuch, 2007, S. 27 ff. (Rn. 48 ff.); *Duve/Keller,* MiFID: Die neue Welt des Wertpapiergeschäfts – Lernen Sie Ihre Kunden kennen – Kundenklassifikation und -information, BB 2006, 2425; *Fleischer,* Die Richtlinie über Märkte für Finanzinstrumente und das Finanzmarkt-Richtlinie-Umsetzungsgesetz, BKR 2006, 389; *Kasten,* Das neue Kundenbild des § 31a WpHG – Umsetzungsprobleme nach MiFID & FRUG, BKR 2007, 261; *Kühne,* Ausgewählte Auswirkungen der Wertpapierdienstleistungsrichtlinie – MiFID, BKR 2005, 275; *Seyfried,* Die Richtlinie über Märkte für Finanzinstrumente (MiFID) – Neuordnung der Wohlverhaltensregeln, WM 2006, 1375; *Sollors/Klappstein,* MiFID-Wohlverhaltensregeln und Anlageberatung: Auswirkungen auf eine Privatbank, Kreditwesen 1/2007, 41; *Spindler/Kasten,* WM 2006, 1797; *Weichert/Wenniger,* Die Neuregelung der Erkundigungs- und Aufklärungspflichten von Wertpapierdienstleistungsunternehmen gem. Art. 19 RiL 2004/39/EG (MiFID) und Finanzmarkt-Richtlinie-Umsetzungsgesetz, WM 2007, 627.

Übersicht

	Rn.
I. Regelungsgegenstand und Normzweck	1
II. Das gesetzliche System der Kundenkategorisierung	6
1. Grundlagen	6
2. Bewertung	10
III. Die gesetzlichen Kundenkategorien	15
1. Begriff des Kunden (Abs. 1)	15
2. Privatkunden	17
3. Professionelle Kunden	18
4. Geeignete Gegenparteien	26

	Rn.
IV. Möglichkeiten und Verfahren zur Änderung der Einstufung	29
1. Grundsatz	29
2. Herabstufungen	30
3. Hochstufungen	33
V. Organisations- und Dokumentationspflichten	43
VI. Rechtliche Konsequenzen und praktische Bedeutung	46
1. Gruppenspezifisch abgestufter Pflichtenkatalog	46
2. Ausstrahlungswirkungen auf die zivilrechtlichen Pflichten im Einzelfall?	49
3. Praktische Auswirkungen	54

I. Regelungsgegenstand und Normzweck

§ 31a definiert den **Begriff des Kunden** (Abs. 1) und teilt die (potentiellen) Empfänger von Wertpapierdienstleistungen entsprechend den Vorgaben nach Anhang II iVm Art. 4 Abs. 1 Nr. 10 der Finanzmarktrichtlinie in **drei verschiedene Kategorien** ein: Privatkunden (Abs. 3), professionelle Kunden (Abs. 2) und geeignete Gegenparteien (Abs. 4).

Hintergrund der Regelung ist, dass die genannten Gruppen von Kunden jeweils ein **typischerweise unterschiedliches Schutzbedürfnis** aufweisen. Die Finanzmarktrichtlinie stellt dementsprechend unterschiedliche Anforderungen an Umfang und Reichweite der Pflichten, insbesondere der Informationspflichten, die von den Wertpapierdienstleistungsunternehmen gegenüber bestimmten Kundenkategorien zu befolgen sind. Diese **Abstufung des Pflichtenumfangs anhand abstrakter Kriterien auf Seiten des Empfängers der Dienstleistung,** nicht etwa anhand seiner individuellen Schutzbedürftigkeit, bildet zusammen mit der ebenfalls typisierenden inhaltlichen Differenzierung zwischen verschiedenen Arten von Wertpapierdienstleistungen, deren Bandbreite von der bloßen Orderausführung bezüglich nicht-komplexer Finanzinstrumente über sonstige beratungsfreie Dienstleistungen bis zur Anlageberatung und Finanzportfolioverwaltung reicht, ein umfassendes, aufeinander abgestimmtes und inhaltlich abgestuftes System aufsichtsrechtlicher Verhaltenspflichten.[1]

Ausgangspunkt für die **kundengruppenspezifische Differenzierung** ist, dass die Wohlverhaltenspflichten bei Wertpapierdienstleistungen gegenüber **Privatkunden** – von der MiFID ohne sachlichen Unterschied als „Kleinanleger" bezeichnet[2] – in vollem Umfang beachtet werden müssen. Eine reduzierte Pflichtenstellung besteht bei Geschäften mit **professionellen Kunden,** da das Wertpapierdienstleistungsunternehmen bei ihnen davon ausgehen kann, dass sie über ausreichende Erfahrungen, Kenntnisse und Sachverstand verfügen, um ihre Anlageentscheidungen selbstverantwortlich unter angemessener Beurteilung der damit verbundenen Risiken treffen zu können (vgl. § 31a Abs. 2). **Geeignete Gegenparteien** stellen die am wenigsten schutzbedürftige Kundengruppe dar. Für Geschäfte mit ihnen gelten im Prinzip nur die Grundanforderungen nach §§ 31 Abs. 1, 33, 34a während die meisten konkreten Wohlverhaltenspflichten nicht beachtet zu werden brauchen. Das gilt allerdings nur für die in § 31b Abs. 1 Satz 1 abschließend aufgezählten Arten von Wertpapierdienstleistungen

---

[1] Ebenso *Clouth/Seyfried* in *Clouth/Lang* (Hrsg.), MiFID-Praktikerhandbuch, Rn. 48.
[2] Art. 4 Abs. 1 Nr. 12.

(Finanzkommissionsgeschäft, Eigenhandel, Anlage- und Abschlussvermittlung), also nicht für die Anlageberatung und Vermögensverwaltung. Insoweit steht nur der Status eines professionellen Kunden oder eines Privatkunden zur Verfügung. Aus der unauflöslichen **Verknüpfung des Pflichtenstandards mit der Art der Wertpapierdienstleistung** folgt zugleich, dass gegenüber ein und demselben Kunden unter bestimmten Voraussetzungen gleichzeitig unterschiedlich weit reichende Verhaltenspflichten zu beachten sein können.[3] Lässt sich etwa eine geeignete Gegenpartei (ausnahmsweise) beraten, bevor sie ein empfohlenes Finanzinstrument erwirbt, sind für die Beratung (grundsätzlich)[4] die für professionelle Kunden geltenden Verhaltenspflichten zu beachten, während das anschließende Kommissionsgeschäft mit der geeigneten Gegenpartei nicht den aufsichtsrechtlichen Vorgaben unterliegt.[5]

4 Neben der gesetzlichen Definition der Kundenkategorien sieht die Vorschrift in bestimmten Fällen die **Möglichkeit einer abweichenden Einstufung oder nachträglichen Änderung** vor, sei es einseitig durch das Wertpapierdienstleistungsunternehmen, sei es aufgrund einer entsprechenden Vereinbarung mit dem einzelnen Kunden (Abs. 5 bis 7, ferner § 31b Abs. 1 Satz 2). Die Erlaubnis eines Wechsels (in begrenztem Umfang) zwischen den verschiedenen Kundenkategorien im Wege der Herauf- oder Herabstufung verhindert eine allzu starre Festlegung und trägt dem Interesse beider Seiten an der Wahrung einer hinreichenden Flexibilität Rechnung. Die Initiative zu einer abweichenden Einstufung kann dabei sowohl vom Kunden als auch vom Wertpapierdienstleistungsunternehmen ausgehen. Einzelheiten des Verfahrens der Kundenkategorisierung und der dabei zu beachtenden Dokumentationspflichten sind in §§ 2, 14 Abs. 1 Nr. 1 und Abs. 8 WpDVerOV geregelt (vgl. auch unten Rn. 29 ff.).

5 Vor dem Inkrafttreten des FRUG durchgeführte Einstufungen von Kunden als professionelle Kunden haben nach § 31a Abs. 6 Satz 5 unter bestimmten Voraussetzungen auch nach dem 1. 11. 2007 Bestand. Diese **Übergangsregelung** ist nach Satz 6 mit der Pflicht verbunden, die betroffenen Kunden über die Voraussetzungen der Einstufung und die Möglichkeit einer Änderung zu informieren (vgl. näher unten Rn. 25).

II. Das gesetzliche System der Kundenkategorisierung

1. Grundlagen

6 Eine an der Professionalität und Schutzbedürftigkeit des Kunden ausgerichtete Differenzierung der inhaltlichen Reichweite und Intensität von Verhaltenspflichten war in materieller Hinsicht schon dem bisherigen Recht bekannt. Allerdings

---

[3] Vgl. *Seyfried*, WM 2006, 1375, 1377; *Duve/Keller*, BB 2006, 2425, 2428.
[4] Die Zusammensetzung der Kategorien der „geeigneten Gegenpartei" nach § 31a Abs. 4 und der „geborenen" professionellen Kunden nach § 31a Abs. 2 ist weitgehend identisch. Eine geeignete Gegenpartei kann aber nach § 31b Abs. 1 Satz 2 mit dem Wertpapierdienstleistungsunternehmen für alle oder einzelne Geschäfte vereinbaren, als Privatkunde behandelt zu werden. Näher hierzu unten Rn. 32ff.
[5] *Clouth/Seyfried* in *Clouth/Lang* (Hrsg.), MiFID-Praktikerhandbuch, Rn. 51. Etwas anderes gilt nur, wenn zB nach § 31a Abs. 1 Satz 2 eine abweichende Zuordnung zu einer anderen Kundenkategorie erfolgt ist.

ist sowohl nach den von der Rechtsprechung entwickelten zivilrechtlichen Standards für Aufklärungs-[6] und Beratungspflichten[7] als auch **nach den bisherigen aufsichtsrechtlichen Vorgaben** des § 31 Abs. 2 Satz 1 Nr. 1 und Nr. 2 WpHG aF („Erforderlichkeit" der Einholung von Kundenangaben und der Übermittlung zweckdienlicher Informationen an ihn) auf die **Lage des konkreten Kunden im Einzelfall** abzustellen. Nicht nur zur Feststellung des Inhalts und Umfangs zivilrechtlicher Aufklärungs- und Beratungspflichten, sondern auch nach der bisherigen gesetzlichen Konzeption der aufsichtsrechtlichen Explorations- und Informationspflichten war also für jeden Kunden gesondert zu untersuchen, welche Angaben bzw. Informationen erforderlich waren.[8]

Diesen auf den Einzelfall bezogenen Regelungsansatz verlässt das von der MiFID etablierte und durch den deutschen Gesetzgeber mit dem FRUG implementierte **System der abstrakten Kundenkategorisierung.** Es ist nicht mit einer an materiellen Kriterien orientierten Fallgruppenbildung vergleichbar, sondern knüpft allein an die Zuordnung zu einer anhand abstrakter Kriterien abgegrenzten Kundengruppe an – ohne Rücksicht auf die tatsächliche Schutzbedürftigkeit im konkreten Einzelfall. Vielmehr wird ein **gruppenspezifisch fest umrissener Grad an Professionalität bzw. Schutzbedürftigkeit für alle Mitglieder einer Kategorie gleichermaßen unterstellt.**[9] Das zeigt sich nicht nur bei der weitgehenden Freistellung der Geschäfte mit „geeigneten Gegenparteien" von der Anwendung der Wohlverhaltensregeln nach § 31 b Abs. 1 Satz 1, sondern auch bei den beiden anderen Kundengruppen: 7

Zwar scheint die Definition der professionellen Kunden an materielle Kriterien anzuknüpfen, wenn es in § 31a Abs. 2 Satz 1 (in Umsetzung von Anhang II Satz 1 der MiFID) heißt, dass es sich um Kunden handele, „bei denen das Wertpapierdienstleistungsunternehmen davon ausgehen kann, dass sie über ausreichende Erfahrungen, Kenntnisse und Sachverstand verfügen, um ihre Anlageentscheidungen zu treffen und die damit verbundenen Risiken angemessen beurteilen zu können". Hierbei handelt es sich jedoch nicht um eine die tatbestandlichen Voraussetzungen der Gruppenzugehörigkeit festlegende Begriffsbestimmung, sondern lediglich um eine typisierende Beschreibung der charakteristischen Eigenschaften von Mitgliedern dieser Kundenkategorie. In der Sache kommt es weder für die Zuordnung zu den professionellen Kunden noch für die daraus resultierenden Rechtsfolgen darauf an, ob diese Merkmale bei den einzelnen Mitgliedern der Gruppe tatsächlich vorliegen. Das wird vielmehr für die „gebore- 8

---

[6] Die Begründung einer zivilrechtlichen Aufklärungspflicht setzt ein Informationsgefälle zwischen den Parteien und die daraus resultierende Aufklärungsbedürftigkeit des Kunden voraus, vgl. aus der Rechtsprechung insbes. BGHZ 117, 135, 142 = NJW 1992, 1630, 1632; BGH NJW 1997, 2171, 2172; BGHZ 138, 331, 337 = NJW 1998, 2358, 2359; BGH, BKR 2005, 36; aus der Literatur zB *Ellenberger* in *Ellenberger/Schäfer*, Fehlgeschlagene Wertpapieranlagen, S. 64 ff.; *Lang*, Informationspflichten, S. 38 ff. jeweils mwN.
[7] Die Anforderungen an eine anleger- und anlagegerechte Beratung in der Rechtsprechung des BGH knüpfen maßgeblich an die Erfahrungen und Kenntnisse des Kunden an, grundlegend BGHZ 123, 126, 128 = NJW 1993, 2433 („Bond"); s. ferner BGH NJW 1996, 1744; WM 2000, 1441, 1442; BGHZ 163, 311, 321; näher hierzu § 31 Rn. 248 ff.
[8] Vgl. insbesondere Bericht des Finanzausschusses zum RegE z. FMFG, BT-Drucks. 12/6679, S. 104.
[9] *Clouth/Seyfried* in *Clouth/Lang* (Hrsg.), MiFID-Praktikerhandbuch, Rn. 55; *Kasten*, BKR 2007, 261; vgl. auch *Duve/Keller*, BB 2006, 2425, 2427 f.

nen"[10] **professionellen Kunden,** die im Katalog des § 31a Abs. 2 Satz 2 aufgelistet sind, unwiderlegbar vermutet, solange nicht im Einzelfall eine Herauf- oder Herabstufung in eine andere Kategorie stattgefunden hat.[11]

9 Auch für die Zuordnung zur Gruppe der **Privatkunden,** der als Auffangkategorie alle Kunden angehören, die keine professionellen Kunden sind (Abs. 2), spielt es im Ausgangspunkt keine Rolle, ob im Einzelfall einschlägige Erfahrungen und Kenntnisse vorliegen, die materiell eine Gleichstellung mit professionellen Kunden rechtfertigen würde. Das Wertpapierdienstleistungsunternehmen bleibt aufsichtsrechtlich verpflichtet, gegenüber diesem Kunden sämtliche Wohlverhaltensregeln einzuhalten, solange keine wirksame Höherstufung in die Kategorie des professionellen Kunden vollzogen worden ist.[12] Das gilt ungeachtet des Umstands, dass in einem solchen Fall wegen der bereits vorhandenen einschlägigen Kenntnisse und Erfahrungen des konkreten Kunden eine besondere Aufklärung zivilrechtlich nicht mehr erforderlich ist.

2. Bewertung

10 Die **Einführung abstrakter, gesetzlich verankerter Kundenkategorien** in das WpHG stellt im Vergleich zur bisherigen Rechtslage nach §§ 31, 32 WpHG aF, nach der es für Inhalt und Umfang der Verhaltenspflichten maßgeblich auf die individuelle Situation des einzelnen Anlegers ankam, einen gewissen **Paradigmenwechsel** dar.[13] Die Standardisierung und Typisierung des Pflichtenkatalogs unter Berücksichtigung einheitlicher kundengruppenspezifischer Modifikationen wirft die Frage auf, ob damit Einbußen gegenüber dem zuvor erreichten Anlegerschutzniveau verbunden sind. Das dürfte jedoch im Grundsatz zu verneinen sein, jedenfalls soweit die genuin aufsichtsrechtliche Komponente der Wohlverhaltenspflichten betroffen ist. Für die primär auf Gestaltung von Geschäftsabläufen und Organisationsfragen ausgelegten aufsichtsrechtlichen Regelungen, die – im Vergleich zur einzelfallbezogenen zivilrechtlichen Haftung – sehr viel stärker auf einen präventiven, überindividuellen Anlegerschutz abzielen,[14] erscheint das Instrument der abstrakten Kundenkategorisierung im Ansatz

---

[10] Vgl. *BdB*, MiFID-Leitfaden, S. 55 (Unterscheidung „zwischen Kunden, die per se als professionell angesehen werden (... so genannte geborene professionelle Kunden) und solchen, die sich auf schriftlichen Antrag hin als professionelle Kunden (so genannte gekorene professionelle Kunden) behandeln lassen können").

[11] Nur für die gewillkürte Heraufstufung von Privatkunden zu professionellen Kunden hat im Übrigen vor der Änderung der Einstufung nach § 31a Abs. 7 eine einzelfallbezogene materielle Bewertung durch das Wertpapierdienstleistungsunternehmen stattzufinden, ob der Kunde tatsächlich über die geforderte Professionalität verfügt. Vgl. näher zu Voraussetzungen und Verfahren von Einstufungsänderungen unten Rn. 29 ff.

[12] Zu den Voraussetzungen dafür nach Abs. 7 vgl. unten Rn. 34 ff.

[13] So auch *Clouth/Seyfried* in *Clouth/Lang* (Hrsg.), MiFID-Praktikerhandbuch, Rn. 57.

[14] Die Bedeutung der zivilrechtlichen Haftung erschöpft sich nicht in der einzelfallbezogenen Schadenskompensation, sondern weist (zumindest mittelbar) auch eine Präventionswirkung auf, die im modernen Wirtschaftsleben eine zunehmend wichtige Rolle spielt; vgl. hierzu ausführlich und weiterführend *Wagner* AcP 206 (2006) 352, 363 ff. Entgegen *Clouth/Seyfried* in *Clouth/Lang* (Hrsg.), MiFID-Praktikerhandbuch, Rn. 57 besteht daher auch im Bereich des Anlegerschutzes kein strikter Gegensatz zwischen präventivem überindividuellen Anlegerschutz durch Aufsichtsrecht einerseits und individuellem Anlegerschutz durch zivilrechtliche Haftung andererseits.

als durchaus angebracht. Da eine standardisierte Abstufung des Pflichtenkatalogs die erforderliche Überwachung der Verhaltenspflichten (§§ 4 Abs. 2, 33 Abs. 1 Satz 2 Nr. 6) und die nachvollziehbare Prüfung ihrer Einhaltung (§§ 35, 36) erleichtert, wird die Abkehr von einer im Ausgangspunkt einzelfallbezogenen Betrachtung im Schrifttum teilweise sogar als „Befreiung von zivilrechtlich geprägtem Ballast" gefeiert.[15]

Doch der Kontrast zum einzelfallbezogenen zivilrechtlichen Anlegerschutz darf nicht überspitzt werden. Denn jedenfalls **innerhalb der Kategorie der Privatkunden** sind auch die aufsichtsrechtlichen **Verhaltenspflichten** (weitgehend) **an den individuellen Bedürfnissen des einzelnen Kunden ausgerichtet:** So ist bei den Wertpapierdienstleistungen mit der höchsten Pflichtenbindung wie Anlageberatung und Finanzportfolioverwaltung gemäß § 31 Abs. 4 Satz 2 die **Geeignetheit der Dienstleistung oder des Finanzinstruments** danach zu beurteilen, „ob das *konkrete* Geschäft, das dem Kunden empfohlen wird, oder die *konkrete* Wertpapierdienstleistung im Rahmen der Finanzportfolioverwaltung den Anlagezielen *des betreffenden Kunden* entspricht, die hieraus erwachsenden Anlagerisiken für den Kunden *seinen Anlagezielen entsprechend* finanziell tragbar sind und *der* Kunde mit *seinen* Kenntnissen und Erfahrungen die hieraus erwachsenden Anlagerisiken verstehen kann." (Hervorhebungen hinzugefügt). 11

Auch die bei anderen Wertpapierdienstleistungen gemäß § 31 Abs. 5 vorzunehmende **Angemessenheitsprüfung** ist **eindeutig auf den individuellen Kunden im Einzelfall bezogen.** Die Grundinformation über die „Art und die Risiken der ihnen angebotenen oder von ihnen nachgefragten Arten von Finanzinstrumenten oder Wertpapierdienstleistungen" kann dagegen in standardisierter Form erfolgen (§ 31 Abs. 3 Satz 1 und 2), ebenso wie die geforderte „eindeutige" Darlegung von Interessenkonflikten sich auf deren „allgemeine Art und Herkunft" (§ 31 Abs. 1 Nr. 2) beschränken darf. 12

Dies zeigt, dass **der neue Ansatz** bei den aufsichtsrechtlichen Verhaltenspflichten zwar **einerseits** einen **stärkeren Akzent als bisher auf ein standardisiertes und** insbesondere mit Hilfe der abstrakten Kundengruppenbildung **abgestuftes Pflichtenprogramm** setzt. Andererseits wird die **einzelfallbezogene Beurteilung der Angemessenheit und Geeignetheit von Geschäften** zumindest innerhalb der am stärksten auf einen wirksamen Schutz angewiesenen Kategorie der Privatkunden nicht nur nicht aufgegeben, sondern sogar noch **verschärft.** Auf diese Weise verdeutlicht der neue Ansatz zwar mit der Bildung von Kundengruppen anhand abstrakter Kriterien die spezifischen Bedürfnisse des Aufsichtsrechts und seine Eigenständigkeit gegenüber dem Zivilrecht. Zugleich bleibt aber der **Anlegerschutz auch in seiner individuellen, einzelfallbezogenen Ausprägung genuiner Bestandteil des Aufsichtsrechts** und verhindert damit eine zu weitgehende Abkoppelung von den zivilrechtlichen Rahmenbedingungen für die Erbringung von Wertpapierdienstleistungen. 13

Vor dem Hintergrund der abstrakten Kundenkategorisierung nach § 31 a könnte sich allerdings die **Frage des Verhältnisses zum Zivilrecht** im Sinne einer (möglichen) Ausstrahlungswirkung der aufsichtsrechtlichen Standards (vgl. dazu Vor §§ 31 bis 37a Rn. 60 ff.) teilweise in einem neuen Licht stellen. Erweist sich zB die (freiwillige) Einstufung als professioneller Kunde als sachlich nicht 14

---

[15] *Clouth/Seyfried* in *Clouth/Lang* (Hrsg.), MiFID-Praktikerhandbuch, Rn. 57.

gerechtfertigt, bleibt die Fehleinschätzung über die Möglichkeit einer korrekten Risikobeurteilung und eigenverantwortlichen Anlageentscheidung des betreffenden Kunden aufsichtsrechtlich meist ohne Konsequenzen, sofern die gesetzlichen Mindestbedingungen für die Heraufstufung nach Abs. 7 eingehalten worden sind. Ob damit zugleich eine entsprechende „Ausstrahlung" auf den zivilrechtlichen Haftungsstandard verbunden ist, die dazu führt, dem tatsächlich nicht professionellen Kunden die Berufung auf eine fehlerhafte oder nicht ausreichende Aufklärung oder Beratung abzuschneiden, muss derzeit noch als nicht definitiv geklärt bezeichnet werden (vgl. dazu näher unten Rn. 49 ff.).

III. Die gesetzlichen Kundenkategorien

1. Begriff des Kunden (Abs. 1)

15 Als Kunden im Sinne des WpHG sind letztlich alle ins Auge gefassten **Empfänger von Wertpapierdienstleistungen oder -nebendienstleistungen** anzusehen. Die Legaldefinition in § 31a Abs. 1 erwähnt zwar (ebenso wie Art. 4 Abs. 1 Nr. 10 MiFID) ausdrücklich nur „alle natürlichen und juristischen Personen", für die Wertpapierdienstleistungsunternehmen (§ 2 Abs. 4) derartige Leistungen im Sinne des § 2 Abs. 3 oder Abs. 3a „erbringen oder anbahnen". Doch müssen die vom Wortlaut nicht direkt erfassten rechtsfähigen Personengesellschaften (§ 14 Abs. 2 BGB) wie OHG, KG, Partnerschaftsgesellschaft und (Außen-)Gesellschaft bürgerlichen Rechts nach dem Sinn und Zweck der Norm, alle aktuellen und die möglichen künftigen Vertragspartner einzubeziehen, ebenfalls als „Kunden" behandelt werden, und zwar die Gesellschaft selbst, nicht etwa die für sie handelnden natürlichen Personen.[16] Bei der Prüfung der Kriterien für die Einstufung in eine bestimmte Kundenkategorie kann zwar nach § 2 Abs. 3 WpDVerOV auf die von der Gesellschaft benannte natürliche Person abgestellt werden, sofern es sich um „kleine" Personengesellschaften handelt; eingestuft wird dann aber die Gesellschaft selbst.

16 Die **Einbeziehung von potentiellen Kunden,** denen gegenüber eine vertragliche Geschäftsbeziehung noch nicht besteht, aber „angebahnt" wird, ist sachgemäß, da die aufsichtsrechtlichen Verhaltenspflichten teilweise bereits im vorvertraglichen Stadium eingreifen. Das gilt insbesondere für die Informations- und Explorationspflichten. Eine „Anbahnung" von Wertpapier(neben)dienstleistungen liegt schon in jeder nach außen hervortretenden, auf die Förderung eines möglichen Vertragsabschlusses gerichteten Tätigkeit.

2. Privatkunden

17 Die Kategorie der Privatkunden, für die es bei der Geltung aller aufsichtsrechtlichen Verhaltenspflichten bleibt, wird nach der **Auffangdefinition** in § 31a Abs. 3 negativ abgegrenzt als „alle Kunden, die nicht professionelle Kunden

---

[16] Im Ergebnis ebenso *Clouth/Seyfried* in *Clouth/Lang* (Hrsg.), MiFID-Praktikerhandbuch, Rn. 59, die die (teil-)rechtsfähigen Personengesamtheiten insoweit den natürlichen Personen gleichstellen; für die Erstreckung des Kundenbegriffs auf Gesamthandsgemeinschaften auch *Kasten*, BKR 2007, 261, 263 f.

sind". Die fehlende Erwähnung der geeigneten Gegenparteien als dritte Kategorie von Kunden ist insoweit unschädlich, da diese in der Sache eine besonders qualifizierte Teilgruppe der professionellen Kunden darstellen (vgl. unten Rn. 26f.). Zu den Privatkunden zählen daher nicht nur natürliche Personen, sondern auch rechtsfähige Personengesellschaften sowie juristische Personen, soweit sie nicht unter Abs. 2 fallen; dazu gehören auch öffentlich-rechtliche Körperschaften, die nicht als Gebietskörperschaften („regionale Regierungen") zu qualifizieren sind.[17]

3. Professionelle Kunden

§ 31a Abs. 2 Satz 1 beschreibt zunächst das **materielle Charakteristikum** 18 der professionellen Kunden dahingehend, dass sie über ausreichende Erfahrungen, Kenntnisse und Sachverstand verfügen, um ihre Anlageentscheidungen zu treffen und die damit verbundenen Risiken angemessen beurteilen zu können. Diese gruppentypischen Eigenschaften stellen den **Anknüpfungspunkt für eine darauf bezogene Reduzierung des Pflichtenumfangs** bei den Wohlverhaltenspflichten der Wertpapierdienstleistungsunternehmen gegenüber dieser Kundengruppe dar (vgl. § 31 Rn. 9 für die Pflichten nach § 31 Abs. 4 bei Anlageberatung und Finanzportfolioverwaltung für professionelle Kunden), sind aber **nicht Bestandteile einer gesetzlichen Definition** des professionellen Kunden. Die genannten Kriterien „Erfahrungen, Kenntnisse, Sachverstand" müssen daher auch nicht in jedem Einzelfall tatsächlich vorliegen (oben Rn. 8). Vielmehr „kann" das Wertpapierdienstleistungsunternehmen „davon ausgehen", dass die genannten Kriterien erfüllt sind, wenn es Geschäfte mit Kunden tätigt, die dieser Gruppe angehören. Die **Zuordnung** zur Kategorie der professionellen Kunden erfolgt dagegen **entweder kraft Gesetzes** (Rn. 19 ff.) **oder nach einer individuellen Änderung der Einstufung** im Wege der Herauf- oder Herabstufung aus einer anderen Kundengruppe (dazu unten Rn. 29 ff.).

Die **ursprüngliche Zuordnung** und gesetzliche Definition des professionel- 19 len Kunden erfolgt durch § 31a Abs. 2 Satz 2, der eine **abschließende Aufzählung bestimmter Gruppen von Unternehmen, Regierungen und Institutionen** enthält. Jeder Kunde, der unter eine der in Satz 2 Nr. 1 bis 5 aufgelisteten Gruppen fällt, ist kraft Gesetzes als professioneller Kunde zu qualifizieren **(sog. „geborener" professioneller Kunde).**[18] Abs. 2 Satz 3 stellt klar, dass diese **Qualifikation für alle Finanzinstrumente und Wertpapier(neben)dienstleistungen** gilt, also nicht etwa auf Geschäfte mit einem Bezug zum jeweiligen (Haupt-)Tätigkeitsbereich der nach Satz 2 erfassten Personen oder Institutionen beschränkt ist.

Zu der ersten Gruppe der von Gesetzes wegen als professionell qualifizierten 20 Kunden gehören **auf den Finanzmärkten tätige Unternehmen,** die als solche **im Inland oder im Ausland zulassungs- oder aufsichtspflichtig** sind (Abs. 2 Satz 2 **Nr. 1**). Die Palette reicht von Wertpapierdienstleistungsunternehmen (lit. a) über sonstige zugelassene oder beaufsichtigte Finanzinstitute (lit. b), Versicherungsunternehmen (lit. c), Investmentgesellschaften („Organismen für gemeinsame Anlagen") und Pensionsfonds jeweils einschließlich ihrer

---

[17] Vgl. BegrRegE (FRUG), BT-Drucks. 16/4028, S. 66.
[18] *Seyfried,* WM 2006, 1375, 1376; *Clouth/Seyfried* in *Clouth/Lang,* Rn. 63.

§ 31a 21, 22   Abschnitt 6. Verhaltensregeln, Verjährung

Verwaltungsgesellschaften (lit. d und e), über Unternehmen, die als sog. „Locals"[19] nach § 2a Abs. 1 Nr. 8 nicht als Wertpapierdienstleistungsunternehmen qualifiziert werden, weil sie als Mitglieder von Derivatemärkten nur für sich oder andere Mitglieder tätig sind (lit. f), bis zu Börsenhändlern und Warenderivatehändlern (lit. g). Sie erstreckt sich auf sonstige institutionellen Investoren, deren Haupttätigkeit nicht schon unter eine der vorgenannten Gruppen fällt, aber ebenfalls einer finanzmarktrechtlichen Zulassungs- oder Aufsichtspflicht unterliegt (lit. h).

21 Gemäß **Nr. 2** werden **Unternehmen, die nicht aufsichts- oder zulassungspflichtig** sind, um auf den Finanzmärkten tätig werden zu können, als professionelle Kunden erfasst, wenn sie **bestimmte Größenkriterien** im Hinblick auf **Bilanzsumme** (20 Mio. Euro), **Umsatzerlöse** (40 Mio. Euro) oder **Eigenmittel** (2 Mio. Euro) **erfüllen.**[20] Auf diese Weise werden sog. „große" Unternehmen ungeachtet ihrer geschäftlichen Haupttätigkeit als professionelle Kunden eingestuft, sofern sie bei **mindestens zwei** der drei **Kriterien** die genannten Schwellenwerte erreichen. Dabei ist jeweils auf das einzelne Unternehmen abzustellen, nicht auf den Gesamtkonzern.[21] Über die Einstufung als professionelle Kunden sind die Unternehmen i.S.d. Nr. 2 – im Gegensatz zu den anderen Gruppen (Nr. 1, 3–5) – gemäß § 31a Abs. 6 Satz 4 vom Wertpapierdienstleistungsunternehmen zu informieren. Denn angesichts der ständigen Veränderungen bei den relevanten Kennzahlen könnten sonst leicht Unsicherheiten darüber aufkommen, ob das Wertpapierdienstleistungsunternehmen von der Erfüllung der Kriterien und damit einer Einstufung ausgeht oder nicht.[22] Der Begriff der „Eigenmittel" („own funds", „capitaux propres"), der gesetzlich nicht definiert ist, dürfte nicht als kurzfristig verfügbare Vermögenswerte des Kunden (wie Bargeld oder Wertpapiere), sondern im Sinne von „Eigenkapital" zu verstehen sein, dessen Bestandteile sich für Kapitalgesellschaften aus § 272 HGB ergeben.[23]

22 Die **dritte Gruppe** professioneller Kunden umfasst neben **Stellen der öffentlichen Schuldenverwaltung** generell **nationale und regionale Regierungen,** also nicht nur deutsche, sondern auch ausländische Hoheitsträger. Zu den „regionalen Regierungen" sollen in Deutschland nicht nur die Bundesländer, sondern auch Gebietskörperschaften wie Landkreise und Kommunen zählen.[24] Andere öffentlich-rechtliche Körperschaften wie zB Kirchen, Universitäten, Fachhochschulen, Allgemeine Ortskrankenkassen (AOK), Betriebskrankenkassen (BKK), Industrie- und Handelskammern werden dagegen zur Gruppe

---

[19] Vgl. BegrRegE (FRUG), BT-Drucks. 16/4028, S. 58.
[20] Der Gesetzeswortlaut spricht zwar von „Merkmale überschreiten". Da aber sowohl in Anhang II Ziffer I.2 der MiFID als auch in der Gesetzesbegründung zum FRUG (BT-Drucks. 16/4028, S. 66) jeweils nur verlangt wird, dass die Unternehmen zwei der drei Anforderungen „erfüllen", muss es in richtlinienkonformer Auslegung genügen, wenn die genannten Werte *erreicht* werden, im Ergebnis ebenso *Clouth/Seyfried* in *Clouth/Lang* (Hrsg.), MiFID-Praktikerhandbuch, Rn. 67 mit Fn. 54.
[21] *BdB,* MiFID-Leitfaden, S. 58.
[22] Vgl. zur Begründung des Informationsbedürfnisses bei dieser Unternehmensgruppe Bericht des Finanzausschusses, BT-Drucks. 16/4899, S. 27; zust. *Kasten,* BKR 2007, 261, 265.
[23] *Clouth/Seyfried* in *Clouth/Lang* (Hrsg.), MiFID-Praktikerhandbuch, Rn. 67.
[24] BegrRegE (FRUG), BT-Drucks. 16/4028, S. 66; **aA** *Bracht,* WM 2008, 1386, 1388f.

der Privatkunden gerechnet.[25] Die pauschale Zuordnung der Kommunen zu den professionellen Kunden überzeugt weder in der Sache noch dürfte sie den europäischen Vorgaben entsprechen.[25a]

Eine eigene Gruppe bilden **Zentralbanken, internationale und überstaatliche Einrichtungen** bzw. Organisationen (**Nr. 4**). Die Liste der beispielhaft erwähnten Institutionen (Weltbank, IWF, EZB, Europäische Investmentbank) ist ausdrücklich nicht abschließend. Andere internationale Organisationen dürften mit diesen aber nur dann „vergleichbar" sein, wenn ihr Tätigkeitsbereich ausschließlich oder ähnlich stark auf Finanzmärkte fokussiert ist. 23

Zur letzten Gruppe „geborener" professioneller Kunden gehören nach **Nr. 5 weitere institutionelle Anleger**. Sie unterscheiden sich von den bereits nach Nr. 1 (insbes. lit. h) erfassten durch zwei Merkmale: Zum einen unterliegen sie keiner finanzmarktrechtlichen Zulassung oder Beaufsichtigung, zum anderen ist ihre Haupttätigkeit auf die Tätigung von Investitionen in Finanzinstrumenten beschränkt. Gleichgestellt sind nicht zulassungs- und aufsichtspflichtige **Einrichtungen**, die die **Verbriefung von Vermögenswerten und andere Finanzierungsgeschäfte** betreiben. 24

Soweit aufgrund bankinterner Bewertungsverfahren Kunden **bereits vor dem** Inkrafttreten des FRUG am **1. November 2007** als **professionelle Kunden behandelt** worden sind, haben diese Einstufungen **unter bestimmten Voraussetzungen** Bestand. In Umsetzung von Art. 71 Abs. 6 MiFID sieht die *„grandfathering"*-Regelung des § 31a Abs. 6 Satz 5 die **Fortgeltung der Qualifikation** als professioneller Kunde vor, wenn sie auf der Grundlage eines Bewertungsverfahrens erfolgt ist, das auf den Sachverstand, die Erfahrungen und Kenntnisse des Kunden abstellt. Nach § 2 Abs. 5 Satz 1 WpDVerOV ist diese Voraussetzung (jedenfalls) erfüllt, wenn das Bewertungsverfahren an der Regelung in Teil C der Wohlverhaltensrichtlinie der BaFin ausgerichtet war.[26] Die nach § 31a Abs. 6 Satz 6 gebotene Information des Kunden über die Voraussetzungen der Einstufung und die Möglichkeit einer Änderung kann in standardisierter Form erfolgen (§ 2 Abs. 5 Satz 2 WpDVerOV). Die praktische Relevanz dieser Regelungen wird gleichwohl als gering angesehen, da die Mehrzahl der Kreditinstitute von Teil C der Verhaltensrichtlinie der BaFin keinen Gebrauch gemacht habe.[27] 25

4. Geeignete Gegenparteien

Der mit der Umsetzung der MiFID erstmals in das deutsche Aufsichtsrecht eingeführte Begriff der geeigneten Gegenpartei baut weitgehend auf der Kategorie der „geborenen" professionellen Kunden auf und erfasst den größten Teil die- 26

---

[25] Vgl. BegrRegE (FRUG), BT-Drucks. 16/4028, S. 65f. („öffentlich-rechtliche Körperschaften, die nicht unter Abs. 1 fallen"); vgl. Anhang II Nr. II. 1. MiFID.

[25a] Vgl. *Bracht*, WM 2008, 1386, 1388f.; krit. auch *Bliesener*, S. 339.

[26] Richtlinie gemäß § 35 Abs. 6 WpHG zur Konkretisierung der §§ 31, 32 WpHG für das Kommissionsgeschäft, den Eigenhandel für andere und das Vermittlungsgeschäft der Wertpapierdienstleistungsunternehmen vom 23. August 2001, BAnz. Nr. 165 vom 4. September 2001, S. 19217, aufgehoben zum 1.11. 2007 mit Schreiben der BaFin vom 23.10. 2007.

[27] *Clouth/Seyfried* in *Clouth/Lang* (Hrsg.), MiFID-Praktikerhandbuch, Rn. 73; sehr krit. zur Anerkennung früherer bankinterner Einstufungen als Kundenklassifizierung *Kasten*, BKR 2007, 261, 266f.

ser Gruppe. Zu den **ohne weiteres kraft Gesetzes** erfassten Unternehmen, den „geborenen" geeigneten Gegenparteien, gehören nach § 31a **Abs. 4 Satz 1** die zulassungs- und aufsichtspflichtigen Unternehmen nach Abs. 2 Nr. 1 lit. a) bis f) – also ohne die sonstigen institutionellen Anleger nach lit. h) –, ferner die öffentlich-rechtlichen Hoheitsträger und internationalen Organisationen nach Abs. 2 Nr. 3 und Nr. 4 sowie die Unternehmen i. S. d. § 2a Abs. 1 Nr. 12. Diese sind dadurch gekennzeichnet, dass ihre Haupttätigkeit darin besteht, den Eigenhandel (§ 2 Abs. 3 Satz 1 Nr. 3) oder das Eigengeschäft (§ 2 Abs. 3 Satz 2) mit Waren oder Warenderivaten zu betreiben, ohne Teil eines Gesamtkonzerns zu sein, der in der Hauptsache Wertpapierdienstleistungen erbringt oder Einlagen-, Kredit-, Garantie- oder E-Geschäfte betreibt.[28] Ausgeklammert bleiben demnach die sonstigen institutionellen Investoren und Einrichtungen nach Abs. 2 Nr. 5 und die nicht zulassungs- oder aufsichtspflichtigen „großen" Unternehmen nach Abs. 2 Nr. 2.

27 Diese können jedoch **nach Abs. 4 Satz 2** Nr. 1 geeigneten Gegenparteien **gleichgestellt** sein, unabhängig davon, ob sie ihren Sitz im In- oder Ausland haben. Gleiches gilt für die Unternehmen mit Sitz in einem anderen Mitgliedstaat der EU oder des EWR, die nach dem Recht ihres Herkunftsmitgliedstaates als geeignete Gegenpartei anzusehen sind (Nr. 2). Voraussetzung für die Gleichstellung ist allerdings für beide Fallgruppen die **Zustimmung der betroffenen Unternehmen,** für alle oder einzelne Geschäfte als geeignete Gegenpartei behandelt zu werden.[29] Die in die Untergruppe nach Satz 2 fallenden Unternehmen lassen sich insofern auch als **potentielle geeignete Gegenparteien** bezeichnen, als sie die tatsächliche Gleichstellung durch Verweigerung der Zustimmung noch verhindern können. In diesem Fall bleibt es bei der Einstufung als professioneller Kunde, sofern keine gewillkürte Änderung der Einstufung erfolgt.

28 Der Umstand, dass sich die **Gruppen der professionellen Kunden und der geeigneten Gegenparteien weitgehend überschneiden,** hängt vor allem damit zusammen, dass die letztere Kategorie nur für wenige Arten von Dienstleistungen zur Verfügung steht (vgl. § 31b Rn. 5 ff.).

IV. Möglichkeiten und Verfahren zur Änderung der Einstufung

1. Grundsatz

29 Das im Ausgangspunkt starre gesetzliche System der drei Kundenkategorien wird durch die Möglichkeit von Änderungen der Einstufung **in gewissem Umfang flexibilisiert.** Dabei sind sowohl „Herabstufungen" in eine stärker schutzbedürftige Kategorie, also zB aus der Gruppe der professionellen Kunden in die der Privatkunden, als auch „Heraufstufungen" in eine weniger schutzwürdige Kundengruppe, zB die Umqualifizierung eines Privatkunden in einen professionellen Kunden, vorgesehen. Grundlegend ist, dass eine „Umstufung" **in keinem**

---

[28] Vgl. BegrRegE (FRUG), BT-Drucks. 16/4028, S. 59.
[29] Nach Abgabe einer solchen Erklärung ist gemäß der Gesetzesbegründung eine Überprüfung, ob die Voraussetzungen für eine Behandlung als geeignete Gegenpartei tatsächlich vorliegen, nicht erforderlich, BegrRegE (FRUG), BT-Drucks. 16/4028, S. 66.

Fall gegen den Willen des Wertpapierdienstleistungsunternehmens möglich ist. Diesem kommt jedenfalls das Letztentscheidungsrecht zu. Herabstufungen (aus den Gruppen der geeigneten Gegenparteien oder der professionellen Kunden) kann das Wertpapierdienstleistungsunternehmen sogar auf eigene Initiative ohne Zustimmung des Kunden vornehmen.[30] Heraufstufungen setzen dagegen wegen der damit verbundenen Einschränkung des Schutzes einen Antrag des Kunden voraus, dem das Wertpapierdienstleistungsunternehmen nach seinem Ermessen stattgeben kann oder auch nicht.

2. Herabstufungen

Abs. 5 regelt die **Fälle einseitiger Herabstufungen durch das Wertpapierdienstleistungsunternehmen** und setzt damit Art. 28 DRL um. Die Änderung der Einstufung von geeigneten Gegenparteien in professionelle Kunden oder Privatkunden sowie von professionellen Kunden in Privatkunden wird dabei nach Satz 1 **von keinerlei einschränkenden Voraussetzungen abhängig** gemacht. Insbesondere ist keine vorherige Anhörung oder gar Zustimmung des betroffenen Kunden erforderlich. Das Wertpapierdienstleistungsunternehmen muss diesen lediglich „über eine Änderung der Einstellung informieren" (Satz 2), also **nachträglich darüber in Kenntnis setzen**. Das sollte unverzüglich geschehen, auch wenn es im Gesetz nicht ausdrücklich verlangt wird. Eine bestimmte Form ist dabei nicht vorgeschrieben. 30

Die Herabstufung kann sich auf die gesamte Geschäftsbeziehung oder auch nur auf bestimmte Wertpapier(neben)dienstleistungen und Finanzinstrumente beziehen. Die **Möglichkeit einer beschränkten Änderung der Einstufung** ist zwar ausdrücklich nur für vereinbarte Herabstufungen vorgesehen (vgl. Abs. 6 Satz 3 für professionelle Kunden, § 31 b Abs. 1 Satz 2 für geeignete Gegenparteien), doch ist kein Grund ersichtlich, warum es einem Wertpapierdienstleister nicht gestattet sein sollte, von seiner umfassenden Entscheidungsbefugnis nur in eingeschränktem Umfang Gebrauch zu machen.[31] Wird ein „geborener" professioneller Kunde gleich zu Beginn der Geschäftsbeziehung mit einem Wertpapierdienstleistungsunternehmen von diesem als Privatkunde eingestuft, ist darin ebenfalls eine „Änderung der Einstufung" zu sehen, die eine Informationspflicht über das gewährte Schutzniveau auslöst.[32] Davon zu unterscheiden ist die Informationspflicht über die Einstufung als professioneller Kunde nach Abs. 6 Satz 4, die nur bei bestimmten Untergruppen eingreift, nämlich bei „großen" Unternehmen[33] nach Abs. 2 Nr. 2 und „hochgestuften" ehemaligen Privatkunden nach Abs. 7. In bei- 31

---

[30] Vgl. BegrRegE (FRUG), BT-Drucks. 16/4028, S. 66 (Entscheidung obliegt dem Wertpapierdienstleistungsunternehmen); Art. 28 Abs. 3 DRL („Die Mitgliedstaaten gestatten den Wertpapierfirmen von sich aus ... zu behandeln").

[31] *Clouth/Seyfried* in *Clouth/Lang* (Hrsg.), MiFID-Praktikerhandbuch, Rn. 81.

[32] § 31 a Abs. 5 Satz 2 verlangt eine Information des Kunden über eine „Änderung der Einstufung". Wird er schon bei der Ersteinstufung einer anderen Kategorie als gesetzlich vorgesehen zugeordnet, dürfte es genügen, wenn das Wertpapierdienstleistungsunternehmen dem Kunden mitteilt, in welche Kategorie es ihn eingeordnet hat, ohne zugleich die gesetzlich vorgesehene zu erwähnen, vgl. *Clouth/Seyfried* in *Clouth/Lang* (Hrsg.), MiFID-Praktikerhandbuch, Rn. 84.

[33] *Kasten*, BKR 2007, 261, 265 spricht insoweit von „professionellen Kunden kraft Quantitätsparametern" im Gegensatz zu den professionellen Kunden „kraft Tätigkeit".

den Fällen soll den Betroffenen das abgesenkte Schutzniveau als professioneller Kunde und die Möglichkeit einer Änderung der Einstufung klar vor Augen geführt werden.

32 Eine Herabstufung kann auch **auf Initiative des Kunden durch** eine **Vereinbarung** zwischen ihm und dem Wertpapierdienstleistungsunternehmen erfolgen (Abs. 6 Satz 1, § 31 b Abs. 1 Satz 2). Eine gesonderte Information des Kunden erübrigt sich in diesen Fällen. Für **Vereinbarungen mit professionellen Kunden** über ihre Einstufung als Privatkunden sieht Abs. 6 Satz 2 die Einhaltung der **Schriftform** vor. Die Umstufung erstreckt sich auf alle Wertpapier(neben)dienstleistungen und Finanzinstrumente, sofern einzelne Arten nicht ausdrücklich davon ausgenommen werden (Satz 3). Für **Vereinbarungen mit geeigneten Gegenparteien** (§ 31 b Abs. 1 Satz 2) verlangt § 2 Abs. 4 Satz 1 WpDVerOV eine ausdrückliche Vereinbarung zumindest in Textform, wenn eine Herabstufung zum Privatkunden – also über zwei Stufen hinweg – erfolgen soll; andernfalls wird die geeignete Gegenpartei, die auf ihre Einstufung verzichtet, als professioneller Kunde behandelt. Auch hier kommt eine Beschränkung der Herabstufung auf einzelne Arten von Wertpapier(neben)dienstleistungen und Finanzinstrumente oder gar auf einzelne Geschäftsabschlüsse[34] nur zum Zuge, wenn dies ausdrücklich vereinbart wird (vgl. § 2 Abs. 4 Satz 2 WpDVerOV iVm § 31a Abs. 6 Satz 3).

3. Hochstufungen

33 Durch Umstufungen in eine höhere Kategorie kommt es zu einer **Absenkung des** durch die Wohlverhaltensregeln gewährten **Schutzniveaus**. Sie sind daher materiell und verfahrensmäßig nur unter engeren Voraussetzungen als Herabstufungen möglich. Eine Flexibilisierung der Einstufung auch in diese Richtung ist jedoch geboten, um eine zu weitgehende Einschränkung der Privatautonomie zu vermeiden. So muss zumindest die Möglichkeit bestehen, dann größere Handlungsfreiheit zu gewähren und die Regulierungsdichte zu reduzieren, wenn die Voraussetzungen für eine wohl informierte, eigenverantwortliche Entscheidung des Kunden gesichert erscheinen. Allerdings sind Wertpapierdienstleistungsunternehmen nicht verpflichtet, dem Wunsch ihrer Kunden nach einem Wechsel in eine höhere Kundenkategorie nachzukommen.[35] Ihr Letztentscheidungsrecht bleibt insoweit unangetastet.

34 Eine **Hochstufung von Privatkunden** in die Gruppe der professionellen Kunden ist nach **Abs. 7** „auf Antrag oder durch Festlegung des Wertpapierdienstleistungsunternehmens" möglich. Der etwaige **Antrag** eines Privatkunden auf Behandlung als professioneller Kunde muss nach § 2 Abs. 2 Satz 1 Nr. 1 WpDVerOV **zumindest in Textform** gestellt werden. Geht die Initiative vom Wertpapierdienstleister aus,[35a] muss er das **Einverständnis des Kunden** einholen, für dessen Erklärung ebenfalls mindestens Textform vorgeschrieben ist (§ 2 Abs. 2 Satz 2 WpDVerOV). Außerdem muss der Antrag des Kunden bzw. die Vereinbarung mit dem Wertpapierdienstleistungsunternehmen spezifizieren, ob

---

[34] Die Möglichkeit einer auf eine einzelne Transaktion beschränkten Umstufung ergibt sich aus Art. 24 Abs. 2 Unterabs. 2 MiFID. Das Wertpapierdienstleistungsunternehmen ist allerdings nicht verpflichtet, dem Wunsch der geeigneten Gegenpartei nachzukommen.
[35] Vgl. BegrRegE (FRUG), BT-Drucks. 16/4028, S. 66.
[35a] Krit. *Kasten*, BKR 2007, 261, 265 (Umsetzungsfehler).

Kunden 35–39 § 31a

er grundsätzlich oder nur für eine bestimmte Art von Geschäften, Finanzinstrumenten oder Wertpapierdienstleistungen oder lediglich für eine konkrete Transaktion oder Dienstleistung als professioneller Kunde behandelt werden möchte (§ 2 Abs. 2 Satz 1 Nr. 1 WpDVerOV). Zusätzlich muss der Kunde auf einem dauerhaften Datenträger eindeutig auf die rechtlichen Folgen der Einstufungsänderung hingewiesen werden und die Kenntnisnahme dieser Hinweise in einem gesonderten Dokument bestätigen (§ 2 Abs. 2 Satz 1 Nr. 2 und 3 WpDVerOV).

Dass eine Einschränkung des dem Kunden gewährten Schutzniveaus nicht 35 ohne seine Mitwirkung möglich ist, folgt schon aus Sinn und Zweck der Wohlverhaltensregeln und kommt indirekt auch in den Regelungen des Anhangs II, Ziffer II.1 und II.2 zum Ausdruck, die zudem verlangen, dass einem Antrag des Kunden auf Verzicht auf den Schutz nur stattgegeben werden dürfe, wenn er die dafür erforderlichen Kriterien erfüllt. Diesem Erfordernis trägt **Abs. 7 Satz 2** Rechnung. Danach muss das Wertpapierdienstleistungsunternehmen eine **materielle Bewertung** vornehmen, ob der konkrete Kunde **aufgrund seiner Erfahrungen, Kenntnisse und seines Sachverstands** in der Lage ist, für die fraglichen Geschäfte eine Anlageentscheidung zu treffen und die damit verbundenen Risiken angemessen zu beurteilen. Für diese Einschätzung ist dem Wertpapierdienstleistungsunternehmen zwar ein gewisser **Bewertungsspielraum** zuzubilligen. Dieser wird jedoch **durch drei gesetzliche Kriterien nach Abs. 7 Satz 3 Nr. 1 bis Nr. 3 begrenzt,** von denen **mindestens zwei erfüllt** sein müssen, damit eine Änderung der Einstufung in Betracht kommt.

Primär auf die **Erfahrungen mit Wertpapiergeschäften** stellt die **erste** 36 **Voraussetzung** ab, wonach der Kunde „während des letzten Jahres durchschnittlich zehn Geschäfte von erheblichem Umfang im Quartal" getätigt haben muss, und zwar an dem Markt, an dem die Finanzinstrumente gehandelt werden, für die eine Einstufung als professioneller Kunde begehrt wird. Insoweit kann es keine Rolle spielen, ob der Kunde die Geschäfte für sein eigenes Privatvermögen oder zB als Geschäftsführer für das Vermögen eines Unternehmens getätigt hat.[36]

Etwas anderes gilt allerdings für das **zweite Kriterium,** die Verfügung über 37 Bankguthaben und Finanzinstrumente im Wert von mehr als 500000,– Euro. Denn hiermit wird ersichtlich auf den in § 31 Abs. 9 angesprochenen materiellen **Aspekt der finanziellen Tragbarkeit** der Anlagerisiken entsprechend den Anlagezielen abgestellt. Die genannten liquiden Mittel müssen dem Kunden daher in seinem Privatvermögen zur Verfügung stehen, was auch schon der Wortlaut nahe legt.[37]

Das **dritte Merkmal** einer **mindestens einjährigen qualifizierten Berufs-** 38 **tätigkeit am Kapitalmarkt** begründet schließlich die Vermutung ausreichender Kenntnisse über die in Betracht kommenden Geschäfte und Wertpapier(neben)dienstleistungen. Es kann unmittelbar nur von natürlichen Personen erfüllt werden.

Bei **rechtsfähigen Personengesellschaften** i.S.d. § 14 Abs. 2 BGB (zB 39 OHG, KG, PartG, Außen-GbR) **oder „kleinen" Kapitalgesellschaften** (GmbH, AG, KGaA) oder sonstigen juristischen Personen (zB eG), die nicht die

---

[36] Ebenso Clouth/Seyfried in Clouth/Lang (Hrsg.), MiFID-Praktikerhandbuch, Rn. 90.
[37] Anders Clouth/Seyfried in Clouth/Lang (Hrsg.), MiFID-Praktikerhandbuch, Rn. 90 aE („zumindest zweifelhaft"), die auch insoweit nur auf den Aspekt der Erfahrung abstellen und keine Beziehung zur finanziellen Tragbarkeit der Anlageentscheidungen herstellen.

Fuchs 1363

§ 31a 40–43   Abschnitt 6. Verhaltensregeln, Verjährung

quantitativen Kriterien des § 31a Abs. 2 Satz 2 Nr. 2 erfüllen, genügt es gemäß § 2 Abs. 3 WpDVerOV für eine Heraufstufung, wenn **eine von der Gesellschaft benannte Person** mit der Befugnis, die von der Änderung der Einstufung betroffenen Geschäfte namens der Gesellschaft abzuschließen, die Mindestkriterien des Abs. 7 Satz 3 Nr. 1 oder 3 erfüllt. Alternativ kommt aber nach dem Rechtsgedanken des § 166 Abs. 2 BGB auch ein Abstellen auf die im Unternehmen vorgehaltene Sachkunde sowie die dort verfügbaren Kenntnisse und Erfahrungen in Betracht.[38] Bei dem Kriterium nach Nr. 2 ist auf das Eigenkapital der Gesellschaft, nicht das Privatvermögen des (organschaftlichen) Vertreters abzustellen.

40 Eine Vereinbarung über die Behandlung eines Privatkunden als professionellen Kunden gilt immer nur zwischen ihm und dem Wertpapierdienstleistungsunternehmen, das insoweit eine eigene Bewertung seiner Eignung für diese Kundenkategorie vorgenommen hat.[39] Diese lediglich **relative Wirkung der Einstufung im jeweiligen Kundenverhältnis** führt dazu, dass ein und derselbe Privatkunde, der Geschäftsbeziehungen mit mehreren Kreditinstituten unterhält, verschiedene Bewertungsverfahren durchlaufen muss und seine Eignung als professioneller Kunde dabei durchaus unterschiedlich eingestuft werden kann.

41 Für eine **„freiwillige" Hochstufung von professionellen Kunden in die Kategorie der geeigneten Gegenpartei** kommen nach § 31a Abs. 4 Satz 2 „große" Unternehmen nach Abs. 2 Nr. 2 mit Sitz im In- oder Ausland (also auch aus Drittländern) sowie Unternehmen aus einem anderen Mitgliedstaat der EU oder des EWR in Betracht, die schon nach dem Recht ihres Herkunftsstaates als geeignete Gegenparteien qualifiziert sind.[40] Voraussetzung für eine „Gleichstellung" mit geeigneten Gegenparteien ist lediglich, dass sie zugestimmt haben, für alle oder einzelne Geschäfte entsprechend behandelt zu werden. Im Übrigen sind keine besonderen Form- oder Verfahrensvorschriften zu beachten. Insbesondere ist kein Hinweis auf die rechtlichen Folgen einer geänderten Einstufung erforderlich, da von professionellen Kunden erwartet werden kann, dass sie sich darüber im Klaren sind.

42 Fraglich könnte sein, ob aus der Formulierung in Abs. 4 Satz 2 „Den geeigneten Gegenparteien stehen gleich …, wenn sie zugestimmt haben" ausnahmsweise eine Pflicht des Wertpapierdienstleistungsunternehmens zur Heraufstufung abzuleiten ist. Die Gesetzesmaterialien enthalten hierzu keine ausdrückliche Aussage. Die Frage ist jedoch praktisch bedeutungslos, da stets eine (sofortige) einseitige Herabstufung durch den Wertpapierdienstleister nach Abs. 5 erfolgen könnte.

V. Organisations- und Dokumentationspflichten

43 Wertpapierdienstleistungsunternehmen sind nach § 2 Abs. 1 WpDVerOV verpflichtet, die notwendigen organisatorischen **Vorkehrungen zur Einstufung** von Kunden nach § 31a zu treffen. Dazu müssen sie insbesondere Grundsätze

---

[38] Vgl. Clouth/Seyfried in Clouth/Lang (Hrsg.), MiFID-Praktikerhandbuch, Rn. 91 mit Fn. 94.
[39] Clouth/Seyfried in Clouth/Lang (Hrsg.), MiFID-Praktikerhandbuch, Rn. 93 unter Hinweis auf die Begründung zum Entwurf des § 2 Abs. 2 WpDVerOV vom 30. 1. 2007.
[40] Vgl. bereits oben Rn. 27. Institutionelle Anleger nach Abs. 2 Nr. 1 lit. h) oder Nr. 5 haben diese Möglichkeit dagegen nicht.

aufstellen, Verfahren einrichten und sonstige Maßnahmen ergreifen, die sicherstellen, dass eine korrekte Zuordnung zu einer der drei Kundenkategorien erfolgt. Auf eine gesonderte Einstufung jedes Kunden bei Aufnahme der Geschäftsbeziehung können sie grundsätzlich verzichten, wenn sie ausschließlich mit einer Kundenkategorie zusammenarbeiten, also Wertpapierdienstleistungen nur für Privatkunden oder ausschließlich für professionelle Kunden anbieten.[41] In der zuletzt genannten Alternative bleibt allerdings insoweit ein einzelfallbezogener Einstufungsakt erforderlich, als sich die Qualifikation als professioneller Kunde nicht ohne weitere Nachprüfung unmittelbar aus dem Gesetz ergibt, wie es bei den sog. „großen" Unternehmen nach Abs. 2 Nr. 2 der Fall ist.

Neben der Ersteinstufung muss ausdrücklich auch gewährleistet sein, die **Einstufung professioneller Kunden aus begründetem Anlass überprüfen** zu können (§ 2 Abs. 1 WpDVerOV). Die Frage eines Verlustes der Eigenschaft als professioneller Kunde stellt sich grundsätzlich nicht bei den Unternehmen, Institutionen und Organisationen, die dieser Einstufung kraft Gesetzes aufgrund ihrer kapitalmarktbezogenen Tätigkeit unterliegen, sondern nur bei „großen" Unternehmen i. S. d. Abs. 2 Nr. 2 sowie bei den nach Abs. 7 Satz 1 hochgestuften ehemaligen Privatkunden. Ein Anlass zur Überprüfung kann sich insoweit vor allem aus Mitteilungen des Kunden ergeben. Dagegen besteht **keine laufende Pflicht** des Wertpapierdienstleistungsunternehmens **zur Nachforschung**, ob die Grundlagen für die bisherige Qualifikation noch gegeben sind oder entfallen sein könnten.[42] Anderweitige Erkenntnisse, die nicht aus Mitteilungen des Kunden stammen, lösen eine Überprüfungspflicht nur aus, wenn sich aus Umständen, die dem Wertpapierdienstleistungsunternehmen positiv bekannt werden, begründete Zweifel an der fortdauernden Professionalität des Kunden geradezu aufdrängen. Andernfalls würde die Regelung des § 31a Abs. 7 Satz 6 ausgehöhlt, nach der eine fehlerhafte Einstufung eines Kunden keinen Pflichtverstoß darstellt, wenn sie darauf beruht, dass ein professioneller Kunde i. S. d. Abs. 1 oder Abs. 2 Nr. 2 das Wertpapierdienstleistungsunternehmen nicht über alle Änderungen informiert hat, die seine Einstufung als professioneller Kunde beeinflussen können.

Hinsichtlich der **Dokumentationspflichten** bestimmt § 14 Abs. 2 Nr. 1 WpDVerOV, dass die Merkmale oder die Bewertung als professioneller Kunde oder geeignete Gegenpartei bei den sog. „großen" Unternehmen im Sinne des § 31a Abs. 2 Satz Nr. 2, bei den nach Abs. 7 hochgestuften Privatkunden sowie bei den Unternehmen, die nach Abs. 4 Satz 2 nur mit ihrer Zustimmung einer geeigneten Gegenpartei gleichgestellt werden können, aufzuzeichnen sind. Damit wird dem Umstand Rechnung getragen, dass in diesen Fällen jeweils ein individueller Einstufungsakt erforderlich ist, da sich die Eigenschaft als professioneller Kunde oder geeignete Gegenpartei nicht ohne weiteres aus dem Gesetz ergibt. Diese Aufzeichnungspflichten sollen allerdings nur „vorbehaltlich des Absatzes 8" gelten, der bei einer Beschränkung der Tätigkeit auf Geschäfte mit nur einer Kundenkategorie die Aufzeichnung der entsprechenden Organisationsanweisung genügen lässt. Sachlich gerechtfertigt erscheint diese pauschale Regelung in § 14 Abs. 8 WpDVerOV aber nur, soweit tatsächlich keine Einstufungsentscheidungen im Einzelfall erfolgen (müssen). Ohne Einschränkung trifft dies nur zu, wenn sich ein Wertpapierdienstleistungsunternehmen entschließt, aus-

---

[41] Clouth/Seyfried in Clouth/Lang (Hrsg.), MiFID-Praktikerhandbuch, Rn. 99.
[42] Bericht des Finanzausschusses, BT-Drucks. 16/4899, S. 12.

schließlich mit Privatkunden zusammenzuarbeiten bzw. alle seine Kunden entsprechend einzustufen.[43] Bei den anderen beiden Kategorien dürfte dagegen eine Beschränkung der Dokumentation auf die Aufzeichnung der entsprechenden Organisationsanweisung nur akzeptabel sein, wenn die Zusammenarbeit auf schon wegen ihrer kapitalmarktbezogenen Tätigkeit eindeutig als „geborene" professionelle Kunden identifizierte Unternehmen oder Organisationen (also unter Ausschluss der „großen" Unternehmen nach Abs. 2 Nr. 2) bzw. auf kraft Gesetzes geeignete Gegenparteien nach Abs. 4 Satz 1 beschränkt wird. Insoweit ist § 14 Abs. 8 WpDVerOV im Lichte des § 14 Abs. 2 Nr. 1 WpDVerOV einschränkend auszulegen.

VI. Rechtliche Konsequenzen und praktische Bedeutung

1. Gruppenspezifisch abgestufter Pflichtenkatalog

46 Die Einordnung in eine bestimmte Kundenkategorie hat **Einfluss auf den Umfang der Verhaltensbindungen,** denen das Wertpapierdienstleistungsunternehmen gegenüber dem jeweiligen Kunden unterliegt. Während bei Geschäften mit Privatkunden sämtliche Wohlverhaltenspflichten (i. w. S., also einschließlich der Organisationspflichten) einzuhalten sind, werden für Wertpapierdienstleistungen gegenüber Kunden aus der Gruppe der professionellen Kunden gewisse Erleichterungen gewährt (näher hierzu sogleich Rn. 46). Für bestimmte, in § 31 b Abs. 1 Satz 1 abschließend aufgezählte (vor allem transaktionsbezogene) Dienstleistungen für geeignete Gegenparteien schließlich finden die meisten Verhaltenspflichten der §§ 31 ff. keine Anwendung; vielmehr beschränken sich die Anforderungen (insoweit) auf die absolut grundlegenden Kautelen der §§ 31 Abs. 1, 33.[44] Für die Fälle der Anlageberatung und Finanzportfolioverwaltung, die nicht zu den aufgelisteten privilegierten Wertpapierdienstleistungen gehören, bleibt es dagegen bei dem Verhaltensstandard, der auch gegenüber professionellen Kunden gilt, da die Kategorie der „geeigneten Gegenpartei" insoweit nicht zur Verfügung steht.

46a **Relevante Unterschiede zwischen** den beiden Gruppen der **Privatkunden und der professionellen Kunden** bestehen vor allem bei der Prüfung der Geeignetheit und der Angemessenheit nach § 31 Abs. 4 und Abs. 5. Deren Durchführung wird bei professionellen Kunden durch **Vermutungsregeln** erleichtert: So ist das Wertpapierdienstleistungsunternehmen nach § 31 Abs. 9 berechtigt, im Rahmen der Anlageberatung und Vermögensverwaltung für Kunden dieser Kategorie davon auszugehen, dass sie über die erforderlichen Kenntnisse und Erfahrungen für eine zutreffende Risikoeinschätzung verfügen und dass für sie die damit einhergehenden Anlagerisiken finanziell tragbar sind.[45] Obwohl eine entsprechende ausdrückliche Regelung für die Frage der Angemessenheit nach § 31 Abs. 5

---

[43] Insoweit übereinstimmend *Clouth/Seyfried* in *Clouth/Lang* (Hrsg.), MiFID-Praktikerhandbuch, Rn. 99, die aber den Konflikt mit der individuellen Einstufungsentscheidung in den übrigen Fällen nicht thematisieren.

[44] Vgl. bereits oben Rn. 3; übertrieben *Clouth/Seyfried* in *Clouth/Lang* (Hrsg.), MiFID-Praktikerhandbuch, Rn. 102 (keine Anwendung der allgemeinen und besonderen Verhaltenspflichten).

[45] Vgl. zu Einzelheiten § 31 Rn. 259, 260a, 268.

Satz 2 beim beratungsfreien Geschäft fehlt,[46] erübrigt sich hier im Ergebnis eine solche Prüfung ebenfalls. Denn die Frage der Angemessenheit bezieht sich nur auf die für die Risikobeurteilung der Finanzinstrumente oder Wertpapierdienstleistungen erforderlichen Kenntnisse und Erfahrungen, deren Vorhandensein nach der Wertung des § 31 Abs. 2 Satz 2 bei professionellen Kunden gerade unterstellt wird.[47] Die Entbehrlichkeit der Angemessenheitsprüfung bei Geschäften mit professionellen Kunden folgt im Übrigen auch aus Art. 36 Unterabs. 2 DRL.

Bei den anderen Verhaltenspflichten halten sich die **graduellen Abstufungen** zwischen professionellen und Privatkunden in relativ engen Grenzen.[48] Bei einer im Ausgangspunkt einheitlichen Geltung zB der Anforderungen an Werbemitteilungen nach § 31 Abs. 2 („redlich, eindeutig und nicht irreführend") oder der allgemeinen Informationspflichten gegenüber „Kunden" nach § 31 Abs. 3 werden erst **auf der Ebene der normativen Konkretisierung** durch die Ausführungsvorschriften der WpDVerOV teilweise **deutlich detailliertere Angaben gegenüber Privatkunden** verlangt (vgl. zB § 4 WpDVerOV im Hinblick auf „redliche, eindeutige und nicht irreführende Informationen an Privatkunden", denen keine Regelung bezüglich professioneller Kunden gegenübersteht; § 5 Abs. 1 Satz 1 WpDVerOV mit der generellen Vorgabe, für die nach § 31 Abs. 3 Satz 3 Nr. 2 zur Verfügung zu stellenden Informationen über Finanzinstrumente ausreichend detaillierte Angaben „unter Berücksichtigung der Einstufung des Kunden" zu machen, sowie die speziellen Vorschriften in § 5 Abs. 2 WpDVerOV mit einer Vielzahl punktueller Regelungen, über welche konkreten Punkte Privatkunden zu informieren sind). Das Fehlen entsprechend detaillierter Regelungen für professionelle Kunden (zB auch bei den Berichtspflichten über die Ausführung von Aufträgen bzw. bei Finanzportfolioverwaltung nach §§ 8 Abs. 1, 9 Abs. 1, Abs. 4 Satz 1 WpDVerOV im Vergleich zu den ausführlichen Einzelvorgaben für Privatkunden nach den übrigen Absätzen der §§ 8, 9 WpDVerOV) führt zwar grundsätzlich zu einer erheblichen Verringerung des Umfangs der dem professionellen Kunden zur Verfügung zu stellenden Informationen, kann aber **nicht den Umkehrschluss rechtfertigen,** dass die explizit erwähnten Vorgaben bei professionellen Kunden niemals einschlägig seien oder dass die bei Privatkunden unzulässigen Verhaltensweisen bei professionellen Kunden generell unbedenklich praktiziert werden könnten.[49] Vielmehr liefern die Vorschriften für Privatkunden zunächst einmal gewisse Anhaltspunkte für die (notwendige) Konkretisierung der Verhaltenspflichten (auch) gegenüber professionellen Kunden, wobei sich Modifikationen aus der typischerweise geringeren Schutzbedürftigkeit ergeben können.[50]

---

[46] Der RegE (BT-Drucks. 16/4028, S. 13) enthielt in § 31 Abs. 9 Satz 2 noch die ausdrückliche Regelung „Die Pflichten des Absatzes 5 gelten nicht gegenüber professionellen Kunden". Dass dieser Satz bei der Neuformulierung der Vorschrift durch den Finanzausschuss weggefallen ist, stellt lediglich ein Redaktionsversehen dar, so auch *BdB*, MiFID-Leitfaden, S. 64 f. Dem Finanzausschuss ging es bei der Änderung nur um die Klarstellung, dass sich die Vermutung bei professionellen Kunden neben der finanziellen Tragbarkeit der Risiken auch auf das Vorhandensein entsprechender Kenntnisse und Erfahrungen, um diese zu verstehen, bezieht (BT-Drucks. 16/4899, S. 11).
[47] So auch *Clouth/Seyfried* in *Clouth/Lang* (Hrsg.), MiFID-Praktikerhandbuch, Rn. 107.
[48] Eine ausführliche tabellarische Übersicht über die nach Kundenkategorien abgestuften Verhaltenspflichten findet sich in *BdB*, MiFID-Leitfaden, S. 61 ff.
[49] *Clouth/Seyfried* in *Clouth/Lang* (Hrsg.), MiFID-Praktikerhandbuch, Rn. 104.
[50] Ebenso *Clouth/Seyfried* in *Clouth/Lang* (Hrsg.), MiFID-Praktikerhandbuch, Rn. 104.

§ 31a 48–50 Abschnitt 6. Verhaltensregeln, Verjährung

48 Einige Besonderheiten bei Privatkunden bestehen auch hinsichtlich der organisatorischen Anforderungen an die **bestmögliche Ausführung von Kundenaufträgen** *(best execution)* nach § 33a. So muss hier bei der Gewichtung der verschiedenen Kriterien zur Bestimmung des bestmöglichen Ergebnisses bei Privatkunden das Gesamtentgelt im Vordergrund stehen (§ 33a Abs. 3) und ein ausdrücklicher Hinweis erfolgen, dass sich im Falle einer Kundenweisung die Auftragsausführung allein danach richtet und das Wertpapierdienstleistungsunternehmen nicht mehr verpflichtet ist, der Pflicht zur bestmöglichen Ausführung des Auftrags nachzukommen (vgl. § 33a Abs. 6 Nr. 2).

2. Ausstrahlungswirkungen auf die zivilrechtlichen Pflichten im Einzelfall?

49 **Fraglich** erscheint, ob die anhand abstrakter Kundenkategorien gruppenspezifisch abgestuften aufsichtsrechtlichen Verhaltenspflichten **auch bei der Konkretisierung der zivilrechtlichen Verhaltenspflichten im Einzelfall zu berücksichtigen** sind. Dies dürfte vor allem für die Frage Bedeutung gewinnen, ob einzelne Kunden sich trotz ihrer Einstufung als professionelle Kunden *in concreto* darauf berufen können, bezüglich bestimmter Geschäfte oder Finanzinstrumente doch nicht über die erforderlichen Kenntnisse oder Erfahrungen zur korrekten Risikoeinschätzung verfügt zu haben. Problematisch erscheint insoweit insbesondere die Regelung in § 31a Abs. 2 Satz 3, nach der alle „großen" Unternehmen i.S.d. § 31a Abs. 2 Satz 2 Nr. 2 unterschiedslos bezüglich aller Finanzinstrumente und Wertpapier(neben)dienstleistungen als professionelle Kunden zu qualifizieren sind.[51] Ähnliche Zweifel bestehen insoweit bei Einordnung von Kommunen jedweder Größe als „regionale Regierungen" (§ 31a Abs. 2 Satz 2 Nr. 3) mit entsprechenden Konsequenzen.[52] Schließlich kann es im Rahmen der Heraufstufung von Privatkunden zu professionellen Kunden trotz der vorgeschriebenen individuellen Bewertung durch das Wertpapierdienstleistungsunternehmen zu Fehlern kommen. In all diesen Fällen stellt sich insbesondere die **Frage, ob** die aufsichtsrechtlich wirksam erfolgte Zuordnung zur Kategorie der professionellen Kunden die **Anwendung strengerer zivilrechtlicher Verhaltensstandards im Einzelfall sperrt.**

50 Im **Ausgangspunkt** ist daran festzuhalten, dass die **zivilrechtliche Pflichtenlage unabhängig von der aufsichtsrechtlichen Zuordnung** zu einer bestimmten Kundenkategorie anhand der konkreten Gegebenheiten im Einzelfall zu bestimmen ist. Der **aufsichtsrechtlich anwendbare Pflichtenkanon** setzt zwar regelmäßig eine Art **Mindeststandard,** der auch auf den Umfang der zivilrechtlichen Verhaltenspflichten ausstrahlen kann, schließt aber nicht aus, dass sich bei der Beurteilung konkreter Einzelfälle weitergehende zivilrechtliche Anforderungen ergeben können.[53] Daher ist insbesondere nicht auszuschließen, dass die anhand abstrakter Kriterien zur Gruppe der professionellen Kunden gerechneten

---

[51] An der Sachgerechtigkeit dieser Regelung zweifelnd *Clouth/Seyfried* in *Clouth/Lang* (Hrsg.), MiFID-Praktikerhandbuch, Rn. 111.
[52] Vgl. *Bracht,* WM 2008, 1386, 1388f. und oben Rn. 22.
[53] Im Ergebnis ebenso *BdB,* MiFID-Leitfaden, S. 60; **aA** *Mülbert* ZHR 172 (2008) 170, 176ff.; *ders.,* WM 2007, 1149, 1156ff. (Prinzip der „Maximalharmonisierung" bei der MiFID sperrt auch strengeres nationales Zivilrecht); vgl. dagegen § 31d Rn. 6.

„großen" Unternehmen i. S. d. § 31a Abs. 2 Nr. 2 sowie (kleinere) Kommunen und Landkreise als „regionale Regierungen" nach § 31a Abs. 2 Nr. 3 im Einzelfall *zivilrechtlich* aufklärungs- und beratungsbedürftig sind.

Für die **Existenz eines „zweistufigen Systems" aus aufsichtsrechtlichen (Mindest-)Verhaltensregeln und** (darüber im Einzelfall potentiell hinausgehenden) **zivilrechtlichen Aufklärungs- und Beratungspflichten** spricht auch eine Parallele zur Rechtsprechung des BGH im Zusammenhang mit der früheren „Termingeschäftsfähigkeit kraft Information" (§ 53 Abs. 2 BörsG 1998).[54] Danach blieb die Bank trotz Unterzeichnung der standardisierten Informationsschrift durch den Kunden, mit der pauschal seine Termingeschäftsfähigkeit hergestellt wurde, verpflichtet, ihm beim Abschluss einzelner Termingeschäfte jeweils alle für eine sachgerechte Anlageentscheidung erforderlichen Informationen zur Verfügung zu stellen.[55] Diese Lösung übernahm dann bei der Reform des Rechts der Finanztermingeschäfte durch das 4. FMFG 2002 auch der Gesetzgeber. So legte er in § 37d Abs. 5 WpHG aF ausdrücklich fest, dass die (auch nach Abschaffung des Termineinwands und einer besonderen Termingeschäftsfähigkeit weiterhin) erforderliche Unterzeichnung einer Informationsschrift über die (generell) mit Finanztermingeschäften verbundenen Risiken (Abs. 1) die „Verpflichtung nach § 31 Abs. 2 Satz 1 Nr. 2 ... unberührt" lasse. Je nach den Umständen des Einzelfalls konnte daher noch eine zusätzliche individuelle Aufklärung erforderlich sein. Das Gleiche gilt grundsätzlich auch bei der Beurteilung von Geschäften mit „geborenen" professionellen Kunden und geeigneten Gegenparteien, da die pauschale gesetzliche Zuordnung zu einer solchen Kundenkategorie noch keine verlässliche Aussage über die mangelnde Schutzbedürftigkeit des individuellen Kunden im konkreten Einzelfall enthält.

Fraglich ist jedoch, ob das auch bei einem **gewillkürten Wechsel einer Kundenkategorie** gilt. Denn § 31a Abs. 7 begrenzt die Möglichkeiten einer Heraufstufung von Privatkunden zu professionellen Kunden und verpflichtet das Wertpapierdienstleistungsunternehmen zusätzlich zu einer eingehenden materiellen Bewertung. Zur Erleichterung der Prüfung werden zwar drei formale Mindestkriterien vorgegeben, von denen mindestens zwei als Voraussetzung für eine Änderung der Einstufung vorliegen müssen. Diese sind jedoch nicht abschließend, vielmehr darf eine Höherstufung – anders als die Erlangung der Termingeschäftsfähigkeit kraft Information nach § 53 Abs. 2 BörsG 1998 oder die abstrakte Information über Finanztermingeschäfte nach § 37d Abs. 1 WpHG aF – nicht schon aufgrund eines formalen, standardisierten Informationsakts, sondern **nur auf der Basis einer eingehenden materiellen Bewertung** von Erfahrungen, Kenntnissen und des Sachverstands des einzelnen Kunden erfolgen.

Jedenfalls bei einer auf Initiative des Kunden und nach einer *bona fide* durchgeführten Bewertung **erfolgten Höherstufung kann sich das Wertpapierdienstleistungsunternehmen darauf verlassen, dass nur die für professionelle Kunden geltenden Verhaltenspflichten zu beachten sind.** Denn eine spätere Berufung des Kunden auf seine tatsächlich fehlende Professionalität wäre in diesem Fall widersprüchlich und treuwidrig *(venire contra factum*

---

[54] Vgl. dazu zB KölnKommWpHG-*Roth,* § 37d Rn. 26 und zur Kritik Rn. 29.
[55] BGHZ 133, 82, 86 = WM 1996, 1260, 1262; BGH WM 1997, 811, 812; *Ellenberger* in WM 1999, Sonderbeilage 2, S. 3, 15.

§ 31a 54 Abschnitt 6. Verhaltensregeln, Verjährung

proprium), zumal § 31a Abs. 7 Satz 4–5 eine schriftliche Information des Kunden und dessen schriftliche Bestätigung der Kenntnisnahme verlangen, dass die Schutzvorschriften für Privatkunden für ihn nicht mehr gelten. Auch wenn man darin noch keinen (denkbaren) zivilrechtlichen Verzicht auf die Einhaltung der höheren Aufklärungs- und Beratungsstandards für Privatkunden erblickt, folgt aus § 31a Abs. 7 Satz 6, dass eine materiell fehlerhafte Einstufung als professioneller Kunde (dann) keinen Pflichtverstoß darstellt, wenn sie auf fehlenden Angaben des Kunden beruht.[56] Im Umkehrschluss ergibt sich daraus zwar auch, dass Pflichtverstöße des Wertpapierhandelsunternehmens durch eine materiell fehlerhafte Einstufung möglich sind. Bei Einhaltung der (formalen) gesetzlichen Mindestkriterien dürfte es sich aber nur um seltene Ausnahmefälle handeln, in denen der Wertpapierdienstleister den ihm zustehenden Bewertungsspielraum durch schuldhafte Außerachtlassung klarer Kontra-Indikatoren überschritten hat. **Anders** sind dagegen die **Fallkonstellationen der „großen" Unternehmen und der „kleinen" Kommunen** (oben Rn. 49f.) zu beurteilen, weil insoweit die (gesetzliche) Zuordnung zu den professionellen Kunden auf einer ähnlich pauschalen Regelung wie seinerzeit die Herbeiführung der Termingeschäftsfähigkeit kraft (standardisierter) Information beruht.[57]

3. Praktische Auswirkungen

54 Angesichts der verbleibenden Zweifel über die Notwendigkeit einer Berücksichtigung schärferer zivilrechtlicher Verhaltensstandards im Einzelfall und des immensen Verwaltungsaufwands sowie der über weite Bereiche ohnehin nur rudimentären oder punktuellen Unterschiede zwischen den Verhaltenspflichten gegenüber Privat- und gegenüber professionellen Kunden stellt sich in der Praxis die Frage nach dem Nutzen einer unterschiedlichen Behandlung dieser beiden Kundenkategorien. **Erwägenswert** erscheint ein **Rückzug auf eine strikte Zweiteilung der Geschäftstätigkeit** in (beratungsfreie) (Handels-)Geschäfte mit geeigneten Gegenparteien einerseits und allen sonstigen Kunden andererseits, die einheitlich wie Privatkunden behandelt werden.[58] Auf diese Weise könnten – bei gleichzeitiger Ablehnung von Höherstufungen – viele schwierige Zuordnungs- und Abgrenzungsfragen, der Aufwand differenzierter Verhaltensanweisungen an die Mitarbeiter, die Notwendigkeit von eingehenden Bewertungsprüfungen und sonstiger Verwaltungsaufwand gespart werden. Die rechtliche Basis für die Umsetzung eines solchen zweistufigen Modells der Kundenkategorisierung bietet das **Entscheidungsrecht des Wertpapierdienstleistungsunternehmens,** das seine Kunden **nach § 31 Abs. 5 Satz 1** aus eigener Initiative

---

[56] Die Vorschrift regelt zwar ausdrücklich nur die fehlerhafte Aufrechterhaltung einer bereits erfolgten früheren Einstufung aufgrund des Unterlassens einer Mitteilung von relevanten Änderungen durch den Kunden; es ist aber kein Grund ersichtlich, sie nicht auch (zumindest entsprechend) auf die fehlerhafte Ersteinstufung anzuwenden, da sich das Wertpapierdienstleistungsunternehmen auch insoweit auf die Angaben des Kunden verlassen können muss; so auch *Clouth/Seyfried* in *Clouth/Lang* (Hrsg.), MiFID-Praktikerhandbuch, Rn. 94 Fn. 100.
[57] Vgl. BdB, MiFID-Leitfaden, S. 56, 58, der die Beachtung der zivilgerichtlichen Rechtsprechung zu Termingeschäften mit Gemeinden und ähnlichen Körperschaften des öffentlichen Rechts empfiehlt.
[58] *Clouth/Seyfried* in *Clouth/Lang* (Hrsg.), MiFID-Praktikerhandbuch, Rn. 112.

Geschäfte mit geeigneten Gegenparteien 1–3 § 31b

in eine niedrigere Kundenkategorie mit höherem Schutzniveau einstufen kann und Anträgen auf Heraufstufung nicht folgen muss.

§ 31b Geschäfte mit geeigneten Gegenparteien

(1) **Wertpapierdienstleistungsunternehmen, die das Finanzkommissionsgeschäft, die Anlage- und Abschlussvermittlung und den Eigenhandel sowie damit in direktem Zusammenhang stehende Wertpapiernebendienstleistungen gegenüber geeigneten Gegenparteien erbringen, sind nicht an die Vorgaben des § 31 Abs. 2, 3 und 5 bis 7 sowie die §§ 31c, 31d und 33a gebunden. Satz 1 ist nicht anwendbar, sofern die geeignete Gegenpartei mit dem Wertpapierdienstleistungsunternehmen für alle oder für einzelne Geschäfte vereinbart hat, als professioneller Kunde oder als Privatkunde behandelt zu werden.**

(2) **Das Bundesministerium der Finanzen kann durch Rechtsverordnung, die nicht der Zustimmung des Bundesrates bedarf, nähere Bestimmungen erlassen über die Form und den Inhalt einer Vereinbarung nach Absatz 1 Satz 2 und die Art und Weise der Zustimmung nach § 31a Abs. 4 Satz 2. Das Bundesministerium der Finanzen kann die Ermächtigung durch Rechtsverordnung auf die Bundesanstalt übertragen.**

Schrifttum: s. die Angaben bei § 31a

I. Regelungsgegenstand und -zweck

Die Norm steht in unmittelbarem Zusammenhang mit der Kundenkategorisierung nach § 31a und ergänzt diese Vorschrift in zweifacher Weise: Zum einen ordnet sie in Abs. 1 Satz 1 an, dass **bestimmte Verhaltens- und Organisationspflichten** von Wertpapierdienstleistungsunternehmen für Geschäfte mit – in § 31a Abs. 4 definierten – geeigneten Gegenparteien **nicht gelten,** und enthält damit eine zentrale Rechtsfolge der gruppenspezifischen Abstufung der aufsichtsrechtlichen Wohlverhaltensregeln. Zum anderen sieht Abs. 1 Satz 2 die **Möglichkeit eines vereinbarten Wechsels der Einstufung** in eine andere Gruppe (professioneller Kunde oder Privatkunde) vor und ergänzt damit die Bestimmungen in § 31a Abs. 5 bis 7 zur Flexibilisierung der starren gesetzlichen Kundeneinteilung in verschiedene Kategorien (insbesondere die Möglichkeit zur einseitigen Herabstufung einer geeigneten Gegenpartei durch ein Wertpapierdienstleistungsunternehmen nach § 31a Abs. 5). 1

Abs. 2 enthält eine **Verordnungsermächtigung** für das Bundesministerium der Finanzen zur Regelung näherer Einzelheiten über die Form und den Inhalt einer Vereinbarung über die einvernehmliche Herabstufung nach Abs. 1 Satz 2 sowie für die Art und Weise der nach § 31a Abs. 4 Satz 2 für die Gleichstellung mit geeigneten Gegenparteien verlangten Zustimmung der betroffenen Unternehmen. Von der Ermächtigung hat das Finanzministerium mit Erlass der WpDVerOV Gebrauch gemacht. Die insoweit einschlägigen Regelungen finden sich in § 2 Abs. 4. 2

Abs. 1 der Vorschrift setzt Art. 24 Abs. 1 der Finanzmarktrichtlinie um.[1] Die Befreiung von den meisten konkreten Wohlverhaltenspflichten wird mit der ge- 3

---

[1] BegrRegE, BT-Drucks. 16/4028, S. 67.

§ 31b 4–6   Abschnitt 6. Verhaltensregeln, Verjährung

ringeren Schutzbedürftigkeit von geeigneten Gegenparteien im Vergleich zu Privatkunden gerechtfertigt.[2] Näher zu den mit der Kundenkategorisierung verfolgten Zwecken § 31a Rn. 2ff., 10ff.

II. Reichweite der Befreiung von den Wohlverhaltenspflichten

4   Angesichts der grundsätzlich fehlenden Schutzbedürftigkeit von geeigneten Gegenparteien wird die Geltung der strengen Wohlverhaltensregeln nach §§ 31ff. für Geschäfte mit ihnen weitgehend ausgesetzt. Die Freistellung ist allerdings in zweifacher Hinsicht eingeschränkt. Zum einen werden **nicht alle Arten von Wertpapierdienstleistungen** erfasst, sondern nur die in Abs. 1 Satz 1 abschließend aufgezählten. Zum anderen bleiben einige grundlegende Verhaltens- und Organisationsanforderungen weiterhin (auch) für alle Geschäfte mit geeigneten Gegenparteien zu beachten. Denn die Privilegierung erfolgt nicht pauschal, sondern beschränkt sich inhaltlich auf die **Befreiung von den enumerativ aufgezählten Verhaltenspflichten.** Diese umfassen freilich den größten Teil der besonderen Vorgaben der §§ 31ff.

1. Erfasste Arten von Wertpapier(neben)dienstleistungen

5   Die Privilegierung von Geschäften mit geeigneten Gegenparteien **gilt nur für** das **Finanzkommissionsgeschäft** (§ 2 Abs. 3 Nr. 1), die **Abschluss- und Anlagevermittlung** (§ 2 Abs. 3 Nr. 3 und Nr. 4) sowie den **Eigenhandel** (als Dienstleistung für andere gemäß § 2 Abs. 3 Nr. 2). Bei Erbringung anderer Wertpapierdienstleistungen für geeignete Gegenparteien (zB Anlageberatung, Finanzportfolioverwaltung, Emissions- und Platzierungsgeschäft) gelten grundsätzlich die gleichen Vorgaben wie für Geschäfte mit professionellen Kunden, soweit nicht im Einzelfall eine abweichende Einstufung vereinbart ist (§ 31b Abs. 1 Satz 2) oder einseitig vom Wertpapierdienstleistungsunternehmen (§ 31a Abs. 5) vorgenommen wird. Diese nicht ausdrücklich im Gesetz ausgesprochene Rechtsfolge ist die Konsequenz der begrenzten Reichweite der Freistellung und ergibt sich im Übrigen regelmäßig auch schon aus der weitgehenden Identität der Gruppen der professionellen Kunden nach § 31a Abs. 2 und der geeigneten Gegenparteien nach § 31a Abs. 4. Die prinzipielle Gleichbehandlung von geeigneten Gegenparteien und professionellen Kunden außerhalb des Anwendungsbereichs von § 31b Abs. 1 Satz 1 stellt jedenfalls keine Änderung der Einstufung dar, so dass auch keine Informationspflicht des Wertpapierdienstleistungsunternehmens (zB nach § 31a Abs. 5 Satz 2) ausgelöst wird.

6   Die Freistellung erstreckt sich über die genannten Wertpapierdienstleistungen hinaus auf **„damit in direktem Zusammenhang stehende Wertpapiernebendienstleistungen".** In Betracht kommen insoweit vor allem das Depotgeschäft (§ 2 Abs. 3a Nr. 1), die Gewährung von Krediten oder Darlehen für die Durchführung von Wertpapierdienstleistungen (§ 2 Abs. 3a Nr. 2) oder damit im Zusammenhang stehende Devisengeschäfte (§ 2 Abs. 3a Nr. 4). Für die ebenfalls als konnexe Nebendienstleistung im Vorfeld von Wertpapiertransaktionen in Betracht kommende Erstellung oder Weitergabe von Finanzanalysen (§ 2 Abs. 3a

---

[2] BegrRegE, BT-Drucks. 16/4028, S. 67.

Bearbeitung von Kundenaufträgen § 31c

Nr. 5) läuft die Regelung jedoch ins Leere, weil die Privilegierung inhaltlich auf bestimmte Verhaltenspflichten beschränkt ist, zu denen die in § 34b geregelten Vorgaben gerade nicht gehören.

2. Die betroffenen Verhaltenspflichten

Die Regelung in Abs. 1 Satz 1 **begrenzt** die Privilegierung von Geschäften 7 mit geeigneten Gegenparteien **auf bestimmte Verhaltensvorgaben, die abschließend aufgezählt** werden. Erfasst sind zunächst die allgemeinen Anforderungen an Informationen und Werbemitteilungen nach § 31 Abs. 2, die Informationspflichten gegenüber Kunden nach § 31 Abs. 3 sowie die Pflichten zur Einholung von Kundenangaben (Exploration) und zur Angemessenheitsprüfung nach § 31 Abs. 5. Als Konsequenz aus der Unanwendbarkeit dieser Norm wird auch § 31 Abs. 6 und 7 für nicht anwendbar erklärt. Die pauschale Ausklammerung des Abs. 6 ist jedoch insoweit einzuschränken, als es um vom Kunden stammende Informationen im Zusammenhang mit einer Anlageberatung nach § 31 Abs. 4 geht. Für die (in der Praxis wohl nur ausnahmsweise vorkommende) Anlageberatung und Vermögensverwaltung für geeignete Gegenparteien gilt § 31 Abs. 4 mit derselben Maßgabe wie für professionelle Kunden gemäß § 31 Abs. 9, dass ausreichende Erfahrungen und Kenntnisse zur Beurteilung der Anlagerisiken sowie deren finanzieller Tragbarkeit angenommen werden dürfen. Keine Anwendung im Verhältnis zu geeigneten Gegenparteien finden die besonderen Grundsätze für die Bearbeitung von Kundenaufträgen nach § 31c sowie die Organisationspflichten zur Sicherstellung der bestmöglichen Erfüllung von Kundenaufträgen *(best execution)* nach § 33a. Das Verbot bzw. die Offenlegungspflicht in Bezug auf Zuwendungen Dritter (§ 31d) gilt insoweit ebenfalls nicht.

Unberührt bleiben dagegen **die grundlegenden allgemeinen Voraus-** 8 **setzungen für die Erbringung von Wertpapierdienstleistungen** nach § 31 Abs. 1 im Hinblick auf die erforderliche Sachkenntnis, Sorgfalt und Gewissenhaftigkeit, die Wahrung des Kundeninteresses sowie die Darlegung von Interessenkonflikten. Ohne Einschränkung sind auch die **allgemeinen Organisationspflichten** nach § 33, die notwendigen organisatorischen Vorkehrungen gegen unzulässige Mitarbeitergeschäfte (§ 33b), die Aufzeichnungs- und Aufbewahrungspflichten (§ 34) sowie das Gebot getrennter Vermögensverwahrung gemäß § 34a für Geschäfte mit geeigneten Gegenparteien einzuhalten.

§ 31c Bearbeitung von Kundenaufträgen

(1) Ein Wertpapierdienstleistungsunternehmen muss geeignete Vorkehrungen treffen, um

1. Kundenaufträge unverzüglich und redlich im Verhältnis zu anderen Kundenaufträgen und den Handelsinteressen des Wertpapierdienstleistungsunternehmens aufzuführen oder an Dritte weiterzuleiten,
2. vergleichbare Kundenaufträge der Reihenfolge ihres Eingangs nach auszuführen oder an Dritte zum Zwecke der Ausführung weiterzuleiten, vorbehaltlich vorherrschender Marktbedingungen oder eines anderweitigen Interesses des Kunden;
3. sicherzustellen, dass Kundengelder und Kundenfinanzinstrumente korrekt verbucht werden,

Fuchs 1373

§ 31c   Abschnitt 6. Verhaltensregeln, Verjährung

4. bei der Zusammenlegung von Kundenaufträgen mit anderen Kundenaufträgen oder mit Aufträgen für eigene Rechnung des Wertpapierdienstleistungsunternehmens die Interessen aller beteiligten Kunden zu wahren,
5. sicherzustellen, dass Informationen im Zusammenhang mit noch nicht ausgeführten Kundenaufträgen nicht missbraucht werden,
6. jeden betroffenen Kunden über die Zusammenlegung der Aufträge und damit verbundene Risiken und jeden betroffenen Privatkunden unverzüglich über alle ihm bekannten wesentlichen Probleme bei der Auftragsausführung zu informieren.

(2) Können limitierte Kundenaufträge in Bezug auf Aktien, die zum Handel an einem organisierten Markt zugelassen sind, auf Grund der Marktbedingungen nicht unverzüglich ausgeführt werden, muss das Wertpapierdienstleistungsunternehmen diese Aufträge unverzüglich so bekannt machen, dass sie anderen Marktteilnehmern leicht zugänglich sind, soweit der Kunde keine andere Weisung erteilt. Die Verpflichtung nach Satz 1 gilt als erfüllt, wenn die Aufträge an einen organisierten Markt oder ein multilaterales Handelssystem weitergeleitet worden sind oder werden, die den Vorgaben des Artikels 31 der Verordnung (EG) Nr. 1287/2006 entsprechen. Die Bundesanstalt kann die Pflicht nach Satz 1 in Bezug auf solche Aufträge, die den marktüblichen Geschäftsumfang erheblich überschreiten, aufheben.

(3) Das Bundesministerium der Finanzen kann durch Rechtsverordnung, die nicht der Zustimmung des Bundesrates bedarf, nähere Bestimmungen zu den Verpflichtungen nach den Absätzen 1 und 2 Satz 1 sowie zu den Voraussetzungen, unter denen die Bundesanstalt die Verpflichtung nach Absatz 2 Satz 3 aufheben kann, erlassen, Das Bundesministerium der Finanzen kann die Ermächtigung durch Rechtsverordnung auf die Bundesanstalt übertragen.

Schrifttum: vgl. die Angaben zu § 31 und § 33a.

Übersicht

	Rn.
I. Regelungsgegenstand und Normzweck	1
II. Die einzelnen Pflichten bei der Orderausführung (Abs. 1 Nr. 1 bis 6)	6
1. Unverzügliche und redliche Auftragsausführung	6
2. Zeitliche Reihenfolge bei der Ausführung vergleichbarer Kundenaufträge	9
3. Korrekte Verbuchung von Kundengeldern und -finanzinstrumenten	11
4. Interessenwahrung bei der Zusammenlegung von Kundenorders	12
5. Missbrauch von Informationen über ausstehende Kundenaufträge	14
6. Spezielle Informationspflichten	22
III. Nicht unverzügliche Ausführung von limitierten Kundenaufträgen (Abs. 2)	24
IV. Verordnungsermächtigung (Abs. 3)	27

I. Regelungsgegenstand und Normzweck

1   Wertpapierdienstleistungsunternehmen müssen geeignete Vorkehrungen treffen, um eine ordnungsgemäße Bearbeitung von Kundenaufträgen sicherzustellen. **§ 31c Abs. 1 konkretisiert die allgemeine,** bereits aus § 31 Abs. 1 Nr. 1 fol-

gende **Interessenwahrungspflicht** bei der Ausführung von Wertpapieraufträgen und setzt damit Art. 22 Abs. 1 MiFID iVm Art. 47 bis 49 DRL um.[1]

Dabei werden insgesamt **sechs Einzelpflichten** festgelegt, die **bei der Orderausführung** zu beachten sind. Sie gelten gleichermaßen für professionelle und Privatkunden, brauchen aber gegenüber geeigneten Gegenparteien nicht eingehalten zu werden (§ 31b Abs. 1). Im einzelnen handelt es sich um die **Pflicht zur unverzüglichen und redlichen Ausführung** oder Weiterleitung von Aufträgen (Nr. 1), die prinzipielle **Wahrung der zeitlichen Priorität** bei der Ausführung vergleichbarer Kundenaufträge (Nr. 2), die **Sicherstellung einer korrekten Verbuchung** der Gelder und Finanzinstrumente der Kunden (Nr. 3), die **Interessenwahrung bei der Zusammenlegung von Kundenorders** (Nr. 4), die **Verhinderung des Missbrauchs von Informationen** im Zusammenhang mit noch nicht ausgeführten Kundenaufträgen (insbesondere Verbot des „*Frontrunning*") (Nr. 5) sowie **spezielle Informationspflichten** bei der Zusammenlegung von Aufträgen und Problemen bei der Auftragsausführung (Nr. 6).

Fraglich ist, ob es sich hierbei um **ergänzende Organisationsvorschriften** handelt, die lediglich dem Interesse an der Erhaltung des allgemeinen Vertrauens in die Integrität der Wertpapierdienstleistungsunternehmen und somit der Sicherung der Funktionsfähigkeit des Kapitalmarkts dienen, **oder** ob es um **besondere Verhaltenspflichten** geht, **die gerade auch die Interessen der individuellen Kunden schützen** sollen. Nach dem Wortlaut ist das Wertpapierdienstleistungsunternehmen zwar nicht unmittelbar zur Einhaltung der aufgelisteten Pflichten gegenüber dem einzelnen Kunden verpflichtet, sondern nur dazu, „geeignete Vorkehrungen" zu treffen, also insbesondere entsprechende Verfahren und Systeme einzurichten, um die genannten Ziele erreichen zu können. Auf der anderen Seite stellen die sechs Einzelelemente aber jeweils Konkretisierungen der generell dem einzelnen Kunden geschuldeten Interessenwahrungspflicht dar. Die konkrete Ausformung der Einzelpflichten in Abs. 1 Nr. 1 bis 6 in Richtung auf den einzelnen Kunden spricht dafür, diesen Regelungen den **Charakter eines Schutzgesetzes im Sinne des § 823 Abs. 2 BGB** zugunsten der jeweiligen Kunden zuzusprechen. Ein weiteres gesetzessystematisches Argument dafür ist, dass die Verortung der konkretisierenden Einzelpflichten in § 31c Abs. 1 und damit direkt im Anschluss an den indivdualschützenden § 31 (und die Kundenkategorisierung gemäß §§ 31a, 31b), nicht aber im Zusammenhang mit den organisatorischen Regelungen zur Festlegung einer *Best Execution Policy* nach § 33a erfolgt ist, obwohl es insoweit gerade schwerpunktmäßig um die Grundsätze für die Auftragsabwicklung geht.[2]

Anders ist dagegen der Regelungsgehalt des **Abs. 2 Satz 1** zu beurteilen. Dieser begründet in Umsetzung von Art. 22 Abs. 2 MiFID und Art. 31 DVO unter bestimmten Umständen eine besondere **Pflicht zur Bekanntmachung von nicht unverzüglich ausgeführten limitierten Kundenaufträgen** in Bezug auf Aktien, die zum Handel an einem organisierten Markt zugelassen sind, gegenüber anderen Marktteilnehmern. Alternativ können die Aufträge an einen organisierten Markt oder ein multilaterales Handelssystem weitergeleitet werden (Satz 2).

---

[1] Vgl. BegrRegE, BT-Drucks. 16/4028, S. 67, die allgemeiner von einer Konkretisierung der allgemeinen Verhaltensregeln nach § 31 spricht.
[2] Vgl. zum überwiegenden Charakter des § 33a als Organisationspflicht BdB, MiFID-Leitfaden, S. 86; näher § 33a Rn. 13f., 35, 38 mwN.

§ 31c 5–7   Abschnitt 6. Verhaltensregeln, Verjährung

Bei Aufträgen, die den marktüblichen Geschäftsumfang erheblich überschreiten, kann die BaFin einen Dispens von der Bekanntmachungspflicht erteilen (Satz 3). Diese Regelungen dienen erkennbar nicht dem einzelnen Kunden, zumal dieser durch eine gegenteilige Weisung die Bekanntmachung verhindern kann (Satz 1, zweiter Halbsatz), sondern dem **Allgemeininteresse an der Sicherung der Integrität und Liquidität des Marktes.** Die Entstehung der Vorschrift steht im Zusammenhang mit der Diskussion über Offenlegungspflichten für systematische Internalisierer. Sie soll insbesondere verhindern, dass Kundenorders über einen gewissen Zeitraum gesammelt werden, bevor sie ausgeführt werden.[3]

5   Abs. 3 enthält eine **Ermächtigung zum Erlass einer Rechtsverordnung** durch das Bundesministerium der Finanzen zwecks näherer Regelung der Verpflichtungen nach Abs. 1 und Abs. 2 Satz 1 sowie der Befreiungsmöglichkeit nach Abs. 2 Satz 3. Das BMF hat davon durch Erlass von § 10 WpDVerOV Gebrauch gemacht.

II. Die einzelnen Pflichten bei der Orderausführung (Abs. 1 Nr. 1 bis 6)

1. Unverzügliche und redliche Auftragsausführung

6   Die Vorschrift hat ganz **überwiegend lediglich klarstellende Funktion.** Dies gilt zum einen für die **Pflicht zur unverzüglichen Auftragsausführung,** da schon nach bisherigem Aufsichtsrecht und den zivilrechtlichen Bestimmungen des Geschäftsbesorgungs- und Kommissionsrechts allgemein anerkannt ist, dass Kundenaufträge ohne schuldhaftes Zögern (§ 121 BGB) zu erledigen sind. Gleiches gilt zum anderen für den **Vorrang des Kundeninteresses gegenüber den Handelsinteressen des Wertpapierdienstleistungsunternehmens,** der schon aus § 31 Abs. 1 Nr. 1 folgt.

7   Neu ist dagegen das ausdrückliche Erfordernis der **Redlichkeit im Verhältnis zu anderen Kundenaufträgen.** Weder im Gesetz noch in der WpDVerOV wird spezifiziert, was unter einer „redlichen" Auftragsausführung *im Verhältnis zu anderen Kunden* zu verstehen ist. Das Merkmal dürfte vor allem **mögliche Interessenkonflikte im horizontalen Verhältnis** zwischen verschiedenen Kunden des Wertpapierdienstleisters betreffen. Schon nach bisherigem Recht hatte das Wertpapierdienstleistungsunternehmen die Pflicht, Interessenkonflikte nicht nur zwischen ihm und dem einzelnen Kunden, sondern auch zwischen verschiedenen Kunden nach Möglichkeit zu vermeiden.[4] Als ein Mittel zur Beseitigung von Interessenkonflikten ist seit langem die Anwendung des Prioritätsprinzips anerkannt,[5] das nunmehr ausdrücklich in Abs. 1 Nr. 2 verankert worden ist und dessen Beachtung damit jedenfalls auch als „redlich" anzusehen ist. Für Nr. 1 bleibt damit primär der **Rückgriff auf den Gleichbehandlungsgrundsatz,** der ebenfalls als prinzipiell angemessene Möglichkeit zur Vermeidung von In-

---

[3] BdB, MiFID-Leitfaden, S. 119, der im Übrigen darauf hinweist, dass weisungslose Orders in Deutschland üblicherweise unverzüglich zur Ausführung an eine Börse weitergeleitet würden, so dass die Vorschrift kaum praktische Bedeutung habe.
[4] Vgl. nur KölnKommWpHG-*Möllers,* § 31 Rn. 109 sowie § 31 Rn. 50, 89 ff.
[5] *Vgl. Koller* in *Assmann/Schneider,* § 31 Rn. 55, 65; *Schäfer,* § 31 Rn. 23; *Schwark,* § 31 Rn. 35 f.; *Bliesener,* S. 226 f.; *Kümpel,* Bank- und Kapitalmarktrecht, Rn. 16.525; ebenso bereits *Hopt,* Kapitalanlegerschutz, S. 485; *Koller,* BB 1978, 1733 ff.

teressenkonflikten zwischen verschiedenen Kunden anerkannt ist.[6] Als „unredlich" wird man jedenfalls eine systematische, einseitige Bevorzugung bestimmter Kunden oder Kundengruppen zu Lasten anderer ansehen müssen. Nicht zu beanstanden ist dagegen eine prinzipielle Gleichbehandlung bzw. eine durch objektive sachliche Gründe gerechtfertigte Differenzierung.

Die **praktische Bedeutung** des Gleichbehandlungsgrundsatzes dürfte sich freilich in Grenzen halten, da in Fällen konkurrierender Wertpapiertransaktionen vorrangig das Prioritätsprinzip zur Anwendung kommt, das insoweit regelmäßig eher den Kundeninteressen entspricht. Der Grundsatz der Gleichbehandlung gilt aber zB bei Entscheidungen über die Zuteilung von Wertpapieren im Rahmen überzeichneter Neuemissionen. Dabei verlangt der Gleichbehandlungsgrundsatz keine starre Einheitslösung für alle Kunden, sondern ist offen für sachgerechte Gruppenbildungen und Differenzierungen zwischen verschiedenen Kategorien von Kunden, die dann jeweils gruppenintern gleich behandelt werden. Auch bei der Zusammenfassung mehrerer Kleinaufträge zu Sammelorders ist der Gleichbehandlungsgrundsatz zu beachten,[7] was jetzt mittelbar durch Abs. 1 Nr. 4 bestätigt wird. 8

2. Zeitliche Reihenfolge bei der Ausführung vergleichbarer Kundenaufträge

Abs. 1 Nr. 2 kodifiziert mit dem **Prinzip der zeitlichen Priorität** ein sachgerechtes Kriterium zur Steuerung möglicher Interessenkonflikte zwischen verschiedenen Kunden des Wertpapierdienstleisters.[8] Gemäß Abs. 1 Nr. 2 sind „**vergleichbare**" Kundenaufträge nach der Reihenfolge ihres Eingangs auszuführen oder an Dritte weiterzuleiten. Für die Vergleichbarkeit kommt es auf die jeweilige Art der Wertpapierdienstleistung und des betroffenen Finanzinstruments an. Sie ist zu bejahen, wenn eine potentielle Konkurrenzbeziehung zwischen den Aufträgen, eine mögliche Beeinflussung der jeweiligen Kundeninteressen durch die Ausführung jeweiligen Geschäfte ernsthaft in Betracht kommt. In diesen Fällen ist der Grundsatz des „*first in – first out*"[9] zu beachten. 9

Dessen Anwendung steht allerdings unter dem **Vorbehalt** „vorherrschender Marktbedingungen oder eines anderweitigen Interesses des Kunden". In der Praxis dürfte ein abweichendes Kundeninteresse wohl nur bei Vorliegen einer entsprechenden Weisung oder zumindest klarer und eindeutiger Indizien für ein Interesse des Kunden an einer Zurückstellung der Auftragsausführung (etwa aufgrund von Marktturbulenzen oder besonderen Umständen in der Sphäre des Kunden, die der Bank bekannt sind) zu bejahen sein. 10

3. Korrekte Verbuchung von Kundengeldern und -finanzinstrumenten

Die in Abs. 1 Nr. 3 niedergelegte Pflicht zur unverzüglichen und korrekten Verbuchung von Kundengeldern und der ihnen gehörenden Finanzinstrumente ist eine Selbstverständlichkeit und hat ebenfalls nur klarstellenden Charakter. 11

---

[6] Koller in Assmann/Schneider, § 31 Rn. 53; Schäfer, § 31 Rn. 20; Schwark, § 31 Rn. 37.
[7] Koller in Assmann/Schneider, § 31 Rn. 53 f.; Schäfer, § 31 Rn. 20.
[8] Vgl. die Nachweise oben Fn. 6.
[9] Vgl. zu dieser Bezeichnung der Regelung BdB, MiFID-Leitfaden, S. 117.

4. Interessenwahrung bei der Zusammenlegung von Kundenorders

12 Die Zusammenlegung (**Aggregation**) verschiedener Kundenaufträge oder von Kundenaufträgen mit Aufträgen für eigene Rechnung des Wertpapierdienstleistungsunternehmens ist nur unter bestimmten Voraussetzungen zulässig. Das allgemeine Erfordernis nach Abs. 1 Nr. 4, dabei „die Interessen aller beteiligten Kunden zu wahren", wird durch § 10 Abs. 1 und Abs. 2 WpDVerOV verbindlich konkretisiert. Als **Mindestvoraussetzungen für Sammelaufträge**, die aus der **Zusammenlegung von Kundenaufträgen mit Aufträgen anderer Kunden und mit Eigengeschäften** entstehen, verlangt § 10 Abs. 1 WpDVerOV die Beachtung folgender vier Kriterien: Eine Benachteiligung der betroffenen Kunden durch die Zusammenlegung muss insgesamt „unwahrscheinlich" sein (Nr. 1); der Kunde muss rechtzeitig über eventuelle negative Folgen der Aggregation im Einzelfall informiert werden (Nr. 2); der Wertpapierdienstleister muss über Grundsätze der Auftragszuteilung (Allokationsgrundsätze) verfügen, die eine ordnungsgemäße Zuteilung unter Berücksichtigung der Kriterien Volumen und Preis sowie entsprechende Regeln für die Teilausführung von Aufträgen enthalten (Nr. 3), und jede Teilausführung von Sammelaufträgen im Einklang mit diesen Grundsätzen zuteilen (Nr. 4).

13 **Zusätzliche Anforderungen** gelten für die **Zusammenlegung von Kundenaufträgen mit Eigenhandelsorders**. Nach § 10 Abs. 2 WpDVerOV darf in diesen Fällen die Zuteilung für den Kunden nicht nachteilig sein (Nr. 1), müssen bei einer Teilausführung des Sammelauftrags die Kundenaufträge gegenüber den Eigengeschäften bevorzugt werden (Nr. 2) und müssen in den Grundsätzen der Auftragsallokation Verfahren vorgesehen sein, die eine für den Kunden negative Neuzuweisung nach Ausführung verhindern (Nr. 3). Von einer Bevorzugung der Kundenaufträge nach Nr. 2 kann abgesehen werden, soweit diese erst durch die Zusammenlegung überhaupt oder für den Kunden wesentlich vorteilhafter ausführbar sind; in diesem Fall sind die generellen Allokationsgrundsätze zu beachten (§ 10 Abs. 2 Unterabs. 2 WpDVerOV).[10]

5. Missbrauch von Informationen über ausstehende Kundenaufträge

14 Das Wertpapierdienstleistungsunternehmen muss sicherstellen, dass Informationen im Zusammenhang mit noch nicht ausgeführten Kundenaufträgen nicht missbraucht werden. Die Vorschrift des **Abs. 1 Nr. 5** ist an die Stelle der besonderen Verhaltenspflicht des bisherigen **§ 32 Abs. 1 Nr. 3 WpHG aF** getreten.[11] Dieser enthielt das ausdrückliche Verbot, „Eigengeschäfte auf Grund der Kenntnis von einem Auftrag eines Kunden des Wertpapierdienstleistungsunternehmens zum Ankauf oder Verkauf von Finanzinstrumenten abzuschließen, die Nachteile für den Auftraggeber zur Folge haben können". Dadurch wurden vor allem die **Fälle des sog. Vor-, Mit- und Gegenlaufens erfasst**.[12]

---

[10] Unklar BdB, MiFID-Leitfaden, S. 118, der in diesen Fällen bei Teilausführungen eine Bevorzugung der Eigengeschäfte gegenüber den Kundenaufträgen für zulässig hält, andererseits aber auf die Beachtung der Allokationsgrundsätze verweist.
[11] Vgl. BegrRegE, BT-Drucks. 16/4028, S. 69.
[12] Vgl. Ziffer E.1. der früheren Wohlverhaltensrichtlinie der BaFin; *Koller* in *Assmann/Schneider*, § 32 Rn. 11; *Brandt* Aufklärungs- und Beratungspflichten, S. 222 ff.; *Schäfer*, § 32

Von einem verbotenen **Vorlaufen oder Frontrunning**[13] spricht man, wenn 15
das Wertpapierdienstleistungsunternehmen vor der Ausführung einer größeren
Anzahl ihr erteilter Kaufaufträge, die steigende Kurse erwarten lassen, selbst die
betreffenden Wertpapiere erwirbt und dadurch bestimmte Kurschancen einseitig
zu seinen Gunsten ausnutzt.[14] Dabei kommt es nicht entscheidend darauf an, ob
sich das *Frontrunning* auf dasselbe Wertpapier oder auf verbundene oder derivative
Wertpapiere (zB Optionsscheine) bezieht.[15] Denn gerade bei derivativen Finanzinstrumenten besteht wegen der Hebelwirkung *(leverage effect)* ein erhöhter Anreiz für derartige Verhaltensweisen.[16] *Frontrunning* liegt auch im umgekehrten Fall
vor, wenn das Wertpapierdienstleistungsunternehmen vor der Ausführung einer
größeren Anzahl erteilter Verkaufsorders zunächst eigene Bestände abbaut.[17]

In gleicher Weise wie das *Frontrunning* verstößt auch das **Mit- oder Gegen-** 16
laufen *(parallel running)* in Kenntnis von Kundenaufträgen gegen Abs. 1 Nr. 5.[18]
Beim Mitlaufen wird das Eigengeschäft parallel zur Ausführung des Kundengeschäfts getätigt, während das Gegenlaufen dadurch gekennzeichnet ist, dass bewusst gegenläufige Orders zu den von den Kunden erteilten Aufträgen im Markt
platziert werden, um eine günstige Auftragslage oder Kurssituation herbeizuführen.[19] Dies kann etwa dann vorliegen, wenn das Wertpapierdienstleistungsunternehmen gezielt Limits abschöpft, und den Kunden dadurch Kurschancen nimmt.
Da Kunden einen günstigeren Preis als das gesetzte Limit in diesen Fällen nicht
erreichen können, ist ein solches Verhalten ohne weiteres interessenwidrig.[20]

Voraussetzung eines verbotenen Vor-, Mit- oder Gegenlaufens war nach frü- 17
herer Rechtslage ein direkter Bezug zu bestimmten Kundenaufträgen; nicht ausreichen sollten Eigengeschäfte des Wertpapierunternehmens, die unabhängig von
der Auftragslage durchgeführt, also nicht **durch eine bestimmte Kundenorder veranlasst** wurden.[21] Ein solcher Kausalitätsnachweis, dass gerade eine Kundenorder die Eigengeschäfte ausgelöst hat, ist für die Wertpapierkunden in der
Praxis meist äußerst schwierig zu führen.[22] An der **Kausalität fehlt** es jedenfalls
dann, wenn die Wertpapierdienstleistungsunternehmen ihre Eigendispositionen

---

Rn. 10; *Schwark*, § 32 Rn. 14; zu eng Finanzausschuss, BT-Drucks. 12/7918, S. 104 (nur
Frontrunning erfasst); nur dieses erwähnt jetzt auch BegrRegE, BT-Drucks. 16/4028, S. 69.
[13] BT-Drucks. 12/7918, 104.
[14] *Koller* in *Assmann/Schneider*, § 32 Rn. 11; *Kümpel*, Bank und Kapitalmarktrecht
Rn. 16.597; *ders.,* Wertpapierhandelsgesetz, S. 181; *ders.* WM 1993, 2025, 2027; *Schäfer/
Müller* Haftung für fehlerhafte Wertpapierdienstleistungen, Rn. 335; *Brandt* Aufklärungs-
und Beratungspflichten, S. 222f.; *Balzer*, Vermögensverwaltung, S. 135; *V. Lang* Informationspflichten, § 12 Rn. 5.
[15] *Koller* in *Assmann/Schneider*, § 32 Rn. 11.
[16] *Brandt* Aufklärungs- und Beratungspflichten, S. 223.
[17] Bericht des Finanzausschusses, BT-Drucks. 12/7918, S. 104.
[18] Zu eng Finanzausschuss, BT-Drucks. 12/7918, S. 104; zutreffend *Schäfer*, § 32
Rn. 10; *Schäfer/Müller* Haftung für fehlerhafte Wertpapierdienstleistungen, Rn. 336; *Koller*
in *Assmann/Schneider*, § 32 Rn. 11; *Schwark*, § 32 Rn. 14.
[19] *Schwark*, § 32 Rn. 14.
[20] *Koller* in *Assmann/Schneider*, § 32 Rn. 11; *Kümpel*, Bank und Kapitalmarktrecht
Rn. 16.597; *Brandt* Aufklärungs- und Beratungspflichten, S. 223; *V. Lang* Informationspflichten, § 12 Rn. 5.
[21] *Koller* in *Assmann/Schneider*, § 32 Rn. 13; *Schäfer*, Rn. 10.
[22] *Koller* in *Assmann/Schneider*, § 32 Rn. 12, 15.

§ 31c 18–20 Abschnitt 6. Verhaltensregeln, Verjährung

bereits vor der Kundenorder getätigt haben.[23] Gleiches gilt, wenn das Wertpapierdienstleistungsunternehmen plausibel darlegt, dass es das in Frage stehende Eigengeschäft wegen der konkreten Marktlage ohnehin in derselben Weise getätigt hätte.[24]

18 Fraglich ist, ob auch unter dem neuen Tatbestand des § 31c Abs. 1 Nr. 5 für den Missbrauch von Informationen an dem Kausalitätserfordernis festzuhalten ist. Die Vorschrift verlangt nur noch, dass die Informationen „**im Zusammenhang mit noch nicht ausgeführten Kundenaufträgen**" erlangt sein müssen. Hierdurch wird der notwendige Bezug zur Auftragslage hergestellt, ohne jedoch wie bisher nach § 32 Abs. 1 Nr. 3 WpHG aF („auf Grund der Kenntnis von einem Auftrag eines Kunden") eine konkrete Veranlassung von Eigengeschäften des Wertpapierdienstleisters durch eine einzelne Kundenorder zu verlangen. Eine Veräußerung oder ein Erwerb von Finanzinstrumenten in Kenntnis einer demnächst erfolgenden Veröffentlichung von Researchergebnissen oder Empfehlungen fällt dagegen mangels Vorliegens von Kundenaufträgen nicht unter Abs. 1 Nr. 5.[25]

19 Auf der anderen Seite setzt ein **Missbrauch** der Information über die ausstehenden Kundenaufträge voraus, dass gerade die **Kenntnis** über die noch auszuführenden Kundenaufträge **zumindest mitursächlich** für die Entscheidung zur Tätigung der Eigengeschäfte geworden ist. Insoweit dürfte es genügen, dass eine **generelle Beziehung der Eigengeschäfte zur Auftragslage** besteht, ohne dass eine konkrete Verbindung zu einzelnen Orders hergestellt werden müsste. Jedenfalls wenn keine anderen plausiblen Erklärungen für das Vor-, Mit- oder Gegenlaufen vorgebracht werden, erscheint die Vermutung gerechtfertigt, dass die Eigengeschäfte ohne die Kenntnis von den nicht ausgeführten Kundenaufträgen nicht getätigt worden wären.

20 Ungeklärt ist bislang, ob ein Missbrauch von Informationen i. S. d. § 31c Abs. 1 Nr. 5 durch das Wertpapierdienstleistungsunternehmen voraussetzt, dass eine **Gefahr von Nachteilen für den Kunden** besteht. Nach § 32 Abs. 1 Nr. 3 WpHG aF mussten die Eigengeschäfte des Wertpapierdienstleistungsunternehmens ausdrücklich „Nachteile für den Auftraggeber zur Folge haben können". Umstritten war, ob insoweit die Darlegung des *konkreten* Gefahr eines Nachteils erforderlich war[26] oder ob bereits die *abstrakte* Gefahr[27] ausreichte, dass sich das Wertpapierdienstleistungsunternehmen Kurschancen zunutze macht, die an sich den Wertpapierkunden zuzuordnen sind. Angesichts der typischen Gefährlichkeit des Vor-, Mit- und Gegenlaufens sprach schon nach alter Rechtslage vieles dafür, auf den Nachweis einer konkreten Gefährdung der Kundeninteressen zu verzichten.[28] Im Rahmen des § 31c Abs. 1 Nr. 5 muss es für einen Miss-

---

[23] *Koller* in *Assmann/Schneider*, § 32 Rn. 12.
[24] *Koller* in *Assmann/Schneider*, § 32 Rn. 12.
[25] *Schäfer* in *Schwintowski/Schäfer*, § 18 Rn. 30 aE; vgl. zur Frage eines Insiderverstoßes in diesen Fällen § 14 Rn. 151 ff. mwN.
[26] In diesem Sinne *Koller* in *Assmann/Schneider*, § 32 Rn. 14 (Nachweis der konkreten Gefahr von Nachteilen).
[27] So *Schäfer*, § 32 Rn. 11; *Schwark*, § 32 Rn. 15.
[28] Auch *Koller* in *Assmann/Schneider*, § 32 Rn. 14 als Vertreter der Gegenansicht stellt an die Darlegung der konkreten Gefahr vergleichbar geringe Anforderungen, so dass insoweit grundsätzlich schon der Vortrag ausreichend sein dürfte, das tatbestandsmäßig handelnde Wertpapierdienstleistungsunternehmen bezwecke stets die Abschöpfung von Kurschancen, die an sich dem Kunden zuzuordnen seien.

brauch erst recht genügen, dass sich das Wertpapierdienstleistungsunternehmen Kenntnisse über noch nicht ausgeführte Kundenaufträge zweckwidrig für Eigengeschäfte zunutze macht, sofern dadurch zumindest abstrakt die Kundeninteressen gefährdet werden können.

Die **Feststellung eines Missbrauchs von Informationen** kann allerdings 21 teilweise mit erheblichen Schwierigkeiten verbunden sein. Soweit das Wertpapierdienstleistungsunternehmen ein **eigenes berechtigtes Interesse am Auf- oder Abbau eigener Positionen** hat, kann allein das Vorliegen bestimmter Kundenorders nicht in jedem Fall dazu führen, dem Wertpapierdienstleistungsunternehmen den Eigenhandel zu verbieten. Zudem greifen hier auch die allgemeinen Regeln zur Verhinderung bzw. Auflösung von Interessenkonflikten ein. Das bedeutet vor allem, dass durch die Einrichtung und Überwachung von Vertraulichkeitsbereichen (Chinese Walls), insbesondere durch die **Abschottung der Eigenhandelsabteilung** von den für die Bearbeitung von Kundenaufträgen zuständigen Abteilungen, schon eine Zurechnung des in anderen Abteilungen generierten oder vorhandenen Wissens zur Eigenhandelsabteilung verhindert werden kann (vgl. dazu § 33 Rn. 107 ff.). Mangels Kenntnis von Kundenaufträgen besteht dann insoweit keine Gefahr einer Verletzung des Abs. 1 Nr. 5 durch Missbrauch von Informationen für den Eigenhandel. Auch nach Auffassung der BaFin gilt das Verbot von Empfehlungen und Eigengeschäften „insoweit nicht, als das Wertpapierdienstleistungsunternehmen hinreichende organisatorische Vorkehrungen zur Verhinderung damit zusammenhängender Interessenkonflikte getroffen hat".[29]

6. Spezielle Informationspflichten (Nr. 6)

Treten bei der Auftragsausführung wesentliche Probleme auf, sind **Privat-** 22 **kunden** darüber unverzüglich zu informieren. Eine vorsorgliche, präventive Information über mögliche Probleme ist dagegen nicht erforderlich.[30]

Auch gegenüber betroffenen professionellen Kunden (nicht dagegen im Ver- 23 hältnis zu geeigneten Gegenparteien, § 31 b Abs. 1) gilt eine weitere **Informationspflicht bei der Zusammenlegung von Aufträgen**. Über die Tatsache der Aggregation und über die damit verbundenen Risiken ist jeder betroffene Kunde zu unterrichten.

III. Nicht unverzügliche Ausführung von limitierten Kundenaufträgen (Abs. 2)

Limitierte Kundenaufträge zum Kauf oder Verkauf von Aktien, die zum Han- 24 del an einem organisierten Markt in der EU zugelassen sind, muss das Wertpapierdienstleistungsunternehmen umgehend ausführen, sofern der Kunde keine gegenteilige Weisung erteilt hat. Gelingt die unverzügliche Ausführung auf Grund der Marktbedingungen nicht, löst dies eine **Offenlegungpflicht gegenüber dem Markt** aus: Die Aufträge sind unverzüglich so bekannt zu machen, dass sie anderen Marktteilnehmern leicht zugänglich sind. Die Erfüllung dieser

---

[29] So unter der Geltung des § 32 Abs. 1 Nr. 3 WpHG aF Ziffer E. 2. aE der Wohlverhaltensrichtlinie.
[30] BdB, MiFID-Leitfaden, S. 117.

§ 31d   Abschnitt 6. Verhaltensregeln, Verjährung

Verpflichtung wird fingiert, wenn die Aufträge an einen organisierten Markt oder ein multilaterales Handelssystem (MTF) weitergeleitet werden, die den Vorgaben von Art. 31 DVO entsprechen. Nach der Gesetzesbegründung müssen die Aufträge nicht unbedingt in ein elektronisches Orderbuchhandelssystem einfließen; vielmehr wird der Offenlegungspflicht auch dadurch genügt, dass die Orders an einen Skontroführer gelangen.[31] Die Bekanntmachung der Taxe und das Selbsteintrittsrecht des Skontroführers stellten sicher, dass auch der Skontroführerhandel insbesondere bei illiquiden Aktien eine Handelsplattform sei, welche die schnellstmögliche Ausführung dieser Aufträge gewährleiste.[32]

25 Beruht die Verzögerung nicht auf den Marktbedingungen, sondern lediglich auf einem schuldhaften Verhalten der Bank, haftet diese dem Kunden für etwaige Schäden, unterliegt aber nicht der Bekanntmachungspflicht nach Abs. 2 Satz 1.

26 Eine **Befreiung von der Bekanntmachungspflicht** nach Abs. 2 Satz 3 **durch die BaFin** setzt voraus, dass der Auftrag den marktüblichen Geschäftsumfang erheblich überschreitet. § 10 Abs. 3 WpDVerOV konkretisiert dies dahingehend, dass die Mindestvolumina nach Anhang II Tabelle 2 der DVO[33] erreicht sein müssen.

IV. Verordnungsermächtigung (Abs. 3)

27 Von der ihm durch Abs. 3 eingeräumten Ermächtigung zur normativen Konkretisierung der Pflichten nach Abs. 1, der Bekanntmachungspflicht bei unterbliebener unverzüglicher Ausführung von limitierten Kundenaufträgen nach Abs. 2 Satz 1 sowie der Voraussetzungen für eine Befreiung von dieser Pflicht durch die BaFin nach Abs. 2 Satz 3 hat das Bundesministerium der Finanzen durch Erlass des **§ 10 WpDVerOV** Gebrauch gemacht. Zu einer Übertragung der Ermächtigung durch Rechtsverordnung auf die BaFin ist es nicht gekommen.

§ 31d Zuwendungen

(1) **Ein Wertpapierdienstleistungsunternehmen darf im Zusammenhang mit der Erbringung von Wertpapierdienstleistungen oder Wertpapiernebendienstleistungen keine Zuwendungen von Dritten annehmen oder an Dritte gewähren, die nicht Kunden dieser Dienstleistung sind, es sei denn,**
1. **die Zuwendung ist darauf ausgelegt, die Qualität der für den Kunden erbrachten Dienstleistung zu verbessern und steht der ordnungsgemäßen Erbringung der Dienstleistung im Interesse des Kunden im Sinne des § 31 Abs. 1 Nr. 1 nicht entgegen und**
2. **Existenz, Art und Umfang der Zuwendung oder, soweit sich der Umfang noch nicht bestimmen lässt, die Art und Weise seiner Berechnung,**

---

[31] BegRegE, BT-Drucks. 16/4028, S. 67.
[32] BegRegE, BT-Drucks. 16/4028, S. 67.
[33] VO (EG) Nr. 1287/2006 der Kommission vom 10. August 2006 zur Durchführung der Richtlinie 2004/39/EG des Europäischen Parlaments und des Rates betreffend die Aufzeichnungspflichten für Wertpapierfirmen, die Meldung von Geschäften, die Markttransparenz, die Zulassung von Finanzinstrumenten zum Handel und bestimmte Begriffe im Sinne dieser Richtlinie, ABl. EU Nr. L 241 S. 1.

Zuwendungen § 31d

wird dem Kunden vor der Erbringung der Wertpapierdienstleistung oder Wertpapiernebendienstleistung in umfassender, zutreffender und verständlicher Weise deutlich offen gelegt. Eine Zuwendung im Sinne des Satzes 1 liegt nicht vor, wenn das Wertpapierdienstleistungsunternehmen diese von einem Dritten, der dazu von dem Kunden beauftragt worden ist, annimmt oder sie einem solchen Dritten gewährt.

(2) Zuwendungen im Sinne dieser Vorschrift sind Provisionen, Gebühren oder sonstige Geldleistungen sowie alle geldwerten Vorteile.

(3) Die Offenlegung nach Absatz 1 Nr. 2 kann in Form einer Zusammenfassung der wesentlichen Bestandteile der Vereinbarungen über Zuwendungen erfolgen, sofern das Wertpapierdienstleistungsunternehmen dem Kunden die Offenlegung näherer Einzelheiten anbietet und auf Nachfrage gewährt.

(4) Erfolgt die Annahme einer Zuwendung im Zusammenhang mit einer Wertpapierdienstleistung nach § 2 Abs. 3 Satz 1 Nr. 9 oder allgemeinen Empfehlungen, die Geschäfte in Finanzinstrumenten betreffen, ist zu vermuten, dass die Zuwendung darauf ausgelegt ist, die Qualität der für den Kunden erbrachten Dienstleistung zu verbessern.

(5) Gebühren und Entgelte, die die Erbringung von Wertpapierdienstleistungen erst ermöglichen oder dafür notwendig sind, und die ihrer Art nach nicht geeignet sind, die Erfüllung der Pflicht nach § 31 Abs. 1 Satz 1 Nr. 1 zu gefährden, sind von dem Verbot nach Absatz 1 ausgenommen.

Schrifttum: *Assmann,* Interressenkonflikte und „Inducements" im Lichte der Richtlinie über Märkte für Finanzinstrumente (MiFID) und der MiFID-Durchführungsrichtlinie, ÖBA 2007, 40; *ders.,* Interessenkonflikte aufgrund von Zuwendungen, ZBB 2008, 21; *Brocker,* Aufklärungspflichten der Bank bei Innenprovisionsgestaltungen, BKR 2007, 365; *Bundesverband deutscher Banken,* Richtlinie über Märkte für Finanzinstrumente – Leitfaden zur Umsetzung (Version 2.0) – Juni 2007 (Sonderausgabe Der Bankenverband informiert) (zit. als: BdB, MiFID-Leitfaden); *Hadding,* Sind Vertriebsvergütungen von Emittenten an Kreditinstitute geschäftsbesorgungsrechtlich an den Kunden herauszugeben?, ZIP 2008, 529; *Koller,* Zu den Grenzen des Anlegerschutzes bei Interessenkonflikten – zugleich eine Besprechung von BGH, Urt. v. 19. 12. 2006 – XI ZR 56/05 , ZBB 2007, 197; *Mülbert,* Anlegerschutz bei Zertifikaten – Beratungspflichten, Offenlegungspflichten bei Interessenkonflikten und die Änderungen durch das Finanzmarkt-Richtlinie-Umsetzungsgesetz (FRUG), WM 2007, 1149; *ders.,* Auswirkungen der MiFID-Rechtsakte für Vertriebsvergütungen im Effektengeschäft der Kreditinstitute, ZHR 172 (2008), 170; *Nikolaus/ d'Oleire,* Aufklärung über „Kick-backs" in der Anlageberatung: Anmerkungen zum BGH-Urteil vom 19. 12. 2006 = WM 2007, 487, WM 2007, 2129; *F. A. Schäfer,* Sind die §§ 31 ff. WpHG nF Schutzgesetze i. S. v. § 823 Abs. 2 BGB?, WM 2007, 1872; *ders.,* Vermögensverwaltung nach der MiFID, in: Vermögensverwaltung, Übernahmerecht im Gefolge der EU-Übernahmerichtlinie – Bankrechtstag 2006, 2007, S. 31; *F. A. Schäfer/ U. Schäfer,* Anm. zu BGH, Urt. v. 19. 12. 2006, BKR 2007, 163; *Schumacher,* Rückvergütungszahlungen von Investmentgesellschaften an Kreditinstitute, BKR 2007, 447; *Staudinger,* Haftung des Anlagevermittlers bei nicht (zutreffend) prospektierter Innenprovision?, BKR 2004, 257; *Rozok,* Tod der Vertriebsprovision oder Alles wie gehabt? – Die Neuregelung über Zuwendungen bei der Umsetzung der Finanzmarktrichtlinie, BKR 2007, 217; *ders.,* Zuwendungen im Vertrieb von Finanzinstrumenten: Die Neuregelungen über Zuwendungen bei der Umsetzung der Finanzmarktrichtlinie, in: Clouth/Lang (Hrsg.), MiFID-Praktikerhandbuch, 2007, S. 221 (Rn. 501 ff.) (Anm.: im Wesentlichen wortgleiche, insbesondere um einige Formulierungsbeispiele und Übersichten im Anhang ergänzte Fassung des Beitrags in BKR).

§ 31d 1   Abschnitt 6. Verhaltensregeln, Verjährung

Übersicht

	Rn.
A. Grundlagen	1
I. Regelungsgegenstand und Normzweck	1
II. Überblick über das Regelungskonzept	3
B. Zuwendungen beim Vertrieb von Finanzinstrumenten	7
I. Anwendungsbereich	7
1. Normadressaten und geschützter Personenkreis	7
2. Begriff der Zuwendungen (Abs. 2)	8
3. Zusammenhang mit einer Wertpapier(neben)dienstleistung	10
4. Ausklammerung von notwendigen Kosten (Abs. 5)	12
5. Exemplarische Konkretisierung der erfassten Arten von Zuwendungen	15
II. Grundsätzliches Verbot von Drittzuwendungen	19
1. Leistender und Empfänger der Zuwendung	19
2. Ausklammerung der Annahme oder Gewährung im Auftrag des Kunden (Abs. 1 Satz 2)	21
III. Kriterien für die Zulässigkeit von Zuwendungen	24
1. Ausrichtung auf Qualitätsverbesserung der Dienstleistung	25
2. Wahrung des Kundeninteresses	32
3. Offenlegung der Zuwendung	35
a) Allgemeines	35
b) Zeitpunkt und inhaltliche Anforderungen	37
c) Form der Offenlegung (Abs. 1 Nr. 2, Abs. 3)	41
IV. Dokumentation	43
V. Verhältnis zu zivilrechtlichen Offenlegungs- und Herausgabepflichten	44
1. Grundlage und Reichweite zivilrechtlicher Aufklärungspflichten über Zuwendungen	44
2. Zivilrechtliche Herausgabepflichten nach §§ 675, 667 BGB, 384 Abs. 2 HGB (analog)	53
C. Rechtsfolgen von Verstößen	56
I. Allgemeines	56
II. Zivilrechtliche Sanktionen	58
1. Nichtigkeit gemäß § 134 BGB?	58
2. Schadensersatzansprüche	59
a) Überblick	59
b) Schutzgesetzqualität des § 31 d	60
c) Art und Umfang des Schadensersatzes	62

A. Grundlagen

I. Regelungsgegenstand und Normzweck

1 Die durch das FRUG erstmals in das WpHG eingeführte Regelung über Zuwendungen im Zusammenhang mit der Erbringung von Wertpapierdienstleistungen und Wertpapiernebendienstleistungen dient der **Umsetzung von Art. 26 der Durchführungsrichtlinie (DRL)**[1] zur MiFID,[2] der seinerseits

---
[1] Richtline 2006/73/EG der Kommission zur Durchführung der Richtlinie 2004/39 EG, ABl. Nr. L 241 vom 2. 9. 2006, S. 26 (im Folgenden „DRL").
[2] Richtlinie 2004/39/EG des Europäischen Parlaments und des Rates vom 21. 4. 2004 über Märkte für Finanzinstrumente, ABl. Nr. L 145, S. 1.

eine Konkretisierung der allgemeinen Regelung über Interessenkonflikte in Art. 18, 19 Abs. 1 MiFID darstellt. Die Vorschrift behandelt einen besonderen **Ausschnitt aus der Gesamtproblematik der Bekämpfung von Interessenkonflikten** bei der Erbringung von Wertpapier(neben)dienstleistungen: Erfasst werden die Fälle, in denen die vorrangige Wahrung des Kundeninteresses dadurch gefährdet wird, dass dem beauftragten Wertpapierdienstleistungsunternehmen durch Dritte Geldleistungen oder geldwerte Vorteile gewährt oder versprochen werden.[3] Die Schaffung derartiger **externer Anreize** oder **Inducements,** wie sie im Anschluss an die englische Richtlinienfassung in der Praxis vielfach genannt werden, birgt die erhebliche **Gefahr eines opportunistischen Verhaltens** des Wertpapierdienstleistungsunternehmens.[4] Das Risiko für den Kunden, dass sich der Marktintermediär eigensüchtig verhält und sich zB bei der Empfehlung von Anlageprodukten primär von der Erlangung der von Dritten in Aussicht gestellten Vorteile (wie zB Provisionen oder Prämien) statt von der Verfolgung des Kundeninteresses leiten lässt, hängt einerseits von der Ausgestaltung und Höhe der (versprochenen) Zuwendungen, andererseits von deren Erkennbarkeit für den Kunden ab. Bei Offenlegung des Interessenkonfliktes besteht zumindest die (theoretische) Möglichkeit, dass der Kunde eine bewusste Risikoabwägung vornimmt und ggf. von dem Geschäft Abstand nimmt oder sich auf andere Weise selbst schützt.

Schon **nach bisherigem Recht** waren Wertpapierdienstleistungsunternehmen zwar verpflichtet, sich um die Vermeidung von Interessenkonflikten zu bemühen und dafür zu sorgen, dass bei unvermeidbaren Konflikten der Kundenauftrag unter der gebotenen Wahrung des Kundeninteresses ausgeführt wurde (§ 31 Abs. 1 Nr. 2 WpHG aF). Hinzu kamen besondere Verhaltenspflichten nach § 32 Abs. 1 WpHG aF, welche materiell den Vorrang des Kundeninteresses absichern sollten (zB Verbot von Empfehlungen zum Zweck von Eigengeschäften). Trotz der schon seit langem bestehenden materiellen Verpflichtung, potentielle Kollisionen zwischen Eigeninteressen des Wertpapierdienstleisters und Kundeninteressen zugunsten letzterer aufzulösen, sah man aber – nicht zuletzt aufgrund des schwierigen Nachweises eines eigensüchtigen Verhaltens unter Vernachlässigung des Kundeninteresses – das Bedürfnis für eine konsequentere und wirksamere Ausschaltung derartiger Konfliktsituationen. Ob die Neuregelung diesen Anspruch einzulösen vermag und im Vergleich zu den schon aus der früheren allgemeinen Regelung über Interessenkonflikte (§ 31 Abs. 1 Nr. 2 WpHG aF) abzuleitenden Grundsätzen[5] einen wirklichen Fortschritt für die Kunden darstellt, wird teilweise bezweifelt.[6]

II. Überblick über das Regelungskonzept

Der **neue Regelungsansatz,** den das FRUG in Umsetzung der MiFID und 3 der DRL in das WpHG einführt, zeichnet sich vor allem durch **verschärfte**

---

[3] Der umgekehrte Fall, Leistung von geldwerten Vorteilen durch das Wertpapierdienstleistungsunternehmen an Dritte, ist ebenfalls erfasst.
[4] *Assmann,* ÖBA 2007, 40, 49.
[5] Vgl. zur bisherigen Beurteilung von Bonifikationen und sonstigen Vergütungen von dritter Seite sowie *Kick-backs* insbesondere *Koller* in *Assmann/Schneider,* § 31 Rn. 81 ff. mwN.
[6] Vgl. insbesondere die scharfe Kritik von *Assmann,* ÖBA 2007, 40, 49 f., 54 f.

formale und organisatorische Anforderungen an den Umgang mit potentiellen Interessenkonflikten aus: Diese sind zu identifizieren, durch effektive organisatorische Vorkehrungen möglichst zu vermeiden oder jedenfalls in ihren möglichen Auswirkungen zu begrenzen und ggf. den betroffenen Kunden gegenüber offen zu legen (vgl. §§ 31 Abs. 1 Nr. 2, 33 Abs. 1 Nr. 3). Die Wertpapierdienstleistungsunternehmen sind zudem verpflichtet, ihre Grundsätze im Umgang mit potentiellen Interessenkonflikten schriftlich niederzulegen und in ihren Kernaussagen den Kunden mitzuteilen. Neu ist aber nicht nur die Pflicht zur expliziten Aufstellung von internen Grundsätzen für den Umgang mit Interessenkonflikten und die Information der Kunden darüber, sondern auch die in § 31 d erfolgte **Sonderregelung über die Behandlung finanzieller Anreize von dritter Seite** im Zusammenhang mit der Erbringung von Wertpapierdienstleistungen oder -nebendienstleistungen. Solche Zuwendungen von Dritten (wie auch die Gewährung an Dritte) sind einem Wertpapierdienstleistungsunternehmen im Zusammenhang mit seiner diesbezüglichen Geschäftstätigkeit nunmehr **grundsätzlich verboten und nur unter drei kumulativ zu erfüllenden Voraussetzungen ausnahmsweise zulässig:** Die erfassten Zuwendungen müssen darauf ausgerichtet sein, die Qualität der dem Kunden gegenüber erbrachten Dienstleistung zu verbessern, sie dürfen deren unvoreingenommene Durchführung nicht beeinträchtigen und sind dem Kunden gegenüber transparent zu machen (Abs. 1 Nr. 1 und Nr. 2, näher zu diesen Voraussetzungen unten Rn. 24 ff.). Nach Ansicht des Bundesverbands deutscher Banken hat diese Neuregelung erhebliche geschäftspolitische Folgen, die sich in ihrer ganzen Breite noch nicht verlässlich einschätzen ließen.[7]

4   Das **Regel-Ausnahmeverhältnis** zwischen dem grundsätzlichen Verbot von Zuwendungen Dritter und ihrer ausnahmsweisen Zulässigkeit bei Erfüllung bestimmter Kriterien wird allerdings dadurch ausgehöhlt, dass gerade für die in der Praxis besonders wichtigen und interessenkonfliktträchtigen Bereiche der **Anlageberatung und Abgabe allgemeiner Empfehlungen** nach Abs. 4 eine gesetzliche Vermutung für die Eignung der Zuwendungen zur Qualitätsverbesserung der Dienstleistung des Wertpapierdienstleistungsunternehmen für den Kunden vorgesehen ist. Damit wird **faktisch eine Art Bereichsausnahme** für diese Dienstleistungen geschaffen.[8] Das erscheint **rechtspolitisch problematisch**, ist doch gerade in diesen Geschäftsfeldern die Gefahr am größten, dass sich der Berater mehr von der Höhe der von Dritten gezahlten (Innen-)Provisionen als vom Kundeninteresse leiten lässt.[9] Zudem besteht die Motivation der Anbieter von Finanzprodukten zur Zahlung solcher Provisionen oder anderer geldwerter Vorteile an die Berater generell nicht darin, die Kosten für die Anleger zu reduzieren, sondern durch die Gewährung finanzieller Anreize für die Berater deren Tätigkeit in ihrem Sinne zu beeinflussen. Der eigentliche Grund für die faktische Aussetzung des Zuwendungsverbots im Bereich der Anlageberatung liegt wohl darin, dass man einen ersatzlosen Wegfall der Innenprovisionen und sonstigen mittelbaren Vergütungsformen der Beratungstätigkeit

---

[7] BdB, MiFID-Leitfaden, S. 153.
[8] *Assmann,* ÖBA 2007, 40, 51; *ders.,* ZBB 2008, 21, 23.
[9] Ebenso *Assmann,* ÖBA 2007, 40, 51, der zu Recht scharf kritisiert, dass damit gerade der „*interessenkonfliktträchtigste aller Interessenkonfliktsfälle ... vom Verbot der Annahme von Inducements ausgenommen*" werde (Hervorhebung im Original).

Zuwendungen 5, 6 § 31d

für wirtschaftlich nicht tragbar und die – aus marktwirtschaftlicher und ordnungspolitischer Perspektive vorzugswürdige – Lösung über die direkte Bezahlung der Beratungsleistung durch den Wertpapierkunden für praktisch nicht durchsetzbar gehalten hat. Sofern dies zutrifft und empirisch belegbar ist, könnte man die verminderten Anforderungen an die Vermeidung von Interessenkonflikten in diesem Bereich als Reaktion auf ein strukturelles Marktdefizit oder eine nicht überwindbare „Marktunvollkommenheit" im Sinne einer „*second best*"-Lösung rechtfertigen.

Zwar bleibt ein erhebliches Unbehagen ob des gewaltigen bürokratischen 5 Aufwands, der insoweit betrieben wird, ohne einen wirklich messbaren Nutzen für den Kunden zu bewirken.[10] Dennoch ist anzuerkennen, dass die **flächendeckende Einführung einer Offenlegungspflicht** als Zulässigkeitsvoraussetzung für externe Zuwendungen einen Fortschritt gegenüber der bisherigen Rechtslage darstellt, die insoweit durch eine einzelfallbezogene Ableitung zivilrechtlicher Aufklärungspflichten gekennzeichnet war.[11] Hinzu kommt, dass die Betonung der nicht disponiblen Wahrung des Kundeninteresses[12] Raum lässt für eine einzelfallbezogene Grenzziehung bei bestimmten Formen von Zuwendungen, die zwar auf eine Steigerung der Dienstleistungsqualität bezogen, aber so ausgestaltet sind, dass sie besonders schwere Interessenkonflikte heraufbeschwören und damit einer unvoreingenommenen, ordnungsgemäßen Erbringung der Dienstleistung im Interesse des Kunden entgegenstehen.

Die Neuregelung in § 31d wirft allerdings eine ganze Reihe von Zweifelsfragen 6 auf, die sich nicht auf Detailprobleme bei der Auslegung seiner Tatbestandsmerkmale beschränken, sondern das grundsätzliche **Verhältnis der aufsichtsrechtlichen Regelung zu den zivilrechtlichen Pflichten** im Zusammenhang mit der Gewährung von Zuwendungen betreffen. So wird im Schrifttum teilweise die These vertreten, dass die einschlägigen Vorschriften der MiFID und Art. 26 DRL nicht lediglich eine Mindestharmonisierung, sondern eine Maximalharmonisierung vorschrieben und zugleich umfassend strengeres nationales Recht einschließlich zivilrechtlicher Regelungen sperrten.[13] Dem ist jedoch entgegen zu halten, dass dem *aufsichtsrechtlichen* Herkunftslandprinzip, wie es in Art. 31, 32 MiFID niedergelegt ist, kein Recht auf „Mitnahme der eigenen Zi-

---

[10] Skeptisch bezüglich der Fähigkeit des Kunden, bei Offenlegung von Zuwendungen die daraus resultierenden Chancen und Risiken verlässlich zu beurteilen, *Assmann,* ZBB 2008, 21, 24; sehr viel weitergehend seine vernichtende Kritik in ÖBA 2007, 40, 54, wo er von einer „durch und durch widersprüchlichen, inkonsistenten sowie in großen Teilen kompromißzersetzten und zu allem Überfluß noch hyperkomplexen und hyperkomplizierten Regelungsvorgabe für Interessenkonflikte und Inducements" durch die MiFID und DRL spricht und das Vorhaben einer kohärenten und wirkungsvollen Behandlung von Interessenkonflikten als „in jeder Hinsicht gescheitert" ansieht.
[11] Vgl. BGHZ 146, 235 = ZIP 2001, 230; BGH ZIP 2007, 518; näher dazu unten Rn. 44 ff.
[12] Vgl. die Rückkoppelung an die ordnungsgemäße Erbringung der Dienstleistung im Interesse des Kunden in § 31d Abs. 1 Satz 1 Nr. 1 und in Abs. 4 (Erfordernis, das sie „trotz der Zuwendung unvoreingenommen erbracht" werden).
[13] *Mülbert,* WM 2007, 1149, 1156 f.; *ders.,* ZHR 172 (2008), 170, 172, 176 ff.; *ders.* in: Ferrarini/Wymeersch (Hrsg.), Investor Protection in Europe, 2006, S. 299, 318 f.; *Nikolaus/d'Oleire,* WM 2007, 2129, 2134; **aA** *Koller,* FS Huber, 2006, S. 821, 839 f.; *Veil,* WM 2007, 1821, 1825 f.

§ 31d 7 Abschnitt 6. Verhaltensregeln, Verjährung

vilrechtsordnung" in den Mitgliedstaat, in dem die Wertpapierdienstleistung grenzüberschreitend erbracht wird, zu entnehmen ist. Zudem würde der EU die Kompetenz für eine derart weitreichende (mittelbare) Umgestaltung der mitgliedstaatlichen Zivilrechtsordnungen fehlen. Auch Art. 4 DRL, nach dem die Mitgliedstaaten strengere Anforderungen nur unter bestimmten außergewöhnlichen Umständen beibehalten oder neu einführen dürfen, kann sich nur auf Regelungen aufsichtsrechtlicher Art beziehen.[14] Aus der Pflicht zu gemeinschaftstreuem Verhalten der Mitgliedstaaten nach Art. 10 EG lässt sich lediglich ableiten, dass sie den Harmonisierungseffekt der Finanzmarktrichtlinie nicht durch gezielte Maßnahmen (auch außerhalb des Bereichs der Kapitalmarktaufsicht) konterkarieren dürfen, welche die grenzüberschreitende Erbringung von Wertpapierdienstleistungen erheblich erschweren und damit die materielle Tragweite der MiFID beeinträchtigen würden. Die Mitgliedstaaten sind aber nicht gehindert, im Wege der zivilrechtlichen Gesetzgebung oder Rechtsprechung konkrete, vom (aufsichtsrechtlichen) Regelungsansatz der Richtlinie nicht bereits (vollumfänglich) umfasste Schutzanliegen zu verfolgen, wie etwa den Schutz des individuellen Anlegers vor einer *konkreten* Gefährdung seiner Interessen im Einzelfall durch konfliktauslösende Zuwendungen. Die an einem generalisierenden Maßstab orientierte aufsichtsrechtliche Zulässigkeit von *Inducements* nach § 31d kann daher potentiell weitergehende zivilrechtliche Anforderungen an die Offenlegung und ggf. Herausgabe von Zuwendungen nicht von vornherein sperren.[15]

B. Zuwendungen beim Vertrieb von Finanzinstrumenten

I. Anwendungsbereich

1. Normadressaten und geschützter Personenkreis

7   Die Vorgaben des § 31d für *Inducements* gelten **für alle Wertpapierdienstleistungsunternehmen** i. S. d. § 2 Abs. 4, soweit sie Wertpapierdienstleistungen (§ 2 Abs. 3) oder Wertpapiernebendienstleistungen (§ 2 Abs. 3a) **gegenüber privaten oder professionellen Kunden** (§ 31a Abs. 2 und 3) erbringen. **Nur für bestimmte Geschäfte mit geeigneten Gegenparteien** sieht § 31b **Abs. 1 Satz 1** eine **Befreiung** von den entsprechenden Bindungen vor, sofern nicht die geeignete Gegenpartei (§ 31a Abs. 4) mit dem Wertpapierdienstleistungsunternehmen vereinbart hat, für alle oder einzelne Geschäfte als professio-

---

[14] Dass die prozeduralen Anforderungen (Begründungs- und vorherige Mitteilungspflicht gegenüber der Kommission) auf den Erlass strengerer Bestimmungen durch den nationalen Gesetzgeber oder von ihm ermächtigte (Aufsichts-)Behörden zugeschnitten ist, konzediert auch *Mülbert*, ZHR 172 (2008) 170, 179, der aber gleichwohl eine „horizontale Harmonisierung" durch die MiFID auch anderer Rechtsgebiete als des Aufsichtsrechts bejaht (aaO., S. 183 ff.); **aA** zu Recht *Koller*, FS Huber, 2006, S. 821, 840 (MiFID betrifft nur Aufsichtsrecht).
[15] Im Ergebnis ebenso *Koller*, FS Huber, 2006, 821, 839 f.; *Veil*, WM 2007, 1821, 1825 f. Entgegen *Nikolaus/d'Oleire*, WM 2007, 2129, 2133 legt § 31d Abs. 1 Nr. 2 WpHG nF nicht „genau die Offenlegungspflicht fest, die der BGH in seiner Entscheidung postuliert hat"; vgl. zu den Unterschieden unten Rn. 46 ff.

neller Kunde oder Privatkunde behandelt zu werden (§ 31 b Abs. 1 Satz 2). Bei anderen Wertpapierdienstleistungen wie zB der Anlageberatung sind geeignete Gegenparteien dagegen immer als professionelle Kunden zu behandeln und somit in den persönlichen Schutzbereich des § 31 d einbezogen. Vor diesem Hintergrund dürfte sich in der Praxis eine unterschiedliche Behandlung geeigneter Gegenparteien und anderer Kundengruppen im Hinblick auf die Beachtung des § 31 d nicht empfehlen, da die Abgrenzung nicht sehr übersichtlich und in der praktischen Handhabung wohl nur mit erheblichem Aufwand überprüfbar ist.

2. Begriff der Zuwendungen (Abs. 2)

In der Sache wird der Anwendungsbereich der Regelung primär durch den Begriff der „Zuwendungen" bestimmt. Abs. 2 definiert ihn sehr weit als „Provisionen, Gebühren oder sonstige Geldleistungen sowie **alle geldwerten Vorteile**". Erfasst werden somit Zuwendungen aller Art, nicht nur Geldzahlungen, sondern auch immaterielle Leistungen, sofern sie einen finanziellen Wert haben. Dazu gehören nach der Gesetzesbegründung insbesondere „die Erbringung von Dienstleistungen, die Übermittlung von Finanzanalysen, das Überlassen von IT-Hardware oder Software oder die Durchführung von Schulungen".[16] Die geldwerte Leistung muss nicht unmittelbar aus dem Vermögen des Dritten an das Wertpapierdienstleistungsunternehmen fließen. Vielmehr liegt eine Zuwendung auch dann vor, wenn das Wertpapierdienstleistungsunternehmen die dem Kunden in vollem Umfang in Rechnung gestellten Gebühren oder anderen Kosten nur zum Teil an den Dritten abführen muss.[17] Derartige „Provisionsrückvergütungen", „Kick-backs" oder „Retrozessionen" sowie sonstige „Innenprovisionen" knüpfen in der Praxis entweder als Vertriebsprovision an einzelne Transaktionen zum Erwerb von Anlageprodukten an oder sind als Vertriebsfolgeprovisionen, namentlich Bestandspflegeprovisionen von der Verwahrung oder dem Halten der Finanzprodukte abhängig.[18] Ausgeklammert bleiben notwendige Kosten und Gebühren, die an Dritte zu zahlen sind, damit die Wertpapierdienstleistung für den Kunden überhaupt erbracht werden kann (Abs. 5, s. dazu unten Rn. 12 ff.).

Eine **Bagatellgrenze** ist zwar nicht ausdrücklich vorgesehen, in der Sache aber dennoch anzuerkennen. Nach dem Regelungszweck des § 31 d geht es um die Erfassung aller durch Geldleistungen oder geldwerte Vorteile verursachten Interessenkonflikte. Sofern eine potentielle Gefährdung der Unvoreingenommenheit des Wertpapierdienstleisters angesichts der Geringfügigkeit und Art der Zuwendung bei realistischer Betrachtung von vornherein ausgeschlossen ist, sollte daher eine (ungeschriebene) Bagatellausnahme eingreifen. Anhaltspunkte für deren Anerkennung finden sich in Erwägungsgrund 32 der DRL zur MiFID. Danach sollten „(k)leine Geschenke oder kleinere Einladungen, die nicht über das nach den Grundsätzen der Wertpapierfirma für Interessenkonflikte zulässige und in der für die Kunden bestimmten Kurzbeschreibung dieser Grundsätze dargelegte Maß hinausgehen", nicht als relevante Anreize betrachtet werden. Dieser

---

[16] BegrRegE, BT-Drucks. 16/4028, S. 67.
[17] Die BegrRegE, BT-Drucks. 16/4028, S. 67 bezeichnet eine derartige „Reduzierung von Gebühren und anderen Kosten durch einen Dritten" als geldwerten Vorteil.
[18] Vgl. nur *Assmann*, ZBB 2008, 21, 24; *Rozok*, BKR 2007, 217, 218 f., 222; näher unten Rn. 15 ff.

Gedanke wird zwar ausdrücklich nur für die „Zwecke der Bestimmungen über Finanzanalysen" formuliert, trifft aber in der Sache gleichermaßen auf alle Wertpapierdienstleistungen und Nebendienstleistungen zu. Für eine Begrenzung schon des Begriffs der Zuwendung spricht mittelbar auch die Ausnahmeregelung des Abs. 5 für Gebühren und Entgelte, die für die Erbringung von Wertpapierdienstleistungen notwendig sind und die „ihrer Art nach nicht geeignet sind", die Erfüllung der Pflicht zu ordnungsgemäßer Dienstleistung im Interesse des Kunden zu gefährden (näher hierzu unten Rn. 12 ff.). Eine Gefährdung der Unvoreingenommenheit des Wertpapierdienstleistungsunternehmens ist nicht zu befürchten, solange wegen der Geringfügigkeit und Art des geldwerten Vorteils schon abstrakt keine Gefahr eines Interessenkonflikts besteht.[19] Dies dürfte nicht nur bei einmaligen, sondern auch bei (zu bestimmten Anlässen) wiederkehrenden kleinen Präsenten oder Einladungen zu Veranstaltungen der Fall sein, sofern sich der geldwerte Vorteil im Rahmen des auch bei sonstigen gesellschaftlichen Kontakten sozial Üblichen hält.[20]

3. Zusammenhang mit einer Wertpapier(neben)dienstleistung

10   Die Zuwendungen werden nur dann von § 31 d erfasst, wenn sie „im Zusammenhang" mit einer Wertpapierdienstleistung oder -nebendienstleistung erbracht werden (Abs. 1 Satz 1). Dieses Erfordernis ist sicher erfüllt, wenn die Zahlung einer Provision oder einer geldwerten Leistung unmittelbar an den Abschluss eines konkreten Wertpapiergeschäfts anknüpft. Fraglich ist aber, ob darüber hinaus auch ein lediglich **mittelbarer Bezug zur Förderung bestimmter Arten von Wertpapier(neben)dienstleistungen** zugunsten des Dritten genügt. Weder im Normtext noch in der Gesetzesbegründung finden sich Anhaltspunkte für eine Konkretisierung des Konnexitätserfordernisses. Die *ratio legis,* der Entstehung von Konflikten zwischen den Kundeninteressen und dem Eigeninteresse des Wertpapierdienstleistungsunternehmens umfassend entgegenzuwirken, spricht aber für ein **eher weites Verständnis,** das auch indirekte oder generelle Beeinflussungen des Verhaltens des Wertpapierdienstleistungsunternehmens bei der Erbringung von Dienstleistungen erfasst, ohne dass es auf die (rechtliche oder tatsächliche) Zuordnung eines geldwerten Vorteils zu einer konkreten Wertpapierdienstleistung ankäme.[21] Auf der anderen Seite führt eine Zuwendung grundsätzlich nur dann zur Entstehung eines Interessenkonflikts, wenn von ihr eine gewisse finanzielle Anreizwirkung ausgeht, die möglicherweise das

---

[19] Vgl. auch *Rozok,* BKR 2207, 217, 219, der (ohne Auseinandersetzung mit der Frage einer Bagatellausnahme) als Zuwendung im Sinne des Abs. 2 jede Form eines geldwerten Vorteils ansieht, „die potentiell geeignet ist, einen Interessenkonflikt bei der Erbringung von Wertpapierdienstleistungen hervorzurufen".

[20] Teilweise anders *Assmann,* ÖBA 2007, 40, 50, der eine Bagatellausnahme nur für „*nicht wiederkehrende* Zuwendungen in einer Größenordnung" zulassen will, „die einer unvoreingenommenen Erbringung der Wertpapierdienstleistungen und Nebenleistungen nicht entgegenstehen" (Hervorhebung im Original).

[21] Insoweit übereinstimmend *Rozok,* BKR 2007, 217, 219, der aber zu weitgehend die Ansätze des *Committee of European Securities Regulators* (CESR) im zweiten Konsultationspapier vom 13. 4. 2007 (CESR/07-228, Rn. 14) zur einer Zuordnung von Zuwendungen zu bestimmten „*business lines"* als sehr fragwürdig bezeichnet. Denn ein Interessenkonflikt wird regelmäßig nur dann auftreten, wenn es um das Verhalten des Wertpapierdienstleistungsunternehmens bei bestimmten Arten von Dienstleistungen oder Finanzprodukten geht.

Verhalten des Wertpapierdienstleistungsunternehmens im Hinblick auf bestimmte Arten von Wertpapier(neben)dienstleistungen oder Finanzprodukten beeinflussen kann. Von einem finanziellen Anreiz kann aber nur die Rede sein, wenn **zumindest eine gewisse Wirkungsrichtung der Zuwendung erkennbar** ist: Die Zuwendung muss geeignet sein, das Wertpapierdienstleistungsunternehmen zu einer Bevorzugung des Zuwendenden bei der Erbringung von Wertpapier(neben)dienstleistungen gegenüber seinen Kunden zu veranlassen.[22] Sofern das nicht der Fall ist, fehlt es daher an dem erforderlichen Zusammenhang mit der Erbringung von Wertpapier(neben)dienstleistungen.

Die Konnexität kann nicht schon dann verneint werden, wenn es an einem unmittelbaren Bezug zu Geschäftsabschlüssen fehlt. Wie die beispielhafte Einordnung von Schulungen als geldwerter Vorteil in den Gesetzesmaterialien zeigt,[23] reicht eine **allgemeine Beziehung zu bestimmten Finanzprodukten, die Gegenstand von Wertpapierdienstleistungen sein können**, bereits aus.[24] Erfasst wird daher auch die finanzielle oder logistische Unterstützung von allgemeinen Informationsveranstaltungen eines Wertpapierdienstleistungsunternehmens für seine Kunden durch einen Produktanbieter, auch wenn auf oder im Zusammenhang mit derartigen Veranstaltungen keine Wertpapierdienstleistungen angeboten werden.[25] Denn das Potential für einen Interessenkonflikt lässt sich nicht ohne weiteres verneinen, könnte doch die Erwägung eine Rolle spielen, die Unterstützung durch den Produktanbieter in Zukunft zu verlieren, wenn im Anschluss an die Informationsveranstaltung nicht genügend Finanzprodukte dieses Anbieters abgesetzt werden.

4. Ausklammerung von notwendigen Kosten (Abs. 5)

Bestimmte Gebühren und Entgelte werden nach Abs. 5 vom Verbot der *Inducements* ausgenommen. Sie werden vom Gesetz dahingehend umschrieben, dass sie die Erbringung von Wertpapierleistungen „erst ermöglichen oder dafür notwendig sind" und „ihrer Art nach nicht geeignet sind, die Erfüllung der Pflicht nach § 31 Abs. 1 Satz Nr. 1 zu gefährden". Im Kern geht es somit um die Ausklammerung von **notwendigen Kosten**, die **an Dritte zu zahlen** sind, damit die fragliche Wertpapierleistung überhaupt erbracht werden kann.[26] Insoweit handelt es sich nicht um eine materielle Ausnahmevorschrift, sondern eine sachgerechte, am Regelungszweck orientierte Eingrenzung des (zu weit geratenen) Zuwendungsbegriffs des Abs. 2.

Entscheidend für die Abgrenzung ist dabei nicht so sehr die Einstufung als (öffentlich-rechtliche) Gebühr oder (sonstiges Leistungs-)Entgelt, als vielmehr **die schon wesensmäßig fehlende Eigenschaft zur Begründung eines Interessenkonflikts** des Wertpapierdienstleistungsunternehmens.[27] Art. 26 Satz 1 lit. c

---

[22] *Assmann*, ZBB 2008, 21, 25.
[23] BegrRegE, BT-Drucks. 16/4028, S. 67.
[24] Vgl. auch BdB, MiFID-Leitfaden, S. 181 („gewisser Bezug zwischen den Zuwendungen und den dem Kunden erbrachten Dienstleistungen" erforderlich).
[25] AA *Rozok*, BKR 2007, 217, 218 („nicht als Zuwendung anzusehen").
[26] In der Sache übereinstimmend *Rozok*, BKR 2007, 217, 220; die bloße Kennzeichnung als Leistungsentgelt (so *Assmann*, ÖBA 2007, 40, 52) greift dagegen zu kurz, weil sie Formen der (mittelbaren) Vergütung des Wertpapierdienstleisters nicht ausschließt.
[27] In diese Richtung auch CESR, Inducements under MiFID – Recommendations (Ref: CESR/07-228b), Nr. 3; BdB, MiFID-Leitfaden, S. 182.

DRL spricht zwar nur von „Gebühren", verwendet diesen Begriff aber lediglich „untechnisch" und nicht im Sinne einer Beschränkung auf öffentlich-rechtliche Leistungsentgelte.[28] Maßgeblich für die Ausklammerung aus dem Bereich der grundsätzlich unzulässigen *„Inducements"* i. S. d. Abs. 1 ist aber, dass sie „wesensbedingt keine Konflikte mit der Verpflichtung der Firma hervorrufen können, im besten Interesse ihrer Kunden ehrlich, redlich und professionell zu handeln". Damit wird die entscheidende Voraussetzung noch etwas deutlicher ausgedrückt als in der deutschen Umsetzungsnorm, die auf die „ihrer Art nach" fehlende Eignung zur Gefährdung der Pflichterfüllung im Sinne des § 31 Abs. 1 Satz 1 Nr. 1 abstellt.

14 **Beispiele** für notwendige Kosten im Sinne des Abs. 5 sind insbesondere Entgelte für die Verwahrung von Finanzinstrumenten, die Abwicklung von Geschäften oder die Nutzung von Handelsplätzen, behördliche Kosten oder gesetzliche Gebühren.[29] Andere Gebühren oder Entgelte, die vom Wertpapierdienstleister selbst gegenüber dem Kunden erhoben oder durch eine von ihm (unabhängig vom konkreten Kundenauftrag getroffene) (Vertriebs-)Vereinbarung entstehen, können dagegen nicht unter Abs. 5 subsumiert und von den Anforderungen des § 31 d freigestellt werden.[30] Denn bei ihnen lässt sich nicht schon die abstrakte Eignung zur Verursachung eines Interessenkonflikts verneinen.

5. Exemplarische Konkretisierung der erfassten Arten von Zuwendungen

15 Zu den Provisionen i. S. d. Abs. 2 gehören primär **Vertriebsprovisionen,** die ein Wertpapierdienstleistungsunternehmen anlassbezogen und unmittelbar für eine konkrete wertpapierbezogene Vermittlungsleistung erhält.[31] Sie können unterschiedlich ausgestaltet sein und zB in der Rückvergütung eines Teils des Agios oder Ausgabeaufschlags für ein Finanzinstrument bestehen. Dabei spielt es keine Rolle, ob der vom Kunden vereinnahmte Aufschlag zunächst an den Emittenten des Finanzinstruments abgeführt und dann teilweise wieder an das Wertpapierdienstleistungsunternehmen ausgekehrt wird[32] oder ob dieses nach der Vertriebsvereinbarung sogleich seinen Anteil einbehält. Keine Zuwendung eines Dritten ist dagegen die Erzielung von Einnahmen aus einer Marge zwischen An- und Verkaufspreis eines Finanzinstruments, da es insoweit an einem Drittbezug außerhalb des Verhältnisses Kunde – Wertpapierdienstleistungsunternehmen fehlt.

16 Neben diesen transaktionsbezogenen Provisionen, die unmittelbar und in engem zeitlichem Zusammenhang an eine konkrete Wertpapierdienstleistung anknüpfen, gewähren die Emittenten von Finanzinstrumenten i. S. d. § 2 WpHG oder anderen Finanzprodukten wie geschlossenen Fonds und Lebensversicherungen vielfach auch weitere, periodisch wiederkehrende Zuwendungen an die vertreibenden Wertpapierdienstleistungsunternehmen. Dabei handelt es sich um

---

[28] Dies ergibt sich eindeutig aus den exemplarisch genannten Beispielen wie „Verwahrungsgebühren, Abwicklungs- und Handelsplatzgebühren, Verwaltungsabgaben oder gesetzliche Gebühren".
[29] BegrRegE, BT-Drucks. 16/4028, S. 68.
[30] Ebenso *Rozok,* BKR 2007, 217, 220.
[31] Vgl. hierzu und zum Folgenden *Rozok,* BKR 2007, 217, 218.
[32] Dies *geschieht angesichts* des Charakters der Wertpapierdienstleistungen als Massengeschäft üblicherweise zu bestimmten Stichtagen und nicht in unmittelbarer zeitlicher Nähe zu einer konkreten Transaktion.

Zuwendungen 17, 18 § 31d

Bestandsprovisionen oder **Vertriebsfolgeprovisionen,** die sich am Umfang des vom Wertpapierdienstleistungsunternehmen als Vertriebspartner jeweils betreuten Kundenbestands in dem fraglichen Finanzinstrument oder – produkt orientieren.[33] Verbreitet ist dies vor allem im Bereich der Anlageberatung und Vermögensverwaltung im Hinblick auf Fondsanteile. So führen Fondsgesellschaften regelmäßig einen gewissen prozentualen Anteil der von den Anlegern erhobenen laufenden Verwaltungsgebühren für den Fonds an die depotführenden Banken ab, wobei die Höhe von der Anzahl der jeweils im Depot verbuchten Anteile abhängt.[34] Daneben kommen in der Praxis auch vielfältige andere Gestaltungen von Provisionen vor, die teilweise nicht an dem vermittelten Transaktionsvolumen ansetzen, sondern zB die Zahlung eines fixen Geldbetrages an das Wertpapierdienstleistungsunternehmen für die Vermittlung eines Kundenkontaktes vorsehen (sog. *„Finder's Fee"*).[35]

Der Umstand, dass derartige transaktions- oder bestandsbezogene Provisionen 17 in der Praxis weithin üblich sind, führt auch vor dem Hintergrund der Vorschrift des § 13 Abs. 1 Nr. 5 WpDVerOV nicht dazu, dass sie aus dem Begriff der Zuwendungen i. S. d. § 31 d Abs. 2 hinausfallen. Die auf die Identifizierung von Interessenkonflikten im Rahmen des § 33 Abs. 1 Satz 2 Nr. 3 bezogene Aussage, die Wertpapierdienstleistungsunternehmen müssten prüfen, inwieweit sie für erbrachte Dienstleistungen „über die hierfür übliche Provision oder Gebühr hinaus" von einem Dritten eine Zuwendung" i. S. d. § 31 d Abs. 2 erhielten, ist nicht so zu verstehen, dass nur außergewöhnlich hohe oder bislang ihrer Art nach nicht übliche Zuwendungen Dritter erfasst seien. Vielmehr ist mit der „üblichen Provision oder Gebühr" ausschließlich eine solche des Wertpapierdienstleistungsunternehmens gemeint, die es als Entgelt von seinem Kunden fordert, während alle Zuwendungen von dritter Seite darüber hinausgehen.[36]

Von den bereits erwähnten **sonstigen geldwerten Vorteilen** (vgl. dazu bereits oben Rn. 8) spielen in der Praxis vor allem Schulungen und Seminare durch 18 die Produktemittenten für die Mitarbeiter der Wertpapierdienstleister sowie die Bereitstellung von IT-Ressourcen einschließlich Software, von Research und sonstigen Unterstützungsleistungen für die Infrastruktur der Wertpapierdienstleistungsunternehmen eine wichtige Rolle. Teilweise wird auch die Zurverfügungstellung von Verkaufsprospekten, Rechenschaftsberichten, Werbebroschüren und sonstigem Informationsmaterial als Zuwendung betrachtet.[37] Dem ist jedoch nicht zu folgen. Vielmehr ist insoweit schon die abstrakte Eignung zur Hervorrufung eines Interessenkonfliktes beim Wertpapierdienstleister sehr zweifelhaft.

---

[33] Vgl. *Rozok*, BKR 2007, 217, 218f.; *Assmann*, ÖBA 2007, 40, 53f.
[34] *Assmann*, ÖBA 2007, 40, 53.
[35] Vgl. *Rozok*, BKR 2007, 217, 219, der zu Recht darauf hinweist, dass hierin keine vorzugswürdige Gestaltungsvariante zu erblicken ist, weil durch eine volumensunabhängige fixe Vermittlungsgebühr für das Wertpapierdienstleistungsunternehmen der Fehlanreiz geschaffen werden könne, dem Kunden möglichst viele Einzeltransaktionen mit unterschiedlichen Produktemittenten zu vermitteln und damit die Kostenbelastung für den Kunden unnötig zu steigern.
[36] Im Ergebnis übereinstimmend CESR, Inducements under MiFID – Recommendations (Ref: CESR/07-228b), Nr. 1 (a).
[37] So *Rozok*, BKR 2007, 217, 219; in BegrRegE, BT-Drucks. 16/4028, S. 67 wird diese Form der Unterstützung des Vertriebs unter den Beispielen für geldwerte Vorteile nicht genannt.

Jedenfalls ist an das Eingreifen einer ungeschriebenen Bagatellausnahme zu denken, weil diese Art der Unterstützung des Vertriebs keinen nennenswerten materiellen Anreizeffekt (auch nicht im Sinne ersparter Aufwendungen des Wertpapierdienstleistungsunternehmens) entfaltet und die notwendige Herkunft der Unterlagen vom Produktemittenten auch für die Kunden offensichtlich ist. Für die Praxis dürfte diese Frage jedoch nur eine geringe Rolle spielen, weil derartige Unterstützungsleistungen jedenfalls darauf gerichtet sind, die Qualität der Wertpapierdienstleistungen zu verbessern, und eine ausdrückliche Offenlegung der Herkunft des Informationsmaterials vom jeweiligen Produktemittenten auf einfache Art und Weise erfolgen kann (näher zu den Zulässigkeitskriterien für Zuwendungen unten Rn. 24 ff.).

II. Grundsätzliches Verbot von Drittzuwendungen

1. Leistender und Empfänger der Zuwendung

19 **Normadressat** des grundsätzlichen Verbots von *Inducements* im Zusammenhang mit der Erbringung von Wertpapierdienstleistungen (§ 2 Abs. 3) oder Wertpapiernebendienstleistungen (§ 2 Abs. 3 a) ist das **Wertpapierdienstleistungsunternehmen** i. S. d. § 2 Abs. 4, das die fragliche Dienstleistung an den Kunden erbringt. Dieser Wertpapierfirma ist es untersagt, geldwerte Vorteile von Dritten anzunehmen oder an Dritte zu gewähren. Als **Dritte** sind alle Personen oder Unternehmen zu qualifizieren, die außerhalb des (vertraglichen) Verhältnisses zwischen dem Wertpapierdienstleistungsunternehmen und dem Kunden der Dienstleistung stehen.[38] Auch rechtlich selbständige Unternehmen innerhalb eines Konzerns sind im Verhältnis zueinander als Dritte einzustufen,[39] während interne Vertriebsprovisionen aus Produktmargen innerhalb ein und derselben juristischen Person nicht erfasst werden.[40] Unerheblich ist, ob die geleisteten Zuwendungen (unmittelbar oder mittelbar) vom Emittenten des durch die *Inducements* geförderten Finanzprodukts geleistet werden oder ihm zuzurechnen sind. Irrelevant ist auch, ob der Dritte seinerseits der Wertpapieraufsicht unterliegt.[41] Vorbehaltlich der Ausnahme für im speziellen Auftrag des Kunden handelnde Dritte (Abs. 1 Satz 2, dazu unten Rn. 21 ff.) kommt es vielmehr allein darauf an, dass die fraglichen Personen oder Unternehmen nicht selbst Kunden der Dienstleistung des Wertpapierdienstleistungsunternehmens sind. Denn innerhalb dieses Rechtsverhältnisses ist die Annahme von Zahlungen des Kunden oder die Weitergabe von Vorteilen an diesen ohne weiteres zulässig (Art. 26 Satz 1 lit. a Alt. 1 DRL).

20 **Zuwendungen an natürliche Personen**, die **auf Seiten des Wertpapierdienstleistungsunternehmens** tätig sind, sei es als Organmitglieder oder Angestellte, sind vom Verbot der Drittzuwendungen prinzipiell erfasst.[42] Das gilt je-

---

[38] BegrRegE, BT-Drucks. 16/4028, S. 67.
[39] *Assmann*, ZBB 2008, 21, 26.
[40] Vgl. CESR, Inducements under MiFID – Recommendations (Ref: CESR/07-228 b), Nr. 1.; BdB, MiFID-Leitfaden, S. 182. Interne Provisionszahlungen werfen allerdings die Frage der ordnungsgemäßen Behandlung institutsinterner Interessenkonflikte im Rahmen der §§ 31 Abs. 1 Nr. 2, 33 Abs. 1 Nr. 3 auf; vgl. dazu § 31 Rn. 87, § 33 Rn. 99 f., 105.
[41] Vgl. *Rozok*, BKR 2007, 217, 219.
[42] So auch für Mitarbeiter BdB, MiFID-Leitfaden, S. 183.

denfalls für die personengebundene Zahlung oder Gewährung geldwerter Vorteile **durch Dritte**, sofern sie einen Zusammenhang mit der Tätigkeit der begünstigten natürlichen Personen auf Seiten des Wertpapierdienstleistungsunternehmens und dessen Erbringung bestimmter (Arten von) Wertpapier(neben)-dienstleistungen aufweist.[43] Denn die Zuwendung geldwerter Leistungen an bei dem Wertpapierdienstleistungsunternehmen beschäftigte natürliche Personen ist diesem zuzurechnen, sofern die handelnden Personen dadurch in einen potentiellen Interessenkonflikt geraten können[44] und ihrerseits Einfluss auf die tatsächliche Erbringung der Wertpapier(neben)dienstleistungen durch das Unternehmen haben. Fraglich ist dagegen, ob § 31 d auch die Gewährung von geldwerten Vorteilen **durch das Wertpapierdienstleistungsunternehmen an die eigenen Beschäftigten** erfasst, die insoweit – weil sie nicht Kunden der Dienstleistung sind – als Dritte zu qualifizieren sein könnten. Das ist aber abzulehnen, da es an dem notwendigen Dreipersonenverhältnis fehlt, wenn das Wertpapierdienstleistungsunternehmen für seine Tätigkeit gegenüber dem Kunden an seine eigenen Mitarbeiter, die ihm zuzurechnen sind, Zuwendungen macht.[45] Die Wertpapierfirmen müssen jedoch bei der Ausgestaltung der internen Entlohnungssysteme für ihre Mitarbeiter darauf achten, dass keine interessenkonfliktträchtigen Anreize geschaffen werden.[46] Davon wird man aber nicht schon bei jeder erfolgsbezogenen Gehaltskomponente sprechen können, sondern nur dann, wenn gezielt für den Vertrieb bestimmter Produkte besondere Vergütungen oder Prämien an die Mitarbeiter gezahlt werden.

2. Ausklammerung der Annahme oder Gewährung im Auftrag des Kunden (Abs. 1 Satz 2)

Nicht ganz klar ist die Reichweite der **Ausnahme nach Abs. 1 Satz 2**, wonach eine „Zuwendung im Sinne des Satzes 1" nicht vorliegt, also das Verbot von *Inducements* nicht eingreift, wenn das Wertpapierdienstleistungsunternehmen diese „von einem Dritten, der dazu **von dem Kunden beauftragt** worden ist, annimmt oder sie einem solchen Dritten gewährt". Mit dieser Vorschrift wird die zweite Alternative des wenig glücklich formulierten Art. 26 Satz 1 lit. a DRL umgesetzt. Für die erste Alternative – sie betrifft den Fall, dass die Zahlung an den Kunden selbst oder vom Kunden an Dritte erfolgt – bedarf es im deutschen Recht keiner expliziten Ausnahmeregelung, weil sich § 31 d Abs. 1 Satz 1 (anders als Art. 26 Satz 1 DRL) von vornherein nur auf Drittzuwendungen bezieht und daher die **Begünstigung des Kunden** (bzw. die Zuwendung durch den

---

[43] Im Grundsatz übereinstimmend *Rozok*, BKR 2007, 217, 220, der jedoch dann keine Zuwendung annimmt, wenn die Zahlungen an Mitarbeiter des Wertpapierdienstleistungsunternehmens nicht für konkrete Abschlüsse oder den Gesamterfolg beim Vertrieb bestimmter Finanzinstrumente erfolge, sondern zB für allgemeine Repräsentationsaufgaben.
[44] Art. 18 Abs. 1 MiFID und § 33 Abs. 1 Nr. 3 WpHG, § 14 Abs. 1 und 3 WpDVerOV benennen ausdrücklich die Aktivitäten und Interessensphären der Mitarbeiter von Wertpapierdienstleistungsunternehmen als Quelle möglicher Interessenkonflikte.
[45] Im Ergebnis ebenso *Assmann*, ZBB 2008, 21, 26; BdB, MiFID-Leitfaden, S. 183 (interne Bonusprogramme mit Anreizen zur Leistungsverbesserung von Mitarbeitern nicht in § 31 d erfasst, aber organisatorische Bewältigung der Interessenkonflikte und ggf. Erwähnung in den Grundsätzen für den Umgang mit Interessenkonflikten erforderlich).
[46] Vgl. auch § 13 Abs. 3 Nr. 2 WpDVerOV.

Kunden) schon tatbestandsmäßig nicht erfasst. Das ist auch in der Sache zutreffend, da es hier an einem potentiellen Interessenkonflikt des Wertpapierdienstleistungsunternehmens fehlt. Die zweite Alternative des Art. 26 Satz 1 lit. a DRL regelt die Konstellation, dass der geldwerte Vorteil durch eine **im Auftrag des Kunden handelnde Person** oder an eine solche gewährt wird. Diese Formulierung wird zu Recht als zu unpräzise kritisiert, weil sie bei wörtlichem Verständnis auch die Annahme oder Gewährung von Interessenkonflikte auslösenden *Inducements* durch das Wertpapierdienstleistungsunternehmen (als Beauftragtem des Kunden) erfassen könnte.[47] Nach dem Sinn der Ausnahme kann es jedoch nur darum gehen, solche Zuwendungen vom Verbotstatbestand auszunehmen, die **materiell eine Leistung des Kunden oder an den Kunden** darstellen – unabhängig davon, ob sie direkt oder über einen Vertreter (Beauftragten) an ihn gezahlt (oder von ihm gewährt) werden.[48] Die Beauftragung des Kunden muss sich also gerade auf die Entgegennahme oder Gewährung des geldwerten Vorteils beziehen, was im Text des § 31 d Abs. 1 Satz 2 durch das unscheinbare Wort „dazu" ausgedrückt wird. Nach der Gesetzesbegründung wird hiermit klargestellt, dass „eine für die Annahme oder Gewährung einer Zuwendung im Sinne dieser Vorschrift vom Kunden bevollmächtigte Person nicht als Dritter anzusehen ist".[49]

22 Dies wirft die Frage auf, ob eine solche **spezielle Beauftragung** (neben dem Auftrag zur Durchführung der Wertpapierdienstleistung) konkludent oder ausdrücklich (zB in AGB) auch an das Wertpapierdienstleistungsunternehmen oder den Emittenten des Finanzprodukts erteilt werden kann.[50] Gegen die Konstruktion eines konkludenten Zahlungsauftrags des Kunden an sein Wertpapierdienstleistungsunternehmen oder den Emittenten des Finanzinstruments, etwa zur Entgegennahme einer Rückvergütung von Gebühren oder Zahlung einer sonstigen Innenprovision, bestehen jedoch durchgreifende Bedenken.[51] Gleiches gilt für eine etwaige ausdrückliche Aufnahme entsprechender standardisierter Kundenweisungen in die einschlägigen Bankformulare.[52] Denn die Regelung zur Vermeidung von Interessenkonflikten durch Drittzuwendungen würde ausgehebelt, wenn lediglich formal eine vom Kunden ausgehende Zuwendung kon-

---

[47] *Assmann*, ÖBA 2007, 40, 50. In diese Richtung geht etwa der Vorschlag von *Lang/Balzer*, ZIP 2007, 521, 524 f. (formularvertraglicher Auftrag des Kunden an die Fondsgesellschaft, Ausgabeaufschläge und Bestandsvergütungen an die Bank zu zahlen); zu Recht krit. dazu *Koller*, ZBB 2007, 197, 199 Fn. 19.
[48] Ebenso in der Sache *Assmann*, ÖBA 2007, 40, 50; *Schumacher*, BKR 2007, 447, 449.
[49] BegrRegE, BT-Drucks. 16/4028, S. 67.
[50] Grundsätzlich bejahend *Lang/Balzer*, ZIP 2007, 521, 525 (Auftrag des Kunden an die Fondsgesellschaft, Ausgabeaufschläge und Bestandsvergütungen an die Bank, welche die Fondsanteile vertreibt, zu zahlen; AGB-rechtliche Zulässigkeit einer formularvertraglichen Weisung im Rahmen der Erteilung des Kundenauftrags aber offen); zu Recht krit. *Brocker*, BKR 2007, 365, 367; *Koller*, ZBB 2007, 197, 199 Fn. 19; *Assmann*, ZBB 2008, 21, 26.
[51] Noch zu vorsichtig *Rozok*, BKR 2007, 217, 220, der aus „Gründen der Rechtssicherheit ... die Fiktion des Bestehens eines Zahlungsauftrags oder die Einholung einer Zahlungsanweisung durch allgemeine Geschäftsbedingungen problematisch" findet.
[52] **AA** BdB, MiFID-Leitfaden, S. 182 f., demzufolge keine grundsätzlichen aufsichtsrechtlichen Bedenken gegen sog. „Behaltens- oder Verzichtsklauseln" bestünden, mit denen der Kunde gegenüber seiner Bank auf die Herausgabe von Vertriebsprovisionen verzichte.

struiert würde. Das gilt jedenfalls dann, wenn dieser nicht ausdrücklich in umfassender, zutreffender und verständlicher Weise über deren Art und Umfang aufgeklärt worden ist, mithin gerade die Anforderungen eingehalten werden, für deren Durchsetzung § 31 d Abs. 1 sorgen soll.

Darüber hinaus ist aber sehr fraglich, ob das vom Kunden beauftragte Wertpapierdienstleistungsunternehmen oder der Produktemittent überhaupt als bevollmächtigte Dritte im Sinne des Abs. 1 Satz 2 in Betracht kommen. So ist die CESR der Auffassung, dass die Annahme einer Zahlungsweisung des Kunden nur in seltenen Fällen gerechtfertigt sei und regelmäßig dann ausscheide, wenn zugleich eine vertragliche Beziehung zu dem Dritten bestehe.[53] Richtig daran ist jedenfalls, dass die Annahme (oder Gewährung) der **Zuwendung** durch einen Vertreter des Kunden nicht nur rechtstechnisch, sondern auch **materiell dem Kunden zuzurechnen** sein muss; nur dann begründet sie – ebenso wie bei direkter Kundenbegünstigung – keinen Interessenkonflikt beim Wertpapierdienstleister. Daran fehlt es, wenn die Zuwendung des Dritten – wie etwa bei sog. *Kick-backs* – gerade dem Beauftragten zugute kommen soll.[54] Die **Einschaltung eines Vertreters,** der speziell zur Annahme oder Gewährung von geldwerten Vorteilen für den Kunden bevollmächtigt ist, muss **auf Seiten des Kunden und gerade im Verhältnis gegenüber dem Wertpapierdienstleister** erfolgen; der Vertreter muss m.a.W. „im Lager des Kunden" stehen und darf interessenmäßig nicht mit dem beauftragten Wertpapierdienstleistungsunternehmen oder dem Emittenten des Finanzprodukts verbunden sein. Andernfalls greift die Ausnahme nach Satz 2 nicht ein. 23

III. Kriterien für die Zulässigkeit von Zuwendungen

Das grundsätzliche Verbot von Zuwendungen Dritter kann überwunden werden („es sei denn"), wenn die Vorgaben des Abs. 1 Satz 1 Nr. 1 und Nr. 2 beachtet werden. Trotz der Aufteilung auf zwei Ziffern lassen sich der Vorschrift insoweit **drei kumulativ zu erfüllende Zulässigkeitsvoraussetzungen** entnehmen: Die Zuwendung muss erstens „darauf ausgelegt" sein, die Qualität der für den Kunden erbrachten Dienstleistung zu verbessern (**Qualitätsverbesserung,** dazu näher Rn. 25 ff.). Sie darf zweitens der ordnungsgemäßen Erbringung der Dienstleistung im Interesse des Kunden nicht entgegenstehen, also keinen so gravierenden Interessenkonflikt verursachen, dass mit einer unvoreingenommenen Ausführung der Dienstleistung nicht mehr gerechnet werden kann (**Wahrung des Kundeninteresses,** dazu näher Rn. 32 ff.), und muss drittens dem Kunden „in umfassender, zutreffender und verständlicher Weise deutlich offen gelegt" werden (**Offenlegung,** dazu näher Rn. 35 ff.). 24

1. Ausrichtung auf Qualitätsverbesserung der Dienstleistung

Als erste und bedeutsamste Voraussetzung für die Zulässigkeit einer Zuwendung verlangt die Vorschrift in Umsetzung des Art. 26 Satz 1 lit. b) ii) DRL, dass die Zuwendung „darauf ausgelegt" sein muss, die Dienstleistungsqualität für den 25

---

[53] Vgl. *CESR,* Konsultationspapier 06/687 vom 22. 12. 2006, Tz. 12 (abrufbar unter *www.cesr.eu);* insoweit krit. *Rozok,* BKR 2007, 217, 221.
[54] Ebenso *Assmann,* ÖBA 2007, 40, 50.

§ 31d 26, 27 Abschnitt 6. Verhaltensregeln, Verjährung

Kunden zu verbessern. Diese im Deutschen eher ungebräuchliche Formulierung[55] scheint einen engen, subjektiv intendierten Zusammenhang zwischen Zuwendung und Qualitätssteigerung zu suggerieren.[56] Ein solcher ist aber weder ausreichend[57] noch erforderlich: Vielmehr kommt es allein auf die **objektive Eignung** der Zuwendung zur Verbesserung der Dienstleistungsqualität an. Das ergibt sich aus der Bemerkung in der Gesetzesbegründung, wonach beispielsweise „Zuwendungen, die dazu dienen, effiziente und qualitativ hochwertige Infrastrukturen für den Erwerb und die Veräußerung von Finanzinstrumenten aufzubauen oder zu erhalten, ... dazu geeignet sein [können], die Qualität der Dienstleistung zu verbessern".[58]

26 Diese Passage der Gesetzesbegründung verdeutlicht zugleich, dass bereits ein **relativ abstrakter Bezug zur Art und Weise der Erbringung von Wertpapierdienstleistungen** ausreicht, um eine Eignung zur Qualitätsverbesserung anzunehmen, und jedenfalls keine *konkrete* Beziehung zwischen der Zuwendung und einer *ganz bestimmten* Wertpapierdienstleistung erforderlich ist.[59] Vielmehr genügt es zB, wenn die Zuwendungen dem Wertpapierdienstleistungsunternehmen die Bereitstellung entsprechender Ressourcen ermöglichen oder erleichtern, damit es seinen Kunden qualitativ gute Dienstleistungen anbieten kann. Die Art der „effizienten und qualitativ hochwertigen Infrastrukturen" wird vom Gesetzgeber nicht konkretisiert. Daher ist die Einrichtung eines technisch ausgereiften, schnellen Online-Zugangs durch Direktbanken oder Online-Broker ebenso erfasst wie die Aufrechterhaltung eines weit verzweigten, flächendeckenden Filialsystems und die Beschäftigung von kompetenten Beratern durch Sparkassen, Genossenschaftsbanken oder andere herkömmliche Kreditinstitute.[60] Die Aufrechterhaltung der Qualität einer Dienstleistung wird ebenso als Qualitätsverbesserung angesehen wie die Ermöglichung bestimmter Dienstleistungen durch die Zuwendung.[61]

27 Fraglich ist, ob die Wertpapierdienstleistungsunternehmen nachweisen müssen, dass sie die erhaltenen Zuwendungen tatsächlich zweckkonform einsetzen. Eine Dokumentation über die Art und Weise der **Verwendung der erhaltenen**

---

[55] Dabei handelt es sich um eine Übersetzung des englischen „*is designed to*", das aber wohl abstrakter zu verstehen ist, als die „Auslegung" oder Ausrichtung einer Zuwendung auf eine Qualitätsverbesserung der Wertpapierdienstleistungen.
[56] Vgl. BdB, MiFID-Leitfaden, S. 183 („wenn ... die Parteien bei den Zuwendungen eine Qualitätsverbesserung im Blick hatten").
[57] Insoweit übereinstimmend *Assmann*, ÖBA 2007, 40, 52 (bloße Absicht des Zuwendenden oder der Parteien zur Qualitätsverbesserung genüge nicht; die Zuwendung müsse dazu bestimmt und objektiv geeignet sein).
[58] BegrRegE, BT-Drucks. 16/4028, S. 67.
[59] Vgl. BdB, MiFID-Leitfaden, S. 184 („nicht notwendig, dass die Qualitätsverbesserung für den einzelnen Kunden oder bei der jeweiligen Dienstleistung erzielt wird. Die generelle Eignung zur Qualitätsverbesserung der Dienstleistungen für die Kunden, eine Kundengruppe oder ein bestimmtes Dienstleistungsangebot (business line) ... reicht vielmehr aus"); ebenso *Duve/Keller*, BB 2006, 2477, 2483; wohl auch *Kumpan/Hellgardt*, DB 2006, 1714, 1719; *Assmann*, ÖBA 2007, 40, 52, der verlangt, dass die Zuwendung „*bestimmt und geeignet* ist, die Qualität der Dienstleistung zu verbessern" (Hervorhebung im Original).
[60] Vgl. auch *Rozok*, BKR 2007, 217, 221 („erfreuliche wettbewerbsneutrale Position des Gesetzgebers").
[61] *Assmann*, ZBB 2008, 21, 27.

Zuwendungen 28, 29 § 31d

Zuwendungen ist weder in § 31d noch in den allgemeinen Organisationspflichten vorgesehen. In der Literatur wird allerdings teilweise verlangt, dass ein noch angemessenes Verhältnis zwischen den vereinnahmten Zuwendungen und der Höhe des Aufwands für Beratungs- und Infrastrukturressourcen bestehen müsse und dies ggf. der BaFin gegenüber nachzuweisen sei.[62]

Obwohl in Abs. 1 Satz 1 Nr. 1 die Ausrichtung auf eine Qualitätsverbesserung 28 der Dienstleistung mit ihrer ordnungsmäßen Durchführung im Interesse des Kunden verknüpft wird, ist die Frage der objektiven Eignung zur Qualitätsverbesserung an sich **von der Frage des Ausmaßes der Interessenkollision**, der Schaffung ins Gewicht fallender Anreize zu einem pflichtwidrigen Verhalten, **zu trennen**.[63] Für die objektive Eignung zur Qualitätsverbesserung kommt es darauf an, ob die Zuwendungen prinzipiell positive Auswirkungen auf die Art und Weise der Erbringung der Wertpapierdienstleistungen mit einem entsprechenden Nutzen für die Kunden haben können. Bei Zuwendungen im Zusammenhang mit bestimmten Arten von Wertpapierdienstleistungen wie Anlageberatung (§ 2 Abs. 3 Satz 1 Nr. 9) oder allgemeinen Empfehlungen wird dies vom Gesetzgeber regelmäßig als gegeben angesehen und daher zum Gegenstand einer entsprechenden **Vermutung** (Abs. 4) gemacht (näher dazu unten Rn. 29). Diese steht allerdings unter dem Vorbehalt, dass etwaige Anreize zu einem pflichtwidrigen Verhalten überwunden werden und die Dienstleistung tatsächlich unvoreingenommen erbracht wird. Damit wiederholt Abs. 4 in anderen Worten die zweite Voraussetzung aus Abs. 1 Satz 1 Nr. 1 (dazu näher Rn. 32). Die Offenlegung der Zuwendung als drittes Element der Zulässigkeitsvoraussetzungen gewinnt somit erst dann (eigenständige) Bedeutung, wenn der Interessenkonflikt nicht so schwerwiegend ist, dass er bereits der ordnungsgemäßen Erbringung der Dienstleistung entgegensteht.

Die **Vermutungsregel des Abs. 4** für eine Qualitätsverbesserung durch Zu- 29 wendungen **im Bereich der Anlageberatung und allgemeiner Empfehlungen** in Bezug auf Geschäfte in Finanzinstrumenten ist von erheblicher praktischer Bedeutung. Sie geht auf Erwägungsgrund 39 der DRL zurück, demzufolge die Annahme einer Provision von Dritten in diesen Fällen „eine qualitative Verbesserung der Anlageberatung gegenüber dem Kunden bezweckt, sofern die Beratung bzw. die Empfehlungen trotz der Annahme der Provision unvoreingenommen erfolgen". *Assmann* sieht darin „de facto eine *Bereichsausnahme* für die Anlageberatung und die Abgabe allgemeiner Empfehlungen durch Wertpapierfirmen", die ausgerechnet die interessenkonflikträchtigsten Fälle vom Verbot der Annahme von *Inducements* freistelle.[64] Ob die Charakterisierung als faktische Bereichsausnahme zutrifft, hängt maßgeblich davon ab, welche Bedeutung der zu-

---

[62] *Rozok*, BKR 2007, 217, 221 f., demzufolge etwa ein sprunghafter Anstieg der vereinnahmten Rückvergütungen ohne erkennbare Ausweitung der Geschäftstätigkeit ein Indiz für eine Störung der Angemessenheit sein könne.
[63] So wohl auch *Assmann*, ÖBA 2007, 40, 52, der zwar die objektive Eignung einer Zuwendung zur Qualitätsverbesserung vermuten will, wenn sie keinen ins Gewicht fallenden Anreiz zu einem pflichtwidrigen Verhalten schafft, ansonsten aber im Einzelfall prüfen will, ob die Zuwendung trotz des Interessenkonflikts geeignet ist, durch Vorbesserung der Dienstleistung zugunsten des Kunden zu wirken; vgl. auch *Schäfer* in: Bankrechtstag 2006, S. 31, 57, der eine Qualitätsverbesserung der Vermögensverwaltung bei Zahlung von *Kick-backs* zu Recht für „äußerst zweifelhaft" hält.
[64] *Assmann*, ÖBA 2007, 40, 51 (Hervorhebung im Original).

§ 31d 30, 31

sätzlichen Voraussetzung einer tatsächlich unvoreingenommenen Beratung oder Empfehlung zukommt und wer dafür ggf. beweispflichtig ist. Bei isolierter Betrachtung ist die Unvoreingenommenheit als selbständige Tatbestandsvoraussetzung für das Eingreifen der Vermutung neben („und") dem Zusammenhang der Zuwendung mit der Beratung oder Empfehlung ausgestaltet und müsste daher bei Anwendbarkeit allgemeiner zivilrechtlicher Beweisgrundsätze vom begünstigten Wertpapierdienstleister nachgewiesen werden. In der Sache übereinstimmend verlangt auch schon Abs. 1 Satz 1 Nr. 1, dass die Zuwendung neben ihrer Ausrichtung auf eine Qualitätsverbesserung die ordnungsgemäße Erbringung der Dienstleistung im Interesse des Kunden nicht beeinträchtigen darf. Auch das Vorliegen dieser Voraussetzung für das Eingreifen der Ausnahme vom Zuwendungsverbot („es sei denn") wäre nach allgemeinen zivilrechtlichen Grundsätzen vom begünstigten Wertpapierdienstleister nachzuweisen. § 31d ist jedoch eine Norm des Wirtschaftsaufsichtsrechts, deren Verletzung durch die zuständige Behörde nur dann sanktioniert werden darf, wenn sie die Verletzung der Norm zweifelsfrei nachweisen kann. Hier müsste daher die BaFin darlegen und nachweisen, dass der Anlageberater, dem Provisionen zugeflossen sind, nicht unvoreingenommen gehandelt hat. Das dürfte ihr – außer im Falle offenkundiger Beratungsfehler – aber schwer fallen,[65] jedenfalls wenn dem Wertpapierdienstleistungsunternehmen keine Verletzung der allgemeinen Vorschriften über die Bewältigung von Interessenkonflikten nach §§ 31, 33 Abs. 3 Nr. 1 vorzuwerfen ist. Die Einschätzung als faktische Bereichsausnahme dürfte daher zutreffend sein.

30 Der **sachliche Anwendungsbereich** der Vermutung ist auf die **Anlageberatung** (§ 2 Abs. 3 Nr. 9), also die Abgabe von persönlichen Empfehlungen an individuelle Kunden, **sowie** auf **allgemeine Empfehlungen** beschränkt, die sich an eine Vielzahl von Personen richten und generell gültige Aussagen über Geschäfte mit Finanzinstrumente enthalten, ohne eine auf den individuellen Kunden zugeschnittene Anlageempfehlung zu geben. Dazu zählen nach der Gesetzesbegründung insbesondere **Marketingmitteilungen** und **Finanzanalysen**.[66] Das beratungsfreie Geschäft (§ 31 Abs. 5) sowie das Execution-Only-Geschäft (§ 31 Abs. 7), die gerade durch das Fehlen einer individuellen Anlageberatung gekennzeichnet sind, werden dagegen von der Vermutungsregel nicht (unmittelbar) erfasst.[67] Allerdings dürfte die Bereitstellung umfangreicher und anspruchsvoller, technisch effizienter Informationsmöglichkeiten zur Ermöglichung einer eigenen Anlageentscheidung des Kunden dennoch regelmäßig die Voraussetzungen einer Qualitätsverbesserung nach Abs. 1 Satz 1 Nr. 1 erfüllen.

31 Der **wirtschaftliche Hintergrund** für die Vermutungsregel dürfte darin liegen, dass der insbesondere mit Beratungsleistungen und allgemeinen Finanzanalysen verbundene hohe Personal- und Sachkostenaufwand ohne finanzielle Kompensation für die Dienstleister auf Dauer nicht tragbar, eine direkte Entlohnung durch die Wertpapierkunden aber im Markt nicht durchsetzbar erscheint. Die **rechtspolitische Bewertung** dieses Umstands in der Literatur ist geteilt: Einer-

---

[65] Ebenso *Assmann*, ZBB 2008, 21, 27 („allein ein offenkundig nicht anlegergerechter Rat oder Spesenreiterei").
[66] BegrRegE, BT-Drucks. 16/4028, S. 67f.
[67] Ebenso *Assmann*, ZBB 2008, 21, 28; anders offenbar *Rozok*, BKR 2007, 217, 221 („Grundsätzlich dürfte man ... [auch in diesen Fällen] das Eingreifen der Vermutungsregel erwarten").

seits wird argumentiert, der Gesetzgeber habe diesen wirtschaftlichen Zusammenhang durch die Vermutung der generellen Eignung der vereinnahmten Drittzuwendungen zur Qualitätsverbesserung bei derartigen Wertpapier(neben)-leistungen „angemessen berücksichtigt".[68] Andererseits wird darauf hingewiesen, dass der „im Hinterzimmer stattfindende Geheimwettbewerb um Inducements und damit um die Kosten einer Dienstleistung" mangels Transparenz und Kontrollierbarkeit „wettbewerbsrechtlich bedenklich und nicht wünschenswert" sei.[69] Richtig ist zwar, dass es in einer wettbewerblich orientierten Marktwirtschaft grundsätzlich allein Sache des Kunden auf der Marktgegenseite ist, eine Kosten-/Nutzenanalyse anzustellen und auf deren Grundlage zu entscheiden, ob er den Preis für die angebotene Dienstleistung zu zahlen bereit ist. Doch in der mangelnden Bereitschaft des breiten Anlegerpublikums zur selbständigen Vergütung von Beratungs- und sonstigen Informationsleistungen könnte auch ein strukturelles Marktdefizit liegen, das durch abweichende Gestaltungen einer indirekten Vergütung kompensiert werden muss. Soweit diese Annahme zutrifft, ggf. empirisch verifizierbar ist, kann sie eine entsprechende gesetzliche Regelung legitimieren (vgl. bereits oben Rn. 4).

2. Wahrung des Kundeninteresses

Zusätzlich zur Ausrichtung der Zuwendung auf eine Qualitätssteigerung der **32** Wertpapierdienstleistung verlangt Abs. 1 Satz 1 Nr. 1, dass die Zuwendung die ordnungsgemäße Erbringung der Dienstleistung im Interesse des Kunden nach § 31 Abs. 1 Nr. 1 nicht behindern darf. Ob diese Anmahnung einer Beachtung der allgemeinen Anforderungen an Wertpapier(neben)dienstleistungen einen eigenständigen Regelungsgehalt aufweist, ist zweifelhaft.[70] Immerhin verdeutlicht die Verweisung auf die Grundnorm zur Bewältigung von Interessenkonflikten im Sinne eines Vorrangs des Kundeninteresses, dass sich mit dem Argument der intendierten Qualitätssteigerung der Wertpapierdienstleistung nicht jeglicher Interessenkonflikt überwinden lässt. Sofern das Wertpapierdienstleistungsunternehmen seinen generell bestehenden Organisationspflichten sowie insbesondere seinen Pflichten zur Identifizierung, Vermeidung und Offenlegung potentieller Interessenkonflikte nachkommt, dürfte allerdings auch im Zusammenhang mit Zuwendungen Dritter kaum ein relevanter zusätzlicher Prüfungs- und Dokumentationsbedarf bestehen. Vielmehr ist das Interessenkonfliktpotential von Zuwendungen bereits bei der Erarbeitung der allgemeinen *Conflict-of-Interest-Policy* nach § 31 Abs. 1 Nr. 2 sowie bei der Erfüllung der Organisations- und materiellen Pflichten gemäß §§ 31, 33 Abs. 1 Nr. 3 zu berücksichtigen.[71] Konkretisierungen der insoweit durchzuführenden (organisatorischen) Maßnahmen enthält § 13 WpDVerOV.[72] Eigenständige Bedeutung kann der Verweis auf § 31 Abs. 1

---

[68] *Rozok*, BKR 2007, 217, 221.
[69] *Assmann*, ÖBA 2007, 40, 49.
[70] Für lediglich deklaratorische Bedeutung *Rozok*, BKR 2007, 217, 223; vorsichtiger *Assmann*, ÖBA 2007, 40, 51 („eher geringe Bedeutung"); *ders.*, ZBB 2008, 21, 28 („weitgehend ohne selektive Wirkung", kann „nur Extremfälle aussondern").
[71] *Rozok*, BKR 2007, 217, 223 f.
[72] Vgl. § 13 Abs. 1 WpDVerOV zur Erkennung von Interessenkonflikten, Abs. 2 zur Aufstellung angemessener Grundsätze zum Umgang mit Interessenkonflikten, Abs. 3 zur Sicherung der Unabhängigkeit der Mitarbeiter und Abs. 4 zur Unterrichtung des Kunden.

Nr. 1 aber gewinnen, sofern dabei Unzulänglichkeiten auftreten oder sich *ad hoc* unvorhergesehene Situationen oder Fallkonstellationen im Zusammenhang mit Zuwendungen ergeben, die noch keinen Eingang in die generelle Politik zur Bewältigung von Interessenkonflikten oder in organisatorische Maßnahmen finden konnten. Dies lässt sich nur im Wege einer einzelfallbezogenen Bewertung von Zuwendungen vor dem Hintergrund der jeweiligen Dienstleistung beurteilen.[73]

33 Darüber hinaus können an diesem Tatbestandsmerkmal der Wahrung des Kundeninteresses bestimmte Formen der mittelbaren Vergütung scheitern, die trotz einer möglichen Qualitätssteigerung der Wertpapierdienstleistung letztlich doch als Verstoß gegen die Verpflichtung anzusehen sind, „ehrlich, redlich und professionell im bestmöglichen Interesse" des Kunden zu handeln (Art. 19 Abs. 1 MiFID). Dazu könnten etwa **Kick-backs** (Retrozessionen oder Rückvergütungen) gehören, für deren generelles Verbot statt einer bloßen Aufklärungspflicht einige Stimmen im Schrifttum plädieren.[74] Dagegen spricht allerdings, dass die von *Kick-backs* verursachten Interessenkonflikte nicht zwangsläufig eine *erhebliche* Gefährdung des Kundeninteresses bewirken, sondern dass sie bei weiter Verbreitung und nicht übertriebener Höhe eine (vor dem Hintergrund von Marktunvollkommenheiten, vgl. Rn. 4) durchaus legitime Funktion als mittelbare Vergütung und Treueprämie erfüllen können.[75] Die Grenze ist aber jedenfalls dort überschritten, wo die Ausgestaltung der Rückvergütung trotz Aufklärung des Kunden übermäßige Anreize zu einem dem Kundeninteresse widersprechenden Verhalten (zB durch Spesenreiterei oder *Churning* des Vermögensverwalters) setzt. Ob die Anreize ein solches Ausmaß erreichen, dass es zu einer erheblichen *konkreten* Gefährdung des Kundeninteresses kommt, die auch nicht durch anderweitige Maßnahmen (wie etwa eine Kontrolle des Empfängers der Rückvergütungen auf seine Seriosität und Anlagepolitik)[76] begrenzt werden kann, ist nur im Wege einer Einzelfallbeurteilung festzustellen.

34 Gleiches gilt auch für die Zahlung von **Bestandsprovisionen,** die zwar grundsätzlich einen Interessenkonflikt auslösen können, aber zugleich das Potential zur Verbesserung der Dienstleistung haben, indem sie eine Art Betreuungsvergütung darstellen und dem Verwalter die Mittel an die Hand geben, sich intensiv mit den im Bestand befindlichen Finanzinstrumenten (zB Fonds) und ihrer Performance auseinanderzusetzen.[77] Dementsprechend hat sich der deutsche Gesetzgeber bei Investmentfonds mit einer Informationslösung begnügt und die Kapitalanlagegesellschaft in § 41 Abs. 5 InvG lediglich zur Publizität über die Zahlung von Bestandsprovisionen und Rückvergütungen im ausführlichen Verkaufsprospekt und im Jahresbericht verpflichtet. Dennoch sind auch hier **Gestaltungen denkbar, die unangemessene Vertriebsanreize setzen,** die nicht mehr mit der Wahrung des Kundeninteresses vereinbar erscheinen. Dazu dürften

---

[73] Vgl. *Assmann,* ÖBA 2007, 40, 52, der deshalb den Angleichungseffekt der Richtlinie bei der Behandlung von *Inducements* in den Mitgliedstaaten bezweifelt.
[74] Durchgreifende Zweifel an der Wirksamkeit einer bloßen Aufklärung über die Zahlung von *Kick-backs* äußern *Koller* in *Assmann/Schneider,* § 31 Rn. 83 sowie *Assmann,* ZBB 2008, 21, 24.
[75] In diesem Sinne wohl auch *Assmann,* ÖBA 2007, 40, 53.
[76] Vgl. BGH NJW 2004, 3423, 3425.
[77] Vgl. *Assmann,* ÖBA 2007, 40, 54; ähnlich *Rozok,* BKR 2007, 217, 222.

grundsätzlich Zuwendungen gehören, die von der Erreichung eines festgelegten Gesamtabsatzvolumens bestimmter Finanzinstrumente eines Emittenten innerhalb eines vorgegebenen Zeitraums abhängig sind.[78]

3. Offenlegung der Zuwendung

a) Allgemeines

Die **dritte kumulativ zu erfüllende Voraussetzung** für die Zulässigkeit von *Inducements* ist die **Herstellung einer weit reichenden Transparenz gegenüber dem Kunden**. „Existenz, Art und Umfang der Zuwendung" müssen dem Kunden vor Erbringung der Wertpapier(neben)dienstleistung „in umfassender, zutreffender und verständlicher Weise deutlich offen gelegt" werden (Abs. 1 Satz 1 Nr. 2). Sinn und Zweck der Regelung ist es, dem Kunden eine informierte Entscheidung darüber zu ermöglichen, ob er trotz der Gefahr eines Interessenkonflikts auf Seiten der Wertpapierfirma mit dieser ein Wertpapiergeschäft abschließen will. 35

Ein solches informations- und marktbezogenes, primär auf die **Ermöglichung eines Selbstschutzes des Kunden** bezogenes Konzept erscheint im Grundsatz durchaus angemessen. Allerdings wird in der Literatur kritisch eingewandt, dass eine Abwägung des Risikos, wie sich der Wertpapierdienstleister „im Lichte des Wissens des Anlegers einerseits und der Anreize zu opportunistischem Verhalten andererseits" verhalten werde, den Anleger tendenziell überfordere und ihm ein erhebliches Kontrollproblem auferlege.[79] Zu bedenken ist jedoch, dass der Gesetzgeber die „Transparenzlösung" nicht als einziges Kriterium für die (ausnahmsweise) Zulässigkeit von externen Zuwendungen vorgesehen hat, sondern als „dritte Stufe" zusätzlich zu den materiellen Kriterien der objektiven Eignung zur Qualitätsverbesserung und der prinzipiellen Wahrung des Kundeninteresses. Auf diese Weise werden die stärksten Interessenkonflikte bereits ausgesondert, so dass die Offenlegung eine ausschlaggebende („konstitutive") **legitimierende Wirkung lediglich für den verbleibenden „Graubereich"** entfaltet. Insoweit fehlt es an eindeutigen abstrakten Kriterien für oder gegen die Zulässigkeit externer Zuwendungen, jedenfalls wenn man ihnen angesichts der weithin mangelnden Bereitschaft zur direkten Vergütung von Marktintermediären für Beratungs- und ähnliche Wertpapierdienstleistungen oder -nebendienstleistungen im Sinne einer „*second best*"-Lösung grundsätzlich auch positive Wirkungen für das Funktionieren der Märkte und für die Anleger zubilligt und damit ein pauschales oder generelles Verbot jeglicher externer Zuwendungen für überzogen hält. Damit wird zugleich vermieden, dass sich die wertpapieraufsichtsrechtliche Regelung zu weit von der bisherigen zivilrechtlichen Rechtslage entfernt, nach der die Gewährung von externen Zuwendungen kein pflichtwidriges Verhalten darstellt, sondern nur eine Aufklärungspflicht gegenüber dem Kunden auslöst.[80] Das dem § 31 d zugrunde 36

---

[78] Unklar *Rozok*, BKR 2007, 217, 222 f., der einerseits eine „nettoabsatzbezogene Vertriebsfolgeprovision" für zulässig hält, sofern sichergestellt sei, dass „keine unzulässigen Steuerungsanreize bei den kundenbezogenen Wertpapierdienstleistungen entstehen können", andererseits „Strafzahlungen für das Nichterreichen eines konkret definierten Vertriebsziels" als unangemessenen Vertriebsanreiz einordnet.
[79] *Assmann*, ÖBA 2007, 40, 49, der daher rechtspolitisch eher ein striktes Verbot von Inducements befürwortet; ähnlich *Elixmann*, BB 2007, 904, 905.
[80] Vgl. BGHZ 146, 235 = ZIP 2001, 230 (Aufklärungspflicht der depotführenden Bank für Zahlung von Kick-backs an einen externen Vermögensverwalter).

liegende „**eingeschränkte Informationsmodell**" funktioniert jedoch nur, wenn die Verletzung der beiden anderen Kriterien angemessen sanktionierbar ist. Die Kunden müssen m. a. W. auch dann geschützt sein, wenn trotz Offenlegung der Drittzuwendung Geschäfte abgeschlossen wurden, die (eindeutig) nicht in ihrem (besten) Interesse waren oder bei denen die Zuwendung keinen hinreichenden Bezug zur Qualitätsverbesserung der Dienstleistung für den Kunden aufwies (vgl. zu den Sanktionsmöglichkeiten unten Rn. 56 ff.).

b) Zeitpunkt und inhaltliche Anforderungen

37   Schon aus dem Regelungszweck folgt, dass die Offenlegung der *Inducements* **vor der Erbringung** der Wertpapier(neben)dienstleistung erfolgen muss. Eine bestimmte Zeitspanne legt das Gesetz insoweit nicht fest, insbesondere ist **keine Wartefrist** erforderlich; dem Kunden muss auch nicht etwa eine angemessene Überlegungszeit eingeräumt werden. Vielmehr kann unmittelbar nach Erteilung der notwendigen Informationen das Wertpapiergeschäft abgeschlossen werden. Zudem muss die Offenlegung nicht zwingend vor jeder weiteren individuellen Wertpapierdienstleistung wiederholt werden.[81] Vielmehr ist anzunehmen, dass die Aufklärung über *Inducements* zumindest **für eine gewisse Zeitspanne wirkt** und damit auch für nachfolgende Transaktionen gilt, jedenfalls solange sich keine relevanten Änderungen ergeben, die eine aktualisierte Offenlegung notwendig machen. Da der Kunde „umfassend und zutreffend" informiert sein muss, ist vor der Erbringung weiterer Wertpapier(neben)dienstleistungen eine erneute, modifizierte Offenlegung erforderlich, wenn zwischenzeitlich neue Zuwendungsarten oder -elemente hinzugekommen sind oder sich die Konditionen geändert haben.[82] Nicht geregelt und daher unklar ist, wie groß bei fehlendem Aktualisierungsbedarf der zeitliche Abstand zwischen der (erstmaligen) Offenlegung und der Erbringung der (weiteren) Wertpapierdienstleistungen längstens sein darf. Gewisse Anhaltspunkte für die Länge der Zeitspanne, in der eine Aufklärung des Wertpapierkunden nach Einschätzung des Gesetzgebers noch wirksam sein kann, lassen sich insoweit aus der früheren Regelung der Börsentermingeschäftsfähigkeit kraft Information[83] gewinnen. Danach mussten Nichtkaufleute ein Informationsblatt mit schriftlichen Informationen über die mit Börsentermingeschäften verbundenen Risiken unterzeichnen; die erstmalige schriftliche Unterrichtung war nach einem Zeitraum von zehn bis zwölf Monaten zu wiederholen und wirkte maximal drei Jahre, bis sie erneut erfolgen musste. Daraus lässt sich ableiten, dass jedenfalls eine jährliche Wiederholung der Offenlegung von *Inducements* ausreicht, ggf. aber auch ein längerer Zeitraum bis zu drei Jahren hinzunehmen sein kann, sofern sich nicht wegen Änderungen bei den Zuwendungen ein früherer Aktualisierungsbedarf ergibt.

38   Die **Anforderungen an den Inhalt der Offenlegung** richten sich ebenfalls danach, welche Angaben der Kunde benötigt, um eine wohlinformierte Ent-

---

[81] So auch *Rozok*, BKR 2007, 217, 225, demzufolge grundsätzlich „auch eine einmalige oder auch jährliche Offenlegung" genügen soll, es aber wegen des administrativen Aufwands im Hinblick auf die Berücksichtigung von Änderungen bei den Zuwendungselementen und -konditionen vorzuziehen sei, „zumindest eine aktuelle Zusammenfassung jeweils vor einer konkreten Wertpapierdienstleistung anzubieten".
[82] Ebenso *Rozok*, BKR 2007, 217, 225.
[83] § 53 Abs. 2 BörsG in der bis zum 30. 6. 2002 geltenden Fassung; vgl. dazu zB *Lenenbach*, Kapitalmarkt- und Börsenrecht, 2002, Rn. 6.110 ff. mwN.

scheidung auf vollständiger und richtiger Tatsachengrundlage treffen und insbesondere **Art, Ausmaß und Intensität des potentiellen Interessenkonflikts** des Wertpapierdienstleisters korrekt einschätzen zu können.[84] Daher muss nicht nur über die Existenz, sondern auch über Art und Umfang der Zuwendung informiert werden. Zudem erfolgt die Offenlegung nur dann „in umfassender, zutreffender und verständlicher Weise", wenn einerseits die Einzelangaben vollständig und richtig sind, andererseits die Verständlichkeit für den Kunden gewahrt bleibt, ihm das Wesentliche „deutlich" vor Augen geführt wird und kein falscher oder irreführender Gesamteindruck von den *Inducements* entsteht. Die Wertpapierfirma muss sich dabei in einer klaren Sprache ausdrücken, die am Verständnishorizont des (typischen) Kunden (der einschlägigen Kundenkategorie Privatanleger, professioneller Kunde oder geeignete Gegenpartei) orientiert ist.

Daraus folgt, dass dem Kunden zunächst Angaben darüber zu machen sind, welche **Arten von Zuwendungen** das Wertpapierdienstleistungsunternehmen überhaupt im Zusammenhang mit der Erbringung von Wertpapierdienstleistungen erhält. Insoweit ist zB offen zu legen, ob einmalige Vertriebsprovisionen und/oder zusätzlich Bestandsprovisionen oder andere laufende Vergütungselemente von Produktemittenten gezahlt werden. Fraglich ist, wie detailliert eine Aufschlüsselung anderer geldwerter Vorteile wie IT-Unterstützung, Schulungsmaßnahmen, Marketinghilfen etc. erfolgen muss. Eine „zu kleinteilige" Klassifizierung könnte die Verständlichkeit und Nachvollziehbarkeit für den Kunden beeinträchtigen.[85] 39

Sodann muss auch über den **Umfang** der Zuwendungen informiert werden, da die Höhe der Provisionszahlungen oder sonstigen geldwerten Vorteile, die das Wertpapierdienstleistungsunternehmen von Dritten erhält, direkten Einfluss auf die Stärke der davon ausgehenden Anreizwirkung hat. Zu beachten ist, dass jedenfalls für transaktionsbezogene Leistungen hierfür weniger die absolute Höhe der in einem bestimmten Referenzzeitraum anfallenden Zuwendungen als vielmehr die relative Höhe bezogen auf das Transaktionsvolumen ausschlaggebend ist. Auch wenn ein Anreiz zur Bevorzugung der Produkte bestimmter Emittenten dann nicht mehr besteht, wenn alle konkurrierenden Anbieter insoweit gleich hohe Zuwendungen versprechen, entbindet ein solcher Sachverhalt nicht von der Offenlegungspflicht, zumal ein potentieller Interessenkonflikt im Hinblick auf die Auswahl zwischen unterschiedlichen Produkten bestehen bleibt. 40

c) Form der Offenlegung (Abs. 1 Nr. 2, Abs. 3)

Es dürfte in der Praxis nicht leicht sein, den teilweise gegenläufigen Anforderungen an die Offenlegung – einerseits „umfassend", andererseits „verständlich" und „deutlich" – immer gerecht zu werden. Das Gesetz sieht insoweit **zwei praktisch wichtige Erleichterungen** vor: Zum einen genügt es, die **Art und Weise der Berechnung** einer Zuwendung anzugeben, wenn sich deren Umfang noch nicht bestimmen lässt (Abs. 1 Nr. 2). Dies betrifft vor allem solche Gestaltungen, bei denen die konkrete Höhe der Zuwendung erst nach Ablauf eines längeren Berechnungszeitraums feststeht oder vom (Nicht-)Eintritt bestimmter künftiger Ereignisse (zB Kündigung eines Fondssparplanes) abhängt.[86] Eine nach- 41

---

[84] Vgl. auch BdB, MiFID-Leitfaden, S. 185, der die Angabe einer Spanne empfiehlt, „die den Durchschnitt und das Maximum der zu erwartenden Zuwendungen abdeckt".
[85] *Rozok*, BKR 2007, 217, 224.
[86] *Rozok*, BKR 2007, 217, 225.

trägliche Mitteilung des dann tatsächlich erreichten Umfangs der Zuwendung ist nicht vorgesehen, da sie ohnehin erst nach Abschluss des Wertpapiergeschäfts und damit zu spät erfolgen würde.

42 Zum anderen kann nach Abs. 3 die **Offenlegung in Form einer Zusammenfassung** der wesentlichen Bestandteile der Vereinbarungen über Zuwendungen erfolgen, sofern das Wertpapierdienstleistungsunternehmen dem Kunden die Offenlegung näherer Einzelheiten anbietet und auf Nachfrage auch gewährt.[87] Insoweit kann man von einem **zweistufigen Transparenzmodell** sprechen:[88] Im ersten Schritt genügt danach grundsätzlich eine Zusammenfassung der Grundinformationen über Existenz, Art, Berechnungsgrundsätze und Spannen (etwa „von … bis …%") der Zuwendungen; erst auf Nachfrage sind in einem zweiten Schritt dann nähere Details zu nennen.[89] Allerdings muss bereits die zusammenfassende Darstellung auf der ersten Stufe den ausdrücklichen Hinweis enthalten, dass dem Kunden auf Nachfrage nähere Details genannt werden. Eine schriftliche Erteilung der Informationen wird zwar nicht gefordert, doch empfiehlt sich jedenfalls eine ausreichende **Dokumentation** über die erfolgte Offenlegung von Zuwendungen,[90] auch wenn nach der Rechtsprechung keine zivilrechtliche Pflicht oder Obliegenheit für Kreditinstitute besteht, die Erfüllung ihrer Beratungs- und Aufklärungspflichten gegenüber Kapitalanlegern schriftlich zu dokumentieren.[91] Das zweistufige Offenlegungsverfahren hat den Vorteil, einerseits durch die zusammenfassende Darstellung den Aufwand für die Unternehmen auf ein vertretbares Maß zu begrenzen und zugleich eine „Informationsüberflutung" der Anleger durch allzu detaillierte Angaben über Zuwendungen zu vermeiden.[92] Andererseits sorgt die Nachfragemöglichkeit dafür, dass keine legitimen Informationsbedürfnisse abgeschnitten werden.

IV. Dokumentation

43 Wertpapierdienstleister haben zwar keine zivilrechtliche Pflicht oder Obliegenheit zur schriftlichen Dokumentation der Erfüllung ihrer Beratungs- und Aufklärungspflichten.[93] Die aufsichtsrechtlich nach § 34 WpHG gebotenen Aufzeichnungen, die eine Überprüfung der Einhaltung der einschlägigen Pflichten des Wertpapierdienstleistungsunternehmen durch die BaFin ermöglichen sollen, gehen jedoch darüber hinaus.[94] Sie müssen nachvollziehbar (§ 14 Abs. 1 WpD-VerOV) die Information des Kunden über die externen Zuwendungen sowie insbesondere die Umstände umfassen, aus denen sich die Ausrichtung einer Zu-

---

[87] Umsetzung von Art. 26 Satz 2 DRL.
[88] *Rozok*, BKR 2007, 217, 225; ebenso *Mülbert*, ZHR 172 (2008) 170, 189 („zweistufiges Offenlegungsverfahren").
[89] *Rozok*, BKR 2007, 217, 225. Die Offenlegung auf der ersten Stufe erfolgt also nicht einzelgeschäftsbezogen, sondern durch eine zusammenfassende Darstellung der wesentlichen Elemente der mit Dritten bestehenden Vereinbarungen über Zuwendungen, vgl. *Mülbert*, ZHR 172 (2008) 170, 189.
[90] BdB, MiFID-Leitfaden, S. 185.
[91] BGH ZIP 2006, 504, 505 f.
[92] *Nikolaus/d'Oleire*, WM 2007, 2129, 2134.
[93] BGH ZIP 2006, 504, 506 (Tz. 18).
[94] Anders noch zur alten Rechtslage BGH ZIP 2006, 504, 506 (Tz. 20 ff.).

wendung auf eine Verbesserung der Dienstleistungsqualität ergibt (§ 14 Abs. 2 Nr. 5 WpDVerOV). Außerdem sind die „Arten" von Wertpapier(neben)dienstleistungen, bei denen „ein den Interessen eines Kunden in erheblichem Maße abträglicher Interessenkonflikt aufgetreten ist oder noch während der Erbringung der Dienstleistung auftreten könnte", nach § 14 Abs. 5 WpDVerOV aufzuzeichnen. Für die Form der Aufzeichnung sind die Vorgaben des § 14 Abs. 9 WpDVerOV zu beachten (insbesondere Speicherung auf einem dauerhaften Datenträger, jederzeitiger leichter Zugriff für die BaFin, Schutz vor nachträglichen Änderungen).

V. Verhältnis zu zivilrechtlichen Offenlegungs- und Herausgabepflichten

1. Grundlage und Reichweite zivilrechtlicher Aufklärungspflichten über Zuwendungen

Bereits im Jahre 2000 hat der BGH zunächst für die Sonderkonstellation von **44** *kick-backs* an den Vermögensverwalter eines Kunden durch dessen Depotbank eine vorvertragliche Aufklärungspflicht der Bank über die Gebührenbeteiligungsvereinbarung begründet.[95]

Das Gleiche gilt nach einer neueren Grundsatzentscheidung des BGH auch **45** für den Fall, dass eine Bank als Anlageberaterin über Kapitalanlagen Fondsanteile empfiehlt, bei denen sie verdeckte Rückvergütungen aus den Ausgabeaufschlägen und jährlichen Verwaltungsgebühren erhält.[96] Zur Begründung der Aufklärungspflicht über Art und Höhe der *Kick-backs* verweist der BGH darauf, dass der Kunde beurteilen können müsse, ob die Anlageempfehlung allein in seinem Interesse nach den Kriterien anleger- und objektgerechter Beratung oder im Interesse der Bank an der Erzielung möglichst hoher Rückvergütungen erfolgt sei.[97] Ob die Retrozession von einer konzerneigenen oder -fremden Gesellschaft stammt,[98] ist dabei ebenso unerheblich wie der Umstand, ob die Rückvergütungen unmittelbar einem bestimmten Geschäft zugeordnet werden oder in gewissen Zeitabständen erfolgen. Wesentlich soll nur sein, dass die **Rückvergütungen umsatzabhängig** sind.[99]

Die **zivilrechtliche Aufklärungspflicht** ist damit (vorerst) **insofern enger** **46** als die aufsichtsrechtliche Regelung über Zuwendungen nach § 31 d, von der jegliche vermögenswerte Zuwendung (oberhalb einer ungeschriebenen Bagatell-

---

[95] BGHZ 146, 235 = ZIP 2001, 230 (m. Anm. *Balzer*, S. 232 ff.); dazu EWiR 2001, 255 *(Tilp)*.
[96] BGHZ 170, 226 = BGH ZIP 2007, 518 (m. Anm. *Lang/Balzer*, S. 521 ff.) = BKR 2007, 160; dazu EWiR 2007, 217 *(Hanten/Hartig)*.
[97] BGH ZIP 2007, 518, 520 (Tz. 23).
[98] Im konkreten Fall ging es um Fondsanteile einer konzerneigenen Gesellschaft. In der ausschließlichen Empfehlung bank-, konzern- oder institutsgruppeneigener Anlageprodukte sieht der BGH keinen Beratungsfehler, solange nicht der Anlageinteressent die Erwartung zum Ausdruck bringe, auch über Konkurrenzprodukte beraten zu werden, oder die Bank einen entsprechenden Eindruck erwecke, BGH ZIP 2007, 518, 520 (Tz. 21).
[99] BGH ZIP 2007, 518, 520 (Tz. 23 aE).

schwelle, vgl. Rn. 9) erfasst wird, auch wenn sie keinen Bezug zu den aus bestimmten Wertpapierdienstleistungen generierten Umsätzen hat.[100]

47 Die Grundsatzentscheidung des BGH vom 19. 12. 2006 ist im Schrifttum auf ein überwiegend kritisches Echo gestoßen.[101] Die vom BGH postulierte umfassende Aufklärungspflicht des Anlageberaters über den Erhalt und die Höhe von „*kick-backs*" wird allerdings im Ansatz zutreffend auf eine **konkrete Gefährdung des Kundeninteresses** durch die Zahlung von Vertriebsvergütungen gegründet. Sofern tatsächlich die „konkrete Gefahr" hervorgerufen wird, „dass die Bank Anlageempfehlungen nicht allein im Kundeninteresse nach den Kriterien der anleger- und objektgerechten Beratung abgibt, sondern zumindest auch in ihrem eigenen Interesse, möglichst hohe Rückvergütungen zu erhalten",[102] ist dagegen nichts einzuwenden.[103] Problematisch ist jedoch die Bestimmung der Umstände, unter denen wirklich ein hinreichend konkreter Interessenkonflikt und nicht nur eine abstrakte Gefährdungslage existiert, die schon aus der schlagwortartigen Kennzeichnung als „Rückvergütung", „*kick-back*" oder „Zuwendung" abgeleitet wird.

48 Anders als in dem Fall des Vermögensverwalters, der an den Gebühreneinnahmen der Depotbank aus den Geschäften für den Kunden partizipiert und damit ganz konkrete Anreize für eine „Gebührenschinderei" *(churning)* durch die Veranlassung unnötiger Umschichtungen des Depots oder sonstiger Transaktionen auf Rechnung des Kunden hat, ist ein derart **konkreter Interessenkonflikt** bei der Anlageberatung oder -vermittlung nicht in jedem Fall der Zahlung einer Vertriebsvergütung gegeben. Vielmehr kommt es vor dem Hintergrund bestimmter typischer Gefährdungslagen auf die Umstände des Einzelfalls an. Dazu gehört zunächst die **Art der Zuwendung:** Der BGH verlangt zwar nicht die Zuordnung zu einem konkreten Geschäft, doch müssen die **Rückvergütungen** letztlich **umsatzabhängig** sein.[104] Somit sind neben transaktionsbezogenen (zB Rückvergütung aus Ausgabeaufschlägen von Fonds) auch bestandsbezogene Zuwendungen (zB Bestandspflegeprovisionen aus den laufenden Verwaltungsgebühren der Fondsgesellschaft) erfasst. Bei sonstigen Zuwendungen (zB Schulungen, Software- oder EDV-Unterstützung etc.), die keinen Bezug zu Umsatzgeschäften mit Kunden aufweisen, fehlt es dagegen an einem hinreichend konkreten Interessenkonflikt. Insoweit bleibt die Reichweite der zivilrechtlichen Aufklärungspflicht hinter § 31d zurück, während sie auf der anderen Seite strenger ist, da die Bank nicht nur über die Tatsache und Art der Zuwendung, sondern sogleich (soweit möglich)[105] auch über deren (konkrete) Höhe informieren muss. Dies hält der BGH für erforderlich, weil der Kunde nur bei Kenntnis der Größenord-

---

[100] Die Aussage, das Urteil nehme durch die Begründung einer Offenlegungspflicht die Anforderungen des § 31d Abs. 1 Nr. 2 vorweg, so *Hanten/Hartig*, EWiR 2007, 217, 218, ist deshalb ungenau und nur teilweise richtig.

[101] Vgl. insbesondere *Brocker*, BKR 2007, 365, 369f.; *Elixmann*, BB 2007, 904f.; *Lang/Balzer*, ZIP 2007, 521, 522ff.; *Mülbert*, WM 2007, 1149, 1159f.; *Nikolaus/d'Oleire*, WM 2007, 2129ff.; *Schäfer*, BKR 2007, 163, 165ff.; tendenziell noch strikter als der BGH aber *Koller*, ZBB 2007, 197ff.

[102] BGHZ 170, 226 Tz. 23.

[103] Ebenso *Schäfer*, BKR 2007, 163, 165.

[104] So ausdrücklich BGHZ 170, 226 Tz. 23 aE.

[105] Bei Bestandspflegeprovisionen kann die Höhe mangels Kenntnis der Haltedauer erst nachträglich ermittelt werden.

nung der Rückvergütung in die Lage versetzt werde, die Gefährdung seiner Interessen richtig einzuschätzen.[106]

Neben der Art der Zuwendung ist auch die **Art der Wertpapierdienstleistung,** die der Kunde in Anspruch nimmt bzw. in deren Kontext die Rückvergütungsvereinbarung steht, von Bedeutung für die Frage, ob im Einzelfall eine konkrete Gefährdung seiner Interessen zu erwarten ist. Geht es weder um eine Vermögensverwaltung noch um eine persönliche Anlageempfehlung aufgrund eines Beratungsvertrags, sondern etwa um eine bloße Orderausführung ohne Beratung (z. B. im *execution-only*-Geschäft von Direktbanken), ist eine „Infizierung" der Wertpapierdienstleistung durch einen individuellen Interessenkonflikt aufgrund von Zuwendungen Dritter nicht erkennbar.[107] Die Rechtsprechung verortet die postulierten Aufklärungspflichten über Innenprovisionen, Retrozessionen oder „*kick-backs*" denn auch regelmäßig im Rahmen der (einzelfallbezogenen) Pflicht zur anlage- und objektgerechten Beratung.[108] 49

Schließlich kann es für die Einschätzung der Interessengefährdung auch auf die **Art des** vertriebenen **Finanzprodukts** ankommen. So nimmt die Rechtsprechung eine Aufklärungspflicht des (Finanz-)Anlagevermittlers beim prospektgebundenen Vertrieb von Kapitalanlagen, insbesondere geschlossenen (Immobilien-)Fonds, nur bei einer (nicht im Prospekt ausgewiesenen) Provision von mehr als 15%[109] oder bei irreführenden Angaben zu Innenprovisionen an.[110] 50

---

[106] BGHZ 170, 226 Tz. 24.

[107] Im Ergebnis übereinstimmend gegen eine Offenlegungspflicht in diesen Fällen *Mülbert,* ZHR 172 (2008) 170, 188; *Lang/Balzer,* ZIP 2007, 521, 524 (die es aber für nicht ausgeschlossen halten, dass der BGH auch bei Direktbanken und Discount-Brokern eine Offenlegung von Rückvergütungen im Rahmen einer standardisierten Eingangsinformation verlangen könnte; vorsichtiger *Brocker,* BKR 2007, 365, 370 (formularmäßige Aufklärung über Innenprovisionen auch hier „ratsam").

[108] Vgl. BGHZ 170, 226 = BGH WM 2007, 487, 490; *Elixmann,* BB 2007, 904, 905; *Mülbert,* ZHR 172 (2008) 170, 187 f. mwN. Ebenso BGH BKR 2008, 199, 200 f. (im Anlageprospekt nicht ausgewiesene Innenprovisionen von mehr als 15% beim Vertrieb von Beteiligungen an geschlossenen Immobilienfonds); vgl. auch BGHZ 158, 110, 121; BGH WM 2004, 1221, 1225; WM 2007, 873, 874 sowie BGH ZIP 2004, 1055, 1057, 1059, wonach die gleichen Grundsätze auch für Anlagevermittler gelten, die im Rahmen eines konkludent geschlossenen Auskunftsvertrags zu richtiger und vollständiger Information über alle tatsächlichen Umstände verpflichtet sind, die für den Anlageinteressenten von besonderer Bedeutung sind, krit. zu dieser Entscheidung, insbesondere zur 15%-Schwelle, etwa *Staudinger,* BKR 2004, 257 ff.

[109] Die (außergewöhnliche) Höhe der Innenprovision kann Zweifel an der Wirtschaftlichkeit der Kapitalanlage wecken, zumal sie als solche keine Gegenleistung für die Schaffung von Sachwerten darstellt, vgl. BGHZ 158, 110, 128; BGH BKR 2008, 199, 201. Auch wenn der Vertrieb von geschlossenen (Immobilien-)Fonds grundsätzlich anderen Kriterien folgt als der Vertrieb von Finanzinstrumenten i. S. d. WpHG kann man hieraus als gemeinsamen Grundgedanken ableiten, dass es in der Sache die konkrete Gefährdung des Kundeninteresses ist, die (generell oder jedenfalls im Rahmen der Anlageberatung oder -vermittlung) die Pflicht zur Aufklärung (über Zuwendungen, Innenprovisionen etc.) auslöst.

[110] Vgl. zB BGHZ 158, 110, 121; BGH WM 2004, 1221, 1225; WM 2007, 873, 874; NJW 2007, 2407, 2408; nach BGH BKR 2008, 199, 200 f. (m. zust. Anm. *Brocker/ Langen*) entfällt die Pflicht zur Aufklärung über Innenprovisionen von 15% oder mehr, wenn der Fondsprospekt (eines geschlossenen Immobilienfonds) die Höhe der Innenprovisionen korrekt ausweist und dem Anleger rechtzeitig vor Abgabe der Beitrittserklärung

Auch wenn es beim Vertrieb von Finanzinstrumenten i. S. d. WpHG keine derartige „schwellenwertabhängige" Begründung der Aufklärungspflicht gibt,[111] darf dies nicht zu dem Fehlschluss verleiten, dass hier jegliche noch so entfernt liegende abstrakte Gefahr eines Interessenkonflikts genügen würde. Auslöser für eine Aufklärungspflicht ist vielmehr auch hier eine **hinreichend konkrete Gefährdung des Kundeninteresses** – gewissermaßen jenseits der „Bagatellschwelle" eines bloß abstrakten Interessenkonflikts. Denn einer informierten Entscheidung über die Durchführung des Geschäfts unter Inkaufnahme der aus dem Interessenkonflikt resultierenden Risiken (oder nach Implementierung bestimmter Maßnahmen zu ihrer Begrenzung) bedarf es nicht, wenn nach den Umständen keine oder allenfalls marginale Gefährdung der Kundeninteressen zu erwarten ist. Es bleibt somit bei dem Erfordernis der konkreten Gefährdung des Kundeninteresses durch die Zuwendung als Voraussetzung für die Begründung einer zivilrechtlichen Aufklärungspflicht.

51 In der notwendigen **Einzelfallanalyse des Gefährdungspotentials** von Interessenkonflikten des Wertpapierdienstleisters für die Kunden als Basis für die Begründung einer (vor-)vertraglichen Aufklärungspflicht liegt der entscheidende **Unterschied zum** eher pauschalen, abstrakten, strukturbezogenen **Ansatz** der aufsichtsrechtlichen Vorschrift **des § 31 d**. Inwieweit Eigenschaften des vertriebenen Finanzinstruments und andere Umstände in die Beurteilung eingehen (müssen), ist allerdings noch nicht hinreichend geklärt. Bei dem der BGH-Entscheidung vom 19. 12. 2006 zugrunde liegenden Sachverhalt lässt sich bezweifeln, ob der zur Begründung der zivilrechtlichen Offenlegungspflicht erforderliche konkrete Interessenkonflikt *in casu* tatsächlich vorlag, da es um den Vertrieb eines konzerneigenen Fonds ging, bei dem der Anleger grundsätzlich weiß, dass insoweit auf Seiten der beratenden Bank immer ein stärkeres wirtschaftliches Eigeninteresse involviert ist als beim Absatz von Fremdprodukten. Jedenfalls ist zu Recht auf den gewissen Widerspruch in der Argumentation des BGH hingewiesen worden, einerseits ohne weiteres eine Beschränkung der Beratungspflicht auf das bei der Bank geführte Sortiment an (konzern-)eigenen Produkten zuzulassen, bei denen das eigene Profitinteresse eine maßgebliche Rolle schon bei der Konzeption und Preisgestaltung spielt, ohne dass insoweit eine Offenlegung der Kalkulation erfolgen müsste, andererseits aber eine Offenlegung der Provisionsrückvergütung auch bei konzerneigenen Produkten zu postulieren, obwohl bei diesen das Umsatz- und Gewinninteresse der Konzernmutter letztlich auch ohne direkte konzerninterne Zuwendungen, nämlich mittelbar über die Gewinnabführung oder Ausschüttungen der Tochtergesellschaft, gefördert wird.[112] Bei konzerninternen Zahlungen von Rückvergütungen treten daher grundsätzlich

---

vorliegt. Die euphemistische Bezeichnung der Innenprovisionen als „Kosten der Eigenkapitalbeschaffung" wird von BGH nicht beanstandet, aaO, S. 201. Der Schwellenwert von 15% bemisst sich nach der Gesamthöhe aller für den Vertrieb der Beteiligung gezahlten Innenprovisionen, *Bröcker/Langen*, BKR 2008, 201.

[111] Diesen Unterschied betonen *Bröcker/Langen,* BKR 2008, 201, 202. Vgl. zur fehlenden Anwendbarkeit des WpHG auf geschlossene Fonds BegrRegE (FRUG), BT-Drucks. 16/4028, S. 54 sowie die Ausführungen oben § 2 Rn. 23.

[112] Vgl. *Schäfer,* BKR 2007, 163, 165 f.; ebenfalls einen gewissen Wertungswiderspruch zwischen den Ausführungen zur Beschränkung der Beratung auf das eigene Anlageprogramm und den Gefahren der Rückvergütungen, wenngleich mit anderer Tendenz, sieht auch *Koller,* ZBB 2007, 197, 198 f.

keine relevanten *konkreten* Interessenkonflikte auf, jedenfalls wenn die Beratung auf „hauseigene" Produkte beschränkt ist.[113]

Anders ist die Situation, wenn der Anlageberater über die Finanzprodukte verschiedener dritter Emittenten berät und dabei (zumindest konkludent) den Eindruck einer unabhängigen, objektiven Beratung erweckt; in diesem Fall muss eine Aufklärung über die Existenz und (unterschiedliche) Höhe etwaiger Vermittlungs- oder Bestandsprovisionen erfolgen, die der Anlageberater von den jeweiligen Produktanbietern erhält.[114] Gleiches gilt, wenn die Bank neben „hauseigenen" auch die Produkte von Drittanbietern in die Beratung einbezieht. 52

2. Zivilrechtliche Herausgabepflichten nach §§ 675, 667 BGB, 384 Abs. 2 HGB (analog)

Fraglich ist, unter welchen Voraussetzungen Vertriebsvergütungen, die an Wertpapierdienstleister im Zusammenhang mit der Erbringung von kundenbezogenen Leistungen von Dritten gezahlt werden, an den Kunden herauszugeben sind. Selbst bei aufsichtsrechtlicher Zulässigkeit der Gewährung und Annahme der Zuwendung ist nicht geklärt, ob das Wertpapierdienstleistungsunternehmen diese auch behalten darf oder nach geschäftsbesorgungs- bzw. kommissionsrechtlichen Grundsätzen (§§ 675, 667 BGB bzw. § 384 Abs. 2 HGB direkt oder analog) an den Kunden herausgeben muss.[115] § 31 d lässt sich zu dieser Frage keine Aussage entnehmen.[116] Die (inzwischen aufgehobene) Wohlverhaltensrichtlinie der BaFin verlangte zwar apodiktisch, den Kunden „im Rahmen des Kommissionsgeschäfts auch auf die kommissionsrechtliche Verpflichtung zur Herausgabe dieser Beträge" hinzuweisen.[117] Auch in der Literatur wurde bisher, wenn überhaupt, meist nur ganz pauschal auf das Bestehen einer entsprechenden Herausgabepflicht verwiesen.[118] In der Praxis versuchen einige Institute dieser Konsequenz zu entgehen, indem sie in einer Rahmenvereinbarung mit dem Kunden den Verzicht auf einen solchen Anspruch bzw. dessen Nichtentstehung vereinbaren.[119] Ob dies ein AGB-rechtlich gangbarer Weg ist, erscheint allerdings fraglich, sofern tatsächlich (ohne die Vereinbarung) derartige Ansprüche bestehen. 53

Eine Pflicht zur Herausgabe der als Vertriebsprovision erhaltenen Rückvergütungen oder sonstigen (verdeckten) Zuwendungen ist nur begründet, wenn sie **„aus" der Geschäftsbesorgung für den einzelnen Kunden erlangt** sind. 54

---

[113] Mit dieser Maßgabe zutreffend *Schäfer*, BKR 2007, 163, 166; ähnlich wohl *Assmann*, ÖBA 2007, 40, 51 ff. Die Verweisung eines konkreten Interessenkonflikts in Konzernlagen schließt die Anwendung des § 31 d auf Zuwendungen zwischen Konzerngesellschaften nicht aus, da es für diese Norm – im Gegensatz zum Zivilrecht – nicht auf die *konkrete* Gefährdung des Kundeninteresses ankommt.
[114] *Schäfer*, BKR 2007, 163, 165 f.
[115] Vgl. ausführlich hierzu jüngst *Mülbert* ZHR 172 (2008) 170, 192 ff. mwN.
[116] *Schäfer*, WM 2007, 1872, 1877; vgl. auch *Mülbert*, WM 2007, 1149, 1162.
[117] BaFin, Wohlverhaltensrichtlinie vom 23. 8. 2001, Abschnitt B. 1.2 Absatz 3; aufgehoben zum 1. 11. 2007 durch Schreiben vom 23. 10. 2007 (beide abrufbar unter www.bafin.de).
[118] Vgl. *Kümpel*, Bank- und Kapitalmarktrecht, Rn. 10.26; *Schäfer*, § 31 Rn. 82; Köln KommWpHG-*Möllers*, § 31 Rn. 146.
[119] *Mülbert*, ZHR 172 (2008) 170, 192; vgl. insbesondere die bei *Hadding*, ZIP 2008, 529 f. wiedergegebene „Rahmenvereinbarung für Wertpapiergeschäfte" der Deutschen Bank.

Damit scheiden alle nicht umsatzbezogenen Zuwendungen von vornherein aus. Im Übrigen erfordert die Qualifizierung als ein an den Kunden (Auftraggeber/Kommittenten) herauszugebender Vorteil eine wertende Zuweisung zu seinem Vermögen. Mögliche Kriterien dafür könnten etwa die wirtschaftliche Belastung des Kundenvermögens mit der Zuwendung, die Pflichtwidrigkeit der Entgegennahme durch den Geschäftsbesorger/Kommissionär oder die Konkretisierung der genauen Reichweite der Interessenwahrungspflicht für den Kunden sein.[120] Angesichts der erheblichen Unschärfen der beiden erstgenannten Kriterien dürfte allein die Ausrichtung an einer **Effektuierung der vertraglichen Interessenwahrungspflicht durch eine „Abschöpfung anreizverzerrender Vermögenszuflüsse"**[121] der richtige Ansatz sein. Für die Beschaffung von Wertpapieren für den Kunden im Wege der Effektenkommission folgt daraus, dass in diesem Zusammenhang erhaltene Vertriebsprovisionen nur „anlässlich" der Kommission erlangt werden, da sich die Pflicht des Kommissionärs zur Interessenwahrung auf die bestmögliche Beschaffung des konkret in Auftrag gegebenen Wertpapiers beschränkt und seine Willensbildung daher durch die Vertriebsvergütung gar nicht beeinflussbar ist. Anderes gilt dagegen für die Auswahlentscheidung bzw. Empfehlung im Rahmen der Vermögensverwaltung bzw. Anlageberatung. Insoweit ist zwar zu beachten, dass nicht der isolierte Vertrag über die Anlageberatung oder Vermögensverwaltung zugunsten des Kunden, sondern erst die Kombination mit einem Ausführungsgeschäft zum Zufluss des Vermögensvorteils an den Geschäftsbesorger führt. Angesichts der funktionalen Einheit zwischen beiden Verträgen[122] ändert dies jedoch nichts daran, dass in diesen Fällen die Vertriebsvergütungen wegen ihrer potentiell anreizverzerrenden Wirkung des Gesamtvorgangs grundsätzlich als „aus" der Geschäftsbesorgung erlangt anzusehen sind. Im Ergebnis besteht daher prinzipiell in den gleichen Konstellationen, in denen aufgrund einer konkreten Gefährdung des Kundeninteresses eine (vor-)vertragliche Aufklärungspflicht über umsatzbezogene Zuwendungen ausgelöst wird, eine Herausgabepflicht hinsichtlich der (dann) empfangenen Vorteile.

55 Dies wirft die Frage nach dem Verhältnis beider Ansprüche auf, die gleichermaßen dazu dienen, die Einhaltung der Interessenwahrungspflicht zugunsten des Kunden abzusichern. Die bislang nicht hinterfragte parallele Anwendbarkeit von (vor-)vertraglicher Aufklärungspflicht und Herausgabepflicht der erhaltenen Zuwendungen[123] wird nunmehr mit beachtlichen Argumenten von *Mülbert* verneint:[124] Unter Anknüpfung an die Rechtsprechung zu § 667 Fall 2 BGB, die eine Herausgabepflicht bei Schmiergeldzahlungen oder Sondervergütungen des Beauftragten, mit deren Annahme sich der Auftraggeber vorher einverstanden erklärt hat, verneint,[125] plädiert er für ein **„Konzept der Alternativität von**

---

[120] Näher hierzu mit zahlreichen Nachweisen *Mülbert*, ZHR 172 (2008) 170, 193 ff.
[121] *Mülbert*, ZHR 172 (2008) 170, 198.
[122] Insoweit übereinstimmend *Mülbert*, ZHR 172 (2008) 170, 201 (Anlageberatung „funktional Teil des Kommissionsvertrags"), demzufolge daher kein Herausgabeanspruch aus § 667 Fall 2 (iVm § 675) BGB, sondern „allenfalls ein Anspruch analog § 384 Abs. 2 HS 2 Fall 2 HGB" in Betracht kommt.
[123] Vgl. die in Fn. 118 Genannten; anders jetzt aber *Mülbert*, ZHR 172 (2008) 170, 202 ff.; *Assmann*, ZBB 2008, 21, 31 f.; *Hadding*, ZIP 2008, 529, 534 ff.
[124] *Mülbert*, ZHR 172 (2008) 170, 202 ff.
[125] BGH NJW 2001, 2476, 2477; NJW-RR 1991, 483, 484.

Herausgabeanspruch und vorvertraglicher Informationspflicht".[126] Dem ist freilich nur mit der Maßgabe zu folgen, dass ein Anspruch auf Herausgabe des Erlangten dann entfällt, wenn die Aufklärung tatsächlich erfolgt ist.[127] Dafür spricht vor allem, dass ein Herausgabeverlangen als ein *venire contra factum proprium* erscheint, wenn der Auftraggeber nach erfolgter Aufklärung in Kenntnis der Zuwendung den Auftrag erteilt und dann unabhängig von einer Verletzung der Interessenwahrnehmungspflicht die Herausgabe der Drittzuwendungen verlangt.[128] Bei Verletzung der (vor-)vertraglichen Aufklärungspflicht bleibt es dagegen dabei, dass der Kunde anstelle eines Schadensersatzanspruchs aus §§ 280 Abs. 1, 241 Abs. 2 bzw. § 311 Abs. 2 BGB auch die Herausgabe der „aus" der Geschäftsbesorgung erlangten Vorteile (analog) § 384 Abs. 2 HGB bzw. nach §§ 675, 667 Fall 2 BGB verlangen kann.

C. Rechtsfolgen von Verstößen

I. Allgemeines

Der Verstoß gegen die von § 31 d Abs. 1 (unter bestimmten Voraussetzungen) **56** untersagte **Annahme oder Gewährung von externen Zuwendungen**, die von oder an Dritte außerhalb des Vertragsverhältnisses zwischen dem Kunden und dem Wertpapierdienstleister erfolgen, ist nach § 39 **nicht gesondert mit einem Bußgeld bedroht**. Lediglich die unterlassene, unrichtige, unvollständige oder nicht rechtzeitige **Darlegung eines Interessenkonflikts** entgegen § 31 Abs. 1 Nr. 2 stellt im Falle vorsätzlichen oder leichtfertigen Handelns nach § 39 Abs. 2 Nr. 15 eine **Ordnungswidrigkeit** dar. Diese Offenlegungpflicht bezieht sich allerdings nur auf die „allgemeine Art und Herkunft der Interessenkonflikte" und nicht speziell auf „Existenz, Art und Umfang der Zuwendung".

Fraglich ist, ob oder inwieweit neben den allgemeinen aufsichtsrechtlichen **57** Befugnissen der BaFin bei Verletzung der Wohlverhaltensregeln eine effektive **zivilrechtliche Sanktionierung** von Verstößen gegen § 31 d möglich ist. In Betracht kommt die zivilrechtliche Nichtigkeit der Vereinbarung über eine aufsichtsrechtlich unzulässige Zuwendung nach § 134 BGB, die Kompensation etwaiger vom Kunden erlittener Schäden aus interessewidrigen Geschäften oder die Gewährung eines Anspruchs auf Herausgabe der an den Wertpapierdienstleister erfolgten Zuwendung.

---

[126] *Mülbert*, ZHR 172 (2008) 170, 203; im Ergebnis ebenfalls gegen einen Herausgabeanspruch, aber bei unterlassener Aufklärung wegen Bestehens eines Schadensersatzanspruchs *Assmann*, ZBB 2008, 21, 31; *Hadding*, ZIP 2008, 529, 534 ff.

[127] Insoweit abweichend *Mülbert*, ZHR 172 (2008) 170, 205 ff., der schon wegen des Bestehens einer Offenlegungspflicht generell eine Regelungslücke für einen Anspruch aus § 384 Abs. 2 HS 2 Fall 2 HGB analog verneint, aber „jedenfalls ... bei Offenlegung der Konfliktsituation durch Information über den Erhalt von Vertriebsvergütungen" einen Herausgabeanspruch ablehnt; ähnlich *Hadding* ZIP 2008, 529, 534 ff., der schon aufgrund der Existenz einer Aufklärungspflicht die Entstehung eines Interessenkonflikts und damit eine Verletzung der Interessenwahrungspflicht gegenüber dem Kunden verneint.

[128] Hierzu und zu weiteren Argumenten *Mülbert*, ZHR 172 (2008) 170, 204 f.; für eine stillschweigende Abbedingung des § 667 *Assmann*, ZBB 2008, 21, 31.

II. Zivilrechtliche Sanktionen

1. Nichtigkeit gemäß § 134 BGB?

58 Die Verletzung der durch § 31 d Abs. 1 implementierten Verhaltenspflicht ist **nicht** als **Verstoß gegen ein gesetzliches Verbot i. S. d. § 134 BGB** einzuordnen.[129] Dafür genügt noch nicht der Umstand, dass die Vorschrift ein bestimmtes Verhalten untersagt. Die hier verwendete Formulierung („darf nicht") ist hinsichtlich der daraus resultierenden Rechtsfolge unergiebig.[130] Erforderlich für die Qualifizierung als gesetzliches Verbot i. S. d. § 134 BGB ist vielmehr, dass der Verbotszweck gerade auch die Nichtigkeit des Rechtsgeschäfts umfasst.[131] Das ist grundsätzlich nicht der Fall, wenn sich das Verbot nur an eine Partei wendet.[132] Normadressat des § 31 d Abs. 1 ist nur das (in direkten Rechtsbeziehungen zum Kunden stehende) Wertpapierdienstleistungsunternehmen. Entscheidend gegen die Einordnung des § 31 d Abs. 1 als gesetzliches Verbot nach § 134 BGB spricht aber, dass die scharfe Sanktion der Nichtigkeit verbotswidrig erfolgter Leistungen durch oder an Dritte zum Schutz des Kunden vor Nachteilen aus Interessenkonflikten des Wertpapierdienstleistungsunternehmens weder geboten noch sinnvoll ist.[133] Schon die Auflockerung des Verbots durch weitreichende Ausnahmen zeigt, dass es nicht um die völlige Vermeidung von Interessenkonflikten aus externen Zuwendungen geht, sondern um einen wirksamen Schutz des Kunden vor nachteiligen Auswirkungen. Dafür bedarf es weder der Nichtigkeit des Zuwendungsgeschäfts zwischen Wertpapierdienstleistungsunternehmen und Drittem noch der Unwirksamkeit der im Zusammenhang damit stehenden Wertpapier(neben)dienstleistung,[134] auf die sich die unzulässige Zuwendung bezieht. Vielmehr ist dem Kunden, bei dem sich der (u. a.)[135] mit dem Zuwendungsverbot zu bekämpfende Interessenkonflikt tatsächlich im Abschluss eines nachteiligen Wertpapiergeschäfts realisiert hat, durch Kompensation der erlittenen Nachteile wirkungsvoll zu helfen.

---

[129] So aber *Mülbert*, ZHR 172 (2008) 170, 201; *ders.*, Arbeitspapier, S. 5 bei Fn. 19 ff. (Nichtigkeit der Vereinbarung aufsichtsrechtlich unzulässiger, weil kein Qualitätsverbesserungspotential aufweisender Zuwendungen).

[130] Vgl. BGHZ 118, 142, 144 = NJW 1992, 2022; *Palandt/Heinrichs*, Bürgerliches Gesetzbuch, 67. Aufl. 2008, § 134 Rn. 6 a.

[131] BGHZ 118, 142, 144 = NJW 1992, 2022; *Larenz/Wolf*, Allgemeiner Teil des Bürgerlichen Rechts, 9. Aufl. 2004, § 40 Rn. 10 mwN.

[132] BGHZ 46, 24, 26; 78, 269, 271; 88, 240; 89, 369, 373; BGH NJW 2000, 1186; *Palandt/Heinrichs*, aaO (Fn. 130), § 134 Rn. 9; *Larenz/Wolf*, aaO (Fn. 131), § 40 Rn. 19.

[133] Die weitere Folge wäre die Rückgewähr der erhaltenen Zahlungen oder geldwerten Vorteile an den Dritten bzw. an das Wertpapierdienstleistungsunternehmen nach Bereicherungsrecht, so auch *Mülbert*, ZHR 172 (2008) 170, 201 Fn. 102. Davon würde jedoch der Kunde des Wertpapierdienstleistungsunternehmens nicht unmittelbar profitieren. Ihm ist ggf. mit einem Schadensersatzanspruch zu helfen.

[134] Ob diese nur ein (grundsätzlich wirksamer) Folgevertrag wäre, könnte bei Anwendung des § 134 BGB wegen des gesetzlich vorausgesetzten Zusammenhangs zwischen der Wertpapier(neben)dienstleistung und der verbotenen Drittzuwendung bezweifelt werden.

[135] Zu den weiteren Maßnahmen zur Eindämmung von Interessenkonflikten wie Offenlegungs- und Organisationspflichten vgl. § 31 Rn. 56 ff., § 33 Rn. 91 ff.

2. Schadensersatzansprüche

a) Überblick

Als Anknüpfungspunkte für zivilrechtliche Schadensersatzansprüche des Anlegers kommen vor allem eine Verletzung (vor-)vertraglicher Aufklärungspflichten (§§ 311 Abs. 2, 241 Abs. 2 BGB bzw. §§ 280 Abs. 1, 241 Abs. 2 BGB) sowie eine deliktische Haftung nach § 823 Abs. 2 BGB iVm § 31d in Betracht, sofern diese Norm als Schutzgesetz einzuordnen ist.[136] Denkbar, aber in der Praxis wohl nur schwer durchsetzbar, sind auch Ansprüche aus § 826 BGB bzw. § 823 Abs. 2 BGB i. Vm. § 263 StGB bzw. § 266 StGB wegen vorsätzlicher Täuschung über den Erhalt von Rückvergütungen (bzw. über das Bestehen eines etwaigen Herausgabeanspruchs des Kunden nach §§ 667 Fall 2, 675 Abs. 1 BGB bzw. § 384 Abs. 2 Halbs. 2 Alt. 2 HGB).[137] Denn die Beweislast für ein vorsätzliches Verhalten der Bank bezüglich des Verschweigens erhaltener Rückvergütungen trägt der Kunde.[138] 59

b) Schutzgesetzqualität des § 31d

Für die Einordnung des § 31d als Schutzgesetz spricht, dass die Norm ein klares Verbot von Zuwendungen Dritter ausspricht, die nicht die gesetzlichen Zulässigkeitsvoraussetzungen erfüllen.[139] Anders als vom BGH im Urteil vom 19. 12. 2006 zu § 31 Abs. 1 Nr. 2 WpHG aF angenommen,[140] erschöpft sich die gesetzliche Regelung nicht in der Aufklärungspflicht über den Erhalt (oder die Gewährung) von das Kundeninteresse *konkret* gefährdenden Rückvergütungen,[141] sondern geht teilweise darüber hinaus. Zum einen erfasst die Regelung auch Zuwendungen, die nicht umsatzbezogen sind und daher lediglich einen strukturellen oder abstrakten Interessenkonflikt begründen können, zum anderen erfordert die Zulässigkeit neben der Aufklärung und der Wahrung des Kundeninteresses auch die Ausrichtung der Zuwendung auf eine Qualitätsverbesserung der Wertpapierdienstleistung. Das durch § 31d etablierte aufsichtsrechtliche „Pflichtenprogramm" reicht daher im Vergleich zu den (vor-)vertraglichen Pflichten aus 60

---

[136] Dazu sogleich Rn. 60.
[137] Vgl. nur *Geibel*, ZBB 2003, 350, 351 mwN. Näher zum möglichen Bestehen einer zivilrechtlichen Herausgabepflicht bezüglich empfangener Zuwendungen oben Rn. 53 ff.
[138] OLG München, ZIP 2008, 66, 68 = WM 2008, 351, 354. Ein vorsätzliches Organisationsverschulden der Bank will das OLG offenbar nur annehmen, wenn einer ihrer Verantwortlichen durch eine Einzelweisung, eine generelle Anordnung oder eine bankinterne Richtlinie die gebotene Aufklärung vorsätzlich verhindert, ZIP 2008, 66, 67; so Recht krit. unter Hinweis auf die Grundsätze der Wissenszurechnung *Koller*, EWiR 2008, 93, 94 (§ 37a WpHG 1/08); *Elixmann*, BB 2007, 904, 905.
[139] Vgl. *Schäfer*, WM 2007, 1872, 1878 („Der Regelung, die Interessenkonflikte durch ein grundsätzliches Verbot der Annahme von Zuwendungen verhindern soll, wird man eine individualschützende Zielrichtung kaum absprechen können"), der im Ergebnis aber eine Qualifikation der Norm als Schutzgesetz ablehnt und sich mit einer „Ausstrahlungswirkung für Inhalt und Reichweite der (vor-)vertraglichen Pflichten" begnügt.
[140] Vgl. BGHZ 170, 226 Tz. 18f. (der zivilrechtliche Schutzzweck einer solchen Informationspflicht geht nicht weiter als die (vor-)vertraglichen Pflichten zu Aufklärung und Beratung).
[141] Vgl. zu dieser Grundlage der vertraglichen Pflichten im Kontext einer Anlageberatung oder Vermögensverwaltung oben Rn. 47 f.

einer Anlageberatung oder Vermögensverwaltung weiter, so dass insoweit auch eine eigenständige schadensersatzrechtliche Funktion dieser erkennbar (auch) mit anlegerschützender Zielrichtung konzipierten Norm besteht.[142] Zugleich gewährleistet (nur) die Qualifikation des § 31 d als Schutzgesetz i. S. d. § 821 Abs. 2 BGB eine auch europarechtlich gebotene effektive Sanktionierung des § 31 d.

61 Aus der gesetzlichen Formulierung als Ausnahme vom grundsätzlichen Verbot („es sei denn") folgt, dass die **Beweislast** für die Zulässigkeit der Zuwendung insoweit den Wertpapierdienstleister trifft. Er muss also darlegen und ggf. nachweisen, dass alle drei Zulässigkeitsvoraussetzungen für Drittzuwendungen im Zusammenhang mit seinen Wertpapier(neben)dienstleistungen erfüllt sind. Dem Kunden obliegt dagegen der Nachweis, dass im Zusammenhang mit einer Wertpapier(neben)dienstleistung das Wertpapierdienstleistungsunternehmen eine Zuwendung von Dritten erhalten oder an Dritte gewährt hat. Außerdem muss der Kunde einen konkreten Schaden geltend machen und die Kausalität zwischen schuldhafter Pflichtverletzung und Schaden dartun.[143]

c) Art und Umfang des Schadensersatzes

62 Der Verstoß gegen die (vor-)vertragliche Offenlegungspflicht über Drittzuwendungen kann nach Ansicht des BGH zu einem **Anspruch auf Rückabwicklung** der erworbenen Kapitalanlagen führen, soweit bei ihnen Rückvergütungen verschwiegen worden sind. Wolle der Anleger auch andere Geschäfte rückgängig machen, müsse er darlegen und beweisen, dass er bei zutreffender Aufklärung auch diese Geschäfte nicht getätigt hätte.[144] Mit der grundsätzlichen Zubilligung eines Anspruchs auf Naturalrestitution (§ 249 BGB) unterstellt der BGH, dass der Anleger bei Kenntnis von der Rückvergütung die fraglichen Finanztitel (*in casu* Fondsanteile) nicht erworben hätte; diese pauschale Annahme zum hypothetischen Kausalverlauf bei erfolgter Aufklärung ist jedoch nur gerechtfertigt, wenn es für den Anleger praktisch keine vernünftige Verhaltensalternative als den Abbruch der Geschäftsbeziehung zum Wertpapierdienstleister gegeben hätte. Plausibel erscheint das aber nur im Vermögensverwalter-Fall,[145] während bei der Anlageberatung oder (-vermittlung) grundsätzlich mehrere Handlungsoptionen gleichermaßen in Betracht kommen wie Hinnahme des offenbarten Interessenkonflikts, Versuch einer Partizipation an den Rückvergütungen, zB durch Verhandeln eines reduzierten Ausgabeaufschlags bei Fondsanteilen,

---

[142] Im Ergebnis ebenfalls für die Schutzgesetzeigenschaft des § 31 d *Koller,* ZBB 2007, 197, 200; *Brocker,* BKR 2007, 365, 368 („jedenfalls in Einzelaspekten"); aA *Schäfer,* WM 2007, 1872, 1877 f. Im Hinblick auf das zweistufige Offenlegungsverfahren nach § 31 d (vgl. oben Rn. 42) bestehen allerdings teilweise auch geringere Anforderungen als bei den zivilrechtlichen Aufklärungspflichten, die eine unaufgeforderte Offenlegung der konkreten Höhe der Rückvergütungen auch ohne Kundennachfrage verlangen. Die abgeschwächte Form der Offenlegung spricht jedoch nicht gegen die Qualifizierung des § 31 d als Schutzgesetz.
[143] Näher zu Inhalt und Umfang des Schadens sowie Problemen des Kausalzusammenhangs und Kausalitätsbeweises im Zusammenhang mit der Verletzung der Aufklärungspflicht über verdeckte Innenprovisionen *Geibel,* ZBB 2003, 349, 357 ff. mwN.
[144] BGHZ 170, 226 Tz. 27; zust. *Assmann,* ZBB 2008, 21, 31.
[145] Siehe dazu *BGHZ* 146, 235, 236, 240 f.; vgl. zur größeren Bedeutung der Vertrauenswürdigkeit des Vermögensverwalters im Vergleich zum Anlageberater auch *Nikolaus/ d'Oleire,* WM 2007, 2129, 2132 mwN.

Verantwortlichkeit anderer Wertpapierdienstleistungsuntern. **§ 31e**

Ausweichen auf andere als die empfohlenen Produkte (dann ohne umsatzbezogenen Rückvergütungen) oder gänzliche Abstandnahme vom Geschäft. In derartigen Fällen kann letzteres nicht als einziges „aufklärungsrichtiges Verhalten"[146] unterstellt werden,[147] vielmehr muss der Anleger darlegen und notfalls beweisen, warum er welche Option gewählt hätte, um darauf aufbauend den erlittenen Schaden zu konkretisieren. Andernfalls droht eine Überdehnung des Schutzzwecks der verletzten Aufklärungspflicht, weil eine allzu großzügige Zubilligung eines Rückabwicklungsanspruchs dazu führen würde, dass dem Anleger auch die normalen Marktrisiken abgenommen werden, die er (bei ansonsten korrekter Aufklärung über das Anlageprodukt) mit der getroffenen Anlageentscheidung bewusst auf sich genommen hat.[148] Einfacher und effektiver als die Darlegung des hypothetischen Kausalverlaufs bei Offenlegung des Interessenkonflikts und ggf. Berechnung eines **Differenzschadens**[149] dürfte es in diesen Fällen für den Anleger sein, auf den (ihm bei unterlassener Aufklärung gleichfalls verbleibenden)[150] **Anspruch auf Herausgabe der erlangten Vorteile** (analog) §§ 675, 667 Fall 2 BGB bzw. § 384 Abs. 2 HGB zurückzugreifen.[151]

§ 31e Erbringung von Wertpapierdienstleistungen und Wertpapiernebendienstleistungen über ein anderes Wertpapierdienstleistungsunternehmen

Erhält ein Wertpapierdienstleistungsunternehmen über ein anderes Wertpapierdienstleistungsunternehmen einen Auftrag, Wertpapierdienstleistungen oder Wertpapiernebendienstleistungen für einen Kunden zu erbringen, ist das entgegennehmende Unternehmen mit folgenden Maßgaben verantwortlich für die Durchführung der Wertpapierdienstleistung oder Wertpapiernebendienstleistung im Einklang mit den Bestimmungen dieses Abschnitts:
1. das entgegennehmende Wertpapierdienstleistungsunternehmen ist nicht verpflichtet, Kundenangaben und Kundenanweisungen, die ihm von dem anderen Wertpapierdienstleistungsunternehmen übermittelt werden, auf ihre Vollständigkeit und Richtigkeit zu überprüfen,
2. das entgegennehmende Wertpapierdienstleistungsunternehmen darf sich darauf verlassen, dass Empfehlungen in Bezug auf die Wertpapierdienstleistung oder Wertpapiernebendienstleistung dem Kunden von dem anderen Wertpapierdienstleistungsunternehmen im Einklang mit den gesetzlichen Vorschriften gegeben wurden.

Schrifttum: *Loy,* in: *Clouth/Lang* (Hrsg.), MiFID-Praktikerhandbuch, S. 291 (Rn. 644).

---

[146] Vgl. grundsätzlich zur Reichweite dieser Vermutung BGH, BKR 2002, 682, 684.
[147] Ebenso krit. *Brocker,* BKR 2007, 365, 370; *Lang/Balzer,* ZIP 2007, 521, 523; *Schäfer,* BKR 2007, 163, 166.
[148] Vgl. nur *Nikolaus/d'Oleire,* WM 2007, 2129, 2131.
[149] Für Begrenzung des ersatzfähigen Schadens auf den die marktübliche Provision übersteigenden Betrag *Brocker,* BKR 2007, 365, 370; für eine (dogmatisch nicht näher begründete) Begrenzung auf den Betrag der dem Kunden verschwiegenen Rückzahlungen dagegen *Nikolaus/d'Oleire,* WM 2007, 2129, 2132.
[150] **AA** *Assmann,* ZBB 2008, 21, 31 (Ausschluss des Herausgabeanspruchs bei Existenz von Schadensersatzansprüchen wegen Aufklärungspflichtverletzung).
[151] Vgl. dazu oben Rn. 55.

§ 31e 1–3   Abschnitt 6. Verhaltensregeln, Verjährung

Übersicht

	Rn.
I. Regelungsgegenstand und -zweck	1
II. Verantwortlichkeit des übernehmenden Wertpapierdienstleisters	3
1. Grundsatz	3
2. Erleichterungen	10
a) Übernahme von übermittelten Kundenangaben und -weisungen	10
b) Vertrauen auf die Gesetzeskonformität von Empfehlungen des übertragenden Wertpapierdienstleistungsunternehmens	11
III. Andere Formen der Einschaltung Dritter	12

I. Regelungsgegenstand und -zweck

1 Die durch das FRUG erstmals eingeführte neue Vorschrift setzt Art. 20 MiFID um und regelt die **aufsichtsrechtlichen Verantwortlichkeiten bei Weiterleitung von Aufträgen** eines Kunden an ein anderes Wertpapierdienstleistungsunternehmen.[1] Zunächst wird klargestellt, dass die prinzipielle Verantwortung zur Beachtung der Wohlverhaltenspflichten im Verhältnis zum Kunden bei dem Unternehmen liegt, das den weitergeleiteten Auftrag übernimmt und auf dieser Grundlage die Wertpapierdienstleistung gegenüber dem Kunden tatsächlich erbringt.

2 Zugleich werden dem übernehmenden Wertpapierdienstleistungsunternehmen aber **zwei Erleichterungen** gewährt, um die Abwicklung solcher Geschäfte zu vereinfachen und effizienter zu machen. Darin liegen der eigentliche Regelungsgehalt und die Bedeutung der Vorschrift. Das entgegennehmende Wertpapierdienstleistungsunternehmen wird in zwei Punkten von eigenen Nachprüfungspflichten entlastet: Zum einen darf es sich auf die ihm im Zusammenhang mit dem weitergeleiteten Auftrag übermittelten Angaben zum Kunden und dessen Weisungen verlassen, zum anderen darf es darauf vertrauen, dass etwaige Empfehlungen des Weiterleitenden in Bezug auf die fragliche Wertpapier(neben)dienstleistung gesetzeskonform erfolgt sind. In beiden Fällen geht es letztlich um Angaben oder Umstände, die aus der Sphäre des den Auftrag weiterleitenden Unternehmens stammen und vom übernehmenden Wertpapierdienstleister nur unter Schwierigkeiten sowie um den Preis erhöhter Kosten und einer Verzögerung der Auftragsausführung ermittelt werden könnten. Die partielle Entlastung des übernehmenden Wertpapierdienstleistungsunternehmens und die klare Zuordnung der Verantwortlichkeiten dient somit der **effizienten, einfachen und schnellen Abwicklung der arbeitsteiligen Erbringung von Wertpapierdienstleistungen.**

II. Verantwortlichkeit des übernehmenden Wertpapierdienstleisters

1. Grundsatz

3 Da das Wertpapierdienstleistungsunternehmen, das aufgrund der Weiterleitung den Auftrag des Kunden übernimmt, diesem gegenüber die Leistung erbringt, ist

---

[1] BegrRegE, BT-Drucks. 16/4028, S. 68.

es aufsichtsrechtlich für die Einhaltung der Wohlverhaltensregeln im Verhältnis zum Kunden verantwortlich. Dies wird durch Satz 1 noch einmal ausdrücklich klargestellt. Von einem **weitergeleiteten Auftrag** kann nicht nur dann gesprochen werden, wenn die Wertpapier(neben)dienstleistung „im Namen eines Kunden" erbracht wird, wie es in Art. 20 MiFID heißt. Vielmehr bezieht sich die Regelung nach ihrem Sinn und Zweck „auf jede Art der Erbringung von Wertpapierdienstleistungen oder Wertpapiernebendienstleistungen durch ein anderes Wertpapierdienstleistungsunternehmen".[2]

In der Praxis dürfte es vor allem um die **Zusammenarbeit zwischen externen Anlage- oder Abschlussvermittlern, Anlageberatern und Vermögensverwaltern** auf der einen Seite **mit konto- oder depotführenden Kreditinstituten** auf der anderen Seite gehen. In all diesen Fällen liegen jeweils mindestens zwei **verschiedene Wertpapierdienstleistungen gegenüber dem Kunden durch unterschiedliche Akteure** vor: Neben der Anschaffung oder Veräußerung von Finanzinstrumenten im Wege der Finanzkommission (§ 2 Abs. 3 Nr. 1) oder in Form des Eigenhandels als Dienstleistung für andere (§ 2 Abs. 3 Nr. 2, Festpreisgeschäft) durch das konto- oder depotführende Kreditinstitut erbringt auch der Anlagevermittler, der Aufträge von Anlegern über Finanzprodukte lediglich entgegennimmt und an das konto- oder depotführende Kreditinstitut weiterleitet, eine eigene Wertpapierdienstleistung nach § 2 Abs. 3 Nr. 4.[3] Gleiches gilt gemäß § 2 Abs. 3 Nr. 3 für Abschlussvermittler, die im fremden Namen für fremde Rechnung handeln und das fragliche Geschäft in offener Stellvertretung aufgrund einer entsprechenden Abschlussvollmacht (üblicherweise des konto- oder depotführenden Kreditinstituts) abschließen,[4] sowie für die Anlageberatung (§ 2 Abs. 3 Nr. 9) und Finanzportfolioverwaltung (§ 2 Abs. 3 Nr. 7) oder den Betrieb eines multilateralen Handelssystems (§ 2 Abs. 3 Nr. 8).

Eine Kooperation ist dabei **in zwei Richtungen** denkbar: Einerseits können Dritte (insbesondere als Anlage- oder Abschlussvermittler, in der Praxis eher selten als Anlageberater) einem konto- oder depotführenden Kreditinstitut Kunden zuführen. Andererseits kann auch ein Kreditinstitut eigene Kunden an Dritte, üblicherweise ein anderes Institut, weiterleiten, wobei es neben Kooperationen im Bereich der Vermögensverwaltung insbesondere um sog. Botengeschäfte geht, die regelmäßig in institutsübergreifenden Verbundsystemen anzutreffen sind.

Im Ausgangspunkt muss in all diesen Fällen **jedes Wertpapierdienstleistungsunternehmen die für seine Tätigkeit einschlägigen Informations- und sonstigen Verhaltenspflichten beachten,** also insbesondere nach § 31 Abs. 3 Satz 3 Nr. 1 WpHG iVm § 5 Abs. 3 Nr. 1 h WpDVerOV über sein Unternehmen, seine Dienstleistungen und seine Grundsätze zur Steuerung von Interessenkonflikten informieren. Provisionszahlungen zwischen den Kooperations-

---

[2] BegrRegE, BT-Drucks. 16/4028, S. 68.
[3] Eine Ausnahme besteht allerdings nach § 2a Abs. 1 Nr. 7 WpHG. Danach gilt ein Unternehmen nicht als Wertpapierdienstleistungsunternehmen, wenn sich seine Tätigkeit ausschließlich auf die Anlageberatung und Anlagevermittlung in Bezug auf Investmentfondsanteile beschränkt und es nicht befugt ist, sich Eigentum oder Besitz an Geldern oder Fondsanteilen zu verschaffen.
[4] *Assmann* in *Assmann/Schneider*, § 2 Rn. 52; *Loy* in *Clouth/Lang* (Hrsg.), MiFID-Praktikerhandbuch, Rn. 654.

§ 31e 7–10   Abschnitt 6. Verhaltensregeln, Verjährung

partnern unterliegen den Anforderungen des § 31 d. Auch die Pflicht zur Kundenkategorisierung (§ 31 a) muss jedes Wertpapierdienstleistungsunternehmen für sich erfüllen; insoweit empfiehlt sich allerdings eine Abstimmung der Verfahrensweise, um Irritationen auf Seiten des Kunden bei einer eventuell abweichenden Einstufung zB durch den Vermittler und das depotführende Kreditinstitut zu vermeiden.[5] Auch in anderer Hinsicht kann durch Vereinbarungen zwischen den Kooperationspartnern für eine Information des Kunden aus einer Hand gesorgt werden, wobei ein besonderes Augenmerk darauf gelegt werden sollte, die Erfüllung der jeweiligen Informationspflichten aller Beteiligten auch hinreichend zu dokumentieren.

7   Für **bestimmte Pflichten** muss allerdings gelten, dass sie **vorrangig von dem Wertpapierdienstleistungsunternehmen zu erfüllen** sind, das über den **unmittelbaren Kundenkontakt** verfügt. Dies betrifft etwa die Pflichten zur Einholung der Kundenangaben, zur Angemessenheitsprüfung und zur Aufklärung gemäß § 31 Abs. 5 WpHG bei Abschluss- und Anlagevermittlern,[6] aber auch die noch umfassenderen Pflichten nach § 31 Abs. 4 bei der Anlageberatung, die durch eine individuelle Anlageempfehlung in Bezug auf konkrete Finanzinstrumente gekennzeichnet ist. Danach ist die persönliche Situation des Kunden, insbesondere seine Anlageziele, Risikobereitschaft und finanziellen Verhältnisse, zu eruieren und auf der Basis der Kundenangaben die Geeignetheit des empfohlenen Finanzinstruments für den jeweiligen Kunden eingehend zu prüfen.

8   Bei einer Kooperation zwischen Kreditinstituten im Rahmen sog. **Botengeschäfte** erfolgt zB der unmittelbare Kundenkontakt ausschließlich durch das Boteninstitut. Dieses übernimmt aufgrund des mit dem Kooperationsinstitut geschlossenen Geschäftsbesorgungsvertrags[7] die Legitimationsprüfung, Aufklärung und ggf. Beratung des Kunden einschließlich der erforderlichen Dokumentation; kommt es zum Geschäftsabschluss, leitet es den Auftrag des Kunden an das Kooperationsinstitut weiter oder nimmt den Auftrag in dessen Namen und für dessen Rechnung an.[8]

9   In all diesen Fallkonstellationen wäre es einer effizienten Geschäftsabwicklung äußerst hinderlich, wenn das den Auftrag übernehmende und letztlich ausführende Wertpapierdienstleistungsunternehmen sich nicht auf die vom weiterleitenden Institut übermittelten Kundenangaben und -weisungen sowie die Gesetzeskonformität der von diesem im unmittelbaren Kundenkontakt abgegebenen Empfehlungen verlassen könnte.

2. Erleichterungen

a) Übernahme von übermittelten Kundenangaben und -weisungen

10   § 31 e Nr. 1 macht über seinen Wortlaut hinaus nicht nur eine Überprüfung der Vollständigkeit und Richtigkeit der von dem anderen Wertpapierdienstleistungsunternehmen übermittelten Kundenangaben und Kundenanweisungen überflüssig, sondern lässt damit zugleich die Pflicht entfallen, insoweit eigene Er-

---

[5] *Loy* in *Clouth/Lang* (Hrsg.), MiFID-Praktikerhandbuch, Rn. 659.
[6] So *Loy* in *Clouth/Lang* (Hrsg.), MiFID-Praktikerhandbuch, Rn. 661.
[7] Dieser ist regelmäßig zugleich als Outsourcingvertrag zu qualifizieren und muss damit auch den Anforderungen der §§ 25a KWG, 33 WpHG genügen, *Loy* in *Clouth/Lang* (Hrsg.), MiFID-Praktikerhandbuch, Rn. 690.
[8] *Loy* in *Clouth/Lang* (Hrsg.), MiFID-Praktikerhandbuch, Rn. 689.

Verantwortlichkeit anderer Wertpapierdienstleistungsuntern.   11–14   § 31e

kundigungen einzuholen. Andernfalls könnte die intendierte Erleichterung der arbeitsteiligen Geschäftsabwicklung nicht erreicht werden. Zudem wäre der Entlastungseffekt gegenüber der allgemeinen Regelung in § 31 Abs. 6 denkbar gering, wonach das Wertpapierdienstleistungsunternehmen die Fehlerhaftigkeit und Unvollständigkeit der Angaben seiner Kunden ohnehin nur bei positiver Kenntnis oder grob fahrlässiger Unkenntnis zu vertreten hat.

b) Vertrauen auf die Gesetzeskonformität von Empfehlungen des übertragenden Wertpapierdienstleistungsunternehmens

Die zweite Erleichterung für das die Auftragsausführung übernehmende Unternehmen ist, dass es sich darauf verlassen kann, dass Empfehlungen in Bezug auf die Wertpapierdienstleistung oder -nebendienstleistung in Übereinstimmung mit den gesetzlichen Anforderungen gegeben worden sind. In den Fällen einer Anlageberatung oder Finanzportfolioverwaltung (durch das übertragende Unternehmen) kann das in die Auftragsabwicklung eingeschaltete Wertpapierdienstleistungsunternehmen daher von der „**Geeignetheit**" i. S. d. § 31 Abs. 4 des konkreten Geschäfts bzw. der konkreten Dienstleistung im Rahmen der Portfolioverwaltung ausgehen. Bei anderen Wertpapierdienstleistungen wird **eine eigenständige Angemessenheitsprüfung nach § 31 Abs. 5 entbehrlich;** schließlich entfallen auch die jeweiligen Explorationspflichten über Anlageziele, Kenntnisse und Erfahrungen sowie die finanziellen Verhältnisse des Kunden mit bestimmten Arten von Finanzinstrumenten oder Wertpapierdienstleistungen mangels Erforderlichkeit.   11

III. Andere Formen der Einschaltung Dritter

Die bloße Tätigkeit von **Nachweisvermittlern** stellt **keine Wertpapierdienstleistung** oder Nebendienstleistung nach § 2 Abs. 3, Abs. 3a dar, so dass den Nachweisvermittler – im Gegensatz zur früheren Rechtslage (§ 2 Abs. 3 Nr. 4 WpHG aF) – auch keine Informationspflichten nach § 31 WpHG treffen.[9] Für die Anwendung des § 31e ist daher ebenfalls kein Raum, alle Verhaltenspflichten treffen uneingeschränkt das den Auftrag ausführende Wertpapierdienstleistungsunternehmen. Hinsichtlich der Informationen, die auf Angaben des Kunden beruhen, ist die allgemeine Regelung des § 31 Abs. 6 zu beachten.   12

Gleiches gilt auch dann, wenn der Nachweisvermittler **zusätzlich Anlageberatung** betreibt, solange er sich dabei **innerhalb des Ausnahmebereichs gemäß § 2a Abs. 1 Nr. 7** hält, sich also ausschließlich auf Investmentfondsanteile beschränkt und keine Befugnis besitzt, sich Eigentum oder Besitz an Geldern oder Fondsanteilen von Kunden zu verschaffen. Erstrecken sich seine Beratungsleistungen auch auf sonstige Finanzinstrumente, unterliegt er dagegen im Rahmen dieser Anlageberatung in vollem Umfang den Wohlverhaltenspflichten. Das andere Wertpapierdienstleistungsunternehmen, das im Anschluss an die Beratung den Auftrag des Kunden ausführt, kommt dann in den Genuss der Erleichterungen nach § 31e.   13

Wird ein Unternehmen als **vertraglich gebundener Vermittler** i. S. d. § 2 Abs. 10 Satz 1 KWG tätig, gilt es nach § 2a Abs. 2 ebenfalls nicht als Wertpapierdienstleistungsunternehmen, sofern es nur die Abschlussvermittlung, Anlagevermittlung, das Platzieren von Finanzinstrumenten ohne feste Übernahmeverpflichtung oder die Anlageberatung betreibt. Da die Tätigkeit des vertraglich   14

---

[9] Loy in Clouth/Lang (Hrsg.), MiFID-Praktikerhandbuch, Rn. 649 f.

§ 31f   Abschnitt 6. Verhaltensregeln, Verjährung

gebundenen Vermittlers ohnehin dem Institut oder Unternehmen zugerechnet wird, für dessen Rechnung und unter dessen Haftungsschirm er seine Tätigkeit erbringt, ist § 31e nicht anwendbar.

§ 31f Betrieb eines multilateralen Handelssystems

(1) Der Betreiber eines multilateralen Handelssystems ist verpflichtet
1. Regelungen für den Zugang von Handelsteilnehmern zu dem multilateralen Handelssystem festzulegen, die mindestens die Anforderungen für eine Teilnahme am Börsenhandel nach § 19 Abs. 2 und 4 Satz 1 des Börsengesetzes vorsehen; § 19 Abs. 4 Satz 2 des Börsengesetzes gilt entsprechend,
2. Regelungen für die Einbeziehung von Finanzinstrumenten, die ordnungsgemäße Durchführung des Handels und der Preisermittlung, die Verwendung von einbezogenen Referenzpreisen und die vertragsgemäße Abwicklung der abgeschlossenen Geschäfte festzulegen, wobei die Regelungen zum Handel und der Preisermittlung dem Betreiber keinen Ermessensspielraum einräumen dürfen,
3. über angemessene Kontrollverfahren zur Überwachung der Einhaltung der Regelungen nach Nummer 2 und zur Überwachung der Einhaltung der §§ 14 und 20a zu verfügen,
4. sicherzustellen, dass die Preise im multilateralen Handelssystem entsprechend den Regelungen des § 24 Abs. 2 des Börsengesetzes zustande kommen,
5. dafür Sorge zu tragen, dass die Aufzeichnungen über die erteilten Aufträge und abgeschlossenen Geschäfte im multilateralen Handelssystem eine lückenlose Überwachung durch die Bundesanstalt gewährleisten, und
6. unter Berücksichtigung der Art der Nutzer und der gehandelten Finanzinstrumente alle für die Nutzung des multilateralen Handelssystems erforderlichen und zweckdienlichen Informationen öffentlich bekannt zu geben.

(2) Emittenten, deren Finanzinstrumente ohne ihre Zustimmung in den Handel in einem multilateralen Handelssystem einbezogen worden sind, können nicht dazu verpflichtet werden, Informationen in Bezug auf diese Finanzinstrumente für dieses multilaterale Handelssystem zu veröffentlichen.

(3) Der Betreiber eines multilateralen Handelssystems hat der Bundesanstalt schwerwiegende Verstöße gegen die Handelsregeln und Störungen der Marktintegrität mitzuteilen; bei Anhaltspunkten für einen Verstoß gegen § 14 oder § 20a ist die Bundesanstalt unverzüglich zu unterrichten und bei ihren Untersuchungen umfassend zu unterstützen.

Schrifttum: *Clouth/Lang* (Hrsg.), MiFID Praktikerhandbuch, Heidelberg 2007; *Duve/Keller,* MiFID: Die neue Welt des Wertpapiergeschäfts, BB 2006, 2537; *Gomber/Hirschber,* Ende oder Stärkung der konventionellen Börsen?, AG 2006, 777; *Gomber/Chlistalla/Groth,* Neue Börsenlandschaft in Europa? Die Umsetzung der MiFID aus Sicht europäischer Marktplatzbetreiber, ZBB 2008, 2; *Hirschberg,* MiFID – Ein neuer Rechtsrahmen für die Wertpapierhandelsplätze in Deutschland, AG 2006, 398; *Kumpan,* Transparenz als Mittel der Kapitalmarktregulierung, WM 2006, 797; *Mutschler,* Internalisierung der Auftragsausführung im Wertpapierhandel, 2007.

Betrieb eines multilateralen Handelssystems 1, 2 § 31f

Übersicht

	Rn.
I. Regelungsgegenstand und -zweck	1
II. Pflichten des Betreibers	4
1. Zugang zum multilateralen Handelssystem	4
2. Notwendige Regelungen für den Betrieb	5
3. Kontrollverfahren	7
4. Zustandekommen der Preise	8
5. Aufzeichnungspflichten	9
6. Informationspflichten	10
7. Mitteilungs- und Unterstützungspflichten gegenüber der BaFin	11
III. Konsequenzen der Einbeziehung in den Handel für die betroffenen Emittenten	12
IV. Bewertung der Regelung	13

I. Regelungsgegenstand und -zweck

§ 31 f regelt erstmals umfassend die **Pflichten des Betreibers eines multilateralen Handelssystems** (*Multilateral Trading Facility* = MTF). Darunter ist nach der Definition in Art. 4 Abs. 1 Nr. 15 der Finanzmarktrichtlinie „ein von einer Wertpapierfirma oder einem Marktbetreiber betriebenes multilaterales System" zu verstehen, „das die Interessen einer Vielzahl Dritter am Kauf und Verkauf von Finanzinstrumenten innerhalb des Systems und nach seinen nichtdiskretionären Regeln in einer Weise zusammenführt, die zu einem Vertrag ... führt".[1] Nicht unter den Begriff fallen die Freiverkehrsegmente der Börsen,[2] die nach § 48 Abs. 3 Satz 2 BörsG abschließend im BörsG geregelt sind (vgl. § 2 Rn. 149).

Bisher waren multilaterale Handelssysteme lediglich partiell in § 59 BörsG aF als „börsenähnliche Einrichtung" geregelt. Da im Zuge der Umsetzung der MiFID das **Betreiben eines MTF** gemäß § 2 Abs. 3 Nr. 8 WpHG in den Rang einer **Wertpapierdienstleistung** aufrückte, bedurfte es einer (eingehenderen) Regelung im WpHG.[3] Diese besteht aus einer detaillierten Regelung der Pflichten des Betreibers eines MTF in § 31 f sowie Vorschriften über die Vor- und Nachhandelstransparenz in § 31 g.[4] Das **Anliegen der MiFID** ist es in diesem Bereich, einen fairen Wettbewerb zwischen den verschiedenen Handelsplätzen (geregelte Märkte, multilaterale Handelssysteme und systematische Internalisierer) zu ermöglichen. Die Anleger sollen dabei insbesondere durch weitreichende Transparenzvorschriften auch in die Lage versetzt werden, bei ihren Anlageentscheidungen verschiedene Marktplätze zu berücksichtigen.

---
[1] Im deutschen Recht ist diese Begriffsbestimmung bei der Definition der Wertpapierdienstleistung des „Betreibens eines multilateralen Handelssystems" in § 2 Abs. 3 Nr. 8 WpHG umgesetzt worden; vgl. näher § 2 Rn. 104 ff.

[2] *Bröcker* in: *Claussen*, Bank- und Börsenrecht, § 6 Rn. 20 aE. Ein Beispiel für ein MTF ist etwa die Handelsplattform *Chi-X*, betrieben von der Nomura-Tochter Instinet, vgl. *Gomber/Chlistalla/Groth*, ZBB 2008, 2, 8.

[3] Die von Finanzausschuss und BRat geforderte Verankerung der Regulierung der MTF im BörsG, lehnte der Bundestag ab, weil es sich bei dem Betreiben eines MTF um eine Wertpapierdienstleistung handele, vgl. BR-Drucks. 833/06, S. 11, BT-Drucks. 16/4037, S. 4.

[4] Für Geschäfte von Wertpapierdienstleistungsunternehmen *außerhalb eines organisierten Marktes oder multilateralen Handelssystems* bestehen dagegen nur gewisse Veröffentlichungspflichten nach § 31 h im Sinne einer beschränkten Nachhandelstransparenz.

Fuchs 1423

§ 31f 3, 4　　　　　　　　　　Abschnitt 6. Verhaltensregeln, Verjährung

3　§ 31 f bestimmt in Umsetzung von Art. 14 der Finanzmarktrichtlinie **primär die organisatorischen Grundlagen für den Betrieb eines multilateralen Handelssystems,** während der nachfolgende § 31 g die Vor- und Nachhandelstransparenz regelt. Adressaten der Vorschriften sind die Betreiber eines MTF, nicht deren Kunden. Inhaltlich geht es vor allem um Vorgaben für das Regelwerk, das der Betreiber aufzustellen hat. Dieses muss Vorschriften insbesondere über den Zugang der Handelsteilnehmer zum MTF, die Einbeziehung von Finanzinstrumenten, die ordnungsgemäße Durchführung des Handels und der Preisermittlung sowie die vertragsgemäße Abwicklung der abgeschlossenen Geschäfte enthalten (Abs. 1 Nr. 1 und Nr. 2). Darüber hinaus hat der Betreiber für die Einrichtung angemessener Kontrollverfahren zu sorgen, um die Einhaltung des Regelwerks sowie der gesetzlichen Verbote des Insiderhandels und der Marktmanipulation zu überwachen (Abs. 1 Nr. 3). Weitere Pflichten betreffen die Sicherstellung einer ordnungsgemäßen Preisbildung im multilateralen Handelssystem sowie Aufzeichnungs- und allgemeine Informationspflichten des Betreibers (Abs. 1 Nr. 4–6). Abs. 3 begründet eine Mitteilungs- und Kooperationspflicht des Betreibers gegenüber der BaFin bei schwerwiegenden Verstößen gegen die Handelsregeln und Störungen der Marktintegrität. Demgegenüber stellt Abs. 2 klar, dass Emittenten, deren Finanzinstrumente ohne ihre Zustimmung in den Handel in einem MTF einbezogen wurden, nicht zur Veröffentlichung weiterer Informationen gezwungen werden können.

II. Pflichten des Betreibers

1. Zugang zum multilateralen Handelssystem

4　In Umsetzung von Art. 14 Abs. 4 der Finanzmarktrichtlinie, der seinerseits auf Art. 42 Abs. 3 verweist, verpflichtet **Absatz 1 Nr. 1** den Betreiber zur Aufstellung von Regeln über den Zugang von Handelsteilnehmern zum MTF. Dabei sind **mindestens die gleichen Anforderungen wie für eine Teilnahme am Börsenhandel** gemäß § 19 Abs. 2 und 4 Satz 1 BörsG zu stellen. Demnach darf nur Zugang erhalten, wer gewerbsmäßig bei börsenmäßig handelbaren Gegenständen die Anschaffung und Veräußerung für eigene Rechnung (Eigengeschäfte) bzw. im eigenen Namen für fremde Rechnung (Kommissionsgeschäfte) betreibt oder die Vermittlung von Verträgen über die Anschaffung und Veräußerung (Abschluss- und Anlagevermittlung) übernimmt und dessen Gewerbebetrieb nach Art und Umfang einen in kaufmännischer Weise eingerichteten Geschäftsbetrieb erfordert. Ausgeschlossen vom direkten Zugang zum MTF sind somit jedenfalls Privatanleger und Kleingewerbetreibende, darüber hinaus auch solche vollkaufmännischen Unternehmen, die nicht zumindest in Form eines Geschäftszweigs das standardisierte Transaktionsgeschäft im Sinne der genannten Anschaffungs-, Veräußerungs- oder Vermittlungsgeschäfte betreiben. Zu den „börsenmäßig handelbaren Gegenständen" gehören neben Wertpapieren auch Waren, ausländische Zahlungsmittel bzw. Rechnungseinheiten und Derivatkontrakte.[5] Der Betreiber des MTF ist **nicht gehindert, weitergehende Anforderungen** an die Zulassung von Handelsteilnehmern **zu stellen,** etwa um einen

---

[5] Vgl. Beck in Schwark § 16 BörsG aF Rn. 17.

besonderen Qualitätsstandard zu etablieren und sich damit im Wettbewerb mit anderen Handelssystemen zu profilieren.

2. Notwendige Regelungen für den Betrieb

Nach **Abs. 1 Nr.** 2 müssen die Betreiber eines MTF eine ganze Reihe weiterer Regelungen treffen, die für den ordnungsgemäßen Betrieb eines multilateralen Handelssystems erforderlich sind. Die Vorschrift setzt Art. 14 Abs. 1 und 2 Unterabs. 1 der Finanzmarktrichtlinie um. Sie entspricht weitgehend § 59 Satz 1 Nr. 2 des BörsG aF Zu den **in ein Regelwerk aufzunehmenden Vorschriften** gehören Bestimmungen über die Einbeziehung von Finanzinstrumenten, die ordnungsgemäße Durchführung des Handels und der Preisermittlung, die Verwendung von einbezogenen Referenzpreisen und die vertragsgemäße Abwicklung der abgeschlossenen Geschäfte. Besonders hervorgehoben wird dabei, dass die **Regelungen zum Handel und zur Preisermittlung** dem Betreiber **keinen Ermessensspielraum** einräumen dürfen. Diese Bestimmungen sind daher einheitlich auf alle Aufträge anzuwenden, die über das MTF abgewickelt werden.[6] 5

Daraus folgt im Umkehrschluss, dass dem Betreiber insbesondere bei den Kriterien für die **Einbeziehung von Finanzinstrumenten** durchaus ein **Ermessensspielraum** zugebilligt werden kann. Das ist schon deshalb erforderlich, weil es keinen Kontrahierungszwang zur Einbeziehung bestimmter Finanzinstrumente in die gehandelten Gegenstände an einem MTF geben kann. Soweit es um die Schaffung von qualitativ hochstehenden, zulassungsgebundenen Prädikatsmärkten (im Freiverkehr) geht, zu denen nur Finanzinstrumente mit besonderer Ausstattung oder besonderen Anforderungen an die Emittenten (zB in Bezug auf die vertragliche Übernahme bestimmter Zulassungsfolgepflichten) gehören, dürfte allerdings die Aufstellung besonderer objektiver Zulassungskriterien und nicht die Begründung einer ermessensabhängigen Zulassungsgrundlage ganz im Vordergrund stehen.[7] 6

3. Kontrollverfahren

Abs. 1 Nr. 3 verpflichtet den Betreiber eines MTF, ein Kontrollsystem einzurichten, das die Einhaltung der Regeln nach Nr. 2 sowie der gesetzlichen Verbote von Insidergeschäften nach § 14 und der Marktmanipulation nach § 20a WpHG wirksam überwacht. Die Regelung folgt den Vorgaben des Art. 26 Abs. 1 der Finanzmarktrichtlinie und entspricht weitgehend § 59 Satz 1 Nr. 2 und 3 BörsG aF. Die Überwachung erfordert insbesondere die Beobachtung der Preise bzw. der Preisentwicklung und der Verhaltensweisen der Akteure und des Marktumfeldes.[8] 7

4. Zustandekommen der Preise

Nach **Abs. 1 Nr. 4** muss der Betreiber des MTF sicherstellen, dass die Preise entsprechend den Regelungen des § 24 Abs. 2 BörsG zustande kommen. Damit 8

---

[6] BegrRegE, BT-Drucks. 16/4028, S. 68.
[7] Vgl. ausführlich zur Marktregulierung durch Handelsrichtlinien (im Freiverkehr nach § 57 BörsG aF) *Dehlinger,* Vertragliche Marktsegmentregulierung an Wertpapierbörsen, 2003, S. 95 ff.
[8] *Schwark,* § 59 BörsG aF Rn. 14.

§ 31f   Abschnitt 6. Verhaltensregeln, Verjährung

soll die ordnungsgemäße Preisbildung im Handelssystem sichergestellt werden. Die Regelung entspricht § 59 Satz 1 Nr. 4 BörsG aF und setzt Art. 14 Abs. 1 der Finanzmarktrichtlinie um. Beim Zustandekommen der Preise gilt das **Prinzip der Kurswahrheit:** Die ermittelten Preise müssen der wirklichen Marktlage entsprechen (§ 24 Abs. 2 Satz 1 BörsG).

5. Aufzeichnungspflichten

9   Abs. 1 Nr. 5 verpflichtet den Betreiber eines MTF, dafür zu sorgen, dass die Aufzeichnungen der erteilten Aufträge und abgeschlossenen Geschäfte eine lückenlose Überwachung durch die BaFin gewährleisten. Die Regelung entspricht § 59 Satz 1 Nr. 5 BörsG aF.

6. Informationspflichten

10   Nach **Abs. 1 Nr. 6** muss der Betreiber eines multilateralen Handelssystems alle **für die Nutzung des Systems erforderlichen und zweckdienlichen Informationen veröffentlichen.** Dies sind vor allem die Informationen bezüglich Abs. 1 Nr. 1 und Nr. 2.[9] Die Regelung setzt Art. 14 Abs. 2 Unterabs. 2 und Abs. 5 der Finanzmarktrichtlinie um und entspricht im Wesentlichen § 59 Satz 1 Nr. 7 BörsG aF. Der Umfang der Informationspflicht orientiert sich nunmehr ausdrücklich an der Art der Nutzer und der gehandelten Finanzinstrumente.

7. Mitteilungs- und Unterstützungspflichten gegenüber der BaFin

11   Darüber hinaus begründet Abs. 3 **besondere Kooperationspflichten** des Betreibers gegenüber der BaFin. Er hat der BaFin zum einen **alle schwerwiegenden Verstöße gegen die Handelsregeln sowie Störungen der Marktintegrität mitzuteilen** und sie zum anderen sofort zu unterrichten, wenn Anhaltspunkte für einen Insiderhandel gem. § 14 WpHG oder eine Marktmanipulation gem. § 20a WpHG vorliegen. In diesem Fall ist die **BaFin bei ihrer Untersuchung umfassend zu unterstützen.** Die Regelung setzt Art. 26 Abs. 2 der Finanzmarktrichtlinie um und dient dazu, eine effektive Aufsichtstätigkeit der BaFin zu fördern und sicherzustellen.

III. Konsequenzen der Einbeziehung in den Handel für die betroffenen Emittenten

12   Emittenten von Finanzinstrumenten, die **ohne** deren **Zustimmung** in den Handel in einem MTF **einbezogen** worden sind, können **keinen vertraglichen Zulassungsfolgepflichten** unterworfen werden. Insbesondere sind sie nicht verpflichtet, wie **Abs. 2** ausdrücklich klarstellt, Informationen bezüglich der einbezogenen Finanzinstrumente zur Verfügung zu stellen. Diese Regelung setzt Art. 14 Abs. 6 der Finanzmarktrichtlinie um. Die sonstigen **gesetzlichen Informationspflichten** der Emittenten, also zB die Ad-hoc-Publizitätspflicht

---

[9] BegrRegE, BT-Drucks. 16/4028, S. 68.

Vor- und Nachhandelstransparenz § 31g

und die Pflicht zur Erstellung eines Jahresabschlusses, **bleiben** von dieser Regelung **unberührt**.[10]

IV. Bewertung der Regelung

Die durch § 31f statuierten Verpflichtungen für den Betreiber eines multilateralen Handelssystems (MTF) sind im Ergebnis mit den Pflichten des Betreibers eines geregelten Marktes vergleichbar. Allein die Genehmigung, Regelung und Überwachung durch staatliche Stellen unterscheidet die organisierten Märkte nach § 2 Abs. 5 noch substantiell von MTF.[11] Zusammen mit der in § 31g umfassend geregelten Vor- und Nachhandelstransparenz werden die möglichen negativen Folgen der Aufhebung des Börsenzwangs (§ 22 BörsG aF) für die Marktliquidität und den Anlegerschutz kompensiert.[12] Die Regelung der MTF im WpHG führt darüber hinaus dazu, dass diese nicht (mehr) von der Börsenaufsicht des jeweiligen Bundeslandes, sondern einheitlich durch die BaFin beaufsichtigt werden. Das erleichtert die Implementierung einheitlicher Aufsichtsstandards und kommt letztlich der Markttransparenz zugute. Da das Betreiben des MTF nicht nur eine Wertpapierdienstleistung (§ 2 Abs. 3 Nr. 8), sondern auch eine Finanzdienstleistung (§ 1 Abs. 1a Satz 2 Nr. 1b KWG) ist, bedarf der Betreiber einer Erlaubnis nach § 32 Abs. 1 KWG und unterliegt gewissen Eigenkapitalanforderungen (gemäß § 33 Abs. 1 Satz 1 Nr. 1b KWG mind. 125 000,– Euro). Auch insoweit besteht somit eine Auffangregulierung.[13] Im Ergebnis erscheint die weitgehende Gleichstellung mit den Börsen (vgl. zB § 24 Abs. 2 Satz 2 BörsG und § 33a Abs. 5 Satz 2 WpHG zur Eignung der erzielten Preise als Referenzkurse für Börsenpreise sowie als gleichwertiger Ausführungsplatz i. S. d. Best-Execution-Regeln) gerechtfertigt.

13

§ 31g Vor- und Nachhandelstransparenz für multilaterale Handelssysteme

(1) **Der Betreiber eines multilateralen Handelssystems hat für in das System einbezogene Aktien und Aktien vertretende Zertifikate, die zum Handel an einem organisierten Markt zugelassen sind, den Preis des am höchsten limitierten Kaufauftrags und des am niedrigsten limitierten Verkaufauftrags und das zu diesen Preisen handelbare Volumen kontinuierlich während der üblichen Geschäftszeiten zu angemessenen kaufmännischen Bedingungen zu veröffentlichen.**

(2) **Die Bundesanstalt kann nach Maßgabe des Kapitels IV Abschnitt 1 der Verordnung (EG) Nr. 1287/2006 Betreibern von multilateralen Handelssystemen Ausnahmen von der Verpflichtung nach Absatz 1 gestatten.**

(3) **Der Betreiber eines multilateralen Handelssystems hat den Marktpreis, das Volumen und den Zeitpunkt für nach Absatz 1 abgeschlossene Geschäfte zu angemessenen kaufmännischen Bedingungen und so weit wie möglich auf Echtzeitbasis zu veröffentlichen.**

---

[10] BegrRegE, BT-Drucks. 16/4028, S. 68.
[11] Bröcker in *Claussen, Bank- und Börsenrecht*, § 6 Rn. 67; vgl. auch *Duve/Keller*, BB 2006, 2537, 2538.
[12] *Ehlers*, Wertpapierhandel über Neue Medien, 2007, S. 79.
[13] Vgl. *Spindler/Kasten*, WM 2006, 1749, 1755.

§ 31g 1   Abschnitt 6. Verhaltensregeln, Verjährung

(4) **Die Bundesanstalt kann nach Maßgabe von Kapitel IV Abschnitt 3 der Verordnung (EG) Nr. 1287/2006 je nach Art und Umfang der abgeschlossenen Geschäfte eine verzögerte Veröffentlichung von Informationen nach Absatz 3 gestatten. Der Betreiber eines multilateralen Handelssystems hat eine Verzögerung nach Satz 1 zu veröffentlichen.**

(5) **Die Einzelheiten der Veröffentlichungspflichten nach den Absätzen 1, 3 und 4 regelt Kapitel IV Abschnitt 1, 3 und 4 der Verordnung (EG) Nr. 1287/ 2006.**

Schrifttum: Siehe bei § 31 f.

Übersicht

	Rn.
I. Regelungsgegenstand und -zweck	1
II. Vorhandelstransparenz	3
1. Grundsatz	3
2. Befreiungsmöglichkeit im Einzelfall	7
III. Nachhandelstransparenz	8
1. Grundsatz	8
2. Gestattung einer verzögerten Veröffentlichung	9
IV. Verweis auf die Durchführungsverordnung	10

I. Regelungsgegenstand und -zweck

1   Die Norm enthält Regelungen zu den Informationen, die der Betreiber eines multilateralen Handelssystems (MTF) einerseits während der üblichen Handelszeiten kontinuierlich zu veröffentlichen hat (Abs. 1), andererseits nach dem Abschluss von Geschäften über das Handelssystem bekanntgeben muss (Abs. 3). Durch die Regelung dieser Pflichten zur **Vor- und Nachhandelstransparenz** soll für multilaterale Handelssysteme **das gleiche Transparenzniveau wie am regulierten Markt** hergestellt werden, für den mit §§ 30, 31 BörsG parallele Regelungen gelten. Die Vorschrift des § 31 g darf daher nicht isoliert gesehen werden, sondern ist eingebettet in ein ausdifferenziertes Transparenzregime für den Kapitalmarkt, das durch die Finanzmarktrichtlinie (MiFID) errichtet und im Wege der Umsetzung in die nationalen Kapitalmarktgesetze sowie durch die unmittelbar geltenden Präzisierungen der Durchführungsverordnung zur MiFID (im Folgenden: DVO)[1] verwirklicht wird. Als unmittelbar in allen Mitgliedstaaten geltendes (Art. 249 Abs. 2 EG) sekundäres Gemeinschaftsrecht sorgen die Regelungen in Kapitel IV der DVO insoweit für eine tatsächlich europaweit identische Ausgestaltung der wichtigen Transparenzvorschriften. Neben die übereinstimmend für geregelte Märkte und multilaterale Handelssysteme ausgestalteten Vorschriften zur Vorhandelstransparenz (§ 30 BörsG, § 31 g Abs. 1 WpHG) und zur Nachhandelstransparenz (§ 31 BörsG, § 31 g Abs. 3 WpHG) treten die Vorschriften zur Nachhandelstransparenz für Wertpapierdienstleis-

---

[1] Verordnung (EG) Nr. 1287/2006 der Kommission vom 10. 8. 2006 zur Durchführung der Richtlinie 2004/39/EG des Europäischen Parlaments und des Rates betreffend die *Aufzeichnungspflichten für Wertpapierfirmen, die Meldung von Geschäften, die Markttransparenz, die Zulassung von Finanzinstrumenten zum Handel und bestimmte Begriffe* im Sinne dieser Richtlinie, ABl. Nr. L 241 vom 2. 9. 2006, S. 1.

tungsunternehmen in § 31 h sowie die speziell geregelte Vorhandelstransparenz für systematische Internalisierer in § 32 a.

Die **überragende Bedeutung der Sicherung einer hohen Transparenz** **im Kapitalmarkt** verdeutlicht Erwägungsgrund 44 der MiFID. Danach soll Transparenz zum einen die Anleger schützen und zum anderen ein reibungsloses Funktionieren der Wertpapiermärkte gewährleisten. Transparenz ist Voraussetzung für Fairness und Effizienz des Marktes. Konkretes Ziel der detaillierten Transparenzvorschriften ist es, dem Anleger zu ermöglichen, schnell und kostengünstig Marktinformationen von verschiedenen Marktplätzen bei seiner Anlageentscheidung zu berücksichtigen.[2] In der Vergangenheit war ein solcher Vergleich nicht immer möglich, da einige Marktplätze die bei ihnen bestehenden Handelsmöglichkeiten nicht veröffentlichten. Darüber hinaus war es bisher vielfach gängige Praxis, für besonders kurssensible Transaktionen gezielt auf den intransparenten außerbörslichen Handel auszuweichen. Dem sollen die neuen, umfassenderen Transparenzregeln (zumindest in gewissem Maße) entgegenwirken. Jedenfalls soll ein *„level playing field"* zwischen geregelten Märkten, multilateralen Handelssystemen und systematischen Internalisierern **als Basis für einen fairen und effizienzsteigernden Wettbewerb zwischen den verschiedenen Handelsplätzen** errichtet werden.[3] Ein unschätzbarer Vorteil der neuen Regelung liegt darin, dass die Anleger nunmehr auch im Nachhinein ihre Wertpapierdienstleister überprüfen können, indem sie die Bedingungen, zu denen ihre Geschäfte ausgeführt wurden, mit denen anderer Marktplätze vergleichen und auf diese Weise feststellen können, ob ihre Order tatsächlich am für sie günstigsten Markt ausgeführt wurde.

II. Vorhandelstransparenz

1. Grundsatz

Die Vorhandelstransparenz umfasst die relevanten Informationen vor Abschluss einer Transaktion, die es dem potentiellen Anleger ermöglichen, sich Klarheit über die aktuelle Auftragslage am Markt zu verschaffen. Die Auswertung der Informationen kann dabei insbesondere zur besseren Abschätzung zukünftiger Preisentwicklungen dienen.[4] **Abs. 1 regelt die Vorhandelstransparenz** für multilaterale Handelssysteme (MTF) und setzt damit Art. 29 Abs. 1 der Finanzmarktrichtlinie um. Die Bestimmungen bleiben allerdings **rudimentär** und geben gewissermaßen als „Orientierungshilfe" lediglich die Mindestvoraussetzungen der Vorhandelstransparenz vor.[5] **Die detaillierten Anforderungen** in diesem Bereich sind **in Art. 17 ff. DVO** (Kapitel IV Abschnitt 1 der DVO) zu finden. Entsprechend dem Ziel der Schaffung eines *„level playing field"*, also gleicher Bedingungen für die verschiedenen Handelssysteme, sind die Vorschriften

---

[2] *Vollmuth/Seifert* in *Clouth/Lang* (Hrsg.), MiFID-Praktikerhandbuch, Rn. 855.
[3] Vgl. Erwägungsgründe 5, 34 und 44 der MiFID. Als „Handelsplatz" definiert Art. 2 Nr. 8 DVO „einen geregelten Markt, multilaterale Handelssysteme („Multilateral Trading Facilities"/„MTF") oder systematische Internalisierer, die in dieser Eigenschaft handeln und gegebenenfalls ein System außerhalb der Gemeinschaft mit ähnlichen Funktionen wie ein geregelter Markt oder ein MTF betreiben".
[4] *Vollmuth/Seifert* in *Clouth/Lang* (Hrsg.), MiFID-Praktikerhandbuch, Rn. 857.
[5] *Vollmuth/Seifert* in *Clouth/Lang* (Hrsg.), MiFID-Praktikerhandbuch, Rn. 895.

§ 31g 4–6   Abschnitt 6. Verhaltensregeln, Verjährung

zur Vorhandelstransparenz für MTF wie auch für geregelte Märkte übereinstimmend ausgestaltet.[6]

4   Der **sachliche Anwendungsbereich** beschränkt sich auf **Aktien und Aktien vertretende Zertifikate, die zum Handel an einem organisierten Markt zugelassen** sind. Die Einbeziehung der Aktien vertretenden Zertifikate geht über die zwingenden Vorgaben der Finanzmarktrichtlinie hinaus; sie war auch im ursprünglichen Regierungsentwurf noch nicht vorgesehen und ist erst auf Initiative des Finanzausschusses erfolgt, um den in der Praxis üblichen Handel mit derartigen „Zweitverbriefungen" zu ermöglichen.[7] Diese verdanken ihre Existenz vor allem dem Umstand, dass ausländische Aktien (wie zB italienische, russische oder japanische Namensaktien oder das englische „share certificate") aufgrund rechtlicher Beschränkungen oder fehlender Lagerstellen in Deutschland als solche nicht handelbar sind[8] und erst durch sie vertretende Zertifikate mittelbar zum Handelsgegenstand gemacht werden können.

5   In Bezug auf die erfassten Zertifikate und Aktien muss der Betreiber des MTF während der üblichen Geschäftszeiten **kontinuierlich bestimmte Angaben veröffentlichen,** die zumindest den Preis des am höchsten limitierten Kaufauftrages und des am niedrigsten limitierten Verkaufsauftrages sowie das zu diesen Preisen handelbare Volumen umfasst. Die im Regierungsentwurf des FRUG noch vorgesehene Pflicht zur Veröffentlichung des reinen Handelsinteresses wurde gestrichen, da sie nicht durch die Finanzmarktrichtlinie vorgeschrieben ist und das FRUG grundsätzlich nur eine „1:1-Umsetzung" der Richtlinie anstrebt.[9] **Adressaten** dieser Veröffentlichungen sind die Kunden des MTF, nicht die Öffentlichkeit.[10] Die veröffentlichten Informationen müssen für die Kunden **zu angemessenen kaufmännischen Bedingungen zugänglich** sein. Dies bedeutet, dass der Betreiber sie nicht unbedingt kostenlos zur Verfügung stellen muss, sondern durchaus ein gewisses Entgelt verlangen kann, solange dies keine substantiellen Abschreckungseffekte hinsichtlich der Nutzung des Informationsangebotes auslöst. Andernfalls würde der Zweck der Vorhandelstransparenz konterkariert. Nicht angemessen dürften jedenfalls Preisgestaltungen sein, die über eine gewisse Kostenbeteiligung der Nutzer hinausgehen und die Bereitstellung der erforderlichen Informationen zu einer eigenen Quelle der Gewinnerzielung für den Betreiber des MTF machen würden.

6   Die **Einzelheiten zur Ausgestaltung der Transparenzpflicht** ergeben sich aus Art. 17 DVO, der danach unterscheidet, welches Marktmodell dem jeweiligen MTF zu Grunde liegt. Insoweit wird differenziert zwischen **Orderbuch-Handelssystemen** basierend auf einer fortlaufenden Auktion (Art. 17 Abs. 2 DVO), **Market-Maker-Handelssystemen** (Art. 17 Abs. 3 DVO), Handelssystemen auf der Grundlage **periodischer Auktionen** (Art. 17 Abs. 4) und – als Auffangtatbestand – **sonstigen Handelssystemen,** die nicht unter eine der drei erwähnten Kategorien fallen (Art. 17 Abs. 5). Anhang II der VO enthält als Tabelle 1 eine graphische Zusammenstellung der Beschreibungen der Systeme und der jeweils zu veröffentlichenden Informationen. Die unterschiedlichen An-

---

[6] Gleiches gilt für die Nachhandelstransparenz, dazu Rn. 8 f.
[7] Vgl. Bericht des Finanzausschusses, BT-Drucks. 16/4899, S. 12.
[8] *Bericht des Finanzausschusses,* BT-Drucks. 16/4899, S. 12.
[9] Bericht des Finanzausschusses, BT-Drucks. 16/4899 S. 12.
[10] *Vollmuth/Seifert* in *Clouth/Lang* (Hrsg.), MiFID-Praktikerhandbuch, Rn. 895.

forderungen an die diversen Systeme ergeben sich aus ihrer verschiedenartigen Funktionsweise. Trotz des erheblichen Regelungsaufwands ist eine derart flexible Regulierung letztlich zu begrüßen, weil sie einerseits ein ausreichendes Maß an Transparenz für jedes System garantiert und andererseits keinen regulatorischen Anpassungszwang auf die vorhandenen Systeme ausübt, sondern den in der Praxis entwickelten Marktmodellen genügend Spielraum lässt – auch für weitere Innovationen.[11]

2. Befreiungsmöglichkeit im Einzelfall

In Umsetzung von Art. 29 Abs. 2 und 3 in Verbindung mit Art. 64 Abs. 2 der Finanzmarktrichtlinie ermöglicht es **Abs. 2**, dass die **BaFin** Betreibern von MTF **Ausnahmen von der Vorhandelstransparenz** nach Abs. 1 gestatten kann. Die BaFin ist dabei an die Regelungen in Kapitel IV Abschnitt 1 der DVO gebunden, die in Art. 18 bis 20 insbesondere Ausnahmen **aufgrund des Marktmodells**, aufgrund **der Art der Geschäfte** (insbesondere ausgehandelte Geschäfte, sog. „Negotiated Trades") und aufgrund **des Volumens der Geschäfte** vorsehen.[12] Ausnahmen für bestimmte Marktmodelle dienen dazu, neue technologische Entwicklungen in Bezug auf den Handelsablauf bzw. die Marktstruktur nicht von vornherein an den Transparenzanforderungen scheitern zu lassen.[13] Aufgrund des Volumens können Ausnahmen insbesondere für den so genannten Blockhandel („Block Trades") gemacht werden, der im Vergleich zum marktüblichen Geschäftsumfang für eine bestimmte Aktie oder Aktiengattung ein großes Volumen aufweist.[14]

III. Nachhandelstransparenz

1. Grundsatz

Der Betreiber eines MTF hat auch die Nachhandelstransparenz für abgeschlossene Geschäfte sicherzustellen. **Abs. 3** verpflichtet ihn, den **Marktpreis**, das **Volumen** und den **Zeitpunkt der abgeschlossenen Geschäfte** zu angemessenen kaufmännischen Bedingungen zu veröffentlichen. Die Regelung setzt Art. 30 Abs. 1 Satz 1 und 2 der Finanzmarktrichtlinie um. Die Verpflichtung geht dahin, **„soweit wie möglich auf Echtzeitbasis"** zu veröffentlichen. Art. 29 Abs. 2 der DVO konkretisiert diese Anforderung insoweit, als die Informationen **in jedem Fall innerhalb von drei Minuten** nach dem betreffenden Geschäft zur Verfügung stehen müssen. Eine solche zeitnahe Information ist am schnelllebigen Kapitalmarkt von großer Bedeutung, zumal alte, bereits überholte Informationen in der Regel keinen Wert mehr für die Anleger haben. Die Einhaltung der strikten Zeitvorgabe dürfte eine ambitionierte Aufgabe für die Handelssysteme darstellen, abgesehen von den Börsen, welche diese Frist bereits zuvor erfüllten.[15]

[11] *Hirschberg*, AG 2006, 398, 404.
[12] Zu weiteren Einzelheiten bezüglich der verschiedenen Ausnahmen siehe *Vollmuth/ Seifert* in *Clouth/Lang* (Hrsg.), MiFID-Praktikerhandbuch, Rn. 904 ff.
[13] *Kumpan*, WM 2006, 797, 800.
[14] *Kumpan*, WM 2006, 797, 800.
[15] *Gomber/Hirschberg*, AG 2006, 777, 780.

§ 31h Abschnitt 6. Verhaltensregeln, Verjährung

2. Gestattung einer verzögerten Veröffentlichung

9   **Abs. 4** gestattet allerdings der BaFin, ausnahmsweise eine verzögerte Veröffentlichung zu genehmigen. Diese Möglichkeit soll Beteiligte schützen, die eine Risikoposition eingehen.[16] Die Regelung setzt Art. 30 Abs. 2 und 3 in Verbindung mit Art. 64 Abs. 2 der Finanzmarktrichtlinie um. Die BaFin ist bei der Entscheidung über die Genehmigung einer Verzögerung an Kapitel IV Abschnitt 3 der VO gebunden. Insbesondere **Art. 28 DVO** ist zu beachten, der in Verbindung mit **Tabelle 4 im Anhang II der DVO** den maximal möglichen Verzögerungszeitraum festlegt. Dieser ist abhängig von der Überschreitung größenmäßiger Schwellenwerte und reicht von 60 Minuten bis zum Ende des dritten Handelstages, der auf den Tag des Geschäftsabschlusses folgt. Eine völlige Ausnahme von der Veröffentlichungspflicht ist demgegenüber nicht möglich. Die Tatsache der Verzögerung einer Veröffentlichung ist ihrerseits gemäß § 31g Abs. 4 Satz 2 zu veröffentlichen. Insgesamt sind die Regelungen zur Nachhandelstransparenz und ihre Ausnahmen strenger als die entsprechenden Regelungen zur Vorhandelstransparenz.[17]

IV. Verweis auf die Durchführungsverordnung

10   **Abs. 5** verweist für die Einzelheiten der Ausgestaltung der Vor- und Nachhandelstransparenz auf Kapitel IV Abschnitt 1, 3 und 4 der DVO.[18] Angesichts deren unmittelbarer Geltung als Rechtsnormen des sekundären Gemeinschaftsrechts (Art. 249 Abs. 2 EG) kommt dem zwar **nur deklaratorische Bedeutung** zu, trägt aber immerhin zur Rechtsklarheit bei. Von besonderer Relevanz sind insbesondere die Art. 17 bis 20, 27, 29, 30 und 32 bis 34.

§ 31h Veröffentlichungspflichten von Wertpapierdienstleistungsunternehmen nach dem Handel

(1) **Wertpapierdienstleistungsunternehmen, die Geschäfte im Rahmen von Wertpapierdienstleistungen nach § 2 Abs. 3 Satz 1 Nr. 1 bis 4 mit zum Handel an einem organisierten Markt zugelassenen Aktien und Aktien vertretenden Zertifikaten außerhalb eines organisierten Marktes oder eines multilateralen Handelssystems abschließen, sind verpflichtet, das Volumen, den Marktpreis und den Zeitpunkt des Abschlusses dieser Geschäfte zu angemessenen kaufmännischen Bedingungen und soweit wie möglich auf Echtzeitbasis zu veröffentlichen.**

(2) **Die Bundesanstalt kann nach Maßgabe von Kapitel IV Abschnitt 3 der Verordnung (EG) Nr. 1287/2006 je nach Umfang der abgeschlossenen Geschäfte eine verzögerte Veröffentlichung von Informationen nach Absatz 1**

---

[16] *Vollmuth/Seifert* in *Clouth/Lang* (Hrsg.), MiFID-Praktikerhandbuch, Rn. 911.
[17] *Kumpan*, WM 2006, 797, 802.
[18] Vgl. oben Fn. 1.

Veröffentlichungspflichten von WpDU nach dem Handel   1–3   § 31h

gestatten. **Das Wertpapierdienstleistungsunternehmen hat eine Verzögerung nach Satz 1 zu veröffentlichen.**

(3) **Die Einzelheiten der Veröffentlichungspflichten nach den Absätzen 1 und 2 regelt Kapitel IV Abschnitt 3 und 4 der Verordnung (EG) Nr. 1287/ 2006 der Kommission.**

Schrifttum: siehe § 31 f

Übersicht

		Rn.
I.	Regelungsgegenstand und -zweck	1
II.	Nachhandelstransparenz außerhalb organisierter Märkte und multilateraler Handelssysteme	4
	1. Umfang der Veröffentlichungspflichten	4
	2. Gestattung einer verzögerten Veröffentlichung	7
III.	Verweis auf die Durchführungsverordnung	8

I. Regelungsgegenstand und -zweck

§ 31 h statuiert **Pflichten zur Nachhandelstransparenz** auch für bestimmte **1** Geschäfte von Wertpapierdienstleistungsunternehmen, die diese **außerhalb eines organisierten Marktes oder eines multilateralen Handelssystems** abschließen. Vorausgesetzt wird zum einen eine **transaktionsbezogene Wertpapierdienstleistung** nach § 2 Abs. 3 Satz 1 Nr. 1–4, also im Rahmen eines Finanzkommissionsgeschäfts, des Eigenhandels, einer Abschluss- oder Anlagevermittlung. Zum anderen muss es sich beim **Handelsgegenstand** um Aktien oder Aktien vertretende Zertifikate handeln, die zum Handel an einem organisierten Markt oder in einem multilateralen Handelssystem zugelassen sind.

Die Regelung bezweckt eine **gewisse Vereinheitlichung der Transpa- 2 renzvorschriften** für organisierte Märkte, multilaterale Handelssysteme und sonstige Handelsaktivitäten von Wertpapierdienstleistungsunternehmen. Konkret geht es darum, dass auch Umsätze außerhalb von organisierten Märkten und MTF bekannt werden, sofern sie Aktien oder Aktien vertretende Zertifikate betreffen, die an einem dieser Handelsplätze zugelassen sind. Dadurch sollen die Anleger in die Lage versetzt werden, sich ein **Gesamtbild des Marktes bezüglich der betroffenen Handelsgegenstände** zu verschaffen.[1]

Die Verpflichtung von Wertpapierdienstleistungsunternehmen zur (begrenz- **3** ten) Nachhandelstransparenz auch im außerbörslichen Bereich ist für Deutschland neu.[2] Sie beruht auf der Umsetzung von Art. 28 der Finanzmarktrichtlinie. In ihrem Anwendungsbereich nicht auf sie beschränkt, aber **von besonderer praktischer Relevanz** ist die Vorschrift **für systematische Internalisierer** i. S. d. § 32, die im Übrigen weiteren Pflichten nach §§ 32 a–32 d unterliegen, insbesondere auch zu einer Vorhandelstransparenz (§ 32 a). Für andere Wertpapierdienstleistungsunternehmen existieren dagegen keine entsprechenden Vorhandelstransparenzpflichten.

---

[1] *Vollmuth/Seifert* in *Clouth/Lang* (Hrsg.), MiFID-Praktikerhandbuch, Rn. 920.
[2] *Vollmuth/Seifert* in *Clouth/Lang* (Hrsg.), MiFID-Praktikerhandbuch, Rn. 920.

§ 31h   4–7   Abschnitt 6. Verhaltensregeln, Verjährung

II. Nachhandelstransparenz außerhalb organisierter Märkte und multilateraler Handelssysteme

1. Umfang der Veröffentlichungspflichten

4   Inhaltlich entsprechen die **Veröffentlichungspflichten** eines Wertpapierdienstleistungsunternehmens nach § 31h Abs. 1 **denen des Betreibers eines multilateralen Handelssystems** nach § 31g Abs. 3.[3] Zu veröffentlichen sind das Volumen, der Marktpreis und der Zeitpunkt des Geschäftsabschlusses. Dies muss „soweit wie möglich" auf Echtzeitbasis erfolgen, spätestens innerhalb von drei Minuten. Weitere Einzelheiten ergeben sich aus Art. 27 DVO, der weiter auf Tabelle 1 im Anhang I der DVO verweist.

5   **Systematische Internalisierer,** die zu den wohl wichtigsten, aber nicht zu den einzigen Normadressaten gehören, haben nach Art. 27 Abs. 2 und 3 DVO die Möglichkeit, bei der Meldung der Geschäfte die Angabe des Handelsplatzes durch das Akronym „SI" zu ersetzen, soweit sie quartalsweise Daten zu den ausgeführten Transaktionen in aggregierter Form zur Verfügung stellen.[4] In der Literatur wird diese **Ausnahmevorschrift** teilweise als „schwer nachzuvollziehen" und „problematisch" bewertet.[5] Art. 27 Abs. 4 DVO regelt des Weiteren, welche Partei des Geschäfts zur Veröffentlichung verpflichtet ist.

6   **Abs. 1 beschränkt die Transparenzpflicht auf bestimmte Wertpapierdienstleistungen;** verwiesen wird auf § 2 Abs. 3 Satz 1 Nr. 1 bis 4, also transaktionsbezogene Dienstleistungen für andere **im Rahmen des Finanzkommissionsgeschäfts, des Eigenhandels, der Abschluss- und der Anlagevermittlung.** Problematisch erscheint die Ausklammerung des Eigengeschäfts, das in § 2 Abs. 3 Satz 2 geregelt ist. Dass insoweit keine Dienstleistung für andere vorliegt, ist vor dem Hintergrund des Normzwecks unbeachtlich. Denn für die Transparenz von Anschaffungs- und Veräußerungsgeschäften bezüglich der erfassten Finanzinstrumente im Markt kann es nicht darauf ankommen, ob das Geschäft durch den Wertpapierdienstleister für eigene oder fremde Rechnung getätigt wird. Da auch die DVO keine entsprechende Ausnahme enthält, ist die **Nichterwähnung des Eigengeschäfts** als **unbeachtliches Redaktionsversehen** einzustufen.[6]

2. Gestattung einer verzögerten Veröffentlichung

7   In Umsetzung von Art. 28 Abs. 2 der Finanzmarktrichtlinie sieht **Abs. 2** die Möglichkeit vor, die betreffenden Informationen statt in Echtzeit erst mit einer gewissen Verzögerung zu veröffentlichen. Voraussetzung ist eine **explizite Gestattung durch die BaFin.** Zudem muss das Wertpapierdienstleistungsunternehmen die Verzögerung veröffentlichen. Die Regelung ist bis auf den Normadressaten wortgleich mit der in § 31g Abs. 4, so dass wegen weiterer Einzelheiten auf die dortige Kommentierung verwiesen wird.

---

[3] Insoweit kann auf die Kommentierung zu § 31g verwiesen werden.
[4] Diese müssen die in Art. 27 Abs. 3 der DVO aufgezählten Informationen enthalten.
[5] *Hirschberg,* AG 2006, 398, 405.
[6] Im Ergebnis ebenso *Vollmuth/Seifert* in *Clouth/Lang* (Hrsg.), MiFID-Praktikerhandbuch, Rn. 877 (deren Erwähnung des Eigenhandels statt des in § 2 Abs. 3 Satz 2 geregelten Eigengeschäfts wohl ebenfalls als Redaktionsversehen einzustufen ist).

Systematische Internalisierung 1, 2 § 32

III. Verweis auf die Durchführungsverordnung

Abs. 3 enthält für Einzelheiten zu den Veröffentlichungspflichten eine **deklaratorische Verweisung** auf Kapitel IV Abschnitt 3 und 4 der Durchführungsverordnung zur MiFID. Von Bedeutung sind hier insbesondere die Artikel 27 bis 29 Nr. 2 bis 5 und die Artikel 30 und 32, wobei Art. 27 Abs. 1 die einzelnen zu veröffentlichenden Informationen bestimmt. Anders als die Parallelvorschrift des § 31g Abs. 5 verweist § 31h Abs. 3 nicht auf Kapital IV Abschnitt 1 der DVO, weil die darin enthaltenen Vorschriften nur für geregelte Märkte und multilaterale Handelssysteme gelten. 8

§ 32 Systematische Internalisierung

Die §§ 32a bis 32d gelten für systematische Internalisierer, soweit sie Aufträge in Aktien und Aktien vertretenden Zertifikaten, die zum Handel an einem organisierten Markt zugelassen sind, bis zur standardmäßigen Marktgröße ausführen. Einzelheiten sind in den Kapiteln III und IV Abschnitt 2 und 4 der Verordnung (EG) Nr. 1287/2006 geregelt. Ein Markt im Sinne dieser Vorschriften besteht für eine Aktiengattung aus allen Aufträgen, die in der Europäischen Union im Hinblick auf diese Aktiengattung ausgeführt werden, ausgenommen jene, die im Vergleich zur normalen Marktgröße für diese Aktien ein großes Volumen aufweisen.

Schrifttum: siehe § 31f

Übersicht

	Rn.
I. Regelungsgegenstand und -zweck	1
II. Anwendungsbereich der besonderen Pflichten für systematische Internalisierer (Satz 1)	3
1. Handelsgegenstände	3
2. Standardmäßige Marktgröße	4
III. Verweis auf die europäische Durchführungsverordnung (Satz 2)	6
IV. Marktbestimmung (Satz 3)	7

I. Regelungsgegenstand und -zweck

Die Vorschrift bestimmt, unter welchen Umständen die in § 2 Abs. 10 definierten **systematischen Internalisierer** die **besonderen Pflichten** treffen, die in den nachfolgenden §§ 32a–32d geregelt sind. Dies hängt zum einen davon ab, ob sich die ausgeführten Aufträge auf Aktien oder Aktien vertretende Zertifikate (§ 2 Abs. 1 Nr. 2) beziehen, die an einem organisierten Markt (§ 2 Abs. 5) zugelassen sind. Zum anderen erfasst die Regelung nur Aufträge, die eine bestimmte Größenordnung nicht überschreiten („bis zur standardmäßigen Marktgröße"). 1

Die Regelung setzt Art. 27 Abs. 1 Unterabs. 2 der Finanzmarktrichtlinie um. Die **Erstreckung der Transparenzpflichten auf bilaterale außerbörsliche Handelssysteme** stellt für Deutschland ein Novum dar.[1] Sie dient der ange- 2

---

[1] Dies bedeutet aber nicht, dass es insoweit zuvor keinerlei Transparenz gegeben hätte, *Vollmuth/Seifert* in *Clouth/Lang* (Hrsg.), MiFID-Praktikerhandbuch, Rn. 872. Die Börsen-

§ 32 3, 4 Abschnitt 6. Verhaltensregeln, Verjährung

strebten Schaffung eines „*level-playing-field*" für alle Marktsysteme sowie der Schaffung größtmöglicher Transparenz für die Anleger.[2] Damit soll zugleich eine effiziente Bewertung der Aktien unterstützt und den Wertpapierdienstleistungsunternehmen ermöglicht werden, für ihre Kunden die besten Geschäftskonditionen zu erzielen (vgl. Art. 27 Abs. 7 MiFID).

II. Anwendungsbereich der besonderen Pflichten für systematische Internalisierer (Satz 1)

1. Handelsgegenstände

3 § 32 Satz 1 bestimmt zum einen, dass die systematischen Internalisierer[3] die Pflichten der nachfolgenden Paragraphen nur dann treffen, wenn sie **Aufträge in Aktien und Aktien vertretenden Zertifikaten** (§ 2 Abs. 1 Nr. 2) ausführen, die **zum Handel an einem organisierten Markt** (§ 2 Abs. 5) **zugelassen** sind. Andere Wertpapiere bleiben somit ausgeklammert. Die **Einbeziehung von Aktien vertretenden Zertifikaten** (§ 2 Abs. 1 Nr. 2) geht über die Verpflichtung durch die MiFID hinaus, entspricht jedoch der ohnehin gängigen Praxis zumindest bei Börsen.[4] Sie wurde durch den Finanzausschuss angeregt, um ansonsten in Deutschland nicht handelbare ausländische Aktien über eine Zweitverbriefung erfassen zu können.[5] Auch wenn § 32 Satz 3 sowie die nachfolgenden Vorschriften (§§ 32a–32d) jeweils nur „Aktien" und „Aktiengattungen" erwähnen, sind sie in gleicher Weise auf Zertifikate, die Aktien vertreten, anzuwenden. Angesichts der eindeutigen Regelung in § 32 Satz 1 handelt es sich bei der fehlenden Nennung der Zertifikate in den Einzelvorschriften lediglich um ein unbeachtliches Redaktionsversehen.[6]

2. Standardmäßige Marktgröße

4 Die besonderen Pflichten für die systematische Internalisierung beschränken sich nach Satz 1 zum anderen auf **Aufträge bis zur standardmäßigen Marktgröße**. Dies bedeutet im Umkehrschluss, dass diejenigen systematischen Internalisierer, die ausschließlich Aufträge oberhalb dieser Größe ausführen, von den Pflichten ausgenommen sind.[7] Führen sie dagegen Geschäfte sowohl innerhalb als auch außerhalb dieser Größenordnung aus, unterliegen sie den Bestimmungen **nur insoweit**, wie die Aufträge die Standardmarktgröße nicht überschreiten.[8]

---

sachverständigenkommission hatte allerdings noch 2001 Vorschriften über die Veröffentlichung von Preisen und Umsätzen für bilaterale Systeme als nicht notwendig angesehen, vgl. BSK, Empfehlungen zur Regulierung alternativer Handelssysteme, S. 12f. Zur ökonomischen Beurteilung der Internalisierung im Spannungsfeld von Fragmentierung und Konsolidierung des Auftragsvolumens s. *Mutschler*, S. 70ff. mwN.

[2] Vgl. Erwägungsgründe 5, 34 und 44 der MiFID.
[3] Vgl. zu deren Definition in § 2 Abs. 10 die Ausführungen in § 2 Rn. 166ff.
[4] *Duve/Keller*, BB 2006, 2537, 2540; zur Zulässigkeit Erwägungsgrund 46.
[5] Bericht des Finanzausschusses, BT-Drucks. 16/4899, S. 28.
[6] Im Ergebnis ebenso *Vollmuth/Seifert* in *Clouth/Lang*, MiFID-Praktikerhandbuch, Rn. 896 (zu § 32 Satz 3).
[7] Art. 27 Abs. 1 Unterabs. 2 Satz 2 der MiFID; nach Erwägungsgrund 53 soll hierdurch eine Gefährdung des OTC-Geschäfts vermieden werden.
[8] BegrRegE, BT-Drucks. 16/4028, S. 69.

Zur **Bestimmung der Standardmarktgröße** sind die Vorgaben zu beachten, die einerseits in der Durchführungsverordnung (DVO) zur MiFID enthalten sind (hierzu Rn. 6), andererseits durch die BaFin nach Maßgabe des § 32 b bestimmt werden (Festlegung der Klassen von Aktiengattungen, die ihren unter Liquiditätsgesichtspunkten wichtigsten Markt in Deutschland haben). **Art. 23 DVO** verweist auf **Tabelle 3 des Anhangs II**. Danach kommt es auf den durchschnittlichen (Geld-)Wert aller innerhalb der EU getätigten Geschäfte für das jeweilige Wertpapier an. Zur Vereinfachung der Handhabung werden dabei bestimmte Kategorien für den durchschnittlichen Wert der Geschäfte (DWG) gebildet, denen jeweils eine bezifferte Standardmarktgröße zugeordnet wird. Diese beträgt zB 7500,– Euro bei einem DWG unter 10000,– Euro, 15000,– Euro bei einem DWG von 10000,– bis unter 20000,– Euro; ab diesem Betrag steigt sie auf 25000,– Euro, sofern der DWG unterhalb der Marke von 30000,– Euro bleibt, auf 35000,– Euro bei einem DWG von 30000,– Euro bis unter 40000,– Euro; im Bereich von 50000,– Euro bis knapp unter 70000,– Euro DWG beträgt die Standardmarktgröße dann 60000,– Euro usw.

III. Verweis auf die europäische Durchführungsverordnung (Satz 2)

Satz 2 des § 32 **verweist** für weitere Einzelheiten generell **auf** die Kapitel II und IV Abschnitt 2 und 4 der **Durchführungsverordnung zur MiFID**.[9] Da die Verordnung als Rechtsnorm des sekundären Gemeinschaftsrechts ohnehin unmittelbar in jedem Mitgliedstaat gilt (Art. 249 Abs. 2 EG), hat dieser Verweis **lediglich deklaratorische Bedeutung**. Zu beachten sind hier insbesondere die Art. 9, 21 bis 23, 29, 30 und 32 DVO,[10] welche die Bestimmung des unter Liquiditätsaspekten wichtigsten Marktes, die Kriterien zur Einstufung als systematischer Internalisierer, die Bestimmung liquider Aktien und der Standardmarktgröße sowie Vorgaben für die Veröffentlichung im Rahmen der Vorhandels- und Nachhandelstransparenz betreffen. Auf diese und andere Vorschriften ist ergänzend zurückzugreifen, soweit sie nicht ohnehin Eingang in die gesetzlichen Regelungen der §§ 32a–32d gefunden haben. Die einschlägigen Vorschriften der DVO werden im Rahmen der Kommentierung der folgenden Vorschriften jeweils an passender Stelle behandelt.

IV. Marktbestimmung (Satz 3)

§ 32 **Satz 3** bestimmt den **Begriff des Marktes** für die Vorschriften der §§ 32a–32d. Die Regelung setzt Art. 27 Abs. 1 Unterabs. 5 der Finanzmarkt-

---

[9] Verordnung (EG) Nr. 1287/2006 vom 10. 8. 2006 zur Durchführung der Richtlinie 2004/39/EG des Europäischen Parlaments und des Rates betreffend die Aufzeichnungspflichten für Wertpapierfirmen, die Meldung von Geschäften, die Markttransparenz, die Zulassung von Finanzinstrumenten zum Handel und bestimmte Begriffe im Sinne dieser Richtlinie, ABl. EG Nr. L 241 vom 2. 9. 2006, S. 1 ff. Die diesbezüglichen Vorgaben für Durchführungsmaßnahmen der Kommission enthält Art. 27 Abs. 7 der Finanzmarktrichtlinie.

[10] Darauf hinweisend BegrRegE, BT-Drucks. 16/4028, S. 69. Gleichermaßen relevant sind allerdings auch die Art. 24–26 DVO über die Anforderungen an die Kursofferten (Widerspiegelung der vorherrschenden Marktbedingungen) und die Ausführung von Aufträgen.

§ 32a Abschnitt 6. Verhaltensregeln, Verjährung

richtlinie um. Danach ist der Markt **gattungsbezogen zu bestimmen** und wird durch **alle Aufträge, die innerhalb der gesamten EU** bezüglich der fraglichen Aktiengattung ausgeführt werden, konstituiert; **ausgenommen** sind lediglich solche Aufträge, die „**im Vergleich zur normalen Marktgröße ein großes Volumen aufweisen**". Darunter sind solche zu verstehen, die auch nach § 27 BörsG von den Vorschriften zur Vorhandelstransparenz ausgenommen werden können.[11] Die unterbliebene Erwähnung von Aktien vertretenden Zertifikaten an dieser Stelle stellt lediglich ein unbeachtliches Redaktionsversehen dar.[12]

§ 32 a Veröffentlichen von Quotes durch systematische Internalisierer

(1) Ein systematischer Internalisierer im Sinne des § 32 Satz 1 ist verpflichtet, regelmäßig und kontinuierlich während der üblichen Handelszeiten für die von ihm angebotenen Aktiengattungen zu angemessenen kaufmännischen Bedingungen verbindliche Kauf- und Verkaufsangebote (Quotes) zu veröffentlichen, sofern es hierfür einen liquiden Markt gibt. Besteht kein liquider Markt, ist er verpflichtet, auf Anfrage seiner Kunden Quotes nach Maßgabe des Satzes 1 zu veröffentlichen. Die Preise der veröffentlichten Quotes müssen die vorherrschenden Marktbedingungen widerspiegeln.

(2) Der systematische Internalisierer kann die Stückzahl der Aktien oder den auf einen Geldbetrag gerechneten Wert (Größe) für seine Kauf- oder Verkaufangebote in den Aktiengattungen festlegen, zu denen er Quotes veröffentlicht. Die Kauf- und Verkaufpreise pro Aktie in einem Quote müssen die vorherrschenden Marktbedingungen widerspiegeln.

(3) Der systematische Internalisierer kann die von ihm veröffentlichten Quotes jederzeit aktualisieren und im Falle außergewöhnlicher Marktumstände zurückziehen.

(4) Die Einzelheiten der Veröffentlichungspflichten nach Absatz 1 Satz 1 und 2 regelt Kapitel IV Abschnitt 2 und 4 der Verordnung (EG) Nr. 1287/2006.

Schrifttum: siehe § 31 f

Übersicht

	Rn.
I. Regelungsgegenstand und -zweck	1
II. Veröffentlichung von Quotes	3
1. Anwendungsbereich	3
2. Genauer Pflichtenumfang	4
III. Begrenzung auf bestimmte Stückzahlen oder Volumina	9
IV. Aktualisierung und Rückziehung von Quotes	10
V. Verweis auf die Durchführungsverordnung	11

---

[11] BegrRegE, BT-Drucks. 16/4028, S. 69.
[12] Ebenso *Vollmuth/Seifert* in *Clouth/Lang*, MiFID-Praktikerhandbuch, Rn. 896; vgl. bereits oben Rn. 3.

I. Regelungsgegenstand und -zweck

§ 32 a regelt die **Vorhandelstransparenz** für die bilateral organisierten systematischen Internalisierer. Anders als bei „ordergetriebenen" multilateralen Handelssystemen bestimmen hier nicht dritte Handelsteilnehmer durch ihre Kauf- und Verkaufsangebote die Marktpreisbildung, sondern der systematische Internalisierer stellt und veröffentlicht selbst **verbindliche Kauf- und Verkaufsangebote,** die das Gesetz als „Quotes" bezeichnet. Vorzugswürdig wäre eine deutsche Bezeichnung gewesen, zumal auch die deutsche Fassung der Finanzmarktrichtlinie von „verbindlichen Kursofferten" und „Quotierungen" spricht (Art. 27 Abs. 1 Unterabs. 1 MiFID). 1

Die für Deutschland neuen Vorgaben zur Vorhandelstransparenz im bilateralen Bereich setzen Art. 27 der Finanzmarktrichtlinie um. **Einzelheiten** regeln die **Art. 21 bis 26** der DVO. Die Vorschriften, die in einzelnen Punkten von den Bestimmungen für geregelte Märkte und multilaterale Handelssysteme (MTF) abweichen, sollen zu einem erhöhten Wettbewerb zwischen den verschiedenen Handelssystemen und zu einem „*level-playing-field*" führen. Sie ermöglichen es den Anlegern, vor Abschluss eines Geschäfts die Bedingungen an verschiedenen Handelssystemen zu vergleichen und auf diese Weise den für sie günstigsten Ausführungsort zu wählen (vgl. Erwägungsgrund 5 der DVO). Damit wird zugleich eine effiziente Bewertung der Aktien unterstützt (vgl. Art. 27 Abs. 7 MiFID). 2

II. Veröffentlichung von Quotes

1. Anwendungsbereich

Abs. 1 Satz 1 stellt zunächst klar, dass die Pflichten des § 32 a **nur systematische Internalisierer i. S. d. § 32** treffen. Neben den allgemeinen Voraussetzungen der Definition des § 2 Abs. 10 (häufiger regelmäßiger und auf organisierte und systematische Weise betriebener Eigenhandel außerhalb organisierter Märkte und multilateraler Handelssysteme) müssen daher auch die zusätzlichen Anforderungen des § 32 erfüllt sein. Die besondere Pflicht zur Vorhandelstransparenz nach § 32 a in Form des Stellens und der Veröffentlichung von Quotes greift demnach nur insoweit ein, als **Aufträge bis zur standardmäßigen Marktgröße** ausgeführt werden. Darüber hinaus ist das Unternehmen grundsätzlich frei, bei welchen **Aktien oder Aktien vertretenden Zertifikaten** es eine systematische Internalisierung durchführen will. Es kann sich also auch auf einige wenige beschränken.[1] Systematische Eigenhandelsaktivitäten in anderen Wertpapieren fallen von vornherein nicht in den Anwendungsbereich der §§ 32 ff. 3

2. Genauer Pflichtenumfang

Der systematische Internalisierer ist nach Abs. 1 Satz 1 dazu verpflichtet, **regelmäßig und kontinuierlich während der üblichen Handelszeiten** verbindliche Quotes für die von ihm angebotenen Aktiengattungen zu veröffentli- 4

---

[1] *Vollmuth/Seifert* in *Clouth/Lang* (Hrsg.), MiFID-Praktikerhandbuch, Rn. 902.

§ 32a 5, 6   Abschnitt 6. Verhaltensregeln, Verjährung

chen. Die zeitlichen Abstände richten sich nach dem Handelsverlauf. Gesetzliche Vorgaben existieren insoweit nicht.[2] Die Pflicht zur regelmäßigen und kontinuierlichen Veröffentlichung von Quotes ist allerdings **auf solche Aktien** (und Aktien vertretende Zertifikate)[3] beschränkt, **für die es einen liquiden Markt gibt;** in anderen Fällen sind Quotes nur auf Anfrage eines Kunden zu nennen und zu veröffentlichen (Abs. 1 Satz 2, dazu unten Rn. 8).

5   Die **Voraussetzungen für die Bestimmung liquider Aktien** sind detailliert in **Art. 22 DVO** geregelt. Danach ist immer erforderlich, dass die Aktie täglich gehandelt wird und der Streubesitz mindestens 500 Mio. Euro beträgt (Abs. 1). Der Begriff des Streubesitzes ist in Art. 22 Abs. 4 DVO definiert. Danach sind nur solche Beteiligungen nicht als Streubesitz zu werten, die 5% der Gesamtstimmrechte überschreiten[4] und nicht im Besitz eines Organismus für gemeinsame Anlagen oder eines Pensionsfonds sind.[5] Darüber hinaus hängt die Einstufung eines Marktes als liquide davon ab, dass entweder die Zahl der durchschnittlichen täglichen Geschäfte mindestens 500 beträgt oder ein durchschnittlicher Tagesumsatz von mindestens 2 Mio. Euro erreicht wird. Nach Art. 22 Abs. 1 Unterabs. 2 DVO steht es jedem Mitgliedstaat frei, für diejenigen Aktien, für die er der **wichtigste liquide Markt** ist, ein kumulatives Vorliegen der beiden letzten Voraussetzungen zu verlangen. Deutschland hat von dieser Möglichkeit bislang keinen Gebrauch gemacht. Darüber hinaus kann jeder Mitgliedstaat gemäß Art. 22 Abs. 2 DVO in einer zu veröffentlichenden Mitteilung eine **Mindestanzahl von liquiden Aktien** bestimmen, die allerdings fünf nicht überschreiten darf. Erreicht die Zahl der liquiden Aktien, für die ein Mitgliedstaat der wichtigste Markt ist, nicht die festgelegte Mindestzahl, kann die zuständige Behörde dieses Mitgliedstaates anhand der abnehmenden Reihenfolge des durchschnittlichen Tagesumsatzes ein oder mehrere weitere liquide Aktien bestimmen, bis diese Mindestzahl erreicht ist (Art. 22 Abs. 3 DVO). Dabei sind nur Aktien wählbar, die der Aufsicht dieser Behörde unterliegen, an einem geregelten Markt zugelassen sind und täglich gehandelt werden. Alle liquiden Aktien, für die die Behörde zuständig ist, sind in einer Liste zu erfassen, die mindestens einmal jährlich zu aktualisieren und zu veröffentlichen ist (Art. 22 Abs. 6 DVO).

6   Eine weitere **Sonderregelung** enthält Art. 22 Abs. 5 der DVO für IPOs, also **für die erstmalige Zulassung** eines Wertpapiers **zum geregelten Markt.** In diesem Fall hat die BaFin die Gesamtkapitalisierung am ersten Börsentag zu schätzen. Liegt diese über 500 Mio. Euro, so liegt ein liquider Markt vor, andernfalls gilt die Aktie bis zu sechs Wochen nach dem IPO nicht als liquide. Innerhalb dieser Frist sind die tatsächlichen Zahlen durch die BaFin zu ermitteln

---

[2] Das in der ursprünglichen Fassung des Gesetzentwurfs noch explizit aufgeführte „Stellen" von Quotes ist auf Anregung des Finanzausschusses, BT-Drucks. 16/4899, S. 12, gestrichen worden. Das ist zu begrüßen, denn es hatte ohnehin keine selbstständige Bedeutung. Auch nach der Gesetzesbegründung reflektierte es nur, dass der systematische Internalisierer ein Quote zunächst festlegt, bevor er es veröffentlicht; mit dieser Veröffentlichung werde es verbindlich, vgl. BegrRegE, BT-Drucks. 16/4028, S. 69.
[3] Vgl. § 32 Rn. 3.
[4] Die vorübergehende Aussetzung des Stimmrechts (zB nach § 28 WpHG) ist für die Berechnung der maßgeblichen Stimmrechtsanteile gemäß Art. 22 Abs. 4 Unterabs. 2 DVO *unbeachtlich.*
[5] Halten also Investmentfonds einen stimmberechtigten Anteil von über 5% der Aktien, wird ihre Beteiligung dennoch dem Streubesitz zugerechnet.

und zu veröffentlichen.[6] Von diesem Zeitpunkt an gilt dann die Standardregelung.

Gilt der Markt nach diesen Voraussetzungen als liquide, so ist der systematische Internalisierer verpflichtet, **Quotes** zu veröffentlichen, **welche die vorherrschenden Marktbedingungen widerspiegeln**. Diese Voraussetzung wird durch Art. 24 lit. a) DVO dahingehend konkretisiert, dass die jeweilige Kursofferte den Preisen vergleichbarer Kursofferten für die gleichen Aktien auf anderen Handelsplätzen ähnlich sein muss. Damit wird eine grundsätzliche Orientierung nicht nur an den Kursen der organisierten Märkte, an denen die fragliche Aktie ggf. notiert ist, sondern auch an denen von multilateralen Handelssystemen und anderen systematischen Internalisierern gewährleistet,[7] ohne gewisse Abweichungen auszuschließen. Dabei ist eine europäische Perspektive zugrunde zu legen.[8] Wie groß die Abweichungen (vom Durchschnitt der anderen Handelsplätze) im Einzelfall höchstens sein dürfen, um das Ähnlichkeitsurteil nicht zu gefährden, ist nicht geklärt. Es dürfte nicht fern liegen, dass Abweichungen jedenfalls ab einem Umfang von etwa 3%–5% im kritischen Bereich liegen und eine wesentliche Über- oder Unterschreitung der vorherrschenden Marktbedingungen indizieren.[9]

Sofern **kein liquider Markt** für die fragliche Aktie (oder das entsprechende Zertifikat) existiert, ist der systematische Internalisierer zwar nicht zum regelmäßigen und kontinuierlichen Stellen und Publizieren von Quotes verpflichtet, muss aber nach Abs. 1 Satz 2 **auf Anfrage eines Kunden** Quotes stellen und veröffentlichen. Diese **Erstreckung der Transparenzpflicht** auch **auf illiquide Aktien** ist zwar einerseits zu begrüßen, da gerade hier ein besonderes Bedürfnis für eine effiziente Preisbildung besteht, andererseits besteht die Gefahr, dass die systematischen Internalisierer insoweit einem strategischen Verhalten anderer Marktteilnehmer ausgeliefert sein könnten.[10] Die Risiken lassen sich allerdings durch angemessene Regelungen über den Zugang zu den gestellten Quotes und die Ausführung von Aufträgen nach Maßgabe des § 32 d in den Geschäftsbedingungen des systematischen Internalisierer begrenzen.

III. Begrenzung auf bestimmte Stückzahlen oder Volumina

§ 32a Abs. 2 Satz 1 erlaubt es dem systematischen Internalisierer, zur Begrenzung seines Risikos verbindliche Stückzahlen oder Auftragsvolumina in Geldbeträgen festzulegen, zu denen er sich verpflichtet Geschäfte abzuschließen. Diese Regelung setzt Art. 27 Abs. 1 Unterabs. 3 der Finanzmarktrichtlinie um. Ein Mindestvolumen für Kursofferten ist nicht vorgesehen, insbesondere kann

---

[6] Art. 33 Abs. 2 und 4 DVO.
[7] Vgl. die Definition von „Handelsplatz" in Art. 2 Nr. 8 DVO.
[8] BegrRegE, BT-Drucks. 16/4028, S. 70 unter Hinweis auf Art. 27 Abs. 1 Unterabs. 5 MiFID.
[9] Im Rahmen des vereinfachten Bezugsrechtsausschlusses nach § 186 Abs. 3 Satz 4 bei Barkapitalerhöhungen bis zu 10% des Grundkapitals wird die kritische Schwelle für ein „nicht wesentliches" Unterschreiten des Börsenpreises in der Regel bei einem Kursabschlag von 3%–5% gesehen, vgl. näher *Hüffer*, AktG, 8. Aufl. 2008, § 186 Rn. 39 d mwN; gegen ein Abstellen auf Kursbandbreiten (bei § 32a) *Mutschler*, S. 239.
[10] *Kumpan*, WM 2006, 797, 803.

die Quotierungsgröße auch unterhalb der Standardmarktgröße liegen.[11] Abs. 2 Satz 2 bestimmt wiederum, dass die veröffentlichten Quotes die vorherrschenden Marktbedingungen widerspiegeln müssen. Hierbei ist auf den Kauf- oder Verkaufspreis pro Aktie abzustellen.

IV. Aktualisierung und Rückziehung von Quotes

10 § 32 a Abs. 3 regelt zum einen die Selbstverständlichkeit, dass der systematische Internalisierer seine Quotes jederzeit aktualisieren kann. Dies ist insbesondere wegen der schnellen und fortlaufenden Veränderung der Verhältnisse auf dem Wertpapiermarkt geboten. Demgegenüber darf der systematische Internalisierer die von ihm gestellten **Angebote nur im Falle ungewöhnlicher Marktumstände wieder zurückziehen**. Dazu gehören vor allem Umstände, die den Geschäftsführer einer Börse dazu veranlassen würden, den Handel in einem Wertpapier auszusetzen,[12] also insbesondere plötzliche Ereignisse, die zu überdurchschnittlich starken Schwankungen des Börsenkurses führen würden. Zu klären bleibt, worin sich das nur eingeschränkt zulässige Zurückziehen von Quotes von ihrer jederzeit möglichen Aktualisierung unterscheidet. Die erschwerten Bedingungen für ein Zurückziehen lassen sich im Ergebnis nur erklären, wenn damit eine **rückwirkende Beseitigung von verbindlichen Kauf- und Verkaufsangeboten** gemeint ist, so dass auch bereits erfolgten Annahmeerklärungen von Kunden nachträglich die Grundlage entzogen werden kann. Fraglich ist allerdings, für welchen **Zeitraum** ein solcher **Widerruf** von veröffentlichten Quotes mit Wirkung *ex tunc* möglich sein soll. Angesichts der jederzeitigen Aktualisierungsmöglichkeit vor Abschluss weiterer Geschäfte gebieten Rechtssicherheit und Vertrauensschutz, die **Zeitspanne insoweit äußerst kurz zu bemessen** und ein Zurückziehen grundsätzlich nur solange zu erlauben, wie eine rechtzeitige Aktualisierung der Quotes nicht möglich war. Nach Art. 29 Abs. 2 DVO sind die Vorhandels- und Nachhandelsinformationen „so schnell wie möglich" zur Verfügung zu stellen, die Nachhandelsinformationen in jedem Fall innerhalb von drei Minuten nach dem betreffenden Geschäft. Daher dürfte grundsätzlich auch nur in diesem Zeitraum bis zur Veröffentlichung der Preise der getätigten Geschäfte die Möglichkeit eines Zurückziehens bestehen. In jedem Fall muss eine Rückabwicklung beiderseits bereits (vollständig) erfüllter Verträge ausscheiden.

V. Verweis auf die Durchführungsverordnung

11 Für weitere Einzelheiten zu den Veröffentlichungspflichten des Abs. 1 verweist Abs. 4 auf Kapital IV Abschnitt 2 und 4 der DVO zur MiFID. Insoweit sind insbesondere Art. 29 und 30 DVO relevant, welche die Veröffentlichung und (öffentliche) Verfügbarkeit der Daten über die Vorhandels- und Nachhandelstransparenz im Einzelnen regeln.

---

[11] Vgl. dazu krit. *Kumpan*, WM 2006, 797, 804, 805.
[12] *Vollmuth/Seifert* in *Clouth/Lang* (Hrsg.), MiFID-Praktikerhandbuch, Rn. 902; BegrRegE, BT-Drucks. 16/4028 S. 70.

§ 32 b Bestimmung der standardmäßigen Marktgröße und Aufgaben der Bundesanstalt

(1) Die Bundesanstalt legt zur Bestimmung der standardmäßigen Marktgröße im Sinne des § 32 Satz 1 auf Basis des rechnerischen Durchschnittswerts der auf dem Markt ausgeführten Geschäfte mindestens einmal jährlich die Klassen für die Aktiengattungen fest, welche ihren unter Liquiditätsaspekten wichtigsten Markt im Inland haben.

(2) Die Bundesanstalt veröffentlicht die nach Absatz 1 ermittelten Klassen auf ihrer Internetseite.

Schrifttum: siehe § 31 f

Übersicht

	Rn.
I. Bestimmung der standardmäßigen Marktgröße	1
II. Bestimmung des wichtigsten Marktes	3
III. Art der Veröffentlichung	5

I. Bestimmung der standardmäßigen Marktgröße

Die Vorschrift regelt die **Aufgaben der BaFin** im Zusammenhang mit der Bestimmung der standardmäßigen Marktgröße für Kauf- und Verkaufsaufträge in Aktien und Aktien vertretenden Zertifikaten. Diese Standardmarktgröße ist von entscheidender Bedeutung für die Reichweite der Pflichten, die einen systematischer Internalisierer treffen, da die §§ 32a–32d nach § 32 Satz 1 nur für Aufträge bis zu dieser Größenordnung gelten. Die Messgröße wird auf der Basis des rechnerischen Durchschnittswerts der auf dem Markt ausgeführten Geschäfte ermittelt (Art. 23 DVO iVm Anhang II Tabelle 3) (vgl. dazu bereits § 32 Rn. 5). Gemäß § 32b Abs. 1 ist es Aufgabe der BaFin, mindestens einmal jährlich alle Aktien, für die liquide Märkte bestehen und für die Deutschland der wichtigste Markt ist, **in Aktienklassen einzuteilen und für jede dieser Klassen eine Standardmarktgröße zu errechnen.** Abs. 2 regelt die Art und Weise der Veröffentlichung der ermittelten Klassen. Die Vorschrift setzt Art. 27 Abs. 1 Unterabs. 4 und Abs. 2 der Finanzmarktrichtlinie um. 1

Die unterbliebene Erwähnung der **Zertifikate, die Aktien vertreten,** stellt lediglich ein unbeachtliches Redaktionsversehen dar;[1] denn der Wille des Gesetzgebers, derartige Zertifikate in die Regelung der systematischen Internalisierung einzubeziehen, obwohl dazu keine Verpflichtung nach der Finanzmarktrichtlinie besteht, ist in § 32 eindeutig zum Ausdruck gekommen (vgl. bereits oben § 32 Rn. 3). 2

II. Bestimmung des wichtigsten Marktes

Die Verpflichtung der BaFin zur Bildung verschiedener Aktienklassen und zur Zuordnung bestimmter Standardmarktgrößen besteht nur für diejenigen Aktien 3

---

[1] So *Vollmuth/Seifert* in *Clouth/Lang* (Hrsg.), MiFID-Praktikerhandbuch, Rn. 896; BaFin, Überblick über das FRUG, S. 15 (abrufbar unter *www.bafin.de*).

(und Zertifikate, die Aktien vertreten), deren wichtigster liquider Markt Deutschland ist. Die Bestimmung des unter Liquiditätsaspekten wichtigsten Marktes regeln ihrerseits die **Art. 9 und 10 DVO**. Interessanterweise wird hier nicht primär auf den Umsatz mit den Finanzinstrumenten abgestellt. Vielmehr kommt es bei den hier relevanten Aktien und Aktien vertretenden Zertifikaten[2] grundsätzlich darauf an, wo sie **zum ersten Mal zum Handel an einem geregelten Markt zugelassen** wurden (Art. 9 Abs. 2 DVO).[3] Lediglich für den Sonderfall, dass ein Finanzinstrument gleichzeitig an geregelten Märkten in mehreren Mitgliedstaaten zugelassen wurde, entscheidet der höhere Umsatz über den unter Liquiditätsaspekten wichtigsten Markt (Abs. 8 Unterabs. 2).[4] Kann der Umsatz mangels hinreichender Daten nicht berechnet werden, kommt es auf den eingetragenen Sitz des Emittenten an, sofern er in einem Mitgliedstaat liegt. Ist das nicht der Fall, ist der wichtigste Markt derjenige, in dem der Umsatz der entsprechenden Finanzinstrument*kategorie* am höchsten liegt (Art. 9 Abs. 8 Unterabs. 4 und 5 DVO).

4   **Art. 10 DVO** stellt einen **Korrekturmechanismus und** eine **alternative Methode** zur Bestimmung des unter Liquiditätsaspekten wichtigsten Marktes zur Verfügung. Sofern eine zuständige Behörde die nach Art. 9 erfolgte Bestimmung anfechten möchte, kann sie dies der anderen zuständigen Behörde nach Art. 10 Abs. 1 DVO **im Januar eines jeden Jahres** mitteilen. Daraufhin berechnen beide Behörden innerhalb einer Frist von vier Wochen den Umsatz des betreffenden Finanzinstruments auf ihren jeweiligen Märkten für das vorhergehende Kalenderjahr; sofern der Umsatz auf dem Markt der anfechtenden zuständigen Behörde höher ist, gilt fortan dieser Markt als wichtigster Markt für das betreffende Finanzinstrument (Art. 10 Abs. 2 DVO). Auf diese Weise wird einerseits für die notwendige Flexibilität gesorgt, um Entwicklungen auf den betroffenen Märkten Rechnung tragen zu können. Andererseits sorgt die Begrenzung der „Anfechtung" auf einen bestimmten Zeitraum innerhalb eines jeden Jahres für ein Mindestmaß an Kontinuität und Berechenbarkeit. Während die Einteilung in „Aktienklassen" auch unterjährig angepasst werden kann („mindestens einmal jährlich", § 32b Abs. 1), ist dies für die Bestimmung des wichtigsten Marktes ausgeschlossen.

III. Art der Veröffentlichung

5   Abs. 2 bestimmt, dass die von der BaFin ermittelten Klassen auf der **Internetseite** der BaFin *(www.bafin.de)* zu veröffentlichen sind. Diese Regelung setzt

---

[2] Diese gehören zu den in Art. 9 Abs. 2 DVO erwähnten anderen übertragbaren Wertpapieren i. S. v. Art. 4 Abs. 1 Ziffer 18 lit. a) der MiFID.

[3] Für Schuldverschreibungen und andere Wertpapiere i. S. v. Art. 4 Abs. 1 Ziffer 18 lit. b) MiFID sowie bestimmte Geldmarktinstrumente ist dagegen grundsätzlich der eingetragene Sitz des Emittenten entscheidend (Art. 9 Abs. 3 und Abs. 4 DVO), bei Drittlandemittenten wird allerdings auf den Markt abgestellt, auf dem das entsprechende Instrument erstmals zum Handel zugelassen wurde. Eine Sonderregelung existiert für Derivatekontrakte und ähnliche Instrumente gemäß Art. 9 Abs. 6 DVO. Die Auffangregelung für Abs. 7 stellt auf den Markt der erstmaligen Zulassung zum Handel ab.

[4] *Der fragliche* Umsatz für das entsprechende Finanzinstrument ist von jeder zuständigen Behörde, die einen der betreffenden geregelten Märkte zugelassen hat, zu berechnen (Art. 9 Abs. 8 Unterabs. 3 DVO).

Ausführung von Kundenaufträgen 1 § 32c

Art. 27 Abs. 2 Satz 2 der Finanzmarktrichtlinie um, der allerdings (lediglich) die Bekanntgabe gegenüber allen Marktteilnehmern fordert. Die leicht zugängliche Verfügbarkeit der Information im Internet erfüllt diese Voraussetzung; der Umstand, dass auch Nichtmarktteilnehmer Zugang zu ihr haben, ist unschädlich.

§ 32 c Ausführung von Kundenaufträgen durch systematische Internalisierer

(1) Ein systematischer Internalisierer im Sinne des § 32 Satz 1 ist verpflichtet, Aufträge zu dem zum Zeitpunkt des Auftragseingangs veröffentlichten Preis auszuführen. Die Ausführung von Aufträgen für Privatkunden muss den Anforderungen des § 33 a genügen.

(2) Der systematische Internalisierer kann die Aufträge professioneller Kunden zu einem anderen als dem in Absatz 1 Satz 1 genannten Preis ausführen, wenn die Auftragsausführung
1. zu einem besseren Preis erfolgt, der innerhalb einer veröffentlichten, marktnahen Bandbreite liegt und das Volumen des Auftrags einen Betrag von 7500,– Euro übersteigt,
2. eines Portfoliogeschäftes in mindestens zehn verschiedenen Wertpapieren erfolgt, die Teil eines einzigen Auftrags sind, oder
3. zu anderen Bedingungen erfolgt, als denjenigen, die für den jeweils geltenden Marktpreis anwendbar sind.

(3) Hat der systematische Internalisierer nur einen Quote veröffentlicht oder liegt sein größter Quote unter der standardmäßigen Marktgröße, so kann er einen Kundenauftrag, der über der Größe seines Quotes und unter der standardmäßigen Marktgröße liegt, auch insoweit ausführen, als dieser die Größe seines Quotes übersteigt, wenn die Ausführung zum quotierten Preis erfolgt. Absatz 2 bleibt unberührt.

(4) Hat der systematische Internalisierer Quotes für verschiedene Größen veröffentlicht, so kann er einen Kundenauftrag, der zwischen diesen Größen liegt, nach Maßgabe der Absätze 1 bis 3 zu einem der quotierten Preise ausführen.

Schrifttum: siehe § 31 f

Übersicht

	Rn.
I. Regelungsgegenstand und -zweck	1
II. Ausführung der Aufträge von Privatkunden (Abs. 1 Satz 2)	3
III. Auftragsausführung für professionelle Kunden (Abs. 2)	4
IV. Aufträge oberhalb des höchsten Quotes (Abs. 3)	7
V. Ausführung von Aufträgen zwischen zwei Quotes (Abs. 4)	8
VI. Weitere Pflichten der systematischen Internalisierer	9

I. Regelungsgegenstand und -zweck

§ 32 c konkretisiert, wie der systematische Internalisierer die Aufträge seiner Kunden auszuführen hat. Dabei unterscheidet die Norm zwischen Aufträgen von Privatkunden und von professionellen Kunden. Für erstere **bekräftigt Abs. 1 Satz 1** die schon aus der **Verbindlichkeit der Quotes** folgende und daher an 1

§ 32c 2–4 Abschnitt 6. Verhaltensregeln, Verjährung

sich selbstverständliche Pflicht, Aufträge zu dem Preis auszuführen, den er zum Zeitpunkt des Auftragseingangs veröffentlicht hatte. Damit wird noch einmal bestätigt, dass der vom systematischen Internalisierer veröffentlichte Preis nicht lediglich eine für ihn unverbindliche *invitatio ad offerendum,* sondern ein verbindliches Kauf- oder Verkaufsangebot darstellt. Andernfalls hätte die Pflicht zur Stellung von Quotes sicherlich auch nur eine geringe transparenzfördernde Wirkung. **Abs. 1 Satz 2** erstreckt die **Anforderungen der „best execution"** nach § 33 a auf die Auftragsausführung durch einen systematischen Internalisierer und sorgt damit für ein *„level playing field"* im Wettbewerb mit geregelten Märkten und multilateralen Handelssystemen bei der Ausführung von Kundenaufträgen. Die Vorschrift setzt Art. 27 Abs. 3 Unterabs. 3 der Finanzmarktrichtlinie um.

2   Die Bindung an die veröffentlichten Preise wird gegenüber **professionellen Kunden** gelockert. Bei diesen erlaubt **Abs. 2** unter bestimmten Bedingungen eine Auftragsausführung zu einem besseren als dem veröffentlichten Preis; damit werden professionelle Kunden insoweit gegenüber Privatkunden privilegiert. Ob das sachlich gerechtfertigt ist, erscheint durchaus fraglich. Die Regelung setzt jedoch Art. 27 Abs. 3 Unterabs. 4 und 5 der Finanzmarktrichtlinie um.

II. Ausführung der Aufträge von Privatkunden (Abs. 1 Satz 2)

3   Abs. 1 Satz 2 ordnet an, dass die Ausführung von Privatkundenaufträgen den **Anforderungen des § 33 a** genügen muss, so dass auch bei der systematischen Internalisierung die bestmögliche Ausführung des Auftrags für den Kunden (**„best execution"**) zu garantieren ist. Dabei sind insbesondere die bei der Auftragsausführung anfallenden Kosten zu beachten; zudem hat der systematische Internalisierer umfangreiche Organisations- und Informationspflichten zu erfüllen. Wegen der Einzelheiten wird auf die Kommentierung zu § 33 a verwiesen. Wer als **Privatkunde** im Sinne dieser Vorschrift zu verstehen ist, ergibt sich aus der (Negativ-) Definition in § 31 a Abs. 3, der Privatkunden als solche Kunden definiert, die nicht unter die Definition der professionellen Kunden i. S. d. § 31 a Abs. 2 fallen (vgl. im Einzelnen § 31 a Rn. 17 ff.).

III. Auftragsausführung für professionelle Kunden (Abs. 2)

4   **Abs. 2 lockert die Bindung des systematischen Internalisierers** an die in den Quotes veröffentlichten Konditionen, soweit Aufträge für professionelle Kunden (vgl. die Definition in § 31 a Abs. 2) ausgeführt werden, **in drei genau abgegrenzten Fallgestaltungen: Nr. 1** ermöglicht die **Ausführung** eines Geschäfts **zu einem besseren Preis,** wenn dieser **in einer veröffentlichten, marktnahen Bandbreite** liegt und das Volumen des Auftrages des professionellen Kunden **7500,– Euro übersteigt.** Die Regelung setzt Art. 27 Abs. 3 Unterabs. 4 der Finanzmarktrichtlinie um und implementiert zugleich die Regelung des Art. 26 DVO.[1] **Nr. 2** erlaubt die Ausführung zu **einem anderen**

---

[1] Art. 27 Abs. 3 Unterabs. 4 letzter Halbsatz MiFID verlangt ein Auftragsvolumen über der üblichen Auftragsgröße von Kleinanlegern; diese Schwelle siedelt Art. 26 DVO bei 7500,– Euro an.

Preis, wenn der einheitliche Auftrag des professionellen Kunden aus einem **Portfoliogeschäft in mindestens zehn verschiedenen Wertpapieren** besteht. Diese Regelung stimmt mit Art. 25 Abs. 1 der DVO überein. Gleiches gilt nach **Nr. 3**, wenn die **Auftragsausführung zu anderen Bedingungen** erfolgt als denjenigen, die auf den jeweiligen Marktpreis anwendbar sind. Diese Regelung setzt Art. 27 Abs. 3 Unterabs. 5 der Finanzmarktrichtlinie um. Die abweichenden Bedingungen können dabei vom Kunden ausdrücklich gestellt sein oder sich aus den sonstigen Rahmenbedingungen des vom Kunden vorgeschlagenen Geschäfts ergeben.[2]

Bisher ungeklärt ist dagegen die Frage, ob ein systematischer Internalisierer auch **von vornherein unterschiedliche Quotes für Privatanleger und professionelle** Kunden stellen darf. Zum Teil wird dies schon aus der Tatsache geschlossen, dass nachträgliche Preisverbesserungen nur für professionelle Anleger vorgenommen werden.[3] Diese Begründung greift jedoch zu kurz, da die Möglichkeit einer Abweichung von veröffentlichten Quotes nur unter den genannten einschränkenden Bedingungen nach Abs. 2 Nr. 1–3 besteht. Soweit die darin enthaltenen Kriterien einer *ex ante*-Spezifizierung zugänglich sind und einen sachlichen Grund für die unterschiedliche Behandlung von professionellen Anlegern einerseits und Privatkunden andererseits darstellen, dürften keine Bedenken gegen das Stellen unterschiedlicher Kurse für beide Kundengruppen bestehen. So erscheinen insbesondere abweichende Quotes für Aufträge über Portfoliogeschäfte in mindestens zehn verschiedenen Wertpapieren (vgl. Nr. 2) möglich.

Die Tatsache, dass nachträgliche Preisanpassungen nur zugunsten von professionellen Anlegern, nicht jedoch zugunsten von Privatanlegern möglich sind, erstaunt zunächst. Hinter dieser Reglementierung scheint die Befürchtung mancher EU-Mitgliedstaaten gestanden zu haben, dass eine unbegrenzte nachträgliche Kursanpassungsmöglichkeit den Aussagegehalt der Quotes abschwächen und damit die Vorhandelstransparenz im Bereich der systematischen Internalisierung aushöhlen würde.[4] Auf der anderen Seite muss der für eine Aktie gestellte Kurs gemäß Art. 27 Abs. 1 Unterabs. 3 Satz 3 der MiFID ohnehin die vorherrschenden Marktbedingungen widerspiegeln. Insofern dürfte eine **Herabsetzung der Aussagekraft der Quotes** daher **kaum zu befürchten** sein.[5] Ob die Beschränkung der Preisanpassungsmöglichkeit auf professionelle Anleger einen ernsthaften Wettbewerbsnachteil für die systematischen Internalisierer darstellt, wie dies teilweise befürchtet wird,[6] erscheint dagegen zweifelhaft.

IV. Aufträge oberhalb des höchsten Quotes (Abs. 3)

Abs. 3 dient der **Flexibilisierung der Quotes in mengenmäßiger Hinsicht** und eröffnet dem systematischen Internalisierer die Möglichkeit, auch Kundenaufträge oberhalb seines größten Quotes, aber unterhalb der Standardmarktgröße zum gestellten Preis auszuführen. Die Ausführung muss dann allerdings insgesamt zum quotierten Preis erfolgen. Die Regelung greift zum einen

---

[2] BegrRegE, BT-Drucks. 16/4028, S. 70.
[3] *Kumpan*, WM 2006, 797, 804.
[4] *Kumpan*, WM 2006, 797, 805.
[5] *Kumpan*, WM 2006, 797, 805.
[6] *Kumpan*, WM 2006, 797, 805.

§ 32d Abschnitt 6. Verhaltensregeln, Verjährung

dann ein, wenn der systematische Internalisierer nur einen Quote veröffentlicht hat oder wenn sein größter veröffentlichter Quote unterhalb der Standardmarktgröße liegt. Die Regelung setzt Art. 27 Abs. 3 Unterabs. 6 der Finanzmarktrichtlinie um.

V. Ausführung von Aufträgen zwischen zwei Quotes (Abs. 4)

8   Vor dem Hintergrund der Regelung in Abs. 3 erscheint es nur konsequent, wenn Abs. 4 dem systematischen Internalisierer bei Aufträgen, die größenmäßig zwischen zwei Quotes liegen, ermöglicht, diese **wahlweise nach einer der beiden veröffentlichten Kursofferten** auszuführen. Diese Regelung setzt Art. 27 Abs. 3 Unterabs. 6 Satz 2 der Finanzmarktrichtlinie um, der den systematischen Internalisierer allerdings verpflichtet, die Bestimmungen des Art. 22 der Finanzmarktrichtlinie einzuhalten, also den Auftrag unter anderem unverzüglich, redlich und rasch auszuführen. Fraglich ist, ob Abs. 4 dem systematischen Internalisierer tatsächlich die freie Wahl lässt, zu welchem Kurs er den Auftrag ausführt. Da er allerdings zur redlichen Ausführung verpflichtet ist, wird er zumindest gehalten sein, in ähnlich gelagerten Fällen gleich vorzugehen.

VI. Weitere Pflichten der systematischen Internalisierer

9   Nach Art. 22 Abs. 1 Unterabs. 2 der Finanzmarktrichtlinie sind ansonsten **vergleichbare Kundenaufträge in der Reihenfolge ihres Eingangs** bei der Wertpapierfirma auszuführen. Gemäß Art. 31 DVO sind solche Aufträge, die der systematische Internalisierer nicht umgehend ausführen kann, von ihm unverzüglich zu veröffentlichen und dem Markt zugänglich zu machen („Limit-orderdisplay-rule"). Dies geschieht in der Regel dadurch, dass der Auftrag an einen geregelten Markt oder ein MTF weitergeleitet wird. Diese Regelung ist nötig, um zu verhindern, dass den Handelsplätzen künstlich Liquidität entzogen wird, obwohl die Ausführung des Kundenauftrags an einem anderen Markt möglich wäre.[7] Systematische Internalisierer müssen gemäß Art. 24 lit. b) DVO Aufzeichnungen über ihre Kursofferten mindestens 12 Monate lang aufbewahren.

§ 32d Zugang zu Quotes, Geschäftsbedingungen bei systematischer Internalisierung

(1) **Ein systematischer Internalisierer im Sinne des § 32 Satz 1 hat den Zugang zu den von ihm veröffentlichten Quotes in objektiver und nicht diskriminierender Weise zu gewähren. Er hat die Zugangsgewährung in eindeutiger Weise in seinen Geschäftsbedingungen zu regeln.**

(2) **Die Geschäftsbedingungen können ferner vorsehen, dass**
1. **die Aufnahme und Fortführung einer Geschäftsbeziehung mit Kunden abgelehnt werden kann, sofern dies aufgrund wirtschaftlicher Erwägungen, insbesondere der Bonität des Kunden, dem Gegenparteienrisiko oder der Abwicklung der Geschäfte geboten ist,**

---

[7] *Vollmuth/Seifert* in *Clouth/Lang* (Hrsg.), MiFID-Praktikerhandbuch, Rn. 885 Fn. 949.

2. die **Ausführung von Aufträgen** eines Kunden in nicht diskriminierender Weise beschränkt werden kann, sofern dies zur Verminderung des Ausfallrisikos notwendig ist, und
3. unter Berücksichtigung der Anforderungen des § 31 c die **Gesamtzahl der gleichzeitig von mehreren Kunden auszuführenden Aufträge** in nicht diskriminierender Weise beschränkt werden kann, sofern die Anzahl oder das Volumen der Aufträge erheblich über der Norm liegt.

Schrifttum: siehe § 31 f

Übersicht

	Rn.
I. Regelungsgegenstand und -zweck	1
II. Zugang zu den Quotes	2
III. Beschränkung von Auftragsausführungen	4

I. Regelungsgegenstand und -zweck

Die Vorschrift stellt klar, dass jeder systematische Internalisierer seinen Kunden **1** den Zugang zu den von ihm gemäß § 32 a zu veröffentlichenden Quotes in objektiver und nicht diskriminierender Weise zu gewähren hat. Die Regelung dient der **Sicherung einer umfassenden Transparenz am Markt**, die voraussetzt, dass grundsätzlich jeder potentielle Anleger tatsächlich Zugang zu diesen Daten hat. Nur auf diese Weise kann auch das von der Finanzmarktrichtlinie angestrebte *„level playing field"* für die verschiedenen Handelssysteme entstehen. Dies schließt allerdings nicht aus, dass in bestimmten Konstellationen ein Bedarf für **Ausnahmemöglichkeiten** existiert, die es dem systematischen Internalisierer erlauben, seine Quotes bestimmten Personen nicht zugänglich zu machen oder die Zusammenarbeit mit bestimmten Kunden abzulehnen. Die systematischen Internalisierer sind daher gehalten, die Bedingungen für den Zugang Dritter zu ihren Quotes **anhand objektiver Kriterien in nicht diskriminierender Weise in ihren Geschäftsbedingungen zu regeln**.[1] Gleiches gilt für die Aufnahme und Fortführung der Geschäftsbeziehung bei der Ausführung von Aufträgen. Abs. 2 Nr. 1–3 enthält insoweit beispielhaft eine nicht abschließende[2] Aufzählung von Gründen, auf die der systematische Internalisierer seine Weigerung zur Aufnahme oder Fortführung von Geschäftsbeziehungen mit Kunden stützen kann. Die Regelungen des § 32 d Abs. 1 und 2 WpHG setzen Art. 27 Abs. 5 und 6 der Finanzmarktrichtlinie um.

II. Zugang zu den Quotes

Art. 27 Abs. 5 Satz 1 der Finanzmarktrichtlinie erlaubt es den systematischen **2** Internalisierern, entsprechend ihrer **Geschäftspolitik** und **in objektiver, nicht diskriminierender Weise** zu entscheiden, welchen Kunden sie **Zugang zu ihren Kursofferten** geben. Der systematische Internalisierer könnte also bei-

---

[1] Vgl. BegrRegE, BT-Drucks. 16/4028, S. 70.
[2] BegrRegE, BT-Drucks. 16/4028, S. 70.

spielsweise nur professionellen Anlegern oder nur Privatkunden Zugang gewähren, falls er sich für eine entsprechende Geschäftspolitik entscheidet (vgl. Erwägungsgrund 50 der MiFID). Die Zugangsgewährung darf aber nicht im bloßen Ermessen des systematischen Internalisierers stehen oder je nach Einzelfall anders gehandhabt werden. Vielmehr muss er nach Art. 27 Abs. 5 Satz 2 der Finanzmarktrichtlinie **eindeutige Standards** bezüglich des Zugangs definieren; gemäß § 32d Abs. 1 Satz 2 hat dies in den Geschäftsbedingungen zu erfolgen. Auf diese Weise wird es für potentielle Kunden vorhersehbar, ob sie Zugang zu den Quotes erhalten oder nicht. Das dient zugleich der Markttransparenz und Effizienz der Geschäftsabwicklung, da nicht zugangsberechtigte Kunden sich direkt an ein anderes Handelssystem wenden und aussichtslose Anfragen vermeiden können.

3   Aus dem **Verbot diskriminierender Zugangsbeschränkungen** folgt, dass für die objektiv und eindeutig festzulegenden Auswahlkriterien auch gewisse **inhaltliche Grenzen** existieren. So muss eine objektive sachliche Berechtigung im Zusammenhang mit der Geschäftsabwicklung erkennbar sein. Eine Selektion anhand von Kriterien wie zB Nationalität, Religion, Alter und Geschlecht ist dagegen prinzipiell ausgeschlossen. Auf welche Weise eine objektive, nicht diskriminierende Zugangsbeschränkung in der Praxis umgesetzt werden kann, ist nicht geregelt. Anbieten könnte sich zB, den Zugang zu den Quotes nur mittels eines Passwortes zu gewähren, das lediglich dem ausgewählten Kundenkreis zur Verfügung gestellt wird. Zwar erscheint fraglich, ob man dann noch von einem „Veröffentlichen" i. S. d. § 32d Abs. 1 sprechen könnte. Nach Art. 32 lit. c) DVO genügt jedoch insoweit, dass die Information „dem Publikum auf nichtdiskriminierender kommerzieller Basis zu angemessenen Kosten" zur Verfügung gestellt wird. Die Begrenzung des Zugangs im Rahmen einer an objektiven Kriterien ausgerichteten, sachlich gerechtfertigten Geschäftspolitik dürfte diese Voraussetzung erfüllen, sofern der abstrakt bestimmte Kreis potentieller Nutzer prinzipiell offen und nicht auf individuell bestimmte Teilnehmer beschränkt ist.

III. Beschränkung von Auftragsausführungen

4   Während Abs. 1 den Zugang zu den Quotes regelt, enthält **Abs. 2** eine Aufzählung von Beschränkungsmöglichkeiten für die Auftragsausführung, die ebenfalls in die Geschäftsbedingungen aufzunehmen sind, falls der systematische Internalisierer von ihnen Gebrauch machen möchte. Die Regelung setzt Art. 27 Abs. 5 Satz 2 und Abs. 6 der Finanzmarktrichtlinie um und wird zum Teil durch Art. 25 Abs. 2 und 3 DVO weiter spezifiziert. Im Ergebnis lockern die Beschränkungsmöglichkeiten partiell die Bindungswirkung der Quotes. Damit sollen die **finanziellen Risiken des faktischen Kontrahierungszwangs verringert** werden, dem der systematische Internalisierer auf Grund seiner Verpflichtung, bindende Kauf- und Verkaufsangebote veröffentlichen zu müssen, unterliegt. Obwohl der Katalog der Beschränkungstatbestände in Abs. 2 Nr. 1–3 als solcher abschließend formuliert und nicht um andere, selbstständige Tatbestände erweiterbar ist, sind die konkret erwähnten Einzelkriterien zumindest teilweise nur exemplarisch (vgl. Abs. 2 Nr. 1 „insbesondere"). Da im Grunde auch die Tatbestände in Abs. 2 Nr. 2 und Nr. 3 nur Anwendungsfälle für die in Nr. 1 erwähnten „wirtschaftlichen Erwägungen" sind, trifft die Einschätzung in

der Gesetzesbegründung, es handele sich um eine **nicht abschließende Auflistung der Beschränkungsmöglichkeiten**,[3] in der Sache letztlich doch zu.

Abs. 2 Nr. 1 ermöglicht dem systematischen Internalisierer die Ablehnung der Aufnahme oder Fortführung einer Geschäftsbeziehung, sofern dies „**aufgrund wirtschaftlicher Erwägungen**" geboten ist. Als ökonomische Kriterien werden insbesondere die Bonität des Kunden, das Gegenparteienrisiko und die Abwicklung des Geschäfts erwähnt. Welche Voraussetzungen im Einzelnen für eine Ablehnung aufgrund mangelnder Bonität des Kunden erfüllt sein müssen, ist nicht gesetzlich definiert. Der systematische Internalisierer sollte deshalb in seinen Geschäftsbedingungen möglichst genau beschreiben, welche Bonitätsanforderungen er generell stellt, um von vornherein dem Verdacht eines diskriminierenden Verhaltens im Einzelfall entgegenzuwirken. 5

Abs. 2 Nr. 2 eröffnet dem systematischen Internalisierer darüber hinaus die Möglichkeit, die **Anzahl der Auftragsausführungen für denselben Kunden** zu **beschränken**, sofern dies **zur Verringerung des Ausfallrisikos** notwendig ist.[4] Darin liegt letztlich auch nur ein Anwendungsfall der „wirtschaftlichen Erwägungen" i. S. d. Abs. 2 Nr. 1. Die erforderliche Regelung in den AGB sollte einen leicht zu handhabenden, objektiven Grenzwert definieren, bis zu dem der systematische Internalisierer Aufträge eines einzelnen Kunden ausführt, um sich nicht etwaigen Vorwürfen wegen diskriminierenden Verhaltens auszusetzen. 6

Des Weiteren gestattet es **Abs. 2 Nr. 3**, die **Gesamtzahl der gleichzeitig von mehreren Kunden auszuführenden Aufträge** zu beschränken. Dies ist allerdings nur möglich, wenn die Anzahl oder das Volumen der abgegebenen Aufträge erheblich über der Norm liegt. Dies ist gemäß Art. 25 Abs. 2 DVO dann der Fall, wenn der systematische Internalisierer die Aufträge nicht ausführen könnte, ohne sich selbst einem **unzumutbaren Risiko** auszusetzen. Um sicherzustellen, dass eine Beschränkung nach Abs. 2 Nr. 3 nicht zu einer diskriminierenden Behandlung der Kunden führt, muss der systematische Internalisierer gem. Art. 25 Abs. 2 Unterabs. 2 und Abs. 3 DVO für diesen Fall eine **Risikomanagementpolitik einführen, auf Dauer umsetzen und den potentiellen Kunden schriftlich zur Verfügung stellen**, die dem Umsatz, dem Eigenkapital der Wertpapierfirma zur Abdeckung der Risiken dieses Geschäftstyps sowie den vorherrschenden Marktbedingungen, unter denen die Wertpapierfirma tätig ist, gerecht wird. Auch müssen im Fall einer Beschränkung nach Nr. 3 die **Anforderungen des § 31c WpHG** erfüllt sein. Das bedeutet insbesondere, dass die eingehenden Aufträge in der Reihenfolge ihres Eingangs auszuführen sind, bis die Gesamtzahl auszuführender Geschäfte erreicht ist, und dass die übrigen Aufträge in der Reihenfolge ihres Eingangs zum Zwecke der Ausführung an Dritte weiterzuleiten sind. 7

§ 33 Organisationspflichten

(1) Ein **Wertpapierdienstleistungsunternehmen muss die organisatorischen Pflichten nach § 25a Abs. 1 und 4 des Kreditwesengesetzes einhalten. Darüber hinaus muss es**

---

[3] BegrRegE, BT-Drucks. 16/4028, S. 70.
[4] Kritisch zu dieser Regelung *Kumpan*, WM 2006, 797, 804 f., der Umgehungsmöglichkeiten befürchtet.

§ 33 Abschnitt 6. Verhaltensregeln, Verjährung

1. angemessene Grundsätze aufstellen, Mittel vorhalten und Verfahren einrichten, die darauf ausgerichtet sind, sicherzustellen, dass das Wertpapierdienstleistungsunternehmen selbst und seine Mitarbeiter den Verpflichtungen dieses Gesetzes nachkommen, wobei insbesondere eine dauerhafte und wirksame Compliance-Funktion einzurichten ist, die ihre Aufgaben unabhängig wahrnehmen kann;
2. angemessene Vorkehrungen treffen, um die Kontinuität und Regelmäßigkeit der Wertpapierdienstleistungen und Wertpapiernebendienstleistungen zu gewährleisten;
3. auf Dauer wirksame Vorkehrungen für angemessene Maßnahmen treffen, um Interessenkonflikte bei der Erbringung von Wertpapierdienstleistungen oder Wertpapiernebendienstleistungen zwischen ihm selbst einschließlich seiner Mitarbeiter und der mit ihm direkt oder indirekt durch Kontrolle im Sinne des § 1 Abs. 8 des Kreditwesengesetzes verbundenen Personen und Unternehmen und seinen Kunden oder zwischen seinen Kunden zu erkennen und eine Beeinträchtigung der Kundeninteressen zu vermeiden;
4. wirksame und transparente Verfahren für eine angemessene und unverzügliche Bearbeitung von Beschwerden durch Privatkunden vorhalten und jede Beschwerde sowie die zu ihrer Abhilfe getroffenen Maßnahmen dokumentieren;
5. sicherstellen, dass die Geschäftsleitung und das Aufsichtsorgan in angemessenen Zeitabständen, zumindest einmal jährlich, Berichte der mit der Compliance-Funktion betrauten Mitarbeiter über die Angemessenheit und Wirksamkeit der Grundsätze, Mittel und Verfahren nach Nummer 1 erhalten, die insbesondere angeben, ob zur Behebung von Verstößen des Wertpapierdienstleistungsunternehmens oder seiner Mitarbeiter gegen Verpflichtungen dieses Gesetz oder zur Beseitigung des Risikos eines solchen Verstoßes geeignete Maßnahmen ergriffen wurden;
6. die Angemessenheit und Wirksamkeit der nach diesem Abschnitt getroffenen organisatorischen Maßnahmen überwachen und regelmäßig bewerten sowie die erforderlichen Maßnahmen zur Beseitigung von Unzulänglichkeiten ergreifen.

Im Rahmen der nach Satz 2 Nr. 1 zu treffenden Vorkehrungen muss das Wertpapierdienstleistungsunternehmen Art, Umfang, Komplexität und Risikogehalt seines Geschäfts sowie Art und Spektrum der von ihm angebotenen Wertpapierdienstleistungen berücksichtigen.

(2) Ein Wertpapierdienstleistungsunternehmen muss bei einer Auslagerung von Aktivitäten und Prozessen sowie von Finanzdienstleistungen die Anforderungen nach § 25a Abs. 2 des Kreditwesengesetzes einhalten. Die Auslagerung darf nicht die Rechtsverhältnisse des Unternehmens zu seinen Kunden und seine Pflichten, die nach diesem Abschnitt gegenüber den Kunden bestehen, verändern. Die Auslagerung darf die Voraussetzungen, unter denen dem Wertpapierdienstleistungsunternehmen eine Erlaubnis nach § 32 des Kreditwesengesetzes erteilt worden ist, nicht verändern.

(3) Ein Wertpapierdienstleistungsunternehmen darf die Finanzportfolioverwaltung für Privatkunden im Sinne des § 31a Abs. 3 nur dann an ein Unternehmen mit Sitz in einem Drittstaat auslagern, wenn

1. das Auslagerungsunternehmen für diese Dienstleistung im Drittstaat zugelassen oder registriert ist und von einer Behörde beaufsichtigt wird, die

Organisationspflichten § 33

mit der Bundesanstalt eine hinreichende Kooperationsvereinbarung unterhält, oder
2. die Auslagerungsvereinbarung bei der Bundesanstalt angezeigt und von ihr nicht innerhalb eines angemessenen Zeitraums beanstandet worden ist. Die Bundesanstalt veröffentlicht auf ihrer Internetseite eine Liste der ausländischen Aufsichtsbehörden, mit denen sie eine angemessene Kooperationsvereinbarung im Sinne des Satzes 1 Nr. 1 unterhält und die Bedingungen, unter denen sie Auslagerungsvereinbarungen nach Satz 1 Nr. 2 in der Regel nicht beanstandet, einschließlich einer Begründung, weshalb damit die Einhaltung der Vorgaben nach Absatz 2 gewährleistet werden kann.

(4) Das Bundesministerium der Finanzen kann durch Rechtsverordnung, die nicht der Zustimmung des Bundesrates bedarf, nähere Bestimmungen zu den organisatorischen Anforderungen nach Absatz 1 Satz 2 erlassen. Das Bundesministerium der Finanzen kann die Ermächtigung durch Rechtsverordnung auf die Bundesanstalt übertragen.

Schrifttum: *Balzer,* Vermögensverwaltung durch Kreditinstitute, 1999; *ders.,* Haftung von Direktbanken bei Nichterreichbarkeit, ZBB 2000, 258; *ders.,* Rechtsfragen des Effektengeschäfts der Direktbanken, WM 2001, 1533; *Barta,* Die Haftung der depotführenden Bank bei churning des Anlageberaters, BKR 2004, 433; *Beck/Samm,* Gesetz über das Kreditwesen, 1993; *Bergles,* Prüfung der Mitarbeitergeschäfte – Umsetzung in der Bankpraxis, ZBB 2000, S. 140; *Birnbaum/v. Kopp-Colomb,* Die Harmonisierung von Wohlverhaltens- und Complianceregelungen auf europäischer Ebene durch FESCO bzw. CESR, WM 2001, 2288; *Bliesener,* Aufsichtsrechtliche Verhaltenspflichten beim Wertpapierhandel, 1998; *Boos/Fischer/Schulte-Mattler,* Kreditwesengesetz, 2. Aufl. 2004; *Brandt,* Aufklärungs- und Beratungspflichten der Kreditinstitute bei der Kapitalanlage, 2002; *Bülow,* Chinese Walls: Vertraulichkeit und Effizienz, Die Bank 1997, 290; *Canaris,* Bankvertragsrecht in *Staub* Großkommentar vom HGB 1. Teil 4. Auflage 1988, 2. Teil 3. Aufl. 1981; *Dingeldey,* Das Chinese-Wall-Prinzip im Bankrecht der USA, RIW 1983, 91; *Eisele,* Insiderrecht und Compliance, WM 1993, 1021; *Eisele,* Technik des betrieblichen Rechnungswesens, 2002; *Eyles,* Funktionsauslagerung (Outsourcing) bei Kredit- und Finanzdienstleistungsinstituten, WM 2000, 1217; *Fassbender,* Innerbetriebliches Wissen und bankrechtliche Aufklärungspflichten, 1998; *Fischbach,* Organisationspflichten von Wertpapierdienstleistungsunternehmen nach § 33 Abs. 1 Nr. 1 WpHG, 2000; *Fischer/Petri/Steidle,* Outsourcing im Bankbereich – neue aufsichtsrechtliche Anforderungen nach § 25a KWG und MaRisk, WM 2007, 2313; *Frank,* Aufsichtsrechtliche Aspekte beim Outsourcing, in: PWC AG (Hrsg.), Outsourcing und Insourcing in der Finanzwirtschaft, 2008, S. 29; *Gennen/Schreiner,* Neue Anforderungen an das Outsourcing im Finanzdienstleistungssektor, CR 2007, 757; *Hadding/Schneider,* Bankgeheimnis und Bankauskunft in der Bundesrepublik Deutschland und in ausländischen Rechtsordnungen, 1986; *Hellner/Steuer,* Bankrecht und Bankpraxis, Band 4, 2001; *Held,* Änderungen für Compliance in *Clouth/Lang* (Hrsg.), MiFID-Praktikerhandbuch, 2007, S. 191; *Hennrichs,* Funktionsauslagerung (Outsourcing) bei Kreditinstituten, WM 2000, 1561; *Hopt,* Der Kapitalanlegerschutz im Recht der Banken, 1975; *Horn,* Die Aufklärungs- und Beratungspflichten der Banken, ZBB 1997, 139; *Jerusalem,* Die Regelung der Mitarbeitergeschäfte im Bankgewerbe durch Compliance, 1996; *Jütten,* Compliance-Richtlinie schließt Regelungslücke, Die Bank 1999, 126; *Kirschhöfer,* Führung von Insiderverzeichnissen bei Emittenten und externen Dienstleistern, Der Konzern 2005, 22; *Köndgen,* Wieviel Aufklärung braucht ein Wertpapierkunde?, ZBB 1996, 361; *v. Kopp-Colomb,* Bekanntmachung des Bundesaufsichtsamtes für den Wertpapierhandel und des Bundesaufsichtsamtes für das Kreditwesen zu den sog. Mitarbeiter-Leitsätzen, WM 2000, 2414; *Kümpel,* Bank- und Kapitalmarktrecht, 3. Aufl. 2004; *Lensdorf/Schneider,* Das Rundschreiben des Bundesaufsichtsamtes für Kreditwesen zur Auslagerung von we-

§ 33 Abschnitt 6. Verhaltensregeln, Verjährung

sentlichen Bereichen von Kredit- und Finanzdienstleistungsinstituten auf andere Unternehmen gemäß § 25a Abs. 2 KWG, WM 2002, 1949; *Lipton/Mazur,* The chinese wall solution to the conflict problems of securities firms, New York University Law Review 50 (1975), 459 ff.; *Lösler,* Das moderne Verständnis von Compliance im Finanzmarktrecht, NZG 2005, 104; *ders.,* Compliance im Wertpapierdienstleistungskonzern, 2003; *Müller/Prangenberg,* Outsourcing-Management, 1997; *Poser,* International Securities Regulation, 1991; *Reich,* Informations-, Aufklärungs- und Warnpflichten beim Anlagengeschäft unter besonderer Berücksichtigung des „execution-only-business" (EOB), WM 1997, 1601 ff.; *Renz/Stahlke,* Wird die Watch-List bei Kreditinstituten durch das Insiderverzeichnis abgelöst?, Kreditwesen 2006, 353; *Rodewald/Unger,* Kommunikation und Krisenmanagement im Gefüge der Corporate Compliance-Organisation, BB 2007, 1629; *Röh,* Compliance nach der MiFID – zwischen höherer Effizienz und mehr Bürokratie, BB 2008, 398; *Scharpf,* Corporate Governance, Compliance und Chinese Walls, 2000; *Schlüter,* Börsenhandelsrecht, 2. Aufl. 2002; *Schneider/v. Buttlar,* Die Führung von Insider-Verzeichnissen: Neue Compliance-Pflichten für Emittenten, ZIP 2004, 1621; *Schreiber/Zimmer,* Effizientes Beschwerdemanagement durch EDV-Unterstützung, Die Bank 1996, 664; *Schweizer,* Insiderverbote, Interessenkonflikte und Compliance, 1996; *Sethe,* Erweiterung der bank- und kapitalmarktrechtlichen Organisationspflichten um Reporting-Systeme, ZBB 2007, 421; *Siller,* Rechtsfragen des Discount-Broking, 1999; *Spindler,* Unternehmensorganisationspflichten, 2001; *ders.,* Compliance in der multinationalen Bankengruppe, WM 2008, 905; *Stafflage,* Die Anlageberatung der Banken, 1996; *Tippach,* Das Insider-Handelsverbot und die besonderen Rechtspflichten der Banken, 1995; *Weber-Rey,* Gesellschafts- und aufsichtsrechtliche Herausforderungen an die Unternehmensorganisation, AG 2008, 345; *Zerwas/Hanten/Bühr,* Outsourcing bei Instituten in Deutschland, ZBB 2002, 17.

Übersicht

	Rn.
A. Allgemeines	1
I. Regelungsgegenstand und Normzweck	1
1. Überblick	1
2. Entstehungsgeschichte	2
3. Bedeutung der Norm	3
II. Rechtsnatur	6
III. Aufbau und rechtssystematische Stellung	7
1. Überblick	7
2. Verhältnis zu anderen Vorschriften	12
B. Verweis auf die besonderen Organisationspflichten für Institute (Abs. 1 Satz 1)	15
I. Allgemeine Grundlagen ordnungsgemäßer Geschäftsorganisation	15
1. Genereller Maßstab	15
2. Einzelne Pflichten	22
II. Risikomanagement	27
1. Aufgaben	28
2. Allgemeine Anforderungen	30
a) Risikotragfähigkeit	30
b) Geschäfts- und Risikostrategie	32
3. Besondere Anforderungen an das interne Kontrollsystem	33
4. Besondere Anforderungen an die Interne Revision	36
5. Organisationsrichtlinien	42
III. Pflichten bezüglich vertraglich gebundener Vermittler	43
C. Weitergehende wertpapierhandelsrechtliche Organisationspflichten (Abs. 1 Satz 2)	46
I. Allgemeine Vorkehrungen zur Sicherstellung gesetzeskonformen Verhaltens (Nr. 1 und Nr. 2)	46
1. Grundlagen	46
2. Sach- und Personalausstattung	51

	Rn.
3. Informationsmanagement	56
a) Zugang zu Informationen	57
b) Organisation des Informationsflusses	59
4. Sicherheitsvorkehrungen und Notfallkonzept	63
5. Vorkehrungen für kontinuierliche und regelmäßige Wertpapierdienstleistungen	66
II. Compliance-Funktion (Nr. 1 und Nr. 5)	67
1. Allgemeines	67
2. Aufgaben	69
a) Aufdeckung und Vermeidung des Risikos von Pflichtverletzungen	69
b) Überwachungs- und Kontrollfunktion	71
c) Beratung und Unterstützung	72
3. Anforderungen	74
a) Ausgangspunkt	74
b) Benennung eines Compliance-Beauftragten	76
c) Fachkenntnisse, Mittel und Kompetenzen	78
d) Unabhängigkeit	82
4. Tätigkeit der Compliance-Abteilung	85
5. Berichtspflicht	90
III. Vermeidung und Steuerung von Interessenkonflikten (Nr. 3)	91
1. Überblick	91
2. Allgemeine Anforderungen	94
a) Identifizierung der relevanten Arten von Interessenkonflikten	94
b) Grundsätze zum Interessenkonfliktmanagement	96
c) Bedeutung	102
3. Besondere Organisationspflichten	106
a) Vertraulichkeitsbereiche (Chinese Walls)	107
b) Bereichsüberschreitender Informationsfluss (Wall Crossing)	112
aa) Öffentlich bekannte Tatsachen	114
bb) Bereichsübergreifende Zusammenarbeit	115
cc) Überschreitung der Vertraulichkeitsbereiche durch Führungskräfte	118
dd) Aufklärungspflicht und Informationsanspruch	121
4. Besondere Verhaltensanweisungen (Ablauforganisation)	132
a) Die Beobachtungsliste (Watch List)	133
b) Sperrliste (Restricted List)	137
IV. Beschwerdemanagement (Nr. 4)	141
V. Überwachung (Nr. 6)	144
D. Auslagerung von Funktionen (Abs. 2 und 3)	145
I. Allgemeines	145
II. Anwendungsbereich	150
1. Normadressaten	150
2. Sachlicher Anwendungsbereich	151
a) Auslagerung von Aktivitäten und Prozessen oder von Finanzdienstleistungen	151
b) Beschränkung auf wesentliche Funktionen	153
III. Zulässigkeitsvoraussetzungen	160
1. Beachtung der Anforderungen des § 25a Abs. 2 KWG (Abs. 2 Satz 1)	160
a) Genereller Maßstab	160
b) Konkrete Ausprägungen der gebotenen Risikovermeidungsstrategie	162
c) Auslagerung von Compliance-Funktionen	169

§ 33 1, 2 Abschnitt 6. Verhaltensregeln, Verjährung

	Rn.
d) Auslagerung der Internen Revision	171
e) Weitere Einzelfragen	172
2. Weitergehende Anforderungen nach Abs. 2 Satz 2 und 3	176
3. Zusätzliche Voraussetzungen für die Auslagerung der Finanzportfolioverwaltung für Privatkunden an Unternehmen mit Sitz in einem Drittstaat (Abs. 3)	178
E. Konsequenzen mangelhafter Umsetzung der Organisationspflichten	183
F. Verordnungsermächtigung	189

A. Allgemeines

I. Regelungsgegenstand und Normzweck

1. Überblick

1 § 33 verpflichtet Wertpapierdienstleistungsunternehmen zur Schaffung angemessener Organisationsstrukturen insbesondere im Hinblick auf die ordnungsgemäße Erbringung von Wertpapier(neben)dienstleistungen und die Vermeidung von Interessenkonflikten. Die Norm ergänzt damit die allgemeinen und besonderen Verhaltenspflichten der §§ 31 ff. für das Wertpapiergeschäft um **unternehmensbezogene Organisationspflichten**.[1] Diese stellen die Voraussetzung für die Einhaltung der Wohlverhaltenspflichten dar und bewirken damit einen **vorgelagerten, mittelbaren Schutz der Anleger**.[2] Bereits im Vorfeld der Erbringung konkreter Dienstleistungen soll der Schutz des Anlegerpublikums sowie das Funktionieren des Wertpapiermarktes durch die richtige Organisation des Geschäftsbetriebs gewährleistet werden.[3] Dazu gehören auch bestimmte Anforderungen im Hinblick auf die Auslagerung von wesentlichen Tätigkeiten, Prozessen oder Wertpapierdienstleistungen auf Dritte (vgl. Abs. 2 und 3).

2. Entstehungsgeschichte

2 § 33 WpHG aF setzte ursprünglich Art. 10 und Teile von Art. 11 der WpDRL um.[4] Durch das **Umsetzungsgesetz** vom 22. 10. 1997[5] wurde Abs. 2 eingefügt und der Anwendungsbereich durch die Erstreckung auf Finanzdienstleistungsinstitute sowie die Ausdehnung des Wertpapierbegriffs erweitert. Das **FRUG** hat in Umsetzung von Art. 13 der Finanzmarktrichtlinie und zahlreicher Vorschriften der DRL (insbesondere Art. 5 bis 10, 13 bis 15) zu erheblichen Änderungen im Wortlaut geführt. Im Vergleich zu den drei bisher maßgeblichen

---

[1] *Lösler*, NZG 2005, 104, 104.
[2] Vgl. zum Zusammenspiel von unternehmensbezogenen und transaktionsgebundenen Verhaltenspflichten *Bliesener* S. 1 f., 169 ff.; ferner *Spindler* S. 224 ff.; eine durch Behörden durchzusetzende Organisationspflicht im Interesse des Anlegers wurde bereits 1975 durch *Hopt*, Kapitalanlegerschutz, S. 438 ff. gefordert.
[3] Erwägungsgründe 30 und 39 der WpDRL.
[4] Beschlussempfehlung und Bericht des Finanzausschusses, BT-Drucks. 12/7918, S. 105 (zu Art. 10 WpDRL); vgl. zur teilweisen Umsetzung von Art. 11 WpDRL unten Fn. 22.
[5] Gesetz zur Umsetzung von EG-Richtlinien zur Harmonisierung bank- und wertpapieraufsichtsrechtlicher Vorschriften vom 22. 10. 1997 BGBl. I 1997, 2518.

Organisationspflichten 3, 4 § 33

allgemeinen Grundsätzen der Vorhaltung und des wirksamen Einsatzes der notwendigen Mittel und Verfahren (Abs. 1 Nr. 1 aF), der Vermeidung von Interessenkonflikten (Abs. 1 Nr. 2) und des Einsatzes angemessener interner Kontrollverfahren (Abs. 1 Nr. 3) ist das Regelungsprogramm des § 33 nunmehr zwar erheblich detailreicher ausgestaltet und um einige Aspekte ergänzt worden. Insgesamt halten sich die materiellen Änderungen jedoch in Grenzen. So sind die meisten Organisationspflichten des Abs. 1 Satz 2 bereits im bisherigen Recht zu beachten gewesen und stimmen insbesondere mit den Anforderungen nach den bisherigen Verwaltungsgrundsätzen der BaFin überein,[6] wie sie in der sog. „Compliance-Richtlinie"[7] niedergelegt sind. Auch wenn diese mit Wirkung zum 1. November 2007 aufgehoben worden ist,[8] lassen sich ihr mitunter immer noch weitergehende konkretisierende Hinweise entnehmen, die auch bei der Auslegung des § 33 WpHG nF und der zu seiner Konkretisierung erlassenen §§ 12, 13 WpDVerOV nützlich sein können.

3. Bedeutung der Norm

Mit der Einführung des § 33, der in seiner ursprünglichen Form zum 1. 1. 3
1995 in Kraft trat, haben Grundzüge der **Compliance-Organisation** erstmals eine gesetzliche Regelung in Deutschland erfahren.[9] Der Begriff „Compliance" entstammt der englischen Banksprache und bezeichnet ein Verhalten in Übereinstimmung mit den geltenden Gesetzen oder Vorschriften.[10] Im Vordergrund stehen dabei die kapitalmarktrechtlichen Normen. Das Ziel von Compliance ist es, durch die **Errichtung bestimmter unternehmensinterner Verhaltens- und Kontrollstrukturen** unfaire und rechtswidrige Praktiken im Bereich der Kapitalmarktdienstleistungen zu verhindern, um auf diese Weise das Vertrauen der Anleger zu erhalten und zu vertiefen. Insbesondere geht es darum, die gerade im System der Universalbanken vielfach angelegten Interessenkonflikte einzudämmen, die Risiken für die Anleger aus der asymmetrischen Informationsverteilung zugunsten der Institute zu begrenzen und etwaigen Missbräuchen vorzubeugen.[11]

Compliance dient nicht nur dem (mittelbaren) Schutz des jeweiligen Kunden- 4
kreises des Unternehmens, sondern schützt darüber hinaus den Markt und die übrigen Teilnehmer vor unfairem oder gar rechtswidrigem Verhalten wie zB In-

---

[6] So auch BegrRegE, BT-Drucks. 16/4028, S. 70.
[7] Bekanntmachung des BaWe (jetzt BaFin), „Richtlinie des Bundesaufsichtsamtes für den Wertpapierhandel zur Konkretisierung der Organisationspflichten von Wertpapierdienstleistungsunternehmen gemäß § 33 Abs. 1 WpHG" vom 25. 10. 1999 („Compliance-Richtlinie"), BAnz Nr. 210 vom 6. 11. 1999 S. 18 453.
[8] Schreiben der BaFin vom 23. 10. 2007, abrufbar unter www.bafin.de.
[9] Beschlussempfehlung und Bericht des Finanzausschusses, BT-Drucks. 12/7918, S. 105; *Brandt* S. 240; Punkt 2.1 der Compliance-Richtlinie.
[10] *Lösler*, NZG 2005, 104, 104. Das engl. „to comply with something" bedeutet „etwas befolgen" oder „einhalten".
[11] Vgl. Beschlussempfehlung und Bericht des Finanzausschusses, BT-Drucks. 12/7918, S. 105; *Brandt* S. 240 f.; *Eisele* in Bankrechtshandbuch, § 109 Rn. 92; *Scharpf* S. 2 f.; das deutsche Bankgewerbe hat bereits seit 1992 mit der Einrichtung von Compliance-Organisationen begonnen, *Eisele* WM 1993, 1021; *Kümpel* Rn. 16.656; vgl. zu den Ursprüngen von Compliance in Deutschland *Hoeren* ZBB 1993, 112 ff.

siderdelikten. Die Implementierung von Compliance-Strukturen liegt aber **auch im Eigeninteresse** der Wertpapierdienstleistungsunternehmen.[12] Denn ein regelkonformes Verhalten vermeidet nicht nur Schadensersatzforderungen, sondern auch einen – in seinen Folgen oft noch weitaus gravierenderen – Imageverlust des Unternehmens.[13] Gleichzeitig können detaillierte Verhaltensanweisungen und deren laufende Kontrolle die Mitarbeiter des Unternehmens vor straf- und bußgeldrechtlichen Konsequenzen (zB nach § 14 iVm §§ 38, 39) und vor einer persönlichen zivilrechtlichen Haftung schützen. Zugleich wird es dem jeweiligen Mitarbeiter erleichtert, sich gegen unberechtigte Vorwürfe und Anschuldigungen zur Wehr zu setzen.[14] Die Etablierung von organisatorischen Strukturen und Verfahren zur Absicherung und Kontrolle, ob die Verhaltensanforderungen bei der Erbringung von Wertpapier(neben)dienstleistungen im Unternehmen eingehalten werden, ermöglicht auch dem Anleger eine bessere Risikoeinschätzung in Bezug auf den jeweiligen Dienstleister und erhöht damit die Transparenz im Markt sowie die Vergleichbarkeit der Anbieter.

5   Die Gesetzesmaterialien und die Handhabung durch die BaFin verdeutlichen, dass § 33 den gesetzlichen **Anknüpfungspunkt für eine umfassende Compliance-Organisation** darstellt und damit **über den unmittelbaren Bereich der §§ 31 ff. hinausgeht**. Dies wird besonders deutlich im Hinblick auf die notwendige Vorbeugung und Kontrolle gegenüber verbotenen Insiderhandelsaktivitäten; denn dafür sind gerade organisatorische Maßnahmen im Sinne des § 33 Abs. 1 Satz 2 Nr. 1 und Nr. 3 erforderlich (zB durch sog. Chinese Walls, dazu näher Rn. 107 ff.).[15] Im Rahmen des § 33 ist zu beachten, dass es nicht lediglich um die ausschnitthafte Normierung einzelner Maßnahmen geht, sondern die einzelnen organisations- und verfahrensrechtlichen Elemente ineinander greifen und einen aufeinander abgestimmten Regelungskomplex bilden. Die Verzahnung der einzelnen Elemente eines umfassenden Organisationskonzepts spiegelt sich auch in Überschneidungen der einzelnen Tatbestände des § 33, deren Grenzen teilweise verschwimmen.[16] Die weit gefassten Kriterien und unbe-

---

[12] *Lösler* NZG 2005, 104 f., unterscheidet sogar fünf Funktionen von Compliance: Die Schutzfunktion, die Beratungs- und Informationsfunktion, die Überwachungsfunktion, die Qualitätssicherungs- und Innovationsfunktion sowie die Marketingsfunktion.
[13] *Kümpel* Rn. 16.660; *Hellner/Steuer* Rn. 7/804; *Brandt* S. 241; *Scharpf* S. 6; *Lösler* NZG 2005, 104, 105, weist zu Recht darauf hin, dass ein Imageverlust etwa durch die Herabsetzung eines Ratings auch zu finanziellen Schäden führen kann.
[14] *Kümpel* Rn. 16.661–16.665.
[15] Vgl. *Brandt* S. 240; *Hellner/Steuer* Rn. 7/809; *Kümpel* Rn. 16.659; Beschlussempfehlung und Bericht des Finanzausschusses BT-Drucks. 12/7918, S. 105; vgl. auch Punkt 3.2.1 und 3.3.1 der Compliance-Richtlinie sowie Punkt A.I. 1 der Mitarbeiter-Leitsätze vom 7. Juni 2000 („Bekanntmachung des Bundesaufsichtsamtes für das Kreditwesen und des Bundesaufsichtsamtes für den Wertpapierhandel über Anforderungen an Verhaltensregeln für Mitarbeiter der Kreditinstitute und Finanzdienstleistungsinstitute in Bezug auf Mitarbeitergeschäfte"), BAnz Nr. 131 vom 15. 7. 2000 S. 13790. Die Verzahnung zwischen den einzelnen Elementen wird insbesondere in der Konkretisierung der Mitarbeitergeschäfte durch das BAWe in den Mitarbeiter-Leitsätzen deutlich, die in Punkt A.IV. auf die Compliance-Richtlinie Bezug nehmen.
[16] So *Spindler* S. 225 f. (zu § 33 WpHG aF); für die Neufassung durch das FRUG mit dem Verweis auf die Anforderungen des § 25 a Abs. 1 und Abs. 4 KWG und die ergänzenden Regelungen in § 33 Abs. 1 Satz 2 Nr. 1 bis Nr. 6 WpHG gilt das ebenfalls.

stimmten Rechtsbegriffe des § 33 Abs. 1 WpHG aF (zB „notwendige" Mittel und Verfahren für die „ordnungsgemäße" Durchführung der Dienstleistungen, Interessenkonflikte sind „möglichst gering" zu halten, Erfordernis „angemessener interner Kontrollverfahren") ließen den betroffenen Wertpapierdienstleistungsunternehmen den – angesichts der Heterogenität der Normadressaten erforderlichen – Spielraum für eine Adaption und individuelle Anpassung bestimmter Regeln.[17] An dieser Situation hat sich trotz der teilweise recht detaillierten und stärker ausdifferenzierten Regelungen des § 33 WpHG nF iVm den zu seiner weiteren Konkretisierung erlassenen §§ 12, 13 WpDVerOV im Grunde wenig geändert, da es letztlich immer auf die „Angemessenheit und Wirksamkeit der ... getroffenen Maßnahmen" (Abs. 1 Satz 2 Nr. 6) ankommt. Für die nach Abs. 1 Satz 2 Nr. 1 erforderlichen Vorkehrungen zur Sicherstellung eines gesetzeskonformen Verhaltens des Wertpapierdienstleistungsunternehmens und seiner Mitarbeiter schreibt Abs. 1 Satz 3 zudem ausdrücklich einen **flexiblen Ansatz** unter Berücksichtigung von „Art, Umfang, Komplexität und Risikogehalt seines Geschäfts sowie Art und Spektrum der von ihm angebotenen Wertpapierdienstleistungen" vor.

II. Rechtsnatur

Ebenso wie die Verhaltensregeln i. e. S. nach den §§ 31 ff. ist auch § 33 aufsichtsrechtlicher Natur und damit als **öffentlich-rechtliche Regelung** zu qualifizieren.[18] In Bezug auf den **Inhalt und Zweck** der auferlegten Pflichten unterscheiden sich die Organisationsregeln aber von den Wohlverhaltenpflichten i. e. S. dadurch, dass sie nur darauf gerichtet sind, die grundlegenden Voraussetzungen für die Einhaltung der aufsichtsrechtlichen Pflichten bei der Erbringung von Wertpapier(neben)dienstleistungen sicherzustellen. Ein Schutz der individuellen Anleger ist dagegen nicht bezweckt.[19] § 33 stellt daher **kein Schutzgesetz i. S. d. § 823 Abs. 2 BGB** dar.[20] Zwar lassen sich im Rahmen des § 33 allgemeine oder reine Organisationsregeln und solche Pflichten unterscheiden, die einen engen Bezug zu einer spezifisch kundenbezogenen Tätigkeit aufweisen. Das gilt etwa für die Gewährleistung der Kontinuität und Regelmäßigkeit der Wertpapier(neben)dienstleistungen (Abs. 1 Satz 2 Nr. 2), die Vermeidung von Interessenkonflikten (Nr. 3) oder die Einrichtung eines wirksamen und transparenten Beschwerdemanagements (Nr. 4). Daraus lässt sich jedoch nicht ableiten, dass diese oder sonstigen Organisationsregeln, soweit sie sich auf bestimmte Dienstleistungen beziehen (zB § 33a Abs. 1, der angemessene Vorkehrungen zur bestmöglichen Ausführung von Kundenaufträgen in jedem Einzelfall verlangt), zugleich der Charakter als (drittschützender) Wohlverhaltenspflicht beizumessen wäre. Vielmehr machen die Neufassung des § 33 ebenso wie die zusätzlich eingeführten Vorschriften zur Aufstellung von *best-execution*-Grundsätzen (§ 33a Abs. 1) und Vorkehrungen zur Verhinderung unzulässiger Mitarbeitergeschäfte

---

[17] *Jütten* Die Bank 1999, 126, 129.
[18] Vgl. Vor §§ 31 bis 37a Rn. 55 f., 60 ff.
[19] *Schäfer*, WM 2007, 1872, 1876; vgl. auch *Lösler*, NZG 2005, 104, 108 (Anlegerschutz nur als Rechtsreflex von Compliance-Organisationen).
[20] Vgl. bereits Vor §§ 31 bis 37a Rn. 83.

§ 33   7   Abschnitt 6. Verhaltensregeln, Verjährung

und -handlungen (§ 33b Abs. 3 bis 5) hinreichend deutlich, dass es insoweit **allein um organisatorische Anforderungen**[21] geht.[22]

III. Aufbau und rechtssystematische Stellung

1. Überblick

7   § 33 findet seine bankaufsichtsrechtliche Entsprechung in § 25a KWG. Konnten schon bisher die zu dieser Norm entwickelten Grundsätze auch bei der Auslegung der wertpapierhandelsrechtlichen Organisationspflichten herangezogen werden,[23] freilich unter Berücksichtigung der unterschiedlichen Schutzrichtungen von WpHG und KWG,[24] so hat der Gesetzgeber im Zuge der Umsetzung der Finanzmarktrichtlinie eine **direkte normative Verknüpfung** zwischen beiden Regelungskomplexen hergestellt, um „doppelte Anforderungen an die Geschäftsorganisation – insbesondere an das Risikomanagement – zu vermeiden":[25] § 33 Abs. 1 Satz 1 verlangt nunmehr ausdrücklich die **Einhaltung der organisatorischen Pflichten nach § 25a Abs. 1 und 4 KWG**. Dabei geht es neben allgemeinen Anforderungen an eine **ordnungsmäßige Geschäftsorganisation**, die für die Einhaltung der gesetzlichen Bestimmungen und der „betriebswirtschaftlichen Notwendigkeiten" sorgen sollen (§ 25a Abs. 1 Satz 1 KWG) vor allem um die Einrichtung eines angemessenen und wirksamen **Risikomanagements** (Satz 3 bis 5, dazu näher unten Rn. 27ff.). Darüber hinaus werden eine Reihe weiterer Einzelpflichten normiert (zB Einrichtung eines Finanzcontrollings zur jederzeitigen Bestimmbarkeit der finanziellen Lage des Instituts mit hinreichender Genauigkeit, vollständige Dokumentation der Geschäftstätigkeit zur Ermöglichung einer lückenlosen Überwachung durch die BaFin sowie angemessene geschäfts- und kundenbezogene Sicherungssysteme gegen Geldwäsche und betrügerische Handlungen zu Lasten des Instituts, Abs. 1 Satz 6). § 25a Abs. 4 betrifft die Voraussetzungen für die **Heranziehung vertraglich gebundener Vermittler** i.S.d. § 2 Abs. 10 Satz 1 KWG (dazu näher unten Rn. 43ff.).

---

[21] So auch die Überschrift des Art. 13 MiFID, dessen Umsetzung § 33 dient, BegrRegE, BT-Drucks. 16/4028, S. 70.

[22] Im Gegensatz dazu diente § 33 Abs. 1 Nr. 1 WpHG aF teilweise auch der Umsetzung des Art. 11 WpDRL, der Verhaltenspflichten der Wertapierdienstleistungsunternehmen enthielt, während die Regelungen des Art. 10 organisatorischer Natur waren; vgl. zu den unterschiedlichen Ausrichtungen ausführlich *Schäfer*, Vor § 31 WpHG Rn. 2; *Fischbach*, S. 14ff. Während Nr. 2 und 3 des § 33 Abs. 1 WpHG aF der Umsetzung der Organisationsregeln des Art. 10 dienten, übernahm § 33 Abs. 1 Nr. 1 WpHG aF nahezu wortgleich den als Wohlverhaltenspflicht gekennzeichneten Art. 11 Abs. 1 S. 4 Spiegelstrich 3, wobei allerdings zu den „Mitteln und Verfahren" i.S.d. § 33 Abs. 1 Nr. 1 WpHG aF auch die in den Organisationsregeln des Art. 10 erwähnte Verwaltung und Buchhaltung sowie die Kontroll- und Sicherheitsvorkehrungen gehörten. Die zu Recht kritisierte mangelnde Trennschärfe zwischen Art. 10 und 11 der WpDRL warf die Frage nach einer möglichen Doppelnatur des § 33 Abs. 1 Nr. 1 als Wohlverhaltens- und Organisationsregelung auf, vgl. *Birnbaum/von Kopp-Colomb* WM 2001, 2288, 2289; *Fischbach* S. 28f.; die Gesetzesmaterialien gehen auf diese Unterscheidung nicht ein, vgl. Beschlussempfehlung und Bericht des Finanzausschusses, BT-Drucks. 12/7918, S. 105.

[23] *Schwark*, § 33 Rn. 6.

[24] Vgl. dazu unten Rn. 11.

[25] BegrRegE (FRUG), BT-Drucks. 16/4028, S. 70.

Zusätzlich zu diesen für Institute und Wertpapierdienstleistungsunternehmen 8
übereinstimmenden Grundanforderungen listet § 33 Abs. 1 **Satz 2 Nr. 1 bis 6
WpHG** weitergehende **wertpapierhandelsrechtliche Organisationspflichten** auf. Die meisten dieser Pflichten sind bereits nach § 33 Abs. 1 WpHG aF zu
beachten gewesen und entsprechen in der Sache der bisherigen Verwaltungspraxis der BaFin, wie sie in ihrer bis zum 31. 10. 2007 geltenden „Compliance-
Richtlinie"[26] dargelegt worden ist.[27]

Die Voraussetzungen für eine **Auslagerung** von „Aktivitäten und Prozessen 9
sowie von Finanzdienstleistungen" werden in § 33 **Abs. 2 Satz 1** WpHG ebenfalls **primär** durch einen **Verweis auf** die Beachtung der Anforderungen des
§ 25a **Abs. 2 KWG** bestimmt und in Satz 2 und 3 um zwei weitere Kriterien
für Wertpapierdienstleistungsunternehmen ergänzt. **Abs. 3** stellt sodann zusätzliche Anforderungen an die Auslagerung der Finanzportfolioverwaltung für Privatkunden auf ein Unternehmen mit Sitz in einem Drittstaat.

Von der **Verordnungsermächtigung in Abs. 4** hat das Bundesministerium 10
der Finanzen durch Erlass der Wertpapierdienstleistungs-Verhaltens- und Organisationsverordnung (WpDVerOV) vom 20. Juli 2007 Gebrauch gemacht und in
§§ 12, 13 WpDVerOV konkretisierende Regelungen zu der allgemeinen Organisationspflicht nach § 33 Abs. 1 Satz 2 Nr. 1 sowie der Pflicht zu Aufdeckung
und Vermeidung von Interessenkonflikten (§ 33 Abs. 1 Satz 2 Nr. 3) erlassen.

Die vom Gesetzgeber in Abs. 1 Satz 1 und Abs. 2 Satz 1 gewählte **Verweisungstechnik** ist **nicht unproblematisch**. Zum einen leidet darunter die 11
Übersichtlichkeit der Regelungen, zumal einerseits nicht alle Bestimmungen des
§ 25a Abs. 1 KWG für Institute auch für die Tätigkeit von Wertpapierdienstleistungsunternehmen passen (zB bezüglich der Sicherungssysteme gegen Geldwäsche oder der Vorgaben der BaFin bei plötzlichen Zinsänderungen) und sich
andererseits die zusätzlichen Anforderungen an Wertpapierdienstleistungsunternehmen nach Abs. 1 Satz 2, Abs. 2 Satz 2 und 3 nicht völlig trennscharf von den
Grundanforderungen nach § 25a Abs. 1 KWG abgrenzen lassen. Zum anderen
werden die **unterschiedlichen Schutzrichtungen von WpHG und KWG**
vernachlässigt. Während der marktbezogene Ansatz des WpHG sich am Schutz
des Kunden und der Integrität des Marktes orientiert, steht im Rahmen des
KWG das Unternehmen im Vordergrund (institutionelle Regulierung). Wesentliches Ziel des KWG ist die Gewährleistung von Solvenz und Bestand der Institute und damit verbunden die Aufrechterhaltung der eigenverantwortlichen Entscheidungsfähigkeit der Geschäftsleitung.[28] Bei § 33 WpHG steht dagegen die
Schaffung der organisatorischen Voraussetzungen für die Einhaltung der kundenbezogenen Verhaltenspflichten im Vordergrund. Dies kann sich nicht nur bei den
besonderen Organisationspflichten auswirken, sondern bereits die Grundanforde-

---

[26] Richtlinie des Bundesaufsichtsamtes für den Wertpapierhandel [BaWe, jetzt BaFin]
zur *Konkretisierung der Organisationspflichten von Wertpapierdienstleistungsunternehmen gemäß § 33 Abs. 1 WpHG* vom 25. 10. 1999 („Compliance-Richtlinie"), BAnz
Nr. 210 vom 6. 11. 1999 S. 18 453. Diese Richtlinie ist von der BaFin mit Schreiben vom
23. 10. 2007 (abrufbar im Internet unter *www.bafin.de*) mit Wirkung zum 1. 11. 2007 aufgehoben worden.
[27] BegrRegE (FRUG), BT-Drucks. 16/4028, S. 70.
[28] Vgl. *Fischer* in *Boos/Fischer/Schulte-Mattler* Einf Rn. 61 ff. und 95 ff.; *Braun* in *Boos/
Fischer/Schulte-Mattler* § 25a KWG Rn. 86 f.; *Assmann* in *Assmann/Schneider* § 1 Rn. 9 f.

§ 33   12, 13   Abschnitt 6. Verhaltensregeln, Verjährung

rungen an eine ordnungsgemäße Geschäftsorganisation beeinflussen. Dem gesetzgeberischen Ziel einer „Vermeidung doppelter Anforderungen" sind damit enge Grenzen gesetzt. Auf der anderen Seite sind die anzulegenden Maßstäbe flexibel genug, um den jeweiligen Besonderheiten der Geschäftstätigkeit der betroffenen Unternehmen angemessen Rechnung zu tragen.

2. Verhältnis zu anderen Vorschriften

12   Neben den verbindlichen Konkretisierungen einiger Organisationspflichten des § 33 durch §§ 12, 13 WpDVerOV sind für die Praxis auch die aktuellen **Verwaltungsgrundsätze der BaFin** zu den „**Mindestanforderungen an das Risikomanagement – MaRisk**"[29] zu beachten. Ihnen kommt zwar weder die Qualität einer Rechtsnorm noch die eines Verwaltungsaktes im Sinne einer Allgemeinverfügung zu. Als bloße Verwaltungsvorschriften haben sie keine unmittelbare Bindungswirkung im Außenverhältnis.[30] Auch eine Vermutung für einen Verstoß gegen § 33 kann durch die Grundsätze allein nicht begründet werden.[31] Dennoch verdeutlichen sie die Anforderungen, die durch die BaFin an die Unternehmen gestellt werden und deren Einhaltung (zB durch Anordnungen gem. § 4 Abs. 1 S. 3) auch erzwungen werden kann.[32] Daher sind sie für die Praxis **von eminenter faktischer Bedeutung.** Andere Bekanntmachungen der Aufsichtsbehörde, mit denen sie die jeweiligen Anforderungen des § 33 WpHG aF in bestimmten Bereichen verdeutlicht hat, wie die „Compliance-Richtlinie"[33] und die „Mitarbeiter-Leitsätze" sind von der BaFin zwar mit Schreiben vom 23. 10. 2007 zum 1. 11. 2007 aufgehoben worden, können aber unter Beachtung der eingetretenen Rechtsänderungen teilweise noch zur konkretisierenden Auslegung der Organisationspflichten herangezogen werden.[34]

13   In engem Zusammenhang mit § 33 stehen zum einen die §§ 31 ff. (dazu Rn. 20), zum anderen die §§ 33 a, 33 b, die Regelungen über Vorkehrungen zur bestmöglichen Ausführung von Kundenaufträgen *(„best execution")* bzw. über Mitarbeitergeschäfte enthalten. Auch die nachfolgenden Vorschriften über Aufzeichnungs- und Aufbewahrungspflichten (**§ 34**) sowie über die getrennte Vermögensverwahrung (**§ 34a**) ergänzen das allgemeine Pflichtenprogramm des § 33 um spezielle Ausprägungen.[35]

---

[29] BaFin, Rundschreiben 5/2007 (BA) vom 30. 10. 2007, Mindestanforderungen an das Risikomanagement – MaRisk, im Internet abrufbar unter *www.bafin.de*. Dieses Rundschreiben hat die frühere Fassung der MaRisk im Rundschreiben 18/2005 vom 20. 12. 2005 abgelöst.
[30] Vgl. zur Rechtsnatur dieser Schreiben *Fischer* in Bankrechts-Handbuch, § 126 Rn. 11; *Koller* in *Assmann/Schneider* § 35 Rn. 6; *Beck/Samm* KWG § 6 Rn. 43 f.; *Fülbier* in *Boos/Fischer/Schulte-Mattler*, § 6 Rn. 16 ff.; ebenso zu Richtlinien der BaFin gem. § 35 Abs. 2 WpHG aF (= Abs. 4 nF) BGH ZIP 2006, 504, 506.
[31] Ebenso *Koller* in *Assmann/Schneider* § 35 Rn. 6, *Spindler* S. 233; *Döhmel* in *Vortmann*, § 4 Rn. 38; *Möllers/Ganten*, ZGR 1998, 773, 807; anders noch Bericht des Finanzausschusses BT-Drucks. 12/7918, S. 106; aA auch *Balzer* ZBB 1997, 260, 768; *Lang*, WM 2000, 450, 466; *Brandt*, S. 204.
[32] Vgl. dazu § 4 Rn. 25 ff.; die immense praktische Bedeutung dieser Schreiben betont *Spindler* S. 233.
[33] Vgl. Fn. 7.
[34] Vgl. zu den Mitarbeitergeschäften § 33b Rn. 16 ff.
[35] *Schwark*, § 33 Rn. 1.

Auch an anderer Stelle im WpHG finden sich organisatorische Regelungen, **14** die im Vorfeld auf ein gesetzeskonformes Verhalten hinwirken sollen. So verpflichtet zB der durch das AnSVG in das WpHG eingefügte § 15 b alle **Emittenten von Finanzinstrumenten** zum Führen von Insiderverzeichnissen. Dieses **Insiderverzeichnis** tritt bei Wertpapierdienstleistungsunternehmen in ein gewisses Konkurrenzverhältnis zur *Watch-List* (vgl. unten Rn. 133 ff.). Eine eindeutige Abgrenzung der beiden Instrumente wurde bisher nicht vorgenommen.[36]

B. Verweis auf die besonderen Organisationspflichten für Institute (Abs. 1 Satz 1)

I. Allgemeine Grundlagen ordnungsgemäßer Geschäftsorganisation

1. Genereller Maßstab

Während sich § 33 Abs. 1 WpHG aF damit begnügte, allgemeine Organisa- **15** tionspflichten zu normieren, die sich auf das Vorhalten und den wirksamen Einsatz der notwendigen Mittel und Verfahren für eine ordnungsgemäße Durchführung der Dienstleistungen (Nr. 1), die Vermeidung von Interessenkonflikten (Nr. 2) und die Verfügbarkeit interner Kontrollverfahren zur Verhinderung von Gesetzesverstößen (Nr. 3) bezogen, enthält § 25 a Abs. 1 KWG einen detaillierten **Katalog einzelner Organisationspflichten**. Gemeinsamer **Bezugspunkt** der exemplarisch geregelten Einzelpflichten ist die **ordnungsgemäße Geschäftsorganisation**, die nach Satz 1 eine rechtliche und eine wirtschaftliche Dimension aufweist: Sie muss die **Einhaltung der** vom Institut (bzw. Wertpapierdienstleister) zu beachtenden **gesetzlichen Bestimmungen und der „betriebswirtschaftlichen Notwendigkeiten"** gewährleisten.

Die **Verantwortung** für die ordnungsgemäße Geschäftsorganisation weist **16** § 25 a Abs. 1 Satz 2 KWG der **Geschäftsleitung** zu.[37] Dabei gilt unabhängig von der internen Zuständigkeitsverteilung das Prinzip der **Gesamtverantwortung** aller Mitglieder des Geschäftsleistungsorgans.[38] Eine Delegation ist nicht möglich, auch nicht im Wege der Auslagerung wesentlicher betrieblicher Funktionen auf andere Unternehmen (vgl. § 25 a Abs. 2 Satz 4 KWG, näher dazu unten Rn. 167 ff.). Die Geschäftsleiter müssen durch das Risikomanagement in die Lage versetzt werden, die wesentlichen Risiken zu beurteilen und die erforderlichen Maßnahmen zu ihrer Begrenzung zu treffen.[39]

Ausgangspunkt jeder ordnungsgemäßen Geschäftsorganisation muss eine **an-** **17** **gemessene personelle und technisch-organisatorische Ausstattung** sein.

---

[36] Vgl. hierzu *Renz/Stahlke,* Kreditwesen 2006, 353 ff.; *Sethe* in *Assmann/Schneider* § 15 b Rn. 6 ff.
[37] Die in § 1 Abs. 2 Satz 1 KWG bezeichneten Personen („Geschäftsleiter") sind „diejenigen natürlichen Personen, die nach Gesetz, Satzung oder Gesellschaftsvertrag zur Führung der Geschäfte und zur Vertretung eines Instituts in der Rechtsform einer juristischen Person oder einer Personenhandelsgesellschaft berufen sind".
[38] BaFin, MaRisk (Fn. 29), AT 3 Tz. 1.
[39] BaFin, MaRisk (Fn. 29), AT 3 Tz. 1; vgl. auch *Sethe* ZBB 2007, 421, 424 ff.

§ 33 18–20   Abschnitt 6. Verhaltensregeln, Verjährung

Auch wenn § 25 a Abs. 1 Satz 3 KWG dieses Kriterium nur im Zusammenhang mit einem **angemessenen und wirksamen Risikomanagement** erwähnt, handelt es sich insofern um ein grundlegendes Erfordernis, das in der Sache mit § 33 Abs. 1 Nr. 1 WpHG aF übereinstimmt und die gesamte Tätigkeit des Wertpapierdienstleistungsunternehmens betrifft. Dies wird durch § 33 Abs. 1 Satz 2 Nr. 1 WpHG nF bestätigt, der das Wertpapierdienstleistungsunternehmen verpflichtet, angemessene **Grundsätze** aufzustellen, **Mittel** vorzuhalten und **Verfahren** einzurichten, um die Einhaltung der gesetzlichen Verpflichtungen nach dem WpHG durch das Unternehmen und seine Mitarbeiter sicherzustellen. Auf nähere Einzelheiten ist daher im Zusammenhang mit der Kommentierung dieser Vorschrift einzugehen (unten Rn. 46 ff.).

18 Während § 33 Abs. 1 Nr. 1 WpHG aF noch auf die Notwendigkeit der Mittel und Verfahren zur ordnungsgemäßen Durchführung der Wertpapierdienstleistungen abstellte, verlangen nunmehr sowohl § 25 a Abs. 1 Satz 3 KWG als auch § 33 Abs. 1 Satz 2 Nr. 1 WpHG nF grundsätzlich **angemessene organisatorische Vorkehrungen.** Darin dürfte letztlich weder eine Verschärfung noch eine Absenkung des gebotenen Standards liegen. Denn aus dem Zusammenspiel mit der jeweiligen **Flexibilisierungs- oder Verhältnismäßigkeitsklausel** (§ 25 a Abs. 1 Satz 4 KWG bzw. § 33 Abs. 1 Satz 3 WpHG nF), die eine **Berücksichtigung von Art, Umfang, Komplexität und Risikogehalt der Geschäftstätigkeit** verlangt, ergibt sich ein entsprechender „Erforderlichkeitsvorbehalt".[40] Daraus folgt auch, dass die Anforderungen an Umfang und Qualität der vorzuhaltenden Ressourcen und Verfahren je nach Art und Ausmaß der konkret betroffenen Geschäftstätigkeit des Unternehmens **im Einzelfall unterschiedlich** ausfallen können.[41]

19 Allerdings wird man auch eine Reihe von **Mindestanforderungen** beachten müssen, **die generell** von jedem Wertpapierdienstleistungsunternehmen **erfüllt werden müssen.**[42] Dazu gehören vor allem ausreichende Sicherheitsvorkehrungen zum Schutz des Unternehmens und der Kundengelder, insbesondere gegen Attacken von Computer-Hackern, eine Notfallplanung für Systemausfälle,[43] ein funktionierendes Beschwerdemanagement[44] sowie die Einführung des Vier-Augen-Prinzips in besonders sensiblen Bereichen[45] (zu den Einzelheiten vgl. unten Rn. 26, 63 ff., 141 ff.).

20 Im Übrigen ermöglicht der Begriff der Ordnungsmäßigkeit aber eine **schutzzweckorientierte Konkretisierung** des sonst leicht uferlosen Tatbestandes. Steht die individuelle Kundenbeziehung im Mittelpunkt, so gilt die Maxime der bestmöglichen Erfüllung des Kundeninteresses.[46] Im Hinblick auf die richtige **Res-**

---

[40] So treffend zu § 33 Abs. 1 Nr. 1 WpHG aF *Schwark,* § 33 Rn. 8; zu § 25 a Abs. 1 Satz 4 KWG siehe auch *Weber-Rey* AG 2008, 345, 352.
[41] *Kümpel* Rn. 16.602; Beschlussempfehlung und Bericht des Finanzausschusses, BT-Drucks. 12/7918, S. 105; Nr. 2.1 Abs. 5 der Compliance-Richtlinie des BAWe (oben Fn. 7).
[42] So zutreffend *Schwark,* § 33 Rn. 8.
[43] Nr. 2.2 der Compliance-Richtlinie des BAWe; *Koller* in *Assmann/Schneider* § 33 Rn. 12; vgl. näher Rn. 63 ff.
[44] *Koller* in *Assmann/Schneider* § 33 Rn. 13; vgl. näher Rn. 141 ff.
[45] *Schwark,* § 33 Rn. 8; zust. *Koller* in *Assmann/Schneider* § 33 Rn. 8.
[46] Punkt 3.3 der früheren Wohlverhaltensrichtlinie der BaFin („Richtlinie gemäß § 35 Abs. 6 des WpHG zur Konkretisierung der §§ 31 und 32 WpHG für das Kommissionsgeschäft, den Eigenhandel für andere und das Vermittlungsgeschäft der Wertpapierdienstleis-

sourcenausstattung und Ordnung des gesamten Geschäftsbetriebes dagegen ist das unmittelbare Schutzobjekt nicht der individuelle Anleger, sondern das Anlegerpublikum. Die Gewährleistung organisatorischer Standards liegt insoweit im generellen Kundeninteresse und dient der Stärkung des allgemeinen Anlegervertrauens (über die einzelne Kundenbeziehung hinaus) und damit der Funktionsfähigkeit der Kapitalmärkte.[47] Dieser unterschiedliche Blickwinkel ermöglicht und erfordert eine **Ausrichtung am jeweiligen Unternehmen**. Die frühere „Compliance-Richtlinie" der BaFin stellte die Angemessenheit der Organisationsmaßnahmen in **Relation zu Unternehmensgröße, Geschäftstätigkeit und Struktur**.[48] Gerade kleinere Unternehmen wären mit dem Aufbau weitreichender Organisationsstrukturen überfordert. Dies ist oft auch nicht notwendig, kann doch den Zielen des Anleger- und Funktionenschutzes zumindest bei überschaubarer Unternehmensgröße durch ein verstärktes Bemühen um die Einhaltung der Wohlverhaltenspflichten im jeweiligen Fall genügt werden. Insofern besteht eine **Wechselwirkung zwischen Wohlverhaltens- und Organisationspflichten**.[49] Um ihr Wirken bereits im Vorfeld der eigentlichen Dienstleistung zu gewährleisten, kann jedoch nicht vollständig auf die Schaffung von Organisationsstrukturen zugunsten von Verhaltenspflichten verzichtet werden.[50] Neben der Unternehmensstruktur wird das Ausmaß der erforderlichen organisatorischen Maßnahmen wesentlich von der Art des in Frage stehenden Wertpapiers bzw. der Wertpapier(neben)dienstleistung bestimmt. Hiernach richten sich insbesondere Komplexität und Intensität der erforderlichen Beratung und Information.[51]

Die Organisationspflichten des § 33 sollten aber nicht tiefer in die unternehmerische Freiheit eingreifen, als für den Schutz des Kapitalmarktes erforderlich ist. Demgemäß bleibt die Auswahl der Art der organisatorischen Maßnahmen grundsätzlich dem jeweiligen Unternehmen überlassen.[52] Die unternehmerische Flexibilität und Innovationskraft gilt es zu respektieren, auch um Standortnachteile durch allzu strenge Vorgaben zu vermeiden. Dabei ist allerdings zu beachten, dass Konzernobergesellschaften für die Einhaltung der gesetzlichen Bestimmungen innerhalb der gesamten **Unternehmensgruppe** verantwortlich sind.[53]

---

tungsunternehmen" vom 23. 8. 2001, BAnz Nr. 165 vom 4. 9. 2001 S. 19 217, aufgehoben zum 1. 11. 2007 mit Schreiben vom 23. 10. 2007); *Koller* in *Assmann/Schneider* § 31 Rn. 1 f., 9; vgl. näher § 31 Rn. 33 ff.
[47] Vgl. 38, 39. Erwägungsgrund der WpDRL; ebenso *Fischbach* S. 17 f.
[48] Punkt 2. 1. der Compliance-Richtlinie.
[49] Vgl. KölnKommWpHG-*Meyer/Paetzel*, § 33 Rn. 31. Die Notwendigkeit dieser Wechselwirkung zur Vermeidung von Wettbewerbsnachteilen betont *Koller* in *Assmann/Schneider* § 33 Rn. 1 und 17.
[50] Die BaFin spricht in diesem Zusammenhang von der sog. „Basis Compliance": vgl. Begleitschreiben des ehemaligen BAWe zur Compliance-Richtlinie vom 1. 11. 1999; vgl. zu den Mindestanforderungen für jedes Wertpapierdienstleistungsunternehmen auch *Schwark* § 33 Rn. 8 sowie oben Rn. 19; **aA** *Koller* in *Assmann/Schneider* § 33 Rn. 16; differenzierend *Spindler* S. 227 f.
[51] Beschlussempfehlung und Bericht des Finanzausschusses, BT-Drucks. 12/7918, S. 105; *Kümpel* Rn. 16.602; *Balzer* S. 137; *Brandt* S. 92 ff., S. 225; vgl. zur Anlegeberatung § 31 Rn. 255 ff.
[52] Vgl. Punkt 2.2.1 aE der Compliance-Richtlinie; *Jütten* Die Bank 1999, 126, 127.
[53] Zur Dimension von Compliance im Konzern siehe *Lösler*, NZG 2005, 104, 106 f.; *Spindler* WM 2008, 905, 915 ff.

2. Einzelne Pflichten

22 Eine ordnungsgemäße Geschäftsorganisation umfasst nach § 25 a Abs. 1 KWG eine Reihe von Einzelpflichten. Ganz im Vordergrund stehen die Anforderungen an ein angemessenes und wirksames Risikomanagement nach Satz 3 bis 5 (dazu unten Rn. 27 ff.). Daneben listet **Satz 6** drei weitere konkrete Organisationspflichten auf:

23 Nr. 1 betrifft „angemessene Regelungen, anhand derer sich die **finanzielle Lage** des Instituts **jederzeit mit hinreichender Genauigkeit bestimmen** lässt". Diese Anforderung geht über die ohnehin bestehende Pflicht zur Einrichtung einer ordnungsgemäßen Buchhaltung im Sinne der externen Finanzbuchhaltung nach dem Dritten Buch des HGB (§§ 238 ff. HGB) hinaus. Insbesondere dessen vierter Abschnitt (§§ 340 ff. HGB) stellt zwar umfassende und explizite Anforderungen für Kredit- und Finanzdienstleistungsinstitute auf, gewährleistet aber nur periodische und stichtagsbezogene Einblicke in die Finanzlage. Für das **interne betriebliche Rechnungswesen** bestehen insoweit keine allgemeinen gesetzlichen Vorgaben. Die von Nr. 1 geforderte jederzeitige Bestimmung der finanziellen Lage verlangt über eine normale interne Rechnungslegung hinaus ein leistungsfähiges Finanzcontrolling.

24 Nr. 2 ordnet eine **vollständige Dokumentation der Geschäftstätigkeit** zur Ermöglichung einer lückenlosen Überwachung durch die BaFin an. Die erforderlichen Aufzeichnungen sind mindestens fünf Jahre lang aufzubewahren. Die längeren handelsrechtlichen Aufbewahrungsfristen für bestimmte Unterlagen nach § 257 Abs. 4 HGB (10 Jahre für Buchungsbelege, 6 Jahre für die in § 257 Abs. 1 HGB genannten Unterlagen) bleiben unberührt. Für die Form der Aufbewahrung und die Fristberechnung gelten Abs. 3 bzw. Abs. 5 des § 257 HGB entsprechend. Weitere **Dokumentationspflichten** ergeben sich im Rahmen des § 34.

25 Nr. 3 erfordert angemessene, geschäfts- und kundenbezogene **Sicherungssysteme gegen Geldwäsche und gegen betrügerische Handlungen zu Lasten des Unternehmens.** Ersteres stellt ebenso wie die weitergehende Verpflichtung, ungewöhnlichen Sachverhalten, die einen Verdacht auf Geldwäsche begründen könnten, nachzugehen,[54] in erster Linie eine staatliche Indienstnahme privater Unternehmen zur Kriminalitätsbekämpfung dar. Der Schutz vor betrügerischen Handlungen zu Lasten des Unternehmens ist dagegen eine im Eigeninteresse wie auch im Interesse der Kunden gebotene Maßnahme, die Sicherheitsvorkehrungen sowohl im Verhältnis zu Dritten als auch gegenüber Mitarbeitern erfordert.

26 Zur ordnungsgemäßen Durchführung der Wertpapierdienstleistung gehört insbesondere der **Schutz der Kundengelder** vor Veruntreuung und Verlust. Die dazu geeignete getrennte Verwahrung von Geldern und Wertpapieren der Kunden auf Treuhandkonten wird von § 34 a zwar nur von Wertpapierdienstleistungsunternehmen verlangt, die über keine Erlaubnis zum Betreiben des Einlagen- bzw. Depotgeschäfts verfügen. Doch für alle Wertpapierdienstleister gilt, dass **das Schadensrisiko durch eigenmächtiges oder allzu riskantes Han-**

---

[54] § 25 a Abs. 1 Satz 6 Nr. 3 zweiter Halbsatz lautet: „bei Sachverhalten, die auf Grund des Erfahrungswissens über die Methoden der Geldwäsche zweifelhaft oder ungewöhnlich sind, hat es diesen vor dem Hintergrund der laufenden Geschäftsbeziehung und einzelner Transaktionen nachzugehen".

Organisationspflichten

deln einzelner Mitarbeiter durch geeignete organisatorische Maßnahmen wie Richtlinien (sog. *Internal Code of Conduct*) oder die Einrichtung von abgegrenzten Kompetenzbereichen zu minimieren ist.[55] Auch **unbewusstes menschliches Fehlverhalten** ist bei der Einrichtung der Organisationsstruktur in Betracht zu ziehen. Insbesondere zum Schutz der Kunden des Unternehmens kann hier die Einrichtung von technischen Barrieren, Gegenprüfmechanismen etc. erforderlich werden.[56] Schließlich muss in sensiblen Arbeitsbereichen, bei denen die Gefahr von Veruntreuung besteht, bereits bei der Personalauswahl sichergestellt werden, dass der Mitarbeiter in geregelten Vermögensverhältnissen lebt.[57] Zur Kontrolle der Mitarbeiter insbesondere im Bereich der sog. Mitarbeitergeschäfte siehe § 33b Rn. 16ff., zu weiteren Formen von gebotenen Sicherheitsvorkehrungen unten Rn. 63ff.

II. Risikomanagement

Kernstück einer ordnungsgemäßen Geschäftsorganisation ist ein **angemessenes und wirksames Risikomanagement**, für das § 25a Abs. 1 Satz 3 bis 5 KWG in Umsetzung von Art. 13 Abs. 5 Unterabs. 2 sowie Art. 7 DRL detailliertere Vorgaben macht. Weitere Konkretisierungen finden sich in den von der BaFin verlautbarten „Mindestanforderungen für das Risikomanagement – MaRisk".[58] Mit dem Aspekt der „Wirksamkeit" wird betont, dass die einzelnen Elemente des Risikomanagements auch tatsächlich implementiert und mit Leben erfüllt werden müssen.[59]

1. Aufgaben

Durch das Risikomanagement sollen die mit den Wertpapier(neben)dienstleistungen, den Geschäftsabläufen und eingesetzten Systemen verbundenen **Risiken erfasst und gesteuert** werden. Dazu müssen **angemessene Grundsätze und Verfahren** festgelegt und auf Dauer angewandt werden. Zudem sind wirksame Vorkehrungen einschließlich der Festlegung effektiver Abläufe und **Überwachungsmechanismen** zu treffen, um die mit den Geschäften, Prozessen und Systemen des Wertpapierdienstleistungsunternehmens verbundenen Risiken steuern und die Einhaltung der festgelegten Grundsätze und Verfahren überprüfen zu können.

---

[55] Als weitere Maßnahmen kommen zB in Betracht die Beschränkung der Vertretungsmacht oder die Einführung des Vier-Augen-Prinzips, vgl. *Koller* in *Assmann/Schneider* § 33 Rn. 8; *Spindler* S. 226; *Fischbach* S. 85; zu hauseigenen Compliance-Richtlinien vgl. *Eisele* in Bankrechtshandbuch, § 109 Rn. 127ff. und 135.
[56] So fordert das LG Nürnberg bei der Ausführung einer Kundenorder eine systembedingte Plausibilitätsprüfung anhand des Kontostandes, WM 2001, 988f.; aA *Balzer* WM 2001, 1533, 1538; das OLG Schleswig bejaht in diesem Zusammenhang die Verpflichtung einer Direktbank, softwaremäßig Vorkehrungen zur Vermeidung ungewollter Doppelorder zu treffen, BKR 2002, 880f.
[57] Dies kann geschehen durch die Einholung von Führungszeugnissen, Schufa-Auskünften, Selbstauskünften des Arbeitnehmers, Erkundigungen bei ehemaligen Arbeitgebern etc., vgl. *Schlüter* S. 336; *Koller* in *Assmann/Schneider*, § 33 Rn. 5; *Fischbach* S. 127.
[58] Rundschreiben 5/2007 (BA) vom 30.10.2007, abrufbar im Internet unter *www.bafin.de*; vgl. dazu bereits oben Rn. 12.
[59] Vgl. BegrRegE (FRUG), BT-Drucks. 16/4028, S. 95.

29 Das Risikomanagement umfasst daher „insbesondere die Festlegung angemessener Strategien sowie die Einrichtung angemessener interner Kontrollverfahren".[60] Letztere bestehen aus dem internen Kontrollsystem und der Internen Revision (§ 25a Abs. 1 Satz 3 Nr. 1 KWG). Die konkreten Anforderungen an das Risikomanagement und seine einzelnen Bestandteile hängen jeweils von Art, Umfang, Komplexität und Risikogehalt der Geschäftsaktivitäten ab (§ 25a Abs. 1 Satz 4 KWG, vgl. auch bereits oben Rn. 18).

2. Allgemeine Anforderungen

a) Risikotragfähigkeit

30 Zunächst sind die wesentlichen Risiken, denen das Wertpapierdienstleistungsunternehmen ausgesetzt ist, zu identifizieren und zu bewerten. Zu den maßgeblichen **Risikoarten** zählen vor allem Adressenausfallrisiken, Marktpreisrisiken, Liquiditätsrisiken sowie operationelle Risiken.[61]

31 Auf dieser Grundlage ist ein **Gesamtrisikoprofil** zu erstellen. Dieses muss laufend in Übereinstimmung mit dem Risikodeckungspotenzial des Unternehmens gehalten werden, wobei auch mögliche Wechselwirkungen zwischen einzelnen Risiken zu beachten sind. Die erforderliche **Risikotragfähigkeit** (§ 25a Abs. 1 Satz 3 Nr. 1 KWG) ist nur gegeben, wenn alle wesentlichen Risiken laufend abgedeckt sind.[62]

b) Geschäfts- und Risikostrategie

32 Die Geschäftsleitung des Wertpapierdienstleistungsunternehmens ist verpflichtet, eine Geschäftsstrategie mit Zielen und Planungen der wesentlichen Aktivitäten und eine dazu konsistente Risikostrategie festzulegen sowie für ihre Umsetzung, eine zumindest jährliche Überprüfung und ggf. Anpassung zu sorgen.[63] Für einzelne Risikoarten (oben Rn. 30) sind bei Bedarf Teilstrategien zu entwerfen. Die Ziele der **Risikosteuerung der wesentlichen Geschäftsaktivitäten** müssen deutlich werden, wobei in jedem Fall der Begrenzung von Risikokonzentrationen angemessen Rechnung zu tragen ist.[64] Die Inhalte und etwaige Änderungen der Risikostrategie sind mit dem Aufsichtsorgan zu erörtern und im Unternehmen in geeigneter Weise zu kommunizieren.[65] Vor der Aufnahme von Aktivitäten in neuen Produkten oder auf neuen Märkten (einschließlich neuer Vertriebswege) ist nach Auffassung der BaFin ein Konzept auszuarbeiten, in das eine Analyse des Risikogehalts der neuen Geschäftsaktivitäten eingegangen ist und aus dem sich die wesentlichen Konsequenzen für das Risikomanagement ergeben.[66]

---

[60] BaFin, MaRisk (Fn. 29), AT 1 Tz. 1.
[61] BaFin, MaRisk (oben Fn. 29), AT 2.2 Tz. 1.
[62] BaFin, MaRisk (oben Fn. 29), AT 4.1 Tz. 1. Eine Nichtberücksichtigung einzelner Risiken im Risikotragfähigkeitskonzept ist möglich, wenn sie nachvollziehbar begründet wird. Erforderlich bleibt aber ihre angemessene Berücksichtigung in den Risikosteuerungs- und Controllingprozessen (AT 4.1 Tz. 3).
[63] BaFin, MaRisk (oben Fn. 29), AT 4.2 Tz. 1. 3.
[64] BaFin, MaRisk (oben Fn. 29), AT 4.2 Tz. 2.
[65] *BaFin, MaRisk (oben Fn. 29), AT 4.2 Tz. 3f.*
[66] Vgl. § 25a Abs. 1 Satz 3 Nr.lit. a) und lit. b) KWG; BaFin, MaRisk (oben Fn. 29), AT 8 Tz. 1.

Organisationspflichten

3. Besondere Anforderungen an das interne Kontrollsystem

Das interne Kontrollsystem besteht aus Regelungen zur Aufbau- und Ablauforganisation sowie aus Risikosteuerungs- und Risikocontrollingprozessen, mit denen die relevanten Risiken identifiziert, bewertet, gesteuert, überwacht und im Unternehmen kommuniziert werden.[67]

Eine **ordnungsgemäße Aufbau- und Ablauforganisation** muss die jeweiligen Aufgaben, Kompetenzen und Verantwortlichkeiten der Mitarbeiter sowie Kommunikationswege und Kontrollen klar definieren und aufeinander abstimmen. Das gilt auch für die Schnittstellen zu wesentlichen Auslagerungen.[68] Miteinander unvereinbare Tätigkeiten müssen durch unterschiedliche Mitarbeiter durchgeführt werden.[69] Von wesentlicher Bedeutung ist das **Prinzip der Funktionstrennung**. So ist der Bereich Handel von der Überwachung und Kommunikation der Risiken (Risikocontrolling) einerseits und der Abwicklung und Kontrolle der Handelsgeschäfte andererseits zu unterscheiden.[70]

Das Ziel der ebenfalls einzurichtenden **Risikosteuerungs- und Risikocontrollingprozesse** liegt darin, die wesentlichen Risiken (auch bezüglich ausgelagerter Aktivitäten und Verfahren) frühzeitig zu erkennen, vollständig zu erfassen und in angemessener Weise darzustellen.[71] Dazu gehört auch, dass regelmäßig Szenariobetrachtungen angestellt werden, über deren Ergebnisse – ebenso wie über die gesamte Risikosituation des Unternehmens – in angemessenen Abständen der Geschäftsleitung zu berichten ist.[72] Diese muss ihrerseits das Aufsichtsorgan vierteljährlich in angemessener Weise schriftlich über die Risikosituation informieren. Neben dieser regelmäßigen Risikoberichterstattung sind alle unter Risikoaspekten wesentlichen Informationen unverzüglich an die Geschäftsleitung, die jeweiligen Verantwortlichen und ggf. die Innenrevision weiterzuleiten, damit frühzeitig geeignete Maßnahmen oder Prüfungen eingeleitet werden können.[73]

4. Besondere Anforderungen an die Interne Revision

Grundsätzlich ist neben der Etablierung von Risikosteuerungs- und Risikocontrollingprozessen die **Einrichtung einer eigenständigen Einheit der In-**

---

[67] Vgl. BaFin, MaRisk (oben Fn. 29), AT 1 Tz. 1; AT 4.3 Tz. 1.
[68] BaFin, MaRisk (oben Fn. 29), AT 4.3.1 Tz. 2.
[69] BaFin, MaRisk (oben Fn. 29), AT 4.3.1 Tz. 1.
[70] BaFin, MaRisk (oben Fn. 29), BTO Tz. 1, BTO 2.1 Tz. 1. Sind die Handelsaktivitäten in ihrer Gesamtheit unter Risikogesichtspunkten nicht wesentlich („nicht-risikorelevante Handelsaktivitäten") kann auf die Trennung dieser Bereiche bis einschließlich der Geschäftsleitung verzichtet werden, aaO Tz. 2. Die Anforderungen, die an die Prozesse im Handelsgeschäft gestellt werden, betreffen zB das grundsätzliche Verbot des Abschlusses zu nicht marktgerechten Bedingungen und die im Einzelfall möglichen Ausnahmen, die Aufzeichnung der Geschäftsgespräche der Händler auf Tonträger sowie die unverzügliche Erfassung und Weiterleitung der Abschlussdaten, vgl. zu den Einzelheiten BaFin, MaRisK, BTO 2.2.1 Tz. 2 ff. sowie zu den Anforderungen an die Abwicklung und Kontrolle, BTO 2.2.2.
[71] BaFin, MaRisk (oben Fn. 29), AT 4.3.2 Tz. 2.
[72] BaFin, MaRisk (oben Fn. 29), AT 4.3.2 Tz. 3 f. Näher zur Risikoberichterstattung unten Rn. 90.
[73] BaFin, MaRisk (oben Fn. 29), AT 4.3.2 Tz. 5 f.; vgl. näher zu den Anforderungen an die Ausgestaltung der Risikosteuerungs- und Controllingprozesse im Hinblick auf die einzelnen Risikoarten (Adressenausfall-, Marktpreis-, Liquiditäts- und operationelle Risiken) MaRisk, BTR 1 bis BTR 4.

nenrevision erforderlich.[74] Lediglich bei sehr kleinen Betrieben, bei denen dies unverhältnismäßig wäre, können nach Ansicht der BaFin die Aufgaben der Internen Revision von einem Geschäftsleiter erfüllt werden.[75] Auch wenn das Gesetz insoweit keine ausdrückliche Ausnahme enthält, ist dem unter Heranziehung der allgemeinen Flexibilisierungs- bzw. Proportionalitätsklausel des § 25a Abs. 1 Satz 4 KWG und des insoweit ganz ähnlichen Vorbehalts in Art. 8 DRL zuzustimmen.[76] Wenn die Ausgestaltung des Risikomanagements von Art, Umfang, Komplexität und Risikogehalt der Geschäftstätigkeit abhängt, kann die Revisionsfunktion bei kleinen Dienstleistern auch von einem Geschäftsleiter ausgefüllt werden, zumal die Innenrevision ohnehin ein Instrument der Geschäftsleitung ist, das ihr unmittelbar unterstellt und berichtspflichtig ist.

37 Die **Aufgaben** der Internen Revision erstrecken sich grundsätzlich auf die Prüfung sämtlicher Aktivitäten und Prozesse im Unternehmen. Bei wesentlichen Projekten empfiehlt sich bereits eine begleitende Tätigkeit, sofern die Unabhängigkeit gewahrt und Interessenkonflikte vermieden werden (können).[77] Im Falle von Auslagerungen wesentlicher Aktivitäten oder Prozesse auf andere Unternehmen kann auf eigene Prüfungstätigkeiten verzichtet werden, sofern die im Auslagerungsunternehmen durchgeführten Revisionshandlungen den gleichen Anforderungen genügen und sich die Innenrevision des auslagernden Unternehmens regelmäßig von der Einhaltung dieser Voraussetzungen überzeugt.[78] Im Übrigen aber hat die Interne Revision „risikoorientiert und prozessunabhängig die Wirksamkeit und Angemessenheit des Risikomanagements im Allgemeinen und des internen Kontrollsystems im Besonderen sowie die Ordnungsmäßigkeit grundsätzlich aller Aktivitäten und Prozesse zu prüfen und zu beurteilen".[79]

38 Eine effektive Aufgabenwahrnehmung setzt voraus, dass die Interne Revision nur der Geschäftsleitung verantwortlich, ihr unmittelbar unterstellt und berichtspflichtig ist und gegenüber allen Mitarbeitern ein **vollständiges und uneingeschränktes Informationsrecht** erhält. Dies bedeutet, dass ihr unverzüglich die erforderlichen Informationen zu erteilen, die notwendigen Unterlagen zur Verfügung zu stellen sowie Einblick in die Aktivitäten und Prozesse einschließlich der IT-Systeme des Unternehmens zu gewähren sind.[80]

39 Zur Sicherstellung der **Unabhängigkeit und Selbstständigkeit** der Internen Revision muss gewährleistet werden, dass sie bei der Berichterstattung und Wertung der Prüfungsergebnisse keinen Weisungen unterworfen ist. Das gilt auch gegenüber der Geschäftsleitung, die allerdings auf Grund ihres Direktions-

---

[74] Vgl. Art. 8 DRL sowie § 25a Abs. 1 Satz 3 Nr. 1 KWG: „Einrichtung interner Kontrollverfahren mit einem internen Kontrollsystem *und* einer internen Revision" (Hervorhebung hinzugefügt).
[75] BaFin, MaRisk (oben Fn. 29), AT 4.4 Tz. 1.
[76] Ebenso BegrRegE (FRUG), BT-Drucks. 16/4028, S. 95, nach der bei kleinen Wertpapierhandelsunternehmen die Funktion der internen Revision u. U. sogar gänzlich entfallen kann, wenn deren Wahrnehmung unverhältnismäßig wäre und eine periodische Überprüfung durch einen Wirtschaftsprüfer erfolgt.
[77] BaFin, MaRisk (oben Fn. 29), BT 2.1 Tz. 1 f.
[78] BaFin, MaRisk (oben Fn. 29), BT 2.1 Tz. 3; näher zu den Voraussetzungen für Auslagerungen unten Rn. 145 ff.
[79] BaFin, MaRisk (oben Fn. 29), AT 4.4 Tz. 3.
[80] BaFin, MaRisk (oben Fn. 29), AT 4.4 Tz. 4.

Organisationspflichten

rechts zusätzliche Prüfungen anordnen kann.[81] Zudem dürfen die Mitarbeiter der Innenrevision grundsätzlich nicht mit revisionsfremden Aufgaben betraut werden und jedenfalls keine Aufgaben wahrnehmen, die mit ihrer Prüfungstätigkeit nicht vereinbar sind.[82]

Die Durchführung der Prüfungen muss auf einer umfassenden, jährlich fortzuschreibenden und von der Geschäftsleitung zu genehmigenden **Prüfungsplanung** beruhen.[83] Die Prüfungen sind durch Arbeitsunterlagen zu dokumentieren. Neben einem schriftlichen **Bericht** über jede einzelne Prüfung muss die Interne Revision auch einen **Gesamtbericht** über die im Geschäftsjahr durchgeführten Prüfungen erstellen und der Geschäftsleitung vorlegen. Ergeben sich im Rahmen der Prüfungen schwerwiegende Feststellungen gegen Geschäftsleiter, besteht eine unverzügliche Berichtspflicht gegenüber der Geschäftsleitung, die ihrerseits den Vorsitzenden des Aufsichtsorgans und die Aufsichtsbehörden zu informieren hat.[84] 40

Sind bei den Prüfungen **Mängel** festgestellt worden, muss die Interne Revision deren fristgerechte **Beseitigung** in geeigneter Form **überwachen** und ggf. eine Nachschauprüfung durchführen.[85] 41

5. Organisationsrichtlinien

Die Umsetzung der Maßnahmen des Risikomanagements setzt voraus, dass den jeweils betroffenen Mitarbeitern des Wertpapierdienstleistungsunternehmens entsprechende **Arbeitsanweisungen, Ablaufbeschreibungen oder Handbücher** zur Verfügung stehen. Die BaFin verlangt daher in ihren MaRisk, dass die Geschäftsaktivitäten auf der Grundlage von **schriftlichen, bei Bedarf zu aktualisierenden Organisationsrichtlinien** betrieben werden. Abzudecken sind darin insbesondere die Regelungen über die Aufbau- und Ablauforganisation (mit Kompetenzordnung, Aufgabenzuweisungen etc.), die Ausgestaltung der Risikosteuerungs- und Risikocontrollingprozesse, Bestimmungen zur Internen Revision und Verfahrensweisen bei wesentlichen Auslagerungen sowie „Regelungen, die die Einhaltung gesetzlicher Bestimmungen sowie sonstiger Vorgaben (zB Datenschutz, Compliance) gewährleisten".[86] 42

III. Pflichten bezüglich vertraglich gebundener Vermittler

Bei einem vertraglich gebundenen Vermittler i. S. d. § 2 Abs. 10 Satz 1 KWG handelt es sich um ein Unternehmen, das nur ganz **bestimmte** Finanz- bzw. **Wertpapierdienstleistungen** erbringt (Anlage- oder Abschlussvermittlung, 43

---

[81] BaFin, MaRisk (oben Fn. 29), BT 2.2 Tz. 1.
[82] BaFin, MaRisk (oben Fn. 29), BT 2.2 Tz. 2. Bei Wahrung ihrer Unabhängigkeit kann nach Ansicht der BaFin eine beratende Tätigkeit „im Rahmen ihrer Aufgaben" für die Geschäftsleitung oder andere Organisationseinheiten des Instituts zulässig sein.
[83] Näher hierzu BaFin, MaRisk (oben Fn. 29), BT 2.3.
[84] Vgl. BaFin, MaRisk (oben Fn. 29), BT 2.4 mit weiteren Einzelheiten zu den Berichtspflichten.
[85] BaFin, MaRisk (oben Fn. 29), BT 2.5 Tz. 1.
[86] BaFin, MaRisk (oben Fn. 29), BT 2.5 Tz. 3. Näher zur Compliance-Funktion Rn. 67 ff.

Platzierungsgeschäft oder Anlageberatung) und dabei **ausschließlich für Rechnung und unter der Haftung eines** Einlagenkreditinstituts oder **Wertpapierdienstleistungsunternehmens** im Inland tätig wird. Nach § 2a Abs. 2 WpHG gilt ein solcher Vermittler nicht als Wertpapierdienstleistungsunternehmen; seine Leistungen werden dem Institut oder Unternehmen zugerechnet, für dessen Rechnung er tätig wird (vgl. § 2a Rn. 40 ff.). Bei einer Pflichtverletzung steht dem Kunden ein zivilrechtlicher Anspruch unmittelbar gegen das Wertpapierdienstleistungsunternehmen zu. Voraussetzung ist allerdings, dass der Vermittler in offener Stellvertretung oder – für den Kunden erkennbar – als Erfüllungsgehilfe des Wertpapierdienstleistungsuntenehmens nach § 278 BGB gehandelt hat.

44 Hieran knüpfen die Organisationspflichten des § 25a Abs. 4 Satz 1 an. Danach muss das Einlagenkreditinstitut oder Wertpapierhandelsunternehmen, das sich eines vertraglich gebundenen Vermittlers bedient, dessen (persönliche) **Zuverlässigkeit und fachliche Eignung** sicherstellen und dafür sorgen, dass dieser bei der Erbringung der Finanzdienstleistungen die **gesetzlichen Vorgaben erfüllt**, die **Kunden** vor Aufnahme der Geschäftsbeziehung **über seinen Status informiert** und im Falle der Beendigung des Status auch darüber unverzüglich in Kenntnis setzt.

45 Die Erfüllung dieser Pflichten ist zu dokumentieren. Die erforderlichen **Nachweise** müssen nach § 25a Abs. 4 Satz 2 mindestens fünf Jahre nach dem Ende des Status als vertraglich gebundener Vermittler aufbewahrt werden. Nähere Bestimmungen können durch Rechtsverordnung nach § 24 Abs. 4 KWG getroffen werden.

C. Weitergehende wertpapierhandelsrechtliche Organisationspflichten (Abs. 1 Satz 2)

I. Allgemeine Vorkehrungen zur Sicherstellung gesetzeskonformen Verhaltens (Nr. 1 und Nr. 2)

1. Grundlagen

46 § 33 Abs. 1 Satz 2 Nr. 1 verpflichtet Wertpapierdienstleistungsunternehmen, angemessene **Grundsätze** aufzustellen, **Mittel** vorzuhalten und **Verfahren** einzurichten, die darauf ausgerichtet sind, dass das Unternehmen selbst und seine Mitarbeiter im Sinne des § 33b Abs. 1 den wertpapierhandelsrechtlichen Verpflichtungen nachkommen. Exemplarisch hervorgehoben wird die Pflicht zur Einrichtung einer dauerhaften, wirksamen und unabhängig agierenden **Compliance-Funktion**. Abgesehen von dieser expliziten Regelung der Compliance, die in Abs. 1 Satz 2 Nr. 5 um eine eingehende Berichtspflicht erweitert wird und daher zusammenhängend unter II. (Rn. 67 ff.) erörtert werden soll, entspricht die Vorschrift im Wesentlichen § 33 Abs. 1 Nr. 1 WpHG aF, der verlangte, dass die für eine ordnungsgemäße Erbringung der Dienstleistung erforderlichen Mittel und Verfahren vorzuhalten und wirksam einzusetzen sind.

47 Die Neufassung setzt nunmehr Art. 13 Abs. 2 MiFID und Art. 6 Abs. 1 DRL um und kodifiziert das Grundprinzip, durch angemessene organisatorische Vor-

kehrungen für die Einhaltung der durch das WpHG begründeten Pflichten zu sorgen.[87] Die Unternehmen müssen somit Organisationsstrukturen schaffen und Organisationsrichtlinien aufstellen, die – ausgerichtet auf eine unbestimmte Vielzahl von Geschäften – insbesondere die Einhaltung der Wohlverhaltenspflichten im Einzelfall gewährleisten sollen. Insoweit überschneiden sich die Organisationspflichten aus Abs. 1 Satz 2 Nr. 1 zwar weitgehend mit den Anforderungen an eine ordnungsgemäße Geschäftsorganisation nach § 25a Abs. 1 KWG, die schon aufgrund der Verweisung in Abs. 1 Satz 1 zu beachten sind (vgl. dazu oben Rn. 15 ff.). Doch liegt hier der **Focus auf der ordnungsgemäßen Durchführung der jeweils angebotenen Wertpapier(neben)dienstleistung** und der dafür erforderlichen organisatorischen Vorkehrungen. Im Gegensatz zu Abs. 1 Satz 2 Nr. 3 geht es insoweit nicht primär um die Vermeidung von Interessenkonflikten und Insiderverstößen, sondern um die Gewährleistung der sorgfältigen und fachlich ordnungsgemäßen Auftragsdurchführung; der Vorschrift liegt somit eine eher abwicklungstechnische Zielsetzung zugrunde.[88]

Der Begriff der **Mittel** ist weit auszulegen und umfasst die für den ordnungsgemäßen Geschäftsbetrieb erforderliche Ausstattung sowohl in personeller als auch in sachlicher Hinsicht.[89] Die Wertpapierdienstleister müssen daher in ausreichendem Umfang hinreichend qualifiziertes Personal einsetzen und dieses regelmäßig schulen.[90] Zur notwendigen sachlichen Ausstattung gehört neben einer für die Geschäftstätigkeit ausreichenden finanziellen Ausstattung[91] insbesondere die Verfügbarkeit und Anbindung an Informations-, Handels- und Abwicklungssysteme.[92] 48

Unter einem **Verfahren** ist die Art und Weise der Bewältigung einer Aufgabe zu verstehen, die internen Regeln, nach denen das Unternehmen arbeitet.[93] Hierzu gehören insbesondere Regelungen über Zugang und Weitergabe von Informationen. Erfasst sind bei einer schutzzweckorientierten Auslegung lediglich die Bereiche, die sich zumindest mittelbar auf den Schutz der Anleger bzw. die Funktionsfähigkeit des Kapitalmarktes auswirken können. Zwischen Mitteln und Verfahren ist eine trennscharfe Unterscheidung weder möglich noch sinnvoll. So ist etwa die laufende Schulung der Mitarbeiter nach internen Anweisungen als Verfahren und zugleich als notwendiges Element der Personalausstattung und damit als Mittel zu bewerten. Ähnliches gilt für den Zugang zu Informationen und deren weitere Verwendung. 49

Ebenso wie § 25a Abs. 1 Satz 4 KWG für die Ausgestaltung des Risikomanagements enthält § 33 Abs. 1 Satz 3 eine Flexibilisierungs- oder **Proportionalitätsklausel**. Danach richten sich die zu treffenden Maßnahmen nach „Art, Um- 50

---

[87] Vgl. BegrRegE (FRUG), BT-Drucks. 16/4028, S. 71.
[88] So zu § 33 Abs. 1 Nr. 1 WpHG aF *Scharpf*, S. 17. Besondere Vorgaben für die bestmögliche Ausführung von Kundenaufträgen enthält nunmehr § 33a.
[89] *Koller* in *Assmann/Schneider* § 33 Rn. 2; *Eisele* in Bankrechtshandbuch, § 109 Rn. 97; vgl. auch *Scharpf* S. 17.
[90] *Kümpel* Rn. 16.679; *Schwark* § 33 Rn. 7 mwN.
[91] Vgl. *Koller* in *Assmann/Schneider* Rn. 3 („ausreichendes Eigenkapital"); zu Recht einschränkend im Hinblick auf den Erforderlichkeitsvorbehalt und unter Hinweis darauf, dass Solvenzgesichtspunkte nur für § 10 KWG relevant, bei der Auslegung des Abs. 1 Nr. 1 aber unbeachtlich sind, *Schwark* § 33 WpHG Rn. 9.
[92] *Schäfer* § 33 Rn. 6; *Schwark* § 33 Rn. 7.
[93] *Koller* in *Assmann/Schneider* § 33 Rn. 3.

fang, Komplexität und Risikogehalt des Geschäfts sowie Art und Spektrum der von ihm angebotenen Wertpapierdienstleistungen". Auch wenn somit das Ausmaß der organisatorischen Maßnahmen im Einzelfall für jedes Unternehmen gesondert zu bestimmen ist, lassen sich für einige Kernbereiche allgemeine Grundsätze und Leitlinien feststellen, die im Sinne von Mindestanforderungen für alle oder zumindest die ganz überwiegende Zahl der Unternehmen gelten.[94]

2. Sach- und Personalausstattung

51 Der Bereich der nach § 33 Abs. 1 Nr. 1 erforderlichen **sachlichen Mittel** umfasst allgemein die Organisation des sachlichen, technischen und materiellen Apparates. Neben der adäquaten räumlichen Ausstattung sind dabei insbesondere die Installation von Sicherheitssystemen (näher dazu unten Rn. 63 ff.) und – im modernen Wertpapierdienstleistungsunternehmen unverzichtbar – der Einsatz von EDV und Informationstechnologie zu verstehen. Generell gilt, dass sich Umfang und Qualität der technisch-organisatorischen Ausstattung vor allem „an betriebsinternen Erfordernissen, den Geschäftsaktivitäten sowie der Risikosituation" auszurichten haben.[95]

52 Das Wertpapierdienstleistungsunternehmen muss sein Telefon-, Fax- und EDV-System zunächst so einrichten, dass der umfassende Zugang zu allen erforderlichen Informationsquellen (näher dazu Rn. 56) gewährleistet ist.[96] Um Erreichbarkeit und zeitnahe Umsetzung der Weisungen des Kunden sicherzustellen, müssen die **Kapazitäten und** der **Technologiestandard** des Kommunikationssystems **in angemessener Relation zur Kundenzahl** stehen.[97] Bei zu erwartenden Nachfragespitzen sind nach Möglichkeit zusätzliche Ressourcen für den erforderlichen Zeitraum zur Verfügung zu stellen, soweit dies durch zumutbare Maßnahmen wie zB vorübergehende Umschichtungen innerhalb des Unternehmens oder Konzerns umgesetzt werden kann.

53 Zu den vorzuhaltenden Mitteln zählt auch die finanzielle Ausstattung, also insbesondere das notwendige **Eigenkapital**.[98] Allerdings gilt auch insoweit der Erforderlichkeitsvorbehalt.[99] Sofern der Wertpapierdienstleister den materiellen Eigenkapitalanforderungen des § 10 KWG unterliegt, dürfte deren Erfüllung – trotz der unterschiedlichen Zielsetzung der Normen[100] – in aller Regel auch für die ordnungsgemäße Durchführung der Wertpapierdienstleistungen genügen; eigenständige Bedeutung könnte der Aspekt der notwendigen Eigenkapitalausstattung im Rahmen des § 33 Abs. 1 Nr. 1 daher wohl nur für solche Wertpapierdienstleister erlangen, die keinen qualifizierten gesetzlichen Eigenkapitalvorgaben unterliegen.

54 Zu den für eine ordnungsgemäße Durchführung der Wertpapierdienstleistung erforderlichen Mitteln gehört ferner die personelle Ausstattung. Erforderlich ist zunächst eine **ausreichende personelle Besetzung,** um die eingehenden Kun-

---

[94] *Schwark,* § 33 Rn. 8.
[95] BaFin, MaRisk (oben Fn. 29), AT 7.2. Tz. 1.
[96] *Schäfer,* § 33 Rn. 5.
[97] KölnKommWpHG–*Meyer/Paetzel,* § 33 Rn. 50 mwN.
[98] *Eisele* in Bankrechtshandbuch, § 109 Rn. 97; *Koller* in *Assmann/Schneider* § 33 Rn. 3; KölnKommWpHG–*Meyer/Paetzel,* § 33 Rn. 51 f.
[99] Vgl. dazu *Schwark,* § 33 Rn. 9.
[100] Zweck des KWG ist die Gewährleistung der Solvenz der Bank zur Erfüllung ihrer Verbindlichkeiten, während der Focus des § 33 WpHG auf die Ordnungsmäßigkeit der Wertpapierdienstleistung gerichtet ist, vgl. bereits oben Rn. 11.

Organisationspflichten 55–57 § 33

denaufträge entgegenzunehmen und zeitnah auszuführen; überlastungsbedingte Verzögerungen sind durch eine vorausschauende Personalbedarfsplanung zu vermeiden.[101] Durch Abwesenheit oder Ausscheiden von Mitarbeitern darf es nicht zu nachhaltigen Störungen der Betriebsabläufe kommen.[102]
In qualitativer Hinsicht muss das Personal den Anforderungen der jeweiligen Dienstleistung entsprechen. Die Mitarbeiter müssen nicht nur in den unternehmensinternen Informationsfluss eingebunden, sondern durch ihre **fachliche Qualifikation** auch in der Lage sein, die relevanten Informationen zu verstehen und für die sorgfältige Erbringung der Dienstleistung zu nutzen. Soweit erforderlich, ist dies durch laufende Schulung sicherzustellen.[103] Diese umfasst auch die Vermittlung der Kenntnis der relevanten Gesetzesvorschriften und des aktuellen Stands der Rechtsprechung.[104] 55

3. Informationsmanagement

Zu den wichtigsten **Ressourcen** für jedes Unternehmen gehören Informationen. Eine ordnungsgemäße Durchführung von Wertpapierdienstleistungen ist ohne den schnellen und umfassenden Zugriff auf (korrekte) Informationen und deren effektive Verwertung nicht denkbar. Das gilt, abgesehen von der standardisierten Information der Kunden nach § 31 Abs. 3, vor allem für die Durchführung der konkreten Geeignetheits- und Angemessenheitsprüfungen nach § 31 Abs. 4 und Abs. 5. Das Wertpapierdienstleistungsunternehmen muss daher durch geeignete organisatorische Maßnahmen zum einen sicherstellen, dass die Mitarbeiter jederzeit ungehinderten **Zugang zu den Informationen** haben, die sie für die Erfüllung ihrer jeweiligen Aufgaben benötigen. Zum anderen muss der **Informationsfluss** so organisiert werden, dass die **relevanten Informationen** von den Mitarbeitern bei ihren Entscheidungen und Handlungen zweckkonform berücksichtigt werden. Zugleich sind Vorkehrungen gegen einen etwaigen Missbrauch der Informationen für andere Zwecke zu treffen. 56

a) Zugang zu Informationen

Sicherzustellen ist zunächst die **Verfügbarkeit der allgemein zugänglichen Informationsquellen;** besondere Relevanz im Bereich der Wertpapierdienstleistungen erlangen dabei die elektronischen Medien und Informationsdienste (zB Reuters, Bloomberg, Telerate).[105] Das Dienstleistungsunternehmen muss 57

---

[101] Vgl. *Schlüter* S. 335; zur Haftung einer Direktbank bei Nichterreichbarkeit zB LG Nürnberg Fürth WM 2000, 1005; kritisch dazu, im Grundsatz aber einen Ersatzanspruch anerkennend *Balzer* WM 2001, 1533, 1537 f.; *ders.* ZBB 2000, 258, 259.
[102] BaFin, MaRisk (oben Fn. 29), AT 7.1 Tz. 3.
[103] Vgl. BaFin, MaRisk (oben Fn. 29), AT 7.1 Tz. 2 (Gewährleistung eines angemessenen Qualifikationsniveaus der Mitarbeiter durch geeignete Maßnahmen); *Schäfer*, § 33 Rn. 6; *Koller* in *Assmann/Schneider* § 33 Rn. 5; *Schlüter* S. 335 f.; *Brandt* S. 225; *Kümpel* Rn. 16.667; *Balzer* Vermögensverwaltung S. 137; *Fischbach* S. 127; *Horn* ZBB 1997, 139, 152.
[104] *Balzer* Vermögensverwaltung S. 138.
[105] Zu den elektronischen Medien gehören darüber hinaus individuell abzufragende Informationsquellen (Datenbanken, Research-Material von Drittunternehmen); zu den wichtigsten nichtelektronischen Informationsmitteln zählen die Printmedien (Kurs- und Börsenblätter, Börsenbriefe) sowie Hauptversammlungsberichte und Bilanzen, Veröffentlichungen von Rating-Agenturen, etc.; vgl. *Schäfer*, Rn. 5; *Brandt* S. 225; *Balzer* S. 137; *Schäfer* in *Assmann/Schütze*, § 23 Rn. 47; *Fischbach* S. 136 f.

Fuchs 1475

§ 33 58, 59 Abschnitt 6. Verhaltensregeln, Verjährung

nicht nur für die notwendige technische Ausstattung sowie einen laufenden und sicheren Kontakt zu diesen Diensten sorgen, sondern auch dafür, dass die Mitarbeiter über hinreichende Kenntnisse für einen sicheren und effektiven Umgang mit diesen Systemen verfügen. Dabei muss gewährleistet sein, dass die Information auch dem jeweils intern zuständigen Mitarbeiter umgehend zur Verfügung steht.[106] Diese Verpflichtung besteht für jedes Wertpapierdienstleistungsunternehmen unabhängig von seiner Größe und finanziellen Ausstattung.[107] Denn § 31 Abs. 4, 5 verpflichtet die Unternehmen ohne Rücksicht auf ihre Größe und Struktur zur Durchführung einer individuellen Geeignetheits- bzw. Angemessenheitsprüfung bezüglich des dem einzelnen Kunden angebotenen Wertpapiergeschäfts; die denknotwendige Vorstufe hierzu ist die Beschaffung der dafür erforderlichen Informationen.[108] Hinzu kommt, dass die Vorhaltung dieser Informationen bereits zur Einschätzung des Merkmals der Kurserheblichkeit im Rahmen der Verpflichtungen aus §§ 14, 15 erforderlich ist. Gleiches gilt für das sog. **Monitoring** zur Entdeckung auffälliger Mitarbeitergeschäfte, das ebenfalls zur Beobachtung des Marktgeschehens zwingt.[109] Angesichts der Abhängigkeit des Anlegers von Informationen muss ein sehr hoher Maßstab angesetzt werden, der den vergleichsweise bescheidenen Aufwand (Abonnements- und EDV-Kosten) für wohl jedes Wertpapierdienstleistungsunternehmen als zumutbar erscheinen lässt.

58 Weitergehende **Informationsbeschaffungspflichten,** insbesondere zur eigenen Recherche, bestehen dagegen nur bei besonderen Umständen. Maßgebend sind hierbei neben Unternehmensgröße und Struktur vor allem die Art und vertragliche Ausgestaltung der individuellen Wertpapierdienstleistung. Auf der anderen Seite kann etwa im *execution-only*-Geschäft die **Informationsleistung** zulässigerweise auf ein Minimum **beschränkt** werden.[110] Auch dort gilt aber eine uneingeschränkte Verpflichtung zur Sicherung und Verwertung für Informationen, die dem Unternehmen unschwer zur Verfügung stehen. Hierzu zählen sämtliche Informationen über Transaktionskosten[111] sowie Informationen, die im Unternehmen selbst entstehen wie Kundendaten, der Stand der Ausführung oder der ausführende Mitarbeiter.

b) Organisation des Informationsflusses

59 Die erlangten **Informationen** stellen vielfach nur „Rohdaten" dar, die noch **bewertet, aufbereitet und weitergegeben** werden müssen. Dies gilt für den unternehmensinternen wie für den externen Informationsfluss. Einer gesonderten Aufbereitung bedürfen insbesondere die an die Kunden weiterzugebenden Informationen, da diese nach § 31 Abs. 2 redlich, eindeutig und nicht irrefüh-

---

[106] Vgl. Beschlussempfehlung und Bericht des Finanzausschusses, BT-Drucks. 12/7918 S. 105; *Schäfer,* Rn. 4; *Balzer* Vermögensverwaltung S. 137.
[107] Ebenso *Koller* in *Assmann/Schneider,* § 33 Rn. 4 (zu § 33 WpHG aF). Etwas anderes gilt nunmehr im reinen Ausführungsgeschäft nach § 31 Abs. 7.
[108] Vgl. hierzu § 31 Rn. 100 ff.
[109] Vgl. hierzu unten Rn. 87; vgl. auch *Eisele* in Bankrechtshandbuch, § 109 Rn. 102.
[110] Vgl. § 31 Abs. 3; näher zum früheren Streitstand *Schäfer* § 31 Rn. 48; *Siller* S. 30 ff.; Punkt 2.6 der Wohlverhaltensrichtlinie; zum heutigen reinen Ausführungsgeschäft (§ 31 Abs. 7) § 31 Rn. 302 ff.
[111] Punkt 1.2 der Wohlverhaltensrichtlinie; *Kümpel* Rn. 16.544.

Organisationspflichten

rend sein müssen. Für den Wahrheitsgehalt der Informationen ist das Unternehmen verantwortlich, doch kann es sich bei erfahrungsgemäß vertrauenswürdigen Quellen grundsätzlich auf deren Informationen verlassen.[112]

Das Wertpapierdienstleistungsunternehmen hat durch Richtlinien, die Einrichtung gesonderter Abteilungen oder sonstige Maßnahmen sicherzustellen, dass der Kunde die auf seine spezifischen Anforderungen zugeschnittenen Informationen zeitnah erhält. Dies erfordert insbesondere eine **Selektion und Begrenzung der Informationsfülle** im Interesse des Kunden.[113] Eine **Standardisierung** der Information selbst wie auch der organisatorischen Vorkehrungen ist insbesondere bei der Grundaufklärung über die in Betracht zu ziehenden Risiken üblich und zulässig[114] und wird nunmehr im Rahmen des § 31 Abs. 3 und Abs. 7 ausdrücklich gestattet. Die nähere Ausgestaltung der den Informationsfluss sichernden Strukturen bleibt dem Unternehmen überlassen. 60

Ebenfalls dem Bereich der Informationsorganisation zuzuordnen sind schließlich unternehmensinterne Maßnahmen zum **Schutz vor Interessenkonflikten**, zB durch die Schaffung von Vertraulichkeitsbereichen (sog. Chinese Walls, hierzu ausführlich Rn. 107 ff.). 61

Zur richtigen Organisation des Informationsflusses zählen schließlich auch Sicherheitsvorkehrungen zur **Zurückhaltung sensibler Informationen.** Insbesondere die Kundendaten unterliegen dem Datenschutz und bedürfen der Sicherung gegen unbefugten Zugriff. Dasselbe gilt für Betriebsgeheimnisse. Diese Daten hat das Unternehmen durch geeignete Maßnahmen, im elektronischen Informationsfluss insbesondere durch Firewalls, abzuschirmen.[115] 62

4. Sicherheitsvorkehrungen und Notfallkonzept

Die materiellen Grundlagen für die Tätigkeit des Wertpapierdienstleisters sind ebenfalls vor Beeinträchtigungen oder Zerstörung zu bewahren. Das gilt zunächst für das Informationssystem, das durch geeignete **Maßnahmen vor Störungen und Ausfällen zu schützen** ist. Insbesondere müssen die IT-Systeme die „Integrität, die Verfügbarkeit, die Authentizität sowie die Vertraulichkeit der Daten sicherstellen".[116] Erforderlich sind neben internen Anweisungen an die Mitarbeiter für den Störungsfall insbesondere Datensicherungssysteme durch Backup- und Disaster-Recovery -Strategien.[117] Der Schutz der Anleger als auch des Unternehmens selbst erfordert ferner die Sicherung der Unternehmens- und Kundendaten sowohl vor dem Missbrauch durch Mitarbeiter als auch vor dem externen **Zugriff Unbefugter.**[118] Hierbei sind zunächst die für die Speicherung, Nutzung und Weitergabe durch das BDSG gesetzten Grenzen zu beach- 63

---

[112] Vgl. § 31 Rn. 102; *Koller* in *Assmann/Schneider* § 31 Rn. 115; Punkt 2.2. der Wohlverhaltensrichtlinie.
[113] Vgl. § 31 Rn. 126 ff., 130; *Kümpel* Rn. 16.558; *Fischbach* S. 84 und 136 f.
[114] Vgl. § 31 Rn. 131 ff.; *Kümpel* Rn. 16.550; *Balzer* WM 2001, 1533, 1534.
[115] Vgl. Art. 10 Abs. 1 S. 2 1. SpiStr. WpDRL, der allgemein von Sicherheitsvorkehrungen bei der elektronischen Datenverarbeitung spricht; siehe auch *Koller* in *Assmann/Schneider* § 33 Rn. 7 und 9; ausführlich *Fischbach* S. 93 ff.
[116] BaFin, MaRisk (oben Fn. 29), AT 7.2 Tz. 2.
[117] Vgl. Punkt. 2.2. der Compliance-Richtlinie; *Kümpel* Rn. 16.679; *Schlüter* S. 337.
[118] *Spindler* S. 226; *Koller* in *Assmann/Schneider* § 33 Rn. 9.

Fuchs 1477

§ 33 64–66 Abschnitt 6. Verhaltensregeln, Verjährung

ten. Weitergehende Sicherungsmaßnahmen sind im offenen System des Internet zu treffen; hierzu zählt neben Maßnahmen der Kundenidentifikation (PIN und TAN) insbesondere der für Kreditinstitute seit dem 1. 10. 1998 verbindliche HBCI-Standard.[119]

64 Neben dem Schutz der Informationssysteme erfordert eine ordnungsgemäße Organisation des Wertpapierdienstleisters auch sonstige Maßnahmen zum **Schutz der** physischen **Unversehrtheit von Personen und Sachen.** Dazu gehören insbesondere – über die Beachtung der allgemeinen Verkehrssicherungspflichten und Beherrschung von Gefahrenquellen hinaus – präventive Maßnahmen zum Schutz der Kunden und des Unternehmens selbst zB gegen Brand- und Staubkatastrophen oder der Schutz der Gebäude vor einem unbefugten Eindringen.[120]

65 Darüber hinaus muss Vorsorge getroffen werden, um das Ausmaß möglicher Schäden bei Notfallsituationen in zeitkritischen Aktivitäten und Prozessen gering zu halten. Das erforderliche **Notfallkonzept** muss Geschäftsfortführungs- und Wiederaufnahmepläne enthalten, die darauf gerichtet sind, dass zeitnah Ersatzlösungen zur Verfügung stehen und innerhalb eines angemessenen Zeitraums die Rückkehr zum Normalbetrieb ermöglicht wird.[121] Darüber hinaus sind die im Notfall zu verwendenden Kommunikationswege festzulegen. Die Wirksamkeit des Notfallkonzepts ist regelmäßig durch entsprechende Tests zu überprüfen. Werden zeitkritische Aktivitäten oder Prozesse ausgelagert, müssen das auslagernde Unternehmen und das Auslagerungsunternehmen ihre Notfallkonzepte aufeinander abstimmen.[122]

5. Vorkehrungen für kontinuierliche und regelmäßige Wertpapierdienstleistungen

66 In Umsetzung von Art. 13 Abs. 4 Satz 1 der Finanzmarktrichtlinie verlangt § 33 Abs. 1 Satz 2 Nr. 2 WpHG, dass Wertpapierdienstleistungsunternehmen angemessene Vorkehrungen treffen, um die Kontinuität und Regelmäßigkeit der Wertpapier(neben)dienstleistungen zu gewährleisten. Nach Art. 13 Abs. 4 Satz 2 MiFID ist zu diesem Zweck auf „geeignete und verhältnismäßige Systeme, Ressourcen und Verfahren" zurückzugreifen. Dass der deutliche Ressourcenbezug dieser Organisationspflicht nicht ausdrücklich ins deutsche Recht übernommen worden ist, bleibt unschädlich, da sich die entsprechende Grundverpflichtung zur angemessenen personellen und sachlichen Ausstattung bereits aus Abs. 1 Satz 2 Nr. 1 sowie aus § 25a Abs. 1 Satz 3 Nr. 2 KWG (vgl. oben Rn. 17, 48, 51 ff.) ergibt. Nach der Gesetzesbegründung bezieht sich die Pflicht auch auf Wertpapiernebendienstleistungen wie etwa die Verwahrung und Verwaltung von Finanzinstrumenten für Rechnung des Kunden.[123] Im Rahmen der Notfallplanung nach § 25a Abs. 1 Satz 3 Nr. 3 KWG ist dem ebenfalls Rechnung zu tragen.

---

[119] HBCI = Home Banking Computer Interface; dieser ist gem. der Vereinbarung des zentralen Kreditausschusses für Kreditinstitute vom 1. 10. 1998 verbindlich.
[120] Vgl. zum Ganzen *Fischbach* S. 78 ff.
[121] BaFin, MaRisk (oben Fn. 29), AT 7.3 Tz. 2.
[122] BaFin, MaRisk (oben Fn. 29), AT 7.3 Tz. 1.
[123] BegrRegE (FRUG), BT-Drucks. 16/4028, S. 71.

II. Compliance-Funktion (Nr. 1 und Nr. 5)

1. Allgemeines

Ein besonders wichtiger Teil der organisatorischen Vorkehrungen zur Gewährleistung eines gesetzeskonformen Verhaltens des Wertpapierdienstleistungsunternehmens und seiner Mitarbeiter ist die **Einrichtung einer dauerhaften, wirksamen und unabhängigen Compliance-Funktion**. Anknüpfungspunkt dafür war bislang § 33 Abs. 1 Nr. 3 WpHG aF, der von Wertpapierdienstleistungsunternehmen die Einrichtung angemessener interner Kontrollverfahren verlangte, um Verstößen gegen Verpflichtungen aus dem WpHG entgegenzuwirken. Dieser allgemeine Grundsatz wurde sodann durch die Compliance-Richtlinie der BaFin konkretisiert.[124] Durch das FRUG ist mit Wirkung zum 1. 11. 2007 der erforderliche **Aufbau einer besonderen Compliance-Organisation** in § 33 Abs. 1 Satz 2 Nr. 1 nunmehr explizit gesetzlich verankert worden. Damit werden Art. 13 Abs. 2 MiFID und Art. 6 Abs. 1 DRL umgesetzt. Die näheren Anforderungen an die Compliance-Funktion als Kontrollverfahren regelt § 12 WpDVerOV in Umsetzung von Art. 6 Abs. 2 und 3 DRL.[125]

67

Bei der **Ausgestaltung** der organisatorischen Vorkehrungen für die Einhaltung der gesetzlichen Pflichten nach dem WpHG einschließlich des Zuschnitts der Compliance-Funktion muss sich das Wertpapierdienstleistungsunternehmen an „Art, Umfang, Komplexität und Risikogehalt seines Geschäfts sowie Art und Spektrum der von ihm angebotenen Wertpapierdienstleistungen" orientieren. Diese **„Flexibilisierungsklausel"**[126] **in Abs. 1 Satz 3** ist Ausdruck des Grundsatzes der Verhältnismäßigkeit und beruht auf entsprechenden Vorgaben in Art. 6 Abs. 1 Unterabs. 2 und Abs. 3 DRL. Seine Berücksichtigung bei der Beurteilung der Angemessenheit der zu treffenden Organisationsmaßnahmen war auch schon nach dem bisherigen Compliance-Ansatz anerkannt, wie er insbesondere in den einschlägigen Richtlinien der BaFin niedergelegt war.

68

2. Aufgaben

a) Aufdeckung und Vermeidung des Risikos von Pflichtverletzungen

Die Grundsätze und Verfahren nach Abs. 1 Satz 2 Nr. 1, mit denen ein gesetzeskonformes Verhalten des Wertpapierdienstleistungsunternehmens und seiner Mitarbeiter sichergestellt werden soll, müssen darauf ausgerichtet sein, die **Gefahr einer Verletzung des WpHG** und der zu seiner Konkretisierung erlassenen Rechtsverordnungen **sowie die mit solchen Pflichtverletzungen verbundenen Risiken aufzudecken** (§ 12 Abs. 1 WpDVerOV). Die Beschränkung auf Verstöße gegen das WpHG ist nicht unproblematisch, da die Richtlinie generell eine Regelung für die persönlichen Transaktionen der Mitarbeiter verlangt, ohne

69

---

[124] BaWe (jetzt BaFin), Richtlinie zur Konkretisierung der Organisationspflichten von Wertpapierdienstleistungsunternehmen gemäß § 33 Abs. 1 WpHG („Compliance-Richtlinie") vom 25. 10. 1999. Die Richtlinie ist von der BaFin durch Schreiben vom 23. 10. 2007 mit Wirkung zum 1. 11. 2007 aufgehoben worden.
[125] Vgl. BegrRegE (FRUG), BT-Drucks. 16/4028, S. 71.
[126] BegrRegE (FRUG), BT-Drucks. 16/4028, S. 71.

dass insoweit eine Verletzung etwa des Insiderhandelsverbots vorliegen müsste. Dem intendierten Anlegerschutz widerspricht es schon, wenn Mitarbeiter zB ihre eigenen Dispositionen zum Nachteil der Kunden bevorzugt realisieren oder sich bei Emissionen vorab bedienen. In richtlinienkonformer Auslegung umfasst die Verpflichtung aus § 33 Abs. 1 Satz 2 Nr. 1 deshalb **alle Bereiche, in denen die Gefahr von kapitalmarktbezogenen Interessenkonflikten oder Missbräuchen besteht** und deshalb eine besondere Kontrolle erforderlich ist.[127]

70 Das Ziel ist, die Einhaltung der gesetzlichen Vorschriften und sonstigen aufsichtsrechtlichen Regelungen möglichst weitgehend sicherzustellen. § 12 Abs. 2 WpDVerOV verlangt daher, dass die Wertpapierdienstleistungsunternehmen angemessene Maßnahmen ergreifen und Verfahren einrichten, um die **Gefahren und Risiken derartiger Pflichtverletzungen** „so weit wie möglich zu beschränken und der Bundesanstalt eine effektive Ausübung ihrer Aufsicht zu ermöglichen". Vor diesem Hintergrund kommt der nach Abs. 1 Satz 2 Nr. 1 einzurichtenden gesonderten „Compliance-Funktion"[128] vor allem eine Überwachungs- und Kontrollfunktion zu. Dies steht im Einklang mit dem bereits durch die Compliance-Richtlinie der BaFin geforderten und in der Praxis weitgehend umgesetzten Verständnis von Compliance.[129] Hinzu kommt aber auch der Aspekt der **Beratung und Unterstützung** der Mitarbeiter im Hinblick auf die Einhaltung der einschlägigen Bestimmungen (dazu Rn. 72 f.). Damit wird die **präventive Funktion** der Compliance-Organisation stärker als bisher betont.

b) Überwachungs- und Kontrollfunktion

71 Die Compliance-Funktion umfasst gemäß § 12 Abs. 3 Nr. 1 WpDVerOV in erster Linie die **Überwachung und regelmäßige Bewertung der Angemessenheit und Wirksamkeit der organisatorischen Grundsätze und Vorkehrungen** nach Abs. 1 Satz 2 Nr. 1. Gleiches gilt für die zur Behebung von Defiziten getroffenen Maßnahmen.

c) Beratung und Unterstützung

72 In Ergänzung zu ihrer eher repressiven Aufsichtsfunktion ist die Compliance-Stelle auch für die **Beratung und Unterstützung der Mitarbeiter** im Hinblick auf die Einhaltung der sich aus dem WpHG ergebenden Pflichten verantwortlich. Die ausdrückliche Verankerung dieser präventiven Seite der Compliance-Tätigkeit in § 12 Abs. 3 Nr. 2 WpDVerOV stellt allerdings keine grundlegende Neuerung dar, sondern vollzieht im Grunde nur nach und bestätigt, was bereits dem vorherrschenden Verständnis von moderner Compliance entspricht.[130]

73 Innerhalb dieser **präventiven Funktion von Compliance** lassen sich wiederum zwei Aspekte unterscheiden: Zum einen können Schulungen oder sonstige Informationsmaßnahmen generell das Problembewusstsein bei den Mitarbeitern schärfen und für die Verbreitung notwendiger Kenntnisse sorgen, um etwaige Regelverstöße zu vermeiden. Zum anderen kann die frühzeitige Einbindung der beratenden Compliance-Funktion in das operative Geschäft, zB bei der Ent-

---

[127] So zu § 33 Abs. 1 Nr. 3 WpHG aF *Koller* in *Assmann/Schneider* § 33 Rn. 34; im Ergebnis auch *Grundmann* in *Ebenroth/Boujong/Joost*, HGB, BankR VI, Rn. 249.
[128] In der bisherigen Diskussion wird vielfach auch von Compliance-Organisation, -Abteilung oder -Stelle bzw. Kontrollstelle gesprochen.
[129] *Held* in *Clouth/Lang*, Rn. 443.
[130] Vgl. *Held* in *Clouth/Lang*, Rn. 444.

wicklung neuer Produkte, Verfahren oder Vertriebskonzepte, Teil einer wirksamen Risikobegrenzungsstrategie sein. Die **zentrale Rolle** der Compliance **im Risikomanagement** der Wertpapierdienstleistungsunternehmen zeigt sich auch in der Berichtspflicht gegenüber Geschäftsleitung und Aufsichtsorgan nach § 33 Abs. 1 Satz 2 Nr. 5 (näher dazu Rn. 90).

3. Anforderungen

a) Ausgangspunkt

Obwohl die **Ausgestaltung der internen Kontrollverfahren nach § 33 Abs. 1 Nr. 3 WpHG aF** im Grundsatz weitgehend dem einzelnen Unternehmen überlassen blieb und sich im Übrigen nach dessen Größe, Struktur und Geschäftstätigkeit richtete,[131] war auch bisher schon die Einrichtung einer **internen Kontrollinstanz** ein wesentliches Element der Compliance-Organisation, das im Zusammenwirken mit anderen Vorkehrungen den Schutz der Kunden und des Kapitalmarkts gewährleisten sollte. Neben der letztverantwortlichen Geschäftsleitung üben zwar traditionell auch andere Einrichtungen allgemeine Kontrollfunktionen aus, wie etwa Rechtsabteilung und Revision. Erforderlich ist zudem ein koordiniertes Zusammenwirken mit untergeordneten Stellen, zu denen auch besonders verpflichtete Mitarbeiter innerhalb der jeweiligen Geschäftsbereiche (Compliance-Officer) gehören.[132] In Wertpapierdienstleistungsunternehmen, die regelmäßig mit sensiblen, sog. **compliance-relevanten Informationen** in Berührung kommen und in denen daher besondere Vertraulichkeitsbereiche einzurichten sind (vgl. Rn. 106 ff.), war aber schon bisher wegen des erhöhten Manipulationsanreizes und der komplexen Informationsstrukturen die allgemeine Kontrolle nicht mehr ausreichend. Insoweit hielt man bereits die zusätzliche Einrichtung einer eigenständigen Kontrollabteilung (sog. Compliance-Abteilung oder -Stelle) für geboten.

Dies wird nunmehr ausdrücklich durch § 33 Abs. 1 Satz 2 Nr. 1 WpHG bestätigt, der insbesondere die Einrichtung einer **dauerhaften, wirksamen sowie unabhängigen Compliance-Funktion** verlangt. Die darin zum Ausdruck kommenden allgemeinen Grundanforderungen werden durch § 12 Abs. 4 WpDVerOV näher konkretisiert.

b) Benennung eines Compliance-Beauftragten

§ 12 Abs. 4 Satz 1 WpDVerOV verlangt nunmehr ausdrücklich und ohne Einschränkung die Benennung eines Compliance-Beauftragten, der für die Compliance-Funktion sowie die Berichte an die Geschäftsleitung und das Aufsichtsorgan nach § 33 Abs. 1 Satz 2 Nr. 5 verantwortlich ist. Nach bisherigem Recht war es zwar weitgehend üblich, aber in vielen Fällen nicht zwingend, eine eigenständige Compliance-Stelle einzurichten. Nach der Compliance-Richtlinie der BaFin konnte die Ernennung eines gesonderten Compliance-Beauftragten zB bei kleinen oder spezialisierten Wertpapierdienstleistern unterbleiben, wenn dies unverhältnismäßig erschien und die Anforderungen an die Compliance-Stelle anderweitig sichergestellt waren.[133]

---

[131] Punkt 2.1. der Compliance-Richtlinie; siehe bereits oben Rn. 5 und 18 ff.
[132] Vgl. *Eisele* in Bankrechtshandbuch, § 109 Rn. 117 f.; *Spindler* S. 228; *Irmen* in Hellner/Steuer Rn. 7/814 f.
[133] Vgl. Ziffer 4.2 der Compliance-Richtlinie.

§ 33 77–81 Abschnitt 6. Verhaltensregeln, Verjährung

77 Davon rückt nunmehr § 12 Abs. 4 Satz 1 iVm Abs. 5 WpDVerOV ab, indem die Geltung des Verhältnismäßigkeitsgrundsatzes insoweit ausdrücklich nur auf bestimmte Anforderungen an die Mitarbeiter nach § 12 Abs. 4 Satz 3 WpDVerOV bezogen wird. Die Vorschrift folgt dabei dem Regelungsansatz von Art. 6 Abs. 3 DRL. Daher ist nunmehr **von jedem Wertpapierdienstleistungsunternehmen unabhängig von seiner Größe und der Art seiner Geschäftstätigkeit ein Compliance-Beauftragter** zu ernennen, der für die Wahrnehmung der Compliance-Funktion sowie die nach § 33 Abs. 1 Satz 2 Nr. 5 WpHG erforderlichen Berichte an die Geschäftsleitung und das Aufsichtsorgan zuständig ist.[134] Anhaltspunkte dafür, dass § 12 Abs. 5 WpDVerOV den Rahmen einer Konkretisierung des § 33 Abs. 1 Satz 2 Nr. 1 iVm Satz 3 WpHG überschritten und damit gegen höherrangiges Recht verstoßen haben könnte, sind wegen Art. 6 Abs. 3 DRL nicht ersichtlich.

c) Fachkenntnisse, Mittel und Kompetenzen

78 Die mit der Compliance-Funktion betrauten Personen müssen nach § 12 Abs. 4 Satz 2 WpDVerOV „über die für eine ordnungsgemäße und unabhängige Erfüllung ihrer Aufgaben ... erforderlichen Fachkenntnisse, Mittel und Kompetenzen sowie über Zugang zu allen für ihre Tätigkeit relevanten Informationen verfügen".

79 Dass die eingesetzten Mitarbeiter über die notwendige persönliche **Qualifikation in fachlicher Hinsicht** verfügen müssen, um diese Aufgabe angemessen bewältigen zu können, ist eigentlich selbstverständlich und bislang nicht ausdrücklich in einschlägigen Normen ausformuliert worden. Konkrete Anforderungen an eine bestimmte Berufsausbildung oder berufliche Erfahrungen werden nicht gestellt. Daher kann in allgemeiner Form nur festgestellt werden, dass der Compliance-Beauftragte und seine weiteren Mitarbeiter in der Lage sein müssen, die zu kontrollierenden Tätigkeiten des Wertpapierdienstleistungsunternehmens zu verstehen und insbesondere ihrem Risikogehalt entsprechend zu beurteilen.[135] Sofern nicht auf einschlägige akademische Abschlüsse oder berufliche Erfahrungen verwiesen werden kann, empfiehlt sich ein Nachweis durch entsprechende Weiterbildungsmaßnahmen.

80 Der Hinweis auf die erforderlichen **Mittel** ist so zu verstehen, dass eine **aufgabenadäquate Ausstattung** der Compliance-Funktion **mit sachlichen und personellen Ressourcen** geboten ist (vgl. Art. 6 Abs. 3 lit. a) DRL). Ebenso wie die Geschäftstätigkeit selbst, hängt auch der Umfang der erforderlichen Kontrollmaßnahmen von Art, Umfang, Komplexität und Risikogehalt der Geschäfte des Wertpapierdienstleistungsunternehmens ab, so dass eine an den Verhältnissen des konkreten Unternehmens orientierte Beurteilung der Angemessenheit der Ausstattung mit Personal- und Sachmitteln erforderlich ist. Unter Umständen kann auch auf gewisse branchenbezogene Erfahrungswerte oder Standards zurückgegriffen werden.[136]

81 Der umfassende, unbeschränkte und jederzeitige **Zugang zu allen für die Tätigkeit benötigten Informationen** ist eine unverzichtbare Voraussetzung für die angemessene Ausübung der Compliance-Funktion und steht deshalb dem

---

[134] So *Held* in *Clouth/Lang*, Rn. 432.
[135] *Held* in *Clouth/Lang*, Rn. 439.
[136] Vgl. *Lösler*, WM 2007, 676, 677, der berichtet, dass sich zB im Investmentbanking international ein Verhältnis von einem Compliance Officer auf je 100 Mitarbeiter als Marktstandard herausgebildet habe.

Grunde nach unter keinem Vorbehalt der Verhältnismäßigkeit. Es umfasst ein uneingeschränktes Auskunfts-, Einsichts- und Zugangsrecht zu sämtlichen Unterlagen, Aufzeichnungen und Tonaufnahmen (zB Telefongespräche), die Aufschluss über die ordnungsgemäße Erfüllung der wertpapierhandelsrechtlichen Pflichten des Unternehmens geben können.[137] Die herausragende Bedeutung dieses Informationsrechts, das bisher schon in der Compliance-Richtlinie vorgesehen war,[138] wird durch die gesonderte Erwähnung neben (sonstigen) **Kompetenzen** unterstrichen. Darunter sind keine weiteren persönlichen (Schlüssel-) Qualifikationen (neben den Fachkenntnissen), sondern **Zuständigkeiten und Befugnisse** zu verstehen, die der Compliance-Stelle gegenüber den (Mitarbeitern in) anderen Abteilungen einzuräumen sind, damit sie ihre Aufgaben erfüllen kann.[139] Dies schließt die Einräumung gewisser aufgabenbezogener Weisungsrechte gegenüber anderen Mitarbeitern ein (zB Einforderung von Unterlagen und Informationen, aber keine Anordnungsbefugnis zum Abstellen von Missständen).[140]

d) Unabhängigkeit

Die von § 33 Abs. 1 Satz 2 Nr. 1 WpHG geforderte unabhängige Wahrnehmung der Compliance-Funktion hat mehrere Facetten: Grundvoraussetzung ist **fachliche Weisungsunabhängigkeit** des Compliance-Beauftragten hinsichtlich seiner Überwachungs- und Beratungstätigkeit.[141] Dieser ist – ähnlich wie die interne Revision – nur der Geschäftsleitung unterstellt, welche die Gesamtverantwortung für die ordnungsgemäße Geschäftsorganisation (§ 25a Abs. 1 Satz 2 KWG) und damit auch für die Funktionsweise der Compliance-Abteilung trägt.[142] Probleme können sich ergeben, wenn der Compliance-Beauftragte auch andere Aufgaben wahrnimmt und insoweit in hierarchische Unternehmensstrukturen eingebunden ist. Fachliche Weisungen, die sich darauf beschränken und sich nicht auf seine Compliance-Tätigkeit auswirken, mögen insoweit zwar, für sich betrachtet, unschädlich sein. Doch könnte dadurch die persönliche Unabhängigkeit beeinträchtigt werden mit entsprechenden negativen Konsequenzen für eine neutrale und wirksame Überwachung und Kontrolle. Eine gleichzeitige anderweitige Beschäftigung sollte daher nach Möglichkeit vermieden werden, auch wenn insoweit keine strikte Zulässigkeitsgrenze zu ziehen ist.

Dass auch die **persönliche Unabhängigkeit** des Compliance-Beauftragten zu schützen ist, ergibt sich aus § 12 Abs. 4 Satz 3 Halbs. 2 WpDVerOV, nach dem die **Art und Weise ihrer Vergütung keine Beeinträchtigung ihrer Unvoreingenommenheit** bewirken oder wahrscheinlich erscheinen lassen darf. Schon nach bisherigem Recht war anerkannt, dass die Vergütungsstruktur keine Anreize zur Duldung von Regelverstößen schaffen oder auf andere Weise die Unvoreingenommenheit bei der Prüfungstätigkeit gefährden darf.[143] Diese Vorgabe macht jedoch eine erfolgsbezogene Vergütung bei Compliance-Mitarbeitern nicht *per se*

---

[137] *Held in Clouth/Lang*, Rn. 441.
[138] Ziffer 4.2 Unterabs. 2 Compliance-Richtlinie.
[139] Vgl. Art. 6 Abs. 3 lit. a) DRL (Verfügung über „die notwendigen Befugnisse, Ressourcen und Fachkenntnisse").
[140] Vgl. Ziffer 4.2 Unterabs. 2 Satz 2 Compliance-Richtlinie; *Spindler* WM 2008, 905, 911.
[141] *Röh* BB 2008, 358, 403; *Spindler* WM 2008, 905, 911.
[142] Vgl. auch Ziffer 4.1, 4.2 Compliance-Richtlinie; *Held* in *Clouth/Lang*, Rn. 434.
[143] Vgl. *Koller* in *Assmann/Schneider*, § 33 Rn. 35 mwN.

unzulässig, sondern erfordert nur eine genaue Analyse, ob oder inwieweit variable Vergütungsbestandteile geeignet sind, Interessenkonflikte in Bezug auf die Überwachungstätigkeit zu begründen.[144] Eine weitere Absicherung der persönlichen Unabhängigkeit durch Einräumung einer arbeitsrechtlichen Sonderstellung, insbesondere hinsichtlich des Kündigungsschutzes, ist dagegen rechtlich nicht geboten.[144a]

84 Wegen der Gefahr von Interessenkonflikten und einer Beeinträchtigung ihrer Unvoreingenommenheit schließt § 12 Abs. 4 Satz 3 Halbs. 1 WpDVerOV auch eine **Beteiligung** der Compliance-Mitarbeiter **an Wertpapierdienstleistungen** aus, die sie zu überwachen haben. Damit ist jedenfalls eine Tätigkeit im operativen Bereich (Handels- und sonstige Geschäftsaktivitäten) **inkompatibel mit der Wahrnehmung von Compliance-Funktionen.** Eine gleichzeitige Tätigkeit in anderen Bereichen wie zB dem Risikomanagement oder anderen Kontroll- oder Beratungsfunktionen dürfte dagegen zulässig sein.[145]

4. Tätigkeit der Compliance-Abteilung

85 Die Compliance-Abteilung prüft laufend und bereichsübergreifend den Kenntnisstand im Unternehmen auf sensible, compliance-relevante Informationen.[146] Unter Abgleich mit den getätigten Transaktionen ermöglicht dies sowohl präventiv wirkende Maßnahmen als auch die nachträgliche Aufdeckung von Missbräuchen. Zu den Aufgaben der Compliance-Stelle gehört dabei insbesondere auch die **Erstellung** und Umsetzung **interner Compliance-Regelwerke,** die **Beratung** der Funktionsbereiche des Unternehmens sowie die **Schulung** der Mitarbeiter.[146a]

86 Die Compliance-Stelle nimmt im Unternehmen eine **exponierte Stellung** ein. Zur Gewährleistung einer effektiven Überwachung der unterschiedlichen Geschäftsbereiche ist sie nur der Geschäftsführung verantwortlich und im Rahmen ihrer Aufgaben sogar **weisungsunabhängig.**[147] Die übrigen **Geschäftsbereiche sind der Kontrollstelle zur Kooperation verpflichtet.** Sie müssen den Compliance-Officers jederzeit und uneingeschränkt Zutritt gewähren, Auskunft erteilen und Einsicht in sämtliche Unterlagen gestatten.[148] Dieser Verpflichtung unterliegt sogar die ebenfalls Kontrollfunktionen ausübende Revisionsabteilung, die bei ihrer Tätigkeit allerdings ausschließlich das Unternehmensinteresse im Auge hat. Die Compliance-Abteilung dagegen übt die Überwachung und Steuerung des unternehmensinternen Informationsflusses als eine **neutrale Stelle** aus,

---

[144] So auch *Held* in *Clouth/Lang,* Rn. 437 gegen *Schlicht,* BKR 2006, 470, der eine variable Vergütung für nicht mehr erlaubt hält; differenzierend auch *Röh* BB 2008, 398, 403 und *Spindler* WM 2008, 905, 910.
[144a] *Spindler* WM 2008, 905, 910 f.; *Röh* BB 2008, 398, 403.
[145] *Held* in *Clouth/Lang,* Rn. 435; Erwägungsgrund 15 der DRL.
[146] Punkt 4.1.f. der Compliance-Richtlinie; vgl. zu den compliance-relevanten Informationen Rn. 74, 106.
[146a] Vgl. hierzu näher KölnKommWpHG-*Meyer/Paetzel,* § 33 Rn. 85 ff. mwN.
[147] Vgl. bereits oben Rn. 82 f.; zu gewissen Einschränkungen siehe *Lösler,* NZG 2005, 104, 107.
[148] Punkt 4.2. der Compliance-Richtlinie; vgl. auch *Koller* in *Assmann/Schneider* § 33 Rn. 35; *Kümpel* Rn. 16.708; *Spindler* S. 229; zum Erfordernis einer neutralen Stelle vgl. *Irmen* in *Hellner/Steuer* Rn. 7/813; *Koller* in *Assmann/Schneider* § 33 Rn. 35; *Lösler,* NZG 2005, 104, 208.

um gerade auch das Vertrauen der Anleger in die Integrität des Marktes und seiner Akteure zu stärken, den Missbrauch sensibler Informationen insbesondere durch Insiderhandel zu vermindern und beim Anlegerpublikum der Befürchtung einer Ungleichbehandlung entgegenzuwirken. Trotz der Einbettung in die Verfolgung derartiger übergeordneter Ziele des Kapitalmarkt(funktionen)schutzes und der besonderen Stellung der Compliance-Abteilung im Unternehmen wird diese dadurch nicht zur „Außenstelle" der BaFin im Unternehmen. Sie bleibt ein in das Unternehmen integrierter und primär diesem verpflichteter Bereich. Ihre Einrichtung liegt allerdings wegen der bereits dargelegten Vorteile der Compliance-Organisation im eigenen Interesse des Wertpapierdienstleistungsunternehmens.[149] Eine teilweise oder vollständige **Auslagerung** der Compliance-Stelle auf ein anderes Unternehmen ist unter den Voraussetzungen des § 33 Abs. 2 möglich.[150]

Trotz ihrer im Prinzip umfassenden Kontrollbefugnisse muss sich die Compliance-Stelle aus praktischen und arbeitsrechtlichen Gründen bei der **Überwachung** (zB der bereichsübergreifenden Telefonate) auf **Stichproben oder auf konkrete Verdachtsfälle** beschränken.[151] Grundsätzlich ist die Compliance-Stelle deshalb auf **Meldungen aus den einzelnen Geschäftsbereichen** angewiesen. Deren Mitarbeitern müssen Verhaltensregeln an die Hand gegeben werden, damit sie in der Lage sind, compliance-relevante Informationen zu identifizieren und an die zuständige Stelle weiterzuleiten. Es empfiehlt sich, für jeden Bereich einen hierfür verantwortlichen Mitarbeiter zu bestimmen, der die relevanten Informationen erfasst und an die Kontrollstelle übermittelt.[152] Diese bewertet die Situation und entscheidet insbesondere über die Aufnahme des jeweiligen Papiers in die Watch-List.[153] Gleichzeitig beobachtet sie die im Unternehmen getätigten Transaktionen und das Marktverhalten der Papiere (sog. **Monitoring**). Ergeben sich Auffälligkeiten, die auf Missbrauch oder Lücken in den Vertraulichkeitsbereichen hinweisen könnten, so muss das Wertpapier auf die Sperrliste gesetzt und die betroffenen Bereiche hiervon informiert werden.[154]

Ihre einzigartige Stellung außerhalb der einzelnen Vertraulichkeitsbereiche und die Konzentration sensibler Informationen bei ihr ermöglicht der Compliance-Abteilung neben der Kontrolle der Mitarbeitergeschäfte auch die laufende Über-

---

[149] Vgl. hierzu oben Rn. 3 f., 70 ff.
[150] Punkt 4.1. aE der Compliance-Richtlinie; *Eisele* in Bankrechtshandbuch, § 109 Rn. 119. Sinnvoll ist eine Auslagerung insbesondere für Ein-Mann-Unternehmen, sofern auch sie über eine solche Stelle verfügen müssen, vgl. Begleitschreiben des BAWe zur Compliance-Richtlinie vom 1. 11. 1999; zu den entstehenden Problemen beim einlagernden Unternehmen vgl. unten Rn. 170.
[151] *Schweizer* S. 212; vgl. allg. zur arbeitsrechtlichen Zulässigkeit *Dieterich* in Erfurter Kommentar zum Arbeitsrecht, 8. Auflage 2008, Art. 2 GG Rn. 99 ff.; *Wank* ibid. § 28 BDSG Rn. 11; *Kania* ibid. § 87 BetrVG Rn. 48 ff.
[152] *Irmen* in *Hellner/Steuer* Rn. 7/814 f.; *Tippach* S. 214 ff.; *Schweizer* S. 214; vgl. auch Punkt 4.2. aE der Compliance-Richtlinie sowie *Eisele* in Bankrechtshandbuch, § 109 Rn. 117 (Pflichtenteilung in einem mehrstufigen vertikalen Ansatz der Überwachungsebenen).
[153] Vgl. dazu oben Rn. 133 ff.
[154] Damit ergeben sich für das Monitoring drei wesentliche Informationsquellen: die Meldungen zu den Listen, der interne Orderfluss und die externe Marktbeobachtung, vgl. *Eisele* in Bankrechtshandbuch, § 109 Rn. 168 ff.; *Irmen* in *Hellner/Steuer* Rn. 7/814 f.; *Schweizer* S. 210 f.; zur Sperrliste oder Restricted List vgl. oben Rn. 137 ff.

prüfung der im Unternehmen vorhandenen Chinese Walls. Positiv formuliert können das Wertpapierdienstleistungsunternehmen und der einzelne Mitarbeiter auf deren Funktionsfähigkeit und damit auch einen Schutz vor Interessenkonflikten vertrauen, solange die Kontrollabteilung keine Auffälligkeiten feststellt. Darüber hinaus befähigt der Überblick über den unternehmensinternen Informationsstand zu einem intelligenten Umgang mit den sensiblen Informationen: Anstatt sich der ultima ratio der Sperrliste zu bedienen und damit u. U. eine unerwünschte Signalwirkung zu provozieren, kann die Kontrollstelle zB einzelne Bereichsleiter durch selektive Weitergabe von Informationen davon abhalten, kritische Geschäfte durchzuführen **(Prinzip der Administered Chinese Wall)**.[155]

89 Die Konzentration compliance-relevanter Informationen in einer – wenn auch neutralen – Abteilung birgt auch Risiken. Die **Mitarbeiter der Compliance-Stelle** unterliegen deshalb verschärften Anforderungen hinsichtlich ihrer Integrität und der Einhaltung der Verhaltensanweisungen (Self-Compliance). Sämtliche Aktivitäten der Abteilung sind zu dokumentieren.[156] Die Vergütung der Compliance-Officers muss unabhängig vom geschäftlichen Erfolg des Instituts ausgestaltet sein, damit sie ihre überwachende und beratende Funktion ohne Rücksicht auf geschäftspolitische Überlegungen wahrnehmen.[157] Angesichts der bereits von einer Ermittlungstätigkeit ausgehenden Signalwirkung müssen sie strengstes Stillschweigen bewahren.[158]

5. Berichtspflicht

90 Nach § 33 Abs. 1 Satz 2 Nr. 5 WpHG müssen die Geschäftsleitung und das Aufsichtsorgan in regelmäßigen Zeitabständen, **mindestens einmal jährlich, Berichte über die Angemessenheit und Wirksamkeit** der nach Abs. 1 Satz 2 Nr. 1 angewandten Grundsätze, Mittel und Verfahren erhalten. Nach Art. 9 Abs. 2 DRL muss es sich dabei um schriftliche Berichte handeln. Die mit der Wahrnehmung der Compliance-Funktion beauftragten Mitarbeiter haben darin insbesondere anzugeben, ob geeignete Maßnahmen ergriffen wurden, um Verstöße oder das Risiko von Verstößen gegen Verpflichtungen des WpHG durch das Wertpapierdienstleistungsunternehmen oder seine Mitarbeiter zu beheben. Auf diese Weise werden sie systematisch in die Risikosteuerung des Unternehmens eingebunden.[159] Für die Geschäftsleitung, der die (Letzt-)Verantwortung für die Einhaltung der Vorschriften des WpHG zugewiesen ist,[160] und für das Aufsichtsorgan bilden die Berichte und Bewertungen des Compliance-Beauftragten eine geeignete Grundlage für die unternehmerische Beurteilung der zu treffenden Vorkehrungen.[161]

---

[155] *Schweizer* S. 214; *Tippach* S. 235.
[156] *Tippach* S. 214; vgl. *Eisele* in Bankrechtshandbuch, § 109 Rn. 137.
[157] *Lösler*, NZG 2005, 104, 107 f.; vgl. auch Rn. 83.
[158] Vgl. zur Problematik des sog. Wall Crossing Rn. 112 ff.
[159] *Held* in *Clouth/Lang*, Rn. 445.
[160] Vgl. Art. 9 Abs. 1 Satz 2 DRL, § 25 a Abs. 1 Satz 2 KWG; Ziffer 4.2 Compliance-Richtlinie; *Held* in *Clouth/Lang*, Rn. 445.
[161] *Spindler* WM 2008, 905, 913 f. weist zutreffend darauf hin, dass keine unmittelbare Berichtspflicht der mit der Compliance-Organisation betrauten Mitarbeiter gegenüber dem Aufsichtsrat besteht. Allgemein zu den Berichtswegen in einer Compliance-Organisation *Rodewald/Unger* BB 2007, 1629, 1631.

III. Vermeidung und Steuerung von Interessenkonflikten (Nr. 3)

1. Überblick

Wertpapierdienstleistungsunternehmen sind insbesondere in Ländern mit Universalbanksystem meist auf einer Vielzahl unterschiedlicher Märkte und Geschäftsfelder gleichzeitig tätig, treten dabei in verschiedenen Rollen auf unterschiedlichen Seiten des Marktes auf und verfügen jeweils über breit gefächerte Kundenbeziehungen mit einer Fülle von Informationen und intimen Kenntnissen sowohl über die Anleger und ihr Verhalten als auch über die Kapitalnehmer. Aus den divergierenden Interessen, die dabei sowohl die verschiedenen Kunden wie auch das Wertpapierdienstleistungsunternehmen selbst jeweils verfolgen, entsteht ein **erhebliches Konfliktpotential**. In Übereinstimmung mit der in § 31 Abs. 1 Nr. 2 WpHG geregelten Verhaltenspflicht, sich um die Vermeidung von Interessenkonflikten zu bemühen, verlangte § 33 Abs. 1 Nr. 2 WpHG aF, durch organisatorische Maßnahmen dafür zu sorgen, dass Interessenkonflikte bei der Erbringung von Wertpapier(neben)dienstleistungen möglichst gering bleiben.[162] Während die Neufassung des § 31 Abs. 1 Nr. 2 durch das FRUG nur zu einer redaktionellen Anpassung geführt hat, ist in § 33 Abs. 1 Satz 2 Nr. 3 insoweit eine leichte Akzentverschiebung festzustellen, als sich der Focus nunmehr auf die **Identifizierung von Interessenkonflikten** und die **Vermeidung einer Beeinträchtigung der Kundeninteressen** richtet. Wesentliche inhaltliche Änderungen gegenüber der Vorgängernorm sind damit aber nicht verbunden. Denn schon bisher galt bei Unvermeidbarkeit von Interessenkonflikten die Handlungsmaxime des vorrangigen Kundeninteresses (§ 31 Abs. 1 Nr. 2 WpHG aF).[163]

Im Zusammenspiel mit § 31 Abs. 1 Nr. 2 setzt § 33 **Abs. 1 Satz 2 Nr. 3** die **allgemeinen Anforderungen** nach Art. 13 Abs. 3 und Art. 18 Abs. 1 der MiFID um. Verlangt werden **auf Dauer wirksame** Vorkehrungen für **angemessene Maßnahmen**, um relevante **Interessenkonflikte zu erkennen und eine Beeinträchtigung der Kundeninteressen zu vermeiden**. Solche Konflikte infolge divergierender Interessen können in vertikaler Hinsicht zwischen dem Wertpapierdienstleister (einschließlich seiner Mitarbeiter und verbundener Unternehmen) und seinen Kunden, aber auch in horizontaler Beziehung zwischen verschiedenen Kunden auftreten.

Die **konkreten Anforderungen** an die organisatorischen Vorkehrungen, wie sie in Art. 21 bis 25 DRL niedergelegt sind, werden durch **§ 13 WpDVerOV** in das deutsche Recht implementiert. Dabei enthält § 13 Abs. 1 WpDVerOV Vorgaben für die **Identifizierung der relevanten Arten von Interessenkonflikten, die** in **Grundsätze für ein Interessenkonfliktmanagement** eingehen müssen, die nach Abs. 2 aufzustellen und dauerhaft anzuwenden sind, um eine Beeinträchtigung der Kundeninteressen zu vermeiden. **Maßnahmen zur Bewältigung von Interessenkonflikten,** die den Kundeninteressen erheblich schaden können, werden in Abs. 3 konkretisiert. § 13 Abs. 4 WpDVerOV spezifiziert schließlich die Anforderungen an die Unterrichtung des Kunden über Interessenkonflikte nach § 31 Abs. 1 Nr. 2 (vgl. dazu § 31 Rn. 69 ff.).

---

[162] Vgl. ausführlich zu den divergierenden Interessen *Schweizer* S. 156 ff.; *Brandt* S. 214 ff.
[163] Vgl. statt aller *Koller* in *Assmann/Schneider,* § 31 Rn. 59 f.

2. Allgemeine Anforderungen

a) Identifizierung der relevanten Arten von Interessenkonflikten

94 Die **Begriff** des **Interessenkonflikts** im Sinne des § 33 Abs. 1 Nr. 3 erfasst zunächst die zu § 31 Abs. 1 Nr. 2 aufgeführten Konstellationen.[164] Anders als § 31 dient § 33 jedoch der **Verringerung struktureller Interessenkonflikte**. Losgelöst von der individuellen Kundenbeziehung soll das Risiko von Interessenkonflikten **bereits im Vorfeld** durch eine entsprechende Ablauf- und Aufbauorganisation minimiert werden.[165] Wie die Worte „möglichst gering ..." zeigen, verlangte schon § 33 Abs. 1 Nr. 2 WpHG aF keine völlige Verhinderung von Interessenkonflikten, zumal dies bei dem bestehenden Universalbankensystem auch kaum erreichbar wäre.[166] Die Neufassung insbesondere des korrespondierenden § 31 Abs. 1 Nr. 2 durch das FRUG macht nun deutlich, dass es um die **Vermeidung des Risikos einer Beeinträchtigung von Kundeninteressen durch Interessenkonflikte** geht und der Regelung damit vor allem ein **präventiver Charakter** zukommt.

95 Nach § 13 Abs. 1 WpDVerOV müssen die Wertpapierdienstleistungsunternehmen daher zunächst prüfen, inwieweit sie selbst, ihre Mitarbeiter oder Personen oder Unternehmen, die direkt oder indirekt durch Kontrolle im Sinne des § 1 Abs. 8 KWG mit ihm verbunden sind, aufgrund der Erbringung von Wertpapier(neben)dienstleistungen in einem Interessengegensatz zum Kunden stehen könnten. Die Vorschrift identifiziert insoweit **fünf Konstellationen divergierender Interessenlagen**:
1. die Möglichkeit, zu Lasten von Kunden einen **finanziellen Vorteil** zu erzielen oder Verlust zu vermeiden;
2. das Bestehen eines **Interesses am Ergebnis** einer für Kunden erbrachten Dienstleistung oder eines für diese getätigten Geschäfts, das nicht mit dem Kundeninteresse an diesem Ergebnis übereinstimmt;
3. die Existenz eines **finanziellen oder sonstigen Anreizes,** die Interessen eines Kunden oder einer Kundengruppe über die Interessen anderer Kunden zu stellen;
4. die Entfaltung einer **gleichen geschäftlichen Tätigkeit** wie Kunden;
5. der Empfang oder die künftige Möglichkeit des Empfangs einer **Zuwendung von Dritten** (i.S.v. § 31d Abs. 2) im Zusammenhang mit der für einen Kunden erbrachten Dienstleistung über die hierfür übliche Provision oder Gebühr hinaus.

b) Grundsätze zum Interessenkonfliktmanagement

96 Auf dieser Basis sind die Wertpapierdienstleistungsunternehmen sodann verpflichtet, **angemessene Grundsätze für den Umgang mit Interessenkonflikten** aufzustellen, auf einem dauerhaften Datenträger zu fixieren und dauerhaft anzuwenden. Der Umfang und die konkrete Ausgestaltung dieser Pflicht

---

[164] Vgl. hierzu § 31 Rn. 50ff. Eine exemplarische Auflistung möglicher Interessenkonflikte findet sich zB bei *Schweizer* S. 158ff.; *Brandt* S. 214ff.; *Hopt*, FS Heinsius, S. 289, 316f.; *Eisele* WM 1993, 1021, 1022f.
[165] Beschlussempfehlung und Bericht des Finanzausschusses, BT-Drucks. 12/7918, S. 105; *Schäfer*, § 33 Rn. 8; *Koller* in *Assmann/Schneider* § 33 Rn. 16.
[166] *Schwark*, § 33 Rn. 11; *Koller* in *Assmann/Schneider* § 33 Rn. 18.

hängen nach § 13 Abs. 2 Satz 1 WpDVerOV von Größe und Organisation sowie der Art, des Umfangs und der Komplexität der Geschäftstätigkeit des jeweiligen Wertpapierdienstleisters ab.

Ihrem **Inhalt** nach müssen die Grundsätze bestimmen, **unter welchen Umständen** bei der Erbringung von Wertpapier(neben)dienstleistungen **Interessenkonflikte auftreten** können, die den Kundeninteressen erheblich schaden könnten (Nr. 1) und welche **Maßnahmen zur Bewältigung** dieser Interessenkonflikte zu treffen sind (Nr. 2). Dabei gilt ein konzernweiter Maßstab: Interessenkonflikten, die sich aus der Struktur und Geschäftstätigkeit anderer Unternehmen derselben Unternehmensgruppe ergeben, ist ebenfalls Rechnung zu tragen, sofern das Wertpapierdienstleistungsunternehmen sie kennt oder kennen müsste. Das dürfte regelmäßig bei Kapitalanlagegesellschaften der Fall sein, die zur selben Unternehmensgruppe wie der Wertpapierdienstleister gehören.[167]

97

Hinsichtlich der **Maßnahmen zur Konfliktbewältigung** zielt § 13 Abs. 3 WpDVerOV darauf ab, einen **angemessenen Grad an Unabhängigkeit** bei den Mitarbeitern herbeizuführen, soweit sie Tätigkeiten ausführen, bei denen Interessenkonflikte auftreten und Kundeninteressen beeinträchtigt werden könnten. Dabei ist wiederum nach der Proportionalitäts- oder Flexibilisierungsklausel auf Größe und Geschäftstätigkeit des Wertpapierdienstleistungsunternehmens und seiner Unternehmensgruppe sowie das Risiko einer Beeinträchtigung von Kundeninteressen abzustellen.

98

Unter dem Vorbehalt ihrer Notwendigkeit und Angemessenheit zur Erreichung des „erforderlichen Grades an Unabhängigkeit" listet § 13 Abs. 3 Satz 2 WpDVerOV **fünf Arten von Maßnahmen** auf, die **zur Bewältigung von Interessenkonflikten** in Betracht kommen, ohne dass darin ein abschließender Katalog läge. Vielmehr sind bei Bedarf alternative oder zusätzliche Maßnahmen zur Herstellung des notwendigen Grades an Unabhängigkeit zu treffen (Satz 3). Die grundsätzlich geeigneten Maßnahmen umfassen:

99

1. Vorkehrungen zur wirksamen Verhinderung oder Kontrolle eines Informationsaustausches zwischen Mitarbeitern;
2. Unabhängigkeit der Vergütung von Mitarbeitern von der Vergütung anderer Mitarbeiter mit anderen Aufgabenbereichen sowie von den von diesen erwirtschafteten Unternehmenserlösen oder Prämien;
3. die Verhinderung einer unsachgemäßen Einflussnahme anderer Personen auf die Tätigkeit von Mitarbeitern, die Wertpapier(neben)dienstleistungen erbringen;
4. die Verhinderung oder Kontrolle einer Beteiligung eines Mitarbeiters an verschiedenen Wertpapier(neben)dienstleistungen in engem zeitlichen Zusammenhang und
5. die gesonderte Überwachung von Mitarbeitern, die im Rahmen ihrer Haupttätigkeit potentiell widerstreitende Interessen, insbesondere von Kunden oder des Wertpapierdienstleistungsunternehmens, wahrnehmen.

Als konkrete Maßnahmen in Betracht zu ziehen sind insoweit zB die gegenseitige Abschottung von sensiblen Geschäftsbereichen durch sog. Chinese Walls (Schaffung von getrennten Vertraulichkeitsbereichen) (näher Rn. 107 ff.), die Aufstellung von Richtlinien und Anweisungen für Mitarbeiter in Bezug auf Geschäfte in bestimmten Wertpapieren (etwa Beobachtungs- und Stopplisten) (nä-

100

---

[167] Zur Definition der Unternehmensgruppe vgl. § 13 Abs. 2 Satz 3 WpDVerOV.

her Rn. 133 ff.) bis hin zu einem anreizkompatiblen Vergütungssystem, das Konflikte vermeidet (s. Rn. 105).

101 Soweit „die organisatorischen Vorkehrungen nach § 33 Abs. 1 Satz 2 Nr. 3 nicht ausreichen, um nach vernünftigem Ermessen das Risiko einer Beeinträchtigung von Kundeninteressen zu vermeiden", müssen nach § 31 Abs. 1 Nr. 2 die Art und Herkunft der Interessenkonflikte den Kunden eindeutig dargelegt werden, damit sie auf informierter Grundlage eine eigene Bewertung treffen und sich ggf. selbst durch eine Abstandnahme von dem avisierten Geschäft schützen können (vgl. § 13 Abs. 4 Satz 1 WpDVerOV und § 31 Rn. 61 f., 69 ff.).

c) Bedeutung

102 Wie schon erwähnt (oben Rn. 3 ff.), stellt § 33 den gesetzlichen Anknüpfungspunkt der Compliance-Organisation dar und geht damit über den unmittelbaren Bereich der Gewährleistung einer Einhaltung der Wohlverhaltenspflichten nach §§ 31 ff. hinaus. Von den Organisationspflichten gem. § 33 Abs. 1 Nr. 1 und Nr. 3 erfasst sind deshalb auch **Konflikte im Bereich des Insiderhandelsverbots gem. §§ 13, 14,** also zwischen Eigeninteressen des Unternehmens und seiner Mitarbeiter und dem Markt selbst. Gerade die Prävention und Kontrolle des Insiderhandels erfordert organisatorische Maßnahmen i. S. d. § 33 Abs. 1 Satz 2 Nr. 1 und Nr. 3 wie zB die Einrichtung von sog. Chinese Walls.[168]

103 Ebenso wie bei Abs. 1 Satz 2 Nr. 1 können auch im Rahmen der Nr. 3 Art, Umfang und Ausmaß der einzuhaltenden **angemessenen Organisationsmaßnahmen** von Größe, Struktur und Geschäftstätigkeit des jeweiligen Wertpapierdienstleisters abhängig sein, auch wenn sich die Flexibilitätsklausel nach Satz 3[169] ausdrücklich nur auf Nr. 1 bezieht. § 13 Abs. 2 Satz 1, Abs. 3 Satz 1 WpDVerOV stellt jedoch zu Recht klar, dass auch im Rahmen des Umgangs mit Interessenkonflikten eine am Verhältnismäßigkeitsgrundsatz orientierte **individuelle Betrachtung** jedes einzelnen Wertpapierdienstleistungsunternehmens geboten ist, das jeweils gehalten ist, die in seinem Bereich auftretenden Risiken für Fehlverhalten zu Lasten der Kunden möglichst gering zu halten.[170] Die Bandbreite reicht je nach Unternehmen von einem Appell an das ethische Bewusstsein des jeweiligen Mitarbeiters bis hin zu einer Abschottung von Geschäftsbereichen.[171] Insbesondere im Bereich des Informationsmanagements müssen für kleinere Unternehmen, bei denen eine Aufteilung in abgegrenzte Geschäftsbereiche nicht möglich ist, verschärfte Anforderungen an die Verhaltenspflichten der Mitarbeiter gestellt werden.[172] Wo mehrere Bereiche in einer Person vereinigt sind, muss u. U. sogar von Eigenhandel und Anlageberatung mit sensiblen Papieren gänzlich Abstand genommen werden.

104 Hier zeigt sich, dass der Vorwurf der Schaffung von Wettbewerbsnachteilen für kleinere Unternehmen durch erweiterte Organisationspflichten wegen der

---

[168] Vgl. ausführlich zum Schutzzweck der Compliance-Organisation Rn. 69 ff., zu Chinese Walls als Element der Insiderprävention unten Rn. 107, *Kümpel* Rn. 16.690 ff.; *Tippach* S. 231 ff.; *Schweizer* S. 176 ff.
[169] Vgl. hierzu oben Rn. 18, 68.
[170] So schon zu § 33 WpHG aF *Koller* in *Assmann/Schneider* § 33 Rn. 16.
[171] *Brandt* S. 242; *Irmen* in *Hellner/Steuer* Rn. 7/810; *Schweizer* S. 172 f.
[172] Vgl. *Koller* in *Assmann/Schneider* § 33 Rn. 17.

Wechselwirkungen zwischen Wohlverhaltens- und Organisationspflichten zumeist unbegründet ist.[173] Denn **einheitliche Organisationsstandards**, die eine bestimmte Mindestbetriebsgröße verlangen, werden den Unternehmen durch § 33 Abs. 1 Satz 2 Nr. 3 gerade **nicht auferlegt**. Jedes Wertpapierdienstleistungsunternehmen muss zwar Interessenkonflikten bereits durch geeignete Organisationsmaßnahmen entgegenwirken, soweit ihm dies nach Struktur, Größe und Art des Konflikts möglich und zumutbar ist. Soweit angemessene Maßnahmen zur Beseitigung des Interessenkonflikts nicht zur Verfügung stehen, muss das Wertpapierdienstleistungsunternehmen den Kunden deutlich auf das Risiko von Interessenkonflikten hinweisen (§ 31 Abs. 1 Nr. 2) und ggf. hinnehmen, rigideren Verhaltenspflichten zur Vermeidung einer Benachteiligung des Kunden zu unterliegen. Innerhalb des so umrissenen Rahmens bleibt die genaue Ausgestaltung dem Unternehmen selbst überlassen, doch ist grundsätzlich die effizienteste Schutzvorkehrung zu wählen.[174]

Interessenkonflikte können bereits im Vorfeld insbesondere durch die bewusste **Steuerung des unternehmensinternen Informationsflusses** und den sachgerechten Umgang mit kursrelevanten Informationen vermieden werden. Darüber hinaus müssen den Mitarbeitern Anhaltspunkte und **Verhaltensanweisungen** an die Hand gegeben werden, um potentielle Konflikte zu erkennen und mit Ihnen umzugehen. Durch solche Regelwerke und laufende Kontrollen ist sicherzustellen, dass Interessenkonflikte durch Aufklärung, konsequente Anwendung des Prioritätsprinzips und letztlich sogar Abstandnahme vom jeweiligen Geschäft vermieden werden.[175] Auch das **Vergütungssystem** ist so zu gestalten, dass den Mitarbeitern keine Anreize für konfliktträchtige Verhaltensweisen insbesondere entgegen den Kundeninteressen gegeben werden.[176] Diese allgemeinen Anforderungen enthalten bereits wesentliche Elemente einer Organisation, die dem Compliance-Prinzip entspricht.[177] Eine Konkretisierung der Standards stellt die **Compliance-Richtlinie** des ehemaligen BAWe vom 25. Oktober 1999 dar,[178] die trotz ihrer offiziellen Aufhebung zum 1. 11. 2007 weiterhin wertvolle konkretisierende Hinweise zum Umgang mit Interessenkonflikten enthält.

3. Besondere Organisationspflichten

Die Compliance-Richtlinie verpflichtet in ihrem 3. Abschnitt nur Unternehmen zur Schaffung besonderer Strukturen, die in der Regel über sog. **compliance-relevante Informationen** verfügen und konfliktträchtige Dienstleistungen erbringen.[179] Diese Einschränkung erklärt sich aus dem dargelegten relativen

---

[173] Vgl. *Koller* in *Assmann/Schneider* § 33 Rn. 16 f.
[174] *Koller* in *Assmann/Schneider* § 33 Rn. 16.
[175] Vgl. hierzu § 31 Rn. 56 ff.; vgl. *Eisele* in Bankrechtshandbuch, § 109 Rn. 125 ff.; *Irmen* in *Hellner/Steuer* Rn. 7/833; *Schweizer* S. 173; *Bülow* Die Bank 1997, 290, spricht von einem 4-stufigen Prozess der Vermeidung von Interessenkonflikten.
[176] *Koller* in *Assmann/Schneider* § 31 Rn. 19; *Schäfer*, § 31 Rn. 84; *Spindler* S. 226.
[177] Vgl. hierzu bereits oben Rn. 67 ff.; ferner *Brandt* S. 240; *Irmen* in *Hellner/Steuer* Rn. 7/810; Beschlussempfehlung und Bericht des Finanzausschusses, BT-Drucks. 12/7918, S. 105.
[178] Fn. 124.
[179] Punkt 3.2. der Compliance-Richtlinie.

§ 33 107   Abschnitt 6. Verhaltensregeln, Verjährung

Standard der Organisationspflichten. Nur der ständige Umgang mit erfahrungsgemäß konfliktträchtigen Informationen macht tief in die Struktur des Unternehmens eingreifende Organisationspflichten zumutbar und auch erforderlich.[180] Zu den compliance-relevanten Informationen zählen demgemäß **primär** die **kurserheblichen Insiderinformationen** i. S. d. §§ 13, 15; **aber auch unterhalb dieser Schwelle** können Informationen Konfliktpotential bergen. So können dem Unternehmen compliance-relevante Informationen vorliegen zB über bevorstehende Kapitalmaßnahmen eines Emittenten, über Veränderungen in der Aktionärsstruktur oder in Schlüsselpositionen eines Unternehmens, über eine besondere Nachfrage- oder Angebotssituation. Hierzu zählt auch die Kenntnis über Kundenaufträge, die durch den Abschluss von Eigengeschäften zum Nachteil des Kunden ausgenutzt werden könnten.[181] Maßgeblich sind letztlich immer die Umstände des Einzelfalles, die Compliance-Richtlinie enthält jedoch eine Aufstellung besonderer Merkmale von Wertpapierdienstleistungsunternehmen, die regelmäßig über compliance-relevante Informationen verfügen.[182]

a) Vertraulichkeitsbereiche (Chinese Walls)

107   Wesentliches Element einer compliance-konformen Informationssteuerung ist die Schaffung von unternehmensinternen Vertraulichkeitsbereichen durch sog. Chinese Walls.[183] Dabei werden die einzelnen Geschäftsbereiche informatorisch so voneinander getrennt, dass die in einem Bereich angefallenen Informationen diesen nur unter besonderen Bedingungen verlassen dürfen (sog. Wall Crossing). Durch diese **unternehmensinterne Abschottung** werden gleichzeitig regelnde und präventive Ziele verfolgt. Sensible Informationen begründen kein Konfliktpotential, wenn der unternehmensinterne Informationsfluss so gesteuert wird, dass diejenigen Mitarbeiter, in deren Geschäftsbereich die Gefahr einer missbräuchlichen oder zweckwidrigen Ausnutzung bestehen könnte, keinen Zugang erhalten. Dadurch können **Interessenkonflikte bei der Erbringung von Wertpapier(neben)dienstleistungen** sowohl im vertikalen Verhältnis Kunde/Unternehmen als auch horizontal zwischen einzelnen Kunden minimiert werden. Über die Schutzrichtung der §§ 31 ff. hinaus erlangen Chinese Walls auch Bedeutung als wesentliches Element der **präventiven Bekämpfung des Insiderhandels,** indem die Weitergabe kurserheblicher Informationen beschränkt und der Kreis eingeweihter Personen klein gehalten wird.[184] Zudem wird eine **nachträgliche Kontrolle und Aufdeckung** unerlaubten Handels durch einzelne Mitarbeiter erleichtert. Die Beschränkung und Dokumentation des Informationsflusses kann schließlich im Falle der Geltend-

---

[180] Vgl. *Jütten* Die Bank 1999, S. 126, 128.
[181] Weitere Anhaltspunkte für potentielle Konflikte finden sich in Punkt 3.2.1.3 der Compliance-Richtlinie und bei *Irmen* in *Hellner/Steuer* Rn. 7/820; vgl. auch *Eisele* in Bankrechtshandbuch, § 109 Rn. 155 mit dem Vorschlag der Aufstellung einer ergänzenden „Konfliktliste".
[182] Punkt 3.2.1.3. der Compliance-Richtlinie.
[183] Ausführlich dazu *Lösler*, Compliance, S. 73 ff.; *Kümpel* Rn. 16.690 ff.; *Eisele* in Bankrechtshandbuch, § 109 Rn. 141 ff.; KölnKommWpHG-*Meyer/Paetzel*, § 33 Rn. 69 ff. jeweils mwN.
[184] Näher hierzu *Tippach* S. 231 ff.; *Schweizer* S. 176 ff.; KölnKommWpHG-*Meyer/Paetzel*, § 33 Rn. 69.

machung von Rechtsverletzungen oder Schadensersatzansprüchen die **Beweissituation** zugunsten des Unternehmens sowie der betroffenen Mitarbeiter verbessern.[185]

Anzahl und Zuschnitt der erforderlichen Vertraulichkeitsbereiche lassen sich nicht abstrakt bestimmen, sondern richten sich nach Größe, Struktur und Geschäftstätigkeit des einzelnen Unternehmens.[186] Die jeweiligen Bereiche müssen einerseits überschaubar genug sein, um die effektive Kontrolle des Informationsflusses zu gewährleisten, dürfen andererseits aber nicht zu klein geraten, da eine zu starke Zerstückelung dem Unternehmen die Ausnutzung von unternehmensinternen Synergieeffekten unmöglich macht.[187] Als generelle Leitlinie empfiehlt sich eine Abgrenzung von „wissenden Bereichen", die für sich gesehen handlungsfähig sind und ihrem jeweiligen (externen oder internen) „Kunden" eine brauchbare Dienstleistung oder sonstiges „Angebot" unterbreiten können. Dabei sind nicht nur Stellen, die Kontakte mit Emittenten haben, von Geschäftsbereichen zu trennen, die über sensible Informationen aus marktbezogenen Transaktionen mit (potentiellen) Anlegern verfügen. Vielmehr sind regelmäßig auch die für besondere Geschäftsarten oder interne Dienstleistungen zuständigen Abteilungen als jeweils eigenständige Vertraulichkeitsbereiche festzulegen, zB Abwicklung von Kundenaufträgen im Effektengeschäft, Anlageberatung, Vermögensverwaltung, Research, Emissions- und Konsortialgeschäft, M&A, Beteiligungsverwaltung. Wegen der besonderen Gefahr der Verfolgung eigener Interessen ist darüber hinaus der Eigenhandel abzugrenzen.[188]

Die genaue **Ausgestaltung der Informationsbarrieren** bleibt dem Unternehmen überlassen. Um den unkontrollierten Informationsfluss durch persönlichen Kontakt zu verhindern, ist aber regelmäßig eine **räumlich getrennte Unterbringung** der Geschäftsbereiche, je nach Unternehmensgröße in unterschiedlichen Stockwerken oder Gebäuden, erforderlich.[189] Eine Ausgliederung der einzelnen Bereiche in Tochterunternehmen ist dagegen weder notwendig noch zumutbar.[190] Die Abschottung der Bereiche muss so erfolgen, dass weder durch persönlichen Kontakt noch durch elektronischen Zugriff Informationen an Unbefugte gelangen können. Auf der Basis einer personellen Aufteilung der Mitarbeiter mit jeweils exklusiver Zuordnung zu einem bestimmten Vertraulichkeitsbe-

---

[185] Punkt 3.3.1. der Compliance-Richtlinie; *Kümpel* Rn. 16.695 f.; *Irmen* in *Hellner/ Steuer* Rn. 7/826; *Eisele* in Bankrechtshandbuch, § 109 Rn. 51, 116; *Spindler* S. 230; vgl. ausführlich zur zentralen Frage der Wissenszurechnung bei Chinese Walls unten Rn. 123 ff.; Die gleiche Zielsetzung liegt den Federal Regulations on Insider Trading and Securities Enforcement Act von 1988 (ITSFEA), 15 U. S. C. § 780 f., zugrunde.
[186] Punkt 2.1 der Compliance-Richtlinie; vgl. bereits oben Rn. 68, 103.
[187] *Koller* in *Assmann/Schneider* § 33 Rn. 20.
[188] Vgl. zum Vorstehenden die Übersicht bei *Schweizer*, S. 177 f., der in „Emittentenkontaktbereiche" und „Marktkontaktbereiche" untergliedert. Eine Aufzählung der besonders sensiblen Bereiche findet sich in Punkt A. IV. der Mitarbeiterleitsätze des BAWe und des BAKred vom 7. Juni 2000; siehe auch *Koller* in *Assmann/Schneider* § 33 Rn. 20; *Schlüter* S. 338; KölnKommWpHG-*Meyer/Paetzel* § 33 Rn. 70.
[189] *Koller* in *Assmann/Schneider* § 33 Rn. 22; KölnKommWpHG-*Meyer/Paetzel*, § 33 Rn. 71 („sachgerechtes Basiselement"); *Schweizer* S. 184; *Tippach* S. 233; eine effiziente Trennung durch rein organisatorische Maßnahmen erscheint dagegen nur schwer realisierbar, so aber *Eisele* in Bankrechtshandbuch, § 109 Rn. 141 f.; *Schlüter* S. 338.
[190] *Koller* in *Assmann/Schneider* § 33 Rn. 21.

reich[190a] gehören dazu einerseits physische Zutritts- und Zugangsbeschränkungen, andererseits muss der Zugriff auf die EDV-Anlage durch ein geeignetes Identifikations- und Berechtigungssystem (Code-Wörter, Keycards, etc.) geschützt werden.[191] Auch telefonische Kontakte zwischen den einzelnen Bereichen sind zu begrenzen; eine Kontrolle kann durch Aufzeichnung der Gespräche erfolgen.[192]

110 Die tatsächliche Beachtung der errichteten Informationsbarrieren ist durch ein Bündel von Maßnahmen sicherzustellen. Essentiell ist insbesondere die fortwährende Schulung der Mitarbeiter, denen die entsprechenden **Verhaltensanweisungen** nahe zu bringen und die möglichen Konsequenzen ihrer Verletzung, insbesondere im Hinblick auf § 14 Abs. 1 Nr. 2, zu erläutern sind.[193] Die **Einhaltung** der Anweisungen ist **laufend zu kontrollieren**, möglichst durch die Compliance-Stelle; ein wichtiges Instrument ist in diesem Zusammenhang die „Watch List" (unten Rn. 133 ff.). Schließlich sind auch die übrigen unternehmensinternen Regeln, insbesondere das Vergütungssystem der Mitarbeiter, auf die Anforderungen der Compliance-Organisation abzustimmen.[194]

111 Um die informatorisch voneinander abgegrenzten Abteilungen auch unabhängig von bereichsfremden Interessen handeln zu lassen, muss die **geschäftspolitische Unabhängigkeit der Geschäftsbereiche** sichergestellt sein. Dieser Grundsatz ist vor allem erforderlich, um eine Vermengung des Handelns im Kundeninteresse und im Eigeninteresse zu vermeiden. Im Bereich der Anlageberatung bedeutet dies zB, dass sich der Wertpapierberater bei seinen Empfehlungen nicht von der hauseigenen Emissionsabteilung und einem Wunsch nach Kurssteigerung bei den hauseigenen Papieren beeinflussen lassen darf. Dies muss durch organisatorische Maßnahmen und neutrale Anreizsysteme für die beteiligten Mitarbeiter gewährleistet werden.[195]

b) Bereichsüberschreitender Informationsfluss (Wall Crossing)

112 Die Errichtung selbstständiger Vertraulichkeitsbereiche bedeutet nicht, dass ein bereichsübergreifender Informationsfluss unter allen Umständen ausscheiden muss. Eine **vollständige Abschottung** der Geschäftsbereiche etwa im Sinne einer „impermeable wall" wäre trotz des Vorteils klarer und einfacher Handhabung **weder praktikabel noch zumutbar.** Denn sie würde die Handlungsfähigkeit des Wertpapierdienstleistungsunternehmens jedenfalls bei der Durchfüh-

---

[190a] Vgl. zu dieser personellen Segmentierung KölnKommWpHG-*Meyer/Paetzel*, § 33 Rn. 71.
[191] Punkt 3.3.1. der Compliance-Richtlinie; *Spindler* S. 226; *Koller* in *Assmann/Schneider* § 33 Rn. 22; *Brandt* S. 242 f.
[192] *Koller* in *Assmann/Schneider* § 33 Rn. 22; weitergehend *Schweizer*, S. 184 f. (Verhinderung der direkten Durchwahl zwischen den einzelnen Geschäftsbereichen); vgl. zur arbeitsrechtlichen Zulässigkeit solcher Systeme bei vorheriger Aufklärung *Dieterich* in Erfurter Kommentar zum Arbeitsrecht, 8. Aufl. 2008, Art. 2 GG Rn. 101.
[193] *Eisele* in Bankrechtshandbuch, § 109 Rn. 128 ff., 135; *Irmen* in *Hellner/Steuer* Rn. 7/833; *Schweizer* S. 173.
[194] *Spindler* S. 226; ähnliche (Mindest-) Anforderungen an die Compliance-Organisation werden seit langem in den von der NYSE und der NASD (National Association of Securities) herausgegebenen Leitlinien gestellt, NASD/NYSE Joint Memo on Chinese Wall Policies and Procedures, NASD Notice to Members No. 91-45, (June 21, 1991) S. 242–243.
[195] Vgl. zum Prinzip der geschäftspolitischen Unabhängigkeit der Geschäftsbereiche ausführlich *Brandt* S. 243; *Eisele* in Bankrechtshandbuch, § 109 Rn. 141.

rung komplexer Transaktionen in Frage stellen, bei denen die Zusammenarbeit mehrerer Abteilungen erforderlich ist. Auch eine zutreffende Risikoprognose ist dem Unternehmen ohne einen umfassenden Überblick über verschiedene Geschäftsbereiche oft nicht möglich. Schließlich verbieten die Interessenwahrungspflicht und insbesondere § 31 Abs. 4, den Kunden des Wertpapierdienstleisters pauschal ganze Informationsbereiche vorzuenthalten.[196]

Aus diesen Gründen besteht weitgehende Einigkeit, dass eine vollständige Undurchlässigkeit der Chinese Walls nicht verlangt werden kann, sondern die **Zulassung eines kontrollierten bereichsübergreifenden Informationsflusses** notwendig ist (sog. **Wall Crossing**).[197] Dies darf aber keinesfalls zu einer generellen Aufweichung der Informationsbarrieren führen. Angesichts der gestaffelten Zielsetzung der Vertraulichkeitsbereiche, die über die bloße Wahrung des individuellen Kundeninteresses hinausgeht, ist eine restriktive Handhabung geboten.[198] Jede Überschreitung ist anhand der Umstände des Einzelfalles sorgfältig auf ihre Notwendigkeit und Zulässigkeit zu überprüfen[199] und auf das unbedingt erforderliche Maß zu reduzieren **(Need-to-know-Prinzip)**.[200] Dabei verbietet sich angesichts der Komplexität der anfallenden Informationen und der vielfältigen Ausgestaltungsmöglichkeiten der Wertpapierdienstleistung eine schematisierende Betrachtung. Doch ist eine Einordnung in einzelne Problemfelder möglich und hilfreich. **113**

aa) Öffentlich bekannte Tatsachen. Öffentlich bekannte Informationen **114** können ohne die Gefahr von Insiderverstößen oder Interessenkonflikten frei im Unternehmen zirkulieren.[201] Dieser Informationsfluss ist auch notwendig, um die Dienstleistung im bestmöglichen Kundeninteresse zu erbringen und den Informationsverpflichtungen aus § 31 Abs. 3 bis 5 nachzukommen. Erforderlich ist jedoch vor jeder Weitergabe eine sorgfältige Prüfung, ob die jeweilige Information wirklich öffentlich bekannt ist oder ob sich zB bereits aus der Form der Mitteilung weitere Rückschlüsse ziehen lassen. Im Zweifel ist der Bereichsleiter oder die Compliance-Stelle zu Rate zu ziehen.[202]

bb) Bereichsübergreifende Zusammenarbeit. Zur Durchführung kom- **115** plexer Wertpapierdienstleistungen ist oftmals die Zusammenarbeit mehrerer Un-

---

[196] Vgl. zum früheren Recht (§ 31 Abs. 2 Nr. 2 WpHG aF) Punkt 3.3.2. der Compliance-Richtlinie; *Brandt* S. 244 f.; *Koller* in *Assmann/Schneider* § 33 Rn. 27; *Schweizer* S. 181 f.; *Bülow* Die Bank 1997, 290, 291.
[197] *Koller* in *Assmann/Schneider* § 33 Rn. 27; *Schwark*, § 33 Rn. 18; *Irmen* in *Hellner/Steuer* Rn. 7/827; *Tippach* S. 234; *Brandt* S. 244; *Schweizer* S. 181 f.; *Kümpel* Rn. 16.697 f.; *Bülow* Die Bank 1997, 290, 291; *Eisele* in Bankrechtshandbuch, § 109 Rn. 146; KölnKommWpHG-*Meyer/Paetzel*, § 33 Rn. 72.
[198] Vgl. oben Rn. 107.
[199] Vgl. hierzu das Konzept der „Administered Wall": *Tippach* S. 235, ausführlich *Scharpf* S. 99 ff.
[200] Punkt 3.3.2. Abs. 2 der Compliance-Richtlinie; *Kümpel* Rn. 16.698; *Eisele* WM 1993, S. 1021, 1025; *Brandt* S. 244; *Spindler* S. 226; ausführlich zum Need-to-know-Prinzip *Schweizer* S. 180 f.; KölnKommWpHG-*Meyer/Paetzel*, § 33 Rn. 72.
[201] Ebenso *Koller* in *Assmann/Schneider* § 33 Rn. 27; *Eisele* in Bankrechtshandbuch, § 109 Rn. 146; *Bülow* Die Bank 1997, 290, 292; vgl. zum Begriff der öffentlich bekannten Information § 13 Rn. 73 ff., § 15 Rn. 113 ff.
[202] Vgl. *Schweizer* S. 183; *Irmen* in *Hellner/Steuer* Rn. 7/828; *Eisele* in Bankrechtshandbuch, § 109 Rn. 147.

§ 33   116, 117   Abschnitt 6. Verhaltensregeln, Verjährung

ternehmensbereiche erforderlich. So ist zB die M&A-Abteilung zur Bewertung einer geplanten Übernahme auf Unternehmensdaten der Research-Abteilung angewiesen. Aus Compliance-Gesichtspunkten ergeben sich hier insbesondere dann Probleme, wenn eine einseitige Informationsabfrage ohne direkte Kontaktaufnahme nicht möglich oder nicht ausreichend ist. Denn oft können bereits aus der Person des Anfragenden und dessen konkretem Informationsbedarf Rückschlüsse auf ein geplantes Vorhaben in der anderen Abteilung gezogen werden.[203] Zudem ist bei komplexen Projekten die bloße Informationsabfrage meist nicht ausreichend, so dass **einzelne Mitarbeiter anderer Bereiche gezielt hinzugezogen** und über die Hintergründe in Kenntnis gesetzt werden müssen. Solche Überschreitungen stellen natürlich die Wirksamkeit der Chinese Walls in Frage. Verschärft wird dies durch den Umstand, dass die hinzugezogenen Mitarbeiter regelmäßig über das einzelne Projekt hinaus weitere Kenntnisse in den jeweiligen Vertraulichkeitsbereich mitbringen und bei dessen Verlassen hinaustragen.

116   Eine solche „Kontamination" der Bereiche muss durch zum Teil aufwändige Gegenmaßnahmen vermieden oder zumindest in ihren Auswirkungen abgemildert werden. Die benötigten Mitarbeiter müssen aus ihrer jeweiligen Abteilung „über die Mauer" gebracht und den handelnden Vertraulichkeitsbereichen zugeordnet werden.[204] Für die Dauer der Mitarbeit an dem bereichsübergreifenden Projekt sollten sie möglichst keinen Kontakt zu ihrer angestammten Abteilung pflegen und sich **zu strengem Stillschweigen** über die erhaltenen bereichsinternen Informationen verpflichten. Letzteres muss insbesondere auch nach der Rückkehr in den früheren Arbeitsbereich gewährleistet sein. Die Abgabe von Empfehlungen, der Handel mit Papieren und sogar jeglicher Meinungsaustausch in dem sensiblen Umfeld sollte bis zur öffentlichen Bekanntgabe des Projekts unterlassen werden. Gegebenenfalls ist der Mitarbeiter sogar für diesen Zeitraum ganz von seinem ursprünglichen Vertraulichkeitsbereich fernzuhalten.[205] Vor einem solchen Wall-Crossing ist immer die **Erlaubnis der Compliance-Stelle** einzuholen. Der gesamte Vorgang sollte aus Beweisgründen genau dokumentiert werden.[206] Essentiell ist schließlich, den betroffenen Mitarbeitern die Bedeutung der Einhaltung dieser Grundsätze vor Augen zu führen und auf die möglichen Konsequenzen hinzuweisen.[207] Bei Beachtung der Grundsätze ist die Weitergabe kurserheblicher Informationen im Rahmen des Wall-Crossing **nicht** mehr „**unbefugt**" i. S. d. **§ 14 Abs. 1 Nr. 2**.[208]

117   Nicht zu verkennen ist, dass die bereichsüberschreitende Zusammenarbeit einen **beträchtlichen Aufwand** verursacht, der insbesondere bei Unternehmen mit geringer Personaldichte durch den temporären Wegfall eines Mitarbeiters im je-

---

[203] Vgl. *Schweizer* S. 188; *Kümpel* Rn. 16.697; zu Recht weist *Bülow* Die Bank 1997, 290, 292 auf ansonsten erforderlich werdende, zum Leitbild einer offenen Kommunikationskultur in Widerspruch stehende „Verschleierungstaktiken" durch die anfragende Stelle hin („one-way" Chinese Wall).
[204] *Kümpel* Rn. 16.698; *Schweizer* S. 189 f.; *Eisele* in Bankrechtshandbuch, § 109 Rn. 146 aE; kritisch unter Hinweis auf die Signalwirkung jedes Personalaustausches *Scharpf* S. 91.
[205] *Bülow* Die Bank 1997, 290, 292; *Schweizer* S. 189 f. *Scharpf* S. 85, 89, 92.
[206] Vgl. *Eisele* in Bankrechtshandbuch, § 109 Rn. 147 aE; KölnKommWpHG-*Meyer/Paetzel*, § 33 Rn. 73.
[207] *Bülow* Die Bank 1997, 290, 293; *Schweizer* S. 189 f.
[208] *Kümpel* Rn. 16.699; *Eisele* in Bankrechtshandbuch, § 109 Rn. 146; *Brandt* S. 244; *Schweizer* S. 180; vgl. auch § 14 Rn. 243 ff.

weils betroffenen Bereich teilweise zu gravierenden Engpässen führen kann. Andererseits schafft dies eine Hemmschwelle, die der Stabilität von Chinese Walls zugute kommt und den Ausnahmecharakter des Wall-Crossing verdeutlicht.

cc) **Überschreitung der Vertraulichkeitsbereiche durch Führungskräfte.** In einem hierarchisch aufgebauten Unternehmen ist es ab einer gewissen Führungsebene unvermeidlich, dass sich die Verantwortlichkeit und damit auch der mögliche Zugriff auf Informationen über mehrere Vertraulichkeitsbereiche erstreckt. Faktisch werden damit Chinese Walls spätestens ab der Ebene der Geschäftsführung, bei der die Kommunikationsstränge zusammenlaufen (müssen), unwirksam (sog. **Supra-Chinese-Wall-Status**).[209] Da jedoch der Vorstand eine Gesamtverantwortung für unternehmerische Entscheidungen trägt (§ 76 Abs. 1 AktG), liegt darin eine immanente, natürliche Grenze des Prinzips der Chinese Walls.[210]

Die hieraus resultierenden Gefahren im Hinblick auf Interessenkonflikte und Insiderverbot sind zwar durch die überschaubare Anzahl der Personen verringert, aber nicht gebannt. Um jeden Missbrauchsverdacht auszuschließen und die Integrität und Handlungsfähigkeit des Unternehmens zu erhalten, sollten diese **Führungskräfte sich jedes Eingriffs in das operative Tagesgeschäft enthalten** und entsprechende Entscheidungen an eine untergeordnete Ebene delegieren.[211] Um auch im Kontakt mit Dritten keine sensiblen Informationen zu offenbaren, stehen sie vor der schwierigen Aufgabe, ihr eigenes Handeln ständig auf die Vereinbarkeit mit den Compliance-Grundsätzen hin zu überprüfen **(Self-Compliance)**.[212] Konstruktiv können sie diesen Informationsvorsprung jedoch nutzen, um ohne weitere Offenbarung eventuelle (Insider-)kritische Transaktionen zu blockieren und so als „Clearing-Stelle" zu fungieren.[213]

Gleiches gilt für die **Mitarbeiter der Compliance-Abteilung.**[214] Um ihrer Prüfungstätigkeit nachzukommen, müssen sich auch diese ein Gesamtbild über den unternehmensinternen Informationsfluss bilden können. Die hieraus resultierenden Gefahren sind durch die oben beschriebenen Maßnahmen zu minimieren, im Übrigen aber als unvermeidlich hinzunehmen.

dd) **Aufklärungspflicht und Informationsanspruch.** Ungeklärt ist nach wie vor, wie das mögliche **Spannungsverhältnis** zwischen der Beschränkung des Informationsflusses durch Vertraulichkeitsbereiche einerseits und der Verpflichtung **zur bestmöglichen Beratung,** Information und Ausführung von Kundenaufträgen andererseits auflösen lässt. Insbesondere stellt sich die Frage, ob sich das Wertpapierdienstleistungsunternehmen auf die Chinese Wall berufen darf, wenn es einen Kunden in dem Sinne suboptimal berät, dass es ihm die in einem anderen Vertraulichkeitsbereich vorliegenden Informationen vorenthält, obwohl diese für dessen Anlageentscheidung (objektiv) von erheblicher Bedeutung sind. Einer etwaigen Pflicht zur bereichsüberschreitenden Weitergabe dieser

---

[209] *Bülow* Die Bank 1997, 290, 292, 293; *Eisele* in Bankrechtshandbuch, § 109 Rn. 147; *Tippach* S. 236; *Schweizer* S. 185; kritisch hierzu *Scharpf* S. 119 mwN.
[210] *Schwark,* § 33 Rn. 16.
[211] *Schweizer* S. 186.
[212] Nach *Bülow,* Die Bank 1997, 290, 293, müssen die Chinese Walls „durch den eigenen Kopf verlaufen"; kritisch dazu *Scharpf* S. 121, *Dingeldey* RIW 1983, 81, 85.
[213] *Schweitzer* S. 186.
[214] *Bülow* Die Bank 1997, 290, 293; vgl. zur Compliance-Funktion oben Rn. 66 ff.

Information an die Kundenabteilungen könnten die berechtigten Geheimhaltungsinteressen der anderen Kunden und das Weitergabeverbot des § 14 Abs. 1 Nr. 2 entgegenstehen. Ähnliche Kollisionsfälle können zB bei der Beratung zweier potentieller Käufer eines Zielunternehmens auftreten. Auch hier steht das Wertpapierdienstleistungsunternehmen vor dem Dilemma, entweder die Strategie des anderen Interessenten zu offenbaren oder (objektiv) unvollständige oder gar falsche Empfehlungen an andere auszusprechen.[215]

122 Insbesondere bei solchen **Konflikten zwischen widerstreitenden Kundeninteressen** versagen sowohl das Prioritätsprinzip als auch die vorherige Offenlegung des Interessenkonflikts, da sich dieser oft erst nach Übernahme des Geschäfts zeigt.[216] Zudem fehlt hier – anders als bei vertikalen Konflikten zwischen dem Unternehmen und dem Kunden – ein einfach zu handhabender Grundsatz wie der Vorrang des Kundeninteresses.[217] Schließlich kann hier auch der Restricted List angesichts ihrer Signalwirkung und der Einschränkung der Handlungsfreiheit nur eine beschränkte Rolle zukommen.[218]

123 Um eine Pflichtenkollision zu vermeiden und das Unternehmen in dieser Situation nicht nahezu zwangsläufig Schadensersatzansprüchen auszusetzen, sind die Anforderungen der Verhaltens- und Organisationspflichten aufeinander abzustimmen. Zentraler Ansatzpunkt ist hierbei die strittige Frage, ob funktionierende Chinese Walls die bei Personenmehrheiten von der Rechtsprechung vorgenommene **Wissenszurechnung analog § 166 BGB** verhindern können, so dass dem jeweiligen Anlageberater und ihm mit dem Unternehmen nicht die fehlende Kenntnis über vertrauliche Informationen in anderen Geschäftsbereichen vorgeworfen werden kann.[219]

124 Auszugehen ist hier vom Sinn der von Rechtsprechung und Lehre entwickelten Wissenszurechnung. Das Unternehmen soll durch geeignete Informationsorganisation sicherstellen, dass jeder Mitarbeiter mit den zur ordnungsgemäßen Aufgabenerfüllung notwendigen Informationen versorgt ist. Mangelnde Sorgfalt bei der Erhebung und Weiterleitung der benötigten Informationen oder Mängel der innerbetrieblichen Aufgabenverteilung in diesem Punkt sollen das Unternehmen nicht auf Kosten Dritter und des Verkehrsschutzes entlasten. Angesichts dieses übergeordneten Prinzips einer **Informationsverantwortung** kann das Unternehmen nicht autonom mit der Wahl seiner internen Organisation zugleich über die Frage der dem jeweiligen Mitarbeiter zuzurechnenden Informationen bestimmen. Für den Ausschluss einer Wissenszurechnung kann daher die **Einrichtung von Vertraulichkeitsbereichen allein keine konstitutive Wirkung** entfalten.[220] Maßstab ist vielmehr, ob die gewählte Organisation – gemes-

---

[215] *Tippach* S. 248.
[216] *Tippach* S. 249.
[217] Vgl. dazu § 31 Rn. 77.
[218] Nach dem Konzept der „Reinforced Chinese Wall" – dazu sogleich Rn. 140 – dient die Sperr- oder Verbotsliste gerade der Ergänzung, nicht dem Ersatz der informationellen Barrieren.
[219] Vgl. zur Wissenszurechnung KölnKommWpHG-*Meyer/Paetzel*, § 33 Rn. 74; *Canaris* Bankvertragsrecht Rn. 106; *Siol* in Bankrechtshandbuch, § 43 Rn. 22 ff.; *Schwark*, § 33 Rn. 20; *Faßbender* S. 23 ff.; *Schilken* S. 4 ff.; *Tippach* S. 254 f.; *Brandt* S. 249 f.; bei Personengesellschaften *Reischl* JuS 1997, 783 ff. jeweils mwN auch zur Rspr.
[220] Ebenso *Tippach* S. 263; *Irmen* in *Hellner/Steuer* Rn. 7/829; *Stafflage* S. 91 ff.; anders wird dies in England beurteilt, vgl. dazu Conduct of Business-Rule der FSA 5.01 (3), 5.06

sen an gesetzlichen und vertraglichen Verpflichtungen vor dem Hintergrund der jeweils zu erfüllenden Aufgabe – **funktionsadäquat und** somit **ordnungsgemäß** ist. Soweit die Vertraulichkeitsbereiche eines Wertpapierdienstleistungsunternehmens der Erfüllung von gesetzlichen Verpflichtungen zu einer Organisation in Übereinstimmung mit Compliance-Grundsätzen dienen, muss eine bereichsüberschreitende Wissenszurechnung ausscheiden. Zu differenzieren ist somit nach der Art der Information und den Verpflichtungen des Unternehmens. Relevanz erlangt hier insbesondere die Doppelfunktion der Vertraulichkeitsbereiche als präventives Element der Bekämpfung des Insiderhandels und der Vermeidung von Interessenkonflikten.

Die Weitergabe **öffentlich bekannter Informationen** beeinträchtigt keine relevanten Interessen und ist deshalb immer zulässig und auch notwendig.[221] Das Wertpapierdienstleistungsunternehmen muss deshalb unabhängig von seiner internen Organisation für den erforderlichen Kenntnisstand seiner Mitarbeiter sorgen; insbesondere in die Anlageberatung müssen sämtliche bekannten und relevanten Faktoren einfließen. Auf die organisationsbedingte Unkenntnis eines Mitarbeiters kann sich das Unternehmen nicht berufen.

Weitgehend geklärt ist inzwischen auch das Verhältnis von **Insiderinformationen i. S. d. § 13** und Aufklärungspflicht bei der Wertpapierdienstleistung. Das Verbot der Weitergabe kurserheblicher Informationen gemäß § 14 Abs. 1 Nr. 2 schützt den Kapitalmarkt als Institution und kann deshalb auch nicht durch die Treuepflicht und die Maxime des Kundeninteresses überwunden werden.[222] Zudem würde eine bevorzugte Weitergabe an eigene Kunden im Rahmen der Anlageberatung dem Sinn der Veröffentlichungspflicht nach § 15, den Kreis der potentiellen Insider klein zu halten und die informationelle Chancengleichheit im Anlegerpublikum zu wahren, entgegenlaufen.[223] Die Chinese Walls des Unternehmens, die ja auch gerade der präventiven Bekämpfung des Insiderhandels dienen, können und müssen also für Insiderinformationen undurchlässig sein und schließen eine Wissenszurechnung aus.[224]

Unterhalb der Schwelle der Kurserheblichkeit steht zumindest § 14 Abs. 1 Nr. 2 einer Weitergabe an die Kunden und damit dem bereichsüberschreitenden Informationsfluss nicht entgegen. Als gesetzliche und vertragliche Grundlagen für die Errichtung von Vertraulichkeitsbereichen kommen hier jedoch das Bankgeheimnis und die Verpflichtung zur Vermeidung von Interessenkonflikten in Betracht. Das **Bankgeheimnis** verleiht dem Dienstleistungsunternehmen nicht in erster Linie eine Abwehrposition zur Vermeidung ansonsten berechtigter Auskunftsanliegen.[225] Im Widerstreit liegen vielmehr zwei

---

(7 a) (Release 90); *Poser* S. 217; *Koller* in *Assmann/Schneider*, 2. Auflage, § 31 Rn. 103; *Tippach* S. 261 f.
[221] Oben Rn. 114.
[222] So auch *Schwark*, § 33 Rn. 20.
[223] *Faßbender* S. 280.
[224] Ebenso *Brandt* S. 250; *Faßbender* S. 277 ff.; *Irmen* in *Hellner/Steuer* Rn. 7/845 und 7/830; ausführlich *Tippach* S. 265 ff., 290; *Koller* in *Assmann/Schneider*, § 31 Rn. 50; wohl auch *Spindler*, S. 230, nach dem die Einhaltung der Compliance-Organisation eine Vermutung gegen den Insiderhandel begründet; anders noch vor Erlass der EG-Insiderrichtlinie Hopt, Kapitalanlegerschutz, S. 461 ff., diese Ansicht revidierend *ders.*, FS Fischer, S. 237, 250.
[225] Vgl. *Siol* in Bankrechtshandbuch, § 43 Rn. 30; *Irmen* in *Hellner/Steuer* Rn. 1/40 und 2/851 ff.; *Hopt* Kapitalanlegerschutz S. 465 ff.

kollidierende Verpflichtungen des Instituts gegenüber seinen Kunden – die Pflicht zu Beratung und Aufklärung auf der einen und zur Geheimhaltung der anvertrauten Informationen auf der anderen Seite. Der Konflikt dieser Rechtskreise ist nicht durch bloße Abwägung und Gewichtung der Interessen zu klären, auch kann es nicht Aufgabe des dienstleistenden Unternehmens sein, diese zu einem Ausgleich zu bringen.[226] Trotz der Verpflichtung aus § 31 Abs. 1 Nr. 1 erscheint es nämlich zweifelhaft, ob der Kunde auch die Aufklärung über die persönlichen Verhältnisse eines anderen Kunden verlangen kann. Geschuldet wird die Information nur im Zusammenhang mit der Wertpapierdienstleistung.[227] Zu Recht wird darauf hingewiesen, dass sich diese Verpflichtung nicht bereits dadurch erweitert, dass aufgrund weiterer Kundenkontakte rein zufällig eine Zugriffsmöglichkeit besteht. Wer mit der Erwartung einer Offenlegung vertraulicher Angaben an das Unternehmen herantritt, fordert dieses zu einem Treubruch gegenüber anderen Kunden auf. Für die Preisgabe solcher Geheimnisse besteht auch im Rahmen der Anlageberatung kein schützenswertes Vertrauen des Kunden.[228]

128 Die geschilderte Konstellation widerstreitender Kundeninteressen ist darüber hinaus als **Interessenkonflikt i. S. d. § 31 Abs. 1 Nr. 2** zu werten. Zwar vermag auch die Einrichtung von Vertraulichkeitsbereichen das Entstehen dieser Art von Konflikten nicht von vornherein zu verhindern. Gleichwohl führt die **informatorische Abschottung** hier zu einer **sachgerechten Lösung**, nämlich zugunsten der vertraulichen Behandlung der anvertrauten Informationen. Die Reichweite der Geheimhaltung und damit auch die Zulässigkeit der Vertraulichkeitsbereiche hängt dabei insbesondere vom Willen des jeweiligen Kunden ab, der seine persönlichen Daten dem Wertpapierdienstleistungsunternehmen freiwillig anvertraut.[229]

129 Damit verbleibt für eine **Informationsverpflichtung,** die einen bereichsüberschreitenden Informationsfluss erfordern würde, **lediglich** der Bereich der **nicht kurserheblichen Informationen über Nichtkunden und über vom Kunden selbst freigegebene Daten.** Hierbei wird es sich oft um bereits öffentlich bekannte Informationen handeln, so dass keine relevanten Konfliktpotentiale eröffnet werden. Und auf den verbleibenden Bereich wird sich das Interesse des Anlegers, dem es ja gerade um einen Informationsvorsprung gegenüber dem allgemeinen Anlegerpublikum und damit um kursrelevante und vertrauliche Informationen geht, nur selten konzentrieren. Werden diese Informationen nun nicht

---

[226] Darauf weist zutreffend *Fassbender* S. 285 f. hin; *Koller* in *Assmann/Schneider* § 31 Rn. 36 sieht dagegen eine Abwägung auch zwischen widerstreitenden Kundeninteressen als geboten an; ebenso *Siol* (Fn. 225), aaO („Güterabwägung"); für Vorrang des Vertraulichkeitsgebots KölnKommWpHG-*Meyer/Paetzel,* § 33 Rn. 74 aE.
[227] Zu den Grenzen der Informationsfürsorge im Anlagegeschäft vgl. *Faßbender* S. 267 f.
[228] *Faßbender* S. 283 f.; im Ergebnis ebenso *Brandt* S. 250; *Irmen* in *Hellner/Steuer* Rn. 7/831; *Koller* in *Assmann/Schneider,* § 31 Rn. 51 (Unternehmen können sich gegenüber Kunden auf das Berufsgeheimnis berufen); vgl. aber auch *dens.,* aaO, Rn. 118 (Pflicht zur Aufnahme in die Restricted List bei potentieller Schädigung des Kunden – hierzu näher unten Rn. 131); aA *Tippach* S. 274 f.; *Schwark* § 33 Rn. 20, der sich regelmäßig für eine Wissenszurechnung ausspricht, sofern die Voraussetzungen des § 14 Abs. 1 Nr. 2 nicht vorliegen.
[229] BGH, WM 1985, 1305; *Faßbender* S. 285; *Musielak* in *Hadding/Schneider* Bankgeheimnis und Bankauskunft, 1986, S. 14 ff.

ohnehin von dem Wertpapierdienstleistungsunternehmen weitergegeben, so ist zweifelhaft, ob dieser Restbereich eine Perforierung der Vertraulichkeitsbereiche und ihrer im Rahmen der Compliance-Organisation wichtigen Funktion zu rechtfertigen vermag. Zu bedenken ist dabei, dass die Bewertung und Einstufung der Information in jedem Einzelfall vorgenommen werden müsste und damit zu einer Vielzahl schwer nachprüfbarer Einzelentscheidungen und insgesamt zu einer Erosion der Vertraulichkeitsbereiche führen könnte. Allgemein schwächt dies die Integrität der Compliance-Strukturen und ihre Zielrichtung der Vertrauensschaffung im gesamten Anlegerpublikum. Darüber hinaus haben die Unternehmen wohl nur dann den nötigen Anreiz zur Einrichtung dieser aufwändigen Strukturen, wenn sie sich darauf zur Vermeidung von Schadensersatzansprüchen als „Safe Harbour" berufen können. Dennoch ist de lege lata an der dargelegten fehlenden konstitutiven Wirkung unternehmensinterner Vertraulichkeitsbereiche für die Wissenszurechnung festzuhalten. Eine Entscheidung über den Ausschluss der Wissenszurechnung zur Stärkung der Compliance-Strukturen bleibt im beschriebenen Restbereich dem Gesetzgeber überlassen.[230]

Festzuhalten ist damit, dass für das Wertpapierunternehmen auch auf Grundlage des § 31 Abs. 4 und des Beratungsverhältnisses **grundsätzlich keine Verpflichtung zur Weitergabe von Insiderinformationen oder vertraulichen Informationen über die persönlichen Verhältnisse anderer Kunden** besteht. Sofern die Einrichtung von Chinese Walls diese Weitergabe verhindert, schließt dies in zulässiger Weise eine Wissenszurechnung aus. Der jeweilige Anlageberater hat aufgrund der organisatorischen Vorkehrungen gleichsam keine Möglichkeit, von bereichsfremden Informationen Kenntnis zu erlangen. Notwendig ist jedoch eine vorherige **Offenlegung der Chinese Wall-Strukturen gegenüber den Kunden.**

Auf der anderen Seite bedeutet dies **nicht,** dass ein Wertpapierdienstleistungsunternehmen seine Kunden bei der Anlageberatung aktiv **zu schwerwiegenden Fehlentscheidungen verleiten** dürfte. Stehen dem Unternehmen in diese Richtung weisende Informationen über ein Papier zur Verfügung, so muss es sich **jeder Empfehlung enthalten** und den Kunden ohne Bekanntgabe der einzelnen Gründe darauf hinweisen.[231] Dies gilt auch dann, wenn dem Anlageberater selbst – bei funktionierender Chinese Wall – diese Information nicht zur Verfügung steht. Das Mittel hierzu ist die **Sperrliste** (Restricted List), die bereichsübergreifend von der Compliance-Stelle erstellt wird und ohne Nennung von Gründen eine Auflistung von Papieren enthält, zu denen keine Empfehlung ausgesprochen werden darf (näher dazu Rn. 137 ff.). Deutlich zeigt sich hier die Verzahnung der einzelnen Elemente der Compliance-Organisation.[232]

---

[230] Ebenso *Tippach* S. 263, der allerdings unter Hinweis auf die Verkürzung des Informationsanspruchs eine Wissenszurechnung nur für den Bereich der Insiderinformationen verneint.
[231] Ebenso *Koller* in *Assmann/Schneider* § 31 Rn. 118; *Faßbender* S. 285 f.
[232] Vgl. insbes. *Eisele* in Bankrechtshandbuch, § 109 Rn. 136 ff., der zu den drei Elementen der Vertraulichkeitsbereiche, Watch List und Restricted List als „logische Fortentwicklung" noch eine „Konfliktliste" (Rn. 155) hinzufügt und von einem Konzept der verstärkten Vertraulichkeitsbereiche („Reinforced Chinese Walls") spricht.

4. Besondere Verhaltensanweisungen (Ablauforganisation)

132 § 33 Abs. 1 Satz 2 Nr. 3 stellt nicht nur Anforderungen an die Aufbau-, sondern in besonderem Maße auch an die **Ablauforganisation**. Essentiell für eine Organisation nach Compliance-Grundsätzen ist deshalb die **Aufstellung von internen Anweisungen und Richtlinien**, anhand derer Schulung und Kontrolle der Mitarbeiter erfolgen können.[233] Ihre genaue Ausgestaltung bleibt wiederum dem einzelnen Unternehmen überlassen, wesentliche Elemente sind jedoch die Beobachtungs- und die Sperrliste.

a) Die Beobachtungsliste (Watch List)

133 Die Beobachtungsliste oder Watch List enthält eine Zusammenstellung von Wertpapieren und Derivaten, über die dem Wertpapierdienstleistungsunternehmen **compliance-relevante Informationen** vorliegen; hierzu zählen insbesondere kurserhebliche Insiderinformationen i. S. d. §§ 13, 15, aber auch Kenntnisse über bevorstehende Kundenaufträge oder Eigengeschäfte.[234]

134 Die Liste behindert nicht die laufenden Geschäfte des Unternehmens;[235] sie **ermöglicht** jedoch **der Compliance-Stelle, ihre Kontrolltätigkeit auf diese Papiere – bei denen die erhöhte Gefahr von Manipulationen besteht – auszurichten**. Potentielle Interessenkonflikte oder Missbräuche im Bereich des Insiderhandels, der Mitarbeitergeschäfte, des Eigenhandels und insbesondere der Anlageberatung können so gezielt offen gelegt und verhindert werden.[236] Zumeist sind es auch die in der Watch List aufgeführten Papiere, die eine Überschreitung der im Unternehmen vorhandenen Chinese-Walls herausfordern oder gar erforderlich machen (sog. Wall Crossing).[237] Die Konzentration auf die Liste ermöglicht deshalb die Aufdeckung und Behebung von Lücken.[238]

135 Die Aufnahme eines Wertpapiers in die Watch List impliziert die Existenz sensibler Informationen und entfaltet somit erhebliche **Signalwirkung**. Deshalb ist die **Watch List streng vertraulich** zu behandeln und ausschließlich für die Tätigkeit der Compliance-Stelle bestimmt.[239] Mitarbeiter, in deren Tätigkeitsbereich compliance-relevante Informationen anfallen, haben diese unverzüglich der Compliance-Stelle zu melden (**Meldepflichtige**), sind im Übrigen aber zu strengem Stillschweigen verpflichtet.[240] Dies zeigt, dass neben der Compliance-Stelle auch die übrigen Mitarbeiter im Umgang mit der Liste geschult und laufend überprüft werden müssen.

---

[233] Vgl. im Einzelnen *Eisele* in Bankrechtshandbuch, § 109 Rn. 126 ff., 135 mwN.
[234] KölnKommWpHG-*Meyer/Paetzel*, § 33 Rn. 75 f.; vgl. auch oben Rn. 106.
[235] Punkt 3.3.3.1. der Compliance-Richtlinie; *Koller* in *Assmann/Schneider* § 33 Rn. 31 aE; *Eisele* in Bankrechtshandbuch, § 109 Rn. 150.
[236] *Irmen* in *Hellner/Steuer* Rn. 7/818; *Kümpel* Rn. 16.700 f.; die Compliance Stelle wird damit zur internen „Clearing"-Stelle, *Eisele* in Bankrechtshandbuch, § 109 Rn. 150; *Brandt* S. 247.
[237] Siehe oben Rn. 112 ff.
[238] Punkt 3.3.3.1 der Compliance-Richtlinie; *Kümpel* Rn. 16.700 f.; *Schweizer* S. 209 ff.
[239] Punkt 3.3.3.1 der Compliance-Richtlinie; *Koller* in *Assmann/Schneider* § 33 Rn. 31; *Schwark*, § 33 Rn. 24; *Eisele* WM 1993, 1021, 1024.
[240] Punkt 4.2. aE der Compliance-Richtlinie; *Irmen* in *Hellner/Steuer* Rn. 7/819; *Brandt* S. 246; *Eisele* in Bankrechtshandbuch, § 109 Rn. 150.

Im Gegensatz zur Watch-List ist ein **Insiderverzeichnis gemäß § 15 b** 136
WpHG (dazu § 15 b Rn. 16 ff.) nicht nur von Wertpapierdienstleistungsunternehmen, sondern von allen Emittenten von Finanzinstrumenten (sowie von in ihrem Auftrag oder für ihre Rechnung handelnden Personen) und somit unter anderem von allen börsennotierten Unternehmen zu führen.[241] Das Insiderverzeichnis ist zwar ebenfalls streng vertraulich zu behandeln,[242] anders als die Watch-List kann das Insiderverzeichnis jedoch von der BaFin jederzeit vom Emittenten angefordert werden (§ 15 b Abs. 1 Satz 2). Die Kumulation von Watch-List und Insiderverzeichnis[243] führt zu erhöhtem administrativem und finanziellem Aufwand für die Kreditinstitute.[244]

b) Sperrliste (Restricted List)

Bei den in die Sperr- oder auch Verbotsliste (Restricted List) aufgenommenen 137
Wertpapieren besteht aufgrund der Informationslage im Unternehmen ein gegenüber der Watch List **stark erhöhtes Risiko von Insiderverstößen und Interessenkonflikten**.[245] Anders als bei der Watch List erlangen die **Mitarbeiter** von dem Inhalt der Liste Kenntnis (unternehmensöffentliche Liste), sie **haben sich grundsätzlich jeder aktiven Geschäftstätigkeit mit diesen Papieren, ob privat oder für das Unternehmen, zu enthalten**.[246]

Um die Glaubwürdigkeit des Unternehmens und seiner Compliance-Strukturen zu gewährleisten, wird dieses Verbot insbesondere **im Bereich der Mit-** 138
arbeitergeschäfte und des Eigenhandels relevant, besteht doch gerade hier ein erhöhter Anreiz zur Manipulation, zB durch Insidergeschäfte oder Front Running.[247] Dem besonderen Schutz des Wertpapierdienstleistungsunternehmens dient die Restricted List für die Abteilungen **Research und Anlageberatung**. Ohne ein **umfassendes Beratungs- und Empfehlungsverbot** würde der Mitarbeiter hier bei Weitergabe der Information u. U. gegen § 14 Abs. 1 Nr. 2 oder Nr. 3 verstoßen, sich bei bewusster Ignorierung der kritischen Information aber dem Vorwurf falscher oder interessenwidriger Beratung und damit Schadensersatzansprüchen aussetzen.[248] Zulässig bleibt demgegenüber die **bloße Ausführung einer Kundenorder,** sofern sie ausschließlich auf dem eigenständigen Entschluss des Kunden beruht.[249] Schließlich kann die Restricted List durch die Sperrung einzelner Papiere zur Vermeidung negativer **Auswirkungen löcheriger Chinese Walls** eingesetzt werden.

---

[241] *Schneider/v. Buttlar* ZIP 2004, 1621, 1622; *Sethe* in *Assmann/Schneider* § 15 b Rn. 12 ff.; *Kirschhöfer,* Der Konzern 2005, 22, 23.
[242] *Sethe* in *Assmann/Schneider* § 15 b Rn. 60.
[243] Näher zum Verhältnis der beiden Instrumente insbesondere *Renz/Stahlke,* Kreditwesen 2006, 353 ff. und *Sethe* in *Assmann/Schneider* § 15 b Rn. 6 ff.
[244] *Kirschhöfer,* Der Konzern 2005, 22, 28; *Renz/Stahlke,* Kreditwesen 2006, 353, 354.
[245] Vgl. *Koller* in *Assmann/Schneider* § 33 Rn. 32 aE; *Bülow* Die Bank 1997, 290, 291; vgl. auch *Kümpel* Rn. 16.705, der auf das Potential zur wesentlichen Kursbeeinflussung abstellt; *Irmen* in *Hellner/Steuer* Rn. 7/822 (Kursaussetzung).
[246] Vgl. Punkt 3.3.3.2. der Compliance-Richtlinie; *Eisele* in Bankrechtshandbuch, § 109 Rn. 151; *Koller* in *Assmann/Schneider* § 33 Rn. 32; *Brandt* S. 244 f.; KölnKommWpHG-*Meyer/Paetzel,* § 33 Rn. 77 f.
[247] Vgl. Punkt 3.3.3.1. der Compliance-Richtlinie.
[248] *Brandt* S. 245; *Lipton/Mazur* N. Y. U. L. R. 50 (1975) S. 459, 469; *Eisele* WM 1993, 1021, 1024; *Schweizer* S. 193.
[249] *Eisele* in Bankrechtshandbuch, § 109 Rn. 151; *Kümpel* Rn. 16.705; *Brandt* S. 245.

§ 33 139, 140   Abschnitt 6. Verhaltensregeln, Verjährung

139   Zwar ist das effektivste Mittel gegen Missbrauch und Interessenkonflikte, den Umgang mit den kritischen Papieren schlicht zu unterlassen. Dennoch kann die Restricted List **nur ergänzend zu den übrigen Elementen der Compliance-Organisation** treten, um die Funktionsfähigkeit des Unternehmens trotz der Existenz sensibler Informationen aufrechtzuerhalten. Gerade in größeren Wertpapierdienstleistungsunternehmen, in deren Betrieb laufend compliancerelevante Informationen anfallen, würde die Liste schnell beträchtlichen Umfang annehmen und die Geschäftstätigkeit erheblich einschränken.[250] Gravierender noch ist die erhebliche **Signalwirkung,** die von der Einstellung eines Papiers in die Liste ausgeht. Zwar ist ihr Inhalt nach außen hin streng vertraulich zu behandeln;[251] dennoch ist es dem Kapitalmarkt oft nur schwer zu verbergen, wenn ein (größeres) Wertpapierdienstleistungsunternehmen plötzlich aus dem Handel mit einem bestimmten Papier aussteigt und Empfehlungen verweigert. Gerade bei kursierenden Gerüchten kann dies ungewollt als eine Bestätigung verstanden werden.[252] Ein „Verrauschen" dieses Effekts durch die zufällige Aufnahme auch unkritischer Titel oder gar ganzer Gattungen von Wertpapieren ist wohl wegen des erheblichen Aufwands nur ganz großen Unternehmen möglich und von lediglich beschränkter Wirkung.[253]

140   Die Restricted List ist deshalb als alleiniges Instrument einer Compliance-Organisation wohl nur für Unternehmen geeignet, die lediglich sporadisch über sensible Informationen verfügen. Für alle anderen Wertpapierdienstleister erlangt die Liste besondere Bedeutung, wenn sie **ergänzend zu einem System der Vertraulichkeitsbereiche** tritt.[254] Die Informationsbarrieren erhalten die Handlungsfähigkeit des Unternehmens, bis wegen der besonderen Manipulationsgefahr oder Löchern in der Chinese Wall eine Aufnahme in die Restricted List unumgänglich erscheint. Insbesondere ermöglicht die Abschottung der Geschäftsbereiche untereinander die **Sperrung gezielt für die „kontaminierten" oder besonders sensiblen Bereiche,** während die übrigen Abteilungen weiterhin ungehindert arbeiten können.[255] Insgesamt schützt die Restricted List bei richtiger Anwendung sowohl das Unternehmen selbst als auch die Anleger vor Interessenkonflikten und übereilten Empfehlungen.

---

[250] *Schweizer* S. 196; *Koller* in *Assmann/Schneider* § 33 Rn. 32.

[251] Punkt 3.3.3.2. der Compliance-RiLi; *Irmen* in *Hellner/Steuer* Rn. 7/822; *Koller* in *Assmann/Schneider* § 33 Rn. 32; *Schweizer* S. 193.

[252] *Schweizer* S. 194; *Koller* in *Assmann/Schneider* § 33 Rn. 32; **aA** *Eisele* in Bankrechtshandbuch, § 109 Rn. 154, der auf die unterschiedlichen Gründe hinweist, die zur Einstellung in die Stoppliste führen können. Diese Ansicht unterschätzt jedoch die oben geschilderte Wechselwirkung mit im Markt kursierenden Gerüchten.

[253] Diesem Prinzip folgt die US-Handelsrestriktion gem. Rule 10b-6 SEA, 17 C.F.R. § 240.10 b-6 (1992); erläuternd *Schweizer* S. 194.

[254] Vgl. *Schweizer* S. 196, 197, *Kümpel* Rn. 16.704 f.; *Eisele* in Bankrechtshandbuch, § 109 Rn. 152 f. („zusätzlicher Schutz").

[255] Zu den Bereichen, die von dem Verbot nicht erfasst sein sollen, wird insb. die Vermögensverwaltung und das Fondsgeschäft gezählt, *Eisele* in Bankrechtshandbuch, § 109 Rn. 151; *Schweizer,* S. 202 f., *Eisele* WM 1993, 1021, 1024, *Kümpel* 16.705; differenzierend *Irmen* in *Hellner/Steuer* Rn. 7/823 f.; **aA** *Koller* in *Assmann/Schneider* § 33 Rn. 32; vgl. zur Frage der Wissenszurechnung bei Informationsbarrieren oben Rn. 123 ff.

IV. Beschwerdemanagement (Nr. 4)

In Umsetzung von Art. 10 DRL verlangt Abs. 1 Satz 2 Nr. 4 die Schaffung wirksamer und transparenter Verfahren für eine angemessene und unverzügliche Bearbeitung von **Beschwerden durch Privatkunden**. Die neue **Organisationspflicht** zur Einrichtung eines Beschwerdemanagements[256] wird ergänzt um eine **umfassende Dokumentationspflicht**, nach der jede Beschwerde sowie die zu ihrer Abhilfe getroffenen Maßnahmen aufzuzeichnen sind. Auch wenn nun erstmals eine ausdrückliche gesetzliche Regelung über die Notwendigkeit eines Beschwerdemanagements durch Wertpapierdienstleistungsunternehmen eingeführt worden ist, handelt es sich dabei um keine gänzlich neue Erscheinung: Bereits Punkt 2.2.3 der inzwischen aufgehobenen Compliance-Richtlinie der BaFin forderte vom Wertpapierdienstleistungsunternehmen, dass es Vorkehrungen zum Umgang mit Beschwerden trifft.[257] Die ordnungsgemäße Bearbeitung von Beschwerden liegt nicht nur im Interesse der Kunden, sondern hilft auch dem Unternehmen selbst, Schwachstellen zu erkennen und Verbesserungspotentiale auszuschöpfen.[258]

Ein wirksames und transparentes Verfahren setzt voraus, dass der Kunde über den Eingang seiner Beschwerde innerhalb **angemessener Frist und in angemessener Form informiert wird**. Bei dieser Gelegenheit sollte das Unternehmen dem Kunden auch zweckdienliche Informationen wie Hinweise auf die Möglichkeit zur Einschaltung eines Ombudsmanns oder der Gerichte zukommen lassen.[259] Die Bearbeitung muss durch geeignete und nicht unmittelbar in den Vorgang involvierte Mitarbeiter vorgenommen werden; bei entsprechender Unternehmensgröße empfiehlt sich die Einrichtung einer eigenständigen Abteilung.

Erforderlich ist ferner, dass die **Bearbeitung der Reklamation und** – bei berechtigten Beschwerden – die Durchführung der **Abhilfemaßnahme zeitnah** erfolgen („unverzüglich"). Bei zu langer Antwortzeit kann sich eine Haftung des Dienstleisters aus positiver Vertragsverletzung ergeben.[260] Die Umsetzung dieser Grundsätze ist durch klare Anweisungen an die Mitarbeiter und interne Verfahrensabläufe sicherzustellen.

V. Überwachung (Nr. 6)

Die Angemessenheit und Wirksamkeit der organisatorischen Maßnahmen ist nach Abs. 1 Satz 2 Nr. 6 zu überwachen und regelmäßig zu bewerten. Werden

---

[256] BegrRegE, BT-Drucks. 16/4028, S. 71.
[257] Richtlinie des BaWe (jetzt BaFin) zur Konkretisierung der Organisationspflichten von Wertpapierdienstleistungsunternehmen gemäß § 33 Abs. 1 WpHG vom 25. Oktober 1999 („Compliance-Richtlinie"), aufgehoben mit Wirkung zum 1. 11. 2007 durch Schreiben der BaFin vom 23. 10. 2007, abrufbar im Internet unter *www.bafin.de*.
[258] Insbesondere im Rahmen des Controllings, vgl. *Schreiber/Zimmer* Die Bank 1996, 664 ff.; vgl. auch *Schäfer*, § 33 Rn. 7; *Koller* in *Assmann/Schneider* § 33 Rn. 7; *Poser* S. 155.
[259] Vgl. *Koller* in *Assmann/Schneider* § 33 Rn. 13; *Schäfer*, § 33 Rn. 7.
[260] Die Bearbeitungsspanne sollte in der Regel eine Woche nicht überschreiten; zur Sicherung der Einhaltung dieser Frist kann ein internes Mahnverfahren sinnvoll sein; zur Schadensersatzpflicht bei Versäumung dieser Organisationspflichten, vgl. LG Itzehoe, ZIP 2001, 154, 155; *Balzer* WM 2001, 1533, 1538.

Unzulänglichkeiten festgestellt, sind die erforderlichen Maßnahmen zu ihrer Beseitigung zu ergreifen. Die Vorschrift setzt Art. 5 Abs. 5 DRL um. Die gebotene laufende Kontrolle kann im Rahmen der notwendigen Überprüfungen des Risikomanagements nach § 25a Abs. 1 Satz 5 KWG erfolgen.[261]

D. Auslagerung von Funktionen (Abs. 2 und 3)

I. Allgemeines

145 Die Auslagerung von bestimmten **Aktivitäten, Prozessen oder Finanzdienstleistungen,** die für die (Haupt-)Tätigkeit eines Wertpapierdienstleistungsunternehmens von Bedeutung sind, auf andere Unternehmen kann wirtschaftlich positive Auswirkungen haben, aber auch mit erheblichen Risiken verbunden sein. Die **Vorteile des „Outsourcing"** liegen für das auslagernde Institut insbesondere in der Kostenersparnis.[262] Die nachhaltige Übertragung von Funktionen auf ein anderes Unternehmen (Auslagerungsunternehmen), das infolge Spezialisierung und Ausnutzung von Synergieeffekten effizienter arbeiten kann, verringert aber nicht nur die Kosten, sondern führt vielfach auch zur Verbesserung der Qualität der Dienstleistungen in den ausgelagerten Bereichen. Diesen Vorteilen stehen die **Risiken** verminderter Einwirkungs- und Kontrollmöglichkeiten des auslagernden Unternehmens, beim Outsourcing auf konzernfremde Gesellschaften auch einer wirtschaftlichen Abhängigkeit von dem spezialisierten Dienstleister,[263] sowie aus aufsichtsrechtlicher Sicht eine faktische Lockerung der Prüfungs- und Kontrollrechte der BaFin gegenüber. Dies steht in einem Spannungsverhältnis zu den Zielen effektiver Steuerung und Kontrolle der aufsichtspflichtigen Unternehmen. Hinzu kommt, dass nicht selten im Rahmen der Auslagerungsvereinbarung die Weitergabe sensibler Informationen an das Auslagerungsunternehmen notwendig ist, so dass auch die Problembereiche der Interessenkonflikte i.S.d. § 33 Abs. 1 und des Insiderhandels gem. §§ 13, 14 berührt sind.[264]

146 Daher wird **sowohl im Wertpapier- wie auch im Bankaufsichtsrecht** die **Zulässigkeit einer Auslagerung** von Aktivitäten oder Funktionen, die für die Durchführung von institutstypischen Dienstleistungen wesentlich sind, **an bestimmte Bedingungen geknüpft (§§ 33 Abs. 2 WpHG, 25a Abs. 2 KWG).** § 33 Abs. 2 dient insoweit der Umsetzung von Art. 13 Abs. 5 Unterabs. 1 der MiFID sowie von Art. 13 und 14 DRL.[265] Ebenso wie bei Abs. 1 Satz 1 bedient sich der Gesetzgeber einer nicht unproblematischen (vgl. oben

---

[261] BegrRegE (FRUG), BT-Drucks. 16/4028, S. 71.
[262] Siehe zB *Lösler,* Compliance, S. 203 f.
[263] Der Outsourcer hält in aller Regel keine eigenen Ressourcen für den jeweiligen Bereich zurück, so dass er auf die Fortführung der Dienstleistung durch das Auslagerungsunternehmen zumindest solange angewiesen ist, bis er einen anderen Anbieter gefunden oder selbst wieder eigene Kapazitäten aufgebaut hat.
[264] Vgl. allgemein zu den Chancen und Risiken *Müller/Prangenberg,* Outsourcing-Management, S. 34 ff.; *Herrmann/Vollmer* ZKW 1999, 1255 ff, 1258 ff., zum Ganzen *Eyles* WM 2000, 1217 ff.
[265] BegrRegE (FRUG), BT-Drucks. 16/4028, S. 71.

Rn. 11) Verweisungstechnik und ordnet in Satz 1 zunächst die entsprechende Geltung der Vorschrift für Institute (§ 25a Abs. 2 KWG) an, um „doppelte Anforderungen zu vermeiden",[266] bevor er in Satz 2 und 3 weitere, für Wertpapierdienstleistungsunternehmen spezifische Bedingungen für die Auslagerung von Geschäftstätigkeiten oder Funktionen aufstellt, die nicht durch die allgemeinen Regelungen des § 25a Abs. 2 KWG abgedeckt sind.

Gegenüber der ursprünglich durch das Umsetzungsgesetz von 1997 eingefügten Vorschrift des § 33 Abs. 2 WpHG aF, die ebenfalls bereits verhindern sollte, dass die ordnungsgemäße Erbringung der Wertpapier(neben)dienstleistungen, die Organisationspflichten nach § 33 Abs. 1 WpHG aF oder die Prüfungsrechte und Kontrollmöglichkeiten der BaFin durch Auslagerung von Geschäftsbereichen beeinträchtigt werden,[267] bringt die Neufassung des Abs. 2 keine grundlegenden Neuerungen, sondern nur Klarstellungen und detailliertere Einzelregelungen.

§ 25a Abs. 2 KWG, die nunmehr ausdrücklich in Bezug genommene bankaufsichtsrechtliche **Parallelnorm** zu § 33 Abs. 2, ist ebenfalls ursprünglich im Zuge des Umsetzungsgesetzes von 1997 eingeführt und nunmehr an die MiFID angepasst worden.[268] Sie fand von Anfang an in Praxis und Schrifttum erheblich größere Aufmerksamkeit als § 33 Abs. 2 WpHG aF.[269] Dies erklärt sich wohl zum einen aus der bußgeldbewehrten **Anzeigeverpflichtung** gemäß § 25a Abs. 2 Nr. 3 KWG aF, die nunmehr **ersatzlos weggefallen** ist, zum anderen aus dem weiteren Anwendungsbereich des KWG. Aufgrund der weitgehenden Zweckkongruenz und verwandten Problematik war anerkannt, dass die zu § 25a Abs. 2 KWG aF ergangenen Regelungen, insbesondere das Rundschreiben des BAKred vom 6. Dezember 2001 zu den von den Instituten zu beachtenden Anforderungen an die Auslagerung wesentlicher Geschäftsbereiche,[270] auch zur

---

[266] BegrRegE (FRUG), BT-Drucks. 16/4028, S. 71.
[267] Vgl. BegrRegE, BT-Drucks. 13/7142, S. 109; ähnlich *Schwark,* § 33 Rn. 28, der in der Sicherung der Prüfungs- und Kontrollrechte der BaFin den primären Gesetzeszweck sieht. § 33 Abs. 2 WpHG aF diente ebenso wie die Parallelvorschrift des § 25a Abs. 2 KWG der Umsetzung von Art. 10 Abs. 1 Spiegelstrich 1 sowie Art. 2 Abs. 1 der WpDRL, vgl. Begr RegE (UmsetzungsG), BT-Drucks. 13/7142, S. 88, 109. Die Richtlinie enthielt allerdings keine konkreten Vorgaben für die Auslagerung wesentlicher Bereiche auf andere Unternehmen, so dass wohl keine gemeinschaftsrechtliche Notwendigkeit zur Umsetzung bestand, *Zerwas/Hanten/Bühr* ZBB 2002, 17, 18, ebenso *Eyles* 2000, 1217, 1218; wohl auch *Samm* in *Beck/Samm* KWG § 25a Rn. 19. Angesichts der generell gewachsenen Bedeutung der Funktionsauslagerung auf andere Unternehmen war jedoch eine gesetzliche Regelung schon zur Vermeidung von Rechtsunsicherheiten erforderlich, vgl. *Zerwas/Hanten/Bühr* ZBB 2002, 18 mwN; dass diese Rechtsunsicherheit sich insbesondere zulasten der Unternehmen auswirkte, beklagte zB *Eyles,* WM 2000, 1217, 1219 f.
[268] Vgl. BegrRegE (FRUG), BT-Drucks. 16/4028, S. 96.
[269] Vgl. *Braun* in *Boos/Fischer/Schulte-Mattler* § 25a KWG Rn. 550ff. mwN; die Äußerungen des BAWe zu § 33 Abs. 2 WpHG aF beschränkten sich auf ein knapp gehaltenes Schreiben vom 18. August 1998.
[270] Rundschreiben des Bundesaufsichtsamtes für das Kreditwesen zur Auslagerung von Bereichen auf ein anderes Unternehmen gemäß § 25a Abs. 2 KWG vom 6. Dezember 2001 (Outsourcing-Rundschreiben), abgedr. in ZBB 2002, S. 66ff.; dem Rundschreiben ging eine Vielzahl von Stellungnahmen des BAKred voraus, vgl. hierzu die Aufstellung bei *Eyles* WM 2000, 1217, 1219 Fn. 13.

Auslegung des § 33 Abs. 2 WpHG aF herangezogen werden konnten[271] – allerdings nur unter **Beachtung der unterschiedlichen Schutzrichtungen des WpHG und des KWG:** Während der marktbezogene Ansatz des WpHG sich am Schutz des Kunden und der Integrität des Marktes orientiert, steht im Rahmen des KWG das Unternehmen im Vordergrund (institutionelle Regulierung). Wesentliches Ziel des KWG ist die Gewährleistung von Solvenz und Bestand der Institute, und damit verbunden die Aufrechterhaltung der eigenverantwortlichen Entscheidungsfähigkeit der Geschäftsleitung.[272]

149 Die **neue Fassung des § 25a Abs. 2 KWG,**[273] die nunmehr in Abs. 2 Satz 1 ausdrücklich in Bezug genommen wird, **lautet:**

„Ein Institut muss abhängig von Art, Umfang, Komplexität und Risikogehalt einer Auslagerung von Aktivitäten und Prozessen auf ein anderes Unternehmen, die für die Durchführung von Bankgeschäften, Finanzdienstleistungen oder sonstigen institutstypischen Dienstleistungen wesentlich sind, angemessene Vorkehrungen treffen, um übermäßige zusätzliche Risiken zu vermeiden. Eine Auslagerung darf weder die Ordnungsmäßigkeit dieser Geschäfte und Dienstleistungen noch die Geschäftsorganisation im Sinne des Absatzes 1 beeinträchtigen. Insbesondere muss ein angemessenes und wirksames Risikomanagement durch das Institut gewährleistet bleiben, welches die ausgelagerten Aktivitäten und Prozesse einbezieht. Die Auslagerung darf nicht zu einer Delegation der Verantwortung der in § 1 Abs. 2 Satz 1 bezeichneten Personen an das Auslagerungsunternehmen führen. Das Institut bleibt bei einer Auslagerung für die Einhaltung der vom Institut zu beachtenden gesetzlichen Bestimmungen verantwortlich. Durch die Auslagerung darf die Bundesanstalt an der Wahrnehmung ihrer Aufgaben nicht gehindert werden; ihre Auskunfts- und Prüfungsrechte sowie Kontrollmöglichkeiten müssen in Bezug auf die ausgelagerten Aktivitäten und Prozesse auch bei einer Auslagerung auf ein Unternehmen mit Sitz in einem Staat des Europäischen Wirtschaftsraums oder einem Drittstaat durch geeignete Vorkehrungen gewährleistet werden. Entsprechendes gilt für die Wahrnehmung der Aufgaben der Prüfer des Instituts. Eine Auslagerung bedarf einer schriftlichen Vereinbarung, welche die zur Einhaltung der vorstehenden Voraussetzungen erforderlichen Rechte des Instituts, einschließlich Weisungs- und Kündigungsrechten, sowie die korrespondierenden Pflichten des Auslagerungsunternehmens festschreibt."

II. Anwendungsbereich

1. Normadressaten

150 § 33 Abs. 2 ist von allen **Wertpapierdienstleistungsunternehmen** im Sinne des § 2 Abs. 4 – vorbehaltlich der Ausnahmen nach § 2a – zu beachten. Diese sind zugleich Institute im Sinne der §§ 1 Abs. 1, Abs. 1a, Abs. 1b, 53 Abs. 1 Satz 1 KWG und fallen damit ohnehin auch in den Anwendungsbereich des

---

[271] Nach Punkt I. 4. des Outsourcing-Rundschreibens bleiben die besonderen Anforderungen nach § 33 Abs. 2 WpHG unberührt. Das BAWe bezeichnete § 33 Abs. 2 WpHG aF und § 25a KWG aF dagegen in seiner letzten Stellungnahme zu § 33 Abs. 2 WpHG aF noch als inhaltlich identisch, Rundschreiben des Bundesaufsichtsamtes für den Wertpapierhandel vom 18. 8. 1998.

[272] Vgl. nur *Fischer* in *Boos/Fischer/Schulte-Mattler* KWG Einf. Rn. 61 ff., 96 ff.

[273] Für eine detaillierte Darstellung der Änderungen gegenüber der bisherigen Regelung s. *Fischer/Petri/Steidle,* WM 2007, 2313, 2315 f.; *Gennen/Schreiner,* CR 2007, 757, 758 ff.

Organisationspflichten

§ 25a Abs. 2 KWG. Satz 1, der die Beachtung der Anforderungen dieser Norm verlangt, hat daher insoweit nur deklaratorischen Charakter. Zugleich stellt er allerdings die prinzipielle Zulässigkeit der Auslagerung von geschäftlichen Tätigkeiten und Prozessen auch im Bereich der Erbringung von Wertpapier(neben)-dienstleistungen klar.[274]

2. Sachlicher Anwendungsbereich

a) Auslagerung von Aktivitäten und Prozessen oder von Finanzdienstleistungen

Der **Begriff der Auslagerung** i. S. d. § 33 Abs. 2 WpHG (bzw. § 25a Abs. 2 KWG)[275] ist gesetzlich nicht definiert. Nach bisheriger Auffassung verlangt er die dauerhafte oder zumindest **längerfristige Übertragung** einer für den Geschäftsbetrieb des Unternehmens wesentlichen Funktion auf ein anderes Unternehmen.[276] Art. 2 Nr. 6 DRL versteht unter Auslagerung eine Vereinbarung gleich welcher Form zwischen einem Wertpapierdienstleistungsunternehmen und einem Dienstleister, nach der letzterer ein Verfahren abwickelt, eine Dienstleistung erbringt oder eine Tätigkeit ausführt, die das Wertpapierdienstleistungsunternehmen ansonsten selbst übernähme. Dem folgt die BaFin in ihren neuen „Mindestanforderungen an das Risikomanagement – MaRisk", wo sie als Auslagerung die Beauftragung eines anderen Unternehmens „mit der Wahrnehmung solcher Aktivitäten und Prozesse im Zusammenhang mit der Durchführung von ... institutstypischen Dienstleistungen" ansieht, „die ansonsten vom Institut selbst erbracht würden".[277] Gleichwohl ist nicht anzunehmen, dass jeder Vorgang, bei dem ein Dritter zur Erbringung einer Dienstleistung eingeschaltet wird, schon als „Auslagerung" zu qualifizieren ist. Vielmehr ergibt sich aus dem Sinnzusammenhang der Regelungen, dass ein **gewisses Moment der zeitlichen und inhaltlichen Nachhaltigkeit der Übertragung von betrieblichen Aufgaben** auf einen Dritten erforderlich ist.[278] Andererseits dürfte es dabei bleiben, dass eine Auslagerung über den engeren Wortsinn hinaus auch dann vorliegt, wenn die fraglichen Tätigkeiten in der Vergangenheit nicht von dem auslagernden Unter-

---

[274] BegrRegE, BT-Drucks. 16/4028, S. 71.
[275] Für Identität des Begriffs der Auslagerung in beiden Vorschriften zu Recht *Schwark*, § 33 Rn. 29.
[276] BAKred, Outsourcing-Rundschreiben Rn. 8.
[277] BaFin, Rundschreiben 5/2007 (BA) vom 30. 10. 2007 – Mindestanforderungen an das Risikomanagement – MaRisk, AT 9 Tz. 1 (abrufbar im Internet unter *www.bafin.de*).
[278] Vgl. nur BaFin, MaRisk, AT 9 Tz. 5f., wonach u. a. angemessene Kündigungsfristen vorzusehen und im Fall der beabsichtigten Beendigung der Auslagerungsvereinbarung Vorkehrungen zu treffen sind, um die Kontinuität und Qualität der ausgelagerten Aktivitäten und Prozesse auch nach der Beendigung zu gewährleisten; zweifelnd BdB, MiFID-Leitfaden, S. 260 (es bleibe abzuwarten, ob entgegen der bisherigen Rechtslage nunmehr „streng dem Wortlaut nach auch eine einmalige bzw. kurzzeitige Einschaltung eines Dienstleisters" den Anforderungen für Outsourcing-Prozesse unterworfen werde); ausdrücklich gegen die Einbeziehung des sonstigen (einmaligen oder gelegentlichen) Fremdbezugs von Gütern oder Dienstleistungen in den Outsourcing-Begriff *Fischer/Petri/Steidle*, WM 2007, 2313, 2316; *Gennen/Schreiner*, CR 2007, 757, 759, die zu Recht auch Leistungen ausklammern, die aus tatsächlichen oder rechtlichen Gründen nicht durch das Institut erbracht werden können (zB Clearing bei der Wertpapierabwicklung).

nehmen selbst vorgenommen wurden, sondern erstmalig von dem externen Dienstleister (Auslagerungsunternehmen) erbracht werden sollen;[279] Voraussetzung ist in diesem Fall auch nicht, dass sie ohne die Beauftragung des Dritten tatsächlich von dem Wertpapierdienstleistungsunternehmen selbst ausgeführt werden würde, sondern lediglich, dass die zu bewältigende Aufgabe ihrer Art nach von diesem zu erbringen wäre.

152 Ob das **Auslagerungsunternehmen** eine **eigene Rechtspersönlichkeit** darstellen muss, ist umstritten;[280] jedenfalls muss es organisatorisch wie rechtlich von dem übertragenden Unternehmen abgegrenzt sein.[281] Daran fehlt es bei unselbstständigen inländischen Zweigniederlassungen.[282] Unerheblich ist dagegen, ob es sich um eine konzernfremde Gesellschaft oder um eine Tochter- oder sonstige Konzerngesellschaft handelt.[283] Andererseits ist weder ein Betriebsübergang i. S. d. § 613a BGB noch eine räumliche Trennung erforderlich.[284] Eine **Totalauslagerung** ist dagegen schon vom Wortlaut des § 33 Abs. 2 nicht mehr erfasst.[285]

b) Beschränkung auf wesentliche Funktionen

153 Eine Auslagerung unterlag bisher nur dann den besonderen Anforderungen des § 33 Abs. 2 WpHG aF, wenn sie einen für die Durchführung der Wertpapier(neben)dienstleistung **wesentlichen Bereich** betraf. Dazu zählten alle Bereiche, „auf die bei einer sachgerechten und gewissenhaften Einhaltung der Verhaltens- und Organisationspflichten der §§ 31 ff. nicht verzichtet werden kann".[286] Das lässt sich dahingehend konkretisieren, dass alle Tätigkeiten erfasst werden, die in einem **direkten Zusammenhang mit der Wertpapier(neben)dienstleistung und ihren spezifischen Risiken** stehen, so dass durch die Auslagerung **marktaufsichtlich relevante Risiken** begründet oder nachhaltig beeinflusst werden können.[287]

---

[279] *Frank* S. 36 f. So schon bislang BAKred, Outsourcing-Rundschreiben Rn. 8; *Schwark*, § 33 Rn. 37; *Koller* in *Assmann/Schneider* § 33 Rn. 44; kritisch noch *Eyles* WM 2000, 1217, 1221.

[280] Dafür zB *Hofmann*, Bankrechtstag 2000, S. 41, 47; aA *Schlüter*, Börsenhandelsrecht, S. 323; *Frank*, S. 35.

[281] *Schlüter*, aaO, S. 323; ebenso wohl BaFin, MaRisk, AT 9 Tz. 1 („anderes Unternehmen").

[282] *Schwark*, § 33 Rn. 29; KölnKommWpHG-*Meyer/Paetzel*, § 33 Rn. 104.

[283] BAKred, Outsourcing-Rundschreiben Rn. 8, 9; bei konzerninternen Auslagerungen sind jedoch die Anforderungen an ihre Zulässigkeit erleichtert, vgl. Rn. 50; erläuternd hierzu *Zerwas/Hanten/Bühr* ZBB 2002, S. 17, 20; *Lensdorf/Schneider* WM 2002, 1949, 1952; ausführlich *Eyles* WM 2000, 1217, 1222 f.

[284] BAKred, Outsourcing Rundschreiben Rn. 8, *Koller* in *Assmann/Schneider* § 33 Rn. 44; vgl. auch *Eyles* WM 2000, 1217, 1221 f.

[285] Ebenso zum früheren Recht *Eyles* WM 2000, 1217, 1224; ein „virtuelles Institut" ohne wesentliche eigentliche Geschäftsbereiche ist auch nach Ansicht des BAKred nicht zulässig, Outsourcing-Rundschreiben Rn. 17. Eine Ausnahme soll allerdings gelten, wenn das Auslagerungsunternehmen nach § 2a Abs. 2 nicht der Aufsicht der BaFin unterfällt, *Schwark*, § 33 Rn. 31 Fn. 124 unter Berufung auf *Eyles*, aaO.

[286] So *Schwark*, § 33 Rn. 30.

[287] Ähnlicher Ansatz bei *Koller* in *Assmann/Schneider* § 33 Rn. 46, der darauf abstellt, ob die Tätigkeit für die Erbringung der Wertpapier(neben)dienstleistung unmittelbar notwendig und mit für derartige Leistungen spezifischen Risiken verbunden ist. Im Rahmen des

Nach dem neuen Wortlaut des § 33 Abs. 2 Satz 1 wird dagegen jede „**Ausla-** **154** **gerung von Aktivitäten und Prozessen sowie von Finanzdienstleistungen**" erfasst und den Anforderungen des § 25a KWG unterworfen. In der Sache bedeutet dies jedoch keine relevante Änderung, weil der in Bezug genommene § 25a Abs. 2 KWG nur die Auslagerung von Aktivitäten und Prozessen erfasst, die **für eine Durchführung institutstypischer Dienstleistungen wesentlich** sind. Die gesonderte Erwähnung der „Finanzdienstleistungen" in § 33 Abs. 2 Satz 1 dürfte insoweit ein partielles Redaktionsversehen darstellen, als es im vorliegenden Normkontext um die Erbringung von Wertpapierdienstleistungen (§ 2 Abs. 3) und Wertpapiernebendienstleistungen (§ 2 Abs. 3a) geht. In der Sache wird damit klargestellt, dass nicht nur vorbereitende Aktivitäten oder Hilfsfunktionen, sondern auch zum Kernbereich der Geschäftstätigkeit von Wertpapierdienstleistungsunternehmen gehörende Tätigkeiten unter bestimmten Voraussetzungen ausgelagert werden dürfen.[288] Nach Auffassung der BaFin können **grundsätzlich alle Aktivitäten und Prozesse** ausgelagert werden, solange dadurch die Ordnungsmäßigkeit der Geschäftsorganisation nach § 25a Abs. 1 KWG nicht beeinträchtigt wird; nur die Leitungsaufgaben der Geschäftsleitung sind nicht auslagerbar.[289]

Unter der Geltung des § 33 Abs. 2 WpHG aF war umstritten, ob es einen (wei- **155** tergehenden) „**Kernbereich**" der **Unternehmensaktivitäten** gibt, der nicht auslagerungsfähig ist.[290] Die Aufsichtsbehörde vertrat zu § 25a Abs. 2 KWG aF die Auffassung, dass jedenfalls so genannte **zentrale Leitungsfunktionen** nicht auf andere Unternehmen ausgelagert werden können, wenn ihre Gesamtheit die in dem Unternehmen verbleibenden Bereiche an Umfang und Bedeutung übersteigt.[291] In Übereinstimmung mit Art. 14 Abs. 1 lit. a) DRL (keine „Delegation der Aufgaben der Geschäftsleitung") ist nunmehr durch § 25a Abs. 2 Satz 4 klargestellt, dass es insoweit **nur** um **originäre Geschäftsleiteraufgaben** geht und nicht um die Begründung eines generellen Auslagerungsverbots für bestimmte „Kernbereiche" der Unternehmenstätigkeit, zu denen teilweise neben den zentralen Leitungsfunktionen auch das „eigentliche operative Geschäft" gerechnet wurde.[292] Gegen ein derart weites Verständnis spricht, dass die Auslagerung eines Groß-

---

§ 25a Abs. 2 KWG aF sprach das BAKred entsprechend von „bankaufsichtlich relevanten Risiken", Outsourcing-Rundschreiben Rn. 10; vgl. auch *Zerwas/Hanten/Bühr* ZBB 2002, 17,20; *Lensdorf/Schneider* WM 2002, 1949,1950 f.

[288] Vgl. BegrRegE (FRUG), BT-Drucks. 16/4028, S. 71.
[289] BaFin, MaRisk, AT 9 Tz. 4; siehe auch *Weber-Rey* AG 2008, 345, 352; *Fischer/Petri/Steidle* WM 2007, 2313, 2317.
[290] Dafür *Schwark*, § 33 Rn. 31; *Hofmann*, Bankrechtstag 2000, S. 41, 47; *Schlüter*, Börsenhandelsrecht, S. 324 f.; nur für die zentralen Leitungsfunktionen auch *Koller* in *Assmann/Schneider* § 33 Rn. 47; *aA Eyles* in *Hadding/Hopt/Schimansky*, Funktionsauslagerung (Outsourcing) bei Kreditinstituten, S. 73. 81; *Eyles*, WM 2000, 1217, 1225 ff.; *Lensdorff/Schneider*, WM 2002, 1949, 1952.
[291] BAKred, Outsourcing-Rundschreiben Rn. 13; ebenso *Schwark*, § 33 Rn. 31; KölnKommWpHG-*Meyer/Paetzel*, § 33 Rn. 108; vgl. auch *Braun* in *Boos/Fischer/Schulte-Mattler* § 25a KWG Rn. 579 ff.; *aA Eyles* WM 2000, 1217, 1226 f. und 1233; eine beispielhafte Aufführung von Bereichen mit zentralen Leitungsfunktionen findet sich bei *Lensdorff/Schneider* WM 2002, 1949, 1953, die insbesondere die Unbestimmtheit dieses Begriffes kritisieren.
[292] So ausdrücklich *Schwark*, § 33 Rn. 31.

§ 33 156–158　　　　　　　　　Abschnitt 6. Verhaltensregeln, Verjährung

teils der wesentlichen Aktivitäten nicht notwendig die Prüfungsmöglichkeiten der Aufsicht unterlaufen oder die Kundeninteressen gravierend gefährden muss.[293] Entscheidend ist allein, ob das Wertpapierdienstleistungsunternehmen in der Lage bleibt, durch Einrichtung eines wirksamen Risikomanagements und Ausübung der Kontrolle die Einhaltung der Verhaltenspflichten zu gewährleisten.

156　Dabei ist das auslagernde Unternehmen lediglich verpflichtet, „angemessene Vorkehrungen" zu treffen, „um übermäßige zusätzliche Risiken zu vermeiden" (§ 25a Abs. 2 Satz 1 KWG). Die konkreten Anforderungen hängen zudem ausdrücklich von „Art, Umfang, Komplexität und Risikogehalt einer Auslagerung" ab.[294] § 25a Abs. 2 Satz 1 KWG stellt damit den **Bezug zu den aufsichtsrechtlich relevanten Risiken des Outsourcing** von wesentlichen Aktivitäten und Prozessen besonders deutlich heraus. Welche Auslagerungen unter Risikogesichtspunkten wesentlich sind, müssen die Unternehmen im Rahmen eines institutsinternen „self assessment" eigenverantwortlich festlegen.[295]

157　Die relevanten Risiken im Rahmen des WpHG sind anhand der übergeordneten Zielrichtung des Anlegerschutzes und der Funktionsfähigkeit der Märkte festzustellen. **Wesentlich** sind demnach zunächst diejenigen Geschäftsbereiche, die in besonderer Weise die **Kundeninteressen berühren,** wie zB das Kommissionsgeschäft, die Finanzportfolioverwaltung,[296] die Finanzanalyse oder die Anlageberatung. Die Integrität der Kapitalmärkte kann daneben insbesondere durch Interessenkonflikte (§ 31 Abs. 1 Nr. 2, § 33 Abs. 1 Satz 2 Nr. 3) und Missbräuche i. S. d. § 14 und § 31c Abs. 1 Nr. 5 geschwächt werden. Als wesentlich i. S. d. § 33 Abs. 2 sind deshalb auch alle Geschäftsbereiche anzusehen, die regelmäßig mit **compliance-relevanten Informationen** in Berührung kommen (Rn. 106). Im Besonderen gilt dies auch für die **Kontrollstelle,** die den unternehmensinternen Informationsfluss steuert und überwacht (Compliance-Stelle).[297] Die Erfassung, Analyse, Steuerung und Überwachung der relevanten Risiken ist in jedem Fall ein wesentlicher Bereich. Gleiches gilt für die **interne Revision,** die ebenfalls (vollständig) ausgelagert werden kann.[298]

158　**Unwesentlich** und damit von den besonderen Anforderungen des § 33 Abs. 2 Satz 1 iVm § 25a Abs. 2 KWG ausgenommen[299] sind dagegen alle Bereiche, die keine marktaufsichtsrechtlichen Risiken begründen können und in glei-

---

[293] Ebenso *Koller* in *Assmann/Schneider* § 33 Rn. 47.

[294] Ebenso § 33 Abs. 1 Satz 3 für die allgemeinen Organisationspflichten zur Gewährleistung einer ordnungsgemäßen und gesetzeskonformen Geschäftstätigkeit.

[295] BaFin, MaRisk, AT 9 Tz. 2; *Gennen/Schreiner* CR 2007, 757, 759; *Fischer/Petri/Steidle* WM 2007, 2313, 2317.

[296] Vgl. für die Sonderkonstellation einer Auslagerung der Finanzportfolioverwaltung für *Privatkunden* an ein Unternehmen mit Sitz in einem *Drittstaat* die speziellen Anforderungen nach § 33 Abs. 3, dazu unten Rn. 178 ff.

[297] Vgl. BaFin, MaRisk, AT 9 Tz. 8. In diesem Fall ist von der Geschäftsleitung ein Revisionsbeauftragter zu benennen, der eine ordnungsgemäße Interne Revision gewährleisten muss.

[298] Vgl. BAKred, Outsourcing-Rundschreiben, Rn. 10.

[299] Bei den unter Risikogesichtspunkten nicht wesentlichen Auslagerungen bleibt es bei den allgemeinen Anforderungen an die Ordnungsmäßigkeit der Geschäftsorganisation nach nach § 33 Abs. 1 Satz 1 iVm § 25a Abs. 1 KWG, vgl. BaFin, MaRisk, AT 9 Tz. 3; *Gennen/Schreiner* CR 2007, 757, 758, 759; *Fischer/Petri/Steidle* WM 2007, 2313, 2317; BegrRegE, BT-Drucks. 16/4028, S. 96.

cher Weise bei anderen Unternehmen auftreten. Hierzu zählen insbesondere **unwesentliche Hilfsfunktionen,**[300] die – wenn überhaupt – nur am Rande Einfluss auf die Wertpapierdienstleistung oder Wertpapiernebendienstleistung haben (können). Beispielhaft seien erwähnt: Reinigungs-, Sicherheits- und sonstige Gebäudedienste, die Personalverwaltung oder die Wartung technischer Geräte.[301] Etwas anderes gilt allerdings für die zur Erbringung der Wertpapier(neben)dienstleistungen eingesetzten IT-Systeme.[302] Zu den unwesentlichen Bereichen gehören auch allgemeine Beratungsleistungen wie zB Steuer- und Rechtsberatungen,[303] sofern sie keinen spezifischen Bezug zu einer konkreten Wertpapier(neben)dienstleistung aufweisen. Die Grenze ist freilich dort überschritten, wo das Unternehmen eine externe Beratung im Rahmen der eigenen Dienstleistung – insbesondere im Bereich der Anlageberatung – ungeprüft an seine Kunden weitergibt.

Nicht von den Outsourcing-Bestimmungen erfasst sind schließlich die Auslagerung der **Meldepflichten** nach § 9[304] sowie die Beschäftigung von **Leiharbeitnehmern.**[305] **Unklar** ist nach neuer Rechtslage die Behandlung der **Clearingstellen** im Rahmen der Wertpapierabwicklung; ihre unumgängliche Einschaltung hat die BaFin nach ihrer bisherigen Verwaltungspraxis ausdrücklich von der Anwendung der Auslagerungsvorschriften ausgenommen.[306] Eine entsprechende Ausnahme ist weder in der MiFID noch in den zu ihrer Durchführung ergangenen Rechtsakten enthalten, so dass die Auslagerungsvorschriften wohl beachtet werden müssten.[307] Allerdings erscheint die Auslegung vorzugswürdig, dass es sich insoweit nicht um eine Auslagerung handelt, weil schon keine Tätigkeit vorliegt, die bei Nichteinschaltung der Clearingstelle vom Wertpapierdienstleister selbst vorgenommen würde.[308] Jedenfalls dürfte darin keine kritische oder wesentliche betriebliche Aufgabe liegen, sondern eine als Input über den Markt beschaffte standardisierte Dienstleistung.[309]

---

[300] Vgl. *Schwark*, § 33 Rn. 31 aE (Bereiche, denen nur eine „untergeordnete Hilfsfunktion" zukommt); *Schlüter*, Börsenhandelsrecht, S. 324; KölnKommWpHG-*Meyer/Paetzel*, § 33 Rn. 107.
[301] Vgl. zum früheren Recht BAKred, Outsourcing Rundschreiben Rn. 11; ferner *Braun* in *Boos/Fischer/Schulte-Mattler* KWG § 25 a Rn. 602 f.; *Koller* in *Assmann/Schneider* § 33 Rn. 45; *Schwark*, § 33 Rn. 31 aE; *Schlüter*, Börsenhandelsrecht, S. 324 sowie zur neuen Rechtslage BdB, MiFID-Leitfaden, S. 262.
[302] Vgl. *Fischer/Petri/Steidle* WM 2007, 2313, 2318.
[303] Outsourcing Rundschreiben Rn. 1 aE; *Frank* S. 40.
[304] Vgl. Rundschreiben des BAWe „Erläuterungen und Hinweise zu Einzelfällen der Aufsichtspraxis des Bundesaufsichtsamtes für den Wertpapierhandel zu den Verhaltensregeln für Wertpapier-Dienstleistungsunternehmen nach dem 5. Abschnitt des WpHG" vom 1. 2. 2002 Punkt 8; zust. *Schwark*, § 33 Rn. 30 (Vorrang der speziellen Auslagerungsvorschrift des § 14 WpHMV).
[305] Vgl. BdB, MiFID-Leitfaden, S. 261, 266 sowie zur bisherigen Rechtslage BAKred, Outsourcing-Rundschreiben, Rn. 48.
[306] BAKred, Outsourcing-Rundschreiben, Rn. 47.
[307] Zu dieser Auslegung neigend BdB, MiFID-Leitfaden, S. 261, vgl. aber auch S. 266.
[308] So ausdrücklich *Fischer/Petri/Steidle* WM 2007, 2313, 2316; *Gennen/Schreiner* CR 2007, 757, 759; *Frank* S. 37; in diese Richtung auch BdB, MiFID-Leitfaden, S. 266.
[309] Vgl. zur Einstufung des Erwerbs von standardisierten Dienstleistungen (einschließlich Marktinformationsdiensten und Preisdaten) als nicht kritische oder wesentliche betriebliche Aufgabe Art. 13 Abs. 1 lit. b MiFID.

III. Zulässigkeitsvoraussetzungen

1. Beachtung der Anforderungen des § 25a Abs. 2 KWG (Abs. 2 Satz 1)

a) Genereller Maßstab

160   Eine Auslagerung von Aktivitäten und Prozessen, die für die Durchführung von Wertpapier(neben)dienstleistungen wesentlich sind, ist nach § 33 Abs. 2 Satz 1 iVm § 25a Abs. 2 Satz 1 KWG nur zulässig, wenn dadurch **keine übermäßigen zusätzlichen Risiken** verursacht werden. § 25a Abs. 2 Satz 2 KWG konkretisiert dies dahingehend, dass **weder die ordnungsgemäße Erbringung der fraglichen Dienstleistungen noch die ordnungsgemäße Geschäftsorganisation** nach § 25a Abs. 2 Satz 1 KWG, welche nunmehr mit der Wahrnehmung der Organisationspflichten nach § 33 Abs. 1 Satz 1 übereinstimmt, **beeinträchtigt** werden darf. Die konkreten Anforderungen richten sich nach „Art, Umfang, Komplexität und Risikogehalt" der Auslagerung (Satz 1).

161   Welche Vorkehrungen im Einzelnen „angemessen" sind, um eine „übermäßige" Erhöhung des Risikos zu vermeiden, lässt sich somit grundsätzlich nur *in casu* vor dem Hintergrund der konkreten Auslagerungsmaßnahme und der Verhältnisse im jeweiligen Unternehmen bestimmen. Allerdings enthalten **Satz 3 bis 8 des § 25a Abs. 2 KWG** eine Reihe von **konkreteren Vorgaben,** die nicht abschließend sind („insbesondere"), aber in jedem Fall erfüllt sein müssen, um „übermäßige zusätzliche Risiken zu vermeiden". Die **BaFin** hat die wichtigsten generellen Anforderungen an das Outsourcing in ihren neuen Verwaltungsgrundsätzen über „Mindestanforderungen an das Risikomanagement – **MaRisk**" (Stand: 30.10. 2007) im Modul AT 9 zusammengefasst (abrufbar unter *www.bafin.de*).

b) Konkrete Ausprägungen der gebotenen Risikovermeidungsstrategie

162   Eine **Mindestvoraussetzung** stellt die **weitere Einbeziehung der ausgelagerten Aktivitäten und Prozesse in ein** – für die Haupttätigkeit im Unternehmen ohnehin erforderliches – **angemessenes und wirksames Risikomanagement** dar (§ 25a Abs. 2 Satz 3 KWG). Die vorgeschriebenen Organisations- und Kontrollstrukturen dürfen durch die Auslagerung nicht in ihrer Wirksamkeit beeinträchtigt werden. Dazu hat sich das auslagernde Unternehmen insbesondere die erforderlichen Weisungsbefugnisse vertraglich zu sichern und die ausgelagerten Bereiche in seine internen Kontrollverfahren einzubeziehen, wie schon § 33 Abs. 2 Satz 2 WpHG aF vorschrieb.[310] Neben der Bereitstellung von Kapazitäten der internen Revision sollte hierfür gegebenenfalls ein besonders verpflichteter **Outsourcing-Beauftragter** bestellt werden.[311]

163   Das Wertpapierdienstleistungsunternehmen ist verpflichtet, die mit der Auslagerung wesentlicher Aktivitäten oder Prozesse verbundenen Risiken angemessen zu steuern und ordnungsgemäß zu überwachen. Dazu gehört neben der sorgfäl-

---

[310] Vgl. zu den sich ergebenden gesellschaftsrechtlichen Problemen bei der Einräumung von Weisungsrechten *Schwark*, § 33 Rn. 36.

[311] BAKred, Outsourcing-Rundschreiben Rn. 27; das BAKred benutzte noch im letzten Entwurf des Rundschreibens den Begriff des „Outsourcing-Controlling", vgl. dazu *Lensdorf/Schneider* WM 2002, 1949, 1954; *Zerwas/Hanten/Bühr* ZBB 2002, 17, 24.

tigen Auswahl die **regelmäßige Beurteilung der Leistung des Auslagerungsunternehmens** anhand vorzuhaltender Kriterien.³¹² Das auf Art. 14 Abs. 2 lit. b DRL zurückgehende Erfordernis, konkrete Bewertungsmethoden für die Überprüfung der Eignung und Leistung des Auslagerungsunternehmens festzulegen, ist neu.

Schon nach bisherigem Recht war es dagegen geboten, die für eine effektive Kontrolle erforderlichen Auskunfts-, Einsichts- und Zugangsrechte bereits im Auslagerungsvertrag zu sichern.³¹³ § 25a Abs. 2 Satz 8 verlangt ausdrücklich den **Abschluss einer schriftlichen Vereinbarung,** in der die zur Einhaltung der Auslagerungsvoraussetzungen erforderlichen Rechte des auslagernden sowie die korrespondierenden Pflichten des die Funktion übernehmenden Unternehmens festzuschreiben sind. Die Auslagerungsvereinbarung muss insbesondere **angemessene Kündigungs- und Weisungsrechte für das auslagernde Unternehmen** vorsehen.³¹⁴ Ein bloßer Rückgriff auf das bei Dauerschuldverhältnissen bestehende zwingende Kündigungsrecht aus wichtigem Grund (§ 314 BGB) oder auf einschlägige dispositive gesetzliche Regelungen im Dienst- oder Werkvertragsrecht (§§ 621, 649 BGB) dürfte dafür ebenso wenig wie das allgemeine Weisungsrecht des Geschäftsherrn bei entgeltlichen Geschäftsbesorgungsverträgen (§§ 675 Abs. 1, 665 BGB) genügen. Vielmehr muss grundsätzlich im Wege einer **ausdrücklichen vertraglichen Regelung** eine Konkretisierung und Einbindung in die spezifischen Organisationsgrundsätze und Verhältnisse des auslagernden Unternehmens erfolgen. Zu Recht verlangt die BaFin eine **Spezifizierung der** vom Auslagerungsunternehmen **zu erbringenden Leistung.**³¹⁵ Zudem muss der Auslagerungsvertrag Informations- und Prüfungsrechte der internen Revision des Wertpapierdienstleistungsunternehmens sowie externer Prüfer vorsehen und das Auslagerungsunternehmen verpflichten, über Entwicklungen zu informieren, die eine ordnungsmäßige Erledigung der ausgelagerten Aktivitäten und Prozesse beeinträchtigen können.³¹⁶

Sofern dann tatsächlich Defizite oder Missstände beim Auslagerungsunternehmen auftreten, muss es dem Wertpapierdienstleistungsunternehmen möglich sein, relativ schnell für Abhilfe zu sorgen, indem entsprechende Weisungen erteilt und umgesetzt werden oder die vertragliche Beziehung zu dem Auslagerungsunternehmen relativ kurzfristig beendet wird mit der weiteren Konsequenz, dass die fraglichen Aktivitäten oder Prozesse entweder wieder zurückverlagert oder auf einen Dritten übertragen werden. Insoweit sind Vorkehrungen zu treffen, um eine **kontinuierliche und qualitativ hochwertige Fortführung** der

---

³¹² BaFin, MaRisk, AT 9 Tz. 7; vgl. hierzu auch *Gennen/Schreiner* CR 2007, 757, 759f.
³¹³ So bereits früher BAKred, Outsourcing-Rundschreiben Rn. 30; vertiefend *Zerwas/Hanten/Bühr* ZBB 2002, 17, 22; *Lensdorf/Schneider* WM 2002, 1949, 1953; auf die rechtlichen Grenzen dieses Weisungsrechts zB gegenüber Wirtschaftsprüfern oder externen Datenschutzbeauftragten weist *Eyles* hin, WM 2000, 1219, 1231; regelmäßig unproblematisch ist die Vereinbarung dieser Befugnisse bei der Auslagerung auf Tochterunternehmen, *Samm* in *Beck/Samm* § 25a Abs. 2 KWG Rn. 24.
³¹⁴ Ebenso BaFin, MaRisk, AT 9 Tz. 6 („4. soweit erforderlich Weisungsrechte", „6. angemessene Kündigungsfristen"); siehe auch *Frank* S. 46f.; *Gennen/Schreiner* CR 2007, 757, 761; zu § 33 WpHG aF ausführlich KölnKommWpHG-*Meyer/Paetzel*, Rn. 112f.
³¹⁵ BaFin, MaRisk, AT 9 Tz. 6 (Ziffer 1).
³¹⁶ BaFin, MaRisk, AT 9 Tz. 6 (Ziffer 2, Ziffer 8).

ausgelagerten Aktivitäten und Prozesse auch nach Beendigung der Zusammenarbeit mit dem Auslagerungsunternehmen aufrechtzuerhalten.[317]

166 Regelungsbedürftig ist ferner die Frage einer möglichen **Weiterverlagerung** der ausgelagerten Bereiche. Sofern dies explizit zugelassen wird, sind auch die dafür geltenden Modalitäten festzuschreiben, die sicherstellen müssen, dass auch in diesem Fall das Institut die aufsichtsrechtlichen Anforderungen weiterhin einhält.[318] Ein Subunternehmer des Auslagerungsunternehmens muss also alle zwischen diesem und dem Wertpapierdienstleister vereinbarten Pflichten ebenfalls vertraglich anerkennen und übernehmen.[319] Eine Weiterverlagerung der internen Revision dürfte weiterhin ausgeschlossen bleiben.[320]

167 § 25a Abs. 2 Satz 4 und 5 KWG stellen klar, dass die **Auslagerung nicht** zu einer **Delegation der Verantwortung** der in § 1 Abs. 2 Satz 1 bezeichneten Personen (Geschäftsleiter) an das Auslagerungsunternehmen führen darf und die Verantwortung des auslagernden Unternehmens für die Einhaltung der einschlägigen gesetzlichen Bestimmungen unberührt lässt.

168 Schließlich darf es durch die Auslagerung **nicht** zu einer **Beeinträchtigung der Auskunfts-, Prüfungs- und Kontrollrechte der BaFin** oder einer Gefährdung der effektiven **Aufgabenwahrnehmung durch Wirtschaftsprüfer** in Bezug auf die ausgelagerten Bereiche kommen (vgl. § 25a Abs. 2 Satz 6 und 7). Die Frage stellt sich vor allem bei einem Outsourcing auf Unternehmen mit Sitz im Ausland[321] oder auf solche Unternehmen im Inland, die nicht der Aufsicht der BaFin unterliegen. Als geeignete Vorkehrung kommt insoweit die Aufnahme entsprechender vertraglicher Verpflichtungen des Auslagerungsunternehmens (zugunsten Dritter) in der Auslagerungsvereinbarung in Betracht.[322] Die in § 25a Abs. 2 Satz 3 KWG aF enthaltene Pflicht zur unverzüglichen Anzeige der Absicht sowie des Vollzugs der Auslagerung ist entfallen; der Gesetzgeber hat sich statt dessen mit der expliziten Erwähnung der Auskunftsrechte der BaFin begnügt.[323]

c) Auslagerung von Compliance-Funktionen

169 Vergleichsweise unproblematisch ist angesichts ihrer ohnehin exponierten Stellung innerhalb des Unternehmens die **Auslagerung der Compliance-Abteilung** auf einen externen Dienstleister.[324] Die fehlende Einbindung in das zu überwachende Unternehmen wird hier in der Regel sogar die Objektivität

---

[317] BaFin, MaRisk, AT 9 Tz. 5; vgl. auch *Fischer/Petri/Steidle* WM 2007, 2313, 2317 („Exit-Management" erforderlich).
[318] BaFin, MaRisk, AT 9 Tz. 6 (Ziffer 7).
[319] Vgl. BdB, MiFID-Leitfaden, S. 260.
[320] So BdB, MiFID-Leitfaden, S. 260 unter Hinweis auf das frühere Outsourcing-Rundschreiben der BAKred, Rn. 32.
[321] Vgl. zum bisherigen Recht BAKred, Outsourcing-Rundschreiben Rn. 32, 46; ferner *Zerwas/Hanten/Bühr* ZBB 2002, 17, 23; *Eyles* WM 2000, 1229, 1233; *Lensdorf/Schneider* WM 2002, 1949, 1955; *Braun* in *Boos/Fischer/Schulte-Mattler* KWG § 25a Rn. 641.
[322] Vgl. BaFin, MaRisk, AT 9 Tz. 6 (Ziffer 3). Ebenso schon zum früheren Recht BAKred, Outsourcing-Rundschreiben Rn. 33 f.
[323] Vgl. BegrRegE, BT-Drucks. 16/4028, S. 97; zu den Vor- und Nachteilen des Verzichts auf die Absichts- und Vollzugsanzeige s. *Gennen/Schreiner* CR 2007, 757, 762.
[324] Vgl. dazu auch schon BAWe, Rundschreiben zu § 33 Abs. 2 vom 18. 8. 1998; Compliance-Richtlinie, Punkt 4.1; *Spindler* S. 231.

und Effizienz der Abteilung erhöhen. Bedenken können sich gleichwohl aus dem Umstand ergeben, dass gerade die Compliance-Abteilung regelmäßig mit sensiblen Informationen in Berührung kommt und deshalb besonderen Anforderungen unterliegt, die nicht durch eine Auslagerung unterlaufen werden dürfen. Allgemein stellt sich diese Problematik immer dann, wenn ein Geschäftsbereich von der Auslagerung betroffen ist, der regelmäßig mit compliance-relevanten Informationen in Berührung kommt.[325] Hier muss im Einzelfall geprüft werden, ob das **Auslagerungsunternehmen selbst über Elemente der Compliance-Organisation verfügen muss**, um die Informationsflüsse zu steuern und zu kontrollieren.[326] So kann es für das Auslagerungsunternehmen erforderlich werden, selbst eine – wenn auch im Ausmaß beschränkte – Compliance-Abteilung einzurichten oder zumindest einen Compliance-Beauftragten zu bestellen. Selbst die Einführung von Chinese-Wall-Strukturen und speziellen Verhaltensanweisungen (Watch List, Restricted List) kann für das Auslagerungsunternehmen im Einzelfall erforderlich werden. Ist das Institut nicht ohnehin selbst Wertpapierdienstleistungsunternehmen, so müssen diese Regelungen im Auslagerungsvertrag vereinbart werden.

Im Bereich der Compliance entstehen dagegen besondere Probleme, wenn mehrere Unternehmen einen Bereich auf einen Dienstleister auslagern (sog. **Mehrmandantendienstleister**).[327] Insbesondere wenn im Rahmen dieser Auslagerung auch compliance-relevante Informationen übertragen werden, kann diese Konstellation zu einer im Hinblick auf Missbrauch und Interessenkonflikte gefährlichen Informationskonzentration führen. Das Auslagerungsunternehmen und mittelbar auch das beauftragende Unternehmen haben dann durch zusätzliche Maßnahmen die Einhaltung der marktaufsichtsrechtlichen Verhaltenspflichten sicherzustellen. In Betracht kommen verschärfte Kontrollen und Verhaltensanweisungen. Unter Umständen kann es erforderlich werden, die ausgelagerten Geschäftsbereiche zusätzlich aufzuteilen und informatorisch voneinander abzuschotten.[328]

d) Auslagerung der Internen Revision

Auch Aufgaben der Internen Revision (vgl. dazu oben Rn. 36 ff.) können ausgelagert werden. Geschieht dies vollständig, hat die Geschäftsleitung des Wertpapierdienstleisters einen **Revisionsbeauftragten** zu benennen, der für eine ordnungsgemäße Aufgabenerfüllung sorgen muss.[329] Im Übrigen müssen die generellen Anforderungen erfüllt sein, die für eine funktionsfähige Interne Revision unabdingbar sind.[330] Dazu gehört insbesondere, dass sie unmittelbar der Geschäftsleitung unterstellt und berichtspflichtig ist sowie über ein vollständiges und

---

[325] Zu den compliance-relevanten Informationen oben Rn. 106.
[326] So die Mehrmandantendienstleister betreffend auch *von Kopp-Colomb* WM 2000, 2414, 2416.
[327] Vgl. hierzu Rn. 38 des Outsourcing-Rundschreibens und Abschnitt 6 c 29 des Rundschreibens des BAKred vom 17. Januar 2000; vgl. auch *Eyles* WM 2000, 1229, 1231.
[328] *Von Kopp-Colomb* spricht allgemein von Maßnahmen der Steuerung und Kontrolle der Informationsflüsse, WM 2000, 2414, 2417; das BAKred erwähnt die umgekehrte Konstellation der Auslagerung von Geschäftsbereichen auf mehrere externe Dienstleister und betont auch hier die Wahrung der Vertraulichkeit, Outsourcing-Rundschreiben Rn. 44.
[329] BaFin, MaRisk, AT 9 Tz. 8; siehe auch *Frank* S. 45.
[330] Vgl. dazu ausführlich BaFin, MaRisk, AT 4.4, BT 2.

§ 33 172–176   Abschnitt 6. Verhaltensregeln, Verjährung

uneingeschränktes Informationsrecht im Wertpapierdienstleistungsunternehmen verfügt.[331]

e) Weitere Einzelfragen

172   Eher praktische Probleme ergeben sich dagegen im Bereich der **Mitarbeitergeschäfte** (vgl. dazu im Einzelnen § 33b Rn. 16ff.) Die Wertpapierdienstleistungsunternehmen sind verpflichtet, angemessene Vorkehrungen zu treffen, um so genannte „relevante Personen" (Art. 2 Nr. 3 DRL), deren Tätigkeiten Anlass zu Interessenkonflikten geben könnten, daran zu hindern, bestimmte persönliche Geschäfte zu tätigen (Art. 12 Abs. 1 DRL). Dazu gehören auch Mitarbeiter in Auslagerungsunternehmen, die unmittelbar an der Erbringung von Dienstleistungen für das Wertpapierdienstleistungsunternehmen beteiligt sind (vgl. § 33b Abs. 1 Nr. 4 und Abs. 4 Nr. 3).

173   Im Rahmen einer Auslagerung müssen auch die **datenschutzrechtlichen Bestimmungen** eingehalten werden. Das auslagernde Unternehmen hat insbesondere für den Schutz der Kundendaten zu sorgen. Gleiches gilt für die von den Mitarbeitern offen zu legenden Informationen über private Transaktionen. Die Vertraulichkeit, Verfügbarkeit und Wahrheit der Daten ist sicherzustellen und laufend zu überprüfen.[332]

174   Um die ordnungsgemäße Durchführung der Dienstleistung zu gewährleisten, hat das Wertpapierdienstleistungsunternehmen die laufende Verfügbarkeit der erforderlichen Mittel und Verfahren sicherzustellen. Für den Fall der Verhinderung des externen Dienstleisters muss deshalb ein angemessenes **Notfallkonzept** vorgesehen und der Auslagerungsvertrag hierauf abgestimmt werden.[333] Insbesondere muss bei einem Systemausfall die Speicherung der Daten gewährleistet sein; die Backup-Systeme sind regelmäßig zu testen.[334] Außerdem muss ggf. der rasche Zugriff auf andere Dienstleistungsunternehmen ermöglicht werden.[335]

175   Schließlich sind die Kunden des Wertpapierdienstleistungsunternehmens jedenfalls auf die Auslagerung **hinzuweisen.**[336] Eine gesonderte Zustimmung ist bei Einhaltung der obigen Grundsätze dagegen grundsätzlich nicht erforderlich.[337]

2. Weitergehende Anforderungen nach Abs. 2 Satz 2 und 3

176   Über die von § 25a Abs. 2 KWG aufgestellten Anforderungen hinaus geht das Erfordernis des **§ 33 Abs. 2 Satz 2,** wonach (in Umsetzung von Art. 14 Abs. 1 lit. b) DRL die Auslagerung **keine Veränderung des Rechtsverhältnisses zum Kunden** bewirken darf. Das Wertpapierdienstleistungsunternehmen bleibt diesem in vollem Umfang für alle eingegangenen vertraglichen Verpflichtungen

---

[331] BaFin, MaRisk, AT 4.4 Tz. 3f.
[332] Ausführlich hierzu *Zerwas/Hanten/Bühr* ZBB 2002, 17, 27f.; vgl. BAKred, Outsourcing-Rundschreiben Rn. 39–44.
[333] *Frank* S. 52.
[334] Vgl. Art. 14 Abs. 2 lit. k DRL; BdB, MiFID-Leitfaden, S. 265.
[335] BAKred, Outsourcing-Rundschreiben Rn. 31 und 40; *Braun* in *Boos/Fischer/Schulte-Mattler* KWG § 25a Rn. 637.
[336] **AA** *Eyles* WM 2002, 1229, 1233, der darauf hinweist, dass der Kunde in der arbeitsteiligen Wirtschaft nicht von einer vollumfänglich selbst erbrachten Dienstleistung ausgehen kann; kritisch auch *Lensdorf/Schneider* WM 2002, 1949, 1955.
[337] Nach Ansicht des BAKred, Outsourcing-Rundschreiben Rn. 45, ist eine Zustimmung von einer besonderen vertraglichen oder gesetzlichen Verpflichtung abhängig.

verantwortlich, der Kunde darf also wegen etwaiger fehlerhafter Dienstleistungen nicht an das Auslagerungsunternehmen verwiesen werden. Vielmehr haftet das Wertpapierdienstleistungsunternehmen dem Kunden sowohl für ein eigenes schuldhaftes Verhalten bei der Erbringung von Wertpapierdienstleistungen als auch nach § 278 BGB für ein Verschulden der dabei als Erfüllungsgehilfen eingesetzten Auslagerungsunternehmen.

Zudem darf die Auslagerung zu **keiner Veränderung der Voraussetzungen für die Zulassung nach § 32 KWG** führen (**§ 33 Abs. 2 Satz 3**). Damit wird Art. 14 Abs. 1 lit. c) und d) DRL umgesetzt. Zu den relevanten Voraussetzungen für die Erlaubniserteilung, die sich mittelbar aus den Versagungsgründen des § 33 Abs. 1 Satz 1 KWG ergeben, zählt neben einer ausreichenden Kapitalausstattung und dem Vorhandensein persönlich zuverlässiger und fachlich geeigneter Geschäftsleiter insoweit vor allem die Aufrechterhaltung der notwendigen organisatorischen Vorkehrungen für einen ordnungsgemäßen Geschäftsbetrieb. Zudem dürfen im Zuge der Auslagerung keine Verbindungen mit Inhabern einer bedeutenden Beteiligung an dem auslagernden Wertpapierdienstleistungsunternehmen begründet werden, die geeignet wäre, eine wirksame Aufsicht zu verhindern (vgl. § 33 Abs. 3 Satz 2 Nr. 1 KWG). 177

3. Zusätzliche Voraussetzungen für die Auslagerung der Finanzportfolioverwaltung für Privatkunden an Unternehmen mit Sitz in einem Drittstaat (Abs. 3)

Die durch das FRUG neu eingefügte Vorschrift des § 33 Abs. 3 WpHG setzt Art. 15 DRL um, der besondere Regelungen für die Auslagerung der Finanzportfolioverwaltung für Privatkunden auf Unternehmen in Drittstaaten aufstellt. Als **Auslagerung** ist es immer anzusehen, **wenn die Anlageentscheidung** im Rahmen der Finanzportfolioverwaltung **nicht vom Vermögensverwalter selbst getroffen** werden soll.[338] 178

Die **zusätzlichen Anforderungen,** die neben den Voraussetzungen nach Abs. 2 zu erfüllen sind,[339] dienen vor allem der **Gewährleistung einer effektiven aufsichtsrechtlichen Kontrolle durch die zuständige Behörde.** Daher verlangt Abs. 3 die Zulassung oder Registrierung des Auslagerungsunternehmens in dem Drittstaat und seine Beaufsichtigung durch eine Behörde, die mit der BaFin eine „hinreichende" (Satz 1 Nr. 1) bzw. „angemessene" (Satz 2) Kooperationsvereinbarung unterhält.[340] Mit welchen ausländischen Aufsichtsbehörden eine solche Vereinbarung besteht, veröffentlicht die BaFin in einer Liste auf ihrer Internetseite (*www.bafin.de*).[341] 179

---

[338] BegrRegE, BT-Drucks. 16/4028, S. 71.

[339] Vgl. Abs. 3 Satz 2 Halbs. 2 („Begründung, weshalb damit die Einhaltung der Vorgaben nach Absatz 2 gewährleistet werden kann"); eindeutig Art. 15 Abs. 1 Satz 1 DRL („Zusätzlich zu den Anforderungen des Artikels 14 ...").

[340] Unklar bleibt, warum im Gesetzestext zwei verschiedene Termini verwendet werden, die offenbar dasselbe ausdrücken sollen (Satz 2: „angemessene Kooperationsvereinbarung im Sinne des Satzes 1 Nr. 1", wo aber „eine hinreichende Kooperationsvereinbarung" erwähnt wird).

[341] Am 1. 2. 2008 umfasste die „Liste der kooperierenden Aufsichtsbehörden" 25 Behörden, insbesondere aus den USA (SEC, Commodity Futures Trading Commission), Kanada, Australien, Neuseeland, China, Hong Kong, Singapur, Indien, Brasilien, Südafrika, Israel, Türkei, Mexiko, Nigeria, Dubai.

§ 33 180–182   Abschnitt 6. Verhaltensregeln, Verjährung

180   Alternativ[342] kann die **Auslagerungsvereinbarung bei der BaFin angezeigt** werden. Sofern dann innerhalb eines angemessenen Zeitraums **keine Beanstandung** erfolgt, darf die Auslagerung vollzogen werden (vgl. Abs. 3 Satz 1 Nr. 2), selbst wenn nicht sämtliche Voraussetzungen nach Abs. 3 Satz 1 Nr. 1 erfüllt sind. Gemäß der Vorgabe des Abs. 3 Satz 2 Halbs. 2 hat die BaFin auf ihrer Internetseite die Bedingungen bekanntgemacht, unter denen sie ihr angezeigte Auslagerungsvereinbarungen „in der Regel" nicht beanstandet, und auch begründet, weshalb damit die Einhaltung der Vorgaben nach Abs. 2 gewährleistet werden kann. Der entscheidende Punkt für die BaFin ist, ob die **Aufsicht über das Auslagerungsunternehmen durch die zuständige Behörde des Drittstaates als wirksam anzusehen** ist. Das sei der Fall, wenn ihre Ausgestaltung im Wesentlichen der Beaufsichtigung von Vermögensverwaltern durch die BaFin entspreche. Die dafür maßgeblichen Kriterien beziehen sich zum einen darauf, dass die **Zulassung** zur Tätigkeit als Vermögensverwalter **an bestimmte** (materielle) **Voraussetzungen geknüpft** wird: fachliche und persönliche Eignung der Geschäftsleiter, Begrenzung des Einflusses einzelner Gesellschafter oder eng verbundener Personen auf die Geschäftsführung, Vorhandensein einer angemessenen Organisationsstruktur zur Sicherstellung der Einhaltung der gesetzlichen Pflichten und Verfügung über angemessene Eigenmittel. Zum anderen muss die **Aufsichtsbehörde** hinreichende **Informations- und Kontrollrechte sowie Sanktionsbefugnisse** haben, die neben Auskunfts- und Vorlageersuchen an die Unternehmen auch Vor-Ort-Kontrollen und Einsichtnahmen durch die Behörde selbst oder eine beauftragte Stelle sowie Anordnungsbefugnisse zur Beseitigung von Missständen und den Entzug der Zulassung umfassen. Entscheidend ist nach Ansicht der BaFin, ob die **Gesamtheit der Regelungen im Einzelfall** das Bild einer funktionierenden und effektiven Beaufsichtigung ergebe, so dass auch bei Nichterfüllung einzelner Punkte noch eine wirksame öffentliche Aufsicht vorliegen könne.

181   Die Orientierungsfunktion dieses Kriterienkatalogs für die auslagerungswilligen Unternehmen wird allerdings in bedenklicher Weise durch einen **Vorbehalt mangelnder Kooperation** der Aufsichtsbehörde des zuständigen Drittstaates (im Einzelfall) relativiert. Trotz Erfüllung sämtlicher Kriterien soll eine Auslagerung beanstandet werden können, „soweit die zuständige Aufsichtsbehörde des Drittstaates ... nicht mit der Bundesanstalt kooperiert".[343] Hierdurch wird die Vorhersehbarkeit einer Entscheidung der BaFin für die betroffenen Unternehmen zu sehr eingeschränkt, zumal gerade das Fehlen eines Kooperationsabkommens mit der ausländischen Behörde den Hauptanwendungsfall dieser Regelungsalternative darstellt. Bedauerlich ist auch, dass die BaFin keinerlei Hinweis gibt, in welchem „angemessenen" Zeitraum sie über eine Beanstandung zu entscheiden gedenkt.

182   **Anlass für eine ausnahmsweise Beanstandung** – trotz Erfüllung des Kriterienkatalogs *de iure* – sollte vielmehr (insoweit nur) eine „zu laxe" tatsächliche Handhabung des bestehenden rechtlichen Instrumentariums durch die ausländi-

---

[342] Art. 15 Abs. 2 DRL knüpft zwar daran an, dass eine der Bedingungen nach Abs. 1 nicht vorliegt, doch bestehen keine Bedenken, das Verfahren der Anzeige der Auslagerungsvereinbarung und Nichtbeanstandung durch die BaFin nach Wahl des Unternehmens auch in den Fällen anzuwenden, die an sich unter Abs. 3 Satz 1 Nr. 1 fallen; denn der deutsche Gesetzestext hat beide Varianten ohne Einschränkung einfach gegenübergestellt („oder").

[343] BaFin, Liste der Bedingungen für Auslagerungsvereinbarungen, Ziffer 2 (abrufbar im Internet unter *www.bafin.de*).

sche Aufsichtsbehörde sein. Sofern ausreichende Anhaltspunkte bestehen, dass die vorhandenen Vorschriften in der Praxis systematisch nicht beachtet oder die rechtlichen Möglichkeiten zur Durchsetzung der Zulassungsbedingungen oder Verhaltenspflichten des Auslagerungsunternehmens tatsächlich nicht angewandt oder nicht hinreichend ausgeschöpft werden, ist die **Aufsicht des Drittstaates** als *de facto* **nicht wirksam** anzusehen, so dass die Bedingungen des § 33 Abs. 2 nicht erfüllt sind.

E. Konsequenzen mangelhafter Umsetzung der Organisationspflichten

Das WpHG sieht **keine speziellen Sanktionen** für die Verletzung der in § 33 normierten Organisationspflichten vor, sondern vertraut auf ein engmaschiges **System der Aufsicht und Kontrolle**. Abgesehen von der jährlichen Prüfung nach § 36 durch geeignete Prüfer kann die BaFin im Rahmen der ihr obliegenden Überwachung der Einhaltung der Organisationspflichten gemäß § 35 Abs. 1 auch ohne besonderen Anlass Prüfungen vornehmen. Zudem stehen ihr umfangreiche Rechte auf Auskünfte und Vorlage von Unterlagen zu (§ 35 Abs. 2), welche ihre allgemeinen Befugnisse nach § 4 Abs. 1 S. 3 ergänzen, geeignete Anordnungen zur Beseitigung von Missständen zu treffen.

Das WpHG enthält **keine eigenständigen straf- oder bußgeldrechtlichen Sanktionen** für die Verletzung der Organisationspflichten. Die Versäumung gebotener Organisationsmaßnahmen zur Verhinderung von Straftaten Dritter, wie etwa die Einrichtung von Vertraulichkeitsbereichen nach § 33 Abs. 1 Nr. 1, 3 zur Insiderprävention, kann grundsätzlich auch nicht über §§ 14, 38 WpHG iVm 13 StGB als unechtes Unterlassungsdelikt zu einer strafrechtlichen Verantwortung der Geschäftsführung führen. Sehr zweifelhaft ist bereits, ob die aufsichtsrechtlichen Organisationspflichten nach § 33 Abs. 1 überhaupt geeignet sind, eine Garantenstellung i. S. d. § 13 StGB zu begründen. Jedenfalls wird es in aller Regel am Vorsatz der Geschäftsleitung fehlen, durch die Unterlassung von geeigneten organisatorischen Präventionsmaßnahmen Insiderverstöße der Mitarbeiter zu ermöglichen.[344]

Dagegen können sich insbesondere im Fall betrieblicher Insiderverstöße ordnungswidrigkeitsrechtliche Konsequenzen aus dem Auffangtatbestand des **§ 130 OWiG** ergeben. Denn insoweit genügt die fahrlässige Verletzung von Aufsichtspflichten durch die Geschäftsführung. Zu den maßgeblichen Pflichten zählen insbesondere die Auswahl und Kontrolle der Mitarbeiter, die Einrichtung einer Compliance-Stelle und die Schaffung von Strukturen zur Steuerung und Kontrolle des unternehmensinternen Informationsflusses (zB durch Chinese Walls).[345] Eine Pflicht des Wertpapierdienstleistungsunternehmens zur Veröffentlichung besonders schwerer Verstöße gegen die Compliance-Vorschriften besteht allerdings nicht.[346]

---

[344] Ablehnend auch *Assmann* WM 1996, 1337, 1351; *Koller* in *Assmann/Schneider* § 33 Rn. 50; ebenso *Scharpf* S. 205, der auf die fehlende Bezugnahme des § 18 Abs. 1 WpHG auf strafrechtlich relevante Organisationsverstöße hinweist.
[345] Vgl. ausführlich Vor §§ 38 bis 40 b Rn. 26; *Vogel* in *Assmann/Schneider* § 39 Rn. 43 ff.; *Spindler* S. 232.
[346] Anders die Harmonisierungsvorschläge der CESR, die eine unverzügliche Meldung schwerer Verstöße gegen Verhaltenspflichten an die zuständige Behörde fordern: CESR

§ 33 186–188   Abschnitt 6. Verhaltensregeln, Verjährung

186   Eine **deliktische Haftung** des Wertpapierdienstleistungsunternehmens oder dessen Geschäftsführung für die Verletzung von Organisationspflichten gemäß § 33 Abs. 1 kommt allenfalls in Ausnahmefällen nach § 826 BGB in Betracht.[347] Schadensersatzansprüche nach § 823 Abs. 2 scheiden schon deshalb aus, weil § 33 mangels konkreter kundenbezogener Regelung **keinen Schutzgesetzcharakter** aufweist.[348] Das gilt ungeachtet der engen Beziehung des § 33 zu den Verhaltenspflichten der §§ 31 ff. Denn direkt betroffen ist der Anleger regelmäßig erst durch die Verletzung einer solchen Verhaltenspflicht, mag diese im Einzelfall auch durch fehlerhafte Organisation bedingt oder begünstigt sein. Haftungsgrund bleibt auch in diesen Fällen die Verletzung der konkreten Norm, welche die Verhaltenspflicht begründet.

187   Für eine Haftung nach § 823 Abs. 1 BGB (iVm § 31 BGB) fehlt es grundsätzlich an der Verletzung eines absolut geschützten Rechtsguts. Auch wenn im Einzelfall bestimmte rechtswidrige Praktiken wie zB Frontrunning oder Scalping einen Eingriff in das als sonstiges Recht i. S. d. § 823 Abs. 1 BGB anerkannte Mitgliedschaftsrecht darstellen können, folgt daraus noch keine deliktische Verantwortlichkeit des Unternehmens oder seiner Geschäftsleitung wegen Organisationspflichtverletzung, da die Mitgliedschaft allein keinen generellen Anspruch des Aktionärs auf rechtmäßiges Verhalten der Geschäftsführung vermittelt.[349]

188   Anders als § 31 strahlt § 33 auch nicht unmittelbar auf die schuldrechtlichen Beziehungen zwischen Anleger und Wertpapierdienstleistungsunternehmen aus.[350] Anknüpfungspunkt einer **vertraglichen Haftung** gegenüber dem Anleger bleibt die Verletzung der Pflichten des § 31. Dies gilt auch dann, wenn diese Pflichtverletzung letztlich in der fehlerhaften Organisation des Wertpapierdienstleistungsunternehmens begründet ist.[351] Das auslagernde Unternehmen hat seinen Kunden gegenüber für ein Verschulden des mit der Wahrnehmung der Funktion betrauten anderen Unternehmens nach § 278 BGB einzustehen.[352] Eine Notwendigkeit zur Einbeziehung der Organisationspflichten des § 33 und der hierzu ergangenen Richtlinien in das jeweilige Vertragsverhältnis mit dem

„Standards and Rules for Harmonizing Core Conduct of Business Rules for Investor Protection" vom 18. 10. 2001 Rn. 14; vgl. erläuternd dazu *Birnbaum/von Kopp-Colomb* WM 2001, 2288, 2291.

[347] *Schwark*, § 33 Rn. 4; *Koller* in *Assmann/Schneider* § 33 Rn. 1 aE mwN.

[348] Vgl. hierzu ausführlich Vor §§ 31 bis 37a Rn. 83; vereinzelt wird die Schutzgesetzeigenschaft dann bejaht, wenn es sich um den aus den Wohlverhaltenspflichten abgeleiteten Teilbereich handelt (vgl. dazu oben Rn. 6), so *Fischbach* S. 198 und 211, ebenso *Scharpf* S. 222 (zu § 33 WpHG aF).

[349] Vgl. *Wiesner* in Münchener Handbuch des Gesellschaftsrechts, 3. Aufl. 2007, § 26 Rn. 30; MünchKommBGB-*Wagner*, § 823 Rn. 164 f., *Scharpf* S. 217.

[350] *Koller* in *Assmann/Schneider* § 33 Rn. 1; *Scharpf* S. 214.

[351] Aus organisationsrechtlicher Sicht können sich insbesondere Fehler in der EDV-Anlage auf die ordnungsgemäße Erbringung der Dienstleistung auswirken, vgl. *Balzer* ZBB 2000, 258 f.; *dens.* WM 2001, 1533 f.; vgl. zur verzögerten Ausführung eines Wertpapierkaufauftrages zB LG Nürnberg-Fürth, WM 2000, 1005 ff. Umstritten ist, ob das Unternehmen Organisationsstrukturen zur Plausibilitätsprüfung einer Kundenorder einzurichten hat, dafür LG Nürnberg-Fürth, WM 2001, 988; ebenso OLG Schleswig, BKR 2002, 880 (Verpflichtung einer Direktbank, softwaremäßige Vorkehrungen zur Vermeidung ungewollter *Doppelorder* zu treffen); aA *Balzer* WM 2001, 1533, 1538. Ausführlich zur Organisationspflicht als allgemeiner Sorgfaltspflicht *Spindler* S. 984 ff.

[352] *Schwark*, § 33 Rn. 33.

Kunden als Konkretisierung der Grundsätze sorgfältiger Geschäftsführung (§ 242 BGB, § 384 Abs. 1 HGB) besteht nicht.[353]

F. Verordnungsermächtigung

Abs. 4 ermächtigt das Bundesministerium der Finanzen, durch Erlass einer Rechtsverordnung nähere Bestimmungen zu den organisatorischen Anforderungen nach Abs. 1 Satz 2 zu treffen. Davon hat es mit §§ 12, 13 WpDVerOV Gebrauch gemacht.

189

§ 33a Bestmögliche Ausführung von Kundenaufträgen

(1) Ein Wertpapierdienstleistungsunternehmen, das Aufträge seiner Kunden für den Kauf oder Verkauf von Finanzinstrumenten im Sinne des § 2 Abs. 3 Satz 1 Nr. 1 bis 3 ausführt, muss
1. alle angemessenen Vorkehrungen treffen, insbesondere Grundsätze zur Auftragsausführung festlegen und mindestens jährlich überprüfen, um das bestmögliche Ergebnis für seine Kunden zu erreichen und
2. sicherstellen, dass die Ausführung jedes einzelnen Kundenauftrags nach Maßgabe dieser Grundsätze vorgenommen wird.

(2) Das Wertpapierdienstleistungsunternehmen muss bei der Aufstellung der Ausführungsgrundsätze alle relevanten Kriterien zur Erzielung des bestmöglichen Ergebnisses, insbesondere die Preise der Finanzinstrumente, die mit der Auftragsausführung verbundenen Kosten, die Geschwindigkeit, die Wahrscheinlichkeit der Ausführung und die Abwicklung des Auftrags sowie den Umfang und die Art des Auftrags berücksichtigen und die Kriterien unter Berücksichtigung der Merkmale des Kunden, des Kundenauftrags, des Finanzinstrumentes und des Ausführungsplatzes gewichten.

(3) Führt das Wertpapierdienstleistungsunternehmen Aufträge von Privatkunden aus, müssen die Ausführungsgrundsätze Vorkehrungen dafür enthalten, dass sich das bestmögliche Ergebnis am Gesamtentgelt orientiert. Das Gesamtentgelt ergibt sich aus dem Preis für das Finanzinstrument und sämtlichen mit der Auftragsausführung verbundenen Kosten. Kann ein Auftrag über ein Finanzinstrument nach Maßgabe der Ausführungsgrundsätze des Wertpapierdienstleistungsunternehmens an mehreren konkurrierenden Plätzen ausgeführt werden, zählen zu den Kosten auch die eigenen Provisionen oder Gebühren, die das Wertpapierdienstleistungsunternehmen dem Kunden für eine Wertpapierdienstleistung in Rechnung stellt. Die Wertpapierdienstleistungsunternehmen dürfen ihre Provisionen nicht in einer Weise strukturieren oder in Rechnung stellen, die eine sachlich nicht gerechtfertigte Ungleichbehandlung der Ausführungsplätze bewirkt.

(4) Führt das Wertpapierdienstleistungsunternehmen einen Auftrag gemäß einer ausdrücklichen Kundenweisung aus, gilt die Pflicht zur Erzielung des bestmöglichen Ergebnisses entsprechend dem Umfang der Weisung als erfüllt.

---

[353] Vgl. aber oben Rn. 164 zur Notwendigkeit der Vereinbarung von Weisungs- und Kündigungsrechten in *der Auslagerungsvereinbarung* mit dem Unternehmen, das die Durchführung der betreffenden Aktivitäten oder Prozesse für den Wertpapierdienstleister übernimmt.

§ 33a Abschnitt 6. Verhaltensregeln, Verjährung

(5) Die Grundsätze zur Auftragsausführung müssen
1. Angaben zu den verschiedenen Ausführungsplätzen in Bezug auf jede Gattung von Finanzinstrumenten und die ausschlaggebenden Faktoren für die Auswahl eines Ausführungsplatzes,
2. mindestens die Ausführungsplätze, an denen das Wertpapierdienstleistungsunternehmen gleichbleibend die bestmöglichen Ergebnisse bei der Ausführung von Kundenaufträgen erzielen kann,

enthalten. Lassen die Ausführungsgrundsätze im Sinne des Absatzes 1 Nr. 1 auch eine Auftragsausführung außerhalb organisierter Märkte und multilateraler Handelssysteme zu, muss das Wertpapierdienstleistungsunternehmen seine Kunden auf diesen Umstand gesondert hinweisen und deren ausdrückliche Einwilligung generell oder in Bezug auf jedes Geschäft einholen, bevor die Kundenaufträge an diesen Ausführungsplätzen ausgeführt werden.

(6) Das Wertpapierdienstleistungsunternehmen muss
1. seine Kunden vor der erstmaligen Erbringung von Wertpapierdienstleistungen über seine Ausführungsgrundsätze informieren und seine Zustimmung zu diesen Grundsätzen einholen,
2. seine Privatkunden ausdrücklich darauf hinweisen, dass im Falle einer Kundenweisung das Wertpapierdienstleistungsunternehmen den Auftrag entsprechend der Kundenweisung ausführt und insoweit nicht verpflichtet ist, den Auftrag entsprechend seinen Grundsätzen zur Auftragsausführung zum bestmöglichen Ergebnis auszuführen,
3. seinen Kunden wesentliche Änderungen der Vorkehrungen nach Absatz 1 Nr. 1 unverzüglich mitteilen.

(7) Das Wertpapierdienstleistungsunternehmen muss in der Lage sein, einem Kunden auf Anfrage darzulegen, dass sein Auftrag entsprechend den Ausführungsgrundsätzen ausgeführt wurde.

(8) Für Wertpapierdienstleistungsunternehmen, die Aufträge ihrer Kunden an Dritte zur Ausführung weiterleiten oder Finanzportfolioverwaltung betreiben, ohne die Aufträge oder Entscheidungen selbst auszuführen, gelten die Absätze 1 bis 7 mit folgender Maßgabe entsprechend:
1. im Rahmen der angemessenen Vorkehrungen ist den Vorgaben Rechnung zu tragen, die bei der Auftragsausführung nach den Absätzen 2 und 3 zu beachten sind,
2. die nach Absatz 1 Nr. 1 festzulegenden Grundsätze müssen in Bezug auf jede Gruppe von Finanzinstrumenten die Einrichtungen nennen, die das Wertpapierdienstleistungsunternehmen mit der Ausführung seiner Entscheidungen beauftragt oder an die es die Aufträge seiner Kunden zur Ausführung weiterleitet; das Wertpapierdienstleistungsunternehmen muss sicherstellen, dass die von ihm ausgewählten Unternehmen Vorkehrungen treffen, die es ihm ermöglichen, seinen Pflichten nach diesem Absatz nachzukommen,
3. im Rahmen seiner Pflichten nach Absatz 1 Nr. 2 muss das Wertpapierdienstleistungsunternehmen mindestens einmal jährlich seine Grundsätze überprüfen und regelmäßig überwachen, ob die beauftragten Einrichtungen die Aufträge im Einklang mit den getroffenen Vorkehrungen ausführen und bei Bedarf etwaige Mängel beheben.

(9) Das Bundesministerium der Finanzen kann durch Rechtsverordnung, die nicht der Zustimmung des Bundesrates bedarf, nähere Bestimmungen erlassen über Mindestanforderungen zur Aufstellung der Ausführungsgrund-

Bestmögliche Ausführung von Kundenaufträgen § 33a

sätze nach den Absätzen 1 bis 5, über die Grundsätze im Sinne des Absatzes 8 Nr. 2 und die Überprüfung der Vorkehrungen nach den Absätzen 1 und 8 sowie Art, Umfang und Datenträger der Information über die Ausführungsgrundsätze nach Absatz 6. Das Bundesministerium der Finanzen kann die Ermächtigung durch Rechtsverordnung auf die Bundesanstalt übertragen.

Schrifttum: *Agerer/Knop/Weiß*, Die Auswahlpolicy nach § 33a Abs. 8 WpHG als neue Herausforderung für Vermögensverwalter, Finanz Betrieb 2007, 757; *Assmann/Schütze* (Hrsg.), Handbuch des Kapitalanlagerechts, 3. Auflage 2007; *Balzer*, Der Vorschlag der EG-Kommission für eine neue Wertpapierdienstleistungsrichtlinie, ZBB 2003, 177; *Bliesener*, Aufsichtsrechtliche Verhaltenspflichten beim Wertpapierhandel, 1998; *Brinkmann/Haußwald/Marbeiter/Petersen/Richter/Schäfer* (Hrsg.), Compliance – Konsequenzen aus der MiFID, 2008; *Clouth/Lang* (Hrsg.), MiFID Praktikerhandbuch, 2007; *Dierkes*, Best Execution in der deutschen Börsenlandschaft, ZBB 2008, 11; *Duve/Keller*, MiFID: Die neue Welt des Wertpapiergeschäfts, BB 2006, 2477; *Fleischer*, Die Richtlinie über Märkte für Finanzinstrumente und das Finanzmarkt-Richtlinie-Umsetzungsgesetz – Entstehung, Grundkonzeption, Regelungsschwerpunkte, BKR 2006, 389; *Gomber/Hirschberg*, Ende oder Stärkung der konventionellen Börsen? Die Umsetzung der MiFID in Deutschland, AG 2006, 777; *Hirschberg*, MiFID – Ein neuer Rechtsrahmen für die Wertpapierhandelsplätze in Deutschland, AG 2006, 398; *Gomber/Chlistalla/Groth*, Neue Börsenlandschaft in Europa? Die Umsetzung der MiFID aus Sicht europäischer Marktplatzbetreiber, ZBB 2008, 2; *Knight*, The Investment Services Directive – Routemap or obstacle course?, Journal of Financial Regulation and Compliance 2003, 219; *Kumpan*, Haftung der Wertpapierdienstleistungsunternehmen nach Umsetzung der EU-Richtlinie über Märkte für Finanzinstrumente (MiFID), DB 2006, 1714; *Möllers/Ganten*, Die Wohlverhaltensrichtlinie des BAWe im Lichte der neuen Fassung des WpHG – Eine kritische Bestandsaufnahme, ZGR 1998, 773; *Schäfer*, Sind die §§ 31 ff. WpHG nF Schutzgesetze i. S. v. § 823 Abs. 2 BGB?, WM 2007, 1872; *Schimansky/Bunte/Lwowski* (Hrsg.), Bankrechtshandbuch, 3. Aufl. 2007; *Schmitt/Schielke*, Best Execution unter MiFID, Die Bank 2006, 32; *Spindler/Kasten*, Der neue Rechtsrahmen für den Finanzdienstleistungssektor – die MiFID und ihre Umsetzung, WM 2006, 1797; *Spindler*, Neuregelungen des Kapitalmarkt- und Börsenrechts zum Anlegerschutz. – Zur gesellschafts- und wirtschaftsrechtlichen Abteilung des 64. Deutschen Juristentages, DStR 2002, 1576; *Volhard/Wilkens*, Auswirkungen der Richtlinie über Märkte für Finanzinstrumente (MiFID) auf geschlossene Fonds in Deutschland, DB 2006, 2051; *Voß*, Geschlossene Fonds unter dem Rechtsregime der Finanzmarkt-Richtlinie (MiFID)?, BKR 2007, 45; *Zingel*, Die Verpflichtung zur bestmöglichen Ausführung von Kundenaufträgen nach dem Finanzmarkt-Richtlinie-Umsetzungsgesetz, BKR 2007, 173.

Übersicht

	Rn.
I. Grundlagen	1
1. Regelungszweck und -gegenstand	1
2. Anwendungsbereich	4
a) Erfasste Wertpapierdienstleistungen	4
b) Abgrenzung von Eigenhandelsgeschäften und Eigengeschäften	5
c) Investmentfonds	10
d) Geeignete Gegenparteien	11
3. Sanktionen und Haftung	12
II. Aufstellung von Ausführungsgrundsätzen	14
1. Pflicht zur Aufstellung (Abs. 1 Nr. 1)	14
2. Inhaltliche Vorgaben (Abs. 2, Abs. 3, Abs. 5)	16
a) Ermittlung und Gewichtung von Kriterien	17
b) Gruppierung von Aufträgen	26
c) Auswahl von Ausführungsplätzen	28
d) Besonderheiten bei Festpreisgeschäften	31
3. Kundenweisungen (Abs. 4)	32

§ 33a 1, 2   Abschnitt 6. Verhaltensregeln, Verjährung

	Rn.
III. Den Grundsätzen entsprechende Ausführung (Abs. 1 Nr. 2)	35
IV. Prüfungs- und Nachweispflichten	36
1. Regelmäßige Überprüfung (Abs. 1 Nr. 1)	36
2. Nachweis der den Grundsätzen entsprechenden Ausführung (Abs. 7)	38
3. Dokumentation	39
V. Information und Zustimmung des Kunden (Abs. 6)	40
VI. Sonderregelung für das Weiterleiten von Aufträgen und die Finanzportfolioverwaltung (Abs. 8)	44
VII. Verordnungsermächtigung (Abs. 9)	46

I. Grundlagen
1. Regelungszweck und -gegenstand

1   Der Pflicht, sich am „bestmöglichen" Kundeninteresse zu orientieren, unterlagen Wertpapierdienstleistungsunternehmen bereits vor Inkrafttreten des Finanzmarktrichtlinieumsetzungsgesetzes.[1] Zwar sprach § 31 Abs 1 Nr. 1 (im Wortlaut unverändert) nur von dem Interesse der Kunden, Art. 11 Abs. 1, 1. Spiegelstrich der WpDRL forderte aber bei der Erbringung von Wertpapierdienstleistungen die Orientierung am „bestmöglichen" Kundeninteresse, so dass § 31 Abs. 1 Nr. 1 richtlinienkonform in diesem Sinne auszulegen war.[2] Eine derartige Interpretation stimmt auch mit den internationalen Standards der bestmöglichen Ausführung und dem im US-amerikanischen und dem britischen Kapitalmarktrecht bestehenden Prinzip der **„Best Execution"** überein, das einen entsprechenden Verhaltensmaßstab vorsieht.[3]

2   Der durch das Finanzmarktrichtlinieumsetzungsgesetz[4] mit Wirkung vom 1. November 2007 in das WpHG eingefügte § 33a verpflichtet Wertpapierdienstleistungsunternehmen, die das Finanzkommissionsgeschäft, den Eigenhandel oder die Abschlussvermittlung betreiben, dazu, Kundenaufträge bestmöglich auszuführen und ergänzt damit die allgemeine Verhaltenspflicht des § 31 Abs. 1 Nr. 1.[5] Eine wesentliche Neuerung besteht darin, dass diese Unternehmen nun zwingend **Grundsätze für die Auftragausführung** aufstellen, regelmäßig überprüfen und deren Einhaltung sicherstellen sowie diese gegebenenfalls nachweisen müssen (§ 33a Abs. 1 und 7). Inhaltlich muss diese „Execution Policy" für weisungslose Kundenaufträge (vgl. § 33a Abs. 4) bestimmten, **äußerst detailliert geregelten**[6] **Mindestanforderungen** (§ 33a Abs. 2, 3 und 5) genügen. § 33a Abs. 6 verpflichtet zudem zur Information der Kunden und zur **Einholung ihrer Zustimmung zu den Ausführungsgrundsätzen**. Gemeinschaftsrechtliche Grundlage der Absätze 1 bis 7 des § 33a ist Art. 21 der MiFID,[7]

---

[1] *Bauer* in *Clouth/Lang*, Rn. 707.
[2] Siehe nur *Koller* in *Assmann/Schneider*, § 31 Rn. 8.
[3] *Möllers/Ganten*, ZGR 1998, 773, 795; *Bliesener*, S. 223 f. mwN; zur aktuellen Entwicklung in den USA auch *Schmitt/Schielke* Die Bank 2006, 32, 32.
[4] BGBl. I 2007, 1330.
[5] *Bauer* in *Clouth/Lang*, Rn. 707.
[6] Zu Recht kritisch *Bauer* in *Clouth/Lang*, Rn. 762; siehe auch *Spindler/Kasten* WM 2006, 1797, 1801; *Zingel* BKR 2007, 173, 174.
[7] Richtlinie 2004/39/EG des Europäischen Parlaments und des Rates vom 21. April 2004 über Märkte für Finanzinstrumente, zur Änderung der Richtlinien 85/611/EWG und 93/6/EWG des Rates und der Richtlinie 2000/12/EG des Europäischen Parlaments

der durch Art. 44 und 46 der Durchführungsrichtlinie 2006/73/EG[8] konkretisiert wird. Die Sonderregelung des § 33a Abs. 8 beruht dagegen auf Art. 19 Abs. 1 MiFID in Verbindung mit Art. 45 der Durchführungsrichtlinie. Das Gebot der bestmöglichen Ausführung dient der Funktionsfähigkeit der Kapitalmärkte und dem Schutz des Anlegerpublikums. Es soll gewährleisten, dass sich der **Wettbewerb zwischen den Marktplätzen** in Kursverbesserungen für den Endanleger niederschlägt. Bezweckt ist weiter, dass entgegen der bisherigen Tendenz zur Konzentration der Liquidität auf den Markt der Erstnotierung, die Liquiditätsflüsse in Richtung der effizientesten Handelsplätze gelenkt werden.[9] Damit soll auch eine **Zersplitterung von Liquidität und somit eine Fragmentierung der Märkte verhindert** werden.[10] Dem kommt seit Umsetzung der MiFID, die ein Förderung des Wettbewerbs zwischen den Handelsplätzen bezweckt, gestiegene Bedeutung zu, weil der in § 22 BörsG aF geregelte Börsenvorrang und entsprechende Privilegien für den Börsenhandel in anderen Mitgliedstaaten aufgehoben wurden.[11]

2. Anwendungsbereich

a) Erfasste Wertpapierdienstleistungen

§ 33a gilt ausschließlich für solche Wertpapierdienstleistungsunternehmen (vgl. § 2 Abs. 4), die für ihre Kunden Wertpapierdienstleistungen nach § 2 Abs. 3 Nr. 1 bis 3 (dazu im Einzelnen § 2 Rn. 76ff.) erbringen, also Finanzinstrumente (§ 2 Abs. 2b) im eigenen Namen für fremde Rechnung (**Finanzkommissionsgeschäft**, § 2 Abs. 3 Satz 1 Nr. 1), für eigene Rechnung als Dienstleistung für andere (**Eigenhandel**, § 2 Abs. 3 Satz 1 Nr. 2) oder in fremdem Namen für fremde Rechnung (**Abschlussvermittlung**, § 2 Abs. 3 Satz 1 Nr. 3) anschaffen oder veräußern. Führt ein Wertpapierdienstleistungsunternehmen im Rahmen der **Finanzportfolioverwaltung** die Anlageentscheidungen selbst aus, gelten die Anforderungen des § 33a entsprechend.[12] Eine Sonderregelung für Wertpapierdienstleistungsunternehmen, die Aufträge ihrer Kunden an Dritte zur Ausführung weiterleiten oder Finanzportfolioverwaltung betreiben, ohne die Aufträge oder Entscheidungen selbst auszuführen, enthält § 33a Abs. 8 (Rn. 44f.).

---

und des Rates und zur Aufhebung der Richtlinie 93/22/EWG des Rates, Amtsblatt Nr. L 145 vom 30. April 2004, S. 1ff.

[8] Durchführungsrichtlinie 2006/73/EG der Kommission zur Durchführung der Richtlinie 2004/39/EG des Europäischen Parlaments und des Rates in Bezug auf die organisatorischen Anforderungen an Wertpapierfirmen und die Bedingungen für die Ausübung ihrer Tätigkeit sowie in Bezug auf die Definition bestimmter Begriffe für die Zwecke der genannten Richtlinie vom 10. August 2006, ABl. EU L 241 vom 2. September 2006, S. 26ff.

[9] Begründung des Kommissionsvorschlags für eine Richtlinie über Wertpapierdienstleistungen und geregelte Märkte, KOM(2002)625 endg., ABl. EU C 71 E vom 25. März 2003, S. 62, 73; siehe auch *Bauer* in *Clouth/Lang*, Rn. 710; *Balzer* ZBB 2003, 177, 188.

[10] Vgl. *Bauer* in *Clouth/Lang*, Rn. 711; *Fleischer* BKR 2006, 389, 395; *Hirschberg* AG 2006, 398, 401f.; *Kumpan* DB 2006, 1714, 1717.

[11] *Gomber/Hirschberg* AG 2006, 777, 782f.; *Hirschberg* AG 2006, 398, 402; *Irmen* in *Clouth/Lang*, Rn. 768; *Spindler* DStR 2002, 1576, 1585; vgl. auch *Duve/Keller* BB 2006, 2477, 2481 und *Gomber/Chlistalla/Groth* ZBB 2008, 2.

[12] BT-Drs. 16/4028, S. 72; *Zingel* BKR 2007, 173, 174; ausführlich *Bauer* in *Clouth/Lang*, Rn. 750ff.

b) Abgrenzung von Eigenhandelsgeschäften und Eigengeschäften

5 Das Tatbestandsmerkmal der „**Aufträge seiner Kunden für den Kauf oder Verkauf**" in § 33a ist nicht im technischen Sinne zu verstehen, was bereits daraus folgt, dass Absatz 1 ausdrücklich auch den Eigenhandel, also den Handel für eigene Rechnung, einbezieht.[13] Bei diesem kommen Kaufverträge unmittelbar zwischen dem Unternehmen und seinen Kunden zustande. Dennoch ist dieses Merkmal entscheidend für die Bestimmung des Anwendungsbereichs des § 33a (vgl. auch § 37 Satz 2). Eigengeschäfte, d. h. Anschaffung und Veräußerung von Finanzinstrumenten für eigene Rechnung, die keine Dienstleistung für andere darstellen (vgl. § 2 Abs. 3 Satz 2), unterliegen nicht den Anforderungen des § 33a. Entscheidend für die Abgrenzung ist, ob das Wertpapierdienstleistungsunternehmen mit dem Geschäft nur sein eigenes Interesse verfolgt (**Eigengeschäft**) oder ob es auch die Interessen des Kunden wahrzunehmen verpflichtet ist, so dass das Geschäft Dienstleistungscharakter hat (**Eigenhandelsgeschäft**).[14] Von dieser Unterscheidung scheint auch die Kommission auszugehen, die am 23. März 2007 auf von dem Committee of European Securities Regulators CESR gestellte Fragen zum Anwendungsbereich des Gebots der bestmöglichen Ausführung geantwortet hat.[15]

6 **aa) Kriterien für die Abgrenzung.** Das Wertpapierdienstleistungsunternehmen handelt nur dann in Ausführung eines „Auftrags des Kunden", wenn das Vertragsverhältnis – über die aus dem Kaufvertrag selbst folgenden Hauptleistungspflichten hinausgehend – fremdnützig in dem Sinne ausgestaltet ist, dass das Unternehmen **die (Vermögens-)Interessen des Kunden zu wahren** hat.[16] Wenn dazu keine ausdrückliche Vereinbarung getroffen wird, ist anhand der Umstände des Einzelfalls festzustellen, ob sich der Kunde berechtigterweise darauf verlassen darf, das Wertpapierdienstleistungsunternehmen werde seine Interessen wahrnehmen, insbesondere im Hinblick auf die Konditionen der Ausführung.[17] Zu berücksichtigen ist neben der Art des Kunden unter anderem, von welcher Partei der geschäftliche Kontakt ausgeht, ob es im jeweiligen Markt üblich ist, dass Kunden die Konditionen der Wertpapierdienstleister vergleichen (wovon bei professionellen Kunden auszugehen sein dürfte[18]) und wie hoch das Transparenzniveau im betreffenden Markt ist.[19] Bei Privatkunden ist in aller Regel von einer Geltung des § 33a auszugehen.[20]

---

[13] Vgl. Erwägungsgrund 69 der Durchführungsrichtlinie 2006/73/EG und BT-Drs. 16/4028, S. 72.

[14] Allgemein dazu *Kümpel/Bruski* in *Schimansky/Bunte/Lwowski*, Bankrechts-Handbuch, § 104 Rn. 21 f.

[15] Vgl. Comission answers to CESR scope issues under MiFID and the implementing directive, Working Document ESC-07-2007, Ziff. 4.

[16] Siehe Comission answers to CESR scope issues under MiFID and the implementting directive, Working Document ESC-07-2007, Ziff. 5 und Erwägungsgrund 33 der MiFID.

[17] Comission answers to CESR scope issues under MiFID and the implementing directive, Working Document ESC-07-2007, Ziff. 8.

[18] Zutreffend *Irmen* in *Clouth/Lang*, Rn. 774.

[19] Comission answers to CESR scope issues under MiFID and the implementing directive, Working Document ESC-07-2007, Ziff. 8.

[20] Comission answers to CESR scope issues under MiFID and the implementing directive, Working Document ESC-07-2007, Ziff. 9.

bb) Festpreisgeschäfte. Das Gebot der bestmöglichen Ausführung gilt – unabhängig von der Art des Kunden – für **Festpreisgeschäfte,** bei dem das Wertpapierdienstleistungsunternehmen als Alternative zu anderen Ausführungsplätzen dem Kunden anbietet, selbst als Vertragspartner einzutreten (zu den insoweit bestehenden Besonderheiten bei der Einhaltung des § 33a siehe Rn. 31).[21] 7

cc) „Request for Quote". Kommt ein Geschäft dagegen derart zustande, dass ein (professioneller) Kunde auf eigene Initiative bei einem Wertpapierdienstleistungsunternehmen eine Quotierung für ein bestimmtes Finanzinstrument erbittet und auf dieser Basis einen Kaufvertrag abschließt, ist § 33a regelmäßig nicht anwendbar.[22] 8

dd) OTC-Handel. Nach den genannten Maßstäben ist im Einzelfall auch zu entscheiden, ob das Gebot der bestmöglichen Ausführung im Handel mit **OTC-Finanzinstrumenten** Anwendung findet. Gerade dann, wenn Produkte spezifisch auf die Bedürfnisse des (professionellen) Kunden zugeschnitten sind (zB Swaps), wird das Wertpapierdienstleistungsunternehmen verpflichtet sein, die Interessen des Kunden wahrzunehmen, so dass ein Eigenhandelsgeschäft anzunehmen ist. Wegen der Besonderheiten derartiger Geschäfte sind die Anforderungen des § 33a hier jedoch entsprechend zu modifizieren.[23] Bietet das Unternehmen ausschließlich den Abschluss derartiger Geschäfte mit ihm selbst oder einem demselben Konzern oder Finanzverbund angehörenden Institut an, genügt es, in den Ausführungsgrundsätzen auf diese Tatsache hinzuweisen.[24] Weitergehende Pflichten bestehen nur, wenn alternativ auch die Vermittlung des Geschäfts an ein Konkurrenzunternehmen in Betracht kommt.[25] 9

c) Investmentfonds

Nicht von § 33a erfasst sind nach der Vorstellung der Gesetzesverfasser die Ausgabe oder die Rücknahme von Anteilen an Sondervermögen (§ 2 Abs. 2 InvG), Investmentaktiengesellschaften (§ 2 Abs. 5 InvG) und ausländischen Investmentvermögen (§ 2 Abs. 9 InvG) über eine Depotbank gemäß § 23 InvG. Der die Ermittlung des Anteilswerts regelnde § 36 InvG sei im Verhältnis zu § 33a eine *lex specialis*.[26] **Mit den gemeinschaftsrechtlichen Vorgaben ist diese Aussage in ihrer Allgemeinheit indes nicht vereinbar.** Soweit Fondsanteile als Finanzinstrumente im Sinne des § 2 Abs. 2b zu qualifizieren sind,[27] 10

---

[21] Comission answers to CESR scope issues under MiFID and the implementing directive, Working Document ESC-07-2007, Ziff. 6.
[22] Comission answers to CESR scope issues under MiFID and the implementing directive, Working Document ESC-07-2007, Ziff. 7; ähnlich *Irmen* in *Clouth/Lang*, Rn. 774.
[23] Erwägungsgrund 70 der Durchführungsrichtlinie 2006/73/EG; Comission answers to CESR scope issues under MiFID and the implementing directive, Working Document ESC-07-2007, Ziff. 12 und 13; siehe auch *Bauer* in *Clouth/Lang*, Rn. 714.
[24] *Irmen* in *Clouth/Lang*, Rn. 812.
[25] *Irmen* in *Clouth/Lang*, Rn. 811.
[26] BT-Drs. 16/4028, S. 72.
[27] Geschlossene Fonds werden vom WpHG nicht erfasst, dazu § 2 Rn. 23. Siehe auch *Bauer* in *Clouth/Lang*, Rn. 716–718 (der allerdings die Ausnahme von geschlossenen Fonds mit der damit nicht zusammenhängenden Frage vermengt, ob § 36 InvG *lex specialis* zu § 33a ist); *Volhard/Wilkens* DB 2006, 2051; *Voß* BKR 2007, 45.

findet § 33a Anwendung.[28] Werden Fondsanteile ausschließlich gemäß § 23 InvG vertrieben, ist es ausreichend (aber auch erforderlich), diese Tatsache in den Ausführungsgrundsätzen anzugeben. Mangels alternativer Ausführungsplätze ist die Bestimmung und Gewichtung von Bewertungskriterien nach § 33a Abs. 2 überflüssig. Allenfalls in diesem Sinne lässt sich davon sprechen, dass § 36 InvG die vorrangige Regelung sei. Nicht alle Fondsanteile werden jedoch ausschließlich direkt vertrieben. Das InvG schließt einen Sekundärmarkt nicht aus; für bestimmte Fondsanteile (insbesondere so genannte **Exchange Traded Funds**) existiert auch in Deutschland seit einigen Jahren ein börsenmäßiger Handel.[29] Der Börsenhandel kann dem Kunden gegenüber dem Direktvertrieb Vorteile bieten, etwa die Möglichkeit des intraday-Handels und ggf. günstigere Konditionen.[30] Das Wertpapierdienstleistungsunternehmen hat die verschiedenen Ausführungsplätze (einschließlich den des § 23 InvG) nach Maßgabe des § 33a zu bewerten; die Ausführungsgrundsätze haben gemäß § 33a Abs. 5 Nr. 2 zumindest die Ausführungsplätze anzugeben, an denen gleich bleibend die bestmöglichen Ergebnisse erzielt werden können.

d) Geeignete Gegenparteien

11   Gemäß § 31b Abs. 1 findet § 33a auch dann keine Anwendung, wenn die genannten Wertpapierdienstleistungen gegenüber geeigneten Gegenparteien im Sinne des § 31a Abs. 4 erbracht werden und keine anderweitige Vereinbarung getroffen wurde (§ 31b Rn. 4ff.).

3. Sanktionen und Haftung

12   Gemäß § 39 Abs. 2 handelt **ordnungswidrig,** wer vorsätzlich oder leichtfertig entgegen § 33a Abs. 5 Satz 2 oder Abs. 6 Nr. 1 oder 2 einen Hinweis oder eine Information nicht oder nicht rechtzeitig gibt oder eine Einwilligung oder Zustimmung nicht oder nicht rechtzeitig einholt (Nr. 18), oder entgegen § 33a Abs. 6 Nr. 3 eine Mitteilung nicht richtig oder nicht vollständig abgibt (Nr. 19). Die Ordnungswidrigkeit wird im Falle des § 39 Abs. 2 Nr. 18 mit einer Geldbuße von bis zu 200000,– Euro, im Falle des § 39 Abs. 2 Nr. 19 von bis zu 50000,– Euro geahndet (§ 39 Abs. 4).

13   Der Frage, ob § 33a ein **Schutzgesetz im Sinne des § 823 Abs. 2** darstellt, wird kaum praktische Bedeutung zukommen, da nach zutreffender Ansicht jedenfalls die allgemeine Verhaltenspflicht des § 31 Abs. 1 Nr. 1 Schutzgesetzeigenschaft aufweist und in jedem Fall, in dem einem Kunden durch Nichtbeachtung des § 33a ein Schaden entsteht, auch eine Verletzung des § 31 Abs. 1 Nr. 1 gegeben sein dürfte.[31] Im Übrigen werden die Ausführungsgrundsätze des Wertpapierdienstleistungsunternehmens über die Zustimmung des Kunden gemäß § 33a Abs. 6 Nr. 1 Bestandteil der vertraglichen Beziehung zwischen den Parteien, so dass zumindest bei Nichteinhaltung der „execution policy" **vertragliche Schadensersatzansprüche** in Betracht kommen.[32] Davon abgesehen dürfte

---

[28] So auch *Gomber/Hirschberg* AG 2006, 777, 781; aA *Irmen* in *Clouth/Lang,* Rn. 807; *Zingel* BKR 2007, 173, 174.
[29] *Baur* in *Assmann/Schütze,* § 20 Rn. 313a f.; *Köndgen/Schmies* in *Schimansky/Bunte/Lwowski,* § 113 Rn. 145.
[30] Siehe dazu nur *Köndgen/Schmies* in *Schimansky/Bunte/Lwowski,* § 113 Rn. 145.
[31] Vgl. auch *Kumpan* DB 2006, 1714, 1717.
[32] *Irmen* in *Clouth/Lang,* Rn. 769.

zwischen den einzelnen von § 33a begründeten Pflichten zu differenzieren sein.[33] Die Tatsache, dass § 33a Abs. 1 Nr. 1 eine **Organisationspflicht** begründet und Wertpapierdienstleistungsunternehmen gerade nicht dazu verpflichtet, in jedem Einzelfall das bestmögliche Ergebnis zu erreichen (Rn. 14), spricht gegen die Einordnung als Schutzgesetz im Sinne des § 823 Abs. 2 BGB (zur Schutzgesetzeigenschaft von Organisationspflichten siehe auch Vor §§ 31ff. Rn. 83). Auch die nach § 33a Abs. 1 Nr. 2 bestehende Pflicht, sicherzustellen, dass jede einzelne Ausführung eines Kundenauftrags den Ausführungsgrundsätzen entspricht, ist als rein organisatorische Anforderung ausgestaltet.[34] Somit kommen allenfalls die **Informations- und Hinweispflichten** gemäß § 33a Abs. 5 Satz 2, Abs. 6 Nr. 1 bis 3 als Schutzgesetze in Betracht. Unabhängig von der Anspruchsgrundlage ist freilich zu beachten, dass für den Kunden des Wertpapierdienstleistungsunternehmens erhebliche **Beweisschwierigkeiten** gerade hinsichtlich des Schadens bestehen werden. Insbesondere der Nachweis, dass der Kundenauftrag bei Einhaltung der (zum Vertragsbestandteil gewordenen) Ausführungsgrundsätze zu einem besseren Preis ausgeführt worden wäre, wird regelmäßig schwer zu führen sein. Aus der Organisationspflicht des § 33a Abs. 7 (siehe Rn. 38), nach dem das Unternehmen in der Lage sein muss, einem Kunden auf Anfrage darzulegen, dass sein Auftrag entsprechend den Ausführungsgrundsätzen ausgeführt wurde, können keine Beweiserleichterungen abgeleitet werden. Dagegen spricht entscheidend, dass § 33a Abs. 7 rein aufsichtsrechtlichen Charakter hat (siehe zu einer vergleichbaren Frage auch § 34 Rn. 3).

II. Aufstellung von Ausführungsgrundsätzen

1. Pflicht zur Aufstellung (Abs. 1 Nr. 1)

§ 33a Abs. 1 Nr. 1 begründet die Pflicht, alle angemessenen Vorkehrungen zu 14 treffen, insbesondere Grundsätze für die Auftragausführung (sog. „**Execution Policy**") festzulegen und mindestens einmal jährlich zu überprüfen, um das bestmögliche Ergebnis für die Kunden zu erreichen. Wie die Begründung des Regierungsentwurfs klarstellt, bedeutet die Ausrichtung auf das bestmögliche Ergebnis im Rahmen des § 33a nicht, dass bei jedem einzelnen ausgeführten Kundenauftrag tatsächlich das bestmögliche Ergebnis erzielt werden muss.[35] Vielmehr begründet § 33a Abs. 1 Nr. 1 – wofür auch die systematische Nähe zu § 33 spricht – die Pflicht, die notwendigen organisatorischen Maßnahmen zu treffen, um das vorgegebene Ziel zu erreichen.[36] Dazu gehört vor allem die Aufstellung von Ausführungsgrundsätzen (Abs. 1 Nr. 1) und die Sicherstellung der Auftragsausführung gemäß diesen Grundsätzen (Abs. 1 Nr. 2, dazu Rn. 35ff.). § 33a Abs. 1 Nr. 1 begründet also **keine eigenständige Verhaltenspflicht** des Wert-

---

[33] Ohne zu unterscheiden bejaht *Zingel* BKR 2007, 173, 178 die Schutzgesetzeigenschaft des § 33a; generell gegen die Einstufung als Schutzgesetz *Schäfer* WM 2007, 1872, 1878.
[34] Für die Schutzgesetzeigenschaft des § 33a Abs. 1 Nr. 2 dagegen *Baumbach/Hopt*, HGB, Einleitung WpHG Rn. 18.
[35] BT-Drs. 16/4028, S. 72; *Bauer* in *Clouth/Lang*, Rn. 709; *Duve/Keller* BB 2006, 2477, 2481; *Gomber/Hirschberg* AG 2006, 777, 782.
[36] *Dierkes* ZBB 2008, 11, 12 („prozessorientierter Ansatz"); *Irmen* in *Clouth/Lang*, Rn. 771; *Marbeiter* in *Brinkmann* u.a., Compliance, Rn. 109.

papierdienstleistungsunternehmens gegenüber dem individuellen Kunden, sondern ergänzt mit seinen organisatorischen Anforderungen die Verhaltenspflicht des § 31 Abs. 1 Nr. 1 (siehe auch Rn. 13).

15 Die (öffentlich-rechtliche) Pflicht zur Aufstellung und Überwachung von Ausführungsgrundsätzen stellt grundsätzlich **zwingendes Recht** dar. Sie kann insbesondere nicht durch entsprechende (formular-)vertragliche Vereinbarungen mit den Kunden ersetzt oder ausgeschlossen werden. Zwar sieht § 33a Abs. 4 ausdrücklich vor, dass das Gebot der bestmöglichen Ausführung erfüllt ist, soweit eine Kundenweisung vorliegt (dazu Rn. 32ff.). Eine Weisung kann auch generell für eine Vielzahl von Aufträgen oder alle Aufträge eines Kunden erteilt werden. Gefordert ist aber eine „ausdrückliche" Weisung, was jedenfalls eine Abbedingung der Ausführungsgrundsätze durch allgemeine Geschäftsbedingungen ausschließt (Rn. 32). Eine andere Sichtweise würde dem Regelungszweck des § 33a widersprechen, der grundsätzlich dem Unternehmen die Verantwortung für die Auswahl eines Ausführungsplatzes überträgt. Entsprechende individualvertragliche Klauseln sind zulässig; zu beachten ist jedoch, dass jedenfalls Privatkunden über diese faktische Abbedingung des § 33a aufgeklärt werden müssen (vgl. § 33a Abs. 6 Nr. 2 und Rn. 42).[37] Ohne weiteres zulässig ist es, die Ausführungsgrundsätze so auszugestalten, dass **weisungsfreie Aufträge von dem Wertpapierdienstleistungsunternehmen generell nicht angenommen werden.** In diesem Fall muss das Wertpapierdienstleistungsunternehmen seine Kunden aber über die Qualität der zur Auswahl stehenden Ausführungsplätze informieren (siehe auch Rn. 34).

2. Inhaltliche Vorgaben (Abs. 2, Abs. 3, Abs. 5)

16 Die Erstellung einer „Execution Policy" sollte, um den Anforderungen der insoweit maßgeblichen Absätze 2 und 5 des § 33a gerecht zu werden, **in drei Schritten** erfolgen.[38] Zunächst sind gemäß § 33a Abs. 2 alle für die Erzielung des bestmöglichen Ergebnisses relevanten **Kriterien zu bestimmen und zu gewichten** (Rn. 17ff.). Im zweiten Schritt hat eine **Einordnung aller denkbaren weisungsfreien Aufträge** in bestimmte, abstrakt-generell formulierte Fallgruppen, die zumindest nach der Art der Finanzinstrumente differenzieren, zu erfolgen (Rn. 26f.). Der letzte Schritt besteht darin, diesen Auftragsgruppen den **Ausführungsplatz** (oder die Ausführungsplätze) **zuzuordnen,** an dem gleich bleibend ein bestmögliches Ergebnis erzielt werden kann (Rn. 28ff.). Die in Frage kommenden Ausführungsplätze müssen also anhand der ausgewählten und gewichteten Kriterien bewertet werden. Aus Sicht des Wertpapierdienstleistungsunternehmens ist entscheidend, dass § 33a lediglich den verfahrensmäßigen Rahmen für die Erstellung der Ausführungsgrundsätze vorgibt, so dass ein **breiter Ermessensspielraum** gerade bei der Bewertung der einzubeziehenden Kriterien besteht.[39]

---

[37] Für professionelle Kunden empfiehlt sich wegen der sehr unterschiedlichen Interessenlage innerhalb dieser Kundengruppe ohnehin die Einholung von Weisungen, vgl. *Bauer* in *Clouth/Lang,* Rn. 760.

[38] So auch *Bauer* in *Clouth/Lang,* Rn. 725. Praktische Hinweise bei *Marbeiter* in *Brinkmann* u. a., Compliance, Rn. 118ff.

[39] Siehe auch *Bauer* in *Clouth/Lang,* Rn. 723; *Dierkes* ZBB 2008, 11, 18f. (auch zur in der Praxis vorzufindenden Bandbreite); CESR's Questions & Answers: Best Execution under MiFID, May 2007, CESR/07-320, 3.1 („considerable degree of flexibility").

Bestmögliche Ausführung von Kundenaufträgen 17–19 § 33a

a) Ermittlung und Gewichtung von Kriterien

Gemäß § 33a Abs. 2 hat das Wertpapierdienstleistungsunternehmen bei der Aufstellung der Ausführungsgrundsätze alle relevanten Kriterien zur Erzielung des bestmöglichen Ergebnisses zu berücksichtigen. Dazu gehören insbesondere die Preise der Finanzinstrumente, die Kosten, die Geschwindigkeit und die Wahrscheinlichkeit der Auftragsausführung, die Abwicklung sowie Umfang und Art des Auftrags. § 33a Abs. 2 enthält damit **prozessuale Vorgaben** für die Aufstellung der Ausführungsgrundsätze. Dieses Verfahren muss auf den Mindeststandard des § 33a Abs. 5 ausgerichtet sein. Danach hat die „Execution Policy" Angaben zu den Ausführungsplätzen, die ausschlaggebenden Faktoren für deren Auswahl und mindestens diejenigen Ausführungsplätze zu enthalten, die gleich bleibend bestmögliche Ergebnisse liefern können. Die Ermittlung von Kriterien dient also der Auswahl von Ausführungsplätzen. Das Gesetz nennt die Preise der Finanzinstrumente, die Kosten, die Geschwindigkeit und die Wahrscheinlichkeit der Auftragsausführung, die Abwicklung sowie Umfang und Art des Auftrags (dazu Rn. 19ff.). Diese Aufzählung dürfte im Regelfall alle „relevanten Kriterien" umfassen, sie ist jedoch **nicht abschließend,** nach Ermessen des Unternehmens können weitere Faktoren einbezogen werden. 17

Die Kriterien müssen für die Auswahl von Ausführungsplätzen **gewichtet** werden, wobei das Wertpapierdienstleistungsunternehmen nach eigenem Ermessen handelt. Hierfür bietet sich ein Punktesystem an, mit dem die in Frage kommenden Ausführungsplätze bewertet werden können.[40] Die Gewichtung hat die **Merkmale des Kunden** (zB Privatkunde oder professioneller Kunde), des **Kundenauftrags** (zB limitiert oder unlimitiert), des **Finanzinstrumentes** (siehe dazu auch Rn. 26) und des **Ausführungsplatzes** (zB Regelwerk,[41] Handelszeiten, Art der Preisermittlung, Bestehen verbindlicher Leistungsversprechen[42]) zu berücksichtigen. § 33a Abs. 2 gibt damit im Ergebnis Differenzierungsmerkmale vor, die bei jedem einzelnen der relevanten Kriterien zu berücksichtigen sind. Angesichts der großen Vielfalt der zu berücksichtigenden Kriterien und des Ermessensspielraums des Wertpapierdienstleistungsunternehmens können nachfolgend allenfalls Leitlinien gegeben werden.[43] 18

aa) Preis und Kosten. Für Aufträge von Privatkunden im Sinne des § 31a Abs. 3 hat sich das bestmögliche Ergebnis gemäß § 33a Abs. 3 Satz 1 am **Gesamtentgelt** zu orientieren, das sich aus dem Preis für das Finanzinstrument und sämtlichen mit der Auftragsausführung verbundenen Kosten ergibt (Abs. 3 Satz 2). Aber auch gegenüber **professionellen Kunden** ist grundsätzlich eine gemeinsame Betrachtung von Preis und Kosten angebracht.[44] Nach § 11 Abs. 2 WpDVerOV, der Art. 44 Abs. 3 Unterabs. 1 der Durchführungsrichtlinie 2006/73/EG (Rn. 2) umsetzt, zählen zu den zu berücksichtigenden Kosten Gebühren 19

---

[40] Die Verwendung eines mathematischen Verfahrens ist nicht zwingend, *Irmen* in *Clouth/Lang,* Rn. 785.
[41] Gesetzliche Anforderungen an bestimmte Arten von Ausführungsplätzen können ebenfalls berücksichtigt werden, vgl. *Zingel* BKR 2007, 173, 176.
[42] Dazu noch Rn. 37.
[43] Vgl. *Gomber/Hirschberg* AG 2006, 777, 782 („Eine hinreichende rechtliche Vorgabe zur Gewichtung dieser Faktoren gibt es nicht, (...)".
[44] CESR's Questions & Answers: Best Execution under MiFID, May 2007, CESR/07-320, 11.3; *Bauer* in *Clouth/Lang,* Rn. 757.

§ 33a 20, 21 Abschnitt 6. Verhaltensregeln, Verjährung

und Entgelte des Ausführungsplatzes, an dem das Geschäft ausgeführt wird,[45] Kosten für Clearing und Abwicklung und alle sonstigen Entgelte, die an Dritte gezahlt werden, die an der Auftragsausführung beteiligt sind. **Anderen Faktoren,** wie zum Beispiel Geschwindigkeit und Wahrscheinlichkeit der Auftragsausführung darf gegenüber Privatkunden bei der Bewertung nur dann Vorrang vor den unmittelbaren Preis- und Kostenerwägungen eingeräumt werden, wenn sie dazu beitragen, das bestmögliche Gesamtentgelt zu erreichen.[46] So hat etwa die Geschwindigkeit der Ausführung Einfluss auf den Preis und ist auf diese Weise zumindest mittelbar zu berücksichtigen.[47]

20   Nach § 33a Abs. 3 Satz 3 sind die **eigenen Provisionen und Gebühren** des Wertpapierdienstleistungsunternehmen nur bei der Auswahl unter mehreren in die Ausführungsgrundsätze aufgenommenen Ausführungsplätzen zu berücksichtigen, nicht aber bei der Entscheidung, welche Ausführungsplätze in die Ausführungsgrundsätze aufgenommen werden.[48] Mit § 33a Abs. 3 Satz 4 wird die Vorgabe des Art. 44 Abs. 4 der Durchführungsrichtlinie 2006/73/EG (Rn. 2) umgesetzt, nach dem Wertpapierdienstleistungsunternehmen ihre Provisionen nicht in einer Weise strukturieren oder in Rechnung stellen dürfen, die eine **sachlich nicht gerechtfertigte Ungleichbehandlung der Ausführungsplätze** bewirkt. Unterschiedliche Provisionen für die Ausführung an verschiedenen Ausführungsplätzen müssen durch entsprechend unterschiedliche Kosten für das Wertpapierdienstleistungsunternehmen gerechtfertigt sein.[49] Der systematische Zusammenhang mit § 33a Abs. 3 Satz 1 scheint zwar dafür zu sprechen, dass auch die Sätze 3 und 4 nur gegenüber Privatkunden gelten; die damit umgesetzten Art. 44 Abs. 3 Unterabs. 2 und Abs. 4 der Durchführungsrichtlinie 2006/73/EG (Rn. 2) nehmen jedoch keine derartige Unterscheidung vor, so dass eine Diskriminierung von Ausführungsplätzen für alle Arten von Kunden untersagt ist.

21   Hinsichtlich des Preises eines Finanzinstruments ist bei der Bewertung von Ausführungsplätzen auch die **Qualität der Preisermittlung** im Sinne der Unparteilichkeit und Neutralität des Preisermittlungsverfahrens zu berücksichtigen. Für die Preisqualität spielen des weiteren die Anzahl der Handelsteilnehmer, die Einbeziehung von Market Makern und Referenzmärkten sowie die (je nach Art des Finanzinstruments und der Ordergröße) vorherrschenden Spreads (Spanne zwischen dem niedrigsten Angebot und dem höchsten Gebot auf Nachfrageseite) eine Rolle. In vielen Fällen dürften allerdings Preisunterschiede zwischen verschiedenen Ausführungsplätzen aufgrund von Arbitragehandel und der Orientierung an Referenzpreisen derart gering ausfallen, dass sie für die Bewertung der Ausführungsplätze keine bedeutende Rolle spielen.[50] Nicht übersehen werden darf allerdings, dass sich – in Abhängigkeit von der Ordergröße – auch kleinste Unterschiede im Ausführungspreis deutlich auf das Gesamtentgelt auswirken und

---

[45] Zu den Preismodellen der deutschen Börsen siehe *Dierkes* ZBB 2008, 11, 15 f.
[46] BT-Drs. 16/4028, S. 72.
[47] *Irmen* in *Clouth/Lang,* Rn. 788.
[48] Vgl. Erwägungsgrund 72 der Durchführungsrichtlinie 2006/73/EG und BT-Drs. 16/4028, S. 72.
[49] Siehe dazu auch CESR's Questions & Answers: Best Execution under MiFID, May 2007, CESR/07-320, 13.1.
[50] Siehe zB *Gomber/Hirschberg* AG 2006, 777, 783; *Zingel* BKR 2007, 173, 175.

so für dessen Ermittlung eine wichtigere Rolle spielen können als Unterschiede bei den Transaktionskosten.[51]

bb) Die Geschwindigkeit der Auftragsausführung wird unter anderem von der Art des an einem Ausführungsplatz verwendeten **Handelssystems** (fortlaufender Handel, periodische Auktionen, Market-Maker-Handelssysteme, hybride Systeme) beeinflusst. Auch die technische Umsetzung ist ein möglicher Faktor.[52] Im Übrigen kann nicht nur die Zeitspanne zwischen dem Eingang einer Order an einem Handelsplatz und deren Ausführung (d. h. dem Zustandekommen eines Geschäfts) relevant sein,[53] sondern auch der Zeitraum, der bei einem zunächst nicht ausführbaren Auftrag von einer die Ausführung ermöglichenden Änderung der Marktlage bis zur tatsächlichen Ausführung vergeht. Bei **limitierten Orders** ist die Geschwindigkeit der zur Limitüberwachung eingesetzten Systeme ebenfalls ein Kriterium. Für die Gewichtung des Kriteriums ist insbesondere **nach der Art der Kunden zu differenzieren;** beispielsweise dürfte für an Arbitragegewinnen orientierte professionelle Kunden die Geschwindigkeit der Auftragsausführung vorrangig sein.[54] 22

cc) Die Wahrscheinlichkeit der Auftragsausführung hängt insbesondere von der **Liquidität** des jeweiligen Marktes (und der Existenz von Liquiditätsgebern bzw. verbindlicher Liquiditätszusagen, dazu auch Rn. 37) ab. Daneben besteht ein unmittelbarer Zusammenhang mit der Geschwindigkeit der Auftragsausführung; sie kann etwa bei hoher Volatilität eines Finanzinstruments die Wahrscheinlichkeit der Ausführung eines limitierten Auftrags beeinflussen. Zu berücksichtigen ist auch die **Wahrscheinlichkeit der vollständigen Ausführung,** oder, anders formuliert, das Risiko von Teilausführungen.[55] Dieses wird nicht nur von der Liquidität des Marktes, sondern auch von dem Regelwerk des Handelsplatzes bestimmt. Ist dort eine **Teilausführung** vorgesehen, kann sich dies nicht nur auf die Wahrscheinlichkeit der (vollständigen) Ausführung, sondern – in Abhängigkeit auch vom Umfang des Auftrags – auf die Kosten für die gesamte Transaktion auswirken. 23

dd) Abwicklung. Art. 21 Abs. 2 MiFID nennt anders als § 33a Abs. 2 die Abwicklung eines Auftrags nicht als selbständiges Kriterium, sondern spricht von der **„Wahrscheinlichkeit der Ausführung und Abwicklung".** Aus diesem Grund dürfte mit dem Faktor „Abwicklung" in erster Linie das Risiko gemeint sein, dass das am jeweiligen Ausführungsplatz zustande gekommene Geschäft nicht oder nicht rechtzeitig erfüllt wird. Die von den Ausführungsplätzen verwendeten Abwicklungsprozesse sind also durch das Wertpapierdienstleistungsunternehmen einer Bewertung zu unterziehen. 24

ee) Umfang und Art des Auftrags. Der Auftragsumfang kann unter mehreren Gesichtspunkten eine Rolle spielen. Zu nennen ist zum Beispiel das Risiko, dass ein entsprechend großer Auftrag an einem Markt mit geringer Liquidität nur teilweise ausgeführt wird (Rn. 23). Unter „Art des Auftrags" sind die ver- 25

---

[51] Zutreffend *Dierkes* ZBB 2008, 11, 17f.
[52] In der Praxis dürfte er allerdings eine untergeordnete Rolle spielen, vgl. *Zingel* BKR 2007, 173, 175.
[53] *Irmen* in *Clouth/Lang,* Rn. 788.
[54] *Bauer* in *Clouth/Lang,* Rn. 757; *Irmen* in *Clouth/Lang,* Rn. 796.
[55] *Irmen* in *Clouth/Lang,* Rn. 797.

schiedenen **Orderarten,** wie limitierte und unlimitierte Aufträge, Stop-Loss- oder Stop-Buy-Order (vgl. etwa § 2 der Bedingungen für Geschäfte an der Frankfurter Wertpapierbörse) zu verstehen.[56] Handelsplätze, welche die vom Kunden gewünschte Auftragsart nicht ausführen, müssen ausscheiden.

b) Gruppierung von Aufträgen

26 Gemäß § 33a Abs. 5 Satz 1 Nr. 1 müssen die Ausführungsgrundsätze nach **Gattungen von Finanzinstrumenten** gegliedert sein. Der Begriff der „Gattung" ist weit zu verstehen, auch insoweit haben die Wertpapierdienstleistungsunternehmen einen Ermessensspielraum.[57] Im Regelfall wird ein Unternehmen zumindest zwischen den grundlegenden Gattungen wie Aktien, Renten, Investmentfonds (zur insoweit vorzunehmenden Differenzierung siehe Rn. 10), Zertifikaten, Derivaten etc. unterscheiden.[58] Innerhalb solcher Gattungen sind **weitere Untergliederungen** möglich und sinnvoll. So kann etwa bei Aktien zwischen in- und ausländischen Papieren, nach der Zugehörigkeit zu einem bestimmten Index und/oder zwischen liquiden und marktengen Titeln differenziert werden oder bei Derivaten zwischen börsengehandelten und OTC-Produkten.[59]

27 Darüber hinaus ist eine Gruppierung auch **nach der Art der Kunden** (oder auch nach der Art und/oder dem Umfang des Kundenauftrags) möglich,[60] um auf diese Weise vor allem den nach § 33a Abs. 3 für Aufträge von Privatkunden geltenden Besonderheiten Rechnung zu tragen (dazu Rn. 19). Bei der Einteilung in derartige Ordergruppen sind die in § 33a Abs. 2 aufgeführten Kriterien zu berücksichtigen.

c) Auswahl von Ausführungsplätzen

28 Die „Execution Policy" hat für alle Arten von Aufträgen entsprechend der vorgenommenen Gruppierung **zumindest einen Ausführungsplatz** zu nennen.[61] Das Wertpapierdienstleistungsunternehmen muss nicht alle verfügbaren Ausführungsplätze berücksichtigen, sondern nur diejenigen, an denen nach pflichtgemäßer Bewertung und Auswahl gleich bleibend ein bestmögliches Ergebnis erzielt werden kann (Abs. 5 Satz 1 Nr. 2).[62] Die Anwendung der nach § 33a Abs. 2 bestimmten und gewichteten Kriterien kann dazu führen, dass im Einzelfall **mehrere Ausführungsplätze** als **gleichwertig** angesehen werden.[63] Alternativ können auch mehrere Ausführungsplätze in einer bestimmten Reihenfolge genannt werden. Gemäß § 11 Abs. 1 WpDVerOV (Rn. 46), der Art. 44 Abs. 1 Unterabs. 2 der Durchführungsrichtlinie 2006/73/EG (Rn. 2) umsetzt, sind Ausführungsplätze im Sinne von § 33a Abs. 5 **organisierte Märkte** (vgl.

---

[56] Erwägungsgrund 64 der Durchführungsrichtlinie 2006/73/EG.
[57] Ausführliche Hinweise dazu bei *Irmen* in *Clouth/Lang,* Rn. 792 ff.
[58] Vgl. CESR's Questions & Answers: Best Execution under MiFID, May 2007, CESR/ 07-320, 7.3; *Zingel* BKR 2007, 173, 175 f.
[59] Siehe auch *Dierkes* ZBB 2008, 11, 13.
[60] *Irmen* in *Clouth/Lang,* Rn. 777; *Marbeiter* in *Brinkmann* u. a., Compliance, Rn. 114.
[61] *Bauer* in *Clouth/Lang,* Rn. 731.
[62] Vgl. Erwägungsgrund 66 der Durchführungsrichtlinie 2006/73/EG und BT-Drs. 16/ 4028, S. 73.
[63] *Dierkes* ZBB 2008, 11, 14; *Irmen* in *Clouth/Lang,* Rn. 785, 787; *Zingel* BKR 2007, 173, 176.

Bestmögliche Ausführung von Kundenaufträgen 29–31 § 33a

§ 2 Abs. 5), **multilaterale Handelssysteme** (vgl. § 2 Abs. 3 Satz 1 Nr. 8), **systematische Internalisierer** (vgl. § 2 Abs. 10), **Market-Maker** und **sonstige Liquiditätsgeber** sowie **vergleichbare Unternehmen und Einrichtungen in Drittstaaten**.

Gemäß § 33a Abs. 5 Satz 1 Nr. 1 sind die **ausschlaggebenden Faktoren** für 29 die Auswahl eines Ausführungsplatzes anzugeben. Dies hat in einem solchen Umfang zu geschehen, dass der Kunde zumindest über die Grundzüge des Bewertungsverfahrens des Wertpapierdienstleistungsunternehmens informiert wird (siehe auch Rn. 41); die Nichtaufnahme bestimmter Ausführungsplätze bedarf allerdings keiner Begründung.[64] Das Auswahlverfahren muss nicht im Detail offen gelegt werden. Wird beispielsweise (institutsintern) ein Punktesystem für die Gewichtung und Bewertung der in § 33a Abs. 2 genannten Kriterien verwendet, müssen dieses System und seine Anwendung nicht im Einzelnen erläutert werden; vielmehr genügt eine Angabe der einbezogenen Kriterien und des Schwerpunkts der Gewichtung.

§ 33a Abs. 5 Satz 2 bestimmt, dass ein Wertpapierdienstleistungsunternehmen, 30 dessen Ausführungsgrundsätze auch eine Auftragsausführung **außerhalb organisierter Märkte und multilateraler Handelssysteme** zulassen, seine Kunden auf diesen Umstand gesondert hinweisen und deren ausdrückliche Einwilligung generell oder in Bezug auf jedes Geschäft einholen muss, bevor die Kundenaufträge an diesen Ausführungsplätzen ausgeführt werden. Eine Erteilung der Einwilligung im Rahmen von allgemeinen Geschäftsbedingungen ist nicht möglich.[65] Formerfordernisse bestehen aber nicht, so dass auch eine mündliche oder elektronisch übermittelte (ausdrückliche) Einwilligung genügt.[66] Bei **Festpreisgeschäften** (dazu sogleich Rn. 31), d. h. bei Abschluss eines Kaufvertrages zwischen Wertpapierdienstleistungsunternehmen und Kunden im Eigenhandel, ist bereits in der auf Vertragsschluss gerichteten Willenserklärung des Kunden die gemäß § 33a Abs. 5 Satz 2 erforderliche Einwilligung zu sehen.[67]

d) Besonderheiten bei Festpreisgeschäften

Für im Wege des Eigenhandels abgeschlossene (siehe Rn. 5 ff.) Festpreisge- 31 schäfte gilt das Gebot der bestmöglichen Ausführung genauso wie für Kommissionsgeschäfte.[68] Die Regelungen zur bestmöglichen Auftragsausführung dienen allerdings nur dazu, die Auftragsausführung des jeweiligen Wertpapierdienstleistungsunternehmens im Interesse des Kunden zu optimieren, sollen aber nicht zu einem Vergleich der Leistungen verschiedener Unternehmen zwingen. Die Verpflichtung zur bestmöglichen Auftragsausführung muss bei Festpreisgeschäften deshalb so ausgelegt werden, dass die **Konditionen der Marktlage zu entsprechen** haben.[69] Existiert ein Börsenpreis, so hat sich das Unternehmen an

---

[64] BT-Drs. 16/4028, S. 73.
[65] *Irmen* in *Clouth/Lang*, Rn. 782; *Zingel* BKR 2007, 173, 176.
[66] *Zingel* BKR 2007, 173, 176.
[67] *Irmen* in *Clouth/Lang*, Rn. 783.
[68] Erwägungsgrund 69 der Durchführungsrichtlinie 2006/73/EG und BT-Drs. 16/4028, S. 73.
[69] Erwägungsgründe 69 und 71 der Durchführungsrichtlinie 2006/73/EG; BT-Drs. 16/ 4028, S. 73; siehe auch *Bauer* in *Clouth/Lang*, Rn. 720; *Marbeiter* in *Brinkmann* u. a., Compliance, Rn. 115; ausführlich *Irmen* in *Clouth/Lang*, Rn. 773.

3. Kundenweisungen (Abs. 4)

32 Soweit[72] das Wertpapierdienstleistungsunternehmen einen Auftrag gemäß einer ausdrücklichen Kundenweisung ausführt, gilt gemäß § 33a Abs. 4 die Pflicht zur Erzielung des bestmöglichen Ergebnisses als erfüllt. Entscheidend ist, ob die Weisung **ausdrücklich**, d. h. insbesondere nicht formularvertraglich erteilt wurde;[73] dagegen ist unerheblich, ob eine Einzelweisung oder eine generelle Weisung vorliegt.[74] Wie auch bei der „ausdrücklichen Einwilligung" nach § 33a Abs. 5 Satz 2 (dazu Rn. 30) sieht das Gesetz **kein Formerfordernis** vor. Die (ausdrückliche) Weisung kann deshalb auch mündlich oder auf elektronischem Wege erteilt werden.

33 Unter einer Weisung ist eine im Rahmen eines Geschäftsbesorgungs- oder Auftragsverhältnisses (§§ 675, 665 BGB) oder eines Kommissionsgeschäfts (§ 385 HGB) abgegebene einseitige Willenserklärung zu verstehen, welche die Pflichten des Geschäftsbesorgers, Beauftragten oder Kommissionärs aus dem bestehenden Vertragsverhältnis konkretisiert.[75] Bei im Eigenhandel des Wertpapierdienstleistungsunternehmens abgeschlossenen **Festpreisgeschäften** (dazu Rn. 7 und Rn. 31) ist in der auf Abschluss des Kaufvertrages mit dem Wertpapierdienstleistungsunternehmen gerichteten Willenserklärung des Kunden keine „Weisung" im Sinne des § 33a Abs. 4 zu sehen.[76] Das Gebot der bestmöglichen Ausführung findet vielmehr in modifizierter Form Anwendung (dazu Rn. 31).

34 Ein Wertpapierdienstleistungsunternehmen verstößt gegen die Pflicht, im Interesse seines Kunden zu handeln, wenn es ihn in Umgehung von § 33a Abs. 1 dazu veranlasst, eine Weisung zu erteilen, obwohl es nach „vernünftigem Ermessen" wissen sollte, dass diese Weisung voraussichtlich die Erzielung des bestmöglichen Ergebnisses verhindern wird.[77] Zulässig ist es aber, **Kundenaufträge nur auf Basis von ausdrücklichen Weisungen zu Ausführungsplätzen** vorzusehen, d. h. die Kunden zwischen mehreren Ausführungsplätzen, die alle mit den Grundsätzen zur Auftragsausführung vereinbar sind, wählen zu lassen.[78] Eine derartige Gestaltung wird vor allem im Direktbankgeschäft in Betracht kommen.[79] In diesem Fall muss sich die Information nach § 33a Abs. 6 Nr. 1 (dazu noch Rn. 40f.) auch auf die Qualität der Ausführungsplätze beziehen, um dem Kun-

---

[70] *Irmen* in *Clouth/Lang*, Rn. 773.
[71] BT-Drs. 16/4028, S. 73; *Irmen* in *Clouth/Lang*, Rn. 773.
[72] Erwägungsgrund 68 der Durchführungsrichtlinie 2006/73/EG stellt klar, dass das Wertpapierdienstleistungsunternehmen bei Weisungen, die nur einen Teil oder einen Aspekt des Auftrags betreffen, im Übrigen an das Gebot zur bestmöglichen Ausführung gebunden bleibt.
[73] Siehe auch *Bauer* in *Clouth/Lang*, Rn. 733 („individuelle Absprachen").
[74] BT-Drs. 16/4028, S. 72.
[75] Siehe nur MünchKommBGB-*Seiler*, 4. Aufl. 2005, § 665 Rn. 5.
[76] Im Ergebnis auch *Zingel* BKR 2007, 173, 177.
[77] Erwägungsgrund 68 der Durchführungsrichtlinie 2006/73/EG.
[78] Erwägungsgrund 68 der Durchführungsrichtlinie 2006/73/EG und BT-Drs. 16/4028, S. 73.
[79] *Irmen* in *Clouth/Lang*, Rn. 772 und 778.

Bestmögliche Ausführung von Kundenaufträgen 35–37 § 33a

den eine informierte Entscheidung zu ermöglichen.[80] Dies erfordert insbesondere Angaben zu den an den jeweiligen Ausführungsplätzen entstehenden Kosten und zu den dort geltenden Handelsregeln.[81] Gemäß § 33a Abs. 6 Nr. 2 sind Privatkunden zudem ausdrücklich darauf hinzuweisen, dass das Gebot der bestmöglichen Ausführung im Falle einer Kundenweisung nicht gilt (Rn. 42).

III. Den Grundsätzen entsprechende Ausführung (Abs. 1 Nr. 2)

Gemäß § 33a Abs. 1 Nr. 2 hat das Wertpapierdienstleistungsunternehmen sicherzustellen, dass die Ausführung jedes einzelnen Kundenauftrags nach Maßgabe der Ausführungsgrundsätze vorgenommen wird. Wie auch bei § 33a Abs. 1 Nr. 1 ist von einer reinen **Organisationspflicht** auszugehen (vgl. Rn. 14). Diese Anforderung dürfte in der Praxis regelmäßig durch **automatisierte Systeme der Orderweiterleitung** („Order Routing") sichergestellt werden;[82] allenfalls in Sonderfällen wird es möglich sein, die Ausführung von Aufträgen der manuellen Behandlung durch Mitarbeiter („Execution Desk") vorzubehalten. 35

IV. Prüfungs- und Nachweispflichten

1. Regelmäßige Überprüfung (Abs. 1 Nr. 1)

Die Ausführungsgrundsätze sind gemäß § 33a Abs. 1 Nr. 1 **mindestens jährlich zu überprüfen** und ggf. anzupassen. Ein Wertpapierdienstleistungsunternehmen ist somit insbesondere dazu verpflichtet, den von § 33a Abs. 2 vorgegebenen Auswahlprozess (Rn. 16ff.) mindestens einmal jährlich zu wiederholen. Gemäß § 11 Abs. 3 WpDVerOV (Rn. 46) hat eine Überprüfung der Ausführungsgrundsätze außerhalb des von § 33a Abs. 1 Nr. 1 als Mindestanforderung vorgegebenen Jahresrhythmus dann stattzufinden, wenn das Wertpapierdienstleistungsunternehmen von einer **wesentlichen Veränderung** Kenntnis erhält, die dazu führt, dass an den vorgesehenen Ausführungsplätzen eine Ausführung von Aufträgen nicht mehr gleich bleibend im bestmöglichen Interesse des Kunden gewährleistet ist. Damit wird Art. 46 Abs. 1 Unterabsatz 2 der Durchführungsrichtlinie 2006/73/EG (Rn. 2) umgesetzt. 36

Soweit **verbindliche Leistungsversprechen von Marktbetreibern** (zB zur Ausführungswahrscheinlichkeit oder Preisgarantien wie „Xetra oder besser") bestehen, darf sich das Wertpapierdienstleistungsunternehmen auf diese verlassen.[83] Dies gilt uneingeschränkt dann, wenn die Leistungsversprechen in dem öffent- 37

---

[80] BT-Drs. 16/4028, S. 73; *Bauer* in *Clouth/Lang*, Rn. 721; *Irmen* in *Clouth/Lang*, Rn. 778; *Marbeiter* in *Brinkmann* u. a., Compliance Rn. 115 (mit Verweis auf § 31 Abs. 3 Nr. 3); *Zingel* BKR 2007, 173, 178.
[81] Siehe dazu *Irmen* in *Clouth/Lang*, Rn. 779 f.
[82] Vgl. *Zingel* BKR 2007, 173, 177. Damit sind vor allem für kleinere Institute erhebliche Kosten verbunden, siehe *Balzer* ZBB 2003, 177, 188; *Knight* Journal of Financial Regulation and Compliance 2003, 219, 223; *Spindler/Kasten* WM 2006, 1797, 1802. Zur Auslagerung der Wertpapierabwicklung als Alternative gerade für kleinere Institute *Appel* in *Clouth/Lang*, Rn. 820ff.
[83] BT-Drs. 16/4028, S. 72.

lich-rechtlichen Regelwerk einer Börse zu finden sind und ihre Einhaltung von den Handelsüberwachungsstellen gewährleistet wird.[84] Im Übrigen sind zumindest **stichprobenartige Prüfungen** erforderlich, um festzustellen, ob die Ausführungsqualität den im Auswahlprozess des Unternehmens getroffenen Annahmen (weiterhin) genügt.[85] Eine wesentliche Veränderung im Sinne des § 11 Abs. 3 WpDVerOV kann beispielsweise bei einer signifikanten Erhöhung der Kosten an einem bestimmten Ausführungsplatz oder einer deutlichen Verschlechterung der Preisqualität (dazu Rn. 21) gegeben sein.[86]

2. Nachweis der den Grundsätzen entsprechenden Ausführung (Abs. 7)

38 Gemäß § 33a Abs. 7 hat das Wertpapierdienstleistungsunternehmen die erforderlichen **organisatorischen Maßnahmen** zu treffen, um einem Kunden auf Anfrage darlegen zu können, dass sein Auftrag entsprechend den Ausführungsgrundsätzen ausgeführt wurde. Sehen die Ausführungsgrundsätze vor, dass bestimmte Aufträge zwingend an bestimmte Ausführungsplätze geleitet werden, genügt der Nachweis, dass es tatsächlich zu einem entsprechenden „Routing" gekommen ist. Behält sich das Unternehmen dagegen in den Ausführungsgrundsätzen selbst ein Ermessen vor, muss sich der Nachweis auch auf die Ausübung des Ermessens erstrecken. Dies kann beispielsweise durch das Verfassen einer schriftlichen Begründung oder auch durch die (nachträgliche) Feststellung der Marktlage zum Ausführungszeitpunkt geschehen.

3. Dokumentation

39 Gemäß § 36 ist auch die Einhaltung der Pflichten des § 33a einmal jährlich zu prüfen (im Einzelnen § 36 Rn. 3 ff.). Daneben ist eine entsprechende Dokumentation auch für die **aufsichtsbehördliche Überwachung** nach § 35 erforderlich. Die Dokumentation hat sich nicht nur auf das Verfahren der Aufstellung der Ausführungsgrundsätze zu erstrecken, sondern muss ebenfalls eine Überprüfung der weiteren Pflichten des § 33a (insbesondere die Informationspflichten des Abs. 6 und die Überwachung der Einhaltung der „Execution Policy") ermöglichen. Eine Aufzeichnungspflicht hinsichtlich der regelmäßigen Überprüfung der Ausführungsgrundsätze ergibt sich im Übrigen aus § 34 Abs. 1 in Verbindung mit § 14 Abs. 2 Nr. 4 WpDVerOV (dazu § 34 Rn. 13).

V. Information und Zustimmung des Kunden (Abs. 6)

40 Gemäß § 31 Abs. 3 Satz 3 Nr. 3 und 4 müssen Wertpapierdienstleistungsunternehmen ihre Kunden rechtzeitig und in verständlicher Form über Ausführungsplätze sowie Kosten und Nebenkosten informieren (§ 31 Rn. 149 ff.). In Ergänzung dieser allgemeinen Anforderung sieht § 33a Abs. 6 Nr. 1 vor, dass Wertpapierdienstleistungsunternehmen ihre Kunden vor der erstmaligen Erbrin-

---

[84] *Dierkes* ZBB 2008, 11, 14.
[85] *Dierkes* ZBB 2008, 11, 14; *Irmen* in *Clouth/Lang,* Rn. 791; *Zingel* BKR 2007, 173, 177.
[86] Vgl. auch *Irmen* in *Clouth/Lang,* Rn. 791.

gung von Wertpapierdienstleistungen über die Ausführungsgrundsätze zu informieren und ihre Zustimmung zu diesen Grundsätzen einzuholen haben. Anders als § 33a Abs. 5 Satz 2 fordert Abs. 6 Nr. 1 **keine ausdrückliche Zustimmung;** ihre Einholung ist somit auch formularmäßig möglich.[87] Da die Information und die Einholung der Zustimmung vor der erstmaligen Erbringung von Wertpapierdienstleistungen zu erfolgen haben, bietet sich eine Zurverfügungstellung der Ausführungsgrundsätze zusammen mit den **Sonderbedingungen für Wertpapiergeschäfte** an, die in der Fassung vom 1. November 2007[88] unter Ziff. 2 die Ausführungsgrundsätze einbeziehen.

Nicht erforderlich ist, den Kunden die vollständige „Execution Policy", d. h. die unternehmensinterne Gesamtdokumentation, zukommen zu lassen.[89] Entscheidender Maßstab ist, ob die Kunden eine **ausreichend informierte Entscheidung** darüber treffen können, ob sie die Dienstleistung des Unternehmens in Anspruch nehmen.[90] Ergänzend bestimmt § 11 Abs. 4 WpDVerOV (Rn. 46),[91] dass die Kunden eine **Beschreibung der vorgenommenen Gewichtung** der relevanten Kriterien zur Erzielung des bestmöglichen Ergebnisses nach § 33a Abs. 2 oder eine **Beschreibung der Methode,** die für diese Gewichtung jeweils angewandt wird (Abs. 4 Nr. 1), ein **Verzeichnis der wesentlichen Ausführungsplätze** nach § 33a Abs. 5 Satz 1 Nr. 2 (Abs. 4 Nr. 2) und einen **ausdrücklichen Hinweis nach** § 33a Abs. 6 Nr. 2 (Abs. 4 Nr. 3, dazu noch Rn. 42) jeweils auf einem dauerhaften Datenträger erhalten müssen (vgl. § 3 WpDVerOV). Gemäß § 3 Abs. 3 WpDVerOV genügt eine auf aktuellem Stand zu haltende **Veröffentlichung auf einer Internetseite,** wenn die Bereitstellung der betreffenden Informationen über dieses Medium den Rahmenbedingungen, unter denen das Geschäft zwischen dem Wertpapierdienstleistungsunternehmen und dem Kunden ausgeführt wird, angemessen ist, der Kunde der Bereitstellung der Informationen in dieser Form ausdrücklich zugestimmt hat, die Adresse der Internetseite, auf der die Informationen bereitgestellt werden, dem Kunden zumindest auf einem dauerhaften Datenträger mitgeteilt worden ist, und die Informationen auf der Internetseite laufend abgefragt werden können und so lange eingestellt bleiben, wie unter billigem Ermessen für den Kunden zu erwarten ist.

Erteilt ein Privatkunde **Weisungen** im Sinne des § 33a Abs. 4 (dazu Rn. 32 ff.), muss ihn das Wertpapierdienstleistungsunternehmen gemäß § 33a Abs. 6 Nr. 2 ausdrücklich darauf hinweisen, dass es entsprechend der Reichweite der Kundenweisung nicht verpflichtet ist, den Auftrag gemäß seinen Ausführungsgrundsätzen „bestmöglich" auszuführen.[92] Dieser Hinweis muss nicht für jeden einzelnen Auftrag gesondert gegeben werden, sondern kann auch in allgemeiner Form erteilt werden.

Bei **wesentlichen Änderungen der Ausführungsgrundsätze** fordert § 33a Abs. 6 Nr. 3 eine unverzügliche Mitteilung; die erneute Einholung einer

---

[87] *Dierkes* ZBB 2008, 11, 12; *Irmen* in *Clouth/Lang,* Rn. 781.
[88] Abgedruckt in ZBB 2007, 416.
[89] *Zingel* BKR 2007, 173, 176.
[90] CESR's Questions & Answers: Best Execution under MiFID, May 2007, CESR/07-320, 14.2.
[91] § 11 Abs. 4 WpDVerOV setzt Art. 46 Abs. 2 der Durchführungsrichtlinie 2006/73/EG um.
[92] Kritisch zu dieser Regelung *Bauer* in *Clouth/Lang,* Rn. 736.

§ 33a 44, 45   Abschnitt 6. Verhaltensregeln, Verjährung

Einwilligung ist nicht erforderlich. Die **Sonderbedingungen für Wertpapiergeschäfte** in der Fassung vom 1. November 2007[93] sehen unter Ziff. 2 vor, dass das Institut berechtigt ist, die Ausführungsgrundsätze entsprechend den aufsichtsrechtlichen Vorgaben zu ändern. Diese Klausel ist mit § 308 Nr. 4 BGB vereinbar, da sie dem Kunden angesichts der gesetzlichen Prüfungs- und Änderungspflicht des § 33a Abs. 1 Nr. 1 zumutbar ist.[94]

VI. Sonderregelung für das Weiterleiten von Aufträgen und die Finanzportfolioverwaltung (Abs. 8)

44 § 33a Abs. 8 enthält in Umsetzung von Art. 45 der Durchführungsrichtlinie 2006/73/EG[95] eine Sonderregelung für Wertpapierdienstleistungsunternehmen, die Aufträge ihrer Kunden an Dritte (zB einen Zwischenkommissionär,[96] ein anderes Konzernunternehmen oder die Konzernmutter) zur Ausführung weiterleiten oder Finanzportfolioverwaltung betreiben, ohne die Aufträge oder Entscheidungen selbst auszuführen. In diesen Fällen trifft das weiterleitende Wertpapierdienstleistungsunternehmen oder den Portfolioverwalter eine **modifizierte Pflicht zur bestmöglichen Ausführung**.[97] § 33a Abs. 8 Nr. 1 ordnet die Aufstellung von Ausführungsgrundsätzen unter Berücksichtigung der Absätze 2 und 3 an. Die Ausführungsmöglichkeiten sind von dem weiterleitenden Wertpapierdienstleistungsunternehmen nicht unmittelbar zu beeinflussen.[98] Damit ist – in Ausprägung der allgemeinen Pflicht zum Handeln im besten Interesse des Kunden – im Wesentlichen für die **sorgfältige Auswahl des Dritten** Sorge zu tragen.[99] Obwohl § 33a Abs. 8 Nr. 1 dies nicht ausdrücklich erwähnt, gilt auch § 33a Abs. 4 entsprechend.[100]

45 § 33a Abs. 8 Nr. 2 bestimmt in Abweichung von Abs. 5 Satz 1, dass die Ausführungsgrundsätze in Bezug auf jede Gruppe von Finanzinstrumenten die Einrichtungen zu nennen haben, die das Wertpapierdienstleistungsunternehmen mit der Ausführung seiner Entscheidungen beauftragt oder an die es die Aufträge seiner Kunden zur Ausführung weiterleitet. Zudem muss sichergestellt werden, dass die ausgewählten Unternehmen ihrerseits Vorkehrungen treffen, die es dem Wertpapierdienstleistungsunternehmen ermöglichen, seinen Pflichten nach § 33a Abs. 8 nachzukommen. Dies ist vor allem dann von Bedeutung, wenn das auftragsausführende Institut seinen Sitz in einem Drittstaat hat und damit nicht den Anforderungen der MiFID unterliegt.[101] Die Prüfungspflicht des § 33a Abs. 1 Nr. 2 (dazu Rn. 35) wird von Abs. 8 Nr. 3 dahingehend abgeändert, dass das Wertpapierdienstleistungsunternehmen regelmäßig überwachen muss, ob die be-

---

[93] Abgedruckt in ZBB 2007, 416.
[94] Zutreffend *Zingel* BKR 2007, 173, 177.
[95] Vgl. auch BT-Drs. 16/4028, S. 73.
[96] Dessen Einschaltung bedarf nicht der Zustimmung des Kunden, vgl. *Irmen* in *Clouth/Lang*, Rn. 814.
[97] BT-Drs. 16/4028, S. 73f.
[98] *Agerer/Knop/Weiß*, Finanz Betrieb 2007, 757, 758f.
[99] *Agerer/Knop/Weiß*, Finanz Betrieb 2007, 757, 759; *Bauer* in *Clouth/Lang*, Rn. 722.
[100] BT-Drs. 16/4028, S. 74; § 33a Abs. 6 Nr. 2 findet in diesem Fall entsprechende Anwendung, dazu *Agerer/Knop/Weiß*, Finanz Betrieb 2007, 757, 760.
[101] Vgl. *Agerer/Knop/Weiß*, Finanz Betrieb 2007, 757, 759.

auftragten Einrichtungen die Aufträge im Einklang mit den getroffenen Vorkehrungen ausführen und bei Bedarf etwaige Mängel beheben.[102] Ergänzend sieht § 11 Abs. 3 Satz 2 WpDVerOV (Rn. 46) vor, dass eine Überprüfung der Grundsätze nach § 33a Abs. 8 Nr. 1 und 2 außerhalb des Jahresrhythmus dann vorzunehmen ist, wenn eine wesentliche Veränderung eintritt, die das Wertpapierdienstleistungsunternehmen in der Erfüllung seiner Pflichten nach § 33a Abs. 8 beeinträchtigt.

VII. Verordnungsermächtigung (Abs. 9)

§ 33a Abs. 9 enthält eine Verordnungsermächtigung, von der mit § 11 der Verordnung zur Konkretisierung der Verhaltensregeln und Organisationsanforderungen für Wertpapierdienstleistungsunternehmen (Wertpapierdienstleistungs-Verhaltens- und Organisationsverordnung – WpDVerOV) vom 20. Juli 2007,[103] zuletzt geändert durch Artikel 1 der Verordnung vom 21. November 2007,[104] Gebrauch gemacht wurde. 46

§ 33b Mitarbeiter und Mitarbeitergeschäfte

(1) Mitarbeiter eines Wertpapierdienstleistungsunternehmens sind
1. die Mitglieder der Leitungsorgane, die persönlich haftenden Gesellschafter und vergleichbare Personen, die Geschäftsführer sowie die vertraglich gebundenen Vermittler im Sinne des § 2 Abs. 10 Satz 1 des Kreditwesengesetzes,
2. die Mitglieder der Leitungsorgane, die persönlich haftenden Gesellschafter und vergleichbare Personen sowie die Geschäftsführer der vertraglich gebundenen Vermittler,
3. alle natürlichen Personen, deren sich das Wertpapierdienstleistungsunternehmen oder dessen vertraglich gebundene Vermittler bei der Erbringung von Wertpapierdienstleistungen, insbesondere aufgrund eines Arbeits-, Geschäftsbesorgungs- oder Dienstverhältnisses, bedienen, und
4. alle natürlichen Personen, die im Rahmen einer Auslagerungsvereinbarung unmittelbar an Dienstleistungen für das Wertpapierdienstleistungsunternehmen oder dessen vertraglich gebundene Vermittler zum Zweck der Erbringung von Wertpapierdienstleistungen beteiligt sind.

(2) Mitarbeitergeschäfte im Sinne der Absätze 3 bis 6 sind Geschäfte mit einem Finanzinstrument durch Mitarbeiter
1. für eigene Rechnung,
2. für Rechnung von Personen, mit denen sie im Sinne des § 15a Abs. 3 Satz 1 in enger Beziehung stehen, von minderjährigen Stiefkindern oder Personen, an deren Geschäftserfolg der Mitarbeiter ein zumindest mittelbares wesentliches Interesse hat, welches nicht in einer Gebühr oder Provision für die Ausführung des Geschäfts besteht, oder

---

[102] Gegen zu weitgehende Anforderungen an die Prüfungspflicht *Irmen* in *Clouth/Lang*, Rn. 813, siehe auch *Agerer/Knop/Weiß*, Finanz Betrieb 2007, 757, 760; *Zingel* BKR 2007, 173, 177.
[103] BGBl. I S. 1432.
[104] BGBl. I S. 2602.

§ 33b

3. außerhalb des ihnen zugewiesenen Aufgabenbereichs für eigene oder fremde Rechnung.

(3) Wertpapierdienstleistungsunternehmen müssen angemessene Mittel und Verfahren einsetzen, die bezwecken, Mitarbeiter, deren Tätigkeit Anlass zu einem Interessenkonflikt geben könnte oder die aufgrund ihrer Tätigkeit Zugang haben zu Insiderinformationen nach § 13 oder zu anderen vertraulichen Informationen über Kunden oder solche Geschäfte, die mit oder für Kunden getätigt werden, daran zu hindern,

1. ein Mitarbeitergeschäft zu tätigen, welches
   a) gegen eine Vorschrift dieses Abschnitts oder § 14 verstoßen könnte oder
   b) mit dem Missbrauch oder der vorschriftswidrigen Weitergabe vertraulicher Informationen verbunden ist,
2. außerhalb ihrer vorgesehenen Tätigkeit als Mitarbeiter einem anderen ein Geschäft über Finanzinstrumente zu empfehlen, welches als Mitarbeitergeschäft
   a) die Voraussetzungen der Nummer 1 oder des Absatzes 5 Nr. 1 oder Nr. 2 erfüllte oder
   b) gegen § 31c Abs. 1 Nr. 5 verstieße
   oder einen anderen zu einem solchen Geschäft zu verleiten,
3. unbeschadet des Verbots nach § 14 Abs. 1 Nr. 2, außerhalb ihrer vorgesehenen Tätigkeit als Mitarbeiter einem anderen Meinungen oder Informationen in dem Bewusstsein zugänglich zu machen, dass der andere hierdurch verleitet werden dürfte,
   a) ein Geschäft zu tätigen, welches als Mitarbeitergeschäft die Voraussetzungen der Nummer 1 oder des Absatzes 5 Nr. 1 oder Nr. 2 erfüllte oder gegen § 31c Abs. 1 Nr. 5 verstieße, oder
   b) einem Dritten ein Geschäft nach Buchstabe a zu empfehlen oder ihn zu einem solchen zu verleiten.

(4) Die organisatorischen Vorkehrungen nach Absatz 3 müssen zumindest darauf ausgerichtet sein, zu gewährleisten, dass

1. alle von Absatz 3 erfassten Mitarbeiter die Beschränkungen für Mitarbeitergeschäfte und die Vorkehrungen des Wertpapierdienstleistungsunternehmens nach Absatz 3 kennen,
2. das Wertpapierdienstleistungsunternehmen von jedem Mitarbeitergeschäft eines Mitarbeiters im Sinne des Absatzes 3 entweder durch Anzeige des Mitarbeiters oder ein anderes Feststellungsverfahren unverzüglich Kenntnis erhalten kann,
3. im Rahmen von Auslagerungsvereinbarungen im Sinne des § 25a Abs. 2 des Kreditwesengesetzes die Mitarbeitergeschäfte von Personen nach Absatz 1 Nr. 4, welche die Voraussetzungen des Absatzes 3 erfüllen, durch das Auslagerungsunternehmen dokumentiert und dem Wertpapierdienstleistungsunternehmen auf Verlangen vorgelegt werden und
4. das Wertpapierdienstleistungsunternehmen alle Mitarbeitergeschäfte, von denen es nach Nummer 2 oder Nummer 3 Kenntnis erhält, und alle Erlaubnisse und Verbote, die hierzu erteilt werden, dokumentiert.

(5) Die organisatorischen Vorkehrungen von Wertpapierdienstleistungsunternehmen, die auf eigene Verantwortung oder auf Verantwortung eines *Mitglieds* ihrer Unternehmensgruppe Finanzanalysen über Finanzinstrumente im Sinne des § 2 Abs. 2b oder deren Emittenten erstellen oder

erstellen lassen, die unter ihren Kunden oder in der Öffentlichkeit verbreitet werden sollen oder deren Verbreitung wahrscheinlich ist, müssen zudem darauf ausgerichtet sein, zu gewährleisten, dass

1. Mitarbeiter, die den Inhalt und wahrscheinlichen Zeitplan von Finanzanalysen über Finanzinstrumente im Sinne des § 2 Abs. 2b oder deren Emittenten kennen, die weder veröffentlicht noch für Kunden zugänglich sind und deren Empfehlung Dritte nicht bereits aufgrund öffentlich verfügbarer Informationen erwarten würden, für eigene Rechnung oder für Rechnung Dritter, einschließlich des Wertpapierdienstleistungsunternehmens, keine Geschäfte mit Finanzinstrumenten tätigen, auf die sich die Finanzanalysen beziehen, oder damit verbundenen Finanzinstrumenten, bevor die Empfänger der Finanzanalysen oder Anlageempfehlungen ausreichend Gelegenheit für eine Reaktion hatten, es sei denn, die Mitarbeiter handeln in ihrer Eigenschaft als Market Maker nach Treu und Glauben und im üblichen Rahmen oder in Ausführung eines nicht selbst initiierten Kundenauftrags,
2. in nicht unter Nummer 1 erfassten Fällen Mitarbeiter, die an der Erstellung von Finanzanalysen über Finanzinstrumente im Sinne des § 2 Abs. 2b oder deren Emittenten beteiligt sind, nur in Ausnahmefällen und mit vorheriger Zustimmung der Rechtsabteilung oder der Compliance-Funktion ein Mitarbeitergeschäft über Finanzinstrumente, auf die sich die Finanzanalysen beziehen, oder damit verbundene Finanzinstrumente, entgegen den aktuellen Empfehlungen tätigen.

(6) Die Pflichten des Absatzes 5 gelten auch für Wertpapierdienstleistungsunternehmen, die von einem Dritten erstellte Finanzanalysen öffentlich verbreiten oder an ihre Kunden weitergeben, es sei denn,

1. der Dritte, der die Finanzanalyse erstellt, gehört nicht zur selben Unternehmensgruppe oder
2. das Wertpapierdienstleistungsunternehmen
   a) ändert die in der Finanzanalyse enthaltenen Empfehlungen nicht wesentlich ab,
   b) stellt die Finanzanalyse nicht als von ihm erstellt dar und
   c) vergewissert sich, dass für den Ersteller der Finanzanalyse Bestimmungen gelten, die den Anforderungen des Absatzes 5 gleichwertig sind, oder dieser Grundsätze im Sinne dieser Anforderungen festgelegt hat.

(7) Von den Absätzen 3 und 4 ausgenommen ist ein Mitarbeitergeschäft

1. im Rahmen der Finanzportfolioverwaltung, sofern vor dem jeweiligen Geschäftsabschluss kein Kontakt zwischen dem Portfolioverwalter und dem Mitarbeiter oder demjenigen besteht, für dessen Rechnung dieser handelt,
2. mit Anteilen an Investmentvermögen, die
   a) den Vorgaben der Richtlinie 85/611/EWG des Rates vom 20. Dezember 1985 zur Koordinierung der Rechts- und Verwaltungsvorschriften betreffend bestimmte Organismen für gemeinsame Anlagen in Wertpapieren (ABl. EG Nr. L 375 S. 3) entsprechen oder
   b) im Inland, in einem anderen Mitgliedstaat der Europäischen Union oder einem anderen Vertragsstaat des Abkommens über den Europäischen Wirtschaftsraum beaufsichtigt werden und ein gleich hohes Maß an Risikostreuung aufweisen müssen, wenn der Mitarbeiter oder eine andere Person, für deren Rechnung gehandelt wird, an der Verwaltung des Investmentvermögens nicht beteiligt sind.

§ 33b Abschnitt 6. Verhaltensregeln, Verjährung

Schrifttum: *Baur,* Die neuen Mitarbeiterleitsätze, Bank 2000, 611; *Bergles,* Prüfung der Mitarbeitergeschäfte – Umsetzung in der Bankpraxis, ZBB 2000, S. 140; *Birnbaum/ v. Kopp-Colomb,* Die Harmonisierung von Wohlverhaltens- und Complianceregelungen auf europäischer Ebene durch FESCO bzw. CESR, WM 2001, 2288; *Brandt,* Aufklärungs- und Beratungspflichten der Kreditinstitute bei der Kapitalanlage, 2002; *Brinkmann/Haußwald/Marbeiter/Petersen/Richter/Schäfer* (Hrsg.), Compliance – Konsequenzen aus der MiFID, 2008; *Clouth/Lang* (Hrsg.), MiFID Praktikerhandbuch, 2007; *Göres,* MiFID – Neue (Organisations-) Pflichten für die Ersteller von Finanzanalysen, BKR 2007, 85; *Hellner/ Steuer,* Bankrecht und Bankpraxis, Band 4, 2007; *Jerusalem,* Die Regelung der Mitarbeitergeschäfte im Bankgewerbe durch Compliance, 1996; *Klanten,* Neufassung der Wohlverhaltensrichtlinie und der Mitarbeiterleitsätze, ZBB 2000, 349; *v. Kopp-Colomb,* Bekanntmachung des Bundesaufsichtsamtes für den Wertpapierhandel und des Bundesaufsichtsamtes für das Kreditwesen zu den sog. Mitarbeiter-Leitsätzen, WM 2000, 2414; *Kümpel,* Bank- und Kapitalmarktrecht, 3. Aufl. 2004; *Lösler,* Das moderne Verständnis von Compliance im Finanzmarktrecht, NZG 2005, 104; *Röh,* Compliance nach MiFID – zwischen höherer Effizienz und mehr Bürokratie, BB 2008, 398; *Schäfer,* Sind die §§ 31 ff. WpHG nF Schutzgesetze i. S. v. § 823 Abs. 2 BGB?, WM 2007, 1872; *Schimansky/Bunte/Lwowski* (Hrsg.), Bankrechtshandbuch, 3. Aufl. 2007; *Schlicht,* Compliance nach der Umsetzung der MiFID-Richtlinie – Wesentliche Änderungen oder gesetzliche Verankerung schon gelebter Praxis?, BKR 2006, 469; *Schlüter,* Wertpapierhandelsrecht, 2000; *Schweizer,* Insiderverbote, Interessenkonflikte und Compliance, 1996.

Übersicht

	Rn.
I. Grundlagen	1
1. Regelungszweck und -gegenstand	1
2. Die Mitarbeiterleitsätze	3
3. Sanktionen und Haftung	5
II. Mitarbeiterbegriff (Abs. 1)	7
1. Allgemeines	7
2. Erfasste Personen	8
a) § 33b Abs. 1 Nr. 1	8
b) § 33b Abs. 1 Nr. 2	9
c) § 33b Abs. 1 Nr. 3	10
d) § 33b Abs. 1 Nr. 4	11
e) Vertragliche gebundene Vermittler	12
3. Unterschiede zu den Mitarbeiterleitsätzen	14
III. Mitarbeitergeschäfte (Abs. 2)	16
1. Allgemeines	16
2. Erfasste Geschäfte	17
a) Geschäfte für eigene Rechnung (Nr. 1)	17
b) Geschäfte für Rechnung nahe stehender Personen (Nr. 2)	18
c) Geschäfte außerhalb des zugewiesenen Aufgabenbereichs (Nr. 3)	19
3. Unterschiede zu den Mitarbeiterleitsätzen	20
IV. Organisationspflichten	21
1. Ziel der Organisationspflichten: Verhinderung bestimmter Verhaltensweisen (Abs. 3)	21
a) Mitarbeitergeschäfte (Abs. 3 Nr. 1)	23
b) Empfehlungen (Abs. 3 Nr. 2)	25
c) Zugänglichmachen von Meinungen oder Informationen (Abs. 3 Nr. 3)	26
2. Konkretisierung der Anforderungen an die Organisation (Abs. 4)	27
a) Information der Mitarbeiter (Abs. 4 Nr. 1)	28
b) Anzeigeverfahren (Abs. 4 Nr. 2)	29
c) Dokumentationspflichten (Abs. 4 Nr. 3 und 4)	30

	Rn.
3. Weitergehende Anforderungen an die Organisation	31
a) Allgemeine Anforderungen	33
b) Besondere Verhaltensanweisungen	35
c) Transparenz und Kontrolle	39
4. Implementierung der Compliance-Organisation	42
5. Ausnahmen (Abs. 7)	43
V. Handelsbeschränkungen für Finanzanalysten (Abs. 5, 6)	45

I. Grundlagen

1. Regelungszweck und -gegenstand

Die Erkenntnis, dass die Mitarbeiter eines Wertpapierdienstleistungsunternehmens einer besonderen Versuchung ausgesetzt sind, ihren **berufsbedingten Informationsvorsprung für private Transaktionen zu nutzen,** ist nicht neu.[1] Bereits unterhalb der durch das Insiderhandelsverbot des § 14 gezogenen Grenze drohen solche Geschäfte mit den Interessen der Kunden wie auch des beschäftigenden Unternehmens zu kollidieren. Andererseits wäre es unverhältnismäßig, den Beschäftigten im Wertpapierdienstleistungssektor für ihr privates Vermögen die Formen der Kapitalanlage gänzlich zu verwehren, mit denen sie beruflich ständig umgehen. Das Unternehmen muss daher zwar seine Integrität durch geeignete Kontrollmaßnahmen vor Verstößen seitens der Mitarbeiter schützen, diesen aber gleichzeitig Richtlinien an die Hand geben, an denen sie die Zulässigkeit privater Transaktionen beurteilen und ihr Verhalten ausrichten können. Derartige Vorgaben stellen schon bisher ein **wesentliches Element von Compliance-Regelwerken** dar.[2] 1

Mit § 33b existieren nun – im Gegensatz zur bisherigen Rechtslage (Rn. 3) – eine ausdrückliche gesetzliche Vorgabe für die Überwachung von Mitarbeitergeschäften und die entsprechende Organisation des Geschäftsbetriebs.[3] Die Vorschrift wurde durch das Finanzmarktrichtlinieumsetzungsgesetz[4] mit Wirkung vom 1. November 2007 in das WpHG eingefügt und dient der Umsetzung der Art. 2 Nr. 3, 11, 12 und 25 der Durchführungsrichtlinie 2006/73/EG,[5] die ihrerseits die organisatorischen Anforderungen des Art. 13 Abs. 2 und 3 der MiFID[6] konkretisieren. § 33b **ergänzt die allgemeinen Organisations-** 2

---

[1] Festgestellt wurde dies bereits in einer Mitteilung des Centralverbandes des Deutschen Bank- und Bankiergewerbes vom 12. 10. 1908.
[2] Vgl. *Brandt* S. 248; *Eisele* in *Schimansky/Bunte/Lwowski*, § 109 Rn. 126ff.; *von Kopp-Colomb* WM 2000, 2414, 2415.
[3] *Eisele* in *Schimansky/Bunte/Lwowski*, § 109 Rn. 130.
[4] BGBl. I 2007, 1330.
[5] Durchführungsrichtlinie 2006/73/EG der Kommission zur Durchführung der Richtlinie 2004/39/EG des Europäischen Parlaments und des Rates in Bezug auf die organisatorischen Anforderungen an Wertpapierfirmen und die Bedingungen für die Ausübung ihrer Tätigkeit sowie in Bezug auf die Definition bestimmter Begriffe für die Zwecke der genannten Richtlinie vom 10. 8. 2006, ABl. EU L 241 vom 2. 9. 2006, S. 26ff.
[6] Richtlinie 2004/39/EG des Europäischen Parlaments und des Rates vom 21. 4. 2004 über Märkte für Finanzinstrumente, zur Änderung der Richtlinien 85/611/EWG und 93/6/EWG des Rates und der Richtlinie 2000/12/EG des Europäischen Parlaments und des Rates und zur Aufhebung der Richtlinie 93/22/EWG des Rates, Amtsblatt Nr. L 145 vom 30. 4. 2004, S. 1 ff.

§ 33b 3, 4　　　　　　　　Abschnitt 6. Verhaltensregeln, Verjährung

pflichten des § 33 und verfolgt wie dieser den Zweck, schon im Vorfeld der Erbringung von Wertpapierdienstleistungen den Schutz des Anlegerpublikums und die Funktionsfähigkeit des Kapitalmarktes durch angemessene Vorkehrungen zu gewährleisten (ausführlich § 33 Rn. 1 ff.). Der Begriff des Mitarbeiters im Sinne des § 33b Abs. 1 gilt nicht nur für die Organisationspflichten des § 33b selbst, sondern auch im Rahmen des § 33, der seinerseits in Abs. 1 Satz 2 Nr. 1 und 3 die Mitarbeiter der Wertpapierdienstleistungsunternehmen einbezieht. § 33b Abs. 2 definiert den Begriff des Mitarbeitergeschäfts und bestimmt damit den Anwendungsbereich des in § 33b Abs. 3, 4 und 7 zu findenden Pflichtenprogramms. § 33b Abs. 5 und 6 enthalten Sonderregelungen für Wertpapierdienstleistungsunternehmen, die Finanzanalysen erstellen oder erstellen lassen, die unter ihren Kunden oder in der Öffentlichkeit verbreitet werden sollen oder deren Verbreitung wahrscheinlich ist, und ergänzen damit die Organisationspflichten des § 34b Abs. 5 (§ 34b Rn. 51 ff.).

2. Die Mitarbeiterleitsätze

3　Die Anforderungen an organisatorische Vorkehrungen und Verhaltensanweisungen im Bereich der Mitarbeitergeschäfte wurden in einer gemeinsamen Bekanntmachung des ehemaligen BAWe und des früheren BAKred (heute BaFin) vom 7. Juni 2000 **(Mitarbeiter-Leitsätze)** niedergelegt.[7] Auch wenn den Leitsätzen keine unmittelbare Rechtsverbindlichkeit zukam,[8] legten sie doch aus Sicht der Aufsichtsbehörde die Mindestanforderungen dar, die in der Regel von den Unternehmen einzuhalten waren, um die gesetzlichen Vorgaben des § 25a Abs. 1 Nr. 2 aF KWG und des § 33 Abs. 1 Nr. 1 und Nr. 3 aF zu erfüllen. Dabei stand es den Unternehmen frei, weitergehende Maßnahmen zu treffen.[9]

4　Im Zuge der Umsetzung der Finanzmarktrichtlinie und der Einfügung des teilweise davon abweichenden § 33b in das WpHG **hat die BaFin die Mitarbeiterleitsätze zum 1. November 2007 aufgehoben.**[10] Die Behörde will jedoch für einen Übergangszeitraum von einem Jahr die bisherigen, auf den Mitarbeiterleitsätzen beruhenden internen Verfahren der Wertpapierdienstleistungsunternehmen zur Überwachung von Mitarbeitergeschäften „als Einhaltung des § 33b" anerkennen, wenn die folgende Anpassungen berücksichtigt werden:[11]
– Die Unternehmen müssen sicherstellen, dass die Bestimmungen der Leitsätze unter B. auf sämtliche von § 33b Abs. 2 erfassten Mitarbeitergeschäfte (Rn. 16 ff.) angewendet werden.

---

[7] Bekanntmachung des BAKred und des BAWe über Anforderungen an Verhaltensregeln für Mitarbeiter der Kreditinstitute und Finanzdienstleistungsinstitute in Bezug auf Mitarbeitergeschäfte vom 7. 6. 2000 (Mitarbeiter-Leitsätze), Bundesanzeiger Nr. 131 vom 15. 7. 2000, S. 13729; diese stellen eine Neufassung einer Verlautbarung des BAKred vom 30. 12. 1993 dar. Zu den Mitarbeiterleitsätzen siehe etwa *Baur* Bank 2000, 611; *Bergles* ZBB 2000, S. 140; *Klanten* ZBB 2000, 349; *v. Kopp-Colomb* WM 2000, 2414.
[8] *Von Kopp-Colomb* WM 2000, S. 2414, 2415.
[9] Punkt A. I. 1. der Mitarbeiter-Leitsätze.
[10] Schreiben der BaFin vom 23. 10. 2007, abrufbar unter *www.bafin.de*. Das Rundschreiben zur Überwachung von Mitarbeitergeschäften vom 18. August 2008 konnte nicht mehr berücksichtigt werden.
[11] Schreiben der BaFin vom 23. 10. 2007, abrufbar unter *www.bafin.de*. Siehe dazu auch *Haußwald* in *Brinkmann* u. a., Compliance, Rn. 168 f.

Mitarbeiter und Mitarbeitergeschäfte 5–7 § 33b

– Die Unternehmen müssen Geschäfte mit sämtlichen Finanzinstrumenten i. S. v. § 2 Abs. 2 b als Mitarbeitergeschäfte erfassen (Rn. 20).
– Die Ausnahme unter A. II. der Leitsätze für Geschäfte in Investmentanteilen wird gemäß § 33 b Abs. 7 auf Mitarbeiter beschränkt, die nicht an der Verwaltung des Investmentvermögens beteiligt sind (Rn. 44).
– Die Unternehmen müssen gemäß § 33 b Abs. 4 Nr. 3 sicherstellen, dass Mitarbeitergeschäfte von Mitarbeitern eines Auslagerungsunternehmens von Seiten des Auslagerungsunternehmens dokumentiert werden (Rn. 30). Dies soll nicht gelten, soweit das Auslagerungsunternehmen selbst Wertpapierdienstleistungsunternehmen ist.

3. Sanktionen und Haftung

Verstöße gegen § 33b sind im WpHG **nicht eigenständig straf- oder bußgeldrechtlich sanktioniert.** Sie können allerdings den Tatbestand des § 130 OWiG erfüllen (siehe im Einzelnen § 33 Rn. 185). Die Frage, ob die Verletzung der Organisationspflichten zur Verhinderung von Insiderdelikten (vgl. § 33b Abs. 3 Nr. 1a) gemäß den §§ 14, 38 iVm § 13 StGB als unechtes Unterlassungsdelikt mit den Mitteln des Strafrechts geahndet werden kann, ist wie auch im Rahmen des § 33 zu verneinen (§ 33 Rn. 184). Im Übrigen erstrecken sich die (die allgemeinen Befugnisse des § 4 Abs. 1 Satz 3 ergänzenden) Überwachungsbefugnisse der BaFin nach § 35 und die jährliche Prüfung gemäß § 36 auch auf die Einhaltung der Anforderungen des § 33b. 5

§ 33b ist wie auch § 33 **nicht als Schutzgesetz im Sinne des § 823 Abs. 2 BGB zu qualifizieren.** Die Organisationspflichten sind dem Aufsichtsrecht zuzuordnen; der Schutz der individuellen Anleger ist nicht bezweckt (vgl. § 33 Rn. 186 und Vor §§ 31 ff. Rn. 83 ff.).[12] Im Einzelfall ist ein Schadensersatzanspruch aus § 826 BGB denkbar. Sind neben den Organisationspflichten des § 33b auch die Verhaltenspflichten der §§ 31 ff. verletzt, kommen eine deliktische Haftung gemäß § 823 Abs. 2 BGB und ein vertraglicher Anspruch des Kunden aus der schuldrechtlichen Beziehung zu dem Wertpapierdienstleistungsunternehmen in Betracht (§ 33 Rn. 186 und Vor §§ 31 ff. Rn. 80 ff.). 6

II. Mitarbeiterbegriff (Abs. 1)

1. Allgemeines

§ 33b Abs. 1 dient der Umsetzung von Art. 2 Nr. 3 der Durchführungsrichtlinie 2006/73/EG (Rn. 2). Die Verwendung von „Mitarbeiter" im Gegensatz zur Bezeichnung „relevante Person" in der deutschen Richtlinienfassung weicht von dem üblichen Sprachgebrauch ab, da unter anderem auch persönlich haftende Gesellschafter als „Mitarbeiter" gelten. Die Definition des Mitarbeiters eines Wertpapierdienstleistungsunternehmens in § 33b Abs. 1 ist für den gesamten Abschnitt 6 des WpHG maßgeblich,[13] d. h. insbesondere auch für § 33 Abs. 1 Satz 2 Nr. 1 und 3. 7

---

[12] Vgl. auch *Lösler* NZG 2005, 104, 108 (Anlegerschutz als Reflex von Compliance-Organisationen); *Schäfer* WM 2007, 1872, 1876.
[13] BT-Drs. 16/4028, S. 74.

2. Erfasste Personen

a) § 33b Abs. 1 Nr. 1

8   Mitarbeiter im Sinne des § 33b Abs. 1 Nr. 1 sind die Mitglieder der Leitungsorgane, persönlich haftende Gesellschafter und vergleichbare Personen, die Geschäftsführer des Wertpapierdienstleistungsunternehmens sowie dessen vertraglich gebundenen Vermittler (dazu Rn. 12f.) im Sinne des § 2 Abs. 10 Satz 1 KWG. Nach dem Gesetzwortlaut bleibt offen, wie sich die Begriffe „**Mitglieder der Leitungsorgane**" und „**Geschäftsführer**" unterscheiden sollen. Mit dem Begriff des „Geschäftsführers" will der deutsche Gesetzgeber offenbar das in Art. 2 Nr. 3 lit. a) der Durchführungsrichtlinie 2006/73/EG (Rn. 2) enthaltene Tatbestandsmerkmal „Mitglied der Geschäftsleitung" umsetzen. Zur „Geschäftsleitung" in diesem Sinne gehören gemäß Art. 2 Nr. 9 der Richtlinie die Personen, die die Geschäfte einer Wertpapierfirma im Sinne des Art. 9 MiFID tatsächlich leiten. Aus Sicht des deutschen (Gesellschafts-)Rechts wären davon aber auch die Mitglieder des Leitungsorgans, bei einer Aktiengesellschaft also die Vorstandsmitglieder (vgl. § 76 Abs. 1 AktG), erfasst. Der Formulierung „die Mitglieder der Leitungsorgane, die persönlich haftenden Gesellschafter und vergleichbare Personen" in § 33b Abs. 1 Nr. 1 entspricht in Art. 2 Nr. 3 lit. a) der Richtlinie die Definition „ein Direktor, ein Gesellschafter oder eine vergleichbare Person".[14] Weder die Durchführungsrichtlinie noch die MiFID selbst enthalten Hinweise darauf, wie der Begriff „Direktor" zu verstehen ist. Aus anderen gemeinschaftsrechtlichen Rechtsakten[15] ergibt sich jedoch, dass damit – in monistischen Systemen – sowohl geschäftsführende als auch nicht geschäftsführende Direktoren oder Verwaltungsratsmitglieder und – als Entsprechung in dualistischen Systemen – sowohl Vorstands- als auch Aufsichtsratsmitglieder gemeint sein dürften. Nur diese weite Auslegung macht die Aufnahme der „Direktoren" und der „Mitglieder der Geschäftsleitung" in den Tatbestand des Art. 2 Nr. 3 lit. a) der Durchführungsrichtlinie verständlich. § 33b Abs. 1 Nr. 1 ist deshalb richtlinienkonform so auszulegen, dass auch **Aufsichtsratsmitglieder** als „Mitglieder der Leitungsorgane" anzusehen sind.

b) § 33b Abs. 1 Nr. 2

9   § 33b Abs. 1 Nr. 2 stellt, anders als § 33b Abs. 1 Nr. 1, nicht auf das Wertpapierdienstleistungsunternehmen selbst, sondern auf dessen **vertraglich gebundene Vermittler** (Rn. 12f.) ab. Erfasst sind dessen Leitungsorgane, persönlich haftende Gesellschafter und vergleichbare Personen sowie die Geschäftsführer (dazu bereits Rn. 8).

c) § 33b Abs. 1 Nr. 3

10   Mitarbeiter im Sinne des § 33b Abs. 1 Nr. 3 sind alle **natürlichen Personen,** derer sich das Wertpapierdienstleistungsunternehmen und dessen vertraglich gebundene Vermittler (Rn. 12f.) bei der Erbringung von Wertpapierdienstleistun-

---

[14] Die englische Sprachfassung lautet „a director, partner or equivalent", die französische „un administrateur, associé ou équivalent".

[15] Siehe insbesondere Punkt 2.3 bis 2.6 der Empfehlung der Kommission vom 15. 2. 2005 zu den Aufgaben der nichtgeschäftsführenden Direktoren/Aufsichtsratsmitglieder sowie zu den Ausschüssen des Verwaltungs-/Aufsichtsrats, ABl. EU L 52 vom 25. 2. 2005, S. 51 ff.

gen, insbesondere auf Grund eines Arbeits-, Geschäftsbesorgungs- oder Dienstverhältnisses, bedienen. Nach der zutreffenden Begründung des Regierungsentwurfs fallen unter § 33 b Abs. 1 Nr. 3 auch solche Mitarbeiter, die dem Wertpapierdienstleistungsunternehmen oder dem vertraglich gebundenen Vermittler auf Basis eines Ausbildungsverhältnisses, als Leiharbeiter oder im Rahmen einer freien Mitarbeit zur Verfügung stehen.[16]

d) § 33 b Abs. 1 Nr. 4

§ 33 b Abs. 1 Nr. 4 erfasst schließlich alle natürlichen Personen, die im Rahmen einer **Auslagerungsvereinbarung** unmittelbar an Dienstleistungen für das Wertpapierdienstleistungsunternehmen oder dessen vertraglich gebundene Vermittler (Rn. 12 f.) zum Zweck der Erbringung von Wertpapierdienstleistungen beteiligt sind. 11

e) **Vertraglich gebundene Vermittler**

Die Definition des § 33 b Abs. 1 bezieht in den Nr. 1 bis 4 vertraglich gebundene Vermittler im Sinne des § 2 Abs. 10 Satz 1 KWG und deren Mitarbeiter mit ein. In der Praxis ist eine Zusammenarbeit von Wertpapierdienstleistungsunternehmen mit rechtlich selbstständigen Mitarbeitern, die als Vermittler arbeiten, nicht selten. Je nach Art und Ausgestaltung kann die Tätigkeit eines Vermittlers eher mit der eines Arbeitnehmers des betreffenden Unternehmens vergleichbar sein als mit der eines Selbständigen. Derartige Vermittler („vertraglich gebundene Vermittler") gelten nach Maßgabe des § 2a Abs. 2 iVm § 2 Abs. 10 Satz 1 KWG, auch wenn sie bestimmte Wertpapierdienstleistungen erbringen, nicht als Wertpapierdienstleistungsunternehmen, so dass die §§ 31 ff. auf sie keine Anwendung finden. Ein vertraglich gebundener Vermittler ist nach § 2 Abs. 10 KWG und dem darauf verweisenden § 2a Abs. 2 (siehe dort Rn. 40 ff.) ein Unternehmen, das keine Bankgeschäfte gemäß § 1 Abs. 1 Satz 2 KWG betreibt und als Finanzdienstleistungen (Wertpapierdienstleistungen) nur die Anlage- oder Abschlussvermittlung (§ 1 Abs. 1a Satz 2 Nr. 1 und 2 KWG, § 2 Abs. 3 Nr. 3 und 4), das Platzierungsgeschäft (§ 1 Abs. 1a Satz 2 Nr. 1c KWG, § 2 Abs. 3 Nr. 6) oder die Anlageberatung (§ 1 Abs. 1a Satz 2 Nr. 1a KWG, § 2 Abs. 3 Nr. 9) ausschließlich für Rechnung und unter der Haftung eines Einlagenkreditinstituts oder eines Wertpapierhandelsunternehmens, das seinen Sitz im Inland hat oder nach § 53 b Abs. 1 Satz 1 oder Abs. 7 KWG im Inland tätig ist, erbringt. Die Tätigkeit eines solchen Vermittlers **wird gemäß § 2a Abs. 2 Satz 2 dem Institut oder Unternehmen zugerechnet,** für das er seine Tätigkeit erbringt; auf diese Weise wird die Einhaltung des Abschnitts 6 des WpHG sichergestellt. 12

Die Qualifikation eines Vermittlers als „vertraglich gebunden" setzt voraus, dass er die genannten Wertpapierdienstleistungen **für Rechnung und unter der Haftung des Wertpapierdienstleistungsunternehmens** erbringt. Dies ist dann der Fall, wenn dem Kunden bei einer Pflichtverletzung des Vermittlers ein unmittelbar gegen das Wertpapierdienstleistungsunternehmen gerichteter zivilrechtlicher Anspruch zusteht, also dann, wenn der Vermittler – für den Kunden erkennbar – ein Erfüllungsgehilfe des Instituts ist oder in offener Stellvertretung handelt (§ 2a Rn. 45). Anders als nach § 2a Abs. 2 aF (dazu § 2a Rn. 44), der auch das Tätigwerden unter der gesamtschuldnerischen Haftung mehrerer Insti- 13

---

[16] BT-Drs. 16/4028, S. 74.

3. Unterschiede zu den Mitarbeiterleitsätzen

14 Der Mitarbeiterbegriff des § 33 b Abs. 1 ist einerseits weiter als derjenige der Mitarbeiterleitsätze (dazu Rn. 3): § 33 b Abs. 1 Nr. 1 und 2 beziehen nun auch persönlich haftende Gesellschafter, vertraglich gebundene Vermittler und deren Mitarbeiter sowie Aufsichtsratsmitglieder (Rn. 8) mit ein. Andererseits erfassen § 33 b Abs. 1 Nr. 3 und Nr. 4 nur noch solche natürlichen Personen, die das Wertpapierdienstleistungsunternehmen **bei der Erbringung von Wertpapierdienstleistungen** einsetzt. Demgegenüber galten die Mitarbeiterleitsätze gemäß Punkt A. III. für alle Personen, mit denen das Institut ein aktives Dienst-, Arbeits- oder Ausbildungsverhältnis unterhielt oder die von dem Institut auf eine vergleichbare Weise eingesetzt wurden (insbesondere als Leiharbeitnehmer oder freie Mitarbeiter), für die Geschäftsinhaber eines einzelkaufmännisch betriebenen Instituts sowie bei anderen Instituten für die Personen, die mit der Führung der Geschäfte betraut und vertretungsberechtigt waren. Daneben enthielten die Mitarbeiterleitsätze Verpflichtungen für **„Mitarbeiter mit besonderen Funktionen"**. Dies waren nach A. IV. der Leitsätze solche Mitarbeiter, die im Rahmen ihrer dienstlichen Aufgaben Informationen erhielten, die geeignet waren, die Marktverhältnisse im Wertpapierhandel sowie im Handel in Derivaten erheblich zu beeinflussen.[17]

15 Da § 33 b Abs. 1 Nr. 3 und 4 einen Bezug zur Erbringung von Wertpapierdienstleistungen voraussetzen, sind **Arbeitnehmer, die ausschließlich für die Erbringung von Wertpapiernebendienstleistungen** im Sinne des § 2 Abs. 3 a, etwa im M&A-Geschäft (vgl. § 2 Abs. 3 a Nr. 5), eingesetzt oder außerhalb des Wertpapiergeschäfts tätig werden, **keine Mitarbeiter im Sinne des WpHG** (zur Behandlung von Finanzanalysten siehe Rn. 46).[18] Dies gilt unabhängig davon, ob sie bestimmungsgemäßen Zugang zu Insiderinformationen oder zu anderen vertraulichen Informationen haben. Organisationspflichten hinsichtlich der Geschäfte solcher Arbeitnehmer folgen nicht aus § 33 Abs. 1, da der Mitarbeiterbegriff des § 33 b auch insoweit maßgeblich ist (Rn. 2).[19] Entsprechende Anforderungen können sich aber aus § 25 a Abs. 1 KWG ergeben, der auch für Kredit- und Finanzdienstleistungsinstitute, die keine Wertpapierdienstleistungsunternehmen im Sinne des § 2 Abs. 4 WpHG sind, die Grundlage für die Überwachung von Mitarbeitergeschäften bildet.[20]

III. Mitarbeitergeschäfte (Abs. 2)

1. Allgemeines

16 § 33 b Abs. 2 definiert den Begriff der „Mitarbeitergeschäfte" und bestimmt damit den Anwendungsbereich der Absätze 3 bis 6. Damit wird Art. 11 der Durchführungsrichtlinie 2006/73/EG (Rn. 2) umgesetzt, der von „persönlichen

---

[17] Vgl. *Bergles* ZBB 2000, 140, 142.
[18] *Held* in *Clouth/Lang*, Rn. 450; *Röh* BB 2008, 398, 407.
[19] AA *Held* in *Clouth/Lang*, Rn. 451 f.; zweifelnd *Röh* BB 2008, 398, 407.
[20] Schreiben der BaFin vom 23. 10. 2007, abrufbar unter *www.bafin.de*.

Geschäften" spricht. Alle Mitarbeitergeschäfte müssen sich auf Finanzinstrumente im Sinne des § 2 Abs. 2b, also auf Wertpapiere, Geldmarktinstrumente, Derivate oder Rechte auf Zeichnung von Wertpapieren beziehen (dazu § 2 Rn. 66 ff.). Geschäfte für eigene Rechnung sind stets als Mitarbeitergeschäfte zu qualifizieren (Nr. 1); bei Geschäften für fremde Rechnung differenziert § 33b Abs. 2 danach, ob sich der Mitarbeiter innerhalb des ihm zugewiesenen Aufgabenbereichs bewegt (Nr. 2) oder diesen überschreitet (Nr. 3). Unerheblich ist in allen Fällen, ob der Mitarbeiter das Geschäft **im eigenen Namen** abschließt oder ob ein Dritter **als Stellvertreter** im Namen des Mitarbeiters handelt.[21]

2. Erfasste Geschäfte

a) Geschäfte für eigene Rechnung (Nr. 1)

Geschäfte für eigene Rechnung sind gemäß § 33b Abs. 2 Nr. 1 in jedem Fall Mitarbeitergeschäfte; es kommt nicht darauf an, ob der Mitarbeiter innerhalb oder außerhalb seines Aufgabenbereichs handelt. 17

b) Geschäfte für Rechnung nahe stehender Personen (Nr. 2)

§ 33b Abs. 2 Nr. 2 erfasst Geschäfte des Mitarbeiters innerhalb seines Aufgabenbereichs für die Rechnung von Personen, mit denen der Mitarbeiter im Sinne des § 15a Abs. 3 Satz 1 in **enger Beziehung** steht (Ehepartner, eingetragene Lebenspartner, unterhaltsberechtigte Kinder und andere Verwandte, die mit dem Mitarbeiter zum Zeitpunkt des Geschäftsabschlusses seit mindestens einem Jahr im selben Haushalt leben), von **minderjährigen Stiefkindern** oder **Personen, an deren Geschäftserfolg der Mitarbeiter ein zumindest mittelbares wesentliches Interesse hat,** welches nicht in einer Gebühr oder Provision für die Ausführung des Geschäfts besteht. Nach der Begründung des Regierungsentwurfs ist ein wesentliches Interesse zu bejahen, wenn Gebühren oder Provisionen vereinbart werden, die über „die üblichen Gebühren und Provisionen hinausgehen".[22] 18

c) Geschäfte außerhalb des zugewiesenen Aufgabenbereichs (Nr. 3)

Außerhalb des dem Mitarbeiter zugewiesenen Aufgabenbereichs kommt es weder darauf an, ob für eigene oder fremde Rechnung gehandelt wurde noch darauf, ob das Geschäft für eine nahe stehende Person vorgenommen wurde. 19

3. Unterschiede zu den Mitarbeiterleitsätzen

Punkt A. II. der Mitarbeiter-Leitsätze (Rn. 3) erfasste Geschäfte, die auf Wertpapiere oder Derivate bezogen waren. Der Anwendungsbereich der Leitsätze war somit enger als § 33b Abs. 2, der alle Geschäfte mit Finanzinstrumenten im Sinne des § 2 Abs. 2b, d. h. insbesondere auch mit Geldmarktinstrumenten, einbezieht.[23] Im Übrigen sah Punkt A. II. der Leitsätze vor, dass die Geschäfte von 20

---

[21] Dies ergibt sich weder aus dem Text des § 33b Abs. 2 noch aus der deutschen Fassung des Art. 11 der Durchführungsrichtlinie 2006/73/EG. Die englische und französische Sprachfassung nennen jedoch beide Konstellationen, so dass hinsichtlich der deutschen Fassung von einem Redaktionsversehen auszugehen ist. So auch *Held* in *Clouth/Lang,* Rn. 455.
[22] BT-Drs. 16/4028, S. 74.
[23] Vgl. auch *Held* in *Clouth/Lang,* Rn. 455.

dem Mitarbeiter selbst oder durch Dritte außerhalb seiner dienstlichen Aufgabenstellung für eigene Rechnung oder für Rechnung Dritter, insbesondere für Ehegatten, Eltern oder Kinder, getätigt werden mussten.

IV. Organisationspflichten

1. Ziel der Organisationspflichten: Verhinderung bestimmter Verhaltensweisen (Abs. 3)

21 Gemäß § 33b Abs. 3 müssen Wertpapierdienstleistungsunternehmen **angemessene organisatorische Vorkehrungen** treffen, um bestimmte Mitarbeitergeschäfte zu verhindern. Damit wird Art. 12 Abs. 1 der Durchführungsrichtlinie 2006/73/EG (Rn. 2) umgesetzt. Während § 33b Abs. 4 die Anforderungen an die Organisation konkretisiert, gibt § 33b Abs. 3 die Zielrichtung der Organisationspflichten vor, indem er die zu unterbindenden Verhaltensweisen der Mitarbeiter beschreibt.

22 Auszurichten ist die Compliance-Organisation auf solche Mitarbeiter, deren Tätigkeit Anlass zu einem Interessenkonflikt geben könnte oder die aufgrund ihrer Tätigkeit bestimmungsgemäßen Zugang[24] zu **Insiderinformationen nach § 13** oder zu **anderen vertraulichen Informationen** über Kunden oder solche Geschäfte haben, die mit oder für Kunden getätigt werden. Der Begriff „andere vertrauliche Informationen" ist eng auszulegen. Gemäß der Begründung des Regierungsentwurfs muss es sich um „sensible Informationen" handeln, die Insiderinformationen vergleichbar sind; insbesondere sollen Mitarbeiter in den Geschäftsbereichen Compliance, Emissions- und Platzierungsgeschäft, Handel, Abwicklung, Mandantenbetreuung, Anlageabteilung für Privatkunden, M&A-Abteilung und Research betroffen sein.[25] Nach der Vorstellung der Gesetzesverfasser scheint damit der Kreis der Mitarbeiter, auf welche die Compliance-Organisation nach § 33b Abs. 3 und 4 auszurichten ist, grundsätzlich den „Mitarbeitern mit besonderen Funktionen" im Sinne von Punkt A. IV. der Mitarbeiterleitsätze (Rn. 3) vergleichbar zu sein, der ebenfalls diese Geschäfts- und Funktionsbereiche aufzählt. Zu berücksichtigen ist jedoch, dass der Mitarbeiterbegriff der Leitsätze weiter gefasst ist als derjenige des § 33b Abs. 1, der in den Nr. 3 und 4 einen Bezug zur Erbringung von Wertpapierdienstleistungen voraussetzt (Rn. 14).

a) Mitarbeitergeschäfte (Abs. 3 Nr. 1)

23 Die Compliance-Organisation eines Wertpapierdienstleistungsunternehmens muss darauf ausgerichtet sein, Mitarbeitergeschäfte zu verhindern, die gegen eine Vorschrift der §§ 31 ff. oder § 14 verstoßen könnten (§ 33b Abs. 3 Nr. 1a), oder die mit dem Missbrauch oder der vorschriftswidrigen Weitergabe vertraulicher Informationen verbunden sind (§ 33b Abs. 3 Nr. 1b). Die Organisationspflicht, sicherzustellen, dass **Informationen im Zusammenhang mit noch nicht ausgeführten Kundenaufträgen** nicht missbraucht werden, ergibt sich bereits aus § 31c Abs. 1 Nr. 5 (siehe dort Rn. 14 ff.); § 33b Abs. 3 Nr. 1 hat insoweit ergänzende Funktion.

---

[24] Die Mitarbeiterleitsätze setzten unter Punkt A. IV. einen „regelmäßigen Zugang" für eine Einstufung als „Mitarbeiter mit besonderer Funktion" voraus; vgl. dazu *Schlicht* BKR 2006, 469, 474.

[25] BT-Drs. 16/4028, S. 74.

Nach § 33b Abs. 3 Nr. 1a sind solche Geschäfte zu verhindern, die gegen 24
§ 14 oder die §§ 31 ff. verstoßen könnten. Die organisatorischen Maßnahmen
müssen also bereits **im Vorfeld des Insiderhandelsverbots und der Verhaltenspflichten** auf potentiell rechtswidriges Verhalten der Mitarbeiter und auf
mögliche Interessenkonflikte ausgerichtet sein. Dementsprechend sollten konkrete, an die Mitarbeiter gerichtete Verhaltensanweisungen so ausgestaltet sein, dass
sie bereits den Bereich möglicher Verstöße erfassen (dazu Rn. 35 ff.).

b) Empfehlungen (Abs. 3 Nr. 2)

Gemäß § 33b Abs. 3 Nr. 2 ist zu verhindern, dass Mitarbeiter außerhalb ihrer 25
vorgesehenen Tätigkeit einem anderen ein Geschäft über Finanzinstrumente
empfehlen, welches als Mitarbeitergeschäft die Voraussetzungen der § 33b Abs. 3
Nr. 1 (Rn. 23) oder des § 33 Abs. 5 Nr. 1 oder Nr. 2 (Handelsbeschränkungen
für Finanzanalysten, Rn. 45 ff.) erfüllte (Abs. 3 Nr. 2a) oder gegen § 31c Abs. 1
Nr. 5 verstieße (Abs. 3 Nr. 2b) oder einen anderen zu einem solchen Geschäft
verleiten. Die Erwähnung des § 31c Abs. 1 Nr. 5 in § 33b Abs. 3 Nr. 2b ist
überflüssig, da Mitarbeitergeschäfte unter Verstoß gegen § 31c Abs. 1 Nr. 5 bereits unter § 33b Abs. 3 Nr. 1 fallen (Rn. 23) und somit die Empfehlung eines
entsprechenden Geschäfts schon von § 33b Abs. 3 Nr. 2a erfasst wäre. Das Tatbestandsmerkmal des **„Empfehlens"** ist genauso auszulegen wie im Rahmen
des § 14 Abs. 1 Nr. 3 (siehe im Einzelnen § 14 Rn. 366 ff.).

c) Zugänglichmachen von Meinungen oder Informationen (Abs. 3 Nr. 3)

Durch organisatorische Vorkehrungen ist nach § 33b Abs. 3 Nr. 3 zu verhin- 26
dern, dass Mitarbeiter außerhalb ihrer vorgesehenen Tätigkeit einem anderen
Meinungen oder Informationen **in dem Bewusstsein zugänglich machen,**
dass der andere hierdurch verleitet werden dürfte, ein Geschäft zu tätigen, welches als Mitarbeitergeschäft die Voraussetzungen des § 33b Abs. 3 Nr. 1 (Rn. 23)
oder § 33 Abs. 5 Nr. 1 oder Nr. 2 (Handelsbeschränkungen für Finanzanalysten,
Rn. 45 ff.) erfüllte oder gegen § 31c Abs. 1 Nr. 5 verstieße (Abs. 3 Nr. 3a, dazu
schon Rn. 23), oder einem Dritten ein solches Geschäft empfehlen oder ihn
dazu zu verleiten (Abs. 3 Nr. 3b). Die Merkmale des **„Empfehlens"** und
„Verleitens" finden sich auch im Tatbestand des § 14 Abs. 1 Nr. 3 und sind im
Rahmen des § 33b in gleicher Weise zu verstehen (siehe dazu § 14 Rn. 366 ff.).
§ 33b Abs. 3 Nr. 3a greift bereits im Vorfeld des tatsächlichen Verleitens eines
anderen dann ein, wenn dem Mitarbeiter – so die präzisere Formulierung des
Art. 12 Abs. 1 lit. c) der Durchführungsrichtlinie 2006/73/EG – „klar ist oder
nach vernünftigem Ermessen klar sein sollte", dass der andere ein Geschäft tätigen wird, das dem Mitarbeiter selbst verboten wäre. Insoweit ist kein Vorsatz des
Mitarbeiters erforderlich; grobe Fahrlässigkeit dürfte bei richtlinienkonformer
Auslegung des Tatbestandsmerkmals „in dem Bewusstsein zugänglich machen"
genügen.

2. Konkretisierung der Anforderungen an die Organisation (Abs. 4)

§ 33b Abs. 4 konkretisiert in Umsetzung von Art. 12 Abs. 2 der Durchfüh- 27
rungsrichtlinie 2006/73/EG (Rn. 2) die Anforderungen an die Compliance-
Organisation zur Verhinderung der in § 33b Abs. 3 beschriebenen Verhaltens-

weisen von Mitarbeitern. Die Organisationspflichten, insbesondere die Anzeige- und Dokumentationspflichten, gelten für den Fall, dass der Mitarbeiter in seinem Namen oder im Namen einer Person **nach** deren **Weisung aufeinander folgend gleichartige Mitarbeitergeschäfte** vornimmt, nicht für jedes einzelne Geschäft gesondert; sie gelten auch nicht bei Ablauf oder Widerruf der Weisungen, wenn die zuvor weisungsgemäß gekauften Finanzinstrumente nicht gleichzeitig veräußert werden.[26] Eine neue oder gegenständlich geänderte Weisung ist wie die erste Weisung zu behandeln. Dasselbe gilt für eine Änderung des Gegenstandes der Mitarbeitergeschäfte.

a) Information der Mitarbeiter (Abs. 4 Nr. 1)

28 Gemäß § 33 b Abs. 4 Nr. 1 müssen alle von § 33 b Abs. 3 erfassten Mitarbeiter die nach dieser Norm bestehenden Beschränkungen für Mitarbeitergeschäfte und die entsprechenden organisatorischen Vorkehrungen kennen. Diese Anforderungen können durch die für Compliance-Systeme üblichen **Schulungen und sonstige Information** der Mitarbeiter erfüllt werden (dazu § 33 Rn. 55).

b) Anzeigeverfahren (Abs. 4 Nr. 2)

29 Das Wertpapierdienstleistungsunternehmen hat nach § 33 b Abs. 4 Nr. 2 zu gewährleisten, dass es von jedem Mitarbeitergeschäft im Sinne des § 33 b Abs. 3 entweder **durch Anzeige** des Mitarbeiters **oder ein anderes Feststellungsverfahren** unverzüglich Kenntnis erhalten kann. Diese Regelung weicht von den Mitarbeiterleitsätzen ab, die eine Unterrichtung über jedes Mitarbeitergeschäft in Punkt B. II. 1 b. aa) nur für Mitarbeiter mit besonderen Funktionen durch Übersenden von Zweitschriften vorsah und daneben gemäß Punkt B. I. 8. b. ein Auskunftsrecht auf Fälle der berechtigten Interesses des Unternehmens beschränkte. § 33 b unterscheidet nicht zwischen Mitarbeitern und Mitarbeitern mit besonderen Funktionen; somit ist nun für alle Mitarbeiter im Sinne des § 33 b Abs. 1, Abs. 3 (zu den Unterschieden zum Mitarbeiterbegriff der Mitarbeiterleitsätze siehe Rn. 14) sicherzustellen, dass die bislang unter Punkt B. II. 1 b. aa) der Leitsätze vorgegebenen Maßnahmen ergriffen werden (dazu Rn. 39).[27]

c) Dokumentationspflichten (Abs. 4 Nr. 3 und 4)

30 § 33 b Abs. 4 Nr. 3 und 4 begründen Dokumentationspflichten des Wertpapierdienstleistungsunternehmens. Nach Abs. 4 Nr. 3 ist – durch entsprechende vertragliche Gestaltung – zu gewährleisten, dass im Rahmen von Auslagerungsvereinbarungen im Sinne des § 25 a Abs. 2 KWG die Mitarbeitergeschäfte von Mitarbeitern im Sinne des § 33 b Abs. 1 Nr. 4 und Abs. 3 (Rn. 11 und Rn. 22) durch das Auslagerungsunternehmen dokumentiert und dem Wertpapierdienstleistungsunternehmen auf Verlangen vorgelegt werden. Das Wertpapierdienstleistungsunternehmen selbst hat gemäß Abs. 4 Nr. 3 alle Mitarbeitergeschäfte, von denen es nach Abs. 4 Nr. 2 und 3 Kenntnis erhält, und alle Erlaubnisse und Verbote, die hierzu erteilt werden, zu dokumentieren. Dies sollte möglichst auf elektronischem Wege erfolgen. Die gesammelten Daten sowie auch die ergriffenen Kontrollmaßnahmen sind zu speichern und so zu gestalten, dass sie im Be-

---

[26] BT-Drs. 16/4028, S. 74; Erwägungsgrund 17 der Durchführungsrichtlinie 2006/73/EG.
[27] *Held* in *Clouth/Lang*, Rn. 461.

weisfall und **für die Prüfung gemäß § 36 oder im Rahmen des Jahresabschlusses** zur Verfügung stehen.[28]

3. Weitergehende Anforderungen an die Organisation

Der Wortlaut des § 33b Abs. 4 („zumindest darauf ausgerichtet") erweckt den 31 unzutreffenden Eindruck, dass die dort beschriebenen Anforderungen in jedem Fall ausreichend und weitergehende Vorkehrungen in das Belieben der Unternehmen gestellt sein könnten. Dies wäre aber schon deshalb widersprüchlich, weil beispielsweise § 33b Abs. 4 Nr. 4 eine Dokumentationspflicht für „Erlaubnisse und Verbote" vorsieht, obwohl § 33b Abs. 4 keine (ausdrückliche) Pflicht zur Erteilung von (Handels-)Verboten gegenüber Mitarbeitern begründet. Die bloße Information der Mitarbeiter gemäß § 33b Abs. 4 Nr. 1, ohne entsprechende verbindliche Verhaltensgebote aufzustellen, dürfte auch die Anforderungen des § 33b Abs. 3, nach dem angemessene Mittel und Verfahren einzusetzen sind, gerade in Verbindung mit dem ebenfalls auf Mitarbeiter bezogenen § 33 Abs. 1 Satz 2 Nr. 1 (dazu § 33 Rn. 46ff.) nicht erfüllen. Der mit § 33b Abs. 4 umgesetzte Art. 12 Abs. 2 der Durchführungsrichtlinie 2006/73/EG (Rn. 2) formuliert dementsprechend abweichend vom deutschen Gesetzestext, dass „insbesondere" die in lit. a) bis c) beschriebenen Anforderungen zu erfüllen sind. § 33b Abs. 4 ist damit richtlinienkonform so auszulegen, dass die dort beschriebenen organisatorischen Vorkehrungen **keinen hinreichenden Mindeststandard** bilden, sondern vielmehr in jedem Fall zusätzlich zu den weiteren, einzelfallabhängigen „angemessenen Mitteln und Verfahren" im Sinne von § 33b Abs. 3 einzuhalten sind.

Zur Bestimmung der Anforderungen, die ein Wertpapierdienstleistungsunter- 32 nehmen – über § 33b Abs. 4 hinausgehend – typischerweise zu erfüllen hat, ist auch nach ihrer Aufhebung **weiterhin eine Orientierung an den Mitarbeiterleitsätzen** (Rn. 3) und den dort unter Punkt B. niedergelegten Verhaltensregeln und den Hinweisen zu deren Überwachung unter Punkt C. angebracht. Die Einführung des § 33b macht insoweit nur wenige Anpassungen nötig, die insbesondere im abweichenden Mitarbeiterbegriff (Rn. 14f.) begründet sind. Die angekündigte Verwaltungspraxis der BaFin, bis zum 31. Oktober 2008 auf den Mitarbeiterleitsätzen beruhende Compliance-Organisationen als mit § 33b vereinbar anzuerkennen (Rn. 4), verdient daher Zustimmung.

a) Allgemeine Anforderungen

Die Wertpapierdienstleistungsunternehmen haben nicht nur durch entspre- 33 chende Information und Schulung (Rn. 28), sondern vor allem durch konkrete **Verhaltensanweisungen** an ihre Beschäftigten sicherzustellen, dass die allgemeinen und besonderen Verhaltenspflichten der §§ 31 ff. auch bei Mitarbeitergeschäften eingehalten werden (vgl. § 33b Abs. 3 Nr. 1a), 1. Alt.) und verbotene Praktiken wie insbesondere der Missbrauch von Informationen im Zusammenhang mit noch nicht ausgeführten Kundenaufträgen (§ 31c Abs. 1 Nr. 5) unterbleiben. Mitarbeiter dürfen bei der Durchführung ihrer Geschäfte **nicht besser gestellt werden als die Kunden;** ein missbräuchliches Ausnutzen des berufsbedingten Informationsvorsprungs ist bereits im Vorfeld des § 14 zu unterlassen.

---

[28] Vgl. Punkt B.I.4. und C.II. der Mitarbeiter-Leitsätze; *von Kopp-Colomb* WM 2000, 2414, 2421.

§ 33b   34, 35   Abschnitt 6. Verhaltensregeln, Verjährung

Bei Konflikten mit Kundeninteressen ist diesen Vorrang zu gewähren.[29] Um die Glaubwürdigkeit des Unternehmens zu schützen, sind allgemein Geschäfte zu unterlassen, die den **Anschein der Unlauterkeit** erwecken könnten. Dazu gehört auch die Annahme von Zuwendungen und Vorteilen durch Mitarbeiter im Zusammenhang mit der jeweiligen Tätigkeit,[30] insbesondere wenn dies für das Wertpapierdienstleistungsunternehmen einen Verstoß gegen § 31d begründen würde.

34 Um den Anreiz für missbräuchliche Geschäfte möglichst gering zu halten, sollte zusätzlicher finanzieller Druck auf den Mitarbeiter vermieden werden. Mitarbeitergeschäfte sollten deshalb der Vermögensanlage dienen und **im Rahmen der wirtschaftlichen Verhältnisse** erfolgen, d. h. nur auf Guthabenbasis oder im Rahmen vorher eingeräumter Kreditlinien.[31] Hierbei kann es sich angesichts des Selbstbestimmungsrechts des Mitarbeiters und der schwierigen Kontrolle letztlich nur um einen Appell handeln.[32] Dennoch sollte der Mitarbeiter eindringlich auf die möglichen Konsequenzen riskanter Spekulationen hingewiesen werden.

b) Besondere Verhaltensanweisungen

35 In den Verhaltensanweisungen an die Mitarbeiter sind Eigengeschäfte zu untersagen, die den berufsbedingten **Informationsvorteil** zu Lasten der Kunden ausnutzen oder den Anschein der Unlauterkeit erwecken. Zu den typischen Formen des Missbrauchs gehört, dass Mitarbeiter Kenntnisse über Kundenorder oder über bevorstehende Eigengeschäfte des Instituts zu privaten Transaktionen ausnutzen. Dies kann geschehen in der Form des **Front-Running,** d. h. der im Verhältnis zu der Kundenorder früheren oder parallelen Ausführung eigener Geschäfte, oder des so genannten **Gegenlaufens,** bei dem die Kundenlimits durch gezielte Gegenorders abgeschöpft werden.[33] Diese Erscheinungsformen sind bereits durch § 31c Abs. 1 Nr. 5 untersagt (§ 31c Rn. 14ff.). Die organisatorischen Vorkehrungen nach § 33b Abs. 3 in Verbindung mit § 33 Abs. 1 Satz 2 Nr. 1 müssen insoweit darauf ausgerichtet sein, Auffälligkeiten möglichst frühzeitig zu erkennen und auch ohne den – im Einzelfall schwierigen – konkreten Nachweis eines Missbrauchs Abhilfe zu schaffen. Nicht zulässig sind Mitarbeitergeschäfte, die sich auf den von dem Mitarbeiter selbst disponierbaren Wertpapierbestand des Unternehmens oder von ihm auszuführende Kundenaufträge beziehen.[34] Um Interessenkonflikte und den Anschein der einseitigen Bevorzugung zu vermeiden, dürfen sich Mitarbeiter auch nicht an **Geschäften Dritter,** insbesondere von Kunden des Instituts, beteiligen oder für deren Rechnung über eigene oder ihnen zuzurechnende Konten abwickeln.[35]

---

[29] Vgl. Punkt B.I.1. der Mitarbeiter-Leitsätze; *Eisele* in *Schimansky/Bunte/Lwowski,* § 109 Rn. 131; *Kümpel* Rn. 16.724; *Bergles* ZBB 2000, 140, 142; *Irmen* in *Hellner/Steuer* Rn. 7/839.
[30] Vgl. Punkt B.I.2. der Mitarbeiter-Leitsätze; *Irmen* in *Hellner/Steuer* Rn. 7/841f.; *Schweizer* S. 240.
[31] Vgl. Punkt B.I.2. der Mitarbeiter-Leitsätze, ausführlich *Irmen* in *Hellner/Steuer* Rn. 7/846ff.; *Schlüter* S. 190; *Schweizer* S. 204; *Bergles* ZBB 2000, 140, 142f.
[32] Ebenso *von Kopp-Colomb* WM 2000, 2414, 2418f.
[33] Vgl. Punkt B.I.3. der Mitarbeiter-Leitsätze; *Schweizer* S. 205.
[34] Vgl. Punkt B.I.3. der Mitarbeiter-Leitsätze; *Schweizer* S. 204f.
[35] Vgl. Punkt B.I.7. der Mitarbeiter-Leitsätze.

Das frühere Verbot taggleicher Geschäfte (**Intra-Day-Trading**) wurde in die Neufassung der Mitarbeiter-Leitsätze im Jahr 2000 zu Recht nicht mehr aufgenommen.[36] Die Bedenken, durch extrem kurzfristige Transaktionen könne leicht der Anschein eines Regelverstoßes durch Ausnutzung von Informationsvorsprüngen entstehen, ist entgegenzusetzen, dass angesichts der vielfältigen Finanzinnovationen und der hohen Geschwindigkeit der Märkte auch für den Mitarbeiter prinzipiell die Möglichkeit bestehen muss, schnell und flexibel zu reagieren. Ein pauschaler Missbrauchsverdacht erscheint nicht gerechtfertigt, zudem kann dem Anschein der Unlauterkeit durch eine erhöhte Kontrolldichte und genaue Dokumentation entgegengewirkt werden. Dem Arbeitgeber bleibt unbenommen, in Ausübung seines Direktionsrechts (taggleiche) Eigengeschäfte des Mitarbeiters während der Arbeitszeit zu untersagen, um den vollen Einsatz der Arbeitskraft für das Unternehmen zu gewährleisten und insbesondere auf die Ausführung von Kundenaufträgen zu konzentrieren. Das gilt jedenfalls, sofern dies aufgrund der besonderen Stellung einzelner Mitarbeiter oder ganzer Geschäftsbereiche erforderlich und auch zumutbar erscheint.[37] Ist das Daytrading im Kern zulässig, so gilt dies auch für **andere kurzfristige Transaktionen.** Halte- und Karenzfristen sind nur in Ausnahmefällen erforderlich.[38]

Unabhängig von den grundsätzlichen Verhaltensanweisungen muss für Wertpapierdienstleistungsunternehmen auch die Möglichkeit bestehen, flexibel auf besonders hohe Gefahren von Missbrauch und Interessenkonflikten im Bereich einzelner Wertpapiere zu reagieren. Eine solche Situation kann zB bei aktuellen Übernahmeberatungen eines Emittenten entstehen. Ein wichtiges Instrument zur Vermeidung missbräuchlicher Geschäfte ist insoweit die **Restricted List,** die neben dem Eigenhandel des Unternehmens auch den Mitarbeitern jegliche Transaktion in den jeweiligen Papieren untersagt (§ 33 Rn. 137 ff.). Unterhalb dieser Schwelle können **Haltefristen oder Zustimmungserfordernisse** auferlegt werden.[39] Alternativ oder ergänzend kann der Erwerb von Papieren auf bestimmte Zeitfenster beschränkt werden, in denen zB nach Veröffentlichung einer ad-hoc-publizitätspflichtigen Tatsache gemäß § 15 Mitarbeitergeschäfte als unkritisch erscheinen.[40]

Zu den wesentlichen Vorkehrungen gehört auch unter Geltung von § 33b Abs. 3 (iVm § 33 Abs. 1 Satz 2 Nr. 1), dass Mitarbeiter von Wertpapierdienst-

---

[36] Anders noch Punkt A. 10. der „Verlautbarung über Anforderungen an Regelungen der Kreditinstitute für Mitarbeitergeschäfte" des BAKred vom 30. 12. 1993.
[37] Ebenso *von Kopp-Colomb* WM 2000, 2414, 2415; *Bergles* ZBB 2000, 140, 143; *Koller* in *Assmann/Schneider* § 33 Rn. 38; *Kümpel* Rn. 16.741; aA *Eisele* in *Schimansky/Bunte/Lwowski,* § 109 Rn. 134, der das grundsätzliche Verbot taggleicher Geschäfte zur Sicherung des Kundeninteresses für erforderlich hält, jedoch eine flexible Regelung durch Ausnahmegenehmigungen fordert.
[38] *Kümpel* Rn. 16.741; aA *Eisele* in *Schimansky/Bunte/Lwowski,* § 109 Rn. 134; *Schlüter* S. 190; vgl. auch Punkt A. 3. der Verlautbarungen über Mitarbeitergeschäfte von 1993, die im Gegensatz zu den Mitarbeiter-Leitsätzen von 2000 noch jedes Geschäfte untersagten, das der Ausnutzung kurzfristiger Kurs- und Preisunterschiede dienen. Bereits dieses Verbot wurde restriktiv ausgelegt und nur auf Geschäfte bezogen, die ausschließlich hochspekulativen Zwecken dienen: *Irmen* in *Hellner/Steuer* Rn. 7/850 f.
[39] Vgl. Punkt B. II. 3. der Mitarbeiter-Leitsätze; *von Kopp-Colomb* WM 2000, S. 2414, 2420.
[40] *Schweizer* S. 207; vgl. auch *Eisele* in *Schimansky/Bunte/Lwowski,* § 109 Rn. 134.

leistungsunternehmen bei ihren **privaten Transaktionen nicht besser gestellt werden dürfen als die Kunden**.[41] So sind Absprachen zwischen Mitarbeitern oder mit Mitarbeitern anderer Unternehmen über (Vorzugs-)Preise und Bedingungen, die vom Marktpreis abweichen, zu untersagen; gleiches gilt für die Mitwirkung an solchen Geschäften. Der Auftrag zu Mitarbeitergeschäften hat, wenn er nicht ohnehin über das hauseigene Depot vorgenommen wird, auf **neutralem Wege** zu erfolgen, der Mitarbeiter darf keinen direkten Einfluss auf die Disposition oder Preisgestaltung haben. Dies ist in der Regel bei der Ordererteilung über das Internet der Fall.[42] Auch bei **Repartierungen** im Rahmen einer Wertpapieremission ist eine Bevorzugung der Mitarbeiter, wie sie insbesondere bei so genannten „family and friends"-Programmen entstehen kann, zu vermeiden.[43] Die Geschäftsleitung des Wertpapierdienstleistungsunternehmens oder die von ihr benannte Stelle hat deshalb selbst über die Zuteilung an die eigenen Mitarbeiter zu entscheiden und durch angemessene Verfahren, zB durch die Verwendung EDV-gestützter Zufallsgeneratoren unter Festlegung eines überproportionalen Kundenanteils, den Vorrang des Kundeninteresses sicherzustellen.[44] Dies ist freilich nur dann möglich, wenn bereits die Zeichnung bei dem beschäftigenden Institut erfolgte. Hierauf hat die Geschäftsleitung hinzuwirken.

c) Transparenz und Kontrolle

39 Die Einhaltung der Verhaltensanweisungen ist laufend zu kontrollieren. Dazu gehören insbesondere organisatorische Maßnahmen, die eine solche Kontrolle ermöglichen, wie insbesondere die Durchsetzung von Anzeige- und Dokumentationspflichten gemäß § 33b Abs. 4 Nr. 2 bis 4. Im Mittelpunkt müssen dabei die **Konten und Depots der Mitarbeiter** stehen. Die Mitarbeiter sind deshalb grundsätzlich gehalten, diese bei dem eigenen Unternehmen oder dessen Konzerngesellschaften zu unterhalten.[45] Dies erleichtert die Kontrolle in der Praxis erheblich, können doch auf diese Weise Auffälligkeiten bereits durch EDV-gestützte Analyseprogramme automatisch herausgefiltert und der Compliance-Abteilung angezeigt werden. Da sich § 33b Abs. 3 auf Mitarbeiter bezieht, deren Tätigkeit Anlass zu einem Interessenkonflikt geben könnte oder die aufgrund ihrer Tätigkeit Zugang haben zu Insiderinformationen oder zu anderen vertraulichen Informationen, können die bisher nach Punkt B. II. 1. der Mitarbeiter-Leitsätze für Mitarbeiter mit besonderen Funktionen bestehenden Anforderungen übertragen werden (Rn. 22).[46] Wollen diese Mitarbeiter Depots oder Konten nicht bei dem beschäftigenden, sondern bei dritten Instituten eröffnen, bedarf dies damit der besonderen Zustimmung der Geschäftsleitung oder der

---

[41] Vgl. Punkt B.I.1. der Mitarbeiter-Leitsätze; *Eisele* in *Schimansky/Bunte/Lwowski,* § 109 Rn. 133; *Kümpel* Rn. 16.724; *Bergles* ZBB 2000, 140, 142; *Irmen* in *Hellner/Steuer* Rn. 7/839.
[42] Vgl. Punkt B.I.6. und B.I.4. der Mitarbeiter-Leitsätze; vgl. *Eisele* in *Schimansky/Bunte/Lwowski,* § 109 Rn. 133; *von Kopp-Colomb* WM 2000, 2414, 2419.
[43] *Eisele* in *Schimansky/Bunte/Lwowski,* § 109 Rn. 133.
[44] Vgl. Punkt B.I.5. Mitarbeiter-Leitsätze, *Bergles* ZBB 2000, 140, 143; *von Kopp-Colomb* WM 2000, 2414, 2420; *Kümpel* Rn. 16.729f.
[45] Vgl. Punkt B.I.8. a) der Mitarbeiter-Leitsätze; *Bergles* ZBB 2000, S. 140, 141f.; *von Kopp-Colomb* WM 2000, 2414, 2419; *Irmen* in *Hellner/Steuer* Rn. 7/861f.
[46] Siehe dazu auch *Röh* BB 2008, 398, 408.

Compliance-Abteilung; bereits unterhaltene Konten sind anzuzeigen.[47] Ist die Zustimmung im Einzelfall erteilt oder die Depotführung dem beschäftigenden Unternehmen nicht möglich, so hat es Vorkehrungen zu treffen, um einen Überblick über die vorgenommenen Transaktionen zu erlangen. Im Regelfall wird dies durch die Übersendung von Zweitschriften durch das Drittunternehmen erfolgen. Der Mitarbeiter ist verpflichtet, dies zu veranlassen. Unterbleibt die Übersendung von Zweitschriften im begründeten Einzelfall, so hat der Mitarbeiter seine privaten Transaktionen anzuzeigen. Über diese Geschäfte hat er mindestens einmal jährlich eine Vollständigkeitserklärung abzugeben. Diese ist von der Compliance-Stelle zumindest stichprobenartig durch Abgleich mit einer Vollständigkeitserklärung des Drittinstituts zu überprüfen. Auch diese ist von dem Mitarbeiter auf Verlangen anzufordern und vorzulegen. Alternativ kann das beschäftigende Unternehmen auch von dem Mitarbeiter bevollmächtigt werden und sich selbst an das Drittinstitut wenden. Gleiches gilt für Geschäfte, die der Mitarbeiter als Bevollmächtigter tätigt.[48]

Mitarbeiter im Sinne des § 33b Abs. 3 benötigen darüber hinaus die Zustimmung des arbeitgebenden Unternehmens zur **Übernahme von Vollmachten** für Konten oder Depots Dritter. Um eine Umgehung der soeben ausgeführten Anforderungen zu verhindern, muss der Compliance-Stelle die Kontrolle durch eine von dem Mitarbeiter vorzulegende Vollmacht des Kontoinhabers ermöglicht werden.[49] **40**

Die besondere Verantwortung der Mitarbeiter im Sinne des § 33b Abs. 3 kann es erforderlich machen, ihre Geschäfte bereits vor der Durchführung von der Compliance-Stelle überprüfen zu lassen (sog. **Pre-Clearing**). Dies ermöglicht insbesondere einen Abgleich mit den auf der Watch List aufgeführten Papieren und die rechtzeitige Verhinderung drohender Interessenkonflikte.[50] **41**

4. Implementierung der Compliance-Organisation

Im Unterschied zu anderen Regelungen der Compliance-Organisation beschränken sich Vorgaben für Mitarbeitergeschäfte nicht auf den beruflichen Bereich, sondern dringen durch die Erfassung privater Kapitalanlagegeschäfte in die Privatsphäre des einzelnen Mitarbeiters ein. Vor Inkrafttreten des § 33b konnten weder § 33 Abs. 1 aF mit seiner Ausrichtung auf das Unternehmen selbst noch angesichts ihrer Rechtsnatur die Mitarbeiter-Leitsätze (Rn. 3) einen derartigen Eingriff rechtfertigen. Die Umsetzung der Mitarbeiter-Leitsätze über die Ausübung des **Direktionsrecht des Arbeitgebers** wurde jedoch für möglich gehalten.[51] § 33b bildet nun eine ausdrückliche gesetzliche Grundlage für die Überwachung der (Privat-)Geschäfte von Mitarbeitern im Sinne des § 33b **42**

---

[47] *Eisele* in *Schimansky/Bunte/Lwowski*, § 109 Rn. 132; bewusste Umgehungen können nach wie vor kaum wirksam verhindert werden, siehe dazu *Schlicht* BKR 2006, 469, 475.
[48] Siehe auch *von Kopp-Colomb* WM 2000, 2414, 2420; *Kümpel* 16.738 f.; *Eisele* in *Schimansky/Bunte/Lwowski*, § 109 Rn. 132.
[49] Vgl. Punkt B.II.1. c) der Mitarbeiter-Leitsätze; *Irmen* in *Hellner/Steuer* Rn. 7/867; *Kümpel* 16.738 f.
[50] *Bergles* ZBB 2000, 140, 143; *Schweizer* S. 207 f.; *Eisele* in *Schimansky/Bunte/Lwowski*, § 109 Rn. 134.
[51] Siehe nur *Eisele* in *Schimansky/Bunte/Lwowski*, § 109 Rn. 130 mwN; *Kümpel* Rn. 16. 744 f.

Abs. 3. Bei der Einführung von Maßnahmen zur Kontrolle der Mitarbeitergeschäfte ist der **Betriebsrat** nicht gemäß § 87 Abs. 1 Nr. 1, 6 BetrVG zu beteiligen.[52]

5. Ausnahmen (Abs. 7)

43 § 33b Abs. 7 nimmt in Umsetzung von Art. 12 Abs. 3 der Durchführungsrichtlinie 2006/73/EG (Rn. 2) bestimmte Mitarbeitergeschäfte, bei denen ein Interessenkonflikt ausgeschlossen ist, vom Anwendungsbereich der Absätze 3 und 4 aus. Dies gilt zum einen für **Mitarbeitergeschäfte im Rahmen der Finanzportfolioverwaltung** (§ 2 Abs. 3 Satz 1 Nr. 7), sofern vor dem jeweiligen Geschäftsabschluss kein Kontakt zwischen dem Portfolioverwalter und dem Mitarbeiter oder demjenigen besteht, für dessen Rechnung dieser handelt (Abs. 7 Nr. 1).[53] Zum anderen sind auch **Mitarbeitergeschäfte mit Anteilen an Investmentvermögen** ausgenommen, die den Vorgaben der OGAW-Richtlinie[54] entsprechen (Abs. 7 Nr. 2a) oder im Inland oder einem anderen EU- oder EWR-Staat beaufsichtigt werden und ein gleich hohes Maß an Risikostreuung aufweisen müssen (Abs. 7 Nr. 2b). In beiden Alternativen des § 33b Abs. 7 Nr. 2b ist Voraussetzung, dass der Mitarbeiter und die Personen, für deren Rechnung gehandelt wird, an der Verwaltung des Investmentvermögens nicht beteiligt sind.

44 Beide Ausnahmetatbestände entsprechen grundsätzlich den Vorgaben gemäß Punkt A.II. der aufgehobenen Mitarbeiterleitsätze (Rn. 3f.).[55] § 33b Abs. 7 Nr. 2b weicht von diesen allerdings in zwei Punkten ab: Die Beschränkung der Leitsätze auf nicht börsengehandelte Fonds ist entfallen. Im Übrigen ist nun eine Beteiligung an der Verwaltung des Investmentvermögens nicht zulässig. Nach der Begründung des Regierungsentwurfs soll die in den Mitarbeiterleitsätzen unter Punkt A.II. niedergelegte Verwaltungspraxis, dass **Anlagen in Finanzinstrumenten nach dem Vermögensbildungsgesetz** und andere vertraglich vereinbarte Ansparpläne des Mitarbeiters nicht zu den relevanten Mitarbeitergeschäften gehören, weiterhin gelten.[56] Eine ausdrückliche Ausnahme wurde nicht in den Gesetzestext aufgenommen. Dies war jedoch nicht nötig, da derartige Geschäfte im Regelfall bereits den Tatbestand des § 33b Abs. 3 nicht erfüllen.[57]

V. Handelsbeschränkungen für Finanzanalysten (Abs. 5, 6)

45 § 33b Abs. 5 und 6 setzen Art. 25 Abs. 2 lit. a) und b), Abs. 3 der Durchführungsrichtlinie 2006/73/EG (Rn. 2) um. § 33b Abs. 5 verpflichtet Wertpapierdienstleistungsunternehmen, die auf eigene Verantwortung oder auf Verantwortung eines Mitglieds ihrer Unternehmensgruppe Finanzanalysen über Finanzins-

---
[52] *Schwark*, § 33 Rn. 22; *Koller* in *Assmann/Schneider*, 2. Aufl., § 33 Rn. 37.
[53] Vgl. auch *Held* in *Clouth/Lang*, Rn. 473.
[54] Richtlinie 85/611/EWG des Rates vom 20. Dezember 1985 zur Koordinierung der Rechts- und Verwaltungsvorschriften betreffend bestimmte Organismen für gemeinsame Anlagen in Wertpapieren, ABl. EG Nr. L 375, S. 3 ff.
[55] Vgl. auch BT-Drs. 16/4028, S. 75.
[56] BT-Drs. 16/4028, S. 74 f.
[57] Etwas enger *Held* in *Clouth/Lang*, Rn. 475 („nur schwer vorstellbar").

trumente (§ 2 Abs. 2b) oder deren Emittenten erstellen oder erstellen lassen, die unter ihren Kunden oder in der Öffentlichkeit verbreitet werden sollen oder deren Verbreitung wahrscheinlich ist, zu organisatorischen Vorkehrungen, die die Einhaltung von bestimmten Handelsbeschränkungen für Finanzanalysten gewährleisten müssen. Die Regelung **ergänzt damit die allgemeine Organisationspflicht des § 34b Abs. 5 Satz 3** (siehe § 34b Rn. 52). Zum Begriff der Finanzanalyse siehe § 34b Rn. 17ff.

§ 33b Abs. 5 Nr. 1 und 2 gelten ihrem Wortlaut nach für Mitarbeiter im Sinne des § 33b Abs. 1. Arbeitnehmer eines Wertpapierdienstleistungsunternehmens, die ausschließlich die Wertpapiernebendienstleistung der Finanzanalyse (§ 2 Abs. 3a Nr. 5) erbringen, also insbesondere die Finanzanalysten selbst, erfüllen jedoch nicht den Tatbestand des § 33b Abs. 1, da dessen Nr. 3 und 4 einen Bezug zur Erbringung einer Wertpapierdienstleistung gemäß § 2 Abs. 3 voraussetzen (Rn. 15). Der mit § 33b Abs. 5 umgesetzte Art. 25 Abs. 2 der Durchführungsrichtlinie 2006/73/EG (Rn. 2) bezieht dagegen nicht nur „relevante Personen" im Sinne des Art. 2 Nr. 3, sondern auch Finanzanalysten selbst in seinen Anwendungsbereich ein. In richtlinienkonformer Auslegung ist somit der **Mitarbeiterbegriff im Rahmen des § 33b Abs. 5 weiter zu verstehen als vom Wortlaut des § 33b Abs. 1 vorgegeben;** die erforderlichen organisatorischen Maßnahmen sind auf die Finanzanalysten selbst zu erstrecken.[58]

§ 33b Abs. 5 Nr. 1 soll – in Ergänzung zu § 33b Abs. 3 Nr. 1b)[59] – verhindern, dass Mitarbeiter, die über **Informationsvorsprünge in Bezug auf noch unveröffentlichte Finanzanalysen** verfügen, dieses Sonderwissen durch entsprechende Geschäfte ausnutzen.[60] Die Vorschrift gilt für Mitarbeiter, die den Inhalt und wahrscheinlichen Zeitplan von Finanzanalysen über Finanzinstrumente oder deren Emittenten kennen, die weder veröffentlicht noch für Kunden zugänglich sind und deren Empfehlung Dritte nicht bereits aufgrund öffentlich verfügbarer Informationen erwarten würden. Das Wertpapierdienstleistungsunternehmen muss sicherstellen, dass solche Mitarbeiter für eigene Rechnung oder für Rechnung Dritter (einschließlich des Wertpapierdienstleistungsunternehmens selbst) keine Geschäfte mit Finanzinstrumenten, auf die sich Finanzanalysen beziehen, oder damit verbundenen Finanzinstrumenten tätigen, bevor die Empfänger der Finanzanalysen oder Anlageempfehlungen ausreichend Gelegenheit für eine Reaktion hatten. Ausgenommen sind Fälle, in denen die Mitarbeiter in ihrer Eigenschaft als **Market Maker** nach Treu und Glauben und im üblichen Rahmen oder in Ausführung eines nicht selbst initiierten Kundenauftrags handeln. Der **Zeitpunkt, in dem die Empfänger ausreichende Gelegenheit für eine Reaktion hatten,** ist dann erreicht, wenn zumindest die Bereichsöffentlichkeit der Finanzanalysen oder Anlageempfehlung hergestellt wurde.[61] Die Beschränkungen des § 33b Abs. 5 werden typischerweise durch eine generelle Untersagung von Geschäften mit den Finanzinstrumenten des von den je-

---

[58] Zutreffend Held in Clouth/Lang, Rn. 465.
[59] Nach Held in Clouth/Lang, Rn. 468f. kommt § 33b Abs. 5 Nr. 1 kein eigener Regelungsgehalt zu, da Inhalt und/oder Veröffentlichungszeitpunkt einer Finanzanalyse „in der Regel" eine Insiderinformationen darstelle, so dass schon § 33b Abs. 3 Nr. 1a) eingreife. Diese Aussage ist jedoch bereits wegen § 13 Abs. 2 zu pauschal.
[60] BT-Drs. 16/4028, S. 75.
[61] Göres BKR 2007, 85, 90; Held in Clouth/Lang, Rn. 467.

weiligen Analysten betreuten Emittenten oder ein so genanntes Pre-Clearing umgesetzt, also dem Erfordernis einer vorherigen Freigabe durch die Compliance-Stelle, die auch den Zeitpunkt der Veröffentlichung der jeweiligen Finanzanalyse kontrollieren kann.[62]

48   § 33b Abs. 5 Nr. 2 bezweckt die **Verhinderung von gegenläufigen Geschäften,** also von Mitarbeitergeschäften, die den aktuellen Anlageempfehlungen des Wertpapierdienstleistungsunternehmens zuwiderlaufen.[63] So ist für Mitarbeiter, die an der Erstellung von Finanzanalysen über Finanzinstrumente oder deren Emittenten beteiligt sind, aber nicht unter § 33b Abs. 5 Nr. 1 fallen, zu gewährleisten, dass diese nur in Ausnahmefällen und mit vorheriger Zustimmung der Rechtsabteilung oder der Compliance-Funktion ein Mitarbeitergeschäft über Finanzinstrumente, auf die sich die Finanzanalysen beziehen, oder damit verbundene Finanzinstrumente, entgegen den aktuellen Empfehlungen tätigen. Nach Erwägungsgrund 31 der Durchführungsrichtlinie 2006/73/EG (Rn. 2) stellt auch ein **persönlicher finanzieller Härtefall,** in dem der Mitarbeiter eine Position schließen muss, einen Ausnahmefall dar, in dem mit vorheriger Zustimmung ein Mitarbeitergeschäft getätigt werden darf.[64]

49   Gemäß § 33b Abs. 6 gelten die Organisationspflichten des Abs. 5 auch für Wertpapierdienstleistungsunternehmen, die **von einem Dritten erstellte Finanzanalysen** öffentlich verbreiten oder an ihre Kunden weitergeben (zu diesen Tatbestandsmerkmalen siehe § 34b Rn. 31). Davon ausgenommen werden jedoch Fälle, in denen kumulativ vier Voraussetzungen erfüllt sind: Der Dritte, dessen Finanzanalyse öffentlich verbreitet oder weitergegeben werden soll, darf nicht zur selben Unternehmensgruppe (i. S. d. § 13 Abs. 2 Satz 3 WpDVerOV[65]) wie das Wertpapierdienstleistungsunternehmen gehören (Abs. 6 Nr. 1). Zudem darf das Unternehmen die Empfehlungen der Finanzanalyse nicht wesentlich abändern (Abs. 6 Nr. 2a), die Finanzanalyse nicht als von ihm erstellt darstellen (Abs. 6 Nr. 2 b) und muss sich vergewissern, dass der Dritte Anforderungen unterliegt oder selbst festgelegt hat, die denjenigen des § 33b Abs. 5 gleichwertig sind (Abs. 6 Nr. 2c).

§ 34 Aufzeichnungs- und Aufbewahrungspflicht

(1) Ein Wertpapierdienstleistungsunternehmen muss, unbeschadet der Aufzeichnungspflichten nach den Artikeln 7 und 8 der Verordnung (EG) Nr. 1287/2006, über die von ihm erbrachten Wertpapierdienstleistungen und Wertpapiernebendienstleistungen sowie die von ihm getätigten Geschäfte Aufzeichnungen erstellen, die es der Bundesanstalt ermöglichen, die Einhaltung der in diesem Abschnitt geregelten Pflichten zu prüfen.

(2) Das Wertpapierdienstleistungsunternehmen hat Aufzeichnungen zu erstellen über Vereinbarungen mit Kunden, die die Rechte und Pflichten der Vertragsparteien sowie die sonstigen Bedingungen festlegen, zu denen das Wertpapierdienstleistungsunternehmen Wertpapierdienstleistungen oder Wertpapiernebendienstleistungen für den Kunden erbringt. Bei der erstma-

---

[62] Göres BKR 2007, 85, 90.
[63] BT-Drs. 16/4028, S. 75.
[64] So auch Göres BKR 2007, 85, 90; Held in Clouth/Lang, Rn. 471.
[65] Vgl. Göres BKR 2007, 85, 93.

Aufzeichnungs- und Aufbewahrungspflicht § 34

ligen Erbringung einer Wertpapierdienstleistung für einen Privatkunden, die nicht Anlageberatung ist, muss die Aufzeichnung nach Satz 1 den Abschluss einer schriftlichen Rahmenvereinbarung, die mindestens die wesentlichen Rechte und Pflichten des Wertpapierdienstleistungsunternehmens und des Privatkunden enthält, dokumentieren. In anderen Dokumenten oder Rechtstexten normierte oder vereinbarte Rechte und Pflichten können durch Verweis in die Rahmenvereinbarung einbezogen werden. Die Rahmenvereinbarung muss dem Privatkunden in Papierform oder auf einem anderen dauerhaften Datenträger zur Verfügung gestellt werden. Ein dauerhafter Datenträger ist jedes Medium, das dem Kunden die Speicherung der für ihn bestimmten Informationen in der Weise gestattet, dass er die Informationen für eine ihrem Zweck angemessene Dauer einsehen und unverändert wiedergeben kann.

(3) Alle nach diesem Abschnitt erforderlichen Aufzeichnungen sind mindestens fünf Jahre ab dem Zeitpunkt ihrer Erstellung aufzubewahren. Aufzeichnungen über Rechte und Pflichten des Wertpapierdienstleistungsunternehmens und seiner Kunden sowie sonstige Bedingungen, zu denen Wertpapierdienstleistungen und Wertpapiernebendienstleistungen erbracht werden, sind mindestens für die Dauer der Geschäftsbeziehung mit dem Kunden aufzubewahren. In Ausnahmefällen kann die Bundesanstalt für einzelne oder alle Aufzeichnungen längere Aufbewahrungsfristen festsetzen, wenn dies aufgrund außergewöhnlicher Umstände unter Berücksichtigung der Art des Finanzinstruments oder des Geschäfts für die Überwachungstätigkeit der Bundesanstalt erforderlich ist. Die Bundesanstalt kann die Einhaltung der Aufbewahrungsfrist nach Satz 1 auch für den Fall verlangen, dass die Erlaubnis eines Wertpapierdienstleistungsunternehmens vor Ablauf der in Satz 1 genannten Frist endet.

(4) Das Bundesministerium der Finanzen kann durch Rechtsverordnung, die nicht der Zustimmung des Bundesrates bedarf, nähere Bestimmungen zu den Aufzeichnungspflichten und zu der Geeignetheit von Datenträgern nach den Absätzen 1 und 2 erlassen. Das Bundesministerium der Finanzen kann die Ermächtigung durch Rechtsverordnung auf die Bundesanstalt übertragen.

(5) Die Bundesanstalt veröffentlicht auf ihrer Internetseite ein Verzeichnis der Mindestaufzeichnungen, die die Wertpapierdienstleistungsunternehmen nach diesem Gesetz in Verbindung mit einer Rechtsverordnung nach Absatz 4 vorzunehmen haben.

Schrifttum: *Balzer*, Vermögensverwaltung durch Kreditinstitute, 1999; *ders.*, Anlegerschutz bei Verstößen gegen Verhaltenspflichten nach §§ 31 ff. WpHG, ZBB 1997, 260; *Clouth/Lang* (Hrsg.), MiFID Praktikerhandbuch, 2007; *Hadding*, Kapitalmarktrechtliche Aufzeichnungspflichten, in Festschrift für Martin Peltzer, 2001, S. 153; *Kumpan/Hellgardt*, Haftung der Wertpapierdienstleistungsunternehmen nach Umsetzung der EU-Richtlinie über Märkte für Finanzinstrumente (MiFID), DB 2006, 1714; *Lang*, Informationspflichten bei Wertpapierdienstleistungen, 2003; *ders.*, Die Beweislastverteilung im Falle der Verletzung von Aufklärungs- und Beratungspflichten bei Wertpapierdienstleistungen, WM 2000, 450; *Roller/Hendel*, Aufbewahrungsfristen, -pflichten und -übungen von Kreditinstituten, VuR 2005, 13; *Rothenhöfer*, Anlegerschutz durch Schriftform und Dokumentation bei Wertpapierdienstleistungen, 2007; *Schäfer/Müller*, Haftung für fehlerhafte Wertpapierdienstleistungen, 1999; *Schäfer*, Sind die §§ 31 ff. WpHG nF Schutzgesetze i. S. v. § 823 Abs. 2 BGB?, WM 2007, 1872; *Schlüter*, Börsenhandelsrecht, 2. Aufl. 2002; *Schwennicke*, Die Dokumentation der Erfüllung der Verhaltenspflichten nach § 31 Abs. 2 WpHG durch

Fuchs 1565

§ 34 1   Abschnitt 6. Verhaltensregeln, Verjährung

die Bank, WM 1998, 1101; *Spindler/Kasten,* Organisationsverpflichtungen nach der MiFID und ihre Umsetzung, AG 2006, 785; *dies.,* Änderungen des WpHG durch das Finanzmarktrichtlinie-Umsetzungsgesetz (FRUG), WM 2007, 1245; *Staud,* Die Bedeutung der Dokumentationspflichten bei Wertpapiergeschäften, 1999; *Teuber,* Finanzmarkt-Richtlinie (MiFID) – Auswirkungen auf Anlageberatung und Vermögensverwaltung im Überblick, BKR 2006, 429.

Übersicht

	Rn.
I. Allgemeines	1
1. Regelungsgegenstand und -zweck	1
2. Anwendungsbereich	4
3. Form der Aufzeichnung	5
II. Aufzeichnungspflichten	7
1. Allgemeine Anforderungen (Abs. 1)	7
a) Art. 7 und 8 Durchführungsverordnung 1287/2006	8
b) Umfang der Aufzeichnungspflichten nach § 34 Abs. 1	11
2. Vereinbarungen mit Kunden (Abs. 2)	18
III. Aufbewahrungspflicht (Abs. 3)	20
IV. Verordnungsermächtigung (Abs. 4)	22
V. Verzeichnis der Mindestaufzeichnungen (Abs. 5)	23
VI. Sanktionen	24

I. Allgemeines
1. Regelungsgegenstand und -zweck

1 § 34 begründet Aufzeichnungs- und Aufbewahrungspflichten von Wertpapierdienstleistungsunternehmen. Durch die Vorschrift wurde ursprünglich Art. 10 Satz 2, 4. Spiegelstrich der WpDRL umgesetzt.[1] Wesentliche Erweiterungen brachte das Umsetzungsgesetz von 1997.[2] **Neu gefasst** wurde § 34 **durch das Finanzmarktrichtlinie-Umsetzungsgesetz (FRUG)** vom 16. Juli 2007[3] mit Wirkung vom 1. Januar 2008; die Verordnungsermächtigung in § 34 Abs. 4 trat bereits zum 20. Juli 2007 in Kraft. Die bisher in § 34 WpHG aF geregelten Pflichten sind nun im wesentlichen in den unmittelbar anwendbaren Art. 7 und 8 der MiFID-DVO[4] zu finden, die sich auf Kundenaufträge und Handelsentscheidungen im Rahmen der Finanzportfolioverwaltung beziehen. § 34 Abs. 1 nF erweitert die Pflicht zur Dokumentation auf alle erbrachten Wertpapier(neben)dienstleistungen. Abs. 2 regelt Aufzeichnungspflichten hinsichtlich der mit den Kunden des Wertpapierdienstleistungsunternehmens getroffenen Vereinbarungen. Die Dauer der Aufbewahrung ist in Abs. 3 normiert.

---

[1] Vgl. Beschlussempfehlung und Bericht des Finanzausschusses BT-Drucks. 12/7918 S. 105.
[2] Gesetz zur Umsetzung von EG-Richtlinien zur Harmonisierung bank- und wertpapieraufsichtsrechtlicher Vorschriften vom 22. 10. 1997 BGBl. I 1997 S. 2518.
[3] BGBl. I S. 1330.
[4] Verordnung (EG) Nr. 1287/2006 der Kommission vom 10. August 2006 zur Durchführung der Richtlinie 2004/39/EG des Europäischen Parlaments und des Rates betreffend die Aufzeichnungspflichten für Wertpapierfirmen, die Meldung von Geschäften, die Markttransparenz, die Zulassung von Finanzinstrumenten zum Handel und bestimmte Begriffe im Sinne dieser Richtlinie, ABl. EU vom 2. September 2006, L 241, S. 1 ff.

Die Aufzeichnungs- und Aufbewahrungspflichten dienen, wie sich schon aus 2 dem Wortlaut des § 34 Abs. 1 ergibt, einzig der **Kontrolle und Aufsicht**. Die Aufzeichnung soll es der BaFin und im Rahmen des § 36 dem Prüfer ermöglichen, die Geschäftstätigkeit des Wertpapierdienstleistungsunternehmens auf die Einhaltung der Verhaltens- und Organisationspflichten der §§ 31 ff. zu untersuchen.[5] § 34 verfolgt **keine unmittelbar anlegerschützenden Ziele**, so dass ein Verstoß gegen die Dokumentationspflichten mangels Drittschutzes keinen Anspruch aus § 823 Abs. 2 BGB zu begründen vermag.[6] Nichts anderes gilt für die Aufzeichnungspflichten nach Art. 7 und 8 der Durchführungsverordnung 1287/2006. Diese konkretisieren Art. 13 Abs. 6 MiFID, nach dem die Aufzeichnungen (ausschließlich) dazu dienen sollen, der zuständigen Behörde die Überwachung der Wertpapierfirmen zu ermöglichen.

Ebenso wenig kann § 34 zur Konkretisierung deliktsrechtlicher Verkehrs- 3 pflichten herangezogen werden.[7] Auch **Beweiserleichterungen** zugunsten des geschädigten Anspruchstellers können nicht auf eine Verletzung des § 34 gestützt werden. Denn Voraussetzung für eine Umkehr oder Erleichterung der Beweislast wäre, dass die verletzte Dokumentationspflicht gerade dazu dient, Interessen des Geschädigten zu schützen, was angesichts des rein aufsichtsrechtlichen Charakters des § 34 zu verneinen ist.[8]

2. Anwendungsbereich

Die Aufzeichnungspflicht erstreckt sich auf das Erbringen von Wertpapier- 4 dienstleistungen und Wertpapiernebendienstleistungen im Sinne des § 2 Abs. 3, 3a und damit auch auf **Geschäfte für eigene Rechnung** des Wertpapierdienstleistungsunternehmens.[9] Durch die Einbeziehung der **Anlageberatung** in den Kreis der Wertpapierdienstleistungen (§ 2 Abs. 3 Satz 1 Nr. 9) besteht eine Dokumentationspflicht nun auch für die erbrachte Beratung (dazu noch Rn. 17).[10] Anders als nach der bis zum 31. Dezember 2007 geltenden Fassung erstrecken

---

[5] Vgl. BT-Drs. 16/4028, S. 75.
[6] Vgl. bereits Vor §§ 31 bis 37a Rn. 84; *Schäfer* WM 2007, 1872, 1879; so wohl auch *Spindler/Kasten* WM 2007, 1245, 1249 (Fn. 83). – Zu § 34 aF siehe *Koller* in *Assmann/ Schneider* Rn. 1; *Hadding*, FS. Peltzer, S..153, 156; *Lang* WM 2000, 450, 456; *Lenenbach* Rn. 10.104; *Schwennicke* WM 1998, 1101, 1108; *Schäfer/Müller* S. 143; *Kümpel* Bank- und Kapitalmarktrecht Rn. 16.610; *KölnKommWpHG-Möllers*, Rn. 62; *Möllers/Ganten* ZGR 1998, S. 773, 804; *Roller/Hendel*, VuR 2005, 13, 15; iE ebenso *Staud* S. 119.
[7] *Lang* WM 2000, 450, 456.
[8] Ebenso *Balzer* in *Clouth/Lang*, Rn. 643; *Ellenberger* in *Clouth/Lang*, Rn. 8; *Schäfer* WM 2007, 1872, 1879; wohl auch *Spindler/Kasten* WM 2007, 1245, 1249 (Fn. 83); aA *Kumpan/Hellgardt* DB 2006, 1714, 1719. – Zu § 34 aF: *Koller* in *Assmann/Schneider* § 34 Rn. 1; *Schwark*, § 34 Rn. 2; *Balzer* Vermögensverwaltung S. 180; *Lang* Informationspflichten S. 431 f.; *Hadding*, FS. Peltzer, S. 153, 156; *ders.* ZBB 1997, 260, 268; *Lang* WM 2000, 450, 465; *Lenenbach* Rn. 10.104; *Schäfer/Müller* S. 143; OLG Dresden, NJOZ 2004, 2266, 2269; aA *Grundmann* in *Ebenroth/Boujong/Joost* § 34 WpHG Rn. VI 277 mit Verweis auf das EG-Recht; *Lachmair* WuB I G 1.–7.97; *Kieninger*, AcP 199 (1999), 190, 246.
[9] BT-Drs. 16/4028, S. 75; *Balzer* in *Clouth/Lang*, Rn. 601.
[10] Kritisch *Spindler/Kasten* AG 2006, 785, 789. Siehe zur abweichenden alten Rechtslage noch BGH ZIP 2006, 504, 505 f = BKR 2006, 163, 165 m. Anm. *Jordans/Mucke* (S. 166 f.); *Koller* in *Assmann/Schneider* § 34 Rn. 1; *Schwark*, § 34 Rn. 13.

sich die Pflichten des § 34 nicht nur auf Wertpapierdienstleistungen, sondern ebenfalls auf Wertpapiernebendienstleistungen i. S. d. § 2 Abs. 3 a.

3. Form der Aufzeichnung

5   Die Art der Aufzeichnung ist zwar durch § 34 nicht unmittelbar vorgegeben, aber bereits aus den Erfordernissen der mindestens fünfjährigen Aufbewahrung (vgl. § 34 Abs. 3 Satz 1) folgt, dass eine schriftliche Aufzeichnung oder eine Fixierung auf (sonstigen) Datenträgern, die mit vertretbarem Aufwand sichtbar gemacht werden kann, erforderlich ist.[11] Dementsprechend bestimmt § 14 Abs. 7 WpDVerOV, der Art. 51 Abs. 2 der DRL[12] umsetzt, dass alle Aufzeichnungen nach § 34 in der Weise auf einem **dauerhaften Datenträger** vorzuhalten sind, dass die BaFin innerhalb der Aufbewahrungsfrist jederzeit leicht darauf zugreifen und jede wesentliche Phase der Bearbeitung sämtlicher Geschäfte rekonstruieren kann. Das Wertpapierdienstleistungsunternehmen muss daneben zum **Schutz vor Manipulationen** sicherstellen, dass jede nachträgliche Änderung einer Aufzeichnung und der Zustand vor der Änderung deutlich erkennbar sind und die Aufzeichnungen vor sachlich nicht gebotenen Änderungen geschützt bleiben.[13] Telefonisch erteilte Aufträge können mit Einwilligung des Kunden auf Tonträger aufgezeichnet werden.[14] Besondere Bedeutung hat in der Praxis die elektronische Aufzeichnung. Diese ist grundsätzlich zulässig, sofern die jederzeitige Reproduzierbarkeit gewährleistet ist und Sicherheitsvorkehrungen gegen Datenverlust und Manipulation bestehen.[15] Eine Aufbewahrung der Originalbelege wird von § 34 nicht verlangt.[16]

6   Der Kunde hat sowohl vertraglich als auch datenschutzrechtlich aus § 33 Abs. 1 BDSG einen Anspruch darauf, über die Speicherung seiner personenbezogenen Daten informiert zu werden.[17]

II. Aufzeichnungspflichten

1. Allgemeine Anforderungen (Abs. 1)

7   Mit § 34 Abs. 1 werden die Art. 13 Abs. 6, 19 Abs. 7 und 25 Abs. 2 der MiFID in deutsches Recht umgesetzt. Zugleich wird klargestellt, dass die Art. 7 und 8 der DVO[18] unmittelbare Anwendung finden.

---

[11] Zu § 34 aF siehe *Koller* in *Assmann/Schneider* § 34 Rn. 3; *Staud* S. 61; KölnKomm-WpHG-*Möllers*, § 34 Rn. 29.
[12] Durchführungsrichtlinie 2006/73/EG der Kommission zur Durchführung der Richtlinie 2004/39/EG des Europäischen Parlaments und des Rates in Bezug auf die organisatorischen Anforderungen an Wertpapierfirmen und die Bedingungen für die Ausübung ihrer Tätigkeit sowie in Bezug auf die Definition bestimmter Begriffe für die Zwecke der genannten Richtlinie vom 10. August 2006, ABl. EU L 241 vom 2. September 2006, S. 26 ff.
[13] Dazu *Balzer* in *Clouth/Lang*, Rn. 606.
[14] *Schlüter* S. 217; *Schwark*, § 34 Rn. 3; ausführlich *Staud* S. 96 ff.
[15] Vgl. auch *Kümpel* Bank- und Kapitalmarktrecht Rn. 16.607.
[16] Zu § 34 aF siehe *Koller* in *Assmann/Schneider* § 34 Rn. 3.
[17] *Schwark*, § 34 Rn. 5.
[18] Verordnung (EG) Nr. 1287/2006 der Kommission vom 10. August 2006 zur Durchführung der Richtlinie 2004/39/EG des Europäischen Parlaments und des Rates betref-

a) Art. 7 und 8 Durchführungsverordnung 1287/2006

Art. 7 und 8 der DVO enthalten einen Katalog von **transaktionsbezogenen** 8
Aufzeichnungspflichten. Gemäß Art. 7 hat eine Wertpapierfirma zu jedem
von einem Kunden **eingegangenen Auftrag** und für jede **Handelsentscheidung** betreffend die Erbringung einer Portfolioverwaltungs-Dienstleistung unverzüglich eine Aufzeichnung bestimmter Angaben zu erstellen, sofern sie sich
auf den Auftrag oder die Handelsentscheidung beziehen. Dazu gehören der
Name oder die sonstige Bezeichnung des Kunden (Art. 7 lit. a) und jeder relevanten Person, die im Auftrag des Kunden handelt (Art. 7 lit. b). Gemäß Art. 7
lit. c) sind Angaben aufzuzeichnen, die unter den Ziffern 4 **(Kennzeichnung
als Kauf oder Verkauf)** und 6 **(Identifikation des Finanzinstruments)** sowie unter 16 bis 19 **(Stückpreis, Währung, Menge und Art der Mengenangabe** (Anzahl oder Nennwert)) der Tabelle 1 in Anhang I der Verordnung genannt sind. Des Weiteren sind zu dokumentieren die Art des Auftrags, falls es
sich nicht um einen Kauf- oder Verkaufsauftrag handelt (Art. 7 lit. d), der **Auftragstyp** (Art. 7 lit. e), **sonstige Details, Bedingungen oder spezifische
Anweisungen** des Kunden betreffend die Art und Weise der Ausführung des
Kundenauftrags (Art. 7 lit. g) sowie das **Datum und der genaue Zeitpunkt**
des Eingangs des Kundenauftrags bei der Wertpapierfirma bzw. der Entscheidung
über den Handel mit diesem Kundenauftrag (Art. 7 lit. f).

Art. 8 Abs. 1 DVO bestimmt, dass Wertpapierfirmen unverzüglich **nach der** 9
Ausführung eines Kundenauftrags oder – im Falle von Wertpapierfirmen,
die Aufträge an eine andere Person zwecks Ausführung weiterleiten – unverzüglich nach Erhalt der Bestätigung des ausgeführten Auftrags bestimmte Angaben
zu dem betreffenden Geschäft aufzeichnen müssen. Dazu gehören der **Name**
oder sonstige Bezeichnung des Kunden (Art. 8 Abs. 1 lit. a), die Angaben, die
unter den Ziffern 2 **(Handelstag)**, 3 **(Handelszeit)**, 4 **(Kennzeichnung als
Kauf oder Verkauf)**, 6 **(Identifikation des Finanzinstruments)** und unter
den Ziffern 16 bis 21 **(Stückpreis, Notierung, Menge und Art der Mengenangabe** (Anzahl oder Nennwert), **Gegenpartei, Identifikation des Handelsplatzes)** der Tabelle 1 in Anhang I der Verordnung genannt sind (Art. 8
Abs. 1 lit. b), das **Gesamtentgelt** (Art. 8 Abs. 1 lit. c), die Art des Geschäfts,
falls es sich nicht um einen Kauf- oder Verkaufsauftrag handelt (Art. 8 Abs. 1
lit. d) sowie die **natürliche Person, die das Geschäft ausgeführt hat** bzw.
für die Ausführung zuständig ist (Art. 8 Abs. 1 lit. e). Wenn eine Wertpapierfirma einer anderen Person einen **Auftrag zur Ausführung übermittelt,** hat sie
gemäß Art. 8 Abs. 2 der DVO unverzüglich nach der Übermittlung den Namen
oder die sonstige Bezeichnung des Kunden und der Person, an die der Auftrag
übermittelt wurde, die Bedingungen des übermittelten Auftrags sowie das Datum und den genauen Zeitpunkt der Übermittlung aufzuzeichnen.

Der **Begriff des Auftrags** ist nicht auf Kommissionsgeschäfte beschränkt, son- 10
dern erfasst insbesondere auch den Eigenhandel und die Abschlussvermittlung (§ 2
Abs. 3 Satz 1 Nr. 2 und 3). Der Auftrag muss nicht auf den Sekundärmarkt bezogen
sein, sondern kann auch den Primärmarkt betreffen (zB Zeichnungsaufträge).[19]

---

fend die Aufzeichnungspflichten für Wertpapierfirmen, die Meldung von Geschäften, die
Markttransparenz, die Zulassung von Finanzinstrumenten zum Handel und bestimmte Begriffe im Sinne dieser Richtlinie, ABl. EU vom 2. September 2006, L 241, S. 1 ff.
[19] Zu § 34 aF siehe *Schwark,* § 34 Rn. 6.

§ 34 11–13 Abschnitt 6. Verhaltensregeln, Verjährung

Nicht von Art. 7 und 8 DVO (aber von § 34 Abs. 1, siehe Rn. 17) erfasst sind die im Rahmen der Anlageberatung erbrachten Beratungsleistungen.[20]

b) Umfang der Aufzeichnungspflichten nach § 34 Abs. 1

11 Gemäß § 34 Abs. 1 haben Wertpapierdienstleistungsunternehmen für die von ihnen erbrachten Wertpapierdienstleitungen und Wertpapiernebendienstleistungen sowie über die von ihnen getätigten Geschäfte Aufzeichnungen zu erstellen, die ausschließlich dazu dienen, der BaFin die **Prüfung zu ermöglichen, ob die §§ 31 ff. eingehalten werden** (vgl. §§ 35, 36). Unter § 34 Abs. 1 fallen alle Wertpapier(neben)dienstleistungen und damit auch Eigengeschäfte (Rn. 4). Das Tatbestandsmerkmal der „von ihnen getätigten Geschäfte" erfasst die zur Erbringung der Wertpapier(neben)dienstleistungen abgeschlossenen Ausführungsgeschäfte.[21] Die Anforderungen des § 34 Abs. 1 werden durch § 14 WpDVerOV konkretisiert. Gemäß § 14 Abs. 1 Satz 1 WpDVerOV genügt ein Wertpapierdienstleistungsunternehmen seiner Pflicht nach § 34 Abs. 1, wenn aufgrund der Aufzeichnung **nachvollziehbar** ist, ob das Unternehmen die jeweils in Rede stehende Pflicht erfüllt hat; dafür können Organisationsanweisungen und Aufzeichnungen über systemische Vorkehrungen geeignet sein (§ 14 Abs. 1 Satz 2).

12 § 14 Abs. 2 WpDVerOV konkretisiert die Aufzeichnungspflicht des § 34 Abs. 1, überschneidet sich aber teilweise mit den Art. 7 und 8 der Durchführungsverordnung 1287/2006. So sind insbesondere zu dokumentieren die **Identität des Kunden** und der Personen, die im Auftrag des Kunden handeln, soweit notwendig zusätzlich die Identität der Kunden, deren Aufträge in einem Geschäft zusammengefasst wurden, sowie „**die Merkmale oder die Bewertung" als professioneller Kunde oder geeignete Gegenpartei** im Sinne des § 31 a Abs. 2 Satz 2 Nr. 2, Abs. 4 Satz 2 oder Abs. 7 (§ 14 Abs. 2 Nr. 1).[22] Letzteres bedeutet, dass eine Aufzeichnung geboten ist für die Erfüllung der Merkmale des § 31 a Abs. 2 Satz 2 Nr. 2 (Bilanzsumme, Umsatzerlöse, Eigenmittel), die der Einstufung als geeignete Gegenpartei nach § 31 a Abs. 4 Satz 1 zugrunde liegenden Tatsachen bzw. die Zustimmung nach § 31 a Abs. 4 Satz 2 sowie die Umstände im Sinne des § 31 a Abs. 7, welche die Einstufung eines Privatkunden als professionellen Kunden rechtfertigen. § 14 Abs. 8 WpDVerOV lässt hinsichtlich der Einstufung der Kunden die Aufzeichnung der entsprechenden Organisationsanweisung genügen, wenn das Wertpapierdienstleistungsunternehmen ausschließlich Geschäfte **mit nur einer Art von Kunden** tätigt. Die Aufzählung des § 14 Abs. 2 WpDVerOV ist nicht abschließend („insbesondere"). Zur Überprüfung der Einhaltung der §§ 31 ff. ist etwa auch eine Aufzeichnung der nach § 31 a Abs. 5 Satz 2 und Abs. 6 Satz 4 gebotenen Informationen erforderlich.[23]

13 Aufzuzeichnen sind des Weiteren der Umstand, ob das Geschäft ganz oder teilweise im Rahmen der Finanzportfolioverwaltung erbracht wurde (§ 14 Abs. 2 Nr. 2), die **Kundeninformationen nach § 31 Abs. 3** (§ 14 Abs. 2 Nr. 3), Nachweise der regelmäßigen Überprüfung der **Ausführungsgrundsätze nach § 33 a** (§ 14 Abs. 2 Nr. 4) sowie die Umstände, aus denen sich ergibt, dass eine **Zuwendung im Sinne des § 31 d Abs. 1 Satz 1 Nr. 1** darauf ausgelegt ist,

---

[20] *Spindler/Kasten* AG 2006, 785, 789.
[21] *Balzer* in *Clouth/Lang*, Rn. 602.
[22] Dazu *Balzer* in *Clouth/Lang*, Rn. 612.
[23] *Balzer* in *Clouth/Lang*, Rn. 614.

Aufzeichnungs- und Aufbewahrungspflicht 14–17 § 34

die Qualität der für die Kunden erbrachten Dienstleistungen zu verbessern (§ 14 Abs. 2 Nr. 5). Auch insoweit gilt, dass § 14 Abs. 2 WpDVerOV nicht abschließend ist. Beispielsweise sind im Rahmen der „Best Execution" nach § 33a auch die Erstellung der Ausführungsgrundsätze, die Einhaltung des § 33a Abs. 1 Nr. 2, die Erfüllung der Informations- und Hinweispflichten des § 33a Abs. 5 Satz 2, Abs. 6 und die Einholung der Einwilligung gemäß § 33a Abs. 5 Satz 2 und der Zustimmung gemäß § 33a Abs. 6 Nr. 1 zu dokumentieren.[24]

Eine Einschränkung der Aufzeichnungspflicht hinsichtlich der **Kundeninformationen nach § 31 Abs. 3**, der **Werbemitteilungen im Sinne des § 31 Abs. 2 Satz 1 und 2** und der **Finanzanalysen im Sinne des § 34b** enthält § 14 Abs. 7 WpDVerOV:[25] Neben der Aufbewahrung eines Exemplars der jeweiligen standardisierten Information, Werbemitteilung oder Finanzanalyse bedarf es keiner weiteren Aufzeichnungen, soweit dokumentiert ist, an welchen Kundenkreis (nicht: an welche individuellen Kunden) sich die Information, Werbemitteilung oder Finanzanalyse richtet. 14

In jedem Fall aufzuzeichnen sind gemäß § 14 Abs. 3 WpDVerOV auch die **Grundsätze und Organisationsanweisungen,** die zur Erfüllung der Pflichten der §§ 31 ff. zu erstellen sind, und die notwendigen Berichte an die Geschäftsleitung. Gleiches gilt nach § 14 Abs. 4 WpDVerOV für alle **Kundenangaben,**[26] die zur Erfüllung der Pflichten der §§ 31 ff. gegenüber Kunden notwendig sind, etwa die nach § 31 Abs. 4 und 5 einzuholenden Informationen oder die zur Kundenkategorisierung nach § 31a benötigten Angaben. 15

§ 14 Abs. 5 WpDVerOV bestimmt in Umsetzung von Art. 23 der Durchführungsrichtlinie 2006/73/EG, dass die jeweiligen von dem Wertpapierdienstleistungsunternehmen erbrachten Arten von Wertpapier(neben)dienstleistungen, bei denen ein den Interessen eines Kunden in erheblichem Maße abträglicher **Interessenkonflikt** aufgetreten ist oder noch während der Erbringung der Dienstleistung auftreten könnte, ebenfalls zu dokumentieren sind. 16

Aufzeichnungen über eine erfolgte **Anlageberatung** sind gemäß § 14 Abs. 6 WpDVerOV dann nicht notwendig, wenn es zu einem Geschäftsabschluss kommt, der im Sinne des § 31 Abs. 4 Satz 2 geeignet (dazu § 31 Rn. 255 ff.) ist, die Geeignetheit entsprechend nachvollzogen werden kann und auch der Umstand, dass der Abschluss auf einer Beratung beruht, den Aufzeichnungen zu entnehmen ist (zu den Kundenangaben nach § 31 Abs. 4 siehe bereits Rn. 15). Mit dieser Regelung sollen Doppelaufzeichnungen vermieden werden. Kommt das empfohlene Geschäft nicht zustande (zB weil sich der Kunde für eine andere Anlage entscheidet), ist die im Rahmen der Anlageberatung gegebene Empfehlung zu dokumentieren. Nicht erforderlich ist dagegen eine Aufzeichnung des gesamten Inhalts des Beratungsgesprächs.[27] Im **beratungsfreien Ge-** 17

---

[24] Siehe auch *Balzer* in *Clouth/Lang,* Rn. 634f.
[25] Vgl. *Balzer* in *Clouth/Lang,* Rn. 610.
[26] Ausführlich dazu *Balzer* in *Clouth/Lang,* Rn. 616ff.
[27] Zutreffend *Balzer* in *Clouth/Lang,* Rn. 622. Nach ganz hA besteht auch keine zivilrechtliche Pflicht oder Obliegenheit zur schriftlichen Dokumentation der Erfüllung von Beratungs- und Aufklärungspflichten gegenüber Kapitalanlegern, BGH ZIP 2006, 504, 506 = BKR 2006, 163 m. Anm. *Jordans/Mucke* (S. 166 f.); *Rothenhöfer,* S. 219 ff. mwN. zur noch nicht definitiv geklärten Bedeutung der Aufzeichnungspflichten für die prozessuale Rechtsstellung des Anlegers vgl. *Einsele, JZ* 2008, 477, 485 mwN.

schäft bzw. im **reinen Ausführungsgeschäft** sind insbesondere auch die Hinweise und Informationen nach § 31 Abs. 5 Satz 3 und 4, Abs. 7 Nr. 2 zu dokumentieren.[28]

2. Vereinbarungen mit Kunden (Abs. 2)

18 § 34 Abs. 2 Satz 1 konkretisiert die allgemeine Aufzeichnungspflicht des Absatzes 1 in Bezug auf Kundenvereinbarungen.[29] Die Sätze 2 bis 5 setzen den seinerseits auf Art. 19 Abs. 7 MiFID beruhenden Art. 39 der Durchführungsrichtlinie 2006/73/EG um, wonach Unternehmen, die für einen **neuen Privatkunden** erstmals eine Wertpapierdienstleistung erbringen, die keine Anlageberatung darstellt, mit diesem Kunden auf Papier oder einem anderen dauerhaften Datenträger eine **schriftliche Rahmenvereinbarung** abschließen müssen. Unklar ist, ob § 34 Abs. 2 Satz 2 nicht nur zur Dokumentation einer Rahmenvereinbarung, sondern mittelbar auch dazu verpflichtet, eine derartige Vereinbarung mit neuen Privatkunden abschließen zu müssen. Die Gesetzesbegründung verneint dies und verweist auf Art. 19 Abs. 7 MiFID, der in der Tat ausschließlich eine Dokumentationspflicht vorsieht und keine materielle Regelung zum Inhalt oder Abschluss eines Vertrages normiert.[30] Etwas anderes gilt jedoch für Art. 39 der Durchführungsrichtlinie, nach dem zwingend eine schriftliche Rahmenvereinbarung getroffen werden muss. Dies steht deshalb nicht im Widerspruch zu Art. 19 MiFID, da Art. 39 der Durchführungsrichtlinie nicht nur Art. 19 Abs. 7 MiFID, sondern auch die allgemeine Verhaltenspflicht des Art. 19 Abs. 1 MiFID konkretisiert. Die besseren Gründe sprechen also dafür, entgegen der Vorstellung der Gesetzesverfasser § 34 Abs. 2 Satz 2 richtlinienkonform so zu interpretieren, dass außerhalb der Anlageberatung (§ 2 Abs. 3 Satz 1 Nr. 9) für jeden neuen Privatkunden eine Rahmenvereinbarung abzuschließen ist, welche die wesentlichen Rechte und Pflichten der Parteien festlegt.[31] Die Vereinbarung muss nicht auf die für eine bestimmte Wertpapier(neben)dienstleistung spezifischen Rechte und Pflichten bezogen sein; es genügt, wenn bei Aufnahme der Geschäftsbeziehung ein Einverständnis über grundsätzliche, dem Wertpapierdienstleistungsunternehmen und dem Kunden obliegende Rechte und Pflichten erzielt wird.[32]

19 Für die **Regelung weiterer Rechte und Pflichten** kann nach § 34 Abs. 2 Satz 3 auf andere Dokumente verwiesen werden, etwa auf die Sonderbedingungen für Wertpapiergeschäfte. Die Vorschriften zur Einbeziehung allgemeiner Geschäftsbedingungen (§§ 305 ff. BGB) bleiben davon unberührt.[33] Daneben enthält § 34 Abs. 2 Satz 2 wie auch der umgesetzte Art. 39 der Durchführungsrichtlinie die Vorgabe, dass die Rahmenvereinbarung „**schriftlich**" abgeschlossen werden muss. Berücksichtigt man die Formulierung der Richtlinie, dass die schriftliche Rahmenvereinbarung „auf Papier oder einem anderen dauerhaften Datenträger" getroffen werden kann, so ist auch § 34 Abs. 2 Satz 2 kein Schriftformerfordernis im Sinne des § 126 BGB zu entnehmen. Vielmehr ist es ausrei-

---

[28] *Balzer* in *Clouth/Lang*, Rn. 625 f., 628 f.
[29] BT-Drs. 16/4028, S. 75.
[30] BT-Drs. 16/4028, S. 75.
[31] *Vgl. auch Teuber* BKR 2006, 429, 436.
[32] BT-Drs. 16/4028, S. 75.
[33] BT-Drs. 16/4028, S. 75 f.

chend, dem Privatkunden die Vereinbarung in Papierform oder auf einem dauerhaften Datenträger (§ 34 Abs. 2 Satz 4, 5) zur Verfügung zu stellen.

III. Aufbewahrungspflicht (Abs. 3)

Nach § 34 Abs. 3 Satz 1 sind in Umsetzung von Art. 51 Abs. 1 der Durchführungsrichtlinie 2006/73/EG alle Aufzeichnungen **mindestens fünf Jahre** ab dem Zeitpunkt ihrer Erstellung aufzubewahren. Dies stellt eine Verkürzung gegenüber § 34 Abs. 3 aF dar, der eine Aufbewahrungsfrist von sechs Jahren festlegte. Darüber hinausgehend sieht § 34 Abs. 3 Satz 2 vor, dass Aufzeichnungen über Rechte und Pflichten des Wertpapierdienstleistungsunternehmens und seiner Kunden sowie sonstige Bedingungen, zu denen Wertpapierdienstleistungen und Wertpapiernebendienstleistungen erbracht werden, **mindestens für die Dauer der Geschäftsbeziehung** mit dem Kunden, d.h. gegebenenfalls auch länger als fünf Jahre,[34] aufzubewahren sind. Ohnehin bewahren viele Kreditinstitute aus Gründen des Selbstschutzes und des Kundenservices die entsprechenden Unterlagen weitaus länger als fünf Jahre, zum Teil über mehrere Jahrzehnte, auf.[35]

§ 34 Abs. 3 Satz 3 räumt der BaFin Ermessen ein, in Ausnahmefällen eine längere Aufbewahrungsfrist festzusetzen. Die BaFin kann gemäß § 34 Abs. 3 Satz 4 die Einhaltung der Aufbewahrungsfrist des § 34 Abs. 3 Satz 1 auch für den Fall verlangen, dass die Erlaubnis eines Wertpapierdienstleistungsunternehmens (vgl. § 32 KWG) vor Ablauf dieser Frist endet.

IV. Verordnungsermächtigung (Abs. 4)

Der Gesetzgeber hat das Bundesministerium für Finanzen dazu ermächtigt, mittels Rechtsverordnung nähere Bestimmungen zu den Aufzeichnungspflichten zu erlassen. Davon wurde mit § 14 der Verordnung zur Konkretisierung der Verhaltensregeln und Organisationsanforderungen für Wertpapierdienstleistungsunternehmen (Wertpapierdienstleistungs-Verhaltens- und Organisationsverordnung – **WpDVerOV**) vom 20. Juli 2007,[36] zuletzt geändert durch Artikel 1 der Verordnung vom 21. November 2007,[37] Gebrauch gemacht.

V. Verzeichnis der Mindestaufzeichnungen (Abs. 5)

Mit § 34 Abs. 5 wird Art. 51 Abs. 3 der Durchführungsrichtlinie 2006/73/EG umgesetzt, wonach die zuständige Behörde jedes Mitgliedstaats ein Verzeichnis der Mindestaufzeichnungen erstellen und pflegen muss. Das von der BaFin erstellte Verzeichnis ist im Internet unter *www.bafin.de* abrufbar. Die BaFin wird durch § 34 Abs. 5 allerdings nicht ermächtigt, zusätzliche, über § 34 und die Art. 7 und 8 DVO hinausgehende Aufzeichnungspflichten zu begründen.[38]

---

[34] Beide Fristen gelten „kumulativ", siehe *Balzer* in *Clouth/Lang*, Rn. 608.
[35] Vgl. *Roller/Hendel*, VuR 2005, 13, 15.
[36] BGBl. I S. 1432.
[37] BGBl. I S. 2602.
[38] BT-Drs. 16/4028, S. 76.

§ 34a   Abschnitt 6. Verhaltensregeln, Verjährung

VI. Sanktionen

24 Vorsätzliche oder leichtfertige Verstöße gegen die in Abs. 1 vorgesehenen Aufzeichnungspflichten stellen **Ordnungswidrigkeiten** nach § 39 Abs. 2 Nr. 10 dar. Gleiches gilt für die Verletzung der Pflicht zur mindestens fünfjährigen Aufbewahrung (§ 39 Abs. 2 Nr. 20). Vertragliche oder deliktische Ansprüche kommen dagegen grundsätzlich nicht in Betracht.[39]

§ 34a Getrennte Vermögensverwahrung

(1) Ein Wertpapierdienstleistungsunternehmen, das über keine Erlaubnis für das Einlagengeschäft im Sinne des § 1 Abs. 1 Satz 2 Nr. 1 des Kreditwesengesetzes verfügt, hat Kundengelder, die es im Zusammenhang mit einer Wertpapierdienstleistung oder einer Wertpapiernebendienstleistung entgegennimmt, unverzüglich getrennt von den Geldern des Unternehmens und von anderen Kundengeldern auf Treuhandkonten bei solchen Kreditinstituten, Unternehmen im Sinne des § 53b Abs. 1 Satz 1 des Kreditwesengesetzes oder vergleichbaren Instituten mit Sitz in einem Drittstaat, welche zum Betreiben des Einlagengeschäftes befugt sind, einer Zentralbank oder einem qualifizierten Geldmarktfonds zu verwahren, bis die Gelder zum vereinbarten Zweck verwendet werden. Der Kunde kann im Wege individueller Vertragsabrede hinsichtlich der Trennung der Kundengelder voneinander anderweitige Weisung erteilen, wenn er über den mit der Trennung der Kundengelder verfolgten Schutzzweck informiert wurde. Zur Verwahrung bei einem qualifizierten Geldmarktfonds hat das Wertpapierdienstleistungsunternehmen die vorherige Zustimmung des Kunden einzuholen. Das Wertpapierdienstleistungsunternehmen hat dem verwahrenden Institut vor der Verwahrung offen zu legen, dass die Gelder treuhänderisch eingelegt werden. Es hat den Kunden unverzüglich darüber zu unterrichten, bei welchem Institut und auf welchem Konto die Kundengelder verwahrt werden und ob das Institut, bei dem die Kundengelder verwahrt werden, einer Einrichtung zur Sicherung der Ansprüche von Einlegern und Anlegern angehört und in welchem Umfang die Kundengelder durch diese Einrichtung gesichert sind.

(2) Ein Wertpapierdienstleistungsunternehmen ohne eine Erlaubnis zum Betreiben des Depotgeschäftes im Sinne des § 1 Abs. 1 Satz 2 Nr. 5 des Gesetzes über das Kreditwesen hat Wertpapiere, die es im Zusammenhang mit einer Wertpapierdienstleistung oder einer Wertpapiernebendienstleistung entgegennimmt, unverzüglich einem Kreditinstitut, das im Inland zum Betreiben des Depotgeschäftes befugt ist, oder einem Institut mit Sitz im Ausland, das zum Betreiben des Depotgeschäftes befugt ist und bei welchem dem Kunden eine Rechtsstellung eingeräumt wird, die derjenigen nach dem Depotgesetz gleichwertig ist, zur Verwahrung weiterzuleiten. Absatz 1 Satz 5 gilt entsprechend.

(3) Das Wertpapierdienstleistungsunternehmen ist verpflichtet, jedem Kunden mindestens einmal jährlich auf einem dauerhaften Datenträger

---

[39] Vgl. oben Rn. 2 zur fehlenden Schutzgesetzqualität des § 34 sowie BGH ZIP 2006, 504, 505 f. (keine zivilrechtlichen Dokumentationspflichten bzgl. Aufklärung und Beratung).

Getrennte Vermögensverwahrung § 34a

eine Aufstellung der Gelder und Finanzinstrumente zu übermitteln, die nach Absatz 1 oder Absatz 2 für ihn verwahrt werden.

(4) Ein Wertpapierdienstleistungsunternehmen darf Finanzinstrumente, die es nach Absatz 2 oder den Vorschriften des Depotgesetzes für Kunden hält, nur unter genau festgelegten Bedingungen, denen der Kunde im Voraus ausdrücklich zugestimmt hat, für eigene Rechnung oder für Rechnung eines anderen Kunden, insbesondere durch Vereinbarungen über Wertpapierfinanzierungsgeschäfte nach Artikel 2 Abs. 10 der Verordnung (EG) Nr. 1287/2006, nutzen. Werden die Finanzinstrumente auf Sammeldepots bei einem Dritten verwahrt, sind für eine Nutzung nach Satz 1 zusätzlich die ausdrückliche Zustimmung aller anderen Kunden des Sammeldepots oder Systeme und Kontrolleinrichtungen erforderlich, mit denen die Beschränkung der Nutzung auf Finanzinstrumente gewährleistet ist, für die eine Zustimmung nach Satz 1 vorliegt. Soweit es sich um Privatkunden handelt, muss die Zustimmung nach den Sätzen 1 und 2 durch Unterschrift des Kunden oder auf gleichwertige Weise dokumentiert werden. In den Fällen des Satzes 2 muss das Wertpapierdienstleistungsunternehmen über Kunden, auf deren Weisung hin eine Nutzung der Finanzinstrumente erfolgt, und über die Zahl der von jedem einzelnen Kunden mit dessen Zustimmung genutzten Finanzinstrumenten Aufzeichnungen führen, die eine eindeutige und zutreffende Zuordnung der im Rahmen der Nutzung eingetretenen Verluste ermöglichen.

(5) Das Bundesministerium der Finanzen kann durch Rechtsverordnung, die nicht der Zustimmung des Bundesrates bedarf, zum Schutz der einem Wertpapierdienstleistungsunternehmen anvertrauten Gelder oder Wertpapiere der Kunden nähere Bestimmungen über den Umfang der Verpflichtungen nach den Absätzen 1 bis 4 sowie zu den Anforderungen an qualifizierte Geldmarktfonds im Sinne des Absatzes 1 erlassen. Das Bundesministerium der Finanzen kann die Ermächtigung durch Rechtsverordnung auf die Bundesanstalt übertragen.

Schrifttum: *Birnbaum,* Die jährliche Prüfung des Wertpapierdienstleistungsgeschäfts bei Wertpapierdienstleistungsinstituten nach § 36 des Wertpapierhandelsgesetzes, WPg 1999, 110; *Boos/Fischer/Schulte-Mattler* (Hrsg.), Kreditwesengesetz, 2. Auflage München 2004; *Dürselen,* Kredite im Rahmen der Großkreditnormen des § 13 KWG, ZBB 1997, 24; *Elster,* Europäisches Kapitalmarktrecht, München 2002; *Grundmann,* Der Treuhandvertrag, München 1997; *Jung/Schleicher,* Finanzdienstleister und Wertpapierhandelsbanken, 2. Aufl., Berlin 2001; *Kümpel/Decker,* Das Depotgeschäft, 2007; *Süss,* Die Vermögensverwaltung durch Wertpapierdienstleistungsunternehmen – zugleich ein Beitrag zu § 34a WpHG, 2004; *Weber-Rey/Baltzer,* Aufsichtsrechtliche Regelungen für Vermittler von Finanzanlagen und Vermögensverwalter nach der 6. KWG-Novelle, WM 1997, 2288; *Wolf,* Getrennte Verwahrung von Kundengeldern, BKR 2002, 892.

Übersicht

	Rn.
I. Grundlagen	1
1. Regelungsgegenstand und -zweck	1
2. Entstehungsgeschichte	2
3. Internationaler Anwendungsbereich	3
II. Kundengelder (Abs. 1)	4
1. Normadressaten	4
2. Entgegennahme von Kundengeldern	5

§ 34a 1   Abschnitt 6. Verhaltensregeln, Verjährung

	Rn.
3. Verwahrung	9
a) Unverzügliche getrennte Verwahrung	9
b) Offenlegung	17
4. Unterrichtung des Kunden	19
III. Finanzinstrumente (Abs. 2)	20
1. Normadressaten	20
2. Entgegennahme von Finanzinstrumenten	21
3. Weiterleitung zur Verwahrung	22
4. Unterrichtung des Kunden	24
IV. Periodische Aufstellung (Abs. 3)	25
V. Nutzung für eigene Rechnung (Abs. 4)	26
VI. Verordnungsermächtigung (Abs. 5)	27
VII. Überwachung und Sanktionen	28

I. Grundlagen

1. Regelungsgegenstand und -zweck

1   § 34a gehört zu den **Verhaltensregeln** für Wertpapierdienstleistungsunternehmen und schreibt ihnen vor, Geld oder Wertpapiere von Kunden getrennt von eigenem Geld oder eigenen Wertpapieren zu verwahren. Die Vorschrift bildet einen Baustein bei der Errichtung eines möglichst tragfähigen und lückenlosen Anlegerschutzes; sie konkretisiert zugleich § 31 Abs. 1 Nr. 1 und die allgemeinen Organisationsregeln des § 33 Abs. 1.[1] Ausgangspunkt für die Regelung ist der Umstand, dass Geld und Wertpapiere auch Wertpapierdienstleistern überlassen werden, die selbst kein Einlage- oder Depotgeschäft betreiben und damit nicht bereits den bankaufsichtsrechtlichen Regelungen des KWG bzw. dem DepotG unterfallen. In diesen Fällen soll die Einbeziehung in die Wertpapieraufsicht insbesondere dem **Untreue- und Insolvenz-Risiko für die Kundengelder** entgegenwirken[2] und **andere zweckwidrige Einwirkungen** (zB durch den Zugriff von Gläubigern des Wertpapierdienstleisters) oder Verwendungen verhindern.[3] Dabei sind die Kundengelder nicht nur von den Geldern des Unternehmens, sondern auch von Geldern anderer Kunden zu trennen.[4] Auf diese Weise wird die Verrechnung von Gewinn- und Verlustpositionen verschiedener Kunden ausgeschlossen.[5] Der Kunde soll nur das Kursverlustrisiko tragen.[6] Aus dem Regelungszweck ergibt sich, dass § 34a zwingendes Recht darstellt, von dem auch mit Einverständnis des Kunden nicht abgewichen werden darf.[7] Die Norm hat individualschützenden Charakter und ist daher als **Schutzgesetz** i. S. d. § 823 Abs. 2 BGB zu qualifizieren.[8]

---

[1] Trotz leichter Abweichungen im Grundsatz übereinstimmend *Koller* in *Assmann/Schneider*, § 34a Rn. 1 (keine Erwähnung des § 33 Abs. 1 Nr. 2); *Schwark*, § 34a Rn. 1 (nur Ergänzung der allgemeinen Organisationspflichten des § 33).
[2] Vgl. *Elster*, S. 262 f.
[3] Vgl. BVerwG ZIP 2002, 1569, 1571 f.; *Wolf* BKR 2002, 892; *Koller* in *Assmann/Schneider*, § 34a Rn. 1; *Schwark*, § 34a Rn. 1; KölnKommWpHG-*Möllers*, § 34a Rn. 2.
[4] OLG Düsseldorf, ZIP 2004, 1194, 1197.
[5] BVerwG, ZIP 2002, 1569, 1571.
[6] *Wolf* BKR 2002, 892.
[7] BVerwG ZIP 2002, 1569, 1573; *Koller* in *Assmann/Schneider*, § 34a Rn. 1; *Schwark*, § 34a Rn. 1, 5; KölnKommWpHG-*Möllers*, § 34a Rn. 5.
[8] Vgl. bereits oben Vor §§ 31 bis 37a Rn. 85.

2. Entstehungsgeschichte

Die Vorschrift wurde 1997 durch das Gesetz zur Umsetzung von EG-Richt- 2
linien zur Harmonisierung bank- und wertpapieraufsichtsrechtlicher Vorschriften
in das WpHG eingefügt.[9] Mit ihr wurde Art. 10 Abs. 1 Satz 2, Spiegelstrich 2
und 3 der WpDRL[10] umgesetzt, wobei der Gesetzgeber in zulässiger Weise zum
Teil über die Richtlinienvorgaben hinausgegangen ist.[11] Seit ihrer Einführung hat
die Norm drei Änderungen erfahren: Die erste im Jahre 1998 war Folge weiterer
europarechtlicher Vorgaben; durch das Gesetz zur Umsetzung der EG-Einlagensicherungsrichtlinie und der EG-Anlegerentschädigungsrichtlinie[12] wurden zum
einen in Abs. 1 Satz 1 Änderungen im Einlagenbegriff des KWG, zum anderen
in Abs. 1 Satz 3 die Neuordnung der Einlagensicherung nachvollzogen. Danach
wurde Abs. 3 Satz 2 im Jahre 2002 im Zuge der Einführung der integrierten Finanzdienstleistungsaufsicht redaktionell überarbeitet.[13] Keine inhaltliche Änderung brachte das 4. FMFG, mit dem der Gesetzgeber in der Überschrift die
„getrennte Vermögensverwaltung" durch „getrennte Vermögensverwahrung"
ersetzte, um zu verdeutlichen, dass die Pflichten des § 34a nicht nur Vermögensverwalter im Sinne des § 2 Abs. 3 Nr. 6 WpHG aF (jetzt Nr. 7) betreffen, sondern potentiell alle Wertpapierdienstleistungsinstitute.[14] Zuletzt geändert wurde
§ 34a durch das FRUG vom 16. Juli 2007.[15] Insbesondere wurde zur Umsetzung
des Art. 13 Abs. 8 MiFID[16] der Anwendungsbereich des § 34a Abs. 1 S. 1
angepasst und Abs. 1 S. 2 neu eingefügt. Die ebenfalls neu in das Gesetz aufgenommenen Abs. 3 und 4 dienen der Umsetzung von Art. 43 Abs. 1 und Art. 19
Abs. 1 der Durchführungsrichtlinie 2006/73/EG.[17]

3. Internationaler Anwendungsbereich

Nach § 36a Abs. 1 Satz 1 gilt § 34a nicht für Zweigniederlassungen von Un- 3
ternehmen im Sinne des § 53b KWG. Dazu zählen Zweigniederlassungen sowie
grenzüberschreitende Dienstleistungen von Einlagekreditinstituten oder Wertpapierhandelsunternehmen, die ihren Sitz in einem anderen EWR-Staat haben und
in ihrem Herkunftsland sowohl zugelassen sind als auch nach den Vorgaben des

---

[9] BGBl. I S. 2518.
[10] ABl. EG Nr. L 141 vom 11. 6. 1993, S. 27, 36.
[11] Vgl. BVerwG ZIP 2002, 1569, 1573 sowie unten Rn. 19 (zu § 34a Abs. 2). Zweifel an der ausreichenden Umsetzung von Art. 10 S. 2, Spiegelstrich 3 WpDRL durch § 34a Abs. 1 äußert *Koller* in *Assmann/Schneider*, § 34a Rn. 1.
[12] BGBl. I S. 1842.
[13] BGBl. I S. 1310.
[14] Reg. Begr. BT-Drs. 14/8017, S. 28, 92.
[15] BGBl. I S. 1330.
[16] Richtlinie 2004/39/EG des europäischen Parlaments und des Rates vom 21. April 2004 über Märkte für Finanzinstrumente, zur Änderung der Richtlinien 85/611/EWG und 93/6/EWG des Rates und Richtlinie 2000/12/EG des Europäischen Parlaments und des Rates und zur Aufhebung der Richtlinie 93/22/EWG des Rates, ABl. L 145 vom 30. April 2004, S. 1.
[17] Durchführungsrichtlinie 2006/73 der Kommission zur Durchführung der Richtlinie 2004/39/EG des Europäischen Parlaments und des Rates in Bezug auf die organisatori-schen Anforderungen an Wertpapierfirmen und die Bedingungen für die Ausübung ihrer Tätigkeit sowie in Bezug auf die Definition bestimmter Begriffe für die Zwecke der ge-nannten Richtlinie vom 10. August 2006, ABl. L 241 vom 2. September 2006, S. 26.

europäischen Rechts beaufsichtigt werden. Hingegen ist § 34a auf Zweigniederlassungen von solchen Unternehmen anzuwenden, die ihren Sitz in einem Drittstaat haben.

II. Kundengelder (Abs. 1)

1. Normadressaten

4 Der Wortlaut der Vorschrift erfasst nicht alle Wertpapierdienstleistungsunternehmen i. S. d. §§ 2 Abs. 4, 2a, sondern nur solche, die über **keine Erlaubnis für das Einlagengeschäft** im bankaufsichtlichen Sinne verfügen (zur fehlenden Anwendbarkeit auf Zweigniederlassungen von Wertpapierdienstleistern, die ihren Sitz in einem anderen Mitgliedstaat des EWR haben, s. Rn. 3). Einlagenkreditinstitute sind Unternehmen, die sowohl Einlagen oder andere rückzahlbare Gelder des Publikums entgegennehmen als auch das Kreditgeschäft betreiben (§ 1 Abs. 3d Satz 1 KWG).[18] Die in Deutschland tätigen Kreditinstitute verfügen ganz überwiegend über eine Banklizenz nach § 32 KWG und sind damit gleichzeitig als Einlagenkreditinstitute einzustufen.[19] Diese unterliegen zwar nicht dem § 34a, wohl aber entsprechenden Pflichten nach dem Bankaufsichtsrecht.[20] Zudem wird im Rahmen der jährlichen Prüfung nach § 36 bei allen Wertpapierdienstleistungsunternehmen auch die getrennte Vermögensverwahrung überwacht.

2. Entgegennahme von Kundengeldern

5 Der Anwendungsbereich der Norm ist eröffnet, wenn das Unternehmen Kundengelder **im Zusammenhang mit einer Wertpapier(neben)dienstleistung** (§ 2 Abs. 3, Abs. 3a) entgegennimmt. Das zusätzliche Tatbestandsmerkmal, dass die Kundengelder im eigenen Namen auf Rechnung der Kunden verwendet werden,[21] wurde durch das FRUG[22] mit Wirkung vom 1. November 2007 gestrichen, um Übereinstimmung mit Art. 13 Abs. 8 der MiFID herzustellen.[23]

6 Der Regelungszweck der Vorschrift gebietet eine weite Auslegung des Merkmals der Kundengelder, die im Zusammenhang mit einer Wertpapier(neben)dienstleistung entgegengenommen werden. Darunter fallen **alle Gelder, die rechtlich oder wirtschaftlich dem Kunden zustehen.**[24] Es sind nicht nur Barzahlungen oder Überweisungen gemeint, sondern zB auch der Empfang von

---

[18] Vgl. dazu *Fülbier* in *Boos/Fischer/Schulte-Mattler*, § 1 Rn. 192 ff.
[19] *Dürselen* ZBB 1997, 24, 29.
[20] Vgl. *Wolf* BKR 2002, 892; *Weber-Rey/Baltzer* WM 1997, 2288, 2289; aA offenbar *Schwark*, § 34a Rn. 2, der die Einschränkung des Anwendungsbereichs kritisiert und nur mit den geringeren Insolvenzrisiken aufgrund der höheren Eigenkapitalanforderungen an Einlagenkreditinstitute nach § 33 Abs. 1 Nr. 1 lit. d) KWG erklärt.
[21] Dazu noch ausführlich KölnKommWpHG-*Möllers*, § 34a Rn. 32 ff.
[22] BGBl. I 2007 S. 1330.
[23] BegrRegE, BT-Drs. 16/4028, S. 76; siehe auch KölnKommWpHG-*Möllers*, § 34a Rn. 36 ff.
[24] *Schwark*, § 34a Rn. 4; *Wolf* BKR 2002, 892, 895; KölnKommWpHG-*Möllers*, § 34a Rn. 31.

Schecks oder Wechseln.²⁵ Darüber hinaus hat die Einordnung als Kundengelder auch unabhängig von späteren Änderungen der wirtschaftlichen oder rechtlichen Zuordnungen zu erfolgen. So stellen Zahlungen von Dritten an das Wertpapierdienstleistungsunternehmen ebenfalls Kundengelder dar, wenn sie etwa in Ausführung einer Verkaufskommission geleistet wurden oder Zins- und Dividendengutschriften aus Wertpapieren des Kunden darstellen.²⁶ Auch Zahlungen des Kunden an den Kommissionär für dessen Aufwendungen sowie Provisionszahlungen (vgl. § 396 HGB) sind bis zur Abwicklung des Kommissionsgeschäfts als Kundengelder getrennt zu verwahren, um eine mögliche Rückabwicklung nicht durch die Vermischung der Gelder beim Wertpapierdienstleistungsunternehmen zu erschweren. Erst mit der weisungsgemäßen Abwicklung bzw. Erfüllung des Ausführungsgeschäfts endet das Risiko für den Kunden, sein aufgewendetes Geld aus Gründen zu verlieren, die nicht geschäftsbezogen sind.

Der Normzweck fordert keine körperliche Entgegennahme; vielmehr genügt 7 es, wenn das Wertpapierdienstleistungsunternehmen die **alleinige Verfügungsbefugnis über die Gelder** erlangt, in der Regel also mit der Einbuchung auf ein Eigenkonto. Erfasst werden, wie schon vor Erweiterung des Anwendungsbereichs durch das FRUG mit Wirkung zum 1. November 2007 (Rn. 2), insbesondere solche Kundengelder, die im eigenen Namen und für fremde Rechnung verwendet werden sollen ist aber nicht mehr wie § 34a Abs. 1 WpHG aF darauf beschränkt (s. Rn. 5). Vielmehr ist die Art der Verwendung unerheblich. Auch die Weiterleitung der Kundengelder im eigenen Namen und für eigene Rechnung²⁷ sowie die reine Botentätigkeit und offene Stellvertretung fallen nun ebenfalls in den Anwendungsbereich der Norm.²⁸

In § 34a findet sich keine Definition des Kundenbegriffs, es kann jedoch auf 8 die Definition des § 31a Abs. 1 zurückgegriffen werden. **Kunden** sind danach alle natürlichen oder juristischen Personen, für die Wertpapier(neben)dienstleistungen erbracht oder angebahnt werden. Kunde ist somit insbesondere derjenige, der dem Wertpapierdienstleistungsunternehmen den Auftrag zur Erbringung der Wertpapier(neben)dienstleistung erteilt.²⁹ Dabei handelt es sich jeweils um einzelne Anleger, während Kundengruppen oder vom Wertpapierdienstleister gebildete „Pools" keine Kunden darstellen.³⁰

3. Verwahrung

a) Unverzügliche getrennte Verwahrung

Das **Trennungsgebot** bildet den **Regelungskern** von Abs. 1. Es wird ergänzt 9 durch Aufzeichnungs-, Buchführungs- und Organisationspflichten, die § 14a Abs. 3 WpDVerOV aufstellt. Die getrennte Verwahrung hat **unverzüglich** (§ 121

---

²⁵ KölnKommWpHG–*Möllers*, § 34a Rn. 29.
²⁶ *Süss*, Vermögensverwaltung, S. 166 ff.; *Wolf* BKR 2002, 892, 895 f.; *Koller* in *Assmann/Schneider*, § 34a Rn. 8; KölnKommWpHG–*Möllers*, § 34a Rn. 29; für Einbeziehung in erweiternder Auslegung des § 34a *Schwark*, § 34a Rn. 4.
²⁷ *Schwark*, § 34a Rn. 4 aE.
²⁸ Zur abweichenden Rechtslage bis zum 31. Oktober 2007 siehe BegrRegE, BT-Drucks 13/7142, S. 110; *Koller* in *Assmann/Schneider*, § 34a Rn. 8; *Schwark*, § 34a Rn. 4 (mit der WpDRL nur schwer vereinbar).
²⁹ Vgl. BVerwG ZIP 2002, 1569, 1570 f.
³⁰ *Koller* in *Assmann/Schneider*, § 34a Rn. 2; *Schwark*, § 34a Rn. 3.

BGB) zu erfolgen. Der Maßstab für schuldhaftes Zögern muss nicht nur den Schutz der Kunden, sondern auch organisatorische Notwendigkeiten des Wertpapierdienstleistungsunternehmens berücksichtigen. Daher genügt bei Kundenzahlungen auf ein Konto des Wertpapierdienstleisters die getrennte Verwahrung am folgenden Arbeitstag. Anderes muss bei den Erlösen aus einer Verkaufskommission gelten. Hier waren bereits die kommissionsweise verkauften Wertpapiere getrennt zu verwahren, diese Trennung muss sich unmittelbar am Erlös fortsetzen.

10 Zur Verwahrung von Kundengeldern sind alle Kreditinstitute geeignet, die im Inland zum Betreiben des Einlagengeschäfts befugt sind. Die **Vergleichbarkeit von Kreditinstituten** mit Sitz im Ausland ist – auch nach Änderung des Wortlauts („vergleichbar" statt „geeignet") durch das FRUG (Rn. 2) – davon abhängig, ob ein gleichwertiges Kundenschutzniveau gewährleistet ist. Dabei ist vor allem zu berücksichtigen, ob die Kundengelder im Insolvenzfall des Wertpapierdienstleisters oder des Kreditinstituts ausreichend geschützt sind und ob im ausländischen Sitzland des Kreditinstituts eine funktionsfähige Aufsicht etabliert ist.[31] Der Gesetzgeber hat dem Wertpapierdienstleistungsunternehmen die Aufgabe zugewiesen, die Vergleichbarkeit des ausländischen Kreditinstituts zu überprüfen.[32] Dabei ist von Kreditinstituten im materiellen Sinne auszugehen; es kommt nicht darauf an, ob das Unternehmen nach dem für ihn geltenden Recht formal als Kreditinstitut einzustufen ist.[33] Eine weitere Konkretisierung der Pflichten des Wertpapierdienstleisters ergibt sich aus § 14 Abs. 1, 6 und 7 WpDVerOV.

11 Die **Pflicht zur separaten Vermögensverwahrung** bezieht sich nicht nur auf die Trennung zwischen Vermögenswerten der Kunden und des Wertpapierdienstleisters (vgl. auch § 14a Abs. 4 WpDVerOV), sondern insbesondere auch auf die **Trennung der Gelder oder Wertpapiere verschiedener Kunden**. Das Trennungsgebot fordert, dass die verschiedenen Kundenbestände keinerlei Verbindung aufweisen.[34] Eine lediglich buchhalterische Trennung genügt nicht. Das BAWe (heute: BaFin) hat in einem Rundschreiben vom 21. 10. 1998 ausdrücklich auf die eindeutig formulierte Pflicht zur Trennung der Kundengelder hingewiesen und erläutert, dass **sog. Omnibuskonten unzulässig** sind.[35] Darunter sind solche Konten zu verstehen, die im Namen des Finanzdienstleisters errichtet werden, um darauf die Gelder mehrerer Kunden zu verwahren. Gleichfalls nicht ausreichend für die getrennte Vermögensverwahrung ist ein Stammkonto auf den Namen des Wertpapierdienstleistungsunternehmens mit separaten Unterkonten für jeden Kunden. Auch dabei bleiben die Kundengelder der Vollstreckung Dritter gegen das Wertpapierdienstleistungsunternehmen ausgesetzt.[36] Gleiches gilt erst recht für die Einzahlung von Kundengeldern auf ein Konto, das das Wertpapierdienstleistungsunternehmen im eigenen Namen auf gemeinsame

---

[31] *Schwark*, § 34a Rn. 7; *Koller* in *Assmann/Schneider*, § 34a Rn. 7; KölnKommWpHG-*Möllers*, § 34a Rn. 52.
[32] BegrRegE BT-Drucks 13/7142, S. 110.
[33] BegrRegE BT-Drucks. 13/7142, S. 110; *Schwark*, § 34a Rn. 6; *Koller* in *Assmann/Schneider*, § 34a Rn. 7; KölnKommWpHG-*Möllers*, § 34a Rn. 52; aA (noch zu § 34a Abs. 1 Satz 1 aF) *Wolf* BKR 2002, 892, 894; BVerwG ZIP 2002, 1569, 1573.
[34] BVerwG ZIP 2002, 1569, 1571 f.; *Schwark*, § 34a Rn. 5; KölnKommWpHG-*Möllers*, § 34a Rn. 58 f.
[35] So auch OLG Düsseldorf ZIP 2004, 1194, 1197.
[36] Vgl. BVerwG ZIP 2002, 1569, 1573.

Rechnung aller Kunden führt. Auch hier genügt ein bankinternes Kundenreferenznummernsystem dem Trennungsgebot nicht.[37] Insbesondere im Options- und Futuresgeschäft ist regelmäßig der Rückgriff auf Kundengelder zur Besicherung *(margin call)* offener Positionen erforderlich. Auch dabei ist sicherzustellen, dass Kundengelder nicht als Sicherheit für eigene Positionen des Wertpapierdienstleistungsunternehmens oder für andere Kunden verwendet werden. Im Ergebnis ist **für jeden Kunden ein gesondertes Konto** anzulegen.[38] Dem Trennungsgebot wird auch durch **zeitliche Trennung** genügt. Es ist denkbar, einem Kunden ein Konto zur Verfügung zu stellen, über das zuvor eine vollständig abgeschlossene Transaktion eines anderen Kunden abgewickelt wurde.

Als **Ausnahme von dem Trennungsgebot** lässt nun § 34a Abs. 1 Satz 2, **14** der durch das FRUG (Rn. 2) eingefügt wurde, im Einzelfall unter bestimmten Voraussetzungen **Sammelkonten** zu. Damit wurde Art. 19 Abs. 2 der DRL umgesetzt. Den erforderlichen Kundenschutz sieht der Gesetzgeber trotz dieser Änderung als gewährleistet an, da weiterhin die Ausgestaltung als Treuhandkonto zwingend ist und der Kunde „im Wege individueller Vertragsabrede" eine entsprechende Weisung erteilen muss, nachdem er über den mit der Trennung verfolgten Schutzzweck informiert wurde.[39] Unklar ist freilich, wie eine Weisung durch „individuelle Vertragsabrede" erteilt werden soll, da man unter einer Weisung im Rahmen der Geschäftsbesorgung (§§ 675, 665 BGB) oder verwandter Rechtsverhältnisse üblicherweise eine einseitige Willenserklärung versteht, welche die Pflichten des Geschäftsbesorgers aus dem bestehenden Vertragsverhältnis konkretisiert.[40] Entscheidend dürfte es wegen des Schutzzwecks der Vorschrift darauf ankommen, dass eine „individuelle" Willenserklärung des Kunden vorliegt; eine lediglich formularmäßige Vereinbarung, die es dem Wertpapierdienstleister gestattet, vom Trennungsgebot abzuweichen, genügt nicht.

Die getrennte Verwahrung der Kundengelder hat auf einem **Treuhandkonto** **15** zu erfolgen. Nähere Anforderungen sind der Norm unmittelbar nicht zu entnehmen. Aus ihrem Schutzzweck ergibt sich jedoch, dass das kontoführende Institut gehindert sein muss, zur Verlustdeckung auf Treuhandkonten zuzugreifen. Treuhandkonten dienen der Verwahrung von Geldern, die dem Kontoinhaber von einem Dritten anvertraut worden sind. Neben der (fiduziarischen) Vollrechtstreuhand, bei der der Treuhänder Rechts- und damit auch Kontoinhaber wird und dem Treugeber nur im Innenverhältnis schuldrechtlich verpflichtet ist, kommt auch die Ermächtigungstreuhand in Betracht, bei der der Treuhänder nicht Vollrechtsinhaber ist, sondern nur zu Verfügungen ermächtigt wird.[41] Aus den Materialien ergibt sich, dass der Gesetzgeber wohl von der **Ermächtigungstreuhand** ausging.[42] In der Praxis überwiegt jedoch die Vollrechtstreuhand. In der Literatur wird teilweise bezweifelt, ob die **Vollrechtstreuhand** mit den Vorgaben der Wertpapierdienstleistungsrichtlinie (bzw.

---

[37] BVerwG ZIP 2002, 1569, 1572f.
[38] *Schwark,* § 34a Rn. 5.
[39] BegrRegE, BT-Drs. 16/4028, S. 76.
[40] Siehe nur MünchKommBGB-*Seiler,* § 665 Rn. 5.
[41] In diesem Fall wird das Konto als Vertrag zugunsten des Kunden (§ 328 BGB) errichtet, *Schwark,* § 34a Rn. 6; *Koller* in *Assmann/Schneider,* § 34a Rn. 4.
[42] So die Interpretation der RegBegr. von *Koller* in *Assmann/Schneider,* § 34a Rn. 3, vgl. BT-Drucks 13/7142, S. 110.

Fuchs 1581

der MiFID) im Einklang stehe, da hier missbräuchliche Verwendungsmöglichkeiten des Wertpapierdienstleistungsunternehmens nicht ausgeschlossen seien.[43] Doch dürften im Ergebnis **beide Treuhandformen den Anforderungen genügen,** da der primäre Schutzzweck des Trennungsgebots in der Verhinderung von Zugriffen der Gläubiger des Wertpapierdienstleisters und von zweckwidrigen Verwendungen zugunsten anderer Kunden liegt und dies bereits mit der **Einrichtung offener Treuhandkonten zugunsten jedes einzelnen Kunden** erreicht wird.[44]

16 Als Alternative zur Verwahrung der Kundengelder auf Treuhandkonten bei Kreditinstituten lässt § 34a Abs. 1 Satz 1 in Umsetzung von Art. 18 DRL zur MiFID nun auch eine Verwahrung auf Treuhandkonten bei einer **Zentralbank oder einem qualifizierten Geldmarktfonds** genügen, wobei § 34a Abs. 1 Satz 3 für den letzteren Fall vorschreibt, dass das Wertpapierdienstleistungsunternehmen die **vorherige Zustimmung des Kunden** einzuholen hat. Detaillierte **Anforderungen an einen qualifizierten Geldmarktfonds** werden in Art. 18 Abs. 2 DRL aufgestellt, der durch den auf § 34a Abs. 5 S. 1 beruhenden (Rn. 27) § 14a Abs. 11 WpDVerOV umgesetzt wurde. Bei einem qualifizierten Geldmarktfonds hat es sich danach um ein Investmentvermögen zu handeln, das drei Voraussetzungen erfüllt: Das Investmentvermögen muss im Inland oder in einem anderen EU- oder EWR-Staat nach Maßgabe der OGAW-Richtlinie[45] zugelassen sein oder einer (staatlichen) Aufsicht unterliegen (§ 14a Abs. 11 Nr. 1 WpDVerOV). Das primäre Anlageziel muss zumindest darin bestehen, das eingezahlte Kapital zu erhalten; dieses darf ausschließlich in Geldmarktinstrumenten angelegt sein, die die von § 14a Abs. 11 Nr. 2 lit. a) bis c) WpDVerOV aufgestellten Anforderungen erfüllen. Schließlich hat die Wertstellung spätestens an dem auf den Rücknahmeauftrag des Anlegers folgenden Bankarbeitstag zu erfolgten (§ 14a Abs. 11 Nr. 3 WpDVerOV).

b) Offenlegung

17 § 34a Abs. 1 Satz 4 (§ 34a Abs. 1 Satz 2 WpHG aF) verlangt von dem Wertpapierdienstleistungsunternehmen, das kontoführende Kreditinstitut darüber zu informieren, dass die Einlagen treuhänderisch erfolgen. Es muss sich also um ein **offenes Treuhandkonto** handeln.[46] Dies dient dem Schutz des Einlegers vor dem Zugriff des kontoführenden Kreditinstituts auf das Kontoguthaben. Aufgrund der Offenlegung weiß das Kreditinstitut um die treuhänderische Bindung der Gelder; daher bleibt es ihm verwehrt, eigene Interessen gegen den Kontoinhaber (Treuhänder) zB im Wege der Aufrechnung zu verfolgen.[47] Bei einem offenen Treuhandkonto ist auch das Pfandrecht nach Nr. 14 Abs. 1 AGB-Banken

---

[43] *Koller* in *Assmann/Schneider,* § 34a Rn. 3, 15; KölnKommWpHG-*Möllers,* § 34a Rn. 56; für Pflicht zur Verwendung der Ermächtigungstreuhand auch *Süss,* Vermögensverwaltung, S. 167 ff., 185 ff.; *Schwark,* § 34a Rn. 6.
[44] Vgl. auch BegrRegE (FRUG) BT-Drs. 16/4028, S. 76. Im Ergebnis ebenso *Wolf,* BKR 2002, 892, 894; *Grundmann* in *Ebenroth/Boujong/Joost,* HGB, BankR VI Rn. 282.
[45] Richtlinie 85/611/EWG des Rates vom 20. Dezember 1985 zur Koordinierung der Rechts- und Verwaltungsvorschriften betreffend bestimmte Organismen für gemeinsame Anlagen in Wertpapieren (OGAW), ABl. EG Nr. L 375, S. 3.
[46] KölnKommWpHG-*Möllers,* § 34a Rn. 54.
[47] BGH NJW 1987, 3250.

stillschweigend ausgeschlossen.⁴⁸ Bei kontoführenden Instituten im Ausland ist ein entsprechender Schutz u. U. durch vertragliche Vereinbarungen sicherzustellen.⁴⁹ Die offene Treuhand schützt den Kunden des Wertpapierdienstleistungsunternehmens auch im Falle der Insolvenz des Treuhänders durch das Aussonderungsrecht nach § 47 InsO ausreichend.⁵⁰

Fraglich ist, ob dem kontoführenden Kreditinstitut neben der abstrakten Information, dass es sich um Gelder handelt, die treuhänderisch eingelegt werden, auch der Name des jeweiligen Kunden mitzuteilen ist. Nach ganz überwiegender Auffassung fordert § 34a Abs. 1 **nicht die Offenlegung des Namens des Anlegers**.⁵¹ Erforderlich ist aber eine eindeutige Zuordnung und Kennzeichnung auch im Verhältnis zwischen verschiedenen Kunden des Wertpapierdienstleisters (oben Rn. 11). Daher bleiben in jedem Fall – vorbehaltlich einer anderweitigen Kundenweisung nach § 34a Abs. 1 Satz 2 – **Einzeltreuhandkonten für jeden Kunden erforderlich**, auch wenn es möglich ist, dass letztlich alle Konten auf den Namen des Wertpapierdienstleistungsunternehmens lauten.⁵² Damit der Kunde in der Lage ist, seine Rechte gegenüber dem Kreditinstitut notfalls auch selbst zu wahren, muss er in die Lage versetzt werden, sich diesem gegenüber eindeutig zu legitimieren. Dafür dürfte die Vorlage der vom Wertpapierdienstleister an den Kunden zu richtenden Benachrichtigung über die getrennte Vermögensverwahrung (dazu sogleich Rn. 19) genügen, wenn dies bei Eröffnung des Kontos mit dem Kreditinstitut so vereinbart wird.⁵³ Neben der wertpapierhandelsrechtlichen Pflicht zur Offenlegung ist ggf. die Verpflichtung der Kreditinstitute zur Feststellung des wirtschaftlich Berechtigten nach § 8 GWG zu beachten.

18

4. Unterrichtung des Kunden

§ 34a Abs. 1 Satz 5 (§ 34a Abs. 1 Satz 3 WpHG aF) verpflichtet das Wertpapierdienstleistungsunternehmen, seinen Kunden über die **Modalitäten der Verwahrung** zu informieren. Dazu zählen Name und Adresse des Kreditinstituts ebenso wie die genaue Kontobezeichnung einschließlich der Kontonummer.⁵⁴ Dadurch soll es dem Kunden ermöglicht werden, sich selbst an das verwahrende Kreditinstitut zu wenden, um seine Rechte geltend zu machen.⁵⁵ Zu Recht wird auf die Legitimationsschwierigkeiten hingewiesen, wenn das Konto nicht auf den Namen des Kunden lautet.⁵⁶ Darüber hinaus sind die Kunden auf **bestehende**

19

---

⁴⁸ BGH WM 1990, 1954, 1955.
⁴⁹ *Wolf* BKR 2002, 892, 895.
⁵⁰ Vgl. auch *Grundmann* S. 345 ff.
⁵¹ So insbesondere *Wolf* BKR 2002, 892, 895, der dies als praxisfern bezeichnet, und *Schwark*, § 34a Rn. 6; KölnKommWpHG-*Möllers*, § 34a Rn. 61; vgl. auch Empfehlung Finanzausschuss BT-Drucks 13/7627, S. 166; differenzierend *Koller* in *Assmann/Schneider*, § 34a Rn. 6 (bei Einverständnis des Kreditinstituts keine Mitteilung des Kundennamens erforderlich in Parallele zu Geschäften für den, den es angeht).
⁵² Vgl. *Wolf* BKR 2002, 892, 894.
⁵³ *Koller* in *Assmann/Schneider*, § 34a Rn. 10.
⁵⁴ KölnKommWpHG-*Möllers*, § 34a Rn. 63.
⁵⁵ RegBegr BT-Drucks. 13/7142, S: 110; *Schwark*, § 34a Rn. 8; *Wolf* BKR 2002, 892, 895.
⁵⁶ *Koller* in *Assmann/Schneider*, § 34a Rn. 10, der als Lösung die Vereinbarung eines Legitimationszeichens zwischen Kreditinstitut und Wertpapierdienstleistungsunternehmen

§ 34a 20, 21   Abschnitt 6. Verhaltensregeln, Verjährung

Einlagesicherungssysteme und ihren Schutzumfang hinzuweisen, die im Falle der Insolvenz des Kreditinstituts eingreifen werden.[57] Diese Informationen müssen unverzüglich (§ 121 BGB) nach der Weiterleitung der Kundengelder an das Kreditinstitut erteilt werden. Die Wertpapierdienstleistungsunternehmen sind über den Wortlaut der Norm hinaus auch verpflichtet, über das Ausscheiden des Kreditinstituts aus der Einlegerentschädigungseinrichtung oder eine Verschlechterung des Schutzes zu informieren.[58] Weitere Informationspflichten enthält § 14a Abs. 6 bis 8, 10 WpDVerOV.

III. Finanzinstrumente (Abs. 2)

1. Normadressaten

20   § 34a Abs. 2 richtet sich an Wertpapierdienstleistungsunternehmen, die **keine Erlaubnis zum Betreiben des Depotgeschäfts** aufweisen. Das Depotgeschäft umfasst die Verwaltung und Verwahrung von Wertpapieren für andere (§ 1 Abs. 1 Satz 2 Nr. 5 KWG) und bedarf einer Erlaubnis nach § 32 KWG. Durch das DepotG wird ein weitreichender Schutz für den Fall der Insolvenz des Verwahrers sowie für treuwidrige Verfügungen gewährleistet (§§ 32, 34 DepotG). Dieser greift jedoch nicht ein, wenn Wertpapierdienstleistungsunternehmen im Zusammenhang mit ihrer Tätigkeit Wertpapiere entgegennehmen, da insoweit eine bloße Botentätigkeit vorliegt und keine Zwischenverwahrung begründet wird.[59] Zwecks Angleichung des Anlegerschutzniveaus erweitert § 34a Abs. 2 die Pflicht zur getrennten Vermögensverwahrung auf Wertpapiere i.S.d. § 2 Abs. 1 und verpflichtet die Wertpapierdienstleister, deren Tätigkeiten nicht dem erlaubnispflichtigen und aufsichtsrechtlich überwachten Depotgeschäft unterfallen, zur unverzüglichen Weiterleitung der Wertpapiere an ein zum Betreiben des Depotgeschäfts befugtes Kreditinstitut. Damit soll insbesondere auch unerlaubten Eigengeschäften des Wertpapierdienstleisters vorgebeugt werden.[60]

2. Entgegennahme von Finanzinstrumenten

21   Die Entgegennahme von Wertpapieren muss im Zusammenhang mit einer Wertpapier(neben)dienstleistung erfolgen. In der Regel nehmen jedoch weder Anlageberater oder -vermittler noch Vermögensverwalter Wertpapiere an.[61] Die Beschränkung des Wortlauts des § 34a Abs. 2 auf Wertpapiere entspricht nicht den Vorgaben des Art. 13 Abs. 7 MiFID und des Art. 17 DRL, die ausdrücklich auf den **weiteren Begriff der Finanzinstrumente** (vgl. § 2 Abs. 2b) abstellen. Da auch die neu eingefügten und sich auf § 34a Abs. 2 beziehenden Absätze 3 und 4 von Finanzinstrumenten sprechen, dürfte von einem **Redaktionsverse-**

---

vorschlägt; dies müsste dann auch dem Kunden mitgeteilt werden, so zutreffend *Schwark*, § 34a Rn. 8; zustimmend *KölnKommWpHG-Möllers*, § 34a Rn. 62.
[57] OLG Düsseldorf ZIP 2004, 1194, 1197.
[58] BegrRegE BT-Drucks 13/7142 S. 110; *KölnKommWpHG-Möllers*, § 34a Rn. 63; *Koller* in *Assmann/Schneider*, § 34a Rn. 10.
[59] *KölnKommWpHG-Möllers*, § 34a Rn. 68.
[60] Nur darauf abstellend *Schwark*, § 34a Rn. 9; zu Recht weitergehend *Koller* in *Assmann/Schneider*, § 34a Rn. 13 (Gefährdung wegen der fehlenden Erlaubnis nach dem DepotG).
[61] *Weber-Rey/Baltzer* WM 1997, 2288, 2296.

hen auszugehen sein. In jedem Fall ist hier ebenso wie im Rahmen des § 2 der Wertpapierbegriff weit auszulegen; auf eine Verbriefung kommt es deshalb nicht an. Die Wertpapiere (bzw. Finanzinstrumente) müssen jedoch depotfähig sein.[62] Diese Voraussetzung ist auch bei den unverbrieften Schuldbuchforderungen (Wertrechten) gegenüber Bund und Ländern erfüllt.[63] Art. 13 Abs. 7 MiFID bezieht sich ausschließlich auf im Eigentum des Kunden stehende Finanzinstrumente. Diese Einschränkung wurde in § 34a nicht übernommen. Damit unterfallen auch solche Wertpapiere dem Trennungsgebot, die dem Wertpapierdienstleister von einem Dritten übertragen wurden und an den Kunden herauszugeben sind. Das Gleiche gilt für Wertpapiere aus einer Einkaufskommission.[64]

3. Weiterleitung zur Verwahrung

Die Weiterleitung zur Verwahrung muss an ein **geeignetes Kreditinstitut** erfolgen. Der Kunde muss wirtschaftlich die Stellung eines Eigentümers einnehmen und hinreichend vor dem Zugriff dritter Gläubiger geschützt sein.[65] Sofern der Kunde bei der Einlieferung der Finanzinstrumente keine Weisung für die Verwahrung erteilt hat, muss sich der Wertpapierdienstleister von der Eignung der Depotbank überzeugen (vgl. § 14a Abs. 1 WpDVerOV). Unproblematisch geeignet sind die im Inland tätigen Kreditinstitute, die über eine Erlaubnis zum Betreiben des Depotgeschäfts verfügen. Ausländische Kreditinstitute sind grundsätzlich nur dann geeignet, wenn sie auch das Depotgeschäft betreiben dürfen und gleichzeitig ein dem Depotgesetz vergleichbares Schutzniveau für den Anleger bieten.[66] Diese Anforderungen werden durch § 14a Abs. 2 WpDVerOV konkretisiert: Der Verwahrer mit Sitz in einem Drittstaat muss danach besonderen Vorschriften für die Verwahrung und einer besonderen Aufsicht unterliegen. Ist diese Voraussetzung nicht erfüllt, dürfen Kundenfinanzinstrumente dort nur verwahrt werden, wenn die Verwahrung wegen der Art der betreffenden Finanzinstrumente oder Wertpapierdienstleistungen erforderlich ist oder ein professioneller Kunde (§ 31a Abs. 2) das Wertpapierdienstleistungsunternehmen zur Verwahrung bei einem Dritten in diesem Drittstaat zumindest in Textform angewiesen hat. Gemäß § 14a Abs. 8 und 10 WpDVerOV sind Privatkunden vor Erbringung der Wertpapier(neben)dienstleistung angemessen zu unterrichten und eindeutig auf die Risiken hinzuweisen, wenn Kundenfinanzinstrumente an einen Verwahrer mit Sitz im Ausland weitergeleitet werden sollen, wo sie nicht von Vermögenswerten anderer Kunden, des Wertpapierdienstleistungsunternehmens oder des mit der Verwahrung Beauftragten getrennt verwahrt werden. Die Weiterleitung der Finanzinstrumente hat ebenso wie die Weiterleitung der Kundengelder ohne schuldhaftes Zögern zu erfolgen.

Über die **Art der Verwahrung** schweigt das Gesetz. Im Hinblick auf den primär intendierten Insolvenzschutz sollte eine dem DepotG unterliegende oder

---
[62] *Koller* in *Assmann/Schneider*, § 34a Rn. 14; KölnKommWpHG-*Möllers*, § 34a Rn. 73.
[63] *Schwark*, § 34a Rn. 10 mwN.
[64] *Koller* in *Assmann/Schneider*, § 34a Rn. 14; **aA** KölnKommWpHG-*Möllers*, § 34a Rn. 77.
[65] *Koller* in *Assmann/Schneider*, § 34a Rn. 15.
[66] KölnKommWpHG-*Möllers*, § 34a Rn. 80; zur Auslandsaufbewahrung der inländischen Depotbank vgl. *Kümpel* in BuB 8/123 ff. = *ders./Decker*, Das Depotgeschäft, 2007, S. 91 ff.

diesem entsprechende **offene Verwahrung** erfolgen.[67] Gemäß § 14a Abs. 5 WpDVerOV sind Wertpapierdienstleistungsunternehmen verpflichtet, die notwendigen Vorkehrungen zu treffen, um jederzeit eine korrekte Abgrenzbarkeit der Kundenfinanzinstrumente von den eigenen Vermögenswerten und denjenigen des mit der Verwahrung beauftragten Instituts zu gewährleisten. Ergänzend gelten die Aufzeichnungs-, Buchführungs- und Organisationspflichten des § 14a Abs. 3 WpDVerOV. Obwohl der Kunde nur bei Sonderverwahrung (§ 2 DepotG, Streifbandverwahrung) Alleineigentümer bleibt, genügt auch die Sammelverwahrung (§ 5 DepotG), bei der er Miteigentümer am Sammelbestand wird (§ 6 DepotG), den Anforderungen.[68] Diese ist mit deutlich weniger Kosten verbunden und gewährleistet einen vergleichbaren Schutz. Umstritten ist auch hier (siehe schon oben Rn. 15), ob die Kontoführung auf den Namen des Wertpapierdienstleistungsunternehmens im Wege der Vollrechtstreuhand zulässig ist.[69]

4. Unterrichtung des Kunden

24   Im Rahmen der von § 34a Abs. 2 Satz 2 angeordneten entsprechenden Anwendung des Abs. 1 Satz 5 muss das Wertpapierdienstleistungsunternehmen seinen Kunden darüber unterrichten, auf welchem Depot und bei welchem Kreditinstitut die Wertpapiere verwahrt werden. Dabei ist ebenfalls mitzuteilen, ob das verwahrende Kreditinstitut einer Einrichtung zur Sicherung der Ansprüche von Anlegern angehört. Weitere Informationspflichten stellt § 14a Abs. 6 bis 8, 10 WpDVerOV auf.

IV. Periodische Aufstellung (Abs. 3)

25   § 34a Abs. 3 wurde durch das FRUG eingefügt und dient der Umsetzung des Art. 43 Abs. 1 DRL. Eine gesonderte Übermittlung der jährlichen Aufstellung der Gelder und Finanzinstrumente ist nicht erforderlich; das Wertpapierdienstleistungsunternehmen kann seine Pflicht auch im Rahmen einer anderen periodischen Aufstellung erfüllen.[70]

V. Nutzung für eigene Rechnung (Abs. 4)

26   Der durch das FRUG eingefügte § 34a Abs. 4 gestattet es dem Wertpapierdienstleistungsunternehmen in Umsetzung des Art. 19 DRL, nach § 34a Abs. 2 oder nach den Vorschriften des DepotG gehaltenen Finanzinstrumente für eigene Rechnung oder die Rechnung eines anderen Kunden zu nutzen, etwa für **Wertpapierfinanzierungsgeschäfte** nach Art. 2 Abs. 10 der Verordnung (EG) Nr. 1287/2006.[71] Voraussetzung dafür ist gemäß § 34a Abs. 4 Satz 1, dass der Kunde dieser Nutzung und deren genau festzulegenden Bedingungen im Voraus

---

[67] *Schwark*, § 34a Rn. 11.
[68] So zutreffend *Schwark*, § 34a Rn. 11 gegen *Koller* in *Assmann/Schneider*, § 34a Rn. 12; siehe auch KölnKommWpHG–*Möllers*, § 34a Rn. 81.
[69] Ablehnend *Süss*, Vermögensverwaltung, S. 274; KölnKommWpHG–*Möllers*, § 34a Rn. 83; wohl auch *Koller* in *Assmann/Schneider*, § 34a Rn. 15; nicht eindeutig *Schwark*, *§ 34a Rn. 11*.
[70] BegrRegE, BT-Drs. 16/4028, S. 76.
[71] ABl. EU Nr. L 241 vom 2. 9. 2006, S. 1 (DVO zur MiFID).

Analyse von Finanzinstrumenten § 34b

ausdrücklich zugestimmt hat (§ 34a Abs. 4 Satz 1). Die Nutzungsbedingungen, die Bedingungen für eine Beendigung der Nutzung und Informationen über die mit der Nutzung verbundenen Risiken sind Privatkunden (§ 31a Abs. 3) gemäß § 14a Abs. 9 und 10 WpDVerOV vor Erbringung der Wertpapier(neben)dienstleistung auf einem dauerhaften Datenträger zu übermitteln. Im Fall der Verwahrung in Sammeldepots (Rn. 23) sind zusätzlich die ausdrückliche Zustimmung aller anderen Kunden des Sammeldepots oder Systeme und Kontrolleinrichtungen erforderlich, mit denen die Beschränkung der Nutzung auf solche Finanzinstrumente gewährleistet ist, für die eine Zustimmung vorliegt (§ 34a Abs. 4 Satz 2). Zudem müssen nach § 34a Abs. 4 Satz 4 über Kunden, auf deren Weisung hin eine Nutzung der Finanzinstrumente erfolgt, und über die Zahl der von jedem einzelnen Kunden mit dessen Zustimmung genutzten Finanzinstrumenten Aufzeichnungen geführt werden, die eine eindeutige und zutreffende Zuordnung der im Rahmen der Nutzung eingetretenen Verluste ermöglichen. Bei Privatkunden (§ 31a Abs. 3) ist die Zustimmung schließlich gemäß § 34a Abs. 4 S. 3 durch Unterschrift des Kunden oder auf gleichwertige Weise zu dokumentieren.

VI. Verordnungsermächtigung (Abs. 5)

Nähere Bestimmungen zur Konkretisierung des Umfangs der Verpflichtungen 27 nach Abs. 1 bis Abs. 4 kann das Bundesfinanzministerium im Wege der **Rechtsverordnung** erlassen. Dies ist mit § 14a der Verordnung zur Konkretisierung der Verhaltensregeln und Organisationsanforderungen für Wertpapierdienstleistungsunternehmen (Wertpapierdienstleistungs-Verhaltens- und Organisationsverordnung – WpDVerOV) vom 20. Juli 2007,[72] zuletzt geändert durch Artikel 1 der Verordnung vom 21. November 2007,[73] geschehen.

VII. Überwachung und Sanktionen

Das Gebot zur getrennten Vermögensverwahrung und insbesondere das Verbot von Omnibuskonten werden im Rahmen der Kontrollen der Wertpapierdienstleistungsunternehmen **durch die BaFin nach § 36 regelmäßig überprüft**.[74] Vorsätzliche und leichtfertige **Verstöße** gegen das Trennungsgebot sind nach § 39 Abs. 2 Nr. 21 als **Ordnungswidrigkeit** eingestuft. Gemäß § 39 Abs. 4 droht dafür eine Geldbuße von bis zu 50000,– Euro an. Zur Qualifikation des § 34a als Schutzgesetz iSd § 823 Abs. 2 BGB s. Vor §§ 31 bis 37a Rn. 85. 28

§ 34b Analyse von Finanzinstrumenten

(1) **Personen, die im Rahmen ihrer Berufs- oder Geschäftstätigkeit eine Information über Finanzinstrumente oder deren Emittenten erstellen, die direkt oder indirekt eine Empfehlung für eine bestimmte Anlageentscheidung enthält und einem unbestimmten Personenkreis zugänglich gemacht werden soll (Finanzanalyse), sind zu der erforderlichen Sachkenntnis, Sorg-**

---

[72] BGBl. I S. 1432.
[73] BGBl. I S. 2602.
[74] § 5 WpDPV; *Birnbaum* WPg 1999, 110, 112.

§ 34b

falt und Gewissenhaftigkeit verpflichtet. Die Finanzanalyse darf nur weitergegeben oder öffentlich verbreitet werden, wenn sie sachgerecht erstellt und dargeboten wird und

1. die Identität der Person, die für die Weitergabe oder die Verbreitung der Finanzanalyse verantwortlich ist, und
2. Umstände oder Beziehungen, die bei den Erstellern, den für die Erstellung verantwortlichen juristischen Personen oder mit diesen verbundenen Unternehmen Interessenkonflikte begründen können,

zusammen mit der Finanzanalyse offen gelegt werden.

(2) Eine Zusammenfassung einer von einem Dritten erstellten Finanzanalyse darf nur weitergegeben werden, wenn der Inhalt der Finanzanalyse klar und nicht irreführend wiedergegeben wird und in der Zusammenfassung auf das Ausgangsdokument sowie auf den Ort verwiesen wird, an dem die mit dem Ausgangsdokument verbundene Offenlegung nach Absatz 1 Satz 2 unmittelbar und leicht zugänglich ist, sofern diese Angaben öffentlich verbreitet wurden.

(3) Finanzinstrumente im Sinne des Absatzes 1 sind nur solche, die
1. zum Handel an einer inländischen Börse zugelassen oder in den regulierten Markt oder den Freiverkehr einbezogen sind oder
2. in einem anderen Mitgliedstaat der Europäischen Union oder einem anderen Vertragsstaat des Abkommens über den Europäischen Wirtschaftsraum zum Handel an einem organisierten Markt zugelassen sind.

Der Zulassung zum Handel an einem organisierten Markt oder der Einbeziehung in den geregelten Markt oder in den Freiverkehr steht es gleich, wenn der Antrag auf Zulassung oder Einbeziehung gestellt oder öffentlich angekündigt ist.

(4) Die Bestimmungen der Absätze 1, 2 und 5 gelten nicht für Journalisten, sofern diese einer mit den Regelungen der Absätze 1, 2 und 5 sowie des § 34 c vergleichbaren Selbstregulierung einschließlich wirksamer Kontrollmechanismen unterliegen.

(5) Unternehmen, die Finanzanalysen nach Absatz 1 Satz 1 erstellen oder weitergeben, müssen so organisiert sein, dass Interessenkonflikte im Sinne des Absatzes 1 Satz 1 möglichst gering sind. Sie müssen insbesondere über angemessene Kontrollverfahren verfügen, die geeignet sind, Verstößen gegen Verpflichtungen nach Absatz 1 entgegenzuwirken. Für Wertpapierdienstleistungsunternehmen, die auf eigene Verantwortung oder auf Verantwortung eines Mitglieds ihrer Unternehmensgruppe Finanzanalysen erstellen oder erstellen lassen, die unter ihren Kunden oder in der Öffentlichkeit verbreitet werden sollen oder deren Verbreitung wahrscheinlich ist, gilt Satz 1 auch in Bezug auf Finanzanalysen über Finanzinstrumente im Sinne des § 2 Abs. 2 b, die nicht unter Absatz 3 fallen, oder deren Emittenten. Satz 3 ist nicht auf Wertpapierdienstleistungsunternehmen im Sinne des § 33 b Abs. 6 anwendbar.

(6) *aufgehoben*

(7) Die Befugnisse der Bundesanstalt nach § 35 gelten hinsichtlich der Einhaltung der in den Absätzen 1, 2 und 5 genannten Pflichten entsprechend. § 36 gilt entsprechend, wenn die Finanzanalyse von einem Wertpapierdienstleistungsunternehmen erstellt, anderen zugänglich gemacht oder öffentlich verbreitet wird.

§ 34b

(8) Das Bundesministerium der Finanzen kann durch Rechtsverordnung, die nicht der Zustimmung des Bundesrates bedarf, nähere Bestimmungen über die sachgerechte Erstellung und Darbietung von Finanzanalysen, über Umstände oder Beziehungen, die Interessenkonflikte begründen können, über deren Offenlegung sowie über die angemessene Organisation nach Absatz 5 erlassen. Das Bundesministerium der Finanzen kann die Ermächtigung durch Rechtsverordnung auf die Bundesanstalt für Finanzdienstleistungsaufsicht übertragen.

Schrifttum: *Caccese,* Insider Trading Laws and the Role of Securities Analysts, in *Claussen/Schwark* (Hrsg.), Insiderrecht für Finanzanalysten, 1997, S. 125; *Claussen,* Die Wertpapieranalysten und die Intention des Wertpapierhandelsgesetzes, in *Claussen/Schwark* (Hrsg.), Insiderrecht für Finanzanalysten, 1997, S. 11; *ders.,* Zum Stellenwert der Aktienanalyse, Kreditwesen 1986, 510; *Clouth/Lang* (Hrsg.), MiFID Praktikerhandbuch, 2007; *Diekmann/Sustmann,* Gesetz zur Verbesserung des Anlegerschutzes, NZG 2004, 929; *Egbers/Tal,* Die zivilrechtliche Haftung von Wertpapieranalysten, BKR 2004, 219; *Findeisen,* Über die Regulierung und die Rechtsfolgen von Interessenkonflikten in der Aktenanalyse von Investmentbanken, 2007; *Fleischer,* Empfiehlt es sich, im Interesse des Anlegerschutzes und zur Förderung des Finanzplatzes Deutschland das Kapital- und Börsenrecht neu zu regeln? – Gutachten F für den 64. Deutschen Juristentag, 2002; *ders.,* Das Vierte Finanzmarktförderungsgesetz, NJW 2002, 2977; *ders.,* Die Richtlinie über Märkte für Finanzinstrumente und das Finanzmarkt-Richtlinie-Umsetzungsgesetz – Entstehung, Grundkonzeption, Regelungsschwerpunkte, BKR 2006, 389; *Gerke/Oerke,* Marktbeeinflussung durch Analystenempfehlungen, ZfB-Ergänzungsheft 1998, 187; *Göres,* Transparenzgebote bei öffentlichen Auftritten von Wertpapieranalysten, ZBB 2004, 210; *ders.,* Die Interessenkonflikte von Wertpapierdienstleistern und -analysten bei der Wertpapieranalyse, 2004; *ders.,* MiFID – Neue (Organisations-)Pflichten für die Ersteller von Finanzanalysen, BKR 2007, 85; *Großmann,* Praxisrelevante Änderungen des Wertpapierhandelsgesetzes – Die Auswirkungen des Vierten Finanzmarktförderungsgesetzes, DB 2002, 2031; *Hax,* Informationsintermediation durch Finanzanalysten, 1998; *Hettermann/Althoff,* Rechtliche Anforderungen an Finanzanalysen, WM 2006, 265; *Heun,* Neuer Rechtsrahmen für Wertpapieranalysen, Die Bank 2002, 848; *Holzborn/Israel,* Das Anlegerschutzverbesserungsgesetz, WM 2004, 1948; *Hüfner/Möller,* Erfolge börsennotierter Unternehmen aus der Sicht von Finanzanalysten: Zur Verlässlichkeit von DVFA-Ergebnissen und deren Prognosen, ZBB 1997, 1; *Hutter/Leppert,* Das 4. Finanzmarktförderungsgesetz aus Unternehmenssicht, NZG 2002, 649; *dies.,* Reformbedarf im deutschen Kapitalmarkt- und Börsenrecht, NJW 2002, 2208; *von Kopp-Colomb,* Die neuen Regelungen zur Wertpapieranalyse in Deutschland, WM 2003, 609; *Kuthe,* Änderungen des Kapitalmarktrechts durch das Anlegerschutzverbesserungsgesetz, ZIP 2004, 883; *Löffler,* Der Beitrag von Finanzanalysten zur Informationsverarbeitung, 1998; *Meitner/Hüfner/Kleff/Lehmann/Lüders,* Bilanzskandale und Börsencrash: Neue Herausforderungen an die Aktienanalyse, Finanzbetrieb 2002, 537; *Meyer,* Haftung für Research Reports und Wohlverhaltensregeln für Analysten, AG 2003, 610; *Mülbert,* Empfiehlt es sich, im Interesse des Anlegerschutzes und zur Förderung des Finanzplatzes Deutschland das Kapitalmarkt- und Börsenrecht neu zu regeln?, JZ 2002, 826; *Möllers/Lebherz,* Fehlerhafte Finanzanalysen – Die Konkretisierung inhaltlicher Standards, BKR 2007, 349; *Pfüller/Wagner,* Vom Interessenkonflikt zum Normenkonflikt – Überregulierung der Wertpapieranalyse?, WM 2004, 253; *Röh,* Compliance nach der MiFID – zwischen höherer Effizienz und mehr Bürokratie, BB 2008, 398; *von Rosen/Gerke,* Kodex für anlegergerechte Kapitalmarktkommunikation, 2001; *Scharrenberg,* Compliance in Wertpapierdienstleistungsunternehmen, in *Claussen/Schwark* (Hrsg.), Insiderrecht für Finanzanalysten, 1997, S. 107; *Schlicht,* Compliance nach Umsetzung der MiFID-Richtlinie – Wesentliche Änderungen oder gesetzliche Verankerung schon gelebter Praxis?, BKR 2006, 469; *Schlößer,* Verhaltenspflichten von Wertpapieranalysten nach der Bekanntmachung der BaFin zu § 34b WpHG, BKR 2003, 404; *Schwalm,* Die Erstellung von Finanz-

§ 34b 1   Abschnitt 6. Verhaltensregeln, Verjährung

analysen nach § 34b WpHG, 2007; *Schwintek,* Das Anlegerschutzverbesserungsgesetz, 2005; *Spindler,* Neuregelungen des Kapitalmarkt- und Börsenrechts zum Anlegerschutz?, DStR 2002, 1576; *ders.,* Finanzanalyse vs. Finanzberichterstattung: Journalisten und das AnSVG, NZG 2004, 1138; *ders.,* Kapitalmarktreform in Permanenz – Das Anlegerschutzverbesserungsgesetz, NJW 2004, 3449; *Spindler/Christoph,* Die Entwicklung des Kapitalmarktrechts in den Jahren 2003/2004, BB 2004, 2197; *Stotz/von Nitzsch,* Warum sich Analysten überschätzen – Einfluss des Kontrollgefühls auf die Selbstüberschätzung, ZBB 2003, 106; *Teuber,* Finanzmarkt-Richtlinie (MiFID) – Auswirkungen auf Anlageberatung und Vermögensverwaltung im Überblick, BKR 2006, 429; *E. Vetter,* Rechtsprobleme des externen Ratings, WM 2004, 1701; *Vogler,* Schadensersatzhaftung des Wertpapierdienstleistungsunternehmens für fehlerhafte Aktienanalysen, 2005.

Übersicht

	Rn.
I. Allgemeines	1
1. Entstehungsgeschichte und Normzweck	1
2. Regelungsgegenstand	5
II. Persönlicher und sachlicher Anwendungsbereich	6
1. Normadressaten	6
a) Erfasste Personen (Abs. 1 und 5)	6
b) Ausnahme für Journalisten (Abs. 4)	9
c) Erfasste Finanzinstrumente (Abs. 3)	16
2. Finanzanalyse	17
a) Allgemeines	17
b) Information über Finanzinstrumente oder deren Emittenten	20
c) Empfehlung für eine bestimmte Anlageentscheidung	23
d) An einen unbestimmten Personenkreis gerichtet	26
e) Erstellen der Finanzanalyse	28
3. Regulierte Tätigkeiten	29
a) Erstellung und Darbietung	29
b) Weitergabe und öffentliche Verbreitung	31
III. Anforderungen an die Erstellung und Darbietung von Finanzanalysen	32
1. Sachkenntnis, Sorgfalt und Gewissenhaftigkeit (Abs. 1 Satz 1)	32
2. Sachgerechte Erstellung und Darbietung (Abs. 1 Satz 2)	35
IV. Pflichten bei Weitergabe und öffentlicher Verbreitung	39
1. Angabe der Identität verantwortlicher Personen	39
2. Offenlegung möglicher Interessenkonflikte	41
3. Anforderungen nach § 7 FinAnV	46
4. Pflichten bei Weitergabe der Zusammenfassung von Drittanalysen	47
V. Organisationspflichten (Abs. 5)	51
VI. Rechtsfolgen bei Verstößen	56
VII. Befugnisse der BaFin (Abs. 7)	58
VIII. Ermächtigung zum Erlass einer Ausführungsverordnung	60
Anhang zu § 34b: Text der Finanzanalyseverordnung (FinAnV)	61

I. Allgemeines
1. Entstehungsgeschichte und Normzweck

1   § 34b begründet Verhaltens- und Organisationspflichten im Zusammenhang mit der Erstellung und Verbreitung von Finanzanalysen. Die Norm wurde durch das **4. Finanzmarktförderungsgesetz** (FMFG) vom 21. Juni 2002[1] in

---
[1] BGBl. I S. 2010.

Analyse von Finanzinstrumenten 1 § 34b

das WpHG eingefügt und durch das **Anlegerschutzverbesserungsgesetz** (AnSVG) vom 28. Oktober 2004[2] grundlegend geändert. Die Neuregelung dient der **Umsetzung von Art. 6 Abs. 5 der Marktmissbrauchsrichtlinie**[3] und einer darauf bezogenen Durchführungsrichtlinie der Kommission mit analysespezifischen Konkretisierungen.[4] Mit der ursprünglichen Fassung des § 34b reagierte der deutsche Gesetzgeber auf eine an den nationalen und internationalen Kapitalmärkten zunehmend erkannte Problematik. Unter dem Eindruck von Unternehmensskandalen und dem Kursverfall am Neuen Markt entzündete sich eine Diskussion über die Rolle von Wertpapier- bzw. Finanzanalysten,[5] die nicht selten durch allzu optimistische Empfehlungen ohne solide Basis zunehmend in die öffentliche Kritik geraten waren.[6] Missstände, vor allem gravierende Interessenkonflikte bei der Erstellung von Finanzanalysen im Zusammenhang mit dem Emissionsgeschäft von Wertpapierdienstleistungsunternehmen, waren auch in anderen Ländern, insbesondere in den USA, zu verzeichnen[7] und führten dort zum Erlass teilweise rigider Regelwerke.[8] In Deutschland konnten sich zunächst vorhandene Bestrebungen zur Regulierung der Finanzanalyse auf freiwilliger Basis[9] nicht durchsetzen. Aber auch die erstmalige gesetzliche Regelung in § 34b wurde von Anfang an lediglich als ein erster Schritt zu einer wirksamen Regelung gesehen, der noch der Weiterentwicklung

---

[2] BGBl. I S. 2630.
[3] Richtlinie 2003/6/EG des Europäischen Parlaments und des Rates vom 28. 1. 2003 über Insidergeschäfte und Marktmanipulation (Marktmissbrauch), ABl. EG Nr. L 96 vom 12. 4. 2003 S. 16, 22.
[4] Richtlinie 2003/125/EG der Kommission zur Durchführung der Richtlinie 2003/6/EG des Europäischen Parlaments und des Rates in Bezug auf die sachgerechte Darbietung von Anlageempfehlungen und die Offenlegung von Interessenkonflikten, ABl. EG Nr. L 339 vom 24. 12. 2003, S. 73.
[5] Der zunächst verwendete Begriff der „Wertpapieranalyse" ist mit dem AnSVG zugunsten des Begriffs der „Finanzanalyse" bzw. „Analyse von Finanzinstrumenten" aufgegeben worden. Dies stellt eine Anpassung an Art. 6 Abs. 5 der Marktmissbrauchsrichtlinie dar, der „Analysen von Finanzinstrumenten" regelt, sowie an die Einführung des Begriffs der „Finanzinstrumente" in § 2 Abs. 2b. Zu inhaltlichen Änderungen durch das AnSVG siehe Einl. Rn. 47 f., § 2 Rn. 5, 66 ff.
[6] Vgl. *Fleischer* NJW 2002, 2977, 2982; *ders.* Gutachten zum 64. Juristentag F 128 f.; *von Kopp-Colomb* WM 2003, 609; *Weber* NJW 2003, 18, 22; Kreditwesen 2002, 447; *von Rosen/Gerke*, „Kodex für anlegergerechte Kapitalmarktkommunikation", 2001, S. 12, abrufbar unter *www.dai.de;* zum Thema Interessenkonflikte von Analysten FAZ v. 26. 4. 2002 S. 31. Einer Umfrage im Jahr 2001 zufolge vertrauten nur 22% der Finanzprofis auf die Aussagekraft von Analysen, vgl. Finanzbetrieb 2002, 127.
[7] So sahen sich in den USA große Investmentfirmen angesichts zahlreicher Untersuchungen der SEC wegen missbräuchlicher Analystenempfehlungen zum Abschluss eines außergerichtlichen Vergleichs unter Zahlung von insgesamt 1,4 Milliarden $ gezwungen („Global Settlement"), näher dazu und zur Beeinflussung der Aktienanalyse durch ihr institutionelles Umfeld *Vogler,* S. 31, 56 ff. mwN.
[8] Änderungen ergaben sich insb. durch Section 501 (a) des 2002 verabschiedeten Sarbanes-Oxley Act, Pub. L. No. 107–204. Die Anforderungen an Finanzanalysen ergeben sich im Einzelnen aus Regelungen der SEC und der SROs (NYSE und NASD): vgl. SEC Regulation Analyst Certification 17 CFR part 242, 68 FR 9482 (20. 2. 2003); vgl. NYSE Rule 472 (Communications with the Public); NASD Rule 2711 (Research Analysts and Research Reports).
[9] *von Rosen/Gerke,* Kodex Kapitalmarktkommunikation (Fn. 6), S. 12.

§ 34b 2   Abschnitt 6. Verhaltensregeln, Verjährung

und Ergänzung bedurfte.[10] Die Neuregelung durch das AnSVG im Zuge der Umsetzung der Marktmissbrauchsrichtlinie hat zu einer erheblichen Erweiterung und Modifizierung der Vorschrift geführt. Nur wenige Änderungen[11] hatte schließlich das **Finanzmarktrichtlinieumsetzungsgesetz (FRUG)** vom 16. Juli 2007[12] zur Folge: § 34b Abs. 3 Satz 1 Nr. 1 wurde redaktionell an die neue Terminologie des BörsG angepasst, § 34b Abs. 5 Satz 3 und 4 wurden zur Umsetzung des Art. 25 Abs. 1 und 3 der MiFID-Durchführungsrichtlinie 2006/73/EG[13] angefügt und § 34b Abs. 6 wurde aufgehoben (dazu noch Rn. 3).

2   Das **Ziel** der Regelungen des § 34b ist es, das **Vertrauen der Anleger** in die Sorgfalt, Neutralität und Integrität derjenigen, die Finanzanalysen vornehmen und durch ihr Urteil Millionen von Anlegern beeinflussen können, wiederherzustellen und zu stärken. § 34b dient damit dem Schutz des Anlegerpublikums und dem **Erhalt der Funktionsfähigkeit des Kapitalmarktes**.[14] Denn dieser ist nicht nur auf eine zeitnahe und zuverlässige Versorgung mit Informationen durch die Emittenten von Kapitalmarkttiteln angewiesen, sondern – insbesondere für die Einbeziehung nicht professioneller Anleger – auch auf die Auswahl und Aufbereitung von (wichtigen) Informationen und ihre Bewertung im Hinblick auf (potentielle) Anlageentscheidungen. Diese Aufgabe übernehmen professionelle Intermediäre, die den Markt beobachten, relevante Unternehmens- und Marktdaten sammeln, selektieren und bewerten. Die Ermittlung von Renditechancen und Risiken bestimmter Finanzinstrumente und ihre Verbindung mit der Empfehlung einer bestimmten Anlageentscheidung oder -strategie (zB Kaufen, Halten, Verkaufen, mittel- oder langfristiger Aufbau einer

---

[10] So auch Punkt 9 des Maßnahmenkatalogs der Bundesregierung, abrufbar unter *www.bmj.de;* mit großer Mehrheit wurde durch den 64. DJT eine Ergänzung um Regeln zur Sicherung der Unabhängigkeit der Analysten gefordert, abgedr. in NJW 2002, 3028; eingehend *Fleischer* Gutachten F zum 64. DJT, S. F 128 ff.; schärfere Regelungen forderten auch *Hutter/Leppert* NJW 2002, 651 f.; *dies.* (mit Schwerpunkt auf transaktionsgebundenes Research) NJW 2002, 2212 f.; kritisch zu § 34b aF auch *Großmann* DB 2002, 2031, 2036; *Weber* NJW 2003, 18, 22 ff. Die BaFin trug mit der Bekanntmachung vom 7. 3. 2003 zur Konkretisierung einzelner Tatbestandsmerkmale des § 34b aF bei, der ein Konsultationsentwurf vom 11. 10. 2002 vorausging; dazu eingehend *Heun,* Die Bank 2002, 848 ff. Die Bekanntmachung fand nach Inkrafttreten des AnSVG keine Anwendung mehr, vgl. das Schreiben der BaFin vom 1. September 2005; aktuell ist das Schreiben vom 21. 12. 2007, abrufbar unter *www.bafin.de;* vgl. zur unverbindlichen Rechtsnatur solcher Schreiben Einl. Rn. 83.
[11] Siehe auch *Teuber* BKR 2006, 429, 430 f.
[12] BGBl. I S. 1330.
[13] Durchführungsrichtlinie 2006/73 der Kommission zur Durchführung der Richtlinie 2004/39/EG des Europäischen Parlaments und des Rates in Bezug auf die organisatorischen Anforderungen an Wertpapierfirmen und die Bedingungen für die Ausübung ihrer Tätigkeit sowie in Bezug auf die Definition bestimmter Begriffe für die Zwecke der genannten Richtlinie vom 10. August 2006, ABl. L 241/26 vom 2. September 2006.
[14] BegrRegE, BT-Drucks. 14/8017, S. 1, 92; *Hutter/Leppert* NZG 2002, 649, 652; *Heun* Die Bank 2002, 848; *Großmann* DB 2002, 2031; *Möller* WM 2001, 2405, 2410; die Bedeutung der Wiederherstellung des Anlegervertrauens im Zusammenhang mit der Finanzanalyse wird auch betont im Finanzmarktförderplan 2006 der Bundesregierung (Punkt Analysten/Rating), abrufbar unter *www.bundesfinanzministerium.de;* vgl. zum Kursbeinflussungspotential von Analysten *Gerke/Oerke* ZfB Erg.Heft 1998, 187, 193 ff.; *von Rosen/Gerke* (Fn. 6), S. 10, 49.

Position) wird regelmäßig nicht nur einzelnen Investoren im Rahmen konkreter vertraglicher Beziehungen zugänglich gemacht, sondern vielfach über die Massenmedien (auch) breiten, unbestimmten Anlegerkreisen. Diese haben ein starkes Bedürfnis nach aufbereiteter und kostengünstiger Information, können gleichzeitig aber die Güte und Glaubhaftigkeit der Analystenempfehlungen kaum einschätzen.[15] Wird ihr Vertrauen in die Sachkunde, Objektivität und Integrität von Analysten erschüttert, besteht die Gefahr, dass sie sich vom Kapitalmarkt fernhalten.

Fraglich ist, ob die Vorschrift daneben auch eine individualschützende Komponente enthält und ihre Verletzung durch die Verbreitung fehlerhafter Analysen als Grundlage für die Geltendmachung von Schadensersatzansprüchen dienen kann. Nach zutreffender Auffassung sind § 34 b Abs. 1, 2 und 5 jedoch **keine Schutzgesetze** i. S. d. § 823 Abs. 2 BGB.[16] Dagegen spricht schon, dass die Finanzanalyse definitionsgemäß einem unbestimmten Personenkreis zugänglich gemacht werden soll. Jedenfalls insoweit geht es daher allein um den Schutz der Marktintegrität,[17] nicht um die Sicherung unverfälschter Anlageentscheidungen einzelner Marktteilnehmer. Etwas anderes galt für § 34 b Abs. 6 aF, sofern Wertpapierdienstleistungsunternehmen individuellen Personen eine Analyse oder sonstige Information mit einer Empfehlung oder Anregung zu einer bestimmten Anlagestrategie oder -entscheidung gaben.[18] Die Vorschrift ging insoweit über den Regelungsgehalt der Marktmissbrauchsrichtlinie hinaus und erfasste auch solche Empfehlungen, die nicht zur Veröffentlichung bestimmt waren, sondern nur an bestimmte Dritte weitergegeben werden sollten.[19] Da insoweit Verhaltenspflichten gegenüber Kunden betroffen sind und ein hinreichend individualisierter Personenkreis vorliegt, war § 34 b Abs. 6 aF als **Schutzgesetz** zugunsten der individuellen Empfehlungsadressaten anzuerkennen.[20]

---

[15] *Vogler,* S. 30.
[16] *Koller* in *Assmann/Schneider* Rn. 129; KölnKommWpHG-*Möllers*, § 34 b Rn. 284 ff.; **aA** *Vogler,* S. 215 f., 219 ff.; siehe auch Fn. 20.
[17] Dieser steht bei der Marktmissbrauchsrichtlinie generell eindeutig im Vordergrund, vgl. insbesondere die Erwägungsgründe 2, 11–13, 24, 34 und 43 sechster Spiegelstrich. Demgegenüber tritt der Aspekt, den Anlegern ein „Maß an Information und Schutz anzubieten, das auf ihre Gegebenheiten zugeschnitten ist" (Erwägungsgrund 43, zweiter Spiegelstrich) weitgehend in den Hintergrund und taugt jedenfalls nicht zur Begründung eines eigenständigen individualschützenden Charakters der nationalen Umsetzungsvorschriften.
[18] *Koller* in *Assmann/Schneider,* § 34 b Rn. 130; **aA** KölnKommWpHG-*Möllers,* § 34 b Rn. 287.
[19] BegrRegE, BT-Drucks. 15/3174, S. 38.
[20] Im Ergebnis ebenso *Koller* in *Assmann/Schneider* Rn. 130 sowie zu § 34 b WpHG idF vor dem AnSVG *Schwark* Rn. 16, der zutreffend darauf hinweist, dass das Zuleiten der Analyse in diesen Fällen einen Unterfall der allgemeinen Wohlverhaltenspflichten gegenüber den Kunden nach § 31 WpHG darstellt; vgl. auch BegrRegE, BT-Drucks. 15/3174, S. 38 (Abs. 6 enthält Verhaltenspflichten gegenüber Kunden, wie sie bisher in § 34 b aF geregelt waren); aA (zur Differenzierung nach individuell bestimmtem und unbestimmtem Adressatenkreis bei § 34 b aF) *Meyer,* AG 2003, 610, 620 f. Für Begrenzung des Schutzgesetzcharakters des § 34 b aF auf Verletzung von Sorgfaltspflichten (und Verneinung bei Offenlegungspflichten) *Mülbert* JZ 2002, 826, 836 f.; generell für Qualifizierung des § 34 b aF als Schutzgesetz *Spindler* DStR 2002, 1576, 1581; zurückhaltend *Fleischer,* Gutachten F zum 64. DJT, S. F 131 f.

§ 34b 4, 5   Abschnitt 6. Verhaltensregeln, Verjährung

4   Seit der Umsetzung der Richtlinie 2004/39/EG[21] (MiFID) durch das Finanzmarktrichtlinieumsetzungsgesetz[22] ist die Erstellung, Verbreitung oder Weitergabe von Finanzanalysen oder anderen Informationen über Finanzinstrumente oder deren Emittenten, die direkt oder indirekt Empfehlungen für eine bestimmte Anlageentscheidung enthalten, gemäß § 2 Abs. 3a Nr. 5 als **Wertpapiernebendienstleistung** zu qualifizieren (§ 2 Rn. 128f.).[23] Somit unterliegen Wertpapierdienstleistungsunternehmen (§ 2 Abs. 4), die diese Wertpapiernebendienstleistung erbringen, nunmehr auch insoweit den allgemeinen Verhaltensregeln des § 31 Abs. 1, der ein Schutzgesetz i. S. d. § 823 Abs. 2 BGB darstellt (Vor §§ 31 bis 37a Rn. 82). Aus diesem Grund konnte der Gesetzgeber den – ebenfalls individualschützenden (Rn. 3) – § 34b Abs. 6 streichen.[24] Der Verweis des § 34b Abs. 6 Satz 2 aF auf die Organisationspflichten des § 34b Abs. 5 wurde durch die Anfügung des § 34b Abs. 5 Satz 3 (dazu Rn. 52) ebenfalls überflüssig.

2. Regelungsgegenstand

5   § 34b Abs. 1 stellt bestimmte **Anforderungen** einerseits **an die Erstellung,** andererseits an die **Weitergabe oder öffentliche Verbreitung** von **Finanzanalysen,** soweit sie börsennotierte Finanzinstrumente betreffen (Abs. 3). Dabei geht es zum einen um die Gewährleistung der erforderlichen Sachkenntnis, Sorgfalt und Gewissenhaftigkeit bei der Aufbereitung der Informationen, zum anderen um die Offenlegung möglicher Interessenkonflikte. Beide Komponenten dienen dazu, das Vertrauen in die Sachgerechtigkeit und Objektivität der Analyse zu stärken. Sie werden ergänzt um eine spezielle Vorschrift über die **Weitergabe der Zusammenfassung** einer von einem Dritten erstellten Finanzanalyse **(Abs. 2).** Hinzu kommen allgemeine **Organisationspflichten,** die das Potential an Interessenkonflikten möglichst gering halten und Verstößen gegen die normierten Pflichten entgegenwirken sollen **(Abs. 5).** Eine **Ausnahme** von den Pflichten nach Abs. 1, 2 und 5 gilt unter bestimmten Voraussetzungen **für Journalisten (Abs. 4). Abs. 7** enthält nähere Bestimmungen über die Befugnisse der BaFin zur Durchsetzung der normierten Pflichten und **Abs. 8** eine Ermächtigungsgrundlage für den Erlass einer konkretisierenden Rechtsverordnung, von der das Bundesministerium der Finanzen mit der Verabschiedung der FinAnV am 17. Dezember 2004 Gebrauch gemacht hat.[25]

---

[21] Richtlinie 2004/39/EG des Europäischen Parlaments und des Rates über Märkte für Finanzinstrumente, ABl. EG Nr. L 145 vom 30. 4. 2004, S. 1.
[22] BGBl. I 2007 S. 1330.
[23] Vgl. auch *Fleischer* BKR 2006, 389, 392; Zur früheren Rechtslage siehe *Göres,* Interessenkonflikte, S. 207; *von Kopp-Colomb* WM 2003, 609, 611; *von Rosen/Gerke,* Kodex Kapitalmarktkommunikation (Fn. 6), S. 21 ff. – Zur Einordnung als Wertpapiernebendienstleistung *de lege ferenda* siehe bereits *Fleischer,* Verhandlungen des 64. DJT, Gutachten F, S. F 130; *Mülbert* JZ 2002, 826, 836.
[24] BegrRegE, BT-Drs. 16/4028, S. 77.
[25] Verordnung über die Analyse von Finanzinstrumenten (Finanzanalyseverordnung – FinAnV) vom 17. 12. 2004, BGBl. I S. 3522; zuletzt geändert durch Art. 1 der Ersten Verordnung zur Änderung der FinAnV vom 20. Juli 2007, BGBl. I S. 1430, abgedruckt unten Rn. 61.

II. Persönlicher und sachlicher Anwendungsbereich

1. Normadressaten

a) Erfasste Personen (Abs. 1 und 5)

Die ursprüngliche Fassung des § 34b richtete sich nur an Wertpapierdienstleistungsunternehmen und mit ihnen verbundene Unternehmen. Seit dem AnSVG erfasst die Vorschrift grundsätzlich **jede natürliche oder juristische Person** (einschließlich der rechtsfähigen Personenvereinigungen),[26] soweit sie **im Rahmen ihrer Berufs- oder Geschäftstätigkeit** eine Finanzanalyse erstellen (Abs. 1 Satz 1). Diese erhebliche Ausweitung des persönlichen Anwendungsbereichs wird teilweise als die wichtigste Änderung der Neufassung angesehen.[27] Nicht ganz überzeugend ist dagegen, dass für einzelne Tatbestände teilweise gesonderte Anknüpfungen gewählt werden: So unterliegen den Organisationspflichten nach Abs. 5 nur „Unternehmen". Diese Terminologie, die offenbar dem unterschiedlichen Inhalt der jeweiligen Pflicht auch schon bei der Bezeichnung des Normadressaten Rechnung tragen soll, ist insofern nicht unproblematisch, als Verpflichteter nicht das Unternehmen, sondern nur der Unternehmensträger (und somit wieder eine „Person") sein kann.[28] Auch die **FinAnV** differenziert zwischen Personen und Unternehmen als verschiedenen Normadressaten (§ 1 Abs. 2 Nr. 4 FinAnV), wobei teilweise unklar bleibt, ob eine natürliche Person oder der Unternehmensträger gemeint ist, wenn von der Erstellung oder Weitergabe der Finanzanalyse bzw. der dafür verantwortlichen Person die Rede ist.

In der Sache ist die **Ausweitung des Normadressatenkreises** jedoch zu begrüßen. Interessenkonflikte und Anreize, die der Objektivität der Analyse abträglich sein können, beruhen zwar ganz überwiegend auf der Verbindung der Analysetätigkeit mit anderen Geschäftsfeldern, insbesondere dem Investmentbereich, innerhalb eines (Wertpapierdienstleistungs-)Unternehmens oder Konzerns.[29] Eine Verbesserung der Normdurchsetzung ist jedoch gerade durch eine Inpflichtnahme der individuellen Analysten zu erwarten, die damit einer möglichen sachwidrigen Beeinflussung ihrer Analysetätigkeit seitens ihrer Arbeitgeber durch etwaige Anweisungen, Pressionen oder Anreize besser entgegentreten können (und müssen), auch wenn sich an den teilweise strukturellen Interessenkonflikten in der Sache nichts ändert.

Die von der Norm erfassten Aktivitäten **im Rahmen der Geschäfts- oder Berufstätigkeit** beschränken sich nicht auf unternehmerische und sonstige selbstständige (frei-)berufliche Tätigkeiten. Vielmehr gehört zur Berufstätigkeit auch die abhängige Beschäftigung als Arbeitnehmer.[30] § 34b verlangt keine selbstständige berufliche Tätigkeit. Zudem ergibt sich aus Art. 1 Nr. 4 lit. a) RL 2003/125/EG, dass auch solche natürlichen Personen Normadressaten sind, die

---

[26] *Koller* in *Assmann/Schneider* § 34b Rn. 2; KölnKommWpHG–*Möllers*, § 34b Rn. 108 ff.
[27] So zB *Vogler*, Schadensersatzhaftung für fehlerhafte Aktienanalysen, S. 126.
[28] Ebenso krit. *Koller* in *Assmann/Schneider* § 34b Rn. 1 („Begriffs-Wirrwarr").
[29] Vgl. ausführlich zur Beeinflussung der Aktienanalyse durch das institutionelle Umfeld *Vogler*, S. 56 ff. mwN.
[30] *Spindler;* NJW 2004, 3449, 3453; *ders.,* NZG 2004, 1138, 1139; *Koller* in *Assmann/Schneider* § 34b Rn. 3; **aA** *Holzborn/Israel*, WM 2004, 1948, 1954; *Pfüller/Wagner*, WM 2004, 253, 257.

im Rahmen eines Arbeitsvertrages oder eines ähnlichen Verhältnisses eine Analyse oder sonstige Information erstellen. Allerdings müssen diese Personen bei einem unabhängigen Analysten, einem Wertpapierhaus, einem Kreditinstitut oder bei einer sonstigen Person, deren Haupttätigkeit in der Erstellung von Empfehlungen zu Anlagestrategien besteht, angestellt sein. Werden sie für eine andere Einrichtung oder Person tätig, ist der Anwendungsbereich der Vorschriften nur eröffnet, wenn die erstellte Information „direkt eine bestimmte Anlageentscheidung zu einem Finanzinstrument empfiehlt" (Art. 1 Nr. 4 lit. b) RL 2003/125/ EG). Eine entsprechende ausdrückliche Beschränkung des Anwendungsbereichs enthält § 1 Abs. 2 FinAnV für die konkretisierenden Vorschriften der §§ 2–6 FinAnV. Für § 34b ergibt sich das aus einer richtlinienkonformen Auslegung. Generell ausgeklammert bleibt damit lediglich die rein private Sphäre (zB öffentliche Verbreitung von Finanzanalysen durch private Börsenclubs ohne kommerzielle Interessen).[31]

b) Ausnahme für Journalisten (Abs. 4)

9 Mit Abs. 4 hat der Gesetzgeber die Ausnahmebestimmungen der Durchführungsrichtlinie 2003/125/EG für Journalisten, die eigene Finanzanalysen erstellen, umgesetzt.[32] Nach Art. 2 Abs. 4, Art. 3 Abs. 4 und Art. 5 Abs. 5 der Richtlinie unterliegen Journalisten nur dann den Verhaltenspflichten von Finanzanalysten, wenn sie keiner **gleichwertigen und angemessenen alternativen Regelung** (einschließlich einer gleichwertigen angemessenen Selbstkontrolle) unterworfen sind. Damit soll die Wahrung der Grundrechte und insbesondere die ungehinderte Anwendung der mitgliedstaatlichen Verfassungsvorschriften in Bezug auf die Pressefreiheit und die freie Meinungsäußerung in den Medien sichergestellt werden.[33] Der deutsche Gesetzgeber verlangt das Vorhandensein einer „mit den Regelungen der Absätze 1, 2 und 5 sowie des § 34c **vergleichbaren Selbstregulierung einschließlich wirksamer Kontrollmechanismen".**

10 In den Anwendungsbereich der Vorschrift soll nach der Regierungsbegründung als **„Journalist"** jede Person fallen, deren berufliche Tätigkeit vom Schutz des Art. 5 Abs. 1 Satz 2 GG erfasst werde. Durch das Erfordernis einer wirksamen beruflichen Selbstkontrolle sei gewährleistet, dass in erster Linie „professionelle und in feste berufliche Strukturen eingebundene Personen" davon profitierten.[34] Dem wird entgegengehalten, dass eine berufsmäßige Tätigkeit nicht Voraussetzung für die Einbeziehung in den grundrechtlichen Schutz nach Art. 5 Abs. 1 Satz 2 GG sei. Für die Abgrenzung von Finanzanalysten und Journalisten müsse daher auf die primäre Funktion und den Rahmen, in dem eine finanzorientierte Berichterstattung erfolge, abgestellt werden:[35] Es komme darauf an, ob die Finanzanalyse in einem engen Zusammenhang mit anderen presse- oder medientypischen Berichten stehe, primär auf Meinungsbildung abziele und redak-

---

[31] Bei Untersuchungen und dem Erstellen einer Information für die Verwaltung und Anlage des eigenen Vermögens (einschließlich desjenigen der Familienmitglieder) fehlt es grundsätzlich schon am Merkmal des Zugänglichmachens für einen unbestimmten Personenkreis.
[32] BegrRegE, BT-Drucks. 15/3174, S. 38 f.
[33] Näher Erwägungsgrund 11 der RL 2003/125/EG; KölnKommWpHG-*Möllers*, § 34b Rn. 212.
[34] BegrRegE, BT-Drucks. 15/3174, S. 39.
[35] *Spindler* NZG 2004, 1138, 1141 f.

tionell bearbeitet sei.³⁶ Eine derartige schwerpunktmäßige Abgrenzung danach, ob aus der Sicht des durchschnittlichen Kommunikationsadressaten die Meinungsbildung im Vordergrund steht oder ob es primär um Empfehlungen für Investitionsentscheidungen geht,³⁷ ist jedoch mit allzu großen Rechtsunsicherheiten verbunden und daher kaum praktikabel. Der Ansatz überzeugt aber vor allem deshalb nicht, weil er die Anwendung des personenbezogenen „Journalistenprivilegs" von einer Bewertung des Kommunikationsakts abhängig macht und darin eine dem gesetzlichen Ansatz zuwiderlaufende Verschiebung der Regelungsperspektive liegt. Weder das benutzte Kommunikationsmedium (Presse, Internet, Runkfunk etc.) noch eine Bewertung des Inhalts der „Finanzanalyse", sondern allein die **berufsmäßige institutionelle Zuordnung der relevanten Person** ist maßgeblich. Diese Schlussfolgerung wird durch Art. 4 der RL 2003/125/EG gestützt, der zusätzliche Bedingungen für die sachgerechte Darbietung der Empfehlungen enthält, ohne eine Ausnahme für Journalisten vorzusehen. Das ist auch nicht erforderlich, da sich die Norm von vornherein nur an unabhängige Analysten, Wertpapierhäuser, Kreditinstitute, mit ihnen verbundene Unternehmen, Personen, deren Haupttätigkeit in der Erstellung von Finanzanalysen besteht, sowie Personen, die bei diesen Unternehmen aufgrund eines Arbeitsvertrages tätig sind, richtet und jedenfalls diese Personen nicht zum Kreis der Journalisten zählen.³⁸ Daher liegt der Umkehrschluss nahe, dass für alle anderen Personen, die an der öffentlichen Verbreitung von Finanzanalysen beteiligt sind, eine Berufung auf das Privileg des § 34b Abs. 4 in Betracht kommt, sofern sie die weiteren Voraussetzungen erfüllen und einer wirksamen Selbstkontrolle unterliegen.

Die **Selbstregulierung** der Journalisten muss nach Abs. 4 einerseits **inhaltlich** mit den Regelungen der Absätze 1, 2 und 5 sowie den Meldepflichten des § 34c **vergleichbar** sein und andererseits **wirksame Kontrollmechanismen** aufweisen.³⁹ Dies genügt den Anforderungen der Durchführungsrichtlinie 2003/125/EG, die in Art. 2 Abs. 4, 3 Abs. 4, 5 Abs. 5 von einer „gleichwertigen angemessenen Regelung" spricht, die „ähnliche Wirkungen" wie die direkt anwendbaren Richtlinienbestimmungen hat. Das zuletzt genannte Kriterium bezieht sich auf die Effektivität der Selbstregulierung, insbesondere die Existenz wirksamer Kontrollmechanismen, die dafür sorgen müssen, dass die im Rahmen der Selbstregulierung statuierten Pflichten nicht nur auf dem Papier stehen, sondern (regelmäßig) auch tatsächlich eingehalten werden.

Dafür ist grundsätzlich die Existenz einer **rechtsfähigen Organisation** erforderlich, der die Journalisten **als Mitglieder** angehören mit der Folge, dass sie in dieser Eigenschaft den satzungsmäßigen Regelungen der Organisation und ihren Beschlüssen **unterworfen** sind.⁴⁰ Für den Fall der Verletzung der von der

---

³⁶ *Spindler* NZG 2004, 1138, 1142; KölnKommWpHG-*Möllers*, § 34b Rn. 220.
³⁷ So *Spindler* NZG 2004, 1138, 1142, der „im Rahmen einer Gesamtbetrachtung" auf den „objektiven, durchschnittlichen Betrachter" abstellen will; ähnlich KölnKomm-WpHG-*Möllers*, § 34b Rn. 224.
³⁸ Weitgehend übereinstimmend der Ansatz von *Koller* in *Assmann/Schneider* § 34b Rn. 107 („in aller Regel" keine Journalisten); vgl. auch § 1 Abs. 2 FinAnV, nach dem die §§ 2 bis 6 FinAnV für andere Personen nur gelten, soweit sie für die Erstellung von Finanzanalysen verantwortlich sind, die direkte Empfehlungen für Anlageentscheidungen für bestimmte Finanzinstrumente enthalten.
³⁹ Vgl. BegrRegE, BT-Drucks. 15/3174, S. 39.
⁴⁰ Vgl. *Koller* in *Assmann/Schneider* Rn. 108a; KölnKommWpHG-*Möllers*, § 34b Rn. 226.

Selbstregulierungsorganisation nach dem Vorbild des § 34b Abs. 1, 2 und 5 sowie der ergänzenden Vorschriften der FinAnV (§§ 2, 3, 5–7) ausgestalteten Verhaltens- und Organisationspflichten müssen ausreichende **Sanktionsmöglichkeiten** existieren, etwa in Form von Vereins- oder Vertragsstrafen. Der rasche Ausschluss aus der Organisation als Reaktion auf eine (schwerwiegende) Pflichtverletzung dürfte (für sich) nur dann eine wirksame Sanktionierung darstellen, wenn die Betroffenen ohne die Mitgliedschaft erhebliche berufliche Nachteile zu befürchten haben. Im Übrigen muss eine hinreichende Wahrscheinlichkeit bestehen, dass Verstöße aufgedeckt und tatsächlich sanktioniert werden. Zu Recht wird daher gefordert, dass die Selbstregulierungsorganisation ausreichend Fachpersonal beschäftigt, um eine ungefähr **vergleichbare Kontrolldichte** wie die BaFin realisieren zu können.[41] Zu beachten ist allerdings, dass dies nur im Hinblick auf die (ggf. relativ geringe) Zahl der eigenen Mitglieder gilt. Eine weite Marktabdeckung ist ebenso wenig erforderlich wie eine größere Mitgliederzahl oder verbreitete Anerkennung in Fachkreisen.[42] Erforderlich ist lediglich eine **rechtsfähige Organisation mit handlungsfähigen Organen und effektiven Verfahren** zur Überwachung und Durchsetzung der statuierten Verhaltens- und Organisationspflichten.

13 Die **Mitgliedschaft** in einer Selbstregulierungsorganisation ist allerdings **keine zwingende Voraussetzung** für die Anwendung des Abs. 4. Journalisten sind auch dann einer vergleichbaren, wirksamen Kontrolle unterworfen, wenn sie sich gegenüber einer entsprechenden Organisation **schuldrechtlich** zur Einhaltung der von dieser erlassenen Verhaltens- und Organisationsstandards **verpflichten** und eine hinreichende Sanktionierung von Pflichtverletzungen (zB durch Vertragsstrafen) gewährleistet ist.[43] Nach der Gesetzesbegründung soll es zudem genügen, wenn Journalisten einer wirksamen Selbstkontrolle „durch **interne Verhaltensrichtlinien von Medienunternehmen**" unterliegen.[44]

14 Bei der **inhaltlichen Ausgestaltung der Pflichten,** denen Journalisten bei der Erstellung und Verbreitung von Finanzanalysen in Anlehnung an die Vorschriften der §§ 34b Abs. 1, 2 und 5, 34c sowie der §§ 2, 3, 5–7 FinAnV im Wege der Selbstregulierung unterliegen, müssen die kapitalmarktrechtlichen Standards mit den presse- und medienrechtlichen Besonderheiten in Einklang gebracht werden.[45] Dies führt etwa dazu, dass bei der Konkretisierung der Anforderungen an die Sorgfalt und Gewissenhaftigkeit die presserechtlichen Spezifika der Recherchepflicht und Prüfung der Zuverlässigkeit der Informationsquellen bei eigenen Berichten sowie das Informationsbedürfnis der Öffentlichkeit zu berücksichtigen sind. Bei eigenen Anlageempfehlungen sind dagegen keine Abstriche von der erforderliche Sachkenntnis zuzulassen. Ferner ist auf die Trennung von Tatsachen und Werturteilen[46] sowie auf die Darlegung der wesentli-

---

[41] *Koller* in *Assmann/Schneider* § 34b Rn. 108a.
[42] So aber *Spindler*, NZG 2004, 1138, 1145; wie hier *Koller* in *Assmann/Schneider* § 34b Rn. 108a, der zutreffend darauf hinweist, dass andernfalls die Gründung neuer, schlagkräftigerer Organisationen verhindert würde.
[43] *Koller* in *Assmann/Schneider* § 34b Rn. 108a.
[44] BegrRegE, BT-Drucks. 15/3174, S. 39.
[45] Vgl. näher *Spindler*, NZG 2004, 1138, 1145f.
[46] *Koller* in *Assmann/Schneider* § 34b Rn. 108; KölnKommWpHG-Möllers, § 34b Rn. 228; etwas anderer Ansatz bei *Spindler*, NZG 2004, 1138, 1145 (Trennung von meinungsbildenden Beiträgen und Anlageempfehlungen).

Analyse von Finanzinstrumenten 15–17 § 34b

chen Grundlagen und Maßstäbe für die eigenen Werturteile zu achten. Irreführungen sind zu verbieten, auch bei der Zusammenfassung von Finanzanalysen.[47] Soweit die Gefahr von Interessenkonflikten nicht durch organisatorische Maßnahmen gebannt ist, muss eine entsprechende Offenlegung stattfinden.[48] Zudem muss vom Presseunternehmen auch wirksam überprüft werden, ob die Journalisten sich bei der Berichterstattung möglicherweise von Eigeninteressen leiten lassen oder sonstigen Interessenkollisionen unterliegen.[49]

Die Vereinbarkeit der Selbstregulierungsmechanismen mit den europarechtlich vorgegebenen Grundsätzen der §§ 34b, 34c wird von der BaFin im Rahmen ihrer allgemeinen Aufsichtsbefugnisse (§ 4 Abs. 1 und 2) überprüft.[50] 15

c) Erfasste Finanzinstrumente (Abs. 3)

§ 34b gilt – vorbehaltlich der Sonderregelung in § 34b Abs. 5 Satz 3 und 4 (Rn. 52) – nur für die Analyse von Finanzinstrumenten (oder deren Emittenten) im Sinne des § 34b Abs. 3. Erfasst sind damit nicht alle Finanzinstrumente im Sinne des § 2 Abs. 2b, sondern solche, die **im Inland** (Satz 1 Nr. 1, 1. Alt.) **oder in EU bzw. EWR** (Satz 1 Nr. 2) an einem **organisierten Markt** (§ 2 Abs. 5)[51] zugelassen sind; ausreichend ist nach Satz 2 auch die Stellung des Antrags auf Zulassung oder die öffentliche Ankündigung der Antragstellung. Mit der Bestimmung des sachlichen Anwendungsbereichs in dieser Weise wird Art. 9 Satz 1 der Marktmissbrauchsrichtlinie umgesetzt. Über die Vorgaben der Richtlinie hinaus werden in § 34b Abs. 3 Satz 1 Nr. 1, 2. Alt. auch Finanzinstrumente erfasst, die in den inländischen regulierten Markt oder Freiverkehr einbezogen sind; auch insoweit genügt nach Satz 2 die öffentliche Ankündigung oder Stellung des Antrags auf Einbeziehung in den regulierten[51a] Markt bzw. in den Freiverkehr. Der Gesetzgeber geht in diesem Bereich von einem erhöhten Schutzbedürfnis der Anleger aus.[52] 16

2. Finanzanalyse

a) Allgemeines

Der sachliche Anwendungsbereich der Vorschrift wird primär durch die in § 34b Abs. 1 Satz 1 enthaltene Legaldefinition der Finanzanalyse bestimmt, die drei wesentliche Tatbestandsmerkmale enthält. So muss es sich handeln um eine **(1) Information über Finanzinstrumente oder deren Emittenten,** die 17

---

[47] Koller in *Assmann/Schneider* § 34b Rn. 108; KölnKommWpHG-*Möllers*, § 34b Rn. 228; im Grundsatz übereinstimmend, aber etwas großzügiger bei der Zulassung in Bezug auf eine „meinungsbildende Zuspitzung und die Abgabe entsprechender Werturteile" *Spindler*, NZG 2004, 1138, 1146.
[48] Koller in *Assmann/Schneider* Rn. 108; KölnKommWpHG-*Möllers*, § 34b Rn. 230.
[49] *Spindler*, NZG 2004, 1138, 1146.
[50] BegrRegE, BT-Drucks. 15/3174, S. 39. – Zum Pressekodex des Deutschen Presserates in der Fassung vom 2. März 2006 ausführlich KölnKommWpHG-*Möllers*, § 34b Rn. 227.
[51] Die durch das FRUG in § 34b Abs. 3 Satz 1 Nr. 1 aufgenommene Formulierung „an einer inländischen Börse zugelassen" bedeutet gegenüber der früheren Fassung („an einem inländischen organisierten Markt zugelassen") keine sachliche Änderung. Gemeint ist nach wie vor die Zulassung zu einem inländischen organisierten Markt, nämlich dem regulierten Markt i. S. d. §§ 32 ff. BörsG.
[51a] Dass Satz 2 (anders als Satz 1 Nr. 1) (noch) den „geregelten Markt" erwähnt, stellt offensichtlich ein Redaktionsversehen dar.
[52] BegrRegE, BT-Drucks. 15/3174, S. 38.

§ 34b 18–20 Abschnitt 6. Verhaltensregeln, Verjährung

(2) eine **Empfehlung für eine bestimmte Anlageentscheidung enthält** und (3) **an einen unbestimmten Personenkreis gerichtet werden soll.** Von diesem Finanzanalysebegriff i. e. S. ist der im Rahmen des § 34b Abs. 5 Satz 2 geltende Begriff der Finanzanalyse i. w. S. zu unterscheiden (Rn. 52 ff.).

18 Das Vorliegen einer Finanzanalyse i. S. d. § 34b Abs. 1 Satz 1 ist **unabhängig von der Art und Weise ihrer Darbietung** zu beurteilen. Ihre Verbreitung kann schriftlich, elektronisch oder auf sonstige Weise – insbesondere im Rahmen öffentlicher Auftritte – erfolgen.[53] Eine Finanzanalyse ist deshalb auch dann gegeben, wenn sich ein Analyst in den Massenmedien, etwa im Fernsehen, zu einem Unternehmen äußert und eine Empfehlung abgibt.

19 Von § 34b erfasst ist auch die **Sekundäranalyse**, d. h. die unter Einbeziehung von Analysen Dritter erstellte eigenständige Finanzanalyse. Davon zu unterscheiden ist die von dritter Seite, d. h. einem nicht verbundenen Unternehmen, erstellte **Drittanalyse**. Für letztere sind § 34b Abs. 2 und § 7 FinAnV zu beachten.[54]

b) Information über Finanzinstrumente oder deren Emittenten

20 Die Finanzanalyse enthält eine der Anlageentscheidung dienende Information. Nach dem allgemeinen Sprachgebrauch setzt eine Analyse („research", „travaux de recherche") eine hinreichend vertiefte **Untersuchung** im Sinne einer besonderen Sichtung, Auswahl, Auswertung oder Bewertung von bestimmten relevanten Daten voraus, um hierauf eine Investmententscheidung gründen zu können. Dementsprechend wurde zunächst der in § 34b WpHG aF nicht definierte Begriff der Wertpapieranalyse verstanden.[55] Ohne eine intensive Befassung mit einem Wertpapier, insbesondere in Auseinandersetzung mit der Finanz-, Vermögens- und Ertragslage des Emittenten, unter Berücksichtigung der Strategie und der Qualitäten des Managements sowie eine fundierte und systematische Untersuchung der erfolgsbestimmenden Faktoren einer Anlage in dem konkreten Finanztitel lag demnach keine Wertpapieranalyse vor.[56] Gleiches gilt nunmehr auch für den in der Richtlinie verwendeten Begriff der „Analyse". Dabei kommt es nicht darauf an, welche Methode (fundamental, marktpsychologisch, markttechnisch etc.) für die Untersuchung herangezogen wird. Technische Analysen unter Verwendung der Charttechnik sind daher erfasst, sofern sie mit Erläuterungen versehen sind.[57] Erforderlich ist aber die Bezugnahme auf einen oder einzelne Emittenten. Unter dieser Voraussetzung können auch Branchen-Reports – im Gegensatz zu rein volkswirtschaftlichen Untersuchungen – erfasst sein, während Marktkommentare und allgemeine Börsen- oder Marktinformationen keinen hinreichenden Bezug zu relevanten Daten einzelner Emittenten aufweisen.[58]

---

[53] Dies ergibt sich bereits aus Art. 3 Abs. 2 der Richtlinie 2003/125/EG der Kommission vom 22. Dezember 2003 zur Durchführung der Richtlinie 2003/6/EG des Europäischen Parlaments und des Rates in Bezug auf die sachgerechte Darbietung von Anlageempfehlungen und die Offenlegung von Interessenkonflikten, ABl. EG Nr. L 339 vom 24. 12. 2003, S. 73 und aus § 6 Abs. 3 FinAnV. Vgl. auch Schreiben der BaFin vom 21. 12. 2007 unter 1.
[54] Dazu Rn. 46 und Rn. 47 ff.
[55] Vgl. die Definition der BaFin in ihrer Bekanntmachung vom 7. 3. 2003 unter 2.a); ebenso die frühere US-amerikanische Regelung für „research reports", dazu *Göres*, Interessenkonflikte, S. 127, 219 mwN; ebenso *Meyer* AG 2003, 610, 611.
[56] *Göres*, Interessenkonflikte, S. 219 f.
[57] *Koller* in *Assmann/Schneider* Rn. 6; *von Kopp/Colomb*, WM 2003, 609, 611 f.
[58] *Göres*, Interessenkonflikte, S. 228; zweifend *Koller* in *Assmann/Schneider* § 34b Rn. 6.

Analyse von Finanzinstrumenten 21–23 § 34b

Der nunmehr im Gesetz allein verwendete **Begriff der Information** geht 21
jedoch über den der Analyse hinaus. In Umsetzung der Richtlinie 2003/125/
EG (oben Rn. 1), die sich in Art. 1 Nr. 3 auf eine „Analyse" oder eine „sonstige für Informationsverbreitungskanäle oder die Öffentlichkeit bestimmte explizite oder implizite Information" und in Nr. 4 auf eine „Analyse oder sonstige Information" bezieht, hat der Gesetzgeber bei der Legaldefinition der Finanzanalyse darauf verzichtet, eine Untersuchung als notwendiges Tatbestandsmerkmal festzulegen. Ausreichend ist vielmehr die Erstellung einer **Information**. Als Information ist jede Mitteilung einer äußeren oder inneren Tatsache anzusehen.[59] Darunter fallen nicht nur empirisch feststellbare Tatsachen, sondern grundsätzlich auch die Mitteilung eigener Empfindungen sowie die (subjektive) Beurteilung des aktuellen oder künftigen Wertes oder Kurses eines Finanzinstruments.[60]

Der im Ansatz äußerst weite Begriff der Information bedarf im Ergebnis der 22
sachgerechten Eingrenzung. So muss sich die Information nicht nur auf Finanzinstrumente oder deren Emittenten beziehen, sondern nach dem Sinn und Zweck des § 34b auch so **konkret** sein, dass sie aus der Sicht eines durchschnittlicher Anlegers geeignet ist, zur Unterstützung einer bestimmten Anlageempfehlung oder zur Anregung einer Anlagestrategie zu dienen.[61] Der Umstand, dass eine Information nicht den Anforderungen der §§ 3, 4 FinAnV genügt, schließt das Vorliegen einer „Finanzanalyse" i. S. d. § 34b Abs. 1 Satz 1 nicht aus, sondern führt nur dazu, dass diese nicht sachgerecht ist.[62] Eine gewisse Eingrenzung des Anwendungsbereichs von § 34b ergibt sich jedoch aus dem Begriff der „Empfehlung", die zusätzlich zu der bloßen Information vorliegen muss.

c) Empfehlung für eine bestimmte Anlageentscheidung

Zu einer Finanzanalyse wird die Information über ein Finanzinstrument oder 23
dessen Emittenten erst, wenn sie mit einer **direkten oder indirekten Empfehlung** für eine bestimmte Anlageentscheidung verbunden ist. Die **reine Informationsvermittlung** ohne Bewertung der Anlage (wie zB die Wiedergabe von Charts, die bloße Beschreibung von Unternehmen oder die Beurteilung von vergangenen Ereignissen, Transaktionen oder Kursentwicklungen ohne Stellungnahme zum gegenwärtigen oder künftigen Kurs oder Wert) fällt nicht unter den Begriff der Finanzanalyse.[63] Dies gilt selbst dann, wenn die bloße Informationsvermittlung die Anlage als empfehlenswert erscheinen lässt.[64] Erforderlich ist stattdessen, dass die Finanzanalyse erkennen lässt, dass dem Adressaten ein konkretes Verhalten empfohlen werden soll.[65] Als (direkte) Empfehlung eines Fi-

---

[59] Ähnlich Schreiben der BaFin vom 21. 12. 2007 Ziff. 2 a).
[60] Siehe auch Schreiben der BaFin vom 21. 12. 2007 Ziff. 2; *Koller* in *Assmann/Schneider* § 34b Rn. 7; vgl. Art. 1 Nr. 3 RL 2003/125/EG („einschließlich einer aktuellen oder künftigen Beurteilung des Wertes oder des Kurses solcher Instrumente").
[61] *Schwalm*, Finanzanalysen, S. 43 f.; *Koller* in *Assmann/Schneider* § 34b Rn. 7.
[62] Ebenso *Koller* in *Assmann/Schneider* § 34b Rn. 7.
[63] Schreiben der BaFin vom 21. 12. 2007 unter 2a); vgl. auch *Braun/Vogel*, Kreditwesen 2003, S. 530, 531; *Schlößler*, BKR 2003, 404, 405; KölnKommWpHG-*Möllers*, § 34b Rn. 84.
[64] *Koller* in *Assmann/Schneider*, § 34b Rn. 9; *Holzborn/Israel*, WM 2004, 1948, 1955.
[65] *Eisele* in *Schimansky/Bunte/Lwowski* § 109 Rn. 80; *Schwalm*, Finanzanalysen, S. 49; *Koller* in *Assmann/Schneider*, § 34b Rn. 9.

§ 34b 24 Abschnitt 6. Verhaltensregeln, Verjährung

nanzinstruments genügt daher die **Angabe eines bestimmten Kursziels oder eine schlagwortartige Handlungsempfehlung** (kaufen/verkaufen/halten).[66] Eine indirekte Empfehlung ist nach der zutreffenden Ansicht der BaFin[67] anzunehmen, wenn bei einer Gesamtbetrachtung **hinreichend deutlich zum Ausdruck kommt, wie der aktuelle oder künftige Kurs oder Wert eines Finanzinstruments beurteilt wird**. Ausreichend ist beispielsweise die Bezeichnung eines Wertpapiers als über- bzw. unterbewertet oder als „Outperformer" bzw. „Underperformer".

24   Auf der anderen Seite fällt die **bloße Empfehlung** eines Wertpapiers ohne jeden zusätzlichen Informationsgehalt **nicht in den Anwendungsbereich** des § 34b. Dafür spricht nicht nur der Wortlaut, der eine „Information" verlangt, die „eine Empfehlung ... *enthält*"[68] und damit über eine reine (unverbindliche) Handlungsanweisung oder Anregung für eine bestimmte Anlageentscheidung hinausweist. Vielmehr gebietet auch der Sinn und Zweck der Regelung, dass neben der bloßen Handlungsempfehlung (halten/kaufen/verkaufen eines bestimmten Finanzinstruments) zumindest ein gewisser **Kern- oder Mindestgehalt an zusätzlicher Information** geboten wird, auf den sich die Empfehlung stützt. Denn andernfalls würde jegliche Grundlage für ein schützenswertes Vertrauen des Anlegerpublikums in die Zuverlässigkeit, Objektivität und Integrität der Finanzanalyse fehlen. Die Anforderungen an den zusätzlichen Informationsgehalt neben der Empfehlung sind freilich gering. Es genügt zB, dass mit der Empfehlung als solcher ein Kursziel für den Finanztitel angegeben wird.[69] Einen ausreichenden zusätzlichen Informationsgehalt weist auch die Beurteilung des aktuellen Kurses als unter- oder überbewertet auf.[70] Dagegen genügt die bloße Aufnahme in ein Musterdepot nicht, da hierin nicht mehr als eine allgemeine

---

[66] Schreiben der BaFin vom 21. 12. 2007 unter 2 a). Der Begriff der Finanzanalyse deckt sich damit nicht mehr mit dem Begriff des „Research Report" in den US-amerikanischen Börsenregeln, die auf das Erfordernis der Abgabe einer Empfehlung verzichten; so bereits SEC Regulation Analyst Certification Section 242.500 Definitions (Research Report) (Fn. 8); ebenso nun die Definition in NYSE Rule 478.10 und NASD Rule 2711 (a) (8), vgl. zur insoweit vorgenommenen Änderung die Mitteilung der SEC Release No. 34-47110, abrufbar unter *www.sec.gov*.

[67] Schreiben der BaFin vom 21. 12. 2007 unter Ziff. 2. b); vgl. auch KölnKomm-WpHG-*Möllers*, § 34b Rn. 77 ff.

[68] § 34b Abs. 1 Satz 1 (Hervorhebung hinzugefügt); die Vorschrift steht insoweit im Einklang mit dem Text der europäischen Richtlinien, die von „Informationen mit Empfehlungen oder Anregungen zu Anlagestrategien" sprechen (so Art. 6 Abs. 5 RL 2003/6/EG) bzw. der „Empfehlung" als eine „Analyse oder sonstige ... Information mit Empfehlungen oder Anregungen zu Anlagestrategien" (Art. 1 Nr. 3 RL 2003/125/EG) definieren. Letzteres ist nach der Begriffsbestimmung des Art. 1 Nr. 4 RL 2003/125/EG zwar eine von bestimmten Personen „erstellte Information, die direkt oder indirekt eine bestimmte Anlageempfehlung .... darstellt" (lit. a), während die von anderen Personen erstellte Information nur erfasst wird, wenn sie „direkt eine bestimmte Anlageentscheidung empfiehlt" (lit. b). Doch bleibt es auch insoweit dabei, dass Information und Empfehlung jeweils eigenständige Elemente darstellen, die nicht identisch sind.

[69] KölnKommWpHG-*Möllers*, § 34b Rn. 81.

[70] Vgl. Art. 1 Nr. 3 der Richtlinie 2003/125/EG (Information mit Empfehlungen oder *Anregungen zu Anlagestrategien* in Bezug auf ein oder mehrere Finanzinstrumente „einschließlich einer aktuellen oder künftigen Beurteilung des Wertes oder des Kurses solcher Instrumente").

Empfehlung zu einem Investment in den Titel liegt.[71] Dies gilt auch dann, wenn kein individueller Bezug zum Unternehmen hergestellt wird, also insbesondere bei der Indexuntersuchung, der Analyse des Marktumfeldes oder Portfolioempfehlungen bzgl. ganzer Regionen oder Branchen.[72]

An einem schützenswerten Vertrauen des Anlegerpublikums in die Zuverlässigkeit, Objektivität und Integrität der Finanzanalyse fehlt es auch dann, wenn Empfehlungen im Rahmen von **Werbe- oder Informationsmaterial** ausgesprochen werden und dies vom Durchschnittsadressaten ohne weiteres erkannt werden kann.[73] Ist der reine Werbecharakter einer Veröffentlichung aber nicht erkennbar und erweckt diese den Eindruck, eine unvoreingenommene Information zu sein, scheidet die Anwendung des § 34b nicht aus.[74] Siehe dazu noch Rn. 52. 25

d) An einen unbestimmten Personenkreis gerichtet

Für das Vorliegen einer Finanzanalyse ist weiter erforderlich, dass diese (im Zeitpunkt ihrer Erstellung)[75] einem unbestimmten Personenkreis zugänglich gemacht werden soll. In Umsetzung von Art. 1 Nr. 3, 7 der Richtlinie 2003/125/EG bezweckt diese Formulierung, die individuelle (Anlage-)Beratung vom Anwendungsbereich des § 34b auszunehmen.[76] Nach Art. 1 Nr. 3 der Richtlinie muss die Analyse **für „Informationsverbreitungskanäle oder die Öffentlichkeit" bestimmt** sein. Art. 1 Nr. 7 definiert „Informationsverbreitungskanal" als „ein Kanal, durch den die Information der Öffentlichkeit tatsächlich oder wahrscheinlich zugänglich gemacht wird; eine „wahrscheinlich der Öffentlichkeit zugänglich gemachte Information" ist danach eine „Information, die für eine große Anzahl von Personen zugänglich ist". Bei richtlinienkonformer Auslegung des § 34b Abs. 1 Satz 1 liegt daher eine Finanzanalyse auch dann vor, wenn diese zwar an einen bestimmten Personenkreis gerichtet ist, dieser Personenkreis aber wegen der Art der Verbreitung so groß ist, dass dies einer Verbreitung an die Öffentlichkeit gleichkommt.[77] Die Beurteilung, wann diese Voraussetzung erfüllt ist, kann im Einzelfall schwierig sein. Der unbestimmte Personenkreis dürfte aber zu bejahen sein, wenn eine Analyse als Rundbrief oder E-Mail an alle Kunden eines Wertpapierdienstleistungsunternehmens versandt, in Geschäftsräumen ausgelegt oder über die Medien verbreitet wird.[78] 26

Die besonderen Verpflichtungen des § 34b kommen somit nicht zur Anwendung, wenn die Analyse **ausschließlich für interne Zwecke** verwendet oder **nur einem auf sonstige Weise bestimmten Adressatenkreis** außerhalb der Informationsverbreitungskanäle im Sinne der Richtline zugänglich gemacht wer- 27

---

[71] KölnKommWpHG-*Möllers*, § 34b Rn. 84.
[72] Schreiben der BaFin vom 21. 12. 2007 Ziff. 2. a); vgl. auch *Koller* in *Assmann/Schneider*, § 34b Rn. 9; *Heun* Die Bank 2002, 848, 849.
[73] *Koller* in *Assmann/Schneider*, § 34b Rn. 9; *Meyer*, AG 2003, 610, 611.
[74] Schreiben der BaFin vom 21. 12 2007 Ziff. 2. a).
[75] Dazu sogleich in Rn. 28 f.
[76] Vgl. dazu auch *Koller* in *Assmann/Schneider*, § 34b Rn. 10; KölnKommWpHG-*Möllers*, § 34b Rn. 89.
[77] Wohl zu eng *Koller* in *Assmann/Schneider*, § 34b Rn. 10, wonach die Zahl der ausgewählten Kunden klein sein muss.
[78] Vgl. Schreiben der BaFin vom 21. 12. 2007 Ziff. 3.; *Koller* in *Assmann/Schneider*, § 34b Rn. 10; KölnKommWpHG-*Möllers*, § 34b Rn. 87.

den soll.⁷⁹ Abzulehnen ist die Ansicht der BaFin,⁸⁰ nach der die Empfehlung zusätzlich für eine konkrete, die individuellen Verhältnisse des Kunden berücksichtigende Anlageberatung erstellt werden muss, um aus dem Anwendungsbereich des § 34b herauszufallen. Diese Erweiterung des Begriffs der Finanzanalyse findet weder im Wortlaut der Richtlinie noch in dem des § 34b Abs. 1 Satz 1 eine Stütze.

e) Erstellen der Finanzanalyse

28 Für den Tatbestand der Finanzanalyse hat das Merkmal des „Erstellens" keine unmittelbare Bedeutung; entscheidend ist, dass die Analyse im Zeitpunkt ihrer Erstellung einem unbestimmten Personenkreis zugänglich gemacht werden soll.⁸¹ Dabei ist zu beachten, dass nicht nur die erstmalige Anfertigung einer (unter Umständen zunächst nur für den internen Gebrauch bestimmten) Analyse ein „Erstellen" im Sinne des § 34b darstellen kann, sondern auch deren Weitergabe oder öffentliche Verbreitung.⁸²

3. Regulierte Tätigkeiten

a) Erstellung und Darbietung

29 § 34b Abs. 1 Satz 2 enthält Anforderungen an das Erstellen und Darbieten von Finanzanalysen; auch die Absätze 2 und 5 knüpfen an das Erstellen bzw. den Ersteller einer Finanzanalyse an. Das **„Erstellen" ist weit zu verstehen,** es genügt, dass die Information „aus der Fülle der vorhandenen anderen Informationen herausgehoben und zum Gegenstand einer Mitteilung gemacht" wird.⁸³ Nach der Begründung des Regierungsentwurfs gehört zum „Erstellen" nicht nur die (erstmalige) Erarbeitung einer Analyse, sondern auch ihre wesentliche Veränderung im Hinblick auf Inhalt oder Erscheinungsbild.⁸⁴ Außerdem wird auch dann eine Finanzanalyse erstellt, wenn sich jemand eine fremde Finanzanalyse zu eigen macht⁸⁵ oder wenn eine zunächst nur für den internen Gebrauch bestimmte Analyse öffentlich verbreitet oder weitergegeben⁸⁶ wird. **„Ersteller"** sind dementsprechend zunächst diejenigen Personen, die über den Inhalt der Analyse (mit)entscheiden. Wird erst nach der Erarbeitung der Analyse entschieden, diese einem unbestimmten Personenkreis zugänglich zu machen, sind Ersteller die Personen, die für die Weitergabe oder öffentliche Verbreitung verantwortlich sind.

30 Mit **„Darbietung"** meint das Gesetz das „Aussehen", also das äußere Erscheinungsbild der Analyse.⁸⁷ Dabei ist unerheblich, ob die Darbietung schriftlich oder auf andere Weise erfolgt.⁸⁸

---

⁷⁹ Zur Absicht des Zugänglichmachens siehe KölnKommWpHG-*Möllers*, § 34b Rn. 88.
⁸⁰ Schreiben der BaFin vom 21. 12. 2007 Ziff. 3.; **aA** *Koller* in *Assmann/Schneider*, § 34b Rn. 10.
⁸¹ Vgl. *Schwalm*, Finanzanalysen, S. 73; *Koller* in *Assmann/Schneider*, § 34b Rn. 18.
⁸² Siehe dazu nur *Koller* in *Assmann/Schneider*, § 34b Rn. 15, 20.
⁸³ So die zutreffende Formulierung von *Koller* in *Assmann/Schneider*, § 34b Rn. 8.
⁸⁴ BegrRegE, BT-Drucks. 15/3174, S. 38.
⁸⁵ Siehe nur *Koller* in *Assmann/Schneider*, § 34b Rn. 8.
⁸⁶ Dazu bereits Rn. 28.
⁸⁷ BegrRegE, BT-Drucks. 15/3174, S. 38; *Hettermann/Althoff*, WM 2006, 265, 268.
⁸⁸ Dazu bereits Rn. 18; vgl. auch *Koller* in *Assmann/Schneider*, § 34b Rn. 13.

b) Weitergabe und öffentliche Verbreitung

§ 34b Abs. 1 Satz 2 unterscheidet zwischen der Weitergabe und der öffentlichen Verbreitung einer Finanzanalyse. Das Tatbestandsmerkmal der **öffentlichen Verbreitung** ist nicht erst dann erfüllt, wenn die Analyse tatsächlich der Öffentlichkeit zugänglich gemacht wird. Aus dem Zweck des § 34b, zum Schutz des Anlegerpublikums beizutragen, und aus der richtlinienkonformen Auslegung unter Berücksichtigung von Art. 6 Abs. 5 der Marktmissbrauchsrichtlinie iVm Art. 1 Nr. 3, 7 der Richtlinie 2003/125/EG folgt, dass die bloße Wahrscheinlichkeit des Erreichens der Öffentlichkeit genügt.[89] Diese kann insbesondere bei einer Zugänglichmachung gegenüber einer großen Anzahl von Personen gegeben sein.[90] Der öffentlichen Verbreitung stellt das Gesetz die **Weitergabe** einer Finanzanalyse gleich. Eine Weitergabe liegt nicht bereits dann vor, wenn die Analyse einzelnen Personen oder einem beschränkten Personenkreis zur Verfügung gestellt wird.[91] Eine solche Auslegung würde über den Schutzzweck der Vorschrift hinausgehen, da dann auch Fälle erfasst würden, in denen das Anlegerpublikum als solches nicht gefährdet wäre.[92] Eine Weitergabe ist stattdessen unter den gleichen Voraussetzungen anzunehmen wie die öffentliche Verbreitung.[93] Der Unterschied zwischen beiden Merkmalen ist bei dieser Auslegung darin zu sehen, dass bei der Weitergabe eine Zugänglichmachung durch eine andere Person als durch den Ersteller erfolgt.[94] Damit stimmt überein, dass der Tatbestand des § 34b Abs. 2 nur das Weitergeben, nicht aber die öffentliche Verbreitung erfasst.

III. Anforderungen an die Erstellung und Darbietung von Finanzanalysen

1. Sachkenntnis, Sorgfalt und Gewissenhaftigkeit (Abs. 1 Satz 1)

§ 34b Abs. 1 Satz 1 verpflichtet die Ersteller von Finanzanalysen zu Sachkenntnis, Sorgfalt und Gewissenhaftigkeit.[95] Die **Terminologie entspricht der Begriffstrias in § 31 Abs 1. Nr. 1**. Trotz der parallelen Wortwahl können die zu § 31 entwickelten Grundsätze jedoch nicht ohne weiteres auch auf die Finanzanalyse übertragen werden. Insbesondere fehlt es im Anwendungsbereich des § 34b Abs 1 Satz 1 – anders als im Rahmen des § 31 Abs. 1 Nr. 1 – bei der öffentlichen Verbreitung einer Finanzanalyse an einer individuellen Kundenbeziehung, anhand der das Kundeninteresse als sorgfalts- und pflichtkonkretisierende Messlatte ermittelt werden könnte. Zum allgemeinen Anlegerpublikum aber besteht weder ein vertragliches noch vorvertragliches Verhältnis, so dass der Sorgfaltsregelung des § 34b – anders als § 31 – nicht nur deklaratorische Wir-

---

[89] Vgl. *Koller* in *Assmann/Schneider*, § 34b Rn. 14.
[90] Schreiben der BaFin vom 21. 12. 2007 Ziff. 4.
[91] So aber Schreiben der BaFin vom 21. 12. 2007 Ziff. 4.
[92] Zutreffend *Koller* in *Assmann/Schneider*, § 34b Rn. 14.
[93] Ähnlich *Koller* in *Assmann/Schneider*, § 34b Rn. 14.
[94] KölnKommWpHG-*Möllers*, § 34b Rn. 95; insoweit genauso Schreiben der BaFin vom 21. 12. 2007 Ziff. 4.; **aA** *Koller* in *Assmann/Schneider*, § 34b Rn. 14.
[95] Ausführlich dazu zuletzt *Möllers/Lebherz* BKR 2007, 349, 352 ff.

kung zukommt.[96] Die Auslegung der unbestimmten Rechtsbegriffe muss sich deshalb **an dem Schutzzweck der Stärkung des Anlegervertrauens in die Finanzanalyse orientieren** und ihre spezifischen Anforderungen, zB im Hinblick auf ihre objektive und neutrale Erstellung, berücksichtigen. Hierzu können insbesondere die im Rahmen der Selbstregulierung geschaffenen Standesregeln und Berufsgrundsätze, zB der DVFA, herangezogen werden.[97] Die Anforderungen an Sachkunde, Sorgfalt und Gewissenhaftigkeit überschneiden sich teilweise mit den Grundsätzen sachgerechter Erstellung und Darbietung von Finanzanalysen, die § 3 FinAnV in Konkretisierung von § 34b Abs. 1 Satz 2 aufstellt.

33 **Sachkenntnis** bezeichnet das Wissen des Analysten um die für die Erstellung der Analyse erheblichen Faktoren und Umstände.[98] Hierzu gehören insbesondere sämtliche für die Analyse erforderlichen Unternehmensinformationen, die sich aus den Pflichtveröffentlichungen der Emittenten oder anderen Quellen wie zB Analystentreffen ergeben. Zur Sachkenntnis gehört aber auch das notwendige Fachwissen, um diese Informationen sachgerecht bewerten zu können. Dies wird i. d. R. durch eine entsprechende Ausbildung und Berufsqualifikation gewährleistet.[99]

34 Die **erforderliche Sorgfalt** bei der Erstellung der Finanzanalyse bestimmt sich nach dem normativ verstandenen Sorgfaltsmaßstab eines ordentlichen Angehörigen der Branche der Finanzanalysten, also insbesondere nach den genannten Standes- und Berufsregeln.[100] In Verbindung mit dem übergeordneten Ziel, das Vertrauen der Anleger in Sorgfalt, Neutralität und Integrität der hiermit betrauten Personen herzustellen und zu stärken, lassen sich als Standards für die Erstellung von Analysen folgende Grundsätze festmachen: Die Analyse muss **wahrheitsgemäß, richtig und vollständig** sein. Sie darf nichts bewusst verschweigen und muss die Überzeugung des Analysten wiedergeben.[101] Wesentliche Bedeutung erlangen die Grundsätze der **Objektivität und Neutrali-**

---

[96] Zur nicht gegebenen pflichtenbegründenden Sonderverbindung zum Anlegerpublikum *Fleischer* Gutachten F 64. Juristentag S. F 131 f. mwN.

[97] Solche Grundsätze hat die DVFA (Deutsche Vereinigung für Finanzanalyse und Asset Management) in einem Kodex für Finanzanalyse geschaffen, abrufbar unter *www.dvfa.de;* für eine Heranziehung dieser Grundsätze plädiert auch *Fleischer,* der für § 34b von einer „Kodifizierung hergebrachter Berufsgrundsätze" spricht, Gutachten F 64. DJT, S. F 129; *Eisele* in *Schimansky/Bunte/Lwowski* § 109 Rn. 87; ebenso wohl *von Kopp-Colomb* WM 2003, 609, 613.

[98] Vgl. bereits § 31 Rn. 21 ff.

[99] Vgl. Punkt III. A. 1. des DVFA Kodex; in jedem Falle ausreichend, von § 34b aber nicht gefordert, ist eine standardisierte Qualifikation wie zB die von der DVFA vorgenommene Ausbildung zum Certified Credit Analyst (CCrA); vgl. auch *von Kopp-Colomb* WM 2003, 609, 611; *Möllers/Lebherz* BKR 2007, 349, 352; KölnKommWpHG-*Möllers,* § 34b Rn. 124.

[100] Bedeutung erlangen nach *von Kopp-Colomb* die anerkannten Standards der Analystenvereinigungen, WM 2003, 609, 613; vgl. zum normativen Standard ausführlich § 31 Rn. 28 f.; dem Begriff der Gewissenhaftigkeit kommt demgegenüber keine eigenständige Bedeutung zu, vgl. § 31 Rn. 30.

[101] Vgl. Punkt III. D. 2.1. des DVFA-Kodex; *von Kopp-Colomb* WM 2003, 609, 611; ebenso (für Analysen i. R. d. Anlageberatung) *Eisele* in *Schimansky/Bunte/Lwowski* § 109 Rn. 88; ähnlich muss nach SEC Regulation AC Section 242.501 (a) (1) der Analyst bestätigen, dass die Analyse seiner persönlichen Überzeugung entspricht: „accurately reflect the analyst's personal views".

tät.[102] Finanzanalysen dürfen nur auf fundierter Basis,[103] ohne Ansehen des Emittenten und nicht im Hinblick auf Eigeninteressen des Unternehmens erstellt werden.[104] Schließlich muss die Analyse **eindeutig und klar** gestaltet sein. Mögliche Fehlinterpretationen sollen sowohl hinsichtlich der abgegebenen Empfehlung, als auch für die der Untersuchung zugrunde liegenden Bewertungsgrundsätze vermieden werden.[105]

2. Sachgerechte Erstellung und Darbietung (Abs. 1 Satz 2)

Wird eine Finanzanalyse weitergegeben oder öffentlich verbreitet, so muss sie gemäß § 34b Abs. 1 Satz 2 sachgerecht erstellt und dargeboten werden. **§ 3 FinAnV** regelt die Grundsätze sachgerechter Erstellung und Darbietung.[106] Danach sind insbesondere **Tatsachenangaben, fremde und eigene Werturteile voneinander zu unterscheiden;** diese Unterscheidung ist kenntlich zu machen (§ 3 Abs. 1 Satz 1 FinAnV). Die in § 3 Abs. 2 FinAnV normierte Pflicht, die **Zuverlässigkeit von Informationsquellen** vor deren Verwendung soweit als mit vertretbarem Aufwand möglich sicherzustellen und **auf bestehende Zweifel hinzuweisen,** folgt bereits aus der Anforderung des § 34b Abs. 1 Satz 1, Finanzanalysen mit Sorgfalt und Gewissenhaftigkeit zu erstellen.[107] Dabei besteht keine Vermutung für die Zuverlässigkeit bestimmter, am Markt etablierter Informationsquellen.[108] **§ 4 FinAnV** stellt für die in § 1 Abs. 2 Nr. 1 bis 5 FinAnV genannten Personen und Unternehmen zusätzliche Anforderungen an die sachgerechte Erstellung und Darbietung auf.[109] Gemäß § 4 Abs. 2 FinAnV sind in der Finanzanalyse **alle wesentlichen Informationsquellen zu nennen;** dabei genügt es, wenn die Informationsquellen ihrer Gattung nach genannt werden.[110] Auch ist anzugeben, ob die Finanzanalysen vor Weitergabe oder Veröffentlichung dem Emittenten zugänglich gemacht und danach geändert wurden. Es kommt nicht darauf an, ob die Finanzanalyse deshalb geändert wurde, weil der Emittent von ihr Kenntnis erhalten und auf eine Änderung hingewirkt hat.[111] Entscheidend ist allein die zeitliche Reihenfolge, d. h. die (mehr als nur redaktionelle[112]) Änderung muss nach der Übermittlung an den Emittenten erfolgen. Ist dies der Fall oder ergeben sich aus anderen Umständen **Anhaltspunkte für die abstrakte Gefahr einer eingeschränkten Unabhängigkeit**

---

[102] Dazu auch *Möllers/Lebherz* BKR 2007, 349, 352 f.; *Eisele* in *Schimansky/Bunte/Lwowski* § 109 Rn. 88.

[103] Zur Vollständigkeit und Richtigkeit der zu Grunde liegenden Daten siehe *Möllers/Lebherz* BKR 2007, 349, 353 ff.

[104] Punkt III. D. 1. des DVFA-Kodex.

[105] Vgl. Punkt III. D. 2.1. des DVFA-Kodex; *Eisele* in *Schimansky/Bunte/Lwowski* § 109 Rn. 88; *von Kopp-Colomb* WM 2003, 609, 613.

[106] Siehe dazu *Schwalm*, Finanzanalysen, S. 133 ff.

[107] Dazu Rn. 34.

[108] *Hettermann/Althoff,* WM 2006, 265, 268.

[109] Zu den zusätzlichen Angaben nach § 4 FinAnV ausführlich *Schwalm*, Finanzanalysen, S. 157 ff.

[110] *Koller* in *Assmann/Schneider*, § 34b Rn. 41; *KölnKommWpHG-Möllers*, § 34b Rn. 131; *Schwintek*, AnSVG, S. 101.

[111] Begründung der FinAnV, Dezember 2004, S. 6; vgl. auch *Koller* in *Assmann/Schneider*, § 34b Rn. 42.

[112] Begründung der FinAnV, Dezember 2004, S. 7.

des Analysten, sind Angaben dazu bereits nach § 34b Abs. 1 Satz 1 (und damit nicht nur auf die in § 1 Abs. 2 Nr. 1 bis 5 FinAnV genannten Personen und Unternehmen beschränkt) unter dem Gesichtspunkt der Sorgfalt und Gewissenhaftigkeit erforderlich. Nach der Begründung zu § 4 Abs. 2 Satz 2 FinAnV ist keine „Negativangabe" zu machen, wenn der Emittent zwar Zugang zu der Analyse erhalten hatte, danach aber keine (oder nur redaktionelle) Änderungen mehr vorgenommen wurden.[113] § 4 Abs. 3 FinAnV verlangt eine ausreichende Zusammenfassung der genutzten Bewertungsgrundlagen und -methoden.[114] Außerdem sind nach § 4 Abs. 4 FinAnV bestimmte Zeitpunkte deutlich hervorzuheben, um eine Einschätzung der Aktualität der Angaben zu ermöglichen.

36   Weitere Anforderungen an die Sachgerechtheit der Erstellung und Darbietung von Finanzanalysen ergeben sich schließlich auch aus dem **Deutlichkeitsgebot des § 6 Abs. 1 FinAnV.** Gemäß § 6 Abs. 1 Satz 1 FinAnV müssen alle Angaben deutlich und unmissverständlich sein. Dies stellt zum einen **Anforderungen an die Darbietung,** also das äußere Erscheinungsbild der Finanzanalyse; alle von § 34b und der FinAnV geforderten Angaben dürfen nicht versteckt, sondern müssen für den Empfänger deutlich wahrnehmbar gemacht werden.[115] Zusätzlich schreibt § 6 Abs. 1 Satz 2 FinAnV vor, dass die dort genannten Angaben drucktechnisch[116] besonders hervorgehoben werden müssen. Zudem ergeben sich aus dem Deutlichkeitsgebot **Anforderungen an den Inhalt** einer Finanzanalyse: Alle Angaben müssen inhaltlich klar sein;[117] mögliche Fehlinterpretationen müssen vermieden werden, wobei vom Horizont derjenigen Adressaten auszugehen ist, welche die Finanzanalyse wahrscheinlich erreichen wird.[118] Auch dies folgt bereits aus dem Gebot des § 34b Abs. 1 Satz 1, Finanzanalysen mit Sachkenntnis, Sorgfalt und Gewissenhaftigkeit zu erstellen.[119]

37   § 6 Abs. 2 FinAnV enthält ein **Gebot der Verhältnismäßigkeit** für in Textform[120] erstellte Finanzanalysen: Soweit Angaben nach § 4 Abs. 2 und 3 und § 5 FinAnV gemessen am Gesamtumfang der Finanzanalyse unverhältnismäßig wären, können diese in der Finanzanalyse durch die unmissverständliche und drucktechnisch hervorgehobene Nennung einer Internetseite oder eines anderen Ortes, an dem die Angaben für jedermann unmittelbar und leicht zugänglich sind, ersetzt werden. Bei der Beurteilung der Verhältnismäßigkeit sind auch das verwendete Medium und die mit einer Veröffentlichung verbundenen Kosten zu berücksichtigen.[121]

38   § 6 Abs. 3 FinAnV setzt Art. 2 Abs. 3, Art. 3 Abs. 2, Art. 4 Abs. 3, Art. 5 Abs. 4 und Art. 6 Abs. 6 der Richtlinie 2003/125/EG um und reduziert die Anforderungen an die Angaben, die **nicht in Textform erstellte Finanzanalysen** enthalten müssen. Erfasst werden alle Finanzanalysen, deren Text nicht für

---

[113] Begründung der FinAnV, Dezember 2004, S. 6f.
[114] Siehe dazu auch *Koller* in *Assmann/Schneider,* § 34b Rn. 43, 44.
[115] Begründung der FinAnV, Dezember 2004, S. 14.
[116] Dazu *Koller* in *Assmann/Schneider,* § 34b Rn. 50.
[117] Begründung der FinAnV, Dezember 2004, S. 14.
[118] *Koller* in *Assmann/Schneider,* § 34b Rn. 47; KölnKommWpHG-*Möllers,* § 34b Rn. 150.
[119] Dazu oben Rn. 34.
[120] Vgl. *Koller* in *Assmann/Schneider,* § 34b Rn. 51.
[121] *Koller* in *Assmann/Schneider,* § 34b Rn. 51.

längere Zeit verfügbar ist.[122] Bei mündlich vorgetragenen Finanzanalysen brauchen also die in § 6 Abs. 3 FinAnV aufgeführten Pflichtangaben nicht mit vorgetragen zu werden; es genügt, wenn ebenfalls mündlich oder zB bei einer Fernsehübertragung durch Einblendung eines entsprechenden Textes die Stelle bezeichnet wird, an der die Angaben nachgelesen werden können.[123]

IV. Pflichten bei Weitergabe und öffentlicher Verbreitung

1. Angabe der Identität verantwortlicher Personen

Gemäß § 34b Abs. 1 Satz 2 Nr. 1 muss bei Weitergabe oder öffentlicher Verbreitung von Finanzanalysen die **Identität der Person, die für die Weitergabe oder die Verbreitung verantwortlich ist**, offen gelegt werden.[124] Diese Pflicht wird durch § 2 Abs. 1 FinAnV ergänzt. Durch diesen wurde Art. 2 Abs. 1 der Richtlinie 2003/125/EG umgesetzt. Danach ist zum einen die **Identität der Ersteller**[125] einer Finanzanalyse anzugeben. Ersteller sind die natürlichen Personen, die im Rahmen ihrer Berufs- oder Geschäftstätigkeit eine Finanzanalyse erarbeiten; dies können sowohl Arbeitnehmer sein, die Analysen für ihren Arbeitgeber erstellen, als auch selbstständige Analysten.[126] Zum anderen ist die **Identität des für die Erstellung verantwortlichen Unternehmens** offen zu legen. Nach der Begründung der FinAnV ist diese Verantwortlichkeit gegeben, wenn die Finanzanalyse zur Veröffentlichung oder Weitergabe als Produkt dieses Unternehmens bestimmt ist; bei einem einzelnen unabhängigen Analysten ist das verantwortliche Unternehmen mit dem Ersteller identisch.[127]

Erarbeitet ein Unternehmen für ein anderes eine Finanzanalyse, ist das beauftragte Unternehmen grundsätzlich das für die Erstellung der Finanzanalyse verantwortliche Unternehmen im Sinne des § 2 Abs. 1 FinAnV, und zwar selbst dann, wenn beide Unternehmen demselben Konzern angehören.[128] Anders ist dies bei so genannten **„White Label"-Analysen**, bei denen das beauftragte Unternehmen lediglich als Subunternehmer eines Auftraggebers eine Finanzanalyse nach dessen inhaltlichen Vorgaben erstellt. Hier ist der Auftraggeber die für die Erstellung verantwortliche Person; die Zurverfügungstellung der „White Label"- Analyse ist in diesem Fall auch keine Weitergabe oder öffentliche Verbreitung im Sinne des § 34b Abs. 1 Satz 2 WpHG.[129] § 2 Abs. 2 Satz 1 FinAnV begründet für die dort genannten Unternehmen in Umsetzung von Art. 2 Abs. 2 und Art. 9a der Richtlinie 2003/125/EG die Pflicht, zusätzlich die Bezeichnung der öffentlichen Stelle anzugeben, deren Aufsicht sie unterliegen. Für sonstige für die Erstellung von Finanzanalysen verantwortliche Unternehmen, die den Vor-

---

[122] *Koller* in *Assmann/Schneider*, § 34b Rn. 51, 52.
[123] Vgl. auch Begründung der FinAnV, Dezember 2004, S. 14.
[124] Ausführlich dazu *Schwalm*, Finanzanalysen, S. 116 ff.
[125] Zur Erstellung siehe bereits oben Rn. 28 f.
[126] Begründung der FinAnV, Dezember 2004, S. 4.
[127] Begründung der FinAnV, Dezember 2004, S. 4.
[128] Begründung der FinAnV, Dezember 2004, S. 4 f.; vgl. auch *Koller* in *Assmann/Schneider*, § 34b Rn. 22.
[129] Begründung der FinAnV, Dezember 2004, S. 5.

schriften einer Selbstregulierung eines Berufsstandes unterliegen, gilt § 2 Abs. 2 Satz 2 FinAnV.

2. Offenlegung möglicher Interessenkonflikte

41 Interessenkonflikte bei der Erstellung von Finanzanalysen können zum einen daraus resultieren, dass die verantwortlichen Unternehmen neben der Finanzanalyse weitere Geschäftsfelder bedienen.[130] Erfolgt eine Kompensation der teilweise erheblichen Kosten der Analyse nicht durch die direkte Verwertung ihrer Ergebnisse, so müssen andere Geschäftsbereiche von ihr – direkt oder indirekt – profitieren. Damit steigt aber auch der Anreiz, bereits das Ergebnis der Analyse für diese anderen Bereiche zu „optimieren". Weitere Konflikte entstehen durch die Möglichkeit, das Kursbeeinflussungspotential einer Finanzanalyse zum eigenen Vorteil zu nutzen, insbesondere um im Wege des Eigenhandels erzielbare Profite – sei es durch das Unternehmen oder dessen Mitarbeiter – zu erhöhen. Bereits die in § 34b Abs. 1 Satz 1 normierte Pflicht zu Sorgfalt und Gewissenhaftigkeit erfordert eine objektive und neutrale Analyse.[131] Da aber bereits der Anschein von Abhängigkeit und Parteilichkeit den Wert einer Finanzanalyse für das Anlegerpublikum erheblich reduzieren kann,[132] fordert § 34b Abs. 1 Satz 2 Nr. 2 darüber hinausgehend die Offenlegung von möglichen Interessenkonflikten. Entscheidend ist nicht, ob der Konflikt wirklich besteht und ob er tatsächlich Einfluss auf die Analyse hat. **Bereits die Möglichkeit eines Konfliktes** ist offen zu legen.[133] § 34b Abs. 1aF nannte zur Konkretisierung des Offenlegungsgebots drei nicht abschließende Regelbeispiele. § 34b Abs. 1 Satz 2 Nr. 2 trifft nun in Verbindung mit § 5 FinAnV eine wesentlich detailliertere Regelung.[134]

42 **§ 5 Abs. 1 FinAnV** enthält einen **allgemeinen Offenlegungstatbestand.** Nach § 5 Abs. 1 Satz 2 Nr. 3 FinAnV sind – über den Wortlaut des § 34b Abs. 1 Satz 2 Nr. 2 hinaus – auch solche Umstände und Beziehungen offenzulegen, welche die Unvoreingenommenheit solcher Personen und Unternehmen gefährden können, die für Unternehmen im Sinne des § 5 Abs. 1 Satz 2 Nr. 2 FinAnV tätig sind und an der Erstellung mitwirken. Darunter fallen alle im Rahmen eines Arbeits-, Dienst- oder Auftragsverhältnisses für das verantwortliche Unternehmen tätigen natürlichen Personen und Unternehmen, die auf die Finanzanalyse Einfluss nehmen.[135] § 5 Abs. 2 FinAnV schränkt in Umsetzung von Art. 5 Abs. 2a, 2b der Richtlinie 2003/125/EG die allgemeine Offenlegungspflicht nach § 5 Abs. 1 FinAnV in der Weise ein, dass nur solche Interessen und Interessenkonflikte offen zu legen sind, die Personen mit Einwirkungs- oder zumindest Einsichtsmöglichkeiten bezüglich der Finanzanalyse zugänglich sind oder sein könnten. Damit wird sichergestellt, dass keine **Informationsschranken innerhalb von Unternehmen („Chinese Walls")** durchbrochen werden, die errichtet wurden, um die Ersteller von Finanzanalysen von Einflüssen durch In-

---

[130] Allgemein zur Problematik *Göres,* Interessenkonflikte, S. 32 ff.
[131] Dazu oben Rn. 34.
[132] Vgl. *Hettermann/Althoff,* WM 2006, 265, 269.
[133] Siehe dazu auch *Koller* in *Assmann/Schneider,* § 34b Rn. 27; KölnKommWpHG-*Möllers,* § 34b Rn. 154 f.
[134] *Die Neuregelung* begrüßend *Vogler,* Schadensersatzhaftung für fehlerhafte Aktienanalysen, S. 127.
[135] Begründung der FinAnV, Dezember 2004, S. 9.

teressen und Interessenkonflikten frei zu halten.[136] Bei einzelnen, unabhängigen Analysten greift § 5 Abs. 2 FinAnV nicht ein, da davon auszugehen ist, dass sie Zugang zu allen Informationen über Interessen und Interessenkonflikte haben.[137]

§ 5 Abs. 3 und 4 FinAnV normieren **Offenlegungstatbestände für be-** 43 **stimmte Adressaten;** damit werden die zusätzlichen Offenlegungsvorschriften für qualifizierte Unternehmen nach Art. 6 der Richtlinie 2003/125/EG umgesetzt. Bei Erfüllung der **Regelbeispiele des** § 5 Abs. 3 FinAnV wird eine abstrakte Gefahr für das Anlegerpublikum unwiderleglich vermutet;[138] § 5 Abs. 2 FinAnV findet insoweit keine Anwendung, d. h. die geforderten Angaben sind auch zu machen, wenn die an der Erstellung beteiligten Personen keinen Zugang zu diesen Informationen haben.[139]

Gemäß § 5 Abs. 3 Nr. 1 FinAnV sind offenlegungspflichtig **wesentliche Be-** 44 **teiligungen** zwischen Personen oder Unternehmen im Sinne des § 5 Abs. 1 Satz 2 Nr. 1 bis 3 FinAnV und den Emittenten, die selbst oder deren Finanzinstrumente Gegenstand der Finanzanalyse sind. Als wesentlich gilt nach § 5 Abs. 3 Satz 2 FinAnV eine Beteiligung in Höhe von mehr als 5% des Grundkapitals[140] einer Aktiengesellschaft. § 5 Abs. 3 Satz 3 FinAnV gestattet es dem betroffenen Unternehmen, auch eine geringere Beteiligung offen zu legen, wenn diese mindestens 0,5% des Grundkapitals beträgt. Damit soll es deutschen Unternehmen vor dem Hintergrund von ausländischen Regelungen mit niedrigeren Schwellenwerten ermöglicht werden, die Pflicht nach § 5 Abs. 3 Satz 1 Nr. 1 FinAnV auch durch die Veröffentlichung der Überschreitung einer niedrigeren Beteiligungsschwelle zu erfüllen; die Untergrenze von 0,5% soll verhindern, dass eine große Beteiligung durch die Angabe der Überschreitung einer minimalen Beteiligungsschwelle verschleiert werden kann.[141] Den in § 5 Abs. 3 Nr. 2 FinAnV aufgeführten Regelbeispielen ist gemein, dass die Adressaten der Norm **bedeutende finanzielle Interessen in Bezug auf die Emittenten** (Nr. 2 e) haben. Erfasst werden insbesondere **Market Maker** und **Designated Sponsors** für die betroffenen Finanzinstrumente[142] (Nr. 2 a), **Lead Manager** und **Co-Lead Manager in einem Konsortium** für die Emission der betroffenen Finanzinstrumente[143] (Nr. 2 b), Vereinbarungen mit dem Emittenten über die Erbringung von **Investmentbanking-Dienstleistungen**[144] (Nr. 2 c) sowie **Vereinbarungen mit dem Emittenten zur Erstellung einer Finanzanalyse** (Nr. 2 d).[145]

---

[136] Begründung der FinAnV, Dezember 2004, S. 9; vgl. auch *Koller* in *Assmann/Schneider*, § 34 b Rn. 28; *Hettermann/Althoff,* WM 2006, 265, 269; KölnKommWpHG-*Möllers*, § 34 b Rn. 179 f.; *Eisele* in *Schimansky/Bunte/Lwowski* § 109 Rn. 90 f.
[137] Begründung der FinAnV, Dezember 2004, S. 9.
[138] *Koller* in *Assmann/Schneider*, § 34 b Rn. 30.
[139] Begründung der FinAnV, Dezember 2004, S. 9; *Hettermann/Althoff,* WM 2006, 265, 269; KölnKommWpHG-*Möllers*, § 34 b Rn. 180.
[140] Zur Berechnung siehe *Koller* in *Assmann/Schneider*, § 34 b Rn. 32; KölnKommWpHG-*Möllers*, § 34 b Rn. 163 ff.
[141] Begründung der FinAnV, Dezember 2004, S. 11.
[142] Begründung der FinAnV, Dezember 2004, S. 10.
[143] Dazu *Koller* in *Assmann/Schneider*, § 34 b Rn. 34; KölnKommWpHG-*Möllers*, § 34 b Rn. 172.
[144] Dazu *Koller* in *Assmann/Schneider*, § 34 b Rn. 35; KölnKommWpHG-*Möllers*, § 34 b Rn. 174.
[145] KölnKommWpHG-*Möllers*, § 34 b Rn. 176.

45 **§ 5 Abs. 4 FinAnV** enthält weitere Offenlegungspflichten, die nur für Kreditinstitute, Finanzdienstleistungsinstitute und nach § 53 Abs. 1 Satz 1 KWG tätige Unternehmen gelten. Diese Pflichten dienen jedenfalls mittelbar der Transparenz von Interessen und Interessenkonflikten.[146] Die von § 5 Abs. 4 Nr. 3 geforderte Publikation einer Quartalsübersicht über die in den eigenen Finanzanalysen enthaltenen Empfehlungen soll Hinweise darauf erkennen lassen, ob Geschäftspartner aus dem Investmentbanking in den Finanzanalysen desselben Hauses möglicherweise bevorzugt werden.[147]

3. Anforderungen nach § 7 FinAnV

46 § 7 FinAnV stellt Anforderungen an die Darbietung bei **Weitergabe von Finanzanalysen Dritter**. Nicht davon erfasst wird die in § 34b Abs. 2 geregelte Weitergabe der Zusammenfassung von Drittanalysen.[148] § 7 FinAnV greift auch dann nicht ein, wenn eine zunächst für interne Zwecke erstellte Analyse öffentlich verbreitet wird; darin liegt dann zugleich ein „Erstellen".[149] § 7 FinAnV liegt die Erwägung zugrunde, dass die Art und Weise, in der Finanzanalysen weitergegeben werden, bei deren Einschätzung durch die Anleger eine wichtige Rolle spielen.[150] **§ 7 Abs. 1 Satz 1 Nr. 1 FinAnV** erfasst sowohl die unveränderte als auch die wesentlich veränderte[151] Weitergabe von Drittanalysen. Danach müssen die genannten Unternehmen und Personen bei Weitergabe einer Finanzanalyse, die das für die Erstellung verantwortliche Unternehmen noch nicht veröffentlicht hat, zusätzlich zu den in der Finanzanalyse bereits offen gelegten Interessenkonflikten des für die Erstellung verantwortlichen Unternehmens die sie selbst betreffenden Informationen im Sinne des § 5 Abs. 3 und 4 FinAnV offen legen. **§ 7 Abs. 1 Satz 1 Nr. 2, Abs. 2 FinAnV** gelten dagegen nur für die Weitergabe wesentlich veränderter Finanzanalysen. Eine **wesentliche Veränderung** ist dann gegeben, wenn sie aus Sicht eines verständigen Anlegers, der die Finanzanalyse zur Grundlage seiner Anlageentscheidung macht, von Bedeutung ist; die Begründung der FinAnV nennt als Beispiel, dass der zu Grunde gelegte Sachverhalt inklusive der Kennzahlen und Unternehmensdaten, enthaltene Prognosen, Bewertungen oder die Empfehlung für eine Anlageentscheidung („kaufen" statt „halten" oder „verkaufen") geändert werden.[152] Im letztgenannten Fall, also bei der Änderung der Empfehlung für eine bestimmte Anlageentscheidung, greift § 7 Abs. 2 Satz 2 FinAnV ein. § 7 Abs. 3 FinAnV statuiert eine Organisationspflicht; im Ergebnis werden aber mit der Pflicht, bestimmte Angaben zu machen, Anforderungen an die Darbietung aufgestellt.[153] § 7 Abs. 4 FinAnV schränkt die Geltung der Abs. 1 bis 3 ein: Wer eine Finanzanalyse weitergibt, für deren Er-

---

[146] Begründung der FinAnV, Dezember 2004, S. 12.
[147] Begründung der FinAnV, Dezember 2004, S. 13.
[148] Dazu Rn. 47 ff.
[149] Siehe oben Rn. 28 f. und *Koller* in *Assmann/Schneider*, § 34b Rn. 53.
[150] Begründung der FinAnV, Dezember 2004, S. 15.
[151] Die wesentliche Veränderung einer Finanzanalyse ist ein Fall ihrer Erstellung, vgl. BegrRegE, BT-Drs. 15/3174, S. 38; *Koller* in *Assmann/Schneider*, § 34b Rn. 58.
[152] Begründung der FinAnV, Dezember 2004, S. 16; siehe auch *Koller* in *Assmann/Schneider*, § 34b Rn. 59.
[153] *Koller* in *Assmann/Schneider*, § 34b Rn. 65; vgl. aber auch KölnKommWpHG-*Möllers*, § 34b Rn. 198.

stellung keine Person nach § 1 Abs. 2 Nr. 1 bis 4 FinAnV verantwortlich ist, hat die Abs. 1 bis 3 nur zu beachten, wenn die Finanzanalyse nicht nur indirekt eine Anlageempfehlung enthält und sich auf bestimmte Finanzinstrumente, nicht etwa lediglich auf einen Emittenten bezieht.[154]

4. Pflichten bei Weitergabe der Zusammenfassung von Drittanalysen

§ 34b Abs. 2 bestimmt in Umsetzung von Art. 8 Abs. 4 der Richtlinie 2003/125/EG, dass eine Zusammenfassung einer von einem Dritten erstellten Finanzanalyse nur weitergegeben werden darf, wenn der **Inhalt der Finanzanalyse klar und nicht irreführend** wiedergegeben wird und in der Zusammenfassung **auf das Ausgangsdokument sowie auf den Ort verwiesen wird, an dem die mit dem Ausgangsdokument verbundene Offenlegung nach § 34b Abs. 1 Satz 2 unmittelbar und leicht zugänglich ist**, sofern diese Angaben öffentlich verbreitet wurden. § 7 FinAnV gilt nur für ungekürzte Finanzanalysen[155] und damit nicht für die Zusammenfassung von Drittanalysen; eine Zusammenfassung ist auch keine „wesentliche Veränderung" einer Analyse im Sinne des § 7 FinAnV. 47

§ 34b Abs. 2 greift nur ein, wenn eine Finanzanalyse[156] zusammengefasst wurde. Nach richtiger Ansicht muss die Zusammenfassung die wesentlichen Tatbestandsmerkmale der Finanzanalyse nach § 34b Abs. 1 S. 1 erfüllen, nämlich die **„Information"** über Finanzinstrumente oder deren Emittenten" und die **„Empfehlung"** für eine bestimmte Anlageentscheidung".[157] Dies legt bereits der Wortlaut nahe, da eine „Zusammenfassung" dem Wortsinn nach zwar eine Verkürzung und Straffung des Ausgangstextes bedeutet, aber keine grundsätzliche Änderung seines Charakters. Daraus folgt, dass eine reine Empfehlung, die keine inhaltliche Auseinandersetzung mit dem analysierten Finanzinstrument oder Emittenten erkennen lässt, selbst dann keine Zusammenfassung einer Finanzanalyse darstellen kann, wenn die Empfehlung auf eine Drittanalyse verweist.[158] In **Abgrenzung zum Anwendungsbereich des § 34b Abs. 1** erfasst § 34b Abs. 2 nur Fälle, in denen die Finanzanalyse bereits weitergegeben oder öffentlich verbreitet wurde.[159] Die **Abgrenzung zu § 7 FinAnV**, der auch die wesentlich veränderte Weitergabe von Drittanalysen regelt, kann im Einzelfall schwierig sein. Entscheidend ist, ob die Drittanalyse zwar inhaltlich verändert, aber im Wesentlichen ungekürzt weitergegeben wird, oder ob eine mehr als nur unerhebliche Verkürzung vorgenommen wurde. 48

§ 34b Abs. 2 ordnet an, dass die Finanzanalyse nur **klar und nicht irreführend** wiedergegeben werden darf. Insoweit ist auf die allgemeinen Anforderungen an die Erstellung und Darbietung von Finanzanalysen unter Rn. 28 ff. zu verweisen. Bei der Zusammenfassung von Drittanalysen kann insbesondere eine 49

---

[154] Vgl. dazu auch *Koller* in *Assmann/Schneider*, § 34b Rn. 53.
[155] *Koller* in *Assmann/Schneider*, § 34b Rn. 95.
[156] Dazu oben Rn. 17 ff.
[157] Zutreffend *Koller* in *Assmann/Schneider*, § 34b Rn. 97; KölnKommWpHG-*Möllers*, § 34b Rn. 199.
[158] *Koller* in *Assmann/Schneider*, § 34b Rn. 97; KölnKommWpHG-*Möllers*, § 34b Rn. 199; anders aber offenbar das Schreiben der BaFin vom 21. 12. 2007 Ziff. 2. a).
[159] *Spindler*, NZG 2004, 1138, 1146; *Koller* in *Assmann/Schneider*, § 34b Rn. 98.

zu starke Komprimierung des Inhalts irreführend sein, wenn diese bewirkt, dass der Adressat die Voraussetzungen und Bewertungen, die der Analystenempfehlung zugrunde liegen, nicht überblicken kann und damit zB Fehlvorstellungen über die mit einem Wertpapier verbundenen Risiken hervorgerufen werden.[160] In solchen Fällen kann die irreführende Darstellung aber durch entsprechende Hinweise auf die starke Verkürzung beseitigt werden.[161]

50 § 34b Abs. 2 fordert weiter, dass in der Zusammenfassung auf das Ausgangsdokument sowie auf den Ort verwiesen wird, an dem die mit dem Ausgangsdokument verbundene Offenlegung nach § 34b Abs. 1 Satz 2 unmittelbar und leicht zugänglich ist, soweit diese Angaben öffentlich verbreitet wurden.[162] Auch diese Verweispflicht ist eine Ausprägung des Irreführungsverbots.

V. Organisationspflichten (Abs. 5)

51 Die durch 34b Abs. 5 festgelegten Organisationspflichten dienen – anders als die Offenlegungspflichten des § 34b Abs. 1 Satz 2 Nr. 2 iVm § 5 FinAnV – bereits der Vermeidung von Interessenkonflikten.[163] Nach Maßgabe des § 5 Abs. 2 FinAnV müssen deshalb grundsätzlich keine Informationsschranken innerhalb von Unternehmen („Chinese Walls") durch Offenlegung nach § 5 Abs. 1 FinAnV durchbrochen werden, die gerade deshalb errichtet wurden, um die Ersteller von Finanzanalysen von Einflüssen durch Interessenkonflikte frei zu halten.[164] In den Fällen der § 5 Abs. 3 und 4 FinAnV ist eine Offenlegung jedoch auch dann geboten, wenn Interessenkonflikte durch organisatorische Maßnahmen im Sinne des § 34b Abs. 5 minimiert sind.[165]

52 Durch das FRUG wurden die Sätze 3 und 4 angefügt und damit der **Anwendungsbereich des § 34b Abs. 5 erweitert.** Für **Wertpapierdienstleistungsunternehmen,** die auf eigene Verantwortung oder auf Verantwortung eines Mitglieds ihrer Unternehmensgruppe (i. S. d. § 13 Abs. 2 Satz 3 WpDVerOV)[166] Finanzanalysen erstellen oder erstellen lassen, die unter ihren Kunden oder in der Öffentlichkeit verbreitet werden oder deren Verbreitung wahrscheinlich ist, gelten die Organisationspflichten des § 34b Abs. 5 Satz 1 auch in Bezug auf Finanzanalysen über Finanzinstrumente, die nicht unter § 34b Abs. 3 fallen, und deren Emittenten. Eine Unterausnahme gilt gemäß § 34b Abs. 5 Satz 4 iVm § 5a Abs. 3 FinAnV für die Verbreitung oder Weiterleitung der **von einem Dritten erstellten Finanzanalysen,** sofern die Voraussetzungen des § 33b Abs. 6 erfüllt sind (vgl. § 33b Rn. 49).[167] Mit diesen Regelungen werden Art. 25 Abs. 1 und Abs. 3 der Durchführungsrichtlinie 2006/73/EG[168] umgesetzt. Sie führen für Wert-

---

[160] *Göres,* Interessenkonflikte, S. 230; *Koller* in *Assmann/Schneider,* § 34b Rn. 97.
[161] Vgl. auch *Göres,* Interessenkonflikte, S. 230.
[162] Dazu auch KölnKommWpHG-*Möllers,* § 34b Rn. 203.
[163] Ausführlich dazu *Göres,* Interessenkonflikte, S. 32 ff.
[164] Dazu Rn. 55.
[165] *Koller* in *Assmann/Schneider,* § 34b Rn. 109.
[166] *Göres* BKR 2007, 85, 93.
[167] Siehe dazu auch *Göres* BKR 2007, 85, 93 f.
[168] Durchführungsrichtlinie 2006/73 der Kommission zur Durchführung der Richtlinie 2004/39/EG des Europäischen Parlaments und des Rates in Bezug auf die organisatorischen Anforderungen an Wertpapierfirmen und die Bedingungen für die Ausübung ihrer

Analyse von Finanzinstrumenten 53 § 34b

papierdienstleistungsunternehmen im Rahmen des § 34b Abs. 5 Satz zu einer **zweifachen Erweiterung des Begriffs der Finanzanalyse:**[169] Zum einen kommt es nicht darauf an, ob die Finanzinstrumente, auf die sich die Analyse bezieht, börsengehandelt im Sinne des § 34 Abs. 3 WpHG sind. Zum anderen wird auch die bloße Weitergabe der Finanzanalysen an Kunden des Wertpapierdienstleistungsunternehmens erfasst. Die Organisationspflichten des § 34b Abs. 5 werden ergänzt durch die für Wertpapierdienstleistungsunternehmen geltenden § 33b Abs. 5 und 6 (§ 33b Rn. 45ff.). Werden die Anforderungen des § 34b Abs. 5 (iVm § 5a FinAnV) und/oder des § 33b Abs. 5 und 6 nicht eingehalten, kommt § 31 Abs. 2 Satz 4 Nr. 2 (iVm § 5a Abs. 4 FinAnV) zur Anwendung, wonach die Empfehlungen eindeutig als **Werbemitteilung** zu kennzeichnen und mit einem Hinweis zu versehen sind, dass sie nicht allen gesetzlichen Anforderungen zur Gewährleistung der Unvoreingenommenheit von Finanzanalysen genügen und dass sie einem Verbot des Handels vor der Veröffentlichung von Finanzanalysen nicht unterliegen (siehe auch § 31 Rn. 110f.).[170] Die ein Wertpapierdienstleistungsunternehmen treffenden (Organisations)Pflichten sind also von der gewählten Darstellungsform der Analyse abhängig.[171] Reines Werbematerial, das nicht den Eindruck einer unvoreingenommenen Information erweckt, bedarf allerdings keiner besonderen Kennzeichnung.[172]

Für **Unternehmen, die keine Wertpapierdienstleistungsunternehmen** 53 i.S.d. § 2 Abs. 4 sind, also etwa für „klassische" Finanzanalysten, die ausschließlich die Wertpapiernebendienstleistung des § 2 Abs. 3a Nr. 5 erbringen, gelten weiterhin der engere Finanzanalysebegriff des § 34b Abs. 1 und die Pflichten des § 34b Abs. 5 Satz 1 und 2.[173] Der detailliert die Organisationspflichten von Wertpapierdienstleistungsunternehmen regelnde § 5a FinAnV (dazu sogleich Rn. 54) findet auf diese Unternehmen keine Anwendung. Die praktischen Unterschiede in den Anforderungen an die Organisation und die Kontrollverfahren dürften aber vergleichsweise gering sein: Auch im Rahmen des § 34b Abs. 5 Satz 1 und 2 sind Maßnahmen zur Sicherung der Unabhängigkeit und Unvoreingenommenheit der Finanzanalysten zu ergreifen und ist insbesondere der Informationsaustausch zwischen den verschiedenen Abteilungen des Unternehmens zu steuern und zu kontrollieren.[174] Zu berücksichtigen ist weiter, dass in beiden Fällen Umfang und Ausgestaltung der Organisation von Unternehmensgröße, Struktur und Geschäftstätigkeit abhängig sind (Rn. 55).

Tätigkeit sowie in Bezug auf die Definition bestimmter Begriffe für die Zwecke der genannten Richtlinie vom 10. August 2006, ABl. L 241 vom 2. September 2006, S. 26.

[169] Die BaFin spricht im Auslegungsschreiben vom 21. 12. 2007 Ziff. 1., von Finanzanalyse i. e. S. und i. w. S.; *Held* in *Clouth/Lang*, MiFID Praktikerhandbuch, Rn. 479f. unterscheidet zwischen dem „neuen" Finanzanalysebegriff des § 34b Abs. 5 Satz 3 und dem „klassischen" Finanzanalysebegriff des § 34b Abs. 1 Satz 1; siehe auch *Göres* BKR 2007, 85, 87f.; *Röh* BB 2008, 398, 408f.

[170] Nach *Held* in *Clouth/Lang*, MiFID Praktikerhandbuch, Rn. 482 gelten in diesem Fall neben den besonderen Pflichten für Werbemitteilungen nach § 4 WpDerOV die §§ 2–5, 7 FinAnV, wenn materiell eine Finanzanalyse vorliegt; **aA** *Göres* BKR 2007, 85, 89.

[171] Vgl. *Held* in *Clouth/Lang*, MiFID Praktikerhandbuch, Rn. 483; *Göres* BKR 2007, 85, 88f.

[172] Schreiben der BaFin vom 21. 12. 2007 Ziff. 2. a), 5. *Röh* BB 2008, 398, 410.

[173] KölnKommWpHG-*Möllers*, § 34b Rn. 24.

[174] Siehe nur KölnKommWpHG-*Möllers*, § 34b Rn. 239ff.

§ 34b 54   Abschnitt 6. Verhaltensregeln, Verjährung

54 Konkretisiert werden die Organisationspflichten im Anwendungsbereich des § 34b Abs. 5 Satz 3 und 4 durch § 5a FinAnV.[175] § 5a Abs. 1 verpflichtet alle erfassten Wertpapierdienstleistungsunternehmen zu einem besonderen „**Interessenkonfliktmanagement**", das die Unabhängigkeit derjenigen Mitarbeiter des Unternehmens gewährleisten soll, die an der Erstellung von Finanzanalysen beteiligt sind. Im Unterschied zu den Organisationspflichten nach § 33b Abs. 5 und 6 ist es nicht erforderlich, dass die Mitarbeiter bei der Erbringung von Wertpapierdienstleistungen eingesetzt werden (zum Mitarbeiterbegriff des § 33b Abs. 1 siehe § 33b Rn. 7ff.); § 5a Abs. 1 FinAnV erfasst auch Mitarbeiter, die ausschließlich mit der Erstellung von Finanzanalysen als einer Wertpapiernebendienstleistung i.S.d. § 2 Abs. 3a Nr. 5 befasst sind.[176] Das erforderliche Konfliktmanagement muss zumindest die in § 5a Abs. 1 Satz 2 FinAnV genannten Maßnahmen umfassen: So ist der **Informationsaustausch zwischen Analysten und anderen Mitarbeitern** des Unternehmens, deren Tätigkeit einen Interessenkonflikt nach sich ziehen könnte, zu kontrollieren und, wenn dieser Informationsfluss die Interessen der Analyseempfänger beeinträchtigen könnte, zu unterbinden (Nr. 1). Dies betrifft vor allem den Informationsaustausch zwischen Analysten und den Mitarbeitern von Handels- oder Corporate-Finance-Abteilungen.[177] Die **Vergütung der Analysten** ist von der Vergütung anderer Mitarbeiter und den von diesen erwirtschafteten Unternehmenserträgen oder Prämien abzukoppeln, sofern eine entsprechende Verknüpfung einen Interessenkonflikt auslösen könnte (Nr. 2).[178] Grundsätzlich zulässig, aber nach § 5 Abs. 4 Nr. 2 FinAnV offen zu legen wäre dagegen ein Bonus, der sich an der erzielten Gesamtleistung des Wertpapierdienstleistungsunternehmens bemisst.[179] Des Weiteren sind sowohl anderen Mitarbeitern als auch Dritten **unsachgemäße Einflussnahmen** auf die Finanzanalysten verboten (Nr. 3).[180] Zu verhindern ist auch eine **Beteiligung der Analysten an anderen Tätigkeiten** des Wertpapierdienstleistungsunternehmens in engem zeitlichem Abstand,[181] wenn dies ein ordnungsgemäßes Interessenkonfliktmanagement beeinträchtigen könnte (Nr. 4). Problematisch sind insoweit insbesondere Tätigkeiten im Bereich Investment-Banking.[182] Schließlich sind die betroffenen Mitarbeiter im Hinblick auf die für die Finanzanalyse erforderliche Unabhängigkeit und Unvoreingenommenheit **gesondert zu überwachen** (Nr. 5).[183] § 5a Abs. 2 FinAnV verpflichtet Wert-

---

[175] Held in Clouth/Lang, MiFID Praktikerhandbuch, Rn. 484.
[176] Vgl. Göres BKR 2007, 85, 91.
[177] Vgl. auch Erwägungsgrund 30 der Durchführungsrichtlinie 2006/73/EG und Begründung Erste Verordnung zur Änderung der Finanzanalyseverordnung, S. 4; Held in Clouth/Lang, MiFID Praktikerhandbuch, Rn. 487; Göres BKR 2007, 85, 91.
[178] Vgl. auch Koller in Assmann/Schneider, § 34b Rn. 111.
[179] Begründung Erste Verordnung zur Änderung der Finanzanalyseverordnung, S. 4; Held in Clouth/Lang, MiFID Praktikerhandbuch, Rn. 489; Göres BKR 2007, 85, 91.
[180] Held in Clouth/Lang, MiFID Praktikerhandbuch, Rn. 490.
[181] Siehe Held in Clouth/Lang, MiFID Praktikerhandbuch, Rn. 491.
[182] Ausführlich Göres BKR 2007, 85, 91 f.; vgl. auch Erwägungsgrund 36 der Durchführungsrichtlinie 2006/73/EG und Begründung Erste Verordnung zur Änderung der Finanzanalyseverordnung, abrufbar unter http://www.bafin.de/verordnungen/finanv_beg2.pdf, S. 5.
[183] Diese Überwachung dürfte im Rahmen der üblichen Compliance-Maßnahmen (Chinese Walls, Gate Keepers) gewährleistet sein, worauf Held in Clouth/Lang, MiFID Praktikerhandbuch, Rn. 493 zutreffend hinweist.

Analyse von Finanzinstrumenten   55 § 34b

papierdienstleistungsunternehmen zu weiteren organisatorischen Vorkehrungen. § 5a Abs. 2 Nr. 1 FinAnV stellt sicher, dass die Anforderungen des § 33 b Abs. 5 Nr. 1 und 2 (§ 33 b Rn. 46 ff.) auch dann zu erfüllen sind, wenn die betroffenen Mitarbeiter nicht unter § 33 b Abs. 1 fallen. Daneben sind sowohl die **Annahme von Zuwendungen** i. S. d. § 31 d Abs. 2 von Personen mit besonderem Interesse am Inhalt der Analyse (§ 5a Abs. 2 Nr. 2 FinAnV)[184] als auch Absprachen zwischen Wertpapierdienstleistungsunternehmen oder ihren Mitarbeitern und Emittenten, die eine für die Emittenten **günstige Anlageempfehlung in Aussicht stellen** (§ 5a Abs. 2 Nr. 3 FinAnV),[185] untersagt. § 5a Abs. 2 Nr. 4 FinAnV soll sicherstellen, dass **Entwürfe von Finanzanalysen** Dritten (einschließlich der Mitarbeiter, die nicht an der Erstellung der Analyse beteiligt sind) nicht zugänglich gemacht werden. Zulässig ist es allerdings, den Entwurf weiterzugeben, wenn dieser nur eine Sachverhaltsdarstellung, aber noch keine Preisprognose oder Anlageempfehlung enthält (zu beachten ist dann § 4 Abs. 2 Satz 2 FinAnV); nicht zu beanstanden ist auch die Prüfung des (vollständigen) Entwurfs durch die Compliance- oder Rechtsabteilung des Unternehmens.[186]

Bei der Auslegung von § 34 b Abs. 5 (und des § 5a FinAnV) zu beachten, dass 55 Umfang und Ausgestaltung der Organisation **von Unternehmensgröße, Struktur und Geschäftstätigkeit abhängig** und im Detail der Ausgestaltungsfreiheit des Unternehmens überlassen sind (siehe auch § 5a Abs. 1 Satz 1 aE FinAnV). Wie auch im Rahmen des § 33 lassen sich deshalb lediglich für die überwiegende Vielzahl der Unternehmen gültige allgemeine Grundsätze und Leitlinien feststellen.[187] Ein wesentlicher Punkt zur Verhinderung von Interessenkonflikten bei der Finanzanalyse ist die Einrichtung von Vertraulichkeitsbereichen und Informationsschranken, so genannte **Chinese Walls**. Dabei werden die einzelnen Unternehmensbereiche organisatorisch und informatorisch voneinander abgegrenzt.[188] § 5a Abs. 1 Satz 2 Nr. 1 FinAnV fordert zwar nicht ausdrücklich die Errichtung solcher Informationsschranken, regelmäßig wird aber zumindest die Zwischenschaltung einer neutralen Stelle zur Kontrolle des Informationsflusses zwischen verschiedenen Bereichen erforderlich sein (sog. „Gate Keeper").[189] Zudem muss, um Objektivität und Neutralität der Analyse zu gewährleisten, durch entsprechende **Kontroll- und Hierarchiestrukturen** verhindert werden, dass die Analyseabteilung von den Interessen anderer Bereiche beeinflusst wird. Insbesondere dürfen Analysen nicht von der Investmentab-

---

[184] Nicht untersagt sind hauptvertraglich geschuldete Geldleistungen des Emittenten im Rahmen einer Vereinbarung über die Erstellung allgemeiner Empfehlungen. Solche Vereinbarungen sind zulässig, müssen aber nach § 5 Abs. 3 Nr. 2 Buchstabe d als Interessenkonflikt offen gelegt werden, vgl. Begründung Erste Verordnung zur Änderung der Finanzanalyseverordnung, S. 5 f. – Ebenfalls zulässig sind „kleine Geschenke und Einladungen", Erwägungsgrund 32 der Durchführungsrichtlinie 2006/73/EG und Begründung Erste Verordnung zur Änderung der Finanzanalyseverordnung, S. 5; vgl. auch *Held* in *Clouth/Lang*, MiFID Praktikerhandbuch, Rn. 494; *Schlicht* BKR 2006, 469, 473; *Göres* BKR 2007, 85, 92.
[185] Siehe dazu *Göres* BKR 2007, 85, 92.
[186] Begründung Erste Verordnung zur Änderung der Finanzanalyseverordnung, S. 6; *Held* in *Clouth/Lang*, MiFID Praktikerhandbuch, Rn. 494.
[187] Siehe auch KölnKommWpHG-*Möllers*, § 34 b Rn. 241 ff.
[188] Vgl. zu Konzept und Wirkungsweise der Chinese Walls ausführlich § 33 Rn. 107 ff.
[189] Dazu *Held* in *Clouth/Lang*, MiFID Praktikerhandbuch, Rn. 488.

§ 34b 56–59 Abschnitt 6. Verhaltensregeln, Verjährung

teilung kontrolliert oder nach deren Vorgaben erstellt werden. Verfügt das Unternehmen über eine eigene Research-/Analyseabteilung, so unterliegt seine Compliance-Organisation besonderen Anforderungen. Erforderlich ist insbesondere die Einrichtung einer unabhängigen Kontrollabteilung, die auch die Finanzanalyse überwacht.[190] Diese kann die Analyse vor der Veröffentlichung überprüfen und gegebenenfalls zB auf eine zusätzliche Offenlegung hinwirken. Gleichzeitig kann die Analyse mit der Beobachtungsliste oder der Sperrliste abgeglichen werden.[191]

VI. Rechtsfolgen bei Verstößen

56   Ein Verstoß gegen § 34b kann nur dann mit einem **Bußgeld** sanktioniert werden, wenn (jeweils in Verbindung mit einer Rechtsverordnung nach Abs. 8 Satz 1) entgegen § 34b Abs. 1 Satz 2 eine Finanzanalyse weitergegeben oder öffentlich verbreitet wird (§ 39 Abs 1 Nr. 5, Geldbuße bis 200 000,– Euro) oder wenn entgegen § 34b Abs. 2 eine Zusammenfassung einer Finanzanalyse weitergegeben wird (§ 39 Abs 1 Nr. 6, Geldbuße bis 50 000,– Euro). Weitere straf- oder ordnungswidrigkeitsrechtliche Konsequenzen sind durch das WpHG nicht vorgesehen. Zur Beseitigung von Missständen kann die BaFin jedoch gem. § 4 Abs 1 S. 3 Anordnungen treffen.

57   Zur Frage, ob ein Verstoß gegen § 34b außerhalb einer vertraglichen Beziehung **haftungsrechtliche Konsequenzen** in Form eines Anspruchs aus § 823 Abs. 2 BGB haben kann, siehe bereits oben Rn. 3.

VII. Befugnisse der BaFin (Abs. 7)

58   Gemäß § 34b Abs. 7 S. 1 gelten die Befugnisse der BaFin nach § 35 hinsichtlich der Einhaltung der in § 34b Abs. 1, 2 und 5 genannten Pflichten entsprechend. Die dort geregelten Befugnisse sind nach Art. 12 iVm Art. 6 Abs. 5 der Marktmissbrauchsrichtlinie[192] erforderlich und sollen unabhängig davon gelten, ob die von § 34b Abs. 1, 2 und 5 erfassten Finanzanalysten Wertpapierdienstleistungsunternehmen sind.[193]

59   Zudem gilt § 36 nach § 34b Abs. 7 S. 2 entsprechend, wenn die Finanzanalyse von einem Wertpapierdienstleistungsunternehmen erstellt, anderen zugänglich gemacht oder öffentlich verbreitet wird. Nach der Begründung des Regierungsentwurfs soll die Prüfungspflicht nach § 36 nur für solche Finanzanalysten gelten, die als Wertpapierdienstleistungsunternehmen zu qualifizieren sind; eine derartige Anforderung werde von Art. 6 Abs. 5 der Marktmissbrauchsrichtlinie nicht vor-

---

[190] Vgl. zum Stellenwert und den Aufgaben der Compliance-Abteilung ausführlich § 33 Rn. 67 ff.; ein „Approval" vor der Veröffentlichung ist auch in NYSE Rule 472 (a) vorgesehen.
[191] Vgl. hierzu ausführlich § 33 Rn. 133 ff.; siehe auch *Göres*, Interessenkonflikte, S. 277; *Koller* in *Assmann/Schneider*, § 34b Rn. 110.
[192] Richtlinie 2003/6/EG des Europäischen Parlaments und des Rates vom 28. 1. 2003 *über Insidergeschäfte und Marktmanipulation (Marktmissbrauch)*, ABl. EG Nr. L 96 vom 12. 4. 2003, S. 16.
[193] BegrRegE, BT-Drs. 15/3174, S. 39.

gegeben, zudem wäre sie unverhältnismäßig.[194] § 34b Abs. 7 S. 2 gilt analog für Wertpapierdienstleistungsunternehmen, die Zusammenfassungen von Finanzanalysen im Sinne des § 34b Abs. 2 weitergeben.[195]

VIII. Ermächtigung zum Erlass einer Ausführungsverordnung

§ 34b Abs. 8 enthält die Ermächtigungsgrundlage für den Erlass einer konkretisierenden Rechtsverordnung, von der das Bundesministerium der Finanzen mit der Verabschiedung der **FinAnV** am 17. Dezember 2004 Gebrauch gemacht hat.[196] Änderungen erfolgten durch Art. 1 der Ersten Verordnung zur Änderung der FinAnV vom 20. Juli 2007,[197] die neben einigen redaktionellen Anpassungen der Umsetzung des Art. 25 Durchführungsrichtlinie 2006/73/EG durch Einfügung eines neuen § 5a FinAnV (dazu Rn. 54) dienen. Die aktuelle Fassung der FinAnV ist im Anhang zu § 34b wiedergegeben (Rn. 61).

Anhang zu § 34b
Verordnung über die Analyse von Finanzinstrumenten (Finanzanalyseverordnung – FinAnV) vom 17. 12. 2004, BGBl. I S. 3522, geändert durch Art. 1 Erste Verordnung zur Änderung der FinAnV vom 20. Juli 2007 (BGBl. I S. 1430).

Verordnung über die Analyse von Finanzinstrumenten (Finanzanalyseverordnung – FinAnV)

Vom 17. Dezember 2004
(BGBl. I S. 3522)
FNA 4110-4-11
geänd. durch Art. 1 Erste VO zur Änd. der FinanzanalyseVO v. 20. 7. 2007 (BGBl. I S. 1430)

Auf Grund des § 34b Abs. 8 Satz 1 des Wertpapierhandelsgesetzes, der durch Artikel 1 Nr. 13 des Gesetzes vom 28. Oktober 2004 (BGBl. I S. 2630) eingefügt worden ist, verordnet das Bundesministerium der Finanzen:

§ 1 Anwendungsbereich. (1) Die Vorschriften dieser Verordnung sind anzuwenden auf

1. die sachgerechte Erstellung und Darbietung von Finanzanalysen nach § 34b Abs. 1 Satz 2 des Wertpapierhandelsgesetzes,
2. die Bestimmung von Umständen oder Beziehungen nach § 34b Abs. 1 Satz 2 Nr. 2 des Wertpapierhandelsgesetzes, die Interessenkonflikte begründen können,

---

[194] BT-Drs. 15/3174, S. 39.
[195] *Koller* in *Assmann/Schneider*, § 34b Rn. 127.
[196] Verordnung über die Analyse von Finanzinstrumenten (Finanzanalyseverordnung – FinAnV) vom 17. 12. 2004, BGBl. I S. 3522.
[197] BGBl. I S. 1430.

3. die ordnungsgemäße Offenlegung von Umständen oder Beziehungen nach § 34b Abs. 1 Satz 2 des Wertpapierhandelsgesetzes und
4. eine angemessene Organisation nach § 34b Abs. 5 des Wertpapierhandelsgesetzes.

(2) Für andere Personen als
1. Kreditinstitute, Finanzdienstleistungsinstitute oder nach § 53 Abs. 1 Satz 1 des Kreditwesengesetzes tätige Unternehmen oder Zweigniederlassungen im Sinne des § 53b des Kreditwesengesetzes,
2. unabhängige Finanzanalysten,
3. mit Unternehmen im Sinne der Nummer 1 oder der Nummer 2 verbundene Unternehmen,
4. Personen oder Unternehmen, deren Haupttätigkeit in der Erstellung von Finanzanalysen besteht, oder
5. für Unternehmen im Sinne der Nummern 1 bis 4 aufgrund eines Arbeits-, Geschäftsbesorgungs- oder Dienstverhältnisses tätige natürliche Personen,

gelten die §§ 2 bis 5 und 6 nur, soweit sie für die Erstellung von Finanzanalysen verantwortlich sind, die direkte Empfehlungen für Anlageentscheidungen zu bestimmten Finanzinstrumenten enthalten.

§ 2 Angaben über Ersteller und Verantwortliche. (1) Die Namen der Ersteller, die Bezeichnung ihrer Berufe, in deren Ausübung sie die Finanzanalyse erstellen, und die Bezeichnung des für die Erstellung verantwortlichen Unternehmens sind bei der Darbietung einer Finanzanalyse anzugeben.

(2) [1]Für die Erstellung oder die Weitergabe von Finanzanalysen verantwortliche Kreditinstitute, Finanzdienstleistungsinstitute, nach § 53 Abs. 1 Satz 1 des Kreditwesengesetzes tätige Unternehmen oder Zweigniederlassungen im Sinne des § 53b des Kreditwesengesetzes müssen neben den erforderlichen Angaben nach § 34b Abs. 1 und 2 des Wertpapierhandelsgesetzes und den Bestimmungen dieser Verordnung die Bezeichnung der öffentlichen Stelle angeben, deren Aufsicht sie unterliegen. [2]Sonstige für die Erstellung von Finanzanalysen verantwortliche Unternehmen, die den Vorschriften einer Selbstregulierung eines Berufsstandes unterliegen, haben auf diese Vorschriften hinzuweisen.

§ 3 Grundsätze sachgerechter Erstellung und Darbietung. (1) [1]In der Finanzanalyse sind
1. Angaben über Tatsachen,
2. Angaben über Werturteile Dritter, insbesondere Interpretationen oder Schätzungen und
3. eigene Werturteile, insbesondere Hochrechnungen, Vorhersagen und Preisziele

sorgfältig voneinander zu unterscheiden und kenntlich zu machen. [2]Die wesentlichen Grundlagen und Maßstäbe eigener Werturteile sind anzugeben.

(2) [1]Die Zuverlässigkeit von Informationsquellen ist vor deren Verwendung so weit als mit vertretbarem Aufwand möglich sicherzustellen. [2]Auf bestehende Zweifel ist hinzuweisen.

(3) Für die Erstellung verantwortliche Unternehmen haben die notwendigen Vorkehrungen zu treffen, um auf Verlangen der Bundesanstalt für Finanzdienst-

Analyse von Finanzinstrumenten 61 § 34b

leistungsaufsicht die sachgerechte Erstellung der Finanzanalyse nachvollziehbar darlegen zu können.

§ 4 Zusätzliche Angaben. (1) Sind die in § 1 Abs. 2 Nr. 1 bis 5 genannten Personen oder Unternehmen für die Erstellung einer Finanzanalyse verantwortlich, so sind zusätzlich zu den Anforderungen nach § 3 die in den Absätzen 2 bis 4 bestimmten besonderen Anforderungen zu erfüllen.

(2) ¹In der Finanzanalyse sind alle wesentlichen Informationsquellen, insbesondere die betroffenen Emittenten, zu nennen. ²Es ist anzugeben, ob die Finanzanalysen vor deren Weitergabe oder Veröffentlichung dem Emittenten zugänglich gemacht und danach geändert wurden.

(3) ¹Finanzanalysen müssen eine ausreichende Zusammenfassung der bei ihrer Erstellung genutzten Bewertungsgrundlagen und -methoden enthalten. ²Die Bedeutung der Empfehlungen für bestimmte Anlageentscheidungen ist einschließlich des empfohlenen Anlagezeitraums, der Anlagerisiken und der Sensitivität der Bewertungsparameter hinreichend zu erläutern.

(4) Deutlich hervorgehoben sind in jeder Finanzanalyse anzugeben
1. das Datum ihrer ersten Veröffentlichung,
2. Datum und Uhrzeit der darin angegebenen Preise von Finanzinstrumenten,
3. die zeitlichen Bedingungen vorgesehener Aktualisierungen, die Änderung bereits angekündigter derartiger Bedingungen und
4. ein Hinweis auf den Zeitpunkt eigener Finanzanalysen aus den der Veröffentlichung vorausgegangenen zwölf Monaten, die sich auf dieselben Finanzinstrumente oder Emittenten beziehen und eine abweichende Empfehlung für eine bestimmte Anlageentscheidung enthalten.

§ 5 Angaben über Interessen und Interessenkonflikte. (1) ¹Finanzanalysen sind unvoreingenommen zu erstellen. ²In der Finanzanalyse sind Umstände oder Beziehungen, die Interessenkonflikte begründen können, weil sie die Unvoreingenommenheit
1. der Ersteller,
2. der für die Erstellung verantwortlichen oder mit diesen verbundenen Unternehmen oder
3. der sonstigen für Unternehmen im Sinne der Nummer 2 tätigen und an der Erstellung mitwirkenden Personen oder Unternehmen

gefährden könnten, anzugeben. ³Dies gilt insbesondere für nennenswerte finanzielle Interessen oder erhebliche Interessenkonflikte in Bezug auf solche Finanzinstrumente oder Emittenten, die Gegenstand der Finanzanalyse sind.

(2) Unternehmen müssen Umstände und Beziehungen nach Absatz 1 Satz 2 zumindest insoweit angeben, wie Informationen über die Interessen oder Interessenkonflikte
1. den Personen im Sinne des Absatzes 1 Satz 2 Nr. 1 oder 3 zugänglich sind oder vermutlich zugänglich sein könnten oder
2. solchen Personen zugänglich sind, die vor der Veröffentlichung oder Weitergabe Zugang zur Finanzanalyse haben oder vermutlich haben könnten.

(3) ¹Sind Personen oder Unternehmen im Sinne des § 1 Abs. 2 Nr. 1 bis 4 für die Erstellung der Finanzanalyse verantwortlich oder wirken sie im Sinne

des Absatzes 1 Satz 2 Nr. 3 an der Erstellung mit, so liegen offenlegungspflichtige Informationen über Interessen oder Interessenkonflikte insbesondere vor, wenn
1. wesentliche Beteiligungen zwischen Personen oder Unternehmen im Sinne des Absatzes 1 Satz 2 Nr. 1 bis 3 und den Emittenten, die selbst oder deren Finanzinstrumente Gegenstand der Finanzanalyse sind, bestehen oder
2. die Personen oder Unternehmen im Sinne des Absatzes 1 Satz 2 Nr. 1 bis 3
   a) Finanzinstrumente, die selbst oder deren Emittenten Gegenstand der Finanzanalyse sind, an einem Markt durch das Einstellen von Kauf- oder Verkaufsaufträgen betreuen,
   b) innerhalb der vorangegangenen zwölf Monate an der Führung eines Konsortiums für eine Emission im Wege eines öffentlichen Angebots von solchen Finanzinstrumenten beteiligt waren, die selbst oder deren Emittenten Gegenstand der Finanzanalyse sind,
   c) innerhalb der vorangegangenen zwölf Monate gegenüber Emittenten, die selbst oder deren Finanzinstrumente Gegenstand der Finanzanalyse sind, an eine Vereinbarung über Dienstleistungen im Zusammenhang mit Investmentbanking-Geschäften gebunden waren oder in diesem Zeitraum aus einer solchen Vereinbarung eine Leistung oder ein Leistungsversprechen erhielten, soweit von der Offenlegung dieser Informationen keine vertraulichen Geschäftsinformationen betroffen sind,
   d) mit Emittenten, die selbst oder deren Finanzinstrumente Gegenstand der Finanzanalyse sind, eine Vereinbarung zu der Erstellung der Finanzanalyse getroffen haben oder
   e) sonstige bedeutende finanzielle Interessen in Bezug auf die Emittenten haben, die selbst oder deren Finanzinstrumente Gegenstand der Finanzanalyse sind.

[2] Als wesentlich im Sinne des Satzes 1 Nr. 1 gilt eine Beteiligung in Höhe von mehr als 5 Prozent des Grundkapitals einer Aktiengesellschaft. [3] Der Offenlegung kann ein niedrigerer Schwellenwert von nicht weniger als 0,5 Prozent des Grundkapitals einer Aktiengesellschaft zugrunde gelegt werden, sofern dieser Schwellenwert angegeben wird.

(4) Für die Erstellung von Finanzanalysen verantwortliche Kreditinstitute, Finanzdienstleistungsinstitute, nach § 53 Abs. 1 Satz 1 des Kreditwesengesetzes tätige Unternehmen oder Zweigniederlassungen im Sinne des § 53b des Kreditwesengesetzes haben zusätzlich
1. interne organisatorische und regulative Vorkehrungen zur Prävention oder Behandlung von Interessenkonflikten in allgemeiner Weise anzugeben,
2. zu offenbaren, wenn die Vergütung der Personen oder Unternehmen im Sinne des Absatzes 1 Satz 2 Nr. 1 oder 3 von Investmentbanking-Geschäften des eigenen oder mit diesem verbundener Unternehmen abhängt und zu welchen Zeitpunkten und Preisen diese Personen Anteile des Emittenten, der selbst oder dessen Finanzinstrumente Gegenstand der Finanzanalyse sind, vor deren Emission erhalten oder erwerben, und
3. vierteljährlich eine Übersicht über die in ihren Finanzanalysen enthaltenen Empfehlungen zu veröffentlichen, in der sie die Anteile der auf „Kaufen", „Halten", „Verkaufen" oder vergleichbare Anlageentscheidungen gerichteten Empfehlungen den Anteilen der von diesen Kategorien jeweils betroffenen

Emittenten gegenüberstellen, für die sie in den vorangegangenen zwölf Monaten wesentliche Investmentbanking-Dienstleistungen erbracht haben.

(5) Die für die Erstellung verantwortlichen Unternehmen können offen zu legende Interessen oder Interessenkonflikte der Personen oder Unternehmen im Sinne des Absatzes 1 Satz 2 Nr. 3 als eigene oder als fremde Interessen oder Interessenkonflikte angeben.

§ 5 a[198] **Organisationspflichten.** (1) ¹Wertpapierdienstleistungsunternehmen, die auf eigene Verantwortung oder auf Verantwortung eines Mitglieds ihrer Unternehmensgruppe Finanzanalysen über Finanzinstrumente im Sinne des § 2 Abs. 2b des Wertpapierhandelsgesetzes oder über deren Emittenten erstellen oder erstellen lassen, die unter ihren Kunden oder in der Öffentlichkeit verbreitet werden sollen oder deren Verbreitung wahrscheinlich ist, müssen sicherstellen, dass ihre Mitarbeiter, die an der Erstellung der Finanzanalyse beteiligt sind oder deren bestimmungsgemäße Aufgaben oder wirtschaftliche Interessen mit den Interessen der voraussichtlichen Empfänger der Finanzanalyse in Konflikt treten können, ihrer Tätigkeit mit einem Grad an Unabhängigkeit nachkommen, der der Höhe des Risikos für eine Beeinträchtigung von Interessen der Empfehlungsempfänger sowie der Größe und dem Gegenstand des Wertpapierdienstleistungsunternehmens und seiner Unternehmensgruppe angemessen ist. ²Hierzu müssen Wertpapierdienstleistungsunternehmen die erforderlichen Vorkehrungen treffen für

1. die wirksame Verhinderung oder Kontrolle eines Informationsaustauschs zwischen Mitarbeitern nach Satz 1 und anderen Mitarbeitern, deren Tätigkeiten einen Interessenskonflikt nach sich ziehen könnten, sofern der Informationsaustausch die Interessen von Empfängern der Finanzanalyse beeinträchtigen könnte,
2. die Unabhängigkeit der Vergütung von Mitarbeitern nach Satz 1 von der Vergütung anderer Mitarbeiter oder den von diesen erwirtschafteten Unternehmenserlösen oder Prämien., sofern die Verknüpfung einen Interessenskonflikt auslösen könnte,
3. die Verhinderung einer unsachgemäßen Einflussnahme anderer Personen auf die Tätigkeit der Mitarbeiter nach Satz 1,
4. die Verhinderung oder Kontrolle einer Beteiligung eines Mitarbeiters nach Satz 1 an anderen Wertpapierdienstleistungen oder Wertpapiernebendienstleistungen in engem zeitlichen Zusammenhang mit der Erstellung einer Finanzanalyse im Sinne des Satzes 1, sofern die Beteiligung ein ordnungsgemäßes Interessenkonfliktmanagement beeinträchtigen könnte, und
5. eine gesonderte Überwachung der Mitarbeiter nach Satz 1 im Hinblick auf ihre Unabhängigkeit und Unvoreingenommenheit.

³Soweit mit diesen Vorkehrungen der nach Satz 1 geforderte Grad an Unabhängigkeit nicht wird, sind weitere erforderliche Maßnahmen zu treffen.

(2) Die Wertpapierdienstleistungsunternehmen müssen unbeschadet der Maßnahmen nach Absatz 1 und § 33b Abs. 5 des Wertpapierhandelsgesetzes mit organisatorischen Vorkehrungen gewährleisten, dass

---

[198] § 5a eingef. mWv 1. 11. 2007 durch VO v. 20. 7. 2007 (BGBl. I S. 1430).

§ 34b 61 Abschnitt 6. Verhaltensregeln, Verjährung

1. Mitarbeiter, die an der Erstellung der Finanzanalyse beteiligt sind, die Vorgaben des § 33b Abs. 5 Nr. 1 und 2 des Wertpapierhandelsgesetzes einhalten,
2. sie selbst und ihre Mitarbeiter, die an der Erstellung der Finanzanalyse im Sinne des Absatzes 1 Satz 1 beteiligt sind, keine Zuwendungen im Sinne des § 31d Abs. 2 des Wertpapierhandelsgesetzes von Personen annehmen, die ein wesentliches Interesse am Inhalt der Finanzanalyse haben,
3. Emittenten keine für sie günstige Empfehlung versprochen wird,
4. Entwürfe für Finanzanalysen im Sinne des Absatzes 1 Satz 1, die bereits eine Empfehlung oder einen Zielpreis enthalten, vor deren Weitergabe oder Veröffentlichung dem Emittenten, Mitarbeitern, die nicht an der Erstellung der Analyse beteiligt sind, oder Dritten nicht zugänglich gemacht werden, soweit dies nicht der Überwachung der Einhaltung gesetzlicher Anforderungen durch das Wertpapierdienstleistungsunternehmen dient.

(3) Die Pflichten der Absätze 1 und 2 gelten auch für Wertpapierdienstleistungsunternehmen, die eine von einem Dritten erstellte Finanzanalyse im Sinne des Absatzes 1 Satz 1 öffentlich verbreiten oder an ihre Kunden weitergeben, es sei denn,

1. der Dritte, der die Analyse erstellt, gehört nicht zur selben Unternehmensgruppe, und
2. das Wertpapierdienstleistungsunternehmen
   a) ändert die in der Finanzanalyse enthaltenen Empfehlungen nicht wesentlich ab,
   b) stellt die Finanzanalyse nicht als von ihm erstellt dar und
   c) vergewissert sich, dass für den Ersteller der Finanzanalyse Bestimmungen gelten, die den Anforderungen der Absätze 1 und 2 gleichwertig sind, oder dieser Grundsätze im Sinne dieser Anforderungen festgelegt hat.

(4) Die Absätze 1 bis 3 und § 5 Abs. 1 Satz 1 gelten nicht für eine Finanzanalyse im Sinne des Absatzes 1 Satz 1, die zwar als Finanzanalyse oder Ähnliches beschrieben oder als objektive oder unabhängige Erläuterung der in der Empfehlung enthaltenen Punkte dargestellt wird, aber eindeutig als Werbemitteilung gekennzeichnet und mit einem Hinweis nach § 31 Abs. 2 Satz 4 Nr. 2 des Wertpapierhandelsgesetzes versehen ist.

§ 6 Deutlichkeitsgebot und Verweisungen. (1) ¹Alle Angaben nach § 34b Abs. 1 und 2 des Wertpapierhandelsgesetzes, auch in Verbindung mit dieser Verordnung, haben deutlich und unmissverständlich in der Finanzanalyse selbst zu erfolgen. ²Angaben nach § 34b Abs. 1 Satz 2 Nr. 1 des Wertpapierhandelsgesetzes und nach § 2 Abs. 1, § 4 Abs. 4 Nr. 1 und 4 sowie § 5 Abs. 3 sind drucktechnisch hervorzuheben. ³Alle nach § 34b Abs. 1 und 2 des Wertpapierhandelsgesetzes, auch in Verbindung mit dieser Verordnung, offen zu legenden Angaben müssen zeitnah erhoben werden.

(2) Soweit Angaben nach § 4 Abs. 2 und 3 und § 5 gemessen am Gesamtumfang der Finanzanalyse unverhältnismäßig wären, können diese in der Finanzanalyse durch die unmissverständliche und drucktechnisch hervorgehobene Nennung einer Internetseite oder eines anderen Ortes, an dem die Angaben für jedermann unmittelbar und leicht zugänglich sind, ersetzt werden.

(3) Wird eine Finanzanalyse nicht in Textform erstellt, so können die Angaben nach § 2 Abs. 1 und 2, § 3 Abs. 1 und 2, § 4 Abs. 2 bis 4 und § 5 erfolgen, in-

Anzeigepflicht § 34c

dem unmittelbar im sachlichen und zeitlichen Zusammenhang mit der Finanzanalyse für die Empfänger leicht nachvollziehbar eine Internetseite oder ein anderer Ort, an dem die Angaben für jedermann unmittelbar und leicht zugänglich sind, genannt wird.

§ 7 Darbietung bei Weitergabe von Finanzanalysen. (1) [1]Kreditinstitute, Finanzdienstleistungsinstitute, nach § 53 Abs. 1 Satz 1 des Kreditwesengesetzes tätige Unternehmen oder Zweigniederlassungen im Sinne des § 53b des Kreditwesengesetzes die für die Weitergabe von Finanzanalysen Dritter verantwortlich sind, und für diese jeweils tätige natürliche Personen, die Finanzanalysen weitergeben, müssen zusätzlich zu den Pflichten nach § 34b Abs. 1 des Wertpapierhandelsgesetzes und den nachfolgenden Absätzen 2 und 3
1. die sie betreffenden Informationen im Sinne des § 5 Abs. 3 und 4 angeben, es sei denn, die Finanzanalyse ist bereits vom für die Erstellung verantwortlichen Unternehmen veröffentlicht worden;
2. soweit sie die Finanzanalyse wesentlich verändert weitergeben, in Ansehung der wesentlichen Veränderung die Angaben im Sinne der §§ 2 bis 5 der Finanzanalyse beifügen.
[2]§ 6 ist entsprechend anzuwenden.

(2) [1]Wer eine Finanzanalyse Dritter wesentlich verändert weitergibt, hat die Änderungen genau zu kennzeichnen. [2]Besteht die Änderung in der Empfehlung für eine abweichende Anlageentscheidung, so haben die Personen, die für die Weitergabe verantwortlich sind, die sie betreffenden Angaben nach den §§ 2 bis 4, 5 Abs. 1 und 2 und § 6 der Finanzanalyse beizufügen.

(3) [1]Unternehmen, die für die Weitergabe einer wesentlich veränderten Finanzanalyse verantwortlich sind, müssen so organisiert sein, dass die Empfänger unmittelbar mit der Weitergabe an einen Ort verwiesen werden, an dem die unveränderte Finanzanalyse, die Angaben zur Identität der Ersteller und des für die Erstellung verantwortlichen Unternehmens und zu den von ihnen offen gelegten Interessenkonflikten unmittelbar und leicht zugänglich sind, soweit diese Angaben öffentlich verfügbar sind. [2]Sie müssen insbesondere die für diese Organisation notwendigen internen Regelungen schriftlich niederlegen.

(4) Die Absätze 1 bis 3 gelten für die Weitergabe von Finanzanalysen anderer als der unter § 1 Abs. 2 Nr. 1 bis 4 genannten Personen nur, soweit diese Finanzanalysen direkt Empfehlungen für Anlageentscheidungen zu bestimmten Finanzinstrumenten enthalten.

§ 8 Inkrafttreten. Diese Verordnung tritt am Tage nach der Verkündung[1] in Kraft.

§ 34c Anzeigepflicht

Andere Personen als Wertpapierdienstleistungsunternehmen, Kapitalanlagegesellschaften oder Investmentaktiengesellschaften, die in Ausübung ihres Berufes oder im Rahmen ihrer Geschäftstätigkeit für die Erstellung von Finanzanalysen oder deren Weitergabe verantwortlich sind, haben dies gemäß

---

[1] Verkündet am 22. 12. 2004.

§ 34c 1–3   Abschnitt 6. Verhaltensregeln, Verjährung

Satz 3 der Bundesanstalt unverzüglich anzuzeigen. Die Einstellung der in Satz 1 genannten Tätigkeiten ist ebenfalls anzuzeigen. Die Anzeige muss Name oder Firma und Anschrift des Anzeigepflichtigen enthalten. Der Anzeigepflichtige hat weiterhin anzuzeigen, ob bei mit ihm verbundenen Unternehmen Tatsachen vorliegen, die Interessenkonflikte begründen können. Veränderungen der angezeigten Daten und Sachverhalte sind innerhalb von vier Wochen der Bundesanstalt anzuzeigen. Die Ausnahmevorschrift des § 34 b Abs. 4 gilt entsprechend.

Schrifttum: s. die Angaben zu § 34 b.

Übersicht

	Rn.
I. Regelungsgegenstand und -zweck	1
II. Normadressaten	3
III. Gegenstand der Anzeige	4
IV. Sanktionen bei Verstößen	7

I. Regelungsgegenstand und -zweck

1   § 34 c Satz 1 begründet für bestimmte Personen, die geschäfts- oder berufsmäßig für die Erstellung oder Weitergabe von Finanzanalysen verantwortlich sind, eine **Anzeigepflicht** gegenüber der BaFin. Satz 2 erstreckt diese Pflicht auf die Anzeige der Einstellung der genannten Tätigkeiten und Satz 4 auf die Angabe möglicher Interessenkonflikte, während Satz 3 die notwendigen (Mindest-)Angaben über die anzeigepflichtige Person auflistet. Satz 5 begründet eine Aktualisierungspflicht. Satz 6 nimmt durch entsprechende Anwendung des § 34 b Abs. 4 Journalisten von der Anzeigpflicht aus.

2   Grundlage für diese Regelungen ist, dass nach Art. 14 Abs. 1 iVm Art. 6 Abs. 5 der Marktmissbrauchsrichtlinie[1] die Mitgliedstaaten dafür sorgen müssen, dass bei Verstößen gegen die für die Erstellung und Weitergabe von Finanzanalysen geltenden Vorschriften geeignete Verwaltungsmaßnahmen ergriffen oder im Verwaltungsverfahren zu erlassende Sanktionen gegen die verantwortlichen Personen verhängt werden können. In Umsetzung dieser Bestimmung soll die Anzeigepflicht des § 34 c der BaFin **Kenntnis über den Kreis der mit Finanzanalysen beschäftigten Informationsintermediäre** verschaffen, um ihr eine **wirksame Überwachung** dieser Unternehmen und Personen zu **ermöglichen**.[2]

II. Normadressaten

3   Für die **Erstellung von Finanzanalysen oder deren Weitergabe verantwortlich** im Sinne des § 34 c Satz 1 sind sowohl die **Unternehmen,** die Finanzanalysen erstellen oder weitergeben,[3] als auch die **natürlichen Personen,** die an der Erarbeitung der Analysen maßgeblich beteiligt sind.[4] Von der Anzeigpflicht

---
[1] Richtlinie 2003/6/EG, ABl. EG Nr. L 96 vom 12. 4. 2003, S. 25.
[2] BegrRegE (AnSVG), BT-Drucks. 15/3174, S. 39; KölnKommWpHG-*Möllers*, § 34 c Rn. 2.
[3] *Zu den Begriffen siehe* § 34 b Rn. 17 ff., 29 ff.
[4] Ebenso *Koller* in *Assmann/Schneider*, Rn. 2; vgl. auch KölnKommWpHG-*Möllers*, § 34 c Rn. 10 (Hilfspersonen nicht erfasst).

ausgenommen sind Wertpapierdienstleistungsunternehmen (§ 2 Abs. 4), Kapitalanlagegesellschaften (§ 6 InvG) und Investmentaktiengesellschaften (§§ 96 ff. InvG), da diese bereits der Überwachung durch die BaFin unterliegen.[5] Zudem findet die für Journalisten geltende Ausnahmevorschrift des § 34 b Abs. 4 entsprechende Anwendung (§ 34 c Satz 6). Deren Eingreifen setzt voraus, dass die Journalisten einer „vergleichbaren Selbstregulierung einschließlich wirksamer Kontrollmechanismen" unterliegen, so dass sich eine Anzeigepflicht gegenüber der BaFin erübrigt. Von der Befreiung profitieren nicht nur die natürlichen Personen, sondern auch die Medienunternehmen (juristischen Personen).[6]

III. Gegenstand der Anzeige

Anzuzeigen ist zum einen die Verantwortlichkeit der erfassten Personen für die Erstellung oder Weitergabe von Finanzanalysen, also ihre **Tätigkeit** als solche, nicht die einzelnen daraus resultierenden Analysen. Zum anderen ist die anzeigepflichtige **Person** durch Angabe von Namen oder Firma sowie Anschrift eindeutig **zu individualisieren** (Satz 3).

Während die Aufnahme der Tätigkeit „unverzüglich" anzuzeigen ist, fehlt bei der nach Satz 2 ebenfalls erforderlichen Mitteilung der **Einstellung der** genannten **Tätigkeiten** eine entsprechende ausdrückliche Vorgabe. Da es sich insoweit um einen Sonderfall der **„Veränderung der angezeigten Daten und Sachverhalte"** (Satz 5) handelt, dürfte die dafür maßgebliche zeitliche Konkretisierung „innerhalb von vier Wochen" auch für die Einstellung der Tätigkeit einschlägig sein.

Unklar ist die Reichweite der Bestimmung in Satz 4 hinsichtlich der Anzeige von potentiellen **Interessenkonflikten.** Bei einem eng am Gesetzeswortlaut orientierten Verständnis wäre nur anzugeben, „ob" Tatsachen vorliegen (nicht: „welche"), die einen Interessenkonflikt „bei einem verbundenen Unternehmen" (also nicht beim Anzeigepflichtigen selbst) begründen können. Nach dem Sinn und Zweck der Regelung, der BaFin den notwendigen Überblick über die Akteure auf dem Markt und damit eine Ausgangsbasis für die Entfaltung einer effektiven Überwachungstätigkeit zu verschaffen, wird man dabei aber nicht stehen bleiben können. Vielmehr muss die BaFin auch Kenntnis erlangen von den bei den anzeigepflichtigen Personen selbst möglicherweise bestehenden Interessenkonflikten.[7] Hinzu kommt, dass der BaFin zumindest eine grobe Einschätzung der Art oder des Charakters des Interessenkonflikts bzw. typischerweise zu erwartender Konfliktsituationen möglich sein muss. Daher sind zwar nicht die individuellen Tatsachen anzugeben, aus denen sich im Einzelfall ein konkreter Interessenkonflikt ergibt.[8] Wohl aber sind die generellen Umstände zu spezifizieren (zB personelle oder kapitalmäßige Verflechtungen mit anderen Finanzdienstleistern),[9] aus denen sich (typischerweise) eine Konfliktsituation bei einem verbundenen Unternehmen oder beim Anzeigepflichtigen selbst ergeben kann. Für den Begriff der verbundenen Unternehmen ist auf § 15 AktG abzustellen.

---

[5] Vgl. BegrRegE, BT-Drucks. 15/3174, S. 39.
[6] KölnKommWpHG-*Möllers,* § 34 c Rn. 11; **aA** *Kämmerer/Veil,* BKR 2005, 379, 384 (nur die Journalisten als natürliche Personen).
[7] Im Ergebnis ebenso KölnKommWpHG-*Möllers,* § 34 c Rn. 15.
[8] Insoweit übereinstimmend KölnKommWpHG-*Möllers,* § 34 c Rn. 14.
[9] Vgl. BegrRegE (AnSVG), BT-Drucks. 15/3174, S. 39; *Schwintek,* Das Anlegerschutzverbesserungsgesetz, S. 115.

§ 35　Abschnitt 6. Verhaltensregeln, Verjährung

IV. Sanktionen bei Verstößen

7　Gemäß § 39 Abs. 2 Nr. 22 handelt **ordnungswidrig**, wer vorsätzlich oder leichtfertig entgegen § 34c Satz 1, 2 oder 4 eine Anzeige nicht, nicht richtig, nicht vollständig oder nicht rechtzeitig erstattet; die Ordnungswidrigkeit kann mit einer Geldbuße bis zu 50 000,– Euro geahndet werden (§ 39 Abs. 4). § 34c soll lediglich die Überwachung durch die BaFin erleichtern und stellt daher kein Schutzgesetz zugunsten einzelner Anleger dar.[10]

§ 35 Überwachung der Meldepflichten und Verhaltensregeln

(1) Die Bundesanstalt kann zur Überwachung der Einhaltung der in diesem Abschnitt geregelten Pflichten von den Wertpapierdienstleistungsunternehmen, den mit diesen verbundenen Unternehmen, den Zweigniederlassungen im Sinne des § 53b des Kreditwesengesetzes, den Unternehmen, mit denen eine Auslagerungsvereinbarung im Sinne des § 25a Abs. 2 des Kreditwesengesetzes besteht oder bestand und sonstigen zur Durchführung eingeschalteten dritten Personen oder Unternehmen auch ohne besonderen Anlass Prüfungen vornehmen.

(2) Die Bundesanstalt kann zur Überwachung der Einhaltung der in diesem Abschnitt geregelten Pflichten Auskünfte und die Vorlage von Unterlagen auch von Unternehmen mit Sitz in einem Drittstaat verlangen, die Wertpapierdienstleistungen gegenüber Kunden erbringen, die ihren gewöhnlichen Aufenthalt oder ihre Geschäftsleitung im Inland haben, sofern nicht die Wertpapierdienstleistung einschließlich der damit im Zusammenhang stehenden Wertpapiernebendienstleistungen ausschließlich in einem Drittstaat erbracht wird.

(3) Widerspruch und Anfechtungsklage gegen Maßnahmen nach den Absätzen 1 und 2 haben keine aufschiebenden Wirkung.

(4) ¹Die Bundesanstalt kann Richtlinien aufstellen, nach denen sie nach Maßgabe der Richtlinie 2004/39/EG und der Richtlinie 2006/73/EG der Kommission vom 10. August 2006 zur Durchführung der Richtlinie 2004/39/EG des Europäischen Parlaments und des Rates in Bezug auf die organisatorischen Anforderungen an Wertpapierfirmen und die Bedingungen für die Ausübung ihrer Tätigkeit sowie in Bezug auf die Definition bestimmter Begriffe für die Zwecke der genannten Richtlinie (ABl. EU Nr. L 241 S. 26) für den Regelfall beurteilt, ob die Anforderungen dieses Abschnittes erfüllt sind. ²Die Deutsche Bundesbank sowie die Spitzenverbände der betroffenen Wirtschaftskreise sind vor dem Erlass der Richtlinien anzuhören. ³Die Richtlinien sind im elektronischen Bundesanzeiger zu veröffentlichen.

Übersicht

	Rn.
I. Regelungsgegenstand und -zweck	1
II. Eingriffsrechte der Bundesanstalt (Abs. 1 und 2)	4
III. Zwangsweise Durchsetzung; Rechtsschutz	13
IV. Richtlinien der Bundesanstalt (Abs. 4)	15

---

[10] Vgl. bereits Vor §§ 31 bis 37a Rn. 86.

Überwachung der Meldepflichten und Verhaltensregeln 1–4 § 35

Schrifttum: *Balzer,* Anlegerschutz bei Verstößen gegen die Verhaltenspflichten nach §§ 31 ff. Wertpapierhandelsgesetz (WpHG), ZBB 1997, 260; *Baur,* Die Wohlverhaltensrichtlinie des BAWe, Die Bank 1997, 485; *Bliesener,* Aufsichtsrechtliche Verhaltenspflichten beim Wertpapierhandel, 1998; *Ganten/Möllers,* die Wohlverhaltensrichtlinie des BAWe im Lichte der neuen Fassung des WpHG, ZGR 1998, 773; *Klanten,* Neufassung der Wohlverhaltensrichtlinie und der Mitarbeiterleitsätze, ZBB 2000, 349; *Schwennicke,* Die Dokumentation der Erfüllung von Verhaltenspflichten nach § 31 Abs. 2 WpHG durch die Bank, WM 1998, 1101.

I. Regelungsgegenstand und -zweck

In der bis zum Inkrafttreten des Anlegerschutzverbesserungsgesetzes geltenden Fassung stellte § 35 **ursprünglich** die **zentrale Ermächtigungsnorm** für die Überwachung der Einhaltung sämtlicher Verhaltensregeln und sonstiger Pflichten der §§ 31–34b (Wortlaut Absatz 1: „zur Überwachung der Einhaltung der *in diesem Abschnitt* geregelten Pflichten") sowie der Meldepflichten des § 9 (vgl. Absatz 4) durch die BaFin dar. Die Absätze 1–4 verliehen der Bundesanstalt gegenüber einer Vielzahl von Adressaten diverse und weitreichende Möglichkeiten der Informationsbeschaffung. Dabei waren die Voraussetzungen für ein Tätigwerden großzügig ausgestaltet. § 35 erlaubte ein Tätigwerden ganz allgemein „zur Überwachung der Einhaltung" der Meldepflichten und Verhaltensregeln. 1

Mit dem **Anlegerschutzverbesserungsgesetz** wurden die bisherigen Einzelbefugnisse der Bundesanstalt in §§ 16, 18, 20b, 29 und 35 in § 4 zu einer Generalbefugnisnorm zusammengefasst. Auskunftsverlangen, Unterlagenvorlageverlangen und Betretensrecht sind nunmehr in § 4 abschließend geregelt, so dass die entsprechenden Regelungen in § 35 aF entfallen konnten. § 35 nF enthält nur noch spezielle – über § 4 hinausgehende – Befugnisse der Bundesanstalt für den Bereich der Wohlverhaltensregeln zur anlassunabhängigen Prüfung, zum Vorgehen gegen ausländische Unternehmen und zum Erlass von Richtlinien. 2

Mit dem **Finanzmarktrichtlinie-Umsetzungsgesetz (FRUG)**[1] wurden die Absätze 1, 2 und 4 an die Anforderungen aus der **Finanzmarktrichtlinie (MiFID)**[2] und der **Durchführungsrichtlinie**[3] angepasst. 3

II. Eingriffsrechte der Bundesanstalt (Abs. 1 und 2)

Nach **Absatz 1** ist die Bundesanstalt befugt, zur Überwachung der Einhaltung der Wohlverhaltensregeln bei bestimmten Personen und Unternehmen Prüfungen vorzunehmen, und zwar – hierin liegt der Unterschied zu § 4 Abs. 2, der grundsätzlich ebenfalls Prüfungen erlaubt – „ohne besonderen Anlass", d. h. 4

---

[1] BGBl. I 2007, 1330 ff.
[2] Richtlinie 2004/39/EG des Europäischen Parlaments und des Rates vom 21. 4. 2004 über Märkte für Finanzinstrumente, zur Änderung der Richtlinien 85/611/EWG und 93/6/EWG des Rates und der Richtlinie 2000/12/EG des Europäischen Parlaments und des Rates und zur Aufhebung der Richtlinie 93/22/EWG des Rates, ABl. L 145 vom 30. 4. 2004, S. 1 ff.
[3] Richtlinie 2006/73/EG der Kommission vom 10. 8. 2006 zur Durchführung der Richtlinie 2004/39/EG des Europäischen Parlaments und des Rates in Bezug auf die organisatorischen Anforderungen an Wertpapierfirmen und die Bedingungen für die Ausübung ihrer Tätigkeit sowie in Bezug auf die Definition bestimmter Begriffe für die Zwecke der genannten Richtlinie, ABl. L 241 vom 2. 9. 2006, S. 26 ff.

§ 35 5–8   Abschnitt 6. Verhaltensregeln, Verjährung

ohne dass Anhaltspunkte für Verstöße gegen §§ 31 ff. vorliegen müssen. Möglich sind damit auch stichprobenartige Prüfungen.

5 Anders als § 4 Abs. 2, nach dem sich Maßnahmen gegen „jedermann" richten können, zählt § 35 Abs. 1 den **Kreis der möglichen Adressaten enumerativ-abschließend** auf. In Betracht kommen
– Wertpapierdienstleistungsunternehmen (§ 2 Abs. 4) und mit diesen verbundene Unternehmen[4] (Absatz 1 Satz 1),
– Zweigniederlassungen im Sinne des § 53 b KWG (Absatz 1 Satz 1)
– Unternehmen, mit denen eine Auslagerungsvereinbarung im Sinne des § 25 a Abs. 2 KWG besteht oder bestand (Absatz 1 Satz 1) und
– sonstige in die Durchführung der Leistungen eingeschaltete dritte Personen und Unternehmen (Absatz 1 Satz 1).

6 Durch das FRUG wurden die Zweigniederlassungen im Sinne von § 53 b KWG und Unternehmen, mit denen eine Auslagerungsvereinbarung im Sinne des § 25 a Abs. 2 KWG besteht oder bestand, in die Aufzählung mit aufgenommen. Für Zweigniederlassungen im Sinne von § 53 b KWG gelten die Regelungen des Abschnitts 6 aufgrund der ebenfalls durch das FRUG erfolgten Änderung von § 36 a Abs. 1 S. 1 entsprechend, so dass diese in die Aufzählung mit aufzunehmen waren.[5]

7 Das Gesetz legt nicht fest, welche Kontrolltätigkeit genau unter einer **„Prüfung"** zu verstehen ist. Bei wortlautbezogener-systematischer Betrachtung muss sich diese einerseits von dem in Absatz 2 genannten Auskunfts- und Vorlageverlangen und andererseits von den in § 36 normierten Prüfungen unterscheiden: Denn § 36 und die auf seiner Grundlage ergangene WpDPV umschreiben die dort geregelte routinemäßige Jahresprüfung im Einzelnen und abschließend, womit „Prüfungen" nach Absatz 1 Satz 1 nicht diese Art der Prüfung meinen können, und eine „Prüfung" nach Absatz 1 Satz 1 ist bereits vom Wortlaut her mehr als die Geltendmachung eines bloßen Auskunfts- und Vorlageverlangens, dem der Verpflichtete grundsätzlich auch auf fernmündlichem oder schriftlichem Wege nachkommen kann.[6] „Prüfung" i. S. des Absatzes 1 Satz 1 muss also die **„Überraschungsprüfung"** meinen, bei der die BaFin ohne vorherige oder aufgrund kurzfristiger Ankündigung vor Ort, in den Räumen des betroffenen Unternehmens, ein Begehren nach (idR) umfassender Auskunftserteilung und Unterlagenvorlage (und -einsicht) stellt.[7] Solche unangemeldeten Besichtigungen sind besonders effektiv, weil sich der Betroffene hierauf nicht einstellen und Missstände daher nicht kurzfristig abstellen oder verschleiern kann.[8]

8 Im Hinblick auf § 37 VwVfG ist das Prüfungsbegehren zu **konkretisieren.**[9] Gem. § 4 Abs. 3 FinDAG kann sich die Bundesanstalt auch hinsichtlich solcher Sonderprüfungen anderer Personen und Einrichtungen bedienen.[10] Zur Wahrnehmung der Prüfungsbefugnis steht das Betretensrecht nach Absatz 1 Satz 3 zur Verfügung. Die **Kosten der Prüfung** sind gem. § 15 Abs. 1 Nr. 2 FinDAG von

---

[4] Zum Begriff des verbundenen Unternehmens s. die Kommentierung zu § 32 Abs. 1.
[5] Gesetzesentwurf der Bundesregierung vom 15. 11. 2006, BT-Drs. 16/4028, S. 77
[6] S. § 16 Rn. 43.
[7] Vgl. Entwurfsbegr. zum Richtlinienumsetzungsgesetz, BT-Drucks. 13/7142, S. 111.
[8] Vgl. a. VGH Mannheim MedR 2005, 107 (zu § 64 Abs. 3 AMG).
[9] Vgl. *Boos/Fischer/Schulte-Mattler/Braun*, KWG, § 44 Rn. 25, zur Parallelvorschrift des § 44 Abs. 1 S. 2 KWG; s. a. § 16 Rn. 48.
[10] Zu § 4 Abs. 3 FinDAG s. o. § 6 Rn. 1 ff.

dem betroffenen Unternehmen zu erstatten. Hier liegt ein weiterer Unterschied zu der Geltendmachung eines Auskunfts- und Vorlageverlangens, hinsichtlich dessen die BaFin Kostenerstattung nicht verlangen kann.

Absatz 2 betrifft die Eingriffsbefugnisse der Bundesanstalt gegenüber Unternehmen mit Sitz in einem Drittstaat (§ 2 Abs. 6 Nr. 1 Buchstabe b). Vor der Änderung von Absatz 2 durch das FRUG waren sämtliche Unternehmen mit Sitz im Ausland erfasst. Diese Regelung musste aufgrund des strikten Herkunftslandprinzips auf Drittstaaten beschränkt werden. Aufgrund des Herkunftslandprinzips werden die Unternehmen mit Sitz in der EWR durch die zuständige Behörde des jeweiligen Heimatlandes überwacht. Eine Überwachung durch die BaFin entfällt. 9

Erfasst sind solche Unternehmen, die Wertpapierdienstleistungen (§ 2 Abs. 3) und Wertpapiernebendienstleistungen (§ 2 Abs. 3a)[11] gegenüber inländischen Kunden nicht ausschließlich in einem Drittstaat erbringen. Gegenüber diesen Unternehmen kann die Bundesanstalt wie gegenüber inländischen Unternehmen (vgl. § 4 Abs. 2, 3) Auskünfte und die Vorlage von Unterlagen verlangen. Im Hinblick auf die internationale Zusammenarbeit bei der Überwachung von Unternehmen mit Sitz in der EWR finden die Regelungen aus § 7, insbesondere des Absatz 4 Anwendung. Die BaFin muss demnach die jeweils zuständige Stelle nach Maßgabe des Artikels 15 der Verordnung (EG) Nr. 1287/2006 um die Durchführung von Untersuchungen und die Übermittlung von Informationen ersuchen. 10

Im Hinblick auf Unternehmen mit Sitz in einem Drittstaat können die Befugnisse wegen des Territorialitätsprinzips nur so ausgeübt werden, dass die Bundesanstalt ein entsprechendes Amtshilfeersuchen an die zuständigen Aufsichtsbehörden richtet.[12] Die Regelung stellt einen **Fall extraterritorialer Anwendung von deutschem Wertpapieraufsichtsrecht** dar.[13] Sie hat Ausnahmecharakter und erlaubt den Umkehrschluss, dass ausländische Unternehmen von der allgemeinen Befugnisnorm des § 4 nicht angesprochen werden. Hinsichtlich Inhalt und Modalitäten von Auskunftsverlangen und Unterlagenvorlageverlagen gelten die Ausführungen zu § 4 entsprechend. Auch die Einschränkungen des § 4 Abs. 8, 9 dürften Geltung beanspruchen. 11

Die Ausübung der verliehenen Befugnisse steht im **Ermessen** („kann") der BaFin; es besteht keine Pflicht zum Tätigwerden. Dabei hat die Anstalt sowohl ein Entschließungs- als auch ein Auswahlermessen, d.h. die Entscheidung über das „Ob" und die Entscheidung über das „Wie" einer Aufsichtsmaßnahme steht in ihrem Ermessen. Stellt sich nach Durchführung der Maßnahme heraus, dass diese für die Aufsichtstätigkeit der Anstalt unergiebig ist und/oder dass keine Verstöße gegen §§ 31 ff. vorliegen, so ändert das an der Rechtmäßigkeit der Maßnahme nichts. Wie auch sonst im allgemeinen Polizei- und Ordnungsrecht[14] ist die Rechtmäßigkeit ausschließlich anhand einer ex ante-Betrachtung zu beurteilen. 12

III. Zwangsweise Durchsetzung; Rechtsschutz

Die Anordnung nach Absatz 2, Auskünfte zu erteilen und/oder Unterlagen vorzulegen, sowie die Prüfungsanordnung sind **Verwaltungsakte,** gegen die 13

---

[11] Vgl. *Assmann/Schneider/Koller,* § 35 Rn. 3.
[12] Entwurfsbegr., BT-Drs. 13/7142, S. 111; *Assmann/Schneider/Koller,* § 35 Rn. 4.
[13] *Schäfer,* § 16 Rn. 6, zu entsprechenden Befugnissen nach § 16 aF.
[14] Vgl. exemplarisch *Schmidt-Aßmann/Friauf,* Bes. Verwaltungsrecht, 2. Abschn. Rn. 50 ff.

nach den allgemeinen Regeln (Erhebung von **Widerspruch und Anfechtungsklage**) Rechtsschutz vor dem Verwaltungsgericht begehrt werden kann. Dasselbe gilt für eine (ausnahmsweise) angekündigte Prüfung. Da die Bundesanstalt keine oberste Bundesbehörde ist, ist die Durchführung eines Widerspruchsverfahrens vor Klageerhebung notwendig, wobei die Anstalt selbst Widerspruchsbehörde ist (§§ 68 Abs. 1 S. 2, 73 Abs. 1 S. 2 Nr. 2 VwGO). Gem. **Absatz 3** haben – ebenso § 4 Abs. 7 – Widerspruch und Anfechtungsklage grundsätzlich **keine aufschiebende Wirkung** (§ 80 Abs. 2 Nr. 3 VwGO).

14 Vollziehbare Anordnungen der Bundesanstalt können mit **Zwangsmitteln** durchgesetzt werden.[15] Die Zuwiderhandlung gegen eine vollziehbare Anordnung nach § 35 Abs. 1, 4 stellt ebenso wie die Missachtung eines Betretensrechts eine **Ordnungswidrigkeit** dar, § 39 Abs. 3 Nr. 1 a), Nr. 2.

IV. Richtlinien der Bundesanstalt (Abs. 4)

15 Absatz 4 gibt der Bundesanstalt die Möglichkeit, Richtlinien aufzustellen, mit denen sie nach Maßgabe der Richtlinie 2004/39/EG und der Richtlinie 2006/73/EG für den Regelfall beurteilt, ob die Anforderungen des 6. Abschnittes erfüllt sind d. Dabei besteht ausweislich des Wortlauts („kann") keine Pflicht zum Erlass von Richtlinien; deren Erlass liegt vielmehr im Ermessen der BaFin. Eine ähnliche Ermächtigung existiert für den Bereich der Mitteilungs- und Veröffentlichungspflichten in § 29. Hier wie dort ist eine Veröffentlichungspflicht im (seit dem Anlegerschutzverbesserungsgesetz: **elektronischen**) **Bundesanzeiger**[16] normiert. Anders als bei § 29 sind im vorliegenden Zusammenhang vor Erlass der Richtlinien die Deutsche Bundesbank und die Spitzenverbände der betroffenen Wirtschaftskreise zwingend anzuhören (Satz 2). Hinsichtlich §§ 34–34b ist eine Befugnis zum Richtlinienerlass nicht vorgesehen.

16 Die Rechtsqualität der Richtlinien ist unklar. Auf den ersten Blick handelt es um gewöhnliche normkonkretisierende[17] **Verwaltungsvorschriften** mit lediglich interner Wirkung – insbesondere die Möglichkeit einer Abweichung im Ausnahmefall spricht hierfür. Konkretisiert werden die in §§ 31–33 verwendeten unbestimmten Rechtsbegriffe. Der Gesetzgeber hat mit der Veröffentlichungspflicht im Bundesanzeiger, mit der ausdrücklichen Regelung in § 25 Abs. 4 und nicht zuletzt mit der Verpflichtung einer vorherigen Anhörung von Bundesbank und Spitzenverbänden der Wirtschaft aber deutlich gemacht, dass er die Richtlinien nicht als interne Verwaltungsvorschriften ansieht. Ihnen soll vielmehr Außenwirkung in dem Sinne zugestanden werden, dass sich die beaufsichtigten Personen und Unternehmen unmittelbar – und nicht erst über den Umweg des Art. 3 GG wie bei Verwaltungsvorschriften[18] – auf die Richtlinien berufen dürfen und die Gerichte diese ebenfalls zu berücksichtigen haben. Die Aufstellung veröffentlichter und bindender Richtlinien soll für mehr Rechtssicherheit in der Praxis sorgen.[19] Den Richtlinien nach § 35 Abs. 4 muss daher – wie denen nach

---

[15] Einzelheiten s. o. § 4 Rn. 33 ff.
[16] *https://www.ebundesanzeiger.de*
[17] Nicht aber um ermessensleitende Verwaltungsvorschriften, weil §§ 31–33 keine Ermessensvorschrift darstellen und die Richtlinien zudem den Tatbestand der §§ 31–33 betreffen.
[18] Vgl. nur *Maurer*, Allgem. Verwaltungsrecht, § 24 Rn. 21 f.
[19] *Schäfer/Opitz*, § 29 Rn. 12.

§ 29 – **verordnungsähnliche rechtliche Bindungswirkung im Außenverhältnis** zugesprochen werden; sie sind keine gewöhnlichen Verwaltungsvorschriften.[20] Die (Zivil-)Rechtsprechung sträubt sich allerdings bislang, eine solche Bindungswirkung anzuerkennen.[21] Vorzugswürdig wäre es daher gewesen, der Gesetzgeber hätte eine gewöhnliche Verordnungsermächtigung ausgesprochen, statt das dogmatisch unklare Konzept der zu veröffentlichenden Richtlinie zu verwenden.

Das BAWe hat erstmals am 26. Mai 1997 eine Richtlinie zur Konkretisierung der §§ 31, 32 WpHG erlassen.[22] Diese sog. **Wohlverhaltensrichtlinie** ist am 9. Mai 2000[23] und am 23. August 2001[24] neugefasst worden. Zu § 33 ist am 25. Oktober 1999 vom BAWe die sog. **Compliance-Richtlinie** erlassen worden.[25]

17

§ 36 Prüfung der Meldepflichten und Verhaltensregeln

(1) ¹Unbeschadet des § 35 ist die Einhaltung der Meldepflichten nach § 9, der in diesem Abschnitt geregelten Pflichten und der sich aus der Verordnung (EG) Nr. 1287/2006 ergebenden Pflichten einmal jährlich durch einen geeigneten Prüfer zu prüfen. ²Bei Kreditinstituten, die das Depotgeschäft im Sinne von § 1 Abs. 1 Satz 2 Nr. 5 des Kreditwesengesetzes betreiben, hat der Prüfer auch dieses Geschäft besonders zu prüfen; diese Prüfung hat sich auch auf die Einhaltung des § 128 des Aktiengesetzes über Mitteilungspflichten und des § 135 des Aktiengesetzes über die Ausübung des Stimmrechts zu erstrecken. ³Die Bundesanstalt kann auf Antrag von der jährlichen Prüfung, mit Ausnahme der Prüfung der Einhaltung der Anforderungen nach § 34a, auch in Verbindung mit einer Rechtsverordnung nach § 34a Abs. 5, ganz oder teilweise absehen, soweit dies aus besonderen Gründen, insbesondere wegen der Art und des Umfangs der betriebenen Geschäfte angezeigt ist. ⁴Das Wertpapierdienstleistungsunternehmen hat den Prüfer jeweils spätestens zum Ablauf des Geschäftsjahres zu bestellen, auf das sich die Prüfung erstreckt. ⁵Bei Kreditinstituten, die einem genossenschaftlichen Prüfungsverband angehören oder durch die Prüfungsstelle eines Sparkassen- und Giroverbandes geprüft werden, wird die Prüfung durch den zuständigen Prüfungsverband oder die zuständige Prüfungsstelle, soweit hinsichtlich letzterer das Landesrecht dies vorsieht, vorgenommen. ⁶Geeignete Prüfer sind darüber hinaus Wirtschaftsprüfer, vereidigte Buchprüfer sowie Wirtschaftsprüfungs- und Buchprüfungsgesellschaften, die hinsichtlich des Prüfungsgegenstandes über ausreichende Kenntnisse

---

[20] So aber *Höhns*, Aufsicht über Finanzdienstleister, S. 202 f.; *Bliesener*, Verhaltenspflichten, S. 126 ff.: Keine eigenständige rechtliche Bedeutung; lediglich „Dienstbefehl" des Präsidenten des BAWe an die zuständigen Mitarbeiter.
[21] Vgl. BGHZ 147, 343: lediglich norminterpretierende, aufsichtsbehördliche Verwaltungsvorschrift, die weder für vertragliche Verpflichtungen noch für die Zivilgerichte unmittelbare rechtliche Bedeutung habe (zur Wohlverhaltensrichtlinie); ähnlich OLG Düsseldorf NJW-RR 2004, 409.
[22] Richtlinie gem. § 35 Abs. 2 WpHG aF zur Konkretisierung der §§ 31 und 32 WpHG für das Kommissions-, Festpreis- und Vermittlungsgeschäft der Kreditinstitute, Bundesanzeiger Nr. 98 vom 3. 6. 1997, S. 6586.
[23] Bundesanzeiger Nr. 131 vom 15. 7. 2000, S. 13792. Dazu *Klanten* ZBB 2000, 349 ff.
[24] Bundesanzeiger Nr. 165 vom 4. 9. 2001, S. 19217.
[25] Bundesanzeiger Nr. 210 vom 6. 11. 1999, S. 18453.

verfügen. ⁷Der Prüfer hat unverzüglich nach Beendigung der Prüfung der Bundesanstalt und der Deutschen Bundesbank einen Prüfungsbericht einzureichen. ⁸Soweit Prüfungen nach Satz 4 von genossenschaftlichen Prüfungsverbänden oder Prüfungsstellen von Sparkassen- und Giroverbänden durchgeführt werden, haben die Prüfungsverbände oder Prüfungsstellen den Prüfungsbericht nur auf Anforderung der Bundesanstalt oder der Deutschen Bundesbank einzureichen.

(2) ¹Das Wertpapierdienstleistungsunternehmen hat vor Erteilung des Prüfungsauftrags der Bundesanstalt den Prüfer anzuzeigen. ²Die Bundesanstalt kann innerhalb eines Monats nach Zugang der Anzeige die Bestellung eines anderen Prüfers verlangen, wenn dies zur Erreichung des Prüfungszweckes geboten ist; Widerspruch und Anfechtungsklage hiergegen haben keine aufschiebende Wirkung. ³Die Sätze 1 und 2 gelten nicht für Kreditinstitute, die einem genossenschaftlichen Prüfungsverband angehören oder durch die Prüfungsstelle eines Sparkassen- und Giroverbandes geprüft werden.

(3) ¹Die Bundesanstalt kann gegenüber dem Wertpapierdienstleistungsunternehmen Bestimmungen über den Inhalt der Prüfung treffen, die vom Prüfer zu berücksichtigen sind. ²Sie kann insbesondere Schwerpunkte der Prüfungen festsetzen. ³Bei schwerwiegenden Verstößen gegen die Meldepflichten nach § 9 oder die in diesem Abschnitt geregelten Pflichten hat der Prüfer die Bundesanstalt unverzüglich zu unterrichten. ⁴Die Bundesanstalt kann an den Prüfungen teilnehmen. ⁵Hierfür ist der Bundesanstalt der Beginn der Prüfung rechtzeitig mitzuteilen.

(4) ¹Die Bundesanstalt kann in Einzelfällen die Prüfung nach Absatz 1 anstelle des Prüfers selbst oder durch Beauftragte durchführen. ²Das Wertpapierdienstleistungsunternehmen ist hierüber rechtzeitig zu informieren.

(5) ¹Das Bundesministerium der Finanzen kann durch Rechtsverordnung, die nicht der Zustimmung des Bundesrates bedarf, nähere Bestimmungen über Art, Umfang und Zeitpunkt der Prüfung nach Absatz 1 erlassen, soweit dies zur Erfüllung der Aufgaben der Bundesanstalt erforderlich ist, insbesondere um Mißständen im Handel mit Finanzinstrumenten entgegenzuwirken, um auf die Einhaltung der Meldepflichten nach § 9 und der in diesem Abschnitt geregelten Pflichten hinzuwirken und um zu diesem Zweck einheitliche Unterlagen zu erhalten. ²Das Bundesministerium der Finanzen kann die Ermächtigung durch Rechtsverordnung auf die Bundesanstalt übertragen.

Übersicht

	Rn.
I. Regelungsgegenstand und -zweck	1
II. Häufigkeit und Zeitpunkt der Prüfung; Ausnahmen; Bestellung der Prüfer (Abs. 1)	3
III. Anzeige des Prüfers und weiteres Verfahren (Abs. 2)	7
IV. Durchführung der Prüfung (Abs. 3, 4)	8
V. Rechtsverordnungen (Abs. 5)	12
VI. Sanktionsmöglichkeiten	13
1. Sanktionen gegenüber den Prüfern	13
2. Sanktionen gegen die beaufsichtigten Unternehmen	14

Schrifttum: *Birnbaum*, Die jährliche Prüfung des Wertpapierdienstleistungsgeschäfts bei Wertpapierdienstleistungsinstituten nach § 36 Wertpapierhandelsgesetz (WpHG), Wp 1999, 110; *Höhns*, Die Aufsicht über Finanzdienstleister – Kompetenzen, Eingriffsbefugnisse, Neustrukturierung, 2002; *Zimmer,* Neue Vorschriften für den nicht organisierten Kapitalmarkt, in: DB 1998, S. 969 ff.

I. Regelungsgegenstand und -zweck

Der Gesetzgeber verfolgt mit dieser Vorschrift Zwecke der **Deregulierung** 1 **und Kostenersparnis.**[1] Anstelle einer Prüfung durch eigene Mitarbeiter der Aufsichtsbehörde wie in anderen Staaten[2] wird die Prüfung durch externe, private Prüfer durchgeführt, wobei § 36 zahlreiche Vorkehrungen dafür trifft, dass gleichwohl gründlich, effektiv und unparteiisch geprüft wird.

Die Prüfung bezieht sich nach dem Wortlaut des § 36 Abs. 1 auf die **Einhal-** 2 **tung der Meldepflichten nach § 9, „der in diesem Abschnitt geregelten Pflichten" und der sich aus der Verordnung (EG) Nr. 1287/2006 ergebenden Pflichten.** Mit den in diesem Abschnitt geregelten Pflichten sind die im 6. Abschnitt geregelten Wohlverhaltenspflichten nach §§ 31, 32, die Organisations-, Aufzeichnungs- und Aufbewahrungspflichten nach §§ 33, 34, 34a und die Pflichten im Rahmen der Wertpapieranalyse nach § 34b erfasst. § 37f S. 3 – wie die Wertpapieranalyse durch das 4. Finanzmarktförderungsgesetz eingefügt – bestimmt darüber hinaus, dass auch die Einhaltung der Informationspflichten bei Finanztermingeschäften nach § 36 zu überprüfen ist. Durch das **Finanzmarktrichtlinie-Umsetzungsgesetz (FRUG)**[3] wurden in Absatz 1 darüber hinaus die Pflichten aus der Verordnung (EG) Nr. 1287/2006[4] in die Prüfung mit einbezogen. Diese Änderung beruht auf Art. 20 der Durchführungsrichtlinie,[5] der eine jährliche Prüfung der Einhaltung der Anforderungen zum Schutz des Kundenvermögens vorsieht. Pflichten aus der Verordnung (EG) Nr. 1287/2006 sind insbesondere Aufzeichnungspflichten (Art. 7 und 8), die Vorhandels-Transparenzpflichten (Art. 17) und die Nachhandels-Transparenzpflichten (Art. 27).

Durch das „Gesetz zur Umsetzung der neu gefassten Bankenrichtlinie und der neu gefassten Kapitaladäquanzrichtlinie"[6] wurde mit Wirkung zum 1. 1. 2007 in Absatz 1 ein neuer Satz 2 eingefügt. Danach hat sich bei Kreditinstituten, die das Depotgeschäft betreiben, die Prüfung auch auf diese Geschäfte zu erstrecken.

II. Häufigkeit und Zeitpunkt der Prüfung; Ausnahmen; Bestellung der Prüfer (Abs. 1)

Absatz 1 schreibt zwingend vor, dass die Prüfung **einmal jährlich** von einem 3 externen, vom betroffenen Wertpapierdienstleistungsunternehmen selbst zu bestellenden, geeigneten Prüfer vorzunehmen ist. Die Prüfung hat in jedem Falle

---

[1] Begr. zum Regierungsentwurf, BT-Drs. 13/7142, S. 112.
[2] *Birnbaum* Wp 1999, 110, 115.
[3] BGBl. I 2007, 1330 ff.
[4] ABl. L 241 vom 2. 9. 2006, S. 1 ff.
[5] Richtlinie 2006/73/EG der Kommission vom 10. 8. 2006 zur Durchführung der Richtlinie 2004/39/EG des Europäischen Parlaments und des Rates in Bezug auf die organisatorischen Anforderungen an Wertpapierfirmen und die Bedingungen für die Ausübung ihrer Tätigkeit sowie in Bezug auf die Definition bestimmter Begriffe für die Zwecke der genannten Richtlinie, ABl. L 241 vom 2. 9. 2006, S. 26 ff.
[6] BGBl. I 2006, S. 2606.

stattzufinden, ohne Rücksicht darauf, ob und in welchem Maße die Bundesanstalt bereits sonstige Aufsichtsmittel angewendet hat. Wie der Wortlaut des Satzes 1 („unbeschadet des § 35") deutlich macht, hat umgekehrt die Durchführung der jährlichen Prüfung keinen Einfluss auf die Befugnisse nach § 35. §§ 35, 36 stellen der BaFin jeweils selbstständige Aufsichtsmittel zur Verfügung, die auch kumulativ zur Anwendung kommen können.

4 Die Bestellung des Prüfers durch das Unternehmen selbst soll es ermöglichen, dass die Prüfung nach § 36 in die Jahresabschlussprüfung einbezogen wird und so kostengünstiger ausfällt, weil nur eine einzige Prüfung durch dieselben Prüfer stattfindet.[7] Der Begriff des „geeigneten" Prüfers wird in den Sätzen 5 und 6 präzisiert. Der **Prüfungsbericht** ist gem. Satz 7 **unverzüglich** nach Abschluss der Prüfung ohne Umweg über das geprüfte Unternehmen unmittelbar der BaFin sowie der Deutschen Bundesbank zu übersenden. So ist gewährleistet, dass die Aufsicht in jedem Fall auch einen für das betroffene Unternehmen ungünstigen Prüfungsbericht unverzüglich erhält.[8] Eine zeitnahe Unterrichtung ist für die Aufsichtstätigkeit unerlässlich, damit bei festgestellten Missständen sofort gehandelt werden kann.[9] Als „unverzüglich" i. S. des Satzes 7 gilt nach der bisherigen Praxis der BaFin ein Zeitraum von bis zu 4 Wochen.[10] In der Vergangenheit ist es häufig zu Verstößen gegen das Gebot unverzüglicher Vorlage gekommen.[11] Der Prüfungsbericht ist für die Aufsichtsbehörde von entscheidender Bedeutung, weil er regelmäßig ihre einzige Erkenntnisquelle darüber ist, ob das geprüfte Unternehmen ordnungsgemäß arbeitet.

5 Nach **Satz 8** sowie **Absatz 2 S. 3** genießen Kreditinstitute, die einem genossenschaftlichen Prüfungsverband angehören oder durch die Prüfungsstellen eines Sparkassen- und Giroverbandes geprüft werden, das Privileg, dass der Prüfungsbericht nur auf Anforderung einzureichen ist. Das hängt mit der bisherigen Praxis des Bundesaufsichtsamtes zusammen, bei Prüfungen durch Prüfungsverbände oder Prüfungsstellen nur stichprobenartig auszuwerten.[12]

6 Die jährliche Prüfung nach § 36 ist für die Wertpapierdienstleistungsunternehmen häufig mit erheblichen **Kosten** verbunden, was gerade für kleine Unternehmen mit geringem Umsatz eine starke Belastung darstellt.[13] Aus Gründen des Anlegerschutzes wäre eine generelle Befreiung von der Jahresprüfung gleichwohl problematisch. **Satz 3**, zuletzt geändert mit Wirkung zum 1. 1. 2007 durch das „Gesetz zur Umsetzung der neu gefassten Bankenrichtlinie und der neu gefassten Kapitaladäquanzrichtlinie"[14] und mit Wirkung zum 1. 11. 2007 durch das Finanzdienstleistungsrichtlinie-Umsetzungsgesetz (FRUG),[15] erlaubt es der Bundesanstalt, **im Einzelfall auf Antrag von der Prüfung ganz oder teilweise abzusehen,** wenn dies aus besonderen Gründen, insbesondere wegen der Art und des Umfangs der betriebenen Geschäfte angezeigt ist. Dies hat eine grund-

---

[7] BR-Drs. 963/96, S. 112; vgl. a. *Birnbaum* Wp 1999, 110, 111; *Höhns,* Aufsicht über Finanzdienstleister, S. 214.
[8] BR-Drs. 963/96, S. 112.
[9] BR-Drs. 963/96, S. 112.
[10] *Birnbaum* Wp 1999, 110, 111.
[11] Jahresbericht BAWe 2001, S. 11.
[12] Vgl. BR-Drs. 963/96, S. 113.
[13] Vgl. etwa Jahresbericht BAWe 2001, S. 11.
[14] BGBl. I 2006, S. 2606.
[15] BGBl. I 2007, S. 1330.

Prüfung der Meldepflichten und Verhaltensregeln 7, 8 § 36

sätzlich begrüßenswerte Entlastung kleinerer Unternehmen zur Folge.[16] Die Bundesanstalt hat ihre Entscheidung auf Grund pflichtgemäßen Ermessens („kann") zu treffen. Nähere Vorgaben dazu, bei welcher Art von Geschäften und welchem Umfang der Geschäftstätigkeit eine derartige Exemtion in Betracht zu ziehen ist, macht das Gesetz nicht. Durch das FRUG wurde in Satz 3 eine Rückausnahme im Hinblick auf die Pflichten aus § 34a, auch in Verbindung mit einer Rechtsverordnung nach § 34a Abs. 5, eingefügt. Von der Prüfung der Einhaltung dieser Pflichten hinsichtlich der getrennten Vermögensverwahrung durch Wertpapierdienstleistungsunternehmen kann nicht befreit werden, da Art. 20 der Durchführungsrichtlinie[17] in Verbindung mit Art. 13 Abs. 7 und 8 der Finanzdienstleistungsrichtlinie (MiFID)[18] zwingend eine jährliche Prüfung der Einhaltung der Anforderungen zum Schutz des Kundenvermögens vorsieht.

III. Anzeige des Prüfers und weiteres Verfahren (Abs. 2)

Die Verpflichtung des zu überprüfenden Instituts, vor Erteilung des Prüfungs- 7 auftrags der Bundesanstalt den Prüfer anzuzeigen, hat den Zweck, dieser eine **Kontrolle der fachlichen und persönlichen Eignung** des ins Auge Gefassten, insbesondere dessen Unparteilichkeit und Unabhängigkeit von dem bestellenden Wertpapierunternehmen, zu ermöglichen. Ergeben sich insoweit Bedenken, etwa weil der Prüfer nicht genügend Praxis bei Wertpapiergeschäften hat,[19] oder weil er bereits als Compliance-Beauftragter nach § 33 Abs. 1 Nr. 3 tätig ist,[20] kann das Amt binnen eines Monats nach Eingang der Anzeige durch Verwaltungsakt, gegen den Rechtsbehelfe keine aufschiebende Wirkung haben, die **Bestellung eines anderen Prüfers** verlangen. Der Wegfall der aufschiebenden Wirkung soll sicherstellen, dass das Unternehmen die Durchführung der Prüfung nicht verzögern kann.[21]

IV. Durchführung der Prüfung (Abs. 3, 4)

Nach **Absatz 3** kann die Bundesanstalt durch Verwaltungsakt dem jeweiligen 8 Wertpapierdienstleistungsunternehmen gegenüber Bestimmungen über den Inhalt der Prüfung, insbesondere über **Prüfungsschwerpunkte**, treffen. Allge-

---

[16] Vgl. zu Forderungen in dieser Richtung bereits *Schlette* JuS 2001, S. 1151, 1155.
[17] Richtlinie 2006/73/EG der Kommission vom 10. 8. 2006 zur Durchführung der Richtlinie 2004/39/EG des Europäischen Parlaments und des Rates in Bezug auf die organisatorischen Anforderungen an Wertpapierfirmen und die Bedingungen für die Ausübung ihrer Tätigkeit sowie in Bezug auf die Definition bestimmter Begriffe für die Zwecke der genannten Richtlinie, ABl. L 241 vom 2. 9. 2006, S. 26 ff.
[18] Richtlinie 2004/39/EG des Europäischen Parlaments und des Rates vom 21. April 2004 über Märkte für Finanzinstrumente, zur Änderung der Richtlinien 85/611/EWG und 93/6/EWG des Rates und der Richtlinie 2000/12/EG des Europäischen Parlaments und des Rates und zur Aufhebung der Richtlinie 93/22/EWG des Rates, ABl. L 145 vom 30. 4. 2004, S. 1 ff.
[19] BR-Drs. 963/96, S. 112.
[20] Vgl. *Birnbaum* Wp 1999, 110, 111.
[21] BR-Drs. 963/96, S. 112. Zu den Konsequenzen eines Wegfalls der aufschiebenden Wirkung vgl. i. e. § 4 Rn. 41.

meine Bestimmungen über Art und Umfang der Prüfung werden dagegen durch Rechtsverordnung auf Grund Absatz 5 erlassen.

9 Abs. 3 **Satz 3** legt die Verpflichtung der Prüfer fest, bei schwerwiegenden Verstößen **unverzüglich** – also ggf. auch vor Beendigung der Prüfung und ggf. zunächst telefonisch – **die Bundesanstalt zu unterrichten,** damit diese möglichst rasch reagieren kann. Insbesondere wenn Anlagegelder in Gefahr sind, muss uU schnellstens gehandelt werden. Der Anstalt stehen die **Befugnisse des § 4 S. 3** zu Gebote.[22]

10 Nach Abs. 3 Satz 4 kann die Behörde an den Prüfungen teilnehmen, was offenbar bisweilen geschieht;[23] nach **Absatz 4** kann sie ausnahmsweise die **Prüfungen selbst oder durch Beauftragte durchführen.** Ein derartiges Vorgehen kommt etwa in besonders bedeutsamen Fällen und/oder dann in Betracht, wenn Zweifel bestehen, ob die vom Institut beauftragten privaten Prüfer ihren Auftrag in der gebotenen Neutralität und/oder Qualität durchführen. Nimmt die Bundesanstalt die Prüfung selbst vor, sind ihr die entstehenden Kosten zu erstatten, § 15 Abs. 1 Ziff. 2 FinDAG. **In der Praxis** hat die Aufsichtsbehörde bislang höchst selten eigene Prüfungen durchgeführt, weil den Mitarbeitern in aller Regel die Qualifikation von Wirtschaftsprüfern fehlt.[24] Insofern sind auch ihre Reaktionsmöglichkeiten begrenzt, wenn ein dürftiger Prüfungsbericht vorgelegt wird, was offenbar bisweilen geschieht.[25]

11 Fraglich ist, ob die Prüfung neben der Kontrolle der Einhaltung der gesetzlichen Regelungen auch darauf zu erstrecken ist, ob die von der Aufsichtsbehörde zur Konkretisierung des Gesetzes, insbesondere zu §§ 31 ff., erlassenen zT sehr detaillierten **Richtlinien, Bekanntmachungen** und **Schreiben** beachtet worden sind. Soweit das Gesetz den Erlass derartiger Richtlinien ausdrücklich vorgibt (zB § 35 Abs. 4), ist die Frage trotz deren unklarer Rechtsnatur[26] zu bejahen. Gleiches gilt, soweit es sich um auf § 4 S. 3 gestützte Verwaltungsakte/Allgemeinverfügungen[27] handelt. Bei den übrigen Akten, die sich eher Verwaltungsvorschriften annähern, erscheint die „Prüffähigkeit" zweifelhaft.[28]

V. Rechtsverordnungen (Abs. 5)

12 Art, Umfang und Zeitpunkt der Prüfung können nach Absatz 5 durch Rechtsverordnung näher geregelt werden. Das Bundesministerium der Finanzen hat die Ermächtigung, wie in Satz 2 vorgesehen, durch Verordnung vom 16. März 1995 (BGBl. I S. 390) auf das Bundesaufsichtsamt übertragen. Die entsprechende Rechtsverordnung (Verordnung über die Prüfung der Wertpapierdienstleistungsunternehmen nach § 36 des Wertpapierhandelsgesetzes – Wertpapierdienstleistungs-Prüfungsverordnung – **WpDPV**) ist vom Bundesaufsichtsamt am 6. Januar 1999 erlassen worden.[29] Eine Neufassung ist am 16. Dezember

---

[22] *Assmann/Schneider/Dreyling,* § 36 Rn. 1.
[23] Vgl. Jahresbericht BAWe 2001, S. 10.
[24] Auskunft des BAWe vom Oktober 2000.
[25] Vgl. *Birnbaum* Wp 1999, 110, 116.
[26] S. o. § 35 Rn. 11 ff.
[27] S. o. § 4 Rn. 20.
[28] Näheres bei *Birnbaum* Wp 1999, 110, 113.
[29] BGBl. I, S. 4.

2004 erfolgt (BGBl. I S. 3515). Die Verordnung enthält nähere Angaben über Prüfungszeitpunkt und -zeitraum (§ 3), Art und Umfang der Prüfung (§ 4) sowie inhaltliche und formale Anforderungen an den Prüfungsbericht (§§ 5, 6). Bemerkenswert ist, dass nach § 4 Abs. 1, 2 keine vollständige Prüfung der Einhaltung der Meldepflichten oder Verhaltensregeln stattzufinden hat, sondern der Prüfer befugt ist, nach pflichtgemäßem Ermessen Prüfungsschwerpunkte zu bilden, innerhalb derer wiederum stichprobenartige Prüfungen zulässig sind.[30] Der Prüfungsbericht hat gem. § 5 Abs. 1, 4 insbesondere die festgestellten Mängel zu bezeichnen und darzustellen, inwieweit die bei der letzten Prüfung festgestellten Mängel inzwischen beseitigt worden sind. Der Begriff des Mangels ist in § 2 Abs. 2 definiert.

Gem. § 5 Abs. 6 sind die Prüfungsergebnisse in einem in der Anlage zur WpDPV standardisiert vorgegebenen Fragebogen niederzulegen. Der ausgefüllte Fragebogen ist dem Prüfungsbericht beizufügen.

VI. Sanktionsmöglichkeiten

1. Sanktionen gegenüber den Prüfern

Für den Fall, dass die Prüfer mangelhaft oder zu langsam arbeiten, stellt § 36 keine speziellen Sanktionsmöglichkeiten zur Verfügung. Die Bundesanstalt ist daher in der Regel darauf beschränkt, bei künftigen Prüfungen die Prüfer zurückzuweisen, wenn diese erneut bestellt werden sollten (Abs. 2 Satz 2); nur in Ausnahmefällen dürfte ein Vorgehen gem. § 4 S. 3 in Betracht kommen. **13**

2. Sanktionen gegen die beaufsichtigten Unternehmen

§ 36 trifft ebenfalls keine Aussagen dazu, welche Reaktionsmöglichkeiten die BaFin gegenüber dem beaufsichtigten Unternehmen hat, wenn die Prüfung nach § 36 Verstöße gegen § 9 und/oder §§ 31 ff. zu Tage gebracht hat. Möglich sind zunächst Maßnahmen im Rahmen der allgemeinen Missstandsaufsicht nach § 4.[31] S.i.ü. die Ausführungen oben zu § 9, die mutatis mutandis auch für die §§ 31 ff. gelten. **14**

Die vorsätzliche oder leichtfertige Nicht-Bestellung oder nicht rechtzeitige Bestellung eines Prüfers stellt gem. § 39 Abs. 1 Ziff. 9 eine bußgeldbewehrte Ordnungswidrigkeit dar. **15**

§ 36a Unternehmen, organisierte Märkte und multilaterale Handelssysteme mit Sitz in einem anderen Mitgliedstaat der Europäischen Union oder in einem anderen Vertragsstaat des Abkommens über den Europäischen Wirtschaftsraum

(1) ¹Die in diesem Abschnitt geregelten Rechte und Pflichten sind mit Ausnahme des § 31 Abs. 1 Nr. 2, der §§ 31 f, 31 g, 33, 33 b, 34 a und 34 b Abs. 5 sowie des § 34 c auf Zweigniederlassungen im Sinne des § 53 b des

---

[30] Einzelheiten bei *Birnbaum* Wp 1999, 110, 112 ff.
[31] So auch *Zimmer* DB 1998, 972, allerdings mit Zweifeln an deren Effektivität.

§ 36a

Kreditwesengesetzes, die Wertpapierleistungen erbringen, entsprechend anzuwenden. ²Ein Unternehmen mit Sitz in einem anderen Mitgliedstaat der Europäischen Union oder in einem anderen Vertragsstaat des Abkommens über den Europäischen Wirtschaftsraum, das Wertpapierdienstleistungen allein oder zusammen mit Wertpapiernebendienstleistungen erbringt und das beabsichtigt, im Inland eine Zweigniederlassung im Sinne des § 53b des Kreditwesengesetzes zu errichten, ist von der Bundesanstalt innerhalb der in § 53b Abs. 2 Satz 1 des Kreditwesengesetzes bestimmten Frist auf die Meldepflichten nach § 9 und die nach Satz 1 für die Zweigniederlassung geltenden Rechte und Pflichten hinzuweisen.

(2) ¹Die Bundesanstalt kann von der Zweigniederlassung Änderungen der getroffenen Vorkehrungen zur Einhaltung der für sie geltenden Pflichten verlangen, soweit die Änderungen notwendig und verhältnismäßig sind, um der Bundesanstalt die Prüfung der Einhaltung der Pflichten zu ermöglichen. ²Stellt die Bundesanstalt fest, dass das Unternehmen die nach Absatz 1 Satz 1 für seine Zweigniederlassung geltenden Pflichten nicht beachtet, fordert es das Unternehmen auf, seine Verpflichtungen innerhalb einer von der Bundesanstalt zu bestimmenden Frist zu erfüllen. ³Kommt das Unternehmen der Aufforderung nicht nach, trifft die Bundesanstalt alle geeigneten Maßnahmen, um die Erfüllung der Verpflichtungen sicherzustellen und unterrichtet die zuständigen Behörden des Herkunftsmitgliedsstaates über die Art der getroffenen Maßnahmen. ⁴Falls das betroffene Unternehmen den Mangel nicht behebt, kann die Bundesanstalt nach Unterrichtung der zuständigen Behörde des Herkunftsmitgliedsstaates alle Maßnahmen ergreifen, um weitere Verstöße zu verhindern oder zu ahnden. ⁵Soweit erforderlich, kann die Bundesanstalt dem betroffenen Unternehmen die Durchführung neuer Geschäfte im Inland untersagen. ⁶Die Bundesanstalt unterrichtet die Kommission der Europäischen Gemeinschaften unverzüglich von Maßnahmen nach den Sätzen 4 und 5.

(3) ¹Stellt die Bundesanstalt fest, dass ein Unternehmen im Sinne des Absatzes 1 Satz 2, das im Inland eine Zweigniederlassung errichtet hat, gegen andere als die in Absatz 1 Satz 1 genannten Bestimmungen dieses Gesetzes oder entsprechende ausländische Vorschriften verstößt, so teilt sie dies der zuständigen Stelle des Herkunftsmitgliedstaates nach Maßgabe des § 7 Abs. 5 Satz 1 mit. ²Sind die daraufhin getroffenen Maßnahmen der zuständigen Behörde des Herkunftsmitgliedstaates unzureichend oder verstößt das Unternehmen aus anderen Gründen weiter gegen die sonstigen Bestimmungen dieses Abschnitts und sind dadurch Anlegerinteressen oder die ordnungsgemäße Funktion des Marktes gefährdet, ergreift die Bundesanstalt nach vorheriger Unterrichtung der zuständigen Behörde des Herkunftsmitgliedstaates alle erforderlichen Maßnahmen, um den Anlegerschutz und die ordnungsgemäße Funktion der Märkte zu gewährleisten. ³Absatz 2 Satz 4 und 5 gilt entsprechend.

(4) Absatz 3 gilt entsprechend für ein Unternehmen mit Sitz in einem anderen Mitgliedstaat der Europäischen Union oder in einem anderen Vertragsstaat des Abkommens über den Europäischen Wirtschaftsraum, das Wertpapierdienstleistungen oder Wertpapiernebendienstleistungen im Wege des grenzüberschreitenden Dienstleistungsverkehrs gegenüber Kunden erbringt, die ihren gewöhnlichen Aufenthalt oder ihre Geschäftsleitung im Inland haben, wenn das Unternehmen gegen Bestimmungen dieses Abschnitts oder entsprechende ausländische Vorschriften verstößt.

(5) **Absatz 3 gilt für Betreiber organisierter Märkte und multilateraler Handelssysteme entsprechend mit der Maßgabe, dass für Maßnahmen der Bundesanstalt gegenüber einem solchen Betreiber Verstöße gegen Bestimmungen dieses Abschnitts, des Börsengesetzes oder entsprechende ausländische Vorschriften vorliegen müssen und dass zu den Maßnahmen nach Absatz 3 Satz 2 insbesondere auch gehören kann, dem Betreiber des organisierten Marktes oder des multilateralen Handelssystem zu untersagen, sein System Mitgliedern im Inland zugänglich zu machen.**

(6) **Die Bundesanstalt unterrichtet die betroffenen Unternehmen oder Märkte von den jeweils nach den Absätzen 2 bis 5 getroffenen Maßnahmen unter Nennung der Gründe.**

Übersicht

	Rn.
I. Regelungsgegenstand und -zweck	1
II. Rechte und Pflichten für Zweigniederlassungen iS von § 53 b KWG	2
III. Hinweispflicht der Bundesanstalt (Abs. 1 Satz 2)	4
IV. Maßnahmen der Bundesanstalt (Abs. 2 bis 5)	5
V. Unterrichtungspflicht der Bundesanstalt (Abs. 6)	11

I. Regelungsgegenstand und -zweck

Die Vorschrift trägt wie zahlreiche andere Regelungen des WpHG dem grenzüberschreitenden Charakter des Wertpapierhandels Rechnung. Sie setzte ursprünglich die Art. 17–19 der WpDRiL um und beruht derzeit maßgeblich auf Änderungen durch das **Finanzmarktrichtlinie-Umsetzungsgesetz (FRUG)**,[1] durch das die Anforderungen aus Art. 31, 32, und 62 der Finanzmarktrichtlinie (MiFID)[2] umgesetzt wurden. 1

II. Rechte und Pflichten für Zweigniederlassungen iS von § 53 b KWG

Durch das FRUG wurde in Absatz 1 ein neuer Satz 1 eingefügt, der auf Art. 13 Abs. 9 der Finanzmarktrichtlinie beruht. Demnach ist für die Einhaltung der Organisationspflichten bei Zweigniederlassungen im Sinne des § 53 b KWG aufgrund des Herkunftslandprinzips zwar grundsätzlich die Behörde des Herkunftsmitgliedstaates zuständig. Davon abweichend obliegt der zuständigen Behörde des Aufnahmestaates die Überwachung der Einhaltung der Aufzeichnungspflichten der Zweigniederlassung. Für Zweigniederlassungen gelten daher die Regelungen in Abschnitt 6 entsprechend, soweit sie nicht ausdrücklich durch Satz 1 ausgenommen sind. 2

---

[1] BGBl. I 2007, S. 1330.
[2] Richtlinie 2004/39/EG des Europäischen Parlaments und des Rates vom 21. 4. 2004 über Märkte für Finanzinstrumente, zur Änderung der Richtlinien 85/611/EWG und 93/6/EWG des Rates und der Richtlinie 2000/12/EG des Europäischen Parlaments und des Rates und zur Aufhebung der Richtlinie 93/22/EWG des Rates, ABl. L 145 vom 30. 4. 2004, S. 1 ff.

3 Aufgrund der Regelung in Satz 1 sind unter anderem folgende Rechte und Pflichten auch auf Zweigniederlassungen in Sinne von § 53b KWG anwendbar:
- Wertpapierdienstleistungen und Wertpapiernebendienstleistungen müssen mit der erforderlichen Sachkenntnis, Sorgfalt und Gewissenhaftigkeit im Kundeninteresse erfüllt werden (§ 31 Abs. 1 Nr. 1),
- Informationen einschließlich Werbung, die Kunden zugänglich gemacht werden, müssen redlich eindeutig und nicht irreführend sein (§ 31 Abs. 2 Satz 1),
- Kunden müssen rechtzeitig und in verständlicher Form, Informationen zur Verfügung gestellt werden, damit sie die Art und Risiken der angebotenen Finanzinstrumente oder Wertpapierdienstleistungen verstehen und auf dieser Grundlage ihre Anlageentscheidung treffen können (§ 31 Abs. 3),
- Bei den Kunden müssen die vorhandenen Kenntnisse und Erfahrungen im Hinblick auf die Finanzinstrumente oder Wertpapierdienstleistungen, die Anlageziele und die finanziellen Verhältnisse ermittelt werden (§ 31 Abs. 4),
- Die Kunden müssen in geeigneter Form über die ausgeführten Geschäfte oder die erbrachte Finanzportfolioverwaltung informiert werden (§ 31 Abs. 8),
- Die in § 31c bestimmten Regeln zur Bearbeitung von Kundenaufträgen müssen beachtet werden,
- Die Annahme von Zuwendungen von Seiten Dritter, die nicht Kunden sind, ist nur unter den in § 31d Abs. 1 genannten Ausnahmen gestattet,
- Bei Aufträgen durch andere Wertpapierdienstleistungsunternehmen sind die in § 31e beschriebenen Pflichten einzuhalten,
- Bei Geschäften mit Wertpapierdienstleistungen nach § 2 Abs. 3 Satz 1 Nr. 1 bis 4 mit zum Handel an einem organisierten Markt zugelassenen Aktien außerhalb eines organisierten Marktes oder eines multilateralen Handelssystems sind Volumen, Marktpreis und Zeitpunkt des Abschlusses der Geschäfte zu angemessenen kaufmännischen Bedingungen und so weit wie möglich auf Echtzeitbasis zu veröffentlichen (§ 31h),
- Kundenaufträge sind bestmöglich auszuführen (§ 33a),
- Die Aufzeichnungs- und Aufbewahrungspflichten gemäß § 34 sind zu erfüllen,
- Finanzanalysen sind mit der erforderlichen Sachkenntnis, Sorgfalt und Gewissenhaftigkeit vorzunehmen (§ 34b Abs. 1 Satz 1).

III. Hinweispflicht der Bundesanstalt (Abs. 1 Satz 2)

4 Absatz 1 legt fest, dass jedes EG- oder EWR-Unternehmen, das in Deutschland eine Zweigniederlassung errichten oder Wertpapierdienst- oder -nebendienstleistungen gegenüber inländischen Kunden erbringen will, von der Bundesanstalt binnen zwei Monaten (§ 53b Abs. 2 Satz 1 KWG) nach Eingang der entsprechenden Unterlagen auf die wertpapierrechtlichen Pflichten gem. §§ 9, 31 ff. hinzuweisen ist. Diese gesetzlich angeordnete „Service-Leistung" der deutschen Aufsichtsbehörde soll den **Gebrauch des Europäischen Passes**[3] **erleichtern:**[4] Weil die zugrundeliegende Wertpapierdienstleistungsrichtlinie wegen des Gestaltungsspielraums des nationalen Gesetzgebers in den verschiedenen

---

[3] S. dazu oben § 7 Rn. 7.
[4] *Höhns*, Aufsicht über Finanzdienstleister, S. 229.

Staaten formal und inhaltlich unterschiedlich umgesetzt sein kann, braucht das ausländische Unternehmen genaue Informationen über das in Deutschland geltende Recht.[5] **In der Praxis** wurde bislang von der Aufsichtsbehörde auch auf die sonstigen Pflichten nach WpHG (Melde- und Veröffentlichungsvorschriften nach §§ 21 ff., Verbot von Insidergeschäften; § 36b; Wertpapier-Verkaufsprospektgesetz) hingewiesen.[6]

IV. Maßnahmen der Bundesanstalt (Abs. 2 bis 5)

Absatz 2, der durch das FRUG in Umsetzung von Art. 13 Abs. 9 und 6 sowie Art. 32 Abs. 7 in Verbindung mit Art. 62 Abs. 2 der Finanzmarktrichtlinie neu gefasst wurde, regelt die Befugnisse der Bundesanstalt, wenn den in Absatz 1 Satz 1 genannten Pflichten zuwidergehandelt wird. Demnach ist abweichend von dem grundsätzlich geltenden Herkunftslandsprinzips für die Überwachung bestimmter Pflichten von inländischen Zweigniederlassungen von Unternehmen mit Sitz in einem anderen Staat des EWR der Aufnahmestaat zuständig.

Die Bundesanstalt kann zunächst von der Zweigniederlassung Änderungen der getroffenen Vorkehrungen zur Einhaltung der für sie geltenden Pflichten verlangen, soweit dies erforderlich und verhältnismäßig ist, um der Bundesanstalt die Prüfung der Einhaltung der Pflichten zu ermöglichen.

Stellt die Bundesanstalt fest, dass das Unternehmen die nach Absatz 1 Satz 1 für seine Zweigniederlassung geltenden Pflichten nicht beachtet, **geht die Bundesanstalt nach dem in Art. 62 Abs. 2 der Finanzmarktrichtlinie vorgesehenen Verfahren vor. Zunächst** fordert es das Unternehmen auf, seine Verpflichtungen innerhalb einer von der Bundesanstalt zu bestimmenden Frist zu erfüllen. Kommt das Unternehmen der Aufforderung nicht nach, trifft die Bundesanstalt alle geeigneten Maßnahmen, um die Erfüllung der Verpflichtungen sicherzustellen und unterrichtet die zuständigen Behörden des Herkunftsmitgliedsstaates über die Art der getroffenen Maßnahmen. Behebt das betroffene Unternehmen den Mangel nicht, kann die Bundesanstalt nach Unterrichtung der zuständigen Behörde des Herkunftsmitgliedsstaates alle Maßnahmen ergreifen, um weitere Verstöße zu verhindern oder zu ahnden. Die Bundesanstalt kann dem betroffenen Unternehmen sogar die Durchführung neuer Geschäfte im Inland untersagen. Soweit die Bundesanstalt Maßnahmen nach Absatz 1 ergreift, unterrichtet sie hierüber die Kommission der EU.

Absatz 3, der durch das FRUG in Umsetzung von Art. 62 Abs. 1 der Finanzmarktrichtlinie neu gefasst wurde,[7] regelt die Befugnisse der Bundesanstalt bei anderen als in Absatz 1 Satz 1 geregelten Verstößen durch Zweigniederlassungen im Sinne von § 53b KWG gegen das WpHG oder Verstößen gegen entsprechende ausländische Vorschriften. Dabei ist von der Bundesanstalt der Vorrang des Herkunftsstaatsprinzips zu beachten. Demnach ist bei derartigen Verstößen zunächst die zuständige Stelle des Herkunftsstaates zu unterrichten und zur Ergreifung von entsprechenden Maßnahmen berechtigt. Erst dann, wenn diese Maßnahmen unzureichend sind, oder es zu weiteren Verstößen gegen die sonsti-

---

[5] *Höhns,* aaO.
[6] *Assmann/Schneider/Dreyling,* § 36 a Rn. 4.
[7] Begründung zum Gesetzesentwurf der Bundesregierung vom 15. 11. 2006, S. 77.

§ 36b   Abschnitt 6. Verhaltensregeln, Verjährung

gen Bestimmungen des Abschnitts 6 kommt, und dadurch Anlegerinteressen oder die ordnungsgemäße Funktion des Marktes gefährdet wird, ist die Bundesanstalt nach Unterrichtung der zuständigen Behörde des Herkunftsmitgliedstaates zur Ergreifung der erforderlichen Maßnahmen berechtigt.

9   Gemäß **Absatz 4** gelten die Regelungen aus Absatz 3 entsprechend, wenn ein Unternehmen mit Sitz in einem anderen Staat des EWR im Rahmen des freien Dienstleistungsverkehrs Leistungen gegenüber Kunden im Inland erbringt und dabei gegen die Pflichten aus Abschnitt 6 oder entsprechende ausländische Vorschriften verstößt.

10 **Absatz 5** regelt in Umsetzung von Art. 62 Abs. 3 der Finanzmarktrichtlinie das Verfahren bei Gesetzesverstößen von Betreibern grenzüberschreitend tätiger geregelter Märkte und multilateraler Handelssysteme (MTF). Auch insoweit gilt das in Absatz 3 geregelte Subsidiaritätsprinzip. Zusätzlich wird explizit bestimmt, dass eine der zulässigen Maßnahmen darin bestehen kann, den Betreiber des organisierten Marktes oder des MTF zu untersagen, sein System Mitgliedern im Inland zugänglich zu machen. Dies entspricht Art. 62 Abs. 3 Unterabsatz 2 Satz 2 Finanzmarktrichtlinie.

V. Unterrichtungspflicht der Bundesanstalt (Abs. 6)

11 Die Bundesanstalt ist gemäß Absatz 6, der in Umsetzung von Art. 62 Abs. 4 der Finanzmarktrichtlinie durch das FRUG in das WpHG eingefügt wurde, verpflichtet, die betroffenen Unternehmen oder Märkte von den nach den Absätzen 2 bis 5 getroffenen Maßnahmen unter Nennung der Gründe zu unterrichten.

§ 36b Werbung der Wertpapierdienstleistungsunternehmen

(1) **Um Mißständen bei der Werbung für Wertpapierdienstleistungen und Wertpapiernebendienstleistungen zu begegnen, kann die Bundesanstalt den Wertpapierdienstleistungsunternehmen bestimmte Arten der Werbung untersagen.**

(2) **Vor allgemeinen Maßnahmen nach Absatz 1 sind die Spitzenverbände der betroffenen Wirtschaftskreise und des Verbraucherschutzes anzuhören.**

Übersicht

	Rn.
I. Regelungsgegenstand und -zweck	1
II. Werbeverbot (Abs. 1)	3
1. Missstand	4
2. Werbung	6
3. Mögliche Maßnahmen	7
4. Verfassungsrechtliche und rechtspolitische Bewertung	11
5. Praktische Anwendung	13
III. Anhörung von Spitzenverbänden (Abs. 2)	15

Schrifttum: *Birnbaum/von Kopp-Colomb,* Die Harmonisierung von Wohlverhaltens- und Complianceregelungen auf europäischer Ebene durch FESCO bzw. CESR, WM 2001, 2288; *Dreyling,* Das Recht der Bankenwerbung nach dem Kreditwesengesetz, 1977; *Möllers,* Das neue Werberecht der Wertpapierfirmen: § 36b WpHG, ZBB 1999, 134; *ders.,* Zur Zulässigkeit der Telefonwerbung, JZ 2001, 102.

I. Regelungsgegenstand und -zweck

Wertpapierdienstleistungsunternehmen unterliegen, was ihre Wettbewerbsmethoden angeht, in vollem Umfang den Regelungen des UWG[8] und damit insbesondere auch den dort geregelten Werbebeschränkungen (§§ 5, 6 UWG). Das **UWG** sieht aber kein behördliches Aufsichtsverfahren vor, sondern bietet – neben strafrechtlichen Sanktionen (§§ 16–19 UWG) – dem jeweiligen Konkurrenten lediglich die Möglichkeit, wettbewerbswidrige Methoden, insbesondere auch unlautere Werbung, durch Einschaltung der ordentlichen Gerichte unterbinden zu lassen und Schadensersatz zu erlangen (§§ 8–10, 12 ff. UWG). An dieser Stelle trifft der durch das Richtlinienumsetzungsgesetz zum 1. Januar 1998 in das WpHG eingefügte § 36 b ergänzende Regelungen. In § 23 KWG findet sich eine identische Vorschrift.[9] § 36 b ermöglicht im Bereich der Werbung für Wertpapier(neben)dienstleistungen ein **repressives Tätigwerden der Bundesanstalt**. Der Regelungsgehalt des § 36 b ist nicht direkt durch europäische Richtlinien vorgegeben. Er ist aber vor dem Hintergrund des Art. 13 Wertpapierdienstleistungsrichtlinie zu sehen, der Werbung nur gestattet, „sofern Form und Inhalt der Werbung den einschlägigen Vorschriften entsprechen, die im Interesse der Allgemeinheit festgelegt worden sind."

Die **Abgrenzung zu § 23 KWG** dürfte dahingehend vorzunehmen sein, dass § 36 b spezifisch die Ordnungsmäßigkeit der Erbringung von Wertpapier(neben)dienstleistungen, § 23 KWG die Ordnungsmäßigkeit der Erbringung aller übrigen Bankgeschäfte dient, wobei eine völlig trennscharfe Abgrenzung nicht möglich ist.[10] In der Praxis spielt die Abgrenzung keine Rolle (mehr), nachdem die Vorschriften identisch formuliert ist und nach der Errichtung der BaFin für die Anwendung beider Vorschriften nun ein und dieselbe Behörde zuständig ist.

II. Werbeverbot (Abs. 1)

Voraussetzung für das Einschreiten des Amtes ist das Vorliegen eines „Missstandes" bei der Werbung für Wertpapierdienst- und -nebendienstleistungen. In diesem Fall hat die Bundesanstalt die Befugnis (nicht die Pflicht), bestimmte Arten der Werbung zu untersagen.

1. Missstand

Ein „Missstand" liegt nach der Gesetzesbegründung in Anlehnung an die Formulierung in § 4 Abs. 1 S. 2 vor, wenn Werbemethoden verwendet werden, die die **Ordnungsmäßigkeit der Erbringung von Wertpapier(neben)dienstleistungen beeinträchtigen oder gefährden können**.[11] Das ist vor allem bei **Verstößen gegen das UWG** der Fall.[12] Grundsätzlich ist jede Missachtung des UWG geeignet, in diesem Sinne einen Missstand i. S. des § 23 zu begrün-

---

[8] So auch *Möllers*, ZBB 1999, 134, 137.
[9] Vgl. ferner § 124 Abs. 3 InvG.
[10] Vgl. *Boos/Fischer/Schulte-Mattler*, KWG, § 23 Rn. 4.
[11] Begr. Regierungsentwurf, BT-Drs. 13/7142, S. 114.
[12] *Assmann/Schneider/Koller*, § 36 b Rn. 3; *Reischauer/Kleinhans*, § 23 KWG Anm. 25; *Beck/Samm*, KWG, § 23 Rn. 18.

den.[13] Missstandsbegründend, weil gegen § 5 UWG sowie § 31 Abs. 2 Nr. 2 WpHG verstoßend, ist zB die Werbung von Discount Brokern mit ihren gegenüber sonstigen Banken niedrigeren Provisionen, wenn verschwiegen wird, dass zusätzliche Gebühren, etwa Depotgebühren, anfallen.[14] Missstandsbegründend (Verstoß gegen § 3 UWG) ist es ferner, wenn die Sicherheit von Geldanlagen, die Inflationsangst oder die Angst vor der Einführung einer neuen Währung (wie dem Euro) zum Gegenstand der Werbung gemacht werden (**„Angstwerbung"**).[15] Gleiches gilt, wenn mit **Selbstverständlichkeiten** geworben wird (Verstoß gegen § 5 UWG), etwa damit, dass das Institut der staatlichen Aufsicht durch die BaFin unterliegt, weil damit der fälschliche Eindruck erweckt wird, es handele sich im Unterschied zu anderen Instituten um ein besonders zuverlässiges und sicheres Institut.[16] Die Werbung mit der Teilnahme am Einlagensicherungsfonds – diese Teilnahme ist nunmehr durch das Einlagensicherungs- und Anlegerentschädigungsgesetz (EAG)[17] gesetzlich vorgeschrieben – dürfte aus demselben Grunde und darüber hinaus deshalb bedenklich sein, weil die Haftung nach dem EAG der Höhe nach begrenzt ist und stets ein Selbstbehalt von 10% fällig wird (vgl. §§ 3, 4 EAG).[18] Ein „Missstand" i. S. des § 36b kann aber auch ohne zugleich vorliegenden UWG-Verstoß anzunehmen sein.[19] Im Rahmen des § 36b relevant ist etwa auch Werbung, die (allein) gegen § 31 Abs. 1 Nr. 1 verstößt.[20] Ferner sind Verstöße gegen die VO über Preisangaben, das Gesetz über Kapitalanlagegesellschaften, das Investmentanteilegesetz oder das Verkaufsprospektgesetz zu berücksichtigen.[21]

5   Auch ein **Einzelverstoß** kann einen Missstand bedeuten, wenn er hinreichend auffällig ist und die Gefahr begründet, dass er von dem Betreffenden oder anderen wiederholt wird.[22] Der Missstand muss noch nicht eingetreten sein; **auch vorbeugende Maßnahmen** zur Verhinderung künftiger nachteiliger Entwicklungen sind zulässig.[23] Das lässt sich aus dem Wortlaut („Missständen ... *begegnen*") schließen.

2. Werbung

6   Der Begriff der **Werbung** ist dem Schutzzweck entsprechend weit auszulegen. Werbung ist jegliche Äußerung, die mit dem Ziel erfolgt, den Absatz von Waren

---

[13] *Reischauer/Kleinhans,* § 23 KWG Anm. 25; aA wohl *Boos/Fischer/Schulte-Mattler,* KWG, § 23 Rn. 7; *Szagunn/Haug/Ergenzinger,* KWG, § 23 Rn. 3.
[14] *Möllers* ZBB 1999, 134, 141.
[15] *Boos/Fischer/Schulte-Mattler,* KWG, § 23 Rn. 9; *Beck/Samm,* KWG, § 23 Rn. 17; *Möllers* ZBB 1999, 134, 141.
[16] *Beck/Samm,* KWG, § 23 Rn. 29; *Dreyling,* Bankenwerbung, S. 33 ff.; *Möllers* ZBB 1999, 134, 141. Vgl. auch die ausdrückliche Nennung dieser Fallgruppe in § 124 Abs. 3 InvG.
[17] Gesetz zur Umsetzung der EG-Einlagensicherungsrichtlinie und der EG-Anlegerentschädigungsrichtlinie vom 16. 7. 1998, BGBl. I, 1842, in Kraft getreten am 1. 8. 1998. Ausführlich zum EAG *Dreher* ZIP 1998, 1777 (1780 ff.); *Neuwiger,* Sparkasse 1998, 349 (355 ff.); *Steuer* WM 1998, 2449 (2451 ff.); *Weber* Die Bank 1998, 470 ff.
[18] *Möllers* ZBB 1999, 134, 142; vgl. a. *Beck/Samm,* KWG, § 23 Rn. 29 f., dort allerdings zur Rechtslage vor Inkrafttreten des EAG.
[19] So richtig *Beck/Samm,* KWG, § 23 Rn. 18; *Boos/Fischer/Schulte-Mattler,* KWG, § 23 Rn. 7.
[20] *Assmann/Schneider/Dreyling,* § 36b Rn. 3.
[21] *Assmann/Schneider/Dreyling,* § 36b Rn. 2.
[22] Strenger wohl *Boos/Fischer/Schulte-Mattler,* KWG, § 23 Rn. 8.
[23] *Boos/Fischer/Schulte-Mattler,* KWG, § 23 Rn. 12; *Möllers* ZBB 1999, 134, 143.

oder die Erbringung von Dienstleistungen zu fördern.²⁴ Sie umfasst daher neben den typischen selbstständigen Werbemitteln wie Annoncen, Prospekten, Plakaten, Aufschriften auf Gebäuden, Hausbesuchen, Rundfunk- und Fernsehspots auch Telefon- und Internetwerbung, Werbegeschenke sowie alle sonstigen Maßnahmen, mit denen zumindest auch ein Werbezweck verfolgt wird, etwa besondere Werbeveranstaltungen, Jubiläums- und Sonderverkäufe und sonstige Maßnahmen der Öffentlichkeitsarbeit, Prämienversprechen, Koppelungsangebote.²⁵ Die Werbung ist abzugrenzen von der dem einzelnen Kunden erteilten sachlichen Information.²⁶

3. Mögliche Maßnahmen

Auf der Rechtsfolgeseite legt § 36 b fest, dass bestimmte Arten der Werbung untersagt werden können. Das bedeutet zunächst, dass die BaFin nach § 36 b **nur Verbotsmaßnahmen** erlassen darf. Gebotsmaßnahmen, mit denen bestimmte positive Anordnungen getroffen werden, können auf § 36 b nicht gestützt werden. Solche Maßnahmen dürften auch nach § 4 S. 3 nicht möglich sein. Es wäre ein unverhältnismäßiger Eingriff in die Berufsfreiheit, wenn die Bundesanstalt, statt unzulässige Werbemaßnahmen schlicht zu verbieten, den betroffenen Instituten und Personen eine bestimmte Art und Gestaltung der Werbung explizit vorschreiben würde. 7

Die Verbotsmaßnahmen können sich sowohl gegen einzelne Werbemethoden eines bestimmten Instituts richten (**„Einzelverfügung"**) als auch einer Gruppe von Instituten oder allen Instituten eine bestimmte Art der Werbung untersagen. Das ergibt sich aus Absatz 2, der ausdrücklich von „allgemeinen Maßnahmen nach Absatz 1" spricht. Die BaFin erlässt derartige Maßnahmen in Form von **Allgemeinverfügungen** (§ 35 S. 2 VwVfG) nach der in Absatz 2 vorgeschriebenen Anhörung der Spitzenverbände von Wirtschaft und Verbraucherschutz. Verordnungen darf die Bundesanstalt gestützt allein auf § 36 b wegen Art. 80 GG nicht erlassen.²⁷ 8

Ob die Bundesanstalt bei Vorliegen der gesetzlichen Voraussetzungen eine Verbotsmaßnahme erlässt, steht in seinem **Ermessen** („kann"). Es gelten die allgemeinen Regeln über die Ausübung des Ermessens, Ermessensfehler und Ermessensreduzierung auf Null. 9

Die Missachtung eines vollziehbaren (also unanfechtbaren oder gem. § 80 Abs. 2 Ziff. 4 VwGO für vollziehbar erklärten) Werbeverbots stellt gem. § 39 Abs. 3 Nr. 1 lit. b eine **Ordnungswidrigkeit** dar. Außerdem kann die BaFin gem. § 10 das Verbot zwangsweise durchsetzen. Bei mehrfachen Verstößen oder Missachtungen von Verbotsverfügungen kommt gem. §§ 35 Abs. 2 Nr. 6, 36 KWG auch eine Abberufung von Geschäftsführern in Betracht. 10

4. Verfassungsrechtliche und rechtspolitische Bewertung

Die in § 36 b ausgesprochene Ermächtigung zum Erlass von Werbeverboten stellt einen **Eingriff in die Berufsfreiheit** (Art. 12 Abs. 1 GG) dar. Zum 11

---

²⁴ *Möllers* ZBB 1999, 134, 138.
²⁵ So zutreffend *Beck/Samm*, KWG, § 23 Rn. 20; *Boos/Fischer/Schulte-Mattler*, KWG, § 23 Rn. 5; *Szagunn/Haug/Ergenzinger*, KWG, § 23 Rn. 4, für den Bereich des § 23 KWG.
²⁶ *Boos/Fischer/Schulte-Mattler*, KWG, § 23 Rn. 6; *Möllers* ZBB 1999, 134, 141.
²⁷ S. a. oben § 4 Rn. 19.

Schutzbereich des Art. 12 Abs. 1 GG gehört auch die berufliche Außendarstellung des Grundrechtsträgers einschließlich der Werbung.[28] Indem § 36b der Bundesanstalt die Möglichkeit einräumt, bestimmte Werbemaßnahmen der Institute zu unterbinden, wird die Berufsausübungsfreiheit zielgerichtet eingeschränkt. Diese auf das Vorliegen eines „Missstands" begrenzte Einschränkung ist aber durch vernünftige Aspekte des Gemeinwohls (Lauterkeit des Handels mit Wertpapieren) gerechtfertigt und daher verfassungsgemäß.[29] Anders könnte die Beurteilung u. U. dann ausfallen, wenn den Instituten jegliche Werbung grundsätzlich verboten würde.[30] Bei der konkreten Einzelmaßnahme ist die Grundrechtsbetroffenheit aber stets im Auge zu behalten und auf eine strenge Wahrung des Grundsatzes der Verhältnismäßigkeit zu achten.

12 Ob § 36b eine **rechtspolitisch sinnvolle** Vorschrift ist, hängt davon ab, ob für (behördlich anzuordnende) Werbebeschränkungen im Bereich des Wertpapierhandels wirklich eine Notwendigkeit besteht. Ansonsten könnte es – wie in allen anderen Gewerbezweigen auch – mit den Regelungen des UWG sein Bewenden haben. Das Erbringen von Wertpapierdienstleistungen ist besonders „vertrauensempfindlich" und Seriosität erfordernd. Es spricht daher einiges dafür, dass dieser Bereich auf Grund einer spezifischen behördlichen Kontrolle ebenso von reißerischer, übertriebener und überrumpelnder Werbung freizuhalten ist wie das Bankengewerbe.[31] Allerdings ist nicht zu verkennen, dass grobe Auswüchse auch über die strafbewehrten Vorschriften des UWG bekämpft werden könnten. **Rechtshistorisch** betrachtet ist § 23 KWG, die Vorbildvorschrift zu § 36b, jedenfalls als Relikt einer einstmals umfassenden Befugnis der Bankenaufsicht zur Zins-, Konditionen- und Wettbewerbsreglementierung einzuordnen.[32] In der Praxis hat § 23 KWG auch nur geringe Bedeutung erlangt; die Werbung im Kreditwesen war stets durch ein hohes Maß an Selbstregulierung gekennzeichnet: Auseinandersetzungen über die Zulässigkeit von Werbemaßnahmen wurden und werden regelmäßig durch den 1958 von den Spitzenverbänden des Kreditgewerbes gegründeten Zentralen Wettbewerbsausschuss entschieden.[33]

5. Praktische Anwendung

13 Das BAWe hat § 36b erstmals im Jahre 1999 angewendet, indem es mit Allgemeinverfügung vom 27. Juli 1999[34] das sog. **„cold calling"** (unaufgeforderte Telefonanrufe von Wertpapierfirmen bei potentiellen Kunden) untersagt hat.

---

[28] BVerfGE 85, 97, 104; 94, 372, 388; *vom Mangoldt/Klein/Starck/Manssen*, GG, Bd I, Art. 12 Rn. 66; *Jarass/Pieroth*, GG, Art. 12 Rn. 8.

[29] Berufsausübungsregelungen bilden die dritte, unterste Stufe der bekannten Stufentheorie des Bundesverfassungsgerichts und können durch jeden nachvollziehbaren Gemeinwohlbelang verfassungsrechtlich rechtfertigt werden, vgl. nur *Manssen*, aaO, Rn. 138 ff.; *Jarass*, aaO Rn. 32.

[30] Vgl. BVerfGE 94, 372, 392 f. (Unzulässigkeit eines grundsätzlichen Werbeverbots für Apotheker); vgl. zur Problematik ferner *Manssen*, aaO, Rn. 157 ff.; *Jarass*, aaO Rn. 47.

[31] Auf derartige Aspekte stellt auch die amtliche Begründung des § 23 KWG 1961 ab, vgl. die Darstellung in *Boos/Fischer/Schulte-Mattler*, KWG, § 23 Rn. 3.

[32] Näheres bei *Boos/Fischer/Schulte-Mattler*, KWG, § 23 Rn. 1 f.; *Beck/Samm*, KWG, § 23 Rn. 4 ff., 14 f.

[33] *Möllers* ZBB 1999, 134, 137.

[34] Veröffentlicht im Bundesanzeiger Nr. 149 vom 12. August 1999, S. 13518 ff.

Vorausgegangen waren zahlreiche einschlägige Kundenbeschwerden.[35] Cold calling verstößt nach gefestigter zivilrechtlicher Rechtsprechung gegen § 3 UWG.[36] Die Allgemeinverfügung des BAWe verbietet die telefonische Kontaktaufnahme zu Kunden, zu denen nicht bereits eine Geschäftsbeziehung in Bezug auf Wertpapierdienst- und -nebendienstleistungen besteht, und soweit das Unternehmen nicht duch eine vorhergehende, nachvollziehbare Aufforderung des Angerufenen unmittelbar gegenüber dem Wertpapierdienstleistungsunternehmen zu diesem Anruf veranlasst worden ist. Damit ist es zB auch verboten, dass eine Bank einen Kunden anruft, der nur über ein Sparbuch oder Girokonto bei dieser Bank verfügt, um ihm Wertpapierdienstleistungen anzubieten.[37] In der Folgezeit sind mehrere Bußgeldverfahren wegen Verstoßes gegen diese Allgemeinverfügung eingeleitet worden.[38] Ob die BaFin darüber hinaus Maßnahmen nach § 36b treffen wird oder ähnlich wie im Kreditgewerbe eine Selbstregulierung durch die Wertpapierfirmen erfolgen wird,[39] bleibt abzuwarten.

Auf europäischer Ebene haben FESCO bzw. CESR vor kurzem Standards für 14 die Werbung von Wertpapierdienstleistungsunternehmen erarbeitet, die aber von der deutschen Aufsichtsbehörde offensichtlich noch nicht umgesetzt worden sind.[40]

III. Anhörung von Spitzenverbänden (Abs. 2)

Vor Erlass von Allgemeinverfügungen (s. o. Rn. 8) muss die BaFin zwingend 15 die Spitzenverbände der betroffenen Wirtschaftskreise und des Verbraucherschutzes anhören. Mit dieser Verpflichtung soll sichergestellt werden, dass die Anstalt eine fundierte Entscheidung unter Einbeziehung der praktischen Erfahrungen und des Sachverstandes dieser Verbände und in Kenntnis der konkreten Auswirkungen seiner Maßnahmen trifft. Die Modalitäten der Anhörung werden in Absatz 2 nicht geregelt. Der Begriff der Anhörung beinhaltet nicht zwangsläufig die Gelegenheit zur mündlichen Stellungnahme, so dass die Aufsichtsbehörde Absatz 2 auch dann Genüge tut, wenn es von den betroffenen Verbände eine schriftliche Stellungnahme einholt. In keinem Fall ist die Anstalt verpflichtet, den abgegebenen Stellungnahmen inhaltlich zu folgen. Wird die Anhörung unterlassen, so führt dies nicht zur Nichtigkeit der entsprechenden Allgemeinverfügung (vgl. § 44 VwVfG). Die Allgemeinverfügung ist voll wirksam, aber rechtswidrig und damit nach vorangegangenem Widerspruchsverfahren gerichtlich anfechtbar. Die Anhörung kann aber nachgeholt werden, womit die Rechtswidrigkeit entfällt (§ 45 Abs. 1 Nr. 3, Abs. 2 VwGO).

§ 36c *(weggefallen)*

§ 36c aF war lex specialis zu § 7 und regelte abschließend die Zusammenarbeit mit ausländischen Stellen im Zusammenhang mit der Überwachung der Verhaltensregeln.

---

[35] *Möllers* ZBB 1999, 134, 137.
[36] Vgl. *Möllers* ZBB 1999, 134, 137, mwN.
[37] *Birnbaum/von Kopp-Colomb*, WM 2001, 2288, 2293.
[38] Jahresbericht BAWe 2001, S. 15.
[39] Dies annehmend *Möllers* ZBB 1999, 134, 137.
[40] Näheres bei *Birnbaum/von Kopp-Colomb* WM 2001, 2288, 2293.

§ 37 1, 2 Abschnitt 6. Verhaltensregeln, Verjährung

Durch Artikel 1 Nr. 28 des Finanzmarktrichtlinie-Umsetzungsgesetzes (FRUG) vom 19. Juli 2007,[1] wurde § 36c aufgehoben. Der bisherige Regelungsgehalt der Vorschrift ist nunmehr in dem neuen § 7 Abs. 1 Satz 1 und 2 und Abs. 2a Satz 2 enthalten. Die Kompetenzen zur Zusammenarbeit mit ausländischen Staaten wurden zum Zweck der Übersichtlichkeit durch das Finanzmarktrichtlinie-Umsetzungsgesetz in § 7 gebündelt.[2]

§ 37 Ausnahmen

§ 31 Abs. 1 Nr. 1 und Abs. 2 bis 8 sowie die §§ 31c, 31d und 33a gelten nicht für Geschäfte, die an organisierten Märkten oder in multilateralen Handelssystemen zwischen Wertpapierdienstleistungsunternehmen oder zwischen diesen und sonstigen Mitgliedern oder Teilnehmern dieser Märkte oder Systeme geschlossen werden. Wird ein Geschäft im Sinne des Satzes 1 in Ausführung eines Kundenauftrags abgeschlossen, muss das Wertpapierdienstleistungsunternehmen jedoch den Verpflichtungen des § 31 Abs. 1 Nr. 1 und Abs. 2 bis 8 sowie der §§ 31c, 31d und 33a gegenüber dem Kunden nachkommen.

1   Die Vorschrift stellt eine Neufassung des früheren § 37 Abs. 1 WpHG aF dar[1*] und befreit in **Satz 1** die Wertpapierdienstleistungsunternehmen von der Beachtung der meisten Wohlverhaltenspflichten (mit Ausnahme der Pflicht zur Vermeidung von Interessenkonflikten gemäß § 31 Abs. 1 Nr. 2), soweit sie an organisierten Märkten (§ 2 Abs. 5) oder in multilateralen Handelssystemen (§ 2 Abs. 3 Nr. 8) Geschäfte untereinander oder mit anderen Mitgliedern oder Teilnehmern solcher Märkte oder Systeme abschließen. Denn insoweit besteht kein Bedürfnis für die in besonderem Maße auf den Anlegerschutz zugeschnittenen Regelungen über die Wahrung des Kundeninteresses (§ 31 Abs. 1 Nr. 1, Abs. 2 bis 8), insbesondere in Form von Explorations- und Informationspflichten, einer Geeignetheits- oder Angemessenheitsprüfung, die bestmögliche Ausführung von Aufträgen (§ 33a) und die Grundsätze für die Bearbeitung von Kundenaufträgen (§ 31c). Auch das grundsätzliche Verbot von Drittzuwendungen (§ 31d) ist hier nicht einschlägig.

2   **Satz 2** stellt klar, dass die Ausnahme nicht gilt, wenn die Geschäfte in Ausführung von Kundenaufträgen getätigt werden. Dann bleiben die Wertpapierdienstleistungsunternehmen ihren Kunden gegenüber zur Einhaltung *aller* Wohlverhaltensregeln verpflichtet. Aus der fehlenden Erwähnung des § 31 Abs. 1 Nr. 2 lässt sich nicht etwa im Umkehrschluss ableiten, dass die Pflicht zur Vermeidung von Interessenkonflikten nicht zu beachten sei. Vielmehr erklärt sich die etwas unglückliche Formulierung aus dem gewählten Ansatz einer „Ausnahme von der Ausnahme": Bei Ausführung eines Kundenauftrags kann die Befreiung von den Wohlverhaltenspflichten dem Kunden gegenüber nicht eingreifen.

---

[1] BGBl. I 2007, 1330 ff.
[2] Begründung zum Gesetzesentwurf der Bundesregierung vom 15. 11. 2006, BT-Drs. 16/4028, S. 62.
[1*] Vgl. BegrRegE, BT- Drucks. 16/4028, S. 78.

Verjährung von Ersatzansprüchen § 37a

Die Änderungen gegenüber § 37 Abs. 1 WpHG aF gehen auf die Umsetzung 3
von Art. 14 Abs. 3 und Art. 42 Abs. 4 MiFID zurück.² Durch die weitgehende
Gleichstellung von MTFs (*multilateral tradings facilities*) mit organisierten Märkten
ist die bisherige Beschränkung der Ausnahme auf Geschäfte im Börsenhandel,
die zu Börsenpreisen führen, obsolet geworden.³ Geschäftsabschlüsse über systematische Internalisierer (§§ 32–32d) werden dagegen nicht erfasst und unterliegen den allgemeinen Regeln.

Die Absätze 2 bis 4 des § 37 WpHG aF sind aufgehoben worden. Die Aus- 4
nahme von den Organisationsregeln des § 33 entsprach nicht den Vorgaben der
Finanzmarktrichtlinie.⁴ Die auf Zweigniederlassungen von Unternehmen iSd
§ 53b Abs. 1 Satz 1 KWG bezogene Ausnahme des Abs. 3 ist wegen der ausdrücklichen Bestimmung der anwendbaren Vorschriften in § 36a Abs. 1 Satz 1
obsolet geworden. Das gleiche gilt für die Verordnungsermächtigung nach § 37
Abs. 4 WpHG aF, von der bis zu ihrer Abschaffung kein Gebrauch gemacht
worden war.⁵

§ 37a Verjährung von Ersatzansprüchen

Der Anspruch des Kunden gegen ein Wertpapierdienstleistungsunternehmen auf Schadensersatz wegen Verletzung der Pflicht zur Information und wegen fehlerhafter Beratung im Zusammenhang mit einer Wertpapierdienstleistung oder Wertpapiernebendienstleistung verjährt in drei Jahren von dem Zeitpunkt an, in dem der Anspruch entstanden ist.

Schrifttum: *Balzer,* Die Verjährung von Schadensersatzansprüchen nach § 37a WpHG, Festschrift für Norbert Horn, 2006, 649; *Geibel,* Der Kapitalanlegerschaden, 2002; *Kritter,* Die Verjährung nach § 37a WpHG – eine Zwischenbilanz, BKR 2004, 261; *Micklitz,* Vereinbarkeit der Verjährungsregelung des § 37a WpHG mit dem Gemeinschaftsrecht, WM 2005, 536; *Hackenberg/Roller,* Verjährungsfrist und Sekundärverjährung nach § 37a WpHG, ZBB 2004, 227; *Roller/Hackenberg,* Fragen zur Verjährung gem. § 37a WpHG, insbesondere zur Sekundärverjährung, VuR 2004, 46; *Schäfer,* Die Verjährung von Ersatzansprüchen nach § 37a WpHG, Festschrift für Herbert Schimansky, 1999, S. 699; *Weck/Ludyga,* § 37a WpHG – Eine der letzten verjährungsrechtlichen Spezialnormen, ZRP 2006, 261; *Zimmermann,* Die Verjährung von Ersatzansprüchen gegen Wertpapierdienstleistungsunternehmen – Ein Plädoyer für die Abschaffung des § 37a WpHG, ZIP 2007, 410.

Übersicht

	Rn.
I. Grundlagen	1
II. Anwendungsbereich	6
1. Wertpapierdienstleistungsunternehmen	6

---

² BegrRegE, BT- Drucks. 16/4028, S. 78.
³ Als Börsenpreise gelten nach § 24 Abs. 1 Satz 2 BörsG nunmehr auch die während der Börsenzeit im Freiverkehr an einer Wertpapierbörse festgestellten Preise; zudem sind die Preise eines MTF als Referenzpreise für die Bildung von Börsenpreisen geeignet (§ 24 Abs. 2 Satz 3 BörsG).
⁴ Vgl. BegrRegE, BT-Drucks. 16/4028, S. 78; ebenso schon zur WpDRL *Schulte-Frohlinde,* S. 141; *Koller* in *Assmann/Schneider,* § 37 Rn. 1 aE.
⁵ BegrRegE, BT- Drucks. 16/4028, S. 78.

	Rn.
2. Erfasste Ansprüche	8
a) Verletzung von Informationspflichten oder fehlerhafte Beratung	8
b) Vertragliche und außervertragliche Haftung	9
III. Verjährungsbeginn	11
IV. Sekundärverjährung	13

I. Grundlagen

1 § 37a wurde durch das **Dritte Finanzmarktförderungsgesetz** vom 24. März 1998[1] in das WpHG eingefügt.[2] Die damalige Regelverjährung von 30 Jahren gemäß § 195 BGB aF wurde „angesichts der Schnelligkeit des heutigen Geschäftsverkehrs gerade im Wertpapierbereich" als unangemessen lang und damit als „Beratungshemmnis" betrachtet, und zwar insbesondere im Vergleich zu den damals für andere beratende Berufe geltenden Verjährungsregeln der §§ 51b BRAO, 51a WPO, 68 StBerG.[3] Die Begründung des Regierungsentwurfs rechtfertigt die **Verkürzung der Verjährung** auch damit, dass sie auf Wertpapierdienstleistungsunternehmen begrenzt sei; diese unterlägen der besonderen wertpapierhandelsrechtlichen Aufsicht, die auch das Verhalten gegenüber ihren Kunden überwache.[4]

2 Die vom Gesetzgeber des Dritten Finanzmarktförderungsgesetzes zum Vergleich angeführten Verjährungsregeln für andere beratende Berufe sind inzwischen aufgehoben worden, § 51a WPO durch das Wirtschaftsprüfungsexamens-Reformgesetz vom 1. Dezember 2003[5] und die §§ 51b BRAO, 68 StBerG durch das **Gesetz zur Anpassung von Verjährungsvorschriften an das Gesetz zur Modernisierung des Schuldrechts** (VerjAnpG) vom 9. Dezember 2004.[6] Das VerjAnpG bezweckte eine Neuordnung des Verjährungsrechts nach Inkrafttreten der Schuldrechtsreform und sollte insbesondere die von zahlreichen Spezialvorschriften außerhalb des BGB vorgesehene, von § 195 BGB aF abweichende kurze Verjährung vereinheitlichen und die davon erfassten Sachverhalte grundsätzlich der Regelverjährungsfrist des § 195 BGB mit subjektiver Anknüpfung des Verjährungsbeginns gemäß § 199 Abs. 1 Nr. 2 BGB unterstellen.[7]

3 Der **Bundesrat regte in seiner Stellungnahme zum Regierungsentwurf des VerjAnpG an, auch § 37a zu streichen** und damit eine Anwendung der §§ 195, 199 BGB zu ermöglichen, wie dies auch im Referentenentwurf vorgesehen war.[8] Zutreffend begründete er seine Anregung damit, dass keine sachli-

---

[1] BGBl. I S. 529.
[2] § 37a ist mit Art. 11 der WpDRiL (Richtlinie 93/22/EWG des Rates vom 10. Mai 1993 über Wertpapierdienstleistungen) vereinbar, vgl. BGH BKR 2007, 160, 161f.; OLG München NJOZ 2005, 4610, 4613f.; LG Nürnberg-Fürth, WM 2006, 571, 572; aA *Tilp*, EWiR 2004, 943, 944; *Micklitz*, WM 2005, 536; zweifelnd *Assmann/Schneider/Koller*, § 37a Rn. 19.
[3] Begründung des Regierungsentwurfs, BT-Drs. 13/8933, S. 96.
[4] BT-Drs. 13/8933, S. 96.
[5] BGBl. I S. 2446.
[6] BGBl. I S. 3214.
[7] Begründung des Regierungsentwurfs, BT-Drs. 15/3653, S. 10ff.
[8] BT-Drs. 15/3653, S. 30.

Verjährung von Ersatzansprüchen 4, 5 § 37a

chen Gründe ersichtlich seien, weshalb gerade diese Regelung von der allgemeinen Vereinheitlichung der spezialgesetzlichen Verjährungsfristen ausgenommen werden solle. Die Bundesregierung verwies in ihrer Gegenäußerung auf die Beratungen zum AnSVG, zu dem der Bundesrat eine Anpassung der ebenfalls nicht vom VerjAnpG erfassten §§ 37b Abs. 4, 37c Abs. 4 angeregt hatte.[9] In dieser Gegenäußerung sagte die Bundesregierung zu, der Prüfbitte des Bundesrates „in einem weiteren Gesetzesvorhaben noch in diesem Jahr" nachzukommen.[10] Dies bezog sich auf das geplante KapInHaG,[11] das in einem neuen § 37a einen allgemeinen Haftungstatbestand für fehlerhafte Kapitalmarktinformation vorsah. Damit wäre die Verjährungsregelung des § 37a ersatzlos gestrichen worden und die §§ 195, 199 BGB anwendbar gewesen. Nachdem der Entwurf des KapInHaG zurückgezogen wurde, bleibt offen, ob der Gesetzgeber Änderungen an § 37a vornehmen oder diese Regelung zugunsten der §§ 195, 199 BGB aufheben wird. Dafür spricht gerade der vom Gesetzgeber selbst gegebene Hinweis auf die für andere beratende Berufe geltenden Verjährungsregeln; der Vergleich mit diesen Berufsgruppen lässt auch die Berücksichtigung der „besonderen wertpapierhandelsrechtlichen Aufsicht" über Wertpapierdienstleistungsunternehmen als wenig überzeugend erscheinen. Im Ergebnis stellt § 37a eine systemwidrige Vorschrift dar, die ersatzlos gestrichen werden sollte.[12] Dies sieht nun der am 9. Mai 2008 veröffentlichte Referentenentwurf eines Gesetzes zur Neuregelung der Rechtsverhältnisse bei Schuldverschreibungen aus Anleihen und zur Anpassung kapitalmarktrechtlicher Verjährungsvorschriften vor.[13]

Die Verjährungsfrist des § 37a beträgt wie die des § 195 BGB drei Jahre. 4 § 37a bedeutet aber auch nach Einführung der dreijährigen Regelverjährung im Zuge der Schuldrechtsreform eine **Privilegierung der Wertpapierdienstleistungsunternehmen** insofern, als die Verjährung abweichend von § 199 Abs. 1 Nr. 2 BGB unabhängig von Kennen und Kennenmüssen des Gläubigers **mit dem Zeitpunkt der Anspruchsentstehung beginnt.**[14] Diese Regelung des Verjährungsbeginns entspricht derjenigen, die in § 200 S. 1 BGB für alle nicht der Regelverjährung unterliegenden Ansprüche getroffen wurde.

Die Übergangsvorschrift des § 43, nach der § 37a nicht anzuwenden ist auf 5 Ansprüche, die vor dem 1. April 1998 entstanden sind,[15] hat keine praktische Bedeutung mehr.

---

[9] BT-Drs. 15/3653, S. 32; BT-Drs. 15/3355, S. 3.
[10] BT-Drs. 15/3355, S. 6.
[11] Dazu Vor §§ 37b, 37c Rn. 69.
[12] Zutreffend KölnKommWpHG-*Leisch,* § 37a Rn. 32 ff.; *Zimmermann,* ZIP 2007, 410, 412; krit. auch *Balzer,* FS Horn, 2006, S. 649, 668. – Auch die Europarechtskonformität des § 37a wird angezweifelt, vgl. *Koller* in *Assmann/Schneider,* § 37a Rn. 19; KölnKommWpHG-*Leisch,* § 37a Rn. 31 ff.; *Spindler/Kasten* WM 2006, 1797, 1801; *Micklitz* WM 2005, 536, 541 ff.; *Tilp* EWiR 2004, 943, 944; für die Vereinbarkeit mit dem Gemeinschaftsrecht aber BGH BKR 2007, 160, 161 f.; OLG München ZIP 2005, 656, 658; LG Nürnberg-Fürth, WM 2006, 571, 572.
[13] Abgedruckt in ZBB 2008, 200.
[14] Vgl. auch *Schwark,* § 37a Rn. 2.
[15] Zum Zeitpunkt der Anspruchsentstehung siehe unten Rn. 11 f.

II. Anwendungsbereich

1. Wertpapierdienstleistungsunternehmen

6 § 37a erfasst ausschließlich Ansprüche gegen Wertpapierdienstleistungsunternehmen im Sinne der §§ 2 Abs. 4, 2a (siehe die dortige Kommentierung).[16] Ein Unternehmen, das sich auf § 37a beruft, trägt die **Beweislast** dafür, dass es die Voraussetzungen des § 2 Abs. 4 erfüllt und die Ausnahmetatbestände des § 2a nicht eingreifen.[17] Eine analoge Anwendung des § 37a auf Unternehmen, die nicht unter die Definition des Wertpapierdienstleistungsunternehmens nach den §§ 2 Abs. 4, 2a fallen, ist abzulehnen, da keine planwidrige Regelungslücke festgestellt werden kann.[18]

7 Ein Wertpapierdienstleistungsunternehmen, das **ohne eine nach § 32 KWG erforderliche Erlaubnis** tätig wird, **kann sich nicht auf § 37a berufen**.[19] Zwar ist die Erlaubnis kein Tatbestandsmerkmal der §§ 37a, 2 Abs. 4, der Gesetzgeber wollte jedoch Wertpapierdienstleistungsunternehmen gerade auch deshalb privilegieren, weil diese einer besonderen Aufsicht unterliegen (vgl. Rn. 1). Schadensersatzansprüche gegen Wertpapierdienstleistungsunternehmen, die ohne die nach § 32 KWG erforderliche Erlaubnis tätig werden, verjähren damit nach den §§ 195, 199 BGB.

2. Erfasste Ansprüche

a) Verletzung von Informationspflichten oder fehlerhafte Beratung

8 Die Verjährungsregel des § 37a gilt für Schadensersatzansprüche gegenüber Wertpapierdienstleistungsunternehmen wegen der **Verletzung von Informationspflichten** und wegen **fehlerhafter Beratung** im Zusammenhang mit einer Wertpapierdienstleistung oder Wertpapiernebendienstleistung im Sinne des § 2 Abs. 3, 3a.[20] Die Begründung des Regierungsentwurfs weist zu Recht darauf hin, dass bloße Information und Beratung in der Praxis oft ineinander übergehen und beide Fallgruppen daher gleich zu behandeln sind.[21] § 37a soll sämtliche Schadensersatzansprüche im Zusammenhang mit einer Wertpapierdienstleistung oder Wertpapiernebendienstleistung erfassen, deshalb ist es unerheblich, welche konkrete Dienstleistung im Anschluss an oder Zusammenhang mit Information oder Beratung erbracht wurde.[22] Auch Ansprüche aus der Verletzung eines Vermögensverwaltungsvertrages fallen daher unter § 37a,[22a] ebenso die Verletzung

---

[16] Siehe auch BGH NJW 2008, 1734, 1736.
[17] BGH NJW-RR 2006, 630, 631; zustimmend *Schäfer*, WuB I G 6 § 37a WpHG 1.06; *von Buttlar*, EWiR 2006, 639; kritisch *Herresthal*, JZ 2006, 526.
[18] Zutreffend KölnKommWpHG-*Leisch*, § 37a Rn. 41 ff. mwN.
[19] BGH NJW-RR 2006, 630, 632; *Geibel*, S. 368; *Koller* in *Assmann/Schneider*, § 37a Rn. 2; KölnKommWpHG-*Leisch*, § 37a Rn. 44; *Schäfer*, FS Schimansky, S. 699, 703f.; *Schwark*, § 37a Rn. 3; aA OLG Naumburg NJOZ 2005, 3651, 3655.
[20] Zur Definition von Wertpapierdienstleistung und Wertpapiernebendienstleistung siehe § 2 Rn. 71ff., 116ff.
[21] BT-Drs. 13/8933, S. 96.
[22] Vgl. BegrRegE, BT-Drs. 13/8933, S. 96f.
[22a] OLG Frankfurt, AG 2006, 858; *Balzer*, FS Horn, S. 649, 656ff. Das gilt freilich nur, soweit es um die Verletzung von Aufklärungs- oder Beratungspflichten geht, während an-

Verjährung von Ersatzansprüchen 9–11 § 37a

von Warnpflichten im *execution-only*-Geschäft.[22b] Entsteht dem Kunden ein Schaden, weil er infolge der fehlerhaften Information oder Beratung von dem Erwerb oder der Veräußerung von Finanzinstrumenten Abstand genommen hat, gilt § 37a auch für den daraus resultierenden Schadensersatzanspruch.

b) Vertragliche und außervertragliche Haftung

§ 37a gilt jedenfalls für Schadensersatzansprüche aus **Vertrag** und *culpa in* 9 *contrahendo* (§ 311 Abs. 2 BGB). Bei einer Verletzung von Informationspflichten ist unerheblich, ob sich diese unmittelbar aus dem Vertragsverhältnis zwischen Wertpapierdienstleistungsunternehmen und Kunden oder aus dem Gesetz (zB § 31 Abs. 2) ergeben.[23] Unerheblich ist, ob die begehrte Kompensation auf einen Geldausgleich oder auf die Rückgängigmachung des Vertrags in Form der Naturalrestitution gerichtet ist.[23a]

Umstritten ist, ob § 37a auch auf **konkurrierende deliktische Ansprüche** 10 Anwendung findet. Schon die Gesetzesbegründung wies darauf hin, dass die allgemeinen Verjährungsregeln auf Schadensersatzansprüche wegen vorsätzlicher Verletzung von Informationspflichten und vorsätzlicher fehlerhafter Beratung beschränkt seien.[24] Dies entspricht zu Recht auch der herrschenden Meinung:[25] Der vom Gesetzgeber verfolgte Zweck, Wertpapierdienstleistungsunternehmen zu privilegieren und ein Beratungshemmnis zu beseitigen, würde verfehlt, wenn § 37a deliktische Ansprüche wegen fahrlässiger Verletzung von Informationspflichten und fahrlässiger fehlerhafter Beratung nicht erfassen würde.[26] Bei vorsätzlichem Handeln ist eine Anwendung des Verjährungsprivilegs des § 37a dagegen nicht gerechtfertigt.[27]

III. Verjährungsbeginn

Die Verjährung beginnt in dem **Zeitpunkt, in dem der Anspruch ent-** 11 **standen** ist. Bei einem Schadensersatzanspruch ist dies erst mit dem **Eintritt ei-**

---

dere Pflichtverstöße des Verwalters den allgemeinen Verjährungsregeln der §§ 195, 199 BGB unterliegen, so zutreffend *Balzer*, aaO, S. 658.
[22b] *Balzer*, FS Horn, S. 649, 659f.
[23] BGH NJW 2005, 1579, 1580 = BGHZ 162, 306; OLG Frankfurt, NJW-RR 2005, 1215, 1215f.; OLG München, AG 2005, 448; OLG Frankfurt, AG 2006, 858, 858; siehe auch Begründung des Regierungsentwurfs, BT-Drs. 13/8933, S. 96.
[23a] *Koller* in *Assmann/Schneider*, § 37a Rn. 3; *Kritter*, BKR 2004, 261, 262.
[24] BT-Drs. 13/8933, S. 97.
[25] BGH BKR 2007, 160, 161; BGH NJW 2005, 1579, 1581 = BGHZ 162, 306; OLG München NJOZ 2005, 4610, 4612f.; OLG Naumburg NJOZ 2005, 3651, 3655; OLG Frankfurt AG 2006, 858, 858; KG ZIP 2004, 1306, 1308; LG Nürnberg-Fürth, WM 2006, 571, 572; LG Zweibrücken, NJW-RR 2004, 1690, 1692; LG Düsseldorf, BKR 2004, 413, 414f.; LG Berlin, BKR 2004, 127; MünchKommHGB-*Ekkenga*, Bd. 5, Effektengeschäft Rn. 248; *Kritter*, BKR 2004, 261, 262f.; *Kümpel*, Bank- und Kapitalmarktrecht, Rn. 16.572; KölnKommWpHG-*Leisch*, § 37a Rn. 19; *Schäfer*, FS Schimansky, S. 699, 712ff.; *Schäfer*, § 37a Rn. 8; *Schwark*, § 37a Rn. 5; *Tilp*, EWiR 2004, 943, 944. – aA zB *Koller* in *Assmann/Schneider*, 3. Aufl., § 37a Rn. 6 mwN; *Roller/Hackenberg*, ZBB 2004, 227, 235f.
[26] Siehe nur BGH NJW 2005, 1579, 1581 = BGHZ 162, 306.
[27] Vgl. *Schwark*, § 37a Rn. 5.

§ 37a 12   Abschnitt 6. Verhaltensregeln, Verjährung

nes Schadens der Fall.[28] Hat der Kunde aufgrund der Verletzung einer Beratungspflicht oder einer Fehlinformation Finanzinstrumente erworben, stellt sich die Frage, ob ein Schadenseintritt auch ohne nachteilige Kursentwicklung bereits mit Erwerb der Finanzinstrumente bejaht werden kann.[29] Nach der **Rechtsprechung des BGH** kann derjenige, der durch ein haftungsbegründendes Verhalten zum Abschluss eines Vertrages verleitet wird, den er ohne dieses Verhalten nicht geschlossen hätte, auch bei objektiver Werthaltigkeit von Leistung und Gegenleistung einen **Vermögensschaden dadurch erleiden, dass die Leistung für seine Zwecke nicht voll brauchbar ist.**[30] Damit entstehe der Anspruch des Kunden eines Wertpapierdienstleistungsunternehmens, der infolge der Verletzung einer Aufklärungspflicht oder fehlerhafter Beratung Wertpapiere erworben hat, die mit den von ihm verfolgten Anlagezielen nicht in Einklang stehen, bereits mit dem Erwerb dieser Wertpapiere.[31] Der BGH berücksichtigt also eine Beeinträchtigung der Vermögensdisposition des Betroffenen als Schaden und bezieht auf diese Weise eine subjektive Komponente in den Schadensbegriff ein.[32]

12 Gegen eine Anwendung dieses Schadensbegriffs im Rahmen des § 37a wird eingewandt, dass der Kunde unter Umständen gezwungen sei, zur Hemmung der Verjährung Klage gegen das Wertpapierdienstleistungsunternehmen zu erheben, obwohl noch kein durch Kursverluste verursachter objektiver Schaden eingetreten ist.[33] Zudem werde sich in einem solchen Fall der Kunde häufig deshalb nicht bewusst sein, dass eine anspruchsbegründende Handlung vorlag, weil keine objektive Vermögensverschlechterung gegeben sei.[34] Demgegenüber ist jedoch zu berücksichtigen, dass der Gesetzgeber gerade zur Beseitigung von Beratungshemmnissen eine kurze Verjährung einführen wollte. Das Problem, dass der Kunde vor dem Eintritt von Kursverlusten häufig keine Kenntnis von der anspruchsbegründenden Handlung haben wird, sollte **de lege ferenda** durch eine **Streichung des § 37a** und die daraus folgende subjektive Anknüpfung des Ver-

---

[28] Dazu ausführlich MünchKommBGB-*Grothe,* § 199 Rn. 9ff.
[29] Bei der Anlageberatung beginnt nicht bei jeder neuen Transaktion eine eigene neue Verjährungsfrist von drei Jahren zu laufen, vgl. OLG Frankfurt AG 2006, 858, 859. Die vom Gesetzgeber angestrebte Rechtssicherheit würde ansonsten nicht erreicht, OLG Köln WM 2006, 2130, 2132.
[30] BGH NJW 1998, 302, 304 mwN; BGH NJW 2005, 1579, 1580 = BGHZ 162, 306.
[31] BGH NJW 2005, 1579, 1580 = BGHZ 162, 306; OLG Frankfurt AG 2006, 858, 858; KG ZIP 2004, 1306; bei der Vermögensverwaltung kann es je nach der Art der Informationsverletzung auf den Zeitpunkt des Abschlusses des Finanzportfoliovertrages, den hypothetischen Erwerbszeitpunkt des Anlagetitels oder den Zeitpunkt einer auf den Informationsfehler beruhenden Weisung des Kunden ankommen, vgl. *Koller* in *Assmann/ Schneider,* § 37a Rn. 13; *Balzer,* FS Horn, S. 649, 656ff.
[32] Vgl. BGH NJW 1998, 302, 304; im Rahmen des § 37a zustimmend OLG Schleswig NJW-RR 2005, 561, 562; OLG Frankfurt, NJW-RR 2005, 1215, 1216; OLG München NJOZ 2005, 4610, 4611f.; OLG Naumburg NJOZ 2005, 3651, 3655f.; LG Zweibrücken NJW-RR 2004, 1690, 1691; LG Düsseldorf, BKR 2004, 413, 414; LG Düsseldorf, BKR 2005, 76, 78; *Koller* in *Assmann/Schneider,* § 37a Rn. 7; *Knitter,* BKR 2004, 261, 262; *Kümpel,* Bank- und Kapitalmarktrecht, Rn. 15.568f.; KölnKommWpHG-*Leisch,* § 37a Rn. 64; *Schäfer* in FS Schimansky, S. 699, 710; wohl auch *Schäfer,* § 37a Rn. 4; *Tilp,* EWiR 2004, 943, 944. – Die Gegenansicht wird vertreten von LG Hof, BKR 2004, 489, 490f.; *Geibel,* S. 357ff., 97ff.; *Schwark,* § 37a Rn. 4.
[33] *Geibel,* S. 359; *Schwark,* § 37a Rn. 4.
[34] *Schwark,* § 37a Rn. 4.

1656   *Fuchs*

Verjährung von Ersatzansprüchen 13 § 37a

jährungsbeginns gemäß § 199 Abs. 1 Nr. 2 BGB gelöst werden (siehe bereits Rn. 3).[35]

IV. Sekundärverjährung

Eine Übertragung der von der Rechtsprechung für die Verjährung von Schadensersatzansprüchen gegen Rechtsanwälte entwickelten Grundsätze über die Sekundärverjährung auf § 37a hat der BGH zu Recht abgelehnt.[36] Zwischen einem Wertpapierdienstleistungsunternehmen und seinen Kunden besteht kein Vertrauensverhältnis, das demjenigen zwischen Anwalt und Mandanten vergleichbar wäre.[37] Wertpapierdienstleistungsunternehmen sind daher nicht verpflichtet, ihre Kunden auf die Existenz möglicher SEA und deren drohende Verjährung hinzuweisen. Zudem würde eine Sekundärverjährung dem vom Gesetzgeber verfolgten Zweck einer Verkürzung der Verjährungsfristen zuwiderlaufen.[38] 13

---

[35] Vgl. auch KölnKommWpHG-*Leisch*, § 37a Rn. 64; *Weck/Ludyga*, ZRP 2006, 261, 263; *Zimmermann*, ZIP 2007, 410, 412.
[36] BGH NJW 2005, 1579, 1581 = BGHZ 162, 306. Dies entspricht der herrschenden Ansicht, vgl. OLG München NJOZ 2005, 4610, 4614; OLG Frankfurt, AG 2006, 858, 859; OLG Köln WM 2006, 2130; LG Zweibrücken, NJW-RR 2004, 1690, 1691; LG Düsseldorf, BKR 2004, 413, 414; *Koller* in *Assmann/Schneider*, § 37a Rn. 6; *Kritter*, BKR 2004, 261, 263f.; *Schwark*, § 37a Rn. 6; *Balzer* in FS Horn, S. 649, 653f., 659; *Schäfer* in FS Schimansky, S. 699, 712. – Für die Gegenansicht siehe zB *Koller* in *Assmann/Schneider*, 3. Aufl., § 37a Rn. 18; *Ehlers* VuR 2006, 397, 399; *Roller/Hackenberg*, ZBB 2004, 227, 229ff.; differenzierend KölnKommWpHG-*Leisch*, § 37a Rn. 77ff.
[37] BGH NJW 2005, 1579, 1581 = BGHZ 162, 306.
[38] BGH NJW 2005, 1579, 1581 = BGHZ 162, 306.

Abschnitt 7. Haftung für falsche und unterlassene Kapitalmarktinformationen

Vorbemerkung zu den §§ 37b, 37c

Schrifttum: *Abram*, Ansprüche von Anlegern wegen Verstoßes gegen Publizitätspflichten oder den Deutschen Corporate Governance Kodex, NZG 2003, 307; *Assmann*, Prospekthaftung als Haftung für die Verletzung kapitalmarktbezogener Informationspflichten nach deutschem und US-amerikanischem Recht, 1985; *ders.*, Konzeptionelle Grundlagen des Anlegerschutzes, ZBB 1989, 49; *ders.*, Der Inhalt des Schadensersatzanspruchs fehlerhaft informierter Kapitalanleger, in: FS Hermann Lange, 1992, 345; *Barth*, Schadensberechnung bei Haftung wegen fehlerhafter Kapitalmarktinformation, 2006; *Baums*, Empfiehlt sich eine Neuregelung des aktienrechtlichen Anfechtungs- und Organhaftungsrechts, insbesondere der Klagemöglichkeiten von Aktionären?, Gutachten für den 63. Deutschen Juristentag, Teilgutachten F, 2000, S. 11; *ders.* (Hrsg.), Bericht der Regierungskommission Corporate Governance – Unternehmensführung, Unternehmenskontrolle – Modernisierung des Aktienrechts, 2001; *ders.*, Haftung wegen Falschinformation des Sekundärmarktes, ZHR 167 (2003), 139; *Barnert*, Deliktischer Schadensersatz bei Kursmanipulation de lege lata und de lege ferenda, WM 2002, 1473; *Braun/Rotter*, Können Ad-hoc-Mitteilungen Schadensersatzansprüche im Sinne der allgemeinen zivilrechtlichen Prospekthaftung auslösen?, BKR 2003, 918; *Brellochs*, Publizität und Haftung von Aktiengesellschaften im System des Europäischen Kapitalmarktrechts, 2005; *Busse v. Colbe*, Die Entwicklung des Jahresabschlusses als Informationsinstrument, zfbf Sonderheft 32/93, 11; *ders.*, Unternehmenskontrolle durch Rechnungslegung, in: Sandrock/Jäger (Hrsg.), Internationale Unternehmenskontrolle und Unternehmenskultur, 1994, 37; *Cahn*, Grenzen des Markt- und Anlegerschutzes durch das WpHG, ZHR 162 (1998), 1; *Casper*, Persönliche Außenhaftung der Organe bei fehlerhafter Information des Kapitalmarkts?, BKR 2005, 83; *ders.*, Haftung für fehlerhafte Informationen des Kapitalmarktes, Der Konzern 2006, 32; *Dogan*, Ad-hoc-Publizitätshaftung, 2005; *Dühn*, Schadensersatzhaftung börsennotierter Aktiengesellschaften für fehlerhafte Kapitalmarktinformation de lege lata und de lege ferenda, 2003; *Dreyling*, Ge- und Missbrauch der Ad-hoc-Publizität, in: Achleitner/Bassen (Hrsg.), Investor Relations am Neuen Markt, 2001, 529; *Edelmann*, Haftung von Vorstandsmitgliedern für fehlerhafte Ad-hoc-Mitteilungen – Besprechung der Infomatec-Urteile des BGH, BB 2004, 2031; *Ekkenga*, Fragen der deliktischen Haftungsbegründung bei Kursmanipulationen und Insidergeschäften, ZIP 2004, 781; *ders.*, Kapitalmarktrechtliche Aspekte der Investor Relations, NZG 2001, 1; *Engelhardt*, Vertragsabschlussschaden oder Differenzschaden bei der Haftung des Emittenten für fehlerhafte Kapitalmarktinformationen, BKR 2006, 443; *Findeisen*, Die Bedeutung der haftungsbegründenden Kausalität einer fehlerhaften Ad-hoc-Mitteilung für die Anlageentscheidung des Schadensersatzklägers, NZG 2007, 692; *ders./Backhaus*, Umgang und Anforderungen an die haftungsbegründende Kausalität bei der Haftung nach § 826 BGB für fehlerhafte Ad-hoc-Mitteilungen, WM 2007, 100; *Fleischer*, Empfiehlt es sich, im Interesse des Anlegerschutzes und zur Förderung des Finanzplatzes Deutschland, das Kapitalmarkt- und Börsenrecht neu zu regeln?, Gutachten für den 64. Deutschen Juristentag, Kapitalmarktrechtliches Teilgutachten F, 2002, S. 13; *ders.*, Informationsasymmetrie im Vertragsrecht, 2001; *ders.*, Empfiehlt es sich, im Interesse des Anlegerschutzes und zur Förderung des Finanzplatzes Deutschland, das Kapitalmarkt- und Börsenrecht neu zu regeln?, NJW-Beilage 23/2002, 37; *ders.*, Der Inhalt des Schadensersatzanspruches wegen unwahrer oder unterlassener unverzüglicher Ad-hoc-Mitteilungen, BB 2002, 1869; *ders.*, Pro und Contra Persönliche Außenhaftung der Vorstandsmitglieder für fehlerhafte Kapitalmarktinformationen, ZRP 2002, 532; *ders.*, Die persönliche Haftung der Or-

Vor §§ 37b, 37c Abschnitt 7. Haftung für Kapitalmarktinform.

ganmitglieder für kapitalmarktbezogene Falschinformationen – Bestandsaufnahme und Perspektiven, BKR 2003, 608; *ders.*, Erweiterte Außenhaftung der Organmitglieder im Europäischen Gesellschafts- und Kapitalmarktrecht, ZGR 2004, 437; *ders.*, Konturen der kapitalmarktrechtlichen Informationsdeliktshaftung, ZIP 2005, 1805; *ders.*, Zur deliktsrechtlichen Haftung der Vorstandsmitglieder für falsche Ad-hoc-Mitteilungen, DB 2004, 2031; *ders.*, Kapitalmarktrechtliche Informationshaftung gegenüber Dritten, in *ders.*, Handbuch des Vorstandsrechts, 2006, § 14; *ders.*, Prognoseberichterstattung im Kapitalmarktrecht und Haftung für fehlerhafte Prognosen, AG 2006, 1; *ders.*, Zur zivilrechtlichen Teilnehmerhaftung für fehlerhafte Kapitalmarktinformation nach deutschem und US-amerikanischem Recht, AG 2008, 265; *ders./Kalss*, Kapitalmarktrechtliche Schadensersatzhaftung und Kurseinbrüche an der Börse, AG 2002, 329; *Franken/Heinsius*, Das Spannungsverhältnis der allgemeinen Publizität zum Auskunftsrecht des Aktionärs, FS Budde, S. 213; *Fuchs/Dühn*, Deliktische Schadensersatzhaftung für falsche Ad-hoc-Mitteilungen, BKR 2002, 1063; *Gebhard*, Prime und General Standard: Die Neusegmentierung des Aktienmarkts an der Frankfurter Wertpapierbörse, WM-Sonderbeilage Nr. 2/2003, S. 3; *Gehrt*, Die neue Ad-hoc-Publizität nach § 15 Wertpapierhandelsgesetz, 1997; *Geibel*, Der Kapitalanlegerschaden, 2002; *Gerber*, Die Haftung für unrichtige Kapitalmarktinformationen, DStR 2004, 1793; *Glöckle*, Die zukunftsbezogene Publizität von Kapitalgesellschaften in der Bundesrepublik Deutschland, 1996; *Gottschalk*, Die persönliche Haftung der Organmitglieder für fehlerhafte Kapitalmarktinformationen de lege lata und de lege ferenda, Der Konzern 2005, 274; *ders.*, Die deliktische Haftung für fehlerhafte Ad-hoc-Mitteilungen, DStR 2005, 1648; *Groß*, Haftung für fehlerhafte oder fehlende Regel- oder ad-hoc-Publizität, WM 2002, 477; *Grunewald*, Die Haftung von Organmitgliedern nach Deliktsrecht, ZHR 157 (1993), 451; *Habersack/Mülbert/Schlitt* (Hrsg.), Unternehmensfinanzierung am Kapitalmarkt, 2005; *Haas*, Die persönliche Haftung von Vorstandsmitgliedern für falsche Ad-hoc-Mitteilungen, LMK 2004, 181; *Heidel* (Hrsg.), Aktienrecht und Kapitalmarktrecht, 2. Auflage 2007; *Hennrichs*, Haftung für falsche Ad-hoc-Mitteilungen und Bilanzen, FS Kollhosser, 2004, Bd. II, S. 201; *Henze*, Vermögensbindungsprinzip und Anlegerschutz, NZG 2005, 115; *Hocker*, Investor Relations aus Sicht der Privatanleger, in: *Achleitner/Bassen* (Hrsg.), Investor Relations am Neuen Markt, 2001, S. 453; *Holzborn/Foelsch*, Schadensersatzpflichten von Aktiengesellschaften und deren Management bei Anlegerverlusten: Ein Überblick, NJW 2003, 932; *Hommelhoff*, Anlegerinformationen im Aktien-, Bilanz- und Kapitalmarktrecht, ZGR 2000, 748; *Hopt*, Inwieweit empfiehlt sich eine allgemeine gesetzliche Regelung des Anlegerschutzes?, Verhandlungen des Einundfünfzigsten Deutschen Juristentages, Band 1, Teilgutachten G, 1976; *ders.*, Vom Aktien- und Börsenrecht zum Kapitalmarktrecht, Teil 1: Der international erreichte Stand des Kapitalmarktrechts, ZHR 140 (1976), 201; *ders.*, Vom Aktien- und Börsenrecht zum Kapitalmarktrecht, Teil 2: Die deutsche Entwicklung im internationalen Vergleich, ZHR 141 (1977), 389; *ders./Voigt* (Hrsg.), Prospekt- und Kapitalmarktinformationshaftung, 2005; *Horn*, Zur Haftung der AG und ihrer Organglieder für unrichtige oder unterlassene Ad-hoc-Information, in: FS Peter Ulmer, 2003, S. 817; *Hutter/Stürwald*, EM.TV und die Haftung für fehlerhafte Ad-hoc-Mitteilungen, NJW 2005, 2428; *Ihlas*, Organhaftung und Haftpflichtversicherung, 1997; *Jahn*, Mehr Schutz vor Bilanzskandalen, ZRP 2003, 121; *Kalss*, Anlegerinteressen, 2001; *dies.*, Die rechtliche Grundlage kapitalmarktbezogener Haftungsansprüche, ÖBA 2000, 641; *Keusch/Wankerl*, Die Haftung der Aktiengesellschaft für fehlerhafte Kapitalmarktinformationen im Spannungsfeld zum Gebot der Kapitalerhaltung, BKR 2003, 744; *Kiethe*, Persönliche Organhaftung für Falschinformationen des Kapitalmarkts – Anlegerschutz durch Systembruch?, DStR 2003, 1982; *ders.* Gesellschaftsstrafrecht – Zivilrechtliche Haftungsgefahren für Gesellschaften und ihre Organmitglieder, WM 2007, 722; *Kissner*, Die zivilrechtliche Verantwortlichkeit für Ad-hoc-Mitteilungen, 2003; *Kleindiek*, Geschäftsleitertätigkeit und Geschäftsleitungskontrolle: Treuhänderische Vermögensverwaltung und Rechnungslegung, ZGR 1998, 466; *Klöhn*, Problem Schadensberechnung: Neues vom US Supreme Court zur Haftung wegen fehlerhafter Kapitalmarktinformation, RIW 2005, 728; *ders.*, Wettbewerbswidrigkeit von Kapitalmarktinformation?, ZHR 172 (2008), 388; *Koch*, Neuerungen

Vorbemerkung zu den §§ 37b, 37c Vor §§ 37b, 37c

im Insiderrecht und der Ad-hoc-Publizität, DB 2005, 267; *Köndgen,* Die Ad hoc-Publizität als Prüfstein informationsrechtlicher Prinzipien, in: FS für Druey, 2002, S. 791; *Körner,* Infomatec und die Haftung von Vorstandsmitgliedern für falsche ad hoc-Mitteilungen, NJW 2004, 3386; *Kort,* Die Haftung von Vorstandsmitgliedern für falsche Ad-hoc-Mitteilungen, AG 2005, 21; *ders.,* Die Haftung der AG nach §§ 826, 31 BGB bei fehlerhaften Ad-hoc-Mitteilungen, NZG 2005, 496; *ders.,* Anlegerschutz und Kapitalerhaltungsgrundsatz, NZG 2005, 708; *Kowalewski/Hellgardt,* Der Stand der Rechtsprechung zur deliktsrechtlichen Haftung für vorsätzlich falsche Ad-hoc-Mitteilungen, DB 2005, 1839; *Krause,* Ad-hoc-Publizität und haftungsrechtlicher Anlegerschutz, ZGR 2002, 799; *Kübler,* Institutioneller Gläubigerschutz oder Kapitalmarkttransparenz? Rechtsvergleichende Überlegungen zu den „stillen Reserven", ZHR 159, (1995), 550; *Küting,* Die Rechnungslegung in Deutschland an der Schwelle zu einem neuen Jahrtausend: Bestandsaufnahme und Ausblick, DStR 2000, 38; *Langenbucher,* Kapitalerhaltung und Kapitalmarkthaftung, ZIP 2005, 239; *Leisch,* Vorstandshaftung für falsche Ad-hoc-Mitteilungen: ein höchstrichterlicher Beitrag zur Stärkung des Finanzplatzes Deutschland, ZIP 2004, 1573; *Leuschner,* Zum Kausalitätserfordernis des § 826 BGB bei unrichtigen Ad-hoc-Mitteilungen, ZIP 2008, 1050; *Lutter,* Die Haftung von Organmitgliedern nach Deliktsrecht, ZHR 157 (1993), 464; *Maier-Reimer/Webering,* Ad-hoc-Publizität und Schadensersatzhaftung, WM 2002, 1857; *Meitner/Hüfner/Kleff/Lehmann/Lüders,* Bilanzskandale und Börsencrash: Neue Herausforderungen an die Aktienanalyse, FB 2002, 537; *Merkt,* Freiwillige Unternehmenspublizität, RabelsZ 64 (2000), 517; *ders.,* Unternehmenspublizität, 2001; *Meyer,* Pro & Contra Persönliche Außenhaftung der Vorstandsmitglieder für fehlerhafte Kapitalmarktinformationen, ZRP 2002, 532; *ders.,* Haftung für Research Reports und Wohlverhaltensregeln für Analysten, AG 2003, 610; *Miller,* Das Haftungsrecht als Instrument der Kontrolle von Kapitalmärkten: Eine vergleichende Analyse, 2003; *Möllers,* Anlegerschutz durch Aktien- und Kapitalmarktrecht: Harmonsierung nach geltendem und künftigem Recht, ZGR 1997, 334; *ders.,* Die unterlassene Ad-hoc-Mitteilung als sittenwidrige Schädigung gemäß § 826 BGB, WM 2003, 2393; *ders.,* Das Verhältnis der Haftung wegen sittenwidriger Schädigung zum gesellschaftsrechtlichen Kapitalerhaltungsgrundsatz– EM.TV und Comroad, BB 2005, 1637; *ders.,* Der Weg zu einer Haftung für Kapitalmarktinformationen, JZ 2005, 75; *ders.,* Konkrete Kausalität, Preiskausalität und uferlose Haftungsausdehnung – ComROAD I–VIII, NZG 2008, 413; *ders./Leisch,* Haftung von Vorständen gegenüber Anlegern wegen fehlerhafter Ad-hoc-Meldungen nach § 826 BGB, WM 2001, 1648; *dies.,* Schadensersatzansprüche wegen fehlerhafter Ad-hoc-Mitteilungen, BRK 2001, 78; *Möllers/Rotter* (Hrsg.), Ad-hoc-Publizität, 2003; *Mörsdorf,* Die zivilrechtliche Verantwortlichkeit für Verstöße gegen die Ad-hoc-Publizitätspflicht gemäß § 15 WpHG, 2005; *Mülbert,* Empfiehlt es sich, im Interesse des Anlegerschutzes und zur Förderung des Finanzplatzes Deutschland das Kapitalmarkt- und Börsenrecht neu zu regeln?, JZ 2002, 826; *ders./Steub,* Emittentenhaftung für fehlerhafte Kapitalmarktinformation am Beispiel der fehlerhaften Regelpublizität, WM 2005, 1633; *Nietsch,* Schadensersatzhaftung wegen Verstoßes gegen Ad-hoc-Publizitätspflichten nach dem Anlegerschutzverbesserungsgesetz, BB 2005, 785; *Neufeld,* Die neue Indexwelt der Deutschen Börse, Die Bank 2003, 18; *Nicodem,* Doppellisting und Anlegerschutz im amerikanischen und deutschen Recht am Beispiel der börsenrechtlichen Ad-hoc-Publizität, 2006; *Pellens/Fülbier,* Differenzierung der Rechnungslegungsregulierung nach der Börsenzulassung, ZGR 2000, 572; *Pluskat,* Der Schutz des Anlegerpublikums bei Veröffentlichung unwahrer Tatsachen, FB 2002, 235; *Pütz,* Sanktionen wegen Verletzung der sekundärmarktbezogenen Kapitalmarktpublizität in Frankreich und England, RIW 2007, 514; *Querfurth,* Die Inanspruchnahme öffentlicher Stellen durch geschädigte Anleger in Fällen fehlerhafter Ad-hoc-Publizität, 2005; *Reichert/Weller,* Haftung von Kontrollorganen: Die Reform der aktienrechtlichen und kapitalmarktrechtlichen Haftung, ZRP 2002, 49; *Renzenbrink/Holzner,* Das Verhältnis von Kapitalerhaltung und Ad-hoc-Haftung, BRK 2002, 434; *Rieckers,* Haftung des Vorstands für fehlerhafte Ad-hoc-Meldungen de lege lata und de lege ferenda, BB 2002, 1213; *Rodewald/Siems,* Haftung für die „frohe Botschaft" – Rechtsfolgen falscher Ad-hoc-Mittei-

Vor §§ 37b, 37c Abschnitt 7. Haftung für Kapitalmarktinform.

lungen, BB 2001, 2437; *v. Rosen,* Einsatz des Internet für die Investor Relations, in: *Achleitner/Bassen* (Hrsg.), Investor Relations am Neuen Markt, 2001, S. 529; *Rössner/Bolkart,* Rechtliche und verfahrenstaktische Analyse des Vorgehens geschädigter Anleger bei fehlerhaften Unternehmensmeldungen, WM 2003, 953; *Rützel,* Der aktuelle Stand der Rechtsprechung zur Haftung bei Ad-hoc-Mitteilungen, AG 2003, 69; *Sack,* Der subjektive Tatbestand des § 826 BGB, NJW 2006, 945; *Sauer,* Haftung für Falschinformation des Sekundärmarktes, 2004; *ders.,* Kausalität und Schaden bei der Haftung für falsche Kapitalmarktinformation, ZBB 2005, 24; *Schäfer,* Effektivere Vorstandshaftung für Fehlinformation des Kapitalmarkts?, NZG 2005, 985; *Schäfer/Weber/Wolf,* Berechnung und Pauschalierung des Kursdifferenzschadens bei fehlerhafter Kapitalmarktinformation, ZIP 2008, 197; *Schlitt,* Die neuen Marktsegmente der Frankfurter Wertpapierbörse: Struktur, Zulassungsvoraussetzungen und Folgepflichten, AG 2003, 57; *Schneider,* Die Entscheidung des Emittenten über die Befreiung von der Ad-hoc-Publizitätspflicht, BB 2007, 53; *Schnorr,* Geschäftsleiteraußenhaftung für fehlerhafte Buchführung, ZHR 170 (2006), 9; *Schwark,* Kapitalmarktbezogene Informationshaftung, FS Hadding, 2004, S. 1117; *Siebel/Gebauer,* Prognosen im Aktien- und Kapitalmarktrecht: Lagebericht, Zwischenbericht, Verschmelzungsbericht, Prospekt usw., WM 2001, 118 (Teil 1), 173 (Teil 2); *Spindler,* Persönliche Haftung der Organmitglieder für Falschinformationen des Kapitalmarktes, WM 2004, 2089; *Steinhauer,* Insiderhandelsverbot und Ad-hoc-Publizität, 1999; *Teichmann,* Haftung für fehlerhafte Informationen am Kapitalmarkt, JuS 2006, 953; *Thümmel,* Persönliche Haftung von Managern und Aufsichtsräten, 3. Aufl. 2003; *ders.,* Haftung für geschönte Ad-hoc-Meldungen: Neues Risikofeld für Vorstände oder ergebnisorientierte Einzelfallrechtsprechung?, DB 2001, 2331; *Unzicker,* Haftung für fehlerhafte Kapitalmarktinformationen – Aktuelle Bestandsaufnahme drei Jahre nach „Infomatec", WM 2007, 1596; *Veil,* Die Ad-hoc-Publizitätshaftung im System kapitalmarktrechtlicher Informationshaftung, ZHR 167 (2003), 365; *ders.,* Der Schutz des verständigen Anlegers durch Publizität und Haftung im europäischen und nationalen Kapitalmarktrecht, ZBB 2006, 162; *ders.,* Prognosen im Kapitalmarktrecht, AG 2006, 690; *Wagner,* Schadensberechnung im Kapitalmarktrecht, ZGR 2008, 495; *Weber,* Kapitalmarktrecht: Eine Untersuchung des österreichischen Rechts und des Europäischen Gemeinschaftsrechts, 1999; *Weitnauer,* Haftung für die Außendarstellung des Unternehmens, DB 2003, 1719; *Wiegand,* Ad-hoc-Publizität und Schadensersatz, in: Festgabe Jean-Paul Chapius, 1998, 143; *Wolfram,* WpHG-Praxis für Investor Relations – Praxiserfahrungen zum Anlegerschutzverbesserungsgesetz (AnSVG), 2005; *Wünsche,* Zur Frage des Nachweises der Kausalität der falschen Prospektangaben für den Aktienerwerb, BB 2008, 691; *Zietsch/Holzborn,* Zulassungsfolgepflichten börsennotierter Unternehmen: Eine Übersicht der Pflichten von Unternehmen nach deren Zulassung an einer deutschen Börse („Zulassungsfolgepflichten"), WM 2002, 2356 (Teil 1), 2993 (Teil 2); *Zimmer,* Verschärfung der Haftung für fehlerhafte Kapitalmarktinformation – Ein Alternativkonzept, WM 2004, 9; *ders./Cloppenburg,* Haftung für falsche Information des Sekundärmarktes auch bei Kapitalanlagen des nicht geregelten Kapitalmarktes? Ein Beitrag zur Systembildung im Kapitalmarktrecht, ZHR 171 (2007), 519.

Zum Vierten Finanzmarktförderungsgesetz: *Altenhain,* Die Neuregelung der Marktpreismanipulation durch das Vierte Finanzmarktförderungsgesetz, BB 2002, 1874; *Bayer,* Aktionärsrechte und Anlegerschutz: Kritische Betrachtung der lex lata und Überlegungen de lege ferenda vor dem Hintergrund des Berichts der Regierungskommission Corporate Governance und des Entwurfs des 4. Finanzmarktförderungsgesetzes, in: *Hommelhoff u. a.* (Hrsg.), Corporate Governance, 2002, 137; *Dreyling,* Das Vierte Finanzmarktförderungsgesetz – Überregulierung oder Notwendigkeit?, Die Bank 2002, 16; *Escher-Weingart/Lägeler/Eppinger,* Schadensersatzanspruch, Schadensart und Schadensberechnung gem. der §§ 37b, 37c WpHG, WM 2004, 1845; *Fenchel,* Das Vierte Finanzmarktförderungsgesetz – Ein Überblick, DStR 2002, 1355; *Fleischer,* Das Vierte Finanzmarktförderungsgesetz, NJW 2002, 2977; *Großmann/Nikoleyczik,* Praxisrelevante Änderungen des Wertpapierhandelsgesetzes: Die Auswirkungen des Vierten Finanzmarktförderungsgesetzes, DB 2002, 2031; *Hutter/Leppert,* Das 4. Finanzmarktförderungsgesetz

Vorbemerkung zu den §§ 37b, 37c Vor §§ 37b, 37c

aus Unternehmenssicht, NZG 2002, 649; *Maier-Reimer/Webering,* Ad hoc-Publizität und Schadensersatzhaftung: Die neuen Haftungsvorschriften des Wertpapierhandelsgesetzes, WM 2002, 1857; *Möller,* Das vierte Finanzmarktförderungsgesetz, WM 2002, 2405; *ders.,* Die Neuregelung des Verbots der Kurs- und Marktpreismanipulation, WM 2002, 309; *Möllers,* Haftung für unrichtige Kapitalmarktinformationen: Neuere Rechtsprechung und das Vierte Finanzmarktförderungsgesetz, RWS Forum Bankrecht 2002, S. 271; *ders./Leisch,* Schaden und Kausalität im Rahmen der neu geschaffenen §§ 37b und c WpHG, BKR 2002, 1071; *dies.,* Offene Fragen zum Anwendungsbereich der §§ 37b und c WpHG, NZG 2003, 112; *Rössner/Bolkart,* Schadensersatz bei Verstoß gegen Ad-hoc-Publizitätspflichten nach dem 4. Finanzmarktförderungsgesetz, ZIP 2002, 1471; *Rudolph,* Viertes Finanzmarktförderungsgesetz – ist der Name Programm?, BB 2002, 1036; *Ziouvas,* Das neue Recht gegen Kurs- und Marktpreismanipulation im 4. Finanzmarktförderungsgesetz, ZGR 2003, 113.

Zum KapMuG: *Bergdolt/Hell,* Zurückweisung eines Musterfeststellungsantrags als verspätet?, BKR 2007, 145; *Braun/Rotter,* Der Diskussionsentwurf zum KapMuG – Verbesserter Anlegerschutz?, BKR 2004, 296; *Duve/Pfitzner,* Braucht der Kapitalmarkt ein neues Gesetz für Massenverfahren? – Der Entwurf eines Gesetzes über Musterverfahren in kapitalmarktrechtlichen Streitigkeiten (KapMuG) auf dem Prüfstand, BB 2005, 673; *Erttmann/Keul,* Das Vorlageverfahren nach dem KapMuG – zugleich eine Bestandsaufnahme zur Effektivität des Kapitalanlegermusterverfahrens, WM 2007, 482; *Haß/Zerr,* Forum Shopping in den USA nach Erlass des KapMuG, RIW 2005, 721; *Hess,* Der Regierungsentwurf für ein Kapitalanlegermusterverfahrensgesetz – eine kritische Bestandsaufnahme, WM 2004, 2329; *ders.,* Musterverfahren im Kapitalmarktrecht, ZIP 2005, 1713; *ders./Michailidou,* Das Gesetz über Musterverfahren zu Schadensersatzklagen von Kapitalanlegern, ZIP 2004, 1381; *Hess/Reuschle/Rimmelspacher* (Hrsg.), Kölner Kommentar zum KapMuG, 2008, *Keller/Kolling,* Das Gesetz zur Einführung von Kapitalanleger-Musterverfahren, BKR 2005, 399; *Kilian,* Ausgewählte Probleme des Musterverfahrens nach dem KapMuG, 2007; *Kranz,* Kapitalanleger-Musterverfahrensgesetz – Die Einführung eines Musterverfahrens im Zivilprozess, MDR 2005, 1021; *Maier-Reimer/Wilsing,* Das Gesetz über Musterverfahren in kapitalmarktrechtlichen Streitigkeiten, ZGR 2006, 79; *Meier,* Das neue Kapitalanleger-Musterverfahrensgesetz, DStR 2005, 1860; *Möllers/Weichert,* Das Kapitalanleger-Musterverfahrensgesetz, NJW 2005, 2737; *Plaßmeier,* Brauchen wir ein Kapitalanleger-Musterverfahren? – Eine Inventur des KapMuG, NZG 2005, 609; *Reuschle,* Möglichkeiten und Grenzen kollektiver Rechtsverfolgung – Zu den Defiziten im deutschen Prozessrecht, der Übertragbarkeit ausländischer Lösungen und den Grundzügen eines kollektiven Musterverfahrens, WM 2004, 966; *ders.,* Ein neuer Weg zur Bündelung und Durchsetzung gleichgerichteter Ansprüche – Zum Entwurf eines Kapitalanleger-Musterverfahrensgesetzes (KapMuG), WM 2004, 2334; *ders.,* Das Kapitalanleger-Musterverfahrensgesetz, NZG 2004, 590; *Schneider,* Auf dem Weg zu Securities Class Actions in Deutschland? – Auswirkungen des KapMuG auf die Praxis kapitalmarktrechtlicher Streitigkeiten, BB 2005, 2249; *Sessler,* Das Kapitalanleger-Musterverfahrensgesetz, WM 2004, 2344; *Varadinek/Asmus,* Kapitalanleger-Musterverfahrensgesetz: Verfahrensbeschleunigung und Verbesserung des Rechtsschutzes?, ZIP 2008, 1309; *Vollkommer,* Neue Wege zum Recht bei kapitalmarktrechtlichen Streitigkeiten – Erste Erfahrungen mit dem Gesetz zur Einführung von Kapitalanleger-Musterverfahren, NJW 2007, 3094; *Vorwerk/Wolf* (Hrsg.), Kapitalanleger-Musterverfahrensgesetz, 2007.

Zum Entwurf des KapInHaG: *Duve/Basak,* Welche Zukunft hat die Organaußenhaftung für Kapitalmarktinformationen?, BB 2005, 2645; *Gottschalk,* Die persönliche Haftung der Organmitglieder für fehlerhafte Kapitalmarktinformationen de lege lata und de lege ferenda, Der Konzern 2005, 274; *Langenbucher,* Kapitalerhaltung und Kapitalmarkthaftung, ZIP 2005, 239; *Möllers,* Der Weg zu einer Haftung für Kapitalmarktinformationen, JZ 2005, 75; *Sauer,* Kausalität und Schaden bei der Haftung für falsche Kapitalmarktinformation, ZBB 2005, 24; *Schulte,* Die INFOMATEC-Rechtsprechung des BGH im Lichte des geplanten Kapitalmarktinformationshaftungsgesetzes, VuR 2005, 121; *Semler/Gittermann,*

Vor §§ 37b, 37c Abschnitt 7. Haftung für Kapitalmarktinform.

Persönliche Haftung der Organmitglieder für Fehlinformationen des Kapitalmarktes – Zeigt das KapInHaG den richtigen Weg?, NZG 2004, 1081; *Spindler,* Persönliche Haftung der Organmitglieder für Falschinformationen des Kapitalmarktes, WM 2004, 2089; *Sünner,* Ungereimtheiten des Entwurfs eines Kapitalmarktinformationshaftungsgesetzes, DB 2004, 2460; *Veil,* Die Haftung des Emittenten für fehlerhafte Information des Kapitalmarkts nach dem geplanten KapInHaG, BKR 2005, 91.

Übersicht

	Rn.
I. Grundlagen der Schadensersatzhaftung für fehlerhafte Kapitalmarktinformation	1
1. Kapitalmarktinformation als Instrument der Marktregulierung	1
2. Funktionen der kapitalmarktrechtlichen Schadensersatzhaftung	5
a) Individuelle Schadenskompensation	5
b) Stärkung der Funktionsfähigkeit des Kapitalmarktes	6
3. Kapitalmarktrechtliche Primärmarkt- und Sekundärmarkthaftung	7
II. Regelungsansatz und Reichweite der §§ 37b, 37c	11
1. Entstehungsgeschichte und Hintergrund	11
2. Emittentenhaftung	17
3. Begrenzung auf Ad-hoc-Mitteilungen	21
4. Erfasste Fallgruppen	22
III. Kapitalmarktrechtliche Informationshaftung *de lege lata*	25
1. Grundlagen und Systematik	25
2. Haftung für die Verletzung der Ad-hoc-Publizitätspflicht außerhalb der §§ 37b, 37c	27
3. Kapitalmarktrechtliche Haftung nach § 826 BGB	30
a) Allgemeines	30
b) Begründung einer „kapitalmarktrechtlichen Sittenwidrigkeit"	32
c) Schädigungsvorsatz	39
d) Kausalität	44
e) Schaden	48
f) Mitverschulden des Anlegers	56
4. Haftung aus Schutzgesetzverletzung (§ 823 Abs. 2 BGB)	57
a) Allgemeines	57
b) Begründung der deliktischen Eigenhaftung	58
c) Einzelne (mögliche) Schutzgesetze und ihr Anwendungsbereich in Fällen fehlerhafter oder unterlassener Kapitalmarktinformation	63
IV. Kapitalmarktrechtliche Informationshaftung *de lege ferenda*	69
1. Die rechtspolitische Diskussion	69
2. Emittentenhaftung versus Organhaftung	72
3. Haftungserweiterungen	79
V. Das Kapitalanleger-Musterverfahren	81
1. Regelungszweck und Entstehungsgeschichte	81
2. Überblick über die gesetzliche Regelung	82
3. Erfasste Streitigkeiten	84
4. Verfahrensablauf	85
a) Musterfeststellungsantrag und Vorlageverfahren (§§ 1–5 KapMuG)	85
b) Durchführung des Musterverfahrens (§§ 6–15 KapMUG)	88
c) Bindungswirkung des Musterentscheids (§ 16 KapMUG)	91

I. Grundlagen der Schadensersatzhaftung für fehlerhafte Kapitalmarktinformation

1. Kapitalmarktinformation als Instrument der Marktregulierung

Funktionsfähige Kapitalmärkte bedürfen regelmäßiger, rechtzeitiger und richtiger Information.[1] Nur auf der Basis richtiger und möglichst vollständiger Informationen (insbesondere über das konkrete Anlageprodukt und seinen Emittenten) kann der einzelne Kapitalanleger eine **rationale und informierte Entscheidung** treffen. Die regelmäßige und rechtzeitige Veröffentlichung relevanter Tatsachen sowie Einschätzungen und Prognosen der Marktteilnehmer[2] ist zudem Grundlage für das **Vertrauen des Anlegerpublikums** und damit für die **Funktionsfähigkeit der Kapitalmärkte** insgesamt.[3] Das gilt nicht nur beim erstmaligen Verkauf neuer Wertpapiere an Investoren auf dem Primärmarkt, sondern auch beim späteren Handel mit den bereits ausgegebenen Wertpapieren auf Sekundärmärkten. 1

Insbesondere börsennotierte Aktiengesellschaften unterliegen dementsprechend einer **Vielzahl von Informationsverpflichtungen** handels- und gesellschaftsrechtlicher[4] wie kapitalmarktrechtlicher Art.[5] Die regelmäßige Unternehmensberichterstattung im Rahmen der handelsrechtlichen Rechnungslegung dient nicht nur der Gewinnermittlung und Rechenschaftslegung gegenüber Anteilseignern und Gläubigern der Gesellschaft,[6] sondern hat auch eine (ergänzende) kapitalmarktbezogene Informationsfunktion.[7] Die Hauptversammlung börsennotierter Aktiengesellschaften, obwohl als rein verbandsrechtliche Einrichtung konzipiert, trägt gleichfalls (zumindest mittelbar über die Wirtschaftspresse) erheblich zur Verbreitung kapitalmarktrelevanter Informationen bei. Das gilt ungeachtet der Pflicht zur Ad-hoc-Publizität nach § 15 Abs. 1, die dafür sorgt, dass Insiderinfor- 2

---

[1] Vgl. statt aller *Dühn*, § 1 A.
[2] Vgl. zur kapitalmarktrechtlichen Bedeutung zukunftsbezogener Information zB *Claussen*, BB 2002, 105, 108 f.; *Glöckle*, Die zukunftsbezogene Publizität, S. 6 ff.; *Siebel/Gebauer*, WM 2001, 118, 119 ff.
[3] Näher dazu Einl. Rn. 13 ff.
[4] Hierzu zählen insbesondere der Jahresabschluss (§ 242 HGB) samt Anhang (§ 264 Abs. 1 HGB), der Lagebericht (§ 289 HGB), bei konzernverbundenen börsennotierten Aktiengesellschaften auch Konzernabschluss und Konzernlagebericht (§§ 297, 315 HGB) sowie die Bekanntmachungen im Zusammenhang mit der Einberufung der Hauptversammlung und bestimmter, von ihr gefasster Beschlüsse.
[5] Vgl. etwa für Emittenten, deren Wertpapiere zum regulierten Markt zugelassen sind, die Verpflichtungen nach den §§ 30a ff. (Notwendige Informationen für die Wahrnehmung von Rechten aus Wertpapieren) und den §§ 37v ff. (Finanzberichtspublizität).
[6] S. dazu statt aller *Kleindiek*, ZGR 1998, 466 ff.; *Busse von Colbe*, Unternehmenskontrolle, S. 37, 44 ff.
[7] Vgl. dazu insbesondere *Busse von Colbe*, Die Entwicklung des Jahresabschlusses als Informationsinstrument, S. 11, 14 ff.; *ders.*, Unternehmenskontrolle, S. 37, 47 ff.; *Dühn*, § 3 A. I. 1.; *Hommelhoff*, ZGR 2000, 748, 749 ff.; *Kleindiek*, ZGR 1998, 466, 471; *Kübler*, ZHR 159, (1995), 550, 560 ff.; *Möllers*, ZGR 1997, 334, 340 f.; *Pellens/Fülbier*, ZGR 2000, 572, 573 f.; *Weber*, Kapitalmarktrecht, S. 237; *Meitner/Hüfner/Kleff/Lehmann/Lüders*, FB 2002, 537 ff.

Vor §§ 37b, 37c 3–5 Abschnitt 7. Haftung für Kapitalmarktinform.

mationen, die den Emittenten unmittelbar betreffen, grundsätzlich schon vorher mitgeteilt worden sind. Auch über den Bereich der regelmäßigen und ereignisbezogenen Pflichtpublizität hinaus verbreiten börsennotierte Aktiengesellschaften in aller Regel **freiwillig** weitere für die Bewertung ihres Unternehmens und der von ihr ausgegebenen Wertpapiere relevante Informationen im Rahmen von **Investor-Relations-Aktivitäten** (Pressemitteilungen, Aktionärsbriefe, Unternehmensbroschüren, mündliche Auskünfte im Rahmen von Interviews und Analystenkonferenzen, Darstellungen auf den Internetseiten des Unternehmens etc.).[8]

3 Ungeachtet der zentralen Bedeutung der Kapitalmarktinformation sind die **zivilrechtlichen Folgen inhaltlich fehlerhafter oder nicht rechtzeitiger Information** bis heute kaum geregelt. Erst im Rahmen des am 1. Juli 2002 in Kraft getretenen Vierten Finanzmarktförderungsgesetzes (4. FMFG) hat der deutsche Gesetzgeber mit den §§ 37b, 37c spezielle Vorschriften für die Schadensersatzhaftung börsennotierter Aktiengesellschaften geschaffen, die jedoch in ihrem Anwendungsbereich sehr begrenzt sind und lediglich eine Verletzung der Ad-hoc-Publizitätspflicht nach § 15 sanktionieren. Daneben kommt eine Haftung für fehlerhafte Kapitalmarktkommunikation nur nach allgemeinen deliktsrechtlichen Vorschriften (§ 826 BGB, § 823 Abs. 2 BGB in Verbindung mit der Verletzung eines Schutzgesetzes) in Betracht. Deren Anwendung auf kapitalmarktrechtliche Sachverhalte birgt allerdings erhebliche Probleme.[9]

4 Daher verwundert es nicht, dass die rechtspolitische Diskussion nach Verabschiedung des 4. FMFG nicht abgeklungen ist, sondern im Gegenteil eine umso intensivere Debatte um die **Ausarbeitung einer ausgewogenen kapitalmarktrechtlichen Informationshaftung als zentraler Regelungsaufgabe des Kapitalmarktrechts** geführt wird. Dabei stellen sich komplexe und grundlegende Fragen im Schnittpunkt von Gesellschaftsrecht, Kapitalmarktrecht und allgemeinen Lehren des bürgerlichen Schadensersatzrechts.

2. Funktionen der kapitalmarktrechtlichen Schadensersatzhaftung

a) Individuelle Schadenskompensation

5 Die generelle und primäre Funktion des Haftungsrechts liegt in der Kompensation des Geschädigten durch den Schädiger.[10] Auch den fehlerhaft informierten Kapitalanlegern geht es in erster Linie um den Ausgleich ihrer dadurch erlittenen Vermögenseinbußen. Diese **Kompensationsfunktion** wird nicht dadurch in Frage gestellt, dass der Schädiger (hier die börsennotierte AG als Emittent der Wertpapiere) ggf. die Möglichkeit hat, den Schaden auf Dritte abzuwälzen (interner Regress bei den sorgfaltswidrig handelnden Vorstandsmitgliedern nach § 93 AktG) oder durch Preiserhöhungen auf den Absatzmärkten auszugleichen.

---

[8] Näher zu den Formen freiwilliger Kapitalmarktinformation und Investor Relations *Ekkenga*, NZG 2001, 1 ff.; *Franken/Heinsius*, FS Budde, S. 213, 218 ff.; *Hocker*, Investor Relations aus Sicht der Privatanleger, S. 453, 454 ff.; *Küting*, DStR 2000, 38, 43; *Merkt*, RabelsZ 64 (2000), 517 ff.; *von Rosen*, Einsatz des Internet für die Investor Relations, S. 529, 530 ff.; *Siebel/Gebauer*, WM 2001, 118, 124.
[9] Dazu ausführlich unten Rn. 30 ff.
[10] Vgl. allgemein zu den Funktionen des Deliktsrechts MünchKommBGB-*Wagner*, Vor § 823 Rn. 32 ff.; hinzu tritt allerdings in zunehmendem Maße auch die Aufgabe der Prävention und Verhaltenssteuerung, vgl. *Wagner*, AcP 206 (2006) 352, 363 ff.

Vorbemerkung zu den §§ 37b, 37c   6–9   **Vor §§ 37b, 37c**

b) Stärkung der Funktionsfähigkeit des Kapitalmarktes

Die zivilrechtliche Schadensersatzhaftung im Falle fehlerhafter Kapitalmarktin- 6
formation trägt darüber hinaus in zweifacher Weise zu einer Verbesserung der
Funktionsfähigkeit des Kapitalmarktes bei: Zum einen schafft sie **zusätzliche
ökonomische Anreize zur Erfüllung der** diversen **Publizitäts- und Informationspflichten** der Emittenten und ergänzt damit die öffentlich-rechtlichen Sanktionen bei deren Verletzung. Die Drohung mit Haftungsfolgen dürfte
eines der wirksamsten und wichtigsten Instrumente zur Durchsetzung von Publizität sein.[11] Zum anderen **stärkt** die Möglichkeit einer Schadenskompensation
generell das **Vertrauen der Anleger** in die ordnungsgemäße Preisbildung auf
dem Kapitalmarkt und baut etwaige Hemmungen vor einem Marktzugang ab,
was sich wiederum positiv auf Breite und Tiefe des Marktes auswirkt.

3. Kapitalmarktrechtliche Primärmarkt- und Sekundärmarkthaftung

Bei der Haftung für die Verletzung von kapitalmarktbezogenen Informations- 7
pflichten standen bis vor wenigen Jahren der erstmalige Vertrieb und die erstmalige Zulassung von Wertpapieren (Primärmarkt) ganz im Vordergrund. Neben
der spezialgesetzlich ausgeformten Börsenprospekthaftung der §§ 44–47 BörsG
wurde schon früh für den Bereich des nichtorganisierten Primärmarktes („grauer
Kapitalmarkt") eine allgemeine bürgerlich-rechtliche Prospekthaftung durch die
Rechtsprechung entwickelt.[12] Der Sekundärmarkt, auf dem bereits emittierte
Wertpapiere gehandelt werden, wurde demgegenüber lange vernachlässigt.

Das hat vor allem folgende Gründe: Zunächst erscheint der **Kapitalanleger** 8
zum Zeitpunkt des erstmaligen Vertriebs einer Kapitalanlage aufgrund
der Informationsasymmetrie im Verhältnis zum Emittenten **besonders schutzwürdig**,[13] zumal sich etwaige Fehlinformationen der Anleger unmittelbar zum
Vorteil der Emittenten auswirken.[14] Auf den **Sekundärmärkten entfalten dagegen die Markt- und Börsenpreise gewisse Signalwirkungen**, die zumindest im Ansatz für ein Mindestmaß an Anlegerschutz sorgen.[15] Zudem fehlt
es an einem informationsbedingten Vermögenstransfer zwischen dem Emittenten
und den Anlegern, da es bei fehlerhaften Informationen lediglich zu einer Umverteilung finanzieller Ressourcen zwischen verschiedenen Anlegern kommt.[16]

Diese Unterschiede zwischen Primär- und Sekundärmärkten machen eine 9
(besondere) **zivilrechtliche Schadensersatzhaftung für fehlerhafte Sekun-**

---

[11] So zutreffend *Merkt*, Unternehmenspublizität, S. 480 f.; vgl. auch *Köndgen*, FS für
Druey, S. 791, 803.
[12] Die bürgerlich-rechtliche Prospekthaftung hat durch das Anlegerschutzverbesserungsgesetz an praktischer Bedeutung verloren: § 13 Abs. 1 Nr. 3 VerkProspG verweist für fehlerhafte Verkaufsprospekte auf die §§ 44–47 BörsG; § 13a VerkProspG regelt die Haftung
bei fehlendem Prospekt.
[13] Vgl. GK z. AktG/*Assmann*, Einl Rn. 364, 367 ff.; *Hopt*, 51. DJT, 1976, Gutachten G,
S. 9 ff.; *ders.*, ZHR 141 (1977), 389, 425.
[14] Drastisch *Mülbert*, JZ 2002, 826, 834 („mit Lug und Trug ... (das Geld) aus der Tasche" ziehen).
[15] Vgl. *Köndgen*, FS Druey, S. 791, 805; *Weber*, Kapitalmarktrecht, S. 67 f.; *Fleischer*, Informationsasymmetrie, S. 95 ff.
[16] Vgl. dazu *Mülbert*, JZ 2002, 826, 834; *Kalss*, Anlegerinteressen, S. 326 f.

Vor §§ 37b, 37c 10, 11   Abschnitt 7. Haftung für Kapitalmarktinform.

därmarktinformation aber **nicht entbehrlich.** Auch hier bestehen Informationsasymmetrien zu Lasten der Kapitalanleger, da der Preis des gehandelten Produkts wesentlich von Einschätzungen (Prognosen, Zukunftsperspektiven) und tatsächlichen Umständen (wirtschaftliche Lage) aus dem Bereich des Emittenten abhängen, in den sie keinen Einblick haben. Die Beurteilung eines Wertpapiers wird nicht nur auf dem Primär-, sondern auch auf dem Sekundärmarkt entscheidend durch die zur Verfügung stehenden Informationen über den Emittenten bestimmt; diese müssen richtig und vollständig sein, damit die sich bildenden Markt- und Börsenpreise eine zutreffende Signalwirkung entfalten können. **Bei nicht ordnungsgemäßer Informationsgrundlage** kommt es dagegen zu **Fehlallokationen.**[17] Schließlich setzt eine Schadensersatzhaftung nicht voraus, dass den Vermögensschäden fehlerhaft informierter Kapitalanleger entsprechende Gewinne der Emittenten gegenüberstehen.[18]

10   Mit der Einführung der §§ 37b, 37c durch das 4. FMFG hat der Gesetzgeber erstmals eine spezialgesetzliche Schadensersatzregelung für den Bereich der **organisierten Sekundärmärkte** geschaffen. Kapitalmarktrechtliche Schadensersatzhaftung beschränkt sich damit nicht mehr auf den Bereich der Primärmärkte, sondern hat nunmehr auch für den Sekundärmarkt eine zumindest **punktuelle Regelung** erfahren.[19] Die Neuregelung des Gesetzgebers ist auch Hintergrund neuerer Bemühungen des Schrifttums, die grundsätzlichen dogmatischen Fragen kapitalmarktrechtlicher Informationshaftung für den Bereich der organisierten Sekundärmärkte herauszuarbeiten.[20]

II. Regelungsansatz und Reichweite der §§ 37b, 37c

1. Entstehungsgeschichte und Hintergrund

11   Die §§ 37b, 37c wurden durch das Gesetz zur weiteren Fortentwicklung des Finanzplatzes Deutschland **(Viertes Finanzmarktförderungsgesetz)** vom 21. Juni 2002[21] in das WpHG eingefügt. Redaktionelle Änderungen ergaben sich durch das **Anlegerschutzverbesserungsgesetz**[22] als Folge der in § 15 vorgenommenen Modifikationen, die auch in den §§ 37b, 37c zu berücksichtigen waren.[23]

---

[17] Vgl. exemplarisch *Weber*, Kapitalmarktrecht, S. 67ff. mwN.
[18] *Steinhauer*, S. 256; **aA** aber *Mülbert*, JZ 2002, 826, 834.
[19] Zu Wechselwirkungen zwischen Primär- und Sekundärmarkthaftung zB *Mülbert*, JZ 2002, 826, 834; *Köndgen*, in FS Druey, S. 791, 805; *Dühn*, § 12 A. II.
[20] Maßgeblich *Baums*, Bericht der Regierungskommission, Rn. 186 ff.; *Fleischer*, 64. DJT, 2002, Gutachten F, S. 95 ff.; vgl. auch *Dogan*, S. 233 ff.; *Fleischer*, NJW-Beilage 23/2002, 37, 40; *ders.*, Hdb. Vorstandsrecht, § 14 Rn. 1ff.; *Hopt/Voigt*, in *dies.*, Prospekt- und Kapitalmarktinformationshaftung, S. 11ff.; *Brellochs*, S. 195ff., 228ff.; *Sethe* in *Assmann/Schneider*, §§ 37b, 37c Rn. 24ff.; *Mülbert/Steup*, WM 2005, 1633; erste Ansätze bereits bei *Groß*, WM 2002, 477; *Reichert/Weller*, ZRP 2002, 49, 54ff.; *Veil*, ZHR 167 (2003), 365; auf rechtspolitische Forderungen beschränkt *Kissner*, S. 204 ff.; ausführliche Auseinandersetzung bei *Dühn*, §§ 11–15.
[21] BGBl. I, S. 2010.
[22] Gesetz zur Verbesserung des Anlegerschutzes vom 28. Oktober 2004, BGBl. I, S. 2630.
[23] Dies betrifft die Einführung des Begriffes der „Insiderinformation" und die Ausweitung des § 15 auf die Emittenten von Finanzinstrumenten (bislang: Wertpapiere). Nicht

Der Abschnitt 7 „Haftung für falsche und unterlassenen Kapitalmarktinforma- 12
tionen" enthält **zwei strukturell vergleichbar aufgebaute Schadensersatz-
normen**, die sich allein in ihrem haftungsauslösenden Grund unterscheiden:
§ 37b erfasst die **Unterlassung einer** gebotenen unverzüglichen **Veröffentlichung von Insiderinformationen** nach § 15 Abs. 1 S. 1, § 37c die **Veröffentlichung einer fehlerhaften**, d.h. unrichtigen oder unvollständigen,
Ad-hoc-Mitteilung. Den Gesetzesmaterialien zufolge waren die Vorschriften
erforderlich, da Kapitalanleger bislang nur unzureichend gegen fehlerhaftes Informationsverhalten der Gesellschaften geschützt waren.[24]

Ihren rechtspolitischen Hintergrund findet die Neuregelung vor allem in 13
einer in den Jahren 1999 und 2000 in der deutschen Börsengeschichte wohl bei-
spiellosen Hausse an den Aktienmärkten, die mit einer sprunghaft gestiegenen
Anzahl von Neuemissionen sowie einer rasanten Zunahme privater Kapitalanleger zusammentraf, und der seit Mitte 2000 ein stetiger Verfall der Aktienkurse
folgte, der seinen Tiefpunkt im Herbst 2001 erreichte.[25] Die negative Gesamt-
entwicklung traf vor allem am Neuen Markt mit fehlerhaftem Informationsverhalten verschiedener Emittenten zusammen, die Ad-hoc-Mitteilungen nicht nur
zu Werbezwecken einsetzten, sondern zum Teil bewusst falsche Ad-hoc-Mitteilungen veröffentlichten.[26]

Die Notwendigkeit der Haftungsbewehrung von unzutreffenden Ad-hoc- 14
Mitteilungen ist durch zahlreiche **empirische Untersuchungen** insoweit bestätigt worden, als sich gezeigt hat, dass **Ad-hoc-Mitteilungen tatsächliche
Auswirkungen auf das Anlageverhalten** der Kapitalanleger und damit auch
auf die Bildung der Markt- und Börsenpreise haben. So verursachen insbesondere die Bekanntgabe des Jahresgewinns, von Zwischenergebnissen, Dividendenan-
kündigungen, Übernahmen, Beteiligungsverkäufen und Fusionen signifikante
Kursreaktionen.[27]

Die Frage der Schadensersatzhaftung für fehlerhafte Ad-hoc-Mitteilungen ist 15
erst in jüngerer Zeit auch praktisch virulent geworden. In allen Fällen ging es im
wesentlichen darum, dass private Kapitalanleger in der **Hausse-Phase des Neu-
en Marktes** Aktien auf Grundlage fehlerhafter positiver Ad-hoc-Mitteilungen
erworben hatten, deren Börsenkurse nach dem Bekanntwerden der Unrichtigkeit

---

aufgenommen wurde die Erweiterung des § 15 hinsichtlich solcher Finanzinstrumente,
deren Zulassung lediglich beantragt ist, siehe dazu §§ 37b, 37c Rn. 7 und allgemein zu
den Änderungen im Bereich der Ad-hoc-Publizität durch das Anlegerschutzverbesserungsgesetz § 15 Rn. 18.
[24] BT-Drs. 14/8017, S. 93. Überblicke zur Neuregelung zB bei *Fleischer*, NJW 2002,
2977, 2979; *Maier-Reimer/Webering*, WM 2002, 1857; *Großmann/Nikoleyczik*, DB 2002,
2031, 2034; *Rössner/Bolkart*, ZIP 2002, 1471, 1472; *Hutter/Leppert*, NZG 2002, 649, 654;
Holzborn/Foelsch, NJW 2003, 932, 937; *Dühn*, § 7 A; *Lenenbach*, Rn. 8.122; vgl. auch
Kissner, S. 156 ff.
[25] Zu rechtstatsächlichen Hintergründen zB *Fleischer*, NJW-Beilage 23/2002, 37, 40;
ders., 64. DJT, 2002, Gutachten F, S. 95 ff.; *Reichert/Weller*, ZRP 2002, 49, 54 ff.; *Rudolph*,
BB 2002, 1036, 1039; *Dreyling*, Die Bank 2002, 16, 18 f.; *Möller*, WM 2002, 2405, 2408.
[26] Vgl. Neuer-Markt-Report 2001, S. 6 ff., 34 ff.; *Dreyling*, Ge- und Missbrauch der Ad-
hoc-Publizität, S. 365 ff.; *Köndgen* in FS Druey, S. 791, 811 f. vgl. auch BAWe, Jahresbericht 2000, S. 27.
[27] Vgl. exemplarisch die Studie von *Nowak*, ZBB 2001, 449 ff. mwN auf frühere Untersuchungen.

Vor §§ 37b, 37c 16, 17   Abschnitt 7. Haftung für Kapitalmarktinform.

dieser Meldungen und infolge allgemeiner Marktabkühlung zum Teil dramatisch einbrachen. Verschiedene Kapitalanleger verklagten daher sowohl Emittenten als auch Vorstände persönlich auf Schadensersatz und trugen dabei vor, sie hätten die Aktien im Vertrauen auf die Richtigkeit der jeweiligen Ad-hoc-Mitteilungen erworben und bei ordnungsgemäßem Informationsverhalten vom Erwerb der Aktien abgesehen.

16   Bei den in der Folge ergangenen **Gerichtsentscheidungen** zeigte sich zunächst, dass deutsche Gerichte einer kapitalmarktrechtlichen Schadensersatzhaftung der Vorstände börsennotierter Aktiengesellschaften eher ablehnend gegenüberstehen.[28] Mittlerweile wurde durch Entscheidungen des BGH in den Fällen Infomatec, EM.TV und Comroad[29] zwar mehr Rechtssicherheit geschaffen und eine **kapitalmarktbezogene Informationsdeliktshaftung** aus § 826 BGB grundsätzlich anerkannt. Es bleibt aber festzuhalten, dass die Rechtsprechung geschädigten Anlegern, die deliktische Ansprüche gegen Organmitglieder geltend machen wollen, Beweiserleichterungen nur sehr zurückhaltend gewährt, so dass in der Praxis erhebliche Hürden für eine Durchsetzung solcher Ansprüche bestehen.

2. Emittentenhaftung

17   Die §§ 37b, 37c richten sich gegen die Emittenten selbst. In der Emittentenhaftung liegt kein Verstoß gegen den **Grundsatz der Kapitalerhaltung,** der seinen wesentlichen Ausdruck in dem in **§§ 57 Abs. 1 S. 1 und Abs. 3 AktG** verankerten **Verbot der Einlagenrückgewähr** sowie in dem nach § 71 Abs. 1 AktG verbotenen Erwerb eigener Aktien gefunden hat.[30] Zwar besagt das Verbot

---

[28] Vgl. zB folgende ablehnende Entscheidungen von Instanzgerichten aus den Jahren 2001 und 2002: LG München I, Urt. vom 28. 6. 2001, WM 2001, 1948 ff.; dazu *Möllers/Leisch,* WuB I G 7–9.01, 1273 ff.; AG München, Urt. vom 23. 8. 2001, WM 2002, 594 ff. = EWiR 2002, 43 f. m. Anm. *Schäfer* = WuB I G 7.–4.02 m. Anm. *Wach/Lange;* LG München I, Urt. vom 18. 10. 2001, Az.: 12 O 7922/01 (unveröffentlicht); LG Augsburg, Urt. vom 30. 10. 2001, Az.: 3 O 2085/01 (unveröffentlicht); LG München I, Urt. vom 4. 1. 2002, Az.: 4 O 9881 (unveröffentlicht); LG Augsburg, Urt. vom 9. 1. 2002, WM 2002, 592 ff. = EWiR 2002, 475 f. m. Anm. *Posegga* = WuB I G 7.–4.02 m. Anm. *Wach/Lange;* LG München I, Urt. vom 26. 2. 2002, Az.: 23 O 9938/01 (unveröffentlicht); LG Kassel, Urt. vom 14. 8. 2002, DB 2002, 2151 f.

[29] BGHZ 160, 134 = NJW 2004, 2664 (Infomatec I); BGHZ 160, 149 = NJW 2004, 2971 (Infomatec II); BGH NJW 2004, 2668 (Infomatec III); Besprechungen von *Edelmann,* BB 2004, 2031; *Fleischer,* DB 2004, 2031; *Gerber,* DStR 2004, 1793; *Haas,* LMK 2004, 181; *Körner,* NJW 2004, 3386; *Kort,* AG 2005, 21; *Leisch,* ZIP 2004, 1573; *Möllers,* JZ 2005, 75. – BGH NJW 2005, 2450 (EM.TV); Besprechungen von *Fleischer,* ZIP 2005, 1805; *Goette,* DStR 2005, 1330; *Gottschalk,* DStR 2005, 1648; *Hutter/Stürwald,* NJW 2005, 2428; *Kort,* NZG 2005, 708; *Kowalewski/Hellgardt,* DB 2005, 1839; *Möllers,* BB 2005, 1637. – Zur strafrechtlichen Bewertung im Fall EM.TV vgl. auch BGH NZG 2005, 132. – BGH NZG 2007, 345 („Comroad I"); NZG 2007, 346 („Comroad II"); NZG 2007, 269 („Comroad III"); NZG 2007, 708 („Comroad IV"); NZG 2007, 711 („Comroad V"); NZG 2008, 382 („Comroad VI"); NZG 2008, 385 („Comroad VII"); NZG 2008, 26 („Comroad VIII"); Besprechungen zB von *Findeisen,* NZG 2007, 692 ff.; *Klöhn,* EWiR 2008, 325; *Klöhn,* LMK 2008, 256317; *Klöhn,* LMK 2007, 240021; *Leuschner,* EWiR 2008, 269; *Möllers,* NZG 2008, 413 ff.; *Wünsche,* BB 2008, 691.

[30] Ebenso *Renzenbrink/Holzner,* BRK 2002, 434, 439; *Fuchs/Dühn,* BKR 2002, 1063, 1070; *Fleischer,* NJW-Beilage 23/2002, 37, 40; *Dühn,* § 4 A. II. 3.; im Ergebnis auch *Möllers/Leisch,* BKR 2002, 1071, 1076; KölnKommWpHG–*Möllers/Leisch,* §§ 37b, c Rn. 37 ff.;

der Einlagenrückgewähr über seinen Wortlaut hinaus, dass Gesellschaftsvermögen an die Aktionäre nur insoweit ausgeschüttet werden darf, als es sich um Bilanzgewinn handelt.[31] Den §§ 37b, 37c gebührt aber als *leges speciales* und *leges posteriores* der Vorrang gegenüber den aktienrechtlichen Grundsätzen der Kapitalerhaltung.[32] Eine gegenteilige Interpretation könnte auch praktisch kaum überzeugen, wäre es doch wenig sinnvoll, kapitalmarktrechtliche Haftungsnormen gegen den Emittenten zu schaffen, die sich aus gesellschaftsrechtlicher Sicht nicht durchsetzen ließen.[33] Hinzuweisen ist schließlich auf die parallele Problematik der **Börsenprospekthaftung** des Emittenten, deren Vorrang gegenüber dem Verbot der Einlagenrückgewähr nach § 57 Abs. 1 S. 1 AktG ebenfalls überwiegend mit ihrem Charakter als spezielle und später erlassene Vorschrift begründet wird.[34]

Es ist allerdings nicht zu übersehen, dass diese **recht formalistische Lösung** 18 der h. M. außerhalb spezialgesetzlicher Haftungsnormen durchaus an ihre Grenzen stößt, da die Grundsätze der *lex specialis* bzw. der *lex posterior* im Bereich des allgemeinen Deliktsrechts nicht eingreifen können.[35] Darüber hinaus verstellt sie den Blick auf das zugrunde liegende **Problem des Ausgleichs von Anleger- und Gläubigerinteressen in der börsennotierten Aktiengesellschaft**.[36] Denn der Sache nach geht es bei Schadensersatzzahlungen an Kapitalanleger und der damit verbundenen Frage der verbotenen Einlagenrückgewähr um die Frage, welche gesellschaftsrechtlichen Konsequenzen die kapitalmarktrechtliche Aufwertung der Anlegerinteressen in der börsennotierten Aktiengesellschaft hat.[37]

Mögliche **Lösungswege** lassen sich hier nur andeuten: **Gesellschaftsrechtlich** ließe sich die Auffassung vertreten, der Konflikt mit 19 dem Verbot der Einlagenrückgewähr werde bereits dadurch relativiert, dass dem gegen den Emittenten gerichteten Schadensersatzanspruch der Kapitalanleger regelmäßig ein **rechtlich gleichwertiger Regressanspruch der Gesellschaft aus § 93 Abs. 2 AktG im Innenverhältnis** zustehe. Dieser Regressanspruch der Gesellschaft könnte zugleich die Schadensersatzleistung der Gesellschaft bilanziell neutralisieren mit der Folge, dass das Gesellschaftsvermögen nicht vermindert und daher das Verbot der Einlagenrückgewähr jedenfalls materiell nicht

---

Kissner, S. 126 f.; kritisch hingegen *Bayer*, Corporate Governance, S. 137, 161 f.; *Reichert*, Corporate Governance, S. 165, 199; *Weber*, NJW 2003, 18, 21; aA *Baums*, Bericht der Regierungskommission, Rn. 186; *Rieckers*, BB 2002, 1212, 1220; *Hutter/Leppert*, NZG 2002, 649, 654.

[31] Vgl. nur *Hüffer*, AktG, § 57 Rn. 3; KölnKommAktG-*Lutter*, § 57 Rn. 2.

[32] Mit dieser Begründung auch *Renzenbrink/Holzner*, BRK 2002, 434, 439; *Fuchs/Dühn*, BKR 2002, 1063, 1070; *Sethe* in *Assmann/Schneider*, §§ 37b, 37c Rn. 6; *Zimmer* in *Schwark*, §§ 37b, 37c Rn. 11.

[33] *Renzenbrink/Holzner*, BRK 2002, 434, 439; *Fuchs/Dühn*, BKR 2002, 1063, 1070.

[34] Vgl. zum Meinungsspektrum für den Bereich der Primärmärkte einführend *Renzenbrink/Holzner*, BKR 2002, 434, 435; *Bayer*, Corporate Governance, S. 137, 161 f.; *Krämer/Baudisch*, WM 1998, 1161 ff.; ausführlich *Schäfer*, §§ 45, 46 BörsG aF Rn. 46 ff.; *Groß*, Kapitalmarktrecht, §§ 45, 46 BörsG, Rn. 7; *Schwark*, BörsG, §§ 45, 46 Rn. 8; *Engelhardt*, BKR 2006, 443, 445.

[35] Vgl. zu diesem Einwand *Renzenbrink/Holzner*, BRK 2002, 434, 439.

[36] Krit. insoweit auch *Dühn*, § 4 A. III. 1.

[37] Zutr. *Dühn*, § 4 A. III. 1.; zuvor bereits *Schwark* in FS Raisch, S. 269, 279; GKAktG-*Henze*, § 57 Rn. 18; *Krämer/Baudisch*, WM 1998, 1161, 1163; *Schäfer*, §§ 45, 46 BörsG aF Rn. 48.

Vor §§ 37b, 37c 20, 21   Abschnitt 7. Haftung für Kapitalmarktinform.

betroffen wäre.[38] Für diesen Ansatz spricht nicht zuletzt, dass der rechtliche Bestand dieses Anspruchs nach Abs. 6 der §§ 37b, 37c dadurch gesichert wird, dass er kraft ausdrücklicher gesetzlicher Anordnung nicht ausgeschlossen werden kann. Bei zusätzlich vorhandenem **D&O-Versicherungsschutz** wird dieser Anspruch im Innenverhältnis regelmäßig auch wirtschaftlich werthaltig sein.[39]

20   Aus kapitalmarktrechtlicher Sicht ließe sich ein Konflikt mit dem Kapitalerhaltungsgrundsatz schon deshalb verneinen, weil den Kapitalanlegern Schadensersatz nicht in ihrer Eigenschaft als Verbandsmitglieder i. S. v. § 57 Abs. 1 S. 1 AktG gewährt werde, sondern in ihrer Eigenschaft als Kapitalanleger, die der Gesellschaft hinsichtlich der fehlerhaften Information zunächst wie beliebige Dritte gegenüberstünden. Insoweit kann man die **Kapitalanleger in einer „gläubigerähnlichen" oder zumindest „aktionärsfremden" Stellung** sehen. Folgt man dem, ist das Verbot der Einlagenrückgewähr nicht einmal formal betroffen, da Schadensersatz nicht an Aktionäre i. S. v. § 57 AktG gezahlt wird.[40] Diesem Argumentationsansatz folgt nun auch der BGH und kommt damit zu dem Ergebnis, dass der Kapitalerhaltungsgrundsatz einer deliktsrechtlichen Kapitalmarkthaftung nicht entgegensteht.[41]

3. Begrenzung auf Ad-hoc-Mitteilungen

21   Aus dem Wortlaut der §§ 37b, 37c, die inhaltlich unverändert dem Wortlaut des § 15 Abs. 1 nachgebildet sind, folgt zunächst, dass eine Schadensersatzpflicht des Emittenten **ausschließlich bei unterlassenen oder unrichtigen Ad-hoc-Mitteilungen** nach § 15 Abs. 1 S. 1 eintreten kann.[42] Systematisch folgt dies schon aus § 15 Abs. 6, der nur im Hinblick auf Mitteilungen nach § 15 Abs. 1 S. 1 auf die §§ 37b, 37c verweist. Auch die **Gesetzesmaterialien** machen unmissverständlich deutlich, dass der Gesetzgeber ausschließlich Ad-hoc-Mitteilungen erfassen wollte. Als Reaktion auf die rechtstatsächlichen Missstände bei Ad-hoc-Mitteilungen soll sich die Schadensersatzhaftung nur auf solche Tatsachen beziehen, die der Pflichtpublizität nach § 15 unterliegen.[43] Eine **analoge Anwendung** der §§ 37b, 37c auf andere Arten von kapitalmarktbezogenen Verlautbarungen **scheidet** daher schon mangels einer planwidrigen Regelungslücke des Gesetzes **aus**.[44] Eventuelle „Haftungslücken" können daher methodisch korrekt

---

[38] In diese Richtung der Ansatz von *Gebauer*, S. 193 ff.; dazu *Dühn*, § 4 A III. 2.
[39] Einführend *Henssler*, D&O-Versicherung, S. 131, 132 ff.; *Kästner*, AG 2000, 113, 114 f.
[40] In diese Richtung bereits *Martens*, ZGR 1972, 254, 285; ausdrücklich in diesem Sinne *Steinhauer*, Ad-hoc-Publizität, S. 141; *Sethe* in *Assmann/Schneider*, §§ 37b, 37c Rn. 6; *Zimmer* in *Schwark*, §§ 37b, 37c Rn. 12; wohl auch *Kissner*, S. 126; mit ausführlicher Begründung für diesen Ansatz *Dühn*, § 4 A III.
[41] BGH NJW 2005, 2450, 2452 („EM.TV"); bestätigt von BGH NZG 2007, 345 („Comroad I"); NZG 2007, 269, 270 („Comroad III"); NZG 2007, 708, 709 („Comroad IV"); NZG 2008, 382, 383 („Comroad VI"); NZG 2008, 385 („Comroad VII"); NZG 2008, 386, 387 („Comroad VIII"). Dazu noch unten Rn. 53 ff. Eine weitere Frage ist, ob § 71 AktG bestimmten Arten des Schadensausgleichs entgegensteht. Dies wird vom BGH verneint, siehe dazu ebenfalls unten Rn. 53 ff.
[42] BT-Drs. 14/8017, S. 93.
[43] BT-Drs. 14/8017, S. 93.
[44] *Dühn*, § 7 B. I.; *Sethe* in *Assmann/Schneider*, §§ 37b, 37c Rn. 30; abweichend aber *Mülbert/Steup*, WM 2005, 1633, 1651 f. (Haftung für fehlerhafte Regelpublizität analog

nur durch die Anwendung des allgemeinen Deliktsrechts oder durch künftige Gesetzesänderungen als Reaktion auf eine überzeugende rechtspolitische Kritik geschlossen werden (vgl. zu Überlegungen *de lege ferenda* unten Rn. 69 ff.).

4. Erfasste Fallgruppen

Die Vorschriften der §§ 37 b, 37 c sollen nach dem Willen des Gesetzgebers nur die Fallgruppen erfassen, in denen der Anleger **entweder „zu teuer" kauft oder „zu billig" verkauft**.[45] Der Wortlaut der §§ 37 b, 37 c ist insoweit gewöhnungsbedürftig, als er sehr konkrete Anspruchsvoraussetzungen enthält, die an bestimmte **Erwerbs- oder Veräußerungsvorgänge** anknüpfen und die Anspruchsberechtigung in bestimmten Fallgruppen zusätzlich davon abhängig machen, dass der Anspruchsteller die Papiere zum Zeitpunkt des Bekanntwerdens noch hält.[46] 22

Jedenfalls führt die in §§ 37 b, 37 c vorgenommene Begrenzung des Kreises der Anspruchsberechtigten dazu, dass **Halteentscheidungen** der Kapitalanleger von den neuen Vorschriften **nicht erfasst** sind. Entgegen teilweise vertretener Auffassung ist diese Begrenzung zwar rechtlich nicht zwingend, ökonomisch aber sinnvoll, weil dadurch die Gefahr einer unüberschaubaren Anspruchskumulation für die Emittenten deutlich abgemildert werden kann. Zugleich entspricht diese Begrenzung der Rechtslage nach U.S.-amerikanischem Recht, nach dem Halteentscheidungen ebenfalls keine Schadensersatzverpflichtung auslösen können.[47] 23

Von den durch §§ 37 b, 37 c erfassten vier Fallgruppen hat aus praktischer Sicht **allein die Konstellation des „zu teuer" Kaufens Bedeutung erlangt**. Daran dürfte sich auch für die Zukunft nichts ändern, sind es doch gerade diese Fallkonstellationen, in denen Kapitalanlegern, unabhängig von der Art der Schadensberechnung, stets ein echter Vermögensschaden entsteht.[48] Seltener dürften in der Praxis hingegen die ebenfalls von §§ 37 b, 37 c erfassten umgekehrten Fallgestaltungen bleiben, in denen Kapitalanleger „zu billig" verkaufen, weil eine fehlerhafte negative Darstellung gegeben wird oder eine gebotene positive Darstellung unterlassen wird.[49] 24

III. Kapitalmarktrechtliche Informationshaftung *de lege lata*

1. Grundlagen und Systematik

Auf die für das System der kapitalmarktrechtlichen Informationshaftung bedeutsame Unterscheidung zwischen der Verletzung kapitalmarktbezogener In- 25

---

§§ 37 b, c); *Möllers/Leisch,* NZG 2003, 112, 115; KölnKommWpHG-*Möllers/Leisch,* §§ 37 b, c Rn. 92.
[45] BT-Drs. 14/8017, S. 93.
[46] Vgl. §§ 37 b Abs. 1 Nr. 1, 37 c Abs. 1 Nr. 1; Zweifel an der Wirksamkeit der Haftung nach §§ 37 b, 37 c äußert generell *Rützel,* AG 2003, 69, 78.
[47] Zutr. *Dühn,* § 12 B. III.; krit. jedoch *Reichert/Weller,* ZRP 2002, 49, 56; *Fleischer,* NJW 2002, 2977, 2980; *ders.,* Gutachten F, S. 107; *ders.,* BB 2002, 1869 f.; undeutlich *Kissner,* S. 158, der Halteentscheidungen aus Kausalitätserwägungen als nicht erfasst sieht; zu dieser Frage zuvor bereits *Baums,* Bericht der Regierungskommission, Rn. 186.
[48] Dazu Rn. 48 ff.
[49] Abweichend *Möllers/Leisch,* NZG 2003, 112 f., die gerade hinsichtlich dieser Fallgruppen mit einer wachsenden Zahl von Schadensersatzklagen rechnen.

Vor §§ 37b, 37c 26, 27   Abschnitt 7. Haftung für Kapitalmarktinform.

formationspflichten auf dem **Primär-** und dem **Sekundärmarkt** wurde bereits hingewiesen.[50] Neben dieser Differenzierung bieten sich die folgenden „Koordinaten"[51] für eine **Systematisierung der Sekundärmarkthaftung** an: Zum einen ist zu unterscheiden zwischen der **Haftung für Ad-hoc-Publizität und für sonstige kapitalmarktbezogene Informationen.** Fehlerhaften Ad-hoc-Mitteilungen kommt im Bereich der Sekundärmarkthaftung die größte praktische Bedeutung zu, da nur diese von den speziellen Haftungsnormen der §§ 37b, 37c erfasst werden und auch die von der Rechtsprechung entschiedenen Fälle der deliktischen Haftung primär falsche Ad-hoc-Meldungen betrafen. Zu den sonstigen kapitalmarktbezogenen Informationen sind die **Regelpublizität** und **freiwillige Informationen** des Kapitalmarkts zu zählen.

26   Zum anderen bietet sich eine Unterscheidung zwischen der **Haftung des Emittenten** und der **persönlichen Haftung der für die Kapitalmarktinformation verantwortlichen Organmitglieder** an. Die §§ 37b, 37c begründen ausschließlich eine Emittentenhaftung. Deliktische Ansprüche nach § 823 Abs. 2 BGB iVm der Verletzung eines Schutzgesetzes oder nach § 826 BGB können sich einerseits gegen Organmitglieder richten,[52] andererseits aber über § 31 BGB zu einer Haftung des Emittenten auch außerhalb des Anwendungsbereichs der §§ 37b, 37c führen. Im Rahmen der Haftung der Organmitglieder ist schließlich zwischen der – bei der gegenwärtigen Rechtslage nur nach Deliktsrecht möglichen – **Außenhaftung** gegenüber dem geschädigten Anleger und der **Innenhaftung** gegenüber der Gesellschaft aus § 93 Abs. 2 AktG zu differenzieren. Die Frage, ob die Organhaftung im Außenverhältnis über die allgemeinen deliktsrechtlichen Anspruchsgrundlagen hinaus spezialgesetzlich erweitert werden sollte, steht im Zentrum der aktuellen rechtspolitischen Diskussion.[53]

2. Haftung für die Verletzung der Ad-hoc-Publizitätspflicht außerhalb der §§ 37b, 37c

27   Außerhalb der §§ 37b, 37c kommen für die Haftung wegen fehlerhafter Information an den Sekundärmärkten nur deliktische Anspruchsgrundlagen in Betracht, nämlich die Haftung wegen Verletzung eines Schutzgesetzes gemäß § 823 Abs. 2 BGB und die Haftung wegen vorsätzlicher sittenwidriger Schädigung gemäß § 826 BGB.[54] Zwischen Emittenten und Anlegern besteht **kein „kapitalmarktrechtliches Sonderverhältnis"**, aus dem sich vertragliche Ansprüche ableiten ließen.[55] Auch die Grundsätze der bürgerlichrechtlichen Prospekthaftung spielen in diesem Bereich keine Rolle. Dies gilt insbesondere für die Haftung wegen fehlerhafter Ad-hoc-Publizität. **Ad-hoc-Mitteilungen erfüllen**

---

[50] Rn. 7 ff.
[51] Dazu *Fleischer*, Hdb. Vorstandsrecht, § 14 Rn. 3 ff.
[52] Aus einer entsprechenden Anwendung von § 31 BGB ergibt sich dann eine Haftung des Emittenten, vgl. BGH NJW 2005, 2450, 2452; OLG Frankfurt WM 2005, 1266, 1268; OLG München WM 2005, 1269, 1270; NZG 2005, 679, 681.
[53] Rn. 72 ff.
[54] Dazu unten Rn. 30 ff. und Rn. 57 ff. § 823 Abs. 1 BGB kommt nicht in Betracht, da fehlerhafte Kapitalmarktinformation in aller Regel kein von § 823 Abs. 1 BGB erfasstes Rechtsgut beeinträchtigt, vgl. nur *Sethe* in *Assmann/Schneider*, §§ 37b, 37c Rn. 102.
[55] Dazu ausführlich *Dühn*, § 5 B.IV. mwN; vgl. auch *Sethe* in *Assmann/Schneider*, §§ 37b, 37c Rn. 99; *Baums*, ZHR 167 (2003), 139, 165.

nicht den bürgerlichrechtlichen Prospektbegriff.[56] Ein Prospekt im Sinne der Prospekthaftungsgrundsätze ist nämlich nur dann gegeben, wenn der Anleger erwarten darf, über alle Umstände, die für seine Anlageentscheidung von wesentlicher Bedeutung sind oder sein können, sachlich richtig und vollständig unterrichtet zu werden. Ad-hoc-Mitteilungen sind demgegenüber lediglich auf Einzeltatsachen bezogen, welche die bereits bekannten Informationen für den Sekundärmarkt ergänzen.

Soweit deliktische Ansprüche wegen fehlerhafter Ad-hoc-Publizität betroffen sind, ist § 15 Abs. 6 zu beachten. **§ 15 Abs. 6 aF**[57] schloss Schadensersatzansprüche fehlerhaft informierter Kapitalanleger wegen pflichtwidriger Ad-hoc-Mitteilungen gegen den Emittenten nach § 823 Abs. 2 BGB iVm § 15 Abs. 1 S. 1 aus.[58] Durch den Wortlaut sollte unmissverständlich zum Ausdruck gebracht werden, dass **§ 15 Abs. 1 S. 1 kein Schutzgesetz i. S. v. § 823 Abs. 2 BGB zugunsten einzelner Kapitalanleger** ist, sondern sein Regelungszweck **ausschließlich** in der Stärkung der **Funktionsfähigkeit des Kapitalmarkts** liegt.[59] In der Literatur war dieser Ausschluss der drittschützenden Wirkung seit langem umstritten. Während teilweise der strengen Trennung von Funktionen- und Individualschutz zugestimmt wurde,[60] lehnte die Gegenauffassung den gesetzlichen Ausschluss von Schadensersatzansprüchen ab.[61] Obwohl § 15 Abs. 1 S. 1 von weiten Teilen der Literatur als Schutzgesetz zugunsten individueller Kapitalanleger angesehen wurde, konnte wegen des insoweit klaren Wortlauts des § 15 Abs. 6 aF ein Schadensersatzanspruch gegen die Gesellschaft aus § 823 Abs. 2 BGB iVm § 15 Abs. 1 S. 1 nicht begründet werden.[62]

§ 15 Abs. 6 bestimmt seit dem Vierten Finanzmarktförderungsgesetz,[63] dass ein Emittent, der gegen „die Verpflichtung nach § 15 Abs. 1 bis 4 verstößt, einem anderen **nur unter den Voraussetzungen der §§ 37b und 37c** zum Ersatz des daraus entstehenden Schadens verpflichtet ist; Schadensersatzansprüche, die auf anderen Rechtsgrundlagen beruhen, bleiben danach unberührt. Trotz dieser ausdrücklichen Anerkennung individueller Schadensersatzansprüche unter den Voraussetzungen der §§ 37 b, 37 c hat der Gesetzgeber durch die grundsätzliche Beibehaltung der umstrittenen Regelung des § 15 Abs. 6 S. 1 klargestellt, **dass § 15 Abs. 1 S. 1 nach wie vor kein Schutzgesetz** im Sinne des § 823 Abs. 2 BGB ist.[64] Abgesehen davon bestehen für delikti-

---

[56] Vgl. BGHZ 160, 134, 137f. = BGH NJW 2004, 2664, 2664f.; *Edelmann*, BB 2004, 2031; *Fleischer*, DB 2004, 2031; *ders.*, Hdb. Vorstandsrecht, § 14 Rn. 48; *Leisch*, ZIP 2004, 1573, 1573f.; *Möllers*, JZ 2005, 75; *Mülbert/Steup* in *Habersack/Mülbert/Schlitt*, Hdb. Unternehmensfinanzierung § 26 Rn. 116; *Sethe* in *Assmann/Schneider*, §§ 37b, 37c Rn. 100. – Anders *Braun/Rotter*, BKR 2003, 918, 926 für Ad-hoc-Mitteilungen, die vor dem 1. Juli 2002 veröffentlicht wurden.
[57] § 15 Abs. 6 i. d. F. der Bekanntmachung vom 9. September 1998, BGBl. I 2708.
[58] Vgl. zur alten Rechtslage zB *Krause*, ZGR 2002, 799, 805ff.; *Kissner*, S. 38ff.
[59] BT-Drs. 12/7918, S. 102.
[60] Vgl. *Assmann* in *Assmann/Schneider*, § 15 Rn. 28; *Schäfer*, § 15 Rn. 149.
[61] Vgl. *Hopt*, ZHR 159 (1995), 135, 159; *Hirte*, Bankrechtstag 1995, S 47, 88.
[62] Vgl. *Assmann* in *Assmann/Schneider*, § 15 Rn. 29; *Schäfer*, § 15 Rn. 149.
[63] Mit nur redaktioneller Änderung durch das Anlegerschutzverbesserungsgesetz.
[64] Vgl. BT-Drs. 14/8017, S. 87: „Die Neuregelung unterstreicht, dass es sich bei § 15 nicht um ein Schutzgesetz im Sinne des § 823 Abs. 2 BGB handelt. Schutzgut des § 15 ist die Sicherung der Funktionsfähigkeit des Kapitalmarkts." – Siehe dazu noch unten Rn. 63.

sche Ansprüche wegen fehlerhafter Kapitalmarktinformation keine Beschränkungen.[65]

3. Kapitalmarktrechtliche Haftung nach § 826 BGB

a) Allgemeines

30 Auch wenn die grundsätzliche Eignung von § 826 BGB als Anspruchsgrundlage für den Ersatz von Vermögensschäden, die durch unterlassene oder fehlerhafte Kapitalmarktinformation verursacht worden sind, unbestritten ist,[66] hatte diese Vorschrift in der Rechtsanwendungspraxis zunächst keine nennenswerte Bedeutung für einen effektiven Anlegerschutz entfalten können. Die meisten Entscheidungen der Instanzgerichte lehnten eine Haftung von Vorstandsmitgliedern nach § 826 BGB wegen falscher Ad-hoc-Meldungen oder sonstiger fehlerhafter Kapitalmarktinformation in concreto (aus unterschiedlichen Gründen) letztlich ab.[67] Die **Entscheidungen des BGH** in den Fällen **Infomatec, EM.TV und Comroad**[68] haben inzwischen mehr Rechtssicherheit für die Anwendung des § 826 BGB in Fällen fehlerhafter Ad-hoc-Publizität geschaffen. Dennoch bleibt es für geschädigte Anleger schwierig, auf diese Norm gestützte Ansprüche durchzusetzen.

31 Dass § 826 BGB nicht als „Allzweckwaffe" zur Sanktionierung fehlerhaften Informationsverhaltens auf Kapitalmärkten taugt, sondern von vornherein nur eine begrenzte Reichweite[69] haben kann, folgt zwar schon aus der restriktiven Fassung seiner Tatbestandsmerkmale und seiner Funktion als Auffang- und Ergänzungstatbestand für solche Fallgestaltungen, in denen der Ersatz reiner Vermögensschäden abweichend vom prinzipiellen Rechtsgüterschutz ausnahmsweise geboten erscheint.[70] Dies entbindet jedoch nicht von der **Aufgabe einer kapi-**

---

[65] Vgl. BGHZ 160, 149, 154 = BGH NJW 2004, 2971, 2972 f.; BGH NJW 2005, 2450, 2451 f.
[66] Exemplarisch OLG München NJW 2003, 144, 145 f.; aus der Literatur zB *Rützel*, AG 2003, 69, 73; *Fuchs/Dühn*, BKR 2002, 1063, 1067 ff.; *Möllers/Leisch*, ZIP 2002, 1995, 1997 f.; *dies.*, WM 2001, 1648 ff.; *Rieckers*, BB 2002, 1213, 1219; *Thümmel*, DB 2001, 2331, 2332; *Rodewald/Siems*, BB 2001, 2437, 2440; *Groß*, WM 2002, 477, 484; *Reichert/Weller*, ZRP 2002, 49, 53; *Möllers*, Forum Bankrecht, I. 2. a); *Kissner*, S. 102 ff.; *Holzborn/Foelsch*, NJW 2003, 932, 938 f.; zuvor bereits *Steinhauer*, Ad hoc-Publizität, S. 137 ff.; eigene Ansätze bei *Krause*, ZGR 2002, 799, 820; *Dühn*, § 5 C.IV. – Bejaht wurde eine Haftung aus § 826 BGB vor allem vom LG Augsburg WM 2001, 1944 ff. = NZG 2002, 429 ff.
[67] Vgl. die Nachweise bei *Fuchs/Dühn*, BKR 2002, 1063 Fn. 1.
[68] BGHZ 160, 134 = NJW 2004, 2664 (Infomatec I); BGHZ 160, 149 = NJW 2004, 2971 (Infomatec II); BGH NJW 2004, 2668 (Infomatec III); BGH NJW 2005, 2450 (EM.TV). Einen Überblick über die Rechtsprechung bietet *Unzicker*, WM 2007, 1596. – Diese grundlegenden Urteile wurden mittlerweile bestätigt durch BGH NZG 2007, 345 („Comroad I"); NZG 2007, 346 („Comroad II"); NZG 2007, 269 („Comroad III"); NZG 2007, 708 („Comroad IV"); NZG 2007, 711 („Comroad V"); NZG 2008, 382 („Comroad VI"); NZG 2008, 385 („Comroad VII"); NZG 2008, 386 („Comroad VIII").
[69] Auf die begrenzte Reichweite des § 826 BGB weisen zB hin: *Holzborn/Foelsch*, NJW 2003, 932, 938 f.; *Krause*, ZGR 2002, 799, 825; *Riecker*, BB 2002, 1213, 1219; *Thümmel*, DB 2001, 2331, 2332; *Rodewald/Siems*, BB 2001, 2437, 2440; *Groß*, WM 2002, 477, 484; *Reichert/Weller*, ZRP 2002, 49, 53; *Steinhauer*, Ad hoc-Publizität, S. 138; *Dühn*, § 5 C.IV.
[70] Vgl. statt aller MünchKommBGB-*Wagner*, § 826 Rn. 4.

talmarktgerechten Konkretisierung der unbestimmten Rechtsbegriffe der Sittenwidrigkeit sowie des Schädigungsvorsatzes.[71]

b) Begründung einer „kapitalmarktrechtlichen Sittenwidrigkeit"
In der Literatur wurde zunächst vorgeschlagen, die für andere Lebensbereiche 32 entwickelten **Fallgruppen**[72] der „*bewusst unrichtigen Auskunft*" oder der „*leichtfertigen Fehlinformation Dritter*" auch auf Fälle fehlerhafter Kapitalmarktinformation zu übertragen.[73] Dagegen spricht, dass bei den zugrunde liegenden Sachverhalten zumeist nur wenige Personen involviert sind, die zudem im Rahmen vertraglicher oder vertragsähnlicher Beziehungen in persönlichem Kontakt, wenn nicht gar aufgrund ihrer beruflichen Stellung in einem besonderen Nähe- oder Vertrauensverhältnis stehen. Die gleichen Grundsätze auf marktbezogene Fehlinformationen gegenüber einer unbegrenzten Vielzahl von (potenziellen) Teilnehmern eines anonymen Marktes anzuwenden, erscheint nicht sachgerecht.[74]

Erforderlich ist vielmehr eine **eigenständige marktbezogene Konkretisie-** 33 **rung** des § 826 BGB.[75] Insoweit ist zunächst an eine Anknüpfung an die Funktionsbedingungen des Kapitalmarkts und seiner Institutionen zu denken. Eine an der bloßen Systemwidrigkeit von fehlerhaften oder pflichtwidrig unterlassenen Kapitalmarkinformationen orientierte Sittenwidrigkeit wäre jedoch insofern problematisch, als der Verstoß gegen Rechtsnormen, die lediglich den Schutz der Allgemeinheit bezwecken, für sich genommen nicht ausreicht, den § 826 BGB als individualschützende Vorschrift zu konkretisieren.[76] Zudem kommt das Erfordernis einer gleichsam „**gesteigerten Form der Rechtswidrigkeit**"[77] nicht ohne Rückbindung an die Verletzung sozialethischer Mindestanforderungen aus. Neben dem schon im Vorsatzerfordernis zum Ausdruck kommenden erhöhten Grad des Verschuldens können insoweit vor allem die von den handelnden Personen verfolgten Ziele, die eingesetzten Mittel und die Handlungsmodalitäten eine Rolle spielen.

Die **wissentliche Verbreitung falscher Informationen** ist jedenfalls dann 34 als eindeutig sittenwidrig anzusehen, wenn sie in **eigennütziger Absicht** erfolgt, etwa zur Ermöglichung von Insidergeschäften oder zum Hochtreiben des Kurses selbst gehaltener Aktien.[78] Aber auch bei einer mehr oder weniger **altruistischen**

---

[71] Vgl. zu deren Notwendigkeit *Fuchs/Dühn*, BKR 2002, 1063, 1071; *Dühn*, § 5 IV.; *Krause*, ZGR 2002, 799, 820 ff.

[72] Vgl. allgemein zu zivilrechtlichen Konstellationen der Haftung für Fehlinformationen aus § 826 BGB *Larenz/Canaris*, Schuldrecht II/2, S. 460.

[73] Ausführlich erstmals *Möllers/Leisch*, WM 2001, 1648 ff.; vgl. auch KölnKomm-WpHG-*Möllers/Leisch*, §§ 37 b, 37 c Rn. 404 ff.; dem folgend *Kissner*, S. 104 ff.; *Reichert/Weller*, ZRP 2002, 49, 53; *Rieckers*, BB 2002, 1215, 1217 ff.

[74] Ebenso im Ergebnis OLG München NJW 2003, 144, 145; *Köndgen*, FS Druey, S. 791, 805; *Rützel*, AG 2003, 69, 73; *Holzborn/Foelsch*, NJW 2003, 932, 939; mit ausführlicher Begründung *Dühn*, § 5 IV. 1. b), c); kritisch auch KölnKommKapMuG-*Casper*, §§ 37 b, 37 c WpHG Rn. 71.

[75] *Fuchs/Dühn*, BKR 2002, 1063, 1068; ansatzweise auch *Krause*, ZGR 2002, 799, 822 f.

[76] So zutreffend *Krause*, ZGR 2002, 799, 820 f.

[77] *Deutsch*, JZ 1963, 385, 389; vgl. a. *Larenz/Canaris*, Schuldrecht II/2, S. 451.

[78] BGHZ 160, 149, 157 f. = BGH NJW 2004, 2971, 2973 f.; BGH NJW 2004, 2668, 2670 f.; OLG Frankfurt WM 2005, 1266, 1267; OLG München WM 2005, 1269, 1270; *Fleischer*, Hdb. Vorstandsrecht, § 14 Rn. 29; *ders.*, DB 2004, 2031, 2033; *Krause*, ZGR

Vor §§ 37b, 37c 35, 36   Abschnitt 7. Haftung für Kapitalmarktinform.

Motivation (zB Verfälschung oder Unterdrückung negativer Informationen, um die Sanierung eines angeschlagenen Unternehmens zu erleichtern, Arbeitsplätze zu sichern, den Aktienkurs zu steigern oder die Finanzierungsmöglichkeiten des Unternehmens zu verbessern) ist keine andere Beurteilung gerechtfertigt.[79] Denn die wissentliche Irreführung des Kapitalmarkts kann nicht durch autonom gesetzte subjektive Zielsetzungen (der Organmitglieder) von Marktteilnehmern gerechtfertigt werden.[80] Vielmehr ergibt sich der besondere Unrechtsgehalt einer solchen Verhaltensweise aus der Verantwortung der Vorstandsmitglieder gerade für die Generierung und Bereitstellung von Informationen aus dem unternehmensinternen Bereich, der den Anlegern verschlossen ist.[81] Die bewusste Täuschung des Anlegerpublikums im Rahmen von **Pflichtveröffentlichungen** (Finanzberichtspublizität, Ad-hoc-Meldungen etc.) stellt daher ohne Rücksicht auf die damit verfolgten Intentionen einen **Missbrauch dieser Informationsinstrumente** dar.[82] Denn sie widerspricht diametral dem Regelungsziel des Gesetzgebers, durch Pflichtveröffentlichungen ein gewisses Mindestmaß an Transparenz im Kapitalmarkt herzustellen und damit für potentielle Anleger insoweit eine geeignete Grundlage für individuelle Anlageentscheidungen zu schaffen.

35   Gleiches muss aber auch für alle **Formen freiwilliger Kapitalmarktkommunikation** (Pressemitteilungen, Interviews, Angaben auf der Homepage, Unternehmensbroschüren, Aktionärsbriefe, Mitteilungen auf der Hauptversammlung etc.) gelten. Wer sich mit unternehmensinternen Informationen gezielt an das Anlegerpublikum wendet, ohne dazu verpflichtet zu sein, missbraucht in gleicher Weise das Vertrauen der Anleger in die ordnungsgemäße Kapitalmarktinformation, wenn er weiß, dass die Informationen unzutreffend sind.[83]

36   Der entscheidende Gesichtspunkt ist, dass in all diesen Fällen die der börsennotierten Aktiengesellschaft zur Verfügung stehenden **Informationsformen bewusst zweckentfremdet** werden, um Kapitalanleger in die Irre zu führen oder über die tatsächlichen Verhältnisse der Gesellschaft im Unklaren zu las-

---

2002, 799, 822; *Möllers/Leisch,* WM 2001, 1648, 1652 ff.; KölnKommWpHG-*Möllers/Leisch,* §§ 37b, c Rn. 411 ff.; KölnKommKapMUG-*Casper,* §§ 37b, 37c WpHG Rn. 71; *Sethe* in *Assmann/Schneider,* §§ 37b, 37c Rn. 118; *Steinhauer,* S. 138 f.; *Schwark* in FS Hadding, 2004, S. 1117, 1131; *Duve/Basak,* BB 2005, 2645, 2647.

[79] So wohl auch BGHZ 160, 149, 157 f. = BGH NJW 2004, 2971, 2973 f.; BGH NJW 2004, 2668, 2670 f.; aus der Literatur *Fleischer,* Hdb. Vorstandsrecht, § 14 Rn. 29; *ders.,* DB 2004, 2031, 2033 f.; *Krause,* ZGR 2002, 799, 823 f.; *Möllers,* JZ 2005, 75, 76; *ders./Leisch,* WM 2001, 1648, 1652 f.; in *Möllers/Rotter,* § 15 Rn. 17 ff.; KölnKommWpHG-*Möllers/Leisch,* §§ 37b, c Rn. 415; *Reichert/Weller,* ZRP 2002, 49, 53; *Schwark* in FS Hadding, 2004, S. 1117, 1131 f.; *Sethe* in *Assmann/Schneider,* §§ 37b, 37c Rn. 118 (bei uneigennützigem Handeln „regelmäßig" sittenwidrig); *Teichmann,* JuS 2006, 953, 956; aA KölnKommKapMuG-*Casper,* §§ 37b, 37c WpHG Rn. 71; *Spindler,* WM 2004, 2089, 2092; *Steinhauer,* S. 138.

[80] *Krause,* ZGR 2002, 799, 823.

[81] Vgl. *Möllers/Leisch,* WM 2001, 1648, 1654 (Stellung der Vorstandsmitglieder als „Informationsmonopolisten").

[82] So schon ansatzweise *Fuchs/Dühn,* BKR 2002, 1063, 1068; weiterführend *Dühn,* § 5 C. IV. 1. d).

[83] Bei anderen Instrumenten als Ad-hoc-Mitteilungen, die per se kursrelevant sind, ist allerdings im Einzelfall zu prüfen, inwiefern sie zur Beeinflussung von Anlegerentscheidungen und/oder Aktienkursen geeignet sind. Fehlt es daran, könnte man am bedingten Schädigungsvorsatz zweifeln.

sen.⁸⁴ Kein sittenwidriger Missbrauch liegt daher vor, wenn die Veröffentlichung einer objektiv falschen Information auf internen Missverständnissen oder Fehlinterpretationen beruht, selbst wenn deren Entstehung durch grobe Nachlässigkeit etwa in organisatorischen Fragen begünstigt worden ist. Die Grenze zur Sittenwidrigkeit ist erst dann überschritten, wenn sich die verantwortlichen Personen der Kenntnis der haftungsbegründenden Umstände bewusst verschließen.⁸⁵

Fraglich ist, ob die gleichen Grundsätze auch für das **Unterlassen gesetzlich** 37 **gebotener Ad-hoc-Meldungen** gelten.⁸⁶ Eine Unterlassung kann nur dann sittenwidrig sein, wenn eine **gesteigerte Rechtspflicht zur Offenbarung** besteht.⁸⁷ Eine solche wird grundsätzlich **durch § 15 begründet**. Das ergibt sich aus der zentralen Funktion dieser Norm für die Transparenz und Funktionsfähigkeit des Kapitalmarktes einerseits sowie für individuelle Anlageentscheidungen andererseits. Die besondere Bedeutung der Ad-hoc-Publizitätspflicht kommt ferner in der starken Absicherung durch Bußgeldsanktionen und die zivilrechtliche Schadensersatzhaftung des Emittenten zum Ausdruck. Zu berücksichtigen ist aber, dass seit der **Änderung des § 15 durch das AnSVG** der Emittent gemäß § 15 Abs. 3 eigenverantwortlich über die (zeitweise) Befreiung von der Veröffentlichungspflicht entscheidet. Allein das bewusste Absehen von einer Ad-hoc-Mitteilung kann deshalb ohne das Hinzutreten weiterer Umstände nicht sittenwidrig sein. Zu diesen Umständen ist insbesondere eine verwerfliche eigennützige Motivation der Organmitglieder zu zählen.⁸⁸ Aber auch bei direktem Vorsatz und offensichtlicher Veröffentlichungsbedürftigkeit wird man die Sittenwidrigkeit bejahen müssen.⁸⁹

Werden **andere Pflichtveröffentlichungen** wie der Jahresabschluss oder der 38 Lagebericht nicht (rechtzeitig) abgegeben, ist die Fristüberschreitung grundsätzlich nur rechtswidrig, aber ohne Hinzutreten weiterer Umstände nicht sittenwidrig.

c) Schädigungsvorsatz

Für den subjektiven Tatbestand des § 826 BGB genügt nach einhelliger Meinung 39 **bedingter Vorsatz**. Danach ist es erforderlich, aber auch ausreichend, dass das verantwortliche Organmitglied die Art des Schadens und die generelle Richtung des Schadensverlaufs billigend in Kauf nimmt.⁹⁰ Bei der **bewussten Unterdrückung publizitätspflichtiger Tatsachen oder der wissentlichen**

---

⁸⁴ Zutreffend *Dühn*, § 5 IV. 1. d). In diese Richtung weisen auch die Ausführungen in BGHZ 160, 149, 157 = BGH NJW 2004, 2971, 2973 f. und BGH NJW 2004, 2668, 2670, wonach eine direkt vorsätzliche Beeinflussung des Sekundärmarktpublikums durch eine grob unrichtige ad-hoc-Mitteilung gegen die „Mindestanforderungen im Rechtsverkehr auf dem Kapitalmarkt" verstoße und deshalb als sittenwidrig anzusehen sei.
⁸⁵ Vgl. BGH, NJW 1994, 2289, 2291.
⁸⁶ Generell gegen die Verwirklichung des Tatbestands des § 826 BGB bei Unterlassen einer Ad-hoc-Mitteilung *Rützel*, AG 2003, 69, 73.
⁸⁷ Vgl. nur *Kissner*, S. 140; *Krause*, ZGR 2002, 799, 824; *Steinhauer*, S. 138.
⁸⁸ So auch KölnKommKapMuG-*Casper*, §§ 37b, 37c WpHG Rn. 72; *Fleischer*, DB 2004, 2031, 2034; *Krause*, ZGR 2002, 799, 824 f.; *Möllers*, WM 2003, 2393, 2394; *Schwark* in FS Hadding, 2004, 1117, 1131.
⁸⁹ Vgl. *Möllers*, WM 2003, 2393, 2395; *ders.*, JZ 2005, 75, 76; *Möllers/Leisch* in *Möllers/Rotter*, § 15 Rn. 27; KölnKommWpHG-*Möllers/Leisch*, §§ 37b, c Rn. 422 f.; *Mülbert/Steup* in *Habersack/Mülbert/Schlitt*, Hdb. Unternehmensfinanzierung § 26 Rn. 172.
⁹⁰ S. nur BGHZ 160, 149, 156 = NJW 2004, 2971, 2973; BGH NJW 2004, 2668, 2670; BGH ZIP 2004, 2095, 2100; *Schieman* in *Erman*, § 826 Rn. 15; MünchKommBGB-*Wagner*, § 826 Rn. 63; *Hönn/Dönneweg* in *Soergel*, § 826 Rn. 64 jeweils mwN.

Vor §§ 37b, 37c 40, 41   Abschnitt 7. Haftung für Kapitalmarktinform.

Verbreitung falscher Informationen ist das grundsätzlich der Fall. Denn bei Vorstandsmitgliedern besteht (zumindest) eine tatsächliche Vermutung dafür, dass sie die Wirkungszusammenhänge zwischen Fehlinformationen, Anlageentscheidungen und (überhöhten) Börsenkursen kennen.[91] Das gilt jedenfalls im Bereich der Ad-hoc-Publizität, die sich auf kurserhebliche Informationen bezieht. Bei anderen Informationsinstrumenten kommt es auf die Wesentlichkeit und Bedeutung der unrichtigen oder unterlassenen Information im Gesamtkontext an.

40 Der Schädiger muss sich der Sittenwidrigkeit seines Handelns nicht bewusst sein; es genügt, wenn er die tatsächlichen Umstände kennt, aus denen sich die Sittenwidrigkeit ergibt.[92] Er muss auch keine positive Kenntnis der Unrichtigkeit der Information als solcher haben. Vielmehr reicht es grundsätzlich aus, wenn ihm die Fehlerhaftigkeit der Tatsachengrundlage bewusst ist, auf der die Erteilung der Information beruht.[93] Bei besonders gewissenlosem Verhalten kann es auch ausreichen, dass der Schädiger vor den die Sittenwidrigkeit begründenden Tatsachen bewusst „die Augen verschließt".[94] Das kann etwa der Fall sein, wenn starke Verdachtsmomente für die Unrichtigkeit bestehen und das Vorstandsmitglied eine sich unschwer bietende Möglichkeit der Aufklärung bewusst nicht wahrnimmt.[95]

41 Fraglich ist dagegen, ob auch **objektiv fehlerhafte** Ad-hoc-Meldungen oder sonstige **an den Kapitalmarkt gerichtete Erklärungen** (zB Angaben im Jahresabschluss oder Lagebericht, in Pressemitteilungen oder Interviews) erfasst sind, die gewissermaßen **„ins Blaue hinein"** gemacht werden, ohne sich um die Auswirkungen ihrer für möglich erachteten Unrichtigkeit auf Dritte zu kümmern. Die Rechtsprechung hat zwar vielfach in Fällen irreführender Information ein leichtfertiges und gewissenloses Handeln (zur Begründung der Sittenwidrigkeit) genügen lassen.[96] Dabei ging es jedoch meist um Erklärungen im Rahmen vertraglicher und vertragsähnlicher Beziehungen, insbesondere von Personen, auf deren Ruf oder besondere Sachkunde der andere Teil vertraute, nicht jedoch um Verlautbarungen an einen unüberschaubaren Kreis von (anonymen) Marktteilnehmern (vgl. bereits oben Rn. 32). Wollte man auch insoweit generell ein leichtfertiges und gewissenloses Verhalten ausreichen lassen, würde man im Ergebnis eine Haftung für grobe Fahrlässigkeit im Rahmen des § 826 BGB durch die Hintertür einführen.[97] Das ist **abzulehnen,** da sie dem restriktiven Grund-

---

[91] *Fuchs/Dühn*, BKR 2002, 1063, 1067f., zustimmend BGHZ 160, 149, 155 = NJW 2004, 2971, 2973; BGH NJW 2004, 2668, 2670; vgl. auch *Edelmann*, BB 2004, 2031, 2032f.; *Krause*, ZGR 2002, 799, 823f. (generelle Kenntnis steht „außer Zweifel"); *Dühn*, § 5 C.IV. 2.; *Kissner*, S. 110ff.; *Möllers*, JZ 2005, 75, 76; *Spindler*, NZG 2004, 2089, 2092; *Teichmann*, JuS 2006, 953, 956; zurückhaltender *Fleischer*, Hdb. Vorstandsrecht, § 14 Rn. 32; kritisch *Kort*, AG 2005, 21, 25; aA *Holzborn/Foelsch*, NJW 2003, 932, 939.
[92] S. statt aller *Thomas* in *Palandt*, § 826 Rn. 11.
[93] Vgl. *Möllers/Leisch*, WM 2001, 1648, 1662; KölnKommWpHG-*Möllers/Leisch*, §§ 37b, 37c Rn. 424ff.; allg. *Hönn/Dönneweg* in *Soergel*, § 826 Rn. 61 ff. mwN.
[94] Vgl. *Larenz/Canaris*, Schuldrecht II/2, § 78 III 1., S. 454f.
[95] Vgl. BGH NJW 1994, 2279, 2291.
[96] Vgl. etwa Palandt/*Thomas*, § 826 Rn. 8; MünchKommBGB-*Wagner*, § 826 Rn. 25; *Honsell* in FS Medicus, S. 211, 215 jeweils mwN.
[97] Anders offenbar *Krause*, ZGR 2002, 799, 823f., der im Bereich der Ad-hoc-Publizität auch für die „leichtfertige Verbreitung fehlerhafter Mitteilungen" den stets erforderlichen Schädigungsvorsatz ohne weiteres bejaht; vgl. auch *Möllers/Leisch* in *Möllers/Rotter*, § 15 Rn. 10ff. – Kritisch *Fleischer*, Hdb. Vorstandsrecht § 14 Rn. 33.

charakter des § 826 BGB widerspricht. Zu beachten ist aber, dass jemand, der Behauptungen „ins Blaue hinein" macht und – für ihn erkennbar – einen Schaden verursacht, nicht etwa (grob) fahrlässig, sondern mit Eventualvorsatz handelt, was im Rahmen des § 826 BGB genügt.[98]

Andererseits dürfen die konkreten **Anforderungen an ein vorsätzliches** **Handeln** im Bereich der Kapitalmarktkommunikation auch **nicht überspannt** werden, wie es in der instanzgerichtlichen Rechtsprechung zu fehlerhaften Ad-hoc-Mitteilungen geschehen ist, als Gerichte die Klagen betroffener Anleger meist (auch) am fehlenden konkreten Nachweis des Schädigungsvorsatzes scheitern ließen.[99] So hatte das OLG München im Fall „Infomatec" ausgeführt, trotz Kenntnis der verklagten Vorstandsmitglieder von der Unrichtigkeit der Ad-hoc-Meldung könne nicht davon ausgegangen werden, dass sie in Verfolgung eigensüchtiger Interessen und im Bewusstsein einer möglichen Schädigung potenzieller Anleger gehandelt hätten. Vielmehr hätten sie sich in einer „euphorischen Stimmung" befunden und in der subjektiven Überzeugung gehandelt, dass der (zu Unrecht als bereits erteilt gemeldete) Großauftrag den erwarteten Umfang auch tatsächlich erreichen würde.[100] Wie der BGH zutreffend festgestellt hat, wurde dabei verkannt, dass sich eine derartige Erwartung nicht auf das Ausbleiben einer Schädigung der Kapitalanleger bezieht, da dieser bereits mit dem Erwerb der übertreten Aktien eingetreten ist.[101] Die subjektive Hoffnung, der Geschäftsabschluss werde noch im zu Unrecht bereits gemeldeten Umfang zustande kommen, betrifft nur eine eventuelle nachträgliche Minderung oder Beseitigung des bereits eingetretenen Vermögensschadens. Sie lässt aber den bedingten Schädigungsvorsatz in Bezug auf die Anleger, die nach Veröffentlichung der unrichtigen Ad-hoc-Meldung eine objektiv überbewertete Aktie erwerben, nicht entfallen.

Aus dem gleichen Grund nicht tragfähig ist auch der Versuch in Teilen der Literatur, das Fehlen eines Schädigungsvorsatzes damit zu begründen, dass die Falschinformation des Kapitalmarkts regelmäßig nicht eine Vermögensschädigung der Kapitalanleger, sondern eine (zumindest kurzfristige) Kurssteigerung und damit Vermögensmehrung bezwecke.[102] Zum einen wissen die Vorstandsmitglieder, dass nach einer falschen Ad-hoc-Mitteilung Anlageentscheidungen auf fehlerhafter Tatsachengrundlage getroffen werden; zum anderen spricht eine tatsächliche Vermutung dafür, dass eine unzutreffende (positive) Ad-hoc-Meldung (im Infomatec-Fall über den größten Auftrag in der Unternehmensgeschichte) auch zu einer objektiven Überbewertung der Aktie führt. Auch damit müssen die Organmitglieder, die bewusst eine falsche Ad-hoc-Mitteilung veröffentlichen, rechnen, da sie die Wirkung derartiger Informationen auf die Kurs-

---

[98] *Sack,* NJW 2006, 945, 948 mwN.
[99] Vgl. zB OLG München NJW 2003, 144, 145 f.; LG München I WM 2001, 1948, 1952; AG München, WM 2002, 594, 596.
[100] OLG München NJW 2003, 144, 145 f.
[101] BGHZ 160, 149, 157 = NJW 2004, 2971, 2973; BGH NJW 2004, 2668, 2670; *Fuchs/Dühn,* BKR 2002, 1063, 1067 f.; *Möllers/Leisch,* ZIP 2002, 1995, 1998; Köln-KommWpHG-*Möllers/Leisch,* §§ 37 b, c Rn. 427; zustimmend auch *Fleischer,* Hdb. Vorstandsrecht, § 14 Rn. 32.
[102] Vgl. insbesondere *Holzborn/Foelsch,* NJW 2003, 932, 939; *Reichert/Weller,* ZRP 2002, 49, 53; *Rieckers,* BB 2002, 1218; *Rützel,* AG 2003, 69, 77; *Thümmel,* DB 2001, 2331, 2333.

bildung kennen. Wenn sie dennoch, ob aus eigennützigen oder uneigennützigen Motiven, nicht von der bewusst unrichtigen Kapitalmarktinformation absehen, nehmen sie eine Schädigung der Anleger billigend in Kauf.[103]

d) Kausalität

44 Weitere Voraussetzung für einen Anspruch aus § 826 ist nach der Rechtsprechung die Kausalität der fehlerhaften Information für die Anlageentscheidung. Die Beweislast dafür liegt beim Anleger.[104] Beweiserleichterungen zugunsten des Anlegers steht der BGH kritisch gegenüber: Dem Kläger komme **kein Anscheinsbeweis** für einen Kausalzusammenhang zugute. Ein solcher gelte nur für typische Geschehensabläufe, bei denen ein bestimmter Sachverhalt nach der Lebenserfahrung auf das Hervorrufen einer bestimmten Folge schließen lasse. Da die Anlageentscheidung eines potentiellen Aktienkäufers einen sinnlich nicht wahrnehmbaren Willensentschluss darstelle, der durch vielfältige rationale und irrationale Faktoren beeinflusst sei, lägen die Voraussetzungen für einen Anscheinsbeweis nicht vor.[105] Auch die **Beweislastumkehr für die Prospekthaftung** nach dem BörsG[106] lasse sich **nicht entsprechend** auf die deliktische Haftung aus § 826 BGB **anwenden**.[107] Das gleiche gelte für die von der Rechtsprechung nach dem BörsG in der Fassung des Zweiten Finanzmarktförderungsgesetzes entwickelten Grundsätze über einen Anscheinsbeweis bei Vorliegen einer **Anlagestimmung**.[108] Danach konnte der Anleger die von einem Emissionsprospekt beim Publikum erzeugte Anlagestimmung unabhängig von seiner Kenntnis des Prospekts als „tatsächliche Vermutung" für den Kausalzusammenhang zwischen Prospektfehler und Kaufentscheidung in Anspruch nehmen. Eine Ad-hoc-Mitteilung sei jedoch, anders als ein Prospekt, nicht dazu bestimmt, über alle anlagerelevanten Umstände eines Unternehmens vollständig zu informieren. Allenfalls in Einzelfällen sei denkbar, dass eine Ad-hoc-Meldung zu einer regelrechten Anlagestimmung führe, deren Dauer aber nur begrenzt sein könne.[109] Damit bleibe es bei der allgemeinen Darlegungs- und Beweislast des Klägers.

---

[103] *Fuchs/Dühn,* BKR 2002, 1063, 1067, zustimmend BGHZ 160, 149, 156f. = NJW 2004, 2971, 2973; vgl. auch *Kissner,* S. 110; *Krause,* ZGR 2002, 799, 824; *Möllers/Leisch,* WM 2001, 1648, 1662; *dies.,* ZIP 2002, 1995, 1998; KölnKommWpHG-*Möllers/Leisch,* §§ 37b, c Rn. 427; *Steinhauer,* S. 137f.
[104] BGHZ 160, 134, 143f. = NJW 2004, 2664, 2666; so auch OLG Stuttgart AG 2006, 383, 385.
[105] BGHZ 160, 134, 144 = NJW 2004, 2664, 2666; zustimmend *Kort,* AG 2005, 21, 26; *Spindler,* WM 2004, 2089, 2092.
[106] Jetzt: § 45 Abs. 2 Nr. 1 BörsG.
[107] BGHZ 160, 134, 145f. = NJW 2004, 2664, 2667.
[108] BGHZ 160, 134, 144ff. = NJW 2004, 2664, 2666f.; siehe auch OLG Stuttgart AG 2006, 383, 385; zustimmend *Kort,* AG 2005, 21, 26; *Mülbert/Steup* in *Habersack/Mülbert/Schlitt,* Hdb. Unternehmensfinanzierung, § 26 Rn. 174; *Sauer,* ZBB 2005, 24, 28.
[109] BGHZ 160, 134, 146f. = NJW 2004, 2664, 2667; aus der Spruchpraxis der Instanzgerichte: OLG Frankfurt WM 2005, 1266; OLG München, NZG 2005, 679; OLG München, WM 2005, 1311; OLG Bamberg AG 2005, 766, 769 (zur Haftung des Wirtschaftsprüfers gegenüber Anlegern aufgrund des Testats zu einem Anlageprodukt); LG Frankfurt, NJW-RR 2003, 1049; vgl. auch *Edelmann,* BB 2004, 2031, 2033; *Fleischer,* Hdb. Vorstandsrecht, § 14 Rn. 37; *ders.,* DB 2004, 2031, 2034; *Gottschalk,* DStR 2005, 1648, 1650; *Hennrichs,* FS Kolhosser, 2004, Bd. II, S. 201, 204; *Möllers/Leisch* in *Möllers/Rotter,* § 15 Rn. 65, 68.

In seinen Entscheidungen zum Fall „Comroad"[110] bestätigte der BGH seine bisherige Rechtsprechung zum Anscheinsbeweis. Daneben erteilte er der Überlegung eine Absage, auf den **konkreten Nachweis des Kausalzusammenhangs** zwischen Täuschung und Willensentscheidung des Anlegers zu verzichten und – in Anlehnung an die „*fraud on the market theory*" des US-amerikanischen Kapitalmarktrechts – auf das enttäuschte allgemeine Anlegervertrauen in die Integrität der Marktpreisbildung abzustellen.[111] Der Nachweis des konkreten Kausalzusammenhangs zwischen fehlerhafter Ad-hoc-Mitteilung und der individuellen Anlageentscheidung sei auf Grund des ohnehin offenen Haftungstatbestandes der vorsätzlichen sittenwidrigen Schädigung unabdingbar. Andernfalls käme es zu einer uferlosen Ausweitung der Haftung. Dies gelte auch für die Informationsdeliktshaftung nach § 826 BGB auf dem Primärmarkt; dem Argument, bei zutreffenden Angaben im Verkaufsprospekt hätte sich keine Bank bereit gefunden, die Emission, die in diesem Fall nicht Erfolg versprechend gewesen wäre, zu begleiten, sei nicht zu folgen.[112] Auch insoweit werde nicht das allgemeine Vertrauen in die Zuverlässigkeit des der Neuemission an der Börse vorgelagerten Börsenzulassungsverfahrens einschließlich der Begleitung des Börsengangs durch eine Bank geschützt, sondern die konkrete Anlageentscheidung kaufwilliger Anleger vor unzutreffenden Angaben des Prospekts selbst.

Die Ausführungen des BGH zum Anscheinsbeweis und zur so genannten Anlagestimmung verdienen Zustimmung.[113] Hinsichtlich des Nachweises des Kausalzusammenhangs berücksichtigt das Gericht jedoch nicht, dass die an die Kausalität der fehlerhaften Information zu stellenden Anforderungen entscheidend von dem geltend gemachten Interesse abhängen und deshalb von der Art der Schadensberechnung[114] kaum zu trennen sind:[115] Begehrt der Anleger das **negative Interesse an der „finanziellen" Rückabwicklung der Transaktion**,[116] muss die **haftungsbegründende Kausalität der fehlerhaften Kapitalmarktinformation**

---

[110] BGH NZG 2007, 345 („Comroad I"); NZG 2007, 346 („Comroad II"); NZG 2007, 269 („Comroad III"); NZG 2007, 708 („Comroad IV"); NZG 2007, 711 („Comroad V"); NZG 2008, 382 („Comroad VI"); NZG 2008, 385 („Comroad VII"); NZG 2008, 386 („Comroad VIII"). Siehe dazu etwa *Findeisen*, NZG 2007, 692 ff.; *Klöhn*, EWiR 2008, 325; *Leuschner*, EWiR 2008, 269; *Möllers*, NZG 2008, 413 ff.

[111] Siehe insbesondere BGH NZG 2007, 708, 709 („Comroad IV"); NZG 2007, 711, 713 („Comroad V"); näher zur „*fraud on the market theory*" zuletzt *Leuschner*, ZIP 2008, 1050, 1053 mwN.

[112] BGH NZG 2007, 708, 711 („Comroad IV"); NZG 2008, 382, 384 („Comroad VI"); NZG 2008, 386, 387 f. („Comroad VIII"); insoweit im Ergebnis zustimmend *Klöhn*, EWiR 2008, 325, 326 und *Klöhn*, LMK 2008, 256 317 (vermarktungsunfähige Wertpapiere gebe es in praxi nicht); für eine teleologische Korrektur der Haftung aus § 826 BGB wegen des durch sittenwidrige Täuschung erschlichenen Börsengangs unter Schutzzweckgesichtspunkten auch *Leuschner*, ZIP 2008, 1050, 1057 f.: in dem geltend gemachten Schaden müsse sich die durch die sittenwidrige Handlung hervorgerufene Gefahr verwirklicht haben.

[113] Ausführlich *Dühn*, § 5 C. III. 2. b); KölnKommWpHG-*Möllers/Leisch*, §§ 37 b, 37 c Rn. 319 ff.; **aA** *Findeisen/Beckhaus*, WM 2007, 100, 105 f.

[114] Dazu unten Rn. 48 ff.

[115] *Dühn*, § 5 C. III. 2. a); *Möllers/Leisch*, BKR 2002, 1071, 1079; *Rössner/Bolkart*, ZIP 2002, 1471, 1475 f.; *dies.*, WM 2003, 953, 957; *Möllers*, NZG 2008, 413, 415.

[116] Nach der Gegenansicht: Naturalrestitution im Wege der Erstattung des gezahlten Kaufpreises gegen Übertragung der erworbenen Finanzinstrumente auf die Schädiger, siehe dazu unten Rn. 48, 52 ff.

für die konkrete Anlageentscheidung gegeben sein.[117] Die Beeinträchtigung der Dispositionsfreiheit des geschädigten Anlegers ist in diesem Fall das Bindeglied zwischen rechtswidriger Handlung und Vermögensschaden. Schadensersatz kann dann nur verlangt werden, wenn der Anleger bei zutreffender Kapitalmarktinformation eine andere Entscheidung getroffen hätte. Der Beweis für diese Kausalität ist, wie der Fall Infomatec zeigt, in aller Regel schwer zu erbringen, da eine Anlageentscheidung als innere Tatsache von vielen, auch irrationalen Faktoren beeinflusst werden kann, die äußerlich nicht erkennbar sind. Wie der BGH zutreffend festgestellt hat, darf eine Parteivernehmung von Amts wegen gemäß § 448 ZPO nur angeordnet werden, wenn wenigstens eine gewisse Wahrscheinlichkeit für die zu beweisende Tatsache spricht und damit bereits „einiger Beweis" erbracht ist.[118] Auch wird mit zunehmendem zeitlichem Abstand zur Veröffentlichung der fehlerhaften Information der Nachweis der Kausalität immer schwieriger.

47 Anderes gilt aber, wenn der Anleger den **Kursdifferenzschaden** liquidieren möchte. Auf seine konkrete Anlageentscheidung kommt es in diesem Fall nicht an.[119] Stattdessen genügt es, dass die fehlerhafte Kapitalmarktinformation ursächlich war für Börsenpreise, die von denen abweichen, die sich bei wahrheitsgemäßer Information gebildet hätten. Eine Beeinträchtigung der Willensbildung ist im Rahmen des § 826 BGB nicht erforderlich; dieser erfasst jede Beeinträchtigung des Vermögens. Ob der Anleger überhaupt Kenntnis von der fehlerhaften Information hatte oder ob er bei wahrheitsgemäßer Information eine andere Anlageentscheidung getroffen hätte, spielt daher keine Rolle.[120] „Haftungsbegründende" Kausalität ist in diesem Fall also die **Kausalität der fehlerhaften Kapitalmarktinformation für die beeinträchtigte Bildung des Marktpreises** und als solche von der „haftungsausfüllenden" Kausalität nicht zu trennen. Auf eine Rechtsgutsverletzung als Bindeglied zwischen rechtswidriger Handlung und Vermögensschaden wie der Beeinträchtigung der Dispositionsfreiheit des geschädigten Anlegers kommt es nicht an. Im Prozess ist der Beweis für diese Kausalität (sog. „Preiskausalität") einfacher zu erbringen, da es nicht um eine innere Tatsache wie den Willensentschluss bei der Anlageentscheidung geht, sondern um das Vorliegen und den nach Maßgabe des § 287 Abs. 1 ZPO zu beweisenden Umfang des Schadens.[121] Nicht überzeugen kann schließlich auch das Argument des BGH, auf den

---

[117] *Dühn*, § 5 C. III. 2. a); *Möllers/Leisch*, BKR 2002, 1071, 1079; *dies.*, WM 2002, 1648, 1656; *Rössner/Bolkart*, ZIP 2002, 1471, 1475; *Geibel*, Kapitalanlegerschaden, S. 165; ausführlich zur Erforderlichkeit dieser „Transaktionskausalität" bei Geltendmachung der Naturalrestitution zuletzt *Leuschner*, ZIP 2008, 1050, 1052 ff. mwN.
[118] BGHZ 160, 134, 147 f. = NJW 2004, 2664, 2667.
[119] *Leuschner*, ZIP 2008, 1050, 1054 ff.; *Wagner*, ZGR 2008, 495, 528 ff.; *Dühn*, § 5 C. III. 2. a); *Geibel*, Kapitalanlegerschaden, S. 165; *Möllers*, NZG 2008, 413, 415; *Möllers/Leisch*, WM 2001, 1648, 1656; KölnKommWpHG-*Möllers/Leisch*, §§ 37 b, c Rn. 435 und Rn. 356 ff.; *Baums*, ZHR 167 (2003), 139, 180 ff.; *Fleischer*, DB 2004, 2031, 2034; *Kowalewski/Hellgardt*, DB 2005, 1839, 1840; *Sauer*, ZBB 2005, 24, 29; *Klöhn*, LMK 2007, 240 021. – Grundsätzlich zustimmend, aber auf die schwierige Vereinbarkeit der *fraud-on-the-market*-Theorie mit der herkömmlichen Dogmatik des deutschen Schadensersatzrechts verweisend *Findeisen/Backhaus*, WM 2007, 100, 107; für Vereinbarkeit im Rahmen des Differenzschadens explizit *Wagner*, ZGR 2008, 495, 531.
[120] Zutreffend *Sethe* in *Assmann/Schneider*, §§ 37 b, 37 c Rn. 121 f.
[121] *Dühn*, § 5 C. III. 2. a); *Geibel*, Kapitalanlegerschaden, S. 165; *Möllers/Leisch*, WM 2001, 1648, 1656; *dies.*, BKR 2002, 1071, 1079; *Rössner/Bolkart*, ZIP 2002, 1471, 1475 f.;

Vorbemerkung zu den §§ 37b, 37c 48, 49 **Vor §§ 37b, 37c**

Nachweis des konkreten Kausalzusammenhangs zwischen der fehlerhaften Kapitalmarktinformation und der individuellen Anlageentscheidung könne nicht verzichtet werden, da es andernfalls zu einer uferlosen Haftungsausweitung komme.[122] Vor allem ist zu berücksichtigen, dass § 826 BGB wegen seiner restriktiven Tatbestandsfassung (dazu Rn. 30 ff.) von vornherein wenig Anlass dazu bietet, eine übermäßige Ausdehnung der Haftung zu befürchten. Die bisher entschiedenen Fälle zeigen vielmehr, dass in der Praxis eher ein Leerlaufen der Kapitalmarktinformationshaftung zu befürchten ist.[123]

e) Schaden

Der BGH gesteht dem geschädigten Anleger ein **Wahlrecht bei der Art des** 48 **Schadensausgleichs** zu. Grundsätzlich könne dieser gemäß § 249 BGB **Naturalrestitution** und damit verlangen, so gestellt zu werden, wie er bei wahrheitsgemäßer Ad-hoc-Publizität gestanden hätte. Hätte der Anleger in diesem Fall die Finanzinstrumente nicht erworben, gehe sein Anspruch auf Erstattung des gezahlten Kaufpreises gegen Übertragung der erworbenen Finanzinstrumente auf die Schädiger.[124] Dies verstoße weder gegen das Verbot der Einlagenrückgewähr gemäß § 57 AktG noch gegen das Verbot des Erwerbs eigener Aktien nach § 71 AktG; die Schadensersatzforderungen beruhten nicht auf der mitgliedschaftlichen Sonderrechtsbeziehung als Aktionäre, sondern auf der Stellung der Anleger als Drittgläubiger.[125] Hätten Altanleger infolge der unerlaubten Handlung nachweisbar von dem zu einem bestimmten Zeitpunkt fest beabsichtigten Verkauf der Finanzinstrumente Abstand genommen, könnten sie den hypothetischen Verkaufspreis zum Kurs an dem ursprünglich geplanten Verkaufstermin gegen Überlassung der noch vorhandenen Finanzinstrumente oder unter Abzug eines zwischenzeitlich etwa erzielten Verkaufserlöses verlangen. Auch insoweit handele es sich um Naturalrestitution.[126]

Statt Naturalrestitution könne der geschädigte Anleger aber auch den so ge- 49 nannten **Differenzschaden,** also den Unterschiedsbetrag zwischen dem tatsächlichen Transaktionspreis und dem Preis, der sich bei pflichtgemäßem Publizitätsverhalten gebildet hätte, ersetzt verlangen.[127] Zutreffend weist der BGH darauf hin, dass der Preis, der sich bei pflichtgemäßem Publizitätsverhalten gebildet hätte ermittelbar ist. Jedenfalls sei – gegebenenfalls mit Hilfe eines Sachverständigen

---

Teichmann, JuS 2006, 953, 956; für Anscheinsbeweis, dass eine unrichtige Ad-hoc-Meldung von den professionellen Marktteilnehmern zur Kenntnis genommen wurde und daher in den Börsenkurs eingeflossen ist *Wagner,* ZGR 2008, 495, 530.
[122] So insbesondere BGH NZG 2007, 708, 709 („Comroad IV"); NZG 2007, 711, 713 („Comroad V").
[123] *Möllers,* NZG 2008, 413, 415 f.; *Leuschner,* ZIP 2008, 1050, 1054 f.; kritisch auch *Findeisen,* NZG 2007, 692, 694 f.; *Findeisen/Backhaus,* WM 2007, 100, 108.
[124] BGHZ 160, 149, 153 = NJW 2004, 2971, 2972; BGH NJW 2004, 2668, 2669; BGH NJW 2005, 2450, 2451.
[125] BGH NJW 2005, 2450, 2452 („EM.TV"); bestätigt von BGH NZG 2007, 345 („Comroad I"); NZG 2007, 269, 270 („Comroad III"); NZG 2007, 708, 709 („Comroad IV"); NZG 2008, 382, 383 („Comroad VI"); NZG 2008, 385 („Comroad VII"); NZG 2008, 386, 387 („Comroad VIII").
[126] BGH NJW 2005, 2450, 2453; siehe auch OLG Stuttgart AG 2006, 383, 385.
[127] BGHZ 160, 149, 153 = NJW 2004, 2971, 2972; BGH NJW 2004, 2668, 2669; BGH NJW 2005, 2450, 2451.

Vor §§ 37b, 37c 50, 51   Abschnitt 7. Haftung für Kapitalmarktinform.

– eine richterliche Schadensschätzung nach § 287 ZPO möglich.[128] Als geeignete Hilfsgröße zur Ermittlung des hypothetischen Preises könne auf die Kursänderung unmittelbar nach Bekanntwerden der wahren Sachlage zurückgegriffen und somit auf den „wahren Wert" des Wertpapiers am Tag des Geschäftsabschlusses näherungsweise geschlossen werden.[129]

50 Den Ausführungen des BGH ist jedoch nicht zu folgen, soweit dieser Naturalrestitution im Wege der tatsächlichen Übertragung der erworbenen Finanzinstrumente auf die Schädiger ohne Einschränkung für zulässig hält: Ausgangspunkt sind die **allgemeinen Grundsätzen des § 249 Abs. 1 BGB**. Aus kapitalmarktrechtlicher Sicht ist danach der Zustand herzustellen, der bei ordnungsgemäßem Informationsverhalten der Gesellschaft im jetzigen Zeitpunkt bestünde.[130] Regelmäßig besteht hier bereits die Schwierigkeit, den **hypothetischen Vergleichszustand** im Falle ordnungsgemäßen Informationsverhaltens des Emittenten zu bestimmen, da Kapitalanleger im Falle korrekten Informationsverhaltens auf zweierlei Weise reagiert haben könnten.[131]

51 Denkbar ist zum einen, dass Kapitalanleger bei ordnungsgemäßer Information die konkrete **Anlageentscheidung gar nicht erst getroffen** hätten, also nicht gekauft oder verkauft hätten. Denkbar ist aber auch, dass sie an ihrer prinzipiellen **Anlageentscheidung festgehalten** hätten, diese aber zu anderen Konditionen getätigt hätten. Während das (negative) Interesse der Kapitalanleger im ersten Fall auf die vollständige Rückabwicklung der Wertpapiertransaktion, also Zahlung des Erwerbs- oder Veräußerungspreises, Zug um Zug gegen Rückübertragung oder Übertragung von Aktien des Emittenten ginge, richtete es sich im letztgenannten Fall allein auf den Ersatz der Wertdifferenz zwischen konkretem und hypothetischem Transaktionspreis zum Zeitpunkt der Anlageentscheidung.[132]

---

[128] BGH NJW 2005, 2450, 2453f.; zustimmend *Fleischer*, Hdb. Vorstandsrecht, § 14 Rn. 46; *Mülbert/Steup* in *Habersack/Mülbert/Schlitt*, Hdb. Unternehmensfinanzierung, § 26 Rn. 156.

[129] Ausführlich zur Berechnung des Kursdifferenzschadens *Wagner*, ZGR 2008, 495, 520ff., der auf den Mittelwert aus der relativen Stärke des Kursanstiegs nach Verbreitung der falschen Information und des Kursabfalls nach Bekanntwerden der Wahrheit abstellen will (aaO, S. 526f.); vgl. auch *Schäfer/Weber/Wolf*, ZIP 2008, 197, die *de lege ferenda* eine Schadenspauschalierung vorschlagen, welcher die Durchschnittskurse jeweils zehn Handelstage vor und nach einer öffentlichen Korrektur der fehlerhaften Information zugrunde liegen sollen.

[130] Vgl. zu den Fragen kapitalmarktrechtlicher Schadensberechnung *Fuchs/Dühn*, BKR 2002, 1063, 1068f.; *Möllers/Leisch*, BKR 2002, 1071ff.; KölnKommWpHG-*Möllers/Leisch*, §§ 37b, c Rn. 240ff., Rn. 302ff., Rn. 341ff., Rn. 429ff.; *Dühn*, § 6 B.; *Kissner*, S. 90ff.; grundlegend (allerdings in erster Linie auf vertragliche Schuldverhältnisse zugeschnitten) *Geibel*, Kapitalanlegerschaden, S. 16ff.

[131] Auf die zwischengeschaltete Willensentscheidung der Kapitalanleger weisen *Fuchs/Dühn*, BKR 2002, 1063, 1068; *Dühn*, § 6 B.I.1. hin.

[132] Gegensätzliche Berechnungskonzeptionen betonen *Fuchs/Dühn*, BKR 2002; 1063, 1068; *Fleischer*, NJW 2002, 2977, 2980f.; *ders.*, BB 2002, 1872f.; *Weber*, NJW 2003, 18, 20f.; *Rützel*, AG 2003, 69, 75; *Großmann/Nikoleyczik*, DB 2003, 2031, 2035; *Rössner/Bolkart*, ZIP 2002, 1471, 1475; *Reichert/Weller*, ZRP 2002, 49, 55; *Dühn*, § 6 B.I.1.; im Ergebnis wohl auch *Kissner*, Ad-hoc-Mitteilungen, S. 92f., 94f.; zuvor bereits *Steinhauer*, Ad hoc-Publizität, S. 273; *Möllers/Leisch*, BKR 2002, 1071, 1072 wollen sogar vier Wege der Schadensberechnung unterscheiden.

52 Unzulässig ist jedenfalls die Verpflichtung der Emittenten zur **tatsächlichen Rückabwicklung der Wertpapiertransaktion**.[133] Denn in Fällen fehlerhafter Kapitalmarktinformation besteht keine vertragliche Beziehung zwischen dem Anleger und den schadensersatzpflichtigen Personen. Die konkrete Wertpapiertransaktion wird vielmehr im Sekundärmarkt mit einem Dritten (regelmäßig der das Erwerbsgeschäft ausführenden Bank) abgeschlossen. Nach § 249 Abs. 1 BGB könnten daher geschädigte Kapitalanleger in diesen Fällen grundsätzlich nur verlangen, dass die konkrete Wertpapiertransaktion zwischen ihnen und dem Dritten rückgängig gemacht wird. Dies ist den zum Schadensersatz Verpflichteten aber regelmäßig unmöglich, da der Dritte infolge seines finanziellen Gewinns dazu nicht bereit sein wird.[134] Jedenfalls in derartigen Fällen der **rechtlichen oder tatsächlichen Unmöglichkeit „kapitalmarktrechtlicher Naturalrestitution" ist sogleich Geldersatz** zu leisten.[135] Dabei kann letztlich dahinstehen, ob dieser Geldersatz dogmatisch aus § 249 Abs. 1 BGB oder aus § 251 Abs. 1 BGB folgt, da die tatsächliche Rückabwicklung in Natur selbst unter Zugrundelegung eines weiten Herstellungsbegriffs (Herstellung des wirtschaftlich gleichen Zustands) unmöglich ist.[136]

53 Eine tatsächliche Übertragung der Finanzinstrumente wäre zudem **im Hinblick auf den verbotenen Erwerb eigener Aktien nach § 71 AktG rechtlich problematisch,** soweit gegen den Emittenten selbst gemäß §§ 826, 31 BGB Schadensersatzansprüche geltend gemacht werden.[137] Denn keiner der in § 71 Abs. 1 AktG geregelten Ausnahmetatbestände sieht den Erwerb eigener Aktien zur Erfüllung aktueller oder zukünftiger Schadensersatzansprüche vor.[138] Hinzu kommt, dass es gerade in Fällen des „zu billig Verkaufens" auch praktisch kaum durchführbar, jedenfalls ökonomisch fragwürdig wäre, zur tatsächlichen Rückabwicklung zu verpflichten.[139] Denn während in dem Vorhalten eigener Aktien eine ökonomisch fragwürdige Bindung eigenen Kapitals liegt, verstößt der Erwerb eigener Aktien zur Erfüllung aktueller Schadensersatzansprüche gegen § 71 Abs. 1 AktG.[140]

---

[133] *Fuchs/Dühn,* BKR 2002; 1063, 1068 f.; *Reichert/Weller,* ZRP 2002, 49, 55; ausführlicher *Dühn,* § 6 B. II. 1. a); *Geibel,* Kapitalanlegerschaden, S. 110 ff.; generell gegen die Zulassung der Naturalrestitution KölnKommKapMUG-*Casper,* §§ 37 b, 37 c Rn. 76; **aA** *Fleischer,* Hdb. Vorstandsrecht, § 14 Rn. 45; *Kissner,* S. 159; *Leisch,* ZIP 2004, 1573, 1575; *Möllers,* JZ 2005, 75, 77; *ders./Leisch,* BKR 2002, 1071, 1076; KölnKommWpHG-*Möllers/Leisch,* §§ 37 b, 37 c Rn. 430, Rn. 304 ff.; *Müller/Steup* in *Habersack/Mülbert/Schlitt,* Hdb. Unternehmensfinanzierung, § 26 Rn. 173; *Spindler,* WM 2004, 2089, 2093; *Wagner,* ZGR 2008, 495, 509 f.

[134] *Fuchs/Dühn,* BKR 2002, 1063, 1069; § 6 B. II. 1. a); *Geibel,* Kapitalanlegerschaden, S. 112 f.; **aA** *Wagner,* ZGR 2008, 495, 509 f.

[135] Zum Verhältnis von § 249 Abs. 1 und § 251 Abs. 1 BGB siehe nur MünchKomm-BGB-*Oetker,* § 251 Rn. 4 ff.

[136] Offen lassend auch *Geibel,* Kapitalanlegerschaden, S. 82, 114; *Dühn,* § 6 B. II. 1. a); nach *Möllers/Leisch,* BKR 2002, 1071, 1076 und KölnKommWpHG-*Möllers/Leisch,* §§ 37 b, 37 c Rn. 430 folgt Geldersatz unmittelbar aus § 249 Abs. 1 BGB, nach *Fuchs/Dühn,* BKR 2002, 1063, 1069 allein aus § 251 Abs. 1 BGB.

[137] Anders BGH NJW 2005, 2450, 2452; aus der Literatur zB *Sethe* in *Assmann/Schneider,* §§ 37 b, 37 c Rn. 7.

[138] Zutr. *Dühn,* § 6 B. II. 1. b); kritisch (für die Primärmarkthaftung) auch *Henze,* NZG 2005, 115, 121.

[139] Kritisch bereits *Reichert/Weller,* ZRP 2002, 49, 54 f.

[140] Zutr. *Dühn,* § 6 B. II. 1. b); diesen Punkt übersehen *Möllers/Leisch,* BKR 2002, 1071, 1077; vgl. auch KölnKommWpHG-*Möllers/Leisch,* §§ 37 b, 37 c Rn. 307.

Vor §§ 37b, 37c 54, 54a   Abschnitt 7. Haftung für Kapitalmarktinform.

54   Die Unzulässigkeit „kapitalmarktrechtlicher Naturalrestitution" im Wege der tatsächlichen Rückabwicklung der Wertpapiertransaktion bedeutet aber nicht, dass die **Geltendmachung des negativen Interesses** im Rahmen des § 826 BGB insgesamt ausscheidet. Denn **das negative Interesse an der „finanziellen" oder „vermögensmäßigen" Rückabwicklung der Transaktion** lässt sich auch in Geld beziffern.[141] Allerdings kommt es für diese Bezifferung des Vermögensschadensschadens in keinem Fall auf den Zeitpunkt des Bekanntwerdens der Unrichtigkeit der ursprünglich geleisteten Information an.[142] Maßgeblich ist nach allgemeinen Grundsätzen vielmehr stets der Zeitpunkt der letzten mündlichen Verhandlung.[143] Dementsprechend berechnet sich das negative Interesse aus der **Differenz zwischen dem Transaktionspreis und dem Börsenpreis der Finanzinstrumente zum Zeitpunkt der letzten mündlichen Verhandlung.**[144] Der Unterschied dieser Berechnungsmethode zum Ersatz des Differenzschadens besteht darin, dass er eine Art „finanzielle Rückabwicklung" darstellt, die dem Geschädigten in gleicher Weise wie bei der „echten" Naturalrestitution das Risiko von Änderungen des Marktpreises des aufgrund der Fehlinformation erworbenen Finanzinstruments abnimmt, ohne jedoch den Schädiger (Emittenten) zur tatsächlichen Rücknahme zu verpflichten. Auf diese Weise wird der Geschädigte finanziell (fast) so gestellt, wie er ohne die durch die Fehlinformation verursachte Transaktion stünde: Er erhält einen Ersatzbetrag in Höhe seines negativen Interesses abzüglich des verbliebenen (Rest-)Werts der erworbenen Finanzinstrumente, den er selbst anderweitig (zB durch Verkauf im Markt) realisieren muss. Während sich der Differenzschaden auf den „Unterschiedsbetrag ... zwischen dem tatsächlichen Transaktionspreis und dem Preis, der sich bei pflichtgemäßem Publizitätsverhalten gebildet hätte"[145] richtet, erhält der Geschädigte bei dieser „finanziellen Rückabwicklung" der durch die falsche Ad-hoc-Mitteilung verursachten Transaktion einen Ersatz seines negativen Interesses.

54a   Fraglich und rechtfertigungsbedürftig ist weniger die Belastung des Geschädigten mit der Realisierung des Restwerts der Anlage als vielmehr die (potenzielle) Überkompensation, die mit dieser „finanziellen Rückabwicklung" ebenso wie mit der vom BGH vertretenen tatsächlichen Naturalrestitution durch die **Abnahme des allgemeinen Marktrisikos** verbunden ist.[146] Anknüpfungspunkt ist insoweit der **Schutz der Dispositionsfreiheit** des Getäuschten.[147] Im kapitalmarktrechtlichen Kontext lässt sich allerdings durchaus bezweifeln, ob es beim Schadensersatz wegen fehlerhafter Information tatsächlich um ein immaterielles

---

[141] Zutr. insoweit *Möllers/Leisch*, BKR 2002, 1071, 1076; *Dühn*, § 6 B II. 2. a).

[142] In diese Richtung aber *Reichert/Weller*, ZRP 2002, 49, 55; *Gehrt*, Ad hoc-Publizität, S. 205.

[143] Vgl. nur *Möllers/Leisch*, BKR 2002, 1071, 1078; *Wagner*, ZGR 2008, 495, 526; allgemein MünchKommBGB-*Oetker*, § 249 Rn. 305.

[144] Vgl. *Möllers/Leisch*, BKR 2002, 1071, 1078; *dies.*, NZG 2003, 112; ausführlich *Dühn*, § 6 B. II. 2. a); *Geibel*, Kapitalanlegerschaden, S. 114.

[145] BGHZ 160, 149, 153 = NJW 2004, 2971 f.; BGH NJW 2004, 2668, 2669.

[146] Bei Erstattung des vollständigen Erwerbspreises wird dem Anleger das Risiko allgemeiner Kursschwankungen zu Lasten des Schädigers abgenommen, vgl. nur *Fleischer*, DB 2004, 2031, 2035; *Fuchs/Dühn*, BKR 2002, 1063, 1069; *Mülbert/Steup*, WM 2005, 1633, 1637.

[147] Vgl. *Fleischer/Kalss*, AG 2007, 329, 331; *Engelhardt*, BKR 2006, 443, 447.

Interesse geht oder nicht doch allein um den Schutz des Vermögens.[148] Folgt man dem, dann spricht einiges dafür, die Gefahr einer erheblichen Überkompensation durch Abwälzung des allgemeinen Marktrisikos mittels **Einschränkungen des Anspruchs aus Naturalrestitution** zu begrenzen. Als Grundlage kommen dafür § 249 Abs. 2 Satz 1 BGB (Erstattung nur des zur Wiederherstellung „erforderlichen" Betrags) bzw. § 251 Abs. 2 BGB (Geldentschädigung bei unverhältnismäßigem Wiederherstellungsaufwand) in Betracht. Konkret wird eine Übertragung der vom BGH für die Beschädigung von Kraftfahrzeugen entwickelten Begrenzung des Anspruchs auf Ersatz der Herstellungskosten auf 130% der Kosten der Ersatzbeschaffung auf Kapitalanlegerschäden vorgeschlagen.[149] Auf der anderen Seite lässt sich im Rahmen des § 826 BGB argumentieren, dass bei vorsätzlichen Schädigungen eine gewisse Überkompensation durch Abnahme des allgemeinen Marktrisikos aus Gründen der Prävention hinzunehmen sei,[150] insbesondere vor dem Hintergrund der hohen Hürden für den Nachweis der „Transaktionskausalität" der falschen Ad-hoc-Meldung.

Im Übrigen ist dem BGH zuzustimmen, dass der Anleger in jedem Fall den **55** Kursdifferenzschaden ersetzt verlangen kann.[151] Auch seine Ausführungen zu den **Altanlegern,** die durch die fehlerhafte Kapitalmarktinformation von dem zu einem bestimmten Zeitpunkt geplanten Verkauf der Finanzinstrumente Abstand genommen haben, verdienen Zustimmung. Anders als den §§ 37 b, 37 c[152] lässt sich § 826 BGB kein Transaktionserfordernis entnehmen.[153] Daraus folgt weiter, dass auch **potenziellen Anlegern,** die wegen der fehlerhaften Kapitalmarktinformation von einem Kauf abgesehen haben, ein Anspruch aus § 826 BGB zustehen kann.[154] Die Gefahr massenhaft missbräuchlicher Klagen dürfte nicht bestehen,[155] da in beiden Fällen der Kläger die volle Beweislast für die konkrete Absicht des Kaufs oder Verkaufs der Finanzinstrumente zu einem bestimmten Zeitpunkt trägt und er sich auch insoweit nicht auf einen Anscheinsbeweis stützen kann.

f) Mitverschulden des Anlegers

Der BGH hat offen gelassen, ob § 254 Abs. 2 S. 1 BGB dem geschädigten **56** Anleger eine Kursbeobachtungs- und Verkaufsobliegenheit bei sinkenden Kursen auferlegt.[156] Eine solche Obliegenheit ist im Rahmen der deliktischen Kapital-

---

[148] So mit beachtenswerten Argumenten *Wagner*, ZGR 2008, 495, 511 f.
[149] *Wagner*, ZGR 2008, 495, 514 ff., 532.
[150] *Fleischer*, Hdb. Vorstandsrecht, § 14 Rn. 45; *ders.*, DB 2004, 2031, 2035; *Gottschalk*, DStR 2005, 1648, 1651; *Hopt/Voigt*, in *dies.*, Prospekt- und Kapitalmarktinformationshaftung, S. 133; *Hutter/Stürwald*, NJW 2005, 2428, 2430; *Sauer*, ZBB 2005, 24, 31; **aA** *Wagner*, ZGR 2008, 495, 518 f.
[151] So auch KölnKommWpHG-*Möllers/Leisch*, §§ 37 b, 37 c Rn. 434.
[152] Dazu §§ 37 b, 37 c Rn. 16.
[153] Vgl. dazu auch *Fleischer*, Hdb. Vorstandsrecht, § 14 Rn. 41; *ders.*, ZIP 2005, 1805, 1808; KölnKommKapMUG-*Casper*, §§ 37 b, 37 c WpHG Rn. 69.
[154] *Fleischer*, Hdb. Vorstandsrecht, § 14 Rn. 41; KölnKommWpHG-*Möllers/Leisch*, §§ 37 b, c Rn. 431; vgl. aber auch *Hopt/Voigt*, in *dies.*, Prospekt- und Kapitalmarktinformationshaftung, S. 111.
[155] *Fleischer*, Hdb. Vorstandsrecht, § 14 Rn. 41; KölnKommWpHG-*Möllers/Leisch*, §§ 37 b, 37 c Rn. 433.
[156] BGHZ 160, 149, 159 = NJW 2004, 2971, 2974.

Vor §§ 37b, 37c   57–59   Abschnitt 7. Haftung für Kapitalmarktinform.

marktinformationshaftung abzulehnen:[157] Sie lässt sich nicht aus § 254 BGB ableiten, wäre dem Anleger auch nicht zuzumuten und im Übrigen in der Praxis kaum handhabbar. Verlangt der Anleger den Differenzschaden, kommt es ohnehin nicht darauf an, ob er die Finanzinstrumente weiterhin hält oder diese veräußert hat.[158]

4. Haftung aus Schutzgesetzverletzung (§ 823 Abs. 2 BGB)

a) Allgemeines

57   Eine deliktische Eigenhaftung der Organmitglieder des Emittenten kann sich auch aus der Verletzung von Rechtsnormen ergeben, die nach ihrem Inhalt nicht nur den Schutz der Allgemeinheit, sondern zumindest auch den Schutz des Einzelnen oder abgrenzbarer Personenkreise bezwecken.[159] Der Individualschutz muss dabei nicht das alleinige gesetzgeberische Ziel sein; vielmehr genügt es, wenn er eines unter mehreren Anliegen des Gesetzgebers ist, die er mit der Norm verwirklichen will.[160]

b) Begründung der deliktischen Eigenhaftung

58   Normadressat kapitalmarktrechtlicher Informationspflichten ist allerdings häufig (zunächst) nur der Emittent. Das diesem über § 31 BGB (oder unmittelbar) zugerechnete Verhalten der Organmitglieder kann nur dann (auch) zu einer eigenständigen **persönlichen (Außen-)Haftung der Organmitglieder** führen, **wenn** diese damit ein **eigenes Verhaltensunrecht** – gerade auch **im Verhältnis zu den Kapitalanlegern** – verwirklichen. Das kann der Fall sein, wenn sich eine besondere (öffentlich-rechtliche) Sanktionsnorm gerade gegen die Organmitglieder richtet (wie zB die §§ 331 HGB, 400 AktG). Soweit sie der Durchsetzung einer drittschützenden Verhaltensnorm dient, ist die straf- oder bußgeldrechtliche Sanktionsnorm dann grundsätzlich als Schutzgesetz anzuerkennen, für dessen Verletzung (auch) die Organmitglieder persönlich haften. Richtet sich dagegen die Sanktionsnorm ebenso wie die Verhaltensnorm in erster Linie gegen den Emittenten, kann eine etwaige Schadensersatzhaftung wegen Schutzgesetzverletzung nicht gegen Organmitglieder persönlich begründet werden.

59   Dazu **genügen nicht** die allgemeinen Erstreckungsnormen der **§§ 9 OWiG, 14 StGB**, die dafür sorgen, dass vertretungsberechtigte Organmitglieder juristischer Personen zu Normadressaten etwaiger straf- oder bußgeldrechtlicher Sanktionsvorschriften werden, mit denen Verstöße gegen die Verhaltenspflichten des Emittenten geahndet werden (zB §§ 38, 39) (vgl. näher zu dieser Funktion der Erweiterung des Täterkreises bei Sonderdelikten Vor § 38 Rn. 19 ff.). Das gilt jedenfalls, sofern die zugrunde liegende Verhaltensnorm selbst kein Schutz-

---

[157] Vgl. *Fleischer*, Hdb. Vorstandsrecht, § 14 Rn. 47; *ders.*, DB 2004, 2031, 2035; *Gottschalk*, Der Konzern 2005, 274, 279; *Müller/Steup* in *Habersack/Mülbert/Schlitt*, Hdb. Unternehmensfinanzierung, § 26 Rn. 162; *Rützel*, AG 2003, 69, 78.

[158] Siehe nur *Sethe* in *Assmann/Schneider*, §§ 37 b, 37 c Rn. 125 mwN.

[159] Vgl. zur Definition des Schutzgesetzes i. S. d. § 823 Abs. 2 nur MünchKommBGB-*Wagner*, § 823 Rn. 340 ff.; *Zeuner* in *Soergel*, § 823 Rn. 289 jeweils mwN – Kritisch *Fleischer*, DB 2004, 2031, 2031 f.; *Ekkenga*, ZIP 2004, 781, 784 ff.

[160] S. nur BGHZ 122, 1, 3 f.; BGHZ 100, 13, 15; MünchKommBGB-*Wagner*, § 823 Rn. 340; *Zeuner* in *Soergel*, § 823 Rn. 289.

gesetz zugunsten der Anleger ist. Eine zivilrechtliche Ersatzpflicht der Organmitglieder kann dann nicht über den Umweg der §§ 9 OWiG, 14 StGB begründet werden,[161] da diese **als solche keine Schutzgesetze** zugunsten Dritter darstellen.

Aber auch wenn es um die Verletzung von Informationspflichten des Emittenten geht, denen ihrerseits nach den Zielvorstellungen des Gesetzgebers Schutzgesetzcharakter zukommt, dürfte nichts anderes gelten. In diesen Fällen ließe sich zwar argumentieren, dass die genannten Erstreckungsvorschriften zusammen mit der (nur) den Emittenten als Normadressaten treffenden drittschützenden Verhaltensnorm auch eigene Verhaltens- und damit über § 823 Abs. 2 BGB Schadensersatzpflichten der Organmitglieder im Außenverhältnis begründen.[162] **Gegen** eine derartige **mittelbare Begründung der Schutzgesetzqualität der §§ 9 OWiG, 14 StGB** spricht jedoch, dass auf diese Weise die grundsätzliche Entscheidung des Gesetzgebers für ein System der Innenhaftung der Vorstandsmitglieder gegenüber der AG nach § 93 AktG weitgehend ausgehöhlt würde, da dann bei strafoder bußgeldbewehrten drittschützenden Informationsverpflichtungen stets eine gesamtschuldnerische zivilrechtliche Haftung von Gesellschaft und Organmitgliedern ergeben würde, obwohl die Informationsverpflichtung als solche allein den Emittenten trifft. Eine über die straf- und bußgeldrechtliche Erweiterung des Täterkreises bei Sonderdelikten hinausgehende Regelungsintention wird man dem Gesetzgeber bei den allgemeinen Vorschriften der §§ 9 OWiG, 14 StGB nicht unterstellen dürfen. Schutzgesetzqualität können vielmehr **nur spezifische strafoder bußgeldrechtliche Sanktionsnormen** aufweisen, die sich entweder ausdrücklich gegen die Organmitglieder richten (wie zB §§ 331 HGB, 400 AktG) oder diese unmittelbar in den Normadressatenkreis einbeziehen (wie die allgemeinen strafrechtlichen Vermögensdelikte). 60

Die Verletzung der **internen Sorgfaltspflicht** gegenüber dem Emittenten führt nicht zu einer Außenhaftung der Organmitglieder gegenüber geschädigten Kapitalanlegern, da § 93 AktG anerkanntermaßen nur die Gesellschaft schützt, aber **kein Schutzgesetz** i. S. d. § 823 Abs. 2 BGB zugunsten von Aktionären oder Gläubigern ist.[163] Auch die als Ordnungswidrigkeit nach **§ 130 OWiG** sanktionierte **Verletzung der Aufsichtspflicht** in Betrieben und Unternehmen führt in Fällen fehlerhafter Kapitalmarktinformation nicht zu einer Schadensersatzpflicht der Organmitglieder. Denn § 130 OWiG ist jedenfalls insoweit kein Schutzgesetz zugunsten Dritter, als es nur um den Schutz ihres Vermögens und nicht um die Verletzung von Rechtsgütern i. S. d. § 823 Abs. 1 BGB geht.[164] 61

Entscheidend ist somit in erster Linie die Schutzgesetzeigenschaft der jeweiligen Norm und in zweiter Linie ihre direkt an die Organmitglieder gerichtete straf- oder bußgeldrechtliche Bewehrung. 62

---

[161] Vgl. OLG München, BKR 2002, 1096, 1101; *Barnert,* WM 2002, 1473, 1479; *Fleischer,* Gutachten F, S. 101; differenzierend *Krause,* ZGR 2002, 799, 807; **aA** BGH, ZIP 2001, 1874, 1879; *Gehrt,* S. 208; *Steinhauer,* S. 269; KölnKommAktG-*Mertens,* § 93 Rn. 182.
[162] Vgl. zu einem derartigen Ansatz im Rahmen des § 130 OWiG MünchKommBGB-*Mertens,* 3. Aufl., § 823 Rn. 165 Fn. 258 und § 831 Rn. 41; in diese Richtung auch *Lutter,* ZHR 157 (1993), 464, 468; **aA** *Dühn,* § 5 C. III. 1. c).
[163] Vgl. nur BGH NJW 1994, 1801, 1803; KG AG 2003, 324, 325; GK z. AktG – *Hopt,* § 93 Rn. 66, 275.
[164] BGH NJW 1994, 1801, 1803 f.; KG AG 2003, 324, 325 aE.

Vor §§ 37b, 37c 63, 64   Abschnitt 7. Haftung für Kapitalmarktinform.

c) Einzelne (mögliche) Schutzgesetze und ihr Anwendungsbereich in Fällen fehlerhafter oder unterlassener Kapitalmarktinformation

63   aa) § 15. Trotz Einführung von individuellen Schadensersatzansprüchen gegen den Emittenten in §§ 37b, 37c hält der Gesetzgeber in der Begründung zu § 15 Abs. 6 an seiner Auffassung fest, dass § 15 **kein Schutzgesetz** zugunsten individueller Kapitalanleger sei, sondern allein die Funktionsfähigkeit der Kapitalmärkte gewährleisten solle.[165] Das erscheint widersprüchlich, da mit §§ 37b, 37c in der Sache eine auch individualschützende Zweckrichtung der Ad-hoc-Publizität anerkannt wird.[166] Dies ändert angesichts des klaren Wortlauts des § 15 Abs. 6 S. 1 aber nichts daran, dass Schadensersatzansprüche aus § 823 Abs. 2 BGB iVm § 15 ausscheiden.[167]

64   bb) § 20a. Etwas anderes gilt für das **Verbot der Marktmanipulation nach § 20a**, da es kein Sonderdelikt ist, das (ohne Erstreckungsnorm) nur vom Emittenten begangen werden könnte.[168] Soweit § 20a Schutzgesetzqualität aufweist,[169] kommt daher nicht nur eine Haftung des Emittenten (über § 31 BGB analog), sondern auch der Organmitglieder persönlich nach § 823 Abs. 2 BGB in Betracht. Zwar hat die Rechtsprechung[170] und der wohl überwiegende Teil der Literatur[171] die Schutzgesetzeigenschaft der Vorgängernorm des § 88 BörsG aF verneint. Die Begründung erschöpfte sich allerdings in der wenig überzeugenden Feststellung, dass der ehemalige § 88 BörsG ausschließlich der

---

[165] BT-Drs. 14/8017, S. 87: „Die Neuregelung unterstreicht, dass es sich bei § 15 nicht um ein Schutzgesetz im Sinne des § 823 Abs. 2 BGB handelt. Schutzgut des § 15 ist die Sicherung der Funktionsfähigkeit des Kapitalmarkts."

[166] Vgl. *Leisch* in *Möllers/Rotter,* § 16 Rn. 56; KölnKommWpHG-*Möllers/Leisch,* §§ 37b, c Rn. 452; *Nicodem,* S. 156f.; *Querfurth,* S. 104; *Zimmer* in *Schwark,* §§ 37b, 37c Rn. 107.

[167] Vgl. BVerfG NJW 2003, 501, 502; BGHZ 160, 134, 137f. = BGH NJW 2004, 2664, 2665; *Fleischer,* DB 2004, 2031, 2032; *ders.,* Hdb. Vorstandsrecht, § 14 Rn. 22; *Mörsdorf,* S. 102 ff.; *Müller/Steup* in *Habersack/Mülbert/Schlitt,* Hdb. Unternehmensfinanzierung, § 26 Rn. 165; *Spindler,* WM 2004, 2089, 2090; *Zimmer* in *Schwark,* §§ 37b, 37c Rn. 107.

[168] Vgl. zu Einzelheiten der Tatbestandsverwirklichung § 20a Rn. 15ff.

[169] Dafür *Altenhain,* BB 2002, 1874, 1875; *Fuchs/Dühn,* BKR 2002, 1063, 1066; *Lenzen,* ZBB 2002, 279, *Querfurth,* S. 108f. 284; *Ziouvas,* ZGR 2003, 113, 143f.; ausführlich zu den Argumenten *Dühn,* § 7 B. II. 3. b); unentschieden *Lenbach,* Kapitalmarkt- und Börsenrecht, Rn. 8.122; einschränkend KölnKommWpHG-*Möllers/Leisch,* §§ 37b, c Rn. 459; **aA** *Ehricke* in *Hopt/Voigt,* Prospekt- und Kapitalmarktinformationshaftung, S. 287; *Fleischer,* Hdb. Vorstandsrecht, § 14 Rn. 24; *ders.,* DB 2004, 2031, 2032f.; *Gottschalk,* Der Konzern 2005, 274, 277; *Groß,* WM 2002, 477, 484; *Kort,* AG 2005, 21, 23; *Sethe* in *Assmann/Schneider,* §§ 37b, 37c Rn. 105; *Müller/Steup* in *Habersack/Mülbert/Schlitt,* Hdb. Unternehmensfinanzierung, § 26 Rn. 180; *Nicodem,* S. 158ff.; *Rützel,* AG 2003, 69, 79; *Spindler,* WM 2004, 2089, 2091; *Thümmel,* Haftung, Rn. 377; *Holzborn/Foelsch,* NJW 2003, 932, 938. – De lege ferenda für eine Haftung nach § 823 Abs. 2 BGB iVm § 20a *Spindler,* WM 2004, 2089, 2096.

[170] BVerfG WM 2002, 2207, 2209; BGHZ 160, 134, 139 = NJW 2004, 2664, 2665.

[171] Vgl. nur *Fleischer,* Hdb. Vorstandsrecht, § 14 Rn. 23; *Groß,* Kapitalmarktrecht, § 88 BörsG Rn. 1; *Ledermann* in *Schäfer,* WpHG, § 88 BörsG Rn. 1; *Sethe* in *Assmann/Schneider,* §§ 37b, 37c Rn. 5; *Mörsdorf,* S. 109ff.; *Schwark,* Börsengesetz, § 88 Rn. 1; *Thümmel,* Haftung, Rn. 377; für die Schutzgesetzeigenschaft des ehemaligen § 88 BörsG aber zB *Fuhrmann* in *Erbs/Kohlhaas,* Strafrechtliche Nebengesetze, § 88 BörsG, B 155 Rn. 2; *Assmann,* Prospekthaftung, S. 313; *Steinhauer,* Ad hoc-Publizität, S. 136.

ordnungsgemäßen Preisbildung und damit der Funktionsfähigkeit der Sekundärmärkte, nicht aber dem Individualschutz einzelner Kapitalanleger diene.[172] Diese strenge Trennung zwischen Institutionen- und Individualschutz sowie unmittelbarem und mittelbarem Schutz ist jedoch nicht überzeugend,[173] wie in der neueren Literatur zunehmend erkannt worden ist mit der Folge, dass die Schutzgesetzqualität des § 88 BörsG aF zuletzt häufiger bejaht wurde.[174] Vor diesem Hintergrund überraschte es, dass sich der Gesetzgeber zur Schutzgesetzeigenschaft des § 20a Abs. 1 Nr. 1 und Nr. 2 nicht explizit geäußert hat. Angesichts der generellen Linie im 4. FMFG, die individuellen Rechte der Kapitalanleger zu stärken,[175] wäre aber eine ausdrückliche Klarstellung erforderlich oder zumindest zu erwarten gewesen, wenn der Gesetzgeber die Schutzgesetzeigenschaft des § 20a (weiterhin) hätte verneinen wollen,[176] zumal er bei § 15 eine entsprechende ausdrückliche Erklärung abgegeben hat. Die überwiegende Auffassung in der Literatur verneint dennoch im Anschluss an die Rechtsprechung zu § 88 BörsG aF[176a] die Schutzgesetzqualität des § 20a.[176b]

cc) **400 AktG** stellt nach einhelliger Auffassung ein Schutzgesetz dar,[177] erfasst allerdings nur solche Darstellungen gegenüber dem Kapitalmarkt, die sich auf den Vermögensstand der Gesellschaft insgesamt beziehen.[178] Ad-hoc-Mitteilungen gehören nicht dazu, wenn sie nur einzelne kurserhebliche Tatsachen zum Gegenstand haben.[179] Ermöglichen sie dagegen ein Gesamtbild der wirt- **65**

---

[172] Vgl. BT-Drs. 10/318, S. 45.
[173] Vgl. zu den Wechselwirkungen zwischen Individualschutz und dem Schutz ordnungsmäßiger Markt- und Börsenpreisbildung als Teil des Funktionenschutzes *Köndgen*, in FS Druey, S. 799, 815; *Hopt*, ZHR 159 (1995), 135, 159; *Fuchs/Dühn*, BKR 2002, 1063, 1064f.; *Möllers/Leisch*, ZIP 2002, 1995, 1997; *dies.*, BKR 2001, 78, 82f.; *Rodewald/Siems*, BB 2001, 2437, 2439; *Kissner*, S. 52f.
[174] Vgl. *Fuchs/Dühn*, BKR 2002, 1063, 1066; *Möllers/Leisch*, ZIP 2002, 1995, 1996f.; *Möllers/Leisch*, BKR 2001, 78, 82f.; *Rodewald/Siems*, BB 2001, 2437, 2439; *Möllers*, Forum Bankrecht, II. 2b) bb); *Kissner*, S. 49; *Querfurth*, S. 104ff.; *Grundmann* in Ebenroth/Boujong/Jost, HGB, BankR VI Rn. 164; indirekt *Hopt* in Baumbach, HGB, § 88 Rn. 1.
[175] Vgl. BT-Drs. 14/8601, S. 1: „Stärkung des Anlegerschutzes durch Erhöhung der Transparenz auf den Wertpapiermärkten und durch Schaffung der rechtlichen Voraussetzungen zur wirksamen Durchsetzung der Kurs- und Marktpreismanipulation und des Missbrauchs von Ad hoc-Mitteilungen".
[176] Vgl. hierzu und zu weiteren Argumenten für die Schutzgesetzeigenschaft des § 20a *Fuchs/Dühn*, BKR 2002, 1063, 1064ff.; *Dühn*, § 7 B. II. 3. b).
[176a] BGHZ 160, 134, 139f. = BGH NJW 2004, 2664, 2665.
[176b] Vgl. oben § 20a Rn. 154 mwN *(Fleischer)*.
[177] S. nur BGHZ 160, 134, 137f. = BGH NJW 2004, 2664, 2665; BGH NJW 2005, 2450, 2451; OLG Stuttgart AG 2006, 383, 384.
[178] BGHZ 160, 134, 137f. = BGH NJW 2004, 2664, 2665f.; GK z. AktG/*Otto*, § 400 Rn. 32ff.
[179] BGHZ 160, 134, 137f. = BGH NJW 2004, 2664, 2665f.; OLG München NJW 2003, 144, 146; aus der Literatur *Fleischer*, Hdb. Vorstandsrecht, § 14 Rn. 25; *ders.*, DB 2004, 2031, 2033; *Gottschalk*, Der Konzern 2005, 274, 277; *Kort*, AG 2005, 21, 24; *Krause*, ZGR 2002, 799, 819; *Mörsdorf*, S. 119ff.; *Müller/Steup* in Habersack/Mülbert/Schlitt, Hdb. Unternehmensfinanzierung, § 26 Rn. 166; *Nicodem*, S. 160ff.; *Thümmel*, DB 2001, 2331, 2332; *Rieckers*, BB 2002, 1212, 1216; *Reichert/Weller*, ZRP 2002, 49, 54; *Sethe* in Assmann/Schneider, §§ 37b, 37c Rn. 113; *Spindler*, WM 2004, 2089, 2091; *Dühn*, § 7 B. II. 2.; *Kissner*, S. 61ff.; **aA** *Baums*, Bericht der Regierungskommission, Rn. 184; *Groß*, WM

Vor §§ 37b, 37c 66–68   Abschnitt 7. Haftung für Kapitalmarktinform.

schaftlichen Lage der Gesellschaft und erwecken sie den Eindruck der Vollständigkeit, wie dies zB bei einem in Form einer Ad-hoc-Mitteilung vorgelegten Quartalsbericht der Fall sein kann, ist § 400 AktG erfüllt.[180]

66   **dd) § 263 StGB.** Ansprüche aus § 823 Abs. 2 S. 1 BGB iVm § 263 StGB scheitern regelmäßig an der **fehlenden Stoffgleichheit**[181] zwischen erstrebter Bereicherung und Schaden der Kapitalanleger. Denn nur, wenn der geschädigte Kapitalanleger die Aktien von dem fehlerhaft informierenden Organmitglied selbst erwirbt, entspricht die Bereicherung des Organmitglieds spiegelbildlich dem Schaden des Kapitalanlegers. Diese Konstellation ist aber im anonymen Massengeschäft der Börsentransaktionen regelmäßig nicht gegeben.[182]

67   **ee) § 264a StGB.** Eine Schadensersatzhaftung wegen Kapitalanlagebetrugs nach § 264a StGB scheidet im Sekundärmarkt aus, da die fehlerhaften Angaben nach dem klaren Wortlaut der Norm im Zusammenhang mit dem **(erstmaligen) „Vertrieb von Wertpapieren"** erfolgen müssen. Dies ist im laufenden Handel an der Börse gerade nicht der Fall.[183] Bei Ad-hoc-Mitteilungen fehlt es darüber hinaus an dem für § 264a StGB erforderlichen Eindruck der Vollständigkeit oder Geschlossenheit.[184]

68   **ff) §§ 3, 5 UWG.** Eine Instrumentalisierung wettbewerbsrechtlicher Ansprüche nach dem UWG zur Begründung einer kapitalmarktrechtlichen Haftung des Emittenten oder seiner Organmitglieder ist schon im Hinblick auf die unterschiedlichen Regelungsgegenstände und -zwecke grundsätzlich abzulehnen.[185]

2002, 477, 483f.; *Zimmer* in *Schwark*, §§ 37b, 37c Rn. 110; offen *Rützel*, AG 2003, 69, 72; *Fleischer*, Gutachten F, S. 101.

[180] BVerfG ZIP 2006, 1096; BGH NJW 2005, 2450, 2451; KölnKommKapMuG-*Dörrbecker*, § 400 AktG Rn. 20; *Fleischer*, Hdb. Vorstandsrecht, § 14 Rn. 26; *ders.*, DB 2004, 2031, 2033; *Müller/Steup* in *Habersack/Mülbert/Schlitt*, Hdb. Unternehmensfinanzierung, § 26 Rn. 166; *Nicodem*, S. 161f.; *Kiethe*, WM 2007, 722, 727; **aA** *Gerber*, DStR 2004, 1793, 1795; kritisch auch *Kort*, AG 2005, 21, 24.

[181] Vgl. zum Kriterium der Stoffgleichheit nur BGH WM 1988, 262; aus der strafrechtlichen Literatur zB *Fischer* in *Tröndle*, StGB, § 263 Rn. 39; *Schönke/Schröder*, StGB, § 263 Rn. 168.

[182] Fehlende Stoffgleichheit nehmen an: BGHZ 160, 134, 137f. = BGH NJW 2004, 2664, 2666; *Fleischer*, Hdb. Vorstandsrecht, § 14 Rn. 27; *ders.*, DB 2004, 2031, 2033; *Krause*, ZGR 2002, 799, 817; *Möllers/Leisch*, ZIP 2002, 1995, 1997; *dies.*, BKR 2001, 78, 81; KölnKommWpHG-*Möllers/Leisch*, §§ 37b, c Rn. 462; *Mörsdorf*, S. 121ff.; *Müller/Steup* in *Habersack/Mülbert/Schlitt*, Hdb. Unternehmensfinanzierung, § 26 Rn. 168; *Nicodem*, S. 162; *Rodewald/Siems*, BB 2001, 2437, 2440; *Rützel*, AG 2003, 69, 73; *Steinhauer*, Ad hoc-Publizität, S. 129, 136; *Dühn*, § 7 B. V.; offen *Möllers*, Forum Bankrecht , II 2b) aa); *Zimmer* in *Schwark*, §§ 37b, 37c Rn. 114; **aA** *Rieckers*, BB 2002, 1212, 1218; *Rössner/Bolkart*, ZIP 2002, 1471; *Kissner*, Ad-hoc-Mitteilungen, S. 69ff.

[183] Überzeugend BGHZ 160, 134, 137f. = BGH NJW 2004, 2664, 2666; OLG München NJW 2003, 144, 147; aus der Literatur *Fleischer*, Hdb. Vorstandsrecht, § 14 Rn. 28; *Mörsdorf*, S. 117ff.; *Müller/Steup* in *Habersack/Mülbert/Schlitt*, Hdb. Unternehmensfinanzierung, § 26 Rn. 167; *Rützel*, AG 2003, 69, 73; *Dühn*, § 7 B. II. 6.

[184] Zutr. *Rützel*, AG 2003, 69, 73; *Krause*, ZGR 2002, 799, 818; *Möllers/Leisch*, ZIP 2002, 1995, 1997; KölnKommWpHG-*Möllers/Leisch*, §§ 37b, c Rn. 460; *Rieckers*, BB 2002, 1212, 1215; *Thümmel*, DB 2002, 2331, 2332; *Dühn*, § 7 B. VII.; **aA** aber *Kissner*, S. 74f.

[185] So schon zum UWG aF vor der großen Reform von 2004 OLG München NJW 2003, 144, 147; *Barnert*, WM 2002, 1473, 1474; *Rieckers*, BB 2002, 1212, 1214; *Rützel*, AG 2003, 69, 72; *Dühn*, § 7 B. VIII., offen *Krause*, ZGR 2002, 799, 817; **aA** *Kissner*, S. 78ff.

Vorbemerkung zu den §§ 37b, 37c **68a Vor §§ 37b, 37c**

Die kapitalmarktrechtlich induzierte Veröffentlichung von Sekundärmarktinformationen durch den Emittenten stellt regelmäßig keine Wettbewerbshandlung isd § 2 Abs. 1 Nr. 1 UWG dar,[186] und zwar weder auf dem Markt der ausgegebenen Wertpapiere des Emittenten noch auf den Märkten seines operativen Geschäfts. Etwas anderes kann nur im Ausnahmefall bei der Publikation evident unrichtiger oder nicht veröffentlichungspflichtiger Information gelten, wenn auch die übrigen Voraussetzungen für die Vermutung einer Wettbewerbsabsicht bei einem Handeln im geschäftlichen Verkehr erfüllt sind. Bezugspunkt dürfte in diesen Fällen allerdings die Förderung des operativen Geschäfts, nicht der Absatz der vom Emittenten ausgegebenen Wertpapiere sein.[187]

Selbst wenn man Akte fehlerhafter Kapitalmarktkommunikation als unlautere **68a** Wettbewerbshandlung auf den Finanzmärkten qualifizieren würde, ließe sich daraus jedenfalls keine individuelle Klagebefugnis einzelner Anleger ableiten. Selbst das Irreführungsverbot des § 5 **UWG** ist – trotz seiner auf die Marktgegenseite bezogenen Schutzrichtung – **kein Schutzgesetz** zugunsten individueller Verbraucher,[188] da andernfalls die bewusste Entscheidung des Gesetzgebers gegen eine Klagebefugnis des einzelnen Verbrauchers im Recht des unlauteren Wettbewerbs umgangen würde. Aber auch für eine (lediglich auf Unterlassung gerichtete) Verbandsklagebefugnis von qualifizierten Einrichtungen nach § 8 Abs. 3 Nr. 2 UWG besteht insoweit im kapitalmarktrechtlichen Kontext kein Bedürfnis.[189] Während der Gesetzgeber für die Fälle eines Verstoßes gegen die Verhaltenspflichten des Abschnitts 6 des WpHG, die das Verhältnis zwischen Wertpapierdienstleistern und ihren Kunden regeln, in § 2 Abs. 2 Nr. 7 UKlaG ausdrücklich eine Befugnis zur Erhebung von **Unterlassungsklagen** für qualifizierte Einrichtungen vorgesehen hat, fehlt eine entsprechende Vorschrift für Verstöße gegen Regeln der Kapitalmarktpublizität. Etwaige **Schadensersatzansprüche** wegen offensichtlich falscher (oder evident nicht veröffentlichungspflichtiger, reinen Werbezwecken dienender) Ad-hoc-Mitteilungen können ohnehin nur von Mitbewerbern des Emittenten geltend gemacht werden, sofern der Nachweis gelingt, dass die fehlerhafte Kapitalmarktinformation geeignet ist, die Kunden des operativen Geschäfts in unlauterer Weise zu beeinflussen.[190]

---

[186] S. hierzu mit ausführlicher Begründung unter Hinweis auf grundlegende konzeptionelle Unterschiede zwischen Lauterkeits- und Kapitalmarktrecht *Klöhn*, ZHR 172 (2008) 388, 397 ff., 417 f.; **aA** OLG Hamburg ZIP 2006, 1921; *Lettl*, ZGR 2003, 853, 856 ff.; *Köndgen*, FS Druey, 2002, S. 791, 812.

[187] Dazu *Klöhn*, ZHR 172 (2008) 388, 403 f. gegen OLG Hamburg ZIP 2006, 1921, 1922; *Lettl*, ZGR 2003, 853, 860, 868.

[188] Vgl. nur *Bornkamm* in *Hefermehl/Köhler/Bornkamm*, UWG, 26. Aufl. 2008, § 5 Rn. 1.11; KölnKommWpHG-*Möllers/Leisch*, §§ 37b, 37c Rn. 465; ebenso zu § 3 UWG aF OLG München NJW 2003, 144, 147; BGH GRUR 1975, 150, 151 – *Prüfzeichen*; *Lettl*, ZGR 2003, 853, 872.

[189] Gegen eine Anwendung des Wettbewerbsrechts zur Lösung spezifisch kapitalmarktrechtlicher Regelungsprobleme zu Recht *Dühn*, § 7 B. IX., zweifelnd auch *Krause*, ZGR 2002, 799, 817; **aA** aber *Kissner*, S. 84.

[190] Die Annahme des Gerichts im Fall OLG Hamburg ZIP 2006, 1921, 1922, die Veröffentlichung einer Ad-hoc-Meldung durch ein Telekommunikationsunternehmen über einen gewonnenen Schadensersatzprozess gegen die Deutsche Telekom AG lasse den Verbraucher auf günstigere Entgelte für die vom Emittenten angebotenen Telefondienstleistungen schließen, erscheint sehr fragwürdig; zweifelnd auch *Klöhn*, ZHR 172 (2008) 388, 406.

IV. Kapitalmarktrechtliche Informationshaftung de lege ferenda
1. Die rechtspolitische Diskussion

69 Während sich die wissenschaftliche Diskussion zunächst auf die in den verschiedenen Gerichtsentscheidungen ganz im Vordergrund stehende Rechtsfrage der persönlichen Haftung der Vorstände gegenüber Kapitalanlegern beschränkte,[191] wurde die **Fragestellung kapitalmarktrechtlicher Informationshaftung** auch **auf die börsennotierte Aktiengesellschaft selbst und andere Informationsformen als Ad-hoc-Mitteilungen ausgedehnt.**[192] Die Vorarbeiten der Regierungskommission Corporate Governance und des 64. DJT haben auch den Gesetzgeber beeinflusst: So hatte das Bundesjustizministerium die Einführung einer persönlichen Außenhaftung der Vorstandsmitglieder für falsche Informationen des Kapitalmarkts in seinem am 28. August 2002 vorgelegten „10-Punkte-Programm zur Stärkung der Unternehmensintegrität und des Anlegerschutzes"[193] zu einem der wichtigsten Gesetzgebungsaufgaben für die Zukunft erklärt. Diese Zielvorgaben wurden dann in dem „Maßnahmenkatalog der Bundesregierung zur Stärkung der Unternehmensintegrität und des Anlegerschutzes" vom 25. Februar 2003 konkretisiert.[194] Im Jahr 2004 schließlich stellte das Bundesfinanzministerium einen **Diskussionsentwurf eines Gesetzes zur Verbesserung der Haftung für falsche Kapitalmarktinformationen (KapInHaG)**[195] vor, der jedoch auf Druck der Wirtschaft (vorerst) nicht weiter verfolgt wurde. Der Entwurf sah vor, dass sowohl der Emittent als auch die verantwortlichen Organmitglieder für falsche und pflichtwidrig unterlassene Kapitalmarktinformationen haften. Darunter sollten alle öffentlichen Erklärungen fallen, einschließlich freiwilliger Presseerklärungen, Aktionärsbriefe etc., soweit sie dem Emittenten zurechenbar sind. Die Organaußenhaftung sollte nur bei grober Fahrlässigkeit und Vorsatz bestehen; vorgesehen war auch, die Haftung für grobe Fahrlässigkeit der Höhe nach auf das Vierfache des letzten Jahresgehalts beschränken zu können.

70 Die Ausarbeitung einer ausgewogenen kapitalmarktrechtlichen Informationshaftung börsennotierter Aktiengesellschaften und ihrer Organmitglieder *de lege ferenda* wird zu Recht als zentrale Regelungsaufgabe des Kapitalmarktrechts be-

---

[191] Vgl. nur *Möllers/Leisch*, WM 2001, 1648 ff.; *Thümmel*, DB 2001, 2331 ff.; *Rieckers*, BB 2002, 1213 ff.; *Barnert*, WM 2002, 1473, 1477 ff.; ausführlich, aber prinzipiell auf die persönliche Haftung der Vorstände für fehlerhafte Ad hoc-Mitteilungen beschränkt *Kissner*, S. 27 ff.

[192] Erste Ansätze bei *Groß*, WM 2002, 477 ff.; *Krause*, ZGR 2002, 799, 805 ff.; *Fuchs/Dühn*, BKR 2002, 1063, 1071; ausführlich *Fleischer*, 64. DJT, 2002, Gutachten F, S. 95 ff.; *Baums*, Bericht der Regierungskommission, Rn. 186; *Dühn*, § 12; zur Kapitalmarktinformationshaftung außerhalb des geregelten Kapitalmarktes *Zimmer/Cloppenburg*, ZHR 171 (2007), 519, 544 ff.

[193] Pressemitteilung des Bundesministeriums der Justiz Nr. 48/02 vom 28. 8. 2002.

[194] Überblick bei *Seibert*, BB 2003, 693, 694 f.

[195] NZG 2004, 1042; vgl. dazu u. a. DAV-Stellungnahme, ZIP 2004, 2348; *Gehrke*, BB 2004, Heft 46, I; *Gottschalk*, Der Konzern 2005, 274; *Möllers*, JZ 2005, 75, 79 ff.; *Semler/Gittermann*, NZG 2004, 1081; *Sethe* in *Assmann/Schneider*, §§ 37b, 37c Rn. 26 f.; *Spindler*, WM 2004, 2089, 2093 ff.; *Sünner*, DB 2004, 2460; *Veil*, BKR 2005, 91; siehe auch *Schnorr*, ZHR 170 (2006), 9.

Vorbemerkung zu den §§ 37b, 37c 71, 72 **Vor §§ 37b, 37c**

zeichnet.[196] Dabei sind nicht nur schwierige **Einzelfragen der Anspruchsbegründung** (zB Fragen der haftungsbegründenden Kausalität, des Verschuldens und der Verteilung der Beweislast) sowie der **Schadensberechnung** zu bewältigen.[197] Eine Rolle spielt auch die Frage, ob und inwieweit verbesserte materielle Haftungsnormen zusätzlich der **prozessualen Flankierung** durch eine kapitalmarktrechtliche Verbands- oder Gruppenklage bedürfen.[198] Insoweit hat der Gesetzgeber inzwischen durch das **Kapitalanleger-Musterverfahrensgesetz (KapMuG)** vom 16. August 2005[199] ein Musterverfahren eingeführt.[200] Eine Kommentierung des gegenwärtigen Rechtszustandes kann die rechtspolitischen Fragen nicht weiter vertiefen. Einzugehen ist jedoch auf die im Zentrum der rechtspolitischen Diskussion stehende Frage, ob eine Innen- oder Außenhaftung der Organmitglieder des Emittenten vorzugswürdig ist, und darauf, ob die punktuelle Regelung der §§ 37b, 37c auf andere Formen der Kapitalmarktinformation ausgedehnt werden sollte. 71

2. Emittentenhaftung versus Organhaftung

Während sich der Gesetzgeber in §§ 37b, 37c bezüglich der Ad-hoc-Mitteilungen klar zu einer ausschließlichen Haftung der fehlerhaft informierenden Gesellschaft bekannt hat, ist die **Frage des richtigen Anspruchsgegners in sonstigen Fällen fehlerhafter Kapitalmarktinformation in der Literatur umstritten. Drei Grundauffassungen** lassen sich unterscheiden: Die erste Auffassung hält (gerade im Hinblick auf Haftungserweiterungen *de lege ferenda*) allein die in §§ 37b, 37c verwirklichte Konzeption der ausschließlichen Emittentenhaftung für richtig.[201] Die Gegenauffassung setzt sich umgekehrt für eine ausschließliche Direkthaftung der Organmitglieder ein.[202] Eine vermittelnde Auffassung hält den Ansatz der §§ 37b, 37c im Grundsatz für richtig, will ihn aber durch eine zusätzliche Außenhaftung der Organmitglieder flankieren.[203] 72

---

[196] Vgl. etwa *Fleischer*, NJW-Beilage 23/2002, 37.
[197] Auf Defizite der bestehenden Rechtslage weist insoweit *Rützel*, AG 2003, 69, 79, hin. Siehe zu diesem Problemkreis auch *Duve/Basak*, BB 2005, 2645.
[198] Zu prozessualen Fragen Überblicke bei *Fleischer*, 64. DJT, 2002, Gutachten F, S. 115 f.; *Kalss*, Anlegerinteressen, 229, 336 f.; rechtsvergleichend *Heß*, AG 2003, 113 ff.; konkreter Ausgestaltungsvorschlag bei *Baums*, Bericht der Regierungskommission, Rn. 188 ff.; ausführlich zB *Baetge/Wöbke*, Bündelung gleichgerichteter Interessen, S. 11 ff.; zu ökonomischen Fragen *Schäfer*, Bündelung gleichgerichteter Interessen, S. 67 ff.
[199] BGBl. I S. 2437.
[200] Dazu unten Rn. 81 ff.
[201] Dafür *Casper*, BKR 2005, 83; *Dühn*, § 13 D; *Fuchs/Dühn*, BKR 2002, 1063, 1070 f.; *Kiethe*, DStR 2003, 1982; *Mülbert*, JZ 2002, 826, 832; *Spindler*, WM 2004, 2089, 2094 ff.; *Zimmer*, WM 2004, 9, 10 ff.; *Zimmer* in *Schwark*, §§ 37b, 37c Rn. 4.
[202] Erstmals *Baums*, Bericht der Regierungskommission, Rn. 186; ihm folgend *Rieckers*, BB 2002, 1212, 1220; *Hutter/Leppert*, NZG 2002, 649, 654; *Rössner/Bolkart*, ZIP 2002, 1471, 1476 f.; *Holzborn/Foelsch*, NJW 2003, 932, 937.
[203] Vgl. *Dogan*, S. 242 ff.; *Fleischer*, NJW 2002, 2977, 2979; *ders.*, 64. DJT, 2002, Gutachten F, S. 100; *ders.*, Hdb. Vorstandsrecht, § 14 Rn. 10; *ders.*, BKR 2003, 608; *ders.*, ZGR 2004, 437, 464 ff.; *Bayer*, Corporate Governance, S. 137, 162; *Duve/Basak*, BB 2005, 2645; *Gottschalk*, Der Konzern 2005, 274; *Hopt/Voigt* in *dies.*, Prospekt- und Kapitalmarktinformationshaftung, S. 118 ff.; *Körner*, NJW 2004, 3386, 3387 f.; *Schäfer*, NZG 2005, 985; *Sethe* in *Assmann/Schneider*, §§ 37b, 37c Rn. 28 f.; eingeschränkt auch *Veil*,

Vor §§ 37b, 37c 73–75 Abschnitt 7. Haftung für Kapitalmarktinform.

73   Die **Emittentenhaftung ist der zutreffende Ausgangspunkt kapitalmarktrechtlicher Informationshaftung.**[204] Schon systematisch lässt sich dafür anführen, dass die Publizitätsverpflichtungen des Handels-, Gesellschafts- und Kapitalmarktrechts die börsennotierte Aktiengesellschaft selbst treffen.[205] Dass die Organmitglieder im Innenverhältnis für die ordnungsgemäße Erfüllung der Informationsverpflichtungen verantwortlich sind, folgt bereits aus der Organisationsstruktur der Aktiengesellschaft und kann für sich die Zuständigkeit der börsennotierten Gesellschaft als Normadressatin nicht in Frage stellen.[206]

74   Dementsprechend trennt auch das **Haftungsgefüge des Aktienrechts** deutlich zwischen der Innen- und der Außenhaftung der Organmitglieder.[207] Diese haften für Sorgfaltspflichtverletzungen aus § 93 Abs. 2 S. 1 AktG (ggf. iVm § 116 AktG) grundsätzlich allein im Innenverhältnis gegenüber der Gesellschaft.[208] Eine direkte Außenhaftung der Organmitglieder gegenüber den Aktionären sieht das AktG nur in den seltenen Fällen des § 93 Abs. 5 AktG, des § 117 Abs. 2 iVm Abs. 1 S. 2 AktG, im Übrigen allein aus § 823 Abs. 2 S. 1 iVm einem Schutzgesetz sowie nach § 826 BGB vor.[209]

75   *De lege ferenda* sprechen keine Gründe für eine über das allgemeine Deliktsrecht hinausgehende, spezialgesetzlich **angeordnete ausschließliche oder zusätzliche persönliche Außenhaftung der Organmitglieder gegenüber den Kapitalanlegern.**[210] Eine Direkthaftung ist zunächst nicht deshalb geboten, weil die Emittenten durch hohe Schadensersatzforderungen in ihrer Existenz gefährdet sein könnten. Denn die Gefahr der Existenzgefährdung durch Schadensersatzforderungen ist weder ein kapitalmarkttypisches Risiko noch eine originäre Frage des Anlegerschutzes, sondern ein allgemeines Risiko jeder Gesellschaft, wie es sich etwa auch in Produkthaftungsfällen zeigt.[211] Bedenkt man die regelmäßig bestehende Regressmöglichkeit der Gesellschaft, die durch **D&O-Versicherungen** auch wirtschaftlich abgesichert werden kann, relativiert sich das Argument der potentiellen Existenzgefährdung erheblich.[212] Umgekehrt darf die

---

ZHR 167 (2003), 365, 392ff.; weitergehend, aber zu undifferenziert *Kissner*, S. 204f., de lege ferenda nicht nur Emittenten und Organmitglieder, sondern alle Kapitalmarktteilnehmer für jede Form von Information haften lassen will.

[204] Zutreffend *Fleischer*, Gutachten F, S. 100; *Fuchs/Dühn*, BKR 2002; 1063, 1070; ähnlich *Bayer*, Corporate Governance, S. 137, 162, der indes eine subsidiäre Haftung des Emittenten anregt; insgesamt kritisch aber *Mülbert*, JZ 2002, 826, 835.

[205] Vgl. nur § 15 (Ad-hoc-Publizität), § 40 BörsG (Zwischenberichtspublizität), § 264 HGB (Jahresabschlusspublizität).

[206] Zur internen Organisationsverantwortlichkeit der Vorstände zB *Assmann* in *Assmann/Schneider*, § 15 Rn. 293ff.; *Möllers/Leisch*, WM 2001, 1648, 1651f.

[207] *Casper*, BKR 2005, 83, 86; *Dühn*, § 13 B; *Fuchs/Dühn*, BKR 2002 1063, 1070; *Kiethe*, DStR 2003, 1982; *Mülbert*, JZ 2002, 831f.; *Spindler*, WM 2004, 2089, 2094; ausführlich zum Haftungsgefüge des Aktienrechts *Thümmel*, Haftung, Rn. 28ff.

[208] Vgl. statt aller *Hüffer*, AktG, § 93 Rn. 11ff.

[209] Vgl. statt aller *Hüffer*, AktG, § 93 Rn. 19ff.

[210] *Mülbert*, JZ 2002, 826, 832; *Fuchs/Dühn*, BKR 2002, 1063, 1071; *Dühn*, § 13 C.–D.; aA *Fleischer*, Gutachten F, S. 99ff.; *Baums*, Bericht der Regierungskommission, Rn. 186; *Rieckers*, BB 2002, 1212, 1220; *Hutter/Leppert*, NZG 2002, 649, 654; *Rössner/Bolkart*, ZIP 2002, 1471, 1476; *Kissner*, S. 204.

[211] Deutlich *Hopt*, ZHR 159 (1995), 135, 161; ähnlich *Steinhauer*, Ad hoc-Publizität, S. 247f.

[212] *Mülbert*, JZ 2002, 826, 832; *Dühn*, § 13 D.

Vorbemerkung zu den §§ 37b, 37c   76–78   **Vor §§ 37b, 37c**

Tatsache, dass sich verschiedene Vorstände am Neuen Markt mit Hilfe ihrer insolvenzlastigen Gesellschaften persönlich bereichert haben, nicht darüber hinwegtäuschen, dass die Emittenten nicht nur die konzeptionell richtigen Haftungsadressaten, sondern im Regelfall auch die solventeren Schuldner kapitalmarktrechtlicher Schadensersatzhaftung sind.[213]

Für eine substanzielle Erweiterung der persönlichen Außenhaftung der Organmitglieder lassen sich auch nicht die Aspekte des enttäuschten **Anlegervertrauens**[214] oder der potentiellen **Steuerungs- und Präventivwirkung**[215] einer kapitalmarktrechtlichen Außenhaftung anführen.[216] So ist hinsichtlich des enttäuschten „Anlegervertrauens" vor allem zu fragen, ob der rechtlich kaum fassbare Begriff des Vertrauens überhaupt Ausgangspunkt kapitalmarktrechtlicher Schadensersatzhaftung sein kann.[217] Zwar mag der Kapitalanleger im Einzelfall auf Kompetenz und Integrität der Vorstandsmitglieder vertraut haben. Darauf kommt es indes aus funktionaler Sicht nicht an. Denn der Vertrauensschutz beschränkt sich auf das Vertrauen der Kapitalanleger in die fehlerhaft informierenden Gesellschaften als Marktteilnehmer.[218] 76

Bei der behaupteten Präventiv- und Steuerungswirkung ist vor allem zu fragen, ob diese nicht im **Kontext anderer Anreiz- und Abschreckungsmechanismen** (etwa ein drohender Reputations- oder gar Stellungsverlust) für Leitungsorgane börsennotierter Aktiengesellschaften deutlich überschätzt wird.[219] Soweit zusätzlich **D&O-Versicherungsschutz** für die Leitungsorgane besteht, kommt es zu einem Zielkonflikt zwischen Prävention und Versicherbarkeit. Wenn nämlich den handelnden Organmitgliedern in diesen Fällen keine echte wirtschaftliche Sanktion droht, weil deren Fehlverhalten wirtschaftlich durch die Gesellschaft getragen wird, muss sich das Abschreckungspotential zwangsläufig relativieren.[220] Soweit den Organmitgliedern ausnahmsweise persönliche Haftung tatsächlich droht, mag man auch den umgekehrten Aspekt des **risikoaversen Handelns** durch haftungsbedrohte Organmitglieder einkalkulieren, das sich eher schädlich auf die Unternehmensentwicklung auswirken kann.[221] Im Übrigen stellt gerade auch die Emittentenhaftung einen wichtigen Anreiz zum Aufbau und Unterhalt eines funktionierenden „Compliance"-Systems dar.[222] Darüber hinaus könnte die Einführung einer persönlichen Außenhaftung der Organe das Risiko missbräuchlicher Klagen räuberischer Aktionäre signifikant erhöhen.[223] 77

Zu berücksichtigen bleibt schließlich, dass Organmitglieder unter den Voraussetzungen des Deliktsrechts nach wie vor aus § 826 sowie § 823 Abs. 2 S. 1 BGB 78

---

[213] *Fleischer*, Gutachten F, S. 99; *Dühn*, § 13 D.
[214] So vor allem *Kalss*, Anlegerinteressen, S. 333.
[215] Vgl. *Fleischer*, Gutachten F, S. 102.
[216] *Fuchs/Dühn*, BKR 2002; 1063, 1070 f.; *Dühn*, § 13 D; *Zimmer*, WM 2004, 9, 12.
[217] *Fuchs/Dühn*, BKR 2002; 1063, 1070 f.; *Dühn*, § 13 D.
[218] Vgl. *Groß*, WM 2002, 477, 481; *Fuchs/Dühn*, BKR 2002, 1063, 1070; *Dühn*, § 13 D.
[219] In diese Richtung *Fuchs/Dühn*, BKR 2002, 1063, 1071; *Dühn*, § 13 D.
[220] *Mülbert*, JZ 2002, 826, 832; *Fuchs/Dühn*, BKR 2002, 1063, 1070; *Dühn*, § 13 D.
[221] Vgl. *Fleischer*, Gutachten F, S. 102; *Mülbert*, JZ 2002, 826, 832; *Fuchs/Dühn*, BKR 2002; 1063, 1071; *Dühn*, § 13 D; *Casper*, BKR 2005, 83, 87; *Kiethe*, DStR 2003, 1982, 1987 f.; *Duve/Basak*, BB 2005, 2645, 2647.
[222] Zur „Compliance" in diesem Zusammenhang vgl. *Wolfram*, S. 24 ff.
[223] *Duve/Basak*, BB 2005, 2645, 2647; *Semler/Gittermann*, NZG 2004, 1081, 1085.

in Verbindung mit einem Schutzgesetz zugunsten der Kapitalanleger haften, so dass **jedenfalls in besonders schwerwiegenden Ausnahmefällen „Haftungslücken" nicht zu befürchten** sind. Dabei kommt es vor allem darauf an, § 826 BGB kapitalmarktrechtlich zu konkretisieren. Soweit an die Darlegung der tatsächlichen Voraussetzungen im Rahmen des § 826 BGB nicht überzogene Anforderungen gestellt werden, muss man einer zusätzlichen Organaußenhaftung *de lege ferenda* eher kritisch gegenüberstehen.

3. Haftungserweiterungen

79 In der rechtspolitischen Diskussion besteht weitgehend Übereinstimmung, dass es *de lege ferenda* nicht bei den **punktuellen Regelungen der §§ 37b, 37c** bleiben kann.[224] Es wird vielmehr eine **darüber hinausgehende Informationshaftung des Emittenten** ausführlich zu diskutieren sein.[225] Zwar wollte der Gesetzgeber mit den §§ 37b, 37c eine abschließende Regelung spezialgesetzlicher Schadensersatzhaftung für den Bereich der Sekundärmärkte schaffen.[226] Diese Haftungsbegrenzung auf Ad-hoc-Mitteilungen kann aber bereits systematisch nicht überzeugen. Denn obwohl der Ad-hoc-Publizitätspflicht aus § 15 eine zentrale kapitalmarktrechtliche Bedeutung zukommt, hat sie systematisch nur eine Ergänzungsfunktion zu den regelmäßigen Informationsformen der börsennotierten Aktiengesellschaft.[227]

80 Die kapitalmarktrechtliche Informationshaftung sollte daher auf andere fehlerhafte Informationen des Sekundärmarkts ausgedehnt werden.[228] Auch die **Transparenzrichtlinie**[229] sieht in Art. 7 eine (Emittenten-)Haftung für Verstöße gegen die Pflicht zur Veröffentlichung von Jahres- und Halbjahresfinanzberichten

---

[224] Exemplarisch *Baums*, ZHR 166 (2002), 375, 379; *Sethe* in *Assmann/Schneider*, §§ 37b, 37c Rn. 28; wohl auch *Rützel*, AG 2003, 69, 79; indirekt *Möllers/Leisch*, NZG 2003, 112, 115, die trotz fehlender Regelungslücke eine analoge Anwendung des § 37c auf andere Informationsformen bejahen; ausführlich *Fleischer*, 64. DJT, 2002, Gutachten F, S. 109 ff.; *Dühn*, § 11 A.; ein Katalog (nicht näher begründeter) rechtspolitischer Forderungen findet sich bei *Kissner*, S. 204 ff.; vgl. auch Beschluss 1.9. des 64. DJT, zit. nach DB 2002, 2037: „Es empfiehlt sich, die zivilrechtliche Schadensersatzpflicht des Emittenten für fehlerhafte Kapitalmarktinformation über die Fälle falscher Ad-hoc-Mitteilungen hinaus auf sämtliche fehlerhaften Pflichtveröffentlichungen auszudehnen."

[225] Zum Diskussionsentwurf eines KapInHaG siehe die Nachweise in Fn. 195. Ausgestaltungsüberlegungen u. a. bei *Fleischer*, 64. DJT, 2002, Gutachten F, S. 109 ff.; zu konkreten Ausgestaltungsvorschlägen vgl. hinsichtlich der Organhaftung *Baums*, Bericht der Regierungskommission, Rn. 186 ff., hinsichtlich der Emittentenhaftung *Dühn*, § 15.

[226] Vgl. BT-Drs. 14/8017, S. 87 ff.

[227] Vgl. statt aller *Assmann* in *Assmann/Schneider*, § 15 Rn. 2.

[228] In diesem Sinne zB *Dogan*, S. 247 ff.; *Hopt*, BB 2002, Heft 38, vom 18. 9. 2002, S. I („Die Erste Seite"); *Baums*, ZHR 166 (2002), 375, 379; *Köndgen*, S. 791, 801; *Möllers*, JZ 2005, 75; *Mörsdorf*, S. 161 ff.; *Möllers/Leisch*, NZG 2003, 112, 115; Köln KommWpHG-*Möllers/Leisch*, §§ 37b, 37c Rn. 74; *Fleischer*, 64. DJT, 2002, Gutachten F, S. 109 ff.; *Dühn*, § 12 A.; *Schäfer*, NZG 2005, 985, 990 ff.; *Zimmer*, WM 2004, 9, 10 ff.; **aA** aber *Mülbert*, JZ 2002, 826, 835 f., der Haftungserweiterungen am Sekundärmarkt insgesamt kritisch gegenübersteht; ähnlich *Claussen*, BB 2002, 105, 110; *Veil*, ZHR 167 (2003), 365, 402.

[229] Richtlinie 2004/109/EG des Europäischen Parlaments und des Rates vom 15. Dezember 2004.

vor.²³⁰ Nach richtiger Ansicht hat sich diese Haftungserweiterung nicht nur auf den Bereich gesetzlicher Pflichtinformation, sondern auch auf die Vielzahl **freiwilliger Informationsformen** (etwa Pressemitteilungen, Aktionärsbriefe und Geschäftsberichte) zu erstrecken.²³¹ Denn soweit die Unternehmen von den positiven Effekten ihrer Investor Relations profitieren, müssen sie auch für deren Fehlerhaftigkeit einstehen. Auch aus Sicht der Investoren wäre es kaum überzeugend, den auf eine gesetzliche Ad-hoc-Mitteilung vertrauenden Kapitalanleger schadensersatzrechtlich besser zu stellen als den, der sich auf eine inhaltlich identische, aber freiwillig erteilte Pressemitteilung verlässt.²³²

V. Das Kapitalanleger-Musterverfahren

1. Regelungszweck und Entstehungsgeschichte

Durch falsche oder unterlassene Ad-hoc-Mitteilungen und andere Kapitalmarktinformationen entstehen regelmäßig so genannte „**Streuschäden**" oder „**Massenschäden**". Die mit einem Prozess – auch durch kostenintensive Sachverständigengutachten – verbundenen wirtschaftlichen Risiken bei vergleichsweise geringfügigem Schaden des einzelnen Anlegers können diesen von einer gerichtlichen Geltendmachung seines Ersatzanspruchs abhalten.²³³ Dies begründet die Gefahr, dass die kapitalmarktrechtliche Informationshaftung in ihrer Abschreckungs- und Steuerungswirkung beeinträchtigt wird. Dem hat der Gesetzgeber durch das **Kapitalanleger-Musterverfahrensgesetz (KapMuG)** vom 16. August 2005²³⁴ Rechnung zu tragen versucht und ein Musterverfahren zur Klärung von Sach- und Rechtsfragen mit präjudizieller Bedeutung für die Geltendmachung von Schadensersatzansprüchen wegen falscher, irreführender oder unterlassener „öffentlicher Kapitalmarktinformation" eingeführt.²³⁵ Das Gesetz wurde kurz vor Ende der 15. Legislaturperiode verabschiedet und trat zum

---

²³⁰ Vgl. auch Sethe in *Assmann/Schneider*, §§ 37b, 37c Rn. 28. – Das Transparenzrichtlinie-Umsetzungsgesetz vom 5. Januar 2007 enthält allerdings keine entsprechende Haftungsregelung. Dies dürfte mit der Richtlinie vereinbar sein; deren Art. 7 fordert nur, dass „Rechts- und Verwaltungsvorschriften über die Haftung auf die Emittenten, die in diesem Artikel genannten Organe oder die beim Emittenten verantwortlichen Personen anwendbar sind". Dem genügen die bestehenden (deliktsrechtlichen) Anspruchsgrundlagen; zu weitgehend dagegen *Mülbert/Steup*, WM 2005, 1633, 1653 f.

²³¹ *Fleischer*, 64. DJT, 2002, Gutachten F, S. 100; *Dühn*, § 12 A.; *Kissner*, S. 204; *Sethe* in *Assmann/Schneider*, §§ 37b, 37c Rn. 29; *Zimmer*, WM 2004, 9, 10 ff.; ablehnend hingegen *Mülbert*, JZ 2002, 826, 836; *Claussen*, BB 2002, 105, 110.

²³² Vgl. zu Fragen freiwilliger Publizität *Merkt*, RabelsZ 64 (2000), 517 ff. und bereits *Hopt*, ZGR 1980, 225, 244.

²³³ Siehe nur *Sethe* in *Assmann/Schneider*, §§ 37b, 37c Rn. 138; KölnKommKapMuG-*Hess*, Einl. Rn. 1; KölnKommWpHG-*Möllers/Leisch*, §§ 37b, c Rn. 476; *Wolf/Lange* in *Vorwerk/Wolf*, Einleitung Rn. 1 f.; *Plaßmeier*, NZG 2005, 609.

²³⁴ BGBl. I S. 2437.

²³⁵ Vgl. aus der Literatur: *Braun/Rotter*, BKR 2004, 296; *Duve/Pfitzner*, BB 2005, 673; *Haß/Zerr*, RIW 2005, 721; *Hess*, WM 2004, 2329; ders., ZIP 2005, 1713; ders./*Michailidou*, ZIP 2004, 1381; *Keller/Kolling*, BKR 2005, 399; *Kranz*, MDR 2005, 1021; *Meier*, DStR 2005, 1860; *Möllers/Weichert*, NJW 2005, 2737; *Plaßmeier*, NZG 2005, 609; *Reuschle*, NZG 2004, 590; ders., WM 2004, 2334; ders., WM 2004, 966; *Sethe* in *Assmann/Schneider*, §§ 37b, 37c Rn. 137 ff.; *Schneider*, BB 2005, 2249; *Sessler*, WM 2004, 2344.

Vor §§ 37b, 37c 82, 83   Abschnitt 7. Haftung für Kapitalmarktinform.

1. November 2005 in Kraft.[236] Es hat zum Ziel, bessere Voraussetzungen für kapitalmarktrechtliche Massenverfahren zu schaffen. Das Gesetz soll einerseits den geschädigten Anlegern zu effizienterem und erschwinglicherem Rechtsschutz verhelfen, andererseits dem Emittenten eine konzentrierte Verteidigung ermöglichen.

2. Überblick über die gesetzliche Regelung

82 Das KapMuG führt weder eine Sammelklage nach US-amerikanischem Vorbild („class action") noch eine Gruppen- oder Vertreterklage ein. Vielmehr betritt der Gesetzgeber mit dem kollektiven Rechtsbehelf des Musterverfahrens auch im internationalen Vergleich Neuland.[237] Es bleibt bei dem Grundsatz, dass jeder Geschädigte einen Individualprozess führen muss. Jedoch kann eine bestimmte Tatsachen- oder Rechtsfrage durch ein Musterverfahren vor dem zuständigen Oberlandesgericht[238] für alle Parallelfälle geklärt werden. Das Musterverfahren ist in **zwei Verfahrensabschnitte** eingeteilt. Zunächst wird über die **Zulassung eines Musterverfahrens** entschieden. Dafür ist Voraussetzung, dass mindestens zehn gleichgerichtete Anträge zur Klärung derselben streitentscheidenden Musterfrage gestellt und im elektronischen Bundesanzeiger bekannt gemacht werden. Sind diese Voraussetzungen gegeben, holt das Ausgangsgericht einen Musterentscheid beim übergeordneten Oberlandesgericht ein. Im zweiten Abschnitt wird **das eigentliche Musterverfahren** durchgeführt. Unter Zugrundelegung des Musterentscheids des Oberlandesgerichts wird abschließend der individuelle Rechtsstreit des einzelnen Kapitalanlegers entschieden. Alle anderen Verfahren, in denen die behandelte Frage ebenfalls entscheidungserheblich ist, sind gemäß § 7 KapMuG bis zur Erledigung des Musterverfahrens auszusetzen. Das Oberlandesgericht bestimmt einen Musterkläger, alle anderen Kläger sind beizuladen.[239]

83 Ebenfalls durch das KapMuG geändert wurde die ZPO. **§ 32 b Abs. 1 Nr. 1 ZPO** sieht einen **ausschließlichen Gerichtsstand am Sitz des Emittenten** für Ansprüche aufgrund unterlassener oder fehlerhafter Kapitalmarktinformation vor.[240] § 32 b ZPO gilt für alle Beklagten, so dass das Gericht am Sitz des Emittenten auch dann örtlich zuständig ist, wenn nicht dieser nach §§ 37 b, 37 c, sondern Organmitglieder im Rahmen der deliktsrechtlichen Kapitalmarktinformationshaftung in Anspruch genommen werden.[241] Der Gesetzgeber verspricht sich

---

[236] Nach seinem Art. 9 tritt das KapMuG am 1. November 2010 außer Kraft.
[237] Vgl. nur *Maier-Reimer/Wilsing*, ZGR 2006, 79, 84. Das Verfahren basiert auf dem Institut der Nebenintervention (§§ 66 ff ZPO) und auf dem verwaltungsgerichtlichen Musterverfahren (§ 93 a VwGO). – Einen rechtsvergleichenden Überblick bietet KölnKommKapMUG-*Hess*, Einl. Rn. 25 ff.
[238] Gemäß § 4 Abs. 5 KapMuG kann jede Landesregierung für den Fall, dass mehrere Oberlandesgerichte existieren, durch Rechtsverordnung ein zuständiges OLG bestimmen, welches für Musterfeststellungsklagen zuständig ist.
[239] Die Bestimmungen über die Rechtsstellung der Beigeladenen werden zum Teil für verfassungswidrig gehalten, da der Anspruch auf rechtliches Gehör hier verletzt werde. Siehe dazu nur *Maier-Reimer/Wilsing*, ZGR 2006, 79, 112.
[240] Gemäß § 32 b Abs. 1 Satz 2 ZPO gilt dies nicht, wenn sich der Sitz im Ausland befindet. Vgl. dazu BegrRegE, BT-Drs. 15/5091, S. 34.
[241] *Schneider*, BB 2005, 2249, 2250 f.; *Sethe* in *Assmann/Schneider*, §§ 37 b, 37 c Rn. 137.

von der **Zuständigkeitskonzentration** Vorteile insbesondere durch eine einheitliche, kostengünstige Beweisaufnahme.[242]

3. Erfasste Streitigkeiten

Gemäß § 1 Abs. 1 Satz 1 KapMuG ist Voraussetzung für den Musterfeststellungsantrag, dass im erstinstanzlichen Verfahren ein **Schadensersatzanspruch wegen falscher, irreführender oder unterlassener öffentlicher Kapitalmarktinformation** (Nr. 1) oder ein Erfüllungsanspruch aus Vertrag, der auf einem Angebot nach dem Wertpapiererwerbs- und Übernahmegesetz beruht (Nr. 2) geltend gemacht wird. Das Gesetz enthält keine Beschränkung hinsichtlich der Art des Schadensersatzanspruchs, so dass Ansprüche aus den §§ 37 b, 37 c sowie den §§ 826, 823 Abs. 2 BGB in Betracht kommen.[243] § 1 Abs. 1 Satz 3 KapMuG definiert den Begriff der „öffentlichen Kapitalmarktinformationen" als „für eine Vielzahl von Kapitalanlegern bestimmte Informationen über Tatsachen, Umstände, Kennzahlen und sonstige Unternehmensdaten, die einen Emittenten von Wertpapieren oder Anbieter von sonstigen Vermögensanlagen betreffen." Davon erfasst werden nach § 1 Abs. 1 Satz 4 KapMuG insbesondere **Ad-hoc-Mitteilungen**,[244] aber auch weitere Sekundärmarktinformationen wie nach den §§ 37 v ff. zu publizierende **Finanzberichte**.[245] Die Aufzählung in § 1 Abs. 1 Satz 4 KapMuG ist nicht abschließend; da es nur darauf ankommt, dass die (Tatsachen-)Information den Emittenten betrifft und für eine Vielzahl von Kapitalanlegern bestimmt ist, können auch Ansprüche wegen **fehlerhafter freiwilliger Kapitalmarktinformation** Gegenstand eines Musterverfahrens sein. 84

4. Verfahrensablauf

a) Musterfeststellungsantrag und Vorlageverfahren (§§ 1–5 KapMuG)

Mit dem Musterfeststellungsantrag wird gemäß § 1 Abs. 1 Satz 1 KapMuG die **Feststellung des Vorliegens oder Nichtvorliegens anspruchsbegründender oder anspruchsausschließender Voraussetzungen oder die Klärung von Rechtsfragen** begehrt, von denen die Entscheidung des Rechtsstreits abhängen muss. Der Antrag kann nach § 1 Abs. 1 Satz 2 KapMuG vom Kläger oder vom Beklagten gestellt werden; er muss den in § 1 Abs. 2 KapMuG geregelten Inhalt haben. Insbesondere ist darzulegen, dass der Entscheidung über den Musterfeststellungsantrag **Bedeutung über den einzelnen Rechtsstreit hinaus** für andere gleichgelagerte Rechtsstreitigkeiten zukommen kann. 85

Da § 1 Abs. 1 Satz 1 KapMuG ausdrücklich anspruchsbegründende und anspruchsausschließende Voraussetzungen nennt, kann sich die Musterfrage – anders als bei einer Feststellungsklage nach § 256 ZPO – auch auf einzelne Elemente oder Vorfragen der Anspruchsgrundlage, wie zB die Richtigkeit der Kapi- 86

---

[242] BegrRegE, BT-Drs. 15/5091, S. 33.
[243] Siehe nur KölnKommKapMUG-*Kruis*, § 1 Rn. 16; *Fullenkamp* in *Vorwerk/Wolf*, § 4 Rn. 18. Nicht erfasst sind Streitigkeiten, die lediglich mittelbar einen Bezug zu einer öffentlichen Kapitalmarktinformation haben (zB im Zusammenhang mit einer Anlageberatung), s. BGH ZIP 2008, 1326, 1327 mwN.
[244] Vgl. auch KölnKommWpHG-*Möllers/Leisch*, §§ 37 b, c Rn. 478.
[245] Ausführlich dazu KölnKommKapMuG-*Kruis*, § 1 Rn. 62 ff.; zur Erfassung von Verkaufsprospekten des sog. „Grauen Kapitalmarkts" s. BGH ZIP 2008, 1326, 1327.

Vor §§ 37b, 37c 87, 88   Abschnitt 7. Haftung für Kapitalmarktinform.

talmarktinformation beziehen.[246] Nach der Begründung des Regierungsentwurfs sollen der individuelle Schaden eines Klägers, Fragen der Kausalität, soweit ihnen ein **individueller Tatsachenverlauf** zugrunde liegt, und ein Mitverschulden des Anlegers **nicht feststellungsfähig** sein.[247] Dies ist zutreffend und ergibt sich bereits daraus, dass diese Fragen keine Bedeutung über den individuellen Rechtsstreit hinaus haben können.[248] Als Rechtsfragen mit Bedeutung für andere gleichgelagerte Rechtsstreitigkeiten können aber zB die Berechnungsmethode des Schadens[249] und die Frage, welche Anforderungen an die Kausalität[250] zu stellen sind, als zulässige Musterfragen in Betracht kommen.[251]

87   Ein nach Maßgabe des § 1 Abs. 3 KapMuG zulässiger Antrag ist gemäß § 2 KapMuG im **Klageregister** des elektronischen Bundesanzeigers bekannt zu machen; mit der Bekanntmachung wird das Verfahren vor dem Ausgangsgericht nach § 3 KapMuG unterbrochen. Wenn in diesem Verfahren der zeitlich erste Musterfeststellungsantrag gestellt wurde und innerhalb von vier Monaten nach seiner Bekanntmachung in mindestens neun weiteren Verfahren bei demselben oder einem anderen Gericht gleichgerichtete Musterfeststellungsanträge gestellt wurden, hat das Ausgangsgericht nach § 4 Abs. 1 KapMuG durch bindenden **Vorlagebeschluss** einen Musterentscheid des zuständigen Oberlandesgerichts herbeizuführen.[252] Der Vorlagebeschluss entfaltet Sperrwirkung gemäß § 5 KapMuG.

b) Durchführung des Musterverfahrens (§§ 6–15 KapMuG)

88   Nach Eingang des Vorlagebeschlusses macht das Oberlandesgericht das Musterverfahren im Klageregister bekannt, § 6 KapMuG. Danach setzt gemäß § 7 KapMuG das Prozessgericht von Amts wegen alle bereits anhängigen oder bis zum Erlass des Musterentscheids noch anhängig werdenden Verfahren aus, deren Entscheidung von der im Musterverfahren zu treffenden Feststellung oder der im Musterverfahren zu klärenden Rechtsfrage abhängt. Gemäß § 8 Abs. 2 KapMuG bestimmt das Oberlandesgericht einen **Musterkläger** aus den Klägern vor dem Ausgangsgericht. Dabei entscheidet das Oberlandesgericht nach billigem Ermessen; zu berücksichtigen sind die Höhe des Anspruchs sowie eine Verständigung

---

[246] BegrRegE, BT-Drs. 15/5091, S. 20; zulässige Feststellungsziele sind zB unrichtige Ad-hoc-Meldungen und verspätete Gewinnwarnungen, OLG München Der Konzern 2007, 681, 682; AG 2008, 219, 220. Auf der anderen Seite kann das Bestehen eines Anspruchs als solchen (im Gegensatz zu einzelnen Voraussetzungen einer Anspruchsnorm) nicht Feststellungsziel eines Musterfeststellungsantrags sein, BGH ZIP 2008, 1326, 1328.
[247] BT-Drs. 15/5091, S. 20.
[248] Im Ergebnis ebenso BGH ZIP 2008, 1326, 1327; OLG München AG 2008, 219, 220; wohl auch KölnKommKapMuG-*Kruis*, § 1 Rn. 94 ff.
[249] *Maier-Reimer/Wilsing*, ZGR 2006, 79, 99; vgl. auch *Sethe* in *Assmann/Schneider*, §§ 37b, 37c Rn. 139; *Fullenkamp* in *Vorwerk/Wolf*, § 4 Rn. 19.
[250] *Maier-Reimer/Wilsing*, ZGR 2006, 79, 99; *Möllers/Weichert*, NJW 2005, 2737, 2738. Zu pauschal dagegen *Hess*, ZIP 2005, 1713, 1715.
[251] Ausführlich zu den möglichen Feststellungsgründen KölnKommKapMuG-*Kruis*, § 1 Rn. 134 ff.
[252] Für das nach § 4 Abs. 1 Satz 1 Nr. 2, Abs. 4 KapMuG erforderliche Quorum kommt es auf die Zahl der gleichgerichteten Musterfeststellungsanträge (Kläger) an, so BGH ZIP 2008, 1197 f.; LG Stuttgart ZIP 2006, 1731, 1732; *Gundermann/Härle*, VuR 2006, 457, 458; **aA** (mindestens zehn verschiedene Verfahren) OLG München ZIP 2007, 649; *Fullenkamp* in *Vorwerk/Wolf*; KapMuG, § 4 Rn. 11.

mehrerer Kläger auf einen Musterkläger.[253] Damit soll einem „race to the courtroom" vorgebeugt werden, das entstehen könnte, wenn nur der zeitlich erste Kläger als Musterkläger bestimmt werden könnte.[254]

Neben Musterkläger und Beklagtem werden auch die anderen Kläger als Beigeladene am Verfahren beteiligt; dies wird über die Regelung des § 8 Abs. 3 S. 2 KapMuG erreicht, nach der der Aussetzungsbeschluss gemäß § 7 Abs. 1 KapMuG als Beiladung gilt. Die Rechtsstellung des Beigeladenen ist nach § 12 KapMuG mit der von einfachen Nebenintervenienten vergleichbar.[255] Umstritten ist, welche Folgen sich ergeben, wenn die Aussetzung nach § 7 Abs. 1 KapMuG nicht oder nicht ordnungsgemäß erfolgt und damit der betroffene Kläger nicht Beigeladener des Musterverfahrens wird. Nach einer Ansicht ist in diesem Fall der Musterkläger als nicht ordnungsgemäß geladen im Sinne des § 335 Abs. 1 Nr. 2 ZPO anzusehen, so dass kein Versäumnisurteil gegen ihn ergehen könnte.[256] Dagegen wird eingewandt,[257] diese Lösung sei nicht praxisgerecht, da bereits eine einzige fehlerhafte von möglicherweise mehreren tausend Beiladungen dazu führe, dass nicht mehr verhandelt werden dürfe. Daher sei davon auszugehen, dass der nicht Beigeladene nur dann von den Bindungswirkungen des Musterentscheids erfasst werde, wenn er nachträglich sein Einverständnis mit der Prozessführung des Musterklägers erkläre; auf die Ordnungsgemäßheit der Ladung des Musterklägers habe die fehlende Beiladung dagegen keinen Einfluss. Der erstgenannten Ansicht ist zu folgen. Da der Gesetzgeber die Stellung des Beigeladenen vergleichbar mit der eines Nebenintervenienten ausgestaltet hat, sind bei nicht ordnungsgemäßer Beiladung die gleichen Rechtsfolgen anzunehmen wie bei nicht ordnungsgemäßer Ladung eines Nebenintervenienten. In der Praxis dürfte dies keine negativen Folgen haben, da der Beigeladene durch die ihm in § 12 KapMuG eingeräumte Stellung die Säumnis des Musterklägers verhindern kann.[258] Im Übrigen setzt die ordnungsgemäße Beiladung nach § 8 Abs. 3 Satz 2 KapMuG lediglich einen wirksamen Aussetzungsbeschluss voraus, der gemäß § 7 Abs. 1 Satz 4 KapMuG nicht anfechtbar ist. Befürchtungen, eine fehlerhafte Beiladung könne zur Fehlerhaftigkeit des gesamten Verfahrens führen,[259] sind daher unbegründet.

Die allgemeinen Verfahrensgrundsätze sind in den §§ 9 ff. KapMuG geregelt. Danach finden grundsätzlich die im ersten Rechtszug für das Verfahren vor den Landgerichten geltenden Vorschriften der ZPO entsprechende Anwendung. Gemäß § 14 KapMuG entscheidet das Oberlandesgerichts durch Beschluss. Alle Beteiligten, also auch die Beigeladenen, können gegen den Musterentscheid Rechtsbeschwerde nach § 15 KapMuG iVm den §§ 574 ff. ZPO einlegen.

---

[253] Zur Auswahl des Musterklägers siehe *Kilian*, S. 90 ff.
[254] Vgl. BegrRegE, BT-Drs. 15/5091, S. 25; KölnKommKapMuG-*Reuschle*, § 8 Rn. 32; *Möllers/Weichert*, NJW 2005, 2737, 2739.
[255] Vgl. KölnKommKapMuG-*Reuschle*, § 12 Rn. 13; *Reuschle*, WM 2004, 2334, 2338; *Sethe* in *Assmann/Schneider*, §§ 37b, 37c Rn. 144, 147.
[256] *Wolf* in *Vorwerk/Wolf*, § 14 Rn. 18; *Hess*, ZIP 2005, 1713, 1715 Fn. 54; generell gegen die Anwendbarkeit der §§ 330 ff. ZPO im Musterverfahren KölnKommKapMuG-*Vollkommer*, § 9 Rn. 137 ff.
[257] *Sethe* in *Assmann/Schneider*, §§ 37b, 37c Rn. 145.
[258] Siehe nur KölnKommKapMuG-*Reuschle*, § 12 Rn. 17; *Reuschle*, WM 2004, 966, 978 Fn. 103.
[259] So aber *Sethe* in *Assmann/Schneider*, §§ 37b, 37c Rn. 145.

c) Bindungswirkung des Musterentscheids (§ 16 KapMuG)

91 Die Einreichung des rechtskräftigen Musterentscheids durch einen Beteiligten des Musterverfahrens führt zur Wiederaufnahme des Verfahrens in der Hauptsache, § 16 Abs. 1 Satz 5 KapMuG. Gemäß § 16 Abs. 1 Satz 1 KapMuG bindet der Musterentscheid die Prozessgerichte, deren Entscheidung von der im Musterverfahren getroffenen Feststellung oder der im Musterverfahren zu klärenden Rechtsfrage abhängt. Der Musterentscheid wirkt nach § 16 Abs. 1 Satz 3 KapMuG auch für und gegen alle Beigeladenen unabhängig davon, ob ein Beigeladener selbst alle Streitpunkte ausdrücklich geltend gemacht hat. Im Übrigen enthält § 16 Abs. 2 KapMuG für die Bindungswirkung gegenüber den Beigeladenen eine § 68 ZPO entsprechende Regelung.[260] Nicht von der Rechtskraft eines Musterentscheides betroffen sind Klagen, die erst nach Abschluss des Musterverfahrens anhängig werden und die also nicht gemäß § 7 Abs. 1 KapMuG ausgesetzt wurden.[261]

§ 37b Schadenersatz wegen unterlassener unverzüglicher Veröffentlichung von Insiderinformationen

(1) Unterlässt es der Emittent von Finanzinstrumenten, die zum Handel an einer inländischen Börse zugelassen sind, unverzüglich eine Insiderinformation zu veröffentlichen, die ihn unmittelbar betrifft, ist er einem Dritten zum Ersatz des durch die Unterlassung entstandenen Schadens verpflichtet, wenn der Dritte

1. die Finanzinstrumente nach der Unterlassung erwirbt und er bei Bekanntwerden der Insiderinformation noch Inhaber der Finanzinstrumente ist oder
2. die Finanzinstrumente vor dem Entstehen der Insiderinformation erwirbt und nach der Unterlassung veräußert.

(2) Nach Absatz 1 kann nicht in Anspruch genommen werden, wer nachweist, dass die Unterlassung nicht auf Vorsatz oder grober Fahrlässigkeit beruht.

(3) Der Anspruch nach Absatz 1 besteht nicht, wenn der Dritte die Insiderinformation im Falle des Absatzes 1 Nr. 1 bei dem Erwerb oder im Falle des Absatzes 1 Nr. 2 bei der Veräußerung kannte.

(4) Der Anspruch nach Absatz 1 verjährt in einem Jahr von dem Zeitpunkt an, zu dem der Dritte von der Unterlassung Kenntnis erlangt, spätestens jedoch in drei Jahren seit der Unterlassung.

(5) Weitergehende Ansprüche, die nach Vorschriften des bürgerlichen Rechts auf Grund von Verträgen oder vorsätzlichen unerlaubten Handlungen erhoben werden können, bleiben unberührt.

---

[260] Vgl. *Möllers/Weichert*, NJW 2005, 2737, 2740; *Reuschle*, WM 2004, 2334, 2342; *Sethe* in *Assmann/Schneider*, §§ 37b, 37c Rn. 150f.; vgl. auch *Hess*, WM 2004, 2329, 2331.
[261] Siehe im Einzelnen KölnKommKapMuG-*Kruis*, § 7 Rn. 16 sowie *Keller/Kolling*, BKR 2005, 399, 401f.; *Sethe* in *Assmann/Schneider*, §§ 37b, 37c Rn. 152, beide mit zutreffendem Hinweis auf die den mit einer Klage abwartenden Anlegern drohende Verjährung.

Schadenersatz wegen Veröffentlichung   §§ 37b, 37c

(6) Eine Vereinbarung, durch die Ansprüche des Emittenten gegen Vorstandsmitglieder wegen der Inanspruchnahme des Emittenten nach Absatz 1 im Voraus ermäßigt oder erlassen werden, ist unwirksam.

§ 37c Schadenersatz wegen Veröffentlichung unwahrer Insiderinformationen

(1) Veröffentlicht der Emittent von Finanzinstrumenten, die zum Handel an einer inländischen Börse zugelassen sind, in einer Mitteilung nach § 15 eine unwahre Insiderinformation, die ihn unmittelbar betrifft, ist er einem Dritten zum Ersatz des Schadens verpflichtet, der dadurch entsteht, dass der Dritte auf die Richtigkeit der Insiderinformation vertraut, wenn der Dritte
1. die Finanzinstrumente nach der Veröffentlichung erwirbt und er bei dem Bekanntwerden der Unrichtigkeit der Insiderinformation noch Inhaber der Finanzinstrumente ist oder
2. die Finanzinstrumente vor der Veröffentlichung erwirbt und vor dem Bekanntwerden der Unrichtigkeit der Insiderinformation veräußert.

(2) Nach Absatz 1 kann nicht in Anspruch genommen werden, wer nachweist, dass er die Unrichtigkeit der Insiderinformation nicht gekannt hat und die Unkenntnis nicht auf grober Fahrlässigkeit beruht.

(3) Der Anspruch nach Absatz 1 besteht nicht, wenn der Dritte die Unrichtigkeit der Insiderinformation im Falle des Absatzes 1 Nr. 1 bei dem Erwerb oder im Falle des Absatzes 1 Nr. 2 bei der Veräußerung kannte.

(4) Der Anspruch nach Absatz 1 verjährt in einem Jahr von dem Zeitpunkt an, zu dem der Dritte von der Unrichtigkeit der Insiderinformation Kenntnis erlangt, spätestens jedoch in drei Jahren seit der Veröffentlichung.

(5) Weitergehende Ansprüche, die nach Vorschriften des bürgerlichen Rechts auf Grund von Verträgen oder vorsätzlichen unerlaubten Handlungen erhoben werden können, bleiben unberührt.

(6) Eine Vereinbarung, durch die Ansprüche des Emittenten gegen Vorstandsmitglieder wegen der Inanspruchnahme des Emittenten nach Absatz 1 im Voraus ermäßigt oder erlassen werden, ist unwirksam.

Schrifttum: Vgl. die Angaben Vor §§ 37b, 37c.

Übersicht

	Rn.
I. Grundlagen	1
1. Regelungsgegenstand	1
2. Zweck	4
3. Rechtsnatur der Haftung	5
II. Anspruchsvoraussetzungen des § 37b	6
1. Unterlassen einer gebotenen Ad-hoc-Mitteilung	6
a) Allgemeines	6
b) Anwendungsbereich	8
c) Beginn und Ende der Unterlassung	13
2. Haftungsbegründende Erwerbs- und Veräußerungsgeschäfte	16
a) Erfordernis tatsächlicher Transaktionen	16
b) „Zu teurer" Kauf (Abs. 1 Nr. 1)	18
c) „Zu billiger" Verkauf (Abs. 1 Nr. 2)	20

§§ 37b, 37c 1–3   Abschnitt 7. Haftung für Kapitalmarktinform.

	Rn.
III. Anspruchsvoraussetzungen des § 37 c	21
1. Unwahre Information in einer Ad-hoc-Mitteilung	21
2. Haftungsbegründender Tatbestand	24
IV. Schadensersatz als Rechtsfolge	28
1. Kausalität	28
a) Problemstellung	28
b) Kausalitätserfordernis im Fall des § 37 c	29
c) Kausalitätserfordernis im Fall des § 37 b	30
d) Beweiserleichterungen	31
2. Ersatzfähiger Vermögensschaden	33
3. Schadensminderungspflicht	36
V. Verschulden (§§ 37 b Abs. 2, 37 c Abs. 2)	37
1. Verschuldensmaßstab	37
2. Beweislastumkehr	39
VI. Ausschluss des Schadensersatzanspruchs (§§ 37 b Abs. 3, 37 c Abs. 3)	41
VII. Verjährung (§§ 37 b Abs. 4, 37 c Abs. 4)	42
VIII. Weitergehende Ansprüche gegen den Emittenten (§§ 37 b Abs. 5, 37 c Abs. 5)	45
IX. Regressansprüche des Emittenten (§§ 37 b Abs. 6, 37 c Abs. 6)	46

I. Grundlagen

1. Regelungsgegenstand

1 § 37 b sanktioniert die **Verletzung der Pflicht zur unverzüglichen Veröffentlichung von Insiderinformationen** nach § 15.[1] Unterbleibt eine gebotene Ad-hoc-Mitteilung völlig oder wird sie nicht rechtzeitig veröffentlicht, ist der Emittent unter bestimmten Voraussetzungen „zum Ersatz des durch die Unterlassung entstandenen Schadens" verpflichtet. Der durch das Vierte Finanzmarktförderungsgesetz mit Wirkung zum 1. Juli 2002 eingeführte spezielle Schadensersatzanspruch beschränkt sich somit auf eine einzige Form der Pflichtpublizität im organisierten Sekundärmarkt.[2]

2 § 37 c begründet eine spezielle kapitalmarktrechtliche Schadensersatzhaftung für die **Veröffentlichung unwahrer Insiderinformationen** nach § 15. Die Vorschrift lehnt sich in Wortlaut und Aufbau eng an § 37 b an. Allgemein zu den von den §§ 37 b, 37 c erfassten Fallgruppen siehe bereits Vor §§ 37 b, 37 c Rn. 22 ff.

3 Die §§ 37 b, 37 c **verpflichten ausschließlich den Emittenten** zur Leistung von Schadensersatz.[3] Dies entspricht der Regelung der Ad-hoc-Publizitätspflicht in § 15, der alleine der Emittent unterliegt; die Verwaltungsmitglieder des Emittenten sind nur diesem gegenüber, nicht aber gegenüber den Anlegern für die Einhaltung des § 15 verantwortlich. Jedenfalls aus diesem Grund[4] kommt eine

---

[1] Zu den Änderungen durch das Anlegerschutzverbesserungsgesetz vgl. nur *Nietsch*, BB 2005, 785.

[2] Siehe dazu (und gegen eine analoge Anwendung der §§ 37 b, 37 c auf andere Formen der Kapitalmarktinformation) Vor §§ 37 b, 37 c Rn. 21.

[3] *Mülbert/Steup* in *Habersack/Mülbert/Schlitt*, Hdb. Unternehmensfinanzierung § 26 Rn. 140; *Zimmer* in *Schwark*, §§ 37 b, 37 c Rn. 21.

[4] Zur Rechtsnatur der Haftung siehe Rn. 5.

Haftung der Verwaltungsmitglieder nach § 830 Abs. 1 Satz 1 BGB iVm §§ 37b, 37c nicht in Betracht.[5] Die Organmitglieder sind auch keine Anstifter oder Gehilfen des Emittenten im Sinne des § 830 Abs. 2 BGB, da sie für diesen handeln.[6] Zudem darf die gesetzgeberische Entscheidung gegen eine persönliche Außenhaftung der Organmitglieder in diesem Bereich nicht durch eine Teilnehmerhaftung ausgehebelt werden.

2. Zweck

Obwohl der Gesetzgeber ausweislich der Begründung zu § 15 Abs. 6 daran festhält, dass die Ad-hoc-Publizität dem Schutz der Funktionsfähigkeit des Kapitalmarkts diene,[7] hat er mit § 37b und dem parallel ausgestalteten § 37c für die Fälle unterbliebener und inhaltlich unrichtiger Ad-hoc-Mitteilungen Anspruchsgrundlagen für die Geltendmachung erlittener Vermögensschäden durch einzelne Anleger geschaffen und damit in der Sache gezielt den **individuellen Anlegerschutz gestärkt**.[8] Sein „Lippenbekenntnis" zur (angeblich) fehlenden Schutzgesetzeigenschaft des § 15 ist insoweit nicht nur widersprüchlich, sondern auch unnötig: Der damit intendierte Ausschluss etwaiger weitergehender Ansprüche aus § 823 Abs. 2 BGB iVm § 15 ergibt sich schon aus dem eindeutigen Wortlaut des § 15 Abs. 6 S. 1 (Schadensersatzpflicht bei Verstößen gegen § 15 „nur unter den Voraussetzungen der §§ 37b und 37c"). Durch die Einräumung spezieller Schadensersatzansprüche bei Verletzung der Ad-hoc-Publizitätspflicht wird zugleich das Vertrauen des Anlegerpublikums und damit die Funktionsfähigkeit des Kapitalmarktes insgesamt gestärkt.[9] Allgemein zu den Grundlagen der Schadensersatzhaftung für fehlerhafte Kapitalmarktinformation siehe Vor §§ 37b, 37c Rn. 25 ff.

3. Rechtsnatur der Haftung

Es ist umstritten, ob die §§ 37b, 37c eine **Vertrauenshaftung**[10] begründen oder ob es sich um **deliktische Ansprüche**[11] handelt. Die praktische Bedeutung dieser Frage ist vergleichsweise gering. Eine Anwendung des § 830 BGB auf die Verwaltungsmitglieder des Emittenten scheidet selbst dann aus, wenn man §§ 37b, 37c als deliktische Anspruchsgrundlagen qualifiziert.[12] Auch die Frage einer möglichen Teilnehmerhaftung außenstehender Dritter sollte nicht (allein) von der deliktischen Einordnung der §§ 37b, 37c abhängig gemacht werden, sondern von der materiellen Wertungskongruenz und Systemstimmigkeit einer

---

[5] KölnKommMuG-*Casper*, §§ 37b, 37c WpHG Rn. 83; *Dogan*, S. 219 Fn. 1141; *Sethe* in *Assmann/Schneider*, §§ 37b, 37c Rn. 133; *Zimmer* in *Schwark*, §§ 37b, 37c Rn. 130.
[6] *Zimmer* in *Schwark*, §§ 37b, 37c Rn. 130; *Fleischer*, AG 2008, 265, 271 mwN.
[7] BT-Drs. 14/8017, S. 87: „Die Neuregelung unterstreicht, dass es sich bei § 15 nicht um ein Schutzgesetz im Sinne des § 823 Abs. 2 BGB handelt. Schutzgut des § 15 ist die Sicherung der Funktionsfähigkeit des Kapitalmarkts."
[8] Vgl. auch *Sethe* in *Assmann/Schneider*, §§ 37b, 37c Rn. 9.
[9] Vgl. zu den Wechselwirkungen zwischen Individual- und Funktionenschutz bereits Einl. Rn. 13ff., Vor §§ 37b, 37c Rn. 5f.
[10] *Dogan*, S. 53ff.; *Mülbert/Steup*, WM 2005, 1633, 1637f.; *Veil*, BKR 2005, 91, 92; *Zimmer* in *Schwark*, §§ 37b, 37c Rn. 9; *Casper*, BKR 2005, 91, 92.
[11] *Köndgen* in FS Druey, S. 791, 805; *Möllers* in *Möllers/Rotter*, § 13 Rn. 12; *Rieckers*, BB 2002, 1213, 1220; *Sethe* in *Assmann/Schneider*, §§ 37b, 37c Rn. 17ff.; *Fleischer*, AG 2008, 265, 271f. mwN; wohl auch *Dühn*, § 5 B.
[12] Vgl. oben Rn. 3.

solchen Haftung.[13] Mit Einführung des § 32b ZPO stellt sich auch das Problem nicht mehr, ob § 32 ZPO eingreift. Damit dürfte die Rechtsnatur der Haftung nur im Rahmen des Art. 5 Nr. 3 EuGVVO, der unerlaubte Handlungen erfasst, eine Rolle spielen.[14] Die besseren Argumente sprechen für eine Einordnung der §§ 37b, 37c als deliktische Ansprüche. Entscheidend dürfte sein, dass zwischen ad-hoc-publizitätspflichtigem Emittenten und Anleger keine Sonderverbindung besteht; der Emittent nimmt durch die Veröffentlichung von Informationen kein persönliches Vertrauen in Anspruch.[15]

5a Daraus folgt jedoch **nicht**, dass bei Verletzung der Ad-hoc-Publizitätspflicht über § 830 Abs. 2 BGB mittelbar auch **außenstehende Dritte als Gehilfen** in einen Haftungsverbund mit dem Emittenten einbezogen werden könnten. Bei der Ausgestaltung der spezialgesetzlichen Emittentenhaftung nach §§ 37b, 37c hat sich der Gesetzgeber weitgehend an der börsengesetzlichen Prospekthaftung nach §§ 44, 45 BörsG orientiert. Nur dort hat er jedoch mit der Verantwortlichkeit des Prospektveranlassers (§ 44 Abs. 1 Nr. 2 BörsG) einen begrenzten Sondertatbestand geschaffen, um eine bestimmte Art von Hintermännern oder Anstiftern zu erfassen, während er bei §§ 37b, 37c darauf verzichtet hat. Dies rechtfertigt den Schluss, dass nach den Vorstellungen des Gesetzgebers eine über die allgemeine deliktische Teilnehmerhaftung vermittelte **Dritthaftung bei der speziellen kapitalmarktrechtlichen Informationshaftung ausgeschlossen** sein soll.[16] Hinzu kommt, dass nach allgemeinen Grundsätzen die Teilnehmerhaftung eine vorsätzliche Haupttat voraussetzt, während die Haftung für fehlerhafte oder unterlassene Ad-hoc-Publizität bereits bei grober Fahrlässigkeit eingreift.[17] Im Übrigen besteht bei vorsätzlichen Taten ohnehin die Möglichkeit einer **Teilnehmerhaftung nach §§ 826, 830 Abs. 2 BGB**.

II. Anspruchsvoraussetzungen des § 37b

1. Unterlassen einer gebotenen Ad-hoc-Mitteilung

a) Allgemeines

6 Der Schadensersatzanspruch nach § 37b knüpft an das völlige Unterlassen oder die verspätete Veröffentlichung einer Ad-hoc-Mitteilung nach § 15 Abs. 1 S. 1 an.[18] Normadressaten sind Emittenten von Finanzinstrumenten, die an einer inländischen Börse zugelassen sind (dazu noch Rn. 7). Da sich die Vorschrift auch in ihrer Formulierung ganz eng an den Wortlaut des § 15 Abs. 1 Satz 1 anlehnt, stellen sich die für § 15 Abs. 1 Satz 1 bekannten Auslegungsprobleme nunmehr auch im Rahmen des § 37b.[19] Insoweit wird auf die Kommentierung zu § 15 verwiesen.

---

[13] So auch *Fleischer*, AG 2008, 265, 272, der für eine teleologische Herangehensweise unter Berücksichtigung des kapitalmarktrechtlichen Normumfelds plädiert (s. a. Rn. 5a).
[14] *Sethe* in *Assmann/Schneider*, §§ 37b, 37c Rn. 17.
[15] Ausführlich *Sethe* in *Assmann/Schneider*, §§ 37b, 37c Rn. 19ff.
[16] *Fleischer*, AG 2008, 265, 273.
[17] *Fleischer*, AG 2008, 265, 273.
[18] BT-Drs. 14/8017, S. 93.
[19] Darauf weisen zB hin: *Möllers/Leisch*, BKR 2002, 1071; *Rössner/Bolkart*, ZIP 2002, 1471, 1472ff.; *Großmann/Nikoleyczik*, DB 2002, 2031, 2032; *Hutter/Leppert*, NZG 2002, 649, 654; vgl. auch KölnKommWpHG-*Möllers/Leisch*, §§ 37b, 37c Rn. 101.

Schadenersatz wegen Veröffentlichung 7–10 §§ 37b, 37c

Seit den Änderungen durch das **Anlegerschutzverbesserungsgesetz**[20] und 7
das **Transparenzrichtlinieumsetzungsgesetz**[21] weist der Tatbestand des § 37b
zwei Unterschiede zu § 15 Abs. 1 Satz 1 auf: Zum einen müssen die Finanzinstrumente (früher: Wertpapiere) gemäß § 37b nach wie vor an „einer inländischen Börse" zugelassen sein, während § 15 Abs. 1 Satz 1 nunmehr auf den „**Inlandsemittenten**" gem. § 2 Abs. 7 WpHG abstellt. Diese Änderung ist der durch die Transparenzrichtlinie erfolgten Umstellung auf das Herkunftsstaatsprinzip geschuldet. Inhaltlich bedeutet dies allerdings keine Abweichung, da beide Formulierungen im Ergebnis nur den regulierten Markt i. S. d. §§ 32 ff. BörsG erfassen. Zum anderen verpflichtet § 15 Abs. 1 Satz 2 nicht mehr nur den Emittenten von bereits zugelassenen Finanzinstrumenten, sondern auch den Emittenten von **Finanzinstrumenten, deren Zulassung beantragt wurde**. Diese Erweiterung wurde nicht in § 37b übernommen. Es ist jedoch nicht ersichtlich, dass der Gesetzgeber den Tatbestand des § 37b insoweit gegenüber § 15 Abs. 1 Satz 1 einschränken wollte, so dass von einem reinen Redaktionsversehen auszugehen ist.[22]

b) Anwendungsbereich

§ 37b erstreckt sich auf das **Unterlassen oder die Verzögerung jedweder** 8
gebotenen Ad-hoc-Meldung ohne Rücksicht auf ihren Inhalt.[23] In der Praxis dürften aber vor allem die Fälle nicht oder nicht rechtzeitig erfolgter Negativmeldungen wie etwa Umsatz- oder Gewinnwarnungen Bedeutung erlangen, da die Unternehmensleitung des Emittenten ein starkes Interesse an der raschen Verbreitung positiver Nachrichten hat. Doch ist es nicht ausgeschlossen, dass es – etwa infolge grober Organisationsmängel – auch zu Verzögerungen bei der Bekanntgabe neuer positiver Tatsachen aus dem Tätigkeitsbereich des Emittenten kommt und Anleger durch eine in Unkenntnis getroffene Desinvestitionsentscheidung einen Vermögensschaden erleiden.

Gibt der Emittent zwar eine Ad-hoc-Mitteilung ab, werden jedoch bestimmte 9
Einzelinformationen nicht veröffentlicht, greift § 37b, wenn diese Einzelinformationen für sich genommen publizitätspflichtig sind.[24] Eine solche **teilweise Nichtveröffentlichung** kann zugleich auch den Tatbestand des § 37c erfüllen.[25]
Fraglich ist, ob nur die Verletzung der primären Ad-hoc-Publizitätspflicht nach 10
§ 15 Abs. 1 Satz 1 Ansprüche nach § 37b Abs. 1 begründet oder auch die Verlet-

---

[20] Siehe dazu bereits Vor §§ 37b, 37c Rn. 11 ff.
[21] Gesetz zur Umsetzung der Richtlinie 2004/109/EG des Europäischen Parlaments und des Rates vom 15. Dezember 2004 zur Harmonisierung der Transparenzanforderungen in Bezug auf Informationen über Emittenten, deren Wertpapiere zum Handel auf einem geregelten Markt zugelassen sind, und zur Änderung der Richtlinie 2001/34/EG (Transparenzrichtlinie-Umsetzungsgesetz – TUG), vom 5. 1. 2007, BGBl. I 2007, S. 10 ff.
[22] Zutreffend *Schäfer* in *Marsch-Barner*, Hdb. börsennotierte AG, § 16 Rn. 7; *Sethe* in *Assmann/Schneider*, §§ 37b, 37c Rn. 39; KölnKommWpHG-*Möllers/Leisch*, §§ 37b, 37c Rn. 91.
[23] Vgl. BegrRegE, BT-Drs. 14/8017, S. 93 („sowohl im Fall der Unterlassung positiver als auch negativer Veröffentlichungen").
[24] *Mülbert/Steup* in *Habersack/Mülbert/Schlitt*, Hdb. Unternehmensfinanzierung, § 26 Rn. 126; KölnKommKapMuG-*Casper*, §§ 37b, 37c WpHG Rn. 29; *Zimmer* in *Schwark*, §§ 37b, 37c Rn. 31.
[25] *Mülbert/Steup* in *Habersack/Mülbert/Schlitt*, Hdb. Unternehmensfinanzierung, § 26 Rn. 126; KölnKommKapMuG-*Casper*, §§ 37b, 37c WpHG Rn. 29; *Zimmer* in *Schwark*, §§ 37b, 37c Rn. 31.

zung weiterer in § 15 normierter Pflichten des Emittenten. Das gilt vor allem für das **Unterlassen oder die Verzögerung einer Korrekturmitteilung nach § 15 Abs. 2 Satz 2**. Danach sind unwahre Informationen in einer Ad-hoc-Mitteilung unverzüglich in einer Veröffentlichung nach § 15 Abs. 1 S. 1 zu berichtigen, auch wenn die dort genannten Voraussetzungen nicht erfüllt sind. Für eine **Erfassung auch derartiger „sekundärer" Verstöße** spricht der schon erwähnte § 15 Abs. 6 Satz 1, der auf Verstöße des Emittenten gegen „Verpflichtung nach den Absätzen 1 bis 4" Bezug nimmt und die Möglichkeit einer darauf gestützten Schadensersatzhaftung nach §§ 37 b, 37 c eröffnet. Der Umstand, dass die Veröffentlichung einer unwahren Tatsache schon nach § 37 c schadensersatzbewehrt ist, steht dem nicht entgegen. Denn durch die Verzögerung oder das Unterlassen der gebotenen Berichtigungsmeldung können weitere Anleger geschädigt werden, die zwar nicht auf die Richtigkeit der ursprünglichen (falschen) Meldung vertraut, sich aber in der noch durch die Falschmeldung beeinflussten Marktsituation für den Kauf von Finanzinstrumenten des Emittenten entschieden haben und dies bei Kenntnis der Korrekturmeldung nicht getan hätten.[26]

11 Aber auch Mindestinhalt, Art, Umfang und Form der Veröffentlichung[27] der Ad-hoc-Mitteilung nach Maßgabe des § 15 Abs. 7 sind so eng mit Sinn und Zweck der Publizitätspflicht verbunden, dass ihre Nichtbeachtung dazu führt, dass ein Unterlassen der gebotenen Ad-hoc-Meldung vorliegt. Bei einer **nicht formgerechten Mitteilung** endet der Verstoß erst, wenn die auf andere Weise verbreitete Tatsache „öffentlich bekannt" ist. Zudem entfällt ein Schadensersatzanspruch, wenn der einzelne Anspruchsteller die Tatsache kennt (Abs. 3).

12 Ist der Emittent **nach § 15 Abs. 3 Satz 1 von der Pflicht zur (unverzüglichen) Veröffentlichung befreit**, ist § 37 b nicht anwendbar. Auch wenn § 37 b diese besondere Fallgestaltung nicht explizit erwähnt,[28] ergibt eine systematische und am Normzweck orientierte Auslegung, dass in diesem Fall eine Schadensersatzverpflichtung des Emittenten ausscheidet.[29] Andernfalls käme es zu der widersprüchlichen Situation, dass die Unterlassung einer Information im Rahmen des § 15 rechtmäßig wäre, im Hinblick auf § 37 b aber zu einer Schadensersatzhaftung führen könnte.

c) Beginn und Ende der Unterlassung

13 Sobald der Emittent dem Gebot der „unverzüglichen" Veröffentlichung einer Insiderinformation nach § 15 Abs. 1 S. 1 nicht nachgekommen ist, liegt grund-

---

[26] Für Anwendung des § 37 b bei unterbleibender Berichtigung auch KölnKomm WpHG-*Möllers/Leisch*, §§ 37 b, 37 c Rn. 111; *Mülbert/Steup* in *Habersack/Mülbert/Schlitt*, Hdb. Unternehmensfinanzierung, § 26 Rn. 126.

[27] Vgl. dazu auch *Mülbert/Steup* in *Habersack/Mülbert/Schlitt*, Hdb. Unternehmensfinanzierung, § 26 Rn. 126; KölnKommWpHG-*Möllers/Leisch*, §§ 37 b, 37 c Rn. 108; *Zimmer* in *Schwark*, §§ 37 b, 37 c Rn. 30.

[28] Vgl. (zu § 15 Abs. 1 Satz 5 aF) die Kritik bei *Reichert/Weller*, ZRP 2002, 49, 54; *Groß*, WM 2002, 477, 486.

[29] Zutr. Sethe in *Assmann/Schneider*, §§ 37 b, 37 c Rn. 55; *Mülbert/Steup* in *Habersack/ Mülbert/Schlitt*, Hdb. Unternehmensfinanzierung, § 26 Rn. 127; KölnKommWpHG-*Möllers/Leisch*, §§ 37 b, 37 c Rn. 104. – Bereits zu § 15 Abs. 1 Satz 5 aF *Fleischer*, NJW 2002, 2977, 2980; *Maier-Reimer/Webering*, WM 2002, 1857, 1858; *Möllers/Leisch*, NZG 2003, 112, 114; *Reichert/Weller*, ZRP 2002, 49, 54; *Zimmer* in *Schwark*, §§ 37 b, 37 c Rn. 33.

sätzlich ein anspruchsbegründendes Unterlassen i. S. d. § 37b Abs. 1 vor.[30] Da die beiden Tatbestandsalternativen des Abs. 1 Nr. 1 und Abs. 1 Nr. 2 an den Erwerb bzw. die Veräußerung der Finanzinstrumente „nach der Unterlassung" anknüpfen, ist die möglichst genaue Bestimmung des **Zeitpunkts des Beginns der Unterlassung** von besonderer Bedeutung. Allerdings ist die Feststellung, ab wann das (weitere) Hinauszögern der Mitteilung ein schuldhaftes Zögern i. S. d. § 121 Abs. 1 BGB darstellt, mit erheblichen Unsicherheiten belastet. Den Emittenten ist jedenfalls ein gewisser Prüfungszeitraum zuzubilligen.[31]

Im Rahmen des § 37b treten zusätzliche Unsicherheiten auf, weil der **Verschuldensmaßstab der Schadensersatzhaftung** (Begrenzung auf Vorsatz und grobe Fahrlässigkeit nach Abs. 2) **nicht mit dem beim Merkmal der „Unverzüglichkeit"** (Erfassung jeder Form der Fahrlässigkeit) **abgestimmt** ist.[32] Für die Bestimmung des tatbestandsmäßigen „Unterlassens" nach § 37b Abs. 1 könnte es daher entweder auf den Zeitpunkt ankommen, in dem die Mitteilung noch ohne jede Fahrlässigkeit hätte erfolgen können, oder auf den Zeitpunkt, in dem die Mitteilung noch ohne grobe Fahrlässigkeit hätte erfolgen können. Die Auffassungen in der Literatur sind geteilt.[33] Ein einheitliches Abstellen auf den Maßstab der groben Fahrlässigkeit hat den Vorteil, dass sich die gesonderte Feststellung einer (lediglich fahrlässigen) Verletzung der Ad-hoc-Publizitätspflicht erübrigt. Gegen eine derartige „Harmonisierung mit der Haftungsfolge"[34] lässt sich auch nicht eine unterschiedliche Beweislastverteilung anführen. Nach richtiger Ansicht gilt die Beweislastumkehr des § 37b Abs. 2 auch für die Unverzüglichkeit der Ad-hoc-Mitteilung.[35]

Das **Ende der Unterlassung** wird in jedem Fall durch den Zeitpunkt markiert, in dem die gebotene Veröffentlichung tatsächlich erfolgt.

2. Haftungsbegründende Erwerbs- und Veräußerungsgeschäfte

a) Erfordernis tatsächlicher Transaktionen

§ 37b Abs. 1 enthält **zwei Tatbestandsalternativen,** die an den Erwerb bzw. die Veräußerung von Finanzinstrumenten nach dem Zeitpunkt, zu dem eine ordnungsgemäße Ad-hoc-Veröffentlichung hätte erfolgen müssen, anknüpfen: Abs. 1 **Nr. 1** regelt den Fall, dass ein Anleger die Finanzinstrumente des pflichtwidrig handelnden Emittenten nach diesem Zeitpunkt erworben und damit **„zu teuer"** gekauft hat; Abs. 1 **Nr. 2** betrifft den umgekehrten Fall, dass

---

[30] Vgl. *Maier-Reimer/Webering,* WM 2002, 1857, 1858; *Möllers/Leisch,* NZG 2003, 112, 114; KölnKommWpHG-*Möllers/Leisch,* §§ 37b, c Rn. 105; *Dühn,* § 7 A. II. 1.
[31] Dazu § 15 Rn. 261.
[32] Zu dieser Frage *Fleischer,* NJW 2002, 2977, 2980; *Maier-Reimer/Webering,* WM 2002, 1857; 1859; *Großmann/Nikoleyczik,* DB 2002, 2031, 2035; *Reichert/Weller,* ZRP 2002, 49, 55 f.; *Groß,* WM 2002, 477, 485; *Dühn,* § 7 A. II. 1.
[33] Für einheitliches Abstellen auf grobe Fahrlässigkeit *Maier-Reimer/Webering,* WM 2002, 1857, 1859; *Dühn,* § 7 A. II. 1; *Zimmer* in *Schwark,* §§ 37b, 37c Rn. 66; zweifelnd hingegen *Fleischer,* NJW 2002, 2977, 2980; unentschieden *Reichert/Weller,* ZRP 2002, 49, 56; *Groß,* WM 2002, 477, 485; ablehnend *Großmann/Nikoleyczik,* DB 2002, 2031, 2035.
[34] Dafür insbes. *Dühn,* § 7 A. II. 1.
[35] Siehe unten Rn. 39 f.

der Anleger, der bereits Inhaber der Papiere war, diese nach dem Zeitpunkt, zu dem eine (positive) Ad-hoc-Mitteilung hätte veranlasst werden müssen, veräußert und damit „zu billig" **verkauft** hat. Der Gesetzgeber verlangt demnach, dass es infolge der unterbliebenen Ad-hoc-Publizität tatsächlich zu Geschäften[36] über Finanzinstrumente gekommen ist, die sonst nicht oder jedenfalls nicht zu den erzielten Preisen abgewickelt worden wären. Soweit sich die Anleger zum Halten der Finanzinstrumente entscheiden oder von einem sonst geplanten Erwerb absehen, bleibt die pflichtwidrige Unterlassung der Ad-hoc-Meldung daher haftungsrechtlich ohne Konsequenzen.

17 Die tatbestandliche Festschreibung des Erwerbs- bzw. Veräußerungszeitpunkts („nach der Unterlassung") dient lediglich der Klarstellung. Denn nur in diesem Fall kann die unterlassene Veröffentlichung überhaupt (im Rechtssinne) **kausal** für die Anlageentscheidung und den daraus folgenden Vermögensschaden des Kapitalanlegers werden.[37]

b) „Zu teurer" Kauf (Abs. 1 Nr. 1)

18 Ein anspruchsbegründender überteuerter Kauf setzt nach der Vorstellung des Gesetzgebers nicht nur voraus, dass der Anleger die Finanzinstrumente **nach der Unterlassung erworben** hat, sondern auch, dass er **bei Bekanntwerden der (negativen) Information noch Inhaber**[38] **der Finanzinstrumente** ist.[39] Die darin liegende Begrenzung der Anspruchsberechtigung ist bedenklich.[40] Denn ein „zu teurer" Erwerb hängt nicht davon ab, ob man zum Zeitpunkt des Bekanntwerdens der negativen Information noch Inhaber der Finanzinstrumente ist. Auch bei einer vorherigen Veräußerung kann zum Zeitpunkt der unterlassenen (Negativ-)Meldung ein objektiv überhöhter Preis gezahlt worden sein. Veräußert der Anleger die Finanzinstrumente dann wieder zu einem niedrigeren Preis, hat er durch die unterbliebene rechtzeitige Ad-hoc-Meldung in gleicher Weise einen Vermögensschaden erlitten wie bei einem weiteren Zuwarten mit der Veräußerung bis zum definitiven Bekanntwerden der negativen Information, zumal die Kurse häufig schon beim Durchsickern erster Gerüchte im Vorfeld der Veröffentlichung einer Negativmeldung sinken.[41] *De lege lata* sind jedoch nur die Anleger anspruchsberechtigt, die nach dem Unterlassen einer gebotenen Ad-hoc-Mitteilung Finanzinstrumente des Emittenten erwerben und zusätzlich bei Bekanntwerden der nicht (rechtzeitig) veröffentlichen Information noch Inhaber dieser Papiere sind. Da sachlich kein Unterschied zu Fallgestaltungen besteht, in denen der Kapitalanleger zeitlich noch vor Bekanntwerden

---

[36] Entscheidend ist der Zeitpunkt des schuldrechtlichen Geschäfts, vgl. nur *Sethe* in *Assmann/Schneider*, §§ 37 b, 37 c Rn. 48.
[37] Vgl. OLG Schleswig AG 2005, 212, 213. – Insoweit zutreffend *Dühn*, § 7 A. I. 2., der die „ungewöhnliche Formulierungstechnik" des Gesetzgebers kritisiert.
[38] Es kommt auf den Abschluss des schuldrechtlichen Geschäfts an, vgl. nur *Sethe* in *Assmann/Schneider*, §§ 37 b, 37 c Rn. 49.
[39] BT-Drucks. 14/8017, S. 93.
[40] Kritisch *Fleischer*, 64. DJT, 2002, Gutachten F, S. 106 f., der zutreffend bemerkt, dass diese Formulierung hinter die „besseren Einsichten des Dritten Finanzmarktförderungsgesetzes" zurückfällt; krit. auch *Dühn*, § 7 A. I. 2.; zum Regierungsentwurf bereits *Kissner*, S. 158; aA *Baums*, ZHR 167 (2003), 139, 189.
[41] Daher ist die Annahme von *Sethe* in *Assmann/Schneider*, §§ 37 b, 37 c Rn. 54, der Anleger könne keinen kausal verursachten Schaden erlitten haben, unzutreffend.

Schadenersatz wegen Veröffentlichung 19–21 §§ 37b, 37c

der Negativmeldung veräußert,[42] sollte *de lege ferenda* auf dieses Erfordernis verzichtet werden.

Ein **Bekanntwerden** liegt jedenfalls vor, wenn die gebotene Veröffentlichung 19 in einer der nach Maßgabe des § 15 Abs. 7 vorgesehenen Formen erfolgt. Gleiches gilt, wenn die Information auf sonstige Weise „öffentlich bekannt" im Sinne des § 13 Abs. 1 Satz 1 wird und damit keine Insiderinformation mehr ist.[43]

c) „Zu billiger" Verkauf (Abs. 1 Nr. 2)

Entsprechendes gilt für die zweite Fallgruppe: Ein „zu billiger" Verkauf ist 20 gegeben, wenn die Finanzinstrumente **vor dem Eintritt der Information erworben und nach der Unterlassung veräußert** werden.[44] Während die zuletzt genannte Voraussetzung schon aus allgemeinen Kausalitätserwägungen folgt, ist die Begrenzung der Anspruchsberechtigung auf solche Anleger, die Finanzinstrumente des Emittenten vor dem Eintritt der (positiven) Information erworben haben, sachlich nicht gerechtfertigt. Auch dann, wenn die Finanzinstrumente zeitlich erst nach dem Eintritt eines nicht bekannten und nicht gemeldeten positiven Ereignisses gekauft worden sind und dann zu einem späteren Zeitpunkt, aber noch vor dem Bekanntwerden der (positiven) Nachricht wieder veräußert worden sind, kann diese Verkaufsentscheidung zu einem objektiv „zu billigen" Preis erfolgt und durch das (nach dem Kauf fortgesetzte) weitere pflichtwidrige Unterlassen verursacht worden sein. Sachgerecht wäre daher ein alleiniges Abstellen auf den Veräußerungszeitpunkt „nach der Unterlassung" der Positivmeldung. Das zusätzliche Erfordernis des Erwerbs vor dem Zeitpunkt des Eintritts der meldepflichtigen (positiven) Information sollte *de lege ferenda* fallengelassen werden.

III. Anspruchsvoraussetzungen des § 37c

1. Unwahre Information in einer Ad-hoc-Mitteilung

§ 37c knüpft an die Veröffentlichung einer **unwahren Insiderinformation** 21 in einer Ad-hoc-Mitteilung nach § 15 Abs. 1 Satz 1 an. Normadressaten sind nur Emittenten von Finanzinstrumenten, die zum Handel an einer inländischen Börse, d. h. zum regulierten Markt i. S. d. §§ 32 ff. BörsG, zugelassen sind. Zu den Änderungen durch das Anlegerschutzverbesserungsgesetz und das Transparenzrichtlinienumsetzungsgesetz siehe oben Rn. 7. Eine unwahre Information liegt vor, wenn sie entweder **inhaltlich unrichtig** oder **unvollständig** ist. Eine Ad-hoc-Mitteilung ist nur dann vollständig in diesem Sinne, wenn sie alle wesentlichen Fakten enthält, die erforderlich sind, um ein zutreffendes Bild von der publizitätspflichtigen Information zu schaffen.[45] Zu der Frage, ob es für die Beurteilung der Unwahrheit auf das gesamte Anlegerpublikum oder auf die Bereichsöffentlichkeit als Adressaten der Ad-hoc-Publizitätspflicht ankommt, vgl. § 15 Rn. 113 ff.

---

[42] So auch *Baums*, Bericht der Regierungskommission, Rn. 186.
[43] Zu den Anforderungen siehe § 13 Rn. 77 ff.
[44] Vgl. BegrRegE, BT-Drs. 14/8017, S. 93 f.
[45] *Sethe* in *Assmann/Schneider*, §§ 37b, 37c Rn. 56; *Zimmer* in *Schwark*, §§ 37b, 37c Rn. 35.

22 Der **Wortlaut des § 37c Abs. 1** ist auch nach den Änderungen durch das Anlegerschutzverbesserungsgesetz **missverständlich** formuliert. Bei wörtlichem Verständnis von § 37c in Verbindung mit § 13 erscheint unverständlich, wie eine unwahre Information die Definition der Insiderinformation des § 13 Abs. 1 Satz 1 erfüllen und nach § 37c Abs. 1 unmittelbar den Emittenten betreffen kann. § 37c ist dahingehend auszulegen, dass eine Veröffentlichung einer unrichtigen Darstellung in einer Ad-hoc-Mitteilung vorliegen muss, die im Falle ihres tatsächlichen Vorliegens eine den Emittenten unmittelbar betreffende Insiderinformation darstellen würde.[46]

23 Zudem ist das in § 13 Abs. 1 Satz 1 enthaltene Merkmal des **„nicht öffentlich Bekanntseins"** der Umstände im Rahmen des § 37c Abs. 1 so zu verstehen, dass eine Haftung nur dann ausscheidet, wenn die Unrichtigkeit der durch die Ad-hoc-Mitteilung verbreiteten Information öffentlich bekannt ist.[47] Hat dagegen der Emittent die unwahre Darstellung bereits auf andere Weise als durch eine Ad-hoc-Mitteilung verbreitet und ist damit die unwahre Information als solche, nicht aber ihre Unwahrheit öffentlich bekannt, kann er sich nicht darauf berufen, der Tatbestand des § 37c Abs. 1 sei nicht erfüllt, da es sich nicht um eine unwahre Insiderinformation handle. Nur diese Auslegung entspricht dem Zweck der Haftungsnorm; zudem macht auch § 37c Abs. 3 deutlich, dass eine Haftung lediglich dann ausscheiden soll, wenn die Unrichtigkeit der Information bekannt ist.

2. Haftungsbegründender Tatbestand

24 § 37c enthält **zwei Tatbestandsalternativen:** § 37c Abs. 1 Nr. 1 regelt den Fall des **„zu teuer Kaufens"**, § 37c Abs. 1 Nr. 2 den Fall des **„zu billig Verkaufens"**.[48] Ein „zu teuer Kaufen" liegt vor, wenn der Anleger die Finanzinstrumente nach der Veröffentlichung der unwahren Information erwirbt und er bei Bekanntwerden der Unwahrheit der Information noch Inhaber der Finanzinstrumente ist.[49] Ein „zu billig Verkaufen" ist dementsprechend gegeben, wenn die Finanzinstrumente vor der Veröffentlichung der unwahren Information erworben und vor dem Bekanntwerden der Unwahrheit veräußert wurden.

25 Bedenklich erscheint auch im Rahmen des § 37c die Formulierungstechnik des Gesetzgebers. Zunächst ist es in dem von § 37c Abs. 1 Nr. 1 geregelten Fall des „zu teuer Kaufens" kaum erforderlich, tatbestandlich festzuschreiben, dass der **Erwerb der Finanzinstrumente zeitlich nach der Veröffentlichung der unwahren Information** erfolgen muss. Denn nur in diesem Fall kann die Veröffentlichung überhaupt kausal für die Anlageentscheidung und den daraus folgenden Vermögensschaden des Kapitalanlegers werden.[50]

---

[46] Vgl. auch *Maier-Reimer/Webering*, WM 2002, 1857, 1858; *Sethe* in *Assmann/Schneider*, §§ 37b, 37c Rn. 56; *Zimmer* in *Schwark*, §§ 37b, 37c Rn. 37f.

[47] Zutreffend *Zimmer* in *Schwark*, §§ 37b, 37c Rn. 37f.; vgl. auch *Möllers/Leisch* in *Möllers/Rotter*, § 14 Rn. 30f.; KölnKommWpHG-*Möllers/Leisch*, §§ 37b, c Rn. 117ff.; *Mülbert/Steup* in *Habersack/Mülbert/Schlitt*, Hdb. Unternehmensfinanzierung, § 26 Rn. 130.

[48] Allg. dazu *Maier-Reimer/Webering*, WM 2002, 1857, 1858f.; *Sethe* in *Assmann/Schneider*, §§ 37b, 37c Rn. 57, 60; zum Regierungsentwurf bereits *Kissner*, S. 161f.

[49] BT-Drs. 14/8017, S. 93.

[50] Vgl. dazu bereits oben Rn. 17.

De lege ferenda nicht mehr vertretbar ist aber die in § 37c Abs. 1 Nr. 1 vorge- **26** nommene Begrenzung der Anspruchsberechtigung durch die Voraussetzung, dass der Anspruchsteller **zum Zeitpunkt des Bekanntwerdens der Unwahrheit noch Inhaber der Finanzinstrumente sein muss.**[51] Denn ein zu teurer Erwerb hängt auch bei § 37c nicht davon ab, ob man zum Zeitpunkt des Bekanntwerdens noch Inhaber der Finanzinstrumente ist oder nicht. Dafür kommt es allein auf den Zeitpunkt der Transaktionsentscheidung an. Auch bei einer Veräußerung vor Bekanntwerden kann daher zum Zeitpunkt der Transaktion objektiv zu teuer gekauft worden sein. Vor diesem Hintergrund erscheint es zweifelhaft, nur dem Anleger den Anspruch zu gewähren, der aufgrund einer unterlassenen Information Finanzinstrumente des Emittenten erwirbt und zusätzlich bei Bekanntwerden noch Inhaber dieser Finanzinstrumente ist. Sachlich besteht auch hier kein Unterschied zu Fallgestaltungen, in denen der Kapitalanleger zeitlich noch vor Bekanntwerden der Unrichtigkeit veräußert.[52]

Entsprechendes gilt in den Fallgruppen des „zu billig Verkaufens" **27** **bei § 37c Abs. 1 Nr. 2** für die Anspruchsvoraussetzung, dass die Finanzinstrumente vor der Veröffentlichung der fehlerhaften Mitteilung erworben sein müssen. Denn ein „zu billig Verkaufen" kann objektiv auch dann gegeben sein, wenn die Finanzinstrumente zeitlich nach der Veröffentlichung der fehlerhaften Mitteilung erworben wurden. Für das „zu billig Verkaufen" kommt es mithin allein auf den Veräußerungszeitpunkt an. Nur dieser muss – insoweit ist § 37c Abs. 1 Nr. 2 zutreffend – nach der Unterlassung (der Positivmeldung) liegen.

IV. Schadensersatz als Rechtsfolge

1. Kausalität

a) Problemstellung

Wie zur deliktischen Kapitalmarktinformationshaftung (Vor §§ 37b, 37c **28** Rn. 46 ff.) bereits ausgeführt, hängen die an die Kausalität der fehlerhaften Information zu stellenden Anforderungen entscheidend von dem geltend gemachten Interesse und damit von der Art der Schadensberechnung ab. Begehrt der Anleger das negative Interesse an der „finanziellen" Rückabwicklung der Transaktion, muss die haftungsbegründende Kausalität der fehlerhaften Kapitalmarktinformation für die konkrete Anlageentscheidung nachgewiesen werden. Möchte der Anleger aber den Kursdifferenzschaden liquidieren, kommt es auf seine konkrete Anlageentscheidung nicht an; stattdessen genügt es, dass die fehlerhafte Kapitalmarktinformation ursächlich war für Börsenpreise, die von denen abweichen, die sich bei wahrheitsgemäßer Information gebildet hätten. Da im Rahmen der §§ 37b, 37c nach zutreffender Ansicht nur der Differenzschaden liquidiert werden kann,[53] würde dies also dafür sprechen, dass der Anspruchsteller nur die Ursächlichkeit der fehlerhaften Kapitalmarktinformation für eine feh-

---

[51] Ablehnend daher *Fleischer*, Gutachten F, S. 106 f.; kritisch auch *Dühn*, § 7 A. I. 2.
[52] In diesem Sinne auch *Baums*, Bericht der Regierungskommission, Rn. 182, 186, der eine solche Voraussetzung ebenfalls nicht vorsieht; vgl. auch den Ausgestaltungsvorschlag bei *Dühn*, § 15.
[53] Dazu unten Rn. 33 ff.

§§ 37b, 37c 29, 30   Abschnitt 7. Haftung für Kapitalmarktinform.

lerhafte Preisbildung nachweisen muss.[54] Nach § 37c Abs. 1 ist der Emittent jedoch nur „zum Ersatz des Schadens verpflichtet, der dadurch entsteht, dass der Dritte **auf die Richtigkeit der Insiderinformation vertraut"**. Vor diesem Hintergrund ist umstritten, ob es genügt, dass der Anleger auf die Korrektheit der Preisbildung vertraut hat[55] (und damit lediglich die Kausalität der unterlassenen oder unwahren Ad-hoc-Mitteilungen für eine fehlerhafte Preisbildung nachweisen muss) oder ob er auf die Richtigkeit der konkreten Ad-hoc-Mitteilung vertraut haben[56] (und damit einen Einfluss auf seine Willensbildung nachweisen) muss.

b) Kausalitätserfordernis im Fall des § 37c

29   Der Wortlaut des § 37c fordert unmissverständlich, dass die Kapitalanleger **die konkrete Ad-hoc-Mitteilung positiv gekannt und sich gleichzeitig auf ihre Richtigkeit verlassen** haben müssen. Infolge dieses konkreten tatbestandlichen Vertrauenserfordernisses reicht das allgemeine Vertrauen der Kapitalanleger in die Integrität und Informationseffizienz der Märkte nicht zum Nachweis der haftungsbegründenden Kausalität aus. Dies gilt, obwohl nach der zutreffenden Ansicht im Rahmen der §§ 37b, 37c nur der Differenzschaden liquidiert werden kann.[57] Zwar wäre angesichts dessen die Gegenmeinung dogmatisch konsequenter; diese ist jedoch im Ergebnis gezwungen, den „Dritten" nicht als individuellen Dritten, sondern als den Markt selbst zu verstehen, was mit dem Wortlaut des § 37c nicht mehr zu vereinbaren ist. Das ändert allerdings nichts daran, dass *de lege ferenda* eine Streichung des Erfordernisses der konkreten Kausalität (und eine Klarstellung hinsichtlich der Schadensberechnung)[58] wünschenswert wäre.[59]

c) Kausalitätserfordernis im Fall des § 37b

30   Zwar enthält § 37b im Gegensatz zu § 37c **kein ausdrückliches Kausalitätserfordernis.** Auch bei § 37b muss der Kapitalanleger aber nachweisen, dass er im Falle ordnungsgemäßer, d. h. rechtzeitiger Information nicht gekauft oder nicht verkauft hätte.[60] Dass § 37b eine solche Ursächlichkeit im Rechtssinne er-

---

[54] So KölnKommKapMuG-*Capser,* §§ 37b, 37c WpHG Rn. 51.
[55] *Maier-Reimer/Weberling,* WM 2002, 1857, 1860f.; *Sethe* in *Assmann/Schneider,* §§ 37b, 37c Rn. 12, 83f.; *Zimmer* in *Schwark,* §§ 37b, 37c Rn. 90; wohl auch *Hopt/Voigt,* in *dies.,* Prospekt- und Kapitalmarktinformationshaftung, S. 133ff.
[56] *Fleischer,* NJW 2002, 2977, 2980; *Rützel,* AG 2003, 69, 73ff.; *Dühn,* § 7 A.II. 2.; *Mülbert/Steup* in *Habersack/Mülbert/Schlitt,* Hdb. Unternehmensfinanzierung, § 26 Rn. 152; *Sethe* in *Assmann/Schneider,* 3. Aufl., §§ 37b, 37c Rn. 3; *Veil,* ZHR 167 (2003), 365, 370; zum Regierungsentwurf *Kissner,* S. 161; krit. zum Vertrauenserfordernis *Fleischer,* 64. DJT, 2002, Gutachten F, S. 104; ähnlich *Hutter/Leppert,* NZG 2002, 649, 654; *Fleischer/Kalss,* AG 2002, 329, 333.; differenzierend *Möllers/Leisch,* BKR 2002, 1071, 1079; KölnKommWpHG-*Möllers/Leisch,* §§ 37b, 37c Rn. 319, die diesen Kausalitätsnachweis bei der Geltendmachung des negativen Interesses fordern.
[57] Zutreffend *Mülbert/Steup* in *Habersack/Mülbert/Schlitt,* Hdb. Unternehmensfinanzierung, § 26 Rn. 152.
[58] Siehe dazu unten Rn. 34.
[59] So auch *Engelhardt,* BKR 2006, 443, 448.
[60] Zutreffend *Fleischer,* NJW 2002, 2977, 2980; *Mülbert/Steup* in *Habersack/Mülbert/Schlitt,* Hdb. Unternehmensfinanzierung, § 26 Rn. 152; *Rützel,* AG 2003, 69, 73ff.; *Dühn,* § 7 A.II. 2.; für den Regierungsentwurf wohl auch *Kissner,* S. 161.

fordert, ergibt sich bereits aus den Gesetzesmaterialien, in denen der Gesetzgeber ausdrücklich auf die fiktive Kenntnis des fehlerhaft informierten Kapitalanlegers abstellt.[61] Zu berücksichtigen ist freilich, dass in Fällen des Unterlassens bereits die Formulierung eines ausdrücklichen Kausalitätserfordernisses schwierig ist, da ein Unterlassen nicht im naturwissenschaftlich-physikalischen, sondern nur im Rechtssinne ursächlich sein kann.

d) Beweiserleichterungen

Der Gesetzgeber hat in § 37c WpHG keine der Börsenprospekthaftung vergleichbare Beweislastregelung vorgesehen. Eine Beweislastumkehr in entsprechender Anwendung des § 45 Abs. 2 Nr. 1 BörsG kommt schon aus systematischen Gründen nicht in Betracht.[62] In der Literatur wurde vorgeschlagen, Kapitalanlegern bei der Veröffentlichung von Ad hoc-Mitteilungen eine Beweiserleichterung durch die Vermutung einer allgemeinen „**Anlagestimmung**" zugute kommen zu lassen.[63] Dagegen sprechen dieselben Argumente, mit denen der BGH im Rahmen der deliktischen Haftung nach § 826 BGB die Annahme einer Anlagestimmung grundsätzlich abgelehnt hat.[64] Allenfalls in Einzelfällen kann eine Ad-hoc-Mitteilung eine regelrechte Anlagestimmung auslösen,[65] wobei an die zeitliche Nähe zur Transaktion hohe Anforderungen zu stellen sein dürften. Bei unterlassenen Ad-hoc-Mitteilungen kommt die Vermutung einer generellen „Anlagestimmung" schon deshalb nicht in Betracht, weil mangels Veröffentlichung auch keine entsprechende Stimmung geschaffen worden sein kann.[66] Aus diesem Grund wurde auch eine Kausalitätsvermutung, wie sie § 37a Abs. 3 des KapInHaG-Entwurfs vorsah, zu recht nicht umgesetzt.

Auf einen **Anscheinsbeweis**[67] können sich Anleger nach richtiger Ansicht ebenfalls nicht berufen. Denn ein solcher gilt nur für typische Geschehensabläu-

---

[61] Vgl. BT-Drs. 14/8017, S. 93: „Der Anleger hätte nämlich in Kenntnis der negativen Tatsache die Wertpapiere nicht zu dem von ihm entrichteten Preis erworben, er hat die Wertpapiere also „zu teuer" gekauft."
[62] Zutreffend *Fleischer/Kalss*, AG 2002, 329, 333; *Hutter/Leppert*, NZG 2002, 649, 654; *Kissner*, S. 113 f.; *Möllers/Leisch*, in *Möllers/Rotter*, § 14 Rn. 113; KölnKommWpHG-*Möllers/Leisch*, §§ 37b, c Rn. 321; vgl. auch *Mülbert/Steup* in *Habersack/Mülbert/Schlitt*, Hdb. Unternehmensfinanzierung, § 26 Rn. 159; abw. aber *Rössner/Bolkart*, ZIP 2002, 1471, 1476.
[63] Erstmals *Möllers/Leisch*, WM 2001, 1648, 1657 ff.; dies., BKR 2002, 1071, 1077; zustimmend *Fleischer/Kalss*, AG 2002, 329, 333; *Kissner*, S. 114 ff.; allgemeiner *Fleischer*, 64. DJT, 2002, Gutachten F, S. 105; *Rössner/Bolkart*, ZIP 2002, 1471, 1476; vgl. bereits *Steinhauer*, Ad hoc-Publizität, 269 f.; krit. *Rieckers*, BB 2002, 1213, 1219; *Dühn*, § 5 C. III. 2. b).
[64] Dazu Vor §§ 37b, 37c Rn. 44; vgl. auch *Mülbert/Steup* in *Habersack/Mülbert/Schlitt*, Hdb. Unternehmensfinanzierung, § 26 Rn. 159; KölnKommWpHG-*Möllers/Leisch*, §§ 37b, 37c Rn. 319 ff.; *Rützel*, AG 2003, 69, 74; *Veil*, ZHR 167 (2003), 365, 383.
[65] Zutreffend *Mülbert/Steup* in *Habersack/Mülbert/Schlitt*, Hdb. Unternehmensfinanzierung § 26 Rn. 159; KölnKommWpHG-*Möllers/Leisch*, §§ 37b, 37c Rn. 324 ff.
[66] Vgl. *Möllers/Leisch*, BKR 2002, 1071, 1077; *Möllers/Leisch* in *Möllers/Rotter*, § 14 Rn. 112; *Mülbert/Steup* in *Habersack/Mülbert/Schlitt*, Hdb. Unternehmensfinanzierung, § 26 Rn. 159; *Rützel*, AG 2003, 69, 74.
[67] Vgl. *Möllers/Leisch*, WM 2001, 1648, 1657 ff.; KölnKommWpHG-*Möllers/Leisch*, §§ 37b, 37c Rn. 322; BKR 2002, 1071, 1077; *Fleischer/Kalss*, AG 2002, 329, 333; *Kissner*, S. 114 ff.; allgemeiner *Fleischer*, 64. DJT, 2002, Gutachten F, S. 105; *Rössner/Bolkart*, ZIP 2002, 1471, 1476; *Rieckers*, BB 2002, 1213, 1219; *Dühn*, § 5 C. III. 2. b).

fe, bei denen ein bestimmter Sachverhalt nach der Lebenserfahrung auf das Hervorrufen einer bestimmten Folge schließen lässt. Die Anlageentscheidung eines potentiellen Käufers von Finanzinstrumenten ist als Willensentschluss aber durch vielfältige rationale und irrationale Faktoren beeinflusst, so dass von einem typischen Geschehensablauf nicht die Rede sein kann.[68]

2. Ersatzfähiger Vermögensschaden

33 Die §§ 37b, 37c geben ihrem Wortlaut nach, anders als etwa § 44 BörsG, **keine bestimmte Form der Schadensberechnung** vor. Diese richtet sich daher nach den **allgemeinen Grundsätzen des § 249 Abs. 1 BGB.** Hier stellt sich wie bei der deliktsrechtlichen Kapitalmarktinformationshaftung die Frage, ob der Anleger eine tatsächliche bzw. „**finanzielle" Rückabwicklung der Transaktion** verlangen kann oder ob sich das zu ersetzende negative Interesse auf den **Kursdifferenzschaden** beschränkt, also auf den Unterschiedsbetrag zwischen dem tatsächlichen Transaktionspreis und dem Preis, der sich bei pflichtgemäßem Publizitätsverhalten gebildet hätte.[69] Auf die Ausführungen Vor §§ 37b, 37c Rn. 48ff. wird verwiesen. Die dort zitierte Rechtsprechung des BGH, die dem Anleger im Rahmen des § 826 BGB ein Wahlrecht zwischen den verschiedenen Arten der Schadensberechnung einräumt, kann auf die §§ 37b, 37c nicht übertragen werden.[70]

34 Im Rahmen der §§ 37b, 37c wird man stattdessen trotz bestehender Unklarheiten bei der Auslegung dieser Vorschriften **nur das Kursdifferenzinteresse der Kapitalanleger für ersatzfähig halten müssen.**[71] Zwar deutet die Formulierung des § 37c, nach der der Kapitalanleger „auf die Richtigkeit der Insiderinformation vertraut" haben muss, zunächst auf den vorrangigen Ersatz des negativen Interesses hin.[72] Die Auslegung der Gesetzesmaterialien spricht jedoch eher dafür, dass ausschließlich das Kursdifferenzinteresse zu ersetzen ist.[73] Denn

---

[68] Dazu Vor §§ 37b, 37c Rn. 44ff.
[69] Zur Berechnung des Kursdifferenzschadens vgl. auch Vor §§ 37b, 37c Rn. 49.
[70] Zutreffend *Mülbert/Steup* in *Habersack/Mülbert/Schlitt*, Hdb. Unternehmensfinanzierung, § 26 Rn. 151; *Fleischer*, DB 2004, 2031, 2035; *Sethe* in *Assmann/Schneider*, §§ 37b, 37c Rn. 76 Fn. 1.
[71] Für Maßgeblichkeit des Differenzinteresses *Fuchs/Dühn*, BKR 2002, 1063, 1069; *Hopt/Voigt*, in *dies.*, Prospekt- und Kapitalmarktinformationshaftung, S. 128ff.; *Mülbert/Steup* in *Habersack/Mülbert/Schlitt*, Hdb. Unternehmensfinanzierung, § 26 Rn. 151; *Mülbert*, JZ 2002, 826, 834; *Fleischer*, BB 2002, 1869, 1874; *Rützel*, AG 2003, 69, 76; *Sethe* in *Assmann/Schneider*, §§ 37b, 37c Rn. 73ff.; *KölnKommKapMuG-Casper*, §§ 37b, 37c WpHG Rn. 55; *Maier-Reimer/Webering*, WM 2002, 1857, 1860f.; *Zimmer* in *Schwark*, §§ 37b, 37c Rn. 86ff.; *Barth*, S. 255ff.; unentschieden *Großmann/Nikoleyczik*, DB 2002, 2031, 2035; *Hutter/Leppert*, NZG 2002, 649, 654; *Engelhardt*, BKR 2006, 443, 447; *Langenbucher*, ZIP 2005, 239, 241. – Für Wahlmöglichkeit des Anlegers zwischen Differenzinteresse und Naturalrestitution dagegen *Dogan*, S. 101ff.; *Ehricke*, in *Hopt/Voigt*, Prospekt- und Kapitalmarktinformationshaftung, S. 292ff.; *Escher-Weingart/Lägeler/Eppinger*, WM 2004, 1845, 1847ff.; *Möllers/Leisch*, BKR 2002, 1071, 1076; *dies.* in *Möllers/Rotter*, § 14 Rn. 77ff.; *KölnKommWpHG-Möllers/Leisch*, §§ 37b, 37c Rn. 240ff., Rn. 302ff.; *Rössner/Bolkart*, ZIP 2002, 1471, 1475; *Kissner*, S. 159f.; letztlich auch *Dühn*, § 7 A.II. 4 (aber einschränkend auf das auf Geld begrenzte negative Interesse unter Hervorhebung der fehlenden Eindeutigkeit der Auslegung).
[72] Vgl. *Möllers/Leisch*, BKR 2002, 1071, 1073.
[73] Vgl. *Fuchs/Dühn*, BKR 2002, 1063, 1069; *Dühn*, § 7 A.II. 4.

der Gesetzgeber wollte von seiner Regelung allein die Fallgruppen erfasst sehen, in denen der Kapitalanleger „zu teuer" kauft oder „zu billig" verkauft.[74] Die fehlende Bezugnahme auf den Erwerb oder die Veräußerung kann daher als Hinweis auf die Vorrangigkeit des Differenzinteresses verstanden werden.[75] Der systematische Vergleich mit § 44 Abs. 1 S. 1 BörsG, der ausdrücklich einen Anspruch auf „Übernahme der Wertpapiere gegen Erstattung des Erwerbspreises" gibt, stellt dieses Ergebnis nicht in Frage, sondern legt in Übereinstimmung mit den auf das Kursdifferenzinteresse hindeutenden Gesetzesmaterialien den Umkehrschluss nahe, dass jedenfalls keine Naturalrestitution im Wege der Rückabwicklung der Wertpapiertransaktion verlangt werden kann.[76] Die besseren Gründe sprechen damit auch *de lege lata* für eine (grundsätzliche) Beschränkung auf das Differenzinteresse. Angesichts der Unsicherheiten über Berechnung und Umfang des ersatzfähigen Schadens ist aber eine **gesetzgeberische Klarstellung der Schadensberechnung wünschenswert**.

Im Übrigen sprechen auch **ökonomische Überlegungen der Risikoverteilung** für eine Beschränkung auf den Differenzschaden.[77] Die Geltendmachung des negativen Interesses im Sinne einer Rückabwicklung der Transaktion ermöglichte es den Kapitalanlegern, marktvermittelte Folgeschäden, also Kursbrüche aufgrund allgemeiner Markt- oder Börsenschwäche, einseitig auf den Emittenten zu verlagern. Sie erhöhte zugleich den Anreiz für Kapitalanleger und Berater, nachträglich Informationsmängel aufzuspüren, um sich marktbedingten Risiken einseitig zu Lasten der Emittenten zu entledigen und diese dadurch in die Rolle eines „Versicherers gegen unerwünschte Marktentwicklungen" zu drängen.[78] Berücksichtigt man schließlich, dass **Börsenpapiere Risikopapiere** sind, und auch **andere Rechtsordnungen** den Schadensersatz bei marktbezogener Fehlinformation auf das Kursdifferenzinteresse beschränken,[79] sprechen überwiegende Gründe dafür, die Kapitalanleger die allgemeinen Markt- und Kursrisiken, den Emittenten aber allein die informationsbedingten Risiken tragen zu lassen.[80]

3. Schadensminderungspflicht

Eine Schadensminderungspflicht des Anlegers kommt im Rahmen der §§ 37b, 37c nicht in Betracht. Da der Anleger nur den Differenzschaden liqui- 36

---

[74] Vgl. BT-Drs. 14/8017, S. 93 f.
[75] Mit diesem Argument *Mülbert,* JZ 2002, 826, 834; *Mülbert/Steup* in *Habersack/Mülbert/Schlitt,* Hdb. Unternehmensfinanzierung, § 26 Rn. 151; *Zimmer* in *Schwark,* §§ 37b, 37c Rn. 87.
[76] In diese Richtung wohl, aber nicht ganz eindeutig, *Dühn,* § 7 A. II. 4; anders *Möllers/Leisch,* BKR 2002, 1071, 1073 f.
[77] Zutreffend *Fleischer,* BB 2002, 1869, 1872 ff.; *Fleischer/Kalss,* AG 2002, 329 ff.; *Fuchs/Dühn,* BKR 2002, 1063, 1069; *Zimmer* in *Schwark,* §§ 37b, 37c Rn. 89; vgl. auch *Dühn,* § 12 D. II. 1.–3.
[78] Zutreffend *Fleischer,* BB 2002, 1869, 1872 mwN; *ders./Kalss,* AG 2002, 329, 332; *Fuchs/Dühn,* BKR 2002, 1063, 1069; ausführlich *Dühn,* § 12 D. II. 2.
[79] Überblicke zur Schadensberechnung nach U.S.-amerikanischem Recht zB bei *Fleischer,* BB 2002, 1869, 1872; *Dühn,* § 10 B III. 2. e) mwN; vgl. auch *Kissner,* S. 189 ff.; *Klöhn,* RIW 2005, 728.
[80] Mit diesem Argument *Fleischer,* BB 2002, 1869, 1871; *Fleischer/Kalss,* AG 2002, 329, 331; *Fuchs/Dühn,* BKR 2002, 1063, 1069; *Rützel,* AG 2003, 69, 76; ausführlich *Dühn,* § 12 D. II. 2.

dieren kann, kommt es nicht darauf an, ob er die Finanzinstrumente weiterhin hält oder diese veräußert hat.[81]

V. Verschulden (§§ 37b Abs. 2, 37c Abs. 2)

1. Verschuldensmaßstab

37 Die Haftung des Emittenten für unterlassene oder unwahre Ad-hoc-Meldungen wird durch §§ 37b Abs. 2, 37c Abs. 2 auf die **Fälle des Vorsatzes und der groben Fahrlässigkeit** beschränkt. Der Emittent muss also im Rahmen des § 37b eine von ihm als geboten erkannte Veröffentlichung bewusst unterlassen haben oder die im Verkehr erforderliche Sorgfalt bei der Prüfung der Publizitätspflicht in so starkem Maße außer Acht gelassen haben, dass ihm die sich aufdrängende Verpflichtung zur Veröffentlichung der Ad-hoc-Mitteilung verborgen geblieben ist. Dabei gelten die allgemeinen Grundsätze. Im Rahmen des § 37c muss sich das Verschulden auf die Unrichtigkeit der Insiderinformation beziehen. In beiden Fällen dürfte bei Insiderinformationen aus dem Tätigkeitsbereich des Emittenten im Sinne des § 15 Abs. 1 Satz 2 in der Regel grobe Fahrlässigkeit gegeben sein.[82] Abzustellen ist auf die Kenntnis oder das Kennenmüssen der Unterlassung durch die für die Beachtung der Ad-hoc-Publizitätspflicht verantwortlichen Personen, regelmäßig also der organisatorisch zuständigen Vorstände.[83] Das Verschulden der Organmitglieder wird dem Emittenten nach § 31 BGB zugerechnet.[84]

38 Der Ausschluss einer Haftung für jede Fahrlässigkeit erscheint sachgerecht, weil die Beurteilung der Ad-hoc-Publizitätspflicht angesichts der vielen unbestimmten Tatbestandsmerkmale des § 15 mit erheblichen Unsicherheiten belastet ist und andernfalls ein kaum noch beherrschbares Risiko von Haftungsklagen bestünde. In Übereinstimmung damit sanktionieren auch die Bußgeldtatbestände in § 39 Abs. 2 Verstöße gegen § 15 erst bei einem entsprechend erhöhten Grad des Verschuldens („vorsätzlich oder leichtfertig").

2. Beweislastumkehr

39 Aus der negativen Formulierung in Abs. 2 folgt jedoch, dass ein zumindest grob fahrlässiges Verschulden des Emittenten grundsätzlich vermutet wird. Ihm obliegt der Nachweis, dass die Unterlassung nicht auf Vorsatz oder grober Fahrlässigkeit beruht.[85] Diese Regelung der Beweislastverteilung folgt dem Vorbild

---

[81] Vgl. nur KölnKommWpHG-*Möllers/Leisch*, §§ 37b, c Rn. 366; *Sethe* in *Assmann/Schneider*, §§ 37b, 37c Rn. 82 mwN.

[82] Zutreffend *Mülbert/Steup* in *Habersack/Mülbert/Schlitt*, Hdb. Unternehmensfinanzierung, § 26 Rn. 143, 145. – Zu Ansatzpunkten für eine Exkulpation des Emittenten vgl. auch *Sethe* in *Assmann/Schneider*, §§ 37b, 37c Rn. 66 ff.; *Zimmer* in *Schwark*, §§ 37b, 37c Rn. 53 ff.

[83] Siehe nur *Assmann* in *Assmann/Schneider*, § 15 Rn. 291 ff.; *Möllers/Leisch*, WM 2001, 1648, 1651 f.; *Maier-Reimer/Webering*, WM 2002, 1857, 1859 f.

[84] KölnKommWpHG-*Möllers/Leisch*, §§ 37b, 37c Rn. 156.

[85] Vgl. *Fleischer*, NJW 2002, 2977, 2980; *Dühn*, § 7 A. II. 3.; *Sethe* in *Assmann/Schneider*, §§ 37b, 37c Rn. 64; für den Regierungsentwurf auch *Kissner*, S. 160; krit. *Köndgen*, in FS *Druey*, S. 791, 806 ff.; *Maier-Reimer/Webering*, WM 2002, 1857, 1859 f.; *Hutter/Leppert*, NZG 2002, 649, 654; *Rössner/Bolkart*, ZIP 2002, 1471, 1474.

Schadenersatz wegen Veröffentlichung   40–42 §§ 37b, 37c

des § 45 Abs. 1 BörsG im Bereich der Börsenprospekthaftung und berücksichtigt zutreffend, dass Kapitalanleger regelmäßig keinen Einblick in den Verantwortungsbereich des Emittenten haben mit der Folge, dass ihnen ein Verschuldensnachweis regelmäßig nicht möglich wäre.[86]

Im Falle des § 37b gilt die Beweislastumkehr auch für die Unverzüglichkeit 40 der Veröffentlichung einer Ad-hoc-Mitteilung.[87] Der Emittent kann in Fällen, in denen diese verspätet publiziert wurde, nicht damit argumentieren, die Unverzüglichkeit sei ein Merkmal des Tatbestandes des § 37b Abs. 1 und damit nach allgemeinen Grundsätzen vom Anspruchsteller zu beweisen. Denn das „schuldhafte Zögern" (§ 121 Abs. 1 Satz 1 BGB) des Emittenten gehört zum subjektiven Tatbestand und wird bereits deshalb von § 37b Abs. 2 erfasst. Dafür spricht auch, dass andernfalls in Fällen verspäteter Veröffentlichung die vom Gesetzgeber gewollte Beweislastumkehr im Ergebnis nicht stattfinden würde.

VI. Ausschluss des Schadensersatzanspruchs (§§ 37b Abs. 3, 37c Abs. 3)

Ein Anspruch des Kapitalanlegers ist nach § 37b Abs. 3 ausgeschlossen, wenn 41 er die nicht veröffentlichte Insiderinformation im Falle des Absatzes 1 Nr. 1 bei dem Erwerb, im Falle des Absatzes 1 Nr. 2 bei der Veräußerung kannte. Gemäß § 37c Abs. 3 gilt dasselbe bei Kenntnis der Unrichtigkeit der Insiderinformation. Diese Regelung entspricht der für die Prospekthaftung in §§ 45 Abs. 2 Nr. 3 BörsG, 127 Abs. 3 S. 2 InvG. **Nur positive Kenntnis schadet,** grob fahrlässige Unkenntnis lässt den Anspruch unberührt. Auch wenn Abs. 3 (im Gegensatz zu Abs. 2) dem Emittenten die Beweislast nicht ausdrücklich auferlegt, folgt dies aus allgemeinen Grundsätzen, da es sich um einen anspruchsvernichtenden Einwand handelt. Nach Ansicht des Gesetzgebers soll es um eine gesetzliche Sonderregelung des Mitverschuldens (§ 254 BGB) des Geschädigten gehen.[88] Richtigerweise fehlt es aber bereits an der Kausalität des Unterlassens der Ad-hoc-Meldung für die Wertpapiertransaktion, wenn der Anleger die nicht veröffentlichte Tatsache bereits kannte. Die praktische Bedeutung von Abs. 3 dürfte gering bleiben, da dem Emittenten angesichts der anonymen Verhältnisse am Kapitalmarkt wohl kaum jemals der Nachweis vorheriger Kenntnis des Anlegers gelingen wird.

VII. Verjährung (§§ 37b Abs. 4, 37c Abs. 4)

Im Vergleich zu der auch für deliktische Ansprüche[89] geltenden Regelverjäh- 42 rung von drei Jahren (§§ 195, 199 Abs. 1 BGB) verkürzt § 37b Abs. 4 und § 37c Abs. 4 die **Verjährungsfrist** für Schadensersatzansprüche nach Abs. 1 auf

---

[86] Vgl. *Köndgen* in FS Druey, 791, 806f.; *Hutter/Leppert,* NZG 2002, 649, 654; *Rössner/ Bolkart,* ZIP 2002, 1471, 1474; *Dühn,* § 7 A. II. 3.
[87] Zutreffend *Sethe* in *Assmann/Schneider,* §§ 37b, 37c Rn. 65; *Zimmer* in *Schwark,* §§ 37b, 37c Rn. 63; **aA** *Rössner/Bolkart,* ZIP 2002, 1471, 1474.
[88] BegrRegE, BT-Drucks. 14/8017, S. 94; vgl. auch *Zimmer* in *Schwark,* §§ 37b, 37c Rn. 77.
[89] Gegen eine Anwendung der §§ 37b Abs. 4, 37c Abs. 4 auf konkurrierende deliktische Ansprüche zu Recht *Sethe* in *Assmann/Schneider,* §§ 37b, 37c, Rn. 98; *Zimmer* in *Schwark,* §§ 37b, 37c Rn. 99.

eine Spanne **von einem Jahr ab** dem Zeitpunkt, zu dem der Dritte von der Unterlassung **Kenntnis** erlangt, und von **höchstens drei Jahren** seit (dem Beginn[90]) der Unterlassung.

43 Die im Gegensatz zu § 199 Abs. 1 nicht schon bei grober Fahrlässigkeit, sondern erst bei **positiver Kenntnis** laufende **Jahresfrist** gibt den Anspruchstellern nach Ansicht des Gesetzgebers ausreichend Zeit, um die notwendigen rechtlichen Schritte zur Geltendmachung ihrer Ansprüche einzuleiten.[91] Für den Emittenten stellen sich insoweit ohnehin kaum überwindbare **Nachweisprobleme**. Die Nachholung der zunächst unterbliebenen Ad-hoc-Mitteilung führt jedenfalls nicht automatisch bei allen potentiell Geschädigten zur Kenntnis von der Unterlassung, sondern begründet nur eine gewisse Wahrscheinlichkeit, dass sie zeitnah davon erfahren werden. In jedem Fall muss sich aber aus der nachgeholten Mitteilung ergeben, dass eine Ad-hoc-Mitteilung entgegen § 15 unterblieben (im Fall des § 37b) oder die ursprüngliche Mitteilung falsch (im Fall des § 37c) war.[92]

44 Größere Bedeutung in der Praxis dürfte die gegenüber der allgemeinen Regelung in § 199 Abs. 3 BGB ebenfalls erheblich verkürzte **kenntnisunabhängige absolute Verjährungsgrenze von drei Jahren** gewinnen. Sie wird mit der Schnelllebigkeit des Geschäftsverkehrs im Bereich von Finanzinstrumenten und der notwendigen Schaffung von Rechtssicherheit begründet.[93] In der Tat bedürfen kapitalmarktrechtliche Schadensersatzansprüche einer zeitnahen Abwicklung.[94] Entsprechende Vorschriften finden sich auch in der börsen- und investmentrechtlichen Prospekthaftung (§§ 46 BörsG, 127 Abs. 5 InvG), nachdem der Gesetzgeber die dort früher geltende Verjährungsfrist von lediglich sechs Monaten im Zuge des Vierten Finanzmarktförderungsgesetzes verlängert hat.

VIII. Weitergehende Ansprüche gegen den Emittenten (§§ 37b Abs. 5, 37c Abs. 5)

45 Nach § 15 Abs. 6 S. 1 besteht eine Schadensersatzhaftung des Emittenten für fehlerhafte Ad-hoc-Mitteilungen „nur unter den Voraussetzungen der §§ 37b und 37 c". Von dieser **grundsätzlich abschließenden Regelung** bleiben jedoch nach § 15 Abs. 6 S. 2 solche Schadensersatzansprüche **ausgenommen,** die auf anderen Rechtsgrundlagen beruhen. Dazu gehören nach § 37b Abs. 5 und § 37c Abs. 5 allerdings nur **weitergehende vertragliche Ansprüche und** solche **aus vorsätzlichen unerlaubten Handlungen**.[95] Während vertragliche Ansprüche im Bereich des Sekundärmarkthandels kaum eine praktische Rolle spielen[96] und Ansprüche aus § 823 Abs. 1 BGB ausscheiden, weil das Vermögen

---

[90] *Sethe* in *Assmann/Schneider,* §§ 37b, 37c, Rn. 92; *Zimmer* in *Schwark,* §§ 37b, 37c Rn. 98.
[91] Abweichend *Rössner/Bolkart,* ZIP 2002, 1471, 1476.
[92] *Sethe* in *Assmann/Schneider,* §§ 37b, 37c, Rn. 91; *Zimmer* in *Schwark,* §§ 37b, 37c Rn. 96.
[93] BegrRegE, BT-Drucks. 14/8017, S. 94.
[94] *Maier-Reimer/Webering,* WM 2002, 1857, 1862; zweifelnd *Rössner/Bolkart,* ZIP 2002, 1471, 1476; kritisch auch *Sethe* in *Assmann/Schneider,* §§ 37b, 37c, Rn. 96f.
[95] Kritisch zum Vorsatzerfordernis *Hutter/Leppert,* NZG 2002, 649, 655.
[96] Dazu etwa *Rützel,* AG 2003, 69, 70f.; KölnKommWpHG-*Möllers/Leisch,* §§ 37b, 37c Rn. 386.

der Anleger nicht zu den von dieser Norm geschützten absoluten Rechten gehört,[97] können weitergehende Ansprüche gegen den Emittenten unter den Aspekten der vorsätzlichen sittenwidrigen Schädigung (§ 826 BGB) und der Schutzgesetzverletzung (§ 823 Abs. 2 BGB) begründet sein.[98] Die insoweit von Vorstandsmitgliedern und leitenden Angestellten begangenen unerlaubten Handlungen werden dem Emittenten nach § 31 BGB zugerechnet. Eine Haftungskanalisierung auf den Emittenten findet dadurch aber nicht statt, vielmehr haften die verantwortlichen Personen neben ihm als Gesamtschuldner weiterhin auch persönlich für die von ihnen begangenen unerlaubten Handlungen.

IX. Regressansprüche des Emittenten (§§ 37b Abs. 6, 37c Abs. 6)

Für die Einhaltung kapitalmarktbezogener Publizitätspflichten des Emittenten 46 zu sorgen und insbesondere auch die dafür erforderlichen organisatorischen Vorkehrungen zu treffen, gehört zu den genuinen Aufgaben des Vorstands im Rahmen seiner Geschäftsführung. Vorstandsmitglieder, die ihre Pflichten verletzen, haften der Gesellschaft gegenüber nach § 93 Abs. 2 S. 1 AktG auf Schadensersatz. Der **Sicherung dieses Regressanspruchs**[99] dient die Regelung in § 37b Abs. 6 und § 37c Abs. 6, die **verhindert,** dass Ansprüche des Emittenten gegen Vorstandsmitglieder wegen der Inanspruchnahme des Emittenten **durch eine Vereinbarung im Voraus ermäßigt oder erlassen** werden können. Keine derartige Vereinbarung ist der Abschluss einer D&O-Versicherung zugunsten der Vorstandsmitglieder, selbst wenn die Aufwendungen dafür von der Gesellschaft getragen werden und sie wirtschaftlich einer (teilweisen[100]) Entlastung der Vorstandsmitglieder nahe kommen.[101] Denn dieser Versicherungsschutz trägt dazu bei, die wirtschaftliche Werthaltigkeit des Regressanspruchs gegen die Vorstandsmitglieder abzusichern. Letztlich dient Abs. 6 auch dazu, Bedenken gegen eine Schadensersatzhaftung des Emittenten im Hinblick auf den Grundsatz der Kapitalerhaltung und einer möglichen Existenzgefährdung des Emittenten durch eine Vielzahl von Anlegeransprüchen auszuräumen.

Nach der Entstehung von Ersatzansprüchen ist die allgemeine Regelung 47 des § 93 Abs. 4 S. 3 AktG zu beachten.[102] Danach kann die Gesellschaft erst

---

[97] Vgl. nur OLG München NJW 2003, 144, 146; aus der Literatur zB *Barnert,* WM 2002, 1473; KölnKommWpHG-*Möllers/Leisch,* §§ 37b, 37c Rn. 392; *Thümmel,* DB 2001, 2331, 2332; *Dühn,* § 5 C. II.; *Kissner,* S. 32 f.; *Sethe* in *Assmann/Schneider,* §§ 37b, 37c, Rn. 102.
[98] Dazu ausführlich Vor §§ 37b, 37c Rn. 30 ff., 57 ff.
[99] Ob daneben ein Anspruch wegen Verletzung des Anstellungsvertrags besteht, ist umstritten, aber praktisch bedeutungslos, da dieser jedenfalls auch den Sonderregeln des § 93 AktG unterfiele, vgl. *Hüffer,* AktG, § 93 Rn. 11 mwN.
[100] Betragsmäßige Deckungsgrenzen, Selbstbehalte und die fehlende Versicherbarkeit vorsätzlicher Verstöße verhindern in jedem Fall eine vollständige Entlastung der Vorstandsmitglieder; vgl. dazu nur MünchKommAktG-*Hefermehl/Spindler,* § 93 Rn. 91 ff. mwN.
[101] Zutr. *Maier-Reimer/Webering,* WM 2002, 1857, 1864; KölnKommWpHG-*Möllers/ Leisch,* §§ 37b, 37c Rn. 471; zu aktienrechtlichen Problemen der D&O-Versicherung siehe etwa *Kästner,* AG 2000, 113, 114 f.; MünchKommAktG-*Hefermehl/Spindler,* § 93 Rn. 91 ff. – Zur vergleichbaren Problematik der Vereinbarkeit mit § 93 Abs. 4 S. 3 KK-*Mertens,* § 84 Rn. 83; *Ihlas,* Organhaftung und Haftpflichtversicherung, 1997, S. 59 ff. mwN.
[102] Vgl. auch KölnKommWpHG-*Möllers/Leisch,* §§ 37b, 37c Rn. 472.

§§ 37b, 37c 47   Abschnitt 7. Haftung für Kapitalmarktinform.

nach Ablauf von drei Jahren und nur mit Zustimmung der Hauptversammlung auf Ersatzansprüche verzichten oder sich über sie vergleichen, sofern nicht eine Minderheit von 10% des Grundkapitals Widerspruch zur Niederschrift erhoben hat. Gewisse Erleichterungen gelten bei Zahlungsunfähigkeit von ersatzpflichtigen Vorstandsmitgliedern (vgl. § 93 Abs. 4 S. 4 AktG).

Abschnitt 8. Finanztermingeschäfte

Vorbemerkung vor §§ 37e und 37g

Übersicht

	Rn.
A. Regelungszweck und -inhalt	1
I. Überblick über das Recht der Finanztermingeschäfte	1
II. Regelungszweck	3
B. Funktion von Finanztermingeschäften	4
I. Absicherung gegen Kursrisiken (Hedging)	5
II. Spekulation (Trading)	6
III. Arbitrage	7
C. Das Finanztermingeschäft als Rechtsbegriff	8
I. Wandlungen des Termingeschäftsbegriffs	8
II. Das Finanztermingeschäft als Typus	11
1. Charakteristika typologischen Denkens	12
2. Funktion typologischen Denkens	13
3. Handhabung	14
III. Kriterien für die Begriffsbestimmung	15
1. Normzwecke	15
2. Motive des Gesetzgebers	16
D. Merkmale des gesetzlichen Finanztermingeschäftsbegriffs	17
I. Derivate (§ 2 Abs. 2)	18
1. Termingeschäfte	19
2. Ausgestaltung als Fest- oder Optionsgeschäft	35
3. Abhängigkeit des Preises von bestimmten Basiswerten	43
II. Optionsscheine	70
1. Begriff	71
2. Erscheinungsformen	72
3. Termingeschäftscharakter	75
E. Praxis des Terminhandels	78
I. Börslicher Terminhandel	79
1. Entwicklung des Börsenterminhandels	79
2. Organisation des Terminhandels an der Eurex Deutschland	84
II. OTC-Markt	89
III. Kundenbeziehungen	91
Exkurs: Informationspflichten bei Finanztermingeschäften (Rechtslage 1. 7. 2002–31. 10. 2007)	92
§ 1 Regelungszweck	92
§ 2 Kommentierung von § 37 d aF	100
§ 3 Kommentierung von § 37 f aF	186

Schrifttum zu Finanztermingeschäften und zur Rechtslage vor Inkrafttreten des Vierten Finanzmarktförderungsgesetzes (Auswahl): *Allmendinger/Tilp*, Börsentermin- und Differenzgeschäfte. Unverbindlichkeit, Aufklärungspflichten, 2. Aufl. Köln 1999; *André*, Die Verbindlichkeit von Optionsscheingeschäften, Baden-Baden 1991; *Assmann*, Börsentermingeschäftsfähigkeit, in Festschrift für Heinsius, Berlin 1991, S. 1 ff.; *Beckmann*, Termingeschäfte und Jahresabschluß, Köln 1993; *Buthmann*, in: *Vortmann*, Prospekthaftung und Anlageberatung, § 6, Stuttgart 2000; *Dannhoff*, Vor einer Renaissance des Deutschen Warenterminrechts?, WM 1994, 485 ff.; *ders.*, Das Recht der Warentermingeschäfte, Baden-Baden 1993; *Dornseifer*, Börsentermingeschäfte und Börsenterminge-

Vor §§ 37e und 37g   Abschnitt 8. Finanztermingeschäfte

schäftsfähigkeit, Frankfurt/M 1999; *Drygala,* Termingeschäftsfähigkeit und Aufklärungspflicht beim Handel mit Optionsscheinen, ZHR 159 (1995), 686 ff.; *Ellenberger,* Die neuere Rechtsprechung des Bundesgerichtshofes zum Börsenterminhandel, WM 1999, Sonderbeilage Nr. 2; *Franken,* Das Recht des Terminhandels, Berlin 1997; *Fuchs,* Selbständige Optionsscheine als Finanzierungsinstrument der Aktiengesellschaft, AG 1995, 433 ff.; *Giesberts,* Anlegerschutz und anwendbares Recht bei ausländischen Börsentermingeschäften, Berlin 1998; *Hartung,* Termin- und Differenzeinwand beim Optionsscheinhandel, BB 1989, 2411 ff.; *Häuser/Welter,* Rechtlicher Regelungsrahmen der Börsentermingeschäfte, in: *Assmann/Schütze,* Handbuch des Kapitalanlagerechts, 2. Aufl. München 1997, § 16; *Heeb,* Börsentermingeschäftsfähigkeit und Aufklärungspflichten nach der Börsengesetznovelle, Tübingen 1993; *Henssler,* Anlegerschutz durch Information ZHR 153 (1989), 611 ff.; *ders.,* Risiko als Vertragsgegenstand, Tübingen 1994; *Hopt,* Kapitalanlegerschutz, München 1975; *Horn,* Zur Information des privaten Anlegers bei Börsentermingeschäften, ZIP 1997, 1361 ff.; *Hull,* Optionen, Futures und andere Derivate, 6. Aufl. (dt. Ausgabe), München 2005; *Imo,* Börsentermin- und Börsenoptionsgeschäfte, Bd. 1 und 2, Wiesbaden 1988; *Jaskulla,* Die Einführung derivater Finanzinstrumente an den deutschen Wertpapierbörsen als Regelungsproblem, Frankfurt/M. 1995; *Joussen,* Der Erwerb von selbständigen Optionsscheinen als Börsentermingeschäft, BB 1997, 2117 ff.; *Kienle,* Börsentermingeschäfte, in: Schimansky/Bunte/Lwowski, Bankrechts-Handbuch, 2. Aufl. München 2001, § 106; *Kindermann,* Rechtliche Strukturen der deutschen Terminbörse, WM 1989, Sonderbeilage Nr. 2; *Kleinschmitt,* Das Informationsmodell bei Börsentermingeschäften, Berlin 1992; *Kümpel,* Sonderbedingungen für Börsentermingeschäfte – Kurzkommentar, WM 1991, Sonderbeilage Nr. 1; *Lenenbach,* Kapitalmarkt- und Börsenrecht, Köln 2002, § 6; *de Lousanoff,* Börsentermingeschäftsfähigkeit von Privatanlegern, ZHR 159 (1995), 229 ff.; *Mann,* Börsentermingeschäfte und internationales Privatrecht, FS v. Caemmerer 1978, S. 731 ff.; *Menninger,* Financial Futures und deren bilanzielle Behandlung, Frankfurt/M 1993; *v. Nell-Breuning,* Grundzüge der Börsenmoral, Freiburg 1928; *Neuhaus,* Außerbörsliche Finanz(termin)geschäfte, in: Bankrecht und Bankpraxis (BuB), Rn. 71 000 ff., Loseblatt Köln Stand 2000; *Niemann,* Finanzinnovationen im Binnenmarkt, WM 1998, 777 ff.; *Nußbaum,* Kommentar zum Börsengesetz für das Deutsche Reich, München 1910; *Paus,* Börsentermingeschäfte – Begriff und Erscheinungsformen nach neuem Börsenrecht, Baden-Baden 1995; *Perridon/Steiner,* Finanzwirtschaft der Unternehmung 11. Aufl., München 2002; *Pohl* (Hrsg.), Deutsche Börsengeschichte, Frankfurt/M 1992; *ders.,* Innovative Finanzinstrumente im gemeinsamen europäischen Binnenmarkt, Würzburg 1993; *Polt,* Börsentermingeschäfte, in: Bankrecht und Bankpraxis (BuB), Rn. 7200 ff., Loseblatt Köln Stand 2000; *Reiner,* Derivative Finanzinstrumente im Recht, Baden-Baden 2002; *Rollinger,* Aufklärungspflichten bei Börsentermingeschäften, Göttingen 1990; *Rosset,* Der Begriff des Börsentermingeschäfts, WM 1999, 574 ff.; *Samtleben* in: *Hopt/Rudolph/Baum,* Börsenreform – Eine ökonomische, rechtsvergleichende und rechtspolitische Untersuchung, Stuttgart 1997, S. 469 ff.; *Schäfer,* Financial Futures, in: *Assmann/Schütze,* Handbuch des Kapitalanlagerechts, 2. Aufl. München 1997, § 17; *ders.,* Haftung für fehlerhafte Anlageberatung und Vermögensverwaltung, 2. Aufl. Köln 1995; *Schlüter,* Börsenhandelsrecht – Handbuch für Banken und Finanzdienstleistungsinstitute, 2. Aufl. München 2002, Rn. 1080 ff.; *Schmitte,* Aufklärungs- und Beratungspflichten der Kreditinstitute bei Börsentermingeschäften an der Deutschen Terminbörse, Bonn 1994; *Schneider/Burgard,* Die Ultra-Vires-Lehre: Grenze der Rechtsfähigkeit oder der Organvertretungsmacht bei öffentlich-rechtlichen Kreditinstituten?, FS Claussen, Köln 1997, S. 499 ff.; *Schoch,* Bankenhaftung trotz ordnungsgemäßer Begründung der Börsentermingeschäftsfähigkeit, BB 1996, 1565 ff.; *ders.,* Bankenhaftung wegen Aufklärungs- und Beratungspflichtverletzungen bei Börsentermingeschäften, BB 2000, 163 ff.; *Schwark,* Spekulation-Markt-Recht, FS Steindorff 1990, S. 473 ff.; *ders.,* Ist die Aktienanleihe ein Börsentermingeschäft?, WM 2001, 1973 ff.; *Steiner/Bruns,* Wertpapiermanagement, 7. Aufl, Stuttgart 2000; *Tilp,* Aufklärungspflichten bei Devisentermingeschäften, ZIP 1993, 1843 ff.; *Wach,* Der Terminhandel in Recht und Praxis, 1986; *Waclawik,* Die Verbindlichkeit von Devisenterminvereinbarungen, Berlin 2000; *M. Weber,* Die technische

Vorbemerkung Vor §§ 37e und 37g

Funktion des Terminhandels, DJZ 1896, 207 ff. und 248 ff.; *Welcker/Kloy/Schindler*, Professionelles Optionsgeschäft, 3. Aufl. Zürich 1992; *Wellmann*, Der Handel mit Derivaten an vollelektronischen Terminbörsen – Eine zivilrechtliche Betrachtung, WiB 1995, 663 ff.; *Winter*, Der Termin- und Differenzeinwand bei Zinsbegrenzungsvereinbarungen, WM 1994, 2143 ff.; *Wolter*, Termingeschäftsfähigkeit kraft Information, Paderborn 1991.

Schrifttum zu Finanztermingeschäften und zur Rechtslage nach dem Vierten Finanzmarktförderungsgesetz: *Assmann*, Irrungen und Wirrungen im Recht der Termingeschäfte, ZIP 2001, 2061 ff.; *Balzer/Siller*, Finanztermingeschäfte, in: Bankrecht und Bankpraxis (BuB) Rn. 7.200 ff.; *Berger/Steck*, Regulierung von Hedgefonds in Deutschland, ZBB 2003, 192 ff.; *Bensler/Gallei*, Aufsichtsrechtliche Aspekte des Handels mit Emissionsberechtigungen und Derivaten, ET 205, 262 ff.; *Binder*, Daytrading als Finanztermingeschäft i. S. d. § Abs. 2 a WpHG?, ZHR 69 (2005), 329 ff.; *Casper*, Das neue Recht der Termingeschäfte WM 2003, 161 ff.; *ders.*, Der Optionsvertrag, Tübingen 2005; *Castagnino*, Derivatives, 2. Aufl. Oxford 2006; *Chalioulias*, Der swap im System aleatorischer Verträge, Baden-Baden 2007; *Ehricke*, Finanztermingeschäfte im Insolvenzverfahren, ZIP 2003, 273 ff.; *Fleckner*, Die Lücke im Recht des Devisenhandels, WM 2003, 168 ff.; *ders.*, Finanztermingeschäfte in Devisen – zum Anwendungsbereich der §§ 37 d ff. WpHG im Devisenterminhandel nach dem Anlegerschutzverbesserungsgesetz, ZBB 2005, 96 ff.; *Fleischer*, Das Vierte Finanzmarktförderungsgesetz, NJW 2002, 2977, 2981 f.; *Horn/Balzer*, Anlegerschutz durch Information bei Finanztermingeschäften nach neuem Recht, FS Kümpel, Berlin 2003, S. 275 ff.; *Kienle*, Finanztermingeschäfte, in: *Schimansky/Bunte/Lwowski*, Bankrechts-Handbuch, 3. Aufl. München 2007, § 106; *Kind*, Börsen- und Finanztermingeschäfte – zur Neuregelung des Rechts der Termingeschäfte in den §§ 37 d ff. WpHG sowie zur Rückabwicklung unverbindlicher Börsentermingeschäfte und dem verbleibenden Anwendungsbereich unverbindlicher Spekulationsgeschäfte nach der Terminrechtsreform 2002, Frankfurt/M. 2004; *Knops*, Verjährungsbeginn durch Anspruchsentstehung bei Schadensersatzansprüchen – insbesondere bei den §§ 37 a und d WpHG, AcP 205 (2005), 821 ff.; *Koller*, Anm. zu BGH, Urt. v. 13. 7. 2004 – XI ZR 132/03 abgedr. in NJW 2004, 2696, LMK 2004, 182 f.; *Lang*, Informationspflichten bei Wertpapierdienstleistungen, München 2003, § 11; *Lenenbach*, Kapitalmarkt- und Börsenrecht, Köln 2002, Rn. 6130 ff.; *Meinhardt*, Auslandstöchter, Devisentermingeschäfte und Bewertungseinheit?, DB 2004, 2649 ff.; *Melzer*, Zum Begriff des Finanztermingeschäfts, BKR 2003, 366 ff.; *Merkt*, Reformbedarf im deutschen Kapitalmarkt- und Börsenrecht, Gutachten 64. DJT, München 2002, G 101 ff.; *Puderbach/Zenke*, Der Handel mit Warenderivaten in Europa und Deutschland, BKR 2003, 360 ff.; *Reiner*, Daytrading im Niemandsland zwischen Kassa- und Termingeschäft, ZBB 2002, 211 ff.; *Reuschle*, Viertes Finanzmarktförderungsgesetz (Materialien, Texte, Dokumente), München 2002; *Roller/Hackenberg*, Die Darlegungs- und Beweislastverteilung in Haftungsprozessen im Wertpapier(neben-)dienstleistungsrecht, VuR 2005, 127 ff.; *Samtleben*, Das Börsentermingeschäft ist tot – es lebe das Finanztermingeschäft?, ZBB 2003, 69 ff.; *Schäfer*, Das neue Recht der Finanztermingeschäfte – Plädoyer für seine Abschaffung, FS Immenga 2004, S. 689 ff.; *ders.*, Finanztermingeschäfte, in: *Assmann/Schütze*, Handbuch des Kapitalanlagerechts, 3. Aufl. München 2007, § 19; *Schäfer/Lang*, Zur Reform des Rechts der Börsentermingeschäfte – Die §§ 37 d bis 37 g WpHG in der Fassung des Gesetzentwurfs eines 4. Finanzmarktförderungsgesetzes, BKR 2002, 197 ff.; *Sernetz*, Derivate und Corporate Governance – Kompetenzen und Pflichten des Vorstands von Aktiengesellschaften beim Einsatz von Derivaten, Frankfurt/M. 2006; *Schlüter*, Börsenhandelsrecht – Handbuch für Banken und Finanzdienstleistungsinstitute, 2. Aufl. München 2002, Teil G Rn. 1101 ff. und 1298 ff.; *Steiner/Bruns*, Wertpapiermanagement, 9. Aufl. Stuttgart 2007; *Völkel*, Vom Börsentermingeschäft zum Finanztermingeschäft, Bielefeld 2007; *Zimmer*, Schadensersatz im Termingeschäftsrecht – eine anreizökonomische Fehlkonstruktion?, JZ 2003, 22 ff.; *Zimmer/Unland*, Vertretung beim Abschluß von Termingeschäften nach neuem Recht, BB 2003, 1445 ff.

Schrifttum zur Rechtslage nach dem FRUG: *Böhm*, Außerbörsliche Finanztermingeschäfte, in: *Assies/Beule/Heise/Strube* (Hrsg.) Handbuch des Fachanwalts Bank- und

Jung

Vor §§ 37e und 37g 1   Abschnitt 8. Finanztermingeschäfte

Kapitalmarktrecht, Köln 2008, S. 1179 ff.; *Bloss/Ernst*, Derivate – Handbuch für Finanzintermediäre und Investoren, München 2008; *Holzborn/Israel*, Die Neustrukturierung des Finanzmarktrechts durch das Finanzmarktrichtlinienumsetzungsgesetz, NJW 2008, 791 ff.; *Jordans*, Die Umsetzung der MiFID in Deutschland und die Abschaffung des § 37 d WpHG, WM 2007, 1828 ff.; *Weichert/Wenninger*, Die Neuregelung der Erkundigungs- und Aufklärungspflichten von Wertpapierdienstleistungsunternehmen, WM 2007, 627 ff.; *Zerey*, Außerbörsliche (OTC)Finanzderivate, Baden-Baden 2008.

A. Regelungszweck und -inhalt

I. Überblick über das Recht der Finanztermingeschäfte

1 Die §§ 37e und 37g enthalten das nach 2007 verbliebene Sonderrecht der Finanztermingeschäfte i. S. v. § 37 e S. 2. Die Vorschriften haben 2002 die §§ 50–70 BörsG aF abgelöst und betreffen die Absicherung der Wirksamkeit von Finanztermingeschäften gegenüber dem bürgerlich-rechtlichen Spieleinwand des § 762 BGB (§ 37 e S. 1) sowie das Verbot bzw. die Beschränkung bestimmter Finanztermingeschäfte (§ 37 g). Die 2002 erfolgte Ansiedlung des Finanztermingeschäftsrechts im WpHG ist systematisch zu begrüßen, da es um privatrechtliche Sonderregelungen geht. Die zwischen dem 1. 7. 2002 und dem 31. 10. 2007 bestehende privatrechtliche und öffentlich-rechtliche Aufklärungspflicht von Finanztermingeschäftsunternehmen gegenüber Verbrauchern (§§ 37 d und 37 f aF) wurde durch das **FRUG** mit Wirkung zum 1. 11. 2007 abgeschafft.[1] Der Gesetzgeber sah angesichts der nach § 31 bestehenden individuellen Informationspflicht kein Bedürfnis mehr für eine der individuellen Risikoaufklärung vorgelagerte gesonderte Standardinformation von Verbrauchern (sog. Zwei-Stufen-Modell) und betrachtete die **Abschaffung von §§ 37 d und 37 f** aF als eine Maßnahme des Bürokratieabbaus und der Flexibilisierung.[2] Damit und mit der gleichzeitig erfolgten Neufassung von §§ 31 ff. hat der Gesetzgeber auch dem Umstand Rechnung getragen, dass in einem immer unüberschaubarer werdenden Markt der Finanzprodukte die Zukunft nicht mehr einem stets mit der Schwierigkeit einer sachgerechten Anknüpfung verbundenen Sonderrecht der Standardinformation über Finanztermingeschäftsrisiken gehört. Sie liegt vielmehr in einer teilweisen Strukturierung und Formalisierung der individuellen Produktinformation nach § 31 durch vergleichbare Risikoprofile[3] und schriftliche Warnhinweise.[4] Zu

---
[1] Zu der noch für Altfälle relevanten Rechtslage zwischen dem 1. 7. 2002 und dem 31. 10. 2007 siehe eingehend Rn. 92 ff.
[2] Begr.RegE FRUG, BT-Drucks. 16/4037, S. 78.
[3] Siehe dazu auch die zum alten Recht gemachten Reformvorschläge von *Luttermann*, ZIP 2001, 1901, 1904 f. und *Assmann*, ZIP 2001, 2061, 2080 f. (Aufnahme der Termingeschäfte in den Kreis der prospektpflichtigen Anlagen durch eine entsprechende Ergänzung des Börsenzulassungs- und Verkaufsprospektrechts); zustimmend *Casper*, WM 2003, 161, 167; zweifelnd *Merkt*, 64. DJT, G 102 f.; zu weiteren Reformvorschlägen auch noch *Binder*, ZHR 169 (2005), 329, 364 ff.
[4] In diese Richtung bereits *Schäfer/Lang*, BKR 2002, 197, 212; *Lang*, Informationspflichten, § 11 Rn. 118; siehe zu bereits bestehenden Schriftformerfordernissen bei der gewerblichen Anlagevermittlung BGH v. 5. 3. 1991 XI ZR 151/89 WM 1991, 667, 668; BGH v. 17. 3. 1992 XI ZR 204/91 WM 1992, 770, 771 = ZIP 1992, 612, 613; BGH v. 14. 5. 1996 XI ZR 188/95 WM 1996, 1214, 1215 = ZIP 1996, 1161, 1162; gegen ein

Vorbemerkung   **2   Vor §§ 37e und 37g**

Recht wurde daher die auch in der Praxis nur schwer durchzuhaltende und auf Verbraucher beschränkte Zweistufigkeit zugunsten eines einheitlichen Beratungsmodells aufgegeben. Außerdem erstreckt sich der Anwendungsbereich des WpHG nach § 1 anders als derjenige des BörsG auf den börslichen wie außerbörslichen Handel. Damit wird die Regelung im WpHG der auch schon vor 2002 unter dem BörsG anerkannten Einbeziehung der außerbörslichen Finanztermingeschäfte besser gerecht.[5]

Aber auch **außerhalb des WpHG** finden sich Sonderregelungen für Finanztermingeschäfte bzw. für Derivate als der wichtigsten Form dieser Geschäfte, auf die hier nur ergänzend hingewiesen werden kann.[6] So gibt es neben der wertpapierhandelsrechtlichen Ermächtigung zum Verbot oder zur Beschränkung bestimmter Finanztermingeschäfte nach § 37g noch spezifische Abschlussbeschränkungen für Hypothekenbanken (§ 5 Abs. 1 Nr. 3 und 4a HypBankG), Kapitalanlagegesellschaften (§ 51 InvG, DerivateV[7]) und Versicherungen (§ 7 Abs. 2 S. 2 VAG). Ferner sind nach der Rechtsprechung des BGH zur sog. ultra vires-Doktrin[8] juristische Personen des öffentlichen Rechts nur im Rahmen ihres gesetzlichen oder satzungsmäßigen Aufgabenbereichs zum Abschluss von Finanztermingeschäften befugt.[9] Im Bankenaufsichtsrecht finden sich gleichfalls verschiedene Sonderregelungen für die der Aufsicht unterliegenden Bankgeschäfte mit Finanzinstrumenten (§ 1 Abs. 1 S. 2 Nr. 4 KWG), zu denen auch die in § 1 Abs. 11 S. 4 KWG definierten Derivate gehören.[10] In § 104 Abs. 2 und 3 InsO[11] sind schließlich gesonderte Bestimmungen zur Abwicklung von Finanztermingeschäften in der Insolvenz als einer besonderen Form des sog. (Liquidations-)Nettings[12] enthalten. Für die einkommen- bzw. umsatzsteuerliche Behandlung von Finanztermingeschäften bestehen ebenfalls Sonderregelungen.[13] Für die Börsenzulassung gilt § 23 BörsG nF (Rn. 86). Für die Bilanzierung der Finanztherminge-

2

Schriftformerfordernis im Effektengeschäft der Kreditinstitute jedoch BGH v. 12. 3. 2002 XI ZR 258/01 ZIP 2002, 748 f.; BGH v. 19. 5. 1998 XI ZR 286/97 WM 1998, 1391 = ZIP 1998, 1220.

[5] Begr. RegE 4. FMFG BT-Drucks. 14/8017, S. 94; *Möller,* WM 2001, 2405, 2409; *Kümpel,* Bank- und KapitalmarktR 3. A. 2004, Rn. 15.2.

[6] Zum unterschiedlichen Inhalt des Begriffs „Finanztermingeschäft" in den verschiedenen Gesetzen *Samtleben,* ZBB 2003, 69, 70 f.

[7] Verordnung über Risikomanagement und Risikomessung beim Einsatz von Derivaten in Sondervermögen nach dem Investmentgesetz (DerivateV) v. 6. 2. 2004 (BGBl. I S. 153); dazu näher *Gondesen,* WM 2005, 116 ff.

[8] BGH v. 28. 2. 1956 I ZR 84/54 BGHZ 20, 119, 124.

[9] Dazu näher *Schimansky/Bunte/Lwowski/Jahn* § 114 Rn. 110 ff. und speziell zur Wirksamkeit von Termingeschäften der Landesbanken vor dem Hintergrund der ultra vires-Doktrin *Koenig,* WM 1995, 317 ff. (verneinend) und *H. Schneider/Busch,* WM 1995, 326 ff.

[10] Näher *Reiner,* Derivative Finanzinstrumente, S. 225 ff.

[11] Dazu näher *Reiner,* Derivative Finanzinstrumente, S. 183 ff.; *Ehricke,* ZIP 2003, 273 ff.; *v. Wilmowsky,* WM 2002, 2264 ff.; *Benzler,* ZInsO 2000, 1 ff.; *Bosch,* WM 1995, 365 ff. und 413 ff.; *Lenenbach,* Rn. 6128 f.; *Neuhaus* in BuB Rn. 7/1089 ff.

[12] Allgemein zum Netting bei Finanztermingeschäften etwa *Neuhaus* in BuB Rn. 7/1074 ff.

[13] Zur ertragsteuerlichen Behandlung von Finanztermingeschäften *Reiner,* Derivate Finanzinstrumente im Recht, S. 304 ff.; *Harenberg,* FR 2002, 109 ff.; *Fleischmann,* StuB 2001, 894 ff.; *Muscat,* BB 2001, 2293 und *van Bebber,* DStR 1999, 1756 ff.; zur umsatzsteuerlichen Behandlung von Warentermingeschäften *Schilling,* UR 2002, 205 ff.

schäftspositionen bestehen lediglich für Finanzdienstleistungsunternehmen einige wenige Sonderregelungen (§§ 340b Abs. 6, 340c Abs. 1, 340h Abs. 1 S. 3 HGB und IAS-Standard 39).[14] Strafrechtlich mag schließlich der Tatbestand der Verleitung zur Börsenspekulation (§ 61 iVm § 26 BörsG nF) für Finanztermingeschäfte eine besondere Bedeutung erlangen.[15] Die Finanztermingeschäfte gehören schließlich als Derivat- und finanzielle Differenzgeschäfte zu den nach Anhang C von der RL 2004/39/EG (MiFID) erfassten Wertpapierdienstleistungen.[16]

II. Regelungszweck

3   Das Sonderrecht der Finanztermingeschäfte soll die Funktionsfähigkeit des (deutschen) Terminhandels gewährleisten.[17] Die Funktionsfähigkeit des Terminhandels soll durch die Förderung einer hinreichenden Marktbreite und Markttiefe sowie die Sicherstellung wirksamer Geschäftsabschlüsse gewährleistet werden. Der zunehmende und ausdifferenzierte Bedarf einer weltweit agierenden Finanz- und Warenwirtschaft am Abschluss von Kurssicherungsgeschäften (Rn. 5) hat in den Augen der beteiligten Finanzkreise und des deutschen Gesetzgebers die Notwendigkeit entstehen lassen, den seit der Mitte des 19. Jh. professionell von Kaufleuten betriebenen Markt für Termingeschäfte (Rn. 79) im Jahre 1989 auch dem deutschen Anlegerpublikum insgesamt zu öffnen.[18] Neben diesen finanzmarkttechnischen Überlegungen spielten auch finanzpolitische Gründe wie die Stärkung des Finanzplatzes Deutschland in diesem wachsenden Geschäftsfeld[19] sowie das Bekenntnis zur Eigenverantwortung und Chancengleichheit im Geldanlagebereich[20] eine maßgebliche Rolle. Der Gesetzgeber ignorierte damit Kritiker, die sich gegen die aus ihrer Sicht drohende Abwälzung von Investitionsverlusten professioneller Marktteilnehmer auf Privatanleger und für eine auch so gegebene Funktionsfähigkeit des Terminmarkts ausgesprochen hatten.[21] Mit der 2002 vorgenommenen Reform des Finanztermingeschäftsrechts wollte der Gesetzgeber die Funktionsfähigkeit des entsprechenden Marktes durch die Beseitigung des Termin- und Differenzeinwands (§§ 52, 55 BörsG aF und § 764 BGB aF) zusätzlich stärken.

---

[14] Zur bilanziellen Behandlung von Finanztermingeschäften nach dem HGB näher *Beckmann*, Termingeschäfte und Jahresabschluss, 1993; *Reiner*, Derivative Finanzinstrumente, S. 251 ff.; *Häuselmann/Wiesenbart*, DB 1990, 641 ff.; *Häuselmann*, DB 1987, 1745 ff. (Optionen); *Menninger*, RIW 1994, 43 ff. (Futures); *Meinhard*, DB 2004, 2649 ff. (Devisentermingeschäfte).
[15] Dazu näher etwa *Polt* in BuB Rn. 7/402 ff. und krit. zur Neuregelung *Samtleben*, ZBB 2003, 69, 74 f.
[16] RL des Europäischen Parlaments und des Rates v. 21. 4. 2004 über Märkte für Finanzinstrumente, ABl. L 145 v. 30. 4. 2004, S. 1.
[17] Zur historischen Entwicklung des Sonderrechts näher *Schäfer*, FS Immenga 2004, S. 689 ff.
[18] Begr. RegE Börsengesetznovelle 1989 BT-Drucks. 11/4177, S. 9; krit. *Henssler*, ZHR 153 (1989) 611, 624 f.
[19] Begr. RegE Börsengesetznovelle 1989 BT-Drucks. 11/4177, S. 9.
[20] Begr. RegE Börsengesetznovelle 1989 BT-Drucks. 11/4177, S. 9; *Luttermann*, ZIP 2001, 1901, 1906.
[21] *Henssler*, Risiko als Vertragsgegenstand, S. 650 f.; *Brandner*, FS Schimansky 1999, S. 581, 586; *Schwark*, FS Steindorff 1990, S. 473, 484.

Vorbemerkung 4, 5 **Vor §§ 37e und 37g**

B. Funktion von Finanztermingeschäften

Die §§ 37e und 37g differenzieren nicht nach dem von den Parteien verfolg- 4
ten Zweck des Finanztermingeschäfts. Bedeutung könnte dieser allenfalls im
Rahmen von § 762 BGB für die dort erforderliche subjektive Spielabsicht haben
(§ 37e Rn. 4).[22] Die verschiedenen Funktionen eines Finanztermingeschäfts
spiegeln jedoch ihren wirtschaftlichen Hintergrund wider.

I. Absicherung gegen Kursrisiken (Hedging)

Das Sicherungsbedürfnis von Produzenten bzw. Abnehmern gegen einen 5
Preisverfall bzw. Preisanstieg insbesondere im Bereich der Rohstoffmärkte stand
am Anfang des börslichen Terminhandels. Mit der Beendigung des Bretton-
Woods-Abkommens und der Einführung eines Weltwährungssystems mit schwankenden Wechselkursen im Jahre 1973 wuchs ein entsprechendes Sicherungsbedürfnis auch im Bereich der Finanzmärkte. Man versucht daher zum Zwecke der
Kurssicherung eine bestehende oder noch aufzubauende Position gegen unerwünschte Marktentwicklungen durch das Eingehen einer möglichst kongruenten
Gegenposition abzusichern, um die Kursverluste der einen Position (im Kassamarkt) durch die Kursgewinne der anderen Position (im Terminmarkt) auszugleichen (sog. Hedging).[23] In dieser Form dienen der Absicherung von Wäh-
rungskursrisiken die Devisentermingeschäfte, Währungs-Futures, Devisenoptionen und Währungsswaps. Zur Absicherung von Zinsänderungsrisiken wurden
Forward Rate Agreements, Zins-Futures, Optionen auf Zinssätze (Zinsoptionen), Optionen auf Anleihen (Bondoptionen), Zinssatzswaps, Optionen auf
Zinssatzswaps (Swaptions), Zinsbegrenzungsverträge und Optionen auf Zinsbegrenzungsverträge entwickelt. Zur Absicherung von Gesamtmarktrisiken eignen
sich schließlich Indexfutures wie etwa der DAX-Future. Dient das sichernde In-
dextermingeschäft der Absicherung bereits bestehender Kassapositionen (zB Ak-
tienportfolio), spricht man von einem Short Hedge. Geht es hingegen um die
Sicherung eines aktuellen Gesamtkursniveaus für den künftigen Aufbau von Kassapositionen, spricht man von einem Long Hedge.

Anders als beim Einsatz von Finanztermingeschäften zur Spekulation kommt
es bei der Absicherung gegen Kursrisiken auf die individuelle Ausgestaltung des
Termingeschäfts an, um eine möglichst exakte Absicherung offener Positionen
gegen Zinsänderungs-, Aktienkurs- oder Währungsrisiken zu ermöglichen. Der
Abschluss eines genau kongruenten Gegengeschäfts (sog. Perfect Hedge) erweist
sich jedoch zumeist als schwierig, so dass lediglich ein sog. Cross Hedge i. w. S.
zustande kommt.[24] Zur Erzielung einer möglichst weitreichenden Kongruenz
bietet der individualvertragliche außerbörsliche Handel (sog. OTC-Märkte;
Rn. 89f.) zwar Vorteile, doch erschwert die fehlende Standardisierung auf der
anderen Seite auch die Glattstellung und damit die Anpassung der Absicherung

---

[22] *Henssler*, Risiko als Vertragsgegenstand, S. 657 ff.; *Schwintowski/Schäfer*, BankR § 20 Rn. 31.
[23] Näher *Steiner/Bruns*, Wertpapiermanagement 9. Aufl., S. 542 ff.; KölnKommWpHG-*Roth*, § 37d Rn. 3; *Schlüter*, Börsenhandelsrecht 2. Aufl., G 1080 ff.
[24] Näher *Steiner/Bruns*, Wertpapiermanagement 9. Aufl., S. 481 ff.

an einen durch veränderte Umstände gewandelten Hedge-Bedarf. Mit einem perfekten Hedginggeschäft lässt sich kein Gewinn erzielen, da die u. U. anfallenden Gewinne durch die korrespondierenden Verluste aus dem abzusichernden Geschäft aufgezehrt werden.[25]

II. Spekulation (Trading)[26]

6 Die gegensätzliche Erwartungshaltung zweier Parteien hinsichtlich einer künftigen Kursentwicklung und die mögliche Erzielung überdurchschnittlicher Renditen durch die Partizipation an einer erwartungsgemäßen Kursentwicklung bei verhältnismäßig geringem Kapitaleinsatz (sog. Hebelwirkung; Rn. 28) lassen sich auch zum Abschluss eines Spekulationsgeschäfts nutzen. Die Spekulanten sind als Partner auch von Hedge-Geschäften für die Funktionsfähigkeit des Terminmarkts unentbehrlich[27] und nicht etwa nur überflüssige Schmarotzer.[28] Die einfachste und risikoreichste Form der Spekulation bildet der einmalige Kauf oder Verkauf einer Termingeschäftsposition (sog. Open Position Trading). Eine kompliziertere und weniger risikoreiche Spekulationsform ist die Spreadstrategie (Spread Trading), bei der mehrere Termingeschäfte desselben oder unterschiedlichen Typs abgeschlossen werden, um relative Preisbewegungen innerhalb desselben Typs etwa durch Laufzeitunterschiede (sog. Intra-Spread) bzw. zwischen verschiedenen Typen (sog. Inter-Spread) auszunutzen. Die Inter-Spread-Strategie nähert sich bereits der Arbitrage.

III. Arbitrage

7 Mit Hilfe der Arbitrage versuchen insbesondere institutionelle Anleger, risikolos Gewinne (sog. Free Lunch) durch die Ausnutzung von Preisunterschieden zwischen verschiedenen Märkten (zB einem Kassa- und einem Terminmarkt) zur selben Zeit zu erzielen.[29] Hierdurch wird das Gleichgewicht zwischen den betroffenen Märkten wieder hergestellt.

C. Das Finanztermingeschäft als Rechtsbegriff

I. Wandlungen des Termingeschäftsbegriffs

8 Der 2002 eingeführte **Begriff** des Finanztermingeschäfts (§ 2 Abs. 2 a aF, jetzt § 37 e S. 2) bildet den Schlüssel zum Sonderrecht der Finanztermingeschäfte. Er hat die in den §§ 50 ff. BörsG aF enthaltenen Begriffe des Börsentermingeschäfts,

---

[25] *Kümpel*, BankR 3. Aufl., Rn. 14.97.
[26] Da der Begriff „Spekulation" negativ besetzt ist, verwenden viele private und institutionelle Anleger die Bezeichnung „Trading" (vgl. *Beike/Schlütz*, Finanznachrichten 3. Aufl., S. 467; zum Zweck der Spekulation auch KölnKommWpHG-*Roth*, § 37 d Rn. 4 ff.
[27] Zur Marktregulierung und Liquiditätssicherung durch Spekulanten etwa BGH v. 5. 11. 1984 II ZR 38/84 WM 1985, 81; *Beike/Schlütz*, Finanznachrichten 3. Aufl., S. 467 und *Schlüter*, Börsenhandelsrecht 2. Aufl., G 1084 f.; teilweise krit. dazu auch schon *v. Nell-Breuning*, Börsenmoral, S. 140 ff.
[28] Vgl. dazu schon M. *Weber*, Die Börse, S. 72 (der Spekulant lege es darauf an, „da zu ernten, wo er nicht gesät hat").
[29] Näher *Steiner/Bruns*, Wertpapiermanagement 9. Aufl., S. 487 ff.; siehe auch *Polt* in BuB Rn. 7209.

des wirtschaftlich gleichen Zwecken dienenden Geschäfts und des Börsenterminhandels abgelöst,[30] die mit der Verabschiedung des BörsG 1896 bzw. der Börsengesetznovelle 1989 neben den älteren Begriff des Differenzgeschäfts (§ 764 BGB aF) getreten waren.[31] Die Bezeichnung als Finanztermingeschäft trägt wie auch die Aufnahme des Finanztermingeschäftsrechts in das WpHG zunächst rein sprachlich dem Umstand Rechnung, dass Termingeschäfte vielfach außerhalb einer Börse getätigt werden.[32] Darüber hinaus ist mit der Neufassung des Begriffsinhalts seit 2002 aber auch eine Vereinheitlichung des Termingeschäftsrechts verbunden, da seither auch (bestimmte) Warentermingeschäfte zu den Finanztermingeschäften gezählt werden (§ 2 Abs. 2a aF iVm Abs. 2 Nr. 4 aF, jetzt § 37e S. 2 iVm § 2 Abs. 2 Nr. 2).

Der Gesetzgeber hat den Begriff des Finanztermingeschäfts in § 37e S. 2 lediglich durch die Bezugnahme auf den Begriff des Optionsscheins und vor allem denjenigen des Derivats i. S. v. § 2 Abs. 2,[33] der wiederum durch den Begriff des Termingeschäfts geprägt ist, umschrieben. Man kann die gesetzliche Aussage daher auch dahingehend zusammenfassen, dass unter einem Finanztermingeschäft **Optionsscheine und bestimmte Termingeschäfte** zu verstehen sind. Die sprachliche Formulierung des § 37e S. 2 ist etwas unglücklich, da zumindest Optionsscheine kein Geschäft, sondern nur der Gegenstand eines Geschäfts sein können. Außerdem blieb auch nach 2002 die Problematik bestehen, den Basisbegriff des nunmehr auch in § 2 Abs. 2 Nr. 1 gesetzlich umschriebenen Termingeschäfts zu bestimmen und in der Rechtsanwendung handhabbar zu machen.[34] Für diese Bestimmung erhält man nunmehr durch die Umschreibung des Derivatebegriffs in § 2 Abs. 2 (vgl. auch § 1 Abs. 11 S. 4 KWG) mit der Bezugnahme auf bestimmte Geschäftstypen (Fest- und Optionsgeschäft; Rn. 35 ff.) und Basiswerte (Rn. 43 ff.) zwar gewisse Anhaltspunkte, doch wird der Begriff damit teilweise unnötig eingeengt (Rn. 35, 42 und 43) und letztlich doch **nicht definiert**. Weil sich der Begriff des Termingeschäfts letztlich einer abschließenden Definition entzieht, hat der Gesetzgeber auch 1908 eine bis dahin im BörsG enthaltene Begriffsdefinition abgeschafft[35] und diese 1989 und 2002 bewusst nicht wieder eingeführt.[36]

In der Tat sind seit der Verabschiedung des BörsG im Jahre 1896 sämtliche Versuche einer Definition des (Börsen-)Termingeschäftsbegriffs gescheitert.[37] Der

---

[30] Begr. RegE 4. FMFG BT-Drucks. 14/8017, S. 84.
[31] Dazu *Nußbaum*, Vor §§ 50 ff. BörsG Abs. 14 ff. und 43.
[32] Krit. zum bis 2002 maßgeblichen Begriff des Börsentermingeschäfts etwa *Assmann*, FS Heinsius 1991, S. 1, 8.
[33] Für eine Bezugnahme auf den Derivatebegriff auch schon *Kümpel*, WM 1997, 49 ff.; krit. *Jaskulla*, ZBB 1997, 171, 174 ff.
[34] *Fleischer*, NJW 2002, 2977, 2981.
[35] Zur Begründung für die Abschaffung der gesetzlichen Begriffsdefinition in § 48 BörsG aF durch die Börsengesetznovelle 1908 siehe RT-Verhandlungen 1907/1908, Aktenstück Nr. 483 – Gesetzentwurf betreffend die Änderung des Börsengesetzes, S. 2597, 2606.
[36] Begr. RegE Börsengesetznovelle 1989 BT-Drucks. 11/4177, S. 18 bzw. Begr. RegE 4. FMFG BT-Drucks. 14/8017, S. 85; ähnlich auch schon die Begründung für die Abschaffung der gesetzlichen Begriffsdefinition in § 48 BörsG aF durch die Börsengesetznovelle 1908 (RT-Verhandlungen 1907/1908, Aktenstück Nr. 483 – Gesetzentwurf betreffend die Änderung des Börsengesetzes, S. 2597, 2606).
[37] Siehe zur Begriffsentwicklung auch *Kümpel*, BankR 3. Aufl., Rn. 15.78 ff. und *Zingel*, in Handbuch zum deutschen und europäischen Bankrecht, 2004, § 47 I Rn. 2 ff.

bis zur Börsengesetznovelle von 1908 geltende **§ 48 BörsG aF** definierte die Börsentermingeschäfte als „Käufe und sonstige Anschaffungsgeschäfte auf eine fest bestimmte Lieferungszeit oder mit einer fest bestimmten Lieferungsfrist, wenn sie nach Geschäftsbedingungen geschlossen werden, die von dem Börsenvorstand für den Terminhandel festgesetzt sind, und wenn für die an der betreffenden Börse geschlossenen Geschäfte solcher Art eine amtliche Feststellung von Terminpreisen erfolgt". Nachdem jedoch in der Rechtsprechung sukzessive wesentliche Begriffsmerkmale aufgegeben wurden,[38] entschloss sich der Gesetzgeber schon 1908 wieder zur Aufhebung der Vorschrift und überließ die Begriffsbestimmung fortan der Rechtsprechung. So hat dann auch später der **BGH** die Börsentermingeschäfte als standardisierte Verträge über Wertpapiere, vertretbare Sachen oder Devisen definiert, die von beiden Seiten erst zu einem bestimmten späteren Zeitpunkt zu erfüllen sind und die einen Bezug zu einem Terminmarkt haben, der es ermöglicht, jederzeit ein Gegengeschäft abzuschließen.[39] Seit 1984 zählte der BGH zu diesen Geschäften aber auch die gleichen wirtschaftlichen Zwecken dienenden Geschäfte (vgl. seit 1989 auch § 50 Abs. 1 S. 2 BörsG aF)[40] und ließ durch die Betonung der Maßgeblichkeit des wirtschaftlichen Geschäftszwecks eine zunehmende Distanz zu seiner eigenen Definition erkennen.[41]

II. Das Finanztermingeschäft als Typus

11 Der Termingeschäftsbegriff bildet als Kern des Derivate- und Optionsscheinbegriffs auch die Basis für die Bestimmung des Finanztermingeschäftsbegriffs. Nach überwiegender[42] und inzwischen auch vom Gesetzgeber[43] und der Rechtsprechung[44] bestätigter Ansicht handelt es sich bei der Rechtsfigur des Termingeschäfts allerdings nicht um einen Begriff i.e.S., sondern um einen Typus. Damit ist auch die Rechtsfigur des Finanztermingeschäfts trotz einzelner begrifflich de-

---

[38] RG v. 7. 2. 1899 III 262/98 RGZ 43, 91, 92 (Entbehrlichkeit des Abschlusses zu den vom Börsenvorstand festgesetzten Geschäftsbedingungen); RG v. 28. 10. 1899 I 242/99 RGZ 44, 103, 114 ff. (Entbehrlichkeit einer festbestimmten Lieferfrist); RG v. 1. 12. 1900 I 272/00 RGZ 47, 104, 112 ff. (Entbehrlichkeit eines Terminpreises).
[39] So etwa BGH v. 16. 4. 1991 XI ZR 88/90 WM 1991, 982; BGH v. 14. 12. 1987 II ZR 89/87 WM 1988, 289, 290; BGH v. 22. 10. 1984 II ZR 262/83 WM 1984, 1598, 1599; zuletzt noch BGH v. 12. 3. 2002 XI ZR 258/01 ZIP 2002, 748, 749.
[40] BGH v. 22. 10. 1984 II ZR 262/83 WM 1984, 1598, 1599.
[41] BGH v. 25. 10. 1994 XI ZR 43/94 WM 1994, 2231, 2232; BGH v. 9. 12. 1997 XI ZR 85/97 WM 1998, 274, 275; BGH v. 12. 5. 1998 XI ZR 180/97 WM 1998, 1281, 1283.
[42] *Jaskulla*, Einführung, S. 115 ff.; *Neuhaus* in BuB Rn. 7/1042; *Koller*, WM 1985, 593 f.; *Schäfer/Hamann/Müller*, § 37 d WpHG Rn. 13; siehe auch schon *Göppert*, Bank-Archiv XII, S. 271, 272 f.; krit. *Häuser*, ZBB 1992, 249, 259; *Henssler*, Risiko als Vertragsgegenstand, S. 660 f.; *Dornseifer*, Börsentermingeschäfte, S. 66 ff.; vermittelnd *Kümpel*, WM 1991, Sonderbeilage Nr. 1, S. 6 und *Casper*, WM 2003, 161, 162 f. (Typus mit unverzichtbaren Kernelementen) sowie *Schwark/Zimmer*, KMRK vor § 37d WpHG Rn. 7 (mögliche Modifikation der nicht streng klassifikatorisch zu verstehenden Begriffsmerkmale im Lichte neuer Termingeschäftsformen).
[43] Begr. RegE 4. FMFG BT-Drucks. 14/8017, S. 85.
[44] BGH v. 12. 3. 2002 XI ZR 258/01 BGHZ 150, 164.

Vorbemerkung   12, 13   **Vor §§ 37e und 37g**

finierter Tatbestandsmerkmale (zB Abhängigkeit von bestimmten Basiswerten) insgesamt als Typus zu betrachten.[45] Auf diese Weise wird trotz des Wegfalls von § 50 Abs. 1 S. 2 BörsG aF eine wirtschaftliche Betrachtung der verschiedenen Geschäftsformen ermöglicht und eine begriffliche Einengung vermieden.

1. Charakteristika typologischen Denkens

Im Gegensatz zum Begriff, der durch einen bestimmten Kanon definitorischer 12
Merkmale so festgelegt ist, dass er auf einen Sachverhalt immer nur dann anwendbar ist, wenn in diesem sämtliche Begriffsmerkmale anzutreffen sind,[46] beschreibt der Typus mit Hilfe eines elastischen Merkmalsgefüges lediglich einen Wesenskern, der allen dem Typus zugehörigen Erscheinungen trotz der Verschiedenheit ihrer Einzelzüge innewohnt.[47] Charakteristisch für den Typus ist damit zunächst seine **Offenheit,** da er im Gegensatz zum Begriff nicht durch bestimmte Merkmale einer Definition abschließend festgelegt ist.[48] Der lediglich exemplarisch herausgearbeitete Merkmalskomplex soll den Typus möglichst zutreffend beschreiben, er unterliegt aber einer ständigen Korrektur anhand des leitenden Wertungsgesichtspunkts, so dass auch bislang unberücksichtigte Kriterien herangezogen werden können.[49] Der Typus ist zudem dadurch gekennzeichnet, dass nicht alle Typusmerkmale gegeben sein müssen, sondern das Fehlen einzelner Merkmale durch das Vorhandensein anderer Merkmale kompensiert werden kann. Grundsätzlich ist damit jedes Typusmerkmal für sich genommen entbehrlich und ein bloßes **Indiz** im Rahmen der exemplarisch gemeinten Typusbeschreibung.[50] Zwar gibt es regelmäßig bedeutendere Typusmerkmale, die sich ihrer Natur nach einem unverzichtbaren Begriffsmerkmal annähern können,[51] wie dies beim Termingeschäft hinsichtlich des hinausgeschobenen Erfüllungszeitpunkts (Rn. 20 ff.) und des zumindest einseitigen Nachschussrisikos (Rn. 31) der Fall ist.[52] Doch kommt es beim typologischen Denken letztlich immer nur darauf an, dass der Sachverhalt die Typusmerkmale in solcher Anzahl und Stärke aufweist, dass er bei der zuordnenden und am leitenden Wertungsgesichtspunkt orientierten Gesamtbetrachtung dem Typus noch entspricht.[53]

2. Funktion des typologischen Denkens

Typus und Begriff haben das gemeinsame Ziel, verschiedene, jedoch im Hin- 13
blick auf einen bestimmten Regelungszweck wesensgleiche Lebenssachverhalte im Hinblick auf eine gleichartige Behandlung durch abstrakte Merkmalskomple-

---

[45] Zu Mischformen zwischen Typus und Begriff auch *Larenz,* Methodenlehre 6. Aufl., S. 223.
[46] *Bydlinski,* Methodenlehre, S. 544.
[47] *Larenz,* Methodenlehre 6. Aufl., S. 221 und 462.
[48] *Leenen,* Typus, S. 34 ff.; *Larenz,* Methodenlehre 6. Aufl., S. 303.
[49] *Leenen,* Typus, S. 109.
[50] *Larenz,* Methodenlehre 6. Aufl., S. 219 f.
[51] *Leenen,* Typus, S. 54.
[52] Vgl. dazu auch *Kümpel,* WM 1991, Sonderbeilage Nr. 1, S. 6, der insoweit sogar von unverzichtbaren Kernelementen spricht und damit die von ihm selbst befürwortete Typusnatur des Termingeschäftsbegriffs wieder in Frage stellt (daher zu Recht krit. *Jaskulla,* ZBB 1997, 171, 175).
[53] *Leenen,* Typus, S. 34 ff.; *Larenz,* Methodenlehre 6. Aufl., S. 221, 303 f. und 451.

xe klassifikatorisch zusammenzufassen.[54] Die **Flexibilität** und der vergleichsweise Merkmalsreichtum des Typus ermöglichen es dabei, dass dieser sich den gerade im Kapitalmarktrecht vielfältigen und sich wandelnden Erscheinungsformen zumeist komplexer Geschäftsvorgänge besser anpassen kann[55] und auf diese Weise die einer bestimmten Rechtsfolge zu unterwerfenden Sachverhalte optimal erfasst werden. Der Typenvergleich ermöglicht es darüber hinaus, Typenabwandlungen und Typenmischungen adäquat einzuordnen.[56] So kann die insbesondere von der Rechtsprechung[57] für den Termingeschäftsbegriff postulierte wirtschaftliche Betrachtung auch nach dem Wegfall des § 50 Abs. 1 S. 2 BörsG aF in eine juristische Form gebracht werden.

3. Handhabung

14   Da unter den Typus als einem elastischen und interdependenten Merkmalsgefüge nicht subsumiert werden kann, ist es lediglich möglich, einen Sachverhalt, der einem anderen, zweifelsfrei zum Typus gehörenden Sachverhalt in den für die Beurteilung maßgeblichen Merkmalen hinreichend nahe kommt, dem Typus insgesamt zuzuordnen.[58] Vorgenommen wird mithin ein Einzelvergleich der Typusmerkmale und eine anschließende **Gesamtbewertung** im Hinblick auf die Ähnlichkeit des Erscheinungsbildes mit dem Idealtypus des glattzustellenden Futuregeschäfts und mit anderen anerkannten Erscheinungsformen des Typus sowie eine Abgrenzung zum Gegenbegriff des (spekulativen) Kassageschäfts.[59] Erforderlich ist dabei zumindest ein Übergewicht der typischen im Vergleich zu den untypischen Merkmalen.[60] Angesichts des bei der Schaffung neuer Finanztermingeschäftstypen zu beobachtenden Baukastenprinzips sollte dabei zur Vermeidung von Wertungswidersprüchen ein aus mehreren Finanztermingeschäften kombiniertes Geschäft (zB Swaption, Interest Rate Guarantee) gleichfalls als Finanztermingeschäft gewertet werden.[61] Für die Vorteile des typologischen Denkens ist damit der Preis einer erhöhten **Rechtsunsicherheit** und einer insgesamt aufwändigeren Rechtsfindung zu zahlen.[62]

---

[54] *Heyde,* Studium Generale 1952, 235, 240; *Radbruch,* IZTR 12 (1938), 44; *Larenz,* Methodenlehre 6 Aufl., S. 221, 462 und 465.

[55] Dazu schon für den Typus des Börsentermingeschäfts *Göppert,* Bank-Archiv XII, S. 271, 272f.; generell zur Anpassungsfähigkeit von Typusbegriffen *Engisch,* Konkretisierung, S. 242; *H.J. Wolff,* Studium Generale 1952, 195, 202; *Leenen,* Typus, S. 47f.

[56] Dazu speziell für den Bereich der Finanztermingeschäfte *Lenenbach,* Rn. 6.97 und generell *Radbruch,* IZTR 12 (1938), 44; *Larenz,* Methodenlehre 6. Aufl., S. 303.

[57] Dazu nur BGH v. 22. 10. 1984 II ZR 262/83 BGHZ 92, 317, 321; BGH v. 5. 10. 1999 XI ZR 296/98 WM 1999, 2300, 2301; *Dötsch/Kellner,* WM 2001, 1994, 1995 ff.; krit. *Schwark,* WM 2001, 1973, 1981.

[58] *Leenen,* Typus, S. 34 und 47; *Larenz,* Methodenlehre 6. Aufl., S. 275.

[59] Siehe zu diesem Typenvergleich im Bereich der Finanztermingeschäfte auch *Lenenbach,* Rn. 6.97 unter Hinweis auf BGH v. 12. 5. 1998 XI ZR 180/97 BGHZ 139, 1, 5 ff. (Vergleich von Basket- mit Aktienindex-Optionsscheinen) und BGH v. 5. 10. 1999 XI ZR 296/98 BGHZ 142, 345, 350 f. (Vergleich von Bandbreiten-Optionsscheinen mit Basket- und Aktienindex-Optionsscheinen).

[60] *Zippelius,* FS Engisch 1969, S. 224, 227.

[61] So auch *Melzer,* BKR 2003, 366, 371.

[62] Speziell für den Termingeschäftsbegriff *Melzer,* BKR 2003, 366, 368 ff.; *Köndgen,* ZIP 2001, 1197, 1198 („Arbeitsbeschaffungsmaßnahme für die Ziviljustiz"); *Assmann,* ZIP 2001, 2061, 2062; generell *Radbruch,* IZTR 12 (1938), 44, 49; *Esser,* AöR 96 (1971), 140,

III. Kriterien für die Begriffsbestimmung

1. Normzwecke

Die Bestimmung der einzelnen Typusmerkmale und die Zuordnung von Geschäftsformen zum wertpapierhandelsrechtlichen Typus des (Finanz-)Termingeschäfts hat sich an dem durch die gesetzliche Regelung der §§ 37e und 37g vorgegebenen Zweck des Schutzes der Funktionsfähigkeit der Terminmärkte durch den Ausschluss des Spieleinwands zu orientieren.[63] Maßgebliches Kriterium ist danach ihre wirtschaftliche Funktion im Rahmen der Kurssicherung und Spekulation.[64] Diese Normzwecke legen eine weite Auslegung des Finanztermingeschäftsbegriffs nahe, da dadurch die Durchsetzbarkeit der Termingeschäftsforderungen gewährleistet wird. Darüber hinaus ist auch eine an der besonderen Gefährlichkeit der Geschäfte ausgerichtete Typusbestimmung und -zuordnung angezeigt, da diese den Grund für eine Sonderbehandlung der Finanztermingeschäfte im Rahmen von § 31 bildet und hierdurch zugleich die Einheitlichkeit des (Finanz-)Termingeschäftsbegriffs im gesamten Finanzdienstleistungsrecht gewahrt wird, da es auch im Banken- (vgl. § 1 Abs. 11 S. 4 KWG), Kapitalanlagegesellschafts- (vgl. § 51 InvG; DerivateV[65]) und Versicherungsaufsichtsrecht (vgl. § 7 Abs. 2 S. 2 VAG) um eine entsprechende Gefahrenabwehr geht.

2. Motive des Gesetzgebers

In der Begründung zum RegE des 4. Finanzmarktförderungsgesetzes werden ebenfalls einige Hinweise für die Bestimmung des Finanztermingeschäftsbegriffs gegeben. So wollte der Gesetzgeber mit seiner Begriffsbestimmung in § 2 Abs. 2a aF (jetzt § 37e S. 2) nicht nur an die etablierten Begriffe und Erscheinungsformen des Derivats und des Optionsscheins, sondern auch an die Umschreibung der bis 2002 in § 50 Abs. 1 BörsG verwendeten Begriffe des Börsentermingeschäfts, des wirtschaftlich gleichen Zwecken dienenden Geschäfts und des Börsenterminhandels anknüpfen und insoweit lediglich auch in der Formulierung die inhaltlich schon vorher aufgegebene Beschränkung auf den Börsenhandel beseitigen.[66] Damit wird man bei der Auslegung der einzelnen Elemente des Derivatebegriffs zumindest im Rahmen von § 37e S. 2 auch die bisherige Tradition des Börsentermingeschäftsbegriffs zu berücksichtigen haben.[67] Schließ-

---

141; *A. Koller*, Typuslehre, S. 40; vgl. zur Verfassungsmäßigkeit von Typusbegriffen ua im Hinblick auf ihre Anpassungsfähigkeit BVerfG v. 20. 5. 1996 NJW 1996, 2644 (zum Typusbegriff der nichtselbstständigen Arbeit in § 7 Abs. 1 SGB IV).

[63] So auch *Reiner*, ZBB 2002, 211, 216; *Assies*, BKR 2002, 396.

[64] Vgl. dazu auch schon zum bis 2002 geltenden Recht BGH v. 13. 10. 1998 XI ZR 26/98 WM 1998, 2331, 2332; BGH v. 9. 12. 1997 XI ZR 85/97 WM 1998, 274, 275.

[65] Verordnung über Risikomanagement und Risikomessung beim Einsatz von Derivaten in Sondervermögen nach dem Investmentgesetz (DerivateV) v. 6. 2. 2004 (BGBl. I, S. 153); dazu näher *Gondesen*, WM 2005, 116 ff.

[66] Begr. RegE 4. FMFG BT-Drucks. 14/8017, S. 84.

[67] In diese Richtung auch *Assmann*, ZIP 2001, 2060, 2062; für einen unterschiedlichen Inhalt des Derivatebegriffs in § 2 Abs. 2 (Begriffsbestimmung im bisherigen wertpapierhandelsrechtlichen Sinne) und § 2 Abs. 2a aF (Begriffsbestimmung im bisherigen börsentermingeschäftlichen Sinne) *Casper*, WM 2003, 161, 163 f.

lich hat sich auch der Gesetzgeber für eine typologische Gesamtbetrachtung des betreffenden Finanzprodukts ausgesprochen, bei der den Merkmalen der Hebelwirkung, des Totalverlustrisikos und des Nachschussrisikos besonderes Gewicht zukommen soll.[68] Damit hat er sich zugleich gegen eine begriffliche Subsumtion (Rn. 11 ff.) und gegen die isolierte Betrachtung einzelner Geschäftsbestandteile (sog. Zerlegungstheorie[69]) insbesondere von sog. strukturierten Finanzprodukten im Hinblick auf ihre Qualifikation als Finanztermingeschäfte (dazu jeweils näher Rn. 24, 46 f., 48 und 49) entschieden.

D. Merkmale des gesetzlichen Finanztermingeschäftsbegriffs

17   **Überblick.** Nach § 37e S. 2 sind Finanztermingeschäfte Derivate i. S. d. § 2 Abs. 2 und Optionsscheine. Damit werden zunächst sämtliche Derivate nach § 2 Abs. 2 erfasst, die sich als Termingeschäfte in Form des Festgeschäfts, des Optionsgeschäfts oder einer Kombination dieser beiden Grundformen auf bestimmte Basiswerte (Wertpapiere, Geldmarktinstrumente, Devisen, Rechnungseinheiten, Zinssätze, andere Erträge, Finanzindices, Derivate, Waren etc.) beziehen (Rn. 18 ff.). Optionsscheine sind schließlich bestimmte Wertpapiere i. S. v. § 2 Abs. 1 (Rn. 70 ff.).[70] Obwohl die Definition des Gesetzgebers systematisch fragwürdig ist (Rn. 9 und 64) sowie zu Lücken (Rn. 43) und Überschneidungen (Rn. 37 und 70) führt, soll sie im Folgenden der Beschreibung des rechtlichen Finanztermingeschäftsbegriffs und seiner wirtschaftlichen Erscheinungsformen zugrunde gelegt werden.

I. Derivate (§ 2 Abs. 2)

18   Die gesetzliche Umschreibung des Derivatebegriffs verbindet die Nennung abstrakter Typus- und Begriffsmerkmale in § 2 Abs. 2 Nr. 1 und Nr. 4 (Rn. 19 ff.) mit der Auflistung einzelner Basiswertkategorien (Rn. 43 ff.). Das Charakteristische von Derivaten besteht darin, dass der Preis für das mit ihnen verbundene Recht, das zu einem bestimmten Termin oder innerhalb eines bestimmten künftigen Zeitraums geltend gemacht werden kann bzw. zu erfüllen ist, unmittelbar oder mittelbar von einem bestimmten Preisschwankungen unterliegenden Basiswert (Rn. 43 ff.) abhängig ist.[71]

1. Termingeschäfte

19   Der Begriff des Derivats basiert in seinen verschiedenen Formen (§ 2 Abs. 2 Nr. 1–5 nF) auf dem Begriff des Termingeschäfts, bei dem es sich um einen Typusbegriff handelt (Rn. 11 ff.). Dabei werden zumeist die im Folgenden näher beschriebenen Merkmale als typisch für Termingeschäfte angesehen. Der Natur

---

[68] Begr. RegE 4. FMFG BT-Drucks. 14/8017, S. 85.
[69] Dazu zuletzt *Melzer*, BKR 2003, 366, 370 f.
[70] Begr. RegE 4. FMFG BT-Drucks. 14/8017, S. 85.
[71] *Assmann* in *Assmann/Schneider* § 2 Rn. 28.

Vorbemerkung 20 **Vor §§ 37e und 37g**

eines Typusbegriffs entsprechend sind diese Merkmale aber weder als unverzichtbar, noch als abschließend zu verstehen. Zu kritisieren ist, dass der Gesetzgeber von den tradierten Merkmalen nur die Terminierung und die Abhängigkeit von einem Basiswert ausdrücklich in § 2 Abs. 2 Nr. 1 aufführt.

a) Terminierung

Charakterisiert wird das Termingeschäft zunächst, wie sich dies auch schon 20
aus seinem Namen ergibt, durch den über die bei einem Kassageschäft übliche technische Abwicklungsfrist von in Deutschland zwei[72] und im Ausland bis zu fünf[73] Börsentagen hinausgeschobenen Erfüllungszeitpunkt der rechtsgeschäftlichen Verbindlichkeiten.[74] Dabei ist es unerheblich, ob das Geschäft nur zu oder bis zu einem bestimmten Zeitpunkt erfüllt werden kann und ob es sich um ein relatives Fixgeschäft oder ein ausnahmsweise auch noch nach Terminablauf zu erfüllendes Geschäft handelt.[75] Maßgeblich ist allein, dass durch die Terminierung die Spekulation auf die Differenz zwischen dem Kurs am Abschlusstag und dem Kurs am Fälligkeitstag bzw. die Kurssicherung für spätere Effektivgeschäfte entscheidend begünstigt wird und das Geschäftsrisiko durch den Zwang zur Realisierung der Kursgewinne bzw. -verluste vor oder bei Fristablauf (sog. Termindruck) steigt.[76] Da andererseits der für Termingeschäfte und ihre Risikostruktur charakteristische Termindruck mit zunehmender (Rest-)Laufzeit abnimmt, ist die Termingeschäftseigenschaft von Terminkontrakten mit einer (Rest-)Laufzeit von mehr als neun,[77] zwölf[78] oder sechsunddreißig[79] Monaten teilweise in Frage gestellt worden. Es würde jedoch der typologischen Gesamtbetrachtung widersprechen, wollte man die Termingeschäftseigenschaft nur innerhalb einer bestimmten Maximallaufzeit annehmen.[80] Eine solche Einschränkung findet sich auch nicht in § 2 Abs. 1. Außerdem spricht die Einbeziehung der regelmäßig sogar unbefristeten finanziellen Differenzgeschäfte durch § 2 Abs. 2 Nr. 3 gegen eine solche Einschränkung. Unerheblich ist es schließlich auch, ob die Erfüllung für beide Parteien (Festgeschäft) oder nur für eine Partei (Optionsgeschäft) hinausgeschoben ist. Dabei kommt es insbesondere nicht darauf an, dass die Erfüllung gerade für die besonders schützenswerte Partei hinausgeschoben ist, so dass auch der Optionskauf mit sofortiger Prämienzahlung durch einen Verbraucher als Termingeschäft qualifiziert werden kann (Rn. 37ff.). Bilanztechnisch

---

[72] Siehe dazu § 15 Abs. 1 GBB.
[73] *Paus*, Börsentermingeschäfte, S. 163 f.
[74] Jetzt ausdrücklich § 2 Abs. 2 Nr. 1; ferner bereits BGH v. 18. 12. 2001 XI ZR 363/00 WM 2002, 283; OLG München v. 25. 2. 2003 (25 U 4581/02) BKR 2003, 296, 298; *Jaskulla*, Einführung, S. 136; *Häuser*, ZBB 1992, 249, 260; *Kümpel*, BankR 3. Aufl., Rn. 15.136; *Schwark/Zimmer*, KMRK vor § 37 d WpHG Rn. 10.
[75] BGH v. 22. 10. 1984 II ZR 262/83 BGHZ 92, 317, 320 f.; *Schwark/Zimmer*, KMRK vor § 37 d WpHG Rn. 10; *Paus*, Börsentermingeschäfte, S. 130 ff.; anders etwa noch *Nußbaum*, Vor §§ 50 ff. BörsG Abs. 49 und 56.
[76] BGH v. 18. 12. 2001 XI ZR 363/00 WM 2002, 283, 284; *Reiner*, Derivative Finanzinstrumente, S. 42 ff.; *Tilp*, DB 1989, 2365, 2370 spricht plastisch von „Vermögenswerten mit Verfallsdatum" (im Zusammenhang mit dem Optionscharakter von Bezugsrechten).
[77] So etwa *Schwintowski*, ZIP 1988, 1021, 1025.
[78] So etwa *Paus*, Börsentermingeschäfte, S. 148 ff.
[79] So etwa *André*, Verbindlichkeit von Optionsscheingeschäften, S. 108.
[80] Krit. auch *Dornseifer*, Börsentermingeschäfte, S. 7/1 f.

handelt es sich bis zum vereinbarten oder tatsächlichen Termin um schwebende Geschäfte.[81]

21 Der Erwerb von Anteilen an einem Sondervermögen **(Investmentfonds)**, das ausschließlich oder überwiegend zum Abschluss von Finanztermingeschäften verwendet wird, stellt insoweit nach zutreffender Ansicht kein Finanztermingeschäft dar.[82] Dies gilt insbesondere auch für die sog. Single-Hedgefonds i. S. v. § 112 Abs. 1 S. 2 InvG. Es fehlt wegen des sofort und in voller Höhe zu entrichtenden Kaufpreises für die Fondsanteile nämlich nicht nur am Merkmal des hinausgeschobenen Erfüllungszeitpunkts mit Termindruck (Rn. 20), sondern auch an einer Hebelwirkung (Rn. 28) und einem Nachschussrisiko (Rn. 31). Auch eine typologische Umschreibung des Finanztermingeschäftsbegriffs (Rn. 11 ff.) kann nicht zu einer rein wirtschaftlichen Betrachtung des Erwerbsgeschäfts dahingehend führen, dass unabhängig vom Vorliegen einzelner Typusmerkmale der Erwerb von Anteilen an Finanztermingeschäftsfonds einfach wirtschaftlich dem Abschluss von Finanztermingeschäften – etwa dem Erwerb eines Index- oder Basket-Optionsscheins – gleichgestellt wird.[83] Eine dem § 60 BörsG aF entsprechende und von der Gegenansicht[84] vor 2002 noch herangezogene Regelung kennt das WpHG, abgesehen vom Sonderfall des § 37g Abs. 2 Nr. 4, nicht mehr. Ansetzen könnte man insoweit allenfalls an dem bei derartigen Fondsgesellschaften für die Anteilsinhaber erhöhten Totalverlustrisiko (vgl. Rn. 29 f.) und am Spekulationszweck (Rn. 6, 27). Das erhöhte Risiko hat seine Ursache zwar in der auf den ausschließlichen oder überwiegenden Abschluss von Termingeschäften gerichteten Anlagestrategie und damit mittelbar in den für Termingeschäfte charakteristischen Risikofaktoren (Termindruck, Hebelwirkung, Nachschussrisiko). Dennoch ist das Risiko eines totalen Wertverlusts der Fondsanteile anders als etwa das Risiko des Verfalls von Index- oder Basket-Optionsscheinen letztlich ein gewöhnliches Bonitäts- oder Emittentenrisiko, das jeder Wertpapieranlage mehr oder minder ausgeprägt innewohnt. Dabei profitiert der Erwerber zudem noch davon, dass Investmentfonds risikomindernden gesetzlichen Bindungen unterliegen und bei ihrer Kapitalanlage eine Risikostreuung vornehmen. Der Anlegerschutz wird beim Erwerb von Anteilen an Hedgefonds zudem durch die Sonderregelung in §§ 112 Abs. 2, 117 Abs. 2 und 121 Abs. 3 InvG[85] und die individuelle Risikoaufklärung hinreichend gewährleistet. Auch die mit dem Anteilserwerb verfolgte Spekulationsabsicht rechtfertigt allein noch nicht die Qualifikation als

---

[81] Zur bilanziellen Behandlung von Finanztermingeschäften nach dem HGB näher *Beckmann*, Termingeschäfte und Jahresabschluss, 1993; *Häuselmann/Wiesenbart*, DB 1990, 641 ff.; *Häuselmann*, DB 1987, 1745 ff. (Optionen); *Menninger*, RIW 1994, 43 ff. (Futures); siehe aber auch zur Bilanzierung von Derivaten zum Zeitwert den IAS-Standard 39.

[82] BGH v. 13. 7. 2004 XI ZR 132/03, BGHZ 160, 50; OLG München v. 25. 2. 2003 (25 U 4581/02) BKR 2003, 296, 298 mit krit. Anm. *Gäbhard; Balzer/Siller* in BuB Rn. 7/228 b; *v. Livonius*, BKR 2005, 12, 18; aA als Vorinstanz LG München v. 18. 7. 2002 (22 O 1257/02) BKR 2002, 921.

[83] So aber LG München v. 18. 7. 2002 (22 O 1257/02) BKR 2002, 921, 922 f.

[84] LG München v. 18. 7. 2002 (22 O 1257/02) BKR 2002, 921, 922; OLG Schleswig v. 12. 12. 2002 BKR 2003, 63, 64 f. (Erfordernis der Termingeschäftsfähigkeit bei Beitritt als atypisch stiller Gesellschafter zu einer überwiegend Termingeschäfte durchführenden Kapitalanlagegesellschaft).

[85] Dazu näher *Nickel*, ZBB 2004, 197, 203 ff.

Finanztermingeschäft.[86] Vergleichbares gilt für die **atypisch stille Beteiligung** an einer Investmentgesellschaft, die das Sondervermögen ausschließlich oder überwiegend zum Abschluss von Finanztermingeschäften verwendet.[87]

Im Zusammenhang mit dem praktisch bedeutsamen sog. **Daytrading** (auch Intra-Day-Handel, Sekundenhandel)[88] stellt sich die Frage, ob es sich bei der zweitägigen Mindestfrist um ein unverzichtbares Begriffsmerkmal handelt. Unter Daytrading versteht man den An- und Wiederverkauf von börsengehandelten Finanzinstrumenten (Wertpapiere, Devisen, Derivate etc) oder Waren innerhalb der für Kassageschäfte geltenden zweitägigen Erfüllungsfrist, regelmäßig innerhalb eines Tages und häufig sogar innerhalb weniger Minuten unter Einsatz elektronischer Börsenhandels- und Informationssysteme. Seit 1997 haben in Deutschland auch Privatanleger zumeist über Direktbanken und Daytrading-Center Zugang zu dieser risikoreichen[89] Geschäftsform. Was die Qualifikation der Intra-Day-Geschäfte als Finanztermingeschäfte anbetrifft, so ist zwischen dem lediglich geschwindigkeitssteigernden Daytrading und dem umsatzsteigernden Daytrading (auch sog. echtes Daytrading) zu unterscheiden:[90] 22

Das **geschwindigkeitssteigernde Daytrading** (auch unechtes bzw. gedecktes Daytrading) ist kein Termingeschäft. Bei ihm fehlt es nicht nur am Typusmerkmal der zweitägigen Mindestfrist, sondern auch an der für die Termingeschäftseigenschaft bedeutsamen Hebelwirkung (Rn. 28) und einer ggf. unbegrenzten Verlustgefahr (Rn. 31). Denn bei dieser Form des Daytrading wird die beim herkömmlichen Wertpapierkassageschäft übliche mehrtägige Geschäftsabwicklung lediglich dadurch beschleunigt, dass der Trader nach der Daytrading-Vereinbarung unmittelbar nach dem erfolgreichen Abschluss eines Ausführungsgeschäfts Liefer- und Zahlungsansprüche gegen die Bank aus dem Kommissionsgeschäft hat, über die er bereits sofort verfügen kann, obwohl diese noch unter der aufschiebenden Bedingung der vollständigen Erfüllung des Ausführungsgeschäfts stehen. Die vorzeitige Verfügungsmöglichkeit besteht für den privaten Trader jedoch nur im Rahmen seiner Geld- und Wertpapierguthaben sowie etwaiger Kreditlinien.[91] Es handelt sich mithin lediglich um ein zu Zwecken der kurzfristigen Spekulation beschleunigtes Kassageschäft, das nach den Parteivereinbarungen sofort mit Hilfe des vorhandenen bzw. kreditierten Geld- oder Wertpapiervermögens zu erfüllen und daher nicht durch eine besonders zur Spekulation verleitende Hebelwirkung oder ein ggf. unbegrenztes Verlustrisiko gekennzeichnet ist.[92] 23

---

[86] BGH v. 13. 7. 2004 XI ZR 132/03 BGHZ 160, 50.
[87] AA zum Recht vor 2002 und unter Heranziehung des § 60 BörsG aF OLG Schleswig v. 12. 12. 2002 BKR 2003, 63, 64 f.
[88] *Lenenbach*, Rn. 4.95 ff. und 6104 ff.; *Schwintowski*, ZBB 1999, 385, 387 f.; *Müller-Deku*, WM 2000, 1029 ff.; *Reiner*, ZBB 2002, 211 ff.; *Braun*, BKR 2002, 361 ff.
[89] Zur Standardisierung der Aufklärung über die verschiedenen Risiken des privaten Daytrading (Kursrisiko, Konkurrenz durch professionelle und finanzstarke Marktteilnehmer, Kostenrisiko, Risiko der Verhaltensbeeinflussung durch die räumliche Nähe zu anderen Anlegern) hat etwa der Deutsche Sparkassen Verlag ein Merkblatt veröffentlicht.
[90] So auch *Binder*, ZHR 169 (2005), 329, 335 f. und 350 ff.; ferner *Lenenbach*, Rn. 6104 ff., der im Ergebnis aber beide Formen des Daytradings mangels eines um mindestens zwei Tage hinausgeschobenen Erfüllungszeitpunkts als Kassageschäfte ansieht.
[91] *Müller-Deku*, WM 2000, 1029, 1030 f.; *Lenenbach*, Rn. 4.97.
[92] *Lenenbach*, Rn. 6105.

24 Beim insbesondere in den USA, aber auch in Deutschland praktizierten **umsatzsteigernden Daytrading** (auch unechtes bzw. ungedecktes Daytrading) handelt es sich hingegen nach zutreffender Ansicht um Termingeschäfte. Denn bei dieser Form des Daytradings ist der Umfang der Wertpapierumsätze allein durch die zu einem Bruchteil des Geschäftsvolumens geleisteten Sicherheiten und nicht durch das vorhandene oder kreditierte Vermögen des Traders begrenzt. Zwar begründen auch hier die erfolgreich abgeschlossenen Ausführungsgeschäfte unmittelbare Liefer- und Zahlungsansprüche gegen die Bank aus dem Kommissionsgeschäft, doch ist deren effektive Erfüllung nach den Parteivereinbarungen ausgeschlossen, da das Ausführungsgeschäft entweder durch vorzeitigen Auftrag des Traders oder spätestens am Ende des Tages automatisch mit Hilfe eines kongruenten Gegengeschäfts glattgestellt und lediglich der sich aus sämtlichen Geschäften ergebende Tagessaldo dem Konto des Traders gutgeschrieben bzw. belastet wird.[93] Mit dieser Glattstellung unter Termindruck (Rn. 20) und der nicht erforderlichen Vermögensdeckung der Geschäfte, die in besonderer Weise zur Spekulation verleitet (Rn. 28), ist das typische vom Ausmaß der Hebelwirkung und der Volatilität des Basiswerts abhängige Termingeschäftsrisiko verbunden.[94] In Übereinstimmung mit der schon bislang h. M.[95] bildet der hinausgeschobene Erfüllungszeitpunkt zwar ein nunmehr auch in § 2 Abs. 2 Nr. 1 ausdrücklich festgehaltenes Merkmal der Termingeschäftseigenschaft.[96] Trotzdem sollte im Wege einer teleologischen Extension auch insoweit eine wertende Gesamtbetrachtung dieser Daytrading-Geschäftsform im Lichte der verschiedenen, jeweils für sich verzichtbaren Typusmerkmale vorgenommen werden (vgl. Rn. 11 ff.). Die für das Daytrading charakteristische Kürze der Spekulationsfrist führt zudem eher zu einer Verstärkung als zu einer Verminderung des Geschäftsrisikos.[97] Es erscheint schließlich auch problematisch und inkonsequent, die umsatzsteigernden Daytrading-Geschäfte einerseits als sog. Scheinkassageschäfte anzusehen, die auf einen lediglich spekulativen Differenzausgleich gerichtet sind, und sie andererseits nicht als Finanztermingeschäfte einzuordnen. Denn damit besteht die Gefahr, dass diese Geschäfte dem dann

---

[93] Siehe dazu auch die Fälle BGH v. 18. 12. 2001 XI ZR 363/00 WM 2002, 283 und OLG Karlsruhe v. 6. 2. 2002 (1 U 185/01) NZG 2002, 688.
[94] So auch *Müller-Deku,* WM 2000, 1029, 1032 f.; *Reiner,* ZBB 2002, 211; *Lenenbach,* Rn. 6106; rein tatsächlich zu den Risiken des Daytrading *Schwintowski,* ZBB 1999, 385, 387 f.; vgl. auch den Fall OLG Karlsruhe v. 6. 2. 2002 (1 U 185/01) NZG 2002, 688 (negativer Tagessaldo von 91 462,84 bei einem Tagesumsatz von 220 000,–); zur gegebenen Hebelwirkung auch OLG Hamburg v. 17. 11. 2000 (11 U 27/99) ZIP 2000, 2246, 2252.
[95] BGH v. 18. 12. 2001 XI ZR 363/00 WM 2002, 283, 285; OLG Karlsruhe v. 6. 2. 2002 (1 U 185/01) NZG 2002, 688; OLG Hamburg v. 17. 11. 2000 (11 U 27/99) ZIP 2000, 2246, 2249 f.; OLG München v. 25. 2. 2003 (25 U 4581/02) BKR 2003, 296, 298; *Balzer/Siller* in BuB Rn. 7/228; *Lenenbach,* Rn. 6106; *Tilp,* EWIR 2001, 163, 164; *Balzer,* EWIR 2002, 711, 712; *Casper,* WM 2003, 161, 163; von *Melzer,* BKR 2003, 366, 369 ff. wird der hinausgeschobene Erfüllungszeitpunkt sogar zum einzigen Merkmal des von ihm hausgeschobenen Erfüllungszeitpunkt sogar zum einzigen Merkmal des von ihm als Begriff i. e. S. verstandenen Termingeschäftsbegriffs erhoben.
[96] So auch *Braun,* BKR 2002, 361 f.; in diese Richtung ferner *Kleinschmitt,* Informationsmodell, S. 29 f. (im Zusammenhang mit der Einordnung der Kassaleerverkäufe als Termingeschäfte, dazu Rn. 46 f.) und *Binder,* ZHR 169 (2005), 329, 350 f.
[97] BGH v. 18. 12. 2001 XI ZR 363/00 WM 2002, 283, 285.

Vorbemerkung   25–28   **Vor §§ 37e und 37g**

nicht durch § 37e S. 1 verdrängten Spieleinwand nach § 762 BGB ausgesetzt sind.[98]

Da die Legaldefinition des Termingeschäftsbegriffs in § 2 Abs. 2 Nr. 1 lediglich eine zeitlich verzögerte Erfüllung verlangt und nach § 2 Abs. 2 Nr. 3 auch die regelmäßig unbefristet abgeschlossenen finanziellen Differenzgeschäfte (Rn. 67) mit Recht zu den Derivaten gezählt werden, sind die Terminierung und der mit ihr verbundene Termindruck ebenfalls **keine unverzichtbaren** Merkmale des Finanztermingeschäftsbegriffs. 25

Andererseits gibt es auch **Wertpapiergeschäfte mit hinausgeschobener Erfüllung, die** trotz einer über die für Kassageschäfte übliche Frist hinausgeschobenen Valutierung **keine** Finanztermingeschäfte darstellen. Dies ist dann der Fall, wenn der Wertpapierkäufer erst in Zukunft über die zum Erwerb erforderlichen Finanzmittel verfügen wird, ihm aber bereits der aktuelle Tageskurs für den Erwerb gesichert werden soll. Denn insoweit liegen wie bei einem Kassageschäft echte Wertpapierumsätze mit feststehenden Zahlungspflichten vor, die keinem für Termingeschäfte typischen Zweck dienen.[99] Insoweit ist § 2 Abs. 2 ggf. teleologisch zu reduzieren. 26

b) Spekulations-, Kurssicherungs- oder Arbitragezweck

Ein Termingeschäft dient zudem typischerweise der Kurssicherung (Hedgegeschäft, Rn. 5),[100] der Spekulation (Spekulationsgeschäft, Rn. 6)[101] oder der Arbitrage (Arbitragegeschäft, Rn. 7). Dies ist auch u. a. der Grund dafür, dass die vornehmlich der Kapitalbeschaffung dienenden Anleihen mit Tilgungswahlrecht (Rn. 48) und die Convertible Bonds (Rn. 49) nicht als Finanztermingeschäfte einzustufen sind.[102] Die Spekulationsabsicht zumindest einer Partei ist keine Voraussetzung für das Vorliegen eines Finanztermingeschäfts. Umgekehrt gibt es auch spekulative Kassageschäfte.[103] 27

c) Hebelwirkung mit Verlockungsgefahr

Das Termingeschäft ist zudem durch die Möglichkeit gekennzeichnet, mit verhältnismäßig geringem Kapitaleinsatz (Sicherheits- bzw. Prämienleistung) überproportional an auftretenden Preisveränderungen zu partizipieren (sog. He- 28

---

[98] Dazu näher *Reiner*, ZBB 2002, 211, 216f.; ferner BGH v. 18. 1. 1988 II ZR 72/87 BGHZ 103, 84, 90 (mögliche Einordnung eines Kassageschäfts als Spiel i. S. v. § 762 BGB), OLG Hamburg v. 17. 11. 2000 (11 U 27/99) ZIP 2000, 2246, 2252 (keine Unverbindlichkeit der Intra-Day-Geschäfte nach § 762 BGB wegen feststehender Leistungspflichten) und *Balzer*, EWIR 2002, 711, 712; vgl. dazu auch BGH v. 18. 12. 2001 XI ZR 363/00 WM 2002, 283, 285 und OLG Karlsruhe v. 6. 2. 2002 (1 U 185/01) NZG 2002, 688f. sowie *Braun*, BKR 2002, 361, 362 (Bestehen des durch § 58 BörsG aF nicht ausgeschlossenen Differenzeinwands nach § 764 BGB aF bei sog. Scheinkassageschäften).

[99] So auch *Kümpel*, BankR 3. Aufl., Rn. 15.20.

[100] BGH v. 12. 3. 2002 XI ZR 258/01 ZIP 2002, 748, 750; BGH v. 25. 10. 1994 XI ZR 43/94 WM 1994, 2231, 2232; *Assmann*, ZIP 2001, 2061, 2075.

[101] BGH v. 12. 3. 2002 XI ZR 258/01 ZIP 2002, 748, 750; BGH v. 25. 10. 1994 XI ZR 43/94 WM 1994, 2231, 2232; *Assmann*, ZIP 2001, 2061, 2075.

[102] Krit. zur Berücksichtigung des wirtschaftlichen Geschäftszwecks *Assies*, BKR 2002, 396, 397.

[103] Dazu bereits *M. Weber*, DJZ 1896, 207.

belwirkung oder Leverage-Effekt).[104] Der Hebel drückt das Verhältnis zwischen dem zum hypothetischen Erwerb des entsprechenden Basiswerts erfoderlichen Kapitalbetrag und dem bei Abschluss des Termingeschäfts tatsächlich aufgewendeten Kapitalbetrag aus. Er berechnet sich danach als Kehrwert des prozentualen Eigenkapitaleinsatzes, so dass etwa bei einem 4%igen Kapitaleinsatz der Hebel 25 beträgt und eine 1%ige Kursänderung des zugrunde liegenden Basiswerts bei im Übrigen konstanten Faktoren eine 25%ige Wertänderung des Derivats bzw. Optionsscheins zur Folge hat. Von einer Hebelwirkung kann erst gesprochen werden, wenn der Hebel größer als eins ist.[105] Gerade die Hebelwirkung vieler Termingeschäfte begünstigt einerseits ihren Einsatz zur Spekulation bzw. Kurssicherung und begründet andererseits spezifische Gefahren insbesondere für unerfahrene Anleger. Denn anders als bei einem Kassageschäft brauchen die entsprechenden Mittel zum Erwerb der Basiswerte nicht vorhanden zu sein und sind es deshalb oft auch nicht.[106] Der folglich zumeist verhältnismäßig geringe Kapitaleinsatz lässt unerfahrene Anleger nicht selten die Gefahren des Geschäfts unterschätzen (Verlockungsgefahr).[107] Obwohl damit dem Typusmerkmal der Hebelwirkung im Hinblick auf den Wertungsgesichtspunkt des Verbraucherschutzes zentrale Bedeutung zukommt, sind auch Termingeschäfte ohne Hebelwirkung denkbar, wie dies etwa die Beispiele des Leerverkaufs von Wertpapieren (Rn. 46 f.) und in gewisser Hinsicht auch des Kaufs von Range-Optionen (Rn. 74) zeigen. Andererseits kann ein besonders großer Hebel das Fehlen anderer Typusmerkmale ausgleichen.

d) Totalverlustrisiko

29   Zwar besteht auch bei Kassageschäften das Risiko eines Verlusts der eingesetzten Vermögenswerte bei Insolvenz des Emittenten bzw. Kontrahenten (Bonitätsrisiko), doch ist das Totalverlustrisiko bei Termingeschäften **auf Grund des Termindrucks** (Totalverlust durch bloßen Zeitablauf), der Hebelwirkung und der schwer einzuschätzenden Marktpreisentwicklung (Marktrisiko) **ungleich größer**. Bei Kassageschäften ist der Totalverlust nämlich entweder praktisch ausgeschlossen (zB Erwerb von deutschen Staatsanleihen) oder zumindest gering und verhältnismäßig gut abschätzbar (zB Erwerb von Aktien).[108] Demgegenüber verfällt der größte Teil der gehandelten Optionsscheine und Optionen wertlos.[109] Auch die Auflösung von Stillhalterpositionen führt nicht selten – ganz abgesehen von einer etwaigen

---

[104] Begr. RegE 4. FMFG BT-Drucks. 14/8017, S. 85; BGH v. 12. 3. 2002 XI ZR 258/01 ZIP 2002, 748, 749; *Jaskulla*, Einführung, S. 139 ff.; *Schwark/Zimmer* KMRK vor § 37 d WpHG Rn. 12; *Reiner*, Derivative Finanzinstrumente. S. 39 ff.; *Wohlfarth/Brause*, WM 1998, 1859, 1864 f.; *Kümpel*, BankR 3. Aufl., Rn. 15.140 ff.; sogar ausdrücklich für eine Unverzichtbarkeit dieses Merkmals *Casper*, WM 2003, 161, 163; gegen eine Maßgeblichkeit der Hebelwirkung hingegen *Dornseifer*, Börsentermingeschäfte, S. 62 und *Paus*, Börsentermingeschäfte, S. 179 ff.
[105] Dazu näher *Melzer*, BKR 2003, 366, 368 f.
[106] Vgl. dazu schon RG v. 28. 11. 1899 I 242/99 RGZ 44, 103, 109.
[107] Dazu nur BGH v. 9. 12. 1997 XI ZR 85/97 WM 1998, 274, 275; BGH v. 18. 1. 1988 II ZR 72/87 WM 1988, 323, 324; *Assies*, BKR 2002, 396; *Wohlfarth/Brause*, WM 1998, 1859, 1864 f.
[108] Begr. RegE 4. FMFG BT-Drucks. 14/8017, S. 85; BGH v. 12. 3. 2002 XI ZR 258/01 ZIP 2002, 748, 749.
[109] BGH v. 12. 5. 1998 XI ZR 79/97 ZIP 1998, 1063, 1065.

Nachschusspflicht (Rn. 31) – zur Aufzehrung der geleisteten Sicherheiten (zum Margining Rn. 88).[110] Sofern nicht andere wesentliche Elemente des Termingeschäftstypus vorliegen,[111] kann der (praktische) Ausschluss des Totalverlustrisikos wie etwa beim Erwerb eines Bottom Up/Top Down Range-Optionsscheins oder eines Single Range-Optionsscheins dazu führen, dass das Geschäft insgesamt nicht mehr als Finanztermingeschäft angesehen werden kann (Rn. 74 f.).

Ein Totalverlustrisiko besteht auch hinsichtlich des als Termingeschäft zu qualifizierenden Teils sog. **Garantiezertifikate**, bei denen es sich um eine Kombination aus einer herkömmlichen festverzinslichen Kapitalanlage und einem hiervon zu trennenden Termingeschäft handelt, die dadurch gekennzeichnet ist, dass maximal die von der festverzinslichen Kapitalanlage erwirtschaftete Rendite zum Erwerb von Derivaten und Optionsscheinen eingesetzt wird, um dem Anleger zumindest den nominalen Wert des investierten Kapitals zu erhalten, ihm andererseits aber auch die Aussicht auf eine überdurchschnittliche Rendite zu eröffnen. Damit ist das eingesetzte Kapital zwar nur dem üblichen Bonitätsrisiko ausgesetzt, doch besteht hinsichtlich des Kapitalertrags das für Termingeschäfte typische Totalverlustrisiko, soweit dieser zum Erwerb von Derivaten und Optionsscheinen verwendet wird.

e) Nachschussrisiko

Für Termingeschäfte ist ferner das zumindest für eine Partei unkalkulierbare und für den Stillhalter eines Call sogar theoretisch unbegrenzte Risiko charakteristisch, entgegen der ursprünglichen Absicht zusätzliche Geldmittel zur Erfüllung der eingegangenen Verbindlichkeit aufbringen zu müssen.[112] Denn der Abschluss eines Termingeschäfts kann im Gegensatz zu Kassageschäften erfolgen, ohne dass der Anleger die gesamte später zu erbringende Gegenleistung als liquides Vermögen besitzen oder einzahlen muss. Es ist jedoch nicht zwingend erforderlich, dass das Verlustrisiko zumindest für eine Partei oder gar für beide Parteien in der Höhe unbegrenzt ist.

f) Glattstellungs- und Barausgleichsmöglichkeit durch Bezug zu einem Terminmarkt

Typisch für Termingeschäfte ist schließlich, dass diese zumindest theoretisch jederzeit durch den Abschluss eines kongruenten Gegengeschäfts glattgestellt werden können. Dadurch heben sich dann die ursprünglichen Pflichten der Parteien zur effektiven Lieferung wechselseitig auf, während die sich gleichfalls gegenüberstehenden und auf Grund von Kursschwankungen unterschiedlich hohen Zahlungspflichten der Parteien jederzeit auf eine von der verlierenden Partei auszugleichende Differenz zurückgeführt werden können.[113] Sofern durch die Natur des Basiswerts (zB Index-Futures, Basket-Optionsscheine) oder durch Parteivereinbarung (zB Daytrading) eine effektive Lieferung des Basiswerts von

---

[110] Nach *Melzer*, BKR 2003, 366, 369 sollen geleistete Sicherheiten allerdings nicht als „eingesetzte Mittel" i. S. d. Typusmerkmals anzusehen sein, da sie nicht zwingend mit dem Termingeschäft verbunden seien.
[111] Siehe dazu etwa BGH WM 1984, 1598, 1599; BGH WM 1998, 2331, 2332.
[112] Begr. RegE 4. FMFG BT-Drucks. 14/8017, S. 85; BGH v. 12. 3. 2002 XI ZR 258/01 ZIP 2002, 748, 749; *Schäfer* in *Assmann/Schütze* KapitalanlageR, § 19 Rn. 24.
[113] BGH v. 12. 5. 1998 XI ZR 180/97 WM 1998, 1281, 1282 f.; *Paus*, Börsentermingeschäfte, S. 168 ff.

vornherein ausgeschlossen ist, tritt an die Stelle der dann nicht mehr erforderlichen Glattstellung durch Gegengeschäft der schlichte Ausgleich der sich zu bestimmten periodischen Stichtagen bzw. am Verfalltag zwischen aktuellem Kurs und dem im Termingeschäft vereinbarten Kurs ergebenden Differenz in bar (sog. Barausgleich oder Cash Settlement). Insgesamt werden nur etwa 1–3% aller Terminkontrakte effektiv beliefert.[114]

33 Die beschriebenen Liquidationsmechanismen sind wesentlich für die spezifische Gefährlichkeit der Finanztermingeschäfte verantwortlich. Durch die Glattstellung bzw. den Barausgleich wird es einem Anleger nämlich ermöglicht, mit gar keinem oder geringem Kapitaleinsatz vergleichsweise hohe Gewinne zu erzielen und andererseits die (nicht selten trügerische) Hoffnung der Verlustbegrenzung durch rechtzeitige Beendigung des Terminengagements zu hegen. Die jederzeitige Glattstellungsmöglichkeit bzw. die Vereinbarung eines Barausgleichs sind jedoch grundsätzlich **keine unverzichtbaren Begriffsmerkmale**.[115] So wird ein Wertpapieroptionsgeschäft bei Ausübung der Option im Kassamarkt liquidiert, da der Erwerber einer Kaufoption (Verkaufsoption) die vom Stillhalter in Stücken geschuldeten (abzunehmenden) Basiswerte termingerecht im Kassamarkt verkaufen (kaufen) muss, um durch einen im Vergleich zum Basispreis höheren Verkaufspreis (niedrigeren Kaufpreis) einen Gewinn zu erzielen.[116] Auch ein sog. Leerverkauf wird im Kassamarkt durchgeführt (Rn. 46 f.).[117]

34 Da bereits die jederzeitige Möglichkeit zur Glattstellung bzw. Differenzberechnung kein unverzichtbares Merkmal von Termingeschäften darstellt, gilt dies grundsätzlich[118] auch für deren Voraussetzungen, d. h. die Standardisierung des Produkts (nach Basiswert, Kontraktgröße, Handels- und Erfüllungsort, Verfallstag, Clearingstelle) und die Feststellbarkeit eines Marktpreises sowie der damit zusammenhängende Bezug zu einem börslichen oder außerbörslichen Terminmarkt.[119] Ein Finanztermingeschäft kann daher auch dann vorliegen, wenn es in nicht standardisierter Form geschlossen wird (OTC-Geschäfte, Rn. 89 f.) oder eine Bank gegenüber ihrem Kunden selbst als Stillhalter auftritt (sog. Privatoptionen).[120]

2. Ausgestaltung als Fest- oder Optionsgeschäft

35 Obwohl keineswegs alle Termingeschäfte als echte Fest- oder Optionsgeschäfte ausgestaltet sind und es nach dem Baukastenprinzip[121] auch verschiedene Kom-

---

[114] *Paus*, Börsentermingeschäfte, S. 117; *Schlüter*, Börsenhandelsrecht 2. Aufl., G 1088.
[115] Zu einer Ausnahme siehe § 2 Abs. 2 Nr. 2 lit. a und Rn. 66.
[116] *Paus*, Börsentermingeschäfte, S. 172; *Dornseifer*, Börsentermingeschäfte, S. 59 f.; *Kümpel*, BankR 3. Aufl., Rn. 15.89 f.
[117] *Kümpel*, BankR 3. Aufl., Rn. 15.90 f.
[118] Zu einer Ausnahme siehe § 2 Abs. 2 Nr. 2 lit. b und c sowie Rn. 66.
[119] BGH v. 12. 5. 1998 XI ZR 180/97 WM 1998, 1281, 1282 f.; *Assmann*, ZIP 2001, 2061, 2072 ff.; *Lenenbach*, Rn. 6.86 und 6.88; *Kümpel*, BankR 3. Aufl., Rn. 15.83 ff.; *Schlüter*, Börsenhandelsrecht 2. Aufl., G 1094; *Dornseifer*, Börsentermingeschäfte, S. 62 f.; enger *Paus*, Börsentermingeschäfte, S. 168 ff.; zu diesen Merkmalen eine noch BGH v. 22. 10. 1984 II ZR 262/83 BGHZ 92, 317, 320; *Henssler*, Risiko als Vertragsgegenstand, S. 674 ff. und *Schwark/Zimmer* KMRK vor § 37 d WpHG Rn. 5 f.
[120] *Kienle*, Bankrechts-Handbuch 2. Aufl. 2001 § 106 Rn. 16 und 20 f.; aA *Schwark/Zimmer* KMRK vor § 37 d WpHG Rn. 5 und 20.
[121] Dazu auch *Kümpel*, BankR 3. Aufl., Rn. 14.285 und *Lenenbach*, Rn. 6.73.

Vorbemerkung **36 Vor §§ 37e und 37g**

binationen und Abwandlungen dieser Geschäftsarten gibt, ist mit der von § 2 Abs. 2 Nr. 1 geforderten Ausgestaltung als Fest- oder Optionsgeschäft letztlich **keine Einschränkung** des Termingeschäftstatbestands verbunden. Denn zum einen wollte der Gesetzgeber bereits im Jahre 2002 ausdrücklich nur diejenigen Geschäfte ausgegrenzt sehen, die wie etwa die Zertifikate auf Aktienkörbe und Aktienindices weder die Charakteristika eines Festgeschäfts bzw. eines Optionsgeschäfts enthalten noch sich auf eine Kombination dieser Geschäftsformen zurückführen lassen.[122] Zum anderen wäre es auch im Hinblick auf den unabhängig von einer bestimmten Termingeschäftsform zu gewährleistenden Anlegerschutz verfehlt, wenn man unter einem Fest- bzw. Optionsgeschäft i. S. d. § 2 Abs. 2 nicht auch Stellagegeschäfte, Käufe unter Rücktrittsvorbehalt, Noch- und Prolongationsgeschäfte verstehen würde.

a) Festgeschäft

Beim Festgeschäft (auch unbedingtes Termingeschäft) verpflichten sich beide **36** Parteien, ihre bei Vertragsabschluss unbedingt eingegangenen Verbindlichkeiten zu einem bestimmten späteren Termin zu erfüllen. Beim Festgeschäft tragen mithin beide Parteien in gleicher Weise das Risiko einer für sie ungünstigen Kursentwicklung. Diese symmetrische Risikoverteilung unterscheidet das Fest- vom Optionsgeschäft (Rn. 37). Das Festgeschäft ist das klassische Termingeschäft, an dem auch die traditionellen Typusmerkmale des Finanztermingeschäfts herausgebildet wurden.

aa) Futures. Die in standardisierter Form an einer Börse abgeschlossenen Festgeschäfte werden als Futures (Currency-Futures, Interest-Rate-Futures, Index-Futures, Commodity-Futures) bezeichnet.[123] Im Gegensatz zu den Forwards (bb) sind Futures nicht auf die effektive Erfüllung des Vertrages angelegt. Vielmehr werden die sich aus dem Geschäft ergebenden Verpflichtungen bis zum Ende der Laufzeit durch ein kongruentes Gegengeschäft aufgehoben (Reverse Trade), wobei sich dann auf Grund des inzwischen regelmäßig veränderten Terminkurses bei der Verrechnung beider Geschäfte eine Differenz ergibt, die von dem verlierenden Teil auszugleichen ist (sog. **Glattstellung**). Bereits durch ein Gegengeschäft neutralisierte Terminpositionen werden auch als geschlossene Positionen bezeichnet. Der Anteil der auf dem Markt für ein bestimmtes Future-Produkt noch offenen Terminpositionen (Open Interest) bildet einen Indikator für die Marktliquidität und sinkt zum Ende der Laufzeit. Vielfach wird auch statt der Lieferung oder Glattstellung nur der Ausgleich der sich zu bestimmten periodischen Stichtagen bzw. am Verfalltag zwischen aktuellem Kurs und dem im Termingeschäft vereinbarten Kurs ergebenden Differenz in bar vereinbart (sog. Barausgleich, Cash Settlement). Durch die Glattstellung bzw. den Barausgleich wird die Anhäufung von Gewinnen oder Verlusten am Laufzeitende verhindert. Futures werden deshalb bisweilen auch als Differenzgeschäfte bezeichnet. Während der Käufer eines Future-Kontrakts, der den Basiswert am Fälligkeitstag zum im Voraus vereinbarten Kurs abzunehmen hat (sog. Future-Long-Position), einen

---
[122] Begr. RegE 4. FMFG BT-Drucks. 14/8017, S. 85.
[123] *Steiner/Bruns*, Wertpapiermanagement 9. Aufl., S. 446 ff.; *Menninger*, WM 1994, 970 ff.; *Kümpel*, BankR 3. Aufl., Rn. 14.151 ff.; zu den etwa an der Eurex gehandelten Futurekontrakten http://www.eurexchange.com/trading/products_de.html (besucht am 1. 5. 2008).

Jung

Anstieg des Kurses erwartet, geht der Verkäufer, der den Basiswert vereinbarungsgemäß zu liefern hat (sog. Future-Short-Position), von einem sinkenden Kurs aus. An den Terminbörsen können auch im Rahmen einer Spread-Strategie Futurekontrakte mit unterschiedlicher Laufzeit (Calendar Time Spreads) oder unterschiedlichem Basiswert (Inter-Product Spread) zugleich gekauft und verkauft werden. Zivilrechtlich handelt es sich entweder um einen gewöhnlichen Kauf (bei geschuldeter Effektivlieferung auch im Falle einer Verrechnung) oder einen als Vertrag sui generis zu qualifizierenden Hoffnungskauf (bei naturgemäß oder vertraglich ausgeschlossener Effektivlieferung).[124]

bb) Forwards. Die außerhalb der Börse auf regelmäßig nicht organisierten Märkten individuell ausgehandelten und physisch zu erfüllenden Festgeschäfte werden Forwards genannt.[125] Da die individuelle Ausgestaltung der Verträge den Abschluss von Gegengeschäften erschwert, werden Forwards zumeist nur zur Absicherung spezifischer Kursrisiken eingesetzt.

b) Optionsgeschäft

37 Mit der allgemeinen Bezugnahme des Gesetzes auf die Optionsgeschäftsstruktur werden sowohl primäre wie sekundäre Optionsgeschäfte erfasst. Dabei würde es eigentlich auch nicht darauf ankommen, ob die Option verbrieft oder unverbrieft ist. Da die Begriffsumschreibung des § 37e S. 2 jedoch neben den Derivaten ausdrücklich noch die „Optionsscheine" (genauer: Optionsscheingeschäfte; dazu Rn. 70ff.) als Form des Finanztermingeschäfts aufführt, geht es im Rahmen von § 2 Abs. 2 lediglich um diejenigen Termingeschäfte, die ein unverbrieftes Optionsrecht zum Gegenstand haben. Optionsgeschäfte bieten dem Optionskäufer die Möglichkeit, einerseits das Verlustrisiko zu begrenzen und andererseits von einer günstigen Kursentwicklung auf Grund der Hebelwirkung überproportional und bei einem Call sogar theoretisch unbegrenzt zu profitieren. Als Kurssicherungsinstrument weisen Optionsgeschäfte allerdings den Nachteil zumeist kurzer Laufzeiten und verhältnismäßig hoher Kosten auf. Optionsgeschäfte können sich auch auf den Abschluss von börslichen oder außerbörslichen Finanztermingeschäften beziehen, wie dies etwa bei den Optionen auf Futures, Optionen auf Swaps (sog. Swaptions insbesondere in der Form des verlängerbaren[126] und des erweiterbaren[127] Swaps, Rn. 60), Optionen auf Zinsbegrenzungsvereinbarungen (Cap-, Floor- und Collar-Optionen, Rn. 61), Optionen auf Forward Rate Agreements (sog. Interest Rate Gurantees, Rn. 59) und Optionen auf Optionsgeschäfte (sog. Turbo-Optionen) der Fall ist (sog. Baukastenprinzip).[128] Optionsgeschäfte, die sich auf ein Währungsswapgeschäft (sog. Devisenswapoptionsgeschäfte, Rn. 55) oder auf ein Devisenfuturegeschäft (Devisenfutureop-

---

[124] *Balzer/Siller* in BuB Rn. 7/214; *Lenenbach*, Rn. 6.37 und 6.42.
[125] *Steiner/Bruns*, Wertpapiermanagement 9. Aufl., S. 443.
[126] Hierbei handelt es sich um eine Option auf Verlängerung einer auslaufenden Swapvereinbarung für eine zuvor festgelegte Periode (dazu etwa *Neuhaus* in BuB Rn. 7/1033).
[127] Hierbei handelt es sich um eine Option auf Erweiterung des einer bestehenden Swapvereinbarung zugrunde liegenden nominellen Kreditvolumens (dazu etwa *Neuhaus* in *BuB Rn. 7/1033*).
[128] Zu weiteren (auch exotischen) Optionsformen noch *Kümpel*, BankR 3. Aufl., Rn. 14.196 ff.

aa) Primäre Optionsgeschäfte. Ein primäres Optionsgeschäft ist ein Vertrag, durch den eine Partei (Stillhalter) der anderen Partei (Optionskäufer) das Recht (Option) einräumt, zu (sog. europäische Optionsform) oder bis zu (sog. amerikanische Optionsform[129]) einem festgesetzten Zeitpunkt (Verfalldatum) durch eine Willenserklärung (Ausübung) den Kauf (Call-Option) oder Verkauf (Put-Option) eines bestimmten Basiswerts (Rn. 43 ff.) zu festgelegten Konditionen (Basispreis, Menge) zu tätigen.[130] Bei dem außerbörslich gehandelten sog. Bermuda-Optionen kann die Option auch an einem von mehreren zuvor festgelegten Terminen ausgeübt werden.[131] Straddle-, Spread-, Strangle-, Strap- und Stripoptionen sind Kombinationen aus verschiedenen Optionsgeschäften.[132] So wird etwa mit einem Straddle zugleich ein Kauf- und ein Verkaufsoptionsschein derselben Serie erworben, um unabhängig von der Kursentwicklung des Basiswerts von einem erwarteten und den Optionspreis verteuernden Volatilitätsanstieg zu profitieren. Mit einem Spread werden demgegenüber zwei Kauf- (Call-Spread) oder Verkaufsoptionsscheine (Put-Spread) mit unterschiedlicher Laufzeit (Horizontal Spread) oder unterschiedlichem Ausübungspreis (Vertical Spread) zugleich erworben und verkauft.

Die Gegenleistung des Optionskäufers erschöpft sich in der Zahlung einer Prämie, die er in der Regel bei Abschluss des Optionsgeschäfts zahlt und deren Höhe sich insbesondere nach der Restlaufzeit und der Volatilität des Basiswerts richtet. Der Optionskäufer hat danach bis zur Ausübung bzw. zum Verfall des Optionsrechts ein Recht, jedoch keine Pflichten. Andererseits kann sich der Stillhalter wegen der Ungewissheit der Optionsausübung nicht auf die Notwendigkeit einer späteren Lieferung bzw. Abnahme einstellen. Es kommt zu einer **asymmetrischen Risikoverteilung,** da der Stillhalter zum einen ein unkalkulierbares Risiko trägt, das beim Stillhalter in Stücken theoretisch unbegrenzt und beim Stillhalter in Geld auf die Höhe des Basispreises abzüglich der vereinnahmten Optionsprämie begrenzt ist, und zum anderen seine Gewinnchance auf die Prämie beschränkt ist, während der Optionsberechtigte einerseits beim Call einen theoretisch unbegrenzten Gewinn und beim Put einen auf die Höhe des Basispreises abzüglich der geleisteten Optionsprämie begrenzten Gewinn machen kann und ihm andererseits maximal der (allerdings häufige) Verlust der Prämie droht.[133] Der Stillhalter wird das mit der Stillhalterposition verbundene Risiko regelmäßig nur dann übernehmen, wenn er durch den gewerbsmäßigen Betrieb und die Diversifikation von Finanztermingeschäften sein Risiko nach Art einer Versicherung streuen kann.[134]

Mit der ausdrücklichen Nennung des Optionsgeschäfts dürfte seit 2002 auch der langanhaltende Streit um die rechtliche Einordnung des primären Optionsge-

---

[129] Die an deutschen Börsen abgeschlossenen Optionsgeschäfte sind zumeist in der amerikanischen Form ausgestaltet.
[130] *Kienle,* Bankrechts-Handbuch § 106 Rn. 15 ff.
[131] *Kümpel,* BankR 3. Aufl., Rn. 14.140.
[132] Näher zu den etwa an der Eurex gehandelten Optionsgeschäftskombinationen http://www.eurexchange.com/download/trading/strategy_combinations_de.pdf (besucht am 1. 5. 2008).
[133] Dazu auch *Kümpel,* BankR 3. Aufl., Rn. 14.144 ff.
[134] *Lenenbach,* Rn. 6.46.

schäfts endgültig zugunsten der sog. Einheitstheorie[135] entschieden sein. Danach sind der Erwerb des Optionsrechts und dessen spätere Ausübung bzw. dessen wertloser Verfall nicht als zwei rechtlich selbstständige Kaufverträge (sog. Doppelvertragstheorie[136]), sondern als **einheitliches Rechtsgeschäft** zu betrachten. Hierdurch entgeht der eigentliche Optionserwerb mit seiner sofortigen Prämienzahlungspflicht der Qualifikation als Kassageschäft. Damit kann von Anfang an vom Vorliegen eines durch die Ausübung des Optionsrechts bedingten Termingeschäfts mit einem auf den Zeitpunkt der Optionsausübung hinausgeschobenen Erfüllungszeitpunkt ausgegangen werden, was gerade auch zur Gewährleistung einer rechtzeitigen Verbraucherinformation erforderlich ist.

41   bb) Sekundäre Optionsgeschäfte. Sekundärgeschäfte sind der Verkauf, der Rückkauf oder die Aufhebung eines bereits begründeten Optionsrechts.[137] Bei standardisierten und daher börsenmäßig gehandelten Optionen spricht man auch von Traded Options. Hier dürfte gleichfalls die globale und nicht ausdrücklich auf primäre Optionsgeschäfte beschränkte Einbeziehung der Optionsgeschäfte in den gesetzlichen Derivatebegriff für eine Qualifikation auch der Sekundärgeschäfte über unverbriefte Optionsrechte als Derivat sprechen (zum Finanztermingeschäftscharakter der Sekundärgeschäfte bei Verbriefung des Optionsrechts Rn. 75 ff.).[138] Anders als im Falle der primären Optionsgeschäfte wird man dieses richtige Ergebnis allerdings nicht mit einer rechtlichen Einheitsbetrachtung der Verträge, sondern allenfalls mit wirtschaftlichen Erwägungen begründen können. Denn Gegenstand des Sekundärvertrages ist nur das Optionsrecht, so dass der Zweiterwerber nicht etwa im Wege einer der Zustimmung des Stillhalters bedürfenden Vertragsübernahme in die gesamte Vertragsposition des Ersterwerbers einrückt. Damit steht dann aber auch der Betrachtung des sekundären Erwerbs des Optionsrechts und dessen Verfall bzw. Ausübung durch den Zweiterwerber gegenüber dem Stillhalter als rechtliche Einheit die mangelnde Identität der am Options- und am Hauptvertrag beteiligten Parteien entgegen.[139] Mit der Beseitigung des Termineinwands ist schließlich auch der bis 2002 berechtigte Hinweis auf die dem Optionsverkäufer gegenüber dem Zweiterwerber bei Verbindlichkeit des Sekundärgeschäfts und Nichterfüllung des Primärgeschäfts drohende Schadensersatzleistung wegen Nichterfüllung, die im wirtschaftlichen Ergebnis auf die Tragung des termingeschäftstypischen Stillhalterrisikos hinausgelaufen wäre,[140] hinfällig geworden. Man kann daher allenfalls noch darauf verweisen, dass allein der termingeschäftsspezifische Vertragsgegenstand das mit Optionsübertragung und Kauf-

---

[135] Dazu etwa BGH v. 22. 10. 1984 II ZR 262/83 WM 1984, 1598, 1599; BGH v. 16. 4. 1991 XI ZR 88/90 WM 1991, 982 f.; *Schäfer* in *Schwintowski/Schäfer,* BankR § 20 Rn. 54.

[136] Dazu etwa OLG Köln v. 15. 6. 1983 (2 U 72/82) WM 1983, 1072, 1073; *Hartung,* Wertpapieroptionsgeschäft, S. 173, 178 ff.; *v. Arnim,* AG 1983, 29, 39 f.

[137] Dazu BGH v. 4. 2. 1992 XI ZR 32/91 WM 1992, 479, 480; BGH v. 29. 3. 1994 XI ZR 31/93 WM 1994, 834, 837.

[138] So auch schon für das bis 2002 geltende Börsentermingeschäftsrecht BGH v. 4. 2. 1992 XI ZR 32/91 WM 1992, 479, 480; BGH v. 29. 3. 1994 XI ZR 31/93 WM 1994, 834, 837; *Schwark/Zimmer* KMRK vor § 37 d WpHG Rn. 24; *Schäfer/Hamann/Schäfer,* § 2 WpHG Rn. 32; *Lenenbach,* Rn. 6.98.

[139] AA *Jaskulla,* Einführung, S. 165 ff.

[140] Dazu etwa noch *Kümpel,* BankR 2. Aufl., Rn. 15.82.

preiszahlung kassamäßig abgewickelte sekundäre Optionsgeschäft wirtschaftlich zum Termingeschäft werden lässt.

c) Sonder- und Mischformen

Neben den echten Fest- und Optionsgeschäften werden von § 2 Abs. 2 auch **42** folgende (vor allem früher praktizierte) Sonder- und Mischformen dieser Geschäfte erfasst:

aa) Stellageschäft. Beim Stellageschäft erwirbt der Käufer der Stellage das Wahlrecht (§ 262 BGB), zu einem festgelegten Zeitpunkt von dem Verkäufer der Stellage entweder die Lieferung oder die Abnahme eines bestimmten Basiswerts zu den bei Abschluss des Stellageschäfts fest vereinbarten Konditionen (Preis, Menge) zu verlangen. Das Stellageschäft ist mithin als eine Variante des Festgeschäfts i. S. v. § 2 Abs. 2 anzusehen, wobei die Besonderheit darin besteht, dass das Geschäftsrisiko für den Käufer der Stellage durch sein Wahlrecht reduziert wird.[141]

bb) Kauf mit Rücktrittsvorbehalt (Prämiengeschäft i. e. S.). Beim Kauf mit Rücktrittsvorbehalt binden sich zwar beide Vertragsparteien im Sinne eines Festgeschäfts, doch wird dabei einer Partei ein Rücktrittsrecht mit der Konsequenz des Verlusts der vereinbarten Prämie (Reugeld; § 353 BGB) eingeräumt.[142] Es handelt sich daher um ein Prämiengeschäft, bei dem es im Ergebnis wie bei einem Optionsgeschäft, einer anderen Form des Prämiengeschäfts i. w. S., zu einer asymmetrischen Risikoverteilung kommt, da dem zum Rücktritt berechtigten Vertragspartner maximal der Totalverlust der Prämie droht.

cc) Nochgeschäft. Beim Nochgeschäft, gleichfalls einem Prämiengeschäft i. w. S., haben die Parteien eines Festgeschäfts die Möglichkeit, die gleiche Menge von Basiswerten zum selben Kurs bzw. selben Termin noch einmal zu beziehen oder zu liefern, wobei allerdings lediglich das Festgeschäft unbedingt erfüllt werden muss und von dem oder den weiteren sog. Ansagegeschäften der Rücktritt gegen Verlust einer Prämie möglich ist.[143] Es handelt sich mithin um eine Kombination aus Festgeschäft und Kauf unter Rücktrittsvorbehalt.

dd) Prolongationsgeschäft. Mit einem Prolongationsgeschäft (auch Report- oder Kostgeschäft) wird ein Festgeschäft, das ansonsten glattgestellt werden müsste, über den vereinbarten Termin hinaus verlängert.[144] Die Prolongation ist abzugrenzen vom sog. Switchen, bei dem ein in Kürze auslaufender Terminkontrakt glattgestellt und durch einen neuen Kontrakt mit längerer Laufzeit ersetzt wird.[145] Bei den Prolongationsgeschäften handelt es sich um eigenständige Termingeschäfte,[146] die vor allem dann vereinbart werden, wenn die verlierende Partei auf Grund einer Fehlspekulation zu einer Glattstellung bzw. einem Bar-

---

[141] *Schwark*, BörsG 2. Aufl. Einl. §§ 50–70 Rn. 48; *Hopt*, HGB 30. Aufl. Vor § 50 BörsG Rn. 10.
[142] *v. Arnim*, AG 1983, 29, 40 ff.; *Nußbaum*, Vor §§ 50 ff. BörsG Abs. 76 ff.; *Schwark*, BörsG 2. Aufl. Einl. §§ 50–70 Rn. 51; *Häuser/Welter* in *Assmann/Schütze* KapitalanlageR, 2. Aufl. 1997, § 16 Rn. 76; *Hopt*, HGB 30. Aufl. Vor § 50 BörsG Rn. 10.
[143] *Schwark*, BörsG 2. Aufl. Einl. §§ 50–70 Rn. 49; *Hopt*, HGB Vor § 50 BörsG Rn. 10.
[144] *Hopt*, BB 1984, 417, 418.
[145] *Paus*, Börsentermingeschäfte S. 128.
[146] *Hopt*, BB 1984, 417, 419 ff.; mit einer Ausnahme für Prolongationen zu gänzlich terminmarktfernen „Phantasiepreisen" auch *Schwark*, BörsG 2. Aufl. Einl. §§ 50–70 Rn. 32.

Vor §§ 37e und 37g   43   Abschnitt 8. Finanztermingeschäfte

ausgleich nicht in der Lage ist.[147] Ein Bedürfnis nach Prolongation kann aber auch beim Hedging etwa durch Laufzeitveränderungen beim zu sichernden Geschäft entstehen.[148] Ist der Kurs des Basiswerts während der Laufzeit des Festgeschäfts gestiegen, kauft der Käufer des Festgeschäfts als sog. Kostnehmer (Reporteur) die Basiswerte zum Liquidationskurs und verpflichtet sich zugleich dazu, diese Basiswerte dem Kostgeber zum Fälligkeitszeitpunkt des Prolongationsgeschäfts wieder zu einem gegenüber dem Altkurs durch einen die gestiegenen Kassakurse widerspiegelnden Zuschlag (sog. Report) erhöhten Terminkurs zurückzuverkaufen. Im Falle sinkender Kurse wird dem Kostgeber hingegen ein Abschlag (Deport) gewährt. Setzt sich die für eine Partei negative Kursentwicklung fort, steigt das Verlustrisiko, da sich der Liquidationskurs der Prolongationsgeschäfte auf Grund des Reports bzw. Deports immer weiter vom marktüblichen Kurs entfernt.[149]

3. Abhängigkeit des Preises von bestimmten Basiswerten

43   Der Preis eines Derivats ist zudem unmittelbar oder mittelbar vom schwankenden Preis eines der in § 2 Abs. 2 Nr. 1–5 aufgeführten Basiswerte (Wertpapiere, Geldmarktinstrumente, Devisen, Rechnungseinheiten, Zinssätze, andere Erträge, Finanzindices, Derivate, Waren etc.) abhängig. Eine lediglich mittelbare Abhängigkeit besteht in den immer bedeutender werdenden Fällen der Bezugnahme auf einen Index, der seinerseits erst von der Preisentwicklung der genannten Basiswerte abhängig ist (Indextermingeschäfte, Rn. 62). Das Gesetz unterscheidet die Derivate daher nicht nur nach ihrer rechtlichen Ausgestaltung (Rn. 35 ff.), sondern auch nach ihrer unmittelbaren oder mittelbaren Abhängigkeit von verschiedenen Basiswerten (underlyings). Der zunächst offene Typus des Derivategeschäfts (Rn. 11 ff.) wird damit aber auch in problematischer Weise auf die jeweils aktuell Verwendung findenden Basiswerte und die von diesen abgeleiteten Indices beschränkt.[150] So bildete etwa die nach altem Recht problematische Einbeziehung von Finanzterminprodukten mit Bezug zu Krediten,[151] Wetterindices,[152] Naturkatastrophen, Immobilienindices, Sportergebnissen oder elektrischem Strom[153] auch den Anlass für die mit dem FRUG vorgenommene erhebliche Erweiterung des Katalogs der möglichen Basiswerte in § 2 Abs. 2.[154] Mit der Ausweitung des Katalogs der möglichen Basiswerte durch den sehr weit formulierten Art. 39 der VO EG/1287/2006, auf den auch in § 2 Abs. 2 Nr. 5 deklaratorisch Bezug genommen wird, hat sich das Problem im Vergleich zur bisherigen Rechtslage allerdings entschärft.

---

[147] *Schwark*, BörsG 2. Aufl. Einl. §§ 50–70 Rn. 32.
[148] *Hopt*, BB 1984, 417, 418.
[149] *Schwark*, BörsG 2. Aufl. Einl. §§ 50–70 Rn. 32 und 50.
[150] Krit. zur entsprechenden Einengung des Derivatebegriffs nach altem Recht *Dornseifer*, Börsentermingeschäfte, S. 64 und *Samtleben*, ZBB 2003, 69, 71; aA *Kind*, Börsen- und Finanztermingeschäfte, S. 35 f.
[151] Näher zu Kreditderivaten *Nordhues/Benzler*, WM 1999, 461 ff.
[152] Dazu näher *Seebach*, Wetterderviate, Baden-Baden 2008; *Scholand/Glas*, Wetterderivate – Szenarien eines Emerging Market, Die Bank 2002, 17/1 ff.
[153] Näher zur Stromderivaten *Schäfer/Rodt*, Die Bank 1999, 548 ff.
[154] Für eine Erweiterung des Derivatebegriffs auch bereits *Reiner*, Derivative Finanzinstrumente, S. 10 ff. und 25 ff.

Vorbemerkung 44–48 **Vor §§ 37e und 37g**

a) Wertpapiere (Nr. 1 lit. a Var. 1)

Wertpapiere i. S. d. § 2 Abs. 1 (dazu § 2 Rn. 8 ff.) sind die Basiswerte für die sog. Wertpapiertermingeschäfte. Nach der Art des Basiswertpapiers kann man insbesondere folgende Wertpapiertermingeschäfte unterscheiden: **44**

aa) Aktientermingeschäfte. Zu den Aktientermingeschäften gehören zunächst alle Aktien-Futures. Aktien-Optionsgeschäfte fallen nur dann unter § 2 Abs. 2 Nr. 1 lit. a Var. 1, wenn das sich aus ihnen ergebende Optionsrecht nicht verbrieft ist, da es sich ansonsten um Optionsscheingeschäfte i. S. v. § 37e S. 2 handelt (Rn. 70 ff.). **45**

bb) Leerverkäufe (Short Sales). Auch die sog. Leerverkäufe von Wertpapieren sind nach zutreffender Auffassung des Gesetzgebers[155] und der h. M.[156] Termingeschäfte, da der in der Erwartung fallender Kurse gegebene Auftrag an den Wertpapierhändler, im eigenen Namen und für Rechnung des Auftraggebers Wertpapiere durch Kassageschäft zu verkaufen, die der Auftraggeber nicht in seinem Depot hat, untrennbar mit einem **Wertpapierdarlehen des Auftragnehmers** an den Auftraggeber verbunden ist. Dieses Wertpapierdarlehen, das es dem Auftraggeber ermöglicht, ohne entsprechende Depotdeckung um den Preis eines später zur Darlehensrückführung im Kassamarkt mit theoretisch unbegrenztem Verlustrisiko vorzunehmenden Beschaffungsgeschäfts Wertpapiere zu verkaufen, weist dabei wesentliche Typusmerkmale eines Termingeschäfts auf (Terminierung, Spekulationszweck, Erleichterung der Spekulation durch Darlehenshingabe, theoretisch unbegrenztes Verlustrisiko; siehe auch Rn. 19 ff.), so dass die Zuordnung des Gesamtgeschäfts zu den Termingeschäften gerechtfertigt ist. **46**

Hat sich der Auftraggeber die Wertpapiere zuvor in Form eines Wertpapierdarlehens bei einer **anderen als der beauftragten Bank** beschafft, handelt es sich nicht mehr um einen Leerverkauf im beschriebenen Sinne. Vielmehr ist grundsätzlich die rechtliche Trennung und wirtschaftliche Selbstständigkeit von Darlehensgeschäft und nachfolgendem Kassageschäft zu beachten. Trotz einer letztlich vergleichbaren Risikosituation hinsichtlich der Rückführung des Darlehens stellt dieses für sich genommen regelmäßig kein Termingeschäft dar, da die Verwendung der zur Verfügung gestellten Wertpapiere der freien Entscheidung des Darlehensnehmers unterliegt und die Risikosituation damit erst durch das nachfolgende, gesonderte Kassageschäft entsteht. Eine wirtschaftliche Einheit beider Geschäfte, die dann auch die rechtliche Gesamtqualifikation als Finanztermingeschäft nach sich zieht, besteht allerdings dann, wenn der mit dem Kassageschäft beauftragte Wertpapierhändler zugleich den Abschluss des Darlehensvertrags vermittelt. **47**

cc) Aktienanleihen und sonstige Anleihen mit Tilgungswahlrecht. Bei den Anleihen mit Tilgungswahlrecht handelt es sich um Inhaberschuldverschreibungen, bei denen dem Emittenten das Recht eingeräumt wird, die deutlich über Marktniveau verzinste Schuldverschreibung statt durch Rückzahlung in **48**

---

[155] Begr. RegE Börsengesetznovelle 1989 BT-Drucks. 11/4177, S. 18.
[156] *Horn,* ZIP 1990, 2, 4; *Kümpel/Peters,* AG 1994, 529; *Schäfer* in *Assmann/Schütze* KapitalanlageR, § 19 Rn. 26; *Lenenbach,* Rn. 6102; krit. zur Einbeziehung der Leerverkäufe in den Termingeschäftsbegriff *Henssler,* ZHR 153 (1989), 611, 634 f.; ablehnend auch *Melzer,* BKR 2003, 366, 370; *Balzer/Siller* in BuB Rn. 7/227 (Fehlen einer hinausgeschobenen Erfüllung).

Höhe des Nennwerts durch die Lieferung insbesondere von Aktien (Aktienanleihen; auch reverse convertible bonds oder equity linked notes) oder auch die Zahlung in einer anderen Währung bzw. in Abhängigkeit von einem Kapitalmarktindex (zB DAX) zu erfüllen.[157] Die rechtliche Einordnung des Erwerbs von Aktienanleihen als Termingeschäft ist **umstritten,** da sich der Vertrag insgesamt als Kassageschäft und die in der Anleihe enthaltene Put-Option des Emittenten bei isolierter Betrachtung als Termingeschäft darstellt. Mit Recht verneinen Rechtsprechung und h. L. jedoch den termingeschäftlichen Charakter des Kaufs einer Aktienanleihe.[158] Bei einem strukturierten Wertpapier wie der Aktienanleihe, das verschiedene Finanzinstrumente miteinander kombiniert, kann über die Zuordnung zum Typusbegriff des Finanztermingeschäfts nämlich nur auf Grund einer Gesamtbetrachtung entschieden werden.[159] Es handelt sich danach um ein sofort zu erfüllendes **Kassageschäft** über eine Schuldverschreibung, wobei die spätere Rückzahlung in Geld oder Aktien lediglich der Erfüllung der durch die Schuldverschreibung begründeten Forderung dient. Damit fehlt es zunächst an dem bei Termingeschäften typischerweise hinausgeschobenen Erfüllungszeitpunkt. Zudem ist das Verlustrisiko auf den anfänglich voll aufzubringenden Kaufpreis begrenzt. Wie bei Kassageschäften ist ein Totalverlusts praktisch ausgeschlossen. Dem Geschäft mit Aktienanleihen fehlt damit die für Termingeschäfte und insbesondere für Stillhalterpositionen spezifische Gefährlichkeit und Hebelwirkung und damit eine entsprechende Schutzbedürftigkeit des Anlegers.[160] In seiner Risikostruktur unterscheidet sich der Erwerb einer Aktienanleihe lediglich insofern von dem unmittelbaren Erwerb der entsprechenden Aktien, als der Anleger während der Laufzeit der Schuldverschreibung bei anhaltend fallenden Kursen zum Stillhalten gezwungen ist, während er die unmittelbar erworbenen Aktien zur Vermeidung von (weiteren) Verlusten jederzeit veräußern kann.[161] Die Zahlung des festliegenden Kaufpreises für die Aktienanleihe kann auch nicht als eine typischerweise variable Sicherheitsleistung oder als Vorauszahlung des Kaufpreises für die eventuell abzunehmenden Aktien angesehen werden.[162] Schließlich dient die Ausgabe von Aktienanleihen vornehmlich der Kapitalbeschaffung und nicht der Kursspekulation oder Kurssicherung.[163]

---

[157] *Zahn/Lemke,* BKR 2002, 527, 533 f.
[158] BGH v. 12. 3. 2002 XI ZR 258/01 ZIP 2002, 748, 750; KG v. 5. 2. 2002 19 U 38/01 WM 2002, 746; LG Frankfurt/M. v. 20. 4. 2000 (2/21 O 331/99) WM 2000, 1293, 1295 ff. = ZIP 2000, 1247, 1249; LG Wuppertal v. 28. 11. 2001 (19 O 63/01) BKR 2002, 190; *Assmann,* ZIP 2001, 2061, 2078; *Dötsch/Kellner,* WM 2001, 1994, 1998; *Schwark,* WM 2001, 1973, 1979 ff.; *Zahn/Lemke,* BKR 2002, 527, 533 f.; aA *Braun,* BKR 2001, 48 ff.; *Köndgen,* ZIP 2001, 1197, 1198 f.; *Lenenbach,* NZG 2001, 481, 484; vgl. auch KG v. 16. 5. 2001 (29 U 7237/00) BKR 2001, 42 (Erfordernis einer schriftlichen individuellen Risikoaufklärung auf Grund der Vergleichbarkeit des Erwerbs von Aktienanleihen mit Optionserwerbs-, Warenterminindirekt- und Stillhalteroptionsgeschäften).
[159] So auch Begr. RegE 4. FMFG BT-Drucks. 14/8017, S. 85; *Assmann,* ZIP 2001, 2061, 2067; *Wohlfarth/Brause,* WM 1998, 1859, 1865.
[160] So auch BGH v. 12. 3. 2002 XI ZR 258/01 ZIP 2002, 748, 750; *Assies,* BKR 2002, 396.
[161] Das verkennt *Assies,* BKR 2002, 396.
[162] So auch BGH v. 12. 3. 2002 XI ZR 258/01 ZIP 2002, 748, 750 gegen *Braun,* BKR 2001, 48, 50 und *Lenenbach,* NZG 2001, 481, 484.
[163] So auch BGH v. 12. 3. 2002 XI ZR 258/01 ZIP 2002, 748, 750 und *Assmann,* ZIP 2001, 2061, 2075 gegen *Lenenbach,* NZG 2001, 481, 483.

dd) Convertible Bonds. Hierbei handelt es sich um Wandelanleihen, die 49 dem Inhaber das Recht gewähren, statt der Rückzahlung in Höhe des Nennwerts die Lieferung eines Finanzinstruments, insbesondere die Lieferung von für den Emittenten fremden Aktien, zu verlangen (vgl. auch § 221 Abs. 1 S. 1 Var. 1 AktG).[164] Vergleichbar und spiegelbildlich zum Erwerb einer Anleihe mit Tilgungswahlrecht ist beim Kauf eines Convertible Bond der Erwerb der Anleihe insgesamt als **Kassageschäft** zu werten. Die in der Anleihe enthaltene Call-Option des Erwerbers macht das Gesamtgeschäft daher gleichfalls nicht zum Termingeschäft (vgl. Rn. 48).

b) Geldmarktinstrumente (Nr. 1 lit. a Var. 2)

Geldmarktinstrumente i. S. d. WpHG sind nach § 2 Abs. 1a Forderungen, die 50 nicht unter die Wertpapiere i. S. v. § 2 Abs. 1 fallen und üblicherweise auf dem Geldmarkt gehandelt werden (näher § 2 Rn. 33 ff.; vgl. auch § 48 Abs. 1 InvG). Sie bilden die Grundlage für die sog. Geldmarkttermingeschäfte. Eine bedeutende Form sind die auf eine Euro-Interbankanleihe mit ein- bzw. dreimonatiger Laufzeit gerichteten EURIBOR-Futures,[165] die auch Gegenstand einer Option sein können. An den ausländischen Terminmärkten sind zudem die 3-Monats-Euro-Dollar-Deposits beliebte Objekte von Terminkontrakten. Gegenstand eines Termingeschäfts in Form des Optionsgeschäfts können nach Nr. 2 ferner bei sog. Swap-Options (auch Swaptions[166]) ein Währungsswap (Rn. 54) oder ein Zinssatzswap (Rn. 60) sowie bei sog. Interest Rate Guarantees ein Forward Rate Agreement (Rn. 59) sein.

c) Devisen oder Rechnungseinheiten (Nr. 1 lit. b)

Anders als in § 340b Abs. 6 HGB, der die Devisentermingeschäfte neben den 51 Finanztermingeschäften nennt, werden die auf Devisen und Rechnungseinheiten bezogenen Derivate ausdrücklich zu den Finanztermingeschäften nach § 2 Abs. 2 Nr. 1 lit. b WpHG gezählt. In Übereinstimmung mit § 1 Abs. 11 S. 4 Nr. 3 KWG hat der Gesetzgeber des FRUG mit Wirkung vom 1. 11. 2007 nunmehr auch die devisenähnlichen Rechnungseinheiten wie zB den früheren ECU in den Kreis der möglichen Basiswerte einbezogen.[167] Zu den auf Devisen bezogenen Derivaten, die insbesondere auch zur Absicherung gegen Währungsrisiken verwendet werden können, gehören:[168]

aa) Devisenfuturegeschäfte. Devisenfuturegeschäfte (auch Devisentermin- 52 geschäfte i. e. S.) sind Vereinbarungen über einen Devisenkauf oder -verkauf zu einem festen Betrag und Währungskurs (Terminkurs), der zu einem bestimmten späteren Zeitpunkt erfüllt wird. Bei einem Dollar/Euro-Termingeschäft in Form des Festgeschäfts verpflichtet sich der Terminverkäufer beispielsweise schon bei Geschäftsabschluss verbindlich, per Termin eine bestimmte Menge Dollar gegen Zahlung eines bestimmten Euro-Betrages zu liefern. Umfang des Geschäfts (Dollarbetrag), Fälligkeit und Austauschverhältnis (Terminkurs) werden schon bei

---

[164] *Zahn/Lemke*, BKR 2002, 527, 531 ff.
[165] Dazu *Steiner/Bruns*, Wertpapiermanagement 9. Aufl., S. 470 ff.; *Schlüter*, Börsenhandelsrecht 2. Aufl., G 1209 f.
[166] *Kümpel*, BankR 3. Aufl., Rn. 14.280.
[167] Krit. gegenüber der zuvor bestehenden Rechtslage *Fleckner*, ZBB 2005, 96, 104 ff.
[168] Zu den verschiedenen devisenbezogenen Termingeschäften auch *Fleckner*, ZBB 2005, 96, 104 ff.

Vor §§ 37e und 37g 53, 54   Abschnitt 8. Finanztermingeschäfte

Vertragsschluss festgelegt. Der Terminkurs ergibt sich aus dem Kassakurs am Abschlusstag sowie bestimmten Auf- oder Abschlägen (Re- bzw. Deport), die die jeweiligen Zinsdifferenzen zwischen den beiden Währungen widerspiegeln. Die Laufzeit von Devisentermingeschäften beträgt regelmäßig ein bis zwölf Monate. Eine Sonderform des Devisentermingeschäfts bildet der sog. **Devisenswap,** bei dem eine Vertragspartei der anderen einen Fremdwährungsbetrag durch Kassageschäft verkauft und sich zugleich verpflichtet, diesen Fremdwährungsbetrag zu einem künftigen Termin und zu einem festgesetzten, regelmäßig vom Preis des Kassageschäfts abweichenden Kurs zurückzukaufen. Es handelt sich mithin um eine Kombination aus einem Devisenkassa- und einem Devisentermingeschäft.[169] Dies gilt auch für die Devisenswaps neueren Typs, bei denen der Terminkurs dem Kurs des Kassageschäfts entspricht und dafür während der Laufzeit periodische Ausgleichszahlungen von der durch bestehende Zinsunterschiede begünstigten Partei in der von ihr erhaltenen Währung zu leisten sind.[170]

Seit der durch das AnSVG v. 28. 10. 2004 erfolgten Neufassung des § 2 Abs. 2 aF steht nunmehr auch die Erfassung der außerbörslichen Devisenfuturegeschäfte außer Frage.[171]

53 **bb) Devisenoptionsgeschäfte.** Devisenoptionsgeschäfte sind börsliche oder außerbörsliche Geschäfte, die zwar das Recht, nicht aber die Pflicht begründen, einen Fremdwährungsbetrag zu einem bestimmten Preis (Kurs) bis zu einem bestimmten Zeitpunkt zu kaufen (Call-Option) oder zu verkaufen (Put-Option).

54 **cc) Währungsswapgeschäfte.** Währungsswapgeschäfte sind börsliche oder außerbörsliche Vereinbarungen, in denen sich die Parteien zum Austausch von jeweils aus Darlehensaufnahmen stammenden Valuten unterschiedlicher Währungen einschließlich der während der Kreditlaufzeit zu zahlenden Zins- und Tilgungsbeträge verpflichten.[172] Sie können in eine Ausgangs-, Zins- und Schlusstransaktion unterteilt werden. Gegenstand der Ausgangstransaktion ist der Austausch der Kreditbeträge. Im Rahmen der Zinstransaktion werden die vertraglich festgelegten Zinszahlungen getauscht, wobei sich der Austausch auch nur auf die sich aus der Verrechnung ergebende Differenz beschränken kann. Mit dem Schlussgeschäft tauschen die Vertragspartner die Kreditsummen zu dem im Termingeschäft vereinbarten Zeitpunkt und Devisenkurs zurück. Die Parteien können allerdings auch vereinbaren, dass zum Schluss nur ein vorab festgelegter Differenzbetrag ausgeglichen wird oder dass die Zins- bzw. die Schlusstransaktion entfällt. Mit dem Währungsswap sollen Währungsrisiken abgesichert und ein kostengünstigerer Zugang zu einem Fremdwährungsmarkt, auf dem der Vertragspartner wegen seines dort größeren Bekanntheitsgrades Konditionenvorteile erhält, eröffnet werden. Zivilrechtlich handelt es sich bei den Währungsswaps um atypische gegenseitige Verträge mit einem starken kaufvertraglichen Element.[173]

---

[169] Näher *Bosch,* WM 1995, 365, 371; *Decker,* WM 1990, 1001, 1003; *Kümpel,* BankR 3. Aufl., Rn. 14.296.
[170] *Bosch,* WM 1995, 365, 371; *Decker,* WM 1990, 1001, 1003.
[171] Siehe zur Lücke im bis 2004 geltenden Recht noch die berechtigte Kritik von *Fleckner* WM 2003, 168, 171 ff. sowie zur Neuregelung *ders.,* ZBB 2005, 96 ff.
[172] *Perridon/Steiner,* Finanzwirtschaft 14. Aufl., S. 311 f.; *Jahn,* Bankrechts-Handbuch § 114 Rn. 4; *Kümpel,* BankR 3. Aufl., Rn. 14.296.
[173] *Neuhaus* in BuB Rn. 7/1014.

dd) Devisenswapoptionsgeschäfte. Devisenswapoptionsgeschäfte sind börsliche oder außerbörsliche Optionsgeschäfte (Rn. 37 ff.), die sich auf ein Währungsswapgeschäft (Rn. 54) und nicht (wie es der Wortsinn vielleicht nahe legen könnte) auf einen Devisenswap (Rn. 52) als Basiswert beziehen.[174] 55

ee) Devisenfutureoptionsgeschäfte. Devisenfutureoptionsgeschäfte sind börsliche oder außerbörsliche Optionsgeschäfte (Rn. 37 ff.), die sich auf ein Devisenfuturegeschäft (Rn. 52) als Basiswert richten. 56

d) Zinssätze oder andere Erträge (Nr. 1 lit. c)

Bei den Finanztermingeschäften auf Zinsen sind Basiswerte existierende oder 57 synthetische festverzinsliche Wertpapiere (vgl. auch Nr. 1) und Termineinlagen (vgl. auch Nr. 2). Die entsprechenden Termingeschäfte ermöglichen eine Absicherung gegen Zinsänderungsrisiken und eine kostengünstigere Refinanzierung, aber auch die Spekulation.[175] Sie werden vielfach mit fremdwährungsbezogenen Termingeschäften (Rn. 51 ff.) kombiniert (zB Zins- und Währungsswap beim Tausch einer Euro-Anleihe zum Festzinssatz in eine zinsvariable USD-Verbindlichkeit).[176] Zu den auf Zinsen und sonstige Erträge bezogenen Termingeschäften gehören:

aa) Zinsfutures (Interest Rate Futures, IRF). Zu den Zinsfutures werden 58 insbesondere die auf verschiedene idealtypische fiktive Schuldverschreibungen des Bundes als Basiswert gerichteten Futures wie der Euro-BUND-Future (fiktive langfristige Bundesanleihe), der Euro-BUXL-Future (fiktive langfristige Bundesanleihe), der Euro-BOBL-Future (fiktive mittelfristige Bundesschuldverschreibung) und der Euro-SCHATZ-Future (fiktive kurzfristige Schuldverschreibung) gezählt.[177] Obwohl bei diesen auf synthetische Anleihen bezogenen Futures eine effektive Lieferung des eigentlichen Basiswerts naturgemäß ausgeschlossen ist, ist in den Terminkontrakten kein Barausgleich, sondern wie etwa beim Euro-BUND-Future die Lieferung einer aus einer von der Eurex aufgestellten Liste auszuwählenden existierenden Bundesanleihe vorgesehen (Wahlschuld i. S. v. § 262 BGB). Trotz des damit bestehenden effektiven Lieferanspruchs kommt es aber auch dann in aller Regel wegen der wirtschaftlichen Funktion der Zinsfuturegeschäfte nicht zu einer effektiven Belieferung, sondern zu einem Barausgleich. Zwar gehören auch die auf einen bestimmten Referenzzinssatz für kurzfristige Interbankanleihen (v. a. Euro Interbank Offered Rate, EURIBOR und London Interbank Offered Rate, LIBOR) als Basiswert gerichteten Geldmarkt-Futures zu den Zinsfutures, doch werden diese bereits von Nr. 2 erfasst (Rn. 50).

bb) Forward Rate Agreements. Das außerbörslich und individuell ausge- 59 handelte Forward Rate Agreement (Terminsatzgeschäft, Zinsausgleichsvereinbarung) dient wie ein Zinsfuture der Absicherung von Zinsänderungsrisiken. Hierzu verpflichten sich die Vertragspartner wechselseitig zur Zahlung desjenigen Betrags, der sich zu einem bestimmten künftigen Zeitpunkt aus der zu ihren Lasten

---

[174] *Lenenbach*, Rn. 6.70.
[175] *Kümpel*, BankR 3. Aufl., Rn. 14.291 ff.; *Schwintowski/Schäfer*, BankR § 21 Rn. 9 ff.
[176] Zu einem Überblick über diese Kombinationen siehe *Weber*, FS Schluep 1988, S. 301, 305 sowie näher *Erne*, Swapgeschäfte, S. 18 ff.
[177] Näher zu den einzelnen Futures *Steiner/Bruns*, Wertpapiermanagement 9. Aufl., S. 460 ff.; *Schlüter*, Börsenhandelsrecht 2. Aufl., G 1206 ff.

gehenden Differenz zwischen einem Referenzzinssatz (zB London Interbank Offered Rate, LIBOR, Euro Interbank Offered Rate EURIBOR etc. jeweils mit Auf- oder Abschlägen) und dem im FRA festgelegten Zinssatz berechnet auf einen gedachten (nicht tatsächlich überlassenen) Darlehensbetrag ergibt.[178] Wie die Zinsfutures sollten auch die FRA und die auf den Abschluss eines Forward Rate Agreement gerichteten Optionen (sog. Interest Rate Guarantees[179]) trotz ihrer fehlenden Standardisierung als Finanztermingeschäfte angesehen werden, da sie nicht nur einen hinausgeschobenen Erfüllungszeitpunkt aufweisen, sondern auch für die zur variablen Zinszahlung verpflichtete Partei ein theoretisch unbegrenztes Nachschussrisiko enthalten.[180] Zivilrechtlich handelt es sich um einen atypischen gegenseitigen Vertrag.[181]

60 **cc) Zinssatzswaps.** Vergleichbares gilt auch für die außerbörslich vereinbarten Zinssatzswaps, die während einer bestimmten Laufzeit dem wechselseitigen periodischen Ausgleich von Zinsdifferenzen gerechnet auf einen gedachten Kapitalbetrag und damit dem wirtschaftlichen Tausch von Zinsverbindlickeiten innerhalb derselben Währung dienen.[182] Hierzu wird etwa beim klassischen Zinssatzswap (auch coupon-swap, fixed-to-floating-swap, generic swap, plain vanilla swap oder straightforward-swap)[183] die von der einen Partei auf Grund einer festen Verzinsung (Swap-Zinssatz) des gedachten Kapitalbetrags zu leistende Zinszahlung zu verschiedenen Stichtagen (sog. Roll-Over-Termine) mit demjenigen Betrag verrechnet, der sich aus einem variablen Referenzzinssatz (zB EURIBOR, LIBOR) berechnet auf den gedachten Kapitalbetrag ergibt.[184] Es werden mithin bei dieser Form des Swaps feste gegen variable Zinsverbindlichkeiten „getauscht". Dabei kann der Swap einem wie etwa beim Tilgungskredit fortwährend sinkenden Absicherungsbedürfnis im Volumen ebenso angepasst werden (sog. Amortisationsswap) wie einem etwa bei absehbar wachsendem Finanzierungsmittelbedarf steigenden Absicherungsbedürfnis (sog. Stufenswap, Step-Up-Swap).[185] In dieser Form unterscheiden sich Zinssatz- und Indexswap mithin vom FRA nur dadurch, dass die Zinsausgleichszahlung nicht einmalig, sondern periodisch zu den festgelegten Stichtagen erfolgt. Die Zinssatzswaps, die ebenfalls durch eine hinausgeschobene Erfüllung und ein für die zur variablen Zinszahlung verpflichtete Partei theoretisch unbegrenztes Nachschussrisiko gekennzeichnet sind, sollten daher ebenso als Finanztermingeschäfte angesehen werden wie die FRA.[186] Dies gilt auch für die Übernahme bestehender Swap-

---

[178] *Brand/Meinecke*, RIW 1987, Beilage Nr. 4, S. 5, 9 f.
[179] Dazu *Kümpel*, BankR 3. Aufl., Rn. 14.280 f.
[180] So auch *Decker*, WM 1990, 1001; *Neuhaus* in BuB Rn. 7/1048; *Kümpel*, BankR 3. Aufl., Rn. 14.195; aA *Henssler*, Risiko als Vertragsgegenstand, S. 681 f.
[181] *Neuhaus* in BuB Rn. 71023.
[182] *Perridon/Steiner*, Finanzwirtschaft 14. Aufl., S. 310; *Decker*, WM 1990, 1001 ff.; *Füllbier*, ZIP 1990, 544 ff.; *Lenenbach*, Rn. 6.62 ff.
[183] Zum Begriffswirrwarr *Lenenbach*, Rn. 6.62 f.
[184] Näher *Schwintowski/Schäfer*, BankR § 21 Rn. 3 ff.; *Kümpel*, BankR 3. Aufl., Rn. 14.292 ff.
[185] *Neuhaus* in BuB Rn. 7/1007.
[186] So auch *Decker*, WM 1990, 1001, 1005; *Neuhaus* in BuB Rn. 7/1044; differenzierend nach dem Zweck des Swapgeschäfts und dem Vorhandensein eines zumindest für eine Partei theoretisch unbegrenzten Zahlungspflicht *Kümpel*, BankR 3. Aufl., Rn. 14.317 ff. mwN; differenzierend auch *Schwintowski/Schäfer*, BankR § 21 Rn. 49, 50.

vereinbarungen auf einem Sekundärmarkt[187] und sog. Asset-Swaps, die wirtschaftlich auf den Tausch von Zinsforderungen gerichtet sind.[188] Zivilrechtlich handelt es sich bei den Zinssatzswaps um atypische gegenseitige Dauerschuldverhältnisse.[189]

dd) Zinsbegrenzungsvereinbarungen (Cap, Floor, Collar, Corridor). 61
Finanztermingeschäftscharakter haben schließlich auch die auf dem Mechanismus der Zinssatzswaps basierenden außerbörslichen Zinsbegrenzungsvereinbarungen[190] einschließlich der auf sie gerichteten und bislang weniger verbreiteten Cap-, Floor- und Collar-Optionen.[191] Der Erwerber eines Cap hat nämlich das Recht, von der anderen Partei während eines bestimmten Zeitraums zu verschiedenen festgelegten Terminen (sog. Roll-Over-Termine) die Zinsdifferenz gerechnet auf einen gedachten Kapitalbetrag zu verlangen, wenn der Referenzzinsatz die vereinbarte Obergrenze überschreitet.[192] Umgekehrt kann der Käufer eines Floor verlangen, dass der Verkäufer ihm die Zinsdifferenz gerechnet auf einen gedachten Kapitalbetrag erstattet, wenn der Referenzzinssatz die vereinbarte Untergrenze unterschreitet.[193] Auch insoweit bestehen mithin eine hinausgeschobene Zahlungsverpflichtung und ein Nachschussrisiko, das beim Cap unbegrenzt (der Referenzzinssatz kann theoretisch unbegrenzt steigen) und beim Floor begrenzt (der Referenzzinssatz kann maximal auf Null sinken) ist.[194] Da beim Collar lediglich der Kauf eines Caps durch die eine Partei mit dem Kauf eines Floor durch die andere Partei verbunden wird, ist auch dieses Kombinationsgeschäft als Finanztermingeschäft einzustufen.[195] Gleiches gilt auch für den Corridor, eine Kombination zweier Caps oder zweier Floors.[196] In der Praxis hat der Markt für Caps die größte Bedeutung. Zivilrechtlich handelt es sich bei den Zinsbegrenzungsvereinbarungen um ein atypisches gegenseitiges Dauerschuldverhältnis, das aus einer Serie von Optionsgeschäften der europäischen Form zusammengesetzt sind.[197]

e) Finanzindices oder Finanzmessgrößen (Nr. 1 lit. d)

Zu den Derivaten gehören ferner diejenigen Termingeschäfte, die auf einen 62
Index von Wertpapieren, Geldmarktinstrumenten, Devisen, Rechnungseinheiten, Zinssätzen bzw. anderen Erträgen oder auf einen anderen Finanzindex oder eine andere Finanzmessgröße bezogen sind. Die Indexoptionsscheine werden gesondert durch § 37e S. 2 Var. 2 erfasst. Die wichtigsten Beispiele der unter Nr. 1

---

[187] Zum Swap-Sekundärmarkt *Perridon/Steiner*, Finanzwirtschaft 14. Aufl., S. 313.
[188] Zum Asset-Swap *Perridon/Steiner*, Finanzwirtschaft 14. Aufl., S. 313 ff.
[189] *Neuhaus* in BuB Rn. 7/1009 ff.
[190] *Jahn*, Zinsbegrenzungsverträge, S. 198 f.; *Winter*, WM 1994, 2143, 2148; *Neuhaus* in BuB Rn. 7/1015 ff.; *Schäfer/Irmen*, Vor §§ 50–70 Rn. 86; *Kümpel*, BankR 3. Aufl., Rn. 14.197 ff.
[191] *Neuhaus* in BuB Rn. 7/1033.
[192] *Perridon/Steiner*, Finanzwirtschaft 14. Aufl., S. 333 f.
[193] *Perridon/Steiner*, Finanzwirtschaft 14. Aufl., S. 333 f.
[194] *Neuhaus* in BuB Rn. 7/1047.
[195] *Bosch*, WM 1995, 365, 373; *Lenenbach*, Rn. 6.59; zum Collar auch *Perridon/Steiner*, Finanzwirtschaft 14. Aufl., S. 334.
[196] Zum Corridor näher *Neuhaus* in BuB Rn. 7/1019.
[197] *Neuhaus* in BuB Rn. 7/1020 f.

lit. d einzuordnenden Derivate bilden die auf Aktienindizes bezogenen Optionen (zB DAX-Optionen), Futures (zB DAX-Futures)[198] und Indexswaps (zB DAX-Swaps).[199] Eine effektive Lieferung des entsprechenden Basiswerts (Index) ist von vornherein ausgeschlossen, so dass in der Regel ein Barausgleich vereinbart wird. Die Zertifikate auf Aktienkörbe oder Aktienindizes sind als Kassageschäfte jedoch keine Finanztermingeschäfte.[200] Bei den Wertpapierindex-Futuregeschäften handelt es sich zivilrechtlich um einen Hoffnungskauf.[201]

f) Derivate (Nr. 1 lit. e)

63 Derivate i. S. v. § 2 Abs. 2 können ihrerseits mögliche Basiswerte für andere Derivate sein. Auf diese Weise wird das Spektrum an Derivaten nach dem „Baukastenprinzip" durch die mögliche Schaffung von zwei- und mehrstufigen Derivaten noch einmal erheblich erweitert.

g) Waren und vergleichbare Basiswerte (Nr. 2)

64 Waren sind handelbare **bewegliche Sachen**.[202] Hierzu gehören auch die **Edelmetalle** (Gold, Silber, Platin, Palladium). Über den Derivatebegriff werden damit auch Warentermingeschäfte, die in der Praxis insbesondere Edelmetalle und landwirtschaftliche Produkte betreffen, in den Finanztermingeschäftsbegriff integriert, obwohl dies dem herkömmlichen wirtschaftlichen Sprachgebrauch widerspricht, der gerade zwischen Finanz- und Warentermingeschäften unterscheidet. Warentermingeschäfte die die älteste Form von Termingeschäften darstellen,[203] können zur Absicherung gegen Beschaffungs- und Absatzrisiken eingesetzt werden. Standardisierte Warentermingeschäfte in der Form des Festgeschäfts sind die sog. **Commodity Futures,** die seit 1998 auch an der deutschen Warenterminbörse in Hannover (inzwischen Risk Management Exchange Hannover – RMX) gehandelt werden. Ein Warenterminhandel kommt dabei nur dann in Betracht, wenn die Waren in großen Mengen vorkommen, von annähernd gleicher Beschaffenheit sind und ein lebhafter Handel darin stattfindet.[204] So werden an der Warenterminbörse Hannover etwa Futures auf Schlachtschweine, Weizen, Kartoffeln und Altpapier gehandelt.[205] Zu den Termingeschäften i. S. v. Nr. 4 gehören schließlich auch die auf einen Warenpreis oder einen Warenpreisindex bezogenen Swaps.[206]

65 Neben den Warentermingeschäften wird von § 2 Abs. 2 Nr. 2 noch ein ganzes **Sammelsurium vergleichbarer weiterer exotischer Termingeschäfte** erfasst. Mögliche Basiswerte sind danach auch Frachtsätze, Emissionsberechtigun-

---

[198] Dazu *Steiner/Bruns,* Wertpapiermanagement 9. Aufl., S. 475 ff.; *Schlüter,* Börsenhandelsrecht 2. Aufl., G 1190 ff.
[199] Dazu *Jahn,* Bankrechts-Handbuch § 114 Rn. 5.
[200] So auch BGH v. 13. 7. 2004 XI ZR 178/03 ZIP 2004, 1636 und Begr. RegE 4. FMFG BT-Drucks. 14/8017, S. 85.
[201] *Menninger,* WM 1994, 970, 973.
[202] RG v. 14. 10. 1930 III 425/29 RGZ 130, 85, 88.
[203] Näher *Dannhoff,* Warentermingeschäfte, S. 67 ff. und 149.
[204] *Paus,* Börsentermingeschäfte, S. 114.
[205] Siehe dazu die Informationen der RMX unter *http://www.rmx.eu* (besucht am 1. 5. 2008).
[206] *Jahn,* Bankrechts-Handbuch § 114 Rn. 6.

gen, klimatische²⁰⁷ oder andere physikalische Variablen, Inflationsraten oder andere volkswirtschaftliche Variablen sowie Vermögenswerte,²⁰⁸ entsprechende Indices oder Messwerte.

Den Termingeschäften nach § 2 Abs. 2 Nr. 2 ist gemein, dass sie **nur dann** 66 unter den Derivatebegriff fallen, **wenn** bei ihnen entweder ein Barausgleich vorgesehen ist bzw. wenigstens von einer Vertragspartei verlangt werden kann (§ 2 Abs. 2 Nr. 2 lit. a) oder wenn bei ihnen der Bezug zu einem organisierten Markt bzw. einem multilateralen Handelssystem gegeben ist (§ 2 Abs. 2 Nr. 2 lit. b) oder wenn sie die von Art. 38 Abs. 1 der VO EG/1287/2006 an sonstige Derivate gestellten Voraussetzungen erfüllen und sie nichtkommerziellen Zwecken dienen, woran es insbesondere in den Fällen des Art. 38 Abs. 4 der VO EG/1287/2006 fehlt.

h) Finanzielle Differenzgeschäfte (Nr. 3)

Bei den in § 2 Abs. 2 Nr. 3 erwähnten finanziellen Differenzgeschäften 67 (Contracts for Difference, CFDs) verpflichten sich die Parteien wechselseitig zum **Barausgleich einer** sich bei Auflösung des Vertrages zu ihren ungunsten ergebenden **Differenz** zwischen dem gegenwärtigen und dem im Vertrag festgelegten Kurs eines beliebigen Basiswerts. Die Partei (sog. Verkäuferin), die auf einen fallenden Kurs spekuliert (sog. Short-Position), ist damit bei einem gestiegenen Kurs zur Ausgleichszahlung verpflichtet. Umgekehrt hat die Partei (sog. Käuferin), die auf einen steigenden Kurs spekuliert (sog. Long-Position), die Ausgleichszahlung bei einem fallenden Kurs zu leisten. Das Derivat ist damit nicht auf den Kurs eines Basiswerts, sondern unmittelbar auf die Differenz zwischen zwei Kursen und damit die Schwankung des Kurses eines Basiswerts bezogen, ohne dass es hierzu noch einer Glattstellung und eines Barausgleichs hinsichtlich des Basiswerts bedürfte. Da damit die Differenz selbst den Basiswert des Derivats bildet, konnte in § 2 Abs. 2 Nr. 3 auf die Nennung bestimmter Basiswerte verzichtet werden. Der Vertrag wird im Gegensatz zu einem Futurekontrakt (Rn. 36) **unbefristet** abgeschlossen, wobei sich zumindest eine Partei die jederzeitige Kündigung und Abrechnung auf der Basis der sich dann ergebenden Kursdifferenz vorbehält. Das Differenzgeschäft ermöglicht eine mit einem erheblichen Hebeleffekt (Rn. 28) versehene Spekulation sowohl auf steigende wie auf fallende Kurse des Basiswerts, ohne dass eine Verpflichtung zur Realerfüllung bestünde. Auch beim Handel mit Differenzkontrakten muss eine auf das zugrunde liegende Geschäft bezogene Sicherheitsleistung (sog. Margin) erbracht werden (Rn. 88). Die entsprechenden Positionen werden zumeist spätestens dann automatisch aufgelöst, wenn die eingetretenen Verluste den Wert der Sicherheitsleistung erreichen. Differenzgeschäfte werden börslich und außerbörslich gehandelt.

i) Kreditrisiken (Nr. 4)

Die von § 2 Abs. 2 Nr. 4 erfassten Kreditderivate sind nicht auf einen be- 68 stimmten Basiswert, sondern auf ein Kreditrisiko bezogen, das vom Verkäufer ganz oder teilweise auf den Erwerber des Derivats transferiert wird.²⁰⁹ Zumeist

---

²⁰⁷ Zu Wetterderivaten *Scholand/Glas,* Die Bank 2002, 17/1 ff.
²⁰⁸ Hierunter können etwa Stromderivate subsumiert werden; näher zu Stromderivaten *Schäfer/Rodt,* Die Bank 1999, 548 ff.
²⁰⁹ Näher *Steiner/Bruns,* Wertpapiermanagement, 9. Aufl., S. 569 ff.

geht es um die Absicherung oder Verlagerung bestimmter aus Schuldverschreibungen (Credit Linked Notes, Project Bonds, Cat(astrophe) Bonds)[210] herrührender Kreditrisiken. So wird etwa bei einem **Kreditsicherungs-Swap** (auch Credit-Default-Swap oder Zahlungsverzugs-Swap) das Risiko einer nicht ordnungsgemäßen Erfüllung von Zahlungsverpflichtungen des Emittenten (Emittentenrisiko) dadurch abgesichert, dass ein Risikokäufer in Höhe des möglichen Ausfalls des Emittenten eine entsprechende Ausgleichszahlung zu leisten hat und hierfür ein entsprechendes Entgelt erhält.[211] Beim **Spannensicherungs-Swap** (auch Credit-Spread-Swap oder Renditesicherungs-Swap) wird die Rendite aus einer gehaltenen Schuldverschreibung dadurch gegen Bonitätsverschlechterungen des Emittenten abgesichert, dass der Risikokäufer dann, wenn die Differenz zwischen der Rendite der gehaltenen Schuldverschreibung und der Rendite zB erstklassiger Staatsanleihen (Spread) einen zu Beginn des Vertrags festgelegten Differenzbetrag übersteigt, eine Ausgleichszahlung zu leisten hat und hierfür eine Prämie für die Risikoübernahme erhält.[212] Um eine Kombination aus einem Kreditsicherungs-Swap und einem Zinssatzswap (Rn. 66) handelt es sich beim sog. **Gesamtertrags-Swap** (auch Total Return Swap oder Gesamtrisikoswap), mit denen der Risikoverkäufer nicht nur das Emittentenrisiko, sondern auch das Zinsänderungsrisiko auf den Risikokäufer verlagert.[213]

j) Basiswerte i. S. v. Art. 39 VO EG/1287/2006 (Nr. 5)

69 Von § 2 Abs. 2 Nr. 5 werden schließlich noch diejenigen Termingeschäfte (Rn. 19 ff.) erfasst, die sich auf die in Art. 39 der VO EG/1287/2006 aufgeführten weiteren Basiswerte beziehen, sofern diese die Voraussetzungen von § 2 Abs. 2 Nr. 2 erfüllen, d. h. die Möglichkeit des Barausgleichs vorsehen (§ 2 Abs. 2 Nr. 2 lit. a) oder einen Bezug zu einem organisierten Markt bzw. einem multilateralen Handelssystem aufweisen (§ 2 Abs. 2 Nr. 2 lit. b) oder die Voraussetzungen von Art. 38 Abs. 1 sowie in negativer Hinsicht von Art. 38 Abs. 4 erfüllen (§ 2 Abs. 2 Nr. 2 lit. c). In Art. 39 der VO EG/1287/2006 werden die folgenden, auch bereits teilweise von § 2 Abs. 2 Nr. 2 WpHG erfassten Basiswerte aufgeführt: die Telekommunikations-Bandbreite (lit. a), die Lagerkapazität für Waren (lit. b), die Übertragungs- oder Transportkapazität in Bezug auf Waren, sei es nun über Kabel, Rohrleitung oder auf sonstigem Wege (lit. c), eine Erlaubnis, ein Kredit, eine Zulassung, ein Recht oder ein ähnlicher Vermögenswert, der bzw. die direkt mit der Lieferung, der Verteilung oder dem Verbrauch von Energie in Verbindung stehen, die aus erneuerbaren Energiequellen gewonnen wird (lit. d), eine geologische, eine umweltbedingte oder eine sonstige physikalische Variable (lit. e), ein sonstiger Vermögenswert oder ein sonstiges Recht fungibler Natur, bei dem es sich nicht um ein Recht auf Dienstleistung handelt, der bzw. das übertragbar ist (lit. f) sowie ein Index oder ein Maßstab, der mit dem Preis, dem Wert oder dem Volumen von Geschäften mit einem Vermögenswert, einem Recht, einer Dienstleistung oder einer Verpflichtung in Verbindung steht (lit. g).

---

[210] Zur Struktur und fehlenden Termingeschäftseigenschaft der verschiedenen Anleiheformen *Zahn/Lemke*, BKR 2002, 527, 534.
[211] *Jahn*, Bankrechts-Handbuch § 114 Rn. 25; *Neuhaus* in BuB Rn. 7/1025.
[212] *Neuhaus* in BuB Rn. 7/1026; *Jahn* in Bankrechts-Handbuch § 114 Rn. 27.
[213] *Jahn*, Bankrechts-Handbuch § 114 Rn. 26; *Neuhaus* in BuB Rn. 7/1028.

II. Optionsscheine

Die gesonderte Erwähnung der Optionsscheine in der Finanztermingeschäfts- 70
definition des § 37 e S. 2 hat in zweifacher Hinsicht eine klarstellende Fuktion.
Zum einen macht der Gesetzgeber auf diese Weise deutlich, dass die Verbriefung
des Optionsrechts der Qualifikation des Optionsgeschäfts als Finanztherminge-
schäft nicht entgegensteht (Rn. 71, 75). Zum anderen werden damit seit 2002
auch die unselbstständigen Optionsscheine in den Begriff des Finanztherminge-
schäfts einbezogen (Rn. 76).

1. Begriff

Der Optionsschein (warrant) ist ein Wertpapier, das das Recht des Käufers aus 71
einem primären Optionsgeschäft verbrieft, zu einem bzw. bis zu einem festgesetzten Zeitpunkt durch eine Willenserklärung den Kauf (Call-Optionsschein)
oder Verkauf (Put-Optionsschein) eines bestimmten Basiswerts (Rn. 43 ff.) zu
festgelegten Konditionen (Basispreis, Menge) zu tätigen. Dem Optionsschein
liegt mithin ein primäres Optionsgeschäft i. S. v. § 2 Abs. 2 (Rn. 38 ff.) zugrunde.
Die Verbriefung des Optionsrechts, die eine Inhaberschuldverschreibung i. S. v.
§ 793 BGB darstellt, steht der Qualifikation des Optionsgeschäfts als Finanztermingeschäft nicht entgegen. Optionsscheine werden in größerer Zahl von dem
Stillhalter der dazugehörigen Optionsgeschäfte emittiert und als Wertpapiere zumeist an einer Wertpapierbörse gehandelt. Die Rechte aus Optionsscheinen sind
im Gegensatz zu den an den Terminbörsen gehandelten Optionsgeschäften nicht
standardisiert, so dass es eine Vielzahl von ihnen mit ganz unterschiedlicher Ausgestaltung gibt.[214] Statt einer physischen Lieferung des Basiswerts sehen die
Emissionsbedingungen vielfach (bei Index- und Basket-Optionsscheinen naturgemäß) einen Barausgleich (sog. Cash Settlement) vor, so dass der Stillhalter
(Emittent) nur den Differenzbetrag zwischen dem vereinbarten Basispreis und
dem aktuellen Ausübungspreis an den Optionsscheininhaber auszukehren hat.

2. Erscheinungsformen

a) Begebungsformen

Nach der Art ihrer Begebung unterscheidet man zwischen den von Options- 72
anleihen oder Optionsgenussscheinen lediglich abgetrennten (unselbstständigen)
Optionsscheinen und den selbstständigen Optionsscheinen.

aa) Unselbstständige Optionsscheine sind die traditionelle Optionsschein-
form in Deutschland. Sie werden regelmäßig im Zusammenhang mit Finanzierungsvorhaben von Unternehmen in Verbindung mit der Emission einer Optionsanleihe oder eines Optionsgenussscheins begeben. Am weitesten verbreitet
ist dabei der **Aktienoptionsschein,** der als Annex zu einer festverzinslichen
Schuldverscheibung emittiert wird und den Inhaber berechtigt, innerhalb einer
bestimmten Bezugsfrist Aktien zu einem bestimmten Preis zu erwerben (vgl.
auch § 221 Abs. 1 AktG). Der Optionsschein kann auch von der Anleihe abge-

---

[214] Siehe dazu näher *Deuticke/Zwirner,* Leitfaden für die Optionsscheinanlage, 1997;
Jaskulla, Einführung, S. 43 ff.

trennt werden und ist dann selbstständiger Gegenstand des Terminhandels. Daher kann die Anleihe mit oder ohne Optionsschein oder nur der Optionsschein erworben werden.[215] Optionsscheine sind von Anfang an bzw. nach ihrer Trennung von der Optionsanleihe oder dem Optionsgenussschein Schuldverschreibungen i. S. v. § 793 BGB.[216]

bb) Selbstständige Optionsscheine. Die selbstständigen Optionen werden ohne die gleichzeitige Emission einer Optionsanleihe oder eines Optionsgenussscheins und ohne Zusammenhang mit einem Finanzierungsvorhaben von Unternehmen zumeist von Banken oder Wertpapierhandelshäusern begeben. Bei ihnen wird statt der effektiven Lieferung des Basiswerts zumeist ein Barausgleich vereinbart. Sofern die Erfüllung des Lieferanspruchs des Optionsscheininhabers nicht dadurch sichergestellt ist, dass der Emittent die entsprechenden Basiswerte bereits im eigenen Bestand hat oder seinerseits über Bezugsrechte auf diese verfügt (sog. **covered warrants**), sondern sich der Stillhalter die Basiswerte erst noch am Markt beschaffen muss (sog. **naked warrants**[217]), geht der Optionsinhaber ein größeres Risiko ein. Um eine Mischform, die auf Grund ihrer Begebung unabhängig von einer Optionsanleihe formal zu den gedeckten selbstständigen Optionsscheinen gehört und wirtschaftlich als Kapitalbeschaffungsmittel den abgetrennten Optionsscheinen nahe steht, handelt es sich bei der regelmäßig mit der Schaffung eines entsprechenden bedingten Kapitals verbundenen **Emission von Optionsscheinen auf eigene Aktien** des Emittenten, die zunehmend etwa im Rahmen von Aktienoptionsprogrammen für Führungskräfte eines Unternehmens erfolgt.[218]

b) Basiswertformen

73 Nach dem in Bezug genommenen Basiswert kann man wie bei den entsprechenden Optionsgeschäften Optionsscheine auf (imaginäre) Aktien (Aktienoptionsscheine), (imaginäre) Anleihen (Zinsoptionsscheine), Währungen (Devisenoptionsscheine), Waren wie Edelmetalle und Öl (Rohstoffoptionsscheine) oder Indices (Indexoptionsscheine) unterscheiden.[219] Häufig werden die längerfristig laufenden Indexoptionsscheine mit einer Kursobergrenze (cap) versehen, um den möglichen Gewinn des Erwerbers in der Höhe zu begrenzen **(capped warrants)**. Als Basiswert kommt auch ein bestimmter Korb von Basiswerten (zB Aktienwerte einer bestimmten Branche oder bestimmter Länder) in Betracht (sog. **Basket-Optionsscheine**[220]). Schließlich können Optionsscheine ihrerseits als Basiswert fungieren, wodurch eine besonders große Hebelwirkung zu erzielen ist (deshalb auch sog. **Turbo-Optionsscheine**).

c) Optionsrechtsformen

74 Nach der Art und dem Inhalt des Optionsrechts differenziert man zwischen herkömmlichen Optionsscheinen (sog. plain-vanilla-Optionsscheine), Barrier-, Digital- und Range-Optionsscheinen. Bei den **herkömmlichen** Optionsschei-

---

[215] *Schwark/Zimmer,* KMRK vor § 37 d WpHG Rn. 25.
[216] *Schwark/Zimmer,* KMRK vor § 37 d WpHG Rn. 26.
[217] Zur Uneinheitlichkeit der Terminologie *Kienle,* Bankrechts-Handbuch, 2. Aufl. 2001 § 106 Rn. 65 mit Fn. 3.
[218] Näher *Fuchs,* AG 1995, 433 ff.; *Wohlfarth/Brause,* WM 1997, 397 ff.
[219] *Balzer/Siller* in BuB Rn. 7/221.
[220] Dazu BGH v. 12. 5. 1998 XI ZR 180/97 BGHZ 139, 1 ff.

nen wird im Voraus ein bestimmter Basispreis für den durch die Ausübung des Optionsrechts zustandekommenden Kauf bzw. Verkauf bzw. die Differenzberechnung festgelegt. **Barrier-Optionsscheine** verbriefen hingegen Optionen, die entweder erlöschen (Knock Out-Optionsscheine) oder aber entstehen (Knock In-Optionsscheine), wenn der Basiswert einen im Voraus bestimmten Grenzwert (barrier) erreicht.[221] **Digital-Optionsscheine** haben das Recht des Käufers auf Auszahlung eines im Voraus bestimmten Betrags zum Gegenstand, wenn der Kurs des Basiswerts den vereinbarten Basispreis am Laufzeitende oder zu irgendeinem Zeitpunkt während der Laufzeit über- (Call) oder unterschreitet (Put). Auf diese Weise werden die Gewinnchancen bzw. Verlustrisiken begrenzt.[222] Bei den **Range-Optionsscheinen** (Range Warrants, Bandbreiten-Optionsscheine) erhält der Käufer am Ende der Laufzeit einen Betrag, dessen Höhe davon abhängt, ob der Kurs eines oder mehrerer Basiswerte während der Laufzeit über bzw. unter einer oder zwischen mehreren vereinbarten Grenzwerten verläuft.[223] Verbreitet sind dabei etwa Optionsscheine, bei denen der Inhaber für jeden Tag, an dem der Kurs über (Bottom Up-Optionsschein) bzw. unter (Top Down-Optionsschein) dem festgelegten Grenzwert liegt, einen festen Betrag gutgeschrieben und den Gesamtbetrag am Ende der Laufzeit ausgezahlt bekommt (sog. Hamster-Variante). Beim sog. Single Range-Optionsschein erhält der Inhaber hingegen eine Gutschrift für jeden Tag, an dem sich der Kurs innerhalb der durch zwei Grenzwerte bestimmten Bandbreite hält. Wird dem Inhaber hingegen nicht nur dann, wenn sich der Kurs innerhalb der Bandbreite hält, eine Gutschrift erteilt (Plustage), sondern auch dann, wenn der Kurs die festgelegte Bandbreite verlässt, ein bestimmter Betrag abgezogen (Minustage), spricht man von einem Dual Range-Optionsschein. Bei den Range-Optionsscheinen tritt die ansonsten für Finanztermingeschäfte charakteristische Hebelwirkung (Rn. 28) nur dann und in anderer Form auf, wenn der Basiswertkurs die vereinbarte Bandbreite verlässt bzw. zu verlassen droht.[224] Es sind auch **Kombinationen** der verschiedenen Optionsrechtsformen möglich, wie dies etwa beim sog. Knock Out Range-Optionsschein der Fall ist. Hält sich der Basiskurs hier während der gesamten Laufzeit innerhalb der festgelegten Bandbreite, hat der Inhaber Anspruch auf Zahlung eines bestimmten Geldbetrags (Range-Element). Erreicht oder überschreitet der Basiskurs hingegen einen der beiden Grenzwerte, verfällt das Optionsrecht (Barrier-Element).

3. Termingeschäftscharakter

a) Selbstständige Optionsscheine

Der Erwerb eines selbstständigen Optionsscheins (Rn. 72) erfolgt im Wege eines innerhalb von zwei Börsentagen zu erfüllenden Kassageschäfts. Inhaltlich ist dieses Kassageschäft jedoch wie das sekundäre Geschäft mit unverbrieften Optionen auf einem Terminmarkt (Rn. 41) auf den Erwerb des Optionsrechts und damit eine Termingeschäftsposition gerichtet. Daher sind auch diese Erwerbsge-

---

[221] *Kümpel*, BankR 3. Aufl., Rn. 14.213 f.
[222] *Kümpel*, BankR 3. Aufl., Rn. 14.222 ff.
[223] BGH v. 5. 10. 1999 XI ZR 296/98 BGHZ 142, 345 ff.; *Lenenbach*, Rn. 6.76; *Drygala*, ZHR 159 (1995), 686, 690 f.
[224] Dazu auch *Dornseifer*, Börsentermingeschäfte, S. 62.

schäfte unabhängig davon, ob der Verkäufer zugleich auch der Emittent des Optionsscheins ist, bei einer typologischen Gesamtbetrachtung grundsätzlich als Finanztermingeschäfte zu werten.[225] Dies gilt auch für die durch Eigenbestände bzw. Bezugsrechte des Emittenten unterlegten Optionsscheine (covered warrants, Rn. 72), obwohl bei diesen Optionsscheinen der Emittent nicht das für Optionsgeschäfte auf Seiten des Stillhalters typische Nachschussrisiko zu tragen hat. Denn aus der Sicht des Erwerbers eines solchen Optionsscheins, der auch insoweit das mit der Hebelwirkung verbundene erhebliche Risiko eines Totalverlusts zu tragen hat, ist durch die Deckung der Lieferverpflichtung lediglich das Nichterfüllungsrisiko herabgesetzt. Nur wenn auch noch dieses Totalverlustrisiko wie etwa bei einem Bottom Up/Top Down Range-Optionsschein oder einem Single Range-Optionsschein (Rn. 74) praktisch ausgeschlossen ist und der Optionserwerb wirtschaftlich einer spekulativen Aktienanlage gleichkommt, kann insgesamt gesehen nicht mehr von einem Finanztermingeschäft gesprochen werden.[226]

b) Unselbstständige Optionsscheine

76 Nach dem Wortlaut von § 37e S. 2, der ohne Differenzierung alle Optionsscheine dem Finanztermingeschäftsbegriff unterstellt, gehören auch die unselbstständigen (abgetrennten) Optionsscheine zu den Finanztermingeschäften.[227] Es fragt sich allerdings, ob dieses Ergebnis im Hinblick auf die vor 2002 bestehende Rechtsprechung[228] und h. L.,[229] wonach der Handel mit den als Annex zu Optionsanleihen emittierten Optionsscheinen als Kassahandel betrachtet wurde, zu korrigieren ist. Weder in der Gesetzesbegründung zum 4. FMFG noch in derjenigen zum FRUG findet sich nämlich ein Anhaltspunkt dafür, dass sich der Gesetzgeber bewusst für eine Einbeziehung sämtlicher Optionsscheine entschieden hat.[230] Die Gesetzesbegründung zum 4. FMFG spricht eher dafür, dass der Gesetzgeber auf die Termingeschäftseigenschaft von Optionsscheinen nicht verzichten wollte. Selbst wenn man aber von einem solchen Erfordernis ausgehen wollte, dürften die Argumente der bislang h.M. nicht ausreichen, um eine entsprechende **Gesetzeskorrektur** zu rechtfertigen.[231] Denn aus Sicht des Erwerbers eines Optionsscheins besteht kein Unterschied zwischen einem selbstständigen und einem abgetrennten Optionsschein, da ihn die den Gegenstand der Aufklärungspflicht bildenden Termingeschäftsrisiken identisch sind. Demgegenüber fällt es nicht entscheidend ins Gewicht, dass die Emission der Optionsanleihe aus der Sicht des Emittenten regelmäßig weder der Spekulation noch der Kurssiche-

---

[225] Vgl. dazu auch zum bis 2002 geltenden Recht BGH v. 4. 10. 1995 XI ZR 152/94 WM 1995, 2026; BGH v. 25. 10. 1994 XI ZR 43/94 WM 1994, 2231, 2232; BGH v. 29. 3. 1994 XI ZR 31/93 WM 1994, 834, 837.
[226] Vgl. dazu auch zum bis 2002 geltenden Recht *Jaskulla*, Einführung, S. 207.
[227] So auch *Samtleben*, ZBB 2003, 69, 71.
[228] BGH v. 16. 4. 1991 XI ZR 88/90 BGHZ 114, 177 = WM 1991, 982; BGH v. 25. 10. 1994 XI ZR 43/94 WM 1994, 2231, 2232; BGH v. 4. 10. 1995 XI ZR 152/94 WM 1995, 2026, 2027; BGH v. 9. 7. 1996 XI ZR 103/95 WM 1996, 1620, 1622.
[229] *Jaskulla*, Einführung, S. 188 und 209 ff.; *Schwark/Zimmer*, KMRK vor § 37d WpHG Rn. 25; aA *Horn*, ZIP 1990, 2, 13.
[230] *Die Optionsscheine* wurden lediglich wegen ihres Wertpapiercharakters gesondert aufgeführt (Begr. RegE 4. FMFG BT-Drucks. 14/8017, S. 85).
[231] So i. E. auch *Lang*, Informationspflichten § 11 Rn. 70.

rung, sondern der vergleichsweise günstigen Kapitalbeschaffung dient[232] und für diesen auch nicht das typische Stillhalterrisiko birgt.[233] Auch wenn man auf einen Typenvergleich abstellt, ähneln diese Geschäfte mehr den zu den Termingeschäften gezählten covered warrants (Rn. 72, 75) als den zu den Kassageschäften gezählten Anleihen mit Tilgungswahlrecht (Rn. 48).

c) Emission von Optionsscheinen auf eigene Aktien des Emittenten

Da seit 2002 sowohl die herkömmlichen selbstständigen als auch die abgetrennten Optionsscheine als Finanztermingeschäfte zu werten sind, gilt dies auch für die Emission und den Handel mit Optionsscheinen auf eigene Aktien des Emittenten.[234]

E. Praxis des Terminhandels

Im Hinblick auf den Abschluss und die Abwicklung von Finanztermingeschäften hat man nach wie vor zwischen dem börslichen und dem außerbörslichen Terminhandel zu unterscheiden, obwohl dies für die Anwendung der §§ 37e und 37g keine Bedeutung mehr hat. Der börsliche Terminhandel erfolgt durch den Abschluss standardisierter Termingeschäfte an speziellen in- oder ausländischen Terminbörsen (zB Eurex), wobei die Terminbörsen bzw. Clearing-Organisationen zur Sicherstellung einer reibungslosen Geschäftsabwicklung Sicherheitszahlungen (Margins) verlangen. Demgegenüber kommen die außerbörslichen Termingeschäfte auf Grund individueller Vereinbarung außerhalb eines organisierten und an einer Börse zentralisierten Handels zustande.

I. Börslicher Terminhandel

1. Entwicklung des Börsenterminhandels

a) Anfänge

Der Börsenterminhandel nahm seinen Anfang an der Chicago Board of Trade (CBOT), wo die Farmer des mittleren Westens der USA seit 1848 mit Hilfe von Futurekontrakten ihre noch nicht geernteten Produkte zu einem im Voraus festgelegten Preis verkauften. Auch in Deutschland erlebte die Warenterminspekulation in der zweiten Hälfte des 19. Jahrhunderts einen derart starken Aufschwung, dass sich der Gesetzgeber zum Erlass entsprechender Schutzvorschriften im BörsG von 1896 veranlasst sah. Seither war die Entwicklung des Börsenterminhandels in Deutschland vor allem durch Beschränkungen und Verbote

---

[232] Anders zum Recht vor 2002 BGH v. 25. 10. 1994 XI ZR 43/94 WM 1994, 2231, 2232; BGH v. 9. 12. 1997 XI ZR 85/97 WM 1998, 274, 275.

[233] Anders zum Recht vor 2002 BGH v. 25. 10. 1994 XI ZR 43/94 WM 1994, 2231, 2232; BGH v. 9. 12. 1997 XI ZR 85/97 WM 1998, 274, 275 sowie *Jaskulla*, Einführung, S. 188 ff. und 209 ff. sowie *Kümpel*, BankR 3. Aufl., Rn. 15.159.

[234] Anders noch zum Recht vor 2002 unter Hinweis auf die wirtschaftlichen Parallelen zu den abgetrennten Optionsscheinen und die seinerzeit herrschende Differenzierung zwischen selbstständigen und unselbstständigen Optionsscheinen *Fuchs*, AG 1995, 433, 439 Fn. 47.

gekennzeichnet.[235] Anfang der 1970er Jahre wurden in Chicago noch weitere Terminbörsen für Währungsterminkontrakte (International Money Market der Chicago Mercantile Exchange, CME, 1972) und Aktienoptionen (Chicago Board Options Exchange, CBOE, 1973) eingerichtet. An der CBOE wurde allerdings erst Anfang der 1970er Jahre mit dem organisierten Handel von Optionen und Financial Futures begonnen. Das Bedürfnis nach dem Abschluss von Finanztermingeschäften zum Zwecke der Kurssicherung wuchs entscheidend mit der Beendigung des Bretton-Woods-Abkommens und der Schaffung eines Weltwährungssystems mit schwankenden Wechselkursen im Jahre 1973. Hinzu kamen erhöhte Schwankungen bei den Rohstoffpreisen und den Kapitalmarktzinsen. 1978 wurde der erste börsenmäßig organisierte europäische Terminhandel an der European Options Exchange (EOE) in Amsterdam aufgenommen. Es folgten u. a. die Terminbörsen in London (International Financial Futures Exchange, LIFFE, 1982),[236] Paris (Marché à Terme d'Instruments Financiers, MATIF, 1986), bei Zürich (Swiss Options and Financial Futures Exchange, SOFFEX, 1988) und in Wien (Österreichische Termin- und Optionsbörse, ÖTOB). Der Handel mit Aktienindex-Futures begann 1982 am Kansas City Board of Trade (KCBT).

b) Terminhandel an den deutschen Parkettbörsen

80 An den deutschen Parkettbörsen wurde 1970 das 1931 eingestellte traditionelle Optionsgeschäft in Aktien wieder aufgenommen.[237] Es ist mit der Eröffnung des allgemeinen Terminhandels an der DTB im Jahre 1990 jedoch deutlich zurückgegangen und wurde zwischenzeitlich sogar eingestellt.

c) Einrichtung der DTB

81 Durch die Börsengesetznovelle von 1989[238] wurden die rechtlichen Grundlagen für die Einrichtung der Deutschen Terminbörse (DTB) geschaffen, an der im Januar 1990 der Handel eröffnet wurde. Ziel war die Schaffung eines nach Markttiefe und -breite funktionsfähigen deutschen Terminmarkts.[239] Hierzu wurden der Begriff des Börsentermingeschäfts und der Kreis der börsentermingeschäftsfähigen Personen erweitert. Außerdem wurden die Anlagevorschriften für Versicherungs- und Kapitalanlagegesellschaften im Investment-Richtlinien-Gesetz und durch Änderungen im KAGG (jetzt InvG) liberalisiert. Seinerzeit hatte insbesondere die Bundesbank Bedenken gegen die Einrichtung einer Terminbörse geäußert. Sie befürchtete eine Beeinflussung ihrer Geldpolitik durch Zins-Futures, eine Austrocknung und Destabilisierung der Kassamärkte sowie eine Existenzgefährdung der Marktteilnehmer durch zu geringe Sicherheitsleistungen. Der Gesetzgeber entschied sich jedoch für die Einrichtung einer Terminbörse und erhoffte sich damit insbesondere eine Stärkung des Finanzplatzes

---

[235] *Schäfer* in *Assmann/Schütze* KapitalanlageR, § 19 Rn. 1 ff.
[236] Näher zu den Besonderheiten des Handels an der LIFFE *Steiner/Bruns*, Wertpapiermanagement 9. Aufl., S. 498 f.
[237] Verordnung über die Zulassung von Wertpapieren zu Börsentermingeschäften vom 26. 6. 1970, BGBl. I, S. 993; dazu auch *Schäfer* in *Assmann/Schütze*, KapitalanlageR, § 15 Rn. 10 f.; zur Geschichte des deutschen Terminhandels ferner KölnKommWpHG-*Roth*, § 37d Rn. 15 ff.
[238] Gesetz vom 11. 7. 1989 BGBl. I, S. 1412 ff.
[239] Begr. RegE Börsengesetznovelle 1989 BT-Drucks. 11/4177, S. 9.

Vorbemerkung 82–84 **Vor §§ 37e und 37g**

Deutschland. In ihrer Organisationsstruktur und der Handelsabwicklung entsprach die DTB der heutigen Eurex (Rn. 82, 84 ff.).[240]

d) Eurex

Im Jahre 1998 wurde die Deutsche Terminbörse (DTB) mit der Swiss Options 82 and Financial Futures Exchange (SOFFEX) zu einer gemeinsam von der Deutsche Börse AG und der Schweizer Börse betriebenen Handelsplattform mit harmonisierten Termingeschäftsprodukten, der European Exchange Organization (Eurex), verschmolzen. Eurex, seit Januar 1999 die größte Derivatebörse der Welt, bietet eine elektronische Handels- und Clearing-Plattform mit weltweitem Zugriff über sog. Access Points in Deutschland und der Schweiz sowie in Amsterdam, Chicago, Helsinki, Hongkong, London, Madrid, New York, Singapur, Sydney und Tokio. Eurex ist auf den Anschluss weiterer europäischer Terminbörsen ausgerichtet. Die Produktpalette ist ständigen Veränderungen unterworfen. Gehandelt wurden im Jahr 2001 von insgesamt 427 Börsenteilnehmern 674 Millionen Kontrakte.

e) Warenterminbörse Hannover (RMX)

Mit der Eröffnung des Handels an der Warenterminbörse Hannover (WTB) 83 im April 1998 wurden Warentermingeschäfte erstmals an einer deutschen Börse möglich. Gehandelt werden etwa Futures auf Schlachtschweine, Weizen und Kartoffeln.[241] Seit 2006 firmiert die WTB als Risk Management Exchange Hannover (RMX).

2. Organisation des Terminhandels an der Eurex Deutschland

a) Börseneinrichtung[242]

Bei der Eurex Deutschland handelt es sich wie bei einer Parkettbörse nach 84 h. M.[243] um eine nicht rechtsfähige Anstalt des öffentlichen Rechts, die in vollem Umfang der Börsenaufsicht durch die zuständige oberste Behörde des Landes Hessen (Börsenaufsichtsbehörde i. S. v. § 3 Abs. 1 BörsG) unterliegt. Die Börsenaufsicht hat die Preisfindung, die Handelsvolumina, die ordentliche Geschäftsabwicklung und die Einhaltung der Börsenusancen zu überwachen. Hierzu muss sie auch die Eigengeschäfte der Kursmakler beobachten und die Preise mit denjenigen anderer Börsenplätze und Handelssysteme vergleichen. Rechtsträger der Eurex Deutschland ist die Eurex Frankfurt AG (Ziff 1.2 BörsO Eurex). Oberstes Organ der Eurex Deutschland ist wie bei den Parkettbörsen der Börsenrat, der die Börsen-, Gebühren- und Geschäftsordnung erlässt sowie die Geschäftsführung bestellt und überwacht (§§ 12 ff. BörsG nF, Ziff. 2.1.1 BörsO Eurex). Die Leitung der Terminbörse obliegt jedoch der Geschäftsführung in eigener Verantwortung (§ 15 BörsG nF iVm Ziff. 2.1.2 BörsO Eurex). Für die Überwachung des Börsenhandels besteht nach § 7 BörsG nF iVm Ziff. 2.1.3 BörsO Eurex eine Handelsüberwachungsstelle.

---

[240] Zur DTB näher *Kindermann*, WM 1989, Sonderbeilage Nr. 2.
[241] Siehe dazu die Informationen der RMX unter *http://www.rmx.eu* (besucht am 1. 5. 2008).
[242] Dazu auch *Schlüter*, Börsenhandelsrecht 2. Aufl., G 1131 ff.
[243] Siehe zum Meinungsstand nur *Schwark/Beck*, KMRK § 1 BörsG Rn. 8 ff.

b) Zulassung als Börsenteilnehmer[244]

85 Die Zulassung als Börsenteilnehmer an der Eurex Deutschland wird auf schriftlichen Antrag von der Geschäftsführung erteilt (§§ 19 f. BörsG nF iVm Ziff. 3.1.1 BörsO Eurex).

c) Zulassung von Finanztermingeschäften

86 Die bis 2002 in § 50 BörsG aF geregelte Zulassung von Termingeschäften zum Börsenhandel ging 2002 in der allgemeinen und damit die Subsumtion unter den problematischen Begriff des Finanztermingeschäfts (Rn. 8 ff.) vermeidenden Vorschrift des § 21 BörsG aF auf und ist nunmehr in § 23 BörsG nF geregelt. Danach bedürfen nach näherer Maßgabe der Art. 36 und 37 der VO EG/1287/2006 und der Börsenordnung Wirtschaftsgüter und Rechte, die an einer Börse gehandelt werden sollen und nicht zum Handel im amtlichen Markt oder im geregelten Markt zugelassen oder in den geregelten Markt oder in den Freiverkehr einbezogen sind, der Zulassung zum Handel durch die Geschäftsführung der jeweiligen Börse (§ 23 Abs. 1 S. 1 BörsG nF). Vor der Zulassung zum Handel hat die Geschäftsführung die Geschäftsbedingungen für den entsprechenden Handel festzusetzen (§ 23 Abs. 2 BörsG nF). Inhaltliche Änderungen sind mit der Neuregelung folglich nicht verbunden. Die seit 2002 geltende allgemeine Fassung des § 23 BörsG nF erübrigt lediglich im Rahmen des Zulassungsverfahrens die bis 2002 erforderliche und bisweilen problematische Einordnung des Geschäfts als Termingeschäft, da nunmehr sämtliche Güter und Rechte außerhalb des amtlichen und geregelten Markts der Zulassung nach § 23 BörsG nF bedürfen.

d) Handelsabwicklung

87 **aa) Matching.** Der standardisierte und mit einer Kursbildung verbundene Festgeschäfts- und Optionshandel an der Eurex ist vollständig computerisiert, so dass die Kauf- und Verkaufsaufträge (Orders bzw. Quotes) von den Börsenteilnehmern (i. d. R. Banken) am Bildschirm eingegeben und vom Zentralrechner der Eurex im elektronischen Orderbuch erfasst und abhängig von der Orderart nach den Kriterien Preis und Eingabezeitpunkt priorisiert und dann zusammengeführt (gematcht) werden (Ziff. 4.5.4 BörsO Eurex). Unlimitierte Aufträge (Market-Orders) erhalten die höchste Priorität. Sind die Kauf- und Verkaufsaufträge dagegen limitiert, werden sie so sortiert, dass der höchste Nachfragekurs (Bid) und der niedrigste Angebotskurs (Ask) Vorrang haben. Bei Aufträgen mit gleichem Preis gilt die zeitliche Priorität. Stehen sich zwei Aufträge ausführbar gegenüber, veranlasst der Computer automatisch den Geschäftsabschluss (Matching).

bb) Clearing.[245] An der Eurex werden die Termingeschäfte nicht zwischen den Börsenteilnehmern, sondern von der Eurex Clearing AG als sog. Clearingstelle mit den einzelnen Clearingteilnehmern durchgeführt (Ziff. 1.4 iVm den Eurex-Clearingbedingungen). Das Clearingverfahren soll einen reibungslosen und schnellen Handelsablauf gewährleisten sowie durch die gesicherte Erfüllung der einzelnen Geschäfte das Kontrahentenrisiko für die Handelsteilnehmer beseitigen, die sich ihre Vertragspartner wegen des automatischen Matchings nicht

---

[244] Schlüter, Börsenhandelsrecht 2. Aufl., G 1138 ff.
[245] Dazu auch Schlüter, Börsenhandelsrecht 2. Aufl., G 1178 ff.

Vorbemerkung **88 Vor §§ 37e und 37g**

aussuchen können. Hierzu übernimmt etwa beim Verkauf einer Option die Bank des Käufers als Clearingteilnehmerin die Verpflichtungen des Verkäufers aus dem Optionsgeschäft. Bei Ausübung der Option begehrt der Käufer daher Erfüllung von seiner Bank, die sich aber ihrerseits nicht an den Verkäufer bzw. dessen Bank, sondern an die Eurex Clearing AG als Clearingstelle wendet, die den Kontrakt daraufhin erfüllt. Die Eurex Clearing AG wendet sich anschließend ihrerseits an die Bank des Verkäufers als Clearingteilnehmerin und diese wiederum an den Verkäufer der Option. Die Banken und die Eurex Clearing AG übernehmen dabei nicht nur die Geschäftsabwicklung, sondern auch die Sicherheitsleistungen. Bei der Eurex gibt es zwei Gruppen von Clearingteilnehmern: Die General-Clearing-Members (GCM) dürfen sowohl Eigen- und Kundengeschäfte wie auch Geschäfte für Börsenteilnehmer ohne Clearing-Lizenz (Non-Clearing-Members, NCM) abwickeln, während die Direct-Clearing-Members (DCM) nur Eigen- und Kundengeschäfte tätigen dürfen. Die Clearing-Mitglieder sind der Eurex Clearing AG gegenüber zur Erfüllung aller Verpflichtungen aus den Kontrakten verantwortlich.

e) Sicherheitsleistungen (Margin-System)[246]

Lediglich die Optionsprämie ist sofort bei Geschäftsabschluss zu zahlen. Zum **88** Zweck der Besicherung der anderen Terminverpflichtungen sind von den Eurex-Clearingteilnehmern börsentäglich ermittelte Sicherheiten in Form von Geld oder Wertpapieren bei der Eurex Clearing AG zu hinterlegen. Die Eurex Clearing AG legt für die Besicherung das sog. Nettoprinzip zugrunde, um eine Übersicherung zu vermeiden. Danach werden die bestehenden gegenläufigen Terminpositionen eines Clearingteilnehmers miteinander verrechnet und lediglich riskante Nettopositionen besichert. Die Clearingteilnehmer haben von ihren Kunden ebenfalls anhand der von der Eurex mitgeteilten Kundendispositionsdaten Sicherheitsleistungen in zumindest gleicher Höhe zu verlangen.[247] Sie genügen damit zwar den Anforderungen der Börsenordnung und ihrem eigenen Sicherungsbedürfnis, nicht jedoch einer etwa gegenüber dem Kunden bestehenden Pflicht, diesem die Risiken des Finanztermingeschäfts durch die Anforderung von Sicherheitsleistungen zu verdeutlichen.[248] Kommen die Börsenteilnehmer ihren Verpflichtungen zur Ausgleichszahlung und Sicherheitenbestellung nicht fristgerecht nach, können sie für die Dauer der Nichterfüllung vom Handel ausgeschlossen werden (Ziff. 3.11.3.1 ff. BörsO Eurex).

aa) Initial Margin (Risk Based Margin-System). Mit dem Abschluss eines Finanztermingeschäfts hat der Clearingteilnehmer einen Ersteinschuss (Initial Margin) nach Maßgabe des konkreten Glattstellungsrisikos für die entsprechende Position zu leisten. Er bewegt sich in aller Regel zwischen 0,5 und 10% des

---

[246] Dazu auch *Steiner/Bruns,* Wertpapiermanagement, 9. Aufl., S. 447 ff.
[247] Siehe dazu Ziff. 4.8 BörsO Eurex und etwa Ziff. 9 Abs. 4 der bei *Balzer/Siller* in BuB Rn. 7/343 abgedruckten Sonderbedingungen für Termingeschäfte; näher *Schlüter,* Börsenhandelsrecht 2. Aufl., G 1244 ff.
[248] BGH v. 8. 5. 2001 XI ZR 192/00 ZIP 2001, 1580, 1582; *Lenenbach,* Rn. 6127; für eine anlegerschützende Warnfunktion der Sicherheitsleistung allerdings *Assmann/Schneider/Koller,* § 31 WpHG Rn. 30; de lege ferenda für eine Pflicht zur Einforderung von Sicherheiten im Interesse des Anlegerschutzes *Samtleben* in *Hopt/Rudolph/Baum,* Börsenreform, S. 505 ff.

Kontraktwerts. Für die Risikoberechnung wird zunächst anhand der historischen Volatilität die ungünstigste Preisentwicklung des Basiswerts für den nächsten Tag (Marginintervall) unterstellt (Worst Case Loss-Annahme). Daneben kommt es aber auch zu einer die Höhe der Sicherheitsleistung mindernden Berücksichtigung gegenläufiger Termingeschäftspositionen (Nettoprinzip). Hierzu werden alle Terminpositionen, die sich auf denselben Basiswert bzw. auf eine Gruppe vergleichbarer Basiswerte beziehen, in einer sog. Margin-Klasse bzw. Margin-Gruppe zusammengefasst. So werden zur Berechnung der sog. Premium Margin alle nicht auf Futures lautenden Optionsklassen zusammengefasst und alle Kosten ermittelt, die bei einer angenommenen Glattstellung dieser Positionen zum Settlement-Preis anfallen würden. Zur Berechnung der sog. Futures Spread Margin werden alle gegensätzlichen Futurepositionen mit gleichem Basiswert, aber unterschiedlicher Laufzeit zusammengefasst und die auf diese Weise gebildeten Spreads mit einem Faktor multipliziert, der das geringere Risiko von Spreadpositionen berücksichtigt. Da durch den Handel über Tag neue Positionen aufgebaut und bestehende Positionen durch Gegengeschäfte glattgestellt werden können, werden die Margins börsentäglich neu festgesetzt. Durch das eintägige Marginintervall wird zudem eine Übersicherung vermieden, die entstehen würde, wenn man für jede Position das Risiko für die gesamte Kontraktlaufzeit abdecken müsste.

bb) Variation Margin. Um den täglichen Preisveränderungen der Terminkontrakte Rechnung zu tragen, führt die Eurex Clearing AG zudem für jeden Clearingteilnehmer die börsentägliche Verrechnung von Gewinnen und Verlusten aus Futures und Optionen auf Futures durch, bei der die Differenz, die sich im Vergleich zum Tagesendwert der Position am Vortag ergibt, dem Clearingteilnehmer gutgeschrieben bzw. belastet wird. Bei dieser sog. Variation Margin handelt es sich mithin nicht um eine Sicherheitsleistung, sondern um eine Ausgleichsbuchung, durch die die Ansammlung von Glattstellungsgewinnen bzw. -verlusten vermieden wird. Entsprechende Buchungen werden von dem Clearingteilnehmer dann auch auf den Marginkonten seiner Kunden vorgenommen. Über die gutgeschriebenen Beträge kann der Kunde ebenso frei verfügen wie er etwaige Verluste durch Nachschüsse auszugleichen hat. Um Nachbesicherungen möglichst zu vermeiden, verlangen die Kreditinstitute je nach der Bonität ihrer Kunden regelmäßig höhere Sicherheiten als sie ihrerseits der Eurex Clearing AG zu stellen haben. Da der Anleger den u. U. von einem auf den anderen Tag deutlich erhöhten Sicherheitsanforderungen umgehend nachzukommen hat, muss er hierzu über ausreichend liquide Mittel verfügen.

II. OTC-Markt

89 Die außerbörslichen Termingeschäfte werden auch als OTC (over the counter-)Geschäfte bezeichnet, weil sie auf Grund individueller Vereinbarungen direkt am Schalter und ohne die Abwicklung über eine Clearingstelle zustande kommen.[249] Die OTC-Märkte sind rein privatrechtlich organisierte Sekundärmärkte, auf denen Käufer und Verkäufer durch Makler (i. d. R. Banken), die viel-

---

[249] Näher zum OTC-Terminhandel *Zerey,* Außerbörsliche (OTC) Finanzderivate, Baden-Baden 2008 und *Böhm,* Außerbörsliche Finanztermingeschäfte, in: *Assies* et al. (Hrsg.), Hdb FA Bank- und Kapitalmarktrecht, 2008, S. 1179 ff.

fach auch die Geschäftsabwicklung übernehmen und teilweise (sog. Warehousing[250]) selbst in den Vertrag eintreten, zusammengeführt werden. Der Handel wird zwar auch durch Computer- und Informationssysteme unterstützt, doch erfolgt der Geschäftsabschluss telefonisch, ohne dass ein Kontrahierungszwang zu den zuvor eingegebenen Angebots- und Nachfragepreisen bestünde. Die fehlende Standardisierung in Bezug auf die Laufzeit, die Währung, die Betragshöhe, den Basispreis und das Basisobjekt erschwert die Glattstellung, da ein genau gegenläufiger Vertragsabschluss kaum zu realisieren ist. Auch erschwert die persönliche Vertragsbeziehung die Übertragbarkeit der Verbindlichkeiten, da hierzu eine Zustimmung des Vertragspartners erforderlich ist. Durch die wachsende Produktvielfalt an den Terminbörsen einerseits sowie die zunehmende Standardisierung der Individualverträge und das Marktliquidität fördernde Warehousing der Banken auf den OTC-Märkten andererseits ist jedoch eine zunehmende Annäherung der Märkte erkennbar.

In Deutschland ist der OTC-Markt vor allem für den Interbankenhandel von Bedeutung. Zu den Geschäften, die auf den OTC-Märkten ohne Standardisierung getätigt werden, zählen insbesondere die Forward Rate Agreements (Rn. 59), Swapgeschäfte (Rn. 60), Zinsbegrenzungsvereinbarungen (Rn. 61) und Kreditderivate (Rn. 68) sowie in Deutschland auch die Devisenoptionen und die weit verbreiteten Devisentermingeschäfte (Rn. 51 ff.).[251] Daneben werden die meisten Optionsgeschäfte (Rn. 37 ff.) nicht nur börslich, sondern in individuell ausgehandelter Form auch außerbörslich getätigt.[252]

III. Kundenbeziehungen

Das Verhältnis zwischen dem Finanzdienstleistungsunternehmen und seinem Kunden[253] richtet sich nach der Rahmenvereinbarung zum Abschluss von Termingeschäften[254] und insbesondere nach den in diese einbezogenen Sonderbedingungen für Termingeschäfte,[255] sofern die Termingeschäfte nicht wie zumeist bei OTC-Geschäften unter Zugrundelegung des Rahmenvertrages für Finanztermingeschäfte[256] oder eines anderen Rahmenvertrages[257] abgeschlossen worden sind (Abschn. V der Rahmenvereinbarung). Nach Abschn. III der Rahmenvereinbarung und Ziff. 4 der Sonderbedingungen ist die Gültigkeit von erteilten Aufträgen zum Abschluss von Termingeschäften grundsätzlich auf den Tag der Auftragserteilung beschränkt. Für die kassamäßige Abwicklung von Optionsscheingeschäften gelten die Sonderbedingungen für Wertpapiergeschäfte.[258]

---

[250] *Kümpel*, BankR 3. Aufl., Rn. 14.302 f.
[251] *Neuhaus* in BuB Rn. 7/1003 ff.
[252] *Neuhaus* in BuB Rn. 7/1029 ff.
[253] Dazu näher *Balzer/Siller* in BuB Rn. 7/359 ff. und 7/370 ff.; *Neuhaus* in BuB Rn. 7/1097 ff.; *Schlüter*, Börsenhandelsrecht 2. Aufl., G 1240 ff.
[254] Abgedruckt und erläutert bei *Balzer/Siller* in BuB Rn. 379 ff.
[255] Abgedruckt und erläutert bei *Balzer/Siller* in BuB Rn. 7/343.
[256] Abgedruckt und erläutert bei *Neuhaus* in BuB Rn. 7/1144 und 7/1097 ff.
[257] Siehe hierzu etwa die Rahmenverträge für grenzüberschreitende und lokale Finanztermingeschäfte der International Swaps and Derivatives Association (ISDA); dazu näher *Jahn*, Die Bank 1994, 99 ff.; *ders.*, Die Bank 1998, 246 ff. und *ders.*, Die Bank 2000, 806 ff.
[258] Abgedruckt in der aktuellen Fassung in ZBB 2008, 416 ff. Erläuterung der vorherigen Fassung bei *Jütten* in BuB Vor Rn. 7/1 und 7/1 ff.

Exkurs: Informationspflichten bei Finanztermingeschäften (Rechtslage 1. 7. 2002–31. 10. 2007)

§ 1 Regelungszweck

92 Angesichts der von Finanztermingeschäften ausgehenden erheblichen Gefahren (Rn. 142 ff. und Rn. 176 ff.) entstand mit der 1989 vollzogenen Marktöffnung für breite Anlegerkreise das Bedürfnis nach einem gesonderten Schutz der termingeschäftlich unerfahrenen Anleger.[259] Schon zuvor war erkannt worden, dass unerfahrene Anleger durch Finanztermingeschäfte überwiegend Verluste erleiden[260] und bei ihrem Abschluss vielfach einer Fehleinschätzung des Risikos unterliegen.[261] Der danach gebotene Schutz wurde von den §§ 50 ff. BörsG aF durch das sog. Statusmodell gewährleistet, das für die ausnahmsweise vollkommene Wirksamkeit von Termingeschäften eine besondere Börsentermingeschäftsfähigkeit verlangte, die wiederum im Wesentlichen vom Kaufmannsstatus oder (seit 1989) einer vorangehenden standardisierten Information abhängig war. Demgegenüber orientierten sich die 2002 eingeführten §§ 37 d bis 37 g ganz überwiegend an einem nur noch schadensersatzbewehrten und aufsichtsunterworfenen Verbraucherinformationsmodell, das bei Beteiligung von mindestens einem Finanztermingeschäftsunternehmen von der generellen vollkommenen Wirksamkeit der nicht durch Verordnung verbotenen Finanztermingeschäfte ausging. Von einem „Sperrbezirk"[262] der Termingeschäfte konnte daher zwischen 2002 und 2007 nur insoweit die Rede sein, als Verbraucher diesen Bereich nur nach Erhalt einer standardisierten Warnung betreten sollten.

1. Abkehr vom wirksamkeitsbezogenen Statusmodell

93 Mit der Neuregelung des Rechts der Finanztermingeschäfte im WpHG wurde 2002 zu Recht das überholte Konzept aufgegeben, die vollkommene Wirksamkeit von Termingeschäften von einer im Wesentlichen statusbezogenen besonderen Börsentermingeschäftsfähigkeit abhängig zu machen.[263] Die durch die traditionelle Nähe der Termingeschäfte zum Spiel- und Differenzgeschäft bedingte Bedrohung der Finanztermingeschäfte mit dem Termin-, Spiel- und Differenzeinwand wurde mit der Streichung der §§ 52, 55 BörsG aF und des § 764 BGB praktisch aufgehoben, da der allein verbliebene Spieleinwand nach § 762 BGB wegen seines engen Anwendungsbereichs und der Regelung des § 37 e S. 1 kaum noch von Bedeutung ist (§ 37 e Rn. 3 ff.). Damit wurden zugleich die Ab-

---

[259] Zum Bedürfnis nach Anlegerschutz siehe nur BGH v. 9. 12. 1997 XI ZR 85/97 WM 1998, 274, 275; *Assmann*, ZIP 2001, 2061, 2066; *Jaskulla*, Einführung, S. 87 ff.; *Henssler*, Risiko als Vertragsgegenstand, S. 636 f.

[260] So für Optionsgeschäfte von Bankkunden etwa BGH v. 12. 5. 1998 XI ZR 79/97 ZIP 1998, 1063, 1065 und *Schwintowski*, ZBB 1999, 385, 388.

[261] Skeptisch *v. Nell-Breuning*, Börsenmoral, S. 196 („Es ist nun einmal nicht möglich, das Publikum gegen Schäden, in die es mit aller Gewalt hineinrennen will, ihm selber zum Trotz vollkommen zu schützen").

[262] So noch zur Rechtslage vor 2002 *Köndgen*, ZIP 2001, 1197.

[263] *Merkt*, 64. DJT, G 101; siehe zur Kritik an der Rechtslage vor 2002 nur *Häuser/ Welter* in *Assmann/Schütze* KapitalanlageR, 2. Aufl. 1997, § 16 Rn. 196 ff.

Vorbemerkung 94, 95 Vor §§ 37e und 37g

grenzungsprobleme zwischen den Börsentermingeschäften i. S. d. §§ 50 ff. BörsG aF und den Differenzgeschäften i. S. v. § 764 BGB aF beseitigt.

2. Einführung des aufsichtsunterworfenen und schadensersatzbewehrten Verbraucherinformationsmodells

Das Schutzmodell der §§ 37d bis 37g aF beruhte auf den folgenden, nicht 94 unumstrittenen Grundgedanken:

a) Schutz durch standardisierte und formalisierte Information

Mit der Neuregelung des Rechts der Finanztermingeschäfte hatte sich der Gesetzgeber 2002 zu einem zweistufigen reinen **Informationsmodell** bekannt. Danach sollte der als erforderlich angesehene Schutz unerfahrener Anleger ausschließlich durch Information gewährleistet werden. Auch typischerweise noch nicht in Finanztermingeschäften erfahrenen Anlegern sollte eine eigenverantwortliche Entscheidung durch Aufklärung und damit ein Selbstschutz ermöglicht werden.[264] Das mit der Börsengesetznovelle 1989 eingeführte Konzept der Börsentermingeschäftsfähigkeit (auch) durch Information (§ 53 Abs. 2 BörsG aF) wurde damit in veränderter Form zum allgemeinen Prinzip erhoben. Damit hat sich der Gesetzgeber die im Zusammenhang mit § 53 Abs. 2 BörsG aF immer wieder geäußerten Zweifel[265] an der Tragfähigkeit dieses Schutzkonzepts mit Recht nicht zu eigen gemacht. Es ist zwar ein Unterschied, ob man über ein bestehendes Verlustrisiko nur theoretisch informiert wird oder die Erfahrung derartiger Verluste einmal tatsächlich selbst gemacht hat, doch berechtigt dies nicht zu Zweifeln an der generellen psychologischen Vermittelbarkeit der bei Finanztermingeschäften bestehenden Verlustrisiken.[266] Vielmehr liefe es auf eine Bevormundung und Benachteiligung risikobereiter Anleger hinaus, diese nur auf Grund des Fehlens bestimmter Statuseigenschaften (zB Kaufmanns- oder Unternehmereigenschaft) von der uneingeschränkten Teilnahme am Terminhandel auszuschließen.

Der Vertrieb von Finanztermingeschäften blieb zwischen 2002 und 2007 we- 95 gen deren besonderer Gefährlichkeit für unerfahrene Anleger durch eine **zweistufige Aufklärung** gekennzeichnet. Nach § 37d Abs. 1 und Abs. 3 aF hatten Finanztermingeschäftsunternehmen einen Verbraucher bzw. seinen Vertreter zunächst unabhängig von deren persönlichen Umständen (Anlageziele, Vermögenssituation, Kenntnisse, Erfahrungen) über bestimmte für Termingeschäfte wesentliche Basisrisiken formalisiert (Schriftform, Verwässerungsverbot, Unterschrift, Wiederholungsgebot) zu unterrichten.[267] Auf einer zweiten, nicht notwendig zeitlich darauf folgenden Stufe wurden die Finanztermingeschäftsunternehmen zudem wie alle Wertpapierdienstleistungsunternehmen bei Wertpapierdienstleistungen und -nebendienstleistungen verpflichtet, einem Verbraucher wie jedem

---

[264] *Hopt*, HGB 30. Aufl. § 53 BörsG Rn. 7.
[265] Dazu etwa *Henssler*, Risiko als Vertragsgegenstand, S. 662; *Brandner*, FS Schimansky 1999, S. 581, 586 und 589 („Papiertiger"); *Horn*, FS Schimansky 1999, S. 653, 655 (Aufklärung sei der Zugang des Menschen zu raschen Vermögensverlusten); *Schwark*, FS Steindorff 1990, S. 473, 483.
[266] AA *Schwark*, FS Steindorff 1990, S. 473, 483.
[267] Krit. zur bis 2002 maßgeblichen Börsentermingeschäftsfähigkeit kraft Information *Samtleben*, NJW 1990, 2670, 2671 (Termingeschäftsfähigkeit kraft Unterschrift); *Schwark*, FS Steindorff 1990, S. 473, 484 (Börsentermingeschäftsfähigkeit kraft Informationsblatts); *Brandner*, FS Schimansky 1999, S. 581, 586 (sinnentleerende Formalisierung).

Jung 1777

anderen Kunden eine zwar ggf. formlose, aber auf seine individuellen Bedürfnisse zugeschnittene umfassende Produktinformation nach § 31 Abs. 2 aF zuteil werden zu lassen.

96 Die Vorschaltung einer standardisierten und formalisierten Information wurde mit der klaren und knappen Herausstellung des Risikoprofils von Finanztermingeschäften und ihrer **Warnfunktion** gerechtfertigt.[268] Die praktische Bedeutung dieser Abschreckungswirkung im Vertrieb von Finanzterminprodukten wurde etwa in dem heftig geführten Streit um die termingeschäftsrechtliche Behandlung von Aktienanleihen offenbar (dazu Rn. 48).[269] Es war jedoch nicht zu übersehen, dass für die Kennzeichnung der Finanztermingeschäfte als „besonders gefährlich" ein rechtlich (problematische Zuordnung von Geschäften zum Begriff des Finanztermingeschäfts; dazu Rn. 8 ff.) und praktisch (Schriftform, persönliche Unterschrift) erheblicher sowie letztlich hinsichtlich seines Nutzens für den Verbraucherschutz **fragwürdiger Aufwand** erforderlich war.[270] So blieb der spezifische Nutzen der standardisierten Informationsschrift angesichts der ohnehin und vielfach zeitgleich erfolgenden individuellen und umfassenden Produktinformation gering. Auch die Abschreckungswirkung der Informationsschrift war geringer als diejenige des Warnhinweises, der beim Vertrieb von Hedgefondsanteilen vorgeschrieben ist.[271] Probleme ergaben sich ferner daraus, dass die Unterrichtungsschrift nach § 37 d Abs. 1 S. 2 im Wesentlichen auf eine Risikoinformation zu beschränken war (Verwässerungsverbot, Rn. 152 f.) und damit dem Verbraucher noch kein Verständnis der ganzen Geschäftsabläufe und wirtschaftlichen Hintergründe ermöglichte.[272] Als bedenklich musste es ferner erscheinen, dass es im Rahmen von § 37 d aF lediglich auf die ordnungsgemäße Durchführung des Informationsverfahrens und nicht auch darauf ankam, dass der Verbraucher die Information auch tatsächlich zur Kenntnis genommen bzw. verstanden hatte oder dies zumindest hätte können.[273] Schließlich war auf Grund des Kausalitätserfordernisses und des damit möglichen Einwands rechtmäßigen Alternativverhaltens die Sanktionierung einer unzureichenden Aufklärung nach § 37 d Abs. 1 aF durch die Schadensersatzpflicht nach § 37 d Abs. 4 aF in Frage gestellt, wenn noch vor dem betreffenden Finanztermingeschäft eine hinreichende Individualaufklärung i. S. v. § 31 Abs. 2 S. 1 Nr. 2 aF erfolgte. Hierdurch drohte die Pflicht

---

[268] Vgl. dazu auch *Luttermann*, ZIP 2001, 1901, 1904 f. und *Assmann*, ZIP 2001, 2061, 2080 f.

[269] Siehe allerdings auch *Zimmer*, JZ 2003, 22, 28, der im Hinblick auf eine (nicht repräsentative) Umfrage unter Wertpapierdienstleistungsunternehmen die Abschreckungswirkung der schlichten Unterzeichnung der Informationsschrift bestritt.

[270] Krit. auch *Schäfer*, FS Immenga 2004, S. 689, 698 ff.; *Schäfer/Lang*, BKR 2002, 197, 204 und 208; *Assmann*, ZIP 2001, 2061, 2080 f.; *Casper*, WM 2003, 161, 167; *Lenenbach*, Rn. 6134; zum Recht vor 2002 bereits krit. *Schröter/Bader*, FS Schimansky 1999, S. 717, 726 und *Steuer*, FS Schimansky 1999, S. 793, 818 f.; vgl. dazu ferner BGH v. 21. 4. 1998 XI ZR 377/97 ZIP 1998, 1024, 1025 f. (keine Zugehörigkeit des § 53 Abs. 2 BörsG aF zum deutschen ordre public).

[271] Nach § 117 Abs. 2 InvG muss der Verkaufsprospekt für Anteile an sog. Hedgefonds folgenden Warnhinweis enthalten: „Der Bundesminister der Finanzen warnt: Bei diesem Investmentfonds müssen Anleger bereit und in der Lage sein, Verluste des eingesetzten Kapitals *bis hin zum Totalverlust* hinzunehmen."

[272] Vgl. dazu auch BGH v. 14. 5. 1996 XI ZR 188/95 WM 1996, 1214, 1215.

[273] *Samtleben*, NJW 1990, 2670, 2671; *Schwark*, FS Steindorff 1990, S. 473, 484.

Vorbemerkung **97, 98 Vor §§ 37e und 37g**

zur Standardaufklärung nach § 37 d aF endgültig zu einem „Papiertiger"[274] zu werden, dem die Finanztermingeschäftsunternehmen nur noch „zur Sicherheit" nachkamen (Rn. 162).[275]

b) Schutz durch Schadensersatz und Aufsichtsmaßnahmen

Die Wirksamkeit des Schutzes unerfahrener Anleger durch Information wurde durch eine zivilrechtliche Schadensersatzsanktion (§ 37d Abs. 4 aF) und durch aufsichtsrechtliche Maßnahmen (§ 37f aF) abgesichert. Die drohende Schadensersatzsanktion bewirkt dabei stärker noch als die Finanzdienstleistungsaufsicht auch einen effektiven Präventivschutz. Im **Vergleich zum Termineinwand** (§§ 52, 55 BörsG aF) als der bis 2002 eintretenden Hauptsanktion einer fehlenden oder unzureichenden Aufklärung fügt sich die Schadensersatzfolge nicht nur besser in das allgemeine zivilrechtliche Sanktionssystem ein,[276] sie ermöglicht auch eine differenzierende Berücksichtigung des Einwands des rechtmäßigen Alternativverhaltens und einer fehlenden haftungsausfüllenden Kausalität sowie des Mitverschuldens (Rn. 162f., 165f. und 168).[277] Durch die für eine Verletzung (vor-)vertraglicher Aufklärungspflichten charakteristische Schadensersatzsanktion wird zugleich die Doppelnatur der besonderen Verhaltensregel des § 37 d aF unterstrichen, die sich nicht nur als öffentlich-rechtliche Obliegenheit, sondern auch als (vor-)vertragliche Pflicht darstellt.[278]

Mit der Ersetzung des Termineinwands durch die Schadensersatzsanktion war zugleich die weitgehende **Einebnung des zweistufigen Informationsmodells** auf der Rechtsfolgenseite verbunden.[279] Denn im Hinblick auf die Überwachung und Sanktionierung der Aufklärungspflichten nach § 37d Abs. 1 bzw. Abs. 3 und § 31 Abs. 2 S. 1 Nr. 2 aF bestanden nur noch geringfügige Unterschiede. So wurden die Geltendmachung von Schadensersatzansprüchen bei einer Verletzung der Aufklärungspflicht zwar durch eine gesetzliche Beweislastumkehr hinsichtlich der Pflichterfüllung und des Vertretenmüssens (§ 37d Abs. 1 bzw. Abs. 3 aF; dazu Rn. 159 und 167) sowie durch die Vermutung aufklärungsrichtigen Verhaltens (Rn. 161) erleichtert, doch wurden von der Rechtsprechung auch im Rahmen der allgemeinen durch § 31 Abs. 2 aF und 37a aF konkretisierten Haftung aus Aufklärungspflichtverletzung entsprechende Beweisregeln herausgearbeitet. Außerdem minderte die prinzipielle Zulassung des Einwands eines rechtmäßigen Alternativverhaltens im Rahmen von § 37d Abs. 4 aF die Sanktionierung und damit die eigenständige Bedeutung der standardisierten Vorwarnung (Rn. 162f.).[280] Wegen des Verweises von § 37f aF auf § 35 Abs. 1 aF und

---

[274] So schon für die Börsentermingeschäftsfähigkeit kraft Information *Brandner*, FS Schimansky 1999, S. 581, 589.
[275] *Zimmer*, JZ 2003, 22, 23.
[276] Dazu Begr. RegE 4. FMFG BT-Drucks. 14/8017, S. 95; krit. *Lang*, Informationspflichten, § 11 Rn. 91.
[277] Zur gewachsenen Flexibilität generell auch *Merkt*, 64. DJT, G 101.
[278] Siehe zur Doppelnatur der besonderen wertpapierhandelsrechtlichen Verhaltensregeln nur *Köndgen*, ZBB 1996, 361 und näher *Bliesener*, Aufsichtsrechtliche Verhaltenspflichten S 140 ff.
[279] Bei *Assmann/Schneider/Mülbert*, Vor § 37d WpHG Rn. 115 ist daher sogar von einem einstufigen Schutzmodell die Rede.
[280] Im Ergebnis sogar für eine Bedeutungslosigkeit der ersten Stufe *Samtleben*, ZBB 2003, 69, 74.

Jung

§ 36 Abs. 1 aF verfügte die Bundesanstalt für Finanzdienstleistungsaufsicht auch bei der Überwachung der Informationspflichten nach § 37 d Abs. 1 aF über annähernd vergleichbare Kompetenzen. Lediglich die Überwachung der durch § 37 d Abs. 6 aF einbezogenen Unternehmen mit Sitz im Ausland gestaltete sich wegen der Unanwendbarkeit des § 35 Abs. 2 aF etwas schwieriger (Rn. 188).

c) Schutz von Verbrauchern

99 Erst auf Vorschlag des Finanzausschusses des Bundestages wurde der personelle Schutzbereich des § 37 d durch eine Bezugnahme auf den Verbraucherbegriff (Rn. 117 ff.) festgelegt. Der Regierungsentwurf des 4. Finanzmarktförderungsgesetzes ging demgegenüber noch von der Schutzbedürftigkeit von Nichtkaufleuten mit Ausnahme der juristischen Personen des öffentlichen Rechts aus (§ 37 d Abs. 1 S. 1 iVm Abs. 2 S. 1 RegE 4. FMFG). Mit der Bezugnahme auf den **situationsbezogenen Verbraucherbegriff** war dann eine Abkehr vom statusbezogenen (Nicht-)Kaufmannsbegriff und damit eine bedeutsame und seit längerem geforderte Umstellung des Schutzkonzepts verbunden. Im Gegensatz zum bis 2002 geltenden Recht ging es nicht mehr um eine sich an den typischerweise als unzureichend vermuteten Vorkenntnissen, Erfahrungen und Fähigkeiten orientierende persönliche Schutzbedürftigkeit. Vielmehr gründete die Neuregelung auf der Vermutung, dass ein Anleger unabhängig von seinen intellektuellen Fähigkeiten und seiner generellen geschäftlichen Gewandtheit bei einem Finanztermingeschäft im privaten Bereich typischerweise dem in seinem Geschäftskreis aufmerksam und routiniert handelnden Finanztermingeschäftsunternehmen unterlegen ist.[281] Zu den schutzwürdigen Personen gehörten damit zwischen dem 1. 7. 2002 und dem 31. 10. 2007 auch die bis zum 30. 6. 2002 auf Grund ihrer besonderen Erfahrungen im Geschäftsleben per se als termingeschäftsfähig geltenden Kaufleute, sofern diese das betreffende Finanztermingeschäft außerhalb ihres Handelsgewerbes im privaten Bereich tätigten. Auch die bis 2002 nach § 53 Abs. 1 S. 2 BörsG aF den Kaufleuten gleichgestellten und damit auch ohne gesonderte Information per se termingeschäftsfähigen Personen zählten nunmehr weitgehend zum Kreis der zu informierenden Verbraucher (näher Rn. 121). Die Maßgeblichkeit einer situativen Schutzbedürftigkeit und die Aufgabe des zu willkürlichen Differenzierungen führenden (Nicht-)Kaufmannsbegriffs[282] war grundsätzlich **zu begrüßen,** wenn auch das Kriterium der Verbrauchereigenschaft in dem bislang vom Anlegerschutzgedanken beherrschten Kapitalmarktrecht noch keine Verbreitung gefunden hatte[283] und auch die Subsumtion unter den Verbraucherbegriff kaum leichter fiel als die Feststellung der fehlenden Kaufmannseigenschaft i. S. v. § 53 Abs. 1 BörsG aF. Zudem wurden auch im Randbereich des Verbraucherbegriffs teleologische Korrekturen erforderlich (Rn. 118 und 122). Problematisch war insbesondere die ersatzlose Streichung des § 53 Abs. 1 S. 2 BörsG aF, wodurch seit 2002 eine abhängige berufliche Tätigkeit der Verbrauchereigenschaft auch dann nicht

---

[281] Siehe generell zu diesem gemeinschaftsrechtlichen Konzept des Verbraucherschutzes *Bülow/Artz*, NJW 2000, 2049, 2050 und *Faber*, ZEuP 2000, 854, 865 ff.
[282] Siehe dazu die Kritik von *Assmann*, FS Heinsius 1991, 1, 11 ff. und *Jung*, Unternehmergesellschafter, S. 293 f.
[283] Dies gilt gerade auch für § 37 h, bei dem der Gesetzgeber die subjektive Schiedsfähigkeit wiederum an die Kaufmannseigenschaft angeknüpft hat (zu diesem Widerspruch auch *Schäfer*, FS Immenga 2004, S. 689, 702 f.).

entgegenstand, wenn diese im Bereich des Terminhandels ausgeübt wurde (zB Anlageberater einer Bank). Bei fehlender oder unzureichender Aufklärung eines derartigen Verbrauchers musste ein Schadensersatzanspruch allerdings am Kausalitätserfordernis scheitern (Rn. 162). Die Ausgrenzung auch von (termin-)geschäftlich unerfahrenen (Klein-)Unternehmern konnte hingenommen werden, da insoweit immer noch ein hinreichender Schutz durch den gleichfalls schadensersatzbewehrten § 31 Abs. 2 aF gewährleistet wurde.

§ 2 Kommentierung von § 37 d aF

§ 37 d Information bei Finanztermingeschäften *(weggefallen)*

(1) ¹Ein Unternehmen, das gewerbsmäßig oder in einem Umfang, der einen in kaufmännischer Weise eingerichteten Geschäftsbetrieb erfordert, Finanztermingeschäfte abschließt oder solche Geschäfte anschafft, veräußert, vermittelt oder nachweist, ist verpflichtet, vor dem Vertragsabschluss einen Verbraucher schriftlich darüber zu informieren, dass

1. die aus Finanztermingeschäften erworbenen befristeten Rechte verfallen oder eine Wertminderung erleiden können;

2. das Verlustrisiko nicht bestimmbar sein und auch über etwaige geleistete Sicherheiten hinausgehen kann;

3. Geschäfte, mit denen die Risiken aus eingegangenen Finanztermingeschäften ausgeschlossen oder eingeschränkt werden sollen, möglicherweise nicht oder nur zu einem verlustbringenden Preis getätigt werden können;

4. sich das Verlustrisiko erhöht, wenn zur Erfüllung von Verpflichtungen aus Finanztermingeschäften Kredit in Anspruch genommen wird oder die Verpflichtung aus Finanztermingeschäften oder die hieraus zu beanspruchende Gegenleistung auf ausländische Währung oder eine Rechnungseinheit lautet.

²Die Unterrichtungsschrift darf nur Informationen über die Finanztermingeschäfte und ihre Risiken enthalten und ist von dem Verbraucher zu unterschreiben. ³Die Unterrichtung ist jeweils vor dem Ablauf von zwei Jahren zu wiederholen.

(2) Die Informationspflicht besteht nicht für die Zuteilung von Bezugsrechten auf Grund einer gesetzlichen Verpflichtung.

(3) ¹Wird der Verbraucher bei Erteilung von Aufträgen für Finanztermingeschäfte oder bei deren Abschluss vertreten, so gelten die Absätze 1 und 2 Satz 1 mit der Maßgabe, dass an Stelle des Verbrauchers der Vertreter tritt. ²Eine Informationspflicht gegenüber dem Vertreter besteht nicht, wenn das Unternehmen den Verbraucher nach Absatz 1 informiert hat.

(4) ¹Hat das Unternehmen gegen die Informationspflicht nach Absatz 1 oder 3 Satz 1 verstoßen, ist es dem Verbraucher zum Ersatz des daraus entstehenden Schadens verpflichtet. Ist streitig, ob das Unternehmen seine Verpflichtung nach Absatz 1 oder 3 erfüllt hat oder ob es den Verstoß zu vertreten hat, trifft das Unternehmen die Beweislast. ²Der Anspruch des Verbrauchers auf Schadenersatz verjährt in drei Jahren von dem Zeitpunkt an, in dem der Anspruch entstanden ist.

(5) Die Verpflichtung nach § 31 Abs. 2 Satz 1 Nr. 2 bleibt unberührt.

(6) ¹Die Absätze 1 bis 5 gelten auch für Unternehmen mit Sitz im Ausland, die Finanztermingeschäfte abschließen oder solche Geschäfte anschaffen, veräußern, vermitteln oder nachweisen, sofern der Verbraucher seinen gewöhnlichen Aufenthalt oder seine Geschäftsleitung im Inland hat. ²Dies gilt nicht, sofern die Leistung einschließlich der

Vor §§ 37e und 37g 100

damit im Zusammenhang stehenden Nebenleistungen ausschließlich im Ausland erbracht wird.

Übersicht

	Rn.
A. Regelungsgegenstand und -zweck	101
B. Voraussetzungen der Informationspflicht	104
I. Grundtatbestand (Abs. 1)	104
1. Unternehmenseigenschaft des Aufklärungspflichtigen	105
2. Gewerbsmäßige oder kaufmannsgleiche Finanztermingeschäftstätigkeit des Aufklärungspflichtigen	108
3. Verbrauchereigenschaft des aufzuklärenden Vertragspartners	117
4. Sachlicher Anwendungsbereich	124
II. Einschränkungen und Erweiterungen des Grundtatbestands	128
1. Zuteilung von Bezugsrechten auf gesetzlicher Grundlage (Abs. 2)	128
2. Informationspflicht gegenüber einem Vertreter des Verbrauchers (Abs. 3)	129
3. Informationspflicht von Unternehmen mit Sitz im Ausland (Abs. 6)	141
C. Inhalt der Informationspflicht	142
I. Gegenstand	142
II. Form	147
III. Unterschrift des Verbrauchers	150
IV. Verwässerungsverbot	152
V. Zeitpunkt	154
1. Erstinformation	154
2. Wiederholungsinformation	155
3. Nachholung der Information	156
D. Sanktionierung	157
I. Schadensersatzpflicht nach Abs. 4	158
1. Systematik	158
2. Voraussetzungen des Schadensersatzanspruchs	159
3. Inhalt des Schadensersatzanspruchs	172
II. Sonstige Sanktionen	173
E. Verhältnis zu anderen Informationspflichten (Abs. 5)	174
I. Regelungszweck	174
II. Weitere Informationspflichten bei Termingeschäften	176
1. Marktpreisrisiko	177
2. Risiko der Hebelwirkung	178
3. Bonitätsrisiko	179
4. Risiko von Sicherheitsleistungen	180
5. Liquiditätsrisiko	181
6. Inkongruenzrisiko	182
7. Nebenkostenrisiko	183
8. Steuerliche Risiken	184
9. Risiko bei Auslandsgeschäften	185

Schrifttum vor Inkrafttreten des Vierten Finanzmarktförderungsgesetzes (Auswahl): Siehe auch die Literaturhinweise Vor §§ 37 d bis 37 g; *Drygala,* Termingeschäftsfähigkeit und Aufklärungspflicht beim Handel mit Optionsscheinen, ZHR 159 (1995), 686 ff.; *Heeb,* Börsentermingeschäftsfähigkeit und Aufklärungspflichten nach der Börsengesetznovelle, Tübingen 1993; *Henssler,* Anlegerschutz durch Information ZHR 153 (1989), 611 ff.; *Horn,* Zur Information des privaten Anlegers bei Börsentermingeschäften, ZIP 1997, 1361 ff.; *Kleinschmitt,* Das Informationsmodell bei Börsentermingeschäften, Berlin 1992; *Rollinger,* Aufklärungspflichten bei Börsentermingeschäften, Göttingen 1990;

Information bei Finanztermingeschäften **101, 102** **Vor §§ 37e und 37g**

Schmitte, Aufklärungs- und Beratungspflichten der Kreditinstitute bei Börsentermingeschäften an der Deutschen Terminbörse, Bonn 1994; *Wolter,* Termingeschäftsfähigkeit kraft Information, Paderborn 1991.
Schrifttum zur Rechtslage unter dem Vierten Finanzmarktförderungsgesetz: *Assmann,* Irrungen und Wirrungen im Recht der Termingeschäfte, ZIP 2001, 2061 ff.; *Casper,* Das neue Recht der Termingeschäfte WM 2003, 161 ff.; *Horn/Balzer,* Anlegerschutz durch Information bei Finanztermingeschäften nach neuem Recht, FS Kümpel Berlin 2003, S. 275 ff.; *Kind,* Börsen- und Finanztermingeschäft – Zur Neuregelung des Rechts der Termingeschäfte in den §§ 37 d ff. WpHG sowie zur Rückabwicklung unverbindlicher Börsentermingeschäfte und dem verbleibenden Anwendungsbereich unverbindlicher Spekulationsgeschäfte nach der Terminrechtsreform 2002, Frankfurt/M., 2004; *Knops,* Verjährungsbeginn durch Anspruchsentstehung bei Schadensersatzansprüchen – insbesondere bei den §§ 37 a und d WpHG, AcP 205 (2005), 821 ff.; *Lang,* Informationspflichten bei Wertpapierdienstleistungen, München 2003, § 11; *Lenenbach,* Kapitalmarkt- und Börsenrecht, Rn. 6130 ff.; *Merkt,* Reformbedarf im deutschen Kapitalmarkt- und Börsenrecht, Gutachten 64. DJT, München 2002, G 101 ff.; *Samtleben,* Das Börsentermingeschäft ist tot – es lebe das Finanztermingeschäft?, ZBB 2003, 69 ff.; *Schäfer,* Das neue Recht der Finanztermingeschäfte – Plädoyer für seine Abschaffung, FS Immenga München 2004, S. 689 ff.; *Schäfer/Lang,* Zur Reform des Rechts der Börsentermingeschäfte – Die §§ 37 d bis 37 g WpHG in der Fassung des Gesetzentwurfs eines 4. Finanzmarktförderungsgesetzes, BKR 2002, 197 ff.; *Schlüter,* Börsenhandelsrecht – Handbuch für Banken und Finanzdienstleistungsinstitute, 2. Aufl. München 2002, Teil G Rn. 1298 ff.; *Zimmer,* Schadensersatz im Termingeschäftsrecht – eine anreizökonomische Fehlkonstruktion?, JZ 2003, 22 ff.; *Zimmer/Unland,* Vertretung beim Abschluß von Termingeschäften nach neuem Recht, BB 2003, 1445 ff.

A. Regelungsgegenstand und -zweck

§ 37 d ersetzt und reformiert die bis 2002 in den Vorschriften der §§ 52, 53, 55 **101** bis 57, 59 und 60 BörsG aF enthaltenen Regelungen. Gemeinsam mit § 31 Abs. 2 S. 1 Nr. 2 aF bildet er den Kern des veränderten zweistufigen schadensersatzbewehrten **Informationsmodells** (näher Rn. 92 ff.). Danach sind Finanztermingeschäfte, an denen zumindest ein Finanztermingeschäftsunternehmen beteiligt ist, grundsätzlich (Ausnahme § 37 g) vollkommen wirksam. **Verbraucher** sollen jedoch vor dem Abschluss von Finanztermingeschäften durch Finanztermingeschäftsunternehmen i. S. v. Abs. 1 und 6 nicht nur individuell nach § 31 Abs. 2 S. 1 Nr. 2 aF (vgl. auch Abs. 5), sondern auch in standardisierter und formalisierter Form nach Abs. 1 über deren erhebliche Risiken informiert werden (näher Rn. 142 ff. und 174 ff.). Hierdurch soll ihnen der Zugang zum Terminmarkt eröffnet und eine eigenverantwortliche Anlageentscheidung ermöglicht werden. Mit der Bezugnahme auf den situationsbezogenen Verbraucherbegriff des § 13 BGB ist eine Abkehr vom statusbezogenen Begriff des (Nicht-)Kaufmanns und damit eine bedeutsame und seit längerem geforderte Umstellung des Schutzkonzepts verbunden (näher Rn. 99). Die Regelung ist auf nach dem 1. 7. 2002 abgeschlossene Finanztermingeschäfte anwendbar, da eine Rückwirkung vom Gesetzgeber weder angeordnet wurde noch in bestimmter Weise geboten ist.[284]

Die ordnungsgemäße Durchführung der Verbraucheraufklärung nach Abs. 1 **102** und Abs. 3 wird durch eine zivilrechtliche **Schadensersatzsanktion** (Abs. 4) und durch aufsichtsrechtliche Maßnahmen (§ 37 f) sichergestellt. Im Vergleich zum Termineinwand (§§ 52, 55 BörsG aF) als der bis 2002 eintretenden Hauptsanktion

---
[284] OLG Karlsruhe v. 2. 12. 2003 17 U 44/03 OLG-R 2004, 166, 167.

einer fehlenden oder unzureichenden Aufklärung fügt sich die Schadensersatzfolge nicht nur besser in das allgemeine zivilrechtliche Sanktionssystem ein,[285] es ermöglicht auch eine differenzierende Berücksichtigung des Einwands des rechtmäßigen Alternativverhaltens, einer fehlenden haftungsausfüllenden Kausalität und des Mitverschuldens (Rn. 162 f., 165 f. und 168). Mit der Ersetzung des Termineinwands durch die Schadensersatzsanktion ist allerdings zugleich die weitgehende Einebnung des zweistufigen Informationsmodells auf der Rechtsfolgenseite verbunden, da bezüglich der Überwachung und Sanktionierung der Aufklärungspflichten nach § 37d Abs. 1 bzw. Abs. 3 und § 31 Abs. 2 S. 1 Nr. 2 aF nur noch geringfügige Unterschiede bestehen (näher Rn. 97 f.).[286]

103 Die Vorschaltung einer standardisierten und formalisierten Information kann mit der klaren und knappen Herausstellung des Risikoprofils von Finanztermingeschäften und ihrer in der Vertriebspraxis nicht zu leugnenden **Warnfunktion** gerechtfertigt werden.[287] Für diese singuläre Kennzeichnung der Finanztermingeschäfte als „besonders gefährlich" ist rechtlich und praktisch jedoch ein erheblicher und hinsichtlich seines Nutzens für den Verbraucherschutz letztlich fragwürdiger Aufwand erforderlich (näher Rn. 96).[288]

B. Voraussetzungen der Informationspflicht

I. Grundtatbestand (Abs. 1)

104 In subjektiver Hinsicht setzt die Informationspflicht bestimmte Eigenschaften des Aufklärungspflichtigen (Unternehmen mit einer gewerbsmäßigen oder in kaufmännischem Umfang betriebenen Finanztermingeschäftstätigkeit) und des als Vertragspartner Aufzuklärenden (Verbrauchereigenschaft) voraus. Der sachliche Anwendungsbereich des Abs. 1 ist zudem auf Vertragsschlüsse im Zusammenhang mit Finanztermingeschäften beschränkt.

1. Unternehmenseigenschaft des Aufklärungspflichtigen

105 Mit der Verwendung des Unternehmensbegriffs möchte auch § 37d ersichtlich nicht auf das Unternehmen als einer organisierten und wirtschaftlich am Markt auftretenden Einheit sachlicher und personeller Mittel verweisen, sondern lediglich auf den sog. **Unternehmensträger,** in dessen Namen das Unternehmen betrieben wird.[289] Das Unternehmen ist im Gegensatz zu seinem Träger nämlich selbst kein Rechtssubjekt, so dass aus den für das Unternehmen getätigten Rechtsgeschäften nur der jeweilige Unternehmensträger berechtigt bzw. ver-

---

[285] Dazu Begr. RegE 4. FMFG BT-Drucks. 14/8017, S. 95; *Assmann,* ZIP 2001, 2061, 2080.

[286] Bei *Assmann/Schneider/Mülbert,* Vor § 37d Rn. 15 ist daher sogar von einem einstufigen Schutzmodell die Rede.

[287] Vgl. dazu auch *Luttermann,* ZIP 2001, 1901, 1904 f. und *Assmann,* ZIP 2001, 2061, 2080 f.

[288] Krit. auch *Schäfer/Lang,* BKR 2002, 197, 204 und 208; *Assmann,* ZIP 2001, 2061, 2080 f.; *Schröter/Bader,* FS Schimansky 1999, S. 717, 726.

[289] Siehe dazu auch die krit. Stellungnahme des Bundesrats zum RegE 4. FMFG, BT-Drucks. 14/8017, S. 165; siehe zum Begriff des Unternehmensträgers nur *Rittner,* Die werdende juristische Person, S. 282 ff. und MünchKommHGB/K. *Schmidt,* Vor § 1 Rn. 8.

pflichtet wird und damit unter einem Unternehmen, das i. S. v. Abs. 1 „Finanztermingeschäfte abschließt", nur der Unternehmensträger verstanden werden kann. Der Unternehmensträger kann dabei eine natürliche Person (Einzelunternehmer), eine juristische Person (GmbH, AG, KGaA, e. G., e. V., rechtsfähige Stiftung) oder eine Gesamthandsgemeinschaft (GbR, OHG, KG, EWIV, PartG, Erbengemeinschaft) sein. Da es nur darauf ankommt, dass das Unternehmen im Namen des Unternehmensträgers betrieben und dieser damit aus den in dem Unternehmen wirksam geschlossenen Geschäften berechtigt und verpflichtet wird, muss der Unternehmensträger nicht persönlich in „seinem" Unternehmen tätig sein. Er kann sich nicht nur bei einzelnen Geschäften, sondern bei der Führung des Unternehmens überhaupt vertreten lassen. Er muss auch nicht wie etwa als Pächter oder Nießbraucher der Inhaber des Geschäftsvermögens sein und kann zudem wie etwa als Kommissionär für fremde Rechnung handeln.

Da in Abs. 1 anders als in § 31 nicht auf die Eigenschaft als Wertpapierdienstleistungsunternehmen Bezug genommen wird, muss das Unternehmen auch nicht die Voraussetzungen des § 2 Abs. 4 (dort Rn. 132 ff.) erfüllen. Voraussetzung der Informationspflicht ist zunächst lediglich, dass das betreffende Rechtssubjekt eine organisierte und gegen Entgelt am Markt tätige Einheit sachlicher und personeller Mittel (Unternehmen)[290] im eigenen Namen betreibt. Der Betrieb eines Gewerbes (Rn. 109 ff.) oder gar Handelsgewerbes (dazu § 37h Rn. 20) ist für die Unternehmensträgereigenschaft nicht erforderlich, so dass auch die Träger freiberuflicher, wissenschaftlicher oder künstlerischer Unternehmen der Informationspflicht unterliegen können, sofern sie nur eine gewerbsmäßige oder kaufmannsgleiche Finanztermingeschäftstätigkeit entfalten (Rn. 108 ff.). Diese wird sie freilich dann nicht selten auch insgesamt zu (Handels-)Gewerben machen (zu Mischunternehmen § 37h Rn. 28). **106**

Zwar werden von Abs. 1 zunächst nur diejenigen Unternehmensträger erfasst, die ihren Sitz (Handelsgesellschaften) bzw. den Ort ihrer Hauptniederlassung (Einzelunternehmer, übrige Gesellschaften) im **Inland** haben. Allerdings wird die Informationspflicht unter den zusätzlichen Voraussetzungen des Abs. 6 auch auf Unternehmensträger erstreckt, die ihren Sitz bzw. ihre Hauptniederlassung im Ausland haben (dazu Rn. 141). Der Sitz ist bei Einzelkaufleuten und Personenhandelsgesellschaften (OHG, KG) der Mittelpunkt des Unternehmens (Ort der Geschäftsleitung). Bei den Kapitalgesellschaften wird der Sitz innerhalb bestimmter Grenzen (§ 5 Abs. 2 AktG, § 4a Abs. 2 GmbHG) durch die Satzung bzw. den Gesellschaftsvertrag festgelegt (§ 5 Abs. 1 AktG, §§ 3 Abs. 1 Nr. 1, 4a Abs. 1 GmbHG). Er befindet sich daher nicht immer am Ort der Geschäftsleitung.[291] Verfügt eine Kapitalgesellschaft ausnahmsweise einmal über mehrere oder keinen Satzungssitz(e), so ist es unabhängig von den Voraussetzungen des Abs. 6 als ausreichend anzusehen, wenn sich der Ort der Hauptverwaltung in Deutschland befindet. **107**

2. Gewerbsmäßige oder kaufmannsgleiche Finanztermingeschäftstätigkeit des Aufklärungspflichtigen

Ein Unternehmensträger unterliegt jedoch nur dann der Informationspflicht nach Abs. 1, wenn in dem von ihm betriebenen Unternehmen Finanztermingesch- **108**

---

[290] Zu diesem Unternehmensbegriff *K. Schmidt*, HandelsR § 4 I 2.
[291] Näher MünchKommHGB – *Krafka*, § 13 Rn. 27 ff.

schäfte (dazu Rn. 8 ff.) gewerbsmäßig (Rn. 109 ff.) oder in einem die kaufmännische Einrichtung des Geschäftsbetriebs erfordernden Umfang (Rn. 115) abgeschlossen, angeschafft, veräußert, vermittelt oder nachgewiesen werden (Rn. 116).

a) Gewerbsmäßigkeit

109 Wie auch im Rahmen von § 2 Abs. 4 (dazu § 2 Rn. 137) ist für die Beurteilung der Gewerbsmäßigkeit i. S. v. Abs. 1 der **handelsrechtliche Gewerbebegriff** und nicht der diesem Begriff etwa im Strafrecht (zB §§ 243 Abs. 1 S. 2 Nr. 3, 260 Abs. 1 Nr. 1 StGB) beigemessene Inhalt zugrunde zu legen.[292] Die bis 2002 im Rahmen des § 53 Abs. 2 S. 1 aF herrschende Gegenansicht[293] kann nicht ohne weiteres in das seit 2002 geltende Recht übertragen werden, da es dort um das Entfallen der Schutz- und Informationsbedürftigkeit auf Seiten des Anlegers ging, es seit 2002 jedoch genau umgekehrt zur Begründung der Informationspflicht auf den durch die Gewerbsmäßigkeit der Finanztermingeschäftstätigkeit gewonnen Informationsvorsprung des Unternehmensträgers, die Sicherstellung einer qualifizierten Beratung und den Gleichklang mit § 2 Abs. 4 WpHG sowie § 1 Abs. 1 S. 1 bzw. Abs. 1 a S. 1 KWG ankommt. Auch die steuerrechtliche Definition des Gewerbebetriebs (§ 15 Abs. 2 S. 1 EStG; vgl. auch § 2 Abs. 1 S. 2 GewStG) sowie die Tätigkeitskataloge des § 6 GewO (Negativkatalog unter gewerbeordnungsrechtlichen Gesichtspunkten), des § 1 Abs. 2 PartGG (gesellschaftsrechtliche Abgrenzung zur freiberuflichen Tätigkeit) und der §§ 15 Abs. 1 S. 1 Nr. 1, 18 Abs. 1 EStG oder der §§ 243, 260 StGB können für den handelsrechtlich zu bestimmenden Begriff der Gewerbsmäßigkeit i. S. d. Abs. 1 nur unverbindliche Anhaltspunkte geben.[294] Es kommt mithin nicht nur auf eine wiederholte Vornahme von Finanztermingeschäften zur Schaffung einer fortlaufenden Haupt- oder Nebeneinnahmequelle von einiger Dauer und einigem Umfang an.[295] Erforderlich ist vielmehr nach vorherrschender handelsrechtlicher Auffassung eine selbstständige Tätigkeit, die nach außen erkennbar und auf Dauer angelegt ist sowie in erlaubter Weise (str.) mit Gewinnerzielungsabsicht (str.) und nicht als freier Beruf betrieben wird.[296]

110 **Selbstständig** ist, wer ein Unternehmerrisiko übernimmt und in persönlicher Unabhängigkeit seine Tätigkeit im Wesentlichen frei gestalten kann (vgl. auch § 84 Abs. 1 S. 2 HGB). Neuerdings wird dabei nicht mehr allein auf die klassischen Kriterien der persönlichen Unabhängigkeit (grundsätzliche Freiheit von örtlichen, zeitlichen und inhaltlichen Weisungen und damit eigenständige Organisation des Geschäftsbetriebs) und der fehlenden Eingliederung in einen Betrieb als vielmehr auf das im Wesentlichen eigenständige Auftreten am Markt zur Ausnutzung unternehmerischer Chancen abgestellt.[297] Erforderlich ist eine wertende

---

[292] So auch *Schwark/Zimmer*, KMRK vor § 37d WpHG Rn. 6 und bereits zu § 53 BörsG aF *Kümpel*, WM 1989, 1486.
[293] *Hopt*, HGB 30. Aufl. § 53 BörsG Rn. 6; *Schwark*, BörsG 2. Aufl. § 53 Rn. 8.
[294] Siehe etwa zur strafrechtlichen Definition der Gewerbsmäßigkeit als der wiederholten Begehung einer Straftat zur Schaffung einer Einnahmequelle von einer gewissen Dauer und Erheblichkeit *Schönke/Schröder/Stree/Sternberg-Lieben*, Vor §§ 52 ff. StGB Rn. 95 f.
[295] Siehe zu § 53 Abs. 2 S. 1 aF *Schäfer/Irmen*, § 53 BörsG Rn. 18; *Hopt*, HGB 30. Aufl. § 53 BörsG Rn. 6; *Schwark*, BörsG 2. Aufl. § 53 Rn. 8.
[296] *Brüggemann* in Großkomm HGB § 1 Rn. 6 ff.
[297] *Wank*, DB 1992, 90; BAG v. 16. 7. 1997 5 AZB 29/96 ZIP 1997, 1714, 1715; vgl. für das Sozialrecht auch § 7 Abs. 4 SGB IV S. 1.

Information bei Finanztermingeschäften   111–113   **Vor §§ 37e und 37g**

Gesamtbetrachtung aller Umstände des Einzelfalls. Maßgeblich ist allein die *rechtliche* Selbstständigkeit, die nicht notwendig auch eine wirtschaftliche Unabhängigkeit voraussetzt. Die Abhängigkeit von Kreditgebern, Lieferanten oder Kunden ist daher unschädlich.

Die Gewerbetätigkeit muss den Geschäftspartnern ferner **erkennbar** sein, so 111 dass die bloße innere Absicht, ein Gewerbe zu betreiben, nicht ausreicht. Kein Gewerbe begründen daher das heimliche Spekulieren an der Börse,[298] die reine Vermögensverwaltung[299] oder die Beteiligung als stiller Gesellschafter nach §§ 230ff. HGB. Die gewerbliche Tätigkeit muss zudem auf eine **gewisse Dauer** angelegt sein.[300] Die Absicht, nur einmalig oder gelegentlich Geschäfte zu tätigen, ist danach nicht ausreichend. Andererseits ist eine lang andauernde oder ununterbrochene Tätigkeit nicht erforderlich.[301] Entscheidend ist letztlich, ob nach außen eher der Eindruck einer gewöhnlichen (zB noch bei Saisonbetrieb) oder einer außergewöhnlichen Tätigkeit (zB bei Gelegenheitsabschlüssen) entsteht.

Nach traditioneller Auffassung muss die gewerbliche Tätigkeit zudem **erlaubt** 112 sein.[302] Wie im Handelsrecht (vgl. § 7 HGB) sollte es jedoch auch im Rahmen von § 37d nicht auf das Vorhandensein einer öffentlich-rechtlichen Erlaubnis für das Betreiben von Finanztermingeschäften nach § 32 Abs. 1 KWG ankommen, da die Informationspflicht im Interesse des Verbraucherschutzes unabhängig von dem Erfordernis einer kaufmännischen Einrichtung gerade auch die (noch) nicht zugelassenen Unternehmen treffen sollte. Aber auch wenn die Finanztermingeschäftstätigkeit einmal in anderer Weise dem Gesetz oder den guten Sitten widerspricht (Termingeschäftstätigkeit von Waffenschiebern, Rauschgifthändlern etc.), sollte dies nicht zur Verneinung der Gewerbsmäßigkeit i. S. v. Abs. 1 führen, da hierdurch dem gesetzwidrig handelnden Unternehmensträger lediglich eine Informationspflicht auferlegt, ihm jedoch kein etwa wegen der gesetzwidrigen Tätigkeit vorzuenthaltendes Recht oder Statusprivileg eingeräumt wird. Vielmehr geht es auch in diesen Fällen um eine Sicherung des Verbraucherschutzes durch Information.

Nach überkommener handelsrechtlicher Auffassung muss eine gewerbliche 113 Tätigkeit zumindest auch darauf gerichtet sein, einen den Aufwand übersteigenden Ertrag (Gewinn) zu erwirtschaften, so dass es nicht ausreicht, lediglich mit dem Ziel der Kostendeckung oder der Risikoabsicherung zu arbeiten.[303] Immerhin soll die **Absicht der Gewinnerzielung** genügen und so dass es unerheblich ist, ob tatsächlich und dauerhaft ein Gewinn erzielt wird. Der erzielte Gewinn braucht auch nicht die Haupteinnahmequelle des Betreibers zu sein.[304] Die Gewinnerzielung muss schließlich weder das einzige Motiv der Tätigkeit bilden (Motivbündel) noch eigennützig (Gewinnerzielung zu wohltätigen oder mildtä-

---

[298] ROHGE 22, 303.
[299] BGH v. 10. 5. 1979 VII ZR 97/78 BGHZ 74, 273, 276f.; vgl. auch § 105 Abs. 2 HGB; zur Abgrenzung zwischen Vermögensverwaltung und Gewerbe instruktiv *Schön*, DB 1998, 1169ff.
[300] RG v. 5. 7. 1910 VII 252/10 RGZ 74, 150.
[301] RG v. 12. 11. 1930 I 208/30 RGZ 130, 233, 235.
[302] BayObLG v. 16. 3. 1972 (2 Z 128/71) NJW 1972, 1327, 1328; *Brüggemann* in Großkomm. HGB § 1 Rn. 17; krit. dazu *K. Schmidt*, HandelsR § 9 IV 2 b cc.
[303] BGH v. 7. 7. 1960 VIII ZR 215/59 BGHZ 33, 321, 324ff.; RG v. 11. 6. 1907 III 21/07 RGZ 66, 143, 148; *Brüggemann* in Großkomm. HGB § 1 Rn. 9ff.
[304] OLG Frankfurt v. 13. 11. 1990 (11 U 26/90) NJW-RR 1991, 243, 246.

tigen Zwecken) erfolgen. Die Absicht der Gewinnerzielung ist bei privaten Unternehmen zu vermuten und bei Unternehmen der öffentlichen Hand im Einzelfall festzustellen,[305] wobei sie etwa bei den kommunalen Versorgungsbetrieben, der Bundesbank (vgl. auch e contrario § 19 Abs. 3 BBankG) und den Sparkassen[306] zu bejahen ist. Vorzugswürdig ist es jedoch, auf das Erfordernis der Gewinnerzielungsabsicht **künftig zu verzichten** und es auch im Rahmen von Abs. 1 durch das Kriterium der entgeltlichen Tätigkeit am Markt[307] bzw. das Kriterium einer Betriebsführung nach wirtschaftlichen Grundsätzen[308] zu ersetzen. Im Interesse eines lückenlosen Verbraucherschutzes unterlägen dann nämlich auch diejenigen Unternehmen, die nur mit dem Ziel der Kostendeckung oder der Risikoabsicherung arbeiteten, unabhängig vom kaufmännischen Umfang ihrer Finanztermingeschäftstätigkeit der Informationspflicht.

114 Die rechtspolitisch fragwürdige, vom Gesetzgeber aber immer wieder bestätigte Ausgrenzung der **freien Berufe** einschließlich der selbstständigen künstlerischen und wissenschaftlichen Tätigkeiten aus dem Gewerbebegriff (dazu näher § 37h Rn. 19; vgl. auch § 1 Abs. 1 S. 1 und 2 PartGG, § 6 GewO und § 18 Abs. 1 Nr. 1 EStG) ist im Rahmen des § 37d hinzunehmen. Ihr dürfte für die Anwendung des Abs. 1 im Ergebnis auch keine allzu große praktische Bedeutung zukommen, da für einen auf Dauer angelegten Finanztermingeschäftsbetrieb eines Freiberuflers etc. in aller Regel auch eine kaufmännische Einrichtung erforderlich sein wird (dazu Rn. 115).

b) Kaufmännischer Umfang

115 Zur Information nach Abs. 1 ist darüber hinaus auch ein Unternehmensträger verpflichtet, der Finanztermingeschäfte in einem Umfang tätigt, der einen in kaufmännischer Weise eingerichteten Geschäftsbetrieb erfordert. Insoweit kommt es mithin nur auf den Umfang der Finanztermingeschäftstätigkeit und nicht auch den Umfang der sonstigen unternehmerischen Aktivitäten an. Von einem Umfang des Geschäftsbetriebs, der eine kaufmännische Einrichtung erfordert, kann in Anlehnung an die Rechtsprechung und Literatur zu **§ 1 Abs. 2 HGB** dann gesprochen werden, wenn der Finanztermingeschäftsbetrieb insbesondere nach der Höhe des Anlage- und Betriebskapitals, dem Umsatzvolumen, der Höhe des Kreditbedarfs, der Zahl der Beschäftigten, der Zahl und Größe der Betriebsstätten sowie dem Umfang der Werbung eine Größenordnung erreicht, dass dessen ordnungsgemäße und übersichtliche Führung nicht zuletzt auch zum Schutz des Geschäftspartner typischerweise den Einsatz kaufmännischen Personals mit oder ohne Vertretungsmacht, eine Aufgliederung in Geschäfts- bzw. Zuständigkeitsbereiche, eine kaufmännische (doppelte) Buchführung, eine Aufbewahrung der Korrespondenz sowie eine Firmenführung zur Identifikation des Geschäftsinhabers erfordert. Da es immer auf eine Gesamtbetrachtung aller Umstände ankommt, begründet auch ein relativ hoher Umsatz von etwa 250 000,– Euro für sich allein noch nicht das Erfordernis einer kaufmännischen Einrichtung.[309] Zwar wird im Gegensatz zu § 1 Abs. 2 HGB die hier feststehende Art des Geschäftsbe-

---

[305] BGH v. 18. 1. 1968 VII ZR 101/65 BGHZ 49, 258, 260.
[306] RG v. 1. 3. 1927 II 371/26 RGZ 116, 227, 228 f.
[307] So *K. Schmidt*, HandelsR § 9 IV 2 d; *Schwark/Zimmer*, KMRK vor § 37 d WpHG Rn. 6.
[308] So *Hopt*, HGB § 1 HGB Rn. 2.
[309] OLG Celle v. 16. 11. 1962 (9 Wx 8/62) NJW 1963, 540 f.

triebs in Abs. 1 S. 1 nicht ausdrücklich erwähnt, doch kann die Tatsache, dass es sich bei Finanztermingeschäften um komplexe, variantenreiche und ein besonderes Risikomanagement erfordernde Geschäfte handelt, bei der Entscheidung über die Erforderlichkeit der kaufmännischen Einrichtung nicht unberücksichtigt bleiben. Maßgeblich ist allein das festgestellte Erfordernis einer kaufmännischen Einrichtung und nicht auch ihr tatsächliches Vorhandensein.[310] Sind kaufmännische Einrichtungen vorhanden, ist allerdings grundsätzlich davon auszugehen, dass sie auch erforderlich sind. Bei einem neu gegründeten Geschäftsbetrieb ist die Erforderlichkeit auch dann anzunehmen, wenn diese zwar im Zeitpunkt der Beurteilung noch nicht gegeben ist, das Geschäft aber auf einen kaufmännischen Geschäftsbetrieb angelegt ist und diesen Zuschnitt in Kürze aufweisen wird.[311] Andererseits kann die einmal gegebene Erforderlichkeit durch eine Verringerung des Geschäftsumfangs wieder entfallen.

c) Finanztermingeschäftstätigkeit

Der Begriff des Finanztermingeschäfts wird durch § 2 Abs. 2a umschrieben (vgl. zum jetzigen § 37e S. 2 Rn. 17ff.). Nach § 37d Abs. 1 muss sich die Finanztermingeschäftstätigkeit des Aufklärungspflichtigen zudem in bestimmten Formen vollziehen:

aa) Abschluss. Mit dem Abschluss werden die unabhängig von entsprechenden Kundenaufträgen getätigten Eigengeschäfte des betreffenden Unternehmens erfasst.

bb) Anschaffung oder Veräußerung. Unter Anschaffung bzw. Veräußerung wird der Erwerb bzw. die Übertragung von Finanztermingeschäften im eigenen Namen für fremde Rechnung (Finanzkommissionsgeschäft i. S. v. § 2 Abs. 3 Nr. 1; dazu § 2 Rn. 76ff.), im Rahmen des Eigenhandels für andere i. S. v. § 2 Abs. 3 Nr. 2 (zB Festpreisgeschäft, Geschäfte der sog. Market Maker, § 2 Rn. 83ff.) oder im fremden Namen für fremde Rechnung (offene Vertretergeschäfte i. S. v. § 2 Abs. 3 Nr. 3; dazu § 2 Rn. 87f.) verstanden.

cc) Vermittlung oder Nachweis. Mit der Vermittlung und dem Nachweis wird auf die klassischen Tätigkeiten eines Maklers i. S. v. §§ 652ff. BGB (Nachweis und Vermittlung) bzw. §§ 93ff. HGB (nur Vermittlung) Bezug genommen. Danach handelt es sich um eine Nachweistätigkeit, wenn der Auftraggeber durch den Makler Kenntnis von der Vertragsmöglichkeit erhält, wozu hinreichend konkrete Angaben über das Objekt und die Namhaftmachung des Geschäftspartners erforderlich sind. Zur Vermittlungstätigkeit gehört, dass der Makler mit beiden Vertragsparteien in Verbindung tritt und dadurch zum Vertragsschluss beiträgt (näher § 2 Rn. 89ff). Auch die Tätigkeit der sog. Botenbanken beschränkt sich nicht lediglich auf die bloße Weitergabe von Kundenaufträgen an deren Vertragspartner, sondern stellt eine vermittelnde Tätigkeit dar (näher § 2 Rn. 91).

3. Verbrauchereigenschaft des aufzuklärenden Vertragspartners

Erst im Zuge der Beratung des 4. Finanzmarktförderungsgesetzes im Finanzausschuss des Bundestages wurde die bis dahin in § 37d enthaltene neutrale Be-

---

[310] BGH v. 28. 4. 1960 II ZR 239/58 BB 1960, 917.
[311] BGH v. 17. 6. 1953 II ZR 205/52 BGHZ 10, 91, 96.

zeichnung „Vertragspartner" durch den Verbraucherbegriff ersetzt und zugleich die Befreiung des Unternehmens von der Informationspflicht gegenüber Kaufleuten und juristischen Personen des öffentlichen Rechts nach § 37 d Abs. 2 S. 1 RegE gestrichen.[312] An die Stelle eines sich bis 2002 im Wesentlichen auf Nichtkaufleute ohne einschlägige gewerbs- bzw. berufsmäßige Erfahrungen beziehenden Schutzes durch Information (§ 53 Abs. 2 S. 1 BörsG aF) ist damit nicht ein genereller Schutz von Nichtkaufleuten des Privatrechts (so noch § 37 d RegE 4. FMFG), sondern ein solcher von Verbrauchern getreten (zu dieser grundlegenden Änderung des Schutzkonzepts bereits teilweise krit. Rn. 99). Da es allein auf die Verbrauchereigenschaft und nicht die tatsächliche Sachkenntnis ankommt, sind auch fachkundige Verbraucher stets zu informieren. Diesen kann nicht der Einwand rechtsmissbräuchlichen Verhaltens entgegengehalten werden, da ansonsten die erste Stufe den Charakter einer standardisierten Aufklärung verlöre.[313] Obwohl der Finanzausschuss nicht auf § 13 BGB, sondern auf Art. 29 Abs. 1 EGBGB Bezug nahm,[314] ist auch im Rahmen von § 37 d, der keinen international-privatrechtlichen Bezug aufweist, von den Kriterien des allgemeinen und etwas weiteren[315] Verbraucherbegriffs i. S. v. **§ 13 BGB** auszugehen.[316] Vor dem Hintergrund des Normzwecks von § 37 d sind jedoch im Einzelfall auch Korrekturen des allgemeinen bürgerlich-rechtlichen Verbraucherbegriffs zu erwägen.

a) Natürliche Person

118 Nach dem Wortlaut des § 13 BGB kann Verbraucher nur eine natürliche Person sein. Diese in Anlehnung an den europarechtlichen Verbraucherbegriff vorgenommene Einschränkung wird jedoch mit Recht immer wieder als zu weitreichend kritisiert.[317] So wird aus der klassischen Gegenüberstellung von natürlichen und juristischen Personen zunächst abgeleitet, dass auch Personengemeinschaften ohne eigene Rechtspersönlichkeit wie etwa die Gesellschaft bürgerlichen Rechts[318] (zB Investmentclubs) oder der nichtrechtsfähige Verein als quasi-natürliche Personen zu den Verbrauchern gezählt werden können, wenn sie ein Termingeschäft zu nicht gewerblichen oder selbstständigen beruflichen Zwecken abschließen.[319] Für juristische Personen, die (noch) keine gewerbliche

---

[312] BT-Drucks. 14/8600, S. 66 (Beschlussempfehlung) und BT-Drucks. 14/8601, S. 20 (Bericht).
[313] So auch *Balzer/Siller* in BuB Rn. 7/236 mit Fn. 6; aA *Köndgen*, NJW 2004, 1288, 1301; siehe aber noch zum Einwand des rechtmäßigen Alternativverhaltens unten Rn. 162.
[314] BT-Drucks. 14/8601, S. 20.
[315] Anders als nach Art. 29 Abs. 1 EGBGB lässt nach § 13 BGB nur der Bezug zu einer selbstständig ausgeübten beruflichen Tätigkeit und nicht der Bezug zu jeder beruflichen Tätigkeit die Verbrauchereigenschaft entfallen.
[316] So auch *Lang*, Informationspflichten, § 11 Rn. 73 und *Casper*, WM 2003, 161, 164; aA *Lenenbach*, Kapitalmarkt- und Börsenrecht, Rn. 6.132.
[317] *Faber*, ZEuP 1998, 854, 862; *Flume*, ZIP 2000, 1427 f.; MünchKommBGB-*Micklitz*, § 13 Rn. 10 ff.
[318] Zur Verbrauchereigenschaft einer GbR BGH v. 23. 10. 2001 XI ZR 63/01 ZIP 2001, 2224 f.; für die Unternehmereigenschaft der rechtsfähigen (Außen-)GbR unter Hinweis auf § 14 Abs. 2 BGB hingegen *Horn/Balzer*, FS Kümpel 2003, S. 275, 279.
[319] Dazu generell *Faber*, ZEuP 1998, 854, 862; MünchKommBGB-*Micklitz*, § 13 Rn. 15 f.

oder berufliche Tätigkeit ausüben (zB Idealvereine, Stiftungen, Kirchen), wird die Zuerkennung der Verbrauchereigenschaft durch analoge Anwendung des § 13 BGB erwogen.[320] Dies sind lediglich behelfsmäßige und mit der juristischen Methodenlehre nur schwer vereinbare Korrekturen einer zumindest unter national-rechtlichem Blickwinkel verfehlten Tatbestandseingrenzung, die der Gesetzgeber durch eine baldige tatbestandliche Erweiterung des § 13 BGB auf alle Träger von Rechten und Pflichten (natürliche und juristische Personen sowie rechtsfähige Personengesellschaften) entbehrlich machen sollte.

b) Fehlender Bezug des Rechtsgeschäfts zu einer gewerblichen oder selbstständigen beruflichen Tätigkeit

Verbraucher ist nach der Legaldefinition des § 13 BGB zudem nur eine Person, die anders als der Unternehmer nach § 14 BGB das betreffende Rechtsgeschäft zu einem Zweck abschließt, der weder ihrer gewerblichen noch ihrer selbstständigen beruflichen Tätigkeit zugerechnet werden kann. Es kommt mithin für die Zuerkennung der Verbrauchereigenschaft nicht auf einen generell bestehenden Status (zB fehlende Kaufmannseigenschaft) oder bestimmte Fähigkeiten (zB geringe Auffassungsgabe oder Vorbildung), sondern ausschließlich auf den privaten oder unselbstständig-beruflichen Zweck des konkreten Finanztermingeschäfts an. Bei Kaufleuten i. S. d. §§ 1 ff. HGB greift die Vermutung des § 344 Abs. 1 HGB zu Lasten der Verbrauchereigenschaft ein.

Der mithin auch im Rahmen des § 13 BGB relevante Gewerbebegriff entspricht wiederum dem **handelsrechtlichen Gewerbebegriff** (dazu schon Rn. 109 ff.). Die damit einhergehende Ausgrenzung der freien Berufe einschließlich der selbstständigen künstlerischen und wissenschaftlichen Tätigkeiten aus dem Gewerbebegriff hat für den Verbraucherbegriff im Ergebnis keine Bedeutung, da diese Tätigkeiten alternativ der selbstständigen beruflichen Tätigkeit i. S. d. § 13 BGB zugeordnet werden können. Auf die umstrittenen Merkmale der Erlaubtheit und Gewinnerzielungsabsicht (siehe Rn. 112 f.) sollte auch im Rahmen von § 13 BGB verzichtet werden, da es hier weder darum geht, den Betreibern eines von der Rechtsordnung geächteten Gewerbes den Zugang zu den Vorteilen und zum Prestige etwa der Kaufmannsstellung zu versperren, noch es erforderlich ist, dass die in der konkreten Situation abstrakt unterstellte Geschäftsunerfahrenheit gerade durch eine auf Gewinn und nicht auch die schlichte Kostendeckung gerichtete planmäßige Tätigkeit am Markt ausgeschlossen wird.[321]

Die Verbrauchereigenschaft des Vertragspartners ist zudem dann zu verneinen, wenn dieser das betreffende Finanztermingeschäft zum Zwecke einer **selbstständigen beruflichen Tätigkeit** abschließt (zum Merkmal der Selbstständigkeit, das den Verbraucherbegriff des § 13 BGB von demjenigen des Art. 29 Abs. 1 EGBG unterscheidet, siehe bereits Rn. 110). Damit sollen insbesondere die berufsbezogen handelnden Freiberufler, selbstständigen Wissenschaftler und Künstler aus dem Verbraucherbegriff ausgenommen werden. Andererseits steht aber eine abhängige berufliche Tätigkeit der Verbrauchereigenschaft auch dann nicht entgegen, wenn diese im Bereich des Terminhandels ausgeübt wird (zB Anlageberater einer Bank). Damit wurde die Regelung des § 53 Abs. 1 S. 2

---

[320] H. Roth, JZ 2000, 1013; MünchKommBGB-Micklitz, § 13 Rn. 13.
[321] Vgl. dazu auch die handelsrechtliche Kritik an den tradierten Elementen des Gewerbebegriffs bei K. Schmidt, HandelsR § 9 IV 2 d und Hopt, HGB § 1 HGB Rn. 2.

Vor §§ 37e und 37g 122, 123   Abschnitt 8. Finanztermingeschäfte

BörsG aF, der eine den Kaufleuten vergleichbare Börsentermingeschäftsfähigkeit auch der bei Geschäftsabschluss bzw. früher gewerbsmäßig oder berufsmäßig Börsentermingeschäfte Betreibenden vorsah, nicht in das WpHG übernommen, ohne dass dies vom Gesetzgeber eigens begründet worden wäre. Eine Vollzeit-, Saison- oder Nebentätigkeit kann dann als Beruf i. S. v. § 13 BGB gelten, wenn sie auf eine gewisse Dauer angelegt ist und zur Schaffung bzw. zum Erhalt einer Lebensgrundlage zumindest beiträgt.

122 Besondere, wenn auch in der Praxis nur selten relevante Probleme ergeben sich im Falle von Privatgeschäften (sonst Rn. 134) bei der Zuordnung der **Organe und Gesellschafter** einer rechtsfähigen Gesellschaft (GbR, OHG, KG, EWiV, PartG, GmbH, AG, SE, KGaA, eG, SCE, VAG) zum Verbraucher bzw. Unternehmerbegriff. Bei formaler Betrachtung betreibt hier allein die Gesellschaft als Unternehmensträgerin das Gewerbe bzw. die selbstständige berufliche Tätigkeit i. S. d. §§ 13 f. BGB, so dass ihre im eigenen Namen Termingeschäfte tätigenden Gesellschafter und Organe auch dann als Verbraucher zu informieren sind, wenn sie etwa zum Ausgleich ihres Beteiligungsrisikos ein der Gesellschaftssphäre zuzurechnendes Termingeschäft abschließen. Dies entspräche auch der h. M. im Zusammenhang mit dem vergleichbaren Problem der Widerruflichkeit des für eine Schuld der GmbH erklärten Schuldbeitritts des Allein- oder Mehrheitsgesellschafter-Geschäftsführers nach §§ 495 Abs. 1, 499 Abs. 1 BGB.[322] Zu erwägen ist hier jedoch eine teleologische Reduktion des Verbraucherbegriffs und eine Ausgrenzung all derjenigen Gesellschafter, die sich an der rechtsfähigen Gesellschaft als gesetzestypische persönlich haftende Gesellschafter oder als Allein- bzw. Mehrheitsgesellschafter mit oder ohne Organstellung beteiligen. Denn in diesen typischen Fällen einer unternehmerischen Gesellschafterstellung scheint es bei unternehmensbezogenem Handeln gerechtfertigt, die situationsbezogene Geschäftserfahrenheit ebenso zu unterstellen wie bei einem selbstständigen und unternehmensbezogen auftretenden Unternehmer.[323]

123 Im Rahmen der Aufklärungspflicht nach Abs. 1 kommt es nur auf die bei Abschluss des Finanztermingeschäfts tatsächlich gegebene Verbrauchereigenschaft des Vertragspartners an (vgl. aber noch zur Vertretung von Verbrauchern nach Abs. 3 Rn. 129 ff.). Die Aufklärungspflicht besteht daher auch gegenüber einem **Scheinunternehmer** (siehe aber noch Rn. 167 f.).[324] Tritt nach Abschluss des Finanztermingeschäfts zudem im Wege der **Rechtsnachfolge** (Vertragsübernahme, Erbfolge) ein anderer an die Stelle des ursprünglichen Vertragspartners, so hat dies keine Auswirkungen auf die Informationspflicht des Unternehmens. Damit entfällt die ohnehin vor Vertragsschluss zu erfüllende Informationspflicht (dazu Rn. 154) nicht etwa dadurch, dass der Rechtsnachfolger kein Verbraucher i. S. v. § 13 BGB ist. Noch wird umgekehrt eine (erneute) Informationspflicht gegenüber dem Rechtsnachfolger dadurch begründet, dass dieser ebenfalls oder

---

[322] BGH v. 5. 6. 1996 VIII ZR 151/95 BGHZ 133, 71, 76 ff.; BGH v. 25. 2. 1997 XI ZR 49/96 NJW 1443, 1444; *Martis,* Verbraucherschutz, 1998, S. 12 ff.
[323] Zur fehlenden Verbrauchereigenschaft von Unternehmergesellschaftern i. S. d. § 13 BGB und zu ihrer möglichen Börsentermingeschäftsfähigkeit nach § 53 Abs. 1 S. 1 BörsG aF eingehend *Jung,* Unternehmergesellschafter, S. 296 ff. und 293 f.
[324] Vgl. zur Möglichkeit einer Berufung von Scheinkaufleuten auf den Termineinwand nach § 52 BörsG aF BGH v. 12. 3. 1984 II ZR 10/83 WM 1984, 1245, 1246 und LG Würzburg v. 1. 4. 1987 (4 O 1912/86) WM 1988, 1559, 1560.

auch im Gegensatz zum ursprünglichen Vertragspartner Verbraucher i. S. v. § 13 BGB ist.[325]

4. Sachlicher Anwendungsbereich

Das Gesetz sagt nicht ausdrücklich, auf welche Verträge sich die Aufklärungspflicht in sachlicher Hinsicht bezieht. Aus dem Satzzusammenhang und dem Normzweck des 37 d ergibt sich jedoch der folgende sachliche Anwendungsbereich der Vorschrift: 124

a) Abschluss von Finanztermingeschäften

Die Aufklärungspflicht besteht zunächst vor Abschluss des eigentlichen Finanztermingeschäfts (zum Begriff des Finanztermingeschäfts Rn. 8 ff.). Sofern das Finanztermingeschäftsunternehmen seinen Sitz in Deutschland hat (sonst Rn. 141), ist es unerheblich, ob das Finanztermingeschäft im In- oder Ausland abgewickelt wird. 125

b) Abschluss von Kommissions-, Geschäftsbesorgungs- und Maklerverträgen

Es folgt aus dem Satzzusammenhang und dem Normzweck des § 37 d, dem Verbraucher bereits vor dem ersten Schritt auf dem verminten Gelände der Finanztermingeschäfte eine formalisierte Warnung zu geben, dass unter dem Vertragsschluss i. S. v. Abs. 1 S. 1 auch der Abschluss von Kommissions-, Geschäftsbesorgungs- und Maklerverträgen zu verstehen ist, die im bereits dargelegten Sinne (Rn. 116) auf die Anschaffung, Veräußerung, Vermittlung und den Nachweis von Finanztermingeschäften gerichtet sind. Anderenfalls würde der Verbraucher mit der Risikoinformationsschrift entweder gar nicht oder wie im Falle des Maklervertrages erst dann konfrontiert, wenn er bereits erste schuldrechtlich verbindliche Schritte zum Abschluss eines Finanztermingeschäfts in die Wege geleitet hat. Die Stellvertretungsregelung des Abs. 3 (Rn. 128 ff.) bezieht sich ebenfalls nicht nur auf den eigentlichen Geschäftsabschluss, sondern ausdrücklich auch auf die Erteilung von Aufträgen für Finanztermingeschäfte, weshalb sich auch die Aufklärungspflicht nach Abs. 1 auf die entsprechenden Kommissions- und Geschäftsbesorgungsverträge erstrecken muss. Zu einer doppelten Aufklärung des Verbrauchers kommt es dabei nur in den Fällen des Maklervertrages, wobei eine nur vom Makler oder nur vom Vertragspartner unterlassene bzw. unzureichend vorgenommene Aufklärung dann regelmäßig nicht kausal für einen etwaigen Schaden sein dürfte (Rn. 162). 126

c) Abschluss von Sicherungsgeschäften

Da der eine Sicherheit (Rn. 88) bestellende Vertragspartner mit Verbrauchereigenschaft bereits im Zusammenhang mit dem Abschluss etc. des eigentlichen Finanztermingeschäfts über sämtliche Risiken aufgeklärt wird, ist die Frage nach dem Bestehen einer Pflicht zur standardisierten Information i. S. v. Abs. 1 nur bei einer Sicherheitenbestellung durch Dritte von Bedeutung. In jedem Fall ist der Dritte, der sich etwa für die termingeschäftlichen Verbindlichkeiten eines Vertragspartners verbürgt, im Vorfeld des Sicherungsvertragsschlusses nach §§ 311 127

---

[325] Vgl. zu § 53 Abs. 2 BörsG aF etwa *Kienle* in Bankrechts-Handbuch 2. Aufl. 2001 § 106 Rn. 111.

Abs. 2, 241 Abs. 2 BGB individuell aufzuklären. Als Verbraucher sollte er daneben aber auch die erste Stufe der formalisierten Information durchlaufen, da in Anbetracht des Sicherungsgeschäfts die gleichen Schutzüberlegungen (Rn. 92 ff.) zum Tragen kommen wie beim eigentlichen Finanztermingeschäft.[326]

II. Einschränkungen und Erweiterungen des Grundtatbestands

1. Zuteilung von Bezugsrechten auf gesetzlicher Grundlage (Abs. 2)

128 Nach Abs. 2 wird das Finanztermingeschäftsunternehmen von seiner Aufklärungspflicht befreit, wenn es um die Zuteilung von Bezugsrechten auf Grund einer gesetzlichen Verpflichtung geht. Die Regelung erfasst dabei nicht nur unmittelbare Bezugsrechte (§§ 186, 203 AktG),[327] sondern auch solche Bezugsrechte, die ihrerseits ein Bezugsrecht einräumen (zB Bezugsrechte auf Wandelschuldverschreibungen nach § 221 Abs. 4 AktG). Der Grund für die Befreiung von der Informationspflicht ist die fehlende Schutzbedürftigkeit des Verbrauchers bei einem derartigen Geschäft.[328]

2. Informationspflicht gegenüber einem Vertreter des Verbrauchers (Abs. 3)

a) Überblick

129 Wird ein Verbraucher (wie nicht selten) bei der Erteilung von Aufträgen für Finanztermingeschäfte oder bei deren Abschluss vertreten, kommt es nach Abs. 3 S. 1 für die Begründung der Informationspflicht i. S. v. Abs. 1[329] auf die Person des Vertreters und mithin dessen Verbrauchereigenschaft an (Rn. 130). Das Finanztermingeschäftsunternehmen hat auf Grund von Abs. 3 S. 2 jedoch stets die Möglichkeit, seine Aufklärungspflicht statt gegenüber dem Vertreter auch gegenüber dem Vertretenen zu erfüllen (Rn. 131). Das Gesetz bestätigt damit einerseits indirekt die bis 2002[330] nicht unumstrittene Möglichkeit, sich beim Abschluss eines Finanztermingeschäfts vertreten zu lassen, und stellt andererseits hinsichtlich der Informationsbedürftigkeit im Gegensatz zu der bis 2002 geltenden Rechts-

---

[326] Vgl. dazu auch zum bis 2002 geltenden Recht (§§ 53, 59 BörsG aF) BGH v. 17. 7. 2001 (XI ZR 15/01) BKR 2001, 96 mit Anm. *Gößmann*.
[327] Vgl. zu deren umstrittenem Termingeschäftscharakter OLG Stuttgart v. 30. 8. 1989 (4 U 23/89) WM 1989, 1723, 1725 und *Kienle* in Bankrechts-Handbuch 2. Aufl. 2001 § 106 Rn. 49 einerseits (verneinend) sowie *Tilp*, DB 1989, 2365, 2370 und (aus bankbetriebswirtschaftlicher Sicht) *Röder/Dorfleitner*, zfbf (Schmalenbachs Zeitschrift), 2002, 460 ff. andererseits (bejahend).
[328] Begr. RegE 4. FMFG BT-Drucks. 14/8017, S. 95.
[329] Bei dem Verweis des Abs. 3 S. 1 auf § 37 d Abs. 2 S. 1 handelt es sich um ein Redaktionsversehen (siehe Rn. 139).
[330] Siehe dazu nur *Wach*, AG 1992, 384, 396 f. (Unwirksamkeit des Vertreterhandelns im Hinblick auf § 60 BörsG aF) und *Schäfer/Irmen*, 1. Aufl. 1999 § 53 BörsG Rn. 30 (Wirksamkeit des Vertreterhandelns).

lage[331] nicht mehr auf den Vertretenen, sondern auf den Vertreter ab (Rn. 130). Dies entspricht der Praxis zu § 31 Abs. 2 S. 1 Nr. 2 aF.[332] Die Regelung des Abs. 3 wirft jedoch einige Normanwendungsprobleme in besonderen Vertretungssituationen auf (Rn. 133). Sie verdient zudem auf Grund ihrer Widersprüchlichkeit und ihrer mangelnden Abstimmung mit anderen Vorschriften Kritik (Rn. 140).

b) Begründung der Informationspflicht in der Person des Vertreters

Nach Abs. 3 S. 1 gilt Abs. 1 bei der Vertretung eines Verbrauchers mit der Maßgabe, dass an die Stelle des Verbrauchers der Vertreter tritt. Dies bedeutet jedoch nicht, dass der Vertreter wie ein Verbraucher stets und damit auch bei fehlender Verbrauchereigenschaft nach Abs. 1 aufzuklären ist. Vielmehr soll es bei der Vertretung eines Verbrauchers bei der Erteilung von Aufträgen für Finanztermingeschäfte oder bei deren Abschluss für das Entstehen der Aufklärungspflicht auf die Verbrauchereigenschaft des Vertreters ankommen.[333] Handelt der Vertreter mithin etwa als ein mit der Vermögensverwaltung eines Verbrauchers betrautes Kreditinstitut im Rahmen seiner gewerblichen oder selbstständigen beruflichen Tätigkeit, so entfällt die Aufklärungspflicht nach Abs. 1. Der Schutz des Verbrauchers wird in diesen Fällen hinreichend durch die Geschäftserfahrung des Vertreters sowie dessen schadensersatzbewehrte Aufklärungs- und Verhaltenspflichten gewährleistet.[334]

130

c) Erfüllung der Informationspflicht in Vertretungssituationen

aa) Erfüllung der standardisierten Informationspflicht. Wie sich insgesamt aus Abs. 3 ergibt, kann das Finanztermingeschäftsunternehmen seine standardisierte Informationspflicht i. S. v. Abs. 1 entweder gegenüber dem Vertreter oder dem Vertretenen erfüllen. Der Gesetzgeber ging dabei davon aus, dass mit dem Vertreter die letztlich die Entscheidung treffende Person unterrichtet werde, und andererseits die Information des Vertretenen genüge, weil dann davon auszugehen sei, dass dieser die Wahl seines Vertreters in Kenntnis der typischen Finanztermingeschäftsrisiken getroffen habe.[335] Im Hinblick auf die Durchführung der standardisierten Risikoinformation bedeutet die freie und risikolose Wahl zwischen dem Vertreter und dem Vertretenen für den Aufklärungspflichtigen eine praktisch wichtige Erleichterung.[336] Die Aufklärung des Vertreters wirkt auch dann, wenn dieser innerhalb von zwei Jahren Finanztermingeschäfte im eigenen Namen oder für andere Vertragspartner abschließt. Andererseits wirkt sie für und gegen die Vertretenen nur bei den vom Vertreter vorgenommenen Fi-

131

---

[331] Gegen eine Wissensvertretung im Rahmen von § 53 Abs. 2 aF etwa BGH v. 11. 6. 1996 XI ZR 172/95 WM 1996, 1260, 1262; OLG Zweibrücken v. 15. 5. 1995 (7 U 81/94) ZIP 1995, 1251, 1253; *Häuser*, ZBB 1992, 249, 266; aA *Kümpel*, WM 1989, 1484, 1488.

[332] Siehe zu § 31 Abs. 2 S. 1 Nr. 2 WpHG a. F. Ziff. B.2.3 der 2007 aufgehobenen Verwaltungsrichtlinie der BaFin gem. § 35 Abs. 6 WpHG zur Konkretisierung der §§ 31, 32 WpHG v. 23. 8. 2001, Bundesanzeiger Nr. 165 v. 4. 9. 2001, S. 19217; auch abgedruckt bei *Assmann/Schneider* § 35 WpHG Rn. 7 ff.

[333] Dazu auch *Lang*, Informationspflichten, § 11 Rn. 85 f.; *Casper*, WM 2003, 161, 165.

[334] *Schäfer/Lang*, BKR 2002, 197, 205 f.; *Casper*, WM 2003, 161, 165.

[335] Begr. RegE 4. FMFG BT-Drucks. 14/8017, S. 95; zur Kritik Rn. 140.

[336] Dies wird auch begrüßt von *Assmann*, ZIP 2001, 2061, 2080.

nanztermingeschäften. Schließt ein vertretener Verbraucher Finanztermingeschäfte später auch noch persönlich oder mittels eines anderen Vertreters ab, so muss er noch selbst aufgeklärt werden.[337] Unterbleibt diese Aufklärung, kann der Aufklärungspflichtige einem etwaigen Schadensersatzbegehren des Verbrauchers nur noch den Einwand des rechtmäßigen Alternativverhaltens entgegenhalten, wenn er darlegt und beweist, dass der Verbraucher von seinem ehemaligen Vertreter über die Finanztermingeschäftsrisiken hinreichend informiert worden ist und das Geschäft ohnehin in dieser Form abgeschlossen hätte (näher dazu Rn. 162). Angesichts der Tatsache, dass sich der zu vertretende Verbraucher möglicherweise noch von anderen Personen vertreten lässt bzw. auch einmal selbst Finanztermingeschäfte abschließen wird, dürfte das Finanztermingeschäftsunternehmen eine standardisierte Unterrichtung des zu vertretenden Verbrauchers bevorzugen. Soweit nach S. 1 lediglich der Vertreter informiert wird, kommt es nicht nur zu einer Stellvertretung hinsichtlich der auf die Auftragserteilung bzw. den Abschluss des Finanztermingeschäfts gerichteten Willenserklärung, sondern auch zu einer bis 2002 von der h. M. abgelehnten sog. Stellvertretung in der Information. Was die Information des Vertreters anbetrifft, muss diese lediglich vor Geschäftsabschluss bzw. Auftragserteilung erfolgen. Nach dem Wortlaut des Abs. 3 S. 2 würde dies auch für die Aufklärung des Vertretenen gelten. Im Hinblick auf die vom Gesetzgeber für die Regelung gegebene Begründung sollte jedoch in den Fällen der rechtsgeschäftlichen Vertretung aus Gründen der Gesetzesteleologie eine Information vor Vollmachtserteilung gefordert werden.[338] Dies gilt auch dann, wenn die Vollmacht widerruflich ist und damit noch nach Erhalt der Risikoinformation vom Vertretenen widerrufen werden könnte.[339]

bb) Erfüllung der individuellen Informationspflicht. Nach Abs. 5 iVm § 31 Abs. 2 S. 1 Nr. 2 aF ist das Finanztermingeschäftsunternehmen zudem stets dazu verpflichtet, dem Vertreter in individualisierter Form alle für dessen konkrete Anlageentscheidung zweckdienlichen Informationen mitzuteilen. Die Information des Vertretenen ist insoweit anders als nach Abs. 3 S. 2 nicht ausreichend.[340] Die genaue Information des Vertreters ist dem Aufklärungspflichtigen auch deshalb zu empfehlen, weil er damit der Gefahr einer Anfechtung entgegenwirken kann. Denn nach § 166 Abs. 1 BGB kommt es für Willensmängel, die Kenntnis oder das Kennenmüssen gewisser Umstände nicht auf den Vertretenen, sondern auf den Vertreter an.

d) Informationspflicht des Vertreters

132 Sofern es sich bei dem Vertreter ebenfalls um ein Finanztermingeschäftsunternehmen i. S. v. Abs. 1 handelt (zB Vermögensverwalter), ist dieser seinerseits zur Information des zu vertretenden Verbrauchers nach Abs. 1 verpflichtet.[341] Die Informationsschrift sollte dabei aus Gründen des effektiven Verbraucherschutzes nicht erst vor Abschluss des Finanztermingeschäfts, sondern bereits vor Erteilung

---

[337] So auch *Schwark/Zimmer*, KMRK vor § 37 d WpHG Rn. 52 ff.
[338] So auch *Zimmer/Unland*, BB 2003, 1445, 1447.
[339] Wie hier *Balzer/Siller* in BuB Rn. 7/256; aA *Assmann/Schneider/Mülbert*, § 37 d Rn. 61.
[340] Zur Maßgeblichkeit der Kenntnis des Vertreters im Rahmen der Anlageberatungshaftung BGH v. 11. 3. 1997 XI ZR 92/96 WM 1997, 811, 812.
[341] So für den Regelfall auch *Lang*, Informationspflichten, § 11 Rn. 89.

der widerruflichen oder unwiderruflichen Vollmacht erfolgen, auch wenn es sich dabei nicht um einen Vertragsschluss i. S. v. Abs. 1, sondern ein einseitiges Rechtsgeschäft handelt.

e) Besondere Vertretungssituationen

aa) Vertretung eines Unternehmers. Die Sonderregelung des Abs. 3 betrifft ausdrücklich nur die Vertretung eines Verbrauchers.[342] Auch bei der Vertretung eines Unternehmers könnte man jedoch daran denken, hinsichtlich des Entstehens der Aufklärungspflicht auf den Vertreter und dessen etwaige Verbrauchereigenschaft abzustellen. Möglich wäre dies bei einer teleologischen Extension des Abs. 3 S. 1 oder bei einem Rückgriff auf die allgemeinen Grundsätze der Wissenszurechnung nach § 166 BGB analog. Für eine teleologische Extension des Abs. 3 S. 1 spricht die standardmäßige Ersetzung des Begriffs des Vertragspartners durch denjenigen des Verbrauchers im Zuge der Finanzausschussberatungen im Bundestag, da hierdurch der Anwendungsbereich der Vorschrift vermutlich irrtümlich beschränkt wurde. Die vom Gesetzgeber für die Regelung des Abs. 3 S. 2 gegebene Begründung steht jedoch einer teleologischen Tatbestandserweiterung auf die Unternehmervertretung entgegen. Danach ging der Gesetzgeber nämlich davon aus, dass die Beauftragung durch einen über die Finanztermingeschäftsrisiken Aufgeklärten die Information des Vertreters mit Verbrauchereigenschaft entbehrlich mache, was in gleicher Weise für die Beauftragung durch einen nach der gesetzlichen Konzeption per se finanztermingeschäftserfahrenen Unternehmer gelten dürfte. Die analoge Anwendung des § 166 Abs. 1 BGB stößt auf dieselben Bedenken. Zwar wird diese Vorschrift seit langem auch in Fällen herangezogen, in denen die Kenntnis oder das Kennenmüssen von Umständen nicht nur für die Folgen von Willenserklärungen des Vertreters, sondern auch den Eintritt anderweitiger Rechtsfolgen von Bedeutung ist. Auch die Frage der Informationsbedürftigkeit im Zusammenhang mit der Abgabe von Willenserklärungen wäre genau solch eine Rechtsfolge, für die es auf die Kenntnis bzw. das Kennenmüssen der Finanztermingeschäftsrisiken in der Person des Vertreters ankommen sollte, da die konkrete Anlageentscheidung abgesehen von den Fällen einer Weisungsgebundenheit (vgl. § 166 Abs. 2 BGB) vom Vertreter getroffen wird. Der analogen Anwendung des § 166 Abs. 1 BGB steht jedoch ebenfalls die Regelung des Abs. 3 S. 2 und die hierfür gegebene Begründung des Gesetzgebers entgegen, wonach ein über die Finanztermingeschäftsrisiken informierter Vertretener auch dann nicht den Schutz des § 37 d Abs. 1 genießen soll, wenn er sich eines Verbrauchers als Vertreter bedient.

bb) Vertretung von rechtsfähigen Personenvereinigungen. Bei der organschaftlichen oder rechtsgeschäftlichen Vertretung von juristischen Personen und rechtsfähigen Personengesellschaften ist zu differenzieren: Schließt der im Namen der Personenvereinigung handelnde Vertreter das Termingeschäft zu gewerblichen oder selbstständigen beruflichen Zwecken der Vereinigung ab, so ist eine Aufklärung des Vertreters wegen der Unternehmereigenschaft der Vereinigung entbehrlich (Rn. 133). Wird hingegen eine rechtsfähige Personenvereinigung vertreten, die (noch) keine gewerbliche oder berufliche Tätigkeit ausübt (zB Idealvereine, Stiftungen, Kirchen), sollte trotz des entgegenstehenden Wortlauts von § 13 BGB („natürliche Person") die Zuerkennung der Verbraucherei-

---

[342] Dies verkennen *Horn/Balzer*, FS Kümpel 2003, S. 275, 281.

genschaft durch analoge Anwendung des § 13 BGB erwogen werden (Rn. 118). In diesem Fall fände dann auch auf die organschaftliche oder rechtsgeschäftliche Vertretung der rechtsfähigen Personenvereinigung die Regelung des Abs. 3 Anwendung. Die nach dem bis 2002 geltenden Recht insbesondere bei größeren Familiengesellschaften und Investmentclubs aufwändige Information aller Gesellschafter ist damit entbehrlich.

135 **cc) Gesamtvertretung und Gemeinschaftskonto.** Bei einer Gesamtvertretung kommt es für die Anwendung des Abs. 3 auf sämtliche Vertreter an. Soll das Finanztermingeschäft über ein Gemeinschaftskonto abgewickelt werden, ergibt sich folgende Situation: Handelt es sich um ein Gemeinschaftskonto mit gemeinschaftlicher Verfügungsbefugnis („Und-Konto"), muss das Finanztermingeschäft mit sämtlichen Kontoinhabern abgeschlossen werden. Die dabei im eigenen Namen auftretenden Kontoinhaber mit Verbrauchereigenschaft sind nach Abs. 1 zu informieren, während für die vertretenen Kontoinhaber Abs. 3 zur Anwendung kommt. Wurde hingegen bei der Einrichtung eines Gemeinschaftskontos wechselseitig von den Kontoinhabern eine Einzelverfügungsermächtigung erteilt („Oder-Konto"), dann richtet sich die Informationspflicht des Unternehmens hinsichtlich des Vertragsschließenden nach Abs. 1. Hinsichtlich der übrigen Kontoinhaber sollte Abs. 3 entsprechend herangezogen werden. In diesem Fall ist es mithin im Rahmen des § 37d ausreichend, wenn der den Vertrag schließende Kontoinhaber kein Verbraucher ist oder entsprechend unterrichtet wurde.[343] Das Unternehmen hat sich allerdings stets durch eine ausdrückliche Erklärung aller Kontoinhaber zu vergewissern, dass die Einzelverfügungsermächtigung auch den Abschluss risikoreicher Finanztermingeschäfte umfasst.

136 **dd) Beschränkungen der Geschäftsfähigkeit.** Geschäftsunfähige (§§ 104f. BGB), Personen unter Betreuung mit Einwilligungsvorbehalt (§§ 1896 ff. BGB) und beschränkt Geschäftsfähige (§§ 106 ff. BGB) werden beim Abschluss von Finanztermingeschäften entweder gesetzlich vertreten oder bedürfen hierzu der Einwilligung bzw. Genehmigung ihrer gesetzlichen Vertreter, d. h. vor allem nach § 1629 Abs. 1 BGB der Eltern, nach § 1793 Abs. 1 S. 1 BGB des Vormunds oder nach §§ 1902 f. BGB des Betreuers. In den Fällen der gesetzlichen Vertretung ist dann gemäß Abs. 3 S. 1 iVm Abs. 1 und 2 der Vertreter zu informieren. Eine Information des Geschäftsunfähigen etc. sollte entgegen dem Wortlaut des Abs. 3 S. 2 nicht ausreichen. Im Interesse des Schutzes nicht voll Geschäftsfähiger und von Personen unter Betreuung mit Einwilligungsvorbehalt ist die Vorschrift nämlich teleologisch zu reduzieren, da der Gesetzgeber in seiner Begründung zu Abs. 3 S. 2 ausdrücklich nur auf die rechtsgeschäftliche Vertretungsmacht Bezug genommen hat, indem er davon ausging, dass der aufgeklärte Vertretene die Wahl seines Vertreters in Kenntnis der typischen Risiken von Finanztermingeschäften getroffen hat. Bei der gesetzlichen Vertretung nicht voll Geschäftsfähiger fehlt es aber gerade sowohl an der Bevollmächtigung wie am Risikobewusstsein des Vertretenen.[344]

---

[343] Vgl. zu den umstr: Voraussetzungen der Verbindlichkeit von über ein Oder-Konto abgewickelten Termingeschäften nach § 53 Abs. 2 BörsG aF noch BGH v. 25. 6. 2002 XI ZR 218/01 NJW 2002, 3093, 3094 f.

[344] So im Ergebnis auch *Balzer/Siller* in BuB Rn. 7/255 und *Assmann/Schneider/Mülbert*, § 37d Rn. 57.

Information bei Finanztermingeschäften **137–140** **Vor §§ 37e und 37g**

Eine andere Frage ist es, ob der gesetzliche Vertreter beim Abschluss von Finanztermingeschäften Beschränkungen unterliegt. In Betracht kommen insoweit neben der allgemeinen Pflicht zur wirtschaftlichen Vermögensverwaltung (§ 1642 BGB) zunächst die §§ 1643 Abs. 1, 1822 Nr. 8, 1908 i Abs. 1 S. 1 BGB, wonach für eine Aufnahme von Geld auf den Kredit des nicht voll Geschäftsfähigen die Genehmigung des Vormundschaftsgerichts erforderlich ist, was wegen eines mindestens vergleichbaren Gefährdungspotentials analog auch für das Eingehen von Stillhalterpositionen bei Finanztermingeschäften gelten dürfte.[345] Außerdem ist generell zu berücksichtigen, dass das Familiengericht nach § 1667 BGB bei einer pflichtwidrigen Gefährdung des Kindesvermögens verschiedene Maßnahmen ergreifen kann (vgl. auch §§ 1796, 1908 i Abs. 1 S. 1 BGB für den Vormund bzw. den Betreuer). Ein anerkennenswertes Interesse am Abschluss von Finanztermingeschäften für den nicht voll Geschäftsfähigen besteht insbesondere dann, wenn hierdurch Vermögenswerte des Betreffenden gegen Verluste abgesichert werden können (Hedging). **137**

ee) Testamentsvollstreckung. Im Falle der Testamentsvollstreckung kommt es ausschließlich auf die entsprechende Information des Testamentsvollstreckers an, da dieser das Finanztermingeschäft auf Grund seiner Bestellung durch den Erblasser nicht als Vertreter der Erben i. S. v. Abs. 3, sondern unabhängig von den Erben kraft eigenen Rechts und im eigenen Namen abschließt.[346] Der Testamentsvollstrecker wird allerdings fremdnützig für die Erben tätig, so dass er beim Abschluss des Finanztermingeschäfts seiner Pflicht zur ordnungsgemäßen Verwaltung des Nachlasses nachzukommen hat. Auch hier dürfte ein anerkennenswertes Interesse am Abschluss von Finanztermingeschäften zu Lasten des Nachlasses insbesondere dann bestehen, wenn hierdurch das Nachlassvermögen gegen Verluste abgesichert werden kann. **138**

ff) Vertretung bei der Zuteilung von Bezugsrechten. Nach Abs. 3 S. 1 werden die durch die Vorschrift herbeigeführten Modifikationen auf die Absätze 1 und 2 Satz 1 beschränkt. Da § 37d nach seiner Neufassung durch den Finanzausschuss des Bundestages jedoch nur noch den alten Abs. 2 S. 2 als neuen Abs. 2 enthält, geht die modifizierende Veweisung insoweit ins Leere. Dieser Redaktionsfehler ist bei der Gesetzesanwendung am besten dadurch zu korrigieren, dass man den Abs. 3 sowohl auf Abs. 1 wie die Ausnahmevorschrift des Abs. 2 bezieht. Damit wäre dann klargestellt, dass die Ausnahmeregelung des Abs. 2 auch in Vertretungssituationen zur Anwendung kommt und mithin weder der Vertreter noch der Vertretene bei der Zuteilung von Bezugsrechten auf Grund einer gesetzlichen Verpflichtung über entsprechende Geschäftsrisiken nach § 37d Abs. 1 zu unterrichten sind. **139**

e) Kritik der Vertretungsregelung

Abs. 3 ist in mehrfacher Hinsicht zu kritisieren. Zunächst mag man Zweifel an der verbraucherschützenden Wirkung der Aufklärung des Vertreters haben, wenn dieser an der Durchführung des Geschäfts ein Eigeninteresse hat.[347] Zudem **140**

---

[345] *Schäfer/Hamann/Müller*, § 37d WpHG Rn. 76.
[346] Generell zur fehlenden Vertreterstellung des Testamentsvollstreckers BGH v. 29. 4. 1954 IV ZR 152/53 BGHZ 13, 203, 205; *Lange/Kuchinke*, Erbrecht 5. Aufl., S. 684 f.
[347] So auch die krit. Stellungnahme des Bundesrats zum RegE 4. FMFG, BT-Drucks. 14/8017, S. 166.

widersprechen sich Regelungsinhalt und Gesetzesbegründung. Geht man nämlich mit dem Gesetzgeber davon aus, dass es für die Begründung und Erfüllung der Informationspflicht auf die Person des Vertreters ankommen sollte, weil dieser die Information für die letztlich von ihm zu treffende Anlageentscheidung benötigt, dürfte weder die alternative Unterrichtung des Vertretenen möglich sein (so aber S. 2) noch in Fällen einer Weisungsgebundenheit des Vertreters dessen Aufklärung ausreichen (vgl. auch § 166 Abs. 2 BGB). Denn mit der Auswahl des Vertreters in Kenntnis der Finanztermingeschäftsrisiken ist keineswegs gewährleistet, dass dieser dann auch außerhalb der Sonderfälle einer Weisungsgebundenheit die konkrete Anlageentscheidung in Kenntnis dieser Risiken trifft.[348] Das Wahlrecht des Aufklärungspflichtigen lässt sich allenfalls mit einer Erleichterung der Informationsdurchführung rechtfertigen (Rn. 131). Die Regelung des Abs. 3 weicht zudem in entscheidenden Punkten und fragwürdiger Weise von den allgemeinen Grundsätzen der Wissensvertretung (§ 166 BGB analog) ab. Dies gilt nicht nur für die § 166 Abs. 1 widersprechende mögliche alternative Information des Vertretenen nach S. 2, sondern auch für das § 166 Abs. 2 BGB entgegenstehende Ausreichen der Unterrichtung des angewiesenen Vertreters nach S. 1. Schließlich bringt auch die durch Abs. 3 S. 2 geschaffene Erleichterung dem Aufklärungspflichtigen keinen entscheidenden Gewinn, da dieser nach § 31 Abs. 2 S. 1 Nr. 2 aF immer noch zur individuellen Information des Vertreters verpflichtet bleibt und hieran auch zur Vermeidung von Irrtumsanfechtungen nach § 119 iVm § 166 Abs. 1 BGB interessiert sein muss (Rn. 131).

3. Informationspflicht von Unternehmen mit Sitz im Ausland (Abs. 6)

141 Nach Abs. 6 gilt die schadensersatzbewehrte Informationspflicht auch für Unternehmen mit Sitz im Ausland, sofern das Finanztermingeschäft zumindest teilweise einen Inlandsbezug aufweist und der Verbraucher seinen gewöhnlichen Aufenthalt oder seine Geschäftsleitung[349] im Inland hat.[350] Die § 31 Abs. 3 aF nachgebildete Regelung soll eine Umgehung des § 37d verhindern.[351] Es handelt sich allerdings nicht um eine kollisionsrechtliche Norm, sondern um eine die Anwendbarkeit deutschen Rechts (etwa nach Art. 29 EGBGB) voraussetzende Regelung.[352] Hinsichtlich der Bedeutung der einzelnen Tatbestandsmerkmale der Erweiterungsvorschrift ist zu verweisen: zum Unternehmenssitz Rn. 107; zum Begriff des Finanztermingeschäfts Rn. 8 ff.; zu Abschluss, Anschaffung, Veräußerung, Vermittlung und Nachweis solcher Geschäfte Rn. 116; zum Verbraucherbegriff Rn. 117 ff.; zu den Begriffen des gewöhnlichen Aufenthalts bzw. der Geschäftsleitung § 31; zur teilweisen Leistungserbringung im Inland § 31.

---

[348] Krit. insoweit auch *Horn/Balzer*, FS Kümpel 2003, S. 275, 280 f.

[349] Bei der Bezugnahme auf die Geschäftsleitung eines Verbrauchers handelt es sich vermutlich um ein Redaktionsversehen (dazu etwa *Schäfer*, FS Immenga 2004, S. 689, 702); zu einem möglichen Bedeutungsgehalt bei einem gewöhnlichen Aufenthalt des Verbrauchers im Ausland und einer gewerblichen oder selbstständigen beruflichen Tätigkeit mit effektiver Geschäftsleitung im Inland *Assmann/Schneider/Mülbert*, § 37d Rn. 86).

[350] Vgl. dazu etwa den Sachverhalt von BGH v. 25. 1. 2005 XI ZR 78/04 ZIP 2005, 478.

[351] Begr. RegE 4. FMFG BT-Drucks. 14/8017, S. 96.

[352] *Samtleben*, ZBB 2003, 69, 75.

Nur wenn der Kunde der entsprechenden Sprache mächtig ist, kann die Informationsschrift bei einer Auslandsberührung auch in einer Fremdsprache abgefasst sein.[353]

C. Inhalt der Informationspflicht

I. Gegenstand

Die dem Verbraucher nach § 37d zu erteilenden standardisierten Informationen (zur individuellen Informationspflicht nach § 31 Abs. 2 S. 1 Nr. 2 aF Rn. 74 ff.) sind identisch mit den Informationen, die auf Grund des bis 2002 geltenden § 53 Abs. 2 S. 1 BörsG aF zu gewähren waren. Der Praxis sollte auf diese Weise eine Änderung der in langjähriger Arbeit entwickelten und teilweise höchstrichterlich erprobten Unterrichtungsschriften erspart werden.[354] Dies mag auch der Grund dafür sein, dass eine standardisierte Aufklärung i. S. v. § 37d Abs. 1 (siehe jedoch zur Individualaufklärung i. S. v. § 31 Abs. 2 S. 1 Nr. 2 aF Rn. 78) über die mit der Hebelwirkung verbundenen Risiken nach wie vor nicht erforderlich ist, obwohl auch der Gesetzgeber die Hebelwirkung inzwischen als typisches Merkmal der Termingeschäfte ansieht.[355] Entfallen ist allerdings das bis 2002 in § 53 Abs. 2 S. 2 BörsG aF enthaltene Erfordernis, im Rahmen der Risikoaufklärung nochmals gesondert auf die speziellen Risiken bei Warentermingeschäften hinzuweisen, da ein Bedürfnis nach einer solchen Aufklärung bei Warentermingeschäften nicht besteht.[356] Das Gesetz bezieht die Informationspflicht damit weiterhin auf vier grundsätzlich abschließend[357] aufgezählte **Risikogruppen,** denen die Information in gleicher und aktueller Weise gerecht werden muss: 142

Nr. 1: Verfall oder Wertminderung der aus Börsentermingeschäften erworbenen befristeten Rechte. Die Informationsschrift muss den Verbraucher zunächst darauf hinweisen, dass die aus Finanztermingeschäften erworbenen Rechte verfallen oder überproportional (Hebelwirkung) an Wert verlieren können und dass dieses Risiko umso größer sein kann, je kürzer die Frist ist. Der Käufer einer Kaufoption (Call, Rn. 38) ist dabei speziell über das überproportionale Verlustrisiko bis hin zum Totalverlust bei Kursverlusten des Basiswerts aufzuklären. Der Käufer einer Verkaufsoption (Put, Rn. 38) muss hingegen auf das 143

---

[353] So für die Unterzeichnung eines englischsprachigen Risk Disclosure Statements LG Wuppertal v. 2. 6. 1992 (2 O 515/90) WM 1993, 103, 107; die Rechtsprechung des EuGH zur generell möglichen Etikettierung von Waren in einer verständlichen Fremdsprache (dazu *Schroeder* in *Streinz* (Hrsg.), Kommentar EUV/EGV Art. 30 Rn. 36 ff.) kann nicht auf die Risikoinformation nach § 37d WpHG übertragen werden.
[354] Begr. RegE 4. FMFG BT-Drucks. 14/8017, S. 95.
[355] Begr. RegE 4. FMFG BT-Drucks. 14/8017, S. 85.
[356] Begr. RegE 4. FMFG BT-Drucks. 14/8017, S. 95.
[357] Vgl. zum grundsätzlich abschließenden Charakter des § 53 Abs. 2 S 1 BörsG aF sowie zur Aktualisierungspflicht bei etwa durch neuartige Vertragstypen entstehenden und durch das Gesetz und die Unterrichtungsschrift nicht abgedeckten Risiken Begr. RegE Börsengesetznovelle 1989 BT-Drucks. 11/4177, S. 19 f. sowie BGH v. 14. 2. 1995 XI ZR 218/93 WM 1995, 658 und BGH v. 5. 10. 1999 XI ZR 296/98 WM 1999, 2300, 2301 f.

überproportionale Verlustrisiko bis hin zum Totalverlust bei Kurssteigerungen des Basiswerts hingewiesen werden. Da der Wert einer Option auch durch andere Faktoren als den Kurs des Basiswerts beeinflusst wird (zB Laufzeit, Häufigkeit und Intensität der Kursschwankungen des Basiswerts), ist ferner klar zu machen, dass sich der Wert einer Option auch bei einem unveränderten Kurs des Basiswerts mindern kann. Richtet sich die gekaufte Option auf den Abschluss eines Finanztermingeschäfts, ist die sukzessive Kombination des Optionsrisikos mit dem Risiko des bei Optionsausübung zustande kommenden Termingeschäfts zu erläutern. In jedem Fall ist der Verbraucher als Käufer einer Option darauf hinzuweisen, dass das gesamte für den Erwerb der Option aufgewendete Kapital verloren geht, wenn die Option – und sei es auch nur auf Grund eines Versäumnisses – von ihm innerhalb der Ausübungsfrist nicht ausgeübt wird.[358]

144 Nr. 2: Mangelnde Bestimm- und Begrenzbarkeit des Verlustrisikos. Die Informationsschrift muss zudem darauf hinweisen, dass das Verlustrisiko bei Finanztermingeschäften nicht bestimmbar sein und auch über die geleisteten Sicherheiten hinaus das sonstige Vermögen des Verbrauchers betreffen kann. So ist der Verbraucher als Verkäufer per Termin beim Festgeschäft (Rn. 36) oder als Verkäufer (Stillhalter) einer Kaufoption (Rn. 38f.) darüber zu informieren, dass er infolge der Terminpreisbindung beim späteren Verkauf des Basiswerts entweder von etwaigen Wertsteigerungen eines sich bereits in seinem Vermögen befindenden und nicht als Sicherheit für (andere) Termingeschäfte gesperrten Basiswerts nicht mehr profitieren kann oder er sich einen noch nicht in seinem Vermögen befindenden Basiswert später zu einem möglicherweise über dem Terminpreis liegenden Marktpreis beschaffen bzw. entsprechende Ausgleichszahlungen in bar leisten muss und ihm hieraus theoretisch unbegrenzte Verluste drohen, die weit über die geleisteten Sicherheiten hinausgehen können (Rn. 29ff. und 88). Die Verbraucher als Käufer per Termin oder Verkäufer einer Verkaufsoption müssen wissen, dass sie bei sinkenden Kursen den Basiswert zum vereinbarten höheren Terminpreis abnehmen bzw. entsprechende Ausgleichszahlungen leisten müssen und ihnen ein etwaiger Weiterverkauf entweder gar nicht oder nur mit erheblichen Preisabschlägen möglich sein wird. Der Verkäufer einer Option, die ihrerseits auf den Abschluss eines Finanztermingeschäfts gerichtet ist, ist darauf hinzuweisen, dass auch er diesen Risiken ausgesetzt ist, wenn der Käufer die Option ausübt.

145 Nr. 3: Fehlende Absicherungsmöglichkeiten. Gesetzlich vorgeschrieben ist ferner der Hinweis darauf, dass Geschäfte, mit denen die Risiken aus abgeschlossenen Finanztermingeschäften ausgeschlossen oder eingeschränkt werden sollen, möglicherweise gar nicht oder nur zu einem verlustbringenden Preis abgeschlossen werden können, so dass man auf die Möglichkeit zur Verlustkompensation bzw. -einschränkung nicht vertrauen kann.

146 Nr. 4: Erhöhtes Verlustrisiko bei Kreditaufnahme oder durch Wechselkursschwankungen. Schließlich muss die Informationsschrift darüber aufklären, dass das Verlustrisiko steigt, wenn das Finanztermingeschäft durch einen

---

[358] *Lang,* Informationspflichten, § 11 Rn. 29; vgl. dazu auch Nr. 15 Abs. 2 der Sonderbedingungen für Wertpapiergeschäfte (abgedruckt in ZBB 2008, 416ff.) und BGH v. 7. 5. 2002 XI ZR 197/01 MDR 2002, 1135 (Verpflichtung einer Bank zur Benachrichtigung des Kunden über den drohenden Verfall von Rechten aus Optionsscheinen).

Kredit finanziert wird oder die Verbindlichkeiten bzw. Ansprüche auf eine ausländische Währung oder eine Rechnungseinheit (früher zB Ecu) lauten bzw. in ihrem Wert hiervon bestimmt werden. Im Falle der grundsätzlich nicht sittenwidrigen[359] Kreditfinanzierung muss der Verbraucher wissen, dass er nicht nur etwaige Verluste hinzunehmen, sondern auch den Kredit zu verzinsen und zurückzuzahlen hat, so dass er sich insoweit nicht auf etwaige Gewinne aus dem Termingeschäft verlassen darf und auch bei Verlusten genügend andere Mittel zur Verzinsung und etwaigen kurzfristigen Rückzahlung des Kredits verfügbar haben muss. Wechselkursschwankungen können zudem den Wert einer erworbenen Option verringern, den beim Verkauf per Termin und Verkauf einer Kaufoption zu erwerbenden Basiswert (zusätzlich) verteuern, den beim Kauf per Termin und Verkauf einer Verkaufsoption abzunehmenden Basiswert (zusätzlich) entwerten oder eine bei derartigen Kontrakten statt der effektiven Lieferung vereinbarte und auf ausländische Währung lautende Ausgleichszahlungsverpflichtung verteuern.

II. Form

Nach Abs. 1 S. 1 hat die Information des Vertragspartners mit Verbrauchereigenschaft schriftlich zu erfolgen. Abweichend von § 126 BGB soll durch dieses **Schriftformerfordernis** aber lediglich die mündliche Erteilung der nach Abs. 1 S. 1 Nr. 1 bis 4 erforderlichen Informationen ausgeschlossen werden. Eine eigenhändige Namensunterschrift des Unternehmensträgers bzw. eines vertretungsberechtigten Organmitglieds unter der jeweiligen Unterrichtsschrift ist daher im Gegensatz zur ausdrücklich von Abs. 1 S. 2 geforderten Unterschrift des Verbrauchers nicht erforderlich.[360] Das Schriftformerfordernis betrifft zudem nur die Aufklärungspflicht nach Abs. 1 S. 1. Sie erstreckt sich nicht auf andere, vom Unternehmen etwa nach § 31 Abs. 2 S. 1 Nr. 2 aF zu erteilende Informationen, die mithin auch mündlich gegeben werden können.

Erforderlich, aber auch ausreichend ist ein **Informationsblatt,** das die in Abs. 1 S. 1 Nr. 1 bis 4 genannten Risiken und eventuelle zusätzliche Risiken bei neuartigen Finanztermingeschäften[361] zutreffend und informativ sowie für den durchschnittlichen Verbraucher verständlich darstellt.[362] Die bloße Wiedergabe des Gesetzeswortlauts oder des Wortlauts von Entscheidungsleitsätzen genügt hierfür nicht, da hierdurch einem durchschnittlichen, mit Finanztermingeschäften noch nicht vertrauten Verbraucher die Tragweite der Risiken nicht hinreichend verständlich vor Augen geführt wird.[363] Andererseits ist es aber auch nicht erforderlich, dem unterdurchschnittlich erfahrenen und auffassungs-

---

[359] OLG Bamberg v. 7. 2. 1997 (6 U 62/96) WM 1997, 1283, 1288; OLG Düsseldorf v. 21. 7. 1995 (17 U 306/94) WM 1995, 1751.
[360] Vgl. dazu nur *Balzer/Siller* in BuB Rn. 7/243 und *Schäfer/Hamann/Müller,* § 37 d WpHG Rn. 41.
[361] Zur insoweit eingeschränkten Aktualisierungspflicht auch *Schwark/Zimmer,* KMRK vor § 37 d WpHG Rn. 16.
[362] BGH v. 14. 2. 1995 XI ZR 218/93 WM 1995, 658; *Horn,* ZIP 1990, 2, 7; *Hopt,* HGB 30. Aufl. § 53 BörsG Rn. 9.
[363] BGH v. 14. 2. 1995 XI ZR 218/93 WM 1995, 658; BGH v. 26. 10. 2004 XI ZR 211/03 WM 2005, 27, 28; *Hopt,* HGB 30. Aufl. § 53 BörsG Rn. 9; aA *Wach,* AG 1992, 384, 392 f.

begabten Verbraucher die Termingeschäftsfähigkeitsrisiken einsichtig zu machen, da es im Rahmen von § 37d um eine standardisierte Information geht, die im Gegensatz zur allgemeinen Wertpapierdienstleistungsaufklärung nach § 31 Abs. 2 S. 1 Nr. 2 aF nicht auf die individuellen Bedürfnisse des einzelnen Verbrauchers zuzuschneiden ist.[364] Die von der deutschen Kreditwirtschaft gemeinsam erarbeitete Unterrichtungsschrift genügt den Anforderungen des Abs. 1 S. 1 Nr. 1 bis 4.[365]

149 Die Informationspflicht des Unternehmens wird auch dann erfüllt, wenn der Unternehmensträger bzw. seine organschaftlichen oder rechtsgeschäftlichen Vertreter nicht in einen unmittelbaren persönlichen **Kontakt** zum Verbraucher treten. Die Unterrichtungsschrift kann dem Verbraucher daher auch lediglich durch Einschaltung eines Übermittlungsboten (zB Post)[366] oder über einen Empfangsboten bzw. Empfangsvertreter (zB Ehegatten, Anlageberater)[367] zugeleitet werden. Sofern der Kunde der entsprechenden Sprache mächtig ist, kann die Informationsschrift bei einer Auslandsberührung auch in einer **Fremdsprache** abgefasst sein.[368]

III. Unterschrift des Verbrauchers

150 Die Unterrichtungsschrift ist nach Abs. 1 S. 2 vom Verbraucher bzw. seinem Vertreter (Abs. 3 S. 1) vor Geschäftsabschluss persönlich zu unterschreiben. Es handelt sich um einen Realakt, so dass eine Irrtumsanfechtung insoweit ausscheidet.[369] Eine Vertretung des Verbrauchers ist nur beim Abschluss des Finanztermingeschäfts insgesamt mit den Rechtsfolgen nach Abs. 3, nicht jedoch im Hinblick auf die Unterschriftsleistung des nach Abs. 1 bzw. Abs. 3 Aufzuklärenden möglich. Die Unterschrift kann auch durch eine qualifizierte elektronische Signatur nach dem SigG[370] ersetzt werden (§ 126a Abs. 1 BGB). Ein Faksimilestempel ist nicht ausreichend.[371] Maßgeblich ist grundsätzlich allein der formale Akt der Unterschrift des Verbrauchers und nicht auch der Umstand, dass der Verbraucher die in der Unterrichtungsschrift enthaltenen Informationen auch

---

[364] So auch zu § 53 Abs. 2 BörsG aF BGH v. 14. 2. 1995 XI ZR 218/93 WM 1995, 658; *Schäfer/Hamann/Müller*, § 37d WpHG Rn. 35; aA *Koller*, BB 1990, 2202, 2206, 2209.

[365] Vgl. dazu zu § 53 Abs. 2 S. 1 aF BGH v. 19. 5. 1998 XI ZR 216/97 WM 1998, 1441, 1442 (für die vom Deutschen Sparkassenverlag herausgegebene Fassung vom Januar 1993); BGH v. 11. 3. 1997 XI ZR 92/96 WM 1997, 811, 812; BGH v. 11. 6. 1996 XI ZR 172/95 WM 1996, 1260, 1261; BGH v. 14. 2. 1995 XI ZR 218/93 WM 1995, 658 (Fassung 1989) sowie Begr. RegE 4. FMFG BT-Drucks. 14/8017, S. 95.

[366] OLG Hamm v. 30. 9. 1996 (31 U 33/96) WM 1997, 566, 567 f.; *Wach*, AG 1992, 384, 396 mit Fn. 127; krit. *Horn*, ZIP 1990, 2, 8 f.

[367] BGH v. 14. 2. 1995 XI ZR 218/93 WM 1995, 658, 659; BGH v. 11. 6. 1996 XI ZR 172/95 WM 1996, 1260, 1262; OLG Köln v. 8. 3. 1996 (19 U 201/95) WM 1996, 1495, 1496.

[368] So für ein Risk Disclosure Statement LG Wuppertal v. 2. 6. 1992 (2 O 515/90) WM 1993, 103, 107.

[369] OLG Bamberg v. 7. 2. 1997 (6 U 62/96) WM 1997, 1283, 1287.

[370] BGBl. 2001 I S. 876.

[371] So auch *Horn/Balzer*, FS Kümpel 2003, S. 275, 279; aA OLG München v. 17. 11. 1999 (15 U 3327/99) WM 2001, 769, 772.

tatsächlich zur Kenntnis genommen und verstanden hat.[372] Dem Verbraucher muss auch keine Überlegungsfrist eingeräumt werden.[373] Etwas anderes gilt nur dann, wenn das Unternehmen dem Verbraucher keine ausreichende Zeit zum Durchlesen der Unterrichtungsschrift gewährt hat (zu einer etwaigen Schadensersatzpflicht Rn. 159 ff.). Die Unterschrift muss vor Geschäftsabschluss erfolgen. Eine Unterschrift bei Geschäftsabschluss genügt nicht, wenn sich die Parteien bereits geeinigt haben und der Vertrag tatsächlich bereits abgeschlossen ist.

Das Unterschriftserfordernis soll den Verbraucher vor Geschäftsabschluss warnen und stellt daher keine belanglose Formalität,[374] sondern einen der letzten verbliebenen Rechtfertigungsgründe für die Zweistufigkeit der Verbraucherinformation und damit die Sonderregelung des Rechts der Finanztermingeschäfte überhaupt dar (Rn. 94 ff.). Diesen Umstand gilt es auch dann zu berücksichtigen, wenn es im Zusammenhang mit dem Schadensersatzanspruch nach Abs. 4 unter dem Gesichtspunkt des rechtmäßigen Alternativverhaltens um die Kausalität zwischen der Nichtunterzeichnung und dem entstandenen Anlageschaden geht (Rn. 162 f.).[375] **151**

IV. Verwässerungsverbot

Die in Abs. 1 S. 2 enthaltene Regelung entspricht dem bis 2002 geltenden **152** § 53 Abs. 2 S. 3 BörsG aF. Danach soll die durch den Katalog des Abs. 1 S. 1 bezweckte spezifische Risikoinformation nicht mit weiteren Informationen vermischt und auf diese Weise in ihrer Wirkung beeinträchtigt werden. Es soll sichergestellt werden, dass der Verbraucher der Information erhöhte Aufmerksamkeit beimisst.[376] Anders als die individuelle Information nach § 31 Abs. 2 S. 1 Nr. 2 aF kann und muss sich die Unterrichtungsschrift inhaltlich auf die Information über die vier vom Gesetz genannten Risikogruppen beschränken. Nach dem Wortlaut von Abs. 1 S. 2 darf die Unterrichtungsschrift zwar auch Informationen über die Finanztermingeschäfte enthalten. Eine zu detaillierte Darstellung der verschiedenen Terminkontraktarten mit den entsprechenden Fachbegriffen und allgemeinen Geschäftsbedingungen würde jedoch von den Grundrisiken ablenken und Gefahr laufen, gegen das Verwässerungsverbot zu verstoßen.[377] Dies gilt auch für die Vermittlung juristischer Details oder die Information über Anlagestrategien.[378] Das Verwässerungsverbot des Abs. 1 S. 2 unterstreicht damit in

---

[372] BGH v. 11. 6. 1996 XI ZR 172/95 BGHZ 133, 82, 87; an dieser Rechtsprechung dürfte sich angesichts des bestehenden zweistufigen Aufklärungssystems auf absehbare Zeit nichts ändern, obwohl die Pflicht zum Schadensersatz seit 2002 die Hauptsanktion unzureichender Aufklärung bildet (zu dieser Möglichkeit aber *Lenenbach*, Rn. 6132; wie hier *Schäfer*, FS Immenga 2004, S. 689, 698).
[373] *Kienle* in Bankrechts-Handbuch 2. Aufl. 2001 § 106 Rn. 108.
[374] So aber *Schäfer/Lang*, BKR 2002, 197, 204.
[375] Speziell zur Kausalitätsproblematik bei fehlender Unterschrift *Lang*, Informationspflichten § 6 Rn. 77.
[376] Begr. RegE 4. FMFG BT-Drucks. 14/8017, S. 95.
[377] Dazu auch Begr. RegE Börsengesetznovelle 1989 BT-Drucks. 11/4177, S. 19 f.; siehe beispielhaft zu einem Verstoß gegen das Verwässerungsverbot OLG Düsseldorf v. 11. 2. 2005 15 U 133/03.
[378] Vgl. dazu auch *Lang*, Informationspflichten § 6 Rn. 29 f.

Vor §§ 37e und 37g 153–155   Abschnitt 8. Finanztermingeschäfte

inhaltlicher Hinsicht die Zweiteilung der Informationsdurchführung: die standardisierte Information nach § 37 d Abs. 1 beschränkt sich notgedrungen auf die wirtschaftlichen und geldwerten Grundrisiken von Finanztermingeschäften.[379] Eine umfassende und individualisierte Produktinformation im Sinne einer detaillierten Darstellung der Kontraktarten und etwaiger nicht von Abs. 1 S. 1 lit. a bis d erfasster Geschäftsrisiken erfolgt hiervon getrennt in einer gesonderten Informationsschrift[380] bzw. in mündlicher Form.

153   Sofern der Verbraucher den Abschluss eines bestimmten Finanztermingeschäfts anstrebt, ist er grundsätzlich nur über dessen spezifische Risiken genau zu informieren. Da die meisten Finanztermingeschäfte jedoch vergleichbare Grundrisiken aufweisen, der Kunde im Anschluss an die Unterrichtung vielfach unterschiedliche Termingeschäfte abschließt und eine Vielzahl teils eng verwandter Kontraktformen besteht, ist es dem Aufklärungspflichtigen auch zu gestatten, eine nach Kontraktgruppen geordnete Pauschalinformation vorzunehmen, wie dies auch bei Verwendung der von der deutschen Kreditwirtschaft gemeinsam erarbeiteten Unterrichtungsschrift geschieht.

V. Zeitpunkt

1. Erstinformation

154   Nach dem Wortlaut des Abs. 1 muss die schriftliche Erstinformation des Verbrauchers einschließlich von dessen Unterschrift (dazu Rn. 150 f.) vor (nicht bei) dem Abschluss des betreffenden Finanztermingeschäfts bzw. der Erteilung des entsprechenden Geschäftsauftrags erfolgen. Ohne eine angemessene Bedenkzeit bestünde die Gefahr, dass die Unterzeichnung der Informationsschrift im Zusammenhang mit dem Vertragsschluss bzw. Geschäftsauftrag nur noch als Formalie betrachtet und einer weiteren Einebnung der beiden Aufklärungsstufen (dazu generell Rn. 95 ff.) Vorschub geleistet werden würde.[381] Insoweit sollte es allerdings nicht auf den Zeitpunkt des Zustandekommens des Vertrages nach §§ 145 ff. BGB durch eine möglicherweise hinausgeschobene und erst nach entsprechender Aufklärung erfolgende Annahmeerklärung des Aufklärungspflichtigen, sondern ausschließlich auf den Zeitpunkt des Wirksamwerdens der Willenserklärung des Aufzuklärenden nach §§ 130 ff. BGB ankommen.[382]

2. Wiederholungsinformation

155   Nach Abs. 1 S. 3 ist die schriftliche Unterrichtung des Verbrauchers zudem jeweils vor dem Ablauf von zwei Jahren zu wiederholen, um dem Effekt einer Gewöhnung an Finanztermingeschäfte entgegenzuwirken. Für das Wiederho-

---

[379] Siehe dazu die von der deutschen Kreditwirtschaft gemeinsam erarbeitete und verwendete Unterrichtungsschrift „Wichtige Informationen über Verlustrisiken bei (Börsen-/Finanz-)Termingeschäften".
[380] Siehe dazu etwa die seit 1993 im Deutschen Sparkassenverlag verlegten Basisinformationen über Termingeschäfte.
[381] AA *Balzer/Siller* in BuB Rn. 7/245.
[382] Vgl. dazu BGH v. 19. 5. 1998 XI ZR 216/97 WM 1998, 1441, 1443; *Kienle* in Bankrechts-Handbuch § 106 Rn. 39.

lungsgebot gilt damit nunmehr im Gegensatz zum bis 2002 geltenden § 53 Abs. 2 S. 4 BörsG aF eine einheitliche Maximalfrist von zwei Jahren, innerhalb der dem Verbraucher die Unterrichtungsschrift erneut zugänglich zu machen und von diesem zu unterschreiben ist. Der Tag des Fristablaufs berechnet sich nach §§ 187, 188 Abs. 2 BGB. Wie sich seit 2002 eindeutig aus dem Wortlaut des Abs. 1 S. 3 ergibt, ist weder eine taggenaue Unterrichtung nach zwei Jahren noch die Einhaltung einer Mindestfrist (so noch § 53 Abs. 2 S. 4 HS 2 BörsG aF) erforderlich. Damit genügt auch eine sehr frühzeitig innerhalb der Zweijahresfrist wiederholte Unterrichtung den Anforderungen des Abs. 1, wobei die neuerliche Zweijahresfrist ab dem Zeitpunkt der Unterzeichnung der Wiederholungsinformation und nicht erst nach Ablauf der vorangegangenen Zweijahresfrist zu laufen beginnt.[383] Der vorübergehend erwogene Vorschlag, auch die zwischenzeitlich von einem anderen Finanztermingeschäftsunternehmen vorgenommene Information als Wiederholungsinformation gelten zu lassen (sog. absolute Wirkung der Information), wurde mit Recht aus Gründen mangelnder Praktikabilität nicht in das Gesetz übernommen (sog. relative Wirkung der Information; zur insoweit allerdings gegebenen Kausalitätsproblematik siehe Rn. 162). Da der Gesetzgeber keine Übergangsregelung getroffen hat, ist für alle nach dem 1. 7. 2002 geschlossenen Finanztermingeschäfte ausschließlich die neue Einheitsfrist von zwei Jahren für die Erteilung der Wiederholungsinformation maßgeblich.

3. Nachholung der Information

Die Information kann nicht mit Wirkung für die Vergangenheit nachgeholt werden. Erfolgt die erstmalige bzw. wiederholte Unterrichtung des Verbrauchers daher erst nach Abschluss der ersten Finanztermingeschäfte bzw. nach Ablauf der zweijährigen Wiederholungsfrist, sind etwaige dem Verbraucher hieraus entstehende Schäden vom Aufklärungspflichtigen nach Abs. 4 zu ersetzen (Rn. 158 ff.). In Betracht kommt allerdings eine Unterbrechung der haftungsausfüllenden Kausalität hinsichtlich aller noch nach der erfolgten Aufklärung eingetretenen (sog. Neu-)Schäden, wenn der Verbraucher auf Grund einer eigenverantwortlichen Entscheidung die Terminposition nicht unverzüglich auflöst (Rn. 165). Für die Zukunft wird eine Schadensersatzpflicht des Aufklärungspflichtigen jedoch ausgeschlossen, sofern dem Verbraucher nicht ausnahmsweise der zudem mit einem erheblichen Mitverschulden verbundene Nachweis gelingt, dass er auf Grund seiner sog. Vorprägung durch die bereits getätigten Finanztermingeschäfte der Informationsschrift nicht mehr die nötige Aufmerksamkeit gewidmet hat (Rn. 163 und 168).[384]

---

[383] Wie hier *Casper*, WM 2003, 161, 165; *Assmann/Schneider/Mülbert*, WpHG § 37d Rn. 42; aA *Balzer/Siller* in BuB Rn. 7/247 (Mindestfrist von 22 Monaten zur Verhinderung einer Gewöhnung an die Information); *Lang*, Informationspflichten, § 11 Rn. 75; krit. zur Neuregelung *Schlüter*, Börsenhandelsrecht 2. Aufl., G 1310.

[384] Vgl. zur sog. Vorprägungsproblematik im Rahmen der nicht mit § 37d (hier Schadensersatz-, Kausalitäts- und Mitverschuldensfrage) vergleichbaren Regelung des § 53 Abs. 2 aF (dort Wirksamkeitsfrage) die Entscheidungen des OLG Zweibrücken v. 15. 5. 1995 (7 U 81/94) WM 1995, 1272, 1274 f. (Unwirksamkeit späterer Finanztermingeschäfte auf Grund gegebener Vorprägung) einerseits und des BGH v. 11. 6. 1996 XI ZR 172/95 WM 1996, 1260, 1261 (Unerheblichkeit der Vorprägung) anderseits.

D. Sanktionierung

157 Die Sanktionierung einer Verletzung der Aufklärungspflicht zeigt deren Doppelnatur als vorvertragliche Aufklärungs- bzw. deliktische Verkehrssicherungspflicht[385] und öffentlich-rechtliche Obliegenheit.[386]

I. Schadensersatzpflicht nach Abs. 4

1. Systematik

158 Ein Verstoß gegen die Informationspflicht nach Abs. 1 oder Abs. 3 S. 1 lässt die Wirksamkeit des Finanztermingeschäfts im Gegensatz zum bis 2002 geltenden Recht (vgl. §§ 53, 58 BörsG aF) unberührt. Der Gesetzgeber empfand es als einen Fremdkörper im deutschen Rechtssystem, die Wirksamkeit eines Rechtsgeschäfts von der hinreichenden Aufklärung eines Vertragspartners über die Verlustrisiken abhängig zu machen. Wie auch im ausländischen Recht und im Rahmen der individuellen Aufklärung nach § 31 Abs. 2 S. 1 Nr. 2 aF iVm § 823 Abs. 2 BGB bzw. § 280 Abs. 1 iVm §§ 311 Abs. 2, 241 Abs. 2 BGB soll der Verstoß gegen die Pflicht zur standardisierten Information nach Abs. 1 oder Abs. 3 S. 1 daher künftig nur noch durch eine verschuldensabhängige Schadensersatzhaftung des Pflichtigen sanktioniert werden.[387] Aufgrund dieser Gleichschaltung der Rechtsfolgen unterscheiden sich die beiden Stufen der Verbraucherinformation über Finanztermingeschäfte, d. h. die gesonderte standardisierte Risikoinformation (§ 37 d) und die allgemeine individuelle Produktinformation (§ 31 Abs. 2 S. 1 Nr. 2 aF), nur noch in ihrem Tatbestand (Rn. 102).

§ 37 d Abs. 4 ist eine eigene Anspruchsgrundlage, die die Verletzung einer privatrechtlichen vorvertraglichen Pflicht sanktioniert. Eines Rückgriffs auf § 823 Abs. 2 BGB bedarf es nicht.[388]

2. Voraussetzungen des Schadensersatzanspruchs

a) Verletzung der Informationspflicht nach Abs. 1 oder Abs. 3 S. 1

159 Eine Verletzung der Informationspflicht nach Abs. 1 oder Abs. 3 S. 1 ist nicht nur bei einer inhaltlich unzureichenden Information (Rn. 142 ff.), sondern auch bei einem Verstoß gegen die Form (Rn. 147 ff.), das Unterschriftserfordernis (Rn. 150 f.), das Verwässerungsverbot (Rn. 152 f.) und den maßgeblichen Zeitpunkt (Rn. 154 ff.) gegeben.[389] Auch Unternehmen mit Sitz im Ausland können nach Abs. 6 gegen die Informationspflicht verstoßen (Rn. 141). Während der Verbraucher nach den allgemeinen Grundsätzen als Anspruchsteller die Beweislast für das Bestehen der Aufklärungspflicht (subjektiver und objektiver Anwen-

---

[385] *Schäfer*, Haftung, S. 18 und 21.
[386] Dazu etwa *Horn*, ZBB 1997, 139, 149; *Köndgen*, ZBB 1996, 361.
[387] Begr. RegE 4. FMFG BT-Drucks. 14/8017, S. 95; rechtsvergleichende Nachweise bei *Samtleben* in *Hopt/Rudolph/Baum*, Börsenreform, S. 502 mit Fn. 182.
[388] So auch *Assmann/Schneider/Mülbert*, WpHG § 37 d Rn. 5 und *Balzer/Siller* in BuB Rn. 7/278; aA *Schäfer/Lang*, BKR 2002, 197, 207.
[389] Dazu auch *Zimmer*, JZ 2003, 22, 23.

dungsbereich des Abs. 1)³⁹⁰ zu tragen hat, wird die Verletzung einer bestehenden Aufklärungspflicht nach Abs. 4 S. 2 **vermutet**. Deshalb hat das Finanztermingeschäftsunternehmen darzulegen und zu beweisen, dass die Information dem Verbraucher rechtzeitig, vollständig und zutreffend erteilt wurde. Durch diese im Vergleich zum bis 2002 geltenden § 53 Abs. 2 S. 5 BörsG aF genauer gefasste Beweislastumkehr soll die Geltendmachung berechtigter Schadensersatzansprüche im Interesse des Anlegerschutzes erleichtert werden.³⁹¹

b) Schaden

Dem Verbraucher muss zudem ein Schaden entstanden sein. Nach der sog. Differenzhypothese besteht der Schaden in der Differenz zwischen der tatsächlichen Rechtsgüterlage des Verbrauchers, die durch den betreffenden Verstoß gegen die Informationspflicht (mit-)geschaffen wurde, und der hypothetischen Rechtsgüterlage, die ohne diesen Verstoß bestünde. Der Schaden kann danach nicht nur in dem eigentlichen Geschäftsverlust, sondern auch in aufgewendeten Vertragsschluss- und Vertragserfüllungskosten sowie in dem entgangenen Gewinn aus unterlassenen alternativen Geldanlagegeschäften (§ 252 BGB) bestehen (näher Rn. 172). Der Eintritt und die Höhe des Schadens sind vom Verbraucher als dem Anspruchsteller darzulegen und zu beweisen.³⁹²

c) Kausalität

aa) Haftungsbegründende Kausalität. Die Kausalität setzt zunächst voraus, dass der Verbraucher bzw. sein Vertreter durch den Verstoß gegen Abs. 1 oder Abs. 3 S. 1 zum Abschluss eines Finanztermingeschäfts bzw. zur Erteilung eines entsprechenden Auftrags veranlasst wurde. Diese sog. haftungsbegründende Kausalität ist gegeben, wenn der Verbraucher bzw. sein Vertreter bei ordnungsgemäßer Information von dem betreffenden Finanztermingeschäft Abstand genommen hätte.³⁹³ Die Beweislast hat insoweit nach allgemeinen Grundsätzen der Verbraucher als Anspruchsteller zu tragen, da sich die Beweislastumkehr des Abs. 4 S. 2 tatbestandlich nicht auf die Kausalität erstreckt.³⁹⁴ Der Verbraucher wird allerdings zumeist nur schwer nachweisen können, dass er bei ordnungsgemäßer Standardaufklärung von dem konkreten Finanztermingeschäft Abstand genommen hätte. Um ein Leerlaufen der zivilrechtlichen Schadensersatzsanktion zu vermeiden, sollte daher auch hier die von der Rechtsprechung zumindest für die Aufklärungspflichten im Zusammenhang mit bestimmten Anlageentscheidungen entwickelte **widerlegliche Vermutung aufklärungsrichtigen Verhaltens**³⁹⁵ als Beweiserleichterung eingreifen.³⁹⁶ Es genügt daher zunächst, wenn

---

³⁹⁰ Lediglich die Voraussetzungen der Ausnahmevorschrift des Abs. 2 (Rn. 128) sind nach allgemeinen Grundsätzen vom Anspruchsgegner darzulegen und zu beweisen.
³⁹¹ Begr. RegE 4. FMFG BT-Drucks. 14/8017, S. 95.
³⁹² *Schäfer/Lang*, BKR 2002, 197, 209.
³⁹³ Vgl. dazu im Zusammenhang mit der Prospekthaftung BGH v. 24. 4. 1978 II ZR 172/76 BGHZ 71, 284, 291 f.; BGH v. 6. 10. 1980 II ZR 60/80 BGHZ 79, 337, 346.
³⁹⁴ *Schäfer/Lang*, BKR 2002, 197, 209; *Lang*, Informationspflichten, § 11 Rn. 99.
³⁹⁵ Dazu zuletzt *Canaris*, FS Hadding 2004, S. 3 ff.; zur umstrittenen Einordnung dieser Vermutung als Beweislastumkehr, Anscheinsbeweis oder Beweiswürdigungsregel siehe nur *Assmann* in Assmann/Schütze, Hdb. KapitalanlageR § 6 Rn. 176 ff. mwN.
³⁹⁶ Eingehend *Zimmer*, JZ 2003, 22, 28 ff., der dabei für eine echte Beweislastumkehr eintritt; ferner *Schlüter*, Börsenhandelsrecht Rn. G.1322; für die Individualaufklärung bei

der Verbraucher behauptet, er bzw. sein Vertreter hätte bei ordnungsgemäßer Aufklärung von dem fraglichen Finanzterminegeschäft abgesehen.[397]

162 Das Finanzterminegeschäftsunternehmen kann dem Schadensersatzanspruch des Verbrauchers jedoch den sog. **Einwand des rechtmäßigen Alternativverhaltens** entgegenhalten, wenn es nachweist, dass der Schaden auch bei pflichtgemäßem Verhalten eingetreten wäre. Der Aufklärungspflichtige kann sich damit der Schadensersatzverpflichtung entziehen, wenn er darlegt und beweist, dass der Verbraucher bzw. sein Vertreter etwa infolge einer noch vor Geschäftsabschluss erfolgten Individualaufklärung nach § 31 Abs. 2 S. 1 Nr. 2 aF,[398] bei einer lediglich fehlenden Unterschrift unter die übergebene und erläuterte Informationsschrift,[399] der Aufklärung durch ein anderes Finanzterminegeschäftsunternehmen,[400] einer vorangegangenen und lediglich nicht rechtzeitig wiederholten Standardaufklärung,[401] als Bankkaufmann oder als Mitglied eines Investmentclubs anderweitig Kenntnis von den Risiken eines Finanzterminegeschäfts gehabt hat und deshalb das Finanzterminegeschäft auch bei ordnungsgemäßer Aufklärung i. S. v. Abs. 1 getätigt hätte. Die Zulassung des Einwands rechtmäßigen Alternativverhaltens entspricht den allgemeinen Grundsätzen des Schadensersatzrechts. Die vom Gesetzgeber auf der Rechtsfolgenseite angeordnete Gleichschaltung der beiden Aufklärungsstufen kann sich damit auch auf der Tatbestandsseite auswirken, indem eine noch vor Geschäftsabschluss ordnungsgemäß erfolgte Individualaufklärung nach § 31 Abs. 2 S. 1 Nr. 2 aF unter Umständen die Kausalität der Pflichtverletzung nach Abs. 1 bzw. Abs. 3 S. 1 für den dem Verbraucher entstandenen Schaden entfallen lässt. Die Anforderungen an die Beweisführung sind jedoch erheblich, da die auf der Schriftform, dem Verwässerungsverbot, dem Unterschrifts- und Wiederholungserfordernis beruhende Abschreckungsvermutung der rechtzeitigen formalisierten Standardaufklärung nach Abs. 1 nicht ohne weiteres zu widerlegen sein wird. Am ehesten dürfte dies dem Aufklärungspflichtigen bei einer ordnungsgemäßen Drittinformation möglich sein. Gute Aussicht auf Erfolg hat der Einwand zudem bei einer lediglich verspäteten oder ganz unterlassenen Wiederholungsinformation, da der Aufklärungspflichtige hier nicht nur auf die ordnungsgemäße Erstinformation und etwaige weitere „auffrischen-

---

Termingeschäften nach dem bis 2002 geltenden Recht Vortmann/*Buthmann*, § 6 Rn. 113 ff.; gegen jede Beweiserleichterung hingegen *Assmann/Schneider/Mülbert*, WpHG § 37d Rn. 80.

[397] Vgl. dazu im Zusammenhang mit der Prospekthaftung BGH v. 22. 3. 1979 VII ZR 259/77 BGHZ 74, 103, 112f.; BGH v. 31. 5. 1990 VII ZR 340/88 BGHZ 111, 314, 321; BGH v. 26. 9. 1991 VII ZR 376/89 BGHZ 115, 214, 223f.; BGH v. 11. 3. 1997 XI ZR 92/96 WM 1997, 811, 813.

[398] *Zimmer*, JZ 2003, 22, 24f.; *Lang*, Informationspflichten, § 11 Rn. 92f.; *Fleischer*, NJW 2002, 2977, 2982; *Samtleben*, ZBB 2003, 69, 74; aA unter Hinweis auf die Zweistufigkeit der Risikoaufklärung *Casper*, WM 2003, 161, 166f. und *Kind*, Börsen- und Finanzterminegeschäfte, S. 45.

[399] Kausalitätsprobleme sehen hier auch *Schäfer/Lang*, BKR 2002, 197, 204; *Lang*, Informationspflichten, § 11 Rn. 77 und 92; auf die Zulassung des Arglistwandes von Seiten des Aufklärungspflichtigen (vgl. dazu noch im Rahmen von § 53 Abs. 2 BörsG aF BGH v. 12. 5. 1998 XI ZR 180/97 BGHZ 139, 1, 11) wird man insoweit in Zukunft *verzichten können*.

[400] *Zimmer*, JZ 2003, 22, 26; *Lang*, Informationspflichten, § 11 Rn. 95.

[401] *Zimmer*, JZ 2003, 22, 25f.

Information bei Finanztermingeschäften   **Vor §§ 37e und 37g**

de" Individualaufklärungen, sondern auch auf die inzwischen gemachten Termingeschäftserfahrungen des Verbrauchers verweisen kann. Das Finanztermingeschäftsunternehmen wird sich aber niemals darauf verlassen können, dass ihr der entsprechende Beweis, für den es teilweise auch auf ein von ihr schwer nachprüfbares Verhalten Dritter ankommt, im Einzelfall gelingt, und daher in der Praxis stets um eine ordnungsgemäße standardisierte Risikoaufklärung bemüht sein (müssen). Die effektive und allgemeine Gewährleistung der standardisierten Verbraucheraufklärung auf der ersten Stufe, die zudem der Finanzdienstleistungsaufsicht unterliegt, wird daher in der Praxis durch die Zulassung des Einwands rechtmäßigen Alternativverhaltens im Grundsatz nicht gefährdet. Sollte sich in der Praxis wider Erwarten eine andere Entwicklung abzeichnen, müsste man daran denken, dem Finanztermingeschäftsunternehmen den Einwand des rechtmäßigen Alternativverhaltens im Hinblick auf den Normzweck des § 37d WpHG und dessen effektive Verwirklichung zu verwehren.[402]

Ebenfalls um ein Problem der haftungsbegründenden Kausalität und des rechtmäßigen Alternativverhaltens handelt es sich bei der Frage, ob sich eine fehlende oder unzureichende Aufklärung vor dem Erstgeschäft auch auf **Folgegeschäfte** auswirkt, vor deren Abschluss die Aufklärung inzwischen in ordnungsgemäßer Weise nachgeholt worden ist. Die Frage wurde in Anlehnung an die sog. Vorprägungsrechtsprechung des BGH zu Warenterminoptionsgeschäften[403] auch bis 2002 im Zusammenhang mit der Wirksamkeit von Börsentermingeschäften kraft Information nach § 53 Abs. 2 BörsG aF kontrovers diskutiert.[404] Nach dem Wortlaut des Abs. 4 kommt es für die Schadensersatzverpflichtung des Finanztermingeschäftsunternehmens nicht darauf an, dass der im Zusammenhang mit einem Finanztermingeschäft erlittene Schaden nur auf eine gerade im Zusammenhang mit dem Abschluss dieses Geschäfts verletzte Informationspflicht zurückzuführen ist. Vielmehr kann auch die frühere Verletzung der Informationspflicht insbesondere vor dem Erstgeschäft zum Ersatz der „daraus" dem Verbraucher im Zusammenhang mit Folgegeschäften entstandenen Schäden führen.[405] In aller Regel wird der hierzu erforderliche Kausalzusammenhang allerdings durch eine zwischenzeitlich ordnungsgemäß erfolgte Information nach Abs. 1 unterbrochen, da davon auszugehen ist, dass der Verbraucher das neuerliche Finanztermingeschäft nicht zuletzt auch auf Grund seiner Erfahrungen mit dem Erstgeschäft nunmehr in Kenntnis von dessen Risiken abgeschlossen hat. Ein Kausalzusammenhang zwischen Pflichtverletzung und Schaden besteht jedoch dann, wenn der Verbraucher darlegt und beweist, dass er auf Grund der unzureichend bzw. fehlhaft erfolgten Erstaufklärung die ordnungsgemäße zweite Unterrichtungsschrift lediglich „als Formsache" unterschrieben und nicht wirklich zur Kenntnis genommen bzw. richtig verstanden hat (sog. Vorprägung).[406] Es

---

[402] Zu Möglichkeit eines die Normzweckverwirklichung sichernden Ausschlusses des Einwands rechtmäßigen Alternativverhaltens generell *Palandt/Heinrichs*, Vorb. § 249 Rn. 106.
[403] BGH v. 22. 6. 1993 XI ZR 215/92 WM 1993, 1457, 1458.
[404] OLG Zweibrücken v. 15. 5. 1995 (7 U 81/94) WM 1995, 1272, 1274 f.; BGH v. 11. 6. 1996 XI ZR 172/95 WM 1996, 1260, 1261; näher *Vortmann/Buthmann,* § 6 Rn. 115 ff.
[405] Vgl. dazu bereits zum bis 2002 geltenden Recht BGH v. 22. 6. 1993 XI ZR 215/92 WM 1993, 1457.
[406] Dazu bereits nach dem bis 2002 geltenden Recht im Rahmen der individuellen wertpapierhandelsrechtlichen Aufklärungspflicht BGH v. 22. 6. 1993 XI ZR 215/92 WM

Jung

ist zwar zutreffend, dass es im Rahmen von Abs. 1 grundsätzlich nicht auf eine tatsächliche Kenntnisnahme und ein richtiges Risikoverständnis des Verbrauchers ankommt (dazu Rn. 150), doch sollte dies nur bei ordnungsgemäßer Erstinformation gelten, da es nur dann der Verbraucher allein zu vertreten hat, dass er die ihm ordnungsgemäß zur Verfügung gestellten Informationen nicht zur Kenntnis genommen bzw. richtig verstanden hat. Verneint man mit der Gegenansicht trotz bewiesener Vorprägung des Verbrauchers wegen dessen ordnungsgemäßer Zweitaufklärung die Kausalität zwischen der unzureichenden Erstaufklärung und dem im Zusammenhang mit dem Folgegeschäft entstandenen Schaden, hat man jedoch immer noch eine Haftung des Unternehmens(-trägers) wegen der Verletzung der individuell auf die Informationsbedürfnisse zuzuschneidenden allgemeinen Aufklärungspflicht nach § 31 Abs. 2 S. 1 Nr. 2 aF zu erwägen. In diesem Zusammenhang kann die Vorprägung des Verbrauchers dann gleichfalls nicht unberücksichtigt bleiben, so dass sich der Unternehmensträger auch außerhalb von Abs. 4 schadensersatzpflichtig macht, wenn er den Verbraucher nicht ausdrücklich auf die Unterschiede zwischen den Informationsschriften und die Maßgeblichkeit der zweiten Schrift hinweist.

164 Angesichts des seit 2002 bestehenden Erfordernisses einer haftungsbegründenden Kausalität braucht die Geltendmachung des Schadensersatzanspruchs anders als vor 2002 die Berufung auf die Unverbindlichkeit des Börsentermingeschäfts nicht mehr als treuwidrig angesehen werden, wenn sich der **Verbraucher arglistig** verhalten und etwa die Unterzeichnung der Unterrichtungsschrift bewusst vereitelt haben sollte.[407] Künftig wird es nur noch darauf ankommen, ob das Finanztermingeschäftsunternehmen darlegen und beweisen kann, dass der Verbraucher bzw. sein Vertreter anderweitig Kenntnis von den Risiken eines Finanztermingeschäfts gehabt hat und deshalb das Finanztermingeschäft auch bei ordnungsgemäßer Aufklärung i. S. v. Abs. 1 getätigt hätte (Rn. 162).

165 **bb) Haftungsausfüllende Kausalität.** Außerdem muss das entsprechende Finanztermingeschäft zu dem behaupteten Schaden geführt haben.[408] Dies beurteilt sich zunächst nach der sog. Adäquanztheorie, so dass die Ursächlichkeit gegeben ist, wenn der Geschäftsabschluss die objektive Möglichkeit des Eintritts des betreffenden Schadens generell nicht unerheblich erhöht hat. Für die genannten Schäden (Rn. 160) wird man dies regelmäßig bejahen können. Fraglich ist allerdings, ob die Kausalität für Schäden entfällt, die erst nach einer von dem verpflichteten Unternehmen nachgeholten Information i. S. v. Abs. 1 eingetreten sind. Zwar steht insoweit die Pflichtverletzung und deren Kausalität für den Geschäftsabschluss außer Frage, doch könnte man daran denken, dass im Falle einer bei **Nachholung der Aufklärung** bestehenden Glattstellungs- bzw. Barausgleichsmöglichkeit das weitere Festhalten des Verbrauchers am Termingeschäft

---

1993, 1457, 1458; gegen eine Übertragung der auf die individuelle wertpapierhandelsrechtliche Aufklärungspflicht bezogenen Vorprägungs-Rechtsprechung auf § 37 d Abs. 4 hingegen *Schlüter*, Börsenhandelsrecht 2. Aufl., G 1306 und *Zimmer*, JZ 2003, 22, 25 f.

[407] Vgl. zu der auf § 242 BGB gestützten Einschränkung der Berufung auf die Unverbindlichkeit von Börsentermingeschäften nach dem bis 2002 geltenden Recht BGH v. 12. 5. 1998 XI ZR 180/97 BGHZ 139, 1, 11; OLG Köln v. 12. 7. 1996 (19 U 39/96) ZIP 1996, 1740 f.

[408] Vgl. dazu im Zusammenhang mit der Prospekthaftung BGH v. 24. 4. 1978 II ZR 172/76 BGHZ 71, 284, 292; BGH v. 21. 11. 1983 II ZR 27/83 WM 1984, 19, 20.

die Kausalität zwischen dem Geschäftsabschluss und den danach entstehenden Schäden unterbricht.[409] Die Unterbrechung des Kausalverlaufs durch ein Verhalten des Geschädigten setzt allerdings nach allgemeinen schadensrechtlichen Grundsätzen voraus, dass dieses durch die Pflichtverletzung nicht herausgefordert wurde. Zu bedenken gilt es insoweit, dass sich der Verbraucher durch die bislang eingetretenen Verluste zum „Aussitzen" hat veranlasst sehen können. Eine Unterbrechung des Kausalverlaufs mit der Folge der Begrenzung der Ersatzpflicht auf den bislang eingetretenen Schaden und ein eigenverantwortliches Handeln des Verbrauchers wird man daher nur annehmen können, wenn der Aufklärungspflichtige dem Verbraucher die Auflösung der Terminposition empfiehlt und den Ersatz des dabei eintretenden Schadens zusichert.[410] Eine Spekulation des Verbrauchers auf Kosten des Finanztermingeschäftsunternehmens, die zudem als Mitverschulden (Rn. 168) gewertet werden könnte, wird auf diese Weise im Ansatz unterbunden.

Fraglich ist aber darüber hinaus, ob dabei nach der sog. Schutzzwecklehre nur solche Schäden zu ersetzen sind, die im **Schutzbereich** der verletzten Aufklärungspflicht liegen. Problematisch wäre insoweit insbesondere der Ersatz eines Schadens, der auf andere Umstände (zB steuerrechtliche Risiken, Rn. 184) als auf diejenigen zurückzuführen ist, über die nach Abs. 1 S. 1 lit. a bis lit. d überhaupt hätte informiert werden müssen. Für den Bereich der sog. Prospekthaftung wird eine derartige Begrenzung der ersatzfähigen Schäden überwiegend mit der Begründung verneint, dass der Anleger nicht durch falsche oder unvollständige Prospektangaben zu seinem Anlageentschluss verleitet werden dürfe und ihm daher ein umfassender und nicht auf einzelne schadenstiftende Umstände bezogener Dispositionsschutz gewährt werden müsse.[411] Angesichts der Tatsache, dass sich die standardisierte Aufklärung nach Abs. 1 auf bestimmte Basisrisiken zu beschränken hat (Verwässerungsverbot, Rn. 152f.) und mit § 31 Abs. 2 S. 1 Nr. 2 aF im Wertpapierdienstleistungsbereich noch eine umfassende, gleichfalls schadensersatzbewehrte Aufklärungspflicht besteht, kann diese Ansicht allerdings nicht ohne weiteres auf die Haftung nach Abs. 4 übertragen werden. Es spricht vielmehr einiges dafür, die Schutzzwecklehre anzuwenden, die Beschränkung der standardisierten Aufklärungspflicht auf bestimmte Punkte ernst zu nehmen und damit den Dispositionsschutz des 37 d einschließlich der Ersatzpflicht nach Abs. 4 auf die Basisrisiken des Abs. 1 S. 1 lit. a bis lit. d zu beschränken und den Ersatz weiterer Schäden von den Voraussetzungen einer Aufklärungspflichtverletzung nach § 31 Abs. 2 S. 1 Nr. 2 aF und eines Anspruchs nach § 823 Abs. 2 BGB bzw. §§ 280 Abs. 1, 311 Abs. 2, 241 Abs. 2 BGB abhängig zu machen.[412]

d) Vertretenmüssen und Mitverschulden

Die Haftung nach Abs. 4 wurde vom Gesetzgeber entgegen anderslautender Forderungen des Bundesrats[413] als Verschuldenshaftung ausgestaltet (vgl. Abs. 4

---

[409] Zimmer, JZ 2003, 22, 26.
[410] Zutreffend Zimmer, JZ 2003, 22, 26.
[411] BGH v. 9. 6. 1998 XI ZR 220/97 NJW-RR 1998, 1271, 1273; BGH v. 5. 7. 1993 II ZR 194/92 WM 1993, 1787, 1788f.; aA OLG Frankfurt/M. v. 30. 1. 1992 (16 U 120/90) WM 1992, 572, 574f.
[412] Vgl. auch zur Differenzierung zwischen begrenzten und umfassenden Aufklärungspflichten BGH v. 3. 12. 1991 XI ZR 300/90 BGHZ 116, 209, 212ff.
[413] Stellungnahme des Bundesrats zum RegE 4. FMFG BT-Drucks. 14/8017, S. 166.

S. 2). Es ist daher ein vorsätzliches oder zumindest leicht fahrlässiges Verhalten des Aufklärungspflichtigen oder eines Erfüllungsgehilfen erforderlich (§§ 276, 278 BGB). Ein vorsätzliches Verhalten liegt vor, wenn der Tatbestand des Abs. 4 (Rn. 159 ff.) mit Wissen und Wollen (zumindest dolus eventualis) verwirklicht wird. Ein (leicht) fahrlässiges Verhalten ist gegeben, wenn die verkehrsübliche Sorgfalt (regelmäßig nach § 347 Abs. 1 HGB diejenige eines ordentlichen Kaufmanns) außer Acht gelassen wird (§ 276 Abs. 2 BGB). Dabei kann sich das Finanztermingeschäftsunternehmen nicht darauf berufen, dass der zuständige Sachbearbeiter mangels hinreichender Ausbildung keine Kenntnis von den erforderlichen Aufklärungsmaßnahmen gehabt hat (Organisationsverschulden).[414] Das Vertretenmüssen des Aufklärungspflichtigen wird nach Abs. 4 S. 2 **vermutet**. Aufgrund dieser Umkehr der Beweislast hat das Finanztermingeschäftsunternehmen darzulegen und zu beweisen, dass es eine fehlerhafte oder gar unterlassene Unterrichtung nicht zu vertreten hat. Hierdurch soll die Geltendmachung berechtigter Schadensersatzansprüche im Interesse des Anlegerschutzes erleichtert werden, da der Verbraucher regelmäßig keinen hinreichenden Einblick in die Organisationsabläufe und den Kenntnisstand des Finanztermingeschäftsunternehmens haben wird.[415] An einem Verschulden des Aufklärungspflichtigen kann es etwa fehlen, wenn sich der Verbraucher glaubhaft als Unternehmer ausgegeben hat (vgl. auch Rn. 123 und 168).

168 Ein Mitverschulden des Verbrauchers ist nach § 254 BGB auch im Rahmen des Abs. 4 anspruchsmindernd und ggf. sogar anspruchsausschließend zu berücksichtigen. Ein Mitverschulden wird jedoch nur in seltenen Ausnahmefällen relevant werden (zB Rn. 47, 156, 163). Besteht das Mitverschulden nämlich darin, dass der Verbraucher das Finanztermingeschäft trotz eines anderweitig erlangten Risikobewusstseins abgeschlossen hat, dürfte bereits der die Kausalität hindernde Einwand rechtmäßigen Alternativverhaltens dem Schadensersatzanspruch entgegenstehen (Rn. 162). Auf der anderen Seite kann dem Verbraucher keine Nachforschungspflicht hinsichtlich der Finanztermingeschäftsrisiken auferlegt werden, da anderenfalls der Schadensersatzanspruch nach Abs. 4 und damit auch die Verbraucherschutzfunktion des § 37d Abs. 1 und 3 weitgehend leer liefe. Ein Mitverschulden im Sinne eines Verstoßes gegen die Schadensbegrenzungsobliegenheit kann sich aber etwa daraus ergeben, dass der Verbraucher nach Kenntniserlangung von seinem Schadensersatzanspruch weiter auf Kosten des Anspruchsgegners spekuliert[416] oder er sich aber in erkennbarer Weise als Scheinunternehmer (Rn. 123 und 167) ausgegeben hat.

e) Durchsetzbarkeit (Verjährung)

169 Nach Abs. 4 S. 3 verjährt der Schadensersatzanspruch in drei Jahren ab Anspruchsentstehung. Die Verjährungsregelung entspricht damit zwar § 37a, weicht jedoch von den Verjährungsvorschriften der §§ 195 ff. BGB insoweit ab, als einerseits die regelmäßige Verjährungsfrist von drei Jahren (vgl. § 195 BGB) zugrunde gelegt wird, für den Fristbeginn jedoch anders als nach § 199 BGB (dort Ultimoverjährung ab Kenntnis) ausschließlich die **Anspruchsentstehung** maßgeblich ist

---

[414] *Zimmer*, JZ 2003, 22, 27.
[415] Begr. RegE 4. FMFG BT-Drucks. 14/8017, S. 95.
[416] *Vortmann/Buthmann*, § 6 Rn. 126; *Casper*, WM 2003, 161, 166; dazu auch im Zusammenhang mit der haftungsausfüllenden Kausalität bei Nachholung der Information Rn. 165.

(vgl. § 200 BGB).[417] Wie bei § 37a sollten Schadensersatzansprüche gegen ein Wertpapierdienstleistungsunternehmen, das ohne die nach § 32 Abs. 1 KWG erforderliche Erlaubnis tätig ist, nicht unter Abs. 4 S. 3 und die hierdurch verkürzte Verjährung fallen.[418] Der Schadensersatzanspruch ist entstanden, wenn alle Tatbestandsvoraussetzungen erfüllt sind und der Gläubiger den Schadensersatz tatsächlich verlangen kann (näher § 37a). Danach setzt die Anspruchsentstehung insbesondere den kausalen Eintritt eines Schadens voraus. Nach h. A.[419] soll der Schaden allerdings schon in der Eingehung des fraglichen Termingeschäfts einschließlich der erforderlichen Sicherheitsleistung bestehen, auch wenn sich zu diesem Zeitpunkt die Gewinn- und Verlustchancen noch die Waage halten sollten und sich das Termingeschäftsrisiko noch gar nicht realisiert hat. Im Falle eines später tatsächlich eintretenden Verlusts ändere sich dann lediglich die Schadenshöhe. Denn anderenfalls werde die Verjährung durch später eintretende Kursverluste wieder neu in Gang gesetzt und aufgeweicht.

Es ist jedoch schon nach Wortlaut, Entstehungsgeschichte und systematischer Stellung der §§ 37a und 37d wenig überzeugend, die Verjährung bereits mit der noch schadensneutralen Erteilung von Aufträgen für Finanztermingeschäfte bzw. deren Abschluss beginnen zu lassen.[420] Angesichts der in aller Regel kurzen Laufzeit von Terminkontrakten und ihrer frühzeitigen Glattstellung bzw. Verrechnung (Rn. 32ff.) dürfte sich das Risiko zwar grundsätzlich auch innerhalb der Verjährungsfrist von drei Jahren realisieren, doch scheint es fragwürdig, dem Verbraucher den Ersatz eines ausnahmsweise einmal später eintretenden Schadens unter Hinweis auf einen derart frühen Verjährungsbeginn zu verwehren. Es wäre in diesen Fällen auch problematisch, den Verbraucher zur fristwahrenden Geltendmachung seines Schadensersatzanspruchs zu zwingen, ohne dass dieser bereits die Höhe des tatsächlichen Schadens kennt. Auf der anderen Seite droht dem Finanztermingeschäftsunternehmen durch einen Verjährungsbeginn bei tatsächlichem Schadenseintritt kein Nachteil, da etwaige Verluste des Verbrauchers unverzüglich in dem Moment, in dem zumindest von einer der Parteien die Aufklärungspflichtverletzung bemerkt wird, durch Glattstellung bzw. Veräußerung des Finanztermingeschäfts endgültig zu realisieren sind und damit die Verjährungsfrist in Gang gesetzt werden kann. Spekuliert der Verbraucher hier auf Kosten des Aufklärungspflichtigen, ist dies als Mitverschulden (Rn. 168) oder Verwirkung anzusehen, wodurch der Ersatz weiterer Schäden ausgeschlossen

---

[417] Ziel war die Angleichung an § 51b BRAO, § 51a WPO und § 68 StBerG, deren Verjährungsfristen jedoch zwischenzeitlich verlängert wurden; zu Erwägungen, auch die Verjährungsfrist des § 37a WpHG an § 199 BGB anzupassen, siehe BT-Drucks. 15/3653 S. 30 und 32 und dazu näher *Knops,* AcP 205 (2005) 821, 839f.

[418] Siehe dazu nur BGH v. 19. 1. 2006 III ZR 105/05 AG 2006, 244, 245f. mwN.

[419] BGH v. 8. 3. 2005 XI ZR 170/04 BB 2005, 1297; OLG Frankfurt v. 2. 8. 2006 (23 U 287/05) AG 2006, 858; KG v. 11. 3. 2004 19 U 71/03 ZIP 2004, 1306; LG Zweibrücken v. 2. 7. 2004 I O 478/03 NJW-RR 2004, 1690; *Schäfer/Lang,* BKR 2002, 197, 209 und *Horn/Balzer,* FS Kümpel 2003, S. 275, 286; zu § 37a *Roller/Hackenberg* ZBB 2004, 227, 229 und *Assmann/Schneider/Koller,* § 37a WpHG Rn. 7ff.; so auch im Zusammenhang mit der Schadensentstehung überhaupt BGH v. 28. 2. 1989 XI ZR 70/88 WM 1989, 1047, 1049; aA LG Hof v. 29. 8. 2003 (22 S 28/03) BKR 2004, 489; *Knops,* AcP 205 (2005), 81, 842; *Kind,* Börsen- und Finanztermingeschäfte, S. 47ff.

[420] So auch *Knops,* AcP 205 (2005), 821, 841ff.; *Kind,* Börsen- und Finanztermingeschäfte, S. 47ff.

wird. Im Ergebnis kommt es damit auf den Zeitpunkt der Kenntnis der Umstände an, aus denen sich die Rechtspflicht zur Aufklärung ergibt.[421]
Fraglich ist zudem, ob der Anspruchsteller bei Ablauf der Verjährungsfrist nach § 37d Abs. 4 S. 3 in besonderen Fällen (zB bei Neubefassung des Finanzdienstleistungsunternehmens mit der fehlerhaften Beratung) auch noch geltend machen kann, dass er von dem Finanzdienstleistungsunternehmen über den Lauf der kurzen Verjährungsfrist hätte aufgeklärt werden müssen, wobei der Anspruch auf Ersatz des aus der schuldhaften Verletzung dieser Pflicht entstandenen Schadens nach § 37a in drei Jahren nach Eintritt der Verjährung des Anspruchs aus § 37d Abs. 4 verjähren würde.[422] Eine derartige Sekundärverjährung sollte jedoch nur bei einem dauerhaften Vertrauensverhältnis zwischen Wertpapierdienstleistungsunternehmen und Anleger (zB Beratungs- oder Vermögensbetreuungsvertrag) in Betracht kommen, da anderenfalls die Absicht des Gesetzgebers, die Verjährungsfrist im Interesse von Wertpapierdienstleistungsunternehmen und ihrer Anlageberater erheblich zu verkürzen, weitgehend vereitelt werden würde.[423]

f) Abdingbarkeit

171   § 37d Abs. 1 ist als Norm des Aufsichtsrechts nicht abdingbar. Anders als im Rahmen von § 31 Abs. 2 S. 1 Nr. 2 aF[424] ist ein rechtsgeschäftlicher Verzicht auf Aufklärung nach Abs. 1 aufsichtsrechtlich auch dann unbeachtlich, wenn der Verbraucher – etwa als Bankkaufmann – auf Grund seiner Professionalität die Tragweite seines Verzichts zu überblicken vermag. Insoweit kommt dann allenfalls der Einwand rechtmäßigen Alternativverhaltens in Betracht (Rn. 162). Fraglich ist allerdings, ob die aufsichtsrechtliche Unabdingbarkeit des § 37d auch für die zivilrechtliche Schadensersatzsanktion gilt. Angesichts des regelmäßig zwingenden Charakters des Verbraucherschutzrechts wird man jedoch auch dies anders als im Rahmen von § 31 Abs. 2 S. 1 Nr. 2 aF anzunehmen haben. Ein Haftungsausschluss in AGB wird jedenfalls nach § 307 Abs. 2 Nr. 1 BGB unwirksam sein. Das Finanztermingeschäftsunternehmen wird sich allerdings nach allgemeinen Rechtsgrundsätzen darauf berufen können, dass sich ein Verbraucher treuwidrig verhält, der zunächst versichert hat, auf seinen etwaigen Schadensersatzanspruch zu verzichten, um diesen dann doch geltend zu machen (venire contra factum proprium). Praktische Bedeutung hat die Frage eines Verzichts auf Aufklärung insbesondere im Terminhadel durch sog. Discount oder Online Broker, die herkömmlich Wertpapierdienstleistungen vereinbarungsgemäß ohne Beratung und mit eingeschränkter Aufklärung und dafür kostengünstiger erbringen.[425]

---

[421] Vgl. dazu auch für die Verjährungsregelung des § 852 BGB aF im Zusammenhang mit Warentermin- und Optionsgeschäften BGH v. 29. 1. 2002 XI ZR 86/01 MDR 2002, 594, 595; BGH v. 10. 4. 1990 VI ZR 288/89 WM 1990, 971, 973.

[422] Eine derartige sog. Sekundärverjährung in Anlehnung an die Rechtsprechung zur Verjährung von Schadensersatzansprüchen gegen Rechtsanwälte bejahend *Roller/Hackenberg*, ZBB 2004, 227 ff.

[423] So auch BGH v. 8. 3. 2005 XI ZR 170/04 BB 2005, 1297, 1298; generell gegen die Übertragung der Grundsätze der sog. Sekundärverjährung auf § 37a *Schwark*, KMRK § 37a WpHG Rn. 6.

[424] Dazu etwa *Balzer*, DB 1997, 2311, 2314.

[425] *Vgl. zur Diskussion im Rahmen von § 31 Abs. 2 aF Lenenbach* in Leipold (Hrsg.), Rechtsfragen des Internet und der Informationsgesellschaft, S. 189, 198 f. und *Zimmer*, JZ 2003, 22, 25.

3. Inhalt des Schadensersatzanspruchs

Sind die Voraussetzungen des Abs. 4 gegeben, hat der Verbraucher einen Anspruch darauf, so gestellt zu werden, als hätte er das betreffende Finanztermingeschäft nicht geschlossen (sog. negatives Interesse).[426] Ihm ist daher zunächst der eigentliche durch Erfüllung, Verfall, Glattstellung, Barausgleich oder Veräußerung des Finanztermingeschäfts entstehende **Geschäftsverlust** zu ersetzen (sog. Differenzschaden). Hat der Verbraucher infolge der fehlenden oder unzureichenden Aufklärung ein ganzes Bündel von Finanztermingeschäften abgeschlossen, sind die daraus entstandenen Gewinne und Verluste zu verrechnen (sog. Vorteilsausgleichung). Der Verbraucher kann zudem den Ersatz seiner **Vertragsschluss- und Vertragserfüllungskosten** verlangen.[427] Zu den insoweit ersatzfähigen Kosten gehören neben einer Courtage, Börsenumsatzsteuern und Depotgebühren auch die Aufwendungen für eine Kreditfinanzierung der Anlage, soweit diese wie etwa bei den Leerverkäufen mit Wertpapierdarlehensgewährung durch den aufklärungspflichtigen Vertragspartner Bestandteil des Finanztermingeschäfts gewesen sind oder die (beabsichtigte) Kreditfinanzierung dem Vertragspartner bekannt gewesen ist.[428] Da der Ersatz des negativen Interesses nicht durch das Erfüllungsinteresse begrenzt wird, kann der Verbraucher auch den Ersatz desjenigen **Gewinns** fordern, der ihm aus unterlassenen alternativen Geldanlagegeschäften mit Wahrscheinlichkeit entstanden wäre (§ 252 BGB).[429] Kann der Ver-braucher nicht nachweisen, dass er eine bestimmte andere erfolgreiche Ersatzinvestition getätigt hätte, bestimmt sich der entgangene Gewinn nach dem gewöhnlichen Lauf der Dinge (§ 252 S. 2 BGB) und mithin nach einer durchschnittlichen allgemein üblichen Verzinsung des Anlagebetrags (vgl. etwa § 288 Abs. 1 BGB).[430]

II. Sonstige Sanktionen

Neben den Schadensersatzanspruch aus Abs. 4 können weitere Sanktionen der Verletzung der standardisierten Aufklärungspflicht treten. So kann der Verbraucher die von ihm auf Grund des Termingeschäfts geschuldete Leistung unter Hinweis auf einen nach Abs. 4 bestehenden Schadensersatzanspruch verweigern (Einrede des dolo agit qui petit quod statim redditurus est).[431] Zwar kommt angesichts des Schutzgesetzcharakters von § 37 d auch eine Schadensersatzhaftung nach § 823 Abs. 2 BGB in Betracht,[432] doch hat diese neben dem mit Beweiserleichterungen verbundenen Anspruch aus Abs. 4 keine eigenständige Bedeutung.

---

[426] *Zimmer,* JZ 2003, 22, 23; *Horn/Balzer,* FS Kümpel, 2003, S. 275, 285; *Assmann,* ZIP 2001, 2061, 2080; aA *Casper,* WM 2003, 161, 166 und *Kind,* Börsen- und Finanztermingeschäfte, S. 42 f., die für eine Rückabwicklung nach § 249 S. 1 BGB eintreten.
[427] *Assmann,* ZIP 2001, 2061, 2080; *Zimmer,* JZ 2003, 22, 23.
[428] Vgl. dazu im Zusammenhang mit der Prospekthaftung *Assmann* in *Assmann/Schütze,* Hdb. KapitalanlageR § 6 Rn. 196.
[429] *Assmann,* ZIP 2001, 2061, 2080; *Zimmer,* JZ 2003, 22, 23.
[430] *Assmann* in *Assmann/Schütze,* Hdb KapitalanlageR § 6 Rn. 197.
[431] *Assmann,* ZIP 2001, 2061, 2080.
[432] *Lang,* Informationspflichten, § 11 Rn. 94; vgl. allerdings noch BGH v. 19. 2. 2008 (XI ZR 170/07) WM 2008, 825 (§ 32 Abs. 2 Nr. 1 aF kein Schutzgesetz) und *Schäfer,* WM 2007, 1872 ff.

Eine praktische Bedeutung hat ferner der Ersatzanspruch aufgrund sittenwidriger Schädigung nach § 826 BGB etwa gegen den Geschäftsführer einer GmbH, der den Abschluss von Finanztermingeschäften ohne ausreichende Risikoaufklärung über die praktisch fehlenden Gewinnchancen veranlasst oder die Verwendung irreführenden Prospektmaterials bewusst nicht verhindert.[433] Ferner können sich aufsichtsrechtliche Konsequenzen ergeben (dazu Rn. 192). Zwar ist die schlichte Aufklärungspflichtverletzung weder straf- noch ordnungswidrigkeitenrechtlich sanktioniert (vgl. §§ 38 f.), doch ist die gewerbsmäßige Verleitung zu börslichen oder außerbörslichen Finanztermingeschäften unter Ausnutzung der termingeschäftlichen Unerfahrenheit von Anlegern nach § 57 BörsG (§ 89 BörsG aF) strafbar.[434]

E. Verhältnis zu anderen Informationspflichten (Abs. 5)

I. Regelungszweck

174   Nach Abs. 5 bleibt die nach § 31 Abs. 2 S. 1 Nr. 2 aF für ein Wertpapierdienstleistungsunternehmen bestehende Verpflichtung unberührt, seinen Kunden alle zweckdienlichen Informationen mitzuteilen, die zur Wahrung ihrer Interessen und im Hinblick auf Art und Umfang der beabsichtigten Geschäfte erforderlich sind. Es handelt sich um eine Bestätigung der 1996 vom BGH entwickelten sog. **Zwei-Stufen-Theorie,** wonach der Schutz von Verbrauchern nicht nur durch die standardisierte und zu unterschreibende Unterrichtungsschrift nach Abs. 1, sondern auch durch die zusätzlichen individuellen Beratungs-, Auskunfts- und Warnpflichten gewährleistet werden soll, die das Unternehmen als Wertpapierdienstleister gegenüber sämtlichen Kunden treffen (Rn. 176 ff.). Denn dem sich aus § 31 Abs. 2 S. 1 Nr. 2 aF ergebenden Erfordernis einer anlage- und anlegergerechten Individualberatung wird die standardisierte und am Verwässerungsverbot (Rn. 152 f.) orientierte Informationsschrift nach Abs. 1 grundsätzlich nicht hinreichend gerecht.[435] Sie ist nur dann ausreichend, wenn der Kunde erkennbar geschäftserfahren und spekulativ eingestellt ist sowie von sich aus keine zusätzliche Beratung wünscht[436] und sich zwischenzeitlich keine grundlegenden und für die Individualaufklärung relevanten Veränderungen ergeben haben.[437] Noch weitergehende Informationspflichten können sich schließlich für das Finanztermingeschäftsunternehmen aus einem mit dem Kunden ausdrücklich oder stillschweigend vereinbarten **Beratungsvertrag**[438] ergeben.

---

[433] Siehe dazu nur BGH v. 26. 10. 2004 XI ZR 211/03 WM 2005, 27; OLG Frankfurt/M. v. 22. 12. 2004 16 U 21/00 ZIP 2004, 993.
[434] Dazu näher *Schwark,* KMRK vor § 23 BörsG Rn. 1 ff.
[435] Dazu auch *Lang,* Informationspflichten § 11 Rn. 43 ff.
[436] BGH v. 14. 5. 1996 XI ZR 188/95 WM 1996, 1214, 1216; OLG Düsseldorf v. 21. 7. 1995 (17 U 306/94) WM 1995, 1751, 1752; großzügiger OLG Köln v. 27. 10. 1995 WM 1996, 18 (Normalkunde).
[437] Zur erneuten Risikoaufklärungspflicht bei grundlegender Änderung der finanziellen Situation des Anlegers LG Berlin v. 23. 1. 2004 35 O 371/02 BKR 2004, 127 (Verkauf *des bislang vom Anleger betriebenen Unternehmens* und damit Bestreiten des Lebensunterhalts aus dem Kapitalertrag).
[438] Dazu näher etwa *Horn* in BuB Rn. 7/1273 ff.

Angesichts der Tatsache, dass die allgemeinen Verhaltensregeln der §§ 31 ff. **175**
neben den speziellen Regelungen des § 37d ohnehin subsidiär gelten, handelt es
sich lediglich um eine auf § 31 Abs. 2 S. 1 Nr. 2 aF beschränkte überflüssige
Klarstellung. Die bloße Nennung des der Aufklärungspflicht nach Abs. 1 am
nächsten stehenden § 31 Abs. 2 S. 1 Nr. 2 aF bedeutet dabei nicht, dass damit
auf Grund eines Umkehrschlusses die anderen allgemeinen Verhaltensregeln für
Wertpapierdienstleistungsunternehmen (v.a. die Explorationspflicht nach § 31
Abs. 2 S. 1 Nr. 1 aF und die Empfehlungsverbote nach § 32 aF) durch § 37d
verdrängt wären.[439]

II. Weitere Informationspflichten bei Termingeschäften

Soweit dies nicht bereits im Rahmen der standardisierten Information nach **176**
§ 37d Abs. 1 S. 1 Nr. 1 bis 4 (Rn. 142 ff.) geschehen ist, muss der Verbraucher
nach § 31 Abs. 2 S. 1 Nr. 2 aF in Anbetracht des speziellen Geschäfts und seiner
persönlichen Umstände vielfach schriftlich[440] über die unter Punkt B.2.2.4 der
gemäß § 35 Abs. 6 aF 2001 aufgestellten und 2007 aufgehobenen Verwaltungsrichtlinie der Bundesanstalt für Finanzdienstleistungsaufsicht[441] genannten Umstände (Funktionsweise der Produkte, Ertragschancen, Liquiditäts-, Kurs-, Si-
cherheiten-, Währungs- und Bonitätsrisiko) sowie weitere relevante Termingeschäftsrisiken aufgeklärt werden:[442]

1. Marktpreisrisiko

Als Marktpreisrisiko wird das Risiko einer Änderung des Preises von Termin- **177**
geschäften auf einem Sekundärmarkt bezeichnet. Es ergibt sich nicht nur aus
Kursänderungen des Basiswerts (bei Optionen auch sog. Delta-Risiko), sondern
auch aus anderen Faktoren.[443] Zu diesen bei Optionen auch als Gamma-Risiko
und bei Futures als Nettofinanzierungskosten (Cost of carry) und sonstige Ein-

---

[439] Zutreffend *Fleischer*, NJW 2002, 2977, 2982 und *Schäfer*, FS Immenga 2004, S. 689, 696 f.

[440] Zur grundsätzlich zwar entbehrlichen, im Ergebnis aber vielfach erforderlichen Schriftlichkeit der Aufklärung über bestimmte Risiken insbesondere bei Warentermin- und Stillhalteroptionsgeschäften siehe etwa BGH v. 11. 7. 1988 II ZR 355/87 WM 1988, 1255, 1256 f. und BGH v. 13. 10. 1992 XI ZR 30/92 WM 1992, 1935, 1936 f.; ferner *Polt* in BuB Rn. 7347 ff.; *Schlüter*, Börsenhandelsrecht 2. Aufl., G 1336 ff.

[441] Verwaltungsrichtlinie der BaFin gem. § 35 Abs. 6 WpHG zur Konkretisierung der §§ 31, 32 WpHG v. 23. 8. 2001, Bundesanzeiger Nr. 165 v. 4. 9. 2001, S. 19217; auch abgedruckt bei *Assmann/Schneider* § 35 WpHG Rn. 7 ff.; dazu näher *Köndgen*, ZBB 1996, 361 ff.

[442] Dazu auch *Balzer/Siller* in BuB Rn. 7/267 ff.; vgl. zur sog. Zwei-Stufen-Theorie und zu der bereits neben § 53 Abs. 2 BörsG aF bestehenden wertpapierhandelsrechtlichen individuellen Aufklärungspflicht nur BGH v. 11. 6. 1996 XI ZR 172/95 BGHZ 133, 82, 87; BGH v. 19. 5. 1998 XI ZR 216/97 WM 1998, 1441 und *Schoch*, BB 1996, 1565 ff.; zur insoweit unzureichenden Standardinformationsschrift LG Düsseldorf v. 17. 11. 1994 (8 O 309/93) WM 1995, 333.

[443] Näher *Perridon/Steiner*, Finanzwirtschaft 14. Aufl., S. 331 ff.; *Steiner/Bruns*, Wertpapiermanagement 9. Aufl., S. 52 ff.

flüsse bezeichneten Faktoren gehören insbesondere die Volatilitätsänderungen des Basiswerts (bei Optionen auch sog. Vega-Risiko), die abnehmende Restlaufzeit (bei Optionen auch sog. Theta-Risiko), die Schwankungen des risikolosen Zinssatzes (bei Optionen auch sog. Rho-Risiko), die Dividende bzw. der Dividendenabschlag (bei Aktienoptionen), die Marktgängigkeit und die Marktpsychologie. Auch die in der Termingeschäftspraxis für die Bewertung einzelner Optionstypen entwickelten analytischen oder ökonometrischen Bewertungsmodelle (zB Black/Scholes, Cox/Rubinstein, Giguère)[444] können das Zusammenwirken der **verschiedenen Faktoren** und das sich daraus ergebende Marktpreisrisiko nicht mit Sicherheit prognostizieren. Der Anleger ist daher davon zu unterrichten, dass die Wertentwicklung des Derivats bzw. Optionsscheins nicht parallel zur Wertentwicklung des Basiswerts verläuft und beide Kurse sich sogar entgegengesetzt verhalten können, wodurch insbesondere das mit dem Erwerb eines Derivats bzw. Optionsscheins verfolgte Ziel der Kursabsicherung beeinträchtigt werden kann. Der Optionsscheinerwerber sollte insofern insbesondere wissen, dass der für die Optionspreisbildung u. a. maßgebliche Zeitwert der Option umso niedriger ausfällt, je kürzer der Zeitraum bis zum Verfalltag ist, da mit abnehmender Restlaufzeit die Wahrscheinlichkeit einer Änderung des Basiswertpreises sinkt.[445] Das Verhältnis zwischen dem Basispreis der Option und dem aktuellen Kassakurs des Basiswerts wird herkömmlich mit den Worten „in-the-money",[446] „out-of-the-money"[447] und „at-the-money"[448] gekennzeichnet.

Angesichts des Marktpreisrisikos ist der Kunde auch darüber aufzuklären, dass zuvor mit einem **Preislimit** versehene Kauf- oder Verkaufsaufträge (sog. Stop-Orders) bei einer besonders sprunghaften Kursentwicklung versagen und entsprechende Aufträge mithin nicht immer ausgeführt werden können.[449]

2. Risiko der Hebelwirkung

178 Der Anleger ist zudem über die für Finanztermingeschäfte typische Hebelwirkung (Rn. 28) und die damit verbundene Gefahr einer Unterschätzung der Verlustrisiken zu informieren.[450] Die auch als Leverage-Effekt bezeichnete Hebelwirkung ist nämlich nicht Gegenstand der standardisierten Aufklärung nach Abs. 1 S. 1. Die Hebelwirkung beruht zum einen auf dem Umstand, dass Termingeschäfte nur den Bruchteil des für ein Kassageschäft über die zugrundeliegenden Basiswerte benötigten Kapitals erfordern und zum anderen darauf, dass die Kurse von Derivaten bzw. Optionsscheinen auf einem Sekundärmarkt grundsätzlich überproportional auf Kursänderungen des Basiswerts reagieren.

---

[444] Zu den verschiedenen Bewertungsmodellen *Perridon/Steiner*, Finanzwirtschaft 14. Aufl., S. 323 ff.; zur Ermittlung des Optionspreises auch *Dornseifer*, Börsentermingeschäfte, S. 73 ff.
[445] Siehe dazu auch OLG Frankfurt/M. v. 9. 7. 1998 (16 U 176/97) ZIP 1998, 1713, 1714.
[446] Bei einer Kaufoption (Call) bzw. einer Verkaufsoption (Put) bedeutet dies, dass der Basispreis unter bzw. über dem aktuellen Kassakurs des Basiswerts liegt.
[447] Bei einer Kaufoption (Call) bzw. einer Verkaufsoption (Put) bedeutet dies, dass der Basispreis unter bzw. über dem aktuellen Kassakurs des Basiswerts liegt.
[448] Hier sind Basispreis und aktueller Kassakurs des Basiswerts identisch.
[449] Dazu auch LG Köln v. 9. 3. 1989 (25/75 O 297/80) WM 1989, 1725, 1726.
[450] *Lang*, Informationspflichten § 11 Rn. 41; *Vortmann/Buthmann*, § 6 Rn. 103.

Information bei Finanztermingeschäften 179–182 **Vor §§ 37e und 37g**

3. Bonitätsrisiko

Der Anleger ist darauf hinzuweisen, dass eine zweifelhafte Bonität seines Termingeschäftspartners das Verlustrisiko erhöht (auch Insolvenz- oder Adressenausfallrisiko). Da börsliche Termingeschäfte nur unter Einschaltung einer Clearingstelle und gegen entsprechende Sicherheitsleistungen zwischen zugelassenen Marktteilnehmern abgewickelt werden (Clearing- und Margin-System, Rn. 87 f.), besteht das Bonitätsrisiko vornehmlich bei OTC-Geschäften. **179**

4. Risiko von Sicherheitsleistungen

Die Eingehung von nicht sofort zu erfüllenden Verbindlichkeiten aus Termingeschäften an einer Börse und teilweise auch aus OTC-Geschäften erfordert die Leistung von Sicherheiten, deren Höhe von der Kursentwicklung der eingegangenen Options- und Futurepositionen abhängt und daher bei Geschäftsabschluss nicht bestimmbar ist (zum Margin-System Rn. 88). Der Anleger muss dabei wissen, dass er auf Grund der täglichen Verrechnung der Gewinne und Verluste aus Termingeschäftspositionen selbst bei Abschluss eines kongruenten Absicherungsgeschäfts zum Auseinanderfallen der erforderlichen Sicherheitsleistungen kommen und die Margin sich bei einer für ihn negativen Kursentwicklung um ein Vielfaches vergrößern kann. Dem Anleger sollte daher geraten werden, eine ausreichende Liquiditätsreserve zur Erfüllung aller Margin-Anforderungen verfügbar zu halten, da er anderenfalls Gefahr läuft, dass seine Termingeschäftspositionen vor Fälligkeit glatt gestellt und damit zwischenzeitlich eingetretene Verluste realisiert werden. **180**

5. Liquiditätsrisiko

Das insbesondere bei OTC-Geschäften gegebene Liquiditätsrisiko besteht darin, dass Termingeschäftspositionen auf Grund von Marktstörungen nicht zu dem errechneten Marktpreis aufgelöst bzw. glatt gestellt werden können. Der Anleger ist daher davon in Kenntnis zu setzen, dass insbesondere eine vergleichsweise hohe Differenz zwischen Kauf- und Verkaufspreis (sog. illiquider Markt), die Abhängigkeit von festgelegten Handelszeiten oder umfangreiche Transaktionen namentlich an bestimmten Verfallstagen den zu realisierenden Wert von Termingeschäftspositionen maßgeblich zu seinen Ungunsten beeinflussen können. **181**

6. Inkongruenzrisiko

Der nach Absicherung einer Kassaposition bzw. einer Forderung strebende Anleger ist darüber aufzuklären, dass sich der Wert der abzusichernden Position und der Wert der sichernden Termingeschäftsposition insbesondere dann nicht parallel oder sogar gegenläufig entwickeln, wenn der Basiswert des Termingeschäfts insbesondere wegen der Standardisierung dieser Geschäfte im Börsenhandel nach Art (Verfügbarkeitsproblem), Betrag (Ganzzahligkeitsproblem) und Laufzeit (Problem der Fristeninkongruenz) nicht genau der abzusichernden Position entspricht. **182**

7. Nebenkostenrisiko

183 Der Anleger ist zudem darauf hinzuweisen, dass der Abschluss und die Abwicklung von Termingeschäften mit verschiedenen Nebenkosten (Provisionen der Hausbank, Provisionen und Kosten der zur Geschäftsabwicklung im In- und Ausland eingeschalteten Makler, Broker, Clearingstellen etc.) verbunden ist, die sich gewinnmindernd bzw. verlusterhöhend auswirken.[451] Sofern besondere Aufschläge auf die Optionsprämie erfolgen, ist der Kunde hierüber gesondert zu informieren sowie unmissverständlich darauf hinzuweisen, dass er beim Erwerb verschiedener Optionen praktisch keine Gewinnchancen hat.[452]

8. Steuerliche Risiken

184 Die Einordnung der unterschiedlichen Arten von Finanztermingeschäften unter die herkömmlichen steuerpflichtigen Einkunftsarten ist vielfach ungeklärt.[453] Insbesondere die für die Einkommensteuer relevante Trennlinie zwischen Veränderungen im Privatvermögen und steuerpflichtigem Ertrag lässt sich im Einzelfall nur schwer ziehen.[454] Die Aufklärungspflicht erstreckt sich daher auch auf die Grundzüge und Unsicherheiten der Besteuerungslage.[455] Dies gilt insbesondere für die mögliche Besteuerung der Erträge aus Termingeschäften nach dem Einkommensteuerrecht, wenn der Zeitraum zwischen dem Erwerb und der Beendigung des Rechts auf einen Differenzausgleich, Geldbetrag oder Vorteil nicht mehr als ein Jahr beträgt.[456] Bei Termingeschäften im Ausland besteht zudem für in Deutschland steuerpflichtige Anleger das Risiko, dass Erträge (zusätzlich) im Ausland zu versteuern sind.

9. Risiken bei Auslandsgeschäften

185 Bei Geschäften, die an ausländischen Terminmärkten in einer Fremdwährung abgeschlossen werden, ist der Anleger nicht nur über das Währungskursrisiko (Rn. 146), sondern auch über die in dem jeweiligen Land bestehenden binnenwirtschaftlichen und politischen Risiken (Länderrisiko) sowie über mögliche und unumgängliche außenwirtschaftliche Transferbeschränkungen insbesondere auf Grund eines Devisenmangels (Transferrisiko) zu unterrichten.

§ 3 Kommentierung von § 37 f aF

186 **§ 37f** *Überwachung der Informationspflichten (weggefallen)*

¹*Die Bundesanstalt hat bei Wertpapierdienstleistungsunternehmen die Einhaltung der Informationspflichten nach § 37d zu überwachen.* ²*§ 35 Abs. 1 ist entsprechend*

---

[451] BGH v. 5. 11. 1984 II ZR 38/84 WM 1985, 81, 82.
[452] BGH v. 26. 10. 2004 XI ZR 211/03 WM 2005, 27.
[453] Überblick bei *Häuser/Welter* in *Assmann/Schütze*, KapitalanlageR 2. Aufl. 1997 § 16 Rn. 605 ff.
[454] *Mauritz*, DB 1995, 698, 702.
[455] OLG Frankfurt/M v. 9. 7. 1998 (16 U 176/97) ZIP 1998, 1713, 1714; *Lang*, Informationspflichten § 11 Rn. 42.
[456] Zur steuerlichen Behandlung von Finanztermingeschäften *Fleischmann*, StuB 2001, 894 ff.; *Muscat*, BB 2001, 2293 und *van Bebber*, DStR 1999, 1756 ff.

Überwachung der Informationspflichten 187–189 **Vor §§ 37e und 37g**

anzuwenden. ³*Die Prüfung nach § 36 Abs. 1 hat sich auch auf die Einhaltung der Informationspflichten nach § 37 d zu erstrecken.*

Übersicht

	Rn.
A. Regelungsgegenstand und -zweck	187
B. Aufsicht	188
I. Gegenstand und Adressaten	188
II. Träger	189
III. Durchführung	190
C. Staatshaftung	193

Schrifttum: *Bliesener,* Aufsichtsrechtliche Verhaltenspflichten beim Wertpapierhandel, Berlin 1998; *M. Schröder,* Die Wertpapierhandelsaufsicht nach dem Zweiten Finanzmarktförderungsgesetz, Frankfurt/M. 1998.

A. Regelungsgegenstand und -zweck

§ 37 f dient der Sicherung des durch § 37 d verallgemeinerten Informations- 187
modells, indem die Einhaltung der schadensersatzbewehrten Informationspflichten zusätzlich einer dauernden behördlichen Qualitätskontrolle unterworfen wird. Die Finanzdienstleistungsaufsicht, die dabei auch die Funktionsfähigkeit des Kapitalmarkts im Auge hat, wird damit zumindest indirekt für den präventiven Verbraucherschutz dienstbar gemacht (zur Frage der Staatshaftung Rn. 193 f.).

B. Aufsicht

I. Gegenstand und Adressaten

Gegenstand der Aufsicht nach § 37 f ist die Einhaltung der Informationspflich- 188
ten i. S. d. § 37 d durch Wertpapierdienstleistungsunternehmen i. S. v. § 2 Abs. 4 (dazu § 2 Rn. 132 ff.). Erfasst werden lediglich Unternehmen mit Sitz im Inland, wie sich aus der Beschränkung des Verweises in S. 2 auf § 35 Abs. 1 aF (und nicht auch § 35 Abs. 2 aF) ergibt. Bei den nach § 37 d Abs. 6 unter die Informationspflicht fallenden Unternehmen mit Sitz im Ausland bleibt der Bundesanstalt für Finanzdienstleistungsaufsicht im Falle von Missständen nur die Möglichkeit der Kooperation mit der zuständigen ausländischen Bank- oder Finanzmarktaufsichtsbehörde nach § 7 aF.

II. Träger

Träger der Aufsicht ist die Bundesanstalt für Finanzdienstleistungsaufsicht 189
(§ 4), wobei der Wertpapierrat auch insoweit beratend (§ 5) und andere inländische (§ 6) bzw. ausländische (§ 7) Aufsichtsbehörden unterstützend mitwirken. Auch die Prüfer i. S. v. § 36 Abs. 1 aF werden für die Überwachung dienstbar gemacht (Rn. 191).

Jung

III. Durchführung

a) Verhaltensaufsicht

190 Nach S. 2 verfügt die Bundesanstalt für Finanzdienstleistungsaufsicht bei der Überwachung der Einhaltung der Informationspflichten durch Wertpapierdienstleistungsunternehmen mit Sitz im Inland über die Eingriffsbefugnisse des § 35 Abs. 1 aF.

aa) Informationsrecht. Die Bundesanstalt kann daher zunächst von den zu überwachenden Wertpapierdienstleistungsunternehmen und anderen zur Durchführung von Finanztermingeschäften mit Verbraucherbeteiligung eingeschalteten Personen jederzeit Auskünfte und die Vorlage von Unterlagen verlangen sowie ohne besonderen Anlass Prüfungen vornehmen.[457] Ein Auskunftsverweigerungsrecht steht den Betroffenen dabei insoweit zu, als sie sich selbst oder nahe Angehörige der Gefahr einer straf- bzw. ordnungswidrigkeitenrechtlichen Verfolgung aussetzen würden (§ 35 Abs. 1 S. 2 aF iVm § 16 Abs. 6 aF).

bb) Zutrittsrecht. Die Betroffenen haben zudem nach S. 2 iVm § 35 Abs. 1 S. 3 aF den Bediensteten der Bundesanstalt für Finanzdienstleistungsaufsicht und den von ihr beauftragten Personen während der üblichen Arbeitszeiten das Betreten ihrer Grundstücke und Geschäftsräume zu gestatten.

b) Jährliche Regelprüfung

191 Nach S. 3 erstreckt sich die grundsätzlich stattfindende (Befreiungsmöglichkeit nach § 36 Abs. 1 S. 2 aF) jährliche Prüfung der Meldepflichten und Verhaltensregeln von Wertpapierdienstleistungsunternehmen durch einen geeigneten Prüfer nach § 36 Abs. 1 aF auch auf die Einhaltung der Informationspflichten nach § 37 d. Diese Prüfung, die von einem von dem betroffenen Wertpapierdienstleistungsunternehmen zu bestellenden Wirtschafts- oder vereidigten Buchprüfer bzw. den entsprechenden Gesellschaften oder einer Prüfungsstelle (genossenschaftlicher Prüfungsverband, Prüfungsstelle eines Sparkassen- oder Giroverbandes) durchgeführt wird, tritt damit neben die eigene Prüfung der Bundesanstalt für Finanzdienstleistungsaufsicht nach S. 2 iVm § 35 Abs. 1 aF.[458] Die Bundesanstalt ist vom Ausgang der Prüfung durch einen bei ihr grundsätzlich unaufgefordert einzureichenden Prüfbericht zu informieren (§ 36 Abs. 1 S. 6 und 7 aF).

c) Missstandsbeseitigung

192 Im Rahmen ihrer allgemeinen Aufsichtsbefugnisse kann die Bundesanstalt nach § 4 S. 3 aF schließlich nach pflichtgemäßem Ermessen (Opportunitätsprinzip) Anordnungen treffen, die geeignet und erforderlich sind (Verhältnismäßigkeitsprinzip), Missstände im Bereich der Aufklärungspflichterfüllung zu beseitigen oder zu verhindern.[459] Hierzu können namentlich die Verpflichtung einzelner Wertpapierdienstleistungsunternehmen zu verbesserter Information durch Verwaltungsakt oder der Erlass von Richtlinien zum Inhalt der Aufklärungspflicht i. S. v. § 35 Abs. 6 aF gehören. Statusmaßnahmen gegen das Wertpapierdienst-

---

[457] *Bliesener*, Aufsichtsrechtliche Verhaltenspflichten S. 122 ff.
[458] Der Gesetzgeber (Begr. RegE 4. FMFG BT-Drucks. 14/8017, S. 96) ging dabei davon aus, dass die Überwachung (vorrangig) im Rahmen der jährlichen Regelprüfung nach § 36 Abs. 1 erfolgt.
[459] *Bliesener*, Aufsichtsrechtliche Verhaltenspflichten S 125 f.

leistungsunternehmen und seine Geschäftsleiter nach § 6 Abs. 3 KWG werden hingegen gerade auch wegen der dem Anlegerschutz bereits dienenden Schadensersatzsanktion (§ 37d Abs. 4) in aller Regel unverhältnismäßig sein. Eine ersatzweise Vornahme der Information durch die Bundesanstalt für Finanzdienstleistungsaufsicht ist zwar theoretisch möglich, praktisch jedoch kaum vorstellbar.

C. Staatshaftung

Noch nicht abschließend geklärt ist die Frage, ob und unter welchen Voraussetzungen ein Verbraucher nach **Art. 34 GG iVm § 839 BGB** auch den Staat als Träger der Bundesanstalt für Finanzdienstleistungsaufsicht mit dem Vorwurf in Anspruch nehmen kann, dass die ungenügende Information durch ein Wertpapierdienstleistungsunternehmen nur dadurch möglich geworden ist, dass die Wertpapierdienstleistungsaufsicht nicht amtspflichtgemäß durchgeführt wurde.[460] Ein solcher Amtshaftungsanspruch ist nur gegeben, wenn Mitarbeiter der Bundesanstalt für Finanzdienstleistungsaufsicht in Ausübung eines ihnen anvertrauten öffentlichen Amtes eine ihnen dem Verbraucher gegenüber obliegende Amtspflicht schuldhaft verletzen, dadurch einen Schaden verursachen und kein Haftungsausschlussgrund vorliegt.

Problematisch ist hier zunächst, dass eine Amtspflichtverletzung nur dann eine Schadensersatzpflicht auslöst, wenn die verletzte Amtspflicht zumindest auch dem Geschädigten gegenüber bestand und dessen Schutz bezweckte (sog. **Drittwirkung**). Das Unterlassen von Aufsichtsmaßnahmen ist danach nur dann erheblich, wenn eine Pflicht zum Tätigwerden gerade auch dem Geschädigten gegenüber bestand. Insoweit ist es von Bedeutung, dass § 4 Abs. 4 FinDAG (vgl. auch § 4 Abs.2 WpHG aF und § 6 Abs. 4 KWG aF) ausdrücklich betont, dass die Bundesanstalt für Finanzdienstleistungsaufsicht die ihr nach dem WpHG zugewiesenen Aufgaben und Befugnisse nur im öffentlichen Interesse wahrnimmt.[461] Es ist jedoch fraglich, ob der Gesetzgeber auf diese Weise eine von der Rechtsprechung[462] grundsätzlich für möglich gehaltene Drittwirkung der Amtspflichten der Finanzdienstleistungsaufsicht ausschließen kann. Es bestehen insoweit gemeinschaftsrechtliche und verfassungsrechtliche Bedenken.[463] Nach Ansicht des EuGH[464] ist eine die Amtshaftung ausschließende Regelung allerdings zumindest insoweit mit den verschiedenen Gemeinschaftsrechtsakten zur Harmonisierung des Bankenaufsichtsrechts vereinbar, als diese lediglich allgemein präventive Regelungen enthalten und nicht wie etwa die Einlagensicherungsrichtlinie den Fall einer akuten Finanzkrise von Kreditinstituten betreffen, um den es gerade in Haftungsverfahren geht. Verfassungsrechtlich kann der Amtshaftungsanspruch aufgrund seiner Verankerung in Art. 34 GG und seiner Funktion für den Ausgleich von Grundrechtseingriffen vom Gesetzgeber jedoch nicht völlig

---

[460] Dazu näher E. Habscheid, Staatshaftung für fehlsame Bankenaufsicht? Bielefeld 1988; Schwark, JZ 1979, 670ff.
[461] Siehe dazu die Begr RegE KWG-Novelle 1984 BT-Drucks. 10/1441, S. 20.
[462] So namentlich BGH v. 15. 2. 1979 III ZR 108/76 BGHZ 74, 144, 152f.
[463] Dazu eingehend Gratias, Staatshaftung für fehlerhafte Banken- und Versicherungsaufsicht im Europäischen Binnenmarkt, Baden-Baden 1999; vgl. dazu auch LG Bonn v. 16. 4. 1999 1 O 186/98 WM 1999, 1972, 1977f.
[464] EuGH v. 12. 10. 2004, Rs. C-222/02 (Paul); dazu auch Binder, GPR 2005, 28ff.; siehe zum Vorabentscheidungsersuchen BGH v. 16. 5. 2002, WM 2002, 1266.

ausgeschlossen werden.[465] So gab es auch vor dem Hintergrund des § 4 Abs. 2 WpHG aF Stimmen, die eine Amtshaftung für möglich hielten.[466] Man wird daher gerade hinsichtlich der Überwachung der Informationspflichterfüllung zu berücksichtigen haben, dass die entsprechenden Amtspflichten vor allem dem Schutz der Verbraucher dienen. Die Drittwirkung sollte daher insoweit bejaht werden. Im Rahmen der übrigen Anspruchsvoraussetzungen (Verschulden, Subsidiaritätsklausel, Mitverschulden) ist allerdings darauf zu achten, dass die Anforderungen an die staatliche Aufsicht nicht überspannt werden und dem Staat nicht die Rolle eines allgegenwärtigen Ausfallgaranten des privatwirtschaftlichen Bereichs zugewiesen wird.[467] Bei einem fahrlässigen Verhalten des Amtswalters kommt die Amtshaftung des Staates jedenfalls nur dann zum Tragen, wenn der Geschädigte von dem Finanztermingeschäftsunternehmen in absehbarer Zeit und zumutbarer Weise tatsächlich keinen Ersatz nach § 37 d Abs. 4 (Vor §§ 37 e und 37 g Rn. 158 ff.) zu erlangen vermag (§ 839 Abs. 1 S. 1 BGB, sog. **Subsidiaritätsklausel**).

§ 37 d Information bei Finanztermingeschäften *(weggefallen)*[1]

§ 37 e Ausschluss des Einwands nach § 762 des Bürgerlichen Gesetzbuchs

¹Gegen Ansprüche aus Finanztermingeschäften, bei denen mindestens ein Vertragsteil ein Unternehmen ist, das gewerbsmäßig oder in einem Umfang, der einen in kaufmännischer Weise eingerichteten Geschäftsbetrieb erfordert, Finanztermingeschäfte abschließt oder deren Abschluss vermittelt oder die Anschaffung, Veräußerung oder Vermittlung von Finanztermingeschäften betreibt, kann der Einwand des § 762 des Bürgerlichen Gesetzbuchs nicht erhoben werden. ²Finanztermingeschäfte im Sinne des Satzes 1 und der §§ 37 g und 37 h sind die Derivate im Sinne des § 2 Abs. 2 und Optionsscheine.

Übersicht

	Rn.
I. Regelungsgegenstand und -zweck	1
II. Spieleinwand (§ 762 BGB)	3
III. Ausschluss des Spieleinwands (§ 37 e S. 1)	7

Schrifttum: Siehe auch die Literaturhinweise Vor §§ 37 d bis 37 g; *Binder*, Daytrading als Finanztermingeschäft i. S. d. § 2 Abs. 2a WpHG? ZHR 169 (2005), 329 ff.; *Braun*, Daytrading ist nicht gleich Daytrading, BKR 2002, 361 ff.; *Kessler/Heda*, Wahrnehmung von Chancen als Glücksspiel? – Strukturierte Kapitalmarktprodukte mit „Sportkomponente", WM 2004, 1812 ff.; *Kind*, Börsen- und Finanztermingeschäfte – Zur Neuregelung des Rechts der Termingeschäfte in den §§ 37 ff. WpHG sowie zur Rückabwicklung unverbindlicher Börsentermingeschäfte und dem verbleibenden Anwendungsbereich unverbindlicher Spekulationsgeschäfte nach der Terminrechtsreform 2002, Frankfurt/M. 2004;

---

[465] *Papier* in *Maunz/Dürig* Art. 34 GG Rn. 240.
[466] *Assmann/Schneider/Dreyling*, 2. Aufl. § 4 WpHG Rn. 27; aA (zu § 6 Abs. 4 KWG) *Kümpel*, BankR 3. Aufl., Rn. 19.260.
[467] So zutreffend *Maurer*, VerwR § 25 Rn. 22.
[1] Zur Kommentierung der noch für Altfälle bedeutsamen Vorschrift siehe Vor §§ 37 e und 37 g Rn. 100 ff.

Mülbert/Böhmer, Ereignisbezogene Finanzprodukte, WM 2006, 397 ff. und 985 ff.; *Reiner*, Daytrading im Niemandsland zwischen Kassa- und Termingeschäft, ZBB 2002, 211 ff.; *Rosset*, Der Begriff des Börsentermingeschäfts – Zugleich ein Beitrag für die Abschaffung von Termin- und Differenzeinwand, WM 1999, 574 ff.; *Unland*, Die Rückabwicklung unverbindlicher Börsentermingeschäfte im Kontokorrent, 2003.

I. Regelungsgegenstand und -zweck

§ 37e S. 1 ersetzt die bis 2002 in § 58 S. 1 BörsG aF enthaltene Regelung. Durch das FRUG wurde der Vorschrift zudem mit Wirkung vom 1. 11. 2007 ein S. 2 angefügt, der nunmehr anstelle von § 2 Abs. 2a aF den Begriff des Finanztermingeschäfts definiert (dazu Vor 37e und 37g Rn. 8 ff.). Zur Absicherung der Verbindlichkeit von Finanztermingeschäften schließt § 37e S. 1 den von Amts wegen zu berücksichtigenden Einwand der Unverbindlichkeit nach § 762 BGB (Spieleinwand) gegen Ansprüche aus solchen Finanztermingeschäften aus, bei denen mindestens ein Vertragsteil Träger eines gewerbsmäßig oder in kaufmännischem Umfang Finanztermingeschäfte betreibenden Unternehmens ist. Dieser Ausschluss ist zumindest aus Gründen der Rechtsklarheit erforderlich, weil einige Formen des Finanztermingeschäfts den objektiven Tatbestand eines Spiels erfüllen können, wenn es auch in aller Regel zumindest dem beteiligten Unternehmen an der subjektiv erforderlichen Absicht fehlen wird (dazu Rn. 4).[2] Die Belange des Anlegerschutzes werden durch diese vorwiegend dem Interesse der rechtmäßig tätigen Finanzdienstleister dienende Regelung nicht beeinträchtigt, da in dem Bereich, in dem der Spieleinwand des § 762 BGB ausgeschlossen wird, dem Unternehmen nach § 31 umfangreiche Informationspflichten auferlegt werden.[3]

§ 37e S. 1 ist im Zusammenhang mit der Abschaffung des Termineinwands i.S.v. §§ 52 ff. BörsG aF (dazu Vor §§ 37e und 37g Rn. 93 und 97 f.) und des Differenzeinwands durch Aufhebung des § 764 BGB (dazu Vor §§ 37e und 37g Rn. 3 und 93) zu sehen. Der Spieleinwand stellt damit die letzte verbliebene Bedrohung für die vollkommene Verbindlichkeit von Finanztermingeschäften dar.[4] Sofern die von Amts wegen zu prüfenden Voraussetzungen des § 762 BGB gegeben sind (Rn. 3 f.), kommt es für die Durchsetzbarkeit von Finanztermingeschäftsverbindlichkeiten und etwaigen Nebenverträgen damit darauf an, ob der Spieleinwand nach § 37e S. 1 ausgeschlossen ist (Rn. 7 ff.).

II. Spieleinwand (§ 762 BGB)

1. Voraussetzungen

Der Tatbestand des Spieleinwands wird durch § 762 BGB nur sehr unzureichend durch die vorausgesetzten Begriffe des Spiels und der Wette umschrieben. Spiel und Wette sind nach allgemeiner Ansicht durch die Abhängigkeit des Geschäftserfolgs bzw. -misserfolgs von einem ungewissen oder gar zufälligen Ereignis (*aleatorisches Element*) und ihre besonderen Vertragszwecke (Unterhaltung, Gewinn, Bekräftigung einer Behauptung) gekennzeichnet. Beim **Spiel** verspre-

---

[2] Begr. RegE 4. FMFG BT-Drucks. 14/8017, S. 96; KölnKommWpHG-*Roth* § 37e Rn. 1.
[3] Begr. RegE 4. FMFG BT-Drucks. 14/8017, S. 96.
[4] Dazu näher *Kind*, Börsen- und Finanztermingeschäfte, S. 205 ff.

§ 37e

chen sich die Vertragspartner zum Zwecke der Unterhaltung und/oder Gewinnerzielung gegenseitig einen Gewinn für den Fall, dass ein künftiges Ereignis eintritt bzw. ein bereits bestehendes Ereignis bekannt wird, wobei das Eintreten bzw. Bekanntwerden zu einem nicht unerheblichen Teil vom Zufall abhängt.[5] Bei der **Wette** versprechen sich die Vertragspartner zur Bekräftigung bestimmter, sich widerstreitender Behauptungen, dass demjenigen, dessen Behauptung sich als richtig erweist, ein Gewinn zufallen soll.[6] Bei in die Zukunft gerichteten Behauptungen, wie zB einer auf eine bestimmte Kursentwicklung gerichteten Ansage (sog. Kurswette), handelt es sich allerdings zumeist um ein Spiel, weil es nicht um die Bekräftigung des Rechthabens, sondern wie beim Spiel Unterhaltung und Gewinnerzielung im Vordergrund stehen (sog. Spielwette).

4 Geht man von der eingangs gegebenen Beschreibung des Finanztermingeschäftstypus aus, dienen diese Geschäfte typischerweise der Kursabsicherung, der spekulativen Gewinnerzielung oder der Arbitrage (dazu Vor §§ 37e und 37g Rn. 5 ff. und 27). Die Unterhaltung oder die Bekräftigung einer Behauptung können als Motive für den Abschluss von Finanztermingeschäften praktisch ausgeschlossen werden. Es kommt daher allenfalls die Einordnung als ein auf Gewinnerzielung gerichtetes Spiel bzw. als Spielwette in Betracht. Auch der Gesetzgeber,[7] die Rechtsprechung[8] und Teile des Schrifttums[9] gehen insoweit davon aus, dass Finanztermingeschäfte unter den Begriff des Spiels fallen können. Dies setzt allerdings voraus, dass es sich für beide Parteien um nicht auf einen realen Leistungsaustausch gerichtete **reine Spekulationsgeschäfte** handelt. Auch bei offenen (v. a. Indextermin- und Swapgeschäfte) oder verdeckten (v. a. Glattstellung von Futures) Differenzgeschäften i. S. des aufgehobenen § 764 BGB, bei denen von vornherein ausdrücklich bzw. stillschweigend eine effektive Lieferung ausgeschlossen ist und nur die Differenz zwischen dem vereinbarten Kurs und dem Liquidationskurs zu zahlen ist, handelt es sich aber regelmäßig nicht um beiderseitige schlichte Spekulationsgeschäfte. Denn nicht nur der börsenmäßige, sondern grundsätzlich auch der außerbörsliche Terminhandel dienen stets auch der wirtschaftlich erwünschten Förderung von Sicherungsgeschäften, deren passender Abschluss nur bei einem hinreichend tiefen und breiten Terminmarkt möglich ist.[10] Eine Anwendung des § 762 BGB kommt daher nur dann in Betracht, wenn ein wirtschaftlicher Bezug zu einem Terminmarkt wie etwa bei zu Phantasiepreisen abgeschlossenen Devisendifferenzgeschäften ganz fehlt[11] oder

---

[5] *Fikentscher/Heinemann*, SchuldR § 95; *Palandt/Sprau*, § 762 BGB Rn. 2.
[6] *Palandt/Sprau*, § 762 BGB Rn. 3.
[7] Begr. RegE 4. FMFG BT-Drucks. 14/8017, S. 96 und 131.
[8] BGH v. 18. 1. 1988 II ZR 72/87 BGHZ 103, 84, 90; BGH v. 5. 10. 1999 XI ZR 296/98 WM 1999, 2300, 2301.
[9] Für das sog. Daytrading (Vor §§ 37e und 37g Rn. 22 ff.) *Reiner*, ZBB 2002, 211, 216 und *Lenenbach,* Rn. 6126; aA MünchKommBGB-*Habersack*, § 762 Rn. 10; *Binder*, ZHR 169 (2005), 329, 356; mit Einschränkungen generell zum Spielcharakter von Termingeschäften bereits *v. Nell-Breuning*, Börsenmoral, S. 174 ff. („Kunstspiel").
[10] Dazu nur RG v. 28. 3. 1923 I 420/17 RGZ 107, 22, 24 ff.; BGH v. 11. 10. 1988 XI ZR 67/88 WM 1988, 1717, 1718; *Schwark/Zimmer*, KMRK § 37e WpHG Rn. 2; gegen eine Berücksichtigung von externen volkswirtschaftlichen Effekten *Kind*, Börsen- und Finanztermingeschäfte, S. 215.
[11] Vgl. dazu auch zum bis 2002 geltenden Recht sowie im Zusammenhang mit den Begriffsmerkmalen des Termingeschäfts *Paus*, Börsentermingeschäfte, S. 201 f. und 122 ff.

beide Parteien wie etwa beim (seltenen) Daytrading unter Privatanlegern rein zu privaten Spekulationszwecken handeln.[12]

2. Rechtsfolgen

Nach § 762 Abs. 1 S. 1 BGB entstehen aus Spielvereinbarungen **keine vollkommenen Verbindlichkeiten,** so dass der jeweilige Gläubiger weder einen durchsetzbaren Anspruch auf Erfüllung noch auf Schadensersatz statt der Leistung oder wegen Verzögerung der Leistung hat. Auch ein Zurückbehaltungsrecht (§ 273 BGB) oder die Möglichkeit der Aufrechnung mit einer Forderung aus einem Spielgeschäft (§ 389 BGB) stehen ihm nicht zu. § 762 Abs. 2 BGB erstreckt die Unverbindlichkeit zudem auf Vereinbarungen, durch die der verlierende Teil zum Zwecke der Erfüllung einer Spielschuld dem gewinnenden Teil gegenüber eine Verbindlichkeit eingeht. Zu diesen Nebenverträgen werden neben dem vom Gesetz ausdrücklich genannten Schuldanerkenntnis (§ 781 BGB) etwa auch das Schuldversprechen (§ 780 BGB), die Umwandlung der Spielschuld in ein Darlehen, Sicherungsgeschäfte, verschiedene Auftragsverhältnisse oder der Zusammenschluss zu einer Spielvereinigung gezählt (vgl. auch zu den verschiedenen Nebenverträgen § 37g Rn. 12 ff.). Verbindlichkeiten aus der Bestellung akzessorischer Sicherungsrechte (Bürgschaft, Pfandbestellung, Sicherungsübereignung und -abtretung) sind ohnehin wegen ihrer Akzessorietät zur unverbindlichen Hauptschuld unverbindlich. 5

Dem verlierenden Teil eines Spielgeschäfts steht es jedoch frei, die unverbindliche Leistungspflicht zu erfüllen (Naturalobligation). In diesem Fall kann er dann das Geleistete nicht mehr unter Hinweis auf die fehlende Verbindlichkeit zurückfordern (§ 762 Abs. 1 S. 2 BGB). Die Schuld aus dem Termingeschäft bildet insofern einen **Behaltensgrund** i. S. d. Bereicherungsrechts. Voraussetzung ist allerdings, dass die durch Vorschuss oder nachträglich erbrachte Leistung tatsächlich der Tilgung der Naturalobligation dient, was bei einer bloßen Verrechnung von Forderungen im Kontokorrent oder einer Leistung erfüllungshalber i. S. v. § 364 Abs. 2 BGB nicht der Fall ist. Eine Rückforderung nach §§ 812 ff. BGB kann zudem dann möglich sein, wenn der Spielvertrag wegen Gesetzesverstoßes (§ 134 BGB), Sittenwidrigkeit (§ 138 BGB) oder einer Anfechtung (§ 142 Abs. 1 BGB) nichtig ist. Trotz des Spieleinwands bestehen im Rahmen von Spielgeschäften unter Umständen **Schutz- und Aufklärungspflichten,** deren Verletzung zum Schadensersatz nach § 280 Abs. 1 oder § 826 BGB führen kann.[13] 6

III. Ausschluss des Spieleinwands (§ 37 e S. 1)

1. Voraussetzungen

a) Anspruch aus Finanztermingeschäft

Zum Begriff des Finanztermingeschäfts siehe Vor §§ 37e und 37g Rn. 8 ff. Zur Legaldefinition des Anspruchs siehe § 194 Abs. 1 BGB. Die Regelung er- 7

---

[12] Zum beiderseitigen Daytrading unter Privatanlegern als Spiel etwa *Lenenbach*, Rn. 6126; zum beim Daytrading fehlenden anerkennenswerten wirtschaftlichen Zweck *Braun*, BKR 2002, 361, 362.
[13] BGH v. 11. 7. 1988 II ZR 355/87 BGHZ 105, 108, 109 ff.; *Schwennicke*, WM 1997, 1265, 1273.

fasst nicht nur die an einer deutschen Börse zugelassenen Finanzterminkgeschäfte (so noch bis 1989 § 58 BörsG aF), sondern auch die außerbörslichen (sog. OTC-Geschäfte v. a. im Devisenterminmarkt) oder an einer ausländischen Börse nach deutschem Recht abgeschlossenen Termingeschäfte. Soweit der Spieleinwand gegen das eigentliche Finanzterminkgeschäft durch § 762 Abs. 2 BGB und die Rechtsprechung auch auf die mit dem Finanzterminkgeschäft in engem Zusammenhang stehenden **Nebenverträge** (vgl. dazu § 37 g Abs. 2 S. 2 und dort Rn. 12 ff.) erstreckt wird,[14] wird die Durchsetzbarkeit der aus diesen Nebenverträgen erwachsenden Ansprüche gleichfalls durch § 37 e S. 1 gewährleistet.[15] Der Begriff des Finanzterminkgeschäfts ist insoweit teleologisch auf Nebengeschäfte auszudehnen, da andernfalls die vom Gesetzgeber unter den übrigen Voraussetzungen des § 37 e S. 1 angestrebte vollständige Freistellung des professionellen Finanzterminkgeschäftsbereichs von § 762 BGB nicht erreicht werden würde.

b) Beteiligung eines Finanzterminkgeschäftsunternehmens

8 Mindestens ein Vertragsteil muss ein Unternehmen sein, das gewerbsmäßig oder in einem Umfang, der einen in kaufmännischer Weise eingerichteten Geschäftsbetrieb erfordert, Finanzterminkgeschäfte abschließt oder deren Abschluss vermittelt oder die Anschaffung, Veräußerung oder Vermittlung von Finanzterminkgeschäften betreibt (näher Vor §§ 37 e und 37 g Rn. 108 ff.).

2. Rechtsfolgen

9 Der Ausschluss des allgemeinen zivilrechtlichen Spieleinwands schafft Rechtssicherheit für die gewerbsmäßig oder in kaufmännischem Umfang Finanzterminkgeschäfte betreibenden Unternehmen und deren Vertragspartner,[16] die sich prinzipiell nicht nur auf die Wirksamkeit, sondern auch die Durchsetzbarkeit ihrer durch Finanzterminkgeschäfte und etwaige Nebenverträge begründeten Ansprüche verlassen können. Die Erhebung des Spieleinwands ist damit nur noch im privaten Bereich und im Rahmen von Geschäften möglich, die wie etwa nach h. M. die Intra-Day-Geschäfte (Vor §§ 37 e und 37 g Rn. 22 ff.) nicht den Finanzterminkgeschäften i. S. v. § 37 e S. 2 zuzurechnen sind.[17]

IV. Definition des Finanzterminkgeschäfts

10 § 37 e S. 2, der mit Wirkung vom 1. 11. 2007 durch das FRUG eingefügt wurde, enthält nunmehr anstelle von § 2 Abs. 2a aF eine Begriffsdefinition des Finanzterminkgeschäfts (dazu eingehend Vor 37 e und 37 g Rn. 8 ff.).

---

[14] Siehe dazu MünchKommBGB-*Habersack*, § 762 Rn. 33; *Staudinger/Engel*, § 762 Rn. 34.
[15] Für die Beauftragung auch KölnKommWpHG-*Roth* § 37 e Rn. 8.
[16] Krit zum durch das 4 FMFG beschränkten subjektiven Anwendungsbereich des Ausschlusses des Spieleinwands *Reiner*, ZBB 2002, 211, 217; zu Vorschlägen de lege ferenda siehe auch *Binder*, ZHR 169 (2005), 329, 362 ff.
[17] Dazu auch *Reiner*, ZBB 2002, 211, 216 f. und *Lenenbach*, Rn. 6126.

§ 37f Überwachung der Informationspflichten *(weggefallen)*[1]
§ 37g Verbotene Finanztermingeschäfte

(1) Das Bundesministerium der Finanzen kann durch Rechtsverordnung Finanztermingeschäfte verbieten oder beschränken, soweit dies zum Schutz der Anleger erforderlich ist.

(2) ¹Ein Finanztermingeschäft, das einer Rechtsverordnung nach Absatz 1 widerspricht (verbotenes Finanztermingeschäft), ist nichtig. ²Satz 1 gilt entsprechend für
1. die Bestellung einer Sicherheit für ein verbotenes Finanztermingeschäft,
2. eine Vereinbarung, durch die der eine Teil zum Zwecke der Erfüllung einer Schuld aus einem verbotenen Finanztermingeschäft dem anderen Teil gegenüber eine Verbindlichkeit eingeht, insbesondere für ein Schuldanerkenntnis,
3. die Erteilung und Übernahme von Aufträgen zum Zwecke des Abschlusses von verbotenen Finanztermingeschäften,
4. Vereinigungen zum Zwecke des Abschlusses von verbotenen Finanztermingeschäften.

Übersicht

	Rn.
I. Regelungsgegenstand und -zweck	1
II. Verbots- und Beschränkungsermächtigung (Abs. 1)	2
1. Gegenstand	2
2. Adressat	5
3. Voraussetzungen	6
III. Verbotsfolgen (Abs. 2)	11
1. Nichtigkeit des verbotenen Finanztermingeschäfts	11
2. Nichtigkeit von Nebengeschäften	12
3. Zulassungsverbot	23
4. Bereicherungsausgleich	24

Schrifttum: Siehe dazu auch die allgemeinen Literaturhinweise Vor §§ 37e und 37g; *Bergmann*, Vereinigungen zum Abschluss verbotener Finanztermingeschäfte als fehlerhafte Verbände?, ZBB 2008, 160 ff.

I. Regelungsgegenstand und -zweck

§ 37 g fasst die bis 2002 in den §§ 63, 64, 69 und 70 BörsG aF enthaltenen und praktisch bedeutungslosen[1] Regelungen in einer einzigen Vorschrift zusammen. Danach kennt das deutsche Recht zwar kein gesetzliches Verbot von (bestimmten) Finanztermingeschäften, doch ermächtigt der dem bis 2002 geltenden § 63 BörsG aF entsprechende § 37g Abs. 1 das Bundesministerium der Finanzen dazu, bestimmte Finanztermingeschäfte zum Schutz der Anleger durch Rechts- 1

---

[1] Zur Kommentierung der noch für Altfälle relevanten Vorschrift siehe Vor § 37e und 37g Rn. 186 ff.
[1] Siehe lediglich die Bekanntmachung betreffend die Untersagung des Börsenterminhandels in Kammzug vom 20. 4. 1899, RGBl. S. 266.

verordnung zu verbieten oder zu beschränken.[2] Nach Abs. 2 sind das verbotene Finanztermingeschäft sowie verschiedene mit diesem in Zusammenhang stehende Nebengeschäfte nichtig, wodurch dem Anleger die Möglichkeit gegeben werden soll, die unter Umständen bereits auf Grund des verbotenen Finanztermingeschäfts erbrachten Leistungen nach §§ 812 ff. BGB zurückzufordern.[3] Das verordnungsrechtliche Verbot bzw. die Beschränkung von Finanztermingeschäften nach § 37 g ist von gesetzlichen Abschlussverboten bzw. -beschränkungen für einzelne Marktteilnehmer (§ 5 Abs. 1 Nr. 3 und 4 a HypBankG, § 51 InvG; DerivateV,[4] § 7 Abs. 2 S. 2 VAG), der Erlaubnispflicht für die der Aufsicht unterliegenden Bankgeschäfte mit Finanzinstrumenten (§ 32 Abs. 1 iVm § 1 Abs. 1 S. 2 Nr. 4 und Abs. 11 S. 4 KWG) sowie von der Nichtzulassung des Termingeschäfts zum Terminhandel an einer deutschen Börse (§ 23 BörsG nF) zu unterscheiden. Solange es lediglich an der deutschen Börsenzulassung fehlt, spricht man von inoffiziellen erlaubten Termingeschäften.

II. Verbots- und Beschränkungsermächtigung (Abs. 1)

1. Gegenstand

a) Inländische Finanztermingeschäfte

2   § 37 g ermächtigt lediglich zum Verbot bzw. zur Beschränkung inländischer Finanztermingeschäfte (zum Begriff des Finanztermingeschäfts Vor §§ 37 e und 37 g Rn. 8 ff.). Etwaige nach deutschem Recht untersagte Finanztermingeschäfte können daher durchaus wirksam im Ausland, insbesondere an ausländischen Börsen, abgeschlossen werden. Ein in Deutschland abgeschlossenes Finanztermingeschäft ist allerdings auch dann ein inländisches, wenn es sich auf ausländische Basiswerte wie etwa auf an der New Yorker Börse gehandelte Aktien einer amerikanischen Gesellschaft bezieht.

b) Verbot

3   Ein Verbot ist gegeben, wenn ein Finanztermingeschäft wegen seines konkreten Inhalts oder der Modalitäten seines Zustandekommens untersagt wird. Zu unterscheiden ist das Verbot eines Geschäfts von Beschränkungen der rechtsgeschäftlichen Gestaltungsmacht der Marktteilnehmer, die den Betroffenen – wie etwa die ultra-vires-Doktrin den juristischen Personen des öffentlichen Rechts[5] – die Möglichkeit nimmt, bestimmte Geschäfte wirksam zu schließen.[6] Bei den im Finanztermingeschäftsbereich bestehenden gesetzlichen Abschlussverboten und -beschränkungen für bestimmte Marktteilnehmer (§ 5 Abs. 1 Nr. 3 und 4a Hyp-

---

[2] Krit. zu § 63 BörsG aF *Häuser/Welter* in *Assmann/Schütze*, KapitalanlageR, 2. Aufl. 1997 § 16 Rn. 25.
[3] Begr. RegE 4. FMFG BT-Drucks. 14/8017, S. 96.
[4] Verordnung über Risikomanagement und Risikomessung beim Einsatz von Derivaten in Sondervermögen nach dem Investmentgesetz (DerivateV) v. 6. 2. 2004 (BGBl. I, S. 153); dazu näher *Gondesen*, WM 2005, 116 ff.
[5] Siehe zur ultra-vires-Doktrin nur BGH v. 28. 2. 1956 I ZR 84/54 BGHZ 20, 119, 124 und zu deren Anwendung im Bereich des Terminhandels *Neuhaus* in BuB Rn. 7/1062 ff.
[6] *Palandt/Heinrichs*, § 134 BGB Rn. 1.

BankG, § 51 InvG; DerivateV,[7] § 7 Abs. 2 S. 2 VAG) handelt es sich aber um lediglich aufsichts- und ordnungswidrigkeitenrechtlich relevante Regelungen, die weder als Verbot i. S. v. § 37 g noch als Einschränkung der rechtsgeschäftlichen Gestaltungsmacht der betreffenden Marktteilnehmer zur Unwirksamkeit der gesetzwidrig abgeschlossenen Finanztermingeschäfte führen.

c) Beschränkung

Die Beschränkung kann insbesondere darin bestehen, die Zulässigkeit von Finanztermingeschäften von bestimmten Bedingungen abhängig zu machen.[8] Der Gesetzgeber der Vorläuferbestimmung des § 63 BörsG aF hat dabei etwa an die Möglichkeit gedacht, die Zulassung an die Schaffung von Einrichtungen zur Prüfung der Lieferbarkeit der originären Finanzinstrumente oder die Pflicht zur Benutzung von Liquidationskassen zu knüpfen.[9] Denkbar ist schließlich auch die Begrenzung des Terminhandels auf bestimmte Arten oder in quantitativer Hinsicht.

2. Adressat

Die Verordnungsermächtigung des § 37 g richtet sich an das Bundesministerium der Finanzen, womit i. S. v. Art. 80 Abs. 1 GG der Bundesfinanzminister als Leiter des Bundesfinanzministeriums gemeint ist.

3. Voraussetzungen

a) Schutz der Anleger

Das Verbot oder die Beschränkung von Finanztermingeschäften muss dazu dienen, Anleger vor einer sich aus dem betreffenden Terminhandel ergebenden, nicht unerheblichen Vermögensgefährdung zu bewahren. Es kommt mithin ausschließlich auf den Schutz der Anleger und nicht auf etwaige Gefahren für die diesen gegenüberstehenden Finanztermingeschäftsbetreiber oder die Emittenten der originären Finanzinstrumente an. Da Finanztermingeschäfte generell mit einem erheblichen Risiko für den Anleger verbunden sind (vgl. dazu den bis 31. 10. 2007 geltenden § 37 d Abs. 1 S. 1 Nr. 1 bis 4) und der Gesetzgeber sich gerade für die prinzipielle Zulässigkeit dieser Geschäfte ausgesprochen hat, kommt ein Verbot bzw. eine Beschränkung zudem nur bei außergewöhnlichen Risiken in Betracht. Denkbar wäre dies etwa bei Aktienoptionen mit engem Markt oder hochspekulativen Devisentermingeschäften.[10]

b) Erforderlichkeit

Das Verbot bzw. die Beschränkung müssen darüber hinaus zum Schutz der Anleger erforderlich sein. Es darf mithin kein milderes Mittel, das in gleicher Weise dem Anlegerschutz dient, vorhanden sein. Insbesondere ist zu prüfen, ob statt eines generellen Verbots nicht eine Beschränkung in Betracht kommt.[11]

---

[7] Verordnung über Risikomanagement und Risikomessung beim Einsatz von Derivaten in Sondervermögen nach dem Investmentgesetz (DerivateV) v. 6. 2. 2004 (BGBl. I, S. 153); dazu näher *Gondesen*, WM 2005, 116 ff.
[8] Begr. RegE 4. FMFG BT-Drucks. 14/8017, S. 96.
[9] Dazu *Nußbaum*, § 63 BörsG Anm. 3.
[10] Dazu auch *Schwark/Zimmer*, KMRK § 37 g WpHG Rn. 2.
[11] Dazu auch KölnKommWpHG-*Roth* § 37 g Rn. 4.

c) Zustimmung des Bundesrats

8 Das im Tatbestand des Abs. 1 nicht mehr ausdrücklich enthaltene Zustimmungserfordernis (anders noch § 63 BörsG aF) ergibt sich nunmehr unmittelbar aus Art. 80 Abs. 2 Var. 4 GG.

d) Ermessen

9 Dem Bundesministerium der Finanzen steht im Hinblick auf den Erlass von Verbots- bzw. Beschränkungsverordnungen ein Ermessen zu („kann"). Der einzelne Anleger kann daher unter Berufung auf Abs. 1 weder den Erlass einer entsprechenden Verordnung gerichtlich erzwingen noch Ersatz des ihm aus dem Abschluss eines trotz bestehender Verbotsmöglichkeit erlaubten Finanztermingeschäfts entstandenen Schadens nach Art. 34 S. 1 GG iVm § 839 BGB verlangen.

e) Verfassungsmäßigkeit

10 Angesichts der weiten Formulierung des Tatbestands von Abs. 1, der lediglich auf die Erforderlichkeit zum Anlegerschutz Bezug nimmt, sowie des Fehlens von Anhaltspunkten in der Gesetzesbegründung, dem Normkontext oder einer etablierten Verbotspraxis, erscheint die Bestimmtheit der Verordnungsermächtigung nach Inhalt, Zweck und Ausmaß und damit deren Verfassungsmäßigkeit i. S. v. Art. 80 Abs. 1 GG fraglich.

III. Verbotsfolgen (Abs. 2)

1. Nichtigkeit des verbotenen Finanztermingeschäfts

11 Ein Finanztermingeschäft, das (bei seiner Vornahme) einer Rechtsverordnung nach Abs. 1 widerspricht, ist nichtig (Abs. 2 S. 1). Die Unwirksamkeit wirkt gegenüber jedermann und ist im Prozess von Amts wegen auch dann zu berücksichtigen, wenn es der durch das Verbot geschützte Anleger gelten lassen will. Bei einem Wegfall der Verordnung kann die Unwirksamkeit nur durch Neuvornahme bzw. Bestätigung (§ 141 BGB) beseitigt werden. Gegebenenfalls kommt auch die Umdeutung des unzulässigen in ein zulässiges Finanztermingeschäft in Betracht (§ 140 BGB). Die Nichtigkeitsfolge ist auf das Verpflichtungsgeschäft beschränkt und beeinträchtigt daher nicht die Wirksamkeit der Erfüllungsgeschäfte (siehe aber noch zum Bereicherungsausgleich Rn. 24). Die Beweislast hinsichtlich des Verstoßes gegen den Verordnungsinhalt trägt derjenige, der sich auf die Unwirksamkeit beruft.

2. Nichtigkeit von Nebengeschäften

12 Nach Abs. 2 S. 2 erfasst die Nichtigkeit des Finanztermingeschäfts auch die folgenden Nebengeschäfte, damit nicht durch deren Abschluss ein der Wirksamkeit des Termingeschäfts vergleichbares wirtschaftliches Ergebnis herbeigeführt und die Verordnungsregelung umgangen werden kann:

a) Sicherungsgeschäfte (Nr. 1)

13 Unwirksam ist zunächst auch die Bestellung einer Sicherheit für ein verbotenes Finanztermingeschäft, wobei es anders als bei Nr. 2 nicht darauf ankommt, ob die Sicherheit von einer der Finanztermingeschäftsparteien bestellt wurde. Erfasst werden die Vereinbarungen über sämtliche Personalsicherheiten (Bürgschaft,

Schuldbeitritt, sicherungshalber erfolgende Scheck- und Wechselhingabe, Forderungsgarantie) und Realsicherheiten (Pfandrechte an beweglichen Sachen, Grundstücken und Rechten, Eigentumsvorbehalt, Sicherungsübereignung, Sicherungsabtretung).

b) Erfüllungsvereinbarungen (Nr. 2)

Nichtig ist ferner eine Vereinbarung, durch die der eine Teil zum Zwecke der Erfüllung einer Schuld aus einem verbotenen Finanztermingeschäft dem anderen Teil gegenüber eine Verbindlichkeit eingeht. Erfasst sind ausdrücklich nur verpflichtende Vereinbarungen zwischen den Finanztermingeschäftsparteien. Sofern jedoch ein Dritter wie etwa bei der schenkweisen privativen Schuldübernahme (§§ 414f. BGB) eine Verbindlichkeit aus einem unzulässigen Finanztermingeschäft nicht lediglich sichert (sonst Nr. 1) und durch die Schuldübernahme keinen Aufwendungsersatzanspruch erlangt (sonst Nr. 3), ist an eine Ausdehnung der Nichtigkeitsfolge auch auf dieses Geschäft zu denken, um auch in diesen seltenen und vom Gesetzgeber offenbar übersehenen Fällen die Verbotswirkungen zu sichern.

aa) Schuldversprechen und -anerkenntnis. Als wichtigsten Anwendungsfall der Nr. 2 nennt das Gesetz das Schuldanerkenntnis, wobei es unerheblich ist, ob es sich um ein konstitutives Schuldanerkenntnis i. S. v. § 781 BGB oder lediglich um ein deklaratorisches Schuldanerkenntnis handelt. Auch das selbstständige Schuldversprechen i. S. v. § 780 BGB ist nach Nr. 2 nichtig. Im Zusammenhang mit verbotenen Finanztermingeschäften ist es von praktischer Bedeutung, dass sowohl die Gutschrift von Gewinnen auf dem Girokonto[12] wie auch das im Kontokorrentverkehr am Ende der jeweiligen Verrechnungsperiode erfolgende Saldoanerkenntnis[13] von der h. M. als Schuldanerkenntnisse behandelt werden und damit nach Nr. 2 unwirksam sind. Da § 37g nur dem Schutz des Anlegers vor Verpflichtungen aus dem unwirksamen Finanztermingeschäft und wirtschaftlich vergleichbaren Folgen dienen soll, sind auf Grund einer teleologischen Reduktion des Tatbestandes allerdings solche Anerkenntnisse wirksam, in denen sich der Betreiber eines Finanztermingeschäftsunternehmens für den Fall eines Geschäftsgewinns dem verlierenden Anleger gegenüber zum Ausgleich verpflichtet hat.[14]

bb) Scheck- und Wechselverbindlichkeit. Wird für die Erfüllung einer Forderung aus einem verbotenen Finanztermingeschäft eine Scheck- oder Wechselverbindlichkeit (Art 12, 18, 40ff. ScheckG bzw. 9, 15, 43ff. WG) eingegangen, so ist auch diese unverbindlich.[15]

cc) Vergleich. Ein Vergleich, in den Verbindlichkeiten aus unzulässigen Finanztermingeschäften einbezogen und dabei umgeschaffen werden, ist ebenfalls nach Nr. 2 unwirksam.

---

[12] Vgl. BGH v. 11. 10. 1988 XI ZR 67/88 BGHZ 105, 263, 269; BGH v. 4. 2. 1992 XI ZR 32/91 WM 1992, 479, 480 und BGH 11. 10. 1988 XI ZR 67/88 WM 1988, 1717, 1719 (zu § 59 BörsG aF); generell zur Rechtsnatur der Girokontogutschrift siehe BGH v. 25. 1. 1988 II ZR 320/87 WM 1988, 321 ff.; *Häuser/Welter*, WM 1994, 775.

[13] Vgl. BGH v. 24. 1. 1985 I ZR 201/82 BGHZ 93, 307, 311 (zu § 59 BörsG aF).

[14] Vgl. BGH v. 14. 12. 1987 II ZR 89/87 WM 1988, 289, 291 (zu § 59 BörsG aF) = NJW 1989, 300, 301.

[15] Vgl. RG v. 16. 6. 1909 I 189/09 RGZ 71, 289, 292 (obiter zu § 59 BörsG aF).

18 **dd) Darlehensverbindlichkeit.** Als ersatzweise Begründung einer schuldrechtlichen Verbindlichkeit wird auch ein Darlehensvertrag zwischen den Parteien des Termingeschäfts von der Nichtigkeitsfolge erfasst. Dies gilt etwa für die bankinterne Umbuchung von Forderungen aus Finanztermingeschäften auf ein Darlehenskonto des Kunden.[16] Wirksam sind hingegen Darlehensverträge des Terminschuldners mit Dritten zur Begleichung der Terminschuld.[17] In Betracht kommt insoweit allenfalls eine Kündigung aus wichtigem Grund (§ 314 BGB) bzw. wegen Wegfalls der Geschäftsgrundlage (§ 313 Abs. 3 S. 2 BGB), wobei jedoch zu berücksichtigen ist, dass das Verwendungsrisiko grundsätzlich den Darlehensnehmer trifft.

c) Erteilung und Übernahme von Aufträgen (Nr. 3)

19 Die Nichtigkeitsfolge erstreckt sich zudem auf Auftragsschuldverhältnisse, die dem Abschluss von verbotenen Finanztermingeschäften mit einem Dritten dienen und bei denen dem Beauftragten aus der Abwicklung des Geschäfts eigene Ansprüche gegen den Auftraggeber zustehen würden. Insoweit besteht dann weder auf Seiten des Auftragnehmers ein Anspruch auf Aufwendungsersatz (§ 670 BGB) noch auf Seiten des Auftraggebers ein Anspruch auf Auftragsausführung (§ 662 BGB, § 384 Abs. 1 HGB), auf Herausgabe des durch die Auftragsausführung Erlangten (§ 667 BGB, § 384 Abs. 2 HGB) oder auf Schadensersatz. Nicht erfasst werden jedoch Aufträge an Dritte, eine aus einem bereits abgeschlossenen verbotenen Finanztermingeschäft entstandene Verbindlichkeit zu erfüllen oder für diese eine Sicherheit zu bestellen, da sich diese Aufträge nicht auf den Abschluss eines Finanztermingeschäfts richten. Unwirksam sind in diesen Fällen allerdings das erfüllte Finanztermingeschäft (Abs. 2 S. 1) bzw. das zur Auftragsausführung abgeschlossene Sicherungsgeschäft (Abs. 2 S. 2 Nr. 1), so dass der Auftraggeber zu seinem Schutz über Bereicherungsansprüche aus eigenem Recht bzw. nach Abtretung durch den Beauftragten (§ 667 BGB, § 384 Abs. 2 HGB) verfügt.

20 **aa) Kommissionsgeschäfte.** Da Kommissionsgeschäfte in Terminkontrakten inzwischen grundsätzlich nicht mehr durch Selbsteintritt nach § 400 HGB erfüllt werden (vgl. dazu Nr. 1 Abs. 1 der Sonderbedingungen für Termingeschäfte nF), handelt es sich nicht um Finanztermingeschäfte (Vor §§ 37e und 37g Rn. 8ff.), die im Falle eines Verbots- bzw. Beschränkungsverstoßes bereits nach Abs. 2 S. 1 unwirksam wären, sondern um Aufträge i. S. v. Abs. 2 S. 2 Nr. 3, das Finanztermingeschäft zwar im eigenen Namen, aber für Rechnung des Auftraggebers abzuschließen. Als Folge der Nichtigkeit des Kommissionsgeschäfts kann der Auftraggeber das von ihm nach §§ 669f. BGB Geleistete zurückverlangen bzw. (wenn der Kommissionär seinerseits bereits an den Partner des Finanztermingeschäfts geleistet hat) die Abtretung des dem Kommissionär gegen den Dritten zustehenden Bereicherungsanspruchs verlangen (§ 812 Abs. 1 S. 1 Var 1 BGB). Bei Bösgläubigkeit kann der Kommissionär zudem zum Schadensersatz nach §§ 812, 818 Abs. 4, 819 Abs. 1, 292 Abs. 1, 989 BGB verpflichtet sein.

21 **bb) Mittelbare Aufträge.** Von Nr. 3 sollten auch Aufträge erfasst werden, die lediglich auf ihre Weiterleitung durch den Beauftragten als mittelbaren Stell-

---

[16] Vgl. dazu die Fälle BGH v. 22. 10. 1984 II ZR 262/83 BGHZ 92, 317, 325 und BGH v. 15. 10. 1979 II ZR 144/78 WM 1979, 1381, 1383 = NJW 1980, 390, 391.
[17] Vgl. BGH v. 13. 7. 1987 II ZR 280/86 BGHZ 101, 296, 302 (zu § 59 BörsG aF).

vertreter oder Boten gerichtet sind.[18] Unwirksam ist daher etwa der Auftrag an eine Bank, im eigenen Namen einen Händler mit dem Abschluss eines Finanztermingeschäfts zu beauftragen und hierbei Einschüsse als Sicherheit an den Händler zu leisten, so dass etwaige Vorschussleistungen (§ 669 BGB) vom Erstauftraggeber zurückverlangt werden können.[19]

d) Abschlussvereinigungen (Nr. 4)

Schließlich sind auch Vereinigungen zum Zwecke des Abschlusses von verbotenen Finanztermingeschäften unwirksam. Problematisch ist das Verhältnis der Regelung zu den allgemeinen geschriebenen und ungeschriebenen Grundsätzen des Rechts der fehlerhaften Gesellschaften.[20] Wegen des Vorrangs der spezifischen Regelungen zur Nichtigkeit von juristischen Personen (§§ 75 ff. GmbHG, §§ 275 ff. AktG, §§ 94 ff. GenG, §§ 43, 73 ff. BGB) fallen diese jedoch nicht unter Nr. 4.[21] Erfasst werden daher insbesondere Gelegenheitsgesellschaften bürgerlichen Rechts unter Anlegern oder stille Beteiligungen am Handelsgeschäft eines Terminhändlers, sofern der Gesellschaftszweck wesentlich im Abschluss von verbotenen Termingeschäften besteht. Es genügt daher nicht, dass lediglich von Fall zu Fall ein verbotenes Finanztermingeschäft getätigt wird.[22] Auch bei der Einrichtung eines Terminsammelkontos schließen sich die Beteiligten nicht zu einem gemeinsamen Zweck zusammen, sondern begründen lediglich parallele Geschäftsbesorgungsverhältnisse mit dem Verwalter des Sammelkontos. Ist das Termingeschäft jedoch wegen entsprechender Beschränkungen i. S. v. Abs. 1 nur gegenüber einzelnen Mitgliedern der Vereinigung unwirksam, sind die Grundsätze über die fehlerhafte Gesellschaft anzuwenden, wobei es jedoch zu berücksichtigen gilt, dass sich daraus keine nachteiligen Folgen für die durch die Verbotsverordnung geschützten Anleger ergeben dürfen. Diese sind daher einerseits von der Pflicht zur anteiligen Tragung eines etwaigen Verlusts befreit, andererseits aber auch an einer Gewinnverteilung nur dann zu beteiligen, wenn sie am Erfolg der Gesellschaft mitgewirkt haben.

3. Zulassungsverbot

Die nach § 37g Abs. 1 verbotenen bzw. beschränkten Finanztermingeschäfte dürfen nicht bzw. nur unter den entsprechenden Einschränkungen von der Börsengeschäftsführung nach § 23 BörsG zum Börsenhandel zugelassen werden.

4. Bereicherungsausgleich

Als Folge der Unwirksamkeit des verbotenen Finanztermingeschäfts und etwaiger Nebengeschäfte können die Vertragsparteien die im Rahmen dieser Geschäfte unter Umständen bereits erbrachten Leistungen nach §§ 812 ff. BGB zurückzufordern.[23] Eine Partei, die von der Unzulässigkeit des betreffenden

---

[18] BGH v. 6. 5. 1985 II ZR 227/84 BGHZ 94, 262, 266; krit. *Kümpel*, WM 1985, 1121.
[19] *Häuser*, WM 1988, 1285, 1288 f.; aA RG v. 8. 11. 1899 I 279/99 RGZ 45, 158, 160 f.
[20] Näher *Bergmann*, ZBB 2008, 160 ff.
[21] *Rehm*, § 60 BörsG Anm. 10.
[22] *Schwark/Zimmer*, KMRK § 37g WpHG Rn. 6.
[23] Zur Anrechnung des aus einem Weiterverkauf der erworbenen Optionsscheine von dem die Rückforderung des Kaufpreises begehrenden Käufer erzielten Erlöses nach der Saldotheorie BGH v. 20. 3. 2001 XI ZR 213/00 ZIP 2001, 784, 785 f. mit krit. Anm. *Koller/Pfeiffer*, EWiR 2001, 619 f.

Finanztermingeschäfts und den maßgeblichen Nichtigkeitsfolgen wusste, kann ihre vorbehaltlos und freiwillig erbrachte Leistung nach § 814 BGB nicht zurückfordern und ist darüber hinaus nach §§ 818 Abs. 4, 819 Abs. 1, 292 Abs. 1, 989 BGB u. U. zum Schadensersatz verpflichtet.

Abschnitt 9. Schiedsvereinbarungen

§ 37h Schiedsvereinbarungen

Schiedsvereinbarungen über künftige Rechtsstreitigkeiten aus Wertpapierdienstleistungen, Wertpapiernebendienstleistungen oder Finanztermingeschäften sind nur verbindlich, wenn beide Vertragsteile Kaufleute oder juristische Personen des öffentlichen Rechts sind.

Übersicht

	Rn.
A. Regelungsgegenstand und -zweck	1
B. Anwendungsbereich	3
I. Schiedsvereinbarung	4
II. Künftige Rechtsstreitigkeiten	15
III. Bezug zu Wertpapierdienstleistungen und Finanztermingeschäften	16
C. Verbindlichkeitsvoraussetzungen nach § 37h	17
I. Kaufmannseigenschaft	18
II. Juristische Personen des öffentlichen Rechts	31
D. Rechtsfolgen bei Wirksamkeit der Schiedsvereinbarung	35
I. Verbindlichkeit der Schiedsvereinbarung	35
II. Übertragung der Entscheidungskompetenz	39
E. Internationaler Rechtsverkehr	44
I. Anwendbares Recht	45
II. Vereinbarkeit mit gemeinschafts- und völkerrechtlichen Vorgaben	48
F. Exkurs: Schiedsgerichtswesen im Wertpapierdienstleistungsbereich	50
I. Bedeutung der Schiedsgerichtsbarkeit	50
II. Schiedsgericht	51
III. Schiedsverfahren	52
IV. Schiedsspruch	55
V. Aufsicht	59

Schrifttum: Zu § 37h: *Berger,* Schiedsgerichtsbarkeit und Finanztermingeschäfte – Der „Schutz" der Anleger vor der Schiedsgerichtsbarkeit durch § 37h WpHG, ZBB 2003, 77 ff.; *Lehmann,* Wertpapierhandel als schiedsfreie Zone – Zur Wirksamkeit von Schiedsvereinbarungen nach § 37h WpHG, SchiedsVZ 2003, 219; *Samtleben,* Das Börsentermingeschäft ist tot – es lebe das Finanztermingeschäft?, ZBB 2003, 69 ff.; **generell zur Schiedsgerichtsbarkeit im Finanzdienstleistungsbereich:** *Bork/Stöve,* Schiedsgerichtsbarkeit bei Börsentermingeschäften, 1992; *Ebbing,* Zur Schiedsfähigkeit von Börsengeschäften und Börsentermingeschäften WM 1999, 1264 ff.; *Horn,* Außergerichtliche Streitbeilegung bei internationalen Finanzgeschäften. Eine Bestandsaufnahme, in: Festschrift für Otto Sandrock zum 70. Geburtstag, hrsg. von Klaus Peter Berger u. a., Heidelberg 2000, S. 385 ff.; *ders.,* The Development of Arbitration in International Financial Transactions, ArbInt 16 (2000), 279, 286 ff.; *Jordans,* Zur Europarechtswidrigkeit von § 37h WpHG, EuZW 2007, 655 ff.; *Kröll,* Schiedsverfahren bei Finanzgeschäften – Mehr Chancen als Risiken ZBB 1999, 367 ff.; *Kronke,* Entwicklungen des internationalen Kapitalmarktrechts und Schiedsgerichtsbarkeit, in: Festschrift für Karl-Heinz Böckstiegel zum 65. Geburtstag, hrsg. von Robert Briner u. a., München 2001, S. 385 ff.; *Lehmann,* Wertpapierhandel als schiedsfreie Zone – Zur Wirksamkeit von Schiedsvereinbarungen nach § 37h WpHG, SchiedsVZ 2003, 219 ff.; *Loritz,* Schiedsgerichtsbarkeit bei Kapitalanlagen, in: FS Geimer, München 2002, S. 569 ff.; *Raeschke-Kessler,* AGB-Schiedsvereinbarungen über

§ 37h 1, 2   Abschnitt 9. Schiedsvereinbarungen

Börsentermingeschäfte – Zugleich ein Beitrag zu AGB-Schiedsverträgen mit Verbrauchern, WM 1998, 1205 ff.; *Samtleben,* Warentermingeschäfte im Ausland und Schiedsverfahren – neues Recht für alte Fälle, IPrax 1992, 362 ff.; *ders.* Zur Wirksamkeit von Schiedsklauseln bei grenzüberschreitenden Börsentermingeschäften, ZEuP 1999, 974 ff.; *Schwark,* Börsengesetz – Kommentar § 28, 2. Aufl, München 1994; *Thorn,* Termingeschäfte an Auslandsbörsen und internationale Schiedsgerichtsbarkeit IPRax 1997, 98 ff. **Allgemein** zur Schiedsgerichtsbarkeit: *Henn,* Schiedsverfahrensrecht 3. Aufl. 2000; *Lachmann,* Handbuch für die Schiedsgerichtspraxis 2. Aufl. 2002; Lionnet Handbuch der internationalen und nationalen Schiedsgerichtsbarkeit 2. Aufl. 2001; *Lörcher/Lörcher,* Das Schiedsverfahren – national, international – nach neuem Recht 1998; *Schütze* Schiedsgericht und Schiedsverfahren 3. Aufl. 1999; *Schwab/Walter,* Schiedsgerichtsbarkeit 6. Aufl. 2000.

A. Regelungsgegenstand und -zweck

1 § 37h ersetzt und erweitert die bis 2002 in § 28 BörsG aF enthaltene Regelung, die auf Grund ihrer Geltung im börslichen wie außerbörslichen Bereich ähnlich den Bestimmungen über Finanztermingeschäfte (jetzt noch §§ 37e und 37g) aus systematischen Gründen in das WpHG überführt wurde.[1] Die Vorschrift knüpft die Verbindlichkeit einer Schiedsvereinbarung im Zusammenhang mit Wertpapierdienstleistungen und Finanztermingeschäften gegenüber den allgemeinen Bestimmungen der §§ 1029 ff. ZPO an zusätzliche Voraussetzungen im Bereich der **subjektiven Schiedsfähigkeit** (vgl. auch § 1030 Abs. 3 ZPO).[2] Danach sind Schiedsvereinbarungen über künftige Rechtsstreitigkeiten aus Wertpapierdienstleistungen, Wertpapiernebendienstleistungen oder Finanztermingeschäften nur dann für alle Beteiligten verbindlich, wenn alle Vertragsteile Kaufleute oder juristische Personen des öffentlichen Rechts sind. Ist dies nicht der Fall, hat ein Schiedsgericht mit Sitz in Deutschland die fehlende subjektive Schiedsfähigkeit zu beachten und sich nach § 1040 Abs. 1 ZPO für unzuständig zu erklären. Ein deutsches Gericht hat die Klage eines Anlegers ohne Kaufmannseigenschaft trotz der von der Gegenpartei erhobenen Einrede der Schiedsgerichtsbarkeit (§ 1032 Abs. 1 ZPO) zuzulassen und einer Klage auf Feststellung der Unzulässigkeit des Schiedsverfahrens (§ 1032 Abs. 2 ZPO) bzw. auf Aufhebung des Schiedsspruchs (§ 1059 Abs. 2 Nr. 1 lit. a ZPO) stattzugeben. Unter Aufgabe der bis 2002 in § 28 BörsG aF enthaltenen Beschränkung auf Börsenschiedsgerichte erfasst die Regelung auch Schiedsvereinbarungen, die das Verfahren vor einem anderen Schiedsgericht als einem Börsenschiedsgericht im In- oder Ausland zum Gegenstand haben. Gerade gegen das Verfahren vor ausländischen Schiedsgerichten waren zuvor immer wieder Bedenken unter dem Gesichtspunkt des Anlegerschutzes laut geworden.[3] § 37h gilt für die nach dem 1. 7. 2002 geschlossenen Schiedsvereinbarungen.

2 Mit der Regelung in § 37h hat der Gesetzgeber ein **Schutzanliegen**,[4] das bis 2002 auf Börsenschiedsgerichte, d. h. auf Schiedsgerichte mit an der Börse tätigen

---

[1] Begr. RegE 4. FMFG BT-Drucks. 14/8017, S. 96.
[2] OLG Düsseldorf v. 15. 11. 2007 (I-6 U 74/07) E II.1.b.aa.
[3] Dazu etwa OLG Düsseldorf v. 8. 3. 1996 (17 U 179/95) IPRax. 1997, 118 und *Raeschke-Kessler,* WM 1998, 1205 ff. (Unwirksamkeit von AGB-Schiedsvereinbarungen mit Verbrauchern nach §§ 3 und 9 AGBG, jetzt §§ 305 c und 307 Abs. 1 und 2 BGB).
[4] Zum Verbraucherschutz durch präventive Beschränkung der Schiedsgerichtsbarkeit zusammenfassend *Berger,* ZBB 2003, 77, 78 ff.

oder in bestimmter Form beschäftigten Schiedsrichtern, sowie auf nicht nach § 53 Abs. 1 BörsG aF termingeschäftsfähige Anleger beschränkt war, objektiv (alle Schiedsgerichte im Wertpapierdienstleistungsbereich) und subjektiv (alle Nichtkaufleute des Privatrechts) deutlich ausgeweitet. Dies macht die Vorschrift in ihrem Regelungszweck und Tatbestand **kritikwürdig**. Konnte man schon im Rahmen des § 28 BörsG aF Zweifel an der besonderen Schutzbedürftigkeit der Parteien einer Schiedsvereinbarung im Bereich der Börsenschiedsgerichtsbarkeit haben,[5] gilt dies erst recht für § 37h, mit dem der Gesetzgeber den Schutz unerfahrener Anleger, die vielfach nicht die Tragweite ihres im Voraus erklärten Verzichts auf eine Entscheidung durch die staatlichen Gerichte ermessen könnten, verstärken wollte. Mit dieser generellen und nicht näher begründeten Skepsis gegenüber der Schiedsgerichtsbarkeit im Wertpapierdienstleistungsbereich insgesamt setzt sich der Gesetzgeber jedoch zu dem Grundgedanken der Schiedsverfahrensreform von 1998 in Widerspruch.[6] Seinerzeit ging man gerade mit guten Gründen von der Gefahrlosigkeit und Gleichwertigkeit des Schiedsverfahrens für beide Parteien aus, sofern nur im Sinne der §§ 1025 ff. ZPO eine gleiche und rechtsstaatliche Behandlung der Parteien bei der Konstituierung des Schiedsgerichts und der Durchführung des schiedsrichterlichen Verfahrens gewährleistet sei.[7] Der Verbraucherschutz wurde daher konsequent auch lediglich auf einen Schutz vor Übereilung (Informations- und Warnfunktion des § 1031 Abs. 5 ZPO) sowie die allgemeine Inhaltskontrolle von Schiedsvereinbarungen nach §§ 134, 138, 242 und 307 BGB beschränkt.[8] Dies entspricht einem internationalen Trend, der gerade auch im Bereich der Wertpapiergeschäfte zu beobachten ist.[9] Die statusbezogene Regelung des § 37h steht zudem in einem eigenartigen Kontrast zu der ausschließlich situationsbezogenen und vom Informationsmodell geprägten Regelung des § 31. Schließlich erscheint auch die tatbestandliche Anknüpfung des § 37h an den Kaufmannsbegriff mit seinen zunehmend fragwürdigen und auch keineswegs rechtssicher zu handhabenden Tatbestandsmerkmalen als überholt (dazu auch Rn. 18 ff.).[10] In der Konsequenz der jüngeren Gesetzgebung und auch des § 1031 Abs. 5 ZPO wie des 37d WpHG hätte es hier gelegen, dem vom Gesetzgeber bei unerfahrenen Anlegern unterstellten Schutzbedürfnis durch eine tatbestandliche Anknüpfung an den Unternehmerbegriff des § 14 BGB gerecht zu werden.

B. Anwendungsbereich

Die Regelung des § 37h betrifft nur im Übrigen wirksame (Rn. 9 ff.) Schiedsvereinbarungen (Rn. 4 ff.) über künftige Rechtsstreitigkeiten (Rn. 15) aus Wert-

3

---

[5] Siehe zur Kritik am Regelungszweck des § 28 BörsG aF *Ebbing*, WM 1999, 1264, 1265.
[6] Krit. auch *Berger*, ZBB 2003, 77, 83 ff. und KölnKommWpHG-*Roth* § 37h Rn. 3.
[7] Begr. RegE SchiedsVfG BT-Drucks. 13/5274, S. 34.
[8] Zustimmend und näher *Berger*, ZBB 2003, 77, 83 und 86 ff.; krit. *Samtleben*, ZBB 2003, 69, 76 f. mit Fn. 91, der auf die Unanwendbarkeit der §§ 1031 Abs. 5 ZPO und 305c Abs. 1 BGB im Rahmen der New Yorker UN-Konvention von 1958/1981 verweist.
[9] Näher *Berger*, ZBB 2003, 77, 83 f., der auf S. 93 auch einen Verstoß des § 37h gegen europarechtliche Vorgaben für möglich hält.
[10] Krit. auch *Samtleben*, ZBB 2003, 69, 77 und KölnKommWpHG-*Roth* § 37h Rn. 4.

papierdienstleistungen, Wertpapiernebendienstleistungen oder Finanztermingeschäften (Rn. 16).

I. Schiedsvereinbarung

1. Begriff

4 Unter einer Schiedsvereinbarung hat man i. S. v. § 1029 Abs. 1 ZPO eine Vereinbarung der Parteien zu verstehen, alle oder einzelne Streitigkeiten, die zwischen ihnen in Bezug auf ein bestimmtes Rechtsverhältnis vertraglicher oder nichtvertraglicher Art entstanden sind oder künftig entstehen, der Entscheidung durch ein Schiedsgericht zu unterwerfen. Es handelt sich mithin um einen Prozessvertrag,[11] der nach § 1029 Abs. 2 ZPO in Form einer selbstständigen Vereinbarung (Schiedsabrede) oder in Form einer Klausel in einem Vertrag (Schiedsklausel) geschlossen werden kann. Die Schiedsklausel braucht keine Vereinbarungen über die Konstituierung des Schiedsgerichts (vgl. § 1035 Abs. 3 ZPO), die Verfahrensgestaltung (vgl. §§ 1042 Abs. 4, 1043 ff.) und die Entscheidungsmittel des Schiedsrichters zu enthalten.[12]

2. Abgrenzungen

5 Von einer Schiedsvereinbarung sind einige ähnliche, von § 37 h nicht erfasste Erscheinungsformen zu unterscheiden.

a) Schiedsgutachtervereinbarung

6 Hierunter versteht man eine Vereinbarung, die einen Dritten lediglich dazu ermächtigt, über das Vorliegen bzw. Fehlen bestimmter behaupteter Tatsachen (Schiedsgutachten i. e. S.) und/oder einzelne Rechtsfragen (Schiedsgutachten i. w. S.), nicht aber über den Rechtsstreit insgesamt zu befinden.[13] Gerade im Finanzdienstleistungswesen gibt es zahlreiche Sachverständigenkommissionen, deren Kompetenzen denen eines Schiedsgerichts sehr nahe kommen, weil sie einen Rechtsstreit durch die Klärung einzelner Sachfragen praktisch entscheiden.[14] Ein Beispiel hierfür bilden etwa die an den deutschen Börsen eingerichteten Gutachterausschüsse, die über die Lieferbarkeit von Wertpapieren zu befinden haben.[15] Nach h. M. gilt das Schiedsvertragsrecht nicht für Schiedsgutachtervereinbarungen, so dass danach auch § 37 h auf Schiedsgutachtervereinbarungen weder direkt noch analog anzuwenden sein dürfte. Der von § 37 h angestrebte Schutz unerfahrener Anleger ist stattdessen in analoger Anwendung der §§ 317, 319 Abs. 1 BGB zu gewährleisten, wonach die Gerichte offenbare und für die Parteien mithin unverbindliche Unrichtigkeiten korrigieren können.[16]

---

[11] Zur Rechtsnatur der Schiedsvereinbarung als Prozessvertrag etwa *Stein/Jonas/Schlosser*, § 1029 ZPO Rn. 1; aA BGH v. 28. 11. 1963 VII ZR 112/62 BGHZ 40, 320, 322 (materiell-rechtlicher Vertrag über prozessuale Beziehungen).
[12] *Zöller/Geimer*, § 1029 ZPO Rn. 11.
[13] *Schwab/Walter*, Schiedsgerichtsbarkeit Kap. 3 Rn. 4.
[14] *Schwark/Zimmer*, KMRK § 37 h WpHG Rn. 7.
[15] Siehe dazu § 49 der jeweiligen Börsenordnung der deutschen Wertpapierbörsen.
[16] Siehe dazu auch BGH v. 26. 4. 1991 V ZR 61/90 NJW 1991, 2761; BGH v. 9. 6. 1983 IX ZR 41/82 NJW 1983, 2244, 2245 und die Kritik von *Stein/Jonas/Schlosser*, Vor § 1025 ZPO Rn. 22 ff.

b) Schlichtungsvereinbarung

An einer Schiedsvereinbarung fehlt es auch dann, wenn die Entscheidung des **7** Rechtsstreits durch den Dritten nicht endgültig an die Stelle einer Gerichtsentscheidung tritt, sondern in einer Art Berufung auch über § 1059 ZPO hinaus von staatlichen Gerichten überprüft werden kann bzw. parallel der Rechtsweg zu den staatlichen Gerichten offenbleibt.[17] Dies gilt namentlich für die Schlichtung, bei denen der Dritte ohne eigene abschließende Entscheidungsgewalt den freiwillig verhandelnden Parteien lediglich zur Einigung verhelfen soll.[18] Einen Sonderfall der Schlichtung stellt das durch AGB-Vereinbarung vorgeschaltete kostenfreie Ombudsmann-Verfahren zur internen Konfliktbereinigung nach der Verfahrensordnung für die Schlichtung von Kundenbeschwerden im deutschen Bankgewerbe dar.[19] Denn der Schlichtungsspruch des Ombudsmanns ist lediglich im Falle der Annahme durch die Parteien bzw. bis zu einem Beschwerdewert von 5000,– Euro für die Banken einseitig verbindlich und beläßt den Parteien im Übrigen den ordentlichen Rechtsweg, so dass es sich nicht um einen Schiedsspruch handelt, der immer für beide Parteien Bindungswirkung entfaltet (§ 1055 iVm § 325 ZPO).[20]

c) Naturalobligation

Eine Vereinbarung, durch die lediglich die Verfolgbarkeit eines Anspruchs vor **8** den staatlichen Gerichten ausgeschlossen wird, ist ebenfalls keine Schiedsvereinbarung, sondern die Begründung einer Naturalobligation bzw. die Umwandlung eines bestehenden Anspruchs in eine Naturalobligation.[21]

3. Wirksamkeit der Schiedsvereinbarung nach BGB und §§ 1029 ff. ZPO

Fehlt es bereits an der Wirksamkeit der Schiedsvereinbarung nach den allge- **9** meinen Vorschriften des bürgerlichen Vertragsrechts und der §§ 1029 ff. ZPO, kommt es auf die weiteren Wirksamkeitsvoraussetzungen nach § 37 h nicht mehr an.

a) Subjektive Schiedsfähigkeit

Die zunächst erforderliche allgemeine subjektive Schiedsfähigkeit setzt nach **10** deutschem Recht die Partei- und Prozessfähigkeit der Vertragspartner i. S. v. §§ 50, 52 ZPO und damit neben der Rechtsfähigkeit (natürliche und juristische Personen, rechtsfähige Personengesellschaften i. S. v. § 14 Abs. 2 BGB) die volle Geschäftsfähigkeit bzw. ein Handeln der gesetzlichen Vertreter (ggf. Genehmigungserfordernis nach § 1822 Nr. 12 BGB) voraus (zur daneben von § 37 h ge-

---

[17] BGH v. 3. 11. 1983 III ZR 111/82 LM 23 zu § 38 (unter 4b); einschränkend *Stein/Jonas/Schlosser*, § 1029 Rn. 15.
[18] MünchKommZPO-*Münch*, Vor § 1025 Rn. 20.
[19] Dazu näher *Scherpe*, WM 2001, 2321 ff.; *Steuer*, Die Bank 2002, 460 ff.; *v. Hippel*, Der Ombudsmann im Banken- und Versicherungswesen, 2000.
[20] So im Ergebnis auch gegen eine Geltung von § 37 h im Obudsmann-Verfahren *Balzer/Siller* in BuB Rn. 7/326 und *Schwark/Zimmer*, KMRK § 37 h WpHG Rn. 8.
[21] RG v. 17. 12. 1929 321/29 VII JW 1930, 1062; OLG Frankfurt v. 18. 11. 1948 (1 U 144/48) NJW 1949, 510; *Zöller/Geimer*, § 1029 ZPO Rn. 9.

Jung

§ 37h 11–13 Abschnitt 9. Schiedsvereinbarungen

forderten Kaufmannseigenschaft der Parteien Rn. 18 ff.; zum anwendbaren Recht Rn. 45).

b) Objektive Schiedsfähigkeit

11   Nach § 1030 Abs. 1 ZPO können zwar nur vergleichsgeeignete, d. h. insbesondere vermögensrechtliche Ansprüche Gegenstand einer Schiedsvereinbarung sein, doch ist hiermit im Wertpapierdienstleistungsbereich keine Einschränkung verbunden. Bedenken gegen die objektive Schiedsfähigkeit wurden zwar noch unter dem bis 2002 geltenden Recht im Bereich der Börsentermingeschäfte erhoben, doch diente die teilweise Verneinung der Schiedsfähigkeit dabei nicht der Durchsetzung des staatlichen Rechtsprechungsmonopols, sondern lediglich dem Schutz deutscher Anleger vor einem vermeintlich nachteiligen Schiedsverfahren im Ausland.[22] Dies ist jedoch keine Frage der unabhängig vom Schiedsort zu bestimmenden Wirksamkeit der Schiedsvereinbarung unter dem Gesichtspunkt der Schiedsfähigkeit des betreffenden Anspruchs, sondern eine Frage der Anerkennung des Schiedsspruches vor dem Hintergrund des ordre-public-Vorbehalts.[23] Der Gegenauffassung ist seit 2002 auch durch die ausdrückliche Einbeziehung der Finanztermingeschäfte in den Tatbestand des § 37h der Boden entzogen, da diese die objektive Schiedsfähigkeit der aus ihnen entstehenden Ansprüche gerade voraussetzt.

c) Bestimmtheit

12   Eine Schiedsvereinbarung ist ferner nur dann wirksam, wenn das zur Entscheidung berufene Schiedsgericht und das betroffene Rechtsverhältnis eindeutig bestimmt oder zumindest bestimmbar sind.[24] Probleme ergeben sich insoweit gerade bei den unter § 37h fallenden künftigen Rechtsstreitigkeiten. So hat die Rechtsprechung etwa die Bezugnahme auf „alle Streitigkeiten aus der Geschäftsverbindung", alle Streitigkeiten „aus den von den Parteien künftig an der Börse zu schließenden Geschäften" oder „aus der Berufstätigkeit der Mitglieder an der Börse" als zu allgemein angesehen.[25] Die Vereinbarung einer Schiedsklausel in einem Rahmenvertrag bezieht sich mit hinreichender Bestimmtheit auf die in dessen Rahmen abgeschlossenen Einzelverträge.

d) Form

13   In formeller Hinsicht muss eine nach deutschem Recht getroffene Schiedsvereinbarung den Anforderungen des § 1031 ZPO gerecht werden. Mündlichkeit ist danach auch im gewerblichen Bereich nicht ausreichend, sehr wohl aber ein elektronischer Datenaustausch mit Speichermöglichkeit.[26] Nach § 1031 Abs. 3 ZPO kann die Vereinbarung einer Schiedsklausel auch mittels AGB erfolgen, sofern das verweisende Dokument den Anforderungen des § 1031 Abs. 1 und 2 ZPO entspricht und die Einbeziehung nach § 1031 Abs. 3 ZPO durch eine spe-

---

[22] BGH v. 15. 6. 1987 II ZR 124/86 NJW 1987, 3193, 3195; BGH v. 6. 6. 1991 III ZR 68/90 NJW 1991, 2215 f.
[23] Krit. auch *Schütze*, JbPraxSchiedsG 1 (1987), 94 ff.; *Thorn*, IPRax 1997, 98, 102; *Berger*, ZBB 2003, 77, 80 f.
[24] BGH v. 2. 12. 1982 III ZR 85/81 NJW 1983, 1267, 1268.
[25] RG v. 18. 6. 1914 VI 168/14 RGZ 85, 177, 180.
[26] Zur Online-Schiedsgerichtsbarkeit näher *Jung*, K & R 1999, 63 ff.

zielle oder globale Erklärung zum Bestandteil des Vertrages erfolgt.[27] Angesichts der weiten Verbreitung von Schiedsklauseln in Handelsgeschäften über Wertpapiere und Finanztermingeschäfte, der auch § 37h WpHG Rechnung trägt, kann eine entsprechende Klausel zudem nicht als überraschend i. S. v. § 305 c Abs. 1 BGB gelten.[28] Bei Verträgen unter Beteiligung eines Verbrauchers (zum Verbraucherbegriff Vor §§ 37 e und 37 g Rn. 117 ff.) muss die Schiedsvereinbarung allerdings gemäß § 1031 Abs. 5 ZPO grundsätzlich räumlich getrennt vom Hauptvertrag in einer von den Parteien eigenhändig unterzeichneten Urkunde enthalten sein, so dass im Gegensatz zum professionellen Handel etwa die globale Bezugnahme der Nr. 1 Abs. 1 der Sonderbedingungen für Termingeschäfte auf die Handels- und Clearingbedingungen der Eurex Deutschland nicht als Vereinbarung einer Schiedsklausel i. S. v. Nr. 2.3 dieser Bedingungen angesehen werden kann. Bei Beachtung der Anforderungen des § 1031 Abs. 5 ZPO werden zugleich die Einbeziehungsvoraussetzungen der §§ 305 Abs. 2 und 305 c Abs. 1 BGB erfüllt. Durch die vorbehaltlose Einlassung zur Hauptsache werden Formmängel jedoch geheilt (§ 1031 Abs. 6). Die Unwirksamkeit des Hauptvertrages lässt die Wirksamkeit des Schiedsvertrages grundsätzlich unberührt und umgekehrt.[29]

e) Inhaltskontrolle von Schiedsklauseln in AGB

Eine nicht individuell ausgehandelte Schiedsklausel kann zudem nach § 307 BGB unwirksam sein. Wie sich aus § 1031 Abs. 5 ZPO ergibt, stellt die Vereinbarung einer Schiedsklausel auch mit einem Verbraucher für sich genommen noch keine unangemessene Benachteiligung dar. Unbedenklich ist die Klausel damit jedenfalls dann, wenn die vorgesehenen Schiedsverfahrensregelungen dem deutschen Schiedsverfahrensrecht entsprechen.[30] Im Übrigen besteht bei einer Benachteiligung von Verbrauchern ein strengerer Kontrollmaßstab als bei einer Benachteiligung von Unternehmern.[31] Zu beachten ist ferner, dass eine für sich genommen vertretbare Schiedsklausel auch erst im Zusammenwirken mit anderen benachteiligenden Regelungen als unangemessen benachteiligend angesehen werden kann und dann an deren Gesamtnichtigkeit Teil hat.[32]

II. Künftige Rechtsstreitigkeiten

§ 37h gilt (jedenfalls bei Inlandssachverhalten; siehe noch Rn. 49) nur für künftige Rechtsstreitigkeiten, so dass auch Nichtkaufleuten einen bereits entstandenen Rechtsstreit, über den sie schon konträre Rechtsansichten ausgetauscht haben, durch ggf. auch nur schlüssiges Verhalten (vgl. § 1031 Abs. 6 ZPO) wirk-

---

[27] *Zöller/Geimer*, § 1031 ZPO Rn. 9; MünchKommZPO-*Münch*, § 1031 Rn. 37; vgl. aber auch zur bis 2002 geltenden Rechtslage OLG Düsseldorf v. 26. 5. 1995 (17 U 240/94) IPRax 1997, 115 und OLG Düsseldorf v. 8. 3. 1996 (17 U 179/95) IPRax 1997, 118 (Unwirksamkeit der Schiedsklausel nach § 3 AGBG jetzt § 305 c BGB).
[28] Dazu auch *Assmann/Schneider/Sethe*, § 37h WpHG Rn. 50.
[29] BGH v. 27. 2. 1970 VII ZR 68/68 BGHZ 53, 315, 318 f.; BGH v. 6. 6. 1991 III ZR 68/90 WM 1991, 1248, 1250; *Stein/Jonas/Schlosser*, § 1025 ZPO Rn. 35.
[30] Vgl. dazu auch Nr. 1 q des Anhangs der Richtlinie 93/13/EWG v. 5. 4. 1993 über missbräuchliche Klauseln in Verbraucherverträgen, Abl. L 95, S. 29 ff.
[31] Näher MünchKommBGB-*Kieninger*, § 307 Rn. 285 ff. und *Assmann/Schneider/Sethe*, § 37h WpHG Rn. 52 ff.
[32] Dazu BGH v. 10. 10. 1991 III ZR 141/90 BGHZ 115, 324, 325 ff.

sam einem Schiedsgericht zur Entscheidung übertragen können. Künftige Rechtsstreitigkeiten sind die aus Sicht der Parteien im Zeitpunkt der Schiedsvereinbarung bloß hypothetisch bestehenden Streitigkeiten, über die sie sich noch keine genauen Gedanken gemacht bzw. konträre (Rechts-)Ansichten ausgetauscht haben und für deren zumeist als unwahrscheinlich betrachteten Eintritt sie lediglich vorsorglich die Zuständigkeit eines Schiedsgerichts vereinbaren.

III. Bezug zu Wertpapierdienstleistungen und Finanztermingeschäften

16   Schiedsfähig sind nach § 1030 ZPO sämtliche vergleichsgeeigneten, insbesondere vermögensrechtlichen Streitigkeiten (Rn. 11). Von den zusätzlichen Anforderungen des § 37h werden aber nur solche Schiedsvereinbarungen erfasst, die ganz oder zumindest teilweise Rechtsstreitigkeiten betreffen, die aus Wertpapierdienstleistungen (näher § 2 Rn. 71 ff.), Wertpapiernebendienstleistungen (näher § 2 Rn. 116 ff.) oder Finanztermingeschäften (näher Vor §§ 37e und 37g Rn. 8 ff.) entstehen.

C. Verbindlichkeitsvoraussetzungen nach § 37h

17   Die von § 37h erfassten Schiedsvereinbarungen sind nur verbindlich, wenn alle Vertragsteile im Zeitpunkt des Vertragsschlusses Kaufleute oder juristische Personen des öffentlichen Rechts sind.

I. Kaufmannseigenschaft

1. Überblick

18   Im Rahmen von § 37h ist der handelsrechtliche Kaufmannsbegriff der §§ 1 ff. HGB zugrunde zu legen. Es kommt allein auf den Status als Kaufmann an und nicht darauf, ob der Kaufmann zu gewerbebezogenen oder privaten Zwecken handelt. Mit Ausnahme der Kaufmannseigenschaft kraft bloßer Gesellschaftsform (§ 6 Abs. 2 HGB) bildet damit das Betreiben eines (Handels-)Gewerbes die Grundlage für die Feststellung der Kaufmannseigenschaft. Erfordert das Gewerbe nach Art und Umfang einen in kaufmännischer Weise eingerichteten Geschäftsbetrieb und handelt es sich nicht um ein Gewerbe der Land- oder Forstwirtschaft, ist der Betreiber zwingend und auch ohne die in diesem Fall lediglich deklaratorische Eintragung in das Handelsregister Kaufmann nach § 1 HGB (sog. Istkaufmann). Ist dies nicht der Fall und handelt es sich mithin um einen sog. Kleingewerbetreibenden, steht es dem Betreiber frei, ob er durch die fakultative Eintragung der Firma seines Gewerbes in das Handelsregister die Kaufmannseigenschaft nach § 2 HGB erwerben und behalten möchte oder nicht (sog. Kannkaufmann). Der Land- oder Forstwirt, dessen im Haupt- oder Nebenerwerb betriebenes Geschäft nach Art und Umfang eine kaufmännische Einrichtung erfordert, hat die Wahl, ob er durch die fakultative Eintragung der Firma seines Gewerbes in das Handelsregister die Kaufmannseigenschaft erwirbt, nicht aber ob er sie behält (§ 3 HGB, sog. uneigentlicher Kannkaufmann). Kraft bloßer Eintragung wird die Kaufmannseigenschaft nach § 5 HGB in denjenigen Fällen erworben, in denen die Eintragung der Firma des Gewerbes nicht auf Grund ei-

ner wirksamen freiwilligen Anmeldung erfolgt ist (sog. Fiktivkaufmann). § 6 HGB begründet hingegen eine im Wesentlichen formale Kaufmannseigenschaft kraft Gesellschaftsform (sog. Formkaufmann).

2. Einzelfragen

a) Gewerbe

Unter einem Gewerbe i. S. d. §§ 1 ff. HGB wird von der h. M. eine selbstständige Tätigkeit verstanden, die nach außen erkennbar und auf Dauer angelegt ist sowie in erlaubter Weise (str.) mit Gewinnerzielungsabsicht (str.) und nicht als freier Beruf betrieben wird (näher Vor §§ 37 e und 37 g Rn. 109 ff.).[33] Praktisch bedeutsam und rechtspolitisch fragwürdig ist vor allem die Ausgrenzung der freien Berufe einschließlich der künstlerischen und wissenschaftlichen Tätigkeiten aus dem Gewerbe- und damit dem Kaufmannsbegriff (vgl. auch § 1 Abs. 1 S. 1 und 2 PartGG, § 6 GewO und § 18 Abs. 1 Nr. 1 EStG). Voraussetzung ist lediglich, dass der Schwerpunkt der Tätigkeit der betreffenden Person in diesem Bereich liegt[34] und die Tätigkeit nicht in Form einer Kapitalgesellschaft (AG, GmbH, KGaA) oder einer EWIV (vgl. § 1 EWIV-AusführungsG) ausgeübt wird (sonst § 6 HGB iVm § 59c Abs. 1 BRAO, § 49 Abs. 1 StBerG, § 27 Abs. 1 WPrO). Damit sind etwa Rechtsanwälte (§ 2 BRAO), Wirtschaftsprüfer (§ 1 Abs. 2 WPO), Steuerberater (§ 32 Abs. 2 StBerG), Ärzte (§ 1 Abs. 2 BÄO), Architekten,[35] Wissenschaftler, Künstler, Schriftsteller, Privatlehrer und Dolmetscher keine Kaufleute. Apotheker[36] oder Zahntechniker werden hingegen unter den übrigen Voraussetzungen zu den Kaufleuten gezählt. 19

b) Handelsgewerbe

Die Kaufmannseigenschaft kommt grundsätzlich (Ausn. § 6 Abs. 2 HGB) nur dem Betreiber eines Handelsgewerbes zu. Dies setzt entweder einen nach Art und Umfang kaufmännische Einrichtung erfordernden Gewerbebetrieb (sog. eigentliche Handelsgewerbe nach § 1 Abs. 2 HGB) oder die Eintragung der Firma in das Handelsregister (sog. uneigentliche Handelsgewerbe nach §§ 2, 3, 5 HGB) voraus. Mit der „Art" des Gewerbebetriebes ist die Geschäftsstruktur angesprochen (qualitatives Kriterium: Natur und Vielfalt der gewöhnlich vorkommenden Geschäfte, Abwicklungsweise der konkreten Geschäfte, Vielfalt der Erzeugnisse und Leistungen, Art des Kundenkreises, Teilnahme am Wechselverkehr). Mit dem „Umfang" des Gewerbebetriebes ist dessen Größenordnung gemeint (quantitatives Kriterium: Größe des Anlage- und Betriebskapitals, Umsatzvolumen, Höhe des Kreditbedarfs, Zahl der Beschäftigten, Zahl und Größe der Betriebsstätten, Umfang der Werbung und Lagerhaltung). Die kaufmännische Einrichtung ist typischerweise durch den Einsatz kaufmännischen Personals mit oder ohne Vertretungsmacht, eine Aufgliederung in Geschäfts- bzw. Zuständigkeitsbereiche, eine kaufmännische (doppelte) Buchführung, eine Aufbewahrung der Korrespondenz sowie eine Firmenführung zur Identifikation des Geschäftsinhabers gekennzeichnet. Erforderlich ist eine derartige Einrichtung, wenn sie zur ordentlichen und übersichtlichen Geschäftsführung bzw. zum Schutz der Ge- 20

---

[33] *Brüggemann* in GroßkommHGB § 1 Rn. 6 ff.
[34] Zur Abgrenzung bei Mischtätigkeiten näher MünchKommHGB-*Schmidt*, § 1 Rn. 26.
[35] BGH v. 22. 2. 1979 VII ZR 183/78 WM 1979, 559.
[36] BGH v. 20. 1. 1983 I ZR 13/81 NJW 1983, 2085, 2086.

Jung

schäftspartner notwendig ist. Maßgeblich ist allein das bei einer Gesamtbetrachtung von Art *und* Umfang des Gewerbes festgestellte Erfordernis einer kaufmännischen Einrichtung und nicht auch ihr tatsächliches Vorhandensein.[37] Sind kaufmännische Einrichtungen vorhanden, ist allerdings grundsätzlich davon auszugehen, dass sie auch erforderlich sind. Inhaltlich hat der 1998 neu gefasste Begriff des Handelsgewerbes damit überhaupt nichts mehr mit dem klassischen Warenhandel gemein. Es handelt sich vielmehr um eine Generalklausel, die neben den traditionellen Handelsgewerben (zB Groß- und Einzelhandel) auch die verschiedenen Dienstleistungs- und Handwerksgewerbe erfasst.

c) Zeitpunkt

21 Erforderlich ist das Vorliegen der Kaufmannseigenschaft im Zeitpunkt des Abschlusses der Schiedsvereinbarung. Bei einem neu gegründeten Gewerbe ist der handelsgewerbliche Zuschnitt allerdings auch dann anzunehmen, wenn dieser im Zeitpunkt des Abschlusses der Schiedsvereinbarung zwar noch nicht gegeben ist, das Gewerbe aber auf einen kaufmännischen Geschäftsbetrieb angelegt ist und diesen Zuschnitt in Kürze aufweisen wird.[38] Andererseits kann der einmal gegebene handelsrechtliche Zuschnitt durch Veränderungen im Geschäftsbetrieb (sinkender Umsatz, Vereinfachung der Geschäftsstruktur etc.) wieder entfallen (sog. „Herabsinken" zum Kleingewerbe), wobei die Kaufmannseigenschaft dann allerdings durch die in aller Regel beibehaltene Registereintragung nach § 2 bzw. § 5 HGB aufrechterhalten wird.

d) Beweislast

22 Die Eigenschaft als Handelsgewerbe nach § 1 Abs. 2 HGB ist allein von dem unsicheren und für den Rechtsverkehr unter Umständen schwer erkennbaren Kriterium der Erforderlichkeit eines kaufmännischen Geschäftsbetriebs abhängig. Entgegen einer gerade im Recht der Termingeschäfte verbreiteten Auffassung wird der Kaufmannsbegriff damit keineswegs klar umrissen. Gegebenenfalls stellt sich das Vorhandensein der Kaufmannseigenschaft erst nach Abschluss eines mit umfangreichen Beweisaufnahmen verbundenen Gerichtsverfahrens und auch dann nur für einen bestimmten Zeitpunkt sowie mit Wirkungen zwischen den Prozessparteien heraus.[39] Etwas gemildert wird die Rechtsunsicherheit allerdings durch eine widerlegliche Vermutung zugunsten der Handelsgewerbeeigenschaft in § 1 Abs. 2 HGB („es sei denn, dass …"), wodurch dem sich auf die Unverbindlichkeit der Schiedsvereinbarung mangels eigener Kaufmannseigenschaft berufenden Gewerbetreibenden die Darlegungs- und Beweislast dahingehend auferlegt wird, dass sein Gewerbebetrieb nach Art oder Umfang einen in kaufmännischer Weise eingerichteten Geschäftsbetrieb nicht erfordert.

e) Kleingewerbetreibende

23 Die Betreiber eines Gewerbes, das nach Art oder Umfang keine kaufmännische Einrichtung erfordert, sind nur dann Kaufleute, wenn sie bei Abschluss der Schiedsvereinbarung unter ihrer Firma im Handelsregister eingetragen sind (§ 2 HGB).

---

[37] BGH v. 28. 4. 1960 II ZR 239/58 BB 1960, 917.
[38] BGH v. 17. 6. 1953 II ZR 205/52 BGHZ 10, 91, 96.
[39] Krit. daher *Kaiser*, JZ 1999, 495 ff. und *Heinemann*, FS Fikentscher, 1998, S. 349, 375 ff.

f) Land- und Forstwirte

Land- und Forstwirte sind unabhängig von der Art und dem Umfang ihres land- bzw. forstwirtschaftlichen Haupt- oder Nebenbetriebes nur und immer dann Kaufleute, wenn sie unter ihrer Firma im Handelsregister eingetragen sind (§ 3 HGB). Dabei ist davon auszugehen, dass die Regelung des § 3 HGB nur die Regelung der Istkaufmannseigenschaft nach § 1 HGB verdrängt (vgl. § 3 Abs. 1 HGB) und auch die land- und forstwirtschaftliche Urproduktion ein Gewerbe darstellt, so dass die Betreiber kleiner land- und forstwirtschaftlicher Betriebe die Kannkaufmannseigenschaft nach § 2 HGB erwerben können (str.).[40]

g) Betreibereigenschaft

Kaufmann ist nur derjenige, der das Handelsgewerbe „betreibt" (§ 1 Abs. 1 HGB). Dabei kommt es aber nur darauf an, dass das Handelsgewerbe im Namen der betreffenden Person geführt wird und diese als rechtsfähige natürliche oder juristische Person bzw. als rechtsfähige Personenhandelsgesellschaft aus den in dem Handelsgewerbe wirksam geschlossenen Geschäften berechtigt und verpflichtet wird. Der Kaufmann muss daher nicht persönlich in „seinem" Handelsgewerbe tätig sein. Er kann sich nicht nur bei einzelnen Geschäften, sondern bei der Führung des Gewerbes überhaupt vertreten lassen. Andererseits sind damit seine Vertreter (zB Eltern, Geschäftsführer, Insolvenzverwalter) keine Kaufleute. Der Kaufmann muss nicht der Inhaber des Geschäftsvermögens sein, so dass auch der Pächter oder Nießbraucher eines Handelsgewerbes Kaufmann ist. Auf die Geschäftsfähigkeit kommt es ebenfalls nicht an, so dass auch ein Geschäftsunfähiger ein Handelsgewerbe betreiben und mithin durch seinen gesetzlichen Vertreter an eine Schiedsvereinbarung hinsichtlich künftiger Rechtsstreitigkeiten im Wertpapierdienstleistungsbereich gebunden werden kann.

h) Handelsgesellschaften

Kaufleute i. S. d. §§ 1 ff. HGB sind auch die Handelsgesellschaften (OHG, KG, AG, GmbH, KGaA und EWIV). Nicht zu den Handelsgesellschaften gehören die Gesellschaft bürgerlichen Rechts, die stille Gesellschaft und die Genossenschaft, wobei die Genossenschaft durch Eintragung in das Handelsregister nach § 17 Abs. 2 GenG iVm § 6 Abs. 2 HGB letztlich einer Handelsgesellschaft gleichgestellt wird und mithin auch im Rahmen von § 37h den Kaufleuten gleichsteht.

i) Gesellschafter und Organmitglieder

Grundsätzlich besitzt nur die Handelsgesellschaft als Betreiberin des Unternehmens und nicht auch ihre Gesellschafter oder Organmitglieder die Kaufmannseigenschaft. Nach h. M. soll aber neben der Gesellschaft auch den persönlich haftenden Gesellschaftern die Kaufmannseigenschaft zukommen, sofern sie in Angelegenheiten der Gesellschaft und nicht in ihrer privaten Sphäre tätig werden.[41]

---

[40] So auch *P. Bydlinski*, ZIP 1998, 1169, 1173 f. und *K. Schmidt*, NJW 1998, 2161, 2163; aA *Koller/Roth/Morck*, HGB § 3 Rn. 1; unter Hinweis auf die Gesetzesbegründung i. E. auch *v. Olshausen*, JZ 1998, 719.
[41] BGH v. 16. 2. 1961 III ZR 71/60 BGHZ 34, 293, 296 f.; *Brüggemann* in Großkomm-HGB § 1 Rn. 32; krit. *Jung*, Unternehmergesellschafter S. 278 ff.

j) Mischunternehmen

28 Bei einem einheitlich organisierten oder einem von einer Personenhandelsgesellschaft betriebenen Unternehmen, das verschiedene Tätigkeiten zum Gegenstand hat (sog. Mischunternehmen), richtet sich die Eigenschaft als Handelsgewerbe nach einer Gesamtbetrachtung des Unternehmens. Erhält das Unternehmen seine Prägung durch eine freiberufliche Tätigkeit, ist der Betreiber Nichtkaufmann. Besteht das Unternehmen im Kern aus einem land- oder forstwirtschaftlichen Geschäftsbetrieb, gilt vorrangig § 3 HGB, so dass es für die Kaufmannseigenschaft auf die Eintragung im Handelsregister ankommt. Im Übrigen richtet sich die Eigenschaft als Handelsgewerbe danach, ob das Gewerbe insgesamt einen in kaufmännischer Weise eingerichteten Geschäftsbetrieb erfordert (§ 1 Abs. 2 HGB) oder ob die Firma des Betreibers eines Kleingewerbes freiwillig in das Handelsregister eingetragen ist (§ 2 HGB). Vom Betrieb eines einheitlichen Mischunternehmens ist der Betrieb mehrerer organisatorisch verselbstständigter Unternehmen durch dieselbe natürliche Person zu unterscheiden. In diesem Fall ist die Eigenschaft als Handelsgewerbe und damit die Kaufmannseigenschaft des Betreibers für jedes Unternehmen getrennt zu beurteilen.

k) Scheinkaufmann

29 Erweckt oder unterhält eine voll geschäftsfähige Person, die freiberuflich tätig ist, ein nicht eingetragenes Kleingewerbe, einen nicht eingetragenen land- bzw. forstwirtschaftlichen Betrieb oder gar kein Unternehmen betreibt, durch ein ihr zuzurechnendes (eigenes bzw. schuldhaft ermöglichtes fremdes) Verhalten den Anschein, Kaufmann zu sein, kann sie unter Umständen wie ein Kaufmann behandelt werden. Dies gilt jedoch nur zugunsten gutgläubiger Dritter, die ihr Verhalten von diesem Anschein in nicht fahrlässiger Weise bestimmen ließen. Außerdem erscheint es fraglich, ob die Anwendbarkeit des § 37h als einer zwingenden Vorschrift zum Schutz von Nichtkaufleuten von deren Verhalten abhängig gemacht werden kann.[42] Zumindest die Nichtunternehmer und Freiberufler sollten daher auch als Scheinkaufleute keine verbindliche Schiedsvereinbarung über künftige Rechtsstreitigkeiten im Wertpapierdienstleistungsbereich treffen können. Tritt hingegen ein nicht eingetragener Kannkaufmann i. S. d. §§ 2 und 3 HGB beim Abschluss der Schiedsvereinbarung als Scheinkaufmann in Erscheinung, wird man ihn durchaus als schiedsfähig ansehen können, da dieser Personenkreis es ohnehin jederzeit in der Hand hätte, sich durch Eintragung ins Handelsregister des Schutzes von § 37h zu berauben.[43]

3. Ausdehnende Anwendung

30 Bei Nichtkaufleuten, die als freiberuflich tätige Unternehmer (Rn. 19) oder als Unternehmergesellschafter[44] über eine den Kaufleuten vergleichbare Geschäftserfahrung verfügen, ist eine teleologische Extension des Kaufmannsbegriffs zu erwägen. Diese kann damit begründet werden, dass der Gesetzgeber mit der

---

[42] Dazu allgemein *Brüggemann* in GroßkommHGB Anh. § 5 Rn. 45 (generell verneinend); *Hopt*, HGB § 5 HGB Rn. 14 (generell bejahend); differenzierend *Canaris*, HandelsR § 6 Rn. 23 ff.

[43] Für eine generelle Schiedsfähigkeit des Scheinkaufmanns hingegen *Assmann/Schneider/Sethe*, WpHG § 37h Rn. 16.

[44] Dazu näher *Jung*, Unternehmergesellschafter, S. 21 ff. und 275 ff.

Kaufmannseigenschaft die Verbindlichkeit von Schiedsvereinbarungen über künftige Rechtsstreitigkeiten im Wertpapierdienstleistungsbereich lediglich an die bei Kaufleuten typischerweise vorhandene Geschäftserfahrung knüpfen wollte, der Kaufmannsbegriff dieser Aufgabe aber wegen seiner überkommenen Unzulänglichkeiten nur dann gerecht wird, wenn er entsprechend erweitert wird.[45]

II. Juristische Personen des öffentlichen Rechts

1. Staat

Zu den juristischen Personen des öffentlichen Rechts gehören zunächst der Bund und die Länder. **31**

2. Rechtlich selbstständige Organisationen der mittelbaren Staatsverwaltung

a) Körperschaften

Körperschaften des öffentlichen Rechts sind die durch Gesetz oder auf Grund eines Gesetzes geschaffenen, rechtsfähigen Personenverbände, die (mit Ausnahme der vom Staat unabhängigen Kirchen) öffentliche Aufgaben mit zumeist hoheitlichen Mitteln unter staatlicher Aufsicht in eigener Verantwortung wahrnehmen und ihre Mitglieder nach räumlichen (Gebietskörperschaften: Gemeinden, Landkreise), beruflichen (Berufskammern für Ärzte, Zahnärzte, Rechtsanwälte, Apotheker, Architekten etc.), wirtschaftlichen (Industrie- und Handelskammern, Handwerkskammern, Landwirtschaftskammern), sozialen (Sozialversicherungsträger wie die AOK, Ersatzkassen, Berufsgenossenschaften und die Bundesversicherungsanstalt), kulturellen (Hochschulen), religiösen (Kirchen) oder sonstigen Gesichtspunkten (Wasser- und Bodenverbände, Jagdgenossenschaften, Fischereiwirtschaftsgenossenschaften, Siedlungsverbände etc.) erfassen. Körperschaften des öffentlichen Rechts können ihrerseits zu einer Körperschaft des öffentlichen Rechts zusammengeschlossen werden (zB kommunale Zweckverbände, Bundesrechtsanwaltskammer). Privatrechtliche Zusammenschlüsse wie etwa der DIHT, der ADAC, die politischen Parteien oder die Gewerkschaften sind mangels hoheitlicher Errichtung keine Körperschaften des öffentlichen Rechts. **32**

b) Anstalten

Die Anstalten des öffentlichen Rechts sind durch Gesetz oder auf Grund eines Gesetzes geschaffene, rechtlich verselbstständigte Zusammenfassungen von Verwaltungsbediensteten und Sachmitteln zur eigenverantwortlichen Wahrnehmung öffentlicher Aufgaben insbesondere in der Form einer einmaligen, wiederkehrenden oder längerfristigen Leistungserbringung an Benutzer. Zu den Anstalten gehören etwa die von den Gebietskörperschaften geschaffenen Stadt- und Kreissparkassen, die öffentlich-rechtlichen Rundfunkanstalten, die Bundesbank, die Kreditanstalt für Wiederaufbau, die Studentenwerke oder die Bundesanstalt für Arbeit. **33**

---

[45] Vgl. generell zur analogen Anwendung handelsrechtlicher Normen auf geschäftserfahrene Nichtkaufleute *Canaris*, HandelsR § 23; *Koller/Roth/Morck*, Vor § 1 HGB Rn. 13; *K. Schmidt*, HandelsR § 18 I 1 b.

c) Stiftungen

34 Die Stiftung öffentlichen Rechts ist eine durch Gesetz oder auf Grund eines Gesetzes geschaffene rechtsfähige Organisation, die den ihr von einem Stifter zweckgebunden übergebenen Vermögensbestand zur Wahrnehmung öffentlicher Aufgaben unter staatlicher Aufsicht eigenverantwortlich verwaltet. Beispiele bilden die Stiftung Preußischer Kulturbesitz oder das Hilfswerk für behinderte Kinder.

D. Rechtsfolgen bei Wirksamkeit der Schiedsvereinbarung[46]

I. Verbindlichkeit der Schiedsvereinbarung

1. Subjektive Reichweite

35 Die Schiedsvereinbarung wirkt nur zwischen den Parteien sowie ihren (auch nicht kaufmännischen) Gesamt- und Sonderrechtsnachfolgern etwa in den Fällen der Erbfolge, Unternehmensnachfolge (§§ 25, 28 HGB), Umwandlung oder Forderungsabtretung.[47] Den Parteien stehen Insolvenzverwalter und persönlich haftende Gesellschafter gleich.[48] Bürgen, Schuldübernehmer und Garanten sind an die Schiedsvereinbarung hingegen nur gebunden, wenn sie diese mit unterschrieben haben.[49]

2. Objektive Reichweite

36 Der Umfang der von einer Schiedsvereinbarung erfassten Rechtsstreitigkeiten richtet sich nach der Parteivereinbarung,[50] wobei im Zweifel eine weite Auslegung geboten ist.[51]

3. Verfahrensförderungspflicht

37 Die Parteien trifft andererseits die zumindest schadensersatzbewehrte vertragliche Pflicht, die Durchführung des Schiedsverfahrens bestmöglich zu fördern.[52] Die Verweigerung der Mitwirkung am Schiedsverfahren und die grundlose Nichtbefolgung von Schiedssprüchen kann zudem die Unzuverlässigkeit i. S. v. § 19 Abs. 4 S. 1 Nr. 1 BörsG begründen oder zu einem Sanktionsverfahren i. S. v. § 22 BörsG führen.

4. Beendigung der Schiedsvereinbarung

38 Wie jedes vertragliche Dauerschuldverhältnis kann auch die Schiedsvereinbarung durch Zeitablauf, durch eine einverständliche formlose Vertragsaufhebung,

---

[46] Zu den Rechtsfolgen bei Unwirksamkeit der Schiedsvereinbarung siehe bereits Rn. 1.
[47] BGH v. 20. 3. 1980 III ZR 151/79 BGHZ 77, 32, 35 f.; BGH v. 2. 10. 1997 III ZR 2/96 ZIP 1997, 2082; *Zöller/Geimer*, § 1029 ZPO Rn. 63 ff.
[48] BGH v. 28. 2. 1957 VII ZR 204/56 BGHZ 24, 15, 18; *Zöller/Geimer*, § 1029 ZPO Rn. 63 ff.
[49] *Assmann/Schneider/Sethe*, WpHG § 37 h Rn. 21; *Zöller/Geimer*, § 1029 ZPO Rn. 63.
[50] BGH v. 28. 11. 1963 VII ZR 112/62 BGHZ 40, 320, 324 f.
[51] *Zu Einzelheiten Zöller/Geimer*, § 1029 ZPO Rn. 77 ff.
[52] BGH v. 30. 1. 1957 V ZR 80/55 BGHZ 23, 198, 200 f.; OLG Oldenburg v. 31. 3. 1971 (8 U 103/70) NJW 1971, 1461, 1462; MünchKommZPO-*Münch*, § 1029 Rn. 117 f.

den Eintritt einer auflösenden Bedingung, den Wegfall der Geschäftsgrundlage (§ 313 BGB) oder einseitig durch eine Kündigung aus wichtigem Grund (§ 314 BGB) beendet werden. Ein wichtiger Kündigungsgrund ist gegeben, wenn die Schiedsvereinbarung undurchführbar oder das Festhalten an ihr unzumutbar geworden ist, was namentlich bei der Nichtbezahlung von Kostenvorschüssen der Fall sein kann.[53] Im Hinblick auf einen bestimmten Rechtsstreit verliert die Schiedsvereinbarung ihre bindende Wirkung schließlich auch mit der Ablehnung jeglicher Sachentscheidung durch das Schiedsgericht etwa wegen Unzuständigkeit oder mit der von beiden Parteien durch rügeloses Verhandeln zur Hauptsache herbeigeführten Rechtshängigkeit der Streitsache bei einem staatlichen Gericht.[54]

II. Übertragung der Entscheidungskompetenz

Durch die wirksame Schiedsvereinbarung wird ein Schiedsgericht ermächtigt, anstelle des zuständigen staatlichen Gerichts über einen Rechtsstreit zu entscheiden.   39

1. Einrede der Schiedsvereinbarung

Wird vor einem staatlichen Gericht Klage in einer Angelegenheit erhoben, die Gegenstand einer Schiedsvereinbarung ist, hat das Gericht daher im Falle einer vor Beginn der mündlichen Verhandlung zur Hauptsache erhobenen Rüge des Beklagten die Klage als unzulässig abzuweisen (§ 1032 Abs. 1 ZPO). Die Schiedsvereinbarung lässt allerdings die Zuständigkeit der staatlichen Gerichte in Eilverfahren (§§ 916 ff. ZPO) nach Maßgabe des § 1041 ZPO bestehen (§ 1033 ZPO).   40

2. Rechtsschutzanspruch

Hat ein staatliches Gericht im Hinblick auf eine von ihm als wirksam erachtete Schiedsvereinbarung rechtskräftig sich für unzuständig erklärt bzw. die Wirksamkeit der Schiedsvereinbarung nach § 1032 Abs. 2 ZPO festgestellt, darf sich ein Schiedsgericht dem Schiedsverfahren nicht verweigern. Zwar können die Schiedsrichter zur Ausübung ihres Amtes nicht im Wege der Zwangsvollstreckung gezwungen werden, doch drohen die Amtsbeendigung und Ersatzschiedsrichterbestellung (§§ 1038 f. ZPO) sowie eine Pflicht zum Schadensersatz auf der Grundlage des Schiedsrichtervertrags.   41

3. Rechtskraft des Schiedsspruchs

Der Schiedsspruchs hat nach § 1055 ZPO unter den an die Schiedsvereinbarung gebundenen Personen (Rn. 35) grundsätzlich die Wirkungen eines gerichtlichen Urteils. Die formelle Rechtskraft (§ 705 ZPO) tritt mit der Erfüllung aller Förmlichkeiten durch den letztinstanzlichen Schiedsspruch nach § 1054 ZPO ein. Rechtsmittel zu den staatlichen Gerichten sind nicht gegeben. Für die mate-   42

---

[53] BGH v. 30. 1. 1964 VII ZR 5/63 BGHZ 41, 104, 107 ff.; LG Kassel v. 2. 4. 1992 (11 O 2778/91) NJW 1992, 3107; MünchKommZPO-*Münch*, § 1029 Rn. 128 ff.
[54] MünchKommZPO-*Münch*, § 1029 Rn. 122.

§ 37h 43–45 Abschnitt 9. Schiedsvereinbarungen

rielle Rechtskraft gelten grundsätzlich die §§ 322 ff. ZPO, wobei die Rechtskraft nur auf eine entsprechende Einrede hin und nicht von Amts wegen berücksichtigt wird,[55] nur gegenüber den an die Schiedsvereinbarung gebundenen Personen wirkt[56] und die Beseitigung statt im Wiederaufnahmeverfahren durch Aufhebung des Schiedsspruchs nach §§ 1059, 1060 Abs. 2 S. 1 ZPO erfolgt.

4. Vollstreckung

43 Die Zwangsvollstreckung des Schiedsspruches setzt voraus, dass dieser auf einen Antrag hin für vollstreckbar erklärt wurde (§ 1060 Abs. 1 ZPO), was wiederum bei inländischen Schiedssprüchen deren formelle Rechtskraft (§ 1054 ZPO) sowie das Fehlen bzw. die Präklusion von Aufhebungsgründen (§ 1060 Abs. 2 ZPO) voraussetzt. Die materielle Richtigkeit des Schiedsspruchs wird jedoch grundsätzlich nicht überprüft (§ 1061 ZPO).[57] Eine Ausnahme gilt nur dann, wenn der Schiedsspruch gegen den deutschen ordre public verstößt. Dies ist etwa dann der Fall, wenn der Schiedsspruch ohne eine entsprechende Ermächtigung nach Billigkeit erlassen wurde oder ein nach § 37 g verbotenes bzw. beschränktes Finanztermingeschäft zum Gegenstand hat.[58] Im Übrigen können lediglich Einwendungen, die nach Erlass des Schiedsspruchs entstanden sind, gegen den Antrag auf Vollstreckbarerklärung geltend gemacht werden.[59]

E. Internationaler Rechtsverkehr

44 Die bisherigen Ausführungen gelten uneingeschränkt nur für die zwischen Deutschen nach deutschem Recht geschlossenen Wertpapiergeschäfte und Schiedsvereinbarungen mit Schiedsort in Deutschland. Im internationalen Rechtsverkehr spielen die Wirksamkeitsvoraussetzungen des BGB, der ZPO und des § 37 h dagegen nur dann eine Rolle, wenn nach den Regeln des anwendbaren Kollisionsrechts deutsches Recht maßgeblich ist. Außerdem stellt sich die Frage der Vereinbarkeit des § 37 h mit europa- und völkerrechtlichen Vorgaben.

I. Anwendbares Recht

1. Schiedsvertragsstatut

45 Das auf die Schiedsvereinbarung (Schiedsklausel, Schiedsabrede) anwendbare Recht (Schiedsvertragsstatut) entscheidet über die objektive Wirksamkeit der Schiedsvereinbarung und über ihre Tragweite.[60] Maßgeblich ist insoweit in aller Regel das am vorgesehenen Schiedsort geltende Recht. Denn zumeist wird für die Schiedsvereinbarung keine gesonderte Rechtswahl getroffen und auch eine etwaige Rechtswahlklausel im Hauptvertrag über das Finanzdienstleistungsge-

---

[55] BGH v. 11. 4. 1958 VIII ZR 190/57 NJW 1958, 950.
[56] BGH v. 17. 3. 1975 VIII ZR 245/73 BB 1975, 582, 583.
[57] RG v. 24. 11. 1922 VII 49/22 RGZ 105, 385, 386 f.; *Zöller/Geimer*, § 1060 ZPO Rn. 13.
[58] *Berger*, ZBB 2003, 77, 91.
[59] BGH v. 12. 7. 1990 III ZR 174/89 NJW 1990, 3210, 3211.
[60] *Stein/Jonas/Schlosser*, Anh § 1061 ZPO Rn. 40 ff.

schäft bezieht sich grundsätzlich nicht auch auf die in diesem Vertrag enthaltene Schiedsklausel, wenn sich das Schiedsverfahren nach einem anderen (zumeist dem am Schiedsort geltenden) Recht richtet, um das missliche Auseinanderfallen von Schiedsvertrags- und Schiedsverfahrensrecht möglichst zu verhindern.[61] Fehlt es an einer zu beachtenden Rechtswahlklausel hinsichtlich der Schiedsvereinbarung, so richtet sich das anwendbare Recht nach dem Schiedsverfahrensstatut, für das wiederum in aller Regel der Schiedsort maßgeblich ist (Rn. 47).

2. Personalstatut

Das Personalstatut als das auf die Parteien der Schiedsvereinbarung anwendbare **46** Recht ist maßgeblich für die subjektiven Wirksamkeitsvoraussetzungen der Schiedsvereinbarung, d. h. die allgemeine Handlungs-, Rechts- und Geschäftsfähigkeit sowie die spezifische subjektive Schiedsfähigkeit. Da es sich bei der in § 37 h getroffenen Regelung um eine Einschränkung der subjektiven Schiedsfähigkeit (Rn. 1) und damit der Geschäftsfähigkeit und nicht um eine Frage der objektiven Wirksamkeit der Schiedsvereinbarung oder der Einschränkung der objektiven Schiedsfähigkeit handelt,[62] unterliegt die kollisionsrechtliche Anknüpfung der Vorschrift ebenfalls den Regelungen zum Personalstatut.[63] Die Prozessfähigkeit im Schiedsverfahren richtet sich allerdings nach dem für das Schiedsverfahren geltenden Recht (Rn. 47). Das Personalstatut wird durch das Internationale Privatrecht desjenigen Landes bestimmt, in dem richterliche (vgl. etwa §§ 1032, 1033, 1050, 1059 f. ZPO) oder schiedsrichterliche Maßnahmen begehrt werden. Hiernach ist in aller Regel das von der Staatsangehörigkeit (natürliche Personen) bzw. dem Sitz oder der Gründung (rechtsfähige Gesellschaften) abhängige Heimatrecht der jeweiligen Partei maßgeblich (vgl. etwa Art. 7 EGBGB und § 1059 Abs. 2 Nr. 1 lit. a ZPO).[64] Dies gilt auch für die kollisionsrechtliche Anknüpfung des § 37 h,[65] da sich nicht allein mit der unter Umständen größeren Sachnähe des Wirkungsstatuts eine Ausnahme von der durch Art. 7 Abs. 1 S. 1 EGBGB für natürliche Personen geforderten Anknüpfung an die Staatsangehörigkeit bzw. von der für rechtsfähige Gesellschaften maßgeblichen Anknüpfung an den Hauptverwaltungssitz (Sitztheorie) begründen lässt. Für eine Anwendung der allgemeinen Regelungen zum Personalstatut sprechen vielmehr die Einheitlichkeit und Klarheit der Anknüpfung der subjektiven Wirksamkeitsvoraussetzungen.

Sofern für die subjektive Schiedsfähigkeit ausländisches Recht maßgeblich ist, kommt § 37 h auch nicht über Art. 6 EGBGB zur Anwendung, da die ohnehin fragwürdige Vorschrift (Rn. 2) **nicht** Bestandteil des deutschen **ordre public** ist.[66]

---

[61] *Stein/Jonas/Schlosser*, § 1029 ZPO Rn. 41; *Zöller/Geimer*, § 1029 ZPO Rn. 107 ff.
[62] Vgl. dazu auch Art. V Abs. 1 lit. a New Yorker UN-Konvention von 1958/1981 über die Anerkennung und Vollstreckung ausländischer Schiedssprüche und § 1059 Abs. 2 lit. a ZPO.
[63] Wie hier OLG Düsseldorf v. 15. 11. 2007 (I-6 U 74/07) E.II.1.b.aa; *Berger*, ZBB 2003, 77, 82; für eine Maßgeblichkeit des Schiedsvertragsstatuts hingegen *Schwark*, BörsG 2. Aufl., § 28 Rn. 6.
[64] MünchKommZPO-*Münch*, § 1029 Rn. 41; *Stein/Jonas/Schlosser*, Anh. § 1061 ZPO Rn. 79.
[65] So auch *Ebbing*, WM 1999, 1264, 1268; aA *Schwark/Zimmer*, KMRK § 37 h WpHG Rn. 3 f.; *Samtleben*, ZBB 2003, 69, 77.
[66] So auch *Assmann/Schneider/Sethe*, § 37 h WpHG Rn. 46 a.

3. Schiedsverfahrensstatut

47 Das auf das schiedsrichterliche Verfahren anwendbare nationale Recht entscheidet neben einer etwaigen von den Parteien in der Schiedsvereinbarung unmittelbar oder mittelbar bestimmten Schiedsordnung über die Prozessfähigkeit der Parteien, die Verfahrenshandlungen und die Wirkungen des Schiedsspruchs. Das Schiedsverfahrensrecht wird durch die Parteien oder hilfsweise den Schiedsort festgelegt (vgl. etwa §§ 1025 Abs. 1, 1042 Abs. 3 ZPO).[67]

II. Vereinbarkeit mit gemeinschafts- und völkerrechtlichen Vorgaben

48 § 37h differenziert nicht zwischen deutschen und ausländischen Staatsangehörigen oder nach dem Wohnsitz bzw. der Niederlassung der Beteiligten. Die Vorschrift entfaltet daher keine mit Art. 12 oder 43 ff. EG unvereinbare unmittelbar oder mittelbar diskriminierende bzw. beschränkende Wirkung.[68] Eine solche ergibt sich auch nicht aufgrund der kollisionsrechtlichen Anknüpfung des für § 37h maßgeblichen Personalstatuts an die Staatsangehörigkeit oder den Wohnsitz bzw. den tatsächlichen Hauptverwaltungssitz (Rn. 46).[69] Was schließlich einen möglichen Verstoß gegen die Dienstleistungsfreiheit (Art. 49 ff. EG) anbetrifft, so ist bereits fraglich, ob die durch § 37h bewirkte Einschränkung der subjektiven Schiedsfähigkeit überhaupt eine relevante Behinderung der Dienstleistungserbringung durch ausländische Wertpapierdienstleister mit sich bringt. Denn der Verweis auf den staatlichen Gerichtsweg stellt als solcher keine Behinderung dar. Eine solche könnte sich lediglich aus den nur bei grenzüberschreitenden Sachverhalten zur Anwendung gelangenden und durch § 37h in ihrem Anwendungsbereich erweiterten Regelungen über die Internationale Zuständigkeit (vgl. Art. 15 EuGVVO) ergeben. Die hierdurch u. U. für ausländische Dienstleister erhöhten Rechtsverfolgungs- und Verteidigungskosten sind jedoch durch die hinter Art. 15 EuGVVO und § 37h stehenden Überlegungen des Verbraucherschutzes gerechtfertigt.[70]

49 Art. V Abs. 1 lit. a der New Yorker UN-Konvention von 1958/1981 über die Anerkennung und Vollstreckung ausländischer Schiedssprüche gestattet es den Vertragsstaaten ausdrücklich, die subjektive Schiedsfähigkeit durch Vorschriften nach Art des § 37h einzuschränken. Ein Problem für die Anwendbarkeit der Vorschrift könnte sich jedoch daraus ergeben, dass die zusätzlichen Anforderungen des § 37h an die subjektive Schiedsfähigkeit nur für Schiedsvereinbarungen über künftige Rechtsstreitigkeiten gelten (Rn. 15), wohingegen Art. II Abs. 1 der New Yorker UN-Konvention generell eine Diskriminierung von Schiedsvereinbarungen über künftige Rechtsstreitigkeiten gegenüber Schiedsvereinbarungen über bereits entstandene Rechtsstreitigkeiten verbietet.[71] Damit § 37h nach

---

[67] *Zöller/Geimer*, § 1025 ZPO Rn. 3 f.
[68] Für einen Verstoß von § 37h gegen Art. 12 EG jedoch *Berger*, ZBB 2003, 77, 93.
[69] *Jordans*, EuZW 2007, 655, 658 f.; siehe zur Vereinbarkeit von Art. 7 EGBGB mit dem EG-Vertrag nur *Fischer*, Gemeinschaftsrecht und kollisionsrechtliches Staatsangehörigkeitsprinzip in *v. Bar*, Europäisches Gemeinschaftsrecht und IPR, 1991, S. 157 ff.
[70] AA *Jordans*, EuZW 2007, 655 ff.
[71] Aus diesem Grund für eine Unanwendbarkeit von § 37h bei internationalen Sachverhalten *Lehmann*, SchiedsVZ 2003, 219, 224 ff.

dem ausdrücklichen Willen des Gesetzgebers auch in nationalen Sachverhalten, die im Übrigen zur Umgehung der Regelung durch die Wahl eines ausländischen Schiedsortes leicht herstellbar wären, zur Anwendung kommen kann, müsste die Vorschrift angesichts von Art. 2 Abs. 1 der New Yorker UN-Konvention bei internationalen Sachverhalten aufgrund einer völkerrechtskonformen Auslegung bzw. teleologischen Extension auch auf Schiedsvereinbarungen über bereits entstandene Rechtsstreitigkeiten angewendet werden. Diese ausdehnende Anwendung des § 37h wäre auch durch Art. V Abs. 1 lit. a der New Yorker UN-Konvention gedeckt.

F. Exkurs: Schiedsgerichtswesen im Wertpapierdienstleistungsbereich

I. Bedeutung der Schiedsgerichtsbarkeit

Das Schiedsgerichtswesen hat im Wertpapierdienstleistungsbereich eine im Vergleich zum übrigen Finanzsektor relativ große Bedeutung, obwohl sie hinter derjenigen im internationalen Handel, Schifffahrtswesen oder Anlagenbau immer noch deutlich zurückbleibt. Immer mehr Börsen und Wertpapiervereinigungen sehen in ihren Musterverträgen Schiedsklauseln vor und richten institutionelle Schiedsgerichte ein (Rn. 49).[72] Dies liegt insbesondere daran, dass das Schiedsverfahren die Benennung von im Wertpapierdienstleistungbereich kundigen Schiedsrichtern, eine Verhandlung unter Ausschluss der Öffentlichkeit, ein flexibles, rasches und kostengünstigeres Verfahren sowie eine erleichterte internationale Vollstreckung ermöglicht. Auf der anderen Seite besteht aber auch die Gefahr der Parteilichkeit der Schiedsrichter, einer kosten- bzw. zeitintensiven Verschleppung des Verfahrens bei fehlender Kooperationsbereitschaft der Parteien sowie einer im nationalen Rahmen im Vergleich zur staatlichen Gerichtsbarkeit gegebenenfalls erschwerten Vollstreckung. Als Nachteil können sich auch die fehlende Möglichkeit einer Korrektur von Fehlentscheidungen sowie die fehlende Präjudizwirkung der Schiedssprüche gerade im massenhaft betriebenen Wertpapierhandel erweisen, sofern dem nicht durch eine entsprechende Ausgestaltung der Schiedsvereinbarung entgegengewirkt wird.[73]

II. Schiedsgericht

Auch im Wertpapierdienstleistungsbereich hat man zwischen zwei Arten von Schiedsgerichten zu unterscheiden: Ad-hoc-Schiedsgerichte werden von den Parteien speziell zur Entscheidung eines einzelnen Streitfalls gebildet. Institutionelle Schiedsgerichte sind hingegen bei einer Organisation mit Sekretariat und fester Verfahrensordnung angesiedelt, was im Börsenbereich auf die verschiedenen Börsenschiedsgerichte zutrifft. Das Schiedsgericht besteht zumeist aus drei

---

[72] v. Houtte, Arb.Int. 1996, 405, 409; für eine eher geringe Bedeutung der Finanzschiedsgerichtsbarkeit in Deutschland KölnKommWpHG-*Hirte* § 37h Rn. 11.
[73] Zu den Vor- und Nachteilen von Schiedsverfahren siehe nur allgemein MünchKommZPO-*Münch*, Vor § 1025 Rn. 51 ff. sowie speziell für den Finanzsektor *Kröll*, ZBB 1999, 367 und 369 ff.

§ 37h 52, 53   Abschnitt 9. Schiedsvereinbarungen

Schiedsrichtern (vgl. dazu etwa § 48 Abs. 2 der jeweiligen Börsenordnung der deutschen Wertpapierbörsen und § 1034 Abs. 1 S. 2 ZPO), wobei jeweils ein Schiedsrichter von den Parteien und der dritte Schiedsrichter von den beiden von den Parteien benannten Schiedsrichtern aus einer Liste fachkundiger Personen ausgewählt wird (vgl. dazu etwa Ziff. 2.3 BörsO Eurex und § 1035 Abs. 2 S. 2 ZPO). Die Schiedsrichterlisten sollten nicht allein Börsenhändler aufführen, um eine ausgewogene Besetzung der Schiedsgerichte zu ermöglichen.[74] Zwischen allen Parteien und jedem Schiedsrichter wird ein Schiedsrichtervertrag als privatrechtlicher Geschäftsbesorgungs-Dienstvertrag geschlossen, der in seiner Wirksamkeit unabhängig von der Wirksamkeit der Schiedsvereinbarung ist.

III. Schiedsverfahren

1. Anwendbares Recht

52 Für das Schiedsverfahren ist zunächst die Schiedsvereinbarung maßgeblich, die gegebenenfalls auf eine bestimmte Schiedsordnung (zB Schiedsgerichtsordnung der Leipzig Power Exchange) Bezug nimmt. Im Falle ihres zwingenden Charakters bzw. hilfsweise kommen die §§ 1025 ff. ZPO zur Anwendung, sofern für das Schiedsverfahren deutsches Recht gilt (dazu Rn. 47). Die Schiedsvereinbarung ieS wird daher zumeist (und sollte dies auch) durch formlos gültige Absprachen zum Schiedsverfahren ergänzt.[75] Es ist den Parteien dabei zu empfehlen, den Schiedsort und damit das anwendbare nationale Schiedsverfahrensrecht zu bestimmen sowie auf die erprobte Verfahrensordnung eines institutionellen Schiedsgerichts Bezug zu nehmen oder eine der klassischen Schiedsordnungen der internationalen Handelsschiedsgerichtsbarkeit durch Zusatzvereinbarungen ihren Bedürfnissen anzupassen. Die Verfahrensordnung sollte möglichst flexibel und einfach ausgestaltet sein und der Disposition der Parteien bzw. der Schiedsrichter unterliegen. Die Privatautonomie bei der Ausgestaltung des Schiedsverfahrens wird lediglich durch einige zwingende Grundsätze des nationalen und internationalen Schiedsverfahrensrechts eingeschränkt. So unterliegen die Vereinbarungen der Parteien bei Ungleichgewichtslagen insbesondere im Hinblick auf die Konstituierung des Schiedsgerichts der Inhaltskontrolle. Ferner sind die Unabhängigkeit der Schiedsrichter, die Gleichbehandlung der Parteien und das rechtliche Gehör auch im Schiedsverfahren zu gewährleisten (vgl. etwa § 1042 ZPO).

2. Verfahrensablauf

53 Das Schiedsverfahren beginnt regelmäßig mit dem Empfang des Vorlegungsantrags durch den Beklagten (Schiedshängigkeit; vgl. etwa § 1044 ZPO). Innerhalb der vorgesehenen Fristen haben sodann der Kläger seinen Anspruch und die diesen begründenden Tatsachen darzulegen sowie der Beklagte dazu Stellung zu nehmen (vgl. etwa § 1046 ZPO). Vorbehaltlich einer anderweitigen Parteivereinbarung bzw. eines entsprechenden Parteiantrags ist eine mündliche Verhand-

---

[74] Vgl. dazu etwa § 2 der Schiedsgerichtsordnung der Frankfurter Wertpapierbörse, wonach der Vorsitzende die Befähigung zum Richteramt haben muss und die Beisitzer lediglich die über die berufliche Eignung für das börsenmäßige Wertpapiergeschäft verfügen müssen; siehe auch *Schwark*, BörsG 2. Aufl. § 28 Rn. 11.
[75] *Schwab/Walter*, Kap. 44 Rn. 7.

lung nicht obligatorisch (vgl. etwa § 1047 ZPO). Das schiedsrichterliche Verfahren endet mit dem endgültigen Schiedsspruch (Rn. 55 ff.) oder einem Beschluss des Schiedsgerichts etwa im Falle der Säumnis oder Klagerücknahme des Klägers (vgl. etwa § 1056 Abs. 2 Nr. 1 iVm § 1048).

3. Gerichtliche Maßnahmen

Das Schiedsgericht verfügt weder über eigene Zwangsmittel gegenüber den Parteien, Zeugen und Sachverständigen noch kann es Eide oder eidesstattliche Versicherungen abnehmen. Es ist daher insoweit auf die Unterstützung der staatlichen Gerichte angewiesen, die diese den Parteien des Schiedsverfahrens auf Antrag gewähren (vgl. etwa §§ 1035 Abs. 3, 1050 ZPO). 54

IV. Schiedsspruch

1. Form

Der Schiedsspruch muss grundsätzlich mehrheitlich gefällt, schriftlich mit einem bestimmten Mindestinhalt abgefasst und regelmäßig begründet werden (vgl. etwa §§ 1052 Abs. 1, § 1054 Abs. 1 und 2 ZPO). 55

2. Materiell anwendbares Recht

Die Parteien können das anwendbare materielle Recht im Hauptvertrag frei wählen, soweit dies das anwendbare Kollisionsrecht vorsieht (vgl. etwa § 1051 Abs. 1 ZPO). In Ermangelung einer solchen Vereinbarung gilt nach deutschem Kollisionsrecht das Recht mit der engsten Verbindung zum Gegenstand des Verfahrens (vgl. etwa § 1051 Abs. 2 ZPO). Das anwendbare Kollisionsrecht bestimmt sich dabei ebenfalls nach der Parteivereinbarung und hilfsweise nach dem Ort des Schiedsgerichts.[76] Zwar können die Parteien das Schiedsgericht grundsätzlich auch von der Anwendung eines bestimmten nationalen Rechts befreien und sie zu einer Entscheidung nach den Grundsätzen der lex mercatoria oder als amiable compositeur zu einem Schiedsspruch ex aequo et bono ermächtigen (vgl. auch § 1051 Abs. 3 und 4 ZPO), doch dürften dieser Vorgehensweise im Wertpapierdienstleistungsbereich regelmäßig die Anforderungen des Anleger- bzw. Verbraucherschutzes entgegenstehen. 56

3. Kostenentscheidung

Mangels anderweitiger Parteivereinbarung (etwa hinsichtlich einer Anwendung der §§ 91 ff. ZPO) entscheidet das Schiedsgericht nach pflichtgemäßem Ermessen insbesondere unter Berücksichtigung des Verfahrensausgangs über die Verteilung der von ihm festzusetzenden Kosten des schiedsrichterlichen Verfahrens einschließlich der den Parteien erwachsenen und zur zweckentsprechenden Rechtsverfolgung notwendigen Kosten (vgl. § 1057 ZPO).[77] 57

4. Wirkungen

Dazu bereits Rn. 42 f. 58

---

[76] MünchKommZPO-*Münch*, § 1051 Rn. 1.
[77] Zu Einzelheiten MünchKommZPO-*Münch*, § 1057 Rn. 3 ff.

V. Aufsicht

59 Schiedsgerichte und Sachverständigenkommissionen, die institutionell an einer deutschen Börse eingerichtet sind, unterliegen der staatlichen Börsenaufsicht, die aber nur die Gesetzmäßigkeit und Rechtmäßigkeit dieser Einrichtungen überprüft. Denn hinsichtlich der Überprüfung der Schiedssprüche trifft die ZPO eine abschließende Regelung.[78]

---

[78] *Schwark*, BörsG 2. Aufl. § 28 Rn. 22.

Abschnitt 10. Märkte für Finanzinstrumente mit Sitz außerhalb der Europäischen Union

Vorbemerkung zu den §§ 37i bis 37m

Übersicht

	Rn.
I. Grundlagen	1
1. Regelungsgegenstand	1
2. Regelungszweck	2
3. Regelung im BörsG oder WpHG?	7
4. Zugang zu inländischen Börsen für ausländische Handelsteilnehmer	9
II. Entstehungsgeschichte	10

Schrifttum: *Boos/Fischer/Schulte-Mattler* (Hrsg.) Kreditwesengesetz, 3. Aufl. 2008; *Clouth/Lang* (Hrsg.), MiFID Praktikerhandbuch, 2007; *Fleischer,* Die Richtlinie über Märkte für Finanzinstrumente und das Finanzmarkt-Richtlinie-Umsetzungsgesetz – Entstehung, Grundkonzeption, Regelungsschwerpunkte, BKR 2006, 389; *Hammen,* Börsenorganisationsrecht im Wandel, AG 2001, 549; *Hammen,* Börsen- und kreditwesengesetzliche Aufsicht über börsenähnliche Handelssysteme, Wertpapierbörsen und Börsenträger, WM 2001, 929; *Hammes,* Die Vorschläge der Europäischen Kommission zur Überarbeitung der Wertpapierdienstleistungsrichtlinie, ZBB 2001, 498; *Möller,* Das Vierte Finanzmarktförderungsgesetz, WM 2001, 2405; *Mues,* Anmerkungen zum Börsengesetz nach dem Diskussionsentwurf für das Vierte Finanzmarktförderungsgesetz, ZBB 2001, 355; *Pfüller/Westerwelle,* Wertpapierhandel im Internet in *Hoeren/Sieber,* Handbuch Multimediarecht, 2005, Abschn. 13.7; *Reuschle/Fleckner,* Börsenähnliche Einrichtungen – die privatrechtliche Organisation einer Börse im materiellen Sinne, BKR 2002, 617; *Riehmer/Heuser,* Börsen und Internet, NZG 2001, 385; *Seitz,* Transparenz als Mittel der Kapitalmarktregulierung – Die neuen Transparenzvorschriften der Richtlinie über Märkte für Finanzinstrumente, AG 2004, 497; *Spindler,* Internationale Kapitalmarktangebote und Dienstleistungen im Internet, WM 2001, 1689; *Spindler,* Elektronische Finanzmärkte und Internet-Börsen, WM 2002, 1325, 1365; *Spindler,* Börsenähnliche Wertpapierhandelssysteme – de lege lata in FS für Jean Nicolas Druey, Zürich, Basel, Genf 2002, S. 923; *Spindler/Hüther,* Börse ohne Parkett – oder Alternative Trading Systems – Elektronische Handelssysteme in den USA, RIW 2002, 649; *Spindler/Kasten,* Der neue Rechtsrahmen für den Finanzdienstleistungssektor – die MiFID und ihre Umsetzung, Teil 1, WM 2006, 1749; *dies.,* Änderungen des WpHG durch das Finanzmarktrichtlinie-Umsetzungsgesetz (FRUG), WM 2007, 1245.

I. Grundlagen

1. Regelungsgegenstand

Die zentrale Norm des Abschnitts 10 des WpHG ist § 37i Abs. 1 Satz 1. Sie begründet eine **Erlaubnispflicht** für Märkte für Finanzinstrumente mit Sitz im Ausland oder ihre Betreiber, wenn sie Handelsteilnehmern mit Sitz im Inland über ein elektronisches Handelssystem einen unmittelbaren Marktzugang gewähren. Damit wird insbesondere das Aufstellen so genannter **Handelsbildschirme** 1

Vor §§ 37i bis 37m 2, 3   Abschnitt 10. Märkte für Finanzinstrumente

reguliert, die Inländern als Fernmitgliedern oder -teilnehmern einen Zugang zu dem ausländischen Markt ermöglichen. Erfasst sind ausschließlich Märkte mit Sitz in einem **Drittstaat,** also außerhalb von EU und EWR (Rn. 11 und § 37i Rn. 2ff.). § 37i Abs. 1 Satz 2 legt die für das Erlaubnisverfahren erforderlichen Angaben und Unterlagen fest und wird durch die Marktzugangsangabenverordnung (MarktAngV)[1] ergänzt, die von der BaFin auf Grundlage des § 37i Abs. 1 Satz 3 und 4 erlassen wurde (dazu § 37i Rn. 19). Die §§ 37j, 37k bestimmen, in welchen Fällen die Erlaubnis zu versagen ist oder aufgehoben werden kann. Für den Fall, das ein ausländischer Markt nicht über die erforderliche Erlaubnis verfügt, wird die BaFin in § 37l ermächtigt, Handelsteilnehmern mit Sitz im Inland, die Wertpapierdienstleistungen im Inland erbringen, die Ausführung von Aufträgen über ein elektronisches Handelssystem eines solchen Marktes zu untersagen. Für die bereits vor Inkrafttreten der §§ 37i ff. bestehenden Marktzugänge wurde mit § 44 aus Gründen des Vertrauensschutzes eine Übergangsregelung geschaffen.

2. Regelungszweck

2   Vor Inkrafttreten der §§ 37i ff. (dazu Rn. 10) konnten ausländische Märkte ihre Handelsbildschirme in der Bundesrepublik Deutschland aufstellen, ohne zuvor ein formelles Genehmigungs- oder Anzeigeverfahren durchlaufen zu müssen. Umgekehrt dagegen ist eine Reglementierung des Aufstellens von Handelsbildschirmen international verbreitet.[2] Die §§ 37i ff. sollen neben einer Anpassung an internationale Standards der Erhaltung der **Marktintegrität** und der Sicherstellung des **Anlegerschutzes** dienen.[3] Die Begründung des Regierungsentwurfs verweist dabei auf die Zunahme des internationalen Wertpapiergeschäfts, die größere Bedeutung des elektronischen Handels sowie den fortschreitenden Einsatz von Order-Routing-Systemen, welche die internationale Zusammenarbeit der Wertpapieraufsichtsbehörden immer wichtiger machten. Im Interesse der Integrität des deutschen Finanzmarktes und des Anlegerschutzes müssten bei einem elektronischen Marktzugang inländischer Handelsteilnehmer an ausländischen Börsen der Informationsaustausch zur Überwachung der **Einhaltung der Insiderhandelsverbote** und die Meldepflichten nach § 9 gewährleistet sein. Eine effektive Aufdeckung und Verfolgung von grenzüberschreitenden Insidergeschäften könne nur erfolgen, wenn der BaFin von der zuständigen ausländischen Behörde u.a. die Kundennamen genannt würden. Es dürften deshalb nur Märkte aus solchen Staaten zugelassen werden, deren Aufsichtsbehörden mit der BaFin kooperieren und ihr die notwendigen Informationen übermitteln.[4]

3   Weiter führt die Gesetzesbegründung aus, dass die BaFin zur **Überwachung** der Einhaltung der **Wohlverhaltensregeln** wissen müsse, an welchen ausländischen Börsen die Wertpapierdienstleistungsunternehmen handeln und welche Konditionen, insbesondere im Hinblick auf die Gebühren und Provisionen, dort

---

[1] Verordnung über die erforderlichen Angaben und vorzulegenden Unterlagen bei einem Erlaubnisantrag nach § 37i des Wertpapierhandelsgesetzes (Marktzugangsangabenverordnung) vom 30. September 2004, BGBl. I S. 2576, zuletzt geändert durch Art. 1 Erste ÄndVO vom 24. Oktober 2007, BGBl. I S. 2498.
[2] *KölnKommWpHG-Baum*, § 37i Rn. 5; *Möller* WM 2001, 2405, 2409.
[3] KölnKommWpHG-*Baum*, § 37i Rn. 4.
[4] Begr. RegE BT-Drucks. 14/8017, S. 65.

gelten. Auch in diesem Bereich müsse die Zusammenarbeit mit der zuständigen ausländischen Aufsichtsbehörde gewährleistet sein.[5] Darüber hinaus sei zum Schutz der Handelsteilnehmer mit Sitz im Inland sicherzustellen, dass die Überwachung der ausländischen Märkte und der Anlegerschutz im Herkunftsstaat dem deutschen Recht gleichwertig sind, bevor diese an das Handelssystem des ausländischen Marktes angeschlossen werden.[6]

Der Gesetzgeber scheint der Erhaltung der Marktintegrität besonderes Gewicht bei der Schaffung der Neuregelung zugemessen zu haben. Tatsächlich aber dürften die Sicherstellung des Anlegerschutzes und insbesondere die Anpassung an internationale Standards von noch größerer Bedeutung gewesen sein. Für eine genaue Bewertung der Gründe muss **zwischen den jeweiligen Herkunftsstaaten differenziert** werden. Zu den angeführten Argumenten ist festzustellen, dass diese im Hinblick auf Handelsbildschirme von Märkten aus anderen Staaten der EU und des EWR auch vor der Einschränkung des Anwendungsbereichs des § 37i Abs. 1 Satz 1 (Rn. 11) nur begrenzt Gültigkeit hatten, da hier grundsätzlich von einer funktionsfähigen, dem deutschen Recht vergleichbaren Aufsicht durch den Herkunftsstaat auszugehen war und die zuständigen Aufsichtsbehörden auf Grund von EU-Richtlinien mit der BaFin bereits zusammenarbeiten.

Im Hinblick auf Handelsbildschirme von Märkten aus Drittstaaten ist weiter zu differenzieren. Die ausführlichen Erläuterungen in der Gesetzesbegründung zur Notwendigkeit der **Erhaltung der Marktintegrität**, worunter vor allem die Überwachung des Insiderhandels, die Meldepflichten und die Einhaltung der Wohlverhaltensregeln zu verstehen sind, könnten den Schluss nahe legen, dass der Schutz der Marktintegrität die entscheidende Rolle für die Einführung einer gesetzlichen Regelung gespielt hat. Tatsächlich fand aber **auch bisher schon eine gewisse Form der Überwachung** des Handels über ausländische Handelsbildschirme statt, da die inländischen Handelsteilnehmer als Wertpapierdienstleistungsunternehmen der Aufsicht der BaFin unterstehen. Sie unterliegen daher den Aufzeichnungs- und Aufbewahrungspflichten des § 34, dessen Zweck es ist, der BaFin die Kontrolle der Einhaltung der Verhaltensregeln zu ermöglichen. Dadurch konnte die BaFin auch bei der Ausführung von Kundenaufträgen über ausländische Handelsbildschirme die Einhaltung der Verhaltensregeln kontrollieren.

Das von der Gesetzesbegründung angeführte Argument **der Sicherstellung des Anlegerschutzes** erscheint dagegen schwerwiegender. Die §§ 37i ff. schaffen eine Darlegungspflicht zu bestimmten wichtigen Ausstattungsmerkmalen des ausländischen Handelssystems. Zusätzliche materielle Anforderungen an die Organisation des Marktes, wie sie im BörsG vorgesehen sind, werden hingegen nicht gestellt. Die BaFin soll so in die Lage versetzt werden, eine Entscheidung darüber zu treffen, ob ein solcher Markt auch **inländischen Anlegern** genügend **Sicherheit bietet**. Sollte dies nach Auffassung der BaFin nicht der Fall sein, so wird festgestellt, dass dieser Markt nicht für inländische Anleger geeignet erscheint. Die §§ 37i ff. sollen damit sicherstellen, dass im Herkunftsstaat ein gleichwertiger Anlegerschutz und eine gleichwertige Überwachung des ausländischen Marktes bestehen. Zu bedenken ist allerdings, dass Privatanleger grundsätz-

---

[5] Begr. RegE BT-Drucks. 14/8017, S. 65.
[6] Begr. RegE BT-Drucks. 14/8017, S. 65.

lich auch unmittelbar ohne Einschaltung eines Handelsteilnehmers im Sinne des § 19 Abs. 2 BörsG (vgl. § 37j Nr. 2) Aufträge zum Erwerb oder zur Veräußerung von Wertpapieren auf dem Postweg, telefonisch oder elektronisch an einen ausländischen Markt übermitteln könnten, sofern dies nach dem jeweiligen ausländischen Recht möglich ist. Dies kann zwar gemäß §§ 37j Nr. 2, 37k Abs. 1 Nr. 1 zu einer Versagung oder Aufhebung der Erlaubnis des Marktes oder seines Betreibers führen. Diese Regelung greift jedoch nicht, wenn der Markt oder sein Betreiber nicht an einer solchen Erlaubnis interessiert sind (siehe § 37i Rn. 10 und § 37l Rn. 6). Es zeigt sich somit, dass im Vergleich zur Wahrung der Marktintegrität und zur Sicherung des Anlegerschutzes die **Anpassung an die internationalen Standards,** auch wenn vom Gesetzgeber nur scheinbar am Rande erwähnt, ein ganz entscheidender Beweggrund für die Einführung einer gesetzlichen Regelung gewesen sein dürfte.[7]

3. Regelung im BörsG oder im WpHG?

7   Der Gesetzgeber hatte sich bei der Schaffung der §§ 37i ff. mit der Frage auseinander zu setzen, ob die neuen Regelungen Teil des BörsG werden sollten oder ob eine Aufnahme in das WpHG vorzugswürdiger erschien. Die Regelung der Materie hätte im BörsG erfolgen müssen, wenn das Aufstellen von Handelsbildschirmen durch ausländische Märkte als genehmigungspflichtige Errichtung einer inländischen Börse zu qualifizieren gewesen wäre.[8] Hierzu enthält die Gesetzesbegründung keine näheren Erläuterungen, sondern macht lediglich die pauschale Aussage, dass es sich nicht um die Errichtung einer Börse im Inland handelt.[9] Auch wenn der jeweilige ausländische Markt die nun in § 2 Abs. 1 BörsG normierten Tatbestandsmerkmale des Börsenbegriffs erfüllt, **fehlt es an der Errichtung einer Börse im Inland** und damit an der Anwendbarkeit des BörsG, wenn die Zusammenführung von Angebot und Nachfrage auf einem im Ausland befindlichen Server erfolgt.[10]

8   Aber auch wenn das Aufstellen von Handelsbildschirmen keine Errichtung einer Börse im Inland darstellt, so handelt es sich doch in der Regel um das Tätigwerden ausländischer (organisierter) Märkte im Inland, so dass ein gewisser Sachzusammenhang zu der im BörsG geregelten Materie besteht und eine Regelung dort nahe gelegen hätte. Das **BörsG** regelt jedoch vornehmlich **Marktorganisationsrecht,** das **WpHG** dagegen **Markttransaktionsrecht.** Bei den §§ 37iff. handelt es sich nicht um Vorschriften, die materielle Vorgaben hinsichtlich der Beschaffenheit des Marktes machen. Es werden keine dem deutschen Börsenrecht entsprechende Anforderungen an die Ausstattung des Marktes gestellt, sondern es geht lediglich um die Frage, ob ein ausländischer Markt, der den materiellen Anforderungen des Heimatlandes entspricht, für deutsche Anleger ge-

---

[7] Siehe auch *Schwark/Beck,* § 37i WpHG Rn. 2, wonach eine einseitige Benachteiligung deutscher Börsen im Ausland zumindest als (zusätzliches) Motiv des Gesetzgebers in Betracht kommt.
[8] Vgl. *Möller* WM 2001, 2405, 2409.
[9] Begr. RegE BT-Drucks. 14/8017, S. 65.
[10] Kritisch zu diesem Abgrenzungskriterium *Spindler* WM 2001, 1689, 1696ff.; sowie *WM 2002, 1325, 1338f.* jeweils mwN; vgl. ferner KölnKommWpHG-*Baum,* § 37i Rn. 3 und 21; *Riehmer/Heuser* NZG 2001, 385, 388f.; *Pfüller/Westerwelle* in Hoeren/Sieber, Handbuch Multimediarecht, Abschn. 13.7 Rn. 144, 164.

Vorbemerkung   9, 10   Vor §§ 37i bis 37m

öffnet werden sollte. Somit handelt es sich bei dem Regelungsgegenstand nicht – wie auf den ersten Blick denkbar – um Marktorganisationsrecht, sondern tatsächlich stehen der Anlegerschutz und die internationale Kooperation im Bereich des Börsenwesens und damit Markttransaktionsrecht im Vordergrund.[11] Damit ist das **WpHG** der **passende Rechtsrahmen** für die Neuregelung und die Zuständigkeit der BaFin für die Erteilung der Erlaubnis sachgerecht.[12]

4. Zugang zu inländischen Börsen für ausländische Handelsteilnehmer

Für den umgekehrten Fall, dass **Handelsteilnehmer mit Sitz in einem Drittstaat** über Handelsbildschirme **an einer inländischen Börse** Geschäfte tätigen, ist in § 16 Abs. 9 BörsG eine Regelung getroffen worden. Danach kann die Börsengeschäftsführung das Ruhen der Zulassung der Handelsteilnehmer bis zur Dauer von sechs Monaten anordnen oder die Zulassung widerrufen, wenn die Erfüllung der Meldepflichten nach § 9 oder der Informationsaustausch zum Zwecke der Überwachung der Verbote von Insidergeschäften oder des Verbots der Kurs- und Marktpreismanipulation mit den in diesem Staat zuständigen Stellen nicht gewährleistet erscheint. Die für eine entsprechende Anordnung oder den Widerruf maßgeblichen Tatsachen werden der Börsengeschäftsführung und der Börsenaufsichtsbehörde durch die BaFin mitgeteilt. Beabsichtigt die Geschäftsführung einer inländischen Börse, erstmalig **Handelsteilnehmern in einem anderen Staat** einen unmittelbaren Zugang zu ihrem Handelssystem zu gewähren, hat sie diese Absicht gemäß **§ 19 Abs. 10 BörsG** der Börsenaufsichtsbehörde und der BaFin anzuzeigen.[13] Mit dieser Vorschrift wird Art. 42 Abs. 6 Unterabs. 2 Satz 1 der Finanzmarktrichtlinie (MiFID)[14] umgesetzt, wonach ein geregelter Markt der zuständigen Behörde seines Herkunftsmitgliedstaats mitzuteilen hat, in welchem Mitgliedstaat er Systeme bereitzustellen beabsichtigt, um Fernmitgliedern oder -teilnehmern in ihrem Hoheitsgebiet den Marktzugang zu erleichtern.[15] Ergänzt wird dies durch die – auf Art. 42 Abs. 6 Unterabs. 2 Satz 2 MiFID beruhende – Pflicht der BaFin gemäß § 7 Abs. 5 Satz 3, die zuständigen ausländischen Stellen innerhalb eines Monats über Mitteilungen nach § 19 Abs. 10 BörsG zu unterrichten.

II. Entstehungsgeschichte

Der (ursprünglich mit „Ausländische organisierte Märkte" überschriebene) Abschnitt 10 wurde durch Art. 2 des **Vierten Finanzmarktförderungs-**

---

[11] Siehe auch KölnKommWpHG-*Baum*, § 37i Rn. 21. AA *Mues* ZBB 2001, 355, 360.
[12] Begr. RegE BT-Drucks. 14/8017, S. 65.
[13] Die Handelsteilnehmer selbst ergeben sich aus dem Verzeichnis nach § 19 Abs. 11 BörsG.
[14] Richtlinie 2004/39/EG des Europäischen Parlaments und des Rates vom 21. April 2004 über Märkte für Finanzinstrumente, zur Änderung der Richtlinien 85/611/EWG und 93/6/EWG des Rates und der Richtlinie 2000/12/EG des Europäischen Parlaments und des Rates und zur Aufhebung der Richtlinie 93/22/EWG des Rates, ABl. L 145 vom 30. April 2004, S. 1.
[15] Siehe auch Begr. RegE BT-Drucks. 16/4028, S. 78.

§ 37i Abschnitt 10. Märkte für Finanzinstrumente

gesetzes vom 21. Juni 2002[16] in das WpHG eingefügt. Das Anlegerschutzverbesserungsgesetz vom 28. Oktober 2004[17] brachte geringfügige Anpassungen der §§ 37i ff. mit sich, die durch die Einführung des elektronischen Bundesanzeigers und des Begriffs der „Finanzinstrumente" in § 2 Abs. 2b veranlasst waren.[18]

11 Weitergehende Änderungen erfolgten durch das am 1. November 2007 in Kraft getretene **Finanzmarktrichtlinie-Umsetzungsgesetz**[19] (allgemein dazu Einleitung Rn. 56 ff.). Zum einen wurde der Anwendungsbereich der §§ 37i ff. auf Märkte für Finanzinstrumente mit Sitz im Ausland erweitert; die Beschränkung auf organisierte Märkte (im Sinne des § 2 Abs. 5 aF) ist entfallen. Zum anderen wurden § 37i Abs. 4 und § 37m aufgehoben. § 37i Abs. 4 bestimmte, dass für ausländische organisierte Märkte in einem anderen EU- oder EWR-Staat keine Erlaubnispflicht gemäß § 37i Abs. 1 bestand; stattdessen sah § 37m für solche Märkte oder ihre Betreiber eine Anzeigepflicht vor. Die §§ 37i ff. gelten nun ausschließlich für Märkte mit Sitz in Ausland, die keine organisierten Märkte im Sinne des § 2 Abs. 5 oder multilateralen Handelssysteme im Sinne des § 2 Abs. 3 Nr. 8 sind (§ 37i Abs. 1), d. h. für **Märkte mit Sitz in einem Drittstaat** (§ 37i Rn. 2 ff.). Die Aufhebung des § 37m wurde erforderlich, da eine Anzeigepflicht für organisierte Märkte in einem anderen EU- oder EWR-Staat mit Art. 42 Abs. 6 Unterabs. 1 MiFID[20] nicht vereinbar gewesen wäre.[21] Danach müssen es die Mitgliedstaaten geregelten Märkten (vgl. Art. 4 Abs. 1 Nr. 14 MiFID) aus anderen Mitgliedsstaaten ohne weitere rechtliche oder verwaltungstechnische Auflagen gestatten, in ihrem Hoheitsgebiet Systeme bereitzustellen, um Fernmitgliedern oder -teilnehmern den Zugang zu diesen Märkten und den Handel an ihnen zu erleichtern.

§ 37i Erlaubnis

(1) ¹**Märkte für Finanzinstrumente mit Sitz im Ausland, die keine organisierten Märkte oder multilateralen Handelssysteme im Sinne dieses Gesetzes sind, oder ihre Betreiber bedürfen der schriftlichen Erlaubnis der Bundesanstalt, wenn sie Handelsteilnehmern mit Sitz im Inland über ein elektronisches Handelssystem einen unmittelbaren Marktzugang gewähren.** ²Der Erlaubnisantrag muss enthalten:
1. **Name und Anschrift der Geschäftsleitung des Marktes oder des Betreibers,**
2. **Angaben, die für die Beurteilung der Zuverlässigkeit der Geschäftsleitung erforderlich sind,**
3. **einen Geschäftsplan, aus dem die Art des geplanten Marktzugangs für die Handelsteilnehmer, der organisatorische Aufbau und die internen Kontrollverfahren des Marktes hervorgehen,**

---

[16] BGBl. I S. 2010.
[17] BGBl. I S. 2630.
[18] Begr. RegE BT-Drucks. 15/3174, S. 40.
[19] BGBl. I 2007, S. 1330.
[20] Richtlinie 2004/39/EG des Europäischen Parlaments und des Rates vom 21. April 2004 über Märkte für Finanzinstrumente, zur Änderung der Richtlinien 85/611/EWG und 93/6/EWG des Rates und der Richtlinie 2000/12/EG des Europäischen Parlaments und des Rates und zur Aufhebung der Richtlinie 93/22/EWG des Rates, ABl. L 145 vom 30. April 2004, S. 1.
[21] Begr. RegE BT-Drucks. 16/4028, S. 78; KölnKommWpHG-*Baum*, § 37i Rn. 7.

Erlaubnis § 37i

4. Name und Anschrift eines Zustellungsbevollmächtigten im Inland,
5. die Angabe der für die Überwachung des Marktes und seiner Handelsteilnehmer zuständigen Stellen des Herkunftsstaates und deren Überwachungs- und Eingriffskompetenzen,
6. die Angabe der Art der Finanzinstrumente, die von den Handelsteilnehmern über den unmittelbaren Marktzugang gehandelt werden sollen, sowie
7. Namen und Anschrift der Handelsteilnehmer mit Sitz im Inland, denen der unmittelbare Marktzugang gewährt werden soll.

³Das Nähere über die nach Satz 2 erforderlichen Angaben und vorzulegenden Unterlagen bestimmt das Bundesministerium der Finanzen durch Rechtsverordnung, die nicht der Zustimmung des Bundesrates bedarf. ⁴Das Bundesministerium der Finanzen kann die Ermächtigung durch Rechtsverordnung auf die Bundesanstalt übertragen.

(2) ¹Die Bundesanstalt kann die Erlaubnis unter Auflagen erteilen, die sich im Rahmen des mit diesem Gesetz verfolgten Zweckes halten müssen. ²Vor Erteilung der Erlaubnis gibt die Bundesanstalt den Börsenaufsichtsbehörden der Länder Gelegenheit, innerhalb von vier Wochen zum Antrag Stellung zu nehmen.

(3) Die Bundesanstalt hat die Erlaubnis im elektronischen Bundesanzeiger bekannt zu machen.

Übersicht

	Rn.
I. Regelungsgegenstand und -zweck	1
II. Erlaubnispflicht (Abs. 1 Satz 1)	2
1. Voraussetzungen	2
a) Ausländische Märkte für Finanzinstrumente	2
aa) Sitz in einem Drittstaat	2
bb) Märkte	4
cc) Finanzinstrumente	8
b) Betreiber ausländischer Märkte	9
c) Inländische Handelsteilnehmer	10
d) Umittelbarer Marktzugang über elektronisches Handelssystem	12
2. Sanktionen	16
3. Rechtswirksamkeit ohne Erlaubnis abgeschlossener Geschäfte	17
III. Erlaubnisantrag (Abs. 1 Satz 2)	18
1. Allgemeines	18
2. Name und Anschrift der Geschäftsleitung (Nr. 1)	22
3. Zuverlässigkeit der Geschäftsleitung (Nr. 2)	23
4. Geschäftsplan (Nr. 3)	24
5. Inländischer Zustellungsbevollmächtigter (Nr. 4)	25
6. Aufsicht im Herkunftsstaat (Nr. 5)	26
7. Gehandelte Finanzinstrumente (Nr. 6)	29
8. Handelsteilnehmer im Inland (Nr. 7)	30
9. Form des Antrags	31
IV. Erlaubnis	32
V. Auflagen (Abs. 2 Satz 1)	33
VI. Stellungnahmemöglichkeit der Börsenaufsichtsbehörden (Abs. 2 Satz 2)	34
VII. Veröffentlichung im elektonischen Bundesanzeiger (Abs. 3)	36

Schrifttum: Vor §§ 37i bis 37m.

I. Regelungsgegenstand und -zweck

1 § 37i begründet eine Erlaubnispflicht für Märkte für Finanzinstrumente mit Sitz im Ausland oder deren Betreiber, die inländischen Handelsteilnehmern über ein elektronisches Handelssystem einen unmittelbaren Marktzugang gewähren. Davon werden ausländische Märkte erfasst, die Handelsteilnehmer als Fernmitglieder, so genannte **„Remote Member"**, vom Inland aus am Handel teilnehmen lassen. Die Erlaubnispflicht soll sicherstellen, dass nur solche ausländischen Märkte inländischen Handelsteilnehmern einen Marktzugang gewähren, die einer dem deutschen Recht vergleichbaren Überwachung unterliegen und deren Aufsichtsbehörden mit der BaFin kooperieren und ihr die für die Erfüllung ihrer Aufgaben notwendigen Informationen übermitteln.[1]

II. Erlaubnispflicht (Abs. 1 Satz 1)

1. Voraussetzungen

a) Ausländische Märkte für Finanzinstrumente

2 **aa) Sitz in einem Drittstaat.** Die Erlaubnispflicht gilt für Märkte für Finanzinstrumente mit Sitz im Ausland, die keine organisierten Märkte oder multilaterale Handelssysteme im Sinne des WpHG sind. Stellt man dieser (negativen) Abgrenzung des Tatbestands die Formulierung des § 37i Abs. 1 Satz 1 aF gegenüber, wonach die Erlaubnispflicht für „ausländische organisierte Märkte" galt, gibt es, jedenfalls auf den ersten Blick, **zwei Auslegungsmöglichkeiten.** Zum einen könnte § 37i Abs. 1 Satz 1 bedeuten, dass nur solche ausländischen Märkte erfasst sind, die – für den Fall, dass sie ihren Sitz im Inland hätten – nicht als organisierter Markt (§ 2 Abs. 5) oder multilaterales Handelssystem (§ 2 Abs. 3 Nr. 8) einzustufen wären.[2] Zum anderen könnte darin eine geographische Abgrenzung zu sehen sein: Die Definition des organisierten Marktes nach § 2 Abs. 5 bezieht sich ausdrücklich auf innerhalb von EU und EWR betriebene oder verwaltete multilaterale Systeme. Die Begriffsbestimmung des § 2 Abs. 3 Nr. 8 knüpft nicht an den Sitz des Handelssystems an, jedoch enthält das WpHG nur Bestimmungen zur Regulierung von solchen multilateralen Handelssystemen, die im Inland, in anderen Mitgliedsstaaten der EU oder anderen Vertragsstaaten des EWR betrieben werden (vgl. insbesondere die §§ 31f, 36a). Berücksichtigt man dies, könnte § 37i Abs. 1 Satz 1 so auszulegen sein, dass ausschließlich Märkte mit Sitz in einem Drittstaat (vgl. § 2 Abs. 6 Nr. 1b)) erfasst sind.

3 Die erste Auslegung würde den Anwendungsbereich der §§ 37i ff. in unsachgemäßer Weise einschränken; sie ist auch mit den Vorstellungen der Gesetzesver-

---

[1] Begr. RegE BT-Drucks. 14/8017, S. 97.
[2] Dieses Verständnis liegt offenbar der Stellungnahme des Deutschen Anwaltvereins durch den Handelsrechtsausschuss zum Regierungsentwurf des Finanzmarktrichtlinie-Umsetzungsgesetzes, NZG 2006, 935, 937, zugrunde: „Was ein ‚Markt für Finanzinstrumente im Ausland' ist, wird jedoch nicht definiert. Insofern wäre wünschenswert eine – *zumindest in der Begründung abgegebene* – Darlegung, wie ein Markt für Finanzinstrumente ‚nach unten' gegenüber bloßen Informationssystemen und ‚nach oben' gegenüber MTF's abzugrenzen ist."

Erlaubnis 4 § 37i

fasser und dem **Zweck der Vorschriften** (Vor §§ 37i bis 37m Rn. 2ff.) **nicht zu vereinbaren.** Bereits § 37i Abs. 1 Satz 1 aF erfasste organisierte Märkte mit Sitz im Ausland;[3] eine Einschränkung erfolgte nur deshalb, um vor dem Hintergrund der MiFID (Vor §§ 37i bis 37m Rn. 11) organisierte Märkte und multilaterale Handelssysteme mit Sitz innerhalb der EU und des EWR auszunehmen.[4] Zudem ist der bei der Erlaubnispflicht im Vordergrund stehende Gesetzeszweck des Anlegerschutzes (Vor §§ 37i bis 37m Rn. 6) gerade für solche ausländischen Märkte relevant, die einer Regulierung als organisierter Markt oder multilaterales Handelssystem (mit einem entsprechenden Zulassungserfordernis) unterlägen, wenn sich ihr Sitz im Inland befände. Dies folgt auch aus den materiellen Anforderungen an die Erlaubnis, da gemäß § 37j Nr. 3 die Überwachung des Marktes und der Anlegerschutz im Herkunftsstaat dem deutschen Recht gleichwertig sein muss. Die Formulierung „die keine organisierten Märkte oder multilaterale Handelssysteme im Sinne des WpHG sind" ist somit – in Übereinstimmung mit der Überschrift des Abschnitts 10 des WpHG – **geographisch zu verstehen:** Erfasst sind **Märkte mit Sitz in einem Drittstaat** im Sinne des § 2 Abs. 6 Nr. 1b). Zum insoweit maßgeblichen Sitz siehe § 2 Rn. 155.

bb) Märkte. Eine Legaldefinition des „Marktes" enthält das WpHG nicht. 4 Nach der vorzugswürdigen Auslegung des § 37i Abs. 1 Satz 1 (Rn. 3) sind diejenigen Märkte erfasst, die **organisierte Märkte** im Sinne des § 2 Abs. 5 (dazu Rn. 141ff.) oder **multilaterale Handelssysteme** im Sinne des § 2 Abs. 3 Nr. 8 (dazu Rn. 104) wären, wenn sie ihren Sitz im Inland hätten.[5] Keine Anwendung findet § 37i Abs. 1 Satz 1 dagegen auf **bilaterale Handelssysteme,** bei denen der Betreiber Geschäfte für eigene Rechnung (Eigenhandel) tätigt und nicht lediglich als risikolose Gegenpartei zwischen Käufer und Verkäufer tritt. Dies dürfte sich bereits aus dem Wortlaut des § 37i Abs. 1 Satz 1 ergeben. Auch bei denkbar weiter Auslegung des Begriffes „Markt" ist darunter keine Handelsplattform zu verstehen, die so ausgestaltet ist, dass der Betreiber Partei aller dort abgeschlossenen Verträge wird, und die damit keine Marktplatzfunktion bietet.[6] Für diese Auslegung lässt sich zudem die Begründung des Regierungsentwurfs anführen.[7] Ferner werden die Betreiber bilateraler Handelssysteme innerhalb von EU und EWR als so genannte **systematische Internalisierer** (vgl. § 2 Abs. 10) reguliert. Ein Zulassungserfordernis (wie für organisierte Märkte und multilaterale Handelssysteme[8]) gerade für den Betrieb eines Internalisierungssystems ist aber nicht vorgesehen.[9] Das Betreiben eines derartigen Systems ist keine (eigenständige) Wertpapierdienstleistung (§ 2 Rn. 166); die durch die §§ 32a ff. begründeten Pflichten für systematische Internalisierer dürften auch für Unternehmen mit Sitz

---

[3] Nach herrschender Ansicht waren multilaterale Handelssysteme bzw. Handelssysteme im Sinne der §§ 58ff. BörsG aF mit Sitz im Ausland dagegen nicht von den §§ 37i ff. aF erfasst, vgl. KölnKommWpHG-*Baum*, § 37i Rn. 9f.; *Schwark/Beck*, § 37i WpHG Rn. 4; aA *Schwark*, § 58 BörsG Rn. 1.
[4] Begr. RegE BT-Drucks. 16/4028, S. 78.
[5] Siehe auch Begr. RegE BT-Drucks. 16/4028, S. 78 („Die §§ 37i bis 37m regeln nunmehr den Zugang von entsprechenden Märkten aus Drittstaaten.").
[6] Vgl. auch *Marxsen* in *Schäfer/Hamann*, KMG, § 58 BörsG Rn. 3.
[7] Begr. RegE BT-Drucks. 16/4028, S. 78.
[8] Art. 36 und Art. 5 Abs. 1 iVm Anhang I Abschnitt A Nr. 8 der MiFID.
[9] *Fleischer* BKR 2006, 389, 393; *Seitz* AG 2004, 497, 501; *Spindler/Kasten* WM 2006, 1749, 1755; *Vollmuth/Seifert* in *Clouth/Lang*, MiFID Praktikerhandbuch, Rn. 864.

§ 37i 5–8 Abschnitt 10. Märkte für Finanzinstrumente

in einem Drittstaat gelten, wenn diese in der von § 2 Abs. 10 beschriebenen Weise im Inland tätig werden. Die Erlaubnispflicht des § 37i Abs. 1 Satz 1 wäre in diesem Fall nicht sachgerecht.

5   Ein **organisierter Markt** ist nach § 2 Abs. 5 ein durch staatliche Stellen genehmigtes, geregeltes und überwachtes multilaterales System, das die Interessen einer Vielzahl von Personen am Kauf und Verkauf von dort zum Handel zugelassenen Finanzinstrumenten innerhalb des Systems und nach festgelegten Bestimmungen in einer Weise zusammenbringt oder das Zusammenbringen fördert, die zu einem Vertrag über den Kauf dieser Finanzinstrumente führt. Zu den einzelnen Tatbestandsmerkmalen siehe § 2 Rn. 141 ff. Unerheblich ist, ob der ausländische Markt die **Voraussetzungen des Börsenbegriffs** nach § 2 Abs. 1 BörsG erfüllen würde, was wegen der dem deutsche Recht eigentümlichen öffentlich-rechtlichen Einordnung der Börse ohnehin kaum jemals in Betracht kommen dürfte.[10] Die Bezeichnung des ausländischen Marktes als „Börse" kann allerdings ein **Indiz** dafür sein, dass die §§ 37i ff. anwendbar sind. Auch können einzelne Marktsegmente einer ausländischen Börse organisierte Märkte sein.

6   Gemäß § 2 Abs. 3 Nr. 8 bringt ein **multilaterales Handelssystem** („multilateral trading facility", MTF) die Interessen einer Vielzahl von Personen am Kauf und Verkauf von Finanzinstrumenten innerhalb des Systems und nach festgelegten Bestimmungen in einer Weise zusammen, die zu einem Vertrag über den Kauf dieser Finanzinstrumente führt. Es unterscheidet sich damit im wesentlichen in der Art der Zusammenführung der Interessen von einem organisierten Markt im Sinne des § 2 Abs. 5.[11] Damit können auch **alternative** (multilaterale) **Handelssysteme**, die es in den unterschiedlichsten Ausgestaltungen gibt[12] und die von den §§ 37i ff. aF nicht erfasst waren,[13] der Erlaubnispflicht unterliegen (im Einzelnen § 2 Rn. 104 ff.).

7   Keine Voraussetzung der Erlaubnispflicht ist, dass der Markt dem Publikum zugänglich ist. Aus § 37j Nr. 2 ergibt sich umgekehrt, dass nur solche Märkte erlaubnisfähig sind, die ausschließlich Handelsteilnehmern mit Sitz im Inland, die die Voraussetzungen des § 19 Abs. 2 BörsG erfüllen, den unmittelbaren Marktzugang gewähren. Somit darf **nur ein mittelbarer Zugang des Publikums** über Handelsteilnehmer gemäß § 19 Abs. 2 BörsG, die sich gewerbsmäßig mit Geschäften in börsenmäßig handelbaren Gegenständen befassen, möglich sein (siehe aber Vor §§ 37i bis 37m Rn. 6 und § 37l Rn. 6).

8   **cc) Finanzinstrumente.** Die §§ 37i ff. erfassen nur Märkte für **Finanzinstrumente.** Finanzinstrumente sind gemäß § 2 Abs. 2b Wertpapiere im Sinne des § 2 Abs. 1, Geldmarktinstrumente im Sinne des § 2 Abs. 1a, Derivate im Sinne des § 2 Abs. 2 und Rechte auf Zeichnung von Wertpapieren (dazu im Einzelnen § 2 Rn. 66 ff.). Aus dem Anwendungsbereich scheiden somit insbesondere ausländische **Warenmärkte** aus.[14] Insoweit besteht eine Regelungslü-

---

[10] In der Gesetzesbegründung zu § 37i aF war demgegenüber von ausländischen Börsen die Rede, vgl. Begr. RegE BT-Drucks. 14/8017, S. 97.
[11] Siehe auch *Spindler/Kasten* WM 2006, 1749, 1754 f.; *Spindler/Kasten* WM 2007, 1245, 1246; *Vollmuth/Seifert* in *Clouth/Lang*, MiFID Praktikerhandbuch, Rn. 863.
[12] Zur Situation in den USA *Spindler/Hüther* RIW 2002, 649 ff.
[13] *De lege ferenda* sprach sich KölnKommWpHG-*Baum*, Rn. 10 für eine Einbeziehung aus.
[14] So bereits zu § 37i aF *Spindler* WM 2002, 1325, 1341.

cke; im Rahmen des WpHG ist die Beschränkung auf Märkte für Finanzinstrumente allerdings konsequent, da sich dessen Anwendungsbereich auch sonst nicht auf Warenmärkte erstreckt (vgl. § 1 Abs. 1).

b) Betreiber ausländischer Märkte

Adressat der Norm sind ausländische Märkte „oder ihre Betreiber". Die Alternativformulierung wurde gewählt, um auf diese Weise den **unterschiedlichen Organisationsformen von ausländischen Märkten** Rechnung zu tragen.[15] Die Erscheinungsformen von Märkten und ihre Rechtsnatur sind vielfältig. So ist die Börse nach deutschem Recht als teilrechtsfähige Anstalt des öffentlichen Rechtes ausgestaltet (§ 2 Abs. 1 BörsG), was einen – privatrechtlichen – Träger erforderlich macht, der am Rechtsverkehr teilnimmt. Nach deutschem Verständnis dürfte der Träger, der gemäß § 5 Abs. 1 Satz 1 BörsG zur Errichtung und zum Betrieb der Börse berechtigt und verpflichtet wird, auch für die Beantragung der Erlaubnis für die Durchführung des Börsenhandels in anderen Staaten zuständig sein. Im Ausland ist diese Zweiteilung und die damit verbundene Unterscheidung zwischen privatrechtlichem und öffentlich-rechtlichem Handeln überwiegend unbekannt; dafür sind, gerade da die Regelung weltweit Anwendung findet, andere Organisationsformen denkbar. Um auf jeden Fall die erforderlichen Angaben erhalten zu können, hat der Gesetzgeber die **Alternativformulierung** gewählt. Dies wirft zumindest theoretisch die – angesichts des Wortlauts des § 37i Abs. 1 Satz 1 wohl zu bejahenden – Frage auf, ob für den Fall, dass tatsächlich beide Adressaten vorhanden und zur Vertretung berechtigt sind, diese wählen können, wer von beiden die Erlaubnis beantragt und die geforderten Angaben zur Geschäftsleitung und Zuverlässigkeit macht.

9

c) Inländische Handelsteilnehmer

Eine weitere Voraussetzung der Erlaubnispflicht ist die Gewährung eines Marktzugangs für Handelsteilnehmer mit Sitz im Inland. Nach § 37j Nr. 2 ist die Erlaubnis zu versagen, wenn inländischen Handelsteilnehmern der unmittelbare Marktzugang gewährt wird, die nicht die Voraussetzungen des § 19 Abs. 2 BörsG erfüllen. Der **Begriff des Handelsteilnehmers bestimmt sich** im Rahmen des § 37i Abs. 1 Satz 1 jedoch **nicht nach § 19 Abs. 2 BörsG,** da von einem Versagungsgrund nicht auf die Tatbestandsmerkmale der Erlaubnispflicht geschlossen werden kann. Aus der Existenz des § 37j Nr. 2 folgt vielmehr, dass die Erlaubnispflicht des § 37i Abs. 1 Satz 1 gerade auch dann bestehen soll, wenn keinen Handelsteilnehmern im Sinne des § 19 Abs. 2 BörsG (also Unternehmen, die gewerbsmäßig bei börsenmäßig handelbaren Gegenständen die Anschaffung und Veräußerung für eigene Rechnung oder im eigenen Namen für fremde Rechnung betreiben oder die Vermittlung von solchen Verträgen übernehmen), sondern Privatanlegern ein unmittelbarer Marktzugang gewährt wird. Zu beachten ist freilich, dass die einzige Sanktion bei einem Verstoß gegen § 37i Abs. 1 Satz 1 die Untersagung gemäß § 37l ist (Rn. 16), die aber **nur gegenüber inländischen Wertpapierdienstleistungsunternehmen** eingreifen kann. Faktisch kann der von § 37i Abs. 1 Satz 1 bezweckte Anlegerschutz also nur verwirklicht werden, wenn Unternehmen, die im Inland Wert-

10

---

[15] Vgl. auch KölnKommWpHG-*Baum,* Rn. 17; *Schwark/Beck,* § 37i WpHG Rn. 4.

papierdienstleistungen erbringen, einen Zugang zu dem ausländischen Markt erhalten (dazu Vor §§ 37i bis 37m Rn. 6 und § 371 Rn. 6).

11 Der Begriff des Sitzes im Inland ist angesichts des Schutzzwecks der §§ 37i ff. weit auszulegen; erfasst sind auch ausländische Unternehmen, die über eine inländische Zweigstelle oder Repräsentanz am Handel teilnehmen.[16]

d) Unmittelbarer Marktzugang über elektronisches Handelssystem

12 Nach seinem Wortlaut bezieht sich § 37i Abs. 1 Satz 1 auf die Gewährung des Marktzugangs über ein elektronisches Handelssystem. Genau genommen wird aber der Marktzugang regelmäßig nicht über das elektronische Handelssystem gewährt, sondern der Zugang wird über ein **elektronisches Kommunikationssystem** hergestellt, welches erst die Verbindung zu einer sich im Ausland befindlichen Handelsmöglichkeit schafft. Denkbar wäre andererseits auch die Auslegung, dass der Zugang nicht „über", sondern „zu" einem elektronischen Handelssystem erfolgen muss. Der Gesetzgeber scheint den Begriff des Handelssystems im erstgenannten Sinne verwendet zu haben,[17] denn in der Gesetzesbegründung wird wiederholt das Aufstellen von Handelsbildschirmen, also einer Kommunikationseinrichtung, als Gegenstand der Regelung beschrieben.[18] Nicht erfasst ist somit die **sonstige Übermittlung von Kundenaufträgen** durch den Handelsteilnehmer an ausländische Märkte, beispielsweise auf dem Postweg oder telefonisch.[19]

13 Ob es sich bei dem ausländischen Markt, zu dem der Zugang vermittelt wird, um ein elektronisches Handelssystem handeln muss, oder ob auch der als klassischer Parketthandel betriebene ausländische Markt für die Aufstellung eines elektronischen **Orderleitsystems** einer Genehmigung bedarf, lässt sich der Norm nicht entnehmen. Für die erste Variante ließe sich anführen, dass der Gesetzeswortlaut ausdrücklich den Terminus „elektronisches Handelssystem" verwendet. Für die zweite Auslegungsalternative spricht aber neben der hier vertretenen Umdeutung des Begriffs „elektronisches Handelssystem" in „elektronisches Kommunikationssystem" (Rn. 12) die Tatsache, dass zur Sicherstellung des Anlegerschutzes eine möglichst große Bandbreite an Handelsformen erfasst sein sollte. Folglich sind der elektronisch unterstützte Parketthandel und der vollelektronische Handel mittels eines elektronischen Handelssystems erfasst, wobei Letzterem besondere Relevanz zukommt. Das WpHG enthält hierzu **keine Definition**. Auch im BörsG wird der Begriff des **elektronischen Handelssystems** nicht konkretisiert (vgl. auch § 58 BörsG aF).

14 Ein elektronisches Handelssystem ist in Abgrenzung zum Präsenzhandel dadurch gekennzeichnet, dass die Geschäfte zwischen Handelsteilnehmern ohne deren physische Anwesenheit auf elektronischem Wege abgeschlossen werden. Von solchen elektronischen Handelssystemen sind andere EDV-gestützte Systeme wie zB elektronische **Orderleitsysteme** zu unterscheiden. Solche Systeme leiten Kundenaufträge lediglich an die „klassischen" Börsen, also den Präsenz- oder

---

[16] KölnKommWpHG-*Baum*, Rn. 18; *Schwark/Beck*, § 37i WpHG Rn. 5.
[17] In diesem Sinne auch KölnKommWpHG-*Baum*, Rn. 19. Anders wohl *Schwark/Beck*, § 37i WpHG Rn. 6; *Spindler* WM 2002, 1325, 1340.
[18] *Begr.* RegE BT-Drucks. 14/8017, S. 64f.
[19] AA *Spindler* WM 2002, 1325, 1340, nach dem jeder Zugang ohne Rücksicht auf das eingesetzte Medium genügt.

Erlaubnis

Parketthandel, weiter, ein elektronischer Handel im Sinne eines „Matching" findet dort jedoch gerade nicht statt.[20]

Ein **unmittelbarer Marktzugang** ist dann gegeben, wenn der inländische 15 Handelsteilnehmer ohne Einschaltung eines (ausländischen) Intermediärs an dem Handel im ausländischen Markt teilnehmen kann.[21]

2. Sanktionen

Für den Fall, dass der ausländische Markt oder der Betreiber nicht die schriftli- 16 che Erlaubnis der BaFin einholen, obwohl sie inländischen Handelsteilnehmern einen unmittelbaren Marktzugang gewähren, sind – bis auf die Untersagungsmöglichkeit nach § 371 – **keine Sanktionen** vorgesehen.[22] Ein solches Verhalten wird insbesondere nicht als Ordnungswidrigkeit geahndet.

3. Rechtswirksamkeit ohne Erlaubnis abgeschlossener Geschäfte

Wird inländischen Handelsteilnehmern ohne die erforderliche Erlaubnis ein 17 unmittelbarer Marktzugang gewährt, so **berührt** das **nicht die Wirksamkeit** der abgeschlossenen Geschäfte. Der für unerlaubte Bankgeschäfte oder Finanzdienstleistungen geltende Grundsatz, wonach sich das Verbot, solche Geschäfte ohne Erlaubnis zu betreiben, nur gegen das Institut, nicht aber gegen den Geschäftspartner richtet,[23] kann übertragen werden. Nicht das Geschäft selbst ist verboten, sondern nur der Abschluss in einem ohne Erlaubnis tätigen ausländischen Markt.

III. Erlaubnisantrag (Abs. 1 Satz 2)

1. Allgemeines

Der Erlaubnisantrag hat die in § 37i Abs. 1 Satz 2 genannten Angaben und 18 Unterlagen zu enthalten. Dadurch soll die BaFin in die Lage versetzt werden, zu prüfen, ob einer der Versagungsgründe des § 37j vorliegt.[24] Durch die geforderten Angaben und Unterlagen soll das Funktionieren des Informationsaustauschs zwischen den Aufsichtsbehörden zur Verfolgung grenzüberschreitender Insidergeschäfte sichergestellt und die Einhaltung der Verhaltensregeln durch Wertpapierdienstleistungsunternehmen, die Kundengeschäfte an einem ausländischen Markt tätigen, überwacht werden.[25] Der Antrag ist **vor Gewährung des Marktzugangs** zu stellen. Dies ergibt sich aus § 37i Abs. 1 Satz 2 Nr. 6 und 7, die auf die Handelsteilnehmer, denen der Zugang gewährt werden soll, und die Instrumente, die gehandelt werden sollen, abstellen.

---

[20] Vgl. *Marxsen* in *Schäfer/Hamann*, KMG, § 58 BörsG Rn. 2 ff.; *Schwark*, § 58 BörsG Rn. 4
[21] KölnKommWpHG-*Baum*, Rn. 20; *Schwark/Beck*, § 37i WpHG Rn. 6; *Spindler* WM 2002, 1325, 1340.
[22] KölnKommWpHG-*Baum*, § 371 Rn. 1.
[23] BGH NJW 1980, 1394; *Fischer* in *Boos/Fischer/Schulte-Mattler*, § 32 KWG Rn. 16 mwN.
[24] KölnKommWpHG-*Baum*, Rn. 24.
[25] Begr. RegE BT-Drucks. 14/8017, S. 97.

§ 37i 19–23   Abschnitt 10. Märkte für Finanzinstrumente

19   Die im Einzelnen erforderlichen Angaben und Unterlagen bestimmt das Bundesministerium der Finanzen gemäß § 37i Abs. 1 Satz 3 durch **Rechtsverordnung**, die nicht der Zustimmung des Bundesrates bedarf. Diese Ermächtigung kann nach Abs. 1 Satz 4 im Wege der Rechtsverordnung auf die BaFin übertragen werden. Dies erfolgte mit § 1 Nr. 1 der Rechtsverordnung vom 13. Dezember 2002.[26] Auf dieser Grundlage hat die BaFin die Marktzugangsangabenverordnung (MarktAngV) vom 30. September 2004[27] erlassen. Nach den Änderungen der §§ 37i ff. durch das Finanzmarktrichtlinie-Umsetzungsgesetz (Vor §§ 37i ff. Rn. 11) wurde die MarktAngV durch Art. 1 der Ersten ÄndVO vom 24. Oktober 2007 angepasst.[28]

20   Ändern sich die den Angaben zugrunde liegenden Tatsachen, so hat der Markt oder sein Betreiber dies der BaFin unverzüglich zur Kenntnis zu geben. Insbesondere ist vor **dem Anschluss weiterer Handelsteilnehmer und dem Handel weiterer Finanzinstrumente** die (ergänzende) Erlaubnis der BaFin einzuholen.[29] Die Durchführung eines vollständigen formellen Erlaubnisverfahrens ist aber nicht erforderlich;[30] es ist nur zu prüfen, ob hinsichtlich der Erweiterung des Teilnehmerkreises oder der gehandelten Finanzinstrumente Versagungsgründe (beispielsweise der des § 37j Nr. 2) vorliegen.

21   Nach § 9 MarktAngV kann die BaFin **zusätzliche Angaben und Unterlagen** verlangen, soweit dies im Einzelfall für die Entscheidung des Antrags erforderlich ist.

2. Name und Anschrift der Geschäftsleitung (Nr. 1)

22   Der Erlaubnisantrag muss Name und Anschrift der Geschäftsleitung des Marktes oder des Betreibers (dazu Rn. 9) enthalten. Gemäß § 2 MarktAngV sind Name oder Firma und jeweils die Anschrift des Marktes, des Betreibers und der jeweiligen Geschäftsleitung (der vertretungsberechtigten Personen)[31] erforderlich. Bei juristischen Personen sind zusätzlich Rechtsform, Sitz sowie gegebenenfalls eine Eintragung in einem öffentlichen Handels- oder Gewerberegister anzugeben.

3. Zuverlässigkeit der Geschäftsleitung (Nr. 2)

23   § 3 MarktAngV schreibt vor, dass alle[32] Geschäftsleiter zur Prüfung der Zuverlässigkeit erklären müssen, ob ein **Strafverfahren** gegen sie schwebt, ein solches

---

[26] Verordnung zur Übertragung von Befugnissen zum Erlass von Rechtsverordnungen auf die Bundesanstalt für Finanzdienstleistungsaufsicht vom 13. Dezember 2002, BGBl. I S. 3.
[27] Verordnung über die erforderlichen Angaben und vorzulegenden Unterlagen bei einem Erlaubnisantrag nach § 37i des Wertpapierhandelsgesetzes und einer Anzeige nach § 37m des Wertpapierhandelsgesetzes (Marktzugangsangabenverordnung) vom 30. September 2004, BGBl. I S. 2576.
[28] BGBl. I S. 2498; die Bezeichnung der Verordnung lautet nun „Verordnung über die erforderlichen Angaben und vorzulegenden Unterlagen bei einem Erlaubnisantrag nach § 37i des Wertpapierhandelsgesetzes".
[29] Begr. RegE BT-Drucks. 14/8017, S. 97; KölnKommWpHG-*Baum*, Rn. 37, 40; aA *Schwark/Beck*, § 37i WpHG Rn. 13, der in diesen Fällen eine bloße Anzeige gegenüber der BaFin genügen lassen will.
[30] So auch KölnKommWpHG-*Baum*, Rn. 37.
[31] KölnKommWpHG-*Baum*, Rn. 25.
[32] KölnKommWpHG-*Baum*, Rn. 27; vgl. auch *Dreyling* in *Assmann/Schneider*, § 37i Rn. 4.

Erlaubnis 24, 25 § 37i

wegen eines Verbrechens oder Vergehens gegen sie anhängig gewesen ist oder ob sie oder ein von ihnen geleitetes Unternehmen als Schuldnerin in ein **Insolvenzverfahren** oder in ein Verfahren zur Abgabe einer **eidesstattlichen Versicherung** oder ein vergleichbares Verfahren verwickelt waren oder sind. Weiterhin ist ein tabellarischer Lebenslauf erforderlich, aus dem sich die Namen der Unternehmen, für die die Geschäftsleiter tätig waren, und die Art der Tätigkeit ergeben muss. Auch der Vertreter des Geschäftsleiters muss entsprechende Angaben beibringen.

4. Geschäftsplan (Nr. 3)

Der Antrag muss einen Geschäftsplan enthalten, aus dem die Art des geplanten 24
Marktzugangs für die Handelsteilnehmer, der organisatorische Aufbau und die internen Kontrollverfahren des Marktes hervorgehen. Nach § 4 MarktAngV sind umfassende Unterlagen vorzulegen, die (zusammen mit den Angaben nach § 37i Abs. 1 Satz 2 Nr. 5) der Beurteilung dienen, ob die Überwachung des Marktes und der Anlegerschutz im Herkunftsstaat dem deutschen Recht gleichwertig ist (vgl. § 37j Nr. 3). Der Geschäftsplan muss gemäß § 4 MarktAngV den **satzungsmäßigen Geschäftszweck** des Marktes (Nr. 1) sowie die **Geschäftsbereiche und Handelssegmente** (Nr. 2) enthalten. Der **organisatorische Aufbau** des Marktes (Nr. 5) ist darzustellen und eine graphische Übersicht beizufügen. Hieraus sollen sich die Zuständigkeiten der Geschäftsbereiche und Organe ergeben. Dies gilt insbesondere für Geschäftsleitung, Aufsichtsrat, Zulassungsstelle, Handelsüberwachungsstelle und Sanktionsausschuss oder vergleichbare Organe. Die Personalausstattung der einzelnen Bereiche und eine Übertragung wesentlicher Funktionen auf Dritte müssen mitgeteilt werden. **Interne Kontrollverfahren** (Nr. 7) einschließlich der Regelungen und organisatorischen Maßnahmen zur Vermeidung und Steuerung von Interessenkonflikten bei den Handelsteilnehmern sind anzugeben. Erforderlich ist zudem eine Darstellung der Verfahren zur internen Handelsüberwachung, insbesondere des Preisbildungsprozesses. Schließlich ist darzulegen, welche Sicherungen gegen eine unbefugte Handelsteilnahme bestehen und wie fehlerhafte Handelsabschlüsse erkannt und korrigiert werden.

5. Inländischer Zustellungsbevollmächtigter (Nr. 4)

Die Angabe eines Zustellungsbevollmächtigten ist erforderlich, damit die Ba- 25
Fin an den Markt gerichtete Verwaltungsakte im Inland zustellen kann.[33] Auf diese Weise sollen Schwierigkeiten bei der Durchsetzung der Vorschriften gegenüber Märkten mit Sitz im Ausland verhindert werden. Die Erfahrungen der Ba-Fin in anderen Tätigkeitsbereichen haben gezeigt, dass die **Bekanntgabe oder Zustellung** von Verfügungen am Sitz oder Wohnort eines Unternehmens oder einer Person im Ausland regelmäßig zu erheblichen Verzögerungen führen kann.[34] Durch die Pflicht zur Angabe eines Zustellungsbevollmächtigten im Inland besteht keine Notwendigkeit, ein zeitaufwändiges und kompliziertes Zustellungsverfahren im Ausland zu betreiben. Gemäß § 5 MarktAngV ist die Angabe von Namen und Anschrift eines inländischen Bevollmächtigten erforder-

---

[33] Begr. RegE BT-Drucks. 14/8017, S. 97.
[34] Begr. RegE BT-Drucks. 14/8017, S. 110.

lich, der **rechtlich und tatsächlich in der Lage ist,** Zustellungen der BaFin mit Wirkung für den Antragsteller **entgegenzunehmen.** Die Bevollmächtigung ist durch die Beifügung einer Abschrift der entsprechenden Urkunde nachzuweisen.

6. Aufsicht im Herkunftsstaat (Nr. 5)

26 Der Erlaubnisantrag muss die für die Überwachung des Marktes und seiner Handelsteilnehmer zuständigen Stellen und deren Überwachungs- und Eingriffskompetenzen angeben. Dadurch soll nach der Gesetzesbegründung das Funktionieren des **Informationsaustausches zwischen den Aufsichtsbehörden** zur Verfolgung grenzüberschreitender Insidergeschäfte sichergestellt werden.[35]

27 Die BaFin stellt auf Grund der hier geforderten Angaben fest, ob die Aufsicht im Herkunftsstaat für eine Kooperation bei der Überwachung geeignet erscheint. Dafür muss die Aufsicht zwar nicht den europäischen Vorgaben entsprechen, allerdings wird sie **ähnliche Strukturen** aufweisen müssen. Hierzu kann die BaFin „**Memoranda of Understanding**" abschließen, die bereits mit einer Reihe von Ländern bestehen.[36] Gegenstand einer solchen Vereinbarung ist regelmäßig eine Erklärung, wonach die Behörden alle Anstrengungen unternehmen werden, die ihnen zustehenden Befugnisse zur Unterstützung der anfragenden Behörde zu nutzen. Dazu gehören neben der Beschaffung von Dokumenten oder Zeugenaussagen auch der Zugang zu internen Unterlagen und die Durchführung von Überprüfungen der beaufsichtigten Unternehmen.

28 § 6 MarktAngV verpflichtet den Antragsteller zur Angabe von Bezeichnung und Anschrift der zuständigen Überwachungsstellen. Deren Eingriffs- und Kontrollbefugnisse sind darzulegen. Dies gilt insbesondere für die **Befugnisse bei der Überwachung** von Meldepflichten, Insidergeschäften, Veröffentlichungs- und Mitteilungspflichten, Marktmanipulation, Veränderung von bedeutenden Stimmrechtsanteilen, Verhaltensregeln für Wertpapierdienstleistungsunternehmen und Wertpapieranalysen, zur Aussetzung des Börsenhandels und zum Ausschluss von Handelsteilnehmern oder der Verhängung anderer Sanktionen. Der Antragsteller muss zudem die **gesetzlichen oder vertraglichen Grundlagen** für die Zusammenarbeit zwischen BaFin und der zuständigen Überwachungsstelle angeben und den Umfang der Zusammenarbeit durch die zuständige Überwachungsstelle bestätigen lassen. Sämtliche Rechtsnormen und Vereinbarungen, aus denen sich das Vorgenannte ergibt, sind vorzulegen.

7. Gehandelte Finanzinstrumente (Nr. 6)

29 Es ist anzugeben, welche Finanzinstrumente auf dem ausländischen Markt gehandelt werden sollen. Nach § 7 MarktAngV ist eine Aufschlüsselung in die in § 2 genannten Arten von Finanzinstrumenten vorzunehmen. Gehandelte Instrumente, die nicht in § 2 aufgeführt sind, sind mit ihrer Ausstattung und Funktionsweise zu beschreiben.

---

[35] Begr. RegE BT-Drucks. 14/8017, S. 97.
[36] Diese sind abrufbar unter *www.bafin.de*. Vgl. zu diesem Thema auch KölnKomm-WpHG-*Baum*, Rn. 31.

8. Handelsteilnehmer im Inland (Nr. 7)

Der Erlaubnisantrag muss die Namen und die Anschrift der inländischen Handelsteilnehmer aufführen, denen der Marktzugang gewährt werden soll. § 8 MarktAngV schreibt bei juristischen Personen zusätzlich die Angabe von Rechtsform und Sitz vor. **30**

9. Form des Antrags

Gemäß § 10 MarktAngV ist der Antrag in doppelter Ausfertigung auf Deutsch zu übersenden. Da keine Schriftform im Sinne des § 126 BGB verlangt ist, genügt auch die Übersendung per Telefax.[37] Die Angaben zum Geschäftsplan und zur Aufsicht dürfen auch in englischer Sprache gefasst sein, allerdings kann die BaFin eine Übersetzung verlangen. **31**

IV. Erlaubnis

Die Erlaubnis der BaFin ist gemäß § 37i Abs. 1 Satz 1 **schriftlich** zu erteilen. Es handelt sich hierbei um einen Verwaltungsakt im Sinne von § 35 S. 1 VwVfG, der gemäß § 39 Abs. 2 Nr. 1 VwVfG **nicht zu begründen** ist, wenn er antragsgemäß erlassen wird und nicht in die Rechte eines anderen eingreift. Gegen eine Versagung der Erlaubnis (die in den Fällen des § 37j erfolgen muss, siehe § 37j Rn. 11) ist der Verwaltungsrechtsweg eröffnet. Die Erlaubnis kann dem Zustellungsbevollmächtigten (Rn. 25) bekannt gegeben werden. **32**

V. Auflagen (Abs. 2 Satz 1)

Nach § 37i Abs. 2 Satz 1 kann die BaFin die Erlaubnis unter Auflagen erteilen, die sich im Rahmen des mit dem WpHG verfolgten Zweckes halten müssen. Gemäß § 36 Abs. 2 Nr. 4 VwVfG verpflichtet eine Auflage den Adressaten zu einem Tun, Dulden oder Unterlassen. Sie wird als zusätzliche Verpflichtung zusammen mit der Erlaubnis verfügt. In Betracht kommen beispielsweise Auflagen, welche die technischen Voraussetzungen des unmittelbaren Marktzugangs im Inland sicherstellen.[38] Die Auflage stellt einen **selbstständigen Verwaltungsakt** dar, der zur Erlaubnis akzessorisch, aber dennoch selbstständig anfechtbar ist; durch eine erfolgreiche Anfechtung wird der Bestand der Erlaubnis nicht berührt.[39] **33**

VI. Stellungnahmemöglichkeit der Börsenaufsichtsbehörden (Abs. 2 Satz 2)

Gemäß § 37i Abs. 2 Satz 2 wird den für die Genehmigung von Börsen zuständigen obersten Landesbehörden Gelegenheit zur Stellungnahme zu einem Antrag eines ausländischen Marktes gegeben, der die Absicht hat, im Inland Handelsbildschirme aufzustellen. Diese im ursprünglichen Gesetzentwurf der Bundesregierung nicht enthaltene Regelung wurde erst durch Beschluss des Fi- **34**

---

[37] KölnKommWpHG-*Baum*, Rn. 22.
[38] Begr. RegE BT-Drucks. 14/8017, S. 97.
[39] Siehe nur *Fischer* in *Boos/Fischer/Schulte-Mattler*, § 32 KWG Rn. 57.

nanzausschusses eingefügt. Der Finanzausschuss führt in seiner Begründung aus, dass es sich bei den Märkten mit Sitz im Ausland regelmäßig um Börsen handeln wird. Durch die Unterrichtung der Börsenaufsichtsbehörden über den Antrag auf Erlaubniserteilung könnten bei den Länderbehörden möglicherweise vorliegende **Erkenntnisse über den Betreiber** des Marktes und den Handel an diesem Markt im Erlaubnisverfahren von der BaFin **berücksichtigt** werden.[40]

35   Nicht ausdrücklich geregelt sind die **Rechtsfolgen bei ablehnender Stellungnahme** oder für den Fall, dass die verschiedenen Börsenaufsichtsbehörden den Erlaubnisantrag unterschiedlich beurteilen. Da die BaFin die Erlaubnis erteilt und den Börsenaufsichtsbehörden lediglich die Möglichkeit zur Stellungnahme einräumen muss, obliegt es letztlich der BaFin, zu beurteilen, inwieweit ablehnenden Stellungnahmen gefolgt oder wie unterschiedliche Stellungnahmen bewertet werden sollen.

VII. Veröffentlichung im elektronischen Bundesanzeiger (Abs. 3)

36   Die BaFin hat gemäß Abs. 3 die Erlaubnis im elektronischen Bundesanzeiger bekannt zu machen, damit die interessierte Öffentlichkeit Kenntnis davon erlangt, welche ausländischen Märkte in der Bundesrepublik Deutschland zulässigerweise Handelsbildschirme aufstellen.[41] Die Bekanntgabe hat lediglich **deklaratorische Wirkung**. Eine Frist ist nicht genannt. Zwecks wirksamer Information der Öffentlichkeit sollte eine Veröffentlichung aber so zeitnah wie möglich erfolgen.

§ 37j Versagung der Erlaubnis

Die Erlaubnis ist zu versagen, wenn
1. Tatsachen vorliegen, aus denen sich ergibt, dass die Geschäftsleitung nicht zuverlässig ist,
2. Handelsteilnehmern mit Sitz im Inland der unmittelbare Marktzugang gewährt werden soll, die nicht die Voraussetzungen des § 19 Abs. 2 des Börsengesetzes erfüllen,
3. die Überwachung des Marktes oder der Anlegerschutz im Herkunftsstaat nicht dem deutschen Recht gleichwertig ist oder
4. der Informationsaustausch mit den für die Überwachung des Marktes zuständigen Stellen des Herkunftsstaates nicht gewährleistet erscheint.

Übersicht

	Rn.
I. Regelungsgegenstand und -zweck	1
1. Gründe für eine Versagung der Erlaubnis	1
2. Vorliegen weiterer Gründe	2
II. Die einzelnen Versagungsgründe	3
1. Unzuverlässigkeit der Geschäftsleitung	3

---

[40] Bericht des Finanzausschusses, BT-Drucks. 14/8601, S. 20.
[41] Begr. RegE BT-Drucks. 14/8017, S. 97.

Versagung der Erlaubnis 1, 2 § 37j

	Rn.
2. Nichterfüllung der Voraussetzungen des § 19 Abs. 2 BörsG	6
3. Gleichwertigkeit von Überwachung und Anlegerschutz	7
4. Gewährleistung des Informationsaustausches	8
III. Versagungsverfügung	11

Schrifttum: Vor §§ 37i bis 37m.

I. Regelungsgegenstand und -zweck

1. Gründe für eine Versagung der Erlaubnis

§ 37j regelt die Versagungsgründe für die Erlaubnis nach § 37i. Lediglich 1
§ 37j Nr. 1 stellt dabei **Anforderungen an den Markt**, die anderen Kriterien beziehen sich auf **die Handelsteilnehmer**, das **ausländische Rechtssystem** und die **ausländische Aufsichtsbehörde**. Keine Rolle spielt, ob der Markt über ausreichende finanzielle Mittel verfügt; eine Solvenzaufsicht ist nicht vorgesehen.[1] Ein Vergleich mit anderen Gesetzen zeigt, dass dort Anforderungen an das Anfangskapital gestellt werden. So ist nach § 33 Abs. 1 Nr. 1 KWG das Fehlen der zum Geschäftsbetrieb erforderlichen Mittel ein zwingender Grund, um die Erlaubnis zum Betreiben von Bankgeschäften oder zum Erbringen von Finanzdienstleistungen zu versagen. Das Börsengesetz stellt in § 19 Abs. 4 für die Zulassung zur Teilnahme am Börsenhandel Anforderungen an das Eigenkapital von Unternehmen. Zudem verpflichtet § 5 Abs. 1 BörsG den Träger der Börse, dieser die zur Durchführung und angemessenen Fortentwicklung des Börsenbetriebs erforderlichen finanziellen, personellen und sachlichen Mittel zur Verfügung zu stellen. Denkbar wäre gewesen, auch in § 37j eine Regelung zur finanziellen Ausstattung der Märkte aufzunehmen. Indem der Gesetzgeber auf eine solche Regelung verzichtete, hielt er sich **in den Grenzen des Markttransaktionsrechts** und vermied Aussagen zum Marktorganisationsrecht (vgl. auch Vor §§ 37i bis 37m Rn. 8).

2. Vorliegen weiterer Gründe

Die Erlaubnis nach § 37i Abs. 1 Satz 1 darf nicht erteilt werden, wenn einer 2
der in § 37j genannten Versagungsgründe vorliegt. Fraglich ist, ob diese Aufzählung abschließend ist oder ob die Erlaubnis auch aus anderen als den aufgeführten Gründen versagt werden dürfte. Die Regelungstechnik der §§ 37i, 37j entspricht der in den §§ 32, 33 KWG verwandten.[2] Ein Vergleich zu der die Versagung der Erlaubnis regelnden Vorschrift des KWG zeigt, dass nach dem Wortlaut des § 33 Abs. 4 KWG die Erlaubnis aus anderen als den in den Absätzen 1 und 3 genannten Gründen nicht versagt werden darf. Dennoch ist im Rahmen des § 33 KWG umstritten, ob die dort aufgezählten Versagungsgründe abschließend sind oder ob außerhalb des KWG liegende Versagungsgründe berücksichtigt werden können.[3] Überträgt man diese Überlegungen auf § 37j, so

---

[1] KölnKommWpHG-*Baum*, § 37i Rn. 28; *Dreyling* in Assmann/Schneider, § 37i Rn. 5.
[2] KölnKommWpHG-*Baum*, Rn. 1.
[3] Siehe dazu (gegen die Berücksichtigung weiterer Versagungsgründe) *Fischer* in Boos/Fischer/Schulte-Mattler § 33 KWG Rn. 4 mwN zur wohl herrschenden Gegenansicht.

ist festzustellen, dass eine dem § 33 Abs. 4 KWG entsprechende Vorschrift nicht besteht, was dafür spricht, dass § 37j nicht abschließen ist.[4] Somit darf die BaFin nach entsprechender Ermessenausübung die Erlaubnis **auch aus anderen als den aufgezählten Gründen versagen.**

II. Die einzelnen Versagungsgründe

1. Unzuverlässigkeit der Geschäftsleitung

3   Nach § 37j Nr. 1 ist die Erlaubnis zu versagen, wenn Tatsachen vorliegen, aus denen sich ergibt, dass die Geschäftsleitung nicht zuverlässig ist. Die Gesetzesbegründung stellt dabei nur auf die Geschäftsleitung des ausländischen Marktes ab.[5] Dies bedarf der Ergänzung. Da nach § 37i der Erlaubnisantrag – je nach Organisationsform – entweder Angaben zur Zuverlässigkeit der **Geschäftsleitung des Marktes oder des Betreibers** zu enthalten hat, muss diese Alternativgestaltung auch auf die Versagung übertragen werden. Die Erlaubnis ist daher auch zu versagen, wenn der Betreiber den Erlaubnisantrag stellt und dessen Geschäftsleitung nicht zuverlässig ist. Der Begriff der Geschäftsleitung umfasst also sowohl die des Marktes als auch die des Betreibers.

4   Die persönliche **Zuverlässigkeit** ist ein allgemeines **gewerberechtliches Erfordernis;** sein Fehlen kann es nach § 35 GewO rechtfertigen, die Ausübung eines Gewerbes zu untersagen.[6] Eine Parallelvorschrift findet sich auch in § 33 Abs. 1 Satz 1 Nr. 2 KWG. Die Zuverlässigkeit muss nicht positiv nachgewiesen werden. Vielmehr wird die Zuverlässigkeit der Geschäftsleitung unterstellt, wenn (vor allem anhand der nach § 3 MarktAngV abzugebenden Erklärung) keine Tatsachen erkennbar sind, die die Unzuverlässigkeit begründen.[7] Die Zuverlässigkeit einer Person lässt sich nicht auf Grund einer subjektiven oder abstrakten Betrachtung, sondern nur anhand ihres in der **Vergangenheit tatsächlich gezeigten Verhaltens** beurteilen.[8] Tatsachen, aus denen sich die Unzuverlässigkeit ergeben soll, müssen sich auf die konkret ausgeübte Tätigkeit beziehen.[9] Es gibt **keine Unzuverlässigkeit schlechthin**.[10] Für eine ablehnende Entscheidung reicht es aus, wenn die vorliegenden Tatsachen mit hoher Wahrscheinlichkeit darauf schließen lassen, dass der Betreffende nach seiner gesamten Persönlichkeit nicht die Gewähr dafür bietet, dass er seine Tätigkeit ordnungsgemäß betreiben wird.[11]

---

[4] AA KölnKommWpHG-*Baum*, Rn. 1; *Schwark/Beck*, § 37j WpHG Rn. 1.
[5] Begr. RegE BT-Drucks. 14/8017, S. 97.
[6] *Fischer* in *Boos/Fischer/Schulte-Mattler* § 33 KWG Rn. 31.
[7] KölnKommWpHG-*Baum*, Rn. 2; *Schwark/Beck*, § 37i WpHG Rn. 8; *Dreyling* in *Assmann/Schneider*, § 37i Rn. 4; *Fischer* in *Boos/Fischer/Schulte-Mattler* § 33 KWG Rn. 33.
[8] *Ledermann* in *Schäfer/Hamann*, KMG, § 16 BörsG Rn. 13.
[9] Vgl. *Fischer* in *Boos/Fischer/Schulte-Mattler* § 33 KWG Rn. 32, 74 und im börsenrechtlichen Kontext *Ledermann* in *Schäfer/Hamann*, KMG, § 16 BörsG Rn. 13; *Schwark*, § 16 BörsG Rn. 22.
[10] KölnKommWpHG-*Baum*, Rn. 4; *Fischer* in *Boos/Fischer/Schulte-Mattler* § 33 KWG Rn. 32.
[11] KölnKommWpHG-*Baum*, Rn. 2; *Ledermann* in *Schäfer/Hamann*, KMG, § 16 BörsG Rn. 13; *Schwark*, § 16 BörsG Rn. 23.

Versagung der Erlaubnis

In objektiver Hinsicht kommt es auf die **Schwere** und die **Häufigkeit von** 5
Verstößen an, subjektiv ist die **Schwere der Schuld** zu berücksichtigen.[12] Ein geringeres materielles Gewicht kann durch ein größeres Maß der Schuld aufgewogen werden und umgekehrt. Kriterien für die mangelnde Zuverlässigkeit können kriminelle Handlungen, Unfähigkeit für eine wirtschaftliche Geschäftsführung, Verstöße gegen Ordnungsvorschriften, persönliche Schwächen und krankhafte Störungen sein.[13]

2. Nichterfüllung der Voraussetzungen des § 19 Abs. 2 BörsG

§ 37j Nr. 2 sieht vor, dass nur solchen Handelsteilnehmern mit Sitz im Inland 6
der unmittelbare Marktzugang gewährt werden darf, die die Voraussetzungen des § 19 Abs. 2 BörsG (§ 16 Abs. 2 BörsG aF) erfüllen. In der Bundesrepublik Deutschland kann nach dieser Norm zum Börsenhandel nur zugelassen werden, wer gewerbsmäßig in börsenmäßig handelbaren Gegenständen Geschäfte für eigene Rechnung tätigt, das Kommissionsgeschäft oder das Vermittlungsgeschäft betreibt und dessen Gewerbebetrieb nach Art und Umfang einen in kaufmännischer Weise eingerichteten Geschäftsbetrieb erfordert.[14] Die Regelung in § 37j Nr. 2 soll **zum Schutz der Anleger** gewährleisten, dass sie auch an ausländischen Märkten nicht direkt über einen Handelsbildschirm am (Börsen-)Handel teilnehmen, sondern ihre Wertpapiergeschäfte nur über Wertpapierdienstleistungsunternehmen ausführen lassen können. Nur dadurch könne sichergestellt werden, dass der Anleger von dem Wertpapierdienstleistungsunternehmen im Rahmen der Verhaltensregeln über die Risiken der von ihm beabsichtigten Wertpapiergeschäfte informiert wird.[15] Der bezweckte Anlegerschutz wird jedoch nicht erreicht, soweit ausländische Märkte an einer Erlaubnis nach § 37i nicht interessiert sind, weil sie **dem Anlegerpublikum einen unmittelbaren Marktzugang gewähren.** Die ausschließlich gegen inländische Wertpapierdienstleister gerichtete Sanktion des § 37l greift in diesem Fall nicht (Vor §§ 37i bis 37m Rn. 6 und § 37l Rn. 6).

3. Gleichwertigkeit von Überwachung und Anlegerschutz

Gemäß § 37j Nr. 3 ist die Erlaubnis zu versagen, wenn die Überwachung des 7
Marktes oder der Anlegerschutz im Herkunftsstaat nicht dem deutschen Recht gleichwertig ist. Diese Regelung dient zum einen dem Anlegerschutz und zum anderen der Verhinderung und Verfolgung von Insidergeschäften,[16] aber auch von Marktmanipulation und anderem schädlichem Verhalten. Nicht erforderlich ist, dass die Marktüberwachung und der Anlegerschutz mit den in Deutschland und der EU geltenden Regelungen identisch sind.[17] Da das Gesetz jedoch die

---

[12] *Ledermann* in *Schäfer/Hamann*, KMG, § 16 BörsG Rn. 13; *Schwark,* § 16 BörsG Rn. 23.
[13] Siehe auch die Beispiele bei *Fischer* in *Boos/Fischer/Schulte-Mattler* § 33 KWG Rn. 34 ff.; *Ledermann* in *Schäfer/Hamann*, KMG, § 16 BörsG Rn. 14; *Schwark,* § 16 BörsG Rn. 22.
[14] Dazu *Groß*, Kapitalmarktrecht, § 16 BörsG Rn. 6 ff.; *Ledermann* in *Schäfer/Hamann*, KMG, § 16 BörsG Rn. 9 ff.; *Schwark,* § 16 BörsG Rn. 14 ff.
[15] Begr. RegE BT-Drucks. 14/8017, S. 97.
[16] Begr. RegE BT-Drucks. 14/8017, S. 97.
[17] Vgl. auch KölnKommWpHG-*Baum*, Rn. 8, der zutreffend darauf hinweist, dass die Gleichwertigkeit funktional zu beurteilen ist.

§ 37j 8–10 Abschnitt 10. Märkte für Finanzinstrumente

Gleichwertigkeit fordert, sind die im Inland geltenden Regelungen gleichsam die Messlatte für den jeweiligen ausländischen Standard. Im Bereich der **Überwachung** des Marktes zur Verhinderung von Insiderhandel und Marktmanipulation ist eine **Orientierung an der EU-Marktmissbrauchsrichtlinie**[18] möglich. Diese sieht beispielsweise in Art. 12 vor, dass die zuständigen Behörden über eine Reihe von Kompetenzen verfügen müssen, die sie gemäß Art. 16 auch in der Zusammenarbeit mit ausländischen Behörden einsetzen müssen. Ein Versagensgrund wird auch das Fehlen von internen Kontrollverfahren und einer Überwachung des Preisbildungsprozesses sein (vgl. § 37i Rn. 24). Im Bereich des **Anlegerschutzes im Herkunftsland** sind beispielsweise die Vorkehrungen des Marktes zur Ausfallsicherheit der technischen Systeme von Bedeutung. Eine Versagung wäre zudem denkbar, wenn keine geeigneten Vorkehrungen für den Ausfall eines Handelsteilnehmers getroffen sind, keine Regeln für Eingabefehler (Mistraderegeln) bestehen oder kein geordnetes Clearing und Settlement sichergestellt ist. Weitere Anhaltspunkte ergeben sich aus § 6 Abs. 1 MarktAngV. Selbst wenn § 37j Nr. 3 allgemein auf den Anlegerschutz im Herkunftsland abstellt, wird man für eine Versagung der Erlaubnis doch einen gewissen Zusammenhang der nicht genügenden Anlegerschutzregelung mit dem Handel an dem betroffenen Markt verlangen müssen, so dass nicht jeder ungenügende Anlegerschutz in anderen Rechtsgebieten eine Versagung trägt.

4. Gewährleistung des Informationsaustausches

8   Die Erlaubnis ist nach § 37j Nr. 4 zu versagen, wenn der Informationsaustausch mit den für die Überwachung des Marktes zuständigen ausländischen Stellen nicht gewährleistet erscheint. Nach der Gesetzesbegründung soll dadurch sichergestellt werden, dass nur solche Märkte ihre Handelsbildschirme im Inland aufstellen dürfen, deren **Aufsichtsbehörden mit der BaFin zusammenarbeiten** und insbesondere in Insiderfällen auf Anfrage Kundennamen an die BaFin weiterleiten.[19]

9   Die Vorschrift ist **sehr weit gefasst** und sieht keine Beschränkung des Informationsaustausches auf bestimmte Zwecke vor. Dagegen kann nach § 19 Abs. 9 Satz 1 BörsG der Widerruf oder das Ruhen der Zulassung gegenüber ausländischen Handelsteilnehmern nur angeordnet werden, wenn der Informationsaustausch zum Zwecke der Überwachung der Verbote von Insidergeschäften oder des Verbots der Kurs- und Marktpreismanipulation nicht gewährleistet erscheint. Trotz des Wortlauts des § 37j Nr. 4 ist der Informationsaustausch nicht zu jedem Zweck erforderlich, sondern beschränkt sich auf die mit den §§ 37i ff. verfolgten Ziele der Sicherstellung des Anlegerschutzes und der Erhaltung der Marktintegrität. Damit muss jedenfalls der Informationsaustausch zum Zwecke der Überwachung des Insiderverbots, des Verbots der Kurs- und Marktpreismanipulation und der Verhaltensregeln sichergestellt sein.

10   Ob die Anforderungen des § 37j Nr. 4 erfüllt sind, lässt sich insbesondere bei solchen Ländern beurteilen, mit denen die BaFin zur Regelung des gegenseiti-

---

[18] Richtlinie 2003/6/EG des Europäischen Parlaments und des Rates vom 28. Januar 2003 über Insider-Geschäfte und Marktmanipulation (Marktmissbrauch), ABl. EU Nr. L 96 vom 12. April 2003, S. 16 ff.
[19] Begr. RegE BT-Drucks. 14/8017, S. 97 f.

gen Informationsaustausches ein „**Memorandum of Understanding**" abgeschlossen hat (§ 37i Rn. 27).

III. Versagungsverfügung

Die BaFin versagt die Erlaubnis nach § 37i, wenn eine der Tatbestandsalternativen des § 37j Nr. 1 bis 4 erfüllt ist. Anders als bei § 37k, der die Entscheidung in das Ermessen der Behörde stellt, handelt es sich hierbei um eine **gebundene Entscheidung**. Sobald ein Versagungsgrund vorliegt, muss die Behörde untersagen, ohne dass sie einen Spielraum hätte oder zunächst mildere Mittel wählen könnte oder müsste. Liegen dagegen **andere Gründe** vor, die eine Versagung rechtfertigen (Rn. 2), so **kann** die Erlaubnis nach pflichtgemäßer Ermessensausübung versagt werden. Bei der Untersagungsverfügung handelt es sich um einen **Verwaltungsakt** im Sinne von § 35 Satz 1 VwVfG. Rechtschutz gegen eine Untersagungsverfügung ist auf dem Verwaltungsrechtsweg gegeben.

§ 37k Aufhebung der Erlaubnis

(1) Die Bundesanstalt kann die Erlaubnis außer nach den Vorschriften des Verwaltungsverfahrensgesetzes aufheben, wenn
1. ihr Tatsachen bekannt werden, welche die Versagung der Erlaubnis nach § 37j rechtfertigen würden, oder
2. der Markt oder sein Betreiber nachhaltig gegen Bestimmungen dieses Gesetzes oder die zur Durchführung dieses Gesetzes erlassenen Verordnungen oder Anordnungen verstoßen hat.

(2) Die Bundesanstalt hat die Aufhebung der Erlaubnis im elektronischen Bundesanzeiger bekannt zu machen.

Übersicht

	Rn.
I. Regelungsgegenstand und -zweck	1
II. Aufhebung der Erlaubnis	2
1. Aufhebungsverfügung	2
2. Fehlen der Erlaubnisvoraussetzungen	3
3. Verstoß gegen Aufsichtsrecht	4
4. Allgemeine Vorschriften des Verwaltungsverfahrensgesetzes	5
5. Ermessensausübung	8
6. Rechtsschutz	9
III. Veröffentlichung im elektronischen Bundesanzeiger	10

Schrifttum: Vor §§ 37i bis 37m.

I. Regelungsgegenstand und -zweck

§ 37k regelt die Aufhebung einer bereits erteilten Erlaubnis. Hierzu werden die **allgemeinen Vorschriften des VwVfG** ergänzt um weitere Möglichkeiten, die eine Aufhebung der Erlaubnis in das Ermessen der BaFin stellen. Eine erfolgte Aufhebung ist zur Unterrichtung der Öffentlichkeit im elektronischen Bundesanzeiger bekannt zu machen. Nach den Vorstellungen der Gesetzesverfasser ist diese Regelung im Interesse des Anlegerschutzes und der Marktintegrität notwendig, um die fortlaufende Erfüllung der Zulassungskriterien zu gewährleisten.[1]

II. Aufhebung der Erlaubnis

1. Aufhebungsverfügung

2   Die BaFin kann eine gemäß § 37i erteilte Erlaubnis bei Vorliegen der in § 37k genannten Gründe aufheben. Aufhebung bedeutet Rücknahme einer rechtswidrig oder Widerruf einer rechtmäßig erteilten Erlaubnis. Daneben gelten ergänzend die §§ 48, 49 VwVfG. Bei der **Aufhebungsverfügung** handelt es sich ebenso wie bei der Erlaubnis um einen Verwaltungsakt im Sinne von § 35 Satz 1 VwVfG. Für die Aufhebung bestehen zwar keine gesetzlichen Formvorschriften, da jedoch die Erlaubnis gemäß § 37i schriftlich zu erteilen ist, ist sie von der BaFin auch in schriftlicher Form wieder aufzuheben. Die Aufhebung wird mit der Bekanntgabe wirksam (§ 43 Abs. 1 Abs. 1 VwVfG). Die Vorschrift stellt eine **Durchbrechung der Bestandskraft** von Verwaltungsakten dar. Zwar ist anders als in den §§ 48, 49 VwVfG hier nicht ausdrücklich erwähnt, dass unanfechtbare, bestandskräftige Verwaltungsakte Gegenstand der Regelung sein können, jedoch ergibt sich dies aus dem Zusammenhang.

2. Fehlen der Erlaubnisvoraussetzungen

3   Die BaFin kann nach § 37k Abs. 1 Nr. 1 die Erlaubnis aufheben, wenn ihr Tatsachen bekannt werden, welche die Versagung nach § 37j rechtfertigen würden. Für die Aufhebung ist es ohne Belang, ob die Versagungsgründe des § 37j bereits bei Erlass der Erlaubnis vorlagen oder erst später eingetreten sind. Entscheidend ist vielmehr, dass der BaFin die Tatsachen erst im Nachhinein, also nach Erlass der Erlaubnis, bekannt werden.

3. Verstoß gegen Aufsichtsrecht

4   Eine Aufhebung nach § 37k Abs. 1 Nr. 2 ist möglich, wenn der ausländische Markt oder sein Betreiber nachhaltig gegen das WpHG oder die zu seiner Durchführung erlassenen Verordnungen oder Anordnungen verstoßen hat. Auf diese Weise werden insbesondere **Verstöße des Marktes oder des Betreibers** gegen die Insider-, Marktmanipulations- und Ad-hoc-Publizitätsvorschriften, die Meldepflichten nach § 9 sowie gegen die Verhaltenspflichten der §§ 31 ff. und den in diesem Zusammenhang geltenden Verordnungen sanktioniert. Praktisch relevant dürfte diese Vorschrift zudem werden, wenn der Markt oder der Betreiber behördlichen Anordnungen nicht Folge leistet und beispielsweise Auskunftsersuchen der BaFin nicht nachkommt. Nicht jede Verletzung ermöglicht eine Aufhebung der Erlaubnis durch die BaFin; es muss sich um einen **nachhaltigen Verstoß** handeln. Ein Verstoß ist dann nachhaltig, wenn er entweder schwerwiegend ist oder wiederholt − insbesondere nach einer Abmahnung − erfolgt.[2]

---

[1] Begr. RegE BT-Drucks. 14/8017, S. 98.
[2] So auch *Schwark/Beck*, § 37k WpHG Rn. 1. Dagegen fordert KölnKommWpHG-*Baum*, Rn. 5 in jedem Fall eine vorherige Abmahnung.

Wird nachhaltig gegen Aufsichtsbestimmungen verstoßen, so steht außerdem die Zuverlässigkeit der Geschäftsleitung in Frage. In einem solchen Fall wäre die Aufhebung der Erlaubnis auch nach § 37k Abs. 1 Nr. 1 in Verbindung mit § 37j Nr. 1 möglich.

4. Allgemeine Vorschriften des Verwaltungsverfahrensgesetzes

Ergänzend zu den spezifischen Aufhebungstatbeständen des § 37k gelten die allgemeinen Vorschriften der §§ 48, 49 VwVfG über den Widerruf und die Rücknahme von Verwaltungsakten. **Rücknahme** bedeutet die Aufhebung eines rechtswidrigen Verwaltungsaktes (§ 48 VwVfG); unter einem **Widerruf** ist dagegen die Aufhebung eines rechtmäßigen Verwaltungsaktes zu verstehen (§ 49 VwVfG).

Da § 37k bloße **Ergänzungsfunktion** hat, werden die §§ 48, 49 VwVfG nicht nur hinsichtlich der Aufhebungsgründe nicht verdrängt; auch die sonstigen Bestimmungen zum Aufhebungsverfahren finden Anwendung. Insbesondere können begünstigende Verwaltungsakte wie die Erlaubnis nur unter den **Einschränkungen der §§ 48 Abs. 2, 49 Abs. 2 VwVfG** aufgehoben werden. Auch die §§ 48 Abs. 3, 49 Abs. 6 VwVfG, die in bestimmten Fällen einen finanziellen Ausgleich für die Aufhebung des Verwaltungsaktes vorsehen, gelten im Rahmen der §§ 37i ff. Dies kann gerade im Fall der Rücknahme einer rechtswidrigen Erlaubnis, bei deren Erteilung bereits die Versagungsgründe des § 37j vorgelegen hatten (§ 37k Abs. 1 Nr. 1), von Bedeutung sein. Hier kann aus Gründen des Vertrauensschutzes die Behörde gemäß § 48 Abs. 3 Satz 1 VwVfG dem Betroffenen auf Antrag zum **Ersatz des Vertrauensschadens** verpflichtet sein.[3] Ein Vermögensausgleich findet allerdings nicht statt, wenn das Vertrauen nicht schutzwürdig ist, weil beispielsweise die Erlaubnis durch in wesentlicher Beziehung unrichtige oder unvollständige Angaben, durch arglistige Täuschung, Drohung oder Bestechung erwirkt wurde. Gleiches gilt, wenn der Antragsteller die Rechtswidrigkeit der Erlaubnis kannte oder hätte kennen müssen (§ 48 Abs. 3 Satz 2 iVm Abs. 2 Satz 3 VwVfG).

Genauso ist die **Jahresfrist des § 48 Abs. 4 Satz 1 VwVfG** zu beachten, wenn die Erlaubnis nach § 37k Abs. 1 Nr. 1 zurückgenommen wird.[4] Dafür spricht auch § 35 Abs. 3 KWG, der eine Anwendung des § 48 Abs. 4 Satz 1 VwVfG (und des § 49 Abs. 2 Satz 2 VwVfG) ausdrücklich ausschließt. Eine entsprechende Regelung fehlt in § 37k. Deshalb ist die Rücknahme nur innerhalb eines Jahres seit dem Zeitpunkt zulässig, in dem die Behörde von den Tatsachen Kenntnis erlangt, welche die Rücknahme des rechtswidrigen Verwaltungsaktes rechtfertigen.

5. Ermessensausübung

Die BaFin **kann** die Erlaubnis in den oben genannten Fällen **aufheben**. Nicht jeder Versagungsgrund gemäß § 37j oder jeder Verstoß gegen die Bestimmungen des WpHG führt daher zwangsläufig zu einer Aufhebung der Erlaubnis, sondern der BaFin steht auf der Rechtsfolgenseite ein Ermessen zu. Sie

---

[3] Zum parallelen Problem bei § 35 KWG siehe *Fischer* in *Boos/Fischer/Schulte-Mattler*, § 35 KWG Rn. 46.
[4] KölnKommWpHG-*Baum*, Rn. 4; aA *Schwark/Beck*, § 37k WpHG Rn. 1.

§ 371 Abschnitt 10. Märkte für Finanzinstrumente

muss **stets im Einzelfall prüfen,** wie der Gesetzeszweck durch den Markt oder dessen Betreiber gefährdet wird und welche Folgen sich aus der Versagung ergeben.[5] Der Anlegerschutz wird hierbei regelmäßig ein zentrales Argument bei der Abwägung sein.

6. Rechtsschutz

9   Rechtsschutz gegen eine Aufhebungsverfügung ist auf dem **Verwaltungsrechtsweg** mittels Widerspruch und Anfechtungsklage gegeben. Anders als für den im KWG geregelten Parallelfall der Aufhebung der Bankerlaubnis (§ 35 Abs. 2 Nr. 2–6 iVm § 49 KWG) kommt den Rechtsmitteln hier grundsätzlich **aufschiebende Wirkung** zu.[6] Aus § 4 Abs. 7 folgt nichts anderes, da § 37k im Verhältnis zur allgemeinen Befugnisnorm des § 4 Abs. 1 Satz 3 eine *lex specialis* ist und die sofortige Vollziehbarkeit nicht ausdrücklich anordnet.[7] Während des Rechtsmittelverfahrens muss daher die behördliche Aufhebungsverfügung nicht befolgt werden. Die BaFin kann jedoch die sofortige Vollziehbarkeit der Verfügung anordnen und das besondere Interesse daran schriftlich begründen (§ 80 Abs. 2 Satz 1 Nr. 4, Abs. 3 VwGO). In diesem Fall kann bei Gericht die Wiederherstellung der aufschiebenden Wirkung beantragt werden (§ 80 Abs. 5 Satz 1 VwGO).

III. Veröffentlichung im elektronischen Bundesanzeiger

10   Nach § 37k Abs. 2 hat die BaFin die Aufhebung der Erlaubnis im elektronischen Bundesanzeiger bekannt zu machen. Die Veröffentlichung soll gewährleisten, dass keine weiteren Handelsteilnehmer im Vertrauen auf die Erlaubnis mit dem ausländischen Markt oder dessen Betreiber in Geschäftsbeziehung treten. Doch auch für die bereits tätigen Handelsteilnehmer kann die Veröffentlichung von Bedeutung sein. Zwar dürfte regelmäßig davon auszugehen sein, dass die BaFin im Falle der Aufhebung der Erlaubnis im Ergebnis allen gemeldeten Handelsteilnehmern gemäß § 371 die Ausführung von Kundenaufträgen über das Handelssystem untersagen wird, allerdings kann im Einzelfall die Ermessensausübung ergeben, dass nur einzelnen Handelsteilnehmern die Ausführung von Aufträgen zu untersagen ist. Die übrigen Handelsteilnehmer erhalten dann durch die Veröffentlichung, soweit sie nicht von der BaFin entsprechend unterrichtet wurden, Kenntnis von der Aufhebung und können so im Rahmen der Geschäftsbeziehungen den Markt dazu anhalten, sich um eine Wiedererlangung der Erlaubnis zu bemühen.

§ 371 Untersagung

Die Bundesanstalt kann Handelsteilnehmern mit Sitz im Inland, die Wertpapierdienstleistungen im Inland erbringen, untersagen, Aufträge für Kunden über ein elektronisches Handelssystem eines ausländischen Marktes auszuführen, wenn diese Märkte oder ihre Betreiber Handelsteilnehmern im Inland einen unmittelbaren Marktzugang über dieses elektronische Handelssystem ohne Erlaubnis gewähren.

---

[5] Vgl. auch KölnKommWpHG-*Baum*, Rn. 2.
[6] So auch *Schwark/Beck*, § 37k WpHG Rn. 2.
[7] Einschränkend KölnKommWpHG-*Baum*, Rn. 7.

Untersagung 1–3 § 371

Übersicht

	Rn.
I. Regelungsgegenstand und -zweck	1
II. Untersagungsverfügung	3
III. Adressat	6
IV. Ermessensausübung	7

Schrifttum: Vor §§ 37i bis 37m.

I. Regelungsgegenstand und -zweck

Die Vorschrift gibt der BaFin eine Handlungsmöglichkeit für den Fall, dass ein 1
ausländischer Markt inländischen Handelsteilnehmern einen Marktzugang ohne
Erlaubnis gewährt. Führt ein Handelsteilnehmer mit Sitz im Inland Aufträge für
Kunden über ein elektronisches Handelssystem eines ausländischen Marktes aus,
ohne dass dieser Markt die erforderliche Erlaubnis nach § 37i besitzt, kann die
BaFin dies untersagen. Die Regelung dient insbesondere dem Schutz der Privatanleger im Inland.[1]

Voraussetzung für ein Einschreiten der BaFin ist, dass ausländische Märkte oder 2
ihre Betreiber ohne Erlaubnis Handelsteilnehmern im Inland einen unmittelbaren
Marktzugang gewähren, sei es, dass nie eine Erlaubnis bestand, sei es, dass diese
später aufgehoben wurde. Allerdings besteht die **Untersagungsmöglichkeit nur
gegenüber den Handelsteilnehmern**. Ein Einschreiten gegenüber dem Markt
oder dem Betreiber ist nicht vorgesehen, weil der BaFin die aufsichtsrechtliche
Zuständigkeit für Maßnahmen gegenüber einem Markt mit Sitz im Ausland fehlt.[2]
Daher ist nach Auffassung des Gesetzgebers ein Vorgehen gegenüber den Handelsteilnehmern die einzige Möglichkeit, den Anlegerschutz zu gewährleisten.[3] Da
in § 37i ausdrücklich die Angabe eines Zustellungsbevollmächtigten im Inland
verlangt wird, hätte grundsätzlich zwar auch diesem Bevollmächtigten der entsprechende Verwaltungsakt über die Androhung der Schließung des Marktzugangs bekannt gemacht werden können. Als Grundlage für den Erlass eines solchen Verwaltungsaktes hätte die Missstandsaufsicht gemäß § 4 herangezogen werden
können, da das Aufstellen von Handelsbildschirmen ohne Erlaubnis die ordnungsgemäße Durchführung des Handels mit Finanzinstrumenten oder von Wertpapierdienstleistungen beeinträchtigen könnte (vgl. § 4 Abs. 1 Satz 2). Die Durchsetzung einer solchen Verfügung wäre jedoch im Einzelfall sehr schwierig gewesen,
da der Markt oder der Betreiber im Ausland als Adressat von deutschen Verwaltungsvollstreckungsmaßnahmen kaum zu erreichen wäre. Die Vollstreckung müsste also bei den Marktteilnehmern im Inland ansetzen, so dass es nur konsequent
erscheint, diese gleich zu Adressaten der Regelung zu machen.

II. Untersagungsverfügung

Die BaFin kann die Ausführung von Kundenaufträgen über ein elektronisches 3
Handelssystem untersagen. Bei der Untersagungsverfügung handelt es sich um

---

[1] Begr. RegE BT-Drucks. 14/8017, S. 98.
[2] Begr. RegE BT-Drucks. 14/8017, S. 98.
[3] Begr. RegE BT-Drucks. 14/8017, S. 98.

§ 371 4–6   Abschnitt 10. Märkte für Finanzinstrumente

einen **Verwaltungsakt** im Sinne von § 35 Satz 1 VwVfG. Rechtschutz gegen eine Untersagungsverfügung ist auf dem Verwaltungsrechtsweg gegeben.

4   Die Untersagung muss sich auf die Ausführung von Kundenaufträgen über ein elektronisches Handelssystem eines ausländischen Marktes beziehen. Wie bereits erläutert (§ 37 i Rn. 12) ist unter einem elektronischen Handelssystem im Rahmen der §§ 37 i ff. ein **elektronisches Kommunikationssystem** zu verstehen. Fraglich ist somit, ob auch die telefonische oder schriftliche Übermittlung von Kundenaufträgen an ausländische Märkte nach § 371 untersagt werden kann. Für eine solche umfassende Untersagungsmöglichkeit spricht zwar die Überlegung, dass auf diese Weise ein wirkungsvoller Anlegerschutz erzielt werden könnte und zudem auch eine wirkungsvolle Sanktionierung der Märkte erfolgte, die die gesetzlichen Bestimmungen nicht einhalten. Jedoch beschränkt der Wortlaut des § 371 die Untersagungsmöglichkeit auf die Auftragsausführung, die „über" das elektronische System erfolgt. Zudem deutet die Gesetzesbegründung darauf hin, dass die **sonstige Orderübermittlung** an ausländische Märkte nicht erfasst sein soll (siehe Vor §§ 37 i bis 37 m Rn. 6 und § 37 i Rn. 12).

5   Die Untersagungsverfügung richtet sich gegen Handelsteilnehmer mit einem **unmittelbaren Zugang** zum Markt, die dort Kundenaufträge für ihre insoweit mittelbar an derartige Handelssysteme angeschlossenen Kunden abwickeln. Damit sind Wertpapierdienstleister, die ihren Kunden (per Internet) einen unmittelbaren Zugang zu diesen Marktplätzen verschaffen, ohne weiter in die Auftragsausführung involviert zu sein, nicht erfasst.[4]

III. Adressat

6   Adressat einer möglichen Untersagung sind **Handelsteilnehmer** mit Sitz im Inland (§ 37 i Rn. 10), die Wertpapierdienstleistungen im Inland erbringen. Anders als in den §§ 37 i, 37 j wird ausdrücklich gefordert, dass die Handelsteilnehmer **Wertpapierdienstleistungen** im Inland erbringen müssen. Die Tätigkeit von nach Maßgabe des § 19 Abs. 2 BörsG (vgl. § 37 j Nr. 2) zur Teilnahme am Börsenhandel zugelassenen Handelsteilnehmern umfasst mit dem Eigenhandel, dem Kommissionsgeschäft und der Abschlussvermittlung in Finanzinstrumenten Wertpapierdienstleistungen im Sinne des § 2 Abs. 3 (dazu § 2 Rn. 71 ff.). § 371 setzt freilich nicht voraus, dass die Adressaten der Untersagungsverfügung die Voraussetzungen des § 19 Abs. 2 BörsG erfüllen; vielmehr ist es gerade ein Anwendungsfall des § 371, wenn trotz einer Versagung der Erlaubnis wegen § 37 j Nr. 2 Handelsteilnehmern der Marktzugang gewährt wird, die nicht die Voraussetzungen des § 19 Abs. 2 BörsG erfüllen. Der Adressatenkreis des § 371 ist also entscheidend durch das Merkmal der Erbringung von Wertpapierdienstleistungen bestimmt. Daraus folgt aber weiter, dass der BaFin keine Sanktionsmöglichkeiten zur Verfügung stehen, **soweit der Marktzugang Unternehmen gewährt wird, die keine Wertpapierdienstleitungen erbringen**, was wegen § 2 a Abs. 1 Nr. 4 auch bei Versicherungsgesellschaften der Fall sein dürfte. Das gleiche gilt, wenn **Privatanlegern** ein unmittelbarer Marktzugang gewährt wird. Insoweit gehen die §§ 37 i ff. ins Leere (vgl. Vor §§ 37 i bis 37 m Rn. 6 und § 37 i Rn. 10).

---

[4] Vgl. *Spindler* WM 2002, 1325, 1341.

Untersagung 1 § 37m

IV. Ermessensausübung

Die BaFin kann bei Vorliegen der Tatbestandsvoraussetzungen die Ausführung 7
von Kundenaufträgen untersagen. Der Behörde wurde also durch den Gesetzgeber **auf der Rechtsfolgenseite Ermessen eingeräumt.** Nicht jede ungenehmigte Eröffnung einer Handelsmöglichkeit auf elektronischem Weg durch ausländische Märkte macht demnach automatisch eine Untersagungsverfügung erforderlich. Vielmehr sind bei der Ermessensausübung die für und gegen die verschiedenen Verhaltensweisen sprechenden Gründe im Sinne des Gesetzeszwecks **abzuwägen;** die BaFin hat sich für die zweckmäßigste zu entscheiden.

Bei der Wahl der Mittel wird die BaFin zunächst prüfen, ob die Androhung 8
der Untersagung als **milderes Mittel** ausreichend erscheint. Diese müsste aus Praktikabilitätsgesichtspunkten nicht sofort allen Handelsteilnehmern gegenüber ausgesprochen werden; möglich wäre beispielsweise eine Androhung zunächst solchen Handelsteilnehmern gegenüber, die viele Geschäfte über den ausländischen Markt abwickeln. Durch die Gefahr des Verlustes von Geschäftsvolumen könnte so indirekt Druck auf den ausländischen Markt erzeugt werden, eine Erlaubnis – erneut – einzuholen, so dass sich ein Vorgehen gegenüber den weiteren Handelsteilnehmern dann möglicherweise erübrigen würde. Ein gangbarer Weg ist dies allerdings nur dann, wenn der **Anlegerschutz** durch diese Vorgehensweise nicht gefährdet wird.

Ist die Androhung der Untersagung nicht ausreichend, und stehen weitere 9
Mittel nicht zur Wahl, so wird die BaFin die Ausführung der Kundenaufträge unterbinden. In der Regel wird allen Handelsteilnehmern die Auftragsausführung zu untersagen sein. Ein Vorgehen nur gegen einzelne Handelsteilnehmer wäre problematisch, da diesen – anders als bei der bloßen Androhung – dann das Geschäft entzogen würde, wohingegen andere Teilnehmer weiterhin Aufträge abwickeln und davon profitieren würden, da Geschäfte mit einem Markt, der keine Erlaubnis hat, zivilrechtlich wirksam sind (§ 37i Rn. 17).

§ 37m *(weggefallen)*

§ 37m wurde durch das Finanzmarktrichtlinie-Umsetzungsgesetz mit Wir- 1
kung zum 1. November 2007 aufgehoben. Siehe dazu Vor §§ 37i bis 37m
Rn. 11.

Zimmermann

Abschnitt 11. Überwachung von Unternehmensabschlüssen, Veröffentlichung von Finanzberichten

Unterabschnitt 1. Überwachung von Unternehmensabschlüssen

§ 37n Prüfung von Unternehmensabschlüssen und -berichten

Die Bundesanstalt hat die Aufgabe, nach den Vorschriften dieses Abschnitts und vorbehaltlich § 342b Abs. 2 Satz 3 Nr. 1 und 3 des Handelsgesetzbuchs zu prüfen, ob der Jahresabschluss und der zugehörige Lagebericht oder der Konzernabschluss und der zugehörige Konzernlagebericht sowie der verkürzte Abschluss und der zugehörige Zwischenlagebericht von Unternehmen, deren Wertpapiere im Sinne des § 2 Abs. 1 Satz 1 an einer inländischen Börse zum Handel im regulierten Markt zugelassen sind, den gesetzlichen Vorschriften einschließlich der Grundsätze ordnungsmäßiger Buchführung oder den sonstigen durch Gesetz zugelassenen Rechnungslegungsstandards entspricht.

Übersicht

	Rn.
I. Grundlagen	1
1. Das zweistufige System der Überwachung von Unternehmensabschlüssen	1
2. Entstehungsgeschichte	4
3. Änderungen durch TUG und FRUG	9
4. Gesetzeszweck	10
5. Ausblick	12
II. Der Prüfungsauftrag von BaFin und Prüfstelle	13
1. Erfasste Unternehmen	13
2. Prüfungsgegenstand	15
3. Prüfungsmaßstab	17
4. Vorabklärung von Zweifelsfragen?	19
5. Haftung	20

Schrifttum: *Assmann,* Ad hoc-Publizitätspflichten im Zuge von Enforcementverfahren zur Überprüfung der Rechnungslegung nach §§ 342b ff. HGB und §§ 37n ff. WpHG, AG 2006, 261; *Baetge,* Anmerkungen zum deutschen Enforcement-Modell, ZHR 168 (2004), 428; *ders./Lutter* (Hrsg.), Bericht des Arbeitskreises „Abschlussprüfung und Corporate Governance", 2003; *Baums* (Hrsg.), Bericht der Regierungskommission Corporate Governance: Unternehmensführung, Unternehmenskontrolle, Modernisierung des Aktienrechts, 2001; *Beck'scher Bilanz-Kommentar,* hrsg. von Ellrott/Förschle/Hoyos/Winkeljohann, 6. Auflage 2006; *Böcking,* Audit und Enforcement: Entwicklung und Probleme, Zfbf 2003, 683; *Boxberger,* Enforcement: Erste Erfahrungen, Beratungsempfehlungen und Ad-hoc-Publizitätspflichten bei Prüfungen der „Bilanzpolizei", DStR 2007, 1362; *Bräutigam/Heyer,* Das Prüfungsverfahren durch die Deutsche Prüfstelle für Rechnungslegung, AG 2006, 188; *Claussen,* Gedanken zum Enforcement, DB 2007, 1421; *DAV,* Stellungnahme zu dem Referentenentwurf eines Bilanzkontrollgesetzes (BilKoG), NZG 2004, 220; *Ernst,* BB-Gesetzgebungsreport: Regierungsentwurf des BilKoG, BB 2004, 936; *Gabriel/Ernst,* Die Entwürfe des Bilanzkontrollgesetzes und des Bilanzreformgesetzes: Stärkung von Unternehmensintegrität und Anlegerschutz, Der Konzern 2004, 102; *Gahlen/Schäfer,* Bekanntmachung von fehlerhaften Rechnungslegungen im Rahmen des Enforcementverfahrens: Ritterschlag oder Pranger?, BB 2006, 1619; *Gelhausen/Hönsch,* Das neue Enforcement-Verfahren für Jahres- und Konzernabschlüsse, AG 2005, 511; *dies.,* Rechtsschutz im Enforcement-Verfahren, AG 2007, 308; *Gros,* Enforcement der Rechnungslegung, DStR 2006, 246; *Großfeld,* Bilanzkontrollgesetz – Offene Fragen und etwas Optimismus, NZG 2004, 105; *Haller/Bernais,* Enforcement und BilKoG, Management und Wirtschaft Praxis, Band 76, 2005; *Hecht/Gräfe/Jehke,* Rechtsschutz im Enforcement-Verfahren, DB 2008, 1251; *Hennrichs,* Fehlerhafte Bilanzen, Enforcement und Abschlussprüfer, ZHR 168 (2004), 383; *ders.,* Wahrheit und Dichtung – oder: Aspekte zur Wiederherstellung des Vertrauens in Bilanzen, Festschrift für Volker Röhricht, 2005, S. 881; *Hommelhoff/Mattheus,* BB-Gesetzgebungsreport: Verlässliche Rechnungslegung – Enforcement nach dem geplanten Bilanzkontrollgesetz, BB 2004, 93; *Hutter/Kaulamo,* Transparenzrichtlinie-Umsetzungsgesetz: Änderungen der Regelpublizität und das neue Veröffentlichungsregime für Kapitalmarktinformationen, NJW 2007, 550; *Jahn,* Verhaltene Schritte zu größerer Bilanzwahrheit, ZRP 2004, 68; *Kämpfer,* Die Öffentlichkeit entdeckt das Enforcementverfahren, BB-Special 4 (2006), 1; *ders.,* Enforcementverfahren und Abschlussprüfer, BB Beilage 3/2005, 13; *Knorr,* Gewährleistung der Einhaltung internationaler Rechnungslegungsstandards – Zum Entwurf des Bilanzkontrollgesetzes in seinem internationalen Umfald, KoR 2004, 85; *Marten/Köhler/Paulitschek,* Enforcement der Abschlussprüfung in Deutschland – Kontext und Ansatzpunkte des Referentenentwurfs eines Berufsaufsichtsreformgesetzes, BB-Special 4 (2006), 23; *Mattheus/Schwab,* Fehlerkorrektur nach dem Rechnungslegungs-Enforcement: Private Initiative vor staatlicher Intervention, BB 2004, 1099; *dies.,* Rechtsschutz für Aktionäre beim Rechnungslegungsenforcement, DB 2004, 1975; *Mayer-Wegelin,* Kriterien der Wesentlichkeit bei den Entscheidungen im Enforcement, BB-Special 4 (2006), 8; *Mock,* Bindung einer Aktiengesellschaft an einen im Enforcement-Verfahren festgestellten Fehler in nachfolgenden aktienrechtlichen Verfahren, DB 2005, 987; *Möllers,* Effizienz als Maßstab des Kapitalmarktrechts, AcP 208 (2008), 1; *Müller,* Prüfverfahren und Jahresabschlussnichtigkeit nach dem Bilanzkontrollgesetz, ZHR 168 (2004), 414; *Nießen,* Die Harmonisierung der kapitalmarktrechtlichen Transparenzregeln durch das TUG, NZG 2007, 41; *Ohler,* Sonderabgaben für die Bilanzpolizei?, WM 2007, 45; *Paal,* Zur Vorlagepflicht von Arbeitspapieren des Abschlussprüfers im Enforcementverfahren, BB 2007, 1775; *Scheffler,* Auslegungs- und Ermessensfragen beim Enforcement, BB-Special 4 (2006), 2; *ders.,* Aufgaben und erste Erfahrungen des Enforcements, IRZ 2006, 13; *ders.,* Enforcement der Rechnungslegung in Deutschland, Der Konzern 2007, 589; *Schön,* Pre-Clearance – noch mehr Unklarheit im Bilanzrecht, DB 2008, 1027; *Seidel,* Amtshaftung für fehlerhafte Bilanzkontrolle, DB 2005, 651; *Wolf,* Entwicklungen im Enforcement unter Berücksichtigung des Referentenentwurfs für ein Bilanzkontrollgesetz (BilKoG), DStR 2004, 244; *Wüstemann/Kierzek,* Das europäische Harmonisierungsprogramm zur Rechnungslegung: Endorsement und Enforcement von IFRS, BB-Special 4 (2006), 14.

I. Grundlagen

1. Das zweistufige System der Überwachung von Unternehmensabschlüssen

Die §§ 37n–37u bilden das Kernstück eines zweistufigen Systems der Überwachung und Durchsetzung ordnungsgemäßer Rechnungslegung (so genanntes „Enforcement"). Sie werden durch die §§ 342b ff. HGB ergänzt. Sofern eine privatrechtlich organisierte Prüfstelle gemäß § 342b Abs. 1 Satz 1 HGB aner-

§ 37n 2–4 Abschnitt 11. Überwachung

kannt wurde, obliegt es zunächst ihr, auf einer **ersten Stufe** die Rechnungslegung kapitalmarktorientierter Unternehmen zu prüfen. Am 30. März 2005 wurde die Deutsche Prüfstelle für Rechnungslegung (nachfolgend: „DPR") als Prüfstelle anerkannt (§§ 37o, 37p Rn. 2). Die Mitwirkung an dem Verfahren der DPR ist, wie sich aus § 342b Abs. 4 HGB ergibt, für die betroffenen Unternehmen freiwillig.[1] Erst auf der **zweiten Stufe** der Überwachung wird die BaFin tätig. Voraussetzung dafür ist gemäß § 37p Abs. 1, dass das Unternehmen seine Mitwirkung auf der ersten Stufe verweigert oder mit dem Ergebnis der Prüfstelle nicht einverstanden ist oder dass aus Sicht der BaFin Zweifel an Prüfungsergebnis oder -verfahren bestehen. Die BaFin ist im Gegensatz zur Prüfstelle nicht auf die Kooperation des betroffenen Unternehmens angewiesen, sondern kann die Prüfungen mit hoheitlichem Zwang durchsetzen.

2 Durch die in den §§ 37o, 37p getroffene Regelung wird gewährleistet, dass ein funktionierendes – dann einstufiges – System der Überwachung und Durchsetzung ordnungsgemäßer Rechnungslegung auch zur Verfügung steht, wenn keine private Prüfstelle anerkannt ist:[2] In diesem Fall kommen § 37p und die §§ 342b ff. HGB nicht zur Anwendung. Dann kann allein die BaFin gemäß § 37o, der ihr umfassende Befugnisse zuweist, eine Prüfung der Rechnungslegung anordnen.

3 Die Voraussetzungen für eine Verfahrenseinleitung, der Prüfungsgegenstand, der Prüfungsumfang und das Verhältnis der Prüfung zu den aktienrechtlichen Instituten Nichtigkeitsklage und Sonderprüfung sind in § 342b HGB und in §§ 37n, 37o identisch normiert. Insoweit bestehen also zwischen dem vom Gesetzgeber angebotenen zweistufigen und dem bei Nichtanerkennung einer Prüfstelle vorgesehenen einstufigen Verfahren keine Unterschiede. Die bei der zweistufigen Überwachung erforderlichen **Regelungen zum Übergang zwischen den beiden Stufen** finden sich in § 342b Abs. 5 und 6 HGB sowie in § 37p. In der nachfolgenden Kommentierung werden die jeweils relevanten Teile der §§ 342b ff. HGB im Rahmen der einschlägigen Vorschrift des WpHG erläutert.

2. Entstehungsgeschichte

4 Die §§ 37n–37u, 45 und die §§ 342b ff. HGB wurden durch das Gesetz zur Kontrolle von Unternehmensabschlüssen (**Bilanzkontrollgesetz** – BilKoG) vom 15. Dezember 2004[3] in das WpHG eingefügt. Vor Inkrafttreten des BilKoG kannte das deutsche Recht ausschließlich gesellschafts- und bilanzrechtliche Mittel zur Durchsetzung ordnungsgemäßer Rechnungslegung (unternehmensinternes „Enforcement"). Zu diesen gehören neben den Straf- und Ordnungswidrigkeitentatbeständen der §§ 331 ff. HGB und den Regeln zur Nichtigkeit des Jahresabschlusses in § 256 AktG in erster Linie die Prüfung der Rechnungslegung durch Abschlussprüfer und Aufsichtsrat. Insoweit schlugen sich Reformbe-

---

[1] Entscheidet sich das Unternehmen jedoch zur Mitwirkung, muss es alle Auskünfte richtig und vollständig erteilen sowie alle angeforderten Unterlagen richtig und vollständig vorlegen. Bei einem schuldhaften Verstoß gegen diese Pflicht ist der Ordnungswidrigkeitstatbestand des § 342d HGB erfüllt.
[2] Begr. RegE BT-Drucks. 15/3421 S. 17.
[3] BGBl. I S. 3408. – Referentenentwurf von Bundesjustizministerium und Bundesfinanzministerium vom 8. Dezember 2003; Regierungsentwurf vom 24. Juni 2004, BT-Drucks. 15/3421.

strebungen des Gesetzgebers bereits 1998 und 2002 durch KonTraG[4] und TransPuG[5] im Gesetz nieder. Zur Sicherung der Qualität der Abschlussprüfung sollten auch die im Jahr 2000 eingeführten Regelungen zum sog. „Peer Review" in den §§ 57a ff. WPO beitragen.[6]

Trotz der erwähnten Reformen wurde bereits seit einigen Jahren – vor dem Hintergrund von Bilanzskandalen im In- und Ausland – auf Defizite des deutschen Systems der Überwachung und Durchsetzung ordnungsgemäßer Rechnungslegung hingewiesen.[7] Die Kritik bezog sich darauf, dass es außerhalb der Abschlussprüfung kein unternehmensexternes, kapitalmarktrechtlich ausgerichtetes Instrumentarium gebe, möglichen Fehlern der Rechnungslegung nachzugehen und auf eine Abhilfe hinzuwirken oder diese zu erzwingen.[8] Das Verfahren der Qualitätssicherung nach den §§ 57a ff. WPO sei dafür ungeeignet, da nicht der Abschluss selbst, sondern nur der Abschlussprüfer im Rahmen des „Peer Review" kontrolliert werde. Fehler der Rechnungslegung könnten auf diesem Wege nicht korrigiert werden.[9] Auch die Nichtigkeitsklage gemäß § 256 Abs. 7 AktG erfülle die gestellte Forderung nicht: Zum einen sei eine bloße Fehlerkorrektur mit ihr nicht zu erreichen. Zum anderen sei sie als mitgliedschaftliches Recht den Aktionären vorbehalten; der notwendige Schutz aller Kapitalmarktteilnehmer könne dadurch allenfalls mittelbar erreicht werden.

5

In diesem Sinne nahm 2001 auch die **Regierungskommission Corporate Governance** in ihrem Bericht zu „Unternehmensführung, Unternehmenskontrolle und Modernisierung des Aktienrechts" zur Durchsetzung ordnungsgemäßer Rechnungslegung Stellung.[10] „Entwickelte Kapitalmarktsysteme" sähen weitergehende Sicherungsmechanismen gegen fehlerhafte Abschlüsse vor als das deutsche Recht. Ein „Enforcement" durch eine staatliche Einrichtung wie die US-amerikanische SEC empfahl die Regierungskommission nicht. Stattdessen regte sie an, nach dem Vorbild des britischen Financial Reporting Review Panel eine privatwirtschaftlich getragene Einrichtung vorzusehen, die im Einvernehmen mit betroffenen Unternehmen behaupteten Verstößen gegen Rechnungslegungsvorschriften nachgehen sollte.

6

Der **Arbeitskreis „Abschlussprüfung und Corporate Governance"** beschäftigte sich im Jahr 2003 ebenfalls mit der Einrichtung eines „Enforcement"-Systems.[11] Er sprach sich sowohl gegen die Überwachung der Rechnungslegung

7

---

[4] Gesetz zur Kontrolle und Transparenz im Unternehmensbereich (KonTraG) vom 27. April 1998, BGBl. I S. 786.
[5] Gesetz zur weiteren Reform des Aktien- und Bilanzrechts, zu Transparenz und Publizität (Transparenz- und Publizitätsgesetz – TransPuG) vom 19. Juli 2002, BGBl. I, S. 2681.
[6] Gesetz zur Änderung von Vorschriften über die Tätigkeit der Wirtschaftsprüfer (Wirtschaftsprüferordnungs-Änderungsgesetz – WPOÄG) vom 19. Dezember 2000, BGBl. I S. 1769.
[7] Siehe auch *Claussen* DB 2007, 1421, 1421; *Hennrichs*, FS Röhricht, S. 881, 881 ff.
[8] Zusammenfassend *Baums*, Bericht der Regierungskommission Corporate Governance, Rn. 277; *Baetge/Lutter*, Bericht des Arbeitskreises „Abschlussprüfung und Corporate Governance", S. 17 f.; *Haller/Bernais*, Enforcement und BilKoG, S. 23 ff.
[9] Zu den Änderungen durch das Berufsaufsichtsreformgesetz vgl. *Marten/Köhler/Paulitschek* BB-Special 4 (2006), 23.
[10] *Baums*, Bericht der Regierungskommission Corporate Governance, Rn. 277 f.
[11] *Baetge/Lutter*, Bericht des Arbeitskreises „Abschlussprüfung und Corporate Governance", S. 17 ff.

§ 37n 8, 9   Abschnitt 11. Überwachung

durch ein ausschließlich privates Gremium als auch gegen eine ausschließlich behördliche Lösung aus. Stattdessen schlug er ein zweistufiges Verfahren mit einer privaten Prüfstelle auf der ersten und der Einschaltung der BaFin auf der zweiten Stufe vor.

8   In den Jahren 2003 und 2004 hatte der Ausschuss der Wertpapierregulierungsbehörden der EU, CESR (**Committe of European Securities Regulators**), Rahmenbedingungen für ein System der Überwachung von Unternehmensabschlüssen vorgestellt.[12] Diese sind im „**Standard No. 1 on Financial Information – Enforcement of Standards on Financial Information in Europe**"[13] und im „**Standard No. 2 on Financial Information – Coordination of Enforcement Activities**"[14] niedergelegt und sollen die Grundlage für eine Harmonisierung der Überwachung von Unternehmensabschlüssen in Europa schaffen. Vorgeschlagen wurde unter anderem, dass „independent administrative authorities" in den Mitgliedstaaten für die Überwachung der Rechnungslegung verantwortlich sein sollen; die Vorschaltung eines weiteren (privaten) Gremiums wurde ebenfalls als Möglichkeit vorgesehen. Eine solche zweistufige Lösung hat der Gesetzgeber mit dem BilKoG verwirklicht.

3. Änderungen durch TUG und FRUG

9   Das **Transparenzrichtlinie-Umsetzungsgesetz**[15] führte zu Änderungen in den §§ 37n, 37o Abs. 1 Satz 4 sowie § 342b Abs. 2 HGB, nach denen nun auch der im Halbjahresfinanzbericht gemäß § 37w enthaltene verkürzte Abschluss und der Zwischenlagebericht Gegenstand des Systems der Überwachung von Unternehmensabschlüssen sind. Damit geht der deutsche Gesetzgeber über die Anforderungen des Art. 24 Abs. 4 lit. h) der Richtlinie hinaus, der keine zwingende inhaltliche Prüfung der Halbjahresfinanzberichte vorschreibt.[16] Eine stichprobenartige Prüfung des verkürzten Abschlusses und des Zwischenlageberichts erfolgt gemäß § 37o Abs. 1 Satz 6 und § 342b Abs. 2 Satz 4 HGB allerdings nicht. Durch das **Finanzmarktrichtlinie-Umsetzungsgesetz**[17] wurden § 37n und § 342b Abs. 2 Satz 2 auf die Einführung eines einzigen gesetzlichen Marktsegmentes – statt der bisherigen Trennung von amtlichem und geregeltem Markt – abgestimmt; das „Enforcement"-Verfahren erfasst damit Unternehmen, deren Wertpapiere an einer inländischen Börse zum Handel im regulierten Markt im Sinne der §§ 32 ff. BörsG zugelassen sind.

---

[12] Siehe dazu *Haller/Bernais*, Enforcement und BilKoG, S. 28 ff.; *Knorr* KoR 2004, 85; *Wolf* DStR 2004, 244, 245 f.
[13] Vom 12. März 2003, abrufbar unter *www.cesr-eu.org*.
[14] Vom 22. April 2004, abrufbar unter *www.cesr-eu.org*.
[15] Gesetz zur Umsetzung der Richtlinie 2004/109/EG des Europäischen Parlaments und des Rates vom 15. Dezember 2004 zur Harmonisierung der Transparenzanforderungen in Bezug auf Informationen über Emittenten, deren Wertpapiere zum Handel auf einem geregelten Markt zugelassen sind, und zur Änderung der Richtlinie 2001/34/EG, BGBl. I S. 10.
[16] Kritisch im Hinblick auf die zusätzliche Belastung deutscher Emittenten die Stellungnahme des DAI, NZG 2006, 696, 697. – Zum Kompromiss, auf stichprobenartige Prüfungen des Halbjahresfinanzberichts zu verzichten, siehe auch *Hutter/Kaulamo* NJW 2007, 550, 53 f.; *Nießen* NZG 2007, 41, 45.
[17] BGBl. I 2007 S. 1330. Siehe dazu auch Einleitung Rn. 56 ff.

4. Gesetzeszweck

Nach der Begründung des Regierungsentwurfs[18] ist es Ziel des BilKoG, das Vertrauen der Anleger in den Kapitalmarkt wiederherzustellen und zu stärken. Unregelmäßigkeiten bei der Erstellung von Unternehmensabschlüssen soll daher präventiv entgegengewirkt werden. Treten solche Unregelmäßigkeiten auf, sollen sie aufgedeckt und berichtigt werden. Die Gesetzesverfasser gehen davon aus, dass die Überwachung und Durchsetzung orndungsgemäßer Rechnungslegung durch ein vom Staat beauftragtes Gremium für das Bestehen eines effizienten, liquiden und funktionstüchtigen Kapitalmarkts erforderlich ist. 10

Bei der Auslegung der §§ 37n ff. ist zu beachten, dass der Gesetzgeber das Verfahren der Überwachung von Unternehmensabschlüssen durch Prüfstelle und BaFin subsidiär zu den gesellschaftsrechtlichen Kontrollmechanismen (Rn. 4) ausgestaltet hat. Der **Grundsatz der Selbstorganisation der Aktiengesellschaft** sollte nicht angetastet werden.[19] Das BilKoG ändert nichts daran, dass primär Aufsichtsrat und Abschlussprüfer für die Überwachung einer ordnungsgemäßen Rechnungslegung verantwortlich sind und dass gegebenenfalls die Aktionäre die Korrektur eines fehlerhaften Abschlusses erzwingen. So entfalten die aktienrechtlichen Institute Nichtigkeitsklage und Sonderprüfung gemäß § 37o Abs. 2 und § 342b Abs. 3 HGB Sperrwirkung gegenüber dem „Enforcement".[20] Zudem hat der Gesetzgeber als einzige Sanktion für eine fehlerhafte Rechnungslegung die Feststellung und Veröffentlichung dieses Fehlers nach § 37q vorgesehen, obwohl der Referentenentwurf noch die Regelung enthalten hatte, dass die Fehlerkorrektur von der BaFin angeordnet werden sollte (siehe dazu § 37q Rn. 2). Schließlich betont die Begründung zum Regierungsentwurf, dass die BaFin den Prüfungsumfang regelmäßig zu beschränken und keine Vollprüfung durchzuführen habe, da alle der Überwachung unterliegenden Abschlüsse bereits durch den Abschlussprüfer geprüft worden seien.[21] Aus alldem ergibt sich die **Subsidiarität der Überwachung von Unternehmensabschlüssen nach den §§ 37n ff.** Die staatliche Kontrolle, zu der wegen der Verknüpfung beider Stufen der Überwachung in § 37p Abs. 1 Satz 1 und 2 auch die Prüfung nach § 342b HGB zu zählen ist (Rn. 21), soll erst eingreifen, wenn das gesellschaftsrechtliche Instrumentarium nicht mehr ausreicht. 11

5. Ausblick

Das mit dem BilKoG eingeführte System der Überwachung von Unternehmensabschlüssen ist, wie auch vom CESR Standard 1 vorgesehen, rein national ausgelegt. Die deshalb zu befürchtenden Doppelprüfungen von Unternehmen, die auch an Börsen im Ausland notiert sind, bedeutet für diese Unternehmen eine erhebliche Belastung.[22] Als Lösungsmöglichkeit bietet sich zumindest die 12

---

[18] Begr. RegE BT-Drucks. 15/3421 S. 11 f.
[19] Dies hatte der Gesetzgeber auch in der Begründung zum Regierungsentwurf des KonTraG betont, BT-Drucks. 13/9712 S. 11. – Siehe auch *Mattheus/Schwab* BB 2004, 1099, 1100 f.
[20] Vgl. auch KölnKommWpHG-*Hirte/Mock*, Rn. 33.
[21] BT-Drucks. 15/3421 S. 17.
[22] Siehe zu dieser Problematik auch *Baetge* ZHR 168 (2004), 428, 429 f.; *Haller/Bernais*, Enforcement und BilKoG, S. 7/1 ff., 80 f.; KölnKommWpHG-*Hirte/Mock,* Rn. 28;

Regelung einer Sperrwirkung für in anderen Staaten anhängige „Enforcement"-Verfahren an.[23] Wünschenswert wäre aber eine Regelung auf europäischer Ebene, etwa durch Umsetzung des Herkunftsstaatsprinzips auch für das „Enforcement" oder durch Schaffung einer europäischen Prüfstelle für Rechnungslegung. Für letzteres spricht, dass auf diese Weise eine einheitliche Anwendung und Auslegung der IFRS erreicht werden könnte; insoweit besteht freilich noch erheblicher Diskussionsbedarf.[24] Jedenfalls kann die in § 37s Abs. 2 vorgesehene Zusammenarbeit mit den zuständigen Stellen in anderen Mitgliedsstaaten zur einheitlichen Durchsetzung internationaler Rechnungslegungsvorschriften nur ein erster Schritt zu einer weitergehenden Harmonisierung sein.

II. Der Prüfungsauftrag von BaFin und Prüfstelle

1. Erfasste Unternehmen

13 § 37n und § 342b Abs. 2 Satz 1 und 2 HGB bestimmen den Prüfungsauftrag von BaFin und Prüfstelle. Vom Prüfungsauftrag erfasst werden Unternehmen, deren Wertpapiere im Sinne des § 2 Abs. 1 (§ 2 Rn. 8ff.) **an einer inländischen Börse zum Handel im regulierten Markt (§§ 32ff. BörsG) zugelassen** sind. Maßgeblicher Zeitpunkt für die Börsenzulassung ist derjenige der Prüfungsanordnung; sind die Wertpapiere des betroffenen Unternehmens zu diesem Zeitpunkt zugelassen, kann eine Prüfung erfolgen, auch wenn der Stichtag des zu prüfenden Abschlusses vor der Börsenzulassung liegt.[25] Dies folgt aus dem Zweck der Überwachung der Rechnungslegung, da sich das Vertrauen der Marktteilnehmer nicht auf die Ordnungsmäßigkeit von Abschlüssen mit einem nach der Börsenzulassung liegenden Stichtag beschränkt. Ein laufendes Prüfungsverfahren endet dagegen im Zeitpunkt des Wegfalls der Börsenzulassung, da dann die Voraussetzungen des § 37n nicht mehr vorliegen.[26]

14 Der **Sitz des Unternehmens ist unerheblich;** es ist also auch die Rechnungslegung ausländischer Unternehmen zu überwachen, sofern diese den geregelten Kapitalmarkt in Deutschland in Anspruch nehmen.[27] Nach dem Jahresbericht der Deutschen Prüfstelle für Rechnungslegung (zu dieser siehe §§ 37o, 37p Rn. 2) waren Ende 2005 etwa 250 von § 37n erfasste Unternehmen auch an einer oder mehreren ausländischen Börsen notiert.[28]

Hönsch in *Assmann/Schneider*, Vor § 37n Rn. 7, 15. – Generell kritisch zum „deutschen Sonderweg" des zweistufigen Prüfungsverfahrens *Möllers* AcP 208 (2008), 1, 20 mwN.
[23] KölnKommWpHG-*Hirte/Mock*, Rn. 28.
[24] Siehe nur KölnKommWpHG-*Hirte/Mock*, Rn. 13 mwN und *Böcking* zfbf 2003, 683, 696.
[25] *Gelhausen/Hönsch* AG 2005, 511, 512; KölnKommWpHG-*Hirte/Mock*, § 37n Rn. 90f.; *Hönsch* in *Assmann/Schneider*, § 37n Rn. 5f.
[26] MünchKomm-HGB-*Ebke/Paal* § 342b Rn. 18; KölnKommWpHG-*Hirte/Mock*, § 37n Rn. 92f.; aA *Gelhausen/Hönsch* AG 2005, 511, 512; *Hönsch* in *Assmann/Schneider*, § 37n Rn. 7 (das Verfahren „dürfte regelmäßig zu Ende zu führen sein.").
[27] KölnKommWpHG-*Hirte/Mock*, Rn. 95; *Hönsch* in *Assmann/Schneider*, § 37n Rn. 4.
[28] Tätigkeitsbericht für den Zeitraum vom 1. Juli bis 31. Dezember 2005, S. 15, abrufbar unter *www.frep.info/jahresberichte_pruefstelle.php*.

2. Prüfungsgegenstand

Prüfungsgegenstand sind gemäß § 37n der **Jahresabschluss** und der zugehörige Lagebericht oder der **Konzernabschluss** und der zugehörige Konzernlagebericht.[29] Durch das Transparenzrichtlinie-Umsetzungsgesetz erfolgte eine Ausweitung auf den zum Halbjahresfinanzbericht nach § 37w zählenden verkürzten Abschluss und den zugehörigen Zwischenlagebericht (Rn. 9 und §§ 37o, 37p Rn. 4). Die Prüfung kann auf alle Teile des jeweiligen Abschlusses erstreckt werden, bei einem Konzernabschluss also gemäß § 297 Abs. 1 Satz 1 HGB auf Konzernbilanz, Konzern-Gewinn- und Verlustrechnung, Konzernanhang, Kapitalflussrechnung und Eigenkapitalspiegel.[30] Auch die Segmentberichterstattung nach § 297 Abs. 1 Satz 2 HGB ist ein zulässiger Prüfungsgegenstand.[31] Nicht erfasst sind dagegen der Abhängigkeitsbericht nach § 312 AktG[32] und der Prüfungsbericht des Abschlussprüfers[33] (§ 321 HGB). Ebenfalls **nicht Gegenstand der Prüfung sind IFRS-Einzelabschlüsse**, die von deutschen Unternehmen gemäß § 325 Abs. 2a HGB veröffentlicht werden; dies folgt bereits aus dem Wortlaut des § 37n und des § 342b Abs. 2 Satz 1 HGB.[34]

Wie sich aus § 37o Abs. 1 Satz 4 ergibt, wird nur jeweils der zuletzt festgestellte Jahresabschluss, der zuletzt gebilligte Konzernabschluss oder der zuletzt veröffentlichte verkürzte Abschluss geprüft. Dazu siehe im Einzelnen §§ 37o, 37p Rn. 4.

15

16

3. Prüfungsmaßstab

Durch die Prüfung soll gemäß § 37n ermittelt werden, ob der Abschluss und der zugehörige Lagebericht den gesetzlichen Vorschriften einschließlich der **Grundsätze ordnungsmäßiger Buchführung** oder den **sonstigen durch Gesetz zugelassenen Rechnungslegungsstandards** entspricht. Die Rechnungslegung von Unternehmen mit (Gründungs-)Sitz im Ausland ist nach den dort geltenden Grundsätzen zu prüfen.[35] Für Unternehmen mit Sitz in Deutschland ist § 37n ein Verweis auf die Vorschriften des HGB, so dass für Konzernab-

17

---

[29] Prüfstelle und BaFin sind nicht daran gehindert, Jahres- und Konzernabschluss zu prüfen, vgl. *Hönsch* in *Assmann/Schneider*, § 37n Rn. 9.
[30] In der Praxis wird sich die Prüfung der DPR – bedingt auch durch ihre Kapazität – auf einzelne Sachverhalte oder Abschlussposten sowie auf ausgewählte Bilanzierungsprobleme beschränken, vgl. *Gahlen/Schäfer* BB 2006, 1619, 1620.
[31] *Gelhausen/Hönsch* AG 2005, 511, 512f.; KölnKommWpHG-*Hirte/Mock*, Rn. 54; *Hönsch* in *Assmann/Schneider*, § 37n Rn. 10.
[32] *Hönsch* in *Assmann/Schneider*, § 37n Rn. 10. Die Schlusserklärung ist allerdings nach § 312 Abs. 3 Satz 3 AktG in Lagebericht aufzunehmen und als solche Gegenstand der Prüfung, vgl. KölnKommWpHG-*Hirte/Mock*, Rn. 60.
[33] KölnKommWpHG-*Hirte/Mock*, Rn. 57.
[34] Überzeugend MünchKommHGB-*Ebke/Paal* § 342b Rn. 14; *Gelhausen/Hönsch* AG 2005, 511, 513; KölnKommWpHG-*Hirte/Mock*, Rn. 55; *Hönsch* in *Assmann/Schneider*, § 37n Rn. 13; aA *Mattheus/Schwab* BB 2004, 1099; zweifelnd *Kämpfer* BB-Beilage 3/2005, 13, 14. – Mit beachtlichen Argumenten sprechen sich KölnKommWpHG-*Hirte/Mock*, Rn. 24 *de lege ferenda* für eine Einbeziehung aus.
[35] Begr. RegE BT-Drucks. 15/3421 S. 13; *Gelhausen/Hönsch* AG 2005, 511, 513; *Haller/Bernais*, Enforcement und BilKoG, S. 71; KölnKommWpHG-*Hirte/Mock*, Rn. 108; *Hönsch* in *Assmann/Schneider*, § 37n Rn. 12; *Kämpfer* BB Beilage3/2005, 13, 14.

§ 37n 18–20   Abschnitt 11. Überwachung

schlüsse insbesondere auch die **IFRS** (§ 315a HGB und Art. 4 IAS-Verordnung[36]) und – für Geschäftsjahre, die vor dem 31. Dezember 2006 begannen – **US-GAAP** (Art. 57 Satz 1, 58 Abs. 5 Satz 2 EGHGB iVm § 292a HGB aF) als Prüfungsmaßstab in Betracht kommen.

18   Der Prüfungsmaßstab entspricht nur teilweise demjenigen, den § 317 HGB für die Abschlussprüfung festlegt:[37] Anders als nach § 317 Abs. 1 Satz 1 HGB ist die Buchführung nicht in die Prüfung durch die BaFin einzubeziehen;[38] nur wenn sich Fehler in der Buchführung im Abschluss ausgewirkt haben, kann dies zu einer Fehlerfeststellung nach § 37q führen. Ebenso wenig sind die ergänzenden Bestimmungen der Satzung oder des Gesellschaftsvertrages (§ 317 Abs. 1 Satz 2 HGB) Prüfungsmaßstab.[39] Ferner erfolgt keine Prüfung daraufhin, ob der Vorstand seine Pflichten aus § 91 Abs. 2 AktG erfüllt hat, wie dies § 317 Abs. 4 HGB für die Abschlussprüfung vorsieht.[40]

4. Vorabklärung von Zweifelsfragen?

19   Einen Anspruch auf Vorabklärung von Zweifelsfragen räumt das Gesetz dem Unternehmen weder gegenüber der Prüfstelle noch gegenüber der BaFin ein.[41] Die DPR hat eine solche Vorabklärung (**„Pre-Clearance"**) bislang nicht ausgeschlossen;[42] da diese vom Gesetz gegenwärtig nicht vorgesehen ist, hätte eine entsprechende Auskunft der Prüfstelle aber allenfalls informellen Charakter.[43]

5. Haftung

20   Die BaFin wird gemäß § 4 Abs. 4 FinDAG ausschließlich im öffentlichen Interesse tätig. Das bedeutet, dass die BaFin gegenüber den Kapitalmarktteilnehmern keine Amtspflichten obliegen. Amtshaftungsansprüche nach Art. 34 Satz 1 GG, § 839 BGB wegen unzureichender Erfüllung der Überwachungsaufgabe der BaFin scheiden damit aus.[44] Aus der Begründung des Regierungsentwurfs ergibt

---

[36] Verordnung (EG) Nr. 1606/2002 vom 19. Juli 2002, ABl. EG Nr. L 243, S. 1 ff. – Prüfungsmaßstab sind nur die Standards, die im Komitologieverfahren nach Art. 6 IAS-Verordnung übernommen wurden, KölnKommWpHG-*Hirte/Mock*, Rn. 105.

[37] Siehe dazu im Einzelnen *Gelhausen/Hönsch* AG 2005, 511, 513 f.; vgl. auch *Scheffler* BB-Special 4 (2006), 2, 3 ff.; *Scheffler* Der Konzern 2007, 589, 590 f.

[38] *Gelhausen/Hönsch* AG 2005, 511, 513; *Hönsch* in *Assmann/Schneider*, § 37n Rn. 17.

[39] Kritisch KölnKommWpHG-*Hirte/Mock*, Rn. 26; aA MünchKommHGB-*Ebke/Paal* § 342b Rn. 20.

[40] So zutreffend die Begr. RegE BT-Drucks. 15/3421 S. 14, mit Verweis darauf, dass das Prüfungsergebnis der Abschlussprüfung insoweit nicht für den Kapitalmarkt bestimmt ist. Siehe dazu auch die Stellungnahme des Bundesrats, BT-Drucks. 15/3421 S. 22, und die Gegenäußerung der Bundesregierung, BT-Drucks. 15/3421 S. 24; MünchKommHGB-*Ebke/Paal* § 342b Rn. 20; *Gelhausen/Hönsch* AG 2005, 511, 513 f.; KölnKommWpHG-*Hirte/Mock*, Rn. 58; *Hönsch* in *Assmann/Schneider*, § 37n Rn. 10; *Kämpfer* BB Beilage 3/ 2005, 13, 14.

[41] *Gelhausen/Hönsch* AG 2005, 511, 514; *Hönsch* in *Assmann/Schneider*, § 37o Rn. 6.

[42] Vgl. *Wüstemann/Kierzek* BB-Special 4 (2006), 14, 21.

[43] Siehe zur „Pre-Clearance" auch *Haller/Bernais*, Enforcement und BilKoG, S. 63; *Heidel/Hubeny*, § 37n WpHG Rn. 7 f. – *De lege ferenda* zu Recht kritisch *Schön* DB 2008, 1027, 1029 ff.

[44] BGH NJW 2005, 742 (vgl. dazu auch EuGH NJW 2004, 3479); *Dreyling* in *Assmann/Schneider*, § 4 Rn. 22.

sich, dass der Gesetzgeber daran auch für die §§ 37 n ff. nichts ändern wollte.[45] Nicht durch § 4 Abs. 4 FinDAG ausgeschlossen werden jedoch **Amtshaftungsansprüche der unmittelbar vom Verwaltungshandeln der BaFin Betroffenen**.[46] Den Unternehmen, die dem „Enforcement"-Verfahren unterliegen, können also Ansprüche wegen Verletzung der Amtspflicht zu rechtmäßigem Verwaltungshandeln zustehen.

§ 342 b Abs. 7 HGB verpflichtet die Prüfstelle und ihre Beschäftigten zu gewissenhafter und unparteiischer Prüfung. Die **Haftung der Prüfstelle** und ihrer Beschäftigten für durch die Prüfungstätigkeit verursachte Schäden wird **von § 342 b Abs. 7 HGB auf Vorsatz beschränkt**. Da keine vertragliche Beziehung zwischen dem Unternehmen und der Prüfstelle besteht, scheiden vertragliche Ansprüche aus. Ferner ist § 342 b HGB kein Schutzgesetz im Sinne des § 823 Abs. 2 BGB.[47] Für das betroffene Unternehmen und für Dritte kommt aber im Einzelfall § 826 BGB als Anspruchsgrundlage in Betracht. Daneben können auch Amtshaftungsansprüche des Unternehmens nach **Art. 34 Satz 1 GG, § 839 BGB** gegeben sein.[48] Der privatrechtliche Rechtsträger der Prüfstelle **übt ein öffentliches Amt im (staats-)haftungsrechtlichen Sinne aus**. Dies setzt lediglich voraus, dass der Prüfstelle die Wahrnehmung öffentlichrechtlicher Funktionen anvertraut ist; nicht erforderlich ist dagegen, dass hoheitlicher Zwang ausgeübt wird.[49] Die Prüfstelle ist durch die Regelung des § 37 p in das öffentlich-rechtliche „Enforcement"-Verfahren der BaFin nach den §§ 37 n ff. eingebunden; sie ist integraler Bestandteil des behördlichen Verfahrens.[50] Diese Einbindung geht sogar so weit, dass die BaFin einen Teil der ihr gemäß § 37 o Abs. 1 übertragenen Befugnisse, nämlich die Anordnung stichprobenartiger Prüfungen, nach § 37 p Abs. 1 Satz 1 nicht ausüben darf, wenn eine Prüfstelle anerkannt ist. Damit nimmt diese eine öffentlich-rechtliche Funktion wahr. Die Freiwilligkeit des Prüfverfahrens gemäß § 342 b Abs. 4 HGB ändert daran nichts. Denn das betroffene Unternehmen kann im Ergebnis nur zwischen einer Prüfung (zunächst) durch die Prüfstelle und (im Falle der Verweigerung der Mitwirkung) einer Prüfung unmittelbar durch die BaFin wählen.[51]

Einen eigenen **Haftungstatbestand für die Verletzung der in § 342 c Abs. 1 HGB geregelten Verschwiegenheitspflicht** der Beschäftigten der Prüfstelle enthält § 342 c Abs. 1 Satz 4 HGB.[52] Für die Bediensteten der BaFin ergibt

---

[45] BT-Drucks. 15/3421 S. 17; KölnKommWpHG-*Hirte/Mock*, Rn. 128 ff. – aA *Seidel* DB 2005, 651, 654 f., der aus der Regierungsbegründung einen Drittschutz herleiten will, obwohl diese ausdrücklich auf § 4 Abs. 4 FinDAG verweist.
[46] BGH NJW 2005, 742, 744; Dreyling in *Assmann/Schneider*, § 4 Rn. 24; KölnKomm-WpHG-*Hirte/Mock*, Rn. 131.
[47] Vgl. Begr. RegE BT-Drucks. 15/3421 S. 15.
[48] AA offenbar *Baumbach/Hopt/Merkt*, § 342 b HGB Rn. 15; MünchKommHGB-*Ebke/Paal* § 342 b Rn. 52.
[49] Allgemein dazu MünchKommBGB-*Papier*, § 839 Rn. 132 ff. mwN. – Speziell zur Prüfstelle vgl. *Seidel* DB 2005, 651, 652.
[50] Zur Bedeutung dieses Merkmals vgl. MünchKommBGB-*Papier*, § 839 Rn. 134.
[51] *Seidel* DB 2005, 651, 652.
[52] Dazu *Ellrott/Aicher* in BeckBil.Komm., § 342 c HGB Rn. 8 ff. – Keine Verletzung der Pflicht zur Verschwiegenheit stellt es dar, wenn Prüfergebnisse der Prüfstelle in anonymisierter Form veröffentlicht werden, dazu *Bräutigam/Heyer* AG 2006, 188, 195; *Claussen* DB 2007, 1421, 1423 ff.

§§ 37o, 37p   Abschnitt 11. Überwachung

sich die Verschwiegenheitspflicht aus § 8. Bei deren Verletzung stehen dem betroffenen Unternehmen jedenfalls Schadensersatzansprüche aus § 839 Abs. 1 BGB zu, die nach Maßgabe des Art. 34 GG gegen den Staat gerichtet sind.[53]

§ 37o Anordnung einer Prüfung der Rechnungslegung und Ermittlungsbefugnisse der Bundesanstalt

(1) Die Bundesanstalt ordnet eine Prüfung der Rechnungslegung an, soweit konkrete Anhaltspunkte für einen Verstoß gegen Rechnungslegungsvorschriften vorliegen; die Anordnung unterbleibt, wenn ein öffentliches Interesse an der Klärung offensichtlich nicht besteht. Die Bundesanstalt kann eine Prüfung der Rechnungslegung auch ohne besonderen Anlass anordnen (stichprobenartige Prüfung). Der Umfang der einzelnen Prüfung soll in der Prüfungsanordnung festgelegt werden. Geprüft wird nur der zuletzt festgestellte Jahresabschluss und der zugehörige Lagebericht oder der zuletzt gebilligte Konzernabschluss und der zugehörige Konzernlagebericht sowie der zuletzt veröffentlichte verkürzte Abschluss und der zugehörige Zwischenlagebericht; unbeschadet dessen darf die Bundesanstalt im Fall von § 37p Abs. 1 Satz 2 den Abschluss prüfen, der Gegenstand der Prüfung durch die Prüfstelle im Sinne von § 342b Abs. 1 des Handelsgesetzbuchs (Prüfstelle) gewesen ist. Ordnet die Bundesanstalt eine Prüfung der Rechnungslegung an, nachdem sie von der Prüfstelle einen Bericht gemäß § 37p Abs. 1 Satz 2 Nr. 1 erhalten hat, so kann sie ihre Anordnung und den Grund nach § 37p Abs. 1 Satz 2 Nr. 1 im elektronischen Bundesanzeiger bekannt machen. Auf die Prüfung des verkürzten Abschlusses und des zugehörigen Zwischenlageberichts ist Satz 2 nicht anzuwenden.

(2) Eine Prüfung des Jahresabschlusses und des zugehörigen Lageberichts durch die Bundesanstalt findet nicht statt, solange eine Klage auf Nichtigkeit gemäß § 256 Abs. 7 des Aktiengesetzes anhängig ist. Wenn nach § 142 Abs. 1 oder Abs. 2 oder § 258 Abs. 1 des Aktiengesetzes ein Sonderprüfer bestellt worden ist, findet eine Prüfung ebenfalls nicht statt, soweit der Gegenstand der Sonderprüfung, der Prüfungsbericht oder eine gerichtliche Entscheidung über die abschließenden Feststellungen der Sonderprüfer nach § 260 des Aktiengesetzes reichen.

(3) Bei der Durchführung der Prüfung kann sich die Bundesanstalt der Prüfstelle sowie anderer Einrichtungen und Personen bedienen.

(4) Das Unternehmen im Sinne des § 37n, die Mitglieder seiner Organe, seine Beschäftigten sowie seine Abschlussprüfer haben der Bundesanstalt und den Personen, derer sich die Bundesanstalt bei der Durchführung ihrer Aufgaben bedient, auf Verlangen Auskünfte zu erteilen und Unterlagen vorzulegen, soweit dies zur Prüfung erforderlich ist; die Auskunftspflicht der Abschlussprüfer beschränkt sich auf Tatsachen, die ihnen im Rahmen der Abschlussprüfung bekannt geworden sind. Satz 1 gilt auch für die nach den Vorschriften des Handelsgesetzbuchs in den Konzernabschluss einzubeziehenden Tochterunternehmen. Für das Recht zur Auskunftsverweigerung und die Belehrungspflicht gilt § 4 Abs. 9 entsprechend.

(5) Die zur Auskunft und Vorlage von Unterlagen nach Absatz 4 Verpflichteten haben den Bediensteten der Bundesanstalt oder den von ihr be-

---

[53] *Dreyling* in *Assmann/Schneider*, § 8 Rn. 27.

Befugnisse der Bundesanstalt §§ 37o, 37p

auftragten Personen, soweit dies zur Wahrnehmung ihrer Aufgaben erforderlich ist, während der üblichen Arbeitszeit das Betreten ihrer Grundstücke und Geschäftsräume zu gestatten. § 4 Abs. 4 Satz 2 gilt entsprechend. Das Grundrecht der Unverletzlichkeit der Wohnung (Artikel 13 des Grundgesetzes) wird insoweit eingeschränkt.

§ 37p Befugnisse der Bundesanstalt im Fall der Anerkennung einer Prüfstelle

(1) Ist nach § 342b Abs. 1 des Handelsgesetzbuchs eine Prüfstelle anerkannt, so finden stichprobenartige Prüfungen nur auf Veranlassung der Prüfstelle statt. Im Übrigen stehen der Bundesanstalt die Befugnisse nach § 37o erst zu, wenn

1. ihr die Prüfstelle berichtet, dass ein Unternehmen seine Mitwirkung bei einer Prüfung verweigert oder mit dem Ergebnis der Prüfung nicht einverstanden ist, oder
2. erhebliche Zweifel an der Richtigkeit des Prüfungsergebnisses der Prüfstelle oder an der ordnungsgemäßen Durchführung der Prüfung durch die Prüfstelle bestehen.

Auf Verlangen der Bundesanstalt hat die Prüfstelle das Ergebnis und die Durchführung der Prüfung zu erläutern und einen Prüfbericht vorzulegen. Unbeschadet von Satz 2 kann die Bundesanstalt die Prüfung jederzeit an sich ziehen, wenn sie auch eine Prüfung nach § 44 Abs. 1 Satz 2 des Kreditwesengesetzes oder § 83 Abs. 1 Nr. 2 des Versicherungsaufsichtsgesetzes durchführt oder durchgeführt hat und die Prüfungen denselben Gegenstand betreffen.

(2) Die Bundesanstalt kann von der Prüfstelle unter den Voraussetzungen des § 37o Abs. 1 Satz 1 die Einleitung einer Prüfung verlangen.

(3) Die Bundesanstalt setzt die Prüfstelle von Mitteilungen nach § 142 Abs. 7, § 256 Abs. 7 Satz 2 und § 261a des Aktiengesetzes in Kenntnis, wenn die Prüfstelle die Prüfung eines von der Mitteilung betroffenen Unternehmens beabsichtigt oder eingeleitet hat.

Schrifttum: § 37n.

Übersicht

	Rn.
I. Allgemeines	1
1. Verhältnis von § 37o und § 37p	1
2. Anerkennung der DPR als Prüfstelle	2
II. Prüfungsanordnung der BaFin	4
1. Gegenstand und Umfang der Prüfung	4
2. Tätigwerden der BaFin auf der ersten Stufe der Überwachung	7
a) Stichprobenartige Prüfung (§ 37o Abs. 1 Satz 2)	8
b) Anordnung einer Prüfung durch die Prüfstelle (§§ 37p Abs. 2, 37o Abs. 1 Satz 1)	11
c) Aufgriffsrecht der BaFin bei Prüfungen nach KWG und VAG (§ 37p Abs. 1 Satz 4)	16
3. Tätigwerden der BaFin auf der zweiten Stufe der Überwachung (§ 37p Abs. 1 Satz 2)	17
a) Verweigerung der Mitwirkung	19

§§ 37o, 37p 1–3   Abschnitt 11. Überwachung

	Rn.
b) Stellungnahme des Unternehmens zum Prüfungsergebnis	23
c) Zweifel an der Richtigkeit des Prüfungsergebnisses oder der ordnungsgemäßen Prüfungsdurchführung	26
4. Bekanntmachung der Anordnung (§ 37 o Abs. 1 Satz 5)	27
III. Sperrwirkung von Nichtigkeitsklage und Sonderprüfung (§§ 37 o Abs. 2, 37 p Abs. 3)	29
1. Nichtigkeitsklage	30
2. Sonderprüfung	34
3. Mitteilungspflichten	36
IV. Mitwirkungs- und Auskunftspflichten (§ 37 o Abs. 4, 5)	37

I. Allgemeines
1. Verhältnis von § 37 o und § 37 p

1   § 37 o weist der BaFin grundsätzlich vollumfängliche Befugnisse für die Überwachung und Durchsetzung ordnungsgemäßer Rechnungslegung zu. Aus § 37 p ergibt sich jedoch, dass der BaFin diese Befugnisse nur zustehen, wenn keine Prüfstelle gemäß § 342 b Abs. 1 HGB anerkannt ist. Ist eine Prüfstelle anerkannt, soll die BaFin auf der ersten Stufe der Überwachung grundsätzlich nicht tätig werden; § 37 o kommt dann erst auf der zweiten Stufe der Überwachung, d. h. unter den Voraussetzungen des § 37 p Abs. 1 Satz 2, zur Anwendung. Mit dieser Regelung will der Gesetzgeber sicherstellen, dass ein funktionierendes System der Durchsetzung ordnungsgemäßer Rechnungslegung auch dann zur Verfügung steht, wenn keine private Prüfstelle anerkannt wurde.[1]

2. Anerkennung der DPR als Prüfstelle

2   Gemäß § 342 b Abs. 1 Satz 1 HGB kann das Bundesministerium der Justiz im Einvernehmen mit dem Bundesministerium der Finanzen eine privatrechtlich organisierte Einrichtung durch Vertrag als Prüfstelle anerkennen und ihr die in § 342 b HGB festgelegten Aufgaben übertragen. Ein entsprechender Trägerverein, der **Deutsche Prüfstelle für Rechnungslegung DPR e. V.**[2] wurde am 14. Mai 2004 gegründet. Gründungsmitglieder waren 15 Berufs- und Interessenvertretungen von „Rechnungslegern und Rechnungslegungs-Nutzern"; auf diesen Kreis sind auch die möglichen Mitglieder nach § 4 der Vereinssatzung beschränkt.[3] Die DPR wurde am 30. März 2005 durch Unterzeichnung eines Anerkennungsvertrages als Prüfstelle im Sinne des § 342 b Abs. 1 HGB anerkannt.[4]

3   Die Finanzierung der Prüfstelle ist in § 342 d HGB und den §§ 17 a ff. FinDAG geregelt.[5] Von der Ermächtigung des § 17 d Abs. 3 FinDAG wurde mit der Bilanzkontrollkosten-Umlageverordnung vom 9. Mai 2005 Gebrauch gemacht.[6]

---

[1] Begr. RegE BT-Drucks. 15/3421 S. 17. Siehe dazu auch § 37 n Rn. 2.

[2] Weitere Informationen dazu unter *www.frep.info;* dort ist auch die Satzung der DPR abrufbar.

[3] Zur inneren Organisation der DPR siehe MünchKommHGB-*Ebke/Paal* § 342 b Rn. 4 ff. und *Ellrott/Aicher* in BeckBil.Komm, § 342 b HGB Rn. 3 ff.

[4] Siehe Pressemitteilung des Bundesministeriums der Justiz vom 30. März 2005, abrufbar unter *www.bmj.bund.de.*

[5] Zur verfassungsrechtlichen Beurteilung *Ohler* WM 2007, 45.

[6] BGBl. I S. 1259. Siehe dazu *Heidel/Hubeny,* Vor §§ 37 n–37 u WpHG, 45 Rn. 9; *Hönsch* in *Assmann/Schneider,* Vor § 37 n Rn. 10 ff.

II. Prüfungsanordnung der BaFin

1. Gegenstand und Umfang der Prüfung

Nach § 37 o Abs. 1 Satz 4 (und § 342 b Abs. 2 Satz 1 HGB) werden nur der zuletzt festgestellte **Jahresabschluss**, der zuletzt gebilligte **Konzernabschluss**[7] oder der zuletzt veröffentlichte **verkürzte Abschluss**[8] sowie der jeweils zugehörige **Lagebericht** geprüft (siehe zum Prüfungsgegenstand auch § 37 n Rn. 15).[9] Dies gilt grundsätzlich auch dann, wenn die BaFin nach § 37 p Abs. 1 Satz 2, also auf der zweiten Stufe der Überwachung, tätig wird. In diesem Fall kann es allerdings aufgrund der Dauer des Prüfungsverfahrens auf der ersten Stufe dazu kommen, dass bereits der Abschluss für den nächsten Berichtszeitraum festgestellt ist. Da sich der Prüfungsgegenstand beim Übergang von der ersten auf die zweite Stufe nicht ändern soll,[10] bestimmt § 37 o Abs. 1 Satz 4 Halbsatz 2, dass die BaFin den Abschluss prüfen darf, der auch von der Prüfstelle geprüft worden war. Liegen die Voraussetzungen des § 37 p Abs. 1 Satz 2 auch für den Folgeabschluss vor, kann die BaFin ihre Prüfung auf diesen erstrecken. 4

Aus § 37 o Abs. 1 Satz 4 Halbsatz 2 folgt weiter, dass ein bei der Prüfstelle anhängiges Verfahren fortzuführen ist, auch wenn **in der Zwischenzeit der Folgeabschluss festgestellt** wurde.[11] Insoweit ist entscheidend, ob bei Verfahrenseinleitung[12] der Aufsichtsratsbeschluss[13] über die Billigung des Folgeabschlusses bereits gefasst wurde. 5

Gemäß § 37 o Abs. 1 Satz 3 soll der Umfang der Prüfung in der Prüfungsanordnung festgelegt werden. Dies gilt unabhängig davon, ob die BaFin auf der ersten Stufe der Überwachung tätig wird (Rn. 7 ff.) oder das Verfahren nach § 37 p Abs. 1 Satz 2 auf der zweiten Stufe übernimmt. Zu Recht gehen die 6

---

[7] KölnKommWpHG-*Hirte/Mock*, § 37 n Rn. 85 wollen eine Ausdehnung der Prüfung auf den Konzernabschluss des vorangegangenen Geschäftsjahres in Fällen zulassen, in denen vom Grundsatz der Bilanzkontinuität abgewichen wird.

[8] Eine Prüfung des zuletzt festgestellten Jahresabschlusses oder des zuletzt gebilligten Konzernabschlusses wird durch die Veröffentlichung des (zeitlich nachfolgenden) Halbjahresfinanzberichts nicht gehindert, da dieser einen geringeren Informationswert hat. So zutreffend *Gelhausen/Hönsch* AG 2007, 308, 309; *Scheffler* Der Konzern 2007, 589, 593.

[9] Wird in Unkenntnis der Feststellung oder Billigung des Folgeabschlusses ein Prüfverfahren eingeleitet, ist dieses zu beenden, vgl. KölnKommWpHG-*Hirte/Mock*, § 37 n Rn. 75.

[10] Vgl. Begr. RegE BT-Drucks. 15/3421 S. 17; *Gelhausen/Hönsch* AG 2005, 511, 512; KölnKommWpHG-*Hirte/Mock*, § 37 n Rn. 82; *Hönsch* in *Assmann/Schneider*, § 37 o Rn. 21; *Müller* ZHR 168 (2004), 414, 415.

[11] Siehe auch OLG Frankfurt/M. DB 2007, 1913, 1915.

[12] Von einer Einleitung der Prüfung durch die Prüfstelle wird man nicht schon dann sprechen können, wenn – wie in § 17 Abs. 1 der Verfahrensordnung der Prüfstelle (abrufbar unter http://www.frep.info/verfahrensordnung_pruefstelle.php) vorgesehen – der Vorprüfungs-Ausschuss oder der Stichproben-Ausschuss eine Entscheidung getroffen haben, sondern erst dann, wenn das Unternehmen über die beabsichtigte Einleitung der Prüfung informiert und zur Mitwirkung aufgefordert worden ist; vgl. MünchKommHGB-*Ebke/Paal* § 342 b Rn. 16; KölnKommWpHG-*Hirte/Mock*, § 37 n Rn. 76; *Müller* ZHR 168 (2004), 414, 415.

[13] Im Fall des § 173 AktG: Feststellungsbeschluss der Hauptversammlung.

§§ 37o, 37p 7–10   Abschnitt 11. Überwachung

Entwurfsverfasser[14] davon aus, dass regelmäßig keine „Vollprüfung" durchzuführen ist. Aus der Subsidiarität des „Enforcement"-Verfahrens gegenüber den gesellschaftsrechtlichen Kontrollinstrumenten (§ 37n Rn. 11) folgt, dass **die Anordnung einer umfassenden Prüfung grundsätzlich unzulässig** ist.[15] Der jeweilige Abschluss wurde bereits von Aufsichtsrat und Abschlussprüfer geprüft; eine weitere umfassende Prüfung entspräche nicht dem Zweck des Verfahrens. Insbesondere **bei Stichprobenprüfungen müssen bestimmte Prüfungsschwerpunkte eingegrenzt werden.**[16] § 342b HGB enthält zwar keine § 37o Abs. 1 Satz 3 vergleichbare Vorschrift. Da sich aber die Subsidiarität des „Enforcement" auch auf die erste Stufe der Überwachung erstreckt (§ 37n Rn. 11), muss die Prüfstelle ebenfalls bestimmte Schwerpunkte setzen.[17] **Liegen konkrete Anhaltspunkte für einen Verstoß vor, ist ausschließlich diesen nachzugehen.**[18] Es wäre unzulässig, eine solche beschränkte Prüfung beliebig auf andere Bereiche der Bilanzierung auszudehnen.[19] Nur wenn sich anlässlich der Prüfung konkrete Anhaltspunkte für weitere Verstöße ergeben, darf der Prüfungsumfang entsprechend ausgedehnt werden; dies kann auch erstmalig auf der zweiten Stufe der Überwachung geschehen.[20]

2. Tätigwerden der BaFin auf der ersten Stufe der Überwachung

7   Ist – wie am 30. März 2005 geschehen (Rn. 2) – eine Prüfstelle nach § 342b HGB anerkannt, sind die Befugnisse der BaFin auf der ersten Stufe der Überwachung eingeschränkt. Insbesondere steht der BaFin dann abweichend von § 37o Abs. 1 Satz 2 nicht das Recht zu, stichprobenartige Prüfungen anzuordnen; dies kann nur die Prüfstelle, § 37p Abs. 1 Satz 1. Die BaFin wird damit auf der ersten Stufe nur nach §§ 37p Abs. 2, 37o Abs. 1 Satz 1 oder gemäß § 37p Abs. 1 Satz 4 tätig.

a) Stichprobenartige Prüfung (§ 37o Abs. 1 Satz 2)

8   Die Anordnung einer Prüfung ohne besonderen Anlass kann nach Anerkennung der DPR nur auf deren Veranlassung erfolgen, § 37p Abs. 1 Satz 1. Eine stichprobenartige Prüfung findet damit bis auf weiteres nur auf der ersten Stufe der Überwachung gemäß § 342b Abs. 2 Satz 3 Nr. 3 HGB statt.

9   Eine derartige Prüfung ist gemäß § 37o Abs. 1 Satz 6 und § 342b Abs. 2 Satz 4 Halbsatz 2 HGB für den verkürzten Abschluss und den zugehörigen Zwischenlagebericht als Bestandteile des **Halbjahresfinanzberichts** gemäß § 37w ausgeschlossen.

10   Gemäß § 342b Abs. 2 Satz 5 HGB erfolgt eine stichprobenartige Prüfung nach den von der Prüfstelle im Einvernehmen mit dem Bundesministerium der Justiz und dem Bundesministerium der Finanzen festgelegten Grundsätzen. Diese

---

[14] Begr. RegE BT-Drucks. 15/3421 S. 17.
[15] Dafür, dass es nur in seltenen Ausnahmefällen zulässig sein wird, auf eine Festlegung des Prüfungsumfangs zu verzichten *Hönsch* in *Assmann/Schneider*, § 37o Rn. 19.
[16] Vgl. auch KölnKommWpHG-*Hirte/Mock*, § 37n Rn. 116.
[17] Die Begründung des Regierungsentwurfs spricht insoweit nur von einer „themenbezogenen Prüfung", BT-Drucks. 15/3421, S. 14.
[18] Vgl. Begr. RegE BT-Drucks. 15/3421 S. 17.
[19] *Boxberger* DStR 2007, 1362, 1363; *Hönsch* in *Assmann/Schneider*, § 37o Rn. 15.
[20] *Hönsch* in *Assmann/Schneider*, § 37o Rn. 15f.

wurden am 5. September 2005 beschlossen.[21] Sie sehen vor, dass **80 bis 85% der Stichproben nach Börsenindex gruppiert zufällig ausgewählt** werden. Die ausgewählten Unternehmen werden aus der jeweiligen Gruppe entfernt, so dass innerhalb eines bestimmten Zeitraums alle Unternehmen der Gruppe geprüft werden. Für **15 bis 20% der Prüfungen** will die DPR eine „risikoorientierte Auswahl" vornehmen. Das heißt, dass die DPR aufgrund von Hinweisen auf bestimmte Risikofaktoren eine „bewusste Auswahl" der von solchen Risiken betroffenen Unternehmen" vornimmt. Genannt werden die erstmalige Börsennotierung, außergewöhnliche Transaktionen wie Unternehmenserwerb oder -veräußerung, Transaktionen mit nahe stehenden Personen und Risiken im Hinblick auf die wirtschaftliche Lage eines Unternehmens. Diese „Risikoorientierung" bedeutet, dass gerade keine zufällige Auswahl stattfinden soll, auch keine solche aus einer Gruppe von besonders „risikobehafteten" Unternehmen.[22] Stattdessen will die DPR Hinweisen nachgehen, die noch keine „konkreten Anhaltspunkte" für eine fehlerhafte Rechnungslegung im Sinne des § 342b Abs. 2 Satz 3 Nr. 1 HGB darstellen.[23] Dies dürfte **vom Wortlaut des § 342b Abs. 2 Satz 3 Nr. 3 HGB nicht mehr gedeckt** sein, der von einer Prüfung „ohne besonderen Anlass (stichprobenartige Prüfung)" spricht.[24] Richtiger scheint es zu sein, für die Stichprobe immer ein Zufallselement zu fordern.[25]

b) Anordnung einer Prüfung durch die Prüfstelle (§§ 37p Abs. 2, 37o Abs. 1 Satz 1)

Die BaFin ist nach § 37p Abs. 2 berechtigt, von der Prüfstelle unter den Voraussetzungen des § 37o Abs. 1 Satz 1, also bei konkreten Anhaltspunkten für einen Verstoß, die Einleitung einer Prüfung zu verlangen. Dabei handelt es sich um eine eigenständige Prüfung[26] der Prüfstelle gemäß § 342b Abs. 2 Satz 3

---

[21] „Grundsätze für die stichprobenartige Prüfung gemäß § 342b Abs. 2 Satz 3 Nr. 3 HGB", abrufbar unter http://www.frep.info/grundsaetze_stichprobenpruefung.php.
[22] Die „Grundsätze für die stichprobenartige Prüfung gemäß § 342b Abs. 2 Satz 3 Nr. 3 HGB" stellen unter 1. ausdrücklich die „risikobewußte Auswahl" der statistischen Zufallsauswahl gegenüber. Die „risikobewußte Auswahl" soll also kein Zufallselement enthalten. In diesem Sinne auch *Scheffler*, IRZ 2006, 13, 16.
[23] So ausdrücklich *Scheffler* BB-Special 4 (2006), 2, 6 und *Scheffler* Der Konzern 2007, 589, 595: „Damit sollen besonders kritische Rechnungslegungsprobleme oder Unternehmenssituationen berücksichtigt werden, ohne dass konkrete Anhaltspunkte für eine fehlerhafte Rechnungslegung vorliegen."
[24] Der Hinweis der „Grundsätze für die stichprobenartige Prüfung gemäß § 342b Abs. 2 Satz 3 Nr. 3 HGB" auf den CESR Standard No. 1 on Financial Information hilft nicht weiter, da dieser zum einen für die Gesetzesauslegung nicht unmittelbar maßgeblich ist und zum anderen nur von einem „risk based approach" spricht, was ein Zufallselement nicht ausschließen würde.
[25] Für ein Zufallsverfahren auch *Hennrichs* ZHR 168 (2004), 383, 403. – Dagegen spricht auch nicht die Begr. RegE BT-Drucks. 15/3421 S. 14, die eine „themenbezogene Prüfung" empfiehlt. Denn damit ist nicht das bewusste Auswählen der „Stichprobe" ohne Zufallselement gemeint, sondern eine Beschränkung des Umfangs der stichprobenartigen Prüfung auf bestimmte Themen, etwa die Bilanzierung von Pensionszusagen, vgl. *Hommelhoff/Mattheus* BB 2004, 93, 95.
[26] Die Beurteilung, ob konkrete Anhaltspunkte und ein öffentliches Interesse vorliegen, steht allein der BaFin zu; die Prüfstelle hat insoweit keine eigene Entscheidungsbefugnis, vgl. *Gelhausen/Hönsch* AG 2005, 511, 516; *Hönsch* in *Assmann/Schneider*, § 37p Rn. 17.

Nr. 2 HGB. Im Unterschied dazu wird die Prüfstelle im Fall des § 37o Abs. 3 nicht nach § 342b HGB, sondern nur als Verwaltungshelferin der BaFin tätig.[27]

12 aa) Konkrete Anhaltspunkte für einen Verstoß. § 37o Abs. 1 Satz 1 und § 342b Abs. 2 Satz 3 Nr. 1 HGB fordern für die Einleitung einer Prüfung das Vorliegen konkreter Anhaltspunkte für eine fehlerhafte Rechnungslegung. Nach der Begründung des Regierungsentwurfs[28] sind konkrete Anhaltspunkte „**konkrete Umstände tatsächlicher Art**". Reine Vermutungen oder aus der Luft gegriffene Behauptungen ohne jede Tatsachengrundlage reichen nicht aus.[29] Ebenso wenig genügt ein Hinweis auf bestimmte allgemeine „Risikofaktoren".[30] Stattdessen muss das Vorliegen eines konkreten Fehlers in einem bestimmten Teil des Abschlusses substantiiert behauptet werden. Die Einschränkung oder Versagung eines Bestätigungsvermerks wird dafür ausreichen.[31] Auch Anregungen von Gläubigern oder Aktionären oder Berichte in der Wirtschaftspresse[32] können genügen.[33] Gerade bei Presseberichten und Anzeigen von bekannten „Berufsklägern" muss aber sehr sorgfältig geprüft werden, ob über bloße Spekulationen hinaus wirklich konkrete Tatsachen für einen Verstoß sprechen. Während Anzeigen von Mitarbeitern des Unternehmens die Einleitung einer Prüfung auch dann rechtfertigen können, wenn sie unter Verletzung von Verschwiegenheitsverpflichtungen erfolgen,[34] ist es unzulässig, wenn die Prüfstelle von sich aus mit der Bitte um Auskunft (so genanntes „**Whistleblowing**") an einzelne Mitarbeiter des Unternehmens herantritt, um auf diese Weise konkrete Anhaltspunkte für einen Verstoß gegen Rechnungslegungsvorschriften zu gewinnen. Dies ergibt sich aus der Freiwilligkeit der Mitwirkung des Unternehmens, die auch im Zeitraum vor der Einleitung eines Prüfverfahrens zu berücksichtigen ist. Damit wäre es nicht zu vereinbaren, wenn sich die Prüfstelle unter Umgehung der Unternehmensleitung, die für die Entscheidung über die Mitwirkung zuständig ist, Informationen verschaffen würde.[35] Nach einer Ansicht[36] soll die Prüfstelle aber beim Vorliegen von lediglich vagen Verdachtsmomenten befugt sein, sich für eine **informelle Vorprüfung** an das Unternehmen (d. h. die Unternehmensleitung) zu wenden, um je nach Aufklärung durch das Unternehmen über die Einleitung eines förmlichen Prüfverfahrens zu entscheiden. Ein solches Vorgehen ist zulässig, wenn das Unternehmen auf die Freiwilligkeit der Auskunft hingewiesen wird.[37] Jedoch ist zu beachten, dass die Nichtbeantwortung der informellen An-

---

[27] Vgl. Begr. RegE BT-Drucks. 15/3421 S. 17.
[28] Begr. RegE BT-Drucks. 15/3421 S. 14. Siehe auch *Hönsch* in *Assmann/Schneider*, § 37o Rn. 3.
[29] MünchKommHGB-*Ebke/Paal* § 342b Rn. 23.
[30] Solche Risikofaktoren will die Prüfstelle einer „risikoorientierten Auswahl" im Rahmen der Stichprobenprüfung zugrunde legen, vgl. oben Rn. 10.
[31] KölnKommWpHG-*Hirte/Mock*, § 37o Rn. 10.
[32] Vgl. *Gahlen/Schäfer* BB 2006, 1619, 1619. – Nach § 3 Abs. 1 Nr. 5 der Verfahrensordnung der DPR *(www.frep.info)* ist ein ständiger Ausschuss für die Analyse von Berichten in der Wirtschaftspresse und in weiteren Medien zu bilden.
[33] *Boxberger* DStR 2007, 1362, 1363.
[34] So auch *Bräutigam/Heyer* AG 2006, 188, 190; KölnKommWpHG-*Hirte/Mock*, § 37o Rn. 12; zur arbeitsrechtlichen Zulässigkeit vgl. *Gelhausen/Hönsch* AG 2005, 511, 514.
[35] *Bräutigam/Heyer* AG 2006, 188, 190 f.
[36] *Bräutigam/Heyer* AG 2006, 188, 188 f.; *Gelhausen/Hönsch* AG 2005, 511, 515.
[37] Ausführlich *Bräutigam/Heyer* AG 2006, 188, 189 f.

frage durch das Unternehmen weder einen konkreten Anhaltspunkt im Sinne des § 342b Abs. 2 Satz 3 Nr. 1 HGB noch eine Verweigerung der Mitwirkung im Sinne des § 342b Abs. 6 Satz 1 Nr. 2 HGB begründet. Kann die Prüfstelle die Verdachtsmomente nicht auf andere Weise konkretisieren, muss die Einleitung eines formellen Prüfverfahrens unterbleiben; auch die BaFin darf dann nicht einschreiten.[38]

bb) Öffentliches Interesse an der Klärung. Gemäß § 37o Abs. 1 Satz 1 Halbsatz 2 und § 342b Abs. 2 Satz 4 Halbsatz 1 HGB unterbleibt die Prüfung, wenn ein öffentliches Interesse an der Klärung offensichtlich nicht besteht. Dies ist nach Ansicht der Entwurfsverfasser dann der Fall, wenn es – das Zutreffen der konkreten Anhaltspunkte unterstellt – „unter dem Blickwinkel der korrekten Information des Kapitalmarkts" nicht erforderlich ist, den Anhaltspunkten weiter nachzugehen, weil es sich um offensichtlich unwesentliche Verstöße gegen Rechnungslegungsvorschriften handelt.[39] Dies entspricht der kapitalmarktrechtlichen Ausrichtung des Gesetzes. Entscheidend für das Vorliegen eines öffentlichen Interesses ist damit, **ob der vermutete Fehler geeignet ist, die Anlageentscheidungen von Investoren zu beeinflussen.**[40] Dabei sind der Fehler und seine Auswirkungen auch in Relation zur Größenordnung von Umsatz, Gewinn und Vermögen des Unternehmens zu setzen.[41] Auch ergebnisunwirksame Fehler können jedoch für die Marktteilnehmer von Bedeutung sein.[42] Zu denken ist beispielsweise an die Offenlegung der Vorstandsbezüge (§ 285 Satz 1 Nr. 9 HGB) oder der Details von M&A-Transaktionen (Kaufpreis) sowie die Risikoberichterstattung im Lagebericht (§§ 289 Abs. 1 Satz 4, 315 Abs. 1 Satz 5 HGB).[43] Werden insoweit Informationen nicht offen gelegt, kann dies die Anlageentscheidung von Investoren in gleicher Weise beeinflussen wie ein ergebniswirksamer Fehler der Rechnungslegung. Da die korrekte Information des Kapitalmarkts bezweckt ist, kann es auch nicht darauf ankommen, wie das Verschulden der Verantwortlichen zu beurteilen ist.[44] Wenn der vermutete Fehler aus Sicht eines objektiven Kapitalmarktteilnehmers unter Berücksichtigung der konkreten Situation des Unternehmens wesentlich ist, muss

---

[38] Dazu, dass das Unternehmen in diesem Fall weder zur Auskunft noch zur Vorlage von Unterlagen verpflichtet ist, siehe auch *Hönsch* in *Assmann/Schneider*, § 37o Rn. 5.
[39] Begr. RegE BT-Drucks. 15/3421 S. 14. Zur Wesentlichkeit von Fehlern und zur Praxis der DPR, die betroffenen Unternehmen neben dem eigentlichen Prüfungsergebnis auch auf unwesentliche Fehler hinzuweisen siehe im Einzelnen *Mayer-Wegelin* BB-Special 4 (2006), 8, 12 ff.; vgl. auch *Gahlen/Schäfer* BB 2006, 1619, 1619 f. (unwesentlicher Fehler, wenn die Erklärung nach § 161 AktG nicht gemäß § 285 Abs. 1 Nr. 16 HGB im Anhang, sondern an anderer Stelle im Geschäftsbericht erwähnt wird).
[40] OLG Frankfurt/M. DB 2007, 1913, 1914; *Boxberger* DStR 2007, 1362, 1364; *Gelhausen/Hönsch* AG 2005, 511, 515; *Hönsch* in *Assmann/Schneider*, § 37o Rn. 8. – Zur Frage, ob Kompensationseffekte zu berücksichtigen sind, siehe *Hönsch* in *Assmann/Schneider*, § 37o Rn. 9.
[41] *Scheffler* BB-Special 4 (2006), 2, 6; *Scheffler* Der Konzern 2007, 589, 594.
[42] So auch OLG Frankfurt/M. DB 2007, 1913, 1914. Anders offenbar (im Rahmen des § 37q) KölnKommWpHG-*Hirte/Mock*, § 37q Rn. 16, wonach ein wesentlicher Fehler nur gegeben sein soll, wenn er „erhebliche Auswirkungen auf das Jahresergebnis hat".
[43] Zur Risikoberichterstattung im (Konzern-)Lagebericht siehe OLG Frankfurt/M. DB 2007, 1913, 1914. Zutreffend auch *Gahlen/Schäfer* BB 2006, 1619, 1621.
[44] So aber *Haller/Bernais*, Enforcement und BilKoG, S. 48.

unabhängig davon eine Klärung stattfinden, wie der Verschuldensgrad voraussichtlich zu beurteilen ist.[45]

14 Das öffentliche Interesse an einer Klärung ist jedenfalls dann zu verneinen, wenn das betroffene Unternehmen den Fehler vor Abschluss der Prüfung durch die Prüfstelle (vor Abgabe der Mitteilung nach § 342b Abs. 5 Satz 2 HGB) korrigiert (dazu § 37q Rn. 6).[46] Dagegen lässt die Veröffentlichung einer den Rechnungslegungsfehler beschreibenden **Ad-hoc-Mitteilung** nach § 15 das öffentliche Interesse nicht entfallen; beide Regelungskomplexe stehen unabhängig nebeneinander (dazu § 37q Rn. 13f.). Ferner kann ein öffentliches Interesse gerade auch in Fällen anzunehmen sein, in denen über das Vermögen des Unternehmens das **Insolvenzverfahren** eröffnet wurde.[47]

15 Anders als im Rahmen des § 37q Abs. 2 Satz 3 (dazu § 37q Rn. 7) hat **keine umfassende Abwägung des öffentlichen Interesses mit den Interessen des Unternehmens** zu erfolgen. Denn § 37q Abs. 2 bezweckt die Sanktion eines festgestellten Fehlers durch Veröffentlichung, während § 37o Abs. 1 Satz 1 und § 342b Abs. 2 Satz 4 Halbsatz 1 HGB lediglich die Einleitung einer Anlassprüfung regeln. Diese ist für das betroffene Unternehmen kein so schwerwiegender Eingriff wie die Anordnung der Veröffentlichung. Da § 37o Abs. 1 Satz 1 Halbsatz 2 und § 342b Abs. 2 Satz 4 Halbsatz 1 HGB ein offensichtliches Fehlen des öffentlichen Interesses fordern, ist im Zweifel eine Prüfung durchzuführen.[48]

c) Aufgriffsrecht der BaFin bei Prüfungen nach KWG und VAG (§ 37p Abs. 1 Satz 4)

16 Führt die BaFin eine Prüfung nach § 44 Abs. 1 Satz 2 KWG oder § 83 Abs. 1 Nr. 2 VAG durch oder hat sie dies bereits getan, kann sie die Prüfung jederzeit an sich ziehen, wenn der Prüfungsgegenstand identisch ist, ohne dass die Voraussetzungen des § 37p Abs. 1 Satz 2 vorliegen müssen. Dadurch sollen Doppelprüfungen verhindert werden.[49]

3. Tätigwerden der BaFin auf der zweiten Stufe der Überwachung (§ 37p Abs. 1 Satz 2)

17 Wird, wie es aufgrund der Anerkennung der DPR der Regelfall ist, die Prüfstelle auf der ersten Stufe der Überwachung tätig, so hat sie ihre Absicht, eine Prüfung einzuleiten, der BaFin nach § 342b Abs. 6 Satz 1 Nr. 1 HGB anzuzeigen. Das Unternehmen ist ebenfalls über die beabsichtigte Einleitung der Prüfung zu informieren. Es hat dann zu entscheiden, ob es die – im Rahmen des § 342b HGB stets freiwillige – Mitwirkung verweigert.[50] Die Mitwirkung kann

---

[45] KölnKommWpHG-*Hirte/Mock,* § 37o Rn. 15; *Hönsch* in *Assmann/Schneider,* § 37o Rn. 11.
[46] *Gelhausen/Hönsch* AG 2005, 511, 515; *dies.* AG 2007, 308, 311; *Hönsch* in *Assmann/Schneider,* § 37o Rn. 12.
[47] Ausführlich KölnKommWpHG-*Hirte/Mock,* § 37o Rn. 18, § 37n Rn. 65ff.
[48] Vgl. *Gelhausen/Hönsch* AG 2005, 511, 515 mit Beispielen; *Hönsch* in *Assmann/Schneider,* § 37o Rn. 10; *Hennrichs* ZHR 168 (2004), 383, 403; *Scheffler* BB-Special 4 (2006), 2, 6.
[49] *Hönsch* in *Assmann/Schneider,* § 37p Rn. 15.
[50] Über diese Frage entscheidet der Vorstand, da er das für die Aufstellung des Jahresabschlusses zuständige Organ auch ein „Initiativrecht" für Bilanzänderungen hat; Münch-

auch nach Beginn der Prüfung jederzeit beendet werden;[51] § 342b Abs. 4 Satz 1 HGB steht dem nicht entgegen.

§ 342b Abs. 6 Satz 1 Nr. 2 und 3 HGB sehen eine Berichtspflicht der Prüfstelle über das Prüfungsergebnis sowie darüber vor, ob das Unternehmen mit diesem einverstanden ist oder die Mitwirkung verweigert. Gemäß § 342b Abs. 6 Satz 2 HGB ist gegen diese Berichte kein Rechtsbehelf gegeben, selbst wenn die Verfahrenseinleitung durch die Prüfstelle rechtswidrig[52] war. Etwas anderes gilt aber für die auf der zweiten Stufe von der BaFin ergriffenen Maßnahmen, die ebenfalls rechtswidrig sind, wenn bereits das von der Prüfstelle durchgeführte Verfahren rechtswidrig war (Rn. 21). Gegen Maßnahmen der BaFin kann das Unternehmen mit Widerspruch und Beschwerde gemäß §§ 37t, 37u vorgehen.[53] **18**

a) Verweigerung der Mitwirkung

Berichtet die Prüfstelle der BaFin nach § 342b Abs. 6 Satz 1 Nr. 2 HGB, dass ein Unternehmen seine Mitwirkung bei der Prüfung auf der ersten Stufe verweigert, stehen der BaFin gemäß § 37p Abs. 1 Satz 2 Nr. 1, 1. Alt. die „Befugnisse nach § 37o" zu. **19**

Die Begründung des Regierungsentwurfs[54] deutet darauf hin, **dass die BaFin immer dann berechtigt sein soll, eine eigene Prüfung durchzuführen, wenn das Unternehmen die Mitwirkung verweigert.** Diese Berechtigung kommt im Gesetzeswortlaut allerdings nur unklar zum Ausdruck. Nach § 37o Abs. 1 Satz 1 kann die BaFin nur dann eine Prüfung anordnen, wenn konkrete Anhaltspunkte für einen Verstoß gegen Rechnungslegungsvorschriften vorliegen.[55] Die von § 37o Abs. 1 Satz 2 vorgesehene stichprobenartige Prüfung ist der BaFin nach § 37p Abs. 1 Satz 1 gerade nicht gestattet. Dies würde bedeuten, dass die BaFin dann nicht auf der zweiten Stufe tätig werden darf, wenn die Prüfstelle eine bloß stichprobenartige Prüfung angeordnet hat und auch sonst keine konkreten Anhaltspunkte im Sinne des § 37o Abs. 1 Satz 1 vorliegen. Dafür spricht ebenfalls der Wortlaut („Im Übrigen") des § 37p Abs. 1 Satz 2. Demgegenüber ist jedoch die Systematik der §§ 37o, 37p und der Zweck der Regelung zu berücksichtigen, eine Überleitung der Prüfung auf die zweite Stufe immer dann zu ermöglichen, wenn auf der ersten Stufe eine Störung aufgetreten ist.[56] Trotz des missverständlichen Gesetzeswortlauts ist **§ 37p Abs. 1 Satz 2** daher so zu verstehen, dass der Bafin die Befugnisse des § 37o auch dann zustehen, wenn das Unternehmen die Mitwirkung an einer stichprobenartigen Prüfung verweigert. **20**

KommHGB-*Ebke/Paal* § 342b Rn. 32; *Gelhausen/Hönsch* AG 2005, 511, 518; *Hönsch* in *Assmann/Schneider*, § 37p Rn. 6.
[51] *Bräutigam/Heyer* AG 2006, 188, 194; *Gelhausen/Hönsch* AG 2005, 511, 519; *Hönsch* in *Assmann/Schneider*, § 37p Rn. 10.
[52] Etwa, weil die Prüfstelle fälschlich angenommen hat, dass ein öffentliches Interesse besteht.
[53] Siehe dazu die Kommentierung zu diesen Vorschriften.
[54] Begr. RegE BT-Drucks. 15/3421 S. 12, 18.
[55] Die Verweigerung der Mitwirkung des Unternehmens gegenüber der Prüfstelle ist schon deshalb kein solcher Anhaltspunkt, weil die Prüfung auf der ersten Stufe freiwillig ist.
[56] Siehe auch *Hönsch* in *Assmann/Schneider*, § 37p Rn. 14.

21 Dennoch hat die BaFin beim Übergang auf die zweite Stufe der Überwachung zu prüfen, ob die Voraussetzungen für ein Tätigwerden der Prüfstelle nach § 342b Abs. 2 Satz 3 HGB gegeben waren.[57] Hat diese zB fälschlich das Vorliegen konkreter Anhaltspunkte oder das öffentliche Interesse an einer Klärung bejaht, stehen der BaFin die Rechte nach § 37o nicht zu.[58] Der Tatbestand des § 37p Abs. 1 Satz 2 Nr. 1 ist nicht erfüllt, wenn das Unternehmen die **Mitwirkung an einer rechtswidrigen Prüfung verweigert.**

22 Eine **Verweigerung der Mitwirkung** ist insbesondere darin zu sehen, dass das Unternehmen unter Verstoß gegen § 342b Abs. 4 HGB keine (vollständige) Auskunft erteilt oder von der Prüfstelle angeforderte Unterlagen nicht zur Verfügung stellt.[59] Die Prüfstelle darf zumindest in dem Umfang Auskunft verlangen, wie dies auch ein Abschlussprüfer gemäß § 320 HGB dürfte; daneben kann sie auch die Vorlage des Prüfungsberichts nach § 321 HGB verlangen.[60] Fraglich ist allerdings, in welchem Umfang der **Abschlussprüfer** in das Prüfverfahren einzubeziehen ist. Die Prüfstelle kann – anders als die BaFin im Rahmen des § 37o Abs. 4 – vom Abschlussprüfer keine Auskunft erzwingen. Dennoch dürfte wegen § 342b Abs. 4 Satz 1, der eine umfassende Mitwirkung des Unternehmens vorsieht, von einer Verweigerung auszugehen sein, wenn das Unternehmen den Abschlussprüfer nicht zu einer Zusammenarbeit mit der Prüfstelle auffordert und ihn insbesondere nicht von seiner Schweigepflicht entbindet.[61] Verweigert dagegen der Abschlussprüfer selbst die Mitwirkung,[62] obwohl das Unternehmen das seinerseits erforderliche getan (und ihn von der Schweigepflicht befreit) hat, und verweigert er etwa die **Einsicht in seine Arbeitspapiere,** kann darin keine Verweigerung der Mitwirkung des Unternehmens gesehen werden.[63] In diesem Fall darf die Prüfstelle nicht mit der Folge des § 37p Abs. 1 Satz 2 Nr. 1 an die BaFin berichten. Dies ergibt sich daraus, dass § 342b Abs. 6 Satz 1 Nr. 2 HGB nur das Unternehmen selbst erfasst, nicht aber den Abschlussprüfer. Berichtet die Prüfstelle trotzdem der BaFin, kann das Unternehmen wegen § 342b Abs. 6 Satz 2 HGB zwar nicht gegen die Berichterstattung, wohl aber gegen Folgemaßnahmen der BaFin vorgehen (siehe dazu Rn. 21). Daran ändert nichts, dass die BaFin selbst gemäß § 37o Abs. 4 auch vom Abschlussprüfer Auskunft verlangen kann (Rn. 37).

b) Stellungnahme des Unternehmens zum Prüfungsergebnis

23 Gemäß § 342b Abs. 5 Satz 1 HGB teilt die Prüfstelle dem Unternehmen das Ergebnis der Prüfung mit. Hat die Prüfung ergeben, dass die Rechungslegung

---

[57] *Gelhausen/Hönsch* AG 2005, 511, 518.
[58] Vgl. auch KölnKommWpHG-*Hirte/Mock,* § 37p Rn. 4.
[59] KölnKommWpHG-*Hirte/Mock,* § 37p Rn. 6.
[60] *Bräutigam/Heyer* AG 2006, 188, 191.
[61] Ausführlich *Bräutigam/Heyer* AG 2006, 188, 191 ff.
[62] Zur Frage, ob dem Unternehmen ein Anspruch gegen den Abschlussprüfer auf Mitwirkung zusteht, siehe *Bräutigam/Heyer* AG 2006, 188, 193; *Gelhausen/Hönsch* AG 2005, 511, 521 f.
[63] So auch *Bräutigam/Heyer* AG 2006, 188, 193. – Die DPR hat jedoch angekündigt, auch dann von einer Verweigerung der Mitwirkung auszugehen und dies der BaFin nach § 37p Abs. 1 Satz 2 Nr. 1 zu berichten, wenn der Abschlussprüfer die Einsicht in seine *Arbeitspapiere* verweigert. Vgl. den Tätigkeitsbericht für den Zeitraum vom 1. Juli bis 31. Dezember 2005, S. 19 und Tätigkeitsbericht für den Zeitraum vom 1. Januar bis 31. Dezember 2006, S. 17, jeweils abrufbar unter *www.frep.info/jahresberichte_pruefstelle.php.*

nicht fehlerhaft ist, endet damit das Verfahren auf der ersten Stufe. Die Prüfstelle informiert die BaFin nach § 342b Abs. 6 Satz 1 Nr. 3 HGB über dieses Ergebnis. Die BaFin hat dann zu entscheiden, ob erhebliche Zweifel an der Richtigkeit des Ergebnisses oder an der ordnungsgemäßen Durchführung der Prüfung im Sinne des § 37p Abs. 1 Satz 2 Nr. 2 bestehen. Siehe dazu noch unten Rn. 26.

Hält die Prüfstelle die Rechnungslegung für fehlerhaft, hat sie ihre Entscheidung nach § 342b Abs. 5 Satz 2 HGB zu begründen und dem Unternehmen unter Bestimmung einer angemessenen Frist Gelegenheit zur Äußerung zu geben. Die Antwort des Unternehmens ist der BaFin gemäß § 342b Abs. 6 Nr. 3 HGB mitzuteilen. Ist das Unternehmen mit dem Ergebnis der Prüfung nicht einverstanden (oder gibt es seine Stellungnahme nicht innerhalb der nach § 342b Abs. 5 Satz 2 HGB gesetzten Frist ab), kann die BaFin nach §§ 37p Abs. 1 Satz 2 Nr. 1, 2. Alt., 37o eine eigene Prüfung anordnen. 24

Erklärt das Unternehmen, mit dem Ergebnis der Prüfstelle einverstanden zu sein, kommt diesem **Eingeständnis eines Fehlers keine materielle Bindungswirkung** zu. Das betroffene Unternehmen ist entgegen einer in der Literatur vertretenen Ansicht[64] nicht aufgrund der Einverständniserklärung verpflichtet, den Fehler zu beseitigen oder zukünftig zu unterlassen. Dies ergibt sich bereits daraus, dass selbst dann, wenn die BaFin einen Fehler durch Verwaltungsakt gemäß § 37q Abs. 1 feststellt, keine materielle Bindungswirkung besteht (dazu § 37q Rn. 3). Für das freiwillige Verfahren nach § 342b HGB muss es erst recht gelten. Allenfalls könnte die offensichtliche Weigerung des Unternehmens, den Fehler zu beseitigen oder in Zukunft zu vermeiden, als Ablehnung des Ergebnisses der Prüfstelle interpretiert werden. Dies hätte zur Folge, dass die BaFin das Verfahren gemäß § 37p Abs. 1 Satz 2 Nr. 1, 2. Alt. auf die zweite Stufe überleiten könnte. Aber auch dann kann sich eine rechtliche Pflicht zur Fehlerkorrektur nur aus den einschlägigen gesellschafts- und bilanzrechtlichen Regeln ergeben (§ 37q Rn. 2). Für dieses Verständnis spricht auch folgendes: Käme die Anerkennung des Ergebnisses der Prüfstelle einer Selbstbindung des Unternehmens gleich, müsste man annehmen, dass der Vorstand zur Anerkennung nicht befugt wäre, da er damit in Rechte der Aktionäre eingreifen würde.[65] Der Vorstand müsste also stets die Hauptversammlung befragen, bevor er sich gegenüber der Prüfstelle mit dem Ergebnis der Prüfung einverstanden erklärt. Dies würde jedoch das Ziel der zweistufigen Überwachung von Unternehmensabschlüssen, einen Großteil der Verfahren zeitsparend bereits auf der ersten Stufe zu erledigen, *ad absurdum* führen.[66] 25

c) Zweifel an der Richtigkeit des Prüfungsergebnisses oder der ordnungsgemäßen Prüfungsdurchführung

Schließlich kann die BaFin eine eigene Prüfung anordnen, wenn erhebliche Zweifel an der Richtigkeit des Ergebnisses oder an der ordnungsgemäßen Durchführung der Prüfung auf der ersten Stufe bestehen, § 37p Abs. 1 Satz 2 26

---

[64] *Boxberger* DStR 2007, 1362, 1367; *Mattheus/Schwab* BB 2004, 1099, 1103; dies. DB 2004, 1975, 1980f.
[65] So konsequent *Mattheus/Schwab* DB 2004, 1975, 1982.
[66] Auch der von *Mattheus/Schwab* DB 2004, 1975, 1983 als Lösung vorgeschlagene „Enforcement-Ermächtigungsbeschluss" der Hauptversammlung überzeugt nicht.

§§ 37o, 37p 27–30

Nr. 2. In diesem Zusammenhang ist das Auskunftsrecht der BaFin gegenüber der Prüfstelle nach § 37p Abs. 1 Satz 3 zu sehen.

4. Bekanntmachung der Anordnung (§ 37o Abs. 1 Satz 5)

27 Hat die DPR der BaFin gemäß § 37p Abs. 1 Satz 2 Nr. 1 berichtet, dass ein Unternehmen seine Mitwirkung bei einer Prüfung verweigert oder mit dem Ergebnis der Prüfung nicht einverstanden ist, kann die BaFin gemäß § 37o Abs. 1 Satz 5 ihre Prüfungsanordnung und den Grund für die Prüfung im elektronischen Bundesanzeiger bekannt machen. Die BaFin entscheidet darüber nach pflichtgemäßem **Ermessen;** bei der Ermessensausübung hat sie das Informationsinteresse der Öffentlichkeit und das Interesse des betroffenen Unternehmens an einer Geheimhaltung der Prüfungsanordnung gegeneinander abzuwägen.[67] Entscheidend ist, ob das Interesse der Marktteilnehmer gerade auf eine Information über die Prüfungseinleitung bezogen ist, ob es also bereits zu einem Zeitpunkt besteht, in dem ein Fehler der Rechnungslegung noch nicht hoheitlich festgestellt (§ 37q Abs. 1) und bekannt gemacht (§ 37q Abs. 2 Satz 1) wurde.[68]

28 Über die Bekanntmachung entscheidet die BaFin durch Verwaltungsakt (§ 37t Rn. 4). Der Widerspruch hat gemäß § 37t Abs. 2 keine aufschiebende Wirkung. Das betroffene Unternehmen kann jedoch beim OLG Frankfurt **Antrag auf Anordnung der aufschiebenden Wirkung** stellen; dies ist bereits vor Einlegung des Widerspruchs möglich (§ 37t Rn. 12). Zu den Rechtsbehelfen des Unternehmens, wenn die Bekanntmachung bereits erfolgt ist, siehe § 37q Rn. 12.

III. Sperrwirkung von Nichtigkeitsklage und Sonderprüfung (§§ 37o Abs. 2, 37p Abs. 3)

29 § 37o Abs. 2 regelt – wie § 342b Abs. 3 HGB für die erste Stufe des Verfahrens – das Verhältnis zwischen der Überwachung von Unternehmensabschlüssen auf der einen Seite und der Nichtigkeitsklage gemäß § 256 Abs. 7 AktG sowie den Sonderprüfungen nach den §§ 142ff., 258ff. AktG auf der anderen Seite. Damit soll verhindert werden, dass es zu divergierenden Entscheidungen kommt;[69] zudem entspricht § 37o Abs. 2 der Grundkonzeption der §§ 37nff., nach der das „Enforcement" subsidiär zu den gesellschaftsrechtlichen Kontrollinstrumenten ist (§ 37n Rn. 11). Ist **ausländisches Gesellschaftsrecht** anwendbar, gilt § 37o Abs. 2 analog, wenn dieses Recht Verfahren vorsieht, die mit Nichtigkeitsklage oder Sonderprüfung vergleichbar sind.[70]

1. Nichtigkeitsklage

30 Nach § 37o Abs. 2 Satz 1 findet eine Überprüfung durch die BaFin nicht statt, solange eine Nichtigkeitsklage nach §§ 256 Abs. 7, 249 AktG anhängig ist. Der Umkehrschluss zu § 37o Abs. 2 Satz 2 ergibt, dass es dabei **keine Rolle**

---

[67] Begr. RegE BT-Drucks. 15/3421 S. 17; *Hönsch* in *Assmann/Schneider,* § 37o Rn. 23.
[68] KölnKommWpHG-*Hirte/Mock,* § 37o Rn. 28.
[69] Vgl. auch Begr. RegE BT-Drucks. 15/3421 S. 14.
[70] KölnKommWpHG-*Hirte/Mock,* § 37o Rn. 45.

spielt, ob der zugrunde liegende Sachverhalt identisch ist.[71] Die Gegenansicht,[72] nach der die Sperrwirkung nur soweit reicht wie der Streitgegenstand der Nichtigkeitsklage, ist wegen des klaren Gesetzeswortlauts abzulehnen, in dem eine bewusste Entscheidung des Gesetzgebers zum Ausdruck kommt.[73] Dass die Sperrwirkung bei der Nichtigkeitsklage weiter reicht als bei der Sonderprüfung gemäß § 37 o Abs. 2 Satz 2 ist auch sachlich gerechtfertigt, da bei einer gerichtlichen Feststellung der Nichtigkeit das „Enforcement"-Verfahren vollständig hinfällig wird.[74] Da die Nichtigkeitsklage nur den Jahresabschluss und nicht den Konzernabschluss erfasst, beschränkt der Wortlaut des § 37 o Abs. 2 Satz 1 die Sperrwirkung auf den Jahresabschluss. **Auf den Konzernabschluss ist § 37 o Abs. 2 Satz 1 jedoch analog anzuwenden,** da sich divergierende Entscheidungen auch insoweit auswirken können und der Zweck des § 37 o Abs. 2 verfehlt würde, wenn eine Prüfung des Konzernabschlusses hinsichtlich des Sachverhalts stattfände, der Gegenstand der Nichtigkeitsklage ist.[75]

Der Wortlaut des § 37 o Abs. 2 Satz 1 („Eine Prüfung ... findet nicht statt, solange ...") stellt nicht hinreichend klar, ob die Nichtigkeitsklage nur dann Sperrwirkung entfaltet, wenn sie vor Einleitung des Prüfverfahrens anhängig wird. Gegen diese Auslegung und für eine **von dem Zeitpunkt der Verfahrenseinleitung unabhängige Sperrwirkung** spricht die Nachrangigkeit des Prüfungsverfahrens:[76] Erst wenn das gesellschaftsrechtliche Instrumentarium nicht mehr ausreicht, soll die Überwachung der Rechnungslegung nach den §§ 37 n ff. eingreifen. Die Sperrwirkung nach § 37 o Abs. 2 Satz 1 tritt also ein, wenn zu irgendeinem Zeitpunkt vor dem endgültigen Abschluss[77] des „Enforcement"-Verfahrens eine Nichtigkeitsklage anhängig wird. In diesem Fall ist das Verfahren auszusetzen.[78]

Endet das gerichtliche Verfahren mit der **rechtskräftigen Feststellung der Nichtigkeit,** ist eine Überprüfung des Abschlusses durch Prüfstelle oder BaFin hinfällig. Ein neuer Abschluss, der den nichtigen Abschluss ersetzt, kann jedoch Gegenstand der Überwachung nach den §§ 37 n ff. sein.[79] In diesem Fall soll die Prüfstelle durch das die Nichtigkeit feststellende Urteil gebunden sein, da dieses

---

[71] MünchKommHGB-*Ebke/Paal* § 342 b Rn. 29; *Ellrott/Aicher* in BeckBil.Komm, § 342 b HGB Rn. 32; *Gelhausen/Hönsch* AG 2005, 511, 517; KölnKommWpHG-*Hirte/Mock,* § 37 o Rn. 35; *Hönsch* in *Assmann/Schneider,* § 37 o Rn. 25; *Mock* DB 2005, 987, 990.
[72] *Mattheus/Schwab* BB 2004, 1099, 1105 f.
[73] Vgl. Begr. RegE BT-Drucks. 15/3421 S. 14.
[74] *Hennrichs* ZHR 168 (2004), 383, 406; *Mock* DB 2005, 987, 990; kritisch dagegen KölnKommWpHG-*Hirte/Mock,* § 37 o Rn. 35.
[75] *Gelhausen/Hönsch* AG 2005, 511, 517; *Hönsch* in *Assmann/Schneider,* § 37 o Rn. 28; aA MünchKommHGB-*Ebke/Paal* § 342 b Rn. 28; *Hennrichs* ZHR 168 (2004), 383, 406; KölnKommWpHG-*Hirte/Mock,* § 37 o Rn. 38.
[76] *Mattheus/Schwab* BB 2004, 1099, 1104.
[77] D. h. spätestens bis zum rechtskräftigen Abschluss eines Beschwerdeverfahrens nach § 37 u. Danach erübrigt sich die Frage nach der Sperrwirkung. – Abzulehnen ist die von *Mattheus/Schwab* BB 2004, 1099, 1106 vertretene Ansicht, nach der das Gericht, das über die Nichtigkeitsklage zu entscheiden hat, an einen vor Anhängigkeit erlassenen Verwaltungsakt der BaFin gemäß § 37 q Abs. 1 gebunden ist. Siehe dazu § 37 q Rn. 3.
[78] MünchKommHGB-*Ebke/Paal* § 342 b Rn. 31; *Müller* ZHR 168 (2004), 414, 416.
[79] *Gelhausen/Hönsch* AG 2005, 511, 517; *Hönsch* in *Assmann/Schneider,* § 37 o Rn. 26.

§§ 37o, 37p 33–36   Abschnitt 11. Überwachung

inter omnes wirke.[80] Ein neuer Abschluss würde jedoch von der durch §§ 256 Abs. 7 Satz 1, 249 Abs. 1 Satz 1, 248 Abs. 1 Satz 1 AktG angeordneten Drittwirkung der materiellen Rechtskraft nicht erfasst; von einer Bindung der Prüfstelle oder der BaFin kann also nicht die Rede sein. Praktisch relevant wird dies vor allem für die von dem Gericht nicht beanstandeten Teile des Abschlusses und für die sich u. U. im Umkehrschluss aus dem Nichtigkeitsurteil ergebende Ansicht des Gerichts zur korrekten Bilanzierung; jedenfalls insoweit sind Prüfstelle und BaFin nicht gebunden.

33   Eine Überprüfung bleibt möglich, wenn die **Nichtigkeitsklage rechtskräftig abgewiesen** wurde.[81] Nicht ausdrücklich gesetzlich geregelt ist, ob in diesem Fall der Prüfungsumfang zwingend auf die Sachverhalte beschränkt ist, die nicht Gegenstand des gerichtlichen Verfahrens waren.[82] Dabei handelt es sich wiederum nicht um eine Frage nach der Drittwirkung der materiellen Rechtskraft des Urteils, die gemäß §§ 256 Abs. 7 Satz 1, 249 Abs. 1 Satz 1, 248 Abs. 1 Satz 1 AktG nur für die Feststellung der Nichtigkeit, nicht aber für die Klageabweisung besteht. Entscheidend ist vielmehr, dass § 37o Abs. 2 Satz 2 für die Sonderprüfung bestimmt, dass deren Sperrwirkung unabhängig vom Ergebnis der Sonderprüfung auch nach deren Beendigung bestehen bleibt, soweit deren Gegenstand reicht. Ein Abschluss soll also nicht zweimal hinsichtlich desselben Gesichtspunkts von einer externen Kontrollinstanz geprüft werden. Wenn dies für das Verhältnis von Sonderprüfung und „Enforcement" gilt, kann es bei der Nichtigkeitsklage nicht anders sein. Aus der Subsidiarität des „Enforcement" folgt damit, dass Prüfstelle und BaFin bei einer Abweisung der Nichtigkeitsklage den betroffenen Abschluss nur im Hinblick auf solche Punkte prüfen dürfen, über die das Gericht nicht zu entscheiden hatte.

2. Sonderprüfung

34   Eine Sonderprüfung nach den §§ 142 ff. oder §§ 258 ff. AktG entfaltet gemäß § 37o Abs. 2 Satz 2 Sperrwirkung nur, soweit der Gegenstand der Sonderprüfung reicht. Dabei ist auf Prüfungsauftrag, Prüfungsbericht oder gerichtliche Feststellungen abzustellen. Auch eine abgeschlossene Sonderprüfung entfaltet in diesem Umfang Sperrwirkung.[83]

35   Für die Sperrwirkung nach § 37o Abs. 2 Satz 2 ist der **Zeitpunkt der Einleitung** der Sonderprüfung genauso unerheblich wie derjenige der Anhängigkeit der Nichtigkeitsklage im Rahmen des § 37o Abs. 2 Satz 1 (Rn. 31).

3. Mitteilungspflichten

36   BaFin und Prüfstelle haben ihre Prüfung im Fall des § 37o Abs. 2 zu beenden oder zu unterbrechen.[84] Zur verfahrensmäßigen Sicherstellung der Sperrwirkung

---

[80] MünchKommHGB-*Ebke/Paal* § 342b Rn. 31; *Gelhausen/Hönsch* AG 2005, 511, 517.
[81] MünchKommHGB-*Ebke/Paal* § 342b Rn. 29; *Gelhausen/Hönsch* AG 2005, 511, 517; *Hönsch* in *Assmann/Schneider*, § 37o Rn. 27; vgl. auch Begr. RegE BT-Drucks. 15/3421 S. 14.
[82] So *Gelhausen/Hönsch* AG 2005, 511, 517; *Hönsch* in *Assmann/Schneider*, § 37o Rn. 27.
[83] Begr. RegE BT-Drucks. 15/3421 S. 14.
[84] Zu beenden ist das Verfahren, wenn der Gegenstand der Nichtigkeitsklage oder der Sonderprüfung den Gegenstand des Verfahrens nach den §§ 37n ff. vollständig abdeckt.

von Nichtigkeitsklage und Sonderprüfung hat das BilKoG in den §§ 142 Abs. 7, 256 Abs. 7 Satz 2 und 261a AktG entsprechende Mitteilungspflichten eingeführt. Nach § 37p Abs. 3 hat die BaFin diese Mitteilungen an die Prüfstelle weiterzuleiten. Keine Mitteilungspflichten bestehen, wenn § 37o Abs. 2 analog auf Verfahren eines ausländischen Gesellschaftsrechts, die der Nichtigkeitsklage oder der Sonderprüfung vergleichbar sind, angewandt wird (Rn. 29). In diesem Fall liegt es am Unternehmen, die BaFin darüber zu unterrichten und die Sperrwirkung geltend zu machen.[85]

IV. Mitwirkungs- und Auskunftspflichten (§ 37o Abs. 4, 5)

§ 37o Abs. 4 verpflichtet das betroffene Unternehmen, dessen Organmitglieder, Beschäftigte und Abschlussprüfer, der BaFin Auskünfte zu erteilen und Unterlagen vorzulegen, soweit dies zur Prüfung erforderlich ist. Die Erforderlichkeit einer Auskunft ist dann gegeben, wenn die BaFin annehmen darf, dass durch die Befragung oder die Anforderung von Unterlagen Tatsachen bekannt werden, die die Entscheidung, ob ein Rechnungslegungsfehler vorliegt, erleichtern; zudem ist Voraussetzung, dass das Prüfungsergebnis nicht in gleicher Weise durch eine weniger beeinträchtigende Maßnahme erzielt werden kann.[86] Keine Auskunftspflicht besteht für Aktionäre, und zwar auch nicht als Teilnehmer der Hauptversammlung, wenn diese nach § 173 AktG den Jahresabschluss feststellen oder den Konzernabschluss billigen sollte.[87] Die Auskunftspflicht der Abschlussprüfer[88] beschränkt sich auf Tatsachen, die ihnen im Rahmen der Abschlussprüfung bekannt geworden sind. Somit kann auch eine Pflicht des Abschlussprüfers bestehen, seine Arbeitspapiere vorzulegen.[89] Nach § 37o Abs. 4 Satz 2 sind auch die nach HGB in den Konzernabschluss einzubeziehenden Tochterunternehmen zur Auskunft verpflichtet.[90]

Für das Recht zur Auskunftsverweigerung und die Belehrungspflicht gilt § 4 Abs. 9 entsprechend; siehe dazu die Kommentierung zu § 4 Rn. 55ff. § 37o Abs. 5 räumt der BaFin das Recht zum Betreten von Grundstücken und Geschäftsräumen ein. Diese Regelung entspricht § 4 Abs. 4 Satz 1; auf die Kommentierung dazu wird verwiesen. § 4 Abs. 4 Satz 2 gilt entsprechend.

Nach § 39 Abs. 3 Nr. 1c) handelt ordnungswidrig, wer einer Anordnung gemäß § 37o Abs. 4 Satz 1, nach § 39 Abs. 3 Nr. 2, wer einer Anordnung gemäß § 37o Abs. 5 Satz 1 zuwiderhandelt; die Ordnungswidrigkeit kann mit einer Geldbuße bis 50 000,– EUR geahndet werden, § 39 Abs. 4.

Eine bloße Unterbrechung kommt nur dann in Betracht, wenn der Gegenstand des Prüfungsverfahrens weiter gefasst ist.
[85] *KölnKommWpHG-Hirte/Mock,* § 37o Rn. 45.
[86] OLG Frankfurt/M. ZIP 2008, 312, 315ff.
[87] *Gelhausen/Hönsch* AG 2005, 511, 520; *Hönsch* in *Assmann/Schneider,* § 37o Rn. 33.
[88] Zur Einbindung des Abschlussprüfers in das Verfahren siehe *Gelhausen/Hönsch* AG 2005, 511, 521ff.; *Hönsch* in *Assmann/Schneider,* § 37o Rn. 35f.
[89] OLG Frankfurt/M. ZIP 2007, 768, 769; bestätigt in ZIP 2008, 312, 313ff.; siehe auch *Paal* BB 2007, 1775.
[90] Siehe dazu auch *Hönsch* in *Assmann/Schneider,* § 37o Rn. 37f.

§ 37q Ergebnis der Prüfung von Bundesanstalt oder Prüfstelle

(1) Ergibt die Prüfung durch die Bundesanstalt, dass die Rechnungslegung fehlerhaft ist, so stellt die Bundesanstalt den Fehler fest.

(2) Die Bundesanstalt ordnet an, dass das Unternehmen den von der Bundesanstalt oder den von der Prüfstelle im Einvernehmen mit dem Unternehmen festgestellten Fehler samt den wesentlichen Teilen der Begründung der Feststellung bekannt zu machen hat. Die Bundesanstalt sieht von einer Anordnung nach Satz 1 ab, wenn kein öffentliches Interesse an der Veröffentlichung besteht. Auf Antrag des Unternehmens kann die Bundesanstalt von einer Anordnung nach Satz 1 absehen, wenn die Veröffentlichung geeignet ist, den berechtigten Interessen des Unternehmens zu schaden. Die Bekanntmachung hat unverzüglich im elektronischen Bundesanzeiger sowie entweder in einem überregionalen Börsenpflichtblatt oder über ein elektronisch betriebenes Informationsverbreitungssystem, das bei Kreditinstituten, nach § 53 Abs. 1 Satz 1 des Kreditwesengesetzes tätigen Unternehmen, anderen Unternehmen, die ihren Sitz im Inland haben und die an einer inländischen Börse zur Teilnahme am Handel zugelassen sind, und Versicherungsunternehmen weit verbreitet ist, zu erfolgen.

(3) Ergibt die Prüfung durch die Bundesanstalt keine Beanstandungen, so teilt die Bundesanstalt dies dem Unternehmen mit.

Schrifttum: § 37 n.

Übersicht

	Rn.
I. Feststellung eines Fehlers durch die BaFin (§ 37 q Abs. 1)	1
II. Bekanntmachung (§ 37 q Abs. 2)	4
1. Anordnung der Bekanntmachung	4
2. Absehen von der Bekanntmachung	5
a) Fehlendes öffentliches Interesse	5
b) Befreiungsantrag	7
3. Art und Zeitpunkt der Veröffentlichung	8
III. Mitteilung, falls sich keine Beanstandungen ergeben (§ 37 q Abs. 3)	11
IV. Verhältnis zur Ad-hoc-Publizität	13

I. Feststellung eines Fehlers durch die BaFin (§ 37q Abs. 1)

1   Kommt die BaFin zu dem Ergebnis, dass ein Fehler vorliegt, stellt sie ihn durch Verwaltungsakt gemäß § 37 q Abs. 1 fest. Die allgemeinen Vorschriften des Verwaltungsverfahrensrechts finden Anwendung. Insbesondere ist die Feststellungsverfügung nach § 39 Abs. 1 VwVfG zu begründen. Ein **Fehler der Rechnungslegung** ist gemäß § 37 n – vorbehaltlich der nach den anwendbaren Rechnungslegungsvorschriften gegebenen Beurteilungs- und Ermessensspielräume[1] – jeder Verstoß gegen die gesetzlichen Vorschriften einschließlich der

---

[1] KölnKommWpHG-*Hirte/Mock*, Rn. 13.

Ergebnis der Prüfung von Bundesanstalt　　　　　　　　2, 3　§ 37q

Grundsätze ordnungsmäßiger Buchführung oder die sonstigen durch Gesetz zugelassenen Rechnungslegungsstandards (zum Prüfungsmaßstab siehe § 37n Rn. 17). § 37q Abs. 1 lässt sich eine Beschränkung auf wesentliche Fehler nicht entnehmen.[2] Eine derartige Einschränkung ergibt sich erst aus § 37q Abs. 2 Satz 2, nach dem eine Bekanntmachungsanordnung (Rn. 4) zu unterbleiben hat, wenn kein öffentliches Interesse besteht. Damit ist keine Veröffentlichung unwesentlicher Fehler (Rn. 5 und §§ 37o, 37p Rn. 13) vorzunehmen. Folglich ist jeder Fehler der Rechnungslegung gemäß § 37q Abs. 1 von der BaFin festzustellen, wenn auch nicht zwingend nach § 37q Abs. 2 Satz 1 zu veröffentlichen.

Die einzigen Sanktionen für einen Fehler in der Rechnungslegung sind dessen 2 Feststellung durch Verwaltungsakt der BaFin gemäß § 37q Abs. 1 und die Veröffentlichung nach § 37q Abs. 2. Die **Art und Weise der Fehlerbeseitigung wird dem betroffenen Unternehmen nicht vorgeschrieben**. Im Gegensatz dazu sahen im Referentenentwurf des BilKoG[3] § 342b Abs. 5 Satz 1 und 2 vor, dass die Prüfstelle dem Untenehmen die Art der Fehlerbeseitigung vorzuschlagen und die Beseitigung des Fehlers zu überwachen habe. Nach § 37q Abs. 1 Satz 2 des Referentenentwurfs sollte die BaFin anordnen können, dass der Fehler unter Berücksichtigung ihrer Rechtsauffassung zu berichtigen ist. Der Regierungsentwurf[4] begründet das Absehen von einer solchen Regelung damit, dass die **Feststellung des Fehlers als Sanktion ausreichend** sei; die Anforderungen an die Art der Fehlerberichtigung ergäben sich aus den materiellen Rechnungslegungsvorschriften.

Entgegen einer in der Literatur vertretenen Ansicht[5] kommt der Feststellung 3 eines Fehlers durch die BaFin **keine materielle Bindungswirkung** zu. Weder das betroffene Unternehmen, seine Verwaltung oder seine Aktionäre noch ein über eine Nichtigkeitsklage nach § 256 Abs. 7 AktG entscheidendes Gericht[6] sind an die Fehlerfeststellung der BaFin gebunden.[7] Dies entspricht sowohl der

---

[2] Anders KölnKommWpHG-*Hirte/Mock*, Rn. 16.
[3] Referentenentwurf des BilKoG vom 8. Dezember 2003.
[4] BT-Drucks. 15/3421 S. 18. – Diese Änderung ist zu begrüßen. Zum einen hätte eine von der BaFin angeordnete Fehlerkorrektur zahlreiche Folgeprobleme mit sich gebracht, vgl. dazu *Hommelhoff/Matheus* BB 2004, 93, 100. Zum anderen wird die nun getroffene Regelung der Subsidiarität des „Enforcement"-Verfahrens gegenüber dem gesellschaftsrechtlichen Kontrollinstrumentarium gerecht.
[5] *Boxberger* DStR 2007, 1362, 1367 („wie ein rechtskräftiges Nichtigkeitsurteil"); *Matheus/Schwab* BB 2004, 1099, 1106; *dies.* DB 2004, 1975, 1975 f.; zustimmend *Hecht/Gräfe/Jehke* DB 2008, 1251, 1252. – Nach dieser Ansicht sollen sogar die über die Feststellung künftiger Jahresabschlüsse entscheidenden Organe (also Vorstand/Aufsichtsrat oder Hauptversammlung) an die Feststellungsverfügung der BaFin gebunden sein, vgl. *Matheus/Schwab* DB 2004, 1975, 1976 f.
[6] Nach *Matheus/Schwab* BB 2004, 1099, 1106 soll ein Aktionär den Verwaltungsakt nach § 37q Abs. 1 abwarten und – gestützt auf den durch Verwaltungsakt *inter omnes* festgestellten Fehler – Nichtigkeitsklage erheben können.
[7] Ausdrücklich gegen eine Bindungswirkung MünchKommHGB-*Ebke/Paal* § 342b Rn. 31; *Hennrichs* ZHR 168 (2004), 383, 407; KölnKommWpHG-*Hirte/Mock*, Rn. 27 ff.; *Hönsch* in *Assmann/Schneider*, § 37q Rn. 4, 6; *Mock* DB 2005, 987, 988; KölnKomm-WpHG-*Pohlmann*, § 37u Rn. 22. Vgl. auch die Begr. RegE BT-Drucks. 15/3421 S. 18; *Ernst* BB 2004, 936, 937; *Gros* DStR 2006, 246, 249 f.; *Haller/Bernais*, Enforcement und BilKoG, S. 58 f.; *Kämpfer* BB Beilage 3/2005, 13, 14 f.; *Scheffler* BB-Special 4 (2006), 2, 7 f.

§ 37q 4, 5 Abschnitt 11. Überwachung

rein kapitalmarktrechtlichen Ausrichtung des „Enforcement" als auch seiner Subsidiarität gegenüber dem gesellschaftsrechtlichen Instrumentarium. Der Gesetzgeber hat durch die geschilderten Änderungen gegenüber dem Referentenentwurf (Rn. 2) bestätigt, dass diese Subsidiarität auch für die Rechtsfolgen eines Fehlers gilt. Ist also die Feststellung der BaFin zutreffend und die Rechnungslegung damit tatsächlich fehlerhaft, ergeben sich die Rechtsfolgen für Jahresabschlüsse aus dem Gesellschaftsrecht und den Rechnungslegungsvorschriften; für Konzernabschlüsse ist auf die Rechnungslegungsvorschriften abzustellen.[8] Die §§ 37n ff. haben daran nichts geändert.

II. Bekanntmachung (§ 37q Abs. 2)

1. Anordnung der Bekanntmachung

4   § 37q Abs. 2 Satz 1 bestimmt, dass die BaFin grundsätzlich die Bekanntmachung eines von ihr nach § 37q Abs. 1 festgestellten oder eines von der Prüfstelle im Einvernehmen mit dem betroffenen Unternehmen ermittelten Fehlers anzuordnen hat.[9] Die Bekanntmachung muss auch den wesentlichen Teil der Begründung des Verwaltungsakts nach § 37q Abs. 1 oder der von der Prüfstelle gemäß § 342b Abs. 5 Satz 2 HGB abzugebenden Begründung enthalten.[10] Eine weitere Erläuterung durch das Unternehmen selbst wird von § 37q Abs. 2 Satz 1 nicht untersagt.[11] Der Begründung der Fehlerfeststellung widersprechende oder den Fehler verharmlosende Darstellungen sind allerdings unzulässig.[12] Nach § 39 Abs. 3 Nr. 1c) handelt ordnungswidrig, wer einer Anordnung gemäß § 37q Abs. 2 Satz 1 zuwiderhandelt; die Ordnungswidrigkeit kann mit einer Geldbuße bis 50000,– EUR geahndet werden, § 39 Abs. 4.

2. Absehen von der Bekanntmachung

a) Fehlendes öffentliches Interesse

5   Die Anordnung der Bekanntmachung hat zu unterbleiben, wenn kein öffentliches Interesse an der Veröffentlichung besteht, § 37q Abs. 2 Satz 2. Die Begründung des Regierungsentwurfs nennt zutreffend **unwesentliche Verstöße** gegen Rechnungslegungsvorschriften.[13] Das öffentliche Interesse an einer Bekanntmachung deckt sich inhaltlich mit dem für die Einleitung einer Anlassprü-

---

[8] Bei einer deutschen Gesellschaft wäre also zu prüfen, ob der Jahresabschluss wegen des Fehlers nach § 256 AktG nichtig ist. Führt der Fehler nicht zur Nichtigkeit, stellt sich die Frage, ob der Fehler – im geprüften oder im nächsten Abschluss – zu berichtigen ist. Siehe dazu – neben der allgemeinen Literatur zu § 172 und § 256 AktG – zB *Gelhausen/Hönsch* AG 2005, 511, 526 ff.; KölnKommWpHG-*Hirte/Mock*, Rn. 51 ff.; *Mattheus/Schwab* BB 2004, 1099, 1101 ff.; *Mock* DB 2005, 987, 988 f.; *Müller* ZHR 168 (2004), 414, 421 ff.
[9] Dritte dürfen ohne Zustimmung des Unternehmens nicht gesondert über die Fehlerfeststellung informiert werden, vgl. *Hönsch* in *Assmann/Schneider*, § 37q Rn. 14.
[10] Nach OLG Frankfurt/M. DB 2007, 1913, 1916 nicht vom Gesetz gedeckt ist die Anordnung, zusätzlich Art und Umfang der durchgeführten Prüfung zu veröffentlichen.
[11] *Boxberger* DStR 2007, 1362, 1366.
[12] *Boxberger* DStR 2007, 1362, 1365 f.
[13] Begr. RegE BT-Drucks. 15/3421 S. 18; siehe auch OLG Frankfurt/M. DB 2007, 1913, 1914.

Ergebnis der Prüfung von Bundesanstalt 6, 7 § 37q

fung erforderlichen öffentlichen Interesse gemäß §§ 37o Abs. 1 Satz 1 Halbsatz 2, 342b Abs. 2 Satz 4 HGB (zur Wesentlichkeit von Fehlern siehe §§ 37o, 37p Rn. 13).[14] Genau wie dort ist auch im Rahmen des § 37q Abs. 2 Satz 2 **keine umfassende Abwägung zwischen dem öffentlichen Interesse und den Interessen des Unternehmens** vorzunehmen. Das folgt daraus, dass gemäß § 37q Abs. 2 Satz 3 erst auf Antrag des Unternehmens dessen berechtigte Interessen zu berücksichtigen sind. Es ist zwar fraglich, ob dies sachgerecht ist. Jedoch hat der Gesetzgeber Anregungen,[15] auf das Erfordernis eines Antrags zu verzichten, nicht aufgenommen, weshalb es dabei bleibt, dass die BaFin im Rahmen des § 37q Abs. 2 Satz 2, also ohne einen Befreiungsantrag des Unternehmens, nicht prüfen muss, ob dessen Interessen durch eine Veröffentlichung beeinträchtigt wären.

Wird ein **berichtigter Abschluss** offen gelegt, dem sich der Rechnungslegungsfehler des vorherigen Abschlusses unmittelbar entnehmen lässt,[16] bevor die BaFin nach § 37q Abs. 2 die Bekanntmachung anordnet, entfällt das öffentliche Interesse.[17] Im Übrigen kann das öffentliche Interesse an einer Bekanntmachung nicht allein mit ihrer generalpräventiven Wirkung im Hinblick auf andere Emittenten begründet werden.[18] Daraus folgt, dass das öffentliche Interesse an einer Bekanntmachung auch dann zu verneinen ist, wenn sich der Emittent vom regulierten Markt zurückzieht **(Delisting)** und damit nicht mehr in den Anwendungsbereich des § 37n fällt.[19] 6

b) Befreiungsantrag

Die BaFin kann nach § 37q Abs. 2 Satz 3 auf Antrag von einer Anordnung 7 der Veröffentlichung absehen, wenn diese geeignet ist, den berechtigten Interessen des Unternehmens zu schaden. Diese Vorschrift ist § 15 Abs. 1 Satz 5 aF nachgebildet; die BaFin hat eine **Abwägung zwischen den berechtigten Interessen des Unternehmens an einer Geheimhaltung und dem Informationsinteresse der Kapitalmarktteilnehmer** vorzunehmen.[20] Bei der Abwägung ist zu berücksichtigen, dass das Gesetz der Information des Kapitalmarkts einen hohen Stellenwert beimisst. Dies folgt bereits aus dem Zweck der gesetzlichen Regelung, das Vertrauen der Anleger in den Kapitalmarkt zu erhalten und zu stärken. Zudem ist die Information der Marktteilnehmer neben der reinen Feststellung nach § 37q Abs. 1 die einzige kapitalmarktrechtliche Sanktion für

---

[14] Anders als die §§ 37o Abs. 1 Satz 1 Halbsatz 2, 342b Abs. 2 Satz 4 HGB es vorsehen, ist es nach § 37q Abs. 2 Satz 2 nicht erforderlich, dass das öffentliche Interesse offensichtlich fehlt, vgl. auch *DAV* NZG 2004, 220, 224. Missverständlich dagegen Köln-KommWpHG-*Hirte/Mock*, Rn. 39.
[15] Stellungnahme des IDW zum Referentenentwurf des BilKoG vom 19. Januar 2004, S. 13; *Haller/Bernais*, Enforcement und BilKoG, S. 57.
[16] Zu den insoweit bestehenden Anforderungen OLG Frankfurt/M. DB 2007, 1913, 1914f.; siehe auch *Hecht/Gräfe/Jehke* DB 2008, 1251, 1254.
[17] *Gelhausen/Hönsch* AG 2007, 308, 311; KölnKommWpHG-*Hirte/Mock*, Rn. 40; Hönsch in *Assmann/Schneider*, § 37q Rn. 16; vgl. auch *Gahlen/Schäfer* BB 2007, 1619, 1621.
[18] Zutreffend *Gelhausen/Hönsch* AG 2007, 308, 311; aA *Gahlen/Schäfer* BB 2006, 1619, 1621.
[19] Anders die Ansicht der BaFin, vgl. *Boxberger* DStR 2007, 1362, 1365f.
[20] Begr. RegE BT-Drucks. 15/3421 S. 18.

Fehler der Rechnungslegung. Dem Interesse des Unternehmens an einem Unterbleiben der Veröffentlichung muss daher ein erhebliches Gewicht zukommen, um als „berechtigtes Interesse" im Sinne des § 37q Abs. 2 Satz 3 zu gelten.[21] Im Regelfall nicht ausreichend ist die mit einer Fehlerveröffentlichung typischerweise einhergehende negative Außenwirkung, die vom Gesetzgeber bewusst eingesetzt wurde, um eine wirksame Sanktionierung zu erreichen.[22] Nichts anderes kann für eine nachteilige Beeinflussung des Aktienkurses des betroffenen Unternehmens gelten, die ebenfalls kein berechtigtes Interesse begründet.[23] Auch zu berücksichtigen ist, wie schwerwiegend der festgestellte Fehler aus Sicht eines objektiven Kapitalmarktteilnehmers ist. Fällt die Abwägung unter Einbeziehung aller Umstände des Einzelfalls zugunsten des betroffenen Unternehmens aus, überwiegen also die dem Unternehmen drohenden Nachteile (ausnahmsweise) das Informationsinteresse der Marktteilnehmer, hat die Veröffentlichungsanordnung zu unterbleiben; in diesem Fall steht der BaFin kein Ermessen zu.[24]

3. Art und Zeitpunkt der Veröffentlichung

8   Die Bekanntmachung hat gemäß § 37q Abs. 2 Satz 4 im elektronischen Bundesanzeiger sowie entweder in einem überregionalen Börsenpflichtblatt oder über ein elektronisch betriebenes Informationsverbreitungssystem zu erfolgen, das bei Kreditinstituten, nach § 53 Abs. 1 Satz 1 KWG tätigen Unternehmen, anderen Unternehmen, die ihren Sitz im Inland haben und die an einer inländischen Börse zur Teilnahme am Handel zugelassen sind, und Versicherungsunternehmen weit verbreitet ist. Diese Regelung ist § 15 Abs. 3 Satz 1 aF nachgebildet; zusätzlich wurde die zwingende Bekanntmachung im elektronischen Bundesanzeiger vorgesehen.[25]

9   Die Veröffentlichung hat unverzüglich zu erfolgen. Dem betroffenen Unternehmen ist ein angemessener Zeitraum zur Prüfung, und zwar auch durch externe Berater, einzuräumen.[26] Denn aus Sicht des Unternehmens ist zunächst zu klären, ob und mit welcher Begründung ein **Antrag nach § 37q Abs. 2 Satz 3** zu stellen ist. Wird der Antrag nach Abschluss dieser Prüfung ohne weitere Verzögerung gestellt und ist er nicht erkennbar rechtsmissbräuchlich, darf mit der Veröffentlichung weiter abgewartet werden, bis die BaFin über den Antrag entschieden hat.[27]

10 Bei der Beurteilung, ob die Veröffentlichung unverzüglich erfolgte, ist grundsätzlich die Zeitspanne nicht zu berücksichtigen, die für die Prüfung erforderlich

---

[21] Als Beispiel nennen *Gelhausen/Hönsch* AG 2007, 308, 311 das Geheimhaltungsinteresse, wenn eine Fehlerbekanntmachung weitergehende interne Untersuchungen des Unternehmens gefährden würde.

[22] OLG Frankfurt/M. DB 2007, 1913, 1915; *Hecht/Gräfe/Jehke* DB 2008, 1251, 1254.

[23] OLG Frankfurt/M. DB 2007, 1913, 1915 f.; *Hecht/Gräfe/Jehke* DB 2008, 1251, 1254 Fn. 42.

[24] *Gelhausen/Hönsch* AG 2005, 511, 525; *Hönsch* in *Assmann/Schneider*, § 37q Rn. 19; so auch zur Regelung in § 15 Abs. 1 Satz 5 aF *Kümpel/Assmann* in *Assmann/Schneider*, 3. Aufl. 2003, § 15 Rn. 136.

[25] Vgl. Begr. RegE BT-Drucks. 15/3421 S. 18; *Hönsch* in *Assmann/Schneider*, § 37q Rn. 21.

[26] Zu pauschal *Hecht/Gräfe/Jehke* DB 2008, 1251, 1254 („ca. 14 Tage").

[27] So auch die zutreffende Ansicht zu § 15 Abs. 1 Satz 5 aF, siehe nur *Kümpel/Assmann* in *Assmann/Schneider*, 3. Aufl. 2003, § 15 Rn. 133.

Ergebnis der Prüfung von Bundesanstalt   11, 12 § 37q

ist, ob gegen die Anordnung der Bekanntmachung **Widerspruch oder Beschwerde** eingelegt werden soll. Diesen kommt nämlich gemäß § 37 t Abs. 2 und § 37 u Abs. 1 Satz 2 keine aufschiebende Wirkung zu, so dass sie – anders als der Antrag nach § 37 q Abs. 2 Satz 3 – die Pflicht zur Veröffentlichung nicht beeinflussen können. Als Ausnahme davon muss man dem Unternehmen jedoch zugestehen, zunächst die Entscheidung über einen nach § 37 u Abs. 2 iVm § 50 Abs. 3 WpÜG gestellten **Antrag auf Anordnung der aufschiebenden Wirkung des Widerspruchs** abwarten zu dürfen. Dieser Antrag kann bereits vor Einlegung des Widerspruchs gestellt werden (§ 37 t Rn. 12). Würde man ein Abwarten der Entscheidung darüber als schuldhaftes Zögern ansehen, wäre kein effektiver einstweiliger Rechtsschutz gewährleistet.

III. Mitteilung, falls sich keine Beanstandungen ergeben (§ 37 q Abs. 3)

Ergibt die Prüfung auf der zweiten Stufe, dass keine Beanstandungen bestehen, wird dies dem betroffenen Unternehmen lediglich mitgeteilt. Diese Mitteilung hat keine Regelungswirkung und stellt **keinen Verwaltungsakt** dar.[28] Nicht zulässig ist eine Mitteilung an Dritte, die auf konkrete Anhaltspunkte für Verstöße hingewiesen haben.[29] Gleiches gilt gemäß § 342 b Abs. 5 Satz 1 HGB für die Prüfung auf der ersten Stufe. 11

Die in § 37 q Abs. 3 getroffene Regelung ist in dem Fall unbefriedigend, dass gemäß § 37 o Abs. 1 Satz 1 eine Prüfungsanordnung im elektronischen Bundesanzeiger veröffentlicht worden war, weil das Unternehmen auf der ersten Stufe der Überwachung seine Mitwirkung verweigert hatte oder mit dem Ergebnis der Prüfstelle nicht einverstanden war. Auch dann teilt die BaFin dem Unternehmen lediglich mit, dass keine Beanstandungen bestehen. Dies ist deshalb problematisch, weil die **negative Außenwirkung,** die durch die Bekanntmachung entstanden ist, nicht auf die gleiche Weise wieder beseitigt wird. Dem Unternehmen bleibt grundsätzlich nur die Möglichkeit, durch Veröffentlichung auf den eigenen Internetseiten oder in einer Pressemitteilung darauf hinzuweisen, dass die BaFin das Verfahren ohne Beanstandungen abgeschlossen hat. Etwas anderes gilt, wenn bereits die Anordnung der Bekanntmachung nach § 37 o Abs. 1 Satz 5 rechtswidrig war, etwa weil die Voraussetzungen für eine Verfahrenseinleitung durch die Prüfstelle nicht vorlagen. Das betroffene Unternehmen kann auch nach Abschluss des Verfahrens die Rechtswidrigkeit der Bekanntmachungsanordnung mit der **Fortsetzungsfeststellungsbeschwerde** gemäß § 37 u Abs. 2 iVm § 56 Abs. 2 Satz 2 WpÜG geltend machen (§ 37 u Rn. 3). Zudem steht ihm ein **öffentlich-rechtlicher Folgenbeseitigungsanspruch** zu.[30] Dieser dürfte auf eine Veröffentlichung der Mitteilung nach § 37 q Abs. 3 im elektronischen Bundesanzeiger gerichtet sein, wenn nur so die negative Außenwirkung einer rechtswidrigen Bekanntmachung nach § 37 o Abs. 1 Satz 5 beseitigt werden kann. Prozessual kann dieser Anspruch mit der allgemeinen Leistungsbeschwerde (§ 37 u Rn. 3) gemäß § 37 u durchgesetzt werden. 12

---

[28] Begr. RegE BT-Drucks. 15/3421 S. 19.
[29] Begr. RegE BT-Drucks. 15/3421 S. 19; *Hönsch* in *Assmann/Schneider,* § 37 q Rn. 22.
[30] Zu diesem Anspruch siehe nur MünchKommBGB-*Papier,* § 839 Rn. 80 ff. mwN.

IV. Verhältnis zur Ad-hoc-Publizität

13 Umstritten ist, in welchem Verhältnis die Pflicht zur Ad-hoc-Publizität nach § 15 zu den §§ 37n ff., insbesondere zur Bekanntmachung nach § 37q Abs. 2 steht. Nach einer Ansicht ist § 37q Abs. 2 *lex specialis* zu § 15.[31] § 37q Abs. 2 bestimmt, unter welchen Voraussetzungen das Einverständnis des Unternehmens mit dem Prüfungsergebnis der Prüfstelle gemäß § 342b Abs. 5 Satz 2 HGB und die Fehlerfeststellung durch die BaFin gemäß § 37q Abs. 1 zu veröffentlichen sind. Die Entscheidung darüber steht allein der BaFin zu; sie hat im Rahmen des § 37q Abs. 2 Satz 3 (also auf Antrag) das öffentliche Interesse an einer Information der Kapitalmarktteilnehmer mit den Interessen des betroffenen Unternehmens abzuwägen. Überwiegt das Geheimhaltungsinteresse des Unternehmens, muss die Bekanntmachung unterbleiben. Dies spricht zunächst für die Spezialität des § 37q Abs. 2, da diese Einschränkungen der Publizität im Rahmen des § 15 nicht zu berücksichtigen sind. Die Möglichkeit der Befreiung nach § 15 Abs. 3 lässt sich dagegen nicht anführen;[32] der Befreiungstatbestand des § 15 Abs. 3 ist enger als der des § 37q Abs. 2 Satz 3, da er zusätzliche Voraussetzungen aufstellt (keine Irreführung der Öffentlichkeit und Gewährleistung der Vertraulichkeit) und grundsätzlich nur einen Aufschub der Veröffentlichung zulässt (§ 15 Abs. 3 Satz 2). Dennoch ist **§ 37q Abs. 2 nicht** *lex specialis* **zu** § 15. Es ist zu berücksichtigen, dass § 15 auf gemeinschaftsrechtlichen Vorgaben beruht (§ 15 Rn. 3 ff.), während die §§ 37n ff. originär nationales Recht sind. Die gemeinschaftsrechtlichen Vorgaben würden nicht eingehalten, wenn die Feststellung eines Fehlers, obwohl er im Einzelfall von § 15 Abs. 1 Satz 1 erfasst ist, nur nach § 37q Abs. 2 Satz 4, nicht aber nach § 15 Abs. 1 Satz 1 veröffentlicht würde. Dies gilt insbesondere für die Art der Veröffentlichung; § 5 WpAIV verlangt für Insiderinformationen eine andersartige Informationsverbreitung als § 37q Abs. 2 Satz 4 für die Fehlerbekanntmachung.[33] § 15 kann somit neben § 37q Abs. 2 Anwendung finden. Gleiches gilt für das Verhältnis der Ad-hoc-Publizität zu den §§ 37n ff. insgesamt, also etwa auch soweit die Prüfungsanordnung der BaFin gemäß § 37o Abs. 1 Satz 5 zu veröffentlichen ist.

14 Dies bedeutet zum einen, dass die Veröffentlichung einer Mitteilung nach § 15 die Einleitung eines Prüfungsverfahrens nicht verhindern kann; auch das dafür erforderliche öffentliche Interesse entfällt nicht (vgl. §§ 37o, 37p Rn. 14).

15 Zum andern ist in jedem Einzelfall zu prüfen, ob die Feststellung eines Fehlers nach § 37q, aber auch vorgelagerte Verfahrensschritte wie die Einleitung eines Prüfungsverfahrens durch die Prüfstelle, die Mitteilung der Prüfstelle über das Ergebnis der Prüfung oder die Prüfungsanordnung durch die BaFin die Pflicht nach § 15 Abs. 1 Satz begründen können. Ob die **Fehlerfeststellung** zur erheblichen Beeinflussung des Börsenpreises im Sinne des § 13 Abs. 1 Satz geeignet ist, wird von der Art und insbesondere der Auswirkung des Rechnungslegungs-

---

[31] *Assmann* in *Assmann/Schneider*, § 15 Rn. 101; *Assmann* AG 2006, 261, 269 und 270 f.; KölnKommWpHG-*Hirte/Mock*, § 37q Rn. 45; aA *Boxberger* DStR 2007, 1362, 1368; KölnKommWpHG-*Versteegen*, § 15 Rn. 137 und wohl auch *Gahlen/Schäfer* BB 2006, 1619, 1622.
[32] So aber *Boxberger* DStR 2007, 1362, 1368.
[33] Überzeugend KölnKommWpHG-*Versteegen*, § 15 Rn. 137.

fehlers auf das Unternehmen abhängen. Es verbieten sich auch pauschale Aussagen darüber, ob **vorgelagerte Verfahrensschritte** wie die Einleitung eines Prüfungsverfahrens „im Regelfall" eine ad-hoc-pflichtige Information darstellen.[34] Zwar ist die Verfahrenseinleitung eine konkrete Information im Sinne des § 13 Abs. 1 Satz 1;[35] ob sie aber für den verständigen Anleger die „hinreichende Wahrscheinlichkeit" eines nicht ganz unerheblichen Verstoßes gegen Rechnungslegungsvorschriften begründet, lässt sich nur im Einzelfall beurteilen. Umgekehrt liegt die Annahme näher, dass die Prüfungseinleitung wegen der vergleichsweise geringen Anforderungen an das Vorliegen „konkreter Anhaltspunkte" im Sinne des § 37o Abs. 1 Satz 1 (vgl. §§ 37o, 37p Rn. 12) im Regelfall gerade keine „hinreichende Wahrscheinlichkeit" für einen Verstoß begründet.[36] Jedenfalls die Einleitung einer **stichprobenartigen Prüfung** wird man in keinem Fall als Insiderinformation ansehen können, da sie allein aufgrund einer Zufallsauswahl stattfinden darf (dazu auch §§ 37o, 37p Rn. 10) und damit nicht kursrelevant sein kann.[37]

§ 37r Mitteilungen an andere Stellen

(1) **Die Bundesanstalt hat Tatsachen, die den Verdacht einer Straftat im Zusammenhang mit der Rechnungslegung eines Unternehmens begründen, der für die Verfolgung zuständigen Behörde anzuzeigen. Sie darf diesen Behörden personenbezogene Daten der Betroffenen, gegen die sich der Verdacht richtet oder die als Zeugen in Betracht kommen, übermitteln.**

(2) **Tatsachen, die auf das Vorliegen einer Berufspflichtverletzung durch den Abschlussprüfer schließen lassen, übermittelt die Bundesanstalt der Wirtschaftsprüferkammer. Tatsachen, die auf das Vorliegen eines Verstoßes des Unternehmens gegen börsenrechtliche Vorschriften schließen lassen, übermittelt sie der zuständigen Börsenaufsichtsbehörde. Absatz 1 Satz 2 gilt entsprechend.**

Schrifttum: § 37n.

Übersicht

	Rn.
I. Mitteilungen an die Strafverfolgungsbehörden (§ 37r Abs. 1)	1
1. Verdacht	2
2. Straftat im Zusammenhang mit der Rechnungslegung	4
II. Mitteilungen an die Wirtschaftsprüferkammer (§ 37r Abs. 2 Satz 1)	6
III. Mitteilungen an die Börsenaufsichtsbehörde (§ 37r Abs. 2 Satz 2)	7

---

[34] Siehe aber *Assmann* in *Assmann/Schneider*, § 15 Rn. 98 ff.; *Assmann* AG 2006, 261, 262 ff.; *Boxberger* DStR 2007, 1362, 1367 ff.; KölnKommWpHG-*Hirte/Mock*, § 37n Rn. 41, § 37o Rn. 32; ähnlich *Müller* ZHR 168 (2004), 414, 417; zweifelnd *Kämpfer* BB-Special 4 (2006), 1.

[35] *Assmann* in *Assmann/Schneider*, § 15 Rn. 99.

[36] Einschränkend auch KölnKommWpHG-*Hirte/Mock*, § 37o Rn. 32 (nicht unbeträchtliche Wahrscheinlichkeit der Beanstandung nur dann, wenn die BaFin die Prüfungsanordnung nach § 37o Abs. 1 Satz 5 bekannt macht).

[37] Vgl. *Assmann* in *Assmann/Schneider*, § 15 Rn. 100; *Boxberger* DStR 2007, 1362, 1368; *Müller* ZHR 168 (2004), 414, 417; unklar KölnKommWpHG-*Hirte/Mock*, § 37o Rn. 33.

I. Mitteilungen an die Strafverfolgungsbehörden (§ 37r Abs. 1)

1 Erlangt die BaFin Kenntnis von Tatsachen, die den Verdacht einer Straftat begründen, so hat sie diese Tatsachen gemäß § 37r Abs. 1 Satz 1 den zuständigen Strafverfolgungsbehörden anzuzeigen. § 37r Abs. 1 Satz 2 lässt in diesem Fall die Übermittlung personenbezogener Daten zu.

1. Verdacht

2 Der Verdacht muss durch Tatsachen begründet werden; bloße Vermutungen oder Mutmaßungen genügen nicht. Bestimmte Anforderungen an den Grad des Verdachts stellt das Gesetz nicht. Da erst die Strafverfolgungsbehörden und nicht schon die BaFin über das Vorliegen eines Anfangsverdachts im Sinne der §§ 152 Abs. 2, 160 StPO und damit über die Einleitung eines Ermittlungsverfahrens entscheiden, verbietet sich eine Anknüpfung an Kategorien des Strafprozessrechts.[1] Für § 37r Abs. 1 muss es stattdessen ausreichen, wenn die BaFin Kenntnis von wie auch immer gearteten Verdachtsmomenten erlangt, welche die Begehung einer Straftat als nicht völlig unwahrscheinlich erscheinen lassen. Da die BaFin keine Strafverfolgungsbehörde ist, kann es auch nicht ihre Aufgabe sein, zunächst etwaigen entlastenden Hinweisen nachzugehen, bevor sie über die Anzeige nach § 37r Abs. 1 entscheidet.[2]

3 Auf die weitere Tätigkeit der BaFin im Rahmen der §§ 37n ff. hat die Anzeige keinen Einfluss; die Überprüfung der Rechnungslegung ist unverändert fortzusetzen.[3] Anders als im Rahmen des § 40a wird die BaFin auch nicht von der Staatsanwaltschaft über den weiteren Gang der Ermittlungen informiert.

2. Straftat im Zusammenhang mit der Rechnungslegung

4 Die Anzeige darf nur erfolgen, wenn die Straftat im Zusammenhang mit der Rechnungslegung steht. Erfasst sind zunächst Tatbestände, die eine verfälschte Rechnungslegung selbst unter Strafe stellen wie § 331 HGB und § 400 AktG. Aber auch Straftaten, bei denen die unrichtige Darstellung gleichsam das Tatwerkzeug ist, wie es beispielsweise bei Insolvenzstraftaten der Fall sein kann, stehen noch „im Zusammenhang" mit der Rechnungslegung.[4] Gleiches gilt für Straftaten des Abschlussprüfers nach §§ 332, 333 HGB. Auch sie werden vom Wortlaut des § 37r Abs. 1 erfasst; wollte man sie lediglich unter § 37r Abs. 2 Satz 1 fallen lassen,[5] würde die Staatsanwaltschaft jedenfalls nicht unmittelbar, sondern erst nach § 84a WPO Kenntnis von der Anzeige erlangen.

---

[1] So aber KölnKommWpHG-*Altenhain*, Rn. 4; *Hönsch* in *Assmann/Schneider*, § 37r Rn. 6.
[2] AA *Hönsch* in *Assmann/Schneider*, § 37r Rn. 7.
[3] KölnKommWpHG-*Altenhain*, Rn. 5; *Hönsch* in *Assmann/Schneider*, § 37r Rn. 8.
[4] KölnKommWpHG-*Altenhain*, Rn. 3; *Hönsch* in *Assmann/Schneider*, § 37r Rn. 2.
[5] So aber *Hönsch* in *Assmann/Schneider*, § 37r Rn. 4.

Internationale Zusammenarbeit §　37s

Nicht ausreichend ist es dagegen, wenn sich im Rahmen der Überprüfung der 5
Rechnungslegung Verdachtsmomente bezüglich sonstiger Straftaten ergeben,
etwa, weil sich eine solche Straftat auf die Rechnungslegung auswirkt.[6]

II. Mitteilungen an die Wirtschaftsprüferkammer (§ 37 r Abs. 2 Satz 1)

Tatsachen, die auf das Vorliegen einer Berufspflichtverletzung durch den Ab- 6
schlussprüfer schließen lassen, sind nach § 37 r Abs. 2 Satz 1 der Wirtschaftsprüferkammer zu übermitteln. Auch insoweit ist es ausreichend, wenn Tatsachen vorliegen, die eine Verletzung von Berufspflichten als nicht völlig unwahrscheinlich erscheinen lassen. Unerheblich ist, ob die mögliche Berufspflichtverletzung zu einer fehlerhaften Rechnungslegung geführt hat.[7] Für die Übermittlung personenbezogener Daten verweist § 37 r Abs. 2 Satz 3 auf § 37 r Abs. 1 Satz 2.

III. Mitteilungen an die Börsenaufsichtsbehörde (§ 37 r Abs. 2 Satz 2)

Tatsachen, die auf einen Verstoß gegen börsenrechtliche Vorschriften schließen 7
lassen, sind gemäß § 37 r Abs. 2 Satz 2 an die zuständige Börsenaufsichtsbehörde im Sinne des § 3 Abs. 1 BörsG zu übermitteln. Für die Übermittlung personenbezogener Daten verweist § 37 r Abs. 2 Satz 3 auf § 37 r Abs. 1 Satz 2.

§ 37 s Internationale Zusammenarbeit

(1) Der Bundesanstalt obliegt die Zusammenarbeit mit den Stellen im Ausland, die zuständig sind für die Untersuchung möglicher Verstöße gegen Rechnungslegungsvorschriften durch Unternehmen, deren Wertpapiere zum Handel an einem organisierten Markt zugelassen sind. Sie kann diesen Stellen zur Erfüllung dieser Aufgabe Informationen nach Maßgabe des § 7 Abs. 2 Satz 1 und 2, auch in Verbindung mit Abs. 7 übermitteln. § 37 o Abs. 4 und 5 findet mit der Maßgabe entsprechende Anwendung, dass die dort geregelten Befugnisse sich auf alle Unternehmen, die von der Zusammenarbeit nach Satz 1 umfasst sind, sowie auf alle Unternehmen, die in den Konzernabschluss eines solchen Unternehmens einbezogen sind, erstrecken.

(2) Die Bundesanstalt kann mit den zuständigen Stellen von Mitgliedstaaten der Europäischen Union oder von Vertragsstaaten des Abkommens über den Europäischen Wirtschaftsraum zusammenarbeiten, um eine einheitliche Durchsetzung internationaler Rechnungslegungsvorschriften grenzüberschreitend gewährleisten zu können. Dazu kann sie diesen Stellen auch den Wortlaut von Entscheidungen zur Verfügung stellen, die sie oder die *Prüfstelle in Einzelfällen* getroffen haben. Der Wortlaut der Entscheidungen darf nur in anonymisierter Form zur Verfügung gestellt werden.

---

[6] KölnKommWpHG-*Altenhain*, Rn. 3; *Hönsch* in *Assmann/Schneider*, § 37 r Rn. 2 nennt als Beispiel Unterschlagungen von Mitarbeitern des Unternehmens, die aufgrund der Manipulation von Buchungsbelegen zu einem bilanziellen Fehlausweis führen.
[7] *Hönsch* in *Assmann/Schneider*, § 37 r Rn. 12.

(3) Die internationale Zusammenarbeit durch die Bundesanstalt nach den Absätzen 1 und 2 erfolgt im Benehmen mit der Prüfstelle.

Schrifttum: § 37 n.

Übersicht

	Rn.
I. Zusammenarbeit in konkreten Einzelfällen (§ 37 s Abs. 1)	1
II. Zusammenarbeit zur einheitlichen Durchsetzung internationaler Rechnungslegungsvorschriften (§ 37 s Abs. 2)	3
III. Einbeziehung der Prüfstelle (§ 37 s Abs. 3)	4

I. Zusammenarbeit in konkreten Einzelfällen (§ 37 s Abs. 1)

1 § 37s Abs. 1 Satz 1 schafft die Grundlage für die Zusammenarbeit der BaFin mit ausländischen „Enforcement"-Stellen. Diese Zusammenarbeit in konkreten Einzelfällen ist sowohl dann zulässig, wenn die BaFin Informationen benötigt, um ihrer Aufgabe nach den §§ 37 n ff. nachzukommen, als auch dann, wenn die zuständige ausländische Stelle im Rahmen ihrer Tätigkeit ein Auskunftsersuchen an die BaFin richtet.[1] Die Übermittlung von Informationen an zuständige Stellen in den von § 7 Abs. 1 genannten Staaten ist nach Maßgabe der § 7 Abs. 2 Satz 1 und 2, die Übermittlung an Stellen in anderen Staaten nach Maßgabe des § 7 Abs. 7[2] zulässig. Insoweit wird auf die Kommentierung zu § 7 verwiesen.

2 § 37s Abs. 1 Satz 3 gewährleistet, dass der BaFin die Befugnisse des § 37 o Abs. 4 und 5 auch dann zustehen, wenn sie das Auskunftsersuchen einer ausländischen Stelle zu beantworten hat und die Rechnungslegung des betroffenen Unternehmens nicht Gegenstand einer Überprüfung der BaFin nach den §§ 37 n ff. ist.[3]

II. Zusammenarbeit zur einheitlichen Durchsetzung internationaler Rechnungslegungsvorschriften (§ 37 s Abs. 2)

3 § 37 s Abs. 2 sieht die Zusammenarbeit der BaFin mit den zuständigen Stellen von Mitgliedstaaten der Europäischen Union oder von EWR-Vertragsstaaten vor, um eine einheitliche Durchsetzung der IFRS zu gewährleisten.[4] Damit sollen vor allem Koordinierungsarbeiten in europäischen Gremien zur einheitlichen Anwendung der IFRS erleichtert werden; die BaFin hat dazu auch die Möglichkeit, nach pflichtgemäßem Ermessen Entscheidungen in eine europäische Datenbank einzustellen, die von ausländischen „Enforcement"-Stellen abgerufen

---

[1] Vgl. Begr. RegE BT-Drucks. 15/3421 S. 19.

[2] Die Einfügung von „auch in Verbindung mit" durch das Transparenzrichtlinie-Umsetzungsgesetz soll klarstellen, dass auf Abs. 7 nur insoweit verwiesen wird, wie dadurch die Zusammenarbeit im Sinne von § 7 Abs. 2 Satz 1 und 2 auch mit Drittstaaten ermöglicht wird, vgl. Begr. RegE BT-Drucks. 16/2498, S. 43.

[3] KölnKommWpHG-*Carny*, Rn. 8; *Hönsch* in *Assmann/Schneider*, § 37s Rn. 2.

[4] KölnKommWpHG-*Carny*, Rn. 9; *Hönsch* in *Assmann/Schneider*, § 37s Rn. 3 ff.

Widerspruchsverfahren

werden können.[5] § 37 s Abs. 2 Satz 3 schreibt vor, dass der Wortlaut solcher Entscheidungen nur in anonymisierter Form zur Verfügung gestellt werden darf.

III. Einbeziehung der Prüfstelle (§ 37 s Abs. 3)

Nach außen wirkt die Prüfstelle nicht an der internationalen Zusammenarbeit gemäß § 37 s Abs. 1 und 2 mit. Dadurch wird vermieden, dass es für die zuständigen Stellen im Ausland mehrere Ansprechpartner gibt.[6] Nach § 37 s Abs. 3 soll die Prüfstelle aber intern in die internationale Zusammenarbeit einbezogen werden. 4

§ 37 t Widerspruchsverfahren

(1) Vor Einlegung der Beschwerde sind Rechtmäßigkeit und Zweckmäßigkeit der Verfügungen, welche die Bundesanstalt nach den Vorschriften dieses Abschnitts erlässt, in einem Widerspruchsverfahren nachzuprüfen. Einer solchen Nachprüfung bedarf es nicht, wenn der Abhilfebescheid oder der Widerspruchsbescheid erstmalig eine Beschwer enthält. Für das Widerspruchsverfahren gelten die §§ 68 bis 73 und 80 Abs. 1 der Verwaltungsgerichtsordnung entsprechend, soweit in diesem Abschnitt nichts Abweichendes geregelt ist.

(2) Der Widerspruch gegen Maßnahmen der Bundesanstalt nach § 37 o Abs. 1 Satz 1, 2 und 5 sowie Abs. 4 und 5, § 37 p Abs. 1 Satz 3 und 4 sowie Abs. 2 und § 37 q Abs. 1 sowie Abs. 2 Satz 1 hat keine aufschiebende Wirkung.

Schrifttum: § 37 n.

Übersicht

	Rn.
I. Widerspruchsverfahren (§ 37 t Abs. 1)	1
1. Allgemeines	1
2. Verfügungen der BaFin	3
3. Widerspruchsbefugnis	4
4. Frist und Form der Einlegung	8
5. Widerspruchsbehörde	9
II. Aufschiebende Wirkung des Widerspruchs (§ 37 t Abs. 2)	10
1. Sofortige Vollziehbarkeit	10
2. Einstweiliger Rechtsschutz durch Anordnung der aufschiebenden Wirkung	11

I. Widerspruchsverfahren (§ 37 t Abs. 1)

1. Allgemeines

Rechtsschutz gegen Maßnahmen der BaFin im Rahmen der §§ 37 n ff. wird über den Widerspruch nach § 37 t und die Beschwerde nach § 37 u gewährt. Dies weicht von dem Rechtsschutz gegen sonstige Maßnahmen der BaFin ab, 1

---

[5] Begr. RegE BT-Drucks. 15/3421 S. 19; Hönsch in Assmann/Schneider, § 37 s Rn. 3.
[6] Begr. RegE BT-Drucks. 15/3421 S. 19.

§ 37t 2–6 Abschnitt 11. Überwachung

gegen die Widerspruch und Anfechtungsklage (vgl. § 4 Abs. 7) statthaft sind.[1] Diese Rechtsbehelfe werden von den §§ 37t, 37u als *leges speciales* verdrängt; § 37t Abs. 1 Satz 3 sieht deshalb eine lediglich entsprechende Anwendung der §§ 68ff. VwGO vor.

2 Vor Einlegung der in § 37u geregelten Beschwerde hat nach § 37t ein Widerspruchsverfahren stattzufinden. In diesem sind Recht- und Zweckmäßigkeit der Verfügung der BaFin zu prüfen. § 37t Abs. 1 Satz 2 stellt klar, dass ein Widerspruchsverfahren nicht stattfindet, wenn Abhilfe- oder Widerspruchsbescheid erstmalig eine Beschwer enthalten, was sich auch bereits aus § 37t Abs. 1 Satz 3 iVm § 68 Abs. 1 Satz 2 Nr. 2 VwGO ergeben würde.[2]

2. Verfügungen der BaFin

3 Die wichtigsten Verfügungen der BaFin (also Verwaltungsakte im Sinne des § 35 VwVfG), gegen die der Widerspruch statthaft ist, sind – neben der Entscheidung über den Antrag nach § 37q Abs. 2 Satz 3 – die in § 37t Abs. 2 genannten Maßnahmen.[3]

3. Widerspruchsbefugnis

4 **Widerspruchsbefugt ist,** wie sich aus § 37t Abs. 1 Satz 3 iVm § 70 Abs. 1 Satz 1 VwGO ableiten lässt, **der durch die Verfügung der BaFin Beschwerte.** Das bedeutet, dass das betroffene Unternehmen zB die Anordnung oder das Aufgreifen einer Prüfung (§ 37o Abs. 1 Satz 1 und 2, § 37p Abs. 1 Satz 4, Abs. 2), den auf Bekanntmachung der Prüfungsanordnung gerichteten Verwaltungsakt (§ 37o Abs. 1 Satz 5), das Auskunftsverlangen (§ 37o Abs. 4), die Fehlerfeststellung (§ 37q Abs. 1), die Anordnung der Fehlerbekanntmachung (§ 37q Abs. 2 Satz 1) oder die Ablehnung des Antrags nach § 37q Abs. 2 Satz 3 mit dem Widerspruch angreifen kann.

5 Die **Aufforderung der BaFin gegenüber der Prüfstelle** gemäß § 37p Abs. 1 Satz 3, das Ergebnis und die Durchführung der Prüfung zu erläutern und einen Prüfbericht vorzulegen, ist ein Verwaltungsakt (Rn. 3). Die Rechtsposition des von der Überprüfung betroffenen Unternehmens wird jedoch nicht berührt, da erst die Anordnung einer Prüfung nach §§ 37p Abs. 1 Satz 2, 37o Abs. 1 Satz 1 Regelungswirkung gegenüber dem Unternehmen entfaltet und die Aufforderung gemäß § 37p Abs. 1 Satz 3 insoweit eine bloße Vorbereitungshandlung darstellt.[4]

6 Die **Entscheidung der BaFin, dass kein Fehler vorliegt,** kann nicht mit einem Widerspruch angegriffen werden (siehe auch § 37q Rn. 11f.): Zum einen ist diese nicht als Verwaltungsakt zu qualifizieren, da ihr keine Regelungswirkung zukommt.[5] Denn im Gegensatz zu § 37q Abs. 1 sieht § 37q Abs. 3 keine Feststellung der Fehlerfreiheit vor, sondern nur die als rein tatsächliche Maßnahme einzuordnende Mitteilung gegenüber dem Unternehmen. Zum anderen können

---

[1] Dazu auch Hecht/Gräfe/Jehke DB 2008, 1251.
[2] Ausführlich dazu KölnKommWpHG-*Giesberts*, Rn. 33ff.
[3] Vgl. auch *Gelhausen/Hönsch* AG 2007, 308, 310.
[4] Siehe auch KölnKommWpHG-*Giesberts*, Rn. 26; KölnKommWpHG-*Pohlmann*, § 37u Rn. 23.
[5] So auch KölnKommWpHG-*Giesberts*, Rn. 27.

durch diese Mitteilung keine Rechte des Unternehmens beeinträchtigt sein, so dass keine Widerspruchsbefugnis gegeben ist.[6] Gleiches gilt für die Aktionäre und sonstige Dritte; die §§ 37 n ff. bezwecken nicht den Schutz von Individualinteressen, sondern dienen ausschließlich der Funktionsfähigkeit der Kapitalmärkte (§ 37 n Rn. 10).[7]

Der **Abschlussprüfer** kann durch eine Verfügung der BaFin potentiell in seinen Rechten betroffen und damit widerspruchsbefugt sein. Zu denken ist dabei etwa an die Anordnung der Vorlage von Unterlagen (§ 37 o Abs. 4 Satz 1), die in Rechte des Abschlussprüfers eingreifen kann.[8] Ob **Aktionäre** des betroffenen Unternehmens gegen die Fehlerfeststellung Widerspruch einlegen können, ist umstritten. Einer Ansicht zufolge sind die Aktionäre widerspruchsbefugt, da die Feststellungsverfügung der BaFin auch ihnen gegenüber Bindungswirkung entfalte.[9] Eine solche Bindungswirkung besteht jedoch nicht (dazu § 37 q Rn. 3): § 37 q beschränkt die Sanktionen für eine fehlerhafte Rechnungslegung auf die Feststellung und die Veröffentlichung des Fehlers. Alle weiteren Rechtsfolgen ergeben sich aus den einschlägigen gesellschafts- und bilanzrechtlichen Vorschriften. Das gilt auch für die Auswirkungen einer fehlerhaften Rechnungslegung auf gesellschaftsrechtliche Ansprüche (zB die Nichtigkeit eines Gewinnverwendungsbeschlusses nach § 253 AktG). **Aktionäre können** also **durch den Verwaltungsakt nach § 37 q Abs. 1 nicht in ihren Rechten verletzt sein;** auch die mögliche Reaktion der Kapitalmärkte auf die Fehlerveröffentlichung nach § 37 q Abs. 2 begründet keine Widerspruchsbefugnis.[10] **Sonstige Dritte,** etwa Personen, die durch ihre Hinweise zur Einleitung eines Prüfverfahrens beigetragen haben (§§ 37 o, 37 p Rn. 12) sind ebenfalls nicht widerspruchsbefugt.[11]

4. Frist und Form der Einlegung

Gemäß § 37 t Abs. 1 Satz 3 iVm § 70 Abs. 1 Satz 1 VwGO ist der Widerspruch innerhalb eines Monats, nachdem der Verwaltungsakt dem Beschwerten bekannt gegeben worden ist, schriftlich oder zur Niederschrift bei der BaFin zu erheben. Die von § 70 Abs. 1 Satz 2 VwGO vorgesehene Einlegung des Widerspruchs bei der Widerspruchsbehörde selbst hat hier keine praktische Bedeutung, da Ausgangs- und Widerspruchsbehörde identisch sind (Rn. 9).

5. Widerspruchsbehörde

Widerspruchsbehörde ist nach § 37 t Abs. 1 Satz 3 iVm § 73 Abs. 1 Satz 2 Nr. 2 VwGO die BaFin selbst, da das Bundesfinanzministerium als nächsthöhere

---

[6] Hönsch in *Assmann/Schneider*, § 37 t Rn. 5.
[7] Hecht/Gräfe/Jehke DB 2008, 1251, 1252; Hönsch in *Assmann/Schneider*, § 37 t Rn. 5.
[8] Vgl. OLG Frankfurt/M. ZIP 2007, 768.
[9] *Mattheus/Schwab* DB 2004, 1975, 1979; zustimmend *Hecht/Gräfe/Jehke* DB 2008, 1251, 1252. – aA *Gelhausen/Hönsch* AG 2005, 511, 524 f.; dies. AG 2007, 308, 312; KölnKommWpHG-*Giesberts*, Rn. 30; *Hönsch* in *Assmann/Schneider*, § 37 t Rn. 4; *Mock* DB 2005, 987, 988; KölnKommWpHG-*Pohlmann*, § 37 u Rn. 21 f.
[10] *Gelhausen/Hönsch* AG 2005, 511, 524 f.; dies. AG 2007, 308, 312; *Mock* DB 2005, 987, 988.
[11] KölnKommWpHG-*Giesberts*, Rn. 30; *Hönsch* in *Assmann/Schneider*, § 37 t Rn. 5; KölnKommWpHG-*Pohlmann*, § 37 u Rn. 21, 24.

§ 37t 10–12   Abschnitt 11. Überwachung

Behörde (vgl. § 2 FinDAG) eine oberste Bundesbehörde ist.[12] Eine dem § 6 WpÜG vergleichbare Regelung zur funktionellen Zuständigkeit innerhalb der BaFin besteht nicht.

II. Aufschiebende Wirkung des Widerspruchs (§ 37t Abs. 2)

1. Sofortige Vollziehbarkeit

10 Der Widerspruch gegen Verwaltungsakte der BaFin hat in den in § 37t Abs. 2 aufgeführten Fällen in Abweichung von dem Grundsatz des § 37t Abs. 1 Satz 3 iVm § 80 Abs. 1 VwGO keine aufschiebende Wirkung. Der jeweilige Verwaltungsakt ist sofort vollziehbar; nach der Begründung des Regierungsentwurfs[13] soll eine nicht hinnehmbare Verzögerung der Sachverhaltsaufklärung verhindert werden.

2. Einstweiliger Rechtsschutz durch Anordnung der aufschiebenden Wirkung

11 Das Gesetz verweist zwar nicht auf § 80 Abs. 5 VwGO,[14] jedoch erklärt § 37u Abs. 2 auch § 50 Abs. 3 WpÜG für entsprechend anwendbar. Damit kann das OLG Frankfurt als Beschwerdegericht auf Antrag **die aufschiebende Wirkung des Widerspruchs anordnen** und auf diese Weise einstweiligen Rechtsschutz gewähren, wenn ernstliche Zweifel an der Rechtmäßigkeit der angefochtenen Verfügung bestehen (§ 50 Abs. 3 Nr. 2 WpÜG) oder wenn die Vollziehung für den Betroffenen eine unbillige, nicht durch überwiegende öffentliche Interessen gebotene Härte zur Folge hätte (§ 50 Abs. 3 Nr. 3 WpÜG).[15] Bei § 50 Abs. 3 Nr. 2 WpÜG hat das Gericht aufgrund einer summarischen Prüfung der Sach- und Rechtslage zu entscheiden; bei einer „offenen Rechtslage" dürften in der Regel keine ernstlichen Zweifel anzunehmen sein.[16] Im Rahmen des § 50 Abs. 3 Nr. 3 WpÜG ist zu prüfen, ob eine unbillige Härte nicht durch das öffentliche Interesse an einer raschen Aufklärung des Sachverhalts und einer umgehenden Information der Kapitalmarktteilnehmer gerechtfertigt ist; dabei sind auch die Erfolgsaussichten eines Hauptsacheverfahrens von entscheidender Bedeutung.[17]

12 Der **Antrag auf Anordnung der aufschiebenden Wirkung kann** gemäß § 37u Abs. 2 iVm § 50 Abs. 4 Satz 1 WpÜG bereits vor Einreichung der Beschwerde und sogar **vor Einlegung des Widerspruchs gestellt werden**; die Frist- und Formvorschrift des § 51 WpÜG gilt nicht.[18] Ist die Verfügung im

---

[12] Dreyling in Assmann/Schneider, § 4 Rn. 15 (zu Verwaltungsakten nach § 4); Gelhausen/Hönsch AG 2007, 308, 313. Unzutreffend dagegen Hönsch in Assmann/Schneider, § 37t Rn. 7 und Vogel in Assmann/Schneider, § 4 Rn. 76. – Zum Widerspruchsverfahren nach § 41 WpÜG vgl. MünchKommAktG-Bauer, § 41 WpÜG Rn. 6.
[13] BT-Drucks. 15/3421 S. 19f.
[14] Unzutreffend daher Heidel/Hubeny, § 37t WpHG Rn. 3.
[15] Ausführlich dazu Gelhausen/Hönsch AG 2007, 308, 318ff.; Hecht/Gräfe/Jehke DB 2008, 1251, 1255f. Siehe auch OLG Frankfurt/M. ZIP 2007, 768; DB 2007, 1913.
[16] Siehe nur MünchKommAktG-Bauer, § 50 WpÜG Rn. 24.
[17] Statt aller MünchKommAktG-Bauer, § 50 WpÜG Rn. 25.
[18] MünchKommAktG-Bauer § 50 WpÜG Rn. 26, 27 mwN; zu § 37t auch Gelhausen/Hönsch AG 2007, 308, 319; Hecht/Gräfe/Jehke DB 2008, 1251, 1256.

Zeitpunkt der Entscheidung des Beschwerdegerichts über den Antrag bereits vollzogen, kann das Gericht nach § 50 Abs. 4 Satz 3 WpÜG im Wege des einstweiligen Rechtsschutzes auch die Aufhebung der Vollziehung anordnen.

§ 37u Beschwerde

**(1) Gegen Verfügungen der Bundesanstalt nach diesem Abschnitt ist die Beschwerde statthaft. Die Beschwerde hat keine aufschiebende Wirkung.
(2) Die §§ 43 und 48 Abs. 2 bis 4, § 50 Abs. 3 bis 5 sowie die §§ 51 bis 58 des Wertpapiererwerbs- und Übernahmegesetzes gelten entsprechend.**

Schrifttum: § 37n.

Anstelle der gegen sonstige Maßnahmen der BaFin statthaften Anfechtungsklage (vgl. § 4 Abs. 7) führt § 37u die Beschwerde ein, der nach § 37t Abs. 1 Satz 1 ein Widerspruchsverfahren vorauszugehen hat. § 37u Abs. 2 sieht die entsprechende Anwendung der Regeln über die Beschwerde nach dem WpÜG vor.[1] Daraus ergibt sich insbesondere, dass das **OLG Frankfurt** über die Beschwerde entscheidet (§ 48 Abs. 4 WpÜG). Damit ist, wie in § 40 Abs. 1 Satz 1 VwGO vorgesehen, eine öffentlich-rechtliche Streitigkeit einem ordentlichen Gericht zugewiesen. Zur Beschwerdebefugnis sei auf die Ausführungen zur Widerspruchsbefugnis (§ 37t Rn. 4 ff.) verwiesen. Das Gesetz sieht keine Rechtsmittel gegen die Entscheidung des OLG Frankfurt vor; **der Rechtsschutz ist auf eine Instanz beschränkt.**[2] 1

Abweichend von § 49 WpÜG hat die Beschwerde gemäß § 37u Abs. 1 Satz 2 generell **keine aufschiebende Wirkung.** Nach § 37u Abs. 2 iVm § 50 Abs. 3 WpÜG kann jedoch das OLG Frankfurt auf Antrag die aufschiebende Wirkung des Widerspruchs nach § 37t oder der Beschwerde ganz oder teilweise anordnen. Als Gründe für die gerichtliche Anordnung kommen nur § 50 Abs. 3 Nr. 2 und Nr. 3 WpÜG in Betracht (§ 37t Rn. 11). 2

§ 37u Abs. 1 regelt die gegen Verwaltungsakte der BaFin gerichtete Anfechtungsbeschwerde. Nach § 37u Abs. 2 iVm § 56 Abs. 2 Satz 2 WpÜG kann auch eine **Fortsetzungsfeststellungsbeschwerde** statthaft sein.[3] Darüber hinaus ist anerkannt, dass § 48 WpÜG keinen *numerus clausus* der Beschwerdearten festlegt.[4] Um lückenlosen Rechtsschutz nicht nur gegen Verwaltungsakte der BaFin, sondern insbesondere auch gegen schlichtes Verwaltungshandeln zu gewährleisten, muss dies auch für die Beschwerde nach § 37u gelten. Somit ist vor allem die **allgemeine Leistungsbeschwerde,** die auch auf ein Unterlassen gerichtet sein kann, nicht ausgeschlossen.[5] 3

---

[1] Ausführlich dazu *Gelhausen/Hönsch* AG 2007, 308, 315 ff.; KölnKommWpHG-*Pohlmann,* Rn. 5 ff. und 31 ff.

[2] OLG Frankfurt/M. ZIP 2008, 312, 317.

[3] OLG Frankfurt/M. ZIP 2008, 312, 313; MünchKommAktG-*Bauer,* § 48 WpÜG Rn. 33 ff.; KölnKommWpHG-*Pohlmann,* Rn. 8.

[4] MünchKommAktG-*Bauer,* § 48 WpÜG Rn. 38 mwN.

[5] Ausführlich dazu MünchKommAktG-*Bauer,* § 48 WpÜG Rn. 40 ff. – Zu § 37u siehe auch *Gelhausen/Hönsch* AG 2007, 308, 315; KölnKommWpHG-*Pohlmann,* Rn. 8.

Unterabschnitt 2. Veröffentlichung und Übermittlung von Finanzberichten an das Unternehmensregister

Vorbemerkung zu den §§ 37v bis 37z

Übersicht

	Rn.
I. Das Transparenzrichtlinie-Umsetzungsgesetz	1
1. Vorgaben und Regelungsziele der Transparenzrichtlinie	1
2. Änderung der Wertpapierhandelsanzeige- und Insiderverzeichnisverordnung	6
3. Entstehungsgeschichte des Umsetzungsgesetzes	7
II. Das Finanzmarktrichtlinie-Umsetzungsgesetz	8
III. Überblick über die Regelpublizität nach den §§ 37v ff.	9
1. Der Anwendungsbereich	9
2. Das Regelungsmodell der §§ 37v–37x	12
3. Der „Bilanzeid"	14
IV. Aufhebung des § 40 BörsG und der §§ 53 ff. BörsZulV	19
V. Haftung für fehlerhafte periodische Kapitalmarktinformation	21
1. Sanktionsnormen	21
2. Zivilrechtliche Haftung	24
a) Ansprüche aus § 826 BGB	25
b) Ansprüche aus § 823 Abs. 2 BGB iVm einem Schutzgesetz	26

Schrifttum: *Adler/Düring/Schmaltz*, Rechnungslegung und Prüfung der Unternehmen, Bd. 5, 6. Aufl. 1997, *d'Arcy/Mayer*, Neue Anforderungen an die Zwischenberichterstattung durch die Transparenzrichtlinie, Der Konzern 2005, 151; *Beck'scher Bilanz-Kommentar*, hrsg. von Ellrott/Förschle/Hoyos/Winkeljohann, 6. Auflage 2006; *Bedkowski/Kocher*, Termin der ordentlichen Hauptversammlung nach EHUG und TUG, AG 2007, 341; *Beiersdorf/Buchheim*, Entwurf eines Gesetzes zur Umsetzung der EU-Transparenzrichtlinie: Ausweitung der Publizitätspflichten, BB 2006, 1674; *Beiersdorf/Rahe*, Verabschiedung des Gesetzes zur Umsetzung der EU-Transparenzrichtlinie (TUG) – Update zu BB 2006, 1674 ff., BB 2007, 99; *Bosse*, Wesentliche Neuregelungen ab 2007 aufgrund des Transparenzrichtlinie-Umsetzungsgesetzes für börsennotierte Unternehmen, DB 2007, 39; *Buchheim*, Die Jahres- und Zwischenberichterstattung im Entwurf der EU-Transparenz-Richtlinie, KoR 2003, 241; *Buchheim/Ulbrich*, EU-Transparenz-Richtlinie: Neuregelung der periodischen und laufenden Berichterstattung kapitalmarktorientierter Unternehmen, KoR 2004, 273; *Buchheim/Knorr*, Der Lagebericht nach DRS 15 und internationale Entwicklungen, WPg 2006, 413; *Cahn/Götz*, Ad-hoc-Publizität und Regelberichterstattung, AG 2007, 221; *Fleischer*, Der deutsche „Bilanzeid" nach § 264 Abs. 2 S. 3 HGB, ZIP 2007, 97; *Foelsch*, EU-Aktionsplan für Finanzdienstleistungen und nationale Kapitalmarktreform – Die Entwicklung des Kapitalmarktaufsichtsrechts in den Jahren 2003 bis 2006, BKR 2007, 94; *Göres*, Kapitalmarktrechtliche Pflichten nach der Transparenzrichtlinie-Umsetzungsgesetz, Der Konzern 2007, 15; *Heldt/Ziemann*, Sarbanes-Oxley in Deutschland?, NZG 2006, 652; *Hutter/Kaulamo*, Transparenzrichtlinie-Umsetzungsgesetz: Änderungen der Regelpublizität und das neue Veröffentlichungsregime für Kapitalmarktinformationen, NJW 2007, 550; *Kaum/Zimmermann*, Das jährliche Dokument nach § 10 WpPG, BB 2005, 1466; *Kleinert/Kleinert*, Neue Transparenzanforderungen für Unternehmen durch „EHUG" und „TUG", GmbHR 2007, R49; *Möllers*, Das Europäische Kapitalmarktrecht im Umbruch, ZBB 2003, 390; *Mülbert/Steup*, Das zweispurige Regime der Regelpublizität nach Inkrafttreten des TUG, NZG 2007, 761; *Müller/Oulds*, Transparenz

Vorbemerkung **Vor §§ 37v bis 37z**

im europäischen Fremdkapitalmarkt, WM 2007, 573; *Müller/Stute*, Ausgestaltung der unterjährigen Berichterstattung deutscher Unternehmen: E-DRS 21 im Vergleich mit nationalen und internationalen Regelungen, BB 2006, 2803; *Mutter/Arnold/Stehle*, Die Hauptversammlung unter Geltung des TUG, AG 2007, R109; *Nießen*, Die Harmonisierung der kapitalmarktrechtlichen Transparenzregeln durch das TUG, NZG 2007, 41; *ders.*, Geänderte Transparenzanforderungen im Wertpapierhandelsgesetz, NJW-Spezial 2007, 75; *Noack*, Neue Publizitätspflichten und Publizitätsmedien für Unternehmen – eine Bestandsaufnahme nach EHUG und TUG, WM 2007, 377; *Revell/Cotton*, The threat to issuers from Europe's transparency law, Int'l Fin. L.Rev. May 2004, 35; *Rodewald/Unger*, Zusätzliche Transparenz für die europäischen Kapitalmärkte – die Umsetzung der EU-Transparenzrichtlinie in Deutschland, BB 2006, 19; *Schlitt/Schäfer*, Auswirkungen der Umsetzung der Transparenzrichtlinie und der Finanzmarktrichtlinie auf Aktien- und Equity-Linked-Emissionen, AG 2007, 227; *Strieder/Ammedick*, Der Zwischenlagebericht als neues Instrument der Zwischneberichterstattung, DB 2007, 1368; *Veil*, der Schutz des verständigen Anlegers durch Publizität und Haftung im europäischen und nationalen Kapitalmarktrecht, ZBB 2006, 162; *Wagner*, Die Bestellung des Abschlussprüfers für die prüferische Durchsicht – Fragen bei der aktuellen Vorbereitung der Haupversammlung, BB 2007, 454; *Wiederhold/Pukallus*, Zwischenberichterstattung nach dem Transparenzrichtlinie-Umsetzungsgesetz – Neue Anforderungen an kapitalmarktorientierte Unternehmen aus der Sicht der Corporate Governance, Der Konzern 2007, 264.

Zur Haftung für fehlerhafte periodische Kapitalmarktinformation: *Brellochs*, Publizität und Haftung von Aktiengesellschaften im System des Europäischen Kapitalmarktrechts, 2005; *Dühn*, Schadensersatzhaftung börsennotierter Aktiengesellschaften für fehlerhafte Kapitalmarktinformation de lege lata und de lege ferenda, 2003; *Ekkenga*, Fragen der deliktischen Haftung bei Kursmanipulationen und Insidergeschäften, ZIP 2004, 781; *Fleischer*, Empfiehlt es sich, im Interesse des Anlegerschutzes und zur Förderung des Finanzplatzes Deutschland, das Kapitalmarkt- und Börsenrecht neu zu regeln?, Gutachten für den 64. Deutschen Juristentag, Kapitalmarktrechtliches Teilgutachten F, 2002, S. 13; *ders.*, Erweiterte Außenhaftung der Organmitglieder im Europäischen Gesellschafts- und Kapitalmarktrecht, ZGR 2004, 437; *ders.*, Konturen der kapitalmarktrechtlichen Informationsdeliktshaftung, ZIP 2005, 1805; *ders.*, Kapitalmarktrechtliche Informationshaftung gegenüber Dritten, in *ders.*, Handbuch des Vorstandsrechts, 2006, § 14; *ders.*, Buchführungsverantwortung des Vorstands und Haftung der Vorstandsmitglieder für fehlerhafte Buchführung, WM 2006, 2021; *Glöckler*, Die zukunftsbezogene Publizität von Kapitalgesellschaften in der Bundesrepublik Deutschland, 1996; *Groß*, Haftung für fehlerhafte oder fehlende Regel- oder ad-hoc-Publizität, WM 2002, 477; *Hopt/Voigt* (Hrsg.), Prospekt- und Kapitalmarktinformationshaftung, 2005; *Hopt*, Der Kapitalanlegerschutz im Recht der Banken, 1975; *ders.*, Vom Aktien- und Börsenrecht zum Kapitalmarktrecht, Teil 2: Die deutsche Entwicklung im internationalen Vergleich, ZHR 141 (1977), 389; *Kalss*, Anlegerinteressen, 2001; *Merkt*, Unternehmenspublizität, 2001; *Möllers*, Effizienz als Maßstab des Kapitalmarktrechts, AcP 208 (2008), 1; *Mülbert/Steub*, Emittentenhaftung für fehlerhafte Kapitalmarktinformation am Beispiel der fehlerhaften Regelpublizität, WM 2005, 1633; *Sauer*, Haftung für Falschinformation des Sekundärmarktes, 2004; *Schnorr*, Geschäftsleiteraußenhaftung für fehlerhafte Buchführung, ZHR 170 (2006), 9; *Schwark*, Kapitalmarktbezogene Informationshaftung, FS Hadding, 2004, S. 1117; *Siebel/Gebauer*, Prognosen im Aktien- und Kapitalmarktrecht: Lagebericht, Zwischenbericht, Verschmelzungsbericht, Prospekt usw., WM 2001, 118 (Teil 1), 173 (Teil 2); *Zimmer/Cloppenburg*, Haftung für falsche Information des Sekundärmarktes auch bei Kapitalanlagen des nicht geregelten Kapitalmarktes?, ZHR 171 (2007), 519; *Zimmermann*, Privatrecht im Kapitalmarktrecht der Gemeinschaft, GPR 2008, 38.

I. Das Transparenzrichtlinie-Umsetzungsgesetz

1. Vorgaben und Regelungsziele der Transparenzrichtlinie

1   Die §§ 37v ff. wurden durch das Transparenzrichtlinie-Umsetzungsgesetz vom 5. Januar 2007[1] mit Wirkung vom 20. Januar 2007 in das WpHG eingefügt. Sie dienen der Umsetzung der **Art. 4 ff. der Transparenzrichtlinie 2004/109/ EG**,[2] die das mit „Regelmäßige Information" überschriebene Kapitel II der Richtlinie bilden. Diese Bestimmungen enthalten eine nach Art der ausgegebenen Wertpapiere abgestufte Regelung und sehen vor, dass Emittenten, die einen geregelten Markt[3] in Anspruch nehmen, **Jahres- und Halbjahresfinanzberichte sowie Zwischenmitteilungen der Geschäftsführung** zu publizieren haben. Damit geht die Richtlinie vor allem hinsichtlich der unterjährigen Finanzberichtspflichten über die bislang in Deutschland bestehenden Anforderungen an die Regelpublizität hinaus.

2   Die Transparenzrichtlinie 2004/109/EG beruht auf dem **Financial Service Action Plan** (FSAP[4]). Sie regelt Pflichten kapitalmarktorientierter Unternehmen zur regelmäßigen und laufenden Information der Anleger und harmonisiert diese, indem sie europaweite Standards festschreibt. Dabei handelt es sich um Mindeststandards; gemäß Art. 3 Abs. 1 kann der Herkunftsmitgliedsstaat für Emittenten strengere Anforderungen vorsehen.[5] Die Richtlinie bezweckt, **das Vertrauen der Anleger durch gemeinschaftsweit gleich hohe Transparenz zu sichern** und durch die **Schaffung effizienter, transparenter und integrierter Wertpapiermärkte** zu einem echten Binnenmarkt in der Gemeinschaft beizutragen.[6] Neben der Sicherung der Funktionsfähigkeit der Kapitalmärkte ist aber auch der Schutz der einzelnen Anleger bezweckt.[7] Dies gilt gerade für die „regelmäßige Information" nach Kapitel II der Richtlinie. Die dort vorgesehene Publizität soll in Fortführung des mit der IAS-Verordnung[8] eingeschlagenen Weges die Vergleichbarkeit der Finanzberichte im Interesse der individuellen Anleger verbessern, ihnen eine fundierte Beurteilung der Lage des

---

[1] Gesetz zur Umsetzung der Richtlinie 2004/109/EG des Europäischen Parlaments und des Rates vom 15. Dezember 2004 zur Harmonisierung der Transparenzanforderungen in Bezug auf Informationen über Emittenten, deren Wertpapiere zum Handel auf einem geregelten Markt zugelassen sind, und zur Änderung der Richtlinie 2001/34/EG, BGBl. I S. 10.

[2] Richtlinie 2004/109/EG des Europäischen Parlaments und des Rates vom 15. Dezember 2004, ABl. EU Nr. L 390/38 vom 31. Dezember 2004.

[3] Siehe Art. 2 Abs. 1 lit. c) der Transparenzrichtlinie, der auf Art. 4 Abs. 1 Nr. 14 der Finanzmarktrichtlinie 2004/39/EG (MiFID) verweist.

[4] Mitteilung der Europäischen Kommission KOM (1999) 232 vom 11. Mai 1999; dazu Foelsch BKR 2007, 94.

[5] Zu beachten ist, dass gemäß Art. 3 Abs. 2 der Aufnahmemitgliedstaat, also nach Art. 2 Abs. 1 lit. j) der Mitgliedstaat, in dem Wertpapiere zum Handel an einem geregelten Markt zugelassen sind und bei dem es sich nicht um den Herkunftsmitgliedstaat handelt, die Anforderungen der Richtlinie nicht verschärfen darf.

[6] Siehe insbesondere die Erwägungsgründe 1 und 41 der Richtlinie.

[7] Begründung des Kommissionsvorschlags, KOM (2003) 138 endg. vom 26. März 2003, S. 10; Begr. RegE BT-Drucks. 16/2498 S. 26.

[8] Verordnung (EG) Nr. 1606/2002 vom 19. Juli 2002, ABl. EG Nr. L 243, S. 1 ff.

Vorbemerkung 3, 4 **Vor §§ 37v bis 37z**

Emittenten ermöglichen sowie in standardisierten Zyklen pünktliche und verlässliche Informationen liefern.[9]

Im Bereich der Regelpublizität verfolgt die Richtlinie **drei Hauptziele:**[10] So 3 soll durch Veröffentlichung eines Jahresfinanzberichts gemäß Art. 4 eine **Verbesserung der jährlichen Finanzberichterstattung** der Wertpapieremittenten erreicht werden.

Daneben ist vor allem **größere Transparenz bei der unterjährigen Bericht-** 4 **erstattung** bezweckt. Die Kommission war der Ansicht, dass die Offenlegungsanforderungen der Gemeinschaft insoweit hinter den internationalen, insbesondere US-amerikanischen Entwicklungen hinterherhinkten, nicht mehr die Wohlverhaltenspraxis widerspiegelten und „eindeutig veraltet" seien.[11] Sie verwies auch darauf, dass eine Vielzahl von Mitgliedsstaaten entweder vierteljährliche Informationen auf allen oder bestimmten geregelten Märkten bereits vorgeschrieben oder – wie Deutschland – über die Börsenvorschriften faktisch vierteljährliche Berichte eingeführt hatten.[12] Der von der Kommission angestrebte Mittelweg zwischen „höchsten internationalen Standards" ähnlich den Anforderungen in den USA[13] und dem bisherigen Stand der Transparenz in der Europäischen Union sollte aus einer Kombination ausführlicher Halbjahresfinanzberichte für alle Wertpapieremittenten und weniger anspruchsvoller Quartalsangaben für Aktienemittenten bestehen.[14] Nach Art. 6 Abs. 2 des Kommissionsentwurfs hatten Quartalsangaben mindestens eine tabellarische Übersicht über die Nettoumsatzerlöse und das Ergebnis sowie Erläuterungen zur Geschäftstätigkeit des Emittenten und zum Ergebnis im betreffenden Quartal zu enthalten. Der Ausschuss für Recht und Binnenmarkt des Parlaments forderte jedoch, von allen über eine halbjährliche Berichterstattung hinausgehende Publizitätspflichten abzusehen.[15] Das Ziel der Entwicklung der Kapitalmärkte müsse sein, das langfristige Investment zu fördern; Quartalsangaben hätten oftmals eine psychologisch entgegengesetzte Wirkung und seien deshalb schädlich. Zudem verspreche eine verpflichtende vierteljährliche Berichterstattung keinen Gewinn an Transparenz. Nach dem letztendlich beschlossenen **Kompromiss**[16] müssen die

---

[9] So die Erwägungsgründe 9–11, 16 der Richtlinie. Siehe auch die Begründung des Kommissionsvorschlags, KOM (2003) 138 endg. vom 26. März 2003, S. 3 f.

[10] Begründung des Kommissionsvorschlags, KOM (2003) 138 endg. vom 26. März 2003, S. 3 f.

[11] Begründung des Kommissionsvorschlags, KOM (2003) 138 endg. vom 26. März 2003, S. 15.

[12] Begründung des Kommissionsvorschlags, KOM (2003) 138 endg. vom 26. März 2003, S. 15 f.

[13] Dort schreibt Section 13 des Securities Exchange Act von 1934 (15 USC § 78a et seq.) in Verbindung mit Rule 13a–13 der SEC (17 CFR Part 240) eine Quartalsberichterstattung (auf Form 10-Q) vor.

[14] Vgl. auch *Buchheim* KoR 2003, 241, 247 f.; *Möllers* ZBB 2003, 390, 395 f.

[15] Stellungnahme des Ausschusses für Recht und Binnenmarkt für den Ausschuss für Wirtschaft und Währung in Bericht des Ausschusses für Wirtschaft und Währung über den Vorschlag für eine Richtlinie des Europäischen Parlaments und des Rates zur Harmonisierung der Transparenzanforderungen in Bezug auf Informationen über Emittenten, deren Wertpapiere zum Handel auf einem geregelten Markt zugelassen sind, und zur Änderung der Richtlinie 2001/34/EG, Dokument vom 25. Februar 2004, A5 0079/2004, S. 96 f.

[16] Siehe dazu auch *Buchheim/Ulbrich* KoR 2004, 273, 280 f.; *Fischer zu Cramburg* AG 2004, R170; *Revell/Cotton* Int'l Fin. L. Rev. May 2004, S. 35.

Vor §§ 37v bis 37z 5–7   Abschnitt 11. Überwachung

Zwischenmitteilungen der Geschäftsführung gemäß Art. 6 der Richtlinie lediglich eine Erläuterung der wesentlichen Ereignisse und Transaktionen, ihrer Auswirkungen auf die Finanzlage und eine allgemeine Beschreibung der Finanzlage und des Geschäftsergebnisses enthalten; auf die Einführung einer obligatorischen Quartalsfinanzberichterstattung nach internationalen Standards wurde verzichtet.

5 Schließlich wurde mit Art. 5 eine **halbjährliche Finanzberichterstattung auch für diejenigen Emittenten eingeführt, die ausschließlich Schuldtitel begeben** und bislang keiner Zwischenberichtspflicht unterlagen. Damit sollen zum einen Anleger, die in Schuldtitel investieren, geschützt und zum anderen gleiche Ausgangsbedingungen für Aktienemittenten und Emittenten von Schuldtiteln gewährleistet werden.

2. Änderung der Wertpapierhandelsanzeige- und Insiderverzeichnisverordnung

6 Das Transparenzrichtlinie-Umsetzungsgesetz führte auch zu weit reichenden Änderungen der Wertpapierhandelsanzeige- und Insiderverzeichnisverordnung (WpAIV). Dies betrifft insbesondere die **nun in den §§ 3 a ff. WpAIV geregelte Art und Weise der Veröffentlichung und Weitergabe von Informationen** (zu den Einzelheiten des Publikationsregimes siehe § 26 Rn. 10 ff.). § 3 a WpAIV setzt Art. 21 der Transparenzrichtlinie 2004/109/EG um, der eine Bekanntgabe der „vorgeschriebenen Informationen" im Sinne des Art. 2 Abs. 1 lit. k) der Richtlinie in einer Form vorsieht, die in nicht diskriminierender Weise einen schnellen Zugang zu ihnen gewährleistet. § 3 b WpAIV übernimmt die in Art. 20 der Transparenzrichtlinie getroffenen Sprachregelung, während § 3 c WpAIV der Umsetzung von Art. 19 Abs. 1 Unterabs. 1 der Richtlinie dient. Gemäß § 22 WpAIV gelten die §§ 3 a, 3 b für die Art und Sprache der Veröffentlichung der Hinweisbekanntmachungen nach §§ 37 v Abs. 1 Satz 2, 37 w Abs. 1 Satz 2, 37 x Abs. 1 Satz 2. § 23 WpAIV verweist für die Mitteilungen nach §§ 37 v Abs. 1 Satz 3, 37 w Abs. 1 Satz 3, 37 x Abs. 1 Satz 3 auf § 3 c WpAIV.

3. Entstehungsgeschichte des Umsetzungsgesetzes

7 Dem Transparenzrichtlinie-Umsetzungsgesetz ging der Regierungsentwurf vom 4. September 2006[17] voraus. Die Stellungnahme des Bundesrates[18] betraf hinsichtlich der §§ 37 v ff. die in § 37 w Abs. 5 Satz 1 des Regierungsentwurfs vorgesehene Pflicht, den Halbjahresfinanzbericht zumindest der prüferischen Durchsicht zu unterziehen. Der Bundesrat regte an, das insoweit in Art. 5 Abs. 5 der Transparenzrichtlinie 2004/109/EG vorgesehene Wahlrecht nicht einzuschränken, da er einen Wettbewerbsnachteil für die betroffenen Inlandsemittenten befürchtete.[19] Aus dem gleichen Grund schlug er vor, als Zeitpunkt für die Erstellung der Zwischenmitteilung der Geschäftsführung nicht – wie in § 37 x Abs. 1 Satz 1 des Regierungsentwurfs bestimmt – den Schluss des ersten und dritten Quartals eines Geschäftsjahres festzulegen. Stattdessen sei die flexiblere

---

[17] BT-Drucks. 16/2498.
[18] Stellungnahme des Bundesrates und Gegenäußerung der Bundesregierung zum Regierungsentwurf des Transparenzrichtlinie-Umsetzungsgesetz, BT-Drucks. 16/2917.
[19] BT-Drucks. 16/2917, S. 3.

Vorbemerkung **8–11 Vor §§ 37v bis 37z**

Vorgabe des Art. 6 Abs. 1 Satz 2 der Transparenzrichtlinie unverändert umzusetzen.[20] Die Bundesregierung stimmte beiden Vorschlägen zu;[21] den Anregungen des Bundesrates schloss sich auch der Finanzausschuss des Bundestages in seiner Beschlussempfehlung an,[22] die insoweit der schließlich Gesetz gewordenen Fassung entspricht.

II. Das Finanzmarktrichtlinie-Umsetzungsgesetz

Die Umsetzung der Richtlinie über Märkte für Finanzinstrumente (MiFID)[23] **8** durch das am 1. November 2007 in Kraft tretende Finanzmarktrichtlinie-Umsetzungsgesetz vom 16. Juli 2007[24] (Einleitung Rn. 56 ff.) führte zu keinen Änderungen der §§ 37 v ff.

III. Überblick über die Regelpublizität nach den §§ 37 v ff.

1. Der Anwendungsbereich

Die §§ 37 v ff. finden ausschließlich auf **Inlandsemittenten** im Sinne des § 2 **9** Abs. 7 Anwendung. Damit werden auch Emittenten erfasst, deren Sitz sich nicht in Deutschland befindet (§ 2 Rn. 161).[25]

Die Anforderungen an die Regelpublizität sind nach der **Art der emittier-** **10** **ten Wertpapiere** abgestuft. Die Pflicht, einen Jahresfinanzbericht nach § 37 v zu publizieren, besteht – vorbehaltlich der in § 37 z bestimmten Ausnahmen – für alle Inlandsemittenten, die Wertpapiere im Sinne des § 2 Abs. 1 begeben. Der Anwendungsbereich der §§ 37 w, 37 x ist enger: Halbjahresfinanzberichte gemäß § 37 w sind nur von denjenigen Inlandsemittenten zu veröffentlichen, die Aktien oder Schuldtitel im Sinne des § 2 Abs. 1 Satz 1 Nr. 1, Nr. 3 begeben; § 37 x findet ausschließlich auf Aktienemittenten Anwendung. In allen Fällen müssen die Wertpapiere an einem **organisierten Markt** im Sinne des § 2 Abs. 5 zugelassen sein. Emittenten, deren Wertpapiere ausschließlich an einem nichtorganisierten Markt (dazu § 2 Rn. 149), beispielsweise im Freiverkehr (§ 48 BörsG), gehandelt werden, unterliegen damit nicht der Finanzberichtspublizität nach den §§ 37 v ff.

Ausnahmen für Emittenten, die ausschließlich Schuldtitel mit einer **Mindest-** **11** **stückelung von 50 000,– Euro** oder ausschließlich **staatlich garantierte Schuldtitel** begeben, für **Daueremittenten** und **Emittenten mit Sitz in einem Drittstaat** sind in § 37 z normiert.

---

[20] BT-Drucks. 16/2917, S. 3 f.
[21] BT-Drucks. 16/2917, S. 6.
[22] BT-Drucks. 16/3644 S. 28 f., 77.
[23] Richtlinie 2004/39/EG des Europäischen Parlaments und des Rates vom 21. April 2004 über Märkte für Finanzinstrumente, zur Änderung der Richtlinien 85/611/EWG und 93/6/EWG des Rates und der Richtlinie 2000/12/EG des Europäischen Parlaments und des Rates und zur Aufhebung der Richtlinie 93/22/EWG des Rates, ABl. EU Nr. L 145/1 vom 30. April 2004.
[24] BGBl. I S. 1330.
[25] Kritisch dazu, ob die Beschränkung des Anwendungsbereichs auf Inlandsemittenten mit den Vorgaben der Transparenzrichtlinie 2004/109/EG vereinbar ist *Mülbert/Steup* NZG 2007, 761, 765 f.

2. Das Regelungsmodell der §§ 37v–37x

12 Der deutsche Gesetzgeber hat sich in den §§ 37 v Abs. 1, 37 w Abs. 1, 37 x Abs. 1 für ein einheitliches Regelungsmodell der periodischen Finanzberichterstattung entschieden: In Abs. 1 Satz 1 wird jeweils die Pflicht begründet, den entsprechenden Finanzbericht der Öffentlichkeit zur Verfügung zu stellen. Dies hat zum einen durch **Publikation im Internet** zu geschehen. Das Gesetz stellt eine Pflicht zur Internetveröffentlichung zwar nicht ausdrücklich auf, mittelbar ergibt sich diese aber aus dem jeweiligen Abs. 1 Satz 2, nach dem die Internetadresse bekannt zu geben ist, unter welcher der Finanzbericht abgerufen werden kann.[26] Zum anderen ist gemäß Abs. 1 Satz 2 eine **Hinweisbekanntmachung** zu veröffentlichen; nur für diese Hinweisbekanntmachung, nicht aber für die gesamten Rechnungslegungsunterlagen, gilt gemäß § 22 WpAIV das Publikationsregime der §§ 3a, 3b WpAIV (dazu § 26 Rn. 10ff.). Diese Regelung beruht auf Art. 12 Abs. 3 Satz 2 der Durchführungsrichtlinie 2007/14/EG,[27] der in Abweichung vom Grundsatz des Art. 21 Abs. 1 der Transparenzrichtlinie 2004/109/EG die Publikation einer Hinweisbekanntmachung genügen lässt, wenn die „vorgeschriebenen Informationen" im Sinne des Art. 2 Abs. 1 lit. k) der Transparenzrichtlinie neben ihrer Speicherung im zentralen System gemäß Art. 21 Abs. 2 auch im Internet abrufbar sind.

13 Die Hinweisbekanntmachung ist jeweils gemäß Abs. 1 Satz 3 **der BaFin mitzuteilen,** womit Art. 19 Abs. 1 Unterabs. 1 Satz 1 der Transparenzrichtlinie 2004/109/EG umgesetzt wird. Abs. 1 Satz 3 und Satz 4 begründen zudem die Pflicht, die Hinweisbekanntmachung und die Finanzberichte unverzüglich, jedoch nicht vor Veröffentlichung der Hinweisbekanntmachung **dem Unternehmensregister im Sinne des § 8b HGB zur Speicherung zu übermitteln.** Eine Ausnahme gilt beim Jahresfinanzbericht nach § 37 v Abs. 1 Satz 4 für Emittenten, die ihren Jahresabschluss nach § 325 HGB offen legen und bei denen die Übermittlung an das Unternehmensregister gemäß § 8b Abs. 2 Nr. 4 iVm Abs. 3 Satz 1 Nr. 1 HGB, also durch den Betreiber des elektronischen Bundesanzeigers, erfolgt.

3. Der „Bilanzeid"

14 Jahres- und Halbjahresfinanzberichte müssen gemäß **§ 37v Abs. 2 Nr. 3 und § 37w Abs. 2 Nr. 3** eine den Vorgaben der §§ 264 Abs. 2 Satz 3, 289 Abs. 1 Satz 5 HGB entsprechende Erklärung enthalten. Danach haben die gesetzlichen Vertreter[28] des Emittenten bei der Aufstellung[29] des Abschlusses schriftlich zu

---

[26] Vgl. auch *Bosse* DB 2007, 39, 44; KölnKommWpHG-*Mock*, § 37v Rn. 13f.; *Noack* WM 2007, 377, 381.

[27] Richtlinie 2007/14/EG der Kommission vom 8. März 2007 mit Durchführungsbestimmungen zu bestimmten Vorschriften der Richtlinie 2004/109/EG zur Harmonisierung der Transparenzanforderungen in Bezug auf Informationen über Emittenten, deren Wertpapiere zum Handel an einem geregelten Markt zugelassen sind, ABl. EU Nr. L 69/27 vom 9. März 2007.

[28] Bei deutschen Aktiengesellschaften nach dem Grundsatz der Gesamtverantwortung sämtliche Vorstandsmitglieder, vgl. *Fleischer* ZIP 2007, 97, 100 und 102; *Klawitter* in Habersack/Mülbert/Schlitt, Unternehmensfinanzierung, § 32 Rn. 68 Fn. 94.

[29] Dieser zeitliche Bezugspunkt folgt aus dem Wortlaut des § 264 Abs. 2 S. 3 HGB, der die Abgabe der Versicherung „bei der Unterzeichnung" des Abschlusses vorsieht, vgl. *Bos-*

Vorbemerkung **15 Vor §§ 37v bis 37z**

versichern, dass nach ihrem bestem Wissen der Abschluss ein den tatsächlichen Verhältnissen entsprechendes Bild im Sinne des § 264 Abs. 2 Satz 1 HGB vermittelt oder der Anhang Angaben nach § 264 Abs. 2 Satz 2 HGB enthält, dass nach ihrem bestem Wissen im Lagebericht der Geschäftsverlauf einschließlich des Geschäftsergebnisses und die Lage des Emittenten so dargestellt sind, dass ein den tatsächlichen Verhältnissen entsprechendes Bild vermittelt wird, und dass die wesentlichen Chancen und Risiken im Sinne des § 289 Abs. 1 Satz 4 HGB beschrieben sind. Bei konzernabschlusspflichtigen Emittenten muss dieser „Bilanzeid" gemäß § 37y Nr. 1 iVm §§ 297 Abs. 2 Satz 4, 315 Abs. 1 Satz 6 HGB auch auf Konzernabschluss und -lagebericht bezogen sein.

Die §§ 37v Abs. 2 Nr. 3, 37w Abs. 2 Nr. 3 haben einen umfassenderen **Adressatenkreis** als die §§ 264 Abs. 2 Satz 3, 289 Abs. 1 Satz 5, 297 Abs. 2 Satz 4, 315 Abs. 1 Satz 6 HGB, da sie anders als diese nicht nur für Gesellschaften in Form einer AG, KGaA oder GmbH und für Personengesellschaften im Sinne des § 264a HGB, d. h. für nach deutschem Recht gegründete Gesellschaften, sondern für alle Inlandsemittenten im Sinne des § 2 Abs. 7 gelten. Unter § 2 Abs. 7 können auch Emittenten mit Gründungssitz in einem anderen Mitgliedstaat oder in einem Drittstaat, d. h. Gesellschaften ausländischer Rechtsform fallen, die nicht HGB-publizitätspflichtig sind.[30] Zu diesen nicht nach HGB publizitätspflichtigen Inlandsemittenten zählen auch Unternehmen, die nach dem PublG zur Offenlegung von Jahresabschluss und Lagebericht verpflichtet sind (vgl. § 5 Abs. 1 Satz 2 PublG, der nicht auf § 264 Abs. 2 Satz 3 HGB verweist).[31] Alle Inlandsemittenten, die nicht (unmittelbar) von den Vorschriften des HGB erfasst werden, sind – bei Drittstaatenemittenten vorbehaltlich des § 37z Abs. 4, Abs. 5 – über die §§ 37v Abs. 2 Nr. 3, 37w Abs. 2 Nr. 3 zur Abgabe der Versicherung verpflichtet.[32] Diese Differenzierung ist von Bedeutung, weil sich die bei Nichtabgabe oder nicht richtiger Abgabe der Versicherung eingreifenden Sanktionen wesentlich unterscheiden je nachdem, ob der betreffende Emittent HGB-publizitätspflichtig ist oder nicht. Die **inhaltlich unrichtige Versicherung** kann den **Straftatbestand des § 331 Nr. 3a HGB**[33] erfüllen, der angesichts des strafrechtlichen Analogieverbots jedoch nur deutsche Kapitalgesellschaften und Personengesellschaften im Sinne des § 264a HGB erfasst. Dagegen wird die **Nichtabgabe oder nicht rechtzeitige Abgabe der Erklärung von § 39 Abs. 2 Nr. 24, 25 als Ordnungswidrigkeit behandelt**, die von allen Adressaten der §§ 37v, 37w begangen werden kann. Die inhaltlich unrichtige Versicherung kann daher bei ausländischen Emittenten allenfalls nach dem Recht des Herkunftsstaates straf- oder bußgeldrechtlich sanktioniert sein; bei inländischen, nicht HGB-publizitätspflichtigen Emittenten bleibt die inhaltlich unrichtige (aber vollständige und rechtzeitige) Versicherung außerhalb von Tatbeständen des allgemeinen Strafrechts (§§ 263, 264a StGB) sanktionslos.[34]

15

---

se DB 2007, 39, 45 f.; Stellungnahme des Handelsrechtsausschusses des Deutschen Anwaltsvereins, NZG 2006, 655, 658; aA *Fleischer* ZIP 2007, 97, 101 f.
[30] *Mülbert/Steup* NZG 2007, 761, 763.
[31] Zutreffend *Mülbert/Steup* NZG 2007, 761, 763; *Mülbert/Steup* in *Habersack/Mülbert/Schlitt*, Unternehmensfinanzierung, § 33 Rn. 230.
[32] Siehe auch KölnKommWpHG-*Mock*, § 37v Rn. 30.
[33] Zu diesem Straftatbestand *Heldt/Ziemann* NZG 2006, 652.
[34] Ausführlich *Mülbert/Steup* NZG 2007, 761, 769.

Vor §§ 37v bis 37z 16–18 Abschnitt 11. Überwachung

16 Dies ist sowohl aus Sicht des Gemeinschaftsrechts (Art. 28 Abs. 1 der Transparenzrichtlinie 2004/109/EG) als auch des nationalen Verfassungsrechts (Art. 3 Abs. 1 GG) bedenklich; der Gesetzgeber sollte diesen Zustand baldmöglichst beenden.[35]
Mit § 37v Abs. 2 Nr. 3 und § 37w Abs. 2 Nr. 3 wird die Vorgabe der Art. 4 Abs. 2 lit. c) und Art. 5 Abs. 2 lit. c) der Transparenzrichtlinie 2004/109/EG umgesetzt. Diese Bestimmungen sind vor dem Hintergrund der Bilanzskandale der jüngsten Vergangenheit und dem Bestreben der Kommission zu sehen, das Vertrauen der Anleger zu erhalten oder wiederherzustellen.[36] Die Begründung des Regierungsentwurfs[37] verweist im Übrigen auf das US-amerikanische Vorbild in Sec. 302 („**Corporate Responsibility for Financial Reports**") des Sarbanes-Oxley Act,[38] der CEO und CFO zur Abgabe einer auf Finanzberichte bezogenen Versicherung verpflichtet.[39]

17 In der Fassung des Regierungsentwurfs[40] war – über die Richtlinienvorgabe hinausgehend – ein **Wissensvorbehalt** nicht enthalten, was gerade von den Wirtschaftsverbänden stark kritisiert wurde.[41] Auch der Bundesrat regte an, einen Wissensvorbehalt aufzunehmen; andernfalls seien keine einheitlichen europäischen Rahmenbedingungen für die Kapitalmarktakteure gewährleistet.[42] Die Bundesregierung stimmte diesen Bedenken in ihrer Gegenäußerung zu;[43] die Beschlussempfehlung des Finanzausschusses enthielt ebenfalls den Zusatz „nach bestem Wissen".[44]

18 Die Formulierung „**nach bestem Wissen**" soll aus Sicht des Finanzausschusses zum einen bedeuten, dass „nur vorsätzliches und nicht auch fahrlässiges Handeln bei der Abgabe des Bilanzeides bezogen auf die Richtigkeit der Angaben in den Unternehmensabschlüssen rechtliche Folgen" auslöst.[45] Zum anderen genüge es nicht, wenn sich die gesetzlichen Vertreter bei der Abgabe der Erklärung auf vorhandenes Wissen zurückzögen; sie hätten sich grundsätzlich zu bemühen, ein möglichst vollständiges Wissen hinsichtlich der vorgeschriebenen Rechnungslegungsunterlagen zu erhalten.[46] Dies entspreche der allgemeinen Sorgfaltspflicht, die gesetzliche Vertreter gemäß § 93 Abs. 1 AktG anzuwenden hätten.[47] Diese Ausführungen sind widersprüchlich. Zutreffend ist die Annahme, dass **nicht lediglich auf vorhandenes Wissen abgestellt werden kann**; sie

---

[35] Zutreffend *Mülbert/Steup* NZG 2007, 761, 769.
[36] Vgl. *Fleischer* ZIP 2007, 97, 98; Mitteilung an den Rat und das europäische Parlament zur Modernisierung des Gesellschaftsrechts und der Verbesserung der Corporate Governance in der Europäischen Union – Aktionsplan, 21. Mai 2003, KOM 2003, 284 endg., S. 3.
[37] BT-Drucks. 16/2498, S. 55.
[38] 107 P.L. 204; 116 Stat. 745.
[39] Zu den Einzelheiten dieser Regelung siehe *Fleischer* ZIP 2007, 97.
[40] BT-Drucks. 16/2498.
[41] Siehe etwa die Stellungnahme des BDI vom 29. August 2006, Dokumentnr. D 0061, S. 9; zustimmend *Göres* Der Konzern 2007, 15, 20.
[42] BT-Drucks. 16/2917, S. 3.
[43] BT-Drucks. 16/2917, S. 5.
[44] BT-Drucks. 16/3644, S. 53.
[45] Beschlussempfehlung des Finanzausschusses, BT-Drucks. 16/3644, S. 80.
[46] Beschlussempfehlung des Finanzausschusses, BT-Drucks. 16/3644, S. 80.
[47] Beschlussempfehlung des Finanzausschusses, BT-Drucks. 16/3644, S. 80 f.

Vorbemerkung **19 Vor §§ 37v bis 37z**

steht im Einklang mit dem Wortlaut der Art. 4 Abs. 2 lit. c)[48] und Art. 5 Abs. 2 lit. c) der Transparenzrichtlinie 2004/109/EG: Da die Erklärung nicht „nach ihrem Wissen", sondern „nach bestem Wissen" abzugeben ist, besteht eine Pflicht der gesetzlichen Vertreter des Emittenten, ein „Mindestmaß an Informationssorgfalt"[49] anzuwenden. Liegen konkrete Anhaltspunkte dafür vor, dass Abschluss und Lagebericht kein den tatsächlichen Verhältnissen entsprechendes Bild vermitteln, ist diesen nachzugehen. Gibt es derartige Anhaltspunkte jedoch nicht und ist eine Falschdarstellung nicht geradezu offenkundig, wird die Erklärung nach bestem Wissen abgegeben. Um ein **„möglichst vollständiges Wissen" müssen sich die gesetzlichen Vertreter entgegen der Ansicht des Finanzausschusses nicht bemühen.**[50] Der „Bilanzeid" ist – anders als dies Sec. 302 des Sarbanes-Oxley Act vorsieht – von allen gesetzlichen Vertretern, d. h. auch von denjenigen abzugeben, die bei der in größeren Gesellschaften unerlässlichen Geschäftsverteilung faktisch nicht mit der Aufstellung der Abschlüsse befasst sind.[51] Insoweit müssen die Grundlinien Geltung behalten, die zum Prinzip der Gesamtverantwortung und der allgemeinen Aufsichtpflicht der jeweils ressortfremden Mitglieder der Geschäftsführung entwickelt wurden.[52] Dies bedeutet insbesondere, dass diese grundsätzlich auf pflichtgemäßes Verhalten der zuständigen Organmitglieder vertrauen dürfen und nur bei Verdachtsmomenten einzuschreiten haben.

IV. Aufhebung des § 40 BörsG und der §§ 53 ff. BörsZulV

§ 40 BörsG aF forderte bis zum 20. Januar 2007 von den Emittenten zum **19** amtlichen Markt[53] zugelassener Aktien oder diese vertretender Zertifikate die **Veröffentlichung eines Zwischenberichts,** der anhand von Zahlenangaben und Erläuterungen ein den tatsächlichen Verhältnissen entsprechendes Bild der Finanzlage und des allgemeinen Geschäftsgangs im Berichtszeitraum vermittelt. Die §§ 53–62 BörsZulV aF enthielten Detailregelungen zu Inhalt und Veröffentlichung des Zwischenberichts.[54] § 40 BörsG und die §§ 53–62 BörsZulV wurden durch das Transparenzrichtlinie-Umsetzungsgesetz aufgehoben, da neben § 37w kein Bedürfnis für eine zusätzliche Pflicht zur Veröffentlichung eines Zwischenberichts mehr bestand.[55]

---

[48] Dieser spricht anders als Art. 5 Abs. 2 lit. c) nicht vom „besten Wissen", sondern verwendet die Formulierung „ihres Wissens". Ein sachlicher Grund für diese Abweichung ist nicht erkennbar; die anderen Sprachfassungen legen ein Redaktionsversehen nahe. So auch *Fleischer* ZIP 2007, 97, 101.
[49] So die Formulierung von *Fleischer* ZIP 2007, 97, 101.
[50] Zutreffend *Fleischer* ZIP 2007, 97, 101.
[51] Vgl. dazu auch die Stellungnahme des Handelsrechtsausschusses des Deutschen Anwaltsvereins, NZG 2006, 655, 659; *Klawitter* in *Habersack/Mülbert/Schlitt,* Unternehmensfinanzierung, § 32 Rn. 68 Fn. 94.
[52] Siehe nur MünchKommAktG-*Hefermehl/Spindler,* § 77 AktG Rn. 28 mwN.
[53] Für den geregelten Markt enthielt der auf § 54 S. 2 BörsG beruhende § 71 S. 2 BörsO der FWB einen Verweis auf die §§ 53ff. BörsZulV.
[54] Siehe dazu *Groß,* §§ 53–70 BörsG Rn. 2ff.; *Fasselt* in *Schäfer/Hamann,* KMG, § 40 BörsG Rn. 1ff.; *Schwark/Heidelbach,* § 40 BörsG Rn. 1ff., jeweils mwN.
[55] BT-Drucks. 16/2498, S. 53f.

Zimmermann

Vor §§ 37v bis 37z 20–23   Abschnitt 11. Überwachung

20   Die Neuregelung bedeutet gerade **für Emittenten, die keine Quartalsfinanzberichte gemäß § 66 BörsO FWB**[56] erstellen müssen, d. h., deren Wertpapiere nicht zum Teilbereich des regulierten Marktes mit besonderen Pflichten (Prime Standard) im Sinne des § 42 BörsG zugelassen sind, eine **nicht unerhebliche Ausweitung der unterjährigen Finanzberichterstattung.**[57] Dies gilt insbesondere hinsichtlich des Mindestumfangs des Halbjahresfinanzberichts, der gemäß § 37w Abs. 2 einen verkürzten Abschluss, einen Zwischenlagebericht und die Versicherung nach den §§ 264 Abs. 2 Satz 3, 289 Abs. 1 Satz 5 HGB enthalten muss. Konzernabschlusspflichtige Emittenten sind nunmehr nach § 37y Nr. 2 zur Aufstellung eines IFRS-Halbjahresfinanzberichts verpflichtet (§ 37w Rn. 18 ff.). Zudem ist § 37w Abs. 1 abweichend von § 40 BörsG aF nicht nur an Aktienemittenten, sondern auch an die Emittenten bestimmter Schuldtitel adressiert. Für reine Schuldtitelemittenten enthält § 46 Abs. 2 eine Übergangsvorschrift.

V. Haftung für fehlerhafte periodische Kapitalmarktinformation

1. Sanktionsnormen

21   Vorsätzlich und leichtfertige Verstöße gegen die §§ 37 v ff. stellen nach § 39 Abs. 2 Nr. 2 m)–p), Nr. 5 f)–h), Nr. 6, Nr. 24, Nr. 25 **Ordnungswidrigkeiten** dar, die gemäß § 39 Abs. 4 mit einer Geldbuße von bis zu 200 000,– Euro geahndet werden können. Problematisch ist, dass § 39 Abs. 2 Nr. 24 zwar das „nicht oder nicht rechtzeitig zur Verfügungstellen" der entsprechenden Rechnungslegungsunterlagen sanktioniert, nicht aber inhaltlich fehlerhafte Finanzberichterstattung erfasst. Dies ist zum einen im Hinblick auf die von Art. 28 Abs. 1 Transparenzrichtlinie 2004/109/EG geforderte effektive Sanktionierung bedenklich. Zum anderen können inhaltlich unrichtige Angaben im Jahresfinanzbericht vom Straftatbestand des § 331 HGB erfasst sein, der jedoch auf nicht HGB-publizitätspflichtige Inlandsemittenten keine Anwendung findet (dazu schon Rn. 15) und damit Organmitglieder von Emittenten, die den Vorschriften des HGB unterliegen, ungleich behandelt.[58]

22   Die unrichtige Darstellung in (Konzern-)Jahresabschluss oder (Konzern-)Lagebericht kann einen der **Straftatbestände des § 331 Nr. 1–3 HGB** erfüllen. Wird vorsätzlich ein falscher „Bilanzeid" abgegeben, erfüllt dies den Straftatbestand des § 331 Nr. 3a HGB (Rn. 15). § 331 HGB gilt jedoch nur für deutsche Kapitalgesellschaften und Personengesellschaften im Sinne des § 264a HGB (dazu schon Rn. 15 und Rn. 21).

23   Mitglieder des Vorstandes oder Aufsichtsrates einer deutschen Aktiengesellschaft, die vorsätzlich inhaltlich unrichtige Finanzberichte erstellen und veröffentlichen (lassen), können zudem den **Straftatbestand des § 400 Abs. 1 Nr. 1 AktG** erfüllen. Dieser setzt voraus, dass die Verhältnisse der Gesellschaft einschließlich ihrer Beziehungen zu verbundenen Unternehmen in Darstellungen oder Übersich-

---

[56] Vor dem 1. November 2007 war die Pflicht zur Quartalsberichterstattung in den §§ 63, 78 BörsO FWB aF geregelt.
[57] Vgl. auch *Buchheim/Knorr* WPg 2006, 413, 422 f.
[58] Siehe dazu ausführlich *Mülbert/Steup* NZG 2007, 761, 769.

ten über den Vermögensstand, in Vorträgen oder Auskünften in der Hauptversammlung unrichtig wiedergegeben oder verschleiert werden. Die nach den §§ 37 v ff. zu publizierenden Finanzberichte erfüllen das Tatbestandsmerkmal der „Darstellungen oder Übersichten über den Vermögensstand".[59]

2. Zivilrechtliche Haftung

Die zivilrechtliche Haftung für fehlerhafte Regelpublizität folgt den allgemeinen Grundsätzen der Haftung für fehlerhafte oder unterlassene Kapitalmarktinformationen. Zu deren Systematik und zu den Fragen des Verschuldens, der Kausalität und des ersatzfähigen Schadens sei auf die Kommentierung Vor §§ 37 b, 37 c Rn. 25 ff. verwiesen. Da nach zutreffender Ansicht eine Haftung für fehlerhafte Finanzberichte gemäß den **Grundsätzen der Prospekthaftung** ausscheidet,[60] die im übrigen bei der Verletzung von Publizitätspflichten durch Unterlassen ohnehin nicht eingreifen würde, ist nachfolgend vorrangig darauf einzugehen, ob die Verletzung bilanz- und kapitalmarktrechtlicher, auf die Regelpublizität bezogener Pflichten zu Schadensersatzansprüchen aus § 823 Abs. 2 BGB führen kann.[61]   24

a) Ansprüche aus § 826 BGB

Werden vorsätzlich fehlerhafte Finanzberichte erstellt und publiziert, kann sich eine Haftung auch aus § 826 BGB ergeben. Diese trifft sowohl die verantwortlichen Organmitglieder als auch – in analoger Anwendung des § 31 BGB – den Emittenten. Zu den Anforderungen an den Vorsatz und zur Begründung einer „kapitalmarktrechtlichen Sittenwidrigkeit" kann auf die Kommentierung Vor §§ 37 b, 37 c Rn. 32 ff. verwiesen werden   25

b) Ansprüche aus § 823 Abs. 2 BGB iVm einem Schutzgesetz

Ansprüche aus § 823 Abs. 2 BGB iVm einem Schutzgesetz können sich ebenfalls gegen die verantwortlichen Organmitglieder und nach § 31 BGB analog gegen den Emittenten richten. Bei kapitalmarktrechtlichen Pflichten besteht allerdings die Besonderheit, dass diese regelmäßig (ausschließlich) an den Emittenten adressiert sind. Eine **deliktische Außenhaftung der Organmitglieder** kommt hier nur dann in Betracht, wenn diese – gerade auch im Verhältnis zu den Kapitalanlegern – eigenes Verhaltensunrecht verwirklichen.[62] Richtet sich eine be-   26

---

[59] Siehe nur MünchKommAktG-*Kropff*, § 400 AktG Rn. 20 (zum Jahresabschluss), Rn. 24 (Zwischen- und Quartalsberichte). Die Verfassungsgemäßheit dieser Auslegung des § 400 Abs. 1 Nr. 1 AktG wurde von BVerfG ZIP 2006, 1096 bestätigt (Veröffentlichung von Halbjahreszahlen als Ad-hoc-Mitteilung). – Für Zwischenmitteilungen der Geschäftsführung (§ 37 x Abs. 1) zweifeln *Mülbert/Steup* in *Habersack/Mülbert/Schlitt*, Unternehmensfinanzierung, § 33 Rn. 240, an der Anwendbarkeit des § 400 AktG.

[60] So auch *Fasselt* in *Schäfer/Hamann*, KMG, § 40 BörsG Rn. 188; *Fleischer*, Handbuch des Vorstandsrechts, § 14 Rn. 51; *Groß* WM 2002, 477, 479 f.; *Mülbert/Steup* in *Habersack/Mülbert/Schlitt*, Unternehmensfinanzierung, § 33 Rn. 147, jeweils mwN; aA *Mülbert/Steup* in *Habersack/Mülbert/Schlitt*, Unternehmensfinanzierung, 1. Aufl. 2005, § 26 Rn. 118, 175; *Schwark* FS Hadding, 2004, S. 1117, 1128 f.; *Schwark*, § 45 BörsG Rn. 16.

[61] *Mülbert/Steup* WM 2005, 1633, 1651 f. und *Mülbert/Steup* in *Habersack/Mülbert/Schlitt*, Unternehmensfinanzierung, § 33 Rn. 249 ff. sprechen sich bei fehlerhafter Regelpublizität für eine Haftung analog §§ 37 b, 37 c aus.

[62] Siehe dazu und zum Folgenden ausführlich Vor §§ 37 b, 37 c Rn. 58 ff.

sondere Sanktionsnorm, die entweder selbst als Schutzgesetz zu qualifizieren ist oder der Durchsetzung einer drittschützenden Verhaltensnorm dient, gerade gegen die Organmitglieder, ist diese Voraussetzung erfüllt. Zu nennen sind insoweit vor allem § 331 HGB und § 400 AktG, die als Schutzgesetze im Sinne des § 823 Abs. 2 BGB zu qualifizieren sind[63] und zu deren Täterkreis ausdrücklich die Organmitglieder gehören. Eine deliktische Außenhaftung von Organmitgliedern des Emittenten kommt dagegen nicht in Betracht, wenn sich sowohl die kapitalmarktrechtliche Verhaltensnorm als auch etwaige straf- oder bußgeldrechtliche Sanktionsvorschriften primär gegen den Emittenten richten. So sind etwa die §§ 37 v ff. an den Emittenten adressiert; die Sanktionsnormen des § 39 Abs. 2 verweisen auf den Tatbestand der jeweiligen Verhaltensnorm und sind damit ebenfalls ausschließlich an die Emittenten gerichtet. Gegen die verantwortlichen Organmitglieder können in diesem Fall Bußgelder nur wegen der Erstreckungsnorm des § 9 OWiG verhängt werden.[64] § 9 OWiG bezweckt (wie auch § 14 StGB) die Erweiterung des Täterkreises bei Sonderdelikten, hat aber selbst keine drittschützende Funktion. Schriebe man § 9 OWiG Schutzgesetzeigenschaft zu, würde das System der Innenhaftung der Organmitglieder ausgehöhlt, da sich dann bei Verletzung straf- oder bußgeldbewehrter drittschützender Informationspflichten stets eine gesamtschuldnerische zivilrechtliche Haftung von Gesellschaft und Organmitgliedern ergeben würde, obwohl die Informationspflicht als solche allein den Emittenten trifft.[65]

27 aa) **§ 400 Abs. 1 AktG** weist unstreitig Schutzgesetzeigenschaft im Sinne des § 823 Abs. 2 BGB auf.[66] Gleiches gilt für **§ 331 HGB**.[67] Sind die Tatbestände beider Sanktionsnormen verwirklicht, tritt § 400 Abs. 1 AktG wegen seiner bereits aus dem Wortlaut folgenden Subsidiarität zurück. Da Organmitglieder bei Verstoß gegen diese Normen eigenes Verhaltensunrecht gerade auch im Verhältnis zu den Kapitalanlegern verwirklichen, ist eine **deliktische Außenhaftung** gegeben. Daneben haftet der Emittent gemäß § 31 BGB analog.

28 bb) **Bilanzrechtliche Vorschriften.** Ob die Aufstellung eines fehlerhaften Jahresabschlusses oder Lageberichts einen Schadensersatzanspruch aus § 823 Abs. 2 BGB iVm §§ 264 Abs. 2 Satz 1, 289 HGB begründen kann, ist umstritten. Die bislang vorherrschende Meinung verneint die Schutzgesetzeigenschaft der handelsrechtlichen Rechnungslegungsvorschriften.[68] Diese bezwecken einen

---

[63] Dazu sogleich Rn. 27.
[64] Zu dieser Funktion des § 9 OWiG siehe nur *Vogel* in *Assmann/Schneider*, § 39 Rn. 36 ff.
[65] Vor §§ 37 b, 37 c Rn. 60.
[66] So zB BGHZ 160, 134, 137 f. = BGH NJW 2004, 2664, 2665; BGH NJW 2005, 2450, 2451; OLG Stuttgart AG 2006, 383, 384.
[67] Allgemein zu § 331 HGB siehe *Canaris*, Handelsrecht, 23. Aufl. 2000 § 12 Rn. 14; *Dühn*, Schadensersatzhaftung, S. 202 f.; *Fleischer*, Handbuch des Vorstandsrechts, § 14 Rn. 51; *Hoyos/H. P. Huber* in BeckBil.Komm, § 331 HGB Rn. 40; *Mülbert/Steup* in Habersack/Mülbert/Schlitt, Unternehmensfinanzierung, § 33 Rn. 238; *Mülbert/Steup* WM 2005, 1633, 1645; MünchKommHGB-*Quedenfeld*, § 331 HGB Rn. 2; *Sauer*, Haftung für Falschinformation, S. 49; *Schwark* in FS Hadding, 2004, S. 1117, 1132; zu § 331 Nr. 3 a HGB siehe *Fleischer* ZIP 2007, 97, 103.
[68] BGHZ 125, 366, 377 ff.; *Adler/Düring/Schmaltz*, § 264 HGB Rn. 141; *Baumbach/Hopt/Merkt*, § 238 HGB Rn. 19; *Canaris*, Handelsrecht, 23. Aufl. 2000, § 12 Rn. 12;

Vorbemerkung 29, 30 **Vor §§ 37v bis 37z**

institutionellen Gläubigerschutz und dienten der Kontrolle der Unternehmen durch die Öffentlichkeit. Der Individualschutz sei demgegenüber ein bloßer Reflex; die §§ 238 ff. HGB sähen keinen Rechtsbehelf der einzelnen Anleger oder Gläubiger vor. Nach der vorzugswürdigen Gegenansicht ist die Schutzgesetzeigenschaft der Rechnungslegungsvorschriften zu bejahen.[69] **Jahresabschluss und Lagebericht dienen** nicht nur dem institutionellen Gläubigerschutz, sondern – bei kapitalmarktorientierten Gesellschaften – **auch dem Schutz der individuellen Anleger.** Besonders deutlich ist dies seit Inkrafttreten des Art. 4 der Transparenzrichtlinie 2004/109/EG, der durch § 37v umgesetzt wurde. Mit dieser Regelung steht fest, dass Jahresabschluss und Lagebericht vom europäischen Gesetzgeber gerade (auch) als Instrumente der zutreffenden und zeitnahen Information der Anleger konzipiert sind und dem Schutz ihrer Vermögensinteressen dienen sollen.

Die §§ 264 Abs. 2 Satz 1, 289 HGB enthalten keinen eigenen **Verschuldensmaßstab,** so dass dieser **der Sanktionsnorm des § 331 HGB zu entnehmen** ist.[70] Dies bedeutet, dass der Emittent nur bei vorsätzlichem Verhalten nach § 823 Abs. 2 BGB i.Vm. §§ 264 Abs. 2 Satz 1, 289 HGB auf Schadensersatz haftet. 29

cc) § 40 BörsG aF Auch die Schutzgesetzeigenschaft des durch das Transparenzrichtlinie-Umsetzungsgesetz aufgehobenen § 40 BörsG aF war streitig.[71] Das 30

KölnKommAktG-*Claussen/Kort,* § 264 HGB Rn. 50; MünchKommHGB-*Ebke,* § 323 HGB Rn. 102; GroßkommHGB-*Hüttemann,* § 264 HGB Rn. 58; *Mülbert/Steup* in *Habersack/Mülbert/Schlitt,* Unternehmensfinanzierung, § 33 Rn. 242 ff.; *Veil* ZBB 2006, 162, 168; *Winkeljohann/Klein* in BeckBil.Komm, § 238 HGB Rn. 56; ohne Stellungnahme *Fleischer,* Handbuch des Vorstandsrechts, § 14 Rn. 51. – Abweichend davon soll jedoch nach hM den Offenlegungsvorschriften des § 325 HGB Schutzgesetzqualität zukommen, vgl. *Ellrott/Aicher* in BeckBil.Komm, § 325 HGB Rn. 110; *Veil* ZBB 2006, 162, 168.

[69] *Dühn,* Schadensersatzhaftung, S. 196 ff.; *Ekkenga* ZIP 2004, 781, 788 f.; *Glöckle,* Zukunftsbezogene Publizität, S. 127 f.; *Hopt* ZHR 140 (1977), 389, 403 f.; *Kalss,* Anlegerinteressen, S. 327 f.; MünchKommAktG-*Luttermann,* § 264 HGB Rn. 214; *Merkt,* Unternehmenspublizität, S. 249 ff.; *Schnorr* ZHR 170 (2006), 9, 26 ff.; *Siebel/Gebauer,* WM 2001, 173, 186; *Winkeljohann/Schellhorn* in BeckBil.Komm, § 264 HGB Rn. 59; grundlegend zum Individualschutz der Rechnungslegungsvorschriften *Hopt,* Kapitalanlegerschutz, S. 336.

[70] Vgl. allgemein dazu, dass der Verschuldensmaßstab der Sanktionsnorm maßgeblich ist, wenn das Schutzgesetz selbst keine Regelung der Schuldform enthält, BGH NJW 1982, 1037, 1038; *Larenz/Canaris,* Schuldrecht II/2, 13. Aufl. 1994, § 77 IV 2., S. 446; *Staudinger/Hager,* 13. Bearb. 1999, § 823 Rn. G37. – Speziell zu den Rechnungslegungsvorschriften und § 331 HGB siehe *Dühn,* Schadensersatzhaftung, S. 199; *Ekkenga* ZIP 2004, 781, 789; *Glöckle,* Zukunftsbezogene Publizität, S. 128; *Mülbert/Steup* WM 2005, 1633, 1646; aA *Schnorr* ZHR 170 (2006), 9, 31 f.; *Siebel/Gebauer,* WM 2001, 173, 186; *Zimmer/Cloppenburg* ZHR 171 (2007), 519, 532 f.

[71] Für die Schutzgesetzeigenschaft *Dühn,* Schadensersatzhaftung, S. 207 f.; *Fasselt* in *Schäfer/Hamann,* KMG, § 40 BörsG Rndr. 189; *Fleischer,* Gutachten F, S. 111; *Hopt/Voigt/Ehricke,* Prospekt- und Kapitalmarktinformationshaftung, S. 187, 303 f.; *Kalss,* Anlegerinteressen, S. 327; *Merkt,* Unternehmenspublizität, S. 483; *Siebel/Gebauer* WM 2001, 173, 188 f. – Die Gegenansicht wurde vertreten von *Groß* WM 2002, 477, 482 f.; *Mülbert/Steup* in *Habersack/Mülbert/Schlitt,* Unternehmensfinanzierung, 1. Aufl. 2005, § 26 Rn. 177; *Kümpel,* Bank- und Kapitalmarktrecht, Rn. 8.430. – Zweifelnd *Sauer,* Haftung für Falschinformation, S. 43 f.; ohne Stellungnahme *Fleischer,* Handbuch des Vorstandsrechts, § 14 Rn. 52.

Hauptargument, das für die Gewährung eines individuellen Schadensersatzanspruches bei Verstoß gegen Rechnungslegungsvorschriften spricht, konnte erst recht für die Zwischenberichterstattung angeführt werden: Diese **dient als kapitalmarktrechtliches Informationsinstrument gerade dem Schutz der Vermögensinteressen des einzelnen Anlegers;** der Erhalt der Funktionsfähigkeit der Kapitalmärkte ist insoweit untrennbar mit dem Individualschutz verbunden. § 40 BörsG aF war damit ebenfalls als Schutzgesetz im Sinne des § 823 Abs. 2 BGB anzusehen.

31 **dd) § 42 BörsG iVm § 66 BörsO FWB.** Die Argumente, die bei fehlerhafter Zwischenberichterstattung für die Schutzgesetzeigenschaft des § 40 BörsG aF sprachen, lassen sich auch auf die Quartalsberichterstattung nach § 42 BörsG iVm § 66 BörsO FWB übertragen.[72] Der Verschuldensmaßstab ist § 22 Abs. 2 BörsG zu entnehmen, so dass eine Haftung nach § 823 Abs. 2 BGB nur bei vorsätzlichem oder leichtfertigem Handeln in Betracht kommt.[73]

32 **ee) §§ 37 v ff.** Dass die Pflicht zur Regelpublizität nach den §§ 37 v ff. gerade auch dem Schutz der individuellen Anleger dient, lässt sich angesichts der europäischen Vorgaben[74] kaum bezweifeln. Eine andere Auslegung würde zudem gegen **Art. 7 der Transparenzrichtlinie 2004/109/EG** verstoßen, der die **Geltung angemessener Haftungsregeln** für den Emittenten oder seine Verwaltungs-, Leitungs- und Aufsichtsorgane sowie die beim Emittenten verantwortlichen Personen gebietet.[75] Eine – von der vorsätzlichen sittenwidrigen Schädigung abgesehen – allein auf § 823 Abs. 2 BGB iVm § 400 AktG oder § 331 HGB beschränkte Haftung wäre nicht angemessen im Sinne des Art. 7, da zum einen in diesem Fall für (grobe) Fahrlässigkeit nicht gehaftet würde[76] und zum anderen diese Normen zwar die unrichtige Darstellung erfassen, nicht aber den Verstoß gegen die Veröffentlichungspflichten der §§ 37 v ff., also insbesondere die unterlassene, unvollständige oder verspätete Publikation.[77] Gerade die **fristgemäße, vollständige Veröffentlichung der Finanzberichte** ist aber im Interesse der individuellen Anleger von den Art. 4 ff. der Transparenzrichtlinie 2004/109/EG bezweckt. Zudem gelten § 331 HGB und § 400 AktG nicht für alle nach den §§ 37 v ff. publizitätspflichtigen Emittenten (dazu bereits Rn. 15). Die §§ 37 v ff. dienen somit nicht nur dem Schutz der Allgemeinheit, sondern zumindest auch dem Schutz des Einzelnen.[78]

---

[72] Vor dem 1. November 2007 war die Pflicht zur Quartalsberichterstattung in den §§ 63, 78 BörsO FWB aF geregelt. – Für die Schutzgesetzeigenschaft auch *Dühn*, Schadensersatzhaftung, S. 210; *Hopt/Voigt/Ehricke*, Prospekt- und Kapitalmarktinformationshaftung, S. 187, 304 Fn. 611. – AA *Groß* WM 2002, 477, 482 f.; *Mülbert/Steup* in *Habersack/ Mülbert/Schlitt*, Unternehmensfinanzierung, 1. Aufl. 2005, § 26 Rn. 178; ohne Stellungnahme *Fleischer*, Handbuch des Vorstandsrechts, § 14 Rn. 53.
[73] *Dühn*, Schadensersatzhaftung, S. 210.
[74] Siehe oben Rn. 2.
[75] Vgl. *Zimmermann* GPR 2008, 38, 43. Siehe auch den Erwägungsgrund 17 der Richtlinie.
[76] Dafür, dass die europarechtlichen Vorgaben zumindest eine Haftung für grobe Fahrlässigkeit erfordern, auch *Veil* ZBB 2006, 162, 168 f.
[77] Insoweit zutreffend *Mülbert/Steup* NZG 2007, 761, 766, die allerdings in Fällen fehlerhafter Regelpublizität eine analoge Anwendung der §§ 37 b, 37 c befürworten, siehe auch *Mülbert/Steup* WM 2005, 1633 und *Mülbert/Steup* in *Habersack/Mülbert/Schlitt* Unternehmensfinanzierung, § 33 Rn. 249 ff.
[78] Für § 37 x auch KölnKommWpHG-*Mock*, § 37 x Rn. 37. – Allgemein zur Schutzgesetzeigenschaft der kapitalmarktrechtlichen Publizitätspflichten auch *Brellochs*, Publizität

Da die Verhaltensnormen der §§ 37v ff. ausschließlich an den Emittenten ad- 33
ressiert sind, genügt es nicht, dass ihnen nach den Zielvorstellungen des Gesetzgebers Schutzgesetzcharakter zukommt, um eine deliktische Eigenhaftung der Organmitglieder zu begründen (Rn. 26). Verstöße gegen die §§ 37v ff. stellen nach § 39 Abs. 2 Nr. 2m)–p), Nr. 5f)–h), Nr. 6, Nr. 24, Nr. 25 Ordnungswidrigkeiten dar. Diese knüpfen jedoch tatbestandlich an die Verhaltensnormen der §§ 37v ff. an und sind damit ebenfalls an den Emittenten adressiert; gegen die verantwortlichen Organmitglieder können Bußgelder nur über die Erstreckungsnorm des § 9 OWiG verhängt werden. Eine **deliktische Außenhaftung der Organmitglieder kommt** somit **nicht in Betracht,** allein der Emittent kann Ansprüchen aus § 823 Abs. 2 BGB iVm den §§ 37v ff. ausgesetzt sein. Dies verstößt nicht gegen die Vorgabe des Art. 7 der Transparenzrichtlinie 2004/109/EG, der es dem nationalen Gesetzgeber ausdrücklich freistellt, als Haftungsadressaten allein den Emittenten zu bestimmen.[79]

Für den Verschuldensmaßstab ist auf die Sanktionsnorm des § 39 Abs. 2 zu- 34
rückzugreifen, soweit deren Anwendungsbereich geht. Somit ist eine deliktische Emittentenhaftung gemäß § 823 Abs. 2 BGB iVm §§ 37v ff. gegeben, wenn gegen eine der in § 39 Abs. 2 Nr. 2m)–p), Nr. 5f)–h), Nr. 6, Nr. 24, Nr. 25 beschriebenen Pflichten **vorsätzlich oder leichtfertig** verstoßen wird. Nicht davon erfasst wird das zur Verfügungstellen von inhaltlich unrichtigen Rechnungslegungsunterlagen. Insoweit kann der Verschuldensmaßstab auch nicht § 331 HGB entnommen werden, weil dieser (schon wegen seines von den §§ 37v ff. abweichenden Anwendungsbereichs, dazu Rn. 15) keine auf die §§ 37v ff. bezogene Sanktionsnorm darstellt. Da sich ein Verschuldensmaßstab für inhaltlich unrichtige Angaben also weder der Verhaltens- noch einer Sanktionsnorm entnehmen lässt, ist gemäß § 823 Abs. 2 Satz 2 BGB zumindest (einfache) Fahrlässigkeit erforderlich.[80]

§ 37v Jahresfinanzbericht

(1) **Ein Unternehmen, das als Inlandsemittent Wertpapiere begibt, hat für den Schluss eines jeden Geschäftsjahrs einen Jahresfinanzbericht zu erstellen und spätestens vier Monate nach Ablauf eines jeden Geschäftsjahrs der Öffentlichkeit zur Verfügung zu stellen, wenn es nicht nach den handelsrechtlichen Vorschriften zur Offenlegung der in Absatz 2 genannten Rechnungslegungsunterlagen verpflichtet ist. Außerdem muss jedes Unternehmen, das als Inlandsemittent Wertpapiere begibt, vor dem Zeitpunkt, zu dem die in Absatz 2 genannten Rechnungslegungsunterlagen erstmals der Öffentlichkeit zur Verfügung stehen, eine Bekanntmachung darüber veröffentlichen, ab welchem Zeitpunkt und unter welcher Internetadresse die in**

---

und Haftung, S. 210ff. mit zutreffender Erörterung der Frage, ob diese mit dem haftpflichtrechtlichen Gesamtsystem des Zivilrechts vereinbar ist. Aus Sicht von *Möllers* AcP 208 (2008), 1, 29f. genügt eine Haftung nach § 823 Abs. 2 BGB nicht den gemeinschaftsrechtlichen Anforderungen an eine klare und deutliche Umsetzung von Richtlinien.

[79] „Zumindest beim Emittenten oder (…)"; vgl. auch *Brellochs*, Publizität und Haftung, S. 95; *Fleischer* WM 2006, 2021, 2027; *Hopt/Voigt*, Prospekt- und Kapitalmarktinformationshaftung, S. 9, 66f.

[80] Dazu nur *Dühn*, Schadensersatzhaftung, S. 130f. mwN.

§ 37v

Absatz 2 genannten Rechnungslegungsunterlagen zusätzlich zu ihrer Verfügbarkeit im Unternehmensregister öffentlich zugänglich sind. Das Unternehmen teilt die Bekanntmachung gleichzeitig mit ihrer Veröffentlichung der Bundesanstalt mit und übermittelt sie unverzüglich, jedoch nicht vor ihrer Veröffentlichung dem Unternehmensregister im Sinne des § 8 b des Handelsgesetzbuchs zur Speicherung. Es hat außerdem unverzüglich, jedoch nicht vor Veröffentlichung der Bekanntmachung nach Satz 2 die in Absatz 2 genannten Rechnungslegungsunterlagen an das Unternehmensregister zur Speicherung zu übermitteln, es sei denn, die Übermittlung erfolgt nach § 8 b Abs. 2 Nr. 4 in Verbindung mit Abs. 3 Satz 1 Nr. 1 des Handelsgesetzbuchs.

(2) Der Jahresfinanzbericht hat mindestens
1. den gemäß dem nationalen Recht des Sitzungsstaates des Unternehmens aufgestellten und geprüften Jahresabschluss,
2. den Lagebericht und
3. eine den Vorgaben des § 264 Abs. 2 Satz 3, § 289 Abs. 1 Satz 5 des Handelsgesetzbuchs entsprechende Erklärung

zu enthalten.

(3) Das Bundesministerium der Finanzen kann im Einvernehmen mit dem Bundesministerium der Justiz durch Rechtsverordnung, die nicht der Zustimmung des Bundesrates bedarf, nähere Bestimmungen erlassen über
1. den Mindestinhalt, die Art, die Sprache, den Umfang und die Form der Veröffentlichung nach Absatz 1 Satz 2,
2. den Mindestinhalt, die Art, die Sprache, den Umfang und die Form der Mitteilung nach Absatz 1 Satz 3,
3. wie lange die Informationen nach Absatz 2 im Unternehmensregister allgemein zugänglich bleiben müssen und wann sie zu löschen sind, und
4. eine aufeinander abgestimmte Verfahrensweise, nach der der Jahresfinanzbericht und das jährliche Dokument nach § 10 des Wertpapierprospektgesetzes der Bundesanstalt zur Kenntnis gelangen.

Schrifttum: Vor §§ 37 v bis 37 z.

Übersicht

	Rn.
I. Grundlagen	1
1. Umsetzung des Art. 4 der Transparenzrichtlinie	1
2. Anwendungsbereich	3
a) Inlandsemittent	3
b) Begebung von Wertpapieren	4
II. Publizitätspflichten	6
1. Aufstellung und Veröffentlichung eines Jahresfinanzberichts (Abs. 1 Satz 1)	6
2. Veröffentlichung einer Hinweisbekanntmachung (Abs. 1 Satz 2)	8
3. Mitteilung und Übermittlung der Hinweisbekanntmachung (Abs. 1 Satz 3)	10
4. Übermittlung des Jahresfinanzberichts (Abs. 1 Satz 4)	12
III. Inhalt des Jahresfinanzberichts (Abs. 2)	13
IV. Verordnungsermächtigung (Abs. 3)	16

I. Grundlagen

1. Umsetzung des Art. 4 der Transparenzrichtlinie

§ 37v setzt Art. 4 der Transparenzrichtlinie 2004/109/EG in deutsches Recht 1
um. Die in Art. 4 Abs. 1 der Richtlinie vorgesehene Pflicht, spätestens vier Monate nach Ablauf jedes Geschäftsjahres einen Jahresfinanzbericht zu veröffentlichen, trifft nach HGB publizitätspflichtige Emittenten (deutsche Kapitalgesellschaften und Personengesellschaften im Sinne des § 264a HGB)[1] bereits nach § 325 HGB; die Viermonatsfrist ergibt sich (für Emittenten, die einen organisierten Markt im Sinne des § 2 Abs. 5 in Anspruch nehmen) aus § 325 Abs. 4 HGB. Insoweit bestand kein Umsetzungsbedarf, was in dem **deklaratorischen Verweis des § 37v Abs. 1 Satz 1 auf die handelsrechtlichen Offenlegungsvorschriften** zum Ausdruck kommt.[2]

Für die Mitteilung gegenüber der zuständigen Behörde und die Publikation 2
des Jahresfinanzberichts gelten Art. 19 Abs. 1 Unterabs. 1 Satz 1 und Art. 21
Abs. 1 der Richtlinie, die ebenfalls durch § 37v umgesetzt wurden.

2. Anwendungsbereich

a) Inlandsemittent

Die Publizitätspflichten des § 37v sind ausschließlich an Inlandsemittenten im 3
Sinne des § 2 Abs. 7 und damit auch an Emittenten adressiert, deren Sitz sich
nicht in Deutschland befindet (vgl. § 2 Rn. 161).

b) Begebung von Wertpapieren

§ 37v gilt für Inlandsemittenten, die Wertpapiere im Sinne des § 2 Abs. 1, 4
d.h. insbesondere **Aktien, mit Aktien vergleichbare Wertpapiere und Schuldtitel** begeben, und hat damit einen weiteren Anwendungsbereich als § 37w oder § 37x. Zum Wertpapierbegriff des WpHG siehe die Kommentierung zu § 2 Rn. 8ff.

Eine Klarstellung, dass § 37v nur auf solche Emittenten Anwendung findet, 5
deren Wertpapiere an einem organisierten Markt im Sinne des § 2 Abs. 5 zugelassen sind, fehlt im Gesetz, anders als etwa in § 21 Abs. 2. Diese Einschränkung
ergibt sich jedoch aus der Definition des Inlandsemittenten; bei allen Alternativen des § 2 Abs. 7 ist Voraussetzung, dass die Wertpapiere des Emittenten **zum Handel an einem organisierten Markt zugelassen** sind. § 37v findet deshalb auf Emittenten keine Anwendung, deren Wertpapiere ausschließlich an einem nichtorganisierten Markt (§ 2 Rn. 149), beispielsweise im Freiverkehr (§ 48 BörsG), gehandelt werden.

---

[1] Vgl. auch KölnKommWpHG-*Mock*, Rn. 9; *Mülbert/Steup* NZG 2007, 761, 763; *Mülbert/Steup* in *Habersack/Mülbert/Schlitt*, Unternehmensfinanzierung, § 33 Rn. 230.
[2] Begr. RegE BT-Drucks. 16/2498, S. 43.

II. Publizitätspflichten

1. Aufstellung und Veröffentlichung eines Jahresfinanzberichts (Abs. 1 Satz 1)

6 § 37v Abs. 1 Satz 1 verpflichtet Inlandsemittenten, einen Jahresfinanzbericht zu erstellen und diesen spätestens vier Monate[3] nach Ablauf jedes Geschäftsjahres der Öffentlichkeit zur Verfügung zu stellen, wenn nicht bereits nach handelsrechtlichen Vorschriften eine Pflicht zur Offenlegung der gemäß § 37v Abs. 2 den Jahresfinanzbericht bildenden Rechnungsunterlagen besteht. Für Kapitalgesellschaften und Personengesellschaften im Sinne des § 264a HGB besteht eine solche Pflicht nach **§ 325 HGB** (Rn. 1). Mit dessen Neufassung durch das Gesetz über elektronische Handelsregister und Genossenschaftsregister sowie das Unternehmensregister (EHUG) vom 10. November 2006[4] wurde das **System der Offenlegung von Jahresabschlüssen grundlegend geändert.** Statt der nach § 325 HGB aF erforderlichen Einreichung der Rechnungslegungsunterlagen beim Handelsregister müssen diese nun beim Betreiber des elektronischen Bundesanzeigers elektronisch eingereicht und dort bekannt gemacht werden. Für Emittenten, die einen organisierten Markt im Sinne des § 2 Abs. 5 in Anspruch nehmen und keine Gesellschaft im Sinne des § 327a HGB[5] sind, beträgt die Frist für die Einreichung beim elektronischen Bundesanzeiger gemäß § 325 Abs. 4 HGB ebenfalls vier Monate.

7 Da die genannten, nach deutschem Recht gegründeten Emittenten somit bereits nach den handelsrechtlichen Vorschriften zur Offenlegung verpflichtet sind,[6] **findet § 37v Abs. 1 Satz 1 insbesondere auf Emittenten ausländischer Rechtsform Anwendung,** die die Voraussetzungen des § 2 Abs. 7 erfüllen.[7] Erfasst sind daneben aber auch Inlandsemittenten mit (Gründungs-)Sitz im Inland, die nicht HGB-publizitätspflichtig sind. Dazu zählen Unternehmen, die nach dem PublG Jahresabschluss und Lagebericht veröffentlichen müssen (Vor §§ 37v bis 37z Rn. 15).[8] Alle nicht HGB-publizitätspflichtigen Inlandsemittenten stellen den Jahresfinanzbericht der Öffentlichkeit durch **Übermittlung an das Unternehmensregister** gemäß § 37v Abs. 1 Satz 4 und, wie sich mittelbar aus § 37v Abs. 1 Satz 2 ergibt, durch **Publikation im Internet** zur Verfügung (siehe auch Vor §§ 37v bis 37z Rn. 12). Die Pflicht zur Veröffentlichung im Internet besteht allerdings auch für HGB-publizitätspflichtige Inlandsemittenten, da

---

[3] Zur Bedeutung der Frist für den Termin der ordentlichen Hauptversammlung deutscher Aktiengesellschaften siehe *Bedkowski/Kocher* AG 2007, 341 ff.

[4] BGBl. I 2553.

[5] Auf diese Gesellschaften finden gemäß § 37v Abs. 1 die §§ 37v ff. keine Anwendung; siehe dazu auch § 37z Rn. 2.

[6] Die Frage, ob Emittenten, die bereits nach § 325 HGB zur Offenlegung verpflichtet sind, zusätzlich einen Jahresfinanzbericht nach § 37v Abs. 1 Satz 1 veröffentlichen dürfen, stellt sich nicht, da in beiden Fällen die Unterlagen nach § 37v Abs. 2 zu publizieren sind, vgl. auch KölnKommWpHG-*Mock*, Rn. 11.

[7] BT-Drucks. 16/2498, S. 43; vgl. auch *Klawitter* in *Habersack/Mülbert/Schlitt*, Unternehmensfinanzierung, § 32 Rn. 67.

[8] Zutreffend *Mülbert/Steup* NZG 2007, 761, 763; *Mülbert/Steup* in *Habersack/Mülbert/Schlitt*, Unternehmensfinanzierung, § 33 Rn. 230.

Jahresfinanzbericht 8–10 § 37v

§ 37v Abs. 1 Satz 2 (dazu Rn. 8) für alle Emittenten im Sinne des § 2 Abs. 7 gilt.[9]

2. Veröffentlichung einer Hinweisbekanntmachung (Abs. 1 Satz 2)

Gemäß § 37v Abs. 1 Satz 2 müssen alle Inlandsemittenten, die Wertpapiere **8** begeben, also auch diejenigen, die von § 37v Abs. 1 Satz 1 nicht erfasst sind, eine Bekanntmachung darüber veröffentlichen, ab welchem Zeitpunkt und unter welcher Internetadresse die in § 37v Abs. 2 genannten Rechnungslegungsunterlagen zusätzlich zu ihrer Verfügbarkeit im Unternehmensregister öffentlich zugänglich sind. Ein **allgemeiner Hinweis auf die Internetpräsenz des Emittenten ist nicht ausreichend,** vielmehr muss die konkrete Internetadresse des Veröffentlichungsorts angegeben werden.[10] Die Veröffentlichung unterliegt gemäß § 22 WpAIV dem Publikationsregime der §§ 3a, 3b WpAIV (dazu § 26 Rn. 10ff.). Die Regelung des § 37v Abs. 1 Satz 2 beruht auf Art. 12 Abs. 3 Satz 2 der Durchführungsrichtlinie 2007/14/EG,[11] der in Abweichung vom Grundsatz des Art. 21 Abs. 1 der Transparenzrichtlinie 2004/109/EG anstelle der Verbreitung der gesamten Rechnungslegungsunterlagen die Publikation einer Hinweisbekanntmachung genügen lässt, wenn diese Unterlagen neben ihrer Speicherung im zentralen System gemäß Art. 21 Abs. 2 der Transparenzrichtlinie 2004/109/EG auch im Internet abrufbar sind.

Die Hinweisbekanntmachung muss vor dem Zeitpunkt veröffentlicht werden, **9** zu dem die Rechnungslegungsunterlagen nach § 37v Abs. 2 erstmals der Öffentlichkeit zur Verfügung stehen. Weder § 37v Abs. 1 Satz 2 noch die Transparenzrichtlinie 2004/109/EG enthalten weitergehende Vorgaben zum Veröffentlichungszeitpunkt. Dies bedeutet, dass **auch eine unmittelbar vor Publikation der Rechungslegungsunterlagen veröffentlichte Hinweisbekanntmachung ausreicht.** § 37v Abs. 1 Satz 2 bezweckt primär die europaweite Verbreitung der Internetadresse, unter der die Rechnungslegungsunterlagen verfügbar sind. Angesichts dieses Regelungszwecks und des Wortlauts der Norm muss sich der Emittent nicht um eine möglichst frühzeitige Bekanntgabe des Veröffentlichungstermins bemühen, auch wenn dies zur Information gerade von Kleinanlegern wünschenswert sein mag. **Abzulehnen ist daher die Ansicht, § 37v Abs. 1 Satz 2 begründe die Pflicht, einen Finanz- oder Unternehmenskalender zu führen,** wie dies Ziff. 6.7 des Deutschen Corporate Governance Kodex oder § 67 BörsO FWB vorsehen.[12]

3. Mitteilung und Übermittlung der Hinweisbekanntmachung (Abs. 1 Satz 3)

Die Hinweisbekanntmachung ist gemäß § 37v Abs. 1 Satz 3 gleichzeitig mit **10** ihrer Veröffentlichung der BaFin mitzuteilen. Mit dieser Vorschrift wird Art. 19

---

[9] Dazu auch *Mülbert/Steup* in *Habersack/Mülbert/Schlitt,* Unternehmensfinanzierung, § 33 Rn. 232.
[10] BT-Drucks. 16/2498, S. 43.
[11] Richtlinie 2007/14/EG der Kommission vom 8. März 2007, ABl. EU Nr. L 69/27 vom 9. März 2007.
[12] So aber *Cahn/Götz* AG 2007, 221.

Abs. 1 Unterabs. 1 Satz 1 der Transparenzrichtlinie 2004/109/EG umgesetzt. Auf die Übermittlung der gesamten Rechnungsunterlagen an die BaFin hat der Gesetzgeber verzichtet, da diese ohnehin auf das Unternehmensregister zugreifen kann.[13]

11 Zudem hat der Emittent die Hinweisbekanntmachung unverzüglich, jedoch nicht vor ihrer Veröffentlichung, dem Unternehmensregister im Sinne des § 8b HGB zur Speicherung zu übermitteln. Dies ergibt sich bereits aus § 8b Abs. 2 Nr. 9, Abs. 3 Satz 1 Nr. 2 HGB, so dass § 37v Abs. 1 Satz 3 insoweit nur wegen seiner zeitlichen Vorgabe Bedeutung zukommt.

4. Übermittlung des Jahresfinanzberichts (Abs. 1 Satz 4)

12 Gemäß § 37v Abs. 1 Satz 4 hat der Emittent unverzüglich, jedoch nicht vor Veröffentlichung der Hinweisbekanntmachung die nach § 37v Abs. 2 den Jahresfinanzbericht bildenden Rechnungslegungsunterlagen an das Unternehmensregister zur Speicherung zu übermitteln; dies gilt nicht, wenn die Übermittlung nach § 8b Abs. 2 Nr. 4 iVm Abs. 3 Satz 1 Nr. 1 HGB, also durch den Betreiber der elektronischen Bundesanzeigers, erfolgt. Letzteres trifft auf diejenigen Emittenten zu, die ihren Jahresabschluss nach § 325 HGB offen zu legen haben. Alle anderen (d. h. insbesondere ausländische) Emittenten haben die Rechnungslegungsunterlagen des Jahresfinanzberichts nach § 8b Abs. 2 Nr. 9, Abs. 3 Satz 1 Nr. 2 HGB an das Unternehmensregister zu übermitteln. Für diese Emittenten ist § 37v Abs. 1 Satz 4 daher lediglich hinsichtlich der zeitlichen Vorgabe relevant.[14]

III. Inhalt des Jahresfinanzberichts (Abs. 2)

13 Der Jahresfinanzbericht hat nach § 37v Abs. 2, der Art. 4 Abs. 2 der Transparenzrichtlinie 2004/109/EG umsetzt, mindestens[15] den gemäß dem nationalen Recht des Sitzstaates des Unternehmens aufgestellten und geprüften **Jahresabschluss**,[16] **den Lagebericht und die Erklärung gemäß §§ 264 Abs. 2 Satz 3, 289 Abs. 1 Satz 5 HGB** (zu dieser Vor §§ 37v bis 37z Rn. 14ff.) zu enthalten.

14 Bei Mutterunternehmen im Sinne Konzernrechnungslegungsrichtlinie[17] umfasst der Jahresfinanzbericht gemäß § 37y Nr. 1 zusätzlich den geprüften **IFRS-Konzernabschluss, den Konzernlagebericht sowie den darauf bezogenen „Bilanzeid"** (§ 37y Rn. 2). Damit sind auch Drittstaatenemittenten – soweit sie von § 2 Abs. 7 erfasst werden und vorbehaltlich des § 37z Abs. 4 und 5 – verpflichtet, einen IFRS-Konzernabschluss aufzustellen.[18]

---

[13] BT-Drucks. 16/2498, S. 43.
[14] BT-Drucks. 16/2498, S. 43.
[15] Der Emittenten kann freiwillig zusätzliche Informationen aufnehmen, KölnKomm-*WpHG-Mock*, Rn. 31.
[16] Dies kann auch ein nach IFRS aufgestellter Abschluss sein, wenn der Sitzstaat von dem Wahlrecht des Art. 5 der IAS-Verordnung Gebrauch gemacht hat, KölnKomm-*WpHG-Mock*, Rn. 25.
[17] Siebente Richtlinie 83/349/EWG des Rates vom 13. Juni 1983 aufgrund von Artikel 54 Absatz 3 Buchstabe g) des Vertrages über den konsolidierten Abschluss, ABl. EG Nr. L 193/1 vom 18. Juli 1983.
[18] Vgl. *Buchheim/Ulbrich* KoR 2004, 273, 278.

Die **Prüfungspflicht** bezieht sich nach § 37v Abs. 2 und § 37y Nr. 1 auf den Jahresabschluss und den Konzernabschluss, nicht jedoch auf den (Konzern-)Lagebericht.[19] Dies verstößt nicht gegen Art. 4 der Transparenzrichtlinie 2004/109/EG, da sich der dortige Verweis auf Art. 51 der Jahresabschlussrichtlinie 78/660/EWG nur auf den Abschluss bezieht, was auch aus Art. 4 Abs. 5 der Transparenzrichtlinie folgt, der für den Lagebericht nur auf Art. 46, aber gerade nicht auf Art. 51 der Jahresabschlussrichtlinie verweist.[20] Für deutsche Kapitalgesellschaften und Personengesellschaften im Sinne des § 264a HGB folgt die Prüfungspflicht jedenfalls aus § 316 Abs. 1 und 2 HGB. 15

IV. Verordnungsermächtigung (Abs. 3)

§ 37v Abs. 3 Nr. 1–3 ermächtigt das Bundesfinanzministerium, im Einvernehmen mit dem Bundesjustizministerium durch Rechtsverordnung nähere Bestimmungen zur Veröffentlichung und Speicherung der Jahresfinanzberichte zu erlassen. Von dieser Ermächtigung wurde mit den §§ 22 bis 24 WpAIV Gebrauch gemacht. Gemäß § 22 WpAIV gelten für die Art und Sprache der Veröffentlichung der Hinweisbekanntmachung nach § 37v Abs. 1 Satz 2 die §§ 3a, 3b WpAIV und gemäß § 23 WpAIV gilt für die Mitteilung an die BaFin nach § 37v Abs. 1 Satz 3 die Regelung des § 3c WpAIV (zum Publikationsregime der §§ 3a ff. vgl. § 26 Rn. 10ff. und Vor §§ 37v bis 37z Rn. 6). § 24 WpAIV bestimmt in Umsetzung von Art. 4 Abs. 1 der Transparenzrichtlinie 2004/109/EG, dass die Jahresfinanzberichte im Unternehmensregister mindestens **fünf Jahre lang der Öffentlichkeit zugänglich** sein müssen. Ergeben sich für die Jahresfinanzberichte der vergangenen Jahre Änderungen der Zugangsmodalitäten (z.B. eine Änderung der in der Vergangenheit verwendeten Internetadresse), ist eine darauf hinweisende Bekanntmachung zu veröffentlichen;[21] andernfalls würde gegen § 24 WpAIV verstoßen. 16

§ 37v Abs. 3 Nr. 4 ermöglicht die Festlegung eines Verfahrens, nach dem der Jahresfinanzbericht und das jährliche Dokument im Sinne des § 10 WpPG,[22] das seit dem Inkrafttreten des Transparenzrichtlinie-Umsetzungsgesetzes die nach den §§ 37v ff. publizierten Finanzberichte enthalten oder zumindest auf diese verweisen muss, der BaFin zur Kenntnis gegeben werden kann. 17

§ 37w Halbjahresfinanzbericht

(1) **Ein Unternehmen, das als Inlandsemittent Aktien oder Schuldtitel im Sinne des § 2 Abs. 1 Satz 1 begibt, hat für die ersten sechs Monate eines jeden Geschäftsjahrs einen Halbjahresfinanzbericht zu erstellen und diesen unverzüglich, spätestens zwei Monate nach Ablauf des Berichtszeitraums der Öffentlichkeit zur Verfügung zu stellen, es sei denn, es handelt sich bei den zugelassenen Wertpapieren um Schuldtitel, die unter § 2 Abs. 1 Satz 1 Nr. 2 fallen oder die ein zumindest bedingtes Recht auf den Erwerb von**

---

[19] Kritisch *Beiersdorf/Buchheim* BB 2006, 1674, 1675.
[20] AA KölnKommWpHG-*Mock*, Rn. 29, der § 37v Abs. 2 Nr. 2 deshalb richtlinienkonform im Sinne einer Pflicht zur Prüfung des Lageberichts auslegen möchte.
[21] KölnKommWpHG-*Mock*, Rn. 20.
[22] Siehe dazu *Groß*, § 10 WpPG Rn. 1 ff.; *Kaum/Zimmermann* BB 2005, 1466.

§ 37w

Wertpapieren nach § 2 Abs. 1 Satz 1 Nr. 1 oder 2 begründen. Außerdem muss das Unternehmen vor dem Zeitpunkt, zu dem der Halbjahresfinanzbericht erstmals der Öffentlichkeit zur Verfügung steht, eine Bekanntmachung darüber veröffentlichen, ab welchem Zeitpunkt und unter welcher Internetadresse der Bericht zusätzlich zu seiner Verfügbarkeit im Unternehmensregister öffentlich zugänglich ist. Das Unternehmen teilt die Bekanntmachung gleichzeitig mit ihrer Veröffentlichung der Bundesanstalt mit und übermittelt sie unverzüglich, jedoch nicht vor ihrer Veröffentlichung dem Unternehmensregister im Sinne des § 8b des Handelsgesetzbuchs zur Speicherung. Es hat außerdem unverzüglich, jedoch nicht vor Veröffentlichung der Bekanntmachung nach Satz 2 den Halbjahresfinanzbericht an das Unternehmensregister zur Speicherung zu übermitteln.

(2) Der Halbjahresfinanzbericht hat mindestens

1. einen verkürzten Abschluss,
2. einen Zwischenlagebericht und
3. eine den Vorgaben des § 264 Abs. 2 Satz 3, § 289 Abs. 1 Satz 5 des Handelsgesetzbuchs entsprechende Erklärung

zu enthalten.

(3) Der verkürzte Abschluss hat mindestens eine verkürzte Bilanz, eine verkürzte Gewinn- und Verlustrechnung und einen Anhang zu enthalten. Auf den verkürzten Abschluss sind die für den Jahresabschluss geltenden Rechnungslegungsgrundsätze anzuwenden. Tritt bei der Offenlegung an die Stelle des Jahresabschlusses ein Einzelabschluss im Sinne des § 325 Abs. 2a des Handelsgesetzbuchs, sind auf den verkürzten Abschluss die in § 315a Abs. 1 des Handelsgesetzbuchs bezeichneten internationalen Rechnungslegungsstandards und Vorschriften anzuwenden.

(4) Im Zwischenlagebericht sind mindestens die wichtigen Ereignisse des Berichtszeitraums im Unternehmen des Emittenten und ihre Auswirkungen auf den verkürzten Abschluss anzugeben sowie die wesentlichen Chancen und Risiken für die dem Berichtszeitraum folgenden sechs Monate des Geschäftsjahrs zu beschreiben. Ferner sind bei einem Unternehmen, das als Inlandsemittent Aktien begibt, die wesentlichen Geschäfte des Emittenten mit nahe stehenden Personen anzugeben; die Angaben können stattdessen im Anhang des Halbjahresfinanzberichts gemacht werden.

(5) Der verkürzte Abschluss und der Zwischenlagebericht kann einer prüferischen Durchsicht durch einen Abschlussprüfer unterzogen werden. Die Vorschriften über die Bestellung des Abschlussprüfers sind auf die prüferische Durchsicht entsprechend anzuwenden. Die prüferische Durchsicht ist so anzulegen, dass bei gewissenhafter Berufsausübung ausgeschlossen werden kann, dass der verkürzte Abschluss und der Zwischenlagebericht in wesentlichen Belangen den anzuwendenden Rechnungslegungsgrundsätzen widersprechen. Der Abschlussprüfer hat das Ergebnis der prüferischen Durchsicht in einer Bescheinigung zum Halbjahresfinanzbericht zusammenzufassen, die mit dem Halbjahresfinanzbericht zu veröffentlichen ist. Sind der verkürzte Abschluss und der Zwischenlagebericht entsprechend § 317 des Handelsgesetzbuchs geprüft worden, ist der Bestätigungsvermerk oder der Vermerk über seine Versagung vollständig wiederzugeben und mit dem Halbjahresfinanzbericht zu veröffentlichen. Sind der verkürzte Abschluss und der Zwischenlagebericht weder einer prüferischen Durchsicht unterzogen noch entsprechend § 317 des Handelsgesetzbuchs geprüft wor-

den, ist dies im Halbjahresfinanzbericht anzugeben. § 320 und § 323 des Handelsgesetzbuchs gelten entsprechend.

(6) Das Bundesministerium der Finanzen kann im Einvernehmen mit dem Bundesministerium der Justiz durch Rechtsverordnung, die nicht der Zustimmung des Bundesrates bedarf, nähere Bestimmungen erlassen über
1. den Inhalt und die prüferische Durchsicht des Halbjahresfinanzberichts,
2. den Mindestinhalt, die Art, die Sprache, den Umfang und die Form der Veröffentlichung nach Absatz 1 Satz 2,
3. den Mindestinhalt, die Art, die Sprache, den Umfang und die Form der Mitteilung nach Absatz 1 Satz 3 und
4. wie lange der Halbjahresfinanzbericht im Unternehmensregister allgemein zugänglich bleiben muss und wann er zu löschen ist.

Schrifttum: Vor §§ 37 v bis 37 z.

Übersicht

	Rn.
I. Grundlagen	1
1. Umsetzung des Art. 5 der Transparenzrichtlinie	1
2. Aufhebung des § 40 BörsG und der §§ 53 ff. BörsZulV	2
3. Anwendungsbereich	3
a) Inlandsemittent	3
b) Begebung von Aktien oder Schuldtiteln	4
II. Publizitätspflichten	6
1. Aufstellung und Veröffentlichung eines Halbjahresfinanzberichts (Abs. 1 Satz 1)	6
2. Veröffentlichung einer Hinweisbekanntmachung (Abs. 1 Satz 2)	9
3. Mitteilung und Übermittlung der Hinweisbekanntmachung (Abs. 1 Satz 3)	11
4. Übermittlung des Halbjahresfinanzberichts (Abs. 1 Satz 4)	12
III. Inhalt des Halbjahresfinanzberichts (Abs. 2–4)	13
1. Verkürzter Abschluss	15
2. Zwischenlagebericht	21
IV. Prüfung und prüferische Durchsicht (Abs. 5)	23
1. Keine Pflicht zur Prüfung des Halbjahresfinanzberichts	23
2. Die prüferische Durchsicht	24
3. Veröffentlichungspflichten	27
4. „Enforcement"	29
IV. Verordnungsermächtigung (Abs. 6)	30

I. Grundlagen

1. Umsetzung des Art. 5 der Transparenzrichtlinie

§ 37w dient der Umsetzung des Art. 5 der Transparenzrichtlinie 2004/109/ EG. Danach haben Emittenten, die Aktien oder Schuldtitel begeben, einen Halbjahresfinanzbericht über die ersten sechs Monate eines Geschäftsjahres zu veröffentlichen und sicherzustellen, dass dieser mindestens fünf Jahre lang öffentlich zugänglich bleibt. Die Mitteilung gegenüber der zuständigen Behörde und die Publikation des Halbjahresfinanzberichts sind in Art. 19 Abs. 1 Unterabs. 1 Satz 1 und Art. 21 Abs. 1 der Richtlinie geregelt, die ebenfalls durch § 37w umgesetzt werden.

§ 37w 2–6   Abschnitt 11. Überwachung

2. Aufhebung des § 40 BörsG und der §§ 53 ff. BörsZulV

2   Vor Inkrafttreten des Transparenzrichtlinie-Umsetzungsgesetzes bestand für Emittenten, deren Wertpapiere am amtlichen oder geregelten Markt zugelassen waren, gemäß § 40 BörsG iVm §§ 53 ff. BörsZulV die Pflicht, Zwischenberichte zu veröffentlichen (Vor §§ 37v bis 37z Rn. 19). Diese Vorschriften wurden aufgehoben; an ihre Stelle ist § 37w getreten.

3. Anwendungsbereich

a) Inlandsemittent

3   Die Publizitätspflichten des § 37w gelten ausschließlich für Inlandsemittenten im Sinne des § 2 Abs. 7. Damit werden auch Emittenten erfasst, deren Sitz sich nicht in Deutschland befindet (§ 2 Rn. 161).

b) Begebung von Aktien oder Schuldtiteln

4   § 37w ist nur an solche Inlandsemittenten adressiert, die Aktien oder Schuldtitel im Sinne des § 2 Abs. 1 Satz 1 begeben. Vom Anwendungsbereich ausgenommen sind Emittenten, die ausschließlich Wertpapiere begeben, die im Sinne des § 2 Abs. 1 Satz 1 Nr. 2 Aktien gleichzustellen sind oder die ein zumindest bedingtes Recht auf den Erwerb von Aktien oder diesen gleichzustellenden Wertpapieren verbriefen. Diese Ausnahmen beruhen auf Art. 2 Abs. 1 lit. b) der Transparenzrichtlinie 2004/109/EG.[1]

5   Eine Klarstellung, dass § 37w nur auf solche Emittenten Anwendung findet, deren Wertpapiere an einem organisierten Markt im Sinne des § 2 Abs. 5 zugelassen sind, fehlt im Gesetz, anders als etwa in § 21 Abs. 2. Diese Einschränkung ergibt sich jedoch aus der Definition des Inlandsemittenten; in allen Alternativen des § 2 Abs. 7 ist Voraussetzung, dass die Wertpapiere des Emittenten zum Handel **an einem organisierten Markt zugelassen** sind. § 37w findet deshalb keine Anwendung auf Emittenten, deren Aktien oder Schuldtitel ausschließlich an einem nichtorganisierten Markt (§ 2 Rn. 149), beispielsweise im Freiverkehr (§ 48 BörsG), gehandelt werden.

II. Publizitätspflichten

1. Aufstellung und Veröffentlichung eines Halbjahresfinanzberichts (Abs. 1 Satz 1)

6   Ein Inlandsemittent, der Aktien oder Schuldtitel[2] begibt, hat gemäß § 37w Abs. 1 Satz 1 für **die ersten sechs Monate jedes Geschäftsjahres** einen Halb-

---

[1] Die Regelungstechnik beruht darauf, dass der deutsche Gesetzgeber Art. 2 Abs. 1 lit. b) der Transparenzrichtlinie 2004/109/EG (der enger ist als die Definition der Schuldverschreibung in Art. 4 Abs. 1 Nr. 18 lit. b) der Finanzmarktrichtlinie 2004/39/EG) in der Definition des § 2 Abs. 1 Nr. 3 bewusst nur unvollständig umgesetzt hat (Begr. RegE BT-Drucks. 16/2498, S. 30) und deshalb in § 37w Abs. 1 Satz 1 (wie auch in § 30a Abs. 1 Nr. 6 und § 37z Abs. 1) eine entsprechende Einschränkung vornehmen musste.

[2] Siehe dazu oben Rn. 4.

jahresfinanzbericht zu erstellen. Die von § 37w Abs. 1 Satz 2 in der Fassung des Regierungsentwurfs[3] vorgesehene Regelung, wonach sich der Berichtszeitraum des Halbjahresfinanzberichts auf die folgenden drei Monate verkürzen sollte, wenn der Emittent für die ersten drei Monate des Geschäftsjahres einen Quartalsfinanzbericht gemäß § 37x Abs. 3 erstellt, wurde nicht Gesetz.[4]

Der Halbjahresfinanzbericht ist unverzüglich, spätestens zwei Monate nach Ablauf des Berichtzeitraums der Öffentlichkeit zur Verfügung zu stellen. Dies erfolgt durch **Übermittlung an das Unternehmensregister** gemäß § 37w Abs. 1 Satz 4 und, wie sich mittelbar aus § 37w Abs. 1 Satz 2 ergibt, durch **Publikation im Internet.** Die Zweimonatsfrist entspricht der bisherigen Regelung des § 61 Abs. 1 Satz 1 BörsZulV. Das **Erfordernis der Unverzüglichkeit,** das in dem aufgehobenen § 61 Abs. 1 BörsZulV nicht vorgesehen war, beruht auf der entsprechenden Vorgabe („so schnell wie möglich") des Art. 5 Abs. 1 Satz 1 der Transparenzrichtlinie 2004/109/EG. Die Zweimonatsfrist darf also nicht ohne weiteres voll ausgeschöpft werden. Jedoch ist auch zu berücksichtigen, dass eine Veröffentlichung bereits innerhalb weniger Wochen nach Ablauf des Berichtszeitraums schon technisch in den wenigsten Fällen möglich sein wird.[5] Für den Regelfall bietet die in Ziff. 7.1.2 des Deutschen Corporate Governance Kodex enthaltene Empfehlung im Sinne des § 161 Satz 1 AktG, Zwischenberichte binnen 45 Tagen nach Ende des Berichtszeitraums öffentlich zugänglich zu machen, einen realistischen Anhaltspunkt zur Beurteilung der Unverzüglichkeit. 7

Auch die in § 61 Abs. 2 BörsZulV aF enthaltene **Verlängerung der Veröffentlichungsfrist** auf sieben Monate für Emittenten, die überwiegend den Betrieb von Rückversicherungsgeschäften zum Gegenstand des Unternehmens haben, wurde nicht in § 37w übernommen, da auch Art. 5 der Transparenzrichtlinie 2004/109/EG keine Ausnahme von der Zweimonatsfrist vorsieht. Gleiches gilt für die gemäß § 61 Abs. 3 BörsZulV aF der Zulassungsstelle vorbehaltene Möglichkeit der Fristverlängerung. 8

2. Veröffentlichung einer Hinweisbekanntmachung (Abs. 1 Satz 2)

Nach § 37w Abs. 1 Satz 2 muss jeder Emittent im Anwendungsbereich des § 37w eine Bekanntmachung darüber veröffentlichen, ab welchem Zeitpunkt und unter welcher Internetadresse der Halbjahresfinanzbericht zusätzlich zu seiner Verfügbarkeit im Unternehmensregister öffentlich zugänglich ist. Wie bei § 37v Abs. 1 Satz 2 ist ein **allgemeiner Hinweis auf die Internetpräsenz des Emittenten nicht ausreichend,** vielmehr muss die konkrete Internetadresse des Veröffentlichungsorts angegeben werden.[6] Die Veröffentlichung unterliegt gemäß § 22 WpAIV dem Publikationsregime der §§ 3a, 3b WpAIV (§ 26 Rn. 10ff.). Die Regelung des § 37w Abs. 1 Satz 2 beruht auf Art. 12 Abs. 3 9

---

[3] BT-Drucks. 16/2498.
[4] Kritisch zur Fassung des Regierungsentwurfs die Stellungnahme des Handelsrechtsausschusses des Deutschen Anwaltsvereins, NZG 2006, 655, 657.
[5] Zutreffend KölnKommWpHG-*Mock,* Rn. 8.
[6] Vgl. BT-Drucks. 16/2498, S. 43.

Satz 2 der Durchführungsrichtlinie 2007/14/EG,[7] der in Abweichung vom Grundsatz des Art. 21 Abs. 1 der Transparenzrichtlinie 2004/109/EG anstelle der Verbreitung des gesamten Halbjahresfinanzberichts die Publikation einer Hinweisbekanntmachung genügen lässt, wenn die Rechnungslegungsunterlagen neben ihrer Speicherung im zentralen System gemäß Art. 21 Abs. 2 der Transparenzrichtlinie 2004/109/EG auch im Internet abrufbar sind.

10 Die Hinweisbekanntmachung muss vor dem Zeitpunkt veröffentlicht werden, zu dem der Halbjahresfinanzbericht erstmals der Öffentlichkeit zur Verfügung steht (siehe dazu § 37v Rn. 8).

3. Mitteilung und Übermittlung der Hinweisbekanntmachung (Abs. 1 Satz 3)

11 Die Hinweisbekanntmachung ist gemäß § 37w Abs. 1 Satz 3 gleichzeitig mit ihrer Veröffentlichung der BaFin mitzuteilen. Mit dieser Vorschrift wird Art. 19 Abs. 1 Unterabs. 1 Satz 1 der Transparenzrichtlinie 2004/109/EG umgesetzt. Zudem hat der Emittent die Hinweisbekanntmachung unverzüglich, jedoch nicht vor ihrer Veröffentlichung, dem Unternehmensregister im Sinne des § 8b HGB zur Speicherung zu übermitteln. Dies ergibt sich bereits aus § 8b Abs. 2 Nr. 9, Abs. 3 Satz 1 Nr. 2 HGB, so dass § 37w Abs. 1 Satz 3 insoweit nur wegen seiner zeitlichen Vorgabe von Relevanz ist.

4. Übermittlung des Halbjahresfinanzberichts (Abs. 1 Satz 4)

12 Gemäß § 37w Abs. 1 Satz 4 hat der Emittent unverzüglich, jedoch nicht vor Veröffentlichung der Hinweisbekanntmachung den Halbjahresfinanzbericht an das Unternehmensregister zur Speicherung zu übermitteln. Die Pflicht zur Übermittlung ergibt sich bereits aus § 8b Abs. 2 Nr. 9, Abs. 3 Satz 1 Nr. 2 HGB; § 37w Abs. 1 Satz 4 hat daher lediglich im Hinblick auf die zeitlichen Vorgabe eigenständige Bedeutung.[8]

III. Inhalt des Halbjahresfinanzberichts (Abs. 2–4)

13 Der Halbjahresfinanzbericht hat nach § 37w Abs. 2, der Art. 5 Abs. 2 der Transparenzrichtlinie 2004/109/EG umsetzt, mindestens[9] einen **verkürzten Abschluss**, einen **Zwischenlagebericht** und die Erklärung gemäß §§ 264 Abs. 2 Satz 3, 289 Abs. 1 Satz 5 HGB („**Bilanzeid**", zu diesem Vor §§ 37v bis 37z Rn. 14ff.) zu enthalten. Die Anforderungen an den verkürzten Abschluss und den Zwischenlagebericht ergeben sich aus § 37w Abs. 3 und 4 (Rn. 15ff.).

14 Der **Deutsche Rechnungslegungs Standards Committee e. V.** („DRSC"), der als privates Rechnungslegungsgremium im Sinne von § 342 Abs. 1 Satz 1 HGB anerkannt wurde, hat am 13. März 2007 einen „near final draft" des Deutschen Rechnungslegungs Standards (DRS) 16 veröffentlicht, der am 5. Mai 2008

---

[7] Richtlinie 2007/14/EG der Kommission vom 8. März 2007, ABl. EU Nr. L 69/27 vom 9. März 2007.
[8] BT-Drucks. 16/2498, S. 44.
[9] Der Emittenten kann freiwillig zusätzliche Informationen aufnehmen, KölnKomm-WpHG-*Mock*, Rn. 37.

vom Deutschen Standardisierungsrat verabschiedet wurde.[10] Er konkretisiert gemäß **DRS 16.**3 Anforderungen an die Halbjahresfinanzberichterstattung, die Quartalsberichterstattung und die Zwischenmitteilung der Geschäftsführung nach den §§ 37 w, 37 x. Rechtliche Bedeutung kommt den DRS nur insoweit zu, als gemäß **§ 342 Abs. 2 HGB** die Beachtung der die HGB-Konzernrechnungslegung betreffenden Grundsätze ordnungsmäßiger Buchführung vermutet wird, soweit vom Bundesministerium der Justiz bekannt gemachte Empfehlungen beachtet worden sind. Nach DRS 16.8 haben im Übrigen diejenigen Emittenten, die einen IFRS-Konzernabschluss erstellen, statt der Regeln des DRS 16.15–16.33 den für die Zwischenberichterstattung einschlägigen Standard IAS 34 (Rn. 18) einzuhalten.

1. Verkürzter Abschluss

Mindestbestandteile des verkürzten Abschlusses sind nach § 37 w Abs. 3 Satz 1 eine **verkürzte Bilanz**, eine **verkürzte Gewinn- und Verlustrechnung** und ein **Anhang**. Dies entspricht der Vorgabe, die Art. 5 Abs. 3 Unterabs. 2 Satz 1 der Transparenzrichtlinie 2004/109/EG denjenigen Emittenten macht, die nicht verpflichtet sind, einen konsolidierten Abschluss aufzustellen. Auf den verkürzten Abschluss sind nach dem auf Art. 5 Abs. 3 Unterabs. 2 Satz 2 der Transparenzrichtlinie 2004/109/EG beruhenden § 37 w Abs. 3 Satz 2 die **für den Jahresabschluss geltenden Rechnungslegungsgrundsätze** anzuwenden. Für HGB-Abschlüsse bedeutet dies, dass insbesondere die §§ 246 ff., 252 ff., 279 ff. HGB sowie die allgemeinen Grundsätze ordnungsgemäßer Buchführung gelten.[11] Auch die von den §§ 266, 275 HGB vorgegebene Gliederungsreihenfolge ist einzuhalten; einzelne Posten können jedoch zusammengefasst werden.[12]

Art. 3 Abs. 2 und 3 der **Richtlinie 2007/14/EG** der Kommission vom 8. März 2007[13] enthalten Durchführungsbestimmungen zu Art. 5 Abs. 3 Unterabs. 2 der Transparenzrichtlinie 2004/109/EG, die durch § 10 TranspRLDV[14] umgesetzt wurde, der seinerseits auf der Verordnungsermächtigung des § 37 w Abs. 6 Nr. 1 beruht (Rn. 30).[15] Danach haben die verkürzte Bilanz und die verkürzte Gewinn- und Verlustrechnung jeweils die Überschriften und die Zwischensummen auszuweisen, die im zuletzt veröffentlichten Jahresabschluss des Emittenten enthalten sind (§ 10 Nr. 1 Satz 1 TranspRLDV). Zusätzliche Posten sind dann einzufügen, wenn für den Fall ihres Nichtvorhandenseins der verkürzte Abschluss ein irreführendes Bild der Vermögens-, Finanz- und Ertragslage des Emittenten vermitteln würde (§ 10 Nr. 1 Satz 2 TranspRLDV). Darüber hinaus müssen die **folgenden vergleichenden Informationen** enthalten sein (§ 10 Nr. 1 Satz 3 TranspRLDV):
– eine verkürzte Bilanz für den Schluss des vorhergehenden Geschäftsjahrs;

---

[10] Abrufbar unter *www.drsc.de* (geänderte Fassung vom 18. Juli 2007). Die endgültige Fassung des DRS 16 ersetzt den bisherigen DRS 6, vgl. *Wiederhold/Pukallus* Der Konzern 2007, 264, 265.
[11] KölnKommWpHG-*Mock*, Rn. 21.
[12] BT-Drucks. 16/2498, S. 44.
[13] ABl. EU Nr. L 69/27 vom 9. März 2007.
[14] Transparenzrichtlinie-Durchführungsverordnung vom 13. März 2008, BGBl. I S. 408.
[15] Gemäß § 23 Satz 1 TranspRLDV ist § 10 TranspRLDV erstmals auf Halbjahresfinanzberichte für das nach dem 31. Dezember 2007 beginnende Geschäftsjahr anzuwenden. Siehe dazu noch Fn. 16.

§ 37w 17–20   Abschnitt 11. Überwachung

– im Rahmen der verkürzten Gewinn- und Verlustrechnung[16] vergleichende Angaben über die ersten sechs Monate des vorhergehenden Geschäftsjahrs.

17 Der Anhang muss die Anforderungen der §§ 284, 285 HGB nicht in vollem Umfang erfüllen;[17] nach Art. 3 Abs. 3 der Richtlinie 2007/14/EG und § 10 Nr. 2 TranspRLDV ist es stattdessen ausreichend, wenn die Angaben im Anhang die Vergleichbarkeit des verkürzten Abschlusses mit dem Jahresabschluss gewährleisten und die Beurteilung der wesentlichen Änderungen und Entwicklungen der einzelnen Posten in der verkürzten Bilanz und der verkürzten Gewinn- und Verlustrechnung in dem Berichtszeitraum ermöglichen.

18 Für **konzernabschlusspflichtige Emittenten** verweist Art. 5 Abs. 3 Unterabs. 1 der Transparenzrichtlinie 2004/109/EG auf die nach der IAS-Verordnung[18] anzuwendenden **IFRS;** diese sind neben den Mindestanforderungen des § 37w Abs. 3 Satz 1 einzuhalten,[19] was der Verweis des § 37y Nr. 2 Satz 2 auf § 37w Abs. 3 klarstellt (zur Übergangsregelung des § 46 Abs. 2 siehe § 46 Rn. 3). Der für die Zwischenberichterstattung einschlägige Standard ist **IAS 34.** Gemäß IAS 34.6 soll der Zwischenbericht eine Aktualisierung des letzten Abschlusses eines Geschäftsjahres darstellen und sich dementsprechend auf neue Aktivitäten, Ereignisse und Umstände konzentrieren, statt bereits berichtete Informationen zu wiederholen. Der Zwischenbericht ist nach IAS 34.14 auf konsolidierter Basis aufzustellen, wenn der letzte Abschluss eines Geschäftsjahres ein Konzernabschluss war. IAS 34.8 legt die Bestandteile fest, die ein Zwischenbericht mindestens zu enthalten hat; dazu gehören

– eine verkürzte Bilanz;
– eine verkürzte Gewinn- und Verlustrechnung;
– eine verkürzte Aufstellung, die entweder alle Veränderungen des Eigenkapitals oder Veränderungen des Eigenkapitals, die nicht aus Kapitaltransaktionen mit Eigentümern oder Ausschüttungen an Eigentümer resultieren, zeigt;
– eine verkürzte Kapitalflussrechnung und
– ausgewählte erläuternde Anhangangaben.

19 Wird ein verkürzter Abschluss veröffentlicht, hat dieser verkürzte Abschluss nach IAS 34.10 mindestens jede der Überschriften und Zwischensummen zu enthalten, die in dem letzten Abschluss eines Geschäftsjahres enthalten waren, sowie die von IAS 34 vorgeschriebenen ausgewählten erläuternden Anhangangaben. Letztere sind in IAS 34.15 ff. im Detail geregelt. Leitlinie ist dabei, dass relativ unwesentliche Aktualisierungen von Informationen, die schon im Anhang des letzten Geschäftsberichtes berichtet wurden, nicht gefordert werden; stattdessen sind Informationen über Ereignisse und Geschäftsvorfälle aufzunehmen, die für das Verständnis von Veränderungen der Vermögens-, Finanz- und Ertragslage seit dem Abschlussstichtag wesentlich sind.

20 Macht ein Emittent deutscher Rechtsform von dem Wahlrecht des § 325 Abs. 2a HGB Gebrauch und legt statt des HGB-Jahresabschlusses einen **IFRS-**

---

[16] Diese vergleichenden Angaben müssen gemäß § 23 Satz 2 TranspRLDV erstmals in der verkürzten Gewinn- und Verlustrechnung eines Halbjahresfinanzberichts für das nach dem 31. Dezember 2008 beginnende Geschäftsjahr enthalten sein
[17] *Wiederhold/Pukallus* Der Konzern 2007, 264, 268.
[18] Verordnung (EG) Nr. 1606/2002 vom 19. Juli 2002, ABl. EG Nr. L 243, S. 1 ff.
[19] Vgl. auch BT-Drucks. 16/2498, S. 44; *Klawitter* in *Habersack/Mülbert/Schlitt,* Unternehmensfinanzierung, § 32 Rn. 76.

Einzelabschluss offen, ist der verkürzte Abschluss gemäß § 37w Abs. 3 Satz 3 ebenfalls nach IAS 34 aufzustellen.[20]

2. Zwischenlagebericht

Mit § 37w Abs. 4 wurde Art. 5 Abs. 4 der Transparenzrichtlinie 2004/109/EG umgesetzt, der einen Zwischenlagebericht fordert und damit über den IAS 34 hinausgeht.[21] Gemäß § 37w Abs. 4 Satz 1 sind im Zwischenlagebericht mindestens die wichtigen Ereignisse des Berichtszeitraums im Unternehmen des Emittenten und ihre Auswirkungen auf den verkürzten Abschluss anzugeben sowie die wesentlichen Chancen und Risiken für die dem Berichtszeitraum folgenden sechs Monate des Geschäftsjahrs zu beschreiben.[22] Eine **vollständige Aktualisierung des letztjährigen Lageberichts ist** somit **nicht erforderlich**.[23] Die Berichterstattung auch über Chancen entspricht der in den §§ 289 Abs. 1 Satz 4, 315 Abs. 1 Satz 5 HGB in der Fassung des Bilanzrechtsreformgesetzes getroffenen Regelung. Die Anforderungen an den Zwischenlagebericht werden von DRS 16.34–16.55 (vgl. Rn. 14) konkretisiert.

Inlandsemittenten, die Aktien begeben, müssen im Zwischenlagebericht nach § 37w Abs. 4 Satz 2 zusätzlich die **wesentlichen Geschäfte mit nahe stehenden Personen** angeben; diese Angaben können alternativ im Anhang des Halbjahresfinanzberichts gemacht werden. Gemäß Art. 4 Abs. 1 der Durchführungsrichtlinie 2007/14/EG,[24] der durch § 11 Abs. 1 TranspRLDV[25] (Rn. 30) umgesetzt wurde, haben **konzernabschlusspflichtige Aktienemittenten** zumindest die folgenden Geschäfte als wesentliche Geschäfte mit nahe stehenden Unternehmen und Personen offen zu legen:[26]

– Geschäfte mit nahe stehenden Unternehmen und Personen, die während der ersten sechs Monate des aktuellen Geschäftsjahres stattgefunden haben und die die Finanzlage oder das Geschäftsergebnis des Unternehmens während dieses Zeitraums wesentlich beeinflusst haben;
– alle Veränderungen bei den Geschäften mit nahe stehenden Unternehmen und Personen, die im letzten Jahresbericht dargelegt wurden und die die Finanzlage oder das Geschäftsergebnis des Unternehmens während der ersten sechs Monate des aktuellen Geschäftsjahres wesentlich beeinflusst haben könnten.

Der auf Art. 4 Abs. 2 der Durchführungsrichtlinie 2007/14/EG beruhende § 11 Abs. 2 Satz 1 TranspRLDV[27] schreibt vor, dass **nicht konzernabschlusspflichtige Emittenten** zumindest wesentliche nicht zu marktüblichen Bedingungen zustande gekommene Geschäfte mit nahe stehenden Unternehmen und

---

[20] So auch KölnKommWpHG–*Mock*, Rn. 22.
[21] Vgl. *Strieder/Ammedick* DB 2007, 1368, 1372.
[22] Dazu im Einzelnen *Strieder/Ammedick* DB 2007, 1368, 1370.
[23] Vgl. auch *d'Arcy/Meyer* Der Konzern 2005, 151, 156; *Wiederhold/Pukallus* Der Konzern 2007, 264, 270.
[24] ABl. EU Nr. L 69/27 vom 9. März 2007.
[25] Transparenzrichtlinie-Durchführungsverordnung vom 13. März 2008, BGBl. I S. 408.
[26] Gemäß § 23 Satz 1 TranspRLDV ist § 11 TranspRLDV erstmals auf Halbjahresfinanzberichte für das nach dem 31. Dezember 2007 beginnende Geschäftsjahr anzuwenden.
[27] Transparenzrichtlinie-Durchführungsverordnung vom 13. März 2008, BGBl. I S. 408.

Personen anzugeben haben, einschließlich Angaben zur Art der Beziehung, zum Wert der Geschäfte sowie weiterer Angaben, die für die Beurteilung der Finanzlage notwendig sind. Davon ausgenommen sind gruppeninterne Transaktionen, also Geschäfte innerhalb eines Konzerns zwischen mittel- oder unmittelbar in hundertprozentigem Anteilsbesitz stehenden konzernangehörigen Unternehmen. Gemäß § 11 Abs. 2 Satz 2 TranspRLDV können Angaben über Geschäfte nach Geschäftsarten zusammengefasst werden, sofern die getrennte Angabe für die Beurteilung der Auswirkungen auf die Finanzlage nicht notwendig ist. Eine weitere Konkretisierung ergibt sich für HGB-Anwender aus **DRS 11** und für IFRS-Abschlüsse aus **IAS 24**.[28]

IV. Prüfung und prüferische Durchsicht (Abs. 5)

1. Keine Pflicht zur Prüfung des Halbjahresfinanzberichts

23 Art. 5 Abs. 5 der Transparenzrichtlinie 2004/109/EG begründet **keine Pflicht zur Prüfung oder prüferischen Durchsicht des Halbjahresfinanzberichts,** sondern fordert nur, den Bestätigungsvermerk oder die Bescheinigung des Ergebnisses der prüferischen Durchsicht in vollem Umfang zu veröffentlichen; wurde der Halbjahresfinanzbericht weder einer vollständigen Prüfung noch einer prüferischen Durchsicht unterzogen, ist dies im Bericht anzugeben (so genannter „Negativvermerk"). Darüber hinausgehend wäre nach § 37w Abs. 5 Satz 1 in der Fassung des Regierungsentwurfs der Halbjahresfinanzbericht mindestens einer prüferischen Durchsicht durch einen Abschlussprüfer zu unterziehen gewesen.[29] Auf Anregung des Bundesrates[30] beschränkt sich § 37w Abs. 5 Satz 1 in der Gesetz gewordenen Fassung auf die unveränderte Umsetzung des Art. 5 Abs. 5 der Transparenzrichtlinie 2004/109/EG und sieht lediglich vor, dass der verkürzte Abschluss und der Zwischenlagebericht fakultativ einer prüferischen Durchsicht durch einen Abschlussprüfer unterzogen werden können.

2. Die prüferische Durchsicht

24 Gemäß § 37w Abs. 5 Satz 2 sind auf die prüferische Durchsicht die **Vorschriften über die Bestellung des Abschlussprüfers entsprechend anzuwenden.** Das bedeutet, dass neben § 318 HGB auch die Anforderungen an die Auswahl und die Ausschlussgründe der §§ 319, 319a HGB gelten.[31] Der Prüfer muss allerdings nicht mit dem nach § 318 HGB gewählten Abschlussprüfer für den Jahresabschluss identisch sein.[32]

---

[28] Siehe auch *Strieder/Ammedick* DB 2007, 1368, 1370f.
[29] BT-Drucks. 16/2498, S. 14.
[30] Kritisch zB auch die Stellungnahme des Handelsrechtsausschusses des Deutschen Anwaltsvereins, NZG 2006, 655, 658.
[31] BT-Drucks. 16/2498, S. 45. Zur Bestellung des Prüfers für die prüferische Durchsicht siehe *Wagner* BB 2007, 454. – Die Ausschlussgründe der §§ 319 Abs. 3 Satz 1 Nr. 3, 319a Abs. 1 Satz 1 Nr. 2 und 3 HGB finden im Verhältnis der prüferischen Durchsicht zur Abschlussprüfung keine Anwendung, vgl. KölnKommWpHG-*Mock,* Rn. 28.
[32] *Klawitter* in *Habersack/Mülbert/Schlitt,* Unternehmensfinanzierung, § 32 Rn. 77; KölnKommWpHG-*Mock,* Rn. 27; *Mutter/Arnold/Stehle* AG 2007, R109, R113 (mit Formulierungsbeispiel).

Inhalt und Umfang der prüferischen Durchsicht richten sich nach 25
§ 37 w Abs. 5 Satz 3. Danach ist die prüferische Durchsicht so anzulegen, dass bei gewissenhafter Berufsausübung auszuschließen ist, dass der verkürzte Abschluss und der Zwischenlagebericht in wesentlichen Belangen den anzuwendenden Rechnungslegungsgrundsätzen widersprechen. Das Ergebnis der prüferischen Durchsicht kann also stets nur darauf bezogen sein, ob dem Prüfer Sachverhalte bekannt geworden sind, die ihn zu der Annahme veranlassen, der Halbjahresfinanzbericht widerspreche in wesentlichen Belangen den anzuwendenden Rechnungslegungsgrundsätzen.[33] Für die Durchsicht des Zwischenlageberichts ist § 317 Abs. 2 HGB analog anwendbar.[34] Dem eingeschränkten Prüfungsmaßstab entsprechend ist kein Bestätigungsvermerk im Sinne des § 322 HGB zu erteilen, sondern das Ergebnis der prüferischen Durchsicht gemäß § 37 w Abs. 5 Satz 4 in einer Bescheinigung zum Halbjahresfinanzbericht zusammenzufassen.

§ 37 w Abs. 5 Satz 7 verweist auf die §§ 320, 323 HGB. Findet eine prüferi- 26
sche Durchsicht statt, besteht damit eine Vorlage- und Auskunftspflicht der gesetzlichen Vertreter des Emittenten entsprechend § 320 HGB; für die Verantwortlichkeit des Prüfers gilt § 323 HGB.

3. Veröffentlichungspflichten

Die Bescheinigung über das Ergebnis der prüferischen Durchsicht ist gemäß 27
§ 37 w Abs. 5 Satz 4 zusammen mit dem Halbjahresfinanzbericht zu veröffentlichen. Findet dagegen eine vollständige Abschlussprüfung im Sinne des § 317 HGB statt, ist nach § 37 w Abs. 5 Satz 5 der Bestätigungsvermerk oder der Vermerk über seine Versagung vollständig wiederzugeben und ebenfalls mit dem Halbjahresfinanzbericht zu veröffentlichen.

Hat der Emittent sowohl auf die vollständige Abschlussprüfung als auch auf die 28
prüferischen Durchsicht verzichtet, ist dies gemäß § 37 w Abs. 5 Satz 6 im Halbjahresfinanzbericht anzugeben.

4. „Enforcement"

Gemäß den §§ 37 n, 37 o Abs. 1 Satz 4 und § 342 b Abs. 2 Satz 1 können der 29
verkürzte Abschluss und der Zwischenlagebericht im Verfahren der §§ 37 n ff. Gegenstand einer Prüfung der Deutschen Prüfstelle für Rechnungslegung und der BaFin sein (§ 37 n Rn. 9, 15). Die gesellschaftsrechtlichen Instrumente zur Kontrolle ordnungsgemäßer Rechnungslegung (§ 37 n Rn. 11), namentlich die Prüfung durch den Aufsichtsrat gemäß den §§ 170, 171 AktG, erstrecken sich dagegen nicht auf den Halbjahresfinanzbericht.[35]

IV. Verordnungsermächtigung (Abs. 6)

§ 37 w Abs. 6 Nr. 1 ermächtigt das Bundesfinanzministerium, im Einverneh- 30
men mit dem Bundesjustizministerium durch Rechtsverordnung nähere Bestimmungen über den Inhalt und die prüferische Durchsicht des Halbjahresfinanz-

---

[33] Vgl. BT-Drucks. 16/2498, S. 45.
[34] BT-Drucks. 16/2498, S. 45.
[35] Zutreffend KölnKommWpHG-*Mock*, Rn. 34.

§ 37x   Abschnitt 11. Überwachung

berichts zu erlassen. Auf diesem Weg waren insbesondere die Durchführungsbestimmungen der Richtlinie 2007/14/EG in deutsches Recht umzusetzen. Dies ist durch die §§ 10, 11 TranspRLDV[36] geschehen (dazu Rn. 16 f. und 22).

31 Die Verordnungsermächtigung des § 37w Abs. 6 Nr. 2–4 bezieht sich auf die Veröffentlichung und Speicherung der Halbjahresfinanzberichte. Von dieser Ermächtigung wurde mit den §§ 22 bis 24 WpAIV Gebrauch gemacht. Gemäß § 22 WpAIV gelten für die Art und Sprache der Veröffentlichung der Hinweisbekanntmachung nach § 37w Abs. 1 Satz 2 die §§ 3a, 3b WpAIV und gemäß § 23 WpAIV gilt für die Mitteilung an die BaFin nach § 37w Abs. 1 Satz 3 die Regelung des § 3c WpAIV (zum Publikationsregime der §§ 3a ff. vgl. § 26 Rn. 10 ff. und Vor §§ 37v bis 37z Rn. 6). § 24 WpAIV bestimmt in Umsetzung von Art. 5 Abs. 1 Satz 2 der Transparenzrichtlinie 2004/109/EG, dass die Halbjahresfinanzberichte im Unternehmensregister **mindestens fünf Jahre lang der Öffentlichkeit zugänglich** sein müssen (siehe auch § 37v Rn. 16).

§ 37x Zwischenmitteilung der Geschäftsführung

(1) **Ein Unternehmen, das als Inlandsemittent Aktien begibt, hat in einem Zeitraum zwischen zehn Wochen nach Beginn und sechs Wochen vor Ende der ersten und zweiten Hälfte des Geschäftsjahrs jeweils eine Zwischenmitteilung der Geschäftsführung der Öffentlichkeit zur Verfügung zu stellen. Außerdem muss das Unternehmen vorher eine Bekanntmachung darüber veröffentlichen, ab welchem Zeitpunkt und unter welcher Internetadresse die Zwischenmitteilung der Geschäftsführung zusätzlich zu ihrer Verfügbarkeit im Unternehmensregister öffentlich zugänglich ist. Das Unternehmen teilt die Bekanntmachung gleichzeitig mit ihrer Veröffentlichung der Bundesanstalt mit und übermittelt sie unverzüglich, jedoch nicht vor ihrer Veröffentlichung dem Unternehmensregister im Sinne des § 8b des Handelsgesetzbuchs zur Speicherung. Es hat außerdem unverzüglich, jedoch nicht vor Veröffentlichung der Bekanntmachung nach Satz 2 die Zwischenmitteilung der Geschäftsführung an das Unternehmensregister zur Speicherung zu übermitteln.**

(2) **Die Zwischenmitteilung hat Informationen über den Zeitraum zwischen dem Beginn der jeweiligen Hälfte des Geschäftsjahrs und dem Zeitpunkt zu enthalten, zu welchem die Zwischenmitteilung der Öffentlichkeit im Sinne des Absatzes 1 Satz 1 zur Verfügung stehen; diese Informationen haben die Beurteilung zu ermöglichen, wie sich die Geschäftstätigkeit des Emittenten in den drei Monaten vor Ablauf des Mitteilungszeitraums entwickelt hat. In der Zwischenmitteilung sind die wesentlichen Ereignisse und Geschäfte des Mitteilungszeitraums im Unternehmen des Emittenten und ihre Auswirkungen auf die Finanzlage des Emittenten zu erläutern sowie die Finanzlage und das Geschäftsergebnis des Emittenten im Mitteilungszeitraum zu beschreiben.**

(3) **Wird ein Quartalsfinanzbericht nach den Vorgaben des § 37w Abs. 2 Nr. 1 und 2, Abs. 3 und 4 erstellt und veröffentlicht, entfällt die Pflicht nach Absatz 1. Der Quartalsfinanzbericht ist unverzüglich, jedoch nicht vor seiner Veröffentlichung an das Unternehmensregister zu übermitteln. Wird der Quartalsfinanzbericht einer prüferischen Durchsicht durch einen Ab-**

---

[36] Transparenzrichtlinie-Durchführungsverordnung vom 13. März 2008, BGBl. I S. 408.

schlussprüfer unterzogen, gelten § 320 und § 323 des Handelsgesetzbuchs entsprechend.

(4) Das Bundesministerium der Finanzen kann im Einvernehmen mit dem Bundesministerium der Justiz durch Rechtsverordnung, die nicht der Zustimmung des Bundesrates bedarf, nähere Bestimmungen erlassen über
1. den Mindestinhalt, die Art, die Sprache, den Umfang und die Form der Veröffentlichung nach Absatz 1 Satz 2 und
2. den Mindestinhalt, die Art, die Sprache, den Umfang und die Form der Mitteilung nach Absatz 1 Satz 3.

Schrifttum: Vor §§ 37 v bis 37 z.

Übersicht

	Rn.
I. Grundlagen	1
1. Umsetzung des Art. 6 der Transparenzrichtlinie	1
2. Anwendungsbereich	2
a) Inlandsemittent	2
b) Begebung von Aktien	3
II. Publizitätspflichten	4
1. Veröffentlichung einer Zwischenmitteilung (Abs. 1 Satz 1)	5
2. Veröffentlichung einer Hinweisbekanntmachung (Abs. 1 Satz 2)	7
3. Mitteilung und Übermittlung der Hinweisbekanntmachung (Abs. 1 Satz 3)	9
4. Übermittlung der Zwischenmitteilung (Abs. 1 Satz 4)	10
III. Inhalt der Zwischenmitteilung (Abs. 2)	11
1. Erfasster Zeitraum	11
2. Aufzunehmende Informationen	13
IV. Erstellung und Veröffentlichung eines Quartalsfinanzberichts (Abs. 3)	16
V. Verordnungsermächtigung (Abs. 4)	19

I. Grundlagen

1. Umsetzung des Art. 6 der Transparenzrichtlinie

§ 37 x setzt Art. 6 der Transparenzrichtlinie 2004/109/EG um. Danach haben Emittenten, deren Aktien zum Handel an einem geregelten Markt zugelassen sind, in der ersten und zweiten Hälfte des Geschäftsjahres jeweils eine Zwischenmitteilung der Geschäftsführung zu veröffentlichen. Diese Regelung stellt einen Kompromiss zwischen dem Kommissionsentwurf und den Vorstellungen des Europäischen Parlaments dar, das von allen über eine halbjährliche Berichterstattung hinausgehende Publizitätspflichten absehen wollte (Vor §§ 37 v bis 37 z Rn. 4). Für die Mitteilung gegenüber der zuständigen Behörde und die Publikation der Zwischenmitteilung gelten Art. 19 Abs. 1 Unterabs. 1 Satz 1 und Art. 21 Abs. 1 der Richtlinie, die ebenfalls durch § 37 x umgesetzt werden. **1**

2. Anwendungsbereich

a) Inlandsemittent

Die Publizitätspflichten des § 37 x gelten für Inlandsemittenten im Sinne des § 2 Abs. 7 und sind somit auch an Emittenten adressiert, deren Sitz sich nicht in Deutschland befindet (§ 2 Rn. 161). **2**

b) Begebung von Aktien

3 § 37x hat **im Vergleich zu § 37v und § 37w den engsten Anwendungsbereich;** eine Pflicht zur Veröffentlichung einer Zwischenmitteilung besteht nur für solche Inlandsemittenten, die Aktien im Sinne des § 2 Abs. 1 Satz 1 Nr. 1 begeben. Wie bei den §§ 37v, 37w ergibt sich aus der Definition des Inlandsemittenten nach § 2 Abs. 7, dass § 37x nur auf solche Emittenten Anwendung findet, deren Wertpapiere an einem **organisierten Markt** im Sinne des § 2 Abs. 5 (vgl. § 2 Rn. 141 ff.) zugelassen sind.

II. Publizitätspflichten

4 Publizitätspflichten nach § 37x Abs. 1 bestehen gemäß § 37x Abs. 3 nicht für Emittenten, die Quartalsfinanzberichte erstellen und veröffentlichen, sofern sie die Anforderungen einhalten, die § 37w Abs. 2 Nr. 1 und 2, Abs. 3 und 4 an Halbjahresfinanzberichte stellt (dazu noch Rn. 16 ff.). Diese Voraussetzung ist bei **Quartalsfinanzberichten, die gemäß § 42 BörsG iVm § 66 BörsO FWB** erstellt werden, erfüllt (vgl. § 66 Abs. 1 BörsO FWB). Emittenten, deren Wertpapiere zum Teilbereich des regulierten Marktes mit besonderen Pflichten für Emittenten (Prime Standard) zugelassen sind, müssen also zusätzlich zum Quartalsfinanzbericht keine Zwischenmitteilungen der Geschäftsführung gemäß § 37x Abs. 1 zu veröffentlichen. Für alle anderen Emittenten bedeutet § 37x allerdings eine **deutliche Ausweitung der kapitalmarktrechtlichen Regelpublizität.**[1]

1. Veröffentlichung einer Zwischenmitteilung (Abs. 1 Satz 1)

5 Gemäß § 37x Abs. 1 Satz 1 ist der Emittent verpflichtet, in einem Zeitraum zwischen **zehn Wochen nach Beginn und sechs Wochen vor Ende der ersten und zweiten Hälfte des Geschäftsjahrs** jeweils eine Zwischenmitteilung der Geschäftsführung der Öffentlichkeit zur Verfügung zu stellen. Diese Regelung entspricht der Vorgabe des Art. 6 Abs. 1 Satz 2 der Transparenzrichtlinie 2004/109/EG und ist flexibler als die Fassung des Regierungsentwurfs, die eine auf den Schluss des ersten und dritten Quartals des Geschäftsjahrs zu erstellende Zwischenmitteilung vorsah, die spätestens sechs Wochen nach Ablauf des Berichtszeitraums zu veröffentlichen sein sollte.[2]

6 Die von § 37x Abs. 1 Satz 1 geforderte Veröffentlichung erfolgt durch **Übermittlung an das Unternehmensregister** gemäß § 37x Abs. 1 Satz 4 und, wie sich mittelbar aus § 37x Abs. 1 Satz 2 ergibt, durch **Publikation im Internet.** Wie lange Zwischenmitteilungen der Geschäftsführung zur Verfügung stehen müssen, ist nicht geregelt. § 24 WpAIV, der eine fünfjährige Verfügbarkeit anordnet, ist ausdrücklich auf den Jahresfinanzbericht nach § 37v und den Halbjahresfinanzbericht nach § 37w beschränkt. Da auch die Transparenzrichtlinie 2004/109/EG keine entsprechende Vorgabe enthält, muss eine Zwischenmitteilung nur so lange öffentlich zur Verfügung stehen, bis die nächste Mitteilung publiziert wird.[3] Dies steht zwar mit dem Ziel der möglichst umfassenden Information der Marktteilnehmer nicht in Einklang, eine Analogie zu § 24

---

[1] Vgl. auch *Hutter/Kaulamo* NJW 2007, 550, 553; *Nießen* NZG 2007, 41, 45.
[2] BT-Drucks. 16/2498, S. 14.
[3] AA KölnKommWpHG-*Mock*, Rn. 12 und 32.

Zwischenmitteilung der Geschäftsführung 7–10 § 37x

WpAIV dürfte aber daran scheitern, dass keine planwidrige Regelungslücke gegeben ist.

2. Veröffentlichung einer Hinweisbekanntmachung (Abs. 1 Satz 2)

Wie auch die §§ 37v Abs. 1 Satz 2 und 37w Abs. 1 Satz 2 beruht die Regelung des § 37x Abs. 1 Satz 2 auf Art. 12 Abs. 3 Satz 2 der Durchführungsrichtlinie 2007/14/EG,[4] der in Abweichung vom Grundsatz des Art. 21 Abs. 1 der Transparenzrichtlinie 2004/109/EG anstelle der Verbreitung der gesamten Zwischenmitteilung die Publikation einer Hinweisbekanntmachung genügen lässt, wenn die Zwischenmitteilung neben ihrer Speicherung im zentralen System gemäß Art. 21 Abs. 2 der Transparenzrichtlinie auch im Internet abrufbar ist. Dementsprechend muss jeder Emittent im Anwendungsbereich des § 37x eine Bekanntmachung darüber veröffentlichen, ab welchem Zeitpunkt und unter welcher Internetadresse die Zwischenmitteilung zusätzlich zu ihrer Verfügbarkeit im Unternehmensregister öffentlich zugänglich ist. Wie im Rahmen des § 37v Abs. 1 Satz 2 ist ein **allgemeiner Hinweis auf die Internetpräsenz des Emittenten nicht ausreichend**, vielmehr muss die konkrete Internetadresse des Veröffentlichungsorts angegeben werden.[5] Die Veröffentlichung unterliegt gemäß § 22 WpAIV dem Publikationsregime der §§ 3a, 3b WpAIV (dazu § 26 Rn. 10ff.). 7

Die Hinweisbekanntmachung muss vor dem Zeitpunkt veröffentlicht werden, zu dem die Zwischenmitteilung erstmals der Öffentlichkeit zur Verfügung steht (§ 37v Rn. 9). 8

3. Mitteilung und Übermittlung der Hinweisbekanntmachung (Abs. 1 Satz 3)

Die Hinweisbekanntmachung ist gemäß § 37x Abs. 1 Satz 3 gleichzeitig mit ihrer Veröffentlichung der BaFin mitzuteilen. Mit dieser Vorschrift wird Art. 19 Abs. 1 Unterabs. 1 Satz 1 der Transparenzrichtlinie 2004/109/EG umgesetzt. Zudem hat der Emittent die Hinweisbekanntmachung unverzüglich, jedoch nicht vor ihrer Veröffentlichung, dem Unternehmensregister im Sinne des § 8b HGB zur Speicherung zu übermitteln. Dies ergibt sich bereits aus § 8b Abs. 2 Nr. 9, Abs. 3 Satz 1 Nr. 2 HGB, so dass § 37x Abs. 1 Satz 3 – wie auch die Parallelvorschriften § 37v Abs. 1 Satz 3 und § 37w Abs. 1 Satz 3 – insoweit ausschließlich wegen der zeitlichen Vorgabe von Relevanz ist. 9

4. Übermittlung der Zwischenmitteilung (Abs. 1 Satz 4)

Gemäß § 37x Abs. 1 Satz 4 hat der Emittent unverzüglich, jedoch nicht vor Veröffentlichung der Hinweisbekanntmachung die Zwischenmitteilung an das Unternehmensregister zur Speicherung zu übermitteln. Die Pflicht zur Übermittlung ergibt sich bereits aus § 8b Abs. 2 Nr. 9, Abs. 3 Satz 1 Nr. 2 HGB; 10

---

[4] Richtlinie 2007/14/EG der Kommission vom 8. März 2007, ABl. EU Nr. L 69/27 vom 9. März 2007.
[5] Vgl. BT-Drucks. 16/2498, S. 43.

§ 37x Abs. 1 Satz 4 hat daher lediglich im Hinblick auf die zeitlichen Vorgabe eigenständige Bedeutung.[6]

III. Inhalt der Zwischenmitteilung (Abs. 2)

1. Erfasster Zeitraum

11 § 37x Abs. 2 setzt Art. 6 Abs. 1 Satz 3 und 4 der Transparenzrichtlinie 2004/109/EG um. Entsprechend den Richtlinienvorgaben hat die Zwischenmitteilung gemäß § 37x Abs. 2 Satz 1 Halbsatz 1 den Zeitraum zwischen dem Beginn der jeweiligen Hälfte des Geschäftsjahrs und dem Zeitpunkt abzudecken, zu welchem die Zwischenmitteilung nach § 37x Abs. 1 Satz 1 veröffentlicht wird. Dies steht im Widerspruch zu § **37x Abs. 2 Satz 1 Halbsatz 2**, wonach die in der Zwischenmitteilung veröffentlichten Informationen die Beurteilung zu ermöglichen haben, wie sich die Geschäftstätigkeit des Emittenten in den drei Monaten vor Ablauf des Mitteilungszeitraums entwickelt hat. Dabei handelt es sich um ein **Redaktionsversehen**;[7] die Formulierung des § 37x Abs. 2 Satz 1 Halbsatz 2 stammt aus dem Regierungsentwurf,[8] der – anders als die Gesetz gewordenen Fassung – zwingend einen Dreimonatszeitraum für die Zwischenmitteilung vorsah. Die Zwischenmitteilung deckt also – bei ihrer Veröffentlichung zehn Wochen nach Beginn der jeweiligen Hälfte des Geschäftsjahres – **mindestens einen Zeitraum von zweieinhalb Monaten und** – bei Veröffentlichung sechs Wochen vor Ende der jeweiligen Hälfte des Geschäftsjahres – **längstens einen Zeitraum von viereinhalb Monaten** ab.

12 Folglich sind Zwischenmitteilungen der Geschäftsführung nach § 37x schon hinsichtlich des von ihnen erfassten Zeitraums nicht mit den Quartalsfinanzberichten vergleichbar, die Emittenten, deren Wertpapiere zum Teilbereich des regulierten Marktes mit besonderen Pflichten (Prime Standard) zugelassen sind, nach § 42 BörsG iVm § 66 BörsO FWB zu veröffentlichen haben.[9] Gemäß § 66 Abs. 2 BörsO FWB sind diese jeweils zum Stichtag des Quartals aufzustellen.

2. Aufzunehmende Informationen

13 Die Zwischenmitteilung soll einen Überblick über die Geschäftstätigkeit des Emittenten während des Mitteilungszeitraums geben.[10] Gemäß § 37x Abs. 2 Satz 2 sind in der Zwischenmitteilung die wesentlichen Ereignisse[11] im Unternehmen des Emittenten und ihre Auswirkungen auf die Finanzlage zu erläutern sowie die Finanzlage und das Geschäftsergebnis des Emittenten zu beschreiben.

---

[6] BT-Drucks. 16/2498, S. 46.

[7] So auch *Beiersdorf/Rahe* BB 2007, 99, 100; vgl. auch *Hutter/Kaulamo* NJW 2007, 550, 552f.

[8] BT-Drucks. 16/2498, S. 14f.

[9] Kritisch mit Hinweis auf die Möglichkeit, im Extremfall eine Zeitspanne von fast acht Monaten ohne Finanzberichterstattung erreichen und damit die Zwischenberichtspflicht faktisch umgehen zu können, *d'Arcy/Meyer* Der Konzern 2005, 151, 157; *Buchheim/Ulbrich* KoR 2004, 273, 281.

[10] BT-Drucks. 16/2498, S. 46.

[11] Beispiele für wesentliche Ereignisse enthält DRS 16.41, auf den DRS 16.66 verweist.

Da also weder Bilanz noch Gewinn- und Verlustrechnung zu erstellen sind, genügt eine rein deskriptive Darstellung der Finanzlage, die kein Zahlenwerk enthalten muss.[12] Der Inhalt einer Zwischenmitteilung bleibt damit weit hinter einem nach § 42 BörsG iVm § 66 BörsO FWB erstellten Quartalsfinanzbericht zurück, der durch den Verweis in § 66 Abs. 1 BörsO FWB den Anforderungen des § 37w Abs. 2 Nr. 1 und 2, Abs. 3 und 4 zu genügen hat.

Der **DRS 16** des Deutsche Rechnungslegungs Standards Committee e. V.[13] konkretisiert in seinen Tz. 61–69 die Anforderungen an die Zwischenmitteilung der Geschäftsführung; diese Konkretisierung hat jedoch keine rechtliche Bedeutung, da sie sich nicht auf die HGB-Konzernrechnungslegung bezieht, was Voraussetzung für die Vermutung des § 342 Abs. 2 HGB wäre.

Die **Zwischenmitteilung konzernabschlusspflichtiger Emittenten** ist gemäß § 37y Nr. 3 für das Mutterunternehmen und die einzubeziehenden Tochterunternehmen zu erstellen, daneben ist keine Einzel-Zwischenmitteilung zu veröffentlichen.[14]

IV. Erstellung und Veröffentlichung eines Quartalsfinanzberichts (Abs. 3)

§ 37x Abs. 3 Satz 1 setzt Art. 6 Abs. 2 der Transparenzrichtlinie 2004/109/EG um, der eine Befreiung von der Pflicht zur Veröffentlichung von Zwischenmitteilungen für diejenigen Emittenten vorsieht, die Quartalsfinanzberichte gemäß den Vorschriften des nationalen Rechts oder den Regeln eines organisierten Markts veröffentlichen. Die Befreiung von § 37x Abs. 1 greift in Übereinstimmung mit den Vorgaben des Art. 6 Abs. 2 der Richtlinie auch dann ein, wenn Quartalsfinanzberichte freiwillig erstellt und veröffentlicht werden. In jedem Fall ist Voraussetzung, dass die **Quartalsfinanzberichte die Anforderungen einhalten, die § 37w Abs. 2 Nr. 1 und 2, Abs. 3 und 4 an Halbjahresfinanzberichte stellt** (siehe dazu § 37w Rn. 13ff.). Diese Voraussetzungen sind bei Quartalsfinanzberichten, die gemäß § 66 BörsO FWB[15] iVm § 42 BörsG erstellt werden, erfüllt; § 66 Abs. 1 BörsO in der Fassung vom 15. August 2008 verweist ausdrücklich auf § 37w Abs. 2 Nr. 1 und 2, Abs. 3 und 4. Anders als noch im Regierungsentwurf[16] vorgesehen, muss der Quartalsfinanzbericht **keinen „Bilanzeid"** enthalten.

Gemäß § 37x Abs. 3 Satz 2 ist der Quartalsfinanzbericht– wenn ihm die befreiende Wirkung des § 37x Abs. 3 Satz 1 zukommen soll – unverzüglich, jedoch nicht vor seiner Veröffentlichung an das Unternehmensregister zu übermitteln. Die Pflicht dazu ergibt sich, wie auch bei § 37x Abs. 1 Satz 4 (Rn. 10), bereits aus § 8b Abs. 2 Nr. 9, Abs. 3 Satz 1 Nr. 2 HGB. Fraglich ist, ob daneben eine **Publi-**

---

[12] Kritisch *d'Arcy/Meyer* Der Konzern 2005, 151, 158 („Die Regel erscheint somit paradox und hat keine nationalen oder internationalen Vorbilder").
[13] Abrufbar unter *www.drsc.de*, siehe dazu auch § 37w Rn. 14.
[14] *Klawitter* in *Habersack/Mülbert/Schlitt*, Unternehmensfinanzierung, § 32 Rn. 80.
[15] Vor dem 1. November 2007 war die Pflicht zur Quartalsberichtserstattung in den §§ 63, 78 BörsO FWB aF geregelt. – Zur Vereinbarkeit der Pflicht zur Veröffentlichung von Quartalsberichten nach § 63 BörsO FWB aF mit höherrangigem Recht Hess. VGH WM 2007, 1264.
[16] BT-Drucks. 16/2498.

§ 37y   Abschnitt 11. Überwachung

kation im Internet mit entsprechender **Hinweisbekanntmachung** erforderlich ist. § 37x Abs. 3 verweist gerade nicht auf § 37w Abs. 1 Satz 2. Da der Quartalsfinanzbericht aber die Veröffentlichung der Zwischenmitteilung nach § 37x Abs. 1 Satz 1 und 2 ersetzen soll, spricht der Regelungszweck des § 37x Abs. 3 dafür, eine Publikation entsprechend den §§ 37v Abs. 1 Satz 2, 37w Abs. 1 Satz 2, 37x Abs. 1 Satz 2 zu fordern.[17] Gleiches dürfte für die Frist zur Veröffentlichung gelten, die dem § 37x Abs. 1 Satz 1 entnommen werden kann.[18]

18 Wie auch § 37w Abs. 5 Satz 7 verweist § 37x Abs. 3 Satz 3 auf die §§ 320, 323 HGB. Findet eine prüferische Durchsicht des Quartalsfinanzberichts statt, besteht damit eine Vorlage- und Auskunftspflicht der gesetzlichen Vertreter des Emittenten entsprechend § 320 HGB; für die Verantwortlichkeit des Prüfers gilt § 323 HGB.

V. Verordnungsermächtigung (Abs. 4)

19 Von der Verordnungsermächtigung des § 37x Abs. 4 wurde mit den §§ 22 bis 24 WpAIV Gebrauch gemacht. Gemäß § 22 WpAIV gelten für die Art und Sprache der Veröffentlichung der Hinweisbekanntmachung nach § 37x Abs. 1 Satz 2 die §§ 3a, 3b WpAIV und gemäß § 23 WpAIV gilt für die Mitteilung an die BaFin nach § 37x Abs. 1 Satz 3 die Regelung des § 3c WpAIV (zum Publikationsregime vgl. § 26 Rn. 10ff. und Vor §§ 37v bis 37z Rn. 6).

§ 37y Konzernabschluss

Ist ein Mutterunternehmen verpflichtet, einen Konzernabschluss und einen Konzernlagebericht aufzustellen, gelten § 37v bis § 37x mit der folgenden Maßgabe:
1. Der Jahresfinanzbericht hat auch den geprüften, im Einklang mit der Verordnung (EG) Nr. 1606/2002 des Europäischen Parlaments und des Rates vom 19. Juli 2002 betreffend die Anwendung internationaler Rechnungslegungsstandards (ABl. EG Nr. L 243 Satz 1) aufgestellten Konzernabschluss, den Konzernlagebericht und eine den Vorgaben des § 297 Abs. 2 Satz 3, § 315 Abs. 1 Satz 6 des Handelsgesetzbuchs entsprechende Erklärung zu enthalten.
2. Die gesetzlichen Vertreter des Mutterunternehmens haben den Halbjahresfinanzbericht für das Mutterunternehmen und die Gesamtheit der einzubeziehenden Tochterunternehmen zu erstellen und zu veröffentlichen. § 37w Abs. 3 gilt entsprechend, wenn das Mutterunternehmen verpflichtet ist, den Konzernabschluss nach den in § 315a Abs. 1 des Handelsgesetzbuchs bezeichneten internationalen Rechnungslegungsstandards und Vorschriften aufzustellen.
3. Die Angaben nach § 37x Abs. 2 Satz 2 in der Zwischenmitteilung eines Mutterunternehmens haben sich auf das Mutterunternehmen und die Gesamtheit der einzubeziehenden Tochterunternehmen zu beziehen.

Schrifttum: Vor §§ 37v bis 37z.

---

[17] KölnKommWpHG-*Mock*, Rn. 29.
[18] KölnKommWpHG-*Mock*, Rn. 30.

Konzernabschluss 1, 2 § 37y

Übersicht

	Rn.
I. Anwendungsbereich	1
II. Besonderheiten bei der Veröffentlichung und Übermittlung von Finanzberichten	2
1. Jahresfinanzbericht (§ 37 y Nr. 1)	2
2. Halbjahresfinanzbericht (§ 37 y Nr. 2)	3
3. Zwischenmitteilung (§ 37 y Nr. 3)	4

I. Anwendungsbereich

§ 37 y gilt für Mutterunternehmen, die verpflichtet sind, einen Konzernabschluss und einen Konzernlagebericht aufzustellen. Die Begründung des Regierungsentwurfs nennt in diesem Zusammenhang die §§ 290 ff. HGB.[1] Da die §§ 37 v ff. aber an Inlandsemittenten im Sinne des § 2 Abs. 7 und folglich auch an bestimmte Gesellschaften mit Sitz im Ausland adressiert sind, gilt § 37 y nicht nur für Mutterunternehmen im Sinne des § 290 Abs. 1 Satz 1 HGB, also für Gesellschaften mit (Gründungs-)Sitz in Deutschland. Art. 4 Abs. 3 und Art. 5 Abs. 3 der Transparenzrichtlinie 2004/109/EG verweisen auf die **Konzernrechnungslegungsrichtlinie**.[2] Das bedeutet, dass Unternehmen mit Sitz in einem anderen Mitgliedstaat dann Mutterunternehmen im Sinne des § 37 y sind, wenn sie nach Art. 1 der Konzernrechnungslegungsrichtlinie einen konsolidierten Abschluss zu erstellen haben, was inhaltlich den Vorgaben der §§ 290 ff. HGB entspricht; daneben ist IAS 27 zu beachten.[3] Für Emittenten mit Sitz in einem Drittstaat (vgl. § 2 Abs. 7 Nr. 1 iVm § 2 Abs. 6 Nr. 1 b) und § 2 Rn. 152 ff.) ist das jeweils anwendbare Bilanzrecht maßgeblich.[4] 1

II. Besonderheiten bei der Veröffentlichung und Übermittlung von Finanzberichten

1. Jahresfinanzbericht (§ 37 y Nr. 1)

§ 37 y Nr. 1 dient der Umsetzung von Art. 4 Abs. 3 Unterabs. 1 der Transparenzrichtlinie 2004/109/EG. Der Jahresfinanzbericht des Mutterunternehmens muss neben den von § 37 v Abs. 2 vorgegebenen Bestandteilen, also neben Jahresabschluss und Lagebericht des Mutterunternehmens sowie der darauf bezogenen Erklärung nach den §§ 264 Abs. 2 Satz 3, 289 Abs. 1 Satz 5 HGB, auch den geprüften **IFRS-Konzernabschluss**, den **Konzernlagebericht** und einen **auf den Konzern bezogenen „Bilanzeid"** enthalten. Der entsprechende Verweis des § 37 y Nr. 1 auf § 297 Abs. 2 Satz 3 HGB beruht offenbar auf einem Redaktionsversehen, gemeint ist die Erklärung gemäß § 297 Abs. 2 Satz 4 HGB. 2

---

[1] BT-Drucks. 16/2498, S. 46.
[2] Siebente Richtlinie 83/349/EWG des Rates vom 13. Juni 1983 aufgrund von Artikel 54 Absatz 3 Buchstabe g) des Vertrages über den konsolidierten Abschluss, Amtsblatt EG Nr. L 193/1 vom 18. Juli 1983.
[3] Siehe auch KölnKommWpHG-*Mock*, Rn. 3.
[4] KölnKommWpHG-*Mock*, Rn. 4.

§ 37z 3–5   Abschnitt 11. Überwachung

2. Halbjahresfinanzbericht (§ 37 y Nr. 2)

3   Gemäß § 37 y Nr. 2 Satz 1 haben die gesetzlichen Vertreter des Mutterunternehmens den Halbjahresfinanzbericht für das Mutterunternehmen und die Gesamtheit der (nach der Konzernrechnungslegungsrichtlinie) in den Konzernabschluss einzubeziehenden Tochterunternehmen zu erstellen und zu veröffentlichen. Anders als beim Jahresfinanzbericht ist damit **kein gesonderter Halbjahresfinanzbericht für das Mutterunternehmen** zu erstellen; die Veröffentlichung eines Halbjahresfinanzberichts für den Konzern genügt.[5]

4   Art. 5 Abs. 3 Unterabs. 1 der Transparenzrichtlinie 2004/109/EG sieht für Emittenten, die zur Aufstellung eines Konzernabschlusses verpflichtet sind, die Aufstellung des verkürzten Abschlusses nach den gemäß der IAS-Verordnung[6] anzuwendenden internationalen Rechnungslegungsstandards vor. Dementsprechend stellt der Verweis des § 37 y Nr. 2 Satz 2 auf § 37 w Abs. 3 (§ 37 w Rn. 18) klar, dass ein IFRS-Konzernhalbjahresfinanzbericht aufzustellen ist. Zur Übergangsregelung des § 46 Abs. 2 siehe § 46 Rn. 3.

3. Zwischenmitteilung (§ 37 y Nr. 3)

5   Wie der Halbjahresfinanzbericht ist auch die Zwischenmitteilung für das Mutterunternehmen und die einzubeziehenden Tochterunternehmen zu erstellen.

§ 37 z Ausnahmen

(1) Die §§ 37 v bis 37 y finden keine Anwendung auf Unternehmen, die ausschließlich zum Handel an einem organisierten Markt zugelassene Schuldtitel mit einer Mindeststückelung von 50 000,– Euro oder dem am Ausgabetag entsprechenden Gegenwert einer anderen Währung begeben.

(2) § 37 w findet keine Anwendung auf Kreditinstitute, die als Inlandsemittenten Wertpapiere begeben, wenn ihre Aktien nicht an einem organisierten Markt zugelassen sind und sie dauernd oder wiederholt ausschließlich Schuldtitel begeben haben, deren Gesamtnennbetrag 100 Millionen Euro nicht erreicht und für die kein Prospekt nach dem Wertpapierprospektgesetz veröffentlicht wurde.

(3) § 37 w findet ebenfalls keine Anwendung auf Unternehmen, die als Inlandsemittenten Wertpapiere begeben, wenn sie zum 31. Dezember 2003 bereits existiert haben und ausschließlich zum Handel an einem organisierten Markt zugelassene Schuldtitel begeben, die vom Bund, von einem Land oder von einer seiner Gebietskörperschaften unbedingt und unwiderruflich garantiert werden.

(4) Die Bundesanstalt kann ein Unternehmen mit Sitz in einem Drittstaat, das als Inlandsemittent Wertpapiere begibt, von den Anforderungen der §§ 37 v bis 37 y, auch in Verbindung mit einer Rechtsverordnung nach § 37 v Abs. 3, § 37 w Abs. 6 oder § 37 x Abs. 4, ausnehmen, soweit diese Emittenten gleichwertigen Regeln eines Drittstaates unterliegen oder sich

---

[5] *Klawitter* in *Habersack/Mülbert/Schlitt*, Unternehmensfinanzierung, § 32 Rn. 76 Fn. 115.
[6] Verordnung (EG) Nr. 1606/2002 vom 19. Juli 2002, ABl. EG Nr. L 243, S. 1 ff.

Ausnahmen **1 § 37z**

solchen Regeln unterwerfen. Die nach den Vorschriften des Drittstaates zu erstellenden Informationen sind jedoch in der in § 37v Abs. 1 Satz 1 und 2, § 37w Abs. 1 Satz 1 und 2 und § 37x Abs. 1 Satz 1 und 2, jeweils auch in Verbindung mit einer Rechtsverordnung nach § 37v Abs. 3, § 37w Abs. 6 oder § 37x Abs. 4, geregelten Weise der Öffentlichkeit zur Verfügung zu stellen, zu veröffentlichen und gleichzeitig der Bundesanstalt mitzuteilen. Die Informationen sind außerdem unverzüglich, jedoch nicht vor ihrer Veröffentlichung dem Unternehmensregister im Sinne des § 8b des Handelsgesetzbuchs zur Speicherung zu übermitteln. Das Bundesministerium der Finanzen kann durch Rechtsverordnung, die nicht der Zustimmung des Bundesrates bedarf, nähere Bestimmungen über die Gleichwertigkeit von Regeln eines Drittstaates und die Freistellung von Unternehmen nach Satz 1 erlassen.

(5) Abweichend von Absatz 4 werden Unternehmen mit Sitz in einem Drittstaat von der Erstellung ihrer Jahresabschlüsse nach § 37v und § 37w vor dem Geschäftsjahr, das am oder nach dem 1. Januar 2007 beginnt, ausgenommen, wenn die Unternehmen ihre Jahresabschlüsse nach den in Artikel 9 der Verordnung (EG) Nr. 1606/2002 des Europäischen Parlaments und des Rates vom 19. Juli 2002 betreffend die Anwendung internationaler Rechnungslegungsstandards (ABl. EG Nr. L 243 Satz 1) genannten international anerkannten Standards aufstellen.

Schrifttum: Vor §§ 37v bis 37z.

Übersicht

	Rn.
I. Schuldtitel mit einer Mindeststückelung von 50 000,– Euro	1
II. Daueremittenten	4
III. Staatlich garantierte Schuldtitel	5
IV. Emittenten mit Sitz in einem Drittstaat	6

I. Schuldtitel mit einer Mindeststückelung von 50 000,– Euro

Mit § 37z Abs. 1 wird Art. 8 Abs. 1 lit. b) der Transparenzrichtlinie 2004/ **1** 109/EG umgesetzt. Inlandsemittenten, die **ausschließlich** zum Handel an einem organisierten Markt zugelassene Schuldtitel (§ 2 Abs. 1 Nr. 3)[1] mit einer Mindeststückelung von 50 000,– Euro begeben, müssen keine Finanzberichte nach den §§ 37v–37y veröffentlichen. Lauten die Schuldtitel auf eine andere Währung als Euro, muss der Wert der Mindeststückelung am Ausgabetag 50 000,– Euro erreichen.

---

[1] Wegen Art. 2 Abs. 1 lit. b) der Transparenzrichtlinie 2004/109/EG, der in § 2 Abs. 1 Nr. 3 bewusst nur unvollständig umgesetzt wurde (Begr. RegE BT-Drucks. 16/2498, S. 30) sind solche Schuldtitel nicht von § 37z Abs. 1 erfasst, die Aktien gleichzustellen sind oder bei Umwandlung oder Ausübung der durch sie verbrieften Rechte zum Erwerb von Aktien berechtigen (Begr. RegE BT-Drucks. 16/2498, S. 46), also zB Wandel- und Optionsanleihen. Warum der Gesetzgeber dies – anders als etwa in § 30a Abs. 1 Nr. 6 oder § 37w Abs. 1 Satz 1 – nicht im Wortlaut des § 37z Abs. 1 berücksichtigt hat, ist unklar.

Zimmermann 1973

2 § 327a HGB sieht für Kapitalgesellschaften (und Personengesellschaften im Sinne des § 264a HGB), welche die Voraussetzungen des § 37z Abs. 1 erfüllen, eine Erleichterung bei der Offenlegung des Jahresabschlusses nach § 325 HGB vor: Die verkürzte Frist des § 325 Abs. 4 Satz 1 (die der Viermonatsfrist des § 37v Abs. 1 Satz 1 entspricht) findet keine Anwendung; es bleibt damit bei der Zwölfmonatsfrist des § 325 Abs. 1 Satz 2 HGB.

3 § 37z Abs. 1 und § 327a HGB stehen im Einklang mit einer Reihe anderer kapitalmarktrechtlicher Regeln, welche **geringere Publizitätsanforderungen für Emittenten von Nichtdividendenwerten mit einer Mindeststückelung von 50 000,– Euro** vorsehen. Zu nennen sind insbesondere § 30a Abs. 2 Satz 2 und die §§ 3 Abs. 2 Satz 1 Nr. 4, 5 Abs. 2 Satz 4, 10 Abs. 3, 19 Abs. 5 WpPG. Diesen Normen liegt die Überlegung zu Grunde, dass Investoren, die Schuldtitel mit einer derartigen Mindeststückelung erwerben, in geringerem Maße schutzbedürftig sind.[2]

II. Daueremittenten

4 Art. 8 Abs. 2 der Transparenzrichtlinie 2004/109/EG ermächtigt die Mitgliedsstaaten, aus dem Anwendungsbereich des Art. 5 **Kreditinstitute** auszunehmen, deren Aktien nicht zum Handel an einem geregelten Markt zugelassen sind und **die dauernd oder wiederholt ausschließlich Schuldtitel begeben haben, deren Gesamtnennbetrag 100 Millionen Euro nicht erreicht** und für die **kein Prospekt nach der Prospektrichtlinie**[3] **veröffentlicht** wurde.[4] Dieses Wahlrecht hat der deutsche Gesetzgeber durch § 37z Abs. 2 ausgeübt; die nach § 37w bestehende Pflicht, Halbjahresfinanzberichte zu veröffentlichen, entfällt somit für Kreditinstitute, welche die genannten Voraussetzungen erfüllen.

III. Staatlich garantierte Schuldtitel

5 Nach Art. 8 Abs. 3 der Transparenzrichtlinie 2004/109/EG können die Mitgliedsstaaten diejenigen Inlandsemittenten von der Pflicht, Halbjahresfinanzberichte zu veröffentlichen, ausnehmen, die zum Zeitpunkt des Inkrafttretens der Prospektrichtlinie 2003/71/EG (am 31. Dezember 2003) bereits existierten und die ausschließlich Schuldtitel auf einem geregelten Markt begeben, die vom Herkunftsmitgliedstaat oder einer seiner Gebietskörperschaften unbedingt und unwiderruflich garantiert werden. Von dieser Ermächtigung hat der deutsche Gesetzgeber mit § 37z Abs. 3 Gebrauch gemacht.

---

[2] Siehe nur *Groß*, § 3 WpPG Rn. 8.
[3] Richtlinie 2003/71/EG des Europäischen Parlaments und des Rates vom 4. November 2003 betreffend den Prospekt, der beim öffentlichen Angebot von Wertpapieren oder bei deren Zulassung zum Handel zu veröffentlichen ist, und zur Änderung der Richtlinie 2001/34/EG (Text von Bedeutung für den EWR), ABl. EU Nr. L 345 vom 31. Dezember 2003 S. 64 ff.
[4] Zur Ausnahme von Daueremittenten aus dem Anwendungsbereich des WpPG nach der im Hinblick auf Obergrenze und Berechnung von § 37z Abs. 2 abweichenden Regelung des § 1 Abs. 2 Nr. 5 WpPG siehe *Groß*, § 1 WpPG Rn. 8.

IV. Emittenten mit Sitz in einem Drittstaat

Nach Art. 23 Abs. 1 der Transparenzrichtlinie 2004/109/EG können Emittenten mit Sitz in einem Drittstaat von den Anforderungen der Art. 4 ff. befreit werden, **wenn das Recht des Drittstaates zumindest gleichwertige Anforderungen vorsieht oder die zuständige Behörde die rechtlichen Vorgaben des Drittstaates als gleichwertig betrachtet.** Damit soll die Belastung von Emittenten durch zwei gleichwertige Regelwerke vermieden werden. Um die angemessene Information der Anleger in EU und EWR sicherzustellen, gelten für die Hinterlegung und Veröffentlichung der nach dem Recht des Drittstaates vorzulegenden Informationen jedoch die Art. 19 bis 21 der Richtlinie. In Umsetzung dieser europarechtlichen Vorgabe bestimmt § 37z Abs. 4 Satz 1, dass die BaFin nach pflichtgemäßen Ermessen Inlandsemittenten im Sinne des § 2 Abs. 7 von den Anforderungen der §§ 37v–37y, auch in Verbindung mit einer Rechtsverordnung nach § 37v Abs. 3, § 37w Abs. 6 oder § 37x Abs. 4, freistellen kann. Voraussetzung dafür ist, dass diese Emittenten gleichwertigen Regeln eines Drittstaates im Sinne des § 2 Abs. 6 Nr. 1 b) unterliegen oder sich solchen Regeln unterwerfen.

Erfolgt eine Befreiung durch die BaFin, sind gemäß § 37z Abs. 4 Satz 2 die nach den Vorschriften des Drittstaates zu erstellenden Informationen in der in § 37v Abs. 1 Satz 1 und 2, § 37w Abs. 1 Satz 1 und 2 sowie § 37x Abs. 1 Satz 1 und 2 geregelten Weise der Öffentlichkeit zur Verfügung zu stellen. **Die gleichwertigen Informationen sind damit im Internet zugänglich zu machen; zudem ist eine Hinweisbekanntmachung zu veröffentlichen.** Darüber hinaus sieht § 37z Abs. 4 Satz 2 eine Mitteilung an die BaFin vor. Gemäß § 8b Abs. 2 Nr. 9, Abs. 3 Satz 1 Nr. 2 HGB sind die Informationen auch dem Unternehmensregister zu übermitteln, nach § 37z Abs. 4 Satz 3 hat dies unverzüglich, jedoch nicht vor der Veröffentlichung zu geschehen.

Die Verordnungsermächtigung des § 37z Abs. 4 Satz 4 zum Erlass näherer Bestimmungen über die Gleichwertigkeit von Regeln eines Drittstaates und die Freistellung von Emittenten dient dazu, Durchführungsmaßnahmen der Europäischen Kommission nach Art. 23 Abs. 4 der Transparenzrichtlinie 2004/109/EG in deutsches Recht umzusetzen.[5] Eine solche Maßnahme stellen die Art. 13 bis 18 der **Durchführungsrichtlinie 2007/14/EG** der Kommission vom 8. März 2007[6] dar. Deren Vorgaben wurden in die §§ 12 bis 17 TranspRLDV[7] übernommen. Im Einzelnen regelt § 12 TranspRLDV die Gleichwertigkeit der Anforderungen an die im Lagebericht enthaltenen Informationen (§ 37v Abs. 2 Nr. 2) und nimmt dafür auf die §§ 289, 315 HGB Bezug. § 13 TranspRLDV betrifft die Gleichwertigkeit der Anforderungen an den Zwischenlagebericht (§ 37w Abs. 2 Nr. 2, Abs. 4), § 14 TranspRLDV die der Anforderungen an die Bilanzerklärung (§ 37v Abs. 2 Nr. 3 und § 37w Abs. 2 Nr. 3). Wann die Regeln eines Drittstaates bezüglich der Zwischenmitteilung der Geschäftsführung und bezüglich des Konzernabschlusses (zur Gleichwertigkeit der jeweiligen Rechnungslegungsgrundsätze mit den IFRS siehe Rn. 9) als gleichwertig zu den Anforderungen des § 37x und des § 37y Nr. 1 gelten, wird von § 15 und § 16

---

[5] BT-Drucks. 16/2498, S. 47.
[6] ABl. EU Nr. L 69/27 vom 9. März 2007.
[7] Transparenzrichtlinie-Durchführungsverordnung vom 13. März 2008, BGBl. I S. 408.

§ 37z 9, 10 Abschnitt 11. Überwachung

TranspRLDV bestimmt. Gemäß § 17 TranspRLDV sind die Anforderungen des Drittstaates an den Jahresabschluss gleichwertig zu den Anforderungen des § 37v Abs. 2 Nr. 1, wenn ein Emittent, der nach seinem Heimatrecht nicht konzernabschlusspflichtig ist, entweder einen IFRS-Einzelabschluss oder einen Abschluss nach solchen Rechnungslegungsgrundsätzen erstellen muss, die den IFRS gleichwertig sind.

9 Gemäß Art. 2 Abs. 5 ihrer Entscheidung 2006/891/EG vom 4. Dezember 2006[8] beabsichtigte die Kommission spätestens sechs Monate vor dem 1. Januar 2009 eine Bestimmung der **Gleichwertigkeit der „Generally Accepted Accounting Principles" (GAAP) von Drittstaaten** vorzunehmen. Für Geschäftsjahre, die vor dem am oder dem 1. Januar 2009 beginnenden Geschäftsjahr liegen, kann ein Drittstaatenemittent danach seinen konsolidierten Abschluss und konsolidierten Halbjahresfinanzbericht gemäß den Rechnungslegungsgrundsätzen eines Drittstaats erstellen, wenn eine der in Art. 1 der Kommissionsentscheidung aufgestellten Bedingungen erfüllt ist. Die Verordnung (EG) Nr. 1569/2007 der Kommission vom 21. Dezember 2007[9] legt nun die Bedingungen fest, unter denen die „Generally Accepted Accounting Principles" eines Drittstaats als gleichwertig zu den IFRS erachtet werden können. Nach Art. 2 der Verordnung ist dafür Voraussetzung, dass die nach den GAAP eines Drittstaats erstellten Abschlüsse die Anleger in die Lage versetzen, eine mit den nach den IFRS erstellten Abschlüssen vergleichbare Bewertung der Vermögens-, Finanz- und Ertragslage und der Aussichten des Emittenten vorzunehmen, so dass die Anleger wahrscheinlich die gleichen Entscheidungen betreffend den Erwerb, das Halten oder die Veräußerung von Wertpapieren des Emittenten treffen, unabhängig davon, ob die ihnen vorliegenden Abschlüsse nach diesen Grundsätzen oder nach den IFRS erstellt wurden. Die Kommission ist gemäß Art. 4 der Verordnung auch befugt, es Drittstaatenemittenten zu gestatten, ihre GAAP für einen nach dem 31. Dezember 2008 beginnenden und spätestens am 31. Dezember 2011 endenden Übergangszeitraums zu verwenden, sofern die zuständige Drittstaatenbehörde sich bis zum 30. Juni 2008 öffentlich verpflichtet hat, die nationalen Rechnungslegungsgrundsätze den IFRS bis zum 31. Dezember 2011 anzunähern oder die IFRS bis zu diesem Zeitpunkt zu übernehmen.

10 § 37z Abs. 5 setzt Art. 23 Abs. 2 der Transparenzrichtlinie 2004/109/EG um. Dementsprechend werden Emittenten mit Sitz in einem Drittstaat von der Pflicht zur Erstellung und Veröffentlichung von Jahres- und Halbjahresfinanzberichten nach § 37v und § 37w vor dem Geschäftsjahr, das am oder nach dem 1. Januar 2007 beginnt, ausgenommen, wenn sie ihre Jahresabschlüsse nach den gemäß der IAS-Verordnung[10] anzuwendenden internationalen Rechnungslegungsstandards aufstellen.

---

[8] ABl. EU Nr. L 343/96 vom 8. Dezember 2006; siehe dazu und zu den Konsultationen zwischen Kommission und der Securities and Exchange Commission (SEC) auch *Müller/Oulds* WM 2007, 573, 579.

[9] Verordnung (EG) Nr. 1569/2007 der Kommission vom 21. Dezember 2007 über die Einrichtung eines Mechanismus zur Festlegung der Gleichwertigkeit der von Drittstaatemittenten angewandten Rechnungslegungsgrundsätze gemäß den Richtlinien 2003/71/EG und 2004/109/EG des Europäischen Parlaments und des Rates, ABl. EU Nr. L 340/66 vom 22. Dezember 2007.

[10] Verordnung (EG) Nr. 1606/2002.

Abschnitt 12. Straf- und Bußgeldvorschriften

Vorbemerkungen zu den §§ 38 bis 40 b

Schrifttum: *Achenbach/Ransiek* (Hrsg.), Handbuch Wirtschaftsstrafrecht, 2004; *Altenhain,* Die Neuregelung der Marktpreismanipulation durch das Vierte Finanzmarktförderungsgesetz, BB 2002, 1874; *Arlt,* Der strafrechtliche Anlegerschutz vor Kursmanipulation, 2004; *Arneth,* Die Marktwirkung von Insiderhandel an Wertpapierbörsen, 2001; *Bachmann/Prüfer,* Korruptionsprävention und Corporate Governance, ZRP 2005, 109; *Becker,* Deliktsrechtliche Sanktionen von Verstößen gegen die kapitalmarktschützenden Vorschriften des Wertpapierhandelsgesetzes, 2006; *Bednarz,* Pflichten des Emittenten bei einer unterlassenen Mitteilung von Directors' Dealings, AG 2005, 835; *Bergmann/Drees,* Das neue Insiderstrafrecht des WpHG und seine Durchsetzbarkeit in der Praxis, StraFo 2005, 364; *Böse,* Wirtschaftsaufsicht und Strafverfolgung, 2005; *Cahn,* Das neue Insiderrecht, Der Konzern, 2005, 5; *Degoutrie,* „Scalping", Strafbedürftigkeit und Einordnung unter die tatbestandlichen Voraussetzungen der Kurs- und Marktpreismanipulation nach § 20a WpHG, 2007; *von Dryander/Schröder,* Gestaltungsmöglichkeiten für die Gewährung von Aktienoptionen an Vorstandsmitglieder im Lichte des neuen Insiderrechts, WM 2007, 534; *Eichelberger,* Das Verbot der Marktmanipulation (§ 20a WpHG), 2006; *Eichelberger,* Scalping – ein Insiderdelikt? WM 2003, 2121; *Eichelberger,* Zur Verfassungsmäßigkeit von § 20a WpHG, ZBB 2004, 296; *Erbs/Kohlhaas* (Hrsg.), Strafrechtliche Nebengesetze, WpHG, 162. Ergänzungslieferung Juli 2006; *Fleischer,* Directors' Dealings, ZIP 2002, 1217; *Fleischer,* Erweiterte Außenhaftung der Organmitglieder im Europäischen Gesellschafts- und Kapitalmarktrecht, ZGR 2004, 437; *Fleischer,* Scalping zwischen Insiderdelikt und Kursmanipulation – Zugleich Anmerkung zum BGH-Urteil vom 6.11.2003 – 1 StR 24/03, DB 2004, 51; *Gabisch,* Der Insiderhandel, eine institutionenökonomische Analyse, 1999; *Gaede/Mühlbauer,* Wirtschaftsstrafrecht zwischen europäischem Primärrecht, Verfassungsrecht und der richtlinienkonformen Auslegung am Beispiel des Scalping, wistra 2005, 9; *Gaßmann,* Abschöpfung illegitimer Tatvorteile und Ansprüche geschädigter Aktionäre, wistra 2004, 41; *Gimnich,* Insiderhandelsverbot und Unternehmensaquisitionen, Diss. Köln 2007; *Göhler,* Gesetz über Ordnungswidrigkeiten, 14. Aufl. 2006; *Grüger,* Kurspflege – zulässige Kurspflegemaßnahmen oder verbotene Kursmanipulation? 2006; *Grüger,* Kurspflegemaßnahmen durch Banken – Zulässige Marktpraxis oder Verstoß gegen das Verbot der Marktmanipulation nach § 20a Abs. 1 WpHG? BKR 2007, 437; *Haouache,* Börsenaufsicht durch Strafrecht, 1996; *Heise,* Der Insiderhandel an der Börse und dessen strafrechtliche Bedeutung, 2000; *Hellgardt,* Fehlerhafte Ad-hoc-Publizität als strafbare Marktmanipulation, ZIP 2005, 2000; *Hellmann/Beckemper,* Wirtschaftsstrafrecht, 2004; *Hienzsch,* Das deutsche Insiderverbot in der Rechtswirklichkeit, 2006; *Hienzsch,* Das Scheitern der Staatsanwaltschaften bei der Verfolgung von Börsenkriminalität, HRRS 2006, 144; *Hild,* Grenzen einer strafrechtlichen Regulierung des Kapitalmarktes, 2004; *Hohn,* Die Bestimmung des erlangten Etwas i.S.d. § 73 StGB durch den BGH, wistra 2003, 321; *Immenga/Mestmäcker* (Hrsg.), GWB, 4. Aufl. 2007; Karlsruher Kommentar zum OWiG, 3. Aufl. 2006; Karlsruher Kommentar zur StPO und zum GVG, 5. Aufl. 2003; *Kiethe,* Gesellschaftsstrafrecht – Zivilrechtliche Haftungsgefahren für Gesellschaften und ihre Organmitglieder, WM 2007, 722; *Kondring,* Zur Anwendung deutschen Insiderstrafrechts auf Sachverhalte mit Auslandsberührung, WM 1998, 1369; *Koch,* Ermittlung und Verfolgung von strafbarem Insiderhandel, 2005; *Koenig,* Das Verbot von Insiderhandel, 2006; *Kohlmann,* Das Strafrecht – wirksame Waffe gegen den Insider-Handel? Festschrift Vieregge, 1995, S. 443; *Krauel,* Insiderhandel, Eine ökonomisch-theoretische und rechtsvergleichende Untersuchung, 2000; *Kudlich,* Börsen-Gurus zwischen Zölibat und Strafbarkeit – Scalping als Straftat? JR 2004, 191 ff.; *Kudlich/Noltensmeier,* Die Anordnung des Verfalls (§§ 73 ff. StGB) bei verbotenem Insiderhandel nach § 38 iVm § 14 WpHG, wistra 2007, 121; *Kutzner,* Das Verbot

Vor §§ 38–40b Abschnitt 12. Straf- und Bußgeldvorschriften

der Kurs- und Marktpreismanipulation nach § 20a WpHG – Modernes Strafrecht? WM 2005, 1401; *Lahmann,* Insiderhandel, Ökonomische Analyse eines ordnungspolitischen Dilemmas, 1994; *Lenenbach,* Scalping: Insiderdelikt oder Kursmanipulation, ZIP 2003, 243; *Lenzen,* Das neue Recht der Kursmanipulation, ZBB 2002, 279; *Lenzen,* Unerlaubte Eingriffe in die Börsenkursbildung, 2000; *Lücker,* Der Straftatbestand des Missbrauchs von Insiderinformationen nach dem Wertpapierhandelsgesetz (WpHG), 1998; *Maile,* Der Straftatbestand der Kurs- und Marktpreismanipulation nach dem Wertpapierhandelsgesetz, 2006; *Mennicke,* Sanktionen gegen Insiderhandel, 1996; *Mitsch,* Recht der Ordnungswidrigkeiten, 2. Aufl. 2005; *Möller,* Die Neuregelung des Verbots der Kurs- und Markpreismanipulation im Vierten Finanzmarktförderungsgesetz, WM 2002, 309; *Möllers,* Das Europäische Kapitalmarktrecht im Umbruch, ZBB 2003, 390; *Moosmayer,* Straf- und bußgeldrechtliche Regelungen im Entwurf eines Vierten Finanzmarktförderungsgesetzes, wistra 2002, 161; *Mülbert/Steup,* Das zweispurige Regime der Regelpublizität nach Inkrafttreten des TUG, NZG 2007, 761; *Müller-Gugenberger/Bieneck* (Hrsg.), Wirtschaftsstrafrecht, Handbuch des Wirtschaftsstraf- und -ordnungswidrigkeitenrechts, 4. Aufl. 2006; *Nietsch,* Internationales Insiderrecht, 2004; *Nowak,* Eignung von Sachverhalten in Ad-hoc-Mitteilungen zur erheblichen Kursbeeinflussung, ZBB 2001, 449; *Ott/Schäfer,* Ökonomische Auswirkungen der EG-Insider-Regulierung in Deutschland, ZBB 1991, 226; *Pananis,* Insidertatsache und Primärinsider, 1998; *Pananis,* Anmerkung zum BGH-Urteil vom 6. 11. 2003 – 1 StR 24/03, NStZ 2004, 287; *Papachristou,* Die strafrechtliche Behandlung von Börsen- und Marktpreismanipulationen, 2006; *Park,* Einführung in das Kapitalmarktstrafrecht, JuS 2007, 621 (Teil 1), 712 (Teil 2); *Park* (Hrsg.), Kapitalmarkt-Strafrecht, 2004; *Park,* Kapitalmarktstrafrecht und Anlegerschutz, NStZ 2007, 369; *Park,* Schwerpunktbereich – Einführung in das Kapitalmarktstrafrecht, JuS 2007, 621, 712; *Raabe,* Der Bestimmtheitsgrundsatz bei Blankettstrafgesetzen am Beispiel der unzulässigen Marktmanipulation, 2007; *Satzger,* Die Berücksichtigung von Opferinteressen bei der Verfallsanordnung aus materiellrechtlicher wie prozessrechtlicher Sicht, wistra 2003, 401; *Schlitt,* Kapitalmarktrechtliche Risiken bei Squeeze-out und Delisting, NZG 2006, 925; *Schmitz,* Der strafrechtliche Schutz des Kapitalmarkts in Europa, ZStW 115 (2003), S. 501; *Schmitz,* Strafbarkeit des „Scalping", Anm. zu BGH v. 6. 11. 2003 – 1 StR 24/03, JZ 2004, 526; *Schönhöft,* Die Strafbarkeit der Marktmanipulation gemäß § 20a WpHG, 2006; *Schröder,* Geschäftsführer, Gesellschafter und Mitarbeiter der GmbH als Insider, GmbHR 2007, 907; *Schröder,* Handbuch Kapitalmarktstrafrecht, 2007; *Schwark,* Kurs- und Marktpreismanipulation, in: FS Kümpel, 2003, S. 485; *Schwind,* Kriminologie, 17. Aufl. 2007; *Seeger,* Insiderhandel am deutschen Aktienmarkt, Eine empirische Untersuchung von Existenz und Erkennbarkeit, 1998; *Sethe,* Die Verschärfung des insiderrechtlichen Weitergabeverbots, ZBB 2006, 243; *Soesters,* Die Insiderhandelsverbote des Wertpapierhandelsgesetzes, 2000; *Sorgenfrei,* Zum Verbot der Kurs- oder Marktpreismanipulation nach dem 4. Finanzmarktförderungsgesetz, wistra 2002, 321; *Streinz/Ohler,* § 20a WpHG in rechtsstaatlicher Perspektive – europa- und verfassungsrechtliche Anforderungen an das Verbot von Kurs- und Marktpreismanipulationen, WM 2004, 1309; *Tiedemann,* Wirtschaftsstrafrecht, Einführung und allgemeiner Teil, 2. Aufl. 2007; *Tiedemann,* Wirtschaftsstrafrecht, Besonderer Teil mit wichtigen Gesetzes- und Verordnungstexten, 2006; *Tiedemann* (Hrsg.), Wirtschaftsstrafrecht in der Europäischen Union, 2002; *Többens,* Wirtschaftsstrafrecht, 2006; *Tripmaker,* Der subjektive Tatbestand des Kursbetrugs, wistra 2002, 288; *Trüstedt,* Das Verbot von Börsenkursmanipulationen, 2004; *Vogel,* Kurspflege: Zulässige Kurs- und Marktstabilisierung oder straf- bzw. ahndbare Kurs- und Marktpreismanipulation? WM 2003, 2437; *Vogel,* Scalping als Kurs- und Marktpreismanipulation: Besprechung von BGH, Urteil vom 6. 11. 2003 – 1 StR 24/03, NStZ 2004, 252; *Vogel,* Wertpapierhandelsstrafrecht – Vorschein eines neuen Strafrechtsmodells? Festschrift Jakobs, 2007, S. 731; *Volk,* Die Strafbarkeit von Absichten im Insiderhandelsrecht, BB 1999, 66; *Wabnitz/Janovsky* (Hrsg.), Handbuch des Wirtschafts- und Steuerstrafrechts, 3. Aufl. 2007; *Walther,* Bilanzfälschung, Kurs- und Marktpreismanipulation sowie fehlerhafte Publizität: Hauptprobleme aus kriminalstrafrechtlicher Sicht, ZJapanR 16 (2003), S. 189; *Waßmer,* Die strafrechtliche Geschäftsherrenhaftung, Habil.

Vorbemerkungen   **1   Vor §§ 38–40b**

Freiburg, 2006; *Waßmer*, Die Wiederaufnahme in Strafsachen – Bestandsaufnahme und Reform, Jura 2002, 454; *Waßmer*, Rechtsstaatswidrige Verfahrensverzögerung im Strafverfahren als Verfahrenshindernis von Verfassungs wegen, ZStW 118 (2006), S. 159; *Waßmer*, Untreue bei Risikogeschäften, 1997; *Waschkeit*, Marktmanipulation am Kapitalmarkt, 2007; *Widder*, Scalping als Kursmanipulation und Marktpreismanipulation, BB 2004, 15; *Widder/Kocher*, Die Behandlung eigener Aktien im Rahmen der Mitteilungspflichten nach §§ 21ff. WpHG, AG 2007, 13; *Ziouvas*, Das neue Recht gegen Kurs- und Marktpreismanipulation im 4. Finanzmarktförderungsgesetz, ZGR 2003, 113; *Ziouvas*, Vom Börsen- zum Kapitalmarkt-Strafrecht? wistra 2003, 13; *Ziouvas*, Das neue Kapitalmarktstrafrecht, Europäisierung und Legitimation, 2005; *Ziouvas/Walter*, Das neue Börsenstrafrecht mit Blick auf das Europarecht, WM 2002, 1483.

Übersicht

	Rn.
I. Überblick	1
II. Entstehung und Notwendigkeit	2
1. Gesetzeshistorie	2
2. Europäisches Recht	6
3. Deutsches Recht	7
III. Blankettcharakter und Verfassungsmäßigkeit	10
1. Blankettcharakter	10
2. Verfassungsmäßigkeit	12
IV. Kriminalität des Insiderhandels und der Marktmanipulation	13
1. Hell- und Dunkelfeld	13
2. Erscheinungsformen	14
3. Strafverfahren	15
V. Bußgeldverfahren wegen Verstößen gegen das WpHG	17
VI. Organ- und Vertreterhaftung (§ 14 StGB, § 9 OWiG)	19
1. Allgemeines	19
2. Vertreter	20
3. Fehlerhaft bestellte und faktische Vertreter	22
4. Vertretungsbezug	23
VII. Verletzung der Aufsichtspflicht in Betrieben und Unternehmen (§ 130 OWiG)	24
1. Allgemeines	24
2. Täterkreis	25
3. Unterlassen von Aufsichtsmaßnahmen	26
4. Zuwiderhandlung	27
5. Kausalität	28
6. Vorsatz, Fahrlässigkeit	29
7. Geldbuße	30
VIII. Geldbuße gegen juristische Personen und Personenvereinigungen (§ 30 OWiG)	31
1. Allgemeines	31
2. Verbände	33
3. Täter der Anknüpfungstat	34
4. Anknüpfungstat	35
5. Vertretungsbezug	36
6. Verbandsgeldbuße	37

I. Überblick

Der 12. Abschnitt (Straf- und Bußgeldvorschriften) enthält das **Wertpapier-** **1** **handelsstrafrecht.** § 38 statuiert Strafvorschriften zum Verstoß gegen das Verbot von Insidergeschäften und das Verbot der Marktmanipulation. § 39 enthält die wesentlichen Bußgeldvorschriften des WpHG. § 40 bestimmt die BaFin als die zuständige Verwaltungsbehörde zur Verfolgung und Ahndung der Ordnungswidrigkeiten. **§ 40 a** trifft Regelungen zur Beteiligung der BaFin an Strafverfahren und zu Mitteilungen in Strafsachen. **§ 40 b** regelt die öffentliche Bekanntmachung von Maßnahmen. Darüber hinaus befinden sich im 13. Abschnitt (Übergangsbestimmungen) mit **§ 41 V, VI** weitere Bußgeldvorschriften.

II. Entstehung und Notwendigkeit

1. Gesetzeshistorie

2   Verstöße gegen kapitalmarktrechtliche Verhaltensnormen, vor allem **Insiderverstöße**, konnten **vor Inkrafttreten** des WpHG nur unzureichend sanktioniert werden. Es bestand ein **lückenhafter Schutz**, der im Wesentlichen durch die Vorschriften über den Schutz der Verletzung von Unternehmensgeheimnissen (zB § 17 UWG, § 404 AktG) und allgemeine Straftatbestände, insbesondere Betrug (§ 263 StGB) und Untreue (§ 266 StGB), erfolgte. Der Insiderhandel wurde über die Insiderhandels-Richtlinien im Wege der freiwilligen Selbstkontrolle reguliert, wobei als Sanktion lediglich die Vorteilsabführung vorgesehen war, die keine abschreckende Wirkung entfaltete; auch arbeits- und zivilrechtliche Sanktionen galten als wenig wirksam.[1] Mit Inkrafttreten des WpHG zum 1. 8. 1994 in der Fassung des **2. FFG** v. 26. 7. 1994 konnten Verstöße gegen Verhaltensnormen des WpHG, insbesondere Insiderverstöße, mit den Straf- und Bußgeldvorschriften der §§ 38, 39 – die mit erheblicher Verzögerung die EG-Insiderrichtlinie v. 13. 11. 1989 umsetzten – sanktioniert werden.[2] Auch die Zuständigkeitsregelung des § 40 war bereits im WpHG enthalten sowie in § 18 II aF eine Regelung zur Mitteilung in Strafsachen. Im Gegensatz hierzu war die Erfassung von **Marktmanipulationen** im Prinzip bereits seit dem Jahre 1884 mit der Strafvorschrift des Kursbetruges möglich, die zunächst als Art. 249 d I Nr. 2 in das Allgemeine Deutsche Handelsgesetzbuch eingefügt und im Jahre 1896 in das damals neue Börsengesetz als § 75 überführt worden war. Diese Strafvorschrift, die seit der Börsennovelle von 1908 in § 88 BörsG enthalten war, galt allerdings als weitgehend wirkungslos und gelangte kaum zur Anwendung.[3]

3   In der Folgezeit hatten das **Gesetz zur Umsetzung von EG-Richtlinien** zur Harmonisierung bank- und wertpapieraufsichtsrechtlicher Vorschriften v. 22. 10. 1997 und das **3. FFG** v. 24. 3. 1998 nur geringfügige Erweiterungen der Bußgeldvorschriften des § 39 zur Folge. Das **JuMiG** v. 18. 6. 1997 hob mit Wirkung vom 1. 6. 1998 § 18 II aF auf und fügte mit § 40a eine Vorschrift zu „Mitteilungen in Strafsachen" ein.

4   Die entscheidenden Impulse für die weitere Entwicklung der Straf- und Bußgeldvorschriften des WpHG gingen Ende der 1990er Jahre von der EU aus, deren Ziel die **Schaffung und der Schutz eines einheitlichen europäischen Finanzmarktes** durch Harmonisierung der Regulierungen innerhalb der Union

---

[1] Näher *Heise,* Insiderhandel, S. 20 ff.; *Mennicke,* Sanktionen, S. 194 ff., 207 ff.
[2] Ausführlich zur Entwicklung des Insiderstrafrechts *Ziouvas,* Kapitalmarktstrafrecht, S. 11 ff.
[3] *Eichelberger,* Verbot der Marktmanipulation, S. 2 f.; *Schröder,* Kapitalmarktstrafrecht, Rn. 370.

Vorbemerkungen   **5, 6**   **Vor §§ 38–40b**

bildet.[4] Dementsprechend sollte der **Aktionsplan für Finanzdienstleistungen** der Europäischen Kommission vom 11. 5. 1999 ua offene und sichere Privatkundenmärkte schaffen sowie Aufsichtsregeln und Überwachung modernisieren. Hierzu wurden Richtlinien erlassen, wobei die Marktmissbrauchs-, Transparenz- und Finanzmarktrichtlinie über die Umsetzungsgesetze zu erheblichen Modifikationen und Erweiterungen der Straf- und Bußgeldvorschriften des WpHG führten. Ergänzend sind im **Komitologieverfahren** weitere Durchführungsrichtlinien und Verordnungen ergangen. Darüber hinaus hatte es sich auch der deutsche Gesetzgeber zum Ziel gesetzt, motiviert ua durch zahlreiche Bilanz- und Börsenskandale in den Jahren 2000–2002 und den scharfen Rückgang der Aktienmärkte, den **Finanzplatz Deutschland zu stärken,** insbesondere durch die Stärkung des Schutzes der Anleger und durch die Erhöhung von Marktintegrität und Markttransparenz.

Nachfolgend implementierte das **4. FFG** v. 21. 6. 2002 im Vorgriff auf die **5** Marktmissbrauchsrichtlinie nicht nur Tatbestände zur straf- und bußgeldrechtlichen Erfassung von Verstößen gegen das Verbot der Marktmanipulation, die § 88 BörsG ablösten, sondern erweiterte auch den Katalog der Bußgeldvorschriften in § 39. Das **AnSVG** v. 28. 10. 2004 dehnte zur (weiteren) Umsetzung der Marktmissbrauchsrichtlinie, die den Anlegerschutz stärken sollte und die Insiderrichtlinie ablöste, bei § 38 die Strafbarkeit bei Verstößen gegen das Verbot von Insidergeschäften erheblich aus. So wurden ua der Versuch sowie leichtfertiger Erwerb und leichtfertige Veräußerung unter Strafe gestellt. Auch der Katalog des § 39 wurde ausgebaut, ua wurden vorsätzliche und leichtfertige Verstöße gegen das Verbot von Insidergeschäften durch Weitergabe, Empfehlung und Verleitung sowie gegen das Verbot der Marktmanipulation durch das Machen von Angaben oder das Verschweigen von Umständen erfasst. Außerdem wurde § 40a um Regelungen zur „Beteiligung der Bundesanstalt" erweitert und § 40b geschaffen. Das **BilKoG** v. 15. 12. 2004 führte dagegen nur zu geringen Erweiterungen des Katalogs des § 39. Das **TUG** v. 5. 1. 2007 weitete dann mit Wirkung vom 20. 1. 2007 zur Umsetzung der Transparenzrichtlinie, die zur Stärkung des Vertrauens der Anlegerschaft in den Kapitalmarkt ein neues Regime zur Publikation von Kapitalmarktinformationen geschaffen hat, den Katalog des § 39 im Hinblick auf Verstöße gegen richtlinienbedingte Gebote und Verbote erneut erheblich aus. Schließlich hat das **FRUG,** das zum 1. 11. 2007 in Kraft trat, zur Umsetzung der Finanzmarktrichtlinie, die das Kernstück des Aktionsplanes für Finanzdienstleistungen darstellt und den Anlegerschutz stärken sowie die Transparenz der Finanzmärkte und die Integrität der Wertpapierdienstleistungsunternehmen weiter erhöhen soll, vor allem den Katalog des § 39 in Bezug auf Verstöße gegen richtlinienbedingte Gebote und Verbote nochmals stark erweitert.

2. Europäisches Recht

Auf Seiten des europäischen Rechts besteht **keine Pflicht,** Verstöße gegen **6** das Verbot von Insidergeschäften oder das Verbot der Marktmanipulation mit **Kriminalstrafe** zu bewehren.[5] So überließ es bereits Art. 13 S. 1 Insiderrichtli-

---

[4] *Foffani* in *Tiedemann,* Wirtschaftsstrafrecht in der Europäischen Union, S. 335, 342; *Schmitz* ZStW 115 (2003), S. 501, 505, 508.
[5] *Assmann/Schneider/Vogel,* Vor § 38 Rn. 6; KölnKommWpHG–*Altenhain,* § 38 Rn. 24; *Ziouvas,* Kapitalmarktstrafrecht, S. 41.

nie den Mitgliedstaaten, im Einzelnen festzulegen, wie Verstöße zu sanktionieren sind. Allerdings mussten nach Art. 13 S. 2 Insiderrichtlinie die Sanktionen so weit gehen, dass sie einen „hinreichenden Anreiz" zur Einhaltung dieser Vorschriften darstellen, was einen strafrechtlichen Schutz zumindest nahe legt. Im Übrigen sind **Geldbußen** als ausreichend zu betrachten, wie sich auch aus Art. 14 I Marktmissbrauchsrichtlinie ableiten lässt. Danach müssen die Mitgliedstaaten, unbeschadet ihres Rechts, strafrechtliche Sanktionen zu verhängen, nur sicherstellen, dass gegen die verantwortlichen Personen „geeignete Verwaltungsmaßnahmen ergriffen oder im Verwaltungsverfahren zu erlassende Sanktionen verhängt werden können" und diese „wirksam, verhältnismäßig und abschreckend" sind. Die im Richtlinien-Entwurf der Kommission noch vorgesehene Verpflichtung zur Schaffung von Straftatbeständen wurde nach der Beratung des Europäischen Parlaments mit der Begründung fallen gelassen, dass die in einigen Mitgliedstaaten zulässige Kumulation von Straf- und Verwaltungssanktionen zu vermeiden sei.[6] Vermutlich dürfte aber auch der Umstand eine erhebliche Rolle gespielt haben, dass die hM[7] die **Kompetenz des Gemeinschaftsgesetzgebers** zur verpflichtenden Einführung strafrechtlicher Sanktionen für den Bereich des Kapitalmarkts verneint. In identischer Weise formuliert nunmehr auch Art. 51 I Finanzmarktrichtlinie die Verpflichtung der Mitgliedstaaten, während Art. 28 I Transparenzrichtlinie es ausreichen lässt, dass „zumindest geeignete Verwaltungsmaßnahmen ergriffen oder zivil- und/oder verwaltungsrechtliche Sanktionen" verhängt werden können, die „wirksam, verhältnismäßig und abschreckend" sind.

3. Deutsches Recht

7 Nach der im deutschen Recht hM[8] ist die Regulierung des Wertpapierhandels mit den Instrumenten des Straf- und Ordnungswidrigkeitenrechts und insbesondere die Strafbewehrung des Verbots von Insidergeschäften und der Marktmanipulation rechts- und kriminalpolitisch erforderlich. Der Sinn eines **Verbots der Marktmanipulation** dürfte heute außer Frage stehen, zumal Marktmanipulationen für zahlreiche Skandale und Krisen gesorgt haben.[9] Demgegenüber wird der Sinn eines **Verbots des Insiderhandels** verbreitet von Seiten der **Wirtschaftswissenschaften**[10] und nachfolgend teilweise von Seiten der Strafrechtswissenschaft weiter angezweifelt. Hintergrund bildet der Umstand, dass der Insiderhandel Vor- und Nachteile[11] hat. So wird angeführt, dass der Insiderhandel der Allokationseffizienz der Kapitalmärkte diene, da die Informationsverwertung durch den Insider und das Nachziehen der Marktteilnehmer dazu führe, dass sich der ökonomisch angemessene Preis unter Vermeidung starker Kursausschläge

---

[6] *Schmitz* ZStW 115 (2003), S. 501, 513 f. mwN.
[7] Vgl. *Eichelberger*, Verbot der Marktmanipulation, S. 149; *Gaede/Mühlbauer* wistra 2005, 9, 15; *Schmitz* ZStW 115 (2003), S. 501, 514 ff.; *Schröder*, Kapitalmarktstrafrecht, Rn. 108; *Ziouvas*, Kapitalmarktstrafrecht, S. 30.
[8] Vgl. nur *Assmann/Schneider/Vogel*, Vor § 38 Rn. 5 mwN.
[9] *Eichelberger*, Verbot der Marktmanipulation, S. 1 f., 74 ff., 82.
[10] *Park/Hilgendorf*, §§ 38 I Nr. 1–3, 12, 13, 14 WpHG Rn. 7 ff.; *Ziouvas*, Kapitalmarktstrafrecht, S. 167 ff., 174.
[11] Überblick bei *Arneth*, Marktwirkung, S. 9 ff.; *Gabisch*, Insiderhandel, S. 36 ff.; *Krauel*, Insiderhandel, S. 20 ff., 42 ff.; *Lahmann*, Insiderhandel, S. 106 ff.; *Seeger*, Insiderhandel, S. 8 ff.

Vorbemerkungen **8 Vor §§ 38–40b**

einstelle; darüber hinaus bilde die Einkommenssteigerung, die der Insiderhandel dem Führungspersonal ermögliche, einen wesentlichen Leistungsanreiz. Allerdings wird in den Wirtschaftswissenschaften auch entgegengesetzt argumentiert, dass der Insiderhandel die Allokationseffizienz der Kapitalmärkte gerade beeinträchtigen könne, da er das Vertrauen der Anleger nachhaltig schädige.[12] Angesichts dieser widersprüchlichen Aussagen haben sich die **Rechtswissenschaften** mit Recht überwiegend auf den (sicheren) Standpunkt gestellt, dass der Insiderhandel angesichts der gravierenden Auswirkungen,[13] die ein Vertrauensverlust der Anleger haben kann, zu verbieten ist.[14] Informationsasymmetrie und Intransparenz sind geeignet, das Vertrauen der Anleger in die Kapitalmärkte nachhaltig zu erschüttern, während ein Insiderhandelsverbot die Chancengleichheit der Anleger wahrt. Mit dem Verbot wird zudem der Tatsache Rechnung getragen, dass die **Funktionsfähigkeit der organisierten Kapitalmärkte** für Wirtschaft und Gesellschaft von **elementarer Bedeutung** ist.[15] Kapitalmärkte[16] führen Kapitalangebot und -nachfrage zusammen, bewirken den Marktausgleich durch das Finden des Marktpreises und steuern das Kapital in möglichst produktive Verwendungen. Wird das Kapital der ökonomisch vorteilhaftesten Verwendung zugeführt, führt dies zu einer Steigerung der Wohlfahrt der gesamten Volkswirtschaft. Außerdem führt der Abbau der sozialen Sicherungssysteme dazu, dass die Kapitalmärkte zunehmend die Funktion eines auf Eigenvorsorge basierenden (Alters-)Sicherungssystems übernehmen, was die Notwendigkeit eines Schutzes unterstreicht.[17]

Die **Funktionsfähigkeit der organisierten Kapitalmärkte** ist **effektiv zu** **8** **schützen.** Die Freiheitsstrafe stellt hierbei die einzige Sanktion dar, die den Täter zwangsläufig persönlich trifft und zusammen mit der öffentlichen Aufmerksamkeit, die ein Strafverfahren mit sich bringt, und weiteren Folgen die Bereitschaft zu Verstößen nachhaltig verringern kann. Ebenso wirksame Alternativen sind nicht ersichtlich. Der effektive Schutz vor den gravierenden Gefahren, die von Insiderverstößen für die Funktionsfähigkeit der organisierten Kapitalmärkte und das Vertrauen der Anleger ausgehen, erfordert daher – zumindest bei schweren Verstößen (vgl. Rn. 9) – den **Einsatz des Strafrechts.**[18] Dies gilt entsprechend für schwere Verstöße gegen das Verbot der Marktmanipulation.[19] Der Gesetzgeber betreibt insoweit keine „strafrechtliche Wohlfahrtspflege",[20] die den einzelnen vor den Gefahren des täglichen Lebens schützt, sondern der Schutz der Kapitalmärkte sichert Wirtschaft und Gesellschaft. Gerade die **Europäisierung und Internationalisierung** der Kapitalmärkte, die zunehmende

---

[12] *Ott/Schäfer* ZBB 1991, 226, 229 f.
[13] Hierzu *Eichelberger*, Verbot der Marktmanipulation, S. 64 ff., 70.
[14] *Krauel*, Insiderhandel, S. 58; *Soesters*, Insiderhandelsverbote, S. 34 f.
[15] Vgl. *Schmitz* ZStW 115 (2003), S. 501, 504 f., 508; *Schröder*, Kapitalmarktstrafrecht, Rn. 373.
[16] Zu Begriff und Funktionen *Eichelberger*, Verbot der Marktmanipulation, S. 51 ff.
[17] *Schröder*, Kapitalmarktstrafrecht, Rn. 373; *Ziouvas*, Kapitalmarktstrafrecht, S. 1.
[18] Vgl. *Krauel,* Insiderhandel, S. 215 ff.; *Sethe* ZBB 2006, 243, 244 f.; *Soesters,* Insiderhandelsverbote, S. 57 ff., 73.
[19] *Degoutrie,* Scalping, S. 93 ff., 100 ff.; *Eichelberger,* Verbot der Marktmanipulation, S. 143; *Schönhöft,* Marktmanipulation, S. 14 ff., 17 ff.; *Waschkeit,* Marktmanipulation, S. 88 ff.
[20] So aber im Hinblick auf § 38 II und § 39 I Nr. 1, 2, II Nr. 11 *Kutzner* WM 2005, 1401, 1408.

Globalisierung, Verflechtung und Digitalisierung der Märkte erzwingen einen effektiven Schutz der Kapitalmärkte nicht nur auf nationaler, sondern europäischer und internationaler Ebene. Das Wirtschaftsstrafrecht ist in diesem Bereich nicht nur als legitimes, sondern als **notwendiges Mittel zur Wirtschaftssteuerung** anzusehen. Hingegen verdient die Funktionsfähigkeit des (unregulierten) „grauen" Kapitalmarktes keinen besonderen strafrechtlichen Schutz; der Schutz durch die allgemeinen Tatbestände (zB §§ 263, 264a StGB) ist hier als ausreichend anzusehen.[21]

9 Soweit gegen die Strafbewehrung eingewandt wird, dass insbesondere das Insiderstrafrecht mit dem **Schutz eines überindividuellen Rechtsguts** die **Entmaterialisierung** des strafrechtlichen Rechtsgutsbegriffs fördere, sich vom Leitbild des klassisch-liberalen Strafrechts entferne und die klassischen Zurechnungsvoraussetzungen, wie Kausalität und Verletzungsvorsatz, umgehe,[22] überzeugt dies nicht. Denn die Funktionsfähigkeit der Kapitalmärkte ist unabhängig davon zu schützen, ob durch Verstöße tatsächlich ein Schaden entsteht. Ein Vertrauensverlust der Anleger, seien es professionelle Anleger oder Kleinanleger, kann drastische Auswirkungen auf Wirtschaft und Gesellschaft haben. Gerade die Vorgänge an den „Neuen Märkten" haben deutlich sichtbar gemacht, welche Auswirkungen Insiderverstöße und Marktmanipulationen haben können. Es handelt sich daher nicht bloß um unmoralische, sondern **sozialschädliche Verhaltensweisen**.[23] Zumindest schwere Insiderverstöße und Marktmanipulationen sind deshalb mit **Kriminalstrafe** zu belegen. Demgegenüber sind gemäß dem ultima ratio-Grundsatz und entsprechend dem fragmentarischen Charakter des Strafrechts bei leichten Verstößen und Verstößen gegen sonstige Verhaltensnormen **Geldbußen** oder verwaltungs- bzw. zivilrechtliche Sanktionen als ausreichend anzusehen.[24]

III. Blankettcharakter und Verfassungsmäßigkeit

1. Blankettcharakter

10 Die §§ 38, 39 enthalten ganz überwiegend **Blankettdelikte** (Blanketttatbestände, Blankettgesetze, Blankettnormen), die als Verweisungsnormen für die Beschreibung des sanktionierten Verhaltens auf außerstrafrechtliche Normen (die Verhaltensnormen des WpHG) als Ausfüllungsnormen Bezug nehmen (wer „entgegen § ..."). Die Sanktionsnorm, die den gesetzlichen Tatbestand bildet, entsteht, indem in den Tatbestand der Verweisungsnorm die Ausfüllungsnormen hineingelesen werden. Dieses **Zusammenlesen** mag zwar bei den §§ 38, 39 angesichts der vielen Verweisungen und insbesondere im Hinblick auf die Existenz gestufter Verweisungen teilweise (sehr) mühsam sein, dieser Umstand begründet allerdings nicht die Verfassungswidrigkeit.[25] Vielmehr ist die Verweisungstechnik

---

[21] *Schmitz* ZStW 115 (2003), S. 501, 507; krit. *KölnKommWpHG-Altenhain*, § 38 Rn. 5.
[22] *Haouache,* Börsenaufsicht, S. 19 ff.; ähnlich *Kutzner* WM 2005, 1401, 1408.
[23] *Assmann/Schneider/Vogel,* Vor § 38 Rn. 5.
[24] Vgl. *Sethe* ZBB 2006, 243, 245; vgl. auch *Mülbert/Steup* NZG 2007, 761, 767.
[25] Vgl. *KölnKommWpHG-Altenhain*, § 38 Rn. 18; zum Tatbestand des Insiderhandels *Ziouvas,* Kapitalmarktstrafrecht, S. 54; zu den Tatbeständen der Marktmanipulation *Eichel-*

zweckmäßig, da sie die Definition von komplizierten Tatbestandsmerkmalen in Ausfüllungsnormen gestattet, wodurch die Verständlichkeit insgesamt erhöht wird. Außerdem führen gerade die Konkretisierungen durch die Ausfüllungsnormen dazu, dass hinreichend bestimmte Sanktionsnormen vorliegen. Soweit die **Ausfüllungsnormen** herangezogen werden, um eine straf- oder bußgeldrechtliche Verantwortung zu begründen, nehmen sie an der Rechtsnatur der Verweisungsnorm teil,[26] so dass für ihre Auslegung strafrechtliche Grundsätze gelten, wobei insbesondere der **Wortlautgrenze** und dem **Analogieverbot**[27] Rechnung zu tragen ist. Im außerstrafrechtlichen Bereich kann hingegen nach hM[28] die Auslegung durchaus weiter reichen **(Normspaltung)**.

Soweit die §§ 38, 39 auf Vorschriften des WpHG als Ausfüllungsnormen verweisen, liegen **unechte Blankette** vor, bei denen Normgeber und Normebene übereinstimmen. Diese unechten Blankette sind verfassungsrechtlich nicht zu beanstanden.[29] Wird auf Rechtsverordnungen oder europäisches Gemeinschaftsrecht verwiesen, handelt es sich um **echte Blankette**, bei denen Normgeber und Normebene differieren. Soweit hierbei auf konkretisierende **Rechtsverordnungen des deutschen Rechts** (zB MaKonV, WpAIV) verwiesen wird, ist dies nach hM verfassungsrechtlich unbedenklich.[30] Wie der BGH[31] anführt, wirkt eine derartige Rechtsverordnung nicht strafbarkeitsbegründend, da sich die Strafbarkeit als solche bereits unmittelbar aus dem Gesetz ergibt; dem Verordnungsgeber ist es freigestellt, nähere, nicht abschließende Typisierungen zu umschreiben, um dem Normadressaten eine Orientierungshilfe an die Hand zu geben, die gleichzeitig flexibel genug ist, um auf Veränderungen des Marktes und auf neue Missbrauchstechniken angemessen zu reagieren. Aber auch die Bezugnahme auf **europäisches Gemeinschaftsrecht** (zB Verordnung (EG) Nr. 2272/2003) ist nach hM[32] verfassungsrechtlich unbedenklich, sofern die wesentlichen Strafbarkeitsvoraussetzungen sowie Art und Maß der Strafe bereits im Blankettdelikt bestimmt sind, wie dies bei §§ 38, 39 der Fall ist. Nicht zu übersehen ist allerdings, dass über das Komitologieverfahren die Fassung und Auslegung der Tatbestände durch den europäischen Gesetzgeber mitbestimmt wird,[33] was angesichts der bis-

---

berger, Verbot der Marktmanipulation, S. 181; aA *Gaede/Mühlbauer* wistra 2005, 9, 13 f.; *Park/Sorgenfrei*, §§ 20 a, 38 I Nr. 4, 39 WpHG Rn. 10.
[26] BVerfGE 14, 245, 252; *Tröndle/Fischer*, StGB, § 1 Rn. 5 a.
[27] *Widder/Kocher* AG 2007, 13, 16; aA in Bezug auf § 15 a IV 1 *Bednarz* AG 2005, 835, 836.
[28] *Tiedemann*, Wirtschaftsstrafrecht AT, Rn. 111 ff. mwN.
[29] Vgl. BVerfGE 14, 245, 252; krit. *Park/Sorgenfrei*, §§ 20 a, 38 I Nr. 4, 39 WpHG Rn. 10.
[30] Vgl. *Assmann/Schneider/Vogel*, Vor § 38 Rn. 4; *Eichelberger*, Verbot der Marktmanipulation, S. 196; *Hellmann/Beckemper*, Wirtschaftsstrafrecht, Rn. 88; *Maile*, Kurs- und Marktpreismanipulation, S. 41 ff.; *Schröder*, Kapitalmarktstrafrecht, Rn. 400 f., 420, 547; *Tiedemann*, Wirtschaftsstrafrecht, AT, Rn. 103; *Waschkeit*, Marktmanipulation, S. 243 ff.; *Ziouvas* ZGR 2003, 113, 128 f.; *Ziouvas/Walter*, WM 2002, 1483, 1486 f.; aA *Degoutrie*, Scalping, S. 228 ff.; KölnKommWpHG-*Altenhain*, § 38 Rn. 21 und § 39 Rn. 2; *Kutzner* WM 2005, 1401, 1406; *Moosmayer* wistra 2002, 161, 169; *Schönhöft*, Marktmanipulation, S. 149 ff.; eingehend *Raabe*, Bestimmtheitsgrundsatz, S. 193 ff.
[31] BGHSt. 48, 373, 383 f. zu § 38 I Nr. 4 aF iVm § 20 a I 1 Nr. 2.
[32] Vgl. *Wabnitz/Janovsky/Dannecker*, Handbuch, 2/151 mwN.
[33] Krit. *Schmitz* ZStW 115 (2003), S. 501, 517, 536.

Vor §§ 38–40b 12 Abschnitt 12. Straf- und Bußgeldvorschriften

lang fehlenden Kompetenz des Gemeinschaftsgesetzgebers auf dem Gebiet des Kapitalmarktstrafrechts gerade bei künftigen Änderungen zu Spannungen führen kann.[34] Verfassungsrechtlich unbedenklich ist nach hM schließlich auch die **Außenverweisung auf Entscheidungen der BaFin** (§ 20a II 2), da der BaFin nur die Konkretisierung der zulässigen Marktpraxis in dem vorgegebenen Rahmen („Gepflogenheiten, die auf dem jeweiligen Markt nach vernünftigem Ermessen erwartet werden können") gestattet wird.[35]

2. Verfassungsmäßigkeit

12 Gegen die Ausgestaltung der §§ 38, 39 werden vielfältige verfassungsrechtliche Bedenken erhoben.[36] Hintergrund bildet der Umstand, dass es sich im Kern um **europäisches Strafrecht** handelt (vgl. Rn. 2 ff.), das stark vom **angloamerikanischen Rechtsdenken** beeinflusst ist, womit neue Rechtsstrukturen[37] in das deutsche Strafrecht Eingang gefunden haben. Soweit gerügt wird, dass die §§ 38, 39 **Blankettdelikte** sind, kann dies ihre Verfassungswidrigkeit nicht begründen (vgl. zuvor Rn. 11). Auch eine **Verletzung des Bestimmtheitsgrundsatzes** (Art. 103 II GG; § 1 StGB; § 3 OWIG) liegt im Ergebnis nicht vor. Zwar enthalten die §§ 38, 39 und die in Bezug genommenen Ausfüllungsnormen zahlreiche unbestimmte Rechtsbegriffe, andere Tatbestände des Wirtschaftsstrafrechts sind aber ähnlich unbestimmt und ebenfalls auslegungsbedürftig.[38] Ebenso begegnen die §§ 38, 39 im Hinblick auf **Verhältnismäßigkeits-Grundsatz** und **ultima ratio-Grundsatz** keinen durchgreifenden Bedenken, da dem Gesetzgeber hinsichtlich der Art und Weise der Sanktionierung eine Einschätzungsprärogative zusteht, deren Grenze erst in Missbrauchsfällen überschritten ist.[39] Hierbei dürfte der Gesetzgeber allerdings mit der Anordnung der Versuchsstrafbarkeit (§ 38 III) in Bezug auf § 38 I Nr. 2, der bloße Vorbereitungshandlungen erfasst, zu weit gegangen sein (§ 38 Rn. 30). Den geäußerten verfassungsrechtlichen Bedenken, die zwar für sich allein betrachtet jeweils nicht durchgreifen, aber in der **Summe** dennoch Gewicht haben, ist dadurch Rechnung zu tragen, dass die besonderen rechtsstaatlichen Bindungen des Strafrechts genau beachtet werden und bei der Auslegung eine die Verfassungskonformität wahrende, grundsätzlich **restriktive Interpretation** stattfindet.[40] Im Übrigen ist in Bagatellfällen und in weniger schweren Fällen von der Möglichkeit Gebrauch zu machen, ein etwaiges Straf- oder Bußgeldverfahren einzustellen.[41]

---

[34] Vgl. *Schröder*, Kapitalmarktstrafrecht, Rn. 402.
[35] *Assmann/Schneider/Vogel*, Vor § 20a Rn. 21; aA KölnKommWpHG-*Altenhain*, § 38 Rn. 22.
[36] Vgl. nur *Kutzner* WM 2005, 1401, 1406; *Moosmayer* wistra 2002, 168 ff.; *Raabe*, Bestimmtheitsgrundsatz, S. 123 ff.; *Schönhöft*, Marktmanipulation, S. 119, 130, 146 ff.; *Sorgenfrei* wistra 2002, 325 f.
[37] Hierzu *Vogel*, FS Jakobs, S. 731, 733 ff.
[38] *Assmann/Schneider/Vogel*, Vor § 38 Rn. 4.
[39] *Assmann/Schneider/Vogel*, Vor § 38 Rn. 4.
[40] Vgl. *Park/Hilgendorf*, §§ 38 I Nr. 1–3, 12, 13, 14 WpHG Rn. 11, 19; *Schönhöft*, Marktmanipulation, S. 30 f., 67; noch enger *Park/Sorgenfrei*, §§ 20a, 38 I Nr. 4, 39 WpHG Rn. 10: „äußerst restriktiv".
[41] Vgl. *Assmann/Schneider/Vogel*, Vor § 38 Rn. 4.

IV. Kriminalität des Insiderhandels und der Marktmanipulation

1. Hell- und Dunkelfeld

Im Bereich der Wirtschaftskriminalität sind Erkenntnisse i. d. R. schwierig zu gewinnen, da nicht nur die Kooperationsbereitschaft der Beteiligten häufig gering, sondern auch das Hellfeld oft klein ist und die Abschätzung des Dunkelfeldes große Probleme bereitet.[42] Dies gilt für die Kriminalität des Insiderhandels und der Marktmanipulation in besonderer Weise. So wurden der BaFin, die über Markttransparenz und Marktintegrität wacht, im Jahre 2006[43] durch Kredit- und Finanzdienstleistungsinstitute in Bezug auf Geschäfte mit Finanzinstrumenten insgesamt **707 Mio. Transaktionen** gemeldet, die die BaFin zu Insider- und Marktmanipulationsuntersuchungen nutzte. Hierbei gaben nur rund **1250 Fälle** der BaFin Anlass, überhaupt **Analysen** zu erstellen. Nachgegangen wurde nicht nur Auffälligkeiten, insbesondere hohen Handelsumsätzen und auffälligen Kursbewegungen vor wichtigen Unternehmensmitteilungen, Gewinnwarnungen, Managementwechseln oder der Ankündigung von Unternehmensübernahmen, sondern auch Hinweisen von Anlegern sowie Verdachtsanzeigen von Wertpapierdienstleistungsunternehmen, Kreditinstituten und Betreibern von außerbörslichen Märkten. Letztlich ergaben sich dann in lediglich 52 Fällen **Anhaltspunkte** für einen Insiderhandel und in 32 Fällen Anhaltspunkte für eine Marktmanipulation, also in insgesamt **84 Fällen**. Angesichts dieser sehr geringen Zahl von Verdachtsfällen und der Leichtigkeit, mit der die Delikte begangen werden können, liegt es nahe, dass das **Dunkelfeld sehr groß** ist.[44]

2. Erscheinungsformen

Bei den **positiven Insideranalysen,** die die BaFin im Jahre 2006[45] durchführte, standen 46% im Zusammenhang mit Mergers & Acquisitions, 29% mit Periodenergebnissen und 12% mit drohender Insolvenz. Die meisten Analysen entfielen auf den amtlichen und den geregelten Markt. Bei den **positiven Marktmanipulationsanalysen** hatten 66% das Vortäuschen einer Handelsaktivität (zB Pre-arranged Trades, Wash Sales, Bull Raid, Bear Raid) und 28% Informationsdelikte zum Gegenstand (zB Veröffentlichung unrichtiger oder irreführender Angaben, Verschweigen von Umständen, Scalping). In 6% der Analysen ging es um die Beeinflussung von Orderlage bzw. Referenzpreisen (zB Hochtreiben/Herunterdrücken von illiquiden Aktien/Penny Stocks). Die Analysen betrafen überwiegend Freiverkehrswerte. Von den 51 neuen **Untersuchungen,** die die BaFin wegen des **Verdachts auf Insiderhandel** einleitete, stellte sie in 23 Verdachtsfällen die Untersuchungen ein, gab 24 Vorgänge an die Staatsanwaltschaften ab und zeigte insgesamt 106 Personen an. Von den 60 wegen **Verdachts auf Marktmanipulation** eröffneten neuen Untersuchungen stellte

---

[42] Vgl. *Schwind*, Kriminologie, § 21 Rn. 2 ff.
[43] JB-BaFin 2006, S. 163; vgl. auch *Hienzsch*, HRRS 2006, 144 f.
[44] Vgl. auch *Eichelberger*, Verbot der Marktmanipulation, S. 3.
[45] JB-BaFin 2006, S. 163 f.

die BaFin 30 Untersuchungen ein, gab 15 Vorgänge an die Staatsanwaltschaft ab und zeigte 38 Personen an.[46]

3. Strafverfahren

15 Die Zahlen zu den abgeschlossenen Strafverfahren zeigen, dass Insiderhandel und Marktmanipulation selbst bei einer Aufdeckung **häufig ohne Sanktion enden.** So teilten die Staatsanwaltschaften der BaFin zu **abgeschlossenen Insiderverfahren** im Jahr 2006[47] mit, dass in 59 Fällen das Ermittlungsverfahren einstellt wurde, davon in 17 Fällen gegen Zahlung einer Geldauflage; nur in 11 Fällen erfolgte eine Verurteilung, davon 6 im Strafbefehlsverfahren und 5 nach Hauptverhandlung. Zu **abgeschlossenen Marktmanipulationsverfahren** teilten die Staatsanwaltschaften mit, dass 10 Verfahren eingestellt wurden, davon 4 Verfahren gegen Zahlung einer Geldauflage, und dass in einem Fall eine Verurteilung nach Hauptverhandlung erfolgte. Angesichts dieser Zahlen überrascht es nicht, dass der Präsident der BaFin, Jochen Sanio,[48] im Januar 2007 beklagte, dass etwa 75% der Insiderverfahren, die an die Justiz weitergeleitet werden, später „im Sande" verlaufen und von den 550 Fällen seit 2001 nur 40 mit einem Schuldspruch endeten.

16 Die **Ursachen** für diese Praxis, die potentielle Täter kaum abschrecken dürfte, sind nicht nur in **strukturellen Defiziten** auf Seiten der Strafverfolgungsbehörden (fehlende Normakzeptanz, Qualifikation und personelle Ausstattung, mangelndes Engagement), sondern vor allem auch in erheblichen **Nachweisschwierigkeiten** zu erblicken.[49] So ist der **Insiderhandel** sehr schwer nachzuweisen, vor allem wenn Transaktionen über Dritte und im Ausland erfolgen, da dies die Zuordnung der Geschäfte stark erschwert. Außerdem kann bereits der **Kreis der Primärinsider** sehr groß sein und zB im Falle von Unternehmensübernahmen mehrere hundert Personen umfassen (Unternehmensangehörige, Mitarbeiter von Kreditinstituten, Rechtsanwälte, Wirtschaftsprüfer). An diesen Problemen kommt auch die mit deutlich stärkeren Kompetenzen ausgestattete US-Aufsichtsbehörde SEC nicht vorbei, die ca. 50–60 Verfahren wegen Insiderverstößen im Jahr führt, die häufig außergerichtlich beendet werden. Ob daher zB die Einführung einer **Kronzeugenregelung**[50] nach dem Vorbild der Vereinigten Staaten, die Beteiligten Straffreiheit ermöglicht, wenn diese einen Insiderhandel aufdecken, durchschlagende Erfolge bei der Bekämpfung des Insiderhandels hätte, erscheint zweifelhaft. Kronzeugenregelungen mögen zwar bei der Bekämpfung des Terrorismus und der Organisierten Kriminalität (vgl. die bereichsspezifischen „kleinen" Kronzeugenregelungen: §§ 129 VI, 129a V StGB; 31 BtMG; 261 X StGB) vertretbar sein, aber im Bereich des Kapitalmarktstrafrechts sollten die strikten Bindungen eines rechtsstaatlichen Straf- und Strafverfahrensrecht nicht dem Effizienzgedanken untergeordnet werden. Dies gilt auch für die **Marktmanipulation,** die ebenfalls sehr schwer nachzuweisen ist, da das Gesetz eine tatsächliche Preiseinwirkung verlangt. Dieses Erfordernis nimmt dem Tatbestand

---

[46] JB-BaFin 2006, S. 166, 170.
[47] JB-BaFin 2006, S. 167, 171.
[48] Pressemitteilung von Reuters v. 31. 1. 2007.
[49] Überblick bei *Bergmann/Drees* StraFo 2005, 364, 369 f. und *Hienzsch* HRR 2006, 144, 145 ff.; eingehend *Hienzsch,* Insiderhandelsverbot, S. 78 ff., 111 ff.
[50] Vgl. FAZ v. 4. 7. 2007, Artikel „Kapitulation vor Insiderhandel", S. 20.

weitgehend seine Wirkung.[51] Eine **Verbesserung der Strafverfolgung** dürfte jedenfalls durch die Beseitigung struktureller Defizite, dh den Ausbau der bestehenden Schwerpunktstaatsanwaltschaften und eine engere Kooperation von Staatsanwaltschaften und BaFin zu erreichen sein.[52]

V. Bußgeldverfahren wegen Verstößen gegen das WpHG

Bußgeldverfahren wegen Verstößen gegen das WpHG sind **nicht sehr zahlreich**, was als Beleg dafür gewertet werden kann, dass der institutionelle Wertpapierhandel seriös und zuverlässig ist. So eröffnete die BaFin im Jahre 2006[53] im Rahmen der Aufsicht über den Wertpapierhandel und das Investmentgeschäft wegen des **Verdachts der Marktmanipulation** nur 6 neue Bußgeldverfahren; ein Verfahren war noch aus dem Vorjahr anhängig; ein Verfahren schloss sie rechtskräftig ab und verhängte eine Geldbuße von 3750,– €. Wegen Verstößen gegen Pflichten zur Mitteilung oder Veröffentlichung von Insiderinformationen **(Ad-hoc-Publizität)** eröffnete die BaFin hingegen 30 neue Verfahren; 78 Verfahren waren noch aus dem Vorjahr offen; 9 Geldbußen von bis zu 80 000,– € wurden verhängt, 2 Verfahren an die Staatsanwaltschaften wegen anhängigen Ermittlungsverfahren abgegeben; 31 Verfahren stellte die BaFin ein, davon 28 aus Opportunitätsgründen.[54] Wegen Verstoßes gegen die Meldepflicht von Unternehmensinsidern **(Directors' Dealings)** eröffnete die BaFin 11 neue Bußgeldverfahren, wobei aus dem Vorjahr noch 92 Verfahren offen waren; sie verhängte 8 Geldbußen von bis zu 5000,– €; in einem Verfahren aus dem Vorjahr bestätigte das AG Frankfurt/Main einen Bußgeldbescheid über 18 000,– €; eine Rechtsbeschwerde war bei dem OLG Frankfurt/Main anhängig; 71 Verfahren stellte die BaFin ein, davon 69 aus Opportunitätsgründen.[55] Wegen Verstößen gegen Pflichten zur **Mitteilung oder Veröffentlichung bedeutender Stimmrechtsanteile** wurden 24 neue Bußgeldverfahren eröffnet und 91 Geldbußen von bis zu 20 000,– € verhängt; aus den Vorjahren waren noch 415 Verfahren offen; 311 Verfahren wurden eingestellt, 172 davon aus Opportunitätsgründen.[56] Wegen Verstoßes gegen die Pflicht zur **Bekanntmachung der Fehlerfeststellung** eröffnete die BaFin nur ein einziges Bußgeldverfahren.[57]

Im Rahmen der Aufsicht über Banken und Finanzdienstleistungsinstitute eröffnete die BaFin im Jahre 2006 lediglich 7 neue Bußgeldverfahren, vor allem wegen **Cold Calling** und **Mängeln bei der Prüferbestellung**; aus dem Vorjahr waren 15 Verfahren anhängig; in vier Fällen verhängte sie Geldbußen von bis zu 6500,– €; 8 Fälle wurden eingestellt, davon zwei aus Opportunitätsgründen.[58] Wegen Verstoßes gegen Sorgfalts- und Transparenzpflichten bei der **Veröffentlichung von Anlageempfehlungen** leitete die BaFin ein einziges Bußgeldverfahren ein.[59]

---

[51] Vgl. *Schwark/Zimmer*, § 38 WpHG Rn. 4; *Ziouvas/Walter* WM 2002, 1483, 1487.
[52] *Hienzsch* HRR 2006, 144, 148 ff.
[53] JB-BaFin 2006, S. 170 f.
[54] JB-BaFin 2006, S. 177.
[55] JB-BaFin 2006, S. 177 f.
[56] JB-BaFin 2006, S. 179.
[57] JB-BaFin 2006, S. 191.
[58] JB-BaFin 2006, S. 138.
[59] JB-BaFin 2006, S. 139.

VI. Organ- und Vertreterhaftung
(§ 14 StGB, § 9 OWiG)

1. Allgemeines

19 Soweit die §§ 38, 39 nur von Personen begangen werden können, denen als Normadressaten bestimmte Verhaltenspflichten nach dem WpHG obliegen, handelt es sich um **Sonderdelikte**, bei denen der Täterkreis begrenzt ist. Normadressaten des WpHG sind häufig Wertpapierdienstleistungsunternehmen, i. d. R. juristische Personen und Personenvereinigungen, aber auch natürliche Personen. Für diese Normadressaten handeln nicht nur organschaftliche und gesetzliche Vertreter, sondern häufig auch bestimmte gewillkürte Vertreter (Beauftragte), denen aber regelmäßig die Verhaltenspflichten des WpHG nicht selbst obliegen, so dass sie keine Normadressaten sind. Um **Strafbarkeits- und Ahndungslücken** zu schließen, die durch ein Auseinanderfallen von Verantwortung und Handlung entstehen können, wälzen § 14 StGB für das Strafrecht und § 9 OWiG für das Ordnungswidrigkeitenrecht die Normadressateneigenschaft des Vertretenen über. Die Vertreter rücken damit in die Pflichtenstellung des Vertretenen ein, so dass sie für Verstöße, die sie begangen haben, verantwortlich gemacht werden können.

2. Vertreter

20 Zu den **vertretungsberechtigten Organen** einer juristischen Person (§ 14 I Nr. 1 StGB, § 9 I Nr. 1 OWiG) zählen insbesondere der Vorstand einer AG, die Komplementäre einer KGaA und die Geschäftsführer einer GmbH. Bei den **vertretungsberechtigten Gesellschaftern** einer rechtsfähigen Personengesellschaft (§ 14 I Nr. 2 StGB, § 9 I Nr. 2 OWiG) handelt es sich vor allem um zur Vertretung ermächtigte Gesellschafter einer OHG, Komplementäre einer KG, den Geschäftsführer der GmbH als Komplementär einer GmbH & Co. KG und die Gesellschafter einer Außen-GbR.[60] **Sonstige gesetzliche Vertreter** (§ 14 I Nr. 3 StGB, § 9 I Nr. 3 OWiG) sind insbesondere Insolvenz- und Nachlassverwalter sowie Testamentsvollstrecker.[61] **Mit der Betriebsleitung ganz oder teilweise Beauftragte** (§ 14 II 1 Nr. 1 StGB; § 9 II 1 Nr. 1 OWiG) rücken in die Pflichtenstellung des Inhabers ein. Die Verantwortlichkeit der Beauftragten reicht hierbei aber nur soweit, wie sie jeweils mit der eigenverantwortlichen Wahrnehmung von Leitungsaufgaben betraut sind und diese auch tatsächlich übernommen haben; soweit Entscheidungsbefugnisse dem Inhaber vorbehalten wurden, findet eine Überwälzung der Verantwortlichkeit nicht statt.[62] Der Leiter des gesamten Betriebs wird häufig als Generaldirektor oder Generalbevollmächtigter bezeichnet. Die Leitung von Betriebsteilen umfasst die Leitung von räumlich getrennten Betriebsteilen (zB Zweigstellen) oder Betriebsabteilungen (zB Wertpapier-/Devisen-/Kreditabteilung). In der Praxis sind vor allem leitende Angestellte mit Leitungsaufgaben beauftragt; es kommen hierfür aber auch, je nach Organisation,

---

[60] *Göhler/König*, OWiG, § 9 Rn. 11; *Tröndle/Fischer*, StGB, § 14 Rn. 3.
[61] *Göhler/König*, OWiG, § 9 Rn. 12; *Tröndle/Fischer*, StGB, § 14 Rn. 3.
[62] *Göhler/König*, OWiG, § 9 Rn. 17 f.; KKOWiG-*Rogall*, § 9 Rn. 75.

weitere Personen in Betracht.[63] **Ausdrücklich Beauftragte** (§ 14 II 1 Nr. 2 StGB; § 9 II 1 Nr. 2 OWiG) nehmen in eigener Verantwortung Aufgaben wahr, die dem Inhaber obliegen. Die Beauftragung kann sich dabei auf einzelne Tätigkeiten beschränken. Auch externe Personen – zB Rechtsanwälte, Steuerberater, Wirtschaftsprüfer – können Beauftragte sein, da eine Betriebszugehörigkeit nicht vorausgesetzt wird.[64] Eine ausschließlich beratende Tätigkeit ohne Entscheidungsbefugnisse genügt allerdings nicht.

Auf **sonstige Beauftragte**, i.d.R. **untergeordnete Betriebs- und Unternehmensangehörige**, finden § 14 StGB und § 9 OWiG hingegen keine Anwendung. Im Falle der Begehung einer Ordnungswidrigkeit besteht aber uU eine Verantwortlichkeit nach § 14 I 2 OWiG (vgl. § 39 Rn. 89). Im Übrigen kann im Falle einer Zuwiderhandlung, die durch diese Personen begangen wird, eine Verantwortlichkeit der Aufsichtspersonen wegen Verletzung der Aufsichtspflicht in Betrieben und Unternehmen (§ 130 OWiG) vorliegen. 21

3. Fehlerhaft bestellte und faktische Vertreter

Einbezogen sind auch **fehlerhaft bestellte Vertreter**, da die Unwirksamkeit des Bestellungsakts keinen Einfluss auf die Verantwortlichkeit hat (vgl. § 14 III StGB; § 9 III OWiG). Das Vorliegen eines – zB wegen der Nichteinhaltung von Formvorschriften – unwirksamen förmlichen Bestellungsakts ist daher ausreichend zur Begründung der Verantwortlichkeit. Darüber hinaus soll nach Auffassung des BGH[65] nicht einmal ein förmlicher Bestellungsakt erforderlich sein, so dass auch bei **faktischen Vertretern**, die neben oder anstelle von bestellten Personen Leitungs- und Entscheidungsbefugnisse ausüben und bei denen eine Bestellung von vornherein nicht angestrebt wird, die Normadresseneigenschaft übergewälzt werden kann. Ein derartiger „Durchgriff" auf den tatsächlich Handelnden mittels einer faktischen Betrachtungsweise wird im Schrifttum[66] verbreitet als Verstoß gegen das Analogieverbot gewertet, da § 14 III StGB und § 9 III OWiG eindeutig einen – wenn auch unwirksamen – Bestellungsakt („Rechtshandlung") fordern. In der Praxis stellt sich die Problematik jedoch nur dann, wenn ausnahmsweise selbst ein unwirksamer konkludenter Bestellungsakt (wofür zB das Einvernehmen der zur Bestellung befugten Personen genügt) nicht festgestellt werden kann. 22

4. Vertretungsbezug

Organschaftliche und gesetzliche Vertreter müssen **„als"** Vertreter (§ 14 I StGB; § 9 I OWiG), Beauftragte **„auf Grund"** des Auftrags (§ 14 II 1 StGB; § 9 II 1 OWiG) handeln. Nach der **Interessenformel** des BGH[67] soll dies nur dann der Fall sein, wenn der Vertreter zumindest „auch" im Interesse des Vertretenen handelt, nicht aber, wenn er nur eigennützig tätig ist; für die Abgrenzung soll eine wirtschaftliche Betrachtung maßgebend sein. Die im Schrifttum[68] ver- 23

---

[63] Für weite Auslegung *Göhler/König*, OWiG, § 9 Rn. 21; restriktiv KKOWiG-*Rogall*, § 9 Rn. 77.
[64] *Göhler/König*, OWiG, § 9 Rn. 23; KKOWiG-*Rogall*, § 9 Rn. 78, 81.
[65] Vgl. BGHSt. 31, 118, 121 f.
[66] *Schönke/Schröder/Lenckner/Perron*, StGB, § 14 Rn. 42/43; KKOWiG-*Rogall*, § 9 Rn. 49.
[67] BGHSt. 30, 127, 128 f.; zust. *Tröndle/Fischer*, StGB, § 14 Rn. 5.
[68] *Schönke/Schröder/Lenckner/Perron*, StGB, § 14 Rn. 26 mwN.

breitete **funktionale Sichtweise** stellt hingegen darauf ab, ob das Handeln mit dem Aufgaben- und Pflichtenkreis, der mit der Vertretung wahrgenommen werden soll, in einem funktionalen Zusammenhang steht, wofür ein Handeln „bei Gelegenheit" nicht ausreicht. Diese Sichtweise verdient den Vorzug, da es dann, wenn das Handeln einen eindeutigen Bezug zu dem übertragenen Aufgaben- und Pflichtenkreis hat, für die Zurechnung auf ein Handeln „im Interesse" des Vertretenen nicht ankommen kann.

VII. Verletzung der Aufsichtspflicht in Betrieben und Unternehmen (§ 130 OWiG)

1. Allgemeines

24 § 130 OWiG ist für das Wirtschaftsstrafrecht von zentraler Bedeutung, da diese Bußgeldvorschrift den Inhaber eines Betriebs oder Unternehmens zu **Aufsichtsmaßnahmen anhält** und damit einen **Vorfeldschutz** gewährt.[69] Der Inhaber ist als Geschäftsherr verpflichtet, Aufsichtsmaßnahmen zu treffen, um die Begehung von betriebsbezogenen Zuwiderhandlungen zu verhindern oder zumindest wesentlich zu erschweren. Damit treffen ihn **Organisationspflichten.** Verletzt er seine Aufsichtspflicht, gestattet § 130 OWiG die Verhängung einer Geldbuße. § 130 OWiG gelangt aber nur dann zur Anwendung, wenn der Aufsichtspflichtige nicht bereits selbst – durch Anwendung von §§ 13, 14, 25 ff. StGB bzw. §§ 8, 9, 14 OWiG – Täter, Teilnehmer oder Beteiligter der Zuwiderhandlung (einer Straftat oder Ordnungswidrigkeit) ist. Es handelt sich somit um einen **Auffangtatbestand,** der kriminalpolitisch unerwünschte Zurechnungslücken schließt.[70] Zur Erreichung dieses Zwecks sind die Anforderungen an Kausalität (Risikoerhöhungslehre) und subjektive Tatseite (Fahrlässigkeit genügt) reduziert. **Schutzgut** des § 130 OWiG sind die von den betriebsbezogenen Vorschriften des Straf- und Ordnungswidrigkeitenrechts jeweils geschützten Rechtsgüter.[71] § 130 OWiG ist ein **echtes Unterlassungsdelikt** und nach heute hM[72] ein **konkretes Gefährdungsdelikt,** da der Aufsichtspflichtige nicht verpflichtet ist, abstrakt nützliche Handlungen ohne Rücksicht auf ihre Wirksamkeit vorzunehmen, sondern nur solche Aufsichtsmaßnahmen treffen muss, die die konkrete Gefahr von betriebstypischen Zuwiderhandlungen reduzieren, d. h. es muss ein Schutzzweckzusammenhang bestehen. In Bezug auf §§ 38, 39 besitzt § 130 OWiG gerade bei einem **nicht näher aufklärbaren Fehlverhalten** erhebliche praktische Bedeutung, da er die Ahndung der Verletzung von Organisationspflichten ermöglicht.[73]

2. Täterkreis

25 Täter des § 130 OWiG können nur **natürliche Personen** sein. § 130 OWiG richtet sich an den **Inhaber** eines Betriebs oder Unternehmens. Darunter ist nicht der Eigentümer zu verstehen ist, sondern derjenige, dem die Erfüllung der den Betrieb oder das Unternehmen treffenden Pflichten obliegt.[74] Der Inhaber

---

[69] Vgl. KKOWiG-*Rogall*, § 130 Rn. 1, 14.
[70] *Göhler/König,* OWiG, § 130 Rn. 25 f.; KKOWiG-*Rogall*, § 130 Rn. 4.
[71] *Göhler/König,* OWiG, § 130 Rn. 3 a; KKOWiG-*Rogall*, § 130 Rn. 14.
[72] *Göhler/König,* OWiG, § 130 Rn. 9; KKOWiG-*Rogall*, § 130 Rn. 17.
[73] *Park/Schäfer/Süßmann,* § 130 OWiG Rn. 74.
[74] KKOWiG-*Rogall*, § 130 Rn. 23.

kann eine natürliche Person, juristische Person oder Personenvereinigung sein. Im Bereich des Wertpapierhandels handelt es sich vor allem um Wertpapierdienstleistungsunternehmen, Kreditinstitute und Emittenten. In Bezug auf Konzerne wird überwiegend[75] angenommen, dass die Muttergesellschaft Inhaber des Konzerns als eines Unternehmens ist. Außerdem sind über die Regelung zur Organ- und Vertreterhaftung (§ 9 OWiG) vor allem auch die **Vertreter des Inhabers** taugliche Täter des § 130 OWiG, d. h. organschaftliche (zB Vorstände), gesetzliche (zB Insolvenzverwalter) oder bestimmte gewillkürte Vertreter (zB Betriebsleiter, Abteilungsleiter), die für den Inhaber handeln.

3. Unterlassen von Aufsichtsmaßnahmen

Der Täter muss Aufsichtsmaßnahmen unterlassen haben, die erforderlich sind, um der Gefahr von bestimmten Zuwiderhandlungen zu begegnen (vgl. § 130 I 1 OWiG). Zu den erforderlichen Aufsichtsmaßnahmen gehören auch die Bestellung, sorgfältige Auswahl und Überwachung von Aufsichtspersonen (§ 130 I 2 OWiG). Die **Oberaufsicht** verbleibt somit trotz Pflichtendelegation stets beim Inhaber.[76] Nach dem systematischen 5-Stufen-Modell[77] ist der Inhaber grds. zu folgenden **Aufsichtsmaßnahmen** verpflichtet: 1: sorgfältige Auswahl von Mitarbeitern und Aufsichtspersonen; 2: sachgerechte Organisation und Aufgabenverteilung; 3: angemessene Instruktion und Aufklärung über Aufgaben und Pflichten; 4: ausreichende Überwachung und Kontrolle der Mitarbeiter; 5: Eingreifen bei Verstößen. Die jeweilige Aufsichtsmaßnahme muss **erforderlich**, d. h. nicht nur geeignet und das mildeste Mittel, sondern auch rechtlich zulässig und zumutbar sein. § 130 OWiG schreibt keine bestimmte Organisation vor, maßgebend sind in erster Linie Art und Größe des Betriebs oder Unternehmens. Auch die Eigenverantwortung der Mitarbeiter und der bei der Arbeitsteilung geltende Vertrauensgrundsatz sind zu beachten.[78] In Bezug auf die durch §§ 38, 39 straf- und bußgeldbewehrten Verhaltensnormen des WpHG, die von wesentlicher Bedeutung für die Funktionsfähigkeit der Kapitalmärkte sind, trifft den Inhaber eines in diesem Bereich tätigen Betriebs oder Unternehmens die **Pflicht zu gesteigerten Aufsichtsmaßnahmen**. Daher sind gerade bei Wertpapierdienstleistungsunternehmen, Kreditinstituten und Emittenten besondere organisatorische Maßnahmen notwendig, um Verstößen gegen die Verhaltensregeln – vor allem Verstößen gegen das Verbot von Insidergeschäften und der Marktmanipulation – vorzubeugen.[79] Hierzu gehören die **Abschottung von Abteilungen** (Chinese Walls) und die Einrichtung von **Compliance-Abteilungen**.[80]

4. Zuwiderhandlung

Die Zuwiderhandlung, deren Begehung **objektive Bedingung der Ahndung**[81] ist, besteht in dem Verstoß gegen eine Pflicht, die den Inhaber „als sol-

---

[75] KKOWiG-*Rogall*, § 130 Rn. 25 mwN.
[76] BGHSt. 25, 158, 163; KKOWiG-*Rogall*, § 130 Rn. 38.
[77] KKOWiG-*Rogall*, § 130 Rn. 40.
[78] *Göhler/König*, OWiG, § 130 Rn. 12; KKOWiG-*Rogall*, § 130 Rn. 49.
[79] Vgl. *Schröder*, Kapitalmarktstrafrecht, Rn. 355 f.; *Sethe* ZBB 2006, 243, 254, 256.
[80] Vgl. *Eichelberger*, Verbot der Marktmanipulation, S. 341 f.; *Sethe* ZBB 2006, 243, 256.
[81] *Göhler/König*, OWiG, § 130 Rn. 17; KKOWiG-*Rogall*, § 130 Rn. 18.

chen" trifft, und deren Verletzung mit Strafe oder Geldbuße bedroht ist. Nach hM[82] können sich betriebsbezogene Pflichten nicht nur aus Sonderdelikten,[83] die gerade den Inhaber treffen, sondern auch aus Allgemeindelikten ergeben, falls ein enger Zusammenhang mit der Betriebs- bzw. Unternehmensführung besteht, so dass es sich bei allen durch §§ 38, 39 straf- und bußgeldbewehrten Verhaltenspflichten des WpHG um betriebsbezogene Pflichten handelt. Hinsichtlich der Zuwiderhandlung reicht es aus, dass der **äußere Geschehensablauf einer Straftat nach § 38 oder einer Ordnungswidrigkeit nach § 39** vorliegt. Bei Vorsatzdelikten ist nach hM auch Vorsatz erforderlich.[84] Im Übrigen muss die Pflichtverletzung zwar **rechtswidrig**, nicht aber schuldhaft bzw. vorwerfbar begangen sein. **Täter** der Zuwiderhandlung sind i.d.R. **untergeordnete Betriebs- oder Unternehmensangehörige**. Irrelevant ist, ob die Zuwiderhandlung im Betrieb oder Unternehmen oder an einem anderen Ort begangen wurde.[85] Auch eine Identifizierung des Täters ist nicht erforderlich, solange feststeht, dass die Zuwiderhandlung ein Betriebs- oder Unternehmensangehöriger begangen hat.[86] Nach hM sollen auch externe Personen, die mit betrieblichen Aufgaben betraut sind, Zuwiderhandlungen iSv § 130 OWiG begehen können.[87] Mit Recht wird aber gefordert, dass die Person dem Direktions- und Weisungsrecht des Inhabers zumindest partiell unterliegen muss.[88] Im Übrigen hat bei externen Personen der Gesichtspunkt der Eigenverantwortung besondere Bedeutung.

5. Kausalität

28 Eine Aufsichtspflichtverletzung liegt nicht nur dann vor, wenn die Zuwiderhandlung bei gehöriger Aufsicht „**verhindert**", sondern auch dann, wenn sie „**wesentlich erschwert worden wäre**". Der Gesetzgeber hat mit dieser Formulierung die Risikoerhöhungslehre normiert und damit das Kausalitätserfordernis erheblich abgeschwächt, um § 130 OWiG „funktionsgerechter und praktikabler" zu gestalten.[89] Die vorherige Fassung („hätte verhindert werden können") war nämlich dahingehend ausgelegt worden, dass der Nachweis zu erbringen ist, dass die Zuwiderhandlung bei gehöriger Aufsicht „mit an Sicherheit grenzender Wahrscheinlichkeit" verhindert worden wäre".[90] Dieser Nachweis war aber in der Praxis kaum zu erbringen. Darüber hinaus muss nach hM ein **Schutzzweckzusammenhang** zwischen Aufsichtspflichtverletzung und Zuwiderhandlung bestehen.[91] Die Aufsichtspflichtverletzung muss gerade die konkrete Gefahr von Zuwiderhandlungen des Typs, der sich in der Zuwiderhandlung realisiert hat, erheblich erhöht haben.

---

[82] *Göhler/König*, OWiG, § 130 Rn. 18 mwN.
[83] Hierfür KKOWiG-*Rogall*, § 130 Rn. 85.
[84] *Göhler/König*, OWiG, § 130 Rn. 21; KKOWiG-*Rogall*, § 130 Rn. 75 mwN.
[85] KKOWiG-*Rogall*, § 130 Rn. 95.
[86] *Göhler/König*, OWiG, § 130 Rn. 20; KKOWiG-*Rogall*, § 130 Rn. 94.
[87] *Göhler/König*, OWiG, § 130 Rn. 19 mwN.
[88] KKOWiG-*Rogall*, § 130 Rn. 92.
[89] BT-Drucks. 12/376, S. 37.
[90] Vgl. nur BGH wistra 1982, 34.
[91] *Göhler/König*, OWiG, § 130 Rn. 22; KKOWiG-*Rogall*, § 130 Rn. 102 mwN.

6. Vorsatz, Fahrlässigkeit

Ahndbar ist sowohl die **vorsätzliche** als auch die **fahrlässige** Verletzung der 29 Aufsichtspflicht, d. h. der Täter muss die konkrete Gefahr von Zuwiderhandlungen eines bestimmten Typs erkannt haben oder hätte sie erkennen können.[92] Auf die Begehung der konkreten Zuwiderhandlung, die lediglich objektive Bedingung der Ahndung ist, müssen sich Vorsatz oder Fahrlässigkeit nicht erstrecken.

7. Geldbuße

Der **Bußgeldrahmen** richtet sich nach der Zuwiderhandlung und der Auf- 30 sichtspflichtverletzung. Ist die Zuwiderhandlung („Pflichtverletzung") ausschließlich mit **Strafe** bedroht, beträgt das Höchstmaß der Geldbuße bei vorsätzlicher Aufsichtspflichtverletzung 1 Mio. € (§ 130 III 1 OWiG), bei fahrlässiger Aufsichtspflichtverletzung 500 000,– € (vgl. § 17 II OWiG). Ist die Zuwiderhandlung ausschließlich mit **Geldbuße** bedroht, bestimmt sich das Höchstmaß der vorsätzlichen Aufsichtspflichtverletzung nach dem für die Zuwiderhandlung angedrohten Höchstmaß der Geldbuße (vgl. § 130 III 2 OWiG), wobei eine fahrlässige Aufsichtspflichtverletzung mit der Hälfte des angedrohten Höchstbetrages geahndet werden kann; dies gilt auch dann, wenn die Zuwiderhandlung zugleich mit Strafe und Geldbuße bedroht ist, sofern das angedrohte Höchstmaß der Geldbuße das Höchstmaß der Strafandrohung übersteigt (§ 130 III 2 OWiG). Eine Aufsichtspflichtverletzung, die sich auf eine **Straftat nach § 38** bezieht, kann daher mit einer Geldbuße bis zu 1 Mio. bzw. 500 000,– € geahndet werden. Bezieht sich die Aufsichtspflichtverletzung auf eine **Ordnungswidrigkeit nach § 39**, kann die Geldbuße – je nach Ordnungswidrigkeit (vgl. § 39 IV) – im Höchstmaß ebenfalls bis zu 1 Mio. bzw. 500 000,– € betragen. Die **Zumessung** richtet sich nach § 17 III OWiG (hierzu § 39 Rn. 101 ff.).

VIII. Geldbuße gegen juristische Personen und Personenvereinigungen (§ 30 OWiG)

1. Allgemeines

Gegen juristische Personen und Personenvereinigungen kann unter den Vor- 31 aussetzungen des § 30 OWiG eine **Verbandsgeldbuße** festgesetzt werden, wenn Leitungspersonen Straftaten nach § 38 oder Ordnungswidrigkeiten nach § 39 (Anknüpfungstaten) begangen haben. Der Bußgeldtatbestand des § 30 OWiG stellt die **Gleichbehandlung** von Verbänden mit natürlichen Personen sicher, indem er den Zugriff auf das Vermögen der juristischen Person oder Personenvereinigung gestattet, und dient zugleich der **Prävention:**[93] Die Anteilseigner (usw.) sollen zur sorgfältigen Auswahl, Instruktion und Überwachung der Leitungspersonen des Verbands angehalten werden, umgekehrt sollen die Leitungspersonen einkalkulieren müssen, dass ihr Fehlverhalten auch für den Verband Konsequenzen haben kann. § 30 OWiG steht in engem Zusammenhang mit zwei anderen Regelungen **(Trias):** Während die Regelung zur Organ- und Ver-

---

[92] *Göhler/König*, OWiG, § 130 Rn. 16 a; KKOWiG-*Rogall*, § 130 Rn. 103.
[93] *Mitsch*, Recht der Ordnungswidrigkeiten, § 3 Rn. 6 f.

treterhaftung (§ 14 StGB; § 9 OWiG) die Voraussetzung dafür schafft, dass eine Tat durch die in § 30 I OWiG aufgeführten Personen als Täter begangen werden kann, bildet die Verletzung der Aufsichtspflicht in Betrieben und Unternehmen (§ 130 OWiG) die wichtigste Anknüpfungstat.

32 Demgegenüber ist es im deutschen Recht bisher nicht möglich, gegen juristische Personen oder Personenvereinigungen eine **Verbandsstrafe** zu verhängen („societas delinquere non potest"). Es gilt der Grundsatz, dass es Unrecht und Schuld einer juristischen Person oder Personenvereinigung und damit deren strafrechtliche Verantwortlichkeit nicht gibt. Nur natürliche Personen können sich strafbar machen. Im Gegensatz hierzu kennen vor allem der angloamerikanische Rechtskreis, aber auch eine stark wachsende Zahl europäischer Rechtsordnungen (ua Belgien, Niederlande, Dänemark, Frankreich, Österreich, Polen, Schweiz) **Verbandsstrafrechte.** Angesichts des Einflusses ausländischer Rechtsordnungen und der Entwicklung des europäischen Strafrechts ist daher die Frage nach der Einführung eines deutschen Verbandsstrafrechts sehr aktuell.

2. Verbände

33 Eine Verbandsgeldbuße kann nur gegen bestimmte Verbände, nämlich **juristische Personen, nichtrechtsfähige Vereine** und **rechtsfähige Personengesellschaften** festgesetzt werden. In Bezug auf Anknüpfungstaten nach §§ 38, 39 handelt es sich vor allem um Wertpapierdienstleistungsunternehmen, Kreditinstitute und Emittenten, die in der Rechtsform der AG, GmbH, oHG und KG tätig sind.[94] Ein Wechsel der Rechtsform nach der Tat steht der Ahndung nicht entgegen, wenn bei wirtschaftlicher Betrachtung der Verband identisch ist und die neue Rechtsform in § 30 OWiG aufgeführt ist.[95] Bei einer Übernahme im Wege der Gesamtrechtsnachfolge ist entscheidend, ob wesentliche Teile des übernommenen Verbands fortgeführt werden, insbesondere durch identischen oder ähnlichen Einsatz des haftenden Vermögens, so dass Identität bejaht werden kann.[96] Auch gegen **ausländische Verbände** können Verbandsgeldbußen festgesetzt werden,[97] sofern diese mit den in § 30 I OWiG genannten juristischen Personen und Personenvereinigungen des deutschen Rechts rechtlich-strukturell vergleichbar sind.

3. Täter der Anknüpfungstat

34 Nach § 30 I Nr. 1–5 OWiG können nur bestimmte Personen Täter der Anknüpfungstat sein: das **vertretungsberechtigte Organ** einer juristischen Person oder das Mitglied eines solchen Organs; der **Vorstand** eines nichtrechtsfähigen Vereins oder das Mitglied eines solchen Vorstands; der **vertretungsberechtigte Gesellschafter** einer rechtsfähigen Personengesellschaft; ein **Generalbevollmächtigter** oder in leitender Stellung tätiger **Prokurist** oder **Handlungsbevollmächtigter;** eine **sonstige Person,** die für die Leitung des Betriebs oder Unternehmens einer juristischen Person oder Personenvereinigung verantwort-

---

[94] *Assmann/Schneider/Vogel,* Vor § 38 Rn. 5.
[95] *Göhler/König,* OWiG, § 30 Rn. 38, 38 b.
[96] *Göhler/König,* OWiG, § 30 Rn. 38 c.
[97] *Assmann/Schneider/Vogel,* § 39 Rn. 56; *Erbs/Kohlhaas/Wehowsky,* § 39 WpHG Rn. 7; KölnKommWpHG-*Altenhain,* § 39 Rn. 64; *Park/Süßmann,* § 39 II Nr. 1 c, 2 b, IV WpHG Rn. 16.

lich handelt, auch hinsichtlich der Überwachung der Geschäftsführung oder der Ausübung von Kontrollbefugnissen in leitender Stellung. Hiermit werden Personen erfasst, die mit der internen **Finanzkontrolle** oder **Rechnungsprüfung** betraut sind, sowie **Aufsichtsratsmitglieder**.[98] Nach hM[99] sind auch – wie bei § 14 III StGB und § 9 III OWiG – **fehlerhaft bestellte und faktische Vertreter einbezogen**. Leitungspersonen eines **ausländischen Verbands** sind taugliche Täter der Anknüpfungstat, sofern ihre Leitungsbefugnisse mit denen des in § 30 I OWiG aufgeführten Täterkreises vergleichbar sind. Ob dies der Fall ist, richtet sich nach dem ausländischen Recht.

4. Anknüpfungstat

Die Anknüpfungstat muss entweder Pflichten verletzt haben, die den Verband treffen, oder der Verband muss bereichert worden sein oder sollte bereichert werden (§ 30 I OWiG). Bei der Alternative der Verletzung von Pflichten, die dem Verband obliegen, geht es in erster Linie um Sonderpflichten und damit um Sonderdelikte, die hM bezieht aber wie bei § 130 OWiG auch hier die jedermann treffenden Pflichten und damit Allgemeindelikte mit ein, sofern ein enger Zusammenhang mit der Betriebs- bzw. Unternehmensführung besteht.[100] Als Anknüpfungstaten kommen daher **alle Straftaten nach § 38 StGB und Ordnungswidrigkeiten nach § 39** in Betracht.[101] Eine erhebliche Ausdehnung erfährt § 30 OWiG dadurch, dass die Aufsichtspflicht in Betrieben und Unternehmen eine Sonderpflicht darstellt, so dass § 130 OWiG taugliche Anknüpfungstat ist. Sofern also im Betrieb oder Unternehmen eine Tat nach §§ 38, 39 durch einen **untergeordneten Mitarbeiter begangen** wird und diesbezüglich die Aufsichtspflichtverletzung einer Aufsichtsperson vorliegt, die dem Täterkreis des § 130 OWiG **und** des § 30 angehört, ermöglicht § 30 OWiG den „Durchgriff" auf den Verband. Demgegenüber geht es bei der Alternative der **Bereicherung des Verbands** um die Abschöpfung der Vorteile, die dem Verband durch die Tat zugeflossen sind. Zwischen Anknüpfungstat und Bereicherung muss insoweit ein innerer Zusammenhang bestehen.[102] 35

5. Vertretungsbezug

Der Täter muss „als" Organ usw. gehandelt haben (§ 30 I OWiG), womit sich ebenso wie bei § 9 OWiG (vgl. Rn. 23) die Frage des Vertretungsbezuges stellt. Gemäß der **Interessenformel** des BGH ist es im Rahmen des § 30 OWiG ebenfalls erforderlich, dass der Vertreter zumindest „auch" im Interesse des Vertretenen handelt. Bei ausschließlich eigennützig begangenen Delikten liegt demnach kein Handeln als Leitungsperson vor, so dass es an einer Anknüpfungstat fehlt. Soweit daher der Täter der Anknüpfungstat einen Insiderhandel oder eine Marktmanipulationen ausschließlich im eigenen Interesse vorgenommen hat, scheidet die Festsetzung einer Verbandsgeldbuße aus.[103] Erfolgt die Tat hingegen zugleich im Interesse des Verbands, gelangt § 30 OWiG zur Anwen- 36

---

[98] Vgl. BT-Drucks. 14/8998, S. 10.
[99] *Göhler/König*, OWiG, § 30 Rn. 14 mwN; aA KKOWiG-*Rogall*, § 30 Rn. 70.
[100] *Göhler/König*, OWiG, § 30 Rn. 19 f. mwN.
[101] *Assmann/Schneider/Vogel*, § 39 Rn. 57.
[102] *Göhler/König*, OWiG, § 30 Rn. 22.
[103] *Assmann/Schneider/Vogel*, § 39 Rn. 59; KölnKommWpHG-*Altenhain*, § 39 Rn. 66.

dung. Gemäß der im Schrifttum[104] verbreiteten **funktionalen Sichtweise** sollte aber auch bei § 30 OWiG maßgebend sein, ob das Handeln mit dem Aufgaben- und Pflichtenkreis, der mit der Vertretung wahrgenommen werden soll, in einem funktionalen Zusammenhang steht, so dass es auf ein Handeln „im Interesse" des Vertretenen nicht ankommt.

6. Verbandsgeldbuße

37 Verbandsgeldbußen können neben Strafen und Geldbußen kumulativ, aber auch isoliert oder anonym festgesetzt werden. Grundsätzlich wird in einem einheitlichen Verfahren sowohl über die Festsetzung der Strafe oder Geldbuße gegen den Täter der Anknüpfungstat als auch über die Festsetzung einer **kumulativen Verbandsgeldbuße** gegen den Verband entschieden. Diese Vorgehensweise trägt prozessökonomischen Erfordernissen Rechnung und vermeidet eine Doppelbestrafung (ne bis in idem, Art. 103 III GG). Ausnahmsweise kann eine **isolierte Verbandsgeldbuße** (§ 30 IV OWiG) festgesetzt werden, wenn wegen der Anknüpfungstat ein Verfahren gegenüber dem Organ nicht eingeleitet, eingestellt oder von Strafe abgesehen wird; dies ist aber dann ausgeschlossen, wenn die Verfolgung aus rechtlichen Gründen, insbesondere bei Verjährung der Anknüpfungstat,[105] ausscheidet. Schließlich kann auch eine **anonyme Verbandsgeldbuße** verhängt werden, wenn zwar die Identität des Täters der Anknüpfungstat – zB einer Aufsichtspflichtverletzung (§ 130 OWiG) – nicht ermittelt werden kann, aber mit an Sicherheit grenzender Wahrscheinlichkeit feststeht, dass eine aus dem Kreis der in § 30 I genannten Personen die Tat schuldhaft bzw. vorwerfbar begangen hat.[106]

38 Der **Bußgeldrahmen** richtet sich nach der Anknüpfungstat. Ist sie eine **Straftat**, beträgt das Höchstmaß der Verbandsgeldbuße bei vorsätzlicher Begehung 1 Mio. € und bei fahrlässiger Begehung 500 000,– € (§ 30 II 1 Nr. 1, 2 OWiG). Ist die Anknüpfungstat eine **Ordnungswidrigkeit**, bestimmt sich das Höchstmaß der Verbandsgeldbuße nach dem für die Ordnungswidrigkeit angedrohten Höchstmaß (§ 30 II 2 OWiG); dies gilt auch dann, wenn die Zuwiderhandlung zugleich mit Strafe und Geldbuße bedroht ist, sofern das angedrohte Höchstmaß der Geldbuße das Höchstmaß der Strafandrohung übersteigt (§ 30 II 3 OWiG). Eine **Tat nach § 38 I, II, III** kann somit mit einer Verbandsgeldbuße bis zu 1 Mio. €, eine **Tat nach § 38 IV** mit einer Verbandsgeldbuße bis zu 500 000,– € geahndet werden. Bei einer **Tat nach § 39** kann die Verbandsgeldbuße – je nach Ordnungswidrigkeit (vgl. § 39 IV) – im Höchstmaß zwischen 25 000,– und 1 Mio. € betragen.

39 Für die **Zumessung** der Verbandsgeldbuße gilt nach ganz hM[107] § 17 III OWiG, obwohl § 30 III OWiG nur auf § 17 IV OWiG verweist. Damit finden die Grundsätze für die Zumessung einer Geldbuße gegenüber natürlichen Personen (§ 39 Rn. 101 ff.) sinngemäß Anwendung. Dies heißt, dass die **Bedeutung der Anknüpfungstat** für den Verband und der **Vorwurf, der sich gegen den Täter der Anknüpfungstat richtet**, die Grundlage der Zumessung bilden. Außerdem sind die **wirtschaftlichen Verhältnisse** des Verbands zu berücksichtigen. Da-

---

[104] Vgl. KKOWiG-*Rogall*, § 30 Rn. 93 ff. mwN.
[105] *Göhler/König*, OWiG, § 30 Rn. 42.
[106] *Göhler/König*, OWiG, § 30 Rn. 40.
[107] KKOWiG-*Rogall*, § 30 Rn. 115 mwN.

rüber hinaus kann das gesetzliche Höchstmaß überschritten werden, da auch die Verbandsgeldbuße den wirtschaftlichen Vorteil übersteigen soll, den der Verband gezogen hat (**Vorteilsabschöpfung,** § 30 III iVm § 17 IV OWiG). Wird eine Verbandsgeldbuße festgesetzt, ist die Anordnung des Verfalls ausgeschlossen (§ 30 V OWiG), da die Vorteilsabschöpfung bereits durch die Verbandsgeldbuße erfolgt.

§ 38 Strafvorschriften

(1) **Mit Freiheitsstrafe bis zu fünf Jahren oder mit Geldstrafe wird bestraft, wer**
1. **entgegen § 14 Abs. 1 Nr. 1 ein Insiderpapier erwirbt oder veräußert oder**
2. a) **als Mitglied des Geschäftsführungs- oder Aufsichtsorgans oder als persönlich haftender Gesellschafter des Emittenten oder eines mit dem Emittenten verbundenen Unternehmens,**
   b) **auf Grund seiner Beteiligung am Kapital des Emittenten oder eines mit dem Emittenten verbundenen Unternehmens,**
   c) **auf Grund seines Berufs oder seiner Tätigkeit oder seiner Aufgabe bestimmungsgemäß oder**
   d) **auf Grund der Vorbereitung oder Begehung einer Straftat**
über eine Insiderinformation verfügt und unter Verwendung dieser Insiderinformation eine in § 39 Abs. 2 Nr. 3 oder 4 bezeichnete vorsätzliche Handlung begeht.

(2) **Ebenso wird bestraft, wer eine in § 39 Abs. 1 Nr. 1 oder 2 oder Abs. 2 Nr. 11 bezeichnete vorsätzliche Handlung begeht und dadurch auf den inländischen Börsen- oder Marktpreis eines Finanzinstruments oder auf den Preis eines Finanzinstruments an einem organisierten Markt in einem anderen Mitgliedstaat der Europäischen Union oder in einem anderen Vertragsstaat des Abkommens über den Europäischen Wirtschaftsraum einwirkt.**

(3) **In den Fällen des Absatzes 1 ist der Versuch strafbar.**

(4) **Handelt der Täter in den Fällen des Absatzes 1 Nr. 1 leichtfertig, so ist die Strafe Freiheitsstrafe bis zu einem Jahr oder Geldstrafe.**

(5) **Einer in Absatz 1 Nr. 1 oder 2 in Verbindung mit § 39 Abs. 2 Nr. 3 oder 4 oder in Absatz 2 in Verbindung mit § 39 Abs. 1 Nr. 1 oder 2 oder Abs. 2 Nr. 11 genannten Verbotsvorschrift steht ein entsprechendes ausländisches Verbot gleich.**

Übersicht

	Rn.
I. Regelungsgegenstand und Grundlagen	1
1. Gegenstand	1
2. Gesetzeshistorie	2
3. Schutzgüter	3
4. Einteilung	5
II. Strafbarer Insiderhandel (§ 38 I, III, IV)	6
1. Allgemeines	6
2. Schutzbereich	7
3. Verbot des Erwerbes und der Veräußerung (§ 38 I Nr. 1)	10
a) Tatbestand	10
b) Täterkreis	11
c) Tathandlungen	12
d) Vorsatz	14

		Rn.
4. Verbot der Weitergabe, Empfehlung und Verleitung (§ 38 I Nr. 2)		15
a) Tatbestand		15
b) Täterkreis		16
aa) Allgemeines		16
bb) Organinsider		18
cc) Beteiligungsinsider		19
dd) Berufs-, Tätigkeits-, Aufgabeninsider		20
ee) Straftatinsider		22
c) Tathandlungen		24
d) Vorsatz		29
5. Strafbarkeit des Versuchs (§ 38 III)		30
a) Allgemeines		30
b) Versuch		31
c) Rücktritt		33
6. Strafbarkeit leichtfertigen Erwerbes und leichtfertiger Veräußerung (§ 38 IV)		34
a) Allgemeines		34
b) Leichtfertigkeit		35
c) Bezugspunkt		36
III. Strafbare Marktmanipulation (§ 38 II)		37
1. Allgemeines		37
2. Schutzbereich		38
3. Preiseinwirkung		40
4. Marktmanipulation durch das Machen von Angaben oder Verschweigen von Umständen (§ 38 II iVm § 20a I 1 Nr. 1)		43
a) Tatbestand		43
b) Täterkreis		44
c) Tathandlung		45
d) Taterfolg		47
e) Vorsatz		48
5. Marktmanipulation durch Geschäfte oder Aufträge (§ 38 II iVm § 20a I 1 Nr. 2)		49
a) Tatbestand		49
b) Täterkreis		50
c) Tathandlung		51
d) Taterfolg		52
e) Vorsatz		53
6. Marktmanipulation durch sonstige Täuschungshandlungen (§ 38 II iVm § 20a I 1 Nr. 3)		54
a) Tatbestand		54
b) Täterkreis		55
c) Tathandlung		56
d) Taterfolg		57
e) Vorsatz		58
IV. Ausländische Verbote (§ 38 V)		59
1. Allgemeines		59
2. Anwendung der allgemeinen Regeln und des § 38 V		60
3. Entsprechendes ausländisches Verbot		63
V. Anwendung des Allgemeinen Teils des StGB		64
1. Zeitliche Geltung und Zeit der Tat (§§ 2, 8 StGB)		64
2. Räumliche Geltung und Ort der Handlung (§§ 3–7, 9 StGB)		66
3. Täterschaft und Teilnahme (§§ 25 ff. StGB)		67
4. Begehen durch Unterlassen (§ 13 StGB)		71
5. Vorsatz und Irrtum (§§ 15–17 StGB)		73
6. Rechtfertigungs- und Entschuldigungsgründe		79

Strafvorschriften   1, 2   § 38

	Rn.
7. Tateinheit (§ 52 StGB)	80
8. Rechtsfolgen	81
a) Freiheits- und Geldstrafe (§§ 38 ff. StGB)	81
b) Verfall (§§ 73 ff. StGB)	83
c) Berufsverbot (§§ 70 ff. StGB)	85
d) Verwaltungsrechtliche Sanktionen (§§ 19, 22, 27 BörsG)	86
e) Geldbuße gegen Aufsichtspersonen (§ 130 OWiG) und Verbandsgeldbuße (§ 30 OWiG)	87
9. Verfolgungsverjährung	88
10. Vollstreckungsverjährung	90

I. Regelungsgegenstand und Grundlagen

1. Gegenstand

§ 38 enthält die Strafvorschriften des WpHG. **§ 38 I, III und IV** stellt den 1
verbotenen Insiderhandel unter Strafe, wobei nicht nur die vorsätzliche (§ 38 I), sondern auch die versuchte (§ 38 III) und zum Teil die leichtfertige Begehung (§ 38 IV, hinsichtlich § 38 I Nr. 1) erfasst wird. Hingegen bewehrt **§ 38 II** ausschließlich vorsätzlich begangene **verbotene Marktmanipulationen** mit Strafe. **§ 38 V** stellt entsprechende ausländische Verbote des Insiderhandels und der Marktmanipulation den inländischen Verboten gleich. Auf § 38 als Strafvorschrift des Bundesrechts ist nach Art. 1 I EGStGB der **Allgemeine Teil des StGB** (§§ 1–79 b StGB) anzuwenden.

2. Gesetzeshistorie

Bereits in der Fassung des **2. FFG** v. 26. 7. 1994[1] enthielt das WpHG in § 38 2
I Nr. 1–3 aF Strafvorschriften, damals allerdings nur zum verbotenen Insiderhandel. Das **4. FFG** v. 21. 6. 2002[2] führte dann zu erheblichen Erweiterungen. So wurde der Tatbestand zur strafrechtlichen Erfassung von verbotenen Marktmanipulationen eingefügt (§ 38 I Nr. 4 aF), der zusammen mit den ebenfalls neu geschaffenen Ordnungswidrigkeiten des § 39 I Nr. 1, 2 (aF) den früheren § 88 BörsG ablöste. Das **AnSVG** v. 28. 10. 2004[3] weitete mit Wirkung vom 30. 10. 2004 die Strafbarkeit bei Verstößen gegen das Verbot von Insidergeschäften zur Umsetzung von Art. 14 I Marktmissbrauchrichtlinie beträchtlich aus und führte zu umfangreichen Änderungen. So wurden nicht nur die Tatbestände des § 38 I Nr. 1–3 aF modifiziert und ergänzt, sondern auch der Versuch mit Strafe bedroht (§ 38 III). Zudem stellte das AnSVG, soweit der Insiderhandel den Erwerb oder die Veräußerung von Insiderpapieren betrifft (§ 38 I Nr. 1), jetzt auch ein leichtfertiges Handeln unter Strafe (§ 38 IV). Schließlich wurde nicht nur der Tatbestand zur verbotenen Marktmanipulation (§ 38 I Nr. 4 aF) in § 38 II und die Gleichstellung der ausländischen Verbote (§ 38 II aF) in § 38 V verschoben, sondern ua auch das in Bezug genommene Verbot des Marktmanipulation des § 20 a I (aF) erheblich erweitert.

---

[1] BGBl. 1994 I S. 1749, 1759.
[2] BGBl. 2002 I S. 2010, 2037.
[3] BGBl. 2004 I S. 2630, 2645.

3. Schutzgüter

3 § 38 I (strafbarer Insiderhandel) schützt nach hM unmittelbar die **Funktionsfähigkeit der organisierten Kapitalmärkte** und dient damit dem Schutz überindividueller Interessen.[4] Hiermit wird als Reflex zugleich der individuelle Schutz der Anleger gewährleistet. Nach anderer Auffassung[5] soll es bei § 38 hingegen unmittelbar um den Vermögensschutz einzelner Anleger gehen. Angeführt wird hierfür vor allem, dass es der erklärte Wille des Gesetzgebers des AnSVG[6] gewesen sei, „den Anlegerschutz im Bereich der Kapitalmarktinformation und des Schutzes vor unzulässigen Marktpraktiken zu verbessern". Allerdings bietet bereits der Tatbestand des § 38 I Nr. 1, der in Form eines abstrakten Gefährdungsdeliktes auf die Veräußerung oder den Erwerb von Insiderpapieren abstellt, keine Anhaltspunkte dafür, dass der Gesetzgeber unmittelbar den individuellen Vermögensschutz der Anleger anstrebte. Für den Insiderhandel ist daher anzunehmen, dass der Gesetzgeber nur den **überindividuellen Schutz der Anleger** (des Anlegerpublikums) stärken wollte, aus dem der individuelle Schutz als Reflex resultiert. § 38 I ist daher zivilrechtlich **kein Schutzgesetz** i. S. d. § 823 II BGB.[7]

4 § 38 II (strafbare Marktmanipulation) sichert die **Wahrheit und Zuverlässigkeit der Preisbildung** an Märkten und schützt damit ebenfalls die **Funktionsfähigkeit der organisierten Kapitalmärkte**, dient also – wie bereits der frühere § 88 BörsG aF – dem Schutz überindividueller Interessen.[8] Nach neueren Auffassungen soll es bei § 38 II hingegen ausschließlich[9] oder zugleich[10] um den individuellen Vermögensschutz der Anleger gehen, wofür das Bestreben des Gesetzgebers des 4. FFG und des AnSVG, den Anlegerschutz zu stärken, hervorgehoben wird. Dass es bei § 38 II um den individuellen Vermögensschutz gehen soll, verdient im Ergebnis keine Zustimmung. Zwar wurde § 38 II durch das 4. FFG als Erfolgs- und Verletzungsdelikt (Rn. 5) ausgestaltet, da nunmehr eine Preiseinwirkung vorausgesetzt wird, während § 88 BörsG aF ein abstraktes Gefährdungsdelikt war. Für den Gesetzgeber des 4. FFG[11] gaben „Übersteigerungen

---

[4] *Assmann/Schneider/Vogel*, § 38 Rn. 14; *Park/Hilgendorf*, §§ 38 I Nr. 1–3, 12, 13, 14 WpHG Rn. 4; *Schmitz* ZStW 115 (2003), S. 501, 508 f.; *Schröder*, Kapitalmarktstrafrecht, Rn. 109; *Tiedemann*, Wirtschaftsstrafrecht, BT, Rn. 356; *Többens*, Wirtschaftsstrafrecht, S. 270.

[5] *Hellmann/Beckemper*, Wirtschaftsstrafrecht, Rn. 28; KölnKommWpHG-*Altenhain*, § 38 Rn. 3; *Ziouvas*, Kapitalmarktstrafrecht, S. 211.

[6] Vgl. RegE AnSVG BT-Drucks. 15/3174, S. 26.

[7] AA *Hellmann/Beckemper*, Wirtschaftsstrafrecht, Rn. 28; KölnKommWpHG-*Altenhain*, § 38 Rn. 4; *Ziouvas*, Kapitalmarktstrafrecht, S. 175 ff., 206; eingehend *Becker*, Zivilrechtliche Sanktionen, S. 30 ff., 124 ff.

[8] *Eichelberger*, Verbot der Marktmanipulation, S. 111 f.; *Schröder*, Kapitalmarktstrafrecht, Rn. 372; *Park/Sorgenfrei*, §§ 20a, § 38 I Nr. 4, 39 WpHG Rn. 4 f.; *Schönhöft*, Marktmanipulation, S. 13 f.; *Tiedemann*, Wirtschaftsstrafrecht, BT, Rn. 347.

[9] *Altenhain* BB 2002, 1874, 1875; KölnKommWpHG-*Altenhain*, § 38 Rn. 3; *Hellmann/Beckemper*, Wirtschaftsstrafrecht, Rn. 59.

[10] Vgl. *Assmann/Schneider/Vogel*, § 38 Rn. 5; *Gaßmann* wistra 2004, 41, 43; *Streinz/Ohler* WM 2004, 1309; *Tripmaker* wistra 2002, 288, 291; *Ziouvas*, Kapitalmarktstrafrecht, S. 92; *Ziouvas/Walter* WM 2002, 1483, 1488.

[11] RegE 4. FFG BT-Drucks. 14/8017, S. 52.

und Manipulation" Anlass zu überprüfen, „ob der Anlegerschutz im deutschen Kapitalmarktrecht ausreichend verankert ist"; denn im Gefolge des starken Anstiegs der Aktienkurse „waren auch unerfahrene Anleger bereit, Aktien zu kaufen"; es war dementsprechend das Ziel, „den Anlegerschutz zu stärken". Aber auch diese Ausführungen können mangels klarer Stellungnahme nur belegen, dass der überindividuelle Schutz gestärkt werden sollte. Daher ist § 38 II zivilrechtlich auch nicht als **Schutzgesetz** i. S.d § 823 II BGB[12] anzusehen.

4. Einteilung

§ 38 enthält **Begehungsdelikte** und ein **echtes Unterlassungsdelikt**[13] **5** (§ 38 II iVm § 20a I Nr. 1 Alt. 2). Bei den Straftatbeständen des § 38 I Nr. 1 und 2 handelt es sich um **schlichte Tätigkeitsdelikte,**[14] deren Unrechtstatbestand bereits durch das im gesetzlichen Tatbestand umschriebene Tätigwerden erfüllt wird, selbst wenn damit ein Handlungserfolg (§ 38 I Nr. 1: Auftragsausführung; § 38 I Nr. 2: Zugang beim Adressaten) innerlich verbunden ist; der Eintritt eines weiteren Erfolges in der Außenwelt wird nicht vorausgesetzt. Im Hinblick auf das geschützte Rechtsgut handelt es sich um **abstrakte Gefährdungsdelikte,**[15] da Verhaltensweisen, von denen generell Gefährdungen für das geschützte Rechtsgut ausgehen, erfasst werden; auf eine konkrete Gefährdung oder Verletzung der Funktionsfähigkeit der organisierten Kapitalmärkte kommt es nicht an. Daher ist der Tatbestand auch dann erfüllt, wenn im Einzelfall (zB bei Erwerb oder Veräußerung in geringem Umfang) eine Gefährdung ausgeschlossen ist. In solchen Fällen ist aber eine Verfahrenseinstellung nach §§ 153, 153a StPO angezeigt.[16] Hingegen ist **§ 38 II** ein **Erfolgsdelikt,**[17] da im gesetzlichen Tatbestand mit der tatsächlichen Einwirkung auf den Preis der Eintritt eines von der Tathandlung gedanklich abgrenzbaren weiteren Erfolges in der Außenwelt vorausgesetzt wird. Zugleich handelt es sich um ein **Verletzungsdelikt,**[18] da durch die tatsächliche Einwirkung auf den Preis das geschützte Rechtsgut, die Funktionsfähigkeit der organisierten Kapitalmärkte, nicht bloß gefährdet, sondern beeinträchtigt ist. Bei allen Straftatbeständen des § 38 handelt es sich um **Vergehen** (vgl. § 12 I, II StGB), wobei nur der Versuch des § 38 I unter Strafe steht.

---

[12] LG Berlin wistra 2005, 277, 278 f.; *Assmann/Schneider/Vogel*, § 20a Rn. 22; aA AG Augsburg WM 2001, 1944, 1945; *Hellmann/Beckemper*, Wirtschaftsstrafrecht, Rn. 59; KölnKommWpHG-*Altenhain*, § 38 Rn. 3; *Ziouvas*, Kapitalmarktstrafrecht, S. 252; ausführlich *Becker*, Zivilrechtliche Sanktionen, S. 70 ff., 127 ff.
[13] KölnKommWpHG-*Altenhain*, § 38 Rn. 85; *Schröder*, Kapitalmarktstrafrecht, Rn. 449.
[14] *Assmann/Schneider/Vogel*, § 38 Rn. 2; aA in Bezug auf § 38 I Nr. 1 *Ziouvas*, Kapitalmarktstrafrecht, S. 210.
[15] *Assmann/Schneider/Vogel*, § 38 Rn. 2; KölnKommWpHG-*Altenhain*, § 38 Rn. 34; *Park/Hilgendorf*, §§ 38 I Nr. 1–3, 12, 13, 14 WpHG Rn. 108; aA zu § 38 I Nr. 1 (Vermögensverletzungsdelikt) *Ziouvas*, Kapitalmarktstrafrecht, S. 210 f.
[16] *Assmann/Schneider/Vogel*, § 38 Rn. 3; KölnKommWpHG-*Altenhain*, § 38 Rn. 34.
[17] *Assmann/Schneider/Vogel*, § 38 Rn. 2; *Park/Sorgenfrei*, §§ 20a, 38 I Nr. 4, 39 WpHG Rn. 75; *Schwark/Zimmer*, § 38 WpHG Rn. 5; *Schönhöft*, Marktmanipulation, S. 38 f.; aA (Unternehmensdelikt) *Walther* ZJapanR 16 (2003), S. 189, 218; aA (abstraktes Gefährdungsdelikt) KölnKommWpHG-*Altenhain*, § 38 Rn. 83.
[18] *Assmann/Schneider/Vogel*, § 38 Rn. 2.

II. Strafbarer Insiderhandel (§ 38 I, III, IV)

1. Allgemeines

6 § 38 I dient der **Durchsetzung des Verbots von Insidergeschäften des § 14 I.** Zum einen sind Erwerb und Veräußerung von Insiderpapieren strafbar (§ 38 I Nr. 1), zum anderen bereits das Mitteilen oder Zugänglichmachen einer Insiderinformation bzw. auf der Grundlage einer Insiderinformation das Empfehlen oder Verleiten zum Erwerb oder zur Veräußerung von Insiderpapieren (§ 38 I Nr. 2). Ergänzend bedroht § 38 III den Versuch mit Strafe. Darüber hinaus droht § 38 IV in den Fällen des § 38 I Nr. 1 bei leichtfertigem Handeln Strafe an.

2. Schutzbereich

7 Strafrechtlich geschützt werden durch § 38 I nur **Insiderinformationen** (im Einzelnen § 13 Rn. 19 ff.). Eine Insiderinformation ist nach der Legaldefinition des § 13 I 1 eine konkrete Information über nicht öffentliche Umstände, die sich auf einen oder mehrere Emittenten von Insiderpapieren oder auf die Insiderpapiere selbst bezieht, und die geeignet ist, im Falle ihres öffentlichen Bekanntwerdens den Börsen- oder Marktpreis der Insiderpapiere „erheblich" zu beeinflussen. Eine solche Eignung ist gegeben, wenn ein „verständiger Anleger" die Information bei seiner Anlageentscheidung berücksichtigen würde (§ 13 I 2). Regelbeispiele für eine Insiderinformation enthält § 13 I 4 Nr. 1 (hinsichtlich des Frontrunning) und Nr. 2 (hinsichtlich Derivaten). Vor allem der **Nachweis der Erheblichkeit** der Preisbeeinflussung (hierzu § 13 Rn. 146 ff.) bereitet in der Praxis erhebliche Probleme.[19] Aus Sicht des Strafrechts ist jedenfalls eine restriktive Sichtweise geboten (vgl. die Ausführungen zum Nachweis der Preiseinwirkung bei Marktmanipulationen, Rn. 41 aE). Nach dem Scalping-Urteil des BGH v. 6. 11. 2003[20] liegt eine Insiderinformation nur dann vor, wenn sie einen **Drittbezug**[21] aufweist, so dass selbst geschaffene Umstände, d.h. eigene Pläne und Vorhaben, keine Insiderinformation darstellen; das Scalping kann damit nicht als Insiderhandel erfasst werden, aber als Marktmanipulation. Insiderinformationen sind zB auch ernsthafte Übernahmeabsichten und -pläne.[22]

8 **Insiderpapiere** sind nach der Legaldefinition des § 12 S. 1 Nr. 1–3 **Finanzinstrumente,** die an einer inländischen Börse zum Handel zugelassen oder in den geregelten Markt oder in den Freiverkehr einbezogen sind, die in einem anderen EU-Mitgliedstaat oder einem anderen EWR-Vertragsstaat zum Handel an

---

[19] Vgl. *Müller-Gugenberger/Bieneck/Nack*, Wirtschaftsstrafrecht, § 69 Rn. 14; *Park* NStZ 2007, 369, 373 f.; *Schröder*, Kapitalmarktstrafrecht, Rn. 186 ff.; *Wabnitz/Janovsky/Benner*, Handbuch, 9/108 ff.
[20] BGHSt. 48, 373, 378; hierzu *Degoutrie*, Scalping, S. 172 ff.; *Kudlich* JR 2004, 191; *Pananis* NStZ 2004, 287; *Schmitz* JZ 2004, 526; *Schönhöft*, Marktmanipulation, S. 135 ff.; *Vogel* NStZ 2004, 252; *Widder* BB 2004, 15.
[21] Abl. *Gaede/Mühlbauer* wistra 2005, 9, 10 f.; diff. *Schröder*, Kapitalmarktstrafrecht, Rn. 148 ff.
[22] Vgl. AG Köln EWiR § 13 WpHG 1/2000, 886 mit Anm. *Marxen/Müller*; OLG Düsseldorf wistra 2006, 436, 437.

einem organisierten Markt zugelassen sind oder deren Preis unmittelbar oder mittelbar von diesen Finanzinstrumenten abhängt. Gleichgestellt sind Finanzinstrumente, bei denen der Antrag auf Zulassung oder Einbeziehung gestellt oder öffentlich angekündigt ist (§ 12 S. 2) (im Einzelnen § 12 Rn. 9 ff.).

Sofern der **Anwendungsbereich des Verbots von Insidergeschäften gesetzlich beschränkt** ist, also bestimmte Geschäfte nicht dem Verbot des § 14 I unterliegen, bedeutet dies, dass der Tatbestand des § 38 I nicht vorliegen kann. Dies ist zum einen der Fall im Anwendungsbereich der **Safe Harbors-Regelung** des § 14 II,[23] wonach der Handel mit eigenen Aktien im Rahmen von Rückkaufprogrammen und Maßnahmen zur Stabilisierung des Preises von Finanzinstrumenten – sofern diese in Übereinstimmung mit den Regelungen der Verordnung (EG) Nr. 2272/2003 der Kommission v. 22. 12. 2003 erfolgen – nicht gegen § 14 I verstößt; für Finanzinstrumente, die in den Freiverkehr oder in den regulierten Markt einbezogen sind, gilt dies entsprechend. Zum anderen folgt aus § 1 III, dass sich § 14 I nicht auf **Geschäfte von Trägern hoheitlicher Gewalt** erstreckt, die aus geld- oder währungspolitischen Gründen oder im Rahmen der öffentlichen Schuldenverwaltung getätigt werden.

3. Verbot des Erwerbes und der Veräußerung (§ 38 I Nr. 1)

a) Tatbestand

§ 38 I Nr. 1 ist der **Kerntatbestand** des Insiderstrafrechts, der die Vornahme von Insidergeschäften erfasst. Er knüpft an das Erwerbs- und Veräußerungsverbot des § 14 I Nr. 1 an. Bestraft wird, wer unter Verwendung einer Insiderinformation Insiderpapiere für eigene oder fremde Rechnung oder für einen anderen erwirbt oder veräußert.

b) Täterkreis

Täter kann jedermann sein, der über eine Insiderinformation in Bezug auf ein Insiderpapier verfügt (**Allgemeindelikt**). Die Unterscheidung zwischen Primär- und Sekundärinsidern ist bei § 38 I Nr. 1 ohne Bedeutung.

c) Tathandlungen

Für den **Erwerb** bzw. die **Veräußerung** reicht die Ausführung einer Kauf- oder Verkaufsorder aus, da es nach hM nicht auf das dingliche Verfügungsgeschäft ankommt, sondern es ausreicht, dass eine Vertragsgestaltung vorliegt, die sicherstellt, dass der Insider den erwarteten Gewinn realisieren kann[24] (krit. § 14 Rn. 23 ff.). Erfasst ist zB auch der schuldrechtliche Erwerb durch den Mehrheitsaktionär im Rahmen eines Delisting[25] oder die Veräußerung aufgrund eines Mandatsvertrages.[26] Nicht erfasst sind andere Formen der Verwendung des Insiderwissens, die nicht als Erwerbs- oder Veräußerungsgeschäft zu verstehen sind, wie zB die Vererbung oder Schenkung von Insiderpapieren[27] oder der Erwerb

---

[23] *Gimnich*, Insiderhandelsverbot, S. 167; *Grüger* BKR 2007, 437, 440.
[24] Vgl. OLG Karlsruhe wistra 2004, 192, 194 mit Anm. *Sauer; Heise*, Insiderhandel, S. 135 ff.; *Park/Hilgendorf*, §§ 38 I Nr. 1–3, 12, 13, 14 WpHG Rn. 107; *Schröder*, Kapitalmarktstrafrecht, Rn. 230.
[25] *Schlitt* NZG 2006, 925, 930.
[26] LG Stuttgart NStZ 2005, 109, 110 f.
[27] *Park/Hilgendorf*, §§ 38 I Nr. 1–3, 12, 13, 14 WpHG Rn. 108.

§ 38 13–15　　　　　　　　　Abschnitt 12. Straf- und Bußgeldvorschriften

von Aktien kraft Gesetzes durch den Mehrheitsaktionär im Rahmen eines Squeeze-out.[28] Auch das Unterlassen einer Transaktion oder ein dem Unterlassen gleichstehendes Verhalten ist nicht erfasst (Rn. 71). Erwerb oder Veräußerung müssen **für eigene oder fremde Rechnung** oder **für einen anderen** erfolgen (§ 14 Rn. 39 ff.). Erfasst ist insbesondere das **Frontrunning**,[29] d. h. das Vor-, Mit- oder Gegenlaufen durch Eigengeschäfte (zB durch Anlageberater, Kundenbetreuer) in Kenntnis erteilter Kundenaufträge oder einer bevorstehenden Empfehlung vor deren Veröffentlichung.

13　Erwerb und Veräußerung müssen „**unter Verwendung**" einer Insiderinformation erfolgt sein. Vor der Neufassung durch das AnSVG verlangte § 14 I Nr. 1 aF ein Handeln „unter Ausnutzung" des Insiderwissens im Sinne der Erzielung eines wirtschaftlichen Sondervorteils. Dieses Merkmal hatte aber erhebliche Nachweisschwierigkeiten zur Folge, weil es verbreitet als Absichtserfordernis verstanden wurde.[30] Das Merkmal „unter Verwendung" ist nach hM[31] dahingehend zu verstehen, dass die Kenntnis der Insiderinformation für das Handeln des Insiders zumindest mitursächlich geworden sein muss (**Kausalzusammenhang**). Erfasst ist also nicht jeder Erwerb und jede Veräußerung von Insiderpapieren, sondern vorausgesetzt wird, dass der Erwerb bzw. die Veräußerung gerade auf der Kenntnis der Insiderinformation beruht (vgl. § 14 Rn. 52 ff.). Nicht erfasst sind daher Fälle, in denen der Kausalzusammenhang fehlt, weil der Erwerb oder die Veräußerung auch ohne Kenntnis der Insiderinformation stattgefunden hätte. Deshalb reicht zB die reine Erfüllung einer Verbindlichkeit, die in gleicher Weise auch ohne Kenntnis der Insiderinformation stattgefunden hätte, nicht aus.[32]

d) Vorsatz

14　Strafbar ist nach § 38 I Nr. 1 nur **vorsätzliches** Handeln. Erforderlich ist Vorsatz hinsichtlich aller Tatbestandsmerkmale, d. h. einschließlich der Merkmale der in Bezug genommenen Ausfüllungsnormen. **Dolus eventualis** genügt, nach hM auch in Bezug auf das Vorliegen einer Insiderinformation, insbesondere für das nicht öffentliche Bekanntsein der Information[33] und hinsichtlich der Erheblichkeit des Kursbeeinflussungspotentials.[34] Leichtfertiges Handeln wird von § 38 IV erfasst.

4. Verbot der Weitergabe, Empfehlung und Verleitung (§ 38 I Nr. 2)

a) Tatbestand

15　§ 38 I Nr. 2 ist ein **Vorfeldtatbestand**[35] zur Vornahme von Insidergeschäften nach § 38 I Nr. 1, der **Vorbereitungshandlungen** erfasst, die die Verwertung von

---

[28] *Schlitt* NZG 2006, 925, 930.
[29] Vgl. BGHSt. 48, 373, 378.
[30] Vgl. *Park/Hilgendorf*, §§ 38 I Nr. 1–3, 12, 13, 14 WpHG Rn. 115.
[31] Vgl. *von Dryander/Schröder*, WM 2007, 534, 538; KölnKommWpHG-*Altenhain*, § 38 Rn. 41; *Schröder*, Kapitalmarktstrafrecht, Rn. 197 ff.; für das Hineinlesen einer „Gewinnerzielungsabsicht" *Ziouvas*, Kapitalmarktstrafrecht, S. 240.
[32] RegE AnSVG BT-Drucks. 15/3174, S. 34.
[33] KölnKommWpHG-*Altenhain*, § 38 Rn. 40; *Park/Hilgendorf*, §§ 38 I Nr. 1–3, 12, 13, 14 WpHG Rn. 180.
[34] Vgl. LG Stuttgart NStZ 2005, 109, 110.
[35] *Ziouvas*, Kapitalmarktstrafrecht, S. 87 f.

Insiderwissen möglich machen. Der Rechtsgüterschutz wird hierdurch weit vorgeschoben, da bereits die Verbreitung von Insiderwissen das Vertrauen der Marktteilnehmer beeinträchtigen kann und damit eine Gefahr für die Funktionsfähigkeit der Kapitalmärkte begründet.[36] Kritik verdient allerdings der Umstand, dass für den Vorfeldtatbestand des § 38 I Nr. 2 derselbe Strafrahmen wie für § 38 I Nr. 1 vorgesehen ist. Eine unterschiedliche Intensität der Beeinträchtigung des Rechtsgutes sollte auch in den Rechtsfolgen Niederschlag finden.[37] § 38 I Nr. 2 knüpft über §§ 39 II Nr. 3, 4 an die Weitergabe-, Empfehlungs- und Verleitungsverbote des § 14 I Nr. 2 und 3 an. Bestraft wird, wer als tauglicher Täter über eine Insiderinformation verfügt und diese Insiderinformation einem anderen unbefugt mitteilt oder zugänglich macht (§ 14 I Nr. 2) oder einem anderen auf der Grundlage einer Insiderinformation den Erwerb oder die Veräußerung eines Insiderpapiers empfiehlt oder einen anderen auf sonstige Weise dazu verleitet (§ 14 I Nr. 3).

b) Täterkreis

aa) Allgemeines. Der Täterkreis wird durch § 38 I Nr. 2 auf **Primärinsider** **16** begrenzt, so dass nicht jede natürliche Person, die über eine Insiderinformation verfügt, Täter sein kann (Sonderdelikt[38]). Beim Handeln von Vertretern eines Primärinsiders kann § 14 StGB (hierzu Vor §§ 38ff. Rn. 19ff.) zur Anwendung gelangen, wenn der Vertreter nicht bereits selbst dem in § 38 I Nr. 2 genannten Personenkreis angehört.[39] Die Regelung in § 38 I Nr. 2a–c stimmt mit § 13 I Nr. 1–3 aF überein, der den Kreis der Primärinsider legaldefiniert hatte. Die traditionelle Unterscheidung zwischen Primärinsidern und Sekundärinsidern, die – ohne Primärinsider zu sein – von einer Insiderinformation lediglich Kenntnis haben, ist daher im Rahmen des § 38 I Nr. 2 von zentraler Bedeutung. Nach Art. 4 Marktmissbrauchsrichtlinie müssen die kapitalmarktrechtlichen Verbote zwar für alle Insider gelten, aber die Richtlinie schreibt in Bezug auf die festzulegenden Sanktionen eine Gleichbehandlung nicht vor. Der deutsche Gesetzgeber hat deshalb sichergestellt, dass das Weitergabe-, Empfehlungs- und Verleitungsverbot des § 14 I Nr. 2, 3 zwar für jeden gilt, der über eine Insiderinformation verfügt, zur Umsetzung von Art. 14 I iVm Art. 2 I Unterabsatz 2 d) Marktmissbrauchsrichtlinie aber nur den Kreis der bisherigen Primärinsider erweitert und im Übrigen die Weitergabe und das Verleiten durch Sekundärinsider wegen des geringeren Unrechtsgehalts lediglich als Ordnungswidrigkeit erfasst.[40] **Sekundärinsider** sind somit von der Strafdrohung des § 38 I Nr. 2 ausgenommen, selbst wenn sie dem Weitergabe-, Empfehlungs- und Verleitungsverbot des § 14 I Nr. 2, 3 unterliegen und Verstöße durch § 39 II Nr. 3, 4 geahndet werden können.

Der Primärinsider muss über eine Insiderinformation **verfügen**, d.h. als An- **17** gehöriger des in § 38 I Nr. 2a–d genannten Personenkreises hiervon Kenntnis haben.[41] Für die Verfügungsmacht ist maßgebend, dass der Täter in dem Zeit-

---

[36] *Sethe* ZBB 2006, 243, 245; krit. *Schwark,* KMRK § 14 WpHG Rn. 25.
[37] *Ziouvas,* Kapitalmarktstrafrecht, S. 224f.: Freiheitsstrafe von bis zu 3 Jahren ausreichend.
[38] *Müller-Gugenberger/Bieneck/Nack,* Wirtschaftsstrafrecht, § 69 Rn. 23; *Park/Hilgendorf,* §§ 38 I Nr. 1–3, 12, 13, 14 WpHG Rn. 148; *Többens,* Wirtschaftsstrafrecht, S. 270; vgl. auch *Kohlmann,* Festschrift Vieregge, S. 443, 448ff.: partielles Sonderdelikt.
[39] KölnKommWpHG-*Altenhain,* § 38 Rn. 50.
[40] Vgl. RegE AnSVG BT-Drucks. 15/3174, S. 40.
[41] KölnKommWpHG-*Altenhain,* § 38 Rn. 51.

punkt, in dem er die Kenntnis von der Insiderinformation erlangt hat, dem in § 38 I Nr. 2 a–d genannten Personenkreises angehörte. Bei einem späteren **Wegfall der Zugehörigkeit** bleibt die Insiderstellung nach ganz hM fortbestehen, solange bis die Insiderinformation öffentlich bekannt gemacht ist und damit keine Insiderinformation mehr darstellt.[42] Denn die Tathandlungen des § 38 I Nr. 2 knüpfen nicht an die Erlangung der Kenntnis von einer Insiderinformation, sondern an die Verwendung einer als Primärinsider erlangten Insiderinformation an.

18   bb) **Organinsider.** § 38 I Nr. 2 a erfasst **Mitglieder des Geschäftsführungs- und Aufsichtsorgans** sowie **persönlich haftende Gesellschafter** des Emittenten oder eines mit dem Emittenten verbundenen Unternehmens. Taugliche Täter sind zB bei einer AG die Mitglieder des Vorstands und des Aufsichtsrats, bei einer KGaA die persönlich haftenden Gesellschafter,[43] die Geschäftsführer einer GmbH[44] und die geschäftsführenden Gesellschafter einer Personengesellschaft. Ob das Organ obligatorisch oder fakultativ ist (wie zB der Aufsichtsrat einer GmbH), ist ohne Bedeutung.[45] Der Erfassung von Mitgliedern eines anderen Organs (wie zB des Beirats eines Unternehmens) steht der Wortlaut entgegen,[46] insoweit findet aber § 38 I Nr. 2 c Anwendung. Der Begriff des verbundenen Unternehmens, das selbst keine Inhaberpapiere emittieren muss, ist in § 15 AktG legaldefiniert. Ein verbundenes Unternehmen liegt zB bereits dann vor, wenn sich eine GmbH im Mehrheitsbesitz einer börsennotierten AG befindet (vgl. § 16 AktG).[47] Auch **fehlerhaft bestellte** und **faktische Organe** sind nach hM[48] taugliche Täter, da sich § 38 I Nr. 2 a an die Organe selbst richtet und es nicht – wie bei § 14 I, III StGB – um die Zurechnung eines Verhaltens an den Vertretenen geht. Erforderlich ist, dass die betreffende Person über die Insiderinformation – die den Emittenten betreffen muss („des Emittenten")[49] – „**als**" Mitglied usw. verfügt. Hiermit wird jede Kenntniserlangung erfasst, die in einem Kausalzusammenhang mit der Organmitgliedschaft (usw.) steht; eine rein private Kenntniserlangung reicht hingegen nicht aus.[50]

19   cc) **Beteiligungsinsider.** § 38 I Nr. 2 b betrifft Personen, die am Kapital des Emittenten oder eines mit dem Emittenten verbundenen Unternehmens beteiligt sind, d.h. **Anteilseigner** (Aktionäre, GmbH-Gesellschafter[51] usw.). Vorausgesetzt wird eine unmittelbare Beteiligung,[52] so dass die durch einen Treu-

---

[42] *Heise*, Insiderhandel, S. 102 f.; KölnKommWpHG-*Altenhain*, § 38 Rn. 51; *Lücker*, Straftatbestand, S. 41; *Schwark*, § 13 WpHG Rn. 25; aA *Pananis*, Insidertatsache, S. 121.
[43] *Erbs/Kohlhaas/Wehowsky*, § 38 WpHG Rn. 10.
[44] *Schröder* GmbHR 2007, 907, 908.
[45] KölnKommWpHG-*Altenhain*, § 38 Rn. 53.
[46] KölnKommWpHG-*Altenhain*, § 38 Rn. 53; *Park/Hilgendorf*, §§ 38 I Nr. 1–3, 12, 13, 14 WpHG Rn. 35; *Ziouvas*, Kapitalmarktstrafrecht, S. 77; aA *Lücker*, Straftatbestand, S. 44.
[47] *Schröder* GmbHR 2007, 907, 909.
[48] *Erbs/Kohlhaas/Wehowsky*, § 38 WpHG Rn. 9; KölnKommWpHG-*Altenhain*, § 38 Rn. 55; *Müller-Gugenberger/Bieneck/Nack*, Wirtschaftsstrafrecht, § 69 Rn. 25; *Park/Hilgendorf*, §§ 38 I Nr. 1–3, 12, 13, 14 WpHG Rn. 36; *Schröder*, Kapitalmarktstrafrecht, Rn. 256.
[49] KölnKommWpHG-*Altenhain*, § 38 Rn. 58.
[50] *Assmann/Schneider/Vogel*, § 38 Rn. 8; *Erbs/Kohlhaas/Wehowsky*, § 38 WpHG Rn. 12; KölnKommWpHG-*Altenhain*, § 38 Rn. 57.
[51] *Schröder* GmbHR 2007, 907, 909 f.
[52] *Erbs/Kohlhaas/Wehowsky*, § 38 WpHG Rn. 13; KölnKommWpHG-*Altenhain*, § 38 Rn. 61.

händer vermittelte Beteiligung nicht genügt. Nicht einbezogen sind auch Anleger, die an einem vorgeschalteten, aber rechtlich nicht mit dem Emittenten i. S. d. § 15 AktG verbundenen Unternehmen beteiligt sind.[53] Im Übrigen sind Art und Höhe der Beteiligung irrelevant. Erfasst sind nach dem Wortlaut alle Anteilseigner, auch Kleinaktionäre.[54] Erforderlich ist aber, dass die Person über die Insiderinformation „auf Grund" ihrer Beteiligung verfügt, so dass ein Kausalzusammenhang bestehen muss und die Fälle der rein privaten Kenntniserlangung ausgeschlossen sind. Bei Aktionären liegt eine derartige Kenntniserlangung zB vor, wenn Ihnen vom Vorstand einer AG infolge des Umstandes, dass sie beteiligt sind, in einem Gespräch Insidertatsachen mitgeteilt werden.[55] In Bezug auf Kleinaktionäre dürfte dies allerdings kaum jemals der Fall sein. Bei GmbH-Gesellschaftern verbundener Unternehmen genügt die Mitteilung einer Insiderinformation durch den Geschäftsführer auf der Gesellschafterversammlung.[56]

dd) Berufs-, Tätigkeits-, Aufgabeninsider. § 38 I Nr. 2 c erfasst Personen, **20** die im Zusammenhang mit ihrem **Beruf**, ihrer **Tätigkeit** oder **Aufgabe** über eine Insiderinformation verfügen. Während unter Beruf ein auf Dauer angelegtes Handeln zu verstehen ist, das i. d. R. der Sicherung des Lebensunterhalts dient, kennzeichnen Tätigkeit und Aufgabe ein vorübergehendes Handeln. Der Kreis der Primärinsider wird durch § 38 I Nr. 2 c in zweifacher Hinsicht begrenzt. Zum einen muss die Person die Insiderinformation „auf Grund" von Beruf, Tätigkeit und Aufgabe erlangt haben (Kausalzusammenhang), so dass eine rein private Kenntniserlangung nicht genügt. Zum anderen muss die Person „bestimmungsgemäß" in den Besitz der Information gelangt sein, d. h. jedenfalls nicht nur zufällig oder bei Gelegenheit.[57] Die Auslegung dieses Merkmals ist im Übrigen sehr streitig.[58] So wird es (extensiv) für ausreichend erachtet, dass die betreffende Person aufgrund Beruf, Tätigkeit oder Aufgabe „erleichterten Zugang" zu Insiderinformationen hat,[59] (restriktiv) auf die „Üblichkeit und Vorhersehbarkeit" der Erlangung im Rahmen von Beruf, Tätigkeit der Aufgabe abgestellt,[60] gefordert, dass die Kenntniserlangung „notwendig" mit der Beschäftigung verbunden ist,[61] dass Beruf, Tätigkeit oder Aufgabe zur Erlangung von Insiderinformationen „bestimmt" und die konkrete Insiderinformation „gemäß", d. h. innerhalb dieser Bestimmung, erlangt ist,[62] oder schließlich ganz auf den Einzelfall[63] abgestellt.

Aus Sicht des Strafrechts ist jedenfalls eine **restriktive Handhabung** geboten, **21** so dass der Umstand, dass der Zugang zu Insiderinformationen bloß erleichtert

---

[53] KölnKommWpHG-*Altenhain*, § 38 Rn. 61; aA *Park/Hilgendorf*, §§ 38 I Nr. 1–3, 12, 13, 14 WpHG Rn. 41.
[54] *Hellmann/Beckemper*, Wirtschaftsstrafrecht, Rn. 32; KölnKommWpHG-*Altenhain*, § 38 Rn. 60; *Park/Hilgendorf*, §§ 38 I Nr. 1–3, 12, 13, 14 WpHG Rn. 41.
[55] Vgl. *Assmann* in *Assmann/Schneider*, 3. Aufl., § 13 Rn. 15, 17.
[56] *Schröder* GmbHR 2007, 907, 910.
[57] Vgl. RegE 2. FFG BT-Drucks. 12/6679, S. 46.
[58] Überblick bei *Park/Hilgendorf*, §§ 38 I Nr. 1–3, 12, 13, 14 WpHG Rn. 49 ff.
[59] *Erbs/Kohlhaas/Wehowsky*, § 38 WpHG Rn. 16.
[60] *Park/Hilgendorf*, §§ 38 I Nr. 1–3, 12, 13, 14 WpHG Rn. 53 unter Bezugnahme auf *Assmann*; *Többens*, Wirtschaftsstrafrecht, S. 271.
[61] KölnKommWpHG-*Altenhain*, § 38 Rn. 68.
[62] *Assmann/Schneider/Vogel*, § 38 Rn. 8.
[63] *Schröder*, Kapitalmarktstrafrecht, Rn. 277.

§ 38 22, 23   Abschnitt 12. Straf- und Bußgeldvorschriften

ist, nicht ausreichend sein kann. Vielmehr ist zu fordern, dass die Kenntnis der Insiderinformation nicht nur **kausal** im Rahmen der Ausübung von Beruf, Tätigkeit oder Aufgabe erlangt wurde („auf Grund"), sondern dass Beruf, Tätigkeit oder Aufgabe **zur Kenntnis von Insiderinformationen bestimmt** sind („bestimmungsgemäß"). Im Ergebnis scheiden damit neben Personen, die Insiderinformationen zufällig oder bei Gelegenheit erlangt haben, auch Personen aus, die sich Insiderinformationen widerrechtlich verschafft haben oder denen diese widerrechtlich mitgeteilt wurden.[64] Der Kreis der Primärinsider reicht damit sehr weit. Ausgehend vom Emittenten als dem Ursprung der Insiderinformation können nicht nur Angehörige des Emittenten und verbundener Unternehmen Primärinsider sein, sondern auch externe Personen wie Rechtsanwälte, Steuerberater, Wirtschaftsprüfer, Unternehmensberater, Mitarbeiter von Kreditinstituten, der Börsengeschäftsführung, von Behörden (BaFin, Staatsanwaltschaften, Finanzämter, Kartellbehörden) sowie Richter.[65] Darüber hinaus sind nach hM grundsätzlich auch Journalisten, Finanzanalysten und Anlageberater einbezogen, falls ihnen in Interviews, Besichtigungen usw. Insiderinformationen mitgeteilt wurden, also ihre Informationen nicht allein aus der Auswertung öffentlich zugänglicher Informationen resultieren.[66] Nicht erfasst sind hingegen zB Boten, Putzhilfen, Taxifahrer, Stewardessen und Kellner.

22   ee) **Straftatinsider.** § 38 I Nr. 2 d dient der Umsetzung von Art. 14 I iVm Art. 2 I Unterabsatz 2 d) und Art. 4 Marktmissbrauchsrichtlinie, wonach auch Personen, die „aufgrund ihrer kriminellen Aktivitäten" über Insiderinformationen verfügen, Primärinsider sind. Nach der Marktmissbrauchsrichtlinie soll damit (auch) gegen die Finanzierung von terroristischen Aktivitäten vorgegangen werden, indem der Fall erfasst wird, dass eine Person eine Insiderinformation im Zuge von Straftaten erlangt, deren Vorbereitung oder Ausführung geeignet ist, den Kurs eines oder mehrerer Finanzinstrumente oder die Kursbildung auf dem geregelten Markt als solche erheblich zu beeinflussen (wie zB die Terroranschläge vom 11. 9. 2001).[67] Die Einbeziehung des Straftatinsiders in den Kreis der Primärinsider ist durchaus **sachgerecht**.[68] Denn bei restriktiver Auslegung (Rn. 23) steht der Straftatinsider dem Primärinsider gleich.

23   Der Straftatinsider muss die Insiderinformation „**auf Grund**" der Vorbereitung oder Begehung einer Straftat – nicht einer Ordnungswidrigkeit! – erlangt haben. Hierbei ist es zunächst ohne Bedeutung, um was für eine tatbestandsmäßige und rechtswidrige[69] **Straftat** es geht und in welchem Stadium (Vorbereitung, Versuch, Vollendung, Nachphase bis zur Beendigung) sie sich befindet. Gleichfalls spielt es keine Rolle, ob die Vorbereitung oder der Versuch der Straftat überhaupt mit Strafe bedroht sind.[70] Allerdings ginge es zu weit, keine weiteren Anforderungen zu stellen, da dann die strafrechtliche Verantwortlichkeit zu

---

[64] Vgl. auch *Erbs/Kohlhaas/Wehowsky*, § 38 WpHG Rn. 15; KölnKommWpHG-*Altenhain*, § 38 Rn. 72.
[65] Ausführlich *Schröder*, Kapitalmarktstrafrecht, Rn. 261 ff.
[66] Vgl. *Schröder*, Kapitalmarktstrafrecht, Rn. 273 ff. mwN.
[67] Vgl. Erwägungsgründe 14, 17 der Marktmissbrauchsrichtlinie.
[68] AA *Assmann/Schneider/Vogel*, § 38 Rn. 9; *Schmitz* ZStW 115 (2003), S. 501, 522.
[69] KölnKommWpHG-*Altenhain*, § 38 Rn. 74.
[70] *Erbs/Kohlhaas/Wehowsky*, § 38 WpHG Rn. 20; KölnKommWpHG-*Altenhain*, § 38 Rn. 74.

weit reichen würde.[71] Für den Straftatinsider, der ein Primärinsider sein soll, kann es nämlich gerade nicht genügen, dass er die Insiderinformation „zufällig" oder „bei Gelegenheit" einer Straftat erlangt hat,[72] da die zufällige Erlangung einer Insiderinformation für den Sekundärinsider charakteristisch ist. Erforderlich ist zum einen, dass der Straftatinsider an der vorbereiteten, versuchten oder vollendeten Straftat als Täter oder Teilnehmer **beteiligt** war, da eine Person nicht bereits dadurch zum Primärinsider wird, dass sie von einem Primärinsider eine Insiderinformation lediglich mitgeteilt bekommt.[73] Zum anderen musste die Straftat den (Haupt- oder Neben-)**Zweck** haben, über eine Insiderinformation zu verfügen.[74] Nur mit diesen Restriktionen ist die Einbeziehung des Straftatinsiders in den Kreis der Primärinsider sachgerecht. Hiermit korrespondiert, dass die Insiderinformation nach Vorstellung des Gesetzgebers insbesondere durch Eigentumsdelikte (§§ 242 ff. StGB) und Datenschutzdelikte (§§ 201 ff. StGB) erlangt worden sein kann.[75] Ebenso ist es möglich, dass der Täter die Insiderinformation bei der Vorbereitung oder Begehung einer Nötigung (§ 240 StGB), Erpressung (§ 253 StGB), eines Betrugs (§ 263 StGB) oder infolge einer Bestechung im geschäftlichen Verkehr (§ 298 II StGB) oder der Bestechung eines Amtsträgers (§ 334 StGB) erlangt hat,[76] sofern es ihm hierbei auch um die Erlangung einer Insiderinformation ging. Schließlich kann Straftat i.S.d. § 38 I Nr. 2 d auch eine nach § 38 II strafbare Marktmanipulation sein, wie die Marktmissbrauchsrichtlinie (vgl. Rn. 22) belegt.[77]

c) Tathandlungen

Hinsichtlich der Tathandlungen knüpft § 38 I Nr. 2 über eine bezugnehmende Verweisung[78] („unter Verwendung dieser Insiderinformation eine in ...") an die Bußgeldtatbestände des § 39 II Nr. 3 und 4 und damit an das Verbot von Insidergeschäften nach § 14 I Nr. 2 und 3 an. § 38 I Nr. 2 weist hierdurch **zwei Tatmodalitäten** auf. Tathandlung ist einerseits (Verstoß gegen das Weitergabeverbot, § 14 I Nr. 2) das unbefugte Mitteilen oder Zugänglichmachen der Insiderinformation, andererseits (Verstoß gegen das Empfehlungs- und Verleitungsverbot, § 14 I Nr. 3) auf Grundlage der Insiderinformation die Empfehlung des Erwerbs oder der Veräußerung von Insiderpapieren oder das Verleiten dazu auf sonstige Weise.

In Bezug auf das **Weitergabeverbot (§ 14 I Nr. 2)** liegt ein **Mitteilen** vor, wenn die Insiderinformation an eine andere oder mehrere andere Personen – bestimmte Personen oder eine Vielzahl von unbestimmten Personen[79] – weiterge-

---

[71] Vgl. *Assmann/Schneider/Vogel*, § 38 Rn. 10 mit zahlreichen exempla ad absurdum.
[72] AA *Erbs/Kohlhaas/Wehowsky*, § 38 WpHG Rn. 2; KölnKommWpHG-*Altenhain*, § 38 Rn. 77.
[73] KölnKommWpHG-*Altenhain*, § 38 Rn. 75; aA *Assmann/Schneider/Vogel*, § 38 Rn. 10.
[74] Vgl. *Assmann/Schneider/Vogel*, § 38 Rn. 10, der eine Parallele zu § 38 I Nr. 2 c („bestimmungsgemäß") zieht; *Gimnich*, Insiderhandelsverbot, S. 203.
[75] RegE AnSVG BT-Drucks. 15/3174, S. 40.
[76] *Assmann/Schneider/Vogel*, § 38 Rn. 10; KölnKommWpHG-*Altenhain*, § 38 Rn. 76; *Schröder*, Kapitalmarktstrafrecht, Rn. 279.
[77] *Park* NStZ 2007, 369, 372; *Schröder*, Kapitalmarktstrafrecht, Rn. 280.
[78] Zur Verständnisproblematik *Schröder*, Kapitalmarktstrafrecht, Rn. 283 ff.
[79] *Sethe* ZBB 2006, 243, 247 mwN.

ben wird (im Einzelnen § 14 Rn. 188f.). Auf welche Art und Weise dies erfolgt und ob die Insiderinformation als solche kenntlich ist, spielt keine Rolle. Erfasst sind alle Formen der unmittelbaren und mittelbaren Weitergabe. Streitig ist, ob die Insiderinformation vom Adressaten bzw. einem der Adressaten tatsächlich zur Kenntnis genommen werden muss[80] oder ob es ausreicht, das die Möglichkeit der Kenntnisnahme besteht.[81] Der Wortlaut lässt zwar beide Auslegungen zu, mit Blick auf den Schutzzweck des § 38 I Nr. 2 sowie den Charakter als schlichtes Tätigkeits- und abstraktes Gefährdungsdelikt muss es aber genügen, dass die Möglichkeit der Kenntnisnahme besteht. Hierfür spricht nicht zuletzt auch, dass der Adressat die Insiderinformation ohnehin nicht als solche erkannt oder sie gar verstanden haben muss, so dass eine entsprechende Restriktion keinen Sinn macht. **Zugänglichmachen** bedeutet, einem anderen oder mehreren anderen Personen die Kenntnisnahme ermöglichen (vgl. § 14 Rn. 190ff.). Auf welche Art und Weise die Voraussetzungen für die Kenntnisnahme geschaffen werden (zB durch die Offenbarung eines Pass- oder Kennwortes), ist auch hier ohne Bedeutung. Ebenso ist es nicht erforderlich, dass eine Person von der Insiderinformation tatsächlich Kenntnis genommen hat.[82]

26 Das Mitteilen oder Zugänglichmachen muss **unbefugt** sein. Es handelt sich nach hM[83] um ein Tatbestandsmerkmal, da bei Vorliegen einer rechtlichen Befugnis zum Handeln das Mitteilen oder Zugänglichmachen der Insiderinformation bereits nicht als tatbestandsmäßig zu bewerten ist. Daher fehlt es an einem tatbestandsmäßigen Verstoß, wenn das Handeln in **Erfüllung gesetzlicher Mitteilungs- oder Informationspflichten** stattfindet. Darüber hinaus ist die Weitergabe der Insiderinformation befugt, wenn sie im Rahmen eines Informationsflusses an Mitarbeiter oder externe Personen erfolgt, die die Insiderinformation zur **sachgerechten Wahrnehmung** ihres Berufs, ihrer Tätigkeit oder Aufgabe benötigen, wie dies zB bei Rechtsanwälten, Steuerberatern, Wirtschaftsprüfern, Unternehmensberatern und Mitarbeitern von Kreditinstituten der Fall ist.[84] Die Forderung, dass die Insiderinformation zur sachgerechten Wahrnehmung „unerlässlich" sein müsse, um den Kreis derjenigen, die die Insiderinformation kennen, möglichst klein zu halten, da jede zusätzliche Weitergabe die Gefahr des Missbrauchs vergrößere,[85] dürfte zu keinen anderen Ergebnissen führen, da die Weitergabe einer Insiderinformation dann, wenn sie zur sachgerechten Wahrnehmung von Beruf, Tätigkeit oder Aufgabe benötigt wird, auch unerlässlich ist. Tatbestandsmäßig ist zB die Weitergabe von Insidertatsachen, die nach § 15 I 1 zu veröffentlichen wären, an die Massenmedien oder an einzelne Journalisten, da

---

[80] So *Park/Hilgendorf*, §§ 38 I Nr. 1–3, 12, 13, 14 WpHG Rn. 127; *Ziouvas*, Kapitalmarktstrafrecht, S. 87.

[81] Hierfür *Achenbach/Ransiek/Schröder*, Handbuch, X 2 Rn. 157; *Lücker*, Straftatbestand, S. 105ff.; *Sethe* ZBB 2006, 243, 248f.

[82] Vgl. auch *Assmann/Schneider/Vogel*, § 38 Rn. 12; aA *Park/Hilgendorf*, §§ 38 I Nr. 1–3, 12, 13, 14 WpHG Rn. 127.

[83] *Hellmann/Beckemper*, Wirtschaftsstrafrecht, Rn. 45; *Park/Hilgendorf*, §§ 38 I Nr. 1–3, 12, 13, 14 WpHG Rn. 128; *Schröder*, Kapitalmarktstrafrecht, Rn. 279; *Sethe*, ZBB 2006, 243, 249; *Ziouvas*, Kapitalmarktstrafrecht, S. 88; diff. *Assmann/Schneider/Vogel*, § 38 Rn. 12.

[84] *Schröder*, Kapitalmarktstrafrecht, Rn. 292f.

[85] *Sethe* ZBB 2006, 243, 250ff. unter Hinweis auf EuGH, Urt. v. 22. 11. 2005 – Rs C-384/02 (ZIP 2006, 123).

die Art und Weise der Veröffentlichung von Ad-hoc-Mitteilungen gesetzlich vorgeschrieben ist und nicht zur Disposition steht.[86] Einschränkungen sind hierbei aber angesichts des Schutzes der Pressefreiheit im Bereich des **Wirtschaftsjournalismus** (bei der Aufdeckung von Missständen und von kriminellen Handlungen) möglich.[87]

Das **Empfehlungs- und Verleitungsverbot (§ 14 I Nr. 3)** dient dem Lückenschluss und soll verhindern, dass ein Insider das Erwerbs- und Veräußerungsverbot des § 14 I Nr. 1 und das Weitergabeverbot des § 14 I Nr. 2 umgeht, indem er sich – ohne die Insiderinformation als solche preiszugeben – eines Dritten bedient oder mit einem Dritten kollusiv zusammenarbeitet.[88] Das Verleiten auf sonstige Weise bildet nach Vorstellung des Gesetzgebers den Oberbegriff, das Empfehlen einen speziellen Unterfall. Das „Verleiten" ist damit gerade nicht i. S. d. „Anstiftens" zu verstehen,[89] so dass der Täter keinen Entschluss zu einem Erwerb oder einer Veräußerung von Insiderpapieren wecken muss. Ein **Empfehlen** ist als einseitige Erklärung zu verstehen, die an eine oder mehrere andere Personen gerichtet ist und ein Verhalten (objektiv) als derart vorteilhaft darstellt, dass sie den Willen beeinflussen kann.[90] Weitergehend ist (subjektiv) die Absicht des Täters zu fordern, den Willen einer anderen Person zu beeinflussen.[91] Einschlägig ist vor allem das „Tipping". Das **Verleiten** auf sonstige Weise ist entsprechend in jeder sonstigen Verhaltensweise zu erblicken, die ein Verhalten (objektiv) als derart vorteilhaft darstellt, dass sie den Willen beeinflussen kann; auch hier ist eine (subjektive) Absicht des Täters erforderlich. Im Übrigen setzen – entsprechend dem Mitteilen und Zugänglichmachen (Rn. 25) – weder das Verleiten noch das Empfehlen voraus, dass eine Person von der Erklärung bzw. Verhaltensweise tatsächlich Kenntnis genommen hat, sondern es genügt, dass die Möglichkeit der Kenntnisnahme besteht.[92]

Empfehlen und Verleiten müssen sich auf den **Erwerb** („kaufen") oder die **Veräußerung** („verkaufen") von Insiderpapieren beziehen, also ein aktives Tun. Vom Wortlaut nicht erfasst ist die Verleitung oder Empfehlung dazu, den Erwerb oder die Veräußerung eines Insiderpapiers zu unterlassen („nicht kaufen" bzw. „halten").[93] Aus Sicht der Praxis mag dies unbefriedigend sein, aus Sicht des Strafrechts steht einer Analogie aber das Gesetzlichkeitsprinzip (Art. 103 II GG) entgegen. Das Empfehlen und das Verleiten müssen **auf der Grundlage** einer Insiderinformation erfolgen, d. h. die Kenntnis der Insiderinformation muss mindestens mitursächlich für das Handeln sein. Eine Empfehlung, die auch ohne das Insiderwissen abgegeben worden wäre, unterfällt nicht dem Verbot.

---

[86] *Sethe* ZBB 2006, 243, 252.
[87] *Schröder*, Kapitalmarktstrafrecht, Rn. 295 ff.
[88] Vgl. RegE 2. FFG BT-Drucks. 12/6679, S. 47 f.; RegE AnSVG BT-Drucks. 15/3174, S. 34.
[89] AA *Schröder*, Kapitalmarktstrafrecht, Rn. 301.
[90] *Schröder*, Kapitalmarktstrafrecht, Rn. 300.
[91] So *Erbs/Kohlhaas/Wehowsky*, § 38 WpHG Rn. 22; *KölnKommWpHG-Altenhain*, § 38 Rn. 79; *Vogel, Assmann/Schneider*, § 38 Rn. 49; *Ziouvas*, Kapitalmarktstrafrecht, S. 88; wohl auch *Park/Hilgendorf*, §§ 38 I Nr. 1–3, 12, 13, 14 WpHG Rn. 145.
[92] So aber *Assmann/Schneider/Vogel*, § 38 Rn. 12.
[93] *Park*, JuS 2007, 621, 624; *Schröder*, Kapitalmarktstrafrecht, Rn. 303; *Schwark*, KMRK § 14 WpHG Rn. 63; *Assmann/Schneider/Vogel*, § 38 Rn. 12.

§ 38   29–31   Abschnitt 12. Straf- und Bußgeldvorschriften

d) Vorsatz

29   § 38 I Nr. 2 setzt **vorsätzliches** Handeln voraus, wobei **dolus eventualis** genügt. Für das Empfehlen oder Verleiten ist die Absicht, den Willen einer anderen Person zu beeinflussen, erforderlich (vgl. Rn. 27). Im Gegensatz zu § 38 I Nr. 1 ist bei § 38 I Nr. 2 ein leichtfertiges Handeln nicht unter Strafe gestellt, allerdings durch § 39 II Nr. 3, 4 mit Geldbuße bedroht.

5. Strafbarkeit des Versuchs (§ 38 III)

a) Allgemeines

30   § 38 III stellt den Versuch des § 38 I unter Strafe. Erfasst sind sowohl die Fälle des § 38 I Nr. 1, d. h. des Kerntatbestands des Insiderstrafrechts, als auch die Fälle des § 38 I Nr. 2, die das Vorfeld der Vornahme von Insidergeschäften erfassen. Die **Einführung der Versuchsstrafbarkeit** war nach Auffassung des Gesetzgebers des AnSVG notwendig, da Art. 14 i Vm Art. 2 I Unterabsatz 1 Marktmissbrauchsrichtlinie fordern soll, auch den Versuch eines Insiderhandels zu verbieten und zu sanktionieren.[94] Tatsächlich bezieht sich Art. 2 I Unterabsatz 1 Marktmissbrauchrichtlinie aber nur auf den Versuch des Verstoßes gegen das Erwerbs- und Veräußerungsverbot („zu erwerben oder zu veräußern oder dies zu versuchen") und damit den Versuch des § 38 I Nr. 1, während Art. 3 Marktmissbrauchsrichtlinie, der die Vorgaben für das Weitergabe-, Empfehlungs- und Verleitungsverbot enthält, den Versuch nicht erwähnt. Der Gesetzgeber ist daher mit der Anordnung der Versuchsstrafbarkeit für die Fälle des § 38 I Nr. 2 über die Vorgaben hinausgegangen.[95] Hinsichtlich § 38 I Nr. 1 mag die Einführung der Versuchsstrafbarkeit sachgerecht sein, da ein versuchter Insiderhandel ebenso wie ein erfolgreich abgeschlossener Insiderhandel geeignet ist, das Vertrauen in den Kapitalmarkt zu erschüttern und damit die Funktionsfähigkeit der Börsen und Märkte zu gefährden.[96] In Bezug auf § 38 I Nr. 2 ist aber zu berücksichtigen, dass hiermit eine Versuchsstrafbarkeit für **bloße Vorbereitungshandlungen** angeordnet wird. Verfassungskonform ist die Anordnung der Versuchsstrafbarkeit für Vorbereitungshandlungen aber nur dann, wenn deren Strafgehalt derart hoch ist, dass sie als Verbrechen zu bewerten sind. Da § 38 I Nr. 2 nur ein Vergehen ist, hat der Gesetzgeber seine Einschätzungsprärogative überschritten.[97] Praktische Bedeutung dürfte aber der Versuch einer Tat nach § 38 I Nr. 2 aufgrund der Nachweisschwierigkeiten ohnehin kaum haben.

b) Versuch

31   Die Strafbarkeit des Versuchs nach § 22 StGB setzt zunächst voraus, dass die Tat **nicht vollendet** wurde, d. h. der objektive Tatbestand des § 38 I nicht erfüllt ist. Bei § 38 I Nr. 1 ist dies zB der Fall, wenn der Erwerb oder die Veräußerung der In-

---

[94] RegE AnSVG BT-Drucks. 15/3174, S. 40.
[95] *Cahn* Der Konzern, 2005, 5, 12; *Gimnich*, Insiderhandelsverbot, S. 203; *Schröder*, Kapitalmarktstrafrecht, Rn. 304; *Ziouvas*, Kapitalmarktstrafrecht, S. 238.
[96] Vgl. RegE AnSVG BT-Drucks. 15/3174, S. 40; krit. *Assmann/Schneider/Vogel*, § 38 Rn. 13: „bloße Floskel"; *Ziouvas*, Kapitalmarktstrafrecht, S. 86: „kein Bedarf".
[97] Vgl. *Assmann/Schneider/Vogel*, § 38 Rn. 13; vgl. auch *Wabnitz/Janovsky/Benner*, Handbuch, 9/120: „nicht nachvollziehbar"; aA *Gimnich*, Insiderhandelsverbot, S. 166; *Schröder*, Kapitalmarktstrafrecht, Rn. 333 (zum Weitergabeverbot) und Rn. 334 (zum Verbot des Empfehlens und Verleitens); *Sethe* ZBB 2006, 243, 246.

siderpapiere insbesondere wegen einer Limitierung nicht erfolgten oder aufgrund einer vor Orderausführung ergangenen Ad-hoc-Meldung die Insiderinformation nicht mehr verwendet werden konnte.[98] Bei § 38 I Nr. 2 ist an Fälle zu denken, in denen die Insiderinformation oder die Empfehlung dem Adressaten nicht zugeht. Weiter muss der Täter den **Tatentschluss** gehabt haben, Insiderpapiere zu erwerben oder zu veräußern (§ 38 I Nr. 1) bzw. eine Insiderinformation mitzuteilen oder zugänglich zu machen oder den Erwerb oder die Veräußerung von Insiderpapieren auf Grundlage einer Insiderinformation zu empfehlen oder dazu zu verleiten (§ 38 I Nr. 2). Der Tatentschluss muss **vorbehaltlos** gewesen sein, wobei im Falle des § 38 I Nr. 1 eine Limitierung der Order der Strafbarkeit nicht entgegensteht, da die Ausführung dann lediglich vom Eintritt einer Bedingung abhängig ist.[99] Schließlich muss der Täter zum Verstoß **unmittelbar angesetzt** haben, d. h. (subjektiv) die Schwelle zum „Jetzt-geht-es-los" überschritten und (objektiv) zur tatbestandsmäßigen Handlung angesetzt haben. Ausreichend ist ein Verhalten, das so eng mit der tatbestandlichen Ausführungshandlung verknüpft ist, dass es bei ungestörtem Fortgang ohne wesentliche Zwischenschritte unmittelbar zur Verwirklichung des Tatbestandes führen soll.[100] Bei § 38 I Nr. 1 genügt hierzu die Aufgabe einer Kauf- oder Verkaufsorder,[101] bei § 38 I Nr. 2 reichen Erklärungen und Handlungen aus, mit denen die Insiderinformation dem Adressaten mitgeteilt oder zugänglich gemacht werden oder in Bezug auf Insiderpapiere eine Empfehlung abgegeben oder eine Verleitung erfolgen soll (zB das Absenden eines Briefes, einer Email). Nicht erfasst sind **reine Vorbereitungshandlungen,** wie die Eröffnung eines Depots[102] oder das Ausfüllen einer Kauf- oder Verkaufsorder bzw. das Verfassen einer Kauf- oder Verkaufsempfehlung.

Strafbar ist auch der **untaugliche Versuch,** sofern die Ausführung des Tatentschlusses entgegen der Vorstellung des Täters aus tatsächlichen oder rechtlichen Gründen objektiv betrachtet nicht zur Verwirklichung des objektiven Tatbestandes führen konnte.[103] Dies ist zB bei § 38 I Nr. 1 der Fall, wenn es um kein Insiderpapier geht (zB bei einem Eingabefehler während der Erteilung der Order),[104] und bei § 38 I Nr. 2, wenn die Information im Zeitpunkt der Handlung keine Insiderinformation mehr war.[105] Hat der Täter aus **grobem Unverstand** verkannt, dass der Versuch überhaupt nicht zur Vollendung führen konnte, so kann das Gericht von Strafe absehen oder die Strafe nach seinem Ermessen gemäß § 49 II StGB mildern (§ 23 III StGB). Von Bedeutung ist dies in Fällen, in denen der Täter einen völlig bedeutungslosen Sachverhalt als Insiderinformation bewertet hat.[106]

32

c) Rücktritt

Beim Versuch besteht die Möglichkeit des Rücktritts nach § 24 StGB (persönlicher Strafaufhebungsgrund).[107] Der **Alleintäter** erlangt im Falle des **unbeen-**

33

---

[98] *Schröder,* Kapitalmarktstrafrecht, Rn. 315, 316.
[99] *Schröder,* Kapitalmarktstrafrecht, Rn. 309.
[100] BGHSt. 26, 201, 202 f.; 31, 178, 181 f.
[101] *Schröder,* Kapitalmarktstrafrecht, Rn. 315.
[102] *Schröder,* Kapitalmarktstrafrecht, Rn. 311.
[103] Näher *Schröder,* Kapitalmarktstrafrecht, Rn. 322 ff.
[104] *Schröder,* Kapitalmarktstrafrecht, Rn. 317.
[105] *Schröder,* Kapitalmarktstrafrecht, Rn. 324.
[106] Vgl. *Schröder,* Kapitalmarktstrafrecht, Rn. 324.
[107] BGHSt. 7, 296, 299.

§ 38 34   Abschnitt 12. Straf- und Bußgeldvorschriften

deten **Versuchs,** bei dem er noch nicht alles getan zu haben glaubt, was nach seiner Vorstellung zur Herbeiführung des tatbestandlichen Erfolges ausreichend ist, durch das freiwillige Aufgeben des Tatentschlusses und bloßes Nichtweiterhandeln Straffreiheit (vgl. § 24 I 1 Alt. 1 StGB). Hingegen muss der Täter beim **beendeten Versuch,** bei dem er alles getan zu haben glaubt, eine erfolgsverhindernde Tätigkeit entfalten und trägt das Risiko des Misslingens (vgl. § 24 I 1 Alt. 2 StGB). In Bezug auf § 38 I Nr. 1 liegt mit Erteilung der Order ein beendeter Versuch vor, so dass der Täter die Order erfolgreich stornieren muss.[108] Beim **untauglichen Versuch,** der nicht vollendet werden kann, erlangt der Täter Straffreiheit, wenn er sich freiwillig und ernsthaft bemüht, die Vollendung zu verhindern (vgl. § 24 I 2 StGB). Hierbei darf er aber die Untauglichkeit nicht erkannt haben, da ein Rücktritt vom **fehlgeschlagenen Versuch** ausgeschlossen ist, d. h. wenn die Tat nach der Vorstellung des Täters mit den ihm gegenwärtig zur Verfügung stehenden Mitteln nicht mehr vollendet werden kann. Dies ist zB der Fall, wenn nach Orderaufgabe, aber vor Orderausführung, die Insiderinformation durch eine Ad-hoc-Meldung öffentlich wird.[109] Bei **mehreren Beteiligten** sind die Rücktrittsmöglichkeiten stark beschränkt. Straffreiheit erlangt der Beteiligte nur dann, wenn er mit der Aufgabe der weiteren Beteiligung oder mit der Rücknahme seines bisherigen Tatbeitrags die Vollendung der Tat verhindert (§ 24 II 1 StGB). Wird die Tat ohne Zutun des Beteiligten nicht vollendet oder unabhängig von seinem früheren Tatbeitrag begangen, erlangt er allerdings bereits dann Straffreiheit, wenn er sich freiwillig und ernsthaft um die Verhinderung der Vollendung bemüht hat (§ 24 II 2 StGB). Die jeweils vorausgesetzte **Freiwilligkeit** liegt vor, wenn der Rücktritt auf einer **autonomen Entscheidung** beruht,[110] während Unfreiwilligkeit vorliegt, wenn heteronome Gründe – zB die Vorstellung, die Tat sei entdeckt – den Rücktritt veranlassen.

6. Strafbarkeit leichtfertigen Erwerbes und leichtfertiger Veräußerung (§ 38 IV)

a) Allgemeines

34   § 38 IV stellt leichtfertiges Handeln in den Fällen des § 38 I Nr. 1, d. h. des Verstoßes gegen das Erwerbs- und Veräußerungsverbot des § 14 I Nr. 1, unter Strafe. Die **Einführung des § 38 IV** setzt nach dem Willen des Gesetzgebers des AnSVG Art. 14 iVm Art. 2 und 3 der Marktmissbrauchsrichtlinie um.[111] Insgesamt betrachtet hat der Gesetzgeber die Vorgaben richtlinienkonform umgesetzt,[112] allerdings hierbei den ihm für die Umsetzung zustehenden Spielraum voll ausgenutzt. Denn die genannten Artikel der Marktmissbrauchsrichtlinie schreiben Sanktionen nicht nur bei leichtfertigen Verstößen gegen das Erwerbs- und Veräußerungsverbot (d. h. § 14 I Nr. 1) vor, sondern auch bei leichtfertigen Verstößen gegen das Weitergabe-, Empfehlungs- und Verleitungsverbot (d. h. § 14 I Nr. 2, 3), für die der Gesetzgeber jedoch – angesichts der

---
[108] *Schröder,* Kapitalmarktstrafrecht, Rn. 327.
[109] *Schröder,* Kapitalmarktstrafrecht, Rn. 330.
[110] Vgl. BGHSt. 7, 296 ff.; 35, 184 ff.
[111] RegE AnSVG BT-Drucks. 15/3174, S. 40.
[112] *Assmann/Schneider/Vogel,* § 38 Rn. 15; KölnKommWpHG-*Altenhain,* § 38 Rn. 46; krit. *Cahn* Der Konzern, 2005, 5, 12 f.

Problematik der Bestrafung leichtfertigen Verhaltens[113] zu Recht – nur die Verhängung von Bußgeldern vorgesehen hat (vgl. § 39 II Nr. 3, 4). Außerdem lässt Art. 4 der Richtlinie jede Form der Fahrlässigkeit genügen („hätten wissen müssen"),[114] während der Gesetzgeber auf eine Sanktionierung fahrlässiger Verstöße – soweit sie nicht den Grad der Leichtfertigkeit erreichen – verzichtet hat. In der Praxis dürfte § 38 IV als **Auffangtatbestand** fungieren, der eine Bestrafung des Täters mit geringerer Strafe auch dann ermöglicht, wenn zwar kein vorsätzliches, aber zumindest ein leichtfertiges Handeln nachgewiesen werden kann.

b) Leichtfertigkeit

Bei der Leichtfertigkeit handelt es sich um einen sowohl in objektiver als auch in subjektiver Hinsicht besonders gesteigerten Grad der Fahrlässigkeit, der in etwa der groben Fahrlässigkeit des Zivilrechts entspricht.[115] Leichtfertig handelt der Täter, wenn er die **gebotene Sorgfalt in ungewöhnlich hohem Maße verletzt** (qualifizierte Pflichtwidrigkeit), entweder aus besonderer Unachtsamkeit die Möglichkeit der Tatbestandsverwirklichung nicht erkennt (unbewusste Leichtfertigkeit) oder in Kenntnis dieser Möglichkeit aus besonderer Gleichgültigkeit darauf vertraut, dass sie ausbleibt (bewusste Leichtfertigkeit), und damit **außer Acht lässt, dass sich die Tatbestandsverwirklichung aufdrängt** (qualifizierte Voraussehbarkeit).[116] Die Leichtfertigkeit ist nicht zwangsläufig durch Eigensucht oder Rücksichtslosigkeit geprägt, allerdings geht ein leichtfertiges Verhalten häufig mit diesen Motiven einher. Ein „vorsatznahes Verhalten" hat ebenfalls nur indizielle Bedeutung. Leichtfertigkeit liegt vor zB bei Nichtanstellen selbst einfachster Überlegungen, bei Nichtbeachtung allseits bekannter Umstände, bei rücksichtslosem Hinwegsetzen über die klar erkannte Möglichkeit der Tatbestandsverwirklichung oder bei Verletzung einer besonders ernst zu nehmenden Pflicht.[117] Da es sich bei dem Verbot von Insidergeschäften um ein **zentrales Verbot** des WpHG handelt, dürfte in der Praxis die Annahme von Leichtfertigkeit häufig nicht fern liegen.

c) Bezugspunkt

§ 38 IV lässt Leichtfertigkeit **in Bezug auf alle Tatbestandsmerkmale** des § 38 I Nr. 1 einschließlich der in Bezug genommenen Ausfüllungsnormen genügen. Erfasst ist also zum einen der Fall, den der Gesetzgeber[118] unter Bezugnahme auf Art. 4 Marktmissbrauchsrichtlinie anführt und der in der Praxis den Regelfall darstellen dürfte, dass der Täter leichtfertig nicht erkennt, dass es sich um eine Insiderinformation handelt, also zB die Nichtöffentlichkeit der Information oder die Erheblichkeit des Preisbeeinflussungspotentials verkennt, obwohl sich dies aufdrängt. Zum anderen sind aber auch Fälle erfasst, in denen der Täter leichtfertig nicht erkennt, dass es sich um ein Insiderpapier handelt oder ein Erwerb bzw. eine Veräußerung erfolgen,[119] etwa wenn er eine Order aus besonde-

---

[113] Vgl. hierzu *Schmitz* ZStW 115 (2003), S. 501, 522 f.
[114] *Assmann/Schneider/Vogel*, § 38 Rn. 15; aA KölnKommWpHG-*Altenhain*, § 38 Rn. 46.
[115] Vgl. RGSt. 71, 174, 176; BGHSt. 14, 240, 255; 33, 66, 67.
[116] *Schröder*, Kapitalmarktstrafrecht, Rn. 243.
[117] Vgl. *Schönke/Schröder/Cramer/Sternberg-Lieben*, StGB, § 15 Rn. 205 mwN.
[118] Vgl. RegE AnSVG BT-Drucks. 15/3174, S. 40.
[119] *Assmann/Schneider/Vogel*, § 38 Rn. 16; KölnKommWpHG-*Altenhain*, § 38 Rn. 47; *Schröder*, Kapitalmarktstrafrecht, Rn. 246.

rer Unachtsamkeit erteilt oder zur Ausführung gelangen lässt. Schließlich ist der – schwer vorstellbare – Fall erfasst, dass der Täter leichtfertig nicht erkennt, dass er unter Verwendung einer Insiderinformation erwirbt oder veräußert, also den Kausalzusammenhang verkennt.

III. Strafbare Marktmanipulation (§ 38 II)

1. Allgemeines

37 § 38 II dient der **Durchsetzung des Verbots der Marktmanipulation des § 20a I 1,** d. h. der Marktmanipulation durch das Machen oder Verschweigen von Angaben (§ 20a I 1 Nr. 1), durch Geschäfte oder Aufträge (§ 20a I 1 Nr. 2) und durch sonstige Täuschungshandlungen (§ 20a I 1 Nr. 3). Im Gegensatz zum Insiderhandel sind weder Versuch noch leichtfertiges Handeln unter Strafe gestellt. § 38 II macht intensiv Gebrauch von der **Blanketttechnik** (zur verfassungsrechtlichen Problematik Vor §§ 38 ff. Rn. 10 f.), da er die Begehung einer in § 39 I Nr. 1, 2, II Nr. 11 bezeichneten vorsätzlichen Handlung voraussetzt, und diese Bußgeldtatbestände ihrerseits auf das Verbot der Marktmanipulation des § 20a I 1 verweisen und über § 20a V die **MaKonV** einbeziehen.

2. Schutzbereich

38 Strafrechtlichen Schutz genießen **Finanzinstrumente i. S. d. § 20a I 2,** selbst wenn § 38 II über § 39 I Nr. 1, 2, II Nr. 11 nur auf § 20a I 1 und nicht auf den konkretisierenden § 20a I 2 ausdrücklich Bezug nimmt.[120] Geschützt sind somit Finanzinstrumente, die an einer inländischen Börse zum Handel zugelassen oder in den regulierten Markt oder in den Freiverkehr einbezogen sind oder in einem anderen EU-Mitgliedstaat oder EWR-Vertragsstaat an einem organisierten Markt zugelassen sind. **Nicht geschützt** sind hingegen infolge fehlender Bezugnahme die durch § 20a I 3 **gleichgestellten Finanzinstrumente,** bei denen der Antrag auf Zulassung oder Einbeziehung gestellt oder öffentlich angekündigt ist.[121] Nicht durch § 38 II geschützt sind auch – wohl infolge eines Redaktionsversehens des AnSVG – trotz der Einbeziehung in § 39 I Nr. 1, 2, II Nr. 11 die in § 20a IV genannten **Waren und ausländischen Zahlungsmittel i. S. d. § 51 II BörsG,** die an einem organisierten Markt gehandelt werden, da § 38 II eine Einwirkung auf den Preis eines „Finanzinstruments" verlangt, worunter Waren und ausländische Zahlungsmittel nicht ohne Verstoß gegen das Analogieverbot subsumiert werden können.[122]

39 Bei einer **gesetzlichen Beschränkung des Anwendungsbereiches des Verbots der Marktmanipulation,** d. h. wenn bestimmte Praktiken nicht dem Verbot des § 20a I unterliegen, kann bereits der Tatbestand des § 38 II nicht vorliegen. Dies gilt für die **Safe Harbors-Regelung** des § 20a III, V Nr. 4,[123] wo-

---

[120] *Assmann/Schneider/Vogel,* § 38 Rn. 29.
[121] *Erbs/Kohlhaas/Wehowsky,* § 38 WpHG Rn. 30; aA *KölnKommWpHG-Altenhain,* § 38 Rn. 89.
[122] *Erbs/Kohlhaas/Wehowsky,* § 38 WpHG Rn. 30; *KölnKommWpHG-Altenhain,* § 38 Rn. 92.
[123] *Grüger,* BKR 2007, 437, 440; *Schönhöft,* Marktmanipulation, S. 101; eingehend zur dogmatischen Einordnung *Waschkeit,* Marktmanipulation, S. 290 ff.

nach der Handel mit eigenen Aktien im Rahmen von Rückkaufprogrammen und Maßnahmen zur Stabilisierung des Preises von Finanzinstrumenten, sofern diese in Übereinstimmung mit den Regelungen der Verordnung (EG) Nr. 2272/2003 der Kommission v. 22. 12. 2003 erfolgen, in keinem Fall einen Verstoß gegen das Verbot des § 20a I 1 darstellen (vgl. auch §§ 5, 6 MaKonV), und entsprechend für Finanzinstrumente, die in den Freiverkehr oder in den regulierten Markt einbezogen sind. Außerdem sind auf dem betreffenden organisierten Markt oder in dem betreffenden Freiverkehr **mit der zulässigen Marktpraxis vereinbare Handlungen** gemäß § 20a II, V S. 1 Nr. 5 vom Verbot der Manipulation durch Geschäfte oder Aufträge des § 20a I 1 Nr. 2 ausgenommen,[124] sofern der Handelnde hierfür legitime Gründe hat; zu beachten ist, dass eine Marktpraxis nicht bereits deshalb unzulässig ist, weil sie zuvor nicht ausdrücklich anerkannt wurde (§ 20a II 3), so dass auch eine im Nachhinein erfolgte Anerkennung durch die BaFin (zu Verfahren und Kriterien vgl. §§ 7–10 MaKonV) zu berücksichtigen ist.[125] Schließlich ergibt sich aus § 1 III, dass sich das Verbot des § 20a I 1 nicht auf **Geschäfte von Trägern hoheitlicher Gewalt** erstreckt, die aus geld- oder währungspolitischen Gründen oder im Rahmen der öffentlichen Schuldenverwaltung getätigt werden.

3. Preiseinwirkung

§ 38 II ist ein **Erfolgs- und Verletzungsdelikt**. Während die Ordnungswidrigkeiten des § 39 I Nr. 1, 2, II Nr. 11 iVm § 20a I 1 Nr. 1–3 lediglich die Eignung zur Preiseinwirkung, d. h. die abstrakte Gefährdung des Rechtsguts, voraussetzen, fordert der Straftatbestand des § 38 II mit der (tatsächlichen bzw. hypothetischen (Rn. 47)) Einwirkung auf den Preis den Eintritt eines Taterfolges, d. h. die Verletzung des Rechtsguts. Das Merkmal der Eignung bedarf daher im Ergebnis keiner selbstständigen Prüfung. Das Erfordernis der Preiseinwirkung sieht die Marktmissbrauchsrichtlinie zwar nicht vor, dennoch dürfte § 38 II mit der Richtlinie noch vereinbar sein, da nur eine **Mindestharmonisierung** gefordert ist.[126] Eine **Preiseinwirkung** setzt das Schaffen eines künstlichen Preisniveaus voraus, d. h. eine Erhöhung, Erniedrigung oder Stabilisierung des Preises entgegen den Marktverhältnissen. Eine Änderung des absoluten Preises ist nicht zwingend, wohl aber eine **relative Preisänderung** im Hinblick auf die Marktverhältnisse. Nach dem Wortlaut des § 38 II genügt jede **beliebige Preiseinwirkung,** da eine erhebliche Beeinflussung – wie zB im Falle der Insiderinformation (vgl. § 13 I 1) – nicht verlangt wird.[127] Bagatell-Preiseinwirkungen sind daher ebenfalls erfasst,[128] allerdings ohne praktische Bedeutung, da sie nicht nachweisbar sein dürften.

Zwischen dem Manipulationsverhalten und der Preiseinwirkung muss **Kausalität ("dadurch")** bestehen. Der **Kausalzusammenhang** liegt vor, wenn mit

---

[124] *Schönhöft,* Marktmanipulation, S. 111 f., 145, der allerdings die begünstigende Norm des § 20a II mangels hinreichender Bestimmtheit für verfassungswidrig erachtet (S. 119).
[125] Krit. zu dieser Gesetzeskonstruktion *Park* NStZ 2007, 369, 376.
[126] AA *Ziouvas/Walter,* WM 2002, 1483, 1487 f.
[127] KölnKommWpHG-*Altenhain,* § 38 Rn. 94; *Schröder,* Kapitalmarktstrafrecht, Rn. 564; aA *Nowak* ZBB 2001, 449, 465.
[128] KölnKommWpHG-*Altenhain,* § 38 Rn. 94; *Schönhöft,* Marktmanipulation, S. 82; aA (teleologische Reduktion) *Assmann/Schneider/Vogel,* § 38 Rn. 21.

§ 38 41

an Sicherheit grenzender Wahrscheinlichkeit feststeht, dass bei Wegdenken des Manipulationsverhaltens der konkrete Preis anders gewesen wäre. Absolute Gewissheit wird nicht verlangt, andererseits reicht aber selbst eine sehr hohe Wahrscheinlichkeit nicht aus. **Mitursächlichkeit genügt,**[129] auch die Zahl der Zwischenglieder ist ohne Bedeutung. Außer Betracht bleiben zudem hypothetische Reserveursachen, wie der Einwand, dass – wenn nicht der Täter – eine andere Person den Preis manipuliert hätte. In der Praxis bereitet der Nachweis des Kausalzusammenhangs dennoch sehr große Schwierigkeiten,[130] da die Preisbildung an Kapitalmärkten äußerst komplex ist („Multikausalität"[131]). Im Scalping-Urteil geht der BGH[132] davon aus, dass an den **Nachweis** des Kausalzusammenhangs angesichts der Vielzahl der an der Preisbildung mitwirkenden Faktoren **keine überspannten Anforderungen** gestellt werden dürfen, weil der Tatbestand ansonsten „weitgehend leerliefe". Eine Preiseinwirkung lasse sich durch mehrere **objektive Kriterien** hinreichend belegen: Vergleich von Preisverlauf und Umsatz des betreffenden Papiers vor und nach dem Manipulationsverhalten; Preis- und Umsatzentwicklung des betreffenden Papiers am Tag der Manipulationshandlung; Größe der Order, die im Zusammenhang mit der Manipulation aufgegeben wurde; eine Befragung der Marktteilnehmer sei dazu nicht veranlasst. Soweit der BGH damit eine Lockerung der Anforderungen an den tatrichterlichen Kausalitätsnachweis zum Ausdruck bringen wollte, verdient dies keine Zustimmung, da damit die Grenze zum Gefährdungsdelikt verschwimmt. Der **(volle) Kausalitätsnachweis** ist nicht disponibel, eine Lockerung ist mit der strafrechtlichen Unschuldsvermutung nicht vereinbar.[133] Im Schrifttum[134] werden für die **erforderliche Gesamtbewertung** ergänzend **weitere objektive Kriterien** angegeben: Zeitabstand zwischen Manipulationsverhalten und Preiseinwirkung; bei Preisänderungen: Vergleich von Preisänderung und marktüblicher Volatilität; bei Preisstabilisierungen: Vergleich von vorheriger Preisentwicklung und/oder Marktentwicklung; Erfahrungssätze über das Preisbeeinflussungspotenzial bestimmter Manipulationen bei vergleichbaren Finanzinstrumenten. Darüber hinaus werden für die **einzelnen Fallgruppen** der Marktmanipulation weitere differenzierte Kriterien[135] genannt. In der Praxis dürfte jedenfalls i.d.R. die Einholung von **Sachverständigengutachten** (zB in Form von Ereignisstudien) erforderlich sein, da der Nachweis der Preiseinwirkung besondere Sachkunde voraussetzt. Aber selbst dann wird in Anbetracht der Bewertungsschwierigkeiten und des Erfordernisses eines Indizienbeweises der Kausalitätsnachweis nur selten

---

[129] *Assmann/Schneider/Vogel*, § 38 Rn. 24; KölnKommWpHG-*Altenhain*, § 38 Rn. 95; *Schlitt*, NZG 2006, 925, 929; krit. *Kutzner* WM 2005, 1401, 1407.
[130] Vgl. LG München I NJW 2003, 2328, 2330; *Hellmann/Beckemper*, Wirtschaftsstrafrecht, Rn. 66; KölnKommWpHG-*Altenhain*, § 38 Rn. 98; *Park* JuS 2007, 621, 624.
[131] *Hellgardt* ZIP 2005, 2000, 2004f.; *Park/Sorgenfrei*, §§ 20a, 38 I Nr. 4, 39 WpHG Rn. 19, 76; *Schröder*, Kapitalmarktstrafrecht, Rn. 565.
[132] BGHSt. 48, 373, 384.
[133] Vgl. KölnKommWpHG-*Altenhain*, § 38 Rn. 100; *Kutzner*, WM 2005, 1401, 1406ff.; *Schönhöft*, Marktmanipulation, S. 163ff.; *Schröder*, Kapitalmarktstrafrecht, Rn. 567.
[134] Vgl. *Achenbach/Ransiek/Schröder*, Handbuch, X 2 Rn. 74; *Assmann/Schneider/Vogel*, § 38 Rn. 24; *Eichelberger*, Verbot der Marktmanipulation, S. 327ff.; *Hellgardt* ZIP 2005, 2000, 2005; *Maile*, Kurs- und Marktpreismanipulation, S. 188ff.; *Park/Sorgenfrei*, §§ 20a, 38 I Nr. 4, 39 WpHG Rn. 76; krit. KölnKommWpHG-*Altenhain*, § 38 Rn. 99.
[135] Ausführlich *Schröder*, Kapitalmarktstrafrecht, Rn. 568ff., 578ff.

gelingen, nämlich nur **in eindeutigen (evidenten, groben) Fällen**. Das ist freilich zu begrüßen, da es dem Gebot einer restriktiven Handhabung des § 38 II entspricht, den Charakter als Erfolgs- und Verletzungsdelikt wahrt und die Verhängung von „Verdachtsstrafen" vermeidet.

Im Übrigen genügt das Vorliegen des **Kausalzusammenhangs** i. S. d. Äqui- 42 valenzformel noch nicht, sondern nach allgemeinen Grundätzen muss auch die **objektive Zurechnung** zu bejahen sein,[136] d. h. die Gefahr, die durch das Manipulationsverhalten hervorgerufen wurde, muss sich im verursachten Preis tatsächlich realisiert haben. Die objektive Zurechnung dürfte jedoch i. d. R. zu bejahen sein, da die Tathandlung die Eignung, auf den Preis einzuwirken, voraussetzt und grundsätzlich nur solche Preise nicht mehr zuzurechnen sind, die auf objektiv nicht mehr vorhersehbare Weise zustande gekommen sind.[137]

4. Marktmanipulation durch das Machen von Angaben oder Verschweigen von Umständen (§ 38 II iVm § 20a I 1 Nr. 1)

a) Tatbestand

Bestraft wird nach § 38 II iVm § 20a I 1 Nr. 1 (über § 39 II Nr. 11), wer un- 43 richtige oder irreführende Angaben über Umstände macht, die für die Bewertung eines Finanzinstruments erheblich sind, oder solche Umstände entgegen bestehenden Rechtsvorschriften verschweigt und dadurch auf den inländischen Börsen- oder Marktpreis eines Finanzinstruments oder auf den Preis eines Finanzinstruments an einem organisierten Markt in einem anderen EU-Mitgliedstaat oder in einem anderen EWR-Vertragsstaat einwirkt.

b) Täterkreis

Täter der Tatalternative des Machens von Angaben kann jedermann sein **(All-** 44 **gemeindelikt)**, während für das Verschweigen von Umständen nur derjenige als Täter in Betracht kommt, dem nach bestehenden Rechtsvorschriften eine Offenbarungspflicht obliegt **(Sonderdelikt)** oder der nach § 14 StGB (Vor §§ 38 ff. Rn. 19 ff.) für eine Person handelt, der diese Pflicht obliegt. Diesbezüglich können nen kapitalmarkt-, gesellschafts-, bilanz- und handelsregisterrechtliche Publizitätspflichten bestehen, die zur Offenbarung von Umständen verpflichten[138] (im Einzelnen § 20a Rn. 37 ff.).

c) Tathandlung

Die Tathandlung besteht im Machen unrichtiger oder irreführender Angaben 45 über Umstände, die für die Bewertung eines Finanzinstruments erheblich sind (Alt. 1), oder dem Verschweigen von derartigen Umständen (Alt. 2) (im Einzelnen § 20a Rn. 16 ff., 36 ff.). **Angaben** sind Erklärungen über das Vorliegen von Umständen.[139] Diese Angaben sind **unrichtig**, wenn sie nicht den objektiven Gegebenheiten entsprechen, und **irreführend**, wenn sie zwar inhaltlich richtig sind, jedoch aufgrund der Art der Darstellung objektiv geeignet sind, bei

---

[136] *Assmann/Schneider/Vogel*, § 38 Rn. 22; KölnKommWpHG-*Altenhain*, § 38 Rn. 101.
[137] KölnKommWpHG-*Altenhain*, § 38 Rn. 101.
[138] *Schönhöft*, Marktmanipulation, S. 48 f., 88 f.; *Schröder*, Kapitalmarktstrafrecht, Rn. 450 ff.
[139] *Schönhöft*, Marktmanipulation, S. 51 ff.

einem nicht ganz unbedeutenden Teil des Anlegerkreises eine falsche Vorstellung hervorzurufen. **Bewertungserhebliche Umstände** sind Tatsachen und Werturteile, die ein verständiger Anleger bei seiner Anlageentscheidung berücksichtigen würde, und Umstände, bei denen mit hinreichender Wahrscheinlichkeit davon ausgegangen werden kann, dass sie in Zukunft eintreten werden (§ 2 I MaKonV; weitere Konkretisierungen in § 2 II–IV MaKonV). Für das **Machen** der Angaben genügt die Kundgabe gegenüber einem oder mehreren Adressaten. Die Art des Kundgabeaktes, ob mündlich, schriftlich oder elektronisch (Internet, E-Mail), und in welchem Zusammenhang die Kundgabe erfolgt, ob in Bilanzen, Geschäfts- oder Lageberichten, Prospekten, Pressekonferenzen, Pressemitteilungen, Rundfunk, Fernsehen oder Internet, ist ohne Bedeutung.[140] Typisch ist das Verbreiten von falschen Ad-hoc-Mitteilungen.[141] Im Gegensatz zu § 39 I Nr. 11 genügt die bloße Möglichkeit der Kenntnisnahme von den Angaben nicht, sondern es ist die tatsächliche Kenntnisnahme erforderlich, da sonst zwischen Manipulationsverhalten und Preiseinwirkung keine Kausalität („und dadurch") bestehen kann. Ein **Verschweigen** von Umständen liegt vor, wenn Angaben, die aufgrund einer besonderen Offenbarungspflicht (vgl. Rn. 44) zu machen sind, unterbleiben.

46 Zu beachten ist, dass nach § 20a VI bei **Journalisten,** die in Ausübung ihres Berufes handeln, das Vorliegen der Voraussetzungen nach § 20a I 1 Nr. 1 unter **Berücksichtigung ihrer berufsständischen Regeln** zu beurteilen ist, es sei denn, dass sie aus den unrichtigen oder irreführenden Angaben direkt oder indirekt einen Nutzen ziehen oder Gewinne schöpfen. Mit dieser Restriktion wird der Pressefreiheit Rechnung getragen.[142]

d) Taterfolg

47 Das Manipulationsverhalten muss im Falle des Machens von Angaben eine **tatsächliche Preiseinwirkung** zur Folge haben (Rn. 40 ff.). Im Falle des Verschweigens von Umständen ist eine **hypothetische Preiseinwirkung** maßgebend, d. h. entscheidend, ob das Machen der geforderten Angaben mit an Sicherheit grenzender Wahrscheinlichkeit zu einer Preiseinwirkung geführt hätte (Prognoseentscheidung).[143] Diese Feststellung dürfte häufig große Probleme bereiten, allerdings hat eine Preiseinwirkung beim späteren Bekanntwerden der Umstände, über die Angaben zu machen waren, indizielle Bedeutung.[144] Fehlt es an einer tatsächlichen bzw. hypothetischen Preiseinwirkung, besteht die Möglichkeit der Ahndung des Manipulationsverhaltens nach § 39 II Nr. 11.

e) Vorsatz

48 Strafbar ist **vorsätzliches** Handeln, wobei **dolus eventualis** genügt. Bei leichtfertigem Handeln besteht die Möglichkeit der Ahndung nach § 39 II Nr. 11.

---

[140] *Schröder,* Kapitalmarktstrafrecht, Rn. 393.
[141] Vgl. *Eichelberger,* Verbot der Marktmanipulation, S. 23; *Hellgardt* ZIP 2005, 2000, 2001 f.; *Schlitt* NZG 2006, 925, 929.
[142] *Schröder,* Kapitalmarktstrafrecht, Rn. 439.
[143] *Hellmann/Beckemper,* Wirtschaftsstrafrecht, Rn. 75; KölnKommWpHG-*Altenhain,* § 38 Rn. 96.
[144] *Hellgardt* ZIP 2005, 2000, 2006 f.; *Hellmann/Beckemper,* Wirtschaftsstrafrecht, Rn. 75.

5. Marktmanipulation durch Geschäfte oder Aufträge (§ 38 II iVm § 20a I 1 Nr. 2)

a) Tatbestand

Nach § 38 II iVm § 20a I 1 Nr. 2 (über § 39 I Nr. 1) wird bestraft, wer Geschäfte vornimmt oder Kauf- oder Verkaufsaufträge erteilt, die falsche oder irreführende Signale für das Angebot, die Nachfrage oder den Börsen- oder Marktpreis von Finanzinstrumenten geben oder ein künstliches Preisniveau herbeiführen, und dadurch auf den inländischen Börsen- oder Marktpreis eines Finanzinstruments oder auf den Preis eines Finanzinstruments an einem organisierten Markt in einem anderen EU-Mitgliedstaat oder in einem anderen EWR-Vertragsstaat einwirkt.

b) Täterkreis

Täter der Marktmanipulation durch Geschäfte und Aufträge kann jedermann sein (**Allgemeindelikt**).

c) Tathandlung

Tathandlung ist die Vornahme von Geschäften (Alt. 1) oder das Erteilen von Kauf- oder Verkaufsaufträgen (Alt. 2), die falsche oder irreführende Signale geben oder ein künstliches Preisniveau herbeiführen (im Einzelnen § 20a Rn. 44ff.). **Geschäfte** sind alle Transaktionen mit Finanzinstrumenten, insbesondere Kauf und Verkauf, aber auch Sicherungsgeschäfte.[145] Die Geschäfte sind **vorgenommen**, wenn sie ausgeführt wurden. Unter **Kauf- und Verkaufsaufträgen** sind Order zu verstehen. Ein Auftrag ist **erteilt**, wenn er dem Adressaten zugegangen ist. Im Gegensatz zu § 39 II Nr. 1 genügt aber die bloße Möglichkeit der Kenntnisnahme nicht, sondern es ist die tatsächliche Kenntnisnahme zumindest einer Person erforderlich, da sonst keine Kausalität („und dadurch") zwischen Manipulationsverhalten und Preiseinwirkung bestehen kann. **Falsch** sind **Signale,** wenn sie nicht den wahren wirtschaftlichen Verhältnissen entsprechen, d. h. marktgerechtem Angebot, marktgerechter Nachfrage oder marktgerechtem Preis zuwiderlaufen, und **irreführend,** wenn sie geeignet sind, einen verständigen Anleger zu täuschen.[146] **Künstlich** ist das **Preisniveau,** wenn es die wahren wirtschaftlichen Verhältnisse nicht widerspiegelt, d. h. den marktgerechten Preis nicht ausdrückt (vgl. die Konkretisierungen in § 3 I, II MaKonV). Einschlägig sind Geschäfte oder Aufträge, die zu erheblichen Preisänderungen führen, abgesprochen sind oder den unzutreffenden Eindruck wirtschaftlich begründeter Umsätze erwecken (ua Wash Sales, Matched Orders, Circular Trading, Pumping and Dumping, Cornering, Short Sales, Marking the Close).[147]

d) Taterfolg

Das Manipulationsverhalten muss eine **tatsächliche Preiseinwirkung** zur Folge haben (Rn. 40ff.). Fehlt es an einer tatsächlichen Preiseinwirkung, kann das Manipulationsverhalten nach § 39 II Nr. 1 geahndet werden.

---

[145] *Schröder,* Kapitalmarktstrafrecht, Rn. 480.
[146] *Schröder,* Kapitalmarktstrafrecht, Rn. 481.
[147] Ausführlich *Eichelberger,* Verbot der Marktmanipulation, S. 24ff., 39ff.; *Maile,* Kurs- und Marktpreismanipulation, S. 157ff.; *Schönhöft,* Marktmanipulation, S. 92ff.; *Schröder,* Kapitalmarktstrafrecht, Rn. 487ff.

e) Vorsatz

53 Unter Strafe gestellt ist ausschließlich **vorsätzliches** Handeln, wobei nach allgemeinen Grundsätzen **dolus eventualis** ausreicht. Leichtfertigkeit ist nicht sanktioniert, da auch § 39 I Nr. 1 vorsätzliches Handeln verlangt.

6. Marktmanipulation durch sonstige Täuschungshandlungen (§ 38 II iVm § 20 a I 1 Nr. 3)

a) Tatbestand

54 Nach § 38 II iVm § 20 a I 1 Nr. 3 (über § 39 I Nr. 2) wird bestraft, wer sonstige Täuschungshandlungen vornimmt und dadurch auf den inländischen Börsen- oder Marktpreis eines Finanzinstruments oder auf den Preis eines Finanzinstruments an einem organisierten Markt in einem anderen EU-Mitgliedstaat oder in einem anderen EWR-Vertragsstaat einwirkt. Die Tatmodalität fungiert als **Auffangtatbestand**.[148] Angesichts der unbestimmten Formulierung („sonstige") ist eine **restriktive Auslegung** unter Berücksichtigung der Konkretisierungen durch die MaKonV geboten.[149]

b) Täterkreis

55 Täter der Marktmanipulation durch sonstige Täuschungshandlungen kann in Bezug auf Handlungen jedermann sein **(Allgemeindelikt)**, in Bezug auf Unterlassungen (Rn. 56) kommt aber nur derjenige als Täter in Betracht, dem eine besondere Offenbarungspflicht obliegt **(Sonderdelikt)** oder der nach § 14 StGB (Vor §§ 38 ff. Rn. 19 ff.) für eine Person handelt, der diese Pflicht obliegt.

c) Tathandlung

56 Tathandlung ist die Vornahme von **sonstigen Täuschungshandlungen** (im Einzelnen § 20 a Rn. 60 ff.). Nach § 4 I MaKonV soll es sich hierbei um Handlungen oder Unterlassungen handeln, die geeignet sind, einen verständigen Anleger über die wahren wirtschaftlichen Verhältnisse in die Irre zu führen. Besonders problematisch ist hierbei die Erfassung von **Unterlassungen** als Täuschungshandlung; insoweit ist restriktiv zu fordern, dass eine gesetzliche Offenbarungspflicht oder zumindest eine Garantenstellung i. S. d. § 13 StGB besteht.[150] Einschlägig ist vor allem (vgl. die Konkretisierungen in § 4 II, III MaKonV) das Verbreiten von **Gerüchten** und von unrichtigen, fehlerhaften, verzerrenden oder von wirtschaftlichen Interessen beeinflussten **Finanzanalysen** und **Empfehlungen**[151] mit dem Ziel der Kursbeeinflussung (zB beim Scalping). Im Gegensatz zu § 39 I Nr. 2 ist es nicht ausreichend, dass nur eine Täuschungshandlung vorliegt, sondern es muss mindestens eine Person hiervon auch Kenntnis erlangt haben, da sonst zwischen Manipulationsverhalten und Preiseinwirkung keine Kausalität („dadurch") bestehen kann.

---

[148] *Schröder*, Kapitalmarktstrafrecht, Rn. 379.
[149] *Schröder*, Kapitalmarktstrafrecht, Rn. 545 f.; für Verfassungswidrigkeit des § 20 a I 1 Nr. 3 mangels hinreichender Bestimmtheit *Schönhöft*, Marktmanipulation, S. 123 ff., 130.
[150] *Schröder*, Kapitalmarktstrafrecht, Rn. 550.
[151] *Maile*, Kurs- und Marktpreismanipulation, S. 159 ff.; *Müller-Gugenberger/Bieneck/Nack*, Wirtschaftsstrafrecht, § 68 Rn. 17; *Wabnitz/Janovsky/Benner*, Handbuch, 9/175.

d) Tätererfolg

Das Manipulationsverhalten muss zu einer **tatsächlichen Preiseinwirkung** 57
führen (Rn. 40 ff.). Ist eine tatsächliche Preiseinwirkung nicht feststellbar, besteht
die Möglichkeit der Ahndung des Manipulationsverhaltens nach § 39 I Nr. 2.

e) Vorsatz

Vorausgesetzt wird **vorsätzliches** Handeln. **Dolus eventualis** genügt. 58
Leichtfertiges Handeln ist nicht sanktioniert, da auch § 39 I Nr. 2 Vorsatz voraussetzt.

IV. Ausländische Verbote (§ 38 V)

1. Allgemeines

Nach § 38 V stehen dem deutschen Verbot von Insidergeschäften nach § 14 I 59
und dem Verbot der Marktmanipulation nach § 20a I 1 entsprechende ausländische Verbote gleich. **Strukturell** lehnt sich die Regelung an Art. 2 des Gesetzes
zu dem Übereinkommen v. 26. 10. 1979 über den physischen Schutz von Kernmaterial v. 24. 4. 1990 an.[152] Die dynamische Verweisung auf ausländisches Recht
ist **verfassungskonform,** da durch das Entsprechenserfordernis gewährleistet ist,
dass sich die ausländischen Verbote mit den deutschen Verboten decken.[153]
Die Auffassung des Gesetzgebers,[154] dass die Regelung **notwendig**[155] sei, da die
Funktionsfähigkeit des europäischen Kapitalmarktes auch von einem europäischen Nachbarstaat, einem EWR-Vertragsstaat oder vom außereuropäischen
Ausland her gefährdet werden könne, trifft im Ergebnis zu. Denn die Regelung
ist nicht überflüssig,[156] sondern zur Erweiterung des Anwendungsbereiches des
§ 38 I–IV erforderlich, um **Auslandssachverhalte zu erfassen,** die nach den
allgemeinen Regeln des internationalen Strafrechts (§§ 3–7, 9 StGB) iVm den
Regeln des internationalen Verwaltungsrechts **(Doppelprüfung)** nicht erfasst
werden können.[157] Hierbei ist § 38 V aber im Wesentlichen nur für den strafbaren Insiderhandel von Bedeutung.[158] Im Übrigen erweitert § 38 V lediglich den
Anwendungsbereich des § 38, nicht aber den Anwendungsbereich der kapitalmarktrechtlichen Vorschriften der §§ 14 I, 20a I 1.[159] Deren territorialer An-

---

[152] RegE 2. FFG BT-Drucks. 12/6679, S. 57.
[153] *Assmann/Schneider/Vogel,* § 38 Rn. 30; KölnKommWpHG-*Altenhain,* § 38 Rn. 23; *Park/Hilgendorf,* §§ 38 I Nr. 1–3, 12, 13, 14 WpHG Rn. 18; *Schönhöft,* Marktmanipulation, S. 37; *Schröder,* Kapitalmarktstrafrecht, Rn. 366.
[154] Vgl. zum Verbot von Insidergeschäften RegE 2. FFG BT-Drucks. 12/6679, S. 57; zum Verbot der Marktmanipulation RegE 4. FFG BT-Drucks. 14/8017, S. 98 f.
[155] So auch *Achenbach/Ransiek/Schröder,* Handbuch, X 2 Rn. 175; *Schönhöft,* Marktmanipulation, S. 178; *Többens,* Wirtschaftsstrafrecht, S. 272.
[156] Überblick zu den vertretenen Ansichten bei *Nietsch,* Internationales Insiderrecht, S. 77 ff.
[157] Vgl. *Arlt,* Anlegerschutz, S. 352, 359; *Assmann/Schneider/Vogel,* § 38 Rn. 31; *Eichelberger,* Verbot der Marktmanipulation, S. 226; *Erbs/Kohlhaas/Wehowsky,* § 38 WpHG Rn. 41; KölnKommWpHG-*Altenhain,* § 38 Rn. 104, 115; *Kondring* WM 1998, 1369, 1371; *Schönhöft,* Marktmanipulation, S. 178; *Schröder,* Kapitalmarktstrafrecht, Rn. 366, 618 f.; *Ziouvas,* Kapitalmarktstrafrecht, S. 55.
[158] Ebenso *Assmann/Schneider/Vogel,* § 38 Rn. 32; *Schönhöft,* Marktmanipulation, S. 179.
[159] *Assmann/Schneider/Vogel,* § 38 Rn. 37; KölnKommWpHG-*Altenhain,* § 38 Rn. 116.

wendungsbereich erstreckt sich seit dem AnSVG gemäß § 1 II zusätzlich auch auf Handlungen und Unterlassungen, die im Ausland vorgenommen werden, sofern sie Finanzinstrumente betreffen, die an einer inländischen Börse gehandelt werden.[160]

2. Anwendung der allgemeinen Regeln und des § 38 V

60 Der räumliche Anwendungsbereich des § 38 I–IV richtet sich zunächst nach den **allgemeinen Regeln des internationalen Strafrechts** (§§ 3–7, 9 StGB). Danach können Taten grundsätzlich nur dann bestraft werden, wenn sie **im Inland** oder auf einem **Schiff oder Luftfahrzeug** begangen werden, das berechtigt ist, die Bundesflagge oder das Staatszugehörigkeitszeichen der Bundesrepublik Deutschland zu führen (§§ 3, 4 StGB) (Territorialitäts- und Flaggenprinzip). Angeknüpft werden kann sowohl an den **Tätigkeits-** als auch den **Erfolgsort**, da eine Tat an jedem Ort begangen ist, an dem der Täter gehandelt hat oder im Falle des Unterlassens hätte handeln müssen oder an dem der zum Tatbestand gehörende Erfolg eingetreten ist oder nach der Vorstellung des Täters eintreten sollte (§ 9 I StGB, Ubiquitätsprinzip). Für Mittäter ist Tatort nach hM jeder Ort, an dem auch nur einer von ihnen tätig wird.[161] Tatort der Teilnahme ist sowohl der Ort der Haupttat als auch der Ort, an dem der Teilnehmer gehandelt hat oder im Falle des Unterlassens hätte handeln müssen oder an dem nach seiner Vorstellung die Tat begangen werden sollte (§ 9 II 1 StGB). § 38 I–IV findet demnach Anwendung, wenn die **Tathandlung im Inland** vorgenommen wurde. Soweit § 38 I–IV **Begehungsdelikte** sind, reicht es aus, dass zumindest ein Teil der Tathandlung im Inland vorgenommen wurde, bei dem **echten Unterlassungsdelikt** des § 38 II iVm § 20a I Nr. 1 Alt. 2 ist entscheidend, dass die Offenbarungspflicht im Inland zu erfüllen ist. Wurde demgegenüber die **Tathandlung im Ausland** vorgenommen, findet § 38 I–IV Anwendung, wenn ein inländischer Anknüpfungspunkt besteht. Hierbei ist zwischen dem strafbaren Insiderhandel, der ein schlichtes Tätigkeits- und abstraktes Gefährdungsdelikt ist, und der strafbaren Marktmanipulation, die ein Erfolgs- und Verletzungsdelikt darstellt, zu trennen[162] (dazu sogleich). Darüber hinaus gelangt § 38 I–IV auch dann zur Anwendung, wenn der Täter zur Tatzeit Deutscher war oder es nach der Tat geworden ist und die Tat am Tatort mit Strafe bedroht ist oder der Tatort keiner Strafgewalt unterliegt (§ 7 II Nr. 1 StGB, aktives Personalitätsprinzip).[163]

61 Bei **Verstößen gegen das Verbot der Marktmanipulation (§ 20a I 1)** ist § 38 II nicht nur dann anwendbar, wenn der Handlungsort im Ausland liegt und der Erfolgsort im Inland ist, sondern auch dann, wenn der Handlungsort im Ausland und der Erfolgsort in einem anderen EU-Mitgliedstaat oder EWR-Vertragsstaat liegt. Denn das Verbot der Marktmanipulation des § 20a I 1 beschränkt sich nicht auf Sachverhalte, bei denen Handlungs- und Erfolgsort sich im Inland befinden, sondern unabhängig vom Handlungsort kann der tatsächliche, mögliche oder zumindest angestrebte Erfolgsort im Inland, einem anderen EU-Mitgliedstaat oder EWR-Vertragsstaat liegen,[164] da das Verbot der Marktma-

---

[160] KölnKommWpHG-*Altenhain*, § 38 Rn. 110 ff.
[161] *Tröndle/Fischer*, StGB, § 9 Rn. 3 mwN.
[162] *Assmann/Schneider/Vogel*, § 38 Rn. 32.
[163] Näher KölnKommWpHG-*Altenhain*, § 38 Rn. 125.
[164] *Assmann/Schneider/Vogel*, § 20a Rn. 34; *Schönhöft*, Marktmanipulation, S. 48.

nipulation nicht auf inländische Märkte und Finanzinstrumente begrenzt ist, sondern sich auch auf andere EU-Mitgliedstaaten und EWR-Vertragsstaaten erstreckt. Dass § 20a I 1 nur die Vornahme einer zur Preiseinwirkung geeigneten Manipulationshandlung verbietet und – im Gegensatz zu § 38 II – keine Preiseinwirkung als Erfolg voraussetzt, steht der Anknüpfung an den Erfolgsort nicht entgegen,[165] da ohne dessen Berücksichtigung gar keine Aussage darüber möglich ist, ob die Handlung überhaupt dem Verbot der Marktmanipulation unterliegt. Einer Erweiterung des Anwendungsbereiches des § 38 II durch § 38 V bedarf es deshalb grundsätzlich nicht. Folgt man dieser Argumentation nicht, ist – soweit kein Fall des § 1 II oder § 7 II Nr. 1 StGB vorliegt – § 38 V im Rahmen des § 38 II heranzuziehen, um an den ausländischen Handlungsort anknüpfen zu können.

Verstöße gegen das Verbot von Insidergeschäften (§ 14 I) können hingegen nach den allgemeinen Regeln nur dann von § 38 I, III, IV erfasst werden, wenn die Tathandlung zumindest zum Teil im Inland vorgenommen wird – wofür im Falle des § 38 I Nr. 1 die Auftragsausführung an einer inländischen Börse genügt[166] –, da abstrakte Gefährdungsdelikte nach hL[167] keinen Erfolgsort i. S. v. § 9 StGB haben, weil sie einen „zum Tatbestand gehörende(n) Erfolg" nicht aufweisen. Dies ist aber anders, wenn man der neueren Rechtsprechung des BGH[168] folgt, wonach auch abstrakte Gefährdungsdelikte einen inländischen Erfolgsort aufweisen, sofern die Begehung der Tat im Ausland eine (konkrete) Gefährdung oder Schädigung des geschützten Rechtsguts im Inland als „Tatererfolg" nach sich ziehen kann. Der BGH begründet dies damit, dass der Gesetzgeber mit dem Merkmal „zum Tatbestand gehörender Erfolg" keine Begrenzung auf Erfolgsdelikte beabsichtigt habe, sondern lediglich klarstellen wollte, dass der Eintritt des Erfolgs in enger Beziehung zum Tatbestand zu sehen ist. Diese weite Auslegung trägt zwar kriminalpolitischen Bedürfnissen Rechnung und vermeidet Strafbarkeitslücken, sie führt aber bei schlichten Tätigkeitsdelikten zu einer bedenklichen und i. d. R. auch undurchsetzbaren globalen Ausdehnung des deutschen Strafanspruchs und der Verfolgungspflicht. Wenn demnach der Handlungsort im Ausland liegt, bedarf es zur Erfassung – sofern nicht § 1 II Anwendung findet, weil es um ein Finanzinstrument geht, das an einer inländischen Börse gehandelt wird, oder § 7 II Nr. 1 StGB greift – einer Erweiterung des Geltungsbereiches durch § 38 V. Hierbei ermöglicht die Anknüpfung an das ausländische Verbot die Einbeziehung des ausländischen Handlungsorts.

3. Entsprechendes ausländisches Verbot

Nach § 38 V müssen die ausländischen Verbote den deutschen Verbotsvorschriften des § 14 I bzw. § 20a I entsprechen. Dass die Verbote, bei denen es sich um **europäische und außereuropäische Verbote** handeln kann, mit den deutschen Verbotsvorschriften wörtlich übereinstimmen, kann hierbei nicht gefordert werden, wohl aber, dass das konkrete Verhalten nach dem deutschen und dem ausländischen Recht verboten ist, d. h. sich die **Verbote in Bezug auf das**

---

[165] AA KölnKommWpHG-*Altenhain*, § 38 Rn. 106.
[166] *Assmann/Schneider/Vogel*, § 38 Rn. 33; *Kondring* WM 1998, 1369, 1372.
[167] Vgl. nur *Schönke/Schröder/Eser*, StGB, § 9 Rn. 6 mwN.
[168] BGHSt. 42, 235, 242 f.; 46, 212, 222 f.

konkrete Verhalten inhaltlich decken.[169] Es reicht daher nicht aus, dass Insidergeschäfte oder Marktmanipulationen zwar im ausländischen Recht grundsätzlich verboten sind, aber im konkreten Fall das ausländische Verbot nicht greift, weil es enger ist. Umgekehrt scheidet eine Bestrafung gemäß § 38 auch dann aus, wenn das konkrete Verhalten nur nach dem ausländischen Recht verboten ist, nicht aber nach den deutschen Verbotsvorschriften, da § 38 V keine Ausdehnung des Tatbestands zur Folge hat[170] und es in diesem Fall am Entsprechenserfordernis fehlt. Die konkrete Tat muss also, hätte sie im Inland stattgefunden, nach § 14 I bzw. § 20 a I verboten und nach § 38 strafbar gewesen sein.[171] Im Übrigen kann das ausländische Verbot abstrakt betrachtet durchaus hinter dem deutschen Verbot zurückbleiben oder darüber hinausgehen. Das Verbot muss aber auch im ausländischen Recht ein **gesetzliches Verbot von Insidergeschäften und der Marktmanipulation** sein,[172] da es sonst an dem Entsprechenserfordernis fehlt; es reicht deshalb nicht aus, dass sich das Verbot nur aus ausländischen Verwaltungsakten oder Verwaltungsvorschriften ergibt oder das konkrete Verhalten im Ausland als Betrug oder Geheimnisverrat bestraft werden kann. Ohne Bedeutung ist schließlich, ob der Verstoß nach dem ausländischen Recht mit straf- oder verwaltungsrechtlichen Sanktionen belegt werden kann,[173] da § 38 V nur das Vorhandensein von **entsprechenden Verbotsvorschriften,** nicht aber von entsprechenden Sanktionsvorschriften verlangt. Daher können trotz einer fehlenden Strafbewehrung im ausländischen Recht keine Strafbarkeitslücken entstehen.

V. Anwendung des Allgemeinen Teils des StGB

1. Zeitliche Geltung und Zeit der Tat (§§ 2, 8 StGB)

64 Die Bestrafung nach § 38 setzt voraus, dass das Verhalten zur Zeit der Tat **unter Strafe gestellt** war. Dies ergibt sich aus dem **Rückwirkungsverbot** (Art. 103 II GG; § 1 StGB), das es dem Gesetzgeber untersagt, Taten nachträglich einer zur Zeit der Tat noch nicht existierenden Strafandrohung zu unterwerfen oder die Strafandrohung nachträglich zu verschärfen. Von Bedeutung ist dies, wenn Verstöße erstmalig für strafbar erklärt werden, wie dies bei Einführung des § 38 und den späteren Ergänzungen der Fall war, oder der jetzige Strafrahmen des § 38 I, II oder IV künftig erhöht werden sollte. Die Strafe und ihre Neben-

---

[169] Vgl. *Eichelberger,* Verbot der Marktmanipulation, S. 228; KölnKommWpHG-*Altenhain,* § 38 Rn. 118; *Park/Hilgendorf,* §§ 38 I Nr. 1–3, 12, 13, 14 WpHG Rn. 15; *Schröder,* Kapitalmarktstrafrecht, Rn. 366, 619; aA *Assmann/Schneider/Vogel,* § 38 Rn. 33.
[170] Vgl. *Nietsch,* Internationales Insiderrecht, S. 133 ff.
[171] *Eichelberger,* Verbot der Marktmanipulation, S. 228; KölnKommWpHG-*Altenhain,* § 38 Rn. 119; *Kondring,* WM 1998, 1369, 1372; *Park/Hilgendorf,* §§ 38 I Nr. 1–3, 12, 13, 14 WpHG Rn. 15; *Schwark/Zimmer,* § 38 WpHG Rn. 6; im Ergebnis ebenso *Assmann/Schneider/Vogel,* § 38 Rn. 36.
[172] *Assmann/Schneider/Vogel,* § 38 Rn. 33; KölnKommWpHG-*Altenhain,* § 38 Rn. 117.
[173] *Arlt,* Anlegerschutz, S. 357 f.; *Assmann/Schneider/Vogel,* § 38 Rn. 33; *Eichelberger,* Verbot der Marktmanipulation, S. 229; KölnKommWpHG-*Altenhain,* § 38 Rn. 117; aA *Erbs/Kohlhaas/Wehowsky,* § 38 WpHG Rn. 42; *Möller* WM 2002, 309, 316 f.; *Park/Sorgenfrei,* §§ 20 a, 38 I Nr. 4, 39 WpHG Rn. 77; *Schröder,* Kapitalmarktstrafrecht, Rn. 369, 619.

folgen bestimmen sich nach dem Gesetz, das zur **Zeit der Tat** gilt (§ 2 I StGB). **Begangen** ist eine Tat zu der Zeit, zu welcher der Täter oder der Teilnehmer gehandelt hat oder im Falle des Unterlassens hätte handeln müssen; wann der Erfolg eintritt, ist nicht maßgebend (§ 8 StGB).

Wird die **Strafandrohung während der Begehung der Tat geändert**, ist das Gesetz anzuwenden, das bei Beendigung der Tat gilt (§ 2 II StGB). Von Bedeutung ist dies, wenn sich zB eine Marktmanipulation über einen längeren Zeitraum erstreckte und damit statt § 38 I Nr. 4 aF ausschließlich § 38 II Anwendung findet. Wird das **Gesetz vor der Entscheidung geändert** – gemeint ist die letztinstanzliche Entscheidung[174] –, so ist das mildeste Gesetz anzuwenden (§ 2 III StGB, Günstigkeitsprinzip). In Bezug auf § 88 II BörsG aF besteht **Unrechtskontinuität** zu § 38 I Nr. 4 aF[175] und § 38 II,[176] da lediglich ein abstraktes Gefährdungsdelikt in ein Erfolgs- und Verletzungsdelikt umgewandelt wurde, so dass bei Alttaten für den konkreten Einzelfall[177] zu prüfen ist, welche Regelung das mildere Gesetz darstellt. Kann die Tat **nach späterem Recht nicht mehr bestraft** werden, stellt es eindeutig das mildeste Gesetz dar. Eine Alttat nach § 88 I Nr. 2 BörsG aF kann, falls eine Einwirkung auf den Kurs fehlte, nunmehr als Ordnungswidrigkeit nach § 39 I Nr. 2 **geahndet** werden (vgl. § 39 Rn. 85). Der Begriff „Gesetz" schließt den gesamten Rechtszustand im Bereich des materiellen Rechts ein, von dem die Strafbarkeit abhängig ist.[178] Daher sind auch spätere Änderungen der Ausfüllungsnormen (zB die Streichung des Absichtserfordernisses in § 20a I Nr. 2 aF durch das AnSVG) zu berücksichtigen. 65

2. Räumliche Geltung und Ort der Handlung (§§ 3–7, 9 StGB)

Der räumliche Geltungsbereich des § 38 I–IV richtet sich nach den **allgemeinen Regeln** des internationalen Strafrechts, wobei § 38 V eine **bereichsspezifische Erweiterung** vorsieht (vgl. Rn. 60 ff.). 66

3. Täterschaft und Teilnahme (§§ 25 ff. StGB)

Für Täterschaft und Teilnahme gelten die §§ 25 ff. StGB. Bei § 38 kommen alle **Täterschaftsformen** in Betracht, d.h. unmittelbare Täterschaft (§ 25 I Alt. 1 StGB), mittelbare Täterschaft (§ 25 I Alt. 2 StGB), Mittäterschaft (§ 25 II StGB) und Nebentäterschaft. Dasselbe gilt für die **Teilnahmeformen**, d.h. Anstiftung (§ 26 StGB) und Beihilfe (§ 27 I StGB). **Täter** eines strafbaren Insiderhandels können im Falle des § 38 I Nr. 1 sowohl Primär- als auch Sekundärinsider sein, im Falle des § 38 I Nr. 2 hingegen nur Primärinsider. Täter einer nach 67

---

[174] *Schönke/Schröder/Eser*, StGB, § 2 Rn. 16.
[175] Vgl. BGHSt. 48, 373, 383; *Schönhöft*, Marktmanipulation, S. 39 f.; aA LG München I NJW 2003, 2328, 2330; *Eichelberger*, Verbot der Marktmanipulation, S. 382 ff.
[176] *Erbs/Kohlhaas/Wehowsky*, § 38 WpHG Rn. 37; *Müller-Gugenberger/Bieneck/Nack*, Wirtschaftsstrafrecht, § 68 Rn. 27.
[177] Vgl. BGHSt. 48, 373, 382 f.; *Erbs/Kohlhaas/Wehowsky*, § 38 WpHG Rn. 35 ff.; *Park/Sorgenfrei*, §§ 20a, 38 I Nr. 4, 39 WpHG Rn. 83 f.; ausführlich *Maile*, Kurs- und Marktpreismanipulation, S. 207 ff.
[178] *Tröndle/Fischer*, StGB, § 2 Rn. 8 mwN.

§ 38 II strafbaren Marktmanipulation kann jedermann sein, es sei denn, die Manipulation wird durch ein Unterlassen begangen (vgl. Rn. 44 und 55). **Mittelbare Täterschaft** liegt insbesondere dann vor, wenn sich der Insider bzw. der Manipulierende eines gutgläubig (vorsatzlos) handelnden Werkzeugs (zB eines Brokers, eines Journalisten) bedient,[179] kann aber gemäß der neueren BGH-Rechtsprechung auch im Falle der mittelbaren Täterschaft kraft Organisationsherrschaft vorliegen, wenn eine auf die Begehung von Straftaten ausgerichtete unternehmerische Organisationsstruktur geschaffen wurde.[180] **Mittäterschaft** ist in den Fällen des § 38 I Nr. 1 zwischen einem Primär- und einem Sekundärinsider möglich,[181] während bei § 38 I Nr. 2 nur Primärinsider Mittäter sein können. Mittäterschaft liegt zB dann vor, wenn in einem Kollegialorgan eine einverständliche Beschlussfassung über Erwerb oder Veräußerung eines Insiderpapiers durch mehrere Insider erfolgt.[182] Auch in den Fällen des § 38 II genügt die einverständliche Beschlussfassung über eine Marktmanipulation durch ein Kollegialorgan oder das einverständliche Zusammenwirken mehrerer Mitglieder.[183] Einzelne Erscheinungsformen der Marktmanipulation (zB Matched Orders, Circular Trading) setzen eine mittäterschaftliche Begehung voraus.

68 **Teilnehmer eines Insiderhandels nach § 38 I Nr. 1** können Personen sein, die **keine Insider** sind, d. h. selbst nicht über Insiderinformationen verfügen. Praktische Relevanz besitzen vor allem die Fälle, in denen ein **Bankmitarbeiter eine Kundenorder ausführt,** die in Kenntnis einer Insiderinformation erteilt wurde. Stehen dem Bankmitarbeiter bezüglich Erwerb und Veräußerung Handlungsspielräume zu, kann er selbst **Täter** sein, wenn er durch die Insiderinformation zur Vornahme des Geschäfts veranlasst wurde.[184] Hatte der Bankmitarbeiter keinen Handlungsspielraum, kommt nur eine **Beihilfe** in Betracht. Rein äußerlich betrachtet liegt allerdings ein neutrales, berufstypisches Verhalten vor, da mit der Ausführung der Kundenorder eine alltägliche und an sich legale Dienstleistung erbracht wird. Die Lösung der Fälle der „neutralen Beihilfe" ist sehr umstritten.[185] Nach den Grundsätzen der neueren Rechtsprechung des BGH[186] liegt eine Beihilfe dann vor, wenn der Bankmitarbeiter wusste, dass sein Tun zur Begehung einer Straftat genutzt wird, da dann eine Solidarisierung mit dem Täter erfolgt. Hielt der Bankmitarbeiter dies hingegen lediglich für möglich, so soll eine strafbare Beihilfe nur dann vorliegen, wenn das von ihm erkannte Risiko eines strafbaren Verhaltens des unterstützten Auftraggebers derart hoch war, dass er sich die Förderung eines erkennbar tatgeneigten Täters „angelegen" sein ließ, d. h. der Bankmitarbeiter die Begehung der Haupttat „für überaus wahrscheinlich" gehalten hat. Nach Ansicht des BGH setzt daher eine strafbare

---

[179] *Assmann/Schneider/Vogel,* § 38 Rn. 39; KölnKommWpHG-*Altenhain,* § 38 Rn. 133; *Park/Hilgendorf,* §§ 38 I Nr. 1–3, 12, 13, 14 WpHG Rn. 147; *Park/Sorgenfrei,* §§ 20 a, 38 I Nr. 4, 39 WpHG Rn. 85; *Schröder,* Kapitalmarktstrafrecht, Rn. 341, 609, 614.
[180] Vgl. BGHSt. 40, 218, 236 f.; hierzu *Schönke/Schröder/Cramer/Heine,* StGB, § 25 Rn. 25 a.
[181] LG Stuttgart wistra 2003, 153, 158.
[182] *Assmann/Schneider/Vogel,* § 38 Rn. 40; *Park/Hilgendorf,* §§ 38 I Nr. 1–3, 12, 13, 14 WpHG Rn. 147, 150; *Schlitt* NZG 2006, 925, 930.
[183] Vgl. *Park/Sorgenfrei,* §§ 20 a, 38 I Nr. 4, 39 WpHG Rn. 87.
[184] *Park/Hilgendorf,* §§ 38 I Nr. 1–3, 12, 13, 14 WpHG Rn. 153.
[185] Vgl. *Ambos* JA 2000, 721 ff.; *Beckemper* Jura 2001, 163 ff.; *Rotsch* Jura 2004, 14 ff.
[186] Vgl. BGHSt. 46, 107, 112; zust. *Erbs/Kohlhaas/Wehowsky,* § 38 WpHG Rn. 26.

Beihilfe mehr als ein bloßes Für-Möglich-Halten und Billigen voraus. Diese restriktive, die Strafbarkeit begrenzende Sichtweise verdient Zustimmung,[187] solange ein überzeugenderes und besser handhabbares Abgrenzungskriterium nicht gefunden ist. Im Ergebnis bedeutet dies, dass an den Eventualvorsatz sehr hohe Anforderungen zu stellen sind,[188] d. h. Tatumstände vorhanden sein müssen, die besonderes Gewicht besitzen. Entsprechendes gilt für die Ausführung von Kundenordern im Rahmen von Marktmanipulationen.[189]

Sekundärinsider, die Insiderinformationen weitergeben, können Teilnehmer eines Insiderhandels nach § 38 I Nr. 1 sein. Eine Strafbarkeit des Sekundärinsiders nach § 38 I Nr. 2 scheidet zwar aus, der Empfänger der Insiderinformation wird aber selbst zum Insider, so dass er sich bei Erwerb oder Veräußerung der Insiderinformation nach § 38 I Nr. 1 strafbar macht. Handelte der Sekundärinsider vorsätzlich in Bezug auf die Weitergabe und den nachfolgenden Erwerb oder die Veräußerung, ist er Anstifter, sofern er den Tatentschluss hervorruft, oder Gehilfe, sofern er auf einen schon zur Tat Entschlossenen trifft und die Tat zumindest psychisch fördert.[190] 69

Für einen **Teilnehmer,** der als **Nichtinsider** an der Tat eines Insiders teilnimmt, soll nach verbreiteter Ansicht[191] die **Anwendung von 28 I StGB** und damit eine obligatorische Strafmilderung nach § 49 I StGB ausscheiden. Die Insidereigenschaft könne kein besonderes persönliches Merkmal sein, da sie (eher) tat- als täterbezogen sei. Dem ist jedoch entgegenzuhalten, dass bei § 38 I Nr. 2 a–c durch die Insiderstellung, die durch die Kenntnis von einer Insiderinformation begründet wird, Status und Pflichten einer bestimmten Person in einer bestimmten Situation beschrieben werden. Im Übrigen gelangt nach hM[192] § 28 I StGB auch bei § 203 StGB, der eine statusbezogene Geheimhaltungspflicht schützt, zur Anwendung. Bei § 38 I Nr. 2 a–c ist daher die Insiderstellung täterbezogen.[193] Im Gegensatz hierzu ist beim Straftatinsider (§ 38 I Nr. 2 d) die Insiderstellung tatbezogen. 70

4. Begehen durch Unterlassen (§ 13 StGB)

Bei dem **echten Unterlassungsdelikt** des § 38 II iVm § 20a I Nr. 1 Alt. 2 („Verschweigen") erschöpft sich die Begehung in dem Verstoß gegen eine Gebotsnorm durch Unterlassen der geforderten Tätigkeit. Demgegenüber handelt es sich bei **unechten Unterlassungsdelikten** um Delikte, bei denen der Unterlassende als Garant zur Abwendung eines bestimmten Erfolgs verpflichtet ist. Für diese Delikte legt § 13 I StGB fest, unter welchen Voraussetzungen das Unterlas- 71

---

[187] AA KölnKommWpHG-*Altenhain*, § 38 Rn. 136.
[188] *Erbs/Kohlhaas/Wehowsky*, § 38 WpHG Rn. 27; *Park/Hilgendorf*, §§ 38 I Nr. 1–3, 12, 13, 14 WpHG Rn. 156; *Schröder*, Kapitalmarktstrafrecht, Rn. 350.
[189] *Schröder*, Kapitalmarktstrafrecht, Rn. 611 ff.
[190] Vgl. *Assmann/Schneider/Vogel*, § 38 Rn. 43; *Bergmann/Drees* StraFo 2005, 364, 369; *Erbs/Kohlhaas/Wehowsky*, § 38 WpHG Rn. 28; *Heise*, Insiderhandel, S. 173 ff.; KölnKommWpHG-*Altenhain*, § 38 Rn. 135.
[191] *Assmann/Schneider/Vogel*, § 38 Rn. 43; *Heise*, Insiderhandel, S. 91 ff.; KölnKomm WpHG-*Altenhain*, § 38 Rn. 137; *Kohlmann* in FS Vieregge, S. 443, 449.
[192] *Tröndle/Fischer*, StGB, § 203 Rn. 49 mwN.
[193] *Erbs/Kohlhaas/Wehowsky*, § 38 WpHG Rn. 21; *Park/Hilgendorf*, §§ 38 I Nr. 1–3, 12, 13, 14 WpHG Rn. 148; *Schwark*, § 13 WpHG Rn. 3.

§ 38   72   Abschnitt 12. Straf- und Bußgeldvorschriften

sen dem Tun gleichsteht. Nach hM[194] können nicht nur Erfolgs-, sondern auch schlichte Tätigkeitsdelikte durch garantenpflichtwidriges Unterlassen begangen werden, da der „Erfolg" iSv § 13 I StGB, der „zum Tatbestand gehört", nur die Wirkung beschreibt, die von dem tatbestandlichen Ereignis ausgeht, das der Garant nicht abwendet, d. h. der „Erfolg" besteht in dem tatbestandlichen Geschehen. Allerdings muss die Begehung durch Unterlassen auch der Verwirklichung des gesetzlichen Tatbestandes durch ein Tun entsprechen (Modalitätenäquivalenz). Daher scheidet die Begehung des § 38 I Nr. 1 durch garantenpflichtwidriges Unterlassen grundsätzlich aus, da der Tatbestand fordert, dass der Insider ein Insiderpapier „erwirbt" oder „veräußert" und damit der Möglichkeit des Begehens durch Unterlassen eine Grenze setzt.[195] Dasselbe gilt nach hM[196] auch für Verhaltensweisen, die einem Unterlassen gleichstehen, da im Ergebnis weder ein Erwerb noch eine Veräußerung stattfindet. Relevant ist dies bei der Stornierung einer erteilten, aber noch nicht ausgeführten Kauf- oder Verkaufsorder oder bei Nichtausübung einer Kauf- oder Verkaufsoption. Auch die Begehung des § 38 I Nr. 2 durch garantenpflichtwidriges Unterlassen, d. h. durch Nicht-Mitteilen, Nicht-Zugänglichmachen, Nicht-Empfehlen und Nicht-Verleiten, ist grundsätzlich nicht möglich. Die Begehung des § 38 II iVm § 20a I 1 Nr. 1 Alt. 1 durch garantenpflichtwidriges Unterlassen, d. h. durch das Nicht-Machen von richtigen Angaben, scheidet ebenfalls grundsätzlich aus, da das Verschweigen von Umständen eigenständig erfasst ist (Alt. 2). Allerdings können unrichtige Angaben dann durch garantenpflichtwidriges Unterlassen „gemacht" (Unterlassen durch Begehen) werden, wenn der Garant erkennt, dass gutgläubig gemachte Angaben unrichtig waren oder unrichtig geworden sind, und er diese nicht rechtzeitig berichtigt (Garantenstellung aus Ingerenz, kommunikative Verkehrssicherungspflicht).[197] Im Übrigen ist auch die Begehung des § 38 II iVm § 20a I 1 Nr. 2 durch garantenpflichtwidriges Unterlassen grundsätzlich ausgeschlossen.[198] Hingegen kann § 38 II iVm § 20a I Nr. 3 durch garantenpflichtwidriges Unterlassen begangen werden (vgl. Rn. 56).

72   Die von § 13 I StGB vorausgesetzte **Garantenstellung** kann sich nach der traditionellen Lehre aus Gesetz, Vertrag bzw. tatsächlicher Übernahme, Ingerenz (vorangegangenem gefährdendem Tun) und auch aus enger Lebensbeziehung ergeben; hingegen unterscheidet die moderne Lehre zwischen Beschützer- und Überwachungsgaranten, d. h. eine Person ist Garant, wenn sie zum Schutz von Rechtsgütern oder zur Überwachung von Gefahrenquellen rechtlich besonders verpflichtet ist.[199] Beide Betrachtungsweisen schließen sich nicht aus, sondern ergänzen sich. Ein garantenpflichtwidriges Unterlassen kann insbesondere in den

---

[194] *Tröndle/Fischer*, StGB, § 13 Rn. 2 mwN.
[195] *Assmann/Schneider/Vogel*, § 38 Rn. 45; *KölnKommWpHG-Altenhain*, § 38 Rn. 38; *Park/Hilgendorf*, §§ 38 I Nr. 1–3, 12, 13, 14 WpHG Rn. 109; *Schröder*, Kapitalmarktstrafrecht, Rn. 357.
[196] *Hellmann/Beckemper*, Wirtschaftsstrafrecht, Rn. 52; *KölnKommWpHG-Altenhain*, § 38 Rn. 38; *Park/Hilgendorf*, §§ 38 I Nr. 1–3, 12, 13, 14 WpHG Rn. 110; *Schröder*, Kapitalmarktstrafrecht, Rn. 357 f.; aA *Claussen* ZBB 1992, 267, 281.
[197] *Assmann/Schneider/Vogel*, § 20a Rn. 50; *Erbs/Kohlhaas/Wehowsky*, § 38 WpHG Rn. 33; *Hellmann/Beckemper*, Wirtschaftsstrafrecht, Rn. 70; aA *Schröder*, Kapitalmarktstrafrecht, Rn. 395.
[198] *KölnKommWpHG-Altenhain*, § 38 Rn. 86.
[199] Zusammenfassend *Schönke/Schröder/Stree*, StGB, § 13 Rn. 8 f.

Fällen der **Geschäftsherrenhaftung** vorliegen. Nach hM[200] besteht für Mitglieder der Führungsebene eines Betriebs oder Unternehmens die Pflicht, als Garanten betriebs- bzw. unternehmensbezogene Straftaten von nachgeordneten Personen zu verhindern. Abgeleitet wird dies überwiegend aus der Befehls- und Organisationsgewalt oder aus Verkehrssicherungspflichten. Der Nachweis der Beteiligung des Geschäftsherrn (Kausalität, subjektive Tatseite) bereitet jedoch in der Praxis erhebliche Schwierigkeiten, so dass häufig auf § 130 OWiG als Auffangtatbestand (vgl. Vor §§ 38 ff. Rn. 24) zurückgegriffen wird. Daher kann ausnahmsweise auch § 38 I Nr. 1 durch garantenpflichtwidriges Unterlassen begangen werden, wenn zB Angehörige der Führungsebene eines Kreditinstituts nachgeordnete Mitarbeiter an der Vornahme eines strafbaren Insidergeschäfts nicht hindern,[201] oder § 38 II, wenn Mitarbeiter an der Vornahme von strafbaren Marktmanipulationen nicht gehindert werden.[202]

5. Vorsatz und Irrtum (§§ 15–17 StGB)

§ 38 I, II verlangen **Vorsatz**, nur für § 38 IV genügt (in Bezug auf § 38 I Nr. 1) **73** Leichtfertigkeit (hierzu Rn. 35). Die Begriffe sind nicht legaldefiniert, sondern der Gesetzgeber hat ihre Ausformung Wissenschaft und Praxis überlassen. Vorsatz ist der Wille zur Verwirklichung eines Tatbestands in Kenntnis aller objektiven Tatumstände („Wissen und Wollen der Tatbestandsverwirklichung"), wobei drei **Vorsatzformen** unterschieden werden. **Absicht** liegt vor, wenn es dem Täter darauf ankommt, den Eintritt des tatbestandlichen Erfolges herbeizuführen oder den Umstand zu verwirklichen, für den das Gesetz absichtliches Handeln voraussetzt, **Wissentlichkeit,** wenn er weiß oder es als sicher voraussieht, dass sein Handeln zur Verwirklichung des Tatbestands führt. **Eventualvorsatz (dolus eventualis)** ist nach hL[203] zu bejahen, wenn der Täter die Möglichkeit der Tatbestandsverwirklichung erkannt, die Gefahr ernst genommen und sich mit dem Risiko abgefunden hat (Ernstnahmetheorie), während die Rechtsprechung[204] fordert, dass er die für möglich gehaltene Tatbestandsverwirklichung gebilligt bzw. billigend in Kauf genommen hat (Billigungstheorie); Billigung liegt nahe, wenn der Täter sein Vorhaben trotz äußerster Gefährlichkeit durchführt und die Tatbestandsverwirklichung dem Zufall überlässt. Gerade bei **professionellen Marktteilnehmern** dürfte die Praxis zur Annahme von dolus eventualis tendieren,[205] da dem Personenkreis die Risiken, die zB ein Manipulationsverhalten birgt, bekannt sind.

Bezugspunkt des Vorsatzes sind die Tatbestandsmerkmale des § 38 I, II iVm **74** mit den Verboten der §§ 14 I, 20 a 1 und den weiteren einbezogenen Normen, so dass sich der Vorsatz auf die **Tatbestandsmerkmale des § 38 I, II und aller Ausfüllungsnormen** erstrecken muss.[206] Entsprechendes gilt für ausländi-

---

[200] Vgl. nur *Eichelberger,* Verbot der Marktmanipulation, S. 338; *Rogall* ZStW 98 (1986), S. 573, 613 ff.; *Schröder,* Kapitalmarktstrafrecht, Rn. 353; *Sethe,* ZBB 2006, 243, 254 ff.; *Waßmer,* Geschäftsherrenhaftung, S. 249 ff.
[201] *Assmann/Schneider/Vogel,* § 38 Rn. 46; *Schröder,* Kapitalmarktstrafrecht, Rn. 355.
[202] *Park/Sorgenfrei,* §§ 20 a, 38 I Nr. 4, 39 WpHG Rn. 86.
[203] Vgl. nur *Schönke/Schröder/Cramer/Sternberg-Lieben,* StGB, § 15 Rn. 73 ff. mwN.
[204] BGHSt. 36, 1, 9 f.; 44, 99, 102; näher *Tröndle/Fischer,* StGB, § 15 Rn. 10 ff.
[205] Vgl. *Schröder,* Kapitalmarktstrafrecht, Rn. 237 hinsichtlich der Eignung zur erheblichen Kursbeeinflussung.
[206] *KölnKommWpHG-Altenhain,* § 38 Rn. 128; *Schröder,* Kapitalmarktstrafrecht, Rn. 237, 239.

sche Verbote (§ 38 V). Bei **deskriptiven** Tatbestandsmerkmalen, die sinnlich erfahrbar sind, genügt es, dass der Täter den natürlichen Sinngehalt erfasst hat. Bei § 38 I, II (iVm §§ 14, 20 a usw.) geht es allerdings i. d. R. um **normative** Tatbestandsmerkmale, die Rechtsbegriffe beschreiben und nur im Wege eines ergänzenden Werturteils festgestellt werden können. Der Täter muss hier nicht nur die Kenntnis der dem Rechtsbegriff zugrunde liegenden Tatsachen, sondern auch volle Bedeutungskenntnis haben. Ausreichend ist aber nach ganz hM eine **Parallelwertung in der Laiensphäre**,[207] d. h. der Täter muss die gesetzgeberische Wertung auf seiner eigenen Verstandesebene nachvollzogen und den „Begriffskern" erfasst haben.

75 Ein unbeachtlicher **Subsumtionsirrtum** liegt vor, wenn der Täter irrig annimmt, dass ein Tatbestandsmerkmal, das er nach dem Wesen zutreffend erkannt hat, nicht unter den Rechtsbegriff fällt. Dies ist zB der Fall, wenn der Täter bei § 38 I Nr. 1 das Merkmal „Insiderpapier", bei § 38 I Nr. 2 das Merkmal „verleitet" und bei § 38 II iVm § 20 a I 1 das Merkmal „einwirkt" fehlinterpretiert.

76 Hingegen ist ein **Tatbestandsirrtum** zu folgern, wenn der Täter bei Begehung der Tat einen Umstand nicht kennt, der zum gesetzlichen Tatbestand gehört. Der Tatbestandsirrtum schließt den Vorsatz aus, die Möglichkeit der Bestrafung wegen Fahrlässigkeit bleibt aber unberührt (§ 16 I 1, 2 StGB). In den Fällen des § 38 I Nr. 1 besteht daher die Möglichkeit der Bestrafung wegen Leichtfertigkeit (§ 38 IV). In Grenzfällen dürfte die Praxis zu einer pragmatischen Handhabung tendieren und, falls möglich, wegen Leichtfertigkeit bestrafen. Um einen Tatbestandsirrtum handelt es sich zB bei § 38 I, wenn der Täter irrig meint, ein Umstand sei bereits „öffentlich" bekannt (§ 38 I Nr. 1) oder dass Umstände vorliegen, nach denen er zur Weitergabe „befugt" sei[208] (§ 38 I Nr. 2 iVm § 14 I Nr. 2). Bei **§ 38 II** liegt ein Tatbestandsirrtum zB dann vor, wenn der Täter nicht erkannt hat, dass die Angaben bewertungserheblich[209] oder unrichtig sind (§ 38 II iVm § 20 a I Nr. 1 Alt. 1) oder die verschwiegenen Umstände Auswirkungen auf den Preis haben können[210] (§ 38 II iVm § 20 a I Nr. 1 Alt. 2), dass ein Auftrag ein falsches Signal für den Börsenpreis gibt (§ 38 II iVm § 20 a I Nr. 2) oder seine Handlung geeignet ist, einen verständigen Anleger zu täuschen (§ 38 II iVm § 20 a I Nr. 3).

77 Ein **Verbotsirrtum** liegt vor, wenn dem Täter bei Begehung der Tat die Einsicht fehlt, Unrecht zu tun. Konnte er den Irrtum nicht vermeiden, handelt er ohne Schuld, konnte er den Irrtum vermeiden, kann die Strafe nach § 49 I StGB gemildert werden (§ 17 I S. 1, 2 StGB). Ein Verbotsirrtum liegt bei **§ 38 I, II** vor, wenn der Täter das Bestehen einer Rechtsvorschrift, auch einer Ausfüllungsnorm,[211] oder im Falle des § 38 V das ausländische Verbot[212] nicht kannte. Bei **§ 38 I Nr. 2**

---

[207] BGHSt. 3, 248, 255; *Schönke/Schröder/Cramer/Sternberg-Lieben*, StGB, § 15 Rn. 43 a.
[208] KölnKommWpHG-*Altenhain*, § 38 Rn. 132.
[209] *Assmann/Schneider/Vogel*, § 20 a Rn. 101; *Schröder*, Kapitalmarktstrafrecht, Rn. 592.
[210] *Park/Sorgenfrei*, §§ 20 a, 38 I Nr. 4, 39 WpHG Rn. 79.
[211] Vgl. KölnKommWpHG-*Altenhain*, § 38 Rn. 129; *Park/Sorgenfrei*, §§ 20 a, 38 I Nr. 4, 39 WpHG Rn. 82; *Schröder*, Kapitalmarktstrafrecht, Rn. 595; *Schwark/Zimmer*, KMRK, § 38 WpHG Rn. 8.
[212] KölnKommWpHG-*Altenhain*, § 38 Rn. 129; *Schwark/Zimmer*, KMRK, § 38 WpHG Rn. 8.

Strafvorschriften 78, 79 § 38

iVm § 14 I Nr. 2 handelt es sich um einen Verbotsirrtum, wenn der Täter das Merkmal „unbefugt" zu eng auslegt,[213] bei § 38 II iVm § 20a I 1 Nr. 1 Alt. 2, wenn er sich über Existenz oder Umfang einer Offenbarungspflicht irrt,[214] und bei § 38 II iVm § 20a I 1 Nr. 3, wenn er glaubt, seine Handlung sei börsen- oder marktüblich.[215]

An die **Vermeidbarkeit** legt die Rechtsprechung[216] **strenge Maßstäbe** an: Ein Verbotsirrtum ist nur dann unvermeidbar, wenn der Täter bei der ihm nach den Umständen und seinem Lebens- und Berufskreis zuzumutenden Anspannung seines Gewissens sowie bei Ausschöpfung der zur Verfügung stehenden Erkenntnismittel nicht in der Lage war, das Unrecht einzusehen. Demgegenüber geht die Lehre[217] verbreitet davon aus, dass im Nebenstrafrecht geringere Anforderungen zu stellen sind, wenn eine Anspannung des Gewissens wegen der fehlenden oder schwachen Verwurzelung im Gewissen des Normadressaten nicht genügt, um zur Unrechtseinsicht zu gelangen; der Täter müsse Anlass haben, sich um die rechtliche Erheblichkeit Gedanken zu machen. Ein solcher Impuls zur Überprüfung der Rechtmäßigkeit wird ausgelöst, wenn der Täter an der Rechtmäßigkeit zweifelt oder wenn ihm in Hinblick auf einen Bereich – gerade wenn er seinen Berufskreis berührt – bekannt ist, dass Regelungen existieren.[218] Für **professionelle Marktteilnehmer** gilt daher nach allen Ansichten ein strenger Maßstab, sie müssen sich mit den einschlägigen Gesetzen und den hieraus resultierenden Grenzen ihrer Berufstätigkeit vertraut machen.[219] Dies gilt insbesondere für **Primärinsider.**[220] Demgegenüber wird es bei Sekundärinsidern und unerfahrenen Marktteilnehmern[221] eher an einem entsprechenden Impuls fehlen. Bei **Zweifeln** muss sich der Täter bei einer verlässlichen Person oder Stelle, die die Gewähr für eine pflichtgemäße Auskunftserteilung bietet, kundig machen.[222] Auf die Auskunft der BaFin kann sich der Täter hierbei verlassen,[223] ebenso auf die Auskunft eines Rechtsanwalts, der die Rechtslage sorgfältig geprüft hat. 78

6. Rechtfertigungs- und Entschuldigungsgründe

Für § 38 gelten die allgemeinen Regeln zu Rechtswidrigkeit und Schuld. Daher können Rechtfertigungs- und Entschuldigungsgründe – wie zB §§ 34, 35 StGB – Anwendung finden, wenn ein Insider oder Marktteilnehmer mittels 79

---

[213] *Assmann/Schneider/Vogel*, § 20a Rn. 50; KölnKommWpHG-*Altenhain*, § 38 Rn. 132.
[214] *Assmann/Schneider/Vogel*, § 20a Rn. 102; *Park/Sorgenfrei*, §§ 20a, 38 I Nr. 4, 39 WpHG Rn. 82.
[215] *Assmann/Schneider/Vogel*, § 20a Rn. 169.
[216] Vgl. nur BGHSt. (GrS) 2, 194, 201.
[217] *Schönke/Schröder/Cramer/Sternberg-Lieben*, StGB, § 17 Rn. 15 mwN.
[218] *Fischer/Waßmer* BB 2002, 969, 972.
[219] *Park/Hilgendorf*, §§ 38 I Nr. 1–3, 12, 13, 14 WpHG Rn. 157; *Park/Sorgenfrei*, §§ 20a, 38 I Nr. 4, 39 WpHG Rn. 82.
[220] KölnKommWpHG-*Altenhain*, § 38 Rn. 86; *Schröder*, Kapitalmarktstrafrecht, Rn. 595; zum Vorstandsvorsitzenden einer Aktiengesellschaft AG München NJW 2002, 3039.
[221] Vgl. *Erbs/Kohlhaas/Wehowsky*, § 39 WpHG Rn. 27; KölnKommWpHG-*Altenhain*, § 38 Rn. 130; *Park/Hilgendorf*, §§ 38 I Nr. 1–3, 12, 13, 14 WpHG Rn. 157.
[222] KölnKommWpHG-*Altenhain*, § 38 Rn. 130.
[223] *Assmann/Schneider/Vogel*, § 38 Rn. 51; KölnKommWpHG-*Altenhain*, § 38 Rn. 130; *Widder/Kocher* AG 2007, 13, 18.

Drohung mit gegenwärtiger **Gefahr für Leben, Leib oder Freiheit** gezwungen wird, einen Insiderverstoß bzw. eine Marktmanipulation zu begehen.[224] Soweit es aber um **wirtschaftliche Notlagen** – wie zB die Gefahr des Verlustes von Arbeitsplätzen oder der Insolvenz – und damit finanzielle Interessen geht, ist eine Rechtfertigung oder Entschuldigung grundsätzlich ausgeschlossen,[225] da die Rechtsordnung besondere Verfahren und Institutionen zur Verfügung stellt, um derartige Notlagen aufzufangen. Eine eigenmächtige Beseitigung der Gefahr durch Private muss ausscheiden, da sie mit Blick auf den hohen Rang des Interesses an der Funktionsfähigkeit der organisierten Kapitalmärkte den vom Gesetzgeber getroffenen Wertentscheidungen widersprechen würde. Im Rahmen der Gesamtabwägung ist deshalb ein überwiegendes Interesse oder die Angemessenheit (Rechtfertigung) zu verneinen bzw. die Zumutbarkeit (Entschuldigung) zu bejahen. Allerdings ist in **ganz besonderen Notlagen,** die vom Gesetzgeber nicht einkalkuliert sind, wie zB beim Hinzutreten von Gemeinwohlinteressen, durchaus Raum für eine Rechtfertigung oder Entschuldigung.[226] Denkbar ist, dass zB in **Produkthaftungsfällen** eine Insiderinformation weitergegeben und damit gegen das durch § 38 I Nr. 2 strafbewehrte Weitergabeverbot verstoßen wird.[227] Auch im Rahmen des § 38 II ist bei der **journalistischen Berichterstattung** – jenseits von § 20a VI – eine Rechtfertigung über Art. 5 GG iVm § 193 StGB (Wahrnehmung berechtigter Interessen) nicht ausgeschlossen.[228]

7. Tateinheit (§ 52 StGB)

80   Bei einem nach § 38 strafbaren Verhalten können weitere Straftatbestände in **Tateinheit** vorliegen, sofern die Schutzgüter differieren. Bei **§ 38 I Nr. 1** ist an einen Betrug (§ 263 StGB) zu denken,[229] allerdings wird es häufig bereits an einer Täuschung fehlen und ein Vermögensschaden schwer nachweisbar sein.[230] Ebenso wird eine **Untreue** (§ 266 StGB) nur selten vorliegen, selbst wenn die Vermögensbetreuungspflicht verletzt[231] sein sollte, da i. d. R. dem Betreuten durch das Insidergeschäft kein Vermögensnachteil entsteht.[232] In Bezug auf **§ 38 I Nr. 2** ist Tateinheit mit Strafvorschriften, die die **Verletzung von Geheimhaltungspflichten** betreffen, möglich.[233] So schützen §§ 203, 204 StGB davor, dass ua Rechtsanwälte, Steuerberater, Wirtschaftsprüfer sowie Mitarbeiter der BaFin Geheimnisse, namentlich Betriebs- und Geschäftsgeheimnisse unbefugt offenbaren, und § 332 HGB, § 404 AktG, § 151 GenG, § 85 GmbHG, § 315 UmwG, § 138 VAG, § 19 PublG bieten ua Schutz vor dem unbefugten Offenbaren und Verwerten durch Abschlussprüfer, Mitglieder des Vorstands oder Auf-

---

[224] *Park/Hilgendorf,* §§ 38 I Nr. 1–3, 12, 13, 14 WpHG Rn. 160; *Schröder,* Kapitalmarktstrafrecht, Rn. 359, 603.
[225] *Assmann/Schneider/Vogel,* § 38 Rn. 52; KölnKommWpHG-*Altenhain,* § 38 Rn. 138; *Park/Hilgendorf,* §§ 38 I Nr. 1–3, 12, 13, 14 WpHG Rn. 160.
[226] Vgl. allgemein *Tiedemann,* Wirtschaftsstrafrecht, AT, Rn. 193 f. mwN.
[227] Näher *Schröder,* Kapitalmarktstrafrecht, Rn. 360 ff.
[228] Vgl. *Schröder,* Kapitalmarktstrafrecht, Rn. 604.
[229] Vgl. LG München I wistra 2003, 277, 280.
[230] *Assmann/Schneider/Vogel,* Vor § 38 Rn. 14; *Waschkeit,* Marktmanipulation, S. 327 ff.
[231] Hierzu *Waßmer,* Untreue bei Risikogeschäften, S. 51 ff.
[232] *Assmann/Schneider/Vogel,* Vor § 38 Rn. 14.
[233] *Assmann/Schneider/Vogel,* Vor § 38 Rn. 14; *Erbs/Kohlhaas/Wehowsky,* § 38 WpHG Rn. 40; KölnKommWpHG-*Altenhain,* § 38 Rn. 145.

sichtsrats und Geschäftsführer. § 17 UWG schützt davor, dass eine bei einem Unternehmen beschäftigte Person ein Geschäfts- oder Betriebsgeheimnis unbefugt mitteilt. Darüber hinaus kann Tateinheit zu §§ 38 I Nr. 1, 26 bestehen, wenn die Empfehlung oder Verleitung Erfolg hatte.[234] Bei § 38 II kann zugleich ein **Insiderhandel** (§ 38 I)[235] vorliegen, wenn Überschneidungen vorliegen, wie zB dann, wenn eine Ad-hoc-Meldung zu machen wäre, nach dem Scalping-Urteil des BGH (Rn. 7) aber nicht beim Scalping. Weiter kann, sofern ein Vermögensschaden nachweisbar ist, ein **Betrug** (§ 263 StGB)[236] anzunehmen sein. Tateinheit ist auch mit **Kapitalanlagebetrug** (§ 264a StGB), **strafbarer Werbung** (§ 16 UWG)[237] und mit der **Verleitung zu Börsenspekulationsgeschäften** (§ 49 BörsG)[238] denkbar, bei Vornahme einer sonstigen Täuschungshandlung mittels Eingriff in die EDV zudem mit **Computerbetrug** (§ 263a StGB).[239] Schließlich ist Tateinheit mit Tatbeständen, die vor **unrichtiger Darstellung** und **falschen Angaben** schützen (§ 331 HGB, §§ 399, 400 AktG,[240] § 82 GmbHG, § 147 GenG, § 313 UmwG, § 143 VAG) möglich.

8. Rechtsfolgen

a) Freiheits- und Geldstrafe (§§ 38 ff. StGB)

Für den **Täter** beträgt die **Freiheitsstrafe** bei § 38 I, II und III (Versuch in Fällen des § 38 I) von einem Monat (vgl. § 38 II StGB) bis zu fünf Jahren, bei § 38 IV (Leichtfertigkeit in Fällen des § 38 I Nr. 1) bis zu einem Jahr. Der Strafrahmen bei vorsätzlicher Begehung ist auf den Strafrahmen des Betrugs (§ 263 StGB), der Untreue (§ 266 StGB) und des besonders schweren Falles des Verrats von Betriebs- und Geschäftsgeheimnissen (§ 17 IV 1 UWG) abgestimmt.[241] Die **Geldstrafe** reicht von fünf bis zu 360 vollen Tagessätzen (vgl. § 40 I 2 StGB), wobei die Höhe eines Tagessatzes mindestens einen und höchstens 5000,– € beträgt (§ 40 II 3 StGB). Im Falle des § 38 III (Versuch) kann eine Strafmilderung nach § 49 I StGB erfolgen (§ 23 II StGB), bei grobem Unverstand kann das Gericht von Strafe absehen oder die Strafe nach seinem Ermessen gemäß § 49 II StGB mildern (vgl. § 23 III StGB). **Freiheits- und Geldstrafe** können nach § 41 StGB gemeinsam verhängt werden, wenn der Täter sich durch die Tat bereichert oder zu bereichern versucht hat, was bei §§ 38 I, II der Regelfall sein dürfte. Der **Anstifter** wird gleich dem Täter bestraft (§ 26 StGB). Die Strafe des **Gehilfen** ist nach § 49 I obligatorisch zu mildern (§ 27 II 2 StGB).

---

[234] *Hellmann/Beckemper*, Wirtschaftsstrafrecht, Rn. 50.
[235] *Assmann/Schneider/Vogel*, Vor § 38 Rn. 15; *Eichelberger*, Verbot der Marktmanipulation, S. 16; *Erbs/Kohlhaas/Wehowsky*, § 38 WpHG Rn. 40; *KölnKommWpHG-Altenhain*, § 38 Rn. 144; *Park/Hilgendorf*, §§ 38 I Nr. 1–3, 12, 13, 14 WpHG Rn. 161; *Park/Sorgenfrei*, §§ 20a, 38 I Nr. 4, 39 WpHG Rn. 89; aA (Exklusivitätsverhältnis) *Ziouvas* ZGR 2003, 113, 130.
[236] Ausführlich *Papachristou*, Börsen- und Marktpreismanipulationen, S. 311 ff.; *Schröder*, Kapitalmarktstrafrecht, Rn. 620, 621 ff.
[237] *Schröder*, Kapitalmarktstrafrecht, Rn. 620.
[238] *Erbs/Kohlhaas/Wehowsky*, § 38 WpHG Rn. 40.
[239] *Park/Sorgenfrei*, §§ 20a, 38 I Nr. 4, 39 WpHG Rn. 89.
[240] Vgl. LG München I NJW 2003, 2328, 2331; *Schröder*, Kapitalmarktstrafrecht, Rn. 675 ff.; *Waschkeit*, Marktmanipulation, S. 314 ff.
[241] *Park/Hilgendorf*, §§ 38 I Nr. 1–3, 12, 13, 14 WpHG Rn. 162.

§ 38 82, 83 Abschnitt 12. Straf- und Bußgeldvorschriften

82 Die **Strafzumessung** richtet sich nach § 46 StGB. Danach bildet die Schuld die Grundlage für die Strafzumessung, wobei die Wirkungen, die von der Strafe für das künftige Leben in der Gesellschaft zu erwarten sind, zu berücksichtigen sind (§ 46 I 1, 2 StGB). Bei den **abzuwägenden Umständen** (§ 46 II 1, 2 StGB) sind im Rahmen des § 38 folgende i. d. R. von besonderer Bedeutung:[242] die Beweggründe und die Ziele (Bereicherungsabsicht); das Maß der Pflichtwidrigkeit (Primär- oder Sekundärinsider); die Art der Ausführung (Umfang von Erwerb oder Veräußerung, Weitergabe, Empfehlung, Verleitung, Angaben, Aufträgen, sonstigen Täuschungshandlungen); die verschuldeten Auswirkungen (Schäden bei Anlegern); das Vorleben (ungetilgte einschlägige Vorstrafen); die persönlichen und wirtschaftlichen Verhältnisse (herausgehobene Stellung; wirtschaftliche Verhältnisse zur Zeit der Verurteilung); das Verhalten nach der Tat (Bemühen um Schadenswiedergutmachung; Täter-Opfer-Ausgleich, Geständnis, Reue, Schuldeinsicht). Eine **überlange Dauer des Strafverfahrens,** die der Angeklagte nicht zu vertreten hat, ist ebenfalls mildernd zu berücksichtigen.[243]

b) Verfall (§§ 73 ff. StGB)

83 Der Verfall ist eine Maßnahme eigener Art, die nach der höchstrichterlichen Rechtsprechung keinen Strafcharakter hat.[244] Aus einer **Tat nach § 38 I Nr. 1** unmittelbar erlangte **Insiderpapiere** bzw. **Gelder** sollen nach hM in vollem Umfang[245] dem obligatorischen Verfall (vgl. § 73 I 1 StGB) unterliegen. Nach dem Bruttoprinzip werde auf die Gesamtheit des Erlangten („etwas") zugegriffen. Verkannt wird hierbei aber, dass das Bruttoprinzip für die vorrangig zu beantwortende Frage, worin das „Etwas" besteht,[246] keine Bedeutung hat. Erlangt durch die Tat ist aber keinesfalls das eingesetzte Vermögen, sondern lediglich die erzielte Differenz und damit der **Sondervorteil.** Der für den Erwerb aufgewandte Geldbetrag bzw. der ohne das Insidergeschäft erzielte Geldwert der Papiere ist deshalb in Abzug zu bringen.[247] Hat der Täter die Insiderpapiere **für einen anderen** – auch eine juristische Person oder Personenvereinigung – erworben oder veräußert, richtet sich die Anordnung des Verfalls gegen diese Person (vgl. § 73 III StGB). Soweit der Verfall in tatsächlicher Form wegen der Beschaffenheit des Erlangten unmöglich ist, ordnet das Gericht den Verfall eines Geldbetrages an, der dem Wert des Erlangten entspricht (vgl. § 73 a StGB).[248] Eine **Schätzung** von Umfang und Wert des Erlangten ist möglich (§ 73 b StGB). Die Anordnung des Verfalls erfolgt nicht, wenn er für den Betroffenen eine unbillige **Härte** wäre, und kann unterbleiben, wenn der Wert des Erlangten zur Zeit der Anordnung in dem Vermögen des Betroffenen nicht mehr vorhan-

---

[242] Vgl. *Assmann/Schneider/Vogel,* § 38 Rn. 54; *Park/Sorgenfrei,* §§ 20 a, 38 I Nr. 4, 39 WpHG Rn. 90.
[243] Vgl. OLG Düsseldorf wistra 2004, 436, 438; im Einzelfall kann sogar ein Verfahrenshindernis von Verfassungs wegen bestehen, vgl. *Waßmer* ZStW 118 (2006), S. 159 ff.
[244] BGHSt. 47, 260, 265; BVerfG NJW 2004, 2073; aA *Schönke/Schröder/Eser,* StGB, § 73 Rn. 2, 4.
[245] Vgl. LG Augsburg NStZ 2005, 109, 111; *Assmann/Schneider/Vogel,* § 38 Rn. 55; KölnKommWpHG-*Altenhain,* § 38 Rn. 142; *Park/Hilgendorf,* §§ 38 I Nr. 1–3, 12, 13, 14 WpHG Rn. 165.
[246] Vgl. BGHSt. 47, 260, 268 ff.; *Tröndle/Fischer,* StGB, § 73 Rn. 7.
[247] *Hohn* wistra 2003, 321, 323; *Kudlich/Noltensmeier* wistra 2007, 121, 123 f.
[248] *Kudlich/Noltensmeier* wistra 2007, 121, 125.

den ist oder wenn das Erlangte nur einen geringen Wert hat (§ 73 c I 1, 2 StGB).[249] Die **Ausschlussklausel** des § 73 I 2 StGB, wonach Ansprüche, die dem „Verletzten" aus der Tat erwachsen sind und dem Täter den Wert des Erlangten entziehen würden, nicht dem Verfall unterliegen, findet bei § 38 I Nr. 1 nach hM[250] grundsätzlich keine Anwendung, da unmittelbar nur die Funktionsfähigkeit der organisierten Kapitalmärkte und damit überindividuelle Interessen geschützt werden. Infolgedessen konnten geschädigte Anleger in den Verfahren gegen Vorstände von Unternehmens des „Neuen Marktes" ihre Ansprüche nicht realisieren, da sichergestelltes Vermögen für verfallen erklärt wurde.[251] Auch bei § 38 II greift die Ausschlussklausel grundsätzlich nicht,[252] da nach hM kein Schutzgesetz i. S. d. § 823 II BGB vorliegt.

Bei einer **Tat nach** § 38 I Nr. 2 hat demgegenüber der Verfall kaum Bedeutung, da der Täter „aus" der Tat unmittelbar nichts erlangt. Allerdings ist es möglich, dass er „für" die Tat etwas erlangt, insbesondere eine Belohnung, die dem Verfall unterliegt. Bei **Taten nach** § 38 II iVm § 20 a I 1 Nr. 1 hat der Verfall ebenfalls geringe Bedeutung, da der Täter i. d. R. unmittelbar nichts erlangen wird[253] – wobei aber Ausnahmefälle[254] vorstellbar sind – und ein späteres Ausnutzen des künstlich geschaffenen Preisniveaus keine Marktmanipulation darstellt;[255] allerdings ist es auch hier möglich, dass der Täter „für" die Begehung der Tat eine Belohnung erhalten hat. Von großer Bedeutung ist der Verfall bei **Taten nach** § 38 II iVm § 20 a I 1 Nr. 2, da der Täter hier Kauf- oder Verkaufsaufträge erteilt und damit „aus" der Tat unmittelbar etwas (vgl. Rn. 83) erlangt. Auch bei Taten nach § 38 II iVm § 20 a I 1 Nr. 3 ist es möglich, dass der Täter Transaktionen durchführt und damit „aus" der Tat unmittelbar etwas erlangt.[256] 84

c) Berufsverbot (§§ 70 ff. StGB)

Als Maßregel der Besserung und Sicherung kann gegen Personen, die unter Missbrauch ihres Berufes oder unter grober Missachtung der mit ihm verbundenen Pflichten eine rechtswidrige Tat nach § 38 begangen haben, grundsätzlich ein Berufsverbot von **einem Jahr bis zu fünf Jahren** verhängt werden. Voraussetzung ist, dass die Gesamtwürdigung von Täter und Tat die Gefahr erkennen lässt, dass der Täter bei weiterer Ausübung des Berufs erhebliche rechtswidrige Taten der bezeichneten Art begehen wird (§ 70 I 1 StGB) und das Berufsverbot zur Bedeutung der begangenen und zu erwartenden Taten sowie zu dem Grad der vom Täter ausgehenden Gefahr nicht außer Verhältnis steht (§ 62 StGB). Das 85

---

[249] Vgl. LG Augsburg NStZ 2005, 109, 111; LG München I wistra 2003, 277, 280.
[250] LG Augsburg NStZ 2005, 109, 111; LG München I wistra 2003, 277, 280; *Assmann/Schneider/Vogel*, § 38 Rn. 55; aA KölnKommWpHG-*Altenhain*, § 38 Rn. 142.
[251] Näher *Gaßmann* wistra 2004, 41 ff.; *Satzger* wistra 2003, 401 ff.
[252] Vgl. *Schönhöft*, Marktmanipulation, S. 181 ff.; zu § 38 I Nr. 4 aF LG Berlin wistra 2005, 277, 278.
[253] AA (Kursgewinn als Vorteil) KölnKommWpHG-*Altenhain*, § 38 Rn. 138.
[254] LG Berlin wistra 2005, 277, 278: Marktmanipulation durch Abschluss eines Investment Agreement, das den Anspruch des Täters auf Übereignung von 70 Mio. Aktien begründete.
[255] *Assmann/Schneider/Vogel*, § 38 Rn. 56; *Park/Sorgenfrei*, §§ 20 a, 38 I Nr. 4, 39 WpHG Rn. 92; aA KölnKommWpHG-*Altenhain*, § 38 Rn. 138.
[256] *Assmann/Schneider/Vogel*, § 38 Rn. 56; *Schönhöft*, Marktmanipulation, S. 179 ff., 186.

Berufsverbot kann sogar **für immer** angeordnet werden, wenn zu erwarten ist, dass die gesetzliche Höchstfrist zur Abwehr der von dem Täter drohenden Gefahr nicht ausreicht (§ 70 I 2 StGB). Zudem kann das Gericht schon vor der Fällung des Urteils durch Beschluss ein **vorläufiges** Berufsverbot verhängen, wenn dringende Gründe für die Annahme vorhanden sind, dass ein Berufsverbot angeordnet werden wird (§ 132 a I 1 StPO). Angesichts der hohen Hürden, vor allem dem Erfordernis einer ungünstigen Wiederholungsprognose, hat das Berufsverbot im Rahmen des § 38 **kaum praktische Bedeutung**.[257] Außerdem wird ein strafbarer Insiderhandel (§ 38 I) i.d.R. nicht in einem inneren Zusammenhang mit den beruflichen Aufgaben eines Insiders stehen (zB bei Erwerb oder Veräußerung von Aktien durch den Vorstand oder Aufsichtsrat einer Aktiengesellschaft).[258] Hingegen kann bei der strafbaren Marktmanipulation (§ 38 II) der innere Zusammenhang mit der Berufsausübung durchaus vorhanden sein (zB bei der Vornahme von Manipulationen durch Börsenhändler).[259]

d) Verwaltungsrechtliche Sanktionen (§§ 19, 22, 27 BörsG)

86   Bei einer **Marktmanipulation nach § 38 II** sind verwaltungsrechtliche Sanktionen möglich. So kann der zuständige Börsen-Sanktionsausschuss einen **Handelsteilnehmer** mit **Verweis**, mit **Ordnungsgeld** bis zu 250 000,- € oder mit **Ausschluss von der Börse** bis zu 30 Handelstagen belegen, wenn der Teilnehmer oder eine für ihn tätige Hilfsperson vorsätzlich oder fahrlässig gegen börsenrechtliche Vorschriften oder Anordnungen verstoßen hat, die eine ordnungsmäßige Durchführung des Handels an der Börse oder der Börsengeschäftsabwicklung sicherstellen sollen (§ 22 II 1 BörsG). Außerdem kann der **Emittent** mit **Verweis** oder mit **Ordnungsgeld** bis zu 250 000,- Euro belegt werden, wenn dieser oder eine für ihn tätige Hilfsperson vorsätzlich oder fahrlässig gegen seine Pflichten aus der Zulassung verstoßen hat (§ 22 II 2 BörsG). Darüber hinaus kann gegenüber einem **Börsenhändler** das **Ruhen der Zulassung** längstens für die Dauer von sechs Monaten angeordnet werden, wenn der begründete Verdacht einer Tat nach § 38 vorliegt, da dann die Zuverlässigkeit des Täters in Frage gestellt ist (vgl. § 19 VIII 1 iVm § 19 V BörsG). Entsprechendes gilt für einen **Skontroführer** (vgl. § 27 III iVm § 27 I BörsG). Wurde der Verstoß festgestellt, ist sogar der **Widerruf der Zulassung** möglich.

e) Geldbuße gegen Aufsichtspersonen (§ 130 OWiG) und Verbandsgeldbuße (§ 30 OWiG)

87   Wurde eine Tat nach § 38 in einem Wertpapierdienstleistungsunternehmen begangen, die durch gehörige Aufsicht verhindert oder wesentlich erschwert worden wäre, kann eine **Geldbuße nach § 130 OWiG** (Vor §§ 38 ff. Rn. 24 ff.) gegen die Aufsichtsperson verhängt werden. Außerdem kann eine **Verbandsgeldbuße nach § 30 OWiG** (Vor §§ 38 ff. Rn. 31 ff.) gegen das Unternehmen verhängt werden, wenn eine Tat nach § 38 durch eine Leitungsperson oder – im Falle des Vorliegens einer Aufsichtspflichtverletzung nach § 130 OWiG – durch eine nachgeordnete Person begangen wurde.

---

[257] *Assmann/Schneider/Vogel*, § 38 Rn. 57; *Park/Hilgendorf*, §§ 38 I Nr. 1–3, 12, 13, 14 WpHG Rn. 167; *Park/Sorgenfrei*, §§ 20 a, 38 I Nr. 4, 39 WpHG Rn. 92.
[258] Vgl. *Park/Hilgendorf*, §§ 38 I Nr. 1–3, 12, 13, 14 WpHG Rn. 166.
[259] *Park/Sorgenfrei*, §§ 20 a, 38 I Nr. 4, 39 WpHG Rn. 92.

9. Verfolgungsverjährung

Die Verfolgungsverjährung für Taten nach § 38 I, II und III beträgt **fünf** **88** **Jahre**, die von Taten nach § 38 IV **drei Jahre** (vgl. § 78 Abs. 3 Nr. 4, 5 StGB). Soweit eine Tat nach § 38 I Nr. 2 und § 38 II ausschließlich durch das Verbreiten von Druckschriften begangen wird und damit ein **Presseinhaltsdelikt** ist, finden die kürzeren presserechtlichen Verjährungsvorschriften der Landespressegesetze Anwendung, die eine Frist von **sechs Monaten** vorsehen.[260] Dies ist aber zum einen dann nicht der Fall, wenn in dem Landespressegesetz festgelegt ist, dass die kurze presserechtliche Verjährung für Taten nach § 38 nicht gilt,[261] und zum anderen, wenn die Tat durch eine vorgeschriebene Veröffentlichung begangen wird,[262] da dann der Zusammenhang mit der Pressefreiheit fehlt.

Die Verjährung **beginnt**, sobald die Tat beendet ist; tritt ein zum Tatbestand **89** gehörender Erfolg erst später ein, beginnt die Verjährung mit diesem Zeitpunkt (§ 78a StGB). Eine Tat nach § 38 I Nr. 1 ist bereits mit dem Erwerb bzw. der Veräußerung, eine Tat nach § 38 I Nr. 2 schon mit der Weitergabe, Empfehlung oder Verleitung beendet, da bei abstrakten Gefährdungsdelikten der „Erfolg" i. S. v. § 78a StGB – die Gefährdung – mit Abschluss der die abstrakte Gefährdung auslösenden Handlung eintritt;[263] auch ein längeres Andauern der Gefährdung schiebt den Beginn der Verjährung nicht über diesen Zeitpunkt hinaus. Taten nach § 38 II sind mit der Einwirkung auf den Preis beendet, so dass in diesem Zeitpunkt die Verjährung beginnt. Ob das Preisniveau über einen längeren Zeitraum bestehen bleibt, ist ohne Bedeutung.[264] Die Verjährung **ruht**, solange nach dem Gesetz die Verfolgung nicht begonnen oder nicht fortgesetzt werden kann (§ 78b I Nr. 2 StGB). Dies ist der Fall, wenn die Verfolgung rechtlich unzulässig ist, wie zB bei der Aussetzung des Verfahrens nach Art. 100 GG, nicht aber bei tatsächlichen Verfolgungshindernissen, wie zB der Erkrankung oder Abwesenheit des Täters.[265] Die Verjährung wird **unterbrochen** durch die im Katalog des § 78c I StGB aufgeführten Verfahrenshandlungen. Hierzu zählen insbesondere die erste Vernehmung des Beschuldigten und die Bekanntgabe, dass gegen ihn das Ermittlungsverfahren eingeleitet ist (§ 78c I Nr. 1 StGB), aber auch die vorläufige Einstellung des gerichtlichen Verfahrens wegen Abwesenheit (§ 78c I Nr. 10 StGB) oder jedes richterliche Ersuchen, eine Untersuchungshandlung im Ausland vorzunehmen (§ 78c I Nr. 12 StGB). Die Grenze der **absoluten Verjährung**, die durch Unterbrechungen nicht hinausgeschoben werden kann, beträgt bei Taten nach § 38 I, II, III zehn und bei Taten nach § 38 IV sechs Jahre, wenn die Tat ein Presseinhaltsdelikt ist, drei Jahre (vgl. § 78c III 2 StGB).

---

[260] Vgl. KölnKommWpHG-*Altenhain*, § 38 Rn. 140; *Trüstedt*, Börsenkursmanipulationen, S. 165 ff.; *Wabnitz/Janovsky/Benner*, Handbuch, 9/180 f.; allgemein *Schönke/Schröder/Stree/Sternberg-Lieben*, StGB, § 38 Rn. 9; *Tröndle/Fischer*, StGB, § 78 Rn. 7.
[261] So in § 14 I Nr. 3 BayPrG nach der Änderung v. 10. 4. 2007, GVBl. 2007, S. 281.
[262] Vgl. *Tröndle/Fischer*, StGB, § 78 Rn. 8.
[263] Vgl. allgemein BGHSt. 36, 255, 256 f.; *Tröndle/Fischer*, StGB, § 78a Rn. 13.
[264] *Assmann/Schneider/Vogel*, § 38 Rn. 53; *Park/Sorgenfrei*, §§ 20a, 38 I Nr. 4, 39 WpHG Rn. 91.
[265] Vgl. *Tröndle/Fischer*, StGB, § 78b Rn. 3b ff. mwN.

10. Vollstreckungsverjährung

90 Die Frist für die Vollstreckungsverjährung bestimmt sich in Abhängigkeit von der rechtskräftig verhängten **Strafe** und beträgt zB zehn Jahre bei einer Freiheitsstrafe von mehr als einem Jahr bis zu fünf Jahren (§ 79 Abs. 3 Nr. 3 StGB). Sie **beginnt** mit Rechtskraft der Entscheidung (§ 79 VI StGB) und **ruht**, solange nach dem Gesetz die Vollstreckung nicht begonnen oder nicht fortgesetzt werden kann, Aufschub oder Unterbrechung der Vollstreckung, Aussetzung zur Bewährung oder eine Zahlungserleichterung bewilligt ist (vgl. § 79a Nr. 1–3 StGB).

§ 39 Bußgeldvorschriften

(1) Ordnungswidrig handelt, wer
1. entgegen § 20a Abs. 1 Satz 1 Nr. 2, auch in Verbindung mit Abs. 4, jeweils in Verbindung mit einer Rechtsverordnung nach Absatz 5 Satz 1 Nr. 2 oder 5 ein Geschäft vornimmt oder einen Kauf- oder Verkaufsauftrag erteilt,
2. entgegen § 20a Abs. 1 Satz 1 Nr. 3, auch in Verbindung mit Abs. 4, oder einer Rechtsverordnung nach Absatz 5 Satz 1 Nr. 3, eine Täuschungshandlung vornimmt,
3. entgegen § 31g Abs. 1 eine Veröffentlichung nicht, nicht richtig, nicht vollständig oder nicht rechtzeitig vornimmt,
4. entgegen § 32d Abs. 1 Satz 1 einen Zugang nicht gewährt,
5. entgegen § 34b Abs. 1 Satz 2 in Verbindung mit einer Rechtsverordnung nach Absatz 8 Satz 1 eine Finanzanalyse weitergibt oder öffentlich verbreitet oder
6. entgegen § 34b Abs. 2 in Verbindung mit einer Rechtsverordnung nach Absatz 8 Satz 1 eine Zusammenfassung einer Finanzanalyse weitergibt.

(2) Ordnungswidrig handelt, wer vorsätzlich oder leichtfertig
1. entgegen § 4 Abs. 8 oder § 10 Abs. 1 Satz 2 eine Person in Kenntnis setzt,
2. entgegen
   a) § 9 Abs. 1 Satz 1, auch in Verbindung mit Satz 2, jeweils auch in Verbindung mit Satz 3 oder 4, jeweils auch in Verbindung mit einer Rechtsverordnung nach Absatz 4 Nr. 1 oder 2,
   b) § 10 Abs. 1 Satz 1, auch in Verbindung mit einer Rechtsverordnung nach Absatz 4 Satz 1,
   c) § 15 Abs. 3 Satz 4, Abs. 4 Satz 1 oder Abs. 5 Satz 2, jeweils auch in Verbindung mit einer Rechtsverordnung nach Absatz 7 Satz 1 Nr. 2,
   d) § 15a Abs. 1 Satz 1, auch in Verbindung mit Satz 2, Abs. 4 Satz 1 jeweils auch in Verbindung mit einer Rechtsverordnung nach Absatz 5 Satz 1,
   e) § 21 Abs. 1 Satz 1 oder 2 oder Abs. 1a, jeweils auch in Verbindung mit einer Rechtsverordnung nach § 21 Abs. 3,
   f) § 25 Abs. 1 Satz 1, auch in Verbindung mit einer Rechtsverordnung nach § 25 Abs. 3,
   g) § 26 Abs. 2, auch in Verbindung mit einer Rechtsverordnung nach § 26 Abs. 3 Nr. 2,

h) § 26a Satz 1,
i) § 29a Abs. 2 Satz 1,
j) § 30c, auch in Verbindung mit § 30d,
k) § 30e Abs. 1 Satz 1, auch in Verbindung mit einer Rechtsverordnung nach § 30e Abs. 2,
l) § 30f Abs. 2,
m) § 37v Abs. 1 Satz 3, auch in Verbindung mit § 37y, jeweils auch in Verbindung mit einer Rechtsverordnung nach § 37v Abs. 3 Nr. 2,
n) § 37w Abs. 1 Satz 3, auch in Verbindung mit § 37y, jeweils auch in Verbindung mit einer Rechtsverordnung nach § 37w Abs. 6 Nr. 3,
o) § 37x Abs. 1 Satz 3, auch in Verbindung mit § 37y, jeweils auch in Verbindung mit einer Rechtsverordnung nach § 37x Abs. 4 Nr. 2, oder
p) § 37z Abs. 4 Satz 2

eine Mitteilung nicht, nicht richtig, nicht vollständig, nicht in der vorgeschriebenen Weise oder nicht rechtzeitig macht,

3. entgegen § 14 Abs. 1 Nr. 2 eine Insiderinformation mitteilt oder zugänglich macht,
4. entgegen § 14 Abs. 1 Nr. 3 den Erwerb oder die Veräußerung eines Insiderpapiers empfiehlt oder auf sonstige Weise dazu verleitet,
5. entgegen
   a) § 15 Abs. 1 Satz 1, auch in Verbindung mit Satz 2, § 15 Abs. 1 Satz 4 oder 5, jeweils in Verbindung mit einer Rechtsverordnung nach Abs. 7 Satz 1 Nr. 1,
   b) § 15a Abs. 4 Satz 1 in Verbindung mit einer Rechtsverordnung nach Abs. 5 Satz 1,
   c) § 26 Abs. 1 Satz 1, auch in Verbindung mit Satz 2, jeweils in Verbindung mit einer Rechtsverordnung nach § 26 Abs. 3 Nr. 1, oder entgegen § 26a Satz 1 oder § 29a Abs. 2 Satz 1,
   d) § 30b Abs. 1 oder 2, jeweils auch in Verbindung mit § 30d,
   e) § 30e Abs. 1 Satz 1 in Verbindung mit einer Rechtsverordnung nach § 30e Abs. 2 oder entgegen § 30f Abs. 2,
   f) § 37v Abs. 1 Satz 2 in Verbindung mit einer Rechtsverordnung nach § 37v Abs. 3 Nr. 1, jeweils auch in Verbindung mit § 37y, oder entgegen § 37z Abs. 4 Satz 2,
   g) § 37w Abs. 1 Satz 2 in Verbindung mit einer Rechtsverordnung nach § 37w Abs. 6 Nr. 2, jeweils auch in Verbindung mit § 37y, oder
   h) § 37x Abs. 1 Satz 2 in Verbindung mit einer Rechtsverordnung nach § 37x Abs. 4 Nr. 1, jeweils auch in Verbindung mit § 37y

eine Veröffentlichung nicht, nicht richtig, nicht vollständig, nicht in der vorgeschriebenen Weise oder nicht rechtzeitig vornimmt oder nicht oder nicht rechtzeitig nachholt.

6. entgegen § 15 Abs. 1 Satz 1, § 15a Abs. 4 Satz 1, § 26 Abs. 1 Satz 1, § 26a Satz 2, § 29a Abs. 2 Satz 2, § 30e Abs. 1 Satz 2, § 30f Abs. 2, § 37v Abs. 1 Satz 3, § 37w Abs. 1 Satz 3 oder § 37x Abs. 1 Satz 3, jeweils auch in Verbindung mit § 37y, oder entgegen § 37z Abs. 4 Satz 3 eine Information oder eine Bekanntmachung nicht oder nicht rechtzeitig übermittelt,
7. entgegen § 15 Abs. 5 Satz 1 eine Veröffentlichung vornimmt,
8. entgegen § 15b Abs. 1 Satz 1 in Verbindung mit einer Rechtsverordnung nach Absatz 2 Satz 1 Nr. 1 oder 2 ein Verzeichnis nicht, nicht richtig oder nicht vollständig führt,

9. entgegen § 15b Abs. 1 Satz 2 das Verzeichnis nicht oder nicht rechtzeitig übermittelt,
10. entgegen § 16 Satz 1 oder § 34 Abs. 1, auch in Verbindung mit einer Rechtsverordnung nach § 34 Abs. 2 Satz 1, eine Aufzeichnung nicht, nicht richtig, nicht vollständig oder nicht rechtzeitig fertigt,
11. entgegen § 20a Abs. 1 Satz 1 Nr. 1, auch in Verbindung mit Abs. 4, oder einer Rechtsverordnung nach Absatz 5 Satz 1 Nr. 1, eine Angabe macht oder einen Umstand verschweigt,
12. entgegen § 30a Abs. 1 Nr. 2, auch in Verbindung mit Abs. 3 oder § 30d, nicht sicherstellt, dass Einrichtungen und Informationen im Inland öffentlich zur Verfügung stehen,
13. entgegen § 30a Abs. 1 Nr. 3, auch in Verbindung mit Abs. 3 oder § 30d, nicht sicherstellt, dass Daten vor der Kenntnisnahme durch Unbefugte geschützt sind,
14. entgegen § 30a Abs. 1 Nr. 4, auch in Verbindung mit Abs. 3 oder § 30d, nicht sicherstellt, dass eine dort genannte Stelle bestimmt ist,
15. entgegen § 31 Abs. 1 Nr. 2 einen Interessenkonflikt nicht, nicht richtig, nicht vollständig oder nicht rechtzeitig darlegt,
16. entgegen § 31 Abs. 4 Satz 3 ein Finanzinstrument empfiehlt oder im Zusammenhang mit einer Finanzportfolioverwaltung eine Empfehlung abgibt,
17. entgegen § 31 Abs. 5 Satz 3 oder 4 einen Hinweis oder eine Information nicht oder nicht rechtzeitig gibt,
18. entgegen § 33a Abs. 5 Satz 2 oder Abs. 6 Nr. 1 oder 2 einen Hinweis oder eine Information nicht oder nicht rechtzeitig gibt oder eine Einwilligung oder Zustimmung nicht oder nicht rechtzeitig einholt,
19. entgegen § 33a Abs. 6 Nr. 3 eine Mitteilung nicht richtig oder nicht vollständig macht,
20. entgegen § 34 Abs. 3 Satz 1 eine Aufzeichnung nicht oder nicht mindestens fünf Jahre aufbewahrt,
21. einer Vorschrift des § 34a Abs. 1 Satz 1, 3, 4 oder 5, auch in Verbindung mit Abs. 2 Satz 2, oder des § 34a Abs. 2 Satz 1, jeweils auch in Verbindung mit einer Rechtsverordnung nach § 34a Abs. 5 Satz 1 oder § 34a Abs. 4, über die getrennte Vermögensverwahrung zuwiderhandelt,
22. entgegen § 34c Satz 1, 2 oder 4 oder § 36 Abs. 2 Satz 1 eine Anzeige nicht, nicht richtig, nicht vollständig oder nicht rechtzeitig erstattet,
23. entgegen § 36 Abs. 1 Satz 4 einen Prüfer nicht oder nicht rechtzeitig bestellt,
24. entgegen § 37v Abs. 1 Satz 1, § 37w Abs. 1 Satz 1 oder § 37x Abs. 1 Satz 1, jeweils auch in Verbindung mit § 37y, einen Jahresfinanzbericht einschließlich der Erklärung gemäß § 37v Abs. 2 Nr. 3, einen Halbjahresfinanzbericht einschließlich der Erklärung gemäß § 37w Abs. 2 Nr. 3 oder eine Zwischenmitteilung nicht oder nicht rechtzeitig zur Verfügung stellt oder
25. entgegen § 37v Abs. 1 Satz 4, § 37w Abs. 1 Satz 4 oder § 37x Abs. 1 Satz 4, jeweils auch in Verbindung mit § 37y, einen Jahresfinanzbericht einschließlich der Erklärung gemäß § 37v Abs. 2 Nr. 3, einen Halbjahresfinanzbericht einschließlich der Erklärung gemäß § 37w Abs. 2 Nr. 3 oder eine Zwischenmitteilung nicht oder nicht rechtzeitig übermittelt.

Bußgeldvorschriften § 39

(3) Ordnungswidrig handelt, wer vorsätzlich oder fahrlässig
1. einer vollziehbaren Anordnung nach
   a) § 4 Abs. 3 Satz 1,
   b) § 36 b Abs. 1,
   c) § 37 o Abs. 4 Satz 1 oder § 37 q Abs. 2 Satz 1
   zuwiderhandelt,
2. entgegen § 4 Abs. 4 Satz 1 oder 2 oder § 37 o Abs. 5 Satz 1 ein Betreten nicht gestattet oder nicht duldet,
3. entgegen § 33 Abs. 3 Satz 1 Nr. 2 eine Portfolioverwaltung auslagert.

(4) Die Ordnungswidrigkeit kann in den Fällen des Absatzes 1 Nr. 1 und 2 und des Absatzes 2 Nr. 5 Buchstabe a, Nr. 7 und 11 mit einer Geldbuße bis zu einer Million Euro, in den Fällen des Absatzes 1 Nr. 3 und 5 und des Absatzes 2 Nr. 2 Buchstabe c, e bis i und m bis p, Nr. 3 und 4, Nr. 5 Buchstabe c bis h und Nr. 6, 18, 24 und 25 und des Absatzes 3 Nr. 3 mit einer Geldbuße bis zu zweihunderttausend Euro, in den Fällen des Absatzes 2 Nr. 2 Buchstabe d, Nr. 5 Buchstabe b, Nr. 12 bis 14 und Nr. 16 und des Absatzes 3 Nr. 1 Buchstabe b mit einer Geldbuße bis zu hunderttausend Euro, in den übrigen Fällen mit einer Geldbuße bis zu fünfzigtausend Euro geahndet werden.

Übersicht

	Rn.
I. Regelungsgegenstand und Grundlagen	1
1. Gegenstand	1
2. Gesetzeshistorie	2
3. Schutzgüter	5
4. Einteilung	6
5. Kritik	8
II. Ordnungswidrigkeiten des § 39 I	9
1. Verstöße gegen das Verbot der Marktmanipulation durch Geschäfte oder Aufträge (§ 39 I Nr. 1) sowie sonstige Täuschungshandlungen (§ 39 I Nr. 2)	9
2. Verstöße gegen die Pflicht zur Vor- und Nachhandelstransparenz (§ 39 I Nr. 3)	11
3. Verstöße gegen die Pflicht zur Gewährung freien Zugangs (§ 39 I Nr. 4)	13
4. Verstöße gegen Pflichten bei der Weitergabe und Veröffentlichung von Finanzanalysen (§ 39 I Nr. 5, 6)	15
III. Ordnungswidrigkeiten des § 39 II	17
1. Verstöße gegen Verschwiegenheitspflichten (§ 39 II Nr. 1)	17
2. Verstöße gegen Mitteilungspflichten (§ 39 II Nr. 2)	19
3. Verstöße gegen das Verbot von Insidergeschäften durch Weitergabe, Empfehlung und Verleitung (§ 39 II Nr. 3, 4)	34
4. Verstöße gegen Veröffentlichungspflichten (§ 39 II Nr. 5)	36
5. Verstöße gegen Übermittlungspflichten (§ 39 II Nr. 6)	44
6. Verstöße gegen das Verbot der Vorabveröffentlichung von Insiderinformationen (§ 39 II Nr. 7)	46
7. Verstöße bei der Führung und Übermittlung von Insiderverzeichnissen (§ 39 II Nr. 8, 9)	48
8. Verstöße gegen Aufzeichnungspflichten (§ 39 II Nr. 10)	50
9. Verstöße gegen das Verbot der Marktmanipulation durch das Machen von Angaben oder Verschweigen von Umständen (§ 39 II Nr. 11)	52

Abschnitt 12. Straf- und Bußgeldvorschriften

	Rn.
10. Verstöße gegen Pflichten der Emittenten gegenüber Wertpapierinhabern (§ 39 II Nr. 12–14)	54
11. Verstöße gegen die Pflicht zur Offenlegung von Interessenkonflikten (§ 39 II Nr. 15)	56
12. Verstöße gegen Pflichten im Zusammenhang mit Geeignetheits- oder Angemessenheitsprüfung (§ 39 II Nr. 16, 17)	58
13. Verstöße gegen Pflichten im Zusammenhang mit der bestmöglichen Ausführung von Kundenaufträgen (§ 39 II Nr. 18, 19)	60
14. Verstöße gegen Aufbewahrungspflichten (§ 39 II Nr. 20)	62
15. Verstöße gegen Pflichten zur getrennten Vermögensverwahrung (§ 39 II Nr. 21)	64
16. Verstöße gegen Anzeigepflichten (§ 39 II Nr. 22)	66
17. Verstöße gegen die Pflicht zur Prüferbestellung (§ 39 II Nr. 23)	68
18. Verstöße gegen Pflichten zum Zugänglichmachen und zur Übermittlung von Finanzberichten nebst Erklärungen (§ 39 II Nr. 24, 25)	70
IV. Ordnungswidrigkeiten des § 39 III	72
1. Zuwiderhandlungen gegen vollziehbare Anordnungen der BaFin (§ 39 III Nr. 1)	72
2. Vereiteln der Betretensbefugnis der BaFin (§ 39 III Nr. 2)	79
3. Verstöße gegen Pflichten im Zusammenhang mit der Auslagerung der Portfolioverwaltung (§ 39 III Nr. 3)	81
V. Bußgeldrahmen (§ 39 IV)	83
VI. Anwendung der allgemeinen Vorschriften des OWiG	84
1. Zeitliche Geltung und Zeit der Handlung (§§ 4, 6 OWiG)	84
2. Räumliche Geltung und Ort der Handlung (§§ 5, 7 OWiG)	86
3. Beteiligung (§ 14 OWiG)	88
4. Begehen durch Unterlassen (§ 8 OWiG)	90
5. Vorsatz und Irrtum (§§ 10, 11 OWiG)	91
6. Fahrlässigkeit und Leichtfertigkeit (§ 10 OWiG)	95
7. Rechtfertigungs- und Entschuldigungsgründe	98
8. Zusammentreffen von Straftat und Ordnungswidrigkeit (§ 21 OWiG)	99
9. Tateinheit (§ 19 OWiG)	100
10. Zumessung der Geldbuße (§ 17 III, IV OWiG)	101
11. Verfolgungsverjährung (§§ 31–33 OWiG)	107
12. Vollstreckungsverjährung (§ 34 OWiG)	108

I. Regelungsgegenstand und Grundlagen

1. Gegenstand

1 § 39 I–III führt in Form eines umfangreichen **Katalogs** die wesentlichen Bußgeldtatbestände des WpHG auf, während § 39 IV den Bußgeldrahmen festlegt. Daneben enthält § 41 V weitere Bußgeldtatbestände, die Verstöße gegen die Übergangsregelung für Mitteilungs- und Veröffentlichungspflichten erfassen, und § 41 VI die diesbezügliche Festlegung des Bußgeldrahmens. Durch diese **Wertpapierordnungswidrigkeiten** werden Verstöße gegen die meisten Verhaltenspflichten des WpHG mit Geldbußen bedroht. Auf § 39 als Ordnungswidrigkeit des Bundesrechts sind die **Allgemeinen Vorschriften des OWiG** (§§ 1–34 OWiG) anzuwenden (vgl. § 2 OWiG).

2. Gesetzeshistorie

Das WpHG enthielt bereits in der Fassung des 2. FFG v. 26. 7. 1994[1] in § 39 einen Katalog von Ordnungswidrigkeiten, der aber noch bei weitem nicht den heutigen Umfang hatte. Erfasst waren bereits Verstöße gegen Pflichten zur Mitteilung, Veröffentlichung, Bekanntmachung, Übersendung, Aufzeichnung und Aufbewahrung sowie Zuwiderhandlungen gegen vollziehbare Anordnungen und das Vereiteln der Betretensbefugnis. Dieser Katalog wurde inzwischen mehrfach erweitert und neu gefasst.

Durch das **Gesetz zur Umsetzung von EG-Richtlinien** zur Harmonisierung bank- und wertpapieraufsichtsrechtlicher Vorschriften v. 22. 10. 1997[2] kamen ua Verstöße gegen Pflichten zur getrennten Vermögensverwahrung und zur Prüferbestellung hinzu, während das **3. FFG** v. 24. 3. 1998[3] nur geringfügige Erweiterungen bestehender Tatbestände zur Folge hatte und das **FinDAG** v. 22. 4. 2002[4] lediglich der Errichtung der BaFin terminologisch Rechnung trug. Das **4. FFG** v. 21. 6. 2002[5] führte dann zu erheblichen Erweiterungen, ua wurden Verstöße gegen das Verbot der Marktmanipulation und die Verhaltensregeln der §§ 31, 32 aF, gegen die Pflichten zur Veröffentlichung und Mitteilung von Informationen zu Directors' Dealings sowie zur Anzeige der Prüferbestellung implementiert. Das **AnSVG** v. 28. 10. 2004,[6] das am 30. 10. 2004 in Kraft trat, baute den Katalog des § 39 zur Umsetzung von Art. 14 I Marktmissbrauchsrichtlinie erneut aus. So wurden vorsätzliche und leichtfertige Verstöße gegen Pflichten bei der Weitergabe und Veröffentlichung von Finanzanalysen (§ 39 II Nr. 4–6 aF) sowie gegen das Verbot von Insidergeschäften durch Weitergabe, Empfehlung und Verleitung neu aufgenommen (§ 39 II Nr. 3, 4). Zudem wurde die Ahndung von leichtfertigen Verstößen gegen das Verbot der Marktmanipulation des § 20a I Nr. 1 ermöglicht (§ 39 II Nr. 11). Darüber hinaus wurde der bisherige Höchstbußgeldrahmen von 1,5 Mio. auf 1 Mio. abgesenkt. Durch das **BilKoG** v. 15. 12. 2004[7] kamen zum 21. 12. 2004 Zuwiderhandlungen gegen vollziehbare Anordnungen im Rahmen der Prüfung der Rechnungslegung (§ 39 III Nr. 1 c) sowie ein diesbezügliches Vereiteln der Betretensbefugnis (§ 39 III Nr. 2 Alt. 3) hinzu.

Das **TUG** v. 5. 1. 2007[8] weitete dann mit Wirkung vom 20. 1. 2007 zur Umsetzung von Art. 28 I Transparenzrichtlinie den Katalog des § 39 wiederum erheblich aus. So wurden nicht nur Verstöße gegen zahlreiche weitere Pflichten zur Mitteilung (§ 39 II Nr. 2 f–p) und Veröffentlichung (§ 39 II Nr. 5 c–h) aufgenommen, sondern auch Verstöße gegen Pflichten zur Übermittlung (§ 39 II Nr. 6), gegen Pflichten der Emittenten gegenüber Wertpapierinhabern (§ 39 II Nr. 12–14) und gegen Pflichten zum Zugänglichmachen und zur Übermittlung von Finanzberichten (heute § 39 II Nr. 24–25) einbezogen. Zudem wurden die Bußgeldrahmen der bisherigen Tatbestände erhöht und an die neuen Tatbe-

---

[1] BGBl. 1994 I S. 1749, 1759 f.
[2] BGBl. 1997 I S. 2518, 2565 f.
[3] BGBl. 1998 I S. 529, 538.
[4] BGBl. 2002 I S. 1310, 1321.
[5] BGBl. 2002 I S. 2010, 2037 f.
[6] BGBl. 2004 I S. 2630, 2645 f.
[7] BGBl. 2004 I S. 3408, 3412.
[8] BGBl. 2007 I S. 10, 21 f.

§ 39 5–7 Abschnitt 12. Straf- und Bußgeldvorschriften

stände angeglichen. Zu weiteren Erweiterungen führte nach kaum mehr als neun Monaten das **FRUG**,[9] das zum 1. 11. 2007 in Kraft trat und der Umsetzung von Art. 51 Finanzmarktrichtlinie diente. So entfielen die § 39 I Nr. 3, 6 aF. Neu aufgenommen wurden Verstöße gegen Pflichten zur Vor- und Nachhandelstransparenz (§ 39 I Nr. 3), zur Gewährung freien Zugangs (§ 39 I Nr. 4), zur Offenlegung von Interessenkonflikten (Nr. 15), im Zusammenhang mit Geeignetheits- oder Angemessenheitsprüfung (Nr. 16, 17), im Zusammenhang mit der bestmöglichen Ausführung von Kundenaufträgen (Nr. 18, 19) sowie im Zusammenhang mit der Auslagerung der Portfolioverwaltung (§ 39 III Nr. 3). Das **Investmentänderungsgesetz** v. 21. 12. 2007[10] hat zwei Redaktionsversehen bei § 39 II Nr. 23 und § 39 IV beseitigt (vgl. Rn. 47, 68).

3. Schutzgüter

5   Die Ordnungswidrigkeiten des § 39 schützen überwiegend überindividuelle Interessen. So wird im **Interesse der Funktionsfähigkeit der organisierten Kapitalmärkte** nicht nur die Wahrheit und Zuverlässigkeit der Preisbildung an Börsen und Märkten geschützt (zB § 39 I Nr. 1, 2; § 39 II Nr. 11), sondern sichergestellt, dass die BaFin ihren Überwachungsaufgaben nachkommen kann (zB § 39 II Nr. 2, 10, 20; § 39 III Nr. 1, 2, 3); zudem wird das kapitalmarktrechtliche Informationssystem abgesichert (zB § 39 II Nr. 6). Hiermit ist zugleich der überindividuelle Schutz der Anleger (des Anlegerpublikums) gewährleistet. Teilweise geht es aber auch um den **Schutz von Individualinteressen** (zB § 39 II Nr. 15–19). Daneben wahren einige Ordnungswidrigkeiten überindividuelle Interessen und zugleich Individualinteressen (zB § 39 II Nr. 1). Soweit Individualschutz gewährt wird, können die Ordnungswidrigkeiten des § 39 **Schutzgesetze** i. S. d. § 823 II BGB sein.

4. Einteilung

6   Der **Gesetzgeber** hat die Ordnungswidrigkeiten in § 39 I–III in erster Linie nach der subjektiven Tatseite gruppiert und in zweiter Linie nach der Reihenfolge der Paragrafen, in denen die Pflichten im WpHG geregelt sind. Von der **subjektiven Tatseite** her betrachtet können die Ordnungswidrigkeiten des § 39 I ausschließlich vorsätzlich begangen werden, die des § 39 II vorsätzlich und leichtfertig und die des § 39 III vorsätzlich und fahrlässig. § 39 enthält sowohl **Begehungsdelikte** als auch **echte Unterlassungsdelikte,** zum Teil auch nur in einzelnen Alternativen („nicht": § 39 I Nr. 3, 4; § 39 II Nr. 2, 5, 6, 8, 9, 10, 12–14, 15, 17–20, 22–25; § 39 III Nr. 2). Ganz überwiegend handelt es sich um **schlichte Tätigkeitsdelikte,** nur ausnahmsweise ist eine Ordnungswidrigkeit als **Erfolgsdelikt** ausgestaltet (zB § 39 II Nr. 1). In Bezug auf das Rechtsgut handelt es sich um **abstrakte Gefährdungsdelikte,** teilweise in Form von **Eignungsdelikten** (§ 39 I Nr. 1, 2, II Nr. 11). Schließlich sind die Ordnungswidrigkeiten des § 39 i. d. R. **Sonderdelikte,** nur vereinzelt handelt es sich um **Allgemeindelikte** (§ 39 I Nr. 1, 2; § 39 II Nr. 11).

7   Zweckmäßig ist eine Systematisierung im Hinblick auf den **Bußgeldrahmen.** So kann in den Fällen des § 39 I Nr. 1, 2 und § 39 II Nr. 5a, 7, 11 eine Geldbu-

---

[9] BGBl. 2007 I S. 1330, 1351.
[10] BGBl. 2007 I S. 3089, 3132.

Bußgeldvorschriften 8 § 39

ße bis zu **1 Mio. €** verhängt werden. Die Einordnung als **schwerste Ordnungswidrigkeiten** macht sichtbar, dass es um Verstöße gegen zentrale Pflichten geht (Verbot der Marktmanipulation, Pflicht zur Veröffentlichung von Insiderinformationen, Verbot der Vorabveröffentlichung von Insiderinformationen). Verstöße gegen § 39 I Nr. 3, 5 und § 39 II Nr. 2c, e–i, m–p, 3, 4, 5c–h, 6, 18, 24, 25 sowie § 39 III Nr. 3 können immerhin mit Geldbuße bis zu **200 000,– €** geahndet werden. Die Einordnung als **schwere Ordnungswidrigkeiten** reflektiert, dass es sich um Verstöße gegen komplementäre Pflichten handelt (Verbot der Weitergabe von Finanzanalysen, Pflichten zur Vorabmitteilung und Mitteilung der Veröffentlichung von Insiderinformationen, Pflichten zur Mitteilung der Information zur Veränderung von Beteiligungsverhältnissen, Verstöße gegen das Verbot von Insidergeschäften durch Weitergabe, Empfehlung und Verleitung). In den Fällen des § 39 II Nr. 2d, 5b, 12–14, 16 und § 39 III Nr. 1b kann eine Geldbuße bis zu **100 000,– €** verhängt werden. Die Einordnung als **mittlere Ordnungswidrigkeiten** zeigt, dass ergänzende Pflichten abgesichert werden (wie die Pflicht zur Mitteilung von Informationen zu Directors' Dealings, die Pflicht zur Veröffentlichung von Informationen zur Veränderung von Beteiligungsverhältnissen, die Pflicht zur getrennten Vermögensverwahrung). Schließlich kann bei den übrigen Verstößen nur eine Geldbuße bis zu **50 000,– €** verhängt werden, d. h. es handelt sich um **vergleichsweise leichte Ordnungswidrigkeiten**, die (nur) sonstige Pflichten schützen.

5. Kritik

§ 39 ist **verfassungsgemäß** (vgl. Vor §§ 38 ff. Rn. 10 ff.), insbesondere die 8 Verweisungen auf die konkretisierenden Rechtsverordnungen (zB WpAIV, MaKonV) begegnen im Ergebnis keinen Bedenken,[11] da sie dem Normadressaten gerade – zum Teil sehr detailliert – deutlich machen, welches Verhalten konkret gefordert ist. Dass die hieraus resultierenden (standardisierten) Verhaltenspflichten häufig sehr komplex sind, begründet nicht die Verfassungswidrigkeit der Norm. Mit Blick auf das Gesetzlichkeitsprinzip, das auch im Ordnungswidrigkeitenrecht gilt (§ 3 OWiG), ist aber bei vielen Tatbeständen eine **besonders restriktive Auslegung** geboten, um die Verfassungskonformität zu wahren; bei leichten Verstößen dürfte häufig eine **Verfahrenseinstellung** geboten sein. Im Übrigen muss sich die Kritik an § 39 gegen den mittlerweile **äußerst umfangreichen Ordnungswidrigkeitenkatalog** richten. So wurde § 39 bereits vor den Erweiterungen durch TUG und FRUG als Beispiel für die „perfektionistische Regelungs- und Ahndungswut des Gesetzgebers", der das Ordnungswidrigkeitenrecht „instrumentell und inflationär" einsetze, angesehen.[12] Hinsichtlich Umfanges und Verweisungen ist § 39 inzwischen derart komplex, dass dem Gesetzgeber in neuerer Zeit gleich mehrere **Redaktionsversehen** unterlaufen sind (vgl. Rn. 11, 47, 50, 68), die inzwischen teilweise korrigiert wurden (vgl. Rn. 4 aE). Allerdings ist zu berücksichtigen, dass der deutsche Gesetzgeber an die Vorgaben der Richtlinien, die angemessene Sanktionen fordern, gebunden ist, und diese umzusetzen hat. Die Kritik ist daher in erster Linie gegen die sehr ausgeprägten europäischen Vorgaben zu richten – insbesondere gegen die umfangreichen und

---

[11] AA (verfassungswidrig) KölnKommWpHG-*Altenhain*, § 39 Rn. 2 und passim.
[12] *Assmann/Schneider/Vogel*, § 39 Rn. 1.

§ 39 9, 10   Abschnitt 12. Straf- und Bußgeldvorschriften

detaillierten Regelungen der Finanzmarktrichtlinie, die das „Grundgesetz für die Finanzmärkte" sein soll, aber auch als „bürokratisches Regulierungsmonster" bezeichnet wird –, die eine **Überregulierung** nahe legen. In zweiter Linie ist zu hinterfragen, ob bei Verstößen gegen manche Verhaltenspflichten gemäß dem **ultima ratio-Grundsatz** nicht doch verwaltungs- oder zivilrechtliche Sanktionen ausreichend sind.

II. Ordnungswidrigkeiten des § 39 I

1. Verstöße gegen das Verbot der Marktmanipulation durch Geschäfte oder Aufträge (§ 39 I Nr. 1) sowie sonstige Täuschungshandlungen (§ 39 I Nr. 2)

9   § 39 I Nr. 1 und 2 ahnden Verstöße gegen das **Verbot der Marktmanipulation** durch Geschäfte oder Aufträge (§ 20a I 1 Nr. 2) und durch sonstige Täuschungshandlungen (§ 20a I 1 Nr. 3) und sichern damit den **Schutz der Wahrheit und Zuverlässigkeit der Preisbildung**. Marktmanipulationen durch das Machen von Angaben oder das Verschweigen von Umständen (§ 20a I 1 Nr. 2) erfasst § 39 II Nr. 11. Nach § 39 I Nr. 1 handelt ordnungswidrig, wer vorsätzlich Geschäfte vornimmt oder Kauf- oder Verkaufsaufträge erteilt, die geeignet sind, falsche oder irreführende Signale für das Angebot, die Nachfrage oder den Börsen- oder Marktpreis von **Finanzinstrumenten** zu geben oder ein künstliches Preisniveau herbeizuführen. Nach § 39 I Nr. 2 handelt ordnungswidrig, wer vorsätzlich sonstige Täuschungshandlungen vornimmt, die geeignet sind, auf den Börsen- oder Marktpreis eines Finanzinstruments oder auf den Preis eines Finanzinstruments an einem organisierten Markt in einem EU-Mitgliedstaat oder in einem EWR-Vertragsstaat einzuwirken. Einbezogen sind von § 39 I Nr. 1, 2 über § 20a IV auch **Waren und ausländische Zahlungsmittel** im Sinne des § 51 II BörsG, die an einem organisierten Markt gehandelt werden. **Täter** der Marktmanipulation kann jedermann sein (Allgemeindelikt).

10   **Tathandlung** des § 39 I Nr. 1 ist die vorsätzliche Vornahme von Geschäften oder das vorsätzliche Erteilen von Kauf- oder Verkaufsaufträgen, **Tathandlung des § 39 I Nr. 2** die vorsätzliche Vornahme von sonstigen Täuschungshandlungen (zu den Tatbestandsmerkmalen vgl. § 38 Rn. 51 und 56). Im Gegensatz zu § 39 I Nr. 11 werden leichtfertige Marktmanipulationen nicht erfasst. Zu beachten sind die Konkretisierungen durch die einbezogene **MaKonV**. Es handelt sich um abstrakte Gefährdungsdelikte in Form von **Eignungsdelikten**. Ausreichend ist bei § 39 I Nr. 1 die Eignung, falsche oder irreführende Signale für das Angebot, die Nachfrage oder den Börsen- oder Marktpreis von Finanzinstrumenten zu geben oder ein künstliches Preisniveau herbeizuführen, bei § 39 I Nr. 2 die Eignung der sonstigen Täuschungshandlung, auf den Preis einzuwirken. Im Gegensatz zu § 38 II genügt beim Adressaten die bloße **Möglichkeit der Kenntnisnahme** vom erteilten Auftrag bzw. von der Täuschungshandlung. Nicht erforderlich ist, dass eine Person hiervon Kenntnis nimmt. Hatte das Manipulationsverhalten eine tatsächliche Preiseinwirkung zur Folge, ist es nach § 38 II strafbar. § 39 I Nr. 1 und § 39 Nr. 2 finden daher nur Anwendung, wenn eine *Einwirkung* nicht erfolgte oder nicht nachzuweisen ist. Die Ordnungswidrigkeiten sind mit **Geldbuße** bis zu 1 Mio. € bedroht (§ 39 IV). Nach Auffassung des Gesetzgebers ist dieser hohe Bußgeldrahmen gerechtfertigt, da Marktpreismani-

pulationen die Zuverlässigkeit und Wahrheit der Preisbildung an den Börsen und Märkten beeinträchtigen und dadurch besonders schwerwiegende Auswirkungen auf den Finanzmarkt haben.[13]

2. Verstöße gegen die Pflicht zur Vor- und Nachhandelstransparenz (§ 39 I Nr. 3)

§ 39 I Nr. 3 wurde durch das **FRUG** eingefügt und soll zur Umsetzung von Art. 51 iVm Art. 29, 30 Finanzmarktrichtlinie Verstöße gegen die Pflicht zur Vor- und Nachhandelstransparenz ahnden.[14] § 39 I Nr. 3 sichert damit das **kapitalmarktrechtliche Informationssystem,** das den Marktteilnehmern die nötigen Informationen zur Verfügung stellen und für informationelle Chancengleichheit sorgen soll. § 39 I Nr. 3 erfasst allerdings bisher nur Verstöße gegen die Veröffentlichungspflicht nach § 31 g I und damit gegen die Pflicht zur **Vorhandelstransparenz.** Danach obliegt dem Betreiber eines multilateralen Handelssystems die bußgeldbewehrte Pflicht, für in das System einbezogene Aktien und Aktien vertretende Zertifikate, die zum Handel an einem organisierten Markt zugelassen sind, den Preis des am höchsten limitierten Kaufauftrags und des am niedrigsten limitierten Verkaufsauftrags und das zu diesen Preisen handelbare Volumen kontinuierlich während der üblichen Geschäftszeiten zu angemessenen kaufmännischen Bedingungen zu veröffentlichen. Nicht erfasst von § 39 I Nr. 3 ist gegenwärtig die ebenso wichtige Pflicht zur **Nachhandelstransparenz,** die in § 31 g III geregelt ist. Danach hat der Betreiber eines multilateralen Handelssystems den Marktpreis, das Volumen und den Zeitpunkt für nach § 31 g I abgeschlossene Geschäfte zu angemessenen kaufmännischen Bedingungen und so weit wie möglich auf Echtzeitbasis zu veröffentlichen. Ob und wann dieses potenzielle **Redaktionsversehen** beseitigt werden wird, ist offen. Zu berücksichtigen ist bei der (künftigen) Anwendung des § 39 I Nr. 3, dass die BaFin nicht nur **Ausnahmen** von der Vorhandelstransparenz gestatten kann (vgl. § 31 II), sondern auch in Bezug auf die Nachhandelstransparenz eine **verzögerte Veröffentlichung** zulassen kann (vgl. 31 g IV 1). Eine derartige Verzögerung hat der Betreiber gleichfalls zu veröffentlichen (§ 31 g IV 2); Verstöße gegen diese Pflicht sind derzeit aber ebenfalls nicht sanktioniert. **Täter** können nur natürliche Personen sein, die entweder selbst Betreiber eines multilateralen Handelssystems sind oder für diesen gemäß § 9 OWiG (Vor §§ 38 ff. Rn. 19 ff.) handeln (Sonderdelikt; zur Beteiligung Rn. 89). Neben einem Wertpapierdienstleistungsunternehmen kann auch der Betreiber eines regulierten Marktes ein multilaterales Handelssystems betreiben.[15] **11**

Die **Tathandlung** besteht darin, dass vorsätzlich die geforderte Veröffentlichung nicht, nicht richtig, nicht vollständig oder nicht rechtzeitig vorgenommen wird. **Nicht gemacht** ist die Veröffentlichung, wenn sie unterlassen wird, **nicht richtig,** wenn sie inhaltlich falsch ist, d. h. die in ihr enthaltenen Angaben nicht mit der Wirklichkeit übereinstimmen. **Nicht vollständig** ist die Veröffentlichung, wenn geforderte Angaben (Vorhandelstransparenz: Preis des am höchsten limitierten Kaufauftrags, Preis des am niedrigsten limitierten Verkaufsauftrags, das zu diesen Preisen handelbare Volumen; Nachhandelstransparenz: Marktpreis, Vo- **12**

---

[13] RegE 4. FFG BT-Drucks. 14/8017, S. 99.
[14] RegE FRUG BT-Drucks. 14/4028, S. 78.
[15] RegE FRUG BT-Drucks. 14/4028, S. 68.

lumen und Zeitpunkt des abgeschlossenen Geschäfts) teilweise weggelassen werden. Die Einzelheiten der Veröffentlichung sind in Kapitel IV Abschnitte 1, 3, und 4 der **Verordnung (EG) Nr. 1287/2006** geregelt (§ 31 g V). **Nicht rechtzeitig** ist die Veröffentlichung, wenn sie nicht innerhalb der vorgesehenen Frist erfolgt (Vorhandelstransparenz: kontinuierlich während der üblichen Geschäftszeiten; Nachhandelstransparenz: so weit wie möglich auf Echtzeitbasis). § 39 I Nr. 3 ist mit **Geldbuße** bis zu 50 000,– € bedroht (§ 39 IV).

3. Verstöße gegen die Pflicht zur Gewährung freien Zugangs (§ 39 I Nr. 4)

13 § 39 I Nr. 4 wurde durch das **FRUG** eingeführt und ahndet in Umsetzung von Art. 51 iVm Art. 27 V 1 Finanzmarktrichtlinie Verstöße von systematischen Internalisierern gegen die Pflicht zur Gewährung des freien Zugangs zu veröffentlichten Quotes nach § 32 d I 1.[16] Geschützt wird damit das **kapitalmarktrechtliche Informationssystem**. Nach § 39 I Nr. 4 obliegt einem systematischen Internalisierer i. S. d. § 32 S. 1 die bußgeldbewehrte Pflicht, den Zugang zu den von ihm veröffentlichten Quotes in objektiver und nicht diskriminierender Weise zu gewähren. Die **Zugangsgewährung** ist nach § 32 d I 2 in eindeutiger Weise in den Geschäftsbedingungen zu regeln. **Täter** können nur natürliche Personen sein, die entweder selbst systematische Internalisierer i. S. d. § 32 S. 1 sind oder für diese gemäß § 9 OWiG (Vor §§ 38 ff. Rn. 19 ff.) handeln (Sonderdelikt; zur Beteiligung Rn. 89). Ein systematischer Internalisierer ist nach Art. 21 der Verordnung (EG) Nr. 1287/2006 eine Wertpapierfirma, die für eigene Rechnung handelt, indem sie Kundenaufträge außerhalb eines regulierten Marktes oder eines multilateralen Handelssystems organisiert, häufig und systematisch ausführt. § 32 S. 1 erfasst nur Wertpapierfirmen, die Aufträge in Aktien und Aktien vertretenden Zertifikaten, die zum Handel an einem organisierten Markt zugelassen sind, bis zur standardmäßigen Marktgröße ausführen. Nicht erfasst sind systematische Internalisierer, die ausschließlich Aufträge über der standardmäßigen Marktgröße ausführen.[17]

14 Die **Tathandlung** besteht darin, dass der Zugang entgegen § 32 d I 1 vorsätzlich **nicht gewährt** wird. Dies ist der Fall, wenn kein Zugang gewährt wird, obwohl nach den Geschäftsbedingungen, die objektive Kriterien festlegen müssen, die einen nicht diskriminierenden Zugang Dritter zu den Quotes ermöglichen,[18] der Zugang zu gewähren wäre. Erfasst wird folglich die **willkürliche Nichtgewährung** des Zugangs. § 39 I Nr. 4 ist mit Geldbuße bis zu 50 000,– € bedroht (§ 39 IV).

4. Verstöße gegen Pflichten bei der Weitergabe und Veröffentlichung von Finanzanalysen (§ 39 I Nr. 5, 6)

15 § 39 I Nr. 5 wurde (als § 39 I Nr. 4 aF) mit dem **4. FFG**[19] eingeführt und durch das **AnSVG**, der auch § 39 I Nr. 6 (als § 39 I Nr. 5 aF) einfügte, in Umsetzung von Art. 14 I iVm Art. 6 V Marktmissbrauchsrichtlinie modifiziert.[20]

---

[16] RegE FRUG BT-Drucks. 14/4028, S. 70, 78.
[17] RegE FRUG BT-Drucks. 14/4028, S. 69.
[18] RegE FRUG BT-Drucks. 14/4028, S. 70.
[19] BGBl. I 2002 S. 2010, 2037.
[20] RegE AnSVG BT-Drucks. 15/3174, S. 38, 40.

Der ebenfalls durch das AnSVG eingefügte § 39 I Nr. 6 aF, der zusätzlich Verstöße bei Empfehlungen durch Wertpapierdienstleistungsunternehmen (§ 34 b VI 1 aF) erfasste, wurde durch das **FRUG** aufgehoben. **§ 39 I Nr. 5 iVm § 34 b I 2** ahndet Verstöße bei der Weitergabe oder öffentlichen Verbreitung einer **Finanzanalyse,** die nicht sachgerecht erstellt oder dargeboten wird oder die Identität der für Weitergabe oder Verbreitung verantwortlichen Person oder Umstände oder Beziehungen, die bei den Erstellern, den für die Erstellung verantwortlichen juristischen Personen oder mit diesen verbundenen Unternehmen Interessenkonflikte begründen können, nicht offen legt. Die Anforderungen an Finanzanalysen, insbesondere das Klarheitsgebot und das Irreführungsverbot, werden durch die **FinAnV** konkretisiert, die § 39 I Nr. 5 über § 34 b VIII 1 einbezieht. Demgegenüber ahndet **§ 39 I Nr. 6 iVm § 34 b II** die Weitergabe einer **Zusammenfassung einer Finanzanalyse,** die den Inhalt einer von einem Dritten erstellten Finanzanalyse unklar oder irreführend wiedergibt oder in der nicht auf das Ausgangsdokument oder auf den Ort verwiesen wird, an dem die mit dem Ausgangsdokument verbundene Offenlegung nach § 34 b I 2 unmittelbar und leicht zugänglich ist. Die Anforderungen an die Zusammenfassung ergeben sich, vor allem hinsichtlich Klarheitsgebot und Irreführungsverbot, wiederum aus der **FinAnV,** die auch § 39 I Nr. 6 über § 34 b VIII 1 einbezieht. **Täter** des § 39 I Nr. 5, 6 können nur natürliche Personen sein, die Finanzanalysen bei der Ausübung ihres Berufes oder im Rahmen ihrer Geschäftstätigkeit erstellen, anderen zugänglich machen oder öffentlich verbreiten.[21] Journalisten können allerdings nach § 34 b IV, der dem Schutz der Pressefreiheit dient, nicht Täter sein, wenn sie einer mit den Regelungen des § 34 b I, II, V sowie des § 34 c vergleichbaren Selbstregulierung einschließlich wirksamer Kontrollmechanismen unterliegen.

Die **Tathandlung des § 39 I Nr. 5** besteht in der vorsätzlichen Weitergabe oder öffentlichen Verbreitung einer Finanzanalyse, die den Anforderungen des § 34 b I 2 nicht genügt (unsachgerechte Erstellung oder Darbietung; fehlende Offenlegung der verantwortlichen Person oder potentieller Interessenkonflikte). Demgegenüber erfasst die **Tathandlung des § 39 I Nr. 6** die vorsätzliche Weitergabe der Zusammenfassung einer Finanzanalyse, die den Anforderungen des § 34 b II nicht entspricht (unklare oder irreführende Wiedergabe der Finanzanalyse; fehlender Verweis auf das Ausgangsdokument und auf den Ort der Offenlegung). Eine **öffentliche Verbreitung** liegt bereits dann vor, wenn der Kommunikationsakt einem unbestimmten Personenkreis die Kenntnisnahme ermöglicht, während die **Weitergabe** ein Kommunikationsakt ist, bei dem die Finanzanalyse einen größeren und in diesem Sinne unbestimmten Personenkreis erreicht. § 39 I Nr. 5 ist mit **Geldbuße** bis zu 200 000,– € bedroht, § 39 I Nr. 6 mit Geldbuße bis zu 50 000,– € (§ 39 IV).

III. Ordnungswidrigkeiten des § 39 II

1. Verstöße gegen Verschwiegenheitspflichten (§ 39 II Nr. 1)

§ 39 II Nr. 1 ahndet Verstöße gegen Verschwiegenheitspflichten nach § 4 VIII und § 10 I 2. Sichergestellt werden soll, dass Betroffene, bei denen die Möglichkeit eines Verstoßes gegen das Verbot von Insidergeschäften (§ 14) oder das Ver-

---

[21] Vgl. RegE AnSVG BT-Drucks. 15/3174, S. 38.

§ 39 18–20 Abschnitt 12. Straf- und Bußgeldvorschriften

bot der Marktmanipulation (§ 20a) besteht, von Überwachungs-, Bußgeld- und Strafverfahren **keine Kenntnis** erlangen, um Verdunklungsmaßnahmen oder die Flucht zu verhindern. Darüber hinaus soll der **Persönlichkeitsschutz** des Betroffenen und der **Schutz des Anlegerpublikums**, das nicht verunsichert werden soll, gewährleistet werden.[22] **Täter** können nur natürliche Personen sein, denen die jeweilige Verschwiegenheitspflicht selbst obliegt, oder für Personen, denen diese Pflicht obliegt, gemäß § 9 OWiG (Vor §§ 38 ff. Rn. 19 ff.) handeln (Sonderdelikt; zur Beteiligung Rn. 89). § 39 II Nr. 1 iVm § 4 VIII richtet sich an die Adressaten von Überwachungsmaßnahmen nach § 4 II–IV, also an Personen, von denen die BaFin zB Auskünfte, die Vorlage von Urkunden oder Kopien verlangt hat, oder die durch die BaFin geladen oder vernommen wurden. Demgegenüber richtet sich § 39 II Nr. 1 iVm § 10 I 2 an Wertpapierdienstleistungsunternehmen, Kreditinstitute und Betreiber von außerbörslichen Märkten, die eine Anzeige nach § 10 I 1 erstattet haben.

18 **Tathandlung** ist das vorsätzliche oder leichtfertige Inkenntnissetzen. **Inkenntnissetzen** bedeutet, jemandem Kenntnis von einem Ermittlungsverfahren (§ 4 VIII) bzw. einer erstatteten Anzeige oder einer aufgrund der Anzeige eingeleiteten Untersuchung (§ 10 I 2) verschaffen. § 39 II Nr. 1 ist ein **Erfolgsdelikt**. Ob das Inkenntnissetzen durch ein Tun oder ein pflichtwidriges Unterlassen (§ 8 OWiG) erfolgt, spielt keine Rolle. Im Rahmen des § 39 I Nr. 1 iVm § 10 I 2 genügt allerdings das Inkenntnissetzen von der Absicht, eine Anzeige zu erstatten, nicht, da sich die Verschwiegenheitspflicht des § 10 I 2 nur auf bereits erstattete Anzeigen bezieht.[23] Die **Geldbuße** beträgt bei vorsätzlichem Handeln bis zu 50 000,– € (§ 39 IV), bei leichtfertigem Handeln bis zu 25 000,– € (vgl. § 17 II OWiG).

2. Verstöße gegen Mitteilungspflichten (§ 39 II Nr. 2)

19 § 39 II Nr. 2 a–p ahndet Verstöße gegen Mitteilungspflichten, die vor allem gegenüber der BaFin bestehen, damit sie ihren **Überwachungsaufgaben** nachkommen kann. Das **TUG** hat den Katalog der bußgeldbewehrten Mitteilungspflichten zur Umsetzung von Art. 28 I Transparenzrichtlinie erweitert (§ 39 II Nr. 2 e–g).[24] Die Mitteilungen sind ein Element des Regimes zur Publikation von Kapitalmarktinformationen.[25] § 39 II Nr. 2 a–p sichert damit das **kapitalmarktrechtliche Informationssystem**. Einzubeziehen sind die Konkretisierungen durch die **WpAIV** und die **WpHMV**. **Täter** können nur natürliche Personen sein, die entweder selbst Adressaten der jeweiligen Mitteilungspflicht sind oder für einen Adressaten gemäß § 9 OWiG (Vor §§ 38 ff. Rn. 19 ff.) handeln (Sonderdelikt; zur Beteiligung Rn. 89).

20 § 39 II Nr. 2a betrifft die **Meldepflicht für Wertpapiergeschäfte**. Wertpapierdienstleistungsunternehmen und Zweigniederlassungen i. S. d. § 53b KWG obliegt die bußgeldbewehrte Pflicht, der BaFin alle **Geschäfte in Finanzinstrumenten**, die zum Handel an einem organisierten Markt zugelassen oder

---

[22] *Assmann/Schneider/Vogel*, § 39 Rn. 10; *Erbs/Kohlhaas/Wehowsky*, § 39 WpHG Rn. 17; KölnKommWpHG-*Altenhain*, § 39 Rn. 10; *Park/Schäfer*, § 39 II Nr. 6, IV WpHG Rn. 46.
[23] Vgl. *Assmann/Schneider/Vogel*, § 10 Rn. 54.
[24] RegE TUG BT-Drucks. 16/2498, S. 47.
[25] RegE TUG BT-Drucks. 16/2498, S. 26.

in den regulierten Markt einer inländischen Börse einbezogen sind, spätestens an dem auf den Tag des Geschäftsabschlusses folgenden Werktag mitzuteilen (§ 9 I 1); dies gilt auch für den Erwerb und die Veräußerung von Rechten auf die **Zeichnung von Wertpapieren** sowie für **Geschäfte in Aktien und Optionsscheinen,** bei denen ein Antrag auf Zulassung gestellt oder öffentlich angekündigt ist (§ 9 I 2). Diese bußgeldbewehrten Pflichten bestehen in gleicher Weise für inländische zentrale Kontrahenten im Sinne des § 1 XXXI KWG (§ 9 I 3) sowie für Unternehmen, die ihren Sitz in einem Staat haben, der nicht EU-Mitgliedstaat oder EWR-Vertragsstaat ist, und an einer inländischen Börse zur Teilnahme am Handel zugelassen sind (§ 9 I 4). Die Mitteilung muss auf automatisiert verarbeitbaren Datenträgern oder im Wege der Datenfernübertragung erfolgen und bestimmte Angaben enthalten (vgl. § 9 II). Die Anforderungen an Inhalt, Art, Umfang und Form der Mitteilung (§ 9 IV Nr. 1) sowie die erforderlichen zusätzlichen Angaben (§ 9 IV Nr. 2) konkretisiert die WpHMV.

§ 39 II Nr. 2 b betrifft die **Pflicht zur Verdachtsanzeige** hinsichtlich Verstößen gegen das Verbot von Insidergeschäften und das Verbot der Marktmanipulation. Für Wertpapierdienstleistungsunternehmen, andere Kreditinstitute, Kapitalanlagegesellschaften und Betreiber von außerbörslichen Märkten, an denen Finanzinstrumente gehandelt werden, besteht die bußgeldbewehrte Pflicht, bei der Feststellung von Tatsachen, die den Verdacht begründen, dass mit einem Geschäft über Finanzinstrumente gegen ein Verbot oder Gebot nach § 14 oder § 20a verstoßen wird, die Tatsachen unverzüglich der BaFin mitzuteilen (§ 10 I 1). Die Anforderungen an Inhalt und Form der Mitteilung werden durch §§ 2, 3 WpAIV konkretisiert.

§ 39 II Nr. 2 c betrifft **Pflichten zur Vorabmitteilung** und **zur Mitteilung der Veröffentlichung von Insiderinformationen.** Nach § 15 I 1 müssen Inlandsemittenten von Finanzinstrumenten Insiderinformationen, die sie unmittelbar betreffen, unverzüglich veröffentlichen **(Ad-hoc-Publizität).** Hierbei sind folgende Pflichten bußgeldbewehrt: die Pflicht, der BaFin die Gründe für eine Befreiung zusammen mit der Vorabmitteilung nach § 15 IV 1 unter Angabe des Zeitpunktes der Entscheidung über den Aufschub der Veröffentlichung mitzuteilen (§ 15 III 4); die Pflicht, der Geschäftsführung der jeweiligen organisierten Märkte und der BaFin die nach § 15 I oder II 2 zu veröffentlichende Information vor der Veröffentlichung mitzuteilen (§ 15 IV 1); die Pflicht, der Geschäftsführung der organisierten Märkte und der BaFin Veröffentlichungen nach § 15 I 1, 4, 5 oder § 15 II 2 gleichzeitig mit der Veröffentlichung mitzuteilen (§ 15 V 2). Der Verstoß gegen die Pflicht zur Vorabmitteilung an die BaFin wird verbreitet[26] mit Recht als **nicht sanktionswürdig** angesehen, da die Vorabmitteilung reinen Aufsichtszwecken dient; durch die Vorabmitteilung an die Geschäftsführung der betroffenen Börsen ist bereits sichergestellt, dass über die Aussetzung der Preisfeststellung entschieden werden kann. Die Anforderungen an Inhalt, Art und Form der Mitteilungen werden durch §§ 3 c, 5 a, 8, 9 WpAIV konkretisiert.

§ 39 II Nr. 2 d betrifft **Pflichten zur Mitteilung von Informationen zu Directors' Dealings.** Für Personen, die bei einem Emittenten von Aktien Führungsaufgaben wahrnehmen, besteht die bußgeldbewehrte Pflicht, dem Emittenten und der BaFin eigene Geschäfte mit Aktien des Emittenten oder sich darauf

---

[26] KölnKommWpHG-*Altenhain,* § 39 Rn. 15; *Moosmayer* wistra 2002, 161, 165; *Park/Süßmann,* § 39 II Nr. 1 b, 2 a, 3, IV WpHG Rn. 11.

beziehenden Finanzinstrumenten, insbesondere Derivaten **(Directors' Dealings),** innerhalb von fünf Werktagen mitzuteilen (§ 15a I 1). Dies gilt auch für Personen, die mit dem „Director" (vgl. § 15a II) in einer „engen Beziehung" stehen (§ 15a I 2), d. h. vor allem Ehepartner, eingetragene Lebenspartner, unterhaltsberechtigte Kinder und andere Verwandte (vgl. § 15a III 1), aber auch juristische Personen mit enger Beziehung zum „Director" (vgl. § 15a III 2, 3). Zudem ist der Inlandsemittent unter Bußgeldandrohung verpflichtet, der BaFin die Veröffentlichung ihm nach § 15a I mitgeteilter Informationen gleichzeitig mit der Veröffentlichung mitzuteilen (§ 15a IV 1). Keine Mitteilungspflicht nach § 15a I 1 besteht, solange die Gesamtsumme der Geschäfte bis Ende des Kalenderjahres 5000,– € nicht erreicht (§ 15a I 5). Die Anforderungen an Inhalt, Art und Form der Mitteilung nach § 15a I 1 konkretisieren §§ 10, 11 WpAIV, für die Mitteilung nach § 15a IV 1 gilt § 13a iVm § 3c WpAIV.

24 §§ 39 II Nr. 2e–i betreffen **Pflichten zur Mitteilung der Veränderung von Beteiligungsverhältnissen.** Bei § 39 II Nr. 2e geht es um **Mitteilungen beim Halten von Aktien und aktienvertretenden Zertifikaten.** Personen, die durch Erwerb, Veräußerung oder auf sonstige Weise in Bezug auf die Stimmrechtsanteile an einem Emittenten, für den die Bundesrepublik Deutschland der Herkunftsstaat ist, bestimmte Schwellenwerte (3, 5, 10, 15, 20, 25, 30, 50, 75%) erreichen, überschreiten oder unterschreiten, trifft die bußgeldbewehrte Pflicht, dies unverzüglich dem Emittenten und gleichzeitig der BaFin mitzuteilen, spätestens innerhalb von vier Handelstagen, unter Beachtung von § 22 I und II (§ 21 I 1). Diese Pflicht besteht auch für Personen, denen im Zeitpunkt der erstmaligen Zulassung der Aktien zum Handel an einem organisierten Markt 3% oder mehr der Stimmrechte an einem Emittenten zustehen (§ 21 Ia 1). Bei Zertifikaten, die Aktien vertreten, trifft die bußgeldbewehrte Mitteilungspflicht ausschließlich den Inhaber der Zertifikate (§ 21 I 2 bzw. § 21 Ia 2). Hinsichtlich **eigener Aktien,** die der Emittent entweder selbst hält oder ihm gemäß § 22 zugerechnet werden, besteht entgegen verbreiteter Ansicht keine bußgeldbewehrte Mitteilungspflicht, da diese Aktien keine Stimmrechte gewähren und § 21 I 1 ausdrücklich nur auf Stimmrechte bzw. Stimmrechtsanteile, nicht aber auf Aktien abstellt.[27] Die Anforderungen an Inhalt, Art, Form und Sprache der Mitteilungen konkretisieren §§ 17, 18 WpAIV.

25 § 39 II Nr. 2f hat **Mitteilungen beim Halten von sonstigen Finanzinstrumenten** zum Gegenstand. Personen, die unmittelbar oder mittelbar Finanzinstrumente halten, die ihrem Inhaber das Recht verleihen, einseitig im Rahmen einer rechtlich bindenden Vereinbarung mit Stimmrechten verbundene und bereits ausgegebene Aktien eines Emittenten zu erwerben, für den die Bundesrepublik Deutschland der Herkunftsstaat ist, obliegt die bußgeldbewehrte Pflicht, dies bei Erreichen, Überschreiten oder Unterschreiten der in § 21 I 1 genannten Schwellen – mit Ausnahme der Schwelle von 3% – unverzüglich dem Emittenten und gleichzeitig der BaFin mitzuteilen (§ 25 I 1). Solche Finanzinstrumente sind Fest- oder Optionsgeschäfte mit Aktien als Basiswert, die als Kauf, Tausch oder durch anderweitigen Bezug auf den Basiswert ausgestaltet sowie zeitlich verzögert zu erfüllen sind (Termingeschäfte).[28] Der Erwerb der Aktien darf hierbei nicht von äußeren Umständen abhängig sein, sondern nur vom Ermessen

---

[27] *Widder/Kocher* AG 2007, 13, 14 ff. mwN.
[28] RegE TUG BT-Drucks. 16/2498, S. 36 f.

des Inhabers des Finanzinstruments.[29] Ausnahmen von der Mitteilungspflicht nach § 25 I 2 iVm §§ 23, 24 sind zu beachten. §§ 17, 18 WpAIV konkretisieren die Anforderungen an Inhalt, Art, Form und Sprache der Mitteilungen.

§ 39 II Nr. 2 g betrifft die **Mitteilung der Veröffentlichung der Veränderung von Beteiligungsverhältnissen.** Inlandsemittenten trifft die bußgeldbewehrte Pflicht, Veröffentlichungen nach § 26 I 1, 2 der BaFin gleichzeitig mit der Veröffentlichung mitzuteilen (§ 26 II). Hierbei geht es zum einen um Fälle, in denen dem Emittenten die Veränderung von Beteiligungsverhältnissen nach § 21 I 1, Ia und § 25 I 1 oder nach entsprechenden Vorschriften anderer EU-Mitgliedstaaten oder anderer EWR-Vertragsstaaten mitgeteilt wurde (§ 26 I 1). Zum anderen geht es um Fälle, in denen der Inlandsemittent in Bezug auf eigene Aktien selbst oder über eine in eigenem Namen, aber für Rechnung dieses Emittenten handelnde Person, die Schwellen von 5% oder 10% – falls für den Emittenten die Bundesrepublik Deutschland der Herkunftsstaat ist, auch von 3% – erreicht, überschreitet oder unterschreitet (§ 26 I 2). Die Anforderungen an die Mitteilung konkretisiert § 21 iVm § 3c WpAIV.

§ 39 II Nr. 2 h hat die **Pflicht zur Mitteilung der Veröffentlichung der Veränderungen der Gesamtzahl der Stimmrechte** zum Gegenstand. Einem Inlandsemittent obliegt die bußgeldbewehrte Pflicht, der BaFin die Veröffentlichung der Gesamtzahl der Stimmrechte am Ende eines jeden Kalendermonats, in dem es zu einer Zu- oder Abnahme von Stimmrechten gekommen ist, gleichzeitig mit der Veröffentlichung entsprechend § 26 II mitzuteilen (§ 26a S. 1). Die Anforderungen an die Mitteilung wird auch hier durch § 21 iVm § 3c WpAIV konkretisiert.

§ 39 II Nr. 2 i erfasst **Mitteilungen von Emittenten, die von Pflichten befreit** sind. Emittenten, die von den Pflichten nach §§ 26 I, 26a – d.h. hinsichtlich der Veröffentlichung und Mitteilung der Veränderungen der Beteiligungsverhältnisse und der Gesamtzahl der Stimmrechte – freigestellt wurden, sind unter Bußgeldandrohung verpflichtet, der BaFin die Veröffentlichung von Informationen über Umstände, die denen des § 21 I 1, Ia, § 25 I 1, § 26 I 1, 2 und § 26a entsprechen und nach den gleichwertigen Regeln des Drittstaates der Öffentlichkeit zur Verfügung zu stellen sind, gleichzeitig mit der Veröffentlichung mitzuteilen (§ 29a II 1).

§ 39 II Nr. 2 j–l betreffen **Pflichten zur Mitteilung von notwendigen Informationen** für die Wahrnehmung von Rechten aus Wertpapieren. Bei § 39 II Nr. 2 j geht es um **Mitteilungen bei Änderungen der Rechtsgrundlage.** Alle Emittenten zugelassener Wertpapiere, deren Herkunftsstaat die Bundesrepublik Deutschland ist, sind unter Bußgeldandrohung verpflichtet, beabsichtigte Änderungen ihrer Satzung oder ihrer sonstigen Rechtsgrundlagen, die die Rechte der Wertpapierinhaber berühren, der BaFin und den Zulassungsstellen der inländischen oder ausländischen organisierten Märkte, an denen die Wertpapiere zum Handel zugelassen sind, spätestens zum Zeitpunkt der Einberufung des Beschlussorgans, das über die Änderung beschließen soll, mitzuteilen (§ 30c). Dies gilt auch für Emittenten, für die ein anderer EU-Mitgliedstaat oder EWR-Vertragsstaat der Herkunftsstaat ist, sofern ihre Wertpapiere an einem inländischen organisierten Markt zugelassen sind und ihr Herkunftsstaat keine § 30c entsprechende Vorschrift vorsieht (§ 30d).

---

[29] RegE TUG BT-Drucks. 16/2498, S. 37.

§ 39 30–33   Abschnitt 12. Straf- und Bußgeldvorschriften

30 § 39 II Nr. 2 k betrifft die **Mitteilung der Veröffentlichung zusätzlicher Angaben.** Inlandsemittenten trifft die bußgeldbewehrte Pflicht, der BaFin die unverzüglich vorzunehmende Veröffentlichung bestimmter zusätzlicher Angaben gleichzeitig mit der Veröffentlichung mitzuteilen (§ 30 e I 1). Hierbei geht es um Rechtsänderungen von zugelassenen Wertpapieren (§ 30 e I 1 Nr. 1), die Neuemission von Anleihen und die für sie übernommenen Gewährleistungen (§ 30 e I 1 Nr. 2) sowie Informationen, die der Inlandsemittent in einem Drittstaat veröffentlicht und die für die Öffentlichkeit in der EU und dem EWR Bedeutung haben können (§ 30 e I 1 Nr. 3). Die Anforderungen an die Mitteilung konkretisiert § 26 S. 2 iVm § 3 c WpAIV.

31 § 39 II Nr. 2 l erfasst **Mitteilungen von Emittenten, die von Pflichten befreit** sind. Emittenten, die von den Pflichten nach § 30 e I 1 Nr. 1, 2 freigestellt sind, sind unter Bußgeldandrohung verpflichtet, der BaFin die nach Maßgabe des § 30 e I vorzunehmende Veröffentlichung von Informationen über Umstände i. S. d. § 30 e I 1 Nr. 1 und 2, die nach den gleichwertigen Regeln eines Drittstaates der Öffentlichkeit zur Verfügung zu stellen sind, gleichzeitig mit der Veröffentlichung mitzuteilen (§ 30 f II).

32 § 39 II Nr. 2 m–p betreffen die **Pflicht zur Mitteilung der Hinweisbekanntmachung von Finanzberichten.** Danach obliegt Unternehmen, die als Inlandsemittenten Wertpapiere begeben, die bußgeldbewehrte Pflicht, in Bezug auf den **Jahresfinanzbericht** die Hinweisbekanntmachung gleichzeitig mit ihrer Veröffentlichung der BaFin mitzuteilen (§ 37 v I 3); dieselbe Pflicht obliegt Unternehmen, die als Inlandsemittenten Aktien oder Schuldtitel begeben, hinsichtlich dem **Halbjahresfinanzbericht** (§ 37 w I 3), Unternehmen, die als Inlandsemittenten Aktien begeben, hinsichtlich der **Zwischenmitteilung** der Geschäftsführung (§ 37 x I 3). Entprechende bußgeldbewehrte Pflichten treffen Mutterunternehmen, die einen Konzernabschluss und Konzernlagebericht aufstellen müssen, hinsichtlich der **Finanzberichte des Konzerns** (§ 37 y). Zudem müssen auch Unternehmen mit Sitz in einem Drittstaat, die als Inlandsemittenten Wertpapiere begeben und von den Pflichten nach §§ 37 v–37 y freigestellt sind, die Hinweisbekanntmachung veröffentlichen und gleichzeitig der BaFin mitteilen (§ 37 z IV 2). Ausnahmen enthält § 37 z I–III. Die Anforderungen an die Mitteilung konkretisiert § 23 iVm § 3 c WpAIV.

33 Die **Tathandlung des** § 39 II Nr. 2 a–p besteht darin, dass vorsätzlich oder leichtfertig die jeweils geforderte Mitteilung nicht, nicht richtig, nicht vollständig, nicht in der vorgeschriebenen Weise oder nicht rechtzeitig gemacht wird. **Nicht gemacht** ist die Mitteilung, wenn sie unterlassen wird. **Nicht richtig** gemacht ist sie, wenn sie inhaltlich falsch ist, d. h. die geforderten Angaben nicht mit der Wirklichkeit übereinstimmen.[30] Offensichtliche Fehler, insbesondere Schreibfehler, bleiben außer Betracht. **Nicht vollständig** ist die Mitteilung, wenn die jeweils durch die Ausfüllungsnorm und die WpAIV bzw. WpHMV geforderten Angaben teilweise fehlen, **nicht in der vorgeschriebenen Weise** gemacht, wenn die vorgeschriebene Art und Weise der Mitteilung nicht eingehalten wird. **Nicht rechtzeitig** ist die Mitteilung gemacht, wenn sie nicht innerhalb der von der Ausfüllungsnorm vorgesehenen Frist erfolgt. „Unverzüglich" bedeutet hierbei, dass die Mitteilung ohne schuldhaftes Zögern (vgl. § 121

---

[30] *Assmann/Schneider/Vogel*, § 39 Rn. 8; diff. *Park/Süßmann*, § 39 II Nr. 1 b, 2 a, 3, IV WpHG Rn. 7.

Bußgeldvorschriften **34, 35 § 39**

I 1 BGB) zu machen ist. Die Ausschöpfung einer Höchstfrist ("spätestens") ist nur zulässig, wenn sich die Veröffentlichung ohne Verschulden verzögert.[31] Sofern Veröffentlichung und Mitteilung "gleichzeitig" vorgenommen werden müssen, sind die Anforderungen auch dann erfüllt, wenn Veröffentlichung und Mitteilung unmittelbar hintereinander versandt werden.[32] **Bagatellverstöße**, wie geringfügige Unrichtigkeiten, Unvollständigkeiten, Formfehler und Fristüberschreitungen, bleiben i. d. R. folgenlos. Entweder ist mangels Erheblichkeit bereits der Tatbestand nicht erfüllt, oder die BaFin wird das Bußgeldverfahren nach pflichtgemäßem Ermessen wegen Geringfügigkeit einstellen.[33] Bei vorsätzlichem Handeln sind § 39 II Nr. 2c, e, f, g, h, i, m, n, o, p mit **Geldbuße** bis zu 200000,– € (§ 39 IV), § 39 II Nr. 2d mit Geldbuße bis zu 100000,– € und § 39 II Nr. 2a, b, j, k, l mit Geldbuße bis zu 50000,– € bedroht. Bei leichtfertigem Handeln beträgt die Geldbuße jeweils die Hälfte dieser Höchstbeträge. (vgl. § 17 II OWiG). Durch das TUG wurden die bisherigen Bußgeldrahmen in "angemessener Angleichung"[34] an die neu eingeführten Tatbestände teilweise erhöht.

3. Verstöße gegen das Verbot von Insidergeschäften durch Weitergabe, Empfehlung und Verleitung (§ 39 II Nr. 3, 4)

§ 39 II Nr. 3 und 4 ahnden Verstöße gegen das Verbot von Insidergeschäften **34** nach § 14 I Nr. 2, 3. Die Einfügung erfolgte durch das **AnSVG**, um **Sanktionslücken zu schließen**, da § 38 I Nr. 2 nur vorsätzliche Verstöße von Primärinsidern gegen das Weitergabe-, Empfehlungs- und Verleitungsverbot unter Strafe stellt. Zur Umsetzung von Art. 14 I iVm Art. 4 und Art. 3 Marktmissbrauchsrichtlinie hat der Gesetzgeber mit § 39 II Nr. 3 und 4 auch Sanktionen für Sekundärinsider vorgesehen;[35] gleichzeitig wurde damit die Ahndung aller Insider im Falle leichtfertigen Handelns möglich. § 39 II Nr. 3 und 4 sind – wie § 38 I Nr. 2 a–d – **Vorfeldtatbestände** zum Insiderhandel nach § 38 I Nr. 1, die durch die Erfassung leichtfertigen Handelns den Rechtsgüterschutz weiter verstärken. Sie fungieren als **Auffangtatbestände** für Fälle, in denen bei Verstößen gegen § 38 I Nr. 2 a–d Vorsatz nicht vorliegt oder nicht nachzuweisen ist, und für Fällen, in denen Sekundärinsider gehandelt haben. **Täter** kann jede natürliche Person sein, die über eine Insiderinformation verfügt und dem Verbot der Weitergabe (§ 14 I Nr. 2) bzw. der Empfehlung oder Verleitung (§ 14 I Nr. 3) unterliegt. Die Unterscheidung zwischen Primär- und Sekundärinsidern ist – anders bei § 38 I Nr. 2 – ohne Bedeutung.

Tathandlung des § 39 II Nr. 3 (Weitergabeverbot) ist das unbefugte Mittei- **35** len (Alt. 1) oder Zugänglichmachen (Alt. 2) einer Insiderinformation, **Tathandlung des § 39 II Nr. 4** (Empfehlungs- und Verleitungsverbot) die Empfehlung (Alt. 1) des Erwerbs oder der Veräußerung von Insiderpapieren auf Grundlage einer Insiderinformation oder das Verleiten (Alt. 2) hierzu (zu den einzelnen Merkmalen vgl. § 38 Rn. 25 f. und 27 f.). Ahndbar sind sowohl vorsätzliches als

---

[31] *Assmann/Schneider/Vogel*, § 39 Rn. 11.
[32] RegE TUG BT-Drucks. 16/2498, S. 38.
[33] *Assmann/Schneider/Vogel*, § 39 Rn. 8; *Park/Süßmann*, § 39 II Nr. 1c, 2b, 3, IV WpHG Rn. 36.
[34] RegE TUG BT-Drucks. 16/2498, S. 47.
[35] RegE AnSVG BT-Drucks. 15/3174, S. 41.

auch leichtfertiges Handeln. § 39 II Nr. 3 und 4 sind im Falle vorsätzlichen Handelns mit **Geldbuße** bis zu 200 000,– € (§ 39 IV), im Falle leichtfertigen Handelns mit Geldbuße bis zu 100 000,– € bedroht (vgl. § 17 II OWiG).

4. Verstöße gegen Veröffentlichungspflichten (§ 39 II Nr. 5)

36 § 39 II Nr. 5 ahndet Verstöße gegen Veröffentlichungspflichten. Das **TUG** hat den Katalog der bußgeldbewehrten Veröffentlichungspflichten, die nach der Transparenzrichtlinie die **erste Säule** des Regimes zur Publikation von Kapitalmarktinformationen bilden, zur Umsetzung von Art. 28 I Transparenzrichtlinie stark erweitert (§ 39 II Nr. 5 c–h).[36] Zentrale Voraussetzung für die Funktionsfähigkeit des Kapitalmarktes ist seine Transparenz, so dass Informationsdefizite und -asymmetrien zu vermeiden sind. § 39 II Nr. 5 sichert damit ein tragendes Element des **kapitalmarktrechtlichen Informationssystems** ab, das den Marktteilnehmern die nötigen Informationen zur Verfügung stellen und für die informationelle Chancengleichheit sorgen soll. Einzubeziehen sind jeweils die Konkretisierungen durch die **WpAIV**. **Täter** können nur natürliche Personen sein, die entweder selbst Adressaten der jeweiligen Veröffentlichungspflicht sind oder für einen Adressaten gemäß § 9 OWiG (Vor §§ 38 ff. Rn. 19 ff.) handeln (Sonderdelikt; zur Beteiligung Rn. 89).

37 § 39 II Nr. 5 a betrifft **Pflichten zur Veröffentlichung von Insiderinformationen**. Die unverzügliche Mitteilung von Ad-hoc-Tatsachen bildet das **effektivste Mittel zur Prävention von Insiderhandel**.[37] Daher sind folgende Pflichten bußgeldbewehrt: Inlandsemittenten von Finanzinstrumenten müssen Insiderinformationen, die sie unmittelbar betreffen, unverzüglich veröffentlichen (§ 15 I 1, **Ad-hoc-Publizität**); dies gilt auch dann, wenn für die Finanzinstrumente erst ein Antrag auf Zulassung gestellt ist (§ 15 I 2); Emittenten oder Personen, die in deren Auftrag oder auf deren Rechnung handeln, und einem anderen im Rahmen ihrer Befugnis Insiderinformationen mitteilen oder zugänglich machen, müssen die Insiderinformationen gleichzeitig nach § 15 I 1 veröffentlichen, es sei denn, der andere ist rechtlich zur Vertraulichkeit verpflichtet (§ 15 I 4); erfolgen Mitteilung oder Zugänglichmachung der Insiderinformation unwissentlich, so ist die Veröffentlichung unverzüglich nachzuholen (§ 15 I 5). Die jeweiligen Anforderungen an Art, Sprache und Inhalt der Veröffentlichung werden durch §§ 3 a, 3 b, 4, 5 WpAIV konkretisiert.

38 § 39 II Nr. 5 b hat die **Pflicht zur Veröffentlichung von Informationen zu Directors' Dealings** zum Gegenstand. Die Veröffentlichung von Informationen zu Directors' Dealings dient der Erhöhung der Markttransparenz und damit der **Informationseffizienz des Kapitalmarktes**. Vermutet wird, dass die „Directors" über ein Wissen verfügen, das zwar den Erheblichkeitsgrad einer Insiderinformation nicht erreicht, aber dennoch vorteilhaft ist.[38] Einen Inlandsemittenten trifft deshalb die bußgeldbewehrte Pflicht, ihm mitgeteilte Informationen über Directors' Dealings nach § 15 a I unverzüglich zu veröffentlichen (§ 15 a IV 1). Nach § 15 I 5 bestehende Ausnahmen von der Mitteilungspflicht

---

[36] RegE TUG BT-Drucks. 16/2498, S. 47.
[37] Vgl. RegE 2. FFG, 12/6679, S. 48; *Park/Süßmann*, § 39 II Nr. 1 b, 2 a, 3, IV WpHG Rn. 1.
[38] *Fleischer* ZIP 2002, 1217, 1218; *Park/Süßmann*, § 39 II Nr. 1 c, 2 b, IV WpHG Rn. 22.

Bußgeldvorschriften 39–41 § 39

sind zu beachten. Die Anforderungen an Art, Sprache und Inhalt der Veröffentlichung konkretisieren §§ 3a, 3b, 12, 13 WpAIV.

§ 39 II Nr. 5c betrifft die **Pflicht zur Veröffentlichung von Informationen zur Veränderung von Beteiligungsverhältnissen.** Hierbei sind folgende Pflichten bußgeldbewehrt: Ein Inlandsemittent hat, wenn ihm die Veränderung von Beteiligungsverhältnissen nach § 21 I 1, Ia und § 25 I 1 oder nach entsprechenden Vorschriften anderer EU-Mitgliedstaaten oder anderer EWR-Vertragsstaaten mitgeteilt wurde, diese Information unverzüglich, spätestens drei Handelstage nach Zugang der Mitteilung zu veröffentlichen (§ 26 I 1). Zudem hat der Inlandsemittent auch dann, wenn er in Bezug auf eigene Aktien selbst oder über eine in eigenem Namen, aber für Rechnung dieses Emittenten handelnde Person, die bestimmte Schwellenwerte (5%, 10%; falls für den Emittenten die Bundesrepublik Deutschland der Herkunftsstaat ist, auch 3%) erreicht, überschreitet oder unterschreitet, diese Information unverzüglich, spätestens vier Handelstage nach diesem Ereignis zu veröffentlichen (§ 26 I 2). Weiter hat ein Inlandsemittent die Gesamtzahl der Stimmrechte am Ende eines jeden Kalendermonats, in dem es zu einer Zu- oder Abnahme von Stimmrechten gekommen ist, in der in § 26 I 1 vorgesehenen Weise zu veröffentlichen (§ 26a S. 1). Schließlich haben Emittenten, die von den Pflichten nach §§ 26 I, 26a freigestellt wurden, Informationen über Umstände, die denen des § 21 I 1, Ia, § 25 I 1, § 26 I 1, 2 und § 26a entsprechen und nach den gleichwertigen Regeln eines Drittstaates der Öffentlichkeit zur Verfügung zu stellen sind, in der in § 26 I 1 geregelten Weise zu veröffentlichen (§ 29a II 1). Die Anforderungen an Art, Sprache und Inhalt werden durch §§ 3a, 3b, 19, 20 WpAIV konkretisiert. 39

§ 39 II Nr. 5d, e betreffen **Pflichten zur Veröffentlichung von Informationen, die für die Wahrnehmung von Rechten aus Wertpapieren notwendig** sind. Bei **§ 39 II Nr. 5d** geht es um die **Veröffentlichung von wesentlichen Informationen.** Danach trifft einen Emittenten von zugelassenen Aktien, für den die Bundesrepublik Deutschland der Herkunftsstaat ist, die bußgeldbewehrte Pflicht, die Einberufung der Hauptversammlung einschließlich der Tagesordnung, die Gesamtzahl der Aktien und Stimmrechte im Zeitpunkt der Einberufung der Hauptversammlung und die Rechte der Aktionäre bezüglich der Teilnahme an der Hauptversammlung sowie Mitteilungen über die Ausschüttung und Auszahlung von Dividenden, die Ausgabe neuer Aktien und die Vereinbarung oder Ausübung von Umtausch-, Bezugs-, Einziehungs- und Zeichnungsrechten unverzüglich im elektronischen Bundesanzeiger zu veröffentlichen (§ 30b I 1 Nr. 1, 2). Dies gilt auch für einen Emittenten von zugelassenen Schuldtiteln für Ort, Zeitpunkt und Tagesordnung der Gläubigerversammlung, für Mitteilungen über das Recht der Schuldtitelinhaber zur Teilnahme daran, für Mitteilungen über die Ausübung von Umtausch-, Zeichnungs- und Kündigungsrechten sowie über Zinszahlungen, Rückzahlungen, Auslosungen und bisher gekündigte oder ausgeloste, noch nicht eingelöste Stücke (§ 30b II). Außerdem treffen diese bußgeldbewehrten Veröffentlichungspflichten auch Emittenten, für die ein anderer EU-Mitgliedstaat oder EWR-Vertragsstaat Herkunftsstaat ist, sofern die Wertpapiere zum Handel an einem inländischen organisierten Markt zugelassen sind und der Herkunftsstaat für sie keine entsprechenden Vorschriften vorsieht (§ 30d). 40

Bei **§ 39 II Nr. 5e** geht es um die **Veröffentlichung von zusätzlichen Angaben.** Für einen Inlandsemittenten besteht die bußgeldbewehrte Pflicht, 41 zusätzliche Angaben, die Rechtsänderungen, die Neuemission von Anleihen und bedeutende Informationen, die er in einem Drittstaat veröffentlicht, zum Gegenstand haben, unverzüglich zu veröffentlichen (§ 30e I 1 Nr. 1–3). Emittenten, die von Pflichten nach § 30e I 1 freigestellt wurden, trifft die bußgeldbewehrte Pflicht, Informationen über Umstände i. S. d. § 30e I 1 Nr. 1, 2, die nach den gleichwertigen Regeln eines Drittstaates der Öffentlichkeit zur Verfügung zu stellen sind, zu veröffentlichen (§ 30f II). Die Anforderungen an Art und Sprache der Veröffentlichung konkretisiert § 26 S. 1 iVm §§ 3a, 3b WpAIV.

42 § 39 II Nr. 5 f–h betrifft die **Pflicht zur Veröffentlichung der Hinweisbekanntmachung von Finanzberichten.** Danach obliegt Unternehmen, die als Inlandsemittenten Wertpapiere begeben, die bußgeldbewehrte Pflicht, in Bezug auf den **Jahresfinanzbericht** eine Bekanntmachung darüber zu veröffentlichen, ab welchem Zeitpunkt und unter welcher Internetadresse der Finanzbericht zusätzlich zu seiner Verfügbarkeit im Unternehmensregister öffentlich zugänglich ist (§ 37v I 2); dieselbe Pflicht obliegt Unternehmen, die als Inlandsemittenten Aktien oder Schuldtitel begeben, für den **Halbjahresfinanzbericht** (§ 37w I 2), Unternehmen, die als Inlandsemittenten Aktien begeben, für die **Zwischenmitteilung** der Geschäftsführung (§ 37x I 2). Entsprechende bußgeldbewehrte Pflichten treffen Mutterunternehmen, die einen Konzernabschluss und Konzernlagebericht aufstellen müssen, für die **Finanzberichte des Konzerns** (§ 37y). Zudem müssen auch Unternehmen mit Sitz in einem Drittstaat, die als Inlandsemittenten Wertpapiere begeben und von den Anforderungen der §§ 37v–37y freigestellt wurden, diese Bekanntmachungen veröffentlichen (§ 37z IV 2), wobei aber nur die Pflicht, die Hinweisbekanntmachung in Bezug auf den Jahresbericht zu veröffentlichen, bußgeldbewehrt ist (vgl. § 39 II Nr. 5 f). Ausnahmen enthält § 37z I–III. Die Anforderungen an Art und Sprache der Veröffentlichung konkretisiert § 23 iVm §§ 3a, 3b WpAIV.

43 Die **Tathandlung des § 39 I Nr. 5 a–h** besteht darin, dass vorsätzlich oder leichtfertig die jeweils geforderte Veröffentlichung nicht, nicht richtig, nicht vollständig, nicht in der vorgeschriebenen Weise oder nicht rechtzeitig vorgenommen oder nicht oder nicht rechtzeitig nachgeholt wird. **Nicht gemacht** ist die Veröffentlichung, wenn sie unterlassen wird, **nicht richtig,** wenn sie inhaltlich falsch ist, d. h. die geforderten Angaben nicht mit der Wirklichkeit übereinstimmen, und **nicht vollständig,** wenn die durch die jeweilige Ausfüllungsnorm und die WpAIV geforderten Angaben teilweise fehlen. Bei § 39 II Nr. 5 b, c kommt es darauf an, ob die Veröffentlichung durch den Emittenten mit der ihm gemachten Mitteilung über die Directors' Dealings bzw. über die Veränderung von Beteiligungsverhältnissen übereinstimmt.[39] **Nicht in der vorgeschriebenen Weise** gemacht ist die Veröffentlichung, wenn die durch die Ausfüllungsnorm und die WpAIV vorgeschriebene Art und Weise nicht eingehalten ist, und **nicht rechtzeitig,** wenn sie nicht innerhalb der vorgesehenen Frist erfolgt. Zu den Merkmalen „unverzüglich", „gleichzeitig" und „spätestens" vgl. Rn. 33. **Nicht nachgeholt** oder **nicht rechtzeitig nachgeholt** werden kann die Veröffentlichung nur in den Fällen des § 39 II Nr. 5 a, in denen die Mitteilung oder das Zugänglichmachen der Insiderinformation unwissentlich erfolgte (vgl. § 15 I 5). Zu **Bagatellverstößen** vgl. Rn. 33. Im Falle vorsätzlichen Handelns ist § 39 II Nr. 5 a mit **Geldbuße** bis zu 1 Mio. €, § 39 II Nr. 5 c, d, e, f, g und h mit

---

[39] *Assmann/Schneider/Vogel,* § 39 Rn. 10; *Erbs/Kohlhaas/Wehowsky,* § 39 WpHG Rn. 33.

Geldbuße bis zu 200 000,– € und § 39 II Nr. 5 b mit Geldbuße bis zu 100 000,– € bedroht. Im Falle leichtfertigen Handelns beträgt die Geldbuße jeweils die Hälfte dieser Höchstbeträge (vgl. § 17 II OWiG). Das TUG hat Verstöße gegen die Veröffentlichungspflichten der Abschnitte 5, 5 a und 11 Unterabschnitt 2 der Transparenzrichtlinie einheitlich mit einem hohen Bußgeldrahmen von 200 000,– € versehen, um eine effektive Durchsetzung dieser kapitalmarktwichtigen Vorschriften zu gewährleisten.[40]

5. Verstöße gegen Übermittlungspflichten (§ 39 II Nr. 6)

§ 39 II Nr. 6 ahndet Verstöße gegen die Pflichten zur Übermittlung von In- 44 formationen und Bekanntmachungen an das Unternehmensregister und wurde durch das **TUG** zur Umsetzung von Art. 28 I Transparenzrichtlinie eingeführt.[41] Das Unternehmensregister (§ 8 b HGB) bildet die **zweite Säule** des Regimes zur Publikation von Kapitalmarktinformationen.[42] Es dient der zentralen Speicherung vorgeschriebener Kapitalmarktinformationen und führt Informationen der Emittenten auf einer Plattform zusammen, die für Anleger aus aller Welt jederzeit verfügbar ist. § 39 II Nr. 6 sichert damit – ebenso wie § 39 II Nr. 5 – ein tragendes Element des **kapitalmarktrechtlichen Informationssystems.** Hierbei sind folgende Pflichten bußgeldbewehrt: zur Übermittlung von Insiderinformationen (§ 15 I 1), von Informationen zu Directors' Dealings (§ 15 a IV 1), zu Veränderungen von Beteiligungsverhältnissen (§ 26 I 1, 26 a S. 2, 29 a II 2), von notwendigen Informationen für die Wahrnehmung von Rechten aus Wertpapieren (§§ 30 e I 2, 30 f II) und von Hinweisbekanntmachungen zu Finanzberichten (§§ 37 v I 3, 37 w I 3, 37 x I 3, jeweils auch iVm § 37 y, und § 37 z IV 3). Die Information bzw. Hinweisbekanntmachung muss unverzüglich, jedoch nicht vor ihrer Veröffentlichung dem Unternehmensregister zur Speicherung übermittelt werden. **Täter** können nur natürliche Personen sein, die entweder selbst Adressaten der Übermittlungspflicht sind oder für einen Adressaten gemäß § 9 OWiG (Vor §§ 38 ff. Rn. 19 ff.) handeln (Sonderdelikt; zur Beteiligung Rn. 89).

Tathandlung ist, dass vorsätzlich oder leichtfertig die geforderte Information 45 oder Bekanntmachung nicht oder nicht rechtzeitig übermittelt wird. **Nicht gemacht** ist die Übermittlung, wenn sie unterlassen wird, **nicht rechtzeitig,** wenn sie nicht unverzüglich (vgl. § 121 I 1 BGB) erfolgt und damit verspätet ist. Im Falle vorsätzlichen Handelns beträgt die **Geldbuße** bis zu 200 000,– € (§ 39 IV), im Falle leichtfertigen Handelns bis zu 100 000,– € (vgl. § 17 II OWiG). Der Gesetzgeber des TUG hat diesen hohen Bußgeldrahmen vorgesehen, um eine effektive Durchsetzung der für den Kapitalmarkt wichtigen Übermittlungspflicht zu gewährleisten.[43]

6. Verstöße gegen das Verbot der Vorabveröffentlichung von Insiderinformationen (§ 39 II Nr. 7)

§ 39 II Nr. 7 ahndet Verstöße gegen das Verbot der Vorabveröffentlichung von 46 Insiderinformationen und sichert hierdurch den **Vorrang des förmlichen Ad-**

---

[40] RegE TUG BT-Drucks. 16/2498, S. 47.
[41] RegE TUG BT-Drucks. 16/2498, S. 47.
[42] Vgl. RegE TUG BT-Drucks. 16/2498, S. 27.
[43] Vgl. RegE TUG BT-Drucks. 16/2498, S. 47.

hoc-Veröffentlichungsverfahrens. Eine unkontrollierte Verbreitung von Informationen, durch die der Insiderhandel gefördert wird, soll verhindert werden.[44] Eine Veröffentlichung von Insiderinformationen darf daher unter Bußgeldandrohung in anderer Weise als nach § 15 I in Verbindung mit den Regelungen der WpAIV nicht vor der Veröffentlichung nach § 15 I 1, 4 oder 5 oder § 15 II 2 vorgenommen werden (§ 15 V 1). **Täter** können nur natürliche Personen sein, die entweder selbst Adressaten der Veröffentlichungspflichten sind oder für einen Adressaten gemäß § 9 OWiG (Vor §§ 38 ff. Rn. 19 ff.) handeln (Sonderdelikt; zur Beteiligung Rn. 89). Adressaten sind bei § 15 I 1 Inlandslandsemittenten von Finanzinstrumenten sowie bei § 15 I 4, 5 Emittenten oder Personen, die in dessen Auftrag oder auf dessen Rechnung handeln und im Rahmen ihrer Befugnis einem anderen Insiderinformationen mitteilen oder zugänglich machen (§ 15 I 4, 5). Adressaten des § 15 II 2 sind diejenigen, die unwahre Informationen nach § 15 I veröffentlicht haben.

47 **Tathandlung** ist, dass vorsätzlich oder leichtfertig eine Veröffentlichung **in anderer Weise** als nach § 15 I in Verbindung mit den §§ 3 a, 3 b, 4, 5 WpAIV vor der Veröffentlichung nach § 15 I 1, 4 oder 5 oder § 15 II 2 vorgenommen wird. Damit überschneidet sich § 39 II Nr. 7 mit § 39 II Nr. 5 a, der ebenfalls die nicht in der vorgeschriebenen Weise erfolgende Veröffentlichung von ad-hoc-publizitätspflichtigen Insiderinformationen erfasst. Die genaue Abgrenzung der Tatbestände ist unklar, aber ohne praktische Relevanz, da der Bußgeldrahmen beider Tatbestände gleich ist.[45] Erfasst werden dürfte von § 39 II Nr. 7 vor allem das leichtfertige „Durchsickernlassen" ad-hoc-publizitätspflichtiger Insiderinformationen.[46] § 39 II Nr. 7 ist im Falle vorsätzlichen Handelns mit **Geldbuße** bis zu 1 Mio. € (§ 39 IV), im Falle leichtfertigen Handelns mit Geldbuße bis zu 500 000,– € bedroht (vgl. § 17 II OWiG). Das dem Gesetzgeber des TUG v. 5. 1. 2007 bei der Einfügung neuer Tatbestände unterlaufene **Redaktionsversehen**, das dazu führte, dass § 39 II Nr. 7 zwischenzeitlich mit Geldbuße von nur 50 000,– € bedroht war, wurde mit dem Investmentänderungsgesetz v. 21. 12. 2007 berichtigt.

7. Verstöße bei der Führung und Übermittlung von Insiderverzeichnissen (§ 39 II Nr. 8, 9)

48 § 39 II Nr. 8 sichert die **Registrierungspflichten** des § 15 b I 1 und damit die unternehmensinterne Prävention, § 39 II Nr. 9 gewährleistet über die **Aktualisierungspflicht** des § 15 b I 2 die Aufklärung von Insiderverstößen durch die BaFin und damit die Repression. Emittenten oder in ihrem Auftrag oder für ihre Rechnung handelnde Personen trifft die bußgeldbewehrte Pflicht, Insiderverzeichnisse über Personen zu führen, die für sie tätig sind und bestimmungsgemäß Zugang zu Insiderinformationen haben (§ 15 b I 1). Zudem besteht die bußgeldbewehrte Pflicht, die aktualisierten Insiderverzeichnisse der BaFin auf Verlangen zu übermitteln (§ 15 b I 2). **Täter** der § 39 II Nr. 8 und 9 können nur natürliche Personen sein, die entweder selbst Adressaten der Pflichten nach § 15 b I 1, 2

---

[44] BT-Drucks. 12/7918, S. 101.
[45] *Assmann/Schneider/Vogel*, § 39 Rn. 12; *Erbs/Kohlhaas/Wehowsky*, § 39 WpHG Rn. 36; *KölnKommWpHG-Altenhain*, § 39 Rn. 26.
[46] *Assmann/Schneider/Vogel*, § 39 Rn. 12; *Erbs/Kohlhaas/Wehowsky*, § 39 WpHG Rn. 36.

Bußgeldvorschriften **49, 50 § 39**

sind oder für einen Adressaten gemäß § 9 OWiG (Vor §§ 38 ff. Rn. 19 ff.) handeln (Sonderdelikt; zur Beteiligung Rn. 89).

Tathandlung des § 39 II Nr. 8 ist, dass vorsätzlich oder leichtfertig das Insiderverzeichnis nicht, nicht richtig oder nicht vollständig geführt wird. **Nicht geführt** ist das Insiderverzeichnis, wenn seine Führung unterlassen wird, **nicht vollständig** geführt, wenn die von § 14 WpAIV, der über § 15b II einbezogen ist, inhaltlich geforderten Angaben teilweise fehlen. **Nicht richtig** geführt ist das Insiderverzeichnis, wenn es inhaltlich falsch ist, d. h. die Angaben nicht mit der Wirklichkeit übereinstimmen. Erfasst sind hierbei auch die Fälle, in denen das Insiderverzeichnis aufgrund von Änderungen der zugrunde liegenden tatsächlichen Verhältnisse unrichtig geworden und dann nach § 15b I 2 unverzüglich zu berichtigen ist.[47] Denn nach § 15 S. 2 Nr. 1–3 WpAIV ist das Verzeichnis unrichtig, wenn sich der Grund für die Erfassung bereits erfasster Personen ändert, neue Personen zum Verzeichnis hinzuzufügen sind oder im Verzeichnis erfasste Personen keinen Zugang zu Insiderinformationen mehr haben. Die **Tathandlung des § 39 II Nr.** 9 besteht darin, dass vorsätzlich oder leichtfertig das Insiderverzeichnis auf vollziehbares Verlangen der BaFin **nicht** oder **nicht rechtzeitig übermittelt** wird, d. h. nicht innerhalb der vorgesehenen Frist. Hierbei gilt, dass die Mitteilung „unverzüglich", d. h. ohne schuldhaftes Zögern (vgl. § 121 I 1 BGB), zu erfolgen hat,[48] da sich das Fristerfordernis in § 15b I 2 nicht nur auf die Aktualisierung, sondern auch auf die Übermittlung bezieht. § 39 II Nr. 8 und 9 sind im Falle vorsätzlichen Handelns mit **Geldbuße** bis zu 50 000,- € (§ 39 IV), im Falle leichtfertigen Handelns mit Geldbuße bis zu 25 000,- € bedroht (vgl. § 17 II OWiG).

8. Verstöße gegen Aufzeichnungspflichten (§ 39 II Nr. 10)

§ 39 II Nr. 10 ahndet Verstöße gegen die Aufzeichnungspflichten nach § 16 **50** S. 1 und § 34 I und gewährleistet, dass die BaFin ihren **Überwachungsaufgaben** nachkommen kann. Die Aufzeichnungen ermöglichen es der BaFin, die Identität der Auftraggeber und der berechtigten und verpflichteten Personen festzustellen, bzw. gestatten ihr die Kontrolle der Einhaltung der in Abschnitt 6 geregelten Pflichten. § 34 I wurde durch das **FRUG** zur Umsetzung von Art. 13 VI, 19 VII, 25 II Finanzmarktrichtlinie geändert.[49] Nach **§ 39 II Nr. 10 iVm § 16 S. 1** obliegt Wertpapierdienstleistungsunternehmen sowie Unternehmen mit Sitz im Inland, die an einer inländischen Börse zur Teilnahme am Handel zugelassen sind, die bußgeldbewehrte Pflicht, vor der Durchführung von Aufträgen, die Insiderpapiere betreffen, bestimmte Angaben festzustellen und aufzuzeichnen: bei natürlichen Personen Namen, Geburtsdatum und Anschrift; bei Unternehmen Firma, Anschrift der Auftraggeber und der berechtigten oder verpflichteten Personen oder Unternehmen. Darüber hinaus trifft Wertpapierdienstleistungsunternehmen nach **§ 39 II Nr. 10 iVm § 34 I** die bußgeldbewehrte Pflicht, über die von ihnen erbrachten Wertpapierdienst- und Wertpapiernebendienstleistungen sowie die von ihnen getätigten Geschäfte Aufzeichnungen zu

---

[47] *Assmann/Schneider/Vogel*, § 39 Rn. 14; *Erbs/Kohlhaas/Wehowsky*, § 39 WpHG Rn. 40.
[48] *Assmann/Schneider/Vogel*, § 39 Rn. 14.
[49] RegE FRUG BT-Drucks 16/4028, S. 75.

erstellen, die nicht nur den Aufzeichnungspflichten nach Art. 7, 8 der Verordnung EG Nr. 1287/2006 Rechnung tragen, sondern es der BaFin auch ermöglichen, die Einhaltung der in Abschnitt 6 geregelten Pflichten zu prüfen. Bei der konkretisierenden Rechtsverordnung, auf die § 39 II Nr. 10 Bezug nimmt (derzeit allerdings noch durch Bezugnahme auf § 34 II 1 aF anstatt auf § 34 IV 1 (**Redaktionsversehen**)), handelt es sich um die **WpDVerOV**, die in § 14 die Aufzeichnungspflichten näher beschreibt. **Täter** können nur natürliche Personen sein, die entweder selbst Adressaten der Aufzeichnungspflichten sind oder für einen Adressaten gemäß § 9 OWiG (Vor §§ 38 ff. Rn. 19 ff.) handeln (Sonderdelikt; zur Beteiligung Rn. 89).

51 Die **Tathandlung** besteht darin, dass vorsätzlich oder leichtfertig eine geforderte Aufzeichnung nicht, nicht richtig, nicht vollständig oder nicht rechtzeitig gefertigt wird. **Nicht gefertigt** ist die Aufzeichnung, wenn sie unterlassen wird, **nicht richtig**, wenn sie inhaltlich falsch ist, d. h. die Angaben nicht mit der Wirklichkeit übereinstimmen, **nicht vollständig**, wenn geforderte Angaben teilweise fehlen. **Nicht rechtzeitig** gefertigt ist die Aufzeichnung, wenn sie im Falle des § 16 S. 1 nicht „vor" der Durchführung von Aufträgen erfolgt. Für § 34 I ergibt sich aus Art. 7, 8 der Verordnung EG Nr. 1287/2006, dass die Aufzeichnung „unverzüglich", d. h. ohne schuldhaftes Zögern (§ 121 I 1 BGB), nach Eingang des Auftrags und der Ausführung des Auftrags zu erfolgen hat. § 39 II Nr. 10 ist bei vorsätzlichem Handeln mit **Geldbuße** bis zu 50 000,– € (§ 39 IV), bei leichtfertigem Handeln mit Geldbuße bis zu 25 000,– € bedroht (vgl. § 17 II OWiG).

9. Verstöße gegen das Verbot der Marktmanipulation durch das Machen von Angaben oder Verschweigen von Umständen (§ 39 II Nr. 11)

52 § 39 II Nr. 11 ahndet Verstöße gegen das Verbot der Marktmanipulation durch das Machen von Angaben oder das Verschweigen von Umständen (§ 20a I 1 Nr. 1) und dient damit dem **Schutz der Wahrheit und Zuverlässigkeit der Preisbildung**. Die Einfügung erfolgte durch das **AnSVG** zur Umsetzung von Art. 14 I iVm Art. 4 Marktmissbrauchsrichtlinie, um auch leichtfertige Marktmanipulationen zu erfassen.[50] Nach § 39 I Nr. 11 handelt ordnungswidrig, wer unrichtige oder irreführende Angaben über Umstände macht, die für die Bewertung eines **Finanzinstruments** erheblich sind, oder solche Umstände entgegen bestehenden Rechtsvorschriften verschweigt, wenn die Angaben oder das Verschweigen geeignet sind, auf den inländischen Börsen- oder Marktpreis eines Finanzinstruments oder auf den Preis eines Finanzinstruments an einem organisierten Markt in einem anderen EU-Mitgliedstaat oder EWR-Vertragsstaat einzuwirken. Einbezogen sind von § 39 I Nr. 11 über § 20a IV auch **Waren und ausländische Zahlungsmittel** i. S. d. § 51 II BörsG, die an einem organisierten Markt gehandelt werden. **Täter** des Machens von Angaben kann jedermann sein (Allgemeindelikt), während beim Verschweigen von Umständen nur der Adressat einer besonderen Offenbarungspflicht als Täter in Betracht kommt (vgl. § 38 Rn. 44).

53 **Tathandlung** ist das vorsätzliche oder leichtfertige **Machen unrichtiger oder irreführender Angaben** oder das **Verschweigen von Umständen** (zu den einzelnen Merkmalen § 38 Rn. 45). Zu beachten sind die Konkretisierun-

---

[50] RegE AnSVG BT-Drucks. 15/3174, S. 41.

gen durch die **MaKonV**. Es handelt sich um ein abstraktes Gefährdungsdelikt in Form eines **Eignungsdelikts**. Ausreichend ist die Eignung, auf den Preis einzuwirken. Im Gegensatz zu § 38 II genügt die bloße Möglichkeit der Kenntnisnahme, eine tatsächliche Kenntnisnahme durch einen Adressaten ist nicht erforderlich. Hatte das Manipulationsverhalten eine Preiseinwirkung zur Folge, ist es strafbar nach § 38 II. § 39 II Nr. 2 gelangt daher nur dann zur Anwendung, wenn eine Preiseinwirkung nicht erfolgte oder ein vorsätzliches Handeln nicht nachzuweisen ist. Die Ordnungswidrigkeit ist bei vorsätzlichem Handeln mit **Geldbuße** bis zu 1 Mio. € (§ 39 IV), im Falle leichtfertigen Handelns mit Geldbuße bis zu 500 000,– € bedroht (vgl. § 17 II OWiG).

10. Verstöße gegen Pflichten der Emittenten gegenüber Wertpapierinhabern (§ 39 II Nr. 12–14)

§ 39 II Nr. 12, 13 und 14 ahnden Verstöße gegen Pflichten der Emittenten nach § 30a I Nr. 2–4 und wurden durch das **TUG** zur Umsetzung von Art. 28 I Transparenzrichtlinie eingeführt, um zu gewährleisten, dass Wertpapierinhaber ihre Rechte im Inland wahrnehmen können, und um datenschutzrechtlichen Belangen Rechnung zu tragen.[51] Emittenten, deren Herkunftsstaat die Bundesrepublik Deutschland ist, obliegen folgende bußgeldbewehrte **Informations-, Datenschutz- und Bestimmungspflichten:** Die Pflicht sicherzustellen, dass alle Einrichtungen und Informationen, die die Inhaber der zugelassenen Wertpapiere zur Ausübung ihrer Rechte benötigen, im Inland öffentlich zur Verfügung stehen (§ 39 II Nr. 12 iVm § 30a I Nr. 2), dass Daten zu Inhabern zugelassener Wertpapiere vor einer Kenntnisnahme durch Unbefugte geschützt sind (§ 39 II Nr. 13 iVm § 30a I Nr. 3) und dass für die gesamte Dauer der Zulassung der Wertpapiere mindestens ein Finanzinstitut als Zahlstelle im Inland bestimmt ist, bei der alle erforderlichen Maßnahmen hinsichtlich der Wertpapiere, im Falle der Vorlegung der Wertpapiere bei dieser Stelle kostenfrei, bewirkt werden können (§ 39 II Nr. 14 iVm § 30a I Nr. 4). Diese Pflichten bestehen auch gegenüber den Inhabern Aktien vertretender Zertifikate (§ 39 II Nr. 12–14 jeweils iVm § 30a III). Außerdem treffen die Pflichten auch Emittenten anderer EU-Mitgliedstaaten und EWR-Vertragsstaaten, sofern ihre Wertpapiere zum Handel an einem inländischen organisierten Markt zugelassen sind und ihr Herkunftsstaat für sie keine den §§ 30a–30c entsprechenden Vorschriften vorsieht. **Täter** können nur natürliche Personen sein, die entweder Adressaten der Pflichten sind oder für einen Adressaten gemäß § 9 OWiG (Vor §§ 38ff. Rn. 19ff.) handeln (Sonderdelikte; zur Beteiligung Rn. 89).

Die **Tathandlung** besteht darin, dass vorsätzlich oder leichtfertig nicht sichergestellt ist, dass alle Einrichtungen und Informationen zur Verfügung stehen, die Daten geschützt sind und die Zahlstelle im Inland bestimmt ist. Durch die Formulierung „**nicht sichergestellt**" werden nicht nur Fälle erfasst, in denen der Emittent untätig bleibt, sondern auch Fälle, in denen er zwar tätig wird, sein Handeln aber nicht ausreichend ist, um den Informations-, Datenschutz- und Bestimmungspflichten zu genügen. § 39 II Nr. 12, 13 und 14 drohen im Falle vorsätzlichen Handelns **Geldbuße** bis zu 100 000,– € (§ 39 IV), im Falle leichtfertigen Handelns Geldbuße bis zu 50 000,– € an (vgl. § 17 II OWiG).

---

[51] RegE TUG BT-Drucks. 16/2498, S. 40, 48.

11. Verstöße gegen die Pflicht zur Offenlegung von Interessenkonflikten (§ 39 II Nr. 15)

56 § 39 II Nr. 15 ahndet Verstöße gegen die nach § 31 I Nr. 2 bestehende Pflicht, Interessenkonflikte offen zu legen, und sichert den **Anlegerschutz.** Der Tatbestand wurde durch das **FRUG** zur Umsetzung von Art. 51 iVm Art. 18 II Finanzmarktrichtlinie eingeführt.[52] § 31 I Nr. 2 ergänzt zusammen mit § 31 I Nr. 1 die interne Organisationspflicht zur Identifikation und zum Management von Interessenkonflikten. Nach § 39 II Nr. 15 obliegt Wertpapierunternehmen die bußgeldbewehrte Pflicht, vor Durchführung von Geschäften für Kunden, diesen die **allgemeine Art und Herkunft der Interessenkonflikte eindeutig darzulegen,** soweit die organisatorischen Vorkehrungen nach § 33 I 2 Nr. 3, d. h. auf Dauer wirksame Vorkehrungen zur Erkennung von Interessenkonflikten und zur Vermeidung der Beeinträchtigung von Kundeninteressen (hierzu § 13 II, III WpDVerOV), nicht ausreichen, um nach vernünftigem Ermessen das Risiko der Beeinträchtigung von Kundeninteressen zu vermeiden. Der Begriff des **Interessenkonflikts** soll nach dem Willen des Gesetzgebers wie im Rahmen der Organisationspflichten (§ 33 I 2 Nr. 3) weit zu verstehen sein.[53] Der Interessenkonflikt kann daher nicht nur in Bezug auf das Wertpapierdienstleistungsunternehmen selbst bestehen, sondern auch in Bezug auf seine Mitarbeiter oder auf Personen oder Unternehmen, die direkt oder indirekt durch Kontrolle nach § 1 VIII KWG verbunden sind (vgl. § 33 I 2 Nr. 3 und § 13 I WpDVerOV). Nach Art. 21 Durchführungsrichtlinie (vgl. auch § 13 I Nr. 1–5 WpDVerOV) geht es mindestens um folgende potentiell nachteilige **Situationen:** wahrscheinliche Erzielung eines finanziellen Vorteils oder Vermeidung eines finanziellen Nachteils zu Lasten des Kunden; Bestehen eines Interesses am Ergebnis einer für den Kunden erbrachten Dienstleistung oder eines im Namen des Kunden getätigten Geschäfts, das nicht mit dem Interesse des Kunden an diesem Ergebnis übereinstimmt; Bestehen eines Anreizes, die Interessen eines anderen Kunden oder einer anderen Gruppe von Kunden über die Interessen des Kunden zu stellen; der Umstand, dass dem gleichen Geschäft nachgegangen wird wie der Kunde; aktueller oder künftiger Erhalt eines Anreizes in Form von Geld, Gütern oder Dienstleistungen von einer nicht mit dem Kunden identischen Person in Bezug auf eine für den Kunden erbrachte Dienstleistung zusätzlich zu der üblichen Provision oder Gebühr. Angesichts dieser Weite ist aus Sicht des Ordnungswidrigkeitenrechts eine restriktive Auslegung geboten. Erfasst sind insbesondere Fälle, die bisher unter § 39 I Nr. 3 und 6 aF fielen.[54] **Täter** können nur natürliche Personen sein, die entweder selbst Adressat der Pflicht des § 31 I Nr. 2 sind oder für einen Adressaten gemäß § 9 OWiG (Vor §§ 38 ff. Rn. 19 ff.) handeln (Sonderdelikt; zur Beteiligung Rn. 89).

57 Die **Tathandlung** besteht darin, dass vorsätzlich oder leichtfertig ein Interessenkonflikt nicht, nicht richtig, nicht vollständig oder nicht rechtzeitig dargelegt wird. **Nicht dargelegt** ist der Interessenkonflikt, wenn seine Offenlegung unterlassen wird, **nicht richtig** dargelegt, wenn die Angaben inhaltlich falsch sind, d. h. nicht mit der Wirklichkeit übereinstimmen, und **nicht vollständig** dargelegt, wenn

---

[52] RegE FRUG BT-Drucks. 16/4028, S. 63.
[53] RegE FRUG BT-Drucks. 16/4028, S. 63.
[54] Vgl. RegE FRUG BT-Drucks. 16/4028, S. 69.

Bußgeldvorschriften

Angaben, die für das Verständnis erforderlich sind, teilweise fehlen. Die Unterrichtung muss – je nach Status des Kunden – so ausführlich sein, dass dieser seine Entscheidung über die Wertpapierdienst- oder Wertpapiernebendienstleistung, in deren Zusammenhang der Interessenkonflikt auftritt, auf informierter Grundlage treffen kann (vgl. § 13 IV WpDVerOV). **Nicht rechtzeitig** ist der Interessenkonflikt dargelegt, wenn die Offenlegung nicht vor der Durchführung des Geschäfts erfolgt. § 39 II Nr. 15 droht bei vorsätzlichem Handeln **Geldbuße** bis zu 50 000,– € (§ 39 IV), bei leichtfertigem Handeln mit Geldbuße bis zu 25 000,– € an (vgl. § 17 II OWiG).

12. Verstöße gegen Pflichten im Zusammenhang mit Geeignetheits- oder Angemessenheitsprüfung (§ 39 II Nr. 16, 17)

§ 39 II Nr. 16 ahndet Verstöße gegen das Empfehlungsverbot des § 31 IV 3 im Zusammenhang mit der Geeignetheitsprüfung bei der Anlageberatung und Finanzportfolioverwaltung, während § 39 II Nr. 17 Verstöße gegen Hinweis- und Informationspflichten nach § 31 V 3, 4 im Zusammenhang mit der Angemessenheitsprüfung bei anderen Wertpapierdienstleistungen betrifft. Die Tatbestände, die das **FRUG** zur Umsetzung von Art. 51 iVm Art. 19 IV, V Finanzmarktrichtlinie nebst Art. 35 V Durchführungsrichtlinie neu eingeführt hat,[55] sichern den **Anlegerschutz**. Nach § 31 IV 1 ist ein Wertpapierdienstleistungsunternehmen, das **Anlageberatung** oder **Finanzportfolioverwaltung** erbringt, verpflichtet, von den Kunden alle Informationen einzuholen über Kenntnisse und Erfahrungen in Bezug auf Geschäfte mit bestimmten Arten von Finanzinstrumenten oder Wertpapierdienstleistungen, über die Anlageziele der Kunden und über ihre finanziellen Verhältnisse, die erforderlich sind, um ein geeignetes Finanzinstrument oder eine geeignete Wertpapierdienstleistung empfehlen zu können. Erlangt es diese Informationen nicht, besteht die durch **§ 39 I Nr. 16 iVm § 31 IV 3** bußgeldbewehrte Pflicht, eine Empfehlung zu unterlassen. Erbringt ein Wertpapierdienstleistungsunternehmen im Kundenauftrag **andere Wertpapierdienstleistungen,** ist es nach § 31 V 1 verpflichtet, vor Ausführung von den Kunden Informationen über Kenntnisse und Erfahrungen in Bezug auf Geschäfte mit bestimmten Arten von Finanzinstrumenten oder Wertpapierdienstleistungen einzuholen, soweit diese Informationen erforderlich sind, um die Angemessenheit der gewünschten Finanzinstrumente oder Wertpapierdienstleistungen beurteilen zu können. Gelangt das Unternehmen aufgrund der erhaltenen Informationen zu der Auffassung, dass das Finanzinstrument oder die Wertpapierdienstleistung für den Kunden nicht angemessen ist, besteht die durch **§ 39 II Nr. 17 iVm § 31 V 3** bußgeldbewehrte Pflicht, den Kunden darauf hinzuweisen; werden die Informationen nicht erlangt, besteht die durch **§ 39 II Nr. 17 iVm § 31 V 4** bußgeldbewehrte Pflicht, den Kunden zu informieren, dass eine Beurteilung der Angemessenheit nicht möglich ist. **Täter** können nur natürliche Personen sein, die entweder selbst Adressaten der Pflichten sind oder für einen Adressaten gemäß § 9 OWiG (Vor §§ 38 ff. Rn. 19 ff.) handeln (Sonderdelikt; zur Beteiligung Rn. 89).

---

[55] Vgl. RegE FRUG BT-Drucks. 16/4028, S. 64.

59 Die **Tathandlung des § 39 II Nr.** 16 besteht darin, dass trotz Nichterlangung der Informationen vorsätzlich oder leichtfertig im Rahmen der Anlageberatung ein **Finanzinstrument empfohlen** oder im Zusammenhang mit einer Finanzportfolioverwaltung eine **Empfehlung abgegeben** wird. **Tathandlung des § 39 II Nr.** 17 ist, dass im Falle der Unangemessenheit der erforderliche Hinweis und im Falle der Nichterlangung der Informationen die erforderliche Information vorsätzlich oder leichtfertig **nicht** oder **nicht rechtzeitig**, d. h. nicht vor Ausführung des Kundenauftrags, gegeben wird. § 39 II Nr. 16 und 17 drohen bei vorsätzlichem Handeln **Geldbuße** bis zu 50 000,– € (§ 39 IV), bei leichtfertigem Handeln Geldbuße bis zu 25 000,– € an (vgl. § 17 II OWiG).

13. Verstöße gegen Pflichten im Zusammenhang mit der bestmöglichen Ausführung von Kundenaufträgen (§ 39 II Nr. 18, 19)

60 § 39 II Nr. 18 und 19 ahnden Verstöße gegen Pflichten im Zusammenhang mit der **bestmöglichen Ausführung** von Kundenaufträgen. Die Tatbestände wurden durch das **FRUG** zur Umsetzung von Art. 51 iVm Art. 21 III Unterabs. 2, 3, Art. 21 IV 3 Finanzmarktrichtlinie eingeführt[56] und sichern den **Anlegerschutz**. Nach der Grundregel des § 33 a I Nr. 1, 2 muss ein Wertpapierdienstleistungsunternehmen, das Aufträge seiner Kunden für den Kauf oder Verkauf von Finanzinstrumenten ausführt, alle angemessenen Vorkehrungen treffen, insbesondere Grundsätze zur Auftragsausführung festlegen und mindestens jährlich überprüfen, um das bestmögliche Ergebnis für seine Kunden zu erreichen, sowie sicherstellen, dass die Ausführung jedes einzelnen Kundenauftrags nach Maßgabe dieser Grundsätze vorgenommen wird. § 39 II Nr. 18 ahndet folgende Verstöße: gegen die Pflicht, die Kunden gesondert darauf hinzuweisen, sofern eine Auftragsausführung auch außerhalb organisierter Märkte und multilateraler Handelssysteme zulässig ist, und vor Ausführung der Kundenaufträge an diesen Ausführungsplätzen deren ausdrückliche Einwilligung generell oder in Bezug auf jedes Geschäft einzuholen (§ 33 a V 2); gegen die Pflicht, die Kunden vor der erstmaligen Erbringung von Wertpapierdienstleistungen über die Ausführungsgrundsätze zu informieren und deren Zustimmung zu diesen Grundsätzen einzuholen (§ 33 a VI Nr. 1); gegen die Pflicht, die Privatkunden ausdrücklich darauf hinzuweisen, dass im Falle einer Kundenweisung der Auftrag entsprechend der Kundenweisung ausgeführt wird und keine Verpflichtung besteht, den Auftrag entsprechend den Grundsätzen zur Auftragsausführung zum bestmöglichen Ergebnis auszuführen (§ 33 a VI Nr. 2). Darüber hinaus ahndet **§ 39 II Nr. 19** den Verstoß gegen die Pflicht, den Kunden wesentliche Änderungen der Vorkehrungen nach § 33 V 1 Nr. 1 unverzüglich mitzuteilen. **Täter** können nur natürliche Personen sein, die entweder selbst Adressaten der Pflichten sind oder für einen Adressaten gemäß § 9 OWiG (Vor §§ 38 ff. Rn. 19 ff.) handeln (Sonderdelikt; zur Beteiligung Rn. 89).

61 Die **Tathandlung des § 39 II Nr. 18** besteht zum einen darin, dass vorsätzlich oder leichtfertig der Hinweis oder die Information **nicht** oder **nicht rechtzeitig gegeben** wird, d. h. der Hinweis nach § 33 a V 2 erst nach Ausführung der Kundenaufträge bzw. die Information nach § 33 a VI Nr. 1 oder der Hinweis

---

[56] Vgl. RegE FRUG BT-Drucks. 16/4028, S. 73.

Bußgeldvorschriften 62, 63 § 39

nach § 33 a VI Nr. 3 erst nach der erstmaligen Erbringung von Wertpapierdienstleistungen erfolgt. Zum anderen wird der Fall erfasst, dass die Einwilligung nach § 33 a V 2 oder die Zustimmung nach § 33 a VI Nr. 1 vorsätzlich oder leichtfertig **nicht** oder **nicht rechtzeitig eingeholt** wird. **Tathandlung des § 39 II Nr. 19** bildet, dass vorsätzlich oder leichtfertig die Mitteilung über die Änderung **nicht richtig gemacht** wird, d. h. die Angaben nicht mit der Wirklichkeit übereinstimmen, oder **nicht vollständig gemacht** wird, d. h. geforderte Angaben teilweise fehlen. Die Ordnungswidrigkeiten des § 39 II Nr. 18 und 19 ahnden vorsätzliche Verstöße mit **Geldbuße** bis zu 50 000,– € (§ 39 IV), leichtfertige Verstöße mit Geldbuße bis zu 25 000,– € (vgl. § 17 II OWiG).

14. Verstöße gegen Aufbewahrungspflichten (§ 39 II Nr. 20)

§ 39 II Nr. 20 ahndet Verstöße gegen die Aufbewahrungspflichten nach § 34 62 III 1 bei der Erbringung von Wertpapierdienst- und Wertpapiernebendienstleistungen. § 34 III 1 wurde durch das **FRUG** in Umsetzung von Art. 51 I Durchführungsrichtlinie geändert. Einerseits wurde der Kreis der aufzubewahrenden Aufzeichnungen erweitert, andererseits die Frist von 6 auf 5 Jahre verkürzt.[57] § 39 II Nr. 20 ergänzt § 39 II Nr. 10 und soll sicherstellen, dass die BaFin ihren **Überwachungsaufgaben** nachkommen kann.[58] Nach § 39 II Nr. 20 obliegt Wertpapierpapierdienstleistungsunternehmen die bußgeldbewehrte Pflicht, „**alle**" **nach Abschnitt 6 erforderlichen Aufzeichnungen** mindestens fünf Jahre ab dem Zeitpunkt ihrer Erstellung aufzubewahren. Im Hinblick auf das Bestimmtheitsgebot begegnet diese unbestimmte Formulierung Bedenken und fordert eine **restriktive Auslegung**. In der Sache wird es vor allem um Aufzeichnungen gehen, die gemäß der allgemeinen Aufzeichnungspflicht des § 34 I (vgl. Rn. 50) und gemäß deren Konkretisierung durch § 34 II in Bezug auf Kundenvereinbarungen vorzunehmen sind. Nach § 34 II 1 sind Aufzeichnungen über Vereinbarungen mit Kunden zu erstellen, die die Rechte und Pflichten der Vertragsparteien sowie die sonstigen Bedingungen festlegen, zu denen Dienstleistungen erbracht werden, und nach § 34 II 2 muss die Aufzeichnung insbesondere die schriftliche Rahmenvereinbarung dokumentieren. Einbezogen sind aber zB auch von § 34 a IV 4 geforderte Aufzeichnungen. **Täter** können nur natürliche Personen sein, die entweder selbst Adressaten der Aufbewahrungspflichten sind oder für einen Adressaten gemäß § 9 OWiG (Vor §§ 38 ff. Rn. 19 ff.) handeln (Sonderdelikt; zur Beteiligung Rn. 89).

Die **Tathandlung** besteht darin, dass **vorsätzlich** oder **leichtfertig** eine 63 nach Abschnitt 6 erforderliche Aufzeichnung **nicht aufbewahrt**, d. h. die Aufbewahrung vollständig unterlassen wird, oder **nicht mindestens fünf Jahre** ab dem Zeitpunkt ihrer Erstellung[59] aufbewahrt wird. Nicht sanktioniert sind Verstöße gegen die **Form** der Aufbewahrung[60] (nach Art. 51 II der Durchführungsrichtlinie sind die Aufzeichnungen auf einem Datenträger aufzubewahren, auf dem sie so gespeichert werden, dass sie der zuständigen Behörde auch in Zukunft

[57] RegE FRUG BT-Drucks. 16/4028, S. 75.
[58] *Schwark/Zimmer*, KMRK, § 39 WpHG Rn. 17.
[59] *Erbs/Kohlhaas/Wehowsky*, § 39 WpHG Rn. 44; *KölnKommWpHG-Altenhain*, § 39 Rn. 29.
[60] AA zu § 39 II Nr. 15 aF *Assmann/Schneider/Vogel*, § 39 Rn. 16; zu § 39 II Nr. 7 aF *Park/Schäfer*, § 39 II Nr. 7, IV WpHG Rn. 52.

zugänglich gemacht werden können (vgl. auch § 14 IX WpDVerOV). Ausreichend ist daher jede Form der Aufbewahrung, sofern sichergestellt ist, dass die Aufzeichnungen über einen Zeitraum von mindestens fünf Jahren zugänglich sind. Die Ordnungswidrigkeit des § 39 II Nr. 15 ist im Falle vorsätzlichen Handelns mit **Geldbuße** bis zu 50 000,– € (§ 39 IV), im Falle leichtfertigen Handelns mit Geldbuße bis zu 25 000,– € bedroht (vgl. § 17 II OWiG).

15. Verstöße gegen Pflichten zur getrennten Vermögensverwahrung (§ 39 II Nr. 21)

64 § 39 II Nr. 21 ahndet Verstöße gegen die Pflicht zur getrennten Vermögensverwahrung nach § 34a und stellt damit den **Schutz von Kundengeldern und Wertpapieren** sicher.[61] Durch das **FRUG** wurde § 34a zur Umsetzung von Art. 13 VIII Finanzmarktrichtlinie und von Art. 18, 19, 43 Durchführungsrichtlinie modifiziert.[62] Ein Wertpapierdienstleistungsunternehmen, das über **keine Erlaubnis für das Einlagengeschäft** i. S. d. § 1 I 2 Nr. 1 KWG verfügt, treffen folgende bußgeldbewehrte Pflichten: unverzügliche Verwahrung entgegengenommener Kundengelder getrennt von den Geldern des Unternehmens und von anderen Kundengeldern auf Treuhandkonten bei einem Institut, das zum Betreiben des Einlagengeschäftes befugt ist, einer Zentralbank oder einem qualifizierten Geldmarktfonds (§ 34a I 1); im Falle der Verwahrung bei einem qualifizierten Geldmarktfonds Einholung der vorherigen Zustimmung des Kunden (§ 34a I 3); Offenlegung der treuhänderischen Einlage gegenüber dem verwahrenden Institut vor der Verwahrung (§ 34a I 4); unverzügliche Unterrichtung des Kunden darüber, bei welchem Institut und auf welchem Konto die Kundengelder verwahrt werden, ob das Institut einer Sicherungseinrichtung angehört und in welchem Umfang die Kundengelder hierdurch gesichert sind (§ 34a I 5). Einem Wertpapierdienstleistungsunternehmen, das über **keine Erlaubnis zum Betreiben des Depotgeschäfts** i. S. d. § 1 I 2 Nr. 5 KWG verfügt, obliegen folgende bußgeldbewehrte Pflichten: unverzügliche Weiterleitung entgegengenommener Wertpapiere zur Verwahrung zu einem Institut, das zum Betreiben des Depotgeschäftes befugt ist (§ 34a II 1); unverzügliche Unterrichtung des Kunden entsprechend § 34a I 5 (§ 34a II 2). Einbezogen sind Konkretisierungen durch die Rechtsverordnungen nach § 34a V 1 und § 34a IV. Als **Täter** kommen nur natürliche Personen in Betracht, die entweder selbst Adressaten der Pflichten sind oder für einen Adressaten gemäß § 9 OWiG (Vor §§ 38 ff. Rn. 19 ff.) handeln (Sonderdelikt; zur Beteiligung Rn. 89).

65 Die **Tathandlung** besteht in der vorsätzlichen oder leichtfertigen Zuwiderhandlung. Erfasst ist sowohl das **Unterlassen** der Verwahrung, Weiterleitung, Einholung, Offenlegung oder Unterrichtung, als auch ein **nicht ausreichendes** oder **verspätetes Handeln.**[63] Tatbestandsmäßig ist es daher auch, wenn die Verwahrung, Weiterleitung oder Unterrichtung nicht unverzüglich (ohne schuldhaftes Zögern, vgl. § 121 I 1 BGB) erfolgt, die Zustimmung erst nach der Verwahrung in einem qualifizierten Geldmarktfonds eingeholt oder die treuhänderische

---

[61] Vgl. *Park/Schäfer*, § 39 II Nr. 8, IV WpHG Rn. 58.
[62] RegE FRUG BT-Drucks. 16/4028, S. 76.
[63] Vgl. *Assmann/Schneider/Vogel*, § 39 Rn. 18; *Park/Schäfer*, § 39 II Nr. 8, IV WpHG Rn. 63.

Verwahrung erst nach der Verwahrung offen gelegt wird. § 39 II Nr. 21 ist bei vorsätzlichem Handeln mit **Geldbuße** bis zu 50 000,– € (§ 39 IV), bei leichtfertigem Handeln mit Geldbuße bis zu 25 000,– € bedroht (vgl. § 17 II OWiG).

16. Verstöße gegen Anzeigepflichten (§ 39 II Nr. 22)

§ 39 II Nr. 22 ahndet Verstöße gegen Anzeigepflichten nach § 34c und § 36 II und gewährleistet, dass die BaFin ihren **Überwachungsaufgaben** nachkommen kann. Personen, die in Ausübung ihres Berufes oder im Rahmen ihrer Geschäftstätigkeit für die **Erstellung oder Weitergabe von Finanzanalysen verantwortlich** sind und bei denen es sich nicht um Wertpapierdienstleistungsunternehmen, Kapitalanlagegesellschaften oder Investmentaktiengesellschaften handelt, treffen folgende bußgeldbewehrte Pflichten: Sie müssen der BaFin nicht nur die Aufnahme ihrer Tätigkeit unverzüglich (§ 34c S. 1), sondern auch die Einstellung der Tätigkeit anzeigen (§ 34c S. 2); weiterhin müssen sie anzeigen, ob bei mit ihnen verbundenen Unternehmen Tatsachen vorliegen, die Interessenkonflikte begründen können (§ 34c S. 4). Damit wird in Umsetzung von Art. 14 I iVm Art. 6 V Marktmissbrauchsrichtlinie gewährleistet, dass der BaFin diese Personen, die sie zu überwachen hat, bekannt werden.[64] Darüber hinaus sind **Wertpapierdienstleistungsunternehmen** unter Bußgeldandrohung verpflichtet, vor Erteilung eines Prüfungsauftrags (§ 36 I) der BaFin den Prüfer anzuzeigen (§ 36 II 1). Dadurch soll es der BaFin ermöglicht werden, die Eignung des Prüfers zu beurteilen und uU die Bestellung eines anderen Prüfers zu verlangen (vgl. § 36 II 2). Nicht sanktioniert werden von § 39 II Nr. 22 Verstöße gegen die nach § 34c S. 5 bestehende Pflicht, Veränderungen der angezeigten Daten und Sachverhalte innerhalb von 4 Wochen der BaFin anzuzeigen, was kaum verständlich ist, da es der BaFin die Überwachung erschwert.[65] **Täter des § 39 II Nr. 22 Alt. 1** können nur natürliche Personen sein, denen entweder selbst die Anzeigepflichten obliegen oder für einen Adressaten gemäß § 9 OWiG (Vor §§ 38 ff. Rn. 19 ff.) handeln (Sonderdelikt; zur Beteiligung Rn. 89). Ausgenommen von der Anzeigepflicht nach § 34c S. 1, 2, 4 sind Journalisten, sofern diese einer mit den Regelungen der §§ 34b I, II, V, 34c vergleichbaren Selbstregulierung einschließlich wirksamer Kontrollmechanismen unterliegen (§ 34c S. 6 iVm § 34b IV), und von der Anzeigepflicht nach § 36 II 1 Kreditinstitute, die einem genossenschaftlichen Prüfungsverband angehören oder durch die Prüfungsstelle eines Sparkassen- und Giroverbandes geprüft werden (§ 36 II 3).

Die **Tathandlung** besteht darin, dass vorsätzlich oder leichtfertig eine geforderte Anzeige nicht, nicht richtig, nicht vollständig oder nicht rechtzeitig erstattet wird. **Nicht erstattet** ist die Anzeige, wenn sie unterlassen wird, **nicht richtig**, wenn sie inhaltlich falsch ist, d. h. die enthaltenen Angaben nicht mit der Wirklichkeit übereinstimmen, und **nicht vollständig,** wenn geforderte Angaben fehlen. Die Anzeige nach § 34c S. 1 muss neben der Angabe der Befassung mit der Erstellung bzw. Weitergabe von Finanzanalysen Name oder Firma und Anschrift des Anzeigepflichtigen enthalten.[66] Dies ergibt sich aus der ausdrückli-

---

[64] RegE AnSVG BT-Drucks. 15/3174, S. 39.
[65] Vgl. *Assmann/Schneider/Vogel,* § 39 Rn. 19; KölnKommWpHG-*Altenhain,* § 39 Rn. 32.
[66] AA *Assmann/Schneider/Vogel,* § 39 Rn. 19; KölnKommWpHG-*Altenhain,* § 39 Rn. 32.

chen Einbeziehung des § 34c S. 3 in § 34 S. 1 („gemäß Satz 3"). Unvollständig ist die Anzeige auch dann, wenn die von § 34c S. 4 geforderten Angaben zu etwaigen Interessenkonflikten fehlen. **Nicht rechtzeitig** erstattet ist die Anzeige, wenn sie im Falle des § 34c S. 1 nicht unverzüglich (vgl. § 121 BGB) und damit verspätet erstattet wird. Für die Anzeige der Einstellung der Tätigkeit nennt § 34c S. 2 keine Frist, so dass jedenfalls eine unverzügliche Anzeige nicht gefordert werden kann. Im Falle des § 36 II 1 hat die Anzeige vor Erteilung des Prüfungsauftrags zu erfolgen. Die Ordnungswidrigkeit des § 39 II Nr. 22 ist bei vorsätzlichem Handeln mit **Geldbuße** bis zu 50 000,- € bedroht (§ 39 IV), bei leichtfertigem Handeln mit Geldbuße bis zu 25 000,- € (vgl. § 17 II OWiG).

17. Verstöße gegen die Pflicht zur Prüferbestellung (§ 39 II Nr. 23)

68 § 39 II Nr. 23 ahndet Verstöße gegen die Pflicht zur Prüferbestellung nach § 36 I 4, die der Deregulierung und Kostenersparnis dient,[67] und sichert damit die **Effizienz des Marktes** und die **Überwachungsaufgabe** der BaFin. Nach § 39 II Nr. 23 trifft ein Wertpapierdienstleistungsunternehmen für die nach § 36 I 1, 2 jährlich durchzuführende Prüfung der Meldepflichten und Verhaltensregeln die bußgeldbewehrte Pflicht, einen geeigneten Prüfer zu bestellen, spätestens zum Ablauf des Geschäftsjahres, auf das sich die Prüfung erstreckt (§ 36 I 4). Das **Redaktionsversehen** des Gesetzgebers des Kapitalmarktadäquanz-Richtlinien-Umsetzungsgesetzes v. 17. 11. 2006, der bei Einfügung von § 36 I 2 übersehen hatte, dass § 36 I 3 aF bußgeldbewehrt ist, wurde durch das Investmentänderungsgesetz v. 21. 12. 2007 berichtigt. **Täter** können nur natürliche Personen sein, die entweder selbst Adressaten der Pflicht zur Prüferbestellung sind oder für einen Adressaten gemäß § 9 OWiG (Vor §§ 38 ff. Rn. 19 ff.) handeln (Sonderdelikt; zur Beteiligung Rn. 89). Ausgenommen von der Pflicht sind Unternehmen, die die BaFin nach § 36 I 3 von der jährlichen Prüfung auf Antrag befreit hat.

69 **Tathandlung** ist, dass vorsätzlich oder leichtfertig ein geeigneter Prüfer nicht oder nicht rechtzeitig bestellt wird. **Nicht bestellt** ist der Prüfer, wenn seine Bestellung unterlassen wird. Wird ein grundsätzlich geeigneter Prüfer (zur Eignung § 36 I 5, 6) bestellt, der nach Auffassung der BaFin aber ungeeignet ist, ist der Pflicht zur Prüferbestellung nach § 36 I 4 Genüge getan; es ist dann Aufgabe der BaFin, gemäß § 36 II 2 die Bestellung eines anderen Prüfers zu verlangen. Die Verletzung der Pflicht des Unternehmens, daraufhin einen neuen Prüfer zu bestellen, ist allerdings von § 39 II Nr. 23 nicht erfasst. **Nicht rechtzeitig** bestellt ist der Prüfer, wenn seine Bestellung erst nach Ablauf des Geschäftsjahres erfolgt ist, auf das sich die Prüfung erstreckt. Die **Geldbuße** beträgt im Falle vorsätzlichen Handelns bis zu 50 000,- € (§ 39 IV), im Falle leichtfertigen Handelns bis zu 25 000,- € (vgl. § 17 II OWiG).

18. Verstöße gegen Pflichten zum Zugänglichmachen und zur Übermittlung von Finanzberichten nebst Erklärungen (§ 39 II Nr. 24, 25)

70 § 39 II Nr. 24 ahndet Verstöße gegen die Pflicht zum Zugänglichmachen, § 39 II Nr. 25 Verstöße gegen die Pflicht zur Übermittlung von Finanzberichten

---

[67] Vgl. RegE BT-Drucks. 13/7142, S. 112.

nebst etwaiger Erklärung („Bilanzeid"). Die Tatbestände wurden durch das **TUG** zur Umsetzung von Art. 28 I Transparenzrichtlinie eingeführt und sichern das **kapitalmarktrechtliche Informationssystem.**[68] Nach **§ 39 II Nr. 24** obliegt Unternehmen, die als Inlandsemittenten Wertpapiere begeben, die bußgeldbewehrte Pflicht, den **Jahresfinanzbericht** einschließlich der zugehörigen **Erklärung** iSv § 37 v II Nr. 3 der Öffentlichkeit zur Verfügung zu stellen (§ 37 v I 1). Unternehmen, die als Inlandsemittenten Aktien oder Schuldtitel begeben, obliegt diese Pflicht in Bezug auf den **Halbjahresfinanzbericht** nebst der zugehörigen **Erklärung** iSv § 37 w II Nr. 3 (§ 37 w I 1), Unternehmen, die als Inlandsemittenten Aktien begeben, hinsichtlich der **Zwischenmitteilung** der Geschäftsführung (§ 37 x I 1). Außerdem obliegen diese Pflichten auch Mutterunternehmen, die einen Konzernabschluss und einen Konzernlagebericht aufstellen müssen, hinsichtlich der **Finanzberichte des Konzerns** (§ 37 y). Darüber hinaus besteht nach **§ 39 II Nr. 25** für die Unternehmen die bußgeldbewehrte Pflicht, die **Finanzberichte** (Jahresfinanzbericht, Halbjahresfinanzbericht, Zwischenmitteilung, Finanzberichte des Konzerns) einschließlich der zugehörigen **Erklärung,** an das Unternehmensregister (§ 8 b HGB) zur Speicherung zu übermitteln (§§ 37 v I 4 Hs. 1, 37 w I 4, 37 x I 4, 37 y); dies gilt allerdings nicht für den Jahresfinanzbericht, sofern die Übermittlung nach § 8 b II Nr. 4 i. V. m. III 1 Nr. 1 HGB, d. h. durch den Betreiber des elektronischen Bundesanzeigers, erfolgte (§ 37 v I 4 Hs. 2). Ausnahmen von diesen Pflichten enthält § 37 z I–III. **Täter** können nur natürliche Personen sein, die entweder selbst Adressaten der Pflichten sind oder für einen Adressaten gemäß § 9 OWiG (Vor §§ 38 ff. Rn. 19 ff.) handeln (Sonderdelikte; zur Beteiligung Rn. 89).

Die **Tathandlung** besteht darin, dass vorsätzlich oder leichtfertig der jeweils geforderte Finanzbericht nebst etwaiger Erklärung nicht oder nicht rechtzeitig zur Verfügung gestellt (§ 39 II Nr. 24) oder übermittelt (§ 39 II Nr. 25) wird. **Nicht zur Verfügung gestellt** bzw. **nicht übermittelt** ist der Finanzbericht nebst zugehöriger Erklärung, wenn das Zugänglichmachen bzw. die Übermittlung unterlassen wird. Einbezogen ist hierbei auch der Fall, dass der Finanzbericht wegen Inexistenz nicht zugänglich gemacht und übermittelt werden kann.[69] Nicht erfasst von § 39 II Nr. 24, 25 sind die Fälle des Zugänglichmachens bzw. der Übermittlung inhaltlich unrichtiger Finanzberichte und Erklärungen;[70] insoweit werden vorsätzliche Verstöße durch HGB-publizitätspflichtige Emittenten von § 331 HGB erfasst. **Nicht rechtzeitig zur Verfügung gestellt** ist der Jahresfinanzbericht, wenn er nicht einschließlich der Erklärung binnen vier Monate nach Ablauf eines Geschäftsjahrs zur Verfügung gestellt wird (§ 37 v I 1). Hingegen ist der Halbjahresfinanzbericht unverzüglich, d. h. ohne schuldhaftes Zögern (§ 121 I 1 BGB), spätestens aber zwei Monate nach Ablauf des Berichtszeitraums (Höchstfrist, vgl. Rn. 33) einschließlich der zugehörigen Erklärung (§ 37 w I 1), und die Zwischenmitteilung der Geschäftsführung in einem Zeitraum zwischen zehn Wochen nach Beginn und sechs Wochen vor Ende der ersten und zweiten Hälfte des Geschäftsjahrs zur Verfügung zu stellen (§ 37 x I 1). Entsprechendes gilt für die Finanzberichte des Konzerns (§ 37 y). **Nicht rechtzeitig übermit-**

---

[68] RegE TUG BT-Drucks. 16/2498, S. 48; zur Richtlinienkonformität *Mülbert/Steup* NZG 2007, 761, 768.
[69] *Mülbert/Steup,* NZG 2007, 761, 768.
[70] Für Ergänzung de lege ferenda *Mülbert/Steup,* NZG 2007, 761, 769.

telt sind die Finanzberichte, wenn sie nebst zugehöriger Erklärung nicht unverzüglich, jedoch nicht vor Veröffentlichung der Hinweisbekanntmachung, an das Unternehmensregister zur Speicherung übermittelt worden sind. § 39 II Nr. 24 und 25 sind bei vorsätzlichem Handeln mit **Geldbuße** bis zu 200 000,– € (§ 39 IV), bei leichtfertigem Handeln mit Geldbuße bis zu 100 000,– € bedroht (vgl. § 17 II OWiG). Nach Auffassung des Gesetzgebers ist dieser vergleichsweise hohe Bußgeldrahmen angemessen, da es sich um Verstöße gegen für den Kapitalmarkt besonders wichtige Pflichten handelt.[71]

IV. Ordnungswidrigkeiten des § 39 III

1. Zuwiderhandlungen gegen vollziehbare Anordnungen der BaFin (§ 39 III Nr. 1)

72 § 39 III Nr. 1 a–c ahndet Zuwiderhandlungen gegen vollziehbare Anordnungen nach § 4 III 1, 36 b I, 37 o IV 1 oder 37 q II 1. Durch die Anknüpfung an Verwaltungsakte handelt es sich um ein **verwaltungsakzessorisches Delikt**. **Täter** können nur natürliche Personen sein, die entweder selbst Adressaten der vollziehbaren Anordnungen sind, oder für einen Adressaten gemäß § 9 OWiG (Vor §§ 38 ff. Rn. 19 ff.) handeln (Sonderdelikt; zur Beteiligung Rn. 89).

73 **§ 39 III Nr. 1a** sichert die **Überwachungsaufgabe** der BaFin. Danach besteht die bußgeldbewehrte Pflicht des Adressaten einer **vollziehbaren Anordnung der BaFin nach § 4 III 1**, Auskünfte zu erteilen, Unterlagen vorzulegen, Kopien zu überlassen sowie Ladung und Vernehmung Folge zu leisten. Adressat einer derartigen Anordnung kann „jedermann" (vgl. § 4 III 1) sein. In der Praxis geht es vor allem um die Überwachung des Verbots von Insidergeschäften nach § 14, des Verbots der Marktmanipulation nach § 20 a und der Überwachung der Veröffentlichungspflichten nach §§ 15, 15 a (Ad-hoc-Publizität; Directors' Dealings). Anordnungen nach § 4 III 1 sind **vollziehbar**, da Widerspruch und Anfechtungsklage keine aufschiebende Wirkung haben (§ 4 VII).

74 **§ 39 III Nr. 1b** dient nicht nur der **Überwachungsaufgabe** der BaFin, sondern auch dem **Anlegerschutz**.[72] Nach § 39 III Nr. 1b besteht die bußgeldbewehrte Pflicht, **vollziehbaren Anordnungen der BaFin nach § 36b I**, die bestimmte Arten der Werbung untersagen, um Missständen bei der Werbung für Wertpapierdienst- und Wertpapiernebendienstleistungen zu begegnen, Folge zu leisten. Ein **Missstand** liegt vor, wenn die Werbemaßnahme geeignet ist, die Ordnungsmäßigkeit der Erbringung der Dienstleistung zu beeinträchtigen oder zu gefährden. Dies ist vor allem dann der Fall, wenn gegen die Verhaltensregeln der §§ 31 ff. verstoßen wird. In der Praxis geht es um unerwünschte systematische Telefon-, Telefax- und Emailwerbung („Cold Calling"; „Spamming") oder Besuche bei Anlegern sowie die Täuschung oder Nötigung von Anlegern. Die BaFin kann sowohl einzelne Werbemaßnahmen (Einzelverfügung) als auch allgemein bestimmte Werbemaßnahmen untersagen (Allgemeinverfügung). Anordnungen nach § 36b I sind vollziehbar, wenn sie **unanfechtbar** geworden sind, d. h. innerhalb der Widerspruchsfrist kein Widerspruch eingelegt oder nach Erlass des Widerspruchsbescheids innerhalb der Klagefrist keine Klage erhoben oder eine

---

[71] RegE TUG BT-Drucks. 16/2498, S. 48.
[72] *Park/Schäfer/Süßmann*, § 39 III, IV WpHG Rn. 63.

gerichtliche Klageabweisung rechtskräftig wurde. Außerdem sind sie vollziehbar, wenn die BaFin die **sofortige Vollziehung** gemäß § 80 III 1 Nr. 4 VwGO im öffentlichen Interesse oder im überwiegenden Interesse eines Beteiligten besonders angeordnet hat und die aufschiebende Wirkung nicht im Wege des einstweiligen Rechtsschutzes nach § 80 V VwGO wiederhergestellt worden ist.[73]

§ 39 III Nr. 1 c wurde durch das **BilKoG** eingefügt. Bei § 39 III Nr. 1 c iVm § 37 o IV 1 geht es um die Sicherung der **Überwachungsaufgabe** der BaFin, da eine erfolgreiche Überprüfung von Unternehmensabschlüssen nicht möglich ist, wenn Anordnungen nicht Folge geleistet wird.[74] Danach trifft im Rahmen der Prüfung der Rechnungslegung das Unternehmen i. S. d. § 37 n, die Mitglieder seiner Organe, die Beschäftigten sowie die Abschlussprüfer die bußgeldbewehrte Pflicht, auf **vollziehbare Anordnung nach § 37 o IV 1** der BaFin und den Personen, derer sie sich bei der Durchführung ihrer Aufgaben bedient, Auskünfte zu erteilen und Unterlagen vorzulegen. Hingegen geht es bei **§ 39 III Nr. 1 c iVm § 37 q II 1** um die Sicherung der adäquaten **Information des Kapitalmarkts**, da nur durch unverzügliche Bekanntmachung eines festgestellten Fehlers Sinn und Zweck des Enforcements erreicht werden können.[75] Dem Unternehmen obliegt die bußgeldbewehrte Pflicht, auf **vollziehbare Anordnung der BaFin nach § 37 q II 1** einen im Rahmen der Prüfung festgestellten Fehler samt den wesentlichen Teilen der Begründung bekannt zu machen. Anordnungen nach §§ 37 o IV 1, 37 q II 1 sind **vollziehbar**, da Widerspruch und Anfechtungsklage keine aufschiebende Wirkung haben (§ 37 t II).

Fraglich ist, wie **nicht rechtmäßige Anordnungen** im Rahmen des § 39 III Nr. 1 zu behandeln sind. Im Umweltstrafrecht geht die hM[76] von einer strengen Verwaltungsrechtsakzessorietät aus, so dass allein maßgebend ist, ob ein wirksamer und vollziehbarer Verwaltungsakt vorliegt, während dessen materielle Rechtmäßigkeit keine Bedeutung besitzt. Dies bedeutet zum einen, dass **nichtige Anordnungen** (vgl. § 43 III VwVfG) unbeachtlich sind, heißt zum anderen aber auch, dass **rechtswidrige vollziehbare Anordnungen** bis zu ihrer Aufhebung auch aus Sicht des Strafrechts wirksam und damit zu beachten sind. Für diese rigorose Sichtweise werden Interessen der Allgemeinheit sowie Aspekte der Rechtssicherheit und Rechtsklarheit angeführt, da Wertungswidersprüche zwischen Verwaltungsrecht und Strafrecht zu vermeiden seien. Hiergegen wird zum Teil eingewandt, dass damit die materielle Gerechtigkeit formalen Interessen untergeordnet werde. Daher wird bei einer späteren Aufhebung des Verwaltungsaktes der Tatbestandsausschluss oder zumindest das Vorliegen eines objektiven Strafaufhebungsgrundes angenommen.[77] Entsprechend wird für die Ordnungswidrigkeit des § 39 III Nr. 1 gefordert, dass die Rechtmäßigkeit der Anordnung **in vollem Umfang zu prüfen** sei[78] – was das BVerfG[79] auch im Rahmen des

---

[73] Park/Schäfer/Süßmann, § 39 III, IV WpHG Rn. 60.
[74] RegE BilKoG BT-Drucks. 15/3421, S. 20.
[75] RegE BilKoG BT-Drucks. 15/3421, S. 18, 20.
[76] Vgl. den Überblick bei Schönke/Schröder/Cramer/Heine, StGB, Vorbem. §§ 324 ff. Rn. 16 ff. mwN.
[77] Schönke/Schröder/Cramer/Heine, StGB, Vorbem. §§ 324 ff. Rn. 21 f. mwN.
[78] Erbs/Kohlhaas/Wehowsky, § 39 WpHG Rn. 54; KölnKommWpHG-Altenhain, § 39 Rn. 38; Park/Schäfer/Süßmann, § 39 III, IV WpHG Rn. 61.
[79] BVerfGE 92, 191, 198 ff.

§ 111 OWiG (für den Fall der Nichtangabe von Personalien) verlangt hat –, oder angenommen, dass in Anlehnung an § 113 StGB und den sog. **strafrechtlichen Rechtmäßigkeitsbegriff** zumindest eine eingeschränkte Prüfung der formalen Voraussetzungen[80] vorzunehmen sei. Tatbestandsmäßig wäre ein Zuwiderhandeln daher nur dann, wenn die Anordnung entweder materiell rechtmäßig war oder formale Mindesterfordernisse eingehalten wurden. Jedenfalls im Rahmen des § 39 III Nr. 1 ist aber dennoch einer **strengen Verwaltungsakzessorietät** der Vorzug zu geben. Denn in der Sache geht es um **wesentliche Anordnungen**, ohne deren Durchsetzung die BaFin ihren Überwachungsaufgaben (Durchführung von Ermittlungen; Schutz vor Missständen bei der Werbung; Überprüfung von Unternehmensabschlüssen) nicht nachkommen kann. Es ist dem Betroffenen daher zuzumuten, auch einer Anordnung nachzukommen, die sich uU später als rechtswidrig herausstellt. Die Rechtswidrigkeit der Anordnung hat allerdings für die Rechtsfolgen der Zuwiderhandlung Konsequenzen: Erweist sich der Verwaltungsakt als rechtswidrig, ist i. d. R. eine **Verfahrenseinstellung** angezeigt.

77 Darüber hinaus ist die **Rechtmäßigkeit** der Anordnung keine objektive Bedingung der Ahndung, sondern ein **Tatbestandsmerkmal**, auf das sich Vorsatz und Fahrlässigkeit erstrecken müssen, so dass ein Irrtum über die Rechtmäßigkeit beachtlich ist.[81] Bei einer objektiven Bedingung der Ahndung knüpft der Gesetzgeber die Möglichkeit der Ahndung an zusätzliche Umstände, da eine Ahndung trotz des Vorliegens einer tatbestandsmäßigen, rechtswidrigen und vorwerfbaren Handlung nur bei Vorliegen dieser Umstände möglich sein soll.[82] Dass es sich bei der Rechtmäßigkeit um einen Umstand handelt, der nicht schon die Ahndungsbegründung betrifft, sondern erst das Ahndungsbedürfnis, ergibt sich weder aus den Gesetzesmaterialien noch aus der Teleologie des § 39 III Nr. 1.

78 Die **Tathandlung** des § 39 III Nr. 1 besteht in der vorsätzlichen oder fahrlässigen **Zuwiderhandlung**. Bei **§ 39 III Nr. 1a** liegt eine Zuwiderhandlung vor, wenn im Falle eines Auskunftsverlangens die Auskunft entweder ohne Auskunftsverweigerungsrecht (§ 4 IX) verweigert wird oder unrichtig oder unvollständig erfolgt, im Falle eines Vorlage- oder Überlassungsverlangens die Vorlage der Unterlagen und die Überlassung von Kopien unberechtigt verweigert wird, unrichtige oder unvollständige Unterlagen oder Kopien vorgelegt bzw. überlassen werden oder im Falle einer Fristsetzung[83] Auskunft, Vorlage bzw. Überlassung verspätet erfolgen. Bei der Ladung von Personen besteht die Zuwiderhandlung in der Nichtbefolgung ohne ausreichende Entschuldigung, bei der Vernehmung in der unberechtigten Auskunfts- oder Zeugnisverweigerung.[84] Tatbestandsmäßig sind hierbei auch unrichtige und unvollständige Angaben.[85] Bei **§ 39 III Nr. 1b** besteht die Zuwiderhandlung darin, dass durch Einzel- oder Allgemeinverfügung untersagte Formen der Werbung betrieben werden, also zB eine untersagte Tele-

---

[80] Vgl. *Assmann/Schneider/Vogel*, § 39 Rn. 26.
[81] AA KölnKommWpHG-*Altenhain*, § 39 Rn. 39.
[82] *Göhler/König*, OWiG, § 11 Rn. 17; KKOWiG-*Rengier*, Vor § 8 Rn. 9 ff.
[83] *Erbs/Kohlhaas/Wehowsky*, § 39 WpHG Rn. 50; aA (auch bei fehlender Fristsetzung bußgeldbewehrte Pflicht zur unverzüglichen Auskunftserteilung bzw. Vorlage) *Park/Schäfer/Süßmann*, § 39 III, IV WpHG Rn. 62.
[84] *Assmann/Schneider/Vogel*, § 39 Rn. 27; KölnKommWpHG-*Altenhain*, § 39 Rn. 41.
[85] KölnKommWpHG-*Altenhain*, § 39 Rn. 41; aA *Assmann/Schneider/Vogel*, § 39 Rn. 27.

fonwerbung durchgeführt wird. Bei § 39 III Nr. 1 c iVm § 37 o IV 1 entspricht die Zuwiderhandlung gegen ein Auskunfts-, Vorlage- oder Überlassungsverlangen den in Bezug auf § 39 III Nr. 1 a genannten Zuwiderhandlungen. Bei § 39 III Nr. 1 c iVm § 37 q II 1 besteht die Zuwiderhandlung darin, dass die Bekanntmachung des festgestellten Fehlers samt den wesentlichen Teilen der Begründung verweigert wird oder unrichtig, unvollständig oder verspätet erfolgt. Die **Geldbuße** für vorsätzliche Zuwiderhandlungen beträgt bei § 39 III Nr. 1 b bis zu 100 000,– €, bei § 39 III Nr. 1 a und Nr. 1 c bis zu 50 000,– €. Für fahrlässige Zuwiderhandlungen beträgt die Geldbuße die Hälfte dieser Höchstbeträge (vgl. § 17 II OWiG), d. h. 50 000,– € bzw. 25 000,– €.

2. Vereiteln der Betretensbefugnis der BaFin (§ 39 III Nr. 2)

§ 39 III Nr. 2 ahndet das Vereiteln der Betretensbefugnis der BaFin nach § 4 IV 1, 2 und – seit dem **BilKoG** – nach § 37 o V 1 und sichert damit die **Überwachungsaufgabe** der BaFin. Gewährleistet wird, dass vor Ort Einblick in vorzulegende Unterlagen genommen werden kann. Nach § 39 III Nr. 2 iVm § 4 IV 1 besteht die bußgeldbewehrte Pflicht, während der üblichen Arbeitszeit Bediensteten der BaFin und den von ihr beauftragten Personen das Betreten der Grundstücke und Geschäftsräume der Personen, die nach § 4 III auskunftspflichtig sind, zu gestatten. Darüber hinaus ist durch § 39 III Nr. 2 iVm § 4 IV 2 die Pflicht bußgeldbewehrt, das Betreten außerhalb dieser Zeit oder wenn die Geschäftsräume sich in einer Wohnung befinden, zu dulden. Nach § 39 III Nr. 2 iVm § 37 o V 1 besteht für die zur Auskunft und Vorlage von Unterlagen nach 37 o IV Verpflichteten (Unternehmen im Sinne des § 37 n, die Mitglieder seiner Organe, seine Beschäftigten sowie seine Abschlussprüfer (§ 37 o IV 1) und zu konsolidierende Tochterunternehmen (§ 37 o IV 2)) ebenfalls die bußgeldbewehrte Pflicht, den Bediensteten der BaFin und den von ihr beauftragten Personen während der üblichen Arbeitszeit das Betreten ihrer Grundstücke und Geschäftsräume zu gestatten. Nicht bußgeldbewehrt ist hingegen für diesen Personenkreis die § 4 IV 2 entsprechende Pflicht, ein Betreten außerhalb dieser Zeit oder wenn die Geschäftsräume sich in einer Wohnung befinden, zu gestatten (§ 37 o V 2). In allen Fällen muss zumindest ein vor Ort konkludent ergangenes **Betretensverlangen** vorliegen, das eine **Anordnung** darstellt, die **vollziehbar** ist (vgl. § 4 VII bzw. § 37 t II).[86] Hierbei ist auch ein Betretensverlangen zu beachten, das sich später als rechtswidrig herausstellt (vgl. Rn. 76).[87] **Täter** des § 39 III Nr. 2 können nur natürliche Personen sein, die Adressaten des Betretensverlangens sind oder für einen Adressaten gemäß § 9 OWiG (Vor §§ 38 ff. Rn. 19 ff.) handeln (Sonderdelikt; zur Beteiligung Rn. 89). Ob die Personen Eigentümer oder Mieter sind oder ob ihnen die Ausübung des Hausrechts nur übertragen wurde, spielt keine Rolle.

Die **Tathandlung des § 39 III Nr. 2** besteht darin, dass das Betreten vorsätzlich oder fahrlässig **nicht gestattet** oder **nicht geduldet** wird, womit der Bußgeldtatbestand an den Sprachgebrauch des § 4 IV anknüpft. Entscheidend ist, dass die Bediensteten der BaFin oder die beauftragten Personen am Betreten ge-

---

[86] *Assmann/Schneider/Vogel*, § 39 Rn. 31; KölnKommWpHG-*Altenhain*, § 39 Rn. 44.
[87] AA *Assmann/Schneider/Vogel*, § 39 Rn. 31; *Erbs/Kohlhaas/Wehowsky*, § 39 WpHG Rn. 53.

hindert sind. Dies ist der Fall, wenn der Täter den Personen das Betreten verweigert oder verschlossene Räume nicht aufschließt; außerdem darf er die Personen nach dem Betreten nicht der Räumlichkeiten oder Grundstücke verweisen oder sie hierzu nötigen.[88] Im Falle vorsätzlichen Handelns kann die **Geldbuße** bis zu 50 000,– € betragen, im Falle fahrlässigen Handelns bis zu 25 000,– € (vgl. § 17 II OWiG).

3. Verstöße gegen Pflichten im Zusammenhang mit der Auslagerung der Portfolioverwaltung (§ 39 III Nr. 3)

81 § 39 III Nr. 3 ahndet Verstöße gegen Pflichten nach § 33 III 1 Nr. 2. Der Tatbestand wurde durch das **FRUG** in Umsetzung von Art. 51 iVm Art. 13 V Unterabs. 1 Finanzmarktrichtlinie und Art. 15 II Durchführungsrichtlinie eingeführt und gewährleistet, dass die BaFin ihrer **Überwachungsaufgabe** nachkommen kann. Nach § 39 III Nr. 3 iVm § 33 III 1 Nr. 2 obliegt einem Wertpapierdienstleistungsunternehmen, das die Finanzportfolioverwaltung für Privatkunden an ein Unternehmen mit Sitz in einem Drittstaat auslagern möchte, die bußgeldbewehrte Pflicht, die Auslagerungsvereinbarung bei der BaFin anzuzeigen **(Anzeigepflicht)** und daraufhin einen angemessenen Zeitraum, welcher der BaFin die Prüfung der Auslagerungsvereinbarung gestattet, zu warten **(Wartepflicht).** Diese Pflichten bestehen nur dann nicht, wenn das Auslagerungsunternehmen für diese Dienstleistung im Drittstaat zugelassen oder registriert ist und von einer Behörde beaufsichtigt wird, die mit der BaFin eine hinreichende Kooperationsvereinbarung unterhält (vgl. § 33 III 1 Nr. 1). **Täter** können nur natürliche Personen sein, die Adressaten der Pflichten sind oder für einen Adressaten gemäß § 9 OWiG (Vor §§ 38 ff. Rn. 19 ff.) handeln (Sonderdelikt; zur Beteiligung Rn. 89).

82 Die **Tathandlung** besteht darin, dass vorsätzlich oder fahrlässig die **Auslagerung** stattfindet, ohne dass dies durch Vorlage der Auslagerungsvereinbarung angezeigt oder ein angemessener Zeitraum gewartet wurde. Die **Geldbuße** beträgt im Falle vorsätzlichen Handelns bis zu 200 000,– € (§ 39 IV), im Falle leichtfertigen Handelns bis zu 100 000,– € (vgl. § 17 II OWiG).

V. Bußgeldrahmen (§ 39 IV)

83 § 39 IV legt den Bußgeldrahmen für die Ordnungswidrigkeiten des § 39 I–III fest. Der **Mindestbetrag** der Geldbuße beträgt 5,– € (§ 17 I OWiG). § 39 IV bestimmt in Abänderung des Regelbußgeldrahmens (§ 17 I OWiG: 1000,– €) den **Höchstbetrag.** Hierbei ist ein mehrfach gestaffelter Bußgeldrahmen von bis zu 50 000, 100 000, 200 000 und 1 Mio. € vorgesehen, der bei vorsätzlicher Begehung gilt. Bei fahrlässiger oder leichtfertiger Begehung beträgt der Bußgeldrahmen jeweils die Hälfte (vgl. § 17 II OWiG). Die mit Blick auf den Regelbußgeldrahmen drastisch – um das 50- bis 1000-fache – angehobenen Höchstbeträge reflektieren zum einen die **Bedeutung,** die vor allem der Funktionsfähigkeit der Kapitalmärkte, aber auch dem Anlegerschutz zugemessen wird. Zum anderen erklärt sich die Höhe daraus, dass die Geldbußen i. d. R. gegen **vermögende**

---

[88] *Assmann/Schneider/Vogel,* § 39 Rn. 32; KölnKommWpHG-*Altenhain,* § 39 Rn. 45; *Park/Schäfer/Süßmann,* § 39 III, IV WpHG Rn. 70.

Personen verhängt werden, die nur durch empfindliche Geldbußen zur Erfüllung ihrer Pflichten angehalten werden können.[89] Schließlich bezweckt die Geldbuße auch die **Abschöpfung des wirtschaftlichen Vorteils,** der erheblich sein kann.

VI. Anwendung der allgemeinen Vorschriften des OWiG

1. Zeitliche Geltung und Zeit der Handlung (§§ 4, 6 OWiG)

Die Ahndung eines Verstoßes gegen eine Verhaltenspflicht des WpHG setzt 84 voraus, dass das Verhalten zur Zeit der Handlung **bußgeldbewehrt** war. Dies ergibt sich – wie im Strafrecht, vgl. § 38 Rn. 64 – aus dem Rückwirkungsverbot (Art. 103 II GG; § 3 OWiG). Von Bedeutung ist dies, wenn Verstöße erstmalig für ahndbar erklärt werden (wie in neuerer Zeit durch AnSVG, BilKoG, TUG und FRUG) oder die Bußgelddrohung aufgehoben wird (wie §§ 39 I Nr. 3, 6 aF WpHG durch das FRUG). Die Geldbuße richtet sich nach dem Gesetz, das zur **Zeit der Handlung** gilt (§ 4 I OWiG). Begangen ist eine Handlung zu der Zeit, zu welcher der Täter tätig geworden ist oder im Falle des Unterlassens hätte tätig werden müssen; nicht maßgebend ist, wann der Erfolg eintritt (§ 6 OWiG).

Bei einer **Änderung der Bußgeldandrohung während der Begehung** 85 **der Handlung** ist das Gesetz anzuwenden, das bei Beendigung der Handlung gilt (§ 4 II OWiG). Relevant ist dies, wenn sich die Verhaltensweise über einen längeren Zeitraum erstreckt. Wird das **Gesetz vor der Entscheidung geändert** – gemeint ist die letzte Entscheidung in der Bußgeldsache[90] –, ist das mildeste Gesetz anzuwenden (§ 4 III OWiG, Günstigkeitsprinzip). Von Bedeutung ist dies für Alttaten nach § 88 I Nr. 2 BörsG aF, die – falls eine Einwirkung auf den Kurs fehlte – uU als Ordnungswidrigkeit nach § 39 I Nr. 2, die das mildere Gesetz darstellt, geahndet werden können (vgl. § 38 Rn. 65). Kann die Handlung **nach späterem Recht nicht mehr geahndet** werden (wie uU in Fällen des § 39 I Nr. 3, 6 aF), stellt dieser Umstand eindeutig das mildeste Gesetz dar. Der Begriff „Gesetz" bezieht den gesamten sachlichen Rechtszustand ein, von dem die Ahndung abhängig ist,[91] so dass bei § 39 OWiG auch etwaige Änderungen der Ausfüllungsnormen zu berücksichtigen sind. Wird der **Bußgeldrahmen angehoben** (wie teilweise durch das TUG), so ist der vorherige Bußgeldrahmen maßgeblich. Wird der **Bußgeldrahmen abgesenkt** (wie durch das AnSVG), so zwingt das Rückwirkungsverbot zwar nicht zu einer rückwirkenden Anwendung des milderen Gesetzes,[92] jedoch entspricht dies dem Gebot der Billigkeit.[93]

2. Räumliche Geltung und Ort der Handlung (§§ 5, 7 OWiG)

Der räumliche Geltungsbereich des § 39 richtet sich nach den **allgemeinen** 86 **Regeln des internationalen Ordnungswidrigkeitenrechts.** Taten nach § 39

---

[89] BT-Drucks. 12/7918, S. 96; *Assmann/Schneider/Vogel*, § 39 Rn. 52.
[90] KKOWiG-*Rogall*, § 4 Rn. 9.
[91] BGHSt. 20, 177, 181; KKOWiG-*Rogall*, § 4 Rn. 8, 9.
[92] Dafür KölnKommWpHG-*Altenhain*, § 39 Rn. 49; dagegen *Assmann/Schneider/Vogel*, § 39 Rn. 33.
[93] Vgl. KKOWiG-*Rogall*, § 4 Rn. 30 mwN.

§ 39 87, 88   Abschnitt 12. Straf- und Bußgeldvorschriften

können nur dann geahndet werden, wenn sie im räumlichen Geltungsbereich des OWiG, d. h. **im Inland,** oder außerhalb dieses Geltungsbereichs auf einem **Schiff oder Luftfahrzeug** begangen werden, das berechtigt ist, die Bundesflagge oder das Staatszugehörigkeitszeichen der Bundesrepublik Deutschland zu führen (vgl. § 5 OWiG, Territorialitäts- und Flaggenprinzip). Angeknüpft werden kann sowohl an den **Tätigkeits-** als auch den **Erfolgsort,** da eine Handlung an jedem Ort begangen ist, an dem der Täter tätig geworden ist oder im Falle des Unterlassens hätte tätig werden müssen oder an dem der zum Tatbestand gehörende Erfolg eingetreten ist oder nach der Vorstellung des Täters eintreten sollte (§ 7 I OWiG, Ubiquitätsprinzip). Darüber hinaus ist die Handlung eines Beteiligten (Rn. 88 f.) auch an dem Ort begangen, an dem der Tatbestand verwirklicht worden ist oder nach der Vorstellung des Beteiligten verwirklicht werden sollte (§ 7 II OWiG). Bei **Begehungsdelikten** reicht es aus, dass ein Teil der Tathandlung im Inland vorgenommen wurde. Bei **Unterlassungsdelikten** ist maßgebend, dass die bußgeldbewehrten Pflichten (zB Veröffentlichungs-, Mitteilungs-, Auskunfts- und Vorlagepflichten) im Inland zu erfüllen sind und ihnen nicht nachgekommen wird.[94]

87   Wurde die **Tathandlung im Ausland** vorgenommen, kann § 39 hingegen nur dann Anwendung finden, wenn ein inländischer Anknüpfungspunkt besteht, also der Erfolgsort im Inland liegt, da eine § 38 V vergleichbare Regelung fehlt. Schwierigkeiten bereitet allerdings der Umstand, dass es sich bei den Ordnungswidrigkeiten des § 39 durchweg um **abstrakte Gefährdungsdelikte** handelt. Auch für das Ordnungswidrigkeitenrecht nimmt die hL[95] an, dass es bei abstrakten Gefährdungsdelikten keinen Erfolgsort i. S. v. § 7 I OWiG geben kann, da sie keinen „zum Tatbestand gehörende(n) Erfolg" aufweisen; dementsprechend wäre ein inländischer Tätigkeitsort nicht begründbar. Demgegenüber ist – sofern die Argumentation des BGH zu § 9 I StGB übertragen wird[96] – ein inländischer Tätigkeitsort vorhanden, wenn die Begehung der Tat im Ausland eine (konkrete) Gefährdung oder Schädigung des geschützten Rechtsguts im Inland als „Taterfolg" nach sich ziehen kann (vgl. § 38 Rn. 62). Diese weite Auslegung vermeidet zwar Ahndungslücken, führt aber bei schlichten Tätigkeitsdelikten zu einer bedenklichen und i. d. R. auch undurchsetzbaren globalen Ausdehnung des deutschen Ordnungswidrigkeitenrechts.[97]

3. Beteiligung (§ 14 OWiG)

88   Während das Strafrecht gemäß dem dualistischen Beteiligungssystem zwischen Täterschaft und Teilnahme unterscheidet, folgt das Ordnungswidrigkeitenrecht mit § 14 OWiG dem **Einheitstäterprinzip.** Beteiligen sich mehrere an einer Ordnungswidrigkeit, so handelt jeder von ihnen ordnungswidrig und wird damit zum Beteiligten. Der Verzicht auf die Abgrenzung von Täterschaft und Teilnahme soll die Rechtsanwendung vereinfachen.[98] Allerdings sind Art und Umfang des Tatbeitrags für die Bemessung der Geldbuße von Bedeutung, so dass der Ver-

---

[94] KölnKommWpHG-*Altenhain*, § 39 Rn. 50.
[95] Vgl. KKOWiG-*Rogall*, § 7 Rn. 11 mwN.
[96] Dafür *Assmann/Schneider/Vogel*, § 39 Rn. 34.
[97] KölnKommWpHG-*Altenhain*, § 39 Rn. 50.
[98] *Mitsch,* Recht der Ordnungswidrigkeiten, Teil II, § 9 Rn. 18, 20.

Bußgeldvorschriften   **89 § 39**

einfachungseffekt begrenzt ist. Nach hM[99] setzt die **Beteiligung** an einer Ordnungswidrigkeit stets einen **vorsätzlichen Tatbeitrag zu der vorsätzlichen und rechtswidrigen Tat eines anderen** (Bezugstat) voraus. Diese restriktive Auslegung verhindert eine Überdehnung, da im Strafrecht Anstiftung und Beihilfe nur zu vorsätzlich begangenen Straftaten möglich und die fahrlässige Teilnahme straflos ist. Ein vorsätzlicher Tatbeitrag zu einer fahrlässig begangenen Ordnungswidrigkeit des § 39 ist deshalb keine Beteiligung; der Betreffende kann aber, falls er Normadressat ist, selbst ordnungswidrig handeln und damit Täter sein. Auch bei einem nur fahrlässigen Tatbeitrag scheidet die Anwendung von § 14 OWiG aus; eine eigene fahrlässige (Neben-)Täterschaft ist aber möglich, wenn der Betreffende selbst Normadressat ist und die Ordnungswidrigkeit fahrlässiges Handeln mit Geldbuße bedroht.[100] Der **Täter der Bezugstat** muss vorsätzlich und rechtswidrig den Tatbestand einer Ordnungswidrigkeit des § 39 verwirklicht haben; ein vorwerfbares Handeln ist nicht erforderlich (§ 14 III 1 OWiG, Grundsatz der limitierten Akzessorietät). Der hierzu geleistete **Tatbeitrag des Beteiligten** muss die Bezugstat zumindest **vorsätzlich fördern**, d. h. durch physische oder psychische Unterstützung mitursächlich werden.[101] Nach hM[102] kann der Tatbeitrag bereits im Vorbereitungsstadium und auch noch zwischen Vollendung und Beendigung der Bezugstat geleistet werden.

Soweit es sich bei einer Ordnungswidrigkeit des § 39 um ein **Sonderdelikt** **89** handelt, können auch **untergeordnete Betriebs- oder Unternehmensangehörige**, die nicht als Beauftragte i. S. v. § 9 II OWiG anzusehen sind, aber an der Pflichtverletzung eines Normadressaten mitwirken, Beteiligte sein, sofern wenigstens eine Person, die einen **vorsätzlichen Tatbeitrag** leistet, die besonderen persönlichen Merkmale aufweist. Diese erhebliche Ausdehnung des Täterkreises resultiert aus § 14 I 2 OWiG, wonach besondere persönliche Merkmale i. S. v. § 9 I OWiG, die die Möglichkeit der Ahndung begründen, nur bei einem Beteiligten vorliegen müssen („Täterschaft ohne Täterqualität"; „fiktive Täterschaft"). Dabei muss es nach hM nicht einmal um den „Hauptbeteiligten" handeln.[103] Einbezogen sind auch **externe Personen**, wie Unternehmensberater, Rechtsanwälte, Steuerberater und Wirtschaftsprüfer, die sich an einer Ordnungswidrigkeit des § 39 vorsätzlich beteiligen. Soweit diese Personen sich berufstypisch verhalten, müssen sie allerdings die Begehung der Bezugstat mindestens „für überaus wahrscheinlich" gehalten haben („neutrale Beteiligung", vgl. zur „neutralen Beihilfe" § 38 Rn. 68). Demgegenüber scheidet bei fahrlässigen Tatbeiträgen die Anwendung von § 14 I 2 OWiG aus, so dass der Beteiligte die besonderen persönlichen Merkmale entweder selbst aufweisen oder ein Handeln für einen anderen gemäß § 9 OWiG (Vor §§ 38 ff. Rn. 19 ff.) vorliegen muss.[104]

---

[99] BGHSt. 31, 309, 311 ff.; *Erbs/Kohlhaas/Wehowsky*, § 39 WpHG Rn. 56; *Göhler/König*, OWiG, § 14 Rn. 5 b; *Park/Süßmann*, § 39 II Nr. 1 b, 2 a, 3, IV WpHG Rn. 17; aA *Mitsch*, Recht der Ordnungswidrigkeiten, Teil II, § 9 Rn. 57, der auch die fahrlässige Beteiligung einbezieht.
[100] KKOWiG-*Rengier*, § 14 Rn. 104 ff.
[101] KKOWiG-*Rengier*, § 14 Rn. 22 f.
[102] *Göhler/König*, OWiG, § 14 Rn. 6; KKOWiG-*Rengier*, § 14 Rn. 25 mwN.
[103] *Göhler/König*, OWiG, § 14 Rn. 12 a; KKOWiG-*Rengier*, § 14 Rn. 41 ff.
[104] *Assmann/Schneider/Vogel*, § 39 Rn. 35; KölnKommWpHG-*Altenhain*, § 39 Rn. 55.

4. Begehen durch Unterlassen (§ 8 OWiG)

90 Zahlreiche Ordnungswidrigkeiten des § 39 sind – wenigstens in Bezug auf einzelne Alternativen – **echte Unterlassungsdelikte**, bei denen sich die Begehung in dem Verstoß gegen eine Gebotsnorm durch Unterlassen der vom Gesetz geforderten Tätigkeit erschöpft. Hingegen handelt es sich bei den **unechten Unterlassungsdelikten**, für die § 8 OWiG festlegt, unter welchen Voraussetzungen das Unterlassen dem Tun gleichsteht, um Delikte, bei denen der Unterlassende als Garant zur Abwendung eines bestimmten Erfolgs rechtlich besonders verpflichtet ist. Die Ordnungswidrigkeiten des § 39, die als **Begehungsdelikte** ausgestaltet sind, können grundsätzlich auch durch ein garantenpflichtwidriges Unterlassen begangen werden, da § 8 OWiG – wie im Strafrecht § 13 StGB (vgl. § 38 Rn. 71) – nach hM[105] nicht nur auf Erfolgs-, sondern auch auf schlichte Tätigkeitsdelikte anwendbar ist. Allerdings muss auch hier die Begehung durch Unterlassen der Verwirklichung des gesetzlichen Tatbestandes durch ein Tun entsprechen (Modalitätenäquivalenz). Daher scheidet zB die Begehung des § 39 II Nr. 11 iVm § 20a I 1 Nr. 1 in Form des Machens von unrichtigen Angaben durch garantenpflichtwidriges Unterlassen grundsätzlich aus, da die Alternative des Verschweigens von Umständen eigenständig erfasst ist;[106] allerdings können unrichtige Angaben auch hier durch ein garantenpflichtwidriges Unterlassen „gemacht" werden, wenn der Garant erkennt, dass gemachte Angaben unrichtig waren oder unrichtig geworden sind (vgl. § 38 Rn. 71). Die **Garantenstellung** resultiert bei § 8 OWiG aus den gleichen Entstehungsgründen wie bei § 13 StGB (vgl. § 38 Rn. 72). Praktisch relevant ist auch in Bezug auf die Ordnungswidrigkeiten des § 39 die sog. **Geschäftsherrenhaftung,** wonach der Betriebs- oder Unternehmensinhaber und weitere Führungskräfte als Garanten verpflichtet sind, nachgeordnete Mitarbeiter an der Begehung von betriebs- oder unternehmensbezogenen Taten zu hindern.[107]

5. Vorsatz und Irrtum (§§ 10, 11 OWiG)

91 § 39 I, II und III bedrohen die vorsätzliche Begehung von Ordnungswidrigkeiten mit Geldbuße. Der Begriff **„Vorsatz"** ist zwar auch im Ordnungswidrigkeitenrecht nicht legaldefiniert, aber identisch mit dem des Strafrechts (vgl. § 38 Rn. 73). In allen Fällen des § 39 genügt **Eventualvorsatz**. Die ordnungswidrigkeitenrechtliche Regelung des **Irrtums** (§ 11 OWiG) stimmt im Wesentlichen mit der Irrtumsregelung im Strafrecht überein. Damit wird auch im Ordnungswidrigkeitenrecht zwischen der Tatbestandskenntnis (Vorsatz) und dem Bewusstsein der Rechtswidrigkeit (Unrechtsbewusstsein), mithin zwischen dem (vorsatzausschließenden) Tatbestandsirrtum und dem (nicht vorsatzausschließenden) Verbotsirrtum unterschieden. § 11 I 1, 2 OWiG regelt den **Tatbestandsirrtum** nebst der Möglichkeit der Ahndung wegen fahrlässigen Handelns. § 11 II OWiG bestimmt für den **Verbotsirrtum,** dass der Täter, der einem unvermeidbaren Irrtum unterliegt, nicht vorwerfbar handelt. Für den vermeidbaren Verbotsirrtum

---

[105] *Göhler/König*, OWiG, § 8 Rn. 1; KKOWiG-*Rengier*, § 8 Rn. 10f. mwN.
[106] *Assmann/Schneider/Vogel*, § 39 Rn. 41.
[107] Vgl. *Assmann/Schneider/Vogel*, § 39 Rn. 42; KölnKommWpHG-*Altenhain*, § 39 Rn. 52.

Bußgeldvorschriften 92, 93 § 39

(zu den Anforderungen an die Vermeidbarkeit sowie zu Zweifeln des Täters § 38 Rn. 78) fehlt zwar eine Regelung, nach allgM[108] kann aber die Geldbuße in analoger Anwendung von § 17 S. 2 StGB gemildert werden. Gerade bei den durch § 39 bußgeldbewehrten Verhaltensnormen ist ein **strenger Maßstab** anzulegen, da sie sich überwiegend an Personen richten, von denen erwartet werden kann, dass sie sich mit dem bestehenden Rechtsrahmen umfassend vertraut machen und in Zweifelsfällen professionellen Rat einholen. Die Berufung auf einen Verbotsirrtum scheidet daher i. d. R. aus.[109]

Als besonders problematisch gilt im Ordnungswidrigkeitenrecht die **Abgrenzung zwischen Tatbestands- und Verbotsirrtum**, da – angesichts der großen Zahl von bußgeldbewehrten Verboten und Geboten, von denen ein Laie i. d. R. nichts weiß – die bloße Kenntnis der Tatumstände vielfach nicht ausreichend Anlass gibt, über die Verbotenheit des Verhaltens nachzudenken. Daher tendiert die Praxis in Zweifelsfällen zu einer pragmatischen Handhabung und ahndet – soweit möglich – wegen Fahrlässigkeit.[110] Für die Ordnungswidrigkeiten des § 39 stellt sich die Abgrenzungsproblematik jedoch nicht in voller Schärfe. Denn soweit es sich um **Sonderdelikte** handelt, richten sich die Delikte i. d. R. an Personen, die sich mit dem Wertpapierhandel im Rahmen ihrer Berufstätigkeit befassen. Diesem Personenkreis sind die maßgebenden Vorschriften regelmäßig hinreichend bekannt, so dass bei Kenntnis der Tatumstände ein ausreichender Impuls zur Prüfung der Rechtmäßigkeit ausgelöst wird. Soweit es um **Allgemeindelikte** geht, sind grundsätzlich nur Verstöße bußgeldbewehrt, die im Bewusstsein der Öffentlichkeit ausreichend verankert sein dürften. So ist zB anzunehmen, dass – auch ohne Kenntnis der Norm – in der Bevölkerung bekannt ist, dass Marktmanipulationen (§ 39 I Nr. 1, 2, II Nr. 11) verboten sind. Hierfür spricht auch, dass Marktmanipulationen im Falle einer Preiseinwirkung sogar bestraft werden können (§ 38 II). Auch im Hinblick auf § 39 II, III besteht kein Anlass anzunehmen, dass der Gesetzgeber durch die (Mit-)Ahndung der Leichtfertigkeit bzw. Fahrlässigkeit zu erkennen gegeben hat, dass er die **Rechtsfahrlässigkeit** in der Weise erfassen wollte, dass einen Rechtsirrtum (täterbegünstigend) als vorsatzausschließender Tatbestandsirrtum und nicht als Verbotsbzw. Gebotsirrtum anzusehen ist. Denn auch hier geht es um Sonder- und Allgemeindelikte, die im Bewusstsein der Sonderpflichtigen bzw. der Allgemeinheit i. d. R. ausreichend verankert sind. Daher ist zB bei § 39 III Nr. 2 der Rechtsirrtum des Adressaten des Betretensverlangens darüber, dass er den Bediensteten der BaFin das Betreten nicht verweigern darf, ein (bloßer) Verbots- bzw. Gebotsirrtum.[111]

Bei **Blankettgesetzen** geht die hM[112] auch für das Ordnungswidrigkeitenrecht davon aus, dass nur der Inhalt der Ausfüllungsnorm vom Vorsatz umfasst sein muss, nicht aber deren Existenz. Die Unkenntnis eines Tatbestandsmerkmals der Ausfüllungsnorm begründet daher einen Tatbestandsirrtum, die Unkenntnis der Existenz der Ausfüllungsnorm einen (bloßen) Verbotsirrtum. Nach der Gegenauffassung soll sich der Vorsatz auch auf die Existenz der Ausfüllungsnorm

---

[108] Vgl. *Göhler/König*, OWiG, § 11 Rn. 29; KKOWiG-*Rengier*, § 11 Rn. 125.
[109] *Park/Süßmann*, § 39 II Nr. 1 b, 2 a, 3, IV WpHG Rn. 14.
[110] Vgl. KKOWiG-*Rengier*, § 11 Rn. 9; krit. *Assmann/Schneider/Vogel*, § 39 Rn. 44.
[111] AA *Assmann/Schneider/Vogel*, § 39 Rn. 44, 49.
[112] KKOWiG-*Rengier*, § 11 Rn. 26 mwN; vgl. auch *Fischer/Waßmer* BB 2002, 969, 971.

erstrecken, so dass bei deren Unkenntnis ein Tatbestandsirrtum vorliegen würde. Diese Abweichung von den allgemeinen Regeln ist allerdings bereits aus systematischen Erwägungen zweifelhaft. Bei den Ordnungswidrigkeiten des § 39 wird die Problematik jedenfalls dadurch entschärft, dass die Ausfüllungsnormen den Adressaten i. d. R. hinreichend bekannt sind. Allerdings ist auch die Grenzziehung zwischen Blankettgesetz – bei dem die Kenntnis des Inhalts der Ausfüllungsnorm für die Annahme von Vorsatz genügt – und **normativem Tatbestandsmerkmal** – bei dem der Täter auch die normative Wertung auf seiner Verstandesebene nachvollziehen muss und somit bei einem Irrtum über den Inhalt ein Tatbestandsirrtum vorliegt – umstritten. Nach der systemwahrenden und damit vorzugswürdigen hM[113] liegt ein Blankettgesetz vor, wenn die Verweisungsnorm so lückenhaft ist, dass das tatbestandliche Gebot oder Verbot erst mit der Ausfüllungsnorm begründet werden kann; hingegen handelt es sich um ein normatives Tatbestandmerkmal, wenn die Ausfüllungsnorm nur tatbestandsergänzenden Charakter hat, d. h. die Verweisungsnorm eine in sich geschlossene Tatbestandsbeschreibung gibt, die die für das Unrecht konstitutiven Merkmale vollständig umfasst.

94 Schließlich ist im Ordnungswidrigkeitenrecht für die **Unterlassungsdelikte** umstritten,[114] ob es wie im Strafrecht[115] ausreicht, dass der Täter die Umstände kennt, die die Rechtspflicht zum Handeln auslösen, oder ob die Rechtspflicht Tatbestandsmerkmal ist, so dass sie vom Vorsatz des Täters umfasst sein muss. Insoweit gilt, dass das allgemeine Bewusstsein, zu unterlassen, und damit die bloße Kenntnis des eigenen Nichttuns nicht genügen kann, sondern dem Unterlassenden bewusst sein muss, dass er handeln könnte und sollte. Hierfür reicht es aber aus, dass der Täter die besonderen Umstände kennt, die jeweils die Rechtspflicht zum Handeln auslösen; eine Abweichung von den im Strafrecht geltenden Grundsätzen ist daher auch im Ordnungswidrigkeitenrecht nicht geboten.[116]

6. Fahrlässigkeit und Leichtfertigkeit (§ 10 OWiG)

95 Die Ordnungswidrigkeiten des § 39 II können auch leichtfertig, die des § 39 III generell fahrlässig begangen werden. Die Begriffe „Leichtfertigkeit" und „Fahrlässigkeit" sind im Ordnungswidrigkeitenrecht und Strafrecht identisch. Unter **Fahrlässigkeit** ist die unbewusste oder ungewollte, aber pflichtwidrige Verwirklichung des Tatbestands durch ein Tun oder Unterlassen zu verstehen.[117] Hierbei sind verschiedene Fahrlässigkeitsformen zu unterscheiden. Zum einen kann nach der Schwere differenziert werden. Während § 39 II **Leichtfertigkeit** (vgl. hierzu § 38 Rn. 35) und damit einen besonders gesteigerten Grad der Fahrlässigkeit voraussetzt, genügt bei § 39 III selbst **leichte Fahrlässigkeit**. Zum anderen kann nach der Kenntnis differenziert werden. **Unbewusste Fahrlässigkeit** liegt vor, wenn der Täter die gebotene Sorgfalt außer Acht lässt und dadurch den Tatbestand verwirklicht, ohne dies zu erkennen, **bewusste Fahrlässigkeit**,

---

[113] KKOWiG-*Rengier,* § 11 Rn. 28 mwN.
[114] Überblick bei KKOWiG-*Rengier,* § 11 Rn. 31 ff. mwN.
[115] Vgl. BGHSt. 16, 155 ff.; 19, 295, 297 ff.
[116] Vgl. KölnKommWpHG-*Altenhain,* § 39 Rn. 4; aA *Assmann/Schneider/Vogel,* § 39 Rn. 45.
[117] KKOWiG-*Rengier,* § 10 Rn. 15 ff. mwN.

wenn der Täter die Verwirklichung des Tatbestands für möglich hält, jedoch pflichtwidrig darauf vertraut, dass er ihn nicht verwirklicht. Hat der Täter sich mit der Tatbestandsverwirklichung abgefunden bzw. diese gebilligt, liegt Eventualvorsatz vor (§ 38 Rn. 73). Für die **Feststellung** der Fahrlässigkeit sind Sorgfaltspflichtverletzung und Voraussehbarkeit im Wege einer **Doppelprüfung** objektiv und individuell zu prüfen. Ein Vorwurf wird dem Täter nur dann gemacht, wenn er nicht nur objektiv betrachtet, sondern auch nach seinen persönlichen Fähigkeiten und dem Maß seines individuellen Könnens imstande war, die objektiv bestehende Sorgfaltspflicht zu erkennen und die sich daraus ergebenden Sorgfaltsanforderungen zu erfüllen.

Der Vorwurf der **Leichtfertigkeit** liegt in der Praxis in den Fällen des § 39 II – gerade bei Verstößen gegen Veröffentlichungs- und Mitteilungspflichten[118] – und des § 39 III häufig nahe, da sich die Personen, die für Wertpapierdienstleistungsunternehmen, Kreditinstitute, Emittenten (usw.) handeln, mit den Pflichten, die ihnen nach dem WpHG obliegen, umfassend vertraut machen und in Zweifelsfällen professionellen Rat einholen müssen (vgl. Rn. 91). Darüber hinaus müssen zB Emittenten besondere organisatorische Vorkehrungen treffen, um die Einhaltung der Regeln zur Ad-hoc-Publizität sicherzustellen.[119] Leichtfertigkeit liegt zB in den Fällen des **§ 39 II Nr. 2, 5, 8, 10, 15, 22** vor, wenn der Täter behauptet, er habe die Unrichtigkeit oder Unvollständigkeit nicht erkannt, sich aber die Unrichtigkeit oder Unvollständigkeit aufdrängt. Bei **§ 39 II Nr. 11** ist Leichtfertigkeit zu bejahen, wenn der Täter angibt, er sei von der Richtigkeit der gemachten Angaben ausgegangen, die Angaben aber offensichtlich „aus der Luft gegriffen" sind.[120]

Von **Fahrlässigkeit** ist bei **§ 39 III Nr. 1** auszugehen, wenn der Täter aus Unachtsamkeit den Umfang einer vollziehbaren Anordnung zur Ladung und Vernehmung, der Untersagung bestimmter Arten von Werbung oder der Vorlage von Unterlagen verkennt. Bei Zweifeln über den Umfang der Vorlagepflicht kann der Adressat der Anordnung zur Rücksprache bei der BaFin gehalten sein, um dem Vorwurf der Fahrlässigkeit zu entgehen.[121] Bei **§ 39 III Nr. 2** liegt zB Fahrlässigkeit vor, wenn der Täter nach der schriftlichen Aufforderung, Geschäftsräume aufzuschließen, aus Unachtsamkeit das Aufschließen vergessen hat, und bei **§ 39 III Nr. 3**, wenn der Täter die Anzeige der Auslagerungsvereinbarung im Rahmen von größeren Umstrukturierungsmaßnahmen aus Nachlässigkeit vergessen hat.

7. Rechtfertigungs- und Entschuldigungsgründe

Auch für § 39 gelten die allgemeinen Regeln zu Rechtswidrigkeit und Schuld, so dass die allgemeinen Rechtfertigungs- und Entschuldigungsgründe grundsätzlich zur Anwendung gelangen können. In Bezug auf wirtschaftliche Notlagen scheidet aber ebenso wie im Rahmen des § 38 (vgl. § 38 Rn. 79) eine Rechtfertigung und Entschuldigung i. d. R. aus.

---

[118] Vgl. *Erbs/Kohlhaas/Wehowsky*, § 39 WpHG Rn. 25, 35; *Park/Süßmann*, § 39 II Nr. 1 c, 2 b, IV WpHG Rn. 40.
[119] *Park/Süßmann*, § 39 II Nr. 1 b, 2 a, 3, IV WpHG Rn. 14.
[120] Vgl. *Assmann/Schneider/Vogel*, § 39 Rn. 47.
[121] *Park/Schäfer/Süßmann*, § 39 III, IV WpHG Rn. 69.

8. Zusammentreffen von Straftat und Ordnungswidrigkeit (§ 21 OWiG)

99 Ist eine Handlung gleichzeitig Straftat und Ordnungswidrigkeit, wird nur das Strafgesetz angewendet (§ 21 I 1 OWiG). Praktische Bedeutung dürfte diese **Subsidiarität** vor allem beim Zusammentreffen einer Ordnungswidrigkeit nach § 39 I Nr. 1, 2, II Nr. 11 mit einer Straftat nach § 38 II haben, aber es ist zB auch für § 39 III Nr. 1 b das Zusammentreffen mit einer Straftat nach § 16 UWG denkbar.[122] Darüber hinaus ist im Zusammenhang mit inhaltlich unrichtigen Finanzberichten und Erklärungen insbesondere an Straftaten nach § 331 Nr. 1–3 a HGB, § 400 I Nr. 1 AktG und § 82 II Nr. 2 GmbHG zu denken.[123] Wird eine **Strafe nicht verhängt,** kann die Handlung als Ordnungswidrigkeit verfolgt werden (§ 21 II OWiG). Die Nichtverhängung einer Strafe kann vor allem darauf beruhen, dass das Strafverfahren mangels Beweisbarkeit der Straftat nach § 170 II StPO oder aus Opportunitätsgründen gemäß §§ 153, 153 b oder § 154 StPO[124] eingestellt wird. Ist daher eine strafbare Marktmanipulation nicht nachweisbar oder erfolgt eine Teileinstellung unter dem Aspekt der Straftat, bleibt die Verfolgung der Tat unter dem Aspekt der Ordnungswidrigkeit möglich. Hingegen scheidet eine Verfolgung nach einer Einstellung gemäß § 153 a StPO aus, da dann eine Entscheidung über die Sache vorliegt.[125] Wird der Täter, der einer Straftat nach § 38 II angeklagt ist, **freigesprochen,** erstreckt sich das rechtskräftige Urteil gemäß § 84 I OWiG auch auf eine Ordnungswidrigkeit nach § 39 I Nr. 1, 2, II Nr. 11, da das Gericht die angeklagte Tat zugleich unter dem Gesichtspunkt einer Ordnungswidrigkeit beurteilt (vgl. § 82 I OWiG).

9. Tateinheit (§ 19 OWiG)

100 Bei den Ordnungswidrigkeiten des § 39 können weitere Bußgeldtatbestände in Tateinheit vorliegen, sofern die **Schutzgüter divergieren.** Zu denken ist an folgende Bußgeldvorschriften: §§ 405, 406 AktG, § 50 BörsG, §§ 104 a, 334 HGB, § 143 InvG, § 56 KWG, § 20 PublG, § 17 VerkProspG, § 30 WpPG, § 60 WpÜG.

10. Zumessung der Geldbuße (§ 17 III, IV OWiG)

101 Die Geldbußen des § 39 werden ausschließlich gegen natürliche Personen festgesetzt (zur Zumessung der Verbandsgeldbuße Vor §§ 38 ff. Rn. 39). Die Zumessung der Geldbuße erfolgt innerhalb des Bußgeldrahmens, den § 17 I, II OWiG und § 39 IV vorgeben, gemäß § 17 III, IV OWiG. Den **Ausgangspunkt** der Bemessung bildet der **Bußgeldrahmen.** Das Höchstmaß ist für die schwersten Fälle vorgesehen, wobei auch sehr vermögenden Tätern und der Erzielung von hohen wirtschaftlichen Vorteilen Rechnung zu tragen ist.[126] Gerade bei denjenigen Ordnungswidrigkeiten des § 39, die den Insiderhandel und Marktmani-

---

[122] Vgl. *Park/Schäfer/Süßmann,* § 39 III, IV WpHG Rn. 64.
[123] *Kiethe* WM 2007, 722, 726 f.; *Mülbert/Steup,* NZG 2007, 761, 769, 770.
[124] Vgl. BGHSt. 41, 385, 390 f.; *Göhler/König,* OWiG, § 21 Rn. 27; aA KKOWiG-*Bohnert,* § 21 Rn. 32.
[125] KKOWiG-*Bohnert,* § 21 Rn. 33 mwN.
[126] *Göhler/König,* OWiG, § 17 Rn. 25.

pulationen betreffen, ist dies von Bedeutung. Die Mittelwerte der Geldbußen sind auf die durchschnittlich schweren Fällen anzuwenden,[127] wobei in der Praxis die Höhe der Geldbußen unter den Mittelwerten liegt.

Grundlage für die Zumessung bilden nach § 17 III 1 OWiG die Bedeutung der Ordnungswidrigkeit und der Vorwurf, der den Täter trifft. Der Umstand, dass anders als bei § 46 I StGB die **Bedeutung der Ordnungswidrigkeit** an erster Stelle aufgeführt wird, zeigt, dass die (objektive) Bedeutung Vorrang vor dem (subjektiven) Vorwurf hat. Die Bedeutung ist abhängig von dem sachlichen Gehalt und Umfang der Tat. Maßgebend sind Grad und Ausmaß der Gefährdung bzw. Beeinträchtigung der Rechtsgüter.[128] Kriterien bilden: Häufigkeit gleichartiger Verstöße; Art der Ausführung; Dauer der Ordnungswidrigkeit. Eine Abstufung gestatten vor allem graduierbare Tatbestandsmerkmale, die zB auf die Unvollständigkeit und Unrichtigkeit abstellen (§ 39 I Nr. 3; § 39 II Nr. 2, 5, 8, 10, 15, 19, 22). Unrechtserhöhend ist es, wenn sich die Unvollständigkeit oder Unrichtigkeit auf Kernaspekte bezieht, unrechtsmindernd, wenn nur Nebenaspekte betroffen sind. Der **Vorwurf, der den Täter trifft,** bemisst sich vorrangig nach der Bedeutung der Ordnungswidrigkeit, je schwerer diese ist, umso vorwerfbarer ist das Verhalten.[129] Zusätzlich erhöhen oder mindern besondere Umstände in der Person des Täters den Vorwurf. So steigern einschlägige Vortaten den Vorwurf, Geständnis, Einsicht und Reue mildern ihn. Auch besonders verwerfliche Motive und Ziele steigern den Vorwurf, während ein Handeln aus Not oder aus einer Zwangslage heraus ihn abschwächt. Soweit es um berufsspezifische Ordnungswidrigkeiten geht, hat die berufliche Stellung als solche zwar keinen Einfluss auf die Zumessung der Geldbuße (Doppelverwertungsverbot), sie ist aber insofern von Bedeutung, als das Handeln in herausgehobener Stellung den Vorwurf steigern, das Handeln in untergeordneter Stellung den Vorwurf abschwächen kann.[130] Bei § 39 III, der jede Form der Fahrlässigkeit genügen lässt, steigert Leichtfertigkeit den Vorwurf.

Gemäß § 17 III 2 OWiG kommen für die Zumessung „auch" die **wirtschaftlichen Verhältnisse des Täters** „in Betracht", sofern es sich nicht um geringfügige Ordnungswidrigkeiten handelt. Entsprechend der Praxis bei den „großen" Kartellordnungswidrigkeiten[131] ist anzunehmen, dass die BaFin auch bei den Wertpapierhandelsordnungswidrigkeiten die Zumessungsfaktoren des § 17 III 1, 2 OWiG als gleichrangig ansehen kann, zumal der Gesetzgeber[132] die Möglichkeit, hohe Bußgelder zu verhängen, gerade auch im Hinblick auf vermögende Täter geschaffen hat. Maßgebend sind die wirtschaftlichen Verhältnisse zur Zeit der Festsetzung der Geldbuße. Diese ergeben sich aus dem Einkommen und Vermögen, wobei Schulden und Unterhaltsverpflichtungen zu berücksichtigen sind.[133] Die wirtschaftlichen Verhältnisse des Unternehmens, für das der Täter gehandelt hat, sind nur dann einzubeziehen, wenn es dem Täter gehört.

---

[127] Vgl. allgemein *Göhler/König*, OWiG, § 17 Rn. 25.
[128] Vgl. *Göhler/König*, OWiG § 17 Rn. 16 mwN.
[129] *Göhler/König*, OWiG, § 17 Rn. 17.
[130] KölnKommWpHG-*Altenhain*, § 39 Rn. 62.
[131] Hierzu *Immenga/Mestmäcker/Dannecker/Biermann*, GWB, § 81 Rn. 362.
[132] Vgl. BT-Drucks. 12/7918, S. 96.
[133] KKOWiG-*Mitsch*, § 17 Rn. 87.

104 **Weitere Umstände** können bei der Zumessung der Geldbuße ebenfalls berücksichtigt werden, sie sind allerdings nachrangig.[134] So kann der **Ahndungszweck** von Bedeutung sein.[135] Zweck der Geldbuße ist nicht nur die Repression, sondern auch die Prävention, wobei dieser Aspekt mit zunehmender Schwere und Dauer einer Ordnungswidrigkeit zurücktritt. Die Spezialprävention, d. h. die Einwirkung auf den Täter, sich künftig rechtstreu zu verhalten, hat bei leichten bis mittleren Ordnungswidrigkeiten Vorrang gegenüber der Repression. Besondere Berücksichtigung finden kann die positive Generalprävention, die der Festigung des Rechtsbewusstseins der Allgemeinheit dient, und auch die negative Generalprävention, die die Abschreckung potenzieller Täter bezweckt. Außerdem kann das **Nachtatverhalten** Berücksichtigung finden, genauso wie die **Uneinsichtigkeit** des Betroffenen, die darauf schließen lässt, dass er sich durch eine niedrige Geldbuße nicht beeindrucken lassen wird.[136] Einem **Berufswechsel**, der zur Folge hat, dass mit Ordnungswidrigkeiten nach § 39 nicht mehr zu rechnen ist, darf ebenfalls Rechnung getragen werden. Eine ungewöhnlich lange **Verfahrensdauer**, die der Betroffene nicht zu vertreten hat, kann die Geldbuße ebenfalls mindern. Die Vermutung, dass die Geldbuße vom Arbeitgeber erstattet werden wird, rechtfertigt hingegen keine höhere Geldbuße.[137]

105 Die Geldbuße soll nach § 17 IV 1 OWiG den wirtschaftlichen Vorteil übersteigen, den der Täter aus der Ordnungswidrigkeit gezogen hat (**Vorteilsabschöpfung**). Reicht das gesetzliche Höchstmaß hierzu nicht aus, kann es überschritten werden (§ 17 IV 2 OWiG). Der Täter soll eine finanzielle Einbuße hinnehmen, damit der Sanktionscharakter der Geldbuße gewahrt bleibt. Wird eine Geldbuße verhängt, wird der Verfall nicht angeordnet (vgl. § 29a I OWiG), da bereits die Geldbuße der Vorteilsabschöpfung dient. Der Begriff **wirtschaftlicher Vorteil** ist weit zu verstehen und bezieht nicht nur einen in Geld erzielten Gewinn, sondern auch sonstige Vorteile wirtschaftlicher Art ein.[138] Der Vorteil muss nach hM[139] – im Gegensatz zum Verfall – nicht unmittelbar aus der Ordnungswidrigkeit gezogen worden sein, da nach dem Willen des Gesetzgebers die Vorteilsabschöpfung per Geldbuße über die Lage beim Verfall hinausgehen soll. Daher werden nicht nur unmittelbare Vorteile wie zB ersparte Prüferentgelte[140] bei einem Verstoß gegen § 39 II Nr. 23, sondern auch mittelbare Vorteile wie zB der Gewinn aus der Ausnutzung einer Marktmanipulation[141] erfasst. Berechnet wird der wirtschaftliche Vorteil durch Vergleich der Vermögenssituation vor und nach der Tat, wobei allerdings nach hM[142] das **Nettoprinzip** gelten soll, so dass – anders als beim Verfall – Kosten und sonstige Aufwendungen abzuziehen sind. Um sinnwidrige Ergebnisse zu vermeiden, wendet die vordringende Auffas-

---

[134] *Göhler/König*, OWiG, § 17 Rn. 15, 26 ff. mwN.
[135] *Assmann/Schneider/Vogel*, § 39 Rn. 53; *Park/Süßmann*, § 39 II Nr. 1 b, 2 a, 3, IV WpHG Rn. 18.
[136] *Göhler/König*, OWiG, § 17 Rn. 18.
[137] *Göhler/König*, OWiG, § 17 Rn. 19; KKOWiG-*Mitsch*, § 17 Rn. 56.
[138] *Göhler/König*, OWiG, § 17 Rn. 40; KKOWiG-*Mitsch*, § 17 Rn. 121.
[139] *Göhler/König*, OWiG, § 17 Rn. 39 b; KKOWiG-*Mitsch*, § 17 Rn. 119.
[140] *Assmann/Schneider/Vogel*, § 39 Rn. 54.
[141] KölnKommWpHG-*Altenhain*, § 39 Rn. 63; aA *Assmann/Schneider/Vogel*, § 39 Rn. 54.
[142] KKOWiG-*Mitsch*, § 17 Rn. 118 mwN.

Bußgeldvorschriften **106, 107 § 39**

sung[143] jedoch auch im Rahmen der Vorteilsabschöpfung das **Bruttoprinzip** an. In jedem Fall ist der Vorteil zu beziffern, wobei eine **Schätzung** zulässig ist.[144] Bei Tatmehrheit gilt im Ordnungswidrigkeitenrecht abweichend von der Gesamtstrafenbildung im Strafrecht (§§ 53 ff. StGB) das sog. **Kumulationsprinzip.** Danach wird selbst dann, wenn mehrere Geldbußen verwirkt sind, jede Geldbuße gesondert festgesetzt (§ 20 OWiG). Dies gilt auch bei Verfolgung mehrerer Ordnungswidrigkeiten in einem einheitlichen Verfahren. Durch das Kumulationsprinzips können sich gerade bei den Ordnungswidrigkeiten des § 39 erhebliche Summierungseffekte ergeben. **Unbilligen Härten** ist hierbei durch die Begrenzung der Einzelgeldbußen im Hinblick auf die Gesamthöhe der festgesetzten Geldbußen zu begegnen, um dem Grundsätzen der Verhältnismäßigkeit und der schuldangemessenen Sanktionierung gerecht zu werden.[145] **106**

11. Verfolgungsverjährung (§§ 31–33 OWiG)

Die Verfolgungsverjährung von Ordnungswidrigkeiten nach § 39 beträgt **drei Jahre** (vgl. § 31 II Nr. 1 OWiG). Soweit eine Ordnungswidrigkeit ausschließlich durch das Verbreiten von Druckschriften begangen wird und damit ein **Presseinhaltsdelikt** (vgl. § 38 Rn. 88) darstellt, finden die kürzeren presserechtlichen Verjährungsvorschriften der Landespressegesetze, die für Vergehen vorgesehen sind, (analoge) Anwendung,[146] so dass eine Frist von **sechs Monaten** gilt. Dies gilt aber nicht für Angaben in vorgeschriebenen Veröffentlichungen (vgl. § 38 Rn. 88). Die Verjährung **beginnt,** sobald die Handlung beendet ist; tritt ein zum Tatbestand gehörender Erfolg erst später ein, beginnt die Verjährung mit diesem Zeitpunkt (§ 31 III OWiG). Handelt es sich bei einer Ordnungswidrigkeiten des § 39 um ein abstraktes Gefährdungsdelikt, tritt der „Erfolg" i. S. v. § 31 III OWiG mit Abschluss der die abstrakte Gefährdung auslösenden Handlung ein, so dass die Verjährung beginnt. Ist eine Ordnungswidrigkeit nach § 39 ein Unterlassungsdelikt, entfällt die Pflicht (zB Mitteilungs-, Veröffentlichungs-, Aufzeichnungspflicht) grds. nicht mit Ablauf der Frist für die Vornahme der Handlung, sondern besteht nach allgemeinen Grundsätzen[147] fort, bis ihr durch Nachholen genügt ist, ihre Erfüllung nicht mehr notwendig erscheint (zB wenn die BaFin von einer vorzunehmenden Mitteilung oder Veröffentlichung auf andere Weise Kenntnis erlangt) oder die Handlungspflicht entfällt (zB bei Beendigung der verantwortlichen Stellung[148]). Die Verjährung **ruht,** solange nach dem Gesetz die Verfolgung nicht begonnen oder nicht fortgesetzt werden kann, und wird **unterbrochen** durch die im Katalog des § 33 I OWiG aufgeführten Verfahrenshandlungen. Die Grenze der **absoluten Verjährung,** die durch Unterbrechungen nicht überschritten werden kann, beträgt bei den Ordnungswidrigkeiten des § 39 sechs Jahre, sofern es sich um ein Presseinhaltsdelikt handelt, zwei Jahre (vgl. § 33 III 2 OWiG). **107**

---

[143] *Göhler/König,* OWiG, § 17 Rn. 38 f. mwN.
[144] *Göhler/König,* OWiG, § 17 Rn. 45; KKOWiG-*Mitsch,* § 17 Rn. 123.
[145] Vgl. *Immenga/Mestmäcker/Dannecker/Biermann,* GWB, § 81 Rn. 330 mwN.
[146] *Erbs/Kohlhaas/Wehowsky,* § 39 WpHG Rn. 60; allgemein KKOWiG-*Weller,* § 31 Rn. 21.
[147] Vgl. *Göhler/König,* OWiG § 31 Rn. 11; KKOWiG-*Weller,* § 31 Rn. 26.
[148] KölnKommWpHG-*Altenhain,* § 39 Rn. 57; aA *Park/Süßmann,* § 39 II Nr. 1 b, 2 a, 3, IV WpHG Rn. 21 und § 39 II Nr. 1 d, 2 c, IV WpHG Rn. 55.

§ 40 Abschnitt 12. Straf- und Bußgeldvorschriften

12. Vollstreckungsverjährung (§ 34 OWiG)

108 Die Frist für die Vollstreckungsverjährung richtet sich nach der rechtskräftig festgesetzten **Geldbuße** und beträgt bei Geldbußen von mehr als 1000,– € – was bei den Ordnungswidrigkeiten des § 39 der Regelfall sein dürfte – fünf Jahre, bei Geldbußen bis zu 1000,– € drei Jahre (§ 34 II Nr. 1, 2 OWiG). Sie **beginnt** mit Rechtskraft der Entscheidung (§ 34 III OWiG) und **ruht,** solange die Vollstreckung nicht begonnen oder nicht fortgesetzt werden kann, die Vollstreckung ausgesetzt oder Zahlungserleichterung bewilligt ist (vgl. § 34 IV Nr. 1–3 OWiG).

§ 40 Zuständige Verwaltungsbehörde

Verwaltungsbehörde im Sinne des § 36 Abs. 1 Nr. 1 des Gesetzes über Ordnungswidrigkeiten ist die Bundesanstalt.

Übersicht

	Rn.
I. Regelungsgegenstand und Grundlagen	1
1. Gegenstand	1
2. Gesetzeshistorie	2
3. Zweck	3
II. Zuständigkeit für die Verfolgung und Ahndung	4
1. BaFin	4
2. Staatsanwaltschaft	5
3. Gericht	8
III. Bußgeldverfahren vor der BaFin	9
1. Allgemeines	9
2. Opportunitätsprinzip	10
a) Pflichtgemäßes Ermessen	11
b) Grundlinien der Ausübung	12
3. Einleitung des Ermittlungsverfahrens	13
4. Rechtsstellung des Betroffenen	15
a) Stellung	15
b) Recht auf Anhörung	16
c) Recht auf einen Verteidiger	17
d) Recht auf Akteneinsicht	18
5. Ermittlungsmaßnahmen	19
a) Maßnahmen	19
b) Beweisverbote	20
6. Einzelne Ermittlungsmaßnahmen	21
a) Ladung und Vernehmung des Betroffenen	21
b) Ladung und Vernehmung von Zeugen	22
c) Durchsuchung	23
d) Beschlagnahme	26
e) Ausgeschlossene Maßnahmen	28
7. Rechtsschutz des Betroffenen	29
8. Verfahrenseinstellung	30
9. Bußgeldbescheid	31
a) Rechtsnatur, Form und Inhalt	32
b) Erlass und Zustellung	33
c) Mängel, Einspruch und Rechtskraft	34
IV. Einspruch und Zwischenverfahren vor der BaFin	35
1. Einspruch	35

	Rn.
2. Zwischenverfahren	37
a) Zulässigkeitsprüfung	38
b) Sachprüfung	39
c) Weiteres Verfahren	40
V. Gerichtliches Verfahren vor dem AG Frankfurt/Main	41
1. Unzulässiger Einspruch	41
2. Zulässiger Einspruch	42
a) Einstellung des Verfahrens	43
b) Schriftliches Verfahren	44
c) Hauptverhandlung	45
VI. Rechtsbeschwerdeverfahren vor dem OLG Frankfurt/Main	48
1. Zulässigkeit	49
2. Begründetheit	50
3. Entscheidung	51
VII. Wiederaufnahmeverfahren	52
1. Wiederaufnahmeziele und -gründe	53
2. Antrag	55
3. Verfahren	56

I. Regelungsgegenstand und Grundlagen

1. Gegenstand

§ 40 regelt die **sachliche Zuständigkeit** iSv § 36 I Nr. 1 OWiG, so dass die BaFin für die Verfolgung und Ahndung von allen Ordnungswidrigkeiten nach § 39 und nach § 41 V, VI OWiG zuständig ist. Da die BaFin die einzige sachlich zuständige Behörde ist, ist sie für alle Wertpapierordnungswidrigkeiten, auf die nach §§ 5, 7 OWiG deutsches Recht anwendbar ist, auch **örtlich zuständig**. Für das **Bußgeldverfahren** gelten die Vorschriften des OWiG (§§ 35–110 OWiG). 1

2. Gesetzeshistorie

§ 40 ist seit Inkrafttreten des WpHG im Gesetz enthalten. Ursprünglich sah § 40 die Zuständigkeit des früheren Bundesaufsichtsamtes für den Wertpapierhandel vor. Durch das **FinDAG** ist die Zuständigkeit zum 1. 5. 2002 auf die BaFin übergegangen. 2

3. Zweck

Die Übertragung der Zuständigkeit für die Verfolgung und Ahndung der Wertpapierordnungswidrigkeiten an die BaFin – als bundesunmittelbarer, rechtsfähiger Anstalt des öffentlichen Rechts (§ 1 I FinDAG) mit Sitz in Bonn und in Frankfurt/Main (§ 1 II FinDAG) – dient nicht nur der **Verfahrensbeschleunigung**, sondern trägt angesichts der Aufsichtstätigkeit der BaFin auch ihrer **besonderen Nähe** zum Marktgeschehen und ihrer **besonderen Sachkunde** Rechnung. 3

II. Zuständigkeit für die Verfolgung und Ahndung

1. BaFin

Nach § 40 ist die BaFin als Verwaltungsbehörde **primär zuständig** – vor Staatsanwaltschaften und Gerichten – für die Verfolgung (§ 35 I OWiG) und Ahndung (§ 35 II OWiG) von allen Wertpapierhandelsordnungswidrigkeiten 4

§ 40 5–7　　　　　　　　　Abschnitt 12. Straf- und Bußgeldvorschriften

nach §§ 39, 41 V, VI. Die **Verfolgung** von Ordnungswidrigkeiten umfasst die selbständige und eigenverantwortliche Ermittlung der Tat. Die Befugnis zur **Ahndung** gestattet es der BaFin, über die dem Betroffenen zur Last gelegte Tat zu entscheiden, sofern das Verfahren nach Abschluss der Ermittlungen nicht eingestellt wird, und die für die Ordnungswidrigkeiten angedrohten Geldbußen einschließlich etwaiger Nebenfolgen festzusetzen. Für das Bußgeldverfahren gilt **Frankfurt/Main** als Sitz der BaFin (§ 1 III 2 FinDAG). Innerhalb der BaFin gehört die Verfolgung und Ahndung von Ordnungswidrigkeiten zur dritten Aufsichtssäule, dem sog. **Wertpapieraufsicht/Asset-Management**.

2. Staatsanwaltschaft

5　　Die **primäre Zuständigkeit** der Staatsanwaltschaft für die Verfolgung ist gegeben, wenn eine Wertpapierhandelsordnungswidrigkeit **mit einer Straftat zusammentrifft**, d.h. eine prozessuale Tat[1] bildet, und die Staatsanwaltschaft ein Ermittlungsverfahren führt. In diesem Fall ist die Staatsanwaltschaft für die Verfolgung der Tat auch unter dem rechtlichen Gesichtspunkt einer Ordnungswidrigkeit zuständig (§ 40 OWiG). Im Übrigen muss die BaFin ein von ihr geführtes Ermittlungsverfahren an die Staatsanwaltschaft abgeben, wenn Anhaltspunkte dafür vorliegen, dass die Tat eine Straftat ist (vgl. § 41 I OWiG), d.h. innerhalb der prozessualen Tat ein Straftatbestand verwirklicht wurde. Sieht die Staatsanwaltschaft anschließend von der Einleitung eines Strafverfahren ab, hat sie die Sache zurückzugeben (vgl. § 41 II OWiG).

6　　Darüber hinaus besteht bis zum Erlass eines Bußgeldbescheids die Möglichkeit der **sekundären Zuständigkeit** der Staatsanwaltschaft, wenn sie eine Straftat verfolgt, die mit der Ordnungswidrigkeit zusammenhängt (§ 42 I 1 OWiG). Ein **Zusammenhang** besteht, wenn jemand sowohl einer Straftat als auch einer Ordnungswidrigkeit oder hinsichtlich derselben Tat eine Person einer Straftat und eine andere Person einer Ordnungswidrigkeit beschuldigt wird (§ 42 I 2 OWiG). Bei den Wertpapierhandelsordnungswidrigkeiten dürfte allerdings eine **Übernahme** häufig ausscheiden, da die Staatsanwaltschaft die Verfolgung nur übernehmen soll, wenn dies zur Verfahrensbeschleunigung, wegen des Sachzusammenhangs oder aus anderen Gründen für die Ermittlungen oder Entscheidungen **sachdienlich** erscheint (§ 42 II OWiG). Die Befassung des Staatsanwalts mit Ordnungswidrigkeiten, für die i.d.R. eine Verfolgungsbehörde mit besonderer Sachkunde zuständig ist, dient jedoch kaum der Sache; deshalb soll der Staatsanwalt solche Ordnungswidrigkeiten grundsätzlich nicht übernehmen und in Zweifelsfällen die sonst zuständige Verwaltungsbehörde – d.h. die BaFin – hören (vgl. RiStBV Nr. 277 II).

7　　Eine **Abgabepflicht der Staatsanwaltschaft** an die BaFin besteht gemäß § 43 I OWiG, wenn sie in den Fällen des § 40 OWiG das Verfahren nur wegen der Straftat einstellt oder in den Fällen des § 42 OWiG die Verfolgung nicht übernimmt, aber Anhaltspunkte dafür vorhanden sind, dass die Tat als Wertpapierhandelsordnungswidrigkeit verfolgt werden kann. Hierbei müssen in tatsächlicher Hinsicht konkrete Tatsachen den Verdacht einer Ordnungswidrigkeit begründen, und es dürfen in rechtlicher Hinsicht keine Anhaltspunkte für Verfahrenshindernisse vorhanden sein.[2]

---

[1] *Göhler/König*, OWiG, § 41 Rn. 3; KKOWiG-*Lampe*, § 41 Rn. 7.
[2] KKOWiG-*Lampe*, § 41 Rn. 11.

3. Gericht

Ausnahmsweise ist das **Gericht** für die Ahndung von Wertpapierhandels- **8**
ordnungswidrigkeiten zuständig. Verfolgt die Staatsanwaltschaft eine Wertpapierhandelsordnungswidrigkeit mit einer zusammenhängenden Straftat (§ 42 OWiG), so ist das Gericht auch für die Ahndung der Ordnungswidrigkeit zuständig (§ 45 OWiG). In einem Strafverfahren beurteilt das Gericht die in der Anklage bezeichnete (prozessuale) Tat zugleich unter dem rechtlichen Gesichtspunkt einer Ordnungswidrigkeit (§ 82 I OWiG). Darüber hinaus besteht die gerichtliche Zuständigkeit im Verfahren nach Einspruch gegen den Bußgeldbescheid der BaFin (§§ 67 ff. OWiG), im Wiederaufnahmeverfahren (§ 85 IV 1 OWiG) und im Nachverfahren gegen einen Bußgeldbescheid (§ 87 IV 2 OWiG).

III. Bußgeldverfahren vor der BaFin

1. Allgemeines

Das von der BaFin geführte Bußgeldverfahren richtet sich nach §§ 46 ff. **9**
OWiG. Nach § 46 I OWiG gelten für das Bußgeldverfahren die Vorschriften der allgemeinen Gesetze über das Strafverfahren **sinngemäß**, namentlich die **Vorschriften der StPO und des GVG**, soweit das OWiG nichts anderes vorsieht. Nach § 46 II OWiG stehen der BaFin grundsätzlich die **gleichen Rechte und Pflichten** wie der Staatsanwaltschaft bei der Verfolgung von Straftaten zu. Zu diesen **Befugnissen** zählen: Verfahrenseinleitung; Vornahme von Ermittlungsmaßnahmen nach der StPO, soweit nicht durch § 46 II–V OWiG ausgeschlossen, modifiziert oder dem Richter vorbehalten; Einstellung des Verfahrens oder Erlass eines Bußgeldbescheids. Die **wesentlichen Unterschiede** zum Strafverfahren bestehen darin, dass im Bußgeldverfahren das Opportunitätsprinzip gilt und bereits das behördliche Verfahren mit dem Bußgeldbescheid, also mit der Festsetzung einer Sanktion, abgeschlossen werden kann.

2. Opportunitätsprinzip

Die Verfolgung von Ordnungswidrigkeiten liegt im **pflichtgemäßen Ermes-** **10**
sen der Verfolgungsbehörde (§ 47 I 1 OWiG). Die BaFin ist daher **nicht verpflichtet** hinsichtlich aller ihr bekannt werdenden Wertpapierhandelsordnungswidrigkeiten ein Bußgeldverfahren einzuleiten und durchzuführen. Während im Strafverfahren das Legalitätsprinzip (§ 152 II StPO) gilt, das nur ausnahmsweise durchbrochen wird (§§ 153 ff., 154 ff. StPO), wird das Bußgeldverfahren aufgrund des bei Ordnungswidrigkeiten grundsätzlich geringeren Gewichts des staatlichen Verfolgungsanspruchs vom Opportunitätsprinzip beherrscht. Trotz der vergleichsweise hohen Bußgeldandrohungen gilt das Opportunitätsprinzip für das **gesamte Bußgeldverfahren** vor der BaFin, da keine abweichenden Verfahrensregeln bestehen. Das Opportunitätsprinzip erstreckt sich nicht nur auf die Verfahrenseinleitung, sondern auch auf den Umfang der Verfolgung in tatsächlicher und rechtlicher Hinsicht sowie auf den Umfang und Einsatz von Aufklärungsmitteln.[3] Das Opportunitätsprinzip gilt nach § 47 I 2 OWiG auch für die Verfahrenseinstellung.

---

[3] *Göhler/Seitz*, OWiG, § 47 Rn. 5, 24.

§ 40 11, 12   Abschnitt 12. Straf- und Bußgeldvorschriften

a) Pflichtgemäßes Ermessen

11 Bei ihrer Ermessensausübung hat die BaFin abzuwägen, ob unter Beachtung einer **sachlichen Zielsetzung** bei Berücksichtigung der Bedeutung der Ordnungswidrigkeit, des Vorwurfs, der den Täter trifft, und der erstrebten Zielrichtung die Verfolgung angebracht ist.[4] Pflichtgemäßes Ermessen bedeutet also nicht freies Ermessen. Umgekehrt ist eine Auslegung dahingehend, dass alle Ordnungswidrigkeiten zu verfolgen seien und das pflichtgemäße Ermessen nur Missbrauchsfälle anerkannter Pflichtwidrigkeit der Verfolgung betreffe, verfehlt, da hierdurch die gesetzgeberische Differenzierung zwischen Legalitäts- und Opportunitätsprinzip ausgehebelt wird.[5] Leitgedanken der Ermessensausübung bilden der **Gleichheitsgrundsatz** und der **Verhältnismäßigkeitsgrundsatz**.[6] Alle wesentlichen Umstände des Einzelfalles sind einzubeziehen, insbesondere die Auswirkungen der Ordnungswidrigkeit, die Einstellung des Betroffenen zur Rechtsordnung, das Bestehen einer Wiederholungsgefahr, das Nachtatverhalten und eine Schadenswiedergutmachung. Zu beachten ist, dass die BaFin der **Rechts- und Fachaufsicht** des Bundesministeriums der Finanzen untersteht (§ 2 FinDAG), das hinsichtlich der Ermessensausübung sowohl allgemeine Weisungen als auch Weisungen im Einzelfall erteilen kann.[7]

b) Grundlinien der Ausübung

12 Die Tätigkeit der BaFin begründet eine Verwaltungspraxis und führt über Art. 3 I GG zur **Selbstbindung**. Bei Vorliegen gleicher Umstände darf deshalb die BaFin nicht in einem Fall von der Verfolgung absehen und in einem anderen Fall ein Bußgeldverfahren durchführen. **Richtlinien und Weisungen,** die eine gleichmäßige Verfolgung bzw. Nichtverfolgung sicherstellen sollen, sind einzuhalten. Bei **unklarer Sachlage** ist der voraussichtliche Ermittlungsaufwand in das Verhältnis zu dem zu erwartenden Ermittlungsergebnis zu setzen.[8] Auch zur **Klärung einer Rechtsfrage** darf ein Bußgeldverfahren betrieben werden.[9] Soweit diesbezüglich aus dem Bestreben nach einer vereinfachten Rechtsanwendung Einschränkungen gemacht werden,[10] gilt jedenfalls für die Wertpapierhandelsordnungswidrigkeiten, dass deren Bedeutung die Durchführung eines Bußgeldverfahrens i. d. R. rechtfertigen wird. Von der Einleitung eines Bußgeldverfahrens abzusehen, um einen Beteiligten als **Kronzeugen** zur Verfügung zu haben, ist nach hM[11] nicht zulässig, falls es sich um einen Hauptbeteiligten handelt, während bei anderen Beteiligten, die uneingeschränkt kooperieren, die Einstellung des Verfahrens möglich ist. Für **Absprachen** im Bußgeldverfahren sind – solange eine gesetzliche Regelung[12] fehlt – die vom BGH[13] aufgestellten Grundsätze für Absprachen im Strafverfahren entsprechend heranzuziehen. Danach darf „kein Handel

---

[4] Vgl. allgemein *Göhler/Seitz,* OWiG, § 47 Rn. 7 ff.
[5] *Göhler/Seitz,* OWiG, § 47 Rn. 2; aA KKOWiG-*Bohnert,* § 47 Rn. 103 ff.
[6] *Assmann/Schneider/Vogel,* § 40 Rn. 5; *Erbs/Kohlhaas/Wehowsky,* § 39 WpHG Rn. 60; *Park/Schäfer,* § 40 WpHG Rn. 7.
[7] *Park/Schäfer,* § 40 WpHG Rn. 6; *Waschkeit,* Marktmanipulation, S. 344.
[8] *Göhler/Seitz,* OWiG, § 47 Rn. 4.
[9] *Park/Schäfer,* § 40 WpHG Rn. 8.
[10] Vgl. *Göhler/Seitz,* OWiG, § 47 Rn. 4 a.
[11] *Immenga/Mestmäcker/Dannecker/Biermann,* GWB, Vor § 81 Rn. 158 mwN.
[12] Vgl. den Gesetzesantrag des Landes Niedersachen v. 29. 3. 2006, BR-Drucks. 235/06.
[13] BGHSt. 43, 195 ff.; 50, 40 ff.

mit Gerechtigkeit" stattfinden; der Betroffene darf nicht zu einem Geständnis gedrängt und ihm insbesondere kein Rechtsmittelverzicht abverlangt werden; eine verbindliche Zusage über die Höhe der zu verhängenden Sanktion ist unzulässig; die Sanktion muss den Unrechtsgehalt der Tat angemessen widerspiegeln. Wegen der Geltung des Opportunitätsprinzips besteht bei Absprachen ein größerer Spielraum als im Strafverfahren.[14] Ein „**Abkaufen**" der Verfahrenseinstellung verbietet § 47 III OWiG. Danach ist es ausdrücklich untersagt, die Einstellung von der Zahlung eines Geldbetrags an eine gemeinnützige Einrichtung oder sonstige Stelle abhängig zu machen oder damit in Zusammenhang zu bringen.

3. Einleitung des Ermittlungsverfahrens

Die BaFin kann ein Bußgeldverfahren entweder von **Amts wegen** oder auf **Anzeige** hin einleiten (§§ 46 I, II OWiG, 158 I StPO), wenn sie Kenntnis von Tatsachen erhält, die den Verdacht einer Wertpapierhandelsordnungswidrigkeit begründen (**Anfangsverdacht**). Außerdem kann die BaFin auf (**anonyme**) **Anzeige** hin tätig werden, sofern diese substantiiert ist.[15] Sie prüft dann, ob Tatsachen vorliegen, die den Verdacht einer Ordnungswidrigkeit nach § 39 begründen. In der Regel wird die BaFin das Verfahren von Amts wegen auf Grund eigener Erkenntnisse einleiten, wenn sie im Aufsichtsverfahren (§ 4 II–IV) Tatsachen feststellt, die den Verdacht eines als Ordnungswidrigkeit ahndbaren Insiderverstoßes (§ 39 II Nr. 3, 4) oder einer Marktmanipulation (§ 39 I Nr. 1, 2, II Nr. 11) oder von Verstößen gegen andere Verhaltenspflichten begründen. Wenn die Tatsachen den Verdacht einer Straftat nach § 38 begründen, hat sie dies unverzüglich der Staatsanwaltschaft anzuzeigen (§ 4 V 1), die für die Verfolgung von Straftaten ausschließlich zuständig ist (vgl. § 4 V 3). 13

Neben dem Strafverfahren kann die BaFin das **Aufsichtsverfahren (§ 4 II–IV) parallel** weiterführen, soweit der Untersuchungszweck von Ermittlungen der Strafverfolgungsbehörden nicht gefährdet ist (vgl. § 4 V 4). Entsprechend ist auch für das Bußgeldverfahren anzunehmen, dass die BaFin parallel das Aufsichtsverfahren durchführen kann.[16] Soweit Maßnahmen gegenüber dem Betroffenen getroffen werden, richten sich diese dann aber nicht nach den Regeln des Aufsichtsverfahrens, sondern nach den **Vorschriften des Bußgeldverfahrens,** damit der Schutz des Betroffenen nicht verkürzt ist.[17] Denn im Bußgeldverfahren hat die BaFin zwar stärkere Eingriffsbefugnisse (Ladung und Vernehmung des Betroffenen, Durchsuchung, Beschlagnahme), andererseits ist aber auch der Schutz des Betroffenen stärker. Soweit Beweise nach den Regeln des Aufsichtsverfahrens erhoben werden, dürfen diese im Rahmen des Bußgeldverfahrens nicht verwendet werden.[18] 14

4. Rechtsstellung des Betroffenen

a) Stellung

Die **erste Maßnahme** der BaFin, die erkennbar darauf abzielt, gegen jemanden wegen einer Wertpapierhandelsordnungswidrigkeit bußgeldrechtlich vorzu- 15

---

[14] *Immenga/Mestmäcker/Dannecker/Biermann*, GWB, Vor § 81 Rn 199.
[15] *Immenga/Mestmäcker/Dannecker/Biermann*, GWB Vor § 81 Rn. 156.
[16] *Assmann/Schneider/Vogel*, § 40 Rn. 9; KölnKommWpHG-*Altenhain*, § 40 Rn. 9.
[17] Vgl. *Assmann/Schneider/Vogel*, § 40 Rn. 9; KölnKommWpHG-*Altenhain*, § 40 Rn. 9; vgl. auch *Böse*, Wirtschaftsaufsicht, S. 503 ff., 508.
[18] *Assmann/Schneider/Vogel*, § 40 Rn. 9; KölnKommWpHG-*Altenhain*, § 40 Rn. 9.

§ 40 16, 17   Abschnitt 12. Straf- und Bußgeldvorschriften

gehen, macht den Verdächtigen zum **Betroffenen** und leitet das Ermittlungsverfahren ein.[19] Wird die Einleitung des Bußgeldverfahrens – trotz des durch Tatsachen erhärteten Verdachts einer Wertpapierhandelsordnungswidrigkeit – missbräuchlich **verzögert,** insbesondere um im weitergeführten Aufsichtsverfahren zu verhindern, dass sich der Betroffene auf sein Schweigerecht beruft, besteht im Bußgeldverfahren gemäß §§ 46 I, II OWiG, 136a III 2 StPO ein Verwertungsverbot.[20]

b) Recht auf Anhörung

16   Bereits im Ermittlungsverfahren ist dem Betroffenen **Gelegenheit** zu geben, sich zu der Beschuldigung zu äußern, es sei denn, das Verfahren führt zur Einstellung (§§ 55 I OWiG, 163a I 1 StPO). Er soll sich gegen den Verdacht einer Ordnungswidrigkeit verteidigen und seine persönlichen Verhältnisse darlegen können. Für die Anhörung ist **keine Form** vorgeschrieben, so dass eine nicht protokollierte mündliche Anhörung ebenso wie die Übersendung eines Fragebogens genügt.[21] Angesichts der Bedeutung von Wertpapierhandelsordnungswidrigkeiten dürfte aber vielfach eine **förmliche Vernehmung,** d. h. eine mündliche Anhörung mit Protokollierung, zweckmäßig sein. Bei Beginn der Anhörung ist der Betroffene über sein **Schweigerecht** zu belehren (§§ 46 I, II OWiG, 163a III 2, 136 I 2 StPO). Den Anspruch einer juristischen Person oder Personenvereinigung auf rechtliches Gehör nimmt das vertretungsberechtigte Organ wahr.[22]

c) Recht auf einen Verteidiger

17   Der Betroffene kann sich **in jeder Lage des Bußgeldverfahrens** des Beistands eines Verteidigers bedienen (§§ 46 I OWiG, 137 I 1 StPO). Darüber hinaus ist ein **Pflichtverteidiger** zu bestellen, wenn wegen der Schwere der Tat oder der Schwierigkeit der Sach- oder Rechtslage die Mitwirkung eines Verteidigers geboten erscheint oder wenn ersichtlich ist, dass sich der Beschuldigte nicht selbst verteidigen kann (§ 60 I 1 OWiG iVm § 140 II 1 StPO). Vor der Vernehmung des Betroffenen ist zwar eine **Belehrung** über die Möglichkeit der Befragung eines Verteidigers nicht vorgeschrieben (vgl. § 55 II 1 OWiG), in rechtlich oder tatsächlich schwierigen Bußgeldverfahren und wenn mit einer empfindlichen Geldbuße zu rechnen ist, wie dies bei Verfahren wegen Wertpapierhandelsordnungswidrigkeiten i. d. R. der Fall ist, gebietet jedoch der Grundsatz eines fairen Verfahrens eine Belehrung.[23] Der **Verteidiger** ist von dem Vernehmungstermin zu benachrichtigen und hat ein Anwesenheitsrecht (§§ 46 I, II OWiG, 163a III 2, 168c I, V 1 StPO). Wegen des Verbots der Doppel- und Mehrfachverteidigung (§§ 46 I OWiG, 146 StPO) ist die Verteidigung mehrerer Betroffener durch einen gemeinsamen Verteidiger nicht zulässig. Bei **Anwaltssozietäten** kann jedoch jeder Anwalt einen Betroffenen verteidigen.[24] Nach hM

---

[19] Vgl. *Göhler/Seitz,* OWiG, Vor § 59 Rn. 27.
[20] *Assmann/Schneider/Vogel,* § 40 Rn. 9; *Vogel,* FS Jakobs, S. 731, 742; zum Kartellordnungswidrigkeitenverfahren *Immenga/Mestmäcker/Dannecker/Biermann,* GWB, Vor § 81 Rn. 186.
[21] *Göhler/König,* OWiG, § 55 Rn. 4.
[22] *Göhler/König,* OWiG, § 88 Rn. 4.
[23] Vgl. *Göhler/König,* OWiG, § 55 Rn. 13: „zweckmäßig".
[24] *Meyer-Goßner,* StPO, § 146 Rn. 8 mwN.

ist auch die gemeinsame Verteidigung der juristischen Person oder Personenvereinigung und ihres persönlich betroffenen Organs durch einen Rechtsanwalt zulässig, da Interessenkonflikte erfahrungsgemäß nicht bestehen.[25] Einem **Syndikusanwalt** ist es nach § 46 BRAO verwehrt, für seinen Arbeitgeber und dessen Organe vor Gericht in seiner Eigenschaft als Rechtsanwalt tätig zu werden.

d) Recht auf Akteneinsicht

Das Akteneinsichtsrecht des **verteidigten Betroffenen** nimmt dessen Verteidiger wahr (§§ 46 I OWiG, 147 I StPO). Nur ausnahmsweise wird dem Betroffenen selbst Akteneinsicht im Beisein des Verteidigers gewährt, wenn für die Beurteilung eines Akteninhalts sein besonderer Sachverstand erforderlich ist.[26] Die BaFin kann dem Verteidiger die Einsicht in die Akten oder einzelne Aktenstücke **versagen,** wenn der Abschluss der Ermittlungen noch nicht in den Akten vermerkt ist und die Einsicht den Untersuchungszweck gefährden kann (vgl. §§ 46 I, II OWiG, 147 II, V 1 StPO). Versagt wird die Akteneinsicht in der Praxis vor allem bei der Vorbereitung von Ermittlungsmaßnahmen, die nur durch Überraschung erfolgreich sein können. Dem **unverteidigten Betroffenen** kann Akteneinsicht unter Aufsicht gewährt werden, soweit nicht überwiegende schutzwürdige Interessen Dritter entgegenstehen (§ 49 I OWiG) oder der Untersuchungszweck durch die Einsichtnahme gefährdet ist.

18

5. Ermittlungsmaßnahmen

a) Maßnahmen

Die BaFin hat als Verfolgungsbehörde die **gleichen Rechte und Pflichten wie die Staatsanwaltschaft** bei der Verfolgung von Straftaten, soweit im OWiG nichts anderes bestimmt ist (vgl. § 46 II OWiG). Sie kann alle ihr nach pflichtgemäßem Ermessen notwendig erscheinenden Ermittlungsmaßnahmen treffen (§§ 46 I, II OWiG, 161 I 1 StPO), soweit diese Maßnahmen im Bußgeldverfahren nicht generell ausgeschlossen sind. Ermittlungsmaßnahme ist zB die Ladung und Vernehmung des Betroffenen sowie von Zeugen und Sachverständigen. Besondere Bedeutung haben in Verfahren wegen Wertpapierhandelsordnungswidrigkeiten i.d.R. die Zwangsmittel der Durchsuchung und der Beschlagnahme. Umfang und Einsatz von Aufklärungsmitteln richten sich nach dem **Opportunitätsprinzip.** Mit Blick auf den Verhältnismäßigkeitsgrundsatz gilt im Bußgeldverfahren für die Anordnung und Durchführung von Zwangsmitteln, die im Strafverfahren der Staatsanwaltschaft zustehen, ein **strenger Maßstab,** insbesondere darf der Eingriff nicht außer Verhältnis zur Bedeutung der Sache und der Stärke des Tatverdachts stehen.[27]

19

b) Beweisverbote

Beweisverbote, die im Strafverfahren der Erhebung und Verwertung von Beweisen entgegenstehen, hat auch die BaFin zu beachten. **Gesetzlich geregelt** sind nur wenige Beweisverwertungsverbote, wie zB der Einsatz verbotener Vernehmungsmethoden (§§ 46 I, II OWiG, 136a III 2 StPO). Weitere Beweisverwertungsverbote können sich aus dem **Rechtsstaatsprinzip,** dem **Gebot eines**

20

---

[25] BVerfGE 45, 272, 288; aA *Göhler/König,* OWiG, § 88 Rn. 14.
[26] *Meyer-Goßner,* StPO, § 147 Rn. 3 mwN.
[27] *Göhler/Seitz,* OWiG, § 46 Rn. 9; *Park/Schäfer,* § 40 WpHG Rn. 9.

fairen **Verfahrens** und **Grundrechten** ergeben. Eine allgemein akzeptierte Regel existiert bisher nicht. Nach der Rechtskreistheorie des BGH ist bei Verletzung einer Verfahrensvorschrift im Wege der Einzelfallprüfung festzustellen, ob die Verletzung den Rechtskreis des Betroffenen wesentlich berührt oder ob sie für ihn nur von untergeordneter oder gar keiner Bedeutung ist.[28] Im Schrifttum wird hingegen verbreitet auf den Schutzzweck der verletzten Norm abgestellt (Schutzzwecklehre) oder im Wege der Einzelfallprüfung das staatliche Verfolgungsinteresse gegen das Individualinteresse des Betroffenen auf Wahrung seiner Rechte abgewogen (Abwägungslehre), oder es werden – wie teilweise auch in der Rechtsprechung – beide Lehren kombiniert (Kombinationslehren).[29] Leitlinie bildet, dass **einfache Verfahrensverstöße** i. d. R. kein Verwertungsverbot begründen, während **schwere Verfahrensverstöße** ein Verwertungsverbot auslösen. Für das Bußgeldverfahren muss zusätzlich gelten, dass das grundsätzlich geringere Gewicht des staatlichen Verfolgungsanspruchs eher als im Strafverfahren dazu zwingt, ein Verwertungsverbot anzunehmen.

6. Einzelne Ermittlungsmaßnahmen
a) Ladung und Vernehmung des Betroffenen

21 Im Bußgeldverfahren ist die Ladung und förmliche Vernehmung des Betroffenen möglich (§§ 46 I, II OWiG, 163a StPO). Die BaFin kann hierbei zwar die **Vorführung** im Falle des Nichterscheinens androhen, die Anordnung der Vorführung ist aber dem Richter vorbehalten (vgl. § 46 V 1 OWiG). Der Einsatz verbotener Vernehmungsmethoden ist unzulässig (§§ 46 I, II OWiG, 136a StPO). Der Betroffene ist über sein **Schweigerecht** zu belehren. Ein Verwertungsverbot besteht, wenn diese Belehrung unterblieben ist. Denn ein Verwertungsverbot ist nicht nur für das Strafverfahren anzuerkennen, sondern auch für das Bußgeldverfahren, da die Belehrung ein wesentliches Element eines fairen Verfahrens ist.[30] Kein Verwertungsverbot besteht, wenn dem Betroffenen trotz fehlender Belehrung nach den Umständen sein Schweigerecht bekannt war.[31] Im Übrigen ist entsprechend der Widerspruchslösung der Rechtsprechung[32] davon auszugehen, dass bei einer Verletzung der Belehrungspflicht der verteidigte Betroffene einer Verwertung ausdrücklich widersprechen muss. Unterblieb im **Aufsichtsverfahren** der BaFin die nach § 4 IX vorgeschriebene Belehrung über das Auskunftsverweigerungsrecht des zur Erteilung einer Auskunft Verpflichteten, besteht in einem anschließenden Bußgeldverfahren, das sich gegen ihn als Betroffenen richtet, ein Verwertungsverbot.[33]

b) Ladung und Vernehmung von Zeugen

22 Auch im Bußgeldverfahren ist die Ladung und Vernehmung von Zeugen zulässig (§§ 46 I, II OWiG, 48 ff. StPO). Als **Zeugen** in einem Verfahren wegen

---

[28] BGHSt. 11, 213, 215 ff.
[29] Vgl. BGHSt. 38, 214, 218 ff.; *Beulke* ZStW 103 (1991), S. 657, 663 f.; *Rogall* ZStW 91 (1979), S. 1, 31.
[30] KKOWiG-*Wache*, § 55 Rn. 16; aA *Göhler/König*, OWiG, § 55 Rn. 9; offen gelassen von BGHSt. 38, 214, 228.
[31] BGHSt. 38, 214, 224; *Göhler/König*, OWiG, § 55 Rn. 9; KKOWiG-*Wache*, § 55 Rn. 16.
[32] BGHSt. 38, 214, 225 f.; 42, 15, 22; *Göhler/König*, OWiG, § 55 Rn. 9.
[33] Vgl. zu § 59 V GWB *Immenga/Mestmäcker/Dannecker/Biermann*, GWB, Vor § 81 Rn. 186.

Wertpapierhandelsordnungswidrigkeiten kommen vor allem Personen aus dem Umkreis des Betroffenen bzw. des Wertpapierhandelsunternehmens (usw.) in Betracht, d. h. insbesondere Mitarbeiter, aber auch externe Personen, wie Rechtsanwälte, Steuerberater und Wirtschaftsprüfer. Die Zeugen sind verpflichtet, auf Ladung zu erscheinen (§§ 46 I OWiG, 161a I 1 StPO). Bei **unberechtigtem Ausbleiben** kann die BaFin ein Ordnungsgeld festsetzen (§§ 46 II OWiG, 161a II 1 StPO), die Anordnung der Vorführung ist jedoch dem Richter vorbehalten (§ 46 V 1 OWiG). Angehörige von Betroffenen können sich auf ein **Zeugnisverweigerungsrecht** berufen (§§ 46 I OWiG, 52 I StPO). Hierüber sind sie vor jeder Vernehmung zu belehren (§§ 46 II OWiG, 52 III 1 StPO). Unterblieb die Belehrung, besteht ein umfassendes Verwertungsverbot.[34] Auch Rechtsanwälte, Steuerberater und Wirtschaftsprüfer (usw.) einschließlich Gehilfen haben ein Zeugnisverweigerungsrecht (§§ 46 I OWiG, 53 I Nr. 3, 53a I StPO). Im Falle der Entbindung von der Verpflichtung zur Verschwiegenheit dürfen sie das Zeugnis jedoch nicht verweigern (§§ 46 I OWiG, 53 II, 53a II StPO). Darüber hinaus steht allen Zeugen ein **Auskunftsverweigerungsrecht** zu, d. h. die Zeugen können die Auskunft auf solche Fragen verweigern, deren Beantwortung sie selbst oder einen Angehörigen der Gefahr aussetzen würde, wegen einer Straftat oder Ordnungswidrigkeit verfolgt zu werden (§§ 46 I OWiG, 55 I StPO). Hierüber sind die Zeugen zu belehren (§§ 46 I OWiG, 55 II StPO). Unterblieb die Belehrung, besteht in einem späteren Verfahren gegen den Zeugen ein Verwertungsverbot.[35] Hingegen ist die Aussage im Verfahren gegen den Betroffenen nach hM[36] verwertbar, da § 55 StPO nur den Zeugen schützt und den Rechtskreis des Betroffenen nicht berührt.

c) Durchsuchung

Die Durchsuchung (§§ 46 I, II OWiG, 102ff. StPO) dient der Auffindung von Beweismitteln. Sie setzt das Bestehen eines **konkreten Tatverdachts** voraus, wofür hinreichende tatsächliche Anhaltspunkte vorliegen müssen.[37] Die ausreichende Konkretisierung stellt in der Praxis das Hauptproblem dar, das bei Wertpapierhandelsordnungswidrigkeiten jedoch dadurch entschärft wird, dass sich häufig bereits aus dem Aufsichtsverfahren hinreichende tatsächliche Anhaltspunkte ergeben werden. Für die Durchsuchung **beim Verdächtigen** genügt die – auf kriminalistische Erfahrung[38] gestützte – Vermutung, dass die Durchsuchung zur Auffindung von Beweismitteln führen wird (einfache Auffindungsvermutung, §§ 46 I, II OWiG, 102 StPO). Eine juristische Person oder Personenvereinigung ist „Verdächtige", wenn Mitglieder des vertretungsberechtigten Organs einer Ordnungswidrigkeit verdächtigt werden, da ihr deren Verhalten zugerechnet wird und eine Verbandsgeldbuße nach § 30 OWiG in Betracht kommt.[39] Die Durchsuchung **bei anderen Personen** setzt voraus, dass Tatsachen vorliegen, aus denen zu schließen ist, dass die Durchsuchung zur Auffindung der Spur oder des Beweismittels führen wird (qualifizierte Auffindungsvermutung, §§ 46 I, II OWiG, 103 I StPO).

---

[34] BGHSt. 14, 159, 160; *Meyer-Goßner*, StPO, § 52 Rn. 32.
[35] Vgl. *Meyer-Goßner*, StPO, § 55 Rn. 17 mwN.
[36] BGHSt. 11, 213, 217; *Meyer-Goßner*, StPO, § 55 Rn. 17 mwN.
[37] *Meyer-Goßner*, StPO, § 102 Rn. 2.
[38] *Meyer-Goßner*, StPO, § 102 Rn. 2; einschränkend BVerfG NJW 2001, 1121, 1222f.
[39] *Immenga/Mestmäcker/Dannecker/Biermann*, GWB, Vor § 81 Rn. 173.

§ 40 24–26 Abschnitt 12. Straf- und Bußgeldvorschriften

24 Zur **Anordnung** der Durchsuchung ist grundsätzlich nur der **Richter** befugt (§§ 46 I OWiG, 105 I 1 StPO). Zuständig ist das Amtsgericht, in dessen Bezirk die Durchsuchung vorzunehmen ist (§§ 46 I OWiG, 162 I 1 StPO). Sind richterliche Anordnungen in mehr als einem Amtsgerichtsbezirk erforderlich, ist das Amtsgericht Frankfurt/Main als Amtsgericht am Sitz der BaFin (§ 1 III 2 FinDAG) zuständig (vgl. §§ 46 I OWiG, 162 I 2 StPO). Bei **Gefahr im Verzug** besteht nicht nur eine Anordnungsbefugnis der BaFin (§§ 46 II OWiG, 105 I 2 Hs. 2 StPO), sondern auch der Beamten des Polizeidienstes, die zu Ermittlungspersonen der Staatsanwaltschaft bestellt sind (vgl. § 53 II OWiG). Die richterliche Anordnung ist **schriftlich** abzufassen; bei nichtrichterlichen Anordnungen genügt nach hM die Dokumentation in den Ermittlungsakten.[40] **Inhaltlich** ist die Wertpapierhandelsordnungswidrigkeit, die Anlass zur Durchsuchung gibt, zu bezeichnen; Zweck, Ziel und Ausmaß der Durchsuchung sowie die Beweismittel, denen die Durchsuchung gilt, sind näherungsweise anzugeben.[41] Die **Durchführung** erfolgt uU unter Anwendung unmittelbaren Zwangs. Der Inhaber der zu durchsuchenden Räume hat ein **Anwesenheitsrecht** (§§ 46 I OWiG, 106 I 1 StPO). Dem Betroffenen kann – ebenso wie Verteidigern – vom Inhaber die Anwesenheit gestattet werden.[42] Bei Abwesenheit des Inhabers ist sein Vertreter (etc.) hinzuzuziehen (vgl. §§ 46 I, II OWiG, 106 I 2 StPO). Personen, die die Durchsuchung **vorsätzlich stören** oder sich Anordnungen widersetzen, kann der leitende Beamte festnehmen und bis zur Beendigung der Durchsuchung, jedoch nicht über den nächstfolgenden Tag hinaus, festhalten lassen (§§ 46 I, II OWiG, 164 StPO).

25 Wird ein Beweismittel im Rahmen einer **rechtsfehlerhaften Durchsuchung** erlangt, soll dies nach hM der Verwertung nicht entgegenstehen, sofern die Anordnung rechtlich hätte erlassen werden dürfen.[43] Kein Verwertungsverbot hinsichtlich des erlangten Beweismitteln begründet nach hM die **irrige Annahme** eines konkreten Tatverdachts oder von Gefahr im Verzug;[44] dasselbe gilt bei einer Durchsuchung zur Nachtzeit für die irrige Annahme des Vorliegens der Voraussetzungen des § 104 I StPO.[45] Werden bei Gelegenheit einer Durchsuchung **Zufallsfunde** gemacht, d. h. Gegenstände aufgefunden, die zwar in keiner Beziehung zur Untersuchung stehen, aber auf die Verübung einer anderen Ordnungswidrigkeit oder gar einer Straftat hindeuten, sind diese vorläufig zu beschlagnahmen (§§ 46 I, II OWiG, 108 I StPO) und ohne weitere Ermittlungen an die zuständige Verfolgungsbehörde weiterzuleiten.[46]

d) Beschlagnahme

26 Gegenstände, die als Beweismittel für die Untersuchung von Bedeutung sind, aber sich im Gewahrsam einer Person befinden und **nicht freiwillig herausgegeben** werden, können beschlagnahmt werden (§§ 46 I, II OWiG, 94 I, II StPO). Hierfür genügt ihre **potenzielle Beweisbedeutung**.[47] Die Anordnung der Be-

---

[40] *Meyer-Goßner*, StPO, § 105 Rn. 3 mwN.
[41] *Meyer-Goßner*, StPO, § 105 Rn. 5 mwN.
[42] *Meyer-Goßner*, StPO, § 107 Rn. 3.
[43] BGH NJW 1989, 1741, 1744; KKStPO-*Nack*, § 105 Rn. 21; *Meyer-Goßner*, StPO, § 94 Rn. 21.
[44] *Göhler/Seitz*, OWiG, Vor § 59 Rn. 84, 111 mwN.
[45] *Meyer-Goßner*, StPO, § 94 Rn. 4 mwN.
[46] *Göhler/Seitz*, OWiG, Vor § 59 Rn. 120.
[47] *Meyer-Goßner*, StPO, § 94 Rn. 6, 8.

schlagnahme ist grundsätzlich dem **Richter** vorbehalten (§§ 46 I OWiG, 98 I 1 StPO). Zuständig (vgl. Rn. 24) ist das Amtsgericht, in dessen Bezirk die Durchsuchung vorzunehmen ist, bzw. das Amtsgericht Frankfurt/Main; bei **Gefahr im Verzug** sind die BaFin und die Beamten des Polizeidienstes, die zu Ermittlungspersonen der Staatsanwaltschaft bestellt sind, zur Anordnung befugt. Bei nichtrichterlicher Anordnung „soll" der Beamte, der den Gegenstand beschlagnahmt hat, binnen drei Tagen die **richterliche Bestätigung** beantragen, sofern der Betroffene nicht anwesend war oder gegen die Beschlagnahme ausdrücklichen Widerspruch erhoben hat (§§ 46 I, II OWiG, 98 II 1 StPO). Im Übrigen kann der Betroffene jederzeit die richterliche Entscheidung beantragen (§§ 46 I OWiG, 98 II 2 StPO). Die Zuständigkeit für die richterliche Bestätigung richtet sich nicht nach § 98 II 3 StPO, da sonst bei gleichzeitiger Anfechtung nach § 62 OWiG eine unterschiedliche gerichtliche Zuständigkeit bestünde, sondern nach § 68 OWiG,[48] d.h. zuständig ist das Amtsgericht Frankfurt/Main. Die richterliche Anordnung ergeht **schriftlich;** bei nichtrichterlichen Anordnungen ist die Dokumentation in den Ermittlungsakten ausreichend.[49] **Inhaltlich** muss die Anordnung die Feststellung enthalten, dass der zu beschlagnahmende Gegenstand als Beweismittel benötigt wird, wobei er so genau wie möglich zu bezeichnen ist.

Ein **Beschlagnahmeverbot** besteht insbesondere für **schriftliche Mitteilungen** zwischen dem Betroffenen und Personen, die nach § 53 I Nr. 3 StPO das Zeugnis verweigern können, d.h. vor allem im Hinblick auf Rechtsanwälte, Steuerberater und Wirtschaftsprüfer (§§ 46 I OWiG, 97 I Nr. 1 StPO). Beschlagnahmefrei sind auch **Aufzeichnungen,** die der Zeugnisverweigerungsberechtigte über die ihm vom Betroffenen anvertrauten Mitteilungen oder über andere Umstände gemacht hat, und **andere Gegenstände,** auf die sich das Zeugnisverweigerungsrecht erstreckt (§§ 46 I OWiG, 97 I Nr. 2, 3 StPO). Die Gegenstände müssen nach hM[50] einen Zusammenhang mit dem besonderen Vertrauensverhältnis aufweisen. Das Beschlagnahmeverbot gilt allerdings nur für Gegenstände, die sich im Gewahrsam des Zeugnisverweigerungsberechtigten befinden (§§ 46 I OWiG, 97 II 1 StPO). Die Beschlagnahme von **Verteidigungsunterlagen** scheidet aber auch dann aus, wenn sie sich im Gewahrsam des Betroffenen befinden, da der freie Verkehr zwischen dem Beschuldigten und seinem Verteidiger gewährleistet ist (vgl. §§ 46 I OWiG, 148 StPO).[51] Die Beschlagnahme von beschlagnahmefreien Gegenständen begründet ein Verwertungsverbot. **Kein Beschlagnahmeverbot** besteht, wenn der Zeugnisverweigerungsberechtigte der Beteiligung verdächtig ist (Kollusion), wenn es sich um Gegenstände handelt, die durch eine Ordnungswidrigkeit hervorgebracht sind bzw. aus einer Ordnungswidrigkeit herrühren (producta sceleris) oder zur Begehung einer Ordnungswidrigkeit gebraucht bzw. bestimmt sind (instrumenta sceleris) (§§ 46 I OWiG, 97 II 3 StPO).

e) Ausgeschlossene Maßnahmen

Bestimmte, im Strafverfahren zulässige Maßnahmen sind im Bußgeldverfahren generell unzulässig. Zum einen handelt es sich um **schwere Grundrechtsein-**

---
[48] *Göhler/Seitz,* OWiG, Vor § 59 Rn. 88; KKOWiG-*Wache,* Vor § 53 Rn. 89.
[49] *Meyer-Goßner,* StPO, § 98 Rn. 8.
[50] *Meyer-Goßner,* StPO, § 97 Rn. 40 mwN.
[51] BGH NStZ 1998, 309 f.; KKStPO-*Nack,* § 97 Rn. 24.

§ 40 29, 30   Abschnitt 12. Straf- und Bußgeldvorschriften

griffe, die den Verdacht schwerer Straftaten (Katalogtaten) voraussetzen, wie zB die Überwachung der Telekommunikation (§§ 100a, 100b StPO) oder der Einsatz verdeckter Ermittler (§ 110a StPO). Zum anderen sind im Bußgeldverfahren nach § 46 III 1 OWiG nicht nur Anstaltsunterbringung, Verhaftung und vorläufige Festnahme, d. h. **freiheitsentziehende Maßnahmen** unzulässig, sondern es besteht auch ein Beschlagnahmeverbot für Postsendungen und Telegramme, das nicht durch Auskunftsersuchen an Behörden, denen diese Maßnahmen gestattet sind, umgangen werden darf. **Eingriffe in das Post- und Fernmeldegeheimnis** sind daher generell unzulässig.

7. Rechtschutz des Betroffenen

29   Der ordentliche Rechtsbehelf des **Antrags auf gerichtliche Entscheidung** (§ 62 I 1 OWiG) ist nur bei solchen Anordnungen, Verfügungen und sonstigen **Maßnahmen der BaFin** zulässig, die nicht der Vorbereitung der abschließenden Entscheidung dienen und **selbständige Bedeutung** haben (vgl. § 62 I 2 OWiG). Von selbständiger Bedeutung ist zB die Versagung der Akteneinsicht, die Festsetzung von Ordnungsgeldern gegen Zeugen und die Anordnung der Durchsuchung oder Beschlagnahme; von unselbständiger Bedeutung sind hingegen die Einleitung des Bußgeldverfahrens, die Anordnung der Vernehmung eines Zeugen und die Beauftragung eines Sachverständigen.[52] Darüber hinaus muss der Betroffene durch die Maßnahme **beschwert** sein.[53] Eine Anfechtung scheidet daher wegen prozessualer Überholung aus, wenn Maßnahmen nicht mehr ungeschehen gemacht werden können, zurückgenommen oder gegenstandslos werden. Allerdings kann bei Maßnahmen, die als schwere Grundrechtseingriffe anzusehen sind, das Rechtsschutzinteresse fortbestehen.[54] Für die gerichtliche Entscheidung zuständig ist nach §§ 62 II 1, 68 I 1 OWiG das **AG Frankfurt/Main** als Amtsgericht am Sitz der BaFin (§ 1 III 2 FinDAG). Daneben stehen zur Überprüfung einer Maßnahme der BaFin als außerordentliche Rechtsbehelfe die **formlose Gegenvorstellung** und die **Aufsichtsbeschwerde** zur Verfügung. Diese Rechtsbehelfe sind formlos und unbefristet zulässig und setzen keine Beschwer voraus.[55] Für die **Anfechtung richterlicher Entscheidungen,** die auf Antrag der BaFin im Ermittlungsverfahren ergehen, wie die richterliche Anordnung der Durchsuchung oder Beschlagnahme, steht das Rechtsmittel der **Beschwerde** (§§ 304 ff. StPO) zur Verfügung.

8. Verfahrenseinstellung

30   Bei **mangelnder Verurteilungswahrscheinlichkeit** oder bei Bestehen eines **Verfolgungs- oder Verfahrenshindernisses** muss die BaFin das Verfahren einstellen (§§ 46 I, II OWiG, 170 II 1 StPO). Verfolgungshindernisse sind zB: Verfolgung derselben Tat in einem Ermittlungsverfahren der Staatsanwaltschaft; Rechtshängigkeit der Sache bei Gericht; rechtskräftige Entscheidung über die Tat in einem Bußgeld- oder Strafverfahren; Verfolgungsverjährung; dauernde Verhandlungsunfähigkeit; Tod des Betroffenen. Im Übrigen kann die BaFin das

---

[52] Göhler/Seitz, OWiG, § 62 Rn. 3, 4 mwN.
[53] Göhler/Seitz, OWiG, § 62 Rn. 10.
[54] Göhler/Seitz, OWiG, § 62 Rn. 10a mwN.
[55] Göhler/Seitz, OWiG, § 62 Rn. 33.

Verfahren nach pflichtgemäßem Ermessen einstellen, wenn sie eine Verfolgung **nicht für geboten** erachtet (§ 47 I 2 OWiG, Opportunitätsprinzip). Der Beschluss, das Verfahren einzustellen, ist für den Betroffenen nicht nur bei einer Einstellung durch das Gericht (§ 47 II 3 OWiG), sondern auch bei einer Einstellung durch die BaFin nicht anfechtbar.[56] Die **Möglichkeit der Verfolgung** ist durch die Einstellung nicht verbraucht.

9. Bußgeldbescheid

Einen Bußgeldbescheid (§§ 65, 66 OWiG) erlässt die BaFin, wenn sie nach Sachverhaltsaufklärung und Anhörung des Betroffenen eine Wertpapierhandelsordnungswidrigkeit für **erwiesen**, Verfolgungshindernisse für nicht gegeben und die **Ahndung** mit einer Geldbuße für **geboten erachtet**.

a) Rechtsnatur, Form und Inhalt

Der Bußgeldbescheid ist ein **Verwaltungsakt** i. S. v. § 35 S. 1 VwVfG, für den besondere Regeln gelten. Als vorläufiger Spruch wird er erst mit dem Verzicht auf einen Einspruch rechtskräftig. Im gerichtlichen Verfahren nach zulässigem Einspruch bildet der Bußgeldbescheid eine anklageähnliche Verfahrensvoraussetzung. Der Bußgeldbescheid ergeht **schriftlich**. Zum **Inhalt** gehören (§ 66 I Nr. 1–5 OWiG): Angaben zur Person des Betroffenen und etwaiger Nebenbeteiligter; Namen und Anschrift des Verteidigers; Bezeichnung der Tat, die dem Betroffenen zur Last gelegt wird, Zeit und Ort ihrer Begehung, gesetzliche Merkmale der Ordnungswidrigkeit und angewendete Bußgeldvorschriften; Beweismittel; Geldbuße und Nebenfolgen. Ferner enthält der Bußgeldbescheid Hinweise, Aufforderungen und Belehrungen (vgl. § 66 II Nr. 1–3 OWiG). Eine **weitergehende Begründung** ist entbehrlich (§ 66 III OWiG). Sie kann aber in Abhängigkeit von der Schwierigkeit der Sach- und Rechtslage, der Bedeutung der Ordnungswidrigkeit, dem Gewicht des Vorwurfs und der Höhe der Sanktion erforderlich sein, wenn nur dadurch sichergestellt ist, dass der Betroffene entscheiden kann, ob er sich dem Bußgeldbescheid unterwerfen will.[57] Dies dürfte gerade bei Wertpapierhandelsordnungswidrigkeiten häufig der Fall sein. Der Bußgeldbescheid hat eine Entscheidung über die **Verfahrenskosten** zu treffen (§§ 105 I OWiG, 464 I StPO), d. h. über die der BaFin angefallenen Gebühren und Auslagen im Bußgeldverfahren gegen den Betroffenen (vgl. §§ 105 I OWiG, 464 a StPO; zu den Einzelpositionen vgl. § 107 OWiG).

b) Erlass und Zustellung

Der Bußgeldbescheid ist erlassen, wenn er **unterzeichnet** und in den **Geschäftsgang gegeben** ist (vgl. § 33 II iVm § 33 I Nr. 9 OWiG).[58] Der Bescheid ist gemäß §§ 50 I 2, 51 II OWiG dem Betroffenen zuzustellen. Zustellungsbevollmächtigt sind der gewählte Verteidiger, dessen Vollmacht sich bei den Akten befindet, sowie der bestellte Verteidiger (§ 51 III OWiG). Eine Rücknahme oder Abänderung des Bußgeldbescheids durch die BaFin ist bis zur Zustellung zulässig.[59]

---

[56] Vgl. *Göhler/Seitz*, OWiG, § 47 Rn. 57; KKOWiG-*Bohnert*, § 47 Rn. 118.
[57] Vgl. *Immenga/Mestmäcker/Dannecker/Biermann*, GWB, Vor § 81 Rn. 202.
[58] *Göhler/Seitz*, OWiG, Vor § 65 Rn. 11.
[59] Vgl. *Göhler/Seitz*, OWiG, Vor § 65 Rn. 12.

c) Mängel, Einspruch und Rechtskraft

34 Bei **besonders schwerwiegenden und offenkundigen Mängeln** ist der Bußgeldbescheid nichtig (§ 44 I VwVfG).[60] Daher ist der Erlass eines identischen zweiten Bußgeldbescheids wegen Verstoßes gegen den Grundsatz „ne bis in idem" nichtig. Bei **sonstigen Mängeln** wird der Bußgeldbescheid, sofern kein Einspruch eingelegt ist, rechtskräftig und vollstreckbar. Nach Zustellung des Bußgeldbescheids kann der Betroffene **Einspruch** einlegen (§ 67 OWiG). In diesem Fall können schwere inhaltliche Mängel zur Folge haben, dass es an der Grundlage für eine Sachentscheidung fehlt und der Bußgeldbescheid idS „unwirksam" ist; das gerichtliche Verfahren ist dann mangels Prozessvoraussetzung einzustellen.[61] Keinen Einfluss auf die Wirksamkeit haben die fehlende Anhörung des Betroffenen und die Nichtgewährung von Akteneinsicht.[62] Ohne Einspruch oder wenn der Verzicht auf die Einlegung eines Einspruchs erklärt wird, wird der Bußgeldbescheid rechtskräftig. Die **Rechtskraft** des Bußgeldbescheids ist **eingeschränkt**. Zwar ist die Verfolgung derselben Tat als Ordnungswidrigkeit ausgeschlossen (§ 84 I OWiG), die Verfolgung als Straftat bleibt aber möglich.

IV. Einspruch und Zwischenverfahren vor der BaFin

1. Einspruch

35 Der Einspruch (§ 67 OWiG) gegen einen Bußgeldbescheid ist kein Rechtsmittel, sondern ein **Rechtsbehelf sui generis**. Er verweigert die Unterwerfung unter die Bußgeldfestsetzung der BaFin und beantragt eine gerichtliche Untersuchung. Bei Einspruch gilt **kein Verschlechterungsverbot** (reformatio in peius). **Einspruchsberechtigt** sind der Betroffene (§ 67 I 1 OWiG), dessen gesetzlicher Vertreter (§§ 67 I 2 OWiG, 298 I StPO) und Verteidiger (§§ 67 I S. 2 OWiG, 297 StPO). Der Einspruch ist schriftlich oder zur Niederschrift innerhalb von zwei Wochen nach Zustellung an dem für die Verfolgung und Ahndung von Ordnungswidrigkeiten zuständigen **Sitz der BaFin in Frankfurt/Main** einzulegen (vgl. § 67 I 1 OWiG iVm § 1 III 2 FinDAG; zur Fristberechnung vgl. §§ 46 I OWiG, 42, 43 StPO). Erfolgt die Einlegung am Sitz in Bonn, ist die Frist gewahrt, wenn der Einspruch rechtzeitig am Sitz in Frankfurt/Main eingeht; diesbezüglich besteht eine Pflicht zur Weiterleitung.[63] **Wiedereinsetzung** in den vorigen Stand ist zu gewähren, wenn der Betroffene ohne sein Verschulden gehindert war, die Frist einzuhalten; der Antrag ist binnen einer Woche nach Wegfall des Hindernisses bei der BaFin zu stellen und der Wiedereinsetzungsgrund glaubhaft zu machen (vgl. §§ 52 I OWiG, 44 S. 1, 45 StPO). **Inhaltlich** muss der Einspruch zum Ausdruck bringen, dass der Betroffene den Bußgeldbescheid nicht hinnehmen und den enthaltenen Vorwurf überprüft wissen will. Eine Begründung ist nicht vorgeschrieben, aber zweckmäßig.[64]

36 Eine **Beschränkung** des Bußgeldbescheids ist möglich hinsichtlich einzelner (prozessualer) Taten, die voneinander abtrennbar sind, hinsichtlich bestimmter

---

[60] *Göhler/Seitz*, OWiG, § 66 Rn. 57.
[61] *Göhler/Seitz*, OWiG, § 66 Rn. 38 mwN.
[62] *Göhler/Seitz*, OWiG, § 66 Rn. 51.
[63] Vgl. *Göhler/Seitz*, OWiG, § 67 Rn. 15.
[64] *Göhler/Seitz*, OWiG, § 67 Rn. 27; KKOWiG-*Bohnert*, § 67 Rn. 51.

Beschwerdepunkte (§ 67 II OWiG), sofern der angefochtene Teil rechtlich und tatsächlich selbständig beurteilt werden kann, sowie in Bezug auf die Kosten- und Auslagenentscheidung.[65] Eine Beschränkung auf die Höhe der Geldbuße ist möglich, wenn der Bußgeldbescheid eine nähere Begründung enthält und Feststellungen zur Schuldform trifft.[66] Bei zulässiger Beschränkung wird der nicht angefochtene Teil rechtskräftig, bei unzulässiger Beschränkung wird der Einspruch als unbeschränkter Einspruch behandelt. Die **Rücknahme** des Einspruchs ist möglich, der Verteidiger bedarf zur Rücknahme allerdings einer ausdrücklichen Ermächtigung (§§ 67 I 2 OWiG, 302 I 1, II StPO). Eine wirksam erklärte Rücknahme ist grundsätzlich unwiderruflich und unanfechtbar, so dass der Bußgeldbescheid Rechtskraft erlangt, selbst wenn die Einspruchsfrist noch nicht abgelaufen sein sollte.[67]

2. Zwischenverfahren

Der Einspruch bringt die Sache nicht unmittelbar vor Gericht, sondern zunächst findet das Zwischenverfahren (§ 69 OWiG) statt, das der **Entlastung des Gerichts** und der **Selbstkontrolle** der Verwaltung dient. Hierbei erfolgt eine **Doppelprüfung**, da die Gerichte nicht mit Fällen befasst werden sollen, in denen wegen unzulässigen Einspruchs gar keine Sachentscheidung ergehen kann (Zulässigkeitsprüfung), und auch keine ungenügend aufgeklärten Fälle vor Gericht kommen sollen (Sachprüfung).

a) Zulässigkeitsprüfung

Wurde der Einspruch nicht rechtzeitig, nicht in der vorgeschriebenen Form oder sonst **nicht wirksam eingelegt,** verwirft ihn die BaFin durch Bescheid als unzulässig (§ 69 I 1 OWiG). Gegen diesen Verwerfungsbescheid ist innerhalb von zwei Wochen nach Zustellung der Antrag auf gerichtliche Entscheidung vor dem AG Frankfurt/Main zulässig (vgl. §§ 69 I 2, 62, 68 I OWiG), der bei BaFin zu stellen ist (vgl. §§ 62 II 2 OWiG, 306 I StPO). Daraufhin kann ihn die BaFin (zB bei Gewährung der Wiedereinsetzung in den vorigen Stand) selbst aufheben; andernfalls entscheidet das AG Frankfurt/Main über den Antrag (vgl. §§ 62 II 2 OWiG, 306 II StPO). Das AG Frankfurt/Main entscheidet auch über einen Antrag auf gerichtliche Entscheidung nach §§ 52 II 3, 62 OWiG gegen die Versagung der Wiedereinsetzung in den vorigen Stand. Wird der Bescheid aufgehoben, steht unanfechtbar (vgl. § 62 II 3 OWiG) fest, dass der Einspruch zulässig ist, und die Sache wird an die BaFin zur Sachprüfung zurückgegeben.

b) Sachprüfung

Bei zulässigem Einspruch prüft die BaFin, ob sie den Bußgeldbescheid aufrechterhält oder zurücknimmt (vgl. § 69 II 1 OWiG). Die **Prüfungspflicht** der BaFin beschränkt sich hierbei nicht auf die bisherige Aktenlage, sondern die BaFin kann weitere Ermittlungen anordnen oder selbst vornehmen sowie von Behörden und sonstigen Stellen die Abgabe von Erklärungen über dienstliche Wahrnehmungen, Untersuchungen und Erkenntnisse verlangen (vgl. § 69 II 2 OWiG); außerdem kann die BaFin dem Betroffenen **Gelegenheit zur Äuße-**

---

[65] Im Einzelnen *Göhler/Seitz*, OWiG, § 67 Rn. 34 ff.
[66] *Göhler/Seitz*, OWiG, § 67 Rn. 34 e.
[67] *Göhler/Seitz*, OWiG, § 67 Rn. 35, 40.

§ 40   40–42   Abschnitt 12. Straf- und Bußgeldvorschriften

rung geben, ob und welche Tatsachen und Beweismittel er im weiteren Verfahren zu seiner Entlastung vorbringen will, wobei er über sein Schweigerecht zu belehren ist (vgl. § 69 II 3 OWiG). Entkräftet die erneute Sachprüfung die Beschuldigung oder lässt sie eine Ahndung nicht als geboten erscheinen, hat die BaFin den Bußgeldbescheid zurückzunehmen. Andernfalls übersendet die BaFin die Akten über die Staatsanwaltschaft an das AG Frankfurt/Main und vermerkt die Gründe dafür in den Akten, soweit dies nach der Sachlage angezeigt ist; vor Übersendung hat die BaFin einem Antrag auf Akteneinsicht zu entsprechen (vgl. § 69 III 1, 2 OWiG).

c) Weiteres Verfahren

40   Mit Eingang der Akten bei der **Staatsanwaltschaft Frankfurt/Main** gehen die Aufgaben der Verfolgungsbehörde auf sie über (vgl. § 69 IV 1 OWiG). Wenn die Staatsanwaltschaft das Verfahren weder einstellt noch weitere Ermittlungen durchführt, legt sie die Akten dem zuständigen Richter beim **AG Frankfurt/Main** vor (vgl. § 69 IV 2 OWiG). Der Richter kann bei offensichtlich ungenügender Aufklärung des Sachverhalts die Sache unter Angabe der Gründe mit Zustimmung der Staatsanwaltschaft an die **BaFin** zurückverweisen (vgl. § 69 V 1 OWiG); mit Eingang der Akten ist die BaFin wieder für Verfolgung und Ahndung zuständig. Verneint das Gericht auch bei erneuter Übersendung den hinreichenden Tatverdacht, kann es die Sache durch unanfechtbaren Beschluss endgültig an die BaFin zurückgeben (vgl. § 69 V 2, 3 OWiG).

V. Gerichtliches Verfahren vor dem AG Frankfurt/Main

1. Unzulässiger Einspruch

41   Wurden die Vorschriften über die Einlegung des Einspruchs nicht beachtet, verwirft das **AG Frankfurt/Main** – dort der Richter beim Amtsgericht als **Einzelrichter** (§ 68 I 2 OWiG) – den Einspruch als unzulässig (vgl. § 70 I OWiG), außerhalb der Hauptverhandlung durch Beschluss, nach deren Beginn durch Urteil (§§ 46 I OWiG, 260 I StPO). Das Gericht verwirft den Einspruch, wenn übersehen wurde, dass ein Einspruch nicht frist- oder formgerecht oder sonst nicht wirksam eingelegt wurde. Gegen den Beschluss ist sofortige Beschwerde (§§ 70 II OWiG, 311 StPO), gegen das Urteil Rechtsbeschwerde (§ 79 I 1 Nr. 4 OWiG) zulässig.

2. Zulässiger Einspruch

42   Das gerichtliche Verfahren nach Einspruch richtet sich nach den **Vorschriften der StPO**, die nach einem zulässigen Einspruch gegen einen Strafbefehl gelten, soweit das OWiG – aus Gründen der Verfahrensvereinfachung und -beschleunigung – nichts anderes bestimmt (§ 71 I OWiG). Verfahrengrundlage bildet der Bußgeldbescheid, der nach Einspruch eine anklageähnliche Verfahrensvoraussetzung bildet. Prüfungsgegenstand ist die Begründetheit des im Bußgeldbescheid erhobenen Vorwurfs. Das Gericht entscheidet, sofern es das Verfahren nicht einstellt, aufgrund einer Hauptverhandlung durch Urteil (§§ 71 I OWiG, 411 I StPO), es kann aber auch im schriftlichen Verfahren durch Beschluss nach § 72 OWiG entscheiden. Die **Rücknahme des Einspruchs** ist bis zur Verkündung der Entscheidung möglich und beendet das Verfahren, nach Beginn der Hauptverhandlung ist aber die Zustimmung der Staatsanwaltschaft erforderlich (§§ 71 I OWiG, 411 III 1, 2 StPO).

a) Einstellung des Verfahrens

Bei einem **Verfahrenshindernis** stellt das Gericht das Verfahren außerhalb der Hauptverhandlung durch Beschluss ein (§§ 46 I OWiG, 206a I StPO), nach deren Beginn durch Prozessurteil (§§ 46 I OWiG, 260 III StPO). Im schriftlichen Verfahren erfolgt die Einstellung wegen eines Verfahrenshindernisses durch Beschluss nach § 72 OWiG. Im Übrigen kann das Gericht das Verfahren mit Zustimmung der Staatsanwaltschaft **in jeder Lage des Verfahrens** durch unanfechtbaren Beschluss einstellen, wenn es eine Ahndung nicht für geboten hält (§ 47 II 1, 3 OWiG, Opportunitätsprinzip). Die Einstellung nach § 47 II 1 OWiG hat nur **eingeschränkte Rechtskraft**. Die Verfolgung aufgrund neuer Tatsachen und Beweismittel bleibt möglich.[68]

43

b) Schriftliches Verfahren

Das Gericht kann durch Beschluss nach § 72 OWiG entscheiden, wenn es eine Hauptverhandlung **nicht für erforderlich hält** und der Betroffene und die Staatsanwaltschaft nicht widersprechen (§ 72 I 1 OWiG). Nicht erforderlich ist eine Hauptverhandlung i. d. R., wenn der Betroffene lediglich die Höhe der Geldbuße beanstandet oder nur über eine Rechtsfrage zu entscheiden ist.[69] Hingegen ist sie erforderlich, wenn Anhaltspunkte für eine Straftat vorliegen[70] – zB für einen nach § 38 I strafbaren Insiderverstoß oder eine nach § 38 II strafbare Marktmanipulation –, da der rechtskräftige Beschluss über die Tat auch ihrer Verfolgung als Straftat entgegensteht. Der Betroffene und die Staatsanwaltschaft sind auf die Möglichkeit eines schriftlichen Verfahrens hinzuweisen und es ist ihnen Gelegenheit zu geben, sich innerhalb von zwei Wochen nach Zustellung zu äußern (§ 72 I 2 Hs. 1 OWiG). Bei einem **Widerspruch,** der bereits in der Einspruchsschrift erfolgen kann,[71] ist das schriftliche Verfahren unzulässig. Geht der Widerspruch erst nach Ablauf der Frist ein, ist er unbeachtlich, es kann aber Wiedereinsetzung in den vorigen Stand beantragt werden (§ 72 II 1, 2 OWiG). Der **Beschluss** lautet entweder auf Einstellung, (Teil-)Freispruch oder Festsetzung einer Geldbuße. Es gilt das **Verschlechterungsverbot,** von der im Bußgeldbescheid getroffenen Entscheidung darf nicht zum Nachteil des Betroffenen abgewichen werden (§ 72 III 2 OWiG). Das Verbot gilt aber nur für Art und Höhe der Rechtsfolgen einer Tat. Der Betroffene kann daher wegen anderer und weiterer Ordnungswidrigkeiten sowie wegen vorsätzlichen statt fahrlässigen Handelns verurteilt werden.[72] Gegen den Beschluss ist uU die Rechtsbeschwerde (Rn. 49) statthaft. Der rechtskräftige Beschluss hat **strafklageverbrauchende Wirkung** wie ein Urteil (§ 84 II 2 OWiG).

44

c) Hauptverhandlung

Für die Hauptverhandlung gelten die **Vorschriften der StPO** über das gerichtliche Verfahren und die öffentliche Hauptverhandlung (§§ 71 I OWiG, 411

45

---

[68] Göhler/Seitz, OWiG, § 84 Rn. 15.
[69] Göhler/Seitz, OWiG, § 72 Rn. 2.
[70] Vgl. Göhler/Seitz, OWiG, § 72 Rn. 9.
[71] Göhler/Seitz, OWiG, § 72 Rn. 15, 29.
[72] Göhler/Seitz, OWiG, § 72 Rn. 59.

§ 40 46   Abschnitt 12. Straf- und Bußgeldvorschriften

I 2 StPO iVm §§ 213 ff., 243 ff. StPO) mit den Modifikationen der §§ 73 ff. OWiG. Der **Betroffene** ist zum Erscheinen verpflichtet (§ 73 I OWiG). Das Gericht entbindet ihn aber auf seinen Antrag, wenn er sich zur Sache geäußert oder erklärt hat, dass er sich in der Hauptverhandlung nicht zur Sache äußern werde, und seine Anwesenheit zur Aufklärung wesentlicher Gesichtspunkte nicht erforderlich ist; der Betroffene kann sich dann durch einen Verteidiger vertreten lassen (§ 73 II, III OWiG). Bei erlaubter Abwesenheit wird die Hauptverhandlung in Abwesenheit durchgeführt, wobei frühere Vernehmungen und schriftliche oder protokollierte Erklärungen durch Mitteilung ihres wesentlichen Inhalts oder durch Verlesung eingeführt werden (§ 74 I 1, 2 OWiG). Ist der Betroffene ohne genügende Entschuldigung abwesend, verwirft das Gericht den Einspruch ohne Verhandlung zur Sache durch Urteil (§ 74 II OWiG). Für die **Staatsanwaltschaft** besteht keine Verpflichtung zur Teilnahme, vielmehr hat das Gericht ihr nur Mitteilung zu machen, wenn es ihre Mitwirkung für angemessen hält (§ 75 I 1, 2 OWiG). Bei Wertpapierhandelsordnungswidrigkeiten dürfte aber i. d. R. die Staatsanwaltschaft teilnehmen, da der Staatsanwalt teilnehmen soll, wenn eine hohe Geldbuße in Betracht kommt (vgl. RiStBV Nr. 287 I lit. c). Auch die **BaFin** ist nicht verpflichtet, sich zu beteiligen. Das Gericht hat ihr aber Gelegenheit zu geben, Gesichtspunkte vorzutragen, die von ihrem Standpunkt für die Entscheidung von Bedeutung sind (vgl. § 76 I 1 OWiG). Außerdem hat deren Vertreter in der Hauptverhandlung das Recht zur Äußerung (§ 76 I 4 OWiG) und damit auch ein Recht zur Anwesenheit. Zwar kann das Gericht von einer Beteiligung der Verwaltungsbehörde absehen, wenn deren besondere Sachkunde für die Entscheidung entbehrt werden kann (§ 76 II OWiG), aber in Bezug auf Wertpapierhandelsordnungswidrigkeiten dürfte die besondere Sachkunde der BaFin i. d. R. nicht entbehrlich sein.

46 Das Gericht bestimmt im Bußgeldverfahren im Rahmen seiner **Aufklärungspflicht** den Umfang der Beweisaufnahme nach pflichtgemäßem Ermessen, wobei es die Bedeutung der Sache zu berücksichtigen hat (§ 77 I 1, 2 OWiG). Das Vollständigkeitsgebot des Strafverfahrens (§ 244 II StPO: „alle" Tatsachen und Beweismittel) gilt nicht. Bei Wertpapierhandelsordnungswidrigkeiten ist allerdings anzunehmen, dass aufgrund deren Bedeutung der Ermessensspielraum für eine Beschränkung der Beweisaufnahme i. d. R. gering ist. Die **Ablehnung von Beweisanträgen** ist nicht nur in den Fällen des § 244 III StPO statthaft, sondern auch dann, wenn das Gericht den Sachverhalt nach dem bisherigen Ergebnis für geklärt hält und die Beweiserhebung nach pflichtgemäßem Ermessen zur Erforschung der Wahrheit nicht erforderlich ist oder nach freier Würdigung das Beweismittel oder die zu beweisende Tatsache ohne verständigen Grund so spät vorgebracht wird, dass die Beweiserhebung zur Aussetzung der Hauptverhandlung führen würde (§ 77 II OWiG). **Ausnahmen vom Grundsatz der Unmittelbarkeit** sind möglich. So darf die Vernehmung eines Zeugen, Sachverständigen oder Mitbetroffenen durch Verlesung von Niederschriften über eine frühere Vernehmung sowie von Urkunden, die eine von diesen Personen stammende schriftliche Äußerung enthalten, ersetzt werden (§ 77 a I OWiG); Erklärungen von Behörden und sonstigen Stellen über ihre dienstlichen Wahrnehmungen dürfen auch dann verlesen werden, wenn die Voraussetzungen des § 256 StPO nicht vorliegen (§ 77 a II OWiG); behördliche Erklärungen können auch *fernmündlich* vom Gericht eingeholt und deren wesentlicher Inhalt bekannt gegeben werden (§ 77 a III OWiG). Außerdem ist die **vereinfachte Einführung**

von Schriftstücken vorgesehen. So kann statt der Verlesung der wesentliche Inhalt bekannt gegeben werden (§ 78 I 1 OWiG). Haben der Betroffene, der Verteidiger und der anwesende Vertreter der Staatsanwaltschaft von dem Wortlaut des Schriftstücks Kenntnis genommen oder hatten sie dazu Gelegenheit, genügt es, die Feststellung hierüber in das Protokoll aufzunehmen (§ 78 I 2 OWiG).

Das Gericht entscheidet durch **Prozessurteil,** wenn es das Verfahren wegen eines Verfahrenshindernisses einstellt (§§ 46 I OWiG, 260 III StPO), oder durch **Sachurteil** (§§ 46 I OWiG, 260 I StPO), das auf (Teil-)Freispruch lautet oder eine Geldbuße festsetzt. Das **Verschlechterungsverbot gilt nicht** (§§ 71 I OWiG, 411 IV StPO). Gegen das Urteil ist die Rechtsbeschwerde statthaft. Verzichten alle zur Anfechtung Berechtigten auf die Rechtsbeschwerde oder wird innerhalb der Frist Rechtsbeschwerde nicht eingelegt, kann auf eine schriftliche Begründung des Urteils verzichtet werden (§ 77b I 1 OWiG). Das rechtskräftige Urteil entfaltet **volle Rechtskraft.** Es steht nicht nur der erneuten Verfolgung derselben prozessualen Tat als Ordnungswidrigkeit entgegen, sondern auch der Verfolgung als Straftat (§ 84 II 1 OWiG). Von Bedeutung ist dies insbesondere für Insiderverstöße nach § 39 II Nr. 3, 4 und Marktmanipulationen nach § 39 I Nr. 1, 2, II Nr. 11. 47

VI. Rechtsbeschwerdeverfahren vor dem OLG Frankfurt/Main

Für das Rechtsmittel der Rechtsbeschwerde und das weitere Verfahren gelten die Vorschriften der StPO und des GVG über die Revision entsprechend, soweit das OWiG nicht anderes bestimmt (§ 79 III 1 OWiG). Zuständig ist das **OLG Frankfurt/Main** (§§ 79 III 1 OWiG, 121 I Nr. 1a GVG), dort der **Bußgeldsenat,** der grundsätzlich mit **3 Richtern** einschließlich des Vorsitzenden, in Verfahren, in denen eine Geldbuße von nicht mehr als 5000,– € festgesetzt oder beantragt worden ist, sowie im Verfahren über die Zulassung der Rechtsbeschwerde, mit einem **Einzelrichter** besetzt ist (§ 80a I, II OWiG). Das Gericht prüft die Zulässigkeit und Begründetheit der Rechtsbeschwerde. Verfahrensvoraussetzungen und Verfahrenshindernisse werden von Amts wegen geprüft. 48

1. Zulässigkeit

Die Rechtsbeschwerde ist nur gegen einen Beschluss nach § 72 OWiG oder ein Urteil zulässig; nicht zulässig ist die Rechtsbeschwerde vor allem in weniger bedeutsamen Fällen (im Einzelnen § 79 I 1 Nr. 1–5 OWiG). In Bezug auf Wertpapierhandelsordnungswidrigkeiten wird sie angesichts der Höhe der festgesetzten Geldbußen i.d.R. zulässig sein. Ferner ist die Rechtsbeschwerde zulässig, wenn sie zugelassen wird (§ 79 I 2 OWiG). Zur Rechtsbeschwerde **berechtigt** sind sowohl die Staatsanwaltschaft als auch der Betroffene (§§ 79 III 1 OWiG, 296 I, II StPO). Ferner kann der Verteidiger für den Betroffenen die Rechtsbeschwerde einlegen, jedoch nicht gegen dessen ausdrücklichen Willen (§§ 79 III 1 OWiG, 297 StPO). Die BaFin kann die Einlegung bei der Staatsanwaltschaft lediglich anregen. Der Betroffene ist nur durch Entscheidungen **beschwert,** die für ihn nachteilig sind, während die Staatsanwaltschaft berechtigt ist, alle Entscheidungen anzufechten, die den Geboten der Rechtspflege nicht entsprechen. 49

Die Rechtsbeschwerde ist binnen einer Woche schriftlich oder zu Protokoll der Geschäftsstelle beim **AG Frankfurt/Main** einzulegen (vgl. §§ 79 III 1 OWiG, 341 I StPO). Die Frist beginnt bei einem in Anwesenheit des Betroffenen verkündeten Urteil mit Verkündung (§§ 79 III 1 OWiG, 341 I StPO), bei einem Urteil, das in Abwesenheit des Betroffenen verkündet wurde, und bei einem Beschluss nach § 72 OWiG mit Zustellung (§ 79 IV OWiG). Der Beschwerdeführer hat zu erklären, inwieweit er die Entscheidung anfechtet und dessen Aufhebung beantragt, sowie die Anträge zu begründen (§§ 79 III 1 OWiG, 344 I, II StPO). Für die Erhebung der **allgemeinen Sachrüge** genügt die Formulierung, dass die Verletzung sachlichen Rechts gerügt wird,[73] während bei der **Verfahrensrüge** der gerügte Verfahrensfehler zu bezeichnen und die ihn begründenden Tatsachen anzugeben sind (§§ 79 III 1 OWiG, 344 II 1, 2 StPO). Die Anträge nebst Begründung sind spätestens binnen eines Monats nach Ablauf der Frist zur Einlegung der Rechtsbeschwerde bzw. nach Zustellung beim AG Frankfurt/Main anzubringen (vgl. §§ 79 III 1 OWiG, 345 I 1, 2 StPO), wobei dies seitens des Betroffenen in einer von dem Verteidiger oder einem Rechtsanwalt unterzeichneten Schrift oder zu Protokoll der Geschäftsstelle geschehen muss (§§ 79 III 1, 345 II StPO). Bereits das AG Frankfurt/Main verwirft die Rechtsbeschwerde als unzulässig, wenn die Rechtsbeschwerde nicht fristgerecht eingelegt wurde oder die Anträge nicht frist- und formgerecht begründet wurden (vgl. §§ 79 III 1 OWiG, 346 I StPO).

2. Begründetheit

Die Rechtsbeschwerde ist nur dann begründet, wenn eine Rechtsnorm nicht oder nicht richtig angewendet worden ist und der Beschluss nach § 72 OWiG bzw. das Urteil auf dieser Gesetzesverletzung beruht (§§ 79 III 1 OWiG, 337 I, II StPO). Hinsichtlich der **allgemeinen Sachrüge** wird nicht nur geprüft, ob das Recht auf den festgestellten Sachverhalt richtig angewendet wurde, sondern auch, ob die Urteilsfeststellungen eine tragfähige Grundlage bilden. Die Beweiswürdigung ist vor allem dann rechtsfehlerhaft, wenn sie widersprüchlich, lückenhaft oder unklar ist, gegen Denkgesetze und Erfahrungssätze verstößt oder überspannte Anforderungen an die für eine Verurteilung erforderliche Gewissheit stellt.[74] Die **Verfahrensrüge** kann nur dann begründet sein, wenn eine gesetzlich vorgeschriebene Verfahrenshandlung unterblieben ist oder fehlerhaft vorgenommen wurde oder eine Verfahrenshandlung unzulässig war. Andere als die geltend gemachten Tatsachen dürfen nicht berücksichtigt werden; Rechtsausführungen können aber bis zur Entscheidung des Gerichts nachgeschoben werden.[75] Der Verfahrensfehler muss bewiesen werden, wobei als Beweisgrundlage das Sitzungsprotokoll (§ 274 StPO) dient. Die Entscheidung **beruht** auf dem Gesetzesverstoß, wenn ein ursächlicher Zusammenhang besteht, d. h. die Entscheidung bei richtiger Anwendung des Gesetzes anders ausgefallen wäre oder dies nicht auszuschließen ist.[76] Bei den besonders gravierenden Verfahrensfehlern, die im Katalog des § 338 Nr. 1–8 StPO aufgeführt sind, wird das Beruhen unwiderleg-

---

[73] BGHSt. 25, 272, 275; *Meyer-Goßner*, StPO, § 344 Rn. 18.
[74] Näher *Meyer-Goßner*, StPO, § 337 Rn. 27 ff. mwN.
[75] *Meyer-Goßner*, StPO, § 352 Rn. 5.
[76] *Meyer-Goßner*, StPO, § 337 Rn. 37.

lich vermutet. Hervorzuheben ist, dass die **Nichtbeteiligung der BaFin** im gerichtlichen Verfahren keinen Fall des § 338 Nr. 5 StPO darstellt, sondern nur unter dem Aspekt der Verletzung der Aufklärungspflicht gerügt werden kann.[77]

3. Entscheidung

Das OLG verwirft eine unzulässige Rechtsbeschwerde durch **Beschluss** und kann auf Antrag der Staatsanwaltschaft eine offensichtlich unbegründete Rechtsbeschwerde durch Beschluss verwerfen (§§ 79 III 1, 349 I, II StPO). Auch sonst entscheidet das Gericht grundsätzlich ohne Hauptverhandlung durch Beschluss (§ 79 V 1 OWiG). Wenn sich die Rechtsbeschwerde gegen ein Urteil richtet, kann es aber auch aufgrund einer Hauptverhandlung durch **Urteil** entscheiden (§ 79 V 2 OWiG). Eine Hauptverhandlung ist vor allem dann angebracht, wenn die Rechtslage nicht einfach und der Betroffene durch einen Verteidiger vertreten ist, so dass ein Rechtsgespräch zweckmäßig erscheint.[78] In Bezug auf Wertpapierhandelsordnungswidrigkeiten wird daher i. d. R. eine Hauptverhandlung angebracht sein. Ist die Rechtsbeschwerde begründet, ist die angefochtene Entscheidung aufzuheben (§§ 79 III 1 OWiG, 353 I, II StPO). Das OLG kann dann entweder – sofern keine neuen tatsächlichen Feststellungen erforderlich sind – in der Sache selbst entscheiden oder die Sache zur Entscheidung zurückverweisen. Bei einer Sachentscheidung gilt das **Verschlechterungsverbot**, wenn entweder der Betroffene allein oder die Staatsanwaltschaft ausschließlich zu Gunsten des Betroffenen die Rechtsbeschwerde eingelegt hat (§§ 79 III 1 OWiG, 358 II 1 StPO).

51

VII. Wiederaufnahmeverfahren

Die Wiederaufnahme ist ein außerordentlicher Rechtsbehelf. Das Wiederaufnahmeverfahren erreicht nicht die Kontrolldichte eines Rechtsmittels. Seine **Durchführung** wird nicht nur durch die eng gefassten Wiederaufnahmeziele und -gründe, sondern auch dadurch erschwert, dass die Rechtsprechung es traditionell restriktiv handhabt.[79] Für die Wiederaufnahme eines durch **rechtskräftige Bußgeldentscheidung** (Bußgeldbescheid, Beschluss nach § 72 oder Urteil in Bußgeldsachen, Strafbefehl oder Urteil in Strafsachen)[80] abgeschlossenen Verfahrens gelten die §§ 359 ff. StPO entsprechend, soweit § 85 II–IV OWiG nichts anderes bestimmt (§ 85 I OWiG). **Leitlinie** bildet, dass die Wiederaufnahme der Überprüfung der tatsächlichen Entscheidungsgrundlagen dient und Rechtsfehler nur ausnahmsweise berichtigt werden. **Zuständig** ist im Wiederaufnahmeverfahren gegen einen Bußgeldbescheid der BaFin das AG Frankfurt/Main, dort der Richter beim Amtsgericht als Einzelrichter (§ 85 IV 1 OWiG i Vm § 68 I OWiG). Bei einer gerichtlichen Entscheidung ergibt sich die Zuständigkeit aus §§ 85 I OWiG, 367 StPO iVm § 140 a GVG.

52

---

[77] Vgl. zur Kartellbehörde *Immenga/Mestmäcker/Dannecker/Biermann*, GWB, § 84 Rn. 12.
[78] *Göhler/Seitz*, OWiG, § 79 Rn. 40.
[79] Vgl. *Waßmer* Jura 2002, 454, 459 ff.
[80] *Göhler/Seitz*, OWiG, § 85 Rn. 4; KKOWiG-*Wache*, § 85 Rn. 4 f.

1. Wiederaufnahmeziele und -gründe

53 Die Wiederaufnahme **zugunsten des Betroffenen** muss eine **Milderung im Schulderkenntnis** bezwecken, also Freispruch, Verfahrenseinstellung oder die Verurteilung aus einem milderen Tatbestand.[81] Nicht zulässig ist die Wiederaufnahme mit dem Ziel einer Reduktion der Geldbuße ohne Veränderung der tatbestandlichen Rechtsgrundlage (§§ 85 I OWiG, 363 StPO). Bei den Wiederaufnahmegründen[82] (§ 359 Nr. 1–6 StPO; § 79 I BVerfGG) hat § 359 Nr. 5 StPO die größte Bedeutung. Danach ist die Wiederaufnahme zulässig, wenn **neue Tatsachen oder Beweismittel** beigebracht sind, die allein oder in Verbindung mit den früher erhobenen Beweisen eine Milderung des Schulderkenntnisses zu begründen geeignet sind; allerdings ist diesbezüglich die Wiederaufnahme ausgeschlossen, wenn seit Rechtskraft der Bußgeldentscheidung mehr als drei Jahre verstrichen sind (§ 85 II 1 Nr. 2 OWiG). Nach § 79 I BVerfGG ist die Wiederaufnahme möglich, wenn ein rechtskräftiges Strafurteil – und damit auch eine Bußgeldentscheidung[83] – auf einer vom BVerfG für unvereinbar mit dem Grundgesetz oder für nichtig erklärten Norm fußt oder auf einer für unvereinbar mit dem Grundgesetz erklärten Auslegung einer Norm beruht.

54 Die Wiederaufnahme **zuungunsten des Betroffenen** ist nur zulässig, um die **Verurteilung nach einem Strafgesetz** herbeizuführen (§ 85 III 1 OWiG). Von Bedeutung ist dies insbesondere im Hinblick auf § 38 I, II für Insiderverstöße und Marktmanipulationen. Bei den Wiederaufnahmegründen (§ 362 Nr. 1–4 StPO; § 85 III 2 OWiG) hat § 362 Nr. 4 StPO besondere Bedeutung. Danach ist die Wiederaufnahme möglich, wenn von dem Freigesprochenen ein **glaubwürdiges Geständnis** abgelegt wird. Außerdem gestattet § 85 III 2 OWiG die Wiederaufnahme bei Beibringung neuer Tatsachen und Beweismittel, die geeignet sind, die Verurteilung **wegen eines Verbrechens** zu begründen.

2. Antrag

55 Zur Stellung eines Wiederaufnahmeantrags **berechtigt** sind der Betroffene, sein Verteidiger und die Staatsanwaltschaft. Die BaFin ist nicht antragsberechtigt; werden ihr Umstände bekannt, die eine Wiederaufnahme zulassen, übersendet sie die Akten der Staatsanwaltschaft (vgl. § 85 IV 2 OWiG). Der Tod des Betroffenen schließt die Wiederaufnahme nicht aus; in diesem Fall sind der Ehegatte, der Lebenspartner sowie Verwandte auf- und absteigender Linie und Geschwister antragsberechtigt (§§ 85 I OWiG, 361 II StPO). Im Wiederaufnahmeantrag müssen der Wiederaufnahmegrund sowie die Beweismittel angegeben werden (§§ 85 I OWiG, 366 I StPO). Der Antrag ist bei dem **zuständigen Wiederaufnahmegericht** zu stellen; stellt der Betroffene den Antrag bei der BaFin bzw. dem Gericht, dessen Entscheidung angefochten wird, ist der Antrag dem zuständigen Gericht zuzuleiten (§§ 85 I OWiG, 367 I 1, 2 StPO). Der Betroffene kann den Antrag nur mittels einer von dem Verteidiger oder einem Rechtsanwalt unterzeichneten Schrift oder zu Protokoll der Geschäftsstelle anbringen (§§ 85 I OWiG, 366 II StPO).

---

[81] *Mitsch*, Recht der Ordnungswidrigkeiten, § 9 Rn. 5.
[82] Näher *Waßmer* Jura 2002, 454, 455 ff.
[83] *Göhler/Seitz*, OWiG, § 85 Rn. 15; *KKOWiG-Wache*, § 85 Rn. 21.

Beteiligung der Bundesanstalt § 40a

3. Verfahren

Im **Additionsverfahren** (§§ 85 I OWiG, 366–368 StPO) prüft das Wiederaufnahmegericht zunächst den Antrag auf Einhaltung der Voraussetzungen. Im Wege einer Schlüssigkeitsprüfung wird die Richtigkeit der angegebenen Beweismittel unterstellt und gefragt, ob diese den Wiederaufnahmegrund tragen und eine günstigere Entscheidung erwarten lassen. Bei Zulassung des Antrags wird im **Probationsverfahren** (§§ 85 I OWiG, 369, 370 StPO) geprüft, ob die bislang als wahr unterstellten Behauptungen genügende Bestätigung finden. Dies setzt voraus, dass mit hinreichender Wahrscheinlichkeit in der erneuten Hauptverhandlung eine günstigere Entscheidung ergehen wird. Bejaht das Gericht die Begründetheit, werden die Wiederaufnahme des Verfahrens und die Erneuerung der Hauptverhandlung angeordnet, falls der Betroffene nicht bereits ohne Hauptverhandlung freigesprochen werden kann (§§ 85 I OWiG, 370 II, 371 StPO). Die „**erneute**" **Hauptverhandlung,** die auch dann angeordnet werden kann, wenn „keine vorausgegangen ist,[84] endet mit der Aufrechterhaltung der früheren Entscheidung oder mit deren Aufhebung und anderweitiger Entscheidung (§§ 85 I OWiG, 373 I StPO). Es gilt das **Verschlechterungsverbot,** wenn die Wiederaufnahme ausschließlich zugunsten des Betroffenen beantragt wurde (§§ 85 I OWiG, 373 II 1 StPO). 56

§ 40a Beteiligung der Bundesanstalt und Mitteilungen in Strafsachen

(1) Die Staatsanwaltschaft informiert die Bundesanstalt über die Einleitung eines Ermittlungsverfahrens, welches Straftaten nach § 38 betrifft. Werden im Ermittlungsverfahren Sachverständige benötigt, können fachkundige Angehörige der Bundesanstalt herangezogen werden. Der Bundesanstalt sind die Anklageschrift und der Antrag auf Erlass eines Strafbefehls mitzuteilen. Erwägt die Staatsanwaltschaft, das Verfahren einzustellen, so hat sie die Bundesanstalt zu hören.

(2) Das Gericht teilt der Bundesanstalt in einem Verfahren, welches Straftaten nach § 38 betrifft, den Termin zur Hauptverhandlung mit.

(3) Der Bundesanstalt ist auf Antrag Akteneinsicht zu gewähren, sofern nicht schutzwürdige Interessen des Betroffenen entgegenstehen oder der Untersuchungserfolg der Ermittlungen gefährdet wird.

(4) In Strafverfahren gegen Inhaber oder Geschäftsleiter von Wertpapierdienstleistungsunternehmen oder deren gesetzliche Vertreter oder persönlich haftende Gesellschafter wegen Straftaten zum Nachteil von Kunden bei oder im Zusammenhang mit dem Betrieb des Wertpapierdienstleistungsunternehmens, ferner in Strafverfahren, die Straftaten nach § 38 zum Gegenstand haben, sind im Falle der Erhebung der öffentlichen Klage der Bundesanstalt
1. die Anklageschrift oder eine an ihre Stelle tretende Antragsschrift,
2. der Antrag auf Erlass eines Strafbefehls und
3. die das Verfahren abschließende Entscheidung mit Begründung

---

[84] *Göhler/Seitz,* OWiG, § 85 Rn. 29; *KKOWiG-Wache,* § 85 Rn. 39.

zu übermitteln; ist gegen die Entscheidung ein Rechtsmittel eingelegt worden, ist die Entscheidung unter Hinweis auf das eingelegte Rechtsmittel zu übermitteln. In Verfahren wegen fahrlässig begangener Straftaten werden die in den Nummern 1 und 2 bestimmten Übermittlungen nur vorgenommen, wenn aus der Sicht der übermittelnden Stelle unverzüglich Entscheidungen oder andere Maßnahmen der Bundesanstalt geboten sind.

(5) Werden sonst in einem Strafverfahren Tatsachen bekannt, die auf Missstände in dem Geschäftsbetrieb eines Wertpapierdienstleistungsunternehmens hindeuten, und ist deren Kenntnis aus der Sicht der übermittelnden Stelle für Maßnahmen der Bundesanstalt nach diesem Gesetz erforderlich, soll das Gericht, die Strafverfolgungs- oder die Strafvollstreckungsbehörde diese Tatsachen ebenfalls mitteilen, soweit nicht für die übermittelnde Stelle erkennbar ist, dass schutzwürdige Interessen des Betroffenen überwiegen. Dabei ist zu berücksichtigen, wie gesichert die zu übermittelnden Erkenntnisse sind.

Übersicht

	Rn.
I. Regelungsgegenstand und Grundlagen	1
1. Gegenstand	1
2. Gesetzeshistorie	2
3. Zweck	3
II. Beteiligung der Bundesanstalt (§ 40a I–III)	4
1. Konzeption	4
2. Ermittlungsverfahren (§ 40a I)	5
a) Informationsrecht (§ 40a I 1)	5
b) Angehörige als Sachverständige (§ 40a I 2)	6
c) Mitteilungsrecht (§ 40a I 3)	7
d) Anhörungsrecht (§ 40a I 4)	8
3. Zwischen- und Hauptverfahren (§ 40a II)	9
4. Akteneinsichtsrecht (§ 40a III)	10
III. Mitteilungen in Strafsachen (§ 40a IV, V)	11
1. Konzeption	11
2. Pflichtmitteilung (§ 40a IV)	13
3. Sollmitteilung (§ 40a V)	17

I. Regelungsgegenstand und Grundlagen

1. Gegenstand

1 § 40a regelt einerseits die **Beteiligung der BaFin** an Strafverfahren (§ 40a I–III) und andererseits die **Mitteilungen in Strafsachen** an die BaFin (§ 40a IV, V).

2. Gesetzeshistorie

2 Bereits die ursprüngliche Fassung des WpHG enthielt mit **§ 18 II aF** eine knappe Regelung, wonach dem früheren Bundesaufsichtsamt für den Wertpapierhandel die Anklageschrift, der Antrag auf Erlass eines Strafbefehls und der *Ausgang des Verfahrens* mitzuteilen waren. Damit sollte das Bundesaufsichtsamt über den weiteren Fortgang der Ermittlungen sowie das Ergebnis eines Verdachts

Beteiligung der Bundesanstalt 3, 4 § 40a

einer Insiderstraftat, der nach § 18 I aF der zuständigen Staatsanwaltschaft angezeigt wurde, informiert werden.[1] Das **JuMiG** v. 18. 6. 1997, das dem Volkszählungsurteil des BVerfG von 1983 Rechnung trug (vgl. Rn. 11), hob mit Wirkung vom 1. 6. 1998 § 18 II aF auf und fügte mit § 40a eine Vorschrift zu „Mitteilungen in Strafsachen" ein,[2] die heute in **§ 40a IV, V** fortbesteht. Mit dem **FinDAG** ist zum 1. 5. 2002 das Bundesaufsichtsamt durch die BaFin abgelöst worden. Das **AnSVG** hat mit Wirkung vom 30. 10. 2004 § 40a I–III eingefügt und damit § 40a um Regelungen zur „Beteiligung der Bundesanstalt" erweitert, um die Vorgaben des Art. 12 I lit. d Marktmissbrauchsrichtlinie umzusetzen (vgl. Rn. 4).

3. Zweck

§ 40a soll bei der Ermittlung und Verfolgung von Straftaten eine **wechselseitige Unterstützung und Information** der staatlichen Behörden – auf der einen Seite der BaFin als besonders sachkundiger Verwaltungsbehörde, auf der anderen Seite der Staatsanwaltschaften und Strafgerichte als Strafverfolgungsorgane – sicherstellen. Dadurch werden **Synergieeffekte** erzielt. Zudem soll die BaFin auf mögliche Missstände in Wertpapierdienstleistungsunternehmen aufmerksam gemacht werden, um Aufsichtsmaßnahmen ergreifen zu können. Hierdurch wird eine **effektive Aufsicht** gewährleistet.[3] § 40a bewirkt damit, dass die staatlichen Stellen einen **Verfolgungsverbund**[4] bilden. 3

II. Beteiligung der Bundesanstalt (§ 40a I–III)

1. Konzeption

§ 40a I–III regelt die **Beteiligung der BaFin** an Strafverfahren, die Straftaten 4 nach § 38 zum Gegenstand haben. Die Beteiligungsrechte sind insgesamt sehr begrenzt. Ursprünglich hatte der **RegE AnSVG**[5] erheblich weiter reichende Beteiligungsrechte vorgesehen und dies mit einer (angeblichen) Umsetzungspflicht aus Art. 12 I lit. d, II Marktmissbrauchsrichtlinie begründet. So sollte die BaFin in Anlehnung an die umfangreichen Beteiligungsrechte der Finanzbehörden in Steuerstrafverfahren (vgl. §§ 403, 407 I AO) nicht nur Teilnahme- und Fragerechte im Ermittlungsverfahren und in der Hauptverhandlung, sondern auch die uneingeschränkte Befugnis zur Akteneinsicht – nebst dem Recht zur Einsichtnahme durch Übersendung – sowie zur Besichtigung beschlagnahmter oder sonst sichergestellter Gegenstände erhalten. Im Gesetzgebungsverfahren hatte dann der Bundesrat[6] angemerkt, dass diese weitreichenden Mitwirkungsbefugnisse „zu Systembrüchen mit dem geltenden Strafverfahrensrecht und einer unnötigen Komplizierung des Strafverfahrens" führen, und der Finanzausschuss[7] mit

---

[1] RegE 2. FFG, BT-Drucks. 12/6679, S. 51.
[2] Art. 16 des Justizmitteilungsgesetzes und Gesetzes zur Änderung kostenrechtlicher Vorschriften und anderer Gesetze, BGBl. 1997 I S. 1430.
[3] Vgl. Bericht des Rechtsausschusses JuMiG BT-Drucks. 13/7489, S. 52 f.
[4] *Assmann/Schneider/Vogel*, WpHG, § 40a Rn. 2; *Vogel*, FS Jakobs, S. 731, 741.
[5] RegE AnSVG BT-Drucks. 15/3174, S. 21, 41.
[6] Stellungnahme des Bundesrates AnSVG BT-Drucks. 15/3355, S. 4.
[7] Bericht des Finanzausschusses AnSVG BT-Drucks. 15/3493, S. 49, 52.

Waßmer 2117

Recht darauf hingewiesen, dass die geplanten Kompetenzerweiterungen in der Marktmissbrauchsrichtlinie keine Grundlage haben, da Art. 12 I lit. d nur **informatorische Rechte** der Aufsichtsbehörden gegenüber den Strafverfolgungsbehörden vorsieht.

2. Ermittlungsverfahren (§ 40a I)

a) Informationsrecht (§ 40a I 1)

5 § 40a I 1 verpflichtet die Staatsanwaltschaft, die BaFin über die Einleitung eines **Ermittlungsverfahrens, das Straftaten nach § 38 betrifft,** zu informieren. Eine Informationspflicht besteht demnach nicht, wenn ein Ermittlungsverfahren gar nicht eingeleitet wird, weil es an zureichenden tatsächlichen Anhaltspunkten für verfolgbare Straftaten fehlt (vgl. § 152 II StPO). Eine bestimmte **Form** schreibt § 40a I 1 nicht vor, so dass auch eine mündliche oder elektronische Information ausreicht.[8] Für den **Zeitpunkt** der Information trifft das Gesetz ebenfalls keine Regelung, so dass es an sich genügt, wenn die Information bis zum Abschluss des Ermittlungsverfahrens erfolgt. Da durch eine frühzeitige Beteiligung der BaFin aber Synergieeffekte erzielt werden können und die BaFin mit einem parallel betriebenen Aufsichtsverfahren das Strafverfahren nicht gefährden darf (§ 4 V 4), sollte die Information möglichst früh stattfinden.[9] Schließlich macht das Gesetz auch zum **Umfang** keine Angaben. Zu fordern ist, dass die Information mindestens zum Ausdruck bringt, dass ein Ermittlungsverfahren geführt wird, und es der BaFin ermöglicht wird (insbesondere durch Mitteilung des Aktenzeichens), ihre Beteiligungsrechte (Akteneinsichtsrecht, § 40 III) wahrzunehmen.[10] Da die Beteiligung außerdem dem Zweck dient, die BaFin auf mögliche Missstände aufmerksam zu machen, können weitere Angaben (Tathergang, Tatbeteiligte, betroffene Wertpapierdienstleistungsunternehmen) erforderlich sein, die es der BaFin gestatten, mit Aufsichtsmaßnahmen zu reagieren.[11]

b) Angehörige der BaFin als Sachverständige (§ 40a I 2)

6 Nach § 40a I 2 kann die Staatsanwaltschaft **fachkundige Angehörige** der BaFin als Sachverständige heranziehen, sofern ihr dies erforderlich erscheint. Wird ein fachkundiger Angehöriger herangezogen, kann er sich als Sachverständiger zur Vorbereitung seines Gutachtens **weitere Aufklärung** verschaffen.[12] So kann er beantragen, dass Zeugen oder der Beschuldigte vernommen werden (§ 80 I StPO), er darf Akten einsehen oder der Vernehmung von Zeugen und des Beschuldigten beiwohnen und unmittelbar Fragen stellen (§ 80 II StPO). Auch sonstige Beweiserhebungen, wie die Herbeiziehung von Urkunden und Akten und die Vorlage von Augenscheinsobjekten, sind möglich. Allerdings hat der fachkundige Angehörige der BaFin hierauf **keinen Anspruch,** sondern die Staatsanwaltschaft ist „Herrin" des Ermittlungsverfahrens. Der Staatsanwalt muss zwar alle zulässigen Maßnahmen ergreifen, die geeignet und erforderlich sind, um eine Straftat aufzuklären, es gilt aber der Grundsatz der freien Gestaltung des

---

[8] *Assmann/Schneider/Vogel,* WpHG, § 40a Rn. 6; KölnKommWpHG-*Altenhain,* § 40a Rn. 5.
[9] KölnKommWpHG-*Altenhain,* § 40a Rn. 5.
[10] Vgl. *Assmann/Schneider/Vogel,* WpHG, § 40a Rn. 6.
[11] Vgl. KölnKommWpHG-*Altenhain,* § 40a Rn. 6.
[12] Bericht des Finanzausschusses AnSVG BT-Drucks. 15/3493, S. 52.

Beteiligung der Bundesanstalt 7–10 § 40a

Ermittlungsverfahrens.[13] Die **Heranziehung** von fachkundigen Angehörigen der BaFin dürfte i. d. R. geboten sein, da diese hinsichtlich Insiderverstößen und Marktmanipulationen über besondere Sachkunde verfügen (vgl. auch Nr. 70 II RiStBV). Sichergestellt sein muss, dass der Angehörige – wie jeder herangezogene Sachverständige[14] – zur Verfügung steht, kein Ablehnungsgrund nach § 74 StPO vorliegt und er das Gutachten eigenverantwortlich und frei von jeder Beeinflussung erstellen kann. In einer **späteren Hauptverhandlung** steht es ebenfalls im Ermessen des Gericht, inwieweit der Sachverständige beteiligt wird.[15] So kann das Gericht dem Sachverständigen die Anwesenheit während der Beweisaufnahme gestatten, und es ihm erlauben, unmittelbar Fragen an Zeugen oder Beschuldigte zu stellen.[16]

c) Mitteilungsrecht (§ 40a I 3)

Nach § 40a I 3 ist die Staatsanwaltschaft verpflichtet, der BaFin die **Anklageschrift** und den **Antrag auf Erlass eines Strafbefehls** mitzuteilen. Die Vorschrift ist § 403 III AO nachgebildet und überschneidet sich mit der Regelung des § 40a I Nr. 1, 2, die auch bei weiteren Straftaten (vgl. Rn. 14) zur Mitteilung verpflichtet. Durch § 40a I 3 wird die BaFin von der Erhebung der öffentlichen Klage in Kenntnis gesetzt und damit die Informationspflicht des § 40a I 1 ergänzt. 7

d) Anhörungsrecht (§ 40a I 4)

Die Staatanwaltschaft hat nach § 40a I 4 die BaFin zu hören, wenn sie die **Einstellung** des Verfahrens erwägt. Die Vorschrift ist § 403 IV AO nachgebildet. Aus welchen Gründen die Einstellung erfolgen soll, ist irrelevant. Zu denken ist vor allem an die Einstellung mangels Tatverdachts (§ 170 II StPO), möglich ist aber auch die Einstellung wegen Geringfügigkeit (§ 153 StPO), nach der Erfüllung von Auflagen (§ 153a StPO), wegen einer Beschränkung der Strafverfolgung (§§ 154, 154a StPO) oder aus weiteren Gründen. Das Anhörungsrecht soll es der BaFin als der besonders sachkundigen Behörde ermöglichen, etwaige **Bedenken** gegen die geplante Einstellung vorzubringen, um uU doch die Anklageerhebung zu erreichen. 8

3. Zwischen- und Hauptverfahren (§ 40a II)

Im Zwischen- und Hauptverfahren ist das Gericht nach § 40a II nur verpflichtet, der BaFin Nachricht über den **Termin der Hauptverhandlung** zu geben. Die Beteiligung der BaFin erschöpft sich damit darin, dass sie Angehörige als **Zuschauer** in die öffentliche Hauptverhandlung entsenden kann. Weitere Teilnahmerechte hat der Gesetzgeber bewusst nicht vorgesehen (Rn. 4). 9

4. Akteneinsichtsrecht (§ 40a III)

Nach § 40a III ist der BaFin **auf Antrag Akteneinsicht** zu gewähren, wenn nicht schutzwürdige Interessen des Betroffenen entgegenstehen oder der Untersuchungserfolg der Ermittlungen gefährdet wird. Die Regelung lehnt sich an den 10

---

[13] Bericht des Finanzausschusses AnSVG BT-Drucks. 15/3493, S. 52.
[14] Vgl. *Meyer-Goßner*, StPO, § 73 Rn. 9.
[15] *Meyer-Goßner*, StPO, § 80 Rn. 5 mwN.
[16] Bericht des Finanzausschusses AnSVG BT-Drucks. 15/3493, S. 52.

§ 40a 11, 12   Abschnitt 12. Straf- und Bußgeldvorschriften

Wortlaut des § 60a III KWG und § 168c V 2 StPO an.[17] Der **Umfang** des Akteneinsichtsrechts ist beschränkt. **Schutzwürdige Interessen** stehen der Akteneinsicht entgegen, wenn das Interesse des Betroffenen an der Geheimhaltung der in den Akten vorhandenen persönlichen Daten größer ist als das Interesse der BaFin an deren Kenntnis.[18] Der **Untersuchungserfolg** ist durch die Akteneinsicht insbesondere dann gefährdet, wenn konkrete Anhaltspunkte dafür vorliegen, dass bei Kenntnis der BaFin vom Akteninhalt Ermittlungsmaßnahmen scheitern. Allerdings ist in Anbetracht der Verschwiegenheitspflicht des § 8 kaum nachvollziehbar, in welchen Fällen die Kenntnis der BaFin die schutzwürdigen Interessen des Betroffenen beeinträchtigen oder den Untersuchungserfolg gefährden kann.[19] Im Übrigen ist vor einer vollständigen Versagung der Akteneinsicht zu prüfen, ob nicht **teilweise Akteneinsicht** gewährt werden kann.[20]

III. Mitteilungen in Strafsachen (§ 40a IV, V)

1. Konzeption

11   § 40a IV, V regelt die **Mitteilungen in Strafsachen** an die BaFin. Anlass zur Regelung gab das Urteil des BVerfG v. 15. 12. 1983[21] zum Volkszählungsgesetz, wonach die Übermittlung von personenbezogenen Daten einen Eingriff in das **Grundrecht auf informationelle Selbstbestimmung**, das aus dem allgemeinen Persönlichkeitsrecht des Art. 2 I iVm Art. 1 I GG abgeleitet wird, darstellt. Einschränkungen muss der Einzelne im überwiegenden Allgemeininteresse zwar hinnehmen, sie bedürfen jedoch einer verfassungsgemäßen gesetzlichen Grundlage. Bei Straftaten, die bei oder im Zusammenhang mit dem Betrieb eines Wertpapierdienstleistungsunternehmens begangen werden, und bei Straftaten nach § 38 sind überwiegende Allgemeininteressen vorhanden, da diese Straftaten die Belange der Allgemeinheit besonders berühren. § 40a IV, V bildet daher die verfassungsgemäße gesetzliche Grundlage zur Mitteilung. Nach der **Vorstellung des Gesetzgebers**[22] soll vermieden werden, dass die BaFin Auffälligkeiten in einem Fall untersucht, in dem bereits öffentliche Klage erhoben wurde, und durch Unterrichtung über die im Zusammenhang mit einem Strafverfahren aufgedeckten Missstände in einem Wertpapierdienstleistungsunternehmen sichergestellt werden, damit aufsichtsrechtliche Maßnahmen ergriffen werden können. Die BaFin kann dann prüfen, ob die Straftaten durch Mängel in der Unternehmensorganisation oder durch mangelnde Befolgung der Verhaltensregeln begünstigt wurden. Die Bedeutung des Grundrechts der informationellen Selbstbestimmung verlangt allerdings insgesamt eine **restriktive Handhabung,** so dass der Umfang der Übermittlung auf das unbedingt Erforderliche zu beschränken ist.

12   Die Mitteilungspflichten des § 40a IV, V sind als **bereichsspezifische Regelungen** lex specialis zu den verfahrensübergreifenden Vorschriften der §§ 12ff.

---

[17] Vgl. Bericht des Finanzausschusses AnSVG BT-Drucks. 15/3493, S. 52.
[18] Vgl. *Meyer-Goßner,* StPO, § 406e Rn. 6.
[19] Krit. auch *Assmann/Schneider/Vogel,* WpHG, § 40a Rn. 9: „eher fern liegend"; KölnKommWpHG-*Altenhain,* § 40a Rn. 16: „nur in Ausnahmefällen".
[20] Vgl. zu § 147 StPO *Meyer-Goßner,* StPO, § 147 Rn. 25.
[21] BVerfGE 65, 1 ff.
[22] Bericht des Rechtsausschusses JuMiG BT-Drucks. 13/7489, S. 53.

EGGVG (vgl. § 12 I 2 EGGVG). § 40a IV, V geht auch § 474 II StPO und den Bestimmungen des BDSG vor (vgl. § 1 III 1 BDSG).[23] **Ergänzend** ist zur Konkretisierung die „Anordnung über Mitteilungen in Strafsachen" (MiStra) heranzuziehen. Nr. 1–10 MiStra enthalten in Form von Verwaltungsvorschriften allgemeine Regelungen zu mitteilungspflichtigen Stellen, Inhalt, Zeitpunkt und Form der Mitteilungen sowie dem Mitteilungsweg.

2. Pflichtmitteilung (§ 40a IV)

§ 40a IV statuiert – im Unterschied zu § 40a V – eine Mitteilungspflicht in Form einer **Muss-Vorschrift**. Eine Mitteilung hat demnach in jedem Fall zu erfolgen. Während § 40a I aF den **Kreis der Mitteilungspflichtigen** ausdrücklich benannte (Gericht, Strafverfolgungs- oder Strafvollstreckungsbehörde), wurde diese Konkretisierung durch das AnSVG gestrichen. Da § 40a IV inhaltlich § 40a I aF entsprechen soll,[24] ist anzunehmen, dass weiterhin das Gericht, die Staatsanwaltschaft oder uU die mit der Strafverfolgung betraute Polizeibehörde verpflichtet sind.[25] Nach § 4 I Nr. 1–3 MiStra ist bis zur Erhebung der öffentlichen Klage die Staatsanwaltschaft, nach Erhebung der öffentlichen Klage bis zur Rechtskraft der Entscheidung das Gericht und nach Rechtskraft die Staatsanwaltschaft mitteilungspflichtig. § 4 II, III MiStra benennt die für die Mitteilung jeweils funktional zuständige Person (Richter, Staatsanwalt usw.). 13

Die Mitteilungspflicht nach § 40a IV besteht nur in **bestimmten Strafverfahren**. Zum einen (§ 40a IV 1 Hs. 1 Alt. 1) in Strafverfahren gegen Inhaber oder Geschäftsleiter von Wertpapierdienstleistungsunternehmen oder deren gesetzliche Vertreter oder persönlich haftende Gesellschafter wegen Straftaten zum Nachteil von Kunden bei oder im Zusammenhang mit dem Betrieb des Unternehmens, d. h. bei **wertpapierdienstleistungsbezogenen Straftaten**. Bei diesen Straftaten handelt es sich vor allem um Betrug (§ 263 StGB), Kapitalanlagebetrug (§ 264a), Untreue (§ 266 StGB), die Verleitung zu Börsenspekulationsgeschäften (§ 49 BörsG) und die Delikte des DepotG (§§ 34–37 DepotG), aber auch um Insolvenzdelikte (§§ 283 ff. StGB), soweit sie zum Nachteil von Kunden begangen werden. Zum anderen (§ 40a IV 1 Hs. 1 Alt. 2) in allen Strafverfahren, die **Straftaten nach § 38** zum Gegenstand haben, also Insiderverstöße oder Marktmanipulationen betreffen, wobei es ausreichen muss, dass es auch um diese Straftaten geht. Der Kreis der Personen, gegen die sich das Strafverfahren richtet, ist hierbei nicht eingeschränkt. 14

Die Mitteilungspflicht besteht nur im Falle der **Erhebung der öffentlichen Klage**, also bei Einreichung der Anklageschrift durch die Staatsanwaltschaft bei dem zuständigen Gericht gemäß § 170 I StPO oder bei Antrag auf Erlass eines Strafbefehls gemäß § 407 I 2 StPO, durch den die öffentliche Klage ebenfalls erhoben wird (§ 407 I 4 StPO). Eingeschlossen sind aber auch besondere Formen der öffentlichen Klageerhebung, wie – für den Fall der Schuld- oder Verhandlungsunfähigkeit des Beschuldigten – der Antrag im Sicherungsverfahren gemäß § 413 StPO, der der öffentlichen Klage gleichsteht (§ 414 II 1 StPO). Nicht ausreichend ist hingegen die Erhebung der Privatklage (§§ 374ff. StPO). Auch die 15

---

[23] *Assmann/Schneider/Vogel*, WpHG, § 40a Rn. 12; KölnKommWpHG-*Altenhain*, § 40a Rn. 1.
[24] RegE AnSVG BT-Drucks. 15/3174, S. 41.
[25] *Assmann/Schneider/Vogel*, WpHG, § 40a Rn. 14.

Einstellung im Ermittlungsverfahren gemäß § 153a StPO, löst die Mitteilungspflicht nicht aus, da es dann an einer Erhebung der öffentlichen Klage fehlt.[26]

16 Übermittelt werden muss bei **Vorsatzdelikten** zum einen die Anklageschrift oder eine an ihre Stelle tretende Antragsschrift (§ 40a I Hs. 1 Nr. 1) bzw. der Antrag auf Erlass eines Strafbefehls (§ 40a I Hs. 1 Nr. 2), zum anderen die das Verfahren abschließende Entscheidung mit Begründung (§ 40a I Hs. 1 Nr. 3), sofern ein Rechtsmittel eingelegt wurde zusätzlich unter Hinweis auf das eingelegte Rechtsmittel (§ 40a I Hs. 2). Bei **Fahrlässigkeitsdelikten** sind Anklageschrift bzw. Antragsschrift oder Strafbefehlsantrag nur dann zu übermitteln, wenn aus Sicht der übermittelnden Stelle unverzüglich Entscheidungen oder andere Maßnahmen der BaFin geboten sind (§ 40a I 2); die das Verfahren abschließende Entscheidung ist nicht zu übermitteln.

3. Sollmitteilung (§ 40a V)

17 § 40a V verpflichtet – im Gegensatz zu § 40a IV – in Form einer **Soll-Vorschrift** zur Mitteilung. Bei der Entscheidung über die Mitteilung wird Ermessen betätigt, wobei der Ermessensspielraum eingeengt ist. Folge ist, dass grundsätzlich eine Mitteilung erfolgen „muss", aber in Ausnahmefällen, d.h. bei Vorliegen atypischer Umstände, die Mitteilung ausnahmsweise unterbleiben „kann".[27] § 40a V 1 nennt den **Kreis der Mitteilungspflichtigen.** Verpflichtet sind somit das Gericht, die Staatsanwaltschaft und gegebenenfalls die befasste Polizeibehörde.

18 Die Mitteilungspflicht besteht in **Strafverfahren aller Art,** sofern in dem Verfahren Tatsachen bekannt werden, die auf **Missstände in dem Geschäftsbetrieb eines Wertpapierdienstleistungsunternehmens** hindeuten, und deren Kenntnis für Maßnahmen der BaFin aus der Sicht der übermittelnden Stelle **erforderlich** ist. Die Verfahren werden sich i.d.R. gegen Personen richten, die für Wertpapierdienstleistungsunternehmen tätig sind, ohne Inhaber oder Geschäftsleiter oder deren gesetzliche Vertreter oder persönlich haftender Gesellschafter (§ 40a V 1 Hs. 1 Alt. 1) zu sein, d.h. gegen untergeordnete Mitarbeiter.

19 Eine Mitteilung ist nach § 40a V 1 nur zulässig, soweit nicht für die übermittelnde Stelle erkennbar ist, dass **schutzwürdige Interessen des Betroffenen** überwiegen. Es ist demnach stets eine Abwägung zwischen dem Interesse, die BaFin auf einen potentiellen Missstand in dem Geschäftsbetrieb eines Wertpapierdienstleistungsunternehmens aufmerksam zu machen, und dem erkennbaren Interesse des Betroffenen an der Geheimhaltung seiner personenbezogenen Daten vorzunehmen. Hierbei ist nach § 40a V 2 zu berücksichtigen, wie **gesichert** die zu übermittelnden Erkenntnisse sind. Bei der Übermittlung ungesicherter Erkenntnisse ist daher besondere Zurückhaltung geboten.

20 Zulässig ist – im Gegensatz zur Pflichtmitteilung nach § 40a IV – ausschließlich die **Übermittlung der Tatsachen,** die auf die Missstände in dem Geschäftsbetrieb des Wertpapierdienstleistungsunternehmens hindeuten. Vollständige Anklage- und Antragsschriften, Strafbefehlsanträge sowie das Verfahren abschließende Entscheidungen dürfen nicht übermittelt werden.[28] Die Bedeutung

---

[26] *Assmann/Schneider/Vogel,* WpHG, § 40a Rn. 16.
[27] Vgl. BVerwGE 49, 16, 23; 56, 220, 223.
[28] *Assmann/Schneider/Vogel,* WpHG, § 40a Rn. 22; KölnKommWpHG-*Altenhain,* § 40a Rn. 12.

des Grundsrechts der informationellen Selbstbestimmung verlangt insoweit eine **restriktive Handhabung.**

§ 40 b Bekanntmachung von Maßnahmen

Die Bundesanstalt kann unanfechtbare Maßnahmen, die sie wegen Verstößen gegen Verbote oder Gebote dieses Gesetzes getroffen hat, auf ihrer Internetseite öffentlich bekannt machen, soweit dies zur Beseitigung oder Verhinderung von Missständen nach § 4 Abs. 1 Satz 2 geeignet und erforderlich ist, es sei denn, diese Veröffentlichung würde die Finanzmärkte erheblich gefährden oder zu einem unverhältnismäßigen Schaden bei den Beteiligten führen. Anordnungen nach § 4 Abs. 2 hat die Bundesanstalt unverzüglich auf ihrer Internetseite zu veröffentlichen.

Übersicht

	Rn.
I. Regelungsgegenstand	1
II. Bekanntmachung nach § 40 b S. 1	2
1. Gesetzeshistorie	2
2. Zweck	3
3. Rechtsnatur	4
4. Voraussetzungen	5
5. Ermessen	8
6. Veröffentlichung	9
III. Bekanntmachung nach § 40 b S. 2	10
1. Gesetzeshistorie	10
2. Zweck	11
3. Voraussetzungen	12
4. Veröffentlichung	13

I. Regelungsgegenstand

§ 40 b regelt die Zulässigkeit der **öffentlichen Bekanntmachung von Maßnahmen,** die die BaFin getroffen hat. Hierbei geht es zum einen um unanfechtbare Maßnahmen (§ 40 b S. 1) und zum anderen um Anordnungen nach § 4 II (§ 40 b S. 2). 1

II. Bekanntmachung nach § 40 b S. 1

1. Gesetzeshistorie

§ 40 b S. 1 wurde eingeführt durch das **AnSVG.** Anlass gab Art. 14 IV Marktmissbrauchsrichtlinie, wonach die Mitgliedstaaten vorsehen müssen, dass die zuständige Behörde „Maßnahmen oder Sanktionen, die wegen Verstößen gegen aufgrund dieser Richtlinie erlassene Vorschriften ergriffen bzw. verhängt werden, öffentlich bekannt geben kann, es sei denn, diese Bekanntgabe würde Finanzmärkte erheblich gefährden oder zu einem unverhältnismäßigen Schaden bei den Beteiligten führen". Der Gesetzgeber knüpfte bei der Umsetzung die Zulässigkeit der Veröffentlichung an die Präventionswirkung. Das **FRUG** hat mit Wirkung vom 1. 11. 2007 den Begriff „Website" im Interesse einer einheitlichen 2

Terminologie (vgl. §§ 32b II, 33 III 2, 34 V, 40b S. 2) durch „Internetseite" ersetzt. Eine inhaltliche Änderung ist hiermit nicht verbunden.

2. Zweck

3 § 40b S. 1 ermöglicht **negative Publizität**. Die Vorschrift befreit die BaFin von der Verschwiegenheitspflicht nach § 8 und § 10 II 4 und bildet die gesetzliche Grundlage zum Eingriff in das **Grundrecht auf informationelle Selbstbestimmung** (vgl. hierzu § 40a Rn. 11). Durch die Veröffentlichung von Maßnahmen sollen Missstände beseitigt oder verhindert werden, so dass ausschließlich die **Abschreckung der Marktteilnehmer** angestrebt ist.[1]

3. Rechtsnatur

4 Das „**naming and shaming**" ist im angloamerikanischen Rechtskreis verbreitet, aber auch im EU-Recht (zB Veröffentlichung von Entscheidungen einschließlich verhängter Sanktionen in Kartellverfahren)[2] bekannt. Es beruht auf der Überlegung, dass die Bekanntmachung von getroffenen Maßnahmen nicht nur stark abschreckende Wirkung entfaltet und damit geeignet ist, künftigen Missständen effektiv entgegenzuwirken (generalpräventive Wirkung), sondern zugleich eine Sanktion darstellt (repressive Wirkung). Infolgedessen wird auch § 40b S. 1 als „Prangerstrafe"[3] oder als Ausdruck von „Lynchjustiz"[4] kritisiert und die Veröffentlichung als Sanktion betrachtet, zumal § 40b im 12. Abschnitt (Straf- und Bußgeldvorschriften) enthalten ist. Allerdings hat der Gesetzgeber die Veröffentlichung von unanfechtbaren Maßnahmen allein aus **präventiven Gründen** gestattet („zur Beseitigung oder Verhinderung von Missständen"). Dass eine zu diesem Zweck vorgenommene Veröffentlichung gleichzeitig repressive Wirkung haben kann, ist nicht zu vermeiden, jedoch wird diese Wirkung nicht unmittelbar angestrebt. Diesbezüglich hat der Gesetzgeber mit der Angemessenheitsprüfung und der Ermessensausübung ausreichende Schutzvorkehrungen getroffen, um die Interessen der Beteiligten zu wahren. Darüber hinaus lassen sich die Auswirkungen für die Beteiligten durch eine **restriktive Handhabung**, die angesichts des Eingriffs in das Grundrecht auf informationelle Selbstbestimmung geboten ist, weiter reduzieren. Schließlich ist die Veröffentlichung nach § 40b S. 1 auch nicht mit der Veröffentlichung strafgerichtlicher Entscheidungen (zB nach §§ 165, 200 StGB) vergleichbar, da diese der Genugtuung und Rehabilitierung des Verletzten dient.[5] Die Veröffentlichung nach § 40b S. 1 ist daher keine Sanktion,[6] sondern ausschließlich eine **Maßnahme zur Gefahrenabwehr**.[7]

---

[1] Vgl. *Bachmann/Prüfer* ZRP 2005, 109, 113; *Fleischer* ZGR 2004, 437, 476; KölnKommWpHG-*Altenhain*, § 40b Rn. 1; *Möllers* ZBB 2003, 390.

[2] Vgl. Art. 30 der Verordnung (EG) Nr. 1/2003 des Rates zur Durchführung der in den Artikeln 81 und 82 des Vertrags niedergelegten Wettbewerbsregeln v. 16. 12. 2003, ABl. EG Nr. L 1 v. 4. 1. 2003.

[3] *Assmann/Schneider/Vogel*, WpHG, § 40b Rn. 1; *Gimnich*, Insiderhandelsverbot, S. 209.

[4] *Fleischer* ZGR 2004, 437, 476 f.

[5] Vgl. *Schönke/Schröder/Lenckner*, StGB, § 165 Rn. 1 und § 200 Rn. 1.

[6] Ebenso KölnKommWpHG-*Altenhain*, § 40b Rn. 4.

[7] KölnKommWpHG-*Altenhain*, § 40b Rn. 5.

Bekanntmachung von Maßnahmen 5–7 § 40b

4. Voraussetzungen

Die Veröffentlichung ist nur für **Maßnahmen der BaFin** vorgesehen, die sie 5 **wegen Verstößen gegen Verbote oder Gebote des WpHG** getroffen hat. Hierbei kann es sich zB um Anordnungen der BaFin aufgrund von § 4 I 3 handeln, aber auch um Bußgeldbescheide,[8] die sie aufgrund der Zuständigkeit nach § 40 erlassen hat. Ausgenommen sind Anordnungen nach § 4 II 2, die gemäß § 40b S. 2 zu veröffentlichen sind (vgl. Rn. 12). Die Maßnahmen müssen **unanfechtbar**, d. h. in Bestandskraft erwachsen sein. Dies ist der Fall, wenn Rechtsmittelverzicht erklärt wurde, die Fristen zur Einlegung von Rechtsbehelfen verstrichen sind oder alle ordentlichen Rechtsbehelfe erfolglos eingelegt wurden. Die Veröffentlichung von Maßnahmen, die andere Behörden oder Gerichte getroffen haben, ist nach dem Wortlaut des § 40b. 1 nicht möglich.[9]

Die Veröffentlichung ist nur im Hinblick auf **Missstände nach § 4 I 2** zuläs- 6 sig, d. h. hinsichtlich Sachverhalten, die die ordnungsgemäße Durchführung des Handels mit Finanzinstrumenten oder von Wertpapierdienstleistungen oder Wertpapiernebendienstleistungen beeinträchtigen oder erhebliche Nachteile für den Finanzmarkt bewirken können. Die Veröffentlichung darf nur zur **Beseitigung oder Verhinderung eines Missstands** erfolgen. Der Missstand muss demnach bereits bestehen oder unmittelbar bevorstehen. Schließlich muss die Veröffentlichung **geeignet und erforderlich** sein, um den Präventionszweck zu erreichen. Eine Veröffentlichung scheidet also aus, wenn die Veröffentlichung zur Erreichung des Präventionszwecks ungeeignet ist oder wenn ein milderes Mittel zur Verfügung steht. Von der Eignung der Veröffentlichung ist angesichts der starken Abschreckungswirkung i. d. R. auszugehen.[10] Die Erforderlichkeit ist hingegen zu verneinen, wenn der Missstand durch die BaFin bereits dadurch beseitigt oder verhindert werden kann, dass eine Verfolgung und Ahndung stattfindet.[11] Bei gravierenden Verstößen oder erheblicher Wiederholungs- oder Nachahmungsgefahr ist die Erforderlichkeit hingegen zu bejahen.

Die Veröffentlichung ist nicht zulässig, selbst wenn sie zur Ereichung des Präven- 7 tionszwecks geeignet und erforderlich sein sollte, wenn sie zu einer erheblichen Gefährdung der Finanzmärkte oder zu einem unverhältnismäßigen Schaden bei den Beteiligten führen würde **(Angemessenheitsklausel)**. Nach dem Willen des Gesetzgebers hat die BaFin aufgrund der in der Regelung enthaltenen unbestimmten Rechtsbegriffe eine umfassende **Güterabwägung,** insbesondere im Hinblick auf das Grundrecht auf informationelle Selbstbestimmung, vorzunehmen.[12] Angesichts des erheblichen Eingriffs, den die Veröffentlichung darstellen kann, ist eine restriktive Handhabung geboten.[13] Eine **erhebliche Gefährdung** der Finanzmärkte liegt insbesondere dann vor, wenn die Veröffentlichung der Maßnahme an den Finanzmärkten zu Schock- und Panikreaktionen führen kann.[14] Ein **unver-**

---

[8] KölnKommWpHG-*Altenhain*, § 40b Rn. 10.
[9] *Assmann/Schneider/Vogel*, WpHG, § 40b Rn. 2; KölnKommWpHG-*Altenhain*, § 40b Rn. 10.
[10] KölnKommWpHG-*Altenhain*, § 40b Rn. 12.
[11] KölnKommWpHG-*Altenhain*, § 40b Rn. 13.
[12] RegE AnSVG BT-Drucks. 15/3174, S. 41.
[13] *Assmann/Schneider/Vogel*, WpHG, § 40b Rn. 1; *Gimnich*, Insiderhandelsverbot, S. 209.
[14] *Assmann/Schneider/Vogel*, WpHG, § 40b Rn. 4.

hältnismäßiger Schaden bei den Beteiligten, d. h. bei den von der unanfechtbaren Maßnahme betroffenen Personen, liegt vor, wenn der ihnen drohende Schaden unverhältnismäßig größer ist als der den Finanzmärkten durch den Missstand drohende Schaden.[15]

5. Ermessen

8   Nach § 40 b S. 1 steht die Entscheidung, die Maßnahme öffentlich bekannt zu machen, im **pflichtgemäßes Ermessen** der BaFin („kann"). Die BaFin hat hierbei abzuwägen, ob die Veröffentlichung unter Beachtung einer sachlichen Zielsetzung bei Berücksichtigung der Bedeutung der Maßnahme für die Finanzmärkte und die Beteiligten sowie der angestrebten Präventionswirkung angebracht ist. Leitgedanken bilden der Gleichheits- und der Verhältnismäßigkeitsgrundsatz.

6. Veröffentlichung

9   Die öffentliche Bekanntmachung hat auf der **Internetseite der BaFin** *(http://www.bafin.de)* zu erfolgen. Möglich ist auch ein Link zu einer anderen Internet-Adresse, unter der ein Gericht seine Entscheidung veröffentlicht hat,[16] sofern das Gericht eine Maßnahme der BaFin bestätigt hat.[17] Öffentlich bekannt gemacht werden darf die **Rechtsfolgenanordnung** nebst dem zugrunde liegenden **Tatbestand**.[18] Grundsätzlich ist eine **Anonymisierung** geboten, sofern die Nennung von Namen zur Erreichung des präventiven Zwecks nicht erforderlich ist.[19] Damit wird der Eingriff in das Grundrecht auf informationelle Selbstbestimmung gering gehalten und dem Gebot einer restriktiven Handhabung entsprochen. Eine **Namensnennung** ist nur dann erforderlich, wenn auf andere Weise eine hinreichende Präventionswirkung nicht erzielt werden kann. Richten sich Maßnahmen gegen Unternehmen und zugleich gegen Personen, die für sie handeln, kann es ausreichend sein, lediglich die gegenüber dem Unternehmen getroffene Maßnahme zu veröffentlichen.[20]

III. Bekanntmachung nach § 40 b S. 2

1. Gesetzeshistorie

10   Die Anfügung des § 40 b S. 2 durch das **FRUG** mit Wirkung vom 1. 11. 2007 dient der Umsetzung von Art. 41 II 1 Finanzmarktrichtlinie, der nach Auffassung des Gesetzgebers die Veröffentlichung von Maßnahmen nach Art. 4 II sowie die Art der Veröffentlichung vorschreibt.[21] Allerdings betrifft Art. 41 II 1 Finanz-

---

[15] KölnKommWpHG-*Altenhain*, § 40 b Rn. 14.
[16] RegE AnSVG BT-Drucks. 15/3174, S. 41.
[17] *Assmann/Schneider/Vogel*, WpHG, § 40 b Rn. 2; KölnKommWpHG-*Altenhain*, § 40 b Rn. 15.
[18] *Assmann/Schneider/Vogel*, WpHG, § 40 b Rn. 5; KölnKommWpHG-*Altenhain*, § 40 b Rn. 15.
[19] Vgl. *Assmann/Schneider/Vogel*, WpHG, § 40 b Rn. 5; KölnKommWpHG-*Altenhain*, § 40 b Rn. 13.
[20] *Fleischer* ZGR 2004, 437, 475; KölnKommWpHG-*Altenhain*, § 40 b Rn. 13.
[21] RegE FRUG BT-Drucks. 16/4028, S. 79.

marktrichtlinie nur Anordnungen, „die für ein Finanzinstrument an einem oder mehreren geregelten Märkten die Aussetzung des Handels oder den Ausschluss vom Handel" verlangen, d.h. Anordnungen nach § 4 II 2. Durch die Einbeziehung aller Anordnungen nach § 4 II ist der Gesetzgeber über seine Umsetzungsverpflichtung hinausgegangen.

2. Zweck

§ 40b S. 2 soll sicherstellen, dass Anordnungen **schnellstmöglich** öffentlich bekannt gemacht werden. Die Einführung von § 40b S. 2 bedeutet im Vergleich zum bisherigen Recht, wonach sich die Veröffentlichung nach § 40b S. 1 richtete, eine erhebliche **Verschärfung**, da nicht nur auf die Unanfechtbarkeit der Anordnung und eine Angemessenheitsprüfung verzichtet wird, sondern der BaFin bei der Entscheidung über die Veröffentlichung auch kein Ermessen zusteht.

3. Voraussetzungen

§ 40b S. 2 betrifft Anordnungen nach § 4 II. Im Hinblick auf Art. 41 II 1 Finanzmarktrichtlinie und den Eingriff in das Grundrecht auf informationelle Selbstbestimmung (vgl. hierzu Rn. 3 und § 40a Rn. 11) ist § 40b S. 2 dahingehend verfassungskonform auszulegen, dass eine **Anordnung der BaFin nach § 4 II 2** vorliegen muss, die vorübergehend den Handel mit Finanzinstrumenten an einem oder mehreren geregelten Märkten untersagt oder aussetzt. Eine Veröffentlichung von anderen Anordnungen, die die BaFin nach § 4 II 1 getroffen hat, ist nur unter den Voraussetzungen des § 40b S. 1 zulässig.

4. Veröffentlichung

Bei der Entscheidung über die Veröffentlichung steht der BaFin **kein Ermessen** zu („hat"). Die Veröffentlichung erfolgt – wie in den Fällen des § 40b S. 1 – auf der **Internetseite der BaFin**. Die Veröffentlichung ist **unverzüglich** vorzunehmen, d.h. ohne schuldhaftes Zögern (vgl. § 121 I 1 BGB).

Abschnitt 13. Übergangsbestimmungen

§ 41 Übergangsregelung für Mitteilungs- und Veröffentlichungspflichten

(1) Ein Unternehmen im Sinne des § 9 Abs. 1 Satz 1, das am 1. August 1997 besteht und nicht bereits vor diesem Zeitpunkt der Meldepflicht nach § 9 Abs. 1 unterlag, muß Mitteilungen nach dieser Bestimmung erstmals am 1. Februar 1998 abgeben.

(2) Wem am 1. April 2002 unter Berücksichtigung des § 22 Abs. 1 und 2 fünf Prozent oder mehr der Stimmrechte einer börsennotierten Gesellschaft zustehen, hat der Gesellschaft und der Bundesanstalt unverzüglich, spätestens innerhalb von sieben Kalendertagen, die Höhe seines Stimmrechtsanteils unter Angabe seiner Anschrift schriftlich mitzuteilen; in der Mitteilung sind die zuzurechnenden Stimmrechte für jeden Zurechnungstatbestand getrennt anzugeben. Eine Verpflichtung nach Satz 1 besteht nicht, sofern nach dem 1. Januar 2002 und vor dem 1. April 2002 bereits eine Mitteilung gemäß § 21 Abs. 1 oder 1a abgegeben worden ist.

(3) Die Gesellschaft hat Mitteilungen nach Absatz 2 innerhalb von einem Monat nach Zugang nach Maßgabe des § 25 Abs. 1 Satz 1 und 2, Abs. 2 zu veröffentlichen und der Bundesanstalt unverzüglich einen Beleg über die Veröffentlichung zu übersenden.

(4) Auf die Pflichten nach den Absätzen 2 und 3 sind die §§ 23, 24, 25 Abs. 3 Satz 2, Abs. 4, §§ 27 bis 30 entsprechend anzuwenden.

(4a) Wer am 20. Januar 2007, auch unter Berücksichtigung des § 22, einen mit Aktien verbundenen Stimmrechtsanteil hält, der die Schwelle von 15, 20 oder 30 Prozent erreicht, überschreitet oder unterschreitet, hat dem Emittenten, für den die Bundesrepublik Deutschland der Herkunftsstaat ist, spätestens am 20. März 2007 seinen Stimmrechtsanteil mitzuteilen. Das gilt nicht, wenn er bereits vor dem 20. Januar 2007 eine Mitteilung mit gleichwertigen Informationen an diesen Emittenten gerichtet hat; der Inhalt der Mitteilung richtet sich nach § 21 Abs. 1, auch in Verbindung mit einer Rechtsverordnung nach Absatz 2. Wem am 20. Januar 2007 aufgrund Zurechnung nach § 22 Abs. 1 Satz 1 Nr. 6 ein Stimmrechtsanteil an einem Emittenten, für den die Bundesrepublik Deutschland der Herkunftsstaat ist, von 5 Prozent oder mehr zusteht, muss diesen dem Emittenten spätestens am 20. März 2007 mitteilen. Dies gilt nicht, wenn er bereits vor dem 20. Januar 2007 eine Mitteilung mit gleichwertigen Informationen an diesen Emittenten gerichtet hat und ihm die Stimmrechtsanteile nicht bereits nach § 22 Abs. 1 Satz 1 Nr. 6 in der vor dem 20. Januar 2007 geltenden Fassung zugerechnet werden konnten; der Inhalt der Mitteilung richtet sich nach § 21 Abs. 1, auch in Verbindung mit einer Rechtsverordnung nach Absatz 2. Wer am 20. Januar 2007 Finanzinstrumente im Sinne des § 25 hält, muss dem Emittenten, für den die Bundesrepublik Deutschland der Herkunftsstaat ist, spätestens am 20. März 2007 mitteilen, wie hoch sein Stimmrechtsanteil wäre, wenn er statt der Finanzinstrumente die Aktien hielte, die aufgrund der rechtlich bindenden Vereinbarung erworben werden können, es sei denn, sein Stimmrechtsanteil läge unter 5 Prozent. Dies

§ 41 1–3

gilt nicht, wenn er bereits vor dem 20. Januar 2007 eine Mitteilung mit gleichwertigen Informationen an diesen Emittenten gerichtet hat; der Inhalt der Mitteilung richtet sich nach § 25 Abs. 1, auch in Verbindung mit einer Rechtsverordnung nach Absatz 3. Erhält ein Inlandsemittent eine Mitteilung nach Satz 1, 3 oder 5, so muss er diese bis spätestens zum 20. April 2007 nach § 26 Abs. 1 Satz 1, auch in Verbindung mit einer Rechtsverordnung nach Absatz 3, veröffentlichen. Er übermittelt die Information außerdem unverzüglich, jedoch nicht vor ihrer Veröffentlichung dem Unternehmensregister im Sinne des § 8b des Handelsgesetzbuchs zur Speicherung. Er hat gleichzeitig mit der Veröffentlichung nach Satz 7 diese der Bundesanstalt nach § 26 Abs. 2, auch in Verbindung mit einer Rechtsverordnung nach Absatz 3 Nr. 2, mitzuteilen. Auf die Pflichten nach Satz 1 bis 9 sind die §§ 23, 24, 27 bis 29 und 29a Abs. 3 entsprechend anzuwenden. Auf die Pflichten nach Satz 4 ist § 29a Abs. 1 und 2 entsprechend anzuwenden.

(5) Ordnungswidrig handelt, wer vorsätzlich oder leichtfertig

1. entgegen Absatz 2 Satz 1 oder Absatz 4a Satz 1, 3, 5 oder 9 eine Mitteilung nicht, nicht richtig, nicht vollständig, nicht in der vorgeschriebenen Weise oder nicht rechtzeitig macht oder

2. entgegen Absatz 3 oder Absatz 4a Satz 7 oder 8 eine Veröffentlichung nicht, nicht richtig, nicht vollständig, nicht in der vorgeschriebenen Weise oder nicht rechtzeitig vornimmt, einen Beleg nicht oder nicht rechtzeitig übersendet oder eine Information nicht oder nicht rechtzeitig übermittelt.

(6) **Die Ordnungswidrigkeit kann in den Fällen des Absatzes 5 mit einer Geldbuße bis zu zweihunderttausend Euro geahndet werden.**

Schrifttum: Vor §§ 21 bis 30.

1 § 41 enthält Übergangsbestimmungen zu den Meldepflichten gemäß § 9 Abs. 1 Satz 1 sowie den Mitteilungs- und Veröffentlichungspflichten nach den §§ 21 ff. Die Regelung des § 41 Abs. 1 ist durch Zeitablauf obsolet geworden.

2 Eine **fortwirkende praktische Bedeutung** der Übergangsregelungen in § 41 Abs. 2 bis Abs. 4a kann sich in Einzelfällen daraus ergeben, dass eine Verletzung der Veröffentlichungspflichten nach § 41 Abs. 2, Abs. 3 und Abs. 4a weiterhin die gesetzlich angedrohten Rechtsfolgen nach sich ziehen kann. Dies ist bei der Sanktionierung als Ordnungswidrigkeit uneingeschränkt der Fall, während die **Sanktion des Rechtsverlustes** (§ 28) entfällt, wenn der Meldepflichtige die Mitteilung zur Bestandsaufnahme nachholt oder seit dem 1. April 2002 oder 20. Januar 2007 eine inhaltlich zutreffende Mitteilung über eine Stimmrechtsveränderung abgegeben hat, die den Rechtsverlust infolge der Verletzung der Bestandsaufnahmepflicht nach zutreffender Ansicht ebenfalls beseitigt (vgl. § 28 Rn. 20).

3 Die Übergangsvorschriften des § 41 Abs. 2 bis Abs. 4 waren im Zuge des Inkrafttretens des **Wertpapiererwerbs- und Übernahmegesetzes** neu gefasst worden. Dies wurde erforderlich, weil mit dem Gesetz zur Regelung von öffentlichen Angeboten zum Erwerb von Wertpapieren und von Unternehmensübernahmen[1] der **Anwendungsbereich kapitalmarktrechtlicher Beteiligungs-**

---

[1] BGBl. 2001 I S. 3822.

Übergangsregelung 4, 5 § 41

transparenz auf alle Emittenten an organisierten Märkten einer Wertpapierbörse erstreckt (vgl. § 21 Abs. 2) und die Zurechnungstatbestände des § 22 in Einklang mit den übernahmerechtlichen Zurechnungstatbeständen des § 30 WpÜG neu formuliert wurden (näher hierzu Vor §§ 21 bis 30 Rn. 10). Der erweiterte Anwendungsbereich kapitalmarktrechtlicher Beteiligungstransparenz und die geänderten Zurechnungsvorschriften galten seit dem 1. Januar 2002, was allerdings nicht aus § 41 Abs. 2 bis Abs. 6 folgt, sondern aus Art. 12 des Gesetzes zur Regelung von öffentlichen Angeboten zum Erwerb von Wertpapieren und von Unternehmensübernahmen. Demnach waren seit dem 1. Januar 2002 Stimmrechtsmitteilungen gemäß § 21 Abs. 1 und Abs. 1a und Veröffentlichungen gemäß § 25 aF nach geändertem Recht vorzunehmen. Vor diesem Hintergrund bestand die Funktion der Übergangsregelungen darin, auf den Stichtag 1. April 2002 eine **umfassende Bestandsaufnahme** sämtlicher im Sinne von § 21 Abs. 1 Satz 1 wesentlicher Beteiligungen an börsennotierten Gesellschaften nach geändertem Recht zu erreichen.

Zum Zweck der umfassenden Bestandsaufnahme enthält § 41 Abs. 2 Satz 1 eine eigenständige Mitteilungspflicht für Meldepflichtige mit einem Stimmrechtsanteil von wenigstens 5% an einer börsennotierten Gesellschaft, die nicht ohnehin im Zeitraum vom („nach" dem) 1. Januar 2002 bis einschließlich 31. März 2002 eine Veränderungsmitteilung nach § 21 Abs. 1 oder Abs. 1a abgegeben und damit ihren aktuellen Bestand nach neuem Recht gemeldet haben (vgl. § 41 Abs. 2 Satz 2). Die Stimmrechtsmitteilungen zur Bestandsaufnahme waren innerhalb von sieben Kalendertagen (gerechnet ab dem Stichtag 1. April 2002) abzugeben und von der börsennotierten Gesellschaft gemäß § 41 Abs. 2 innerhalb eines Monats nach Zugang nach Maßgabe der allgemeinen für die Veröffentlichung von Stimmrechtsmitteilungen geltenden Vorschriften zu veröffentlichen (§ 41 Abs. 3). Darüber hinaus ist in § 41 Abs. 4 die **entsprechende Anwendung** weiterer Einzelbestimmungen von Abschnitt 5 des WpHG angeordnet, was vor allem auch die Sanktion des Rechtsverlustes nach § 28 betrifft. Durch diese Regelungssystematik ist gewährleistet, dass die Bestandsaufnahme zum 1. April 2002 insgesamt nach den für Veränderungsmitteilungen geltenden Bestimmungen erfolgt. 4

§ 41 Abs. 4a wurde durch das **Transparenzrichtlinie-Umsetzungsgesetz** vom 5. Januar 2007 (Vor §§ 21 bis 30 Rn. 11) mit Wirkung vom 20. Januar 2007 in das WpHG eingefügt. Er setzt Art. 30 der Transparenzrichtlinie 2004/109/EG[2] um und enthält Übergangsbestimmungen für die durch das Transparenzrichtlinie-Umsetzungsgesetz erfolgten Änderungen der Beteiligungspublizität (siehe dazu Vor §§ 21 bis 30 Rn. 11). Die Regelungstechnik entspricht weitgehend derjenigen der Abs. 2 bis Abs. 4. Nach § 41 Abs. 4a Satz 1 bis 6 war bis zum 20. März 2007 eine Bestandsmitteilung (ausschließlich) gegenüber dem Emittenten, bezogen auf den 20. Januar 2007, abzugeben, wenn aufgrund Erwerb, Veräußerung oder Zurechnung die neuen Schwellen von 15, 20 oder 30% gemäß § 21 Abs. 1 Satz 1 berührt wurden (§ 41 Abs. 4a Satz 1 und 2), aufgrund der Änderungen der Zurechnungsvorschrift des § 22 Abs. 1 Satz 1 Nr. 6 ein Stimmrechtsanteil von 5% oder mehr zustand (§ 41 Abs. 4a Satz 3 und 4) oder Finanzinstrumente im Sinne des § 25 gehalten wurden (§ 41 Abs. 4a Satz 5 und 5

---

[2] Richtlinie 2004/109/EG des Europäischen Parlaments und des Rates vom 15. Dezember 2004, ABl. EU Nr. L 390/38 vom 31. Dezember 2004.

§ 42 Abschnitt 13. Übergangsbestimmungen

6). Die Mitteilungspflicht bestand jeweils nicht, falls vor dem 20. Januar 2007 eine Mitteilung mit gleichwertigen Informationen an den Emittenten gerichtet wurde. Der Emittent hatte die Bestandsmitteilung gemäß § 26 zu veröffentlichen (vgl. § 41 Abs. 4a Satz 7), es galt also das Publikationsregime der §§ 3a, 3b WpAIV (dazu § 26 Rn. 10 ff.). Die zu veröffentlichenden Informationen waren nach § 41 Abs. 4a Satz 8 zudem unverzüglich, jedoch nicht vor der Veröffentlichung dem Unternehmensregister im Sinne des § 8b HGB zur Speicherung zu übermitteln.[3] Dies ergibt sich bereits aus § 8b Abs. 2 Nr. 9, Abs. 3 Satz 1 Nr. 2 HGB, so dass § 41 Abs. 4a Satz 8 nur wegen seiner zeitlichen Vorgabe von Bedeutung war. Daneben bestand nach § 41 Abs. 4a Satz 9 die Pflicht, der BaFin gemäß § 26 Abs. 2 Mitteilung zu machen.

6   Der **Inhalt der Bestandmitteilung** richtete sich nach § 21 Abs. 1 und § 25. § 41 Abs. 4a Satz 10 ordnete zudem die entsprechende Geltung der §§ 23, 24, 27 bis 29 und 29a Abs. 3 an. Die Bestandsaufnahme zum 20. Januar 2007 musste also – genau wie diejenige zum 1. April 2002 nach § 41 Abs. 2 – insgesamt nach den für Veränderungsmitteilungen geltenden Bestimmungen erfolgen.

7   Die Ordnungswidrigkeitentatbestände des § 41 Abs. 5 wurden durch das Transparenzrichtlinie-Umsetzungsgesetz an den neu eingefügten Abs. 4a angepasst. Verstöße werden nun einheitlich mit einer Geldbuße von bis zu 200 000,– Euro geahndet (§ 41 Abs. 6).

§ 42 Übergangsregelung für die Kostenerstattungspflicht nach § 11

(1) Die nach § 11 Abs. 1 Satz 1 in der Fassung des Gesetzes vom 26. Juli 1994 (BGBl. I S. 1749) zur Erstattung der Kosten der Bundesanstalt Verpflichteten können für die Zeit bis Ende 1996 den Nachweis über den Umfang der Geschäfte in Wertpapieren und Derivaten auch anhand der im Jahre 1996 und für 1997 anhand der Zahl der im Jahre 1997 gemäß § 9 mitgeteilten Geschäfte führen.

(2) § 11 ist für den Zeitraum bis zum 30. April 2002 in der bis zum Tag vor dem Inkrafttreten des Gesetzes über die integrierte Finanzdienstleistungsaufsicht vom 22. April 2002 (BGBl. I S. 1310) geltenden Fassung auf die angefallenen Kosten des Bundesaufsichtsamtes für den Wertpapierhandel anzuwenden.

Übersicht

	Rn.
I. Kosten der Aufsicht (§ 11 WpHG aF; §§ 13–16 FinDAG)	1
II. Übergangsregelung (§ 42 Abs. 1, 2)	8

Schrifttum: *Ehlers/Achelpöhler*, Die Finanzierung der Wirtschaftsaufsicht durch Wirtschaftsunternehmen, NVwZ 1993, 1025; *Präve*, Zur Finanzierung der Versicherungsaufsicht gemäß § 101 VAG, VW 1995, 1004; *Reiter/Geerlings*, Die Reform der Bankenaufsicht – eine Chance für den Verbraucherschutz? –, DÖV 2002, 562.

---

[3] Siehe dazu auch § 26 Rn. 19.

I. Kosten der Aufsicht
(§ 11 WpHG a F; §§ 13–16 FinDAG)

§ 42 verweist auf § 11, der die Kosten des Bundesaufsichtsamtes regelte. Die Vorschrift ist durch das Gesetz über die integrierte Finanzdienstleistungsaufsicht aufgehoben und durch §§ 13–16 FinDAG ersetzt worden.
§ 11 lautete in der zuletzt geltenden Fassung:

§ 11 Umlage und Kosten

(1) ¹Die Kosten des Bundesaufsichtsamtes sind dem Bund zu erstatten
1. zu 68 Prozent durch Kreditinstitute und nach § 53 Abs. 1 Satz 1 des Gesetzes über das Kreditwesen tätige Unternehmen, sofern diese Kreditinstitute oder Unternehmen befugt sind, im Inland Wertpapierdienstleistungen im Sinne des § 2 Abs. 3 Nr. 1, 2 oder 5 zu erbringen,
2. zu 4 Prozent durch die Kursmakler und andere Unternehmen, die an einer inländischen Börse zur Teilnahme am Handel zugelassen sind und nicht unter Nummer 1 fallen,
3. zu 9 Prozent durch Finanzdienstleistungsinstitute und nach § 53 Abs. 1 Satz 1 des Gesetzes über das Kreditwesen tätige Unternehmen, sofern diese Finanzdienstleistungsinstitute oder Unternehmen befugt sind, im Inland Wertpapierdienstleistungen im Sinne des § 2 Abs. 3 Nr. 3, 4 oder 6 zu erbringen und nicht unter Nummer 1 oder 2 fallen,
4. zu 9 Prozent durch Emittenten mit Sitz im Inland, deren Wertpapiere an einer inländischen Börse zum Handel zugelassen oder mit ihrer Zustimmung in den Freiverkehr einbezogen sind.

²In den Fällen des Satzes 1 Nr. 1 und 2 werden die Kosten nach Maßgabe des Umfanges der nach § 9 Abs. 1 gemeldeten Geschäfte anteilig umgelegt; maßgeblich ist die Zahl der Geschäfte, wobei bei Schuldverschreibungen nur ein Drittel der Geschäfte zu berücksichtigen ist. ³Im Falle des Satzes 1 Nr. 3 werden die Kosten nach Maßgabe des Egebnisses aus der gewöhnlichen Geschäftstätigkeit oder bei Nachweis nach Maßgabe der aus Wertpapierdienstleistungen oder Eigengeschäften erzielten Bruttoerlöse anteilig umgelegt. ⁴Im Fall des Satzes 1 Nr. 4 werden die Kosten auf die Emittenten nach Maßgabe der Börsenumsätze ihrer zum Handel zugelassenen oder in den Freiverkehr einbezogenen Wertpapiere anteilig umgelegt.

(2) ¹Die nach Absatz 1 Satz 1 Verpflichteten und die inländischen Börsen haben dem Bundesaufsichtsamt auf Verlangen Auskünfte über den Geschäftsumfang, das Ergebnis aus der gewöhnlichen Geschäftstätigkeit oder die Bruttoerlöse und die Börsenumsätze zu erteilen. ²Die Kostenforderungen werden vom Bundesaufsichtsamt nach den Vorschriften des Verwaltungs-Vollstreckungsgesetzes durchgesetzt.

(3) ¹Das Nähere über die Erhebung der Umlage nach Absatz 1 und über die Beitreibung bestimmt das Bundesministerium der Finanzen durch Rechtsverordnung, die nicht der Zustimmung des Bundesrates bedarf; es kann in der Rechtsverordnung Mindestbeträge festsetzen. ²Das Bundesministerium der Finanzen kann die Ermächtigung durch Rechtsverordnung auf das Bundesaufsichtsamt übertragen.

(4) Die Kosten, die dem Bund durch die Prüfung nach § 35 Abs. 1 sowie § 36 Abs. 4 entstehen, sind von den betroffenen Unternehmen gesondert zu erstatten und auf Verlangen des Bundesaufsichtsamtes vorzuschießen)

Parallelvorschriften existierten in § 51 KWG und § 101 VAG. Der diesen Vorschriften ebenso wie der Neuregelung in §§ 13, 16 FinDAG zugrunde liegende Gedanke, die **Adressaten staatlicher Wirtschaftsaufsicht selbst** (größtenteils, § 11 WpHG, 51 KWG, § 101 VAG aF, oder sogar vollständig, § 16 FinDAG) **für die Kosten der Aufsicht aufkommen** zu lassen, weicht von dem allgemeinen Konzept ab, dass die Kosten staatlicher Aufsichtsmaßnahmen – wie die

§ 42 3–5   Abschnitt 13. Übergangsbestimmungen

meisten sonstigen Kosten staatlichen Handeln auch – nicht direkt von den Betroffenen, sondern aus dem allgemeinen Steueraufkommen zu bestreiten sind. So wird die gesamte sonstige Gewerbeaufsicht aus Steuermitteln finanziert. Rechtfertigen lässt sich ein derartiges System, nach dem etwa auch die britische Financial Services Authority funktioniert,[1] zum einen mit dem polizeirechtlichen **Verursacherprinzip**, zum anderen – überzeugender – damit, dass eine effektive Wertpapierhandelsaufsicht den beaufsichtigten Unternehmen direkt **wirtschaftliche Vorteile** bringt, weil die mit dem WpHG eingeführte effektive Kontrolle die Attraktivität des Finanzplatzes Deutschland für in- und ausländische Anleger erheblich gesteigert hat.[2]

3   Die Umlage nach § 16 FinDAG/§ 11 aF WpHG ist weder Gebühr, Steuer noch Beitrag, sondern eine **Sonderabgabe** bzw. **sonstige Abgabe**.[3]

4   Im Hinblick auf die Regelungen im KWG und VAG wurden **verfassungsrechtliche Bedenken** gegen eine derartige Kostenabwälzung geltend gemacht. Diese wurden vor allem darauf gestützt, dass Gemeinlasten nach der grundgesetzlichen Finanzverfassung (Art. 104 a ff. GG) prinzipiell aus dem allgemeinen Steueraufkommen zu finanzieren seien und sonstige Abgaben einer besonderen Rechtfertigung bedürften, die für die genannten Bereiche nicht vorhanden seien.[4] Berücksichtigt man, dass die Wertpapieraufsicht nach dem WpHG zumindest auch, wenn nicht ganz vorrangig öffentlichen Interessen dient, weil sie den Insiderhandel bekämpft und die damit verbundene Aufwertung des Finanzplatzes Deutschland im allgemeinen Interesse aller Marktteilnehmer (nicht nur im Interesse der beaufsichtigten Institute) liegt, so geht es bei der Finanzierung dieser Aufsicht augenscheinlich um Gemeinlasten. Besondere Gründe, die entsprechenden Kosten nicht allen Bürgern, sondern – vollständig – einzelnen Betroffenen aufzubürden, sind nicht ersichtlich. Insofern erscheinen entsprechende verfassungsrechtliche Bedenken auch für den Bereich des WpHG nicht von der Hand zu weisen.[5]

5   Wie nach § 51 KWG und § 101 VAG aF trug der Bund gem. **§ 11 WpHG aF** 10% der Kosten, während die restlichen 90% von den Beaufsichtigten nach einem in Absatz 1 genau normierten Verteilungsschlüssel – Kreditinstitute 68%, Kursmakler 4%, Finanzdienstleistungsinstitute und Emittenten je 9% – aufgebracht werden mussten. Die Abrechnung erfolgte jährlich, wobei die Pflichtigen für das laufende Jahr vorweg Abschlagszahlungen in Höhe von 50% der Kostenbeträge des Vorjahres zu leisten hatten (§§ 5, 6 Umlageverordnung[6]). Die **Ei-**

---

[1] Vgl. *Binder* WM 2001, 2230, 2235.
[2] Vgl. *Assmann/Schneider/Dreyling*, vor § 3, §§ 13–16 FinDAG Rn. 1.
[3] Siehe im Einzelnen *Ehlers/Achelpöhler* NVwZ 1993, 1025, 1029 f.; *Prölss/Kollhosser*, VAG, § 101 Rn. 8; *Boos/Fischer/Schulte-Mattler/Lindemann*, KWG, § 16 FinDAG Rn. 51 ff.; aA VG Frankfurt am Main ZIP 2001, 605, 610 (Gebühr oder Beitrag); *Präve* VW 1995, 1004, 1005 (Beitrag).
[4] Vgl. insbesondere *Ehlers/Achelpöhler* NVwZ 1993, 1025 ff.; Bedenken auch bei *Boos/Fischer/Schulte-Mattler/Lindemann* KWG, § 16 FinDAG Rn. 68 – Verfassungsmäßigkeit bejahend etwa *Präve* VW (Versicherungswirtschaft) 1995, 1004; *Reischauer/Kleinhans*, KWG, § 51 Rn. 1; *Szagunn/Haug/Ergenzinger*, KWG, § 51 Rn. 2.
[5] Ebenso *Schäfer/Geibel*, § 11 Rn. 31 f.; aA VG Frankfurt/M. NJW-RR 2001, 1124, 1127 = ZIP 2001, 605, 609 f.
[6] Umlageverordnung Wertpapierhandel vom 22. 2. 1999, BGBl. I, S. 179. Zuvor galt die Verordnung über die Umlegung der Kosten des Bundesaufsichtsamtes für den Wertpapierhandel der Jahre 1994 bis 1997 vom 21. 11. 1997, BGBl. I S. 2746.

genbeteiligung des Bundes sollte diesen zum sparsamen Wirtschaften anhalten;[7] ob die geringe Beteiligung diesen Zweck zu erfüllen geeignet war, kann allerdings bezweifelt werden. Die **Neuregelung in § 16 FinDAG** legt nunmehr die vollen Kosten auf die dort im Einzelnen aufgezählten Institute und Unternehmen um, vorbehaltlich der gem. §§ 14, 15 FinDAG gesondert zu zahlenden Gebühren und Kosten. Warum der Gesetzgeber auf die bisherige Eigenbeteiligung verzichtet hat, ist der Gesetzesbegründung nicht zu entnehmen. Der Bundesrat hatte für die Beibehaltung der teilweisen Finanzierung aus allgemeinen Steuermitteln plädiert und dies damit begründet, dass die BAFin eine im öffentlichen Interesse liegende Aufgabe wahrnehme, und dass durch eine Kostenbeteiligung des Bundes eine parlamentarische Kontrolle gewährleistet sei, was den Druck zu einer sparsamen Haushaltsführung erhöhe.[8] Neu ist auch die Einbeziehung der bei der Deutschen Bundesbank entstehenden Kosten (§§ 13 Abs. 1, 15 Abs. 2 FinDAG). Nach § 16 S. 2 ff. FinDAG werden die Einzelheiten, darunter auch der bislang gesetzlich geregelte **Verteilungsschlüssel**, in einer neu zu erlassenen Umlageverordnung geregelt.

Die ermittelte Kostenforderung kann von der Aufsichtsbehörde durch **Leis-** 6 **tungsbescheid** festgesetzt werden. Die Ermächtigung zum Erlass eines derartigen Bescheids ist zwar in § 11 aF/§ 16 FinDAG nicht ausdrücklich enthalten, folgt aber inzidenter aus dem Verweis auf das VwVG, denn dieses gestattet ausschließlich die Vollstreckung von Verwaltungsakten.

In den Jahren 1994–2001 entstanden beim BAWe folgende Kosten (ohne Be- 7 rücksichtigung von Gebühreneinnahmen):[9]
1994   1 256 000 DM
1995   13 468 000 DM
1996   15 992 000 DM
1997   14 698 000 DM
1998   17 300 000 DM
1999   17 500 000 DM
2000   18 070 000 DM
2001   22 500 000 DM

Die Kostenerhebung erfolgte in diesen Jahren auf der Grundlage des § 11 Abs. 1 in der Fassung des Zweiten Finanzmarktförderungsgesetzes in Verbindung mit der Übergangsvorschrift des § 42 aF.[10]

II. Übergangsregelung (§ 42 Abs. 1, 2)

§ 11 aF ist 1998 insgesamt neu gefasst worden, nachdem sich die technische 8 Umsetzung der ursprünglichen Fassung als schwierig erwiesen hatte.[11] Darauf

---

[7] Begr. Regierungsentwurf, BT-Drs. 12/6679, S. 44 f. Für die entsprechende Regelung im VAG wurde dagegen angeführt, die Eigenbeteiligung solle unterstreichen, dass die Aufsicht im öffentlichen Interesse erfolgt, *Prölss/Kollhosser,* VAG, § 101 Rn. 2.
[8] BR-Drs. 636/01. Kritisch zur Neuregelung auch *Reiter/Geerlings* DÖV 2002, 562, 567, mit dem bedenkenswerten Alternativmodell einer Kombination von Finanzierung aus Gebühren und allgemeinen Steuermitteln.
[9] Angaben nach *Assmann/Schneider/Dreyling,* § 11 Rn. 24; Jahresbericht 1998, S. 40; Jahresbericht 1999, S. 47; Jahresbericht 2000, S. 42; Jahresbericht 2001, S. 53.
[10] *Assmann/Schneider/Dreyling* § 11 Rn. 24.
[11] Vgl. *Assmann/Schneider/Dreyling,* § 11 Rn. 1.

§§ 43, 44 Abschnitt 13. Übergangsbestimmungen

bezieht sich § 42 **Abs. 1**. Nach § 11 Abs. 1 S. 2–4 der ab 1998 geltenden Fassung (so Rn. 2) war zur Berechnung des Erstattungsbetrages eine genaue Aufstellung über alle getätigten Geschäfte und deren Umfang nicht mehr erforderlich, sondern es genügte i. d. R. ein Nachweis der nach § 9 gemeldeten Geschäfte. Dahinter stand die Erwägung, dass eine detaillierte Aufstellung über den Geschäftsbetrieb für die betroffenen Unternehmen mit einem unzumutbaren Aufwand verbunden wäre.[12] § 42 Abs. 1 erstreckt diese Vereinfachung auf den Zeitraum vor 1998, in dem die Ursprungsfassung des § 11 diese Erleichterung noch nicht vorgesehen hatte. Die Unternehmen sind nicht verpflichtet, die mit § 42 Abs. 1 verbundene Erleichterung in Anspruch zu nehmen; sie können den Nachweis auch auf andere, vom Bundesaufsichtsamt festgelegte Weise führen.[13] § 42 Abs. 1, der nur Zeiträume bis 1997 betrifft, dürfte aktuell keine Bedeutung mehr haben.

Absatz 2 betrifft den Übergang von dem ab 1998 geltenden Recht zum Rechtszustand nach dem FinDAG und bestimmt, dass für die Erstattung der Kosten des BAWe bis zum 30. April 2002 § 11 Fassung 1998 (o. Rn. 2) Anwendung findet. Die Regelung wurde erforderlich, weil § 11 durch Art. 4 Nr. 10 des Gesetzes über die integrierte Finanzdienstleistungsaufsicht an sich ab Mai 2002 aufgehoben war und daher der Bundesanstalt ohne diese Vorschrift für die Zeiträume 2001, Januar–April 2002 hinsichtlich des BAWe für die (rückwirkende) Kostenumlegung[14] keine Rechtsgrundlage mehr zur Verfügung gestanden hätte.[15]

§ 43 Übergangsregelung für die Verjährung von Ersatzansprüchen nach § 37 a

§ 37 a ist nicht anzuwenden auf Ansprüche gegen Wertpapierdienstleistungsunternehmen auf Schadensersatz wegen Verletzung der Pflicht zur Information und wegen fehlerhafter Beratung im Zusammenhang mit einer Wertpapierdienstleistung oder Wertpapiernebendienstleistung, die vor dem 1. April 1998 entstanden sind.

1 Auf die Kommentierung zu § 37 a (Rn. 5) wird verwiesen.

§ 44 Übergangsregelung für ausländische organisierte Märkte

(1) Organisierte Märkte, die einer Erlaubnis nach § 37 i bedürfen und am 1. Juli 2002 Handelsteilnehmern mit Sitz im Inland über ein elektronisches Handelssystem einen unmittelbaren Marktzugang gewährt haben, haben dies der Bundesanstalt bis zum 31. Dezember 2002 anzuzeigen und einen Antrag auf Erlaubnis bis zum 30. Juni 2003 zu stellen.

(2) Organisierte Märkte, die eine Anzeige nach § 37 m abgeben müssen und die am 1. Juli 2002 Handelsteilnehmern mit Sitz im Inland über ein elektronisches Handelssystem einen unmittelbaren Marktzugang gewährt

---

[12] BT-Drs. 13/7142, S. 116; *Schäfer/Opitz*, § 42 ohne Rn.
[13] BT-Drs. 13/7142, S. 116; *Schäfer/Opitz*, § 42 ohne Rn.
[14] Die Umlage der Kosten für ein Geschäftsjahr erfolgt üblicherweise im Folgejahr.
[15] Vgl. BT-Drs. 14/7033, S. 41.

Anwendungsbestim. f. d. Tansparenzrichtl.-Umsetzungsges. §§ 45, 46

haben, haben dies und die Absicht, den Marktzugang aufrechtzuerhalten, der Bundesanstalt bis zum 31. Dezember 2002 anzuzeigen.

Schrifttum: Vor §§ 37i bis 37m.

§ 44 enthält eine Übergangsregelung für bereits vor Inkrafttreten der §§ 37i ff. aF (Vor §§ 37i bis 37m Rn. 10) bestehende Marktzugänge. Die Anzeigepflicht bis zum 31. Dezember 2002 diente dazu, der BaFin einen ersten Überblick über die Tätigkeit von organisierten Märkten aus Drittstaaten zu verschaffen. Um der BaFin die Prüfung zu ermöglichen, ob der Anlegerschutz sowie der Informationsaustausch mit der zuständigen ausländischen Aufsichtsbehörde gewährleistet erschien, waren bis zum 30. Juni 2003 die in § 37i Abs. 1 Satz 2 genannten Angaben zu machen und Unterlagen einzureichen. 1

Bei verspäteter oder fehlender Anzeige oder Antragstellung war die Untersagung nach § 37l die einzige Form der Sanktion; eine Ahndung als Ordnungswidrigkeit war nicht vorgesehen (vgl. § 37i Rn. 16). Vor diesem Hintergrund hat § 44 durch Zeitablauf keine praktische Bedeutung mehr. 2

§ 45 Anwendungsbestimmung zum Abschnitt 11

Die Bestimmungen des Abschnitts 11 in der vom 21. Dezember 2004 an geltenden Fassung finden erstmals auf Abschlüsse des Geschäftsjahres Anwendung, das am 31. Dezember 2004 oder später endet. Die Bundesanstalt nimmt die ihr in Abschnitt 11 zugewiesenen Aufgaben ab dem 1. Juli 2005 wahr.

Schrifttum: § 37n.

§ 45 entspricht Art. 56 Abs. 1 Satz 2 EGHGB, wonach Prüfungen durch die Prüfstelle (§ 37p, § 342b Abs. 1 HGB) frühestens ab dem 1. Juli 2005 stattfinden. 1

§ 46 Anwendungsbestimmung für das Transparenzrichtlinie-Umsetzungsgesetz

(1) § 37n und § 37o Abs. 1 Satz 4 sowie die Bestimmungen des Abschnitts 11 Unterabschnitt 2 in der vom 20. Januar 2007 an geltenden Fassung finden erstmals auf Finanzberichte des Geschäftsjahrs Anwendung, das nach dem 31. Dezember 2006 beginnt.

(2) Auf Emittenten, von denen lediglich Schuldtitel zum Handel an einem organisierten Markt im Sinne des Artikels 4 Abs. 1 Nr. 14 der Richtlinie 2004/39/EG des Europäischen Parlaments und des Rates vom 21. April 2004 über Märkte für Finanzinstrumente (ABl. EU Nr. L 145 Satz 1) in einem Mitgliedstaat der Europäischen Union oder in einem anderen Vertragsstaat des Abkommens über den Europäischen Wirtschaftsraum zugelassen sind, sowie auf Emittenten, deren Wertpapiere zum Handel in einem Drittstaat zugelassen sind und die zu diesem Zweck seit dem Geschäftsjahr, das vor dem 11. September 2002 begann, international anerkannte Rechnungslegungsstandards anwenden, finden § 37w Abs. 3 Satz 2 und § 37y Nr. 2 in der vom 20. Januar 2007 an geltenden Fassung mit der Maßgabe Anwendung, dass der Emittent für vor dem 31. Dezember 2007 beginnen-

§ 46   1–5   Abschnitt 13. Übergangsbestimmungen

de Geschäftsjahre die Rechnungslegungsgrundsätze des jeweiligen Vorjahresabschlusses anwenden kann.

(3) § 30 b Abs. 3 Nr. 1 Buchstabe a in der vom 20. Januar 2007 an geltenden Fassung findet erstmals auf Informationen Anwendung, die nach dem 31. Dezember 2007 übermittelt werden.

(4) Veröffentlichungen nach § 30 b Abs. 1 und 2 sind bis zum 31. Dezember 2008 zusätzlich zu der Veröffentlichung im elektronischen Bundesanzeiger auch in einem Börsenpflichtblatt vorzunehmen.

Schrifttum: Vor §§ 37 v bis 37 z.

1   Das Transparenzrichtlinie-Umsetzungsgesetz[1] ist am 20. Januar 2007 in Kraft getreten. § 46 enthält Übergangsvorschriften für die Anwendung einzelner, dadurch in das WpHG eingefügter Normen.

2   Die Regeln der §§ 37 v ff. zur Finanzberichtspublizität und die darauf bezogenen Änderungen der §§ 37 n, § 37 o Abs. 1 Satz 4 finden gemäß § 46 Abs. 1 erstmals auf Finanzberichte des Geschäftsjahrs Anwendung, das nach dem 31. Dezember 2006 beginnt. Dies entspricht Art. 62 EGHGB, wonach die durch das Transparenzrichtlinie-Umsetzungsgesetz geänderten handelsrechtlichen Vorschriften ebenfalls erstmals auf Finanzberichte für das nach dem 31. Dezember 2006 beginnende Geschäftsjahr anzuwenden sind.

3   § 46 Abs. 2 verschiebt die Pflicht zur Erstellung von IFRS-Halbjahresfinanzberichten (dazu § 37 w Rn. 18) auf Geschäftsjahre, die nach dem 31. Dezember 2007 beginnen. Damit wird berücksichtigt, dass die in § 46 Abs. 2 genannten Emittenten nach Art. 57 EGHGB (der auf Art. 9 der IAS-Verordnung[2] beruht) erstmals für das Geschäftsjahr, das nach dem 31. Dezember 2006 beginnt, einen vollständigen IFRS-Abschluss zu erstellen haben.[3] Ohne diese Übergangsvorschrift würde der erste IFRS-Halbjahresfinanzbericht nicht auf einem IFRS-Jahresabschluss basieren, was aber von IAS 34 vorausgesetzt wird. § 46 Abs. 2 ist also notwendige Folge der Regelung des Art. 9 der IAS-Verordnung; eine gesonderte Grundlage für § 46 Abs. 2 in der Transparenzrichtlinie 2004/109/EG war damit nicht erforderlich.[4]

4   Die Zustimmung der Hauptversammlung gemäß § 30 b Abs. 3 Nr. 1 a) (siehe § 30 b Rn. 23) ist nach § 46 Abs. 3 erstmals auf Informationen anwendbar, die nach dem 31. Dezember 2007 übermittelt werden. Diese Übergangsregelung beruht auf der Gegenäußerung des Bundesrates.[5]

5   Auch § 46 Abs. 4 geht auf eine Anregung des Bundesrates zurück. Damit ist für Veröffentlichungen nach § 30 b Abs. 1 und 2 bis zum 31. Dezember 2008 eine zusätzliche Veröffentlichung in einem Börsenpflichtblatt erforderlich. Zu den Einzelheiten sei auf die Kommentierung zu § 30 b Rn. 6 verwiesen.

---

[1] Gesetz zur Umsetzung der Richtlinie 2004/109/EG des Europäischen Parlaments und des Rates vom 15. Dezember 2004 zur Harmonisierung der Transparenzanforderungen in Bezug auf Informationen über Emittenten, deren Wertpapiere zum Handel auf einem geregelten Markt zugelassen sind, und zur Änderung der Richtlinie 2001/34/EG, BGBl. I S. 10.
[2] Verordnung (EG) Nr. 1606/2002.
[3] Vgl. auch BT-Drucks. 16/2498, S. 48.
[4] Siehe dazu auch *Beiersdorf/Buchheim* BB 2006, 1674, 1676.
[5] BT-Drucks. 16/2917, S. 2.

Sachverzeichnis

Die fetten Zahlen bezeichnen die Paragraphen,
die mageren die Randnummern.

Abgabepflicht
- der Staatsanwaltschaft **40** 7

Abschlussprüfung
 s. Unternehmensabschlussprüfung

Abschlussvereinigungen 37 g 22

Abschlussvermittlung
- im fremden Namen für fremde Rechnung **2** 87 f.
- offene Stellvertretung **2** 87 f.
- vertraglich gebundene Vermittler **2 a** 40 ff.
- Wertpapierdienstleistung **2** 88

Absprachen
- im Straf- oder Bußgeldverfahren **40** 12

abusive squeeze 20 a 65

acting in concert 22 80

Ad-hoc-Publizität
- Aktualisierung **15** 270 ff.
- Änderungen der Stimmrechtsanteile **15** 179 ff.
- Berichtigungsgebot **15** 334 ff., 431
- bewertungserhebliche Umstände **15** 77
- Corporate Governance Codex **15** 183
- Directors' Dealings **15** 230 f.
- Emittentenbegriff **15** 280 f.
- Emittentenbezug **15** 120 ff., 124 ff.
- Enforcement-Verfahren **15** 232 ff.
- Erwerb eigener Aktien **15** 190 ff.
- Haftung **15** 433 ff., **Vor 37 b** 21, **37 b**
- Herkunftsstaatprinzip **15** 41 ff.
- Inlandsemittent **15** 40 ff., 69 f.
- Insiderinformation **15** 72 ff.
- Kapitalmaßnahmen **15** 184 ff.
- keine anderweitige Veröffentlichung **15** 431
- Kennzahlen **15** 319 ff.
- konkrete Information **15** 78 ff.
- Konzernsachverhalte **15** 69, 160 ff.
- M&A-Transaktionen **15** 204 ff.
- Normzweck **15** 31 ff.
- öffentliche Übernahme **15** 195 ff.
- Ordnungswidrigkeiten **15** 446 ff., **39** 22, 37
- Personalentscheidungen **15** 217 ff.
- Prävention von Insidergeschäften **Vor 12** 71 ff.
- Preisbeeinflussungspotenzial **15** 140 ff.
- primäre Ad-hoc-Pflicht **15** 39 ff.
- Prospektbegriff **Vor 37 b** 27
- Rechts- und Verwaltungsverfahren **15** 226 ff.
- Rechtsfolgen **15** 433 ff.
- Rechtsverordnung **15** 458 f.
- Regelpublizität **15** 32, 166 ff.
- Restrukturierung und Insolvenz **15** 209 ff.
- Richtigkeitsverpflichtung **15** 326 ff., 334 ff.
- Schadenersatzpflicht **15** 433 ff., **37 b**
- Schutzgesetzcharakter **Vor 37 b** 63
- Selbstbefreiung **15** 342 ff.
- Sprache der Veröffentlichung **15** 249 ff., 263
- Squeeze-Out **15** 202 f.
- strafbare Handlungen **15** 229
- typische Fallkonstellationen **15** 76
- Übermittlung an Unternehmensregister **15** 273 ff.
- Überwachung durch BaFin **15** 37
- Unverzüglichkeit **15** 255 ff.
- Unwissentlichkeit **15** 316 ff.
- USA **15** 460 ff.
- Verbesserungen durch 4. FFG **Einl** 32
- Veröffentlichung **15** 238 ff.
- Veröffentlichung bei Weitergabe **15** 276 ff.
- Veröffentlichungsarten **15** 239 ff.
- Veröffentlichungsbeleg **15** 432
- Veröffentlichungsform **15** 266 ff.
- Veröffentlichungsverbot **15** 326 ff., 431
- Veröffentlichungszeitpunkt **15** 306 f., 316 ff.
- Vertraulichkeitsverpflichtungen **15** 308 ff.
- Vorabmitteilung **15** 406 ff.
- Vorverlagerung **15** 177
- Widerspruch zur Marktmissbrauchsrichtlinie **15** 62 ff.
- Zulassungsantrag **15** 71

advancing the bid 20 a 57

Aggregation 31 c 12 f.

Akteneinsichtsrecht
- der BaFin **40 a** 10
- des Betroffenen **40** 18

2139

Sachverzeichnis

fette Ziffern = Paragraphen

Aktien
- Kundeninformationen **31** 167 ff.
- Verbriefung der Mitgliedschaft in Aktiengesellschaft **2** 20 f.

Aktienanleihen
- Aktientermingeschäft **Vor 37 e, g** 48
- Begriffsbestimmung **2** 28
- Kundeninformation **31** 166

Aktienoptionen 15 a 132 f.

Aktienoptionspläne/Stock Option Plans
- Führungskräfte **12** 31 f., **14** 125 ff.

Aktienpreismodelle 13 149
Aktienprogramme 15 a 134
Aktienregister Vor 21 39, **21** 32
Aktienrückkaufprogramm
 s. Rückkaufprogramme
Aktiensplits 15 a 136
Aktientermingeschäft Vor 37 e, g 45
Aktionärpool 14 290
Aktionärsrechte-Richtlinie Einl 55
Aktionsplan für Finanzdienstleistungen Vor 38 4
Allokationseffizienz
- Förderung durch Insidergeschäfte **Vor 12** 106 ff.

Alongside-Geschäfte 14 78, 91
American Depositary Receipts 21 31, **30 a** 25
American Stock Exchange 15 471
Amtlicher Markt 2 149, **15 a** 41
Amtshaftung
- bei Beauftragung Ungeeigneter **6** 7
- gegenüber der Aufsicht unterliegenden Instituten/Dienstleistern **4** 14, **37 n** 20
- gegenüber privaten Anlegern/Verbrauchern **4** 12, **Vor 37 e, g** 193 f.
- Verfassungs-/Europarechtskonformität **4** 14

Amtshilfe 7 17
- Beschränkung der Mitteilungen **6** 17
- Informationsverbund **6** 13 ff.
- Mitwirkung der Deutschen Bundesbank **6** 19

Analogieverbot Vor 21 25, **21** 41, **22** 3
Analyse/Analysten
 s. Finanzanalyse/Finanzanalysten
Anerkennung zulässiger Marktpraxis
- Allgemeinverfügung **20 a** 81
- Änderung/Widerruf **20 a** 90
- Anerkennungsmonopol der BaFin **20 a** 80
- Anhörung **20 a** 82 f.
- Bekanntgabe **20 a** 89
- *Kriterien* **20 a** 86
- nachträgliche Anerkennung **20 a** 85

Anfangsverdacht 40 13
Anfechtbarkeit von Insidergeschäften
- arglistige Täuschung **14** 30 ff.
- Irrtum über verkehrswesentliche Eigenschaften **14** 28 f.

Anfechtungsausschluss
- Hauptversammlungsbeschlüsse **30 g** 1 f.

Anfechtungsbeschwerde s. Beschwerde
Anknüpfungstat Vor 38 39
Anlageberatung
- Abgrenzung zur Anlagevermittlung **31** 243
- Abgrenzung zur Finanzportfolioverwaltung **31** 244
- anlegergerechte Beratung **31** 249 ff.
- ausgenommene Beratungsdienstleistungen **2** 114
- Bereichsausnahme für Investmentfondsanteile **2 a** 19 ff.
- Bezug auf bestimmte Finanzinstrumente **2** 112 f.
- Empfehlung des Beraters **2** 92, 110
- Finanzdienstleistung **2** 109
- Geeignetheit des Wertpapiergeschäfts **31** 236 ff.
- Geeignetheitsprüfung **31** 255 ff.
- Mischformen **31** 245
- nachwirkende Informations- und Warnpflichten **31** 252 f.
- objektgerechte Beratung **31** 250 f.
- persönliche Empfehlung **2** 92, 111
- Pflichten **31** 236 ff.
- Pflichtverletzungen bei Geeignetheitsprüfung **39** 58 f.
- Privatkunden **31** 237
- professionelle Kunden **31** 239
- Risikoeinschätzungsfähigkeit des Kunden **31** 260
- Risikotragfähigkeit des Kunden **31** 259
- Übereinstimmung mit Anlagezielen **31** 256 ff.
- Überwachungs- und Benachrichtigungspflicht **31** 253
- Verhältnis zum Aufsichtsrecht **31** 254
- vertragliche Pflichten **31** 247 ff.
- Wertpapierdienstleistung **2** 107 ff.
- Zustandekommen des Beratungsvertrages **31** 242

Anlagerichtlinien 31 261 a f.
Anlagestimmung 37 b, c 31
Anlagestrategie 31 148
Anlagevermittlung
- Abgrenzung zur Anlageberatung **2** 92
- Abgrenzung zwischen Vermittlung und Nachweis **2** 90
- Begriffsbestimmung **2** 89 ff.

magere Ziffern = Randnummern

Sachverzeichnis

- Bereichsausnahme für Investmentfondsanteile **2 a** 19 ff.
- Botenbanken **2** 91
- Introducing-Broker **2** 91
- vertraglich gebundene Vermittler **2 a** 40 ff., **31 e** 14
- Wertpapierdienstleistung **2** 89

Anlassinsiderverzeichnis 15 b 44 f.
Anlegerbeschwerden 4 15
Anlegerentschädigungsrichtlinie Einl 26
Anlegerleitbild Vor 31 66
Anlegerschutz
- Chancengleichheit der Anleger **Vor 12** 116
- kollektives Schutzbedürfnis **Vor 12** 116
- Schutz vor Informationsungleichgewichten **Vor 12** 114 ff.
- Schutz vor individueller Schädigung? **Vor 12** 114 f.
- Verhaltens- und Organisationsregeln **Vor 31** 53 f., 63 ff.
- Verwirklichung individuellen Rechtsschutzes **Einl** 18
- Wechselwirkung mit Funktionenschutz **Einl** 13 ff., **Vor 31** 54

Anlegerschutzverbesserungsgesetz (AnSVG)
- Ad-hoc-Publizität **Einl** 42
- Director's Dealings **Einl** 43
- Finanzanalyse **Einl** 47 f.
- Insiderverzeichnis **Einl** 44
- Umsetzung von EU-Richtlinien **Einl** 39 ff.
- Verbot der Marktmanipulation **Einl** 46
- Verbot von Insidergeschäften **Einl** 41
- verdachtsbezogene Anzeigepflicht **Einl** 45

Anleihen 30 e 7
- Aktientermingeschäft **Vor 37 e, g** 48
- Bonitätsrisiko **31** 154 ff.
- Informationspflichten **31** 154 ff.
- Kurs-, Zins- und Liquiditätsrisiko **31** 161 f.

Anonymitätsrecht Vor 21 7
Anordnungen der BaFin
- Anordnungskompetenz **4** 25 ff.
- Rechnungsprüfungsanordnung **37 o, p 4** ff.
- Rechtmäßigkeit/Unrechtmäßigkeit **39** 76 ff.
- Rechtsschutz gegen Maßnahmen **35** 13
- Vollziehbarkeit **39** 73 ff.
- Zuwiderhandlungen **39** 72 ff.

Anordnungskompetenz der BaFin
- Annexkompetenzen **4** 28
- Opportunitätsprinzip **4** 29

- Rechtsverordnungen **4** 26
- schlichtes Verwaltungshandeln **4** 27
- Verwaltungsakte **4** 25

Anscheinsbeweis 37 b, c 32
Anteilspaketerwerb
s. Paketerwerb, Unternehmenserwerb
Anteilstausch 14 30
Anwendungsbereich des WpHG
- Auslandssachverhalte **1** 2, 11 ff.
- börslicher/außerbörslicher Handel mit Finanzinstrumenten **1** 4, 6
- Doppel- und Mehrfachnotierungen **1** 12
- Erbringung von Wertpapier(neben)dienstleistungen **1** 6
- Finanzanalysen **1** 8
- Finanztermingeschäfte **1** 7
- marktbezogener Regelungsansatz **1** 10
- Neufassung durch das AnSVG **1** 1 ff.
- Regelungsgegenstände **1** 6 ff.
- Regelungsgehalt **1** 4 f.
- Sonderregelung persönlicher Anwendungsbereich **1** 3, 5, 15
- Sonderregelung räumlicher Anwendungsbereich **1** 2, 5, 11 ff.
- Stimmrechtsveränderungen **1** 6
- Wohlverhaltenspflichten **31** 7, 322 ff.

Anzeige von Verdachtsfällen Vor 20 a 2
- durch die BaFin **4** 86 ff.
- Form, Inhalt, Zeitpunkt **10** 8 f.
- Haftungsfreistellung **10** 16 f.
- Ordnungswidrigkeit bei Pflichtverletzung **39** 21
- Schweigepflicht **10** 10 ff.
- Verordnungsermächtigung **10** 22
- verpflichtete Unternehmen/Personen **10** 3 ff.
- Voraussetzungen **10** 6 f.
- Weiterleitung durch BaFin **10** 18 ff.

Anzeigepflicht bei Finanzanalysen
- Anzeigezeitraum **34 c** 5
- Interessenkonflikte **34 c** 6
- Normadressaten **34 c** 3
- Ordnungswidrigkeit bei Verstoß **34 c** 7, **39** 66 f.
- Regelungsgegenstand **34 c** 1 f.
- Tätigkeitsanzeige **34 c** 4
- verantwortliche Personen **34 c** 4

Arbeitnehmerbeteiligungen 2 a 10
Arbitrage Vor 37 e, g 7, 27
Asset-Management 40 4
Aufbewahrungspflichten
- Kundenaufträge **Vor 31** 45, 84, **34** 20
- Leistungserbringungskonditionen **Vor 31** 45, 84, **34** 20
- Ordnungswidrigkeit bei Verstoß **34** 24, **39** 62 f.
- Verbindungsdaten **16 b**

2141

Sachverzeichnis

fette Ziffern = Paragraphen

Aufgaben der BaFin
- allgemeine Missstandsaufsicht **4** 17 ff.
- Anzeige bei Staatsanwaltschaft **4** 86 ff.
- Aufsicht nach dem WpHG **4** 2 ff.
- Auskunftsverlangen **4** 37 ff.
- Betreten von Räumlichkeiten/Grundstücken **4** 79 ff.
- Datenschutz **4** 130 f.
- Ermessensausübung **4** 76 ff.
- Ladung/Vernehmung von Personen **4** 75
- Rechtsschutz gegen Maßnahmen **4** 123 ff.
- Überwachung der Einhaltung von Geboten/Verboten **4** 32 ff.
- Unterlagenvorlage **4** 66 ff.
- Verwaltungszwang **4** 102 ff.
- Vornahme von Veröffentlichungen/Mitteilungen **4** 98 ff.
- Wirtschaftsprüfer/Sachverständige **4** 133 ff.

Aufgabeninsider 38 20

Aufsichtsbehörden
- Amtshilfe **6** 13 ff.
- Datenabruf/Datenschutz **6** 24 ff.
- Einschaltung privater Dritter **6** 2 ff.
- internationale Gremien **7** 11 f.
- internationale Rechtshilfe in Strafsachen **7** 36 f.
- Tätigwerden **6** 9 ff.
- Veröffentlichung von Statistiken **6** 29 f.
- Zusammenarbeit im Ausland **7** 1 ff.
- Zusammenarbeit im Inland **6** 1 ff.

Aufsichtspflicht in Betrieben und Unternehmen
- Bußgeld **Vor 38** 30
- Gefährdungsdelikt **Vor 38** 24
- Kausalität **Vor 38** 28
- Pflichtverletzung **Vor 38** 26 f.
- Täterkreis **Vor 38** 25
- Verschulden **Vor 38** 29

Aufsichtsratsmitglieder
- Weitergabe von Informationen **14** 234 ff.

Aufsichtsstrukturmodernisierungsgesetz Einl 70

Aufsichtsverfahren 40 14, 22

Auftrag s. Execution Policy, Kundenauftrag

Auftragsweiterleitung
- Execution Policy **33 a** 44 f.
- Verantwortlichkeit **31 e** 1 ff.

Aufzeichnungspflicht, Insiderüberwachung
- Aufbewahrungsfrist/-art **16** 12 f.
- aufzeichnungspflichtige Unternehmen **16** 8
- *Kontrolle von Tafelgeschäften* **16** 9 ff.
- Ordnungswidrigkeit bei Verstoß **39** 50

Aufzeichnungspflicht, Kundenauftrag
- Anwendungsbereich **Vor 31** 45, 84, **34** 4
- Aufbewahrungspflicht **34** 20 f.
- Auftragsbegriff **34** 10
- Beweiserleichterung **34** 3
- Durchführungsverordnung **34** 8 ff.
- Form **34** 5
- Kontrolle und Aufsicht **34** 2, 12
- Kundeninformationen **34** 12
- Kundenkategorisierung **31 a** 45
- Kundenvereinbarungen **34** 18 f.
- Mindestaufzeichnungen **34** 23
- Ordnungswidrigkeit bei Verstoß **39** 50
- Organisationsanweisungen **34** 15
- Zuwendungen **31 d** 43

Ausführungsgrundsätze s. Execution Policy

Aufklärungspflicht
- Interessenskonflikte **31** 61 f., 69 ff.

Aufklärungsverbot 31 75

Aufsichtsratsmitglieder
- Informationsweitergabe an Dritte **14** 237
- Informationsweitergabe an Hilfspersonen **14** 236
- Informationsweitergabe an Vorstand **14** 235
- Weitergabe von Insiderinformationen **14** 234

Ausführung
- des Geschäfts **31** 313 ff.
- Berichtspflichten gegenüber Privatkunden **31** 316 ff.

Ausführungsgeschäft, reines
- Anwendungsbereich **31** 303
- Discount-Broking **31** 304
- keine Exploration **31** 302
- keine Geeignetheits- oder Angemessenheitsprüfung **31** 302, 312
- nicht-komplexe Finanzinstrumente **31** 305 ff.
- Veranlassung durch Kunden **31** 304, 311
- Warnhinweis **31** 304, 312

Auskunftsersuche Vor 12 88 f.

Auskunftsverlangen
- Adressaten **4** 43
- Auskunftspflicht **4** 40, **8** 30 ff.
- Befugnisse **4** 38
- Bestandsveränderungen **4** 41
- Einschränkung **4** 39 ff.
- Ermessen **4** 76 ff.
- Form/Modalitäten **4** 46 ff.
- Grenzen **4** 53 ff.
- Insidertatsachen **4** 42
- Ladung/Vernehmung von Personen **4** 75
- Rechtsschutz **4** 128

2142

magere Ziffern = Randnummern

Sachverzeichnis

- Unterlagenvorlage/Kopienüberlassung **4** 66 ff.
- Vorliegen von Anhaltspunkten **4** 37 ff.
Auskunftsbegehren in Hauptversammlung 14 226
Auskunftsverweigerungsrecht
- gegenüber der BaFin **4** 53 ff., **Vor 12** 86
- im Ermittlungsverfahren **40** 22
- Zeugen und Sachverständige **14** 231
Auslagerung
- Auslagerung **33** 9, 151
- Beauftragter **33** 162
- Beschränkung auf wesentliche Funktionen **33** 153 ff.
- Compliance-Funktionen **33** 169 f.
- Datenschutz **33** 173
- eigene Rechtspersönlichkeit des Auslagerungsunternehmens **33** 152
- Finanzportfolioverwaltung für Privatkunden an Drittstaatenunternehmen **33** 178 ff.
- Interne Revision **33** 171
- Leiharbeitnehmer **33** 159
- Meldepflichten **33** 159
- Mitarbeitergeschäfte **33** 172
- Pflichtverletzungen **39** 81
- Totalauslagerung **33** 152
- Weiterverlagerung **33** 166
- Zulässigkeit **33** 146, 160 ff.
ausländische Börsen 13 102, **21** 23
ausländische Gesellschaften
- Mitteilungspflicht **15 a** 63
Auslandssachverhalte
- Anwendungsbereich des WpHG **1** 11 ff.
- ausländische Verbote **38** 59 ff.
- Marktmanipulationsverbot **20 a** 10 ff., **38** 61
- Mitteilungspflichten **21** 13 f.
- Strafbarkeit **38** 60 ff.
- Wohlverhaltenspflichten **31** 322 ff.
Auslegung
- allgemeine Regeln **Einl** 78 f.
- Auslegungshilfe durch BaFin-Veröffentlichungen **Einl** 83 ff.
- gemeinschaftsrechtskonforme Auslegung **2** 4
- richtlinienkonforme Auslegung **Einl** 80 ff., **Vor 12** 146 ff.
Außenhaftung
- Organmitglieder **Vor 37 b** 26, 75
Ausschüttungsrisiko 31 167
Aussetzung des Handels 4 34 f., **7** 15
Auswirkungsprinzip 1 11
BaFin
s. Bundesanstalt für Finanzdienstleistungen

Bagatellfälle 13 124 f., **39** 33
Bankgeheimnis 4 65, **33** 127
Basisinformationen
- Anlageentscheidung **31** 118 ff.
Basiswerte 2 53 f.
- Abhängigkeit des Preises **2** 43, **Vor 37 e, g** 43 ff.
- Art. 39 VO EG/1287/2006 **Vor 37 e, g** 69
- Derivate **Vor 37 e, g** 63
- Devisen/Rechnungseinheiten **Vor 37 e, g** 51
- finanzielle Differenzgeschäfte **Vor 37 e, g** 67
- Finanzindices/-messgrößen **Vor 37 e, g** 62
- Geldmarktinstrumente **Vor 37 e, g** 50
- Kreditrisiken **Vor 37 e, g** 68
- Waren **Vor 37 e, g** 64
- Wertpapiere **Vor 37 e, g** 44 ff.
- Zinssätze **Vor 37 e, g** 57 ff.
Bear Manipulation Vor 20 a 7
Bedeutende Beteiligungen
- befugte Informationsweitergabe **14** 299 ff.
- Erwerb einer bedeutenden Beteiligung **14** 299 ff.
Befreiung, Mitteilungs- und Veröffentlichungspflichten
- Ordnungswidrigkeit bei Nichtmitteilung **39** 28, 31
- Mitteilungen von Stimmrechtsänderungen **26** 7, **29 a**
- Veröffentlichung zusätzlicher Angaben **30 e**
Beihilfe 38 68
Bekanntmachung von Maßnahmen
- Angemessenheitsklausel **40 b** 7
- Anordnungen nach § 4 Abs. 2 **40 b** 12
- Bekanntmachung auf Internetseite der BaFin **40 b** 9, 13
- Ermessen **40 b** 8, 13
- Gefahrenabwehr **40 b** 4
- Inhalt **40 b** 9
- Missstandsbeseitigung/-verhinderung **40 b** 6
- „naming and shaming" **40 b** 4
- negative Publizität **40 b** 3
- Rechtsnatur **40 b** 4
- schnellstmögliche Bekanntmachung **40 b** 11
- Unanfechtbarkeit der Maßnahmen **40 b** 5
- Veröffentlichungsvoraussetzungen **40 b** 5 ff.
Bekanntmachungsschreiben des BAWe 15 8

2143

Sachverzeichnis

fette Ziffern = Paragraphen

Beobachtungsliste
- compliance-relevante Informationen 33 133
- Signalwirkung 33 135
- strenge Vertraulichkeit 33 135
- Watch List 33 110, 133 ff.

Beratungsfreie Geschäfte
- Angemessenheit beim Discount-Broking 31 292 ff.
- Angemessenheitsprüfung 31 280 ff.
- Charakteristik 31 275 f.
- Dokumentationspflichten 31 190 f.
- Explorationspflicht 31 279
- Fehlen einer konkreten Empfehlung 31 275
- Pflichtverletzung bei Angemessenheitsprüfung 39 58 f.
- Privatkunden 31 276
- professionelle Kunden 31 277
- Risikoklassen 31 184
- Unmöglichkeit der Angemessenheitsprüfung 31 287 ff.
- Warnhinweis vor nicht angemessenen Geschäften 31 285 f.

Bereichsöffentlichkeit 13 81 ff., **15** 114, 243

Berichtigungsgebot
- aussagekräftige Begründung 15 341
- Berichtigung von falschen Ad-hoc-Mitteilungen 15 334 ff.
- Berichtigungsform 15 340
- unverzügliche Berichtigung 15 337
- unwahre Informationen 15 336

Berufsinsider 38 20

Berufpflichten
- Erwerb/Veräußerung in Ausführung von Berufspflichten 14 139 ff., 200, 230

Berufsverbot 38 85

Beschlagnahme
- Anordnung 40 26
- Beschlagnahmeverbote 40 27
- Beweisbedeutung 40 26
- keine freiwillige Herausgabe 40 26

Beschwerde gegen Maßnahmen der BaFin
- Entscheidung durch OLG Frankfurt 37 u 1
- Fortsetzungsfeststellungsbeschwerde 37 u 3
- keine aufschiebende Wirkung 37 u 2
- Leistungsbeschwerde 37 u 3

Beschwerdemanagement 33 141 ff.

best execution 31 33, 41, s. a. Execution Policy

bestmögliche Ausführung von Kundenaufträgen s. Execution Policy

Bestandsprovisionen 31 d 15, 33

Beteiligung der BaFin in Strafsachen
- Akteneinsichtsrecht der BaFin 40 a 10
- Angehörige der BaFin als Sachverständige 40 a 6
- Anhörungsrecht der BaFin bei Einstellung 40 a 8
- Beteiligung der BaFin im Strafverfahren 40 a 4 ff.
- Informationspflicht der BaFin im Ermittlungsverfahren 40 a 5
- Mitteilung an BaFin über Hauptverhandlungstermin 40 a 9
- Mitteilungen in Strafsachen 40 a 11
- Mitteilungspflicht an BaFin bei Anklage 40 a 7, 15 f.
- Pflichtmitteilungen 40 a 13 ff.
- Sollmitteilungen 40 a 17 ff.
- Übermittlungspflicht der Anklage 40 a 16
- Unterstützung/Information der staatlichen Behörden 40 a 3
- Verfolgungsverbund 40 a 3

Beteiligungsaufsicht Vor 21 31

Beteiligungsinsider 38 19

Beteiligungstransparenz Vor 21 36, 21–30
- Befreiungen 29 a
- Befugnisse der BaFin 29
- Durchführungsrichtlinie Vor 21 6
- Einheit der Rechtsanwendung Vor 21 25 ff.
- Entstehungsgeschichte Vor 21 4 ff.
- Auslegung Vor 21 23 ff.
- Gesetzesänderungen Vor 21 9 ff.
- gesetzliche Bezugnahmen auf §§ 21 ff. Vor 21 28 ff.
- Handelstage 30
- Hauptversammlung Vor 21 40 f.
- Inhalt der Vorschriften Vor 21 1 f.
- kein Individualschutz Vor 21 20 ff.
- Konzernunternehmen 24
- Mitteilungspflichten des Meldepflichtigen 21
- nachweis mitgeteilter Beteiligungen 27
- Nichtberücksichtigung von Stimmrechten 23
- Normzweck Vor 21 15
- Rechtsnatur der Vorschriften Vor 21 3
- Rechtsverlust 28
- Risikobegrenzungsgesetz Vor 21 12 ff.
- Transparenzrichtlinien Vor 21 4 ff., 11
- Übermittlung an das Unternehmensregister 26
- Veröffentlichung der Stimmrechtegesamtzahl 26 a
- Veröffentlichungspflichten des Emittenten 26
- Zurechnung von Stimmrechten 22

2144

magere Ziffern = Randnummern

Sachverzeichnis

- Zweckerreichung in der Praxis **Vor 21** 17 ff.
Betretensbefugnisse
- Betreten von Grundstücken und Geschäftsräumen **4** 79 ff., **Vor 12** 84
- Vereitelung **39** 79 f.
Betriebsbesichtigungen 13 177
Betriebsrat, Unterrichtung
- Notwendigkeit der Information für Betriebsrat **14** 138
- unbefugte Informationsweitergabe **14** 242
- Weitergabe von Insiderinformationen **14** 238 ff.
Betrug Vor 37 b 66, **38** 80
Beweisantragsrecht 40 46
Beweis(verwertungs)verbote 40 20
Bilanzeid Vor 37 v 14 ff., **37 v** 14, **37 w** 13
Bilanzkontrollgesetz (BilKoG) Einl 49, **37 n** 4, **Vor 38** 5
Blankettechnik
- Ordnungswidrigkeiten **39** 93
- Strafvorschriften **Vor 12** 42, **Vor 38** 10 ff.
Blockorder 13 114, **31** 65
Bonitätsrisiko 31 154 ff.
Börsengesetz Einl 2, **4** 22
Börsennotierung, Begriff **2** 151
Börsenprospekthaftung Vor 37 b 17, 27
Börsensachverständigenkommission Vor 12 9
Börsenterminhandel
- Entwicklung **Vor 37 e, g** 79 ff.
börsenüberwachte Märkte 20 a 7 ff.
Börsenumsatzgeschäfte
- Beteiligte **14** 439
- Nichtigkeit **14** 440 f.
- Schutzgesetzverletzung **14** 442 ff.
- sittenwidrige Schädigung **14** 446
Börsenzulassungsgesetz (BörsZulG) Einl 20, **15** 6
Börsenzulassungsrichtlinie
- Entwicklung der Ad-hoc-Publizität **15** 3 ff.
Börsenzulassungsverordnung (BörsZulV)
- Konkretisierung der Pflicht zur angemessenen Unterrichtung **Vor 30 a** 11 ff.
Botenbank 2 79, 91
Botengeschäft 9 34, **31 e** 8, **34 a** 20
Bull Manipulation Vor 20 a 7, 10
Bundesanstalt für Finanzdienstleistungen
- Angehörige der BaFin als Sachverständige **40 a** 6
- Anzeige von Verdachtsfällen **4** 86 ff., **10**

- Aufgaben und Befugnisse **Einl** 88 ff., **Vor 3** 12, 23, **4**
- Aufsichtsgegenstand/Rechtscharakter **2** 2 ff.
- Aufsichtskonzept/-struktur **Vor 3** 1 ff.
- Aufsichtsstrukturmodernisierungsgesetz **Einl** 70
- Auskunftsverlangen **4** 37 ff.
- Behördenaufbau **Vor 3** 24 ff.
- Behördenleitung **Vor 3** 28 ff., **16 a** 6
- Bekanntmachungen **Einl** 86
- Beteiligung in Strafverfahren **40 a** 4 ff.
- Datenschutz **4** 130 ff.
- Dienstherrenfähigkeit **Vor 3** 20
- Eingriffsrechte **4** 79 ff., **35** 4 ff.
- Ermessensausübung **4** 76
- externe Prüfer **36** 1 ff.
- Fachaufsicht **Vor 3** 22
- Gerichtsstand **Vor 3** 37
- Gesetz über integrierte Finanzdienstleistungsaufsicht **Vor 3** 10 f.
- Haftung bei Amtspflichtverletzungen **4** 12 ff.
- Informationsübermittlung **7** 17 ff., **27** ff.
- internes Kontrollverfahren **16 a** 2 ff.
- Kompetenzbündelung **Vor 3** 38
- Kompetenzkonflikte **Vor 3** 14
- Ladung und Vernehmung von Personen **4** 75
- Meldepflicht von Wertpapiergeschäften **9**
- Missstandsaufsicht **4** 17 ff.
- Mitarbeiterverpflichtungen **16 a** 4
- Ordnungsverwaltung **4** 7
- Personalstruktur **Vor 3** 32 f.
- Prüfung **35** 7, **36** 3 ff.
- Rechnungsprüfungsanordnung **37 o, p** 4 ff.
- Rechtsaufsicht **Vor 3** 22, **4** 5
- Rechtsnatur **Vor 3** 15
- Rechtsschutz gegen Maßnahmen **4** 123 ff., **35** 13 f.
- Regelungsgegenstand und -zweck **4** 1 ff.
- Richtlinien **Einl** 84 f., **29** 1 f., **35** 15 ff.
- Schreiben/Informationsblätter **Einl** 87
- Sitz **Vor 3** 34 ff.
- Tätigwerden im öffentlichen Interesse **4** 9 ff.
- Überwachung der WpHG-Einhaltung **4** 32 ff., **35**
- Unterlagevorlageverlangen **4** 66 ff.
- Verschwiegenheitspflicht **8**
- Vornahme von Veröffentlichungen und Mitteilungen **4** 98 ff.
- Wirtschaftsprüfer/Sachverständige **4** 133
- zentrale Allfinanzaufsicht **Einl** 8 ff., **21**
- Zusammenarbeit mit ausländischen Stellen **7**

2145

Sachverzeichnis

fette Ziffern = Paragraphen

- Zusammenarbeit mit inländischen Behörden **6**
- Zuständigkeit für Verfolgung/Ahndung **40** 4
- Zwangsmittel **4** 102 ff., **35** 13 f.

Bußgeld s. Geldbuße

Bußgeldbescheid
- Einspruch **40** 34, 35
- Erlass und Zustellung **40** 33
- Form/Inhalt **40** 32
- Mängel **40** 34
- Rechtskraft **40** 34
- Verwaltungsakt **40** 32

Bußgeldverfahren
- Akteneinsichtsrecht **40** 18
- Anhörungsrecht **40** 16
- ausgeschlossene Maßnahmen **40** 28
- Beschlagnahme **40** 26 f.
- Beweisverbote **40** 20
- Bußgeldbescheid **40** 31 ff.
- Durchsuchung **40** 23 ff.
- Einleitung des Ermittlungsverfahrens **40** 13 f.
- Einspruch **40** 35
- Ermittlungsmaßnahmen **40** 19 ff.
- gerichtliches Verfahren vor dem AG Frankfurt/Main **40** 41 ff.
- Ladung /Vernehmung von Zeugen **40** 22
- Ladung/Vernehmung des Betroffenen **40** 21
- Opportunitätsprinzip **40** 10 ff.
- Ordnungswidrigkeiten **39**
- Recht auf Verteidiger **40** 17
- Rechtsbeschwerdeverfahren vor dem OLG Frankfurt/Main **40** 48 ff.
- Rechtsschutz des Betroffenen **40** 29 f.
- Rechtsstellung des Betroffenen **40** 15 ff.
- Sachprüfung nach Einspruch **40** 39
- unzulässiger Einspruch **40** 41
- Verfahrenseinstellung **40** 30, 43
- Wiederaufnahmeverfahren **40** 53 ff.
- zulässiger Einspruch **40** 42 ff.
- Zuständigkeit der BaFin **40** 1 ff., 4
- Zwischenverfahren **40** 37 ff.

capped warrants Vor 37 e, **g** 73
caps 2 54
Centralverband des Deutschen Bank- und Bankiergewerbes Vor 12 7
Chinese Walls
- Ausschluss von Wissenszurechnung **33** 130 f.
- Compliance-Maßnahmen **14** 246 ff., **33** 107 ff.
- Durchbrechungsschutz **34 b** 42, 55

- internes Kontrollverfahren der BaFin **16 a** 2
- Schaffung unternehmensinterner Vertraulichkeitsbereiche **33** 107 ff.

Churning 31 86
Circular Trading 20 a 53, 56 f.
civil penalty 14 450
Clearing 23 15, **Vor 37 d** 92
Clearingstellen 9 13 ff., **33** 159
cold calling 36 b 13, **Vor 38** 18
Committe of European Securities Regulators 15 18 ff., **37 n** 8
Commodity Futures Vor 37 e, g 64
Companies Act Vor 12 5
Compliance Vor 31 41
- Aufdeckung/Vermeidung von Pflichtverletzungen **33** 69 f.
- Ausgestaltung **33** 68
- Begriff **33** 3
- Beratung und Unterstützung **33** 72
- Berichtspflicht **33** 90
- Compliance-Beauftragter **33** 76 f.
- Compliance-Maßnahmen **14** 246 ff.
- Einrichtung/Aufbau **33** 67
- Fachkenntnisse/Mittel/Kompetenzen **33** 78 ff.
- Flexibilisierungsfunktion **33** 68
- internes Kontrollverfahren **16 a** 2, **33** 74
- Mindestmaß an vorbeugenden organisatorischen Maßnahmen **14** 250
- Monitoring **33** 87
- Schutzrichtung **33** 3 ff.
- Self-Compliance **33** 119
- Sicherstellung gesetzeskonformen Verhaltens **33** 46 ff.
- Tätigkeit der Compliance-Abteilung **33** 85 ff.
- Überwachung und Kontrolle **33** 71
- Unabhängigkeit **33** 82 ff.

Compliance-Abteilung 14 251
Compliance-Richtlinie Einl 84, **14** 251, **33** 105, **35** 17
conspiracy to rig the market Vor 20 a 18
Convertible Bonds Vor 37 e, g 49
Cornering Vor 20 a 6, 20, **20 a** 65
Corporate Governance 15 183, **37 n** 6 f.
Credit Default Swaps 2 60
Credit Linked Notes 2 28

D&O-Versicherung Vor 37 b 19, 77
Datenabgleich 9 47
Datenabruf
- automatisierter Datenabruf **6** 24 ff.
- Daten der Deutschen Bundesbank **6** 24 ff.
- Datenschutz **6** 28

2146

magere Ziffern = Randnummern

Sachverzeichnis

Datenaufbewahrung Vor 12 85
- Aufbewahrungsfrist **16 b** 10
- Verbindungsdaten des Fernmeldeverkehrs **16 b** 7
- Verhinderung von Datenverlust **16 b** 1
- Voraussetzungen **16 b** 4
- vorbereitende Funktion **16 b** 2
- Widerspruch **16 b** 5
- Zwangsmittel zur Durchsetzung **16 b** 9

Datenaustausch 9 50 ff.
Datenfernübertragung 9 41, **30 b** 21 ff.
Datenschutz
- Aufsichtsdurchführung durch BaFin **4** 130, **Vor 12** 90
- Datenabrufverfahren **6** 28
- Emittent **30 a** 18
- Zusammenarbeit mit ausländischen Stellen **7** 21

Daytrading Vor 37 e, g 22 ff.
- geschwindigkeitssteigerndes Daytrading **Vor 37 e, g** 23
- Mindestfrist **Vor 37 e, g** 22
- umsatzsteigerndes Daytrading **Vor 37 e, g** 24

Deckungsgeschäfte 14 439, 440
Deliktshaftung s. Sittenwidrige Schädigung, Schutzgesetzverletzung
Delisting 11 12 ff., **37 q** 6
Depotgeschäft 2 119, **34 a** 20
Derivate 12 26, **20 a** 5
- allgemeine Kennzeichnung **2** 39
- Arbitragezweck **Vor 37 e, g** 27
- Barausgleich **Vor 37 e, g** 24
- Basiswerte **2** 43, 53 f., **Vor 37 e, g** 43 ff.
- Begriffsbestimmung **2** 7, 38 ff.
- Derivate **2** 56
- Devisen/Rechnungseinheiten **2** 51 f.
- Festgeschäft **Vor 37 e, g** 35 ff.
- finanzielle Differenzgeschäfte **2** 59
- Finanzindizes/-messgrößen **2** 55
- Finanztermingeschäfte **Vor 37 e, g** 18 ff.
- Forwards **Vor 37 e, g** 36
- Futures **Vor 37 e, g** 36
- Glattstellung **Vor 37 e, g** 32 ff., 36
- Hebelwirkung **12** 29, **Vor 37 e, g** 28
- Kurssicherungszweck **Vor 37 e, g** 27
- Kreditderivate **2** 60
- Nachschussrisiko **Vor 37 e, g** 31
- Nochgeschäft **Vor 37 e, g** 42
- Optionsgeschäft **Vor 37 e, g** 37 ff.
- Prämiengeschäft i. e. S. **Vor 37 e, g** 42
- Prolongationsgeschäft **Vor 37 e, g** 42
- Spekulationszweck **Vor 37 e, g** 27
- Stellagegeschäft **Vor 37 e, g** 42
- Systematik **2** 43 ff.
- Termingeschäft **2** 61, **Vor 37 e, g** 19 ff.
- Totalverlustrisiko **Vor 37 e, g** 29

- Warenderivate **13** 170 ff.
- Derivatenmärkte **2 a** 25

Designated Sponsors 14 143, **34 b** 44
Deutsche Gesellschaft für Ad-hoc-Publizität 13 94
Deutsche Prüfstelle für Rechnungslegung 37 o, p 2 f.
Deutsche Terminbörse Vor 37 e, g 81
Deutsche Bundesbank 6 14, 19, 25
Deutscher Corporate Governance Kodex 15 a 6 ff., 212
Devisengeschäfte 2 125
- Basiswert **Vor 37 e, g** 51 ff.
- Devisenfuturegeschäft **Vor 37 e, g** 52
- Devisenfutureoptionsgeschäfte **Vor 37 e, g** 56
- Devisenswapoptionsgeschäfte **Vor 37 e, g** 55
- Währungsswpgeschäfte **Vor 37 e, g** 54

Devisenswaps Vor 37 e, g 52
Director's Dealings Einl 34, 43
- Ad-hoc-Publizität **15** 230 f.
- Adressat der Mitteilungspflicht **15 a** 108 ff.
- Aktienemittent **15 a** 31 ff.
- Aktienoptionen **15 a** 132 f.
- Anlegerschutzverbesserungsgesetz **15 a** 15 f.
- Antrag gestellt/öffentlich angekündigt **15 a** 49 ff.
- Art der Veröffentlichung **15 a** 173 ff.
- Bagatellgrenze **15 a** 150 ff.
- Durchführungsrichtlinie **15 a** 14
- eigene Geschäfte **15 a** 116 ff.
- Einzelmitteilung **15 a** 148
- Emittenten mit Sitz in Drittstaaten **15 a** 45 ff.
- Erbschaften **15 a** 128
- Fallgruppen **15 a** 75 ff.
- Finanzmarktrichtlinie-Umsetzungsgesetz **15 a** 19
- Form der Miteilung **15 a** 171 f.
- Frist **15 a** 143 ff.
- Führungskräfte **15 a** 70 ff.
- Führungspersonen **15 a** 51 ff.
- Geschäfte mit Aktien des Emittenten **15 a** 138
- Geschäfte, die sich auf Aktien des Emittenten beziehen **15 a** 139 ff.
- Gesetz zur Neuordnung des Pfandbriefrechts **15 a** 17
- Gleichbehandlung der Anleger **15 a** 26
- Herkunftsstaat Deutschland **15 a** 45 ff.
- Informierte Transaktionsentscheidung **15 a** 24 ff.
- Inhalt der Mitteilung **15 a** 167 ff.
- Inhalt der Veröffentlichung **15 a** 181 ff.

2147

Sachverzeichnis

fette Ziffern = Paragraphen

- Inhalt der Mitteilung über die Veröffentlichung **15 a** 184
- inländische Börse **15 a** 39 ff.
- Juristische Personen und Führungsaufgaben **15 a** 95 ff.
- kein Schutzgesetz **15 a** 201
- Komplementär **15 a** 66 ff.
- Korrekturen der Veröffentlichung **15 a** 185
- Kurs- und Marktpreismanipulationen **15 a** 196
- Kurserheblichkeit **15** 231
- Marktintegrität **15 a** 27 f.
- Marktmissbrauchsrichtlinie **15 a** 12 f.
- Markttransparenz **15 a** 21 ff.
- Mitglieder eines Leitungs-, Verwaltungs- oder Aufsichtsorgans **15 a** 52 ff.
- Mitteilung der Veröffentlichung **15 a** 161
- Mitteilung **15 a** 142 ff.
- Mitteilungspflichtige Geschäfte **15 a** 116 ff.
- Nichtigkeit der betroffenen Transaktion **15 a** 198
- Ordnungswidrigkeit **39** 23, 38
- Personen in enger Beziehung **15 a** 82 ff.
- Pflichten des Emittenten **15 a** 156 ff.
- Prävention von Insidergeschäften **Vor 12** 74 ff.
- Rechtsverordnung **15 a** 166 ff.
- Regelmäßiger Zugang zu Insiderinformationen **15 a** 73 f.
- Regelungsvorbilder **15 a** 3 ff.
- Schenkungen **15 a** 125 ff.
- Sprache **15 a** 176 ff.
- Transparenzrichtlinien-Umsetzungsgesetz **15 a** 18
- Übermittlung durch Dritte **15 a** 149
- Übermittlung zur Speicherung im Unternehmensregister **15 a** 162 ff.
- Überwachung **15 a** 186 ff.
- unverzügliche Veröffentlichung **15 a** 156 ff.
- Verfassungsmäßigkeit **15 a** 112
- Verhältnis zu anderen Vorschriften **15 a** 205
- Verletzung einer Mitteilungspflicht **15 a** 190
- Verletzung von Organisationspflichten **15 a** 191 f.
- Verletzung einer Veröffentlichungspflicht **15 a** 193 f.
- Verletzung der Pflicht zur Mitteilung der Veröffentlichung **15 a** 195
- Vermögensverwaltung durch Dritte **15 a** 124
- Verpflichtungs- oder Verfügungsgeschäfte **15 a** 117 ff.
- Viertes Finanzmarktförderungsgesetz **15 a** 10
- vorsätzliche sittenwidrige Schädigung **15 a** 199
- zu unternehmerischen Entscheidungen ermächtigt **15 a** 71 ff.
- Zulassung zum Handel an organisiertem Markt **15 a** 34 ff.
- Zulassung zum amtlichen Markt oder zum geregelten Markt **15 a** 39 ff.
- Zulassung zum Handel an ausländischem organisiertem Markt **15 a** 43 ff.

Disclose-or-abstain-rule
- Rechtsquelle für Ad-hoc-Publizität **15** 476 ff.

Discount-Broking
- Erkundigungspflichten **31** 295 ff.
- Geschäftsmodell **31** 292 ff.
- Informationspflichten **31** 299 ff.
- Warnpflicht **31** 301

Discountzertifikate 2 28, **31** 180

Dokumentationspflicht s. Aufbewahrungspflicht, Aufzeichnungspflicht

Doppelnotierungen 1 12

Doppelsitz Vor 3 35

Drittanalyse
- Begriff **34 b** 19
- Pflichten bei Weitergabe der Zusammenfassung **34 b** 47 ff.

Drittes Finanzmarktförderungsgesetz
Einl 24, **37 a** 1, **15** 11, **Vor 31** 24

Drittstaatenbörse 20 a 13

Drittstaatenemittenten
- Befreiung von Pflichten **30 f** 1 ff.

Drittstaatenmärkte s. Erlaubnispflicht von Märkten mit Auslandssitz

Drittzuwendungsverbot 31 d 18 ff.

Due Diligence
- befugte Informationsweitergabe **15** 201, 296, **14** 75, 90, 303

Duldungsverfügung 4 81

Durchgangserwerb 21 40

Durchsuchung
- Anordnung **40** 24
- Anwesenheitsrecht **40** 24
- Ermittlungsmaßnahme **4** 81, **40** 23
- konkreter Tatverdacht **40** 23
- rechtsfehlerhafte Durchsuchung **40** 25
- Zufallsfunde **40** 25

Edelmetalle, Basiswert **Vor 37 e, g** 64
Ehepartner Einl 35, **15 a** 84 f.
EHUG 15 273; **Einl** 55
Eigengeschäft 31 h 6
- Abgrenzung zum Eigenhandel **33 a** 5
- Begriffsbestimmung **2** 115
- Gleichstellung mit anderen Dienstleistungen **2** 72

magere Ziffern = Randnummern

Sachverzeichnis

- ohne Kundenauftrag **2** 84
- Meldepflicht **9** 30
- **Eigenhandel 33** 138, **37 i** 4
- Abgrenzung Eigengeschäft **33 a** 5 ff.
- Begriffsbestimmung **2** 83 ff.
- einzige Wertpapierdienstleistung **2 a** 32 f.
- mit/ohne Kundenauftrag **2** 83 f.
- **Eigenkapital 33** 53
- **Einheitstäterprinzip 39** 88
- **Einholung von Kundendaten**
  s. Explorationspflichten
- **Einkaufskommission 14** 40
- **Einlagenkreditinstitute 34 a** 4
- **Einlagenrückgewährverbot Vor 37 b** 17
- **Einlagensicherungsrichtlinie Einl** 26
- **Einlagenzertifikate 2** 37
- **Einpersonengesellschaft Vor 21** 38
- **Einschaltung privater Dritter**
- Aufgabenerfüllung des BAWe **6** 2 ff.
- **Einspruch gegen Bußgeldbescheid**
- Beschränkung **40** 36
- Einspruchsprüfung im Zwischenverfahren **40** 37 ff.
- Entscheidung der BaFin **40** 39
- gerichtliches Verfahren vor dem AG **40** 41
- kein Verschlechterungsverbot **40** 35
- Rechtsbehelf sui generis **40** 35
- Rücknahme **40** 36, 42
- Sachprüfung bei zulässigem Einspruch **40** 39 f.
- Sachprüfungsumfang **40** 39
- Unzulässigkeit des Einspruchs **40** 38, 41
- Verfahrensabgabe bei Nichtabhilfe **40** 40
- Verfahrenseinstellung **40** 43
- Wiedereinsetzungsantrag **40** 35
- Zulässigkeit des Einspruchs **40** 38 f., 42
- **Eintrittswahrscheinlichkeit**, zukünftige Umstände **13** 66 ff.
- **Einwilligung 14** 408
- **Einzelrechtsnachfolge 21** 42 f.
- **elektronische Informationsdienste 4** 37
- **Elektronischer Bundesanzeiger**
- Veröffentlichung von Mitteilungen **30 b** 5 ff.
- **Elektronisches Handelsregister Einl** 55
- **elektronisches Handelssystem 12** 11
- **Emissionsprospekt**
- Aufnahme von Insiderinformationen **14** 344
- Informationsweitergabe an Konsortialabteilung **14** 343
- insiderrechtliches Weitergabeverbot **14** 342
- Mitwirkung am Emissionsprospekt **14** 340 ff.

- Prospektverantwortlichkeit **14** 342
- Richtigkeit/Vollständigkeit **14** 341
- **Emittentenhaftung Vor 37 b** 29, 76 ff.
- Haftungsbegründung **Vor 37 b** 17 ff.
- kein Verstoß gegen Kapitalerhaltungsgrundsatz **Vor 37 b** 17
- **Emittentenleitfaden der BaFin**
- Aktualisierung **Vor 12** 39, **15** 29
- Ersetzung des alten Leitfadens **Vor 12** 37
- Insiderinformation **13** 54, 135
- keine Bindungswirkung **Vor 12** 40
- keine Rechtsverordnung **Vor 12** 40
- Sinn und Zweck **Einl** 86, **15** 29
- **Empfehlungen**
- Finanzanalyse **34 b** 23 ff.
- insiderrechtliche Qualität **13** 55 ff., 62 ff.
- **Empfehlungs- und Verleitungsverbot, Insidergeschäfte**
- Anfechtbarkeit des Rechtsgeschäfts **14** 428 ff.
- Berufs-, Tätigkeits-, Aufgabeninsider **38** 20 f.
- Beteiligungsinsider **38** 19
- „einem anderen" **14** 364
- Empfehlen **14** 366 ff.
- Freistellung von Kursstabilisierungsmaßnahmen **14** 405 ff.
- Freistellung von Rückkaufprogrammen **14** 391 ff.
- Gegenstand der Empfehlung **14** 371 ff.
- Kausalität **14** 375
- Leichtfertigkeit **14** 390, **38** 34 ff.
- Nichtigkeit des Rechtsgeschäfts **14** 421 ff., 440 f.
- Ordnungswidrigkeiten **39** 34 ff.
- Organinsider **38** 18
- Primärinsider **38** 16
- Schadensersatzanspruch **14** 433 ff., 442
- Strafbarkeit **14** 414 ff., **38** 15 ff.
- Straftathandlung **38** 37 f.
- Straftatinsider **38** 22 f.
- subjektiver Tatbestand **14** 384 ff.
- Täterkreis **14** 363, **38** 16 ff.
- Umgehungsschranke **14** 360
- Verleiten **14** 379 ff.
- Versuchstrafbarkeit **38** 30 ff.
- Vorfeldstraftatbestand **14** 360, **38** 15
- Vorsatz **14** 385 ff., **38** 29
- zivilrechtliche Folgen **14** 419 ff.
- **Energieversorger 2 a** 30
- **Enforcement-Verfahren**
- Ad-hoc-Publizität **15** 232 ff.
- **Entry Standard 2** 149
- **Entschuldigungsgründe 38** 79, **39** 98
- **Erbschaft**
- Beteiligungsübergang **21** 45
- kein Rechtsgeschäft **15 a** 128

2149

Sachverzeichnis

fette Ziffern = Paragraphen

Erkundigungspflichten s. Explorationspflicht
Erlaubnispflicht von Märkten mit Auslandssitz
- Anlegerschutz **Vor 37 i** 2, 6, **37 j** 7
- Anpassung an internationale Standards **Vor 37 i** 6
- Antrag **37 i** 18 ff.
- Antragsform **37 i** 31
- Aufhebungsverfügung **37 k** 2
- Auflagen **37 i** 33
- Aufsicht im Herkunftsstaat **37 i** 26 f.
- Betreiber ausländischer Märkte **37 i** 9
- Entstehung **Vor 37 i** 10 f.
- Erlaubnis **37 i** 32
- Erlaubnispflicht **Vor 37 i** 1, **37 i** 2 ff.
- fehlende Erlaubnisvoraussetzungen **37 k** 3
- Finanzinstrumente **37 i** 8
- Gehandelte Finanzinstrumente **37 i** 29
- Geschäftsplan **37 i** 24
- Gewährleistung des Informationsaustauschs **37 j** 8 ff.
- Handelsbildschirme **Vor 37 i** 1
- Handelsteilnehmer **37 i** 10 f., **37 j** 6, **37 l** 2
- Handelsteilnehmer im Inland **37 i** 30
- inländischer Zustellungsbevollmächtigter **37 i** 25
- internes Kontrollverfahren **37 i** 24
- Märkte **37 i** 4
- Marktintegrität **Vor 37 i** 2, 5
- Memoranda of Understanding **37 i** 27
- Name/Anschrift der Geschäftsleitung **37 i** 22
- ohne Erlaubnis abgeschlossene Geschäfte **37 i** 17
- Rechtsschutz gegen Aufhebung **37 k** 9
- Rechtsverordnung des BMF **37 i** 19
- Regelung in BörsG/WpHG **Vor 37 i** 7 f.
- Remote Member **37 i** 1
- Rücknahme/Widerruf **37 k** 5 ff.
- Sitz in Drittstaat **37 i** 2 f.
- Stellungnahme der Aufsichtsbehörden **37 i** 34 f.
- Übergangsregelung 44
- Überwachung **Vor 37 i** 2, 3, **37 j** 7
- Untersagung gegenüber Handelsteilnehmern **37 l** 2
- Veröffentlichung **37 i** 36, **37 j** 10
- Versagungsgründe **37 j** 1 ff.
- Versagungsverfügung **37 j** 11, **37 l** 3 ff.
- Verstoß gegen Aufsichtsrecht **37 k** 4
- Zugang über elektronisches Handelssystem **37 i** 12 ff.
- Zugang zu inländischen Börsen **Vor 37 i** 9, **37 i** 18
- zusätzliche Angaben auf Verlangen **37 i** 21
- Zuverlässigkeit der Geschäftsleitung **37 i** 23, **37 j** 3 ff.

Ermessen
- Ermessensausübung **4** 16, 33, 51, 76
- pflichtgemäße Ausübung beim Bußgeldverfahren **40** 11

Ermittlung von Kundendaten s. Explorationspflicht

Ermittlungsverfahren
- Akteneinsichtsrecht **40** 18
- Anfangsverdacht **40** 13
- Anhörungsrecht **40** 16
- Belehrung über Schweigerecht **40** 16, 21
- Beschlagnahme **40** 26 ff.
- Beweisverbote **40** 20
- Durchsuchung **40** 23 ff.
- Einleitung von Amts wegen/durch Anzeige **40** 13
- Ermittlungsmaßnahmen **40** 19 ff.
- Ladung und Vernehmung des Betroffenen **40** 21
- Ladung und Vernehmung von Zeugen **40** 23
- Opportunitätsprinzip **40** 19
- paralleles Aufsichtsverfahren **40** 14
- Rechtsschutz des Betroffenen **40** 29
- Recht auf Verteidiger **40** 17
- Unzulässigkeit von schweren Grundrechtseingriffen **40** 28
- Verfahrenseinstellung **40** 30
- Verwertungsverbot bei Einleitungsverzögerung **40** 15

Ersatzvornahme 4 120, **15 a** 188
Ersatzzwanghaft 4 118
Erstes Finanzmarktförderungsgesetz Einl 20
Erwerb eigener Aktien
- Ad-hoc-Publizität **15** 190 ff.
- Fall des Verwendungsverbot **14** 105 ff.

Erwerbsrechte an Aktien
- einseitiger dinglicher Erwerb **22** 66
- erfasste Erwerbsvorgänge **22** 67 ff.
- Mitwirkung des Erwerbsberechtigten **22** 66
- Stimmrechtszurechnung **22** 63 ff.
- Übereignungsanspruch **22** 65
- Übergang des Aktieneigentums **22** 65

Eurex 2 149
- Börseneinrichtung **Vor 37 e, g** 84
- Clearing **Vor 37 e, g** 87
- Entwicklung **Vor 37 e, g** 82
- Margin-System **Vor 37 e, g** 88
- Matching **Vor 37 e, g** 87
- Zulassung als Börsenteilnehmer **Vor 37 e, g** 85

magere Ziffern = Randnummern

Sachverzeichnis

- Zulassung von Finanztermingeschäften **Vor 37 e, g** 86
Europäische Gesellschaft (SE) 21 10
Europäischer Pass 7 9, **36 a** 4
Europäisches System der Zentralbanken (ESZB) 23 17
European Securities Committee 15 18 ff.
Exchange Traded Funds 33 a 10
execution only Vor 31 18, **31** 292 ff.
Execution Policy Vor 31 43
- Abgrenzung Eigenhandels-/Eigengeschäft **33 a** 5
- Abwicklung **33 a** 24
- Aufstellungspflicht **33 a** 14 f.
- Auftragsweiterleitung **33 a** 44 f.
- Ausführungsplatz **33 a** 28 ff., 34
- best execution **33 a** 1
- den Grundsätzen entsprechende Ausführung **33 a** 35
- Dokumentation **33 a** 39
- erfasste Wertpapierdienstleistungen **33 a** 4
- Festpreisgeschäfte **33 a** 31, 33
- Finanzportfolioverwaltung **33 a** 44 f.
- geeignete Gegenparteien **33 a** 11
- Geschwindigkeit **33 a** 22
- Gruppierungen von Aufträgen **33 a** 26 ff.
- inhaltliche Vorgaben **33 a** 16 ff.
- Investmentfonds **33 a** 10
- Kriterien **33 a** 17 f.
- Kundenanweisungen **33 a** 32 ff., 42
- Kundeninformation **33 a** 40 ff.
- Nachweis **33 a** 38
- Ordnungswidrigkeiten **39** 60 f.
- Preis und Kosten **33 a** 19 ff.
- Sanktionen/Haftung **33 a** 12 f.
- Überprüfung **33 a** 36 f.
- Umfang/Art des Auftrags **33 a** 25
- Verbesserung des Wettbewerbs **33 a** 3
- Verordnungsermächtigung **33 a** 46
- Wahrscheinlichkeit vollständiger Ausführung **33 a** 23
- Zustimmung des Kunden **33 a** 40 ff.
Explorationspflichten
- abgestufter Pflichtenkatalog **31** 188 ff.
- Aktualisierung der Informationen **31** 195, 197
- Angabeverweigerung des Kunden **31** 205 ff.
- Anlageberatung **31** 236 ff.
- Anlageziele des Kunden **31** 223 ff.
- beratungsfreies Geschäft **31** 276, 279
- Einholungsart **31** 191
- Einkommens- und Vermögenssituation **31** 233 ff.
- Einschaltung Dritter **31** 209 ff.

- Erforderlichkeit **31** 198 ff.
- Erforderlichkeitsvorbehalt **31** 190
- finanzielle Verhältnisse des Kunden **31** 230 ff.
- Kategorisierung **31** 193 f., 198 ff.
- keine Nachforschungspflicht **31** 203 f.
- Kenntnisse/Erfahrungen des Kunden **31** 217 ff.
- Profilbildung **31** 193 f.
- Standardformulare/Erfassungsbögen **31** 192, 215 f.
- Vermögensverwaltung **31** 261 ff.
- Vertretung des Kunden **31** 209 ff.
- Zeitintervalle **31** 195
- Zeitpunkt der Ermittlung **31** 191
- zwischengeschaltete Wertpapierdienstleister **31** 212 ff.

face to face-Geschäfte 14 13, 59 ff.
Fachaufsicht 40 11
Familienpool 22 107
Festgeschäft 2 45, **25** 6
- Forwards **Vor 37 e, g** 36
- Futures **Vor 37 e, g** 36
- Glattstellung **Vor 37 e, g** 36
- Termingeschäfte **Vor 37 e, g** 35 f.
Festpreisgeschäfte 2 85, **33 a** 7, 31, 33
Financial Futures 2 49
Financial Service Action Plan Vor 37 v 2
Financial Services Authority Einl 27
Finanzanalysen
- Adressatenkreis **34 b** 6 ff.
- an unbestimmten Personenkreis gerichtet **34 b** 26 f.
- Anwendungsbereich **Einl** 47 f.
- Anzeigepflicht gegenüber BaFin **34 c** 1 ff.
- Ausführungsverordnung **34 b** 60
- Ausnahme Journalisten **34 b** 5, 9 ff.
- Befugnisse der BaFin **34 b** 58 f.
- Chinese Walls **34 b** 42, 55
- Darbietung **34 b** 30, 32 ff., 35 ff.
- Deutlichkeitsgebot **34 b** 36
- Drittanalyse **34 b** 19
- Einstellung der Tätigkeit **34 c** 5
- Empfehlung für Anlageentscheidung **34 b** 23 ff.
- Erstellen/Darbieten **34 b** 5, 28, 29, 32 ff., 35 ff.
- Finanzinstrumente **34 b**16
- Handelsbeschränkungen **33 b** 45 ff.
- Information über Finanzinstrumente/Emittenten **34 b** 20 ff.
- Informationsbegriff **34 b** 21
- Legaldefinition Finanzanalyse **34 b** 17 ff., 52

2151

Sachverzeichnis

fette Ziffern = Paragraphen

- Marktmanipulation durch sonstige Täuschung **38** 56
- Offenlegung möglicher Interessenkonflikte **34 b** 41 ff.
- Ordnungswidrigkeiten **39** 15 f.
- Organisationspflichten **34 b** 5, 51 ff.
- potentielle Interessenkonflikte **34 c** 6
- Rechtsfolgen bei Verstößen **34 b** 56 f., **34 c** 7
- Regelungsziel/Schutzrichtung **34 b** 2 f.
- regulierte Tätigkeiten **34 b** 29 ff.
- Sachkenntnis/Sorgfalt/Gewissenhaftigkeit **34 b** 32 ff.
- Sekundäranalyse **34 b** 19
- Veränderung der angezeigten Daten/Sachverhalte **34 c** 5
- Verantwortliche **34 b** 39 f., **34 c** 3, 4
- Verhältnismäßigkeit **34 b** 37
- Verpflichtungen **Vor 31** 47, 86
- Weitergabe der Zusammenfassung von Drittanalysen **34 b** 5, 47 ff.
- Weitergabe von Finanzanalysen Dritter **34 b** 46
- Weitergabe/öffentliche Verbreitung **34 b** 5, 31, 39 ff.
- Weitergabepflichtverletzung **39** 15 f.
- Werbemitteilungen **31** 110
- Wertpapiernebendienstleistung **2** 128
- White Label-Analysten **34 b** 40

Finanzanalyseverordnung (FinAnV) Einl 66, **Vor 31** 27, **Anh 34 b**

Finanzanalysten
- Insiderinformationen **13** 175
- Weitergabe von Insiderinformationen **14** 263 ff.

Finanzberichterstattung
- Aufhebung von § 40 BörsG/§§ 53 ff. BörsZulV **Vor 37 v** 19 f.
- Ausnahmen **37 z**
- Bilanzeid **Vor 37 v** 14 ff.
- Dauerermittenten **37 z** 4
- Emittenten mit Sitz in Drittstaat **37 z** 6 ff.
- Finanzmarktmarktrichtlinie-Umsetzungsgesetz **Vor 37 v** 8
- Haftung für fehlerhafte periodische Kapitalmarktinformationen **Vor 37 v** 21 ff.
- Halbjahresfinanzbericht **37 w**
- Jahresfinanzbericht **37 v**
- keine Zwischenberichterstattung **Vor 37 v** 19 f.
- Konzernabschluss **37 y**
- Regelpublizität **Vor 37 v** 9 f.
- *Schuldtitel mit Mindeststückelung von 50.000,- Euro* **37 z** 1 ff.

- Transparenzrichtlinie-Umsetzungsgesetz **Vor 37 v** 1 ff.
- staatlich garantierte Schuldtitel **37 z** 5
- Verletzungs der Publizitätpflicht **39** 70 f.
- Zwischenmitteilungen der Geschäftsführung **37 x**

Finanzdienstleistungsaufsichtsgesetz (FinDAG) Einl 27

Finanzdienstleistungsinstitute 2 136, **9** 11 f.

Finanzielle Differenzgeschäfte Vor 37 e, g 67

Finanzindices, Basiswert **Vor 37 e, g** 62

Finanzinstrumente
- Begriffsbestimmung **2** 66 ff.

Finanzkommissionsgeschäft 9 30, **33 a** 4
- Begriffsbestimmung **2** 76 ff.

Finanzmarktrichtlinie 15 27

Finanzmarktrichtlinie-Umsetzungsgesetz (FRUG)
- Novellierung des WpHG **Einl** 56 ff.

Finanzmessgrößen, Basiswert **Vor 37 e, g** 62

Finanzportfolioverwaltung
- Abgrenzung von Anlageberatung **31** 244
- Anlagerichtlinien **31** 261 a f., **31** 265
- Anlagestrategie **31** 272 ff.
- besondere Informationspflichten **31** 266 ff.
- Execution Policy **33 a** 4, 44 f.
- Geeignetheitsprüfung **31** 268 ff.
- Kursprognosetheorie **31** 263 a
- Mitarbeitergeschäfte **33 b** 43
- vertragliche Pflichten **31** 262 ff.
- Weisungen des Kunden **31** 264
- Wertpapierdienstleistung **2** 99

Finanztermingeschäfte 1 7, **2** 7, 40, 62
- Abkehr vom wirksamkeitsbezogenen Statusmodell **Vor 37 e, g** 93
- Arbitrage **Vor 37 e, g** 7
- aufsichtsunterworfenes Verbraucherinformationsmodell **Vor 37 e, g** 94
- Ausschluss des Spieleinwands **37 e** 3 ff., 7 ff.
- Begriff **Einl** 36, **Vor 37 e, g** 19 ff.
- Bereicherungsausgleich **37 g** 24
- Daytrading **Vor 37 e, g** 22 ff.
- Derivate **Vor 37 e, g** 18 ff.
- Deutsche Terminbörse **Vor 37 e, g** 81
- Entwicklung des Börsenterminhandels **Vor 37 e, g** 79 ff.
- Eurex **Vor 37 e, g** 82
- Flexibilität **Vor 37 e, g** 13
- Funktion **Vor 37 e, g** 4
- Funktionsfähigkeit des Terminhandels **Vor 37 e, g** 3

magere Ziffern = Randnummern

Sachverzeichnis

- Gesamtbewertung **Vor 37 e, g** 14
- Handhabung **Vor 37 e, g** 14
- Hedging **Vor 37 e, g** 2, 42, 137
- Informationspflichten **Vor 37 e, g** 92 ff.
- Kundenbeziehungen **Vor 37 e, g** 91
- Merkmale **Vor 37 e, g** 17 ff.
- Motive des Gesetzgebers **Vor 37 e, g** 16
- Nichtigkeit des verbotenen Geschäfts **37 g** 11
- Nichtigkeit von Nebengeschäften **37 g** 12 ff.
- Normzweck **Vor 37 e, g** 15
- Offenheit **Vor 37 e, g** 12
- Optionsscheine **Vor 37 e, g** 70 ff.
- OTC-Markt **Vor 37 e, g** 89 f.
- Praxis des Terminhandels **Vor 37 e, g** 78
- Rechtsbegriff **Vor 37 e, g** 8 ff.
- Rechtsunsicherheit **Vor 37 e, g** 14
- Sonderregelungen außerhalb des WpHG **Vor 37 e, g** 2
- Sonderregelungen im WpHG **Vor 37 e, g** 1
- standardisierte und formalisierte Information **Vor 37 e, g** 94
- Trading **Vor 37 e, g** 6
- Typus **Vor 37 e, g** 11 ff.
- Überwachung der Informationspflichten **Vor 37 e, g** 187 ff.
- Verbot/Beschränkung inländischer Geschäfte **37 g** 2 ff.
- vertriebsbezogenes Sonderrecht **Vor 37 e, g** 1 f.
- Warenterminbörse Hannover **Vor 37 e, g** 83
- Zulassungsverbot **37 g** 23
- zweistufige Aufklärung **Vor 37 e, g** 95

Fortsetzungsfeststellungsbeschwerde 37 u 3

Forum für Finanzmarktaufsicht Vor 3 26

Forward Rate Agreements 2 54, **Vor 37 e, g** 59

Forwards Vor 37 e, g 36

fraud on the market theory Vor 37 b 45, 48

free lunch Vor 37 e, g 7

Freie Berufe 2 a 17 f., **Vor 37 e, g** 114

Freiheitsstrafe 38 81 f.

Freiverkehr
- Handelszulassung **12** 11 ff., **15** 48
- kein organisierter Markt **2** 149
- Meldepflicht **9** 26

freiwillige Insiderregeln Vor 12 2, 26

freiwillige Kapitalmarktinformation Vor 37 b 2, 35, 80

frontrunning 31 c 2, 15, **33 b** 35

- Begriffsbestimmung **13** 3, 101, 114
- Regelbeispiel **13** 167 ff.
- Verwendungsverbot **14** 151 ff.

Führungspersonen
- Aktiengesellschaften **15 a** 54 ff.
- ausländischen Geslllschaften **15 a** 63 ff.
- im formellen Sinn **15 a** 51
- im materiellen Sinn **15 a** 51
- Kommanditgesellschaft auf Aktien **15 a** 58 f.
- Organmitglieder **15 a** 52 ff.
- Personen mit Führungsaufgaben **15 a** 51 ff.
- persönlich haftende Gesellschafter **15 a** 66 ff.
- Societas Europaea **15 a** 60 ff.
- Stock Options **14** 125 ff.

Fungibilität 2 11, 15, 17

Funktionenschutz
- allokative Funktionsfähigkeit **Vor 31** 52
- durch Insiderhandels- und Marktmanipulationsverbot **Vor 38** 7 f.
- durch Schadensersatzhaftung **Vor 37 b** 6
- durch Wohlverhaltensregeln **Vor 31** 51 ff.
- institutionelle Funktionsfähigkeit **Vor 31** 52
- operationale Funktionsfähigkeit **Vor 31** 52
- Regelungsbedürfnis der Insiderproblematik **Einl** 13 ff.
- Vertrauen der Anleger in Funktionsfähigkeit **Vor 12** 118 ff.
- Wechselwirkung mit Anlegerschutz **Einl** 13 ff., **Vor 31** 54

Garantiezertifikate Vor 37 e, g 30

Geeignete Gegenparteien
- Befreiung von Verhaltenspflichten **31 b** 4
- betroffene Verhaltenspflichten **31 b** 7
- Einstufungswechsel **31 b** 1
- erfasste Wertpapier(neben)dienstleistungen **31 b** 5 f.
- Execution Policy **33 a** 11
- gesetzliche Kundenkategorie **31 a** 1, 3, 26 ff.
- Organisationspflichten **31 b** 8
- Überwachung durch die BaFin **35** 1 ff.
- Verordnungsermächtigung **31 b** 2

Gefährdungsdelikt 20 a 31, **38** 5

Geheimnis 4 65, **8** 8, **13** 78, **31** 73, **33** 127

Geldbuße
- Bußgeldkatalog s. Ordnungswidrigkeiten
- Bußgeldrahmen **39** 8, 83, 85
- gegen Aufsichtspersonen **38** 87

2153

Sachverzeichnis

fette Ziffern = Paragraphen

- gegen juristische Personen/Personenvereinigungen **Vor 38** 31 ff.
- Verbandsgeldbuße **Vor 38** 31 ff.
- Zumessung der Geldbuße **39** 101 ff.

Geldmarktinstrumente
- Anwendungsbereich des WpHG **2** 34
- Begriffsbestimmung **2** 33 ff., 50, **20 a** 5
- Basiswert **Vor 37 e, g** 50 ff.
- Einlagenzertifikate **2** 37
- Commercial Papers **2** 37

Geldstrafe 38 81 f.

Gemeinschaftsunternehmen 22 39

General Standard 15 a 41

Genossenschaftsregister Einl 55

Genussscheine 2 28, **15** 158, **31** 170, 307

Geregelter Markt
- Begriffsbestimmung **2** 149
- Handelszulassung **15** 44, **15 a** 39

Gerichtliche Zuständigkeit 40 8

Gerichtsöffentlichkeit 13 99

Gerücht 4 42
- Ad-hoc-Publizität **15** 108 ff., 395
- Angabenbegriff **20 a** 17
- Insiderinformation **13** 29, 47 ff., **15** 108 ff.

Gesamtertrags-Swap Vor 37 e, g 68

Geschäftsbesorgungskonsortium 2 88, 95

Geschäftsherrenhaftung 38 72, **39** 90

Geschäftsorganisation, ordnungsgemäße
- Angemessenheit **33** 20
- Einzelpflichten **33** 22 ff.
- Erforderlichkeitsvorbehalt **33** 18
- genereller Maßstab **33** 15 ff.
- Mindestanforderungen **33** 19
- personelle/technisch-organisatorische Ausstattung **33** 17
- Unternehmensgruppe **33** 21
- Verantwortung **33** 16

Gesellschaftsrechtliche Publizität 15 a 212 f.

Gesetz zur Bekämpfung der Wirtschaftskriminalität Vor 20 a 14

Gesetz zur Kontrolle und Transparenz im Unternehmensbereich (KonTraG) Vor 21 10

Gesetz zur Neuordnung des Pfandbriefrechts 15 a 17

Gesetz zur Unternehmensintegrität und Modernisierung des Anfechtungsrechts (UMAG) Einl 67

Getrennte Vermögensverwaltung Einl 23
- Anwendungsbereich **34 a** 3
- bloße Botentätigkeit **34 a** 20

- Entgegennahme von Finanzinstrumenten **34 a** 21
- Entgegennahme von Kundengelder **34 a** 4 ff.
- Normadressaten **34 a** 4
- Nutzung für eigene Rechnung **34 a** 26
- Offenlegung **34 a** 17 f.
- Ordnungswidrigkeiten **39** 64 f.
- periodische Aufstellung **34 a** 25
- Sammelkonto **34 a** 14
- Schutzgesetz **34 a** 2
- Trennungsgebot **34 a** 9 ff.
- Treuhandkonto **34 a** 15 f.
- Überwachung durch BaFin **34 a** 28
- Unterrichtung des Kunden **34 a** 19, 24
- Unzulässigkeit von Omnibuskonten **34 a** 11
- Verhaltensregel **34 a** 1
- Verordnungsermächtigung **34 a** 27
- Weiterleitung zur Verwahrung von Finanzinstrumenten **34 a** 22

Gewerbsmäßigkeit, Begriff Vor 37 e, g 19 ff.

Gewinnabschöpfungsregelung 14 449

Gewinnschuldverschreibungen 2 28

Gewissenhaftigkeit 31 28 ff.

Gläubigerversammlung Vor 30 a 15, **30 a** 24

Gleichbehandlungsgebot
- Aktionäre **30 a** 8
- hinsichtlich der zur Verfügung zu stellenden Informationen **30 a** 5
- Inhaber von Schuldverschreibungen **30 a** 9 ff.
- Interessenkonflikte **31** 65, 89, **31 c** 7 f.
- Nachweisverlangen **27** 11
- Rechtsfolgen bei Verstoß **30 a** 26 ff.
- Reichweite **Vor 30 a** 9, **30 a** 5 f.
- Willkürverbot **30 a** 7

Gleichheitsgrundsatz 40 11

GmbHG 4 22

Gratisaktien 15 a 136

Grauer Kapitalmarkt Einl 7, 8, **12** 17

Greenshoe
- Begriff/Bedeutung **20 a** 129
- ergänzende Kursstabilisierungsmaßnahmen **20 a** 129 ff.
- Freistellungsvoraussetzungen **20 a** 134 f.

Großbritannien
- Marktmanipulationsverbot **Vor 12** 95, **Vor 20 a** 18 f.

Haftung, fehlerhafte Kapitalmarktinformationen
- Anknüpfung an Erwerbs- und Veräußerungsvorgänge **Vor 37 b** 22 f.

magere Ziffern = Randnummern

Sachverzeichnis

- Begrenzung auf Ad-hoc-Mitteilungen **Vor 37 b** 21
- Emittentenhaftung **Vor 37 b** 17 ff., 72 ff.
- Entstehungsgeschichte **Vor 37 b** 11 ff.
- Fallgruppen **Vor 37 b** 22 ff.
- Grundlagen der Schadensersatzhaftung **Vor 37 b** 1 ff.
- Haftung außerhalb §§ 37 b, 37 c **Vor 37 b** 27 ff.
- Haftung de lege ferenda **Vor 37 b** 69 ff.
- Haftung de lege lata **Vor 37 b** 25 ff.
- Haftungserweiterungen **Vor 37 b** 79 f.
- individuelle Schadenskompensation **Vor 37 b** 5
- Kapitalanleger-Musterverfahren **Vor 37 b** 81 ff. **Einl** 69
- Kapitalmarktinformation als Marktregulierung **Vor 37 b** 1 ff.
- Kauf „zu teuer"/Verkauf „zu billig" **Vor 37 b** 22, 24
- Organhaftung **Vor 37 b** 72 ff.
- Primär- und Sekundärmarkthaftung **Vor 37 b** 7 ff., 25
- rechtspolitischer Hintergrund **Vor 37 b** 13 ff.
- Schutzgesetzverletzungen **Vor 37 b** 57 ff.
- sittenwidrige Schädigung **Vor 37 b** 30 ff.
- Stärkung der Funktionsfähigkeit **Vor 37 b** 6
- Systematik **Vor 37 b** 12

Haftung, fehlerhafte periodische Kapitalmarktinformationen
- Ordnungswidrigkeiten **Vor 37 v** 21
- Schutzgesetzverletzungen **Vor 37 v** 26 ff.
- sittenwidrige Schädigung **Vor 37 v** 25
- Straftatbestände **Vor 37 v** 22 f.
- zivilrechtliche Haftung **Vor 37 v** 24 ff.

Halbjahresfinanzbericht
- Aufstellung/Veröffentlichung **37 w** 6 ff.
- Enforcement **37 w** 29
- Hinweisbekanntmachung **37 w** 9 ff.
- Inhalt **37 w** 13 ff.
- keine Prüfpflicht **37 w** 23
- Konzernabschluss **37 y** 3 f.
- prüferische Durchsicht **37 w** 24 f.
- Übermittlung **37 w** 12
- verkürzter Abschluss **37 w** 15 ff.
- Veröffentlichungspflichten **37 w** 27
- Verordnungsermächtigung **37 w** 30 f.
- Zwischenlagebericht **37 w** 21 f.

Halteentscheidungen Vor 37 b 23
Handel an einem organisierten Markt 15 43
Handel auf eigene Rechnung 2 a 35 f.
Handelsaussetzung 7 15

Handelsbestand
- keine Einflussnahme auf Geschäftsführung **23** 12 f.
- Nichtberücksichtigung von Stimmrechten **23** 7 ff.
- Zuordnung zum Handelsbestand **23** 9 ff.

Handelsbildschirme Vor 37 i 1

Handelstage
- Definition **30** 2
- Kalender der Handelstage **30** 3

Handelsüberwachungsstellen Einl 10, **4** 37, **6** 15
Handelsuntersagung 4 34 f., **7** 15
Händler- und Beraterregeln (HBR)
 Vor 12 9

Harmonisierung
- Insiderrecht **Vor 12** 16 ff., 141, **Vor 21** 15

Hauptverhandlung
- Einspruch über Bußgeldbescheid **40** 45 f.
- Verfahrensvorschriften **40** 45
- Zuständigkeit des AG Frankfurt/Main **40** 41

Hauptversammlung 15 118, 185, **15 a** 80
- Anfechtungsausschluss von Beschlüssen **30 a** 31, **30 g** 1 f.
- Ermäßigungsbeschluss **15** 193
- Veröffentlichung der Einberufung **30 b** 10

Hausse-Phase des neuen Markes Vor 37 b 15
Hedgefonds 15 131

Hedging
- Absicherung gegen Kursrisiken **Vor 37 e, g** 5, 137

Heimatlandkontrolle 7 9
Herkunftsmitgliedstaat 2 163 f.
Herkunftstaat Deutschland
- Emittenten mit Herkunftstaat Deutschland **2** 152 ff.

Herkunftsstaatsprinzip Einl 54
- Ausnahmen **15** 57 ff.
- Begriffsbestimmung **2** 6, 152, 161,
- Meldepflicht **2** 153, **9** 13 ff.

Herkunftsstaatswahl 2 b
- Bindungswirkung **2 b** 7 f.
- Veröffentlichung **2 b** 9 ff.
- Wahlberechtigung **2 b** 4 ff.

Hinweisbekanntmachung, Finanzberichte
- Halbjahresfinanzbericht **37 w** 9 ff.
- Jahresfinanzbericht **37 v** 8 f.
- Mitteilung/Übermittlung **37 v** 10 f.
- Ordnungswidrigkeit bei Mitteilungsverletzung **39** 32

2155

Sachverzeichnis

fette Ziffern = Paragraphen

- Zwischenmitteilung der Geschäftsführung **37 x** 7 ff.

Hoheitsträger
- Ausnahmevorschrift für Hoheitsträger **1** 3, 15 f., **38** 9, 39

IFRS 37 n 15, 17, **37 w** 18
Improper Matched Orders 20 a 56
Index-Fonds 2 32
Individualanlegerschutz Vor 31 53 f.
individuelle Schadenskompensation Vor 37 b 5
Inducements s. Drittzuwendungen, Zuwendungen
informationelle Selbstbestimmung 4 65, **15 a** 113, **40 a** 11, **40 b** 3
Informationsdeliktshaftung Vor 37 b 16
Informationshaftung s. Haftung für fehlerhafte Kapitalmarktinformationen, Schadensersatzhaftung, Schutzgesetzverletzung, Sittenwidrige Schädigung
Informationsmanagement 33 56 ff.
- Informationsbeschaffungspflichten **33** 58
- Organisation des Informationsflusses **33** 59 ff.
- Zugang zu Informationen **33** 57 f.

Informationspflicht des Emittenten 30 a 12 ff.
- Ordnungswidrigkeit bei Pflichtverletzung **39** 54 f.
- zur Ausübung von Stimm- und Mitverwaltungsrechten **30 a** 15
- zur Ausübung von Vermögensrechten **30 a** 16

Informationspflicht, Finanztermingeschäfte
- Abdingbarkeit **Vor 37 e, g** 171
- Abkehr vom wirksamkeitsbezogenen Statusmodell **Vor 37 e, g** 93
- Abschluss eines Finanztermingeschäfts **Vor 37 e, g** 125
- Abschluss von Kommissions-/Geschäftsbesorgungs-/Maklerverträgen **Vor 37 e, g** 126
- Abschluss von Sicherungsgeschäften **Vor 37 e, g** 127
- aufsichtsunterworfenes Verbraucherinformationsmodell **Vor 37 e, g** 94
- Auslandsgeschäften **Vor 37 e, g** 185
- Beratungsvertrag **Vor 37 e, g** 174
- Beschränkungen der Geschäftsfähigkeit **Vor 37 e, g** 136 f.
- Bonitätsrisiko **Vor 37 e, g** 179
- des Vertreters **Vor 37 e, g** 132
- Erstinformation **Vor 37 e, g** 154

- fehlende Absicherungsmöglichkeiten **Vor 37 e, g** 145
- Finanztermingeschäftstätigkeit **Vor 37 e, g** 116
- gegenüber Verbrauchervertreter **Vor 37 e, g** 129 ff.
- Gesamtvertretung/Gemeinschaftskonto **Vor 37 e, g** 135
- gesetzliche Zuteilung von Bezugsrechten **Vor 37 e, g** 128, 139
- Gewerbsmäßigkeit **Vor 37 e, g** 19 ff.
- Grundtatbestand **Vor 37 e, g** 104 ff.
- Hebelwirkungsrisiko **Vor 37 e, g** 178
- Informationsblatt **Vor 37 e, g** 148
- Informationsmodell **Vor 37 e, g** 101
- Informationspflicht gegenüber Verbraucher **Vor 37 e, g** 104 ff.
- Informationspflichten **Vor 37 e, g** 92 ff.
- Inkongruenzrisiko **Vor 37 e, g** 182
- jährliche Regelprüfung **Vor 37 e, g** 191
- kaufmännischer Umfang **Vor 37 e, g** 115
- Kausalität **Vor 37 e, g** 161 ff., 165 ff.
- Liquiditätsrisiko **Vor 37 e, g** 181
- mangelnde Bestimmbarkeit/Begrenzbarkeit des Verlustrisikos **Vor 37 e, g** 144
- Marktpreisrisiko **Vor 37 e, g** 177
- Missstandsbeseitigung **Vor 37 e, g** 192
- Nachholung **Vor 37 e, g** 156
- Nebenkostenrisiko **Vor 37 e, g** 183
- Risiko des Verfall/überproportionale Wertminderung **Vor 37 e, g** 143
- Risiko von Sicherheitsleistungen **Vor 37 e, g** 180
- Sanktionierung **Vor 37 e, g** 157
- Schaden **Vor 37 e, g** 172
- Schadensersatz **Vor 37 e, g** 103, 158
- Schriftform **Vor 37 e, g** 147
- Staatshaftung **Vor 37 e, g** 193 f.
- standardisierte und formalisierte Information **Vor 37 e, g** 94
- steuerliche Risiken **Vor 37 e, g** 184
- Testamentvollstreckung **Vor 37 e, g** 138
- Überwachung **Vor 37 e, g** 188 ff.
- Unternehmenseigenschaft **Vor 37 e, g** 15 ff.
- Unterschrift des Verbrauchers **Vor 37 e, g** 150
- Verbraucher als Vertragspartner **Vor 37 e, g** 117
- Verbraucherinformation **Vor 37 e, g** 101
- Verhaltensaufsicht **Vor 37 e, g** 190
- Verjährung **Vor 37 e, g** 169 f.
- Verletzung der Informationspflicht **Vor 37 e, g** 159 ff.

magere Ziffern = Randnummern

Sachverzeichnis

- Verlustrisiko bei Kreditaufnahme/ Kursschwankungen **Vor 37 e, g** 146
- Vertretenmüssen/Mitverschulden **Vor 37 e, g** 167 f.
- Vertretung eines Unternehmers **Vor 37 e, g** 133
- Vertretung von Personenvereinigungen **Vor 37 e, g** 134
- Verwässerungsverbot **Vor 37 e, g** 152
- von Unternehmen mit Sitz im Ausland **Vor 37 e, g** 141
- Warnfunktion **Vor 37 e, g** 103
- weitere Sanktionen **Vor 37 e, g** 173
- Wiederholungsinformation **Vor 37 e, g** 155
- Zwei-Stufen-Theorie **Vor 37 e, g** 95, 174

Informationspflicht ggü Kunden
s. Kundeninformation

Informationsübermittlung 7 17 ff.

Informationsverbreitung
- Börsenpflichtblatt **15** 241
- elektronische Informationsverbreitungssysteme **15** 239
- Printmedien **15** 240 f.

Informationsverbreitungssystem 13 92, **15** 239, 242, 248

Informationsvermittler 14 269

Inhaberaktien 21 33

Inhaberschuldverschreibung 2 28

initial public offering 14 22

Inlandsemittent
- Ad-hoc-Publizität **15** 40 ff.
- Begriffsbestimmung **2** 161 f.

Innenhaftung Vor 37 b 26

Innenrevision 33 36 ff.
- Aufgaben **33** 37
- Auslagerung **33** 157, 171
- Einrichtung einer eigenständigen Einheit **33** 36
- Informationsrecht der Mitarbeiter **33** 38
- Mängelbeseitigung und Überwachung **33** 41
- Prüfungsplanung **33** 40
- Unabhängigkeit/Selbständigkeit **33** 39

Insider
- Aufgabeninsider **38** 20
- BaFin-Mitarbeiter **16 a** 1 ff.
- Berufsinsider **38** 20 f.
- Beteiligungsinsider **38** 19
- keine Differenzierung im Strafmaß **14** 5 f.
- mit Emittentenbezug **15 b** 18 ff.
- ohne Emittentenbezug **15 b** 33
- Primärinsider **Vor 12** 63 f., **14** 6, 10, **38** 16, 78
- Regelinsider **15 b** 46
- Sekundärinsider **Vor 12** 65, **14** 6, **38** 16

- Straftatinsider **38** 22
- Tätigkeitsinsider **38** 20
- unternehmensexterne **15** 260

Insidergeschäfte
- grenzüberschreitende **Vor 12** 88
- verbotene Geschäfte s. Insiderhandelsverbot

Insiderhandels-Richtlinien (IHR) Vor 12 9

Insiderhandelsverbot s. a. Empfehlungs- und Verleitungsverbot, Verwendungsverbot, Weitergabeverbot
- Anfechtbarkeit des Rechtsgeschäfts **14** 428 ff.
- Blankettvorschriften **14** 3
- Empfehlungsverbot **14** 360 ff., **38** 15 ff.
- Freistellung von Kurstabilisierungsmaßnahmen **14** 405 ff.
- Freistellung von Rückkaufprogrammen **14** 400 ff.
- Nichtigkeit des Rechtsgeschäfts **14** 421 ff., 440 f.
- Rechtfertigungsgründe **14** 408 ff.
- Schadensersatzanspruch **14** 433 ff., 442
- Strafbarkeit **14** 4 f., 414 ff., **38**
- Verleitungsverbot **14** 10, 379 ff.
- Verwendungsverbot **14** 9, 18 ff.
- Weitergabeverbot **14** 182 ff., 196 ff.
- zivilrechtliche Konsequenzen **14** 419 ff.

Insiderinformation
- Absichten/Pläne/Vorhaben **13** 57 ff.
- Ad-hoc-Publizität **15** 72 ff.
- Bagatellfälle **13** 124 f.
- befugte Weitergabe **15** 290 ff.
- Begriff **Vor 12** 57, **13** 13, 19 ff., **15** 24, **15 a** 73
- Beispiele **15** 134
- Bereichsöffentlichkeit **13** 81 ff., **15** 114
- Beweisbarkeit **13** 32
- öffentlich bekannte Umstände **13** 172 ff.
- Blockorder **13** 114
- Drittbezug **38** 7
- Eintrittswahrscheinlichkeit **13** 67 ff.
- Einzelinformation **15** 96
- Emittentenbezug **13** 28, 103 ff., 110 ff., **15** 120 ff., 124 ff.
- Empfehlungen **13** 62 ff.
- Empfehlungs- und Verleitungsverbot s. dort
- Entwicklung **13** 10 ff.
- Erheblichkeit **38** 7
- Erwerb von bedeutenden Beteiligungen **15** 296 ff.
- frontrunning **13** 3, 114, 167 ff.
- gegenwärtige Umstände/Ereignisse **13** 29 ff.
- Gerüchte **13** 47 ff., **15** 108 ff.

2157

Sachverzeichnis

fette Ziffern = Paragraphen

- gestreckte Sachverhalte **15** 99 f.
- Grenze insiderrechtlicher Regulierung **13** 7
- Insiderpapierbezug **13** 103 ff., 113 ff.
- kognitive Informationen **15** 94
- komplexe Sachverhalte **15** 97 f.
- konkrete Information **15** 78 ff., 178
- Kursbeeinflussung **Vor 12** 58, **13** 106
- Kurserheblichkeit **13** 121 ff., **15** 27, 85, 107, 154 f.
- Marktinformationen **13** 116 ff.
- mehrstufige Entscheidungsprozesse **13** 74 ff., **15** 102 ff.
- Meinungen **13** 62 ff.
- Mitteilung/Zugänglichmachen **15** 303 ff.
- Negativabgrenzung **13** 4, 172
- nicht öffentlich bekannt **13** 77 ff., 113 ff., **37 b, c** 23
- Pläne, Konzepte, Strategien **15** 93 f.
- präzise Information **13** 13 f., 22 ff.
- Preisbeeinflussungspotenzial **15** 140 ff.
- Prognosen **15** 88 ff.
- Rechtsauffassungen **13** 44
- Regelbeispiele **Vor 12** 59, **13** 166 ff.
- strafrechtlicher Schutz **38** 7
- Tatsachen **13** 30 ff.
- Tipps/Empfehlungen/Ratschläge **13** 55 ff.
- unbefugte Weitergabe **15** 291
- unwahre Informationen **13** 35 ff.
- Vertrauen auf Richtigkeit der Insiderinformation **37 b, c** 28 f.
- Veröffentlichung s. Ad-hoc-Publizität
- Verwendungsverbot s. dort
- voluntative Informationen **15** 95
- Warenderivate **13** 170 ff.
- Weitergabe von Insiderinformationen s. Informationsweitergabe
- Weitergabe an Aktionäre **15** 294 f.
- Weitergabe an einen anderen **15** 285 ff.
- Weitergabe an externe Berater/Dienstleister **15** 300
- Weitergabe an Medien/Presse **15** 302
- Weitergabe an Rating-Agenturen **15** 301
- Weitergabe im privaten Bereich **15** 299 ff.
- Weitergabe/Zugänglichmachen **15** 276 ff.
- Weitergabeverbot s. dort
- Wertungen **13** 39 ff., 62 ff.
- zukünftige Umstände **13** 65 ff., **15** 82 ff., 103

Insiderpapiere
- Antragstellung auf Zulassung/Einbeziehung **12** 21 ff.
- Begriff **Vor 12** 61, **12** 9 ff.
- Derivate **12** 26

- Einbeziehung **12** 13 ff.
- Finanzinstrumente **12** 9 f.
- Handelszulassung **12** 11 ff., 18 ff.
- Regelungsgegenstand/-zweck **12** 1 ff.

Insiderrichtlinie Einl 3
- Ad-hoc-Publizität **15** 3 ff.
- Entwicklung **Vor 12** 16, 18, 19 ff.
- Insiderinformation **13** 23
- verspätete Umsetzung **Vor 12** 25

Insidertatsache 4 42
- Begriffsersetzung **13** 11 ff., **15** 74

Insiderüberwachung Vor 12–20
- Anfänge insiderrechtliche Regelungen **Vor 12** 3 ff.
- Argumente für Insiderhandelsverbot **Vor 12** 113 ff.
- Argumente gegen Insiderhandelsverbot **Vor 12** 100 ff.
- Emittentenleitfaden der BaFin **Vor 12** 37 ff.
- Entwicklung auf europäischer Ebene **Vor 12** 15 ff.
- Entwicklung des WpHG **Vor 12** 23 ff.
- Entwicklung in Deutschland **Vor 12** 6 ff. 6 ff.
- Harmonisierung des Insiderrechts **Vor 12** 16 ff.
- Insiderinformation und Insiderpapier **Vor 12** 57 ff.
- Insiderüberwachung und -verfolgung **Vor 12** 79 ff., 92 ff.
- Kritik an strafrechtlicher Sanktionierung **Vor 12** 142 ff.
- Legitimation des Strafrechtseinsatzes **Vor 12** 139 ff.
- Marktmissbrauchsrichtlinie **Vor 12** 29 ff.
- Normadressaten und Insiderhandelsverbote **Vor 12** 48 ff.
- Novellierungen des deutschen Insiderrechts **Vor 12** 27 f.
- Prävention von Insidergeschäften **Vor 12** 71 ff.
- Rechtsgut der Insiderhandelsverbote **Vor 12** 131 ff.
- Reformvorschläge **Vor 12** 13 f.
- Regelungsleitbild **Vor 12** 124 ff.
- Regelungssystematik **Vor 12** 41 ff.
- Sanktionen bei Verstößen **Vor 12** 62 ff.
- Sanktionierung der Insiderhandelsverbote **Vor 12** 139 ff.
- Verbotstatbestand und Anwendungsbereich **Vor 12** 45 ff.

Insiderverfolgung 9 3, **Vor 12** 79 ff.
Insiderverzeichnis Einl 44, **15 b**, **15 b**
- Aktualisierungspflicht **15 b** 77 ff.
- Anlassinsiderverzeichnis **15 b** 44 ff.

magere Ziffern = Randnummern

Sachverzeichnis

- Anlegerschutzverbesserungsgesetz **15 b** 8 ff.
- Art des Verzeichnisses **15 b** 35 f.
- Aufbau des Verzeichnisses **15 b** 42 ff.
- Aufbewahrung und Vernichtung **15 b** 91 ff.
- Aufklärungspflicht **15 b** 83 ff.
- aufzunehmende Personen **15 b** 51 ff.
- Ausnahmen nach HGB **15 b** 30 ff.
- Compliance-Richtlinie **15 b** 7
- Emittenten von Finanzinstrumenten **15 b** 17
- Form des Verzeichnisses **15 b** 50
- Führungspflicht **15 b** 1 ff.
- Inhalt des Verzeichnisses **15 b** 37 ff.
- Insider mit Emittentenbezug **15 b** 18 ff.
- Insider ohne Emittentenbezug **15 b** 33
- Konzernsachverhalte **15 b** 74 f.
- Kritik **15 b** 12 ff.
- Marktmissbrauchsrichtlinie **15 b** 8 ff.
- nur Inlandsemittenten **15 b** 34
- Ordnungswidrigkeiten **15 b** 100, **39** 48
- Prävention von Insidergeschäften **Vor 12** 77 ff.
- Regelinsiderverzeichnis **15 b** 46 ff.
- strafrechtliche Sanktionen **15 b** 101 ff.
- Transparenzrichtlinien-Umsetzungsgesetz **15 b** 11
- Übermittlung an die BaFin **15 b** 81 f.
- Verordnungsermächtigung **15 b** 97 ff.
- Verzeichnisführungspflichtige **15 b** 16 ff.
- zivilrechtliche Sanktionen **15 b** 104 ff.

Insolvenzverfahren 21 15, **37 i** 23, **37 o**, p 14
- Ad-hoc-Publizität **15** 209 ff.

Insolvenzverwalter 15 216, **15 a** 81, **15 b** 24

Interessenkonflikte
- Abstandnahme vom Geschäft **31** 60
- Arten **31** 50 ff.
- Aufklärung des Kunden **31** 61 f., 69 ff.
- Ausnutzen eigener Empfehlungen **31** 81
- Beeinflussung des Kurses **31** 82 f.
- Bestellung vor Insolvenzeröffnung **11** 11
- Bevorzugung bestimmter Kunden **31** 91 ff.
- Churning **31** 86
- Delisting **11** 12 ff.
- Einzelabwägung **31** 66
- erfasstes Interesse **31** 51 ff..
- gegenläufige Kundenorder **31** 90
- Gleichbehandlungsgrundsatz **31** 65, 89
- Haftung **11** 16
- konkurrierende Kundenorder **31** 89 ff.
- konkurrierender Eigenhandel **31** 77 f.
- Kundeninteresse/Eigeninteresse des Wertpapierdienstleisters **31** 55

- Offenlegung **31** 68 ff.
- Offenlegungspflichtverletzung **39** 56 f.
- organisatorische Maßnahmen **31** 59
- Pflicht bei Insolvenzeröffnung **11** 7 ff.
- Prioritätsgrundsatz **31** 63 f., 89
- Provisionsinteresse **31** 86, 87
- Rechtstellung **11** 4 ff
- Vergütungsfragen **31** 84 ff.
- Vermeidbarkeit **31** 56
- Vermeidung der Beeinträchtigung des Kundeninteresses **31** 57
- Vertriebsinteresse **31** 79 ff.
- zwischen Kunde und Wertpapierdienstleistungsunternehmen **31** 77 ff.
- zwischen verschiedenen Kunden **31** 89 ff.

Interessenkonfliktmanagement 34 b 54
- Bedeutung **33** 102 ff.
- Begriff Interessenkonflikt **33** 94
- Chinese Walls **33** 107 ff., 130 f.
- divergierende Interessenlagen **33** 95
- Grundsätze **33** 96
- Maßnahmen zur Konfliktbewältigung **33** 97 ff.
- restricted list **33** 131, 137 ff.
- Wall Crossing **33** 112 ff.
- watch list **33** 133 ff.

Interessenwahrungspflicht 31 c 1 f., 12
- Bearbeitungsvorgaben **31** 42, **31 c**
- best execution **31** 41
- bestmögliche Auftragsausführung **31** 41, **33 a**
- Grenzen **31** 43 f.
- keine Bevormundung **31** 40
- know your customer **31** 36
- Kundeninteresse **31** 31 ff.
- Maßstab des Kundeninteresses **31** 31 f.
- Orientierung am bestmöglichen Kundeninteresse **31** 33 ff.
- widersprüchliches/unvernünftiges Kundeninteresse **31** 38 ff.

Interest Rate Futures Vor 37 e, g 58
Internalisierung s. Systematische Internalisierung
Internationale Rechtshilfe in Strafsachen 7 36
Internationale Zusammenarbeit
- Durchsetzung internationaler Rechnungslegungsvorschriften **37 s**

Internet
- Veröffentlichung von Insiderinformationen **13** 85, 93, **14** 273
- Kundeninformationen **31** 136

Internetdaten 16 b 7
Intra-Day-Trading 33 b 35
Intranet-Daten 16 b 7
Introducing Broker 2 91

2159

Sachverzeichnis

fette Ziffern = Paragraphen

Investmentaktiengesellschaft 2 a 37, 48 f.
Investmentänderungsgesetz Einl 64
Investmentclubs 2 88, 139
Investmentfonds 21 35, **33 a** 10
– Anlageberatung/Anlagevermittlung **2 a** 19 ff.
– Termingeschäft **Vor 37 e, g** 21
Investmentgesellschaften 2 140
Investmentmodernisierungsgesetz Einl 38, **2** 5
Investmentvermögensanteile 2 30, **33 b** 43
Investor Relations 14 274, 287, **Vor 37 b** 2
Irrtumslehre 4 58
– Strafvorschriften **38** 73 ff.
– Subsumtionsirrtum **14** 354, **38** 75
– Tatbestandsirrtum **38** 76, **39** 91
– Ordnungswidrigkeiten **39** 91
– Verbotsirrtum **38** 77, **39** 91
– Vermeidbarkeit **38** 78

Jahresabschluss
– Anhang **Vor 21** 41 f.
– Schutzgesetzverletzung bei fehlerhaftem Abschluss **Vor 37 v** 28
Jahresfinanzbericht
– Aufstellung/Veröffentlichung **37 v** 6 ff.
– Inhalt **37 v** 13 ff.
– Konzernabschluss **37 y** 2
– Mitteilung/Übermittlung der Hinweisbekanntmachung **37 v** 10 f.
– Übermittlung des Jahresberichts **37 v** 12
– Veröffentlichung der Hinweisbekanntmachung **37 v** 8 f.
– Verordnungsermächtigung **37 v** 16 f.
Jahressteuerergänzungsgesetz Einl 22, **15** 9
Journalisten
– Selbstregulierung **34 b** 5, 9 ff.
– Weitergabe von Insiderinformationen **14** 266 ff.
– Zuleitung von Insiderinformationen **15** 239, 245
Journalisten, Selbstregulierung
– Ausnahme für Journalisten **34 b** 5, 9 ff.
– gleichwertige angemessene Regelung **34 b** 11
– inhaltliche Pflichtenausgestaltung **34 b** 14
– Journalist **34 b** 10
– keine Verhaltenspflichten **34 b** 9
– Kontrollmechanismen **34 b** 11
– rechtsfähige Organisation **34 b** 12
– Sanktionsmöglichkeiten **34 b** 12

Journalistenprivileg
– Anwendbarkeit **20 a** 142, 145 f.
– Begriff des Journalisten **20 a** 143
– Berücksichtigung der berufständischen Regeln **20 a** 144
Juristische Personen
– Geldbuße **Vor 38** 31 ff.
– Wissenszurechnung **14** 7
Juristische Personen des öffentlichen Rechts
– Anstalten **37 h** 33
– Bund und Länder **37 h** 31
– Körperschaften **37 h** 32
– Stiftungen **37 h** 34
Justizmitteilungsgesetz Einl 22

Kapitaladäquanz Einl 22
Kapitalallokation
– Förderung durch Insidergeschäfte **Vor 12** 106 ff.
Kapitalanlagebetrug Vor 37 b 67, **38** 80
Kapitalanlagegesellschaften 2 a 37, 48 f.
Kapitalanleger-Musterverfahren
– Beigeladene **Vor 37 b** 89
– Bekanntmachung im Klageregister **Vor 37 b** 87
– Bindungswirkung des Musterentscheids **Vor 37 b** 91
– Durchführung des Musterverfahrens **Vor 37 b** 82, 88 ff.
– Entstehungsgeschichte **Vor 37 b** 81
– erfasste Streitigkeiten **Vor 37 b** 84
– Feststellungsfähigkeit **Vor 37 b** 85 f.
– Gerichtsstand **Vor 37 b** 83
– KapMuG **Einl** 33, 69, **Vor 37 b** 70, 81, 82 ff.
– Musterkläger **Vor 37 b** 88
– Musterfeststellungsantrag **Vor 37 b** 85 ff.
– Regelungszweck **Vor 37 b** 81
– Streu-/Massenschäden **Vor 37 b** 81
– Verfahrensablauf **Vor 37 b** 85 ff.
– Verfahrensabschnitte **Vor 37 b** 82
– Verfahrensgrundsätze **Vor 37 b** 90
– Vorlageverfahren **Vor 37 b** 85 ff.
– Zulassung eines Musterverfahrens **Vor 37 b** 82
Kapitalerhaltungsgrundsatz Vor 37 b 17 ff.
Kapitalerhöhung 15 186
– aus Gesellschaftsmitteln **21** 51
– bedingte **21** 50
– reguläre/aus genehmigtem Kapital **21** 48
– Stimmrechte **21** 48 ff.
Kapitalherabsetzung
– durch Einziehung **21** 52 f.
– Stimmrechte **21** 52 ff.
– vereinfachte **21** 52

2160

magere Ziffern = Randnummern

Sachverzeichnis

Kapitalmarkt, Funktionsfähigkeit s. Funktionenschutz
Kapitalmarktbezogene Informationsdeliktshaftung Vor 37 b 16
Kapitalmarktinformation, als Marktregulierung **Vor 37 b** 1 ff.
Kapitalmarktinformationshaftungsgesetzes (KapInHaG) Einl 71, **Vor 37 b** 69
Kapitalmarktpublizitätsrichtlinie 15 5, 17
Kapitalmarktrechtliche Informationshaftung s. Haftung für fehlerhafte Kapitalmarktinformationen, Schadensersatzhaftung
Kapitalmarktrechtliche Primär- und Sekundärhaftung Vor 37 7 ff.
Kapitalmarktrechtliche Publizitätspflichten 15 a 205 ff.
Kapitalmarktregulierung s. Marktregulierung
Kapitalmaßnahmen, Ad-hoc-Publizität **15** 184 ff.
Kartellaufsicht 4 4
Kassageschäft
– Begriffsbestimmung **2** 57, **Vor 37 e, g** 48
Kaufmannseigenschaft
– ausdehnende Anwendung **37 h** 30
– Betreibereigenschaft **37 h** 25
– Beweislast **37 h** 22
– Gesellschafter und Organmitglieder **37 h** 27
– Gewerbe **37 h** 19
– Handelsgesellschaften **37 h** 26
– Handelsgewerbe **37 h** 20
– Kaufmann **37 h** 18 **37 h** 10 ff.
– Kleingewerbetreibende **37 h** 23
– Land- und Forstwirte **37 h** 24
– Mischunternehmen **37 h** 28
– Scheinkaufmann **37 h** 29
– Zeitpunkt **37 h** 21
Kenntnisverschaffung über Kunden s. Explorationspflichten
Kennzahlen
– Ad-hoc-Veröffentlichung **15** 319 ff.
– im Geschäftsverkehr üblich **15** 320 f.
– Katalog **15** 321
– Vorjahresvergleich **15** 324
Kettenzurechnung von Stimmrechten
– Begriff **22** 13
– gesetzliche Regelung **22** 14
– Stimmrechtsanteile **22** 13 ff., 43, 51, 109
– wertende Betrachtung der Zurechnung **22** 15
Kick-backs 31 88, **31 d** 32, 41

Kinder
– adoptierte **15 a** 89
– Unterhaltsberechtigung **15 a** 87 ff.
– Mitteilungspflicht **15 a** 87 ff.
– nichteheliche **15 a** 89
know your customer 31 36, 189, 249 ff.
know your product 31 250
Kollusion 14 377
Komitologieverfahren Vor 38 4
Kommissionsgeschäfte 37 g 20
Kommissionsvertrag 14 439
Komplementär
– mitteilungspflichtig **15 a** 66 ff.
– persönliche Haftung **15 a** 66 ff.
Konzept Finanzplatz Deutschland Einl 20
Konzern, faktischer 15 256
Konzernabschluss Vor 21 42
– Halbjahresfinanzbericht **37 y** 3 f.
– Jahresfinanzbericht **37 y** 2
– Zwischenmitteilung **37 y** 5
Konzerninteresse 15 252 f.
Konzernrechnungslegungsrichtlinie 37 y 1
Konzernüberwachung 14 255
Konzernunternehmen 21 8
– Ad-hoc-Publizität **15** 160 ff.
– befugte Informationsweitergabe **14** 254 ff., 258
– Informationsweitergabe an Analysten/Rating-Agenturen **14** 263 ff.
– Informationsweitergabe an externe Berater/Dienstleister **14** 259, 262
– Informationsweitergabe an Presse/Medien **14** 266 ff.
– Informationsweitergabe außerhalb **14** 258 ff.
– Informationsweitergabe innerhalb **14** 252 ff.
– unbefugte Informationsweitergabe **14** 257
Kostenerstattungspflicht 42
Kreditderivate 2 60
Kreditinstitut 9 9 f., **15 b** 23
Kreditrisiken, Basiswerte **Vor 37 e, g** 68
Kreditsicherungs-Swap Vor 37 e, g 68
Kreditwesengesetz (KWG) 2 13
Kriminalstrafe Vor 38 6, 9
Krise s. Insolvenz, Restrukturierung
Kronzeugen Vor 38 16, **40** 12
Kunde
– abweichende Einstufung/nachträgliche Änderung **31 a** 4, 29
– Angemessenheitsprüfung **31 a** 12 f.
– Ausstrahlungswirkung auf zivilrechtliche Pflichten **31 a** 49
– Begriff **31** 31, **34 a** 1, 8, 15 ff.

2161

Sachverzeichnis

fette Ziffern = Paragraphen

- bei Vertretungsverhältnissen **31** 32
- Bewertung **31 a** 10 ff.
- Dokumentationspflichten **31 a** 45
- Empfänger von Wertpapier(neben)dienstleistungen **31 a** 1, 15 ff.
- geeignete Gegenparteien **31 a** 1, 3, 26 ff., **31 b**
- gewillkürter Wechsel **31 a** 32, 52, **31 b** 1
- gruppenspezifischer Pflichtenkatalog **31 a** 46 ff.
- Herabstufungen **31 a** 30 ff.
- Hochstufungen **31 a** 33 ff.
- institutionelle Anleger **31 a** 24
- Kundenkategorisierung **31 a** 7, 10
- kundenspezifische Differenzierung **31 a** 2 ff.
- nicht zulassungs- oder aufsichtspflichtige Unternehmen **31 a** 21
- öffentliche Schuldenverwaltung **31 a** 22
- Organisationspflichten **31 a** 44 f.
- potentielle Kunden **31 a** 16, 27
- Privatkunden **31 a** 1, 9, 11, 17
- professionelle Kunden **31 a** 1, 8, 18 ff., 25
- Regierungen **31 a** 22
- System der Kundenkategorisierung **31 a** 6 ff.
- Vereinbarungen **31 a** 32, 52, **31 b** 1
- Zentralbanken **31 a** 23
- zulassungs- oder aufsichtspflichtige Unternehmen **31 a** 20

Kundenanweisungen
- Auftragsverhältnis/Kommissionsgeschäft **33 a** 33
- ausdrückliche Weisung **33 a** 32, 34
- Ausführung im Kundeninteresse **33 a** 34

Kundenauftragsbearbeitung
- Bekanntmachungspflicht **31 c** 4, 24 ff.
- bestmögliche s. Execution Policy
- durch systematische Internalisierer **32 c** 1 ff.
- Einschaltung Dritter **31 e** 12 ff.
- frontrunning **31 c** 2, 15
- Gleichbehandlungsgrundsatz **31 c** 7 f.
- Interessenwahrungspflicht **31 c** 1, 2, 12
- Interessenwahrungspflicht bei Aggregation **31 c** 12 f.
- korrekte Verbuchung **31 c** 2, 11
- limitierte Kundenaufträge **31 c** 24
- Offenlegungspflicht **31 c** 4, 24 ff.
- parallel running **31 c** 16
- Schutzgesetzcharakter **31 c** 3
- spezielle Informationspflichten **31 c** 2, 22 f.
- unverzügliche/redliche Ausführung **31 c** 2, 6 ff., 24 f.

- Verantwortlichkeit bei Weiterleitung **31 e** 1 ff.
- verbotener Insiderhandel **14** 144 ff.
- Verhinderung des Informationsmissbrauchs **31 c** 2, 14 ff.
- Verordnungsermächtigung **31 c** 5, 27
- Vorrang des Kundeninteresses **31 c** 6
- Wahrung der zeitlichen Priorität **31 c** 2, 9 f.
- zu beachtende Einzelpflichten **31 c** 2

Kundenauftragsweiterleitung
- Erleichterungen **31 e** 10 f.
- Verantwortlichkeit **31 e** 1 ff.

Kundengelder
- Entgegennahme von Kundengeldern **34 a** 4 ff.
- Trennungsgebot **34 a** 9
- Verwahrung **34 a** 9 ff.
- Schutz **Vor 31** 45, 33 26, **34 a** 1

Kundengeldverwahrung s. Getrennte Vermögensverwahrung

Kundeninformationen
- Aktien **31** 167 ff.
- Aktienanleihen **31** 166
- Aktualisierungspflicht **31** 124
- allgemeine Anforderungen **31** 97 ff., 121
- Anforderungen bei Privatkunden **31** 112 ff.
- Angemessenheit **31** 140, 142
- Anleihen **31** 153 ff., 160
- Art und Umfang **31** 137 ff.
- Ausführungsplätze **31** 149
- Ausgabe- und Verwaltungskosten **31** 174
- Ausschüttungsrisiko **31** 170
- Basis-/Standardinformationen für Anlageentscheidung **31** 118 ff., 144 ff.
- Bonitätsrisiko **31** 154 ff.
- Diskontzertifikate **31** 180
- eigene Informationsprüfung **31** 103
- Einhaltung eines objektiven Maßstabs **31** 97 f.
- Erforderlichkeitsvorbehalt **31** 141
- Form **31** 134 ff., 151
- Genussscheine **31** 170
- Haftungsrisiko **31** 170
- im Internet **31** 136
- Informationsbeschaffung/-weiterleitung **31** 100 ff.
- Investmentanteile **31** 171 ff.
- Katalog der Standardinformationen **31** 144 ff.
- Korrelationsrisiko **31** 179
- Kosten/Nebenkosten **31** 150
- Kursrisiko **31** 161, 167, 169, 179
- Leistungsspektrum **31** 144 ff.
- leverage-Effekt **31** 176
- Liquiditätsrisiko **31** 162, 167 f., 179, 182

2162

magere Ziffern = Randnummern

Sachverzeichnis

- Managementrisiko **31** 172
- Optionsscheinen **31** 174 ff.
- Penny Stocks **31** 168
- Preisverzeichnis **31** 151
- produktbezogene Informationen **31** 152 ff.
- Produktinformationen **31** 147
- Ratings **31** 157 ff.
- Rechtzeitigkeit **31** 121 ff.
- redlich, eindeutig, nicht irreführend **31** 97 ff., 121
- Schuldverschreibungen **31** 153 ff.
- Sicherheitsleistungen **31** 177
- standardisierte Informationsinstrumente **31** 131 ff.
- über Anlagestrategie **31** 148
- Verlustrisiko **31** 170 f.
- Verständlichkeit **31** 126 ff.
- wahrheitsgemäß **31** 101
- Werbemitteilungen **31** 106 ff.
- Wertpapierdienstleistungsunternehmen **31** 144 ff.
- widerspruchsfrei **31** 113
- Zinsrisiko **31** 161
- Zumutbarkeit der Informationsermittlung **31** 104 f.

Kundeninteresse
- Bestimmungskriterien **31** 35 ff.
- bestmögliches **31** 33 f.
- Maßstab **31** 31 ff., 35 ff.
- widersprüchliches/unvernünftiges **31** 38 ff.

Kundenkategorisierung 31 2, 31, 193 f.
Kursbeeinflussung 13 106
Kursdifferenzschaden Vor 37 b 47, 49, **37 b, c** 33 ff.
Kurserheblichkeit der Insiderinformation
- abstraktes Gefährdungsmerkmal **13** 123
- Auslegungskriterien **13** 122 ff.
- Bagatellfälle **13** 124 f.
- Beurteilungsmaßstab **13** 139 ff.
- Eignung **13** 129 ff.
- Erheblichkeit der Kursbeeinflussung **13** 146 ff.
- Erheblichkeitsschwelle **13** 128
- ex-ante-Betrachtung **13** 129 ff.
- ex-ante-Betrachtung **13** 146 ff.
- hypothetisches öffentliches Bekanntwerden **13** 143 ff.
- Katalog kursrelevanter Tatsachen **13** 133 ff.
- Kursänderung **13** 153
- Prognose über Eignung **13** 128
- qualitativfunktionsbezogene Auslegung **13** 159 ff.

- Rechtsfrage **13** 148
- Theorie des Handlungsanreizes **13** 159 ff.
- Volatilität **13** 154
- Wahrscheinlichkeitsgrad **13** 136 ff.

Kurspflegemaßnahmen 31 82
- Aktienrückkaufe **14** 115
- Änderung der Kurspflegepolitik **14** 122
- Bankenkonsortien **14** 115
- Emissions- und Konsortialgeschäft **14** 115
- „gegen den Markttrend" **14** 118
- Marktglättung **14** 118
- Safe-Harbor-Regelung **14** 116
- Umtauschanleihen **14** 121
- Verwendungsverbot bei Kenntnis **14** 123

Kursrisiko 31 161, 163, 167, 179
Kursstabilisierungsmaßnahmen
- Abgrenzung **20 a** 110
- Aktienrückkaufe **14** 115
- Änderung der Kurspflegepolitik **14** 122
- Anerkennung ausländischer Regeln **20 a** 128
- Aufzeichnungspflichten **20 a** 125
- Bankenkonsortien **14** 115
- begleitende Mindestregulierung **20 a** 114
- Begriff **14** 115, **20 a** 108
- Emissions- und Konsortialgeschäft **14** 115
- ergänzende Maßnahmen **20 a** 129 ff.
- Freistellung **14** 405 f., **20 a** 109 ff.
- Freistellungsvoraussetzungen **20 a** 115 ff.
- „gegen den Markttrend" **14** 118
- Greenshoe **20 a** 129 ff., 134 f.
- Initial Public Offerings **20 a** 109
- Marktglättung **14** 118
- Mehrzuteilung **20 a** 129 ff., 132
- Naked Short **20 a** 130, 133
- Offenlegung **20 a** 122 ff.
- Privatplatzierungen **20 a** 109
- Safe-Harbor-Regelung **14** 116
- Secondary Offerings **20 a** 109
- Stabilisierungsmanager **20 a** 126
- Stabilisierungspreis **20 a** 127
- Stabilisierungsträger/-kosten **20 a** 111
- Stabilisierungszeitraum **20 a** 116 ff.
- Umtauschanleihen **14** 121
- Verwendungsverbot bei Kenntnis **14** 123

Ladung im Ermittlungsverfahren **40** 21 f.
Lagebericht Vor 37 v 28
Lamfalussy-Verfahren Vor 21 6
Lead Manager 34 b 44
Lebenspartner Einl 35
Mitteilungspflicht 15 a 86
Leerverkäufe Vor 37 e, g 46 f.

2163

Sachverzeichnis

fette Ziffern = Paragraphen

Leiharbeitnehmer 33 159
Leistungsbescheid, Vollstreckung **4** 116
Leistungsbeschwerde 37 u 3
Leitbild ordnungsgemäßer Wertpapierdienstleistung
– Interessenwahrungspflicht **31** 13 ff.
– MiFiD **31** 15
– Sachkenntnis, Sorgfalt, Gewissenhaftigkeit **31** 13 ff.
– WpDRL **31** 14
Leitende Angestellte
– Mitteilungspflicht **15 a** 75
level playing field 31 g 2, **31** 2, **32 d** 1
leverage effect 12 29, **31** 176
Liquiditätsrisiko
– Hinweispflicht **31** 162, 167 f., 179, 182
locals 2 a 25

Maklergeschäfte
– Verwenden von Insiderinformationen **14** 139 ff.
Management Buy-Outs
– Aufklärungspflicht des Käufers **14** 316
– insiderrechtliche Relevanz **14** 83 f., 316
– Sonderform des Unternehmenskaufs **14** 82, 315
Managementinterviews 13 177
Managementrisiko 31 172
Manipulationsverbot s. Marktmanipulationsverbot
Margin-System
– Initial Margin **Vor 37 e, g** 88
– Variation MArgin **Vor 37 e, g** 88
Market Abuse Vor 20 a 19
Market Maker/Market Making
– Adressat **23** 19
– Ausgestaltung der Transparenzpflicht **31 g** 6
– Bereichsausnahme **2 a** 33
– Eigenhandel für andere **2** 86
– Insiderverbot **14** 139 ff.
– Interessenskonflikt **31** 83, **34 b** 44
– keine Einflussnahme auf Geschäftsführung **23** 21
– Liquiditätsanbieter **23** 19
– Mitteilung an BaFin **23** 22
– Nichtberücksichtigung von Stimmrechten **23** 18
– Verwendung von Insiderinformationen **14** 139 ff.
– Zulassung **23** 20
Marking the Close Vor 20 a 6, **20 a** 55
Marktaufsicht Einl 10, **4** 6
Marktdaten s. Marktinformation
Märkte mit Auslandssitz s. Erlaubnispflicht

Marktinformationen
– Differenzierungsversuche **13** 117 ff.
– Gegenstand einer Insiderinformation **13** 116 ff.
– mittelbarer Emittentenbezug **13** 116
– Systematisierung **13** 117 f., 120
Marktintegrität 15 a 27 f., **Vor 31** 86
Marktmanipulationsverbot
s. a. Strafbare Marktmanipulation
– abusive squeeze **20 a** 65
– advancing the bid **20 a** 57
– Anerkennung durch die BaFin **20 a** 80 ff.
– Anlegerschutzverbesserungsgesetz **Vor 20 a** 16
– Anwendungsbereich **20 a** 4 ff.
– Anzeige von Verdachtsfällen **Vor 20 a** 2
– Auffangtatbestand **20 a** 58
– Bear Manipulation **Vor 20 a** 7
– Berichtigungspflicht **20 a** 23
– Bestechung eines Kursmaklers **20 a** 69
– Bewertungserheblichkeit **20 a** 24, 40
– Blanketttechnik **20 a** 147, **38** 37
– börsenüberwachte Märkte **20 a** 7 ff.
– Bull Manipulation **Vor 20 a** 7, 10
– Circular Trading **20 a** 53, 56 f.
– Cornering **20 a** 65
– Cornering **Vor 20 a** 6
– durch Insider/Outsider **Vor 20 a** 8
– Durchführungsmaßnahmen der Kommission **Vor 20 a** 32 ff.
– effektive Geschäfte **Vor 20 a** 6
– Eignung zur Preiseinwirkung **20 a** 31, 41, 70 f.
– Emittentenleistfaden **20 a** 3
– Empfehlungen zur Kapitalmarktregulierung **Vor 20 a** 12
– England **Vor 20 a** 18 f.
– fehlerhafte Analysen/Empfehlungen **20 a** 63
– fiktive Geschäfte **Vor 20 a** 5
– Finanzinstrumente **20 a** 4
– flexible Konkretisierung **20 a** 137
– Gefährdungsdelikt **20 a** 31
– Gerüchte **20 a** 17
– Gesetz zur Bekämpfung der Wirtschaftskriminalität **Vor 20 a** 14
– handelsgestützte **Vor 20 a** 4, **38** 49 ff.
– handlungsgestützte **Vor 20 a** 4, **38** 43 ff.
– Harmonisierung **20 a** 3, **38** 40
– Improper Matched Orders **20 a** 56
– informationsgestützte **Vor 20 a** 4
– irreführende Angaben **20 a** 15 ff., 20 ff., 62, **38** 43 ff.
– irreführende/falsche Signale **20 a** 42 ff., 54 f., **38** 49 ff.
– Journalistenprivileg **20 a** 142 ff., **38** 46

2164

magere Ziffern = Randnummern

Sachverzeichnis

- Kausalität zwischen Verhalten und Preiseinwirkung 38 40 ff.
- KuMaKV **Vor 20 a** 17
- künstliches Preisniveau **20 a** 42 ff.
- Kursstabilisierungsmaßnahmen **20 a** 108 ff.
- legitime Gründe **20 a** 75, 79
- Leitlinien **Vor 20 a** 37
- MaKonV **Vor 20 a** 17, **20 a** 3, 141, 38 37
- Marking the Close **Vor 20 a** 6
- Marking the Close **20 a** 55
- Marktmissbrauchsrichtlinie **20 a** 58, 75
- Nichtigkeit von Rechtsgeschäften **20 a** 155
- Offenlegungspflicht **20 a** 37 ff.
- Ordnungswidrigkeit **20 a** 148, 39 9 f., 52 f.
- Österreich **Vor 20 a** 27 f.
- Painting the Tape **20 a** 57
- Preiseinwirkung 38 40 ff., 47, 52, 57
- Pumping and Dumping **20 a** 57
- räumlicher Geltungsbereich **20 a** 10 ff.
- rechtsökonomische Beurteilung **Vor 20 a** 9 ff.
- Rückkaufprogramme **20 a** 95 ff., s. a. dort
- Safe Harbor-Regelung **20 a** 76, 92, 38 39
- Sanktionen **Vor 20 a** 2, **20 a** 2, 147 ff.
- Scalping **20 a** 67 f.
- Schutzbereich 38 4, 38 f.
- Schutzgesetz **Vor 37 b** 67, 38 4
- Schweiz **Vor 20 a** 23 ff.
- Sicherung marktbeherrschender Stellung **20 a** 65 f.
- Strafbarkeit **20 a** 149, 38 37 ff.
- Tatbestandsausschluss **20 a** 75 ff., 91 ff.
- Tatsachen **20 a** 20, 25
- Täuschungshandlungen **20 a** 58 ff., 38 54 ff.
- unrichtige Angaben **20 a** 15 ff., 20 ff., 62
- Unterlassen **20 a** 35, 38 56
- Varianten **Vor 20 a** 38 ff.
- Verbreitung durch Stock Spams **Vor 20 a** 11
- Vereinigte Staaten **Vor 20 a** 20 ff.
- Verordnungsermächtigung **20 a** 137 ff.
- Verschweigen **20 a** 35 ff., 38 45
- Viertes Finanzmarktförderungsgesetz **Vor 20 a** 15
- Vorsatz **20 a** 73 f., 38 48, 53
- Waren/ausländische Zahlungsmittel **20 a** 6
- Wash Sales **20 a** 53
- Werturteile **20 a** 20, 25
- zivilrechtliche Haftung **20 a** 152 ff.

- zulässige Marktpraxis **20 a** 75 ff., 38 39
- Zulassungs-/Einbeziehungsantrag **20 a** 9
- Zuverlässigkeit/Wahrheit der Preisbildung **Vor 20 a** 1, **20 a** 1

Marktmissbrauch Vor 20 a 30 f.

Marktmissbrauchsrichtlinie Einl 39 f.
- Ad-hoc-Publizität 15 18 ff.
- Durchführungsrichtlinie 15 24
- Marktmanipulationsverbot **Vor 20 a** 16, 29 ff.
- Mitteilungspflicht **15 a** 12 f.
- richtlinienwidrige Umsetzung 15 62 ff.
- Umsetzung im AnSVG **Vor 12** 29 ff.
- Wohlverhaltenspflichten **Vor 31** 10 ff.

Marktregulierung
- Empfehlungen zur Kapitalmarktregulierung **Vor 20 a** 12
- Kapitalmarktinformationen **Vor 37 b** 1 ff.

Markttransparenz 15 a 21 ff.

Marktzugangsangabenverordnung Einl 66

Marktpreismanipulationsverbot s. Marktmanipulationsverbot

Matching Vor 37 e, g 87

Medien
- Weitergabe von Insiderinformationen 14 266 ff.
- Zuleitung von Insiderinformationen 15 239, 245

Medienbündel 15 247, **15 a** 173, **26** 11 f.

Mehrfachnotierungen 1 12

Mehrheitsaktionäre 15 a 80, **15 b** 29

Mehrmandantendienstleister 33 170

Mehrzuteilung
- ergänzende Kursstabilisierungsmaßnahme **20 a** 129 ff.
- Freistellungsvoraussetzungen **20 a** 132 ff.

Meinung
- Insiderinformation **13** 40, 62 ff.

Meldepflicht für Wertpapiergeschäfte
- Angaben **9** 36 ff.
- Anwendbarkeit **9** 7
- ausgenommene Geschäfte **9** 18 ff., 32 ff.
- Berichtigungen **9** 45
- Clearing-Stellen **9** 13 ff.
- effektive Beaufsichtigung **9** 1 ff.
- erfasste Geschäfte **9** 28 ff.
- erfasste Marktsegmente **9** 24 ff.
- ergänzende Auskunftspflichten **9** 60
- Finanzdienstleistungsinstitute **9** 11 f.
- Halten von sonstigen Finanzinstrumenten **Vor 21** 11
- Handelbarkeit am Börsenmarkt **9** 23
- inhaltliche **9** 36 ff.
- internationaler Datenaustausch **9** 50 ff.
- Kreditinstitute **9** 9 f.

2165

Sachverzeichnis

fette Ziffern = Paragraphen

- Meldefrist **9** 40
- Meldemodalitäten **9** 41 f.
- Meldezwecke **9** 37
- Meldung durch Dritte **9** 43
- Ordnungswidrigkeit **39** 20
- persönliche **9** 6, 8 ff.
- sachliche **9** 6, 22 ff.
- Überwachung **9** 47 ff.
- Überwachung durch die BaFin **35** 1 ff.
- Verfahren **9** 6, 40 ff.
- Verordnungsermächtigung **9** 46
- Zusammenfassung von Geschäften **9** 44
- Zwangsmittel/Ordnungswidrigkeit **9** 48 f.
- Zweigstellen **9** 13 ff.

Meldeschwellen Vor 21 11
Meldeverfahren s. Meldepflicht
Meldewesen Vor 31 30 a
Missstandsaufsicht 4 17
- Anordnungskompetenz **4** 25 ff.
- drohende Missstände **4** 23
- Entgegenwirken von Missständen **4** 17 ff.
- General-/Spezialermächtigung **4** 30 f.
- Missachtung von VA **4** 20
- Verletzung von Rechtsvorschriften außerhalb des WpHG **4** 22
- Verstoß gegen Verlautbarungen/ Bekanntmachungen **4** 21

Mitarbeiter
- bei Auslagerungsvereinbarung **33 b** 11
- Geschäftsführer **33 b** 8
- Mitglieder der Leitungsorgane **33 b** 8
- natürliche Personen **33 b** 10
- vertraglich gebundene Vermittler **33 b** 9, 12 f.

Mitarbeitergeschäfte Vor 31 44, **33** 138
- allgemeine Anforderungen **33 b** 33 f.
- Anzeigeverfahren **33 b** 29
- Ausnahmen **31 b** 43
- Begriff **33 b** 16
- besondere Verhaltensweisen **33 b** 35
- Dokumentation **33 b** 30
- erfasste Geschäfte **33 b** 17 ff.
- Frontrunning/Gegenlaufen **33 b** 35
- Handelsbeschränkungen für Finanzanalysten **33 b** 45 ff.
- Implementierung der Compliance-Organisation **33 b** 42
- Information über Beschränkungen **33 b** 28
- Intra-Day-Trading **33 b** 35
- Pre-Clearing **33 b** 41
- Sanktionen/Haftung **33 b** 5 f.
- Transparenz/Kontrolle **33 b** 39 ff.
- Verhinderung der Zugänglichmachung von Meinung/Informationen **33 b** 36

- Verhinderung von Empfehlungen **33 b** 25
- Verhinderung von Mitarbeitergeschäften **33 b** 23 f.

Mitarbeiterleitsätze 33 b 3 f., 14 f., 32
Mittäterschaft 38 67
Mitteilung der Veröffentlichung 26 23
Mitteilungen der BaFin 4 98 ff.
Mitteilungspflichten
- Ad-hoc-Publizität **15**
- Änderungen der Rechtsgrundlage **30 c** 2 ff.
- Befreiungen **29 a**
- Directors' Dealings **15 a** 29 ff.
- Halten sonstiger Finanzinstrumente **25**
- Hinweisbekanntmachung bei Finanzberichten **37 v** 10 f.
- Meldepflicht für Wertpapiergeschäfte **9**
- Ordnungswidrigkeiten **39** 20 ff.
- Satzungsänderungen **30 c** 2 ff.
- Stimmrechtsänderungen **21**
- Veränderung von Beteiligungsverhältnissen **21**
- Veröffentlichung der Beteiligungsveränderung **26**
- Veröffentlichung der Veränderung von Stimmrechtsgesamtzahl **26 a**
- Veröffentlichung zusätzlicher Angaben **30 e**
- Verdachtsanzeigepflicht **10**
- Vorabmitteilungspflicht **15** 407 ff.

Mitteilungsverbot s. Weitergabeverbot
mittelbare Stellvertretung 14 40
Mittelbare Täterschaft 38 67
Monitoring 33 87
Multilateral Trading Facilities 2 104
Multilaterales Handelssystem 37 i 4, 6
- Aufzeichnungspflichten **31 f** 8
- Begriffsbestimmung **2** 104, 145
- Betreiberpflichten **31 f** 4
- Einbeziehungskonsequenzen **31 f** 14
- Informationspflichten **31 f** 9
- Kontrollverfahren **31 f** 6
- Kooperation mit BaFin **31 f** 10
- Nachhandelstransparenz **31 g** 8 ff.
- notwendige Regelungen ohne Ermessensspielraum **31 f** 4
- organisatorische Grundlagen **31 f** 3
- Vorhandelstransparenz **31 g** 3 ff.
- Wertpapierdienstleistung **31 f** 2
- Zustandekommen der Preise **31 f** 7

Musterverfahren s. Kapitalanleger-Musterverfahren
Mutterunternehmen 2 a 8, 22 27
- Publizitätspflicht **15** 161 ff.
- Stimmrechtsmitteilung für Tochterunternehmen **24** 1 ff.

magere Ziffern = Randnummern

Sachverzeichnis

Nachhandelstransparenz Vor 31 87
- außerhalb organisierter Märkte/ multilateraler Handelssysteme **31 h** 1 ff.
- Durchführungsverordnung **31 h** 8
- multilaterales Handelssystem **31 g** 8 ff.
- Ordnungswidrigkeiten **39** 11 f.
- verzögerte Veröffentlichung **31 h** 7

Nachtragspflicht zum Prospekt 15 159
Nachweis mitgeteilter Beteiligungen
- Änderungen durch Risikobegrenzungsgesetz **27** 10 ff.
- Depotbescheinigung **27** 8
- Form des Nachweisverlangen der BaFin **27** 2
- Fortbestand einer Beteiligung **27** 6
- kein Dauerauskunftsanspruch **27** 7
- Nachweiserbringung **27** 8 f.
- Präventivwirkung **27** 1
- Richtigkeitskontrolle **27** 1
- Tochterunternehmen **27** 7
- Voraussetzungen **27** 3 ff.
- Zugang der Mitteilungen **27** 3

Nachweisvermittler
- keine Wertpapierdienstleistung **31 e** 12

Naked Short 20 a 130, 133
naked warrants **2** 69, **14** 127
Namensaktien 21 32
Nasdaq Stock Market 15 471
Naturalrestitution
- Geldersatz bei Unmöglichkeit **Vor 37 b** 52
- Übertragung der erworbenen Finanzinstrumente **Vor 37 b** 48 ff.

ne bis in idem 7 35
Nebenpapiere 2 21
need to know 14 245, **33** 113
New York Stock Exchange 15 471
Nichtberücksichtigung von Stimmrechten s. Stimmrechtsnichtberücksichtigung

Nichtigkeit des Rechtsgeschäfts
- nach § 134 BGB **14** 421 ff., 440
- nach § 138 BGB **14** 424 ff., 441

Nichtigkeitsklage 37 o, p 30 ff.
Nießbrauch an Aktien, Stimmrechtszurechnung **22** 62
Nochgeschäft Vor 37 e, g 42
Nostrogeschäfte 9 30
Notare 15 b 27
Notfallkonzept 33 65, 174
Nothilferecht 14 337
Notstand 14 409 ff.
Null-Kupon-Anleihen (Zerobonds)
2 28, **31** 164

Offenlegung
- Inducements **31 d** 34 ff.

- Interessenkonflikte **31** 68 ff.
- Kursstabilisierungsmaßnahmen **20 a** 122 ff.
- Marktmanipulation **20 a** 37 ff.
- Ordnungswidrigkeiten **39** 56 f.
- Rückkauf eigener Aktien **20 a** 99, 102

Öffentliche Erwerbs- und Übernahmeangebote
- Verwendung von Insiderinformationen **14** 85 ff.
- Weitergabe von Insiderinformationen **14** 317 ff.

Öffentliche Schuldenverwaltung 2 a 15 ff.
Öffentliche Übernahme
- Ad-hoc-Publizität **15** 195 ff.

Öffentliches Register im Internet 2 a 46
Öffentlich-rechtlicher Vertrag 4 25, **6** 6
Opportunitätsprinzip 40 10, 19
Options- und Wandelanleihen 2 28
Optionsausübung
- Bezugsberechtigung **14** 134
- Erwerb von Aktien **14** 135
- Insiderinformation **14** 134 ff.
- Verwendungsverbot **14** 137

Optionsgeschäft 25 6
- asymmetrische Risikoverteilung **Vor 37 e, g** 39
- Begriffsbestimmung **2** 44
- primäre Optionsgeschäfte **Vor 37 e, g** 38 ff.
- sekundäre Optionsgeschäfte **Vor 37 e, g** 41
- Termingeschäft **Vor 37 e, g** 47 ff.

Optionskonsortium 2 95
Optionsscheine
- Aktienoptionsschein **Vor 37 e, g** 72
- Barrier-Optionsscheine **Vor 37 e, g** 74
- Basiswertformen **Vor 37 e, g** 73
- Basket-Optionsscheine **Vor 37 e, g** 73
- Begriff **2** 29, **Vor 37 e, g** 71
- capped warrants **Vor 37 e, g** 72
- Digital-Optionsscheine **Vor 37 e, g** 74
- Emission auf eigene Aktien **Vor 37 e, g** 77
- Erscheinungsformen **Vor 37 e, g** 72 ff.
- Finanztermingeschäfte **Vor 37 e, g** 9
- Kundeninformation **31** 174 ff.
- Optionsrechtsformen **Vor 37 e, g** 74
- Range-Optionsscheine **Vor 37 e, g** 74
- selbstständige **Vor 37 e, g** 72, 75
- Termingeschäft **Vor 37 e, g** 75 ff.
- Turbo-Optionsscheine **Vor 37 e, g** 73
- unselbstständige **Vor 37 e, g** 72, 76

Optionsvertrag 12 30
Optionszuteilung 14 133

2167

Sachverzeichnis

fette Ziffern = Paragraphen

Orderbuch-Handelssystem 31 g 6
Orderschuldverschreibung 2 28
Ordnungsgemäße Geschäftsorganisation
- Angemessenheit **33** 20
- Einzelpflichten **33** 22 ff.
- Erforderlichkeitsvorbehalt **33** 18
- genereller Maßstab **33** 15 ff.
- Mindestanforderungen **33** 19
- personelle/technisch-organisatorische Ausstattung **33** 17
- Unternehmensgruppe **33** 21
- Verantwortung **33** 16

Ordnungsverwaltung 4 7
Ordnungswidrigkeiten
- Anwendbarkeit der allgemeinen Vorschriften **39** 84 ff.
- Anwendbarkeit des OWiG **39** 1, 84 ff.
- Anzeigepflichtverstoß **39** 66 f.
- Aufbewahrungspflichtverletzung **39** 62 f.
- Auftragsausführungspflichtverletzungen **39** 60 f.
- Aufzeichnungspflichtverletzung **39** 50 f.
- Beteiligung **39** 88 f.
- Bußgeldrahmen **39** 8, 83, 85
- Durchsetzung mit Zwangsmitteln **Vor 12** 87
- Fahrlässigkeit und Leichtfertigkeit **39** 95 ff.
- Insidergeschäfte durch Weitergabe, Empfehlung und Verleitung **39** 34 f.
- Insiderverzeichnisführung/-übermittlung **39** 48
- Kritik **39** 8
- leichte Ordnungswidrigkeiten **39** 7
- Marktmanipulation durch Angabenmachen/Verschweigen **39** 52 f.
- Marktmanipulation durch Geschäfte/Aufträge **39** 9 f.
- Marktmanipulation durch sonstige Täuschungshandlungen **39** 9 f.
- Marktmanipulation **Vor 20 a** 2
- Missachtung der Meldepflicht **9** 49
- Mitteilungspflichtverstoß **39** 19 ff.
- mittlere Ordnungswidrigkeiten **39** 7
- Nachhandelstransparenz-Verstoß **39** 11 f.
- Offenlegungspflichtverletzung bei Interessenkonflikten **39** 56 f.
- Ordnungswidrigkeiten nach § 39 Abs. 1 **39** 9 ff.
- Ordnungswidrigkeiten nach § 39 Abs. 2 **39** 17 ff.
- Ordnungswidrigkeiten nach § 39 Abs. 3 **39** 72 ff.
- Ort der Handlung **39** 86 f.
- Pflichtverletzung bei Angemessenheits-/Geeignetheitsprüfung **39** 58 f.

- Pflichtverletzung bei Auslagerung der Portfolioverwaltung **39** 81 f.
- Pflichtverletzung bei Prüferbestellung **39** 68 f.
- Pflichtverletzung des Emittenten ggü Wertpaierinhabern **39** 54 f.
- räumliche Geltung **39** 86
- Rechtfertigung/Entschuldigung **39** 98
- Redaktionsversehen bei Verweisung **39** 9, 11, 47, 50 , 58
- Schutzgüter **39** 5
- schwere/schwerste Ordnungswidrigkeiten **39** 7
- Systematik **39** 6 f.
- Tateinheit **39** 100
- Übermittlungspflichtverletzung **39** 44
- Übermittlungspflichtverletzung bei Finanzberichten **39** 70 f.
- Unterlassungsbegehung **39** 90
- Vereiteln der Betretensbefugnisse der BaFin **39** 79 f.
- Verfassungsmäßigkeit **Vor 38** 10 ff., **39** 8
- Verfolgung im pflichtgemäßen Ermessen **40** 10
- Verfolgungsverjährung **39** 107
- Vermögensverwahrungspflichtverletzung **39** 64 f.
- Veröffentlichungspflichtverletzung **39** 36 ff.
- Veröffentlichungspflichtverletzung bei Finanzanalysen **39** 15 f.
- Verschwiegenheitspflichtverletzung **39** 17 f.
- Vollstreckungsverjährung **39** 108
- Vorabveröffentlichung von Insiderinformationen **39** 46 f.
- Vorhandelstransparenz-Verstoß **39** 11 f.
- Vorsatz und Irrtum **39** 91 ff.
- Weitergabepflichtverletzung **39** 15 f.
- Weitergabeverbot **10** 15
- Zeit der Handlung **39** 84 f.
- zeitliche Geltung **39** 84 f.
- Zugänglichmachungspflichtverletzungen **39** 70 f.
- Zugangsgewährungsverletzung **39** 13 f.
- Zumessung der Geldbuße **39** 101 ff.
- Zusammentreffen mit Straftat **39** 99
- zuständige Verwaltungsbehörde **40**
- Zuwiderhandlungen gegen Anordnungen der BaFin **Vor 12** 87, **39** 72 ff.

Ordnungswidrigkeitengesetz (OWiG)
Organhaftung Vor 37 b 72 ff.
- faktische Vertreter **Vor 38** 22
- fehlerhaft bestellte Vertreter **Vor 38** 22
- Sonderdelikte **Vor 38** 19 ff.
- Vertreter **Vor 38** 20 f.
- Vertretungsbezug **Vor 38** 23

magere Ziffern = Randnummern

Sachverzeichnis

Organinsider 38 18
Organisationspflichten Vor 31 41 ff.
- Aufbau/Systematik **33** 7 ff.
- Auslagerung **33** 9, 86, 145 ff.
- Bedeutung **33** 3 ff.
- Beschwerdemanagement **33** 141 ff.
- Compliance **Vor 31** 41, **33** 3 ff.
- Compliance-Funktion **33** 67 ff.
- Informationsmanagement **33** 56 ff.
- Interessenkonfliktmanagement **33** 91 ff.
- Konsequenzen mangelhafter Umsetzung **33** 183 ff.
- kontinuierliche/regelmäßige Wertpapierdienstleistungen **33** 66
- Kundenkategorisierung **31 a** 44 f.
- ordnungsgemäße Geschäftsorganisation **33** 7, 15 ff.
- Personalausstattung **33** 51 ff.
- Qualifikation **Vor 31** 83
- Rechtsnatur **33** 6
- Risikomanagement **33** 7, 17, 27 ff.
- Sachausstattung **33** 51 ff.
- Sicherstellung gesetzeskonformen Verhaltens **33** 46 ff.
- Überwachung **33** 144
- Verhältnis zu anderen Vorschriften **33** 12 ff.
- Verordnungsermächtigung **33** 10
- Verordnungsermächtigung **33** 189
- vertraglich gebundene Vermittler **33** 7, 43 ff.
- Verweisungstechnik **33** 11
- Weiterleitung von Informationen **15** 259

Organisierter Markt
- Anknüpfungspunkt für Verhaltenspflichten **2** 143
- Anwendungsfälle **2** 149 ff.
- Begriffsbestimmung **2** 7, 141 ff., **15 a** 35
- Betreiber **2 a** 37
- Director's Dealings **15 a** 34 ff.
- Entstehung/Bedeutung **2** 141 ff.
- Erweiterung der früheren Legaldefinition **2** 142
- Geltungsbereich der Finanzmarktrichtlinie **2** 148
- Handel nach ermessensunabhängigen Regeln **2** 146
- Handelszulassung an inländischer Markt **15 a** 39 ff.
- Handelszulassung an ausländischem Markt **15 a** 43 ff.
- Kernbegriff des Börsenrechts **2** 141
- multilaterales Handelssystem **2** 145
- primärer Ad-hoc-Pflicht **15** 43 ff.
- staatliche Zulassung/Überwachung **2** 147
- Tatbestandselemente **2** 144 ff.

- Verwendung als negatives Tatbestandsmerkmal **2** 143

Organleihe 6 10
Organmitglieder
- Aktiengesellschaften **15 a** 54 ff.
- ausländische Gesellschaften **15 a** 63 ff.
- Haftung s. Organhaftung
- Insiderverzeichnis **15 b** 25
- Komplementärgesellschaft **15 a** 78
- Muttergesellschaft **15 a** 77
- persönlich haftende Gesellschafter **15 a** 66 ff.
- Societas Europaea **15 a** 60 ff.
- Tochtergesellschaft **15 a** 76

Österreich
- Marktmanipulationsverbot **Vor 20 a** 27 f.

OTC-Derivate 9 27
OTC-Geschäfte 2 16, **33 a** 9
OTC-Markt 12 16, **Vor 37 e, g** 89 f.
Outsourcing 33 145 ff.
- Auslagerung **33** 9, 151
- Beauftragter **33** 162
- Beschränkung auf wesentliche Funktionen **33** 153 ff.
- Compliance-Funktionen **33** 169 f.
- Datenschutz **33** 173
- eigene Rechtspersönlichkeit des Auslagerungsunternehmens **33** 152
- Finanzportfolioverwaltung für Privatkunden an Drittstaatenunternehmen **33** 178 ff.
- Interne Revision **33** 171
- Leiharbeitnehmer **33** 159
- Meldepflichten **33** 159
- Mitarbeitergeschäfte **33** 172
- Pflichtverletzungen **39** 81
- Totalauslagerung **33** 152
- Weiterverlagerung **33** 166
- Zulässigkeit **33** 146, 160 ff.

painting the tape 20 a 57
Paketerwerb
- Ad-hoc-Publizität **15** 296
- Alongside-Käufe **14** 78
- Erwerb bedeutender Beteiligungen **14** 299 ff.
- Informationsverwendungsverbot **14** 72 ff.
- Management Buy-Outs **14** 82 ff.
- Mitteilungspflicht **14** 80
- Mitverursachung durch Insiderinformation **14** 77
- Realisierung eines eigenen Entschlusses **14** 73
- sukzessiver Beteiligungsaufbau **14** 79, 81
- Unterlassen des Erwerbs **14** 76

2169

Sachverzeichnis

fette Ziffern = Paragraphen

Paketzuschlag 14 300
parallel running 31 c 16
Parallelerwerb 22 83, 95
**Parallelwertung in der Laiensphäre
14** 353, **38** 74
Parketthandel 12 11
Partnerschaftsgesellschaft 21 10
Penny Stocks
– Kundeninformation **31** 168
Performance-Statistik 31 172
Periodische Auktionen 31 g 6
Personalausstattung
– **33** 51 ff.
Personalentscheidungen
– Ad-hoc-Publizität **15** 217 ff.
– Datenveröffentlichung von Schlüsselpersonen **15** 220
– Veränderungen unterhalb des Vorstands **15** 219
– Vorliegen erheblicher Preisbeeinflussung **15** 217 ff.
Personenvereinigungen 14 7
Petitionen 4 15
Pflichtangebote
– Verwendungsverbot von Insiderinformationen **14** 85 ff.
Pflichtendelegation 14 8
Pflichtenkollision 14 337, 409
Pflichtverteidiger im Strafverfahren 40 17
phantom stock 12 39, **14** 138
Pläne
– Insiderinformation **13** 57 ff.
Platzierungsgeschäft
– Begriffsbestimmung **2** 88, 98
**Plus- oder Minusankündigungen
13** 152
Poolausschüsse 14 290
potentielle Kunden 31 a 16, 27
Prämiengeschäft Vor 37 e, g 42
Pre-Clearance 33 b 41, **37 n** 19
Presse
– ad-hoc-publizitätspflichtige Informationen **14** 268
– befugte Informationsweitergabe **14** 266 ff.
– unbefugte Informationsweitergabe **14** 269
– Veröffentlichungen **13** 100 f.
– Weitergabe von Insiderinformationen **14** 266 ff.
Pressekonferenz 13 97, **15** 118
**presserechtliche Informationspflicht
8** 24 f.
Primärinsider
– abschließende Gruppenaufzählung **Vor 12** 63

– Informationserlangung durch Begehung/Vorbereitung einer Straftat **Vor 12** 64
– keine Differenzierung im Strafmaß **14** 5 f.
– strafbarkeitsbegründende Sondereigenschaft **14** 10, **38** 16
– unmittelbarer Zugang zu Insiderinformationen **Vor 12** 63
Primärmarkt Einl 2, Vor 37 b 7
Primärmarkthaftung Vor 37 b 7 ff.
Prime Standard 15 a 41
Printmedien 13 95
Prioritätsgrundsatz
– konkurrierende Wertpapiertransaktionen **31** 63 f., 89
privater Rechtsschutz Einl 90 f.
Privatisierung 6 5
Privatkunden
– Anforderungen an Kundeninformation **31** 112 ff.
– Auftragsausführung durch systematische Internalisierer **32 c** 3
– Kundenkategorie **31 a** 1, 9, 11, 17,
Privatsphäre 4 65
Produkthaftung 38 79
Produktinformationen 31 147
Professionelle Kunden
– Auftragsausführung durch systematische Internalisierer **32 c** 4 ff.
– Kundenkategorie **31 a** 1, 8, 25
– Zuordnung **31 a** 18 ff.
Prognosen
– Ergebniserwartung **15** 90
– externe Markterwartungen **15** 89
– fehlende Konkretheit **15** 88
– insiderrechtliche Relevanz **13** 29, 43
– zukünftige Umstände **15** 88 ff.
Prokuristen 15 a 75
Prolongationsgeschäft Vor 37 e, g 42
Prospekterstellung
– Aufnahme von Insiderinformationen **14** 344
– Informationsweitergabe an Konsortialabteilung **14** 343
– insiderrechtliches Weitergabeverbot **14** 342
– Mitwirkung am Emissionsprospekt **14** 340 ff.
– Prospektverantwortlichkeit **14** 342
– Richtigkeit/Vollständigkeit **14** 341
Provisionsinteresse 31 80, 87
Prüfung der Meldepflichten und Verhaltensregeln
– Antrag auf Absehung der Prüfung **36** 6
– Anzeige des Prüfers **36** 7
– Beachtung von Richtlinien/ Bekanntmachungen **36** 11

magere Ziffern = Randnummern

Sachverzeichnis

– Befreiung **36** 6
– Bestellung eines anderen Prüfers **36** 7
– Deregulierung und Kostenersparnis **36** 1
– Durchführung des Prüfung **36** 8 ff.
– externe Prüfer **36** 1
– Häufigkeit der Prüfung **36** 3
– Jahresprüfung **36** 3
– Kontrolle der fachlichen und persönlichen Eignung **36** 7
– Kostenfolge **36** 6
– Ordnungswidrigkeit **39** 68 f.
– Prüferbestellung **36** 3 ff.
– Prüfungsbericht **36** 4
– Prüfungsschwerpunkte **36** 8
– Rechtsverordnungen **36** 12
– Richtlinien/Bekanntmachungen/ Schreiben **36** 11
– Sanktionen gegenüber Prüfern **36** 13
– Sanktionen gegen beaufsichtigte Unternehmen **36** 14
– Unterrichtung der BaFin **36** 9
– WpDPV **36** 12
Publikation s. Veröffentlichung
pumping and dumping 20 a 57

Quartalsfinanzbericht
– Erstellung **37 x** 16
– prüferische Durchsicht **37 x** 18
– Veröffentlichung **37 x** 17
Quotes
– Aktualisierung und Rückziehung **32 a** 10
– Aufträge oberhalb des höchsten Quotes **32 c** 7
– Aufträge zwischen zwei Quotes **32 c** 8
– Begrenzung auf Stückzahlen/Volumina **32 a** 9
– Durchführungsverordnung **32 a** 11
– liquider Markt/Aktien **32 a** 5 ff.
– Ordnungswidrigkeit bei Verstoß gegen Zugangsgewährung **39** 13 f.
– Request for Quote **33 a** 9
– Verbindlichkeit **32 c** 1
– Veröffentlichung durch systematische Internalisierer **32 a** 3 ff.
– Zugangsgewährung **32 d** 2 f., **39** 13 f.

Range-Optionsscheine Vor **37 e, g** 74
Ratingagenturen Einl 48, 73
– Bonitätseinschätzung **31** 157
– im Auftrag/für Rechnung des Emittenten **15 b** 23
– öffentlich bekannte Umstände **13** 175
– Weitergabe von Insiderinformationen **14** 263 ff., **15** 301
Ratschlag
– Insiderinformation **13** 55 ff.

Recherchepflicht 31 25 ff.
– Auswertung **31** 27
– ausländische Publikationen **31** 26
– qualitativ zuverlässige Quellen **31** 25, 27
– Verschaffung der Sachkenntnis **31** 25 ff.
Rechnungseinheiten 2 52
Rechnungslegung s. Unternehmensabschlussprüfung
Rechtfertigungsgründe
– Straf- und Ordnungwidrigkeitenverfahren **38** 79, **39** 98
Rechts- und Verwaltungsverfahren
– ad-hoc-fähige Verfahrensschritte **15** 228
– nicht öffentlich bekannt **15** 226
– unmittelbare Betroffenheit **15** 227
Rechtsauffassungen
– Insiderinformation **13** 44
Rechtsaufsicht 4 5, **40** 11
Rechtsgrundlagenänderung 30 c
– Änderung der Satzung/Rechtsgrundlagen des Emittenten **30 c** 3
– bloße Fassungsänderungen **30 c** 6
– Entstehen der Mitteilungspflicht **30 c** 4
– Mitteilungspflicht **30 c** 2 ff.
– Ordnungswidrigkeit bei Verstoß **30 c** 7
Rechtsgutachten 13 44
Rechtshilfe 6 13 ff.
Rechtsnachfolge, Mitteilungspflichten **21** 16
Rechtsbeschwerdeverfahren in Bußgeldsachen
– Beruhensprüfung **40** 50
– Beschwerdeberechtigung **40** 49
– Begründetheit **40** 50
– Sach- und Verfahrensrügen **40** 49, 50
– Entscheidung durch Beschluss/Urteil **40** 51
– Verschlechterungsverbot **40** 51
– Zulässigkeit **40** 49
– Zuständigkeit des OLG Frankfurt/Main **40** 48
Rechtsverlust
– Änderungen durch Risikobegrenzungsgesetz **28** 5 ff.
– Anfechtungsbefugnis **28** 33, 38
– Anwendungsbereich **28** 4
– betroffene Aktien/Aktionäre **28** 24 ff.
– betroffene Aktionärsrechte **28** 30 ff.
– Eintritt **28** 8 ff.
– externe Effekte **28** 3
– Freigabeverfahren **28** 39
– Gesamtrechtsnachfolge **28** 22
– Insiderinformation **28** 51
– Konzerngesellschaften **28** 26, 28
– Präventivwirkung **28** 1

2171

Sachverzeichnis

fette Ziffern = Paragraphen

- quorumsabhängige Rechte **28** 35, 49 f.
- Sanktion mit gesellschaftsrechtlicher Wirkung **28** 1
- unrichtige/unvollständige Mitteilung **28** 12, 18
- unzulässige Rechtsausübung **28** 39
- Vermögensrechte **28** 34, 40 ff.
- Versäumung der Mitteilung **28** 10 f.
- Verschulden **28** 16
- Verwaltungsrechte **28** 36 ff.
- Wegfall des Rechtsverlusts **28** 19 ff.
- weitere Sanktionen **28** 2
- widersprüchliche Mitteilungen **28** 14
- zivilrechtliche Haftung **28** 52 f.

Rechtsverordnungen 4 125
Redakteure
- Weitergabe von Insiderinformationen **14** 266 ff.
- Zuleitung von Insiderinformationen **15** 239, 245

Regelinsider 15 b 46
Regelinsiderverzeichnis
- Funktions- und Vertraulichkeitsbereiche **15 b** 46 ff.

Regelpublizität
s. a. Finanzberichterstattung
- Bestandteil der Sekundärmarktpublizität **15** 33
- handelsrechtliche Publizität **15** 32
- kapitalmarktrechtlichen Veröffentlichungspflichten **15** 32
- Mitwirkung des Aufsichtsrats **15** 170
- Sinn und Zweck **15** 174
- Verhältnis zur Ad-hoc-Publizität **15** 32, 170 f.
- Zeitpunkt der Ad-hoc-Publizität **15** 166, 170, 174

Regelwerk Neuer Markt 15 a 4
Registrierungspflichten s. Insiderverzeichnis
Regressansprüche
- des Emittenten **37 b, c** 46 f.
- Sicherung des Anspruchs **37 b, c** 46
- Zustimmung der Hauptversammlung bei Verzicht/Vergleich **37 b, c** 47

Regulation 15 464, **Vor 20 a** 21
Regulierter Markt 9 24
- Einbeziehung **12** 12

Remote Member 37 i 1
Repartierungen 33 b 38
Request for Quote 33 a 8
Research 33 138
Restricted List
- Enthaltung von Empfehlungen **33** 131
- erhöhtes Risiko von Insiderverstößen und Interessenskonflikten **33** 137
- Mitarbeitergeschäfte/Eigenhandel **33** 138, **33 b** 37
- Signalwirkung **33** 139
- Zulässigkeit der bloßen Ausführung einer Kundenorder **33** 138

Restrukturierung
- Ad-hoc-Publizität **15** 209 ff.

Retrozessionen 31 88
Richtigkeitsverpflichtung
- Berichtigungsgebot **15** 334 ff.
- Offensichtlichkeit **15** 328
- Veröffentlichungsverbot **15** 326 ff.

Richtlinie über Märkte für Finanzinstrumente (MiFiD)
- Entstehungsgeschichte/Regelungsziel **Einl** 57 ff., **Vor 31** 13 ff., 28

Richtlinien der Bundesanstalt
- Überwachung der Meldepflichten und Verhaltensregeln **35** 15 ff.

Richtlinienkonforme Auslegung
- angeglichenes deutsches Recht **Einl** 80
- Richtlinien **Einl** 80 f.
- Strafrecht **Vor 12** 146 ff.

Richtlinienumsetzungsgesetz Vor 3 4, **15** 10

Risikobegrenzungsgesetz
- Aggregation von Beständen **25** 3 ff.
- Änderung des Zurechnungstatbestands **22** 82 ff.
- Begrenzung der mit Finanzinvestitionen verbundenen Risiken **Einl** 75 f.
- geplante Neuregelungen **Einl** 75 f.
- Meldepflichten bei Stimmrechtsänderungen **Vor 21** 12, **22** 82 ff., **25** 3 ff., **27** 10 ff.
- Nachweis mitgeteilter Beteiligungen **27** 10 ff.
- Rechtsverlust **28** 5 ff.

Risikomanagement 33 7, 17, 27 ff.
- Aufbau- und Ablauforganisation **33** 34
- Aufgaben **33** 28
- Compliance s. dort
- Geschäfts- und Risikostrategie **33** 32
- Innenrevision **33** 36 ff.
- Organisationsrichtlinien **33** 42
- Risikosteuerung- und -controllingprozesse **33** 35
- Risikotragfähigkeit **33** 30 f.

RiVASt 7 37
Roadshow 14 276
Rückkaufprogramme Vor 21 34
- Einschränkungen **20 a** 106 f.
- Freistellung durch § 20 a Abs. 3 **20 a** 95 ff.
- Freistellung von Insiderverboten **14** 391 ff.
- Freistellungsvoraussetzungen **14** 403 ff.

magere Ziffern = Randnummern

Sachverzeichnis

– Offenlegung **20 a** 99, 102
– Rückerwerb eigener Aktien **20 a** 93
– Rückkaufbedingungen **20 a** 97
– Rückkaufmenge **20 a** 104
– Rückkaufpreis **20 a** 103
– Rückkauftransparenz **20 a** 98 ff.
– Rückkaufzweck **20 a** 96
– Verzicht des Emittenten **14** 109
– Zweck **14** 400 ff.
Rücktritt vom Versuch 38 33
Rückwirkungsverbot 38 64

Sach- und Personalausstattung 33 51 ff.
Sachdividenden 15 a 136
Sachkenntnis 31 21 ff.
– Bedeutung der Anlageentscheidung **31** 24
– Inhalt/Umfang **31** 21 ff.
– know your product **31** 22
– Orientierung am Kundeninteresse **31** 23
– Verschaffung **31** 25 ff.
Sachverständige 4 133
Safe Harbor-Regelung 20 a 76, 92
– Veröffentlichungspflichten **26** 21
Sammel- oder Globalurkunde 2 12
Sarbanes-Oxley Act 15 463, **Vor 37 v** 16
Satzungsänderungen
– Mitteilungspflicht **30 c** 2 ff.
scalping 14 159 ff., **20 a** 67 f., **31** 81
Schadensersatzhaftung
– Anspruchsvoraussetzungen, **37 b**, **c** 21 ff.
– Anspruchsvoraussetzungen, **37 b**, **c** 6 ff.
– Anwendungsbereich **37 b**, **c** 8 ff.
– Ausschluss der Haftung **37 b**, **c** 41
– Beweiserleichterungen **37 b**, **c** 31
– Beweislastumkehr **37 b**, **c** 39 f.
– Emittentenhaftung **37 b**, **c** 3
– Erwerbs- und Veräußerungsgeschäfte **37 b**, **c** 16 ff., 24 f.
– Kausalität **37 b**, **c** 28 ff.
– kein Schadensersatz bei Befreiung **37 b**, **c** 12
– keine Naturalrestitution **37 b**, **c** 34
– Kursdifferenzschaden **37 b**, **c** 33 ff.
– nicht formgerechte Mitteilung **37 b**, **c** 11
– Rechtsnatur **37 b**, **c** 5
– Regressansprüche des Emittenten **37 b**, **c** 46 f.
– Schadensminderungspflicht **37 b**, **c** 36
– Schutzgesetzverletzungen **14** 442 ff., **Vor 37 b** 58 ff., **Vor 37 v** 26 ff.
– sekundäre Verstöße **37 b**, **c** 10
– sittenwidrige Schädigung **14** 446, **Vor 37 b** 30 ff., **Vor 37 v** 25

– teilweise Nichtveröffentlichung **37 b**, **c** 9
– Transaktionserfordernis **37 b**, **c** 16 f.
– unrichtige/unvollständige Mitteilungen **37 b**, **c** 21
– Unterlassen/Verzögerung der Ad-hoc-Mitteilung **37 b**, **c** 1, 6 ff.
– Unterlassen/verzögerung einer Korrekturmitteilung **37 b**, **c** 10
– Unterlassungsbeginn **37 b**, **c** 13 f.
– Unterlassungsende **37 b**, **c** 15
– unwahre Information in Ad-hoc-Mitteilung **37 b**, **c** 21 ff.
– Verjährung **37 b**, **c** 42 ff.
– Verletzung der Veröffentlichungspflicht bei Finanzermingeschäften **Vor 37 e, g** 103
– Verletzung von Insiderhandelsverboten **14** 433 ff., 442
– Verletzung von Wohlverhaltenspflichten **Vor 31** 77 ff.
– Vermögensschaden **37 b**, **c** 33 ff.
– Veröffentlichung unwahrer Informationen **37 b**, **c** 2
– Verschulden **37 b**, **c** 37 ff.
– Vertrauen auf Richtigkeit der Insiderinformation **37 b**, **c** 28 f.
– Vertrauenshaftung/Deliktshaftung **37 b**, **c** 5
– Vorsatz/grobe Fahrlässigkeit **37 b**, **c** 37
– weitergehende Ansprüche **37 b**, **c** 45
– zu billigter Verkauf **37 b**, **c** 20, 27
– zu teurer Kauf **37 b**, **c** 18 f., 24 f.
– Zweck **37 b**, **c** 4
Schadensminderungspflicht 37 b, **c** 36
Schatzanweisungen 2 37
Scheinkaufmann 37 h 29
Scheinunternehmer Vor 37 e, g 123
Schenkungen
– mitteilungspflichtiges Geschäft **15 a** 125 ff.
Schiedsgericht 37 h 51
Schiedsgerichtswesen im Wertpapierdienstleistungsbereich
– Aufsicht **37 h** 59
– Bedeutung **37 h** 50
– Schiedsgericht **37 h** 51
– Schiedsspruch **37 h** 55 ff.
– Schiedsverfahren **37 h** 52 ff.
Schiedsgutachtervereinbarungen 37 h 6
Schiedsspruch 37 h 55 ff.
– Form **37 h** 55
– Kostenentscheidung **37 h** 57
– materiell anwendbares Recht **37 h** 56
– Wirkungen **37 h** 42 f.
Schiedsvereinbarungen
– Abgrenzung zur Naturalobligation **37 h** 8

2173

Sachverzeichnis

fette Ziffern = Paragraphen

- Abgrenzung zur Schiedsgutachtervereinbarungen **37 h** 6
- Abgrenzung zur Schlichtungsvereinbarung **37 h** 7
- Anwendungsbereich **37 h** 3
- Beendigung **37 h** 38
- Bestimmtheit **37 h** 12
- Bezug zu Wertpapierdienstleistungen/Finanztermingeschäften **37 h** 16
- Einrede **37 h** 40
- gemeinschafts-/völkerrechtliche Vorgaben **37 h** 48 f.
- Form **37 h** 13
- Inhaltskontrolle von Schiedsklauseln in AGB **37 h** 14
- internationaler Rechtsverkehr **37 h** 44 ff.
- juristische Personen des öffentlichen Rechts **37 h** 31 ff.
- Kaufmannseigenschaft **37 h** 18 ff.
- künftige Rechtsstreitigkeiten **37 h** 15
- objektive Schiedsfähigkeit **37 h** 11
- Personalstatut **37 h** 46
- Prozessvertrag **37 h** 4
- Rechtskraft des Schiedsspruchs **37 h** 42
- Rechtsschutzanspruch **37 h** 41
- Reichweite **37 h** 25 f.
- subjektive Schiedsfähigkeit **37 h** 10
- Schiedsverfahrensstatut **37 h** 47
- Schiedsvertragsstatut **37 h** 45
- Übertragung der Entscheidungskompetenz **37 h** 39 ff.
- Verbindlichkeit **37 h** 17, 35 ff.
- Verfahrensförderungspflicht **37 h** 37
- Vollstreckung **37 h** 43
- Wirksamkeit **37 h** 9 ff.

Schiedsverfahren 37 h 52 ff.
- anwendbares Recht **37 h** 52
- gerichtliche Maßnahmen **37 h** 54
- Verfahrensablauf **37 h** 53

Schlichtungsvereinbarung 37 h 7
Schuldbuchforderungen 2 12
Schuldtitel
- Begriffsbestimmung **2** 27 ff.
- Veröffentlichungspflichten **30 b** 18 ff.

Schuldverschreibungen 2 37
Schutzgesetzcharakter Einl 90
- einzelner Vorschriften **Vor 31** 88 ff., **Vor 37 b** 59 ff., **Vor 37 v** 27 ff.

Schutzgesetzverletzung
- Allgemeines **Vor 37 b** 57, **Vor 37 v** 26
- deliktische Außenhaftung der Organmitglieder **Vor 37 v** 26, 33
- deliktische Eigenhaftung **Vor 37 b** 58 ff.
- Haftung der Organmitglieder **Vor 37 b** 58 f., **Vor 37 v** 26, 33
- Haftung des Emittenten **Vor 37 b** 58 f.

Schweigepflicht 4 53

Schweigerecht
- Belehrung über Schweigerecht **40** 16, 21

Schweiz, Marktmanipulationsverbot **Vor 20 a** 23 ff.

Schwellenberührung 25 13
Schwellenwerte 21 36
Schwesterunternehmen 2 a 9
secondary offering 14 22
Securities Exchange Act Vor 12 4, **15 a** 9, **Vor 20 a** 20
- Ad-hoc-Publizität **15** 463 ff.

Segré-Bericht Einl 3, **Vor 12** 17, **Vor 31** 2
Sekundäranalyse 34 b 19
Sekundärinsider Vor 12 65, **14** 6, **38** 16, 69
Sekundärmarkt Einl 2, **Vor 37 b** 8
Sekundärmarkthaftung
- Haftungsbegründung **Vor 37 b** 8 ff.
- Systematik **Vor 37 b** 25

Sekundärmarktpublizität s. Ad-hoc-Publizität, Regelpublizität
Selbstanzeige, Unzumutbarkeit **4** 57
Selbstbefreiung
- Allgemeines **13** 9, **15** 342 ff.
- Anwendungsfälle außerhalb der Regelbeispiele **15** 380 ff.
- Beeinträchtigung laufender Verhandlungen **15** 359 ff.
- Befreiung auf Zeit **15** 342
- Begründung **15** 402 ff.
- Berechtigte Interessen **15** 351 ff.
- Gewährleistung der Vertraulichkeit **15** 392 ff.
- Gründe **15** 350 ff.
- Keine Irreführung der Öffentlichkeit **15** 384 ff.
- Mehrstufige Entscheidungsprozesse **15** 368
- Sanierungsfälle **15** 365
- sonstige Anteilserwerbe **15** 364
- Unverzügliches Nachholen der Ad-hoc-Meldung **15** 398 ff.
- Vorabmitteilung **15** 401
- Wertpapiererwerbs-/Übernahmeangebote **15** 360

Selbstbindung 40 12
Selbsteintrittsrecht der Bank **2** 77
Selbstkontrolle 16 6, **34 b** 9
Selbstregulierung/Selbstregulierungsorganisation
- Ausnahme für Journalisten **34 b** 5, 9 ff.
- gleichwertige angemessene Regelung **34 b** 11
- inhaltliche Pflichtenausgestaltung **34 b** 14

magere Ziffern = Randnummern

Sachverzeichnis

– Insiderregeln als Selbstregulierungsmaßnahme **Vor 12** 8 ff.
– Journalist **34 b** 10
– keine Verhaltenspflichten **34 b** 9
– Kontrollmechanismen **34 b** 11
– rechtsfähige Organisation **34 b** 12
– Sanktionsmöglichkeiten **34 b** 12
Selbstständige Bezugsrechte 12 32 f.
Selbstvornahme 4 100
Self-Compliance 33 119
Settlement 23 15
Short Sales Vor 37 e, g 46 f.
Sicherheitsvorkehrungen 33 63 ff.
Sicherstellung gesetzeskonformen Verhaltens
– Compliance-Funktion **33** 46
– Mittel/Verfahren **33** 48 f.
– ordnungsgemäße Durchführung der Wertpapier(neben)dienstleistung **33** 47
– Proportionalitätsklausel **33** 50
– Sach- und Personalausstattung **33** 51 ff.
– Sicherheitsvorkehrungen/Notfallkonzept **33** 63 ff.
Sicherungsabrede 22 59
Sicherungsübereignungen 21 31, **23** 11
– Stimmrechtszuordnung **22** 59 ff.
Sittenwidrige Schädigung 14 446
– Bedeutung **Vor 37 b** 30
– bewusst unrichtige Auskunft **Vor 37 b** 32, 34
– Erklärungen „ins Blaue" **Vor 37 b** 41
– Finanzberichterstattung **Vor 37 v** 25
– Geldersatz **Vor 37 b** 52
– Infomatec- und EM-TV-Entscheidung **Vor 37 b** 30
– kapitalmarktrechtliche Sittenwidrigkeit **Vor 37 b** 32 ff.
– Kausalität **Vor 37 b** 44 ff.
– keine Rückabwicklung der Transaktion **Vor 37 b** 52
– Kursdifferenzschaden **Vor 37 b** 47, 49
– leichtfertige Fehlinformation Dritter **Vor 37 b** 32 ff.
– marktbezogene Konkretisierung **Vor 37 b** 33
– Mitverschulden des Anlegers **Vor 37 b** 56
– Naturalrestitution **Vor 37 b** 48, 50 ff.
– Schaden **Vor 37 b** 48 ff.
– Schädigungsvorsatz **Vor 37 b** 39 ff.
– Unterlassen gebotener Ad-hoc-Mitteilungen **Vor 37 b** 37
Sittenwidrigkeit von Insidergeschäften
– Bewertung der Sittenwidrigkeit **14** 425
– Inhaltssittenwidrigkeit **14** 426
– Umstandssittenwidrigkeit **14** 427

Skontrogeschäfte
– Verwendung von Insiderinformationen **14** 139 ff.
Societas Europaea
– Mitteilungspflicht **15 a** 60 ff.
Sonderbeauftragte 15 a 81
Sonderdelikt 14 9 f., **Vor 38** 19, **38** 44
Sonderinformationsrechte 14 290
Sonderprüfungen 9 47
Sorgfaltspflicht 31 21 ff.
– Gewissenhaftigkeit **31** 28 ff.
– know your product **31** 22
– Konkretisierungen **31** 17
– Recherchepflichten **31** 25 ff.
– Sachkenntnis **31** 21 ff.
– Verkehrserforderlichkeit **31** 29
Spaltung 14 30, **21** 46
Spannensicherungs-Swap Vor 37 e, g 68
Spekulation Vor 37 e, g 6
Spekulative Äußerungen 13 23
Sperrliste
– Enthaltung von Empfehlungen **33** 131
– erhöhtes Risiko von Insiderverstößen und Interessenskonflikten **33** 137
– Mitarbeitergeschäfte/Eigenhandel **33** 138, **33 b** 37
– Signalwirkung **33** 139
– Zulässigkeit der bloßen Ausführung einer Kundenorder **33** 138
Spieleinwand, Ausschluss 37 e 3 ff.
Spitzenverbände, Anhörung **36 b** 15
Spotgeschäfte 2 57, 131
Sprache
– Veröffentlichung und Mitteilungen **15 a** 176 ff., **25** 21, **26** 10, 15
– Veröffentlichung von Insiderinformationen **15** 249 ff., 263
Squeeze-Out, Ad-hoc-Publizität **15** 202 f.
Staatanwaltschaft
– Abgabepflicht **40** 7
– primäre Zuständigkeit **40** 5
– sekundäre Zuständigkeit **40** 6
Staatshaftung Vor 37 e, g 193 ff.
– Verletzung der Verschwiegenheitspflicht **8** 28
Standardinformationen für Anlageentscheidung **31** 119 ff.
standardmäßige Marktgröße 32 4 f., **32 a** 3, **32 b** 1 f.
Stellageschäft Vor 37 e, g 42
Stellungnahme
– Organmitglieder einer Zielgesellschaft **15 a** 211
Steuerkontrolle
– keine Auskunftspflicht gegenüber Finanzbehörden **8** 30 ff.

2175

Sachverzeichnis

fette Ziffern = Paragraphen

Stimmrechte/Stimmrechtsanteile
- Ad-hoc-Publizität bei Veränderungen **15** 179 ff.
- Aktienemittenten **21** 20 ff.
- am Emittenten **21** 17 ff.
- Anteilsveränderungen **21** 37 ff.
- Aufleben von Stimmrechten nach §§ 140, 141 AktG **21** 54
- Berechnung **21** 26 ff.
- Durchgangserwerb **21** 40
- Einzelrechtsnachfolge **21** 42 f.
- Erbschaft **21** 45
- Erreichen, Überschreiten, Unterschreiten der Meldeschwellen **21** 37 ff.
- Gesamtzahl **21** 26
- individueller Anteil **21** 26
- Kapitalerhöhungen **21** 48 ff.
- Kapitalherabsetzung **21** 52 ff.
- Mitteilungspflicht **21** 17 ff.
- mitzuteilende Veränderungen **21** 36
- Nichtberücksichtigung s. dort
- Schwellenwerte **21** 36
- Stimmrechte am Emittenten **21** 17 ff.
- Stimmrechte aus Aktien **21** 20 ff.
- Stimmrechtsanteil als Bezugsgrößen **21** 17 ff.
- Stimmrechtsanteil des Meldepflichtigen **21** 72 ff.
- Stimmrechtsanteilsberechnung **21** 26 ff.
- teileingezahlte Aktien **21** 55
- Umschichtung von Beteiligungen **21** 41
- Umstrukturierung/Umwandlungen **21** 46 f.
- Veränderungen **15 a** 207 ff.
- Zurechnung **21** 62
- Zwischenerwerb **21** 40

Stimmrechtsänderungen
- Angabe der Schwellenberührung **21** 71
- Anschrift **21** 69
- Art/Form/Sprache **21** 76 ff.
- Auslandsbezug **21** 13 f.
- Ausnahmen **21** 8, 11 f.
- Aussteller/Adressat der Mitteilung **21** 57 ff.
- Bindungen im Innenverhältnis **21** 31
- Datum der Anteilsveränderung **21** 75
- dingliche Rechtslage entscheidend **21** 28 ff.
- doppelte Mitteilungspflicht **21** 6
- erstmalige Zulassung **21** 56
- freiwillige Angaben **21** 65
- Fristbeginn **21** 80 ff.
- Fristdauer/-berechnung **21** 87
- GbR als Auffanggesellschaft **21** 9, 67
- *gemeinschaftliches Eigentum* **21** 34
- Inhaberaktien **21** 33
- Insolvenz/Testamentsvollstreckung **21** 15
- Investmentfonds **21** 35
- juristische Personen/Personenhandelsgesellschaften **21** 8
- Kapitalanteile **21** 17
- maßgeblicher Zeitpunkt **21** 88
- Meldepflichtige **21** 3, 7 ff.
- Mitteilungsinhalt **21** 36 ff., 61 ff.
- Name **21** 66 ff.
- Namensaktien **21** 32
- natürliche Personen **21** 7
- Ordnungswidrigkeiten **39** 24 ff.
- Rechtsfähigkeit/Teilrechtsfähigkeit d. Meldepflichtigen **21** 5, 7
- Rechtsnachfolge **21** 16
- Rechtsträger **21** 4, 10
- Stimmrechte am Emittenten **21** 17 ff.
- Stimmrechte aus Aktien **21** 20 ff.
- Stimmrechtsanteil als Bezugsgrößen **21** 17 ff.
- Stimmrechtsanteil des Meldepflichtigen **21** 72 ff.
- Stimmrechtsanteilsberechnung **21** 26 ff.
- Tracking Stocks **21** 19
- Zurechnungsvorschrift **21** 1, 22

Stimmrechtsausübungsverbot 23 23, **26 a** 6

Stimmrechtsbeschränkung 22 87

Stimmrechtsmitteilungen
- Art/Form/Sprache **25** 21
- Befreiungen **29 a** 1 ff.
- Finanzinstrumente **25** 6 ff.
- Halten von sonstigen Finanzinstrumenten **25** 1 ff.
- Handelstage **30** 1 ff.
- Konzernunternehmen **24** 2 ff.
- Mitteilungsinhalt **25** 19 f.
- Mitteilungspflichtverletzungen s. Rechtsverlust
- Nachweis mitgeteilter Beteiligungen **27** 1 ff.
- Nichtberücksichtigung von Stimmrechten **23**
- Rechtsfolge **25** 18
- Rechtsverlust **25** 18
- Rechtsverlust s. dort
- Richtlinien der BaFin **29** 1 f.
- Risikobegrenzungsgesetz **25** 3 ff.
- Schwellenberührung **25** 13
- unmittelbares/mittelbares Halten **25** 12
- Vermeidung von Doppelmeldungen **24** 1, **25** 4

Stimmrechtsnichtberücksichtigung
- für Abrechnungs- und Abwicklungszwecke gehaltene Aktien **23** 14 f.
- Handelsbestand **23** 7 ff.
- Market Maker **23** 18

magere Ziffern = Randnummern

Sachverzeichnis

- Spekulationsbestand **23** 5
- Stimmanteilsberechnung **23** 2
- Stimmrechtsausübungsverbot **23** 23
- Transparenzrichtlinie-Umsetzungsgesetz **23** 4 f.
- übernahmerechtlicher Zusammenhang **23** 3
- Verordnungsermächtigung **23** 24
- Verwahrstellen **23** 16
- Wertpapierdienstleister **23** 1
- Zentralbankenbestand **23** 17

Stimmrechtsschwellen Vor 21 6
Stimmrechtsvollmacht 22 78
Stimmrechtszurechnung 21 62
- Acting in Concert **22** 80
- Analogieverbot **22** 3
- Auskunftsanspruch **22** 20 f.
- Befreiung **22** 10
- Bestellung eines Nießbrauchs an Aktien **22** 62
- Beteiligungstransparenz **22** 1, 4
- einseitige Zurechnung **22** 22 ff., 46 ff.
- einseitiges Aneignungsrecht **22** 3
- Erwerbsrechte an Aktien **22** 63 ff., s. a. dort
- Größenordnung **22** 7
- Halten der Stimmrechte für Rechnung des Meldpflichtigen **22** 46 ff.
- investmentrechtlicher Ausschluss **22** 16
- Kenntnis/Kennenmüssen **22** 18 ff.
- Kettenzurechnung **22** 13, 43, 51, 109
- Mitteilungsinhalt im Zurechnungsfall **22** 107 ff.
- mittelbare Verhaltensabstimmung **22** 103 ff.
- Personenidentität **22** 106
- Rechtsverhältnis **22** 6
- Risikobegrenzungsgesetz **22** 82 ff.
- Sicherungsübereignung von Aktien **22** 59 ff.
- Stimmrechte aus anvertrauten Aktien **22** 71 ff.
- Stimmrechte mit Ausübungsbeschränkung **22** 9, 87
- Stimmrechtsvollmacht **22** 78
- Teilausnahme **22** 11
- Tochterunternehmen **22** 2, 16, 22 ff., 101
- Treuhand **22** 50 ff., s. a. dort
- Umgehungsverhinderung kapitalmarktrechtlicher Pflichten **22** 1
- Verhaltenabstimmung **22** 3, 79 ff.
- Vermögensverwaltung **22** 76
- Vermutung der Machtverschiebung **22** 2
- Vollmachtsstimmrecht der Kreditinstitute **22** 77
- wechselseitige Zurechnung **22** 79 ff., 101
- Zurechnungsmethodik **22** 4 ff.

stock appreciation rights 12 39, **14** 127, 138
Stock Option Plans
- für Führungskräfte **12** 31 f., **14** 125 ff.

stock pools Vor 20 a 20
stock spams Vor 20 a 11
Strafbare Marktmanipulation
- Allgemeines **38** 37
- ausländische Verbote **39** 59 ff.
- Berufsverbot **38** 85
- Beschränkungen **38** 39
- Blanketttechnik **38** 37
- durch Geschäfte/Aufträge **38** 49 ff.
- durch Machen von Angaben/Verscheigen von Umständen **38** 43 ff.
- durch sonstige Täuschungshandlungen **38** 54 ff.
- Erfolgs- und Verletzungsdelikt **38** 40
- Freiheits-/Geldstrafe **38** 81 f.
- Geldbuße/verbandsgeldbuße **38** 87
- Irrtum **38** 73 ff.
- Kausalität **38** 41
- Preiseinwirkung **38** 40 f.
- räumliche Geltung/Ort der handlung **38** 66
- Rechtfertigung/Entschuldigung **38** 79
- Schutzbereich **38** 4, 38 ff.
- Tatbestand **38** 43, 49
- Tateinheit **38** 80
- Taterfolg **38** 47, 52
- Täterkreis **38** 44, 50
- Täterschaft und Teilnahme **38** 67 ff.
- Tathandlung **38** 45, 51
- Unterlassen **38** 71 f.
- Verfall **38** 83 f.
- Verfolgungsverjährung **38** 88
- verwaltungsrechtliche Sanktionen **38** 86
- Vollstreckungsverjährung **38** 90
- Vorsatz **38** 48, 53, 73 ff.
- zeitliche Geltung/Zeit der Tat **38** 64 ff.

Strafbarer Insiderhandel
- ausländische Verbote **38** 63
- Auslandstaten **38** 60 ff.
- Berufsverbot **38** 85
- Freiheits-/Geldstrafe **38** 81 f.
- Geldbuße/verbandsgeldbuße **38** 87
- Irrtum **38** 73 ff.
- kein Schutzgesetz **38** 3
- leichtfertiger Erwerb/Veräußerung **38** 34 ff.
- räumliche Geltung/Ort der Handlung **38** 66
- Rechtfertigung/Entschuldigung **38** 79

2177

Sachverzeichnis

fette Ziffern = Paragraphen

- Rücktritt vom Versuch **38** 33
- Schutzbereich **38** 3, 7 ff.
- Tateinheit **38** 80
- Täterkreis **38** 11, 16 ff.
- Täterschaft und Teilnahme **38** 67 ff.
- Tathandlungen **38** 12 f., 24 ff.
- Unterlassen **38** 71 f.
- Verbot des Erwerbs/der Veräußerung **38** 10 ff., 28
- Verbot der Weitergabe, Empfehlung, Verleitung **38** 15 ff.
- Verfall **38** 83 f.
- Verfolgungsverjährung **38** 88
- Versuchsstrafbarkeit **38** 30
- verwaltungsrechtliche Sanktionen **38** 86
- Vollstreckungsverjährung **38** 90
- Vorsatz **38** 14, 29, 73 ff.
- zeitliche Geltung/Zeit der Tat **38** 64 ff.

Strafklageverbrauch 40 44

Straftatinsider 38 22

Straftatsverdacht bei Abschlussprüfung
- Mitteilung an Börsenaufsicht **37 r** 7
- Mitteilung an Strafverfolgungsbehörden **37 r** 1 ff.
- Mitteilung an Wirtschaftsprüferkammer **37 r** 6
- Straftat im Zusammenhang mit Rechnungslegung **37 r** 4
- Verdacht **37 r** 2 f.

Strafverfahren
- Akteneinsichtsrecht der BaFin **40 a** 10
- Angehörige der BaFin als Sachverständige **40 a** 6
- Anhörungsrecht der BaFin bei Einstellung **40 a** 8
- Unterstützung/Information der staatlichen Behörden **40 a** 3
- Beteiligung der BaFin im Strafverfahren **40 a** 4 ff.
- Übermittlungspflicht der Anklage **40 a** 16
- Informationspflicht der BaFin im Ermittlungsverfahren **40 a** 5
- Sollmitteilungen **40 a** 17 ff.
- Pflichtmitteilungen **40 a** 13 ff.
- Mitteilungen in Strafsachen **40 a** 11
- Mitteilungspflicht an BaFin bei Anklage **40 a** 7, 15 f.
- Mitteilung an BaFin über Hauptverhandlungstermin **40 a** 9
- Verfolgungsverbund **40 a** 3

Strafzumessung 14 6

Streckengeschäft 15 a 118

Subsumtionsirrtum 14 354, **38** 75

sukzessiver Beteiligungsaufbau
14 79, 81

Swap **2** 54, **4** 37
Syndikusanwalt 40 17
Systematische Internalisierung
31 h 5
- Aufträge oberhalb des höchsten Quotes **32 c** 7
- Aufträge von Privatkunden **32 c** 3
- Aufträge von professionellen Kunden **32 c** 4 ff.
- Aufträge zwischen zwei Quotes **32 c** 8
- Ausführung von Kundenaufträgen **32 c**
- Beschränkungen von Auftragsausführungen **32 d** 4 ff.
- Durchführungsverordnung **32** 6
- Handelsgegenstand **32** 3
- Marktbestimmung **32** 7
- standardmäßige Marktgröße **32** 4 f., **32 a** 3, **32 b** 1 f.
- systematischer Internalisierer **2** 166, **37 i** 4
- Veröffentlichung von Quotes **32 a**
- Vorhandelstransparenz **32 a**
- Zugang zu Quotes **32 d** 2 f.

Tafelgeschäfte 9 35, **16** 9
Tatbestandsirrtum 38 76, **39** 91
Tateinheit 38 80, **39** 100
Täterschaft und Teilnahme 38 67 ff.
Tätigkeitsdelikt 38 5
Tätigkeitsinsider 38 20
Tatsache
- Insiderinformation **13** 11, 29, 30 ff.
- Tatsachenbegriff **13** 14, 31
- Tatsachenkern **13** 14, 40, 54
Teileingezahlte Aktien 21 55
Teilkonzern 22 38
Teilnahmerecht an Hauptversammlung
- Veröffentlichung im elektronischen Bundesanzeiger **30 b** 15
Teilrechte 21 51
Telefonhandel 9 27, **12** 17, **14** 13
Termingeschäfte
- atypisch stille Beteiligung **Vor 37 e, g** 21
- Begriff **2** 43, 61
- Daytrading **Vor 37 e, g** 22 ff.
- Finanztermingeschäfte **Vor 37 e, g** 19 ff.
- Investmentfonds **Vor 37 e, g** 21
- Terminierung **Vor 37 e, g** 20
Testamentsvollstreckung
- Mitteilungspflichten **21** 15
Theorie des Handlungsanreizes
13 159 ff.
timely execution 31 42
tipping 14 360

magere Ziffern = Randnummern

Sachverzeichnis

Tipps
- Insiderinformation **13** 55 ff.

Tochterunternehmen 2 a 9
- einheitliche Leitung **22** 28 ff.
- Gemeinschaftsunternehmen **22** 39
- im Sinne von § 290 HGB **22** 28 ff.
- Kettenzurechnung **22** 43
- Konzernkonzept **22** 24
- Möglichkeit beherrschender Einflussnahme **22** 35
- Nachweis mitgeteilter Beteiligungen **27** 7
- Publizitätspflicht **15** 163 ff.
- Stimmenmehrheit **22** 32, 36
- Stimmrechtsmitteilung durch Mutterunternehmen **24** 1 ff.
- Teilkonzern **22** 38
- treuhänderisch tätige Vorschaltgesellschaften **22** 38
- Unternehmenseigenschaft **22** 26
- Unternehmensgegenstand **22** 40
- Zurechnung der Stimmrechte **22** 22 ff., 101
- Zurechnung der Stimmrechte **22** 33
- Zurechnungsausnahmen **22** 41 f.
- Zurechnungsumfang **22** 43 ff.

tracking stocks 21 19
Trading Vor 37 e, g 6
Transformationsvorschrift 14 15
Transparenzrichtlinie 15 27
- Zielsetzung **Einl** 51, **Vor 21** 4, 6 f.

Transparenzrichtlinie-Durchführungsverordnung Einl 50, 66

Transparenzrichtlinien-Umsetzungsgesetz (TUG)
- Änderungen der WpAIV **Vor 30 a** 4 f.
- Änderung des Publikationsregimes **Einl** 53
- Anwendungsbestimmung für das TUG **46**
- Entstehungsgeschichte **Vor 30 a** 3
- Finanzberichterstattung **Vor 37 v** 1 ff.
- Modifikation der Publizitätsvorschriften **Einl** 50 ff.
- notwendige Informationen **Vor 30 a** 1 ff.
- Vorgaben für Hauptsammlungen/Handelsregister **Einl** 55
- Zulassungsfolgepflichten **Vor 30 a** 6 ff., **30 a** 2

Treuepflicht Vor 21 43
Treuhand
- Beendigung des Treuhandverhältnisses **22** 52
- Kettenzurechnung **22** 51

- Vermögensverwaltungs- und Vorschaltgesellschaften **22** 53 ff.
- Verwaltungstreuhand **22** 50
- Vollmachtstreuhand **22** 50
- Zurechnung der Stimmrechte **22** 50 ff.

Treuhandkonten 34 a 15 f.

Turbo-Optionsscheine Vor 37 e, g 73

Übergangsbestimmungen 41–46
- Anwendungsbestimmung für das TUG **46**
- Anwendungsbestimmung zum Abschnitt 11 **45**
- ausländische organisierte Märkte **44**
- Kostenerstattungspflicht nach § 11 **42**
- Mitteilungs- und Veröffentlichungspflichten **41**
- Verjährung von Ersatzansprüchen **43**

Übermittlungspflichten
- Datenfernübertragung **30 b** 21 ff.
- durch Dritte **15 a** 149
- Halbjahresfinanzbericht **37 w** 12
- Hinweisbekanntmachungen **37 v** 10 f.
- Informationen zu Director's Dealings **15 a** 162 ff.
- Insiderinformationen **15** 273 ff.
- Insiderverzeichnis **15 b** 81 f.
- notwendige Informationen zur Rechtewahrnehmung **30 e, 30 f**
- Ordnungswidrigkeiten bei Pflichtverletzung **39** 44 ff., 70 ff.
- Stimmrechtsmitteilungen an das Unternehmensregister **26** 19
- Veränderungen von Beteiligungsverhältnissen **26, 26 a, 29**
- Vollmachtsformular **30 a** 21 f.
- Zusammenarbeit mit ausländischen Stellen **7** 17 ff., 27 ff.
- Zwischenmitteilung **37 x** 10

Übernahmeangebot s. Öffentliches Erwerbs- und Übernahmeangebot
Übernahmekonsortium 2 95
übernahmerechtliche Transparenzvorschriften Vor 21 35
Überregulierung 39 8
Überwachung durch die BaFin Vor 31 48
- Eingriffrechte der BaFin **35** 4 ff.
- Ermessen bei Befugnisausübung **35** 12
- Informationspflichten bei Finanztermingeschäften **Vor 37 e, g** 187 ff.
- Meldepflichten und Verhaltensregeln **35**
- Prüfung **35** 7
- Rechtsschutz **35** 13
- Richtlinien der Bundesanstalt **35** 15 f.
- Überraschungsprüfung **35** 7
- zwangsweise Durchsetzung **35** 14

Sachverzeichnis

fette Ziffern = Paragraphen

Umschichtung von Beteiligungen 21 41
Umtauschanleihen 14 121
Umwandlungsgesetz 21 46
Underlying 14 121
Underwriting Agreement 15 189
unmittelbarer Zwang 4 119
Unmittelbarkeitsgrundsatz 40 46
untauglicher Versuch 38 32 f.
Unterhaltsberechtigung 15 a 87 ff.
Unterlagen, Vorlageverlangen
– Auskunftsverweigerungsrecht 4 74
– Einsichtnahme 4 68
– Freigabe nach Einsicht 4 71
– Originale 4 70
– Überlassung von Kopien 4 66 ff.
– Unterlagenbegriff 4 67, 69
– Verwaltungsakt 4 73
– Vorlage/Einsichtnahme 4 68
– Vorlageverlangen 4 66 ff.
– Vorlageverlangen 4 66 ff.
Unterlassen gebotener Ad-hoc-Mitteilung s. Schadensersatzhaftung
Unterlassungsdelikte 14 36, 20 a 35, 38 5, 71, 39 90
Unternehmen
– Inlandsbezug 31 325
– Sitz im Drittstaat 31 322 f.
Unternehmensabschlussprüfung
– Abschlussprüfer 15 b 30 ff.
– Anerkennung einer Prüfstelle 37 p
– Auftrag 37 n 13 f.
– Auskunftspflichten 37 o, p 37 ff.
– Beschwerde gegen Maßnahmen 37 u
– Bilanzkontrollgesetz 37 n 4
– Börsenaufsichtsbehörde 37 r 7
– erfasste Unternehmen 37 n 13 f.
– Ergebnisprüfung 37 q 1 ff.
– Ermittlungsbefugnisse der BaFin 37 o
– Fehlerbekanntmachung 37 q 4 ff.
– Fehlerfeststellung 37 q 1 ff.
– Haftung 37 n 20 ff.
– Halbjahresfinanzbericht 37 o, p 9
– IFRS 37 n 15, 17
– Internationale Zusammenarbeit 37 s
– internationale Zusammenarbeit 37 s 1 ff.
– Jahresabschluss 37 n 15, 37 o, p 4
– Konzernabschluss 37 n 15, 37 o, p 4
– Mitteilung an andere Stellen 37 r
– Mitteilungspflicht 37 o, p 36, 37 q 11 ff.
– Mitwirkungspflichten 37 o, p 19 ff., 37 ff.
– Nichtigkeitsklage 37 o, p 30 ff.
– pre-clearance 37 n 19
– Prüfung von Unternehmensabschlüssen und -berichten 37 n
– Prüfungen nach KWG/VAG 37 o, p 16

– Prüfungsanordnung der BaFin 37 o, p 4 ff., 11 ff., 27 f.
– Prüfungsergebnis 37 q
– Prüfungsgegenstand 37 n 15 f., 37 o, p 4 ff.
– Prüfungsmaßstab 37 n 17
– Rechtsmittel bei Maßnahmen der BaFin 37 u
– Sonderprüfung 37 o, p 34 f.
– Stellungnahme des Unternehmens 37 o, p 23 ff.
– Stichproben 37 o, p 6, 8 ff., 37 q 15
– Straftatsverdacht 37 r 1 ff.
– Tätigwerden der BaFin 37 o, p 17 ff.
– US-GAAP 37 n 17
– Verhältnis zur Ad-hoc-Publizität 37 q 13
– whistleblowing 37 o, p 12
– Widerspruch gegen Maßnahmen bei BaFin 37 t
– Widerspruchsverfahren 37 t
– Wirtschaftsprüferkammer 37 r 6
– Zweifel an Richtigkeit/Ordnungsmäßigkeit der Prüfung 37 o, p 26
– zweistufiges Überwachungssystem 37 n 1 ff.
Unternehmensberatung 2 124
Unternehmenserwerb
– Ad-hoc-Publizität 15 296
– Alongside-Käufe 14 78
– Erwerb bedeutender Beteiligungen 14 299 ff.
– Informationsverwendungsverbot 14 72 ff.
– Management Buy-Outs 14 82 ff.
– Mitteilungspflicht 14 80
– Mitverursachung durch Insiderinformation 14 77
– Realisierung eines eigenen Entschlusses 14 73
– sukzessiver Beteiligungsaufbau 14 79, 81
– Unterlassen des Erwerbs 14 76
– Weitergabe von Insiderinformationen 14 298
Unternehmensgruppen 21 8
Unternehmensregister
– Übermittlung von Insiderinformationen 15 273 ff., 15 a 162 ff.
– Übermittlung von Stimmrechtsmitteilungen 26 130
– Vorgaben für elektronische Register Einl 55
Unternehmensübernahme Vor 21 18
Unterrichtungspflichten nach BetrVG
– Notwendigkeit der Information für Betriebsrat/Wirtschaftsausschuss 14 138

magere Ziffern = Randnummern

Sachverzeichnis

– unbefugte Informationsweitergabe **14** 242
– Unterrichtung des Wirtschaftsausschusses **14** 239
– Unterrichtung des Betriebsrats **14** 241
– Weitergabe von Insiderinformationen **14** 238 ff.
Untersagung des Handels 4 34 f., **7** 15
Untersuchungsverpflichtung 7 17 ff.
Urteilsverkündung 15 117
USA
– Insiderrecht **Vor 12** 129 ff.
– Marktmanipulationsverbot **Vor 20 a** 20 ff.
– Publizitätspflichten **15** 460 ff.
– Securities Exchange Act **Vor 12** 95, **15 a** 9
US-GAAP 37 n 17

Variation Margin Vor 37 e, g 88
Verbandsgeldbuße Vor 38 31, 33, 37 ff., **38** 87
Verbandstrafe Vor 38 32
Verbindungsdaten Vor 12 85
– Aufbewahrungsverlangen **16 b** 7
Verbot der Einlagenrückgewähr Vor 37 b 17
Verbot von Insidergeschäften
s. Insidergeschäfteverbot
Verbotsirrtum 38 77, **39** 91
Verbraucherbegriff Vor 37 e, g 117 ff.
Verdachtanzeigepflicht Vor 20 a 2
– durch die BaFin **4** 86 ff.
– Form, Inhalt, Zeitpunkt **10** 8 f.
– Haftungsfreistellung **10** 16 f.
– Ordnungswidrigkeit bei Pflichtverletzung **39** 21
– Schweigepflicht **10** 10 ff.
– Verordnungsermächtigung **10** 22
– verpflichtete Unternehmen/Personen **10** 3 ff.
– Voraussetzungen **10** 6 f.
– Weiterleitung durch BaFin **10** 18 ff.
Verdunkelungsgefahr 4 54
Vererbung von Wertpapieren 14 29
Verfahrenseinstellung
– Anhörungsrecht der BaFin im Strafverfahren **40 a** 8
– im Bußgeldverfahren **39** 8, **40** 12, 30, 42
– mangelnde Verurteilungswahrscheinlichkeit **40** 30
– Verfolgungs- und Verfahrenshindernisse **40** 30, 42
Verfall 38 83 f.
Verfolgungsverjährung 38 88 f., **39** 107
Verhaltensabstimmung

– Abstimmung **22** 88 ff.
– faktisches Parallelverhalten **22** 92
– Familienpool **22** 111
– Gefährdungstatbestand **22** 90
– gemeinsame Willensbildung **22** 91 f.
– mittelbare **22** 103 ff.
– Nachhaltigkeit **22** 99
– Risikobegrenzungsgesetz **22** 82 ff.
– Stimmrechtszurechnung **22** 79 ff.
– Verabredung zur Abstimmung **22** 90
– Verhalten in Bezug auf die Gesellschaft **22** 94 ff.
– Vermutung **22** 93
– Verstärkung des Einflusspotenzials **22** 89, 97
– wechselseitige Zurechnung **22** 101
Verhaltensaufsicht Vor 37 e, g 190
Verhaltensregeln Vor 31 1, 31, 32 ff.
– Anlageberatung **31** 236 ff.
– Ausgangspunkt **31** 3
– Ausnahmen **Vor 31** 49
– Ausstrahlung auf das Zivilrecht
– reines Ausführungsgeschäft **31** 302 ff. **Vor 31** 58, 60 ff.
– Bearbeitungsvorgaben **31 c**
– Bedeutung für den Anlegerschutz **Vor 31** 63 ff.
– behördliche Überwachung **Vor 31** 71 ff.
– beratungsfreie Geschäfte **31** 275 ff.
– bestmögliche Auftragsausführung **31** 41, 33 a
– Doppelnatur **Vor 31** 57
– Explorationspflichten **31** 188 ff.
– Informationspflicht ggü Kunden **31** 91 ff.
– Interessenwahrungspflicht **31** 31 ff.
– keine Dispositionsbefugnis der Parteien **Vor 31** 56
– Kenntnisverschaffung über Wertpapierkunden **31** 186 ff.
– Leitbild ordnungsgemäßer Wertpapierdienstleistung **31** 13 ff.
– Mitteilung zweckdienlicher Informationen **Vor 31** 65
– Normzweck **31** 9
– Regelungsgegenstand **31** 1 ff.
– Sanktionierung **Vor 31** 71 ff.
– Schadensersatzhaftung **Vor 31** 77 ff.
– Schutzgesetzcharakter **Vor 31** 80 ff.
– Sorgfaltspflicht **31** 20 ff.
– Systematik **31** 10 ff.
– Verhältnis zu anderen Verhaltenspflichten
– Verletzungsfolgen **Vor 31** 76 ff.
– Vermeidung/Offenlegung von Interessenskonflikten **31** 45 ff.

2181

Sachverzeichnis

fette Ziffern = Paragraphen

- Vermögensverwaltung **31** 261 ff.
- Wahrung des Kundeninteresses **Vor 31** 65, **31** 13 ff.
- Zielsetzung/Ausgestaltung **Vor 31** 55 f.
Verhältnismäßigkeitsprinzip 4 16, **40** 11
Verjährung
- Ersatzansprüche **Vor 31** 31, **37 a**, 43
- Verfolgungsverjährung **38** 88 f., **39** 107
- Vollstreckungsverjährung **38** 90, **39** 108
Verjährung von Ersatzansprüchen
- Änderungen **37 a** 1 ff.
- außervertragliche Haftung **37 a** 10
- fehlerhafte Beratung **37 a** 8
- Informationspflichtverletzung **37 a** 8
- Sekundärverjährung **37 a** 13
- Übergangsvorschrift 43
- Verjährungsbeginn **37 a** 11 f.
- vertragliche Haftung **37 a** 9
- Wertpapierdienstleistungsunternehmen **37 a** 6 f.
Verjährung im Strafverfahren 38 88 ff.
VerkProspG Einl 2
Verleitungs- und Empfehlungverbot, Insidergeschäfte
- Anfechtbarkeit des Rechtsgeschäfts **14** 428 ff.
- Berufs-, Tätigkeits-, Aufgabeninsider **38** 20 f.
- Beteiligungsinsider **38** 19
- „einem anderen" **14** 364
- Empfehlen **14** 366 ff.
- Freistellung von Kursstabilisierungsmaßnahmen **14** 405 ff.
- Freistellung von Rückkaufprogrammen **14** 391 ff.
- Gegenstand der Empfehlung **14** 371 ff.
- Kausalität **14** 375
- Leichtfertigkeit **14** 390, **38** 34 ff.
- Nichtigkeit des Rechtsgeschäfts **14** 421 ff., 440 f.
- Ordnungswidrigkeiten **39** 34 ff.
- Organinsider **38** 18
- Primärinsider **38** 16
- Schadensersatzanspruch **14** 433 ff., 442
- Strafbarkeit **14** 414 ff., **38** 15 ff.
- Straftathandlung **38** 37 f.
- Straftatinsider **38** 22 f.
- subjektiver Tatbestand **14** 384 ff.
- Täterkreis **14** 363, **38** 16 ff.
- Umgehungsschranke **14** 360
- Verleiten **14** 379 ff.
- Versuchstrafbarkeit **38** 30 ff.
- Vorfeldstraftatbestand **14** 360, **38** 15
- Vorsatz **14** 385 ff., **38** 29
- zivilrechtliche Folgen **14** 419 ff.
Verletzungsdelikt 38 5

Verlustrisiko
- Aufklärungs- und Hinweispflichten **31** 170 f., 176 ff.
Vermittlung s. Anlagevermittlung, vertraglich gebundene Vermittler
Vermögensbildung Einl 15
Vermögensschaden
- Ersatzfähigkeit **Vor 37 b**, **c** 48 ff., **37 b**, **c** 33 ff.
- Kursdifferenzschaden **Vor 37 b**, **c** 47, **37 b**, **c** 33
- Naturalrestitition **Vor 37 b**, **c** 48 ff.
- Wahlrecht **Vor 37 b** 48
Vermögensverwahrung, getrennte Einl 23
- Anwendungsbereich **34 a** 3
- bloße Botentätigkeit **34 a** 20
- Entgegennahme von Finanzinstrumenten **34 a** 21
- Entgegennahme von Kundengelder **34 a** 4 ff.
- Normadressaten **34 a** 4
- Nutzung für eigene Rechnung **34 a** 26
- Offenlegung **34 a** 17 f.
- Ordnungswidrigkeiten **39** 64 f.
- periodische Aufstellung **34 a** 25
- Sammelkonto **34 a** 14
- Schutzgesetz **34 a** 2
- Trennungsgebot **34 a** 9 ff.
- Treuhandkonto **34 a** 15 f.
- Überwachung durch BaFin **34 a** 28
- Unterrichtung des Kunden **34 a** 19, 24
- Unzulässigkeit von Omnibuskonten **34 a** 11
- Verhaltensregel **34 a** 1
- Verordnungsermächtigung **34 a** 27
- Weiterleitung zur Verwahrung von Finanzinstrumenten **34 a** 22
Vermögensverwaltung 22 76
- allgemeine Charakterisierung **31** 261 f.
- Anlagerichtlinien **31** 261 a f.
- Anlagestrategie **31** 272 ff.
- Benachrichtigungspflicht **31** 266 a
- besondere Informationspflichten **31** 266 ff.
- Eignung der Wertpapierdienstleistung **31** 269 ff.
- Geeignetheit der veranlassten Transaktionen **31** 374
- Geeignetheitsprüfung **31** 268 ff.
- Grundsätze ordnungsgemäßer Vermögensverwaltung **31** 262 ff.
Vermögensverwaltungsgesellschaften
- Intensität der Einflussnahmen **22** 55
- Treuhandvertrag **22** 54
- Umgehungsschutz **22** 53

2182

magere Ziffern = Randnummern

Sachverzeichnis

- Wahrnehmung von Beteiligungsrechten **22** 55
- Zurechnung von Stimmrechten **22** 53 ff.

Vermutungen 8 7

Vernehmung
- des Betroffenen **40** 21
- durch die BaFin **4** 75
- Verwertungsverbot bei unterbliebener Belehrung **40** 21
- von Zeugen **40** 22

Vernehmungsmethoden, verbotene 40 21

Veröffentlichung
- Datenfernübertragung **30 b** 21 ff.
- im elektronischen Bundesanzeiger **30 b** 5 ff., 18 ff.

Veröffentlichungspflichten
- Ad-hoc-Publizität **15**
- Änderung der mit Wertpapieren verbundenen Rechte **30 e** 5 ff.
- Änderungen der Rechtsgrundlage **30 c** 2 ff.
- Aufnahme von Anleihen **30 e** 7
- BaFin **4** 98 ff.
- Beteiligungsänderungen **26, 26 a**
- Directors' Dealings **15 a**
- Einberufung der Hauptversammlung **30 b** 10
- Finanzberichten s. Finanzberichterstattung
- Gesamtzahl der Aktien/Stimmrechte **30 b** 12 ff.
- in Drittstaaten veröffentlichte Informationen **30 c** 8 ff.
- Insiderinformationen **15**
- Ordnungswidrigkeiten **39** 36 ff.
- Satzungsänderungen **30 c** 2 ff.
- Schuldtitel **30 b** 18 ff.
- Statistiken **6** 29 f.
- Teilnahmerecht an Hauptversammlung **30 b** 15
- Veröffentlichungspflichtige Informationen **30 b** 5 ff.
- zusätzliche Angaben **30 e** 5 ff.

Veröffentlichung von Beteiligungsveränderungen
- Art/Sprache **26** 10, 15
- Befreiung **26** 7
- Berechnung der Stimmrechtsgesamtzahl **26 a** 5 f.
- Beteiligungstransparenz **26** 2
- Eignung zur Veröffentlichung **26** 5
- Gesamtheit der Stimmrechte **26 a** 1 ff., **39** 27
- Inhalt **26** 8, 9
- Inlandsemittenten **26** 1, **26 a** 1
- Mitteilung der Veröffentlichung **26** 23
- Neufassung durch TUG **26** 3
- Ordnungswidrigkeiten **39** 26 f., 39
- Safe Harbor-Regelungen **26** 21
- Stimmrechtsmitteilungen nach § 21 **26** 4 ff.
- Übermittelungsanforderungen **26** 13
- Unternehmensregister **26** 19
- Veröffentlichung hinsichtlich eigener Aktien **26** 20 ff.
- Veröffentlichungsfrist **26** 16 ff., **26 a** 7
- Zuleitung zu Medien/Medienbündel **26** 11 f., **26 a** 7

Veröffentlichungshandlungen 14 218

Veröffentlichungsverbot
- Finanzberichte in voller Länge **15** 331
- kein sachlicher Zusammenhang mit publizitätspflichtiger Information **15** 329
- nicht veröffentlichungspflichtige Informationen **15** 326 ff.
- offensichtliche Tatbestandsnichterfüllung **15** 328
- sonstige Angaben **15** 326
- überflüssige Angaben **15** 327
- Verstöße **15** 333

Verordnung zur Konkretisierung des Verbotes des Kurs- und Marktpreismanipulation (KuMaKV) Vor 20 a 17

Verordnung zur Konkretisierung des Verbotes der Marktmanipulation (MaKonV) Einl 66, **Vor 20 a** 17, **20 a** 3, 141

Verpfändung
- Sicherungsübereignung **15 a** 129
- von Aktien **22** 61
- von Wertpapieren **14** 26

Verschlechterungsverbot
- Einspruch **40** 35, 44, 47, 51, 56

Verschmelzung 14 30

Verschweigen entgegen bestehender Rechtsvorschriften
- echtes Unterlassungsdelikt **20 a** 35
- keine Offenlegung **20 a** 36
- Rechtspflicht zur Offenlegung **20 a** 37 ff.
- zu späte Offenlegung **20 a** 36

Verschwiegenheitspflicht 14 214
- Adressaten **8** 4 f.
- Anzeige von Verdachtsfällen **10** 10 ff.
- befugte Weitergabe **8** 17 ff., 23 ff.
- Disziplinarmaßnahmen/arbeitsrechtliche Konsequenzen **8** 29
- Durchbrechungen **8** 16 ff.
- Geheimhaltungsinteresse **8** 8 f.
- Haftung **8** 28
- keine Auskunftspflicht gegenüber Finanzbehörden **8** 30 ff.
- Ordnungswidrigkeiten **39** 17 f.

2183

Sachverzeichnis

fette Ziffern = Paragraphen

- presserechtliche Informationspflicht **8** 24 f.
- strafrechtliche Konsequenzen **8** 26 ff.
- Tatsachen **8** 6 ff.
- unbefugtes Offenbaren **8** 11 ff., **39** 17 ff.
- Verwertungsverbot **8** 3, 11
- zeitlich **8** 15

Versicherungsaufsicht Vor 3 24
Versicherungsunternehmen 2 a 14
Verteidiger im Bußgeldverfahren **40** 17
Vertrauen
- Richtigkeit der Insiderinformation **37 b, c** 28 f.

Versuchsstrafbarkeit
- keine Tatvollendung **38** 31
- Rücktritt vom Versuch **38** 33
- Tatentschluss **38** 31
- unmittelbares Ansetzen **38** 31
- untauglicher Versuch **39** 32
- Vorbereitungshandlungen **38** 30, 31

Vertraglich gebundene Vermittler
- Befreiungstatbestand **2 a** 42 ff.
- Definition **2 a** 40 ff., **31 e** 14
- Organisationspflichten **33** 43 ff.
- Regelungsgegenstand/-zweck **2 a** 40 ff.
- Zurechnungstatbestand **2 a** 47

Vertraulichkeitsverpflichtung
- allgemeines Weitergabeverbot **15** 312
- gesetzliche/vertragliche **15** 308
- Insiderinformation **15** 308 ff.
- standesrechtliche Pflicht **15** 311
- Vereinbarungen **15** 313, **14** 212
- Verstoß **15** 315

Vertreterhaftung
- faktische Vertreter **Vor 38** 22
- fehlerhaft bestellte Vertreter **Vor 38** 22
- Sonderdelikten **Vor 38** 19 ff.
- Vertreter **Vor 38** 20 f.
- Vertretungsbezug **Vor 38** 23

Vertretung des Kunden
- Explorationspflichten **31** 209 ff.
- gesetzliche Vertretung **31** 210
- organschaftliche Vertretung **31** 210
- verdeckte Stellvertretung **31** 211

Vertriebsinteresse 31 79 f.
Vertriebsprovisionen 31 d 14
Verwaltungsabkommen 6 12
Verwaltungsakt
- Androhung von Zwangsmitteln **4** 115
- Anhörung vor Erlass **4** 16, 48
- Anordnungskompetenz der BaFin **4** 25 ff.
- Auskunftsverlangen **4** 48, 128
- Begründung **4** 16
- Bußgeldbescheid **40** 32
- Missachtung **4** 20
- Rechtbehelfsbelehrung **4** 16
- Rechtsschutz **4** 124, 127
- Verwaltungszwang **4** 103 ff., 107 f.
- Vorlageverlangen von Unterlagen **4** 73, 128
- Zutrittsduldung **4** 81, 128

Verwaltungspraxis 40 12
Verwaltungsrat Vor 3 25
verwaltungsrechtliche Rechtsfolgen 38 86
Verwaltungszwang
- Androhung **4** 115
- Anwendungsvoraussetzungen **4** 109 ff.
- drohende Gefahr **4** 113
- Durchführung **4** 114 ff.
- Effektivität des Verwaltungshandelns **4** 107
- Ermächtigungsgrundlage **4** 108
- kein Suspensiveffekt **4** 111
- keine Rechtmäßigkeit des Verwaltungsakts erforderlich **4** 112
- sofortige Vollziehbarkeit **4** 110
- vollstreckungsfähiger Inhalt **4** 112
- Voraussetzungen **4** 109 ff.
- Zwangsmittel **4** 118 ff.

Verwandte
- Mitteilungspflicht **15 a** 93 f.

Verwendungsverbot von Insiderinformationen
- Aktienoptionspläne für Führungskräfte **14** 125 ff.
- Anfechtbarkeit des Rechtsgeschäfts **14** 428 ff.
- Ausführung obliegender Berufspflichten **14** 139 ff.
- bedingte Übertragungen **14** 24 f., 164 ff.
- Eigen- und Fremdgeschäfte **14** 39 ff.
- eigene unternehmerische Entscheidung **14** 65 ff.
- Erwerb eigener Aktien **14** 105 ff.
- Erwerb und Veräußerung **14** 19 ff., **38** 12
- Fälle/Fallgruppen der Verwendung **14** 64 ff.
- Freistellung von Kursstabilisierungsmaßnahmen **14** 405 ff.
- Freistellung von Rückkaufprogrammen **14** 391 ff.
- frontrunning **14** 151 ff., **38** 12
- Insiderpapiere **14** 44
- Insiderwille **14** 28 ff.
- Kausalität **14** 52 ff., 55 ff., **38** 13
- Kundenaufträge **14** 144 ff.
- Kurspflege und Kursstabilität **14** 115 ff.
- Leichtfertigkeit **14** 179 ff., **38** 34 ff.
- Makler-/Skontro-/Market Maker-Geschäfte **14** 139 ff.

magere Ziffern = Randnummern

Sachverzeichnis

- Management-Buy-Outs **14** 82 ff.
- maßgeblicher Zeitpunkt **14** 163 ff.
- Nichtigkeit des Rechtsgeschäfts **14** 421 ff., 440 f.
- öffentliche Übernahme- und Erwerbsangebote **14** 85 ff.
- Ordererteilung **14** 22, 168 f.
- Ordnungswidrigkeiten **39** 34 ff.
- Schadensersatzanspruch **14** 433 ff., 442
- Stellvertretung **14** 40 ff.
- Stock Options **14** 125 ff.
- Strafbarkeit **14** 414 ff., **38** 10 ff.
- Straftatbestand **38** 10
- Straftathandlung **38** 12 f.
- subjektiver Tatbestand **14** 170 ff.
- Täterkreis **14** 18, **38** 11
- Unterlassen **14** 34 ff.
- Unternehmens- und Anteilspaketerwerb **14** 72 ff.
- Verpfändung **14** 26
- Verpflichtungs-/Verfügungsgeschäft **14** 20 ff.
- Versuchstrafbarkeit **38** 30 ff.
- Verwenden einer Insiderinformation **14** 45 ff.
- Verwenden und face to face-Geschäfte **14** 59 ff.
- Verwenden und psychische Kausalität **14** 55 ff.
- Vorsatz **14** 71 ff., **38** 14
- Wertpapierpensionsgeschäft/Wertpapierleihe **14** 27
- Zeichnung von Insiderpapieren **14** 22
- zivilrechtliche Folgen **14** 419 ff.

Verzeichnis s. Insiderverzeichnis

Verzögerung gebotener Ad-hoc-Mitteilung s. Schadensersatzhaftung

Viertes Finanzmarktförderungsgesetz
- Ausdehnung der Wohlverhaltensregeln auf Wertpapieranalyse **Einl** 37
- neues Recht der Finanztermingeschäfte **Einl** 36
- Offenlegung von Eigengeschäften des Managements **Einl** 34
- Verbesserungen der Ad-hoc-Publizität **Einl** 32
- Verbot der Kurs- und Marktpreismanipulation **Einl** 29 ff.

vinkulierte Namensaktien 2 15

Volatilität 13 154, **15** 147

Vollmachtsformular
- Übermittlungspflicht **30 a** 21 f., 29 f.

Vollstreckungsverjährung 38 90, **39** 108

Vorabmitteilungspflicht 15 401
- Adressat **15** 424

- Aussetzung oder Einstellung der Preisfeststellung **15** 427 ff.
- Form **15** 422
- Frist **15** 412 ff.
- Mitteilungsinhalt **15** 415 ff.
- Mitteilungspflicht **15** 407 ff.
- Ordnungswidrigkeit bei Pflichtverletzung **39** 22

Vorabveröffentlichungsverbot
- Insiderinformationen **15** 326 ff., 431
- Ordnungswidrigkeit **39** 46 f.

Vorbereitungshandlungen 38 15, 31

Vorhaben 13 57 ff.

Vorhandelstransparenz Vor 31 87
- multilaterales Handelssystem **31 g** 3 ff.
- Ordnungswidrigkeiten **39** 11 f.
- systematische Internalisierer **32 a**
- Veröffentlichung von Quotes **32 a**

Vorlageverlangen
- Auskunftsverweigerungsrecht **4** 74
- Einsichtnahme **4** 68
- Freigabe nach Einsicht **4** 71
- Originale **4** 70
- Überlassung von Kopien **4** 66 ff.
- Unterlagenbegriff **4** 67, 69
- Verwaltungsakt **4** 73
- Vorlage/Einsichtnahme **4** 68
- Vorlageverlangen **4** 66 ff.

Vorsatz 38 73 ff.

Vorschaltgesellschaften
- treuhänderisch tätige **22** 38, 54
- Zurechnung von Stimmrechten **22** 53 ff.

Vorstandsmitglieder
- Informationsweitergabe an Aufsichtsrat **14** 234
- Weitergabe von Informationen auf Organebene **14** 232 ff.

Vorteilsabschöpfung Vor 38 39, **39** 105

Vorzugsaktien 26 a 5

Wahl des Herkunftsstaates s. Herkunftsstaatswahl

Wahrheitspflicht
- prozessuale **14** 229 ff.

Wall Crossing
- Aufklärungs- und Informationsanspruch **33** 121 ff.
- bereichsübergreifende Zusammenarbeit **33** 115 ff.
- Erlaubnis der Compliance-Stelle **33** 116
- Notwendigkeit **33** 112 f., 134
- öffentlich bekannte Tatsachen **33** 114
- Überschreitung der Vertraulichkeitsbereiche durch Führungskräfte **33** 118 f.

Wandelanleihen 2 28, **14** 32

Wandelschuldverschreibungen 25 8

Warehousing 14 97, 323

2185

Sachverzeichnis

fette Ziffern = Paragraphen

Waren
- Begriffsbestimmung **2** 70
- Basiswerte **Vor 37 e, g** 64

Warenderivate
- Information über nicht öffentlich bekannte Umstände **13** 170 ff.

Warenderivathändler 2 a 35
Warenproduzenten 2 a 35
Warenterminbörse Hannover Vor 37 e, g 83
Wash Sales 20 a 53
Watch List
- Beobachtungsliste **33** 110, 133 ff.
- compliance-relevante Informationen **33** 133
- Signalwirkung **33** 135
- strenge Vertraulichkeit **33** 135

Website 15 239, 244, **15 a** 174 f.
Weisungsrecht 22 49
Weitergabeverbot von Insiderinformationen
- Anfechtbarkeit des Rechtsgeschäfts **14** 428 ff.
- Auslegung der Unbefugtheit **14** 198 ff.
- Berufs-, Tätigkeits-, Aufgabeninsider **38** 20 f.
- Beteiligungsinsider **38** 19
- Compliance-Maßnahmen **14** 246 ff.
- „einem anderen" **14** 184
- Erwerb bedeutender Beteiligung **14** 299 ff.
- Freistellung von Kursstabilisierungsmaßnahmen **14** 405 ff.
- Freistellung von Rückkaufprogrammen **14** 391 ff.
- innerbetriebliche Weitergabe **14** 243 ff.
- Interessenabwägung **14** 203 ff.
- Interessenkonflikt bei Anlageberatung **14** 331 ff.
- Leichtfertigkeit **14** 357 ff., **38** 34 ff.
- Management Buy-Outs **14** 315 ff.
- Mitteilen **14** 188 f.
- need to know **14** 245
- Nichtigkeit des Rechtsgeschäfts **14** 421 ff., 440 f.
- öffentliche Erwerbs- und Übernahmeangebote **14** 317 ff.
- Ordnungswidrigkeiten **39** 34 ff.
- Organinsider **38** 18
- Presse/Medien **14** 266 ff.
- Primärinsider **38** 16
- Prospekterstellung **14** 340 ff.
- Schadensersatzanspruch **14** 433 ff., 442
- Strafbarkeit **14** 414 ff., **38** 15 ff.
- Straftathandlung **38** 27 ff.
- *Straftatinsider* **38** 22 f.
- subjektiver Tatbestand **14** 345
- Täterkreis **38** 16 ff.
- Unbefugtheit der Weitergabe **14** 198 ff.
- Unterrichtungspflichten nach BetrVG **14** 238 ff.
- Verhältnis zur Ad-hoc-Publizität **14** 217 ff.
- Versuchsstrafbarkeit **38** 30 ff.
- Vorfeldstraftat **14** 182, **38** 15
- Vorsatz **14** 346 ff.
- Weitergabe an Aktionäre außerhalb der Hauptversammlung **14** 285 ff.
- Weitergabe an Aktionäre in Hauptversammlung **14** 277 ff.
- Weitergabe an Analysten/Rating-Agenturen **14** 263 ff.
- Weitergabe an externe Berater/Dienstleister **14** 259 ff.
- Weitergabe auf Organebene **14** 232 ff.
- Weitergabe außerhalb des Unternehmens/Konzerns **14** 258 ff.
- Weitergabe bei Due Diligence **14** 303
- Weitergabe bei Unternehmenskäufen **14** 298 ff.
- Weitergabe im Konzern **14** 252 ff.
- Weitergabegebot/-obliegenheit **14** 223 ff.
- zivilrechtliche Folgen **14** 419 ff.
- Zugänglichmachen **14** 190 ff.

Weiterleitung von Kundenaufträgen
- Execution Policy **33 a** 44 f.
- Verantwortlichkeit **31 e** 1 ff.

Werbemitteilung 34 b 52
- Definition **31** 107
- Erkennbarkeit als solche **31** 108 ff.
- Finanzanalysen **31** 110
- inhaltliche Anforderungen **31** 109

Werbeverbot
- Anhörung von Spitzenverbänden **36 b** 15
- cold calling **36 b** 13
- Eingriff in Berufsfreiheit **36 b** 11
- KWG **36 b** 2
- Missstand **36 b** 4
- repressives Tätigwerden der Bundesanstalt **36 b** 1
- UWG **36 b** 1
- Verbotsmaßnahmen **36 b** 7 ff.
- Werbung **36 b** 6

Wertpapieraufsicht Vor 3 24, 40 4
Wertpapierdarlehen 23 11
Wertpapierdienstleistungen
- Abschlussvermittlung **2** 87 f.
- Anlageberatung **2** 107 f., **31** 236 ff.
- Anlagevermittlung **2** 89 f.
- ausschließlich konzernintern **2 a** 7 ff.
- Eigengeschäft **2** 115
- Eigenhandel **2** 83 ff.

magere Ziffern = Randnummern

Sachverzeichnis

- Emissionsgeschäft **2** 93 ff.
- Entstehung **2** 74 f.
- Finanzkommissionsgeschäft **2** 76 ff.
- Finanzportfolioverwaltung **2** 99 ff., **31** 244, 261 ff.
- Multilaterales Handelssystem **2** 104 ff.
- Platzierungsgeschäft **2** 98
- Regelungsgegenstand und -zweck **2** 71 ff.

Wertpapierdienstleistungs-Prüfungsverordnung 36 12

Wertpapierdienstleistungsrichtlinie Einl 3
- Entwicklung **Vor 31** 6
- Verhaltensregeln **Vor 31** 7 ff.
- Umsetzung **Einl** 22

Wertpapierdienstleistungsunternehmen 2 132 ff.
- Ausnahmetatbestände **2 a** 6 ff.
- Größenkriterium **2** 137 f.
- Institution **2** 136
- Investmentclubs **2** 139
- Investmentgesellschaften **2** 140
- Wertpapierdienstleistungen **2** 135
- Wertpapierfirmen **2** 132

Wertpapierdienstleistungs-Verhaltens- und Organisationsverordnung Einl 66

Wertpapier
- Aktien **2** 20 f.
- Anteile an Investmentvermögen **2** 31
- Anteile/Zertifikate **2** 22 ff.
- ausländische **2** 24
- Austauschbarkeit/Verkehrsfähigkeit **2** 18
- Basiswert **Vor 37 e, g** 44 ff.
- Bedeutung/allgemeine Kriterien **2** 8 ff.
- Begriff **20 a** 5
- Fungibilität **2** 11, 15, 17
- Gattungen von übertragbaren Wertpapieren **2** 14 ff.
- Marktbezug **2** 16
- Sammel-/Globalurkunde **2** 12
- Schuldbuchforderungen **2** 12
- Schuldtitel **2** 27 ff.
- sui generis **2** 32
- Verbriefung in Urkunden **2** 11
- vinkulierte Namensaktien **2** 15
- wertpapierbezogene Derivate **2** 49
- Wertrechte **2** 12

Wertpapierfirma 2 132, **2 a** 45

Wertpapierhandel-Meldeverordnung Einl 66, **9** 46

Wertpapierhandelsanzeige- und Insiderverzeichnisverordnung Einl 66, **15** 2, **Vor 30 a** 4 f.

Wertpapierhandelsgesetz (WpHG)
- allgemeine Auslegungsregeln **Einl** 78
- Anlegerschutz **Einl** 18 ff.
- Anwendungsbereich **Einl** 11 f., 77, **1**
- BaFin als zentrale Allfinanzaufsicht **Einl** 8 ff., 21
- Bilanzkontrollgesetz **Einl** 49
- Durchsetzung durch BaFin **Einl** 88 ff.
- Entstehung/Entwicklung **Einl** 20 ff.
- Funktionenschutz **Einl** 15 ff.
- marktbezogener Regelungsansatz **Einl** 1 ff.
- Novellierungen **Einl** 22 ff.
- privater Rechtsschutz **Einl** 90 f.
- Rechtsverordnungen zur Konkretisierung **Einl** 65 ff.
- Regelungsschwerpunkte **Einl** 12
- Risikobegrenzungsgesetz **Einl** 75 f.
- Zweites Finanzmarktförderungsgesetz **Einl** 20 ff.

Wertpapierhandelstrafrecht Vor 38, 38–40 b
- Analysen **Vor 38** 13 f.
- Aufsichtpflichtverletzung **Vor 38** 24 ff.
- Blankettcharakter **Vor 38** 10 f.
- Bußgeldverfahren **Vor 38** 17 f.
- deutsches Recht **Vor 38** 7
- Entmaterialisierung **Vor 38** 9
- Europäisches Recht **Vor 38** 6
- Geldbuße gegen juristische Personen/Personenvereinigungen **Vor 38** 31 ff.
- Gesetzeshistorie **Vor 38** 2 ff.
- Hell- und Dunkelfeld **Vor 38** 13
- Kriminalität des Insiderhandels/der Marktmanipulation **Vor 38** 13 ff.
- Organ- und Vertreterhaftung **Vor 38** 19 ff.
- Strafverfahren **Vor 38** 15 f.
- Verfassungsmäßigkeit **Vor 38** 12

Wertpapierleihe 9 35, **14** 27, **15 a** 137

Wertpapiernebendienstleistungen 1 6
- Darlehensgewährung **2** 122 f.
- Depotgeschäft **2** 119 ff.
- Devisengeschäft **2** 125 ff.
- Dienstleistungen in Bezug auf das Emissionsgeschäft **2** 130
- Finanzanalysen **2** 128, **34 b** 1
- Regelungszweck **2** 116 ff.
- Spotgeschäfte **2** 131
- Unternehmensberatung **2** 124

Wertpapierordnungswidrigkeiten s. Ordnungswidrigkeiten

Wertpapierpensionsgeschäft 9 35, **14** 27, **23** 11

Wertpapierprospektgesetzes (WpPG) Einl 68

Wertpapierprospektrecht Vor 21 28

2187

Sachverzeichnis

fette Ziffern = Paragraphen

Wertpapierrat
- begrenzte Bedeutung **5** 8
- beratende Tätigkeit **5** 4
- Doppelfunktion **5** 1 ff.
- Koordinationsgremium **5** 5
- Mitwirkungsbefugnisse **5** 6
- Verbindungsglied **5** 1
- Zuständigkeitskatalog **5** 5

Wertpapierübernahmegesetz (WpÜG) Einl 26

Wertpapierzulassung 21 24

Wertrechte 2 12

Wertungen
- insiderrechtliche Relevanz **13** 39 ff.

Werturteil 8 7
- Insiderinformation **13** 29, 39 ff., 62 ff.

whistle-blowing Vor 12 80, **37** o, p 12

white knight
- Erwerbsgeschäfte **14** 100 ff., 329

Widerspruchsverfahren
- Durchführung vor Beschwerdeeinlegung **37 t** 2
- einstweilige Anordnung der aufschiebenden Wirkung **37 t** 11 f.
- Form/Frist **37 t** 8
- keine aufschiebende Wirkung **37 t** 10
- Verfügungen der BaFin **37 t** 3
- Widerspruchsbefugnis **37 t** 4 ff.
- Widerspruchsbefugnis des Abschlussprüfers **37 t** 7
- Widerspruchsbehörde **37 t** 9

Wiederaufnahmeverfahren
- Hauptverhandlung **40** 56
- Additionsverfahren **40** 56
- Probationsverfahren **40** 56
- Verfahren **40** 56
- Antrag **40** 55
- Antragsberechtigung **40** 55
- Verschlechterungsverbot **40** 56
- rechtskräftige Bußgeldentscheidung **40** 52
- Wiederaufnahmeziele/-gründe **40** 53 f.
- Zuständigkeit **40** 52

Wirtschaftsausschuss, Unterrichtung
- Notwendigkeit der Information **14** 138
- unbefugte Informationsweitergabe **14** 242
- Unterrichtung des Wirtschaftsausschusses **14** 239
- Weitergabe von Insiderinformationen **14** 238 ff.

Wirtschaftsjournalisten 13 175

Wirtschaftsprüfer 4 133, **13** 175, **15** 284

Wirtschaftsprüferkammer 37 r 6

Wissenszurechnung 15 258, **21** 84, **33** 123

Wohlverhaltenspflichten Einl 20, **31**–37 a
- Anlageberatung **31** 236 ff.
- reines Ausführungsgeschäft **31** 302 ff.
- Ausgangspunkt **31** 3
- Ausnahmen **Vor 31** 49
- Ausstrahlung auf das Zivilrecht **Vor 31** 58, 60 ff.
- Bearbeitungsvorgaben **31 c**
- Bedeutung für den Anlegerschutz **Vor 31** 63 ff.
- behördliche Überwachung **Vor 31** 71 ff.
- beratungsfreie Geschäfte **31** 275 ff.
- bestmögliche Auftragsausführung **31** 41, **33 a**
- Doppelnatur **Vor 31** 57
- Explorationspflichten **31** 188 ff.
- Informationspflicht ggü Kunden **31** 91 ff.
- Interessenwahrungspflicht **31** 31 ff.
- keine Dispositionsbefugnis der Parteien **Vor 31** 56
- Kenntnisverschaffung über Wertpapierkunden **31** 186 ff.
- Leitbild ordnungsgemäßer Wertpapierdienstleistung **31** 13 ff.
- Mitteilung zweckdienlicher Informationen **Vor 31** 65
- Normzweck **31** 9
- Regelungsgegenstand **31** 1 ff.
- Sanktionierung **Vor 31** 71 ff.
- Schadensersatzhaftung **Vor 31** 77 ff.
- Schutzgesetzcharakter **Vor 31** 80 ff.
- Sorgfaltspflicht **31** 20 ff.
- Systematik **31** 10 ff.
- Verletzungsfolgen **Vor 31** 76 ff.
- Vermeidung/Offenlegung von Interessenskonflikten **31** 45 ff.
- Vermögensverwaltung **31** 261 ff.
- Wahrung des Kundeninteresses **Vor 31** 65, **31** 13 ff.
- Zielsetzung/Ausgestaltung **Vor 31** 55 f.

Wohlverhaltensrichtlinie Einl 84, **35** 17

Zahlstelle Vor 30 a 10, **30 a** 19 f.

Zertifikate 30 a 25, **32 b** 2
- Begriffsbestimmung **2** 22, 25

Zeugen
- Ladung und Vernehmung im Ermittlungsverfahren **40** 22

Zeugnisverweigerungsrecht 14 230, **40** 22

Zinsbegrenzungsvereinbarungen Vor 37 e, g 61

2188

magere Ziffern = Randnummern

Sachverzeichnis

Zinsfutures Vor 37 e, g 58
Zinsrisiko 31 159
Zinssätze, Basiswerte **Vor 37 e, g** 57 ff.
Zinssatzswaps Vor 37 e, g 60
Zugänglichmachen
– von Finanzberichten **37 v, 37 w, 37 x**
– von Informationen **14** 190 ff., **15** 303 ff., **27** 6 ff.
Zugangsgewährung
– Ordnungswidrigkeit **39** 13 f.
– Zugangsgewährungspflicht zu veröffentlichten Quotes **32 d** 2 f.
Zulassungsfolgepflichten Vor 30 a 6 ff., **30 a** 1
– Bestimmung einer Zahlstelle **30 a** 19
– Datenschutz **30 a** 18
– gesellschaftsrechtliche Veröffentlichungspflichten **30 b** 17
– Gleichbehandlungspflicht **30 a** 5 ff.
– Informationen zur Rechtsausübung **30 a** 12 ff.
– Mitteilung der Änderung von Satzungen/Rechtsgrundlagen **30 c** 2 ff.
– Übermittlung durch Datenfernübertragung **30 b** 21 ff.
– Übermittlung eines Vollmachtsformulars **30 a** 21 f.
– Veröffentlichung im elektronischen Bundesanzeiger **30 b** 5 ff.
– Veröffentlichung zusätzlicher Angaben **30 e** 5 ff.
– Veröffentlichungspflicht bei Schuldtiteln **30 b** 18 f.
– Veröffentlichungspflichtige Informationen **30 b** 9 ff.
Zumessung der Geldbuße
– Ahndungszweck **30** 104
– Bedeutung der Ordnungswidrigkeit **39** 102
– Bußgeldrahmen **39** 101
– Kumulationsprinzip **39** 106
– lange Verfahrensdauer **39** 105
– Tatvorwurf **39** 102
– Nachtatverhalten **39** 104
– Vorteilsabschöpfung **39** 105
– wirtschaftliche Verhältnisse des Täters **39** 103
Zurechnung von Stimmrechten s. Stimmrechtszurechnung
Zusammenarbeit von Aufsichtsbehörden
– Aufsichtsbehörden im Ausland **7** 1 ff.
– Aufsichtsbehörden im Inland **6** 1 ff.
– Datenaustausch **9** 50 ff.
– internationale Zusammenarbeit **37 s**
– Verweigerung **7** 34 f.
– Wall Crossing **33** 115 ff.

Zusätzliche Angaben
– Änderung der mit Wertpapieren verbundenen Rechte **30 e** 5 f.
– Aufnahme von Anleihen **30 e** 7
– in Drittstaaten veröffentlichte Unternehmen **30 e** 8 f.
– Inlandsemittenten **30 e** 3
– Mitteilung der Veröffentlichung **30 e** 11 f.
– Sanktionen **30 e** 13
– Umsetzung der Transparenzrichtlinie **30 e** 2
– Veröffentlichung **30 e** 10
– zugelassene Wertpapiere **30 e** 4
– Zulassungsfolgepflicht **30 e** 1
Zuständigkeit für Verfolgung/Ahndung
– BaFin **40** 4
– Gericht **40** 8
– Staatsanwaltschaft **40** 5 ff.
Zuverlässigkeit der Geschäftsleitung 37 i 23, **37 j** 3 ff.
Zuwendungen
– Ausnahme notwendige Kosten **31 d** 11 ff.
– Bagatellgrenze **31 d** 8
– Befreiung für Geschäfte mit geeigneten Gegenparteien **31 d** 6
– beim Vertrieb von Finanzinstrumenten **31 d** 6 ff.
– Bestands-/Vertriebsfolgeprovisionen **31 d** 15, 33
– Dokumentation **31 d** 43
– externe Anreize/Inducements **31 d** 1, 6
– Finder's Fee **31 d** 15
– geldwerte Vorteile **31 d** 7, 17
– Geltung für alle Wertpapierdienstleistungsunternehmen **31 d** 6
– Interessenkollision **31 d** 27
– Kick-backs **31 d** 32, 41
– Offenlegung **31 d** 5, 34 ff.
– Qualitätsverbesserung **31 d** 23, 24 ff.
– Rechtsfolgen bei Verstößen **31 d** 44 ff.
– Regel-Ausnahmeverhältnis **31 d** 4
– Verbot von Drittzuwendungen **31 d** 18 ff.
– Vertriebsprovisionen **31 d** 14
– Wahrung des Kundeninteresses **31 d** 31 f.
– Zulässigkeitskriterien **31 d** 23
– Zusammenhang mit Wertpapier(neben)dienstleistung **31 d** 9
Zwangsgeld 4 118, 122
Zwangsmittel
– Androhung **4** 115

2189

Sachverzeichnis

fette Ziffern = Paragraphen

- Anwendungsvoraussetzungen **4** 109 ff.
- Aufbewahrung von Verbindungsdaten **16 b** 9
- Bundes-Verwaltungsvollstreckungsgesetz **4** 107 ff.
- drohende Gefahr **4** 113
- Durchführung **4** 114 ff.
- Durchsetzung von Anordnungen **Vor 12** 87
- Effektivität des Verwaltungshandelns **4** 107
- Einhaltung der Meldepflicht **9** 48
- Ermächtigungsgrundlage **4** 108
- gegen juristische Personen des öffentlichen Rechtes **4** 121
- kein Suspensiveffekt **4** 111
- keine Rechtmäßigkeit des Verwaltungsakts erforderlich **4** 112
- sofortige Vollziehbarkeit **4** 110
- Verfügungen innerhalb der gesetzlichen Befugnisse **4** 102 ff.
- vollstreckungsfähiger Inhalt **4** 112
- Voraussetzungen **4** 109 ff.
- Zwangsgeldhöhe **4** 122
- Zwangsmittel **4** 118 ff.

Zweigniederlassungen
- Hinweispflicht der Bundesanstalt **36 a** 4
- Maßnahmen der Bundesanstalt **36 a** 5 ff.
- Meldepflicht **9** 13 ff.
- Rechte und Pflichten **36 a** 2 f.
- Unterrichtungspflicht der Bundesanstalt **36 a** 11

Zweites Finanzmarktförderungsgesetz
- Gegenstand **Einl** 21
- Vorgeschichte **Einl** 20

Zwischenerwerb 21 40

Zwischenkommissionsgeschäfte **9** 30, 35

Zwischenmitteilung der Geschäftsführung
- aufzunehmende Informationen **37 x** 13 ff.
- erfasster Zeitraum **37 x** 11
- Hinweisbekanntmachung **37 x** 7 ff.
- Konzernabschluss **37 y** 5
- Quartalsfinanzbericht **37 x** 16 ff.
- Übermittlung **37 x** 10
- Veröffentlichung **37 x** 5 f.
- Verordnungsermächtigung **37 x** 19

Zwischenscheine 2 25